Beck'sche Kurz-Kommentare

Band 7

Palandt

Bürgerliches Gesetzbuch

mit Einführungsgesetz, Gesetz zur Regelung des Rechts der Allgemeinen
Geschäftsbedingungen, Verbraucherkreditgesetz, Gesetz über den Widerruf
von Haustürgeschäften und ähnlichen Geschäften, Gesetz zur Regelung
der Miethöhe (Art. 3 des 2. WKSchG), Produkthaftungsgesetz,
Erbbaurechtsverordnung, Wohnungseigentumsgesetz, Ehegesetz,
Hausratsverordnung

bearbeitet von

DR. PETER BASSENGE
Vorsitzender Richter
am Landgericht Lübeck

PROF. DR. UWE DIEDERICHSEN
Universität Göttingen

WOLFGANG EDENHOFER
Präsident des Amtsgerichts
München

PROF. DR. HELMUT HEINRICHS
Präsident des Oberlandesgerichts
Bremen i. R.

PROF. DR. ANDREAS HELDRICH
Universität München

PROF. DR. HANS PUTZO
Vizepräsident
des Bayerischen Obersten Landesgerichts i. R.

PROF. DR. HEINZ THOMAS
Vorsitzender Richter
am Oberlandesgericht München i. R.

55., neubearbeitete Auflage

D1729820

Verlag C.H. Beck München 1996

ISBN 3 406 40045 0

Druck der C. H. Beck'schen Buchdruckerei Nördlingen
Gedruckt auf säurefreiem, aus chlorfrei gebleichtem Zellstoff hergestelltem Papier.

Vorwort zur 55. Auflage

Der Kommentar wurde für die Neuauflage wiederum in allen Teilen überarbeitet und auf den neuesten Stand von Gesetzgebung, Rechtsprechung und Schrifttum gebracht. Nicht unerwähnt bleiben sollte, daß der Kreis der Palandt-Autoren, der weiterhin aus fünf Praktikern und zwei Hochschullehrern besteht, seit 1980 und damit seit 15 Auflagen unverändert ist. Soviel Konstanz hat es in der jetzt fast sechzigjährigen Geschichte des Palandt noch nicht gegeben; die längste Phase ohne Änderungen im Autorenkreis waren bisher zwölf Auflagen.

Ebenso wie bei den Vorauflagen war Redaktionsschluß für den Allgemeinen Teil und das Schuldrecht Mitte September, für das Sachenrecht Anfang Oktober und für die übrigen Bücher des BGB und die Nebengesetze Mitte Oktober. Die bis zum jeweiligen Abschluß der Kommentierungsarbeiten verkündeten Vorschriften wurden eingearbeitet, soweit sie spätestens am 1. Januar 1996 in Kraft treten. Die Änderungen des BGB, der ErbbRVO und des WEG durch das Einführungsgesetz zur Insolvenzordnung vom 5. Oktober 1994 sind noch nicht berücksichtigt, da sie erst am 1. Januar 1999 in Kraft treten. Bei § 455 BGB wurde auf die Änderung allerdings hingewiesen, da sie für die gegenwärtige Gesetzesauslegung von Bedeutung ist.

Im **Allgemeinen Teil** war eine Fülle von neuer Rechtsprechung und Literatur einzuarbeiten. Neukommentiert wurde die Abgrenzung von nichtwirtschaftlichen und wirtschaftlichen Vereinen, die Anwendung des § 138 BGB auf Bürgschaften von einkommenslosen Angehörigen und auf Leasingverträge mit übermäßig hohen Leasingraten sowie die Duldungs- und Anscheinsvollmacht.

Im **Allgemeinen Schuldrecht** waren die Arbeitsschwerpunkte ebenso wie in den Vorjahren der § 242 BGB, das Schadensersatzrecht und das Recht der Leistungsstörungen. Völlig neugefaßt wurden die Erläuterungen zum Beweis des ersten Anscheins, zur Abgrenzung von Schadenspauschalen und Vertragsstrafen, zur Haftung des Arztes bei fehlgeschlagenem Schwangerschaftsabbruch, zur Haftung des Steuerberaters und – bei der Darstellung der positiven Vertragsverletzung – die Erläuterungen zu den einzelnen Fallgruppen der Verletzung von Nebenpflichten. Im Anhang zu § 249 BGB ist die neue Tabelle von Sanden/Danner/Küppersbusch in der nach Herstellern geordneten benutzerfreundlichen Fassung abgedruckt, jedoch ohne die für die Anwendung der Tabelle unerheblichen Spalten „Vorhaltekosten" und „Gruppe".

Im **Besonderen Schuldrecht** wurden mehrere Anmerkungen zu mietrechtlichen Vorschriften neu gefaßt. Die aufgetretenen Probleme bei Wohngemeinschaften, insbesondere bei der nichtehelichen Lebensgemeinschaft, wurden dabei berücksichtigt. Im Dienstvertragsrecht nimmt nach wie vor das Individualarbeitsrecht den breitesten Raum ein. Es war an vielen Stellen das weithin geltende Richterrecht praxisnah darzustellen und zu ergänzen. Selbstverständlich wurde das Gesetz zur Anpassung arbeitsrechtlicher Bestimmungen an das EG-Recht vom 20. Juli 1995 berücksichtigt. Das Reisevertragsrecht und die Informationspflichtenverordnung für Reiseveranstalter, die in der Vorauflage nur nach dem Entwurf kommentiert worden war, wurden neu bearbeitet. Das Maklervertragsrecht wurde insgesamt überarbeitet, wobei die Sonderregelungen für Wohnungs-, Arbeits- und Kreditvermittlung besonders herausgestellt wurden. In der Kommentierung des Bürgschaftsrechts wurden die Auslegung und das Schriftformerfordernis sowie die Wirksamkeit im Hinblick auf Sittenwidrigkeit überarbeitet. Die Probleme bei Bezahlung an Elektronischer Kasse (POS-System) mit dem Eurocheque wurden behandelt.

Im **Sachenrecht** lag der Schwerpunkt der Neubearbeitung im Bereich des Grundstücksrechts. Hier wurde die Vorschrift über die Auflassung völlig neu kommentiert. Erheblich überarbeitet wurden bei der Vormerkung die Sicherungswirkung bei gutgläubigem Erwerb für den künftigen Rechtserwerb, bei der Erbbauzinsreallast die zum Rechtsinhalt gemachte Anpassungsvereinbarung und bei der Grunddienstbarkeit die Ausübungsbeschränkung auf einen Grundstücksteil. Zahlreiche Ergänzungen auf der Grundlage der neuesten Rechtsprechung erforderten insbesondere die Erläuterungen zum Immissionsschutz und zur Sicherungsübereignung.

V

Vorwort

Im **Familienrecht** waren legislatorisch die Änderung von § 1615l Abs. 2 BGB durch das Schwangeren- und Familienhilfeänderungsgesetz vom 21. August 1995, ferner die Neufassung der Regelunterhalt-Verordnung vom 25. September 1995 sowie vor allem die Neuordnung des Kindergeldrechts (§ 1602 BGB Rn. 10 ff.) und des übrigen Familienleistungsausgleichs im Rahmen des Jahressteuergesetzes 1996 vom 11. Oktober 1995 zu berücksichtigen, das außerdem auch Änderungen des § 1612a BGB und des Unterhaltsvorschußgesetzes enthält. Schließlich wurde beim Versorgungsausgleich das Gesetz über die Alterssicherung der Landwirte eingearbeitet, das mit Wirkung vom 1. Januar 1995 an die Stelle des GAL getreten ist. Im übrigen wurden die Schwerpunkte in der Anpassung der Erläuterungen wieder durch die Rechtsprechung bestimmt, die einmal mehr im Unterhaltsrecht, und zwar beim Nachehelichen- wie beim Kindesunterhalt, ergiebig war. Entsprechendes gilt vor allem für das Betreuungsrecht, das nach seinem Inkrafttreten im Jahre 1992 jetzt ganz auf dem Prüfstand der Gerichte steht. Besonders die Vorschriften zum Aufwendungsersatz und zur Vergütung haben eine solche Fülle an Rechtsprechung notwendig gemacht, daß die Erläuterungen zu den §§ 1835 ff. BGB weitgehend neu gefaßt werden mußten.

Im **Erbrecht** schlug sich seine erheblich gestiegene Bedeutung für die Rechtspraxis erneut in einer Vielzahl von Entscheidungen und Veröffentlichungen nieder. Deren Einarbeitung bot vielfältige Anregungen, um die Kommentierung ganz oder teilweise neu zu fassen. Dies betraf fast alle Bereiche des 5. Buches, wobei sich Schwerpunkte vor allem im Testaments- und Pflichtteilsrecht, bei den Bestimmungen über die Vor- und Nacherbfolge, der Testamentsvollstreckung und bei den allgemeinen Vorschriften ergaben. Die Klärung der durch den Beitritt der DDR entstandenen Rechtsfragen verfeinerte sich weiter. Das BVerfG wurde mehr als früher mit der Prüfung befaßt, ob erbrechtliche Vorschriften und Gesetzesauslegungen mit den Regelungen des Grundgesetzes übereinstimmen. Bei der Erbschaftsteuer wirkt sich seine weitreichende Entscheidung, daß die privilegierte Bewertung von Grundbesitz nach Einheitswerten verfassungswidrig ist, bereits ab 1996 aus und zwingt zu einer gesetzlichen Neuregelung ab 1997.

Im **EGBGB** wurden in der Kommentierung des **Internationalen Privatrechts** die nunmehr stärker ins Blickfeld tretenden Einwirkungen des EG-Rechts einer eingehenden Prüfung unterzogen. Die Erläuterungen zu dem für die Praxis bedeutsamen Haager Übereinkommen über die zivilrechtlichen Aspekte internationaler Kindesentführung wurden ausgebaut. Besondere Beachtung wurde auch der in der Rechtsprechung umstrittenen kollisionsrechtlichen Beurteilung sog. Time-Sharing-Verträge gewidmet.

Bei Art. 231 des EGBGB wurde der neue § 9 über die Heilung unwirksamer Vermögensübertragungen, den das Vermögenrechtsanpassungsgesetz vom 4. Juli 1995 brachte, eingearbeitet und kommentiert.

Im **AGBG** wurde die Weiterentwicklung dieses Rechtsgebiets durch Rechtsprechung und Literatur unter Beschränkung auf das Wesentliche in die Kommentierung eingearbeitet; einige Anmerkungen wurden im Ganzen neu gefaßt. Die Auswirkungen der EG-Richtlinie über mißbräuchliche Klauseln in Verbraucherverträgen und die bevorstehende Novellierung des Gesetzes wurden eingehend berücksichtigt.

In das **Miethöheregelungsgesetz** wurde das für das Beitrittsgebiet bedeutsame Mietenüberleitungsgesetz vom 6. Juni 1995 eingearbeitet. Es brachte eine Neufassung des § 11 und sechs weitere Paragraphen. Sie sind mit der für einen Kurz-Kommentar gebotenen Konzentration auf das Wesentliche kommentiert. Für den praktischen Gebrauch ist auch Art. 2 des Mietenüberleitungsgesetzes, der das Gesetz über die Angemessenheit von Entgelten beim Übergang in das Vergleichsmietensystem enthält, abgedruckt.

In das **Wohnungseigentumsgesetz** wurde eine große Zahl neuer Entscheidungen zu nahezu allen praktisch bedeutsamen Vorschriften eingearbeitet, so auch die Entscheidungen des BVerfG (zur Parabol-Antenne) und des BGH (z. B. zur Verbindlichkeit vereinbarungsbedürftiger Mehrheitsbeschlüsse und zum Verbot der Hundehaltung). Die Rechtsprechung des BGH zum inhaltsgleichen Zweitbeschluß gab Anlaß, diesen Problemkreis zusammenfassend darzustellen. Die für die Praxis sehr wichtigen Vorschriften über den Gebrauch des Wohnungseigentums wurden völlig neu kommentiert.

Bremen, Göttingen, Lübeck, München, im November 1995   Die Verfasser

Verzeichnis der Bearbeiter der 54. Auflage

Dr. Peter Bassenge (seit 35. Auflage):
Abkürzungsverzeichnisse
BGB §§ 854–1296
EGBGB Art. 96, 120, 124, 181, 182, 184, 187, 233
Erbbaurechtsverordnung
Wohnungseigentumsgesetz
Sachverzeichnis

Prof. Dr. Uwe Diederichsen (seit 33. Auflage):
BGB §§ 1297–1921
EGBGB Art. 234
Ehegesetz
Hausratsverordnung

Wolfgang Edenhofer (seit 41. Auflage):
BGB §§ 1922–2385
EGBGB Art. 64, 137–140, 147–152, 213, 235

Prof. Dr. Helmut Heinrichs (seit 28. Auflage):
Einleitung
BGB §§ 1–432
EGBGB Art. 1, 2, 55, 169, 170, 230–232 § 1
AGB-Gesetz §§ 1–11, §§ 13–30

Prof. Dr. Andreas Heldrich (seit 33. Auflage):
EGBGB Art. 3–38, 220, 236
AGB-Gesetz § 12

Prof. Dr. Hans Putzo (seit 28. Auflage):
BGB §§ 433–630
EGBGB Art. 93, 94, 219, 221, 222, 232 §§ 1a, 2–5, 8
Gesetz über den Widerruf von Haustürgeschäften und ähnlichen Geschäften
Gesetz zur Regelung der Miethöhe (Art. 3 des 2. WKSchG)
Verbraucherkreditgesetz

Prof. Dr. Heinz Thomas (seit 28. Auflage):
BGB §§ 631–853
EGBGB Art. 75–81, 97–108, 232 §§ 6, 7, 9, 10
Produkthaftungsgesetz

Verzeichnis der ausgeschiedenen Mitarbeiter

Dr. Otto Palandt†: Gesamtredaktion und Einleitung; 1.–10. Auflage;

Dr. Kurt Bunge† (in Gemeinschaft mit Radtke): BGB §§ 2032, 2033, 2112–2115, 2205–2220; EGBGB Art. 24–26; 1. und 2. Auflage;

Dr. Bernhard Danckelmann†: BGB §§ 1–240; EGBGB Art. 1–4, 32, 55, 56, 76, 82, 83, 85, 86, 88, 157, 163–169, 218; 1.–36. Auflage;

Prof. Dr. Max Degenhart†: BGB §§ 854–1296; EGBGB Art. 52–54, 59–63, 65–69, 73, 74, 89–91, 96, 109–133, 142, 143, 179–197; Erbbaurechtsverordnung; Wohnungseigentumsgesetz; 27.–34. Auflage;

Dr. Johannes Friesecke†: BGB §§ 241–432, 607–630, 657–778; 1.–6. Auflage;

Dr. Hans Gramm†: BGB §§ 433–853; EGBGB Art. 70–72, 75, 77–81, 92–108, 171–178; Gesetz über Abzahlungsgeschäfte; Außenwirtschaftsgesetz; 7.–27. Auflage;

Dr. Fritz Henke†: BGB: Einleitung vor § 854, §§ 873–1203; EGBGB Art. 180–197; Erbbaurechtsverordnung; 1.–6. Auflage;

Dr. Ulrich Hoche†: BGB §§ 854–1296; EGBGB Art. 52–54, 59–63, 73, 74, 89–91, 109–137, 142, 143, 179–197; Erbbaurechtsverordnung; Wohnungseigentumsgesetz; 1., 2., 5.–26. Auflage;

Dr. Theodor Keidel†: seit 20. Auflage; bis 40. Auflage BGB §§ 1922–2385; in 41. Auflage BGB §§ 1922–2228; in 42. Auflage §§ 1922–2063; bis 41. Auflage EGBGB Art. 64, 137–140, 147–152, 213–217;

Dr. Wolfgang Lauterbach†: BGB §§ 1297–1921 mit Gleichberechtigungsgesetz, Familienrechtsänderungsgesetz und Gesetz über die rechtliche Stellung der nichtehelichen Kinder; EGBGB Art. 7–31, 33, 198–203, 207–210, 212; Ehegesetz; Gesetz für Jugendwohlfahrt; 1.–32. Auflage;

Dr. Eberhard Pinzger†: BGB §§ 433–606, 779–853, 854 (ohne Einl)–872, 1204–1296; 1.–6. Auflage;

Heinz Radtke† (in Gemeinschaft mit Dr. Bunge): BGB §§ 2034–2063, 2316; EGBGB Art. 32–179; 1.–6. Auflage;

Gesetzesverzeichnis

Dr. Ludwig Rechenmacher†: BGB §§ 1922–2385; EGBGB Art. 64, 138–140, 147–151, 213–217; Sachverzeichnis; 7.–19. Auflage;

Dr. Claus Seibert†: BGB §§ 631–656, 1591–1600, 1626–1718, 1922–2031, 2064–2111, 2116–2204, 2208–2315, 2317–2385; EGBGB Art. 203–206, 213–218; Gesetz betr. die religiöse Kindererziehung; Testamentsgesetz; 1.–6. Auflage;

Verzeichnis der abgedruckten Gesetze und Verordnungen[1]

Allgemeines Landrecht (ALR) für die preußischen Staaten v 1794: **Einleitung §§ 74, 75** in Übbl 50 vor § 903.

Arzneimittelgesetz v 24. 8. 1976: **§ 84** in ProdHaftG 15 Rn 20.

Außenwirtschaftsgesetz v 28. 4. 1961: **§ 49** bei § 245 vor Rn 1.

Bundesimmissionsschutzgesetz idF v 14. 5. 1990: **§ 14** bei § 906 Rn 37.

Ehegesetz, 1. DVO v 27. 7. 1938: **§ 13** bei EheG 5; – **§ 15** bei EheG 10.

Familienrechtsänderungsgesetz v 11. 8. 1961: **Art 9 II Z 5** im Anh II 1 zu EG 5.

Grundgesetz für die Bundesrepublik Deutschland v 23. 5. 1949: **Art 34** in § 839 Anm. 2; **Art 116** im Anh II 1 zu EG 5.

Personenstandsgesetz idF v 8. 8. 1957: **§§ 3 u 4** bei EheG 12; – **§ 5a** bei EheG 10; – **§ 7a** bei EheG 8; – **§ 69b** bei EheG 10. – **PStG AVO** idF v 25. 2. 1977: **§ 14** bei EheG 8.

Sozialgesetzbuch X v 4. 11. 1982: **§ 116** Vorbem 148 vor § 249.

Sozialklauselgesetz (Gesetz über eine Sozialklausel in Gebieten mit gefährdeter Wohnungsversorgung v 22. 4. 1993: bei § 564b Rn 5.

Währungsgesetz v 20. 6. 1948: § 3 bei § 245 vor Rn 1.

---

[1] Soweit nicht im Inhaltsverzeichnis aufgeführt.

Inhaltsverzeichnis

Bürgerliches Gesetzbuch

Erstes Buch: Allgemeiner Teil

Zweites Buch: Recht der Schuldverhältnisse

Inhaltsverzeichnis

Inhaltsverzeichnis

Einführungsgesetz zum BGB

Inhaltsverzeichnis

Abkürzungsverzeichnis

Bearbeiter: Dr. Bassenge, Vorsitzender Richter am Landgericht Lübeck

I. Gesetze und Verordnungen,[1] Amtsblätter, Zeitschriften,[2] Entscheidungssammlungen,[2] Behörden, Orts- und Landesnamen,[3] einzelne juristische Werke[4]

ABGB . . . . . Österreich, Allgemeines Bürgerliches Gesetzbuch v 1. 6. 1811

AbgG . . . . . Abgeordnetengesetz des Bundes vom 18. 2. 1977, BGBl I 297

ABl . . . . Amtsblatt

AcP . . . . . . Archiv für die civilistische Praxis (Band u Seite)

ADSp . . . . . Allgemeine Deutsche Spediteurbedingungen idF v 1. 10. 1978; BAnz Nr 211

AFG . . . . . . Arbeitsförderungsgesetz v 25. 6. 1969, BGBl I 582

AfP . . . . Archiv für Presserecht

AG . . . . Amtsgericht, Ausführungsgesetz (ohne Zusatz: zum BGB)

AGBE . . . . . Bunte, Entscheidungssammlung AGB-Gesetz, Bd. I–V

AGBG . . . . . Gesetz zur Regelung des Rechts der Allgemeinen Geschäftsbedingungen v 9. 12. 1976, BGBl I 3317

AgrarR . . . . Zeitschrift für das Recht der Landwirtschaft, der Agrarmärkte und des ländlichen Raumes

AK
(+ Bearbeiter) Kommentar zum Bürgerlichen Gesetzbuch (Reihe Alternativkommentare), 1. Aufl 1979 ff

AKB . . . . . . Allgemeine Bedingungen für die Kraftfahrtversicherung idF v 26. 7. 1988 (BAnz Nr 152)

AktG . . . . . . Aktiengesetz v 6. 9. 1965, BGBl I 1089

AkZ . . . . . . Zeitschrift der Akademie für Deutsches Recht

ALG . . . . . . Gesetz über die Alterssicherung der Landwirte v 29. 7. 1994, BGBl I 1890

ALR . . . . . . Allgemeines Landrecht für die Preußischen Staaten von 1794

AMG . . . . . Arzneimittelgesetz idF v 19. 10. 1994, BGBl 3019

AnfG . . . . . . Gesetz betr die Anfechtung von Rechtshandlungen außerhalb des Konkursverfahrens v 20. 5. 1898 RGBl 705, BGBl III 3 Nr 311–5

AnpV . . . . . Verordnung zur Anpassung der Unterhaltsrenten für Minderjährige v 19. 3. 1992, BGBl I 535

Ans . . . . Ansbach

AnwBl . . . . Anwaltsblatt

AO 1977 . . . Abgabenordnung (AO 1977) v 16. 3. 1976, BGBl I 613

AP . . . . Nachschlagewerk des Bundesarbeitsgerichts (Gesetzesstelle u Entscheidungsnummer)

ApG . . . . . . Gesetz über das Apothekenwesen idF v 15. 10. 80, BGBl I 1994

ArbG . . . . . Arbeitsgericht

ArbGB . . . . Arbeitsgesetzbuch der DDR v 16. 6. 1977, GBl I 371

ArbGG . . . . Arbeitsgerichtsgesetz idF v 2. 7. 1979, BGBl I 853

ArbPlSchG . . Arbeitsplatzschutzgesetz idF v 14. 4. 1980, BGBl I 426

1. ArbR-
BerG . . . . . . Erstes Arbeitsrechtsbereinigungsgesetz v 14. 8. 1969, BGBl I 1106

ArbSichG . . . Arbeitssicherstellungsgesetz v 9. 7. 1968, BGBl I 787

ArbZRG . . . Gesetz zur Vereinheitlichung und Flexibilisierung des Arbeitszeitrechts v 6. 6. 1994, BGBl I 1170

ArchBürgR . . Archiv für bürgerliches Recht (Band u Seite)

ArchÖffR . . . Archiv für öffentliches Recht

ArchVR . . . . Archiv für Völkerrecht

AsylVfG . . . Asylverfahrensgesetz idF v 27. 7. 1993, BGBl I 1361

AtomG . . . . Atomgesetz idF v 15. 7. 1985, BGBl I 1566

AÜG . . . . . . Arbeitnehmerüberlassungsgesetz idF v 3. 2. 1995, BGBl I 159

AuA . . . . . . Arbeit und Arbeitsrecht

Aur . . . . Aurich

AVB . . . . . . Allgemeine Versicherungsbedingungen

AVBEltV . . . Verordnung über allgemeine Bedingungen für die Elektrizitätsversorgung von Tarifkunden v 21. 6. 1979, BGBl I 684

AVB-Fern-
wärmeV . . . . Verordnung über allgemeine Bedingungen für die Versorgung mit Fernwärme v 20. 6. 1980, BGBl I 742

AVBGasV . . Verordnung über allgemeine Bedingungen für die Gasversorgung von Tarifkunden v 21. 6. 1979, BGBl I 676

AVB-
WasserV . . . Verordnung über allgemeine Bedingungen für die Versorgung mit Wasser v 20. 6. 1980, BGBl I 750

AVO-PStG . . Verordnung zur Ausführung des PStG idF v 25. 2. 1977, BGBl I 377

AWD . . . . . s. RIW

AWG . . . . . Außenwirtschaftsgesetz v 28. 4.

---

[1] Vgl. auch das Verzeichnis der Abkürzungen von Gesetzen, Rechtsverordnungen u allgemeinen VerwaltgsVorschriften des Bundes, 1974, GMBl 75, 230, 459. – Bei Rechtsvorschriften mit amtlichen Kurzbezeichnungen sind nur diese anzugeben.
[2] Soweit nicht anders angegeben: zitiert Jahr und Seite.
[3] Der Ortsname ohne Zusatz bedeutet das Oberlandesgericht des betreffenden Ortes.
[4] Soweit Abkürzungen verwendet oder nicht am Beginn des 1.–5. Buches des BGB oder der übrigen Gesetze angeführt.

1961, BGBl I 481, BGBl III 7 Nr 7400–1

AWV . . . . . Außenwirtschaftsverordnung idF v 22. 11. 1993, BGBl I 1937

Ba . . . . Baden

Ba–Ba . . . . . Baden-Baden

BABl . . . . . . Bundesarbeitsblatt

BÄrztO . . . . Bundesärzteordnung idF v 16. 4. 1987, BGBl I 1218

BAFöG . . . . Bundesausbildungsförderungsgesetz idF v 6. 6. 1983 (BGBl I 646)

BAG . . . . . . Bundesarbeitsgericht, auch Entscheidungen des Bundesarbeitsgerichts

BankA . . . . . Bankarchiv, Zeitschrift für Bank- und Börsenwesen

BAnz . . . . . Bundesanzeiger

BarwertVO . Verordnung zur Ermittlung des Barwerts einer auszugleichenden Versorgung nach § 1587a Abs 3 Nr 2 und Abs 4 des Bürgerlichen Gesetzbuchs v 24. 6. 1977, BGBl I 1014

Barw-
ÄndVO . . . . Verordnung zur Änderung der BarwertVO v 22. 5. 1984, BGBl I 692

Bassenge/
Herbst . . . . . Gesetz über die Angelegenheiten der freiwilligen Gerichtsbarkeit/ Rechtspflegergesetz, 7. Aufl 1995

BauFdgG . . . Gesetz zur Sicherung der Bauforderungen v 1. 6. 1909, RGBl 449, BGBl III 2 Nr 213–2

BauGB . . . . Baugesetzbuch v 8. 12. 1986, BGBl I 2253

Baumbach/
Hopt . . . . . . Handelsgesetzbuch mit Nebengesetzen, 29. Aufl 1995

Baumb-
Hueck
GmbHG . . . Kurzkommentar zum GmbHGesetz, 15. Aufl 1988

Baumgärtel
(+ Bearbeiter) Handbuch der Beweislast im Privatrecht, Bd 1 (AT, SchuldR) 2. Aufl 1991, Bd 2 (SachenR, FamR, ErbR) 1. Aufl 1985

BauNVO . . . Verordnung über die bauliche Nutzung der Grundstücke idF v 23. 1. 1990, BGBl I 132

BauR . . . . . . Zeitschrift für das gesamte öffentliche und private Baurecht (Jahr u Seite)

BaWü . . . . . Baden-Württemberg

Bay . . . . Bayern

BayBS . . . . . Bereinigte Sammlung des bayerischen Landesrechts

BayBSErgB . Bereinigte Sammlung des bayerischen Landesrechts, Ergänzungsband

BayBSFN . . . Fortführungsnachweis der BayBS

BayBSVJu . . Bereinigte Sammlung der bayerischen Justizverwaltungsvorschriften

BayNotV . . . s MittBayNot

BayObLG . . Bayerisches Oberstes Landesgericht, auch Entscheidungssammlung in Zivilsachen

Bayr . . . . . . Bayreuth

BayRS . . . . . Bayerische Rechtssammlung

BayVBl . . . . Bayerische Verwaltungsblätter

BayVGH . . . Bayerischer Verwaltungsgerichts-

hof; auch Sammlung von Entscheidungen des bayerischen Verwaltungsgerichtshofes (Band u Seite)

BB . . . . Der Betriebs-Berater

BBauBl . . . . Bundesbaublatt

BBergG . . . . Bundesberggesetz v 13. 8. 1980, BGBl I 1310

BBesG . . . . . Bundesbesoldungsgesetz idF v 21. 9. 1994, BGBl I 2648

BBG . . . . . . Bundesbeamtengesetz idF v 3. 1. 1977, BGBl I 1, Ber 795

BDO . . . . . . Bundesdisziplinarordnung idF v 20. 7. 1967, BGBl I 751

BDSG . . . . . Bundesdatenschutzgesetz v 27. 1. 1977, BGBl I 201

BeamtVG . . . Beamtenversorgungsgesetz idF v 28. 12. 1994, BGBl I 3859

BeamtV-
GÄndG . . . . Gesetz zur Änderung des BeamtVG v. 18. 12. 1989, BGBl I 2818

BerBG
(BBiG) . . . . Berufsbildungsgesetz v 14. 8. 1969, BGBl I 1112

BerGesVR . . Berichte der Deutschen Gesellschaft für Völkerrecht

BerVO . . . . s. II.BV

BErzGG . . . . Bundeserziehungsgeldgesetz idF v 31. 1. 1994, BGBl I 181

BeschFG . . . Beschäftigungsförderungsgesetz 1985 v 26. 4. 1985, BGBl I 710

Betr . . . . . . s DB

BetrAVG . . . Gesetz zur Verbesserung der betrieblichen Altersversorgung v 19. 12. 1974, BGBl I 3610

BetrVG . . . . Betriebsverfassungsgesetz v 23. 12. 1988, BGBl 89, 1

BeurkG . . . . Beurkundungsgesetz v 28. 8. 1969, BGBl I 1513

BewG . . . . . Bewertungsgesetz idF v 1. 2. 1991, BGBl I 230

BezG . . . . . . Bezirksgericht

BezG/BSfZ . . Bezirksgericht/Besonderer Senat für Zivilsachen

BFH . . . . . . Bundesfinanzhof, auch Sammlung der Entscheidungen und Gutachten des BFH (Band u Seite)

BGB . . . . . . Bürgerliches Gesetzbuch v 18. 8. 1896, RGBl 195, BGBl III 4 Nr 400–2

BGBl I, II, III . Bundesgesetzblatt, mit I oder ohne Ziffer = Teil I; mit II = Teil II; mit III = Teil III

BGesBl . . . . Bundesgesundheitsblatt

BGH . . . . . . Bundesgerichtshof, auch Entscheidungen in Zivilsachen (Band u Seite)

BGHR . . . . . Rechtsprechung des Bundesgerichtshofs (Band u Seite)

BGHSt . . . . . Bundesgerichtshof, Entscheidungen in Strafsachen (Band u Seite)

BGH VGrS . . Bundesgerichtshof, Vereinigter Großer Senat

BGHWarn . . Rechtsprechung des Bundesgerichtshofs in Zivilsachen (Jahr u Nummer)

BHaftG . . . . Preußen. Gesetz über die Haftung des Staates u anderer Verbände für Amtspflichtverletzungen von Beamten bei Ausübung der öffentlichen Gewalt v 1. 8. 1909, GS S 691

BHO . . . . . . Bundeshaushaltsordnung v 19. 8. 1969, BGBl I 1284

Bielef . . . . . Bielefeld

BImSchG . . .	Bundesimmissionsschutzgesetz idF v 14. 5. 1990, BGBl I 881
BinnSchG . . .	Binnenschiffahrtsgesetz v 15. 6. 1895, RGBl 301, idF v 15. 6. 1898, RGBl 868, BGBl III 4 Nr 4103–1
BiRiLiG	Bilanzrichtlinie-Gesetz v 19. 12. 1985, BGBl I 2355
BJagdG	Bundesjagdgesetz idF v 29. 9. 1976, BGBl I 2849
BKleingG . . .	Bundeskleingartengesetz v 28. 2. 1983, BGBl I 210
BKGG	Bundeskindergeldgesetz idF v 31. 1. 1994, BGBl I 169
BLAH	Baumbach/Lauterbach/Albers/ Hartmann, Zivilprozeßordnung, 53. Aufl 1995
BLG	Bundesleistungsgesetz idF v 27. 9. 61, BGBl I 1769, BGBl III 5 Nr 54–1
BlGBW	Blätter für Grundstücks-, Bau- und Wohnungsrecht
Bln	Berlin
Bln-Sammlg, BerLR	Sammlung des bereinigten Berliner Landesrechts 1945–1967, GVBl Sonderband II, 1970
Bln-Sammlg, PreußR;	Sammlung des in Berlin geltenden preußischen Rechts 1806–1945, GVBl Sonderband I, 1966
BMA	Bundesminister(ium) für Arbeit
BMF	Bundesminister(ium) der Finanzen
BMFa	Bundesminister(ium) für Familienfragen
BMG (BMietG) . . .	Bundesmietengesetz, 1. v 27. 7. 55, BGBl I 458 – 2. v 23. 6. 60, BGBl I 389 – 3. v 24. 8. 65, BGBl I 971 – 4. v 11. 12. 67, BGBl I 1251 – 5. v 20. 12. 68, BGBl I 1411 – 6. v 19. 12. 69, BGBl I 2358 – 7. v 18. 6. 70, BGBl I 786 – 8. v 30. 10. 72, BGBl I 2052 – 9. v 30. 10. 72, BGBl I 2054 – 10. v 17. 11. 75, BGBl I 2868 – 11. v 24. 7. 79, BGBl I 1202 – 12. v 3. 2. 82, BGBl I 1106
BMI	Bundesminister(ium) des Innern
BMJ	Bundesminister(ium) der Justiz
BML	Bundesminister(ium) für Ernährung, Landwirtschaft und Forsten
BMWi	Bundesminister(ium) für Wirtschaft
BMWo	Bundesminister(ium) für Wohnungsbau
BNVO	Bundesnebentätigkeitsverordnung idF v 12. 11. 87, BGBl I 2376
BNatSchG . .	Bundesnaturschutzgesetz idF v 12. 3. 87, BGBl I 890
BNotO	Bundesnotarordnung v 24. 2. 61, BGBl I 98, BGBl III 3 Nr 303–1
Böhmer/Siehr	Das gesamte Familienrecht, 3. Aufl., Loseblattausgabe
BOKraft . . .	Verordnung über den Betrieb von Kraftfahrunternehmen im Personenverkehr v 21. 6. 75, BGBl I 1573
BoR	Board of Review
BoSoG	Bodensonderungsgesetz (Art 14 RegVBG) v 20. 12. 1993, BGBl I 2215
BPersVG . . .	Bundespersonalvertretungsgesetz v 15. 3. 74, BGBl I 693
BPflVO	Bundespflegesatzverordnung v 21. 8. 85, BGBl I 1666
BPM (+ Bearbeiter)	Bärmann/Pick/Merle, Wohnungseigentumsgesetz, 6. Aufl 1987
BPolBG	Bundespolizeibeamtengesetz idF v 3. 6. 76, BGBl I 1357
BR	Bundesrat
Brem	Bremen
BRAGO . . .	Bundesgebührenordnung für Rechtsanwälte v 26. 7. 57, BGBl I 907, BGBl III 3 Nr 368–1
BRAO	Bundesrechtsanwaltsordnung v 1. 8. 59, BGBl I 565, BGBl III 3 Nr 308–8
Brdbg	Brandenburg
BRep.	Bundesrepublik Deutschland
BRRG	Beamtenrechtsrahmengesetz idF v 27. 2. 85, BGBl I 462
Brschw	Braunschweig
BSeuchG . . .	Gesetz zur Verhütung u Bekämpfung übertragbarer Krankheiten idF v 18. 12. 79, BGBl I 2262 (Berichtigung BGBl I 80, 151)
BSHG	Bundessozialhilfegesetz idF v 23. 3. 1994, BGBl I 646
BSozG (BSG) .	Bundessozialgericht
BSpKG	Gesetz über Bausparkassen v 15. 2. 91; BGBl I 454
BS-RhPf . . .	Sammlung des bereinigten Landesrechts von Rheinland-Pfalz, 9. 5. 45 bis 31. 5. 68
BS-Saar	Sammlung des bereinigten Saarländischen Landesrechts, 5. 6. 45 bis 30. 6. 70, 2 Bände, 1971
BStBl	Bundessteuerblatt
BSt/Kilger . .	Böhle-Stamschräder/Kilger, Vergleichsordnung (VerglO), 11. Aufl 1986
BT	Bundestag
BtBG	Betreuungsbehördengesetz v 12. 9. 1990, Art 8 BtG
BtG	Betreuungsgesetz v 12. 9. 90, BGBl I 2002
BtMG	Betäubungsmittelgesetz v 1. 3. 1994, BGBl I 359
BtPrax	Betreuungsrechtliche Praxis
BUrlG	Bundesurlaubsgesetz v 8. 1. 63, BGBl I 2
II. BV	VO über wohnungswirtschaftliche Berechnungen idF vom 12. 10. 90, BGBl I 2179
BVerfG	Bundesverfassungsgericht, auch Entscheidungen des Bundesverfassungsgerichts (Band u Seite)
BVerfGG . . .	Gesetz über das Bundesverfassungsgericht idF v 11. 8. 93, BGBl I 1474
BVerfG-Ka . .	Kammer des Bundesverfassungsgerichts
BVG	Bundesversorgungsgesetz idF v 22. 1. 82, BGBl I 21
BVerwG	Bundesverwaltungsgericht, auch Entscheidungen des Bundesverwaltungsgerichts (Band u Seite)
BVFG	Bundesvertriebenengesetz idF v 2. 6. 93, BGBl I 829
BWNotZ . . .	Zeitschrift für das Notariat in Baden-Württemberg
BZRG	Bundeszentralregistergesetz idF v 12. 9. 84, BGBl I 1230
BZollBl	Bundeszollblatt

CC . . . . . . Code civil
Charl . . . . . Berlin-Charlottenburg
Chem . . . . . Chemnitz
CMR . . . . . Übereinkommen über den Beförderungsvertrag im internationalen Straßengüterverkehr v 19. 5. 56/ 16. 8. 61 (BGBl II 1119, 62 II 12)
CISG . . . . . Convention on Contracts for the International Sale of Goods v 11. 4. 80, BGBl II 89, 588
CR . . . . . . Computer und Recht
Cttb . . . . . Cottbus

DA . . . . . . Dienstanweisung für die Standesbeamten und ihre Aufsichtsbehörden idF v 23. 11. 87, BAnz Nr 227a
DAngVers . . Die Angestelltenversicherung
DAR . . . . . Deutsches Autorecht, Deutsche Außenwirtschafts-Rundschau
Darmst . . . . Darmstadt
DAV(orm) . . Der Amtsvormund, Rundbrief des Deutschen Instituts für Vormundschaftswesen
DB . . . . . . Der Betrieb
DBB . . . . . Deutsche Bundesbank
DDR . . . . . Deutsche Demokratische Republik
Degdf . . . . Deggendorf
DepG . . . . Depotgesetz idF v 11. 1. 1995, BGBl I 34
Detm . . . . . Detmold
DFG . . . . . Deutsche Freiwillige Gerichtsbarkeit
DGB . . . . . Deutscher Gewerkschaftsbund
DGVZ . . . . Deutsche Gerichtsvollzieher-Zeitung
Die Soz-
Gerichtsbk . . Die Sozialgerichtsbarkeit
Die SozVers . Die Sozialversicherung
DJ . . . . . . Deutsche Justiz
DJT . . . . . Deutscher Juristentag
DJZ . . . . . Deutsche Juristen-Zeitung
DNotZ . . . . Deutsche Notar-Zeitschrift
DNotV . . . . Zeitschrift des Deutschen Notarvereins
DÖD . . . . . Der öffentliche Dienst
DÖV . . . . . Die Öffentliche Verwaltung
DONot . . . . Dienstordnung für Notare
Dortm . . . . Dortmund
DPA . . . . . Deutsches Patentamt
DR (DRW) . . Deutsches Recht, ab 1. 4. 39 Wochenausgabe
Dresd . . . . Dresden
DRiG . . . . . Deutsches Richtergesetz idF v 19. 4. 72, BGBl I 713
DRiZ . . . . . Deutsche Richterzeitung
DRpfl . . . . . Deutsche Rechtspflege
DRspr . . . . . Deutsche Rechtsprechung, Entscheidungssammlung und Aufsatzhinweise
DRV
(DtRentVers) Deutsche Rentenversicherung
DRZ . . . . . bis 1935: Deutsche Richterzeitung (Jahr u Seite. Nr des Rechtsprechungsteils); ab 1946: Deutsche Rechtszeitschrift
DStR . . . . . Deutsches Steuerrecht
DStZ . . . . . Deutsche Steuer-Zeitung
DtZ . . . . . . Deutsch-Deutsche Rechts-Zeitschrift
Düss . . . . . Düsseldorf
DV . . . . . . Deutsche Verwaltung

DVBl . . . . . Deutsches Verwaltungsblatt
DWE . . . . . Der Wohnungseigentümer
DWW . . . . . Deutsche Wohnungswirtschaft
DZWiR . . . . Deutsche Zeitschrift für Wirtschaftsrecht

EAMWoG . . Gesetz zur Erhöhung des Angebots an Mietwohnungen v 20. 12. 82, BGBl I 1912
EBBO (EBO) Eisenbahn-Bau- und Betriebsordnung v 17. 7. 28, RGBl II 541, BGBl III 9 Nr 933–2
EBE . . . . . . Eildienst bundesgerichtlicher Entscheidungen
ECU . . . . . European Currency Unit
EFZG . . . . . Entgeltfortzahlungsgesetz (Art 56 SGB XI)
EG . . . . Einführungsgesetz (ohne Zusatz: zum BGB), auch Europäische Gemeinschaft
EGAO 1977 . Einführungsgesetz zur Abgabenordnung v 14. 12. 76, BGBl I 3341
EGBGB (EG) Einführungsgesetz zum Bürgerlichen Gesetzbuch idF v 21. 9. 1994, BGBl I 2494
EGFamGB . . Einführungsgesetz zum Familiengesetzbuch der DDR v 19. 6. 1975, GBl I 1966, 19
EGGVG . . . . Einführungsgesetz zum Gerichtsverfassungsgesetz v 27. 1. 1877, RGBl 77, BGBl III 3 Nr 300–1
EGInsO . . . . Einführungsgesetz zur Insolvenzordnung v 5. 10. 1994, BGBl I 2911
EGStGB . . . . Einführungsgesetz zum Strafgesetzbuch v 2. 3. 74, BGBl I 469
EG-Übk . . . Übereinkommen über das auf vertragliche Schuldverhältnisse anzuwendende Recht v 19. 6. 1980, BGBl 86 II 810
EGZGB . . . . Einführungsgesetz zum Zivilgesetzbuch der DDR v 19. 6. 1975, GBl I 517
EheG . . . . . . Ehegesetz v 20. 2. 46, BGBl III 4 Nr 404–1
EheNÄndG . Ehenamensänderungsgesetz v 27. 3. 79, BGBl I 401
1. EheRG . . . Erstes Gesetz zur Reform des Ehe- und Familienrechts v 14. 6. 76, BGBl I 1421
EheschlAbk . Haager Abkommen zur Regelung des Geltungsbereichs der Gesetze auf dem Gebiete der Eheschließung v 12. 6. 1902, RGBl 1904, 221
EhfG . . . . . . Entwicklungshelfergesetz v 18. 6. 69, BGBl I 549
EichG . . . . . Eichgesetz idF v 23. 3. 92, BGBl I 712
EigenhVO . . Verordnung über die Bereitstellung genossenschaftlich genutzter Bodenflächen zur Errichtung von Eigenheimen auf dem Lande v 9. 6. 76 (DDR), GBl I 426, 500
EinigsV . . . . Einigungsvertrag v 31. 8. 90, BGBl II 889 = GBl DDR I 1629
EJF . . . . Entscheidungen aus dem Jugend- und Familienrecht (Abschnitt u Nummer)
Ellw . . . . . . Ellwangen
Emmerich/
Sonnenschein Mietrecht, Sonderdruck aus Staudinger, BGB, 6. Aufl 1991

EMRK .... Europäische Konvention zum Schutz der Menschenrechte und Grundfreiheiten

ErbbRVO .. Verordnung über das Erbbaurecht v 15. 1. 19, RGBl 72, BGBl III 4 Nr 403–6

ErbStDVO .. Erbschaftsteuer-Durchführungsverordnung idF v 19. 1. 62, BGBl I 22

ErbStG ... Erbschaftsteuer- und Schenkungsteuergesetz idF v 19. 2. 91, BGBl I 468

Erf .... Erfurt

ErgG...... Ergänzungsgesetz

Erm
(+ Bearbeiter) Erman, Handkommentar zum Bürgerlichen Gesetzbuch, 9. Aufl 1993

ErwZulG ... Gesetz über die erweiterte Zulassung von Schadenersatzansprüchen bei Dienst- und Arbeitsunfällen v 7. 12. 43 (RGBl I 674)

ES .... Entscheidungssammlung

EStG 1990 .. Einkommensteuergesetz 1990 v 7. 9. 90, BGBl I 1898

EuGH
(GHEuG) ... Gerichtshof der Europäischen Gemeinschaften

EuGRZ .... Europäische Grundrechte

EuGVÜ .... Übereinkommen der Europäischen Gemeinschaft über die gerichtliche Zuständigkeit und die Vollstreckung gerichtlicher Entscheidungen in Zivil- und Handelssachen v 27. 9. 68, BGBl 72 II 774

EuR ...... Europarecht

Eur-Arch ... Europa-Archiv

EuropGMR . Europäischer Gerichtshof für Menschenrechte

EVO ...... Eisenbahn-Verkehrsordnung v 8. 8. 38, RGBl II 663, BGBl III 9 Nr 934–1

EWiR ..... Entscheidungen zum Wirtschaftsrecht

EWS ...... Europäisches Wirtschafts- und Steuerrecht (Jahr u Seite)

EZA ...... Entscheidungssammlung zum Arbeitsrecht

FAG ...... Gesetz über Fernmeldeanlagen idF v 3. 7. 89, BGBl I 1455

FamNamRG Gesetz zur Neuordnung des Familiennamensrechts v 16. 12. 1993, BGBl I 2054

FamRÄndG Familienrechtsänderungsgesetz v 11. 8. 61, BGBl I 1221, BGBl III 4 Nr 400–4; auch 1. Gesetz zur Änderung des Familiengesetzbuchs der DDR vom 20. 7. 90, GBl I 1038

FamRZ .... Ehe und Familie im privaten und öffentlichen Recht. Zeitschrift für das gesamte Familienrecht

FBG ...... Gesetz über die Feuerbestattung v 15. 5. 34, RGBl I 380

Fbg .... Freiburg

FernUSG ... Fernunterrichtsschutzgesetz v 24. 8. 76, BGBl I 2525

Ffm. ...... Frankfurt am Main

Ffo .... Frankfurt an der Oder

FG .... Feststellungsgesetz idF v 1. 10. 69, BGBl I 1885

FGB ...... Familiengesetzbuch der DDR vom 20. 12. 1965, GBl I 1966, 1

FGG ...... Reichsgesetz über die freiwillige Gerichtsbarkeit v 17. 5. 1898, RGBl 189, BGBl III 3 Nr 315–1

FGPrax .... Praxis der Freiwilligen Gerichtsbarkeit

FinA ...... Finanzamt

FinG ...... Finanzgericht

FlößG ..... Gesetz betr die privatrechtlichen Verhältnisse der Flößerei v 15. 6. 1895, RGBl 341, BGBl III 4 Nr 4103–5

FluglärmG . Gesetz zum Schutz gegen Fluglärm v 30. 3. 71, BGBl I 282

FlurbG..... Flurbereinigungsgesetz idF v 16. 3. 76, BGBl I 546

FO .... Fernmeldeordnung idF v 5. 5. 71, BGBl I 543

Frankth .... Frankenthal

FRES ..... Entscheidungssammlung zum gesamten Bereich von Ehe und Familie (Band u Seite)

FrWW .... Die freie Wohnungswirtschaft

FStrG ..... Bundesfernstraßengesetz idF v 19. 4. 1994, BGBl I 855

FuR ...... Familie und Recht

FVE ...... Sammlung fremdenverkehrsrechtlicher Entscheidungen

GAL ..... Gesetz über eine Altershilfe für Landwirte idF v 14. 9. 65, BGBl I 1448

GaststG .... Gaststättengesetz v 5. 5. 70, BGBl I 465

GBBerG ... Grundbuchbereinigungsgesetz (Art 2 RegVBG) v 20. 12. 1993, BGBl I 2192

GBl. ...... Gesetzblatt

GBO...... Grundbuchordnung idF v 26. 5. 1994, BGBl I 1114

GBV ..... Grundbuchverfügung v 8. 8. 35, RMBl 637

GBVO .... Grundbuchverfahrensordnung v 30. 12. 1975 (DDR), GBl 76 I 42

GebrMG ... Gebrauchsmustergesetz idF v 28. 8. 86, BGBl I 1456

GDO...... Grundstücksdokumentationsordnung v 6. 11. 1975 (DDR), GBl I 697

GGV ..... Gebäudegrundbuchverfügung v 23. 7. 1994, BGBl I 1606

GemO ..... Gemeindeordnung

GemWW ... Gemeinnütziges Wohnungswesen, seit 1950, vorher Gemeinnützige Wohnungswirtschaft

GenG ..... Gesetz betr die Erwerbs- und Wirtschaftsgenossenschaften idF v 19. 8. 1994, BGBl I 2202

GeschlG .... Gesetz zur Bekämpfung von Geschlechtskrankheiten v 23. 7. 53, BGBl I 700

GeschmMG Gesetz über das Urheberrecht an Mustern und Modellen v 11. 1. 1876, RGBl 11, BGBl III 4 Nr 442–1

GewA ..... Gewerbearchiv

GewO ..... Gewerbeordnung idF v 1. 1. 87, BGBl I 426

GG .... Grundgesetz für die Bundesrepublik Deutschland v 23. 5. 49, BGBl 1, BGBl III 1 Nr 100–1

Gierke ..... Deutsches Privatrecht, Band 1–3, 1905–1936 (System Hdb der Deutschen Rechtswissenschaft 2, 3)

GK-AsylVfG	Gemeinschaftskommentar zum Asylverfahrensgesetz von Baumüller ua, Loseblattausgabe
GKG	Gerichtskostengesetz idF v 15. 12. 75, BGBl I 3047
2. GleiBG	Gesetz zur Durchsetzung der Gleichberechtigung von Frauen und Männern v 24. 6. 1994, BGBl I 1406
GleichberG	Gesetz über die Gleichberechtigung von Mann und Frau auf dem Gebiet des bürgerlichen Rechts v 18. 6. 57, BGBl I 609, BGBl III 4 Nr 400–3
GmbHG	Gesetz betr die Gesellschaften mit beschränkter Haftung v 20. 4. 92, RGBl 477, BGBl III 4 Nr 4123–1
GMBl	Gemeinsames Ministerialblatt der Bundesministerien des Innern, für Vertriebene, für Wohnungsbau für gesamtdeutsche Fragen, für Angelegenheiten des Bundesrats
GmS-OGB	Gemeinsamer Senat der obersten Gerichte des Bundes
Göhring-Posch	Zivilrecht (DDR), 2 Bände
Görl	Görlitz
Gött (Gö)	Göttingen
GOÄ	Gebührenordnung für Ärzte idF v 10. 6. 88, BGBl I 818, 1590
GrdstVG	Grundstückverkehrsgesetz v 28. 7. 61, BGBl I 1091, BGBl III 7 Nr 7810–1
Grdst-VollstrVO	Grundstücksvollstreckungsverordnung v 6. 6. 1990 (DDR), GBl I 288
GrStS	Großer Senat in Strafsachen
Gruch	Gruchot Beiträge zur Erläuterung des Deutschen Rechts (Band u Seite)
GrundE	Das Grundeigentum
GRUR	Gewerblicher Rechtsschutz und Urheberrecht
GrZS	Großer Senat in Zivilsachen
GS	Großer Senat, auch Preußische Gesetzsammlung
GSB	s BauFdgG
GSNW	Sammlung des bereinigten Landesrechts Nordrhein-Westfalen 1945 bis 1956
GSSchlH II	Sammlung des schleswig-holsteinischen Landesrechts II
GüKG	Güterkraftverkehrsgesetz idF v 10. 3. 83, BGBl I 257
GVBl	Gesetz- und Verordnungsblatt
GVG	Gerichtsverfassungsgesetz idF v 9. 5. 75, BGBl I 1077
GVNW	Gesetz und Verordnungsblatt des Landes Nordrhein-Westfalen
GVO	Grundstücksverkehrsordnung idF v 20. 12. 1993, BGBl I 2221
GW	Gesetz über Wirtschaftsverträge v 5. 2. 1976 (DDR), GBl I 61
GWB	Gesetz gegen Wettbewerbsbeschränkungen idF v 20. 2. 90, BGBl I 236
GWW	Gemeinnütziges Wohnungswesen
Haag-EheschlAbk	(Haager) Abkommen zur Regelung des Geltungsbereichs der Gesetze auf dem Gebiete der Eheschließung v 12. 6. 02, RGBl 1904, 221
Haag-UnterhÜbk	Haager Unterhaltsübereinkommen v 24. 10. 56, BGBl 1961 II, 1013
Haag-VormAbk	(Haager) Abkommen zur Regelung der Vormundschaft über Minderjährige v 12. 6. 02, RGBl 1904, 240
Habscheid	Freiwillige Gerichtsbarkeit, 7. Aufl 1983
HäftlingshilfeG (HHG)	Gesetz über Hilfsmaßnahmen für Personen, die aus politischen Gründen außerhalb der Bundesrepublik Deutschland in Gewahrsam genommen wurden idF v 2. 6. 93, BGBl I 838
HaftpflG	Haftpflichtgesetz idF v 4. 1. 78, BGBl I 145
HambSLR	Sammlung des bereinigten hamburgischen Landesrechts
Hann	Hannover
Hans(R)GZ	Hanseatische Gerichtszeitung (1. 1880–48. 1927; dann Hanseat. Rechts- u Gerichtszeitschrift
HGrG	Haushaltsgrundsätzegesetz v 19. 8. 69, BGBl I 1273
HausTWG	Gesetz über den Widerruf von Haustürgeschäften und ähnlichen Geschäften v 16. 1. 86, BGBl I 122
Hbg	Hamburg
HdwO	Handwerksordnung idF v 28. 12. 65, BGBl 66 I 1, BGBl III 7 Nr 7110–1
Hdlbg	Heidelberg
Heilbr	Heilbronn
HeimarbG	Heimarbeitsgesetz v 14. 3. 51, BGBl I 191
Heimarb-ÄndG	Heimarbeitsänderungsgesetz v 29. 10. 74, BGBl I 2879
HeimG	Heimgesetz idF v 23. 4. 90, BGBl I 764
HeizkostenV	Verordnung über die verbrauchsabhängige Abrechnung der Heiz- und Warmwasserkosten idF v 20. 1. 89, BGBl I 116
Hess	Hessen
HessGVBl II	Gesetz- u VOBlatt für das Land Hessen, Teil II, Sammlung des bereinigten hessischen Landesrechts
HEZ	Höchstrichterliche Entscheidungen, Sammlung von Entscheidungen der Oberlandesgerichte und der obersten Gerichte in Zivilsachen (Band u Seite)
HFR	Höchstrichterliche Finanzrechtsprechung
HGB	Handelsgesetzbuch v 10. 5. 1897, RGBl 219, BGBl III 4 Nr 4100–1
HintO	Hinterlegungsordnung v 10. 3. 37, RGBl I 285, BGBl III 3 Nr 300–15
Hildesh	Hildesheim
HOAI	Honorarordnung für Architekten und Ingenieure idF v 4. 3. 91, BGBl I 533
HöfeO	Höfeordnung idF v 26. 7. 76, BGBl I 1933
2. HöfeO-ÄndG	Zweites Gesetz zur Änderung der Höfeordnung v 29. 3. 76, BGBl I 881

HöfeVfO . . . Verfahrensordnung für Höfesachen v 29. 3. 76, BGBl I 881/885
HRR . . . . . . Höchstrichterliche Rechtsprechung (Jahr u Nr)
Hueck-
Canaris . . . . Recht der Wertpapiere, 12. Aufl 1986
HuW . . . . . Haus und Wohnung
HypBkG . . . Hypothekenbankgesetz idF v 19. 12. 90, BGBl I 2899

InfAuslR . . . Informationsbrief Ausländerrecht
InkrG . . . . . Gesetz über die Inkraftsetzung von Rechtsvorschriften der Bundesrepublik Deutschland in der DDR v 21. 6. 1990 (DDR), GBl I 357
InsO . . . . . Insolvenzordnung v. 5. 10. 1994, BGBl I 2866
IPG . . . . . . Gutachten zum internationalen und ausländischen Privatrecht v Ferid-Kegel-Zweigert, 1965 ff (Jahr u Nr)
IPRax . . . . Praxis des Internationalen Privat- und Verfahrensrechts
IPRG . . . . . . Gesetz zur Neuregelung des Internationalen Privatrechts v 25. 7. 86, BGBl I 1142
IPRspr . . . . . Makarov, Gamillscheg, Müller, Dierk, Kropholler, Die deutsche Rechtsprechung auf dem Gebiete des internationalen Privatrechts, 1952 ff
IRO . . . . . . International Refugee Organization

JA . . . . Jugendamt, auch Juristische Arbeitsblätter
JArbSchG . . . Jugendarbeitsschutzgesetz idF v 12. 4. 76, BGBl I 965
Jaeger
(+ Bearbeiter) Konkursordnung und Einführungsgesetz, 9. Aufl 1977 ff
Jansen . . . . Freiwillige Gerichtsbarkeit, 2. Aufl 1969–1971, Bd 1–3
Jauernig
(+ Bearbeiter) Bürgerliches Gesetzbuch, 7. Aufl 1994
JBeitrO . . . . Justizbeitreibungsordnung v 11. 3. 37, RGBl I 298
JbIntR . . . . . Jahrbuch für internationales (bis 2. 1954: und ausländisches öffentliches) Recht
JbItalR . . . . Jahrbuch für italienisches Recht
JBl . . . . Justizblatt
JBlSaar . . . . Justizblatt des Saarlandes
JbOstR . . . . Jahrbuch für Ostrecht
JFG . . . . . . Jahrbuch für Entscheidungen in Angelegenheiten der Freiwilligen Gerichtsbarkeit und des Grundbuchrechts (Band u Seite)
JG . . . . Jugendgericht
JGG . . . . . . Jugendgerichtsgesetz idF v 11. 12. 74, BGBl I 3427
JhJ . . . . . . Jherings Jahrbücher der Dogmatik des bürgerlichen Rechts (Band u Seite)
JMBl . . . . . . Justizministerialblatt
JO . . . . Journal officiel
Joh/Henr
(+ Bearbeiter) Johannsen/Henrich, Eherecht, 2. Aufl 1992
JR . . . . Juristische Rundschau, Rechtsprechungsbeilage dazu (1925–1936) nach Nr

JSchÖG . . . . Jugendschutzgesetz v 25. 2. 85, BGBl I 425
Jura . . . . . . Jura/Juristische Ausbildung
JurBüro . . . . Das juristische Büro
JurJb . . . . . . Juristen-Jahrbuch
JuS . . . . . . Juristische Schulung
Just . . . . . . Die Justiz, Amtsblatt des Justizministeriums Baden-Württemberg
JVBl . . . . . . Justizverwaltungsblatt
JVKostO . . . Verordnung über die Kosten im Bereich der Justizverwaltung v 14. 2. 40, RGBl I 357, BGBl III 3 Nr 363–1
JW . . . . Juristische Wochenschrift
JZ . . . . Juristen-Zeitung

KAGG . . . . . Gesetz über Kapitalanlagegesellschaften idF v 14. 1. 70, BGBl I 127
Karlsr . . . . . Karlsruhe
Kbg . . . . . . Königsberg
Kblz . . . . . . Koblenz
KEHE
(+ Bearbeiter) Kuntze-Ertl-Herrmann-Eickmann, Grundbuchrecht, 4. Aufl 1991
KG . . . . Kammergericht
KGBl . . . . . Blätter für Rechtspflege im Bezirk des Kammergerichts in Sachen der freiwilligen Gerichtsbarkeit, in Kosten-, Stempel- und Strafsachen
KGJ . . . . . . Jahrbuch für Entscheidungen des Kammergerichts (Band u Seite); soweit nichts anderes angegeben Abteilung A
Kilger/
Schmidt . . . . Konkursordnung, 16. Aufl 1993
KJ . . . . Kritische Justiz (Jahr u Seite)
KJHG . . . . . Kinder- und Jugendhilfegesetz idF v 3. 5. 93, BGBl I 638
KKW . . . . . Keidel-Kuntze-Winkler, Freiwillige Gerichtsbarkeit, 13. Aufl 1992
Klautern . . . . Kaiserslautern
KLG . . . . . . Gesetz über Leistungen der gesetzlichen Rentenversicherung für Kindererziehung an Mütter der Geburtsjahrgänge vor 1921 v 12. 7. 87, BGBl I 1585
KO . . . . Konkursordnung idF v 20. 5. 1898, RGBl 612, BGBl III 3 Nr 311–4
KommZGB . Kommentar zum ZGB der DDR, herausgegeben vom Ministerium der Justiz, 2. Aufl 1985
KonkAusfgG Gesetz über Konkursausfallgeld v 17. 7. 74, BGBl I 1481
KonsG . . . . . Konsulargesetz vom 11. 9. 74, BGBl I 2317
KostÄndG . . Gesetz zur Änderung und Ergänzung kostenrechtlicher Vorschriften v 26. 7. 57, BGBl I 861, BGBl III 3 Nr 360–3
KostO . . . . . Kostenordnung idF v 26. 7. 57, BGBl I 960, BGBl III 3 Nr 361–1
Kreuzn . . . . Bad Kreuznach
Krfld . . . . . . Krefeld
KrG . . . . . . Kreisgericht
KrVJSchr . . . Kritische Vierteljahresschrift für Gesetzgebung u Rechtswissenschaft (Band u Seite)
KSchG . . . . . Kündigungsschutzgesetz v 25. 8. 69, BGBl I 1317, BGBl III 8 Nr 800–2
Kstz . . . . . . Konstanz

KTS . . . . . Zeitschrift für Konkurs-, Treuhand- und Schiedsgerichtswesen

KUG. . . . . Kunsturhebergesetz v 9. 1. 07, RGBl 7, BGBl III 4 Nr 440–3

Kuhn/Uhlenbruck . . . Konkursordnung, 11. Aufl 1994

KVO. . . . . Kraftverkehrsordnung für den Güterfernverkehr mit Kraftfahrzeugen idF v 23. 12. 58, BAnz 31. 12. 58 Nr 249

KWG . . . . Gesetz über das Kreditwesen v 30. 6. 93, BGBl I 1083

LadSchlußG . Gesetz über den Ladenschluß v 28. 11. 56, BGBl I 875

LAG . . . . . Lastenausgleichsgesetz idF v 2. 6. 93, BGBl I 845; auch Landesarbeitsgericht

LBG . . . . . Landbeschaffungsgesetz v 23. 2. 57, BGBl I 134, BGBl III 5 Nr 54–3

LFZG . . . . Lohnfortzahlungsgesetz v 27. 7. 69, BGBl I 946

LG . . . . . . Landgericht

LJA . . . . . . Landesjugendamt

LM . . . . . . Das Nachschlagewerk des Bundesgerichtshofs in Zivilsachen, herausgegeben von Lindenmaier und Möhring; Nr ohne Gesetzesstelle bezieht sich auf den kommentierten Paragraphen)

Lö-vW-Tr . . Löwe, Graf von Westphalen, Trinkner, Kommentar zum Gesetz zur Regelung des Rechts der Allgemeinen Geschäftsbedingungen, 2. Aufl 1982/86

LPachtG. . . . Landpachtgesetz v 25. 6. 52, BGBl I 343, BGBl III 7 Nr 7813–2

LPG . . . . . Landwirtschaftliche Produktionsgenossenschaft

Lpzg . . . . . Leipzig

LSozG . . . . Landessozialgericht

Lüb . . . . . . Lübeck

LuftfzRG . . . Gesetz über Rechte an Luftfahrzeugen v 26. 2. 59, BGBl I 57, BGBl III 4 Nr 403–9

LuftVG . . . . Luftverkehrsgesetz idF v 14. 1. 81, BGBl I 61

LuftVO . . . Luftverkehrs-Ordnung idF v 14. 11. 69, BGBl I 2117

Lutter . . . . . Lutter, Das Erbrecht des nichtehelichen Kindes, 2. Aufl 1972

LwG . . . . . Landwirtschaftsgericht

LwVG. . . . . Gesetz über das gerichtliche Verfahren in Landwirtschaftssachen v 21. 7. 53, BGBl I 667, BGBl III 3 Nr 317–1

LZ . . . . Leipziger Zeitschrift für Deutsches Recht

MaBV . . . . Makler- und Bauträgerverordnung idF v 7. 11. 90, BGBl I 2479

Mannh . . . . Mannheim

MaschSchG . Gesetz über technische Arbeitsmittel (Gerätesicherheitsgesetz) v 24. 6. 68, BGBl I 717

MdI . . . . . . Minister(ium) des Innern

MdJ . . . . . . Minister(ium) der Justiz

MDR . . . . . Monatsschrift für Deutsches Recht (Jahr u Seite)

MecklVP . . . Mecklenburg-Vorpommern

Medicus . . . . Bürgerliches Recht, 16. Aufl 1993

MedR . . . . . Medizinrecht

Meing . . . . Meiningen

Memmg. . . . Memmingen

MeßG . . . . . Gesetz über Einheiten im Meßwesen v 2. 7. 69, BGBl I 709

Mgdbg . . . . Magdeburg

MHG . . . . . Gesetz zur Regelung der Miethöhe v 18. 12. 74, BGBl I 3604

MietRÄndG . Gesetz zur Änderung mietrechtlicher Vorschriften, Erstes: v 29. 7. 63, BGBl I 505, Zweites: v 14. 7. 64, BGBl I 457, Drittes: v 21. 12. 67, BGBl I 1248, Viertes: v 21. 7. 93, BGBl I 1257

MinBl . . . . . Ministerialblatt

MitBestG . . . Gesetz über die Mitbestimmung der Arbeitnehmer v 4. 5. 76, BGBl I 1153

MittBayNot . Mitteilungen des Bayerischen Notarvereins

MittBBank . . Mitteilungen der Deutschen Bundesbank

MiZi . . . . . . Anordnung über Mitteilungen in Zivilsachen v 1. 10. 67

MMV . . . . . Mustermietvertrag, herausgeb. v BJM, 1976

ModEnG . . . Modernisierungs- und Energieeinsparungsgesetz v 12. 7. 78, BGBl I 993

MöGladb . . . Mönchengladbach

Mosb . . . . . Mosbach

Mot . . . . . . Motive zum BGB

M-Pl-Inst (MPI) . . . . . Max-Planck-Institut

MRK . . . . . Menschenrechtskonvention

MRVerbG . . Gesetz zur Verbesserung des Mietrechts und zur Begrenzung des Mietanstiegs sowie zur Regelung von Ingenieur- und Architektenleistungen v 4. 11. 71, BGBl I 1745

MSA . . . . . Übereinkommen über die Zuständigkeit und das anzuwendende Recht auf dem Gebiet des Schutzes von Minderjährigen v 5. 10. 61, BGBl 71 II 217

Mü . . . . München

MÜblG . . . . Mietenüberleitungsgesetz v 6. 6. 1995, BGBl I 748

Mühlh . . . . . Mühlhausen

MüKo (+ Bearbeiter) Münchener Kommentar zum Bürgerlichen Gesetzbuch, 2. Aufl 1984/ 90; 3. Aufl ab 1992

MuSchG . . . Gesetz zum Schutz der erwerbstätigen Mutter idF v 18. 4. 68, BGBl 315

MuW . . . . . Markenschutz und Wettbewerb

NachlG . . . . Nachlaßgericht

NÄG. . . . . . Namensänderungsgesetz v 5. 1. 38, RGBl I 9, BGBl III 4 Nr 401–1

NBrdbg . . . . Neubrandenburg

Nds . . . . Niedersachsen

NdsFGG . . . Niedersächsisches Gesetz über die freiwillige Gerichtsbarkeit idF v 24. 2. 71, GVBl 43

NdsRpfl. . . . Niedersächsische Rechtspflege

NdsGVBl

Sb I–III . . . . Sammlung des bereinigten niedersächsischen Rechts I (9. 5. 1945 – 31. 12. 1958), II (1. 1. 1919–8. 5. 1945), III (1. 1. 1806–31. 12. 1918)

NEhelG . . . . Gesetz über die rechtliche Stellung der nichtehelichen Kinder v 19. 8. 69, BGBl I 1243

Neust . . . . . Neustadt

NJ . . . . Neue Justiz

NJW . . . . . Neue Juristische Wochenschrift

NJW-RR . . . NJW-Rechtsprechungs-Report Zivilrecht

NMV 1970 . . Neubaumietenverordnung 1970 idF v 12. 10. 90, BGBl I 2203

NotariatsG . . Notariatsgesetz v 5. 2. 1976 (DDR), GBl I 93

NRupp . . . . Neuruppin

NRW . . . . . Nordrhein-Westfalen

NStZ . . . . . Neue Zeitschrift für Strafrecht

NTS . . . . . NATO-Truppenstatut v 19. 6. 51, BGBl 1961 II 1183

NTS-AG . . . Gesetz zum NATO-Truppenstatut und zu den Zusatzvereinbarungen v 16. 8. 61, BGBl II 1183

NuR . . . . . Natur und Recht

NutzgsG . . . Gesetz über die Verleihung von Nutzungrechten an volkseigenen Grundstücken v 14. 12. 1970 (DDR), GBl I 372

NVwZ . . . . Neue Zeitschrift für Verwaltungsrecht

NZA . . . . . Neue Zeitschrift für Arbeitsrecht

NZV . . . . . Neue Zeitschrift für Verkehrsrecht

Odersky . . . Nichtehelichengesetz, Handkommentar, 4. Aufl 1978

OEG . . . . . Gesetz über die Entschädigung für Opfer von Gewalttaten v 11. 5. 76, BGBl I 1181

Offbg . . . . . Offenburg

OG . . . . . . Oberstes Gericht der DDR

OGH . . . . . Oberster Gerichtshof für die Britische Zone, auch Sammlung der Entscheidungen (Band u Seite); Oberster Gerichtshof der Republik Österreich

Oldbg . . . . . Oldenburg

OLG . . . . . Oberlandesgericht, auch Die Rechtsprechung der Oberlandesgerichte (Band u Seite) ab 1995 vereinigt mit FG Prax

OLG-NL . . . OLG-Rechtsprechung Neue Länder

OLGPräs . . . Oberlandesgerichtspräsident

OLGZ . . . . . Entscheidungen der Oberlandesgerichte in Zivilsachen

OLSchVO . . Verordnung über Orderlagerscheine v 16. 12. 31, RGBl I 763, BGBl III 4 Nr 4102–1

Osnabr . . . . Osnabrück

OVG . . . . . . Oberverwaltungsgericht, auch amtliche Sammlung PrOVG

OWiG . . . . . Gesetz über Ordnungswidrigkeiten idF v 19. 2. 87, BGBl I 603

PachtKrG . . . Pachtkreditgesetz idF v 5. 8. 51, BGBl I 494, BGBl III 7 Nr 7813–1

Paderb . . . . . Paderborn

PartG . . . . . Parteiengesetz idF v 31. 1. 1994, BGBl 150

PartGG . . . . Partnerschaftsgesellschaftsgesetz v 25. 7. 1994, BGBl I 1744

PatG . . . . . . Patentgesetz v 16. 12. 80, BGBl 1981 I 2

PatAO . . . . . Patentanwaltsordnung v 7. 9. 66, BGBl I 557

PersBefG . . . Personenbeförderungsgesetz idF v 8. 8. 90, BGBl I 1690

PflegeVG . . . Pflege-Versicherungsgesetz v 26. 5. 1994, BGBl I 1014

PflVersG . . . Pflichtversicherungsgesetz v 5. 4. 65 (BGBl I 213), BGBl III 9 Nr 925–1

Pforzh . . . . . Pforzheim

PiG . . . . Partner im Gespräch, Schriftenreihe des ev Siedlungswerks in Deutschland (Nr u Seite)

Planck (+ Bearbeiter) Planck, Kommentar zum BGB nebst EinführungsG, Bd 4/2, 6, 3. Aufl 1905/06; Bd 1, 2, 4/1, 5, 4. Aufl 1913–30; Bd 3, 5. Aufl 1933–38

PostG . . . . . Gesetz über das Postwesen idF v 3. 7. 89, BGBl I 1449

PostO . . . . . Postordnung v 16. 5. 63, BGBl I 341, BGBl III 9 Nr 901–1–1

PostgiroO . . . Postgiroordnung v 5. 12. 84, BGBl I 626

PostSpO . . . Postsparkassenordnung v 24. 4. 86, BGBl I 2164

Pr, pr . . . . . . Preußen, preußisch

PrGS NW . . . Sammlung des in Nordrhein-Westfalen geltenden preußischen Rechts (1806–1945)

ProdHaftG . . Produkthaftungsgesetz v 15. 12. 89, BGBl I 2198

Prölss . . . . . Prölss-Martin, Versicherungsvertragsgesetz, 25. Aufl 1992

Prot . . . . . . Protokolle der Kommission für die II. Lesung des Entwurfs des BGB

PStG . . . . . . Personenstandsgesetz v 8. 8. 57, BGBl I 1125, BGBl III 2 Nr 211–1

Ptsd . . . . . . Potsdam

RabelsZ . . . . Zeitschrift für ausländisches und internationales Privatrecht, begründet v Ernst Rabel [bis 1961: ZAIP]

RabG . . . . . Rabattgesetz v 25. 11. 33, BGBl I 1011

RAG . . . . . . Reichsarbeitsgericht, zugleich amtliche Sammlung der Entscheidungen (Band u Seite)

Rahm/Künkel Handbuch des Familiengerichtsverfahrens, 2. Aufl. 1985 ff

RAnwendgsG Rechtsanwendungsgesetz v 5. 12. 1975 (DDR), GBl I 748

Ravbg . . . . . Ravensburg

RBHaftG . . . Gesetz über die Haftung des Reichs für seine Beamten v 22. 5. 10, RGBl 798, BGBl III Nr 2030–9

RBerG . . . . . Rechtsberatungsgesetz v 13. 12. 35, RGBl I 1478, BGBl III 3 Nr 303–12

RdA . . . . . . Recht der Arbeit

RdBfDJA . . . Rundbrief des Deutschen Jugendarchivs

RdJB . . . . . . Recht der Jugend und des Bildungswesens

RdK . . . . . . Das Recht des Kraftfahrers

RdL . . . . . . Recht der Landwirtschaft

RDM . . . . . Ring Deutscher Makler

RdSchGmbH Rundschau für GmbH

RDV . . . . . . Recht der Datenverarbeitung

Recht . . . . . Zeitschrift „Das Recht" (Jahr u Nr der Entscheidung [bei Aufsätzen Jahr u Seite], 1908 bis 1924 in Beilage hierzu), seit 1935 als Beilage zur Deutschen Justiz

REG . . . . . Rückerstattungsgesetz

RegBedVO . . Regelbedarf-Verordnung 1976 v 30. 7. 76, BGBl I 2042

Regbg . . . . . Regensburg

RegBl . . . . . Regierungsblatt

RegUnterh-VO . . . . . . Regelunterhalt-Verordnung v 27. 6. 70, BGBl I 1010

RegVBG . . . Registerverfahrenbeschleunigungsgesetz v 20. 12. 1993, BGBl I 2182

RepG . . . . . Reparationsschädengesetz v 12. 2. 69, BGBl I 105

Rev crit . . . . Revue critique de droit international privé

RFH . . . . . Reichsfinanzhof, zugleich amtliche Sammlung der Entscheidungen (Band u Seite)

RG . . . . . . Reichsgericht, auch amtliche Sammlung der RGRechtsprechung in Zivilsachen (Band u Seite)

RGBl . . . . Reichsgesetzblatt ohne Ziffer = Teil I; mit II = Teil II

RGRK (+ Bearbeiter) Das Bürgerliche Gesetzbuch mit besonderer Berücksichtigung der Rechtsprechung, des Reichsgerichts und des Bundesgerichtshofes, Kommentar, 12. Aufl 1974 ff

RGSt . . . . . Reichsgericht-Rechtsprechung in Strafsachen (Band u Seite)

RGVZ . . . . . Reichsgericht Vereinigte Zivilsenate

RHeimstG . . Reichsheimstättengesetz v 25. 11. 37, BGBl III 2 Nr 2332–1; Aufhebungsgesetz v 17. 6. 93, BGBl I 912

RhNK . . . . . Mitteilungen der Rheinischen Notarkammer

RhNZ . . . . . Rheinische Notarzeitschrift

RhPf . . . . . . Rheinland-Pfalz

RJA . . . . . . Reichsjustizamt, Entscheidungssammlung in Angelegenheiten der freiwilligen Gerichtsbarkeit und des Grundbuchrechts (Band u Seite)

RKEG . . . . . Gesetz über die religiöse Kindererziehung v 15. 7. 21, RGBl 939, BGBl III 4 Nr 404–9

RKnappschG (RKnG) . . . . Reichsknappschaftsgesetz idF v 1. 7. 26, RGBl I 369, BGBl III 8 Nr 822–1

RIW . . . . . . Recht der internationalen Wirtschaft

Rosenberg-Schwab/ Gottwald . . . Zivilprozeßrecht, 15. Aufl 1993

Rottw . . . . . Rottweil

ROW . . . . . Recht in Ost und West

RpflAnpG . . Rechtspflegeanpassungsgesetz v 26. 6. 92, BGBl I 1147

Rpfleger . . . . Der Deutsche Rechtspfleger

RPflG . . . . . Rechtspflegergesetz v 5. 11. 69, BGBl I 2065

RpflJb . . . . . Rechtspfleger-Jahrbuch

RRG . . . . . . Rentenreformgesetz v 18. 12. 89, BGBl I 2226

r + s . . . . . . Recht u Schaden (Jahrgang u Seite)

RSiedlG . . . . Reichssiedlungsgesetz v 11. 8. 19, RGBl 1429, BGBl III Nr 2331–1

RsprBau . . . . Schäfer/Finnern/Hochstein, Rechtsprechung zum privaten Baurecht

Rstk . . . . . . Rostock

RuG . . . . . Recht und Gesellschaft

RuStAG . . . . Reichs- und Staatsangehörigkeitsgesetz v 22. 7. 13, RGBl 583, BGBl III 1 Nr 102–1

RV . . . . . . Die Rentenversicherung

RVA . . . . . Reichsversicherungsamt

RVÄndG . . . Zweites Rentenversicherungs-Änderungsgesetz v 23. 12. 66, BGBl I 745

RVO . . . . . Reichsversicherungsordnung idF v 15. 12. 24, RGBl I 779, BGBl III 8 Nr 820–1

RWP . . . . . Rechts- und Wirtschaftspraxis

RWS . . . . . Kommunikationsforum Recht-Wirtschaft-Steuern

RzW . . . . . Rechtsprechung zum Wiedergutmachungsrecht

Saarbr . . . . . Saarbrücken

Saarl . . . . . . Saarland

SaarlZ . . . . . Saarländische Rechts- und Steuerzeitschrift

SaBl . . . . . . Sammelblatt für Rechtsvorschriften des Bundes und der Länder

Sachen-RÄndG . . . . Sachenrechtsänderungsgesetz v 21. 9. 1994, BGBl I 2457

SachenRBerG Sachenrechtsbereinigungsgesetz (Art 1 SachenRÄndG)

Sachs . . . . . . Sachsen

Sammlg-ArbE (SAE) . Sammlung arbeitsrechtlicher Entscheidungen der Vereinigung der Arbeitgeberverbände

Sammlg-BremR . . . . Sammlung des bremischen Rechts

SAnh . . . . . Sachsen-Anhalt

SchBG . . . . . Schutzbereichsgesetz v 7. 12. 56, BGBl I 899, RGBl III Nr 54–2

SchiffsRG . . . Schiffsrechtegesetz v 15. 11. 40, RGBl I 1499, BGBl III Nr 403–4

Schlesw . . . . Schleswig

SchlH . . . . . Schleswig-Holstein

SchlHA . . . . Schleswig-Holsteinische Anzeigen

Schmidt-Futterer/Blank . . Wohnraumschutzgesetze, 6. Aufl 1988

Schönfelder . . Deutsche Gesetze

Schuld-RÄndG . . . . Schuldrechtsänderungsgesetz v 21. 9. 1994, BGBl I 2538

Schuld-RAnpG . . . . Schuldrechtsanpassungsgesetz (Art 1 SchuldRÄndG)

SchwbG . . . . Schwerbehindertengesetz idF v 26. 8. 86, BGBl I 1422

Schweinf . . . Schweinfurt

SchwZGB . . . Schweizerisches Zivilgesetzbuch v 10. 12. 07

SeuffA . . . . . Seufferts Archiv für Entscheidungen der obersten Gerichte in den deutschen Staaten (Band u Nr)

SeuffBl . . . . Seufferts Blätter für Rechtsanwendung in Bayern (Band u Seiten)

SFHÄndG . . Schwangeren- und Familienhilfeänderungsgesetz v 21. 8. 1995, BGBl I 1050

SFJ . . . . . . Sammlg aktueller Entscheidungen aus dem Sozial-, Familien- u Jugendrecht (Gesetzesstelle u EntscheidungsNr)

SGB . . . . . . Sozialgesetzbuch: 1. Buch v 11. 12. 75, BGBl I 3015 – 4. Buch v 23. 12. 76, BGBl I 3845 – 5. Buch v 20. 12. 88, BGBl I 2477, 2482 – 6. Buch v 18. 12. 89, BGBl I 2261; 90, 1337 – 8. Buch = KJHG – 10. Buch v 18. 8. 80, BGBl I 1469 u 4. 11. 82, BGBl I 1450 – 11. Buch = PflegeVG

SGb . . . . . . Die Sozialgerichtsbarkeit

SGG . . . . . . Sozialgesetz idF v 23. 9. 75, BGBl I 2535

SGVNW . . . Sammlung des bereinigten Gesetz- u Verordnungsblattes für das Land Nordrhein-Westfalen

SJZ . . . . Süddeutsche Juristenzeitung

SMBl. NW . . Sammlung des bereinigten Ministerialblattes für das Land Nordrhein-Westfalen

Soergel (+ Bearbeiter) Soergel, Bürgerliches Gesetzbuch mit Einführungsgesetz und Nebengesetzen, 12. Aufl 1987 ff

SoldatenG . . Gesetz über die Rechtsstellung der Soldaten idF v 19. 8. 75, BGBl I 2273

SoldVersG . . Soldatenversorgungsgesetz idF v 24. 1. 1995, BGBl I 51

SorgeRG . . . Gesetz zur Neuregelung des Rechts der elterlichen Sorge v 18. 7. 79, BGBl I 1061

SozG . . . . . . Sozialgericht

SozVers . . . . Sozialversicherung

SparPG 1979 . Sparprämiengesetz idF v 10. 2. 82, BGBl I 125

SprAuG . . . . Sprecherausschußgesetz v 20. 12. 88, BGBl I 2316

SpTrÜG . . . Gesetz über die Spaltung der von der Treuhand verwalteten Unternehmen v 5. 4. 91, BGBl I 854

Sp*u*Rt . . . . . Zeitschrift für Sport und Recht

SRW . . . . . . Sammlung der Rechtsentscheide in Wohnungsmietsachen (Band u Seite)

StaatsGH . . . Staatsgerichtshof

StAnz . . . . . Staatsanzeiger

Staud (+ Bearbeiter) Staudinger, Kommentar zum Bürgerlichen Gesetzbuch, 12. Aufl 1978 ff, 13. Aufl 1993 ff

StAZ . . . . . . Das Standesamt (früher: Zeitschrift für Standesamtswesen)

StBerG . . . . Steuerberatungsgesetz v 4. 11. 75, BGBl I 2735

Sternel . . . . . Mietrecht, 3. Aufl 1988

StGB . . . . . . Strafgesetzbuch idF v 2. 1. 75, BGBl I 1

Stgt . . . . Stuttgart

StHaftgsG- DDR . . . . . . Staatshaftungsgesetz v 12. 5. 1969 (DDR), GBl I 34

StJ (+ Bearbeiter) Stein-Jonas, Kommentar zur Zivilprozeßordnung, 21. Aufl 1993 ff

Stöber . . . . . Forderungspfändung, 10. Aufl 1993

StPO . . . . . . Strafprozeßordnung idF v 7. 4. 87, BGBl I 1075

Strals . . . . . . Stralsund

StREG . . . . . Strafrechtsreform-Ergänzungsgesetz v 28. 8. 75, BGBl I 2289

StudK (+ Bearbeiter) Beuthien/Hadding/Lüderitz/Medi-

cus/Wolf, Studienkommentar zum BGB, 2. Aufl 1979

StuW . . . . . Steuer und Wirtschaft

StVG . . . . . . Straßenverkehrsgesetz v 19. 12. 52, BGBl I 837, BGBl III 9 Nr 9233–1

StVO . . . . . Straßenverkehrs-Ordnung v 16. 11. 70, BGBl I 1565

StVollzG . . . Strafvollzugsgesetz v 16. 3. 76, BGBl I 581

StVZO . . . . Straßenverkehrs-Zulassungs-Ordnung idF v 15. 11. 74, BGBl I 3193

Sudhoff . . . . Handbuch der Unternehmensnachfolge, 3. Aufl 1984

SVG . . . . s. SoldVersG

TALärm . . . Technische Anleitung zum Schutz gegen Lärm v 16. 7. 68, BAnz Nr 137 (Beil)

TALuft . . . . Technische Anleitung zur Reinhaltung der Luft v 27. 2. 86, Beilage zu BAnz Nr 58/1986

TelWG . . . . Telegraphenwegegesetz v 24. 4. 91, BGBl I 1053

TestG . . . . . Testamentsgesetz v 31. 7. 38, RGBl I 973

Th-P . . . . . . Thomas-Putzo, Zivilprozeßordnung mit GVG und EG, 19. Aufl 1995

Thür . . . . . . Thüringen

TierKBG . . . Tierkörperbeseitigungsgesetz v 2. 9. 75, BGBl I 2313

TierSG . . . . Tierseuchengesetz idF v 24. 2. 93, BGBl I 116

TKO . . . . . . Telekommunikationsordnung idF v 16. 7. 87, BGBl I 1761

Traunst . . . . Traunstein

Tüb . . . . . . Tübingen

TVG . . . . . . Tarifvertragsgesetz idF v 25. 8. 69, BGBl I 1323, BGBl III 8 Nr 802–1

UÄndG . . . . Gesetz zur Änderung unterhaltsrechtlicher, verfahrensrechtlicher und anderer Vorschriften v 20. 2. 86, BGBl I 301

Ufita . . . . . . Archiv für Urheber-, Film-, Funkund Theaterrecht

Ul-Br-He . . . Ulmer-Brandner-Hensen, AGBGesetz: Kommentar zum Gesetz zur Regelung des Rechts der Allgemeinen Geschäftsbedingungen, 6. Aufl 1990

UmweltHG . Gesetz über die Umwelthaftung v 10. 12. 90, BGBl I 2634

UmwG . . . . Umwandlungsgesetz v 28. 10. 1994, BGBl I 3210

UnterhÜbk . Haager Unterhaltsübereinkommen v 24. 10. 56, BGBl 1961 II 1013

UntVorschG . Unterhaltsvorschußgesetz idF v 19. 1. 1994, BGBl I 166

UPR . . . . . . Umwelt- und Planungsrecht

UrhG . . . . . Urheberrechtsgesetz v 9. 9. 65, BGBl I 1273

UStG . . . . . Umsatzsteuergesetz idF v 27. 4. 93, BGBl I 566

UVG . . . . . . s. UntVorschG

UVNG . . . . Unfallversicherungs-Neuregelungsgesetz v 30. 4. 63, BGBl I 241

UWG . . . . . Gesetz gegen den unlauteren Wettbewerb v 7. 6. 09, RGBl 499, BGBl III 4 Nr 43–1

VAErgRglg . vgl. Anh III zu EG 234 § 6

VAG . . . . . Versicherungsaufsichtsgesetz idF v 17. 12. 92, BGBl I 93, 3

VAHRG . . . Gesetz zur Regelung von Härten im Versorgungsausgleich v 21. 2. 83, BGBl I 105

VAwMG . . . Gesetz über weitere Maßnahmen auf dem Gebiete des Versorgungsausgleichs v 8. 12. 86, BGBl I 2317

VBL(-S) . . . . Versorgungsanstalt des Bundes und der Länder(-Satzung)

VEB . . . . . . Volkseigener Betrieb

VerbrKrG . . Gesetz über Verbraucherkredite, zur Änderung der Zivilprozeßordnung und anderer Gesetze v 17. 12. 90, BGBl I 2840

VereinG . . . . Gesetz über Vereinigungen v 21. 2. 1990 (DDR), GBl I 75

VereinsG . . . Vereinsgesetz v 5. 8. 64, BGBl I 593

VerfGH . . . . Verfassungsgerichtshof

VerglO . . . . Vergleichsordnung v 26. 2. 35, RGBl I 321, BGBl III 3 Nr 311–1

VerkaufsG . . Gesetz über den Verkauf von volkseigenen Gebäuden v 7. 3. 1990 (DDR), GBl I 157

VerkBl . . . . Verkehrsblatt

VerkMitt . . . Verkehrsrechtliche Mitteilungen

VerkRdsch . . Verkehrsrechtliche Rundschau

VerlG . . . . . Gesetz über das Verlagsrecht v 19. 6. 1901, RGBl 217, BGBl III 4 Nr 441–1

4. VermBG . . Viertes Vermögensbildungsgesetz idF v 6. 2. 84, BGBl I 201

Versch-
ÄndG . . . . . Gesetz zur Änderung von Vorschriften des Verschollenheitsrechtes v 15. 1. 51, BGBl I 59, BGBl III 4 Nr 401–7

VerschG . . . . Verschollenheitsgesetz v 15. 1. 51, BGBl I 63, BGBl III 4 Nr 401–6

VersN . . . . . Der Versicherungsnehmer

VersR . . . . . Versicherungsrecht (Jahr u Seite)

VerstV . . . . . Versteigerungsvorschriften v 1. 6. 76, BGBl I 1346

VersW . . . . . Versicherungswirtschaft

VerwRspr . . Verwaltungsrechtsprechung in Deutschland (Band u Nr)

VG . . . . Verwaltungsgericht

VGH . . . . . . Verwaltungsgerichtshof

VGrS . . . . . . Vereinigter Großer Senat

VGT . . . . . . Verkehrsgerichtstag

VIZ . . . . Zeitschrift für Vermögens- und Investitionsrecht

VOB . . . . . . Verdingungsordnung für Bauleistungen. Fassg 1979, BAnz 1979 Nr 208

VOBl . . . . . Verordnungsblatt

VOL . . . . . . Verdingungsordnung für Leistungen, ausgenommen Bauleistungen, Teil A, Ausgabe 1984, BAnz Nr 190; Teil B, Ausgabe 1960, Beil BAnz Nr 105

VormschAbk Haager Abkommen zur Regelung der Vormundschaft über Minderjährige v 12. 6. 02, RGBl 1904, 240

VormschG . . Vormundschaftsgericht

VP . . . . Die Versicherungspraxis

VRS . . . . . . Verkehrsrechts-Sammlung (Band u Seite)

VStG . . . . . . Vermögensteuergesetz idF v 14. 11. 90, BGBl I 2468

VuR . . . . . . Verbraucher und Recht

VVG . . . . . Gesetz über den Versicherungsvertrag v 30. 5. 1908, RGBl 263

VwGO . . . . Verwaltungsgerichtsordnung idF v 19. 3. 91, BGBl I 686

VwVfG . . . . Verwaltungsverfahrensgesetz v 25. 5. 76, BGBl I 1253

VwZG . . . . . Verwaltungszustellungsgesetz v 3. 7. 1952, BGBl I 379

WährG . . . . Währungsgesetz v 20. 6. 48, BGBl III Nr 7600–1–a

WaffG . . . . . Waffengesetz idF v 8. 3. 76, BGBl I 432

Warn . . . . . . Warneyer, Die Rechtsprechung des Reichsgerichts (Jahr u Nr)

WaStrG . . . . Bundeswasserstraßengesetz idF v 23. 8. 90, BGBl I 1818

WE . . . . Wohnungseigentum; auch Zeitschrift (Jahr u Seite)

WEG . . . . . . Wohnungseigentumsgesetz v 15. 3. 51, BGBl I 175, BGBl III 4 Nr 403

WEG-
Wohnbes-
FördergsG . . Gesetz zur Förderung von Wohnungseigentum und Wohnbesitz im sozialen Wohnungsbau v 23. 3. 76, BGBl I 737

WehrmPSt-
VO . . . . Personenstandsverordnung für die Wehrmacht idF v 17. 10. 42, RGBl I 597, BGBl III 2 Nr 211–1–2

WehrPflG . . . Wehrpflichtgesetz idF v 14. 7. 1994, BGBl I 1505

WehrsG . . . . Wehrsoldgesetz idF v 20. 2. 78, BGBl I 265

WeimRV . . . Weimarer Verfassung v 11. 8. 19, RGBl 1383

WeinG . . . . . Weingesetz v 8. 7. 1994, BGBl I 1467

WEM . . . . . Wohnungseigentümer-Magazin (Jahr, Nr u Seite)

WertV . . . . . Wertermittlungsverordnung v 6. 12. 88, BGBl I 2209

WEZ . . . . . . Zeitschrift für Wohnungseigentumsrecht

WG . . . . Wechselgesetz v 21. 6. 33, RGBl I 399

WHG . . . . . Wasserhaushaltsgesetz idF v 23. 9. 86, BGBl I 1530/1654

WiB . . . . . . Wirtschaftsrechtliche Beratung

Wiesb . . . . . Wiesbaden

Wieczorek
ZPO . . . . . . Zivilprozeßordnung u Gerichtsverfassungsgesetz, Handausgabe, 2. Aufl 1966

Wieczorek
Großkomm . Zivilprozeßordnung und Nebengesetze, Großkommentar, 1956–63; 2. Aufl 1975ff

WiGBl . . . . . Gesetzblatt der Verwaltung des Vereinigten Wirtschaftsgebietes

1. WiKG . . . Erstes Gesetz zur Bekämpfung der Wirtschaftskriminalität v 29. 7. 76, BGBl I 2034

WiStG . . . . . Wirtschaftsstrafgesetz idF v 3. 6. 75, BGBl I 1313

2. WKSchG . . Zweites Wohnraumkündigungsschutzgesetz – v 18. 12. 74, BGBl I 3603

WM . . . . . . Zeitschrift für Wirtschafts- und Bankrecht, Wertpapiermitteilungen Teil IV

WoBauG . . .   1. Wohnungsbaugesetz idF v 25. 8. 53, BGBl I 1047

2. WoBauG . .   2. Wohnungsbaugesetz idF v. 19. 8. 1994, BGBl I 2137

WoBindG. . .   Wohnungsbindungsgesetz idF v. 19. 8. 1994, BGBl I 2166

WoGG. . . . .   Wohngeldgesetz idF v 11. 2. 93, BGBl I 183

WoGV. . . . .   Wohngeldverordnung idF v 30. 9. 92, BGBl I 1686

Wo-Ho-Li . .   Wolf-Horn-Lindacher, Gesetz zur Regelung des Rechts der Allgemeinen Geschäftsbedingungen, 3. Aufl 1994

Wolff I–III .   Wolff/Bachof/Stober, Verwaltungsrecht, Bd I, 10. Aufl 1994, Bd II, 5. Aufl 1987, Bd III, 4. Aufl 1978

WoM . . . . .   s WuM

WOMitBestG   Wahlordnung zum Mitbestimmungsgesetz; Erste: v 23. 6. 77, BGBl I 861; Zweite: v 23. 6. 77, BGBl I 893; Dritte: v 23. 6. 77, BGBl I 934

WoModG. . .   Gesetz zur Förderung der Modernisierung von Wohnungen (Wohnungsmodernisierungsgesetz) v 23. 8. 76, BGBl I 2429, jetzt: Modernisierungs- und Energieeinsparungsgesetz

WoPG 1990 .   Wohnungsbau-Prämiengesetz idF v 27. 3. 91, BGBl I 826

WoRKSchG .   Gesetz über den Kündigungsschutz für Mietverhältnisse über Wohnraum v 25. 11. 71, BGBl I 1839

WoVermG . .   Gesetz zur Regelung der Wohnnungsvermittlung v 4. 11. 71, BGBl I 1745

WPM . . . . .   = WM

WPO . . . . .   Wirtschaftsprüferordnung idF v 5. 11. 75, BGBl I 2803

WR . . . . . .   Wirtschaftsrecht

WRP . . . . .   Wettbewerb in Recht und Praxis

WStG . . . . .   Wehrstrafgesetz v 24. 5. 74, BGBl I 1213

Wstm (+ Bearbeiter)   Westermann, Sachenrecht 6. Aufl, Bd I 1990, Bd II 1988

WuB . . . . .   Wirtschafts- u Bankrecht

WuM . . . . .   Wohnungswirtschaft und Mietrecht

Wuppt . . . .   Wuppertal

Wü . . . . . .   Württemberg

WÜK . . . . .   Wiener Übereinkommen über konsularische Beziehungen v 24. 4. 63, BGBl I 1169, II 1589

WürttJb . . . .   Jahrbücher der württembergischen Rechtspflege

WürttNotV .   Zeitschrift des WürttNotarvereins

WürttZ . . . .   Württembergische Zeitschrift für Rechtspflege und Verwaltung

WZG . . . . .   Warenzeichengesetz idF v 2. 1. 68, BGBl I 29

ZAIP. . . . . .   s RabelsZ

ZAkDR . . . .   Zeitschrift der Akademie für Deutsches Recht

ZA-NTS . . .   Zusatzabkommen zum Nato-Truppenstatut v 3. 8. 59, BGBl 1961 II 1218

ZaöR. . . . . .   Zeitschrift für ausländisches öffentliches Recht und Völkerrecht

ZAP . . . . . .   Zeitschrift für Anwaltspraxis

ZAR . . . . . .   Zeitschrift für Ausländerrecht und Ausländerpolitik

ZBB . . . . . .   Zeitschrift für Bankrecht und Bankwirtschaft

ZBlFG . . . .   Zentralblatt für die Freiwillige Gerichtsbarkeit und Notariat

ZBlJ(ug)R . .   s ZfJ

ZBR . . . . . .   Zeitschrift für Beamtenrecht

ZDG. . . . . .   Zivildienstgesetz idF v 31. 7. 86, BGBl I 1206

ZEuP . . . . .   Zeitschrift für Europäisches Privatrecht (Jahr u Seite)

ZEV . . . . . .   Zeitschrift für Erbrecht und Vermögensnachfolge

ZfA . . . . . .   Zeitschrift für Arbeitsrecht

ZfBR . . . . .   Zeitschrift für deutsches und internationales Baurecht

ZfF . . . . . .   Zeitschrift für das Fürsorgewesen

ZfgesK (ZKW) . . . .   Zeitschrift für das gesamte Kreditwesen

ZfHK . . . . .   Zeitschrift für das gesamte Handelsrecht und Konkursrecht (Band u Seite)

ZfJ . . . .   Zentralblatt für Jugendrecht

ZfRV . . . . .   Zeitschrift für Rechtsvergleichung

ZfSH. . . . . .   Zeitschrift für Sozialhilfe und Sozialgesetzbuch

ZfS . . . . . .   Zeitschrift für Schadensrecht

ZfV . . . . . .   Zeitschrift für Versicherungswesen

ZfW . . . . . .   Zeitschrift für Wasserrecht

ZGB . . . . . .   Zivilgesetzbuch der DDR v 19. 6. 1975, GBl I 465

ZgGenW . . .   Zeitschrift für das gesamte Genossenschaftswesen

ZGR (ZfUG)   Zeitschrift für Unternehmens- u Gesellschaftsrecht

ZHR . . . . . .   Zeitschrift für das gesamte Handels- und Wirtschaftsrecht; bis 1933: Zentralblatt für Handelsrecht

ZHW . . . . .   Zeitschrift für das gesamte Handels- und Wirtschaftsrecht

ZIP . . . . . .   Zeitschrift für Wirtschaftsrecht; bis 1982: Zeitschrift für Wirtschaftsrecht u Insolvenzpraxis

1. ZivRÄndG   Zivilrechtsänderungsgesetz v 28. 6. 1990 (DDR), GBl I 524

ZLW . . . . . .   Zeitschrift für Luft- u Weltraumrecht

ZMR. . . . . .   Zeitschrift für Miet- und Raumrecht

Zöller (+ Bearbeiter)   Zivilprozeßordnung mit Gerichtsverfassungsgesetz und Nebengesetzen, Kommentar, 19. Aufl 1995

Zöllner . . . .   Wertpapierrecht, 14. Aufl 1987

ZollG . . . . .   Zollgesetz idF v 18. 5. 70, BGBl I 529

ZPO . . . . . .   Zivilprozeßordnung idF v 12. 9. 50, BGBl 535, BGBl III 3 Nr 310–4

ZPO-DDR . .   Gesetz über das gerichtliche Verfahren in Zivil-, Familien- und Arbeitsrechtssachen v 19. 6. 1975 (DDR), GBl I 533

ZRP . . . . . .   Zeitschrift für Rechtspolitik

ZS . . . .   Zivilsenat

ZUM . . . . .   Zeitschrift für Urheber- und Medienrecht/Film und Recht

ZuSEG . . . .   Gesetz über die Entschädigung von Zeugen und Sachverständigen idF v 1. 10. 69, BGBl I 1756

Abkürzungsverzeichnis I

II. Juristische Fachausdrücke,[1] allgemeine Wortabkürzungen[2]

A . . . . . . Auftrag
aA . . . . . . andere Ansicht
aaO . . . . . am angegebenen Ort
Abg . . . . . Abgabe
abgedr . . . . abgedruckt
Abh . . . . . Abhandlung
abhgek . . . abhandengekommen
Abk . . . . . Abkommen
Abkömml . Abkömmling
Abl . . . . . . Ablehnung
abl . . . . . . ablehnen(d)
Abn . . . . . Abnahme
abs . . . . . . absolut
Abs . . . . Absatz, Absicht
Abschl . . . Abschluß
Abschn . . . Abschnitt
Abschr . . . Abschrift
abstr . . . . . abstrakt
Abtr . . . . . Abtretung
Abw, abw . Abweichung, abweichend
aE . . . . . . am Ende
ÄndG . . . . Änderungsgesetz
aF . . . . . . alte Fassung
AG . . . . . Aktiengesellschaft
AGB . . . . Allgemeine Geschäftsbedingungen
aGrd,
aGrdv . . . . auf Grund, auf Grund von
Akk . . . . . Akkord
allerd . . . . allerdings
allg . . . . . . allgemein
allgM . . . . allgemeine Meinung
AllgT . . . . Allgemeiner Teil
aM . . . . . . anderer Meinung
and . . . . . . anders, andere, r, s
andernf . . . andernfalls
anderw . . . anderweitig
anders . . . . andererseits
Anerk . . . . Anerkenntnis
Anf . . . . . . Anfechtung
Angeb . . . . Angebot
Angeh . . . . Angehöriger
angem . . . . angemessen
Angest . . . Angestellter
Angew . . . Angewiesener
Anh . . . . . . Anhang
Anl . . . . . . Anlage
Anm . . . . . Anmerkung
Ann . . . . . Annahme
Ans . . . . . . Ansicht
AnschBew . Anscheinsbeweis
Anschl . . . Anschluß
Anspr . . . . Anspruch
Anst . . . . . Anstalt
Antl . . . . . Anteil
Antr . . . . . Antrag
AntrSt . . . . Antragsteller

Anw . . . . . Anwalt, Anwartschaft, Anweisung
Anweis . . . Anweisender
Anz . . . . . Anzeige
AO . . . . . Anordnung
ao . . . . . . außerordentlich
Arb . . . . . Arbeit, Arbeiter
ArbG . . . . Arbeitgeber
ArbN . . . . Arbeitnehmer
ArbR . . . . Arbeitsrecht
Arch . . . . . Architekt
arg . . . . . . argumentum aus . . .
Argl, argl . . Arglist, arglistig
Art . . . . . . Artikel
aS . . . . . . auf Seiten
ASt . . . . . Antragsteller
aStv . . . . . an Stelle von
Aufenth . . . Aufenthalt
Aufgeb . . . Aufgebot
aufgeh . . . . aufgehoben
Aufl . . . . . Auflage, Auflassung
Aufn . . . . . Aufnahme
AufOAnspr Aufopferungsanspruch
Aufr . . . . . Aufrechnung
Aufs . . . . . Aufsicht
Auftr . . . . . Auftrag
Aufw . . . . . Aufwendungen
Ausdr,
ausdr . . . . Ausdruck, ausdrücklich
AuseinandS Auseinandersetzung
ausf . . . . . ausführlich
Ausf-
Vorschr . . . Aufführungsvorschrift
ausgeschl . . ausgeschlossen
Ausgl . . . . Ausgleich, Ausgleichung
Ausk . . . . . Auskunft
Ausl . . . . . Auslobung, Ausländer, Ausland
ausl . . . . . ausländisch
Ausn . . . . . Ausnahme
ausr . . . . . ausreichend
Auss . . . . . Aussage, Aussicht
ausschl . . . ausschließlich
Ausschl . . . Ausschlagung, Ausschluß
außerh . . . . außerhalb
AusSt . . . . Aussteller
AV . . . . . . Allgemeine Verfügung
AVB . . . . . Allgemeine Versicherungsbedingungen
AVN . . . . Angehöriger der Vereinten Nationen

AVO . . . . Ausführungsverordnung
Azubi . . . . Auszubildende(r)
B- . . . . . . Bundes-
–b . . . . . . –bar
BauBetr . . . Baubetreuer, Baubetreuung
BaukZusch Baukostenzuschuß
Bd . . . . . . Band
Bdgg . . . . . Bedingung
bdgt . . . . . bedingt
Beauftr . . . Beauftragter
Bed . . . . . . Bedarf
begl . . . . . beglaubigt
Begr . . . . . Begriff, Begründung
Beh . . . . . Behörde
Beil . . . . . Beilage
Beitr . . . . . Beitrag
bej . . . . . . bejahend
Bek . . . . . Bekanntmachung
Bekl, bekl . Beklagter, beklagt
Bem . . . . . Bemerkung
benachb . . . benachbart
Benachteil . Benachteiligter
benachteil . benachteiligt
Ber . . . . . . Bereicherung
Berecht . . . Berechtigter
berecht . . . berechtigt
Bes . . . . . . Besitz
bes . . . . . . besonders, besondere, r, s
Beschl . . . . Beschluß
beschr . . . . beschränkt, beschränken
Beschrkg . . Beschränkung
Beschw . . . Beschwerde
beschw . . . beschwert
Best . . . . . Besteller, Bestimmung
best . . . . . bestellt, bestimmt
Bestandt . . Bestandteil
BestätSchr . Bestätigungsschreiben
bestr . . . . . bestritten
Beteil . . . . Beteiligter, Beteiligte
Betr . . . . . Betracht, Betrag, Betreuer, Betrieb
betr . . . . . betreffend
BetrUnf . . . Betriebsunfall
Beurk . . . . Beurkundung
beurk . . . . beurkunden
Bevollm . . . Bevollmächtigter
bevollm . . . bevollmächtigt
Bew . . . . . Beweis, Bewerber
BewL . . . . Beweislast
Bez . . . . . Beziehung, Bezirk
bish . . . . . bisher, bisherig
bisw . . . . . bisweilen
Bl . . . . . . Blatt
bl . . . . . . bloß

---

[1] Bei Zusammensetzungen sind nur die Abkürzungen der einzelnen Bestandteile angeführt: Hyp = Hypothek (nicht angeführt: HypBrief = Hypothekenbrief); Erf = Erfüllung, Geh = Gehilfe (nicht angeführt: ErfGeh = Erfüllungsgehilfe).
[2] Soweit nicht allgemein gebräuchlich (zB, usw) oder nicht ohne weiteres aus sich verständlich.

bösgl	bösgläubig
bpDbk . . .	beschränkte persönliche Dienstbarkeit
Brucht . . .	Bruchteil
Bsp	Beispiel
Bt	Betreuung
Bter	Betreuer
BU-Rente .	Berufsunfähigkeitsrente
Bü	Bürge
bzgl	bezüglich
cc	Code civil
c.i.c.	culpa in contrahendo
–d	–end
D	Dienst
dagg	dagegen
DAO	Durchführungsanordnung
Darl	Darlehen
darü	darüber
DBer	Dienstberechtigter
Dbk	Dienstbarkeit
dch	durch
ders	derselbe
derj	derjenige
desh	deshalb
DG	Durchführungsgesetz
dgl	dergleichen
dh	das heißt
DienstSt . .	Dienststelle
Diss	Dissertation
Dolm	Dolmetscher
Dr	Dritter
Drucks . . .	Drucksache
dtsch (dt) . .	deutsch
Durchf . . .	Durchführung
durchf	durchführen
Durchgr . .	Durchgriff
Durchschn	Durchschnitt
DVO	Durchführungsverordnung
DWR	Dauerwohnrecht
E	Erbe (in Zusammensetzungen)
ebda	ebenda
ebenf	ebenfalls
ebso	ebenso
ec-Scheck . .	Euroscheck
eGen	eingetragene Genossenschaft
Ehefr	Ehefrau
Eheg	Ehegatte, –n
Ehel	Eheleute
Ehem	Ehemann
ehem	ehemalig
Eheschl . . .	Eheschließung
eidesst	eidesstattlich
eig	eigen, eigener
Eigenm . . .	Eigenmacht
eighdg	eigenhändig
Eigt	Eigentum
eigtl	eigentlich
Eigtümer . .	Eigentümer
Einbez	Einbeziehung
Einf	Einführung
einf	einfach

Einfl	Einfluß
eingef	eingefügt, eingeführt
eingeschr . .	eingeschrieben
eingetr . . .	eingetragen
Eingr	Eingriff
Eink	Einkommen, Einkünfte
Einl	Einleitung
Einr	Einrede
einschl	einschließlich
einstw Vfg	einstweilige Verfügung
Eintr, eintr.	Eintragung, eintragen
EintrBew . .	Eintragungsbewilligung
einverst . . .	einverstanden
Einwdg . . .	Einwendung
einz	einzeln
EltT	Elternteil
eLV	eheliche Lebensverhältnisse
Empf	Empfänger
entgg	entgegen
enth	enthält, enthalten
Entl	Entleiher
Entm	Entmündigung
Entsch	Entschädigung, Entscheidung, Entschuldung
entsch	entscheiden, entscheidend
Entschl . . .	Entschluß
entspr	entsprechend, entspricht
Entw	Entwurf
Erbb-	Erbbau-
Erbf	Erbfall, Erbfolge
Erbl	Erblasser
ErbSch . . .	Erbschein
Erbsch . . .	Erbschaft
Erf, erf . . .	Erfüllung, erfüllen, erfüllt
erfdl	erforderlich
ErfGeh . . .	Erfüllungsgehilfe
erfh	erfüllungshalber
ErfStatt . . .	Erfüllungs Statt
Erg	Ergänzung, Ergebnis
ErgG	Ergänzungsgesetz
erh	erhalten, erhält
Erkl, erkl . .	Erklärung, erklären, erklärt
Erl, erl . . .	Erlaß, erlassen
Erläut	Erläuterung
erläut . . .	erläutert
Erm	Ermessen
Err–	Errungenschafts–
Ers	Ersatz
Erz	Erziehung
ES	Entscheidungssammlung
etw	etwaig
EU-Rente	Erwerbsunfähigkeitsrente
EV	Eigentumsvorbehalt, Einwilligungsvorbehalt im Betreuungsrecht

eV	eingetragener Verein
ev	eventuell
evang	evangelisch
exc	exceptio
f	für
–f	–fach, –falls, –fertigt
Fahrlk, fahrl	Fahrlässigkeit, fahrlässig
Fahrz	Fahrzeug
Fam	Familie
FamG	Familiengericht
Fdg	Forderung
FEH	Freiwillige Erziehungshilfe
Festg	Festgabe
festges	festgesetzt
ff	folgende
FG	Freiwillige Gerichtsbarkeit
finanz	finanziert
FinInstitut .	Finanzierungsinstitut
FlSt	Flurstück
Fn	Fußnote
Forml	Formular
fortges	fortgesetzt
Fr.	Frist
Franch	Franchise
freiw	freiwillig
früh (fr) . . .	früher
frz	französisch
FS	Festschrift
Fürs	Fürsorge
Fußn	Fußnote
G	Gesellschaft, Gesetz
–g	–ung
GA	Gutachten
Gastw	Gastwirt
GB	Grundbuch
GBA	Grundbuchamt
Gbde	Gebäude
Gbg	Gleichbehandlungsgrundsatz
GbR	Gesellschaft bürgerlichen Rechts
Gebr	Gebrauch
Gef	Gefahr
Geh	Gehilfe
geh	gehörig
gek	gekommen
Gem	Gemein-, Gemeinde
gem	gemäß
Gemsch . . .	Gemeinschaft
gemschaftl . .	gemeinschaftlich
GemschE . .	gemeinschaftliches Eigentum
Gen	Genehmigung
gen	genehmigt, genommen
Ger	Gericht
Ges-, ges . .	Gesamt-, Gesetz-, gesamt, gesetzlich
gesch	geschieden
Gesch	Geschäft
geschbeschr	geschäftsbeschränkt

GeschBes	Geschäftsbesorgung	ie	im einzelnen	KG	Kommanditgesellschaft
GeschF	Geschäftsführer	i Erg	im Ergebnis		
GeschFg	Geschäftsführung	ieS	im engeren Sinne	KGaA	Kommanditgesellschaft auf Aktien
GeschFgk	Geschäftsfähigkeit	iF, iFv	im Falle, im Falle von		
geschl	geschlossen	iGgs	im Gegensatz	Ki	Kind(er)
Gesch-Unfgk	Geschäftsunfähigkeit	IHK	Industrie- und Handelskammer	KiG	Kindergeld
		iHv	in Höhe von	Kl	Kläger, Klage, Klausel
Geschw	Geschwister	iJ	im Jahre	Koll	Kollisions-
GetrLeben	Getrenntleben	ijF	in jedem Fall	kollr	kollisionsrechtlich
gew	geworden	IKR	innerdeutsches Kollisionsrecht	Komm	Kommentar, Kommission
Gew	Gewalt	iL	in Liquidation	Konk	Konkurs
Gewahrs	Gewahrsam	ILP	interlokales Privatrecht	konkr	konkret
gewerbsm	gewerbsmäßig			konkurr	konkurrieren
GewFr	Gewährfrist	immat	immateriell	Konv	Konvention
Gewl	Gewährleistung	Immob	Immobilien	kr	kraft
Gg- gg	Gegen-, gegen	ImSch	Immissionsschutz	krit	kritisch
ggf	gegebenenfalls	ind	individuell	Kto	Konto
Ggs	Gegensatz	inf	infolge	Künd	Kündigung
ggs	gegenseitig	Inh	Inhaber	KündSch	Kündigungsschutz
Ggst	Gegenstand	Inkrafttr	Inkrafttreten		
ggsV	gegenseitiger Vertrag	Inl	Inland	L-	Landes-
		inl	inländisch	–l	–lich, –los
ggt	gegenteilig	innerh	innerhalb	Landw	Landwirtschaft
ggü	gegenüber	insb	insbesondere	landw	landwirtschaftlich
Gl	Glaube, Gläubiger	insges	insgesamt	LbRente	Leibrente
Gläub	Gläubiger	insof	insofern	Leas	Leasing
GoA	Geschäftsführung ohne Auftrag	insow	insoweit	Leb	Leben
		Inst	Institut, Instanz	Lebensm	Lebensmittel
Gr	Gruppe	internat		Lehrb	Lehrbuch
Grd	Grund	(int)	international	Lehrl	Lehrling
Grdl	Grundlage	Inv	Inventar	LeistgVR	Leistungsverweigerungsrecht
Grds	Grundsatz, –sätze	inzw	inzwischen		
grdsätzl		IPR	Internationales Privatrecht	letztw	letztwillig
(grdsl)	grundsätzlich			lfd	laufend
GrdSch	Grundschuld	Irrt	Irrtum	Liqui	Liquidation
GrdsE	Grundsatzentscheidung	iR, iRv	im Rahmen, im Rahmen von	LS	Leitsatz
				ltd	leitend
Grdst	Grundstück	iS	im Sinne	lwVfg	letztwillige Verfügung
Grdz	Grundzüge	iü	im übrigen		
GS	Gedächtnisschrift	iVm	in Verbindung mit		
Gter	Gesellschafter	iW	im Wege	M	Makler, Mittel
Güterstd	Güterstand	iwS	im weiteren Sinne	–m	–mäßig, –maßen
GütGemsch	Gütergemeinschaft	IzPr	interzonales Privatrecht	mA (Anm)	mit Anmerkung
gutgl	gutgläubig			mAusn	mit Ausnahme
GVz	Gerichtsvollzieher	iZshg	im Zusammenhang	Maßg, maßg	Maßgabe, maßgebend
		iZw	im Zweifel	Maßst	Maßstab
h	haben, hat			mat	materiell
–h	–haft, –heit	J	Jahr	MdE	Minderung der Erwerbsfähigkeit
Halbs	Halbsatz	JA	Jugendamt		
Handw	Handwerk	jens	jenseitig	Mdl	Mündel
Haupts	Hauptsache	jew	jeweilig	mdl	mündlich
Haush	Haushalt	Jg	Jahrgang	MErl	Ministerialerlaß
Hdb	Handbuch	Jhdt	Jahrhundert	mHv	mit Hilfe von
Hdlg	Handlung	jmd	jemand	MietZ	Mietzins
Herausg	Herausgabe	JP	Juristische Person	mind	mindestens
Herst	Hersteller	Jug	Jugend	MindArb-	
Hinbl	Hinblick	JugH	Jugendhilfe	Bed	Mindestarbeitsbedingungen
Hins, hins	Hinsicht, hinsichtlich	jur	juristisch		
				Mißbr	Mißbrauch
Hinterbl	Hinterbliebene, –r	k	können, kann	MitE	Miteigentum, Miterbe
Hinw	Hinweis	–k	–keit		
hL	herrschende Lehre	KalJ	Kalenderjahr	Mitgl	Mitglied
hM	herrschende Meinung	Kap	Kapitel	Mitt	Mitteilung
		kath	katholisch	mitw	mitwirkend
höh	höher	kaufm	kaufmännisch	Mj, mj	Minderjähriger, minderjährig
HReg	Handelsregister	Kaufpr	Kaufpreis		
Hyp	Hypothek	KfH	Kammer für Handelssachen	MMV	Mustermietvertrag
				Mo	Monat
idF	in der Fassung	Kfz	Kraftfahrzeug	Mob	Mobiliar–
idR	in der Regel				

Mot	Motive
mRücks	mit Rücksicht
MSch	Mieterschutz
mtl	monatlich
Mu	Mutter
mwN	mit weiteren Nachweisen
MWSt	Mehrwertsteuer
n	nach
-n	-nahme, -nis
Na	Name
Nachb	Nachbar
Nachf, nachf	Nachfolge, -r, nachfolgend
Nachl	Nachlaß
Nachw	Nachweis
ne (nehel)	nichtehelich
NE	Nacherbe, Nacherb- (in §§ 2100 ff)
negat	negativ
nF	neue Fassung, neue Folge
Niederschr	Niederschrift
Nießbr	Nießbrauch
Not, not	Notar, notariell, notarisch
notw	notwendig
Nov	Novelle
nunm	nunmehr
oa	oben angegeben(en)
oA	ohne Auftrag
oä	oder ähnliches
obj	objektiv
obl	obliegend
od	oder
öff	öffentlich
öffR	öffentliches Recht
ör	öffentlichrechtlich
österr	österreichisch
OHG	Offene Handelsgesellschaft
ord	ordentlich
Ordin	Ordinance
oRücks	ohne Rücksicht
ow	ohne weiteres
P	Pacht
Pap	Papier
Part	Partei, -en, Partner
parteif	parteifähig
ParteiFgk	Parteifähigkeit
Pers, pers	Person, persönlich
PersSt	Personenstand
PersStReg	Personenstandsregister
Pfdg	Pfändung
PfdR	Pfandrecht
Pfl, pfl	Pflege, Pfleger, Pflicht, pflichtig
Pflichtt	Pflichtteil
PKH	Prozeßkostenhilfe
PKV	Prozeßkostenvorschuß
pol	politisch
poliz	polizeilich
pos	positiv
Pr	Preis, Preußen
PrBindg	Preisbindung
Präs	Präsident
priv	privat
Prod	Produkt, Produzent
Prokl	Proklamation
Prot	Protokoll
Prov	Provision
Proz	Prozeß
pVV	positive Vertragsverletzung
qualif	qualifiziert
R, -r	Rat, Recht, -rechtlich
RA	Rechtsanwalt
RdErl	Runderlaß
Rdn	Randnote (-nummer)
RdSchr	Rundschreiben
RdVfg	Rundverfügung
Rdz (Rz)	Randziffer
RechnJ	Rechnungsjahr
rechtf	rechtfertigen
rechtsf	rechtsfähig
rechtskr	rechtskräftig
Ref	Referat, Referent
Reg	Regierung, Register, Regel
regelm	regelmäßig
RegEntw	Regierungsentwurf
Rel, rel	Religion, religiös
RentenSch	Rentenschuld
Rep	Reparatur
Rev	Revision
RFgk	Rechtsfähigkeit
RGesch	Rechtsgeschäft
rgesch	rechtsgeschäftlich
Ri	Richter
Richtl	Richtlinien
Rn	Randnummer
Rspr	Rechtsprechung
Rückg	Rückgabe
Rückgr	Rückgriff
Rücks	Rücksicht
Rücktr	Rücktritt
rückw	rückwirkend
S	Satz, Satzung, Seite
s	siehe
-s	-sam, -seitig, -seits
sa	siehe auch
Sachm	Sachmangel
Sachverst	Sachverständiger
Sbd	Sonnabend
Sch	Schenkung (in §§ 516 ff)
-sch	schaft, -schaften
Schad	-schaden
SchadErs	Schadensersatz
-schl	-schluß, -schließen
SchmerzG	Schmerzensgeld
Schriftt	Schrifttum
Schu	Schu
Schuldn	Schuldner
schuldbefr	schuldbefreiend
SchuldÜbn	Schuldübernahme
SchVerschr	Schuldverschreibung
schutzw	schutzwürdig
Schwerbeh	Schwerbehinderter
schwerbeh	schwerbehindert
Schwerbesch	Schwerbeschädigter
schwerbesch	schwerbeschädigt
SE	Sondereigentum
SelbstBeh	Selbstbehalt
selbstd	selbständig
SG	Sicherungsgeber
Sichg	Sicherung
SN	Sicherungsnehmer
Slg	Sammlung
so	siehe oben
sof	sofortig
sog	sogenannt
sol	solange
sond	sondern
SorgfPfl	Sorgfaltspflicht
soz	sozial
Spark	Sparkasse
StA	Standesamt
StatSchäden	Stationierungsschäden
StBeamter	Standesbeamter
StellgN	Stellungnahme
StellVertr	Stellvertreter
stillschw	stillschweigend
Str	Straße
str	streitig
Streitkr	Streitkräfte
stRspr	ständige Rechtsprechung
su	siehe unten
subj	subjektiv
SÜ	Sicherungsübereignung
sZt	seinerzeit
T	Teil
Tab	Tabelle
Tar	Tarif
Tatbestd	Tatbestand
Tats, tats	Tatsache, tatsächlich
Teilh	Teilhaber
Teiln	Teilnahme, Teilnehmer
Test	Testament
TestVollstr	Testamentsvollstrecker
TestVollstrg	Testamentsvollstreckung
Tit	Titel
Tl	Teil
TO	Tarifordnung
TradPap	Traditionspapier
Tr-	Treu-
TrHd, trhd	Treuhand, treuhänderisch
Trunks	Trunksucht
TÜV	Technischer Überwachungsverein
TV	Tarifvertrag
Tz	Textziffer
u	und
ua	unter anderem
uä	und ähnliche
uam	und anderes mehr

Übbl	Überblick
übereign . .	übereignet
Überg	Übergabe, Übergangs-
überh	überhaupt
übern	übernommen
Übertr	Übertragung
übertr	übertragen
überw	überwiegend
Übk	Übereinkommen
übr	übrig
uH	unerlaubte Handlung
Umst	Umstände, Umstellung
umstr	umstritten
UmwSch . .	Umweltschutz
unbest	unbestimmt
unbdgt . . .	unbedingt
unerl Hdlg	unerlaubte Handlung
Univ	Universität
unstr	unstreitig
Unterh . . .	Unterhalt
Unterl	Unterlassung
unterl	unterlassen
Unterm . . .	Untermieter
Untern . . .	Unternehmer
Unterschr .	Unterschrift
unvollk . . .	unvollkommen
unzul	unzulässig
uö	und öfters
Urh	Urheber
Urk	Urkunde
UrkBdG . .	Urkundsbeamter der Geschäftsstelle
Url	Urlaub
Urschr . . .	Urschrift
urspr	ursprünglich
Urt	Urteil
USt	Umsatzsteuer
uU	unter Umständen
v	von, vor
Va	Vater
VA	Versorgungsausgleich, Verwaltungsakt
vAw	von Amts wegen
Vbdg	Verbindung
Vbg/TErkl	Vereinbarung/Teilungserklärung
VE	Vorerbe, Vorerb–
Verbr	Verbraucher
Vereinbg . .	Vereinbarung
vereinb . . .	vereinbart
Vereinf . . .	Vereinfachung
Vereinh . . .	Vereinheitlichung
Verf	Verfahren, Verfassung
Vergl	Vergleich
verh	verheiratet
Verh	Verhältnis, Verhandlung
Verj, verj . .	Verjährung, verjähren
Verk	Verkauf, Verkäufer, Verkehr
verk	verkauft

Verk-SichgPfl . . .	Verkehrssicherungspflicht
Verl	Verlangen, Verleiher, Verletzter, Verletzung, Verlobter
verl	verlangen, verletzt
Verm	Vermächtnis, Vermieter, Vermögen
Veröff	Veröffentlichung
Verp, verp	Verpächter, verpachten
Verpfl	Verpflichteter, Verpflichtung
Vers	Versicherung, Versorgung, Versammlung
Versch . . .	Verschulden, Verschollenheit
versch . . .	verschieden, verschuldet
verschw . . .	verschweigen
VersN	Versicherungsnehmer
Verspr	Versprechen
Verst	Versteigerung, Verstorbener
verst	verstorben
Vertr	Vertrag, Vertreter
Verurs	Verursachung
verurs	verursachen
Verw	Verwalter, Verwaltung, Verwahrung
verw	verwaltet
Verwder . .	Verwender
Verz	Verzeichnis, Verzug, Verzicht
Vfg	Verfügung
vgl	vergleiche
vGw	von Gesetzes wegen
Vhlg	Verhandlung
vielm	vielmehr
Vj	Versicherungsjahr
VO	Verordnung
vollj	volljährig
vollk	vollkommen
Vollm	Vollmacht
vollst	vollständig
Vollstr . . .	Vollstreckung
vollstrb . . .	vollstreckbar
vollw	vollwertig
Vollz	Vollziehung, Vollzug
vollz	vollziehen, vollzogen
VollzBest . .	Vollzugsbestimmung
Vorauss . . .	Voraussetzung
Vorbeh . . .	Vorbehalt
Vorbem . . .	Vorbemerkung
vorgeschr . .	vorgeschrieben
vorh	vorhanden
Vork	Vorkauf
vorl	vorläufig
Vormd . . .	Vormund
Vormkg . . .	Vormerkung
Vormsch . .	Vormundschaft

Vors	Vorsatz
Vorschr . . .	Vorschrift
Vorstd . . .	Vorstand
VortAusgl .	Vorteilsausgleichung
vS	von Seiten
vTw	von Todes wegen
VzGDr . . .	Vertrag zu Gunsten Dritter
w	werden, wird, geworden
–w	–weise, –widrig
W	Wert, Wohnung
WaStr	Wasserstraße
Wdk	Wiederkauf
WE	Wohnungseigentum, Werteinheit
WertP . . .	Wertpapier
Wettbew . .	Wettbewerb
wg	wegen
Widerspr . .	Widerspruch
Wiederh . .	Wiederholung
WillErkl . .	Willenserklärung
wirtsch . . .	wirtschaftlich
wiss	wissenschaftlich
Wk	Werk
Wo	Woche
Wo (Wohn)	Wohnung(s)– (im Mietrecht)
WoRaum . .	Wohnraum
Wohns . . .	Wohnsitz
Wwe	Witwe
Wz	Warenzeichen
z	zu, zur, zum
Z	Ziffer, Zins
zahlr	zahlreich
ZbR	Zurückbehaltungsrecht
Zentr	Zentrale
ZentrGen-Kasse	Zentralgenossenschaftskasse
zG	zu Gunsten
zGDr	zu Gunsten Dritter
ziv	zivil
ZivProz . . .	Zivilprozeß
zL	zu Lasten
zT	zum Teil
Ztpkt	Zeitpunkt
Zubeh . . .	Zubehör
zugeh	zugehörig
zugel	zugelassen
zuges	zugesichert
Zugew . . .	Zugewinn
zul	zulässig
zus	zusammen
Zusichg . . .	Zusicherung
Zust	Zustand, Zustimmung
zust	zuständig, zustimmen
Zustdgk . .	Zuständigkeit
zutr	zutreffend
Zw	Zwangs-, Zweck, Zweifel
zw	zwischen
zZ	zur Zeit
zZw	zum Zweck

Bürgerliches Gesetzbuch

Vom 18. August 1896
(RGBl. S. 195),
zuletzt geändert durch das Jahressteuergesetz 1996 vom 11. Oktober 1995 (BGBl I S 1250)

Erstes Buch. Allgemeiner Teil

Bearbeiter: Prof. Dr. Heinrichs, Präsident des Oberlandesgerichts Bremen i. R.

Einleitung

Schrifttum

a) Kommentare: Alternativ-Kommentar, 1. Aufl Bd 1 1987. – Erman, 9. Aufl 1993. – Jauernig, 7. Aufl 1994. – Münchener Kommentar, Bd I, 3. Aufl 1993. – Reichsgerichtsrätekommentar, Bd I, 12. Aufl, 1974/82. – Soergel-Siebert, Bd I, 12. Aufl 1988. – Staudinger, Bd I, 12. Aufl 1979/80; 13. Bearb 1994, Einl, §§ 1–12, VerschG. – **b) Lehrbücher:** Enneccerus-Nipperdey, 15. Aufl 1959/1960. – Flume, Bd I/1 Personengesellschaft 1977, Bd I/2 Jur Personen 1983, Bd II RGesch, 4. Aufl 1992. – Hübner, 1. Aufl 1984. – Köhler, 22. Aufl 1994. – Larenz, 7. Aufl 1989. – Medicus, 6. Aufl 1994. – Pawlowski, 4. Aufl 1994. – v Tuhr, 1910/1918. – Wolf, 3. Aufl 1982. – **c) Grundrisse:** Brox, 19. Aufl 1995. – Diederichsen, 6. Aufl 1986. – Rüthers, 9. Aufl 1993.

I. Begriff des Bürgerlichen Rechts

1) Das bürgerl Recht ist **Teil des Privatrechts.** Es umfaßt die für alle Bürger geltden privrechtl Re- **1** gelgen, wobei Bürger iSv civis (Staatsbürger) zu verstehen ist. Neben dem bürgerl Recht als dem **allgemeinen** PrivR stehen die **Sonderprivatrechte,** die für best Berufsgruppen od Sachgebiete spezielle Regelgen enthalten. Zum bürgerl Recht gehören die im BGB geregelten Materien (Schuld-, Sachen-, Fam- u ErbR) sowie die das BGB ergänzden NebenGes, insb das VerschG, das AGBG, das VerbrKrG, das HausTWG, das WEG, die ErbbRVO u das EheG. SonderPrivR sind das Recht der Kaufleute u Untern (HGB, AktG, GmbHG, GenG, UWG u GWB), das Urh- u gewerbl SchutzR, das BergR u das landw HöfeR. Ein Sonderrechtsgebiet ist heute auch das ArbR (BVerfG **7,** 350, NJW **88,** 1899, BAG NVwZ **88,** 1166, Einf 3 v § 611). Das kommt auch in Art 30 EiniggsVertr zum Ausdr, der die baldige Schaffg eines ArbGesBuches zur Aufg des gesamtdtschen GesGebers erklärt. Dagg gehört das VerbraucherR zum allg PrivR, weil jeder Bürger zugl Verbraucher u jeder Verbraucher zugl Bürger ist (str, s Gärtner BB **95,** 1754); der Verbraucherschutz ist ein schuldrechtsimmanenter allg Schutzgedanke (Esser/Schmidt § 1 IV), wenn er auch überwiegd dch NebenG zum BGB verwirklicht w (Einf 14 v § 145). Das bürgerl Recht ist das Kerngebiet des PrivR. Seine allg Grds, vor allem die in den drei ersten Büchern des BGB enthaltenen Regeln, gelten auch für die privrechtl Sondermaterien, soweit für diese keine Spezialnormen bestehen (s zB EGHGB Art 2).

2) Vom **Privatrecht** zu unterscheiden ist das **öffentliche Recht.** Diese Unterscheidg hat – and als die **2** zw bürgerl Recht u SonderPrivR – erhebl prakt Bedeutg. Sie bestimmt über das anzuwendde mat Recht. Ist die Tätigk privatrechtl zu qualifizieren, gelten das BGB od die einschläg privatrechtl SonderGes. Handelt es sich um eine öffentl Tätigk, sind das VwVfG od die sonst einschläg Normen des öffR anzuwenden. Die Unterscheidg ist zugl für die gerichtsverfassgsrechtl Zustdgk maßgebd. Bürgerl RStreitigk gehören grdsl vor die ordentl Ger, öffrechtl grdsl vor die VerwGer (GVG 13, VwGO 40). PrivR ist der Teil der ROrdng, der die Beziehgen der einz zueinand auf der Grdl der Gleichordng u Selbstbestimmg regelt. Für das öffR ist RegelsGgst die Organisation des Staates u der und mit Hoheitsmacht ausgestatteten Verbände; es ordnet zugl die RVerh dieser Verbände zu ihren Mitgl u zueinand. Für die Abgrenzg stellt die fr herrschde Subjektionstheorie darauf ab, ob zw den Beteil ein Verh der Gleichordng (dann privatrechtl) od der Über- u Unterordng (dann öffrechtl) besteht (RG **167,** 284, BGH **14,** 227). Diese Formel führt idR zu richt Ergebn, sie ist aber gleichwohl nicht haltb. Es gibt auch im öffR RBeziehgen, bei denen sich die Beteil gleichgeordnet ggüstehen, etwa zw Staaten, Organen einer öffrechtl Körpersch od Part eines öffrechtl Vertr. Umgekehrt kann zw den Part einer privrechtl RBeziehg ein rechtl geordnetes Verh der Über- u Unterordng bestehen, so etwa im Kindsch-, Vereins- u ArbR. Richtig ist die Abgrenzgsformel der neueren Subjekts- od Sonderrechtstheorie (Wolff AöR **76,** 205, MüKo/Säcker Rn 3, Ipsen-Koch JuS **92,** 813): Öffrechtl ist ein RVerh, wenn wenigstens der eine Teil an ihm gerade **in seiner Eigenschaft als Träger von hoheitlicher Gewalt** beteiligt ist (ähnl BGH **3** **102,** 283). Ist das nicht der Fall, ist das RVerh dem PrivR zuzuordnen. Die Subjekttheorie gibt den richtigen Lösgsansatz, beseitigt aber nicht die Schwierigk, im Einzelfall privrechtl u öffrechtl RVerh voneinand abzugrenzen. Ist eine RBeziehg zw einer öffrechtl Körpersch u einem Bürger zu beurteilen, ist die Formel der Subjektionstheorie weiterhin hilfreich; denn wenn ein Verh der Über- u Unterordng besteht, so zeigt dies, daß die öffrechtl Körpersch an ihm in ihrer Eigensch als Träger von hoheitl Gewalt beteiligt ist (s näher § 276 Rn 130ff – öffrechtl Sonderverbindgen –; Einf 35 ff v § 305 – Abgrenzg zw öffrechtl u privrechtl Vertr –; ferner bei §§ 839, 823).

II. Entstehung des BGB

Materialien zum BGB: Erster Entwurf (E I) von 1888. – Zweiter Entwurf (E II) von 1895. – Reichstagsvorlage (E III) von 1896. – Motive (Mot) zu dem Entwurf eines BGB, 5 Bände 1888. – Protokolle der II. Kommission (Prot), 7 Bände, 1897–1899. – Mugdan, Die gesamten Materialien zum BGB, 5 Bände und Sachregister, 1899.

4 **1)** Dch das BGB ist nach Jhdten der RZersplitterg erstmals ein einheitl PrivR für ganz Dtschld geschaffen worden. Es gab allerdings auch schon früher Normen, die in ganz Deutschland galten, näml gewohnheitsrechtl Regeln dtschrechtl Ursprungs u vor allem das im 15. u 16. Jhdt als „Kaiserrecht" übernommene, im corpus juris aufgezeichnete römische Recht. Das rezipierte römische Recht in seiner den Bedürfn der Zeit angepaßten Gestalt – das sog **Gemeine Recht** – galt aber nur subsidiär, milderte zwar die RZersplitterg, hob sie aber nicht auf. In einigen Ländern bestanden Kodifikationen, so in Bayern der „Codex Maximilianeus Bavaricus" (1756), in Preußen das „Allgemeine Landrecht für die preußischen Staaten" (1794), in Baden das „Badische Landrecht" (1809), in Sachsen das „Bürgerliche Gesetzbuch für das Königreich Sachsen" (1863). In all Ländern galten PartikularR mit unterschiedl Inh u GeltgsGrd, in einigen linksrheinischen Gebieten war in der napoleonischen Zeit der „Code Civil" (1804) eingeführt worden. „Über die Notwendigk eines allg bürgerl Rechts für Dtschld", so der Titel einer 1814 erschienenen programmat Schrift Thibauts, bestand daher trotz des Widerspr Savignys („Über den Beruf unserer Zeit für Gesetzgebg u RWissensch", 1815) seit Mitte des 19. Jhdts weitgehende Übereinstimmg. Erst die Gründg des Reiches von 1871 schuf aber die polit Voraussetzgen für eine RVereinheitlichg.

5 **2)** Dch eine 1873 beschlossene VerfÄnd (lex Miquel-Lasker) wurde die vorher auf das Wechsel- u ObligationsR beschr GesGebgskompetenz des Reiches auf das ges bürgerl Recht erweitert. Nachdem eine Vorkommission ein Gutachten über die Grdzüge des GesWerkes u das einzuschlagde Verf erstattet hatte, wählte der Bundesrat 1874 eine Kommission zur Ausarbeitg des GesEntw (6 Ri, 3 Ministerialbeamte, 2 Prof, einer davon der bekannte Romanist Windscheid). Der von der Kommission erarbeitete **erste Entwurf** wurde 1888 zus mit den Motiven veröffentl. Seine bekanntesten Kritiker waren Menger (Das bürgerl GesBuch u die besitzlosen Volksklassen, 1890) u – damals erhebl stärker beachtet – v Gierke (Der Entw eines BGB u das dtsche R, 1889), der den Entw als lebensfremd, überromanistisch u „undeutsch" angriff. Weitgehende Übereinstimmg bestand jedenf darü, daß der Entw den sozialen Erfordernissen zu wenig Rechng trage u im sprachl Ausdr schwerfäll u hölzern sei. 1890 wurde daher eine zweite Kommission eingesetzt, der auch einige Nichtjuristen angehörten. Über ihre Beratgen geben die Protokolle Aufschluß. Sie legte 1895 den **zweiten Entwurf** vor, der trotz vieler Änd im einzelnen an der Grdkonzeption u dem Sprachstil des 1. Entw festhielt. Nach den Beratgen im Bundesrat, die nur wenig Änd brachten, wurde der Entw 1896 zus mit einer Denkschrift des Reichsjustizamtes im Reichstag eingebracht (**Reichstagsvorlage** od 3. Entw). Der Reichstag nahm die Vorlage nach Beratg in der dafür eingesetzten Kommission mit nur geringfügigen Änd an. Das Gesetz wurde am 18. 8. 1896 ausgefertigt. Es ist am 1. 1. 1900 in Kraft getreten (EG 1).

III. Aufbau, Gesetzesstil und Grundgedanken des BGB

6 **1)** Der **Aufbau** des BGB folgt der von der Pandektenwissensch entwickelten Systematik. Das BGB unterscheidet zw Schuld- (Obligationen), Sachen-, Fam- u ErbR. An seine Spitze haben die GesVerfasser nach der seit Heise (1807) im PandektenR übl gewordenen Systematik einen Allg Teil gestellt, der nach seiner Zielsetzg die für alle folgden Bücher gemeins Regeln enthalten soll. Hieran ist mit beachtl Grden Kritik geübt worden, vor allem mit dem Hinweis, daß weitgehd abstrahierde Verallgemeinergen sachnotwend mit einem Verlust an Einzelfallgerechtig verbunden seien (MüKo/Säcker Rn 23 ff). Im Ergebn ist es aber wohl so, daß die Voranstellg eines Allg Teils die Anwendg u Fortentwicklg des BGB weder wesentl erschwert noch erleichtert hat. Einverständn besteht darü, daß auch Vorschr außerh des Allg Teils, wie etwa § 242, allg gült RGrds enthalten können (s auch Einf 24 v § 241).

7 **2)** In seiner Regelgstechnik verwendet das BGB den **abstrahierend-generalisierenden Gesetzesstil** (s dazu Larenz § 1 IV). Es verzichtet, von wenigen Ausn (zB §§ 98, 196) abgesehen, auf kasuistische Normen. Seine Begriffswelt hat das BGB überwiegend aus der Pandektenwissensch des 19. Jhdts übernommen, teils aber auch selbst geschaffen. Kennzeichnd für das BGB ist der hohe Abstraktionsgrad seiner Begriffsbildg. Zentrale Kategorien, wie etwa RGesch u WillErkl, aber auch viele u seiner Begriffe haben in der sozialen Wirklichk keine unmittelb Entsprechg. Ihre Verwendg hat offenb dazu beigetragen, daß gelegentl von der Sache her gebotene Differenziergen von den Gesetzesverfassern vergessen worden sind (Bsp: Bes Nichtigk-Regeln für Arb- u GesellschVertr). Typisch für das BGB ist auch seine Tendenz, allg Merkmale vor die Klammer zu ziehen sowie seine Neigg zu lebensfernen u unnöt komplizierten Konstruktionen u Regelgen (Bsp: Die Entsch, die prakt kaum vorkommende Unmöglichk zum Zentralbegriff des Rechts der Leistgsstörgen zu machen; die nicht aus prakt Bedürfn, sond nur aus konstruktiven Grden getroffenen Unterscheidgen zw absoluter u relativer Unwirksamk sowie zw Hyp u GrdSchuld). Wenig überzeugt ist auch die – etwa im Vergl zum Schweizer ZGB – unanschaul u schwerfällige – manchmal auch unbeholfene – Sprache (Bsp: § 164 II). Die insow mit Recht vorgebrachte Kritik (MüKo/Säcker Rn 19 ff) muß aber relativiert w. Für eine Kodifikation des PrivR kommt eine and Regelgstechnik als die abstrahierd-generalisierde schlechterdings nicht in Betracht. Die den GesVerfassern bei der Anwendg dieser Technik unterlaufene Übertreibung w aufgewogen dch eine **Präzision der Begriffsbildung** u eine Genauigk des sprachl Ausdr, wie sie von keinem and dtschen Ges je wieder erreicht worden ist. Im übr enthält das BGB neben den auf strenge juristische Begrifflichk ausgerichteten Normen auch **Generalklauseln** mit wertausfüllgsbedürft Tatbestd-Merkmalen. Es verweist auf die „guten Sitten" (§§ 138, 826), „Treu u Glauben" (§§ 157, 242), die Billigk (§§ 315 ff, 343, 829, 847), die im Verk erforderl Sorgf (§ 276), den wichtigen Grd (§ 626 uö) u ermöglicht dadch, das Ges an sich ändernde LebensVerh anzupassen.

3) Das mit der Schaffg des BGB verfolgte politische **Ziel** war, im dtschen Reich auf dem Gebiet des PrivR **8**
Rechtseinheit herzustellen (MüKo/Säcker Rn 28). Eine inhaltl Reform od gar eine Änd gesellschaftl Verh
gehörte nicht zu den Zielvorstellgen der GesVerfasser. Sow einheitl RGrds festgestellt w konnten, wurden
diese übernommen, bei Abw entschied man sich für eine der Regelgen od eine mittlere Lösg. Auf diese
Weise verschmolzen im BGB Grds des gemeinen Rechts, der Länderkodifikationen u des dtschen Rechts,
wobei in den ersten beiden Büchern das römische Recht in der Gestalt des *usus modernus Pandectarum* eindeutig
dominiert. Das BGB ist zugleich Ausdruck der **politischen**, wirtschaftl u gesellschaftl **Verhältnisse** des
Dtschen Kaiserreichs. Es war „ein vorsichtiger Abschluß des historisch Gegebenen, nicht der kühne Anfang
einer neuen Zukunft" (Zitelmann), „mehr Endprodukt des 19. als Auftakt des 20. Jahrhunderts" (Rad-
bruch). Sein FamR war konservativ u patriarchalisch, sein Vertr- u VermögensR wurde dch den Wirt-
schaftsliberalismus geprägt. Das BGB gewährt Vertr-, Gewerbe-, Eigentum- u Testierfreih od setzt sie als
bestehd voraus. Sein Leitbild ist der „vernünftige, selbstverantwortl u urteilsfäh RGenosse" (Wieacker
PrivRGeschichte der Neuzeit 2. Aufl S 482), der seine LebensVerh in freier Selbstbestimmg ordnet u seine
Interessen geschickt selbst wahrnimmt. Die Willensbildg w dch eine diffizile Regelg über
Willensmängel (§§ 119 ff) geschützt, zur Gewährleistg von inhaltl VertrGerechtigk geschieht dagg nur
wenig. Die *„laesio enormis"* des gemeinen Rechts w nicht übernommen, ebsowenig die *„clausula rebus sic
stantibus"*. Ggü der insow gg das BGB u das ihm zugrunde liegde **soziale Modell** vorgebrachten Kritik (s
etwa MüKo/Säcker Rn 27 ff) muß aber bedacht w, daß von dem konservativ-liberalen GesGeber des Jahres
1896 kein anderes als ein konservativ-liberales bürgerl Recht erwartet w konnte. Ganz vergessen hat iü auch
das BGB den Schutz des wirtschaftl u intellektuell Unterlegenen nicht (s §§ 138 II, 343, 616–619, 1299),
wenn es insow auch sicher zu wenig getan hat. Außerdem hielt es in seinen Generalklauseln (§§ 242, 138,
315) Normen bereit, aus denen die Rspr RGrds zum Schutz des sozial Schwächeren entwickeln konnte u
auch entwickelt hat.

IV. Weiterentwicklung des bürgerlichen Rechts

Seit dem Inkrafttreten des BGB sind fast 100 Jahre vergangen. In diese Zeit fielen 2 Weltkriege, die Periode **9**
der nat-soz Gewaltherrsch u insges vier grdlegde polit Umwälzgen (1918, 1933, 1945, 1990). Auch die
wirtschaftl u sozialen Lebensbedinggen haben sich wesentl gewandelt. An die Stelle des obrigkeitsstaatl
Kaiserreiches ist die demokrat u sozialstaatl BRep getreten, die bürgerl Gesellsch des ausgehden 19. Jhdts hat
sich zur industriellen Massengesellsch weiterentwickelt. Selbstverständl sind diese Änd auch am BGB nicht
spurlos vorübergegangen.

1) Gleichwohl hat das BGB seine Stellg als **Gesamtkodifikation** des bürgerl Rechts, wenn auch mit **10**
Einschränkgen, behaupten können. Bei Reformen ist jeweils zu entscheiden, ob das ReformGes als Änd- u
ErgänzgsGes zum BGB od als SonderGes außerhalb des BGB erlassen w soll. In dieser Frage hat der
GesGeber keine klare Linie gefunden. Läßt man die aufgehobenen od wieder in das BGB eingegliederten
Ges, wie das MSchG u das TestG, außer Betracht, wird das BGB im wesentl dch folgde NebenGes ergänzt:
die ErbbRVO, das StVG, das VerschG, das EheG, das WEG, das MHG, das AGBG, das HausTWG, das
ProdHaftG u das VerbrKrG. Außerdem enthalten zahlreiche SpezialGes neben öffrechtl Vorschr auch
privrechtl Schutznormen (Bsp: FernUSG, MaBV, GerätesicherheitsG, ArznMG). Bei und Reformen hat der
GesGeber dagg am Kodifikationsgedanken festgehalten, also das BGB geändert od ergänzt (Bsp: Gleich-
berG, NEhelG, AdoptG, 1. EheRG, SorgeRG, ReiseVertrG, IPRG, BtG). Die Substanzverluste, die das
BGB als Kodifikation erlitten hat, halten sich im ganzen gesehen in Grenzen. Das gilt auch dann, wenn man
zusätzl die Entwicklg des ArbR zu einem Sonderrechtsgebiet berücksichtigt. Die einschneidendste Einbuße
liegt nicht in der Ausgliederg von einigen Teilmaterien, sond darin, daß die alt gewordene Kodifikation insb
im Vertr- u SchuldR von Schichten von RichterR überlagert w.

2) Inhaltlich hat sich das bürgerl Recht seit dem Inkrafttreten des BGB **weitgehend verändert.** In der **11**
Übersicht des Schönfelders sind beim BGB mehr als 110 ÄndGes aufgelistet. Gewiß überwiegen dabei
zahlenmäß die Ges, die ledigl redaktionelle od marginale Korrekturen gebracht haben. Daneben steht aber
eine Reihe von Ges, die Teilmaterien des bürgerl Rechts grdlegd reformiert haben. Ebso wichtig, im Vertr-
u SchuldR sogar noch wichtiger, war die Fortbildg des Rechts dch Rspr u Wissensch. Die einz Abschnitte
dieses nicht immer gradlinig verlaufenden Änd- u Reformprozesses (Kaiserreich, Weimarer Republik, nat-
soz Gewaltherrsch, Nachkriegszeit, Bundesrepublik) können hier nicht nachgezeichnet w. Vergleicht man
das heute geltde bürgerl Recht mit den am 1. 1. 1900 in Kraft getretenen Vorschr, sind vor allem folgende
Änd hervorzuheben:

a) Im **Familienrecht** ist dch eine Reihe von ReformG (EheGes, GleichberG, NEhelG, AdoptG, 1. **12**
EheRG, SorgeRG, UÄndG, BtG, s Einl 3 v § 1297) von Grd auf verändert worden. An die Stelle des
patriarchalisch gestalteten fr Rechts ist ein neu konzipiertes, auf Gleichberechtigg u Partnersch aufbauendes
FamR getreten (Einl 1 ff v § 1353). Vom ursprüngl Normenbestand des 4. Buches sind im wesentl nur noch
die Vorschr über das Verlöbn u die Vormsch über Mj geltdes Recht.

b) Im **Vertrags- und Schuldrecht** haben keine derart weitgehden Eingriffe des GesGebers stattgefun- **13**
den. Auch dieses RGebiet hat sich aber in einem langen, vor allem dch richterl RFortbildg bestimmten
ÄndProzeß wesentl gewandelt. – **aa)** Das BGB hat es versäumt, im VertrR den wirtschaftl **Schwächeren** **14**
zu schützen u für ein ausr Maß von VertrGerechtigk zu sorgen. Das hier Versäumte ist dch die Fortent-
wicklg des VertrR weitgehd nachgeholt worden. Für den dch AGB standardisierten Vertr, dh den in der
industriellen Massengesellsch typischen Vertr, gelten seit 1977 die SchutzVorschr des AGBG. Auch die vom
GesGeber für den Miet-, Reise-, Fernunterrichts-, Makler- u BauträgerVertr geschaffenen Schutznormen
(Einf 13 ff v § 145), das HausTWG u das an die Stelle des AbzG getretene VerbrKrG zeigen, daß aus dem
liberalistischen VertrR der Anfangszeit des BGB inzw ein sozialstaatl VertrR geworden ist. – **bb)** Weitge- **15**
hend umgestaltet worden ist auch das **Deliktsrecht.** Die Rspr hat den § 823 I dch die Anerkenng des allg
PersönlichkR u des Rechts am eingerichteten u ausgeübten GewBetr nicht unwesentl erweitert. Sie hat dch

die Herausbildg von VerkPflten unterschiedl Art u Grdl dafür gesorgt, daß mit Hilfe des § 823 völlig neue Problemlagen bewältigt w konnten. Für die Produkthaftg gibt es inzw eine doppelte RGrdl, die von der Rspr dch eine Umkehr der BewLast entwickelte deliktische Haftg (§ 823 Rn 201 ff) u das vom GesGeber in Vollzug einer EG-Richtlinie erlassene, praktisch weniger bedeutsame ProdHaftG. Hinzu kommen weitere Änd dch richterl RFortbildg, so etwa die Dchbrechg des § 253 bei Verletzg des allg PersönlichkR, die Erweiterg des Schadensbegriffes (Vorbem 17 ff v § 249), der Ausbau der Gefährdgshaftg (§ 276 Rn 136) u die allg Zulassg von Unterl- u Beseitiggsklagen bei unerl Hdlg (Einf 16 ff v § 823) mit dem Ergebn einer weitgehden Verdrängg des strafrechtl PrivKlVerf. Das geltde DeliktsR ist damit trotz eines nur wenig veränderten Normenbestandes erhebl ausdifferenzierter u sozial ausgewogener als das DeliktsR des Jahres 1900.

16 – **cc)** Ähnl gilt für das Recht der **Leistungsstörungen** und die SchadErsPfl aus vertragl u vertragsähnl Sonderverbindgen. Die zentrale Kategorie des LeistgsstörgsR ist nicht mehr die Unmöglichk, sond die pVV. Dch die Anerkenng der c. i. c., des Vertr mit Schutzwirkg zGDr, der Eighaftg des VhdlgsGehilfen u weiterer haftgsbegründder VertrauensTatbestde ist das Haftgssystem verfeinert u an die veränderten wirtschaftl u sozialen Verh angepaßt worden.

17 **c)** Als wesentl statischer hat sich dagg das **Sachenrecht** erwiesen. Die seit der WeimRV als RGrds anerkannte Sozialbindg des Eigt war nicht dch das PrivR, sond dch das öffR zu konkretisieren u auszugestalten. Als wesentl privrechtl Reformen bleiben die Verbesserg des ErbbR dch die ErbbRVO u das auf eine breitere EigtStreuung abzielde WEG, als Schöpfgen der richterl RFortbildg das SichergsEigt u das AnwR aus bedingter Übereignu.

d) Auch das **Erbrecht** ist von großen Reformen verschont geblieben. Zu erwähnen sind ledigl der Abbau übertriebener Förmlichk dch das 1953 wieder in das BGB übernommene TestG, die sich aus dem Güterstd des ZugewAusgl ergebden erbrechtl Auswirkgen u die Änd dch das NEhelG (s Einl 2 v § 1922).

18 **3)** Der **räumliche Geltungsbereich** des BGB hat sich zweimal grdlegd verändert. Die fr DDR hat das BGB dch die EGZGB zum 1. 1. 76 aufgehoben. Sein PrivR bestand vor allem aus dem ZGB vom 19. 6. 75, dem FamGB vom 20. 12. 65, dem VertrG vom 25. 3. 82, dem ArbGB vom 16. 6. 78, dem Ges über internationale WirtschVertr (GIW) vom 5. 2. 76 u dem RAnwendgsG vom 5. 12. 75. Inzwischen ist die **Rechtseinheit** auf dem Gebiet des PrivR dch die deutsch- deutsche Vereinigg weitgehd wiederhergestellt worden. Seit dem 3. 10. 90, dem **Beitritt** der DDR, gelten das BGB u seine NebenG wieder im Gebiet der neuen Bundesländer. Die in Art 230 ff EGBGB enthaltenen ÜbergangsVorschr sind inzw wiederholt geändert u dch SonderVorschr außerhalb des BGB, ergänzt worden (s bei Art 230 ff EGBGB).

V. Quellen und Normen des Privatrechts

19 **1)** Unter **Rechtsquelle** versteht man die Entstehgsursachen der RNormen, zugl aber auch die durch die Entstehgsursachen gekennzeichneten Erscheingsformen des Rechts. Von diesem Standpkt aus ist das Recht in **gesetztes Recht** u **Gewohnheitsrecht** zu unterteilen. Das BGB bezeichnet beides als Gesetz (Art 2 EGBGB). Als RQuellen des PrivR kommen im einz in Betracht:

20 **a) Das Grundgesetz.** Es ist auch für das PrivR die ranghöchste RQuelle. Der GesGeber ist bei der Gestaltg des PrivR an die in Art 1–19 GG niedergelegten GrdR u die Staatszielbestimmgen der Art 20 u 28 GG gebunden. Er hatte zugleich die Verpfl, das vorkonstitutionelle PrivR an die Anfordergen des GG anzupassen. Dieser insb das FamR betreffde Auftr ist dch die familienrechtl ReformGes (Rn 12) inzw erf. Das in den GrdR u den Art 20 u 28 verkörperte Wertsystem ist aber auch für den Ri der Anwendg u Fortentwicklg des PrivR bindd. Str ist allerd, ob die GrdR für den priv RVerk unmittelb gelten (sog unmittelb Drittwirkg), od ob sie über die Auslegg u die Generalklauseln in das PrivR einwirken (sog mittelb Drittwirkg). Dieser Streit ist aber mehr theoret Natur. Im prakt Ergebn bestehen zw beiden Ans kaum Unterschiede (s näher § 242 Rn 7).

21 **b) Gesetze** im formellen Sinne sind die von der gesetzgebden Gewalt des Bundes od der Länder erlassenen RNormen. Sie bedürfen wie alles gesetzte Recht der Verkündg. **Staatsverträge,** die ordngsmäß ratifiziert u verkündet sind, stehen dem Gesetz im formellen Sinne gleich.

22 **c) Rechtsverordnungen** sind die von einer Stelle der Exekutive aufgrund einer gesetzl Ermächtigg erlassenen RNormen. Sie stehen im Rang unter dem Ges, dürfen also nicht gg gesetzl Vorschr verstoßen. Die zugrde liegde Ermächtigg muß nach Inh, Ausmaß u Zweck konkretisiert sein (Art 80 I 2 GG). Im bürgerl Recht ist die RVerordng und als im öffR eine RQuelle von untergeordneter Bedeutg. Bsp sind etwa die aGrd von EnergieWG 7 erlassenen AVBGasV u AVBEltV (s AGBG 27 Rn 1).

23 **d) Autonome Satzungen** sind die von nichtstaatl Verbänden im Rahmen ihrer Befugn erlassenen RNormen wie etwa Ortsgesetze, Satzgen der öffrechtl Körpersch u Kirchen. Auch der normative Teil von **Tarifverträgen** ist Ges im materiellen Sinn (BAG NJW **85**, 1239) u gehört damit begriffl zu den autonomen Satzgen. Rückwirkde Ändergen von TarifVertr sind nicht ausgeschlossen, müssen aber dem Grds des Vertrauensschutzes Rechng tragen (BAG DB **95**, 778).

24 **e) Gewohnheitsrecht.** Seine Entstehg erfordert eine lang dauernde tatsächl Übg. Hinzukommen muß die Überzeugg der beteiligten VerkKreise, dch die Einhaltg der Übg bestehendes Recht zu befolgen, so *opinio necessitatis* (s BVerfGE **28**, 28, RG **75**, 41, BGH **37**, 222, BAG DB **79**, 1849). Auch die auf einer irrigen GesAuslegg beruhde Praxis kann unter den angeführten Voraussetzgen zur Bildg von GewohnhR führen (BGH **37**, 222). Auf dem Gebiet des bürgerl Rechts kann sich grdsl nur BundesGewohnhR bilden, LandesGewohnhR nur in dem LandesR vorbehaltenen Materien. Die Geltg von GewohnhR endet wie die von gesetztem Recht dch Erlaß eines abw Ges od dch Bildg von entggstehdem GewohnhR (BGH **1**, 379, **37**, 224). Der Wegfall der RÜberzeugg reicht dagg zum Außerkrafttreten allein nicht aus (aA BGH **44**, 349, krit Hubmann JuS **68**, 61). Kein GewohnhR ist der sog **Gerichtsgebrauch.** Er leitet seine Verbindlichk aus dem gesetzten Recht ab, hat also keine eigenstad normative Geltg. Eine ständ Rspr kann daher auch nach langer Zeit geändert w (Bsp: BGH **59**, 343 zu § 2287), idR sprechen der Gedanke der RSicherh u des Vertrauensschutzes aber für ein Festhalten an der bisherigen REntwicklg (BGH **85**, 66). Ausnw kann eine ständ Rspr auch zu GewohnhR erstarken, wenn sie Ausdr einer allg RÜberzeugg w (BGH NJW **79**, 1983 zur c. i. c., Larenz § 1 c, Ipsen DVBl **83**, 1029, hM). Dazu genügt aber nicht die Billig dch die berufl RAnwender; erforderl ist die Anerkenng als bestehdes Recht dch die beteiligten VerkKreise, eine Voraussetzg, die nur selten vorliegen w. Auch in den dch autonome Satzg (oben Rn 23) geregelten Materien kann sich Gewohnh R bilden. Dieses nur für eine Gemeinde od die Mitgl einer öffrechtl Körpersch geltde GewohnhR bezeichnet man als **Observanz.**

2) Eine weitere wichtige Quelle des Privatrechts ist inzwischen das **Recht der Europäischen Union,** für 24a das ein Anwendgsvorrang besteht (EuGH NJW **78**, 1741, BVerfGE **73**, 378, Mü NJW **93**, 865, Lörcher JuS **93**, 1011). – **a)** Zum **primären Gemeinschaftsrecht** gehören die GründgsVertr der EG sowie die von den MitglStaaten geschlossenen Ändergs- u ErgänzgsVertr. Privatrechtl bedeuts sind vor allem das von der Rspr des EuGH weiterentwickelte Verbot mengenmäßiger Einfuhrbeschränken u „Maßn gleicher Wirkg", EGV 30 (s zuletzt EuGH NJW **94**, 121 ü ZIP **95**, 1285) sowie das Verbot wettbewerbsbeschränker Abreden, EGV 85 (§ 134 Rn 2). – **b) Sekundäres Gemeinschaftsrecht.** Es kommt in einem Verf zustande, dessen demokratische Legitimation trotz des Ausbaus der BeteiliggsR des Europäischen Parlaments dch den UnionsVertr (EGV 189 b, 189 c) noch immer schwach ist. – **aa) Verordnungen** haben allg Geltg, sind in allen ihren Teilen verbindl u gelten unmittelb in allen MitglStaaten (EGV 189 II). Sie bedürfen keiner Umsetzg (BGH **125**, 36) u sind das geeignete Regelgsinstrument, wenn zusätzl zu einzelstaatl RInstituten europaeinheitl geschaffen w sollen, im GesellschaftsR etwa die EWiV (VO v 25. 7. 85 ABIEG Nr L 199 S 1, Ges v 14. 4. 88 BGBl I 514) od die europäische AG (Merkt BB **92**, 652) u im VereinsR der europäische Verein (Vorschlag der Kommission für eine VO XXIII/366/91). – **bb) Richtlinien** (EGV 189 III) verpflichten die MitglStaaten, ihr Recht an den Inhalt der RL anzupassen. Sie schaffen kein unmittelb geltdes europäisches Recht, in ihrem Vollzug wird vielmehr das nationale Recht der Einzelstaaten inhaltl angeglichen. Das angeglichene Recht, aber auch fr erlassenes Recht ist iZw richtlinienkonform auszulegen (EuGH NJW **94**, 921, BGH NJW **93**, 1594, BAG NJW **93**, 1155, Heinrichs NJW **95**, 153); für seine Auslegg ist über die VorlagePfl nach EGV 177 letztl der EuGH zust (Hommelhoff AcP **192**, 95). Wird die RL nicht innerh der festgesetzten Fr umgesetzt, können sich die Bürger auf Bestimmgen einer RL, die inhaltl als unbedingt u hinreichd genau erscheinen, ggü allen innerstaatl, nicht richtlinienkonformen Vorschr berufen (EuGH NJW **82**, 499, **92**, 165, BGH EuZW **93**, 226, Hailbronner JZ **92**, 284). Die Nichtumsetzg einer RL kann auch eine SchadErsPfl des säumigen Staates begründen (§ 839 Rn 19). Die unmittelb Wirkg der RL gilt aber nur ggü den MitglStaaten u den öffr Körpersch, für die die MitglStaaten gemeinschrechtl verantwortl sind, sie besteht nicht ggü PrivatPers (EuGH NJW **86**, 2178, Anh nach AGBG 30 Rn 10). – **c)** Zu den Anfängen einer **Europäisierung** des SchuldR s Rn 26 vor § 241.

3) Keine Rechtsnormen sind: – **a) Verkehrssitte** u Handelsbrauch. Sie sind eine im Verk der beteiligten 25 Kreise herrschde tatsächl Übg (RG **55**, 377, BGH **LM** § 157 [B] Nr 1), wg Fehlens einer RÜberzeugg aber kein GewohnhR. Gem §§ 157, 242 sind sie bei der Auslegg von RGesch u der Abwicklg von SchuldVerh zu berücksichtigen (s § 133 Rn 20). – **b) Technische Normen und berufliche Verhaltensregeln** (Bsp: DIN- 26 Normen, Regeln der ärztl Kunst). Sie haben keine normative Geltg, da sie nicht von einer zur RSetzg befugten Organ erlassen worden sind. Sie können aber dch Verweisen in gesetzl Vorschr mittelb den Rang von RNormen erlangen (s Backherms JuS **80**, 9). Außerdem können sie ein Maßstab dafür sein, welche Leistg der Schu vereinbart zu erbringen hat (§§ 157, 242) od welche SorgfAnfordergen (§ 276 I 2) an ihn zu stellen sind. – **c) Satzungen von Vereinen** (§ 25 Rn 3) u **AGB** (AGBG 1 Rn 1).

4) Von den vielen begriffsjuristisch mögl inhaltl Einteilgen der RNormen ist für das PrivR vor allem die 27 zw **zwingendem** u **nachgiebigem Recht** *(jus cogens* u *jus dispositivum)* prakt bedeuts. Zwingdes Recht kann von den Part nicht geändert w, nachgiebiges tritt hinter abw PartVereinbg zurück. Diese Unterscheid ist dch die REntwicklg weiter verfeinert worden. Als **halbzwingendes** Recht bezeichnet man Schutz- Vorschr zG einer VertrPart, von deren Schutz u hinreichd genau erscheinen, wohl aber zu deren Vorteil abgeändert w dürfen (Bsp: §§ 537 III, 554 II Nr 3, 651 l, HausTWG 5 III). Seit dem Inkrafttreten des AGBG ist ein Teil des nachgiebigen Rechts einer Änd dch AGB entzogen (AGBG 9–11). Innerhalb des nachgiebigen Rechts muß daher unterschieden w zw RNormen, die nicht dch AGB, sond nur dch IndVereinbg geändert w können, u solchen, die auch zur Disposition des AGB-Verwders stehen. Für die einer Änd dch AGB entzogenen „klauselfesten" RNormen hat sich noch keine allg anerkannte Bezeichng dchgesetzt.

VI. Anwendung und Auslegung des Privatrechts

1) Seit dem Inkrafttreten des BGB hat sich auch die Methode seiner Anwendg u Auslegg gewandelt. – 28 **a)** Bei Inkrafttreten des BGB war die im 19. Jhdt entstandene sog **Begriffsjurisprudenz** die noch herrschde jurist Methode (bekannteste Vertreter: Savigny, Windscheid). Ihre Anhänger waren der Ans, daß sich aus dem vorhandenen Normenbestand ein lückenloses System von RBegriffen entwickeln lasse. Die Ausdifferenzierg der Begriffe u ihre Zusammenfassg zu einem geschlossenen System wurde als ein rein logisch-formaler Proz verstanden, der von Wertgen weitgehd frei zu halten sei. Dem so erarbeiteten System von RBegriffen sei für jeden denkb Konflikt eine Lösg zu entnehmen. Der RAnwder brauche den Lebensvorgang nur unter die einschlägigen RBegriffe zu subsumieren (s näher Larenz MethodenL 6. Aufl, 1991 S 19 ff; gg Ansätze zur Wiederbelebg der Begriffsjurisprudenz s Fezer JuS **93**, 103).

b) Gg die Begriffsjurisprudenz wandte sich schon im 2. Jahrzehnt nach dem Inkrafttreten des BGB die 29 **Interessenjurisprudenz** (Hauptvertreter: Heck, Müller-Erzbach). Sie ging im Anschluß an Jhering davon aus, daß jede RNorm die Entscheidg über einen Interessenkonflikt enthalte. Der RAnwder müsse daher zunächst ermitteln, welche Interessen sich in dem zu beurteilen Fall ggüberstünden. Danach habe er zu prüfen, ob u ggf wie das Ges den Interessenkonflikt entschieden habe. Fehle eine einschlägige Norm, müsse er die Entscheidg danach ausrichten, wie das Ges die Interessen in ähnl Fällen ggeinander abgewogen habe (s näher Heck AcP **112**, 1 u Begriffsbildg u Interessenjurisprudenz, 1932).

c) Seit mehr als 30 Jahren bekennt sich der überwiegende Teil des privrechtl Schrift zur **Wertungsjuris-** 30 **prudenz.** Die Anhänger dieser Interpretationstheorie vertreten kein einheitl Konzept, stimmen aber in wesentl Grundthesen überein. Sie gehen davon aus, daß die Tätigk des GesGebers u RAnwders letztl wertder Natur sei. Jeder, auch der sog best RBegriff sei Ausdr einer Wertg u zumindest in seinen Randzonen unscharf. Bei der Auslegg sei auf die der betreffden Norm u der ROrdng zugrde liegden WertEntsch abzustellen. Sow das Ges Lücken enthalte, habe sie der Richter nach den Wertmaßstäben zu schließen, die in der GesROrdng, insb im GG, vorgegeben seien (s näher Larenz MethodenL S 119 ff).

31   **d)** Gg die überkommenen Interpretationstheorien wendet sich eine neue methodolog Richtg, die hier als **kritische Jurisprudenz** bezeichnet w soll. Die Anhänger dieser Richtg (Hauptvertreter: Esser, Säcker) stimmen – trotz mancher Unterschiede in ihren Positionen – darin überein, daß die überkommenen Methoden der GesAuslegg weitgehd wertlos seien u den wirkl Proz der RFindg nur verschleierten. Ein jurist Text gebe nicht mehr an Problemlösgen her, als der GesGeber in ihn hineingetan habe. Was dch Auslegg zusätzl aus ihm abgeleitet w, beruhe in Wahrh auf einer autonomen Dezision des RAnwenders (MüKo/Säcker Rn 84). Der Richter finde das von ihm für sachgerecht gehaltene Ergebn ohne Rückgriff auf die ggeinand austauschb Methoden der GesAuslegg. Auf diese beziehe er sich nur, um die Verträglichk der bereits gefundenen Entsch mit dem pos RSystem nachzuweisen (Esser, Vorverständn u Methodenwahl, 2. Aufl, 1972, insb S 124 ff). Sow dem Ges keine eindeut Problemlösg zu entnehmen sei, sei eine sorgf u verantwortgsbewußte Diskussion darü notw, welche EntschAlternative am vernünftigsten u sachgerechtesten sei u sich am besten in die bestehden normat WertEntsch einfüge (MüKo/Säcker Rn 87).

32   **e)** Die aus den USA rezipierte **ökonomische Analyse des Rechts** versucht, das Recht – ausgehd von den Bdggen der Marktwirtsch – nach ökonomischen Prinzipien zu erklären u zu entwickeln (LitAuswahl: Schäfer/Ott, Lehrbuch der ökonomischen Analyse des ZivilR, 1986; Assmann/Kirchner/Schanze, Ökonomische Analyse des Rechts, 1993; krit Horn AcP **186**, 307; Fezer JZ **88**, 223). Ihre Anhänger – bei vielen Unterschieden in Grds- u Einzelfragen – die „optimale Allokation von Ressourcen" für ein Hauptziel der RAnwendg u Gestaltg. Die „sozialen Kosten" sollen richtig „internalisiert", die „Transaktionskosten minimiert" u alle wirtschaftl Ressourcen optimal genutzt w; iZw ist der ökonomisch effizienteste Lösgsweg auch der rechtl richtige. Die anzustrebde gesamtwirtschaftl Effizienz dient zugl dem Gemeinwohl. Teilw wird die ökonomische Analyse als eine universelle Theorie des Rechts aufgefaßt, deren GeltgsAnspr sich auch auf das Fam- u StrafR erstreckt (so etwa Schäfer/Ott). And sehen in der ökonomischen Analyse dagg ein Hilfsmittel, um in dem dch die Wertgsjurisprudenz vorgegebenen Rahmen bei best RProblemen (Umweltschutz, Haftg für Unfallschäden, Zuordng von Risiken) angem Lösgen zu entwickeln.

33   **2) Eigene Stellungnahme.** In Übereinstimmung mit der Rspr ist grdsl der **Wertungsjurisprudenz** trotz der mit ihr notw verbundenen Einbuße an RSicherh u Vorausberechenbark des Rechts **zu folgen. – a)** Ihre These, daß die RAnwendg eine ausschließl wertde Tätigk sei, bedarf allerd einer **Einschränkung.** Zur Feststellg, daß ein Auto eine bewegl Sache ist, eine dringde Zahlgsaufforder eine Mahng, genügt eine einfache Subsumtion. Hier kann, weil es keinerlei Beurteilgsalternativen gibt, von einer Wertg nicht gesprochen w. Sie w idR erst dann erforderl, wenn es nicht mehr um den festen Kern des RBegriffs, sond um dessen Randzonen geht. Bei der Wertg ist auf die der RNorm u GesROrdng zugrde liegden WertEntsch abzustellen. Im VermögensR ist auch die ökonomische Rationalität u Effizienz zu berücksichtigen. Der von der ökonomischen Analyse erhobene AusschließlichkAnspr ist abzulehnen. – **b)** Der krit Jurisprudenz ist zuzugeben, daß sich aus dem Ges, auch wenn man es mit den Methoden der Wertgsjurisprudenz anwendet u fortentwickelt, nicht für jede RFrage eine eindeutig richtige Lösg ableiten läßt. Bei vielen Problemen bleibt ein **„Beurteilungsspielraum"** (Rn 38). Das ist aber kein Grd, die Wertgsjurisprudenz u ihre Auslegsmethodik im ganzen zu verwerfen. Sie ist ein bewährtes System der Normanreicherg u führt in einer Vielzahl von Fällen zu sachgerechten u allseits gebilligten Ergebn.

34   **3) Auslegung. – a)** Ein Ges auslegen heißt, seinen Sinn erforschen. Dabei kommt es nicht auf den subj Willen des historischen Gesetzgebers an. Er läßt sich idR auch gar nicht feststellen od ist dch Änd der LebensVerh bald überholt. Maßgebd ist der im GesWortlaut objektivierte Wille des GesGebers, sog **objektive Theorie** (BVerfGE **1**, 312, **10**, 244, **62**, 45, BGH **46**, 76, **49**, 223, and die auf den Willen des histor GesGebers abstellde subj Theorie, s zuletzt Hassold ZZP **94**, 192). Dabei ist nach dem RGedanken des § 133 nicht am buchstäbl Ausdr zu haften, sond auf den Sinn der Norm abzustellen (BGH **2**, 184, **13**, 30). Es ist davon auszugehen, daß das Ges eine zweckmäß, vernünft u gerechte Regelg treffen will (RG **74**, 72).

35   **b) Auslegungsmethoden.** Maßgebd für die Auslegg einer RNorm sind der Wortsinn, der Bedeutgszushang, die Entstehgsgeschichte u der Zweck der Norm (Brugger ArchÖffR **119**, 20). – **aa)** Ausgangspkt der Auslegg ist die Wortbedeutg (BGH **46**, 76, Hamm OLGZ **82**, 483), sog **sprachlich-grammatikalische Auslegung.** Enthält das Ges für den Ausdr eine gesetzl Festlegg (zB § 121 I „unverzügl"; § 122 II „kennen müssen"), ist diese maßgebd. Sonst gilt für jurist FachAusdr der Sprachgebrauch der Juristen, iü der allg Sprachgebrauch. Ein eindeut Wortsinn, der allerd dch Auslegg festgestellt w muß, ist grdsl bindd (BGH **46**, 76). Von ihm darf nur abgewichen w, wenn der GesZweck eine abw Auslegg als nahelegt, sond erfordert 36 (RG **149**, 238, BGH **2**, 184). – **bb)** Die Auslegg nach dem BedeutgsZushang, sog **systematische Auslegung,** geht von der Einsicht aus, daß der einzelne RSatz im GesZushang der ROrdng zu verstehen ist. Auch für die systemat Auslegg gilt, daß ein aus ihr gewonnenes eindeut Ergebn grdsl bindd ist. Abgewichen w darf nur, wenn, was nachgewiesen w muß, die ratio legis dies erfordert. Ein Unterfall der systemat Auslegg ist die **verfassungskonforme Auslegung,** deren Hauptanwendgsfeld jedoch das öffR ist. Von mehreren Auslegsmöglichk hat diej den Vorrang, bei der die RNorm mit der Verf im Einklang steht (BVerfGE **2**, 282, **48**, 40, **64**, 241, stRspr). Für Normen, die im Vollzug einer EU-Richtlinie erlassen worden sind, aber auch für fr erlassnes Recht, gilt der Grds **richtlinienkonformer** Auslegg, dh iZw ist der RL entspr Auslegg der 37 Vorzug zu geben (EuGH NJW **94**, 921, BGH NJW **93**, 1595, Heinrichs NJW **95**, 153). – **cc)** Die **Entstehungsgeschichte** ist vor allem für die Ermittlg des GesZwecks von Bedeutg (BGH **46**, 80, **62**, 350). Für die Entscheidg von konkreten Auslegsproblemen ist sie idR unergieb; das Problem ist entweder nicht gesehen od Rspr u Lehre überlassen worden. Findet sich in den Materialien eine ausdr Stellgnahme, ist diese nicht bindd (Rn 34), sie verdeutlicht aber insow den GesZweck u w daher idR zu befolgen sein.

c) Entscheidd für das Ausleggsergebn ist grdsl die **teleologische Auslegung,** die sich am GesZweck 38 *(ratio legis)* orientiert. Der BGH bezeichnet sie als Auslegg nach dem Sinn u Zweck des Ges (BGH **2**, 184, **18**, 49, **54**, 268, **78**, 265, **87**, 383). Für sie besteht ggü den and Auslegmethoden ein Primat (MüKo/Säcker Rn 117). Zur *ratio legis* gehören die mit der konkreten Norm verfolgten Zwecke. Sie w aber zugl dch allg Zweckmäßigk- u GerechtigkErwäggen mitbestimmt. Die Norm ist als Teil einer gerechten u zweckmäß Ordng zu verstehen. Bei ernsthaften Zweifeln sind die Auslegsalternativen u ihre prakt Konsequenzen herauszuarbeiten; sodann ist sorgf ggeinand abzuwägen, welche der Alternativen am zweckmäßigsten u gerechtesten ist u sich am besten in den GesZushang der ROrdng einfügt (s BGH **56**, 33, **57**, 248, **80**, 338, **82**, 185). Diese Abwägg führt häufig nicht zu einem eindeut Ergebn idS, daß eine Auslegsmöglichk richt ist u die and falsch sind. Oft muß von mehreren vertretb Alternativen eine als die sachgerechteste od plausibelste ausgewählt w. Die insow notw Problematisierg u Abwägg weist Parallelen zum topischen Denken auf (s dazu Viehweg, Topik u Jurisprudenz, 5. Aufl 1974 u krit Larenz MethodenL S 138). Der hier fragl EntschProz ist aber in Wahrh nicht mehr Wissensch, sond *ars aequi et boni* (s Gröschner JZ **83**, 944). Man mag in diesem Zushang auch von einer richterl Dezision sprechen (so MüKo/Säcker Rn 93). Der Richter hat sich aber nicht an seinen subj Gerechtig- u ZweckmäßigkVorstellgen od Vorverständn zu orientieren, sond muß auf die in der ROrdng, insb der Verf, verwirklichten WertEntsch abstellen. Daß das leistb ist, zeigt die höchstrichterl Rspr der letzten Jahrzehnte. Gibt es zu dem Problem eine ständ Rspr, sind bei der Abwägg der Gedanke der RSicherh u des Vertrauensschutzes mitzuberücksichtigen (BGH **85**, 66, **87**, 155, **106**, 37); sie sprechen iZw für ein Festhalten an der bisherigen REntwicklg (BGH aaO, krit Köhler JR **84**, 45).

d) Zur herkömml jurist Methode gehört eine Anzahl von **Argumentationsformen.** Dabei handelt es 39 sich zT um Ggsatzpaare (Bsp: extensive u restriktive Auslegg; Analogie u Umkehrschluß). Schon die Entsch für das Argumentationsmuster legt damit das AuslegsErgebn fest; sie ist nach der *ratio legis* zu treffen (Rn 38): **– aa) Extensive und restriktive Auslegung.** Sie betrifft den Fall, daß der Wortsinn mehrere Deutgen zuläßt. Die extensive Auslegg entscheidet sich für die weite, die restriktive für die enge Wortbedeutg (Bsp: Auslegg des Begriffs Dritter iSd § 123, s dort Rn 13f). **– bb) Analogie** ist die Übertragg der für einen od 40 mehrere best Tatbestd im Ges vorgesehenen Regel auf einen and, aber rechtsähnl Tatbestd. Sie überschreitet die Grenze des mögl Wortsinnes, die für die eigentl Auslegg eine (allerdings nicht immer streng beachtete) Schranke darstellt (BGH **46**, 76, NJW **88**, 2109). Man unterscheidet die Einzelanalogie, bei der die RFolge einer Norm auf einen „vergleichb" Fall (BGH **105**, 143) übertragen w (Bsp: Anwendg des § 463 auf die argl Vorspiegel einer Eigensch, dort Rn 13) u die RAnalogie, bei der aus mehreren RSätzen ein übergeordnetes Prinzip herausgearbeitet u sodann auf ähnl gelagerte Fälle angewendet w (Bsp: analoge Anwendg der Grds über Unmöglichk u Verzug auf die pVV). Die Analogie ist verfassgsrechtl zul (BVerfG **69**, 369, NJW **90**, 1593), im StrafR besteht jedoch ein Analogieverbot zum Nachteil des Täters, im SteuerR zu Lasten des Bürgers (BVerfG NJW **85**, 1891, Offerhaus BB **84**, 993). **– cc) Teleologische Reduktion.** Sie hat ebenso 41 wie die restriktive Auslegg das Ziel, den Anwendgsbereich einer RNorm einzuschränken. Währd die restriktive Auslegg sich unter mehreren mögl Wortbedeutgen für die engere entscheidet, setzt sich die teleolog Reduktion mit dem Wortlaut in Widerspr. Die Norm w nicht angewandt, obwohl sie ihrem Wortlaut nach zutrifft. Die teleologische Reduktion ist verfassgsrechtl zul (BVerfG ZIP **93**, 843). Restriktive Auslegg u teleolog Reduktion verhalten sich ebso zueinand wie extensive Auslegg und Analogie (Bsp: Einschränkg des Verbots der Selbstkontrahierens in best Fallgruppen, s § 181 Rn 9f). **– dd) Der Umkehr-** 42 **schluß** ist das Ggstück zur Analogie. Er besagt: Weil das Gesetz die RFolge an einen best Tatbestd geknüpft hat, gilt diese für and Tatbestde auch dann nicht, wenn diese ähnl liegen. Der Umkehrschluß ist nur dann berecht, wenn er mit dem GesZweck im Einklang steht, nach der *ratio legis* also anzunehmen ist, daß die vorgesehene RFolge auf ähnl Fälle nicht übertragen w soll (Bsp: Umkehrschluß aus § 284 II 2, dort Rn 23). **– ee) argumentum a majore ad minus** (arg a fortiori). Es handelt sich um das „erst recht" Argument. Wenn 43 die RFolge bei dem Tatbestd T$_1$ gilt, dann muß sie „erst recht" für den ähnl Tatbestd T$_2$ gelten, da auf ihn der GesZweck in noch stärkerem Maße zutrifft (Bsp: BGH **6**, 290: Ausdehng der EntschädiggsPfl für Enteigng auf den rechtsw enteigngsgleichen Eingriff). **– ff) argumentum ad absurdum.** Es ist anwendb, 44 wenn bei der teleolog Auslegg mehrere Auslegsmöglichk ggeinand abzuwägen sind (Rn 38). Es zeigt auf, daß eine Auslegsalternative zu unhaltb Ergebn führt u daher mit der auf eine sinnvolle Ordng abzielden *ratio legis* nicht vereinb ist (Bsp: BGH **56**, 171). **– gg)** Von **Ausnahmevorschriften** sagt man, sie seien eng 45 auszulegen u keiner Analogie fähig (RG **153**, 23, BGH **2**, 244, 11, 143, NJW **89**, 461). Das trifft in dieser Allgemeinh jedoch nicht zu. In den Grenzen ihres GesZweckes ist auch bei AusnVorschr eine erweiternde Auslegg od Analogie statthaft (BGH **26**, 83, BAG NJW **69**, 75, Ffm BB **82**, 515, Hamm OLGZ **86**, 17).

4) Rechtsfortbildung. – a) Seit der Überwindg der Begriffsjurisprudenz besteht allg Einverständn darü, 46 daß der Richter zur RFortbildg berecht ist (BVerfGE **34**, 287, BGH **4**, 158). Kein GesGeber kann alle künft Fälle vorausschauen. Jedes Ges ist wg der Vielgestaltigk der LebensVerh u ihres ständ Wandels notw lückenh. Ands darf der Richter eine Entsch nicht mit der Begründ verweigern, das Ges enthalte für den zu entscheidn Fall keine Regelg. Die RFortbildg ist damit nicht nur Recht, sond zugl **Pflicht des Richters.** Sie dient der Ausfüllg von GesLücken (Rn 47), ist aber darauf nicht beschränkt (Rn 49).

b) Ausfüllung von Gesetzlücken. – aa) Eine **Lücke** im Ges liegt nicht schon vor, wenn es für eine best 47 Fallgestaltg keine Regelg enthält (Bsp: Fehlen von Vorschr über den GeschwisterUnterh, über das ErbR von geschiedenen Eheg). Sie ist nur bei einer „planwidr Unvollständigk" gegeben (BGH **65**, 302, NJW **81**, 1726, **88**, 2110). Dabei muß der dem Ges zugrde liegde Regelgsplan iW historischer u teleologischer Auslegg ermittelt w. Die Regelgslücke kann von Anfang an bestanden haben. Hier sind zwei Unterarten zu unterscheiden, die bewußte u die unbewußte Regelgslücke. Die erste liegt vor, wenn der GesGeber eine Frage offen gelassen hat, um sie der Entsch dch Rspr u Lehre zu überlassen (Bsp: Grds der VorteilsAusgl), die zweite, wenn der GesGeber ein regelgsbedürft Problem übersehen hat (Bsp: pVV). Nachträgl Lücken können dch wirtschaftl od techn Änderngen entstehen (Bsp: BGH **17**, 266: UrhR an Werken der Tonkunst u Übertragg auf Tonband). Eine solche kann aber auch dann zu bejahen sein, wenn das Recht zwar formell

eine Regelg enthält, diese aber wg einer wesentl Änd der Verh offensichtl nicht sachgerecht ist (Bsp: Abw vom Grds *pacta sunt servanda* dch den Wegfall der GeschGrdl währd der Inflation
48 1920–1923). Die Feststellg einer Lücke ist danach ein wertder Vorgang. – **bb)** Die **Ausfüllung** der Regelgslücke muß entspr den fundierten allg GerechtigkVorstellgen in möglichst enger Anlehng an das geltde Recht vorgenommen w (BVerfGE **37**, 81, Mü OLGZ **83**, 343). Sie geschieht idR dch Analogie (Rn 40). Besteht die Lücke darin, daß eine einschränkde Norm fehlt, ist sie dch teleologische Reduktion (Rn 41) zu beseitigen. Unter Umständen kann auch eine Ausbildg neuer RGrds, etwa aGrd des § 242, der sachgerechte Weg der RFortbildg sein. Lückenausfüllg u teleolog Ausleg ähneln einand u gehen ineinand über. Der vor neue Fragen gestellte Richter weiß idR nicht u braucht auch nicht zu wissen, ob das Problem dch Ausleg od dch RFortbildg zu lösen ist. Der bei der Lückenausfüllg häufig auftretde Fall, daß mehrere Entscheidgsalternativen vertretb sind, ist ebso zu behandeln wie der entspr Fall bei der Ausleg (Rn 38).

49   **c)** Die Kompetenz des Richters zur **Rechtsfortbildung** ist nicht auf den Fall der Lückenausfüllg beschränkt. Er darf das Gesetz im Rahmen der ratio legis u der Wertentscheidgen des GG auch ohne konkreten Nachw einer Regelgslücke ausdifferenzieren u ergänzen. Voraussetzg ist jedoch, daß die ROrdng Wertentscheidgen, sei es auch in unvollkommener Form, für eine RFortbildg in einem best Sinne enthält (BVerfGE **65**, 194, **69**, 371, BGH **108**, 309, NJW **94**, 855). Bsp für eine solche RFortbildg sind etwa die RGrds über die AnschVollm, den Vertr mit Schutzwirkg zGDr, über die Einschränkg der Nichtigk bei vollzogenen Gesellsch- od ArbVertr u der normat SchadBegriff. Dagg ist eine RFortbildg contra legem wg der Bindg des Richters an Ges u Recht (Art 20 III GG) grdsl ausgeschl (s BVerfGE **47**, 82, **65**, 194). Sie ist problemat, wenn der GesGeber eine gesetzl Neuregelg vorbereitet (BGH VRS **61** Nr 85). Sie muß zurückgenommen w, wenn sich aus einer gesetzl Neuregelg ergibt, daß der GesGeber best RsprErgebn ausdr abgelehnt hat (BGH **88**, 299). Der Richter darf sich über ein Ges nicht schon deshalb hinwegsetzen, weil es reformbedürft od nicht sachgerecht erscheint. Hierzu ist er nur befugt, wenn die gesetzl Regelg mit der GesROrdng, insb mit dem Wertsystem des GG, unvereinb ist (BVerfGE **34**, 286 ff, BGH **4**, 158).

Erster Abschnitt. Personen

Überblick

1   **1)** Das BGB unterscheidet natürl (§§ 1 ff) u jur Pers (§§ 21 ff). Den Oberbegriff **Person** versteht es nicht im rechtsethischen sond in einem rechtstechnischen Sinn: Pers sind Subjekte von Rechten u Pflten. Das für den PersBegriff des BGB entscheidde Merkmal ist damit die **Rechtsfähigkeit,** dh die Fähigk, Träger von Rechten u Pflten zu sein (hM). Bei den natürl Pers geht das BGB als selbstverständl davon aus, daß jeder Mensch ohne Rücks auf Stand, Geschlecht od Staatsangehörig rechtsfäh ist. Darin kommt richtig zum Ausdr, daß die RFgk dem Menschen nicht vom GesGeber verliehen w, sond dem Ges vorgegeben ist. And liegt es dagg bei den jur Pers. Sie sind eine Zweckschöpfg des Ges (s Einf 1 v § 21); ihre RFgk beruht ausschließl auf der Anerkenng dch die ROrdng. Obwohl der BGB-GesGeber die Begriffe „rechtsfäh – nichtrechtsfäh" als ein sich ausschließßdes GgsPaar angesehen hat, besteht heute Einverständn darü, daß es als Zwischenform die **Teilrechtsfähigkeit** gibt (Fabricius, Relativität der RFgk, 1963). Teilrechtsfäh (beschr rechtsfäh) im jeweils unterschiedl Umfang sind der *nasciturus* (§ 1 Rn 5), die PersGesellsch des HandelsR (Rn 4) u der nichtrechtsfäh Verein (§ 54 Rn 2 ff).

2   **2) Besondere Rechtsfähigkeit, Handlungsfähigkeit. – a)** Der Grds, daß alle Pers rechtsfäh sind, bedeutet nicht, daß jedermann jede Art von Rechten haben kann. Eine Anzahl von RStellgen setzt ein best Alter (§ 2 Rn 2), ein best Geschlecht (§ 1 Rn 10) od sonst bes Merkmale voraus. Von der allg RFgk ist daher die **besondere Rechtsfähigkeit** im Hinbl auf den Erwerb von best EinzelR zu unterscheiden. Für das Recht des rechtsgeschäftl Verk (SchuldR, SachenR, HandelsR) ist aber der Zugang aller Pers zu allen RInstitutio-
3 nen die Regel. Ausn gelten nur, sow sie ausdr angeordnet sind. – **b)** Von der RFgk zu unterscheiden ist die **Handlungsfähigkeit** (Einf 1 v § 104), dh die Fähigk, dch eig Handeln RWirkgen hervorzurufen. Sie umfaßt die GeschFgk (§§ 104 ff), die DeliktsFgk (§§ 827 f) u die Verantwortlichk für die Verletzg von Verbindlichk (§ 276 I 3).

4   **3)** Der RFgk entspr im **Prozeßrecht** die **Parteifähigkeit** (ZPO 50 I). Neben den natürl u jur Pers sind auch einige nichtrechtsfäh PersZusSchlüsse parstäh u damit in Wahrh teilrechtsfäh (Rn 1). Das gilt für die OHG und KG (HGB 124, 161 II), Gewerksch (BGH **50**, 325), polit Part (PartG 3) u zumindest im Rahmen des ZPO 50 II für den nichtrechtsfäh Verein (§ 54 Rn 10).

5   **4)** Weitgehend vernachlässigt hat der BGB-GesGeber den **Schutz der Persönlichkeitsrechte.** Er hat kein allg PersönlichkR anerkannt, sond den Einzelbestimmgen (§§ 823, 824, 12) nur best Teilbereiche (Leben, Körper, Gesundh, Freih, geschäftl Ehre, NamensR) unter Schutz gestellt. Die insow bestehde Lücke hat aber die Rspr iW richterl RFortbildg geschlossen. Sie hat aus GG 1 u 2 ein allg PersönlichkR abgeleitet u ihm den Schutz eines absoluten Rechts zuerkannt (BGH **13**, 338, näher § 823 Rn 177 ff).

Erster Titel. Natürliche Personen

1 ***Beginn der Rechtsfähigkeit.*** **Die Rechtsfähigkeit des Menschen beginnt mit der Vollendung der Geburt.**

1   **1) Beginn der Rechtsfähigkeit. – a)** Alle natürl Pers (Menschen) sind ohne Rücks auf Staatsangehörig, Geschlecht od Herkunft **rechtsfähig** (Begriff s Übbl 1). Die RFgk kann dem Menschen dch behördl od gerichtl Entsch nicht aberkannt w; sie kann auch nicht dch eine VerzErkl ihres Trägers aufgehoben od beschränkt w. Sow ausl Recht natürl Pers (Sklaven) die RFgk vorenthält, ist es gem EGBGB 6 im Inland nicht zu beachten. – **b)** Die RFgk des Menschen **beginnt** mit der Vollendg der **Geburt.** Das StrafR stellt dagg auf 2 den Beginn der Geburt ab (StGB 217, s dazu BGH NJW **83**, 2097). Vollendet ist die Geburt mit dem vollst Austritt aus dem Mutterleib; die Lösg der Nabelschnur ist nicht erforderl (Mot I 8 f). Das Kind muß bei der Vollendg der Geburt leben, mag auch gleich danach der Tod eintreten. Eine Lebendgeburt liegt vor, wenn nach der Trennung vom Mutterleib das Herz geschlagen, die Nabelschnur pulsiert od die natürl Lungenatmg eingesetzt hat (so VO PersStG 29). Es genügt aber auch, daß eine and sichere Lebensfunktion (etwa Hirnströme) nachgewiesen w (MüKo/Gitter Rn 13, str). Lebensfähigk ist nicht erforderl (LSG Nds NJW **87**, 2328, allgM). Mißbildungen stehen selbstverständl der RFgk nicht entgg. Die **Beweislast** für die Tats einer (lebden) Geburt sowie für die Reihenfolge mehrerer Geburten hat, wer daraus Rechte herleiten will. Der Bew w dch PStG 60, 21 erleichtert; danach wird dch die Eintragg im Geburtenbuch die Tats der Lebendgeburt bewiesen; der GgBew ist jedoch zul.

2) Ende der Rechtsfähigkeit. – a) Die RFgk endet mit dem **Tod.** Den bürgerl Tod, etwa dch Eintritt in 3 ein Kloster, kennt das BGB nicht. Die Frage, **wann** der Tod eingetreten ist, hat der GesGeber als naturwissenschaftl feststehd u daher nicht regelgsbedürft angesehen. Die Fortschritte der Medizin (Reanimation, Herz-Lungenmaschinen usw) haben aber dazu geführt, daß die Grenze zw Leben u Tod flüssig geworden ist. Es steht heute fest, daß der Tod kein punktuelles Ereign, sond ein Proz ist. Die fr vertretene Ans, der Tod trete mit dem Herz- u Atemstillstand ein, ist überholt; nach dem jetzigen Stand der Medizin sind die Hirnfunktionen entscheid: Der Mensch ist tot, wenn wg eines irreversiblen Funktionsverlusts des Gehirns dauerh keine Gehirnkurven mehr geschrieben werden können (Köln NJW-RR **92**, 1481). Zu den Kriterien des Hirntods s Weber/Lejeune NJW **94**, 2393, krit Höfling JZ **95**, 26, Zur RLage der **Leiche** s Übbl 11 v § 90. – **b)** Die 4 **Todeserklärung** nach dem VerschG hat auf die RFgk keinen Einfluß. Sie begründet ledigl die widerlegb Vermutg, daß der Verschollene in dem im Beschluß festgestellten Ztpkt gestorben ist (VerschG 9).

3) Rechtsstellung der Leibesfrucht und des noch nicht Erzeugten. – a) Die erzeugte, aber noch 5 ungeborene **Leibesfrucht** *(nasciturus)* ist nach der Definition des § 1 nicht rechtsfäh, wird aber dch eine Reihe von SonderVorschr geschützt, die iW der Einzel- od RAnalogie auf rechtsähnl Fälle ausgedehnt w können. – **aa)** Die Leibesfrucht ist erbfähig (§ 1923 II), wird als „anderer" iSd § 823 I gg vorgeburtl Schädiggen geschützt 6 (Vorbem 72 u 88 v § 249), hat iF der Tötg ihres UnterhPflichtigen ErsAnspr (§ 844 II) u kann dch einen Vertr zGDr (§ 331 II) od mit Schutzwirkg zGDr begünstigt w (BGH NJW **71**, 242, § 328 Rn 16). Sie kann anerkannt (§ 1600 b II) u einbenannt w (Karlsr OLGZ **75**, 77), dagg ist eine pränatale EhelichkErkl ausgeschl (KG NJW **84**, 876), ebso eine pränatale ErbschAusschlag (1946 Rn 2). Vgl ferner §§ 1615 o I, 1963, 2141. Das Leben der Leibesfrucht steht unter dem Schutz der Verfassg (BVerfG NJW **93**, 1751, Hoerster JuS **95**, 192 zu StGB 218). Sie wird im UnfallVersR geschützt (BVerfG NJW **78**, 207, s jetzt RVO 555 a) u im BVersG (BSG NJW **63**, 1079). Der *nasciturus* kann Vertriebener iSd LAG (BVerwG **14**, 43) u Verfolgter iSd BEG sein (BGH FamRZ **68**, 250). – **bb)** Die ROrdng erkennt der Leibesfrucht damit prakt eine **beschränkte Rechtsfähigkeit** zu (MüKo/Gitter 7 Rn 26). Sie ist zur Geltdmachg ihrer Rechte auch parteifäh. Für sie handeln die Eltern od ein Pfleger (§ 1912). Voraussetzg für einen endgült RErwerb ist aber die spätere Geburt. – **b)** Dem noch **nicht Erzeugten** *(nondum* 8 *conceptus)* können dch Vertr zGDr (§ 331 II), Einsetzg als Nacherbe (§§ 2101, 2106 II, 2109 I) od Vermächtn (§§ 2162, 2178) Rechte zugewendet w. Auch die Eintragg einer Hyp ist ihm mögl (RG **61**, 356, **65**, 277), dagg ist er im UnfallVersR nicht geschützt (BSozG NJW **86**, 1568, BVerfG FamRZ **87**, 899). Die Rechte nimmt, sow erforderl, ein gem § 1913 zu bestellder Pfleger wahr. Sie sind aufschiebd bedingt; der Konstruktion einer fingierten RFgk bedarf es nicht (aA Avenarius JR **94**, 267). – **c) Zeitpunkt der Erzeugung** ist die Einnistg des 9 Eies in die Gebärmutter. Das gilt auch für die in-vitro-Fertilisation (Soergel-Fahse Rn 27, aA Staud-Habermann/Weick Rn 23: die Existenz des *nasciturus* beginnt bereits mit der extrakorporalen Verschmelzg der Eizellen). Zum Embryonenschutz s ESchG v 13. 12. 90 (BGBl I 2746) u Deutsch NJW **91**, 721.

4) Geschlecht. – a) Rechtl bedeuts ist vielf das **Geschlecht** des Menschen. Die geschlechtl Zuordng 10 bestimmt sich nach der äußeren körperl Beschaffenh, insb nach den äußeren Geschlechtsmerkmalen, nicht nach der seelischen Einstellg (KG NJW **65**, 1084, Ffm NJW **76**, 1800). Bei Zwittern ist das überwiegde Geschlecht entscheid; bei ihnen kann in Grenzfällen auch die psychische Einstellg berücksichtigt w (s KG aaO, LG Frankenthal FamRZ **76**, 214). Überwiegt kein Geschlecht, können RNormen, die ein best Geschlecht voraussetzen, nicht angewandt w (KG JW **31**, 1495). – **b)** Eine nachträgl **Änderung der Ge-** 11 **schlechtszugehörigkeit** ist nach den Erkenntn der modernen Medizin mögl u auch von der ROrdng anzuerkennen (BVerfG NJW **79**, 595 gg BGH **57**, 63). Nach dem TranssexuellenG vom 10. 9. 80 (BGBl 1654) wird die Geschlechtsumwandlg dch Beschl des AmtsG im FGGVerf festgestellt (§ 9). Der AntrSt muß unverheiratet u dauernd fortpflanzgsunfäh sein. Fortpflanzungsunfähigk ist auch dann unverzichtb, wenn die erforderl Operation mit erhebl Risiken verbunden ist (Hamm FamRZ **83**, 413). Das vom Ges festgelegte Mindestalter von 25 Jahren hat das BVerfG (NJW **82**, 2061) für verfassgswidr erklärt. Voraussetzg ist weiter, daß ein irreversibler Fall von Transsexualismus vorliegt u eine geschlechtsanpassde Operation dchgeführt worden ist (§ 8 iVm § 1). Bei einem weibl geborenen Transsexuellen sind aber die operative Ausbildg eines männl Geschlechtsteils u ein Scheidenverschluß nicht erforderl (Zweibr NJW **92**, 760, BayObLG **95**, 219). Es genügt, wenn dch einen operativen Eingriff in die äußeren Geschlechtsmerkmale eine deutl Anpassg an das Erscheingsbild des and Geschlechts erreicht w (BayObLG aaO). Die gerichtl Feststellg läßt das RVerh des AntrSt zu seinen Eltern u seinen Kindern, insbes das ihm zustehde SorgeR, unberührt (Schlesw FamRZ **90**, 433). Der Beschl ist auch dann wirks, wenn eine AntrVoraussetzg fehlt. Ergeht er iF eines verheirateten AntrStellers, besteht dessen Ehe aber weiter. – **c)** Das Ges sieht daneben eine sog **kleine Lösung** vor. Wenn 12 der AntrSt drei Jahre als Transsexueller gelebt hat u eine Änd seiner transsexuellen Prägg nicht mehr zu erwarten ist, kann er beim AmtsG eine Änd seines Vornamens beantragen (§ 1); das im Ges vorgesehene Mindestalter von 25 Jahren ist auch hier verfassgswidr (BVerfG NJW **93**, 1517). Diese Änderg läßt die Zugehörigk zu dem im Geburtseintrag angegebenen Geschlecht unberührt. Sie kann auch von einem verheirateten AntrSt beantragt w u erfordert keine geschlechtsanpassde Operation.

2 *Eintritt der Volljährigkeit.*   **Die Volljährigkeit tritt mit der Vollendung des achtzehnten Lebensjahres ein.**

1   **1)** Fassg des Ges vom 31. 7. 74 (BGBl 1713). **Volljährigkeit** tritt seit dem 1. 1. 1975 mit der Vollendg des 18. Lebensjahres ein. Die Volljährigk beginnt am 18. Geburtstag um 0 Uhr (§ 187 II 2). Sie hat vor allem folgde **Wirkungen:** Unbeschränkte GeschFgk (§§ 104 ff), Ende der elterl Sorge (§ 1626 I), Ehemündigk (EheG 1), unbeschränkte Testierfähigk (§ 2247 IV mit § 2229 I), Prozeßfähigk (ZPO 52), passives WahlR (GG 38 II). Eine VolljährigkErkl vor Erreichg des VolljährigkAlters (fr §§ 3–5) sieht das Ges nicht mehr vor. Auch eine Hinausschiebg der Volljährigk ist nicht mögl.

2   **2)** Weitere privatrechtl bedeuts **Altersstufen** sind vor allem: – **a)** vollendetes 7. Lebensjahr: beschränkte GeschFgk (§§ 106 ff), bedingte Verantwortlich für unerl Hdlgen (§ 828). – **b)** vollendetes 16. Lebensjahr: beschränkte Testierfähigk (§§ 2229, 2233, 2247 IV), Möglichk, vom Erfordern der Ehemündigk zu befreien (EheG 1 II). – **c)** vollendetes 18. Lebensjahr: unbeschränkte Verantwortlich für unerl Hdlgen (§ 828). Vgl iü die ZusStellg bei Soergel-Fahse Rn 7 ff.

3–6 *(3–5 betrafen VolljährigkErkl, aufgehoben dch Ges v 31. 7. 74. Früheres Recht vgl 33. Aufl. – 6 betraf Entmündigg, aufgehoben zum 1. 1. 92 dch BtG. Früheres Recht vgl 50. Aufl, ÜbergangsVorschr vgl Einf 20 v § 1896).*

7 *Wohnsitz; Begründung und Aufhebung.*   [I] Wer sich an einem Orte ständig niederläßt, begründet an diesem Orte seinen Wohnsitz.

[II] Der Wohnsitz kann gleichzeitig an mehreren Orten bestehen.

[III] Der Wohnsitz wird aufgehoben, wenn die Niederlassung mit dem Willen aufgehoben wird, sie aufzugeben.

1   **1) Allgemeines. – a) Wohnsitz** ist der räuml Schwerpunkt (Mittelpunkt) der gesamten Lebensverhältn einer Pers (BGH **LM** Nr 3, BAG DB **85**, 2693, BayObLG **84**, 291, **93**, 89). Wohns ist nicht die Wohng, sond die kleinste polit Einh (idR die Gemeinde), in der die Wohng liegt. Das ergibt sich aus der Verwendg des Wortes „Ort" in I. Ist die Gemeinde in mehrere Bezirke geteilt, ist entscheid in welchem Teil sich die Wohng befindet. Bei Änderg der Gemeindegrenzen ändert sich der Wohns entspr (s BVerwG **5**, 108). Zu unterscheiden ist der gewählte Wohns (§ 7) vom ges (§§ 9, 11). Bei jur Person tritt an die Stelle des Wohns der

2   Sitz (§ 24). – **b)** Vom Wohns sind zu unterscheiden: – **aa) Aufenthalt** (zB §§ 132 II 2, EG 5 II u III). Er ist ein rein tats Verh. Erforderl aber auch ausr ist ein Verweilen von gewisser Dauer od Regelmäßigk. –

3   **bb) Gewöhnlicher** od ständ **Aufenthalt** (EG 5 II u III, ZPO 20, 606, FGG 65, AO 9, SGB 30 III 2, VwVfG 3 I Nr 3 a usw). Er wird dch ein tats Verweilen begründet (BGH NJW **83**, 2771, BayObLG **80**, 55), vorübergehende Abwesenh beseitigt ihn nicht (Ffm NJW **61**, 1586), auch nicht ein 2jähr Klinikaufenthalt (BayObLG NJW **93**, 670). And als iF des Wohns ist ein rechtsgeschäftl Begründgswille nicht erforderl (BGH NJW **75**, 1068). Ob die zwangsw Unterbring (Strafhaft, Pflegeanstalt) einen gewöhnl Aufenthalt begründet, ist strittig, läßt sich aber nicht allgemein, sond nur aus dem Sinn u Zweck der jeweils einschlägi-

4   gen Norm heraus entscheiden (EG 5 Rn 10). – **cc) Dienstlicher Wohnsitz** (Amtssitz) der Beamten, Soldaten u Notare. Privatrechtl bedeuts ist nur noch der dienstl Wohns der Soldaten (s § 9). – **dd) Gewerb-**

5   **liche Niederlassung** s § 269 Rn 13. – **c)** Der Wohns ist der wichtigste örtl Anknüpfgspkt für die RVerh des Menschen. Er ist vor allem für folgde Vorschr von **Bedeutung:** §§ 132 II, 269 f, 773 I Nr 2, 1409 II, 1558, 1944 III, 1954 III, EG 26, EheG 15, VerschG 12, 15, im VerfR ZPO 13 ff, FGG 36 ff, AGBG 14 I, StPO 8, 11. Das **öffentliche Recht** verwendet im MeldeR, WahlR, SteuerR, Paß- u AusweisR u beim FinanzAusgl den ausschließl dch obj Kriterien bestimmten Begriff des Hauptwohns, MRRG 12 (Montag NVwZ **94**, 192). Es übernimmt aber in einigen RGebieten den WohnsBegr des BGB, so im StaatsangehörigkR (BVerfG NJW **90**, 2194, BVerwG NJW **86**, 674), BVersG 7 (BSG NJW **57**, 728), LAG 11 (BVerwG NJW **55**, 1044), BVFG (BVerwG NJW **89**, 2904).

6   **2) Begründung des Wohnsitzes.** Sie geschieht dch tats Niederlassg verbunden mit dem Willen, den Ort zum ständ Schwerpunkt der Lebensverhältn zu machen (BayObLG **85**, 161). – **a)** Die tats **Niederlassung** erfordert eine eig Unterkunft; ein Obdachloser kann keinen Wohns begründen (BayObLG aaO). Nicht erforderl ist eine eig Wohng; es genügt das Bewohnen eines Hotelzimmers (BVerfG RzW **59**, 94), eines möblierten Zimmers od einer behelfsmäß Unterkunft bei Verwandten od Bekannten (BGH NJW **84**, 971, BVerwG NJW **86**, 674). Eine Niederlassg am neuen Wohnort kann bereits zu bejahen sein, wenn sich der

7   größere Teil der Habe noch in der fr Wohng befindet (BVerwG aaO). – **b)** Der Betroffene muß den rechtsgeschäftl (§ 8) **Willen** haben, den Ort ständig zum Schwerpunkt seiner Lebensverhältn zu machen. Dieser sog Domizilwille braucht nicht ausdr erklärt zu w, sond kann sich aus den Umst ergeben (BGH **7**, 109). ArbN können in Ermangelg eines and Lebensschwerpktes ihren Wohns an ihrem ArbOrt haben, uU auch an Bord eines Schiffes (LG Hbg NJW-RR **95**, 183). Dagg wird dch einen Aufenthalt zu einem vorübergehenden Zweck kein Wohns begründet. Das gilt etwa für den Aufenthalt des Studenten am Studienort (s BVerwG JR **61**, 113, BVerfG NJW **90**, 2194), die Flucht in ein Frauenhaus (BGH NJW **95**, 1224), den Wechsel des Frauenhauses (BGH NJW-RR **93**, 4), doch kann dieses auch räuml Schwerpkt des Lebens sein (Nürnbg FamRZ **94**, 1104), die Erf der WehrPfl u für den Aufenthalt in einem Erziehgsheim od einem Internat (LG Duisbg FamRZ **68**, 85, VGH Mü NJW **91**, 2229, Düss NJW-RR **91**, 1411). Ob Hausangestellte u ähnl ArbN den Arbeitsort zum Lebensschwerpunkt machen, ist Frage des Einzelfalls (s Köln JMBlNRW **60**, 188). Die Absicht, die Niederlassg später wieder aufzugeben, steht einer WohnsBegr nicht entgg (Köln NJW **72**, 394), ebsowenig das Fehlen einer behördl (ausländerrechtl) Gen (BVerwG NJW **89**, 2904). Die Unterbring in Strafhaft begründet schon desh keinen Wohns, weil sie unabhängig vom Willen des Betroffenen geschieht. Zur dauernden Unterbring in einer Heil- u Pflegeanstalt s § 8 Rn 1. Eine polizeil Anmeldg

ist für die Begründg des Wohns weder erforderl noch ausr (s BGH NJW **83**, 2771), kann aber ein BewAnzeichen sein (BGH NJW-RR **90**, 506, BayObLG NJW-RR **89**, 263). – **c) Sonderfälle. – aa)** Die Begründg des **8** Wohns geschieht bei GeschUnfähigen u beschränkt GeschFähigen dch den ges **Vertreter** (s §§ 8, 11). Mögl ist aber auch die WohnsBegründg dch einen rechtsgeschäftl Vertreter. Bsp sind der Umzug der Ehefr u der Kinder währd der Kriegsgefangensch od Strafhaft des Ehem (s KG NJW **56**, 264, BVerwG NJW **59**, 1053). – **bb)** Ein ges **Verbot,** den Wohns zu wechseln (KO 101 I), steht der Wirksamk der WohnsBegründg nicht **9** entgg (hM). Da der Betroffene aus seinem rechtsw Tun keine Vorteile erlangen darf, gilt aber auch der alte Wohns als weiterbestehd. – **cc) Ordensangehörige** begründen den Wohns wie and Pers. Ordenssatzgen **10** über den Wohns sind für das staatl Recht bedeutgslos (BayObLG **60**, 455). – **dd)** Bei **Verschollenen** ist die Aufrechterhaltg des bisherigen Wohns anzunehmen, wenn nicht die Umst auf einen AufgWillen hindeuten. – **ee) Exterritoriale** sind entspr ZPO 15 so zu behandeln, wie wenn sie ihren letzten Wohns im Inland **11** beibehalten hätten.

3) Die **Aufhebung** des Wohns setzt voraus, daß die Niederlass mit dem Willen tats aufgegeben w, den **12** Schwerpunkt der Lebensverhältn nicht am bisherigen Wohns zu belassen (BayObLG **64**, 111); erforderl sind daher Aufgabewille u Aufhebg der Niederlassg; ist der AufenthWechsel bereits vollzogen, genügt ein entspr Wille (BayObLG **84**, 97). Dieser bedarf keiner ausdr Erkl, muß aber für einen obj Beobachter erkennb sein (BGH NJW **88**, 713). Eine vorübergehde (auch längere) Abwesenh genügt nicht (BayObLG OLG **12**, 238), ebsowenig die polizeil Abmeldg (VGH Mü NJW **91**, 2229) od die Aufg der Wohng, wenn die Beziehgen zum bish Aufenthaltsort aufrechterhalten bleiben (BGH **LM** Nr 2). Umgekehrt genügt der AufhebgsWille nicht, wenn die tats Niederlassg am bisher Wohns fortbesteht, so etwa, wenn die Groß- od Pflegeeltern den Eltern die Herausg des auf Dauer in Pflege gegebenen Kindes verweigern (BayObLG **79**, 149). Wer zum Zweck der Auswanderg seine Wohng aufgegeben hat u in ein Lager gezogen ist, behält seinen bish Wohns, solange die Auswanderg nicht erfolgt ist (BayObLG **53**, 3, **64**, 112). Verlassen des Wohns aus Furcht vor Verfolgg führt nicht zum Verlust des Wohns, wenn der Betroffene mit Rückkehr in absehb Zeit rechnet (BGH **LM** Nr 2, BVerwG **32**, 66). Gibt er später die RückkehrAbs auf, verliert er den fr Wohns mit Wirkg ex nunc. Flüchtlinge aus den Ostgebieten haben iZw den fr Wohns nicht vor Kriegsende (8. 5. 45) aufgegeben (Hamm OLGZ **72**, 354). Der Antritt dauernder Strafhaft führt nicht zur Aufhebg des Wohns, da ein freier AufgWille fehlt (BayObLG **1**, 762). Ausweisg u Abschiebg ersetzen aber den Willen der WohnsAufg (RG **152**, 56). Mit der WohnsAufg braucht nicht notw die Begründg eines neuen Wohns verbunden zu sein. Es ist mögl, daß der Betroffene wohnsitzlos wird.

4) Doppelwohnsitz (II). Er erfordert, daß an zwei Orten dauernd Wohngen unterhalten w u beide **13** gleichermaßen den Schwerpunkt der Lebensverhältnisse darstellen (PrOVG OLG **35**, 26), so etwa, wenn sich jemand jeweils im Sommer in seinem Landhaus u im Winter in seiner Stadtwohng aufhält. Kein doppelter Wohns besteht, wenn der zweite Aufenthaltsort nur zu längeren Besuchen aufgesucht wird (BVerwG NJW **86**, 674) oder ledigl Mittelpunkt eines abgesonderten Teils der Lebensverhältn (Besorgg best Gesch) ist (BGH **LM** Nr 3). Bei einem sich über einen längeren Zeitraum erstreckden WohnsWechsel kann uU vorübergehd ein doppelter Wohns bestehen (s BVerwG FamRZ **63**, 441, BayObLG **84**, 291). Zum DoppelWohns des Soldaten s § 9 Rn 1, zu dem des Kindes s § 11 Rn 1 u 3.

8 *Wohnsitz nicht voll Geschäftsfähiger.* **I Wer geschäftsunfähig oder in der Geschäftsfähigkeit beschränkt ist, kann ohne den Willen seines gesetzlichen Vertreters einen Wohnsitz weder begründen noch aufheben.**

II Ein Minderjähriger, der verheiratet ist oder war, kann selbständig einen Wohnsitz begründen und aufheben.

1) Begründg u Aufhebung des Wohns erfordern den **Willen,** sich an dem Ort ständ niederzulassen od die **1** Niederlassg aufzugeben (§ 7 Rn 6ff). § 8 stellt klar, daß insow natürl Willensfähigk nicht genügt, sond GeschFgk notw ist. Die Frage, ob die WohnsBegründg (Aufhebg), TatHdlg (so Larenz § 7 II) od geschäftsähnl Hdlg (so BGH **7**, 109, Staud-Coing Rn 1) ist, ist ohne prakt Relevanz (s auch Übbl 10 v § 104). Für den nicht voll GeschFähigen entscheidet der ges Vertreter in den persönl Angelegenh; eine entspr Anwendg von sonst Vorschr über RGesch, insbes der §§ 119ff, ist ausgeschlossen. Auf den **Betreuten** ist § 8 nur anwendb, wenn u gem § 104 Nr 2 geschäftsunfäh ist. Erstreckt sich der AufgKreis des Betreuers (§§ 1896, 1902) auf die Aufenthaltsbestimmung, entscheidet dessen Wille (BayObLG **92**, 126); ist das nicht der Fall, kann der Wohns des geschäftsunfäh Betreuten nicht verändert w. Ist der Betreute geschäftsfäh, entscheidet er über den Wohns, besteht ein EinwilliggsVorbeh (§ 1903) allerdings nur mit Zust des Betreuers. Der Wille bedarf keiner ausdr Erkl, sond kann sich aus den Umst ergeben (BGH **7**, 109). Der ges Vertreter kann der WohnsBegründg des nicht voll GeschFähigen zustimmen; seine Gen hat in diesem Fall rückwirkde Kraft (BayObLG **59**, 181). Er kann den Wohns aber auch selbst ohne Mitwirkg des nicht voll GeschFähigen begründen. Bringt er den GeschUnfähigen dauernd in einer Anstalt unter, begründet er idR einen Wohns am Anstaltsort (Karlsr Rpfleger **70**, 202). Für die Zuständigk ist die Aufhebg (Begründg) des Wohns dch den Betroffenen auch bei Zw an seiner GeschFgk als wirks zu behandeln (BGH NJW-RR **88**, 387).

2) II ist eingefügt dch GleichberG Art 1 Nr 2 u geändert dch Ges v 31. 7. 74 (BGBl 1713). Er betrifft den **2** Eheg, der aufgrd einer Befreiung gem EheG 1 II geheiratet hat. II gilt auch iF einer nichtigen Ehe.

9 *Wohnsitz eines Soldaten.* **I Ein Soldat hat seinen Wohnsitz am Standort. Als Wohnsitz eines Soldaten, der im Inland keinen Standort hat, gilt der letzte inländische Standort.**

II Diese Vorschriften finden keine Anwendung auf Soldaten, die nur auf Grund der Wehrpflicht Wehrdienst leisten oder die nicht selbständig einen Wohnsitz begründen können.

1   Fassg des SoldatenG 68. § 9 legt für Berufssoldaten u Soldaten auf Zeit einen vom Willen des Betroffenen unabhäng **gesetzlichen Wohnsitz** fest. Er ist auf Wehrpflichtige u nicht voll GeschFähige (§ 8) unanwendb (II). Für Beamte u Angest der BWehr gilt § 9 nicht, ebsowenig für Angeh des Bundesgrenzschutzes (MüKo/Gitter Rn 4, str). Dagg kann § 9 auf Mitgl der NATO-Streitkräfte entspr angewandt w, sow sich deren Wohns nach dtschem Recht richtet. Er schließt einen gewählten Wohns neben dem gesetzl nicht aus (RG **126**, 12, BVerwG MDR **60**, 1041). Gesetzl Wohns ist der **Standort**, dh der Garnisonsort, in dem der Truppenteil seine regelmäß Unterkunft hat (Staud-Habermann/Weick Rn 5). Bei längeren Abkommandiergen zu einem and Truppenteil ist dessen Standort maßgebd (s Dresden SeuffA **69**, 209, RG JW **38**, 234). Soldaten, die keinem Truppenteil angehören, haben ihren Standort am Ort ihrer militärischen Dienststelle.

10 *(Betraf Wohns der Ehefrau; aufgehoben dch GleichberG Art I Nr 3).*

11 Wohnsitz des Kindes.
Ein minderjähriges Kind teilt den Wohnsitz der Eltern; es teilt nicht den Wohnsitz eines Elternteils, dem das Recht fehlt, für die Person des Kindes zu sorgen. Steht keinem Elternteil das Recht zu, für die Person des Kindes zu sorgen, so teilt das Kind den Wohnsitz desjenigen, dem dieses Recht zusteht. Das Kind behält den Wohnsitz, bis es ihn rechtsgültig aufhebt.

1   **1) Gesetzlicher Wohns. – a)** Fassg des NEhelG Art 1 Nr 1. § 11 gilt einheitl für ehel u nichtehel Kinder. Mj Kinder haben einen vom Wohns der personensorgeberecht Eltern abgeleiteten gesetzl Wohns. Diese Regelg ist jedoch nicht zwingd. Neben od anstelle des gesetzl Wohns kann gem §§ 7, 8 ein **gewillkürter** Wohns begründet w (BayObLG **79**, 149, Schlesw SchlHA **78**, 22, s auch unten Rn 4); das kann zutreffen, wenn das Kind ständig in einem Internat lebt (BayObLG NJW-RR **89**, 262) od wenn die Eltern es

2 auf Dauer in eine Pflegestelle geben (Zweibr DAVorm **83**, 862). – **b)** Hat das Kind ledigl **einen personensorgeberechtigten Elternteil,** teilt es dessen Wohns od iF des § 8 II dessen DoppelWohns (Satz 1, Halbs 1 u 2). Unter diese Regelg fallen: – **aa)** das nichtehel Kind (§ 1705); – **bb)** das ehel Kind nach dem Tod eines Elternteils (§ 1681); – **cc)** das ehel Kind, wenn einem Elternteil nach Scheidg od Trenng die elterl Sorge übertragen ist (§§ 1671, 1672; zur Anwendg von S 1 Halbs 2 genügt eine einstw Anordg gem ZPO 620 Nr 1 (Staud-Coing Rn 7, offen BGH FamRZ **84**, 162); – **dd)** das ehel Kind, wenn einem Elternteil die elterl

3 Sorge gem §§ 1666 od 1680 nicht mehr zusteht. – **c)** Sind, wie idR beim ehel Kind, **beide Eltern personensorgeberechtigt,** ist zu unterscheiden: – **aa)** Leben die Eltern **zusammen,** teilt das Kind den Wohns der

4 Eltern. Ein doppelter Wohns der Eltern od eines Elternteils erstreckt sich auch auf das Kind. – **bb)** Leben die Eltern **getrennt,** hat das Kind bis zu einer Entscheidg gem §§ 1671, 1672 einen doppelten Wohns (BGH **48**, 234, NJW **84**, 971, **95**, 1224). Gleichgült ist, ob die getrennten Wohns dch Fortzug beider od nur eines Elternteils vom gemeinschaftl Wohns entstanden sind (s BGH NJW-RR **92**, 258, 579). Auch wenn das Kind erst nach der Trenng geboren w, erlangt es entspr Satz 1 Halbs 1 einen abgeleiteten DoppelWohns (KG NJW **64**, 1577). Die Eltern können aber gem Satz 3 iVm §§ 7, 8 eine abw Bestimmg treffen (Rn 1). Sind sie sich darüber einig, daß das Kind auf Dauer bei einem Elternteil bleiben soll, hat das Kind nur dann dessen seinen Wohns (BGH NJW-RR **92**, 578, **94**, 322). Bloßes Dulden des Aufenthalts beim and Eheg genügt aber nicht

5 (s Karlsr NJW **61**, 271). – **d)** Steht **keinem Elternteil** die Personensorge zu, teilt das Kind gem **Satz 2** den Wohns des Vormd od Pflegers. Das gilt, wenn den Eltern die PersSorge gem § 1666 entzogen ist (s Hamm FamRZ **66**, 242), sie diese gem § 1666 verwirkt haben (s BayObLG **63**, 200) od gem § 1671 V ein Vormd bestellt worden ist.

6   **2) Satz 3.** Der von den Eltern abgeleitete Wohns bleibt bestehen, bis das Kind ihn rechtsgült **aufhebt.** Es genügt daher nicht, daß das Kind volljähr w od ein Elternteil stirbt (Hamm OLGZ **71**, 243, BayObLG **82**, 378). Erforderl ist gem § 7 III (dort Rn 12) die Aufg der bisher Niederlassg u ein entspr AufgWille (BayObLG **79**, 149). Bei Mj entscheidet der Wille des PersSorgeBerecht (§ 8), ggf also der Wille beider Eltern. Besteht ein abgeleiteter Wohns an einem Ort, in dem sich das Kind tats nicht aufhält, kann der tats Aufenthaltsort dch bloße Willensänderg zum Wohns gemacht w. Geben beide Eltern ihren Wohns auf, ohne einen neuen zu begründen, wird auch das Kind wohnsitzlos (MüKo/Gitter Rn 12, str).

7   **3) Sonderregelungen** bestehen nicht mehr. Für ehel erklärte Kinder teilen den Wohns des personensorgeberecht Elternteils (s § 1736), ein angenommenes Kind den des Annehmden (s § 1754). Für **Findelkinder** bestimmt der Vormd den Wohns (§ 1800 iVm § 1773 II). Wird der wirkl FamStand ermittelt, erwirbt das Kind ohne Rückwirkg den gesetzl Wohns des § 11 (Staud-Coing Rn 4).

12 Namensrecht.
Wird das Recht zum Gebrauch eines Namens dem Berechtigten von einem anderen bestritten oder wird das Interesse des Berechtigten dadurch verletzt, daß ein anderer unbefugt den gleichen Namen gebraucht, so kann der Berechtigte von dem anderen Beseitigung der Beeinträchtigung verlangen. Sind weitere Beeinträchtigungen zu besorgen, so kann er auf Unterlassung klagen.

Übersicht

1) Allgemeines. – a) Der **Name** ist eine sprachl Kennzeichng einer Pers zur Unterscheidg von and (RG **1** **91**, 352, BGH NJW **59**, 525). Er ist Ausdr der Individualität (BVerfG JZ **82**, 798) u dient zugl der Identifikation des Namensträgers. Das RLeben unterscheidet zwei Arten von Namen, die Zwangsnamen, der dem Namensträger kr Ges anhaftet (bürgerl Name, Firma gem HGB 18) u Wahlnamen (Pseudonym, Unternehmensbezeichnungen), die willkürl gewählt u jederzeit ablegb sind (MüKo/Schwerdtner Rn 3). Wie der Wortlaut u die systemat Stellg zeigen, hat der GesGeber den § 12 geschaffen, um den bürgerl Namen der natürl Pers zu schützen. Die REntwicklg hat aber den Anwendungsbereich des § 12 immer weiter ausgedehnt. In seinen Schutz werden neben den Namen der natürl u jur Pers Unternehmensbezeichngn jeder Art einschließl der Abkürzgn u Schlagworte einbezogen (Rn 10). § 12 ist damit die **grundlegende Norm** für den gesamten zivilrechtl Bezeichnugsschutz geworden. Die Neuregelg des Zeichenrechts dch das **Markengesetz** könnte aber dazu führen, daß dessen § 5 die zentrale Schutznorm für Unternehmenskennzeichen u Werktitel w (Berlit NJW **95**, 365). – **b)** Das **Namensrecht** ist, soweit es die Privatsphäre des Namensträgers schützt, **2** ein PersönlichkR (s RG **100**, 185, BGH **17**, 214, **32**, 111). Der § 12 ist daher *lex specialis* ggü den RGrds, auf den der Schutz des allg PersönlichkR gestützt w (§ 823 Rn 179). Soweit es sich um den Schutz von Bezeichngn eines Unternehmens handelt, ist das NamensR dagg mit der neueren hL als **Immaterialgüterrecht** aufzufassen (MüKo/Schwerdtner Rn 20). Wenn die Bezeichng den bürgerl Namen des Unternehmers enthält, hat das Recht aber zugl einen personenrechtl Einschlag. Dieser schließt es aus, die für and Immaterialgüterrechte geltden Grds schemat auf die Übertragg von Unternehmensbezeichngn anzuwenden (Rn 15). – **c)** Eine **Namensführungspflicht** besteht für den bürgerl Namen nach OWiG 111, PStG 11 Nr 2, **3** 21 Nr 5, für den Handelsnamen nach HGB 17, 29, GewO 15a u b. Das Recht, eig Handels- u Künstlernamen zu gebrauchen od Anträge auf NamensÄnd zu stellen, wird dch diese Vorschriften aber nicht berührt (Soergel-Heinrich Rn 19).

2) Objekte des Namensschutzes. – a) Der Name der natürlichen Person. – aa) § 12 schützt den kr **4** Ges erworbenen **bürgerlichen Namen** der natürl Pers. Er besteht in Dtschland aus dem FamNamen u mindestens einem Vornamen. Der Ehegatte, der den Namen des and als Ehenamen (§ 1355 II) führt, genießt auch für seinen Geburtsnamen Namensschutz (RG JW **25**, 363, Marienwerder HRR **41**, 758, Mü WRP **82**, 662, s auch § 1355 IV). § 12 schützt auch das Namensrecht von Ausländern (BGH **8**, 319), nicht aber Berufsbezeichnungen. Auch akademische Grade sind nicht Teil des bürgerl Namens (BGH **38**, 382, vgl aber Rn 38). – **bb)** Für den **Erwerb** des FamNamens gelten §§ 1616–1618 (ehel u nichtehel Kinder), 1719, 1720, **5** 1737, 1740g (legitimierte Kinder), 1757, 1767 II (angenommene Kinder), 1355 (Eheg), PStG 25 (Findelkinder) u 26 (Pers unbekannten PersStandes); für Ausländer s EG 10. Der Vorname wird dem Kind dch den PersSorgeBerecht erteilt (s § 1616 Rn 10ff). – **cc) Adelsprädikate** sind nach dem als einf BundesR weiter- **6** geltden Art 109 III 2 WeimRV Bestandteil des FamNamens. Der GesName einschließl des Adelsprädikats geht auch auf nichtehel u angenommene Kinder über (RG **103**, 194, **114**, 338), vorausgesetzt, der Namenserwerb hat nach dem Inkrafttreten der WeimRV (14. 8. 1919) stattgefunden (OVG Lüneburg NJW **56**, 1172). Persönl Adelsprädikate sind aber mit dem Tod des am 14. 8. 1919 lebden Trägers erloschen (Soergel-Heinrich Rn 4). Das gilt ebso für Adelsbezeichngn, die einem FamMitgl, idR dem ältesten Sohn, zustanden (BVerwG **23**, 345, sog Primogenituradel). Art 109 III 2 WeimRV ist auch dann unanwendb, wenn der Berecht auf das Adelsprädikat verzichtet (BayObLG **71**, 213) od es vor dem 14. 8. 1919 längere Zeit (2 Generationen) nicht geführt hat (BayObLG **79**, 329, Ffm OLGZ **85**, 2). Weibl Pers dürfen die Adelsbezeichng in weibl Form führen (Gräfin, Freifrau), männl dürfen sie deklinieren (RG **113**, 110, BayObLG **55**, 245). Die geschiedene Frau kann ihren Mädchennamen in der für Verheiratete gebräuchl Form (Freifrau statt Freiin) wiederannehmen (KG FamRZ **64**, 303); heute darf sich aber auch die ledige Tochter eines Freiherrn Freifrau nennen. Dagg steht der Titel „Ritter" allein dem männl FamMitgl zu; die Frauen führen ledigl das Adelsprädikat „von" (BayObLG **67**, 67). Ausländ Adelsprädikate s EG 10 Rn 10; über ihre WiederAnn in gewissen Fällen vgl G v. 29. 8. 1961 (BGBl 1621). – Folgde Stellen sind bereit, über adelsrechtl Abstammungsfragen u vormalige Adelsnamen Ausk zu erteilen u Gutachten zu erstatten: Bay Hauptstaatsarchiv, Mü, Schönfeldstr 5; Dtsches Adelsarchiv, Marbg, Schwanallee 21; Vereinigg des Adels in Bay eV, Mü, Holbeinstr 5. – **dd) Namensänderung** (s NÄG v 5. 1. 38 mit 1. DVO v 7. 1. 38, **7** RGBl 12, ErgG v 29. 8. 61, BGBl 1621 u AllgVerwVorschr v 11. 8. 80 BAnz 153 – Beil 26/80 – v 20. 8. 80). Schrifttum: MüKo/Schwerdtner Rn 5–16. Die Änderg des FamNamens setzt nach NÄG 1 einen entspr Antr voraus, der bei der unteren VerwBeh zu stellen ist (NÄG 5). Die Entsch trifft die höhere VerwBeh (NÄG 6). Erforderl ist das Vorliegen eines wicht Grdes, NÄG 3 (BVerwG NJW **87**, 2454). Diese Regelg ist mit GG 2 I vereinb (BVerwG NJW **61**, 1039); da es sich um einen unbest RBegriff handelt, kann das Ger das Vorliegen od Nichtvorliegen des wicht Grdes aber in vollem Umfang nachprüfen (BVerwG NJW **73**, 957; vgl zu den Stiefkindfällen § 1616 Rn 5). Die Entsch erstreckt sich idR auf die mj Kinder (NÄG 4), aber nicht auf den Eheg (§ 1355 Rn 21). Die Vorschr über die Änderg des FamNamen gelten für die Änderg von Vornamen entspr, zust ist jedoch die untere VerwBeh (NÄG 11). Die oberste LandesBeh kann bei Zweifeln den FamNamen allgem verbindl feststellen (NÄG 8). Träger des zu verleihden Namens können der Namensänderg rechtl rechtswirks widersprechen (BVerwG NJW **60**, 450). Die Änderg der Schreibweise, etwa bei Eindeutschen im 2. Weltkrieg, ist Namensänderg (BayObLG **87**, 135), nicht aber Zusätze wie „geborene N", „senior" od eine Zahl („Meyer 1"). Nicht um eine Namensänderg sond um eine Berichtigg handelt

es sich, wenn ein als weibl angesehenes männl Kind nach Aufklärg des Irrt ein männl Vorname gegeben w
8 (Köln NJW **61**, 1023). Zur Namensänderg iF der Geschlechtsumwandlg s § 1 Rn 12. – **ee)** Auch der **Berufs-
und Künstlername** (Pseudonym) fällt unter § 12 (BGH **30**, 9, LG Düss NJW **87**, 1413 „Heino"). Der
Schutz entsteht dch die Ann u den Gebrauch einer hinr unterscheidskräft Bezeichng (Soergel-Heinrich
Rn 121, str), vorausgesetzt, die Führg des Namens verstößt nicht gg das Ges, die guten Sitten od Rechte Dr
(s BGH **10**, 202). Eine bes VerkGeltg ist nicht erforderl (str), kann aber für die Frage von Bedeutg sein, ob
die Führg einer ähnl Bezeichng eine Interessenverletzg darstellt u einen UnterlAnspr begründet (Rn 28). Der
Schutz besteht auch nach Aufg der betreffden Tätigk weiter (RG **101**, 226, 231). Er erstreckt sich bei entspr
VerkGeltg auch auf den **Vornamen** (Mü NJW **60**, 869 „Romy"; BGH NJW **83**, 1185 „Uwe") u auf
Abkürzgen (KG JW **21**, 348), nicht aber auf das Inkognito, wie zB *iudex* od *artifex* (Jena JW **25**, 1659).

9 **b)** Obwohl § 12 im Titel über natürl Pers steht, gilt er auch für den Namen von **juristischen Personen**
(allgM). Namensschutz besteht daher für den eV (RG **74**, 115, BGH NJW **70**, 1270), für jur Pers des öffR
(BGH **124**, 178, BVerfG NJW **94**, 2346) u des HandelsR (RG **109**, 214, **115**, 406). Der Schutz des § 12
erstreckt sich auf alle and von der ROrdng anerkannten u unter einem Gesamtnamen auftretden **Personen-
vereinigungen** (Hbg NJW-RR **86**, 1305), so etwa auf nichtrechtsfäh Vereine (RG **78**, 102), Gewerksch
(BGH **43**, 252), polit Part (erweitert dch PartG 4 s BGH NJW **81**, 914, LG Hann NJW **94**, 1356), Vor-
GmbH (BGH **120**, 106), OHG u KG (RG **114**, 93) u Gesellsch des bürgerl R (KG WRP **90**, 38), zB
Anwaltssozietäten (Mü NJW-RR **93**, 621). Name iSd § 12 ist auch die **Firma**, selbst wenn sie als abgeleitete
Firma den bürgerl Namen ihres Inhabers nicht enthält (BGH **14**, 155).

10 **c)** Unter den Schutz des § 12 fallen auch alle and **namensartigen Kennzeichen,** die unabhäng vom
gesetzl Namen od der gesetzl Firma geführt w (hM, stRspr). Bsp sind insb: aus der Firma od dem Namen
abgeleitete Abkürzgen od Schlagworte (BGH **11**, 215, **24**, 240, **43**, 252, Ffm OLGZ **89**, 108: KfA TABU,
GdP, DBB), Firmenbestandt (RG **171**, 33, BGH NJW
70, 1365), Haus- u Hotelnamen (BGH **LM** Nr 43, KG NJW **88**, 2893), Embleme (BGH **LM** Nr 44),
Wappen (BGH **119**, 237, Rn 38), Telegrammadressen (RG **102**, 89, BGH **LM** UWG 16 Nr 14 aE). Schutz-
fäh ist die Bezeichng aber nur dann, wenn sie entweder von Natur aus unterscheidskräft ist u Namensfunk-
tion besitzt od sie diese Eigensch dch Anerkenng im Verkehr erworben hat. Sind diese Voraussetzgen nicht
erfüllt, kann aber das MarkenG anwendb sein, das nach seinen §§ 1 u 3 auch Herkunftsangaben, Bilder,
11 Zahlen, Hörzeichen u ähnl schützt. – **aa) Namensfunktion** erfüllt eine Bezeichng, wenn sie geeignet ist,
eine Pers od ein Unternehmen mit sprachl Mitteln unterscheidskräftig zu bezeichnen. Dazu gehört, daß sie
aussprechb ist u auf die beteiligten VerkKreise „wie ein Name" wirkt (BGH **11**, 217, **79**, 270, DB **76**, 2056).
Das trifft auch auf Phantasieworte wie „Kwatta" (RG **109**, 213) od „CAS" (Stgt NJW- RR **89**, 1318) zu,
nicht dagg auf Bilder (BGH **14**, 156, GRUR **79**, 564), Zahlen (BGH **8**, 389) od auf Buchstabenzusammen-
stellgen, die kein aussprechb Wort ergeben (BGH **4**, 169, **11**, 217, **43**, 252). Solche Bezeichngen können aber
dch **Anerkennung im Verkehr** Namensfunktion erlangen. Dazu ist erforderl, daß ein nicht unerhebl Teil
des Verk sie als ein Hinweis auf ein best Unternehmen ansieht (BGH aaO). Auch Zahlen („4711") u
Bildzeichen können dch VerkGeltg Namensfunktion erlangen. Auf Bildzeichen ist § 12 aber nur dann
unmittelb anzuwenden, wenn sie dch ein Wort ausgedrückt w können, wie etwa Salamander (RG **171**, 155)
od im Ankerzeichen (BGH GRUR **58**, 394). Ist das nicht mögl, kommt allenfalls eine entspr Anwendg des
§ 12 in Betracht (s Rn 38).

12 **bb)** Die für einen Namen erforderl **Unterscheidungskraft** fehlt bei Gattgsbezeichngen, Worten der
Umgangssprache, geografischen Bezeichngen u ähnl, wie Hausbücherei (BGH **21**, 73), Volksbank (BGH
NJW-RR **92**, 1454), Sparkasse (Schlesw SchlHA **94**, 16), Datenzentrale (BGH GRUR **77**, 503), Balkan-
Restaurant (Hamm BB **67**, 1101), graue Panther (Brem OLGZ **84**, 360), alta moda (Ffm NJW-RR **86**, 535),
Hydraulik (RG **163**, 238), Fettchemie (RG **172**, 131), Chemotechnik (Hamm GRUR **79**, 67), dagg soll das
Wort „Germania" namensmäß Unterscheidskraft haben (BGH GRUR **91**, 473). An die Unterscheidskraft
sind wg des Freihaltgsbedürfn strenge Anfordergen zu stellen (BGH GRUR **76**, 254, NJW-RR **89**, 808). Sie
kann zu bejahen sein, wenn mehrere nicht unterscheidskräft Worte zu einer einpräg Neubildg zusammengef
w, so etwa Rhein-Chemie (BGH GRUR **57**, 561), Columbus-International (BGH NJW **93**, 460), Charme &
Chic (BGH GRUR **73**, 265) od Stadtsparkasse Flensbg (Schlesw SchlHA **94**, 16). Wird ein Wort der
Umgangssprache in unüblicher Weise verwendet, kann es hierdch Unterscheidskraft erlangen (s BGH **21**,
89 „Spiegel" für eine Zeitschrift; BGH **24**, 241 „tabu" für eine Gaststätte). Sie kann sich auch daraus ergeben,
daß die Bezeichng üblicherweise an jedem Ort nur einmal benutzt w, wie „Parkhotel" (BGH DB **76**, 2056)
od „Citybank" (Düss WRP **74**, 156). Maßgebd ist die VerkAnschauung. Trotz Fehlens originärer Unter-
scheidskraft wird die Bezeichng schutzfäh, wenn sie als ein Hinweis auf ein best Unternehmen **Verkehrs-
geltung** erlangt hat (RG **163**, 238, BGH **15**, 109, „Koma", BGH GRUR **76**, 254, **77**, 503). Polit Parteien
genießen nach PartG 4 Namensschutz ggü einer später gegründeten Part auch dann, wenn ihr Name od
dessen Abkürzg weder von Natur aus noch kr VerkGeltg Unterscheidskraft besitzt (BGH **79**, 270).

13 **cc)** Hat die Bezeichng von Natur aus individualisierte Unterscheidskraft, **beginnt der Schutz** mit
ihrem Gebrauch, sonst erst mit der Anerkenng im Verk (BGH **11**, 217, **21**, 89, **43**, 252, stRspr). Wo
VerkGeltg erforderl ist, beschränkt sich der Schutz sachl u örtl auf den Bereich, für den die VerkGeltg besteht
(RG **171**, 34, Rn 29). **Inhaber des Namensrechts** ist derj, der sich den Namen beigelegt hat. Ob das bei
einer Gaststättenbezeichng („Eulenspiegel") der Pächter od der Verpächter ist, ist Frage des Einzelfalls
(Hamm WRP **82**, 534). Die Anwendg des § 12 ist ausgeschlossen, wenn die Führg der Bezeichng gg das Ges
od gg die guten Sitten verstößt, so zB wenn die Bezeichng gem UWG 1, 3 unlauter ist (BGH **10**, 202, **LM**
UWG 16 Nr 26) od gg HGB 37 od GewO 15 b verstößt (Zwernemann BB **87**, 774 zur GbR). Der Namens-
schutz **entfällt,** wenn der dem Kennzeichen korrespondierde GeschBetr endgült aufgegeben w (MüKo/
Schwerdtner Rn 69) od wenn aus der ursprüngl unterscheidskräft Bezeichng ein Gattgsname wird (s RG
69, 310, Liberty; **100**, 182, Gervais). Beruht der Namensschutz auf Anerkenng im Verk, entfällt mit der
VerkGeltg auch das NamensR (BGH GRUR **57**, 428). Eine vorübergehde Nichtbenutzg ist aber unschädl
(BGH **21**, 75). Was vorübergehd ist, ist Frage des Einzelfalls (BayObLG **83**, 261); zu berücksichtigen sind

auch Schwierigk, die sich aus der Entwicklg der GesVerhältn (Kriegs-, Nachkriegszeit, Zonentrenng) ergeben (s RG **170**, 273, BGH NJW **59**, 2015, GRUR **67**, 202, Ffm OLGZ **72**, 468).

dd) Namensartige Kennzeichen u FirmenR, die vor dem 3. 10. 90 im alten Bundesgebiet od der DDR 13a bestanden, haben sich inf der **Wiedervereinigung** analog ErstrG 30 auf das ganze Bundesgebiet ausgedehnt (Stgt BB **93**, 382, Fingerhut/Witzmann BB **93**, 1382, Michel WiB **94**, 387). Konflikte sind nach den für Gleichnamige geltden Grds (Rn 27) zu lösen (Hbg GRUR **93**, 982).

3) Übertragbarkeit des Namensrechts. – a) Das **Namensrecht** ieS (Rn 4) ist als Ausfluß des allg Per- 14 sönlichkR nicht übertragb (BGH **119**, 240) u endet mit dem Tod seines Trägers (BGH **8**, 324, offen gelassen in **107**, 390). Die Witwe kann aber uU einem Verband die Führg des Namens ihres Mannes verbieten, weil beim Gebrauch des Mannesnamen zugl auch ihr Name mitgebraucht w (BGH **8**, 320); das gilt ebso für einen sonst nahen Angeh gleichen Namens (Mü WRP **82**, 660), nicht aber für eine Stiftg, die das künstlerische Erbe des Namensträgers pflegen soll (Schlesw NJW **88**, 339). Außerdem wird das allg PersönlichkR im beschränkten Umfang nach dem Tod seines Trägers weitergeschützt (§ 823 Rn 180). – **b)** Die **Firma**, der 15 Handelsname des Vollkaufmanns, ist mit dem HandelsGesch übertragb u vererbl (HGB 22, 23). Bestritten ist die Behandlg im Konk. Nach der Rspr ist zu unterscheiden: Bei Einzelfirmen u PersonalGesellsch kann der KonkVerw die Firma nur mit Zust des GemSchu übertragen, wenn dessen FamName in der Firma enthalten ist (BGH **32**, 111, Kblz DB **91**, 2652). Bei jur Pers des HandelsR u bei der GmbH & Co KG ist dagg die Mitübertragg der Firma nicht von der Zust der Gesellschafter abhäng, deren Name FirmenBestandt ist (BGH **85**, 223, NJW **90**, 1607, Düss NJW **80**, 1284). Diese das GläubInteresse u den vermögensrechtl Charakter des FirmenR in den VorderGrd stellde Ans verdient auch für die Firma des Einzelkaufm u der PersonalGesellsch den Vorzug (MüKo/Schwerdtner Rn 79 mwNw, str). – **c)** Alle and dch § 12 ge- 16 schützten **Bezeichnungen** von Unternehmen (Rn 10) können gleichfalls mit dem Unternehmen übertragen w (BGH **21**, 71). Da es sich nicht um PersönlichkR, sond um ImmaterialgüterR (Rn 2) handelt, ist aber auch eine Übertragg ohne das Unternehmen mögl, sofern eine Täuschg des GeschVerk ausgeschl ist (arg MarkenG 27, Staud-Weick/Habermann Rn 54). Bsp sind etwa die Übertragg von geschäftl Bezeichnungen mit dem zugehörigen BetrTeil od FertiggsVerf. – **d)** Trotz der Unübertragbark des NamensR kann der Na- 17 mensträger einem and gestatten, seinen Namen zu benutzen u auf Unterl- u SchadErsAnspr verzichten (RG **87**, 149, BGH **44**, 375, BayObLG **86**, 377), sog **Gestattungsvertrag** ("Lizenz"), der auch stillschw zustandekommen kann (Mü DB **92**, 2079). Auch öffrechtl Körpersch können ihren Namen, ihr Wappen u ihr Siegel dch LizenzVertr gewerbl nutzen (BGH **119**, 242). Der Vertrag begründet als schuldrechtl Abrede kein beschränktes dingl Recht (krit Forkel NJW **93**, 3183) u bietet keinen Schutz gg weitere LizenzN (Forkel NJW **83**, 1765, vgl aber jetzt MarkenG 30 V); er ist unwirks, wenn die Gestattg der Namensbenutzg zur Täuschg des GeschVerk führen kann (BGH **1**, 246) od HGB 23 umgangen w. Der Berecht wird nicht Inh des NamensR, er kann aber zur Geltdmachg der Rechte des Namensträgers ermächtigt w (BGH **119**, 242) u darf sich ggü Dr auf die Priorität des von ihm benutzten Rechts berufen (BGH NJW **93**, 2236). Mögl ist es auch, daß dch die Benutzg ein eig NamensR des LizenzN entsteht (BGH **10**, 204, **119**, 241). Der Umfang der Gestattg richtet sich nach den getroffenen Vereinbgen. Das gilt insb für etwaige Beschränken in räuml od zeitl Hinsicht (RG **76**, 265, JW **36**, 923) u für die Frage, ob der LizenzN seine Rechte weiterübertragen kann (RG Gruch **45**, 74). Da es sich um ein DauerschuldVerh handelt, kann das KündR aus wicht Grd nicht ausgeschl w (RG Warn **24**, 96, Einf 18ff v § 241).

4) Namensleugnung. Der Berecht kann Beseitigg der Beeinträchtigg u bei Wiederholgsgefahr Unter- 18 lassg verlangen, wenn sein Recht zum Gebrauch des Namens bestritten w. Der Anspr steht ausschließl dem Inh des NamensR zu, nicht seinen FamAngeh. Er kann auch von der Ehefrau gg den Ehemann geltd gemacht w (RG **108**, 231). Das Bestreiten braucht nicht ausdr zu geschehen, dauerndes Benennen mit falschem Namen genügt (s LG Bonn **AP** § 54 Nr 1), ebso die hartnäckige Verwendg einer falschen Schreibweise (Klippel S 410). Der Anspr kann sich auch gg eine VerwBeh richten (RG **147**, 254). Soweit diese als Träger öffentl Gewalt gehandelt hat, ist aber nicht der ordentl RWeg, sond der VerwRWeg gegeben. Die Bundesbahn verletzt das öffr NamensR der Gemeinde, wenn sie ihren Bahnhof mit einem unricht GemNamen bezeichnet (BVerwG NJW **74**, 1207, Pappermann JuS **76**, 305). Dagg ist es keine Verletzg des NamensR, wenn Postdienststellen den richt GemNamen führen, diesem aber nicht den Namen des GemBezirks hinzufügen (OVG Münst DVBl **73**, 318). Ein bes Interesse an der Dchsetzg des Anspr braucht der Berecht iF der Namensbestreitg nicht darzutun (Staud-Weick/Habermann Rn 248).

5) Namensanmaßung. Sie liegt vor, wenn ein and unbefugt den gleichen Namen gebraucht u dadch ein 19 schutzwürd Interesse des Namensträgers verletzt.

a) Gebrauch des gleichen Namens. – aa) Nach dem Schutzzweck des § 12 ist vom Gebrauch des 20 Namens diebde Namensnenng zu unterscheiden. Diese ist, auch wenn sie im ZusHang mit unricht Sachaussagen erfolgt, keine unter § 12 fallde VerletzgsHdlg (Düss NJW-RR **90**, 293). Eine solche liegt nur vor, wenn der Name dazu benutzt wird, eine andere Pers, deren Einrichtgen od Produkte **namensmäßig** zu bezeichnen (Soergel-Heinrich Rn 174); es muß die Gefahr einer Identitäts- od Zuordngsverwirrg entstehen (BGH **91**, 120, **98**, 95, **119**, 245, **126**, 215). § 12 schützt daher nicht gg Namensnennen auf Gefallenentafeln (BGH NJW **59**, 525), in einer Notfalldienstordng (BGH NJW **91**, 1532), in Fernsprechbüchern (s Müller-Graff GRUR **87**, 493), in Berufs- od Branchenverzeichnissen (s Nürnbg NJW **93**, 796), in Presseberichten (offen BGH **LM** GG 5 Nr 18 Bl 4), in einem Unterrichtswerk (Mü GRUR **91**, 632), im ZusHang mit einer Heilmethode (Stgt NJW-RR **91**, 1326), in satirischer Verfremdg (LG Düss NJW **87**, 1413), auf Wahlplakaten (Kblz DRZ **48**, 175) u Aufklebern (Ffm NJW **82**, 648, „Lusthansa"), in Reklametexten (BGH **30**, 9, **81**, 78, Brem GRUR **86**, 838), sofern die angepriesene Ware dem Namensträger nicht zugerechnet w. Es ist auch kein Namensgebrauch, wenn in einem Bericht über eine Zeitg („Bild") deren Emblem verwandt w (aA BGH NJW **80**, 280), wenn sich jemand als Schüler des Namensträgers bezeichnet (aA Mü OLGZ **74**, 281) od wenn eine Firmenabkürzg („BMW") in einem Aufkleber („BumsMalWieder") verballhornt wird (BGH **98**, 95). Wenn ein Name ohne Zust des Berecht im GeschVerk zum Zwecke der Werbg benutzt w, kann aber eine Verletzg des UWG 1 (BGH **125**, 91) od des allg PersönlichkR (BGH **30**, 10, **81**, 80, § 823 Rn 195) vorliegen.

21 **bb) Gebrauch eines fremden Namens zur Bezeichnung der eigenen Person.** Er ist der typ, prakt aber nur selten vorkommde Fall der Namensanmaßg. Ihm steht gleich, wenn jemand es veranlaßt u duldet, daß er von Dr mit einem ihm nicht zusteh den Namen angesprochen w (RG JW **30**, 1723). Voraussetzg ist jedoch, daß der Verk die Namensverwendg als einen Hinw auf die Pers des Namensträgers ansieht (s BGH NJW **83**, 1185). Eine Namensanmaßg ist es auch, wenn auf ein Wahlplakat der Name der gegnerischen Part gesetzt w, um für den flücht Betrachter den Anschein hervorzurufen, das Plakat stamme von dieser (Karlsr NJW **72**, 1811, Schlüter JuS **75**, 558).

22 **cc) Gebrauch eines fremden Namens zur Bezeichnung eines Unternehmens, bestimmter Einrichtungen oder Erzeugnisse.** § 12 ist verletzt, wenn der Name eines and als Untern-, Etablissements- od Warenzeichen benutzt w (BGH **30**, 9). Voraussetzg ist auch hier, daß eine sog Zuordngsverwirrg entsteht (Rn 20, str). Sie ist aber bereits dann zu bejahen, wenn der unricht Eindruck hervorgerufen w, der Namensträger habe dem Gebrauch seines Namens zugestimmt (BGH **119**, 245, **126**, 216). Eine Verletzg des NamensR ist daher gegeben bei Verwendg des Namens als Warenzeichen (RG **74**, 310), als Etablissementsbezeichg (RG **88**, 421), als Signatur eines Bildes (BGH **107**, 390), in einem Zeitschriftentitel (RG JW **27**, 1585), zur Bezeichng von Waren (BGH **30**, 9), als Aufschrift auf einem T-Shirt (BGH **119**, 245), die Bezeichng der Kapelle eines privatrechtl Vereins als röm-kath (Düss NJW-RR **93**, 186). Namensanmaßg ist auch der Gebrauch der Bezeichng Stadttheater (RG **101**, 170) u der Werbespruch „Dortmund grüßt mit X Bier" (BGH NJW **63**, 2267). Kein Namensgebrauch ist dagg die adjektivische Verwendg eines Städtenamens (Schlesw SchlHA **85**, 40, „Malenter Reisebüro"). Keine Verletzg des NamensR, sond des allg PersönlichkR ist es auch, wenn ein Grabsteinhersteller den Namen seines Konkurrenten auf einem Ausstellgsstück als Verstorbenen anführt (aA RG DR **39**, 438).

23 **dd) Gebrauch eines fremden Namens zur Bezeichnung eines Dritten.** § 12 ist auch anwendb, wenn der Handelnde den fremden Namen einer dritten Person beilegt, so etwa, wenn der Ehemann seine Freundin als seine Frau ausgibt (Soergel-Heinrich Rn 175, MüKo/Schwerdtner Rn 110, hM, aA RG **108**, 232) od wenn die Mutter für ihr nichtehel Kind den Namen des Vaters gebraucht (RG aaO). Kein Namensgebrauch iSd § 12 ist es dagg, wenn der Name zur Bezeichng einer **erdichteten Person** verwandt w (MüKo/Schwerdtner Rn 109, Soergel-Heinrich Rn 176, aA RG JW **39**, 153, KG OLG **30**, 312, JW **21**, 1551). Ist die Pers frei erfunden, liegt kein Gebrauch des Namens iS einer Identitätsbezeichng vor. Wird auf den wirkl Namensträger angespielt, entfällt § 12, weil in Bezug auf ihn kein für den richtige Name verwandt w. Bei entstellder Darstellg kann aber das allg PersönlichkR verletzt sein (§ 823 Rn 195).

24 **ee)** § 12 untersagt den Gebrauch des **gleichen Namens.** Dazu ist erforderl, daß der Verk die Namensverwendg als einen Hinw auf den Namensträger ansieht (BGH NJW **83**, 1185). Eine volle Übereinstimmg ist nicht erforderl. Entscheidd ist, ob **Verwechselungsfähigkeit** gegeben ist (BGH **LM** Nr 21). Auch wenn diese besteht, kann § 12 unanwendb sein, weil – etwa wg völliger Branchenverschiedenh – eine Verwechselsgefahr u damit auch eine Interessenverletzg entfällt (Rn 30). Zu vergleichen ist der GesEindruck, den die beiden Bezeichngen nach Schriftbild, Klang u Sinngehalt hervorrufen (BGH **28**, 323). Verwechselsfähig ist idR zu bejahen, wenn die beiden Bezeichngen in dem eigentl aussagekräft Bestand übereinstimmen (BGH **24**, 245, **79**, 273, NJW-RR **89**, 809). Unterschiedl Vornamen (BGH NJW-RR **91**, 1065), Zusätze wie „u Co", „vormals" u solche, die die RForm betreffen (AG, GmbH usw) haben idR keine ausr Unterscheidskraft (BGH **46**, 13), ebsowenig unterschiedl Schreibweisen (BGH **LM** Nr 30: Pro-Monta ggü Promonta; BGH DB **93**, 1971: Cowo u Kowog). Entscheidd ist die VerkAnschauung. Bei Namen mit schwacher Kennzeichnskraft kann die Verwechslgsfähigk uU schon dch geringfüg Abweichgen ausgeräumt w (s BGH NJW **57**, 909), währd bei Namen mit starker Kennzeichngskraft u VerkGeltg schon eine entfernte Ähnlichk zu Verwechselgen führen kann (Rn 30). Wird eine **schlagwortartige Abkürzung** eines fremden Namens benutzt, so steht das nach der VerkAnschauung der Benutzg des vollen Namens gleich (s RG **114**, 95). § 12 ist aber auch dann anwendb, wenn ein unterscheidskräft wesentl Teil des fremden Namens so benutzt w, daß die Interessen des Berecht verletzt w (s RG **101**, 169, „Stadttheater"; BGH **8**, 320, FamName; BGH NJW **63**, 2267, „Dortmund"; BGH NJW **83**, 1185 „Uwe"; BGH **124**, 179 „röm-kath").

25 **b) Unbefugter Gebrauch. – aa) „Unbefugt"** ist gleichbedeutd mit widerrechtl iSd § 823. Die Widerrechtlichk ergibt sich idR aus der Verletzg des NamensR des Namensträgers, dh aus der Bejahg der übrigen TatbestdMerkmale des § 12. Bei Wahlnamen kann der Gebrauch auch deshalb unbefugt sein, weil die Namensführg gg UWG 1, 3 od gg die guten Sitten verstößt (BGH **10**, 201). Niemals unbefugt ist der (redl) Gebrauch des gesetzl vorgeschriebenen eig Namens (RG **165**, 283, BGH **29**, 263). Dem Namensträger steht es frei, ob er den vollen Namen od nur den FamNamen benutzt. Auch Verwechselsgefahr zwingt außerh des Wettbew nicht zur Beifügg des Vornamens (RG JW **11**, 572). Nicht widerrechtl handelt auch, wer seinen bürgerl Namen zur Firmenbildg (RG **170**, 270) od zur Bezeichng seiner Erzeugn benutzt, sofern er dabei redl handelt (Rn 26). Das gilt auch dann, wenn das FirmenR die Verwendg des bürgerl Namens nicht vorschreibt (BGH NJW **66**, 345, aA RG **110**, 237).

26 **bb) Unbefugter Gebrauch trotz Gleichnamigkeit.** Obwohl grdsl jeder seinen Namen im WirtschLeben verwenden darf, ist der Gebrauch des eig Namens in folgden Fällen unbefugt: **(1)** Strohmanngründg, bei denen der Strohmann seinen berühmten Namen (Farina, Faber) zur Bildg einer verwechselgsfäh Firma zur Vfg stellt (BGH NJW **66**, 345). **(2)** Verwechselgsabsicht. Benutzg des eig Namens zu dem Zweck, den Ruf eines bekannten gleichart Untern für sich auszubeuten (BGH **4**, 100, NJW **51**, 520). **(3)** Konkurrenz von Wahlnamen, die keinen bürgerl Namen enthalten. Es gilt der Grds der **Priorität** (BGH **24**, 240, NJW **93**, 460). Entscheidd ist, wann die Bezeichng zu einem Namen iSd § 12 geworden ist; bei originärer Unterscheidskraft der Bezeichng kommt es daher auf die Ingebrauchnahme an (BGH NJW **93**, 460), sonst auf die Erlangg von VerkGeltg (Rn 13). Wesentl Ändergen des Namens führen zum Verlust der Priorität (BGH NJW **73**, 2153), sie kann auch durch Ausscheiden aus dem Konzern entfallen (Karlsr GRUR **89**, 270, krit Canaris GRUR **89**, 711). Bei ausländ Bezeichngen ist entscheidd, wann sie im Inland in Gebrauch genommen worden sind (BGH NJW **71**, 1524, **73**, 2153). Nicht nöt ist VerkGeltg im Inland, sofern das Zeichen von sich aus schutzfäh ist (BGH **LM** UWG 16 Nr 56a, NJW **71**, 1524, aA fr RG **132**, 380). Die Priorität wirkt aber nur **relativ** zw den Beteil. Dritte können sich nicht auf das bessere Recht eines Vorbenutzers berufen (BGH **10**, 196, **24**, 240). Besonders kann es liegen, wenn die jüngere Bezeichng mehr als 50 Jahre unbeanstandet benutzt worden ist (BGH NJW-RR **91**, 935). Unerhebl ist der Grds der Priorität, soweit im Zuge der **Wiedervereinigung** in der fr DDR entstandene Namens- und FirmenR auf das gesamte Bundesgebiet erstreckt worden sind (Rn 13a).

cc) Gleichnamigkeit, Gleichgewichtslage. Führen zwei Untern ident od fast ident Bezeichngen, ohne **27** daß einer der Fälle von Rn 26 vorliegt, gilt der Grds, daß niemand am redl Gebrauch seines Namens im WirtschVerk gehindert w darf (BGH NJW-RR **93**, 935, MarkenG 23). Der ältere Namensträger kann dem jüngeren die Namensführg nicht einfach verbieten; es muß vielmehr ein **Interessenausgleich** stattfinden (BGH **14**, 159, NJW **86**, 58, NJW-RR **90**, 620). Der ältere Benutzer kann idR verlangen, daß der jüngere alle zumutb Vorkehrgen trifft, um die Verwechselgsgefahr möglichst zu mindern (BGH NJW **66**, 345, **68**, 351, NJW-RR **88**, 95, **90**, 620), in Betracht kommt vor allem die Beifügg von **unterscheidungskräftigen Zusätzen** (BGH DB **85**, 1935, Canaris GRUR **89**, 715). Ausnahmsw, etwa bei starker VerkGeltg der älteren Firma u einem wenig schutzwürd Besitzstand der jüngeren, kann der Gebrauch des Namens überhaupt verboten w, sofern nicht das FirmenR seine Benutzg zwingd vorschreibt (s BGH **4**, 102, NJW **68**, 350). Unter Umst kann auch der ältere Namensträger verpflichtet sein, zur Vermeidg von Verwechselgen beizutragen (BGH **LM** UWG 16 Nr 5 Bl 2). Das gilt insb dann, wenn das ältere Unternehmen die Verwechselgsgefahr dch sachl od räuml Änderg seines TätigkKreises erst hervorgerufen od erhöht hat (RG **171**, 326, BGH **LM** UWG 16 Nr 5 Bl 2 R, Nr 26, MDR **67**, 378). Ein Rest von Verwechselgsgefahr muß uU hingenommen w (RG **116**, 210, BGH **4**, 105). Haben mehrere Firmen mit verwechselgsfäh Kennzeichen längere Zeit unbeanstandet nebeneinand bestanden u haben beide einen wertvollen Besitzstand erlangt, tritt der Gesichtspunkt der Priorität zurück. Es besteht eine namensrechtl **Gleichgewichtslage,** die von beiden Seiten nicht verändert w darf; beide Part sind verpfl, die Verwechselgsgefahr dch geeignete Maßn zu verringern (BGH **14**, 159, NJW **52**, 222, GRUR **71**, 311).

c) Interessenverletzung. – aa) Namensführung außerhalb des Geschäftsverkehrs. Hier ist der **28** Begriff des Interesses weit auszulegen. Schutzwürdig sind Interessen jeder Art, auch rein persönl, ideelle od bloße Affektionsinteressen (BGH **8**, 322, **43**, 255, **124**, 181). Ausr ist, daß der Eindruck von Beziehgen familiärer, geschäftl od sonstiger Art erweckt w (BGH **124**, 181, WM **85**, 95), daß der Name mit polit Zielen in ZusHang gebracht w, die der Namensträger mißbilligt (BGH **8**, 323), auch die Gefahr von Verwechselg entsteht (BGH **29**, 264). Prakt ist mit jedem unbefugten Namensgebrauch zugl eine Interessenverletzg gegeben; anders liegt es aber idR bei sog **Sammelnamen** mit schwacher Kennzeichngskraft (etwa „Müller"). Im übrigen ist hier bereits zweifelh, ob überhaupt der Name eines best and Namensträgers benutzt wird. Bei **Pseudonymen** (zB Künstler- od Schriftstellernamen), die nur im berufl Bereich geführt w, beschränkt sich der Schutzumfang entspr. Hat das Pseudonym weitergehende VerkGeltg erworben, reicht das schutzwürd Interesse entspr weiter, ggf so weit wie bei einem gesetzl Namen. Jur Pers können Namensschutz nur im Rahmen ihres Funktionsbereichs beanspruchen (BGH **LM** Nr 42). Ein **Verein** ist das Interesse schutzwürd, daß sein Name nicht als Bezeichng einer Gaststätte verwendet w (BGH NJW **70**, 1270 „Weserklause"), bei einer polit Part das Interesse, daß ihr nicht auf Plakaten ihrem Programm widersprechde Tendenzen unterschoben w (Karlsr NJW **72**, 1811).

bb) Wirtschaftsverkehr. Bei den im GeschLeben geführten Namen (Firma, UnternBezeichnungen usw) ist **29** nur ein geschäftl Interesse schutzwürd (B-Hefermehl UWG 16 Rn 62), das sich aber ausnw auch aus ideellen Belangen ergeben kann (BGH **LM** Nr 42). Schutzwürd ist vor allem das Interesse, nicht mit and Untern verwechselt zu w (Rn 30), bei „berühmten" Kennzeichen auch das Interesse, eine Verwässerg zu verhindern (Rn 31), ferner das Interesse an der Aufrechterhaltg des guten Rufs. Geschützt w aber nur das lebde Unternehmen (BGH **21**, 69, Rn 13). Der Eigt des Grdst, auf dem fr das im Krieg zerstörte Hotel Esplanade stand, hat für diesen Namen kein VerbietgsR, auch wenn er ihn für ein Filmhaus weiterbenutzen will (KG NJW **88**, 2893). Der Schutz ist **örtlich begrenzt** auf den Wirkgskreis des Unternehmens (RG **171**, 34). Bei Gaststätten- u Hotelnamen beschränkt sich das VerbietgsR idR auf den Ort der Niederlassung (BGH **24**, 243). Es erstreckt sich aber auf das ganze Gemeindegebiet, nicht nur auf einen Stadtteil (BGH NJW **70**, 1365). Entspr gilt für Warenhäuser (s BGH **11**, 221), EinzelhandelsGesch u and Betr von nur örtl Bedeutg. Überörtlich Schutz besteht für Warenhaus-, Hotel- od Gaststättenketten (BGH **24**, 243). Bei Erzeugerbetrieben ist der Namensschutz (vorbehaltl Rn 31) idR **sachlich begrenzt** auf die Branche od ähnl GeschZweige. Eine beabsichtigte zukünft sachl u räuml Ausdehng des Wirkgskreises muß mitberücksichtigt w, vorausgesetzt, der Namensschutz besteht schon, ist also von der Anerkenng im Verk unabhäng (BGH **8**, 392, **11**, 219, **LM** UWG 16 Nr 24 Bl 2).

cc) Verwechselungsgefahr. Sie begründet stets eine Interessenverletzg (RG **114**, 94); s zur Verwech- **30** selgsfähig Rn 24. Zu unterscheiden sind Verwechselgsgefahr **im engeren und weiteren Sinn** (BGH **15**, 110, DB **74**, 234). Erstere liegt vor, wenn die beteiligten VerkKreise Identität der Unternehmen annehmen, letztere, wenn sie personelle od organisator ZusHänge od eine Zustimmg des Namensträgers vermuten (BGH NJW-RR **89**, 1388, Ffm OLGZ **89**, 110, GRUR **89**, 288). Ob Verwechselgsgefahr vorliegt, hängt von der Ähnlich der Bezeichngen, der Stärke ihrer Verkehrsgeltg u der Branchennähe der Verwder ab (BGH NJW **93**, 460). Auch bei Übereinstimmg im prägden Bestand der Bezeichng („Columbus") kann der Branchenabstand (Kfz-Handel, KapitalanlagenGesch) eine Verwechselgsgefahr ausschließen (BGH aaO, s auch Mü WM **93**, 39, Commerzbank u Commerzbau u GRUR **93**, 491, Industriehansa, Wirtschaftshansa, Personalhansa, Ffm GRUR **95**, 145, Boss für Börsensoftware u Herrenbekleidg). Zu berücksichtigen ist auch, ggü welchen VerkKreisen der Name benutzt w. Werden ausschließl Branchenkundige angesprochen, kann deren Sachkunde die Gefahr einer Verwechselg ausschließen (BGH GRUR **58**, 606). Verwechselgen bei der Postzustellg sind zumindest idR ein ausr Beweis für das Bestehen einer Verwechselgsgefahr (RG **108**, 276, BGH GRUR **57**, 427).

31   **dd) Verwässerungsgefahr.** Bes Grds gelten für den Schutz von berühmten UnternKennzeichen (s BGH **19**, 27, Magirus; NJW **56**, 1713, Meisterbrand; NJW **66**, 344, Kupferberg; NJW-RR **88**, 890, Commerzbank; Hbg WRP **86**, 409, Underberg; BGH NJW-RR **92**, 942, Mercedes). Sie sind nicht nur gg die Gefahr einer Verwechselg, sond gg jede Beeinträchtigg ihrer Alleinstellg u Werbekraft geschützt. Auch wenn wg völliger Branchenverschiedenh jede Verwechselgsgefahr entfällt, kann der Berecht der Verwendg einer gleichen od ähnl Bezeichng entgegtreten. Die für den Anspr aus § 12 erforderl Verletzg eines berecht Interesses ergibt sich aus der Gefahr einer Verwässerg (BGH aaO, aA Klippel GRUR **86**, 697). Ein derart umfassder Schutz besteht aber nur für Kennzeichen, die dch lange Benutzg u intensive Werbg eine überragde VerkGeltg erlangt haben. Erforderl ist ein entspr BekannthGrad in der Bevölkerg. Dieser ist idR erreicht, wenn über 80% des Publikums das Kennzeichen kennen (BGH **114**, 111, Avon), dagg genügt ein BekannthGrad von 68% nicht (Hbg GRUR **87**, 400, Pirelli). Nach MarkenG 15 III besteht ein entspr Schutz gg die unlautere Ausnutzg der Wertschätzg einer Marke bereits, wenn es sich um ein „bekanntes" Kennzeichen handelt.

32   **6) Ansprüche aus dem Namensrecht. – a)** Die in § 12 vorgesehenen Anspr auf Beseitigg u Unterl stehen dem **Verletzten** zu. Bei unbefugtem Gebrauch eines Familiennamens ist grdsl jeder Träger des Namens klagberecht, vorausgesetzt, daß auch seine schutzwürd Interessen verletzt sind (BGH **8**, 320, 324, str). Die Ehefrau (Witwe) ist daher idR aktivlegitimiert, wenn der Name ihres Ehem unbefugt benutzt w

33 (BGH aaO). – **b)** Der von einem Verschulden unabhäng **Beseitigungsanspruch** ist iW der LeistgsKl geltd zu machen (RG **147**, 253). Er schließt idR das RSchutzBedürfn für eine FeststellgsKl aus (RG Warn **36**, 136). Bei **Bestreiten des Namensführungsrechts** (Rn 18) besteht die Beseitigg im Widerruf des Bestreitens, uU auch in der Einwillig in eine best Namensführg ggü der zust Stelle. Da der Widerruf „actus contrarius" zum Bestreiten ist, ist er an den gleichen PersKreis zu richten u ebso vorzunehmen wie dieser (Bsp: Veröffentlichg in der Presse, Rundschreiben). Bei **unbefugter Namensführung** (Rn 19) geht der Anspr dahin, die rechtsw Einwirkg dch geeignete Maßn für die Zukunft zu beseitigen. Bsp sind Entfernmg der Signatur eines Bildes (s BGH **107**, 390) od der unerlaubten Bezeichng überall, wo sie angebracht ist, ebso die Löschg eines Warenzeichens (RG **117**, 221). Zur Abgrenzg des Beseitigs- vom SchadErsAnspr s § 1004 Rn

34 22ff. – **c)** Der **Unterlassungsanspruch** setzt die Besorgn weiterer Beeinträchtigen, dh eine **Wiederholungsgefahr** voraus (s dazu Einf 18f v § 823 u § 1004 Rn 29). Er geht auf ein Verbot für die Zukunft. Grdsl kann die Führg des Namens (Namensbestandteils) nur in der konkret benutzten Form untersagt w (BGH **LM** Nr 18 Bl 4, **LM** UWG 16 Nr 59 Bl 2 R). Wenn zB in der Firma „XYZ" der Bestandteil X unzul ist, muß der Antrag lauten, den Gebrauch des Namens „XYZ" zu unterlassen, nicht, den Gebrauch des Wortes „X" zu untersagen. Genügt zur Beseitig der Beeinträchtigg die Hinzufügg eines unterscheidungskräft Zusatzes, kann nur diese, nicht aber ein Verbot der Namensführg schlechthin verlangt w (BGH **LM** Nr 19). Wie die Verwechselgsgefahr beseitigt w soll, muß grdsl der Entscheidg des Verletzers überlassen bleiben (s BGH aaO). Ein völliges Verbot ist aber dann gerechtfertigt, wenn es dem Verletzer darum geht, am Ruf des Verletzten zu schmarotzen, da hier weitere u weitergehende Beeinträchtigen zu befürchten sind (s BGH **4**, 102, **LM** UWG 16 Nr 49 Bl 2 u 59 Bl 2 R). Auch für das NamensR gelten die Grds der vorbeugden Unterlassgsklage (Einf 16 v § 823). Sie ist bereits zul, wenn ein widerrechtl Eingriff drohd bevorsteht (BGH **2**,

35 395). – **d)** Der Anspr **verjährt** gem § 195 in 30 Jahren, auch wenn für den konkurrierden Anspr aus UWG

36 16 die kurze VerjFr des UWG 21 gilt. Zur **Verwirkung** s § 242 Rn 87f. – **e)** Da das NamensR ein sonst Recht iSd § 823 ist, besteht bei seiner Verletzg ein **Schadensersatzanspruch,** sofern der Verletzer schuldh gehandelt hat (§ 823 Rn 14). Der Schaden kann ebso wie iF der Verletzg eines Urh- od gewerbl SchutzR nach Art einer Lizenzgebühr od nach dem Verletzergewinn berechnet w (BGH **60**, 208). Nach der Rspr kann bei schwerwiegden Eingriffen in das NamensR – ebso wie iF der Verletzg des allg PersönlichR (§ 823 Rn 198ff) – auch für den immateriellen Schaden GeldErs verlangt w (Köln GRUR **67**, 323, s auch BGH **30**,

37 9). – **f) Beweisfragen.** Der Kläger muß sein NamensR u auch die VerletzgsHdlg beweisen (zB RG JW **37**, 390), der Beklagte, daß er den gleichen od verwechselgsfäh Namen führen darf (BGH WM **57**, 1152, Baumgärtel-Laumen Rn 2). Das Recht zur Führg des bürgerl Namens wird dch die PersStandsbücher bewiesen (PStG 60, 66), jedoch ist der GgBew zul. Lange unbeanstandete Führg des Namens dch die Fam begründet die Vermutg der RMäßigk (BayObLG **42**, 91).

38   **7) Entsprechende Anwendung.** § 12 ist entspr anwendb auf das Wahrzeichen des Roten Kreuzes (BGH **126**, 291) u auf **Wappen** u Siegel (BGH **119**, 237). Geschützt ist neben adeligen u bürgerl Wappen auch das von öffr Körpersch (BGH aaO). Eine Verletzg liegt vor, wenn das Wappen zur Ausstattg von Waren od sonst als geschäftl Kennzeichen benutzt w (BGH aaO). Auch auf **Bildzeichen** findet § 12 (entspr) Anwendg, sow sie unterscheidgskräft sind u sich im Verk als namensmäß Hinw auf eine best Pers od ein best Unternehmen durchgesetzt haben. Das gilt insbes dann, wenn die Bilder auch dch ein Wort ausgedrückt w können (RG **171**, 155, Salamander; BGH GRUR **57**, 288, Zwillingszeichen; **LM** UWG 16 Nr 21, Karo- As). Aber auch wenn diese Voraussetzg nicht zutrifft, besteht kein Anlaß, dem Bildzeichen den Schutz des § 12 vorzuenthalten (BGH **LM** Nr 44, aA BGH **14**, 160, Soergel-Heinrich Rn 154). Auf jeden Fall ist MarkenG 5 anwendb, der aber nur für geschäftl Zeichen gilt, sich also nicht auf Zeichen von Idealvereinen erstreckt. Wird das Recht zur Führg eines **Titels** bestritten, ist dem Träger des Titels gleichf in entspr Anwendg des § 12 ein BeseitiggsAnspr zuzubilligen (Soergel-Heinrich Rn 157).

13–20   *(Aufgeh dch Verschollenheitsgesetz [VerschG] v 4. 7. 39 [RGBl I 1186] § 46. Vgl zu dem in dieser Aufl nicht abgedruckten VerschG u dem VerschÄndG v 15. 1. 1951 [BGBl I 59] die Kommentierg in der 50. Aufl).*

Zweiter Titel. Juristische Personen

Einführung

1) Begriff u RNatur der jur Pers sind seit jeher str. Die Fiktionstheorie (v Savigny, Windscheid) leugnet **1** die Realität jur Pers u betrachtet sie als bloße Fiktion. Die Theorie der realen Verbandspersönlichk (Beseler, v Gierke) sieht in der jur Pers ein wirkl vorhandenes Wesen mit einem GesWillen, das dch seine Organe handlgs- u deliktsfäh ist. Die Theorie des Zweckvermögens (Brinz, Wiedemann WM **75** Beilage 5) versteht die jur Pers als ein best Zwecken gewidmetes Sondervermögen, das als selbständ Träger von Rechten u Pflten organisiert ist. Dieser Theorienstreit (s Soergel-Hadding Rn 8ff) ist für die prakt RAnwendg unergiebig. Es ist wenig sinnvoll, für den Begriff der jur Pers nach einer vom positiven Recht losgelösten konsensfäh Grdl zu suchen. Die jur Pers ist eine Zweckschöpfg des GesGebers. Sie ist die Zusammenfassg von Pers od Sachen zu einer rechtl geregelten **Organisation,** der die ROrdng RFgk verliehen u dadch als Träger eig Rechte u Pflten verselbständigt hat (ähnl MüKo/Reuter Rn 2, Erm-Westermann Rn 2).

2) Von den jur Pers zu unterscheiden ist die **Gemeinschaft zur gesamten Hand.** Bei ihr ist das **2** Vermögen gleichf zweckgebunden; Träger der Rechte u Pflten sind aber die Mitgl der Gemeinsch, nicht eine von ihnen begriffl verschiedene „Person" (BGH NJW **88**, 556, **89**, 3034, **90**, 1181, BAG NJW **89**, 3034, Weber-Grellet AcP **182**, 316 mwNw). Auch wenn man mit der neueren Lehre (Flume ZHR **136**, 177, K. Schmidt AcP **182**, 486, Raiser AcP **194**, 494) iF der Gesellsch die Gesamthand als überindividuelle Einheit als RTräger ansieht (so wohl auch BayObLG DB **91**, 2074), so ist sie doch kein eig RSubjekt. Die Rechte des einz, die sich auf das ganze GemeinschVermögen erstrecken, sind dch die Mitberechtigg der and Teilhaber beschränkt. Die Verw erfolgt je nach Art der Gemsch dch alle Mitgl od dch einen od einige von ihnen. GesamthandsGemeinsch sind die GbR, der nichtrechtsf Verein, OHG u KG, EWIV, ehel GüterGemeinsch sowie die ErbenGemeinsch. OHG, KG u nichtrechtsf Verein sind aber in einz Beziehung einer jur Pers angenähert u besitzen TeilRFgk. Keine Gemeinsch zur ges Hand sond eine BruchteilsGemeinsch ist die Gemeinsch iSd §§ 741ff.

3) Arten der juristischen Personen. – a) Zu unterscheiden sind jur Pers des **öffentlichen Rechts und 3 des Privatrechts.** Jur Pers des öffR sind vor allem der Staat (Bund u Länder), die in ihn eingegliederten Gebietskörpersch (Gemeinden, Kreise), die Kirchen sowie die sonst Körpersch, Anstalten u Stiftgen des öffR (s Vorbem 1 vor § 89). Für die Abgrenzg zw jur Pers des öffR u des PrivR ist der EntstehgsTatbestd entscheidd (Rasch DVBl **70**, 765, Larenz § 9 I, hM), nicht die Art der übertragenen Aufg. Eine jur Pers des öffR kann vorwiegd fiskalische Aufg zu erledigen haben, eine jur Pers des PrivR als beliehener Unternehmer hoheitl. Jur Pers des öffR beruhen auf einem Hoheitsakt, idR einem Ges, das Organisation u Aufg des RTrägers festlegt. Jur Pers des PrivR beruhen auf einem privatrechtl Gründgsakt (GründgsVertr, Stiftgs-Gesch). – **b)** Nach der organisatorischen Ausgestaltg ist bei den jur Pers des öffR u des PrivR zu unterschei- **4** den zw **Vereinigungen** (Körpersch) einerseits u **Anstalten** u **Stiftungen** ands. Die Vereinigg hat Mitgl u ist ein als rechtsf anerkannter PersZusSchluß. Anstalten u Stiftgen haben ledigl Organe u eine zweckgebundene Vermögensausstattg; sie sind als selbstd RTräger anerkannte Vermögensmassen.

4) Auf den **Erwerb der Rechtsfähigkeit** kann der Staat bei jur Pers des PrivR in unterschiedl Umfang **5** Einfluß nehmen. Zu unterscheiden sind folgde Systeme, die allerdings auch in Mischformen vorkommen: – **a) System der freien Körperschaftsbildung.** Die jur Pers entsteht, sobald die normativen Voraussetzgen für ihre Gründg erfüllt sind. Eine staatl Kontrolle der Einhaltg der Voraussetzgen findet nicht statt. Das System gilt in der Schweiz für Idealvereine, in der BRep nur für den (hier nicht einschlägigen) nichtrechtsf Verein. – **b) System der Normativbestimmungen.** Auch hier ist dch RSatz festgelegt, welche normati- **6** ven Voraussetzgen zum Erwerb der RFgk erfüllt sein müssen. Die Einhaltg dieser Bestimmgen w aber im Einzelfall von einer zust staatl Stelle überprüft. Bei einem posit Ergebn schließt sich idR eine konstitutive Registereintragg an. Dieses System gilt für den Idealverein (§ 21), die AG (AktG 23–41), KGaA (AktG 278–282), GmbH (GmbHG 1–11) u die Genossensch (GenG 1–13). – **c) Konzessionssystem.** Die RFgk wird **7** dch staatl Verleihg od Gen erworben, wobei die zust Behörde idR nach pflichtmäß Ermessen entscheidet. Anwendgsfälle sind der wirtschaftl Verein (§ 22), die Stiftg (§ 80) u der VersVerein auf Ggseitig (VAG 15).

5) Die jur Pers steht im **Umfang ihrer Rechtsfähigkeit** den natürl Pers nicht in jeder Beziehg gleich. Zu **8** eng ist es aber, die RFgk der jur Pers auf die VermFähig u die Fähig der TNahme am rechtsgeschäftl Verk zu beschränken (so Larenz § 9 I). Als Grds gilt vielmehr davon auszugehen, daß der jur Pers alle Rechte u RStellgen offenstehen, sow diese nicht die menschl Natur ihres Trägers voraussetzen (Soergel-Hadding Rn 22). – **a)** Im **Privatrecht** ist die jur Pers in vermögensrechtl u verfahrensrechtl Hins den natürl Pers **9** weitgehd gleichgestellt. Sie kann Besitzer (§ 854 Rn 12), Bevollmächtigter, TestVollstr, KonkVerw (str), Liquidator, persönl haftder Gesellschafter u Mitgl einer jur Pers sein (Soergel-Hadding Rn 27ff). Sie ist aktiv erb- u vermächtnisfäh (s §§ 2044 II 1, 2101, 2105f, 2109, 2163), partfäh (ZPO 50), konkfäh (KO 213) u hat unter den Voraussetzgen von ZPO 116 I Nr 2 Anspr auf ProzKostenhilfe. Sie hat ein Recht am eig Namen u, wenn auch eingeschränkt, ein allg PersönlichkR (§ 823 Rn 181). Verschlossen sind ihr allerdings RStellgen des FamR u RPositionen, die auf eine persönl Verantwortg ausgerichtet sind, wie das Amt des SchiedsRi u des Prozeßbevollmächtigten. – **b)** Auch im **öffentlichen Recht** wird die RFgk der jur Pers grdsl **10** anerkannt. Die GrdR gelten für inländische jur Pers, soweit sie ihrem Wesen nach auf diese anzuwenden sind (GG 19 III), für jur Pers des öffR jedoch nur mit erhebl Einschränkgen (BVerfG NJW **82**, 2173). Jur Pers besitzen **keine Staatsangehörigkeit;** das auf sie anzuwendde Recht ist das Recht des tatsächl Sitzes ihrer Hauptverwaltg (BGH **53**, 183, nach EG 12 Rn 2ff). – **c)** Die **ultra-vires-Lehre** des anglo-amerikanischen **11** Rechts, wonach sich die RFgk der jur Pers auf ihren dch Ges od Satzg festgelegten Zweck beschränkt, gilt im dtschen Recht für die jur Pers des PrivR nicht (K. Schmidt AcP **184**, 529). Soweit die Satzg entspr Beschränkgen enthält, wird nicht die RFgk, sond die Vertretgsmacht des Vorstd beschränkt (RG **145**, 314).

RGesch von jur Pers des öffR sollen dagg nichtig sein, wenn sie außerhalb des AufgKreises der jur Pers vorgenommen worden sind (BGH **20**, 123, NJW **69**, 2199, Koenig WM **95**, 323, aA Fuß DÖV **56**, 566).

12   **6)** Die Anerkenng der RFigur der jur Pers bedeutet, daß ihre Rechte u Pflten nicht zugl solche ihrer Mitgl sind. Für Schulden haftet allein das Verm der jur Pers; eine Mithaftg der Mitgl mit ihrem Verm setzt einen bes RGrd (Übern einer Bürgsch, Tatbestd einer unerl Hdlg, uU c. i. c., s § 276 Rn 93) voraus. Das gilt grdsl auch für die Einmann-Gesellsch (BGH **22**, 230). Ausnw kann der Gläub der jur Pers aber berecht sein, deren Mitgl iW des sog **Durchgriffs** in Anspr zu nehmen. Die Rspr läßt den Dchgriff zu, wenn die RForm der jur Pers mißbräuchl verwendet w od die Berufg auf die rechtl Selbständigk der jur Pers gg Treu u Glauben verstößt (BGH **22**, 230, **26**, 33, **61**, 384, BSG NJW **84**, 2117): „Es ist Aufg des Ri, einem treuwidr Verhalten der hinter der jur Pers stehden natürl Pers entggzutreten u die jur Konstruktion hintanzusetzen, wenn die Wirklichk des Lebens, die wirtschaftl Bedürfn u die Macht der Tats eine solche Handhabg gebieten" (BGH **54**, 224, **78**, 333). Das Schrifttum arbeitet mit unterschiedl Lösgsansätzen, folgt aber überwiegd der sog Normanwendgstheorie, wonach die Lösg jeweils aus dem Zweck der im EinzFall anzuwendden Norm zu entwickeln ist (MüKo/Reuter Rn 20–47, Soergel-Hadding Rn 35–40). Eine plausible Systematisierg der in Betracht kommden Fallgruppen fehlt noch immer. Nach der Rspr genügen für die Dchgriffshaftg nicht: Unterkapitalisierg (BGH **68**, 312); finanzielle, wirtschaftl u organisator Eingliederg in den Alleingesellschafter (BGH aaO). Ausr kann dagg sein: Hervorrufen des RScheins persönl Haftg (BGH **22**, 230); VermVermischg mit dem der Gesellschafter (BGH **68**, 312, **125**, 368, BSG NJW-RR **95**, 730); Nichteinrichtg des zugesagten Bausonderkontos (Düss NJW-RR **89**, 743); Vorschieben der jur Pers, um rechtsw Vorteile (Schmiergelder) zu erlangen (BGH **68**, 315); unlauteres Vorschieben der jur Pers zur Erlangg persönl Vorteile (BGH **54**, 222: Nutzg des vom vermögenslosen Verein gepachteten Landes dch die Mitgl). Der Anspr richtet sich gg denjenigen, der für den DchgriffsTatbestd verantwortl oder mitverantwortl ist (BGH NJW **94**, 1801, K. Schmidt ZIP **94**, 837). Auch bei kommunalen EigenBetr bestehen keine weitergehde Dchgriffsmöglichk (Kuhl/Wagner ZIP **95**, 433). Die neuere Rspr sucht die Lösg idR in einer aus **konzernrechtlichen** Grds hergeleiteten ErstattgsPfl der Gesellschter (Mitgl) ggü der jur Pers (BGH **68**, 319, **115**, 192, **116**, 37, NJW **93**, 1200, BAG DB **91**, 1473, BSG NJW-RR **95**, 730, Lutter DB **94**, 130, s auch BVerfG ZIP **93**, 1306).

13   **7) Verein** iSd BGB ist ein auf Dauer angelegter Zusammenschluß von Pers zur Verwirklichg eines gemeins Zweckes mit körperschaftl Verfassg, wobei sich die körperschaftl Organisation in einem GesNamen, in der Vertretg dch einen Vorstd u in der Unabhängigk vom Wechsel der Mitgl äußert (RG **143**, 213, **165**, 143, BGH LM § 31 Nr 11). Die RFgk gehört nicht zu den konstitutiven Begriffsmerkmalen: Verein iSd BGB ist auch der nichtrechtsf Verein (hM). Vom Verein ist die **Gesellschaft** (§§ 705 ff) zu unterscheiden. Sie stimmt in einigen Merkmalen mit dem Verein überein: Sie ist gleichf eine Verbindg von Pers zu einem gemeins Zweck. Sie kann auf Dauer angelegt sein u einen GesNamen führen. Der Unterschied besteht in der Verschiedenh der Organisation. Währd für den Verein die Veränderlich des MitglBestandes wesentl ist (BGH **25**, 313), ist die Gesellsch ein VertrVerh unter best Pers, das bei Künd od Tod eines Partners grdsl aufgelöst w. Für den Verein gilt das MehrhPrinzip, für die Gesellsch typischerw das EinstimmgkPrinzip. Trotz dieser begriffl Unterscheidg sind Übergangsformen zw nichtrechtsf Verein u Gesellsch mögl (BGH NJW **79**, 2305). Die Bezeichng ist für die Einordng unerhebl. Eine Vereinigg, die sich Gesellsch nennt, kann ein Verein sein (Bsp: DLRG); das gilt ebso umgekehrt. Eine geringe MitglZahl spricht idR für eine Gesellsch, ebso eine zeitl Befristg, jedoch kann eine auf 10 Jahre angelegte Vereinigg dchaus ein Verein sein (RG JW **13**, 974). Einzelfälle s § 54 Rn 4. Zur Vereinsgründg u zum Vorverein s § 21 Rn 9.

14   **8) Vereinsfreiheit.** Sie wird dch GG 9 I gewährleistet. Danach haben alle Dtschen das Recht, Vereine u Gesellsch zu gründen. Die Schranken der VereiniggsFreih ergeben sich aus GG 9 II. Er verbietet Vereinigngen, deren Zweck od Tätigkeit dem StrafG zuwiderläuft od die sich gg die verfassgsmäß Ordng od den Gedanken der Völkerverständigg richten. Die Verwirklichg dieser Verbote w dch das **Vereinsgesetz** v 5. 8. 64 (Sartorius Nr 425) geregelt, das nach seinem § 2 ebso wie GG 9 auch auf Gesellsch anwendb ist. Eingriffe in die VereiniggsFreih aGrd der polizeil Generalklausel sind nicht zul (*arg* VereinsG 1 II). Der GesGeber darf der Betätigg der Vereine jedoch dort Schranken ziehen, wo dies zum Schutz and gemeinschaftswicht RGüter unabweisl ist (BVerfG NJW **71**, 1124). Der auf dem Gebiet des Vereins- u GesellschR seit jeher bestehde **Typenzwang** ist mit GG 9 vereinb.

15   **9) Anwendungsbereich. – a)** Die §§ 21–53 sind auf alle rechtsf Vereine anwendb, ohne Rücksicht auf Größe u Bedeutg des Vereins. Sie gelten weitgehd auch für den nichtrechtsf Verein (§ 54 Rn 1). Für HandelsGesellsch, Genossensch u den VersVerein auf Ggseitigk sind in erster Linie die einschlägigen SonderG maßgebd (AktG, GmbHG, GenG, VAG). Soweit diese Lücken enthalten, finden die Vorschr des VereinsR Anwendg. Dementspr erstreckt sich der Anwendgsbereich der §§ 29 (Notvorstand), 30 (besondere Vertreter), 31 (Haftg für Organe) u 35 (Sonderrechte) auf alle jur Pers des PrivR. Offen bleiben kann, ob es sich dabei um eine entspr Anwendg handelt (so RG **138**, 101 u Staud-Coing Einl Rn 58) od ob die §§ 21 ff, soweit bes Vorschr fehlen, direkt auf die dch SonderGes geregelten WirtschVereine anwendb sind (so BGH
16 **18**, 337). – **b)** Die **politischen Parteien** (zum Begriff s BVerwG NJW **93**, 3213) sind dchweg als rechtsf od nichtrechtsf Vereine organisiert. Für sie gilt aber in erster Linie das **Parteiengesetz** (Sartorius Nr 58), das für eine Reihe von wicht Fragen (NamensR, aktive PartFgk, demokrat Organisation, Gebietsverbände, Aufn, Austritt u Ausschluß von Mitgl) Sonderregeln enthält (s Hbg OLGZ **93**, 19). Ergänzd finden die
17 §§ 21 ff Anwendg. – **c) Religiöse Vereine,** die Religionsgesellsch iSd GG 140, WRV Art 137 sind, können ihre Angelegenh nach ihrem religiösen Selbstverständn ordnen (BayObLG **87**, 170). Ihre Regelbefugn beruht nicht auf § 25, sond ist originär. Sie unterliegen aber der staatl Gründgskontrolle (K. Schmidt NJW **88**, 2575, v Camphausen NJW **90**, 887, 2670, krit Kopp NJW **89**, 2497), müssen einen Vorstd haben u den Zusatz „eV" führen (BayObLG aaO). Einschränken der Vereinsautonomie, die sich aus der Organisation als Teil einer ReligionsGemeinsch ergeben, etwa bei SatzgsÄndergn, Ausschluß von Mitgl u Auflösg, sind zul (BVerfG NJW **91**, 2625, Köln NJW **92**, 1048, LG Oldenbg JZ **92**, 250, Schockenhoff NJW **92**, 1013, krit

Flume JZ **92**, 238). Zul ist auch eine Regelg, wonach kirchl Funktionsträger „geborene" Mitgl sind (Hamm NJW-RR **95**, 119). – **d)** Für **ausländische** jur Pers gilt das Recht ihres VerwSitzes (nach EG 12 Rn 2). Ihre **18** RFgk wird seit der Aufhebg von EG 10 aF im Inland ipso jure anerkannt (BGH **53**, 183). Über jur Pers aus der Zeit vor dem 1. 1. 1900 s EG 163ff. **Landesrecht** bestimmt die gem §§ 22, 44, 61, 63, 71 zust Beh. Es gilt außerdem für jur Pers, in den den Ländern nach EG 65ff vorbehaltenen RGebieten (s bei EG 65ff).

10) Großvereine haben idR **Untergliederungen,** die meist regional, manchmal aber auch fachl struktu- **19** riert sind. Für deren Ausgestaltg lassen die §§ 21ff den Beteil weitgehde Freih. In der Praxis kommen vor allem folgde Organisationsformen vor, wobei jedoch die Übergänge fließ sein können: – **a)** Der **Vereins- 20 verband** ist ein ZusSchluß von selbstd Vereinen zur Verfolgg gemeins Zwecke. Der Verband kann als rechtsf od nichtrechtsf Verein organisiert sein; entspr gilt für die MitglVereine. Mögl ist auch, daß VerbandsMitgl neben den MitglVereinen auch deren Mitgl sind. Dazu ist aber eine entspr Regelg in der Satzg des Verbandes u der MitglVereine erforderl (BGH **28**, 133, **105**, 312). Diese doppelte satzgsmäß Grdl ist auch nötig, wenn der Verband ggü den Mitgl der nachgeordneten Vereine Strafgewalt haben soll (§ 25 Rn 15). – **b)** Beim **Gesamtverein** sind die Untergliedergen Teile der GesOrganisation. Mitgl des GesVer- **21** eins sind die EinzelMitgl, nicht die Untergliedergen (BGH **89**, 155). Die Untergliedergen können rechtl unselbst sein, aber auch die RStellg eines rechtsf od nichtrechtsf Vereins besitzen. Wie sie einzustufen sind, kann im Einzelfall zweifelhaft sein. Ein nichtrechtsf Verein setzt voraus, daß die Unterorganisation eig Aufg selbstd wahrnimmt, eine körperschaftl Verfassg besitzt, einen eig Namen führt u vom Wechsel der Mitgl unabhäng ist (BGH **90**, 332, **LM** ZPO 50 Nr 25, Bambg NJW **82**, 895). Nicht notw ist, daß die Untergliederg über eine eig Satzg verfügt; seine Verfassg kann sich aus der Satzg des GesVereins ergeben (BGH u Bambg aaO). Eig, nicht vom GesVerein eingesetzte Organe, selbstd Kassenführg u bes formalisierte MitglVersammlgen sind Merkmale, die für eine Einstufg als nichtrechtsf Verein sprechen (KG OLGZ **83**, 272). – **c)** Die Rspr hat (idR in Entsch zu ZPO 50 II) folgde **Untergliederungen** als **nichtrechtsfähige Vereine 22** angesehen: Gau eines ArbNehVerbandes (RG **118**, 196); Bezirksverwaltg der PostGewerksch (BGH **LM** ZPO 50 Nr 25); Kreisverwaltg der ÖTV (Düss NJW-RR **86**, 1506); Ortsgruppe der DLRG (BGH **90**, 332); Bezirksverband der Bay Bauernverbandes (BayObLG **77**, 6); Ortsverein der SPD (LG Ffm NJW **79**, 1661); Ortsverband der CSU (Bambg NJW **82**, 895); Tennisabteilg eines Sportvereins (LG Regensbg NJW-RR **88**, 184). Dagg sind folgde Untergliedergen als rechtl unselbst eingestuft worden: Ortsverband der CDU (LG Bonn NJW **76**, 810); Bezirksleitgen der IG-Metall (BAG **AP** ZPO 36 Nr 5); Handballabteilg eines Sportver- eins (KG OLGZ **83**, 272). Das Recht des Zweigvereins, den Namen des GesVereins zu führen, ist idR beschränkt auf seine Zugehörig zur GesOrganisation (BGH **LM** § 12 Nr 44).

I. Vereine

1. Allgemeine Vorschriften

21 *Nichtwirtschaftlicher Verein.* **Ein Verein, dessen Zweck nicht auf einen wirtschaftli- chen Geschäftsbetrieb gerichtet ist, erlangt Rechtsfähigkeit durch Eintragung in das Ver- einsregister des zuständigen Amtsgerichts.**

1) Erwerb der Rechtsfähigkeit. – a) Allgemeines. Die §§ 21, 22 gelten nur für inländ Vereine, für **1** ausländ s § 23. Nichtwirtschaftl Vereine (§ 21) erlangen RFgk dch Eintragg. Sow sie die gesetzl Voraussetzgen (§§ 55ff) erf, haben sie einen RAnspr auf Eintragg u damit auf Erwerb der RFgk (System der Normativbestimmungen, Einf 6). Für wirtschaftl Vereine (§ 22) gilt dagg das Konzessionssystem; sie können RFgk nur dch Verleihg erlangen. Grd für die unterschiedl Behandlg: In den auf nichtwirtschaftl Vereine zugeschnittenen §§ 21ff fehlen bes Schutzvorschriften zG des RVerk u der Gläub, wie sie für wirtschaftl Vereine an sich notw sind (Mummenhoff, Gründgssysteme u RFgk, 1979, S 92ff, K. Schmidt Verbandszweck u RFgk im VereinsR, 1984, S 92ff); für wirtschaftl Vereine, die sich nicht in der RForm der AG, GmbH od Genossensch organisieren, ist daher eine bes staatl Prüfg erforderl (BGH **45**, 397, **85**, 88).

b) Für die Unterscheidg zw nichtwirtschaftl u wirtschaftl Verein kommt es darauf an, ob der Verein auf **2** einen **wirtschaftlichen Geschäftsbetrieb** gerichtet ist. – **aa) Abgrenzung.** Diese wenig klare Regelg hat zu einer Vielzahl von unterschiedl Abgrenzgsvorschlägen geführt (s K. Schmidt AcP **182**, 9 u die Nachw bei Sauter-Schweyer Rn 42 Fn 2). Dchgesetzt hat sich in der Rspr zunächst eine aus obj u subj Komponenten zusgesetzte gemischte Theorie. Danach ist ein wirtschaftl Verein gegeben, wenn ein GeschBetr unterhalten w u dieser einem wirtschaftl Hauptzweck dient (RG **83**, 233, **154**, 351, BGH **15**, 319, BayObLG **73**, 304). Die jetzt hM geht dagg bei der Abgrenzg vom Schutzzweck des § 21 aus (BGH **45**, 397, **85**, 88, Rn 1): der Verein, der Leistgen am Markt anbietet u wie ein Unternehmer am Wirtsch- u RVerkehr teilnimmt, fällt nicht unter § 21 (BayObLG **78**, 91, **85**, 284, Düss Rpfleger **79**, 259); er muß sich der RFormen des Handels- od GenossenschR bedienen od bedarf einer Konzession gem § 22. Bei der Abgrenzg, wann eine unternehmerische Betätigg in diesem Sinne vorliegt, folgt die neuere Lit überwiegd einem von K. Schmidt (Rpfleger **72**, 286, 343, AcP **182**, 1, Verbandszweck, S 105) begründeten **typologischen Ansatz** (MüKo/Reuter Rn 7; Soergel-Hadding Rn 24, Staud-Coing Rn 6, RGRK-Steffen Rn 5, Reichert/Dannecker/Kühr Rn 105), dem auch die neuere Rspr zuneigt (Oldenbg Rpfleger **76**, 11, Düss NJW **83**, 2574, LG Chemnitz DtZ **94**, 412). **Keine** Idealvereine sind danach: **(1) Unternehmerisch tätige Vereine.** Sie bieten in einem äußeren Markt **3** planmäß u dauerh Leistgen gg ein Entgelt an. Nicht erforderl ist die Absicht der Gewinnerzielg (K. Schmidt Verbandszweck S 105, MüKo/Reuter Rn 24, aA aber wohl überholt RG **145**, 349). Es braucht sich auch nicht um eine kaufm Tätigk zu handeln; erfaßt werden unternehmer Betätiggen jeder Art (RGRK-Steffen Rn 4), etwa die Vermietg von FerienWo (BayObLG **85**, 284) od der Vertrieb von Time-Sharing-Anteilen (BayObLG **89**, 124). Auch wenn ideelle Güter wie Waren „vermarktet" w, wie iF der Scientology Church, ist der Verein wirtschaftl (Düss NJW **83**, 2574, VerwG Stgt NVwZ **94**, 612, K. Schmidt NJW **88**, 2574, v Camphausen NJW **90**, 887, 2670). Die Beteiligg an einem Untern and RForm od die Ausgliederg von unternehmerischer Tätigk dch Gründg einer **Tochtergesellschaft** begründet keinen wirtschaftl GeschBetr, u zwar grdsl auch dann nicht, wenn der Verein auf die TochterGesellsch einen beherrschden Einfluß ausübt

3a (BGH **85**, 90, Schmidt NJW **83**, 545, aA MüKo/Reuter Rn 31). **(2) Vereine mit unternehmerischer Tätigkeit in einem Binnenmarkt.** Wirtschaftl betätigt sich auch ein Verein, der in einem aus seinen Mitgl bestehden inneren Markt planmäß u dauerh Leistgn gg ein Entgelt anbietet, wobei das Entgelt auch im MitglBeitrag enthalten sein kann (K. Schmidt AcP **182**, 17, MüKo/Reuter Rn 26, Reichert/Dannecker/Kührt Rn 119). Bsp sind Kreditreformvereine (MüKo/Reuter Rn 38), BuchGemeinschten, Einkaufszentralen für Beamte, BewerkschMitgl oder Erwerbslose (MüKo/Reuter Rn 38). Es muß sich aber um Leistgen handeln, die typischerw an einem äußeren Markt gg Entgelt erworben w u keinen mitgliedschaftl Charakter haben (Soergel/Hadding Rn 28, K. Schmidt Verbandszweck S 145). Das MitgliedschVerhältn muß sich fakt auf den Austausch einer Ware od Dienstleistg gg ein Entgelt beschränken. Der Tennisverein, der seinen Tennisplatz stundenweise gg seinen Mitgl zur Vfg stellt, bleibt daher ein Idealverein. Dagg ist der Lohnsteuerhilfeverein an sich ein WirtschVerein, aus StBerG 14 ergibt sich aber, daß er, falls er den Anfordergen dieser Vorschr genügt (s BGH NJW-RR **89**, 1515), wie ein Idealverein eintraggsfäh ist (Celle NJW **76**, 197). Betriebl Sozialeinrichtgn, wie Werkskantinen, Pensionskassen u Werksbüchereien, sind Idealvereine (BayObLG **73**, 303); zu begründen ist das wohl damit, daß sie nicht am Marktgeschehen teilnehmen, da sich ihr Leistgsangebot an einen geschlossenen Interessentenkreis richtet, der nicht dch den Erwerb von MitglschR erweitert werden kann (MüKo/Reuter Rn 25, and Begründg bei K. Schmidt Verbandszweck

3b S 136). **(3) Vereine zum Zweck genossenschaftlicher Kooperation.** Um einen WirtschVerein handelt es sich auch, wenn Unternehmer einen Teil ihrer Unternehmenstätig ausgliedern u auf einen Verein verlagern (MüKo/Reuter Rn 29, Reichert/Dannecker/Kührt Rn 125). Bsp sind Funktaxizentralen (BGH **45**, 395, BVerwG NJW **79**, 2261), Abrechngsstellen für Angehörige der Heilberufe (Rn 7), ärztl Laborvereine (MüKo/Reuter Rn 39) Mähdreschvereine (Rn 7). Nicht erforderl ist, daß der Verein nach außen tät wird, es genügt, daß er eine gemeinschaftl Einrichtg seiner Mitgl unterhält (Soergel-Hadding Rn 31, aA BGH **45**,

4 397). – **bb) Nebenzweckprivileg.** Kein wirtschaftl, sond ein nichtwirtschaftl Verein liegt vor, wenn der GeschBetr im Rahmen einer ideellen Zielsetzg ledigl Nebenzweck ist (RG **154**, 351, BGH **85**, 93, K. Schmidt Verbandszweck S 183). Bsp sind etwa der Buchverlag eines religiösen Vereins u der Restaurations-Betr eines Sportvereins. Voraussetzg ist aber, daß der Verein seinen Zweck zu einem erhebl Teil dch nicht unternehmer Aktivitäten fördert u der GeschBetr dem Hauptzweck eindeut untergeordnet ist (s Soergel-Hadding Rn 36). Das trifft trotz der Kritik in der Lit (MüKo-Reuter Rn 36a, Heckelmann AcP **179**, 22)

5 wohl auch auf die Bundesligavereine zu (K. Schmidt Verbandszweck S 195). – **cc) Grundlagen und Zeitpunkt der Beurteilung.** Bei der Beurteilg entscheidet nicht nur der Wortlaut der Satzg, sond den tatsächl verfolgte Zweck. Dieser kann sich auch aus einer bereits ausgeübten od beabsichtigten Tätigk ergeben (BayObLG Rpfleger **77**, 20). Bei einem Widerspr ist der tatsächl verfolgte Zweck maßgebd (BayObLG **83**, 48). Bestehen Zweifel, tragen die Gründer die obj BewLast für die Eintraggsvoraussetzgen (BayObLG aaO). Nimmt der Verein nachträgl satzgswidr einen wirtschaftl GeschBetr auf, gilt § 43 II (§ 44 Rn 2); UnterlAnspr von Wettbewerbern bestehen nicht (BGH NJW **86**, 3201).

6 **c) Einzelfälle: Nichtwirtschaftlich:** Verein zur Förderg gewerbl Interessen iSd UWG 13 (RG **78**, 80), and aber bei Vereinen, die in Wahrh nur die Erzielg von Abmahnkosten bezwecken (BayObLG **83**, 48, s jetzt UWG 13 V); Haus- u Grdbesitzerverein (RG **88**, 333); kassenärztl Vereinigg (RG **83**, 231, s aber RG JW **31**, 1450); Warenhausverband (RG **95**, 93); Verein zum Betr eines BetrArztzentrums (Oldbg NJW **76**, 374); Verein zum Betr einer Werkkantine mit ausschließl betriebsangehöriger Kundsch (BayObLG **73**, 303); betriebl od überbetriebl Unterstützgskassen (s BayObLG **75**, 435, LG Bonn Rpfleger **91**, 423); sonst betriebl Sozialeinrichtgen (Rn 3a), Lohnsteuerhilfeverein (Rn 3a), Lotsenbetriebsverein (LG Aurich MDR **61**, 144, aA K. Schmidt Rpfleger **72**, 346); Verein zur gemeins Pkw-Nutzg zur Verringerg von Umwelt-

7 schäden (LG Brem Rpfleger **92**, 67). – **Wirtschaftlich:** Taxizentrale (BGH **45**, 395, BVerwG NJW **79**, 2261); Immobilienbörse (Celle NdsRpfl **95**, 164); WerbeGemsch (BayObLG Rpfleger **77**, 20, K. Schmidt Rpfleger **88**, 49, aber Frage des Einzelfalls Brem OLGZ **89**, 1); Verein, der Lehrgänge zu kostendeckdn Preisen dchführen will (LG Hbg NJW-RR **86**, 417), der gemeins mit Sparkassen ein Lotterie-Sparen dchführen will (AG Potsdam Rpfleger **94**, 361); Garagen- und Antennenvereine in den neuen Bundesländern (LG Chemnitz DtZ **94**, 412, aA Schubel DtZ **94**, 132); Abrechngsstelle für Angeh der Heilberufe (KG OLGZ **79**, 279, Hamm Rpfleger **81**, 66); für Physiotherapeuten (LG Bonn MDR **86**, 53); freie Sparkassen; Gewinnsparverein (LG Stgt NJW **52**, 1139); Verein zur Vermietg der Garagen einer WoEigtümer-Gemsch (BayObLG **85**, 284); zur Vergabe von Unterkünften an Feriengäste (Celle Rpfleger **92**, 66) od von WohnR an FerienWo (BayObLGZ **89**, 124); Verein, der letztl die gewerbl Nutzg eines Schiffes zG des fr Eigentümers bezweckt (Düss Rpfleger **79**, 259); Mähdreschverein (LG Lübeck SchlHA **42**, 102); Verein zur finanziellen Unterstützg seiner Mitgl beim Hausbau (LG Kassel Rpfleger **86**, 228); technische Prüf- u Vertriebsstelle des Schornsteinfegerhandwerks (LG Oldbg Rpfleger **78**, 371); ErzeugerGemsch iSd MarktstrukturG jetzt idF vom 26. 9. 90, BGBl I 2135 (BayObLG **74**, 242, Schlesw Rpfleger **90**, 303, aA Deselaers Rpfleger **90**, 103); Verein zum Betr von Skiliften u Seilbahnen (Stgt OLGZ **71**, 465); Auskunftsverein (str); Inkassoverein (LG Hagen Rpfleger **59**, 348, K. Schmidt AcP **182**, 24, aA OLG **42**, 251); Scientology-Sekte (Rn 3).

8 **2) Gründung des Vereines. – a)** Sie setzt voraus, daß die für den künft Verein verbindl Regelgn in einer Satzg niedergelegt w (§ 25). Der eigentl Gründgsakt besteht in der Einigg der Gründer, daß die Satzg nunmehr verbindl sein u der Verein ins Leben treten soll. An der Gründg müssen sich mindestens 2 Pers beteiligen; soll der Verein RFgk erlangen, ist wg § 56 die Mitwirkg von wenigstens 7 Gründern erforderl. Der Gründgsakt ist rechtl ein Vertr (hM, s RG **153**, 270, **165**, 143, Hadding FS Fischer 1979, 166, zur Theorie des sog GesAktes s Staud-Coing § 25 Rn 15). Ist der Verein eingetragen u hat er seine Tätigk nach außen aufgenommen, können Nichtigk- u AnfGrd – ebso wie im GesellschR (s Einf 29 v § 145) – nur mit Wirkg *ex nunc* geltd gemacht w (Staud-Coing Rn 19).

b) Bereits vor der Eintragg entsteht dch die Beschlußfassg über die Satzg u die Wahl des ersten Vorstds 9 ein körperschaftl organisierter Personenverband. Dieser sog **Vorverein** ist ein nichtrechtsf Verein (BayObLG **72**, 32). In der Zeit bis zur Feststellg der Satzg kann bei einem entspr Bindgswillen zw den GründgsMitgl als Vorstufe des Vorvereins eine BGB-Gesellsch zur Vereinsgründg bestehen (Wiedemann zu **AP** § 31 Nr 1), vergleichb der VorgründgsGesellsch bei jP des HandelsR (Maulbetsch DB **84**, 1561). Der Vorverein kann gg die Nichteintragg RMittel einlegen (BayObLG NJW-RR **91**, 958, Jena OLGNL **90**, 42). Er u eV sind identisch. Die Rechte u Pflten des Vorvereins gehen *ipso jure* auf den eV über (RG **85**, 256, BGH **17**, 387, WM **78**, 116, str). Das gilt auch für Verbindlichk aus unerl Hdlgen (Wiedemann aaO, aA BAG **AP** § 31 Nr 1). Bei Grdst ist eine Aufl nicht nöt (s BGH **45**, 348, aA Horn NJW **64**, 87). Auch bei JP des HandelsR gehen Rechte u Pflten der VorGesellsch mit der Eintragg auf die JP über (BGH **80**, 133). Die Ans, daß dem Übergang der Schulden ein **Vorbelastungsverbot** entggstehe, hat die Rspr ausdr aufgege- 10 ben (BGH aaO, aA noch BGH **45**, 339, **65**, 381, **69**, 96). Für die Differenz, die sich dch solche Vorbelastgen zw dem Stammkapital u dem Wert der GesellschVerm ergibt, haften die Gesellschafter anteilig (BGH **80**, 140). Der Übergang der Schulden erstreckt sich auch auf delikt Anspr (Autenrieth JA **81**, 395, aA RG **151**, 91). Auch die Genossenschaft tritt mit ihrer Eintragg in die Rechte u Pflten der Vorgenossensch ein; allerdings hat der BGH insoweit seine fr auf das Vorbelastungsverbot abstellde Rspr (BGH **17**, 390, **20**, 286) noch nicht ausdr aufgegeben.

3) Dch die **Eintragung** im Vereinsregister (§§ 55 ff) wird der Verein rechtsf. Die Eintragg wirkt auch 11 dann konstitutiv, wenn wesentl Eintraggsvoraussetzgen fehlen (RG **81**, 210, BGH NJW **83**, 993, WM **84**, 979, Düss OLGZ **90**, 86). Bei wesentl Mängeln ist aber vAw das LöschgsVerf einzuleiten, FGG 142, 159 (s Vorbem 2 v § 55).

22 *Wirtschaftlicher Verein.* **Ein Verein, dessen Zweck auf einen wirtschaftlichen Ge- schäftsbetrieb gerichtet ist, erlangt in Ermangelung besonderer *reichs*gesetzlicher Vor- schriften Rechtsfähigkeit durch staatliche Verleihung. Die Verleihung steht dem *Bundesstaate* zu, in dessen Gebiete der Verein seinen Sitz hat.**

1) Wirtschaftlicher Geschäftsbetrieb vgl § 21 Rn 1. Besondere bundesgesetzl Vorschriften: AktG, 1 GmbHG, GenG, ferner VAG 15 ff, 103. Sow die Vereinigg nach diesen Normativbestimmgen RFgk erlan- gen kann, ist für eine Verleihg kein Raum (BVerwG NJW **79**, 2265, BGH **85**, 89, Schmidt NJW **79**, 2239), Grds der Subsidiarität. Sie ist nur zul, wenn es für die Vereinigg wg bes Umst unzumutb ist, sich als AG, GmbH od Genossensch zu organisieren (BVerwG aaO), so etwa bei VerwertgsGesellsch nach dem UrhR-WahrnehmgsG (Schulze NJW **91**, 3264), ferner dann, wenn die RForm des wirtschaftl Vereins dch bundes-gesetzl Sonderregelgen (MarktstrukturG 3, BGBl **90**, 2135, BWaldG 19, BGBl **75**, 1037) ausdr zugelassen ist (BVerwG aaO, K. Schmidt wie § 21 Rn 1 S 171). Rechtsfäh wirtschaftl Vereine sind daher prakt selten. Ein nichtwirtschaftl Verein hat keinen Anspr auf Verleihg (BVerwG NJW **79**, 2265), u zwar auch dann nicht, wenn er eine SatzgsÄnd u Errichtg eines GeschBetr beabsichtigt (BVerwG aaO).

2) Verfahren u Zuständigk für **Verleihung** bestimmt LandesR; zust fast überall höhere VerwBeh (s die 2 ZusStellg bei Soergel/Hadding Rn 48). Gg Ablehng ist VerpflKl vor VerwG gegeben (BVerwG NJW **79**, 2261). Sie ist aber wg des Grds der Subsidiarität der Verleihg (Rn 1) idR wenig aussichtsreich. Für die Rückn der Verleihg gilt VwVfG 48.

3) Für Vorverein bis zur Verleihg gilt § 21 Rn 9 entsprechd.   3

23 *Ausländischer Verein.* **Einem Vereine, der seinen Sitz nicht in einem *Bundesstaate* hat, kann in Ermangelung besonderer *reichs*gesetzlicher Vorschriften Rechtsfähigkeit durch Beschluß des *Bundesrats* verliehen werden.**

Die Vorschr hat nur geringe prakt Bedeutg. Ausl JP, die nach ihrem HeimatR wirks entstanden sind, 1 besitzen auch im Inland RFgk, ohne daß es dafür einer bes Anerkenng bedarf (BGH **53**, 183, nach EG 12 Rn 18). § 23 betrifft den kaum vorkommden Fall, daß ein nach dem Recht des Sitzstaates nicht rechtsfäh Verein RFgk nach dtschem R erwerben will. Zust für die Verleihg ist nach GG 129 I 1 der BMI (Dernedde DVBl **51**, 31, s auch die Entsch der BReg zum fr EG 10 BGBl **53**, 43). Ausländervereine mit dem Sitz im Inland unterfallen den §§ 21, 22; sie können unter den Voraussetzgen der §§ 14, 15 VereinsG verboten w.

24 *Sitz.* **Als Sitz eines Vereins gilt, wenn nicht ein anderes bestimmt ist, der Ort, an wel- chem die Verwaltung geführt wird.**

1) Der **Sitz** der JP entspr dem Wohns der natürl Pers. Er ist maßgebd für den GerStand (ZPO 17), die 1 BehZustdgk (§§ 21, 22, 25) u das auf die JP anzuwendde Recht (BGH **53**, 183, s nach EG 12 Rn 2).

2) Der eV muß den Sitz in seiner **Satzung** festlegen (§ 57 I). Er kann ihn frei best (RG JW **18**, 305, 2 BayObLG **30**, 104). Mögl ist daher bis zur Grenze des RMißbrauchs ein fiktiver Sitz (BayObLG NJW-RR **88**, 96). Dagg ist für die Anknüpfg im IPR der tatsächl Sitz der HauptVerw maßgebd (s nach EG 12 Rn 2). Als Sitz kann ein Gemeindeteil mit eig Namen gewählt w (BayObLG **76**, 21, Hamm Rpfleger **77**, 275). Eine Vorschr, wonach der jeweilige Wohns des 1. Vorsitzden Sitz des Vereins ist, ist wg Unbestimmth nichtig. Unzul ist auch ein Doppelsitz (Hbg MDR **72**, 417, sehr str, s BayObLG **85**, 114 zur AG). Dagg ist das vor- übergehde Fehlen jeden Sitzes denkb (BGH **33**, 204), so etwa wenn eine ausl JP dch Enteigng ihr Vermögen im Land ihres fr Sitzes verloren hat. Der Ort der Verw (§ 24), ist nur maßgebd, wenn eine satzgsmäß Festlegg fehlt. Entscheidd ist der Schwerpunkt der Tätigk der Vereinsorgane (MüKo/Reuter Rn 1).

3   3) Die **Verlegung des Sitzes** ist unproblemat innerh des RGebietes, nach dessen R die JP RFgk erlangt hat, bei Idealvereinen also innerh der BRep, bei Vereinen gem § 22 innerh des Verleihgslandes. Sitzverlegg in ein und RGebiet hat einen Statutenwechsel u idR den Verlust der RFgk (§ 42 Rn 1) u die anschließde Liquidation zur Folge. Der eV besteht aber unter Wahrg seiner Identität fort, soweit das Recht des neuen Sitzes dies zuläßt (aA RG **7**, 69, näher nach EG 12 Rn 5). Die Sitzverlegg erfolgt dch SatzgsÄnd, bedarf beim eV also der Eintr (§ 71). Zuständ ist das Ger des bisher Sitzes (BayObLG **87**, 163; KG NJW-RR **92**, 509; Köln OLGZ **92**, 131; Oldenbg Rpfleger **92**, 525; Schleswig NJW-RR **94**, 1404; aA Brem RPfleger **81**, 67; Stgt Rpfleger **89**, 27 u hier 54. Aufl).

25 *Verfassung.* Die Verfassung eines rechtsfähigen Vereins wird, soweit sie nicht auf den nachfolgenden Vorschriften beruht, durch die Vereinssatzung bestimmt.

1   1) Die **Verfassung** ist die rechtl Grundordnung des Vereins u enthält die das Vereinsleben bestimmden Grundentscheidgen. Dazu gehören die Bestimmgen über Namen, Zweck u Sitz, über Erwerb, Verlust u Inhalt der Mitgliedsch, über Aufgaben u Arbeitsweise der Vereinsorgane sowie die GrdRegeln über die BeitragsPfl (§ 58 Rn 5). Die Verfassg wird festgelegt: – **a)** Zunächst dch die **zwingenden Normen** des VereinsR. Das sind die in den §§ 26ff enthaltenen Vorschriften, die nicht in § 40 für dispositiv erklärt w. Zwingdes Recht können aber auch ungeschriebene RGrds sein wie der Grds der Gleichbehandlg der Mitglieder (§ 35 Rn 3). – **b)** Sodann dch die vom Verein aGrd seiner Autonomie erlassene **Satzung.** – **c)** Schließl, sow die Satzg keine abw Regelgen getroffen hat, dch die ergänzd geltden **dispositiven Vorschriften** des BGB.

2   2) **Satzung. – a)** Sie ist die vom Verein im Rahmen des zwingenden Rechts verbindl festgelegte Verfassg. Zu unterscheiden von ihr ist die SatzgsUrk (s RG **73**, 192), die vielf Vorschr ohne Satzgscharakter, zB über die Einsetzg des ersten Vorstds, enthält. Mindestinhalt der Satzg sind Bestimmgen über Namen, Zweck u Sitz, über Erwerb u Verlust der Mitgliedsch, über die Bildg des Vorstds, über die Berufg der MitglVersammlg u über die BeitragsPfl (s für den eV §§ 57, 58). Mehr ist grdsl nicht erforderl, da die §§ 26ff die Verfassg des Vereins im übrigen ausr regeln. Sow der Verein aGrd seiner Autonomie (Rn 7ff) ggü seinem Mitgl weitergehde Befugn in Anspr nehmen will als die in den §§ 26ff vorgesehen, bedarf er hierfür aber einer **satzungsmäßigen Grundlage** (RG **73**, 192, BGH **47**, 177), so etwa, wenn er die Möglichk haben will, Vereinsstrafen festzusetzen (Rn 12ff) od Mitgl von Vereinsveranstaltgen auszuschließen (BGH WM **88**, 496). Auch alle sonst für das Vereinsleben wesentl **Grundentscheidungen** bedürfen einer satzgsmäß Festlegg (BGH **88**, 316). Das gilt für ein VereinsSchiedsGer (BGH aaO), bei einem Verein, der dch seine Beiträge umfangreiche Leistgen an die Mitgl finanziert, für die Grdzüge der BeitragsPfl (BGH **105**, 313), bei einem Tierzuchtverein auch für das Zuchtprogramm u die Zuchtziele (BGH MDR **84**, 120). „Statische" Verweisgen auf die übergeordnete Verbandssatzg sind – und als dynamische – zul (s BGH NJW **95**, 585).

3   **b)** Die Satzg ist **zunächst** ein von den Vereinsgründern geschlossener **Vertrag** (BGH **47**, 179, BayObLG **77**, 9, str). Für ihn bestehen keine FormVorschr. Prakt ist aber die Einhaltg der Schriftform erforderl, beim Idealverein wg § 59 Nr 1, beim WirtschVerein wg des GenVerf gem § 22. Die Satzg kann im Gründgsstadium nur dch einstimmigen Beschluß geändert w, an dem jedoch nicht alle Gründer teilzunehmen brauchen (BayObLG **72**, 34). Mit der Entstehg der JP löst sich die Satzg von der Person der Gründer (BGH **47**, 179) u w zu einer zumindest normartigen Regelg. Die **Vertragstheorie** hält die Satzg gleichwohl weiterhin für einen Ausfluß priv Willensbetätig u nicht für eine RNorm (so ua BayObLG **77**, 9, Hadding FS Fischer, 1979, 166). Die **Normentheorie** erkennt der Satzg dagg von Anfang an den Charakter einer RNorm zu (so ua MüKo/Reuter Rn 7), die modifizierte Normentheorie bejaht den Normencharakter ab Entstehg der JP. Für die prakt RAnwendg ist dieser Theorienstreit unergieb. Einverständn besteht darü, daß die Vorschr über RGesch nicht schemat auf die Satzg angewendet w können, sond ihr normähnl Charakter berücksichtigt w muß (s Rn 4). Da für die Satzg des nichtrechtsf Vereins kein FormErfordern besteht, kann sich seine Verfassg auch ganz od teilw aus **Gewohnheitsrecht** ergeben (BGH WM **85**, 1468, Ffm ZIP **85**, 215), jedoch muß neben einer langdauernden tats Übg auch ein entspr RGeltgswillen dargetan w (Köln WM **90**, 1070).

4   **c)** Da die Satzg auch für künft Mitgl u für die RBeziehgen zu Dr maßgebd ist, darf sie nur aus sich heraus u nur einheitl **ausgelegt** w (BGH **47**, 180, **96**, 250, **113**, 240). Die Auslegg hat sich am Zweck des Vereins u den berecht Interessen der Mitgl auszurichten. Außerhalb der Satzg liegde Umst dürfen nur berücksichtigt w, wenn deren Kenntn allg bei den Betroffenen erwartet w kann (BGH **63**, 290). Nicht zu berücksichtigen sind idR die subj Ziele u Interessen der Gründer u die Entstehgsgeschichte (BGH **47**, 180, BAG **16**, 337, BayObLG **71**, 181), wohl aber eine ständige Übg (RG JW **36**, 2387). Die Auslegg der Satzg ist revisibel (BGH **96**, 250). Jedes Mitgl hat Anspr auf eine Abschrift der SatzgsUrk (LG Karlsr Rpfleger **87**, 164).

5   **d)** Sind einzelne Satzgsbestimmgen **nichtig,** so bleibt die Satzg grdsl im übrigen wirks (BGH **47**, 180). § 139 gilt nicht (BGH aaO). An die Stelle der nichtigen Bestimmgen treten die dispositiven Vorschr des BGB. Fehlen solche, muß das zust Organ unverzügl die Lücke schließen; für die Übergangzeit ist erfdlf in Anlehng an die Grds über die ergänzde VertrAuslegg (§ 157 Rn 2ff) eine provisor Regelg zu entwickeln. **Gesamtnichtigkeit** ist nur anzunehmen, wenn sich die verbleibden Satzgsbestimmgen nicht zu einer sinnvollen Ordng des Vereinslebens ergänzen lassen (s KG NJW **62**, 1917). Sie ist aber auch dann gegeben, wenn der **Vereinszweck** sitten- od gesetzwidrig ist. Bsp: Verein, der entgeltl Wohngsvermittlg betreiben (LG Karlsr Rpfleger **84**, 22) od rechtsberatd tät w will (Schlesw AnwBl **89**, 245); Verein, dessen satzgsgem Aktivitäten gg das TierSchG verstoßen (s LG Hbg NJW-RR **91**, 892); Verein von Strafgefangenen, der sich als Insassenvertretg betätigen will (BayObLG **81**, 289, Karlsr OLGZ **83**, 397).

6   **e)** Die Satzg kann die Schaffg von weiteren, die Mitgl bindden Regelgen unterh der Satzg vorsehen, sog **Vereinsordnungen,** wie Sportordngen, Ehrenordngen, Vereinsrichtlinien (Staud-Coing Rn 4, Lukes NJW **72**, 124, Lohbeck MDR **72**, 381). Die Satzg muß für den Erlaß derart Regelgen eine eindeut Grdl bieten u dabei einzuhaltde Verf ordnen. Außerdem muß gewährleistet sein, daß alle Mitgl von den Vereinsordngen Kenntn nehmen können (Lohbeck aaO). Die Vereinsordng darf nicht gg die Satzg verstoßen u darf keine für das Vereinsleben bestimmden GrdEntscheidgen treffen (BGH **47**, 177, **88**, 316). Sie kann ohne Einhaltg der §§ 33, 71 geändert w. **Geschäftsordnungen** unterscheiden sich von den Vereinsordngen dadch, daß sie ledigl den GeschGang der einz Vereinsorgane regeln. Sie geben dem Mitgl unter dem Gesichtspkt der Gleichbehandlg Anspr auf Einhaltg, bieten aber keine Grdl für Maßn, die in die RStellg des Mitgl eingreifen (BGH **47**, 178). Bloße GeschOrdngen können sich die Vereinsorgane auch ohne ausdr satzgsgem Ermächtigg geben. Sie dürfen aber weder gg die Satzg noch gg die Vereinsordngen verstoßen.

3) Vereinsautonomie. – a) Sie ist das Recht des Vereins, sich in freier Selbstbestimmg eine eig innere 7 Ordng zu geben. Sie ist Ausfluß der allg VertrFreiheit u genießt als Teil der VereiniggsFreiheit (GG 9) verfassgsrechtl Schutz. Ihre Schranken ergeben sich aus den zwingden Normen des VereinsR (Rn 1), den öffrechtl Vorschr des VereinsG sowie aus §§ 134 u 138 (Rn 5). War es im 19. Jhdt das Hauptproblem, die Vereinsautonomie gg staatl Reglementierg dchzusetzen, geht es heute vor allem darum, den einzelnen vor übermäß Macht der Verbände zu sichern. Das führt zu der Frage, ob die Vereinsautonomie unter der Herrsch des GG – neben den Schranken des geschriebenen Rechts – auch **Einschränkungen aus allgemeinen Rechtsgrundsätzen** unterworfen ist (s Rn 8–11).

b) Die §§ 25 ff lassen dem Verein bei **Ausgestaltung seiner Organisation** weitgehd freie Hand. Sie 8 enthalten kein Gebot, die Verfassg des Vereins demokrat auszugestalten (Celle NdsRpfl **95**, 48). Die Satzg kann die Rechte der MitglVersammlg weitgehd beschränken (s KG JW **34**, 3000), dem Vorstd eine übermächtige Stellg einräumen (KG aaO), für best Mitgl ein mehrf StimmR vorsehen (§ 35 Rn 1), die Berufg von VorstdsMitgl u SatzgsÄnd von der Zust Dr abhäng machen (§ 27 Rn 1, § 33 Rn 2). Die Grenze der Vereinsautonomie ist daher überschritten, wenn über die Angelegenh des Vereins ausschließl best Mitgl entscheiden, auf deren Auswahl u Kontrolle die übrigen keinen Einfluß haben (Celle NdsRpfl **95**, 48), wenn die Satzg einem Vereinsorgan Willkür ermöglicht (s KG NJW **62**, 1917, LG Bln MDR **74**, 134) od sie den Verein so stark unter fremden Einfluß bringt, daß er zu einer eigenen selbstd Willensbildg nicht mehr in der Lage ist sond eine unselbstd VerwStelle eines außenstehden Dr darstellt (Köln NJW **92**, 1048, krit Schlokkenhoff AcP **193**, 35); bei **religiösen** Vereinen sind Einschränkgen, die sich aus ihrer Organisation als Teil einer ReligionsGemeinsch ergeben, zul (Einf 17 v § 21). Allein formelle Schranken sind in einer rechts- u sozialstaatl Ordng mit übermächtigen Verbänden nicht mehr ausr. Geboten ist eine richterl RFortbildg. **Verbände** mit einer wirtschaftl od sozialen Machtstellg müssen ihre Verfassg **demokratisch ausgestalten** (s Föhr NJW **75**, 617, Schmidt ZRP **77**, 259, Leßmann NJW **78**, 1545, Göhner DVBl **80**, 1033). Ihr höchstes Organ muß die Mitgl- od DelegiertenVersammlg sein. Zu den weiteren Folgergen aus dem Demokratiegebot s das angeführte Schrifttt.

c) Satzgen u Vereinsordngen unterliegen gem §§ 242, 315 einer richterl **Inhaltskontrolle** (van Look WM 9 **94**, Sonderheft, 48). Das gilt vor allem für Vereine, für die wg ihrer wirtschaftl od sozialen Machtstellg gem Rn 10 Aufnahmezwang besteht (BGH **105**, 316) u für Regelgen, die auch für die Beziehgen zu NichtMitgl maßgebd sind (BGH NJW **95**, 585). Aber auch wenn diese Voraussetzgen nicht zutreffen, begrenzt § 242 die Satzgsgewalt des Vereins. Das Mitgl unterwirft sich der Vereinsgewalt im Vertrauen darauf, daß diese im Rahmen von Treu u Glauben ausgeübt w. Die Rspr überprüft daher bei Vereinsstrafen, ob sie der Billigk entspr (Rn 21 ff). Das muß für Satzgen u Vereinsordngen ebso gelten (Ffm OLGZ **81**, 392). Bestimmgen des VereinsR, die mit § 242 unvereinb sind, sind daher unwirks. Bei der gebotenen umfassden Prüfg ist auch zu berücksichtigen, ob das Mitgl ohne erhebl Beeinträchtigg seiner Interessen jederzeit aus dem Verein austreten kann od ob es zur Entfaltg seiner Persönlichk od zur Ausübg seines Berufs wesentl auf die Mitgliedsch angewiesen ist. Bei einem Verein, der Adelstraditionen pflegt, ist es wg seiner geringen sozialen Relevanz hinnehmb, daß er keine Mitgl duldet, die den Adelsnamen der Frau zum FamNamen best (Celle NJW-RR **89**, 313, BVerfG FamRZ **89**, 1047). **Sportvereine** können den Vereinswechsel von der Zahlg einer Ablöse abhäng machen (Schlesw NJW-RR **92**, 244, Amateurfußballer; Hamm NJW-RR **92**, 1211, Eishockeyspieler); deren Höhe muß sich aber, etwa dch Orientierg an den Aus- u Weiterbildgskosten, im Rahmen des Angemessenen halten (Hamm aaO). Bei Berufssportlern muß die Regelg auf GG 12 Rücks nehmen (Wertenbruch NJW **93**, 179). § 29 DFB-Lizenzspielerstatut, der den Verein zur Zahlg einer Transferentschädigg verpflichtet, die Freigabe des Spielers aber nicht von dieser Zahlg abhäng macht, ist grdsl wirks (Wertenbruch aaO). AuslSperrklauseln in Regelgen von Sportverbänden verstoßen nicht gg EGV 48, sofern sie ausschließl sportl motiviert u verhältnmäß sind (EuGH NJW **75**, 1093, LG Ffm NJW-RR **94**, 1270).

d) Der Verein ist wg der ihm zustehden Autonomie bei der Festlegg der Voraussetzgen für den Erwerb 10 der Mitgliedsch grdsl frei. Auch bei Erf der satzgsmäß Voraussetzgen besteht idR keine **Aufnahmepflicht** (BGH **101**, 200); der Verein kann sich aber insow dch eine entspr Satzgsbestimmg od dch vertragl Abreden binden (RG **106**, 124). Vereine mit einer Monopolstellg sind gem § 826 zur Aufn verpfl, wenn die Verweigerg der Mitgliedsch eine sittenw Schädigg darstellt (BGH **LM** § 38 Nr 3, NJW **69**, 316). Prakt wichtiger ist heute GWB 27, wonach die Kartellbehörde bei mißbräuchl Ablehngen ggü Wirtsch- u Berufsverbänden AufnAnordng erlassen kann (BGH NJW **95**, 462). GWB 27 ist ein SchutzG iSd §§ 35 GWB, 823 II BGB u begründet analog § 1004 einen verschuldensunabhäng, iW der Klage dchsetzb AufnAnspr (BGH **29**, 344). Aus ihm hat die Rspr den allg RGrds entwickelt, daß eine AufnPfl immer dann besteht, wenn die Ablehng der Aufn zu einer – im Verhältn zu bereits aufgenommenen Mitgl – sachl nicht gerechtfertigten ungleichen Behandlg u unbill Benachteiligg des Bewerbers führt (BGH **63**, 285). Eine Monopolstellg des Vereins ist nicht erforderl; es genügt, daß er eine erhebl wirtschaftl od soziale Machtstellg besitzt u der Bewerber ein schwerwiegdes Interesse am Erwerb der Mitgliedsch hat (BGH **93**, 152). Bewerber, die die sachl berecht satzgsmäß AufnVoraussetzgen nicht erf, haben keinen AufnAnspr; das gilt bes dann, wenn die Erf der AufnVoraussetzgen mögl u zumutb ist (BGH NJW **69**, 317). Trotz satzgsmäß Hindernisse besteht AufnPfl, wenn der Bewerber ein starkes gerechtfertigtes Interesse am Erwerb der Mitgliedsch hat u der Zweck der AufnBeschränkg dch „mildere" Satzgsbestimmgen erreichb ist (BGH **63**, 286). Besteht ein sachl gerechtfertigter Grd, einen bestimmten Bewerber od eine Bewerbergruppe nicht aufzunehmen, ist der AufnAnspr auch bei Vereinen mit AufnZwang ausgeschlossen (BGH **93**, 154). Wenn gg die Ablehng der Aufn vereinsinterne RBehelfe offenstehen, müssen diese vor KlErhebg ausgeschöpft w (RG **106**, 127).

11   **e) Einzelfälle** (ja = AufnPfl; nein = keine AufnPfl). AnwVerein nein (BGH NJW **80**, 186). Gewerksch ggü Bewerbern, die die satzgsmäß Voraussetzgen erf, grdsl ja (BGH **93**, 151, **102**, 267, NJW **91**, 485). Die Gewerksch kann den AufnAntr aber aus sachl gerechtfertigten Grden (fehlde Solidarität, fr Mitgliedsch in einer gewerkschaftsfeindl Part) ablehnen (BGH aaO); ihr steht insoweit ein Beurteilgsspielraum zu (BGH aaO); polit Part nein, PartG 10 (BGH **101**, 200); Mieterverein nein (LG Münst MDR **74**, 310). Landespressekonferenz nein, sie muß aber den berecht Interessen des Bewerbers in and Weise Rechng tragen (Stgt NJW **72**, 877), Leichtathletik-Verband ggü „Schwulen Sportverein" nein (KG NJW-RR **93**, 183, und LG Heidelbg NJW **91**, 927). Deutscher Sportbund grdsl ja (BGH **63**, 282). Boxsportverband uU ja (BGH **LM** § 38 Nr 3). Landessportbund ggü Sportfachverband (Aikido-Bund) ja (BGH NJW-RR **86**, 583, Düss NJW-RR **87**, 503), nein ggü Universitätssportclub (BGH NJW **69**, 316); nein ggü einem Verein mit dem NamensBestandt Dynamo (BVerfG NJW-RR **89**, 636); Bergwacht des DRK, angebl ja (LG Mü NJW-RR **93**, 890); Verband freier Berufe nein ggü Heilpraktikerverband (Düss VersR **86**, 116); Taxizentrale, Frage des Einzelfalls (BGH DB **78**, 151). Verband der Buch-, Zeitgs- u Zeitschriftengroßhändler nein ggü dem von einem Großverlag beherrschten Händler (BGH **LM** GWB 27 Nr 4). Wirtschaftsverband, Frage des Einzelfalls (BGH **21**, 1, **29**, 344). Gemeinnützige WoBauGenossensch nein (Köln OLGZ **66**, 132).

12   **4) Vereinsstrafe. – a)** Der Verein ist aGrd seiner Autonomie berecht, ggü seinen Mitgl nach Maßg der Satzg Vereinsstrafen zu verhängen (BGH **21**, 373, **87**, 337, stRspr, hM). Die Vereinsstrafe ist keine VertrStrafe iSd §§ 339ff, sond ein eigenständ verbandsrechtl Institut (BGH **21**, 373, hM, str, aA van Look, Vereinsstrafen, 1990, S 134ff). Sie dient nicht dem GläubInteresse, sond bezweckt die Dchsetzg u Aufrechterhaltg der Vereinsordng (RGRK-Steffen Rn 13). Als Strafen kommen in Betracht Rügen, Geldbußen, vorübergehder od teilw Entzug von MitgliedschR, Aberkenng von Ehrenämtern, ferner der Ausschluß, für den aber zT Sonderregeln gelten (s Rn 26).

13   **b) Voraussetzungen. – aa)** Die Straftatbestde u die angedrohten Strafen müssen in der **Satzung** festgelegt sein (RG **125**, 340, **151**, 232, BGH **47**, 177, **LM** § 39 Nr 3/4); die Strafregelg unterliegt einer InhKontrolle (van Look, Vereinsstrafen, 1990, S 179ff). Generalklauseln wie „vereinsschädigdes Verhalten" sind zul (BGH **36**, 114, **47**, 384). Die im Rang unter der Satzg stehden Vereinsordngen (Rn 6) dürfen die Straf-Vorschr konkretisieren; sie dürfen sie aber nicht erweitern od zusätzl RNachteile vorsehen, wie etwa die Auferlegg von Kosten od die Einräumg einer Veröffentlichgsbefugn (BGH **47**, 178). Die Bestrafg ist nur zul, wenn das strafbewehrte Verbot zZ der Vorn der Hdlg schon bestand (RG **125**, 340, BGH **55**, 385). Der **14** Bestrafg steht nicht entgg, daß die gleiche Hdlg mit öff Strafe bedroht ist (BGH **21**, 374, **29**, 356). **– bb)** Die Vereinsstrafe setzt idR **Verschulden** voraus (RG **163**, 200, Ffm NJW-RR **86**, 135, aA BGH **29**, 359). Sow die Satzg für schuldlose Verstöße Strafe androht, w sie – abw von der bisherigen Rspr (RG JW **32**, 1010, BGH aaO, KG DR **39**, 2156) – grdsl iW richterl InhKontrolle (Rn 9) zu beanstanden sein. Eine Ausn muß allerdings für Vereiniggen von Kaufleuten u Freiberuflern gelten, insb sow es um die Zurechng des Versch von ErfGehilfen geht (BGH **29**, 361). Bes liegt es auch iF des Ausschlusses. Er ist bei einem wichtigen Grd auch ohne Verschulden zul, stellt aber in diesem Fall keine VereinsStrafe dar (Rn 27).

15   **c)** Vereinsstrafen dürfen nur gg **Mitglieder** verhängt w (BGH **29**, 359, stRspr). Ist ein NichtMitgl Mitgl eines Vereinsorgans, darf der Verein strafweise seine organschaftl Funktionen aufheben, besitzt aber im übrigen keine Strafgewalt über ihn (ähnl BGH **29**, 359). Nach Ausscheiden des Mitgl ist eine Bestrafg unzul (RG **122**, 268, **143**, 2), mögl ist sie dagg in der Zeit zw AustrittsErkl u Ausscheiden. Der übergeordnete Verband hat ggü den Mitgl des nachgeordneten Vereins Strafgewalt, wenn diese zugleich Mitgl im übergeordneten Verband sind (s BGH **28**, 131). Entspr gilt, wenn seine Strafgewalt in den Satzgen der beiden beteiligten Vereine abgesichert ist (BayObLG **86**, 534). NichtMitgl können sich dch Vertrag der Strafgewalt des Vereins unterwerfen (BGH NJW **95**, 584, Haas/Adolphsen NJW **95**, 2146). Unterwirft sich ein ArbN des Vereins (Lizenzfußballer) der Strafgewalt des übergeordneten Verbandes (DFB), sollen aber die Vorschr über die VertrStrafe anwendb sein (BAG NJW **80**, 470).

16   **d) Verfahren. – aa) Zuständig** für die Verhängg von Vereinsstrafen ist gem § 32 iZw die MitglVersammlg. Die Satzg kann die Strafgewalt jedoch auch and Organen übertragen (Vereinsgericht, Ehrengericht, Schlichtgskommission). Geht es um die Abberufg od den Ausschluß eines VorstdsMitgl, muß die MitglVersammlg beteiligt w, da sie über die ZusSetzg des Vorstds zu entscheiden hat (BGH **90**, 92, BayObLG NJW-RR **94**, 832). Erforderl ist eine Einzelabstimmg, ein GruppenAusschl ist unzul (BayObLG Rpfleger **88**, 416). Einleitdes u entscheiddes Organ können teilw personengleich sein (BGH NJW **67**, 1658, Mü MDR **73**, 405); sie dürfen sich desselben Sachbearbeiters zur Vorbereitg ihrer Entsch bedienen (BGH **102**, 271). Das BeschlOrgan darf auch Tats berücksichtigen, die das einleitde Organ nicht vorgebracht h (BGH **102**, 268). Sind die Mitgl des zust Organs zugl die Verletzten, dürfen sie an der Straffestsetzg nicht **17** mitwirken (BGH NJW **81**, 744, Düss NJW-RR **88**, 1273). **– bb)** Der Beschuldigte hat Anspr auf **rechtliches Gehör** (BGH **29**, 355). IdR genügt es, wenn ihm Gelegenh zu einer schriftl Stellgnahme gegeben w (BGH aaO). Ein Anspr auf Zulassg eines RAnw besteht grdsl nicht (BGH **55**, 390, aA Kirberger BB **78**, 1393); and aber, wenn der Verein selbst einen RAnw hinzuzieht (BGH aaO). Der Grds „*ne bis in idem*" gilt auch für die Vereinsstrafe (RG **51**, 89, Hamm AnwBl **73**, 110). Die Vorwürfe, auf die die Maßn gestützt w, müssen konkret bezeichnet w (BGH NJW **90**, 41).

18   **e) Gerichtliche Nachprüfung. – aa)** Alle Vereinsmaßn können zur gerichtl Nachprüfg gebracht w. Die Klage ist idR auf Feststellg der Unwirksamk zu richten. Betrifft der Mangel allein den von der zweiten Vereinsinstanz erlassenen Beschl, ist nur dessen Unwirksamk festzustellen (BGH **13**, 13). Die **Satzung** kann die gerichtl Nachprüfg **nicht ausschließen** (BGH **29**, 354, Düss NJW- RR **88**, 1271). Wirkt die rechtsw Vereinsstrafe (zB NichtMitgl ggü einem Sportverein gg angest Taxifahrer), kann dieser einen quasidelikt **19** UnterlAnspr gg den Verein h (BGH DB **80**, 1687). **– bb)** Die Anrufg der staatl Ger ist grdsl erst nach Ausschöpfg der **vereinsinternen Rechtsbehelfe** zul (BGH **47**, 174, **49**, 396). Diese haben iZw aufschiebde Wirkg (BayObLG **88**, 175). Wird die Dchführg des Verf verweigert od ungebührl verzögert (Düss NJW-RR **88**, 1272) od ist dem Mitgl, etwa wg lebenswicht Interessen, ein Zuwarten nicht zuzumuten, dürfen die staatl Ger in entspr Anwendg des § 315 III 2 sofort angerufen w (RG JW **32**, 1197). Auch Unterl- od

WiderrKlagen wg Behauptgen, die Ggst eines vereinsinternen RBehelfsVerf sind, sind erst nach dessen Beendigg zul (str, s Düss NJW-RR **86**, 675, LG Oldenbg JZ **89**, 594). Für vorläufigen RSchutz dch einstw Vfg ist das staatl Ger auch währd der Dauer des vereinsinternen Verf zust (allgM). Versäumg vereinsinterner RMittel steht der Anrufg der staatl Ger nur dann entgg, wenn die RFolge der FrVersäumn klar aus dem VereinsR erkennb war (BGH **47**, 174). – **cc)** Die Nachprüfg von Vereinsstrafen sowie sonst vereinsrechtl **20** Streitigk können einem **Schiedsgericht** übertragen w. Die Zuständigk u die Organisation des Schiedsgerichts müssen in der Satzg festgelegt w (BGH **88**, 316). Die Regelg in einer SchiedsgerichtsOrdng genügt nur dann, wenn diese zum Bestandt der Satzg erklärt u formell u materiell wie ein Teil der Satzg behandelt w (s Mü BB **77**, 865). Besteht eine satzgsmäß Grdl, ist gem ZPO 1048 eine dem ZPO 1027 I entspr Vereinbg nicht erforderl (RG **153**, 271, **165**, 143, krit K. Schmidt JZ **89**, 1082, van Look, Vereinsstrafen, 1990, S 154). Das SchiedsGer muß als eine von den übrigen Vereinsorganen unabhäng u unpart Stelle organisiert sein; das Verf vor ihm muß den Anfordergen der ZPO 1025 ff genügen (s RG **88**, 402, **90**, 308, Ffm NJW **70**, 2250). Ist das nicht der Fall, ist das Gremium trotz der Bezeichng als SchiedsGer (BGH NJW **95**, 583: Reiterl Vereinigg; Ffm NJW **70**, 2250: SPD) ein VereinsGer, gg dessen Entsch der ordentl RWeg offensteht. Unbedenkl aber ist eine Bestimmg, wonach die SchiedsRi VereinsMitgl sein müssen (RG **113**, 322). Für Arreste u einstw Vfgen sind ausschl die staatl Ger zust (hM).

f) Umfang der Nachprüfung. Währd die Rspr die Nachprüfg fr auf VerfFehler u offenb Unbilligk **21** beschränkt hat (BGH **29**, 354, **36**, 109), bezieht sie seit 1983 auch die TatsFeststellgen der Vereinsorgane in die Überprüfg ein (BGH **87**, 344). – **aa) Formelle Voraussetzungen.** Das staatl Ger prüft, ob die Strafe eine ausr Grdl in der Satzg hat (Rn 12), ob der Betroffene der Vereinsstrafgewalt unterliegt (Rn 15), ob der Strafbeschluß auf einem ordngsmäß Verf beruht u ausr begründet ist (Rn 16). Auch der Verstoß gg ungeschriebene VerfGrds führt zur Unwirksamk, so etwa, wenn eine MitglGruppe in einem MassenVerf ausgeschl w (Köln NJW **68**, 992). Unschädl sind dagg Verstöße, auf denen der StrafBeschl nicht beruhen kann. Das Ger prüft in diesem formellen Bereich seit jeher die Tat- u RFrage in vollem Umfang nach (s BGH NJW **80**, 443). – **bb) Tatsachenfeststellungen.** Die dem StrafBeschl zugrde liegden TatsFeststellgen hat das Ger **22** nach der neueren Rspr des BGH im Rahmen der BewAntr der Part voll nachzuprüfen (BGH **87**, 344). Soweit es um Wertgen, etwa die Wirkg von Werbeangaben geht, kann dem Verein ein Beurteilgsspielraum zustehen (Düss NJW-RR **87**, 697). – **cc) Vereinbarkeit mit staatlichem Recht.** Das Ger prüft **23** uneingeschränkt nach, ob der StrafBeschl gg die guten Sitten od gg ein Ges verstößt, etwa gg GWB 25 (BGH **36**, 114), gg BetrVG 19 II aF od 20 II nF (BGH **45**, 314, **71**, 128, **102**, 277). – **dd) Anwendung des 24 Vereinsrechts, Strafbemessung.** Bei Vereinen, für die eine **Aufnahmepflicht** (Rn 10) besteht, prüft die Rspr die Subsumtion unter die vereinsrechtl Strafnorm im Ergebn voll nach, da für die gerichtl Überprüfg der Nichtaufnahme u die Verhängg einer Vereinsstrafe, insb iF der Ausschließg, keine unterschiedl Grds gelten können (s BGH **102**, 276; NJW **93**, 43). Bei and Vereinen ist die Nachprüfg dagg beschränkt wie die Überprüfg der Subsumtion u der Bemessg der Strafe dagg grdsl darauf, ob die Strafe willkür od **grob unbillig** ist (BGH **47**, 385, **75**, 159). Es gehört zur richt verstandenen Vereinsautonomie, daß die Vereine u nicht die staatl Ger darüber entscheiden, ob das Verhalten eines Mitgl gg die polit Ziele einer Part, gg die Richtlinien eines Sportverbandes od die Interessen eines WirtschVerbandes verstößt (s BGH **87**, 345, NJW **94**, 2611, krit Gehrlein ZIP **94**, 852). Offenb Unbilligk liegt vor, wenn das Mitgl wg einer Äußerg bestraft w, die er in Wahrnehmg berecht Interessen aufstellen durfte (BGH **47**, 386); wenn die Ausschließg allein wg des vereinsschädigden Verhaltens von Angeh erfolgt ist (BGH NJW **72**, 1892); wenn der Ausschluß ohne satzgsmäß Grdl darauf gestützt w, daß das mj Kind des Mitgl einer ZahlgsVerpfl nicht nachgekommen ist (Saarbr NJW-RR **94**, 251); wenn bei gleichem Tatbestd ein Mitgl ausgeschl w, and dagg nicht (BGH **47**, 385); wenn schon die Beauftragg eines RAnw in einer Vereinsangelegenh mit Strafe belegt w (Hamm AnwBl **73**, 110); wenn Ausschließg auf lange zurückliegde Tats gestützt w (RG **129**, 49). – **ee)** Das staatl Ger hat die **25** Wirksamk od Unwirksamk des StrafBeschl festzustellen (s BGH **13**, 14), es kann die Vereinsmaßn dagg nicht mildern. **Gegenstand** der **Nachprüfung** ist der StrafBeschl mit dem Inh, wie er im Verf vor dem zust Vereinsorgan zustandegekommen ist. Der Verein kann insow keine neuen Grde nachschieben (BGH **45**, 321, **102**, 273, NJW **90**, 41, Düss NJW-RR **94**, 1402). Bei der Beurteilg der offenb Unbilligk ist dagg auch neuer TatsVortrag zu berücksichtigen (BGH **47**, 387).

g) Für den **Ausschluß** gilt grdsl das allgemein zur Vereinsstrafe Gesagte. – **aa)** Er ist idR die schwerste **26** Vereinsstrafe. Auf ihn darf nur erkannt w, wenn and Maßn nicht ausreichen (s.RG **169**, 334). Er kann nicht von einer Bdgg abhäng gemacht w. Ein Ausschluß ist auch die „Streichg" wg Nichtzahlg des Beitrags (Bambg NVwZ **83**, 572). Läßt die Satzg den Ausschluß zu, ist als mildere Maßn auch der zeitw Ausschluß zul (Ffm NJW **74**, 189). Vgl im übrigen Rn 13–25. – **bb)** Unabhängig von den Voraussetzgen für einen **27** strafweisen Ausschluß ist der Verein berecht, Mitgl aus **wichtigem Grund** auszuschließen. Aus § 242 hat die Rspr den RGrds entwickelt, daß DauerRVerh aus wicht Grd vorzeitig beendet w können (Einf 12 ff v § 241). Dieser Grds gilt auch im VereinsR (BGH NJW **72**, 1893, **90**, 41). Für den Ausschluß aus wicht Grd ist gem § 32 iZw die MitglVersammlg zust, er bedarf keiner bes satzgsmäß Grdl (Ffm NJW-RR **91**, 1276), erfordert kein Verschulden (BGH NJW **72**, 1893), der AusschlußGrd muß aber konkret bezeichnet w (BGH NJW **90**, 41) u unterliegt voll der gerichtl Nachprüfg. Für den Ausschluß von Mitgl polit Part enthalten die §§ 10, 14 PartG eine abschließde Regelg (BGH NJW **94**, 2610). Sachl od verfahrensmäß Erleichtergen des Ausschlusses dch die Satzg sind unwirks (BGH **73**, 280, **75**, 159). An einen Ausschluß aus der Gema sind strenge Anfordergen zu stellen (Schulze NJW **91**, 3264). Der Ausschluß aus einer Gewerksch ist zuläss wg Mitgliedsch in einer gewerkschaftsfeindl Partei (BGH NJW **91**, 485) od einer undemokratischen Vereinigg (Düss NJW-RR **94**, 1402), wg eines grob illoyalen Verhaltens (BGH NJW-RR **91**, 888, Wank JR **34**, 356) od wg Streikbrecherarbeit (s BGH NJW **78**, 990), ebso wg der Kandidatur zum BetrR auf einer gewerkschfremden Liste (Celle NJW **80**, 1004, aA BGH **71**, 128, **87**, 341, **102**, 277) od der Bekämpfg des Wahlvorschlags des zust GewerkschOrgans (BGH NJW-RR **92**, 246).

h) Für **sonstige Maßnahmen** des Vereins im Verh zu seinen Mitgl gelten die Rn 13–25 sinngem. Der **28** Verein kann die Anrufg der ordentl Ger nicht ausschließen (Celle WM **88**, 495). Regelgen, die der Verein hins der Benutzg seiner Einrichtgen trifft, unterliegen gem den zu Rn 21 ff dargestellten Grds einer Nachprüfg. Ermöglicht der Verein seinen Mitgl die Benutzg der Einrichtgen eines Dr, sind die mit dem Dr vereinbarten Nutzgsbeschränkgen für die Mitgl verbindl (s BGH NJW-RR **92**, 508).

26 *Vorstand; Vertretungsmacht.*   [I] Der Verein muß einen Vorstand haben. Der Vorstand kann aus mehreren Personen bestehen.

[II] Der Vorstand vertritt den Verein gerichtlich und außergerichtlich; er hat die Stellung eines gesetzlichen Vertreters. Der Umfang seiner Vertretungsmacht kann durch die Satzung mit Wirkung gegen Dritte beschränkt werden.

1   **1) Allgemeines: – a)** Der **Vorstand** ist ein notw, vom Ges zwingd vorgeschriebenes Vereinsorgan (Hamm OLGZ **78**, 23). Ihm obliegt die Vertretg (II) u die GeschFührg (§ 27) des Vereins. Er ist trotz II 1 Halbs 2 kein ges Vertreter, sond nimmt als Organ des Vereins am RVerk teil (BGH WM **58**, 561; MüKo/ **2** Reuter Rn 11). Sein Handeln ist kein Handeln für den Verein, sond Handeln des Vereins. – **b)** Die **Zusammensetzung** des Vorstd wird dch die Satzg festgelegt (§ 58 Nr 3). Er kann aus einer od mehreren Pers bestehen; enthält die Satzg insow keine Vorschr, besteht der Vorstd aus einer Pers (arg I 2). – **aa) Vorstand iSd Satzung** u iSd BGB sind nicht notw ident. Zum Vorstd iSd § 26 gehört nur, wer zur Vertretg des Vereins befugt ist (KG OLGZ **78**, 274, MüKo/Reuter Rn 8). Der Vorstd iSd Satzg umfaßt dagg vielf auch Pers, die von der Vertretg ausgeschl sind. Solche Gestaltgen sind zul, sofern kein Zweifel darü entstehen kann, wer den Verein vertritt (s BayObLG **71**, 266). Zur Abgrenzg kann der engere Kreis als Vorstd iSd **3** BGB (s Düss DNotZ **62**, 645) od der größere als erweiterter od GesVorstd bezeichnet w. – **bb)** Unzul ist die **bedingte** Zugehörigk zum Vorstd. Eine Satzgsbestimmg, wonach der Verein dch den 1. Vorsitzden, iF seiner Verhinderg dch den 2. Vorsitzden vertreten w, ist daher nicht eintraggsfäh (BayObLG NJW-RR **92**, 802, Celle NJW **69**, 326, Mittenzwei MDR **91**, 492). Sie kann aber notf dahin ausgelegt w, daß beide Einzelvertretgsbefugn besitzen, von der der 2. Vorsitzde nur bei Verhinderg des 1. Gebrauch machen darf. Derart Beschrkgen im InnenVerh sind unbedenkl (BayObLG u Celle aaO). Zul ist auch eine Bestimmg, wonach bei Wegfall eines VorstdMitgl sein Amt bis zur Neuwahl von einem und wahrgenommen w (LG Frankenthal Rpfleger **75**, 354). Dagg ist es mit dem Prinzip organschaftl Vertretg unvereinb, daß einem NichtVorstdMitgl (GeschF) die allg Befug eingeräumt w, den Verein gemeins mit einem VorstdMitgl zu **4** vertreten (Hamm OLGZ **78**, 23, krit Kirberger Rpfleger **79**, 5 u 49). – **cc)** Welche **persönlichen Voraussetzungen** die VorstdMitgl erfüllen müssen, entscheidet die Satzg. Enthält sie keine bes Regel u steht auch ihr Sinn u Zweck nicht entgg, können auch NichtMitgl (s Hbg HansGZ **26**, B 229), beschränkt GeschFäh (mit Zust des ges Vertreters) u jur Pers VorstdMitgl sein. Verlangt die Satzg für das Amt bestimmte Voraussetzgen, genügt iZw, wenn diese im Ztpkt des Amtsantritts vorliegen. Eine **Personalunion** zw mehreren VorstdPosten ist nur bei einer ausdr satzgsmäß Grdl zul (LG Darmstadt Rpfleger **83**, 445, aA Köln Rpfleger **84**, 422, Düss NJW-RR **89**, 894).

5   **2) Vertretungsmacht des Vorstandes. – a)** Sie ist grdsl unbeschränkt **(II 1),** erstreckt sich aber (trotz der Ablehng der *ultra-vires*-Lehre, Einf 11 v § 21) nicht auf Gesch, die auch für Dr erkennb ganz außerh des Vereinszweckes liegen (Larenz § 10 II b). Entspr gilt für Gesch, die in die Befugn and Organe eingreifen, wie die Verpfl zur Namens- od SatzgsÄnd (BGH JZ **53**, 475). Für den Abschluß u die Lösg von AnstellgsVertr (DienstVertr) mit VorstdMitgl ist nicht der Vorstd, sond analog § 27 I die MitglVersammlg zuständ (BGH NJW **91**, 1729). Die Vertretgsmacht ist dch die Satzg **beschränkbar** (II 2); ausgeschlossen ist aber ihre völlige Entziehg (BayObLG **69**, 36, Rn 2). Die Beschränkg kann in der Untersag best Gesch, in der Begründg von ZustErfordern (Dütz FS Herschel, 1981, 61) od in der Zuweisg von best Aufg an and Organe liegen. Die Bestimmg muß eindeut erkennen lassen, daß eine Beschränkg der Vertretgsmacht gewollt ist (BGH NJW **80**, 2799) u welchen Umfang die Beschrkg haben soll (BayObLG DB **73**, 2518). Beim eV wirkt die Beschränkg nur, wenn sie dem and Teil bekannt od im Register eingetragen ist (§§ 70, 68). Ein nicht satzgsändernder Beschluß der MitglVersammlg beschränkt die Vertretgsmacht nicht, er bindet den Vorstd aber gem § 27 III, **6** 665 im InnenVerh. – **b)** Bei einem **mehrgliedrigen Vorstand** bestimmt die Satzg, ob den VorstdMitgl Einzel- od GesVertretgsmacht zusteht. Enthält die Satzg keine Regelg gilt nicht der Grds der GesVertretg (so AktG 78, GmbHG 35) sond das **Mehrheitsprinzip** (Soergel-Hadding Rn 16, Sauter/Schweyer Rn 231, hM). Für ein wirks Vertreterhandeln kommt es auf die in § 28 vorgesehene Beschlußfassg nicht an, wenn für den Verein ein VorstdMitgl mit EinzelVertretgsmacht, mehrere VorstdMitgl mit GesVertretgsmacht od alle VorstdMitgl auftreten (s BGH **69**, 250, 252, Danckelmann NJW **73**, 735). Die interne Beschlußfassg ist aber auch dann unerhebl, wenn das MehrhPrinzip gilt; erforderl, aber auch ausr ist, daß an der Vertretg VorstdMitgl in erforderl Zahl mitwirken (Staud-Coing § 28 Rn 11, Soergel-Hadding Rn 16, Sauter/Schweyer Rn 232, **7** BGH aaO läßt offen). Zur **Passivvertretung** s § 28 Rn 2. – **c)** Der Vorstd kann sowohl Dr als auch einz seiner Mitgl **Vollmacht** erteilen (BAG BB **56**, 79, KGJ **32** A 187). Die Vollm wird dch Ändergen in der ZusSetzg des Vorstd nicht berührt (KG aaO). Sie darf aber nicht auf eine Übertragg der Organstell hinauslaufen (s BGH **64**, 75 zur GmbH). Unwirks daher eine Vollm, mit der iF der GesVertretg ein VorstdMitgl von den and allgem od für einen sachl od zeitl abgegrenzten GeschKreis zur Vertretg ermächtigt w (BGH **34**, 31, WM **78**, 1048, Mittenzwei MDR **91**, 492). Eine unwiderrufl Vollm kann der Vorstd nur für best EinzGesch erteilen, da andf § 27 II umgangen würde. Die **eidesstattliche Versicherung** (ZPO 807, 889 ff) ist vom Vorstd abzugeben. Bei einem mehrgliedrigen Vorstand müssen soviele Mitgl mitwirken, wie nach Ges od Satzg zur Vertretg des Vereins erforderl sind (Schweyer Rpfleger **70**, 406, aA LG Köln ebda, wonach die Versicherg eines VorstdMitgliedes genügt).

27 *Bestellung und Geschäftsführung des Vorstandes.*   [I] Die Bestellung des Vorstandes erfolgt durch Beschluß der Mitgliederversammlung.

[II] Die Bestellung ist jederzeit widerruflich, unbeschadet des Anspruchs auf die vertragsmäßige Vergütung. Die Widerruflichkeit kann durch die Satzung auf den Fall beschränkt werden, daß ein wichtiger Grund für den Widerruf vorliegt; ein solcher Grund ist insbesondere grobe Pflichtver-letzung oder Unfähigkeit zur ordnungsmäßigen Geschäftsführung.

III Auf die Geschäftsführung des Vorstandes finden die für den Auftrag geltenden Vorschriften der §§ 664 bis 670 entsprechende Anwendung.

1) Die **Bestellung** (I) ist ein einseit empfangsbedürft RGesch. Da sie eine auch Pflten umfassde organ- 1 schaftl RStellg begründet, bedarf sie – and als die Bevollmächtigg – der Ann dch den Bestellten (BayObLG 81, 277). Soweit die Satzg nichts and best, können auch NichtMitgl, beschränkt GeschFäh u jur Pers zu VorstdMitgl bestellt w (§ 26 Rn 4). I ist dispositives Recht (§ 40). Die Satzg kann vorsehen, daß der Vorstd sich dch Kooptation ergänzt od dch ein Kuratorium gewählt w (BayObLGZ 84, 3). Mögl ist auch eine Regelg, wonach der Vorstd dch einen Dr zu bestellen od mit dem Vorstd eines and e V ident ist (BAG DB 65, 1364, Ffm OLGZ 81, 392, Köln NJW 92, 1049). Die EinwirkgsR Dr dürfen aber nicht soweit gehen, daß der Verein als SonderVerw des Dr erscheint, religiöse Vereine haben jedoch insoweit eine Sonderstellg (Einf 17 v § 21). Einer zusätzl Anstellg dch Abschluß eines GeschBesorggsVertr bedarf es nur, wenn die Rechte u Pflten abweichd von dem nach III maßgebdn AuftrR geregelt w sollen, insbes wenn das VorstdMitgl eine Vergütg erhalten soll. Zuständ für den Abschluß u die Lösg des Vertr ist, soweit die Satzg nichts and bestimmt, die MitglVersammlg (BGH 113, 245).

2) **Ende des Amtes. – a)** Für den **Widerruf** (II) ist vorbehaltl einer abw Satzgsbestimmg das bestellde 2 Organ zust (BayObLG OLG 32, 330). Der Widerruf kann nicht ausgeschlossen, aber auf den Fall eines wicht Grdes beschränkt w. Zul ist sowohl der Widerruf des ges Vorstd als auch einz Mitgl. Aus wicht Grd kann die MitglVersammlg auch dann widerrufen, wenn nach der Satzg ein and Organ od ein Dr für die Bestellg u den Widerruf zust ist (Staud-Coing Rn 16, hM). Mit dem Widerruf endet das VorstdAmt, nicht aber ow der (Dienst-)Vertr, auf dem ggf der VergütgsAnspr beruht. Der VergütgsAnspr entfällt jedoch, wenn die Voraussetzgen für eine Künd aus wicht Grd (§ 626) vorliegen od § 627 anzuwenden ist. Der aktienrechtl Grds, daß der Widerruf bis zur rechtskräft Feststellg des Ggteils wirks ist (AktG 84 III 4), gilt im VereinsR nicht (BGH LM § 85 Nr 2). – **b) Weitere Endigungsgründe** für das VorstdAmt sind: Ablauf der 3 Amtszeit (Mü WM 70, 770), Tod, GeschUnfgk, Wegfall der persönl Eigensch, die nach der Satzg für die VorstdBestellg zwingd erforderl sind, etwa die Zugehörigk zu einem best Beruf od die VereinsMitgliedsch (§ 26 Rn 4), Ausschluß aus dem Verein, für die bei VorstdMitgl allein die MitglVersammlg zuständ ist (BGH 90, 92, Celle OLGZ 80, 361), Amtsniederleg. Diese ist bei dem aGrd eines DienstVertr Tätigen nur aus wicht Grd zul; dagg kann der ehrenamtl Vorstd jederzeit niederlegen (Ffm Rpfleger 78, 134), macht sich aber dch eine Niederleg zur Unzeit schadensersatzpflicht.

3) Zur **Geschäftsführung** (III) gehören alle Hdlgen, die der Vorstd für den Verein vornimmt. Die Satzg 4 kann die GeschFührg auch einem and Organ (erweiterten Vorstd) übertragen (BGH 69, 250), jedoch kann dem Vorstd die Entscheidg über die Angelegenh der rechtsgeschäftl Vertretg nicht entzogen w (Danckel-mann NJW 73, 738, Kirberger NJW 78, 415). Soweit die Satzg nichts and bestimmt, entspricht der Umfang der GeschFüBefugn grdsl dem Umfang der Vertretgsmacht u umgekehrt (BGH 119, 381). Ein VorstMitgl mit Einzelvertretgsmacht handelt daher nicht ow pflichtw, wenn er einen in der Satzg nicht vorgesehenen VorstdBeschl nicht befolgt, wonach sämtl Gesch nur mit Zustimmg weiterer VorstdMitgl dchgeführt w dürfen (BGH aaO). Das in Bezug genommene AuftrR begründet Pflten zur Ausk (§ 666), Herausg (§ 667) u SchadErs wg pVV (BGH NJW 87, 1077), die von der MitglVersammlg geltd zu machen sind (Grunewald ZIP 89, 962). Das WeisgsR (§ 665) steht der MitglVersammlg, nicht dem Vorstd zu (BGH NJW 93, 191). Der Vorstd hat einen AufwendgsErsAnspr (§ 670). Ein Entgelt für die geleistete Arbeit (das Opfer an Zeit u ArbKraft) steht ihm nur bei einer entspr satzgsmäß Grdl zu (BGH NJW-RR 88, 745, Celle NdsRpfl 93, 245). Die Entggn satzgswidr Entgelte stellt eine pVV dar (BGH aaO). Kein AufwendgsErs, sond ein Entgelt ist es auch, wenn der Verein die Kosten einer ErsKraft übernimmt (BGH aaO). Welche Pflten dem Vorstd im einz obliegen, hängt vom Zweck u der Größe des Vereins ab. Bei einem Reiterverein besteht idR die Pfl, auf den Abschluß einer HaftPflVers hinzuwirken (BGH NJW-RR 86, 573). Etwaige Anspr gg den (fr) Vorstd auf Herausg, Unterl od ähnl stehen nicht den Mitgl, sond dem Verein zu (s BGH NJW 57, 832, Düss MDR 83, 488). Überträgt der Verein einem NichtVorstdMitgl best Aufg, ist gleichf AuftrR anzuwen-den (BGH 89, 157). Wird einem ehrenamtl Tätigen eine schadensträchte Aufg übertragen, findet die für ArbN geltde **arbeitsrechtliche Haftungsmilderung** (§ 611 Rn 156) entspr Anwendg (BGH aaO, Saarbr VersR 95, 832, aA Brox DB 85, 1477); uU sind auch RVO 636, 637, 539 I Nr 8 anwendb (Lippert NJW 84, 2266). **Entlastung** des Vorstd ist Verzicht auf alle SchadErs- u etwa konkurrierde BerAnspr (BGH 24, 54, 5 97, 386), soweit diese bei sorgfält Prüfg erkennb waren (BGH NJW-RR 88, 745). Die MitglVersammlg braucht sich bei ErsAnspr wg gesetz- oder satzgswidr Zuwendgen die Kenntnismöglichk der Rechngsprüfer nicht zurechnen zu lassen (BGH aaO). Einen Anspr auf Entlastg hat der Vorstd nur, sofern eine entspr satzgsmäß Grdl od ein Vereinsbrauch besteht (Celle NJW-RR 94, 1545; BGH 94, 324 zur GmbH).

28 *Beschlußfassung; Passivvertretung.* I Besteht der Vorstand aus mehreren Personen, so erfolgt die Beschlußfassung nach den für die Beschlüsse der Mitglieder des Vereins gelten-den Vorschriften der §§ 32, 34.
II Ist eine Willenserklärung dem Vereine gegenüber abzugeben, so genügt die Abgabe gegenüber einem Mitgliede des Vorstandes.

1) Die Willensbildg erfolgt bei einem mehrgliedrigen Vorstd dch **Beschlußfassung**, gleichgült, ob es sich 1 um die Vornahme von RGesch od um Interna des Vereins handelt. Sow die Satzg nichts Abweichdes best (§ 40), gelten für die Beschlußfassg die gesetzl Vorschr über die MitglVersammlg (§§ 32ff). Enthält die Satzg für die MitglVersammlg Bestimmgen, die die §§ 32ff ändern od ergänzen, ist es Auslegsfrage, ob

diese auch auf den Vorstd anzuwenden sind. Mitstimmen in eig Sache (§ 34) kann auch die Satzg nicht zulassen. Haben alle VorstdMitgl zugestimmt, ist der Beschluß auf jeden Fall gült (§ 32 II). Sonst ist ordngsmäß Berufg, Mitteilg der Tagesordng, Beschlußfähigk usw erforderl (s BayObLG JFG **6**, 230, Einzelh bei § 32). Vertretg eines VorstdMitgl dch einen Dr ist nicht zul (Hamm OLGZ **78**, 29). Formfehler machen den Beschl nichtig (Schlesw NJW **60**, 1862), die Einschränkgen in § 32 Rn 9 gelten aber entspr. Haben bei einem RGesch VorstdMitgl in der für die gesetzl Vertretg erforderl Zahl mitgewirkt, ist es gleichgültig, ob dem Gesch ein ordngsmäß VorstdBeschluß zugrde liegt od nicht (§ 26 Rn 6, str).

2   **2) Passivvertretung.** Für die Entggnahme von WillErkl hat jedes VorstdMitgl nach II, der dch die Satzg nicht abgeändert w kann (§ 40), Einzelvertretgsmacht. Das gilt ebso, wenn es auf die Kenntn od das Kennenmüssen einer Tats ankommt: Wissen od Kennenmüssen von Organmitgliedern ist Wissen od Kennenmüssen des Vereins (BGH **41**, 287, NJW **88**, 1200, BAG DB **85**, 237, krit Waltermann AcP **192**, 216), auch für den FrBeginn gem § 626 II (§ 626 Rn 24) od wenn die Voraussetzgen der Argl zu prüfen sind (BGH **109**, 331). Der Verein muß sich das Verhalten des VorstdMitgl auch dann anrechnen lassen, wenn dieser sein Wissen absichtl unterdrückt (BGH **20**, 153), an dem konkreten Gesch nicht beteiligt war (BGH **109**, 331, BayObLG NJW-RR **89**, 910), die Kenntn priv erlangt hat (BGH WM **55**, 832) od inzw ausgeschieden ist (BGH **109**, 331). Zul ist auch die ZusRechng des Wissens mehrerer VorstdMitgl (BGH **109**, 331). § 28 II ist Ausdr eines allg RGedankens, der immer anzuwenden ist, wenn mehrere gemeins zur Vertretg berecht sind (§ 167 Rn 13).

29   *Notbestellung durch Amtsgericht.* **Soweit die erforderlichen Mitglieder des Vorstandes fehlen, sind sie in dringenden Fällen für die Zeit bis zur Behebung des Mangels auf Antrag eines Beteiligten von dem Amtsgericht zu bestellen, das für den Bezirk, in dem der Verein seinen Sitz hat, das Vereinsregister führt.**

1   **1) Allgemeines. – a)** Fassg des RPflG 1957. Zust ist das AG, das gem § 55 das Vereinsregister führt. – **b) Anwendungsbereich:** § 29 ist, sow keine SonderVorschr bestehen, auf alle JP des PrivR anwendb, so auf die GmbH (RG **138**, 101, BayObLG **55**, 290, **76**, 129), Genossensch (BGH **18**, 337), bergrechtl Gewerksch (RG **86**, 343), KGaA (RG **74**, 301), wg AktG 85 aber nicht auf die AktGes. Er gilt auch bei Fehlen eines Liquidators (BGH **18**, 337, BayObLG **76**, 129); auf nichtrechtsfäh Vereine kann er entspr angewandt w (LG Bln NJW **70**, 1047, RGRK-Steffen Rn 1, aA RG **147**, 124), nicht aber auf polit Part, da insow das PartSchieds-Ger zust ist (Hamm NJW-RR **89**, 1533). Unanwendb ist die Vorschr auf JP des öffR (KG NJW **60**, 151, BayObLG NJW **62**, 2253) u auf Personengesellsch (MüKo/Reuter Rn 3). Auf die GmbH & Co KG ist § 29 dagg entspr anwendb (Saarbr OLGZ **77**, 293).

2   **2) Voraussetzungen und Verfahren. – a)** Die Notbestellg setzt voraus, daß ein nach der Satzg für eine wirks Beschlußfassg od Vertretg erforderl VorstdMitgl inf Todes, Geschunfähigk, Absetzg, Amtsniederlegg, Amtsablauf, längerer schwerer Krankheit od längerer Abwesenh **ausfällt**. Auch eine an §§ 28, 34 od 181 beruhde Verhinderg in einem Einzelfall genügt (BayObLG **89**, 306), ebso die grdsl Verweigerg der GeschFü, nicht aber die Weiger, in einer best Angelegenh tät zu w (KG JW **37**, 1730) od Differenzen zw den VorstdMitgl (Ffm NJW **66**, 504, BayObLG Rpfleger **83**, 74). Es sind so viele VorstdMitgl einzusetzen, wie an der zur Vertretg erforderl Zahl fehlen (BayObLG **89**, 307). Unanwendb ist § 29, soweit ein Liquidator für den
3   Verein handeln kann (Hamm NJW-RR **90**, 532). – **b)** Ein **dringender Fall** liegt vor, wenn ohne die Notbestellg dem Verein od einem Beteil Schaden droht. Einsetzg eines öffr Treuhänders steht Notbestellg jedenf dann nicht entgg, wenn dessen Einsetzg angegriffen w soll (Hamm OLGZ **65**, 329). Die Möglichk, gem ZPO 57 einen ProzPfleger bestellen zu lassen, beseitigt die Dringlichk nicht, da § 29 vorgeht (Celle WM **64**, 1336, Soergel/Hadding Rn 8, str). Für die Einberufg einer MitglVersammlg bedarf es keiner Notbestellg, wenn ein eingetragener Vorstd vorhanden ist, da dieser analog AktG 121 II zur Einberufg befugt ist
4   (BayObLG **85**, 26). – **c)** Notw ist idR der Antr eines **Beteiligten.** Das ist jeder, dessen Rechte od Pflten dch die Bestellg unmittelb beeinflußt w (BayObLG **71**, 180). Antrberecht sind daher jedes VereinsMitgl, jedes VorstdMitgl, die Gläubiger des Vereins u die vom Verein Verklagten (BayObLG aaO). Die BeteiligtenEigensch muß bis zum Ende des Verf bestehen (BayObLG **93**, 348). Ein RSchutzbedürfn besteht auch dann, wenn der AntrSt sich selbst zum Vorstd (GeschFü) bestellen könnte (Hbg MDR **77**, 1016). Zweifel an der rechtl Existenz der JP sind kein AblehngsGrd; and ist es aber, wenn die JP offensichtl nicht mehr besteht (Ffm
5   JZ **52**, 565). – **d)** Für das **Verfahren** gilt das FGG. Zust ist gem RPflG § 3 I a der RPfleger. Die Auswahl des NotVorstdes ist Sache des Ger (BayObLG **78**, 248). Es kann Vorschläge berücksichtigen, braucht dies aber nicht. Schreibt die Satzg für den Vorstd eine best Qualifikation vor, muß diese, soweit mögl, auch vom NotVorstd erf w (BayObLG NJW **81**, 996, Rpfleger **92**, 114).

6   **3) Wirkung der Bestellung. – a)** Sie w gem FGG 16 mit der Bekanntgabe an den Bestellten **wirksam** (BayObLG **80**, 310, BGH **6**, 235, der aber im Ergebn offen läßt, str). Zur mat-rechtl Wirksamk ist weiter die Ann dch den Bestellten erforderl (BayObLG aaO, str). Der BestellgsBeschl ist als rechtsgestalter Akt bis zu
7   seiner Aufhebg auch dann gült, wenn seine gesetzl Voraussetzgen fehlen (BGH **24**, 51). – **b)** Die Bestellg gibt dem Bestellten die **Organstellung** des fehlden Vorstd od VorstdMitgl, bewirkt aber nicht deren Ausscheiden aus ihren Ämtern (Schlesw NJW **60**, 1862). Der BestellgsBeschl kann die Vertretgsmacht beschränken (BayObLG NJW-RR **86**, 523). Bestellt das Ger für einen mehrgliedr Vorstd mit GesVertretgsmacht nur einen
8   NotVorstd, ist dieser alleinvertretgsberecht (KG OLGZ **65**, 334, **68**, 207). – **c)** Wenn der BestellgsBeschl die Amtsdauer nicht befristet, **endet** sie *ipso facto* mit der Behebg des Mangels (MüKo/Reuter Rn 14, hM). Das Ger kann den NotVorstd vAw od auf Antr abberufen (KG NJW **67**, 933). Antrberecht sind Vorstds- u
9   VereinsMitgl (BayObLG **78**, 247), nicht aber sonst Beteil (KG aaO). – **d)** Der Bestellte hat keinen **Vergütungsanspruch** gg den Staat od den AntrSt, sond gem § 612 gg den Verein (BGH WM **59**, 600, BayObLG **75**, 262). Einigen sich die Beteil nicht, hat das ProzßGer, nicht das RegisterGer zu entscheiden (BayObLG NJW-RR **88**, 1500). Kein Vergütgs-, sond nur ein AufwendgsErsAnpr (§ 670), wenn nach den Umst eine ehrenamtl Tätigk zu erwarten war.

30

30 *Besondere Vertreter.* **Durch die Satzung kann bestimmt werden, daß neben dem Vorstande für gewisse Geschäfte besondere Vertreter zu bestellen sind. Die Vertretungsmacht eines solchen Vertreters erstreckt sich im Zweifel auf alle Rechtsgeschäfte, die der ihm zugewiesene Geschäftskreis gewöhnlich mit sich bringt.**

1) Allgemeines. – a) § 30 hat nach seiner Entstehgsgeschichte den **Zweck,** größeren Vereinen eine 1 differenzierte Vertretgsorganisation zu ermöglichen. Sie sollen neben dem Organ Vorstd u dem rechtsgeschäftl Vertreter als ZwForm ein **Vereinsorgan** mit beschränkter Zustdgk („bes Vertreter") bestellen können. In der Rspr hat dagg von Anfang an nicht die vertretgsrechtl Stellg sond die organschaftl Haftg des Vereins für die unter § 30 fallden Vertreter im VorderGrd gestanden. Sie hat § 30 **weit ausgelegt,** um statt des § 831 (mit seiner Entlastgsmöglichk) den § 31 anwenden zu können (s dazu krit MüKo/Reuter Rn 1). – **b) Anwendungsbereich.** Der organisationsrechtl Grds, daß bes Vertreter mit beschränkter organschaftl- 2 icher Vertretgsmacht bestellt w können, gilt nur für den Verein, die Genossensch u die GmbH (MüKo/ Reuter Rn 9). Der von der Rspr aus §§ 30, 31 entwickelte Grds, daß die jur Pers für alle Vertreter mit wichtigen, eigenverantwortl zu erledigdn Aufg ohne Entlastgsmöglichk haftet, gilt dagg für alle jur Pers, auch für die AG (Staud-Coing Rn 9) u jur Pers des öffR (RG **157,** 237).

2) Voraussetzungen. – a) Der bes Vertreter muß **Vertretungsmacht** besitzen. Das ist jedoch untechn 3 zu verstehen. Rechtsgeschäftl Vertretgsmacht ist nicht erforderl (BGH VersR **62,** 664). Es genügt, daß ihm ein best örtl od sachl AufgKreis übertragen ist u er nach außen selbstd handeln kann (RG **157,** 236); WeisgsGebundenh im InnenVerh ist unschädl (BGH NJW **77,** 2260). – **b)** Die RStellg muß eine **satzungs- 4 mäßige Grundlage** haben. Dafür genügt es, daß die Satzg GeschKreise vorsieht, für die ein bes Vertreter erforderl ist (RG **117,** 64, BGH NJW **77,** 2260). Da Satzg nicht gleichbedeutd mit der SatzgsUrk ist, sond auch VereinsgewohnhR umfaßt (§ 25 Rn 6), kann eine auf lange Übg od betriebl Anordngen beruhde Stellg ausr sein. Entscheidd ist, daß der bes Vertreter den Verein, wenn auch begrenzt, repräsentiert (RGRK- Steffen Rn 5). – **c)** Wer für die **Bestellung** zust ist, entscheidet die Satzg. Soweit die Bestellg zu 5 einer sachgerecht Organisation erforderl ist, haftet die jur Pers für ihren Repräsentanten auch dann gem §§ 30, 31, wenn sie ihn tats nicht zum bes Vertreter bestellt hat (§ 31 Rn 7). – **d) Beispiele:** s § 31 Rn 9.

3) Rechtsstellung. Die Vertretgsmacht umfaßt grdsl den ges zugewiesenen GeschBereich, dh alle ge- 6 wöhnl vorkommenden Gesch (S 2). Sie kann beschränkt (§ 26 II 2 analog), aber auch ausgeschlossen w (Rn 3). Der bes Vertreter ist, soweit es sich nicht um einen bloßen Haftgsvertreter handelt, im Vereinsregister einzutragen (§ 66 Rn 3, str) Im Proz ist der bes Vertreter Zeuge, nicht Part (Barfuß NJW **77,** 1273). Die Bestellg eines bes Vertreters für alle VorstdGesch ist unzul (Hamm OLGZ **78,** 24).

31 *Haftung des Vereins für Organe.* **Der Verein ist für den Schaden verantwortlich, den der Vorstand, ein Mitglied des Vorstandes oder ein anderer verfassungsmäßig berufener Vertreter durch eine in Ausführung der ihm zustehenden Verrichtungen begangene, zum Schadensersatze verpflichtende Handlung einem Dritten zufügt.**

1) Allgemeines. – a) § 31 rechnet dem Verein das Handeln seiner verfassgsmäß berufenen Vertreter als 1 eig Handeln zu. Er ist damit Ausdr der **Organtheorie** (BGH **98,** 151, § 26 Rn 1). – **b)** § 31 ist keine 2 haftgsbegründde, sond eine haftgszuweisde Norm (BGH **99,** 302). Sie setzt voraus, daß der verfassgsmäß Vertreter eine zum **Schadensersatz verpflichtende Handlung** begangen hat, gleichgült, worauf die ErsPfl im einz beruht. § 31 ist anzuwenden bei unerl Hdlgen (§§ 823 ff), VertrVerletzgen (§§ 276, 280, 286, 325 f, s § 278 Rn 6), c. i. c., §§ 122, 307, 463 (BGH **109,** 330), schuldlosem zum SchadErs verpflichtdem Handeln (§§ 228, 231, 904), iF der Gefährdgshaftg aber nur, sow diese auf einem „Handeln" beruht. – **c)** § 31 gilt für **alle juristischen Personen** (Staud- Coing Rn 42), auch für die des öffR (§ 89). Er ist auf 3 die OHG u die KG entspr anzuwenden (RG **76,** 48, BGH NJW **52,** 538, VersR **62,** 664; Hbg ZIP **88,** 1554), ebso auf den nichtrechtsf Verein (§ 54 Rn 12), die Vor-GmbH (Bspl NJW–RR **89,** 638) u die KonkMasse hins der Hdlgen des KonkVerw (Bötticher ZZP **77,** 71), nicht aber auf die GbR (BGH **45,** 312, NJW **75,** 534, Lipp BB **82,** 74; aA v Caemmerer u Ulmer FS Flume, 1978 I 366, II 309) od die WoEigtümerGemsch gem WEG (Karlsr OLGZ **85,** 146). – **d)** Die Satzg kann § 31 **nicht abbedingen,** § 40: and soll es jedoch hins der 4 Haftg ggü Mitgl sein (Rn 12). Zul ist ein vertragl Haftgsausschluß für Fahrlässigk (s RG **157,** 232), aber nicht für Vors, da § 276 II u nicht § 278 S 2 einschlägig ist (s BGH **13,** 203). Für formulmäß Haftgsbeschränkgen gelten AGBG 9, 11 Nr 7, 10 u 11 (s dort).

2) Persönlicher Anwendungsbereich. – a) Der Verein haftet nach § 31 für den **Vorstand,** die Mitgl des 5 Vorstd u and verfassgsmäß berufene Vertreter, zu denen vor allem die bes Vertreter iSd § 30 gehören. Besteht GesVertretg, genügt zur Haftgsbegründg das Versch eines Vertreters (RG **157,** 233, BGH **98,** 148, **LM** Nr 13). Ist Argl Haftgsvoraussetzg, ist die ZusRechng des Wissens von VorstdMitgl nicht ausgeschl (BGH **109,** 331). Auf das Verhalten and Organe, wie der MitglVersammlg, des AufsR od eines Disziplinarausschusses ist § 31 entspr anzuwenden (Soergel/Hadding Rn 11, hM). Für die unerl Hdlg eines fr verfassgsmäß Vertreters haftet die jur Pers auch dann nicht, wenn dieser die Tat als ihr Organ vorbereitet hat (BGH **99,** 301). – **b)** Um den Anwendungsbereich des § 831 zurückzudrängen, hat die Rspr den Begriff des **verfas- 6 sungsmäßig berufenen Vertreters** – ebso wie den des bes Vertreter (§ 30 Rn 1 u 3f) – weit ausgelegt (zusammenfassd BGH **49,** 21). Es ist nicht erforderl, daß die Tätigk des Vertreters in der Satzg vorgesehen ist. Er braucht auch keine rechtsgeschäftl Vertretgsmacht zu besitzen. Es genügt, daß ihm dch die allg Betriebsregelg u Handhabg bedeuts wesensmäß Funktionen der jur Pers zur selbstd, eigenverantwortl Erf zugewiesen sind, u er die jur Pers insow repräsentiert (BGH **49,** 21, NJW **72,** 334, **LM** Nr 31). Auch der Chefarzt einer organisator unselbst Klinik u sein Vertreter fallen daher unter § 31, wenn sie im medizin Bereich weisgsfrei arbeiten (BGH **77,** 76, **101,** 218). Der personelle Anwendgsbereich der §§ 31, 30 deckt sich in etwa mit dem Begriff des leitdn Angestellten iSd ArbR (MüKo/Reuter Rn 14). Auch Weisgsgebun-

denh im InnenVerh steht der Anwendg der §§ 31, 30 nicht entgg, sofern der Vertreter nach außen selbstd
7 auftritt (BGH NJW **77**, 2260). – **c)** Die Rspr hat den Anwendgsbereich des § 31 außerdem dch die Lehre
vom **Organisationsmangel** erweitert (s Hassold JuS **82**, 583). Die jur Pers ist verpflichtet, den GesBereich
ihrer Tätigk so zu organisiern, daß für alle wichtigen AufgGebiete ein verfassgsmäß Vertreter zust ist, der
die wesentl Entsch selbst trifft; entspricht die Organisation diesen Anfordergen nicht, muß sich die jur Pers
so behandeln lassen als wäre der tatsächl eingesetzte VerrichtgsGeh ein verfassgsmäß Vertreter (RG **157**,
8 235, BGH **24**, 213, NJW **80**, 2810). – **d)** Nach der Rspr ist es daher im Ergebn so, daß die jur Pers für alle
Funktionsträger u Bedienstete ohne Entlastgsmöglichk haftet, denen sie einen wichtigen AufgBereich über-
tragen hat. Hat sie dem Vertreter eine selbstd Stellg mit eig EntschBefugn eingeräumt, ist er verfassgsmäß
Vertreter; ist das nicht geschehen, ist § 31 wg eines Organisationsmangels anwendb. Das Schrifft folgt
dieser Rspr, weist aber mit Recht darauf hin, daß die Ausdehng des § 31 auf Vertreter ohne satzgsmäß
RStellg keine direkte sond eine **entsprechende Anwendung** des § 31 ist (Soergel/Hadding Rn 18, Hassold
JuS **82**, 586). Unbefriedigd ist allerdings, daß bei großen, einer EinzPers gehörden Unternehmen in vielen
Fällen, in denen eine jur Pers nach § 31 haftet, die Entlastgsmöglichk des § 831 gegeben ist (s § 831 Rn 15 ff).
9 – **e) Einzelfälle** (ja = verfassgsmäß Vertreter; ja OrgPfl = Haftg aus § 31 wg eines Organisationsmangels;
nein – keine Haftg aus § 31, vgl auch § 89 Rn 5 f). **Altenheim:** HauswirtschLeiter ja (Ffm NJW-RR **89**,
419). **Auskunftei:** Filialleiter ja (BGH **49**, 20). **Banken** (Sparkassen): stellvertredes Mitgl des Direktoriums
der pr Staatsbank ja (RG **157**, 237); Sparkassenrendant ja (RG **162**, 206); Filialleiter ja (BGH **13**, 198, 203,
NJW **77**, 2260, **84**, 922, Nürnbg NJW-RR **88**, 1319, stRspr). **Gewerkschaften:** örtl Streikleitg ja (BAG
NJW **89**, 57); Streikposten nein (BAG DB **89**, 1087). **Idealverein:** Vorsitzder eines unselbst Bezirksverban-
des ja (BGH **LM** Nr 31). **Presse** (Verlage): Leiter der RAbteilg ja (BGH **24**, 213); sonst Pers, die über
Veröffentlichgen zu entscheiden haben, die Rechte Dr verletzen könnten, ja OrgPfl (BGH **39**, 130, NJW **80**,
2810, Köln NJW-RR **93**, 33, stRspr); ebso hins Anzeigen (BGH **59**, 78). Sonstige **Unternehmen:** Leiter
eines Hüttenwerks ja (RG DR **42**, 1703); BetrDirektor einer Kleinbahn ja (RG JW **38**, 1651); Filialleiter eines
Selbstbediengsladens ja (Mü VersR **74**, 269); einer Warenhausfiliale ja (RG JW **36**, 915). **Sachbearbeiter** ja,
wenn ihm wicht Angelegenh zur selbstd u eigenverantwortl Erledigg übertragen worden sind (RG **162**,
166).

10 **3)** Die JP haftet nur für **„in Ausführung der zustehenden Verrichtungen"** begangene Hdlgen.
– **a)** Dch diese wenig glückl Formulierg w die Haftg der JP auf Hdlgen beschr, die das Organ in „amtlicher"
Eigensch vorgenommen hat (BGH NJW **80**, 115). Zw seinem Aufgabenkreis u der schädigten – rechtsge-
schäftl od rein tatsächl – Hdlg muß ein sachl, nicht bloß ein zufälliger zeitl u örtl Zushang bestehen (BGH
49, 23, **98**, 151, vgl die ähnl Abgrenzg in § 278 Rn 7 ff). § 31 gilt auch dann, wenn die vom Organ im
Rahmen seiner Obliegenh vorgenommene Hdlg ebso von einem Nichtorgan hätte ausgeführt w können
(BGH NJW **72**, 334; Operation dch Chefarzt). Nicht erforderl ist, daß die Hdlg dch die Vertretgsmacht des
Organs gedeckt war. § 31 erstreckt sich auch u gerade auf Fälle, in denen das Organ seine Vertretgsmacht
überschritten hat (BGH **98**, 152, **99**, 300, NJW **80**, 115). Allerdings darf sich das Organ nicht so weit von
seinem Aufgabenkreis entfernt haben, daß es für einen Außenstehen erkennb außerhalb der allg Rahmens
der ihm übertragenen Aufgaben gehandelt hat (BGH aaO). Ist der Handelnde Organ mehrerer JP, entschei-
det über die Zuordng seines Verhaltens nicht sein innerer Wille, sond die Sicht eines obj Beurteilers (Ffm
11 OLGZ **85**, 114, s auch BGH **LM** Nr 31). – **b) Einzelfälle:** Die JP haftet nach § 31 (ggf iVm § 89), wenn ein
Bankfilialleiter unter Ausnutzg seiner Stellg betrügerische Hdlgen zum Nachteil eines Kunden vornimmt
(BGH NJW **77**, 2260), auch wenn er dabei formell aGrd einer Vollm des Kunden tät w (Nürnb NJW-RR **88**,
1319); wenn der Filialleiter einen Kunden dch Täuschg zur DarlGewährg an einen and veranlaßt, um dessen
Schuldsaldo bei der Bank zu verringern (BGH NJW-RR **90**, 484); wenn ein Bürgermeister unter Vorlage
gefälschter Beschlüsse u Gen einen Kredit erschwindelt u für sich verbraucht (BGH NJW **80**, 115); wenn ein
Gesamtvertreter als alleinvertretgsberecht Organ auftritt u dabei eine unerl Hdlg begeht (BGH **LM** Nr 13,
NJW **52**, 538). Auch wenn die unerl Hdlg darin besteht, daß der Gesamtvertreter die Verbindlichk einer von
ihm allein abgegebenen WillErkl vortäuscht, ist § 31 anzuwenden (BGH **98**, 148, Mü NJW-RR **91**, 672).
Dagg richtet sich der Anspr aus § 179 allein gg das Organ u nicht gg die JP, da sonst jede Beschränkg der
Vertretgsmacht wirkgslos wäre (RG **162**, 159, BGH NJW **80**, 116). Voraussetzg für eine Haftg der JP ist
daher, daß das Organ bei der Überschreitg seiner Vertretgsmacht eine unerl Hdlg begeht. Mögl ist aber
auch ein Anspr a c. i. c., der jedoch nur das negative Interesse umfaßt (BGH **6**, 332, str, s § 276 Rn 92 ff).
UU kommt auch eine Haftg aus Anscheins- od DuldgsVollm in Betracht (§ 173 Rn 9). Entsendet eine JP
VorstdMitgl in ein Organ einer and JP, sind die dort begangenen PflVerletzgen nicht der entsendenden JP
zuzurechnen (BGH **36**, 309, DB **84**, 1188, WM **84**, 1119). § 31 gilt nur für privatrechtl Handeln (RG **165**,
100); auf Hdlgen im öffrechtl Tätigkeitskreis ist § 839 iVm GG 34 anzuwenden.

12 **4)** Das **Vereinsmitglied** kann SchadErs verlangen, wenn der Verein ihm ggü eine sich aus der Satzg od
dem MitgliedschVerh ergebde Pfl schuldh verletzt (BGH **90**, 95, **110**, 323, Götz/Götz JuS **95**, 106), so bei
Schlechtleistg des Lohnsteuerhilfevereins (Mü NJW **88**, 1030), bei einem rechtsw VereinsAusschl (BGH **90**,
95) u bei Verweigerg von satzgsmäß geschuldeten Leistgn (BGH **110**, 327). Es handelt sich um eine Haftg
ähnl der pVV; da die Mitgliedsch ein sonst Recht iSd § 823 I ist, kommen aber auch §§ 823, 31 als
AnsprGrdl in Frage (BGH aaO). Satzgsmäß HaftgsAusschl für grobe Fahrlässigk sind unwirks (AG Bük-
kebg NJW-RR **91**, 1107), für einf Fahrlässigk können sie dagg wirks sein (LG Karlsr VersR **87**, 1024).

13 **5)** Neben dem Verein haftet der **verfassungsmäßige Vertreter** aus Delikt, geht es um ein Unterl, insbes
die Verletzg einer VerkPfl, aber nur dann, wenn er als zuständ OrganMitgl eine Garantenstellg innehatte (s
BGH **109**, 302, **110**, 327, Brüggemeier AcP **191**, 33, Altmeppen ZIP **95**, 881). Die Voraussetzgen für eine
Haftg des Organmitglieds aus c.i.c. liegen dagg idR nicht vor (§ 276 Rn 93 ff).

32 *Mitgliederversammlung.* [1]Die Angelegenheiten des Vereins werden, soweit sie nicht von dem Vorstand oder einem anderen Vereinsorgane zu besorgen sind, durch Beschlußfassung in einer Versammlung der Mitglieder geordnet. Zur Gültigkeit des Beschlusses ist erforderlich, daß der Gegenstand bei der Berufung bezeichnet wird. Bei der Beschlußfassung entscheidet die Mehrheit der erschienenen Mitglieder.

[II]Auch ohne Versammlung der Mitglieder ist ein Beschluß gültig, wenn alle Mitglieder ihre Zustimmung zu dem Beschlusse schriftlich erklären.

1) Allgemeines. Die MitglVersammlg ist das **oberste Organ** des Vereins. Sie hat dch Beschlußfassg die **1** Angelegenh des Vereins zu ordnen, sow diese nicht von einem and Vereinsorgan zu besorgen sind. Zu ihren Aufg gehört vor allem die Bestellg u Kontrolle des Vorstd u der and Vereinsorgane (§ 27), SatzgsÄnd (§ 33) u die Entscheidg über die Auflösg des Vereins (§ 41). Die Satzg kann die Befugn der MitglVersammlg verstärken, aber auch einschränken (arg § 40). Ausgeschl ist dagg eine völlige Beseitigg der MitglVersammlg. Die §§ 37, 41, die zwingdes Recht sind, gehen von der Existenz einer MitglVersammlg aus (s auch § 25 Rn 8). Mögl ist es allerdings, die MitglVersammlg dch eine **Vertreterversammlung** (s GenG 43 a) zu ersetzen (allgM). Die Satzg muß in diesem Fall klar festlegen, wie die Vertreter zu bestellen sind (Sauter/Schweyer Rn 216 ff). Bei nichtrechtsf Vereinen können Lücken aber dch Vereinsgewohnheits R geschlossen w (BGH WM **85**, 1468); iZw ist anzunehmen, daß für die Delegiertenversammlg die Vorschr gelten, die sonst für die MitglVersammlg maßgebd sind (Ffm Rpfleger **73**, 54 zu § 37). Wg der Zuständigk der MitglVersammlg zur Regelg der Vereinsangelegenh kann eine FeststellgsKl, daß ein Vereinsorgan gg die Satzg verstoße, erst erhoben w, nachdem die MitglVersammlg Beschluß gefaßt hat (BGH **49**, 398).

2) Einberufung. – a) Für sie ist, sow die Satzg (§ 58 Nr 4) nichts and best, der **Vorstand** iSd § 26 zust, **2** nicht der erweiterte Vorstd (KG OLGZ **78**, 276). Der Berufg muß ein ordngsmäß VorstdBeschl zugrde liegen (Schlesw NJW **60**, 1862). Haben bei der Einberufg VorstdMitgl in der für die gesetzl Vertretg erforderl Zahl mitgewirkt, ist es aber gleichgült, ob ihr ein ordngsmäß VorstdBeschluß zugrde liegt. Die Ausführgen in § 26 Rn 6 gelten auch für die sog Innenvertretg (BayObLG **85**, 29). Beim eV ist der eingetragene Vorstd auch dann noch zust, wenn seine Amtszeit inzw abgelaufen ist (§ 70 Rn 3). Das für die Einberufg zust Organ kann die Versammlg verlegen od absagen (Hamm OLGZ **81**, 25). Pfl zur Einberufg s §§ 36, 37. – **b)** Über die **Form** der Berufg soll die Satzg des eV Vorschr enthalten (§ 58 Nr 4). Sie kann zw **3** den in Betracht kommden Mitteilgsarten (Rundschreiben, Aushang, Presseveröffentlichg) frei wählen, sofern diese den Mitgl Gelegenh zur rechtzeit Kenntnisnahme geben (Kölsch Rpfleger **85**, 137). Die Satzg muß die Art der Ladg eindeutig festlegen (Hamm OLGZ **65**, 65), kann aber alternative Einberufgsmöglichk zulassen (Stgt NJW-RR **86**, 995). Ist Bekanntmachg dch eine Tageszeitg vorgesehen, muß diese so konkret bezeichnet w (LG Brem Rpfleger **92**, 304). Die Bestimmg, daß die Ladg „ortsübl" bekannt zu machen ist, genügt nicht (Zweibr Rpfleger **85**, 31). Zw Ladg u MitglVersammlg muß, auch wenn die Satzg schweigt, eine angem **Frist** liegen (Sauter/Schweyer Rn 172). Eine satzgsmäß Fr beginnt iZw erst an dem Tag, an dem die Ladg bei normalem Verlauf dem letzten Mitgl zugeht (BGH **100**, 268 zur GmbH, ähnl Ffm NJW **74**, 189, und RG **60**, 145, das beim eingeschriebenen Brief auf die Absendg abstellt). Die Versammlg braucht nicht am Sitz des Vereins stattzufinden (Ffm OLGZ **84**, 333); **Ort** u Zeit der Versammlg müssen aber zumutb sein (Ffm OLGZ **82**, 418); an Sonn- u Feiertagen ist ein fr Beginn als 11.00 unzul (BayObLG u Schlesw NJW-RR **87**, 1362). – **c)** Die **Tagesordnung** w von dem für die Einberufg zust Organ festgelegt. **4** Ihre Mitteilg in der Einladg (I 2) muß so genau sein, daß die Mitgl über die Notwendig einer Teiln entscheiden u sich sachgerecht vorbereiten können (BayObLG **72**, 33, **73**, 70, Köln WM **90**, 1070). Die Angabe „SatzgsÄnd" genügt idR nicht (BayObLG Rpfleger **79**, 196, Ffm ZIP **85**, 220), es sei denn, daß sich aus den Umst eine ausr Konkretisierg ergibt (BayObLG **72**, 33). Ein Hinweis auf Auswirkgen des Beschl ist nicht erforderl (Stgt OLGZ **74**, 406). Die Ankündigg „Feststellg des Kassenvoranschlages" genügt nicht für eine Beitragsfestsetzg, „Ergänzgswahl zum Vorstd" nicht für dessen Abberufg (Köln OLGZ **84**, 402), der Tagesordngspkt „Verschiedenes" od „Antr" ermöglicht nur Diskussionen, aber keine verbindl BeschlFassg (KG OLGZ **74**, 400). Die Satzg kann vorsehen, daß DringlichkAntr nachträgl auf die Tagesordng gesetzt w dürfen; bei SatzgsÄnd ist aber auch in diesem Fall eine rechtzeit Unterrichtg notw (BGH **99**, 122). Der Mangel wird nicht dadch geheilt, daß die Mitgl vom VerhandlgsGgst inoffiziell od gerüchteweise erfahren (Ffm ZIP **85**, 221). Er ist aber unschädl, wenn alle Mitgl erscheinen u stillschw auf die Einhaltg der verletzten Vorschr verzichten (BGH NJW **73**, 235, Ffm aaO).

3) Beschlüsse. – a) Die **Leitung der Mitgliederversammlung** obliegt der in der Satzg best Pers. Nur **5** wenn sie nicht erscheint, kann die Versammlg ad hoc einen bes Leiter wählen (BayObLG **72**, 330). Schweigt die Satzg, ist der VorstdVorsitzde zust. Der Versammlgsleiter darf sich selbst an der Sachdiskussion beteiligen (KG NJW **57**, 1680). Er kann bei Bedarf die Redezeit begrenzen u Mitgl, die die Vhdlg stören, ausschließen (s BGH **44**, 248 zur AG). Seine Entscheidg, die Versammlg zu schließen, ist grdsätzl auch dann verbindl, wenn die Tagesordng noch nicht erschöpft ist (BayObLG **89**, 303, und KG OLGZ **90**, 318). Er darf die Leitg auch ohne bes Grdl in der Satzg abgeben, wenn er selbst kandidiert (Köln Rpfleger **85**, 447). – **b)** Wenn **6** die Satzg nichts and best, genügt für die **Beschlußfähigkeit** die Anwesenh eines Mitgl (Soergel/Hadding Rn 29, RG **82**, 388). Verlangt die Satzg für die BeschlFassg ein best Quorum, kann für den Fall der BeschlUnfähigk vorgesehen w, daß für die neue MitglVersammlg kein od ein geringeres Quorum gilt. In diesem Fall muß die Einladg zur 2. Versammlg einen Hinw darauf enthalten, daß für sie hins der BeschlFähigk geringere Anforderen gelten (BGH NJW **62**, 394). Die Einladg kann bei einer entspr satzgemäß Grdl bereits als Eventualeinladg mit der zur 1. Versammlg verbunden w (BGH NJW-RR **89**, 376, und LG Nürnbg Rpfleger **90**, 427). – **c)** Bei der BeschlFassg entscheidet nach dem Ges (I 3) die **Mehrheit der** **7** **erschienenen Mitglieder** (Ausn: §§ 33, 41, abw Satzgsbestimmgen). Dabei sind Mitgl, die sich der Stimme enthalten, wie nicht erschienene zu behandeln. Erforderl aber auch ausr ist daher die Mehrh der abgegebenen Stimmen (BGH **83**, 35, Köln NJW-RR **94**, 1547, ebso BGH **106**, 182 zu WEG 25), jedoch gehen abw Satzgsbestimmgen auch insow vor (BGH NJW **87**, 2430). Bei Wahlen ist, sow die Satzg nichts and best,

absolute (nicht relative) Mehrh notw (BGH NJW **74**, 183, WM **75**, 1041). Die Gestattg der Stimmenhäufg u relativer Mehrheiten bedarf einer satzgsmäß Grdl (BGH **106**, 72). Das sog Blockwahlsystem od eine Mehrh-Listenwahl sind nur zul, wenn sie eine Grdl in der Satzg haben (BGH NJW **74**, 183/848, **89**, 1150, 1213, Ffm Rpfleger **84**, 360). Für alle Bewerber muß **Chancengleichheit** bestehen. Sie kann dch eine parteiliche VhdlgsFührg, aber auch dch die Gestaltg der Stimmzettel verletzt w (BGH WM **85**, 1474, Ffm ZIP **85**, 225). Die Feststellg des Abstimmsergebn hat beim Verein (and als bei der AG) keine konstitutive Bedeutg (BGH NJW **75**, 2101). Über die **Abstimmungsart** entscheidet bei Schweigen der Satzg der Versammlgsleiter, iF des Widerspr die MitglVersammlg. Ein RSatz des Inh, daß die Abstimmg auf Antr eines od mehrerer Mitgl geheim erfolgen muß, existiert nicht (s BGH NJW **70**, 47). Verlangt die Satzg Einstimmigk, hindern
8 unwirks Stimmen od Stimmenthaltgen eine wirks Beschlußfassg (BayObLG MDR **95**, 569). – **d)** Der **Beschluß** ist ein RGesch eig Art. Er ist kein Vertr, sond ein Akt körperschaftl Willensbildg (MüKo/Reuter Rn 17). Die **Stimmabgabe** ist WillErkl (BGH **14**, 267). Für sie gelten die allg Nichtigk- u AnfGrde. Die Stimmabgabe eines GeschUnfäh ist nichtig (§ 105). Bei Mj umfaßt die elterl Einwilligg zum Vereinsbeitritt idR auch die zur Stimmabgabe (KG OLG **15**, 324, Hammelbeck NJW **62**, 722, Soergel-Hadding Rn 26, aA Braun NJW **62**, 92). Das StimmR ist persönl auszuüben (§ 38), bei JP dch das zust Organ (Hamm NJW-RR **90**, 533); die Satzg kann aber eine Stimmabgabe dch Bevollmächtigte gestatten (Hamm aaO). Die nichtige od wirks angefochtene Stimmabgabe ist wie eine Stimmenthaltg zu werten, berührt die Wirksamk des Beschl also nur dann, wenn sie das Ergebn beeinflußt (BGH **14**, 267 zur GmbH, Hamm OLGZ **85**, 261 u Stgt NJW-RR **86**, 243 zum WEG). Stimmrechtsbindgs Vertr sind grdsl zul, ihre Verletzg macht die Stimmabgabe aber nicht ungült (RG **165**, 78 zur AG). Hat ein Mitgl mehrere Stimmen, kann es diese auch uneinheitl abgeben (RG **137**, 319 zur GmbH, str).

9   **4)** Die SonderVorschr des Aktien- u GenossenschR (AktG 241 ff, GenG 51) können auf **fehlerhafte Beschlüsse** der MitglVersammlg des Vereins weder direkt noch analog angewandt w (BGH **59**, 372, NJW **71**, 879, **75**, 2101). – **a)** Für das VereinsR ist von dem Grds auszugehen, daß der Verstoß gg zwingde Vorschr des Ges od der Satzg den Beschl der MitglVersammlg nichtig macht (BGH aaO) u daß die Klage daher auf Feststellg zu richten ist (Celle NJW-RR **94**, 1547). NichtigkGrde sind etwa: Verstoß gg die guten Sitten (RG **68**, 317) od gg ein ges Verbot; Einberufg dch ein unzust Organ (BayObLG **89**, 305; BGH **18**, 334, **87**, 2 zur GmbH), eine ordnungsmäß Mitteilg der Tagesordng (BayObLG Rpfleger **79**, 196) od ohne ordngsmäß zustandegekommenen VorstdBeschl (Rn 2 ff); Nichtladg eines Teils der Mitgl (BGH **59**, 372, BayObLG **88**, 177); Teiln von NichtMitgl (BGH **49**, 211), Versammlgsleitg dch einen NichtBerecht (KG
10 NJW **88**, 3159). – **b)** Betrifft der Verstoß VerfVorschr, die nicht übergeordneten Interessen, sond dem **Schutz einzelner Mitglieder** dienen, tritt Nichtigk aber nur ein, wenn das in seinen Rechten verletzte Mitgl dem Beschl in angem Fr widerspricht (Staud-Coing Rn 26, Sauter/Schweyer Rn 212, ähnl KG OLGZ **71**, 482, LG Brem Rpfleger **90**, 466, sehr str); sie wird geheilt, wenn das Mitgl den Beschluß genehmigt (Ffm OLGZ **84**, 11 zur GmbH). Bsp sind die Nichtladg von einz Mitgl od die Nichteinhaltg der LadgsFr (s KG aaO). Auch bei and Verstößen ist der Beschluß gült, wenn der Verein nachweist od dch Amtsermittlg im FGG-Verf festgestellt w, daß der Beschluß **nicht auf dem Verstoß beruht** (BGH **49**, 211, Beteiligg von NichtMitgl; **59**, 375, BayObLG **88**, 179, Köln OLGZ **83**, 270, Einladgsmängel). Zur Heilg (§ 141) ist
11 Wiederholg der Abstimmg erforderl (BGH **49**, 211). – **c) Verfahrensrechtliches.** Die Nichtigk ist dch FeststellgsKl (ZPO 256) geltd zu machen, jedoch müssen vorher die vereinsinternen RBehelfe ausgeschöpft w (KG NJW **88**, 3159, § 25 Rn 19). Das Urt wirkt iF der Abweisg nur *inter partes*. Stellt es die Ungültigk des Beschl fest, muß es dagg aus prakt Grden für u gegen alle wirken (RG **85**, 313, BGH NJW-RR **92**, 1209). Hat ein VereinsMitgl dem Beschl in Kenntn des VerfFehlers zugestimmt, ist seine Klage wg RMißbrauchs unzul (s BayObLG NJW-RR **92**, 910 zu WEG 25). Wer die Ungültigk eines ordngsmäß beurkundeten Beschl geltd macht, hat den behaupteten NichtigkGrd zu beweisen (BGH **49**, 212).

12   **5)** Anstelle der MitglVersammlg kann die **Gesamtheit der Mitglieder** tät w. Das gilt nicht nur für die schriftl Abstimmg (II), sond allg. Bei Einverständn aller Mitgl kann auf jegl Förmlichk verzichtet w.

33 *Satzungsänderung.* [I]Zu einem Beschlusse, der eine Änderung der Satzung enthält, ist eine Mehrheit von drei Vierteilen der erschienenen Mitglieder erforderlich. Zur Änderung des Zweckes des Vereins ist die Zustimmung aller Mitglieder erforderlich; die Zustimmung der nicht erschienenen Mitglieder muß schriftlich erfolgen.

[II]Beruht die Rechtsfähigkeit des Vereins auf Verleihung, so ist zu jeder Änderung der Satzung staatliche Genehmigung oder, falls die Verleihung durch den *Bundesrat* erfolgt ist, die Genehmigung des *Bundesrats* erforderlich.

1   **1) Satzungsänderung. – a)** Jede Änderg des Wortlauts der SatzgsUrk ist eine SatzgsÄnd (BayObLG **75**, 438). Auch rein redaktionelle Änderen fallen unter den Begriff, ebso die Änderg von SatzgsVorschr, die ihrem Inh nach bloße GeschOrdngen sind u auch als einfaches VereinsR hätten erlassen w können. Auf Satzgsergänzen ist § 33 gleich anzuwenden, so auf die Einführg von Vereinsstrafen (BGH **47**, 178) od von
2 EinzVertretgsmacht für die VorstdMitgl (s BGH **69**, 253). – **b)** Die Satzgsänderg erfordert eine **Mehrheit von drei Viertel** der abgegebenen Stimmen (I 1 iVm § 32 Rn 7). § 33 ist aber **nicht zwingend** (§ 40). Die Satzg kann abw Mehrh festlegen od ein and Organ für zust erklären. Mögl ist es auch, die SatzgÄnd von der Zustimmg eines Mitgl (BayObLG **75**, 439) od der Gen eines Dr abhäng zu machen (KG OLGZ **74**, 389, Dütz FS Herschel, 1981, 72). Eine Satzgsbestimmg, wonach ein Dr für Satzgsänderen zust ist, ist dagg grdsl mit der RNatur des Vereins als einem selbstd Personenverband unvereinb (§ 25 Rn 8). Sieht eine SatzgsVorschr für einen best Beschl eine größere als die ¾ Mehrh vor, bedarf es zu ihrer Änderg einer entspr Mehrh (RG HRR **32**, 1639, Sommermeyer SchlHAnz **67**, 319).

3   **2)** Für **Änderungen des Vereinszweckes** ist nach I 2 die Zust aller Mitgl erforderl, ebso für einen Wechsel der RForm (UmwG 275). Die Zust kann auch dch schlüss Verhalten erklärt w u in der Hinnahme

einer von der Mehrh beschlossenen Änderg liegen (BGH **16**, 150, **23**, 128). I 2 gilt auch dann, wenn der bisherige Vereinszweck dch Änderg der tats Verhältn unmögl geworden ist (s BGH **49**, 180) u ein neuer Zweck bestimmt w soll. Vereinszweck ist der den Charakter des Vereins festlegde oberste Leitsatz der Vereinstätigk (BGH **96**, 251; Häuser/van Look ZIP **86**, 754 „Leitidee"; K. Schmidt BB **87**, 556: „verbandsrechtl GeschGrdl"). I 2 ist daher nur anzuwenden, wenn sich die grdsl Zweckrichtg des Vereins ändert (BGH aaO); Zweckergänzen od -beschränken unter Aufrechterhaltg der bisherigen grdsl Zweckrichtg fallen unter I 1 (LG Brem Rpfleger **89**, 415), ebso bloße Änderen der Formulierg. SatzgsVorschr, die Satzgsänderen abw von I 1 regeln, gelten für Zweckänderen nur, wenn sich dies aus ihrem Wortlaut od Sinn unzweideut ergibt (BGH **96**, 249). Zur Auswechselg sämtl Mitgl (statt MitglVerbände EinzMitgl) ist die Zust aller bisher Mitgl erforderl (BGH WM **80**, 1064).

3) Vollzug. – a) Die Satzgsänderg bedarf beim eV der Eintragg im Vereinsregister (§ 71), bei Vereinen 4 gem §§ 22, 23 ist nach II staatl Gen dch die zust Behörde erforderl (s § 22 Rn 1 u § 23 Rn 1). – **b)** Wird ein nach § 33 **unwirksamer Beschluß** von der Mehrh **faktisch durchgeführt** u hat die Minderh keine Möglichk, das zu verhindern, so ist das Verhalten der Mehrh als Austritt aus dem bisher Verein u Gründg eines neuen aufzufassen; die Minderh führt den alten Verein weiter u kann von der Mehrh das Vereinsvermögen herausverlangen (RG **119**, 184, BGH **49**, 179, ferner BGH **16**, 143, **23**, 128, BayObLG **70**, 125). Eine solche Beurteilg kommt aber nur in AusnFällen in Betracht; idR kann u muß die Dchführg des unwirks Beschlusses mit den gesetzl RBehelfen verhindert w (Hbg NJW-RR **87**, 1342).

34 *Ausschluß vom Stimmrecht.* **Ein Mitglied ist nicht stimmberechtigt, wenn die Beschlußfassung die Vornahme eines Rechtsgeschäfts mit ihm oder die Einleitung oder Erledigung eines Rechtsstreits zwischen ihm und dem Vereine betrifft.**

1) § 34 ist **zwingend** sowohl für die MitglVersammlg (§ 40) als auch für den Vorstd (str). Gleichgült ist, 1 ob es sich um ein einseit RGesch (zB Entlastg, § 397 Rn 11), einen Vertr od eine geschäftsähnl Hdlg (zB Mahng) handelt.

2) Ähnl Vorschr enthalten AktG 136 I, GmbHG 47 IV, GenG 43 VI, WEG 25 V. Aus ihnen kann aber 2 **nicht** der allg RGrds abgeleitet w, daß jeder **Interessenwiderstreit** zum StimmR führt (BGH **56**, 53, Hbg DB **81**, 81). Unbedenkl daher das Mitstimmen bei der eig Wahl (RG **104**, 186, BGH **18**, 210 – GmbH; Hamm OLGZ **78**, 187 – WEG; Wilhelm NJW **83**, 912; aA Ulmer NJW **82**, 2288 für die Wahl zum AG-Vorstd). Ebso darf das Mitgl mitstimmen, wenn es abgewählt (RG **104**, 186, BayObLG NJW-RR **86**, 1500), aus dem Verein ausgeschl (Köln NJW **68**, 992) od mit einer Vereinsstrafe belegt werden soll. Kein Stimmrechtsausschluß auch bei RGesch mit nahen Angeh od mit Gesellsch od JP, an denen das Mitgl beteiligt ist (BGH **56**, 53, **68**, 110). Ein Stimmrechtsverbot besteht aber, wenn das Mitgl die JP beherrscht od mit ihr wirtschaftl ident ist (BGH aaO).

3) Verboten ist nur das Mitstimmen, **nicht** die **Teilnahme** an der beschließden Versammlg. Trotz eines 3 Verstoßes gg § 34 bleibt der Beschluß wirks, wenn die ungült Stimme nachweisb ohne Einfluß auf das AbstimmgsErgebn war (RG **106**, 263).

35 *Sonderrechte.* **Sonderrechte eines Mitglieds können nicht ohne dessen Zustimmung durch Beschluß der Mitgliederversammlung beeinträchtigt werden.**

1) Sonderrechte. – a) Begriff. SonderR ist eine auf der Mitgliedsch beruhde, über die allg RStellg der 1 Mitgl hinausreichde RPosition; sie muß notw ein satzgsmäß Grdl haben u als unentziehb Recht ausgestaltet sein (s RG **104**, 255, HRR **32**, 1287, BGH MDR **70**, 913, Gadow Gruch **66**, 523). Ob diese Voraussetzgen zutreffen, ob insb die Entziehg dch MehrhBeschl ausgeschlossen sein soll, entscheidet die Auslegg der Satzg. SonderR kann OrganschR sein, so ein erhöhtes StimmR, die Mitgliedsch im Vorstd (RG JW **11**, 747, BGH NJW **69**, 131, zur GmbH), das Recht zur Bestellg eines Vereinsorgans od ein entspr VorschlagsR (RG Warn **25**, 12, BGH NJW-RR **89**, 542), das ZustimmgsR bei Satzgsänderen (s BayObLG **75**, 439). Auch WertR können als SonderR ausgestaltet sein, so das Recht auf erhöhte Benutzg von Vereinseinrichten, auf Freistellg von MitglBeiträgen, auf Teile des Vereinsvermögens bei Auflösg des Vereins (RG **136**, 190). – **b) Keine** SonderR sind: – **aa)** Die dem Mitgl aus Vertr o einem sonst von der Mitgliedsch unabhäng RGrd 2 gg den Verein zustehden **Gläubigerrechte** (RG Recht **25**, 1960). Diesen stehen gleich die aus der Mitgliedsch erwachsenen, von der weiteren Vereinszugehörig aber unabhäng WertR, wie der Anspr auf Ausschüttg des festgestellten Gewinns od auf VersSchutz gg den VersVerein auf Ggseitigk (Soergel-Hadding Rn 5). – **bb)** Die **Mitgliedschaft** u die Befugn, die Ausfluß der allg Mitgliedsch sind, wie zB das 3 satzgsmäß Recht, geheime Abstimmg verlangen zu können (BGH **84**, 218). Rechte, die allen Mitgl zustehen, sind auch dann keine SonderR iSd § 35, wenn sie unentziehb sind (KG NJW **62**, 1917, hM). Das gilt vor allem für das **Recht auf gleichmäßige Behandlung** (RG JW **38**, 1329, BGH NJW **54**, 953, KG aaO). Es ist ein allg MitgliedschR u verbietet jede sachwidr Schlechterstellg einz Mitgl ggü and (RG aaO, BGH **47**, 386, NJW **60**, 2142). Unzul sind daher Beitragsregelgen, die einz Mitgl willkürl benachteiligen (BGH **LM** § 39 Nr 2), ebso der sachl nicht gerechtf Entzug des StimmR dch SatzgsÄnderg (KG NJW **62**, 1917). Soweit wicht Grde vorliegen, kann der Verein aber die RStellg der Mitgl unterschiedl ausgestalten (BGH **55**, 385). Er darf dabei mit satzgsändernder Mehrh auch in die Rechte von vorher eingetretenen Mitgl eingreifen (BGH aaO). – **c) Anwendungsbereich.** § 35 gilt auch für die GmbH (BGH NJW-RR **89**, 542), nicht dagg 4 für die AG u die Genossensch (MüKo/Reuter Rn 2).

2) Verboten ist jede **Beeinträchtigung** des SonderR. Eine unmittelb Einwirkg auf das Recht ist nicht 5 erforderl. Es genügt jedes Verhalten, das zwangsläuf zu einer Beeinträchtigg führt (RG Warn **18**, 133). Der beeinträchtigde Beschluß ist wirks, wenn der Berecht **zustimmt**. Die Zustimmg kann auch dch schlüssiges

Verhalten u außerh der MitglVersammlg erklärt w. Bei schuldh Verletzg des SonderR besteht ein SchadErs-Anspr; § 278 ist anwendb (RG JW **30**, 3473, **38**, 1329). Bei RStreitigk über die Verletzg von SonderR kann das Ger alle Tat- u RFragen voll nachprüfen (BGH **LM** Nr 2).

36 *Berufung der Mitgliederversammlung.* **Die Mitgliederversammlung ist in den durch die Satzung bestimmten Fällen sowie dann zu berufen, wenn das Interesse des Vereins es erfordert.**

1   § 36 ist zwingdes Recht (§ 40). Soweit seine Voraussetzgen vorliegen, ist der Vorstd (od das sonst zuständ Organ) verpflichtet, die MitglVersammlg einzuberufen. Eine Verletzg der Pfl begründet einen SchadErs-Anspr. Die Verpfl besteht aber nur ggü dem Verein. Die einz Mitgl können daher die Einberufg nicht im ProzWege, sond nur unter den Voraussetzgen des § 37 II im FGGVerf dchsetzen (MüKo/Reuter Rn 3, RGRK-Steffen Rn 3, ganz hM, aA RG **79**, 411).

37 *Berufung auf Verlangen einer Minderheit.* [I]**Die Mitgliederversammlung ist zu berufen, wenn der durch die Satzung bestimmte Teil oder in Ermangelung einer Bestimmung der zehnte Teil der Mitglieder die Berufung schriftlich unter Angabe des Zweckes und der Gründe verlangt.**
[II]**Wird dem Verlangen nicht entsprochen, so kann das Amtsgericht die Mitglieder, die das Verlangen gestellt haben, zur Berufung der Versammlung ermächtigen; es kann Anordnungen über die Führung des Vorsitzes in der Versammlung treffen. Zuständig ist das Amtsgericht, das für den Bezirk, in dem der Verein seinen Sitz hat, das Vereinsregister führt. Auf die Ermächtigung muß bei der Berufung der Versammlung Bezug genommen werden.**

1   **1) Allgemeines. – a)** Fassg des RPflG 30, § 37 ist zwingd, dispositiv ist ledigl das in § 37 I festgelegte Quorum. Da es sich um ein **Minderheitenrecht** handelt, darf die Satzg die erforderl MitglZahl aber nicht auf die Hälfte mehr festsetzen (KG NJW **62**, 1917). Auch einer mögl künft Verringerg der MitglZahl muß Rechng getragen w (Stgt NJW-RR **86**, 995). Vorschr, die das AntrR an eine best absolute MitglZahl
2   knüpfen, sind daher idR bedenkl. – **b)** § 37 ist ein allg Grds des VereinsR. Er ist entspr anwendb, wenn die Satzg anstelle der MitglVersammlg eine **Vertreterversammlung** als oberstes Organ vorsieht (KG JW **30**, 1224, Ffm OLGZ **73**, 139) od wenn die Minderh verlangt, einen best Pkt auf die Tagesordng zu setzen (s Hamm MDR **73**, 929). § 37 ist auch auf den nichtrechtsf Verein anzuwenden. Das gilt nicht nur für I, sond auch für II (LG Heidelberg NJW **75**, 1661, MüKo/Reuter Rn 8, hM, aA RG JW **35**, 3636). Zuständ ist das AmtsG, in dessen Bezirk der nichtrechtsf Verein seinen Sitz hat.

3   **2) Voraussetzung und Durchsetzung der Einberufung. – a) Voraussetzung** für die Einberufg ist ein Verlangen dch die erforderl MitglZahl sowie ein schriftl Antrag **(I).** Der Vorstd hat kein Recht, die Notwendigk der MitglVersammlg sachl zu prüfen. Er darf die Einberufg aber bei offensichtl Mißbrauch ablehnen (RGRK- Steffen Rn 2), so wenn bereits zurückgewiesene Anträge od Angelegenh behandelt w
4   sollen, die eindeutig außerh des Vereinszweckes liegen. – **b)** Der Anspr auf Einberufg kann nicht iW der Klage, sond nur im FGG-Verf gem **II durchgesetzt** w (Soergel/Hadding Rn 11). AntrGegner ist der Verein, nicht der Vorstd (BayObLG **86**, 291). Voraussetzg ist, daß schon den Antrag an den Vorstd von der erforderl MitglZahl gestellt worden ist (Ffm OLGZ **73**, 140). Das Ger hat nicht die Notwendigk der Versammlg zu prüfen, sond darf nur bei offensichtl Mißbrauch (KG JW **35**, 3636) od Fehlen eines schutzwürd Interesses (BayObLG JW **33**, 1470) ablehnen. Das Ger hat den Vorstd, soweit mögl, zu hören (FGG 160 S 1). Die Ermächtigg erfolgt dch Beschluß des RPflegers. Er bedarf der Zustellg an die AntrSt od deren Bevollmächtigten (BayObLG **78**, 206, Celle NdsRpfl **92**, 287), wird aber nur wirks, wenn die AntrSt VereinsMitgl sind (BayObLG **86**, 462). Gg den Beschluß ist die befristete Erinnerg zul (RPflG 11 I iVm FGG 160), die ggf zur sofort Beschw w (RPflG 11 II). Das RMittel hat keine aufschiebende Wirkg (FGG 24) u hindert daher die Einberufg u Durchführg der Versammlg nicht; mögl ist aber eine einstw Anordng nach FGG 24 III (BayObLG **71**, 88). Ist die Ermächtigg inf Dchführg der Versammlg verbraucht, kann mangels einer Beschwer kein RMittel mehr eingelegt w (BayObLG **78**, 207, **90**, 122). Eine befristet erteilte Ermächtigg erlischt, wenn die AntrSt bis FrEnde von ihr keinen Gebrauch gemacht haben (BayObLG **71**, 87). Die Kosten der Versammlg hat der Verein der Minderh gem § 670 zu ersetzen (Wagner ZZP **105**, 306).

38 *Mitgliedschaft.* **Die Mitgliedschaft ist nicht übertragbar und nicht vererblich. Die Ausübung der Mitgliedschaftsrechte kann nicht einem anderen überlassen werden.**

1   **1) Mitgliedschaft. – a)** Sie ist die Gesamth der RBeziehg zw Mitgl u Verein u umfaßt alle Rechte u Pflten des Mitgl als solchen. Sie beruht auf der organisator Eingliederg in den Verein u ist als ein personenrechtl RVerhältn zugl ein sonst Recht iSd § 823 I (BGH **110**, 327, MüKo/Reuter Rn 10, krit K. Schmidt JZ **91**, 158). Sie begründet ein je nach dem Vereinszweck mehr od weniger enges ggs TreueVerhältn (Lutter AcP **180**, 84, 110, Dütz FS Hilger u Stumpf, 1983, 99). Die **Rechte** des Mitgl lassen sich in OrganschR (StimmR, aktives u passives WahlR) u WertR (Recht auf Benutzg der Vereinseinrichtgen) unterscheiden. Mit der Mitgliedsch ist kein Anteil am Vereinsvermögen verbunden, sie umfaßt aber ein AuskR (Lepke NJW **66**, 2099, Grunewald ZIP **89**, 963, LG Mainz WM **89**, 537) u, soweit ein berecht Interesse dargetan w, ein Recht auf Einsicht in die Bücher u Urk des Vereins (Sauter/Schweyer Rn 336). Die MitgliedschR können, sow sie keine SonderR (§ 35) sind, unter Beachtg des GleichbehandlgsGrds (§ 35 Rn 3) dch Satzgsänder umgestaltet w. Die **Pflichten** des Mitgl lassen sich gleichf in OrganschPfl u vermögensmäß Pflten (BeitragsPfl, § 58 Rn 5) einteilen. Verletzt das Mitgl seine ihm dem Verein ggü obliegde Pfl, haftet er entspr über die Grds über die pVV auf **Schadensersatz** (BGH **LM** GG 9 Nr 6). Das gilt ebso umgekehrt, wenn der Verein seine Pflten

ggü dem Mitgl verletzt (§ 31 Rn 12). Dch die Benutzg von Vereinseinrichtgen entstehde Schäden braucht das Mitgl nur zu ersetzen, wenn dies in der Benutzgsordng festgelegt ist (KG MDR **85**, 230). – **b)** Nach der 2 Regelg des BGB haben alle Mitgl die gleichen Rechte u Pflten (RG **73**, 191). Die Satzg kann aber **verschiedene Arten** von Mitgl mit unterschiedl RStellg (ordentl, außerordentl, aktive, passive, fördernde, Ehren-Mitgl) vorsehen, muß aber deren Rechte u Pflten eindeut festlegen. Das Recht auf Teiln an der MitglVersammlg ist für alle Mitgl unabdingb (LG Brem Rpfleger **90**, 262). IZw ist der Ausslegg der Vorzug zu geben, die zu größtmögl Gleichh zw den unterschiedl MitglKategorien führt. – **c)** Die Mitgliedsch einschließl der 3 SonderR (§ 35) ist als höchstpersönl RStellg **unübertragbar**, unvererbl u unpfändb. Die Satzg kann Abweichdes best, § 40; sie kann aber nicht anordnen, daß die Mitgliedsch automat auf einen außenstehden Dr übergeht (BGH **LM** Nr 9). GläubR u die aus der Mitgliedsch erwachsenen, von der weiteren Vereinszugehörig unabhäng WertR (§ 35 Rn 2) sind idR übertragb u pfändb. Die MitgliedschR sind **persönlich auszuüben** (§ 38 S 2). Die Ausübg des gesetzl Vertreter ist zul, sow sich aus dem Vereinszweck nichts Ggteiliges ergibt. Die Satzg kann die Vertretg dch Mitgl zulassen (§ 40); die Vertretg dch NichtMitgl ist dagg mit dem Charakter des Idealvereins unvereinb (Staud-Coing Rn 4).

2) Die Mitgliedsch wird dch Beteiligg an der Gründg (§ 21 Rn 8) od dch Vertr zw Verein u dem Mitgl 4 **erworben** (BGH **101**, 196). Die beiders WillErkl sind die BeitrittsErkl u die Aufn; die zeitl Aufeinanderfolge u ihre Bezeichng sind gleichgült. Der Vertr kann auch dch schlüssiges Verhalten zustande kommen (BGH **105**, 313). Er ist kein ggseit Vertr iSd §§ 320ff (RG **100**, 3) u fällt nicht unter das HausTWG (Karlsr NJW **91**, 433, aA Mü ZIP **95**, 1362; and ist es aber beim Eintritt in einen fälschl als Idealverein eingetragenen WirtschVerein; – Time-Sharing (LG Stgt NJW-RR **95**, 1009). Ebso wie bei GesellschVerhältn (Einf 29 v § 145) können Nichtigk- u AnfGrde grdsl nur mit Wirkg *ex nunc* geltd gemacht w (Walter NJW **75**, 1033, MüKo/Reuter Rn 21, str). Mj bedürfen einer Zust ihrer gesetzl Vertreter; § 110 ist unanwendb (Hofmann Rpfleger **86**, 5). Die Satzg, die Vorschr über den Eintritt enthalten soll (§ 58 Nr 1), kann die Wirksamk des Beitritts von der Überg der MitglKarte abhäng machen (BGH **101**, 197), kann aber auch die bloße BeitrErkl ausr lassen. Religiöse Vereine können den Erwerb der Mitgliedsch von der Zust einer kirchl Stelle abhäng machen (Köln NJW **92**, 1048, Einf 17 v § 21). Unzul ist eine Regelg, daß eine Spende als BeitrittsErkl aufzufassen ist (BayObLG NStZ **82**, 387), daß alle Mitgl dch ein externes Gremium gewählt w (Stgt NJW-RR **86**, 995) od daß jemand auf sonst Weise ohne entspr WillErkl Mitgl w (BayObLG DB **73**, 2518), jedoch kann die Satzg religiöser Vereine für kirchl Mitgl eine geborene Mitgliedsch vorsehen (Einf 17 v § 21). Mögl ist auch ein bedingter Vereinsbeitritt (RG JW **38**, 3229). Die Satzg kann vorschreiben, daß der Bewerber best Eigensch (Beruf, Wohns, Geschlecht, Staatsangehörig) haben od sonst Voraussetzgen (Stellg von Bürgen) erfüllen muß. Bei Vereinen mit einer wirtschaftl od sozialen Machtstellg gelten aber die Grenzen von § 25 Rn 9. Soweit die Satzg nicht entggsteht, können auch jur Pers, nichtrechtsf Verein u GesHandsGemeinsch Mitgl sein (Soergel-Hadding Rn 5, s auch BGH **116**, 86, GbR als Mitgl einer Genossensch). Die Ablehng eines AufnAntr bedarf keiner Begründg. **Aufnahmezwang** s § 25 Rn 10f.

3) Die Mitgliedsch **endet** dch Austritt (§ 39), Tod (Rn 2), Ausschluß (§ 25 Rn 26) u bei einer entspr 5 satzgsmäß Regelg dch Verlust der von der Satzg vorgeschriebenen persönl Eigensch (BGH **LM** § 25 Nr 17). Zul sind auch SatzgsBest, wonach die Mitgliedsch bei Eintritt best Voraussetzgen **ruht** (BayObLG **79**, 354).

39 *Austritt.* [I]**Die Mitglieder sind zum Austritt aus dem Vereine berechtigt.**
[II]**Durch die Satzung kann bestimmt werden, daß der Austritt nur am Schlusse eines Geschäftsjahrs oder erst nach dem Ablauf einer Kündigungsfrist zulässig ist; die Kündigungsfrist kann höchstens zwei Jahre betragen.**

1) Recht zum Austritt. – a) § 39 ist **zwingendes Recht** (§ 40). Er sichert dem Mitgl die Möglichk, 1 seine Mitgliedsch im Verein kurzfrist zu beenden u sich dadch der Einwirkg der VereinsMehrh zu entziehen (BGH **48**, 210). – **b) Austritt** ist eine einseit empfangsbedürft WillErkl; sie wird mit dem Zugang an ein 2 VorstdMitgl od an das in der Satzg best sonst Vereinsorgan wirks (§§ 130, 28 II). Die Satzg kann Schriftform vorsehen (BayObLG **86**, 533), nicht aber die Einhaltg einer strengeren Form od eine Begründg verlangen. Einf Schriftform genügt auch dann, wenn die Satzg einen eingeschriebenen Brief fordert (RG **77**, 70, Sauter/Schweyer Rn 84). Sachl Erschwergen des Austritts sind unwirks, so etwa ein Austrittsverbot nach Einleitg eines VereinsstrafVerf (RG **108**, 160, **122**, 268) od die Aufn in eine schwarze Liste (RG **143**, 3). Bei Mischformen zw nichtrechtsf Verein u Gesellsch kann der Austritt aber vom Vorliegen eines wicht Grdes abhäng gemacht w (BGH **LM** Nr 11). – **c)** Sieht die Satzg eine zu lange **Kündigungsfrist** vor, fällt 3 diese nicht ersatzlos weg, sond es gilt II (RG JW **37**, 3236). Bei Gewerksch ist eine KündFr von 2 Jahren wg GG 9 III unwirks; die Höchstgrenze liegt bei 6 Mo (BGH NJW **81**, 340, **AP** GG 9 Nr 25, AG Hbg NJW **87**, 2380). PartG 10 II 3, wonach PartMitgl jederzeit im Gebiet sofort Austritt berecht sind, ist auf Gewerksch weder direkt noch analog anwendb (aA AG Ettenheim NJW **85**, 979). Trotz wirks Befristg ist aus wicht Grd ein Austritt mit sofort Wirkg mögl (RG **130**, 378, BGH **9**, 162, **LM** Nr 2, LG Itzehoe NJW-RR **89**, 1531). Kein wicht Grd ist eine ordngsmäß beschlossene BeitrErhöhg (LG Aurich Rpfleger **87**, 115). And kann es liegen, wenn für eine erhebl Erhöhg keine nachvollziehb Begründg gegeben w (AG Nürnb Rpfleger **88**, 109).

2) Der Austritt **beendet** die Mitgliedsch. Dch ihn erlöschen grdsl alle MitgliedschR u -Pflten. Vorher 4 entstandene vermögensrechtl Anspr bleiben jedoch bestehen. Die nach dem Wirksamwerden des Austritts fällig werdden Beitr braucht der Ausgeschiedene auch dann nicht zu zahlen, wenn die BeitrSchuld vorher entstanden war (BGH **48**, 211). Für Streitigk aus dem MitgliedschVerh bleibt das in der Satzg festgelegte SchiedsGer weiterhin zuständ (RG **113**, 323). Zum **Ausschluß** s § 25 Rn 26.

40 *Nachgiebige Vorschriften.* **Die Vorschriften des § 27 Abs. 1, 3, des § 28 Abs. 1 und der §§ 32, 33, 38 finden insoweit keine Anwendung, als die Satzung ein anderes bestimmt.**

1   Die nicht genannten Vorschr sind zwingdes Recht; aber auch bei einigen der angeführten Paragraphen bestehen für die Satzgsautonomie Grenzen. Einzelh s bei den Vorschr.

41 *Auflösung.* **Der Verein kann durch Beschluß der Mitgliederversammlung aufgelöst werden. Zu dem Beschluß ist eine Mehrheit von drei Vierteilen der erschienenen Mitglieder erforderlich, wenn nicht die Satzung ein anderes bestimmt.**

1   **1) Allgemeines.** Folgde Begriffe sind zu unterscheiden: – **a) Erlöschen des Vereins.** Es steht dem Tod der natürl Pers gleich. Der Verein ist rechtl nicht mehr existent. – **b) Auflösung des Vereins.** Der Verein endet als werbder Verein. Fällt sein Vermögen gem §§ 45 III, 46 an den Fiskus, führt die Auflög zum sofort Erlöschen (§ 47 Rn 1). Sonst findet eine Liquidation statt (§ 47). Der Verein besteht als Liquidationsverein fort. Nach Beendigung der Liquidation erlischt er. – **c) Verlust der Rechtsfähigkeit.** Der Verein verliert die RFgk. Er kann als nichtrechtsf Verein weiterbestehen; idR führt der Verlust der RFgk aber zur Liquidation u zum Erlöschen des Vereins (s § 42 Rn 1). – **d) Löschung eines fehlerhaft eingetragenen Vereins** gem FGG 159, 142. Auch sie führt zur Liquidation u zum Erlöschen des Vereins (hM, Vorbem 2 v § 55).

2   **2)** Der Verein **erlischt** ohne vorherige Auflösg u Liquidation: – **a)** wenn **alle Mitglieder** dch Tod, Austritt od aus sonst Grden **weggefallen** sind, da der Verein als PersVereinigg ohne Mitgl undenkb ist (BGH **19**, 61, BAG DB **86**, 2687, aA K. Schmidt JZ **87**, 394, LG Frankenthal Rpfleger **91**, 503). Dem steht es gleich, wenn die Mitgl sich jahrelang als solche nicht mehr betätigt u den Vereinszweck endgült aufgegeben haben (BGH WM **76**, 686). Die Abwicklg erfolgt, sow erforderl, dch einen gem § 1913 zu bestelldn Pfleger (BGH **19**, 61, **LM** § 21 Nr 2, BAG NJW **67**, 1437). Bei nur einem Mitgl bleibt der Verein bis zum Eingreifen des RegisterGer (§ 73) als selbstd jur Pers bestehen. – **b) Verbot** des Vereins u Einziehg seines **3**   Vermögens gem VereinsG 3, 4, 11 II bei Verstoß gg StrafG, die verfassgsmäß Ordng od den Gedanken der Völkerverständigg, s dazu BVerwG NJW **89**, 993 („Hell's Angels") u für polit Part GG 21 II u III, BVerfGG 46 III, PartG 32 V.

4   **3) Auflösungsgründe** sind: – **a) Zeitablauf** od Eintritt einer auflösden Bdgg. Vorausetzg ist eine entspr, prakt kaum vorkommde SatzgsBest. – **b) Beschluß der Mitgliederversammlung.** § 41 ist dispositives Recht. Die Satzg kann die Zust aller Mitgl verlangen, einz Mitgl als SonderR ein WidersprR einräumen od die Zust eines and Vereinsorganes vorsehen. Unvereinb mit der Selbständig des Vereins (§ 25 Rn 8) ist es aber, die Entsch über die Auflög einem Dr zu übertragen (Stgt NJW-RR **86**, 995) od für sie den Gen eines Dr vorzusehen (Soergel-Hadding Rn 3), jedoch haben religiöse Vereine insoweit eine Sonderstellg (Einf 17 v § 21). Ein unter polit Druck in Verletzg der Satzg gefaßter AuflösgsBeschl ist nichtig (BGH **19**, 58, Jena OLGNL **94**, 43). Finden sich die Mitgl nach Aufhören des polit Drucks mit der Auflösg ab, kann **5**   darin eine Bestätigg des AuflösgsBeschl liegen (BGH **19**, 64). – **c)** Das am 1. 1. 1995 in Kraft getretene UmwG läßt die **Verschmelzung** von eV zu u macht damit die nach fr Recht (hier 53. Aufl) iF der Fusion notw Auflösg eines od beider Vereine überflüssig. Erforderl ist ein notariell beurkundeter VerschmelzgsVertr u ein mit ¾ Mehrheit gefaßter Beschluß der MitglVersammlg (UmwG 99ff iVm 6). Zulässig ist **6**   nunmehr auch die Spaltg u der Formwechsel von eV (UmwG 149, 272ff). – **d) Kein** AuflösgsGrd ist es, daß der **Vereinszweck** erreicht od seine Erreichg unmöglich geworden ist (BGH **49**, 178). Auch wenn die Satzg für diese Fälle eine Auflög vorsieht, muß der Eintritt des AuflösgsGrdes dch Beschl der MitglVer- **7**   sammlg festgestellt w (Staud-Coing Rn 7). – **e)** Der aufgelöste Verein kann mit satzgsändernder Mehrh seine **Fortsetzung** beschließen (K. Schmidt wie § 21 Rn 1 S 306), vorausgesetzt der AuflösgsGrd wird beseitigt.

42 *Verlust der Rechtsfähigkeit; Konkurs.*   **[I]Der Verein verliert die Rechtsfähigkeit durch die Eröffnung des Konkurses.**

[II]Der Vorstand hat im Falle der Überschuldung die Eröffnung des Konkursverfahrens oder des gerichtlichen Vergleichsverfahrens zu beantragen. Wird die Stellung des Antrags verzögert, so sind die Vorstandsmitglieder, denen ein Verschulden zur Last fällt, den Gläubigern für den daraus entstehenden Schaden verantwortlich; sie haften als Gesamtschuldner.

1   **1) Verlust der Rechtsfähigkeit und Erlöschen.** Fassg des Ges v 25. 3. 1930 (RGBl 93). – **a)** Die KonkEröffng ist kein AuflösgsGrd, sond führt zum **Verlust der Rechtsfähigkeit.** Die gleiche RFolge (§ 41 Rn 3) tritt ein dch Entziehg der RFgk (§§ 43, 73) u Sitzverlegg ins Ausl, sofern der Verein nach dem Recht des neuen Sitzes unter Wahrg seiner Identität als jur Pers fortbesteht (§ 24 Rn 1). Mögl ist auch, daß der Verein auf seine RFgk verzichtet, da der Verzicht ggü der Auflösg ein Minus darstellt (BayObLG **59**, 159). Für die Beschlußfassg über den Verzicht gilt § 41 entspr (Kollhosser ZIP **84**, 1435, aA MüKo/Reuter **2**   Rn 2). Dagg läßt die Löschg des Vereinsnamens seine RFgk unberührt (BGH NJW **84**, 668). – **b)** Der Verlust der RFgk führt idR zur Liquidation u damit im Ergebn doch zum Erlöschen des Vereins. Die Satzg od ein Beschl der MitglVersammlg kann aber bestimmen, daß der eV als nichtrechtsf Verein **fortbestehen** soll (BGH **96**, 257). Der nichtrechtsf Verein ist dann ident mit dem fr eV (Kollhosser ZIP **84**, 1436). Findet ein Konk- od LiquidationsVerf statt (§§ 42, 43), bleibt bis zu dessen Abschluß auch der eV mit eingeschränkter Zweckbestimmg bestehen, iF der Liquidation als Liquidationsverein, iF des Konk prakt als rechtsf KonkMasse. Das Vermögen steht dem Liquidationsverein bzw der Masse zu, nicht dem nichtrechtsf Verein. Die BeitrPfl der Mitgl endet mit der Eröffng des Konk (BGH **96**, 255).

3   **2) Konkurs. – a)** Währd des **Konkurses** übt die KonkVerw die Rechte des Vereins aus. KonkGrde sind ZahlgsUnfgk u Überschuldg (KO 213, 207 I). Antrberecht ist jeder Gläub, jedes VorstdMitgl u jeder Liquidator (KO 208). Wird der EröffngsBeschl vom BeschwGer aufgehoben, gilt der Verlust der RFgk als nicht eingetreten. Beendigg des Konk dch ZwangsVergl od Schlußverteilg stellt dagg die RFgk nicht wieder **4**   her. Eintragg des Konk im Register s § 75. – **b)** Der Vorstd bzw der Liquidator ist **verpflichtet,** iF der

Überschuldg einen Konk- od VerglAntr zu stellen (§§ 42 II, 53). Die Verletzg dieser Pfl begründet eine SchadErsPfl. Diese besteht nicht nur ggü den bei Eintritt der Überschuldg vorhandenen Gläub, sond auch ggü später hinzukommenden (BGH **29**, 102, NJW **94**, 2220 zur GmbH). Die ErsPfl beschränkt sich nicht auf den Schaden, der inf der Verzögerg dch Verringerg der KonkQuote entsteht; der Gläub kann verlangen so gestellt zu w, als habe er gar nicht mit dem überschuldeten Verein kontrahiert (BGH **126**, 190, NJW-RR **95**, 289, Hirte NJW **95**, 1202, and die fr Rspr).

43 *Entziehung der Rechtsfähigkeit.* [I] **Dem Vereine kann die Rechtsfähigkeit entzogen werden, wenn er durch einen gesetzwidrigen Beschluß der Mitgliederversammlung oder durch gesetzwidriges Verhalten des Vorstandes das Gemeinwohl gefährdet.**

[II] **Einem Vereine, dessen Zweck nach der Satzung nicht auf einen wirtschaftlichen Geschäftsbetrieb gerichtet ist, kann die Rechtsfähigkeit entzogen werden, wenn er einen solchen Zweck verfolgt.**

[III] *(Aufgehoben)*

[IV] **Einem Vereine, dessen Rechtsfähigkeit auf Verleihung beruht, kann die Rechtsfähigkeit entzogen werden, wenn er einen anderen als den in der Satzung bestimmten Zweck verfolgt.**

44 *Zuständigkeit und Verfahren.* [I] **Die Zuständigkeit und das Verfahren bestimmen sich in den Fällen des § 43 nach dem Recht des Landes, in dem der Verein seinen Sitz hat.**

[II] **Beruht die Rechtsfähigkeit auf Verleihung durch den** *Bundesrat,* **so erfolgt die Entziehung durch Beschluß des** *Bundesrats.*

1) Entziehung der Rechtsfähigkeit. – a) § 43 I ist eine sinnwidr Vorschr ohne jede prakt Bedeutg. **1** Wenn ein eV dch ein gesetzwidr Verhalten das Gemeinwohl gefährdet, ist die Entzieh der RFgk keine geeignete GgMaßn, da sie den eV als nichtrechtsf Verein fortbestehen läßt (§ 42 Rn 1 f). Allein sinnvoll ist ein Einschreiten aufgrd des VereinsG (§ 41 Rn 3). – b) § 43 II. Ergibt bereits die Satzg, daß der Verein auf **2** einen wirtschaftl GeschBetr gerichtet ist, kann das RegGer gem FGG 142, 159 im Rahmen pflichtmäß Ermessens die Amtslöschg betreiben (Schlesw Rpfleger **90**, 304, BezG Chemnitz Rpfleger **93**, 162). Liegt es dagg so, daß der Verein satzgswidrig einen wirtschaftl GeschBetr aufnimmt, ist allein das Verf gem § 43 II zul (BayObLG **78**, 89, **84**, 287, Hamm OLGZ **93**, 27, KG NJW-RR **93**, 188, aA K. Schmidt NJW **93**, 1225). Das Eingreifen der VerwBeh steht im pflichtmäß Ermessen (Düss VersR **79**, 238, VGH Mü NJW-RR **87**, 830). § 43 II ist auch Grdl für ein Einschreiten gg „Abmahnvereine", jedoch hat UWG 13 II Nr 2 nF inzw den Abmahnvereinen die wirtschaftl Grdl weitgehd entzogen (Vogt NJW **94**, 2512, Kunath WiB **94**, 666). Die Entzieh der RFgk führt über die §§ 45 ff zur Befriedigg der Gläub, der Verein kann aber als nichtrechtsf fortbestehen. – c) § 43 IV gilt für die unter § 22 u § 23 fallden Vereine.

2) Die für die Entzieh der RFgk zuständ Beh (§ 44 I) ist in allen Ländern die höhere VerwBeh (s die **3** ZusStellg bei Soergel/Hadding Rn 2). Für § 44 II ist der BMI zuständ (§ 23 Rn 1).

45 *Anfall des Vereinsvermögens.* [I] **Mit der Auflösung des Vereins oder der Entziehung der Rechtsfähigkeit fällt das Vermögen an die in der Satzung bestimmten Personen.**

[II] **Durch die Satzung kann vorgeschrieben werden, daß die Anfallberechtigten durch Beschluß der Mitgliederversammlung oder eines anderen Vereinsorgans bestimmt werden. Ist der Zweck des Vereins nicht auf einen wirtschaftlichen Geschäftsbetrieb gerichtet, so kann die Mitgliederversammlung auch ohne eine solche Vorschrift das Vermögen einer öffentlichen Stiftung oder Anstalt zuweisen.**

[III] **Fehlt es an einer Bestimmung der Anfallberechtigten, so fällt das Vermögen, wenn der Verein nach der Satzung ausschließlich den Interessen seiner Mitglieder diente, an die zur Zeit der Auflösung oder der Entziehung der Rechtsfähigkeit vorhandenen Mitglieder zu gleichen Teilen, anderenfalls an den Fiskus des** *Bundesstaats,* **in dessen Gebiete der Verein seinen Sitz hatte.**

46 *Anfall an den Fiskus.* **Fällt das Vereinsvermögen an den Fiskus, so finden die Vorschriften über den Anfall des Fiskus als gesetzlichen Erben anfallende Erbschaft entsprechende Anwendung. Der Fiskus hat das Vermögen tunlichst in einer den Zwecken des Vereins entsprechenden Weise zu verwenden.**

47 *Liquidation.* **Fällt das Vereinsvermögen nicht an den Fiskus, so muß eine Liquidation stattfinden.**

1) Allgemeines. Die §§ 45 ff gelten für **alle Fälle** der Auflösg des Vereins (§ 41 Rn 4 ff) u des Verlustes **1** seiner RFgk (§ 42 Rn 1 f). Sie sind entspr anwendb, wenn der Verein gem FGG 142, 159 vom RegGer gelöscht (s aber Vorbem 2 v § 55) od dch Hoheitsakt ohne Einziehg des Vermögens aufgelöst w (KG OLG **44**, 117). Ist der Verein dch Wegfall aller Mitglieder erloschen, erfolgt die Abwicklg dch einen gem § 1913 zu bestellden Pfleger (§ 41 Rn 2), der aber etwaige Überschüsse an den gem § 45 Anfallberecht auszukehren hat. Der **Anfall** des Vereinsvermögens u die Regulierung der Vereinsschulden verläuft je nach der Pers des AnfallBerecht unterschiedl: **(1)** Fällt das Vereinsvermögen an den Fiskus, tritt GesNachf ein u der Verein hört sofort auf zu existieren. **(2)** In allen and Fällen findet eine Liquidation statt; bis zur Beendigg der Liquidation besteht der Verein als Liquidationsverein fort (s Rn 4 f). Über das Schicksal der PersönlichkR des Vereins (NamensR) enthält das Ges keine Regelg. Sie stehen, wenn dem Verein die RFgk entzogen w, dem verbleibden nichtrechtsf Verein zu, andf gehen sie gem §§ 45, 46 auf den AnfallBerecht über (str).

2   **2) Anfallberechtigter. – a)** Wer AnfallBerecht ist, bestimmt die Satzg (§ 45 I) od das nach der Satzg zuständ Vereinsorgan (§ 45 II 1). Beim Idealverein steht der MitglVersammlg auch ohne satzgsmäß Grdl ein BestimmgsR zu (§ 45 II 2); die Zuweisg kann in diesem Fall allerdings nur an öff Stiftgen oder Anstalten erfolgen, worunter aber auch Körpersch öffR mitzuverstehen sind (hM). Beschlüsse über die Bestimmg des
3   AnfallBerecht können auch noch im LiquidationsVerf gefaßt w (s KG JW **35**, 3636). – **b) § 45 III.** Haben die Satzg u das zuständ Vereinsorgan keine Bestimmg getroffen, sind bei rein selbstnützigen Vereinen die Mitgl anfallberecht; bleibt der Verein als nichtrechtsf Verein bestehen (§ 42 Rn 2), tritt er an die Stelle der Mitgl. Dient der Verein nicht ausschließl den Interessen seiner Mitgl od sind trotz eines Verf analog § 50 keine Mitgl zu ermitteln, ist der Landesfiskus od die landesrechtl best Stelle anfallberecht.

4   **3)** Ist der **Fiskus** od die nach EG 85 an seine Stelle tretde Körpersch kr Ges (§ 45 III) od kr Satzgsbestimmg anfallberecht, gehen Vermögen u Schulden des Vereins dch GesNachf über (**§ 46** mit §§ 1922, 1967). Der Fiskus kann nicht ausschlagen (§ 1942 II), Anspr gg ihn können erst nach Feststellg seines AnfallR geltd gemacht w (§§ 1966, 1964), er haftet nur mit dem übernommenen Vermögen (§ 2011 mit § 1994 I 2) u braucht ggü dem GBAmt den Erbschein entspr Bestätig (BayObLG NJW-RR **94**, 914). Die dem Fiskus dch **Satz 2** auferlegte VerwendgsPfl ist keine privatrechtl Verpfl, sond eine öffr Aufl. Sie ist so wenig konkretisiert, daß ihre (angebl) Verletzg nicht den VerwRWeg eröffnet (Soergel/Hadding Rn 3).

5   **4)** Fällt das Vereinsvermögen **nicht** an den **Fiskus,** muß eine **Liquidation** stattfinden (§ 47); ausgenommen sind lediglich die Fälle des (sofort) Erlöschens des Vereins (§ 41 Rn 2) u der KonkEröffng. Die Liquidation dient dem Schutz der Gläub u der AnfallBerecht. Für die Zwecke der Liquidation gilt der Verein als fortbestehd (§ 49 II). Die AnfallBerecht haben lediglich einen schuldrechtl Anspr auf Auskehrg des nach Dchführg der Liquidation verbleibden Überschusses (s KGJ **43**, 184).

48 **Liquidatoren.** ^I **Die Liquidation erfolgt durch den Vorstand. Zu Liquidatoren können auch andere Personen bestellt werden; für die Bestellung sind die für die Bestellung des Vorstandes geltenden Vorschriften maßgebend.**

^{II} **Die Liquidatoren haben die rechtliche Stellung des Vorstandes, soweit sich nicht aus dem Zwecke der Liquidation ein anderes ergibt.**

^{III} **Sind mehrere Liquidatoren vorhanden, so ist für ihre Beschlüsse Übereinstimmung aller erforderlich, sofern nicht ein anderes bestimmt ist.**

49 **Aufgaben der Liquidatoren.** ^I **Die Liquidatoren haben die laufenden Geschäfte zu beendigen, die Forderungen einzuziehen, das übrige Vermögen in Geld umzusetzen, die Gläubiger zu befriedigen und den Überschuß den Anfallberechtigten auszuantworten. Zur Beendigung schwebender Geschäfte können die Liquidatoren auch neue Geschäfte eingehen. Die Einziehung der Forderungen sowie die Umsetzung des übrigen Vermögens in Geld darf unterbleiben, soweit diese Maßregeln nicht zur Befriedigung der Gläubiger oder zur Verteilung des Überschusses unter die Anfallberechtigten erforderlich sind.**

^{II} **Der Verein gilt bis zur Beendigung der Liquidation als fortbestehend, soweit der Zweck der Liquidation es erfordert.**

1   **1)** Die **Vorstandsmitglieder** bleiben als Liquidatoren im Amt (§ 48 I 1). Die Abberufg u Bestellg and Liquidatoren erfolgt nach den für den Vorstd geltden Vorschr (§ 27); auch § 29 ist anwendb (BayObLG **55**, 291 zur GmbH). Zum Liquidator kann auch eine jur Person, etwa eine Rev- u TrHand AG, bestellt w (hM). Der Verein haftet gem § 31 für den Liquidator. Für die Haftg des Liquidators gilt ggü dem Verein § 27 III u ggü den Gläub § 53. Sind mehrere Liquidatoren tätig, gilt abw von § 28 der Grds einstimmiger BeschlFassg (§ 48 III) u GesVertretg. Die Satzg kann aber eine abw Regelg treffen, ebso die MitglVersammlg (str). Eintragg im Reg s § 71.

2   **2) Liquidationsverfahren. – a)** Es hat den **Zweck,** das Vereinsvermögen flüssig zu machen, die Gläub zu befriedigen u das verbleibde Vermögen an die AnfallBerecht (§ 45) auszukehren. Die einz Aufg der Liquidatoren beschreibt **§ 49 I.** Neue Gesch sind auch dann dch § 49 I 2 gedeckt, wenn sie dem Liquidationszweck nur mittelb dienen. Proz werden nicht unterbrochen. AktivProz, die für die Liquidation bedeutgslos sind, sind aber nicht fortzuführen (RG JW **36**, 2651, Ehrenschutz). Auch die Fortführg von TarifVertr
3   gehört nicht zu den Aufg der Liquidatoren (BAG DB **71**, 483, str). – **b)** Die **Vertretungsmacht** der Liquidatoren beschränkt sich auf die Gesch, die dem Liquidationszweck dienen. Diese Beschränkg wirkt ggü Dr aber nur dann, wenn sie die Überschreitg des Liquidationszweckes bei sorgf Prüfg erkennen konnten (RG **146**, 376, BGH NJW **84**, 982 zur KG, und K. Schmidt AcP **184**, 529, der die Grds über den
4   Mißbrauch der Vertretgsmacht anwenden will). – **c)** Der Verein besteht weiter, seine **Rechtsfähigkeit** wird aber dch den Liquidationszweck begrenzt (§ 49 II); dabei gelten die gleichen AbgrenzgsGrds wie bei der Vertretgsmacht der Liquidatoren (MüKo/Reuter Rn 7, str). Die Annahme von Zuwendgen u der ErbschAnfall sind mögl, sow sie dem Liquidationszweck dienen (BayObLG **19**, 196), sie sind ausgeschlossen,
5   wenn sie auf eine WiederAufn der Vereinstätig abzielen (BayObLG OLG **40**, 102). – **d)** Beruht die Liquidation auf einem Beschluß gem § 41, kann das zuständ Vereinsorgan die **Reaktivierung** des Vereins beschließen u dadch die Liquidation beenden (LG Frankenthal Rpfleger **55**, 106). Währd der Liquidation ändert der Wegfall aller Mitgl am Fortbestand des Vereins nichts (KG OLGZ **68**, 206).

50 **Bekanntmachung.** ^I **Die Auflösung des Vereins oder die Entziehung der Rechtsfähigkeit ist durch die Liquidatoren öffentlich bekanntzumachen. In der Bekanntmachung sind die Gläubiger zur Anmeldung ihrer Ansprüche aufzufordern. Die Bekanntmachung erfolgt durch das in der Satzung für Veröffentlichungen bestimmte Blatt, in Ermangelung eines solchen durch**

dasjenige Blatt, welches für Bekanntmachungen des Amtsgerichts bestimmt ist, in dessen Bezirke der Verein seinen Sitz hatte. Die Bekanntmachung gilt mit dem Ablaufe des zweiten Tages nach der Einrückung oder der ersten Einrückung als bewirkt.

II Bekannte Gläubiger sind durch besondere Mitteilung zur Anmeldung aufzufordern.

51 *Sperrjahr.* Das Vermögen darf den Anfallberechtigten nicht vor dem Ablauf eines Jahres nach der Bekanntmachung der Auflösung des Vereins oder der Entziehung der Rechtsfähigkeit ausgeantwortet werden.

52 *Sicherung für Gläubiger.* I Meldet sich ein bekannter Gläubiger nicht, so ist der geschuldete Betrag, wenn die Berechtigung zur Hinterlegung vorhanden ist, für den Gläubiger zu hinterlegen.

II Ist die Berichtigung einer Verbindlichkeit zur Zeit nicht ausführbar oder ist eine Verbindlichkeit streitig, so darf das Vermögen den Anfallberechtigten nur ausgeantwortet werden, wenn dem Gläubiger Sicherheit geleistet ist.

1) Schuldentilgung und Auskehrung des Überschusses. – a) Die **öffentliche Bekanntmachung** im 1 Vereinsblatt, hilfsw im Blatt für öffentl Bekanntmachgen des AmtsG, u die bes Mitteilg an die bekannten Gläub **(§ 50)** sind zwingd vorgeschrieben; sie muß auch dann stattfinden, wenn kein verwertb VereinsVerm vorhanden ist. Soweit einem Gläub dch einen Verstoß Schaden entsteht, haftet der Liquidator (§ 53). Sind anfallsberecht Mitgl unbekannt, gilt § 50 I entspr (LG Bln NJW **58**, 1874). – **b)** Die Nichtanmeldg eines 2 Anspr führt nicht zu einem RVerlust. Zu befriedigen sind alle bekannten Gläub, auch diej, die sich nicht gemeldet h. Falls Erf nicht mögl ist, ist zu hinterlegen (§ 52 I mit §§ 372ff) od Sicherh zu leisten (§ 52 II mit §§ 232ff). – **c)** Die Auskehrg an den AnfallBerecht darf erst nach Ablauf eines **Sperrjahres (§ 51)** erfolgen. Ein Verstoß begründet eine SchadErsPfl des Liquidators (§ 53).

2) Hat der AnfallBerecht in Verletzg der §§ 50ff Leistgen erhalten, muß er diese gem § 812 herausgeben. 3 Der **Bereicherungsanspruch** steht aber nicht dem unbefriedigt gebliebenen Gläub, sond dem Verein zu (BAG NJW **82**, 1831, MüKo/Reuter § 51 Rn 2, str, aA Brschw MDR **56**, 352). Ist die Liquidation ordngsmäß dchgeführt worden, hat der AnfallBerecht die Leistg dagg mit RGrd erhalten; er ist auch dann nicht zur Herausg verpflichtet, wenn sich nachträgl ein unbekannter Gläub meldet (RG **124**, 213 zu GmbHG 73, Staud-Coing Rn 5, aA noch RG **92**, 82).

3) Nach **Beendigung der Liquidation** hört der Verein zu bestehen auf. Für ihn kann niemand mehr 4 handeln (Düss NJW **66**, 1035). Voraussetzg ist jedoch, daß das ges Vermögen bis auf nicht verwertb Ggst (wie GeschBücher u Unterlagen) verwertet od verteilt ist (s Düss aaO). Auch die PartFgk entfällt; eine noch anhäng Klage ist als unzul abzuweisen (BGH **74**, 212, krit Theil JZ **79**, 567). Schwebt ein PassivProz über einen nichtvermögensrechtl Anspr (KündSchutz) besteht der Verein aber bis zu dessen Erledig weiter (BAG NJW **82**, 1831). Ergibt sich nach Beendigg der Liquidation, daß noch Vermögen vorhanden ist, etwa ein SchadErsAnspr gg den Liquidator od ein BerAnspr gg einen AnfallBerecht, ist die Liquidation wiederaufzunehmen (RG HRR **30**, 734). Zuständ ist der bish Liquidator, notf ist gem § 29 ein neuer zu bestellen. Zur Eintrag der Beendigg der Liquidation s § 76 Rn 3.

53 *Schadensersatzpflicht der Liquidatoren.* Liquidatoren, welche die ihnen nach dem § 42 Abs. 2 und den §§ 50 bis 52 obliegenden Verpflichtungen verletzen oder vor der Befriedigung der Gläubiger Vermögen den Anfallberechtigten ausantworten, sind, wenn ihnen ein Verschulden zur Last fällt, den Gläubigern für den daraus entstehenden Schaden verantwortlich; sie haften als Gesamtschuldner.

Fassg der VerglO, die die 1930 geänderte ursprüngl Fassg wiederhergestellt hat. Voraussetzg der Haftg 1 sind: Verletzg der GläubSchutzVorschr der §§ 42 II, 50–52, Verschulden u Entstehg eines Schadens. Der etwaige Anspr gg den AnfallBerecht steht dem Verein zu (§ 52 Rn 3) u schließt daher den ErsAnspr des Gläub nicht aus. Es handelt sich um einen delikt SchadErsAnspr, für dessen Verj § 852 gilt (hM).

54 *Nichtrechtsfähige Vereine.* Auf Vereine, die nicht rechtsfähig sind, finden die Vorschriften über die Gesellschaft Anwendung. Aus einem Rechtsgeschäfte, das im Namen eines solchen Vereins einem Dritten gegenüber vorgenommen wird, haftet der Handelnde persönlich; handeln mehrere, so haften sie als Gesamtschuldner.

1) Allgemeines. Der nichtrechtsf Verein ist ebso wie der rechtsf eine auf Dauer berechnete Verbindg 1 einer größeren Anzahl von Pers zur Erreichg eines gemeins Zweckes, die nach ihrer Satzg körperschaftl organisiert ist, einen GesNamen führt u auf einen wechselnden MitglBestand angelegt ist (RG **143**, 213, BGH **LM** § 31 Nr 11, Einf 13 v § 21). Er unterscheidet sich dch seine körperschaftl Organisation von der Gesellsch. Der GesGeber hat diesen Strukturunterschied bewußt ignoriert u in § 54 best, daß auf den nichtrechtsf Verein die Vorschr über die Gesellsch anzuwenden seien. Dadch sollten vor allem polit Part u die Gewerksch zur Eintragg veranlaßt u einer Kontrolle gem §§ 61 II, 43 III aF unterworfen w („verschleiertes Konzessionssystem"). Dieser ursprüngl Zweck des § 54 ist seit der Aufhebg der §§ 61 II, 43 III überholt u mit geltend VerfassgsR (Art 9 GG) unvereinb. Rspr u Lehre sind daher mit unterschiedl Begründgen zunehmd dazu übergegangen, auf den nichtrechtsf Verein die §§ 21ff anzuwenden (s MüKo/Reuter Rn 2). Dafür spricht vor allem der Gesichtspunkt der verfassgskonformen Auslegg. Das BGB muß für den unter dem Schutz von GG 9 stehden nichtrechtsf Verein eine seiner Struktur adäquate rechtl Ausgestaltg bereitstellen; es darf ihn nicht zu Kontrollzwecken einer offensichtl sachwidr Regelg unterwerfen. Es gilt daher

41

nunmehr der Satz, daß auf den nichtrechtsf Idealverein **Vereinsrecht anzuwenden** ist mit Ausn der Vorschr, die die RFgk voraussetzen (ähnl BGH **50**, 328, Ffm ZIP **85**, 215).

2   **2) Abgrenzung. – a)** Vom **rechtsfähigen Verein** unterscheidet sich der nichtrechtsf allein dch das Fehlen der RFgk. Dabei ist aber zu berücksichtigen, daß der nichtrechtsf Verein verfahrensfäh (Rn 10) u damit in Wahrh teilrechtsf ist (Übbl 1 v § 1). Erwirbt der nichtrechtsf Verein, etwa der Vorverein (§ 21 Rn 9), volle RFgk, besteht zw beiden Identität (BGH WM **78**, 116). Das gilt ebso umgekehrt, wenn der eV **3** auf seine RFgk verzichtet (§ 42 Rn 1). – **b)** Die **Vorgesellschaft** der Genossensch, der AG u der GmbH ist **4** kein nichtrechtsf Verein, sond eine Organisation eig Art (BGH **20**, 281, **22**, 244, **51**, 32, § 21 Rn 9). – **c)** Von der **Gesellschaft** unterscheidet sich der nichtrechtsf Verein dch seine körperschaftl Organisation u seine grdsl Unabhängigk vom Mitgliederwechsel (Einf 13 v § 21). Mögl sind auch ZwFormen, auf die teilw VereinsR u teilw GesellschR anzuwenden ist (BGH NJW **79**, 2305, **LM** § 39 Nr 11). Betreibt der nicht- **5** rechtsf Verein ein **Handelsgewerbe**, untersteht er dem Recht der OHG (BGH **22**, 244, Rn 12). – **d) Einzelfälle:** Als nichtrechtsf Verein hat die Rspr angesehen: ArbGebVerbände u Gewerksch (RG **76**, 27, BGH **42**, 210, **50**, 328), Heilsarmee (RAG JW **35**, 2228), Kartelle u Syndikate (RG **82**, 295), Studentenverbindgen (RG **78**, 135), Ordensniederlassgen (RG **97**, 123, **113**, 127), WaldinteressenGemsch (BGH **25**, 312), uU die Untergliedergen von Großvereinen (Einf 21 f v § 21). Dagg ist eine HausbauGemeinsch als Gesellsch eingestuft worden (BGH WM **61**, 884).

6   **3) Die Organisation** des nichtrechtsf Verein w dch seine Satzg festgelegt, die keiner Form bedarf. Eine langjähr angewandte Regel kann daher uU als konkludent beschlossener SatzgsBestandt aufzufassen sein. Lücken sind dch Auslegg u dch entspr Anwendg der §§ 21 ff zu schließen (BGH **50**, 329); für eine Heranziehg der §§ 708 ff ist idR kein Raum. Die Vorschr über den Vorstd (§§ 26–28) sind entspr anzuwenden (BayObLGZ **90**, 75). Beschränkgen seiner VertrMacht wirken abw von § 70 auch ohne bes Verlautbarg, jedoch können die Grds der ScheinVollm anwendb sein (§ 173 Rn 9). Auch die Vorschren des § 29 (NotVorstd) gelten entspr (dort Rn 1, str), ebso die Best über die MitglVersammlg (§§ 32 ff, BGH WM **85**, 1470, BAG **AP** Nr 4), die Mitglsch (§§ 35–38), den Austritt (§ 39, s RG **143**, 3), die Grds über die Vereinsstrafe u den Ausschluß (BGH **13**, 11, NJW **73**, 35, § 25 Rn 12 ff) sowie die Regeln über die AufnPfl (§ 25 Rn 10 f). Auch § 37 II (Ermächtigg zur Einberufg einer MitglVersammlg dch das RegGer) ist entspr angewandt w (dort Rn 2, str). Bei Vereiniggen im Grenzbereich zw Gesellsch u nichtrechtsf Verein ist der an sich zwingde § 39 II abdingb (BGH NJW **79**, 2305, **LM** § 39 Nr 11). Das Mitgl haftet dem Verein abw von § 708 für jedes Versch (RG **143**, 214, vgl aber § 27 Rn 4).

7   **4) Vermögen. – a)** Es steht wg fehler RFgk nicht dem Verein, sond den Mitgl als GesHandsGemeinsch zu (s Einf 2 v § 21). Das gilt ebso für das **Namensrecht,** das wie beim rechtsf Verein dch § 12 geschützt w (RG **78**, 102). §§ 718, 719 sind nicht anzuwenden, jedoch ergeb sich aus der körperschaftl Struktur des Vereins Besonderh. Der Anteil am VereinsVerm ist weder übertragb noch pfändb (BGH **50**, 329). Das ausscheidde Mitgl hat entgg § 738 keinen Anspr auf AuseinandS od Abfindg (RG **113**, 135, BGH aaO). Sein Anteil wächst den übrigen Mitgl an; auch beim Eintritt eines Mitgl findet ein automat Erwerb dch An- **8** wachsg statt. – **b)** Im **Grundbuch** sind GesHandsGemsch unter dem Namen aller Mitgl einzutragen (GBO 47). Dieser Grds gilt nach RG **127**, 311 u der ständ Praxis der GBÄmter auch für den nichtrechtsf Verein. Mitgliedsstarke Vereine mit fluktuierder Mitgliedsch sind daher vom GBVerk ausgeschlossen u auf die Einschaltg von TrHändern angewiesen (s Ffm NJW **52**, 792). Das ist eine nicht gerechtf Schlechterstellg ggü der OHG u KG (HGB 124, 161) u der als eintraggsfäh anerkannten VorGesellsch der GmbH (BGH **43**, 320, **45**, 348). Mit dem überwiegden Schrifft ist daher die Eintraggsfähigk des nichtrechtsf Vereins zu bejahen, sofern er seine Existenz mit den nach GBO 29 zul BewMitteln nachweisen kann (RGRK-Steffen Rn 16, MüKo/Reuter Rn 16, Stoltenberg MDR **89**, 497, Morlok/Schulte-Trux NJW **82**, 2059 nur zu polit Part; aA **9** Zweibr NJW-RR **86**, 181, Konzen JuS **89**, 27). – **c)** Wird ein **Wechsel** von einem Vertretgsberecht im Namen des nichtrechtsf Vereins gezeichnet, so haftet das Vereinsvermögen als Sondervermögen u daneben der Handelnde gem § 54 S 2 (Soergel-Hadding Rn 19, MüKo/Reuter Rn 18, aA RG **112**, 124, Kblz MDR **55**, 424). Der nichtrechtsf Verein ist auch **erbfähig** idS, daß Erwerb vTw unmittelb Vermögen des Vereins w (§ 1923 Rn 1). Er kann auch Mitgl eines and Vereins od einer jur Pers des HandelsR sein (s LG Duisbg JW **33**, 2167).

10   **5) Stellung im Verfahrensrecht. – a)** Der nichtrechtsf Verein ist **passiv** partei- u vollstreckgsfäh (ZPO 50 II, 735). Über sein Vermögen kann ein Konk- u VerglVerf stattfinden (KO 213, VerglO 108). Dagg sieht die ZPO für den nichtrechtsf Verein **keine aktive** PartFgk vor. Klagberecht ist bei wörtl Auslegg des Ges die Gesamth der VereinsMitgl, wobei ein etwaiger MitglWechsel wg ZPO 265 unerhebl ist (RG **78**, 106). Da es bei mitgliedsstarken Vereinen mit erhebl fluktuierder Mitglsch prakt ausgeschl ist, alle Mitgl in der KlSchrift anzuführen, hat man versucht, dem nichtrechtsf Verein mit verschiedenen Konstruktionen zu gerichtl RSchutz zu verhelfen: – **aa)** Die Satzg best, daß der Vorstd treuhänderischer Inh des Vereinsvermögens ist (Ffm NJW **52**, 793). Diese Lösg ist nicht dchführb, wenn unübertragb nichtvermögensrechtl Anspr, etwa eine Verletzg des NamensR, geltd gemacht w sollen (Mü MDR **55**, 33). – **bb)** Die Satzg ermächtigt den Vorstand zur Klage im eig Namen (LG Bonn **AP** Nr 1). Auch diese Konstruktion versagt bei nicht übertragb Anspr u führt wg des für die gewillkürte ProzStandsch erforderl Eigeninteresses zu Problemen. – **cc)** Die MitglGesamth darf im Proz mit dem Vereinsnamen bezeichnet w (LG Köln MDR **62**, 61). Diese Lösg hat der BGH (**42**, 214) als mit ZPO 253 unvereinb abgelehnt (weniger streng BGH NJW **11** **77**, 1686 u **83**, 1962 zur WoEigtGemsch). – **b)** Inzw hat die Rspr den Gewerksch ausdr volle PartFgk zuerkannt (BGH **50**, 328, **42**, 210). Auch die in der RForm des nichtrechtsf Vereins organisierten polit Part sind nach PartG 3 uneingeschr partfäh. Vgl ferner VwGO 61 Nr 2, GGO 70 Nr 2, FGO 58 II, ArbGG 10. Diese REntwicklg rechtf es, die **aktive Parteifähigkeit** für **alle nichtrechtsfähigen Vereine** zu bejahen (Staud-Coing Rn 19, MüKo/Reuter Rn 12, Soergel/Hadding Rn 33, Stoltenberg MDR **89**, 496). Die GgAns (BGH **109**, 17, BAG DB **90**, 1569, Kblz NJW-RR **93**, 697) läuft im Ergebn auf eine (auch verfassgsrechtl bedenkl) weitgehende Verweigerg von gerichtl RSchutz hinaus (s auch Jung NJW **86**, 157).

6) Haftung. – a) Die Haftg der **Mitglieder** für rechtsgeschäftl Verbindlichk beruht auf § 427. Die **12** Vertretgsmacht des Vorstd ist dchweg darauf beschränkt, die Mitgl nur hins ihres Anteils am Vereinsvermögen zu verpfl (BGH NJW **79**, 2304, 2306, Soergel-Hadding Rn 24). Das ergibt sich aus der Satzg, notf dch eine ergänzde Auslegg anhand der VerkSitte (Erm-Westermann Rn 12). Auf die delikt Haftg ist nach jetzt hM § 31 entspr anzuwenden; er begründet ledigl eine Haftg des GesHandsVerm, nicht aber der Mitgl persönl (Soergel-Hadding Rn 24, MüKo/Reuter Rn 26, Staud-Coing Rn 52; ebso für Gewerksch: BGH **42**, 216, **50**, 329; für Anwendg von § 831 u Haftg mit dem PrivVermögen der Mitgl RG **143**, 212, JW **33**, 423, Schlesw SchlHA **53**, 200). Auch soweit der Verein aus § 831 wg des Verhaltens eines VerrichtgsGeh in Anspr genommen w, haftet ausschließl das SonderVerm. Beim nichtrechtsf Idealverein ist die Haftg daher idR auf das Vereinsvermögen beschränkt (Hamm WM **85**, 644). Verfolgt der Verein wirtschaftl Zwecke iSd § 22, haften dagg neben dem Vereinsvermögen auch alle Mitgl persönl (BGH **22**, 244, Soergel Rn 25, Staud Rn 54). – **b)** Die persönl Haftg des **Handelnden** (§ 54 S 2) ist von seiner Stellg innerh des Vereins unabhäng. **13** Sie entsteht auch dann, wenn der Handelnde vertretgsberecht ist u dch sein Handeln den Verein verpfl. Sie ist keine ErsHaftg, sond zusätzl Haftg u umfaßt nicht nur ErfAnspr, sond auch sämtl SekundärAnspr u Anspr aus c. i. c. (BGH NJW **57**, 1186). Handelnder ist, wer nach außen hin für den Verein auftritt. Auf den dch AuftrErteilg, Einverständn od Gen nur mittelb Handelnden ist § 54 S 2 jedenfalls bei einem Idealverein nicht anzuwenden (BGH aaO). Ist der Handelnde für einen Vorverein (§ 21 Rn 9) aufgetreten, erlischt seine Haftg, wenn der Verein rechtsf w (s Celle NJW **76**, 806, ebso BGH **80**, 183 zu GmbHG 11). Das gilt aber nur für solche Gesch, die deren Vorn die Eintragg bereits in die Wege geleitet war (Düss MDR **84**, 489, s auch BGH **91**, 150 zu GmbHG 11). Der Anspr verjährt in der für den Anspr gg den Verein maßgebden Fr (LG Ffm DB **76**, 2058). Die Haftg kann nicht dch die Satzg, wohl aber dch Vertr auf das Vereinsvermögen beschränkt w. Erforderl sind aber konkr Anhaltspkte für einen entspr PartWillen (RG JW **37**, 392, BGH NJW **57**, 1186). Für polit Part gilt § 54 S 2 nicht (PartG 37).

7) Für den nichtrechtsf Verein gelten die gleichen Erlöschens- u **Auflösungsgründe** wie für den rechtsf **14** (§ 41 Rn 2ff). Während der eV als jur Pers mit nur einem Mitgl weiterexistieren kann, sind für einen nichtrechtsf aber mindestens 2 Mitgl erforderl. Die nach GesellschR weiter mögl AuflösgsGrde (Künd, Konk od Tod eines Mitgl) finden auf den nichtrechtsf Verein keine Anwendg. Da der nichtrechtsf Verein idR nur mit dem VereinsVerm haftet, muß nach Auflösg des Vereins entspr § 47 eine Liquidation stattfinden (Staud-Coing Rn 84, MüKo/Reuter Rn 33, str). Die mit der Abwicklg betrauten Pers haften analog § 53.

2. Eingetragene Vereine

Vorbemerkung

1) Die §§ 55–79 regeln die **registermäßige Behandlung** des Idealvereins. Einzutragen sind: Verein **1** (§ 64), Vorstd u Liquidatoren (§§ 64, 67, 76), Beschränkgen ihrer Vertretgsmacht (§§ 64, 70, 76 I 2), Satzgsändergen (§ 71), Auflösg, Entziehg der RFgk, Konk (§§ 74, 75). Auch die Beendigg der Liquidation u das Erlöschen des Vereins sind eintraggspflichtig (§ 76 Rn 3, sehr str). **Konstitutiv** ist die Eintragg ledigl für die Erlangg der RFgk (§ 21) u die Satzgsänderg (§ 71), iü haben die Eintraggen nur deklarator Wirkg (§ 70 Rn 2). Jede Eintragg setzt eine **Anmeldung** voraus, die notf gem § 78 erzwungen w kann. Die Erstanmeldg muß dch alle VorstdMitgl erfolgen (§ 59 Rn 1); in allen and Fällen (§§ 67, 71, 74, 76) genügt eine Anmeldg dch den Vorstd in vertretgsberecht Zahl (BGH **96**, 247, BayObLG **81**, 272). Gesetzw Anmeldgen sind zurückzuweisen (§ 60). Für das Verf gilt ergänzd das FGG, insb die §§ 159, 160a. Die Registerführg ist dch BRBeschl v 3. 11. 1898 (ZentrBlDR 438, abgedruckt in Piller/Hermann, JustizVerw-Vorschr Nr 4e), iü dch VerwVorschr der Länder geregelt.

2) Die Eintragg ist beim Fehlen einer wesentl Voraussetzg unzul (FGG 159, 142). Sie kann vom Ger mit **2** Wirkg *ex nunc* vAw gelöscht w (Sauter/Schweyer Rn 413). Bis zur Löschg ist die Eintragg gült (RG **81**, 210, BGH NJW **83**, 993); sie führt zur Auflösg u Liquidation (MüKo/Reuter § 41 Rn 17, aA Oetker NJW **91**, 389), jedoch kann die MitglVersammlg das Weiterbestehen als nichtrechtsfäh Verein beschließen. Ein wesentl **Mangel** iSd FGG 142 ist der Verstoß gg MußVorschr (§§ 21, 26 I, 57 I, 59 I, 73). Bei Verletzg von SollVorschr (§§ 56, 57 II, 58, 59 III) hat das Ger die Anmeldg, soweit der Mangel behebb ist, dch ZwVfg zu beanstanden (BayObLG **69**, 36) u notf zurückzuweisen, § 60 (BayObLG NJW-RR **92**, 802); die ohne Beseitigg des Mangels dchgeführte Eintragg ist aber wirks.

55 *Zuständigkeit des Amtsgerichts.* [I] **Die Eintragung eines Vereins der im § 21 bezeichneten Art in das Vereinsregister hat bei dem Amtsgerichte zu geschehen, in dessen Bezirke der Verein seinen Sitz hat.**

[II] **Die Landesjustizverwaltungen können die Vereinssachen einem Amtsgericht für die Bezirke mehrerer Amtsgerichte zuweisen.**

Das RPflG 1957 hat den Absatz 2 angefügt. Die örtl Zuständigk richtet sich nach dem Sitz des Vereins **1** (§ 24). Zur Sitzverlegg s § 24 Rn 3. Funktionell zuständ ist der RPfleger (RPflG 3 Nr 1a). Die vom örtl unzuständ Ger vorgenommene Eintragg ist wirks (FGG 7).

55a *EDV-Vereinsregister.* [I] **Die Landesregierungen können durch Rechtsverordnung bestimmen, daß und in welchem Umfang das Vereinsregister in maschineller Form als automatisierte Datei geführt wird. Hierbei muß gewährleistet sein, daß**

1. die Grundsätze einer ordnungsgemäßen Datenverarbeitung eingehalten, insbesondere Vorkehrungen gegen einen Datenverlust getroffen sowie die erforderlichen Kopien der Datenbestände

mindestens tagesaktuell gehalten und die originären Datenbestände sowie deren Kopien sicher aufbewahrt werden;

2. die vorzunehmenden Eintragungen alsbald in einen Datenspeicher aufgenommen und auf Dauer inhaltlich unverändert in lesbarer Form wiedergegeben werden können;

3. die nach der Anlage zu § 126 Abs. 1 Satz 2 Nr. 3 der Grundbuchordnung gebotenen Maßnahmen getroffen werden.

Die Landesregierungen können durch Rechtsverordnung die Ermächtigung nach Satz 1 auf die Landesjustizverwaltungen übertragen.

II Die Führung des Vereinsregisters auch in maschineller Form umfaßt die Einrichtung und Führung eines Verzeichnisses der Vereine sowie weiterer, für die Führung des Vereinsregisters erforderlicher Verzeichnisse.

III Das maschinell geführte Vereinsregister tritt für eine Seite des Registers an die Stelle des bisherigen Registers, sobald die Eintragungen dieser Seite in den für die Vereinsregistereintragungen bestimmten Datenspeicher aufgenommen und als Vereinsregister freigegeben worden sind. Die entsprechenden Seiten des bisherigen Vereinsregisters sind mit einem Schließungsvermerk zu versehen.

IV Eine Eintragung wird wirksam, sobald sie in den für die Registereintragungen betimmten Datenspeicher aufgenommen ist und auf Dauer inhaltlich unverändert in lesbarer Form wiedergegeben werden kann. Durch eine Bestätigungsanzeige oder in anderer geeigneter Weise ist zu überprüfen, ob diese Voraussetzungen eingetreten sind. Jede Eintragung soll den Tag angeben, an dem sie wirksam geworden ist.

V Die zum Vereinsregister eingereichten Schriftstücke können zur Ersetzung der Urschrift auch als Wiedergabe auf einem Bildträger oder auf anderen Datenträgern aufbewahrt werden, wenn sichergestellt ist, daß die Wiedergabe oder die Daten innerhalb angemessener Zeit lesbar gemacht werden können. Bei der Herstellung der Bild- oder Datenträger ist ein schriftlicher Nachweis über ihre inhaltliche Übereinstimmung mit der Urschrift anzufertigen.

VI Wird das Vereinsregister in maschineller Form als automatisierte Datei geführt, so kann die Datenverarbeitung im Auftrag der zuständigen Amtsgerichts auf den Anlagen einer anderen staatlichen Stelle oder auf den Anlagen einer juristischen Person des öffentlichen Rechts vorgenommen werden, wenn die ordnungsgemäße Erledigung der Registersachen sichergestellt ist. Die Landesregierungen werden ermächtigt, durch Rechtsverordnung zu bestimmen, daß die Daten des bei einem Amtsgericht in maschineller Form geführten Vereinsregisters an andere Amtsgerichte übermittelt und dort auch zur Einsicht und zur Erteilung von Ausdrucken bereitgehalten werden, wenn dies der Erleichterung des Rechtsverkehrs dient und mit einer rationellen Registerführung vereinbar ist; die Landesregierungen können durch Rechtsverordnung die Ermächtigung auf die Landesjustizverwaltungen übertragen.

VII Das Bundesministerium der Justiz wird ermächtigt, durch Rechtsverordnung mit Zustimmung des Bundesrates nähere Vorschriften zu erlassen über die Einzelheiten der Einrichtung und Führung des Vereinsregisters, auch soweit es maschinell geführt wird.

1   **1) Allgemeines.** Die dch das RegVBG in das BGB eingefügte Vorschr ermöglicht die Umstellg des Vereinsregisters auf EDV, begründet aber keine Pfl dazu. § 55a entspr weitgehd GBO 126, 128 u 129 idF des RegVBG, die – prakt viel wichtiger – die Einführg des EDV-GrdB zulassen. Eine weitere Paral-lelVorschr enthält für das Handelsregister HGB 8a. § 55a enthält reines VerfR; seine Einfügg in das BGB ist (grob) systemwidr.

2   **2) Umstellung des Vereinsregisters auf EDV.** Sie setzt voraus: – **a)** Eine **Rechtsverordnung** der LReg (I 1) od, wenn diese ihre VO-Ermächtigg übertragen hat (I 3), eine RVO der LJustizVerw. Die
3   Umstellg kann zeitl gestaffelt u auf Teile des Registers beschränkt w. – **b) Zuverlässigkeit und Sicherheit des EDV-Registers.** Das Register muß den Anfordergen von I 2 Nr 1–3 entsprechen. Diese betreffen vor allem die Software u sollen gewährleisten, daß das EDV-Register die gleiche Sicherh u Qualität bietet, wie das herkömml. Nach der in I 2 Nr 3 in Bezug genommenen Anlage zu GBO 126 I 2 Nr 3 (abgedruckt im Schönfelder Nr 114 S 37/38 u hier 54. Aufl) müssen vor allem Vorkehrgen gg unbefugte Eingriffe Dritter (Abruf, Veränderg od Vernichtg von Daten, Hacker!) getroffen w. Weitere Anfordergen kann das BMJ gem
4   VII dch RVO festlegen. – **c) Wirksamwerden der Umstellung (III).** Die Umstellg der Registerführg auf EDV wird nicht einheitl für den ganzen Bezirk wirks, sond gem IV für die einzelnen Vereine, soweit jeweils die Umstellg vollzogen ist. Das hat den Vorteil, daß die mit der Umstellg verbundene Vereinfach u Beschleunigg möglichst fr wirks wird.

5   **3) Führung des EDV-Registers. – a) Wirksamwerden der Eintragung (IV).** Beim EDV-Register ist die Unterzeichn der Eintragg, die diese nach FGG 159, 127 wirks werden läßt, nicht mögl. IV stellt daher auf die Aufnahme der Eintragg im Datenspeicher ab. Die anschließende Überprüfg der Eintragg (IV 2) ist eine wicht Sichergsmaßnahme, aber keine WirksamkVoraussetzg. Da IV 3 eine SollVorschr ist, berührt
6   auch das Fehlen einer Datierg die Wirksamk der Eintragg nicht. – **b)** Auch das **Vereinsverzeichnis** ist gem II elektronisch zu führen. Dieses Verzeichn, dessen Grdl bislang allein eine VerwVorschr war (Bestimmg des BRates vom 3. 11. 1898, ZentrBlDR 438), erhält damit eine zuverläss RGrdl; insoweit hat II auch für das
7   herkömml geführte Register Bedeutg. – **c) Registerakten (V).** Für die Akten des Vereinsregisters sieht § 55a keine Umstellg auf EDV vor, da diese technisch noch nicht mögl ist. V bringt aber für die Aktenver-wahrg eine Erleichterg: Die zum Register eingereichten Schriftstücke können dch eine auch verkleinerte
8   Wiedergabe auf Datenträger aufbewahrt werden. – **d) Benutzung von anderen EDV-Anlagen (VI 1).** VI 1 ermöglicht es, die Datenverarbeitg für das Vereinsregister bei einem Rechenzentrum der Justiz od einer and staatl Stelle zu zentralisieren; zulässig ist auch die Benutzg der Anlage einer anderen jur Pers des öffR,

nicht aber die eines priv Betreibers. Auch bei einem Verf nach VI 1 bleibt das Register ein Register des AG; der Betreiber des Rechenzentrums verrichtet ledigl technische Hilfstätig. – **e) Datenübermittlung an** **9** **andere Amtsgerichte (VI 2).** Sie kann dch RVO zugelassen werden; dadch wird die Registereinsicht u die Erteilg von Ausdrucken (§ 79) im Interesse des Publikums auch bei and AG als dem RegisterGer ermöglicht.

56 Mindestmitgliederzahl. Die Eintragung soll nur erfolgen, wenn die Zahl der Mitglieder mindestens sieben beträgt.

Die Vorschr soll verhindern, daß unbedeutde Vereine eingetragen u rechtsf w. Auch bei einem Dachver- **1** band sind 7 Mitgl erforderl (LG Hbg Rpfleger **81**, 198, aA LG Mainz MDR **78**, 312). Setzen sich die Gründer aus natürl Pers u von diesen beherrschten jur Pers zus, sind für § 56 nur die natürl Pers maßgebd (Stgt OLGZ **83**, 307). Wird die Mindestzahl nicht erreicht, ist die Eintragg abzulehnen (§ 60). Eine in Verletzg des § 56 vorgenommene Eintragg ist auch dann gült, wenn sie dch Täuschg des Ger erschlichen ist (Vorbem 2 v § 55). Es müssen aber bei Gründg mindestens 2 Mitgl vorhanden sein, da es sonst an einem wesentl Begriffsmerkmal des Vereins fehlt (MüKo/Reuter Rn 1).

57 Satzung, Mindesterfordernisse. I Die Satzung muß den Zweck, den Namen und den Sitz des Vereins enthalten und ergeben, daß der Verein eingetragen werden soll.

II Der Name soll sich von den Namen der an demselben Orte oder in derselben Gemeinde bestehenden eingetragenen Vereine deutlich unterscheiden.

58 Weitere Erfordernisse. Die Satzung soll Bestimmungen enthalten:
1. über den Eintritt und Austritt der Mitglieder;
2. darüber, ob und welche Beiträge von den Mitgliedern zu leisten sind;
3. über die Bildung des Vorstandes;
4. über die Voraussetzungen, unter denen die Mitgliederversammlung zu berufen ist, über die Form der Berufung und über die Beurkundung der Beschlüsse.

1) § 57 I ist zwingdes Recht. Seine Verletzg macht die Eintragg unzul (Vorbem 2 v § 55). Die **Satzung 1** muß beim Ger in Urschrift u Abschrift eingereicht w (§ 59). Sie bedarf daher der Schriftform; dabei handelt es sich aber um eine OrdngsVorschr (RGRK-Steffen Rn 1). Fehlt in der Satzg die Klausel, daß der Verein eingetragen w soll, so ist dieser Mangel nach Eintragg unschädl, wenn ein entspr formloser Beschl des Vereins vorliegt (Spitzenberg Rpfleger **71**, 243). Die Satzg kann auch in plattdeutsch verfaßt sein (LG Osnabrück Rpfleger **65**, 304, str). Bezugn auf die beigefügte Satzg eines and Vereins sind zul, wenn die Verweisg eindeut u widersprfrei ist u sie nicht dynamisch, sond statisch ausgestaltet ist (Hamm OLGZ **87**, 397). Die **Prüfung** der Satzg beschränkt sich darauf, ob die in §§ 57f genannten Mindestvoraussetzgen erfüllt sind u ob Grde für eine GesNichtigk (§ 25 Rn 5) vorliegen (Köln NJW **89**, 174, Hamm NJW-RR **95**, 119); eine weitergehde Prüfg, etwa der Klarh u Zweckmäßigk der Satzg, ist unzul (Köln NJW **92**, 1048, NJW-RR **94**, 1547, Rpfleger **95**, 165). Zum Zweck s §§ 21, 22, 23, zum Sitz s § 24.

2) **Namen.** – **a)** Der Verein darf nur einen Namen führen (s RG **85**, 399). Die Führg eines zweiten ist nur **2** zul, wenn er im Rahmen seines Nebenzweckprivilegs (§ 21 Rn 4) eine übernommene Firma weiterbetreibt (s KG JW **32**, 62). § 57 II ist ledigl eine SollVorschr, entspr anwendb ist aber HGB 18 II. Ein Name, der zur **Täuschung** über Art, Größe, Alter od sonst Verhältn des Vereins geeignet ist, darf daher gem § 60 nicht eingetragen w; ist er eingetragen, kann er gem FGG 159, 142 vAw gelöscht w (BayObLG NJW **72**, 958, Hamm OLGZ **81**, 434, stRspr). Kein Eintraggshindern ist die Verletzg des NamensR eines and Vereins (BayObLG **86**, 375). Die Löschg des Namens läßt die RFgk des Vereins unberührt (BGH NJW **84**, 668). – **b) Einzelfälle:** Täuschd sind etwa: „Internationaler Wassersport-Club" für einen kleinen lokalen Verein **3** (LG Hagen Rpfleger **71**, 428); „Privilegierte SchützenGesellsch" für einen Verein ohne Privilegien (BayObLG **59**, 290); „Olympia-Stiftg" für einen Verein, der ausschließl von MitglBeiträgen lebt u keiner Kontrolle der öffentl Hand unterliegt (BayObLG NJW **73**, 249); „AktionsGemsch der dtschen RAnw" für einen Verein mit unbedeutd MitglzZahl (Hamm OLGZ **78**, 431); „Ärztl ArbKreis", wenn nur ⅓ der Mitgl Ärzte sind (Karlsr OLGZ **82**, 385), ein geografischer Zusatz, wenn der Verein in der Region keine besondere Bedeutg hat (LG Schweinfurth Rpfleger **85**, 496). Täuschd **können** auch folgde Bezeichngen od Zusätze sein: Kammer (Ffm OLGZ **74**, 332); Verband (BayObLG **75**, 299) Hanseatisch (Celle Rpfleger **74**, 222); Deutsch (BGH NJW-RR **87**, 1178); Ausschuß (Mü WRP **75**, 178, BayObLG **85**, 215); Akademie (Brem NJW **72**, 164); Gemeinde (LG Bonn Rpfleger **87**, 205); Institut (s BGH NJW-RR **87**, 735, BayObLG NJW-RR **90**, 1125); LandesarbeitsGemsch (BayObLG NJW-RR **93**, 184); Fachverband (LG Brem Rpfleger **89**, 202); Jahreszahl, die nicht mit dem Gründgsjahr ident ist (BayObLG NJW **72**, 957, KG OLGZ **83**, 272). **Unbedenklich** sind die Namen „Griechische Gemeinde" für einen Verein, der Interessen seiner griech Mitgl fördern will (BayObLG **82**, 282), „Anwalt des Kindes", wenn die Interessen von Kindern wahrgenommen werden sollen (Hbg NJW-RR **91**, 1005), „Ärztetag für Medizin ohne Nebenwirkg", wenn der Vereinszweck entspr ausgerichtet ist (BayObLG NJW **92**, 2362).

3) § 58 enthält SollVorschr (s Vorbem 2 v § 55). – **a) Nr 1.** Die Satzg muß klarstellen, ob zum **Eintritt 4** eine BeitrittsErkl genügt od ob ein bes AufnVerf stattfinden soll (BayObLG NJW **72**, 1323, LG Münst MDR **74**, 309). Eine Vorschr über die Form des Beitritts ist dagg nicht erforderl, da iZw Formfrei gilt (BayObLG aaO). – **b) Nr 2.** Der Verein kann grdsl nur **Beiträge** erheben, wenn die Satzg das vorsieht (**5** (Hamm DB **76**, 93). Ausnw kann sich das Recht der MitglVersamml, Beiträge festzusetzen, aus dem Vereinszweck ergeben. Ziffermäß Bestimmg der Beitragshöhe ist nicht erforderl; es genügt idR, wenn die Satzg das für die Festsetzg zuständ Organ bezeichnet. Will der Verein dch die Beiträge umfangreiche Leistgen für die Mitgl finanzieren, muß die Satzg die Grdzüge der BeitragsPfl festlegen (BGH **105**, 313).

Auch Umlagen für einen außergewöhnl Bedarf bedürfen einer speziellen satzgsmäß Grdl (Müller MDR **92**, 924). Der Beitrag kann bei einer entspr satzgsmäß Grdl auch in einer Wk- od Dienstleistg bestehen (AG Grevenbroich NJW **91**, 2646). Die Begründg vereinsrechtl ArbPflten darf aber nicht zur Umgehg zwingder arbeitsrechtl Schutznormen führen (BAG DB **95**, 1715). Bei der Festsetzg des Beitrags ist der Verein an den Grds der Gleichbehandlg gebunden (LG Bonn DB **92**, 879). Die BeitrPfl endet mit der KonkEröffng (BGH
6 **96**, 254). – **c) Nr 3.** Die Satzg muß unzweideut festlegen, wie sich der **Vorstand** zusammensetzt (s § 26 Rn 2). Bestimmt die Satzg eine Höchst- u/od Mindestzahl, entscheidet die MitglVersammlg (BayObLG **69**, 36). Die Satzg kann der MitglVersammlg die Bestimmg der Zahl der VorstdMitgl aber auch ohne Festlegg einer Ober- u Untergrenze überlassen (LG Gießen MDR **84**, 312). Fälle fehlder Eindeutig BayObLG **72**,
7 286 (dazu Danckelmann NJW **73**, 735), BayObLG **76**, 230, ferner § 26 Rn 1 ff. – **d) Nr 4.** Die Satzg muß die Form der Berufg der **Mitgliederversammlung** bestimmen; sie kann diese nicht dem Ermessen des Vorstd überlassen (Hamm OLGZ **65**, 66, näher § 32 Rn 3). Über die Beurkundg der Beschlüsse kann die Satzg nach freiem Belieben entscheiden. Sie kann auch von einer Beurkundg absehen.

59 **Anmeldung.** ¹ Der Vorstand hat den Verein zur Eintragung anzumelden.
       ² Der Anmeldung sind beizufügen:
1. die Satzung in Urschrift und Abschrift;
2. eine Abschrift der Urkunden über die Bestellung des Vorstandes.
³ Die Satzung soll von mindestens sieben Mitgliedern unterzeichnet sein und die Angabe des Tages der Errichtung enthalten.

1 I begründet trotz seines befehlden Wortlauts für den Vorstd keine öffr AnmeldePfl (*arg* § 78). Verweigert der Vorstd die Anmeldg, muß die MitglVersammlg gem § 27 II vorgehen. AntrSteller so gibt es Vorverein (BayObLG NJW-RR **91**, 958). Auch wenn die Satzg für RGesch Einzelvertretg zuläßt, muß die Erstanmeldg dch **alle Vorstandsmitglieder** erfolgen (Hamm OLGZ **80**, 389, **84**, 15, MüKo/Reuter Rn 3, str, aA BayObLG NJW-RR **91**, 959, Kirberger ZIP **86**, 349, s Vorbem 1 v § 55). Obliegt die Wahl einem and Vereinsorgan, zB einem Kuratorium, ist der Anmeldg auch die Urk über dessen Bestellg beizufügen (BayObLG **84**, 1). Anmeldg dch einen Bevollmächtigten setzt eine öff beglaubte Vollm voraus (KGJ **26**, A 232). Eine ohne Anmeldg od aGrd einer nicht ordngsmäß Anmeldg vorgenommene Eintragg ist gem FGG 159, 142 vAw zu löschen (BayObLG JFG **1**, 273). Verstoß gg II u III berührt Gültigk der Eintragg nicht. Form der Anmeldg s § 77.

60 **Zurückweisung der Anmeldung.** Die Anmeldung ist, wenn den Erfordernissen der
       §§ 56 bis 59 nicht genügt ist, von dem Amtsgericht unter Angabe der Gründe zurückzuweisen.

1 Die Anmeldg ist auch bei sonst GesVerletzgen zurückzuweisen. Gleichgült ist, ob die verletzte Norm eine Muß- oder SollVorschr ist (Stgt OLGZ **83**, 309, s aber Vorbem 2 v § 55). Das Ger hat, wenn begründete Bedenken bestehen, ein PrüfgsR (BayObLG **63**, 17). ZurückweisgsGrde sind etwa: gesetzwidr Vereinszweck (§ 25 Rn 5), Verstoß gg die guten Sitten (s RG JW **20**, 961), Verfolg wirtschaftl Zwecke (§ 21 Rn 2 ff), Führg eines täuschden Namens (§ 58 Rn 2 f), Mißbr der RForm des Vereins für eine unselbst VerwStelle (§ 25 Rn 8). Es entscheidet der Rpfleger. Gg seine Entscheidg ist die sofort Erinnerg zul (RPflG 11), die, wenn ihr der Ri nicht abhilft, gem RPflG 11 II, FGG 160a I zur sofort Beschw w. Beschwerdeberecht ist der Vorverein (§ 21 Rn 9). Ist der Mangel behebb, ist eine ZwVfg u nicht die sofort Zurückweisg angezeigt (BayObLG **69**, 36).

61 **Einspruchsrecht der Verwaltungsbehörde.** ¹ Wird die Anmeldung zugelassen, so hat
       das Amtsgericht sie der zuständigen Verwaltungsbehörde mitzuteilen.
² Die Verwaltungsbehörde kann gegen die Eintragung Einspruch erheben, wenn der Verein nach dem öffentlichen Vereinsrecht unerlaubt ist oder verboten werden kann.

62 **Mitteilung des Einspruchs.** Erhebt die Verwaltungsbehörde Einspruch, so hat das
       Amtsgericht den Einspruch dem Vorstande mitzuteilen.

63 **Voraussetzungen der Eintragung.** ¹ Die Eintragung darf, sofern nicht die Verwal
       tungsbehörde dem Amtsgericht mitteilt, daß Einspruch nicht erhoben werde, erst erfolgen, wenn seit der Mitteilung der Anmeldung an die Verwaltungsbehörde sechs Wochen verstrichen sind und Einspruch nicht erhoben ist oder wenn der erhobene Einspruch seine Wirksamkeit verloren hat.
² Der Einspruch wird unwirksam, wenn die nach den Bestimmungen des Vereinsgesetzes zuständige Behörde nicht binnen eines Monats nach Einspruchserhebung ein Verbot des Vereins ausgesprochen hat oder wenn das rechtzeitig ausgesprochene Verbot zurückgenommen oder unanfechtbar aufgehoben worden ist.

1 **1)** §§ 61–63 iVm § 43 III enthielten bis zum Inkrafttr der WeimRV (124 II) für polit, sozialpolit u religiöse Vereine das „verschleierte" Konzessionssystem (Einf 7 v § 21, § 54 Rn 1). Sie beruhen in ihrer jetzigen Fassg auf dem GesEinhG (Bestätigg der Änderg des § 61 II u dem VereinsG (Streichg des § 62 II, Neufassg des § 63). Sie sind auf polit Part nicht anzuwenden (PartG 37).

2 **2) Eintragungsverfahren. – a)** Die **Zulassung** der Anmeldg (§ 61 I) bedarf keiner Form. Sie liegt idR in der Mitteilg an die VerwBeh. Mitzuübersenden ist auch die Satzg. – **b)** Die **zuständige Behörde** bestimmt

das LandesR. Zuständ sind idR die unteren VerwBeh (ZusStellg bei MüKo/Reuter § 61 Rn 3). – **c)** Der   3
Einspruch (§ 63) kann nur darauf gestützt w, daß der Verein nach öff VereinsR (GG 9 III, PartG 33) unerlaubt ist od verboten w kann. Er ist auch dann zuläss, wenn sich der Verstoß nicht aus der Satzg, sond dem tats Verhalten des Vereins ergibt. Ist der Verein nach bürgerl Recht unzul, hat die VerwBeh kein Einspr- od BeschwR, sie kann aber auf Bedenken hinweisen. Der Einspr ist für das RegGer bindd; das Ger kann einen Verstoß gg das öff VereinsR aber auch dann gem § 60 beanstanden, wenn die VerwBeh keinen Einspr erhebt (BayObLG **81**, 294, LG Hbg NJW-RR **91**, 892). Sofern die Eintragg noch nicht verfügt ist, ist auch der nach Ablauf der 6-Wochen-Frist eingelegte Einspr zu beachten. Der Verein kann gg das Verbot (§ 63 II), nicht aber gg den Einspr AnfKlage vor dem VerwGer erheben (MüKo/Reuter Rn 3). Nach Eintragg kann die VerwBeh den Verein nicht mehr aus Grden verbieten, die sie mit einem Einspr hätte geltd machen können. – **d)** Die   4
Eintragung setzt voraus, daß die VerwBeh keinen Einspr erhebt od diesen nicht weiterverfolgt; Einzelh s § 63. Eintragg in Verletzg der §§ 61 ff unterliegt der Löschg (Vorbem 2 v § 55), sow der Mangel nicht dch FrAblauf ggstlos w.

64   **Inhalt der Eintragung.**   Bei der Eintragung sind der Name und der Sitz des Vereins, der Tag der Errichtung der Satzung sowie die Mitglieder des Vorstandes im Vereinsregister anzugeben. Bestimmungen, die den Umfang der Vertretungsmacht des Vorstandes beschränken oder die Beschlußfassung des Vorstandes abweichend von der Vorschrift des § 28 Abs. 1 regeln, sind gleichfalls einzutragen.

65   **Zusatz „e. V.“.**   Mit der Eintragung erhält der Name des Vereins den Zusatz „eingetragener Verein“.

66   **Bekanntmachung.**   ᴵ Das Amtsgericht hat die Eintragung durch das für seine Bekanntmachungen bestimmte Blatt zu veröffentlichen.

ᴵᴵ Die Urschrift der Satzung ist mit der Bescheinigung der Eintragung zu versehen und zurückzugeben. Die Abschrift wird von dem Amtsgerichte beglaubigt und mit den übrigen Schriftstücken aufbewahrt.

1) Eintragung. – a) § 64 regelt iVm FGG 159, 130 den **Inhalt der Eintragung.** Zwingd erforderl ist die   1
Eintragg von Name u Sitz des Vereins. Fehlen diese zur Individualisierg notw Angaben liegt keine Eintragg im RSinne vor; iü ist § 64 nur OrdngsVorschr. – **b)** Mit der Eintragg beginnt die **Rechtsfähigkeit** des   2
Vereins. Sie besteht bis zur Löschg (Vorbem 2 v § 55) auch dann, wenn die Eintragg in Verletzg zwingden Rechts erfolgt ist. Der Verein muß den Zusatz „eingetragener Verein" od abgekürzt „eV" führen (§ 65). Ein entspr fremdsprachl Zusatz genügt nicht (KG JW **30**, 3777). Wiederholte Verletzg des § 65 kann für den Handelnden eine RScheinhaftg analog § 54 S 2 begründen. – **c)** **Eintragungen** über den gesetzl **vorgeschrie-**   3
benen Inhalt hinaus sind entspr dem allg Grds des RegR nicht zul (RG **85**, 141, BayObLG **69**, 37, KG JFG **2**, 280, hM). Zu den nach dem Zweck des Ges eintraggsfäh Tats gehört alles, was die satzgmäß Vertretgsverhältn des Vereins offenlegt (§ 70 Rn 4). Eintraggsfäh sind daher die Ausgestaltg der Vertretgsmacht bei einem mehrköpfigen Vorstd (s BGH **69**, 253, RG **85**, 141), insbes die Einräumg von Einzelvertretgsmacht od sonst Abweichgen vom MehrhPrinzip (Düss Rpfleger **82**, 477), die Bestellung von bes Vertretern gem § 30 (BayObLG **81**, 77), ausgenommen jedoch die bloßen Haftgsvertreter (§ 30 Rn 6).

2) Die **Bekanntmachung** dch Veröffentlichg (§ 66 II) u dch Mitteilg an den Anmeldden (FGG 159, 130 II)   4
ist RPfl des Ger, aber nicht WirksamkVoraussetzg der Eintragg. – Gg die Eintragg ist **kein Rechtsmittel,** sond nur der Antr auf Amtslöschg gem FGG 159, 142 zul. RMittel gg Zurückweisg der Anmeldg s § 60 Rn 1.

67   **Änderung des Vorstandes.**   ᴵ Jede Änderung des Vorstands ist von dem Vorstand zur Eintragung anzumelden. Der Anmeldung ist eine Abschrift der Urkunde über die Änderung beizufügen.

ᴵᴵ Die Eintragung gerichtlich bestellter Vorstandsmitglieder erfolgt von Amts wegen.

68   **„Negative Publizität“.**   Wird zwischen den bisherigen Mitgliedern des Vorstandes und einem Dritten ein Rechtsgeschäft vorgenommen, so kann die Änderung des Vorstandes dem Dritten nur entgegengehalten werden, wenn sie zur Zeit der Vornahme des Rechtsgeschäfts im Vereinsregister eingetragen oder dem Dritten bekannt ist. Ist die Änderung eingetragen, so braucht der Dritte sie nicht gegen sich gelten zu lassen, wenn er sie nicht kennt, seine Unkenntnis auch nicht auf Fahrlässigkeit beruht.

69   **Registerauszug.**   Der Nachweis, daß der Vorstand aus den im Register eingetragenen Personen besteht, wird Behörden gegenüber durch ein Zeugnis des Amtsgerichts über die Eintragung geführt.

70   **Beschränkung der Vertretungsmacht; Beschlußfassung.**   Die Vorschriften des § 68 gelten auch für Bestimmungen, die den Umfang der Vertretungsmacht des Vorstandes beschränken oder die Beschlußfassung des Vorstandes abweichend von der Vorschrift des § 28 Abs. 1 regeln.

1) Seit der Neufassung des § 67 dch das VereinsG sind nur noch **Änderungen des Vorstands** anmelde-   1
pflichtig, nicht mehr die Wiederwahl derselben VorstdMitgl. Es genügt die Anmeldg dch den Vorstd in vertretgsberecht Zahl (BGH **96**, 247, BayObLG **81**, 272, Vorbem 1 v § 55). Erzwingbark der Anmeldg: § 78, Form: § 77.

2   **2) Wirkung der Eintragung. – a)** Die Eintragg des Vorstd (§ 64), von Beschränkgen seiner Vertretgsmacht (§ 70), von Bestimmgen über seine BeschlFassg (§ 70) u von Ändergen seiner ZusSetzg (§ 67) wirkt nur kundmachd (§ 68). Sie hat keine positive Publizität, schützt also nicht gg eine von Anfang an unricht Eintragg (BayObLG Rpfleger **83**, 74), jedoch kann in einem solchen Fall Vertretgsmacht nach RScheinGrds anzunehmen sein (§ 173 Rn 13). Nach § 68 iVm § 70 hat das Vereinsregister **negative Publizität**. Beschränkgen od Ändergen, die nicht im Register eingetragen sind, können einem Dr nur entggehalten w, wenn er sie kannte; Kennenmüssen genügt nicht. Umgekehrt muß der Dr eingetragene Beschränkgen u Ändergen gg sich gelten lassen, es sei denn, daß er sie nicht kennt u nicht kennen muß, etwa weil die Eintragg unmittelb vor Abschluß des RGesch erfolgt ist od der Dr sich einen Registerauszug (s § 69) hat vorlegen lassen. Beschränkgen dch Satzgsänderg wirken aber wg § 71 auch ggü einem Bösgläubigen nur iF

3 der Eintragg. – **b) Dritter** iSd § 68 kann auch ein VereinsMitgl sein, so zB wenn der Beitrag an den fr Vorstd gezahlt w. § 68 gilt im Proz (Ffm Rpfleger **78**, 134: Zust an einen frVorstdMitgl), nicht aber, sow es um Maßn gem ZPO 890 geht (Ffm aaO), auch nicht im delikt Bereich (BGH DB **85**, 1838). Zur **Einberufung** der MitglVersammlg ist der eingetragene Vorstd analog AktG 121 II 2 auch dann befugt, wenn die Bestellg ungült od die Amtszeit abgelaufen ist (KG OLGZ **71**, 481, BayObLG **85**, 26, **88**, 412). –

4 **c)** Beschränkgen der Vertretgsmacht u Bestimmgen, die bei einem mehrköpf Vorstd die Vertretgsbefugn abw von § 28 I regeln, müssen – and als der sonst SatzgsInh – im Register eingetragen w (s BGH **18**, 303); davon gehen §§ 68, 70 erkennb aus. Anmelde- u eintraggpflicht sind aber auch Befreiungen vom Verbot des § 181 (LG Ravensbg Rpfleger **90**, 26).

5   **3)** Das in § 69 vorgesehene **Legitimationszeugnis** dient der Erleichterg des Verk mit Behörden. Wenn eine PrivPers sich ein derart Zeugn vorlegen läßt, handelt sie idR nicht fahrl iSd § 68 S 2.

71 *Änderungen der Satzung.*   [I] **Änderungen der Satzung bedürfen zu ihrer Wirksamkeit der Eintragung in das Vereinsregister. Die Änderung ist von dem Vorstande zur Eintragung anzumelden. Der Anmeldung ist der die Änderung enthaltende Beschluß in Urschrift und Abschrift beizufügen.**
[II] **Die Vorschriften der §§ 60 bis 64 und des § 66 Abs. 2 finden entsprechende Anwendung.**

1   **1) Eintragung. – a)** Die Eintragg ist iF der SatzgsÄnd (§ 33) **konstitutiv.** Solange sie nicht erfolgt ist, hat die SatzgsÄnd im Verhältn zu Dr u zu den Mitgl keine Wirkg (BGH **23**, 128, Köln NJW **64**, 1575). Die Vereinsorgane können bereits vor der Eintragg auf Grund der neuen Satzg Beschlüsse fassen, diese werden aber erst mit Eintragg der SatzgsÄnd wirks (RGRK-Steffen Rn 1). Aufschiebd bedingte od befristete Änd w dch

2 § 71 nicht ausgeschl (Ziegler Rpfleger **84**, 320, str). – **b)** Für die Anmeldg u das **Eintragungsverfahren** gelten die gleichen Regeln wie bei der Ersteintragg (II iVm §§ 60–64, 66 II). Es genügt jedoch die Anmeldg dch den Vorstd in vertretgsberecht Zahl (Vorbem 1 v § 55). Die Anmeldg muß dch den nach der alten Satzg gewählten Vorstd erfolgen; notf ist ein NotVorstd zu bestellen (§ 29); der aufgrd der geänderten Satzg gewählte Vorstd ist noch nicht zuständ (Brem NJW **55**, 1925, aA Richert DRiZ **57**, 17). Unzul SatzgsÄnd dürfen nicht eingetragen w (Stgt OLGZ **71**, 465). PrüfsGgst ist der GesamtInh der Satzg, also auch der unverändert gebliebene Teil (BayObLG **84**, 295), aber nur in den Grenzen von § 58 Rn 1. Dagg ist nicht zu prüfen, ob die Satzg den schuldrechtl Pflten des Vereins, etwa auf Mitwirkg des BetrRats, entspr (LG

3 Augsbg Rpfleger **75**, 87). – **c)** § 71 betrifft SatzgsÄnd des eV. SatzgsÄnd im Gründgsstadium (§ 21 Rn 9) bedürfen keiner bes Anmeldg. Die Einreichg der geänderten Satzg genügt.

4   **2) Hins des Inhalts der Eintragung** ist zu unterscheiden: – **a)** Soweit die Änderg Ggst betrifft, die nach §§ 64, 70 inhaltl im Register zu verlautbaren sind, muß die Eintragg den Inh unzweideut wiedergeben. Das

5 gilt vor allem für Beschränkgen der Vertretgsmacht des Vorstd (BGH **18**, 307, allgM). – **b)** Bei sonst Ändergen genügt es, daß die Eintragg die geänderte Satzgsbestimmg bezeichnet; der allg Vermerk, die Satzg sei geändert, reicht nicht (RG HRR **33**, 1635, MüKo/Reuter Rn 2, str).

72 *Bescheinigung der Mitgliederzahl.*   **Der Vorstand hat dem Amtsgericht auf dessen Verlangen jederzeit eine von ihm vollzogene Bescheinigung über die Zahl der Vereinsmitglieder einzureichen.**

73 *Entziehung der Rechtsfähigkeit.*   **Sinkt die Zahl der Vereinsmitglieder unter drei herab, so hat das Amtsgericht auf Antrag des Vorstandes und, wenn der Antrag nicht binnen drei Monaten gestellt wird, von Amts wegen nach Anhörung des Vorstandes dem Vereine die Rechtsfähigkeit zu entziehen.**

1   **1)** Seit der Änderg des § 72 dch das RVereinsG v 19. 4. 08 braucht die Bescheinigg nur noch die Zahl nicht mehr die Namen der Mitgl anzugeben. Erzwingbark der Verpflichtg: § 78; Bedeutg: §§ 33, 37, 73.

2   **2)** § 73 gilt in der Fassg des VereinsG. Das RegGer muß bei Zw die MitglZahl des Vereins vAwg aufklären (FGG 12) u dabei über die Wirksamk von Austritten u Ausschlüssen entscheiden (Ffm Rpfleger **92**, 28). Die Vfg über die Entzieh der RFgk ist konstitutiv u w gem FGG 160a erst mit der RKraft wirks. Fehlt ein Vorstd, kann das Ger vAw einen Notvorstd bestellen, um die Anhörg u Bekanntmach der Vfg zu ermöglichen (BayObLG NJW-RR **89**, 766). Nach RKraft der Vfg muß grdsl gem § 47 eine Liquidation stattfinden (Vorbem 2 v § 55). Der Wegfall aller Mitgl führt automat zum Erlöschen des Vereins (§ 41 Rn 2).

74 *Auflösung des Vereins.*   [I] **Die Auflösung des Vereins sowie die Entziehung der Rechtsfähigkeit ist in das Vereinsregister einzutragen. Im Falle der Eröffnung des Konkurses unterbleibt die Eintragung.**

II Wird der Verein durch Beschluß der Mitgliederversammlung oder durch den Ablauf der für die Dauer des Vereins bestimmten Zeit aufgelöst, so hat der Vorstand die Auflösung zur Eintragung anzumelden. Der Anmeldung ist im ersteren Falle eine Abschrift des Auflösungsbeschlusses beizufügen.

III Wird dem Verein auf Grund des § 43 die Rechtsfähigkeit entzogen, so erfolgt die Eintragung auf Anzeige der zuständigen Behörde.

75 *Eröffnung des Konkurses.* Die Eröffnung des Konkurses ist von Amts wegen einzutragen. Das gleiche gilt von der Aufhebung des Eröffnungsbeschlusses.

76 *Liquidatoren.* **I** Die Liquidatoren sind in das Vereinsregister einzutragen. Das gleiche gilt von Bestimmungen, welche die Beschlußfassung der Liquidatoren abweichend von der Vorschrift des § 48 Abs. 3 regeln.

II Die Anmeldung hat durch den Vorstand, bei späteren Änderungen durch die Liquidatoren zu erfolgen. Der Anmeldung der durch Beschluß der Mitgliederversammlung bestellten Liquidatoren ist eine Abschrift des Beschlusses, der Anmeldung einer Bestimmung über die Beschlußfassung der Liquidatoren eine Abschrift der die Bestimmung enthaltenden Urkunde beizufügen.

§ 74 III gilt in der Fassg des VereinsG. – **a)** Die Eintr setzt iF der Selbstauflösg (§ 74 II) eine Anmeldg **1** voraus; sie kann gem § 78 erzwungen w u ist notf von einem vAw zu bestelldn NotVorstd (§ 29) vorzunehmen (hM). In allen und Fällen erfolgt sie vAw od aufgrd Anzeige der zuständ Beh; iF des Konk ist nicht der Verlust der RFgk (§ 43), sond die Eröffng einzutragen (§ 75). Auch Eröffng u Aufhebg des VerglVerf sind einzutragen (VerglO 108 I 2, 98 III 1). – **b)** Die **Liquidatoren** (§ 76) sind einzutragen wie VorstdMitgl; die **2** Anmeldg hat der Vorstd in vertretgsberecht Anzahl vorzunehmen (Vorbem 1 v § 55), evtl auch ein bereits bestellter Liquidator (Hamm OLGZ **90**, 259). Die EintraggsPfl besteht auch hins Identität von Vorstd u Liquidatoren. Gem § 48 II gelten auch §§ 68–70. – **c)** In entspr Anwendg von GmbHG 13 II, AktG 273 I, **3** HGB 157 ist auch die **Beendigung der Liquidation** einzutragen (Böttcher Rpfleger **88**, 175, Erman-Westermann Rn 1). Die GgAnsicht (Staud-Coing § 74 Rn 2, LG Siegen Rpfleger **91**, 115) kann prakt nicht befriedigen, da mit der Beendigg der Liquidation die RFgk erlischt (§ 52 Rn 4) u diese Tats wg ihrer Bedeutg für den RVerk im Reg verlautbart w muß. Die vermittelnde Ans (LG Hann Rpfleger **67**, 174, Soergel-Hadding Rn 2), wonach die Beendigg der Liquidation eingetragen w kann, aber nicht muß, ist mit dem allg Grds des RegisterR unvereinb, wonach eintraggsfäh u eintraggspflicht Tats deckgsgleich sind (§ 66 Rn 3).

77 *Form der Anmeldungen.* Die Anmeldungen zum Vereinsregister sind von den Mitgliedern des Vorstandes sowie von den Liquidatoren mittels öffentlich beglaubigter Erklärung zu bewirken.

Abgesehen vom Fall der Erstanmeldg genügt die Anmeldg dch ein vertretgsberecht Mitgl (Vorbem 1 v **1** § 55). Für die öff Beglaubigg gilt § 129. Auch die Vollm zur Anmeldg bedarf der öff Beglaubigg (KGJ **26** A 232). Nichteinhaltg des § 77 berührt die Wirksamk der Eintragg nicht (Richert NJW **58**, 896).

78 *Zwangsgeld.* **I** Das Amtsgericht kann die Mitglieder des Vorstandes zur Befolgung der Vorschriften des § 67 Abs. 1, des § 71 Abs. 1, des § 72, des § 74 Abs. 2 und des § 76 durch Festsetzung von Zwangsgeld anhalten.

II In gleicher Weise können die Liquidatoren zur Befolgung der Vorschriften des § 76 angehalten werden.

Das GesEinhG hat § 78 S 2 gestrichen; EGStGB 121 hat die Ordngsstrafe dch Zwangsgeld ersetzt. **1** Verfahren: FGG 159, 132–139; zuständ gem RPflG 3 Nr 1 a der Rpfleger; Rahmen des Zwangsgeldes nach EGStGB Art 6: 5 DM–1000 DM. Das Zwangsgeld w gg die anmeldepflicht Einzelperson festgesetzt, nicht gg den Vorstd als Organ od gg den Verein (KGJ **26**, A 232, LG Lübeck SchlHA **84**, 115).

79 *Einsicht in Vereinsregister.* **I** Die Einsicht des Vereinsregisters sowie der von dem Vereine bei dem Amtsgericht eingereichten Schriftstücke ist jedem gestattet. Von den Eintragungen kann eine Abschrift gefordert werden; die Abschrift ist auf Verlangen zu beglaubigen. Werden die Schriftstücke nach § 55a Abs. 5 aufbewahrt, so kann eine Abschrift nur von der Wiedergabe gefordert werden. Die Abschrift ist auf Verlangen zu beglaubigen. Eine Einsicht in das Original ist nur gestattet, wenn ein berechtigtes Interesse an der Einsicht darin dargelegt wird.

II Die Einrichtung eines automatisierten Verfahrens, das die Übermittlung der Daten aus dem maschinell geführten Vereinsregister durch Abruf ermöglicht, ist zulässig, sofern sichergestellt ist, daß

1. der Abruf von Daten die nach Absatz 1 zulässige Einsicht nicht überschreitet und

2. die Zulässigkeit der Abrufe auf der Grundlage einer Protokollierung kontrolliert werden kann.

III Die Einrichtung eines automatisierten Verfahrens nach Absatz 2 bedarf der Genehmigung durch die von der Landesregierung bestimmten Stelle. Die Genehmigung darf erteilt werden

1. öffentlichen Stellen, soweit der Abruf von Daten ausschließlich zur Erfüllung der ihnen gesetzlich zugewiesenen Aufgaben erfolgt,

2. nicht öffentlichen Stellen, soweit der Abruf von Daten zur Wahrnehmung eines berechtigten beruflichen oder gewerblichen Interesses des Empfängers erfolgt und kein Grund zu der An-

nahme besteht, daß die Daten zu anderen als zu den vom Empfänger dargelegten Zwecken abgerufen werden.

IV Die Genehmigung setzt ferner voraus, daß

1. diese Form der Datenübermittlung wegen der Vielzahl der Übermittlungen oder wegen ihrer besonderen Eilbedürftigkeit angemessen ist,

2. auf seiten des Empfängers die Grundsätze einer ordnungsgemäßen Datenverarbeitung eingehalten werden und

3. auf seiten der speichernden Stelle die technischen Möglichkeiten der Einrichtung und Abwicklung des Verfahrens gegeben sind und eine Störung ihres Geschäftsbetriebs nicht zu erwarten ist.

V Die Genehmigung kann auch für den Abruf der Daten aus mehreren oder allen in einem Land maschinell geführten Vereinsregistern erteilt werden.

VI Die Genehmigung ist zu widerrufen, wenn eine der Voraussetzungen nach den Absätzen 2 bis 4 weggefallen ist. Sie kann widerrufen werden, wenn die Anlage mißbräuchlich benutzt worden ist.

VII Anstelle der Genehmigung kann ein öffentlich-rechtlicher Vertrag oder eine Verwaltungsvereinbarung geschlossen werden.

VIII Soweit in dem automatisierten Verfahren personenbezogene Daten übermittelt werden, darf der Empfänger diese nur für den Zweck verwenden, zu dessen Erfüllung sie ihm übermittelt worden sind. Bei der Genehmigung nach Absatz 3 Satz 2 Nr. 2 ist der Empfänger darauf hinzuweisen.

IX Ist der Empfänger eine nicht öffentliche Stelle, gilt § 38 des Bundesdatenschutzgesetzes mit der Maßgabe, daß die Aufsichtsbehörde die Ausführung der Vorschriften über den Datenschutz auch dann überwacht, wenn keine hinreichenden Anhaltspunkte für eine Verletzung dieser Vorschriften vorliegen.

X Das Bundesministerium der Justiz wird ermächtigt, durch Rechtsverordnung mit Zustimmung des Bundesrates Gebühren für die Einrichtung und die Nutzung eines automatisierten Abrufverfahrens nach Absatz 2 zu bestimmen. Die Gebührensätze sind so zu bemessen, daß der mit der Einrichtung und Nutzung des Verfahrens verbundene Personal- und Sachaufwand gedeckt wird; hierbei kann daneben die Bedeutung, der wirtschaftliche Wert oder der sonstige Nutzen für den Begünstigten angemessen berücksichtigt werden.

1 **1) Allgemeines. – a) Fassung.** § 79 bestand bis zum 24. 12. 93 ledigl aus I 1 u 2. Die weiteren Regelgen
2 hat das RegVBG wg der mögl Umstellg der Registerführg auf EDV angefügt (vgl § 55a Rn 1). – **b) Einsicht.** Auch für das auf EDV umgestellte Vereinsregister bleibt es bei dem Grds: Jedermann kann ohne Nachw eines berecht Interesses Einsicht in das Register u die eingereichten Schriftstücke, sowie RegAbschriften u gem FGG 142 Negativatteste verlangen. Einen Anspr auf UrkAbschriften hat nur, wer in berecht Interesse glaubh macht (FGG 34). Eine Besonderh gilt, wenn die eingereichten Schriftstücke gem § 55a auf Datenträgern aufbewahrt w. Hier kann nur eine auf Verlangen zu beglaubigde Abschrift von der Wiedergabe verlangt w (I 3); die Einsicht in das Original setzt ein berecht Interesse voraus. Dieses ist idR nur zu bejahen, wenn berecht Zweifel an der Vollständigk od Richtigk der Wiedergabe glaubh gemacht w.

3 **2) Abruf von Registerdaten durch automatisierte Verfahren. – a)** Bei EDV-Vereinsregistern ist es – ebso wie beim EDV-GrdB u beim EDV-Handelsregister – mögl, daß sich Ger, Behörden u und Interessenten im automatisierten Verf RegDaten in ihre GeschRäume übermitteln lassen, sog Online-Zugriff. Die dafür notw VerfRegeln enthalten die systemwidrig in das BGB eingefügten II–X. Sie sind GBO 133 idF des
4 RegVBG nachgebildet. Eine weitere ParallelVorschr ist HGB 9a. – **b) Schranken der Datenübermittlung (II).** Beim automatischen Abruf von Daten, der nach II Nr 1 nur in den Grenzen von I zuläss ist, ist es nicht mögl, in jedem Einzelfall zu überprüfen u zu entscheiden, ob die Schranken der Datenübermittlg eingehalten sind. Nach II Nr 2 müssen aber die technischen Voraussetzgen für eine nachträgl Kontrolle
5 bestehen. Werden hierbei Mißbräuche festgestellt, kann die Gen gem II 4 widerrufen w. – **c) Genehmigung (III–V).** Sie wird von der von der LReg bestimmten Behörde erteilt. Empfänger können öffentl Stellen (III 1), aber auch natürl u jur Pers des PrivR zur Wahrg von berufl od gewerbl Interessen sein (III). Weitere Voraussetzgen für die Gen, die auch für mehrere Ger erteilt w kann (V), ergeben sich aus IV. Eine Obergrenze stellen die technischen Möglichk (Kapazitäten) der EDV-Anlage des Ger dar (II 3). Die GenBehörde entscheidet nach pflichtmäß Ermessen. Auch wenn der AntrSteller alle Voraussetzgen für eine Gen erfüllt u die Grenze von IV 3 noch nicht erreicht ist, besteht kein Anspr auf Erteilg einer Gen. Die Versagg
6 der Gen kann als JustizVerwAkt nach Verf nach EGGVG 23 angefochten w. – **d) VI–X. – aa)** Im Fall von VI 1 besteht eine Verpfl zum Widerruf, iF von VI 2 entscheidet die Behörde nach pflmäß Ermessen. – **bb)** Auf den **öffentlich-rechtlichen Vertrag** (VII) finden die VwVfG 54ff, wohl auch die FormVorschr des § 57, Anwendg, wg VwVfG 2 III Nr 1 zwar nicht direkt, wg der bestehden Regelgslücke aber analog. – **cc)** Der **Datenschutz**, der beim Vereinsregister wg des Einsichtsrechts für jedermann allerdings nur geringen Stellenwert hat, w dch VIII u IX sichergestellt. – **dd)** X ermächtigt das BMJ, dch RVO mit Zustimmg des BRates **Gebühren** für die Einrichtg u die Nutzg des automatisierten Abrufverfahrens festzusetzen. Daß die Gebühren kostendeckend kalkuliert werden sollen, ist eigentl selbstverständl, für die Justiz, in der Untersuchgen über die Kosten der einzelnen von ihr erbrachten Dienstleistgen prakt unbekannt sind, aber eine erfreuliche Neuerg.

II. Stiftungen

Vorbemerkung

Schrifttum: Seifart, Handbuch des StiftgsR, 1987.

1) Stiftung iSd §§ 80ff ist eine mit RFgk ausgestattete, nicht verbandsmäß organisierte Einrichtg, die **1** einen vom Stifter bestimmten Zweck mit Hilfe eines dazu gewidmeten Vermögens dauernd fördern soll (BayObLG NJW **73**, 249). Wesentl Merkmale sind daher: – **a) Stiftungszweck.** Er wird vom Stifter im **2** StiftgsGesch festgesetzt u muß auf Dauer angelegt sein. Der Stiftszweck kann gemeinnütz od privatnütz sein. Die gemeinnütz Stiftg, die dem kulturellen, sozialen od wirtschaftl Wohl der Allgemeinh dient, wird im *Bay* Recht als öffentl Stiftg bezeichnet (s BVerwG DVBl **73**, 795). Hauptanwendgsfall der privatnütz Stiftg ist die FamStiftg (Rn 9). – **b) Stiftungsvermögen.** Es ist gleichf ein konstitutives Merkmal der **3** Stiftg. Es kann zeitweise fehlen; bei einem dauernden Wegfall des Stiftsvermögens kann die Gen nach Maßg der LandesstiftgsG (Rn 12) zurückgenommen w. – **c) Stiftungsorganisation.** Die Stiftg unterschei- **4** det sich dch ihre nicht verbandsmäß Struktur von den and JP der PrivR. Sie hat keine Mitgl, sond allenfalls Destinatäre (= Empfänger der Stiftgsleistgn). Sie nimmt dch ihren Vorstd (§§ 86, 26) am rechtsgeschäftl Verk teil. Der Vorstd ist an den in der Verfassg der Stiftg objektivierten Willen des Stifters gebunden. – **d) Rechtstatsachen.** In der BRep gibt es insges rund 6800 Stiftgen (Turner DB **95**, 414).

2) Nicht unter §§ 80–88 fallen: – **a) Stiftungen des öffentlichen Rechts.** Ob eine Stiftg dem öffR od **5** dem PrivR zuzuordnen ist, entscheidet nicht ihr AufgKreis, sond die Art ihrer Entsteh (BVerfG **15**, 66, Seifart/v Campenhausen § 16 II). Eine Stiftg hat öffrechtl Charakter, wenn sie vom Staat dch Ges od VerwAkt als Stiftg öffR errichtet worden ist. Dazu bedarf es, insb bei Stiften aus der Zeit vor 1900, keiner ausdr Deklaration im Entstehgsakt (BayVerfG StiftRspr II 108). Der öffrechtl Charakter der Stiftg kann sich auch aus dem GesZushang der getroffenen Regelg ergeben, insb aus der Eingliederg der Stiftg in das staatl oder kirchl VerwSystem (Prot I 586, BGH WM **75**, 199). Die Stiftg ist auch dann dem öffR zuzuordnen, wenn sie seit unvordenkl Zeiten wie eine Stiftg des öffR behandelt worden ist. Mögl ist es auch, daß eine auf PrivatRGesch beruhde Stiftg nachträgl dch einen entspr Hoheitsakt in eine Stiftg öffR umgewandelt wird. Die Unterscheidg zw Stiften des öffR u des PrivR hat kaum innere Berechtigg, da auch die für privatrechtl Stiften maßgebden Normen einen erhebl öffrechtl Einschlag haben. In einigen Ländern sind die Vorschr für Stiften des PrivR ganz od zT auch auf öffrechtl Stiften anwendb (s *Bay* StiftgsG Art 4; *BaWü* § 1; *Hess* § 2; *RhPf* § 11). – **b) Unselbständige Stiftungen.** Sie haben ein dem Stiftgszweck gewidmetes Vermögen **6** (Hbg NJW-RR **86**, 1305), aber keine eig RPersönlichk. Träger des Stiftgsvermögens ist ein TrHänder, idR, aber nicht notw, eine JP. Der „Stifter" überträgt das Vermögen dch Vertr oder Vfg vTw auf den TrHänder. Dieser verwaltet es entspr dem festgelegten Zweck. Die RBeziehgn der Beteiligten unterstehen dem Schuld- od ErbR (RG **88**, 339, *BaWü* VGH StiftRspr I 12). Die §§ 80ff sind grdsl unanwendb, jedoch kann § 87 analog herangezogen w (Soergel/Neuhoff Rn 28, str, aA RG **105**, 305, Seifart/Hof § 36 Rn 106). Ob eine rechtsf od eine unselbstd Stiftg gewollt ist, ist Frage der Auslegg des StiftgsGesch. Das Wort Stiftg ist mehrdeut, da es für beide Arten von Stiften gebraucht w (RG Warn **27**, 155, BayObLG NJW **73**, 249). Eine jur Pers (GmbH, AG, eV), die TrHänder einer unselbstd Stiftg ist, darf das Wort „Stiftg" in ihrem Namen führen (Stgt NJW **64**, 1231, Strickrodt NJW **64**, 2085). Voraussetzg ist jedoch, daß eine wirks treuhänderi-sche Bindg an den Stiftgszweck besteht (BayObLG NJW **73**, 249). – **c) Sammelvermögen.** Es hat keine **7** eig RPersönlichk. Das gesammelte Vermögen ist idR fiduziarisches Eigtum des Veranstalters der Sammlg (Laux JZ **53**, 214). Mögl ist es aber auch, daß das Vermögen bis zu seiner Verwendg Eigtum der Spender bleibt (RG **62**, 391). Das Sammelvermögen hat stiftgsähnl Züge, unterscheidet sich vom der unselbstd Stiftg aber dch das Fehlen einer dauerhaften Zwecksetzg. Vgl näher § 1914 Rn 1. – **d) Ersatzformen.** Stiftgsähnl **8** Gebilde gibt es auch in der RForm des eV, der GmbH u der AG (Seifart § 2 VI). Diese dürfen sich „Stiftg" nennen, wenn sie einen dauerhaften Stiftgszweck, eine stiftgsgem Organisation u eine ausr Vermögensaus-stattg haben (s Stgt NJW **64**, 1231, BayObLG NJW **73**, 249).

3) Sonderformen. – **a)** Eine Unterart der Stiftg ist die **Familienstiftung,** die nach ihrem Zweck **9** ausschließl dem Interesse einer od mehrerer best Fam dient (StiftgsG *Hess* § 21, *NRW* § 2 V, Sorg BB **83**, 1620, Schindler, FamStiftgen, 1974). Die Definitionen in den einz LandesG weichen in Einzelh voneinand ab (Seifart/Pöllath § 14). Für den Fall des Aussterbens kann eine and Verwendg des Vermögens vorgesehen sein (KGJ **21** A 214), nicht aber schon nach Ablauf einer best Zeit (KGJ **38** A 98). Das fr *pr* Recht enthielt für FamStiftgen begünstigde Sonderregelgn (abgeschwächte Stiftgsaufsicht, GenZuständigk des AmtsG). Dagg geht die Tendenz der neuen StiftgsG überwiegd dahin, das Recht der FamStiftg dem allg StiftgsR anzupassen; zT ist die Staatsaufsicht bei FamStiften aber weiterhin eingeschränkt (so zB in *Hess* u *RhPf*). Eine Sonderart der FamStiftg sind die **Fideikommißauflösungsstiftungen,** die im Zuge der Auflösg der Fideikommisse (s EG 59 Rn 1) errichtet worden sind. Für sie gelten, soweit neuere landesgesetzl Normen fehlen, FidErlG 7, 18 u DVO 10ff. Die dch VO vom 17. 5. 40 für alle FamStiftgen eingeführte Pfl, land- u forstwirtschaftl Grdbesitz zu veräußern, ist in mehreren Ländern ausdr aufgeh (s Staud–Coing Rn 10); in den and Ländern ist sie leerlaufd, da die gesetzte Fr dch Bundesg vom 28. 12. 1950 (BGBl 820) „bis auf weiteres" verlängert worden ist. Die von MüKo/Reuter (Rn 18) vertretene Ansicht, die FamStiftg sei nicht mehr genehmiggsfäh, findet im Ges keine Stütze u ist auch *de lege ferenda* verfehlt. – **b)** Sonderregeln enthält die **10** Mehrzahl der LandesG für **kirchliche Stiftungen.** Unter diesen Begriff fallen diejenigen Stiften, die ausschließl od überwiegd kirchl Aufg erfüllen u von einer kirchl Stelle verwaltet od beaufsichtigt w. Sie unterstehen idR keiner staatl Stiftgsaufsicht u haben in einigen Ländern einen RAnspr auf Erwerb der RFgk (s StiftgsG *BaWü* § 24, *Bay* Art 36, *Hess* § 20, *Nds* § 20, *NRW* § 11). Ähnl behandelt das LandesR die **örtlichen Stiftungen,** deren Zwecke im AufgKreis einer kommunalen Körpersch liegen u die von dieser Körpersch verwaltet w. Bei diesen Stiften tritt die Kommunalaufsicht an die Stelle der Stiftgsaufsicht (s

11 StiftgsG *BaWü* § 31, *Bay* Art 35, *Hess* § 18, *Nds* § 19, *NRW* § 19 III). – **c)** Eine weitere Sonderform ist die **Unternehmensträgerstiftung,** die selbst ein Unternehmen betreibt od auf ein Unternehmen einen beherrschden Einfluß ausübt. Derart Stiftgen sind genehmiggsfäh, der SubsidiaritätsGrds des § 22 gilt nicht (aA Rawert, Unternehmensverbundene Stiftgen, 1990). Obwohl sich die RForm der Stiftg nach verbreiteter Ansicht nur wenig als Unternehmensform eignen soll (s Soergel/Neuhoff Rn 65ff; Seifart/Pöllath § 13; BGH **84**, 352) gibt es in unterschiedl Ausgestaltg eine beträchtl Zahl von unternehmenstragden Stiftgen (Schwintowsky NJW **91**, 2736, Goerdeler NJW **92**, 1487, Kohl NJW **92**, 1922). Von einem Teil der Kautelarjurisprudenz wird die **Stiftung & Co KG** sogar als eine attraktive Unternehmensform empfohlen (Hennerkes ua DB **86**, 2218, 2269, BB **92**, 1940, Weimar ua DB **88**, 1641, krit K. Schmidt DB **87**, 261, das Für u Wider sorgfält abwägd Stengel, Stiftg u PersGesellsch, 1993). Zur unterschiedl GenPraxis in den einz BLändern s Hennerkes/Schiffer/Fuchs BB **95**, 209.

12   **4) Stiftungsrecht außerhalb des BGB. – a)** Die Regelg der §§ 80ff ist lückenh. Ergänzd gelten die StiftgsG der **Länder:** *BaWü* StiftgsG 4. 10. 77 (GVBl 408), Kommentar Freiherr v Rotberg, 1992; *Bay* StiftgsG 26. 11. 54 (BayBS IV 282-1-1-K), dazu AVO 22. 8. 58 (BayBS IV 282-1-1-1-K) u Kommentar von Voll (2. Aufl 1979); *Bln* StiftgsG idF v 21. 1. 93 (GVBl 40); *Br* StiftgsG v 7. 3. 89 (GVBl 163); *Hbg* AGBGB idF v 1. 7. 58 (BS 40 e); *Hess* StiftgsG 4. 4. 66 (GVBl 77), Kommentar von Stengel (1994); *MecklVP* StiftgsG 24. 2. 93 (GVOBl 104); *Nds* StiftgsG 24. 7. 68 (GVBl 119) idF v 20. 12. 85 (GVBl 609), Kommentar von Siegmund-Schultze (3. Aufl 1993); *NRW* StiftgsG 21. 6. 77 (GVBl 274); *RhPf* StiftgsG 22. 4. 66 (GVBl 95) idF v 14. 12. 73 (GVBl 417), Kommentar von Kneis (1976); Saarl StiftgsG 24. 7. 84 (AmtsBl S 889); *SchlH* StiftgsG 13. 7. 72 (GVBl 123), Haecker SchlHAnz **72**, 153. In den **neuen Bundesländern** gilt, soweit sie noch keine eig StiftgsG erlassen haben, das am 13. 9. 90 von der Volkskammer erlassene StiftgsG (GBl DDR I 1483) als LandesR (Zusatzvereinbarg zum EinigsV vom 18. 9. 90, BGBl II 1240), s Rawert BB **91**, Beil 6 S 13, Neuhoff DtZ **91**, 435. Der fr diskutierte Vorschlag, ein bundeseinheitl StiftgsG zu erlassen, hat sich nicht dchgesetzt u w seit 1977 nicht weiterverfolgt

13 (Seifart ZRP **78**, 144). – **b)** Die landesrechtl geregelte **Stiftungsaufsicht** ist eine reine RAufsicht (BVerwG DVBl **73**, 795; BGH **99**, 349). Die AufsBeh darf nicht ihr Erm an die Stelle des Erm der Stiftgsorgane setzen. Ihre Maßn sind gem VwGO 40 vor dem VerwGer, nicht gem EGGVG 23 vor dem OLG anfechtb (KG OLGZ **81**, 297). Die Aufs dient dem öffentl Interesse, nicht dem einzelner (OVG Lüneb NJW **85**, 1572). Sie hat aber auch den Zweck, die Stiftg vor Schäden zu bewahren. Die Verletzg der Pfl kann daher gem § 839, GG 34 SchadErsAnspr der Stiftg begründen (BGH **68**, 142, BayObLG **90**, 268), der jedoch ggf dch ein mitwirkdes Verschulden des StiftsVorstd beschränkt w. Zur StiftgsAufs über kirchl Stiftgen s Zilles A f kathol KirchenR

14 **81**, 158. – **c) Steuerrecht.** Die Übertragg von Vermögen auf die Stiftg u der Erwerb vTw löst Schenkgs- od ErbschSteuer aus. Gewinne der Stiftg unterliegen der KörperschSteuer, jedoch ist bei gemeinnütz Stiftgen eine Befreiung mögl (AO 51 ff). FamStiftgen unterliegen einer ErbErsSteuer (ErbStG 1 Nr 4), die auf der Grdl eines jeweils im Abstand von 30 Jahren fingierten Erbfalls erhoben w. Vgl näher Seifart/Pöllath §§ 39–45 u zum KultStiftFG v 13. 12. 90 Pöllath NJW **91**, 2608 u Turner DB **95**, 416. Die ErbErsSteuer ist entgg den in der Lit erhobenen Bedenken nicht verfassgsw (BVerfG NJW **83**, 1841).

80   *Entstehung einer rechtsfähigen Stiftung.*   Zur Entstehung einer rechtsfähigen Stiftung ist außer dem Stiftungsgeschäfte die Genehmigung des *Bundesstaats* erforderlich, in dessen Gebiete die Stiftung ihren Sitz haben soll. Soll die Stiftung ihren Sitz nicht in einem *Bundesstaate* haben, so ist die Genehmigung des *Bundesrats* erforderlich. Als Sitz der Stiftung gilt, wenn nicht ein anderes bestimmt ist, der Ort, an welchem die Verwaltung geführt wird.

1   Die **Entstehung** der Stiftg setzt voraus: – **a)** Ein **Stiftungsgeschäft.** Es kann als RGesch unter Lebden vorgenommen w (§ 81) u ist in diesem Fall, auch wenn es mit vertragl Abreden verbunden ist, eine einseit nicht empfangsbedürft WillErkl (MüKo/Reuter Rn 3, aA RG **158**, 188). Es kann auch in einer Vfg vTw bestehen (§ 83). Bei einer Mehrzahl von Stiftern ist es mögl, daß das StiftgsGesch für den einen ein RGesch unter Lebden u für den and eine Vfg vTw darstellt (BGH **70**, 322). Es muß erkennen lassen, daß die Errichtg einer selbstd Stiftg gewollt ist (KG OLG **4**, 8). Es muß Bestimmgen über Name, Zweck u Organe der Stiftg enthalten u der Stiftg eine Vermögensausstattg sichern (arg § 82, Weimar/Geitzhaus/Delp BB **86**, 2003, hM). Weitere Anfordergen können sich aus den LandesG (Vorbem 12) ergeben (s StiftgsG *BaWü* § 6, *Bay* Art 8, *Hess* § 4, *Nds* § 5, *NRW* § 5). Beim StiftgsGesch unter Lebden ist Stellvertretg nicht ausgeschl

2 (BayObLG NJW-RR **91**, 524, Seifart/Hof § 7 Rn 7). – **b)** Die **Genehmigung.** Sie ist keine privatrechtl WillErkl, sond VerwAkt. Nach den insow maßgebden LandesG (Vorbem 12) besteht idR ein RAnspr auf Gen, wenn keine gesetzl AblehngsGrde gegeben sind (VerwG Düss NVwZ **94**, 811, Wochner MittRhNotK **94**, 99). Es gibt aber kein verfassgsrechtl GrdR auf Stiftg (aA Seifart/Hof § 4). Genbedürftig ist auch die „Zustiftg" (Gebel SchlHA **93**, 181). Die Gen wirkt konstitutiv, heilt aber Mängel des StiftgsGesch nicht (BVerwG NJW **69**, 339, BGH **70**, 321). Eine von der zuständ Beh genehmigte Stiftg ist auch bei Mängeln des StiftgsGesch bis zur Rückn der Gen rechtsfäh (MüKo/Reuter Rn 2); diese wirkt *ex nunc* (s BVerwG aaO). Bis zur Entscheidg über die Gen besteht ein Schwebezustand. Auf die werdde Stiftg sind die Grds entspr anwendb, die für den Vorverein herausgebildet worden sind (Schwinge BB **78**, 527, § 21 Rn 9). Für

3 sie kann bei Bedarf ein Pfleger bestellt w (KG OLG **24**, 246). – **c) Ausländische Stiftungen,** die nach ihrem HeimatR RFgk erworben haben, sind auch im Inland *ipso jure* rechtsfäh (BayObLG NJW **65**, 1438). Sie bestehen auch bei einer Enteignq im Ausl in Bezug auf ihr inländ Vermögen fort (BGH WM **66**, 221). Die in § 80 vorgesehene Gen des BMI (s OVG Münst StiftgsRspr I **94**, fr BRat) ist nur erforderl, wenn die ausländ Stiftg nach ihrem HeimatR nicht rechtsfäh ist (s § 23 Rn 1).

81   *Stiftungsgeschäft unter Lebenden; Form; Widerruf.*   [I] Das Stiftungsgeschäft unter Lebenden bedarf der schriftlichen Form.

[II] Bis zur Erteilung der Genehmigung ist der Stifter zum Widerrufe berechtigt. Ist die Genehmigung bei der zuständigen Behörde nachgesucht, so kann der Widerruf nur dieser gegenüber erklärt

werden. Der Erbe des Stifters ist zum Widerrufe nicht berechtigt, wenn der Stifter das Gesuch bei der zuständigen Behörde eingereicht oder im Falle der notariellen Beurkundung des Stiftungsgeschäfts den Notar bei oder nach der Beurkundung mit der Einreichung betraut hat.

1) Das StiftgsGesch unter Lebden (§ 80 Rn 1) bedarf der **Schriftform** (s § 126). Einfache Schriftform 1 genügt auch dann, wenn das StiftgsGesch die Übertragg von Grdst vorsieht (MüKo/Reuter Rn 1, hM).

2) Widerruf. Er richtet sich bei Stiften vTw (§ 83) nach den für letztw Verfgen geltden Regeln. Stiften 2 unter Lebden sind gem § 81 II bis zur Gen widerrufl. Der Widerruf ist formfrei. Es genügt jede Hdlg, die den Widerrufswillen nach außen erkennen läßt. Ist der GenAntr gestellt, muß der Widerruf aber gem § 81 II 2 ggü der zuständ Beh erklärt w (amtsempfangsbedürft WillErkl, s § 130 Rn 15). Nach dem Tod des Stifters geht das WiderrufsR grdsl auf seine Erben über (§ 1922), ist aber unter den Voraussetzgen von § 81 II 3 ausgeschl. Bei einer Mehrh von Stiftern macht der Widerruf eines Beteiligten das StiftgsGesch iZw analog § 139 im ganzen unwirks.

82 *Übergang des Stiftungsvermögens.* **Wird die Stiftung genehmigt, so ist der Stifter verpflichtet, das in dem Stiftungsgeschäfte zugesicherte Vermögen auf die Stiftung zu übertragen. Rechte, zu deren Übertragung der Abtretungsvertrag genügt, gehen mit der Genehmigung auf die Stiftung über, sofern nicht aus dem Stiftungsgeschäfte sich ein anderer Wille des Stifters ergibt.**

Die Stiftg erwirbt dch die Gen neben der RFgk zugl einen Anspr auf Übertragg des vom Stifter zugesi- 1 cherten Vermögens. Der Erwerb der einz VermögensGgst erfordert grdsl entspr Übertraggsakte, so vor allem bei Grdst (BayObLG NJW-RR **87**, 1418). Fdgen u die unter § 413 fallden Rechte (Urh- u PatentR) gehen aber gem § 82 S 2 *ipso iure* über. Das gilt bei FidKommAuflStiftg für alle VermögensGgst (FidErlD-VO 10 II). Hat der Stifter die Stiftg als Erben eingesetzt, erwirbt sie sein Vermögen gem §§ 1922, 84 als GesNachfolger. Obwohl das StiftgsGesch keine Schenkg ist, sind die §§ 519 ff iZw auf die Haftg des Stifters entspr anzuwenden (Soergel-Neuhoff Rn 2).

83 *Stiftung von Todes wegen.* **Besteht das Stiftungsgeschäft in einer Verfügung von Todes wegen, so hat das Nachlaßgericht die Genehmigung einzuholen, sofern sie nicht von dem Erben oder dem Testamentsvollstrecker nachgesucht wird.**

Das StiftgsGesch vTw kann in einem Testament, aber auch in einem ErbVertr bestehen (BGH **70**, 322). 1 Es muß – ebso wie das StiftgsGesch unter Lebden – die Verfassg der Stiftg festlegen (§ 80 Rn 1); die außerdem erforderl Vermögenszuwendg kann dch Erbeinsetzg, Vermächtn od Aufl erfolgen (s BayObLG **65**, 80). Die Gen der Stiftg hat der Erbe od TestVollstr zu beantragen; notf ist der Antr vom NachlGer zu stellen. Der Erbe hat (and als iF des § 81) kein WiderrufsR. Mögl ist auch, daß der Erblasser dem Erben die Aufl macht, seinerseits dch RGesch unter Lebden eine Stiftg zu errichten (s KGJ **35** A 222).

84 *Genehmigung nach Tod des Stifters.* **Wird die Stiftung erst nach dem Tode des Stifters genehmigt, so gilt sie für die Zuwendungen des Stifters als schon vor dessen Tode entstanden.**

§ 84 gilt auch für Stiften unter Lebden, sofern der Stifter vor der Gen stirbt. Er fingiert, daß die Stiftg 1 schon vor dem Tod des Stifters als JP bestand u von ihm (trotz § 1923 I) vTw od dch RGesch unter Lebden Vermögen erwerben konnte. § 84 ist auch auf ausländ Stiften anzuwenden (BayObLG NJW **65**, 1438). Er betrifft nur Zuwendgen des Stifters, nicht solche eines Dr. Letztw Vfgen eines Dr zG einer nichtgenehmigten Stiftg sind iZw als Nacherbeinsetzg (§ 2101), uU auch als Vermächtn (§ 2178) aufzufassen.

85 *Verfassung.* **Die Verfassung einer Stiftung wird, soweit sie nicht auf *Reichs-* oder Landesgesetz beruht, durch das Stiftungsgeschäft bestimmt.**

1) Verfassung. – a) Sie ist die rechtl GrdOrdng der Stiftg (s § 25 Rn 1, die entspr gilt). Sie wird festgelegt 1 dch (1) zwingdes BundesR, (2) zwingdes LandesR, (3) das StiftgsGesch (§ 80 Rn 1), (4) dispositives Bundes-u LandesR. Ob ein allg Grds des StiftgsR dem Bundes- od LandesR zuzurechnen ist, hängt davon ab, ob er sich im bundes- od landesrechtl normierten Teil des StiftgsR herausgebildet hat (s BGH **LM** § 86 Nr 2). Die Verfassg wird nicht nur dch das als Satzg bezeichnete Schriftstück, sond dch den GesInh des StiftgsGesch best (RG **158**, 188). – **b)** Für die **Auslegung** der Satzg gelten die §§ 133, 157. Maßstab für die Auslegg ist 2 der Wille des Stifters (BGH NJW **94**, 186). Der Stifter kann die Auslegg unter Ausschluß des RWeges einem StiftgsOrgan od der AufsBeh übertragen (RG **100**, 234). Die Auslegg der Satzg ist revisibel (BGH NJW **94**, 186), nicht aber der sonst Inh des StiftgsGesch (BGH **70**, 322). – **c) Satzungsänderungen.** Ihre Voraussetz- 3 gen sind vielf in der Satzg selbst geregelt (BAG NJW **91**, 516). Hilfsw gilt LandesR (s StiftgsG *BaWü* § 6 IV, *Bay* Art 8 II, *Hess* § 9, *Nds* § 7, *NRW* § 12). Die Änderg muß dem erklärten od mutmaßl Willen des Stifters entspr (BGH **99**, 348, BVerwG NJW **91**, 713, s auch § 87). Sie ist unwirks, wenn sie die dem Willen des Stifters entspr Verw- u MitwirkgsR der Destinatäre einschränkt (Hbg ZIP **94**, 1951, Mankowski FamRZ **95**, 851). Einer staatl Gen bedarf es nur, wenn das gesetzl vorgesehen ist (KG OLGZ **65**, 338). Etwaige Mängel der Satzgsänderg werden dch die Gen nicht geheilt. Mögl Destinatäre haben iZw kein MitwirkgsR (BGH **99**, 350, OVG Lünebg u VGH Mannh NJW **85**, 1572f), ihnen kann aber das Recht zustehen, die Unwirksamk der Änderg iW der Klage geltd zu machen (BAG NJW **91**, 515).

4   **2)** Ob die **Destinatäre** (Genußberecht) einen klagb Anspr auf Stiftgsleistgen haben, hängt von einer Auslegg der Satzg ab (BGH **99**, 352, BAG NJW **91**, 515). Stellt die Satzg für den Kreis der Destinatäre bestimmte obj Kriterien auf u hat die Stiftg bei deren Vorliegen keine Wahlmöglichk, so besteht ein RAnspr (BGH aaO). Dagg ist kein klagb Anspr gegeben, wenn die Stiftg nach ihrem Ermessen auszuwählen hat (BGH aaO) od die Satzg die endgült Entscheidg ausdr einem best Stiftgsorgan zuweist (s RG **100**, 234). Besteht ein RAnspr, sieht die Satzg aber AusschlGrde vor, kann das Ger eine hierauf gestützte ablehnde Entsch überprüfen (Hamm NJW-RR **92**, 452). Bei der Bestimmg der Destinatäre ist der private Stifter nicht an GG 3 gebunden, die Bevorzugg männl Abkömmlinge ist daher zul (BGH **70**, 324). Soweit dch die Satzg od die Entscheidg des zuständ Stiftsorgans Anspr entstanden sind, unterliegen diese dem Schutz des Art 14 GG (s RG **121**, 168).

86 *Anwendung des Vereinsrechts.* **Die Vorschriften des § 26, des § 27 Abs. 3 und der §§ 28 bis 31, 42 finden auf Stiftungen entsprechende Anwendung, die Vorschriften des § 27 Abs. 3 und des § 28 Abs. 1 jedoch nur insoweit, als sich nicht aus der Verfassung, insbesondere daraus, daß die Verwaltung der Stiftung von einer öffentlichen Behörde geführt wird, ein anderes ergibt. Die Vorschriften des § 28 Abs. 2 und des § 29 finden auf Stiftungen, deren Verwaltung von einer öffentlichen Behörde geführt wird, keine Anwendung.**

1   **1)** Nach § 86 sind einzelne Vorschr des **Vereinsrechts** auf die Stiftg entspr anwendb. Ein notw Stiftgsorgan ist der Vorstd (§ 26). Der Umfang seiner Vertretgsmacht kann dch die Satzg beschränkt w (§ 26 II 2). Die Beschrkg wirkt grdsl auch ggü gutgl GeschPartnern (aA Seifart/Hof § 9 Rn 30), eine wg des Fehlens eines bundeseinheitl Stiftgsregisters bedenkl Regelg. Auch aus dem Stiftgzweck können sich Beschränkgen der Vertretgsmacht ergeben (BGH **LM** § 85 Nr 1). Für die GeschFührg des Vorstd gelten die Regeln des AuftrR (§ 27 III), für die Beschlußfassg § 28 I, die Passivvertretg § 28 II, den NotVorstd § 29, den bes Vertreter § 30, die Haftg § 31, die Wirkg der KonkEröffng § 42. Die entspr Anwendg der §§ 27 III, 28 I kann jedoch dch die Satzg abbedungen w. Fordert die Satzg für die Beschlußfähig des Kuratoriums die Anwesenh der Hälfte der Mitgl, sind iZw anwesde Mitgl, denen die Amtsausübg aufsichtsrechtl untersagt ist, nicht mitzuzählen (BGH NJW **94**, 184). Nach den landesr StiftgsGes (Vorbem 12 v § 80) bestehen für best RGesch GenVorbeh der AufsBeh (Seifart BB **87**, 1889). Bestellg u Abberufg des Vorstd überläßt § 86 der Regelg dch den Landesgesetzgeber u den Stifter. Der aktienrechtl Grds, daß der Widerruf der Bestellg zum Vorstd bis zur rkräft Feststellg des GgTeils wirks ist (AktG 84 III 4), gilt im StiftgsR nicht (BGH **LM** § 85 Nr 2). Zum Vorliegen eines wichtigen Grdes für die Abberufg s BGH **LM** § 85 Nr 2.

2   **2)** Auch privrechtl Stiftgen können, wenn der Stifter dies angeordnet hat, dch eine **öffentliche Behörde** verwaltet w. In diesem Fall gelten statt der §§ 27 III, 28 u 29 die für die VerwFührg der Behörde maßgebden Vorschr des öffR. Dagg sind die §§ 27 III, 28 u 29 anwendb, wenn nach der Satzg nicht die Behörde, sond der BehLeiter od ein BehMitgl als Pers StiftgsVorstd ist (s BGH **LM** § 85 Nr 2).

87 *Zweckänderung; Aufhebung.* [I] **Ist die Erfüllung des Stiftungszwecks unmöglich geworden oder gefährdet sie das Gemeinwohl, so kann die zuständige Behörde der Stiftung eine andere Zweckbestimmung geben oder sie aufheben.**

[II] **Bei der Umwandlung des Zweckes ist die Absicht des Stifters tunlichst zu berücksichtigen, insbesondere dafür Sorge zu tragen, daß die Erträge des Stiftungsvermögens dem Personenkreise, dem sie zustatten kommen sollten, im Sinne des Stifters tunlichst erhalten bleiben. Die Behörde kann die Verfassung der Stiftung ändern, soweit die Umwandlung des Zweckes es erfordert.**

[III] **Vor der Umwandlung des Zweckes und der Änderung der Verfassung soll der Vorstand der Stiftung gehört werden.**

1   **1) Eingreifen der Stiftungsaufsicht. – a)** Es setzt nach § 87 ein Unmöglichwerden des Stiftgszwecks od eine Gefährdg des Gemeinwohls voraus. Die Unmöglichk kann auf tatsächl oder rechtl Gründen beruhen. Sie ist auch anzunehmen, wenn das Stiftgsvermögen endgült wegfällt od so sehr schrumpft, daß die Stiftg nicht mehr lebensfäh ist (Gutzschebauch BB **49**, 119). Eine Gefährdg des Gemeinwohls liegt vor, wenn der Stiftgszweck nachträgl in Widerspr zu StrafGes oder zu GrdEntsch der R- od VerfassgsOrdng gerät (VerwG **2** Düss NVwZ **94**, 813). – **b)** Soweit das LandesR eine Satzgsänderg gestattet (§ 85 Rn 1), sind Maßn gem § 87 nur zul, wenn eine „normale" Satzgsänderg nicht dchführb od zur Wiederherstellg einer funktionstücht Stiftg nicht geeignet ist. Bei der **Umwandlung,** dh der Änderg des Stiftgszwecks, ist der Wille des Stifters zu berücksichtigen (II); dabei können neben dem StiftgsGesch auch am Willensäußergen des Stifters herangezogen w (Staud- Coing Rn 9). Die **Aufhebung** ist mit Rücks auf den Grds der Verhältnismäßigk nur zul, wenn eine Umwandlg nicht mögl od nicht ausr ist (Seifart/Hof § 12 IV 1). Die in III vorgesehene Anhörg des Vorstd hat im Hinblick auf VwVfG 28 auch zu erfolgen, wenn die Stiftg aufgehoben od welche Behörde zuständ ist, bestimmt das LandesR (Vorbem 12 v § 80). Gg die Entsch ist die AnfKl nach der VwGO zul, die aufschiebde Wirkg hat (Hamm NJW-RR **95**, 121). Zur Anwendg des § 87 auf unselbstd Stiftgen s Vorbem 6 v § 80.

3   **2)** Weitere **Auflösungsgründe** sind: KonkEröffng (§§ 86, 42); Aufhebg nach LandesR (s Vorbem 12 v § 80); Aufhebg nach FidErlDVO 18 ff; Eintritt einer auflösden Bdgg oder eines Endtermins; Widerruf einer widerrufl erteilten Gen (VwVfG 49). Keine Erlöschensgründe sind: Verlust des Vermögens (s aber Rn 1), mißbräuchl Verwendg des Stiftgsvermögens (BGH WM **66**, 221), Eröffng des VerglVerf (s VerglO 108).

88 *Vermögensanfall.* **Mit dem Erlöschen der Stiftung fällt das Vermögen an die in der Verfassung bestimmten Personen. Die Vorschriften der §§ 46 bis 53 finden entsprechende Anwendung.**

§ 88 gilt für alle Fälle der Auflösg der Stiftg (§ 87 Rn 1 ff). Der AnfallBerecht (§ 47 Rn 2) wird dch das **1** StiftgsGesch, subsidiär dch das LandesR best, das idR den Fiskus, bei örtl Stiftgen die Gem u bei kirchl Stiftgen die Kirche beruft (s StiftgsG *BaWü* §§ 15, 31, *Bay* Art 20, *Hess* § 23, *Nds* § 9, *NRW* § 15). Bei einer gemischten Stiftg (Küster-Lehrerpfründe) können Kirche u Staat je zur Hälfte berecht sein (RG **133**, 75). Soweit das Stiftsvermögen an den Fiskus fällt, findet entspr § 46 eine GesRNachfolge statt, ebso nach *bay* StiftgsR, wenn das Verm einer kirchl Stiftg an die Kirche fällt (BayObLG NJW-RR **94**, 914); in and Fällen muß nach §§ 47–53 eine Liquidation dchgeführt w (s dort).

III. Juristische Personen des öffentlichen Rechtes

Vorbemerkung

1) Vgl zunächst Einf 3 v § 21. – **a)** In Übereinstimmg mit der Terminologie des VerwR unterscheidet § 89 **1** drei Arten von JP des öffR: Die **Körperschaft** öffR ist ein mitgliedschaftl organisierter rechtsfäh Verband des öffR. Die **Anstalt** öffR ist ein mit eig RPersönlichk ausgestatteter Bestand von persönl u sachl Mitteln, die einem bes Zweck öff Verw dauernd zu dienen bestimmt ist (Berg NJW **85**, 2294). Die **Stiftung** öffR ist eine einem öff Zweck gewidmete Vermögensmasse, der die Eigensch einer JP des öffR verliehen worden ist (s Vorbem 5 v § 80). **Fiskus** ist die Bezeichng für den Staat in seinen privrechtl Beziehgen. Die einz fiskalischen Stellen (*stationes fisci,* Behörden) haben keine RPersönlichk. Abreden zw Behörden ders JP des öffR sind reine Interna der Verw ohne zivilrechtl Verbindlichk. – **b) Einzelfälle.** JP des öffR sind: – **aa) Ge-** **2** **bietskörperschaften,** so der Staat, die Gemeinden u Gemeindeverbände (Kreise, Ämter); – **bb) Kammern,** so die Ind- u Handelskammern (Ges v 18. 12. 56 § 3), HandwKammern (HandwO 90), Landwirtsch-Kammern, RA-Kammern (BRAO 176), Notarkammern (BNotO 77), Ärzte- u Apothekerkammern, HandwInnungen (HandwO 53); – **cc) Universitäten** u **Rundfunkanstalten** nach Maßg des LandesR; – **dd) Träger der Sozialversicherung,** wie Krankenkassen, Berufsgenossensch, LVA u BfA; – **ee)** bestimmte **Kreditinstitute,** so die Deutsche Bundesbank, die öff Sparkassen; – **ff)** die **Treuhandanstalt** nach EiniggsV 25 u TreuhG; aGrd im TreuhG 23 b idF des TreuhStrukturG (Stapper/Rödder NJW **94**, 2673) inzw dch VO v 20. 12. 94 (BGBl I 3913) umbenannt in BAnstalt für vereiniggsbedingte SonderAufg. – **gg)** Wasser- u Bodenverbände, Haubergsgenossensch (VerfGHRhPfl VerwRspr **51**, 141), Jagdgenossensch (Celle NJW **55**, 834); ForstBetrVerbände (Ges v 1. 9. 69, BGBl **69**, 1543), das Bay Rote Kreuz (Bay VerfGH **AP** § 611 Rotes Kreuz Nr 1); – **hh)** Religionsgemeinschaften (GG 140, WRV 137 V), so die EKD, ihre Landeskirchen (RG **118** Anhang 6) u Gemeinden (RG **62**, 359, Hbg MDR **52**, 175), die katholische GesKirche (BGH **124**, 174), ihre Bistümer u Gemeinden (RG **38**, 326, **62**, 359, **118**, 27, **136**, 3), Anstalten, Stiftgen u Sondervermögen nach Maßg des Reichskonkordats v 20. 7. 33 Art 13, das auch heute noch gilt (BVerfG **6**, 334); – **ii)** internationale juristische Personen, so die UNO u ihre Unterorganisationen (VO v 16. 6. 70, BGBl II 669), die EG, die Europäische Investitionsbank, Eurocontrol, die Nato u Shape (BGBl II **69**, 2005). – **jj) Bundespost** u **Bundesbahn.** Dch das PTNeuOG vom 14. 9. 94 (BGBl I 2326) ist die Bundesanstalt Dtsche Bundespost errichtet worden; sie wahrt die Rechte des Bundes an den aus dem Sondervermögen Bundespost hervorgegangenen AGs Dtsche Post, Dtsche Postbank u Dtsche Telekom (Gramlich NJW **94**, 2788; Kirchhof NVwZ **94**, 1041). Die Bundesbahn ist nach dem ENeuOG (BGBl 1993, 2378) ein Sondervermögen des Bundes unter der Bezeichng „Bundeseisenbahnvermögen" (Heinze NVwZ **94**, 748).

2) Die grundlegden RVorschr für JP des öffR, insb über Organisation, Zweck, Umfang der RFgk, **3** Organe u Vertretg gehören dem öffR an. Das BGB setzt sie voraus. Seine delikt SchutzVorschr, einschl der Vorschr über den Ehrenschutz, erstrecken sich auch auf JP des öffR (BGH NJW **83**, 1183). Sonderregelgen enthält es nur für die **Haftung** (§ 89 I) u den Verlust der RFgk beim **Konkurs** (§ 89 II). Im übrigen gelten die Normen des öffR, nicht die §§ 21 ff. Der Umfang der RFgk der JP des öffR ist zweckbegrenzt. Gesch außerh des Rahmens ihrer Zweckbestimmg sind nichtig (BGH **20**, 123, Einf 11 v § 21).

89 *Haftung für Organe; Konkurs.* **I Die Vorschrift des § 31 findet auf den Fiskus sowie auf die Körperschaften, Stiftungen und Anstalten des öffentlichen Rechtes entsprechende Anwendung.**

II Das gleiche gilt, soweit bei Körperschaften, Stiftungen und Anstalten des öffentlichen Rechtes der Konkurs zulässig ist, von der Vorschrift des § 42 Abs. 2.

1) Die JP des öffR ist nach **I** für den Schaden verantwortl, den ihre verfassgsmäß Vertreter dch eine zum **1** SchadErs verpflichtete Hdlg verursacht haben. Die Voraussetzgen u Grdl der Haftg sind die gleichen wie in § 31 (s dort). §§ 89, 31 gelten aber nur für Handeln im **privaten Rechtsverkehr.** Bei hoheitl Handeln ist § 839 iVm GG 34 HaftgsGrdl, bei schuldrechtsähnl Sonderverbindgen ferner eine entspr Anwendg der §§ 276, 278 (§ 276 Rn 130). Umgekehrt ist die Anwendg von GG 34, § 839 ausgeschl, wenn der Bedienstete im privrechtl AufgKreis der JP des öffR tät geworden ist (RG **147**, 278). Die Abgrenzg zw privatrechtl u hoheitl Tätigk ist bei § 839 dargestellt (s dort vor allem Rn 29, ferner Einf 36 v § 305). Bei der **Verkehrssicherungspflicht** kann die Körpersch wählen, ob sie ihrer Verpfl privrechtl als Fiskus od hoheitsrechtl als Träger öff Gewalt genügen will (s § 823 Rn 124). Aus dem Nebeneinand von öffrechtl u privrechtl Haftgsnormen ergibt sich folgdes **Haftungsschema** (s RG **162**, 161):

a) Die öffrechtl **Körperschaft** haftet: – **aa)** bei **hoheitlichem Handeln,** gleichgült ob ein Beamter od ein **2** sonst Bediensteter tät geworden ist, aus § 839 iVm GG 34 (s aber Rn 3); bei schuldrechtsähnl Sonderverbindg daneben aus einer entspr Anwendg der §§ 276, 278 (§ 276 Rn 130); bei enteignungsgleichem Eingriff zugl aus GG 14 (Übbl 14 v § 903); – **bb)** bei **privatem Handeln** für verfassgsmäß Vertreter aus §§ 89, 31 iVm der maßgebden AnsprGrdl (VertrVerletzg, c. i. c., unerl Hdlg); für and Pers bei vertragl Versch od

3 c. i. c. aus § 278, bei unerl Hdlg aus § 831. – **b)** Der **Handelnde** haftet: – **aa)** bei **hoheitlichem Handeln** idR nicht, da die Haftg der Körpersch (GG 34) die persönl Haftg ausschließt; der Handelnde haftet jedoch, wenn die Staatshaftg, wie uU ggü Ausländern u bei Gebührenbeamten, ausgeschl ist (§ 839 Rn 5 f); – **bb)** bei **privatem Handeln:** bei VertrVerletzg od c. i. c. idR nicht, da die Körpersch allein berecht u verpflichtet ist; bei unerl Hdlg: der Beamte im staatsrechtl Sinn nur aus § 839 (BGH **34**, 104, NJW **74**, 1424); seine Haftg ist daher gem § 839 I 2 ausgeschl, wenn entspr a) bb) ein Anspr gg die Körpersch besteht (BGH **85**, 395, **95**, 67, § 839 Rn 26); aus § 823 haftet der Nichtbeamte, aber auch der beamtete Arzt, wenn er einen Patienten ambulant behandelt (BGH **120**, 376).

4 **2) Verfassungsmäßig berufener Vertreter. – a)** Der Begriff ist bei JP des öffR ebso wie im unmittelb Anwendgsbereich des § 31 weit auszulegen (s § 31 Rn 6). Er erfaßt alle Pers, denen dch die **Organisations-normen** der JP best Aufgaben zur eigenverantwortl Erledig übertr sind (RG **157**, 237; HRR **40**, 1389). Bedienstete einer JP können aber auch dann unter die §§ 31, 30 fallen, wenn ihre RStellg keine derart „satzgsmäß" Grdl hat (BGH NJW **72**, 334). Es genügt, daß dem Vertreter dch die allg BetrRegelg u Handhabg bedeuts wesensmäß Funktionen zur selbstd Erf zugewiesen sind u er die JP auf diese Weise **repräsentiert** (BGH aaO, § 31 Rn 5 ff). Rgeschäftl VertrMacht ist nicht erforderl (BGH aaO). Auch Weisgsgebundenh im InnenVerh steht der Anwendg der §§ 31, 30 nicht entgg, sofern der Vertreter nach außen selbstd auftritt (BGH NJW **77**, 2260). Als Vertreter iS der §§ 31, 30 kann daher uU auch ein Sachbearbeiter anzusehen sein (RG **162**, 167). Soweit ein Beamter teils selbstd, teils unselbstd handelt, ist er im Rahmen der ersten Tätigk verfassgsm Vertreter, im Rahmen der zweiten nicht (vgl RG **131**, 355). Die von der Rspr entwickelte Lehre vom **Organisationsmangel** (§ 31 Rn 7) gilt auch im Rahmen des § 89. Danach ist die JP verpflichtet, ihren TätigkBereich so zu organisieren, daß für alle wicht AufgGebiete ein verfassgsmäß Vertreter zuständ ist, der die wesentl Entsch selbst trifft. Entspr die Organisation diesen Anfordergen nicht, muß sich die JP so behandeln lassen als wäre der tät gewordene Bedienstete ein verfassgsmäß Vertreter (RG **157**, 235, BGH **24**, 213, VersR **65**, 1055).

5 **b) Einzelfälle** aus der nicht immer einheitl Rechtsprechg (ja = verfassgsm Vertreter, nein = kein verfassgsm Vertreter; s auch § 31 Rn 9): **Eisenbahn:** Leiter der Eisenbahndirektion ja (RG LZ **16**, 221); Bahnhofsvorsteher der Reichsbahn ja (RG **121**, 386); Vorsteher Bahnhofs III. Klasse der Bundesbahn ja (Neust VersR **56**, 631); Fahrdienstleiter nein (Köln DR **40**, 1945, vgl auch RG **161**, 341). – **Forstverwaltung:** Oberförster (jetzt Forstmeister) ja (BGH VersR **65**, 1055); Forstoberinspektor, der das Fällen eines Baumes leitet, ja (Ffm VRS **56** Nr 43). – **Gemeinde:** Bürgermeister ja (BGH NJW **80**, 115); Stadtdirektor ja, SparkassenVorstd ja (RG **131**, 247), Stadtbaurat als MagistratsMitgl ja (RG JW **11**, 939); Stadtbaurat, Baudeputation ja, Bauinspektor nein (Schlesw SchlHA **54**, 186); Straßenbahndirektor, Schlachthausdirektor heute wohl ja (entgg RG JW **11**, 640 u LZ **22**, 616) – **Justiz:** OLG-Präs u sein richterl Referent für Bausachen bzgl Gerichtsgebäude ja (Hbg MDR **54**, 355); Vorstdsbeamte des Landgerichts bzgl Gerichtsgebäude ja (RG DJZ **05**, 699); aufsichtsführder Amtsrichter ja (RG Gruch **49**, 635). – **Kirchengemeinde:** Pfarrer ja (KG JW
6 **38**, 1253). – **Krankenhaus:** Stationsarzt nein (Bambg NJW **59**, 816); Chefarzt ja (BGH NJW **72**, 334), u zwar auch dann, wenn er gesondert berechnete Leistgn erbringt (BGH **95**, 67, Düss VersR **84**, 448); Direktor der Uniklinik ja (LG Kln VersR **75**, 458); Chefarzt einer organisator unselbst Klinik u sein Vertreter, ja, sofern sie im medizin Bereich völlig weisgsfrei arbeiten (BGH **77**, 74, **101**, 218). Das gilt auch dann, wenn formell eine tats nicht ausgeübte Fachaufsicht vorgesehen ist (BGH **77**, 79). – **Kreis** (Landkreis): Landrat, ja in seiner Eigensch als Kreisbeamter (früher Kreisausschußvorsitzender); soweit er staatl Funktionen ausübt, ist er verfassgsm berufener Vertreter des Landes. – **Schule:** Gymnasialdirektor (jetzt Oberstudiendirektor) bzgl Gebäude ja (vgl RG JW **06**, 467), nicht Schuldiener. – **Sparkasse:** § 31 Rn 9. – **Staatsbank:** Mitglieder der Generaldirektion ja (RG **157**, 237). – **Staatseigener Gewerbebetrieb:** Generaldirektor ja (RG DR **42**, 1703). – **Straßenverwaltung:** Vorstände der Straßenbauämter ja (BGH **6**, 197); Straßenmeister in Bayern ja (BayObLG **55**, 94); Straßenbaumeister als örtl Bauleiter ja (Karlsr VerkBl **59**, 550). – **Wasserstraßenverwaltung:** Vorstand des Wasserbauamtes ja (RG Recht **35**, 3622a; Köln NJW **51**, 845, vgl auch Hbg MDR **53**, 168); Oberschleusenmeister ja (Celle VersR **61**, 1143).

7 **3)** Der in **II** nicht erwähnte Fiskus ist nicht konkursfäh. Für die übrigen JP des öffR gilt grdsl KO 213, gem EGKOÄndG v 17. 5. 98 IV kann der Landesgesetzgeber die Zulässigk des Konk aber ausschließen. Das ist hins der Gemeinden u Kreise in allen Ländern geschehen. Die Befug der Länder zum Ausschl des Konk besteht trotz des Ges vom 20. 8. 53 (BGBl 952) weiter (BVerfG NJW **82**, 2859, ZIP **84**, 344); von ihr haben inzw fast alle Länder umfassd Gebrauch gemacht, um ihre JP des öffR von der ZahlgsPfl gem KonkAusfgG freizustellen. Soweit JP des öffR konkursfäh sind, ist § 42 II gem II entspr anwendb.

Zweiter Abschnitt. Sachen. Tiere

Überblick

1 **1)** Währd ältere Ges wie zB ZPO 265 unter **Sachen** alle RObjekte verstehen, geht das BGB von einem engeren SachBegr aus. Nach der Legaldefinition des § 90 sind Sachen körperl Ggst (näher § 90 Rn 1) u damit eine best Unterart der Ggst. Diesen Sprachgebrauch hält das BGB aber nur im SachenR strikt ein. In Normen außerh des 3. Buches fallen unter den SachBegr uU auch nicht körperl Ggst, so etwa in §§ 119 II u 459. **Tiere** sind nach dem neu eingefügten § 90 a keine Sachen. Sie stehen aber im Ergebn Sachen weitgehd gleich, da auf das RObjekt Tier die für Sachen geltden Vorschr entspr anzuwenden sind (§ 90 a Rn 1).

2 **2)** Der OberBegr **Gegenstände** w vom Ges nicht definiert. Er w in den §§ 135, 161, 185, 747, 816, 2040 im ZusHang mit Vfgen verwandt, in den §§ 256, 260, 273, 292, 504, 581, 2374 im ZusHang mit schuldr Verpfl. Ggst ist alles, was Objekt von Rechten sein kann. Dazu gehören außer den Sachen Fdgen, ImmaterialgüterR u sonst VermögensR, nicht dagg Persönlich-, Fam- u unselbst GestaltgsR wie Anf- u KündR (Soergel-Mühl Rn 2). Ggst von schuldr Verpfl können darüber hinaus alle sonst VermögensBestandt sein, so etwa Gesch, Praxen, Zeitgstitel u techn beherrschb Energien (MüKo/Holch § 90 Rn 4, s auch die Bsp in § 292 Rn 2f).

3) Arten der Sachen. – a) Bewegliche und unbewegliche. Beweglich sind alle Sachen, die nicht **3** Grdst, den Grdst gleichgestellt od GrdstBestandt sind (RG **55**, 284, **87**, 51). Sachen, die nur vorübergehd mit dem Grd u Boden verbunden worden sind (§ 95), gehören dazu (RG **55**, 284), ebso grdsl Schiffe u Luftfahrzeuge, die jedoch nach dem SchRG u dem LuftRG teilw ähnl wie Grdst behandelt w. **Unbeweglich** sind Grdst, dh abgegrenzte Teile der Erdoberfläche, die im Bestandsverzeichn eines GBBlattes unter einer bes Nr eingetragen od gem GBO 3 III gebucht sind (Oldbg Rpfleger **77**, 22, Übbl 1 v § 873), sowie deren Bestandt. Auch nicht wesentl Bestandt eines Grdst verlieren für die Dauer der Verbindg die Eigensch der bewegl Sache (RG **158**, 369). Den Grdst rechtl gleichgestellt sind das ErbbR (ErbbRVO 11 I 1), das WoEigt (WEG 1, 3, 7) u die nach LandesR (EG 63, 67) als ImmobiliarR ausgestalteten Rechte. – **b) Vertretbare** u **nicht vertretbare**, s § 91. – **c) Verbrauchbare** u **nicht verbrauchbare**, s § 92. – **d) Teilbare** u **4** **unteilbare**. Teilb ist eine Sache, die sich ohne Wertminderg in gleichart Teile zerlegen läßt (§ 752 S 1). Diese Unterscheidg ist insb für Auseinandersetzgen bedeuts. – **e) Einzelsachen** u **Sachgesamtheiten**. **5** Einzelsache kann eine natürl Einh (RG **69**, 119) sein, zB ein Tier, Stein od Getreidekorn. Eine Sache liegt aber auch dann vor, wenn eine natürl Mehrh von Sachen von der VerkAnschauung als ein bes bezeichneter u bewerteter einheitl körperl Ggst angesehen w (RG **87**, 45, BGH **102**, 149), so zB ein Getreide- od Sandhaufen. Eine einheitl Sache ist auch die zusammengesetzte Sache, in der mehrere fr selbstd Sachen derart aufgegangen sind, daß sie als Bestandt ihre Selbstdgk verloren h (RG **69**, 119, **87**, 45, BGH **18**, 227). Eine einzige zusammengesetzte Sache kann nur dann angenommen w, wenn das Ganze sich nach natürl Anschauung als eine Einh darstellt; das kann auch bei einer nur losen, leicht lösb Verbindg der Teile der Fall sein (RG **87**, 45, s auch § 93 Rn 2). Im Unterschied dazu bestehen **Sachgesamtheiten** aus mehreren selbstd Sachen (RG **87**, 45, BGH **18**, 228), die im Verk unter einer einheitl Bezeichng zusammengefaßt u deren Wert u Funktionsfähigk dch ihre Vollständigk u funktionelle Verbindg mitbestimmt w (BGH **76**, 219). Bsp sind Inventar, Warenlager, Briefmarkensammlg, der UrkBestand eines Archivs (BGH **76**, 219), eine Sitzgruppe (Celle NJW-RR **94**, 1305). Die Sachgesamth kann Objekt von schuldr Verpfl sein. Der Schädiger ist verpflichtet, die zur Wiederherstellg ihres funktionellen ZusHangs erforderl Aufwendgen zu tragen (BGH **76**, 219); ob bei Beschädig des Bezugsstoffes eines Teils einer Sitzgruppe ein Neubezug aller Teile verlangt werden kann, ist Frage des Einzelfalls (Celle NJW-RR **94**, 1305). Objekt von Vfg können nur die Einzelsachen sein, aus denen sich die Sachgesamth zusetzt (BGH aaO). – **f) Hauptsachen** u **Nebensachen.** Ob **6** mehrere selbstd Sachen im Verh zueinander als Haupt- u Nebensache anzusehen sind, kann in versch Weise rechtl von Bedeutg sein. Nur eine Nebensache kann Zubehör (§ 97) sein; s ferner für die Wandelg § 470, für den WerkliefergsVertr § 651 II, für den EigtErwerb dch Verbindg § 947 II. Entscheidd für die Abgrenzg ist der Wille der Beteiligten, iF des § 947 II die VerkAnschauung.

4) Sachen, die dem **Verkehr entzogen** sind. Sachen können dem Verk wg ihrer natürl Beschaffenh **7** (Rn 8) od aus Rechtsgrden (Rn 9–13) ganz od teilw entzogen sein; im zweiten Falle handelt es sich um sog **öffentliche Sachen**, die unmittelb dem Gemeinwohl od den eig Bedürfnissen der Verw zu dienen best sind. An öff Sachen kann dch LandesR öff Eigt geschaffen w, für das die Vorschr des BGB nicht gelten (BVerfG NJW **76**, 1836, BVerwG **27**, 132).

a) Allgemeingüter wie freie Luft, fließdes Wasser, Meer sind ihrer natürl Beschaffenh nach der Be- **8** herrschg dch Menschen unzugängl u daher nicht fäh, Objekt von Rechten zu sein; mangels Abgrenzbark (s § 90 Rn 1) sind sie keine Sachen iS des BGB. Sache ist nur das, was dch den Menschen aus dem betr Allgemeingut entnommen w, wie zB geschöpftes Wasser. PrivR können am Wasserlauf, nicht dagg am fließden Wasser selbst begründet w, vgl die landesr Wassergesetze (EG 65). Von der Luft zu unterscheiden ist der Raum über der GrdstOberfläche, auf den sich nach § 905 S 1 das Recht des GrdstEigtümers erstreckt.

b) Religiöse Zweckbestimmung und vergleichbare Fälle. – aa) Dem **Gottesdienst** gewidmete **9** Sachen wie Kirchengebäude u kirchl Gerätsch sind idR öff Sachen (BayObLG **67**, 98, Schlink NVwZ **87**, 633). An ihnen können privatr Eigt (BayObLG **67**, 98f) u sonst PrivR bestehen (RG **107**, 367 für kirchl Gerätsch), doch sind sie dch Widmg für Zwecke des Kultus dem priv RVerk weitgehd entzogen (BayObLG **67**, 98f). Der Eigtümer kann sie grdsl auch dann nicht herausverlangen, wenn er sich bei der Zust zur Widmg eine and Verwendg vorbehalten hat (BayObLG **80**, 386). Für kirchl VerwVermögen (s auch Rn 13) besteht dagg idR keine öffentl Zweckbindg (Müller-Vollbehr NVwZ **91**, 144). – **bb)** Ähnl zu beurteilen **10** sind die **Bestattungszwecken** gewidmeten Sachen, wie Friedhöfe (s BGH **25**, 200, NJW **77**, 244, BVerwG **25**, 365), Grabdenkmäler u alles, was nach Sitte, ReligionsGebr u Herkommen der Würde der Bestattg dient (RG **100**, 214). **Grabdenkmäler** können Ggst von priv Rechten sein (Faber/Ganschezian-Finck NJW **56**, 1480). Sie sind aber gem ZPO 811 Nr 13 unpfändb (Wacke DGVZ **86**, 161, aA LG Wiesbaden NJW-RR **89**, 575), nur der Hersteller darf wg seines WkLohnAnspr pfänden (Köln OLGZ **93**, 118, Christmann DGVZ **86**, 57, str). Auch hier gilt iü LandesR (s EG 133). – **cc)** Umstr ist die rechtl Einordng der menschl **Leiche** u **11** ihrer Bestandt. Soweit sie, wie Heiligenreliquien, kult Verehrg genießt, ist sie eine dem Gottesdienst gewidmete Sache u unterliegt den für diese geltden Regeln. Ist od war sie Ggst einer Bestattg, bestehen ähnl Beschränkgen wie bei den Bestattgszwecken gewidmeten Ggst. Sie ist eine Sache (str), steht aber in niemandes Eigt (RGSt **64**, 314f; Kallmann FamRZ **69**, 578; Zimmermann NJW **79**, 570; aM Brunner NJW **53**, 1173, der Eigtum der Erben annimmt); sie gehört daher nicht zum ErblVerm (§ 1922 Rn 44). Das Recht der **Totenfürsorge** steht dem vom Verstorbenen hiermit Betrauten zu, hilfsw dem nächsten Angeh (BGH NJW-RR **92**, 834, § 823 Rn 180 u Einf 8 v § 1922). Mit der Leiche fest verbundene künstl Körperteile wie etwa Goldplomben u Herzschrittmacher teilen das Schicksal der Leiche für die Zeit der Bestattg (§ 90 Rn 3). Sie können, da sie niemands Eigt sind, nicht Objekt eines Diebstahls sein. Das ausschl AneignsR steht den Erben zu; seine Ausübg darf jedoch nicht die mit der TotenFürs zusammenhängden Rechte der nächsten Angeh verletzen (LG Mainz MedR **84**, 200; aM Dotterweich JR **53**, 174, der jedermann ein AneignsR zuspricht, u Kallmann FamRZ **69**, 578, der ein AneignsR der Angeh annimmt). Als normale dem RVerk zugängl Sachen sind Leichen u deren Bestandt anzusehen, soweit u solange sie in befugter Weise zu medizin od sonst wissenschaftl Zwecken verwendet w (§ 823 Rn 180 u § 1922 Rn 44). Das gleiche gilt für Leichen u Leichenteile, die aus best Grden, insb wg Zeitablaufs, einem Pietätsgefühl nicht mehr zugängl sind, wie zB steinzeitl Skelettfunde (MüKo/Holch § 90 Rn 24).

12   **c)** Die dem **Gemeingebrauch** gewidmeten Sachen *(res publicae)* wie öff Wege, Brücken, Flüsse, Meeresstrand können in privatr Eigt stehen (aM für den Meeresstrand LG Kiel SchlHA **75**, 86). Meist sind sie Eigt öffrechtl Körpersch, gelegentl auch von Privaten. Das privatr Eigt w aber dch die öff ZweckBest beschr u seines wesentl Inhalts entkleidet. Vgl näher zum Gemeingebrauch § 903 Rn 28 ff.

13   **d)** Sachen, die zum **Verwaltungsvermögen** gehören, dienen der öff Verw unmittelb dch ihren Gebr, wie zB Schulen, Behördengebäude, Kasernen (s EinigsV 21 u BGH NJW **95**, 1493). Sie sind dem Verk insow entzogen, als ihre ZweckBest es erfordert (BGH **33**, 230). Im Ggs dazu dienen Sachen des **Finanzvermögens** nur mittelb der öff Verw, näml dch ihren VermWert od ihre Erträge. Sie unterstehen daher in vollem Umfang den Regeln des PrivR. Zu beachten sind jedoch die Sondervorschriften, die für die ZwVollstr gg öffrechtl Körpersch, Anstalten u Stiftgen (ZPO 882a) sowie gg Gemeinden (EGZPO 15 Nr 3) gelten.

90   *Begriff.*   Sachen im Sinne des Gesetzes sind nur körperliche Gegenstände.

1   **1) Allgemeines. Körperliche** Ggst, auf die das BGB den SachBegr beschr (Übbl 1 v § 90), müssen im Raume **abgrenzbar** sein, entweder dch eig körperl Begrenzg, dch Fassg in einem Behältn od dch sonst künstl Mittel wie Grenzsteine od Einzeichng in Karten. Daher sind die Allgemeingüter, wie freie Luft u fließdes Wasser (Übbl 8 v § 90), keine Sachen (RGRK-Kregel Rn 12). Auch beim Grundwasser u Schnee fehlt die erforderl Begrenzg. Langlauflotpen sind gleichf keine Sachen (MüKo/Holch Rn 7, offen BGH NJW-RR **89**, 673). Sachen können fest, flüss od gasförm sein. Nicht alles sinnl Wahrnehmb ist Sache; maßg für die Beurteilg, ob ein körperl Ggst anzunehmen ist, ist in erster Linie die VerkAnschauung, nicht hingg
2   der letzte Stand der physikal Wissensch. **Keine Sache** ist daher das Licht, ebenf nicht die elektr Energie (RG **86**, 14, MüKo/Holch Rn 20), auch nicht Computerprogramme (Bormann/Bormann DB **91**, 2642, Redeker NJW **92**, 1739, Junker NJW **93**, 824, aA König NJW **93**, 3121), wohl aber ihre Verkörperg in einem Datenträger (BGH **102**, 144, NJW **93**, 1871, aA Müller-Hengstenberg NJW **94**, 3129). Wird das Programm dch Überspielen auf Festplatte übertr, finden die Vorschr über den Sachkauf entspr Anwendg (BGH **109**, 101, Kort DB **94**, 1506). Die „Kundschaft" ist keine Sache, sond ein immat Gut (Nürnb MDR **79**, 144). Der GewerbeBetr ist gleichf nicht Sache (RG **70**, 224), sond eine Sach- u Rechtsgesamth. Zu den **Arten** der Sachen s Übbl 3 v § 90.
3   **2)** Nicht zu den Sachen gehören der **Körper des lebenden Menschen** (wohl aber die Leiche, s Übbl 11 v § 90) u seine ungetrennten Teile (Kallmann FamRZ **69**, 577). Aus diesem Grde kann an ihnen kein Eigt bestehen (Forkel JZ **74**, 594; Taupitz JZ **92**, 1089); allerd h der Mensch über seinen Körper eine rechtl Macht inne, die derj des Eigtümers im Verh zur Sache gleichkommt. Ebso zu beurteilen wie der Körper sind die mit ihm fest verbundenen künstl Körperteile (MüKo/Holch Rn 22), für sie gelten nach dem Tod des Trägers die Grds von Übbl 11 v § 90. Auch der Herzschrittmacher wird mit der Implantation Teil des menschl Körpers (LG Mainz MedR **84**, 200, aA Brandenburg JuS **84**, 48, Gropp JR **85**, 183). Getrennte Körperteile wie Haare, gespendetes Blut od Sperma u zur Transplantation entnommene Organe gehören weiter zum Schutzgut Körper, wenn sie zur Bewahrg von Körperfunktionen od zur späteren Wiedereingliederg in den Körper best sind (BGH **124**, 54, krit Taupitz NJW **95**, 745, Nixdorf VersR **95**, 740). Andf werden sie bewegl Sachen (BGH aaO); mit der Trenng verwandelt sich die Herrsch des Menschen über seinen Körper in entspr Anwendg des § 953 *ipso facto* in Eigt (MüKo/Holch Rn 21, Taupitz AcP **191**, 208). Bewegl Sachen sind auch die mit dem Körper nicht fest verbundenen künstl Körperteile wie Prothesen, Perücken u künstl Gebisse (MüKo/Holch Rn 22); s dazu die PfdgsSchutzVorschr in ZPO 811 Nr 12.
4   **3) Bedeutung.** Nur an Sachen kann Eigt iS der §§ 903 ff, ein und dingl Recht (Ausn: §§ 1068 ff, 1273 ff) od Besitz bestehen. Soweit in Normen außerh des 3. Buches der SachBegr verwandt w (zB §§ 119 II, 459, 470, 598), ist es Frage des Einzelfalls, ob diese Vorschr auch auf unkörperl Ggst angewandt w können.

90a   *Tiere.*   Tiere sind keine Sachen. Sie werden durch besondere Gesetze geschützt. Auf sie sind die für Sachen geltenden Vorschriften entsprechend anzuwenden, soweit nicht etwas anderes bestimmt ist.

1   Neu eingefügt dch Ges v 20. 8. 90 (BGBl 1762). Die Vorschr beruht auf dem Gedanken, daß das Tier als Mitgeschöpf nicht der Sache gleichgestellt werden dürfe (Mühe NJW **90**, 2238, Lorz MDR **90**, 1057). Die vorgesehene entspr Anwendg der für Sachen geltden Vorschr bringt aber ggü der unmittelb Anwendg keinerlei Änderg (MüKo/Holch Rn 11). Im Ergebn ist § 90a eine gefühlige Deklamation ohne wirklichen rechtl Inh. Die für Tiere geltden SchutzVorschr (S 2) sind das TierschutzG, §§ 251 II 2, 903 S 2, ZPO 765a I 2 u 811c I. Ob angesichts des strafrechtl Analogieverbots (GG 103 II) der Diebstahl (StGB 242) u die Beschädigung (StGB 303) von Tieren noch strafb ist, muß der Beurteilg der StrafGer überlassen bleiben (s Küpper JZ **93**, 435).

91   *Vertretbare Sachen.*   Vertretbare Sachen im Sinne des Gesetzes sind bewegliche Sachen, die im Verkehre nach Zahl, Maß oder Gewicht bestimmt zu werden pflegen.

1   **1)** Der **Begriff** der vertretb Sache ist objektiv zu verstehen. Da nach dem Ges die Anschauung des **Verkehrs** maßg ist, haben PartVereinbgen insow keine Bedeutg (MüKo/Holch Rn 1). Das unterscheidet sie von den der **Gattung** nach best Sachen (§ 243), für deren Abgrenzg der PartWille maßgebd ist (s § 243 Rn 1). Vertretb ist eine Sache, wenn sie sich von und der gleichen Art nicht dch ausgeprägte Individuali-

siergsmerkmale abhebt u daher ow austauschb ist (BGH NJW **66**, 2307; **71**, 1794). Nicht vertretb sind Sachen, die auf die Wünsche des Best ausgerichtet u deshalb für den Unternehmer anderw schwer od gar nicht abzusetzen sind (BGH aaO). Bedeuts ist die Unterscheidg insb für best Schuldverhältnisse, zB den WerkliefergsVertr (§ 651 I 1), das Darl (§ 607) u die unechte Verwahrg (§ 700). Bei Verlust od Zerstörg einer vertretb Sache ist Naturalrestitution (§ 249) dch Lieferg einer and Sache mögl, dagg bei unvertretb Sachen idR nicht (BGH NJW **85**, 2414); s ferner ZPO 592, 794 Z 5, 884.

2) **Vertretbar** sind Geld, WertP, wie zB Aktien, Waren aus Serienfertigg, etwa Serienmöbel, auch wenn **2** sie nach Wünschen des Best anzufertigen sind (BGH NJW **71**, 1794), od einen von ihm gewünschten Bezugsstoff erhalten (Karlsr BB **88**, 1209), neue Kfz (Mü DAR **64**, 189), Maschinen gewöhnl Art u übl Beschaffenh (RG **45**, 64), Wärmepumpen (Hamm NJW-RR **86**, 477), Wein in seiner dch Rebsorte, Lage, Jahrgang u Qualitätsstufe best Gattg (BGH NJW **85**, 2403). **Nicht vertretbar** sind Grdst u EigtWo (BGH **3** NJW **95**, 588); die Sonderanfertigg eines Serienmotorrades (LG Hbg ZIP **94**, 291); die einem best Raum od Betr angepaßten Maschinen (RG **45**, 64); Einbauküchen (BGH NJW-RR **90**, 788); Bier aus einer best Brauerei im Verh zum Bier aus einer and (RG JW **13**, 540); Grdst u bewegl Sachen, die GrdstBestandt geworden sind (s Übbl 3 v § 90); gebrauchte Kfz (Mü DAR **64**, 189; Jordan VersR **78**, 691); Prospekte, die auf die Bedürfn eines best Untern abgestellt sind (BGH NJW **66**, 2307); Zündholzbriefchen, auf denen für ein best Untern geworben w (BGH DB **81**, 315).

92 *Verbrauchbare Sachen.* [I] Verbrauchbare Sachen im Sinne des Gesetzes sind bewegliche Sachen, deren bestimmungsmäßiger Gebrauch in dem Verbrauch oder in der Veräußerung besteht.

[II] Als verbrauchbar gelten auch bewegliche Sachen, die zu einem Warenlager oder zu einem sonstigen Sachinbegriffe gehören, dessen bestimmungsmäßiger Gebrauch in der Veräußerung der einzelnen Sachen besteht.

1) **Absatz 1.** Was verbrauchb Sachen, richtet sich in I nach der objektiven Zweckbestimmg. Die **1** Vorschr unterscheidet: – a) **Tatsächlich** verbrauchb Sachen, die zum Verbrauch best sind, so zB Lebensmittel, zu denen auch Tiere gehören können (RG **79**, 248), Brennmaterial. Nicht unter diesen Begr fallen Sachen wie Kleidgsstücke od Teppiche, die dch den Gebr abgenutzt w. – b) **Im Rechtssinne** verbrauchb **2** Sachen, die zur Veräußerg best sind u als Sachen selber keinen GebrWert h, wie Geld, WertP.

2) Nach **Absatz 2** gelten alle Sachen als verbrauchb, die zu einem Sachinbegriff (Übbl 5 v § 90) gehören, **3** wenn dessen bestimmungsgem Gebrauch in der Veräußerg der einz Sachen besteht. And als in I entscheidet hier der Wille des Berecht. Bsp sind die zu einem Warenlager gehörden Sachen, aber auch das Schlachtvieh des Schlachters (RG **79**, 248).

3) Bei verbrauchb Sachen ist der NutzgsBerecht idR zum Verbrauch der Sache berecht, muß aber später **4** WertErs leisten (§§ 1067, 1075, 1085, ähnl § 706).

93 *Wesentliche Bestandteile.* Bestandteile einer Sache, die von einander nicht getrennt werden können, ohne daß der eine oder der andere zerstört oder in seinem Wesen verändert wird (wesentliche Bestandteile), können nicht Gegenstand besonderer Rechte sein.

1) **Vorbemerkung zu §§ 93–96.** Die gesetzl Regelg, nach der eine Sache u ihre wesentl Bestandt ein **1** einheitl rechtl Schicksal h sollen, beruht auf wirtsch Grden. Sie soll die nutzlose Zerstörg wirtsch Werte verhindern, die eintreten würde, wenn Bestandt voneinander getrennt w, die ihren wirtsch Zweck u damit ihren Wert nur in der von ihnen gebildeten Einh h (RG **69**, 120, BGH **20**, 157). Dieser gesetzgeber Grd ist bei der Ausleg der Vorschr zu beachten. Der Fortschritt der techn Entwicklg u die Änderg der wirtsch Verhältn ist zu berücksichtigen (BGH **18**, 232); es ist daher mögl, daß ein in fr Zeit als wesentl angesehener Bestandt wg heute bestehder ErsMöglichk nicht mehr als wesentl gilt. Der Kreis der wesentl Bestandt w ausgedehnt dch § 94 u eingeschränkt dch § 95. Für die Abgrenzg zw Gebäude- u HausratVers sind die §§ 93 ff nicht maßgebd (Hamm NJW-RR **93**, 861, s auch BGH NJW-RR **92**, 793).

2) **Bestandteile** sind sowohl die Teile einer natürl SachEinh (RG **63**, 418, **67**, 32, Übbl 5 v § 90) als auch **2** die einer zusammengesetzten Sache (Übbl aaO), die dch Verbindg miteinander ihre Selbstdgk verloren h (RG **63**, 418, **69**, 120, **87**, 46). Im allg teilen Bestandt das rechtl Schicksal der Sache (RG **158**, 368, Ffm NJW **82**, 654); handelt es sich nicht um wesentl Bestandt (Rn 3), können an ihnen schon vor der Trenng dingl Rechte begründet w (RG **69**, 120); für den Bereich eines solchen SonderR sind sie dann wie selbst Sachen zu behandeln (RG **158**, 369). Maßg für die Beurteilg, ob es sich um einen Bestandt, eine selbst Sache innerh einer Sachgesamth od um ein ZubehStück (§ 97) handelt, sind VerkAuffassg (RG **67**, 34) u natürl Betrachtgsw (RG **158**, 370) unter Zugrundelegg eines techn-wirtsch Standpunktes (BGH **20**, 157). Beurteilgskriterien sind Art u beabsichtigte Dauer der Verbindg, der Grad der Anpassg der bish selbst Sachen aneinander u ihr wirtsch Zusammenhang (RG **158**, 370). Feste Verbindg, zu der eine Befestigg dch Schrauben nicht zu rechnen ist (RG **158**, 374), w häufig auf BestandtEigensch hindeuten (s RG **158**, 369), doch bietet die Art der Verbindg nur ein äußeres Merkmal (RG **87**, 46). Auch eine lose Verbindg kann genügen, wenn die Teile vom Verk nur als eine einzige Sache aufgefaßt w (RG **67**, 34). Selbst wenn eine Verbindg fehlt, wie bei Handelsbüchern in neuzeitl nicht gebundener Form, kann eine einheitl Sache anzunehmen sein (KG Rpfleger **72**, 441). Ein Bestandt bleibt Bestandt, wenn er von der Sache vorübergehd getrennt w, wie zB ein zur Ausbesserg ausgehängtes Fenster (RG Gruch **64**, 97). Bestandt sind die Teile, aus denen ein Kfz zusammengesetzt ist (BGH **18**, 228), die realen Flächenteile eines Grdst (BayObLG **24**, 294), die Hälften eines auf einem ungeteilten Grdst stehden Hauses (BGH **LM** Nr 14). Maschinen u Fabrikgebäude bilden dagg nur dann eine einheitl Sache, wenn die VerkAuffassg die Maschine als Teil des Gebäudes ansieht (RG

67, 34). Der Kreis der Bestandt w eingeschränkt dch § 95. Demggü gibt es Sonderregelgen, nach denen Sachen als Bestandt von Rechten (ErbbRVO 12) u Rechte als Bestandt von Sachen gelten (§ 96).

3   **3) Wesentlich** nennt das Ges nicht etwa diej Bestandt, die für eine Sache bes wicht sind. Es kommt vielm darauf an, ob dch die Trenng der abgetrennte od der zurückbleibde Bestandt zerstört od in seinem Wesen verändert w. Entsch ist nicht der Einfluß der Trenng auf die Gesamtsache, abzustellen ist allein darauf, ob der eine od and Bestandt nach der Trenng noch in der bish Art – sei es auch erst nach Verbindg mit einer and Sache – wirtsch genutzt w kann (BGH **18**, 229, **61**, 81); eine nur geringfüg Wertminderg inf der Trenng ist unerhebl (RG **69**, 122, Köln NJW **91**, 2570). Nicht maßg ist, ob der Bestandt dch eine Sache von gleicher od ähnl Bedeutg ersetzt w kann (RG **58**, 342, **69**, 158). Zugrundezulegen ist eine natürl, wirtsch Betrachtgsw (BGH **36**, 50, **61**, 81) bei gleichzeit Berücksichtigg der jew VerkAnschauung (BGH **36**, 50). Feste Verbindg ist weder notw noch ausreichd, um einen Bestandt zum wesentl zu machen. Dachgebälk ist bereits dann als wesentl Bestandt des Hauses anzusehen, wenn es auf das Mauerwerk des Dachgeschosses gelegt worden ist (RG **62**, 250). Eine vorübergehde Trenng (Rn 2) läßt die Eigensch als wesentl Bestandt unberührt, and hingg, wenn ein Teil entfernt worden u die Wiedervereinigg der getrennten Stücke ungewiß ist (RG Gruch **64**, 97). Keine wesentl Bestandt sind die realen Flächenteile eines Grdst (BayObLG **24**, 294) sowie Straßen u Wege, da diese dch Ziehen von Grenzlinien jederzeit in versch Teile zerlegt w können, ohne daß ihr Wesen dadch irgendwie verändert w (RG JW **10**, 813). Wesentl Bestandt sind dagg die Hälften eines auf einem ungeteilten Grdst stehdn Hauses (BGH **LM** Nr 14) u die Scheiben einer Thermopanverglasg (LG Lübeck NJW **86**, 2515). Bei zusammengesetzten Sachen sind diejen Bestandt als wesentl anzusehen, die mit dem Einbau vollst in dem Ganzen aufgehen u für eine allg Betrachtg, wie etwa Schrauben und Hebel einer Maschine, keine eig Bedeutg mehr h (BGH **20**, 157). Nicht wesentl sind dagg die Bestandt, die trotz des Einbaues ihr eigenes Wesen u ihre bes Natur behalten (BGH **20**, 158). Das trifft etwa auf das in ein Hochfrequenzgerät eingebaute Meßinstrument zu (BGH aaO). Dchaus mögl ist, daß eine zugesetzte Sache wg einfacher Austauschbark aller Teile iS des Ges überh keine wesentl Bestandt hat.

4   **4) Rechtliche Bedeutung.** Wesentl Bestandt können nicht Ggst bes dingl Rechte sein. Wird eine Sache wesentl Bestandt einer and, erlöschen daher die an ihr bestehden Rechte (§§ 946 ff). Das gilt insb für den EigtVorbeh (RG **63**, 422). Ein entggstehder Wille der Beteil ist unbeachtl. Dingl RGesch über wesentl Bestandt sind nichtig (RG **60**, 319, **164**, 200), können aber uU in die Einräumg eines AneigngsR umgedeutet w. Auch eine Übereigng gem ZPO 825 bleibt ohne Wirkg (BGH **104**, 302, aA Gaul NJW **89**, 2509). Umgekehrt kann bei Aufl eines Grdst der EigtÜbergang hins eines wesentl Bestandt nicht ausgeschl w (KG OLGZ **80**, 199). Schuldrechtl Vereinbg über wesentl Bestandt sind dagg mögl (RG Warn **26**, 150, Verkauf von Holz auf dem Stamm). Ausnahmeregelgen finden sich im WEG, das in § 3 I SonderEigt an Räumen zuläßt, in ZPO 810 I betr die Pfändg ungetrennter Früchte, in EG 231 § 5 für das GebäudeEigt in den neuen BLändern u im weitergeltendem LandesR (EG 181 II, 182).

5   **5) Einzelfälle** (ja = wesentl Bestandt, nein = kein wesentl Bestandt). Aus prakt Grden bereits hier mitberücksichtigt ist die Rspr zu § 94. – **a) Antenne,** wenn vom Eigtümer eingefügt wg § 94 II ja (s auch BGH NJW **75**, 688). – **Aufzug,** der einem Hotel bes angepaßt ist, ja (RG **90**, 200). – **Baracken** wg § 95 uU nein (BGH **8**, 1, OGH **1**, 168, Hbg MDR **51**, 736). – **Beleuchtungsanlagen** ja (RG **58**, 341), nein aber für nicht bes eingepaßte Beleuchtungskörper (RG Warn **17**, 264). – **Be- und Entlüftungsanlagen** in Gaststätten ja (Hamm NJW-RR **86**, 376). – **Bierausschankanlage** in GastWirtsch, die ow entfernt w kann, nein (Celle OLGZ **80**, 13); ja bei einer eingebauten Sonderanfertigg (Schlesw WM **94**, 1639). – **Bodenbelag:** Zugeschnittener u verlegter Teppichboden ja, sofern er im Auftr des Eigtümers verlegt worden ist (LG Köln NJW **79**, 1609, LG Frankenthal VersR **78**, 1106, AG Karlsr NJW **78**, 2602, AG Nördlingen VersR **83**, 721, aA LG Hbg VersR **79**, 153, LG Oldenbg VersR **88**, 1285 bei einem „bewohnb" Untergrund). Das gilt entspr für Linoleumbelag (aM Mü SeuffA **74**, 157). Darauf, daß der Bodenbelag nach gewisser Zeit abgenutzt ist, kommt es entgg Moritz (JR **80**, 57) nicht an (s RG JW **35**, 418). – **Bootssteg** kann wesentl Bestandt des Grdst sein, von dem aus er angelegt worden ist (BGH **LM** § 891 Nr 3, s aber Schlesw SchlHA **91**, 11). – **Bremstrommel** eines Lkw ja (Hamm MDR **84**, 842). – **Dachgebälk** ja (RG **62**, 250). – **Drainageanlage** ja (BGH DB **84**, 113). – **Einbauküche:** ja, wenn bes eingepaßt (BFH DB **71**, 656) od eine Spezialanfertigg (Zweibr NJW-RR **89**, 84), ebso bei Einbau während der ursprüngl Herstellg (Nürnb MDR **73**, 758); in Norddeutschland besteht auch beim nachträgl Einbau häufig die Absicht dauernder Einfügg (BGH NJW-RR **90**, 587, Celle NJW-RR **89**, 914), and aber in West- u Süddeutschland (Karlsr NJW-RR **86**, 19, **88**, 459, Düss NJW-RR **94**, 1039, krit zur Begründg Jaeger NJW **95**, 432, aA Hamm FamRZ **90**, 89, s auch BGH NJW-RR **90**, 915). – **Einbaumöbel** nein, wenn sie and im Stelle ow wieder aufgestellt w können (BFH NJW **77**, 648, zT abw FinG Düss DB **72**, 118); uU ja bei Sonderanfertigg (Köln NJW-RR **91**, 1081). Eine aus serienmäß Teilen bestehde Schrankwand nein (Düss OLGZ **88**, 115); vom Mieter angeschaffte schon wg § 95 nein (s Schlesw NJW-RR **88**, 1459). – **Einbruchmeldeanlagen** uU ja Hamm NJW-RR **88**, 923. – **Einrichtung** einer Bäckerei nein (LG Aachen NJW-RR **87**, 272).

6   **b) Fenster** u Rahmen ja (LG Lübeck NJW **86**, 2514). – **Fertiggarage** idR ja (BFH NJW **79**, 392, Düss BauR **82**, 165, str, aA FinG Brem NJW **77**, 600, s § 94 Rn 2); ebso Holzfertighaus (LG Konstanz ZIP **81**, 512). – **Gewächshaus** bestehd aus Stahlkonstruktion ja (BGH **LM** § 94 Nr 16). – **Grenzstein** idR nein, da ScheinBestandt (Ffm NJW **84**, 2303). – **Handelsbücher:** einz Blätter ja, auch wenn nicht gebunden (KG Rpfleger **72**, 441). – **Heizungsanlagen:** Zentralheizg in Wohngebäude auch bei nachträgl Einbau ja (BGH **53**, 326, Kblz WM **89**, 535), u zwar einschließl etwaiger Wärmepumpen (BGH NJW-RR **90**, 158). Ölfeuergsanlage als Zusatzgerät zur Zentralheizg ja (aM Celle NJW **58**, 633). Heizgsanlage in Fabrik ja (Hamm MDR **75**, 488), ebso in Schule (BGH NJW **79**, 712). Dampferzeuggsanlagen, die nur Nebenzweck (BGH WM **87**, 47). Zu den Problemen bei WoEigt s Hurst DNotZ **84**, 77, 140. – **Herde** ja (BGH **40**, 275, NJW **53**, 1180, Hbg MDR **78**, 138). – **Karosserie** eines Kfz ja (Stgt NJW **52**, 145). – **Kegelbahnanlage** idR nein (BGH **LM** Nr 2, LG Saarbr NJW-RR **87**, 11). – Auf Parkfläche aufgebrachter **Kies** ja (LG Landshut NJW-RR **90**, 1037). – **Kirchenglocke** idR nein (BGH NJW **84**, 2278). – **Kühlzellen** im Hotel nein (LG Ansbach WM **89**, 1778). – **Leitungen:** Wasserleitgsrohrnetz in städt Straßen u Grdstük-

ken ja (RG **168**, 290); Telefonkabel in öff Wegen nein, § 95 (BGH NJW **94**, 999); elektr Leitgen einer fabrikeig Kraftanlage ja (RG JW **32**, 1199); Rohrleitgen einer SägespäneTransportAnl ja (RG aaO); Abwasserleitg über fremde Grdst idR ja (BGH NJW **68**, 2331); EndlaugenRohrleitg in Grdst eines Kalibergwerks ja (Braunschw Recht **33**, 1); HausAnschl zw Gebäude u VersNetz nein (Willers DB **68**, 2023); Wasserzähler nein (BayVerfG NVwZ **82**, 369).

c) Maschinen in einem Fabrikgebäude sind idR nicht einmal unwesentl Bestandt (RG JW **32**, 1198). **7** Wesentl Bestandt sind sie nur dann, wenn Maschinen u Gebäude in ihrer Bauart aufeinand abgestimmt sind u eine untrennb Einh bilden (RG JW **34**, 1849, RG **69**, 121, JW **11**, 573). Wesentl Bedeutg für den Betr genügt dagg nicht (RG **130**, 266, Rn 3). Nicht ausr ist auch, daß die Maschine ein eig Maschinenhaus u ein eig Fundament hat (RG JW **12**, 129). Sie ist auch nicht desh wesentl Bestandt, weil ihr Abbau u Abtransport mit Schwierigk verbunden ist (RG **87**, 46). Bohrer an Maschine, die für die Benutzg verschiedener Bohrer eingerichtet ist, nein (RG **157**, 245); Düse an Spinnmaschine, die nur für die Zeit der Herstellg eines best Garnes mit ihr verbunden ist, nein (RG aaO). – **Matratze** u Lattenrost eines Bettes nein (AG Esslingen NJW-RR **87**, 750). – **Meßgeräte**, die serienm hergestellt w od jedenf für Apparate verschiedener Herst verwendb sind, nein (BGH **20**, 158). – **Motoren**, die serienmäß hergestellt sind, nein (BGH **18**, 229; **61**, 81, beide für Kraftfahrzeuge; das gilt auch für den serienmäß Austauschmotor (BGH **61**, 82, aM Pinger JR **73**, 464) u für Motoren einer Förder- u Beladgsanlage (Köln NJW **91**, 2570). Bei einem Seeschiff kann der Motor dagg in entspr Anwendg von § 94 II als wesentl Bestandt angesehen w (§ 94 Rn 5). – **Notstromaggregat** im Hotel ja (BGH NJW **87**, 3178).

d) Pavillonaufbau ja (BGH NJW **78**, 1311). – **Räder** eines Kfz nein (Stgt NJW **52**, 145, Karlsr MDR **55**, **8** 413). – **Reifen** u **Sitze** eines Busses nein (BayObLG NVwZ **86**, 511). – **Sandkasten** u **Schaukel** nein, da idR nur vorübergehd Zweck (BGH NJW **92**, 1102). – **Schwimmbecken** aus Fertigteilen idR ja (BGH NJW **83**, 567). – Im Erdreich eingelassener **Sichtschutzzaun** ja (LG Hannover NJW-RR **87**, 208). – **Slipanlage** einer Werft, ja, soweit nicht § 95 (OVG Brem NJW-RR **86**, 956). – **Spundwand** ja (BGH NJW **84**, 2569). – **Squash-Courts** für Squash-Halle ja (Mü OLGZ **89**, 336); – im Garten aufgestellte **Statue** (Bronzerelief) nein (Ffm NJW **82**, 653). – **Überbau** s § 912 Rn 12. – **Ventilator** in Geflügelhallen ja (Oldbg NdsRpfl **70**, 113). – Fest verklebte **Wandteppiche** ja (Hamm VersR **84**, 673. – **Wasch- u Badanlagen** im Wohnhaus ja (Brschw NdsRpfl **55**, 193), ebso im Hotel (RG HRR **29**, 1298). Warmwasserbereiter ja (BGH **40**, 275). – **Winde** auf Berggsschiff nein (Schlesw SchlHA **54**, 253, s aber BGH **26**, 229).

94 *Wesentliche Bestandteile eines Grundstücks oder Gebäudes.* ᴵ Zu den wesentlichen Bestandteilen eines Grundstücks gehören die mit dem Grund und Boden fest verbundenen Sachen, insbesondere Gebäude, sowie die Erzeugnisse des Grundstücks, solange sie mit dem Boden zusammenhängen. Samen wird mit dem Aussäen, eine Pflanze wird mit dem Einpflanzen wesentlicher Bestandteil des Grundstücks.

ᴵᴵ Zu den wesentlichen Bestandteilen eines Gebäudes gehören die zur Herstellung des Gebäudes eingefügten Sachen.

1) Allgemeines. § 94 enth neben einer Erläut (in I) eine Erweiterg (ebenf in I, bes bedeuts in II) des Begr **1** der wesentl Bestandt. § 94 dient der Schaffg klarer RVerhältn (BGH NJW **79**, 712, Hamm VersR **83**, 285): Der Erwerbsinteressent soll dch Augenschein feststellen können, was zum Grdst gehört. Nicht selten ist eine Sache zugl nach § 93 u § 94 wesentl Bestandt. PartVereinbgen können an der gesetzl Regelg nichts ändern; auf die Willensrichtg desjen, der eine Sache mit einer und verbindet, kommt es aber iRv II (Rn 6) u § 95 (s dort Rn 2) an. Das in den **neuen Bundesländern** vielfach bestehende Sondereigentum an Gebäuden soll dch das SachenRBerG in die ROrdng der BRep integriert w (EG 231 § 5 Rn 1).

2) Wesentliche Bestandteile eines Grundstücks (I). Satz 2 läßt für die mit dem Grd u Boden fest **2** verbundenen Sachen den röm-rechtl Grds *„superficies solo cedit"* weiter gelten. – **a)** Ob Sachen **fest verbunden** sind, ist nach den VerkAnschauung zu beurteilen. Die Voraussetzg ist erf, wenn die Trenng zur Beschädigg od Änd des Wesens der mit dem Grdst verbundenen Sache führt, ja sogar schon dann, wenn sie nur mit unverhältnismäß Aufwand mögl ist (RG Warn **32**, 114). Fest verbunden sind zB 80 cm tief in den Boden eingegrabene Betonhöcker (BGH NJW **78**, 1311), das in eine Grube eingelassene, mit einem Magerbetonkranz umgebene Fertigteilschwimmbecken (BGH NJW **83**, 567), nicht aber in einem Gebäude aufgehängte Wandschränke (BFH NJW **77**, 648). Schon die Schwerkraft kann für eine feste Verbindg genügen (BFH NJW **79**, 392, Düss BauR **82**, 165: Fertiggarage; Karlsr Justiz **83**, 13: Holzfertighaus). – **b)** Zu den mit **3** dem Grd u Boden fest verbundenen **Sachen,** die keine Gebäude sind, gehören zB Einfriedigsmauern, Zäune (LG Hannover NJW-RR **87**, 208), Gasometer (RG Warn **32**, 114), das Wasserleitgsnetz in städt Straßen u Grdstücken (RG **168**, 290), Fernleitgen (BGH **37**, 358), der Schacht nebst Zugangsstrecke in Beziehg zum BergwerksEigt, sofern dieses einem Grdst gleichsteht (RG **161**, 206). **Gebäude** sind Häuser u and Bauwerke, auch Brücken (Karlsr NJW **91**, 926), Tiefgaragen (BGH NJW **82**, 756) u Fertiggaragen aus Beton, die nicht im Boden verankert sind (BFH NJW **79**, 392). **Erzeugnisse** sind natürl Bodenprodukte (MüKo/Holch § 99 Rn 2) wie Getreide, Obst, Holz auf dem Stamm (RG **80**, 232), nicht aber Teile der Substanz, die den Grd u Boden ausmacht, wie Lehm, Ton, Sand od Kies (Staud-Dilcher Rn 13; MüKo/Holch Rn 11); sie können aber als unmittelb Substanzteile von Natur aus nicht Ggst des dingl Rechte sein (Soergel-Mühl Rn 9, ähnl Staud-Dilcher Rn 13, MüKo/Holch Rn 4). – **c) Satz 2.** Pflanzen werden schon **4** mit dem Einpflanzen, nicht erst mit Anwurzeln wesentl Bestandt. Aus Samen entstandene Pflanzen gehören zu dem Grdst, aus dem sie an die Oberfläche treten (Schmid NJW **88**, 30).

3) Wesentliche Bestandteile von Gebäuden (II). Ist das Gebäude nach § 94 I 1 selbst wesentl Bestandt **5** des Grdst, sind seine wesentl Bestandt zugl solche des Grdst. – **a)** Der Begr der **Gebäude** entspr demj in I 1 (Rn 3). Er umfaßt auch solche Bauwerke, die wg § 95 od wg Fehlens einer festen Verbindg keine wesentl GrdstBestandt sind. Kein Gebäude ist ein Gasometer (RG Warn **32**, 114). Auf Schiffe, die im SchiffsReg eingetragen sind, ist § 94 II entspr anwendb, da das SchiffsReg weitgehd dieselben Funktionen wie das GB erf (BGH **26**, 228); nur mit dieser Begr läßt sich der Motor eines eingetr Schiffes als dessen wesentl Bestandt ansehen. Das gilt ebso für eingetragene Luftfahrzeuge (aA Schmid-Burgk/Schölermann WM **90**, 1143). –

6 b) Zur **Herstellung** eingefügt sind alle Teile, ohne die das Gebäude nach der VerkAnschauung noch nicht fertiggestellt ist (BGH NJW **79**, 712, **84**, 2278, Düss OLGZ **83**, 350). Auf den Ztpkt der Einfügg kommt es nicht an. Auch was im Zuge der Renovierg od des Umbaus eingefügt w, w wesentl Bestandt (RG **158**, 367, BGH **53**, 326). Eine feste Verbindg ist unnötig; iF von II entscheidet der Zweck nicht die Art der Verbindg (BGH **36**, 50, NJW **78**, 1311). Was zum „fertigen" Gebäude gehört, ist unter Berücksichtigg seiner Beschaffenh u seines Zwecks zu beurteilen (BGH **53**, 325). Es braucht sich nicht um Teile zu handeln, die für die Herstellg notw sind (RG **90**, 201, **150**, 26); auch überflüssiger Zierrat w wesentl Bestandt. Ausstattgen u Einrichtgen sind aber nur dann wesentl Bestandt, wenn sie dem Baukörper bes angepaßt sind u deswegen mit ihm eine Einh bilden (BGH NJW **84**, 2278) od wenn sie dem Gebäude ein best Gepräge od eine bes

7 Eigenart geben (BGH **53**, 325, NJW **84**, 2278, **87**, 3178). – **c)** Mit der **„Einfügung"**, dh Herstellg der vorgesehenen Verbindg, endet die Selbständigk der eingefügten Sache. Es genügt nicht, daß die Sache auf das Grdst geschafft u dort für den Einbau vorbereitet worden ist (RG Warn **15** Nr 6). Ands ist nicht erforderl, daß die vorgesehene Verbindg bereits vollständ hergestellt ist. Das Gebälk des Dachstuhls w schon vor der Verankerg im Mauerwerk wesentl Bestandt (RG **62**, 250). Ein Gewächshaus ist eingefügt, wenn es auf dem Fundament eingelassen worden ist, auch wenn die Einbetonierg noch fehlt (BGH LM Nr 16). Bei einem Heizkessel genügt es, wenn er auf den Platz im Rohbau verbracht worden ist, der nach dem baul u betriebl Erfordern für ihn best ist (BGH NJW **79**, 712). Fenster od Türen, die zwecks Einpassens eingesetzt waren, dann aber zur Fertigstellg herausgenommen w, sind bereits (wesentl) Bestandt, wenn die Einpassg schon endgült war u sie nur zur Vereinfachg der weiteren Arbeiten herausgenommen w (so wohl OLG **28**, 16), nicht aber wenn das Einsetzen nur probew, also zunächst vorübergehd, erfolgte (RG Warn **15** Nr 6). Bei Einbau einer Sachgesamth (zB Heizgsanlage) w die einz Teile bereits mit ihrer Einfügg wesentl Bestandt, nicht erst mit der Fertigstellg der GesAnlage (aA Costede NJW **77**, 2340).

8   4) Einzelfälle: Die Rspr zu § 94 ist aus prakt Grden bereits in § 93 Rn 5 ff mitberücksichtigt. **Überbau** § 912 Rn 12, **Kommunmauer** § 921 Rn 5 ff.

95 *Scheinbestandteile.*

95 *Scheinbestandteile.* **I** Zu den Bestandteilen eines Grundstücks gehören solche Sachen nicht, die nur zu einem vorübergehenden Zwecke mit dem Grund und Boden verbunden sind. Das gleiche gilt von einem Gebäude oder anderen Werke, das in Ausübung eines Rechtes an einem fremden Grundstücke von dem Berechtigten mit dem Grundstücke verbunden worden ist.

II Sachen, die nur zu einem vorübergehenden Zwecke in ein Gebäude eingefügt sind, gehören nicht zu den Bestandteilen des Gebäudes.

1   1) Allgemeines. § 95 schränkt die §§ 93, 94 ein. Wenn die Voraussetzgen des § 95 vorliegen, sind die verbundenen od eingefügten Sachen weder wesentl noch einfache GrdstBestandt sond bloße **Scheinbestandteile.** Sie bleiben, auch wenn sie unbewegl sind, im RSinn bewegl Sachen u unterliegen den für diese geltden Regeln. Ihre Übereigng richtet sich nach den §§ 929 ff, der gutgl Erwerb nach § 932 ff (BGH **23**, 59, NJW **87**, 774, RG **109**, 129), jedoch gilt für die aufgrd eines ErbbR errichteten Bauwerke die SonderVorschr in ErbbRVO 12. Da es sich um einen AusnTatbestd handelt, trägt derj die Beweislast, der sich auf § 95 beruft (RG **158**, 375), doch spricht uU eine tats Vermutg zG des BewFührers, insb iF der Verbindg einer Sache dch einen Mieter od einen sonst schuldr od dingl Berecht (BGH **8**, 5, NJW **59**, 1488).

2   2) Verbindung zu vorübergehendem Zweck (I 1 u II). – a) Die Verbindg od Einfügg geschieht zu einem **vorübergehenden Zweck,** wenn der Wegfall der Verbindg von vornherein beabsichtigt od nach der Natur des Zwecks sicher ist (RG **63**, 421). Es genügt nicht, daß nach den Vorstellgen der Beteil eine Trenng nicht ausgeschl ist (BGH **26**, 232), es kommt vielm auf den vom Einfügden erwarteten normalen Lauf der Dinge an (RG **63**, 422, BGH NJW **70**, 896). Die Tats, daß die verbundene Sache nach einem gewissen Zeitraum abgenutzt sein w, rechtfertigt nicht den Schluß auf eine vorübergehde Verbindg (RG JW **35**, 418); umgekehrt sprechen Festigk der Verbindg u Massivität der verbundenen Sache nicht ow gg einen vorübergehden Zweck (s BGH NJW **59**, 1488). Maßg ist der innere Wille des Verbindden (RG **153**, 235, BGH **54**, 210, NJW **68**, 2331); er muß aber mit dem nach außen in Erscheing tretden Sachverhalt vereinb sein (RG **153**, 236, BGH **54**, 210). Ein Anbau zu einem Scheinbestandt teilt auch dann dessen rechtl Qualität, wenn bei seiner Errichtg eine dauernde Verbindg beabsichtigt w (BGH NJW **87**, 774).

3   b) Ein Wille, die Verbindg nur zu einem vorübergehden Zweck vorzunehmen, ist idR zu bejahen, wenn der Verbindde in **Ausübung eines zeitlich begrenzten Nutzungsrechts** handelt, gleichgült, ob dieses auf öffR od PrivR beruht: Behelfsheim (BGH **8**, 5), Bootssteg (Schlesw SchlHA **91**, 11), Grenzstein (Ffm NJW **84**, 2303), Grabstein (Köln OLGZ **93**, 117), vom Mieter, Pächter, Jagdpächter errichtete Baulichk (BGH **92**, 71, NJW **85**, 789, LG Arnsberg DJ **39**, 668), von Gesellsch auf einem zur Nutzg eingebrachten Grdst errichtetes Gebäude (BGH NJW **59**, 1488). Etwas and gilt nur dann, wenn der Verbindde die positive Abs hatte, die Sache nach Beendigg des NutzgsVerh dem GrdstEigtümer zu überlassen (BGH **8**, 7, NJW **59**, 1488). Auf massive Bauweise kommt es nur an, wenn sie den sicheren Schluß zuläßt, daß das Bauwerk später dem GrdstEigtümer zufallen soll (BGH **8**, 6, **92**, 74). Kein vorübergehder Zweck ist anzunehmen, wenn zw den Part von vornherein feststeht, etwa aGrd ausdr Vereinbg, daß der GrdstEigtümer nach Beendigg des NutzgsVerh die Sache übernehmen soll (BGH **104**, 301, NJW-RR **90**, 412, BFH NJW **87**, 2702). Entspr gilt idR, wenn dem Eigtümer insow ein WahlR eingeräumt worden ist (BGH **LM** Nr 5 u 15). Ein vorübergehder Zweck scheidet auch aus, wenn grdsätzl nach Ablauf der jew Mietzeit eine automat Verlängerg des VertrVerh in Aussicht genommen war (Köln NJW **61**, 462), wenn der Mieter in der Erwartg, er werde demnächst ErbbBerecht, mit Zust des Eigtümers einen Massivbau errichtet (BGH NJW **61**, 1251), od wenn der die Baulichk (Umzäung) Errichtde annimmt, er werde später Eigtümer des Grdst

(RG **106**, 148, BGH DNotZ **73**, 472). Zu vorübergehdem Zweck best sind Baumschulbestände u zum Verkauf bestimmte Pflanzen (RG **66**, 89, **105**, 215, Hamm NJW-RR **92**, 1439), ferner der vom Mieter verlegte Teppichboden (AG Karlsr NJW **78**, 2602). Auf fremden Grdst errichtete rein militär Anlagen dienen nur einem vorübergehden Zweck, so massiv sie auch sein mögen, wie zB die Bunker des Westwalles (BGH NJW **56**, 1274). Das GgT gilt für Luftschutzbunker, die nicht nur für die Kriegszeit geplant sind (BGH **LM** Nr 16). Das Bestehen eines EigtVorbeh führt nicht zur Anwendg des § 95, da seine Ausübg in dem für die rechtl Beurteilg maßgebden Normalfall nicht zu erwarten ist (RG **63**, 422, BGH **53**, 324, 327).

c) Da es auf den Willen zZ der Verbindg ankommt, kann eine bloße **nachträgliche Zweckänderung** die Bestandteilseigensch weder begründen (BGH **23**, 60, **37**, 359, NJW **59**, 1488) noch aufheben (BGH **37**, 359). Bestandt kann die Sache nur w, wenn sich der Eigtümer mit dem GrdstEigtümer über den EigtÜbergang einigt (BGH **23**, 60, NJW **59**, 1488, **87**, 774) u dabei der Zweck verfolgt w, die Sache dauernd mit dem Grdst zu verbinden (BGH NJW **80**, 772, **LM** Nr 15). **4**

3) Verbindung in Ausübung eines Rechts (I 2). Rechte iSd Vorschr sind nur dingl Rechte, wie ErbbR, Nießbr, GrdDbk (RG **106**, 51, BGH **LM** Nr 2, Celle MDR **52**, 744, Frank DNotZ **92**, 678), aber auch die Befugn der Post zur Verlegg von Fernmeldekabeln in öff Wegen (BGH NJW **94**, 999). Die Vorschr ist entspr anwendb auf den Überbau, u zwar sowohl auf den rechtm (RG **169**, 175) als auch auf den entschuldigten (BGH **27**, 199, 205, **41**, 179, § 912 Rn 12, zur Kommunmauer s § 921 Rn 5ff). Nicht unter die Vorschr fällt die hoheitl Inanspruchn eines Grdst (BGH **LM** Nr 16). Voraussetzg ist, daß das Verbindden das Recht tats zusteht u nicht nur von ihm irrtüml angenommen w (Soergel-Mühl Rn 22). Die Vorschr gilt nicht für einen Massivbau, den ein Mieter in der später fehlgeschlagenen Erwartg errichtet, daß der GrdstEigtümer ihm zu künftig ErbbR bestellen w (BGH NJW **61**, 1251). **Berechtigter** ist auch derj, dem vom RInhaber, etwa dch Vermietg od Verpachtg, die Ausübg des Rechts überlassen worden ist (BGH **LM** Nr 2). Wer eine Sache mit einem auf dem Grdst stehden Gebäude verbindet, das dessen wesentl Bestandt ist, verbindet sie zugl mit dem Grdst (RG **106**, 51). **5**

96 *Rechte als Bestandteile eines Grundstücks.* **Rechte, die mit dem Eigentum an einem Grundstücke verbunden sind, gelten als Bestandteile des Grundstücks.**

1) Allgemeines. Rechte, die mit dem Eigt an einem Grdst verbunden sind, w dch § 96 GrdstBestandt gleichgestellt. Zweck des § 96 ist vor allem, die hypothek Haftg (§§ 1120ff) auf die mit dem Grdst verbundenen Rechte auszudehnen (s RG **83**, 200). Die unter § 96 fallden Rechte sind sonderrechtsunf wesentl Bestandt, wenn sie, wie die sog subjekt dingl Rechte (Rn 2), nicht vom Eigt am Grdst getrennt w können, iü sind sie wie einfache Bestandt zu behandeln. Sie werden aber dch die Fiktion des § 96 nicht zu Sachen. Für einen Mangel des Rechts w daher nicht nach § 459, sond nach § 437 gehaftet (RG **93**, 73). **1**

2) Rechte im Sinn von § 96 sind vor allem die sog subjektiv dingl Rechte, die dem Eigtümer des herrschden Grdst hins eines and Grdst zustehen. Dazu gehören: GrdDbk (BayOblG NJW-RR **90**, 1044, Köln NJW-RR **93**, 983), Reallasten (BayOblG **90**, 215) u das dingl VorkR sofern sie zG des jeweiligen Eigtümers eines and Grdst bestellt worden sind (§§ 1105 II, 1094 II), das AnwR auf Eintr einer derart Belastg (Köln OLGZ **68**, 455), der HeimfallAnspr nach ErbbRVO 3 (Düss DNotZ **74**, 178, BGH ZIP **80**, 654). Unter § 96 fallen weiter: das JagdR (BJagdG 3 I 2), das Recht der Duldg des Überbaues (§ 912 Rn 11), eine mit dem Grdst verbundene Abdeckereigerechtigk (RG **83**, 200), Realverbandsanteile (Forstgenossensch) in Nds (Brschw NdsRpfl **90**, 7), nicht hingg ein „BrennR" nach dem BranntweinmonopolG, da es nur eine steuerl Bevorzugg, nicht aber einen selbstd VermGgst darstellt (BGH **LM** Nr 1), nicht ein schuldrechtl RübenlieferR (BGH **111**, 113), auch nicht die Milchreferenzmenge (BGH **114**, 281), ferner nicht der Anspr des GrdstEigtümers gg den HypGläub auf ein Guthaben, das sich aus gesammelten Tilggsbeträgen zusammensetzt (RG **104**, 73). **2**

97 *Zubehör.* **[I] Zubehör sind bewegliche Sachen, die, ohne Bestandteile der Hauptsache zu sein, dem wirtschaftlichen Zwecke der Hauptsache zu dienen bestimmt sind und zu ihr in einem dieser Bestimmung entsprechenden räumlichen Verhältnisse stehen. Eine Sache ist nicht Zubehör, wenn sie im Verkehre nicht als Zubehör angesehen wird.**
[II] Die vorübergehende Benutzung einer Sache für den wirtschaftlichen Zweck einer anderen begründet nicht die Zubehöreigenschaft. Die vorübergehende Trennung eines Zubehörstücks von der Hauptsache hebt die Zubehöreigenschaft nicht auf.

1) Allgemeines. Zubehör sind rechtl selbstd bewegl Sachen. Sie sind sonderrechtsfäh, können also ohne die Hauptsache übereignet od belastet w. Das Ges berücksicht aber, daß das Zubeh in einem wirtschaftl ZusHang mit der Hauptsache steht. Es soll daher iZw deren rechtl Schicksal teilen. Diesem Gedanken trägt das Ges in einer Reihe von Vorschr Rechng, so in § 314 (Erstreckg einer Veräußergs- od BelastgsVerpfl), § 926 I (Erstreckg der GrdstVeräußerg), § 1120 (Erstreckg der Hyp) u in der entspr ZwVollstrVorschr des ZPO 865. § 97 definiert, was Zubeh ist, § 98 enthält eine Erläuterg für gewerbl u landw Zubeh sowie teilw eine Erweiterg. Dem § 98 entspr weitgehd die Vorschr der HöfeO 3 S 2, die das HofZubeh regelt; eine SonderfSchr für SchiffsZubeh enthält HGB 478. **1**

2) Begriff. – a) Als Zubeh kommen nur **bewegliche Sachen** (Übbl 3 v § 90) in Betracht. Grdst u GrdstBestandt können nicht Zubeh sein (RG **87**, 50), ebenfn icht ein „BrennR" nach dem BranntweinmonopolG (BGH **LM** § 96 Nr 1), ein Rüben- od MilchanliefergsR (BGH **111**, 113, **114**, 281), der Anteil des WoEigtümers an der Instandhaltgsrücklage (abw Röll NJW **76**, 938) od ein Amortisationsfond (RG **104**, 73). Ein SachInbegr (s Übbl 5 vor § 90) ist dann Zubeh, wenn dessen Voraussetzgen bei allen zum Inbegr gehör Sachen vorliegen (BGH **LM** Nr 3). Unerhebl sind die an der Sache bestehden EigtVerh. Wie sich aus **2**

3 § 1120 ergibt, braucht das Zubeh nicht dem Eigtümer der Haupts zu gehören. – **b)** Zubehör setzt das Vorhandensein einer **Hauptsache** voraus. Als Haupts kommen Grdst u bewegl Sachen in Betracht. Rechte können nur dann Zubehör haben, wenn sie, wie das ErbbR, das WoEigt u die Rechte nach EG 63, Grdst gleichgestellt sind. Auch SachBestandt, zB Gebäude, können Haupts sein (BGH **62**, 51). Das Zubeh ist dann zugl Zubeh der GesSache (RG **89**, 63). Sach- u RGesamth können kein Zubeh haben. Das gilt auch für Unternehmen (MüKo/Holch Rn 13). Das Inventar eines GewerbeBetr kann aber entspr § 98 Nr 1 Zubehör des BetrGrdst sein, vorausgesetzt das Grdst ist für eine entspr Nutzg dauernd eingerichtet (BGH **62**, 49, **124**, 392) u der wirtschaftl Schwerpkt des Unternehmens liegt auf dem Grdst (BGH **85**, 237). Bei einem Speditionsunternehmen ist der Kraftfahrpark idR nicht Zubehör des BetrGrdst (BGH aaO, bei einem ErdbauUnternehmen nicht die ständ auf den Baustellen eingesetzten Gerätschaften (BGH **124**, 329). Mögl auch, daß 4 eine Sache Zubeh mehrerer Haupts ist (s Stettin JW **32**, 1581). – **c)** Die Sache muß dem **wirtschaftlichen Zweck** der Haupts zu dienen best sein. Diese Voraussetzg ist weit auszulegen. Es ist nicht erforderl, daß die Haupts gewerbl genutzt w. Voraussetzg ist nur, daß sie in irgendeiner Weise nutzb ist. Brachland od ein zum Verschrotten bereit gestelltes Kfz kann kein Zubeh haben. Dagg können Glocke u Orgel Zubeh einer Kirche sein (BGH NJW **84**, 2278). Wird ein Grdst in verschiedener Weise genutzt (Wohn- u GeschHaus), 5 kann es für jeden Nutzgszweck völl unterschiedl Zubeh h (BGH **85**, 237, **LM** Nr 3). – **d)** Dem Zweck der Haupts **dient** das Zubeh, wenn es deren zweckentspr Verwendg ermöglicht od fördert. Auch nur mittelb Vorteile für die Haupts genügen (Stettin JW **32**, 1581). Voraussetzg ist grdsl, daß die Haupts soweit hergestellt ist, daß sich ihr wirtschaftl Zweck verwirklichen läßt. Maschinen können daher nicht Zubeh eines erst im Rohbau fertigen Fabrikgebäudes sein (RG **89**, 64), Heizöl nicht Zubeh eines Wohnhauses, das sich noch im Rohbaustadium befindet (Düss NJW **66**, 1715). Dabei ist aber eine an der VerkAnschauung orientierte wirtschaftl Beurteilg notw. Inventar, das einem best gewerbl Betrieb auf Dauer dienen soll, kann daher schon vor Fertigstellg des BetrGebäudes als Zubeh anzusehen sein (BGH NJW **69**, 36). Erforderl ist, daß zw der Haupts u dem Zubeh ein Verhältn der Über- u Unterordng besteht (BGH **85**, 237, **LM** Nr 3). Die einem Gewerbe dienenden Maschinen u Gerätsch sind nur dann GrdstZubeh, wenn das Grdst nach seiner obj Beschaffenh dauernd für den best Gewerbebetrieb eingerichtet ist (BGH **62**, 50, s dazu § 98 Rn 3). **Verbrauchbare Sachen** (§ 92) können Zubeh sein, so etwa das auf dem BauGrdst lagernde Baumaterial (BGH **58**, 312, aA Kuchinke JZ **72**, 660), der Kohlevorrat einer Ziegelei (RG **77**, 38), der Heizölvorrat eines Wohnhauses (Brschw ZMR **86**, 120), die Materialreserven einer Fabrik (RG **66**, 358, **84**, 285). **Kein Zubehör** des BetrGrdst sind die Vorräte an **Waren** u Erzeugn, die zum Verkauf best sind (RG **66**, 90, **86**, 329). Sie dienen nicht dem wirtschaftl Zweck des BetrGrdst, sond stehen diesem gleichgewichtig ggü. Entspr gilt für die Rohstoffe u Halbfertigwaren, die nach Be- od Verarbeitg veräußert w sollen (RG **86**, 329, KG JW **34**, 435).

6 **3) Weitere Voraussetzungen. – a)** Zubeh muß **bestimmt** sein, dem wirtschaftl Zweck der Haupts zu dienen. Erforderl ist daher eine entspr **Widmung.** Diese ist kein RGesch (Übbl 2 v § 104), sond eine RHdlg, für deren Vorn natürl Willensfähigk ausr (Soergel-Mühl Rn 25, RGRK Rn 14, str). Die Widmung erfolgt idR dch schlüss Hdlg. Sie kann jeder tats Benutzer der Haupts vornehmen (BGH NJW **69**, 2135), auch der Mieter od Pächter. Bei ihm w sich die Zweckbestimmg aber idR auf die Zeit seines NutzgsR beschr, es fehlt also an einer Widmg auf Dauer (Rn 7). Die Widmg begründet die ZubehEigensch grdsl auch dann, wenn die Sache für den vorgesehenen Zweck wenig geeignet ist (BGH NJW-RR **90**, 588). Die ZubehEigensch 7 entsteht mit der Widmg, auf die erstmalige tats Benutzg kommt es nicht an (RG **66**, 356). – **b)** Wie sich aus § 97 II 1 ergibt, muß das Zubeh dem Zweck der Haupts **auf Dauer** zu dienen best sein. ScheinBestandt (§ 95) fallen daher idR nicht unter § 97 (BGH NJW **62**, 1498), ebsowenig Werkzeugformen, die nach Beendigg des Auftr in das Eigt des Kunden übergehen (Düss NJW-RR **91**, 1131). Handelt der Benutzer in Ausübg eines zeitl begrenzten NutzgsR, besteht ebso wie bei § 95 II die Vermutg, daß ledigl eine vorübergehde Verbindg beabsichtigt ist (BGH NJW **84**, 2278, § 95 Rn 3). Nur vorübergehd benutzt w in gepachtete Gebäude fest eingebaute Maschinen, die nach Beendigg des PachtVerh zu entfernen sind (BGH DB **71**, 2113). Das gilt auch bei einem ÜbernR des Verpächters, nach dem Gebäude nich auf Dauer für einen GewerbeBetr der betr Art eingerichtet ist (BGH aaO). Der ZubehEigensch steht nicht entgg, daß das ZubehStück als verbrauchb Sache seiner Natur nach nur einmal benutzt w kann (RG **77**, 38, Düss NJW **66**, 1714). Auch **fremde** Sachen können Zubeh sein (*arg* § 1120 aE, ZVG 55 II), so eine gestohlene od unter EigtVorbeh gelieferte Sache. Der VorbehKäufer widmet sie auf Dauer der Haupts, da er mit einer RückFdg aGrd des Vorbeh nicht rechnet (BGH **58**, 313). Wer vorübergehd Benutzg behauptet, muß diesen AusnTat 8 bestd **beweisen** (RG **47**, 201). – **c)** Zubeh muß in einem seinem Zweck entspr **räumlichen Verhältnis** zur Haupts stehen. Erst mit der Herstellg dieses Verh w die Sache Zubeh (RG Warn **09**, 176). GrdstZubeh braucht sich jedoch nicht auf dem betr Grdst zu befinden (RG **87**, 50, BGH **LM** Nr 3). Es genügt, wenn seine örtl Unterbringg die Benutzg für die Zwecke der Haupts ermöglicht. Zubeh sind daher: die auf fremdem Grdst verlegten Versorggsleitgen eines Gas-, Wasser- od EWerkes (BGH **37**, 356, NJW **80**, 771); die auf einem NachbGrdst errichteten Hilfsgebäude (RG **55**, 284), Anschlußgleise (RG Warn **30**, 49), Sauerstoffanlagen (RG **157**, 47) u die Dalben einer Werft in öff Gewässern (OVG Brem NJW-RR **86**, 957). – 9 **d)** Auch wenn alle Voraussetzgen des ZubehBegr erfüllt sind, ist die Sache kein Zubeh, sofern die **Verkehrsanschauung** entggsteht (I 2). VerkAnschauung ist die Auffassg, die sich allg od in dem betr VerkGebiet gebildet hat u in den Lebens- u GeschGewohnh der Beteil in Erscheing tritt (RG **77**, 244, Köln NJW **61**, 462). Als AusnTatbestd hat derj die entggstehde VerkAuffassg zu **beweisen**, der sich auf sie beruft (BGH NJW-RR **90**, 588); zur Beweisführg genügt die Behauptg einer best VerkAnschauung u die Benenng eines geeigneten BewMittels (BGH NJW **92**, 3225). Möbel sind nach der VerkAnschauung kein Zubehör (Düss DNotZ **87**, 109), und zu beurteilen sind aber Einbauküchen (Rn 11). Die Einrichtg der Gastwirtsch kann Zubehör darstellen (Rn 11), auch in SchlH besteht keine abw VerkAuffassg (Schlesw Rpfleger **88**, 76).

10 **4) Die ZubehEigensch w aufgehoben,** wenn eine ihrer Voraussetzgen auf Dauer fortfällt (BGH NJW **84**, 2278). Vorübergehde Änderge sind, wie II 2 für den Fall der Trenng ausdr klarstellt, unerhebl. EndiggsGrde sind daher: dauernde Einstellg des Betr, dem das Zubeh dient (RGRK Rn 35), Änderg der Widmg (BGH

NJW **69**, 2136, Dilcher JuS **86**, 187), dauernde Trenng. Keine EndiggsGrde sind: Übereign des Zubeh (BGH NJW **79**, 2514, **87**, 1267), vorübergehde BetrEinstellg wg Konk (RG **69**, 88, **77**, 39).

5) Einzelfälle (ja = Zubeh, nein = kein Zubeh): **Alarmanlage** in EigtWohng ja (Mü MDR **79**, 934). – **11** **Amortisationsfonds** nein, da nicht Sache (RG **104**, 73). – **Anschlußgleis** für FabrikGrdst ja (RG Warn **30**, 49). – **Apothekeneinrichtung** auf ApothekenGrdst ja (RG Warn **09**, 491). – **Autotelefon** für einen GeschWagen angebl nein (Köln NJW-RR **94**, 51). – **Bagger** eines KiesgewinngsBetr ja, auch wenn er sich nicht auf dem Grdst selbst befindet (RG DR **42**, 138 c). – **Baumaterial** auf BauGrdst ja (BGH **58**, 312). – **Baugerät** auf dem für ein BauGesch eingerichtetem Grdst ja (Hamm MDR **85**, 494), sonst nein (BGH **62**, 49), nein auch mit Bezug auf das Lagerplatz-Grdst (Kblz BB **89**, 2138). – **Baumschulbestände** nein, da zur Veräußerg best u räuml Verh nur vorübergehd (RG **66**, 90). – **Bauunterlagen** des HausGrdst nein (Karlsr NJW **75**, 694). – **Beleuchtungsgeräte**, die Mieter angeschafft h, nein wg vorübergehder Dauer (Bambg OLG **14**, 9). – **Bierausschankanlage** in GastWirtsch ja (Celle OLGZ **80**, 14). – **Bodenbelag:** Linoleumbodenbelag nein, da Bestandt (s § 93 Rn 5, aM Mü SeuffA **74**, 157). – **Einbauküche** ja, soweit sie nicht Bestandt (§ 93 Rn 5) ist (BGH NJW-RR **90**, 587, Köln VersR **80**, 52, Celle NJW-RR **89**, 914), jedoch sollen regional abw VerkAuffassgen bestehen (Hamm NJW-RR **89**, 333, Düss NJW-RR **94**, 1039). – **Einrichtung** für Gastwirtsch od Café ja, wenn Grdst auf eine entspr dauernde Benutzg eingerichtet ist (BGH **62**, 49, Schlesw Rpfleger **88**, 76). – **Fahrzeuge:** Hotelomnibus ja (RG **47**, 200); dem Betr eines BauGesch diender **12** Pkw ja (Hamm JMBlNRW **53**, 244); Fahrzeuge eines Fabrik- od Handelsunternehmens, die der Zu- od Ablieferg von Gütern dienen, ja (BGH WM **80**, 1384); Fahrzeuge eines Spedistions- od Transportunternehmens nein (BGH **85**, 238). – Vorräte an Kohle od Öl zum **Heizen** ja (RG **77**, 38, Düss NJW **66**, 1714). – **Inventar** eines GewerbeBetr nur unter den Voraussetzgen von Rn 3. – **Kontoreinrichtung** eines gewerbl Betr ja, wenn Grdst auf eine entspr Benutzg dauernd eingerichtet (s BGH **62**, 49, dessen RGrds entspr anzuwenden sind, ferner LG Freibg BB **77**, 1672, LG Mannh BB **76**, 1152). – **Kühlanlage** in Gaststätte ja (Hamm NJW-RR **86**, 376). – **Leitungen:** Fernleitgen für das Grdst des VersorggsBetr ja (BGH **37**, 357, NJW **80**, 771), sofern nicht Bestandt der Grdst, in denen sie liegen (§ 93 Rn 6). – **Maschinen** auf FabrikGrdst ja (BGH NJW **79**, 2514), auch vor Inbetriebnahme (BGH NJW **69**, 39); nein, wenn sie ausschließl auf Baustellen eingesetzt w (BGH NJW **94**, 864); nein, wenn Grdst nicht dauernd für einen entspr GewerbeBetr eingerichtet (BGH **62**, 49). – **Mastschweine** auf MolkereiGrdst ja (RG **77**, 242). – **Möbel** zumindest wg einer entggstehden VerkSitte nein (Düss DNotZ **87**, 108). – **Nebenstellensprechanlage** für Grdst nein wg entggstehder VerkAnschauung (Köln NJW **61**, 462). – **Rohstoffe** für FabrikGrdst nein, da ihm nicht untergeordnet, sond nach Verarbeitg zur Veräußerg best (RG **86**, 329) –. Im Garten aufgestellte **Statue** (Bronzerelief) nein (Ffm NJW **82**, 653). – Zum Verkauf best **Ware** nein (RG **66**, 90, KG JW **34**, 435). – **Zuchthengst** für Reiterhof ja (AG Oldbg DGVZ **80**, 94).

98 *Gewerbliches und landwirtschaftliches Inventar.* **Dem wirtschaftlichen Zwecke der Hauptsache sind zu dienen bestimmt:**

1. **bei einem Gebäude, das für einen gewerblichen Betrieb dauernd eingerichtet ist, insbesondere bei einer Mühle, einer Schmiede, einem Brauhaus, einer Fabrik, die zu dem Betriebe bestimmten Maschinen und sonstigen Gerätschaften;**

2. **bei einem Landgute das zum Wirtschaftsbetriebe bestimmte Gerät und Vieh, die landwirtschaftlichen Erzeugnisse, soweit sie zur Fortführung der Wirtschaft bis zu der Zeit erforderlich sind, zu welcher gleiche oder ähnliche Erzeugnisse voraussichtlich gewonnen werden, sowie der vorhandene, auf dem Gute gewonnene Dünger.**

1) Allgemeines. – a) Der kasuistisch gefaßte, vom technisch-wirtschaftl Entwicklgsstand der Jahrhun- **1** dertwende ausgehde § 98 soll die Anwendg des § 97 erleichtern. Er stellt klar, daß Inventar von Gewerbebetriebsgebäuden (Rn 3) u Landgütern (Rn 4) stets dem wirtschaftl Zweck der Haupts zu dienen best ist. Seine inzw zT veraltete Aufzählg ist nicht erschöpfd (RG **77**, 38). Die ZubehEigensch setzt voraus, daß alle sonstigen TatbestdMerkmale des § 97 erfüllt sind (RG **69**, 152). Auch iF des § 98 ist erforderl, daß die ZubehStücke dem Zweck der Haupts auf **Dauer** dienen sollen (Soergel-Mühl Rn 2, MüKo/Holch Rn 3, str). – **b) Hauptsache** ist iF des § 98 das BetrGebäude od das Landgut. Der wirtschaftl Schwerpkt des Betr **2** muß auf dem Grdst liegen (BGH **85**, 237). Betr, die keinen in einem eig Gebäude od Grdst verkörperten Mittelpkt haben, haben im RSinn kein Zubeh (Dresden OLG **13**, 314).

2) Gewerbliches Inventar (Nr 1). Die Gebäude müssen für den gewerbl Betr dauernd eingerichtet sein. **3** Das ist der Fall, wenn die Bauart od Einteilg des Gebäudes auf einen best GewerbeBetr abgestellt ist (BGH **62**, 52, **124**, 392). Es genügt aber auch, wenn das Gebäude mit dem Ggst des Betr so verbunden ist, daß es nach der VerkAnschauung als eine für diesen dauernd eingerichtete wirtschaftl Einh erscheint (BGH aaO). Das kann auch der Fall sein, wenn ohne baul Änderen eine and gewerbl Nutzg des Gebäudes mögl wäre (Köln NJW-RR **87**, 752, krit Eickmann EWiR **87**, 217). Es schadet auch nicht, daß das Inventar mehr wert ist als das Gebäude (RG **87**, 49). **Maschinen** können ausnahmsw Bestandt des Gebäudes sein (§ 93 Rn 7); sie kommen dann nach § 97 I 1 nicht als Zubeh in Betr. **Gerätschaften** iS dieser Vorschr sind auch solche, die dem GewerbeBetr nur iwS dienen, etwa dem Vertrieb der hergestellten Waren (BayObLG **12**, 314). Unter diesen Begr fallen zB Dekorations- u VergnüggsGgstände eines Restaurants (RG **47**, 199f), Flaschen u Versandkisten (BayObLG **12**, 315), Büroeinrichtgen (BayObLG **12**, 315, LG Mannh BB **76**, 1152).

3) Landwirtschaftliches Inventar (Nr 2). Landgut ist jedes zum selbstd Betrieb der Landwirtsch **4** (Ackerbau, Viehzucht, Forstwirtsch) geeignetes u eingerichtetes Grdst (Rostock OLG **29**, 211); der vom BGH zu § 2312 entwickelte engere Begriff (BGH **98**, 375 stellt auf den Regelgsgehalt des § 2312 ab u gilt für § 98 nicht. Geräte sind zB Pflug, Trecker, Dreschmaschine, Mobiliar, das für die im Betr beschäftigten Pers best ist, BüroeinrichtgsGgst. Vieh dient dem landwirtsch Betr, wenn es zu Zuchtzwecken, zur ArbLeistg od zur Gewinng von Erzeugn (Milch, Eier) gehalten w. Auch Mastvieh ist grdsl Zubehör (s RG **142**, 382). Es verliert aber diese Eigensch, wenn es endgült zum Verk best w (AG Neuwied DGVZ **75**, 63, MüKo/Holch Rn 18). Landwirtschaftl Erzeugn fallen nur insow unter § 98, als sie zur Fortführg der Wirtsch erforderl sind, gleichgült, ob die Erzeugn aus eig Produktion stammen od hinzugekauft sind. Auf dem Gut gewonnener Dung ist nach dem Ges auch dann Zubeh, wenn er zur Fortführg des Betr nicht notw ist.

99 *Früchte.* [I] **Früchte einer Sache sind die Erzeugnisse der Sache und die sonstige Ausbeute, welche aus der Sache ihrer Bestimmung gemäß gewonnen wird.**

[II] **Früchte eines Rechtes sind die Erträge, welche das Recht seiner Bestimmung gemäß gewährt, insbesondere bei einem Rechte auf Gewinnung von Bodenbestandteilen die gewonnenen Bestandteile.**

[III] **Früchte sind auch die Erträge, welche eine Sache oder ein Recht vermöge eines Rechtsverhältnisses gewährt.**

1 **1) Vorbemerkung zu §§ 99, 100.** § 99 definiert den Begr der Früchte, § 100 den der Nutzgen. Die rechtl Bedeutg der §§ 99 u 100 ergibt sich aus den Vorschr, die sich mit Früchten u Nutzgen befassen, so zB §§ 953 ff (EigtErwerb), §§ 581, 1030 (NutzgsR des Pächters u Nießbrauchers), §§ 987 ff (Herausg von Nutzgen).

2 **2) Unmittelbare Sachfrüchte (I)** sind die Erzeugn der Sache, dh alle natürl Tier- u Bodenprodukte, wie etwa Eier, Milch, Kälber, Obst, Pflanzen, Bäume. Gleichgestellt ist die sonst Ausbeute, wie zB Sand, Kohle, Mineralwasser. Sie muß aber gem der Bestimmg der Sache gewonnen w, dh in naturgem od verkehrsübl Weise (MüKo/Holch Rn 4). Früchte iSv I sind auch die dch Raubbau od zur Unzeit gewonnenen Produkte (hM). Die Substanz der Sache darf aber nicht verbraucht w. Das Fleisch eines Schlachttiers ist daher keine Sachfrucht. Keine Früchte sind auch der Schatz (§ 984) od die auf einem Grdst erzeugte Elektrizität (Soergel-Mühl Rn 9).

3 **3) Unmittelbare Rechtsfrüchte (II)** sind die Erträge eines Rechts. Sachfrüchte iSv I (Rn 2) sind RFrüchte, wenn sie von einem Nießbraucher aGrd seines Nießbr od PachtR gewonnen w. RFrüchte sind weiter: bei einem JagdR die Jagdbeute (BGH **112**, 398); bei BergwerksEigt die Kohle (RG JW **38**, 3042); bei einer Leibrente die Einzelleistgen (s RG **80**, 209); bei einer Aktie die Dividende (Brem DB **70**, 1436); bei einem GmbH-Anteil der Gewinn (BGH NJW **95**, 1027); bei der Mitglsch in einem Realverband die zugeteilten Holzmengen u Überschüsse (BGH **94**, 309); bei einer verzinsl Fdg die Zinsen (Soergel-Mühl Rn 15). Das gilt auch dann, wenn die Verzinsg, wie iF des Verzuges, auf dem Ges beruht (BGH **81**, 13 zum LAG-Zinszuschlag). Keine RFrüchte sind: das dem Aktionär zustehde Recht zum Bezug neuer Aktien, da es kein bestimmgsgem Ertrag der Aktie ist (Brem DB **70**, 1436); der beim Aktienverkauf erzielte Kursgewinn (Brem aaO). Der Ertrag eines Untern ist analog I u II als Frucht der Rechts- u Sachgesamth Untern zu behandeln (Soergel-Mühl Rn 3, str, die Rspr kommt dch unmittelb Anwendg des § 100 – dort Rn 1 – zum gleichen Ergebn).

4 **4) Mittelbare Sach- u Rechtsfrüchte (III)** sind die Erträge, die die Sache od das Recht vermöge eines auf Nutzg od Gebrauch gerichteten RVerhältn gewährt (BGH **115**, 159). Mittelb Sachfrüchte sind die Miethäusern der Mietzins (RG **105**, 409, **138**, 72), bei Verpachtg eines Betr der Pachtzins (BGH **63**, 368), bei überbauten Grdst die Überbaurente (§ 912), nicht aber die Brandversichergssumme (BGH **115**, 159). Mittelb RFrüchte sind zB die LizenzGebühr für die Überlassg eines PatentR. Zu Darlehnszinsen s Rn 3.

100 *Nutzungen.* **Nutzungen sind die Früchte einer Sache oder eines Rechtes sowie die Vorteile, welche der Gebrauch der Sache oder des Rechtes gewährt.**

1 Der Begr der **Nutzungen** umfaßt außer den **Früchten** (§ 99) auch die **Gebrauchsvorteile.** Wer die mit der Innehabg einer Sache od eines Rechts verbundenen Rechte ausübt, gebraucht die Sache od das Recht; daher gehören Vorteile aus dem StimmR eines GmbH-Gesellschafters (RG **118**, 269) od eines WoEigtümers (KG OLGZ **79**, 293) zu den Nutzgen. Dagg sind ersparte Schuldzinsen wohl keine Nutzg eines gezahlten u zur Schuldtilg verwandten Geldbetrages (Gretter DB **95**, 516). Zu den Nutzgen eines Grdst mit GewerbeBetr gehört der aus dem Betr gezogene Gewinn, vermindert um den „Unternehmerlohn" (BGH NJW **78**, 1578). Der GebrVorteil braucht nicht vermögensr Natur zu sein (MüKo/Holch Rn 3). Auch die Benutzg eines unter Naturschutz stehden Grdst, auf dem nicht gebaut w darf, stellt daher einen GebrVorteil dar (aM Hbg MDR **53**, 614). Keine Nutzg ist das, was dch rgesch Verwertg der Sache erzielt worden ist. Kursgewinne aus Aktienverkäufen gehören daher nicht dazu (Brem DB **70**, 1436); ebsowenig das BezugsR auf neue Aktien, da es nicht aus dem Gebrauch der Aktien fließt (BayObLG OLG **36**, 282, Brem DB **70**, 1436). – Maßg für die **2** **Bewertung** der GebrVorteile ist deren obj Wert (BGH JR **54**, 460); entsch ist die obj Möglichk der Nutzg, ohne daß es darauf ankommt, ob dch den Gebr ein Gewinn od ein Verlust entstanden ist (BGH DB **66**, 739). Als SchätzgsGrdl kann der erzielb Mietzins herangezogen w (BGH JR **54**, 460, WM **78**, 1209, Becker-Schaffner DB **93**, 2080), bei Grdst uU auch der übl Erbbauzins (BGH LM § 988 Nr 3), bei einer FabrikAnl der Pachtwert (BGH JR **54**, 460), bei Kapitalnutzg die übl Verzinsg (RG **151**, 127, BGH NJW **61**, 452). Vorteile, die auf wertsteigernden Investitionen des Schu beruhen, sind nicht zu berücksichtigen (BGH **109**, 191, NJW **92**, 892).

101 *Verteilung der Früchte.* **Ist jemand berechtigt, die Früchte einer Sache oder eines Rechtes bis zu einer bestimmten Zeit oder von einer bestimmten Zeit an zu beziehen, so gebühren ihm, sofern nicht ein anderes bestimmt ist:**

1. die im § 99 Abs. 1 bezeichneten Erzeugnisse und Bestandteile, auch wenn er sie als Früchte eines Rechtes zu beziehen hat, insoweit, als sie während der Dauer der Berechtigung von der Sache getrennt werden;

2. andere Früchte insoweit, als sie während der Dauer der Berechtigung fällig werden; bestehen jedoch die Früchte in der Vergütung für die Überlassung des Gebrauchs oder des Fruchtgenusses, in Zinsen, Gewinnanteilen oder anderen regelmäßig wiederkehrenden Erträgen, so gebührt dem Berechtigten ein der Dauer seiner Berechtigung entsprechender Teil.

1) Allgemeines. § 101 regelt, wie sich aus dem Wort „gebühren" ergibt, die schuldrechtl AusglPfl zw **1** mehreren aufeinand folgden Fruchtziehgsberechtigten, zB Veräußerer/Erwerber, Verpächter/Pächter, Vorerbe/Nacherbe. Er behandelt nicht den Erwerb des Eigt an den Früchten (s dazu §§ 953ff). § 101 gilt nicht bei **abweichender Bestimmung** dch Ges (zB §§ 987ff, 1038ff, 2133) od RGesch, etwa Vertr od Test. Er setzt voraus, daß Nutzgen tats gezogen worden sind; es genügt nicht, daß sie hätten gezogen werden können (BGH NJW **95**, 1027).

2) Verteilung. – a) Bei **unmittelbaren Sachfrüchten** (§ 99 I) ist der Ztpkt der Trenng entscheidd **2** (Nr 1). – **b)** Bei and Früchten tritt an die Stelle der Trenng die Fälligk (Nr 2). Bei **regelmäßig wiederkehrenden Erträgen** erfolgt dagg eine Teilg nach der Dauer der Berechtigg *(pro rata temporis)*. Das gilt für Miet- u Pachtzins, Kapitalzins, Gewinnanteile, Rentenzahlungen.

102 *Ersatz der Gewinnungskosten.* **Wer zur Herausgabe von Früchten verpflichtet ist, kann Ersatz der auf die Gewinnung der Früchte verwendeten Kosten insoweit verlangen, als sie einer ordnungsmäßigen Wirtschaft entsprechen und den Wert der Früchte nicht übersteigen.**

Es entspr der Billigk, daß derj, dem die Früchte zugute kommen, die für ihre Gewinng aufgewandten **1** **Kosten** trägt. § 102 begründet daher für bereits getrennte Früchte eine entspr ErsVerpfl. Für ungetrennte Früchte enthalten Sondervorschriften eine entspr Regelg, s §§ 596a (gepachtetes landw Grdst), 998 (an den Eigtümer herauszugebdes landw Grdst). Die ErsVerpfl gilt für jede Art von Früchten u HerausgPflichten (BGH **LM** Nr 1). Es handelt sich um einen unmittelb auf § 101 beruhdn selbstd Anspr, nicht wie iF des § 1001 um eine bloße Einrede (RG JW **38**, 3042, MüKo/Holch Rn 6). Der Anspr umfaßt auch den Wert der pers ArbLeistg, insb bei Früchten eines gewerbl Unternehmens (BGH **LM** Nr 1). Unbill wäre es jedoch, dem Berecht eine außer Verh zum Nutzen stehde Kostenbelastg aufzuerlegen; daher ist die ErsVerpfl auf diejen Kosten beschr, die einer ordngsmäß Wirtsch entspr u den Wert der Früchte nicht übersteigen.

103 *Verteilung der Lasten.* **Wer verpflichtet ist, die Lasten einer Sache oder eines Rechtes bis zu einer bestimmten Zeit oder von einer bestimmten Zeit an zu tragen, hat, sofern nicht ein anderes bestimmt ist, die regelmäßig wiederkehrenden Lasten nach dem Verhältnisse der Dauer seiner Verpflichtung, andere Lasten insoweit zu tragen, als sie während der Dauer seiner Verpflichtung zu entrichten sind.**

1) § 103 enthält eine § 101 Nr 2 entspr Regelg für die Verteilg der Lasten. **Lasten** sind die auf der Sache od **1** dem Recht liegde Verpfl zu Leistgen, die aus der Sache od dem Recht zu entrichten sind u den Nutzgswert mindern (RG **66**, 318, Hamm NJW **89**, 840). Nießbr, GrdDbk u VorkaufsR gehören nicht dazu (RG aaO), ebsowenig pers Verpfl privatr od öffrechtl Natur, wie Bürgersteigausbaukosten in RhPf (BGH NJW **81**, 2127), die StreuPfl (BGH NJW **90**, 111) od die bei Erteilg einer behördl Gen dch Auflagen begründeten Pflten (RG **129**, 12).

2) Verteilung. § 103 unterscheidet zw regelmäß wiederkehrden u and (einmaligen) Lasten. Erstere sind **2** *pro rata temporis* zu teilen, letztere sind iZw von dem zZ der Fälligk Verpflichteten zu tragen (BGH NJW **82**, 1278, **94**, 2283). Sehen die öffr Vorschr wg des EigtWechsels eine Erstattg u Neufestsetzg der Last ggü dem neuen Eigtümer vor, kann eine ergänzde VertrAusslegg eine Belastg des fr Eigtümers rechtf (BGH NJW **88**, 2099). – **a) Regelmäßig wiederkehrende** Lasten sind Hyp- u GrdSchZinsen, § 1047 (BGH NJW **86**, 2439) **3** sowie die Prämien der Sachversicherg (Düss NJW **73**, 146, str); öffrechtl Lasten dieser Art sind GrdSteuer- u ähnl AbgVerpflichtgen (Einl 18 v § 854), nicht aber die VermSteuer (aA Baums DB **81**, 356). – **b) Einmali-** **4** **ge Lasten** sind zB Erschließgsbeiträge (BGH NJW **82**, 1278, **94**, 2283), Leistgen im Umleggs- u FlurbereiniggsVerf, Deichlasten u Patronatslasten (RG **70**, 264), die bei Aufg od Veräußerg eines GewBetr gem EStG 16 anfallde EinkSt (BGH NJW **80**, 2465).

Dritter Abschnitt. Rechtsgeschäfte

Überblick

Übersicht

1   **1) Rechtsgeschäfte. – a)** Das bürgerl Recht geht vom Grds der **Privatautonomie** aus. Es überläßt dem einz, seine Lebensverhältn im Rahmen der ROrdng eigenverantwortl zu gestalten. Die PrivAutonomie ist Teil des allg Prinzips der Selbstbestimmg des Menschen u w zumindest in ihrem Kern dch Art 1 u 2 GG geschützt (BVerfG **70**, 123, **72**, 170). Sie berecht den einz, Rechte u Pflten zu begründen, zu ändern od aufzuheben, also im Rahmen der ROrdng eigenverantwortl rechtsverbindl Regelgen zu treffen u ist daher mehr als ein FreiheitsR. Ihre Haupterscheingsformen sind die VertrFreih (Einf 7ff vor § 145), die Vereiniggsfreih (Einf 14 vor § 21), die TestierFreih (Übbl 3 vor § 2064) u die Freih des Eigt (Übbl 1ff vor § 903). Die PrivAutonomie gehört zu den unverzichtb GrdWerten einer freiheitl Rechts- u VerfOrdng. Es darf aber nicht vergessen w, daß sie auch die Gefahr des Mißbr in sich birgt u als Instrument gesellschaftl Machtausübg benutzt w kann (BVerfG JZ **90**, 692). Derartigen Mißbr zu begegnen, ist in einer sozialstaatl ROrdng eine der vornehmsten Aufg von GesGebg u Rspr (Einf 7ff vor § 145 u § 138 Rn 1).

2   **b)** Das Mittel zur Verwirklichg der PrivAutonomie ist das **„Rechtsgeschäft"**, ein Begriff, den die RWissensch des 18. u 19.Jhdt dch Abstraktion aus den in der ROrdng normierten Akttypen gebildet hat (Flume § 2, 1). Das RGesch besteht aus einer od mehreren WillErkl (Einf 1 vor § 116), die allein od in Verbindg mit and TatbestdMerkmalen eine RFolge herbeiführen, weil sie gewollt ist. Die Mot (I 126) setzen WillErkl u RGesch gleich. Entspr verfährt auch das Ges. Daran ist richt, daß eine WillErkl notw Bestandt eines jeden RGesch ist. Die WillErkl gibt dem RGesch sein finales, auf die Herbeiführg einer RFolge gerichtetes Gepräge. Das RGesch erschöpft sich aber idR nicht in einer WillErkl. Das ist nur bei RGesch einfachster Art der Fall, wie bei der Anf, der Aufr u der Künd. Im allg gehören zum RGesch weitere TatbestdMerkmale, etwa eine weitere WillErkl beim Vertr, TatHdlgen wie die BesÜbertr bei der Übereigng bewegl Sachen (§ 929) oder behördl Akte wie die Eintr im GrdBuch bei GrdstGesch.

3   **c)** Von den TatbestdMerkmalen zu unterscheiden sind die **Wirksamkeitsvoraussetzungen,** wie die GeschFgk des Handelnden (§§ 104ff), die Wahrg best Formen (§§ 125ff), die Mitwirkg Dr (§§ 182ff), die Gen des VormschG (§§ 1821ff) oder behördl Stellen (s § 275 Rn 26ff). Mangelt es an einer WirksamkVoraussetzg, so ist das RGesch nichtig; es ist aber trotzdem ein RGesch (RG **68**, 324). Der NichtigkeitsGrd kann dch Heilg bedeutgslos w (§§ 313 S 2, 518 II, 766 S 2), ihm kann der Einwand unzul RAusübg entggstehen. Fehlt dagg ein TatbestdMerkmal, ist ein RGesch überhaupt nicht zustandegekommen (NichtRGesch), so, wenn das RGesch über wesentl Bestandt (essentialia negotii) keine Regelg enthält, etwa der KaufVertr keine Einigg über Ware u Preis (vgl aber Einf 3 vor § 145). Unschädl ist dagg, wenn NebenBestimmgen, die übl, aber kein notw Inh des RGesch sind (naturalia negotii), offen bleiben. Fehlt es an einer Einigg über im Einzelfall gewollte, an sich aber nicht notw Bestandt (accidentalia negotii), ist idR ein TatbestdMangel anzunehmen. Ein NichtRGesch liegt auch vor, wenn es an einem rechtl Bindgswillen fehlt. Dazu gehört auch der Fall, daß sich die Part bei VertrSchl der Nichtigk der Vereinbg bewußt waren (Einf 4 vor § 116).

4   **2) Rechtshandlungen. – a)** Die ROrdng knüpft in vielen Fällen an Hdlgen RFolgen, für deren Eintritt es gleichgült ist, ob sie vom Handelnden gewollt sind od nicht. Diese Hdlgen können unter dem Begriff der **Rechtshandlung** zusgefaßt w (Flume § 9, 1, Mot I 127). Dabei handelt es sich um einen GgBegriff zu dem des RGesch; währd dieses RWirkgen hervorbringt, weil sie gewollt sind, treten die RFolgen der RHdlg unabhäng vom Willen des Handelnden kr Ges ein. Die RHdlgen zerfallen in rechtsw u rechtmäß. Bei den rechtmäß Hdlgen sind geschäftsähnl Hdlgen u TatHdlgen zu unterscheiden. Diese Begriffsbildg u ihre Unterteilgen haben aber nur geringen Wert, weil weder für die RHdlgen noch für ihre Unterarten gemeins RGrds gelten, es für die RAnwendg vielmehr auf die Eigenart jedes Hdlgstyps ankommt.

5   **b)** Unter **rechtswidrigen Handlungen** sind solche zu verstehen, die wg ihrer Widerrechtlichk eine RFolge auslösen. Zu ihnen gehören die unerl Hdlgen (§§ 823ff), die Verstöße gg schuldrechtl Verbindlichk (§§ 280, 284, 325, 326, pVV), die verbotene Eigenm (§§ 858ff), die EigtStörg (§ 1004), Fälle der Billigk-Haftg (§ 829) u der GefährdgsHaftg (ZusStellg in § 276 Rn 136).

6   **c) Geschäftsähnliche Handlungen. – aa)** Sie sind auf einen tatsächl Erfolg gerichtete Erkl (idR Auffordergen od Mitteilgen), deren RFolgen kr Ges eintreten. Zu ihnen gehören die Mahng (BGH **47**, 357, hM, and noch Mot II 58), FrSetzgen (§ 326 I 1), Auffordergen (§§ 108 II, 177 II), Androhgen (§§ 384 I, 1220 I 1), Weigergen (§§ 179 I, 295 S 1, s Hamm OLGZ **81**, 27), Mitteilgen u Anz (§§ 149, 171, 409 I, 415 I S 2, 416 I S 1, 478 I, HGB 377), das Anerkenntn gem § 208, u die **Einwilligung** in FreihBeschrkgen, 7 Körperverletzgen u ärztl Eingriffe (BGH **29**, 36, **105**, 48, aA BGH **90**, 101). – **bb)** Auf die Mehrzahl der geschäftsähnl Hdlgen sind die **Vorschriften über Willenserklärung entsprechend** anwendb, näml über die GeschFgk (§§ 104ff), das Wirksw (§§ 130ff), die Auslegg (§§ 133, 157), die Stellvertretg (§§ 164ff), Einwilligg u Gen (§§ 182ff) u die Willensmängel (§§ 116ff), hM (BGH **47**, 357, NJW **89**, 1792, Beckmann/Glose BB **89**, 857). Dabei ist aber nicht schemat zu verfahren. Bei jedem Hdlgstyp ist seiner Eigenart u der typ Interessenlage Rechng zu tragen (Flume § 9, 2b, Larenz § 26, Medicus AT Rn 198). Ge- 8 schähnl Hdlgen, dch die der Handelnde ledigl einen rechtl Vorteil erlangt, wie zB die Mahng, erfordern entspr § 107 nur beschr GeschFgk (§ 284 Rn 15). – **cc)** Bei geschähnl Hdlgen, die einen starken höchstpersönl Einschlag h, wie die **Einwilligung** zu FreihBeschrkgen, Körperverletzgen u ärztl Eingriffen, aber auch beim Verz auf ärztl Aufkl, ist entscheidd, ob der Handelnde ein solches Maß an Verstandesreife erreicht hat, daß er die Tragweite seiner Entsch zu übersehen vermag; eine starre Altersgrenze läßt sich hier nicht ziehen (BGH **29**, 36, NJW **64**, 1177, **72**, 335, BayObLG **85**, 56, Roßner NJW **90**, 2292). Das gilt ebso, wenn die Einwillig Eingriffe in das Recht am eig Bild od and PersönlichkR betrifft (Karlsr FamRZ **83**, 742, aA Düss FamRZ **84**, 1222 u Mü NJW-RR **90**, 1000, die GeschFgk fordern). Auch wenn der Mj die notwend EinsichtsFgk besitzt, ist aber grdsl zusätzl eine Einwiligg des gesetzl Vertreters erforderl (Medicus AT Rn 201, str).

9   **d) Tathandlungen** („Realakte"). – **aa)** Sie sind auf einen tatsächl Erfolg gerichtete Willensbetätiggen, die kr Ges eine RFolge hervorbringen. Sie unterscheiden sich von den geschäftsähnl Hdlgen dadch, daß sie keine Erkl sind. Zu den TatHdlgen gehören die Verbindg u Vermischg (§§ 946–948), die Verarbeitg (§ 950), der

68

Besitzerwerb, die Besitzaufgabe u die BesitzÜbertr (and aber iF des § 854 II, dort Rn 9), der Fund (§ 965) u der Schatzfund (§ 984), das Einbringen von Sachen in Mieträume (§ 559) u bei Gastw (§ 704), die Schaffg von urheberrechtl geschützten Werken, aber auch die WohnsBegründg u Aufhebg (§§ 7, 8) sowie die GoA (str, s Einf 2 v § 677). TatHdlgen können sich auch auf geist-seel Vorgänge beziehen, wie der Widerr ehrenkränkder Behauptgen (BGH NJW **52**, 417) u die Verzeihg (§§ 532 S 1, 2337, 2343; hM, vgl RG **96**, 269, BGH NJW **84**, 2090, § 2337 Rn 1). Hdlgen, die eine Haftg kr RScheins begründen, wie das Auftreten als ScheinKaufm u der Fall der AnschVollm (§ 173 Rn 9), können gleichf zu den TatHdlgen gerechnet w. – **bb)** Auf TatHdlgen sind die für RGesch geltden Vorschr grdsätzl **unanwendbar.** Auch hier läßt sich jedoch **10** keine starre Regel aufstellen. Eine Reihe von TatHdlgen kann auch ein GeschUnfäh vornehmen, so insb die Verbindg, die Vermischg, die Entdeckg eines Schatzes, die Schaffg von urheberrechtl geschützten Werken u die GoA (§ 682 Rn 1). Für an TatHdlgen ist eine gewisse natürl ErkenntnFähigk erforderl, so für die Verzeihg, die Einbringg von Sachen. Für die BesAufgabe verlangt die hM mind beschr GeschFgk (§ 935 Rn 3). Unbeschr GeschFgk ist nach ausdr gesetzl Vorschr für die Begründg u Aufhebg des Wohns (§ 8) erforderl. Auch die TatHdlg, die einen RSchein setzt, begründet nur dann eine Haftg, wenn der Handelnde geschfäh war (Stgt MDR **56**, 673, Nitschke JuS **68**, 541). Das beruht darauf, daß das geltde Recht den Schutz des GeschUnf höher bewertet als den Vertrauensschutz (BGH NJW **77**, 623). Unanwendb auf TatHdlgen sind die Vorschr über Willensmängel (BGH NJW **52**, 417 zum Widerruf ehrenkränkder Behauptgen).

3) Arten der Rechtsgeschäfte (vgl auch Einf 6 vor § 305 zur Einteilg der Vertr). – **a) Einseitige** u **11** **mehrseitige** RGesch. – **aa)** Zu den **einseitigen** RGesch gehören zunächst die streng einseit, für deren Wirksamk es nicht darauf ankommt, daß ein and von ihnen Kenntn erlangt (nicht empfangsbedürft WillErkl). Bsp sind die EigtAufg (§ 959), die Auslobg (§ 657), das StiftgsGesch (§ 81), das Test (§ 2247) u der Organisationsakt zur Einmann-Gründg einer AG od GmbH (AktG 2, 36 II, GmbHG 1). Eine weitere Gruppe einseit RGesch besteht aus empfangsbedürft WillErkl (§ 130 Rn 2), wie die Bevollmächtigg (§ 167), Ermächtigg u die GestaltgsGesch (Rn 17). Ferner gibt es einseit RGesch, die eine einer beh ggü abzugebde WillErkl zum Ggst haben (§ 130 Rn 15). Für die Zuordng zu den einseit RGesch ist entsch, daß sich nicht WillErkl versch Willensrichtg ggüberstehen. Daher bleibt das RGesch auch dann einseit, wenn die Part, die das RGesch vornimmt, aus mehreren Pers besteht, wie etwa iF der gemeins Anf od Künd. – **bb)** Unter den **12** **mehrseitigen** RGesch sind am bedeutsamsten die Vertr (Einf 5 f vor § 145 u Einf 6 ff vor § 305). Eine bes Art der mehrseit RGesch sind die Beschlüsse, die der Willensbildg im Gesellsch- u VereinsR dienen (Vorbem 12 ff vor § 709). Ihre Eigenart besteht darin, daß für sie idR nicht das Prinzip der Willensübereinstimmg sond das MehrhPrinzip gilt. Beschlüsse binden auch den, der an der Abstimmg beteiligt od dagg gestimmt hat. Zur Anwendg des § 181 auf Beschlüsse s dort Rn 4. Die zum Zustandekommen eines mehrseit RGesch erforderl WillErkl sind grdsl **empfangsbedürftig,** werden also erst mit dem Zugehen wirks (§ 130). Nicht empfangsbedürft ist die AnnErkl iF der §§ 151, 152.

b) Personenrechtliche u **vermögensrechtliche** RGesch. Unter den Begriff des RGesch fallen auch **13** persrechtl Gesch, wie das Verlöbn (§§ 1297 ff), die Eheschließg (EheG 11 ff) u die Einwilligg des FamR. Für diese RGesch passen vielf die dem VermögensR entstammden allg Vorschr über RGesch nicht. Für sie gelten daher weitgehd famrechtl Sonderregelgen.

c) RGesch unter Lebenden u **von Todes wegen.** RGesch vTw sind das Test (§§ 2064 ff), der ErbVertr **14** (§§ 2274 ff) u der ErbverzichtsVertr (§§ 2346 ff), ferner wohl auch die nicht vollzogene Schenkg vTw (§ 2301). Alle and RGesch – einschließl des Vertr zGDr auf den Todesfall (§ 331) – sind RGesch unter Lebenden. RGesch vTw können auch nichterbrechtl Regelgen enthalten, wie etwa die Erteilg einer Vollm (§ 167 Rn 1) oder den Widerr einer Schenkg (RG **170**, 383).

d) Verpflichtungs- und Verfügungsgeschäfte. – aa) Verpflichtungsgeschäfte sind RGesch, dch die **15** eine Pers ggü einer and eine LeistgsPfl übernimmt. Dch das VerpflGesch, das idR ein Vertr ist, aber auch ein einseit RGesch sein kann, entsteht ein SchuldVerh (Einl 1 vor § 241). Für das einseit VerpflGesch gilt ein *numerus clausus* der mögl Akttypen (Einf 4 vor § 305). Für den SchuldVertr besteht eine derart Beschrkg nicht, für ihn gilt vielmehr der Grds der VertrFreih (GestaltgsFreih), vgl Einf 8 ff v § 145. – **bb) Verfü-** **16** **gungen** sind RGesch, die unmittelb darauf gerichtet sind, auf ein bestehdes Recht einzuwirken, es zu verändern, zu übertr oder aufzuheben (BGH **1**, 304, **75**, 226, **101**, 26). Für sie gilt im Interesse der RSicherh ein *numerus clausus*. Zu den Vfgen gehört die Veräußerg (Übereign oder Übertr eines sonst Rechts) u die Belastg. Vfg ist auch die Gen einer schwebd unwirks Vfg, nicht dagg schon die Einwilligg zu einer Vfg (str, vgl Flume § 11, 5 d, aA RG **152**, 383). Das Hauptverbreitgsgebiet des VfgsGesch ist das SachenR, dessen dingl RGesch dchweg verfügden Charakter h (Einf 12 vor § 854). Auch das SchuldR kennt aber zahlr VfgsGesch, näml den Erlaß (§ 397), die Abtr (§§ 398 ff), die befreiende SchuldÜbern (§§ 414 ff), die Vertr-Übern (§ 398 Rn 38), den Aufhebgs- u ÄndergsVertr, wobei letztere zugl auch VerpflGesch sein können (Larenz § 18 II c). – **cc)** Vfgen sind auch die **Gestaltungsgeschäfte,** wie die Anf (§ 142), der Rücktr (§ 349), **17** die Aufr (§ 388), die Künd u der Widerr (hM). Da das GestaltgsGesch auf die RStellg des ErklEmpfängers ohne dessen Zutun einwirkt, muß sich die beabsichtigte RÄnderg klar u unzweideut aus der Erkl ergeben. GestaltgsGesch sind daher grdsätzl bedinggsfeindl (so ausdr für die Aufr § 388 S 2); eine Ausn ist jedoch dann gerechtf, wenn die Bedingg ausschl vom Willen des ErklEmpfängers abhängt (Einf 13 vor § 158). Das GestaltgsGesch verträgt idR auch keinen sonst SchwebeZust. Fehlt eine erforderl Einwilligg, ist das GestaltgsGesch daher abw von den allg Grds nicht schwebd unwirks, sond nichtig (BGH NJW **62**, 1345, § 185 Rn 2). Das entspr der Regelg des § 111, S 1, für die Vertretg ohne Vertretgsmacht ist jedoch die Ausn des § 180 S 2 zu beachten. Ist das GestaltgsGesch wirks geworden, kann es nicht mehr einseit zurückgenomm w (LAG Düss DB **75**, 1081). Nach Vornahme des GestaltgsGesch ist das GestaltgsR verbraucht (BAG NJW **94**, 474). Zur Wiederherstellg des RVerh bedarf es einer vertragl Neubegründg. Das Ges bezeichnet als Vfgen auch Maßn iW der ZwVollstr. Diese haben uU dieselben RFolgen wie rgesch Vfgen (vgl §§ 161 I, 184 II, 353 II, 499 S 2, 883 II, 2115), begründen aber keinen gutgl Erwerb. – **dd)** Die Einteilg in Verpfl- u VfgsGesch **18** ist **nicht abschließend.** Es gibt RGesch, die weder in die eine noch in die and Kategorie gehören, so die sog HilfsGesch, wie die VollmErteilg, die Einwilligg u die Gen, soweit sie nicht Vfg ist (Rn 16).

19   **e) Abstrakte u kausale** RGesch. – **aa)** Diese Unterscheidg betrifft **Zuwendungsgeschäfte,** dh RGesch, die eine VermVerschiebg zw den Part bezwecken (Flume § 12 I 1, Larenz § 18 II d). ZuwendgsGesch idS können sowohl VerpflGesch als auch Vfgen sein. Jede rgeschäftl Zuwendg bedarf eines RGrdes *("causa").* Hierunter ist der der Zuwendg unmittelb zugrde liegde Zweck zu verstehen. Er ist vom bloßen (rechtl unbeacht) Motiv zu unterscheiden, aber auch von der GeschGrdlage, deren Fehlen od Wegfall nur nach Maßg des Grds von Treu u Glauben bedeuts w kann (§ 242 Rn 113).

20   **bb) Kausal** sind solche RGesch, die die Vereinbg über den RGrd als Bestandt in sich schließen. Prototyp hierfür ist der ggs Vertr (§§ 320 ff). Bei ihm gehen beide Part eine Verpfl ein, um den Anspr auf die GgLeistg zu erwerben. Der RGrd ist damit Teil der vertragl Einigg. Fehlt die Einigg über den RGrd, ist der Vertr nicht zustande gekommen. Der Fall, daß der Vertr wirks ist, der RGrd aber fehlt, kann nicht auftreten. Entspr gilt grdsätzl für alle VerpflGesch (Flume § 12 II 4 b, Larenz § 18 II d), jedoch kennt das BGB auch einige abstr ausgestaltete SchuldVertr (Rn 21).

21   **cc) Abstrakte** RGesch sind vom RGrd unabhäng; bei ihnen ist der RGrd nicht im RGesch enthalten, sond liegt außerh des Gesch. Prototyp ist die Übereign einer bewegl Sache (§ 929). Ihr RGrd kann ein Schuld-Vertr (GrdGesch) od eine gesetzl Verpfl sein. Er bleibt jedenf außerh des ÜbereignsGesch (ErfGesch). Mängel des GrdGesch führen idR nicht zur Unwirksamk des ErfGesch, sond begründen nur einen Ber-Anspr. Der Erwerber der rgrdlos erlangten Sache kann diese auch dann wirks weiterveräußern, wenn sein Abnehmer von den Mängeln des RGrdes weiß. Das gilt sinngemäß für alle sonstigen VfgsGeschäfte, auch die des SchuldR (Rn 16). Das Ges hat aber auch einz VerpflGesch als abstr RGesch ausgestaltet. Dazu gehören: das SchuldVerspr (§ 780) u das Schuldanerkenntn (§ 781), die Ann der Anweisg (§ 784), ferner die Verpfl aus umlauffäh WertP, wie Wechsel, Scheck u Inhaberschuldverschreibg.

22   **dd)** Der Grds, daß VfgGesch in ihrer rechtl Wirksamk vom Bestehen des RGrdes unabhäng sind **(Abstraktionsprinzip)** u die damit einhergehde Trenng des Verpfl- vom VfgsGesch **(Trennungsprinzip)** sind eine Eigenart des dtschen Rechts; sie waren fr rechtspolitisch umstritten, haben sich aber im ganzen gesehen bewährt (Rother AcP **169**, 1, Peters Jura **86**, 449). Eine kausale Gestaltg der EigtÜbertr u der übr VfgsGesch wäre geeignet, die Sicherh des RVerk zu gefährden.

23   **f)** Auch nach geltdem Recht kann sich ausnw die **Ungültigkeit des Grundgeschäfts** auf das **Erfüllungsgeschäft** erstrecken: – **aa)** Die Tats, die das GrdGesch ungült machen, können zugl die Unwirks des ErfGesch begründen, sog **Fehleridentität.** Das ist häuf bei Mängeln der GeschFgk der Fall. Aber auch bei Irrt ist uU neben dem Grd– auch das ErfGesch anfechtb, so wenn beide Gesch in einem Willensakt zusfallen (RG **66**, 389). Bei Anf wg argl Täuschg w sich das AnfR sogar idR auch auf das ErfGesch beziehen (RG **70**, 57, BGH DB **66**, 818, Hamm VersR **75**, 814). UU kann sich auch die Nichtigk gem § 134 (BGH **47**, 369) od
24   gem § 138 auf das ErfGesch ausdehnen (§ 138 Rn 11). – **bb)** Die Wirksamk des GrdGesch kann zur **Bedingung** für das dingl Vertr gemacht w, es sei denn, daß das ErfGesch, wie die Aufl (§ 925 II), bedingsfeindl ist. Die Vereinbg einer Bedingg kann auch stillschw geschehen (vgl RG **54**, 341). Sie ist idR bei Gesch des tägl Lebens anzunehmen, sofern Grd- u ErfGesch zeitl zusfallen (RG **57**, 96). In and Fällen w sich eine entspr Ausslegg dagg nur dann recht lassen, wenn für sie konkrete AnhaltsPkte vorliegen. – **cc)** Nach der Rspr kann auch der Gesichtspkt der **Geschäftseinheit** zur Ungültigk des VfgsGesch führen (§ 139 Rn 7).

25   **g)** Das **treuhänderische** RGesch ist dadch gekennzeichnet, daß es dem TrHänder nach außen hin ein Mehr an Rechten überträgt, als er nach der gleichzeit mit dem TrGeb getroffenen schuldrechtl Abrede ausüben darf. Bsp sind die VollAbtr zwecks Einziehg der Fdg, die Sichergsübertragg, die VollrechtsÜbertr zZw der Verw. Das TrHandVerh kann Interessen des TrHänders dienen (eignütz TrHand; Bsp: Sichergs-Übereigng), es kann aber auch auf Interessen des TrGebers abgestellt sein (fremdnütz TrHand; Bsp: Inkassozession). Das fiduziar RGesch ist nicht etwa schon wg fehlder Offenkundig sittenw (RG **106**, 57). Es liegt auch kein ScheinGesch vor, da die im Innen- u AußenVerh unterschiedl RWirkgen tatsächl gewollt sind. Vfgen in Verletzg der InnenVerhältn vereinbarten Beschränken sind wirks, verpfl den TrHänder aber zum SchadErs (§ 137). Näher zur Treuhand s Einf 7 vor § 164 u insb § 903 Rn 33 ff.

26   **4) Fehlerhafte Rechtsgeschäfte:** Die einem RGesch anhaftden Mängel können von unterschiedl Art u Schwere sein. Dem trägt das Ges dadch Rechng, daß es versch Arten der Fehlerhaftigk von RGesch unterscheidet. Neben der völl Wirksamk (Gültigk) auf der einen u der völl Unwirksamk (Nichtigk) auf der and Seite kennt es versch Zwischenstufen.

27   **a) Nichtigkeit.** – **aa) Bedeutung:** Nichtigk bedeutet, daß das RGesch die nach seinem Inhalt bezweckten RWirkgen von Anfang an nicht hervorbringen kann. Sie wirkt für u gg alle, bedarf keiner Geltdmachg u ist im Proz vAw zu berücksichtigen (BGH **107**, 270). Sie ist grdsl auch dann zu beachten, wenn der dch den NichtigkGrd Geschützte das Gesch gelten lassen will (krit Hübner FS Hübner, 1984, S 495). Für die Nichtigk von GestaltgsErkl (fristlose Künd des ArbNeh ohne wicht Grd) bestehen insoweit keine Besonderh (aA Ramrath JR **93**, 310). Auch nach Wegfall des NichtigkGrdes bleibt das RGesch nichtig. Zur Heilg bedarf es einer Neuvornahme (Ausn: §§ 313 S 2, 518 II, 766 S 2, ferner § 1600 f II). Als Neuvornahme ist daher auch die „Bestätigung" zu behandeln (§ 141); sie muß allen Erfordern des zu bestätigden RGesch genügen. Die Nichtigk eines Teils macht iZw das ganze RGesch nichtig (§ 139). Entspr ein nichtiges RGesch den Erfordern eines and, so gilt nach § 140 das letztere, wenn anzunehmen ist, daß dessen Geltg bei Kenntn der Nichtigk gewollt sein würde (Umdeutg). Als gült ist das RGesch zu behandeln, wenn die Berufg auf die Nichtigk ausnahmsw gg Treu u Glauben verstößt; das kann bei Formmängeln in Betr
28   kommen (§ 125 Rn 16 ff), aber auch bei and NichtigkGrden (§ 242 Rn 58). – **bb)** Das nichtige RGesch ist von dem nicht zustandegekommenen zu unterscheiden (Rn 3). Es ist trotz seiner Unwirksamk nicht ein bloß fakt Geschehen, sond tatbestandl ein RGesch. Auch das nichtige RGesch kann **Rechtsfolgen** nach sich ziehen, so etwa SchadErsAnspr (§§ 307, 309, 122, c. i. c., vgl § 276 Rn 65 ff) od Anspr aus ungerechtf Ber
29   (§§ 812 ff). Ausgeschl sind nur die RWirkgen, die das RGesch seinem Inhalt nach bezweckt. – **cc)** Die **Gründe** für die Nichtigk eines RGesch können sich aus der Pers der Beteil, dem Zustandekomm der Erkl, dem Inhalt des Gesch od mangelnder Form ergeben. Soll Nichtigk eintreten, verwendet das Ges idR den

Terminus „nichtig" (§§ 105, 116–118, 125, 134, 138–142, 248 I, 306, 310, 312 I, 443, 476, 540, 637, 723 III, 749 III, 795 II, 1136, 1229, 1297 II, 1615e I 2, 2263). Zur Bezeichng von NichtigkGrden w aber auch die Termini „unwirks" (§§ 111 S 1 u 2, 174 S 1, 344, 388 S 2, 925 II, 1253 I 2, 1367, 1831, 1950 S 2, 2101 I S 2, 2202 II S 2, AGBG 9–11) u „kann nicht" (§§ 35, 38 S 2, 137 S 1, 276 II) gebraucht. Das gilt aber nicht ausnahmsl. Die Termini „unwirks" u „kann nicht" bezeichnen teilw auch (schwebd) unwirks Gesch, die dch Gen wirks w können (Rn 31).

b) Relative Unwirksamkeit bedeutet, daß das RGesch einer od mehreren Pers ggü unwirks, allen and **30** ggü aber wirks ist. Diese Art der Unwirksamk sieht das Ges vor, wenn der Inhaber eines Rechts entgg einem zum Schutz eines and bestehden VfgsVerbot über sein Recht verfügt (Fälle: §§ 135, 136, 883 II, 888, 1124 II, 1126 S 3). Die Vfg ist ggü dem dch das Verbot Geschützten unwirks, iü dagg wirks. Die relative Unwirksamk ist vAw zu beachten. Sie w geheilt, wenn der UnwirksamkGrd wegfällt od der dch das Verbot Geschützte auf die Geltdmachg der Unwirksamk verzichtet.

c) Schwebende Unwirksamkeit. – aa) Bedeutung. Schwebde Unwirksamk bedeutet, daß das RGesch **31** zunächst unwirks ist, es aber noch wirks w kann, wenn das fehlde WirksamkErfordern nachgeholt w. Nach Vornahme des RGesch entsteht zunächst ein Schwebezustand, währd dessen das RGesch noch wirkgslos ist. Das ist im Proz vAw zu beachten. Bereits erbrachte Leistgn können gem § 812 zurückgefordert w (BGH **65**, 123). Es besteht aber schon eine Verpfl zur ggs Rücksicht. Bedarf der Vertr einer behördl Gen, sind die Part verpfl, alles Erforderl zu tun, um die Gen herbeizuführen (§ 242 Rn 32). Das Gesch w rückw von Anfang an wirks, wenn das fehlde Erfordern nachgeholt w. Ist dies nicht mehr mögl, w das schwebd unwirks RGesch endgült unwirks (nichtig). – **bb) Hauptfälle** der schwebden Unwirksamk sind Vertr von **32** Mj (§ 108 I), von Vertretern ohne Vertretgsmacht (§ 177 I), best Gesch auf dem Gebiet des ehel GüterR (§§ 1365 I, 1366, 1423, 1427 I), Gesch, die der Gen des VormschG (§ 1829 I) od einer VerwBeh (s § 275 Rn 26ff) bedürfen, ferner alle Vertr, für die nach HausTWG 1, VerbrKrG 7 od ähnl Vorschr (Einf 9 v § 346) ein **Widerrufsrecht** besteht (BGH **119**, 298, Zweibr NJW **94**, 203). Schwebd unwirks ist auch das unter Verstoß gg § 181 dch Selbstkontrahieren zustandegek RGesch (s § 181 Rn 15). Bei bedingten u befristeten RGesch besteht bis zum Eintritt der Bedingg od des Termins gleich ein Schwebezustand. Sie sind aber nicht schwebd unwirks, sond von Anfang an gült (s Einf 8 vor § 158).

d) Anfechtbarkeit. – aa) Bedeutung. Das anfechtb RGesch ist zunächst gült; erst dch die Ausübg des **33** AnfR w es von Anfang an nichtig (§ 142 I). Der AnfBerecht hat die freie Entscheidg, ob er das RGesch vernichten od gelten lassen will. Macht er vom AnfR keinen od nicht fristgerecht Gebrauch, bleibt das RGesch gült. Das AnfR ist ein GestaltgsR. Es ist, soweit es sich auf vermögensrechtl RGesch bezieht, vererbl, kann aber grdsätzl dch RGesch nicht übertr w (§ 413 Rn 7). Es erlischt außer dch Ablauf der AnfFr dch Bestätigg (§ 144). – **bb) Fälle.** Eine Anf ist zul bei Irrt (§§ 119, 2078), falscher Übermittlg (§ 120) sowie **34** bei Täuschg u Drohg (§ 123). Völl andartige RBehelfe sind dagg die Anf v RHdlgen wg GläubBenachteiligg nach dem AnfG u der KO, die Anf der Ehelichk (§§ 1593ff) u die Anf des ErbschErwerbs iF der Erbunwürdigk (§ 2340ff). Sie haben mit der Anf iS des § 142 außer dem Namen nichts gemein. – **cc) Anfechtung** **35** **nichtiger Rechtsgeschäfte.** Auch ein nichtiges RGesch kann angefochten w (so zuerst 1911 Kipp FS v Martitz, Flume § 31, 6, hM, s auch BGH NJW **92**, 2484 zur KonkAnf u Nichtigk). Das erscheint bei einer rein begriffl Beurteilg zwar zweifelh, ist aber wg der Interessenlage u des Schutzzwecks der Anf gerechtf. Die Anf w prakt bedeuts, wenn der AnfGrd leicht, der NichtigkGrd aber nur schwer zu beweisen ist. Vor allem besteht ein Bedürfn für eine AnfMöglichk, wenn der AnfGrd stärker wirkt als der NichtigkGrd. Bsp: A hat von B eine Sache erworben, die dieser dem Mj C dch Betrug abgelistet hat. A wußte von dem Betrug, aber nichts von der beschr GeschFgk des C. A kann die Nichtigk der Vorveräußerg wg beschr GeschFgk nicht entgg gehalten w, da er insow gutgl war (§ 932). Sein EigtErwerb scheitert aber iF der Anf, da er den AnfGrd kannte (§ 142 II). – Selbstverständl ist es auch zul, sich auf die ursprüngl Nichtigk statt auf die Nichtigk inf Anf zu berufen, etwa um den SchadErsAnspr aus § 122 auszuschl. Der Kl kann seinen auf Nichtigk eines RGesch gestützten Anspr gleichzeit mit ursprüngl u dch Anf herbeigeführter Nichtigk begründen u es dem Ger freistellen, aus welchem Grd es der Klage stattgibt (BGH **LM** § 142 Nr 2).

e) Beschränkung der Nichtigkeitsfolgen: Der Grds, daß nichtige u angefochtene RGesch als von **36** Anfang an unwirks anzusehen sind, w dch Sonderregelgn eingeschr. Eine nichtige Ehe w nach EheG 22 erst dann mit Wirkg ex nunc unwirks, wenn die Ehe dch gerichtl Urt rechtskr für nichtig erklärt worden ist. Anstelle der Anf tritt nach EheG 28ff die nur für die Zukunft wirkde Aufhebg. Bei KapitalGesellsch können Nichtigk- u AnfGrd gleich nur mit Wirkg ex nunc geltd gemacht w (AktG 262ff, GmbHG 75, GenG 78ff). Diese Grds haben Rspr u Lehre iW der RFortbildg auch auf PersonalGesellsch u ArbVertr übertr. Es ist nunmehr allg anerkannt, daß bei vollzogenen Gesellsch- u ArbVertr Nichtigk- u AnfGrd idR nur mit Wirkg *ex nunc* geltd gemacht w können (s Einf 29 vor § 145). Auch bei Erkl auf umlauffäh Wertpapieren insb auf Wechseln, können Nichtigk- u AnfGrde nur beschr geltd gemacht werden. Sie sind, abgesehen vom Fall mangelnder GeschFgk, ggü einem gutgl Erwerber nur zul, wenn sie sich aus dem Papier selbst ergeben (vgl § 796, WG 17, HGB 364).

5) Prozeßhandlungen sind keine RGesch. Ihre Voraussetzgn u Wirkgen regelt das ProzR (MüKo/ **37** ZPO-Lüke Einl 270, Th–P Einl III). Auf ihre Auslegg ist § 133 entspr anzuwenden (§ 133 Rn 4). Auch der RGedanke des § 140 ist anwendb (BGH NJW **87**, 1204). Bei Willensmängeln gelten dagg nicht die § 119ff, sond je nach der Art der ProzHdlg unterschiedl Grds des ProzR (BGH **80**, 391 mwNw, hM, str). Einz ProzHdlgen haben eine **Doppelnatur**, sie sind zugleich RGesch des PrivR u ProzHdlgen. Sie sind matrechtl nach bürgerl R u prozrechtl nach ProzR zu beurteilen. Das gilt für den ProzVergl (§ 779 Rn 29ff) u die Aufr im Proz (§ 388 Rn 2), aber auch für Anf, Rücktr u Künd, soweit sie im Rahmen eines Proz erklärt w. Erkl dieser Art w matrechtl wirks mit dem Zugang des betr Schriftsatzes, prozrechtl jedoch erst mit dem Vortrag in der mdl Verh (RG **63**, 412). Die matrechtl Wirksamk einer derartigen Erkl ist nicht von ihrer prozrechtl Wirksamk abhäng (§ 388 Rn 2). Anerkenntn u Verzicht (ZPO 306, 307) sind dagg reine ProzHdlgen (Th–P § 307 ZPO Anm 1 mwNw), ebso die Unterwerfg unter die ZwVollstr (BGH NJW **85**, 2423, BayObLG NJW **71**, 434), der RMittelVerzicht (BGH NJW **85**, 2334) u die Erteilg einer ProzVollm. Von den ProzHdlgen zu unterscheiden sind sachlrechtl RGesch über proz Beziehgen (Prototyp: Vereinbg über KlRückn). Sie sind zul, soweit keine zwingdn prozeßrechtl Grds entggstehen u begründen bei Nichtbeachtg die Einr der Argl (§ 242 Rn 82). Auch die GerStandsVereinbg ist ein matrechtl Vertr über prozeßrechtl Beziehgen, ihr Zustandekommen richtet sich nach bürgerl R (BGH **49**, 386, **57**, 72, Wirth NJW **78**, 460, str). Das gilt ebso für den SchiedsVertr (BGH **23**, 200, **40**, 320, str).

Erster Titel. Geschäftsfähigkeit

Einführung

1   **1)** Die GeschFgk ist eine Unterart der **Handlungsfähigkeit,** dh der Fähigk, rechtl bedeuts Hdlgen (Übbl 2 u 4 f v § 104) vorzunehmen. Der Oberbegriff der HdlgsFgk w vom BGB im Ggs zur gemeinrechtl Theorie nicht verwandt. Er umfaßt außer der GeschFgk die DeliktsFgk (§§ 827 f) u die Verantwortlichk für die Verletzg von Verbindlichk (§ 276 I 3).

2   **2) Geschäftsfähigkeit. – a)** Sie ist die Fgk, RGesch (Übbl 2 v § 104) selbstd vollwirks vorzunehmen. Das Ges sieht grdsl alle Menschen als geschfäh an. Es regelt daher in den §§ 104 ff nicht die GeschFgk, sond die AusnFälle der GeschUnfgk u der beschränkten GeschFgk. Dem GeschUnfäh spricht § 105 grdsl jeden rechtsgeschäftl bedeuts Willen ab; dem Willen des beschränkt GeschFäh wird in §§ 106 ff in ihrem eig Interesse nur teilw RWirksamk beigelegt. Die Rechte u Interessen der GeschUnfäh u beschränkt GeschFäh nehmen grdsl die gesetzl Vertreter wahr. Seit dem Inkrafttreten des BtG kennt das BGB neben der GeschUnfgk für Kinder bis zur Vollendg des 7. Lebensjahres (§ 104 Nr 1) u der beschränkten GeschFgk für Mj, die das 7. Lebensjahr vollendet haben (§ 106), nur noch die „natürliche" (tatsächl) GeschUnfgk des § 104 Nr 2, die auch eine partielle sein kann (§ 104 Rn 6). Einen rechtsgestaltdn Staatsakt, der, wie die Entmündigg, die GeschFgk aufhebt, gibt es nicht mehr. Die **Anordnung der Betreuung** ist auf die GeschFgk des Betreuten ohne Einfluß. Besteht bei ihm eine natürl GeschUnfähigk, kann für ihn rechtswirks nur der Betreuer als gesetzl Vertreter handeln, allerdings nur im Rahmen seines AufgKreises (§ 1902). Liegen die Voraussetzgen des § 104 Nr 2 nicht vor, bleibt der Betreute geschäftsfäh. Er ihn kann aber in den Grenzen seines AufgKreises auch der Betreuer als gesetzl Vertreter handeln. Bei widersprechdn Gesch des Betreuten u des Betreuers, die prakt nur selten vorkommen w, ist zu unterscheiden: Handelt es sich um kollidierende VerpflGesch, sind beide wirks; bei Vfgen hat die fr den Vorrang (Cypionka DNotZ **91**, 577, Taupitz JuS **92**, 11, Schwab FamRZ **92**, 504). Ordnet das VormschG einen **Einwilligungsvorbehalt** an, wird die rechtsgeschäftl HandlgsFgk des Betreuten eingeschränkt; er wird in Ergebn weitgehd einem beschränkt GeschFäh gleichgestellt (§ 1903). Wird ein EinwilliggsVorbeh für einen gem § 104 Nr 2 geschäftsunfäh Betreuen angeordnet, kann der unricht Anschein entstehen, der Betreute sei geschfähig u mit Einwilligg seines
3   Betreuers handlgsfäh; s dazu § 1903 Rn 19. – **b)** Die Regeln über die GeschFgk sind **zwingendes Recht.** Der **gute Glaube** an die GeschFgk w nicht geschützt (RG **120**, 174, BGH NJW **77**, 623, ZIP **88**, 831). Der unerkannt Geisteskranke u der Mj, der den Eindruck eines Volljährigen macht, sind daher eine Gefahr für den GeschVerkehr. Diese muß aber hingenommen w, da der Schutz des GeschUnfähigen u beschränkt GeschFähigen den Vorrang vor den Belangen ihrer GeschPartner verdient. Formularmäß Klauseln, die dem Bankkunden Schäden aus einer späteren GeschUnfgk in vollem Umfang aufbürden, sind unwirks (BGH
4   **115**, 40, and noch BGH **52**, 63). – **c)** Von der GeschFgk zu unterscheiden ist die **Verfügungsmacht,** dh die Befugn über einen best Ggst zu verfügen (Übbl 16 v § 104). Währd die GeschFgk eine Eigensch der Pers ist, geht es bei der Vfgsmacht um die Beziehg zu dem Ggst, über den verfügt w soll. Die Vfgsmacht steht idR dem RInhaber zu; sie kann ihm aber trotz voller GeschFgk fehlen, so dem GemeinSchu im Konkurs (KO 6), dem Erben iF der §§ 1984, 2211, dem RInh iF der Beschlagn.

5   **3) Anwendungsbereich. – a)** Die §§ 104 ff gelten grdsl für **alle Rechtsgeschäfte** des PrivR. Gesetzl SonderVorschr bestehen für die EheSchl (EheG 1–3, 18) u die TestErrichtg (§§ 2064, 2229, 2247). Auf das Verlöbn sind die §§ 104 ff dagg anzuwenden (Einf 1 v § 1297, sehr str). Im ArbR w die §§ 104 ff dch die Grds über das fehlerh ArbVerh modifiziert. Bei einem vollzogenen ArbVerh wirkt die Berufg auf die GeschUnfgk des ArbN *ex nunc*; ist der ArbG geschunfäh, bestehen dagg auch bei einem vollzogenen ArbVerh nur BereichergsAnspr (§ 611 Rn 23, sehr str). Im GesellschR haben die §§ 104 ff ggü den Grds der fehlerh Gesellsch den Vorrang, Mängel der GeschFgk können also jederzeit *ex tunc* geltd gemacht w (BGH **17**, 160, § 705 Rn 11). Auch zur Entstehg von vertragl Pflten aus sozialtyp Verhalten ist entgg LG Brem (NJW **66**, 2360) GeschFgk erforderl (Einf Rn 26 v § 145). Dagg sollen die RFolgen des § 613a auch eintreten, wenn die
6   VertrPart geschäftsunfäh sind (BAG NJW **91**, 453). – **b)** Die §§ 104 ff sind auf geschähnl Hdlgen **entsprechend anzuwenden** (Übbl 7 v § 104). Dagg gelten sie für TatHdlgen idR nicht (Übbl 10 v § 104). Bei sonstigem rechtl relevantem Verhalten hängt die entspr Anwendg der §§ 104 ff von der Eigenart des Verhaltens u der typ Interessenlage ab. Die Haftg aus einer RScheinVollm setzt GeschFgk voraus (BGH NJW **77**, 623, § 173 Rn 1), ebso die Haftg aus c. i. c. (§ 276 Rn 66). Die Einwilligg in die Verletzg von VermögensR erfordert GeschFgk (§ 254 Rn 74). Dagg kommt es für die Einwilligg in die Verletzg höchstpersönl RGüter auf die EinsichtsFgk an (Übbl 8 v § 104). Die verschärfte Haftg des BereichergsSchu (§ 819) setzt iF der Leistgskondiktion GeschFgk voraus, iF der Eingriffskondition sind die §§ 827, 828 entspr anzuwenden (§ 819 Rn 6). Gilt Schweigen kr Ges als Ablehng, ist keine GeschFgk erforderl, wohl aber wenn das Ges Schweigen als Zustimmg fingiert (Einf 12 v § 116). Auch der Schutz dch die Grds über c. i. c. ist von der GeschFgk des Betroffenen unabhäng (BGH NJW **73**, 1791).

7   **4) Öffentliches Recht und Verfahrensrecht. – a)** Im **öffentlichen Recht** entspr der GeschFgk die HdlgsFgk (VwVfG 12, AO 79, SGB I 36). Handlgsfäh ist, wer geschfäh ist od dch Vorschr des öffR als handlgsfäh anerkannt w, VwVfG 12, AO 79 (Robbers DVBl **87**, 709). Im SozialR w die Mj grdsl bereits mit Vollendg des 15. Lebensjahres handlgsfäh (SGB I 36). Auch bei der Wahrnehmg best GrdR ist der Mj
8   selbstd handlgsfäh (Hohm NJW **86**, 3107). – **b)** Im **Zivilprozeß** entspr der unbeschr GeschFgk die ProzFgk

(ZPO 52). Auch die VerfFgk im Rahmen der freiw Gerichtsbark setzt grdsl unbeschr GeschFgk voraus (Ffm DNotZ **65**, 483). Nimmt ein unerkennb GeschUnfähiger die Leistgen eines Notars in Anspr, schuldet er aber die gesetzl Gebühren (BayObLG JurBüro **91**, 842). Ausnw kann auch ein beschränkt GeschFähiger verfahrensfäh sein (ZPO 607 I, 640 b, FGG 59). – c) Die gem § 104 Nr 2 **Geschäftsunfähigen** sind, wie sich 9 aus GG 1 I ergibt, zur Wahrg ihrer Rechte in allen Verf **prozeßfähig**, die Maßn aus Anlaß ihres Geisteszustandes betreffen (BVerfG **10**, 306, BGH **35**, 4, **52**, 2, **70**, 252). Das gilt auch für Verf über die Betreuung (FGG 66), nicht aber für GrdstAngelegenh (BayObLG MDR **82**, 228) od für Maßn, zur Vorbereitg der WiederAufn eines StrafVerf (Köln OLGZ **78**, 264). – d) Sow der GeschUnfähige verfahrensfäh ist, kann er 10 auch einen wirks AnwVertr abschließen (Hbg NJW **71**, 199, Nürnb NJW **71**, 1274, LG Bielefeld NJW **72**, 346, Lappe Rpfleger **82**, 10), bedarf aber zur Vereinbg höherer als der gesetzl Gebühren der Zust des gesetzl Vertreters (s Büttner NJW **71**, 1274).

104 *Geschäftsunfähigkeit.* Geschäftsunfähig ist:

1. **wer nicht das siebente Lebensjahr vollendet hat;**
2. **wer sich in einem die freie Willensbestimmung ausschließenden Zustande krankhafter Störung der Geistestätigkeit befindet, sofern nicht der Zustand seiner Natur nach ein vorübergehender ist.**

1) Allgemeines. Da das BtG die Entmündigg zum 1. 1. 92 abgeschafft hat, hat es auch § 104 Nr 3 1 aufgehoben, der den wg Geisteskrankh Entmündigten für geschunfäh erklärte. Zum Begriff der GeschFgk u zu den Neuergen des BtG s Einf 2 v § 104, zu den Übergangsvorschriften s Einf 20 v § 1896.

2) Geschäftsunfähigkeit wegen Alters (Z 1): Sie ist von der geistigen Entwicklg unabhäng u endet mit 2 dem Beginn des Geburtstages (0 Uhr), an dem das Kind 7 Jahre alt w (§ 187 II).

3) Geschäftsunfähigkeit wegen krankhafter Störungen (Z 2). – **a)** Der Betroffene muß an einer 3 **krankhaften Störung der Geistestätigkeit** leiden. Gleichgült ist, unter welchen medizinischen Begriff die Störg fällt. Z 2 umfaßt nicht nur Geisteskrankh, sond auch Geistesschwäche (RG **130**, 71, **162**, 228, BGH WM **65**, 895). Ob bei **Betreuten** (§§ 1896 ff) die Voraussetzgen der Z 2 vorliegen, ist Frage des Einzelfalls (Einf 2 v § 104). – **b)** Die krankh Störg darf **nicht vorübergehender Natur** sein. Z 2 setzt damit einen 4 Dauerzustand voraus. Ein solcher ist auch bei heilb Störgen gegeben, sofern die Behandlg längere Zeit beansprucht, nicht aber bei Störgen, die in Abständen period auftreten. Bei vorübergehden Störgen (Bewußtlosigk, Volltrunkenh) gilt § 105 II, jedoch ist bei wochenlanger Bewußtlosigk nach einem Unfall § 104 Z 2 anwendb (Mü MDR **89**, 361). In lichten Augenblicken besteht GeschFgk, wie der Wortlaut „sich in einem Zustand befindet" klar ergibt. Ob Debilität die Anwendg von Z 2 rechtfertigt, hängt von ihrem Ausmaß ab (AG Rottweil FamRZ **90**, 626). – **c)** Die krankh Störg muß die **freie Willensbestimmung** 5 ausschließen. Das ist der Fall, wenn der Betroffene nicht mehr in der Lage ist, seine Entscheidung von vernünftigen Erwägen abhängig zu machen (RG **130**, 71, BGH NJW **70**, 1681, FamRZ **84**, 1003, BayObLG NJW **92**, 2101). Für das Vorliegen dieser Voraussetzg besteht auch dann keine Vermutg, wenn der Betroffene seit längerem an geist Störgen leidet (BGH WM **65**, 895, RG Warn **28**, 167). Bloße Willensschwäche od leichte Beeinflußbark genügen nicht (RG JW **37**, 35), ebensowenig das Unvermögen, die Tragweite der abgegebenen WillErkl zu erfassen (BGH NJW **61**, 261, OGH **4**, 66). Dagg kann die übermäß krankh Beherrschg dch den Willen und die Anwendg von Z 2 rechtf (RG JW **38**, 1590), ebso chronischer Alkoholabusus (BayObLG FamRZ **91**, 608). – **d)** Die GeschUnfgk gem Z 2 kann sich auf einen best 6 ggständl abgegrenzten Kreis von Angelegenh beschränken (BGH **18**, 187, NJW **70**, 1681, BayObLG NJW **92**, 2101, stRspr), sog **partielle Geschäftsunfähigkeit.** Sie kann zB vorliegen bei Querulantenwahn für die ProzFührg (RG HRR **34**, 42, BAG **AP** Nr 1, BVerwG **30**, 25), bei krankh Eifersucht für Fragen der Ehe (BGH **18**, 187, FamRZ **71**, 244), beim Schock eines RAnw wg Fristversäumg für die Führg eines best Proz (BGH **30**, 117). Abzulehnen ist dagg eine relative GeschUnfgk für bes schwier Gesch (BGH NJW **53**, 1342, **61**, 261, **70**, 1680, BayObLG NJW **89**, 1679, aA Köln NJW **60**, 1389). Sie würde zu erhebl Abgrenzgsproblemen u damit zu Unsicherh für den RVerkehr führen.

4) Rechtsfolgen: Eig WillensErkl des GeschUnfähigen sind nichtig (§ 105 I), ihm ggü abgegebene 7 WillErkl w erst wirks, wenn sie dem gesetzl Vertreter zugehen (§ 131). Vgl zur Eheschließg EheG 2, 18, zur TestErrichtg § 2229. In allen Verf, die Maßn wg seines Geisteszustandes zum Ggst h, kann der GeschUnfähige dagg zur Wahrg seiner Rechte selbstd rechtswirks handeln (Einf 9 v § 104).

5) GeschFgk ist die Regel, ihr Fehlen die Ausn. Wer sich auf GeschUnfgk beruft, hat daher ihre Vor- 8 aussetzgen zu **beweisen.** Das gilt für alle Alternativen des § 104 (BGH **LM** Nr 2, BayObLG Rpfleger **82**, 286, Baumgärtel-Laumen Rn 1), auch wenn es bei Z 1 darauf ankommt, wann das RGesch vorgenommen worden ist (s BGH **113**, 226). Steht ein allg Zustand nach Z 2 fest, sind lichte Augenblicke vom Gegner zu beweisen (BGH NJW **88**, 3011, Karlsr OLGZ **82**, 281). And Grds gelten für die ProzFgk. Kann nach Erschöpfg sämtl BewMittel nicht festgestellt w, ob die Part prozfäh ist, muß sie als prozunfäh angesehen w, ein Sachurteil darf also nicht ergehen (BGH **18**, 189, **86**, 189, NJW **69**, 1574). Das RevisionsGer kann die ProzFgk vAw prüfen u darf dabei neue BewMittel heranziehen (BGH NJW **70**, 1683).

105 *Nichtigkeit der Willenserklärung.* [I] Die Willenserklärung eines Geschäftsunfähigen ist nichtig.

[II] Nichtig ist auch eine Willenserklärung, die im Zustande der Bewußtlosigkeit oder vorübergehender Störung der Geistestätigkeit abgegeben wird.

1   **1) Nichtig** (Begriff Übbl 27 v § 104) sind alle WillErkl, auch die obj vernünftigen u rechtl ledigl vorteilh. Das ist *de lege ferenda* fragwürd, hält sich aber im Rahmen zul gesetzgeberischen Erm u ist nicht verfassgswidr (Ramm JZ **88**, 489, Wieser JZ **88**, 493, aA Canaris JZ **87**, 996). Ein vom GeschUnfähigen Bevollmächtigter handelt, da die Vollm nichtig ist, gem § 177 ff als Vertreter ohne Vertretgsmacht (RG **69**, 266, BayObLG NJW-RR **88**, 455). Nichtig ist auch die vom GeschUnfähigen als Vertreter abgegebene WillErkl. Bei GesVertretg tritt GesNichtigk ein, wenn ein GesVertreter geschunfäh ist (BGH **53**, 214, aA Hamm NJW **67**, 1041). Auf geschähnl Hdlgen ist § 105 grdsl entspr anzuwenden, nicht aber auf TatHdlgen (Übbl 7 u 10 v § 104). Für die Abgabe von WillErkl **gegenüber** GeschUnfähigen gilt § 131.

2   **2)** Nichtig ist auch die im Zustand der Bewußtlosigk od vorübergehder Störg der Geistestätigk abgegebene WillErkl **(II).** – **a) Bewußtlosigkeit** iSv II bedeutet nicht völliges Fehlen des Bewußtseins, da dann bereits tatbestandl keine WillErkl vorliegt. Es genügt eine hochgradige Bewußtseinstrübg, die das Erkennen vom Inh u Wesen der Hdlg ganz od in best Richtg ausschließt. Sie kann bei Trunkenh vorliegen (Nürnb NJW **77**, 1496, Düss WM **88**, 1407, BGH WM **72**, 972), idR aber nur bei einem Blutalkoholgehalt von mehr als 3‰ (s BGH NJW **91**, 852), ferner bei Drogeneinfluß, Fieber od Hypnose. II ist auch dann anwendb,
3   wenn der Betroffene die Bewußtseinstrübg verschuldet hat (Nürnb aaO). – **b) Die Störung der Geistestätigkeit** muß ebso wie § 104 Nr 2 die freie Willensbestimmg ausschließen (RG **105**, 272, BGH FamRZ **70**, 641). Sie kann sich auf einz Lebensgebiete beschr (OGH **4**, 66), nicht aber auf bes schwierige RGesch (s § 104 Rn 5). Die Störg muß vorübergehder Natur sein. Bei Dauerzuständen gilt § 104 Nr 2.

4   **3)** Für die **Beweislast** gilt § 104 Rn 8 entspr; wer sich auf § 105 II beruft, muß dessen Voraussetzgen beweisen (BGH WM **72**, 972, **80**, 521).

106   *Beschränkte Geschäftsfähigkeit Minderjähriger.*   **Ein Minderjähriger, der das siebente Lebensjahr vollendet hat, ist nach Maßgabe der §§ 107 bis 113 in der Geschäftsfähigkeit beschränkt.**

1   **1) Allgemeines** (s zunächst Einf v § 104): Die §§ 107–113 regeln die RStellg der beschr GeschFähigen. Grdfall der beschr GeschFgk ist der Mj von der Vollendg des 7. Lebensjahres (0 Uhr des Geburtstages, § 187 II) bis zur Volljährigk (§ 2). Soweit für den **Betreuten** ein EinwilliggsVorbeh angeordnet worden ist, steht er einem beschränkt GeschFähigen weitgehd gleich, § 1903 I 2 u III.

2   **2) Überblick über das Recht der beschränkt Geschäftsfähigen. – a)** Die §§ 107 ff bezwecken den Schutz der beschr Geschäftsfähigen bei möglichster Wahrg der Interessen des Gegners. RGesch, die ledigl einen **rechtlichen Vorteil** bringen, kann der beschr GeschFähige selbstd voll wirks vornehmen (§ 107). Bei rechtl nachteiligen RGesch unterscheidet das Ges: – **aa) Verträge** sind wirks, wenn sie mit Einwilligg (= vorherige Zustimmg, § 183) des gesetzl Vertreters abgeschl sind (§ 107). Andf ist der Vertr schwebd unwirks, kann aber dch Gen (= nachträgl Zustimmg, § 184) wirks w (§ 108). Währd der Schwebezeit gilt § 109. – **bb) Einseitige Geschäfte** sind mit Einwilligg grdsl wirks (§ 107). Bei empfangsbedürft WillErkl besteht aber unter den Voraussetzgen des § 111 S 2 ein ZurückweisgsR. Fehlt die Einwilligg, ist das RGesch
3   unwirks (Ausn: § 111 Rn 3). – **b)** Die §§ 107 ff gelten entspr für **geschäftsähnliche Handlungen,** uU auch für sonstiges rechtl relevantes Verhalten (Einf 6 v § 104). Da der beschr GeschFähige sich nicht dch Vertr selbst verpfl kann, ist er **nicht prozeßfähig** (ZPO 52). Eine partielle Gesch- u ProzFgk besteht dagg in den
4   Fällen der §§ 112, 113. – **c)** Empfangene Leistgen muß der beschränkt Geschäftsfähige gem **§§ 812 ff** zurückgewähren. Ers für GebrVorteile u empfangene Dienste braucht er aber (abw von § 818 II) nur unter den Voraussetzungen des § 819 zu leisten (§ 812 Rn 30). Für die Anwendg des § 819 kommt es iF der Leistgskondiktion auf die Kenntn des gesetzl Vertreters an; iF der Eingriffskondiktion sind die §§ 827 ff entspr anwendb (§ 819 Rn 6). Die Saldotheorie ist unanwendb, soweit sie sich zum Nachteil des Mj auswirkt
5   (§ 818 Rn 49). – **d)** Weitere SonderVorschr für Mj: §§ 2229 I, 2233 I, 2247 IV, EheG 3, 30; für beschr GeschFähige: §§ 131 II, 165, 179 III, 1411, 1516, 1600 d, 1729, 1746, 2229 II, 2275 II, 2296, 2347 II, 2351, StGB 77 III.

107   *Einwilligung des gesetzlichen Vertreters.*   **Der Minderjährige bedarf zu einer Willenserklärung, durch die er nicht lediglich einen rechtlichen Vorteil erlangt, der Einwilligung seines gesetzlichen Vertreters.**

1   **1) Allgemeines.** Nach § 107 bedürfen WillErkl des Mj grdsl der **Einwilligung** (Rn 8) des gesetzl Vertreters. Ausgenommen sind Gesch, die **lediglich rechtlich vorteilhaft** (Rn 2) sind. Für sie gelten wg Fehlens eines Schutzbedürfn auch sonst Sonderregeln: Es entfällt das Verbot des Selbstkontrahierens (§ 181 Rn 9) u der für Betreute angeordnete EinwilliggsVorbeh (§ 1903 III). Ebso gelten die Vertretgsbeschränkgen des § 1629 II (dort Rn 10) u des § 1795 (dort Rn 7) nicht. Der ges Vertreter kann aber auch bei rechtl ledigl vorteilh Gesch anstelle des Mj handeln (Staud-Dilcher Rn 1). Für sie besteht and als iF der §§ 112, 113 keine partielle Gesch- u ProzFgk.

2   **2) Lediglich rechtlicher Vorteil. – a)** Abzustellen ist allein auf die **rechtlichen Folgen** des Gesch (BGH **LM** Nr 7, stRspr, hM). Auf eine wirtschaftl Betrachtg kommt es nicht an. Stehen dem Vorteil die Aufg eines Rechts od die Begründg einer persönl Verpfl (rechtl Nachteile) ggü, ist das Gesch auch dann zustbedürft, wenn die Vorteile die Nachteile erhebl übersteigen (Bsp: Kauf zu einem bes günst Preis). – **aa)** Maßgebd sind die **unmittelbaren Wirkungen** des Gesch (Staud-Dilcher Rn 11). Dabei sind nicht nur Haupt- sond auch Nebenverpflichtgen zu berücksichtigen. Abgesehen von der Schenkg (Rn 6) sind daher alle VerpflGesch des SchuldR zustbedürft. Das gilt wg der entstehden Rückgabe-, AufwendgsErs- u sonst NebenPflten auch für das Entleihen einer Sache, die Erteilg eines Auftr u die Ann eines BürgschVerspr (Stürner AcP **173**, 421 f). Unmittelb dch das RGesch begründete Nachteile sind auch dann zu berücksichtigen, wenn sie nicht aGrd des PartWillens, sond kraft G eintreten (BGH **53**, 178). Zustbedürft ist daher die VermÜbern wg der gem § 419 eintretden Haftg (BGH aaO). Entspr gilt wg der Haftg des Erben für Nachlaßverbindlichk für die ErbschAnn u die Ann der Schenkg eines ErbT (AG Stgt FamRZ **74**, 182). Wg des Erlöschens der Fdg des Mj ist auch die ErfAnn zustbedürft (Wacke JuS **78**, 83, sehr str, aA Harder JuS **77**, 151, van Venrooy BB **80**, 1017), nicht aber der dch die Erf eintretde EigtErwerb (Rn 4, LG Dortm VRS **63** Nr 110). GestaltgsGesch (Übbl 17 v § 104) wie Anf, Aufr, Künd u Rücktr begründen, abgesehen vom Fall der Künd eines zinslosen Darl, auch rechtl Nachteile, erfordern also eine Einwilligg. – **bb) Unerheb- 3 lich** sind dagg nur **mittelbar** dch das Gesch ausgelöste **Nachteile** (Bsp: SteuerPfl, Tierhalterhaftg, RückgewährPflten, zB aus dem AnfG). Wollte man auch sie berücksichtigen, gäbe es keine zustfreien Gesch, da prakt jedes RGesch mittelb zu irgendwelchen rechtl Nachteilen führen kann (s Lange NJW **55**, 1339, Fischer Anm **LM** Nr 1). Für die Abgabe von Tieren an Kinder gilt aber die Sonderregelg im TierschutzG 11 c, die auch Schenkgen erfaßt.

b) Einzelfälle. Nach dem Dargelegten kommen als rechtl ledigl vorteilh – abgesehen von den sog 4 neutralen Gesch (Rn 7) – allein in Betracht: – **aa) Erwerb von Rechten.** Zustfrei ist die Aneignng, die Übereignng einer Sache od die Abtr einer Fdg an den Mj (BFH NJW **89**, 1632). Das gilt auch dann, wenn die Sache mit öff Lasten (BayObLG NJW **68**, 941), GrdPfdR (BayObLG **79**, 53), einem Nießbrauch (RG **148**, 324, BayObLG **79**, 54) od WohnR (BayObLG NJW **67**, 1912) **belastet** ist, da die Belastg den Vorteil nur einschränkt, aber nicht aufhebt. Da es nicht auf eine wirtschaftl, sondern ausschl auf eine rechtl Bewertg ankommt, bleibt das Gesch auch dann zustfrei, wenn die Belastgen größer sind als der GrdstWert (BayObLG **79**, 53). Gleich zu behandeln ist der Fall, daß sich der Eigtümer bei Übertragg der Sache an den Mj eine Belastg vorbehält (RG **148**, 324, BayObLG **79**, 54, Ffm MDR **81**, 139; str, aA Ffm Rpfleger **74**, 429). Dagg ist der Erwerb eines vermieteten Grdst wg § 571 nicht ledigl vorteilh (Oldbg NJW-RR **88**, 839, Feller DNotZ **89**, 66), ebsowenig der Erwerb von dech dingl Rechten, wenn dem Recht zugl Pflten innewohnen u diese nicht als bloße Beschränkg des RInh anzusehen sind. Zustbedürft sind daher: der Erwerb eines ErbbR wg der Pflten aus ErbbRVO 9, BGB 1108 (BGH NJW **79**, 103); der Erwerb des Nießbr wg der Pflten aus §§ 1041, 1045, 1047 (BFH NJW **81**, 141, NJW-RR **90**, 1036, offen gelassen von BGH **LM** Nr 7). Grdsl zustfrei ist dagg der Erwerb von WoEigt (Celle NJW **76**, 2214, krit Jahnke NJW **77**, 960). Das gilt aber nicht, wenn der Mj in eine GemschOrdng eintritt, die wesentl strengere Pflten als das Ges begründet (BGH **78**, 32, BayObLG **79**, 249), od wenn mit dem Erwerb der Eintritt in den VerwVertr verbunden ist (Celle aaO). Der Erwerb eines NachlGrdst dch den Miterben ist ledigl vorteilh, weil der Erwerber dadch keine AuseinandSAnspr aufgibt (BayObLG NJW **68**, 941). Dagg ist eine Zust erforderl, wenn für einen Beteiligten ein schuldrechtl WohnR begründet w (Hamm OLGZ **83**, 147), od wenn der Mj eine Kommanditbeteiligg erwirbt, da diese ein Bündel von Rechten u Pflten ist (BGH **68**, 232, LG Aachen NJW-RR **94**, 1319). Entspr gilt für den Erwerb einer stillen Beteiligg (BFH DB **74**, 365). – **bb) Verzicht 5 auf Rechte.** Zustfrei ist der Erlaß einer gg dem Mj bestehden Fdg (§ 397) sowie der Verzicht auf sonst Rechte gg den Mj. – **cc) Ausübung von Gestaltungsrechten.** Sie ist dann ledigl vorteilh, wenn die RLage wie iF der Künd eines unverzinsl Darl od der Mahng ausschl zG des Mj verändert w.

c) Schenkung. Der schuldrechtl Vertr über eine Schenkg an den Mj ist grdsl zustfrei (BGH **15**, 170), auch 6 die Schenkg mit einer AusglAnordng (BGH aaO). Die Schenkg unter einer Auflage begründet dagg eine persönl Verpfl, ist also nicht ledigl vorteilh (BFH NJW **77**, 456, Mü HRR **42**, 544, Ffm Rpfleger **74**, 429). Entspr gilt für die Schenkg mit der Verpfl zur späteren Rückg (BayObLG Rpfleger **74**, 309), mit der Verpfl zur DarlGewährg (BFH NJW **77**, 456) u für die Schenkg, die zu einer Haftg aus § 419 führt (BGH **53**, 178). Zustfrei ist dagg die schenkweise Begründg einer DarlFdg dch ein einheitl RGesch (Hamm DNotZ **78**, 434, str, s Antenrieth DB **84**, 2547). Die Schenkg als solche bleibt auch dann zustfrei, wenn das ErfGesch mit rechtl Nachteilen verbunden ist (Bsp: Schenkg einer Kommanditbeteiligg od eines ErbbR, Rn 4). Bes Grds gelten aber für Schenkgen des ges Vertreters. Hier würde eine isolierte Beurteilg des Verpfl- u des ErfGesch dazu führen, daß auch das rechtl nachteilige ErfGesch gem § 181 letzter Halbs ohne Beteiligg eines Pflegers geschlossen w könnte (Erf des zustfreien SchenkgsVertr). Damit würde der zu §§ 107, 181 bezweckte Schutz weitgehd entfallen. Bei Schenkgen des ges Vertreters muß daher die Frage, ob die Schenkg ledigl vorteilhaft ist, aus einer **Gesamtbetrachtung** des schuldrechtl u dingl Vertr heraus beantwortet w (BGH **78**, 34, krit Feller DNotZ **89**, 69, and noch BGH **15**, 168). – **d) Neutrale Geschäfte,** die für den Mj weder 7 rechtl Vorteile noch Nachteile bringen, sind zustfrei, da der Mj insow nicht schutzbedürft ist (MüKo/Gitter Rn 16, v Olshausen AcP **189**, 231, hM). Bsp sind RGesch, die der Mj als Vertreter eines od vornimmt (§ 165), die Veräußerg einer fremden Sache an einen Gutgl u die LeistgsBest gem § 317.

3) Einwilligung. – a) Sie ist die vorherige Zust (§ 183). Um eine Einwilligg u nicht um eine Gen handelt 8 es sich auch, wenn die Zust gleichzeit mit der WillErkl des Mj abgegeben w (RG **130**, 127). Die Einwilligg ist eine einseit, empfangsbedürft u bis zur Vorn des RGesch grdsl widerrufl WillErkl (§§ 182, 183). Sie kann sowohl ggü dem Mj als auch ggü dem and Teil erklärt w (§ 182 I). Mögl ist auch eine konkludente Einwilligg (§ 182 Rn 3). Sie kann zB anzunehmen sein, wenn der ges Vertreter u der Mj das ihnen gehörde Grdst gemeins veräußern (s RG **130**, 127). – **b)** Grdsl zul ist eine **Generaleinwilligung** zu einem Kreis von 9 zunächst noch nicht individualisierten Gesch (BGH NJW **77**, 622, MüKo/Gitter Rn 24). Sie bedarf aber im Interesse eines wirks MjSchutzes ein Konkretisierg, ist iZw eng auszulegen u darf nicht zu einer partiell erweiterten GeschFgk führen (BGH **47**, 359). Wird die Einwilligg konkludent dch Überlassg von Geldmitteln erteilt, w der Vertr idR erst dann wirks, wenn ihn der Mj erfüllt (§ 110 Rn 1). Die Einwilligg zur Benutzg öff VerkMittel gilt iZw nicht für Schwarzfahrten (AG Hbg NJW **87**, 448, AG Wolfsburg NJW-RR **90**, 1142, Harder NJW **90**, 857, aA Stacke NJW **91**, 875). Fragl ist vielfach, ob sich die für den HauptGesch erteilte Zust auch auf **Folgegeschäfte** erstreckt. Auch insoweit rechtf der Gedanke des MjSchutzes eine grdsl restriktive Auslegg. Erlaubn, einen Führerschein zu erwerben, bedeutet iZw nicht die Zust zur Anmietg eines Kfz (BGH NJW **73**, 1791). Zust zum Abschluß einer HaftPflVers umfaßt iZw nicht Zust zu späteren RGesch, die bei Durchf der Versicherg notw w (BGH **47**, 357), ebsowenig die Einwilligg zur Beauftragg eines Unfallhelferringes (BGH NJW **77**, 622). Einwilligg zur Eröffng eines Girokontos enthält

nicht ow die Zust zu Vfgen über das Guthaben (s ZIP **95**, 692). Zust, eine Lehre zu beginnen, bedeutet nicht Zust zur Miete einer selbstd Wohng (LG Mannh NJW **69**, 239). Zust zur Verlobg u Aufn eines Darl enthält nicht ow Zust zur Anschaffg von EinrichtgsGgstden od Kredit (LG Bln JR **70**, 346). Dagg umfaßt die Einwilligg zum Vereinsbeitritt idR auch die Zust zur Stimmabgabe in der MitglVersammlg (KG OLG **15**,
10 324, Hammelbeck NJW **62**, 722). – **c)** Bedarf der ges Vertreter zu einem RGesch der Gen des **Vormund-schaftsgerichts**, GgVormds od Beistands (§§ 1643, 1685, 1812 f, 1821 f), so ist auch für seine Zust eine entspr
11 Gen erforderl. – **d)** Der Mj hat ggü dem ges Vertreter grdsl **keinen Anspruch auf Einwilligung** (Staud-Dilcher Rn 8). Bei RGesch, die mit Ausbildg u Beruf des Mj zushängen, kann das VormschGer die Zust aber unter den Voraussetzgen des § 1631 a II ersetzen.

108 *Vertragsschluß ohne Einwilligung.* [I] Schließt der Minderjährige einen Vertrag ohne die erforderliche Einwilligung des gesetzlichen Vertreters, so hängt die Wirksamkeit des Vertrags von der Genehmigung des Vertreters ab.

[II] Fordert der andere Teil den Vertreter zur Erklärung über die Genehmigung auf, so kann die Erklärung nur ihm gegenüber erfolgen; eine vor der Aufforderung dem Minderjährigen gegenüber erklärte Genehmigung oder Verweigerung der Genehmigung wird unwirksam. Die Genehmigung kann nur bis zum Ablaufe von zwei Wochen nach dem Empfange der Aufforderung erklärt werden; wird sie nicht erklärt, so gilt sie als verweigert.

[III] Ist der Minderjährige unbeschränkt geschäftsfähig geworden, so tritt seine Genehmigung an die Stelle der Genehmigung des Vertreters.

1 **1) Allgemeines** (s zunächst § 106 Rn 2). § 108 gilt für Vertr. Auf einseit RGesch ist er nur ausnw entspr anwendb (§ 111 Rn 3). Zum Teil wörtl übereinstimmde ParallelVorschr enthalten die §§ 177, 1366 u 1829. Soweit für den **Betreuten** ein EinwilliggsVorbeh angeordnet worden ist, gilt § 108 entspr (§ 1903 I 2). Der ohne Einwilligg geschlossene Vertr ist zunächst **schwebend unwirksam** (Übbl 31 v § 104). Die Parteien können aus ihm keine Rechte u Pflten herleiten, sind aber an ihn gebunden, dem and Teil steht jedoch grdsl ein WiderrufsR (§ 109) zu. Die dch den schwebd unwirks Vertr begründeten Anwartsch sind beiders vererbl (Staud-Dilcher Rn 3, hM).

2 **2) Beendigung des Schwebezustandes. – a) Genehmigt** der ges Vertreter den Vertr, w dieser von Anfang an wirks (§ 184 I). ZwischenVfgen bleiben bestehen (§ 184 II). Die Gen ist eine einseit empfangsbedürft WillErkl (Übbl 11 v § 104). Sie kann außer iF des II (Rn 5 ff) sowohl dem Mj als auch dem and Teil ggü erklärt w (§ 182 I). Sie ist grdsl an keine Fr gebunden u formfrei (§ 182 II), kann also auch konkludent erfolgen. Voraussetzg ist jedoch, daß der Erklärde die mögl Deutg seines Verhaltens als Gen bei Anwendg pflgem Sorgf hätte erkennen können (BGH **109**, 177, § 182 Rn 3). Bloßes Schweigen genügt nur dann, wenn der ges Vertreter nach Treu u Glauben verpfl gewesen wäre, seinen abw Willen zu äußern (Einf 10 v § 116). Das w, wenn überhaupt, nur ausnw anzunehmen sein. Der Mj hat grdsl keinen Anspr auf Gen (§ 107 Rn 11). –
3 **b) Verweigert** der ges Vertreter die Gen, w der Vertr endgült unwirks. Die Verweigerg der Gen ist – ebso wie ihr begriffl Ggstück die Gen – eine einseit empfangsbedürft WillErkl. Sie ist wg ihrer rechtsgestalten Wirkg unwiderrufl (BGH **13**, 187, § 184 Rn 4). Für sie gelten die Ausführgen zur Gen entspr. Die Rückabwicklg der beiders Leistgen erfolgt nach § 812, uU auch nach §§ 985 ff (§ 106 Rn 4). Anspr gg den Mj können
4 nicht auf c. i. c., sond nur auf unerl Hdlg gestützt w (§ 276 Rn 66). – **c)** Wird der Mj **volljährig,** w der Vertr nicht *ipso jure* wirks. Der nunmehr unbeschr GeschFähige hat vielm darü zu entscheiden, ob er genehmigen will od nicht (III). Der fr ges Vertreter ist insoweit nicht mehr zust, auch dann nicht, wenn an ihn die Aufforderg gem II gerichtet worden ist. Zur Gen s Rn 2; § 182 II gilt auch hier (BGH NJW **89**, 1728). Eine konkludente Gen kann anzunehmen sein, wenn der volljähr Gewordene den Vertr fortsetzt (LG Mainz VersR **67**, 945), die Abbuchung von Prämien hinnimmt (Nürnbg VersR **91**, 209, LG Kaiserslautern VersR **91**, 539) od die VertrUrk neu datiert (RG **95**, 71). Sie setzt aber auch hier voraus, daß der Genehmigde die mögl Deutg seines Verhaltens als Gen bei Anwendg pflgem Sorgf hätte erkennen können (BGH **109**, 177, § 133 Rn 11). Beruft sich der Mj erst nach längerer Zeit auf die schwebende Unwirksamk, wenn der Vertr für ihn Nachteile bringt, kann RMißbr vorliegen (BGH **LM** § 1829 Nr 3, LG Wuppertal NJW-RR **95**, 152). III ist entspr anzuwenden, wenn der Mj stirbt u dch einen GeschFähigen beerbt w.

5 **3) Aufforderung** (II). – **a)** Der VertrGegner kann den Schwebezustand dadch beenden, daß er den ges Vertreter zur Erklärg über die Gen auffordert. Die Aufforderg ist eine einseit empfangsbedürft Erkl. Sie ist kein RGesch, sond eine geschähnl Hdlg (Übbl 6 v § 104). Ist der Mj volljähr geworden, ist die Aufforderg an ihn zu richten (BGH NJW **89**, 1728). Inhaltl übereinstimmde ParallelVorschr enthalten §§ 177 II, 1366 III,
6 1829 II. – **b) Rechtsfolgen. – aa)** Eine bereits ggü dem Mj erklärte Gen od Verweigerg der Gen w unwirks. Der Schwebezustand w also wieder hergestellt, auch wenn der Vertr an sich schon voll wirks od endgült unwirks war. – **bb)** Die Gen od Verweigerg der Gen kann abw von § 182 I nur noch ggü dem GeschGegner erklärt w. – **cc)** Mit dem Zugehen (§ 130) der Aufforderg beginnt eine ZweiwochenFr. Sie kann vom dem Auffordernden einseit verlängert w. Abkürzen erfordern dagg eine vertragl Abrede, die jedoch auch stillschw getroffen w kann (RG HRR **37**, 786 zu § 177). Nach Ablauf der Fr, die gem §§ 187 I, 188 II zu berechnen ist, gilt die Gen als verweigert. Zur Wahrg der Fr ist rechtzeit Zugehen (§ 130) erforderl, rechtzeit Absendg genügt nicht. Die Fiktion der Verweigerg der Gen tritt auch dann ein, wenn der ges Vertreter nach Zugang der Aufforderg geschunfähig w (Einf 12 v § 116). – **dd)** Die Aufforderg läßt das WiderrufsR unberührt
7 (Wilhelm NJW **92**, 1666). – **c)** Auf die **Einwilligung** ist II nach seinem Wortlaut nicht anwendb. Auch iF der Einwilligg kann der VertrGegner aber über die RLage im Ungewissen sein u ein dringdes Interesse an der Beseitigg der Ungewißh haben. II muß daher auf die Einwilligg **entsprechend** angewandt w (Erm-Brox Rn 7, Jauernig Anm 2 b, aA MüKo/Gitter Rn 21 u die hM).

8 **4) Die Beweislast** für Einwilligg, Gen u deren RZeitigk nach II 2 hat, wer sich auf den Vertr beruft, für die Aufforderg nach II 1 u die Verweigerg der Gen die GegenPart (s BGH NJW **89**, 1728).

109 *Widerrufsrecht des anderen Teils.* [I] Bis zur Genehmigung des Vertrags ist der andere Teil zum Widerrufe berechtigt. Der Widerruf kann auch dem Minderjährigen gegenüber erklärt werden.

[II] Hat der andere Teil die Minderjährigkeit gekannt, so kann er nur widerrufen, wenn der Minderjährige der Wahrheit zuwider die Einwilligung des Vertreters behauptet hat; er kann auch in diesem Falle nicht widerrufen, wenn ihm das Fehlen der Einwilligung bei dem Abschlusse des Vertrags bekannt war.

1) **Allgemeines** (s zunächst § 106 Rn 2). Das WiderrufsR trägt den berecht Interessen des gutgl Gesch- 1 Gegners Rechng. Er kann sich von der Bindg an den Vertr befreien, solange auch der Mj noch nicht endgült gebunden ist. § 109 gilt auch für den **Betreuten,** soweit für ihn ein EinwilliggsVorbeh angeordnet worden ist (§ 1903 I 2). ParallelVorschr enthalten die §§ 178, 1366 II u 1830.

2) **Widerruf. – a)** Er ist eine einseit empfangsbedürft WillErkl. Er kann abw von § 131 II auch ggü dem 2 Mj erklärt w. Der Widerruf ist formfrei, die Erkl muß aber erkennen lassen, daß der Vertr wg der Minderjährigk nicht gelten soll (s RG **102**, 24 zu § 178). Ein auf and Grde gestützter Rücktr ist kein Widerruf. Mit dem Zugang des Widerrufs w der Vertr endgült unwirks. – **b)** Das WiderrufsR **endet** mit der Gen des 3 Vertr, auch wenn die Gen ggü dem Mj erklärt w. Das gilt auch dann, wenn die erforderl Gen des Vormsch-Ger noch aussteht (Staud-Dilcher Rn 4). Eine Aufforderg gem § 108 II beseitigt das WiderrufsR dagg nicht. – **c)** Das WiderrufsR ist grdsl **ausgeschlossen,** wenn der VertrGegner die Minderjährigk kannte (II 4 1. Halbs). Kennenmüssen genügt nicht. Trotz Kenntn besteht ein WiderrufsR, wenn der Mj den and Teil über das Vorliegen einer Einwilligg getäuscht hat (II). Auch insow ist fahrl Unkenntn unschädl.

3) **Beweislast** für den Widerruf u seine Rechtzeitigk hat, wer die Wirksamk des Vertr verneint (s BGH 5 NJW **89**, 1728). Wer sich gem II darauf beruft, der and Teil habe die Minderjährigk od das Fehlen der Einwilligg gekannt, muß diese Kenntn beweisen. Dagg hat der and Teil zu beweisen, der Mj habe die Einwilligg zu Unrecht behauptet (Baumgärtel/Laumen Rn 2).

110 *„Taschengeldparagraph".* Ein von dem Minderjährigen ohne Zustimmung des gesetzlichen Vertreters geschlossener Vertrag gilt als von Anfang an wirksam, wenn der Minderjährige die vertragsmäßige Leistung mit Mitteln bewirkt, die ihm zu diesem Zwecke oder zu freier Verfügung von dem Vertreter oder mit dessen Zustimmung von einem Dritten überlassen worden sind.

1) **Bedeutung.** § 110 gilt auch für den **Betreuten,** soweit für ihn ein EinwilliggsVorbeh angeordnet 1 worden ist (§ 1903 I 2). Die Vorschr ist ledigl ein bes Anwendgsfall des § 107. In der Überlassg der Mittel liegt eine **konkludente Einwilligung** des gesetzl Vertreters, deren Umfang sich aus der mit der Überlassg der Mittel verbundenen Zweckbestimmg ergibt (RG **74**, 235, MüKo/Gitter Rn 3, hM, str). Die Worte „ohne Zust" sind iSv „ohne ausdr Zust" zu verstehen (s AG Waldshut VersR **85**, 938). Die konkludente Einwilligg ist aber inhaltl beschr: der Vertr w nicht bereits mit seinem Abschl, sond erst dann wirks, wenn der Mj ihn erfüllt. Der ges Vertreter kann seiner Einwilligg einen weitergehen Inh geben u best, daß der Vertr bereits vor Erf mit seinem Abschl wirks w soll (§ 107 Rn 9 „Generaleinwilligg"). Für einen solchen Willen müssen aber konkrete Anhaltspkte vorliegen. Besteht die Einwilligg ledigl in der Mittelüberlassg, ohne daß bes Umst hinzutreten, w der Vertr erst mit Erf wirks (MüKo/Gitter Rn 3). And als iF der §§ 112, 113 w die GeschFgk des Mj dch § 110 nicht erweitert (Soergel-Hefermehl Rn 1, hM, aA Safferling Rpfleger **72**, 124). Bedarf das RGesch einer Gen des VormschG, gilt § 107 Rn 10.

2) **Überlassung** der Mittel. Sie kann auch stillschw erfolgen, zB dch Belassg des ArbVerdienstes (BGH 2 NJW **77**, 622, 623, Celle NJW **70**, 1850). Ob ein Zweck best ist u wieweit die Zweckbestimmg reicht, ist Ausleggsfrage. Auch die Überlassg zur freien Vfg umfaßt iZw nicht jede Verwendg, sond nur solche, die sich noch im Rahmen des Vernünftigen halten (s RG **74**, 235). Bei **Surrogaten,** die der Mj mit den überlassenen Mitteln erwirbt, ist es Frage des Einzelfalls, welche Verwendg dch das Einverständn des ges Vertreters gedeckt ist (s RG aaO: Spielgewinn). Auch wenn die Mittel von einem Dr überlassen worden sind, kommt es für die Anwendg des § 110 auf die Zweckbestimmg des ges Vertreters an (Soergel-Hefermehl Rn 4).

3) Als **Mittel** kommen alle VermGgstde in Betracht. Hauptfälle sind das Taschengeld u das dem Mj 3 belassene ArbEinkommen. Ein Mittel iSd § 110 ist aber auch die ArbKraft des Mj (Weimar JR **73**, 143, Staud-Dilcher Rn 13, str, aA MüKo/Gitter Rn 14).

4) Der Vertr w mit dem **Bewirken der Leistung,** dh mit der Erf iSd § 362, wirks. Die Ann an Erf Statt, 4 die Hinterlegg u Aufrechng stehen gleich. Bis zur Erf ist die Einwilligg widerrufl, § 183 (s auch Celle NJW **70**, 1851). Dem and Teil steht in entspr Anwendg des § 109 gleich ein WiderrufsR zu (MüKo/Gitter Rn 5, str). **Teilerfüllung** führt nur dann zur TeilWirksamk, wenn Leistg u Ggleistg entspr teilb sind. Beim Miet- u VersVertr w der Vertr dch Zahlg jeweils für den entspr Zeitraum wirks (MüKo/Gitter Rn 8). Beim LebensVersVertr auf den Todes- u Erlebensfall ist dagg eine derart Teilg nicht mögl (Schilken FamRZ **78**, 642), ebsowenig beim KaufVertr. Die Kreditgewährg an den Mj w dch § 110 nicht gedeckt. Schenkgen fallen, abgesehen von Anstandsschenkgen, nicht unter § 110, da nach § 1641 auch der ges Vertreter keine Schenkgen zu Lasten des Mj vornehmen darf. Ggü dem GrdBAmt müssen die Voraussetzgen des § 110 in der Form des GBO 29 nachgewiesen w (LG Aschaffenbg Rpfleger **72**, 134).

111 *Einseitige Rechtsgeschäfte.* Ein einseitiges Rechtsgeschäft, das der Minderjährige ohne die erforderliche Einwilligung des gesetzlichen Vertreters vornimmt, ist unwirksam. Nimmt der Minderjährige mit dieser Einwilligung ein solches Rechtsgeschäft einem anderen gegenüber vor, so ist das Rechtsgeschäft unwirksam, wenn der Minderjährige die Einwilligung nicht in schriftlicher Form vorlegt und der andere das Rechtsgeschäft aus diesem Grunde unverzüglich zurückweist. Die Zurückweisung ist ausgeschlossen, wenn der Vertreter den anderen von der Einwilligung in Kenntnis gesetzt hatte.

1   **1)** § 111 gilt für alle **einseitigen Rechtsgeschäfte** (Übbl 11 v § 104), auch für die Bevollmächtigg (MüKo/Gitter Rn 5, str), jedoch geht die Sonderregelg der §§ 1600a ff für das VaterschAnerkenntn vor. Auf geschäftsähnl Hdlgen ist § 111 entspr anzuwenden. Er gilt auch für den **Betreuten,** soweit für ihn ein EinwilliggsVorbeh angeordnet worden ist (§ 1903 I 2). Die Erkl sind ohne Zust des ges Vertreters wirks, sow sie, wie etwa die Künd eines zinslosen Darl, rechtl ledigl vorteilh sind (§ 107). Im übrigen gilt: –

2   **a) Nicht empfangsbedürftige** WillErkl wie die Auslobg od EigtAufg sind mit Einwilligg wirks, ohne Einwilligg dagg unwirks (nichtig) (S 1). Eine Heilg kann nicht dch Gen, sond nur dch Neuvornahme erfolgen. Das gilt ebso für die amtsempfangsbedürf WillErkl. Für die Anerkenng der nichtehel Vatersch

3   besteht aber eine Sonderregel in §§ 1600d, 1600e III. – **b) Empfangsbedürftige** WillErkl, wie die Anf, Künd od Bevollmächtigg sind mit Einwilligg grdsl wirks, ohne Einwilligg dagg grdsl unwirks u nicht genfäh. Es bestehen aber nach beiden Richtgen Ausn: – **aa)** Ist der GeschGegner mit der Vorn des Gesch ohne Einwilligg **einverstanden,** sind die für den Vertr gelten §§ 108, 109 entspr anzuwenden (RG **76**, 91, MüKo/Gitter Rn 7, s auch den ähnl § 180 S 2), das Gesch ist also zunächst schwebd unwirks u w mit Gen voll wirks. Das gilt insbes dann, wenn das einseit RGesch von den Part einvernehml in einen gleichzeit

4   abgeschl Vertr eingeordnet w (BGH NJW **90**, 1721). – **bb)** Trotz Einwilligg ist das RGesch unwirks, wenn die Einwilligg weder in schriftl Form vorgelegt noch vom gesetzl Vertreter mitgeteilt worden ist u der and das RGesch aus diesem Grd unverzügl zurückweist (S 2 u 3). Die Vorlegg der schriftl (§ 126) Einwilligg kann vor, bei od nach dem RGesch erfolgen, aber nur bis zur Zurückweisg. Entspr gilt für die Mitteilg gem

5   S 3. – **cc)** Die **Zurückweisung** ist eine einseit empfangsbedürft WillErkl. Sie kann in entspr Anwendg von § 109 I 2 auch ggü dem Mj erklärt w. Aus dem Inh der Erkl od den Umst muß sich ergeben, daß die Zurückweisg deshalb erfolgt, weil die Einwilligg nicht urkundl nachgewiesen worden ist (BAG NJW **81**, 2374 zu § 174). Eine auf sonst Grde gestützte Beanstandg reicht nicht aus. Die Zurückweisg muß unverzügl, dh ohne schuldh Zögern (§ 121 I), erfolgen. Hat der Mj die schriftl Bestätigg seines ges Vertreters in Aussicht gestellt, darf der and Teil angem Zeit warten (LAG Hbg ArbRS **35**, 30). Dch die Zurückweisg w das RGesch des Mj mit Wirkg *ex tunc* unwirks.

6   **2) Beweislast:** für Einwilligg, wer die Wirksamk des Gesch geltd macht; für Zurückweisg u deren Rechtzeitigk der Gegner; für die Vorlegg od Mitteilg der Einwilligg vor Zurückweisg wiederum derj, der die Wirksamk geltd macht (Baumgärtel-Laumen Rn 1).

112 *Selbständiger Betrieb eines Erwerbsgeschäfts.* ¹ Ermächtigt der gesetzliche Vertreter mit Genehmigung des Vormundschaftsgerichts den Minderjährigen zum selbständigen Betrieb eines Erwerbsgeschäfts, so ist der Minderjährige für solche Rechtsgeschäfte unbeschränkt geschäftsfähig, welche der Geschäftsbetrieb mit sich bringt. Ausgenommen sind Rechtsgeschäfte, zu denen der Vertreter der Genehmigung des Vormundschaftsgerichts bedarf.

II Die Ermächtigung kann von dem Vertreter nur mit Genehmigung des Vormundschaftsgerichts zurückgenommen werden.

1   **1) Bedeutung der §§ 112–113.** Die §§ 112–113 erweitern die GeschFgk des Mj, wenn er zum Betrieb eines ErwerbsGesch od zur Eingeh eines Dienst- od ArbVertr ermächtigt worden ist. Der Mj ist im Rahmen der §§ 112–113 partiell gesch- u prozeßfäh (ZPO 52). Der ges Vertreter kann, solange die Ermächtigg besteht, nicht für den Mj handeln. Seine ges Vertretgsmacht ruht (hM, s aber § 113 Rn 6). Trotz einer Ermächtigg kann der Mj wg GmbHG 6 nicht GmbH-GeschFü w (Hamm NJW-RR **92**, 1253). Soweit für den **Betreuten** ein EinwilliggsVorbeh angeordnet worden ist, gelten §§ 112, 113 entspr (§ 1903 I 2).

2   **2) Die Ermächtigung** ist eine einseitige, formfreie an den Mj zu richtde WillErkl. Sie wird erst mit Gen des VormschGer wirks. Das Ger entscheidet nach pflichtmäß Ermessen. Die Gen setzt voraus, daß der Mj die für die Leitg eines selbst Betr erforderl Fähigk u Kenntn besitzt (Köln NJW-RR **94**, 1450). Die **Zurücknahme** der Ermächtigg ist gleichf eine einseit empfangsbedürft an den Mj zu richtde WillErkl. Auch sie bedarf der vormschgerichtl Gen (II). § 112 sieht and als § 113 nicht vor, daß das VormschGer die Ermächtigg ersetzen kann. Eine Befugnis hierzu kann sich aber ausnw aus § 1631a II ergeben.

3   **3) Erwerbsgeschäft** iSd § 112 ist jede erlaubte, selbstd, berufsmäß ausgeübte u auf Gewinn gerichtete Tätigk (Scheerer BB **71**, 981). § 112 erfaßt daher auch die selbstd Ausübg eines künstlerischen Berufes u die Tätigk als selbstd Handelsvertreter iSd § 84 I HGB (BAG NJW **64**, 1641, ArbG Bln VersR **69**, 97).

4   **4) Der Umfang** der vollen GeschFgk beschränkt sich auf Gesch, die der Betr des ErwerbsGesch mit sich bringt. Für die Abgrenzg ist – and als bei HGB 54, 56 – der konkrete GeschBetr maßgebd. Sie hat unter Berücksichtigg der VerkAnschauung zu erfolgen. Zustimmgsfrei sind nicht nur Gesch des normalen laufdn Betr, sond auch außerordentl RHdlgen, sofern sie dem geschäftl Bereich zuzuordnen sind (s BGH **83**, 80 zu § 1456). Ausgenommen sind RGesch, zu denen der ges Vertreter der Gen des VormschGer bedarf (I S 2). Das bedeutet, daß die Ermächtigg der Eltern eine weitergehde Wirkg hat als die des Vormds (s § 1643 im Ggs zu §§ 1821ff). Ausgenommen sind aber in beiden Fällen KreditAufn, die Eingeh von Wechselschulden u die Prokuraerteilg (§§ 1643 I, 1822 Nr 8, 9 u 11).

113 *Dienst- oder Arbeitsverhältnis.* [I] Ermächtigt der gesetzliche Vertreter den Minderjährigen, in Dienst oder in Arbeit zu treten, so ist der Minderjährige für solche Rechtsgeschäfte unbeschränkt geschäftsfähig, welche die Eingehung oder Aufhebung eines Dienst- oder Arbeitsverhältnisses der gestatteten Art oder die Erfüllung der sich aus einem solchen Verhältnis ergebenden Verpflichtungen betreffen. Ausgenommen sind Verträge, zu denen der Vertreter der Genehmigung des Vormundschaftsgerichts bedarf.

[II] Die Ermächtigung kann von dem Vertreter zurückgenommen oder eingeschränkt werden.

[III] Ist der gesetzliche Vertreter ein Vormund, so kann die Ermächtigung, wenn sie von ihm verweigert wird, auf Antrag des Minderjährigen durch das Vormundschaftsgericht ersetzt werden. Das Vormundschaftsgericht hat die Ermächtigung zu ersetzen, wenn sie im Interesse des Mündels liegt.

[IV] Die für einen einzelnen Fall erteilte Ermächtigung gilt im Zweifel als allgemeine Ermächtigung zur Eingehung von Verhältnissen derselben Art.

1) Allgemeines s § 112 Rn 1. Zur **Ermächtigung** s zunächst § 112 Rn 2. Sie bedarf iF des § 113 nicht der **1** Gen des VormschGer u kann daher auch dch schlüssiges Verhalten erteilt w, „resignierdes Dulden" reicht aber nicht aus (BAG **AP** Nr 6). Das VormschGer kann eine vom Vormd verweigerte Ermächtigg ersetzen (III; s dazu FGG 18, 53, 55, 59, 60 Z 6). Haben die Eltern die Ermächtigung abgelehnt, darf das Ger dagg nur unter den Voraussetzgen des § 1631 a II tätig w. Die **Zurücknahme** ist ebso wie iF des § 112 ggü dem Mj zu erklären (MüKo/Gitter Rn 24, aA Feller FamRZ **61**, 420: mögl ErklEmpfänger auch der ArbG).

2) § 113 regelt die Ermächtigg, in **Dienst od Arbeit** zu treten. Er erfaßt daher alle Dienst- u ArbVertr, **2** auch solche, die eine selbstd Tätigkeit zum Ggst haben. Der selbstd Handelsvertreter fällt sowohl unter § 112 (dort Rn 3) als auch unter § 113 (BAG NJW **64**, 1642, MüKo/Gitter Rn 6). Da der Umfang der beiden Ermächtiggen unterschiedl ist, können sie gerade iF des selbstd Handelsvertreters auch nebeneinander bestehen. Auch auf WerkVertr kann § 113 anzuwenden sein. Dagg fallen BerufsausbildgsVertr nicht unter § 113, da bei ihnen der Ausbildgszweck überwiegt (MüKo/Gitter Rn 7, Staud-Dilcher Rn 5, hM, aA RAG **5**, 221). Auf öffr DienstVerh findet § 113 entspr Anwendg, so auf den Dienst im Bundesgrenzschutz (BVerwG **34**, 168) u den Dienst als Zeitsoldat (OVG Münster NJW **62**, 758).

3) Umfang der Teilgeschäftsfähigkeit. – a) Sie umfaßt die **Eingehung** eines Dienst- od ArbVerh der **3** gestatteten Art (I 1) u gilt auch für Vertr mit dem gesetzl Vertreter (aA FinG SchlH NJW **87**, 1784). Die vom Mj ausgehandelten VertrBdggen sind nur dann dch § 113 gedeckt, wenn sie verkehrsübl u nicht ungewöhnl belastd sind (Brill BB **75**, 287). Im Rahmen des Übl kann der Mj auch VertrStrafVerspr u WettbewVerbote vereinbaren (BAG NJW **64**, 1642: Handelsvertreter). Die für einen Vertr erteilte Ermächtigg erstreckt sich iZw auch auf weitere Vertr gleicher Art (IV). Ob Gleichartigkeit vorliegt, entscheidet die VerkAnschauung. Sie kann auch bei Arbeit in einem verwandten Beruf anzunehmen sein, scheidet aber aus, wenn sich die rechtl od soziale Stellg des Mj wesentl verschlechtert. – **b)** Die TeilGeschFgk erstreckt sich auch auf RGesch, **4** die mit der Erf u Aufhebg des VertrVerh zushängen (I 1) u gilt damit für den ges Bereich der **Vertragsabwicklung.** Der Mj ist zur Ann des Lohns ermächtigt, nach heutiger Anschauung auch zur Einrichtg eines Gehaltskontos u zu Barabhebgen, nicht aber zu Überweisgen u sonst Vfgen über sein ArbEinkommen (Hagemeister JuS **92**, 842, Vortmann WM **94**, 967, s auch ZIP **95**, 691). Er kann kündigen, gekündigt w, der Künd widersprechen, AusglQuittgen erteilen (LAG Hamm DB **71**, 779) u Vergl schließen. Auch hier gilt aber, daß RGesch, die zum Nachteil des Mj wesentl vom Übl abw, nicht dch die Ermächtigg gedeckt sind. Unwirks ist daher ein aus Anlaß der Schwangersch geschlossener AufhebgsVertr (LAG Brem DB **71**, 2318). Die Ermächtigg umfaßt den Beitritt zu einer Gewerksch (LG Essen **AP** Nr 3, LG Ffm FamRZ **67**, 680, Gilles/Westphal JuS **81**, 899, jetzt ganz hM), nicht aber die DarlAufn bei der Gewerksch (LG Münst MDR **68**, 146). Im SozVersR besteht für Mj ab 15 HdlgsFgk gem SGB I 36 (Coester FamRZ **85**, 982). Der Übertritt von einer Ortskrankenkasse in eine ErsKrankenkasse fällt nicht unter SGB I 36, ist aber dch § 113 gedeckt (Woltereck SozGerbk **65**, 161, sehr str). – **c)** Die Ermächtigg umfaßt nicht RGesch, zu deren Vorn **5** der Vertreter der **Genehmigung des Vormundschaftsgerichts** (§§ 1643, 1821 f) bedarf (I 2). S dazu § 112 Rn 4. – **d)** Der Vertreter kann die Ermächtigg jederzeit **einschränken** od zurücknehmen, II (Rn 1). Die **6** Ausführgen in Rn 3 u Rn 4 gelten daher nicht, sow der Vertreter etwas abw bestimmt h. Widerspricht er einem vom Mj beabsichtigten RGesch, so liegt darin konkludent eine Einschränkg der Ermächtigg.

114, 115 *(Betraf Entmündiggen; aufgehoben zum 1. 1. 92 dch das BtG. Früheres Recht 50. Aufl; Übergangsvorschriften Einf 20 v § 1896.)*

Zweiter Titel. Willenserklärung

Einführung

1) Allgemeines. – a) Begriff. Die WillErkl ist notw Bestandt jeden RGesch (Übbl 1 v § 104). Sie ist **1** Äußerg eines auf die Herbeiführg einer RWirkg gerichteten Willens: Sie bringt einen RFolgewillen zum Ausdr, dh einen Willen, der auf die Begründg, inhaltl Änderg od Beendigg eines priv RVerh abzielt. Der subj Tatbestd der WillErkl w üblicherw unterteilt in den das äußere Verhalten beherrschden HdlgsWillen, das ErklBewußtsein (Bewußtsein, überh eine rgeschäftl Erkl abzugeben) u den GeschWillen (die auf einen best rgeschäftl Erfolg gerichtete Absicht). Diese Einteilg w im neueren Schrift kritisiert (vgl Larenz § 19 I, Flume § 4, 3), sie ist aber wg der bei Fehlen der einzelnen Willensmerkmale eintretden unterschiedl RFolgen nicht zu entbehren (Rn 15 ff). Zum obj Tatbestd genügt jede Äußerg, die den RFolgewillen nach außen erkennen läßt. Die Benutzg von Wort od Schrift ist nicht erforderl; soweit keine FormVorschr bestehen, können WillErkl auch stillschw abgegeben w (Rn 6 ff). Auch **automatisierte** Erkl sind echte WillErkl (Köhler AcP **182**, 133, Redeker NJW **84**, 2391, Clemens NJW **85**, 1998). Sie sind (anfechtb) WillErkl des Betreibers der EDV-Anlage, auch wenn sie wg einer Fehlleistg der Soft- od Hardware abgegeben w (s Fritzsche/Malzer DNotZ **95**, 7).

2   **b)** Schon seit dem Gemeinen R ist umstr, worin der GeltgsGrd der dch die WillErkl ausgelösten RFolge zu erblicken ist. Die **Willenstheorie** (Savigny, Windscheid, Zitelmann) hält den tatsächl subj Willen des Erklärden für entsch. Sie geht davon aus, daß das Fehlen eines RFolgewillens die Wirksamk der WillErkl grdsätzl ausschließt. Die **Erklärungstheorie** (Kohler, Leonhard) stellt dagg darauf ab, wie der ErklEmp-fänger das Verhalten des and nach Treu u Glauben deuten durfte; sie will im Interesse des Vertrauensschut-zes die Berufg auf das Fehlen eines RFolgewillens grdsätzl nicht gestatten. Die neuere Lehre versucht, diesen dch das Inkrafttr des BGB nicht beendeten Theorienstreit dch eine neue Betrachtgsweise zu überbrücken.

3   Sie geht davon aus, daß die WillErkl ihrem Wesen nach **Geltungserklärung** ist, dh ein Akt rechtl Regelg, eine RSetzg inter partes (Larenz § 19 I, Flume § 4, 7, Soergel-Hefermehl Rn 7). Auch bei dieser Betrachtg bleibt aber die Frage, ob Grdlage für die in der WillErkl enthaltene Regelg der Wille des Erklärden ist od der obj Sinn seines Verhaltens. Sie ist für empfangsbedürft WillErkl iS eines Vorranges der obj ErklBedeutg zu beantworten. Diese ist nicht nur dann entsch, wenn der Inhalt der WillErkl dch Auslegg zu ermitteln ist (Rn 5), sond auch dann, wenn zweifelh ist, ob ein best Verhalten als WillErkl zu werten ist od nicht (BGH **21**, 106, **91**, 328, NJW **90**, 456, BAG NJW **71**, 1423, **AP** § 133 Nr 36). Eine Hdlg, die aus der Sicht des ErklEmpfängers als Ausdr eines best RFolgewillens erscheint, ist dem Erklärden grdsätzl auch dann als WillErkl zuzurechnen, wenn er keinen RFolgewillen hatte (Rn 17). Unter den Begriff der WillErkl fallen daher sowohl die **finale** als auch die **normativ zugerechnete** Erkl (MüKo/Kramer Rn 17). Vertrauens-haft u RGeschLehre sind keine sich ausschließe GgSätze; der Gedanke des Vertrauensschutzes ist integrie-render Bestandt der RGeschLehre (BGH **91**, 330, krit Singer JZ **89**, 1030).

4   **c)** Für den **Rechtsfolgewillen** genügt es, daß der Wille primär auf einen wirtschaftl Erfolg gerichtet ist, sofern dieser als ein rechtl gesicherter u anerkannter gewollt w (BGH NJW **93**, 2100). Es ist nicht erforderl, daß der Erklärde ins einzelne gehde Vorstellgn darüber hat, wie der angestrebte Erfolg rechtstechnisch herbeigeführt w (BGH aaO). Keine RBindg haben Abreden innerh von Freundsch- u Liebesbeziehgn od im gesellschaftl Verk. Dagg sind Absprachen zw Eheg über persönl Ehewirkgn uU rgeschäftl Natur. Ob ein Verhalten als Ausdr eines RFolgewillens u damit als WillErkl zu werten ist, ist gem §§ 133, 157 dch Auslegg zu entsch. Die Grenzziehg ist oft schwier, so insb bei sog sozialtyp Verhalten (Einf 26 v § 145), bei stillschw WillErkl (Rn 6 ff), bei der Abgrenzg ggü GefälligkHdlgen (Einl 9 v § 241), beim stillschw HaftgsAusschl (§ 254 Rn 70 ff) u bei der Frage, wann die Mitarbeit eines Eheg im Gesch des and als Begründg eines VertrVerhältn (Innengesellsch, DienstVertr) angesehen w kann (§ 1356 Rn 16). Wissen die Part, daß ihre Vereinbg nichtig ist, also von der ROrdng nicht anerkannt w, liegen mangels eines RFolgewillens schon tatbestdl keine WillErkl vor (RG **122**, 140, BGH **45**, 379, **LM** § 139 Nr 42, Düss DB **70**, 1778). Das soll aber einer Heilg gem § 313 S 2 nicht entggstehen (BGH NJW **75**, 205).

5   **2) Auslegung** einer WillErkl ist die Deutg ihres Sinnes, die **Ermittlung ihres Inhalts.** Für sie gelten die bei § 133 dargestellten Grds. Besteht ein **übereinstimmender Wille** der Beteiligten, so ist dieser rechtl auch dann allein maßgebd, wenn er im Inhalt der Erkl keinen od nur einen unvollkommenen Ausdr gefunden hat (BGH **20**, 110, **71**, 247, § 133 Rn 8). Von diesem Grds gehen auch die §§ 116 ff aus. Aus ihm folgt, daß der sonst unbeachtl stille Vorbeh die Erkl nichtig macht, wenn der ErklGegner ihn kennt (§ 116 S 2), daß trotz ordngsm Wortlauts das ScheinGesch nichtig ist (§ 117 I) u das verdeckte Geschäft als Inhalt der Erkl gilt (§ 117 II).

6   **3) Stillschweigende Willenserklärungen.** Die Bezeichg „stillschw WillErkl" ist mehrdeut; sie umfaßt sowohl die WillErkl dch schlüss Verhalten als auch das bloße Schweigen. – **a)** WillErkl können, soweit keine FormVorschr entggstehen, dch **schlüssiges Verhalten** abgegeben w. Bei WillErkl dieser Art findet das Gewollte nicht unmittelb in einer Erkl seinen Ausdr, der Erklärde nimmt vielm Hdlgen vor, die mittelb einen Schluß auf einen best RFolgewillen zulassen (Larenz § 19 IV b, Flume § 5, 3). Bsp sind die Inanspruchn einer entgeltl angebotenen Leistg, wie das Einsteigen in eine Straßenbahn (Einf 26 v § 145), die Ann eines Angebots dch Vollzug od Ann der Leistg (§ 148 Rn 1, § 151 Rn 1), die Fortsetzg eines an sich beendeten Vertr (§§ 568, 625), die widersprlose Fortsetzg des Vertr nach Bekanntgabe von veränderten Bdggen (§ 305 Rn 3 f), die Gen (Bestätigg) eines RGesch dch Hdlgen, die einen Gen(Bestätiggs)Willen erkennen lassen (§ 182 Rn 2 f), die Wiederholg der Künd dch KlErhebg (BayObLG NJW **81**, 2199), der Rücktr vom Verlöbn dch Betätigg des Aufhebgswillens (RG **170**, 81). Auf die konkludente WillErkl finden die allg Grds über WillErkl Anwendg. Da der ErklTatbestd bei ihnen nicht in einem bloßen Schweigen, sond in einem Tun besteht, ist für sie die Bezeichg stillschw WillErkl an sich irreführd. Der Erklärde muß die Umst kennen, die seine Hdlg als Ausdr eines RFolgewillens erscheinen lassen; er muß außerdem bei Anwendg pflegm Sorgf erkennen können, daß sein Verhalten als WillErkl gedeutet w könnte u der and Teil muß es auch tatsächl so verstanden haben (BGH **109**, 252, DtZ **95**, 252, § 133 Rn 11). Zu den Anfordergn an eine konkludente Gen s § 182 Rn 3. Für stillschw WillErkl gelten die allg Ausleggsregeln, insb der Grds, daß es bei empfangsbedürft Erkl auf die obj ErklBedeutg des Verhaltens ankommt (§ 133 Rn 9) u die bestehde Interessenlage zu berücksichtigen ist (BGH **81**, 92).

7   **b)** Das bloße **Schweigen** ist idR keine WillErkl, sond das Ggteil einer Erkl. Wer schweigt, setzt im allg keinen ErklTatbestd, er bringt weder Zust noch Ablehng zum Ausdr. Hiervon gelten jedoch Ausnahmen. – **aa) Schweigen als Erklärungshandlung.** Schweigen kann in best Situationen obj Erklärgswert haben (beredtes Schweigen). Das gilt etwa, wenn das Schweigen als ErklZeichen vereinb ist, wenn der anwesde GeschInh der in seinem Namen abgegebenen Erkl eines Angest nicht entggtritt, ferner für das Schweigen bei Abstimmgen. In diesen (seltenen) Fällen ist das Schweigen ein echter ErklAkt, es erfüllt alle Voraussetz-

8 gen einer WillErkl. – **bb) Schweigen mit Erklärungswirkung.** Das Schweigen hat auch dann die Wirkg einer WillErkl, wenn der Schweigde verpflichtet gewesen wäre, seinen ggteil Willen zum Ausdr zu bringen:

qui tacet, consentire videtur, ubi loqui debuit atque potuit (RG **145**, 94, BGH **1**, 355, MDR **70**, 136). In diesen Fällen ist das Schweigen zwar tatbestandl keine WillErkl, es steht aber in seinen RWirkgen einer WillErkl gleich (Larenz § 19 IV c, Flume § 5, 2, Staud-Dilcher Rn 41 ff, Hanau AcP **165**, 220, str, aA MüKo/Kramer Rn 23 ff). Das Schweigen ist keine ErklHdlg, seine rechtl Bedeutg liegt in dem Unterl des mögl u gebotenen Widerspr. Man spricht daher vom Schweigen an Erkl Statt (Larenz) od von normiertem Schweigen.

c) Erklärungswirkung des Schweigens. – aa) Sie beruht zT auf ausdrückl gesetzl Vorschr (fingierte 9 WillErkl). Gem §§ 108 II 2, 177 II 2, 415 II 2, 458 I 2 gilt Schweigen auf die Aufforderg zur Gen als Ablehng. In den Fällen der §§ 416 I 2, 496 S 2, 516 II 2, 1943, HGB 362 I, 377 II hat Schweigen dagg die Bedeutg einer Gen (Ann). Auch dch vertragl Abreden kann best w, daß Schweigen Zust bedeuten soll; entspr formular-mäß Klauseln sind aber nur in den Grenzen von AGBG 10 Nr 5 wirks. – **bb)** Prakt wichtiger sind die nicht 10 ausdr geregelten Fälle. Hier steht Schweigen einer WillErkl gleich, wenn der Schweigde nach **Treu und Glauben** unter Berücksichtigg der VerkSitte verpfl gewesen wäre, seinen abw Willen zu äußern (BGH **1**, 355, NJW **72**, 820, **90**, 1601, Köln OLGZ **71**, 143, stRspr). Beim kaufmänn **Bestätigungsschreiben** gilt Schweigen kr GewohnhR idR als Zust (§ 148 Rn 8). Im übrigen gilt Schweigen auch im kaufmänn Verk grdsätzl als Ablehng (BGH **61**, 285, **101**, 364, NJW **81**, 44), doch kann bei Würdigg aller Umst eine Pfl zum Widerspr bestehen, Schweigen also als Zust zu werten sein (BGH NJW **75**, 1359). BewLast für Schweigen hat derj, der Rechte daraus herleiten will (BGH aaO). – **cc) Einzelfälle:** Schweigen auf Abrechng im 11 HandelsVerk, OGH NJW **50**, 385, AG Lüdinghausen NJW-RR **92**, 885 (uU Zust); auf Provisionsabrechng, BGH DB **82**, 376 (idR Ablehng); auf Angebot zum VertrSchl, § 148 Rn 2 f (idR Ablehng); auf von Antr abw Bdggen in AuftrBestätigg, § 148 Rn 12 (idR Ablehng); auf BestätSchr im nichtkaufm Verk, BGH NJW **75**, 1359 (Frage des Einzelfalls); auf Angebot zur VertrAufhebg, BGH NJW **81**, 43 (idR Ablehng); auf Angebot zur Änderg des Vertr (§ 305 Rn 4); auf Vorschlag, den AbnTermin zu verschieben, BGH NJW-RR **91**, 914 (uU Zust); auf den VertrSchl eines vollmlosen Vertreters, § 178 Rn 6 (idR Ablehng); auf Rechng im nichtkaufmänn Verk, OGH NJW **49**, 943 (idR Ablehng); auf vertragsändernde Bedingg auf Rechng, BGH BB **59**, 826, MDR **70**, 136, Dauses DB **72**, 2145 (idR Ablehng); auf Tagesauszüge der Sparkasse, BGH NJW **79**, 1164 (keine rgeschäftl Zust); auf Regulierggsschreiben, Köln NJW **60**, 1669 (bei Kaufm uU Zust); auf AnsprSchreiben an Versicherer, Brem VersR **71**, 912 (idR Ablehng); auf Mitteilg einer Wechselfälschg an Namensträger, BGH **LM** WG Art 7 Nr 1 u 3; NJW **63**, 148, BGH **47**, 113 (idR keine Gen). – **dd)** Wird 12 Schweigen vom Ges als Ablehng fingiert (Rn 9), kommt es auf die GeschFgk des Schweigden u etwaige **Willensmängel** nicht an (hM, Hanau AcP **165**, 224). In den und Fällen des Schweigens mit ErklWirkg sind die Vorschr über GeschFgk u Willensmängel dagg (entspr) anzuwenden (Larenz § 19 IV c, RGRK Rn 30, 31, Staud-Dilcher Rn 79), die Anf kann jedoch nicht auf einen Irrt über die rechtl Bedeutg des Schweigens gestützt w (BGH NJW **69**, 1711 [Bestätiggsschr], RGRK, Larenz aaO, hM).

d) Die Deutg eines schlüss Verhaltens od eines Schweigens als WillErkl ist idR ausgeschl, wenn hiergg 13 rechtzeit **Verwahrung** eingelegt worden ist (BGH NJW-RR **86**, 1496). Das gilt aber dann nicht, wenn das Verhalten nur die Bedeutg haben kann, gg die sich die Verwahrg wendet, *protestatio facto contraria* (BGH NJW **65**, 387, Einf 26 f vor § 145).

e) Es ist anerkanntes Recht, daß Anspr des ArbN dch **betriebliche Übung** entstehen können (BAG 14 NJW **71**, 163, DB **85**, 1747, Hromadka NZA **84**, 241). So verpfl die dreimalige vorbehaltl Gewährg einer freiw Leistg zur Wiederholg der Zuwendg (BAG **2**, 302, **4**, 144, **14**, 174). Rspr u Schrifttt nehmen hier zT eine VerpflErkl dch schlüss Verhalten an (BAG NJW **87**, 2102). Das überzeugt nicht, da sich auch bei obj Auslegg idR kein VerpflWille feststellen läßt. Richtig ist wohl: Der Erwerb beruht auf **Erwirkung,** dem Ggstück zur Verwirkg (§ 242 Rn 87 ff, Hanau aaO S 261, Weber DB **74**, 710, BAG **5**, 46, ferner umfassd Canaris Vertrauenshaftg, 1971, S 372 ff). Wird ein Anspr längere Zeit nicht geltd gemacht, kann er verwirkt w. Wird eine Leistg längere Zeit erbracht, kann ein auf sie gerichteter Anspr entstehen; Voraussetzg ist jedoch, daß bes Umstände vorliegen, die das Vertrauen auf die Fortsetzg der Leistg schutzwürd erscheinen lassen (strenge Anfordergen!).

4) Willensmängel. Die WillErkl kann fehlerh sein, weil der Wille des Erklärden u der dch Auslegg 15 ermittelte Inhalt seiner Erkl (Rn 5) auseinanderfallen. Folgde Fallgruppen sind zu unterscheiden:

a) Fehlt der **Handlungswille** (Rn 1), liegt tatbestdl keine WillErkl vor. Der Hdlgswille ist notw Voraus- 16 setzg für die Zurechng als WillErkl. Ein Verhalten ohne Hdlgswillen (Reflexbewegg, Handeln in Hypnose, vis absoluta) ist auch dann keine WillErkl, wenn es wie die Äußerg eines RFolgewillens erscheint (MüKo/Kramer Rn 7).

b) Umstr ist, wie das Fehlen des **Erklärungsbewußtseins** (Rn 1) rechtlich zu behandeln ist. Bsp sind das 17 Handaufheben währd einer Versteigerg, um einem Bekannten zuzuwinken, das Hissen einer Lotsenflagge ohne Kenntn ihrer Bedeutg, die Unterzeichn einer Sammelbestellg in der Ann, es handele sich um ein Glückwunschschreiben. Die fr hM hielt das ErklBewußtsein für ein notw Erfordern der WillErkl, nahm also an, daß bei seinem Fehlen tatbestdl keine WillErkl vorliege (Staud-Dilcher Rn 26, Thiele JZ **69**, 407, Düss OLGZ **82**, 241). Diese von der Willenstheorie (Rn 2) ausgehde Lösg kann nicht überzeugen. Die nach dem BGB bestehde Freih in der Wahl der ErklHdlg schließt für den Erklärden eine Verantwortg ein; ihm u nicht dem ErklEmpfänger muß das „ErklRisiko“ angelastet w. Ein Verhalten, das sich für den ErklEmpfänger als Ausdr eines best RFolgewillens darstellt, ist dem Erklärden daher auch dann als WillErkl zuzurechnen, wenn er kein ErklBewußtsein hatte (BGH **91**, 327, **109**, 177, Larenz § 19 III). Das gilt auch für **schlüssiges Verhalten** ohne ErklBewußtsein (BGH **109**, 177). Voraussetzg ist, daß der Handelnde beim ErklEmpfänger fahrläss das Vertrauen auf einen best ErklInhalt hervorgerufen hat (BGH NJW **95**, 953, § 133 Rn 11). Fehldes ErklBewußtsein gibt dem Erklärden, mit den sich aus allg Grds ergebden Einschränkungen, ein AnfR analog § 119 I 2. Alternative (Larenz aaO). Mangels eines schutzbedürft VertrauensTatbestd kommt eine Zurechng als WillErkl nicht in Betr, wenn der ErklEmpfänger das Fehlen des ErklBewußtseins kannte (Rn 5). Aus den gleichen Erwäggen schließt fehldes ErklBewußtsein bei nicht empfangsbedürft Erkl den Tatbestd einer WillErkl aus (Bsp: Aufschneiden eines unbestellt zugesandten Buches in der Meing, es sei ein eig; keine Ann gem § 151).

18 **c) Bewußte Willensmängel** (§§ 116–118). Der geheime Vorbeh, das Erklärte nicht zu wollen, ist unbeachtl (§ 116 S 1). Der vom and Teil erkannte Vorbeh führt dagg zur Nichtigk (§ 116 S 2); ebso ist die einverständl zum Schein abgegebene WillErkl nichtig (§ 117). In beiden Fällen liegt eine Abw von Wille u Erkl an sich nicht vor, weil der Vorbeh u die ScheinAbs als dem ErklEmpfänger bekannt zum ErklInhalt gehören (Rn 5). Nichtig ist auch die ScherzErkl, § 118. Diese Regelg ist, soweit der ErklEmpfänger die mangelnde Ernstlichk nicht erkannt h, problemat, w aber dch die SchadErsPfl gem § 122 gemildert. Sie kann als Sonderregelg für einen eigentüml AusnFall nicht dahin verallgemeinert w, daß fehldes ErklBewußtsein (Rn 17) zur Nichtigk der Erkl führt (Larenz § 19 III, str). Einzelh vgl Anm zu §§ 116–118.

19 **d) Unbewußte Willensmängel** (§§ 119–120). Auch wenn der Erkl ein RFolgewille zugrde liegt, kann zw Wille u Erkl ein Widerspr bestehen, näml dann, wenn der Erklärde eine Erkl and Inhalts abgeben wollte od wenn er bei der Willensbildg von falschen Vorstellgen ausgegangen ist (Irrt). Der Irrt berührt die Wirksamk der Erkl nicht, begründet aber unter den Voraussetzgen der §§ 119–120 ein AnfR. Einzelh s dort.

20 **e)** Herkömmlicherw w auch die Täuschg u Drohg zu den Willensmängeln gerechnet, obwohl es hier nicht um einen Zwiespalt zw Wille u Erkl geht, sond um eine unzul **Beeinträchtigung** der Freih der **Willensentschließung.** Das Ges gibt auch hier ein AnfR. Einzelh vgl Anm zu § 123.

21 **5) Beweislast:** Die Tatsachen, die eine WillErkl äußerl als wirks erscheinen lassen (Wille, Erkl, erforderlichenf Form, Zugehen usw und beim Vertr Willenseinigg) hat zu beweisen, wer sich auf Wirkgen der WillErkl beruft, rechtshindernde (Schein, mangelnde Ernstlichk, Unsittlichk) und rechtsvernichtende Tatsachen (zB Anfechtbark – Irrt, Täuschg, Drohg – und AnfErkl) derjenige, der die Wirkg verneint.

116 *Geheimer Vorbehalt.* **Eine Willenserklärung ist nicht deshalb nichtig, weil sich der Erklärende insgeheim vorbehält, das Erklärte nicht zu wollen. Die Erklärung ist nichtig, wenn sie einem anderen gegenüber abzugeben ist und dieser den Vorbehalt kennt.**

1 **1) Allgemeines.** S Einf 18 v § 116. Satz 1 ist eine im Interesse des rechtsgeschäftl Verk unentbehrl, aber auch selbstverständl Regel. Den geheimen Vorbeh des Erklärden, die RFolgen seines Verhaltens nicht zu wollen, kann die ROrdng nicht anerkennen. Das gilt auch für das öffR (RG **147**, 40). Nicht schutzbedürft ist der ErklEmpfänger, wenn er den Vorbeh kennt; in diesem Fall ist die WillErkl daher gem S 2 nichtig.

2 **2) Satz 1. – a) Geheim** ist der Vorbeh, wenn er demj verheimlicht w, für den die WillErkl best ist. Das kann auch ein and als der ErklEmpfänger sein. Wird eine InnenVollm (§ 167 Rn 1) unter einem geheimen Vorbeh erteilt, ist die Vollm trotz Kenntn des Bevollmächtigten wirks, wenn der Vorbeh dem GeschGegner verheimlicht w (BGH NJW **66**, 1916). Gleichgült ist, auf welchem Motiv der Vorbeh beruht. Auch die gute Absicht des Erklärden (Beruhigg eines Schwerkranken) ändert an der Wirkgslosigk des Vorbeh nichts. –
3 **b)** Satz 1 gilt für alle **Arten von Willenserklärungen,** für ausdr u konkludente, für empfangsbedürft u nicht empfangsbedürft. Er ist auf geschäftsähnl Hdlgen (Übbl 6 ff v § 104) entspr anwendb.

4 **3) Satz 2. – a)** Erforderl ist **Kenntnis** desj, für den die Erkl best ist (Rn 2). Bei amtsempfangsbedürft WillErkl ist die Kenntn des Beamten unerhebl (BayObLG DtZ **92**, 285, Soergel-Hefermehl Rn 5). Wie der
5 and Teil die Kenntn erlangt hat, ist gleichgült. Kennenmüssen (§ 122 II) genügt nicht. – **b)** Satz 2 gilt nach seinem Wortlaut für **empfangsbedürftige** WillErkl. Er ist auf die Auslobg mit der Maßg entspr anzuwenden, daß Nichtigk ggü dem Bösgläubigen eintritt (Erm-Brox Rn 3, str), gilt aber wg der Sonderregelg in EheG 16, 28 nicht für die Eheschließg. Auch auf ProzHdlgen findet Satz 2 keine Anwendg.

6 **4) Abgrenzung. – a)** Bei einer Erkl in der Erwartg, der ErklEmpfänger w die mangelnde Ernstlichk erkennen, sind die §§ 118, 122 anzuwenden. Soll der ErklEmpfänger die Erkl ernst nehmen, liegt dagg ein Vorbeh iSd § 116 vor (sog **böser Scherz**). – **b)** Wissen u wollen **beide Beteiligten,** daß die abgegebene Erkl nicht gewollt ist, gilt § 117. – **c)** Wird eine **erzwungene** Erkl mit einem vom Gegner erkannten Vorbeh abgegeben, ist die Erkl nichtig, ohne daß es einer Anf gem § 123 bedarf (MüKo/Kramer Rn 13, str).

7 **5)** Wer sich auf die Nichtigk gem § 116 beruft, muß den Vorbeh u die Kenntn des and Teils **beweisen** (allgM).

117 *Scheingeschäft.* [I] **Wird eine Willenserklärung, die einem anderen gegenüber abzugeben ist, mit dessen Einverständnisse nur zum Schein abgegeben, so ist sie nichtig.**
[II] **Wird durch ein Scheingeschäft ein anderes Rechtsgeschäft verdeckt, so finden die für das verdeckte Rechtsgeschäft geltenden Vorschriften Anwendung.**

1 **1) Allgemeines.** S Einf 18 v § 116. Beim ScheinGesch fehlt den Part der Wille, eine RWirkg herbeizuführen; es soll ledigl der äußere Schein eines RGesch hervorgerufen w. Entgg der Wortfassg von § 117 I liegt daher schon tatbestandl keine WillErkl vor (s BGH **45**, 379).

2 **2) Das Scheingeschäft (I). – a)** § 117 betrifft nur **empfangsbedürftige** WillErkl. Er ist auf streng einseit WillErkl, wie das Test, nicht anzuwenden (BayObLG FamRZ **77**, 348, Ffm OLGZ **93**, 467). Auch auf amtsempfangsbedürft WillErkl gilt er schon deshalb nicht, weil die Behörde dem Scheincharakter des Gesch nicht wirks zustimmen kann (Staud-Dilcher Rn 7, aA Pohl AcP **177**, 63). Auch auf die Eheschließg ist § 117 nicht
3 anwendb, *arg* EheG 16, 28, s aber EheG 13 Rn 8). – **b)** Ein ScheinGesch **liegt vor,** wenn die Part einverständl nur den äußeren Schein eines RGesch hervorrufen, die mit dem Gesch verbundenen RFolgen aber nicht eintreten lassen wollen (BGH NJW **80**, 1573), so etwa, wenn der GmbH-GeschFü scheinb ein Darl aufnimmt, um den Debet-Saldo der GmbH wg einer bevorstehen Revision (scheinb) zu mindern (BGH NJW **93**, 2435). Kennzeichnd für das ScheinGesch ist damit das Fehlen eines RBindgswillens (BGH **36**, 87); dieser kann jedoch mit Bezug auf das verdeckte Gesch (Rn 8) gegeben sein. Bei mehreren ErklGegnern ist das Einverständn aller erforderl (s Celle NJW **65**, 400); iF der Gesamtvertretg genügt dagg das Einverständn

eines Vertreters (RG **134**, 37). Eine Abs, Dr zu täuschen, ist idR vorhanden, gehört aber nicht zum Tatbestand des § 117 (RG **90**, 277). Die unrichtige Angabe einer Tats, wie zB eine Falschdatierg, reicht zur Anwendg des § 117 nicht aus (RG Recht **30**, 1482). – **c) Kein Scheingeschäft** liegt vor, wenn der von den **4** Part erstrebte RErfolg gerade die Gültigk des RGesch voraussetzt (BGH **36**, 88, NJW **93**, 2609). Der aus steuerl Grden ungewöhnl gestaltete (möglicherw unter AO 41 fallde) Vertr ist daher kein ScheinGesch (s BGH **67**, 338, NJW-RR **93**, 367). Das gilt etwa für eine VertrGestaltg, die die Entstehg einer GrdErwerbs-SteuerPfl verhindern soll (BGH DNotZ **77**, 416) u für das im Gebrauchtwagenhandel zur Vermeidg der MwSt bisher übl AgenturGesch (BGH NJW **78**, 1482, **81**, 388, Kblz NJW-RR **88**, 1137, krit Walz BB **84**, 1696, differenziend Schulze-Osterloh AcP **190**, 148), das aber wg des ab 1. 7. 1990 geltden UStG 25a (Besteuerg nur der PrDifferenz) an Bedeutg verlieren w (Widmann DB **90**, 1057). – **d)** Auch das **Umge- 5 hungsgeschäft** ist kein ScheinGesch, da die vereinb RFolgen ernsth gewollt sind (MüKo/Kramer Rn 15, zur Abgrenzg Michaelis FS Wieacker, 1978, 444 ff); es kann aber gem §§ 134, 138 unwirks sein (§ 134 Rn 28). Der Vertr zur Umgehg des ReimportVerbots od des einstuf Vertriebssystems fällt nicht unter § 117 (Oldbg DAR **87**, 120, Schlesw NJW **88**, 2247); ebsowenig der Vertr, den den ein Partner die Konzessions-trägersch für den und übernimmt, weil dieser die Voraussetzgn der Konzessionserteilg nicht erf (BAG NJW **94**, 2974). Zur Anwendg des § 117 reicht nicht aus, daß die Part die dch das RGesch typischerw eintreten RWirkgen einschränken od modifizieren. Treuhänderische RÜbertraggen (Einf 7 v § 164) fallen daher nicht unter § 117. – **e)** Auch das **Strohmanngeschäft** ist idR ernstl gewollt u daher gült (BGH **21**, 381, **6** GmbHGründg; NJW **59**, 333, KaufVertr; **LM** Nr 5, Darl; NJW **95**, 727, BörsenterminGesch). Der Stroh-mann wird auch dann berecht u verpflichtet, wenn der and Teil von der StrohmannEigensch weiß (Hamm WM **85**, 346). Ein nichtiges ScheinGesch ist aber anzunehmen, wenn der Strohmann die mit dem RGesch verbundenen Pflten auch im Außenverhältn nicht übernehmen will u der VertrGegner hiervon Kenntn hat (BGH NJW **82**, 569, Karlsr NJW **71**, 619, Kln NJW **93**, 2623). So kann es liegen, wenn bei der DarlGewährg zur Umgehg der BardepotPfl ein Strohmann eingeschaltet w (BGH NJW **80**, 1573), od ein schlecht beleu-mundeter Handelsvertreter seine Tochter (Schülerin) als VertrPart vorschiebt (BAG NJW **93**, 2767).

3) Das ScheinGesch ist ggü jedermann **nichtig** (Begriff s Übbl 27 v § 104). Wird ein GesellschVertr **7** simuliert, ist im Außenverhältn die Berufg auf § 117 ausgeschlossen, dagg sind im Innenverhältn die Grds über die fakt Gesellsch (Einf 29 v § 145) nicht anzuwenden (BGH NJW **53**, 1220). Auch der ScheinArbVertr ist nichtig. Dritte w dch die allg Vorschr (§§ 171, 409, 892, 932 ff, 823 ff) u dch die SonderVorschr des § 405 geschützt. Wer mit einem Vertreter zum Nachteil des Vertretenen kolludiert hat, kann sich nicht auf den Scheincharakter des Gesch berufen (RG **134**, 37, MüKo/Kramer Rn 17).

4) Das verdeckte Geschäft, dh das Gesch, das in Wahrh von den Part gewollt ist, ist wirks, sofern seine **8** GültigkVoraussetzgen (Form, behördl Gen) erf sind (II). Das verdeckte (dissimulierte) Gesch ist nicht bereits deshalb per se verwerfl, weil es verdeckt ist, od weil die Scheinabrede eine Steuerhinterziehg ermög-lichen soll (BGH NJW **83**, 1844); das Gesch kann jedoch gem §§ 134 od 138 od nach den Grds über die GesUmgehg (§ 134 Rn 28 ff) nichtig sein, so wenn eine ScheinAbstandsVereinbg einen sittenw MaklerVertr verdeckt (LG Ffm NJW-RR **92**, 715). Hauptanwendgsfall des § 117 ist der GrdstVerkauf unter Angabe eines geringeren als des vereinb Preises: Das beurkundete Gesch ist als ScheinGesch nichtig, das gewollte Gesch ist wg § 313 formnichtig (s § 313 Rn 36). Aufl u Eintr heilen das verdeckte Gesch; ist eine behördl Gen erforderl, aber nur, wenn diese auch für das verdeckte Gesch gilt (§ 313 Rn 47). Ist mit einem UnterhBerecht ein ScheinArbVertr abgeschlossen worden, kann als dissimuliertes Gesch nicht ow ein RentenVerspr ange-nommen werden (BGH NJW **84**, 2350).

5) Wer sich auf die Nichtigk beruft, trägt für den Scheincharakter des Gesch die **Beweislast** (BGH NJW **9** **88**, 2599, **91**, 1617). Wer aus einem verdeckten Gesch Rechte herleiten will, muß einen entspr Willen der Part beweisen.

118 *Mangel der Ernstlichkeit.* **Eine nicht ernstlich gemeinte Willenserklärung, die in der Erwartung abgegeben wird, der Mangel der Ernstlichkeit werde nicht verkannt werden, ist nichtig.**

1) Allgemeines. S Einf 18 v § 116. Die Vorschr gilt für WillErkl aller Art, auch für Vfg vTw (RG **104**, **1** 322). Der ErklGegner kann unter den Voraussetzgn des § 122 Ers der Vertrauensschadens verlangen.

2) NichtigkGrd ist die subj **Erwartung** des Erkläden, der ErklGegner w die mangelnde Ernstlichk **2** erkennen. Anwendgsfälle sind der sog gute Scherz (zum bösen s § 116 Rn 6) u das mißlungene ScheinGesch, bei dem der Gegner den vom Erkläden beabsichtigten Scheincharakter des Gesch nicht dchschaut. § 118 greift auch dann ein, wenn die fehlde Ernstlichk obj nicht erkennb ist (MüKo/Kramer Rn 5). Auch die aus Wut u Enttäuschg abgegebene Erkl kann unter § 118 fallen (Tscherwinka NJW **95**, 308, aA Weiler NJW **95**, 2608), aber nur wenn ihr wirkl die Erwartg zugrde liegt, der Mangel der Ernstlichk werde nicht verkannt. § 118 ist eine gg den Gedanken des VerkSchutzes verstoßde systemwidr AusnVorschr. Erkennt der Erklär-de, daß der Gegner die Erkl als ernstl gewollt ansieht, muß er diesen aufklären; tut er das nicht, kann er sich gem § 242 nicht auf § 118 berufen (Larenz § 20 I b). Zum Schutz des redl Verk ist die Berufg auf die einseit Nichternstlichk auch ggü einem beurkundeten Vertr ausgeschl (RG **168**, 204, Mü NJW-RR **93**, 1169).

119 *Anfechtbarkeit wegen Irrtums.* **¹ Wer bei der Abgabe einer Willenserklärung über deren Inhalt im Irrtume war oder eine Erklärung dieses Inhalts überhaupt nicht abgeben wollte, kann die Erklärung anfechten, wenn anzunehmen ist, daß er sie bei Kenntnis der Sachlage und bei verständiger Würdigung des Falles nicht abgegeben haben würde.**

ᴵᴵ Als Irrtum über den Inhalt der Erklärung gilt auch der Irrtum über solche Eigenschaften der Person oder der Sache, die im Verkehr als wesentlich angesehen werden.

1   **1) Allgemeines.** S Einf 19 v § 116. – **a)** Der Erklärde muß seine Erkl grdsl so gg sich gelten lassen, wie sie der ErklEmpfänger nach Treu u Glauben unter Berücksichtig der VerkSitte verstehen mußte (§ 133 Rn 9). Das gilt im Grds auch dann, wenn die Erkl nicht dem wahren Willen des Erklärden entspr. Die ROrdng kann im Interesse der RSicherh das Auseinandfallen von Willen u Erkl nur ausnw beachten. Die **Kernfrage der Irrtumslehre** ist, in welchen Fällen der Erklärde berecht sein soll, seinen vom ErklInh abw Willen geltd zu machen. Das BGB gestattet dies in 4 Fällen, beim Irrt in der ErklHdlg (§ 119 I 2. Fall, Rn 10), beim Irrt über den ErklInh (§ 119 I 1. Fall, Rn 11 ff), beim Irrt über verkwesentl Eigensch (§ 119 II, Rn 23) u beim ÜbermittlgsIrrt (§ 120). Alle and Fälle des einseit Irrts, insb der sog reine MotivIrrt (Rn 28) sind rechtl unerhebl. Bes von der Rspr entwickelte Grds gelten für den beiderseit Irrt (Rn 29). Nach der Regelg des BGB ist es gleichgült, ob der Erklärde den Irrt verschuldet hat od nicht (s RG **62**, 205, **88**, 411). Unerhebl ist auch, ob der Irrt vom Gegner hervorgerufen od für diesen erkennb war. Die Regelg des BGB ist daher rechtspolitisch fragwürd, jedoch sind die als Alternativen in Betracht kommden Lösgsansätze kaum über-
2   zeugder (s zur Kritik MüKo/Kramer Rn 7). – **b) Rechtsfolgen.** Liegt ein rechtl erhebl Irrt vor, steht dem Erklärden ein AnfR zu. Die Erkl gilt zunächst, der Erklärde kann sie aber dch Anf mit rückwirkder Kraft vernichten (Übbl 33 v § 104). Zur AnfErkl, AnfBerechtigg u zum AnfGegner s § 143, zur AnfFr § 121. Macht der Erklärde von seinem AnfR Gebrauch, muß er dem gutgl GeschGegner den Vertrauensschaden ersetzen (§ 122). Hat der GeschGegner den Irrt schuldh verursacht, steht dem Erklärden neben dem AnfR ein SchadErsAnspr wg c. i. c. zu (§ 276 Rn 78). Eine gg Treu u Glauben verstoßde Anf ist unzul (RG **102**, 88); idR besteht daher kein AnfR, wenn der AnfGegner den Vertr so gelten lassen will, wie ihn der
3   AnfBerechtigte verstanden hat (MüKo/Kramer Rn 129, Lobinger AcP **195**, 274). – **c)** § 119 kann dch IndVereinbg **abbedungen** w (MüKo/Kramer Rn 128). Einschränkgen dch AGB sind aber gem AGBG 9 II Nr 1 unwirks (s BGH NJW **83**, 1671, Mü BauR **86**, 580).

4   **2) Anwendungsbereich. – a)** Die §§ 119 ff gelten für alle **Arten von Willenserklärungen,** empfangsbedürft u nicht empfangsbedürft, ausdr u konkludente (RG **134**, 197, BGH **11**, 5). Wird Schweigen vom Ges als Ablehng fingiert (Einf 9 v § 116), sind die §§ 119 ff nicht anwendb (Hanau AcP **165**, 224). In den and Fällen des Schweigens mit ErklWirkg sind die Vorschr über Willensmängel dagg anzuwenden (Einf 12 v § 116). Der Nichtwiderruf eines Vergl ist keine WillErkl u unterliegt daher nicht der Anf (Celle NJW **70**, 48). Auf geschäftsähnl Hdlgen finden die §§ 119 ff grdsl Anwendg, nicht aber auf Mängelrügen (Stewing/ Schütze BB **89**, 2130) od das Anerkenntn gem § 208 (dort Rn 2), auch nicht auf Realakte (Übbl 7 u 10 v
5   § 104). – **b) Sonderregelungen** bestehen für die Eheschließg (EheG 31 f), die Anerkenng der nichtehel Vatersch (§§ 1600 g, 1600 m), letztwill Vfgen (§§ 2078, 2080, 2281, 2283), die ErbschAnn (§§ 1949, 1950) u im Anwendungsbereich der VVG 16 ff für den Versicherer (BGH NJW-RR **95**, 725). Einige famrechtl Erkl sind nicht anfechtb, so die Zustimmg zur Anerkenng der Vatersch (KG NJW-RR **87**, 388) u die Erkl über die Wahl des Ehenamens (BayObLG NJW **93**, 337, Stgt NJW-RR **87**, 455). Beim vollzogenen ArbVertr wirkt die Anf nur *ex nunc* (BAG NJW **62**, 74, **84**, 446); eine Rückwirkg kommt nur in Betracht, wenn die Part den ArbVertr bereits außer Funktion gesetzt haben (BAG NJW **85**, 646). Entspr gilt für GesellschVertr (BGH **13**, 322, **55**, 9, Einf 29 v § 145) sowie für BeitrittsErkl zu Genossensch (BGH DB **76**, 861). TarifVertr sind grdsl nicht anfechtb (MüKo/Kramer Rn 19), wohl aber VorVertr zu TarifVertr (BAG NJW **77**, 318). Bei Erkl auf umlauffäh Wertpapieren, insb auf Wechseln können dem gutgl Erwerber AnfGrde nur dann
6   entggehalten w, wenn sie aus dem Papier selbst ergeben (s § 796, WG 17, HGB 364). – **c)** Im **öffentlichen Recht** sind die §§ 119 ff auf Vertr entspr anzuwenden (VwVfG 62), ebso auf verwaltgsrechtl WillErkl des Bürgers (OVG RhPf DVBl **84**, 281, Kluth NVwZ **90**, 613). Dagg finden sie auf VerwAkte keine Anwendg. Auch für **Prozeßhandlungen** gelten die §§ 119 ff nicht (BGH **80**, 392, BVerwG NJW **80**, 136), auch nicht für Registeranmeldgen (BayObLG DB **90**, 168), es sei denn, daß die ProzHdlg zugl ein matrechtl RGesch ist (Übbl 37 v § 104). Der Verzicht auf das PatentR ist eine anfechtb matrechtl WillErkl (BPatG GRUR **83**, 432), ebso das Gebot in der ZwVerst (LG Krefeld Rpfleger **89**, 166).

7   **3) Abgrenzung.** Irrt ist das unbewußte Auseinanderfallen von Wille u Erkl (BGH LM Nr 21 Bl 2 R). – **a)** Die Feststellg, daß Wille u Erkl nicht übereinstimmen, setzt voraus, daß zunächst der Inh der Erkl dch **Auslegung** (§§ 133, 157) ermittelt w. Die Auslegg geht der Anf vor. Eine Anf entfällt, wenn die Auslegg ergibt, daß das Gewollte u nicht das Erklärte als Inh der Erkl gilt. Hat der ErklGegner den wirkl Willen erkannt, so ist dieser maßgebd, auch wenn er im Inh der Erkl keinen od nur einen unvollkommenen Ausdr gefunden hat (BGH **20**, 110, **71**, 247, NJW-RR **95**, 859). Falschbezeichngen sind entspr dem Grds falsa
8   demonstratio non nocet unschädl (§ 133 Rn 8). – **b)** Ergibt die Auslegg bei einem Vertr, daß sich der Inh der beiderseit Erkl nicht deckt, liegt versteckter **Dissens** (§ 155) vor. Er ist vom Irrt iSd § 119 streng zu unterscheiden. Zwar unterliegt der Erklärde auch iF des versteckten Dissenses typw einem Irrt. Dieser betrifft aber – und als iFd § 119 – nicht die eig Erkl, sond die des Gegners. Der Erklärde nimmt fälschl an, daß die Erkl des and Teils inhaltl mit der eig übereinstimmt. Ob im Einzelfall Irrt od Dissens vorliegt, ist Frage der Auslegg. Dabei kommt es auf eine sorgf Würdigg aller Umst an. In dem Schulbeispiel: „A erklärt, Hektor verkaufen zu wollen, meint seinen Hund, B akzeptiert das Angebot, meint aber das Pferd des A", kann je nach Lage des Falles Dissens, ein Irrt des A od ein Irrt des B anzunehmen sein. S zur Abgrenzg § 155 Rn 2 ff. – **c) Empfängerirrtum.** RegelsGgst des § 119 ist der Irrt des Erklärden, der Irrt des Empfängers der Erkl w von § 119 nicht erfaßt. Nimmt der ErklEmpfänger dch ihn mißverstandene Erkl an,
9   kommt aber eine Anf der Annahme nach Rn 11 in Betracht (Medicus AT Rn 747). – **d)** Irrt ist die **unbewußte Unkenntnis** vom wirkl Sachverhalt (BGH WM **83**, 447, BAG NJW **60**, 2211). Kein Irrt liegt vor, wenn der Erklärde eine Erkl in dem Bewußtsein abgibt, ihren Inh nicht zu kennen (RG **134**, 31, BGH NJW **51**, 705, DB **67**, 2115). Wer eine Urk **ungelesen unterschreibt**, hat daher idR kein AnfR (BGH BB **56**, 254, NJW **68**, 2102). Das gilt auch für Ausländer (LG Memmingen NJW **75**, 452) u Analphabeten (LG Köln WM **86**, 821). Hat sich der Unterzeichnde vom UrkInh eine best Vorstellg gemacht, kann er dagg anfechten, sofern der ErklInh von seinen Vorstellgen abweicht (BGH NJW **95**, 190, BAG NJW **71**, 639), so etwa, wenn der Patient, der ein Einzelzimmer möchte, ungelesen ein AntrFormular für eine Behandlg als PrivPatient unterschreibt (LG Köln VersR **89**, 1265). Entspr gilt, wenn jemand bei der notariellen Beurk eine vom

Notar eingefügte Klausel bei der Verlesg überhört (BGH **71**, 262). Wer **AGB** ohne Kenntn ihres Inh akzeptiert, hat nur dann ein AnfR, wenn er best unricht Vorstellgen über den Inh der AGB nachweist (Erm-Brox Rn 36). Das AnfR des Verwders wg versehentl NichtEinbez seiner AGB w dch AGBG 6 ausgeschl (Vorbem 20 v § 8 AGBG). Enttäuschte Erwartgen bei einem Risiko- oder SpekulationsGesch berecht nicht zur Anf. Bsp ist der Kauf eines Gemäldes als Kopie in der irrigen Hoffng, es sei das Original.

4) Irrtum in der Erklärungshandlung (§ 119 I 2. Fall). Er liegt vor, wenn schon der äußere Erklärgstat- 10 bestand nicht dem Willen des Erklärden entspr. Bsp sind das Versprechen, Verschreiben od Vergreifen. Auch der in § 120 bes geregelte Fall unrichtiger Übermittlg gehört eigentl hierher. Auf falsches Ablesen eines PrSchildes u ähnl ist § 119 I 2. Fall entspr anwendb (s LG Hann MDR **81**, 579, LG Hbg NJW-RR **86**, 156; aA Habersack JuS **92**, 548, der einen BerechngsIrrt – Rn 18 – annimmt). Voraussetzg ist aber eine Störg im ErklVorgang; entnimmt der Verkäufer den Preis einer veralteten betriebsinternen PrListe, besteht kein AnfR (LG Brem NJW **92**, 915). Wird ein **Blankett** abredewidr ausgefüllt, liegen an sich die Voraussetzgen für eine Anf gem § 119 I 2. Fall vor; bei einem freiwill aus der Hand gegebenen Blankett ist aber ggü einem gutgl Dr die Anf nach dem RGedanken des § 172 II ausgeschl (BGH **40**, 68, 304, § 173 Rn 8). Die Grenze zw dem Irrt in der ErklHdlg u dem über den ErklInh (Rn 11 ff) ist fließd, wg der gleichen RFolgen aber nicht sehr wichtig. Bei **automatisierten** Erkl liegt iF fehlerh Bedieng ein Irrt in der ErklHdlg vor (Hamm NJW **93**, 2321, aA Köhler AcP **182**, 135); die Verwendg von falschem Datenmaterial begründet dagg als Irrt bei der ErklVorbereitg kein AnfR (AG Ffm CR **90**, 469, Medicus AT Rn 256).

5) Irrtum über den Erklärungsinhalt (§ 119 I 1. Fall), auch Inh- od GeschIrrt genannt. Hier entspr der 11 äußere Tatbestd der Erkl dem Willen des Erklärden, dieser irrt aber über Bedeutg od Tragweite der Erkl. „Der Erklärde weiß, was er sagt, er weiß aber nicht, was er damit sagt" (Lessmann JuS **69**, 480). Der InhIrrt kann darauf beruhen, daß der Erklärde über den Sinn eines von ihm verwandten ErklMittels (Wort, Zeichen) irrt, sog **Verlautbarungsirrtum** (Soergel-Hefermehl Rn 22). Bsp: Bestellg von 25 Gros Rollen WC-Papier (= 3600 Rollen) in der Ann, es handele sich um 25 große Rollen (LG Hanau NJW **79**, 721); Verkauf des Grdst mit der Flurbuchbezeichng X in der Ann, VertrGgst sei das NachbarGrdst Y. Auch bei Verwendg richtiger ErklMittel kann ein InhIrrt vorliegen, wenn sich aus der bei der Auslegg zu berück-sichtigden GesUmst ein vom Willen abw ErklInh ergibt. Bsp: A will den Malermeister B 1 beauftragen, ruft aber B 2 an. Nach dem Ggst des Irrt sind folgde Arten des InhIrrt zu unterscheiden:

a) Irrtum über den Geschäftstyp. Er liegt zB vor, wenn die Rentnerin als Mitgl der SozVers im 12 Krankenhaus behandelt w will, sie aber einen Vertr über eine private Behandlg unterschreibt (LG Köln NJW **88**, 1518), od wenn der Erklärde, der sich verbürgen will, einen Schuldbeitritt erklärt. Ergibt die Auslegg, daß kein GefälligkVerh, sond ein Vertr begründet worden ist, scheitert die Anf idR schon deshalb, weil sich der Erklärde über die rechtl Einordng keine präzisen Vorstellgen gemacht hat (s aber Karlsr NJW **89**, 907).

b) Irrtum über die Person des Geschäftspartners. Zum Inh der Erkl gehört auch die Identität des 13 GeschPartners. Wer den ihm bekannten Maurer A beauftragen will, das AuftrSchreiben aber versehentl an den gleichnamigen A 1 richtet, hat daher ein AnfR. Bei einem ÜberweisgsAuftr stellt auch der Irrt über die Pers des Gläub einen InhIrrt dar (Karlsr JW **38**, 662). Die Grenze zw Identitäts- u EigenschIrrt (Rn 23 ff) ist fließd, idR aber wg der Gleichh der RFolgen unerhebl.

c) Irrtum über den Geschäftsgegenstand. Eine falsche Vorstellg über die Identität od den Umfang des 14 GeschGgst begründet einen InhIrrt. Bsp: Irrt über die Identität des gekauften Grdst, Fahrzeugs od Tiers; Irrt über den Inh des erworbenen Rechts (RG **95**, 115); Bestellg von Software in der Annahme, sie umfasse einen Up-to-date-Service (aA AG Konstanz NJW **91**, 1360). Bestellg von 25 Gros Rollen WC-Papier (= 3600 Rol-len) in der Ann, es handele sich um 25 große Rollen (LG Hanau NJW **79**, 721, Kornblum JuS **80**, 259).

d) Irrtum über die Rechtsfolgen der Erklärung. Ein InhIrrt ist zu bejahen, wenn das RGesch nicht die 15 erstrebten, sond davon wesentl verschiedene RFolgen erzeugt (RG **88**, 284, **89**, 33, Zweibr VersR **77**, 806, krit J. Mayer, RIrrt, 1989, S 168 ff); dagg ist § 119 I nicht anwendb, wenn der Irrt sich auf RFolgen bezieht, die sich nicht aus dem Inh des Gesch ergeben, sond *ex lege* eintreten (s RG **134**, 197, BGH **70**, 48, NJW **95**, 1485, BAG JZ **91**, 881, Medicus AT Rn 751). Als InhIrrt hat die Rspr **anerkannt:** Bestellg einer Hyp in der Ann, sie erhalte die 2. Rangstelle, während sie tatsächl die 1. Rangstelle erwirbt (RG **89**, 33); Löschg der 1. Hyp zG der 3. Hyp, währd tatsächl die 2. Hyp aufrückt (RG **88**, 284, dazu krit Flume II § 23 4d); Ausschlagg der Erbsch in der Ann, sie verschaffe dem Ausschlagden unbeschr PflichtAnspr (Hamm OLGZ **82**, 49); Ann der Erbsch dch Stillschw in Unkenntn des AusschlaggsR (BayObLGZ **83**, 162); VerglSchl des VersN mit dem HaftPflVersicherer in der Ann, weitere Anspr der Geschädigten seien ausgeschl, während tatsächl erhebl weitere Anspr gg den VersN geltd gemacht w können u geltd gemacht w (Zweibr VersR **77**, 806); VertrSchl in Unkenntn darü, daß der Vertr eine fr Vereinbg der Part in einem wesentl Pkt ändert (BGH **LM** HGB 119 Nr 10). **Kein** InhIrrt liegt dagg vor, wenn der KonkVerw bei einem ErfVerlangen 16 gem KO 17 nicht weiß, daß hierdch sämtl VertrAnspr Masseschulden w (RG **98**, 138); wenn die KaufVer-trPart nicht an das bestehde VorkaufsR denken (Stgt JZ **87**, 571), wenn der Vermieter von der strengen Haftg des § 538 nichts weiß (Karlsr NJW **89**, 907), wenn der ins HandelsGesch Eintretde nicht weiß, daß er kr Ges für GeschSchulden haftet (RG **76**, 440); wenn der Vermögensübernehmer von der RFolge aus § 419 keine Kenntn h (s BGH **70**, 48); wenn der ArbN nicht weiß, daß dch den Abschl eines befristeten Vertr der unbefristete endet (BAG DB **88**, 1704); wenn die schwangere ArbN nicht weiß, daß sie dch den Abschluß des AufhebgsVertr ihre Anspr aus dem MutterSchG verliert (BAG NJW **83**, 2958); wenn der Erbe die Erbsch in Unkenntn der Ausschlaggsmöglichk ausdr annimmt (BayObLG **87**, 358); wenn der Erbe nicht weiß, daß er dch die Annahme der Erbsch den PflTAnspr verliert (BayObLG NJW-RR **95**, 906).

e) Erweiterter Inhaltsirrtum. Der Erklärde kann entspr dem Grds der PrivAutonomie zusätzl zu den 17 essentialia negotii weitere Pkte zum Ggst seiner Erkl machen. Irrt er über einen solchen Pkt, liegt ein nach § 119 erhebl InhIrrt vor (Lessmann JuS **69**, 529). Wenn der Erklärde die Bürgsch für eine dch ein PfandR gesicherte Fdg übernehmen will, das PfandR aber nicht wirks entstanden ist, ist er daher zur Anf berecht (RG **75**, 271). Die Rspr hat einen Irrt über den Inh der Erkl auch bejaht, wenn ein irriger **Beweggrund** in der Erkl selbst od in den entscheidden Vhdlgen erkennb hervorgetreten u damit zum Bestandt der Erkl geworden ist, sog erweiterter InhIrrt (RG **64**, 268, **101**, 107, **116**, 15, **149**, 239). Der BGH hat diese vor allem für den Fall des BerechngsIrrt (Rn 18 ff) entwickelten Grds bislang nicht übernommen (BGH **LM** Nr 8 u 21, NJW **81**, 1551). Sie können auch nicht überzeugen (s Flume § 23 4 e, Larenz § 20 II a, Medicus AT Rn 758); denn der Irrt betrifft hier in Wahrh nicht den Inh der Erkl, sond außerh der Erkl liegde Tats. Von einem and dogmat Ansatz aus erweitert die Lehre vom Irrt über die **Sollbeschaffenheit** (Brauer, Der EigenschIrrt, 1942, Soergel-Hefermehl Rn 25) den Begriff des InhIrrt. Ein unter § 119 I fallder Irrt über die Sollbeschaffenh liegt danach vor, wenn die Eigensch, die die Pers oder Sache nach dem Inh der WillErkl haben sollen, nicht mit den Eigensch übereinstimmen, die der Erklärde zum Inh der Erkl machen wollte. Bsp: A bestellt „Deidesheimer" = Rheinwein (vereinbarte Sollbeschaffenh) in der Ann, es sei Moselwein (gewollte Sollbeschaffenh). Hier kann entgg der Lehre vom Irrt über die Sollbeschaffenh schon deshalb kein nach § 119 I erhebl Irrt angenommen w, weil nach der gesetzl Regelg nicht § 119 I, sond § 119 II *sedes materiae* für den EigenschIrrt ist. Es gibt keine überzeugden Sachgründe, für den nach § 119 II unerhebl Irrt über nicht verkwesentl Eigensch dch Ausdehng des § 119 I ein AnfR zu begründen.

18   **f) Berechnungsirrtum.** Wird dem GeschGegner ledigl das Ergebn der Berechng, nicht aber die Kalkulation mitgeteilt, so stellen etwaige Fehler der Berechng einen unerhebl MotivIrrt (Rn 29) dar, begründen also kein AnfR (BGH NJW-RR **87**, 1307, Ffm NJW-RR **90**, 692), sog interner od verdeckter KalkulationsIrrt. Umstr ist die Behandlg des sog externen od **offenen** KalkulationsIrrt, dh des Falles, daß die fehlerh Kalkulation ausdr zum Ggst der VertrVhdlgen gemacht worden ist (s BGH NJW-RR **86**, 569). Ihm steht der verdeckte, aber vom and Teil erkannte KalkulationsIrrtum gleich. Das RG hat in diesen Fällen einen erweiterten InhIrrt (Rn 17) angenommen u ein AnfR bejaht (RG **64**, 268, **162**, 201, ebso Mü NJW-RR **90**, 1406). Es hat diese Grds nicht nur bei reinen Rechenfehlern (RG **101**, 107 „Silberfall") angewandt, sond auch bei Zugrundelegg von unrichtigen Devisenkursen (RG **105**, 406 „Rubelfall") od Börsenkursen (RG **116**, 15). Diese Rspr w in der Lit im Recht fast allg abgelehnt (Flume § 23 4 e, Larenz § 20 II a, Medicus AT Rn 758, MüKo/Kramer Rn 74). Auch der offene KalkulationsIrrt ist ein MotivIrrt, er betrifft die Willensbildg, nicht
19 den ErklInh. Der Schutz des Irrden läßt sich aber vielf auf and Weg erreichen: – **aa)** Die **Auslegung** (§§ 133, 157) kann ergeben, daß die Part als Preis nicht den ziffernmäß festgelegten EndBetr, sond die falsch addierten Einzelbeträge (LG Aachen NJW **82**, 1106), den Tageskurs (LG Kleve NJW **91**, 1066) od eine best Methode der PrBemessg vereinb haben (Wieser NJW **72**, 711, John JuS **83**, 176). In diesen Fällen ist die Angabe des unrichtigen Preises ledigl eine unschädl falsa demonstratio. Maßgebd ist der richtig kalkulierte Preis. –
20 **bb)** Führt die Auslegg zu dem Ergebn, daß der ziffernmäß festgelegte Betr u die Grds seiner Bemessg den gleichen Stellenwert haben, ist der Vertr wg des bestehden Widerspr unwirks. So lag es wohl im Silberfall (RG **101**, 107). UnwirksamkGrd ist **Perplexität** der abgegebenen Erkl (Medicus Rn 134) bzw Dissens
21 (MüKo/Kramer Rn 76). – **cc)** Ist der ziffernmäß genannte Betrag als Preis vereinb worden, ist zu unterscheiden. Handelt es sich, wie in der Mehrzahl der Börsenkursfälle, um einen gemeins Irrt der Part, sind die Grds über das Fehlen der **Geschäftsgrundlage** (§ 242 Rn 149) anzuwenden (Ffm MDR **71**, 841, Larenz § 20, II a). Der vereinb Pr ist entspr anzupassen. Handelt es sich um die Kalkulation einer VertrPart, ist der für den and Teil erkennb Kalkulationsfehler grdsl auch unter dem Gesichtspkt des § 242 unerhebl (BGH NJW **81**, 1551, NJW-RR **86**, 569, John JuS **83**, 176). § 242 ist nur anzuwenden, wenn der and Teil sich die unricht Kalkulation soweit zu eigen gemacht hat, daß eine Verweigerg der Anpassg gg das Verbot des venire contra factum proprium verstoßen würde. Entspr zu behandeln ist der Irrt über die Höhe der MwSt (Peusquens NJW **74**, 1644). Anspr aus c. i. c. besteht grdsl nur, wenn der and Teil den Kalkulationsfehler erkannt; Erkennenkönnen genügt nicht (BGH NJW **80**, 180, Köln BauR **95**, 18). Sow nach der Art der GeschBeziehg eine BeratgsPfl besteht, genügt aber einf Fahrlässigk. Bei einer Ausschreibg nach der VOB/A darf der AuftrG den Bieter nicht an einem vor VertrSchl offengelegten Berechngsfehler festhalten (Köln NJW **85**, 1476). Die Befugn eines Bauhandwerkers, sich auf einen ausnw rechtserhebl KalkulationsIrrt zu berufen, kann dch AGB nicht ausgeschlossen w (BGH NJW **83**, 1671, Mü BB **84**, 1386). Überlassen die Part es dem Notar, den Wert einer in Anrechng auf den Kaufpreis zu übernehmden RentenVerpflichtg zu berechnen u unterläuft diesem ein Fehler, so ist weder § 119 noch § 242, sond § 319 anzuwenden (Ffm NJW-RR **95**, 79).

22   **g)** Ein AnfR entspr § 119 I besteht auch, wenn dem Handelnden das **Erklärungsbewußtsein** fehlt (s Einf 17 v § 116, str, zT wird das Fehlen des ErklBewußtseins als NichtigkGrd angesehen).

23   **6) Eigenschaftsirrtum (§ 119 II). – a)** Beim EigenschIrrt stimmen and als iF des § 119 I Wille u Erkl überein. Der Erklärde irrt nicht über die ErklHdlg od den ErklInh, sond üb Eigensch des GeschGgst u damit über die außerh der Erkl liegde Wirklichk (Stgt OLGZ **83**, 306). Der Irrt des § 119 II ist dementspr nicht als ErklIrrt eig Art aufzufassen (so Soergel-Hefermehl Rn 35 u wohl auch BAG NJW **92**, 2174), sond als ein ausnw beachtl MotivIrrt (Larenz § 20 II b, Staud-Dilcher Rn 45). Bei einem beiderseit EigenschIrrt sind die Grds über das Fehlen der GeschGrdl anwendb (MüKo/Kramer Rn 106, 124, str).

24   **b) Verkehrswesentliche Eigenschaften. – aa) Eigenschaften** einer Pers od Sache sind neben den auf der natürl Beschaffenh beruhenden Merkmalen auch tatsächl od rechtl Verhältn u Beziehgn zur Umwelt, sow sie nach der VerkAnschauung für die Wertschätzg od Verwendbark von Bedeutg sind (BGH **34**, 41, **88**, 245). Diese Beziehgn müssen aber in der Sache od Pers selbst ihren Grd haben, von ihr ausgehen od sie unmittelb kennzeichnen (RG **149**, 238, BGH **16**, 57, **70**, 48, hM, str). Ganz vorübergehde Erscheinungen kommen als Eigensch iSd § 119 II nicht in Betracht; ebso fallen zukünft Umst nicht unter den § 119 II
25 (Soergel-Hefermehl Rn 37, Stgt MDR **83**, 751, aA Adams AcP **186**, 478). – **bb)** Umstritten ist, wie die **Verkehrswesentlichkeit** der Eigensch zu bestimmen ist. Die fr herrschde obj Theorie stellte bei der Beurteilg ausschließl auf die VerkAnschauung ab. Die von Flume (EigenschIrrt u Kauf, 1948) begründete Lehre von geschäftl EigenschIrrt verlangt dagg, daß die Eigensch in dem konkreten RGesch als wesentl vereinb worden ist, hält aber auch stillschw Vereinbgn für mögl (zu dieser Theorie krit Lessmann JuS **69**, 478, Soergel-Hefermehl Rn 34, 37). Im prakt Ergebn stimmen beide Ans weitgehd überein; die auf die Vertragswesentlichk abstellde Theorie vom geschäftl EigenschIrrt kann zwar auf das UnmittelbarkKriterium verzichten, muß dafür aber and Abgrenzgskriterien einführen, die kaum präziser od plausibler sind.

Nach dem Sinn u Zweck des § 119 II ist von dem konkreten RGesch auszugehen (BGH **88**, 246). Aus seinem Inh kann sich ergeben, daß best Eigensch wesentl, and aber unwesentl sind (ähnl beim Fehlerbegriff § 459 Rn 8). Ergeben sich aus dem RGesch keine bes Anhaltspkte, ist die VerkAnschauung BeurteilsGrdl (Köhler JR **84**, 325).

c) Verkehrswesentliche Eigenschaften der Person. Dabei geht es in erster Linie um Eigensch des **26** GeschGegners. Nach dem Zweck des Gesch können aber auch die Eigensch eines Dr (RG **158**, 170) od des Erklärden wesentl iSd § 119 II sein (BAG NJW **92**, 2174). In Betracht kommen je nach Lage des Falles: Geschlecht (BAG NJW **91**, 2726); Alter; Sachkunde; Vertrauenswürdigk u Zuverlässigk bei Vertr, die auf eine vertrauensvolle ZusArbeit der Part angelegt sind (RG **90**, 344, BGH WM **69**, 292). Das trifft etwa auf den BaubetreuungsVertr zu (BGH WM **70**, 906), ebso auf den MaklerVertr (aA Köln MDR **61**, 231), nicht aber auf reine GüteraustauschVertr (RG **107**, 212, BGH BB **60**, 152). Bei einem Lizenzfußballspieler begründet die Verwicklg in einen Bestechgsfall, der später zu einem Lizenzentzug führt, eine wesentl Eigensch iSd § 119 II (s BGH NJW **76**, 565, aA Dörner JuS **77**, 226), nicht aber mangelnde WahrhLiebe bei einem Vertr mit einem ungelernten Arbeiter (BAG NJW **70**, 1565). Beim VertrSchl mit einem „Fachbetrieb" kann die fehlde Eintragg in der HandwRolle zur Anf berecht (Nürnbg BauR **85**, 322, Hamm NJW-RR **90**, 523). War es für den VertrSchl gleichgült, ob es sich bei dem Untern um einen eingetragenen HandwBetr handelt, besteht dagg kein AnfR (BGH **88**, 246, LG Görlitz NJW-RR **94**, 117); Vorstrafen rechtf die Anf nicht, soweit sie unter BZRG 51 fallen (Hofmann ZfA **75**, 60); sie sind auch iü nur dann erhebl, wenn es nach dem VertrInh auf die Vertrauenswürdigk bes ankommt (s BAG **5**, 165). Zahlgsfähigk u Kreditwürdigk sind bei KreditGesch wesentl (RG **66**, 387, Lindacher MDR **77**, 797), so auch bei der Bürgsch (BayObLG DB **88**, 1846), nicht aber beim Barkauf (RG **105**, 208) u auch nicht beim Verlöbn (aA RG **61**, 86). Die Schwangersch der ArbN ist als ein vorübergehder Zustand keine Eigensch iSd § 119 II (BAG NJW **62**, 74, **92**, 2174); ein AnfR wäre auch mit dem verfassungs- u europarechtl GleichhGrds unvereinb (EuGH NJW **94**, 2077, Schulte Westenberg NJW **95**, 761). Krankh u Leiden des ArbN sind nur dann wesentl iSd § 119 II, wenn sie seine Leistgsfähigk dauernd erhebl herabsetzen (BAG **AP** Nr 3). Irrt über Eigensch des VertrGegners berechtigen nicht zur Anf, wenn sich ihr Fehlen erst aus dem Inh der Leistg ergibt (RG **62**, 284, BGH NJW **67**, 719).

d) Verkehrswesentliche Eigenschaften der Sache. Sachen iSd § 119 II sind auch nichtkörperl Ggst **27** (RG **149**, 235, BGH **LM** § 779 Nr 2, BB **63**, 285). Die Sache muß Objekt des RGesch sein. Das trifft beim FranchiseVertr auch für das zu vertreibde Produkt zu (Ffm MDR **80**, 576). Als wesentl Eigensch (Rn 24) **kommen** je nach Lage des Falles **in Betracht:** Stoff, Bestand u Größe (RG **101**, 68); Herkunft, beim Kunstwerk insb seine Echth (BGH NJW **88**, 2598), jedoch wird das AnfR idR dch §§ 459 ff ausgeschlossen (BGH **63**, 371, Düss NJW **92**, 1326, Becker-Eberhard JuS **92**, 461, Rn 28); Existenz eines Gutachtens, das die Echth eines Kunstwerkes bejaht (BGH NJW **72**, 1658); Mitverkauf von Notenheften Mozarts bei einem Flohmarkt-Kaufvertrag zum Preis von 10.– DM (aA AG Coburg NJW **93**, 938); Herstellgsjahr (BGH **78**, 221, NJW **79**, 160); Fahrleistg (Mü DB **74**, 1059); Lage u Bebaubark eines Grdst (RG **61**, 86, Köln MDR **65**, 292); seine Freih von BauBeschrkgen (RG JW **12**, 851); der Umsatz eines ErwerbsGesch (Putzo NJW **70**, 654, aA BGH ebda); überhaupt alle wertbildden Faktoren, soweit sie die Sache unmittelb kennzeichnen (RG **61**, 86, BGH **34**, 41, Rn 24); die Höhe des Erbanteils (Hamm NJW **66**, 1081); die Größe des Nachl (KG OLGZ **93**, 4) u seine Überschuldg (BGH **106**, 363); der Betrag der gekauften Fdg (Dunz NJW **64**, 1214, aA BGH **LM** § 779 Nr 2); das Bestehen eines KonkVorrechts (BGH WM **63**, 252, 254); das Bestehen eines LizenzVertr bei einem PatentR (BPatG GRUR **83**, 432). Dagg sind der **Wert** od Marktpreis – and als die wertbildden Merkmale – keine Eigensch iSd § 119 II (BGH **16**, 57, **LM** § 123 Nr 52 u § 779 Nr 2, stRspr). Keine Eigensch sind ferner: das Eigt an der Sache (BGH **34**, 41), die bei Dchführg des Vertr drohde Haftg aus § 419 (BGH **70**, 48), die wirtschaftl Verwertgsmöglich beim Kauf einer Sache (BGH **16**, 57); die Kaufkraft des Geldes (RG **111**, 259); die subj Verträglich des Klimas beim GrdstKauf (BGH DB **72**, 479, 481); der spätere Wegfall der Überschuldg des Nachl inf Verj der Schulden (LG Bln NJW **75**, 2104, Pohl AcP **177**, 72). Beim GrdPfandR kommt es nur auf seine Existenz (Rang, Fälligk, Verzinsg) an, nicht auf die des Grdst (RG **149**, 238). Auch sonst fallen **mittelbare** Eigensch nicht unter § 119 II. Die Zahlgsfähigk der Mieter ist daher keine Eigensch des MietGrdst, die Verhältn der AG od des Bergwerks können beim Aktien- od Kuxkauf kein AnfR nach § 119 II begründen (s RG Gruchot **48**, 102, Erm-Brox Rn 49).

e) Das AnfR aus § 119 II (nicht aus § 119 I od § 123) ist **ausgeschlossen,** wenn die **Sachmängelhaftung 28** nach § 459 ff eingreift (BGH **34**, 34, Vorbem 9 v § 459). Das gilt auch dann, wenn die Gewl vertragl abbedungen ist (BGH **63**, 376, BB **67**, 96) od die GewlAnspr verjährt sind (RG **135**, 341). Soweit der Verkäufer für einen Mangel einzustehen hat, ist auch sein AnfR ausgeschlossen (BGH NJW **88**, 2598, Vorbem 9 v § 459). Das AnfR entfällt aber erst ab Gefahrübergang (BGH **34**, 37, str). Auch danach bleibt die Anf zul, wenn der Irrt eine verkehrswesentl Eigensch betrifft, die kein Sachmangel iSd § 459 ist (BGH **78**, 218, NJW **79**, 160, Stgt NJW **89**, 2547: Alter eines Pkws od eines sonst techn Produkts, krit Müller JZ **88**, 381). Der Vorrang der Sachmängelhaftg ggü § 119 II gilt auch für das UN-KaufR (MüKo/Kramer Rn 28), den WerkVertr (MüKo/Kramer Rn 29, str) u den MietVertr (Otto JuS **85**, 852, aA RG **157**, 174). Die RMängelhaftg berührt dagg das AnfR aus § 119 II nicht (Erm-Brox Rn 19).

7) Motivirrtum. – a) Der **Irrtum im Beweggrund** begründet kein AnfR. Ausn gelten ledigl im ErbR **29** (§§ 2078 II, 2079, 2308). Bsp für den rechtl unerhebl MotivIrrt sind: Irrt über den Wert der Sache (Rn 26); Anerkenntn einer Verpfl in der irrigen Ann, sie bestehe bereits (RG **156**, 74, ähnl BayObLG NJW-RR **90**, 1103); VaterschAnerkenntn in der irrigen Erwartg, die Kindesmutter habe keinen MehrVerk gehabt (KG JR **49**, 383, s dazu § 1600 m); Irrt über die Schuld am VerkUnfall bei Anerkenng der alleinigen Haftg (KG NJW **71**, 1220); Irrt über die Entwicklg der Kaufkraft des Geldes (RG **111**, 260); Kalkulationsirrtum (Rn 18) u and Irrt bei der ErklVorbereitg (Rn 10); Irrt über die Stabilität der **Verhältnisse in der DDR** (Ffm OLGZ **92**, 40, KG DtZ **92**, 189, 356, LG Bln NJW **91**, 1239, LG Zweibr Rpfleger **92**, 108, s auch BGH **124**, 280 u § 242 Rn 152a); Irrt über das mögl Bestehen eines weiteren Anspr bei einem GlobalVergl (Celle NJW **71**, 145); irrtüml Nichtberücksichtigg einer geleisteten Zahlg beim VerglSchluß (aA BAG NJW **60**, 2211), jedoch

30 kann § 779 I anwendb sein; irrtüml Ann des Vertreters, der VertrSchl entspr den Weisgen des Vertretenen (RG **82**, 196). – **b)** And liegt es, wenn die Part sich beim VertrSchl über einen für ihre Willensbildg wesentl Umst gemeins geirrt haben. Auf den **gemeinschaftlichen Irrtum** sind die Grds über das Fehlen der GeschGrdl anzuwenden. Vgl dazu § 242 Rn 149, zum gemeins KalkulationsIrrt s Rn 21.

31 **8)** Anfechtb ist die Erkl nur, wenn der **Irrtum** für sie **ursächlich** war. Es genügt aber nicht, daß der Erklärde die Erkl bei Kenntn der Sachlage nicht od nicht so abgegeben hätte. Erforderl ist weiter, daß er auch bei „verständiger Würdigg", dh „frei von Eigensinn, subj Launen u törichten Anschauungen" (RG **62**, 206, BAG NJW **91**, 2726) von der Erkl Abstand genommen hätte. Ein AnfR besteht daher idR nicht, wenn der Erklärde dch den Irrt wirtschaftl keine Nachteile erleidet (RG **128**, 121, s aber BGH NJW **88**, 2598), wenn die Abgabe der Erkl rechtl geboten war (Mü WRP **85**, 237) od wenn sich der Irrt ausschließl auf unwesentl Nebenpkte bezieht (RG Recht **15** Nr 2214).

32 **9) Beweislast.** Der Anfechtde hat für alle Voraussetzgen des AnfR die BewLast, also für das Vorliegen des Irrt, den UrsZushang zw Irrt u Erkl u auch dafür, daß die Erkl bei verständiger Würdigg nicht abgegeben hätte (s RG HRR **35**, 1372).

120 *Anfechtbarkeit wegen falscher Übermittlung.* **Eine Willenserklärung, welche durch die zur Übermittelung verwendete Person oder Anstalt unrichtig übermittelt worden ist, kann unter der gleichen Voraussetzung angefochten werden wie nach § 119 eine irrtümlich abgegebene Willenserklärung.**

1 **1) Allgemeines.** § 120 stellt die irrtüml unrichtig übermittelte Erkl dem Irrt in der ErklHdlg (§ 119 I 2. Fall) gleich. Der Erklärde muß die Erkl grdsl mit dem Inh gg sich gelten lassen, der dem Empfänger zugeht. Ihn trifft das **Risiko der Falschübermittlung.** Der Erklärde kann die Erkl anfechten, sofern er sie bei „verständiger Würdigg" (§ 119 Rn 31) nicht mit dem zugegangenen Inh abgegeben hätte, muß dem gutgl ErklEmpfänger aber gem § 122 den Vertrauensschaden ersetzen.

2 **2) Voraussetzungen. – a)** Der Erklärde muß sich zur Übermittlg seiner Erkl einer Pers od Anstalt bedient h. Bsp sind der Bote, der Dolmetscher (BGH BB **63**, 204) od die Telekom od Post-AG, aber auch and Anbieter, die Erkl (etwa elektronisch dch Fax) übermitteln (Fritzsche/Malzer DNotZ **95**, 15). Dagg sind fernmündl Erkl ausschließl nach § 119 zu beurteilen. Der Übermittler muß für den Erklärden tät geworden sein. Auf den Empfangsboten ist § 120 nicht anzuwenden. Übermittelt er unricht, so geht dies zu Lasten des Empfängers (§ 130 Rn 9). Auch auf Erkl eines Vertreters ist § 120 nicht anwendb. Der **Vertreter** übermit-

3 telt keine fremde Erkl, sond gibt eine eig WillErkl ab; daher ist § 166 kommt es auf seine Willensmängel an. Zur Abgrenzg von Erkl- u Empfangsboten s § 130 Rn 9, von Boten u Vertreter Einf 11 v § 164. – **b)** Der Bote (Übermittler) muß die Erkl **unbewußt** unricht übermitteln. § 120 gilt nach dem Gedanken des VerkSchutzes auch dann, wenn die Erkl völl verändert w (RG SeuffA **76** Nr 189, Soergel-Hefermehl Rn 5). Er ist auch anwendb, wenn die Erkl irrtüml einem falschen Empfänger zugeleitet w, sofern sich nicht aus ihrem Inh ergibt, daß sie für eine and Pers best war (MüKo/Kramer Rn 5, RGRK Rn 7). Keine Übermittlg iSd § 120

4 liegt vor, wenn der Bote (Übermittler) **bewußt** eine and als die aufgetragene Erkl abgibt; diese ist vielmehr ohne Anf für den Erklärden unverbindl (RG HRR **40** Nr 1278, BGH BB **63**, 204, Hamm VersR **84**, 173, Kblz BB **94**, 819, hM, aA Marburger AcP **173**, 143). Der vorsätzl falsch übermittelnde Bote ist wie ein vollmachtloser Vertreter zu behandeln (Oldbg NJW **78**, 951, str). AuftrGeber kann gem § 177 genehmigen, andf haftet der Bote gem § 179, uU auch aus Delikt. Der AuftrGeb kann dem and Teil wg c. i. c. schadenersatzpflichtig sein (§ 276 Rn 92).

5 **3)** Der Bote **haftet** dem **Erklärenden** entspr den zw ihnen bestehden RBeziehgen aus pVV od Delikt; die Haftg der Post wg unricht Übermittlg von Telegrammen ist aber dch TKV 17 (BGBl **92**, 1718) auf grobes Verschulden von leitenden Repräsentanten beschränkt.

121 *Anfechtungsfrist.* **I Die Anfechtung muß in den Fällen der §§ 119, 120 ohne schuldhaftes Zögern (unverzüglich) erfolgen, nachdem der Anfechtungsberechtigte von dem Anfechtungsgrunde Kenntnis erlangt hat. Die einem Abwesenden gegenüber erfolgte Anfechtung gilt als rechtzeitig erfolgt, wenn die Anfechtungserklärung unverzüglich abgesendet worden ist.**

II Die Anfechtung ist ausgeschlossen, wenn seit der Abgabe der Willenserklärung dreißig Jahre verstrichen sind.

1 **1) Allgemeines.** Der AnfBerecht kann nach freiem Belieben darü entscheiden, ob er von seinem AnfR Gebrauch machen will od nicht. Die Interessen des AnfGegners erfordern es, daß der Berecht diese Entscheidg möglichst bald trifft. § 121 bestimmt daher für das AnfR eine **Ausschlußfrist.** Ihre Einhaltg ist im Proz vAw zu beachten (RG **110**, 34 zu II). Zur AnfErkl, AnfBerechtigg u zum AnfGegner s § 143.

2 **2) Anfechtungsfrist des I. – a)** Die Fr **beginnt** mit der Kenntn des AnfGrdes, also des Irrt (§ 119) od der falschen Übermittlg (§ 120). Bloßes Kennenmüssen genügt nicht, ebsowenig das Vorliegen von VerdachtsGrden (BGH WM **73**, 751, BAG NJW **84**, 447). Ands ist volle Überzeug vom Bestehen des AnfR nicht erforderl (MüKo/Kramer Rn 6). Erkennt der AnfBerecht, daß sich Wille u Erkl möglw nicht gedeckt haben, ist zur FrWahrg eine EventualAnf geboten (BGH NJW **68**, 2099, **79**, 765). Liegen mehrere AnfGrde vor, beginnt die Fr jeweils mit Kenntn des einzelnen Grdes (s BGH NJW **66**, 39). Kenntn eines Vertreters ist gem § 166 zuzurechnen, sofern dieser nach seiner Vertretgsmacht zur Anf berecht ist (BGH MDR **65**, 646). –

3 **b)** Die Anf muß **unverzüglich,** dh ohne schuldh Zögern, erfolgen. Die in § 121 I 1 enthaltene Legaldefinition des Begriffs „unverzügl" gilt für das ges PrivR (zB HGB 377 I, III, AktG 92 I, MSchG 9, BAG DB **88**, 2107) u das öffR (zB ZPO 216 II, StGB 68b I 1 Nr 8, VwVfG 23 II 1, 3, BSHG 91 II, Ffm MDR **89**, 545). Sie ist iZw auch dann maßgebd, wenn der Begriff in einem TarifVertr (LAG Köln DB **83**, 1771), in AGB

(Bambg NJW **93**, 2814) od in einem RGesch verwandt w (RG **75**, 357). Unverzügl ist nicht gleichbedeutd mit sofort (RG **124**, 118). Dem AnfBerecht steht eine angem ÜberleggsFr zu. Sow erforderl, darf er vor der Anf den Rat eines RKundigen einholen (RG HRR **31**, 584). Er darf uU mit der Anf warten, bis er seine Rechte dch eine einstw Vfg gesichert hat (RG **124**, 117), jedoch sind bei der FrBemessg jeweils auch die Interessen des Gegners zu berücksichtigen. Obergrenze ist idR eine Fr von 2 Wo (Hamm NJW-RR **90**, 523). Verzögergen wg RIrrts können entschuldb sein, sofern der AnfBerecht seine RAns aGrd einer sorgfält Prüfg der RLage gebildet hat (s RG **152**, 232, and RG **134**, 32). Ist der geschunfäh AnfGegner ohne gesetzl Vertreter, so muß unverzügl die Bestellg eines Pflegers beantragt w (RG **156**, 337). Bei ArbVertr muß die Anf spätestens innerh der 2-WoFr des § 626 II erfolgen (BAG NJW **80**, 1302, **81**, 1334), jedoch kann die AnfFr auch kürzer zu bemessen sein (BAG NJW **91**, 2726). Bei einer Erkrankg währd des Url kann eine Anzeige nach Rückkehr noch rechtzeit sein (LAG Köln DB **83**, 1771). – **c)** Die Anf unter **Abwesenden** ist **4** rechtzeit, wenn die AnfErkl unverzügl abgesandt worden ist (I 2). Verzögergen bei der Übermittlg gehen zu Lasten des AnfGegners. Wirks wird die Anf aber erst mit dem Zugang der AnfErkl (§ 130 I 2). Geht die erste Erkl verloren, genügt zur FrWahrg, daß der Berecht die Anf unverzügl wiederholt (Soergel-Hefermehl Rn 10). I 2 gilt nicht, wenn der Absender einen umständl Übermittlgsweg wählt. Nicht rechtzeit ist daher die Anf in der bei Ger eingereichten KlSchrift (BGH NJW **75**, 39, WM **81**, 1302). Als SonderVorschr für die Anf ist I 2 auf die Künd nicht (entspr) anwendb (BAG NJW **81**, 1334).

3) Auch bei Unkenntn vom AnfGrd ist die Anf **30 Jahre** nach Abgabe der anfechtb Erkl ausgeschl **(II)**. **5** Die AnfErkl muß innerh der Fr zugehen; I 2 ist nicht entspr anwendb.

4) Die **Beweislast** für die Kenntn vom AnfGrd u vom Ztpkt der Anf trägt der AnfGegner (BGH WM **83**, **6** 826, BAG NJW **80**, 1303, RG **57**, 362); der Anfechtde muß substantiiert darlegen, daß er unverzügl nach Kenntn angefochten hat (Mü NJW-RR **88**, 497).

122 _Schadensersatzpflicht des Anfechtenden._ [I] **Ist eine Willenserklärung nach § 118 nichtig oder auf Grund der §§ 119, 120 angefochten, so hat der Erklärende, wenn die Erklärung einem anderen gegenüber abzugeben war, diesem, andernfalls jedem Dritten den Schaden zu ersetzen, den der andere oder der Dritte dadurch erleidet, daß er auf die Gültigkeit der Erklärung vertraut, jedoch nicht über den Betrag des Interesses hinaus, welches der andere oder der Dritte an der Gültigkeit der Erklärung hat.**

[II] **Die Schadensersatzpflicht tritt nicht ein, wenn der Beschädigte den Grund der Nichtigkeit oder der Anfechtbarkeit kannte oder infolge von Fahrlässigkeit nicht kannte (kennen mußte).**

1) Allgemeines. – a) § 122 soll den auf die Gültigk der WillErkl vertrauenden GeschGegner schützen. **1** Der ErsAnspr setzt kein Verschulden des Erklärden voraus. § 122 beruht auf dem Gedanken der **Veranlas**-**sungshaftung** (BGH NJW **69**, 1380). – **b) Anwendungsbereich.** § 122 ergänzt die §§ 118–120. Aus ihm **2** kann **nicht** der allg RGedanke entnommen w, daß derj, der auf den Bestand einer WillErkl vertraut hat u vertrauen durfte, gg den and Teil einen SchadErsAnspr hat, wenn die WillErkl allein aus einem bei diesem liegden Grd unwirks ist od w (Soergel- Hefermehl Rn 2, hM, aA RG **170**, 69). Für das Auftreten eines geschunfäh Vertreters haftet der Vertretene nicht analog § 122, sond nur iF eines Verschuldens nach den Grds der c.i.c. (hM). Entspr gilt für die Haftg des Erklärden, wenn der Bote die Erkl absichtl falsch übermittelt (hM, aA Marburger AcP **173**, 137). Dagg ist § 122 anwendb, wenn eine Gutschrift wg eines Irrt storniert w (Otto-Stierle WM **78**, 546). Er kann auch entspr angewandt w, wenn eine vom Erklärden vorbereitete, aber noch nicht abgegebene Erkl dch ein Versehen eines Angeh od Angest abgesandt w u dadch der Schein einer gült Erkl entsteht (Larenz § 21 II a, Canaris JZ **76**, 134).

2) Schadensersatzanspruch. – a) Ersatzberechtigter ist bei empfangsbedürft WillErkl nur der Erkl- **3** Gegner, bei amtsempfangsbedürft u nicht empfangsbedürft Erkl jeder Geschädigte. Verpflichtet ist derj, dessen Erkl nach § 118 od §§ 119, 120, 142 nichtig ist, iF der Vertretg der Vertretene. Die ErsPfl entfällt, wenn das Gesch unabhäng vom Willensmangel nichtig od unwirks war (s Übbl 35 v § 104). – **b)** Der **4** **Umfang** des ErsAnspr ist beschränkt auf den Vertrauensschaden, dh die Nachteile, die dch das Vertrauen auf die Gültigk entstanden sind (sog **negatives Interesse**). Er umfaßt die aufgewandten Kosten, aber auch die Nachteile dch das Nichtzustandekommen eines mögl and Gesch (s BGH NJW **84**, 1950, Leßmann JuS **86**, 113). Zu ersetzen sind auch die Kosten des inf Anf verlorenen Proz, da § 122 den ZPO 91 ff vorgeht (RGRK/Krüger- Nieland Rn 8, aA BGH NJW **62**, 1670, Celle OLGZ **72**, 193). Der ErsAnspr w dch das ErfInteresse nach oben begrenzt (RG **170**, 284). Es besteht daher keine ErsPfl, wenn das Gesch dem ErsBerecht keine VermVorteile gebracht hätte (Vorbem 17 v § 249). – **c)** Der Anspr ist **ausgeschlossen, 5** wenn der Geschädigte den Nichtigk- od AnfGrd kannte od fahrl nicht kannte (II). Die in II enthaltene Legaldefinition von „kennen müssen" gilt im gesamten PrivR. Jede Fahrlässigk genügt. Eine Abwägg entspr § 254 ist ausgeschl (RG **57**, 89). Spätere Kenntn od fahrl Unkenntn beseitigt die ErsPfl für weiter entstehde Schäden (RG Gruch **57**, 907). Hat der and Teil den Nichtigk- od AnfGrd schuldlos mitverursacht, ist § 254 entspr anzuwenden (BGH NJW **69**, 1380). Verletzt der Geschädigte seine SchadensmindergsPfl, gilt § 254 II (RG **116**, 19).

3) Trifft den Erklärden ein Verschulden, besteht neben dem Anspr aus § 122 ein ErsAnspr aus **culpa in 6** **contrahendo** (§ 276 Rn 79). Für den Anspr aus c.i.c. gilt die Begrenzg auf das ErfInteresse nicht (str, Vorbem 17 v § 249). Statt II ist § 254 anzuwenden (§ 276 Rn 99).

4) Wer gem § 122 SchadErs verlangt, muß die Nichtigk gem § 118 od die Anf gem §§ 119, 120, seine **7** Aktivlegitimation, die Kausalität der Erkl für den Schaden u die Schadenshöhe **beweisen;** der Gegner ist für die Voraussetzgen von II beweispflicht, ferner dafür, daß der geltd gemachte Schaden größer ist als das ErfInteresse (Baumgärtel-Laumen Rn 1 ff).

123   *Anfechtbarkeit wegen Täuschung oder Drohung.* [I] Wer zur Abgabe einer Willenserklärung durch arglistige Täuschung oder widerrechtlich durch Drohung bestimmt worden ist, kann die Erklärung anfechten.

[II] Hat ein Dritter die Täuschung verübt, so ist eine Erklärung, die einem anderen gegenüber abzugeben war, nur dann anfechtbar, wenn dieser die Täuschung kannte oder kennen mußte. Soweit ein anderer als derjenige, welchem gegenüber die Erklärung abzugeben war, aus der Erklärung unmittelbar ein Recht erworben hat, ist die Erklärung ihm gegenüber anfechtbar, wenn er die Täuschung kannte oder kennen mußte.

1   **1) Allgemeines.** § 123 schützt die rgeschäftl **Entschließungsfreiheit** (RG **134**, 55, BGH **51**, 147). Er beruht auf dem Gedanken, daß die WillErkl nur dann Ausdruck wirkl rgeschäftl Selbstbestimmg ist, wenn sich die Willensbildg frei von Täuschg u Drohg vollzogen hat. § 123 gilt für alle **Arten von Willenserklärungen,** empfangsbedürft u nicht empfangsbedürft, ausdr u konkludente. Gem § 123 anfechtb sind daher zB die Anerkennng der nichtehel Vatersch (§ 1600 m), der VorVertr zu einem TarifVertr (BAG NJW **77**, 318), nicht aber TatHdlgen wie der Widerruf ehrkränkder Behauptgen (BGH NJW **52**, 417). Sonderregeln gelten für die Ehe (EheG 33), letztw Vfgen (§§ 2078 ff, 2281 ff), die KindesAnn (§ 1760) u den ZwangsVergl (KO 196, Hbg HRR **31**, 1181), dagg lassen die VVG 16 ff das AnfR aus § 123 unberührt (VVG 22). Für den **Anwendungsbereich** des § 123 gelten im übrigen die Ausführgen in § 119 Rn 4 ff sinngem. S auch Rn 25 ff.

2   **2) Arglistige Täuschung. – a)** Sie setzt, wie der strafrechtl Betrug, eine Täuschg zum Zweck der Erregg od Aufrechterhaltg eines Irrt voraus; sie erfordert aber im Ggs zum StGB 263 weder eine Bereicherungsabsicht des Täuschden noch eine Schädigg des Vermögens des Getäuschten (RG **134**, 55, BGH **LM** Nr 10). Die Täuschg kann dch positives Tun (Rn 3) od Unterlassen (Rn 5) begangen w. Sie muß widerrechtl sein (Rn 10) u erfordert in subj Hins Argl (Rn 11).

3   **b)** Die **Täuschung durch Vorspiegelung oder Entstellung von Tatsachen** muß sich auf obj nachprüfb Umst beziehen (MüKo/Kramer Rn 12). Bloße subj Werturteile od reklamehafte Anpreisgen begründen kein AnfR; zu prüfen ist aber jeweils, ob die Meingsäußerg in ihrem Kern nicht eine Behauptg tatsächl Art enthält. TatsBehauptgen sind die Erkl über wertbildde Merkmale des VertrGgst, wie das Alter eines Teppichs (BGH DB **77**, 671) od der Kilometerstand eines Pkw (BGH NJW **60**, 237, Köln NJW-RR **88**, 1136), aber auch die Bezeichng eines Ggst als „generalüberholt" (BGH NJW **95**, 955), als „neu" od „neuartig" (KG OLGZ **72**, 402, Ffm DB **65**, 1812). Eine Täuschg ist es auch, wenn ein über der PrEmpfehlg liegder Pr als „SonderPr" bezeichnet w (Ffm DAR **82**, 294), od ein Preis von 150000 DM bei einem Einkaufspreis des Anbieters von 33000 DM als eine „besondere Einkaufsmöglichk" (Hamm NJW-RR **93**, 629); ebso liegt es, wenn der Untern zu einem erhebl überhöhten Angebot erklärt, es handele sich um einen „ordentl" Pr (Saarbr OLGZ **81**, 248). Wer Verdienstmöglichk in rosigen Farben schildert, täuscht, wenn er nicht auf die zu erwartden Schwierigk hinweist (Düss NJW-RR **91**, 504). Wer sich ohne Eintragg in die ArchListe als Architekt bezeichnet, täuscht; and soll es zu beurteilen sein, wenn alle mat Voraussetzgen für die Eintragg vorliegen (Düss BauR **82**, 86). Eine Täuschg ist es auch, wenn Diamanten als „ErsWährg" zu einem Preis verkauft w, der um 20% über dem Marktpreis liegt (LG Ffm NJW-RR **94**, 241) od wenn das Objekt eines Time-Sharing-Angebots mit „5-Sterne-First-Class" angepriesen w, währd es nur 3 Sterne-Standard hat (Düss NJW-RR **95**, 686). In der Äußerg einer RAnsicht liegt die Vorspiegelg einer Tats, wenn dadch die mat RLage unricht dargestellt w (KG OLGZ **72**, 261). Die Täuschg kann sich auch auf **innere Tatsachen** beziehen, so auf die Abs, den Vertr nicht erfüllen zu wollen (BGH **LM** Nr 12, Staud-Dilcher
4   Rn 5). Sie kann auch dch **schlüssige Handlung** erfolgen. Wer auf Kredit kauft, erklärt dch den VertrSchl, daß er den KaufPr bei Fälligk zahlen wolle u könne (Köln NJW **67**, 741). Wer einen Mangel offenbart, gibt dadch uU die Erkl ab, im übrigen sei der VertrGgst mängelfrei (Köln OLGZ **87**, 228, Kblz VRS **77** Nr 158). Die wahrheitsgem Erkl über den übl Gewinn eines Automaten kann täuschd sein, wenn sie beim and Teil die unricht Vorstellg hervorruft u hervorrufen soll, auch w er diesen Gewinn erzielen (Bambg MDR **71**, 44). Ableugnen anderweit GeschlechtsVerk dch die KindesMu ist auch dann argl Täuschg, wenn es ohne bes eindringl Beteuergen erfolgt (RG **107**, 177, aA KG JR **49**, 383).

5   **c) Täuschung durch Verschweigen. – aa)** Das **Verschweigen** von Tats stellt nur dann eine Täuschg dar, wenn hins der verschwiegenen Tats eine AufklPfl besteht (RG **77**, 314, BGH **LM** Nr 52). Die RGrdl dieser Pfl ist § 242 (s dort Rn 37). Entscheid ist, ob der and Teil nach Treu u Glauben unter Berücksichtigg der VerkAnschauung redlicherw Aufkl erwarten durfte (BGH NJW **89**, 764, NJW-RR **91**, 440). Grdsl ist es Sache jeder Part, ihre eig Interessen selbst wahrzunehmen. Es besteht daher keine allg Pfl, alle Umst zu offenbaren, die für die Entschließg des and Teils von Bedeutg sein können (BGH NJW **71**, 1799, **LM** Nr 52, WM **83**, 1007). Ungünst Eigensch der Pers od des VertrGgst brauchen grdsl nicht ungefragt offengelegt zu
5a   werden (Mü NJW **67**, 158, Ffm OLGZ **70**, 411). Eine AufklärgsPfl besteht vor allem in folgden **Fallgruppen: (1)** Fragen des and Teils müssen vollständ u richtig beantwortet w (BGH **74**, 392, NJW **67**, 1222, **77**, 1915). Besteht für die abgefragte Tats ein erhebl Verdacht, ist auch dieser mitzuteilen (Brem DAR **80**, 373). **(2)** Umst, die für die Willensbildg des and Teils **offensichtlich von ausschlaggebender Bedeutung** sind, müssen ungefragt offenbart w (BGH NJW **71**, 1799, **LM** § 276 (Fb) Nr 1); das gilt vor allem für Umst, die den VertrZweck vereiteln od erhebl gefährden (BGH NJW **79**, 2243, **80**, 2460, **LM** Nr 45). Der Verkäufer darf daher wesentl Mängel der Kaufsache nicht verschweigen (BGH NJW **90**, 975 u die Nachw in Rn 7). Bei besonders schwerwiegden Mängeln muß bereits das Bestehen eines Verdachts mitgeteilt w (BGH **LM** § 463 Nr 8). Auch bei drohden zukünft Verschlechtergen kann eine OffenbargsPfl bestehen (BGH NJW **93**, 1324, **LM** Nr 45). Wer eine zukünft fäll werdde ZahlgsPfl übernimmt, muß bestehde wirtschaftl Schwierigk, insb eine **drohende Zahlungsunfähigkeit,** offenbaren (BGH NJW **74**, 1505, **LM** § 417 Nr 2, BAG NJW **75**, 708). Das gilt für die Übernahme einer SachleistgsSchuld entspr, wenn deren Erf ZahlgsFä-
5b   higk voraussetzt. **(3)** Die AufklärgsPfl kann sich aus der dch besonderes **Vertrauen** geprägten Beziehg der Parteien ergeben, so bei familiärer od persönl Verbundenh (BGH NJW **92**, 302), bei langjähriger vertrauensvoller GeschVerbindg (BGH **LM** Nr 52) od einem DauerschuldVerhältn mit engem persönl Kontakt (s

BGH **LM** Nr 8). Grdl für eine AufklärgsPfl kann auch die besondere **Stellung** des Erklärden im Wirtsch-Verk sein, so beim Bankier (RG **111**, 233), beim Warenterminhändler (BGH **80**, 84, § 276 Rn 82), beim Gebrauchtwagenhändler (§ 276 Rn 98) u bei demj, der wie ein Fachberater auftritt (LG Bln NJW-RR **89**, 505). AufklärgsPflten bestehen hier vor allem bei geschäftl Unerfahrenh des and Teils (BGH **47**, 211, NJW **92**, 302). Bei Gesch mit spekulativem Charakter u RisikoGesch besteht dagg idR keine AufklPfl. Werden an einen Hauptaktionär u Brancheninsider Aktien verkauft, kann der Verkäufer grdsl davon ausgehen, daß der Käufer hinreichd informiert ist (BGH **LM** Nr 56).

bb) Die angeführten Grds gelten auch für die Anbahng von **Arbeitsverträgen.** Der ArbSuchde braucht **6** ungünst Umst grdsl nicht ungefragt zu offenbaren. Das Verschw von Vorstrafen, der Mitgliedsch in der DKP (LAG Mainz NJW **85**, 510), der Schwangersch, berufl Schwierig usw ist daher keine Täuschg (Falkenberg BB **70**, 1014). Zur Aufkl verpflichtet ist der ArbN, wenn gesundheitl Beschw seine Leistgsfähigk erhebl gefährden (BAG DB **86**, 2238), wenn sich ein transsexueller ArbN vor Anerkenng der Geschlechtsumwandlg als Arzthelferin bewirbt (LAG Bln BB **90**, 1979, 2267, aA BAG NJW **91**, 2723) od wenn die Verbüßg einer rkräft erkannten Strafe bevorsteht (LAG Ffm BB **87**, 968); der ArbG, wenn der Lohn-Anspr des ArbN dch wirtschaftl Schwierig gefährdet ist (BAG NJW **75**, 708). Gibt der ArbSuchde auf eine rechtsw gestellte Frage eine unricht Antwort, liegt keine argl Täuschg vor (Rn 10).

cc) Einzelfälle, Kaufverträge (ja = AufklPfl, nein = keine AufklPfl, vgl auch § 276 Rn 78 ff). **(1) 7 Kraftfahrzeuge.** Unfall ja (BGH **29**, 150, **63**, 386, NJW **82**, 1386). Umfang des Schadens u Art der Reparaturen, ja nach schwerem Unfall (Karlsr DAR **92**, 151, Köln VersR **94**, 111). Beurteilg des Schadens als Totalschaden dch Sachverst, nein (Düss NJW-RR **91**, 1402, Hamm DAR **94**, 166). Unfall, der ledigl zu einem Bagatellschaden geführt hat, nein (BGH NJW **82**, 1386). Bei ausdr Befragen muß der Verkäufer aber auch Bagatellunfälle vollständ u richt angeben (BGH **74**, 392, NJW **77**, 1915, WM **87**, 138, KG VRS **87**, 241) u einen bloßen Verdacht mitteilen (Brem DAR **80**, 373). Keine eig Untersuchg des Kfz bei Verkauf dch Gebrauchtwagenhändler, Frage des Einzelfalles (§ 276 Rn 98). Verkauf eines nicht gebrauchten, aber einige Zeit eingelagerten Pkws als fabrikneu nein (BGH NJW **80**, 1097, 2127). Verkauf eines „grau" importierten Pkws zum vollen Richtpreis ja (LG Düss DAR **87**, 385). Fehlen eines Ölkühlers bei Importauto aus den USA ja (Düss NJW-RR **93**, 1463). Wiederverkaufsabsicht des Käufers nein, auch wenn dieser weiß, daß der Verkäufer nicht an Wiederverkäufer verkaufen darf (BGH **117**, 283). **(2) Grundstücke.** Befall mit Haus- **8** bockkäfern, ja (BGH NJW-RR **89**, 972). Verdacht der Trocken- u Naßfäule, ja (BGH **LM** § 463 Nr 8, Celle MDR **71**, 392). Verwendg von fäulnisbefallenen Hölzern, ja (BGH **LM** Nr 50). Erhebl FeuchtigkSchäden, ja auch nach einem Sanierungsversuch, wenn dessen Erfolg zweifelh ist (BGH NJW **93**, 1703). Bestehen einer Einsturzgefahr, ja (BGH NJW **90**, 975). Vorbenutzg als wilde Müllkippe od Bestehen eines entspr Verdachts, ja (BGH NJW **91**, 2900, **92**, 1954). Vorbenutzg als Deponie, ja (BGH NJW **95**, 1549), als Gaswerk, nein (BGH NJW **94**, 254, krit Knoche NJW **95**, 1991). Fehlen einer notw Absicherg gg Hochwasser, ja (BGH NJW-RR **92**, 334). Erhebl Mängel des Abwasserabflusses, ja (Kbiz NJW-RR **90**, 149). Erhebl Mängel der Fäkalienhebeanlage, ja (BGH NJW-RR **90**, 848). Fehlen einer BauErlaubn für das verkaufte Haus, ja (BGH NJW **79**, 2243). Baurechtl Unzulässigk der ausgeübten Nutzg, ja (BGH NJW-RR **88**, 1290). Baurechtl Verbot, den für die gewerbl Nutzg erforderl Kamin zu errichten, ja (BGH NJW-RR **88**, 395). Plang, nach der das Grdst zur Straßenerweiterg in Anspr genommen w soll, ja BGH **LM** Nr 45). Mitverkauf von Sachen, die noch einem Dr gehören, ja (BGH WM **81**, 79). Pläne des Nachbarn zu einem sichtbehindernden Umbau, ja (BGH NJW **93**, 1324). Jahrzehntelange schikanöse Belästig dch Nachbarn, ja (BGH NJW **91**, 1675). – **(3) Andere Kaufobjekte.** Versichergsrechtl ausgesteuerte Augenerkrankg des verkauften Dressurpferdes, ja (Nürnb OLGZ **84**, 121). MwSteuerrückstand bei Verkauf eines Untern, ja (Köln NJW-RR **94**, 1064). Besonderh der Honorarstruktur beim Verkauf einer Arztpraxis, nein (BGH NJW **89**, 763). Verhältn des Schu beim Verkauf einer Fdg, idR nein (BGH WM **75**, 157). Wertlosigk der verkauften Hyp, ja (RG JW **21**, 680). Bestehen einer Weiterverkaufsmöglichk zum Preis von 8,3 Mio DM bei einem Kaufpreis von 10 000 $, ja bei einem besonderen Vertrauensverhältn (BGH **LM** Nr 52). Sinken des Listenpreises zw Abschluß der Verhdlgen u Unterzeichng des Vertr, wenn die Part als Preis 70% des Listenpreises vereinbart haben, nein (BGH NJW **83**, 2493).

dd) Weitere Einzelfälle. Bedenken des Finanzamtes gg die in der Werbg herausgestellten Steuervorteile, **9** ja (Düss NJW-RR **86**, 320). Erhebl Vorstrafen bei einem Vertr über die gewerbl Nutzg eines Adelsnamens, ja (BGH NJW-RR **91**, 440), dagg beim VersVertr idR nein (BGH VersR **86**, 1090) u auch beim ArbVertr nein (Rn 6). Angebl GesundhGefährdg dch elektromagnet Funkwellen, nein bei MietVertr mit Betreiber eines Mobilfunknetzes (Karlsr NJW **94**, 2101). ProvAnspr des **Maklers** gg den Verkäufer, wenn er dch einen VertrSchluß mit dem Käufer einen weiteren ProvAnspr erwerben will, ja (Ffm NJW-RR **88**, 1199), Anspr des Finanzmaklers auf „packing" gg die Bank, ja, wenn auch der KreditNeh ein Entgelt zahlen soll (Stgt NJW **82**, 1599). Bedenken des Gläub gg den Erfolg der geplanten Sanierg od die Kreditwürdigk des HauptSchu, nein im Verhältn zw Gläub u **Bürgen** (BGH NJW **88**, 3205, Köln NJW-RR **90**, 756, s aber § 276 Rn 85). Zusammenleben mit einem and Partner, bei vertragl Regelg des **Unterhalts,** nein (BGH NJW-RR **86**, 1259). **Versicherungsverträge.** Bestehen einer Mehrzahl von ähnl Versichergen od der Künd von entspr Vertr, uU ja (Düss VersR **72**, 197, Kbiz VersR **81**, 31, Ffm VersR **93**, 568). Vorerkrankgen bei Abschluß einer KrankenVers, Frage des Einzelfalls (BGH NJW-RR **95**, 216, Karlsr u Köln VersR **92**, 1251). Hat der VersNeh einen umfangreichen Fragenkatalog richtig beantwortet, braucht er idR keine weiteren Umst ungefragt zu offenbaren (BGH **117**, 385). Beruht die unricht Antwort möglicherw auf einer mehrdeut Fragestellg, geht das iZw zu Lasten des Versicherers (Ffm NJW-RR **92**, 1248).

d) Die Täuschg ist idR *ipso facto* **rechtswidrig.** Sie kann ausnw rechtmäß sein, wenn die gestellte Frage **10** unzul war. Bei unzul Fragen darf der Befragte die Antwort nicht nur verweigern, sond auch eine unricht Antwort geben (BAG NJW **58**, 516). Vorstrafen brauchen gem BZRG 51 nicht offenbart zu w, wenn sie gem BZRG 30 nicht in ein polizeil Führgszeugn aufzunehmen sind. Fragen nach Vorstrafen sind auch iü ggü ArbSuchden nur zul, wenn u sow die Art des zu besetzden ArbPlatzes dies erfordert, die Strafe also „einschlägig" ist (BAG NJW **58**, 516, BB **70**, 803). Unzul sind Fragen nach GeschlechtsVerk od letzter Regel

(LAG Düss DB **71**, 2071), ebso nach PartZugehörigk u Konfession (Falkenberg BB **70**, 1014, Hümmerich BB **79**, 428, s auch § 611 Rn 6), uU auch nach fr Einkommen (BAG DB **84**, 298). Zul dagg Fragen nach Mitarbeit im Stasi (ArbG Darmstadt BB **94**, 2495), nach SchwerbehindertenEigensch (BAG NJW **94**, 1363) u nach gesundheitl Behindergen, aber nur soweit ein schutzwürdiges Interesse an der Unterrichtg besteht (BAG NJW **85**, 645). Nach dem Bestehen einer Schwangersch darf nicht mehr gefragt w (s EuGH NJW **94**, 2077), auch dann nicht, wenn sich nur Frauen beworben haben (s EuGH NJW **91**, 629, BAG NJW **93**, 1154). And ist es nur, wenn ein befristetes ArbVerhältn begründet werden soll u die Aufn der Tätigk währd der Laufzeit des Vertr gg SchutzVorschr des MuSchG verstößt (Schulte Westenberg NJW **95**, 761).

11　　**e) Arglist** erfordert einen Täuschgswillen. Der Handelnde muß die Unrichtigk seiner Angaben kennen. Bedingter Vorsatz genügt (RG **134**, 53); er ist gegeben, wenn der Handelnde, obwohl er mit der mögl Unrichtigk seiner Angaben rechnet, **ins Blaue hinein,** unrichtige Behauptgen aufstellt (BGH **63**, 386, NJW **77**, 1055, **81**, 864, 1441, NJW-RR **86**, 700). Guter Glaube schließt dagg idR auch dann Arglist aus, wenn dem Handelnden grobe Fahrlässigk zur Last fällt (BGH NJW **80**, 2461; zu Anspr aus c. i. c. s § 276 Rn 78 ff). Bei einer „ins Blaue hinein" abgegebenen obj unricht Erkl liegt aber trotz guten Glaubens Arglist vor, wenn der Handelnde das Fehlen einer zuverläss BeurteilsGrdl nicht offenlegt (BGH NJW **80**, 2461, **81**, 1441, Celle NJW-RR **87**, 744). Der Handelnde muß wissen, daß der and Teil dch die Täuschg zur Abgabe einer WillErkl best w, dh daß dieser bei wahrgem Erkl nicht od nur zu and Bdggen abgeschlossen hätte (Hamm NJW-RR **95**, 286). Auch insoweit genügt bedingter Vorsatz, dh die Vorstellg, die unricht Erkl könne möglicherw für die Willensbildg des and Teils von Bedeutg sein (BGH NJW **57**, 988, **71**, 1795, 1800). Arglist erfordert keinen SchädiggsVors (BGH NJW **74**, 1505). Sie ist aber ausgeschl, wenn der Handelnde nachweisl nur das Beste des and Teils gewollt hat (BGH **LM** Nr 9, str, aA v Lübtow FS Bartholomeyczik, 1973, S 269).

12　　**f) Person des Täuschenden (II). – aa)** Nicht empfangsbedürft WillErkl (Bsp: Auslobg) sind anfechtb, gleichgült, wer die Täuschg verübt hat. Bei empfangsbedürft WillErkl ist dagg zu unterscheiden. Hat der ErklEmpfänger od einer seiner Hilfspersonen getäuscht, besteht ein AnfR. Ist die Täuschg von einem Dr verübt worden, kann die Erkl nur angefochten w, wenn der ErklEmpfänger die Täuschg kannte od hätte kennen müssen. Es genügt jede Fahrlässigk (§ 122 Rn 5). Bestehen Anhaltspkte dafür, daß die WillErkl nicht einwandfrei zustande gekommen ist, muß der ErklEmpfänger diesen nachgehen (BGH NJW-RR **92**, 1006). Begründet die Erkl unmittelb ein Recht für einen Dr, so kann auch angefochten w, u zwar ggü dem Dr, wenn der Dr die Täuschg kannte od kennen mußte (II S 2). Der Vertr zGDr ist anfechtb, wenn der Dr getäuscht hat (RG **158**, 328), jedoch begründet beim LebensVersVertr die Täuschg dch den widerrufl Bezugsberecht kein AnfR (Hamm VersR **88**, 459). Den gem § 415 geschlossenen SchuldÜbernVertr kann der vom Schu argl getäuschte Übernehmer trotz Gutgläubigk des Gläub anfechten (BGH **31**, 326, str). –

13　　**bb) Dritter** iSv § 123 II ist nur der am Gesch Unbeteiligte. Kein Dr ist, wer auf seiten des ErklGegners steht u maßgebl am Zustandekommen des Vertr mitgewirkt hat. Das trifft zu für den Vertreter (RG **101**, 98, BGH **20**, 39, NJW **74**, 1505), den VersAgenten (VVG 43), auch wenn er seine Vollm überschritten hat (RG JW **28**, 1740), den Strohmann einer Part (RG HansGZ **34** B 687), den vollmlosen Vertreter, wenn die Part den VertrSchl genehmigt (RG **76**, 108, BGH WM **79**, 237), nach dem RGedanken des § 278 auch für den VhdlgsGehilfen, der ohne AbschlVollm an den Vhdlgen mitwirkt (BGH NJW **62**, 2195, **78**, 2144, **89**, 2880), nicht aber für den an den VertrVhdlgen unbeteiligten Begünstigten (Hamm VersR **88**, 459), es sei denn, er

14　　benutzt den gutgl Verhandelnden argl als Werkzeug (BGH NJW-RR **89**, 1183, NJW **90**, 1915). – **cc) Einzelfälle:** Keine Dritte sind etwa: der Verkäufer, der als VertrauensPers des DarlG auftritt (BGH **47**, 228, NJW **79**, 1594), der Lieferant, der für den LeasingG verhandelt (BGH NJW **89**, 287), der GmbHGesellschter, der sein WeisgsR dazu mißbraucht, einen GeschPartner der GmbH in mittelb Tätersch zu täuschen (BGH NJW **90**, 1915), der Schu, der ggü dem Bürgen als Beauftragter (Köln OLGZ **68**, 131) od VertrauensPers des Gläub auftritt (s BGH NJW **62**, 1907). Es genügt aber nicht, daß der Gläub die BürgschUrk entworfen u den Anstoß für die Vhdlgen gegeben hat (BGH NJW-RR **92**, 1006). Der DarlN, der seine Ehefr veranlaßt, die Mithaftg für einen Kredit zu übernehmen, handelt im eig Interesse u ist nicht VhdlgsGehilfe der Bank (LG Ulm WM **84**, 27). Der Vermittler (Makler) ist idR Dr (RG **101**, 97, BGH **33**, 309, WM **86**, 1032). Das gilt auch für den Anlagenberater, der den Beitritt zu einer AbschreibgsGesellsch vermittelt (Immenga BB **84**, 5). And liegt es aber, wenn der Makler nicht die Interessen beider Part wahrnimmt, sond die Vhdlgen für eine Part führt (KG NJW-RR **90**, 399). VersAgent, der den Antr falsch ausfüllt, um sich eine Prov zu erschleichen, ist im Verhältn zum VersN Dr (Hamm VersR **74**, 562).

15　　**3) Widerrechtliche Drohung. – a) Drohung** ist das Inaussichtstellen eines künft Übels (BGH **2**, 295, NJW **88**, 2599); sie muß den Erklärden in eine Zwangslage versetzen (arg § 124 II). Die Anwendg unmittelb Gewalt (gewaltsames Führen der Hand bei der Unterschrift) fällt nicht unter § 123, da hier schon tatbestandl keine WillErkl vorliegt (s BGH DB **75**, 2075). – **aa)** Als **Übel** genügt jeder Nachteil. Es kann sich auf den Bedrohten beziehen, aber auch auf eine and Pers (RG **60**, 373, BGH **25**, 218). Gleichgült ist, ob das Übel materieller od ideeller Natur ist. Auch in der Ankündigg der ordentl Künd eines ArbVertr liegt eine Drohg (BAG NJW **94**, 1021, aA Bauer NJW **94**, 980). Ist der angedrohte Nachteil geringfüg, so bedarf die Kausalität der Drohg (Rn 24) einer eingehden Prüfg. Zeitdruck allein rechtfertigt weder eine direkte noch

16　　eine analoge Anwendg des § 123 (BAG NJW **94**, 1021). – **bb)** Beim Bedrohten muß der Eindruck entstehen, daß der Eintritt des Übels vom **Willen des Drohenden abhängig** ist (BGH **2**, 295, **LM** Nr 23). Der Hinw auf eine obj bestehde Zwangslage genügt nicht (BGH **6**, 351), ebsowenig die Mitteilg einer bereits vollzogenen Maßn. Gedroht werden kann auch mit einem rechtsw Unterlassen so etwa, wenn der zur Beseitigg eines Nachteils Verpflichtete ankündigt, den Nachteil bestehen zu lassen (s RGSt **14**, 265). Es genügt eine nicht ernst gemeinte Drohg, sofern der Bedrohte sie für ernst hält u halten soll (BGH NJW **82**,

17　　2302). – **cc)** Die Drohg muß nicht ausdr erfolgen; auch eine **versteckte** Drohg ist tatbestdmäß (Staud-Dilcher Rn 51). Sie kann etwa in einem Hinw od einer Warng enthalten sein; das Ausnutzen einer Zwangsla-

18　　ge (Angst vor Strafanzeige) genügt aber nicht (BGH NJW **88**, 2599). – **dd)** Die **Person des Drohenden** ist gleichgült; die Drohg kann auch von einem Dritten ausgehen (BGH NJW **66**, 2399). Die Beschränkgen des

§ 123 II gelten für den Fall der Drohg nicht. Es ist mögl, daß eine ganze Bevölkergsgruppe, wie im NS-Staat die Juden, von einer Kollektivdrohg betroffen sind (KG SJZ **47**, 257, BAG RzW **59**, 502). Die sich aus den VerfolggsMaßn der NS-Zeit ergebden Anspr haben aber dch die RückerstattgsGes der MilReg eine Sonderregelg gefunden, die dem § 123 als lex specialis vorgehen (BGH **10**, 340).

b) Widerrechtlichkeit der Drohung. Sie kann sich aus dem angedrohten Mittel, dem erstrebten Zweck **19** od der Zweck/Mittel-Relation ergeben (s BGH **25**, 217, LM Nr 32): – **aa) Widerrechtlichkeit des Mittels.** Bei Drohg mit einem rechtsw Verhalten ist die Willensbeeinflussg widerrechtl, auch wenn sie der Dchsetzg eines bestehden Anspr dient (BGH **LM** Nr 32). Die Drohg mit einem strafb od sittenw Verhalten berecht daher stets zur Anf (Soergel-Hefermehl Rn 45). Entspr gilt für die Drohg mit einem VertrBruch (RG **108**, 104, BGH WM **83**, 1019) od einem sonst rechtsw Verhalten, etwa der Drohg, die NotAufn im Krankenhaus erfolge nur, wenn der Patient ein Formular über eine Wahlleistg unterzeichne (Köln VersR **82**, 677). Dabei ist allerdings von der Sicht des Drohden auszugehen: Hält er das angedrohte obj vertrwidr Verhalten in vertretb Würdigg für erlaubt, entfällt die Widerrechtlich des Mittels (BGH **LM** Nr 28). Das AnfR kann sich dann, wenn überhaupt, nur aus der Mittel/Zweck-Beziehg ergeben (Rn 21). Rechtmäß ist die Drohg mit der Anrufg des Ger (BGH **79**, 143), auch wenn der geltd gemachte Anspr obj nicht besteht (BGH WM **72**, 946), jedoch kann es im Einzelfall und liegen (Karlsr OLGZ **86**, 94), mit ZwVollstr (BGH WM **84**, 1249), mit Enteigng (BayObLG **91**, 229), mit einer Strafanzeige (BGH **25**, 219) od einer vertragl zul Künd (BGH DB **78**, 1174). Wirkt ein GerVorsitzder mit der Drohg auf einen Vergl hin, andf werde ohne erneute Beratg ein ungünst Urt ergehen, soll diese Drohg wg Verstoßes gg ZPO 156 rechtsw sein (BGH NJW **66**, 2399). Das überzeugt schon deshalb nicht, weil das Verf des Ger prozessual nicht zu beanstanden war (s Schneider aaO, Kubisch NJW **67**, 1605).

bb) Widerrechtlichkeit des Zweckes. Die Willensbestimmg dch Drohg ist widerrechtl, wenn der **20** erstrebte Erfolg rechtsw ist. Hierzu genügt entgg der älteren Rspr (RG JW **05**, 134) nicht, daß der Drohde keinen RAnspr auf die erstrebte WillErkl h (RG **166**, 44, BGH **2**, 296, **25**, 219, BAG NJW **70**, 775). Der erzwungene Erfolg muß vielmehr verboten od sittenw sein. Damit ist diese Fallgruppe nach §§ 134, 138 prakt wenig bedeuts. Macht der RAnw die Weiterführg des Mandats von der Vereinbg eines Sonderhonorars abhäng, ist sein Verhalten nicht ow rechtsw (BGH **LM** Nr 49).

cc) Inadäquanz von Mittel und Zweck. Die Willensbeeinflussg dch Drohg ist auch dann widerrechtl, **21** wenn zwar Mittel u Zweck für sich betrachtet nicht anstöß sind, aber ihre Verbindg – die Benutzg dieses Mittels zu diesem Zweck – gg das Anstandsgefühl aller billig u gerecht Denkden verstößt (BGH **25**, 220, NJW **83**, 384, BAG NJW **70**, 775). Bei Drohg mit einem an sich erlaubten Mittel (Klage, sonst RBehelf, StrafAnz, Künd) ist die Widerrechtlich grdsl ausgeschl, wenn der Drohde einen RAnspr auf den erstrebten Erfolg hat (RG **110**, 384, BGH **25**, 219). Ands macht nicht schon das Fehlen eines RAnspr die Drohg rechtsw (Rn 20). Entscheidd ist, ob der Drohde an der Erreichg des verfolgten Zweckes ein berecht Interesse hat u die Drohg nach Treu u Glauben noch als ein angem Mittel zur Erreichg dieses Zweckes anzusehen ist (BGH **2**, 297, NJW **83**, 384, BAG NJW **70**, 775). Die Drohg mit einer StrafAnz, die dem Angeh des Täters zur Wiedergutmachg des Schadens veranlassen soll, ist grdsl unzul (Karlsr VersR **92**, 703). And kann es liegen, wenn der Angeh Nutznießer war od der Teiln verdächtig ist (BGH **25**, 221, WM **73**, 36, 575, krit MüKo/Kramer Rn 38). Nutzt der Geschädigte, ohne zu drohen, die Angst des Angeh vor einer Anzeige aus, ist § 123 nicht anwendb, möglw aber § 138 (BGH NJW **88**, 2601). Erforderl ist eine umfassde Würdigg aller Umst (BGH **LM** Nr 32), der die zZ der Drohg herrschden Anschauungen zu Grde zu legen sind. Dabei ist von der Sicht des Drohden auszugehen; nimmt er in vertretb Beurteilg an, daß sein Vorgehen rechtmäß ist, entfällt die Widerrechtlich (BGH **LM** Nr 28, BAG NJW **70**, 775, sehr str, aA Medicus AT Rn 820). Dem Drohden ist aber neben seinem tatsächl Wissen auch die Kenntn zuzurechnen, die er bei der Sachlage gebotenen weiteren Aufklärg hätte erlangen können (BAG NJW **83**, 2783). Tats- u RIrrt stehen grdsl gleich (BGH **LM** Nr 28 aE, mißverständl BGH **25**, 224). Unbeachtl ist jedoch der Irrt darü, ob die Drohg im konkreten Fall von der ROrdng mißbilligt w (BGH **LM** Nr 28 aE, WM **82**, 823). – **Einzelfälle:** AnfR **22** **verneint:** Vergl über einen aus der Sicht des Geschädigten angem SchadErsBetr nach Drohg mit StrafAnz (RG **112**, 228); SchuldAnerkenntn nach Drohg mit StrafAnz (BAG **AP** § 781 Nr 1); AuseinanderSVergl zw Eheg nach Drohg mit StrafAnz wg Bigamie, sofern Leistgn sich im Rahmen des Angem halten (RG **166**, 44); Verz auf MaklerProv ggü Verkäufer bei Aufrechterhaltg des Anspr gg den Käufer nach Drohg mit NichtVerk des Grdst (BGH NJW **69**, 1627); ZuzahlgsVerspr des Maklers nach Drohg mit NichtAbschl des KaufVertr (BGH NJW **83**, 2495, aA LG Ffm NJW-RR **92**, 1274); vorbehaltlose Abn eines mangelh Hauses nach Drohg, das Haus werde nur iF der Abn übergeben (BGH NJW **83**, 384); Einwillig in Adoption dch Mutter nach Drohg, sie w andf aus dem Elternhaus verstoßen (BGH **2**, 295); Bürgsch für weitere Verbindlichk nach Drohg, andf der Bü aus fr Bürgsch in Anspr genommen (BGH **LM** Nr 28); Vereinbg eines höheren RA-Honorars als das gesetzl nach Drohg mit Mandatsniederlegg, sofern das vereinb Honorar angem (BGH **LM** Nr 49); Drohg mit fristloser oder ordentl **Kündigung des Arbeitsvertrages,** sofern die Künd aus der Sicht eines verständ ArbG vertretb war (BAG NJW **70**, 775, **94**, 1021, **AP** Nr 21; Aufhebgs-Vertr nach Drohg mit Strafanzeige wg einer Straftat, die in innerem ZusHang mit dem ArbVerh steht (BAG DB **85**, 1485, NZA **87**, 921, Ehrich DB **92**, 2240). AnfR **bejaht;** GrdstVerkauf nach Drohg mit Nichteinlösg eines Wechsels (BGH **LM** Nr 32); vorbehaltlose Anerkenng einer Abrechng nach Drohg, andf w das Haus nicht übergeben (BGH NJW **82**, 2302, s aber auch BGH NJW **83**, 384).

c) In subj Hins erfordert § 123 I den **Willen** des Drohden, den and Teil zur Abgabe einer WillErkl zu **23** bestimmen. Der Drohde muß sich bewußt gewesen sein, daß sein Verhalten die Willensbildg und Teils beeinflussen kann (RG **104**, 80, **108**, 104, BGH **LM** Nr 28). Er muß den Zweck verfolgt haben, eine WillErkl mit etwa dem Inh herbeizuführen, wie sie tatsächl abgegeben worden ist (s Hbg MDR **47**, 253, BAG BB **78**, 1467). Nicht erforderl ist ein Schädiggsvorsatz des Drohden od seine Schuldfähig (Soergel-Hefermehl Rn 51).

4) Die Täuschg od Drohg muß für die WillErkl **ursächlich** geworden sein. Das ist der Fall, wenn der **24** Getäuschte (Bedrohte) die WillErkl ohne die Täuschg (Drohg) überhaupt nicht, mit einem and Inh (BGH

NJW **64**, 811) od zu einem and Ztpkt (RG **134**, 51, BGH **2**, 299) abgegeben hätte. Kein UrsZushang besteht, wenn der Getäuschte (Bedrohte) die WillErkl aGrd eig selbstd Überlegen unabhäng von der Täuschg (Drohg) abgegeben hat (BGH WM **57**, 1363, **74**, 1023). Es genügt aber, daß die Täuschg (Drohg) mitursächl war (RG **77**, 314, BGH **2**, 299). Das kann zu bejahen sein, wenn der Anfechtde die Täuschg erkannt, sich aber über ihr Ausmaß geirrt hat (BGH DB **76**, 141). MitVersch od eig Argl des Anfechtden steht der Anf nicht entgg (BGH **33**, 310, NJW **71**, 1798), ist aber gem § 254 ggü einem etwaigen SchadErsAnspr zu berücksichtigen. And als bei der IrrtAnf hat die Anf gem § 123 nicht zur Voraussetzg, daß der Getäuschte (Bedrohte) die Erkl „bei verständiger Würdigg des Falles" nicht abgegeben haben würde (RG **81**, 16, BGH NJW **67**, 1222). Bestand eine Verpfl zur Abgabe der Erkl, war die Täuschg (Drohg) unbedeutd od – etwa wg offensichtl Unglaubwürdigk – zur Willensbeeinflussg wenig geeignet, w der UrsZushang aber idR nicht nachweisb sein, da iZw anzunehmen ist, daß der Erklärde sich von vernünft Erwäggn hat leiten lassen. Die Ursächlichk kann iW des AnscheinsBew bejaht w, wenn die Täuschg (Drohg) nach der Lebenserfahrg geeignet ist, die Erkl zu beeinflussen (BGH NJW **58**, 177, **95**, 2361, str, einschränkd BGH NJW **68**, 2139: kein AnscheinsBew bei individuell geprägte Verhaltensweisen).

25   **5) Rechtsfolge und Konkurrenzen. – a)** Die Täuschg (Drohg) macht die WillErkl **anfechtbar** (Übbl 33 v § 104). Die WillErkl gilt zunächst, der Getäuschte (Bedrohte) kann sie aber dch Anf vernichten. Die Anf ist ausgeschl, wenn die Interessen des Getäuschten im Ztpkt der Anf nicht mehr beeinträchtigt w (BAG BB **88**, 632, Ffm NJW-RR **86**, 1205), so etwa, wenn die BauGen, deren Fehlen verschwiegen worden ist, erteilt w (BGH WM **83**, 1055). Die Anf ist aber wirks, wenn der AnfGrd in dem Ztpkt, in dem über sie zu entscheiden ist, wieder vorliegt (BGH NJW **92**, 2346). Zur Wirkg der Anf u zur TeilAnf s bei § 142; zur AnfErkl, zur AnfBerechtigg u zum AnfGegner s bei § 143. Bereits erbrachte Leistgn sind gem § 812 zurückzugewähren. Ist der KaufGgst untergegangen, kann der Getäuschte (Bedrohte) gleichwohl seine Leistg zurückfordern; die im BereichergsR sonst geltde Saldotheorie ist zu seinen Gunsten eingeschränkt (§ 818 Rn 49). Die Restitutionsregel des **VermG** verdrängt in ihrem Anwendgsbereich eine Anf wg Drohg od Täuschg (BGH **118**, 34, EG 232 § 1 Rn 6). – **b)** Das AnfR gem § 123 konkurriert häuf mit einem SchadErsAnspr aus **unerlaubter Handlung** (§ 823 II iVm StGB 263, 240 bzw § 826). Der Anspr geht auf das sog negative Interesse (Köln NJW-RR **94**, 1066, Vorbem 17 v § 249). Das ErfInteresse kann der Getäuschte (Bedrohte) verlangen, wenn er nachweist, daß der Vertr ohne die Täuschg (Drohg) gleichfalls, aber zu günstigeren Bdgggen abgeschl worden wäre (RG **103**, 49, 159, BGH DB **69**, 877). Die Einr aus § 853 steht dem Getäuschten (Bedrohten) auch nach Ablauf der Fr des § 124 zu (dort Rn 1). – **c)** Täuschg u Drohg begründen idR zugleich eine Haftg aus **culpa in contrahendo** mit der Folge, daß der Getäuschte (Bedrohte) gem § 249 die Rückgängigmach des Vertr verlangen kann. Die Anspr des Getäuschten (Bedrohten) aus dieser AnsprGrdl w dch den Ablauf der Fr des § 124 nicht berührt (dort Rn 1). Da für Anspr aus c.i.c. jedes Verschulden genügt, besteht im Ergebn auch nach **fahrlässiger Täuschung** idR die Möglichk, als SchadErs (Naturalrestitution) die Rückgängigmach des Vertr zu verlangen (§ 276 Rn 78). – **d)** Neben dem AnfR aus § 123 kann zugleich ein **Anfechtungsrecht wegen Irrtums** (§ 119) bestehen. Der Erklärde kann wählen, welches AnfR er ausüben will. Ob die Anf wg argl Täuschg die wg Irrt mitumfaßt, ist Frage der Auslegg (BGH **34**, 39, **78**, 221, § 143 Rn 3). – **e)** **Sachmängelansprüche** (§§ 459 ff) schließen die Anf gem § 123 nicht aus (BGH NJW **58**, 177, Saarbr NJW-RR **89**, 1212). Eine RücktrErkl schließt die Anf nicht aus (Mü NJW **53**, 124, Hbg MDR **66**, 49), ebsowenig ein Wandlgsbegehren (BGH **110**, 222), wohl aber der Vollzug der Wandlg (Giesen zu BGH NJW **71**, 1795). – **f)** Verhältn zu § 138 s dort Rn 15.

30   **6)** Der Anfechtde trägt die volle **Beweislast** für alle Voraussetzgen des § 123 (BGH NJW **57**, 988, **LM** Nr 23 u 47). Wird die Anf auf ein Verschw gestützt, muß der Gegner behaupten, wann u wie er die erforderl Aufkl gegeben hat; alsdann ist es Sache des Anfechtden, diese Behauptgen zu widerlegen (s BGH VRS **31**, 324, **LM** Nr 47, Köln NJW-RR **92**, 910). Das gilt auch dann, wenn der Gegner sich damit verteidigt, er habe den zunächst entstandenen Irrt vor Abschl des Vertr dch Aufkl des Anfechtden beseitigt (BGH **LM** Nr 47). Auch für die Argl u die Tats, die die Widerrechtlichk der Drohg begründen, ist der Anfechtde bewpflicht (BGH NJW **57**, 988, **LM** Nr 23, WM **83**, 1019, Köln NJW **83**, 1200). Die Ursächlichk der Täuschg (Drohg) kann er aber uU iW des AnschBew nachweisen (Rn 24). Ist eine AufklPfl verletzt worden, muß der Verletzer uU beweisen, daß die Erkl auch bei gehöriger Aufkl abgegeben worden wäre (BGH **61**, 118, § 282 Rn 15).

124 *Anfechtungsfrist.* **I** Die Anfechtung einer nach § 123 anfechtbaren Willenserklärung kann nur binnen Jahresfrist erfolgen.

II Die Frist beginnt im Falle der arglistigen Täuschung mit dem Zeitpunkt, in welchem der Anfechtungsberechtigte die Täuschung entdeckt, im Falle der Drohung mit dem Zeitpunkt, in welchem die Zwangslage aufhört. Auf den Lauf der Frist finden die für die Verjährung geltenden Vorschriften des § 203 Abs. 2 und der §§ 206, 207 entsprechende Anwendung.

III Die Anfechtung ist ausgeschlossen, wenn seit der Abgabe der Willenserklärung dreißig Jahre verstrichen sind.

1   **1) Allgemeines.** Die Fr des § 124 sind AusschlFr. Ihre Einhaltg ist im Proz vAw zu beachten. VerjRegeln finden nur iRv § 124 II 2 Anwendg. Der Ablauf der Fr des § 124 schließt sonstige Anspr des Getäuschten (Bedrohten) nicht aus. Erfüllt die Täuschg (Drohg) den Tatbestd einer unerl Hdlg, kann der Getäuschte dem VertrGegner auch nach Ablauf der AnfFr die Einrede aus § 853 entgghalten (BGH NJW **69**, 604). Stellt die Täuschg (Drohg) zugl eine c.i.c. dar (§ 123 Rn 27), bleibt der Anspr aus diesem RGrd auch nach Ablauf der AnfFr bestehen (BGH NJW **62**, 1198, **79**, 1983, **84**, 2815, aA Hamm NJW-RR **95**, 205). Dagg kann ein dch FrAblauf erloschenes AnfR nicht ow aGrd des § 242 weiterhin geltd gemacht w. Die Täuschg (Drohg) begründet wg der Sonderregel in §§ 123, 124 für sich allein nicht den Einwand unzul RAusübg (BGH NJW **69**, 604). – Die Fr des § 124 gilt auch für die Anf von ArbVertr (BAG DB **84**, 298). Die Anf kann aber gem § 242 ausgeschl sein, falls der AnfGrd für die VertrDchführg keine Bedeutg mehr hat (BAG NJW **70**, 1565).

2) Die Anfechtungsfrist. – a) Sie **beginnt** iF der Täuschg, sobald der AnfBerecht vom Irrt u vom argl 2
Verhalten des and Teils Kenntn erlangt hat. Ein bloßer Verdacht od Kennenmüssen genügt nicht (BGH
WM **73**, 751). Nicht erforderl ist, daß der AnfBerecht alle Einzelh der Täuschg kennt, der GesEindruck
entscheidet (RG JW **38**, 2202, s auch § 121 Rn 2). Im Fall der Drohg beginnt die AnfFr mit dem Aufhören
der Zwangslage. Diese endet mit Eintritt des angedrohten Übels (s RG **90**, 411), od dadch, daß mit dem
Eintritt des Übels nicht mehr ernsth zu rechnen ist (s RG **60**, 374). Dabei ist vom subj Standpunkt des
Bedrohten auszugehen. – **b)** Bei **nicht empfangsbedürftigen** WillErkl (Bsp: Auslobg) beginnt die AnfFr 3
erst, wenn ein AnfGegner (§ 143 Rn 7) vorhanden ist (allgM). – **c) Fristberechnung** s §§ 186 ff; Hemmg 4
der Fr nach § 124 II 2 wg höherer Gewalt, fehlder GeschFgk u Erbgangs s bei §§ 203 II, 206 u § 207. Die
AnfFr wird nur gewahrt, wenn die AnfErkl vor FrAblauf zugeht; § 121 I S 2 ist nicht entspr anwendb. –
d) Zur Fr des § 124 III s § 121 Rn 5.

3) Der AnfGegner trägt für alle Voraussetzgen des Erlöschens des AnfR die **Beweislast**; er muß daher 5
auch beweisen, wann der AnfBerecht von der argl Täuschg Kenntn erlangt hat (BGH NJW **92**, 2348).

125 *Nichtigkeit wegen Formmangels.* **Ein Rechtsgeschäft, welches der durch Gesetz vorgeschriebenen Form ermangelt, ist nichtig. Der Mangel der durch Rechtsgeschäft bestimmten Form hat im Zweifel gleichfalls Nichtigkeit zur Folge.**

1) Allgemeines. – a) RGesch bedürfen grdsl keiner Form. Das Ges erleichtert damit den RVerk u trägt 1
den Gegebenh des modernen Güter- u Leistgsaustausches Rechng. Soweit das Ges den **Grundsatz der
Formfreiheit** einschr, verfolgt es idR den Zweck, den Erklärden wg der Risiken des Gesch vor übereilten
Bindgen zu schützen **(Warnfunktion)** od klarzustellen, ob u mit welchem Inh das Gesch zustande gekom-
men ist **(Klarstellungs- und Beweisfunktion).** Typischerw verfolgt das Formerfordern beide Zwecke.
Die not Beurk soll darü hinaus eine sachkund Beratg u Belehrg der Beteil sicherstellen **(Beratungsfunk-
tion).** Ausnw kann die FormVorschr auch den Zweck haben, eine wirks behördl Überwachg zu gewährlei-
sten **(Kontrollfunktion).** Ein Bsp hierfür ist GWB 34, der für wettbewerbsbeschränkte Abreden die
Schriftform vorschreibt (s BGH **53**, 306, NJW **78**, 822, Hesse GRUR **84**, 324). Die gesetzl FormVorschr
sind aber ggü dem zGrde liegden Schutzzweck verselbständigt. Sie gelten auch dann, wenn ihr Zweck im
Einzelfall auf and Weise erreicht worden ist (s BGH **16**, 335, **53**, 194 zu § 313, MüKo/Förschler Rn 5).

b) Das Ges unterscheidet folgde **Arten der Formen:** 1. Schriftform (§ 126). 2. Notarielle Beurk (§ 128). 2
Teilw w zusätzl die gleichzeit Anwesenh der Beteil gefordert, so beim EheVertr (§ 1410) u beim ErbVertr
(§ 2276). 3. Öffentl Beglaubigg der Unterschrift (§ 129). Daneben gibt es einz bes Formen, so für die Aufl
(§ 925), das eigenhänd Test (§ 2231) u die Eheschließg (EheG 11, 13). Bei rechtsgeschäftl Formabreden
können die Part die einzuhaltde Form frei bestimmen, sie vereinb aber idR eine der gesetzl Formen.

c) Anwendungsbereich. § 125 gilt für alle FormVorschr des PrivR. Er ist im öffR entspr anwendb. 3
VerpflErkl der **Gemeinden** bedürfen nach dem GemO der Länder idR der Schriftform, der eigenhänd
Unterzeichng dch ein od zwei best Organwalter u zT noch weiterer Förmlichk (Beifügg des Dienstsiegels
od der Amtsbezeichng). Ausgen hiervon sind – außer in *Bay* – Gesch der laufden Verw (s hierzu BGH **14**,
93, **21**, 63, **32**, 378, Celle OLGZ **76**, 441). Ausgen hiervon sind idR auch Gesch ist idR außerdem eine Gen der GwBeh
erforderl (s GemO *BaWü* §§ 54, 94; *Bay* Art 38 II, 71–73; *Hess* §§ 71 II, 109 III; *Nds* §§ 63, 100; *NRW* §§ 56,
80; *RhPfl* § 49; *Saarl* §§ 57, 94; *SchlH* §§ 50, 57, 61, 93). Diese Bestimmgen sind nicht als Formvorschriften
aufzufassen, da der Landesgesetzgeber keine Kompetenz zum Erlaß von Formvorschriften hat (EG 55, 3).
Sie stellen vielmehr **Zuständigkeitsregelungen** (Regelgen der Vertretg) dar. Ihre Beachtg ist Voraussetzg 4
dafür, daß die GemOrgane wirks als Vertreter handeln können; ihre Nichteinhaltg führt daher nicht zur
Anwendg des § 125, sond der §§ 177 ff (BGH **32**, 380, **97**, 226, NJW **94**, 1528, Hamm NJW-RR **95**, 274,
BAG **AP** Nr 7, § 178 Rn 7, aA Zilles NVwZ **94**, 113). Fehlt das Dienstsiegel, kann die Urk zurückgewiesen
w. Geschieht das nicht, ist das Fehlen des Siegels privatrechtl unschädl (BAG NVwZ **88**, 1167). Ähnl
scheinb als FormVorschr ausgestaltete ZuständigkRegelgen bestehen für d öffr Körpersch, so auch für
KirchenGem (Hamm NJW-RR **92**, 1402, Köln NJW-RR **94**, 211). Soweit sie Sparkassen betreffen, handelt
es sich aber um wirkl FormVorschr, deren RGrdl EG 99 ist (BGH WM **78**, 895, NJW **58**, 866).

d) Trotz Fehlens der vorgeschriebenen Förmlichk kann die Körpersch ausnw nach **Treu u Glauben** an 5
der abgegebenen Erkl festgehalten w. Dabei ist zu unterscheiden: – **aa)** Sind für die Körpersch unzust
Organe aufgetreten od fehlt eine Gen, bindet die Erkl nicht, da öffr ZustdgkRegelgen nicht unter Berufg auf
§ 242 außer acht gelassen w können (BGH **47**, 39, **92**, 174, NJW **72**, 940, Ffm NJW-RR **89**, 1426). Nur im
ArbR kann der ZustdgkMangel ausnw im Interesse des ArbNSchutzes gem § 242 unbeachtl sein (BAG JVBl
71, 275, **AP** BAT 22, 23 Nr 34). Wirks ist der Vertr, wenn die Voraussetzgen für eine Duldgs- od
AnschVollm vorliegen (§ 173 Rn 10). Unabhäng hiervon kann die Körpersch aus c. i. c. (BGH **6**, 333, § 276
Rn 92) od HGB 354 haften (BGH **LM** HGB 354 Nr 5), aus c.i.c. aber nur auf das negative Interesse (BGH
NJW-RR **92**, 1435). – **bb)** Sind für die Körpersch die zust Organe aufgetreten u fehlen ledigl sonst Förm-
lichk (Schriftform), sind die Grds über die Einschrkg der Formnichtigk dch § 242 entspr anwendb (BGH **21**,
65, NJW **73**, 1494). Zwar handelt es sich nicht um einen Formmangel im eigentl Sinn (s Rn 4), die
Interessenlage ist aber dieselbe (BGH NJW **80**, 117, **84**, 607, Ffm NJW-RR **89**, 1505). Die Körpersch ist
daher ausnw gebunden, wenn es bei Würdigg aller Umst untragb wäre, den Vertr an der Nichtbeachtg der
vorgeschr Förmlichk scheitern zu lassen (Rn 16).

2) Voraussetzungen und Umfang des Formzwanges. – a) Ges iSv § 125 S 1 ist **jede Rechtsnorm** 6
(EG 2). Die Länder können für VerpflErkl von Sparkassen FormVorschr erlassen (BGH WM **78**, 895), nicht
aber für den Bereich des NachbarschR (Hamm NJW-RR **86**, 239, Fullenkamp/König BauR **86**, 157). Zu den
gesetzl FormVorschr gehören auch die tarifvertragl Bestimmgen, die für den VertrSchl (BAG NJW **58**, 397,
AP BAT § 4 Nr 1, DB **77**, 2145) od die Künd (BAG JZ **78**, 317) die Schriftform vorschreiben. Zu prüfen ist
aber jeweils, ob der TarifVertr nicht ledigl einen Anspr auf schriftl Festlegg der getroffenen Vereinbg

begründen u die Wirksamk der mdl Abrede unberührt lassen will (BAG BB **55**, 669, „deklaratorische
7 Schriftform"). – **b)** Das Formerfordern erstreckt sich auf das **Rechtsgeschäft im ganzen,** beim Vertr auf
alle Abreden, aus denen sich nach dem Willen der Part der VertrInh zusetzen soll (BGH **40**, 262, WM **78**,
846, § 313 Rn 25), auch auf die Zusage einer Spende, wenn diese in Wahrh Teil der GgLeistg ist (BGH NJW-
RR **94**, 778). Der Formzwang gilt auch für **Nebenabreden** (BGH DNotZ **66**, 737, **71**, 37, BAG DB **82**,
1417), sow sich nicht aus dem Zweck der FormVorschr, wie iF des GmbHG 55 I, etwas and ergibt (BGH
NJW **77**, 1151). Voraussetzg ist jedoch, daß die Nebenabrede VertrInh w soll. Abreden, von denen anzu-
nehmen ist, daß die Part auch ohne sie abgeschl hätten, sind in entspr Anwendg von § 139 formfrei (BGH
NJW **81**, 222, Rn 15 aE). Unschädl ist die Nichteinhaltg der Form daher insb dann, wenn sich die RFolge
der formnichtigen Nebenabrede bereits aus dem Ges, etwa dem Grds von Treu u Glauben, ergibt (s BGH
53, 308, **84**, 127). Verbinden die Part **mehrere Rechtsgeschäfte,** von denen eines formbedürft ist, rechtl zu
einem Gesch, so ist dieses insg formbedürft (BGH **78**, 349, **84**, 324, § 313 Rn 32ff). In den Fällen der §§ 518,
766, 780, 781, 1154 unterliegt dagg nur die WillErkl einer VertrPart der Form. Bei der Abgrenzg des
Umfangs des Formzwanges kommt neben dem RGeschTyp auch dem jeweil Zweck der FormVorschr
wesentl Bedeutg zu (Kanzleiter DNotZ **94**, 275). Zur **Auslegung** von formbedürft RGesch u zum Grds
8 *falsa demonstratio non nocet* s § 133 Rn 19. – **c)** Der gesetzl Formzwang gilt grdsl auch für spätere **Änderun-
gen** u Ergänzgen (BGH NJW **74**, 271, § 313 Rn 39). War nur die Erkl einer Part formbedürft (Schenkg,
Bürgsch), können deren Verpfl aber formlos eingeschränkt w (BGH NJW **68**, 393). Die **Aufhebung** eines
formbedürft RGesch ist, abgesehen von den Fällen des ErbVertr (§ 2290 IV) u des ErbVerzichts (§ 2351),
9 formlos gült (BGH **83**, 398, BAG BB **77**, 94, Karlsr NJW-RR **94**, 1414, s aber § 313 Rn 39). – **d)** Der
Vorvertrag zu einem formbedürft RGesch unterliegt grdsl dem Formzwang (BGH **61**, 48, Einf 20 v § 145);
dagg sind die Vollm u die Zust zu einem formbedürft RGesch grdsl formfrei (§§ 167 II, 182 II).

10 **3) Rechtsfolge. – a)** Die Nichteinhaltg einer gesetzl FormVorschr macht das RGesch grdsl **nichtig** (s
Übbl 27 v § 104). Bei vollzogenen Gesellsch- u ArbVertr wirkt die Geltdmach der Formnichtigk aber nur
ex nunc (BGH **8**, 165 u BAG NJW **58**, 398). Betrifft die Formnichtigk nur einen Teil des RGesch, ist gem
§ 139 iZw das GesGesch nichtig (BGH **69**, 269). Keine Nichtigk tritt bei Verletzg der Formvorschriften der
11 §§ 566, 585b, 1154 ein (s dort). – **b)** Der Formmangel wird nach ausdr Vorschr iF der §§ 313, 518, 766,
2301, GmbHG 15 IV, ZPO 1027 I dch Erf **geheilt,** s auch die Sonderregel in VerbrKrG 6 II u III. Die Heilg
erstreckt sich auf den ges Inh des Vertr (BGH NJW **74**, 136, **78**, 1577); sie hat keine rückwirkde Kraft, die
Part haben sich jedoch in entspr Anwend des § 141 II iZw das zu gewähren, was sie haben würden, wenn
der Vertr von Anfang an gült gewesen wäre (BGH **32**, 13, **54**, 63). Ein allg RGrds, daß formungült RGesch
stets dch Erf geheilt w, läßt sich aus den auf einer unterschiedl *ratio legis* beruhden HeilgsVorschr nicht
ableiten (RG **137**, 175, BGH NJW **67**, 1131, Pohlmann, Heilg formnichtiger VerpflGesch dch Erf, 1992,
S 178ff, MüKo/Förschler Rn 40, § 313 Rn 54, str).

12 **4) Vereinbarte Form (Satz 2). – a)** Bei rgeschäftl FormVorschr ist ihre Tragweite dch **Auslegung**
(§§ 133, 157) zu ermitteln. Soll die FormVorschr ledigl der BewSicherg od Klarstellg dienen, ist das RGesch
auch bei Nichteinhaltg der Form wirks; es besteht aber ein Anspr auf Nachholg der Form (MüKo/Förschler
Rn 82). Im HandelsVerk kann die Abrede, der Vertr solle schriftl bestätigt w, ledigl deklarator Bedeutg
haben (BGH NJW **64**, 1270). Bei der OHG u KG hat der SchriftformVorbeh für ÄndVertr idR nur
Klarstellgsfunktion (BGH **49**, 365). Das ist insb dann anzunehmen, wenn der GesellschVertr für VertrÄnd
einen MehrhBeschl genügen läßt (van Venrooy NJW **78**, 766 gg Düss NJW **77**, 2216). Bestimmt der
BauVertr, daß für BürgschErkl ein bes Vordruck zu verwenden ist, so stellt dies für den Bü keine Form-
Vorschr iSd § 125 dar (BGH NJW **86**, 1681). Ist vertragl eine Künd dch eingeschriebenen Brief vorgesehen,
ist zu unterscheiden: Die Schriftform hat iZw konstitutive Bedeutg, die Übermittlgsform dagg nur Bew-
Funktion (RG **77**, 70, BAG **AP** Nr 8, Hamm NJW-RR **95**, 750). Es genügt daher, daß dem and Teil eine
schriftl Künd zugeht. Führt die Ausleg der FormVorschr zu keinem Ergebn, ist gem § 125 S 2 davon
auszugehen, daß die vereinb Form WirksamkVoraussetzg für das RGesch ist (ebso § 154 II). Bes gilt für
Schriftformklauseln in AGB. Sie sind wg des Vorrangs der Individualabrede ggü mdl Vereinbgen ohne
13 Wirkg (AGBG 4 Rn 5, sehr str). – **b)** Das rgeschäftl Formerfordern erstreckt sich, wenn die Part nicht abw
vereinb haben, auf das **Rechtsgeschäft im ganzen,** einschließl aller Nebenabreden (Soergel-Hefermehl
Rn 32). Es gilt auch für Vertragsändergen (s aber Rn 14), nicht aber für die Aushebg des Vertr (s Rn 8, aA
Schmidt- Futterer MDR **71**, 13), da der rgeschäftl Formzwang nach dem PartWillen nicht weiter reichen soll
als der gesetzl. Ob der VorVertr formgebunden ist, ist dch Auslegg der Formabrede zu ermitteln (BGH
14 NJW **58**, 1281). – **c)** Die Part können den vereinb Formzwang jederzeit **formlos aufheben** (BGH NJW **68**,
33, **91**, 1751, BAG **AP** § 127 Nr 1, Fischer zu **LM** Nr 28, aA Böhm AcP **179**, 425). Eine stillschw Aufhebg
(Einschränkg) der Formabrede ist anzunehmen, wenn die Part die Maßgeblichk der mdl Vereinbg überein-
stimmd gewollt haben (BGH NJW **62**, 1908, DB **67**, 80, WM **82**, 902, BAG NJW **89**, 2149). Das gilt auch
dann, wenn sie an den Formzwang nicht gedacht haben (BGH **71**, 164, NJW **65**, 293, **75**, 1654, BAG
FamRZ **84**, 692, BFH BStBl II **90**, 646, str). Gleichgült ist, wie die Formabrede gefaßt ist. Die Klausel, auf
die Geltdmach mdl Absprachen w verzichtet, hat keine weitergehende Wirkg als eine Schriftformklausel
(Tiedtke MDR **76**, 367). Die mdl Vereinbg ist auch dann wirks, wenn der Vertr für die Aufhebg der
Formabrede ausdr Formzwang vorsieht (Häsemeyer JuS **80**, 8, Soergel-Hefermehl Rn 33, Erm- Brox Rn 8);
auch hier ist eine stillschw Aufhebg der Formabrede mögl (aA BGH **66**, 378, NJW-RR **91**, 1290, BFH BStBl
II **91**, 934). Die Part können nicht für die Zukunft auf ihre VertrFreih verzichten; das von ihnen zuletzt
Vereinbarte hat ggü fr Abreden den Vorrang. Im Ergebn ist der vereinb Formzwang daher ggü späteren mdl
Abreden wirkgslos u § 125 S 2 weitgeh leerlaufd. Erforderl ist aber eine beiderseits als verbindl gewollte
Übereinkunft. Eine solche liegt (noch) nicht vor, wenn die mdl getroffene Abrede von einer Part schriftl
bestätigt w soll (BGH NJW **68**, 33), wenn zu der mdl Abrede die Zust des GeschInh (Vertretenen) eingeholt
w soll (Hamm MDR **74**, 577), wenn der ArbNeh eine mdl erklärte, nach dem ArbVertr aber formbedürft
14a Künd widerspruchslos entggnimmt (BAG JZ **78**, 317, Kliemt DB **93**, 1874). – **d)** Wer sich auf die Änd eines
Vertr beruft, die nicht in der vereinb Form vollzogen worden ist, muß die VertrÄnd u die Aufhebg des

Formzwanges **beweisen.** Ist der Vertr längere Zeit hindch zu abgeänderten Bdggen dchgeführt worden, besteht aber uU eine tatsächl Vermutg für den Abschl eines ÄndVertr (BGH **LM** § 305 Nr 17, HGB 105 Nr 22, Ffm MDR **81**, 498).

5) Die über ein RGesch aufgenommene Urk hat die Vermutg der **Richtigkeit und Vollständigkeit** für **15** sich (BGH VersR **60**, 812, NJW **80**, 1680, **91**, 1751, Hamm NJW-RR **93**, 1490). Sie gilt nicht nur für formgebundene RGesch, sond auch für Urk, die nur zu BewZwecken errichtet w (MüKo/Förschler Rn 26). Die Vermutg betrifft ledigl die getroffene Vereinbg nicht aber das Datum (BGH NJW-RR **90**, 738, aA Mayer/Mayer ZZP **105**, 287) u die bei VertrSchl gegebenen Hinw u Informationen (BGH DNotZ **86**, 79). Sie ist widerlegl; an den Bew der Unrichtigk od Unvollständigk sind aber strenge Anfordergen zu stellen. Das gilt insb dann, wenn der Verwender eines Formulars geltd macht, zu seinen Gunsten sei eine nicht im Formular festgehaltene Nebenabrede getroffen worden (Köln JMBlNRW **70**, 154). Die Vermutg ist entkräftet, wenn die Part unstr eine Nebenabrede getroffen haben (BGH NJW **89**, 898). Nicht ausr ist dagg der Bew, daß die Part währd der VorVhlgen über einen best Punkt einig waren. Es muß nachgewiesen w, daß die Part die Abrede auch noch bei Errichtg der Urk als VertrBestandt wollten (RG Warn **18** Nr 50). Wird dieser Bew erbracht, ist hins der RFolgen zu unterscheiden: Hat die Nebenabrede im UrkInh einen gewissen Niederschlag gefunden (§ 133 Rn 19) ist der Vertr einschließl der Nebenabrede gült. Ist das nicht der Fall, ist bei gesetzl Formzwang iZw das ges RGesch gem § 139 nichtig; dagg ist bei rgeschäftl Formabreden entspr Rn 14 idR die Gültigk des RGesch u der Nebenabrede anzunehmen. Zur **Auslegung** formbedürft RGesch s § 133 Rn 19.

6) Formnichtigkeit und Treu und Glauben. – A) Allgemeines. Gesetzl FormVorschr dürfen im **16** Interesse der RSicherh nicht aus bloßen BilligkErwägen außer acht gelassen w (BGH **45**, 182, **92**, 172, NJW **77**, 2072). Ausn sind nur zul, wenn es nach den Beziehgen der Part u den gesamten Umst mit Treu u Glauben unvereinb wäre, das RGesch am Formmangel scheitern zu lassen; das Ergebn muß – nach einer von der Rspr ständ verwandten Formel – für die betroffene Part nicht bloß hart, sond schlechthin **untragbar** sein (BGH **29**, 10, **48**, 398, NJW **84**, 607, **87**, 1070). Ist das der Fall, ist das RGesch als gült zu behandeln, es besteht ein ErfAnspr (BGH **23**, 255). Die teilw im Schrift vertretene Ans, § 242 rechtfertige es keinesf, ein formnichtiges Gesch als gült anzusehen (Häsemeyer, Form der RGesch, 1971, S 287 ff), überzeugt nicht, da auch § 125 dch § 242 immanent begrenzt w. Die Einschränkg des § 125 dch § 242 ist vAw zu beachten (BGH **16**, 337, **29**, 12); das formwidrige RGesch darf aber nicht gg den erklärten Willen der schutzbedürft Part aufrechterhalten w (MüKo/Förschler Rn 54). Die Umst, die für die Aufrechterhaltg des RGesch sprechen, sind von dem zu **beweisen,** der aus dem RGesch Rechte herleiten will (BGH **LM** § 242 (Ca) Nr 13).

B) Anwendungsbereich. Der Grds, daß der Formmangel ausnw gem § 242 unschädl sein kann, ist von **17** der Rspr zu § 313 herausgebildet worden. Er gilt aber auch für and FormVorschr (s D e), so für § 566 (BGH **LM** § 566 Nr 15, NJW-RR **86**, 944); § 766 (BGH **26**, 151); GmbHG 15 IV (BGH **35**, 277); tarifvertragl FormVorschr (BAG Betr **82**, 1417); Form des ProzVergl (BAG NJW **70**, 349); Form der MieterhöhgsErkl (BGH **LM** Nr 32, BayObLG NJW **82**, 1293); AO 46 III (FG Ba-Wü NJW-RR **87**, 627); rgeschäftl vereinbarte Form (BGH **LM** § 127 Nr 2, NJW-RR **87**, 1074). Im formstrengen Erb- u WertpapierR u bei formbedürft Vfgen können Formmängel dagg nicht dch Anwendg des § 242 korrigiert w (Stgt NJW **89**, 2701). Auch bei einem Verstoß gg GWB 34, der die behördl Kontrolle gewährleisten soll (Rn 1), ist § 242 unanwendb (BGH NJW **78**, 822). Zur Anwendg des § 242 bei Form- u ZustdgkMängeln von RGesch der öff Hand s Rn 5.

C) Voraussetzungen und Grenzen. – a) Es muß ein, abgesehen vom Formmangel, gült RGesch **18** vorliegen. Sein Inh muß daher **hinreichend bestimmt** sein (BGH **45**, 183). Ein Vertr muß mindestens den Anfordergen eines VorVertr (Einf 19 v § 145) entspr; uU können die §§ 315 ff anwendb sein. **– b) Schutz-** **19** **würdiges Vertrauen.** Die Part, die am RGesch festhalten will, muß auf die Formgültigk vertraut h. § 242 ist daher unanwendb, wenn beide Part den **Formmangel kannten** (BGH WM **65**, 1114, NJW **69**, 1170, **73**, 1456, **LM** § 313 Nr 23 S 3 R, Hamm MDR **88**, 860). Das gilt auch dann, wenn der eine Teil unter Hinw auf seine berufl u soziale Stellg die Erf des formungült Vertr bes zugesichert hatte (RG **117**, 124, MüKo/ Förschler Rn 60, aA BGH **48**, 399). Bei einem beiderseit gesetzw Verhalten, etwa iF eines Schwarzkaufs, ist § 242 unanwendb (BGH NJW **80**, 451). Auch grobfahrl Unkenntn verdient keinen Schutz. Für das Kennen u Kennenmüssen von Vertretern u VhdlgsGehilfen gilt § 166. Wer bei den Vhdlgen dch einen Juristen vertreten w, kann sich daher idR nicht auf § 242 berufen (BGH DNotZ **79**, 335). **– c) Erforderlichkeit.** Die **20** Berücksichtigg des Formmangels muß zu einem untragb Ergebn führen (Rn 16). Das ist nicht der Fall, wenn der bei einem nichtigen Vertr bestehde RSchutz (Anspruch aus c.i.c. u § 812) die berecht Interessen der schutzbedürft Part ausreichd sichert (BGH **12**, 304, **16**, 337, NJW **65**, 812).

D) Fallgruppen. Die Formel der Rspr, nur bei schlechth unerträgl Ergebn dürfe § 125 dch § 242 korri- **21** giert w, hat, wie die Lit mit Recht beanstandet (Medicus AT Rn 630, Larenz SchR I § 10 III), wenig Unterscheidgskraft u bedarf einer **tatbestandlichen Konkretisierung** dch Ausbildg von Fallgruppen. Der BGH verweist insbes auf zwei Fallgruppen, die der bes schweren Verletzg einer TreuPfl u der Existenzgefährdg (BGH **85**, 318, NJW **87**, 1070, WM **94**, 1950). Auch wenn man die nach Herstellg der dtschen Einh hinzugekommenen Problemfälle (EG 232 § 1 Rn 6) hier außer Betracht läßt, sind aber in Wahrh 5 Fallgruppen zu unterscheiden:

a) Arglist. Hat eine Part die and vor der Wahrg der Form abgehalten, um sich später auf den Formman- **22** gel berufen zu können, ist der Vertr als gült anzusehen (RG **96**, 315, BGH NJW **69**, 1169, BauR **92**, 510, im Ergebn allgM, zT w der ErfAnspr aber aus § 826 od c.i.c. iVm § 249 S 1 hergeleitet, s Medicus AT Rn 631). Dagg genügt es zur Anwendg des § 242 nicht, daß eine Part den Formmangel schuldlos verurs hat (BGH NJW **77**, 2072, und wohl BGH **29**, 12, **LM** Nr 32 Bl 3). Auch die schuldh nicht arglistige Verursachg des Formmangels dch eine Part reicht nicht aus, um die NichtigkFolge zurücktreten zu lassen (BGH NJW **65**, 812, **69**, 1169, sehr str, aA RG **107**, 362, **117**, 124, BGH DNotZ **73**, 18, **81**, 373). Es kann aber Rn 23 zutreffen; außerdem besteht uU ein auf das ErfInteresse gerichteter SchadErsAnspr wg c.i.c. (BGH NJW **65**, 812, § 276 Rn 101).

23   **b) Schwere Treuepflichtverletzung.** Sie kann nach einer sehr fallbezogenen, nicht widerspruchsfreien u kaum zu systematisieren BGHRspr ein UntragbarkGrd iSv Rn 16 sein. – **aa)** Der Formmangel tritt zurück, wenn eine Part in schwerwieg Weise gg eine **Betreuungspflicht** verstoßen h u die NichtErf (Rückabwicklg) den and Teil schwer treffen würde. Das kann zu bejahen sein: bei einem formnichtigen Träger-SiedlerVertr (BGH **16**, 336, **45**, 184), bei einem privschriftl Vertr zw WoBauGenossensch u Mitgl (BGH NJW **72**, 1189), wenn der Beauftragte das mit Geld des AuftrGeb erworbene Grdst nicht übereignen will (BGH **85**, 251, WM **90**, 1545). Eine gesteigerte BetreuungsPfl fehlt dagg bei Vertr mit WoBauUntern, auch im sozialen WoBau (BGH NJW **65**, 812, **69**, 1169, **LM** § 313 Nr 24), ebso bei Vertr zw Angeh (BGH
24   NJW **75**, 43). – **bb) Weitere Fälle.** Eine bes schwere TreuPflVerletzg kann zu bejahen sein, wenn der Verkäufer in argl Weise aus der Nichtbeurk einer Vorauszahlg Vorteile ziehen will (BGH **85**, 318); wenn die Stadt die weitere Durchführg eines KooperationsVertr ablehnt, obwohl sie sich in 276 Fällen nicht auf den Formmangel berufen u der and Teil erhebl Aufwendgen gemacht hat (BGH **92**, 172); wenn durch die eine formunwirks behördl Zusage Begünstigte mehrfach GrdBesitz an die öff Hand abgegeben h (BGH DNotZ **72**, 526); wenn ein Bediensteter der verkaufden Gem den Formmangel verursacht hat (BezG Potsdam VersR **92**, 1525); wenn den Verwandten des ErbbBerecht, die das Grdst in Erwartg künft MitErwerbs mitbebaut u bezogen haben, verschwiegen worden ist, daß das ErbbR bereits auf den Namen des Berecht eingetragen ist (BGH NJW **70**, 2211); wenn eine Part in schwerwiegder Weise gg das Verbot des *venire contra factum proprium* verstoßen hat (so wohl BGH **29**, 12, DNotZ **81**, 737); wenn eine Part das aGrd eines ordngsmäß beurk Vertr abgegebene Schuldanerkenntn nicht gelten lassen will (BGH NJW **88**, 130). Zur Anwendg des § 242 genügt dagg ein Verstoß gg die gesellschaftsr TreuePfl nicht (BGH NJW **89**, 167).

25   **c) Existenzgefährdung.** Der Formmangel tritt gem § 242 zurück, wenn die Rückabwicklg (NichtErf) des Vertr dazu führen würde, daß die wirtschaftl Existenz einer Part, die gutgl auf die Wirksamk des RGesch vertraut h, gefährdet od vernichtet würde (Mattern WM **72**, 678). Dieser zunächst für das HöfeR entwickelte RGrds (Rn 26) gilt für alle RGebiete (BGH **85**, 318, NJW **72**, 1189). Seine prakt Bedeutg ist aber gering, da die Existenzgefährdg idR schon dch die Anspr aus § 812 od c. i. c. ausgeschl w. Er kann anwendb sein, wenn der Verkäufer den Kaufpreis verbraucht hat u zahlgsunfähig ist (BGH **LM** § 313 Nr 13).

26   **d) Höferecht.** In seiner Rspr zur HöfeOBrZ u zum RErbhofR hat der BGH anerkannt, daß in der Übertragg der Bewirtschaftg des Hofes auf einen Abkömmling eine trotz des Formmangels wirks Hoferbenbestimmg liegen kann (BGH **12**, 286, **23**, 249, **47**, 184). Diese vom Schrift heftig kritisierte Rspr hat der GesGeber 1976 dch Neufassg des § 7 HöfeO ausdr übernommen. Sie kann aber bei Sachverhalten, die von § 7 HöfeO nicht erfaßt w, weiterhin von Bedeutg sein (s BGH **73**, 329, **87**, 237, **119**, 389).

27   **e) Formmangel außerhalb des Anwendungsbereichs des § 313.** Bei der Beurteilg sind auch der Zweck u die Bedeutg der FormVorschr zu berücksichtigen (BGH **LM** § 566 Nr 15). Ist nicht § 313, sond eine and FormVorschr verletzt, tritt der Formmangel uU schon dann zurück, wenn die Part den Vertr längere Zeit als gültig behandelt haben u der and Teil daraus **erhebliche Vorteile** gezogen hat, so etwa bei der Bürgsch (BGH **26**, 151, NJW **93**, 1126, Hamm NJW **93**, 2625), beim WettbewVerbot (RG **153**, 61), ProzVergl (BAG NJW **70**, 349), bei vertragl Abreden (BAG DB **72**, 1492) u bei eHiftr (OVG Lüneburg NJW **92**, 1406). Entspricht eine Vereinbg über eine Erhöhg der gesetzl Vergütg nicht der vorgeschr Form, ist § 242 schon deshalb unanwendb, weil das Festhalten an der Regelvergütg nicht untragb ist (KG NJW-RR **94**, 1298). Ist eine Bürgsch für ein ScheinGesch gegeben worden, kann der Gläub für das verdeckte Gesch aus § 242 keine Rechte herleiten (BGH WM **91**, 536). Bei MieterhöhgsErkl ist der allein vom and Teil verursachte Formfehler unschädl (BGH **LM** Nr 32); der Mieter verstößt aber nicht gg § 242, wenn er im RStreit (nachträgl) geltd macht, die Erkl genüge nicht den Anfordergen eines neuen REntscheids (BayObLG NJW **82**, 1293). Zum formunwirks, vom Mieter aber befolgten Mieterhöhgsverlangen gem WoBindG 10 s Heinze NJW **91**, 1849. Bei rgeschäftl vereinbarter Form schadet die fehlde Unterschrift einer Part nicht, wenn sie den RSchein eines wirks VertrSchl hervorgerufen hat (BGH NJW-RR **87**, 1074).

126   *Gesetzliche Schriftform.* **¹ Ist durch Gesetz schriftliche Form vorgeschrieben, so muß die Urkunde von dem Aussteller eigenhändig durch Namensunterschrift oder mittels notariell beglaubigten Handzeichens unterzeichnet werden.**

II Bei einem Vertrage muß die Unterzeichnung der Parteien auf derselben Urkunde erfolgen. Werden über den Vertrag mehrere gleichlautende Urkunden aufgenommen, so genügt es, wenn jede Partei die für die andere Partei bestimmte Urkunde unterzeichnet.

III Die schriftliche Form wird durch die notarielle Beurkundung ersetzt.

1   **1) Allgemeines** (s zunächst § 125 Rn 1). § 126 gilt für alle Fälle, in denen das BGB od eine sonst Vorschr des PrivR die Schriftform vorschreibt (RG VZ **74**, 70, für Beschränkg auf RGesch Köhler AcP **182**, 151). Dazu gehören im BGB die §§ 32 II, 37 I, 81 I, 111 S 2, 368, 409, 410, 416 II, 556a V, 564a I 1, 566, 585a, 594f, 761, 766, 780ff, 793ff, 1154. Außerhalb des BGB ist die Schriftform ua vorgeschrieben im VerbrKrG 4; AktG 32 I; 122, 166 I; BBiG 15 III (BAG **AP** BBiG 15 Nr 1), BKleingartenG 6 (BGH NJW-RR **87**, 395); BJagdG 11 (BGH WM **78**, 846); BMG 18 (BGH NJW **70**, 1078, **LM** § 125 Nr 32); BRAGO 3 I (BGH **57**, 53); FernUSG 3; GenG 5, 11 II 1, 93i III (BGH WM **77**, 339); GWB 34; HGB 363; HOAI 4 II; RSiedlG 23; TVG 1 II (BAG NJW **77**, 318); BetrVG 77 II; AÜG 12 I; VerglO 9 I, AVBWasserV 32 IV 1 (AG Kulmbach NJW-RR **86**, 1183). Da der TarifVertr RNorm ist, fällt auch die dch TarifVertr best Schriftform unter § 126 (§ 125 Rn 6). Gem VwVfG 62, 57 gilt § 126 auch für öffr Vertr (OVG Lüneburg NJW **92**, 1405, str, s OVG Saarlouis NJW **93**, 1612), nicht aber insent im öffR, auch nicht im ProzR (s BGH **24**, 300). Auch soweit das Recht der EG Schriftformerfordern bestimmt, ist § 126 unanwendb (BGH NJW **83**, 521).

2   **2) Urkunde. – a)** Sie muß schriftl abgefaßt sein, gleichgült ist jedoch, wie sie hergestellt w. Sie kann von der Part od einem Dr mit der Hand od der Maschine geschrieben, gedruckt od vervielfältigt w. Unbedenkl ist auch die Benutzg einer unwirks gewordenen alten Urk (RG **78**, 31). Nicht notw ist die Abfassg in dtscher Sprache; die Urk kann in einer and lebden od toten Sprache errichtet w (MüKo/Förschler Rn 7). Gleichgült

ist auch das Material der Urk, vorausgesetzt, es kann Schriftzeichen dauerh festhalten (s RG DJZ **15**, 594: Test auf Schiefertafel). Die Angabe von Ort u Zeit der Abfassg ist nicht erforderl. – **b)** Die Urk muß das **3** **gesamte** formbedürft **Rechtsgeschäft** enthalten (RG **136**, 424, BGH **LM** Nr 7 Bl 2, § 125 Rn 7). Welchen MindestInh die Urk haben muß, ist aus den einz FormVorschr zu entnehmen (BGH **76**, 189, BB **89**, 655 zu § 766). Dabei ist der Zweck der FormVorschr mit zu berücksichtigen (BGH **57**, 53 zu BRAGO 3); zT enthält das Ges auch ausdr Festlegen über den notw UrkInh (VerbrKrG 4). **Bezugnahmen** sind unzul, wenn sich für den VertrInh wesentl Angaben ausschließl aus Umst außerh der Urk ergeben (BGH WM **92**, 179, § 313 Rn 35). Der Formzwang erstreckt sich auch iF des GWB 34 grdsl auf den ges Vertr einschließl aller Nebenabreden. Formfrei sind ledigl solche Abreden, die für das Überwachgs- u BeanstandgsR der KartellBeh ersichtl ohne Bedeutg sind (BGH **53**, 306, **54**, 148, **77**, 2, Hesse NJW **81**, 1586). – **c) Einheit-** **4** **lichkeit der Urkunde.** Das formbedürft RGesch muß in **einer** Urk enthalten sein. Besteht die Urk aus mehreren Blättern, muß deren ZusGehörig dch äußerl Verbindg od sonst in geeigneter Weise erkennb gemacht w (RG **136**, 425, JW **24**, 796, BGH **40**, 263, **52**, 29). Die Ergänzg des UrkInh dch Aufkleber (Düss NJW-RR **89**, 1331) od and Schriftstücke ist zul. Erforderl ist aber, daß die HauptUrk auf die ergänzde Urk Bezug nimmt u beide Schriftstücke mit Willen der Part dch körperl Verbindg zu einer Urk zusgefaßt w (BGH **40**, 262, **50**, 42, BAG **AP** BetrVG 77 Nr 18). In diesem Fall genügt die Unterschr auf der HauptUrk (RG **148**, 351). Die Verbindg zw beiden Schriftstücken muß so hergestellt w, daß sie nur dch teilw Substanzzerstörg od mit Gewalt aufgeh w kann (BGH **40**, 263, krit BGH **52**, 29, 30). Eine ggs Bezugnahme u gedankl Verbindg genügt nicht (Schlemminger NJW **92**, 2251). – **d)** Für **Änderungsverträge** gilt der **4a** Grds der UrkEinh entgg einer älteren Rspr (BGH **40**, 262, **50**, 41) nur mit Einschränkgen (BGH **52**, 27, NJW **92**, 2283, Düss NJW-RR **94**, 1235). Eine Verbindg der Urk ist nicht erforderl, wenn die neue Urk alle wesentl GeschBestandt enthält (BGH **42**, 338). Sie ist auch dann entbehrl, wenn es sich um einen reinen VerlängergsVertr handelt (BGH **52**, 27, **LM** Nr 7) od wenn der ZweitVertr auf den ErstVertr Bezug nimmt u ihm eindeut zu entnehmen ist, daß es hins der nicht in die neue Urk aufgenommenen VertrBestandt bei dem fr Vereinbarten bleiben soll (BGH NJW **92**, 2283, NJW-RR **92**, 655, Schlemminger NJW **92**, 2249). Bei TarifVertr sind Bezugn auf nicht beigefügte, aber eindeut bezeichnete Urk zul (BAG DB **81**, 375). GWB 34 gestattet ausdr die Bezugn auf schriftl Beschlüsse, Satzgen u PrListen.

3) § 126 fordert die eigenhänd **Unterzeichnung** der Urk dch den Aussteller. – **a)** Die Unterschrift muß **5** den UrkText räuml **abschließen** (RG **52**, 280, BGH **113**, 51). Eine Unterschrift auf einer Unterschriftenleiste ist wirks, auch wenn sich erst aus dem Text unterhalb der Leiste ergibt, in welcher Eigensch der Erklärde unterschrieben hat (BGH NJW **95**, 43), nicht ausr ist dagg eine „Überschrift" (BGH **113**, 51, aA Köhler JZ **91**, 409) od eine Unterschrift am Rand od auf dem Briefumschlag (RG **110**, 168), vgl aber § 2247 Rn 15). Ist eine WillErkl in einem prozessualen Schriftsatz enthalten, genügt die Unterzeichng des Beglaubiggsvermerks (BGH NJW-RR **87**, 395). Nachträge müssen erneut unterschrieben w (BGH NJW-RR **90**, 519), nachträgl Änd oberhalb der Unterschrift w von dieser gedeckt, wenn die fr Unterschrift nach dem Willen der Part für den geänderten Inh Gültigk behalten soll (BGH NJW **94**, 2300). – **b)** Nicht erforderl ist, daß die **6** Unterschr nach Fertigstellg des Textes geleistet w. Sie kann auch vorher als **Blankounterschrift** gegeben w (RG **78**, 26, BGH **22**, 132, Blankoabtretg, stRspr), jedoch kann sich aus dem Schutzzweck der FormVorschr (VerbrKrG 4) etwas and ergeben (Derleder NJW **93**, 2402). Wirks wird die Erkl aber erst mit Fertigstellg der vollst Urk (RG **63**, 234, BGH **22**, 132, Hamm WM **84**, 829, s aber BGH **53**, 15 zum Blankowechsel). Zul ist es auch, den ErklText unter Beibehaltg der fr geleisteten Unterschrift auszutauschen (BayObLG **84**, 194). Wird die vom Bü blanko unterschriebene BürgschErkl vom Gläub abredewidr ausgefüllt, kommt aber kein wirks BürgschVertr zustande (BGH NJW **84**, 798, aA Reinicke/Tiedtke JZ **84**, 550). Zum AnfR s § 119 Rn 10. – **c)** Der Aussteller muß die Urk **eigenhändig** unterzeichnen. Eine Schreibhilfe ist zul, sofern der **7** Aussteller ledigl unterstützt u der Schriftzug von seinem Willen best w (BGH **47**, 71, NJW **81**, 1900, BayObLG DNotZ **86**, 299). Bei nicht höchstpersönl Erkl ist eine weitergehde Schreibhilfe idR unschädl, da zu vermuten ist, daß der Aussteller den Schreibhelfer zur Unterzeichng bevollmächtigt hat (RG **81**, 2). Die Schriftart ist gleichgült; auch eine stenograf Unterschr genügt (MüKo/Förschler Rn 22). Unzul ist die Unterzeichng dch Stempel, Maschinenschrift, Faksimile od sonst mechan Hilfsmittel (RG **74**, 341, BGH NJW **70**, 1078, **LM** GenG 93 i Nr 1, krit Köhler AcP **182**, 147). Ein Telegramm genügt der Schriftform trotz eigenhänd Unterzeichng des Aufgabetelegramms nicht, ebsowenig die Übermittlg einer Fernkopie dch Telefax (Rn 11). – Zul sind mechanisch vervielfältigte Unterschriften bei InhSchVerschreibgen (§ 793), Aktien (AktG 13), MieterhöhgsErkl (MHRG 8) u iF der §§ 3 I, 39 I, 43 Nr 4 VVG, nicht aber bei kaufm VerpflScheinen gem HGB 363 (RG **74**, 340, aA Schmidt AcP **166**, 7, Köhler aaO S 153). – **d)** Der **Vertreter** **8** ist Aussteller der Urk. Unterschreibt er entspr dem Wortlaut des § 126 mit seinem Namen, muß das Vertretgsverhältn in der Urk irgendwie zum Ausdr kommen (BGH NJW **96**, 289). Der Vertreter darf aber auch mit dem Namen des Vertretenen unterschreiben (RG **74**, 69, BGH **45**, 195, stRspr). Will ein Eheg zugl für den and unterschreiben, muß das aus der Urk erkennb sein (BGH **125**, 175). – **e)** Die vom Ges geforderte **9** **Namensunterschrift** soll die Pers des Ausstellers erkennb machen. Es genügt die Unterschr mit dem FamNamen ohne Hinzufügg eines Vornamens, bei einem Kaufm auch die Unterzeichng mit der Firma (HGB 17), sofern sie vollständ verwendet w (KG DNotZ **39**, 425). Zul auch die Unterzeichng mit einem tats geführten Namen (Pseudonym), sofern die als Aussteller in Betracht kommde Pers ohne Zweifel feststeht (MüKo/Förschler Rn 25). Sogar die versehentl Unterzeichng mit einem fremden Namen reicht aus, wenn sich die Identität des Unterzeichnden einwandfrei aus der Urk ergibt (BayObLG NJW **56**, 25). Die Verwendg des Vornamens genügt bei Fürstlich u Bischöfen, ferner bei RGesch mit nahen Angeh (s RG **137**, 214). Keine Namensunterschrift ist die Unterzeichng mit einer VerwandtschBezeichng („Euer Vater", RG **134**, 310), einem Titel, einer RStellg (vgl aber § 2247 III 2) od den Anfangsbuchstaben „Paraphe" (BGH NJW **67**, 2310). Auf die Lesbark kommt es nicht an, jedoch muß der Schriftzug Andeutgen von Buchstaben erkennen lassen (BGH NJW **87**, 1334, Düss NJW-RR **92**, 946). Erforderl, aber auch genügd ist ein die Identität des Unterschreibden ausr kennzeichndr individueller Schriftzug, der einmalig ist, entspr charakterist Merkmale aufweist u sich als Wiedergabe eines Namens darstellt (BGH NJW **94**, 55). Die Verwendg ausl Schriftzeichen ist zul (VGH Mü NJW **78**, 510). Ob ein Schriftzug eine Unterschr darstellt, unterliegt der

10   Beurteilg des Ger; es ist an übereinstimmde PartAns nicht gebunden (BGH NJW **78**, 1255). – **f)** Die Unterzeichng mit einem **Handzeichen** (Kreuze, Striche, Initialen) bedarf der not Beglaubigg (s BeurkG 39 ff). Sie ist auch dann wirks, wenn der Aussteller schreiben u lesen kann (allgM).

11   **4) Empfangsbedürftige Willenserklärungen,** die dem SchriftformErfordern unterliegen, werden nur wirks, wenn die formgerecht errichtete Erkl dem ErklEmpfänger zugeht (BGH NJW **62**, 1389, **LM** § 566 Nr 7, BayObLG NJW **81**, 2198, Hamm NJW **82**, 1002); ein Telegramm genügt daher trotz eigenhänd Unterzeichng des Aufgabetelegramms nicht (BGH **24**, 208, Umkehrschluß aus § 127), ebsowenig die Übermittlg dch **Telefax** (BGH **121**, 224, Hbg NJW **90**, 1613, Ffm NJW **91**, 2154, BPatG GRUR **92**, 44, Fritzsche/Malzer DNotZ **95**, 18); sie reicht, selbst wenn ihr eine formgült Erkl nachfolgt, auch nicht zur FrWahrg (aA Schürmann NJW **92**, 3005). Sie ist aber beim Widerruf eines gerichtl Vergl ausr (Hamm NJW **92**, 1706, Mü NJW **92**, 3042), ebso in den Fällen des § 127. Erfolgt die formbedürft Künd im Schriftsatz eines RAnw, genügt es, wenn auf dem zugestellten Exemplar der Beglaubiggsvermerk unterschrieben ist (BGH NJW-RR **87**, 395). Die formlose Mitteilg genügt bei einem entspr Verzicht des Empfängers (KG HRR **32**, 940), der auch stillschw erfolgen kann (BGH NJW-RR **86**, 1301).

12   **5)** Beim **Vertrag** ist zur Wahrg der Schriftform erforderl, daß die Part **dieselbe Urkunde** unterzeichnen **(II).** Der ges VertrInh muß dch Unterschr beider Part gedeckt w; die Unterzeichng des Angebots dch die eine Part u der Ann dch die and genügt nicht (BGH NJW-RR **94**, 281), u zwar auch dann nicht, wenn sich beide Erkl auf einem Schriftstück befinden (RG **105**, 62, **112**, 200). Ein Briefwechsel od ein sonst Austausch einseit Erkl reicht daher aus iF des § 127 nicht aus (RG **95**, 84, JW **34**, 1233, LAG Düss AP **52**, 187). Besteht die Urk aus mehreren Blättern, kann die Unterzeichng auf verschiedenen Blättern unschädl sein, wenn sich die UrkEinheit aus ggs Bezugn einwandfrei ergibt u beide Unterschr den ges Text decken (RG JW **24**, 796). Bei Aufn mehrerer gleichlautder Urk reicht es aus, wenn jede Part die für den and Teil best Urk unterzeichnet **II 2**, der jedoch auf BetrVereinbgen unanwendb ist (LAG Hamm DB **91**, 2593). Beide Urk müssen den ges VertrInh wiedergeben; Abweichgen dch bloße Schreibfehler schaden nicht.

13   **6)** Die Schriftform kann dch notarielle Beurk **ersetzt** w **(III).** Auch ein gerichtl Vergl (§ 127 a) ersetzt daher die Schriftform.

127   *Gewillkürte Schriftform.*   **Die Vorschriften des § 126 gelten im Zweifel auch für die durch Rechtsgeschäft bestimmte schriftliche Form. Zur Wahrung der Form genügt jedoch, soweit nicht ein anderer Wille anzunehmen ist, telegraphische Übermittelung und bei einem Vertrage Briefwechsel; wird eine solche Form gewählt, so kann nachträglich eine dem § 126 entsprechende Beurkundung verlangt werden.**

1   **1) Allgemeines.** Haben die Part für eine WillErkl od einen Vertr Schriftform vereinb, können sie die an die Wahrg der Form zu stellden Anfordergen frei best. Treffen sie hierüber keine Regelg u ergibt auch die Auslegg (§§ 133, 157) keine Anhaltspkte, greifen die **Auslegungsregeln** des § 127 ein. Danach gelten die Vorschr über die gesetzl Schriftform mit den aus § 127 S 2 ersichtl Erleichtergen auch für die gewillkürte Schriftform. Sieht ein dch MehrhBeschl abänderb GesellschVertr für VertrÄnd die Schriftform vor, ist iZw anzunehmen, daß die Protokollierg des Beschl zur Wahrg der Form genügen soll (BGH **66**, 86). Haben die Part bei einer Vereinbg den gewillkürten Formzwang nicht eingehalten, kann hierin eine stillschw **Aufhebung der Formabrede** liegen, der (scheinb) Formmangel also unschädl sein (§ 125 Rn 14).

2   **2) Erleichterungen gegenüber § 126. – a)** Zur Wahrg der Form genügt **telegrafische Übermittlung** (§ 127 S 2). Gleichgült ist, ob das Telegramm schriftl od telefon aufgegeben worden ist (MüKo/Förschler Rn 10). Dagg reicht die telefon DchSage des Telegramms nicht, da es dann an einer urkundl Festlegg des ErklInh fehlt. Ein Fernschreiben od **Telefax** steht einem schriftl übermittelten Telegramm gleich (MüKo/Förschler Rn 10a). Da das nicht eigenhänd unterschriebene Ankunftstelegramm den Anfordergen des § 127 genügt, sind mechan hergestellte Unterschr allgemein als zul anzusehen (im Ergebn ebso RG **106**, 332, **125**, 3   74, sehr str). – **b)** Abw von § 126 II ist ein formgült VertrSchl dch **Briefwechsel** mögl. Ausr auch ein Brief des einen Teils u ein Telegramm (Fernschreiben) des and. – **c)** Jede Part kann die Nachholg einer dem § 126 entspr **Beurkundung** verlangen **(2. Halbsatz).** Sie dient ledigl BewZwecken u ist für die Gültigk des RGesch ohne Bedeutg.

4   **3) Beweislast:** Wer bei einem Vertr, der formlos geschl w kann, die Vereinbg einer Form behauptet, ist dafür bewpflicht (Erm-Brox Rn 9, § 154 Rn 6, str). Wer iF einer Schriftformabrede behauptet, es seien vom § 127 abweichde Absprachen getroffen worden, muß diese beweisen.

127 a   *Ersatz für notarielle Beurkundung.*   **Die notarielle Beurkundung wird bei einem gerichtlichen Vergleich durch die Aufnahme der Erklärungen in ein nach den Vorschriften der Zivilprozeßordnung errichtetes Protokoll ersetzt.**

1   **1) Allgemeines.** Nach dem BeurkG sind für Beurk grdsl nur noch die Notare zust (§ 128 Rn 1). § 127 a beläßt es aber bei dem fr gewohnheitsrechtl anerkannten Grds, daß der ProzVergl die not Beurk u damit auch die öff Beglaubigg (§ 129 II) u die Schriftform (§ 126 III) ersetzt. Zur Aufl s § 925 I S 3 u dort Rn 7, zum VaterschAnerkenntn s ZPO 641 c.

2   **2) Der gerichtliche Vergleich** muß in einem bei einem dtschen Ger anhäng Verf abgeschl worden sein (BGH **15**, 195). § 127 a gilt für Verf aller Art, so für das ProzKostenhilfeVerf (ZPO 118 I), FGG-Verf (BGH **14**, 381, Celle DNotZ **54**, 123), Arrest- u einstw VfgsVerf, VollstreckgsVerf (RG **165**, 162, Mü DNotZ **71**, 344), PrivKl- u AdhäsionsVerf (Stgt NJW **64**, 110) sowie für Vergl vor den Ger der bes Gerichtsbark (BVerwG NJW **95**, 2179). Der Vergl darf über den Rahmen des Streitfalles hinausgehen (BGH **14**, 387, **35**,

316). Er braucht den RStreit nicht ganz od teilw zu beenden. Es genügt, daß er in innerem ZusHang mit dem RStreit steht (BGH **84**, 335). Voraussetzg ist, daß die betreffde VerfOrdng überh den Abschl von Vergl gestattet (s ArbGG 54, VerwGO 106, SGG 101). Auch der gerichtl Vergl über Scheidgsfolgen fällt unter § 127a (Hamm NJW **68**, 1242, s auch den sachl überflüss § 1587o II 2). Vergl vor dem ersuchten od beauftragten Ri steht dem vor dem ProzGer gleich (BGH **14**, 387); ebso Vergl vor dem Rpfleger, sofern dieser für das betreffde Verf zust ist (Nürnb Rpfleger **72**, 305). Auch der SchiedsVergl ersetzt die not Beurk (Breetzke NJW **71**, 1685, MüKo/ Förschler Rn 4, hM), dagg sind der Vergl vor einer Gütestelle (ZPO 794 I 1) u der AnwVergl (ZPO 1044b I) zwar VollstrTitel, aber kein gerichtl Vergl iSd § 127a (Hansens AnwBl **91**, 114, Ziege NJW **91**, 1581).

3) Die Vorschr der ZPO über die **Protokollierung** (ZPO 160ff) müssen beachtet w. Der Vergl muß **3** auch den übr sachlrechtl u prozessualen Erfordern genügen (BGH **16**, 390). Das Merkmal „ggs Nachgeben" (§ 779 Rn 9) muß erfüllt sein. Erforderl ist auch die Beachtg der Vorschr über den AnwZwang, ZPO 78 (Erm-Brox Rn 3), die jedoch für einen beitretden Dr nicht gelten (BGH **86**, 162). Der Vergl vor einem örtl od sachl unzust Ger ist wirks (LAG Brem BB **64**, 1125); entspr gilt, wenn der Vergl vor dem Ger eines and GerZweiges geschl worden ist (OVG Lünebg NJW **69**, 206). Unschädl ist auch das Fehlen von sonst ProzVoraussetzgen (Breetzke NJW **71**, 179) od die unvorschriftsmäß Besetzg des Ger (BGH **35**, 309). Nicht mögl ist die Errichtg eines Test od dessen Widerruf (BGH DB **59**, 790), es sei denn der Widerruf erfolgt dch ErbVertr (Köln OLGZ **70**, 115). Ist wie beim ErbVertr od ErbVerz die persönl Erkl eines Teils erforderl (§§ 2274, 2347 II), muß dieser beim Vergl persönl mitwirken (BayObLG NJW **65**, 1276); besteht Anw-Zwang, müssen Part u Anw die Erkl gemeins abgeben (BayObLG aaO).

128 *Notarielle Beurkundung.* **Ist durch Gesetz notarielle Beurkundung eines Vertrags vorgeschrieben, so genügt es, wenn zunächst der Antrag und sodann die Annahme des Antrags von einem Notar beurkundet wird.**

1) Allgemeines. Für Beurk sind grdsl nur noch die Notare zust (BeurkG 1, 56). Das **Beurkundungs- 1 verfahren** ist im BeurkG geregelt. Vor dem Notar findet eine Vhdlg statt, in der die Beteil die zu beurkund- den WillErkl abgeben (BeurkG 8). Über den BeurkVorgang wird eine Niederschrift aufgenommen, die vorgelesen, genehmigt u von den Beteil u dem Notar eigenhänd unterschreiben w (BeurkG 9, 13). Nach dem BeurkG führt nur noch die Verletzg wesentl FormVorschr zur Unwirksamk der Beurk; fehlde od falsche Datierg ist unschädl (BeurkG 9 II).

2) § 128 ist **anwendbar,** wenn der Vertr kr Ges einer not Beurk bedarf (§§ 311, 312 II, 313, 873 II, 877, **2** 1491 II, 1501 II, 1587o, 2033, 2348, 2351, 2371, 2385). Er gilt nicht, wenn die WillErkl nur einer Part form-bedürft ist (§§ 518, 1516 II, 1730, 2282 II, 2291, 2296, 2301) od wenn das Ges ausdr die gleichzeit Anwesenh beider Part vorschreibt (§§ 925, 1410, 2276, 2290 IV). Auf die rechtsgeschäftl vereinb not Beurk ist § 128 iZw entspr anzuwenden.

3) Die Vorschr gestattet eine **sukzessive Beurkundung** an versch Orten dch versch Notare. Zul auch, **3** daß der Notar die Erkl der Part ohne gleichzeit Anwesenh nacheinand protokolliert u die Niederschrift nur einmal unterschreibt (RG **69**, 132, MüKo/Förschler Rn 5). Der Vertr kommt iZw bereits mit der Beurk der AnnErkl zustande; es ist nicht erforderl, daß die Erkl dem and Teil zugeht (§ 152).

129 *Öffentliche Beglaubigung.* [I] **Ist durch Gesetz für eine Erklärung öffentliche Beglau-bigung vorgeschrieben, so muß die Erklärung schriftlich abgefaßt und die Unterschrift des Erklärenden von einem Notar beglaubigt werden. Wird die Erklärung von dem Aussteller mittels Handzeichens unterzeichnet, so ist die im § 126 Abs. 1 vorgeschriebene Beglaubigung des Handzeichens erforderlich und genügend.**
[II] **Die öffentliche Beglaubigung wird durch die notarielle Beurkundung der Erklärung ersetzt.**

1) Öffentliche Beglaubigung ist das Zeugn einer UrkPers darü, daß die Unterschr od das Handzeichen **1** in seiner Ggwart zu dem angegebenen Ztpkt von dem Erklärden vollzogen od anerkannt worden ist (BeurkG 39, 40); sie bezeugt zugl, daß die im Beglaubiggsvermerk namentl angeführte Pers u der Erklärde ident sind. Öff Urk iSv ZPO 415 ist nur der Beglaubiggsvermerk, die abgegebene Erkl ist eine PrivUrk. Die öff Beglaubigg bezieht sich auf die Echth der Unterschr (des Handzeichens), nicht dagg auf den ErklInh (BGH **37**, 86). Sie ist ua vorgesehen in §§ 77, 371, 403, 411, 444, 1035, 1154f, 1355, 1491f, 1560, 1617, 1618, 1945, 1955, 2120f, 2198, 2215, GBO 29, 32, HGB 12, ZPO 726f, 756f, ZVG 71, 81, 84, 91, 143, 144, FGG 13, 91, 107. Erkl iSd § 129 sind neben WillErkl auch Erkl verfahrensrechtl Inh (Düss OLGZ **84**, 260). Empfangsbedürft Erkl werden nur wirks, wenn die Erkl in der Form des § 129 **zugeht**; die Übersendg einer Abschrift od Kopie genügt nicht (BayObLG DtZ **92**, 285).

2) Das **Beglaubigungsverfahren** ist im BeurkG 39, 40 geregelt. Zust sind grdsl nur noch die Notare. **2** Die Beglaubigg dch eine nach LandesR zust Stelle ist auch außerh der Landesgrenzen wirks (LG Bonn Rpfleger **83**, 309). Die Beglaubigg dch VerwBeh od die Polizei genügt für § 129 nicht (VwVfG 34). Es kann auch die Unterschr eines Vertreters beglaubigt w, der mit dem Namen des Vertretenen unterschreibt (MüKo/Förschler Rn 5, § 126 Rn 8). Nachträgl Änd der Erkl sind zul. Sie beeinträchtigen die Formgültigk nicht (LG Düss MittBayNot **84**, 207, Winkler DNotZ **85**, 224, str), beseitigen aber für die TextÄnd die Vermutg der Echth der Erkl (BayObLG DNotZ **85**, 222, LG Itzehoe DNotZ **90**, 520); die Erkl kann daher zurückgewiesen w, wenn Zw daran bestehen, daß die Ergänz mit Billigg des Erklärden eingefügt worden ist. Die Beglaubigg von BlankoUnterschr ist unter den Voraussetzgen von BeurkG 40 V zul. Zur Beglau-bigg von Handzeichen s § 126 Rn 10.

3) Die notarielle Beurk (§ 128) u der ihr gleichstehde ProzVergl (§ 127a) **ersetzen** die öff Beglaubigg, da **3** sie ein Mehr darstellen **(II).**

130 *Wirksamwerden der Willenserklärung gegenüber Abwesenden.* [I] Eine Willenserklärung, die einem anderen gegenüber abzugeben ist, wird, wenn sie in dessen Abwesenheit abgegeben wird, in dem Zeitpunkte wirksam, in welchem sie ihm zugeht. Sie wird nicht wirksam, wenn dem anderen vorher oder gleichzeitig ein Widerruf zugeht.

[II] Auf die Wirksamkeit der Willenserklärung ist es ohne Einfluß, wenn der Erklärende nach der Abgabe stirbt oder geschäftsunfähig wird.

[III] Diese Vorschriften finden auch dann Anwendung, wenn die Willenserklärung einer Behörde gegenüber abzugeben ist.

1   **1) Allgemeines. – a)** Das Wirksamwerden von **nicht empfangsbedürftigen** WillErkl (Übbl 11 v § 104) sieht das Ges als nicht regelgsbedürft an. Da es bei ihnen nicht auf die Wahrnehmg dch einen ErklEmpfänger ankommt, ergibt sich aus der Natur der Sache, daß die Erkl mit ihrer Abgabe wirks w (allgM). Dazu genügt, daß der Erklärde seinen Willen, ggf unter Einhaltg der maßgebden FormVorschr, erkennb geäußert
2   hat (Bsp s § 151 Rn 2). – **b)** Über das Wirksamwerden von **empfangsbedürftigen** WillErkl (Übbl 11 u 12 v § 104) bestand im Gemeinen Recht Streit zw der Äußergs-, der Absende-, der Empfangs- u der Vernehmgstheorie. Das BGB hat sich für die schon im Gemeinen Recht herrschde **Empfangstheorie** entschieden. Voraussetzg für ein Wirksamwerden ist, daß der Erklärde die Erkl **abgegeben** hat (Rn 4) u diese dem ErklEmpfänger **zugegangen** ist (Rn 5). Wird unter Anwesden eine nicht verkörperte WillErkl abgegeben, tritt
3   an die Stelle des Zugangs die Wahrnehmg dch den ErklEmpfänger (Rn 14). – **c) Anwendungsbereich.** § 130 gilt für empfangsbedürft WillErkl jeder Art, auch für amtsempfangsbedürft Erkl (Rn 15) u geschäftsähnl Hdlgen (Übbl 6 v § 104), wie Mängelanzeigen (BGH **101**, 52) u Abmahngen (KG WRP **82**, 467, Burchert WRP **85**, 478). Auch bei arbeitsrechtl Abmahngen gilt (entgg BAG NJW **85**, 823) § 130 u nicht die vom BAG wiederbelebte Vernehmgstheorie. Dagg ist § 130 nicht anwendb, wenn es, wie in § 407, auf die Kenntn von best Umst ankommt (BAG aaO). Nicht anzuwenden (Übbl 37 v § 104). Hat die Erkl, wie die ProzAufr, eine Doppelnatur, gilt für das materiellrechtl WirksWerden § 130 (s RG **63**, 412). Die Frage, wie lange die Erkl wirks bleibt, kann aber uU ausschließl nach VerfR zu beurteilen sein (BGH **84**, 207 zur EintrBewilligg). Zu abweichden Regelgen s Rn 19f.

4   **2) Abgegeben** ist die Erkl, wenn der Erklärde seinen rechtsgeschäftl Willen erkennb so geäußert hat, daß an der Endgültig der Äußerg kein Zweifel mögl ist. Bei einer **empfangsbedürftigen** Erkl ist weiter erforderl, daß sie mit Willen des Erklärden in den Verk gebracht w (BGH **65**, 14). Gleichzustellen ist der Fall, daß der Erklärde das „In-VerkBringen" zu vertreten hat, Parallele zum Fehlen des ErklBewußtseins (AK/Hart Rn 5); fehlt es an einem Vertretenmüssen, gilt § 122 Rn 5. Nicht abgegeben ist die Erkl, wenn sie erkennb nur zu Informationszwecken vorab mitgeteilt w (BGH DNotZ **83**, 624). Die einem Übermittlgsboten anvertraute Erkl ist dagg im RSinne bereits abgegeben (aA Hamm NJW-RR **87**, 261). Die Erkl muß an den ErklEmpfänger gerichtet w (BGH NJW **79**, 2032, **89**, 1671, Ffm NJW **84**, 2896, Förschler JuS **80**, 796). Der Erklärde muß davon ausgehen, daß die Erkl den richt Empfänger, wenn auch auf Umwegen erreichen wird; fehlt es hieran, bleibt die Erkl auch dann wirkgslos, wenn sie dem richt Empf zugeht (BGH NJW **79**, 2032, Rücktr ggü Notar; aA offenb BGH NJW **80**, 990, Künd ggü RA). Die ggü einem vollmachtl Vertreter abgegebene Erkl ist gem § 180 S 3 wirks, wenn der Vertreter die Erkl nicht zurückweist u der Vertretene die Passivvertretg genehmigt.

5   **3)** Eine unter **Abwesenden** abgegebene WillErkl w in dem Ztpkt wirks, in dem sie dem Empfänger zugeht (§ 130 I S 1). – **a) Zugegangen** ist die WillErkl, wenn sie so in den Bereich des Empfängers gelangt ist, daß dieser unter normalen Verhältn die Möglichk hat, vom Inh der Erkl Kenntn zu nehmen (RG **144**, 292, BGH **67**, 275, NJW **80**, 990, **83**, 930, BAG NJW **84**, 1651, **93**, 1093). Zum Bereich des Empfängers gehören auch die von ihm zur Entggnahme von Erkl bereit gehaltenen Einrichtgen, wie Briefkasten, Postfach u Anrufbeantworter. Vollendet ist der Zugang erst, wenn die Kenntnisn dch den Empfänger mögl u nach der VerkAnschauung zu erwarten ist (RG **142**, 409, BGH LM Nr 2). Nimmt der Empfänger tatsächl fr von der Erkl Kenntn, geht sie mit dem Ztpkt der tatsächl Kenntnisn zu (Larenz AT § 21 IIb, John AcP **184**, 409). Die zT befürwortete Unterscheidg von Zugang (Erlangg der Vfgsgewalt) u der Möglichk der Kenntnisnahme (Flume AT II § 14, 3b) ist mit Wortlaut u Zweck des § 130 unvereinb (Medicus AT Rn 276). Ob die Möglichk der Kenntnisn bestand, ist unter Zugrundelegg „gewöhnl" Verhältn zu beurteilen. Auf Hindern aus seinem Bereich kann sich der Empfänger nicht berufen, da er diesen dch geeignete Vorkehrgen begegnen kann u muß. Ist der Empfänger wg Urlaubs, Krankh, Haft od sonst Ortsabwesenh nicht in der Lage, vom ihm übermittelten Erkl Kenntn zu nehmen, so steht das dem Zugang nicht entgg (BAG NJW **89**, 606, 2213, Hamm MDR **81**, 965, aA BAG NJW **81**, 1470, Nippe JuS **91**, 285). Wußte der Erklärde von der Ortsabwesenh u kannte er die Interimsanschrift, so hindert das die Wirksamk des Zugangs nicht, jedoch kann § 242 ausnw eine and Beurteilg rechtf (BAG aaO). Trifft die an die Heimat = UrlAdresse eines ausl ArbN gerichtete Erkl dort erst nach dessen Wiederabreise ein, ist sie nicht wirks zugegangen (LAG Hamm DB **88**, 1123). Fehlde Sprach- u Lesefähigk des Empfängers hindern den Zugang nicht (LAG Köln NJW **88**, 1870, str, s Rn 7).

6   **b) Einzelfälle. Briefe** gehen mit der Aushändigg an den Empfänger zu. Der Einwurf in einen Briefkasten bewirkt den Zugang, sobald nach der VerkAnschauung mit der nächsten Entnahme zu rechnen ist. Der während der Nacht eingeworfene Brief geht daher am nächsten Morgen bzw mit Wiederbeginn der Gesch-Stunden zu (RG **142**, 407, BGH VersR **94**, 586, BAG NJW **84**, 1651), der um 18 Uhr eingeworfene uU noch am selben Tag (BayVerfGH NJW **93**, 519, aA Hamm NJW-RR **95**, 1188). Fehlt ein Briefkasten, kann eine Plazierg im Hauseingangsbereich ausr sein (s LAG Hamm MDR **93**, 658). Auch bei Benutzg von Postschließfächern u postlagernden Sendgen ist auf den übl Abholtermin abzustellen (RG **144**, 293, BGH LM Nr 2, BVerwG NJW **60**, 1587, Hamm NJW **86**, 996). Kein Zugang, wenn der Brief in ein falsches Fach einsortiert w (Kiel OLG **35**, 310). Der Eingang bei einer **Zweigstelle** genügt, wenn diese als Empfangsstelle für Erkl an die Hauptniederlassg zu betrachten ist (BGH NJW **65**, 966). Eine unklare od mehrdeut Anschrift schadet nicht, falls der Brief den richt Empfänger erreicht (s RG **125**, 75). Das an eine Beh (Untern) „zu

Händen" einer HilfsPers od eines vollmlosen Vertreters adressierte Schreiben geht mit dem Eingang zu, auch wenn es der HilfsPers ungeöffnet vorgelegt w (BGH NJW **64**, 1951, **90**, 386). Wird die Erkl an eine **Deckadresse** gesandt, geht sie erst zu, wenn mit Aushändigg zu rechnen ist (BVerwG VerwRspr **13** Nr 280). Hat der Empfänger wg seiner Ortsabwesenh einen **Nachsendeantrag** gestellt, so bewirkt erst die Aushändigg am Aufenthaltsort den Zugang (MüKo/Förschler Rn 16); soll die Nachsendg **postlagernd** erfolgen, geht sie bereits mit Einordng in das Postfach zu (RG **144**, 292). Kann ein **Einschreibebrief** wg 7 Abwesenh des Empfängers nicht zugestellt w, ist er auch dann nicht zugegangen, wenn der Postbote einen Benachrichtiggszettel hinterläßt (BAG NJW **63**, 554, BGH VersR **71**, 262, Celle NJW **74**, 1386, Hamm VersR **82**, 1070, s aber Rn 16 ff). Auch Erfahren des ungefähren Inh dch mdl Mitteilg genügt nicht; der Empfänger muß Einsicht in das Schreiben nehmen können (BAG DB **77**, 1195). Ein **Telegramm** geht dagg schon mit der telefon Dchsage zu (RG **105**, 256); ein Btx-Telex in dem Ztpkt, in dem es hätte abgerufen w können (Köln NJW **90**, 1608). Beim **Telefax** setzt der Zugang einen wirks Ausdr beim Empfänger voraus (so wohl auch BGH NJW **95**, 666 unter II 3b bb, str, s Burgard BB **95**, 222), beruht das Scheitern der Übermittlg an Mängeln des Empfangsgeräts kann aber Rn 17 anwendb sein; der Zugang ist vollendet, sobald mit der Kenntnisn zu rechnen ist, bei priv Anschlüssen am Tage mit dem Ausdruck, bei geschäftl Erkl währd der GeschStunden mit Eingang, sonst mit dem nächsten GeschStundenbeginn (Ebnet NJW **92**, 2990). Ist der ErklEmpfänger ein der dtschen Sprache nicht mächtiger od leseunkund **Gastarbeiter,** ist bei Erkl seines ArbGebers eine angem Fr für die Inanspruchn eines Dolmetschers hinzuzurechnen (LAG Hamm NJW **79**, 2488, vgl auch BAG NJW **85**, 824). Kommt es auf den Eingang einer Erkl (VerglWiderruf) bei **Gericht** an, ist der Ztpkt des Zugangs maßgebend (BGH NJW **80**, 1753, NJW-RR **89**, 1214).

c) Wird die Erkl ggü einer **Mittelsperson** abgegeben, ist zu unterscheiden: – **aa)** Ist die Mittelsperson 8 als **Vertreter** des Empfängers zur Entggnahme von WillErkl berecht (Passivvertretg, § 164 III), müssen die Voraussetzgn des Zugehens in der Pers des Vertreters erf sein. Auf die Weitergabe an den Vertretenen kommt es nicht an (BAG DB **77**, 546). Die Vollm zur Vornahme eines RGesch umfaßt idR auch die Vollm zur Entggnahme der entspr Erkl des and Teils (MüKo/Förschler Rn 15). Im KündSchutzProz ist der ProzBevollm zur Entggnahme einer Künd des ArbVertr ermächtigt (BAG NJW **88**, 2693, wohl and für einen PachtVertr BGH NJW **80**, 990). – **bb)** Ist die Mittelsperson **Empfangsbote,** geht die Erkl in 9 dem Ztpkt zu, in dem nach dem regelmäß Verlauf der Dinge die Weiterleitg an den Adressaten zu erwarten war (BGH NJW-RR **89**, 758). Übermittelt der Empfangsbote die Erkl verspätet, falsch od überhaupt nicht, so geht das zu Lasten des Empfängers (BAG **AP** Nr 8, Hamm VersR **80**, 1164, Saarbr WM **88**, 1228). Die Erkl geht aber nicht zu, wenn der EmpfangsBote die Entggnahme ablehnt (BAG NJW **93**, 1093, aA Schwarz NJW **94**, 891). Empfangsbote ist, wer vom Empfänger zur Entggnahme von Erkl bestellt worden ist od nach der VerkAnschauung als bestellt anzusehen ist (ParallelVorschr: ZPO 181). Das trifft bei schriftl Erkl zu für den Eheg (BGH NJW **51**, 313, Schlesw VersR **82**, 357), auch wenn er außerh der Wohng angetroffen w (Mü OLGZ **66**, 2), den Vater (Hamm VRS **74** Nr 5), die in der Wohng des Empfängers lebden Angehörigen u HaushaltsMitgl (RG **91**, 62, Köln VersR **90**, 1263), den Partner einer nichtehel LebensGemeinsch (LAG Brem NZA **88**, 548, OVG Hbg NJW **88**, 1808, zu ZPO 181 differenziard BGH **111**, 3), die Putzfrau (Karlsr VersR **77**, 902), die Zimmervermieterin (BAG **AP** Nr 7, krit Moritz BB **77**, 400), die kaufm Angest im Betr (RG **102**, 296), den Buchhalter für Erkl ggü dem BetrLeiter (BAG **AP** Nr 8), den Maurerpolier bei einem Lieferschein für Baumaterial (Celle NJW **60**, 870). Befindet sich ein Eheg auf hoher See, soll es Frage des Einzelfalls sein, ob der and weiterhin sein Empfangsbote bleibt (BGH NJW-RR **94**, 2614). Zieht ein Mitmieter aus, ohne dem Vermieter seine neue Anschrift mitzuteilen, sind die in der Wo Verbliebenen im Verhältn zum Vermieter weiterhin seine Empfangsboten (Derleder JurBüro **94**, 2). Bei mdl Erkl muß die Mittelsperson in der Lage sein, die Erkl zuverläss zu erfassen u weiterzugeben. Das ist bei erwachsenen HaushaltsMitgl u Angeh idR zu bejahen (RG **60**, 336, **61**, 127). Beim LeasVertr ist der Lieferant idR Empfangsbote für den LeasG (Kblz u Knops BB **94**, 819, 950). Wird die Erkl ggü einer nach der VerkAnschauung (od mangels Eigng) nicht ermächtigten Pers (Kind, Nachbar, Handwerker) abgegeben, ist diese **Erklärungsbote;** die Erkl geht nur zu, wenn sie dem Empfänger richt übermittelt w (RG **60**, 337).

d) Die WillErkl muß in der **Form** zugehen, die für ihre Abgabe vorgeschrieben ist (BGH **121**, 228, 10 BayObLG **81**, 238, Hamm NJW **82**, 1002, § 126 Rn 11). Bei notariell beurkundeten Erkl genügt der Zugang einer Ausfertigg, da die Urschrift in der Verwahrg des Notars verbleibt (BGH **31**, 7, 48, 377, NJW **95**, 2217, 2347); nicht ausr ist dagg der Zugang einer Abschrift. Ist jemand zur Abgabe einer Will-Erkl verurteilt, reicht für den Zugang die Zust des Urt an den Empfänger (s RG **160**, 325).

e) Die WillErkl wird nicht wirks, wenn dem Empfänger vorher od gleichzeit mit der Erkl ein **Widerruf** 11 zugeht (§ 130 I 2). Dabei kommt es allein auf den Ztpkt des Zugangs, nicht der Kenntnisnahme an. Der gleichzeit zugegangene Widerruf ist auch dann wirks, wenn der Empfänger zunächst von der Erkl Kenntn nimmt (BGH NJW **75**, 382, 384). Umgekehrt bleibt der verspätet zugegangene Widerruf auch dann wirkslos, wenn der Empfänger von ihm gleichzeit mit od sogar vor der Erkl Kenntn erhält (RG **91**, 63, MüKo/Förschler Rn 29, str). § 130 I 2 ist dispositives Recht. Zum Ausschluß genügt ein einseit Verzicht des Erklärden (Hadding WuB I C 2 – 2.93, Kümpel WM **93**, 825, aA Celle WM **93**, 592).

f) Die WillErkl w mit dem Zugehen auch dann wirks, wenn der Erklärde inzw **gestorben** od **ge-** 12 **schäftsunfähig** geworden ist (§ 130 II). § 130 II gilt entspr, wenn für den **Betreuten** ein EinwilliggsVorbeh (§ 1903) angeordnet w. Der Erbe od der gesetzl Vertreter ist an die Erkl gebunden, sofern sie bereits abgegeben war (BGH **48**, 379, Rn 4); iF des Widerrufs eines gemeinschaftl Test ist weiter erforderl, daß sich die Erkl bereits „auf dem Weg" zum Empfänger befand (BGH aaO, § 2271 Rn 5 u 6). Verliert der Erklärde, etwa dch KonkEröffng, seine VfgsBefugn, ist § 130 II nicht anwendb, da die VfgsBefugn im Ztpkt des Wirksamwerdens der Vfg gegeben sein muß (BGH **27**, 366). Ob ein gem § 130 II wirks VertrAngebot vom and Teil noch angenommen w kann, regelt § 153. § 130 II gilt auch dann, wenn der Erklärde den Zugang absichtl bis nach seinem Tod zurückgestellt hat (str). Eine Schenkg kann daher dch Test widerrufen w (RG **170**, 383, str); mögl ist auch eine Schenkg dch eine nach dem Tod des Erbl zu vollziehde Banküberweisg (BGH NJW **75**, 382). Dagg kann in der LebensVers das mit dem Todesfall entstandene BezugsR nicht dch eine später zugehde WillErkl entzogen w (BGH VersR **94**, 586, § 331 Rn 4).

13   **4)** Für das Wirksamwerden von Erkl unter **Anwesenden** enthält das Ges keine ausdr Regelg. Hier ist der Grdgedanke des § 130 zu berücksichtigen u zu unterscheiden: – **a)** Bei einer **verkörperten** Erkl ist auf den Zugang abzustellen. Sie wird wirks, wenn sie dch Übergabe in den HerrschBereich des Empfängers gelangt
14 ist (RG **61**, 415, BAG NJW **85**, 824, allgM). – **b)** Eine **nicht verkörperte** (mdl od konkludente) Erkl wird wirks, wenn sie der Empfänger wahrnimmt (BGH WM **89**, 652, BAG ZIP **82**, 1467, str). Taubh u SprachUnkenntn gehen zu Lasten des Erklärden. Diese der Vernehmgstheorie (Rn 2) entspr Lösg bedarf aber im Interesse des VerkSchutzes einer Einschränkg. Eine nicht od falsch verstandene Erkl ist wirks, wenn der Erklärde nach den für ihn erkennb Umst davon ausgehen durfte, daß der Empfänger sie richt u vollständ verstanden habe (Larenz § 21 II c, Soergel-Hefermehl Rn 21). Zu den Erkl unter Anwesden gehören auch fernmdl Erkl (§ 147 I S 2), Erkl dch od an Vertreter, u zwar auch iF einer vollmlosen Vertretg (BGH NJW **73**, 798). Erkl dch od an Boten ist dagg Erkl unter Abwesden.

15   **5)** Die **amtsempfangsbedürftige Erklärung** stellt § 130 III mit der empfangsbedürft WillErkl unter Abwesden gleich. Sie werden mit dem Zugehen wirks. Dafür reicht es aus, daß die Erkl bei der Eingangsstelle der Beh eingeht (RG **135**, 252). In Frage kommen Erkl ggü der Hinterleggsstelle (§ 376), dem GBAmt (§§ 875, 876, 928, 1168, 1180, 1183), der StiftgsBeh (§ 81 II), der Polizei (§ 976), dem VormschGer (§§ 1681 II, 1726 II, 1750), dem NachlGer (§ 1945) u dem Standesbeamten (§ 1600 c II). Nicht hierher gehören Erkl, die, wie die Aufl (§ 925) vor einer Beh, aber ggü einem priv Empfänger abzugeben sind. S auch Rn 3.

16   **6) Zugangsverhinderung. – a)** Verweigert der Empfänger die Ann der Erkl berechtw, etwa wg fehler Frankierg od unricht Adressierg, so geht das zu Lasten des Erklärden (RG **125**, 75). Bei einer unberecht **Annahmeverweigerung** geht die Erkl dagg im Ztpkt des Angebots zur Aushändig zu (BGH NJW **83**, 930, Erm-Brox Rn 23). Der Empfänger muß sich insow das Verhalten seiner Vertreter anrechnen lassen,
17 nicht aber das seiner Empfangsboten (BAG NJW **93**, 1093, Hamm VersR **82**, 1070). – **b)** Wer mit dem Eingang rgeschäftl Erkl rechnen muß, muß dch **geeignete Vorkehrungen** sicherstellen, daß ihn die zu erwarten Erkl auch erreichen (BGH **67**, 278, VersR **71**, 263). Eine entspr Obliegenh besteht zwar nicht schlechthin; sie kann sich aber je nach Lage des Falles ergeben aus der berufl Stellg des Empfängers (HGB 362), einem ArbVertr (BAG **AP** Nr 5 u 10), MietVertr (BGH **67**, 278, Derleder JurBüro **94**, 1), VersVertr (BGH VersR **71**, 263), KaufVertr mit RücktrVorbeh (BGH NJW **83**, 930), einem sonst Vertr od dem Eintritt in VertrVhlgen, aber auch aus dem dch einen WettbewVerstoß begründeten gesetzl SchuldVerh (KG NJW-RR **89**, 102). Wer auf seinen **Telefaxanschluß** hinweist, muß sicherstellen, daß sein Gerät einsatzbereit ist (Ebnet NJW **92**, 2991, Fritzsche/Malzer DNotZ **95**, 14, s auch BGH NJW **95**, 666 unter II 3 b bb); er muß nicht ausgedruckte Erkl insbes dann als zugegangen gelten lassen, wenn er den Papierspeicher absichtl nicht aufgefüllt hat (LAG Hamm ZIP **93**, 1109). Der GeschMann muß für die Zeit seiner Abwesenh einen EmpfangsBevollm bestellen (RG **95**, 317) u bei Verlegg seines GeschLokals Vorkehrgen (NachsendeAuftr, Anzeige der neuen Anschrift) treffen, daß ihm Schreiben rechtzeit zugehen
18 (BGH **LM** Nr 1, Hbg MDR **78**, 489, Hamm NJW-RR **86**, 699). – **c)** Scheitert der Zugang an einer ObliegenhVerletzg des Empfängers, muß sich dieser **nach Treu und Glauben** so behandeln lassen, wie wenn die Erkl (rechtzeit) zugegangen wäre (BGH **LM** Nr 1, BAG **AP** Nr 5). Holt der Empfänger die abholbereite Einschreibsendg trotz ordngsmäß Benachrichtigg nicht ab, obwohl ihm das mögl wäre, geht das zu seinen Lasten (BGH **67**, 277, BAG NJW **63**, 554, DB **86**, 2336). Der Empfänger muß das Zugehen aber nur dann als rechtzeit gg sich gelten lassen, wenn der Erklärde alles für einen rechtzeit Zugang Erforderl u Zumutb getan hat (BGH **LM** Nr 1). Wird für ihn erkennb, daß die Erkl den Empfänger nicht erreicht hat, muß er die Erkl unverzügl wiederholen (BGH VersR **71**, 262); unternimmt er nichts, treten die RFolgen der Erkl nicht ein (RG **110**, 36). Haben beide Part das Scheitern des Zugangs zu vertreten, kann über pVV od c. i. c. iVm § 254 eine Schadensteilg angem sein (s RG **97**, 337).

19   **7) Abweichende Regelungen. – a)** § 130 I ist **dispositiv**. Die Part können daher abw Vereinbgen treffen, etwa dahin, daß bei formbedürft Erkl der Zugang einer Abschrift genügt (BGH NJW **95**, 2217). Das WiderrR (I 2) kann aber dch AGB nicht abbedungen w (Rn 11); iü gelten die Klauselverbote in AGBG 10
20 Nr 6 u 11 Nr 16 (s dort). – **b) Gesetzliche Ausnahmen** enthalten die §§ 121 I 2, 478 I 1, VerbrKrG 7 II 1, HausTG 2 I 1 u HGB 377 IV, wonach zur FrWahrg die rechtzeit Absendg genügt; auch in diesen Fällen wird die Erkl aber u erst wirks, wenn sie dem and Teil zugeht (BGH **101**, 53). Geht die erste Erkl verloren, genügt zur FrWahrg, daß der Erklärde sie unverzügl wiederholt. Wo RFolgen an die Kenntn geknüpft sind, reicht Zugehen als bloße Möglichk der Kenntnisn nicht aus (RG **135**, 251).

21   **8)** Für den Zugang der Erkl trägt derj die **Beweislast**, der sich auf den Zugang beruft (BGH **101**, 55). Soweit es auf die Rechtzeitigk ankommt, muß er auch den Ztpkt des Zugehens beweisen (BGH **70**, 234). Es besteht weder für normale Postsendgen noch für Einschreiben ein Bew des ersten Anscheins, daß eine zur Post gegebene Sendg den Empfänger auch erreicht (BGH NJW **64**, 1176, BAG NJW **61**, 2132, Nürnbg NJW-RR **93**, 1246, Baumgärtel/Laumen Rn 2 ff, str). Auch ZPO 286 rechtf nicht ow den Schluß von der Absendg auf den Zugang (aA LG Hbg VersR **92**, 86). Wer den Zugang der Einschreibsendg erst nach Ablauf der (damals 2 jähr) AufbewahrFr für den Abliefergsschein bestreitet, obwohl er vorher von der Absendg wußte, kann damit aber nicht gehört w (BGH **24**, 312, Hamm VersR **76**, 722). Auch für den Zugang eines Telextextes gibt es keinen *prima-facie*-Bew (BGH NJW **95**, 665, Mü NJW **93**, 2447, Fritzsche/Malzer DNotZ **95**, 14, aA Mü NJW **94**, 527, Ebnet NJW **92**, 2991, Burgard AcP **195**, 129).

131 *Wirksamwerden gegenüber nicht voll Geschäftsfähigen.* [1] Wird die Willenserklärung einem Geschäftsunfähigen gegenüber abgegeben, so wird sie nicht wirksam, bevor sie dem gesetzlichen Vertreter zugeht.

II Das gleiche gilt, wenn die Willenserklärung einer in der Geschäftsfähigkeit beschränkten Person gegenüber abgegeben wird. Bringt die Erklärung jedoch der in der Geschäftsfähigkeit beschränkten Person lediglich einen rechtlichen Vorteil oder hat der gesetzliche Vertreter seine Einwilligung erteilt, so wird die Erklärung in dem Zeitpunkte wirksam, in welchem sie ihr zugeht.

1) Allgemeines. § 131 gilt ebso wie § 130 (dort Rn 3) auch für geschäftsähnl Hdlgen (AG Meldorf NJW **1** **89**, 2548). Er überträgt die für die Abgabe von WillErkl geltden Regeln auf den ErklZugang: Der Zugang an einen GeschUnfähigen ist ohne RWirkg, der an einen beschr GeschFähigen läßt die Erkl nur unter den Voraussetzgen von § 131 II wirks werden. Für Erkl an Bewußtlose od vorübergehd Geistesgestörte (§ 105 II) gilt nicht § 131, sond § 130. Da es auf die Möglichk der Kenntnisn unter normalen Verhältn (§ 130 Rn 5) ankommt, gehen Erkl unter Abwesden auch dann wirks zu, wenn sich der Empfänger in einem § 105 II entspr Zustand befindet. Bei mdl Erkl unter Anwesden gilt § 130 Rn 13 f.

2) Wirksamkeitserfordernisse des Zugangs. – a) WillErkl, die ggü einem **Geschäftsunfähigen** (§ 104) **2** abzugeben sind, werden nur wirks, wenn sie dem ges Vertreter zugehen (§ 131 I). Die Erkl muß an den ges Vertreter gerichtet sein. Es genügt nicht, daß er zufäll von einem Schreiben an den GeschUnfäh erfährt (Düss VersR **61**, 878, LG Bln MDR **82**, 321, § 130 Rn 4, aA LAG Hamm DB **75**, 407). Besteht GesVertretg, genügt Zugang an einen der GesVertreter (§ 167 Rn 14). Der ges Vertreter kann den GeschUnfäh zum Empfangsboten (§ 130 Rn 9), nicht aber zum Empfangsvertreter bestellen. – **b)** Dem **beschränkt Ge-** **3** **schäftsfähigen** (II) steht der **Betreute** gleich, soweit für ihn ein EinwilliggsVorbeh angeordnet worden ist (§ 1903 I 2). Die WillErkl muß grdsl dem ges Vertreter zugehen (§ 131 II 1), hier bestehen aber Ausn. Der Zugang an den beschr GeschFäh genügt, wenn ihm die WillErkl rechtl ledigl Vorteile bringt (§ 107 Rn 2). Das trifft auf ein VertrAngebot unabhäng vom VertrInh zu, weil das Angebot für den Empfänger keine Pflten schafft, ihm aber die Möglichk gibt, den Vertr zustande zu bringen. Zu den rechtl lediglich vorteilh Gesch gehört auch die Bevollmächtigg des beschr GeschFäh (Ffm MDR **64**, 756). Hat der Vertreter eingewilligt (§ 183), reicht der Zugang an den beschr GeschFäh gleichf aus. Die Einwilligg kann auch stillschw erklärt w (§ 107 Rn 8). Die Gen (§ 184) steht der Einwilligg nicht gleich. Wird die Erkl ggü einem beschr GeschFäh ein VertrAngebot angenommen, kann der Vertreter neben der Vertr aber auch den Zugang genehmigen, da andf § 108 leerlaufd wäre (BGH **47**, 358). Sow der beschr GeschFäh gem §§ 112, 113 partiell geschfäh ist, kann er auch ohne bes Einwilligg WillErkl wirks entggnehmen.

132 *Ersatz des Zugehens durch Zustellung.* **I** Eine Willenserklärung gilt auch dann als zugegangen, wenn sie durch Vermittlung eines Gerichtsvollziehers zugestellt worden ist. Die Zustellung erfolgt nach den Vorschriften der Zivilprozeßordnung.

II Befindet sich der Erklärende über die Person desjenigen, welchem gegenüber die Erklärung abzugeben ist, in einer nicht auf Fahrlässigkeit beruhenden Unkenntnis oder ist der Aufenthalt dieser Person unbekannt, so kann die Zustellung nach den für die öffentliche Zustellung einer Ladung geltenden Vorschriften der Zivilprozeßordnung erfolgen. Zuständig für die Bewilligung ist im ersteren Falle das Amtsgericht, in dessen Bezirke der Erklärende seinen Wohnsitz oder in Ermangelung eines inländischen Wohnsitzes seinen Aufenthalt hat, im letzteren Falle das Amtsgericht, in dessen Bezirke die Person, welcher zuzustellen ist, den letzten Wohnsitz oder in Ermangelung eines inländischen Wohnsitzes den letzten Aufenthalt hatte.

1) Allgemeines. § 132 stellt die Zust als Surrogat für das Zugehen zur Vfg. Die Erkl wird wirks, auch **1** wenn, wie etwa iF der Zust dch Niederleg bei der Post (ZPO 182) od der öff Zust (ZPO 203 ff), die Erfordern des Zugangstatbestd nicht erf sind. Bei befürchteter Zugangsvereitelg kann der RA verpflichtet sein, den „sicheren" Weg des § 132 zu wählen (Nürnbg NJW-RR **91**, 414). Ist die Erkl ggü einem GeschUnfäh od beschr GeschFäh abzugeben, muß die Zust (abgesehen von den Fällen der §§ 112, 113) an den ges Vertreter erfolgen (ZPO 171). Wo das Ges RFolgen an die Kenntn knüpft, genügt die Zust nicht (RG **87**, 417).

2) Zustellung. – a) Die Zust dch Vermittlg des **Gerichtsvollziehers** richtet sich nach ZPO 166 ff; mögl **2** ist daher auch eine ErsZust (ZPO 181 ff). Unverzichtb ist aber die Mitwirkg des GerVollziehers (vgl zu dessen Tätigk Coenen DGVZ **92**, 100); eine Zust im unmittelb PartAuftr genügt nicht den Erfordern des § 132 (BGH **67**, 277, BVerwG NJW **81**, 2712), ebsowenig die Zust dch Vermittlg der GeschStelle (ZPO 196) od die Zust von Anw zu Anw (ZPO 198). Eine fehlerh Zust kann entspr ZPO 187 als wirks behandelt w (BGH NJW **67**, 824). ZustGgst ist bei öff Urk eine Ausfertig (BGH **31**, 7, **36**, 204), bei Erkl, die der Schriftform (§ 126) bedürfen, genügt eine beglaubigte Abschrift (BGH NJW **67**, 824). Die Zust ist an die Part, nicht an den ProzBevollm zu richten (LG Wuppertal WM **86**, 1274). – **b)** Die **öffentliche Zustellung 3** richtet sich nach ZPO 204 ff. Sie setzt voraus: Unverschuldete Unkenntn über die Pers des ErklEmpfängers (s zur ähnl Regelg iF der Hinterleg § 372 Rn 6) od Unkenntn über den Aufenthaltsort des Empfängers. Dieses Erfordern ist ebso zu verstehen wie in ZPO 203 I (Staud-Dilcher Rn 14). Wird der BewilliggsBeschl dch falsche Angaben erschlichen, ist die Zust gleichwohl wirks (BGH **64**, 8, zweifelnd BGH **118**, 47), der Berufg auf die eingetretene RFolge kann aber § 242 entggstehen (BGH aaO).

133 *Auslegung einer Willenserklärung.* Bei der Auslegung einer Willenserklärung ist der wirkliche Wille zu erforschen und nicht an dem buchstäblichen Sinne des Ausdrucks zu haften.

1) Allgemeines. – a) Ausleg einer WillErkl ist Ermittlg ihres rechtl maßgebden Sinnes. Das Ges enthält **1** in den §§ 133, 157 für die Auslegg zwei grdlegde Normen. § 133 gilt seinem Wortlaut nach für die Auslegg der einz WillErkl. Er ist aber auch auf Vertr anzuwenden (MüKo/Mayer-Maly Rn 19). Umgekehrt betrifft

§ 157 seinem Wortlaut nach nur den bereits zustandegekommenen Vertr. Auch die einz WillErkl u einseit RGesch sind aber nach Treu u Glauben mit Rücks auf die VerkSitte auszulegen (RG **169**, 125, BGH **47**, 78). Der Unterschied zw beiden Normen besteht darin, daß § 133 auf den empirischen PartWillen abstellt (sog natürl Auslegg), währd § 157 auf die obj ErklBedeutg verweist (sog obj normative Auslegg). Wie das funktionelle Verh zw den beiden Vorschr im einz aufzufassen ist, ist umstritten; ebso die Frage, ob § 133 od § 157 die vorrangige Ausleggsnorm ist (s Soergel-Wolf § 157 Rn 11 ff). Dieser Streit ist für die prakt RAnwendg unergieb u kann daher hier auf sich beruhen. Rspr u Lehre haben aus den beiden Normen unter Einbez von allg RGrds einen weitgeh allg anerkannten **Kanon von Auslegungsgrundsätzen** entwickelt. Von diesen Grds beruht das Verbot der Buchstabenauslegg (Rn 14), die Grds über die Auslegg von nicht empfangsbedürft WillErkl (Rn 13) u der Vorrang des übereinstimmden PartWillens (Rn 8) auf § 133; dagg richtet sich die Auslegg von empfangsbedürft WillErkl (Rn 9) überwiegd u die ergänzde VertrAuslegg (§ 157
2 Rn 2 ff) ausschließl nach § 157. – **b)** Da die Auslegg nach **§ 133 u § 157** ineinand übergehen u nicht sinnvoll voneinand **getrennt** w können, erstreckt sich die Kommentierg des § 133 auf die ges für die Auslegg von WillErkl u Vertr maßgebden RGrds. Ledigl die ergänzde VertrAuslegg, die ErklBedeutg typ Klauseln u Einzelfälle sind bei § 157 dargestellt. Zur **Auslegung von Gesetzen** s Einl 34 ff v § 1.

3   **2) Anwendungsbereich. – a)** Die §§ 133, 157 gelten für WillErkl jeder Art, auch für abstrakte Erkl wie WechselErkl (RG **85**, 196, BGH **21**, 161) u InhSchuldVerschreibgen (BGH **28**, 263), für dingl RGesch wie die Aufl (RG **152**, 192, BayObLG **74**, 115), für ProzVergl (BAG NJW **73**, 998), formbedürft Erkl (Rn 19), konkludente WillErkl (Rn 11), Leistgsbeschreibgen (BGH NJW-RR **95**, 914), geschäftsähnl Hdlgen (BGH **47**, 357, NJW **95**, 45) u EinverständnErkl zu Operationen (BGH NJW **80**, 1903). Auf AGB u FormularVertr, Satzgen sowie Erkl im GrdBuchVerk sind die §§ 133, 157 gleichf anzuwenden, jedoch bestehen hier zT Besonderheiten (Rn 12 u 26 f). Auch die Frage, **ob** ein best willentl Verhalten eine **Willenserklärung** darstellt, ist ein Problem der Auslegg u daher nach den §§ 133, 157 zu beurteilen (BGH **21**, 106, NJW **84**, 721,
4 **94**, 189, BAG NJW **71**, 1423, Einf 3 v § 116). – **b)** Auch **Prozeßhandlungen** (Übbl 37 v § 104) sind nach §§ 133, 157 auszulegen (BGH **22**, 269, FamRZ **86**, 1087), auch solche des Ger, wie zB ein Pfändgs- u ÜberweisgsBeschl (BGH NJW **83**, 886, Ffm NJW **81**, 468). Im **öffentlichen Recht** sind die §§ 133, 157 gleichf entspr anzuwenden (s Kluth NVwZ **90**, 610). Das folgt für öffr Vertr aus VwVfG 62, gilt aber auch für WillErkl des Bürgers (BVerwG NJW **90**, 1928, BFH WM **82**, 1138) u für solche der Behörden (BVerwG NJW **76**, 304). Entscheidd ist, wie der Empfänger die Erkl bei obj Würdigg verstehen durfte (BVerwG **41**, 306, VerwRspr **32** Nr 3); Unklarh gehen zu Lasten der Verw (BVerwG aaO); eine reine Buchstabeninterpretation ist unzul (BVerwG NVwZ **84**, 518). S auch Rn 26 ff.

5   **3) Voraussetzungen der Auslegung. – a)** Jeder Auslegg vorausgehen muß die **Feststellung des Erklärungstatbestandes,** dh die Ermittlg der für die Auslegg relevanten Tats (BGH NJW-RR **92**, 773). Dabei ist zw Ggst u Mitteln der Auslegg zu unterscheiden. AusleggsGgst ist der konkrete ErklAkt, dessen rechtl Inh festgestellt w soll. Mittel der Auslegg sind die außerh des ErklAktes liegden Umst, die einen Schluß auf den Sinn der Erkl u damit auf ihren rechtl Inh zulassen (Larenz § 19 II b). Bsp sind etwa Vorverhandlgen der Part, die Abwicklg fr Gesch od Äußergen der Part über den Inh des RGesch (Rn 17 f). Währd die Auslegg rechtl Würdigg ist, ist die Ermittlg des ausleggsrelevanten Umst TatsFeststellg, für die die Grds über die Behauptgs-
6 u Beweislast gelten (Rn 29). – **b)** Voraussetzg der Auslegg ist, daß die WillErkl **auslegungsbedürftig** ist. Hat die Erkl nach Wortlaut u Zweck einen **eindeutigen Inhalt,** ist für eine Auslegg kein Raum (RG **158**, 124, BGH **25**, 319, LM § 2084 Nr 7, BayObLG **81**, 34). Dem insow krit Schrift (MüKo/Mayer-Maly Rn 42) ist zuzugeben, daß die Feststellg die Eindeutigk der Berücksichtigg der BegleitUmst voraussetzt u daher selbst ein interpretatorischer Vorgang ist. Gleichwohl hat der schon im gemeinen Recht anerkannte Grds, daß eindeut Erkl keiner Auslegg bedürfen, als Hilfsmittel für die jur Praxis seine Bedeutg. Er stellt klar, daß es keiner Sinnermittlg bedarf, wenn am ErklInh kein Zweifel mögl ist (RGRK/Krüger-Nieland Rn 5). Ob Eindeutigk vorliegt, ist eine revisible RFrage (BGH **32**, 63). Sie kann auch bei einem (scheinb) eindeut Wortlaut zu verneinen sein (BGH **86**, 46). – **c)** Die WillErkl muß **auslegungsfähig** sein. Das trifft grdsl auch auf widerspruchsvolle u scheinb widersinnige Erkl zu (BGH **20**, 110). And ist es nur, wenn sich nach Ausschöpfg aller Ausleggsmöglichk kein geltgsfähiger Sinn ermitteln läßt (RG JW **16**, 405).

7   **4) Wirklicher Wille u objektive Erklärungsbedeutung. a)** Nach § 133 ist bei der Auslegg der wirkl Wille zu erforschen. Diese Formulierg erweckt den Anschein, daß es für die Auslegg entscheidd auf den inneren Willen des Erklärden ankomme. Das trifft jedoch in dieser Allgemeinh nicht zu. Aber auch die gelegentl vertretene GgAns, unter dem wirkl Willen iSd § 133 sei der in der Erkl objektivierte Wille zu verstehen (so fr Manigk, Danz), ist nicht richtig. In Wahrh ist bei der Auslegg von RGesch zu **differenzieren** (Jahr JuS **89**, 252). Je nach der Art der Erkl u der bestehden Interessenlage hat die Auslegg auf den wahren Willen des Erklärden abzustellen, sog **natürliche Auslegung** (Rn 8 u 13) od die obj ErklBedeutg seines Verhaltens zu ermitteln, sog **normative Auslegung** (Rn 9 u 12).

8   **b)** Besteht ein **übereinstimmender Wille** der Part, so ist dieser rechtl auch dann allein maßgebd, wenn er im Inh der Erkl keinen od nur einen unvollkommenen Ausdr gefunden hat (BGH **20**, 110, **71**, 247, NJW **94**, 1529, BAG **22**, 174, stRspr); das gilt auch, wenn die Part eine Klausel in AGB übereinstimmd abweichd von ihrem obj Sinn verstehen (BGH **113**, 259, NJW **95**, 1496). Das übereinstimmd Gewollte hat den Vorrang vor einer irrtüml od absichtl Falschbezeichng, *falsa demonstratio non nocet.* Nicht erforderl ist, daß der ErklEmpfänger sich den wirkl Willen des Erklärden zu eigen gemacht hat; es genügt, daß er ihn erkannt hat (BGH NJW **84**, 721, NJW-RR **93**, 373). Auch bei formbedürft RGesch ist eine Falschbezeichng unschädl, vorausgesetzt, daß sie unabsichtl erfolgt ist (BGH **87**, 152; zur absichtl Falschbezeichng s § 313 Rn 36). Zu dem prakt kaum vorstellb Fall, daß reiner Wille u Verständn des Erklärden voneinand abweichen, s Wieser AcP **189**, 112. Mißverständl ist die gelegentl verwandte Formulierg, bei einem übereinstimmden PartWillen sei für eine Auslegg kein Raum (so BGH **LM** [B] Nr 7, BAG **AP** Nr 28). Die Feststellg, daß die Part übereinstimmend dasselbe gewollt haben, erfordert idR eine Sinnerfassg u damit eine Auslegg (MüKo/Mayer-Maly Rn 14). Außerdem kann der übereinstimmde PartWille lückenhaft sein u einer Ergänzg bedürfen.

c) Empfangsbedürftige Willenserklärungen. – aa) Sie sind – falls nicht Rn 8 zutrifft – so auszulegen, 9
wie sie der ErklEmpfänger nach Treu u Glauben unter Berücksichtigg der VerkSitte verstehen mußte
(BGH **36**, 33, **47**, 78, **103**, 280, NJW **90**, 3206, **92**, 1446, stRspr); das gilt, sofern dtsches Recht anzuwen-
den ist, auch für fremdsprachige Erkl (Ffm NJW-RR **95**, 36). Bei der Auslegg dürfen nur solche Umst
berücksichtigt w, die bei Zugang der Erkl für den Empfänger erkennb waren (BGH NJW **88**, 2879). Auf
seinen „Horizont" u seine Verständnismöglichk ist die Auslegg abzustellen, u zwar auch dann, wenn der
Erklärde die Erkl and verstanden hat u auch verstehen durfte (Wieser AcP **184**, 40). Das bedeutet aller-
dings nicht, daß der Empfänger die Erkl einfach den für ihn günstigsten Sinn beilegen darf. Er ist nach
Treu u Glauben verpflichtet, unter Berücksichtigg aller ihm erkennb Umst mit gehöriger Aufmerksamk
zu prüfen, was der Erklärde gemeint hat (BGH NJW **81**, 2296, Larenz § 19 IIa). Entscheid ist aber im
Ergebn nicht der empirische Wille des Erklärden, sond der dch normative Auslegg zu ermittelnde **objek-
tive Erklärungswert** seines Verhaltens (BGH **36**, 33). – **bb)** Wird für die Erkl ein **Formular des Emp- 10
fängers** benutzt, ist dagg entspr AGBG 5 darauf abzustellen, wie der Erklärde das Formular verstehen
durfte (s BGH NJW **83**, 1904, Nürnbg NJW-RR **90**, 882 u die Rspr zur AusglQuittg, § 397 Rn 10). Auch
wenn es darum geht, ob ein best ErklAkt als WillErkl aufzufassen ist od nicht, ist nicht der innere Wille
des Erklärden, sond die obj ErklBedeutg seines GesVerhaltens maßgebd (BGH **21**, 106, **91**, 328, Einf 3 v
§ 116). – **cc)** Entspr gilt grdsl für **schlüssige Willenserklärungen** (Einf 6 v § 116); Voraussetzg ist aber, 11
daß der Erklärde die mögl Deutg seines Verhaltens als WillErkl bei Anwendg pflgem Sorgfalt erkennen
konnte u der and Teil es auch tatsächl so verstanden hat (BGH **109**, 252, DtZ **95**, 252, BayOblG NJW-
RR **94**, 772). Zu den Anfordergen an eine konkludente Gen s § 182 Rn 3. Aus dem **Schutzzweck** der
Norm, die das ZustErfordern festlegt, kann sich ergeben, daß an die Annahme einer stillschw Zust beson-
ders strenge Anfordergen zu stellen sind (BGH **116**, 274, Einwillig in die Weitergabe der Patientenkar-
tei). Die für die Auslegg von empfangsbedürft WillErkl entwickelten Grds sind unmittelb weder dem
§ 133 noch dem § 157 zu entnehmen. Sie ergeben sich aber aus dem Gedanken des Vertrauensschutzes u
den §§ 119ff (Trupp NJW **90**, 1346). Die §§ 119ff wären leerlaufd, wenn die Auslegg einen dem wirkl
Willen des Erklärden entspr ErklInh herzustellen hätte.

d) Ähnl Grds wie für empfangsbedürft WillErkl gelten für die Auslegg von **Erklärungen an die Allge- 12
meinheit.** Darunter sind solche Erkl zu verstehen, die für eine unbest Vielzahl von Pers Bedeutg erlangen
können. Ihre Auslegg richtet sich nach der Verständnismöglichk eines dchschnittl Beteiligten od eines
Angeh des gerade angesprochenen PersKreises. Außer dem Text der Erkl dürfen nur solche Umst berück-
sichtigt w, die jedermann od doch jedem Angeh der angesprochenen Kreise bekannt od erkennb sind (BGH
53, 307). Das gilt für die Satzg von Vereinen (BGH **47**, 180, **63**, 290, § 25 Rn 4), von AG und GmbH (RG
165, 73, Wiedemann DNotZ **77** Sonderheft S 105), auch für eine sog FamGmbH (BGH BB **81**, 926, Düss
ZIP **87**, 230), für Hauptversammlgsbeschlüsse (RG **146**, 154), Beschlüssen von WoEigtGemsch (Stgt NJW-
RR **91**, 913), WechselErkl (BGH **21**, 161, **64**, 14, DB **79**, 1081) u InhSchuldVerschreibgen (BGH **28**, 263).
Da die Auslegg **einheitlich** vorzunehmen ist, müssen Umst, die nur einz Beteiligten bekannt od erkennb
sind, außer Betracht bleiben (BGH **28**, 264). Auch die Auslobg ist obj nach der Verständnismöglichk eines
dchschnittl Beteil auszulegen, obwohl sie an sich eine nicht empfangsbedürft WillErkl ist (Kornblum JuS **81**,
801). Ähnl Grds gelten für die Auslegg von **Allgemeinen Geschäftsbedingungen** (AGBG 5 Rn 7).

e) Eine grdsl and Auslegsmethode gilt dagg für **letztwillige Verfügungen.** Da sie sich nicht an einen 13
best Adressaten richten, spielt bei ihnen der Gedanke des Vertrauensschutzes keine Rolle. Entscheid für
ihre Auslegg ist nicht der obj Sinn der Erkl, sond der wirkl Wille des Erbl (BGH **80**, 249, **86**, 45, **LM** § 2079
Nr 1, Larenz § 19 IId, allgM). Ist dieser nicht feststellb, ist der mutmaßl Wille maßgebd (BGH **86**, 45,
BayOblG **82**, 165). Die für die Auslegg maßgebde Norm ist § 133, nicht § 157. Ergänzd gilt § 2084,
wonach von versch Auslegsmöglichk iZw derj der Vorzug zu geben ist, bei der die Vfg Erfolg hat. Zu
ermitteln ist der wirkl Wille des Erbl im Zeitpkt der TestErrichtg (BGH aaO). Es sind alle Umst zu
berücksichtigen, die Schlüsse auf die Abs des Erbl zulassen (BGH FamRZ **70**, 193). Verwendet der Erbl
einen Begr in einer vom übl Sinn abw Bedeutg, ist diese auch dann maßgebd, wenn der Erbe sie nicht kennt.
Schranken für die subj Auslegg ergeben sich daraus, daß der Wille des Erbl, um rechtl Geltg zu erlangen, in
der vorgeschriebenen Form erklärt w muß. Zwar kann die Auslegg einen vom übl Wortsinn abw Inh der
letztw Vfg feststellen, Falschbezeichngen berichtigen u Widerspr beseitigen; sie kann aber nicht vergessene
od außerh der Urk formunwirks getroffene Anordngen zum Inh der Erkl machen (Rn 19). Einzelh zur
TestAuslegg s bei § 2084.

5) Verfahren bei der Auslegung. – a) Trotz des in § 133 enthaltenen Verbots der Buchstabeninterpreta- 14
tion hat die Auslegg vom **Wortlaut** der Erkl auszugehen (BGH **121**, 16, NJW **94**, 189, **95**, 1212). Maßgebd
ist iZw der allg Sprachgebrauch (s BGH **LM** (C) Nr 17 zum Begriff „Fenster"), bei Texten, die sich an
Fachleute richten, die fachsprachliche Bedeutg (BGH NJW-RR **94**, 1109), bei Begriffen, die in dem beteilig-
ten VerkKreis in einem best Sinn verstanden werden, diese Bedeutg (BGH NJW-RR **95**, 364). Ein bes
Sprachgebrauch des Erklärden ist zu berücksichtigen, bei empfangsbedürft Erkl aber nur dann, wenn er dem
ErklEmpfänger bekannt od erkennbar war (Rn 9). Mdl Erläutergen des Erklärden zu einem schriftl Ver-
trAngebot sind auch dann zu berücksichtigen, wenn der Vertreter nur zur Entggn des Angebots, nicht aber
zum VertrSchl bevollmächtigt war (BGH **82**, 222, § 166 Rn 5). Die Erkl, es sei keine Zusicherg abgegeben
worden, schließt idR die Annahme einer konkludenten Zusicherg aus (BGH NJW **92**, 170, krit Flume JZ **92**,
367). Bei beurkundeten Erkl kommt es auf den Willen u die Vorstellgen des Erklärden an; die Auffassgen
der UrkPers sind nur dann erhebl, wenn der Erklärde sie sich zu eigen gemacht hat (BGH DNotZ **61**, 396,
BB **67**, 1394). Ähnl wie bei der GesAuslegg (Einl 35 ff v § 1) sind auch bei rechtsgeschäftl Texten der sprachl
Zushang der Erkl (grammatikalische Auslegg) u die Stellg der auslegsbedürft Formulierg im GesZushang
des Textes (systemat Auslegg) zu berücksichtigen (BGH NJW **57**, 873).

b) Nach der Ermittlg des Wortsinnes sind in einem zweiten Auslegsschritt die außerh des ErklAktes 15
liegden **Begleitumstände** in die Auslegg einzubeziehen, sow sie einen Schluß auf den Sinngehalt der Erkl
zulassen (BGH WM **71**, 40, DB **75**, 442, BAG NJW **71**, 639, DB **74**, 1071). Bei empfangsbedürft WillErkl

sind aber nur die Umst zu berücksichtigen, die dem ErklEmpfänger bekannt od erkennb waren (Rn 9), bei Erkl an die Allgemeinh nur allg bekannte (Rn 12). Als ausleggsrelevante BegleitUmst kommen neben der

16 VerkSitte (Rn 21) vor allem in Betracht: – **aa)** Die **Entstehungsgeschichte** des Vertr od RGesch. Aus der Abwicklg fr Gesch od den VorVhdlgen der Beteiligten, etwa einem zum VhdlgsGgst gemachten Verkaufsprospekt (BGH NJW **81**, 2295) od einem zunächst abgeschl formunwirks Vertr (BGH NJW **87**, 2437), kann sich ergeben, welche Bedeutg der ausleggsbedürft ErklTeil nach dem Willen der Part haben soll (s BGH **LM** (B) Nr 1 u 9). Das GesBild der VertrVhdlgen kann eine vom übl Wortsinn abw Auslegg rechtf (BGH WM

17 **71**, 40). – **bb) Äußerungen der Parteien** über den Inh des RGesch (RG Recht **30** Nr 1228). Obwohl die Erkl mit dem Zeitpkt ihres Wirksamwerdens ihren grdsl unveränderl ErklWert erhält (BGH **LM** (B) Nr 9), kann auch späteres Verhalten der Part zumindest als Indiz für die Auslegg von Bedeutg sein (BGH NJW **88**, 2878, NJW-RR **89**, 199, WM **94**, 267, BAG **AP** Nr 32, Mü NJW-RR **87**, 1502). – **cc)** Die von den Part in ihrer **Geschäftsverbindung** herausgebildeten Usancen („GeschVerbindgsbrauch", Müller-Graff, Auswirkungen einer laufden GeschVerbindg, 1974, S 134). Sie können die Auslegg einer EinzErkl od des Vertr

18 betreffen. – **dd)** Der mit dem RGesch verfolgte **Zweck** (BGH **2**, 385, **20**, 110) u die bestehde **Interessenlage** (BGH **21**, 328, **109**, 22, NJW **81**, 1549, 2295). Ähnl wie bei Ges (Einl 38 v § 1) kommt auch bei Auslegg des RGesch der teleologischen Auslegg bes Bedeutg zu. Aus ihr kann sich ergeben, daß eine scheinb eindeutige Regelg völlig ungewöhnl u unerwartete Wagnisse nicht erfaßt (BGH **124**, 68) u daß eine Abwohnklausel als Mietvorauszahlg (BGH **LM** § 157 Nr 6), das Bestreiten einer Verpfl als Anf (BGH DB **71**, 2302) u ein Rücktr als Künd (RG **89**, 398) aufzufassen ist. Sieht das Ges für die Erreichg eines best Zweckes mehrere rechtl Gestaltgsmöglichk vor, ist die teleologische Auslegg dagg idR unergieb. Es muß somit iZw der Wortlaut entscheiden. Eine als Bürgsch bezeichnete Erkl kann daher nicht ow als Schuldbeitritt (BGH **LM** (B) Nr 7) u umgekehrt ein Schuldbeitritt nicht ow als Bürgsch ausgelegt w (BGH **LM** (C) Nr 34). Hauptanwendsfeld für die teleologische Auslegg ist die ergänzde VertrAuslegg (§ 157 Rn 2ff). Welchen Stellenwert der Wortlaut der Erkl u die BegleitUmst für das Ausleggsergebn haben, hängt von den Umst des Einzelfalles ab. Entscheidd ist, wie die Erkl unter Berücksichtigg aller BegleitUmst, insb des GesVerhaltens der Part u der von ihnen verfolgten Zwecke, redlicherweise zu verstehen ist (RG **119**, 25, BGH WM **64**, 906).

19   **c)** Auch bei **formbedürftigen Erklärungen** sind Umst außerhalb der Urk bei der Auslegg mitzuberücksichtigen (RG **154**, 44, BGH **63**, 362, **86**, 46, **LM** (B) Nr 1, 3, stRspr). Das gilt auch für die dingl Einigg (BGH **LM** (B) Nr 13) u für letztw Vfgen (Rn 13). Dem Vertretenen ist aber nur die Kenntn von Vertretern zuzurechnen, nicht die von Vhdlgsgehilfen (BGH NJW-RR **86**, 1019, § 166 Rn 7). In einem ersten Untersuchgsschritt ist festzustellen, wie die Erkl unter Berücksichtigg aller maßgebden Umst auszulegen ist (BGH **80**, 250, **86**, 47; dabei dürfen Umst außerh der Urk nur berücksichtigt w, soweit sie bewiesen sind (Rn 29). Erst anschließd ist zu prüfen, ob die so ausgelegte Erkl der Form genügt (BGH **86**, 47, Medicus AT Rn 330). Bei der Prüfg folgt die Rspr der sog **Andeutungstheorie**. Sie verlangt, daß der aus Umst außerh der Urk ermittelte rechtsgeschäftl Wille in der Urk einen, wenn auch unvollkommenen Ausdr gefunden haben muß (RG **154**, 44, BGH **63**, 362, **80**, 245, 250, **87**, 154, BayObLG NJW-RR **91**, 7, krit Gerhards JuS **94**, 642), leitet aber aus best FormVorschr (§ 766) aus ihrem Zweck einen weitergehden MindestInh der Urk ab (BGH NJW **76**, 189, NJW **89**, 1486, § 766 Rn 4). Diese Ans, an der der BGH für den Fall ergänzder VertrAuslegg offenb selbst nicht mehr festhalten will (BGH **86**, 47f, Flume NJW **83**, 2007), begegnet Bedenken (Medicus AT Rn 330). Sie ist mit dem allg anerkannten Grds unvereinb, daß eine unabsichtl Falschbezeichng auch bei formbedürft Erkl unschädl ist (BGH **87**, 153, § 313 Rn 37). Bei formbedürft Erkl ist aber nur der Wille beachtl, der unter Wahrg der vorgeschriebenen Form erklärt worden ist. Auszulegen ist daher der Inh der **abgegebenen** Erkl, etwa dch Ermittlg eines vom übl abw Sprachgebrauchs, dch Eliminierg von Falschbezeichngen u Beseitigg von Widerspr. Dagg können versehentl weggelassene Abreden od formunwirks getroffene Nebenabreden nicht iW der Auslegg zum Inh der Erkl gemacht w (s BGH **74**, 117, **80**, 245, 250, Flume NJW **83**, 2009, aA **LM** § 313 Nr 30, Ffm Rpfleger **80**, 87). Besonders liegt es, wenn das FormErfordern, wie etwa GWB 34, zu einer behördl Kontrolle ermöglichen soll. Hier ergibt sich aus dem Zweck der Form, daß der Grds *falsa demonstratio non nocet* unanwendb ist (BGH NJW-RR **86**, 724).

20   **d)** Vertr sind gem § 157 so auszulegen, wie **Treu u Glauben** mit Rücks auf die VerkSitte es erfordern. – **aa)** Dieser Grds gilt auch für die Auslegg von einz WillErkl u einseit RGesch (RG **169**, 125, BGH **47**, 78). Die Orientierg an Treu u Glauben bedeutet, daß iZw ein AusleggsErgebn anzustreben ist, das die berecht Belange beider Part angem berücksichtigt u mit den Anfordergen des redl GeschVerk im Einklang steht.

21 Zum Begriff von Treu u Glauben s § 242 Rn 3, zur ergänzden VertrAuslegg s § 157 Rn 2ff. – **bb) Verkehrssitte** ist die im Verk der beteiligten Kreise herrschde tats Übg (RG **49**, 162, BGH **LM** § 157 (B) Nr 1). Sie muß eine gewisse Festigk erlangt haben (BGH NJW **90**, 1724). Ein GeschGebrauch, der überwiegd befolgt, häuf aber auch nicht befolgt w, ist keine VerkSitte iSd Ges (RG **75**, 340). Auch wenn eine Frage üblicherw in einem bestimmten Sinne schriftl geregelt w, kann dies Ausdr einer VerkSitte u die schriftl Fixierg lediglich eine VorsichtsMaßn sein (s BGH NJW **94**, 659). Die zw Kaufleuten bestehende VerkSitte nennt das Ges Handelsbrauch (HGB 346). Dieser kann dch Anerkenng außerh des HandelsVerk zu einer (allg) VerkSitte erstarken (Kblz NJW-RR **88**, 1306: Tegernseer Gebräuche). Die VerkSitte ist keine RNorm, sond ein die Auslegg mitbestimmder tats Faktor (s BGH NJW **66**, 503). Es ist daher nicht erforderl, daß sie von den Betroffenen als verbindl angesehen w (aA Heldrich AcP **186**, 92). Sie ist nur zu berücksichtigen, wenn beide Beteiligten dem VerkKreis angehören, für den sie gilt (RG **135**, 345). Trifft das zu, ist sie auch dann anzuwenden, wenn eine der Part sie nicht kannte (RG **114**, 12, BGH **LM** § 157 (B) Nr 1, Ffm NJW-RR **86**, 912). Zu berücksichtigen ist aber nur die VerkSitte, die bereits bei Vorn des RGesch tats in Geltg war (RG JW **38**, 859). Bestehen regionale Unterschiede, ist die maßgebde VerkSitte nach dem in § 269 Rn 5 dargestellten Grds zu ermitteln. Die Einbez der VerkSitte in den Vertr kann dch PartVereinbg ausdr oder stillschw ausgeschl w (RG **114**, 12, BGH **LM** § 157 (B) Nr 1). Verstößt die VerkSitte gg Treu u Glauben od ist sie sonst mißbräuchl, ist sie nicht zu berücksichtigen (RG **114**, 12, BGH **16**, 12).

22   **e) Auslegungsregeln.** Das Ges enthält eine Anzahl von Vorschr, die für best Fälle ein best AusleggsErgebn als iZw zutreffd bezeichnen (Bsp: §§ 314, 328 II, 364 II). Von diesen auf einen vermuteten PartWillen

abstellden AusleggsRegeln zu unterscheiden sind die ergänzden Vorschr des dispositiven Rechts (Bsp: §§ 276ff, 323ff, 459ff). Sie knüpfen nicht an einen vermuteten PartWillen an, sond gelten ex lege, es sei denn, daß die Part eine abw Abrede getroffen h. Im prakt Ergebn wirken Ausleggsregeln u dispositives Recht gleich. Sie sind nur dann unanwendb, wenn ein enttgstehder PartWille nachgewiesen w. Weitere Ausleggsregeln hat die **Praxis der Rechtsanwendung** hervorgebracht. – **aa) Unklarheitenregel.** Sie gilt 23 für AGB (AGBG 5). Sie ist entspr anwendb, wenn eine WillErkl mittels moderner Kommunikationstechnik abgegeben w (Paefgen JuS **88**, 595) od wenn der VertrText vom wirtschaftl u intellektuell Überlegenen entworfen worden ist (Ffm OLGZ **73**, 230), gilt aber im übrigen für IndVereinbgen nicht (BGH VersR **71**, 172). – **bb)** Abreden, die **wesentliche Rechte** einer Part **einschränken,** sind iZw eng auszulegen. Hauptanwendgsfall dieser Ausleggsregel sind Freizeichngsklauseln. Sie sind grdsl eng u gg den auszulegen, der die Haftg abbedingen will (BGH **22**, 96, **54**, 305, § 276 Rn 58). – **cc) Gesetzeskonforme Auslegung:** iZw 24 gebührt der Auslegg der Vorzug, die die Nichtigk des RGesch vermeidet (BGH NJW **71**, 1035, OVG Münst NVwZ **92**, 989, Hager, Gesetzes- u sittenkonforme Auslegg, 1983). Für AGB gilt jedoch das Verbot geltgserhaltder Reduktion (Vorbem 9 v § 8 AGBG); auch bei IndividualVertr ist geltgserhaltde Reduktion nur zul, soweit der Zweck der verletzten Norm dies zuläßt (s Roth JZ **89**, 411). – **dd)** Es ist iZw anzunehmen, daß die Part das **Vernünftige** gewollt (BGH **79**, 18, NJW **93**, 1978, **94**, 1538) u nichts **Unredliches** 25 angestrebt haben (LG Darmstadt NJW **89**, 2067, MüKo/Mayer-Maly Rn 52). – **ee)** Bei rechtsgeschäftl Texten, insb solchen größeren Umfangs, können als Hilfsmittel der Auslegg die **Argumentationsformen** herangezogen w, die bei der GesAuslegg verwandt w. Bsp sind die Analogie, der Umkehrschluß, die teleologische Reduktion (Einl 39ff v § 1).

6) Sonderfälle. – a) AGB und Formularverträge sind ausgehd von den VerständnMöglichk eines 26 Dchschnittskunden obj u einheitl auszulegen (AGBG 5 Rn 7). Entspr gilt für die Auslegg **typischer Klauseln,** insb der im HandelsVerk gebräuchl. Sie sind unabhäng von den individuellen Vorstellgen der Part u den Umst des Einzelfalles nach obj Maßstäben einheitl auszulegen (BGH **7**, 368, **22**, 113). Einzelne Klauseln s § 157 Rn 16. – **b) Automatisierte Willenserklärungen.** Für ihre Auslegg gelten die gleichen Grds wie 27 für die Auslegg von AGB. Sie müssen auf die VerständnMöglichk des Empfängers Rücks nehmen (AGBG 2 Nr 2 analog). Geschieht das nicht, ist die Erkl unwirks (s Köhler AcP **182**, 141, Medicus AT § 24. 3). – **c) Grundbuchverkehr.** Für grundbuchrechtl Erkl gelten grdsl die gleichen Ausleggsregeln wie für sonst WillErkl (RG **121**, 43, BayObLG DNotZ **82**, 256, DNotZ **83**, 175). Es bestehen aber verfahrensmäß Besonderh. Im GrdBVerf können Umst außerh der Urk nur berücksichtigt w, wenn sie in der Form des GBO 29 nachgewiesen sind. Eine Eintragg kann nur erfolgen, wenn die Urk nach vorgenommener Auslegg eindeut ist (s BayObLG Rpfleger **80**, 111, **81**, 147, Hamm NJW **66**, 2411). GrdBEintraggen, aber auch TeilsErkl (KG OLGZ **82**, 135) sind wie Erkl an die Allgemeinh auszulegen (Rn 12). Zu berücksichtigen sind der Wortlaut der Eintragg u die in bezug genommene Eintraggsbewillig. Umst außerh dieser Urk dürfen nur mit herangezogen w, sow sie für jedermann ow erkennb sind (BGH **59**, 209, **92**, 355, NJW-RR **91**, 457, § 873 Rn 15). – **d) Satzungen** s Rn 12. – **e) Tarifverträge** sind in ihrem normativen Teil nach den 28 für die GesAuslegg geltden Grds (Einl 34 v § 1) auszulegen (BAG NJW **61**, 1837, JZ **91**, 420). Der übereinstimmde Wille der TarifVertrPart darf nur berücksichtigt w, wenn er in den Regelgen des TarifVertr einen erkennb Ausdr gefunden hat (BAG aaO). Die Anpassg des TarifVertr an veränderte Verh ist grdsl Sache der VertrPart; eine ergänzde Auslegg wg nachträgl entstandener Regelgslücken kommt nur ausnw in Betracht (s BAG DB **82**, 608, **85**, 130). Für die Auslegg des normativen Teils von BetrVereinbgen gilt das Ausgeführte entspr (s Staud-Dilcher Rn 63).

7) Prozessuale Fragen. – a) Die Auslegg ist rechtl Würdigg (MüKo/Mayer-Maly Rn 57). Der Richter 29 hat sie vAw dchzuführen (RG **131**, 350) u ist an PartVorbringen nicht gebunden (RG LZ **30**, 513). Für sie besteht keine Behauptgs- od BewLast (BGH **20**, 111). Sie kann weder zugestanden (RG Recht **31**, 840) noch bewiesen w (BGH LM § 242 (A) Nr 7). Der Auslegg vorausgehen muß aber die **Feststellung des Erklärungstatbestandes,** dh die Ermittlg der für die Auslegg relevanten Tats (Rn 5). Erst wenn sie vollst festgestellt sind, darf die Auslegg vorgenommen w (RG DR **42**, 38, BGH **20**, 110, **LM** § 157 (Gf) Nr 2). Auf tats Gebiet liegt auch die Ermittlg des Willens der Beteiligten (RG SeuffA **64**, 65) u das Bestehen einer VerkSitte (BGH NJW **90**, 1724). Hinsichtl dieser ausleggsrelevanten Umst besteht eine Darleggs- u BewLast. Dabei ist davon auszugehen, daß iZw die nach der VerkAuffassg gewöhnl u regelmäß Auslegg gilt. Für Urk besteht die zum weiteren Ergebn führde Vermutg der Vollständig u Richtigk (§ 125 Rn 15). Wer aus Umst außerh der Urk od des ErklAktes eine für sich günst Auslegg herleiten will, muß daher den betreffden Umst beweisen (s BGH **20**, 111, BB **70**, 685). Das gilt etwa für die Behauptg einer *falsa demonstratio* (Hbg VersR **88**, 260) od für Behauptgen betreffd die Entstehgsgeschichte des Vertr. – **b) Revisibilität der Auslegung.** Die Feststellg des ErklTatbestdes ist als Tatfrage einer Nachprüfg dch 30 das RevisionsGer entzogen (RG JW **37**, 3025, BAG **22**, 424). Auf tats Gebiet liegt auch die Feststellg des Bestehens od Nichtbestehens einer VerkSitte (BGH **40**, 333, NJW **90**, 1724). Dagg ist die Auslegg rechtl Würdigg. Sie w aber vom RevisionsGer nur darauf nachgeprüft, ob gesetzl Ausleggsregeln, Denkgesetze, Erfahrgssätze od VerfahrensVorschr verletzt sind (BGH NJW **95**, 46, 1212, BVerwG NVwZ **82**, 196). Zu den Erfahrgssätzen gehört auch ein allg Sprachgebrauch (BGH **LM** (Fb) Nr 4). Nachprüfb ist weiter, ob ein eindeut Wortlaut vorliegt (BGH **32**, 63). Hat der TatRi eine Erkl nicht od in Verletzg von anerkannten AusleggsGrds ausgelegt, kann das RevisionsGer die Auslegg selbst vornehmen, sow weitere tatsächl Feststellgen nicht mehr erforderl sind (BGH **65**, 112, **109**, 22, **121**, 289). Das gilt auch dann, wenn mehrere Ausleggen in Frage kommen (BGH aaO). Auch die Auslegg von ProzVergl ist nur in dem dargelegten Umfang beschränkt nachprüfb (RG **154**, 320, BGH **LM** (D) Nr 4; BGH NJW-RR **95**, 1202 läßt offen). Dagg wird die Auslegg von reinen ProzErkl voll überprüft (BGH NJW **90**, 2684), ebso die Auslegg von AGB, FormularVertr u sonst **typischen Klauseln,** wenn sich ihre Anwendg nicht auf 31 einen OLG-Bezirk beschränkt (BGH **7**, 368, **62**, 253, **67**, 103, **83**, 337). Die Auslegg von typ MietVertr-Klauseln kann daher Ggst eines REntscheids gem MRÄndG Art 3 sein (BGH **84**, 349). Revisibel ist auch die Auslegg von Satzgen jur Personen (BGH **14**, 36, NJW **94**, 185), von GesellschVertr von PublikumsKG (BGH DB **82**, 218), von Beschlüssen von WoEigtGemsch (Stgt NJW-RR **91**, 913), von allg gebräuchl

Klauseln in GemeinschOrdngen für EigtWo (BGH **88**, 305) u von Eintraggen im GrdBuch (BGH **59**, 208, NJW-RR **91**, 457). Dagg ist die Ausslegg ausl AGB ebso wie die ausl Rechts nicht revisibel (BGH **49**, 362, NJW **92**, 1033).

134 *Gesetzliches Verbot.* **Ein Rechtsgeschäft, das gegen ein gesetzliches Verbot verstößt, ist nichtig, wenn sich nicht aus dem Gesetz ein anderes ergibt.**

1 **1) Allgemeines. – a) Verbotsgesetze** iSd § 134 sind Vorschr, die eine nach unserer ROrdng grdsl mögl rechtsgeschäftl Regelg wg ihres Inh od wg der Umst ihres Zustandekommens untersagen (Hbg NJW **93**, 1335). Das Verbot muß sich gerade gg die **Vornahme** des RGesch richten (BGH NJW **83**, 2873). Ein KaufVertr ist nicht desh gem § 134 nichtig, weil der Verkäufer bei der Warenbeschaffg gg gesetzl Vorschr verstößt (BGH aaO, s aber § 138 Rn 97). Von den VerbotsGes iSd § 134 zu unterscheiden sind die Normen, die die **rechtsgeschäftliche Gestaltungsmacht einschränken** (s BGH **13**, 184, 40, 160, Larenz § 22 II). VerbotsGes betreffen RGesch, die der Betroffene vornehmen kann, aber nicht vornehmen **darf**. Bei Beschränkgen der rechtsgeschäftl Gestaltgsmacht ist das RGesch dagg schon deshalb endgült od schwebd unwirks, weil der Betroffene es nicht vornehmen **kann**. Die Frage, ob das Gesch erlaubt od verboten ist, stellt sich nicht. **Keine Verbotsgesetze** sind daher: – **aa) Allgemeine Beschränkungen** der rechtsgeschäftl Gestaltgsbefug wie §§ 137, 181. – **bb) Gesetzlicher Ausschluß der Übertragbarkeit** eines Rechts wie §§ 399, 400, 719 (§ 136 Rn 1). – **cc)** Beschränkg auf **bestimmte Rechts- oder Geschäftstypen** wie den numerus clausus der Sachenrechte. Eine Vereinbg über die Begründg eines nicht akzessorischen PfandR ist nicht wg Verstoßes gg ein VerbotsGes, sond deshalb unwirks, weil sie die Grenzen rechtsgeschäftl Gestaltgsmöglich überschreitet (BGH **23**, 299). – **dd) Beschränkung der Rechtsmacht** von ges Vertretern od ges VermögensVerw wie TestVollstr u KonkVerw. Ebso liegt es, wenn die Vfgsmacht des RInhabers wie iF der §§ 1365 od 2211 eingeschränkt ist. In all diesen Fällen ist das RGesch wg Fehlens einer privatautonomen Gestaltgs- od Vfgsmacht u nicht wg Verletzg eines VerbotsGes nichtig (BGH **13**, 184, 40, 160, MüKo/Mayer-Maly Rn 5 f).

2 **b)** Der **Begriff des Gesetzes** iSd § 134 deckt sich mit dem des Art 2 EG (Einl 19 ff v § 1). – **aa)** VerbotsGes können sich aus Ges im formellen Sinn, RVerordngen od GewohnhR ergeben. Auch LandesR kann im Rahmen seiner Zustdgk ges Verbote enthalten (BGH **47**, 30, NJW **86**, 2361). Entspr gilt für TarifVertr u BetrVereinbgen (LAG Saarbr NJW **66**, 2136, str); nicht aber für berufsständische Satzgen (Taupitz JZ **94**, 221). Ausl VerbotsGes fallen nicht unter § 134 (BGH **59**, 85); ihre Verletzg od Umgehg kann aber die Anwendg des § 138 rechtf, wenn sie mittelb auch dtsche Interessen schützen od auf allg anerkannten rechtl Erwäggen beruhen (BGH **34**, 169, **69**, 298, **94**, 271, NJW **91**, 634). Verbote der Besatzgsmacht standen nach dem 2. Weltkrieg dtschen VerbotsGes gleich (Brschw NdsRpfl **48**, 60); dagg wurden sie nach dem 1. Weltkrieg als Verbote ausl Rechts bewertet (RG **107**, 174). Sow völkerrechtl Normen gem GG 25 od 59 in innerstaatl Recht transformiert worden sind, fallen auch völkerrechtl Verbote unter § 134. Auf Grund von völkerrechtl Vertr können aus nach Verbotsnormen zu beachten sein. Nach Art VIII des internationalen WährgsAbk macht ein Verstoß gg ausl Devisenbestimmgen das RGesch aber nicht nichtig, sond führt zur Unklagbark der Fdg (BGH **55**, 338, **116**, 84, NJW **94**, 1868, krit Gehrlein DB **95**, 129); diese erfaßt auch Anspr aus einem Scheck (Düss NJW **90**, 1424) u gg den Bü (Düss WM **83**, 1366). Völkerrechtl Vertr, die ausschließl die RBeziehgen zw den beteiligten Reg regeln, stellen keine Verbote iSd § 134 dar (BGH **69**, 296). Ges Verbote können sich auch aus dem **Recht der EG** ergeben (Rn 24 a vor § 1). Bsp sind das Verbot wettbewerbsbeschränkder Abreden, EGV 85 (BGH GRUR **91**, 559, Hauschka DB **90**, 874) u das Verbot, die Freizügigk der ArbN u den freien Dienstleistgs- u KapitalVerk zu beschränken, EGV 48 ff. Sperrklauseln gg EG-Ausländer im Berufssport können gg EGV 48 verstoßen (Palme/Hepp-Schwab/Wilske JZ **94**, 343). Dagg hat die Rspr das Diskriminiergsverbot des MontanunionsVertr nicht als VerbotsGes aufgefaßt (BGH

3 **30**, 74). – **bb)** Das Verbot braucht im Ges **nicht ausdrücklich** ausgesprochen zu sein. Es kann sich auch aus dem Zushang des Ges ergeben (BGH **51**, 262). Verstoßen SchiedsVertr gg das ungeschriebene Verbot parteil Rpflege, sind sie gem § 134 nichtig (BGH aaO). Widerspricht das RGesch rechtl Grds od Wertgen,

4 die keine ges Verbote sind, kann sich die Nichtigk aus § 138 ergeben (§ 138 Rn 13). – **cc)** Die **Grundrechtsartikel** des GG betreffen nach ihrer geschichtl Entwicklg, ihrem Inhalt u Zweck das Verh zw Bürger u öff Gewalt. Sie wirken zwar über die Generalklauseln (§§ 138, 242, 826) in das PrivR ein, sie sind aber im allg keine VerbotsGes iSd § 134 (Staud-Dilcher Rn 12, str, s auch § 242 Rn 7). Unmittelb wirkde Verbotsschranken enthalten das GrundR der KoalitionsFreih (GG 9 III), der in GG 48 II festgelegte Vorrang der Abgeordnetentätigk vor Pflten aus dem Arb- od GesellschVerh (BGH **43**, 387, NJW **85**, 2635) u die Grds des freien Mandats (GG 38 I S 2). Nichtig ist daher die Verpfl, bei einem PartWechsel das Mandat niederzulegen od eine VertrStrafe zu zahlen (LG Brschw DVBl **70**, 591). Zur Rspr des BAG, das zahlreiche weitere Grund-

5 RArtikel als ges Verbote ansieht, vgl Rn 15. – **dd) Verfügungsverbote** zum Schutz von Allgemeininteressen fallen unter § 134. Sow sie den Schutz von best Pers bezwecken, gelten dagg die §§ 135, 136 (dort Rn 1). – **ee)** § 134 ist anzuwenden, wenn der **Tatbestand** des VerbotsGes **objektiv erfüllt** ist (BGH **37**, 366, **116**,

6 276, **122**, 122). Gleichgült ist, ob die Part schuldh gehandelt haben. – **ff)** § 134 gilt für **Rechtsgeschäfte** (Übbl 2 v § 104) jeder Art. Er ist auch auf VertrAngebote anzuwenden (MüKo/Mayer-Maly Rn 25, s zum BaupreisR Nicklisch BB **73**, 53). – **gg) Die Beweislast** für die tatsächl Voraussetzgen eines GesVerstoßes trägt derjenige, der sich auf die Nichtigk des RGesch beruft (RG **148**, 6, BGH NJW **83**, 2019).

7 **2) Auslegung des Verbotsgesetzes. – a)** Die Folgen eines Verstoßes werden in einigen Fällen vom Ges ausdr bestimmt, indem das RGesch als nichtig, unwirks od anfechtb bezeichnet w (Bsp: §§ 476, 537 III, 550a, 557 IV, BKleingG 4 II 2, AÜG 9 Nr 1). Fehlt eine solche Festlegg, begründet § 134 als Auslegsregel die **Vermutung,** daß der GesVerstoß das RGesch nichtig macht (Canaris, Gesetzl Verbot u RGesch, 1983, S 15, MüKo/Mayer-Maly Rn 1, str, aA Seiler GedächtnisSchr Martens, 1987, S 719 u wohl auch BGH **45**, 326). Die Ausslegg der Verbotsnorm kann aber ergeben, daß keine Nichtigk eintreten soll. Anhaltspunkte für die Einordng können sich aus der **Gesetzessprache** ergeben. Verwendet das Ges Formuliergen wie

„kann nicht", „ist unzul", „ist nicht übertragb", liegt idR kein ges Verbot, sond eine zur endgült od schwebden Unwirksamk führde Einschränkg der rechtsgeschäftl Gestaltgsmacht vor (Rn 1). Die Formulierg „darf nicht" ist für die Ausleg unergieb (BGH NJW **92**, 2022). Sie wird in ges Verboten mit u ohne NichtigkFolge verwandt (s GmbHG 30, AktG 57, 59; BGB 51, 627 II). Dagg hat „soll nicht" im BGB die Bedeutg einer bloßen OrdngsVorschr, deren Verletzg die Gültigk des RGesch nicht berührt (s §§ 58, 564a I 2, BayObLG NJW **81**, 2197). IdR kann daher die Entscheidg über die RFolge des Verstoßes nicht allein der Diktion der Verbotsnorm entnommen w. Entscheidd sind vielmehr **Sinn und Zweck** des Ges (BGH **71**, 361, **85**, 43, **88**, 242, NJW **92**, 2558).

b) Richtet sich das **Verbot gegen beide Teile,** kann idR angenommen w, daß das RGesch nichtig sein **8** soll (stRspr seit RGGrZS **60**, 276); aus der Normrichtg kann iZw auf den Normzweck geschlossen w (s BGH **37**, 365, **78**, 271, **115**, 125, stRspr). Das gilt insbes dann, wenn die Hdlg für beide Part mit Strafe bedroht ist (BGH **37**, 365, **53**, 157). Es bestehen aber Ausn. Der Verstoß gg bloße **Ordnungsvorschriften** läßt die Gültigk des RGesch auch dann unberührt, wenn sie sich an beide Part richten (BGH **53**, 157, NJW **68**, 2286). OrdngsVorschr in diesem Sinn sind vor allem die gewerbepolizeil u baupolizeil Verbote, die nicht den Inh des RGesch, sond die äußeren Umst (Art u Weise) seiner Vornahme mißbilligen (BGH **75**, 368, NJW **68**, 2286). Bsp (die allerdings zT unter Rn 9 fallen) sind der Ausschank nach Polizeistunde (RG **103**, 264), der Verkauf nach Ladenschluß (RG **60**, 276) u die Abgabe von Arzneimitteln ohne Rezept (BGH NJW **68**, 2286). Devisen- u BewirtschVorschr können je nach ihrem Zweck Verbote iSd § 134, aber auch reine OrdngsVorschr darstellen (BGH NJW **83**, 2873, **LM** Nr 59). Besonderheiten gelten auch für den Verstoß gg **Preisvorschriften.** Das RGesch ist, auch wenn das Verbot sich gg beide Part richtet, nicht nichtig, sond w idR zum zul Preis aufrechterhalten (Rn 26).

c) Ist das RGesch nur **für einen Teil verboten,** ist das verbotswidr Gesch idR gült (BGH **46**, 26, **78**, **9** 271, **89**, 373, NJW **81**, 1205, stRspr, aA Canaris aaO – Rn 7 – S 24). Das gilt insbes dann, wenn der GesVerstoß ein bloßes Internum in der Sphäre einer Part bleibt (Canaris aaO S 27). Aus dem Zweck des Verbots kann sich aber die Nichtigk des Gesch ergeben (BGH **65**, 370). Das gilt etwa für Verstöße gg das RBerG (Rn 21), das StBerG (Rn 21), die ärztl SchweigePfl (Rn 22), das ArbVermittlgsVerbot (BGH NJW **69**, 661), das Verbot der Heilmittelwerbg (BGH **53**, 156) u das Verbot Gelegenh zu entgeltl sexuellen Hdlgen dch Inserate anzubieten (BGH NJW **92**, 2558). – **aa) Reisegewerbe.** Seit dem Inkrafttreten des **10** **HausTWG** wird der Kunde gg Angebote im Reisegewerbe dch das WiderrufsR gem HausTWG 1 ausr geschützt. GewO 56 ist daher und als nach fr Recht (BGH **71**, 361 u hier 54. Aufl) für Vertr, die nach dem 1. 5. 86 abgeschlossen w, nicht mehr als VerbotsGes iSd § 134 aufzufassen (Mü NJW-RR **90**, 1529, Hamm NJW **94**, 2159, Erm-Brox Rn 32, BGH NJW **92**, 427 läßt offen). DarlVertr fallen seit dem 1. 1. 91 auch nicht mehr unter das Verbot des § 56 GewO (VerbrKrG 8). Das Verbot des Arzneimittelvertriebs im Reisegewerbe (ArzneimittelG 51) ist aber wie bisher (LG Düss NJW **80**, 647) ein VerbotsGes iSd § 134. Zum Verbot der **Schwarzarbeit** s Rn 22. – **bb)** Sow für die **Ausübung bestimmter Berufe** eine be- **11** hördl Erlaubn (Zulassg) erforderl ist, entscheidet der Zweck der gesetzl Regelg, ob das Fehlen der Erlaubn die abgeschlossene Vertr nichtig macht. Das ist zu bejahen bei Vertr mit einem nicht zugel RBerater (BGH **37**, 262, Rn 21), ArbVermittler (Rn 14), Steuerberater (Kblz NJW **91**, 431), Veranstalter von Fernunterricht (FernUSG 7) u Heilpraktiker (Mü NJW **84**, 1826). Gült sind dagg die Kreditgewährg ohne die Erlaubn gem KWG 32 I (BGH DB **72**, 1477, Rn 20), der WkVertr mit einem nicht in die HandwRolle eingetragenen Handwerker (Rn 19), der Vertr mit einem Makler, der sein Gewerbe ohne die Erlaubn gem GewO 34c ausübt (BGH **78**, 271).

d) Bedarf ein RGesch **behördlicher Genehmigung,** so bedeutet das zugl, daß die Vorn ohne Gen **12** verboten ist (Staud-Dilcher Rn 9, str). Nach dem Zweck der ges Regelg ist der ohne Gen abgeschl Vertr aber nicht nichtig, sond schwebd unwirks (Übbl 31 v § 104). Das gilt auch, wenn das GenErfordern auf kirchl Recht beruht (BayObLG NJW-RR **90**, 476, Brschw NJW-RR **92**, 440). Wird die Gen erteilt od fällt das GenErfordern weg, w der Vertr voll wirks; wird die Gen abgelehnt, w der Vertr endgült unwirks (s näher § 275 Rn 26ff). Nichtig ist ein genpflicht RGesch aber, wenn es von beiden Seiten in UmgehgsAbs abgeschl w (BGH NJW **68**, 1928, DB **81**, 576). Dagg ist die UmgehgsAbs nur einer Part unschädl (BGH NJW **53**, 1587). Einseit GestaltgsGesch wie die Künd vertragen keinen Schwebezustand. Sie sind daher beim Fehlen der erforderl Gen nichtig (BGH **11**, 27, 37, **37**, 235, Brschw NJW-RR **92**, 440). Wenn der Erklärde dem ErklEmpfänger die nachträgl erteilte Gen mitteilt, liegt darin aber idR eine stillschw Wiederhog des Gesch.

3) Rechtsfolgen. Das verbotsw RGesch ist nichtig. Zum Begriff der Nichtigk s Übbl 27 v § 104). Sie **13** tritt nur ein, wenn das Verbot schon bei Vorn des RGesch bestand (Düss NJW-RR **93**, 249, zweifelnd BGH **45**, 326). Dehnt die Rspr eine Verbotsnorm auf bisher nicht erfaßte RGesch aus, kann der Gedanke des Vertrauensschutzes Einschränkgen der Nichtigk rechtf (BGH **114**, 136, Medicus NJW **95**, 2583). Fällt das Verbot nachträgl weg, w das RGesch nur dann nicht nichtig, wenn es gem § 141 dch Neuvornahme bestätigt w (RG **138**, 55, BGH **11**, 60, Hamm NJW-RR **93**, 280); vgl aber zu WiStG 5 § 138 Rn 76. War der Vertr von vornherein für den Fall der Aufhebg des Verbots geschl, wird er entspr §§ 309, 308 *ipso facto* gült. Die Nichtigk erstreckt sich idR auf das **Rechtsgeschäft im ganzen.** Aus dem Zweck der Verbotsnorm kann sich aber ergeben, daß nur die verbotene Klausel nichtig ist (s § 139 Rn 18). Die Nichtigk des **Verpflichtungsgeschäfts** läßt die Gültigk des ErfGesch idR unberührt (Übbl 21ff v § 104). Das gilt aber dann nicht, wenn die Umst, die den GesVerstoß begründen, zugl u unmittelb auch das ErfGesch betreffen (BGH **115**, 130, NJW **92**, 2350, **93**, 1640), so bei Verstößen gg die ärztl SchweigePfl (BGH aaO) od gg BTMG 29 (BGH NJW **83**, 636), ferner wenn das Gesetz einen Vermögensverschiebg verhindern soll (BGH NJW **54**, 550). Richtet sich das Verbot gg das **Erfüllungsgeschäft,** ist idR auch das VerpflGesch nichtig (BGH **116**, 277, Schlesw NJW-RR **95**, 554, *arg* § 306). In bes gelagerten AusnFällen kann § 242 der Geldtmachg der Nichtigk entggstehen (BGH **85**, 48 – Schwarzarbeit).

4) Einzelfälle (ja = nichtig, nein = nicht nichtig). Aus prakt Grden sind auch Fälle mitangeführt, in denen die Nichtigk auf fehlder rgeschäftl Gestaltgsmacht beruht (Rn 1).

§ 134 1. Buch. 3. Abschnitt. *Heinrichs*

14   **a)** Verstoß gg **Abtreibungsverbot** (StGB 218) ja (Brem VersR **84**, 288), aber nein, wenn die Voraussetzgen für einen nicht rechtsw SchwangerschAbbruch vorliegen (BVerfG NJW **93**, 1763, Deutsch NJW **93**, 2361). Verstoß gg das **AdoptVermG** u das ESchG ja (Coester-Waltjen FamRZ **92**, 370). **Arbeitsvermittlung:** Vermittlg ohne Erlaubn nach dem AFG od unter Begründg einer VergütgsPfl des ArbN, ja AFG 24 a; das gilt wohl auch für eine Vermittlgstätig zG von Berufssportlern (Wertenbruch NJW **95**, 223); Abgrenzg zur ohne Erlaubn zul Personalberatg s Düss DB **87**, 1937; dch verbotene Vermittlg zustandegek ArbVertr, nein (BAG NJW **72**, 973); ArbVertr mit ausl ArbN, ohne Gen gem AFG 19, ja bei gemeins UmgehgsAbs **15** (BAG NJW **69**, 2111); sonst nein (BAG NJW **77**, 1023, 1608). **Arbeitsverträge:** bei Bestehen eines absoluten Beschäftiggsverbots, ja (BAG **3**, 311), aber nein bei einer Dispensmöglichk (BAG NJW **89**, 930); nein auch bei einem Verstoß gg das Beschäftiggsverbot für Schwangere (EuGH NJW **94**, 2077); DoppelarbVerh bei sehr erhebl Überschreitg der zul HöchstArbZeit, ja (BAG **8**, 49, 50); AZO, ja (BGH NJW **86**, 1486); Verletzg von steuerrechtl u versichergsrechtl MeldePflten, nein (LAG Bln DB **91**, 605); Fehlen des GesundhZeugn nach BSeuchG 17, 18, nein (BAG DB **70**, 1933, **71**, 1530); ArbVertr während bezahlten Url entgg BUrlG 8, ja (ArbG Herne DB **65**, 1670, Neumann DB **72**, 2209); Verzicht auf UrlAbgeltgsAnspr entgg BUrlG 13 I 3, ja (BAG **20**, 25, DB **78**, 2323, das Nichtigk auch für einen Verzicht nach Beendigg des ArbVerh annimmt, bedenkl); Vereinbg einer AusschlFr für den gesetzl UrlAnspr, ja wg Verstoßes gg BUrlG 13 (BAG DB **85**, 48); Vereinbg der Übernahme von Ausbildgskosten, ja wg Verstoßes gg BBiG 5 (BAG DB **85**, 51); ebso die DarlGewährg an den Lehrherrn (LG Hann NJW-RR **89**, 880); Übern von ArbGAnteilen der SozVers dch ArbN, ja Verstoß gg SGB I 32 (BAG NJW **89**, 1693); Verzicht auf Lohnfortzahlg entgg LFZG 9, ja (BAG NJW **72**, 702, **81**, 1061); nein, bei verglweisem Verzicht auf bereits entstandenen Anspr (BAG NJW **77**, 1213); gerichtl Vergl über die tatsächl Voraussetzgen eines VersorggsAnspr, nein (BAG DB **85**, 1949); Vereinbg, daß das ArbVerh iF der Eheschließg endet (Zölibatsklausel), nach BAG **4**, 285 wg Verstoßes gg GG Art 1, 2, 6 I ja; Abreden über die Erstattg von Aus- u Fortbildgskosten, Frage des Einzelfalls (BAG NJW **77**, 973); ArbVertr mit verbotener pol Part, ja (BAG **7**, 225, 226); Verpflichtg zur Rückzahlg von Gratifikationen, Frage des Einzelfalles (§ 611 Rn 89f); ArbVertr entgg Einstellgsverbot in einer BetrVereinbg, nein (LAG Saarbr NJW **66**, 2136). Künd eines Schwerbehinderten ohne Anhörg des Vertrauensmanns nein (BAG DB **84**, 133). Zum geschlechtsbezogenen Benachteiligsverbot vgl §§ 611a u 612 III. **Arbeitnehmerüberlassungsverträge:** VertrSchl ohne die gem AÜG Art 1 § 1 erforderl Erlaubn ja, AÜG Art 1 § 9 (BGH **75**, 300).

16   **b) Arzneimittelgesetz:** Abgabe verschreibgspflichtiger Arzneien ohne Rezept, ja (AK/Damm Rn 55, aA BGH NJW **68**, 2286). Verk im Reisegewerbe vgl Rn 10. **Ärzte:** Abtr von HonorarAnspr ohne Zustimmg des Patienten an Verrechngsstelle ja (BGH **115**, 127). Mitverkauf der Patientenkartei bei Veräußerg der Praxis ja (BGH **116**, 274, näher Rn 22 „SchweigePfl"). Verbot der Zuweisg von Patienten gg Entgelt ja (BGH NJW **86**, 2360). Beschäftigg eines Assistenten, ohne die nach KassenarztR erforderl Gen, nein (Hamm NJW-RR **93**, 639). **AuslG** 7 III iVm 47 I 5 (Verbot selbstd Erwerbstätigk) ja (BayObLG NJW **84**, 504, Stgt MDR **84**, 496). **Baupolizeiliche Vorschriften:** Verstoß grdsätzl nein (BGH **75**, 368); Vermietg zu baupoliz unzul Benutzg nein (VGH Kassel NJW **64**, 2444, LG Ffm NJW **77**, 1885); WkVertr über BauWk bei Fehlen der BauGen, nein (BGH JR **62**, 23, Köln NJW **61**, 1023, vgl aber BGH NJW **74**, 1080). **Bauträger:** Verstoß gg MaBV, ja (Lauer WM **85**, 713, Marcks MaBV, 4. Aufl § 12 Rn 9, aA Hepp NJW **77**, 617); zur Neufassg s Basty DNotZ **91**, 18, nicht aber der Verstoß gg MaBV 11 (Ffm NJW **79**, 878); Vertr bleibt entspr § 139 Rn 18 iü wirks (vgl auch Brem NJW **77**, 638, Halbe NJW **77**, 1437). Fehlen der nach **Beamtenrecht** erforderl Gen, nein (Schlesw SchlHA **74**, 205, offen BGH NJW **74**, 1374, 1377). Vertragl Verpfl zum Erlaß eines **Bebauungsplanes** ja BauGB 2 VII (BGH **76**, 22, BVerwG NJW **80**, 2538). Übern der GewL für die künft Nutzbark als Bauland, nein (BGH DVBl **89**, 1095). Vertr mit Saniergsträger, der GrdstEigtümer aus planerischen Grden Nutzgsbeschränken auferlegt, idR nein (BGH NJW **81**, 916).

17 **Bewirtschaftungsvorschriften:** Verstoß ja u zwar bei beiders Verstoß grdsätzl einschl der Ausführgs-Gesch (BGH **LM** Nr 34); and wenn die Vorschr nur Ordngscharakter haben od es um eine bloße Kontroll-Maßn geht (BGH **LM** Nr 34 u 59); KompensationsVertr, ja (BGH **1**, 131, **LM** Nr 3); u zwar einschl der ErfGesch (BGH **11**, 62); Abrede über die Verteilg von Gewinnen aus KompensationsGesch nach Verbotsaufhebg, nein (BGH NJW **61**, 1204). **BNotO:** AnwVertr mit Beteil, für den der RA zunächst als Notar tät war, ja (Hamm OLGZ **92**, 101). **BPflVO** 6 S 3 (KoppelgsVerbot) ja (Celle OLGZ **85**, 374). Vertr über eine gem **BRAO** 45 Nr 4 verbotene Tätigk ja (Hamm DNotZ **89**, 632, str, s Feurich DNotZ **89**, 596). **BSpKG** 4, 6, nein (BGH WM **89**, 706). Vertr über die (isolierte) Übertragg einer **Erlaubnis** für den Taxen- od GüternahVerk ja (BGH **108**, 365, Celle VersR **82**, 445, s auch Düss NJW-RR **93**, 249); bei Übertragg od Verpachtg der Erlaubn mit dem Untern od einem UnternTeil kann ein Verstoß gg § 138 vorliegen (BVerfG NJW **90**, 1352, Düss NJW-RR **90**, 1079). **ESchG:** s Vieweg FS Stree/Wessels, 1993, 982. **Geldstrafenerstattung:** Verspr, Geldstrafen für zukünft strafb Hdlgen zu übernehmen, verstößt idR nicht gg StGB 257 I (BGH NJW **91**, 990) u ist daher auch nach § 134 grdsl nicht zu beanstanden (Kapp NJW **92**, 2796); eine nach einer Steuerverfehlg gemachte Zusage, eine etw Geldstrafe zu bezahlen, ist wirks (BGH **41**, 229); Ers einer bereits entrichteten Geldstrafe, nein (vgl RG **169**, 268). Übern von Strafverteidigerkosten idR nein (LG Hann MDR **81**, 494). **Genossenschaftsgesetz** § 22 IV 2 ja (BGH WM **83**, 115). **Gewerbepolizeiliche Vorschriften:** Verstoß grdsätzl nein (BGH NJW **68**, 2286); GastAufnVertr nach Polizeistunde, nein (RG **103**, 264, 265); KaufVertr über Maschine, die den maßg SicherhVorschr nicht entspr (Gesetz über techn ArbMittel 3 I), nein (LG Augsbg MDR **70**, 760, für den Vertr mit einem ausl Hersteller zustimmd BGH NJW **81**, 2641); Verk im Reisegewerbe vgl Rn 10. **Gläubigerbenachteiligung:** Nach dem AnfG u der KO anfechtb RGesch, nein (RG **69**, 147, BGH BB **68**, 1057, NJW **73**, 513, stRspr); daher auch Verstoß gg KO 241 nein (RG **56**, 230). **Glücksspiel:** DarlGewährg zur Teiln am verbotenen Glücksspiel ja (Celle NJW-RR **87**, 1190). Als Lotterie ausgestaltete progressive Kundenwerbg, wg Verstoßes gg StGB 286, ja (Köln OLGZ **71**, 392); SpielVertr mit ortsansäss Spieler entgg SpielbankVO 1 I Nr 2, ja (BGH **37**, 365); Verstoß gg landesr Spielordng, die kein zusätzl Spielverbot begründet, nein (BGH **47**, 397, 398).

18   **c) Haftungsausschluß:** s § 276 Rn 62. **Handelsbeschränkungen:** ImportGesch unter Benutzg der einem und erteilten EinfuhrGen, nein (BGH **LM** Nr 59); Verpflichtg zum Warenbezug, der einer Gen unter-

112

liegt, nein, wenn die Verpflichtg für den Fall der Erteilg der Gen eingegangen w (OGH **3**, 277, 278); Auftr zur Einziehg des Kaufpr aus verbotenem Gesch, wenn der Beauftr von dem Verstoß keine Kenntn hatte, nein (RG JW **23**, 294). **Handelsrechtliche Vorschriften:** EigtVorbeh an Teilen von Handelsbüchern, wg Verstoßes gg HGB 44, 44b u AO 162 ja (vgl KG Rpfleger **72**, 441); GterBeschl über die Gen einer gg BilanzVorschr verstoßd Bilanz, ja (RG **72**, 37, **80**, 335); vgl aber die Sonderregelg in AktG 256, die nach hM auch für die GmbH gilt; Bestellg eines nach HGB 319 II ausgeschlossenen Abschlußprüfers, ja (BGH NJW **92**, 2021). Verpflichtg zur Rückzahlg u Verzinsg von Aktionäreinlagen entgg AktG 57 I, ja (RG **107**, 168); dagg HypBestellg entgg GmbHG 30 I im Hinbl auf GmbHG 31 II nein, (RG **168**, 302); SatzgsBest, die iF der Pfändg od des Konk eines GmbH-Gters die Einziehg von dessen GeschAnt vorsieht, ja bei unentgeltl Einziehg, nein bei Einziehg gg gleichwert Ers (RG **142**, 377, 378). Verschärfg der gesetzl SchweigePfl des AufsR, ja (Düss DB **73**, 2441). **Handwerksordnung:** WkVertr mit einem nicht in die HandwRolle eingetragenen Handwerker nein (BGH **88**, 242, Hamm NJW-RR **90**, 523, LG Görlitz NJW-RR **94**, 117). **Haushaltsvorschriften:** Verstoß gg den Grds sparsamer VerwFührg, nein (BAG DB **85**, 394), bei schweren Verstößen kann aber § 138 anwendb sein (§ 138 Rn 87). Vgl auch unten „Staatsvermögen". **Heilbehand- 19 lungsvertrag** ohne die Erlaubn gem BÄrzteO 2 II, ja (Düss NJW **88**, 2308), ohne die Erlaubn gem Heilpraktiker G 5, ja (Mü NJW **84**, 1826, BVerfG NJW **88**, 2290, 2295, Eberhard NJW **85**, 664); das Heilpraktiker G ist aber unanwendb, wenn Räumlichk auf eine Belastg mit „Erdstrahlen" untersucht w sollen (BGH VersR **88**, 81). **Heilmittelwerbung:** Zusichg von Einkünften für strafb Heilmittelwerbg, ja, doch kann der VergütgsAnspr für geleistete Tätigk des Werbeleiters nach arbr Grds (Einf 29 vor § 145) trotzdem gegeben sein (BGH **3**, 156, 158). **HeimG.** HeimpflegeVertr ohne die BetrGen gem § 6, nein (s Hbg MDR **73**, 758, Parallelfall zu BGH **78**, 271). Zuwendgen unter Verstoß gg § 14, ja (BGH **110**, 237, Dubischar DNotZ **93**, 419); letztw Zuwendgen, von denen der Bedachte zu Lebzeiten des Heimbewohners nichts wußte, nein (BayObLG NJW **92**, 56). Der Heimträger muß sich aber das Wissen seiner Wissensvertreter zurechnen lassen (BayObLG NJW **93**, 1143). **Irak-Embargo** der EG, wohl ja (s BGH **125**, 30, Wehlau DZWir **94**, 38). **Kartellrecht:** Vertr, der dem Mitgl eines nach dem GWB nichtigen Kartells Sondervorteile einräumt, ja (Ffm OLGZ **68**, 283); GebietsschutzVereinbg, die nach GWB 22, 104 beanstandet w, nein (Ffm BB **71**, 629); Verstoß gg das Verbot unterschiedl Behandlg (GWB 26 II 1), uU ja (Hbg WRP **85**, 433, van Venrooy BB **79**, 555); FolgeVertr, zw KartellMitgl u Dr, in den unzul Kartellabrede übernommen w, nein (Celle NJW **63**, 2126, LG Ravbg NJW **77**, 684); s auch MüKo/Mayer-Maly Rn 66 ff.

d) Koppelungsgeschäfte: s § 138 Rn 89. **Kreditwesengesetz:** Kreditgewährg ohne Erlaubn nach 20 KWG 32 I, nein (BGH WM **66**, 1101, **78**, 1268); Verstoß gg KWG 3 Nr 3, ja (Canaris BankVertrR Rn 1176, BGH WM **95**, 874 läßt offen), gg KWG 13 nein (BGH WM **78**, 785, Mü WM **84**, 470); Rspr zum aufgehobenen KWG 22 s 52. Aufl; Verstoß gg Anordngen gem KWG 46, nein (BGH NJW **90**, 1356), gg Beleihgsgrenze gem SchiffsRG 10 II, nein (BGH **LM** Nr 93); landesrechtl Vorschr, die den Sparkassen bei Großkrediten od SpekulationsGesch Beschrkgen auferlegen, iZw wohl nein (BGH **LM** § 117 Nr 5, Stgt WM **89**, 1724). **Lebensmittelgesetz:** Inverkbringen verdorbener od irreführd bezeichneter Lebensm, nein (RG **100**, 40, **170**, 156, Hbg DJ **42**, 91). **Luftverkehrsgesetz:** Vereinbg eines geringeren Befördergsentgelts als das Tarifentgelt, nein (LG Ffm NJW **85**, 562). **Maklerverträge:** Verstoß gg Verbot gewerbsm Vermittlg, nein (Nürnb JW **30**, 1425); Vertr mit Makler, der sein Gewerbe ohne die gem GewO 34c erforderl Erlaubn ausübt, nein (BGH **78**, 271); Anbieten von WoRäumen ohne Auftr eines Berecht entgg Gesetz zur Regelg der WohngsVermittlg 6 I, nein (Karlsr NJW **76**, 1408; a A LG Hann NJW-RR **91**, 1295). Verstoß gg BNotO 14 IV 1, uU ja (BGH NJW-RR **90**, 948). **Mietverträge:** Verstoß gg das Zweckentfremdgsverbot des MRVerbG 6, nein (BGH NJW **94**, 320, VGH Mü NJW-RR **93**, 1422). Vermietg an einen nach WoBindG nichtberecht Mieter, nein (LG Aachen MDR **73**, 318). **Notarverweser:** Neue NotariatsGesch nach Ablauf der DreimonatsFr entgg BNotO 56 II 2, nein (RG OLGZ **67**, 240). **Öffentlicher Dienst:** Verbot der VortlAnn, BRRG 48, BAT 10, wohl ja (Stark NJW **88**, 945). **Presse, Fernsehen:** Vertr über Anzeige, in der verdeckt für Prostitution geworben w, ja (BGH NJW **92**, 2557). Vertr über Werbg dch einen redaktionell aufgemachten Fernsehbeitrag, ja (Mü NJW-RR **92**, 146, s aber BGH GRUR **93**, 565). Werbeanzeigen in Form von ZeitgsArt, ja (Köln MDR **70**, 673, Düss NJW **75**, 2018). **Rabattge- 21 setz,** nein (BGH NJW **94**, 729). **Rechtsanwälte, Rechtsberatung:** Abtr von HonorarAnspr ohne Zustimmg des Mandanten, ja (Rn 22 „SchweigePfl"). Vertr, der gg das Verbot der Mehrfachverteidigg (StPO 146) verstößt, ja (Mü NJW **83**, 1688). GeschBesorggsVertr mit nicht zugel RBerater, ja, obwohl sich das Verbot des RBerG nur gg den RBerater richtet (BGH **37**, 262). Der Vertr ist auch dann im ganzen nichtig, wenn er zugl erlaubte Tätigk umfaßt (BGH **50**, 92, **70**, 17). Geschäftsm Besorgg fremder RAngelegenh dch Notar außerh der NotarBerufstätigk, ja (Stgt DNotZ **64**, 734). Anfertigg von VertrEntw für die Veräußerg von EigtWo dch Arch, ja (BGH **70**, 13). Entw eines GesellschVertr dch Steuerberater, ja (BGH NJW-RR **92**, 1115). Gesellschrechtl Beratg dch Steuerfachgehilfen, ja (BGH NJW-RR **93**, 434). Rechtl Beratg von Berufssportlern in Vertr- u RAngelegenh, ja (Wertenbruch NJW **95**, 223), aber nein bei Beratg dch einen nach dem AFG zugelassenen Vermittler (Löhr NJW **95**, 2148). RBesorgg dch Wirtsch-Prüfer als TrHänder im eig Namen, aber im Interesse des AuftrGebers, ja (vgl BGH **48**, 18). Sanierungs-Übern, ja, jedoch gilt zG des WirtschPrüfers RBerG 5 (BGH **102**, 130, aA Zuck JZ **88**, 558); SchuldenregulierungsVereinbg, die über büro- u formularm DLeistgen hinausgeht, ja (BGH NJW **87**, 3003, BAG ZIP **93**, 1105, Hamm BB **94**, 1107); Abtr von SchadErsAnspr an eine SchutzGemsch von Kleinaktionären, ja (BGH NJW **95**, 516, Gehrlein NJW **95**, 487); Tätigk als Erbensucher, ja (BGH NJW **89**, 2125); zugeschmäß Übernahme von Testamentsvollstreckgen dch Sparkassen, ja (Karlsr NJW-RR **94**, 236, aA Schaub FamRZ **95**, 845, Bork WM **95**, 225); Überprüfg eines KonzessionsVertr dch einen Energieberater, ja (BGH DB **95**, 1558). Auftr zur Erarbeitg von GeschÜbernVertr, ja (Hbg AnwBl **71**, 15); Abtr von SchadErsAnspr aus **KfzUnfällen** an MietwagenUntern od KfzWerkstatt, wenn mit der Abtr in der Hauptsache die geschäftsm Dchsetzg der Anspr ermögl w soll, ja (BGH **47**, 366, NJW **85**, 1223, NJW-RR **94**, 1081, stRspr); jedoch ist die Direktabrechng mit dem HaftpflVersicherer des Schädigers nicht schlechthin unzul (BGH aaO, Minoggio/Velser VersR **93**, 790); geschäftsm FdgsErwerb zum Zwecke der Einziehg, wenn es in Wahrh um die Übernahme der Schadensregulierg geht, ja (BGH **61**, 318, Hamm BB **91**, 2329, „Unfallhelfer-Ring", Buschbell AnwBl **94**, 108). Nichtig erstreckt sich idR auch auf DarlVertr (BGH NJW **77**, 38, VersR **78**, 1041) u Bürgsch (Ffm OLGZ **79**, 56). Nichtig auch dann, wenn Bank FdgEinzug ohne Abtr übernimmt (BGH NJW **77**, 431); sie betrifft aber nicht HilfsGesch zw Unfallhelfer u Bank (Mü DAR **77**, 267). Abtr von KundenFdgen an Factoring-Bank, beim echten u unechten Factoring nein, da eigene RBesorgg vorliegt (BGH **58**, 367, **76**, 125 mwN); Beteiligg eines stillen Gters an einem RBeratgsUntern, ja (BGH **62**, 234); Beauftragg eines nicht zur RBeratg zugelassenen Kreditreformvereins mit FdgEinziehg, ja (Celle OLGZ **73**, 351); Abtr einer Fdg zur gerichtl Einziehg an ein **Inkassobüro,** das nur außergerichtl tät w darf, ja (BVerwG NJW **91**, 58, Schleswig SchlHAnz **90**, 155, Nürnbg NJW-RR **90**, 1261, Hamm NJW-RR **92**, 1456, Stgt OLGZ **94**, 171, aA KG NJW-RR **90**, 429, Schlesw NJW-RR **95**, 1207, Michalski BB **95**, 1361); nein, wenn in der zu weit gefaßten Erlaubn eine Beschränkg auf die außergerichtl Tätigk fehlt (BGH NJW-RR **91**, 1343, Hbg MDR **93**, 477); nein, wenn das Inkassobüro die Fdgen im Rahmen der erteilten Erlaubn zur Einziehg auf eig Rechng erworben hat (BGH NJW **94**, 997). Einziehg dch Detektiv, ja (Nürnb OLGZ **76**, 235); rechtl Beratg dch Bauberater, ja (BGH NJW **76**, 1635); SchadReguliering einschließl ProzFü dch Agenten eines Transportversicherers, wg RBerG 5 nein (BGH VersR **79**, 714); Verstoß gg AO 107a (jetzt StBerG 5), ja (Karlsr Just **75**, 145); Übern von BuchhaltgsArb, idR ja (BGH WM **77**, 1002); jedoch ist StBerG 5 insow verfassgswidr, als er den Steuerberater auch das Kontieren von Belegen vorbehält (BVerfG NJW **81**, 33); über RückfdgAnspr des Beraters aus § 812 vgl § 817 Rn 25; gewerbl Tätigk des Steuerberaters entgg StBerG 57 IV, nein (BGH **78**, 264).

22   **e) Reisegewerbe:** s Rn 10. **Scheckgesetz:** Verpfl des Bezogenen, Widerruf vor Ablauf der VorleggsFr zu beachten, nein (BGH **35**, 220). **Schiedsverträge:** Vertr zw VereinsMitgl u NichtMitgl, nach dem ein nur aus Mitgl bestehd SchiedsGer entsch soll, ja wg Verstoßes gg das in ZPO 1025 II, 1032 zum Ausdr gek Gebot überparteil Rechtspflege (BGH **51**, 262); VertrBest, daß der von einer Part ernannte SchiedsRi zur allein Entsch berecht sein soll, wenn die and Part innerh einer best Fr keinen SchiedsRi ernennt, ja (BGH **54**, 399, 400, dazu Kornblum ZZP **84**, 339); Ausschl des ord Rechtsweges ohne Abschl eines SchiedsVertr, ja wg Verstoßes gg GVG 13 (BGH **LM** § 1018 Nr 19). **Schwarzarbeit:** Bei beiderseit Verstoß, ja (BGH **85**, 44, **111**, 308, Köln NJW-RR **90**, 251); bei einseit Verstoß, nein, es sei denn, daß der AuftrGeb den Verstoß kennt u ihn bewußt zu seinem Vorteil ausnutzt (BGH **89**, 372, NJW **85**, 2404, aA Köhler JZ **90**, 467). GewLAnspr sind bei einem Vertr ausgeschlossen (BGH NJW **90**, 2543, Düss BauR **87**, 562, aA Celle JZ **73**, 246); mögl sind aber Anspr aus c. i. c. (Köhler aaO) u gem § 242 auch aus einer PrGarantie (BGH **85**, 48). Zum VergütgsAnspr s BGH **111**, 308, Düss BauR **93**, 487. **Schweigepflicht:** Die Abtr von Honorar-Anspr, die auf einer der SchweigePfl unterliegdden Tätigk beruhen, ist nichtig, so bei Ärzten (BGH **115**, 127, aA Berger NJW **95**, 1584), RA (BGH **122**, 117, Hbg NJW **93**, 1335), RBeiständen (LG Mü II NJW-RR **94**, 437), Steuerberatern (LG Konstanz NJW **92**, 1241), aber nicht bei Tierärzten (Celle NJW **95**, 786, LG Lünebg NJW **93**, 2994, str). Zu den sich daraus für die Pfändbark ergebden Problemen s Diepold MDR **93**, 836 u Stgt NJW **94**, 2838). Bei einem Praxisverkauf ist die Mitübertragg der Patientenkartei od der Akten des RA unwirks (BGH **116**, 271, NJW **95**, 2026). Neben dem ErfGesch ist auch das KausalGesch unwirks (BGH **116**, 276, Hamm NJW **93**, 792). Unwirks ist auch die Abtr von RA an RA od die an eine berufsständ RSchutzstelle (BGH NJW **93**, 1912, 2795). Unbedenkl ist dagg die Abtr des HonorarAnspr des angestellten Arztes an das Krankenhaus (LG Bonn NJW **95**, 2419). Die erforderl Zustimmg des AuftrGeb bedarf nach BDSG 4 II 2 uU der Schriftform (Brem NJW **93**, 757). Besteht kein FormErfordern, kann die Zustimmg auch konkludent erklärt w; insoweit sind aber strenge Anfordergen zu stellen (BGH **122**, 119). Das Schweigen auf Aushänge od Abrechngen eines Zessionars, an den ohne Zustimmg abgetreten worden ist, genügt nicht (s BGH **116**, 274, NJW **92**, 2348, Düss NJW **94**, 2421). Für die Abtr von GebührenFdgen der RA gilt aber die Neuregelung in **BRAO 49b IV** (Berger NJW **95**, 1406); danach ist die Abtr an RA zul, die an Nichtanwälte dagg nur mit ausdr schriftl Einwilligg des Mandanten und nur bei rechtskr festgestellten Fdgen. ParallelVorschr enthalten StBerG 64 II u WirtschPrO 55a III nF. **Staatsvermögen:** Verringerg des GrdVerm des bayr Staates ohne od gg unzureichd Entgelt, ja wg Verstoßes gg BayVerf Art 81 (BGH **47**, 36, 37, der dazu neigt, dch öff Gesichtspunkte nicht gerechtf unentgeltl Zuwendgen an Private generell als

23   nichtig anzusehen, zweifelnd BayObLG **69**, 281). **Steuerrecht:** Vertr, mit denen eine Steuerhinterziehg verbunden ist, ja wenn diese Hauptzweck (Kblz DB **79**, 833); sonst nein (BGH **14**, 30, 31, NJW **83**, 1844, **LM** Nr 57, Hamm BB **49**, 651). Darl zum Ankauf unverzollter Zigaretten, ja (Köln, MDR **57**, 34); KaufVertr über unversteuerte Zigarren, nein, wenn der Verk den Käufer zum Ankauf für berecht hielt (RG SeuffA **81**, 2). Verpfl ggü einer öffr Körpersch, einen Steuertatbestand aufrechtzuerhalten, ja (BGH **66**, 199 (GewerbeSt), krit Rathjen DStR **77**, 472). **Strafgesetze** iZw ja (BGH **115**, 125), es genügt die Verwirklichg des obj Tatbestands (BGH **115**, 130). ReparaturVertr, den der Versicherer betrogen w soll, ja (Karlsr DAR **90**, 183). Vertr über die Bergg eines U-Boots, in dem sich Überreste der ertrunkenen Besatzg befinden können, verstoßen nicht gg StGB 168 (BGH NJW **94**, 2613).

24   **f) Stimmrecht:** Gesellschvertragl Best, die StimmAbg in eig Sache zuläßt, ja wg Verstoßes gg den in § 34, AktG 136 I, GmbHG 47 IV u GenG 43 III zum Ausdr kommden RGrds (RG **136**, 245, BGH **108**, 26); willkürl unterschiedl StimmRRegelg, ja wg Verstoßes gg den in §§ 32, 35 zum Ausdr kommden RGrds (KG NJW **62**, 1917). **Taxenkonzessionen:** Rn 17. **UWG:** Verstoß gg UWG 1, nein, da er nur die Art des Zustandekommens, aber nicht den Inhalt des RGesch betrifft (BGH **110**, 175); gg ZugabeVO od RabattG, nein (BGH **LM** UWG 1 Nr 12, Schlesw VersR **75**, 455, str, vgl Lafrenz GRUR **79**, 89); Vereinbgen über die Etablierg eines nach UWG 6a unzul Kaufscheinhandels, ja (BGH WM **78**, 783); SchmiergeldVertr entgg § 12, ja (RG JW **21**, 338). **Versicherungsrecht:** ProvTeilabkommen zw VersAgenten u VersN, nein

25   (Hbg VersR **95**, 817, aA Schwarz NJW **95**, 491). Vertr über **Versteigerung** ohne die nach GewO 34b I erforderl Gen, ja (Hamm NJW-RR **94**, 546). Verpflichtg, gg Entgelt in amtl Versteigerg nicht zu bieten, trotz Verstoßes gg PrStGB 270, nein (Celle NJW **69**, 1764, vgl aber § 138 Rn 103); Gebot des Versteigerers für einen Dr, ohne den gem GewO 34b VI Nr 3 erforderl schriftl Auftr, nein (BGH NJW **81**, 1205). **Vollstreckungsvereitelung:** Verwahrgs- od SchenkgsVertr mit dem Ziele, die ZwVollstr zu vereiteln, ja, obwohl StGB 288 nur den Schuldner mit Strafe bedroht (Schlesw SchlHA **57**, 96). **Wohnungsgemeinnützigkeitsgesetz:** Verpfl des WohngsUntern, dem Vorstd Bezüge über den zul Rahmen des § 12 hinaus zu

zahlen, nein (BGH **LM** Nr 12). **WZG:** Verpflichtg des WzInh, gg die Anmeldg desselben Wz keinen Widerspr zu erheben, nein (RG HRR **42**, 199). **ZVG** § 56 S 2 ja (BGH **99**, 358).

5) Verstöße gegen Preisbestimmungen. – a) Währd von 1936–1948 nahezu alle Güter u Leistgen 26 preisgebunden waren, bilden PrBindungen heute die Ausn. Grdlage für die noch bestehden PrBindgen sind das weiterhin in Kraft befindl PreisG vom 10. 4. 48 (vgl dazu BVerfG **8**, 274, Meng DVBl **80**, 613 mwN) sowie versch SonderG. Prakt Bedeutg haben insb: die HOAI; die BauPrVO 1972, die für öff Auftr u mit öff Mitteln geförderte Auftr gilt (Altmann DB **79**, 1685, krit Moritz BB **94**, 1878); BKleingG 5 (BGH **108**, 150); der die Mieten im sozialen WoBau beschränkde WoBindG 8. Zum EnergiepreisR vgl Holzapfel BB **74**, 912, Ebel DB **82**, 889, 2607; zur Preisbindg für Baukostenvorschüsse und Hausanschlußkosten, die an EnergieversorggsUntern zu zahlen sind, BGH WM **78**, 730. PrRegelgen enthalten ferner WiStG 4–6 (Verbot der vorsätzl od leichtfert PrÜberhöhg) u mittelb das MHG (hinten unter NebenG). Die Vorschr der PrAngabenVO gehören nicht zum materiellen PreisR, sond zum PreisordngsR; Verstöße gg die VO lassen daher die zivilrechtl Wirksamk der getroffenen Abreden unberührt (BGH NJW **74**, 859, **79**, 541).

b) PrVerstöße führen idR nicht zur Nichtigk; das **Geschäft** bleibt **vielmehr mit dem zulässigen Preis** 27 **aufrechterhalten** (RG **88**, 252, BGH **51**, 181, **89**, 319, NJW **89**, 2471) so ausdr WoBindG 8 II u HOAI 4. Das gilt auch für wucher MietVertr (LG Köln NJW **65**, 157) u bei Abweichgen von den Prämien der KfzPflVers (Kblz VersR **76**, 977). Bei Verstößen gg WiStG 5 (§ 138 Rn 76) tritt an die Stelle der unwirks Miete die ortsübl, nicht die höchste gerade noch zul (Stgt aaO, Karlsr NJW **82**, 1160, Kothe NJW **82**, 2803, Canaris, FS Steindorff, 1990, S 520, aA BGH **89**, 319), bei Überschreitg der Sätze der HOAI gelten deren Höchstsätze (BGH NJW-RR **90**, 276, KG NJW-RR **90**, 91). Bei einem DauerrechtsVerh lebt die urspr PrVereinbg nach PrFreigabe nicht ow wieder auf (LG Dortmund MDR **54**, 42, LG Hbg WM **76**, 115, § 138 Rn 50). Nichtigk kommt in Betr, wenn beide Teile bewußt gg die PrBindg verstoßen (RG DR **39**, 1633, **42**, 1409). Zu **Abstandszahlungen bei Mietverträgen** vgl Einf 88 vor § 535. Zur **Preisgenehmigung** vgl Rn 12.

6) Umgehung des Verbotsgesetzes. – a) Das Verbot von UmgehgsGesch ist in einer Reihe von 28 Vorschr ausdr niedergelegt (VerbrKrG 18, AGBG 7, HausTWG 5, FernUSG 8, GüKG 22, AO 42). Es gilt als allg RGrds aber auch sonst (RG **155**, 146, BGH **LM** Nr 19, BAG **10**, 70, allgM). Umstr ist, ob die Nichtigk des UmgehgsGesch iW der Ausleg aus der umgangenen Verbotsnorm herzuleiten ist (so BGH WM **90**, 227, Soergel-Hefermehl Rn 37 ff, AK/Damm Rn 104) od ob es sich um einen bes NichtigkGrd u damit um ein eig RInstitut handelt (so MüKo/Mayer-Maly Rn 12). Für die prakt RAnwendg ist dieser Streit von untergeordneter Bedeutg. Einverständn besteht darüber, daß jeweils von Inh u **Zweck** der maßgebl **Verbotsnorm** ausgegangen w muß. Will diese nur die Vorn eines Gesch best Art, nicht aber einen rechtl od wirtschaftl Erfolg verhindern, ist das den gleichen Erfolg in and Weise herbeiführde Gesch unbedenkl (RG **125**, 211, BGH **LM** Nr 19). Unwirks ist dagg ein Gesch, das einen verbotenen Erfolg dch Verwendg von rechtl Gestaltsmöglichk zu erreichen sucht, die (scheinb) nicht von der Verbotsnorm erfaßt w (RG **155**, 146, BGH **58**, 65, **85**, 46, NJW **59**, 332, 334, BAG **10**, 70). Nichtigk kann auch dann eintreten, wenn eine UmgehgsAbs nicht vorliegt (BAG aaO, str), jedoch können bei der Prüfg des UmgehgsTatbestd subj Momente den Ausschlag geben (BGH NJW **90**, 1474). Ist ein RGesch gem § 134 nichtig, so kann der verbotene Erfolg nicht dch einen Vergl über die Folgen des verbotswidr Gesch erreicht w (RG Recht **21**, 2137), ebsowenig dch Einräumg eines SchadErsAnspr (RG **90**, 306). **– b) Ein-** 29 **zelfälle** (ja = nichtig, nein = wirks). Gesch zur Umgehg einer Konzession od ErlaubnPfl, ja (Hamm NJW **86**, 2440, Kblz NJW-RR **94**, 493), so Anstellg in Gastwirtsch, wenn „Angest" in Wahrh wirtsch Inh sein soll (Stgt NJW **87**, 3270, Düss NJW-RR **87**, 687, aA offenb BAG NJW **94**, 2973); „Anstellg" in HandwBetr, wenn in Wahrh Verkauf vorliegt, Käufer aber nicht Meister ist (LG Bln JR **56**, 304); Bestellg zum Bevollmächtigten eines Versicherers, wenn tatsächl selbst VersBetr gewollt (RG **155**, 138); „StatthalterVertr" über Apotheke statt eines verbotenen PachtVertr nein (LG Nürnbg NJW-RR **92**, 17). GrdstKauf dch Strohmann einer ausl jur Pers, um GenPfl gem PrAGBG 7 § 2 zu vermeiden, nein (RG SeuffA **80**, 100, bedenkl vgl auch RG HRR **32**, 482). Zurverfüggstell eines Ausbildgsplatzes gg Kauf eines Lkws, ja (Hamm NJW **83**, 2708). Gründg eines Untern unter Verwendg eines GmbH-Mantels, keine Umgehg der GründgVorschr (Priester DB **83**, 2291). Bestellg eines Nießbr, um gesetzl VorkaufsR der Gem wirkgslos zu machen, ja (BGH **34**, 205). Umgeh von vertragl VorkaufsR vgl § 138 Rn 61, Umgehg des tarifl Befördergsentgelts dch Vereinbg einer Gewinnbeteiligg, uU ja (BGH **LM** GüKG Nr 25, BB **70**, 1069). RGesch zur Umgehg des Ges über die Verbreitg jugendgefährdder Schriften, ja (Hbg MDR **75**, 141). Vereinbg eines ausl GerStandes od der Geltg ausl Rechts, das das dtsche VerbotsG nicht enthält, nein, wenn Sachverhalt Grd zur Anknüpfg an ausl Recht bietet (BGH NJW **61**, 1062). Vereinbg, die im Ergebn auf eine gesellschaftsrechtl unzul Trenng von Mitglsch u StimmR hinauslaufen, ja (BGH **3**, 357, **20**, 366). Vereinbg über die VorausErf eines unverzichtb Anspr, uU ja (BGH **58**, 62, AusglAnspr des HandelsVertr). Umgeh des KündSchG dch Vereinbg von KettenarbeitsVertr od aufschiebd bedingten AufhebgsVertr, ja (BAG **10**, 70, NJW **75**, 1531). Zur Umgehg des Testierverbots der §§ 2271 II, 2289 I 2, vgl § 2271 Rn 17 ff, § 2286 Rn 4 § 2289 Rn 11.

7) Über die Haftg des **Vertragspartners,** der das gesetzl Verbot kannte, vgl § 309; über VergütgsAnspr 30 bei nichtigem, aber vollzogenem DauerschuldVerh, s Einf Rn 29 vor § 145.

135 *Gesetzliches Veräußerungsverbot.* [I] Verstößt die Verfügung über einen Gegenstand **gegen ein gesetzliches Veräußerungsverbot, das nur den Schutz bestimmter Personen bezweckt, so ist sie nur diesen Personen gegenüber unwirksam. Der rechtsgeschäftlichen Verfügung steht eine Verfügung gleich, die im Wege der Zwangsvollstreckung oder der Arrestvollziehung erfolgt.**

[II] **Die Vorschriften zugunsten derjenigen, welche Rechte von einem Nichtberechtigten herleiten, finden entsprechende Anwendung.**

136   *Behördliches Veräußerungsverbot.* **Ein Veräußerungsverbot, das von einem Gericht oder von einer anderen Behörde innerhalb ihrer Zuständigkeit erlassen wird, steht einem gesetzlichen Veräußerungsverbote der im § 135 bezeichneten Art gleich.**

1   **1) Allgemeines. – a)** Der Begriff Veräußergsverbot in §§ 135, 136 ist iSv **„Verfügungsverbot"** zu verstehen (Staud-Dilcher Rn 1, allgM). Die Verbote richten sich nicht nur gg Veräußergen im techn Sinn, dh gg RÜbertraggen, sond gg Vfgen jeder Art (s Übbl 16 v § 104). – **b)** Die §§ 135, 136 betreffen VfgsVerbote zum Schutz best Pers. Ihre Verletzg macht die Vfg **relativ** unwirks. Prakt Bedeutg hat das 2 relative Vfgsverbot nur in Gestalt des gerichtl od behördl Verbots, § 136 (Rn 4). – **c)** Unter die §§ 135, 136 **fallen nicht: – aa) Absolute Verfügungsverbote:** Sie dienen dem Schutz der Allgemeinh u sind Verbotsgesetze iSd § 134. Ihre Verletzg macht die Vfg mit Wirkg ggü jedermann unwirks (BGH **19**, 359, NJW **83**, 636). Bsp sind BtMG 3, StPO 290–292. – **bb) Verfügungsbeschränkungen:** Hier fehlt dem RInhaber die für die wirks Vorn einer Vfg erforderl RMacht (s § 134 Rn 1). Er **kann nicht** wirks verfügen; die Frage, ob er nicht verfügen darf, stellt sich nicht. Die Vfg ist absolut unwirks, allerdings tritt in einigen Fällen schwebe Unwirksamk ein. Bsp für ges VfgsBeschränkgen sind §§ 1365 ff (Eheg), §§ 1643 ff (Eltern), §§ 1812 ff (Vormund), § 2211 (Erbe iF der TestVollstr). Als ges VfgsBeschränkgen sind nach jetzt hM ferner aufzufassen die §§ 717, 719 (BGH **13**, 183) u das Abtretgsverbot des § 399 (BGH **40**, 160, **56**, 231). Da die ges VfgsBeschränkgen in ihrer Wirkg einem absoluten VfgsVerbot gleichstehen, wird sie gelegentl gleichf als absolute VfgsVerbote bezeichnet (so BGH **40**, 219, Ruhwedel JuS **80**, 163). – **cc) KO 6, 7.** Unbefugte Vfgen des GemeinSchu nach KonkEröffng sind absolut u nicht nur ggü den KonkGläub unwirks (RG **71**, 40, Ruhwedel JuS **80**, 164, MüKo/Mayer-Maly Rn 22, str). Dagg begründet ein Verstoß gg GesO 7 nur relative Unwirksamk (BGH ZIP **95**, 1425).

3   **2) Relative Verfügungsverbote. – a) Gesetzliche** Vfgsverbote mit ledigl relativer Wirkg enthält das BGB allenfalls im § 514 (dort Rn 2). Sie sind auch außerh des BGB selten (BGH **13**, 184). Sow die §§ 573 ff, 1124 ff u VVG 97 ff Vfgen für relativ unwirks erklären, regeln sie die RFolgen selbstd, ohne daß 4 es eines Rückgriffs auf § 135 bedarf. – **b)** Prakt allein bedeuts sind daher die **gerichtlichen** od behördl Vfgsverbote des § 136. Die wichtigsten Anwendgsfälle sind: Einstw Vfgen (RG **135**, 384), neuerdings auch zur Sicherg von UnterlPflten aus **VermG** 3 III (BGH **124**, 147, KG DtZ **91**, 191); Pfändg von Fdgen u Rechten gem ZPO 829, 857 (BGH **58**, 26, **100**, 45), Zahlgssperre gem ZPO 1019, GrdstBeschlagn gem ZVG 20, 23, 146 (RG **90**, 340, LG Kassel NJW-RR **90**, 977), Veräußergsverbot gem KO 106, 113 (Stgt WM **85**, 1371, Kblz ZIP **89**, 1593), Beschlagn gem StPO § 111c V, Anordngen gem StGB 73 d II, 74, 74e III. Dagg fällt die in einem gerichtl Vergl übernommene Verpfl, nicht über ein Grdst zu verfügen, nicht unter §§ 135, 136, sond unter § 137 (Kblz DRZ **49**, 234, 523). Wann das Vfgsverbot wirks w, richtet sich nach den maßgebden VerfVorschr. Bei MobiliarZwVollstr ist idR Zustellg nöt, bei Vollstr nach ZVG die Eintr im Grdbuch. **Wer geschützt** ist, ergibt sich aus dem Vorschr, auf denen das Verbot beruht. Die Anordg der ZwVersteigerg wirkt auch zG der HypGläub (s RG **86**, 258). – **c)** Den gerichtl Vfgsverboten 5 steht das gem ZPO 938 I zul **Erwerbsverbot** gleich (RG **117**, 291, **120**, 119, BGH NJW **83**, 565, BayObLG Rpfleger **78**, 306, Hamm DNotZ **70**, 662). Es richtet sich in der Praxis idR an den Käufer eines Grdst; ihm wird untersagt, den EintrAntr gem GBO 13 zu stellen od aufrechtzuerhalten. Erfolgt die Eintr trotzdem, ist sie ggü dem Verbotsgeschützten in entspr Anwendg der §§ 136, 135 relativ unwirks (RG u Hamm aaO, § 888 Rn 11).

6   **3) Rechtswirkungen. – a)** Die verbotswidr Vfg (Begriff Übbl 16 v § 104) ist nur ggü dem Verbotsgeschützten **unwirksam.** Wird eine Sache in Verletzg eines relativen VfgsVerbots übereignet, w der Erwerber im Verhältn zur Allgemeinh Eigtümer, dagg verbleibt im Verhältn zum Geschützten das Eigtum beim Veräußerer (Staud-Dilcher Rn 11, str s Bülow JuS **94**, 7). Dieses nur noch relativ bestehende Eigtum ist dogmat eine RMacht eig Art (BGH **111**, 369). Das Verbot bewirkt keine GrdbuchSperre (RG **71**, 38). RÄnd dürfen im GrdB eingetragen w, wenn das VfgsVerbot mindestens gleichzeit eingetragen w (BayObLG Rpfleger **60**, 159, KG DNotZ **73**, 304). Das Verbot hindert Maßn der ZwVollstr nicht, der 7 Geschützte kann jedoch gem ZPO 772, 771 WidersprKlage erheben. Im Konkurs ist das VfgsVerbot dagg wirkgslos (KO 13, aA Paulus, Richterl VfgsVerbot u Vormkg, 1981). – **b) Geltendmachung der relativen Unwirksamkeit.** Bei Grdst sind die §§ 888, 883 II entspr anzuwenden (§ 888 II). Der Geschützte kann vom Veräußerer Aufl u Eintr verlangen; gg den Erwerber hat er Anspr auf Zust zu seiner Eintr u auf Löschg der Eintr des Erwerbers (§ 888 Rn 10 u 4 ff). Bei beweigl Sachen hat der Geschützte g den Veräußerer einen Anspr auf Übertragg der bei diesem verbliebenen RMacht; erst danach kann er vom Erwerber die Herausg der Sache verlangen (BGH **111**, 369, krit Kohler Jura **91**, 349). Wenn die Voraussetzgen des ZPO 259 erf sind, kann der Geschützte die Klage gg den Erwerber mit der gg den Veräußerer verbinden. Entspr gilt für Fdgen u und Rechte. Ein unmittelb Anspr gg den Erwerber steht dem Geschützten nicht zu (Ruhwedel JuS **80**, 167). Der auf die bes Gegebenh des GrdbuchR abgestellte § 888 II ist nicht entspr 8 anwendb. – **c)** Die verbotswidr Vfg **wird voll wirksam,** wenn das Verbot aufgehoben w od der Geschützte sie genehmigt (BVerfG NJW-RR **92**, 898). – **d)** Sind **mehrere** VfgsVerbote erlassen worden, etwa zG von zwei Käufern, entscheidet die Priorität des Verbots (Kohler JZ **83**, 586); die Reihenfolge der schuldrechtl Vertr ist ohne Bedeutg.

9   **4) Gutgläubiger Erwerb.** Die Vorschr über den Erwerb von einem NichtBerecht sind gem § 135 II entspr anwendb. Neben § 185 gelten daher für beweigl Sachen §§ 932 ff, 1032, 1207, 1244, HGB 366; für Grdst: §§ 892 f, 1138, 1155. Entspr Anwendg bedeutet, daß sich der gute Glaube auf das Nichtbestehen des Verbots beziehen muß (RG **90**, 338). Die Möglichk des gutgläub Erwerbs entfällt, wenn das Verbot im Grdbuch eingetragen ist (§ 892 Rn 19). Sie ist beim Erwerb iW der ZwVollstr ausgeschl (RG **90**, 338). Beim Erwerb von Fdgen u Rechten w guter Glaube gleichf nicht geschützt, zG des Schu sind aber die §§ 407, 408 entspr anzuwenden (BGH **86**, 338); ist der DrittSchu bei Leistg an den PfändgsSchu bösgläub, w er dch die Zahlg nicht frei (BGH aaO); er behält aber ggü dem PfändgsGläub alle Einwendgen gg die Fdg, auch den Einwand der Aufr (BGH **58**, 25, krit Reinicke NJW **72**, 793).

137 *Rechtsgeschäftliches Veräußerungsverbot.* **Die Befugnis zur Verfügung über ein veräußerliches Recht kann nicht durch Rechtsgeschäft ausgeschlossen oder beschränkt werden. Die Wirksamkeit einer Verpflichtung, über ein solches Recht nicht zu verfügen, wird durch diese Vorschrift nicht berührt.**

1) Allgemeines. – a) Die Vorschr will die **Verfügungsfreiheit** des RInh schützen (BayObLG NJW **78**, 1 700, 701). Diese kann bei veräußerl Rechten dch rechtsgeschäftl Abreden nicht mit Außenwirkg begrenzt w. § 137 gewährleistet zugl, daß der gesetzl Kreis der dingl Rechte mit ihrem festgelegten Inh nicht dch PartAbreden erweitert w kann. Er dient damit der **Sicherheit des Rechtsverkehrs.** Veräußerl Rechte, die dch priv WillErkl zu *„res extra commercium"* gemacht w können, wären eine Quelle von Unklarh u Streitigk. – **b)** Vereinbgen über ein rgeschäftl Veräußergsverbot mit **dinglicher Wirkung** sind unwirks. Sieht 2 ein ÜbertraggsVertr ein solches Verbot vor, kann er gem § 139 im ganzen nichtig sein (BGH NJW **93**, 1640). Gg das Veräußergsverbot vestoßde Vfgen sind voll wirks. Das gilt auch dann, wenn das Veräußergsverbot auf einer Vfg vTw beruht (BGH **40**, 117, **56**, 278), od auf einem ausl Güterstd (KG OLGZ **73**, 167). Auch die VfgsBefugn des Treuhänders kann nicht mit dingl Wirkg beschr w (RG **153**, 369, BGH NJW **68**, 1471, BB **82**, 891); die SperrkontenVereinbg hat, abgesehen vom Fall des Und-Kontos, gleichf keine dingl Wirkg (Kollhosser ZIP **84**, 389). Wg der Unwirksamk ggü Dr können rgeschäftl VfgsVerbote nicht im GrdBuch eingetr w (RG **73**, 18, **90**, 237, KGJ **21**, 133), u zwar auch dann nicht, wenn sie in einem ProzVergl übernommen worden sind (Kblz DRZ **49**, 234, krit Baur DRZ **49**, 523). Eine etwa für das Gesch erforderl behördl Gen darf nicht wg Verletzg des VfgsVerbots versagt w (BGH **LM** Nr 2). – **c)** Die Abrede, Vfgen 3 über ein Recht zu unterl, ist dagg als **schuldrechtliche Verpflichtung wirksam,** S 2. Ihre Verletzg kann SchadErsAnspr begründen, gem § 249 S 1 auf Rückerwerb des Rechts gehen können. Der Unterlassgs-Anspr kann iW einstw Vfg dch ein gerichtl Veräußergsverbot gesichert w (BGH **LM** Nr 2). Ebso sind vertragl Sichergen der UnterlassgsPfl zul, so dch Bürgsch, Vereinbg einer VertrStrafe, eines Vor- od WiederkaufsR. Wirks auch die Vereinbg einer auflösden Bedingg od einer RückgewährPfl für den Fall einer Veräußerg od Pfändg; eine derart Abrede stellt keine Umgehg des § 137 dar (Düss OLGZ **84**, 90, Timm JZ **89**, 13, Kohler DNotZ **89**, 339, str, vgl aber § 161 III). Unmittelb Sicherg dch Vormkg ist nicht mögl, da § 883 UnterlassgsAnspr nicht erfaßt (Hamm DNotZ **56**, 151); für den Fall einer abredewidr Vfg kann aber eine Vormkg zur Sicherg des RückauflassgsAnspr eingetr w (BayObLG NJW **78**, 700, DNotZ **79**, 27, Zweibr OLGZ **81**, 167, Merrem JR **93**, 55, str). Im Fall des § 1136 ist auch die schuldrechtl Verpflichtg wirkgslos (vgl ferner § 2302). Die Verpflichtg, nicht zu veräußern, ist bei Grdst nicht formbedürft (§ 313 Rn 10); sie kann auch stillschw begründet w (Pikalo DNotZ **72**, 646, § 2286 Rn 1, § 2174 Rn 10). Aus allg RGrds ergibt sich aber wohl eine zeitl Grenze von 30 Jahren (Großfeld JZ **88**, 937). – **d)** Die Vorschr ist 4 Ausdr des allg RGedankens, daß sich niemand dch RGesch seiner eig **Handlungsfähigkeit** entäußern kann (Weitnauer FS Weber, 1975, S 431). Auch die Erwerbs- u VerpflBefugn kann daher nicht mit Wirkg gg Dr ausgeschl w (Weitnauer aaO). Ebso ist die eig RGesch des Vertretenen ausschließde verdrängde Vollm mit § 137 unvereinb (§ 167 Rn 15).

2) Betroffene Rechte: § 137 gilt grdsätzl für Sachen u Rechte aller Art. Sein Anwendgsbereich w aber 5 dch SonderVorschr eingeschr. Nach § 399 kann die Abtr von Fdgen dch Vereinbg zw Gläub u Schu mit dingl Wirkg ausgeschl w (vgl dort Rn 11). Das gilt ebso für die unter § 413 fallden Rechte. Vereinbg, die die VerkFähigk des Rechts iW der Inhaltsbestimmg beschr, w ferner zugelassen in VerlG 28, ErbbRVO 5, WEG 12, 35, AktG 68 II, GmbHG 15 V. Dagg kann die Übertragbark des AnwR des VorbehKäufers nicht mit dingl Wirkg ausgeschl w (BGH NJW **70**, 699); entsprechdes gilt (außerh VerlG 28) für geistige u gewerbl SchutzR, sow UrhG 29 S 2, deren Übertragg nicht entggsteht (RG **127**, 205). Zur Frage, ob die Übertragbark beschr dingl Rechte gem §§ 413, 399 ausgeschl w kann, vgl Einl 14 v § 854.

138 *Sittenwidriges Rechtsgeschäft; Wucher.* **[I] Ein Rechtsgeschäft, das gegen die guten Sitten verstößt, ist nichtig.**

[II] Nichtig ist insbesondere ein Rechtsgeschäft, durch das jemand unter Ausbeutung der Zwangslage, der Unerfahrenheit, des Mangels an Urteilsvermögen oder der erheblichen Willensschwäche eines anderen sich oder einem Dritten für eine Leistung Vermögensvorteile versprechen oder gewähren läßt, die in einem auffälligen Mißverhältnis zu der Leistung stehen.

Übersicht

1   **1) Allgemeines. – a)** Die dem einz von der ROrdng gewährte Befugn, seine Lebensverhältn dch RGesch eigenverantwortl zu gestalten, die PrivAutonomie (Übbl 1 vor § 104), schließt die Gefahr von Mißbr in sich, ohne daß die vielfält MißbrMöglichk dch best umschriebene Verbote abschließd erfaßt w können. Sie bedarf daher als notw Korrektiv einer Generalklausel, die der autonomen RGestaltg dort eine Grenze setzt, wo sie in Widerspr zu den Grdprinzipien unserer R- u Sittenordng tritt. Diese Generalklausel enthält § 138, der im Anschl an eine gemeinrechtl Formel (*„boni mores"*) auf die „guten Sitten" verweist. Sein **Zweck** ist, Mißbr der PrivAutonomie entggzuwirken.

2   **b) Rechtsbegriff der guten Sitten.** Nach der Rspr ist ein RGesch sittenw, wenn es gg das **Anstandsgefühl aller billig und gerecht Denkenden** verstößt (RG **80**, 221, BGH **10**, 232, **69**, 297, BAG NJW **76**, 1958). Diese Formel, die sich schon in den Mot (II S 125) findet, trägt zur inhaltl Präzisierg des § 138 wenig bei (Larenz AT § 22 III a). – **aa)** § 138 verweist auf die sich aus der Sittenordng ergebden Verhaltensgebote. Dabei ist unter „guten Sitten" keine Sittlichk im gesinngseth Sinne zu verstehen (Sack NJW **85**, 761), ands aber auch nicht die Sitte iS der tatsächl geübten Konvention. Abzustellen ist vielm auf die in der Gemsch od in der beteiligten Gruppe anerkannten moralischen Anschauungen; der Begr der guten Sitten w durch die **herrschende Rechts- und Sozialmoral** inhaltl best (Larenz AT § 22 III a, krit Heldrich AcP **186**, 94). Dabei ist ein **durchschnittlicher Maßstab** anzulegen (RG **80**, 221, BGH **10**, 232); bes strenge Anschauun-
3 gen sind unbeachtl, ebso aber auch bes laxe Auffassgen. – **bb)** § 138 verweist zugl auf die der ROrdng immanenten rechtseth Werte u Prinzipien (Larenz AT § 22 III a, Soergel-Hefermehl Rn 7). Die Vorschr erfaßt daher auch Verstöße gg den **„ordre public"**; RGesch, die grdlegde Prinzipien der ROrdng verletzen, sind gem § 138 nichtig (vgl BGH **68**, 4, **80**, 158, **106**, 338). Dieser Aspekt des § 138 steht, wenn auch unausgesprochen, in der prakt RAnwendg im VorderGrd. Wenn die Rspr RGesch für sittenw erkl, geht es idR nicht um die Rezeption von außerrechtl Wertgen, sond um die Konkretisierg von Wertmaßstäben, die
4 in der ROrdng selbst angelegt sind. – **cc)** Über § 138 wirkt das im **Grundgesetz verkörperte Wertsystem** in das PrivR ein (BVerfG **7**, 206, **24**, 251, NJW **90**, 1470, **94**, 38, BGH **70**, 324, § 242 Rn 7). Zu den
5 WertEntsch, die den RBegr der guten Sitten mitbestimmen, gehört auch die **Sozialstaatsklausel,** GG 20, 28 (BVerfG **8**, 329, NJW **94**, 38). Der in der Rspr seit langem anerkannte Grds, daß mit Hilfe des § 138 dem Mißbr wirtschaftl Macht entggzuwirken ist, hat im Sozialstaatsprinzip seine Grdl. Unvereinb mit § 138 sind Vertr, die einen der VertrPart ungewöhnl stark belasten u das Ergebn strukturell ungleicher Verhandlgsstär-
6 ke sind (BVerfG NJW **94**, 36). – **dd)** Bei einem **Konflikt** zw außerrechtl moralischen Anschauungen u der im Recht verkörperten WertOrdng hat die letztere, sofern sie sich im Rahmen der Verfassg hält, den Vorrang. RGesch, die eine gesetzl Vorschr nach ihrem Zweck als zul anerkennt, scheiden daher nicht gem § 138 für nichtig erkl w (BGH NJW **70**, 1179, nach StGB 180 III straffreier MietVertr mit Dirne; BGH **63**, 365, PachtVertr über Bordell).

7   **c)** Die Sittenwidrigk eines RGesch kann entweder aus seinem Inh oder seinem GesCharakter hergeleitet w. – **aa)** Ein RGesch ist sittenw, wenn sein **Inhalt** mit grdlegden Wertgen der R- od Sittenordng unvereinb ist (Bsp: Regelgen, die gg die FamOrdng od die Menschenwürde verstoßen). In diesem Fall kommt es auf eine Würdigg der BegleitUmst grdsätzl nicht an. Unerhebl ist insb, ob die Part das Bewußtsein der Sittenwidrigk hatten od ob sie die Tats kannten, die das RGesch sittenw machen (BGH **94**, 272). RGesch, die nach ihrem Inh sittenw sind, kann die ROrdng auch bei Gutgläubigk der Part nicht als verbindl
8 anerkennen. – **bb)** Die Sittenwidrigk kann sich aus dem **Gesamtcharakter** des RGesch ergeben, dh aus einer zufassden Würdigg von Inh, BewegGrd u Zweck des Gesch, sog UmstSittenwidrigk (BGH **86**, 88, **107**, 97, NJW **90**, 704). Zu berücksichtigen ist hier nicht nur der obj Gehalt des Gesch, sond auch die Umst, die zu seiner Vorn geführt haben, sowie die Abs u Motive der Part (BGH **LM** (Cb) Nr 6). Bewußtsein der Sittenwidrigk u Schädiggsabsicht sind nicht erforderl (BGH NJW **93**, 1588); es genügt, wenn der Handelnde die Tats kennt, aus denen sich die Sittenwidrigk ergibt (RG **161**, 233, BGH **LM** (Ca) Nr 1, NJW **88**, 1374). Dem steht es gleich, wenn er sich der Kenntn einer erhebl Tats bewußt od grob fahrl verschließt (BGH **10**, 233, **20**, 52, NJW **51**, 397). Zu dem obj Sittenverstoß muß also im persönl Verhalten hinzukommen, das dem Beteil zum Vorwurf gemacht w kann (BGH **LM** (Ba) Nr 2). Besteht der Sittenstoß im Verhalten ggü dem GeschPartner (Rn 24–39), braucht die Kenntn od grob fahrl Unkenntn der Tats, aus denen sich die Sittenwidrigk ergibt, nur bei dem sittenw Handelnden, nicht aber beim Teil gegeben zu sein (RG **120**, 149, BGH WM **66**, 496, **67**, 323, BGH **50**, 70). Bei einem sittenw Verhalten ggü der Allgemeinh od Dritten ist § 138 dagg nur anwendb, wenn alle Beteil subj sittenw handeln (BGH NJW **90**, 568, näher Rn 41).

9   **d) Maßgebender Beurteilungszeitpunkt. – aa)** Bei der Beurteilg der Sittenwidrigk ist auf die Verhältnisse im Ztpkt der Vornahme des RGesch abzustellen, nicht auf den des Eintritts der RWirkgen (BGH **7**, 111, **100**, 359, **107**, 96, NJW **89**, 1277). Ein Vertr wird nicht sittenw, wenn nachträgl ein Mißverhältn zw Leistg u Ggleistg entsteht (BGH NJW **93**, 3193, ZIP **95**, 1026). Ein gült SÜbereignsgVertr bleibt wirks, wenn nachträgl ein weiterer gg § 138 verstoßder Vertr geschl w (BGH **7**, 111). Umgekehrt ist ein zu marktübl Bdggen abgeschl KreditVertr nicht desh unwirks, weil ein fr zw den gleichen Part geschl KreditVertr sittenw ist (BGH **99**, 336, Rn 31). Auch bei **letztwilligen Verfügungen** sind die Verhältnisse im Ztpkt der Errichtg, nicht die im Ztpkt des Erbfalls maßgebd (BGH **20**, 71, str, aA Larenz AT § 22 III c). Will der Erbl seine sittenw Vfg später aus sittl nicht zu beanstandden Beweggründen bestätigen, muß er sie formgerecht wiederholen (BGH aaO, krit Johannsen WM **71**, 923). Führt eine bei ihrer Errichtg sittl unbedenkl Vfg wg einer grundlegden Änderg zu sittenw Auswirkgen, kann ihr der Einwand unzul RAusübg entgg gehalten w (BGH
10 aaO). – **bb) Wandel des sittlichen Maßstabes.** Die sich aus den guten Sitten ergebden Anfordergen unterliegen dem Wandel. Ändern können sich sowohl die GrdWertgen der RGemsch als auch die in den beteiligten VerkKreisen anerkannten moral Anschauungen. Bsp für einen derartigen Wandel sind die Rspr zum Verkauf von Arzt- u RAPraxen (Rn 60), zum Geliebtentestament (BGH **53**, 375), zu Vertr über Sterilisation (BGH **67**, 48, Rn 55), zu MietVertr mit Dirnen (BGH NJW **70**, 1179, Rn 52), zu Vertr über Bordelle (BGH **63**, 365, Rn 52) u zur Vermietg von Doppelzimmer an Nichtverheiratete (Rn 51). Maßgebd für die Beurteilg des RGesch sind grdsl die im Ztpkt seiner Vornahme herrschden Wertanschauungen (BGH NJW **83**, 2692, Rn 9). Ein zZ seiner Vornahme gült RGesch wird dch einen Wandel der sittl Wertmaßstäbe nicht nichtig, Umst- od BewertgsÄnd können aber eine Anwendg des § 242 (RMißbrauch,

Wegfall der GeschGrdl) rechtf (BGH **126**, 241, Medicus NJW **95**, 2579). Soweit die Rspr einen bereits fr vollzogenen Wandel der Wertvorstellgen ledigl feststellt, gilt sie aber auch für fr abgeschl Vertr (BGH NJW **83**, 2692, BVerfG NJW **84**, 2345). War das Gesch bei seiner Vornahme sittenw, wird es dch einen Wertgswandel nicht ipso jure gült (Staud–Dilcher Rn 18); es bedarf vielmehr einer Bestätigg (§ 141). Bei der Beurteilg der Wirksamk von **Testamenten** stellt die hM aber auf die sittl Maßstäbe im Ztpkt des Erbfalls ab (OLG Hamm OLGZ **79**, 427, MüKo/Mayer-Maly Rn 17, Erm-Brox Rn 52, Flume § 18 6, and aber wohl BGH **20**, 75).

e) § 138 gilt für **Rechtsgeschäfte jeder Art.** Er ist auch auf dingl RGesch anwendb (Soergel-Hefermehl **11** Rn 12, Einl 13 v § 854). Die Sittenwidrigk des GrdGesch hat aber nicht ohne weiteres die des wertneutralen abstr ErfGesch zur Folge (Rn 20). § 138 gilt auch für einseit RGesch wie Künd (Rn 91) od Rücktr, ferner für geschäftsähnl Hdlgen wie Mahng u FrSetzg. Seit Aufhebg der Sonderregel des TestG 48 II ist § 138 auch auf letztw Vfgen wieder anwendb (§ 1937 Rn 20). Bes Grds gelten im **Gesellschaftsrecht.** Auf BeitrErkl zu KapitalGesellsch findet § 138 im Interesse des VerkSchutzes keine Anwendg (Überbl 36 vor § 104). GesellschafterBeschl von KapitalGesellsch sind nur nichtig, wenn sie dch ihren Inh gg die guten Sitten verstoßen (AktG 241 Nr 4), der auch für die GmbH gilt (BGH **15**, 385). Sonst Mängel müssen iW der AnfKl geltd gemacht w. Ist der GesellschVertr einer PersonalGesellsch nichtig, findet idR die Grds über die fehlerh Gesellsch Anwendg (Einf 29 vor § 145). Nichtigk von Anfang an kommt im allg nur dann in Betr, wenn der GesellschZweck sittenw ist (BGH NJW **70**, 1540, DB **76**, 2106, Rn 85). Die Anwendg des § 138 w nicht dadch ausgeschl, daß das RGesch zugl eine **Prozeßhandlung** ist (BGH **16**, 390, ProzVergl). **Verwaltungs- 12 akte,** die gg die guten Sitten verstoßen, sind ebenf nichtig (VwVfG 44 II Nr 6). Entspr gilt für öffrechtl Vertr (VwVfG 59) u für einseit öffrechtl WillErkl, die keine VerwAkte darstellen (RG **134**, 167, JW **38**, 43).

f) **Verhältnis zu anderen Vorschriften. – aa)** § 134 ist nur anwendb, wenn das RGesch selbst gg ein **13** gesetzl Verbot verstößt (§ 134 Rn 1). And bei Vorn eines RGesch begangene RVerletzgen w von der Sanktion des § 134 nicht erfaßt, sie können aber zur Nichtigk gem § 138 führen. Verstößt ein RGesch gg rechtl Prinzipien od Wertgen, die keine VerbotsG iS des § 134 sind, ist uU § 138 anwendb; das gilt insb für RGesch, die gg WertEntsch des GG verstoßen (BGH NJW **72**, 1414, Rn 4). § 138 kann auch anwendb sein, wenn das RGesch selbst nicht verboten ist, die GeschPartner aber im ZusHang mit Abschl od Dchführg des Gesch gg Ges u Recht verstoßen (BGH **36**, 395, Schenkg in Verletzg der Pfl zur spars HaushFührg der öff Hand). Vgl Rn 43–45 (gemeinschw RGesch). Schließl ist § 138 u nicht § 134 maßgebd, wenn ein RGesch gg ein ausl Ges verstößt (§ 134 Rn 2). – **bb) §§ 157 u 242.** Bevor § 138 angewandt w, sind die §§ 157, 242 **14** heranzuziehen. Wo die Auslegg (§ 157) ergibt, daß ein RGesch entgg dem ersten Anschein die Schranken des sittl Erlaubten innehält, ist § 138 unanwendb. Auch soweit übermäß Beschrkgen gem § 242 auf ein vertretb Maß herabgesetzt w können (außerordentl KündR, Einwand unzul RAusübg), ist § 138 nicht anzuwenden (RG **152**, 254, BGH JZ **52**, 366, **LM** (B c) Nr 16, BayObLG NJW-RR **92**, 15). – **cc) § 123.** Ist **15** ein RGesch dch argl Täuschg od widerrechtl Drohg zustande gekommen, ist es nicht gem § 138 sittenw, sond gem § 123 ledigl anfechtb, nur wenn weitere Umst als die unzul Willensbeeinflussg hinzukommen, kann § 138 herangezogen w (RG **114**, 341, BGH **60**, 104, NJW **88**, 2601, **95**, 1428). Zielt der Vertr auf eine von den Part gemeinsch begangene Täuschg eines nicht anfberecht Dr ab, kann die Abs der Drittschädigg den Vertr sittenw machen (BGH NJW **88**, 903). – **dd) Gläubigeranfechtung.** Die Ausführgen zu Rn 15 **16** gelten entspr. § 138 ist nur anwendb, wenn außerh der AnfTatbestds liegde sittenw Umst hinzutreten (BGH **53**, 180, **56**, 355, NJW-RR **90**, 143, ZIP **93**, 603). – **ee) Inhaltskontrolle gem AGBG 9 ff:** Sie hat ggü einer Anwendg des § 138 den Vorrang. § 138 ist nur dann anwendb, wenn die IndVereinbg sittenw ist od gg die AGB Bedenken bestehen, die nicht in den Schutzbereich der AGBG 9 ff fallen (Vorbem 17 vor AGBG 8). – **ff) § 826.** §§ 138 u 826 haben unterschiedl Funktionen. § 138 versagt sittenw RGesch die rechtl **17** Anerkenng, § 826 knüpft an eine vorsätzl sittenw Schädig eine SchadErsPfl. In vielen Fällen, in denen § 138 anwendb ist, ist § 826 nicht erf (beiders Sittenverstoß, Fehlen eines SchädiggsVors); das gilt umgekehrt entspr (Schädigg dch eine nichtrechtsgeschäftl Hdlg). Eine Konkurrenz zw beiden Vorschr besteht idR, wenn ein RGesch wg eines sittenw Verhaltens ggü dem GeschPartner nichtig ist (Rn 24–38). Hier kann die Anwendg des § 826 dazu führen, daß dem Geschädigten die Vort des sittenw Gesch ganz oder teilw erhalten bleiben. – **gg) UWG, HausTWG.** Ein RGesch ist nicht schon deshalb gem § 138 I nichtig, weil es unter **18** Einfluß von sittenw Wettbew od unter Ausnutzg der bei HaustürGesch typw bestehdn Überrumpelgssituation zustandegekommen ist; nur wenn zusätzl sittenw Umst hinzutreten, ist § 138 anwendb (BGH **110**, 174, NJW-RR **95**, 242, beide zum UWG). Ein HaustürGesch ist sittenw, wenn ein unerfahrener Kunde zu einem für ihn ungünst, mit seinen Bedürfn od finanziellen Möglichk unvereinb Vertr überredet w, so zu einer Möbelbestellg für 20 000 DM (BGH ZIP **88**, 582) od ein 81jähr Hauseigtümer zu einem Fassadenanstrich für 14 000 DM (Ffm NJW-RR **88**, 501). An der Haustür geschlossene **Aussteueranschaffungsverträge** mit einer AnsparVerpfl verstoßen gg § 138, wenn der Kunde wg der Ungesicherth der Vorauszahlgen prakt das gesamte VertrRisiko trägt od wenn der Vertr ohne gehörige Aufkl mit einer gerade volljähr Gewordenen geschl w (BGH NJW **82**, 1455, 1457).

g) **Rechtsfolgen.** Das sittenw RGesch ist nichtig. – **aa)** Die Nichtigk erstreckt sich idR auf das RGesch **19** im ganzen (BGH NJW **89**, 26). Ausnw kann das RGesch gem § 139 ohne den sittenw Teil aufrechterhalten w, wenn dies dem mutmaßl PartWillen entspr (BGH **52**, 24, NJW **72**, 1459, WM **73**, 357). Vorausssetzg ist jedoch, daß sich der Sittenverstoß eindeut auf einen abtrennb Teil beschränkt u iü gg Inh u Zustandekommen des Vertr keine Bedenken bestehen (BGH NJW **79**, 1606, mit Hager Gesetzes- u sittenkonforme Auslegg u Aufrechterhaltg v RGesch, 1983, Roth JZ **89**, 411). Bsp für eine **Beschränkung der Nichtigkeit** u Teilaufrechterhaltg des RGesch sind: Zu lange Laufzeit beim BierbezugsVertr (BGH NJW **72**, 1459) u beim WettbewVerbot (BGH WuW/E BGH 2095, s aber Rn 106). Schuldanerkenntn, das neben sittenw auch abtrennb unbedenkl KausalGesch betrifft (BGH ZIP **87**, 519). Testament zG der Geliebten, soweit es nicht gg § 138 verstößt (BGH **52**, 23). Sittenw Recht zur Ausschließg eines Gesellschters, das sich auf das zeitl u sachl vertretb Maß beschränken läßt (BGH **105**, 220, **107**, 355). Sittenw Regelg (nur) der KontrollBefugn in einem KreditVertr (BGH NJW **93**, 1589). Ist das **Entgelt** sittenw überhöht, ist das RGesch im ganzen nichtig. Eine Aufrechterhaltg mit angem GgLeistg ist nicht mögl (BGH **44**, 162, **68**, 207; Ausn s Rn 75 f). Vertr, die mit dem sittenw im ZusHang stehen, können von der Nichtigk erfaßt w. Läßt

sich der Vertreter zum Nachteil des Vertretenen ein Schmiergeld versprechen, ist neben dieser Zusage auch der HauptVertr nichtig (BGH NJW **89**, 26), es sei denn, daß sich das Schmiergeld auf den Inh des Haupt-
20 Vertr nicht nachteil ausgewirkt hat (BGH NJW-RR **90**, 443). – **bb)** Das wertneutrale abstrakte **Verfügungsgeschäft** wird idR von der Sittenwidrigk des VerpflGesch nicht erfaßt (BGH NJW **90**, 384). And ist es, wenn die Unsittlichk gerade im Vollzug der Leistg liegt (BGH NJW **73**, 615, **85**, 3007, NJW-RR **92**, 594), so etwa bei SichsÜbereignen od Abtr, die gg § 138 verstoßen (BGH **19**, 18, **30**, 153). Im Fall des Wuchers erstreckt sich die Nichtigk auf die VfgsGesch des Bewucherten, nicht aber auf die des Wucherers
21 (Rn 75). – **cc)** Die Nichtigk ist **von Amts wegen** zu beachten. Sie kann von jedermann geltd gemacht w, auch von dem, der selbst sittenw gehandelt hat (BGH **27**, 180, **60**, 105, BAG NJW **76**, 1959). Bei einem einseit Sittenverstoß kann es aber **rechtsmißbräuchlich** sein, wenn der sittenw Handelnde sich zum Nachteil des and auf die Nichtigk beruft (BGH WM **57**, 1158, **72**, 488). Ausnweise kann § 242 der Geltdmachg der Nichtigk auch bei einem beiderseit Sittenverstoß entggstehen (BGH NJW **81**, 1439, BAG NJW **68**, 1648). Bei vollzogenen Arbeits- u GesellschVertr kann die NichtigkFolge des § 138 idR nur mit Wirkg
22 ex nunc geltd gemacht w (Einf 29 v § 145). – **dd)** Besteht der zur Nichtigk führde Sittenverstoß in einem Verhalten ggü dem GeschPartner, hat dieser idR keinen **Schadensersatzanspruch** aus § 826, zugl aber auch aus c.i.c. (BGH **99**, 106). Bei einem beiderseit Sittenverstoß bestehen keine SchadErsAnspr. Die Rückabwicklg erfolgt nach BereichergsR, jedoch steht dem Anspr aus § 812 vielfach § 817 S 2 entgg (s dort). Zum Wucher s Rn 75.

23 **h)** Die **Beweislast** für die obj u subj Voraussetzgen der Sittenwidrigk trägt derjenige, der sich auf die Nichtigk des RGesch beruft (BGH **53**, 379, **95**, 85, NJW **74**, 1821, **95**, 1429). Die Würdigg, ob das RGesch nach dem festgestellten Sachverhalt gg die guten Sitten verstößt, ist eine revisible **Rechtsfrage** (RG **128**, 95, BGH **LM** (Cd) Nr 2, NJW **91**, 354).

24 **2) Sittenwidriges Verhalten gegenüber dem Geschäftspartner. – a) Allgemeines.** Der Sittenverstoß kann in einem Verhalten ggü dem GeschPartner bestehen. Hierher gehört als wichtiger Sonderfall der in II geregelte Wucher. Aber auch § 138 I hat die Funktion, den Schwächeren gg wirtschaftl u intellektuelle Übermacht zu schützen (BGH NJW **81**, 1206), wenn es auch vielfach so liegt, daß mit den Interessen des GeschPartners zugl auch Allgemeininteressen geschützt werden. Zum Funktionskreis „Schutz des Geschäftspartners" gehört die Anwendg des § 138 I auf KnebelgsVertr, auf Vertr mit übermäß FreiheitsBeschränkgen, auf Vertr, die unter Ausnutzg von wirtschaftl Übermacht zustande gekommen sind, auf wucherähnl RGesch u auf Vertr, die den Schwächeren in eine ausweglose Lage bringen. Eine allg od überwiegd anerkannte Einteilg der sich überschneidden Fallgruppen hat sich nicht dchgesetzt. Hier werden zunächst nur die Probleme der Ratenkredite, der wucherähnl RGesch, der Vertr, die die finanzielle Leistgsfähigk des Schu überfordern, u der KnebelgsVertr behandelt. Vgl im übrigen die Einzelfälle in Rn 77 ff.

25 **b) Kreditverträge. – aa)** Sie können bei einer im Vergl zum Marktzins überhöhten Verzinsg sittenw u nichtig sein. § 138 II ist allerdings idR unanwendb, da sein subj TatbestdMerkmal (Ausbeutg einer Zwangslage usw) nicht erfüllt ist. Prüfgsmaßstab ist daher § 138 I. Aus ihm hat die Rspr den **Rechtsgrundsatz** entwickelt, daß der KreditVertr sittenw ist, wenn zw Leistg u GgLeistg ein auffäll Mißverhältn besteht u der KreditG die schwächere Lage des and Teils bewußt zu seinem Vorteil ausnutzt od sich leichtfertig der Erkenntn verschließt, daß der KreditN sich nur wg seiner schwächeren Lage auf die drückden Bdggen einläßt (BGH **80**, 160, NJW **95**, 1020, stRspr).

26 **bb) Vergleich zwischen Vertrags- und Marktzins.** Die vom KreditN geschuldeten Kreditgebühren sind in Anwendg des Tabellenwerks von Sievi-Gillardon in Zinsen umzurechnen (s § 246 Rn 7). Die **Vermittlungsprovision** ist beim VertrZins, nicht aber beim Marktzins in die Umrechng einzubeziehen, es sei denn, die Tätigk des Vermittlers lag vorwiegd im Interesse des KreditN (BGH NJW **87**, 181, NJW-RR **89**, 303) od die Bank wußte von der Vermittlg nichts (BGH WM **87**, 1331). Die Provision ist als laufzeitunabhäng Leistg zwar kein Zins im RSinne (§ 246 Rn 2), ist aber Teil des vom KreditN geschuldeten Gesamtentgelts (StGB 302 a I S 2) u mindert die Personal- u Werbeaufwendgen der Bank (BGH **80**, 166, NJW **88**, 1662). Als Marktzins kann der von der DBB ermittelte **Schwerpunktzins** (Tabelle in NJW **95**, 1074) – zuzügl 2,5% Bearbeitgsgebühr (BGH NJW **95**, 1019) – herangezogen w (BGH **80**, 163, **98**, 176, stRspr); die Teilzalbanken bilden keinen Sondermarkt (BGH **80**, 163, NJW **83**, 1421, fr sehr str). Auch wenn der Kredit als **Kontokorrentkredit** ausgegeben wird, kann der Schwerpunktzins als Vergleichszins herangezogen w (BGH NJW **91**, 832). Da die **Restschuldversicherung** beiden Part nützt, gehören ihre Kosten an sich zur Hälfte zu der vom KreditN zu erbringden Gesamtleistg (BGH **80**, 167). Sie müssen aber einschließl der auf sie entfallden Kreditkosten beim Vergl außer Betracht bleiben, da der Schwerpunktzins aus Krediten ohne eine derart Versicherg ermittelt w (BGH **99**, 336, NJW-RR **89**, 1322). Zwar kann die Prämie in einem zweiten Berechngsschritt mitberücksichtigt w, nachdem der Schwerpunktzins um eine entspr Prämie erhöht worden ist; eine solche Berechng verringert aber dchweg die Abweichg vom Marktzins u ist daher für die Anwendg des § 138 unergiebig (BGH NJW **82**, 2435). Bei einem **Zusatzkredit** sind dessen Kosten u die des weiterlaufenden Kredits mit denen einer neuen Kreditaufnahme über den GesBetrag zu vergleichen (BGH NJW **90**, 1599).

27 **cc) Auffälliges Mißverhältnis.** Es ist idR zu bejahen, wenn der VertrZins den marktübl Effektivzins relativ um 100% (BGH **104**, 105, **110**, 338, stRspr) od absolut um 12% übersteigt (BGH **110**, 338). Ist der Kredit währd einer Niedrigzinsphase (7–8%) langfrist ohne Zinsanpassgsklausel gewährt worden, tritt an die Stelle der 100% Grenze ein Richtwert von 110% (BGH NJW **91**, 834, Hamm NJW-RR **93**, 1326). Auch wenn die Grenzwerte von 100% oder 12% nicht erreicht sind, kann bei relativen Abweichgen zw 90 u 100%
28 eine **Gesamtwürdigung** aller Umst die Anwendg des § 138 I rechtf (BGH **104**, 105), so bei 91% (BGH NJW **82**, 2433), 92% (Ffm NJW-RR **93**, 879) od 96% (BGH NJW **87**, 183). Dabei kann zu Lasten der Bank berücksicht w, daß sie über die Höhe des effektiven Jahreszinses keine od unricht Angaben gemacht hat (BGH NJW **82**, 2437), daß die auf ihren Vorschlag abgeschlossene Restschuldversicherg überteuert ist (Emmerich JuS **88**, 927), daß die Verzugsregel den KreditN übermäß belastet, aber nur bei einer hohen Wahrscheinlichk dafür, daß der Verzugsfall eintreten wird (BGH NJW **82**, 2436, NJW-RR **89**, 1320), daß

für den Fall einer unricht SelbstAusk eine offensichtl unangem Regelg vorgesehen ist (BGH NJW **80**, 2078), daß die AGB sonst unangem Regelgen enthalten (BGH NJW **83**, 1421), daß die Übergangsbeihilfe eines Zeitsoldaten im Vertr in Form einer Ballonrate verplant worden ist (Karlsr NJW-RR **87**, 299, aA BGH NJW **89**, 829), daß dch Ablösg eines fr Kredits Umschuldgsnachteile entstanden sind (BGH NJW **88**, 818, NJW-RR **91**, 502). Ist der KreditNeh Vollkaufm, führen Verstöße gg das AGBG aber ledigl zur Nichtigk der betreffen Klausel; bei der Prüfg des § 138 bleiben sie außer Betracht (BGH NJW **80**, 446, Hamm BB **83**, 404). Wg der bes Kosten- u Risikostruktur der Teilzahlgsbanken **abzulehnen** ist die Tendenz, die Wucher- 29 grenze noch **weiter abzusenken**. § 138 I ist daher (idR) unanwendb, wenn der Marktzins um 80,5% (BGH **99**, 336), um 81,8% (BGH NJW **88**, 1662), um 87,6% (BGH NJW **89**, 829) od um 88% (Düss NJW-RR **87**, 1335) überschritten w. Auch bei langer Laufzeit (180 Mo) führt eine Abweichg von 46% nicht zur Nichtigk des Vertr (Hamm WM **92**, 483).

dd) Subjektiver Tatbestand. Ist der KreditVertr gem Rn 27 ff obj sittenw, ist auch der subj Tatbestd – 30 vorsätzl od grob fahrläss Ausnutzg der schwächeren Lage des Kunden (Rn 25) – bei Vertr zw einem gewerbl KreditG u einem Verbraucher idR erfüllt (BGH **98**, 178, NJW **95**, 1022). Diese tats Vermutg gilt aber nicht, wenn der KreditN Kaufm od selbst Freiberufler ist (BGH NJW **91**, 1810, **95**, 1022).

ee) Bei **Kettenverträgen** kann sich die Sittenwidrigk des FolgeVertr daraus ergeben, daß die Zinsen des 31 abgelösten Vertr wesentl niedriger od die Kosten der Umschuldg bes hoch waren (BGH NJW **88**, 818, Stgt NJW-RR **88**, 427). Dagg führt die Sittenwidrigk des fr Vertr, insbes bei externer Umschuldg, nicht zur Nichtigk des FolgeVertr (BGH NJW **90**, 1597). Bei interner Umschuldg kann sich die Sittenwidrigk des neuen Vertr ausnahmsw daraus ergeben, daß der KreditGeb in Kenntn der Nichtigk des ErstVertr die Sicherg des unberecht Gewinns erstrebt hat od die Bdggen des neuen Vertr schon bei isolierter Betrachtg der krit Grenze nahe kommen (BGH **99**, 336, NJW-RR **87**, 679, Köln NJW-RR **91**, 1457). Aus dem neuen Vertr stehen dem KreditGeb bei **interner** Umschuldg nur die Anspr zu, die ihm bei Berücksichtigg der Nichtigk des fr Vertr billigerw eingeräumt worden wären (BGH aaO u NJW-RR **88**, 363). Die Kreditsumme des neuen Vertr wird daher um den GgAnspr gekürzt, der dem KreditNeh wg der Zuvielzahlgen aGrd des sittenw u nichtigen fr Vertr zustanden (vgl das BerechngsBsp in der 53. Aufl).

ff) Andere Kreditverträge. Auf GelegenhKredite von **nicht gewerbsmäßigen** DarlGeb finden die in 32 Rn 25 ff dargestellten Grds keine Anwendg; nicht übertragb sind insb die 100% Grenze u die Vermutg gem Rn 30 (BGH NJW-RR **90**, 1199). Auch wenn der Kreditnehmer das Darl von 72 000 DM nach 6 Wo in Höhe von 90 000 DM zurückzahlen soll, kann bei einem risikoreichen GelegenhDarl ein Verstoß gg § 138 entfallen (BGH NJW **94**, 1056). Die Grds der Rn 25 ff können aber bis auf die Vermutg gem Rn 30 entspr herangezogen w, wenn ein Kreditinstitut einen **gewerblichen** Kredit ausgibt (BGH NJW **91**, 1810). Für die Vermittlgsprovision gilt Rn 26, wenn KreditGeb u Vermittler ständ zusarbeiten. Auf and **Arten** des gewerbsmäß angebotenen **Konsumentenkredits** können die Rn 25 ff gleichf entspr angewendet w, jedoch muß die bes Risikostruktur jedes Vertr berücksichtigt w. Zu prüfen ist jeweils, ob nicht in Wahrh ein normaler, ledigl anders bezeichneter Ratenkredit vorliegt, so idR beim **Kontokorrentkredit** u ähnl Krediten, etwa beim „Idealkredit" (BGH NJW **91**, 833, Hamm NJW-RR **88**, 937, Köln WM **92**, 435), „Vario-Kredit" (LG Dortm NJW **88**, 269), Scheckrahmenkredit (LG Brem NJW-RR **89**, 171). Bes zu beurteilen sind die mit einer **Lebensversicherung** kombinierten RatenkreditVertr (BGH **111**, 119, NJW **88**, 1319, Reifner ZIP **88**, 817, Kohte JZ **91**, 149). Beim Vergl von Leistg u GgLeistg müssen die VersPrämie, aber auch die Vorteile aus der Vers (Gewinnbeteiligg, etwa entstehde SteuerErsparn) berücksichtigt w (BGH aaO, str, s auch § 276 Rn 31); diese sind aber vom DarlGeb konkret darzulegen (Celle NJW-RR **89**, 1134). Auch Darl zur Vorfinanzierg des Anspr auf **Lohnsteuerrückzahlung** sind sittenw, wenn die Verzinsg den Marktzins um 100% od mehr übersteigt (AG Kamen NJW **91**, 1065, AG Reutlingen NJW-RR **91**, 1267).

gg) Leasingverträge. Sie sind idR sittenw, wenn die geschuldeten LeasRaten die übl um 100% oder 33 mehr übersteigen (BGH NJW **95**, 1020). Ist das übl Entgelt mangels aussagekräft VerglVertr nicht feststellb, sind die LeasRaten entspr Rn 25 ff mit dem Schwerpunktzins der DBB zu vergleichen; der Vertr ist idR sittenw, wenn die LeasRaten relativ um 100% od absolut um 12% od mehr höher sind als der übl Effektivzins (BGH aaO). Zusätzl Aufwendgen des LeasG (Gewerbesteuer, höhere Refinanziergskosten) sind zu berücksichtigen, ebso steuerl Vorteile des LeasN (BGH aaO). Kommt nach der Restwertklausel ein Mehrerlös dem LeasG zugute, so begründet das nicht die Sittenwidrigk des LeasVertr (BGH NJW **95**, 1148), kann aber bei der Gesamtwürdigg nach Rn 28 ins Gewicht fallen.

c) Andere wucherähnliche Rechtsgeschäfte. – aa) Auch and als KreditVertr können gem § 138 I als 34 wucherähnl RGesch nichtig sein. Sind die Voraussetzgen des II nicht voll erfüllt, darf aber aus dem Vorliegen des einen od and Wuchermerkmals nicht ow auf die Sittenwidrigk des RGesch geschlossen w. Insbes führt ein auffälliges MißVerh zw Leistg u GgLeistg nicht allein zur Nichtigk; hinzutreten müssen vielmehr weitere sittenw Umst, etwa eine verwerfl Gesing (BGH **80**, 156, NJW **57**, 1274). Ist das obj wucherische Gesch dadch zustande gekommen, daß der wirtschaftl od intellektuell Überlegene die **schwächere Lage** des and Teils bewußt zu seinem Vorteil ausgenutzt hat, ist § 138 I anwendb (BGH NJW **80**, 446, 1156). Dem steht es gleich, wenn sich der sittenw Handelnde leichtfertig der Erkenntn verschließt, daß der and sich nur wg seiner schwächeren Lage auf den ungünst Vertr einläßt (BGH aaO, BAG NJW **85**, 2661). Bei einem **besonders groben Mißverhältnis** zw Leistg u GgLeistg kann idR eine verwerfl Gesing bejaht u § 138 daher angewandt w (RG **150**, 6, BGH WM **66**, 835, NJW **79**, 758, BAG NJW **85**, 2661). Es kann angenommen w, wenn der Wert der Leistg den der GgLeistg um mehr als 200% übersteigt (s BGH NJW-RR **90**, 1199), handelt es sich, etwa bei einem GrdstKauf, um hohe absolute Beträge, genügen auch prozentual geringe Abweichgen, so etwa eine Wertrelation von 80 000 DM zu 42 500 DM (BGH NJW **92**, 899), von 138 000 DM zu 64 480 DM (BGH NJW-RR **90**, 950) 300 000 DM zu 126 000 DM (BGH NJW-RR **93**, 199) od von 400 000 DM zu 220 000 DM (BGH NJW-RR **91**, 589). Der Verkauf von EigtWo im Time-Sharing-Modell kann sittenw sein, wenn der insges erzielte Preis das 7–10-fache des Preises für normale EigtWo ausmacht (BGH NJW **94**, 1346, LG Duisbg NJW-RR **95**, 884). Nichtig ist auch der PachtVertr über Gewerberäume, wenn die Pacht die angem um 145% übersteigt (Stgt NJW-RR **93**, 654), u der Vertr über den Aufbau einer PartnerschVermittlg, wenn nach seinem Inh für wertloses Adressenmaterial 9120 DM zu zahlen sind (Celle NJW-RR **88**, 1516). Beruht ein obj wucherisches Gesch auf der Ausnutzg einer Monopolstellg, ist § 138 anwendb, ohne daß es der Feststellg einer verwerfl Gesinng bedarf (BGH **LM** (Cc) Nr 4). –

35   **bb)** Kommt ein RGesch unter **Ausnutzung einer Zwangslage** (der Unerfahrenh, des mangelnden Urt-Vermögens od einer erhebl Willensschwäche s Rn 34 ff) zustande, fehlt aber ein auffälliges Mißverhältn zw Leistg u GgLeistg, kann § 138 I bei Hinzutreten weiterer sittenw Umst anwendb sein, so etwa bei Ausbeutg der Geistesschwäche des and Teils zur Erlangg außergewöhnl Vorteile (RG **72**, 68) od der Ausnutzg einer psych Zwangslage zu einer Erbeinsetzg (BGH **50**, 71) od Schenkg (BGH FamRZ **90**, 1344). Es ist aber nicht ow sittenw, die Hilfestellg in einer Notlage von einer angem Vergütg abhäng zu machen (s BGH **69**, 299).

36   **d) Überforderung des Schuldners. – aa)** PrivAutonomie bedeutet nicht nur Selbstbestimmg, sond auch Selbstverantwortg. Der Schu hat grdsl selbst zu prüfen u zu entscheiden, wo die Grenzen seiner Leistgsfähigk liegen. Die Tats, daß eine Verpflichtg das Leistgsvermögen des Schu überfordert, ist daher nicht ow ein NichtigkGrd. Wie § 306 ergibt, ist auch die auf eine subj unmögl Leistg gerichtete Verpflichtg idR wirks. Sind die vom Schu zu leistden Zahlgen höher als sein **pfändbares Einkommen,** so rechtfertigt das nicht die Anwendung von § 138 (BGH NJW **89**, 1666, Celle NJW-RR **89**, 1135, Gaßner NJW **88**, 1131, aA LG Münster NJW **90**, 1669). Die PfändgsschutzVorschr schützen vor VollstrZugriffen, beschränken

37   aber nicht die Verpfl- u VfgsFreih des Schu. – **bb) Bürgschaft oder Schuldmitübernahme durch Angehörige mit unzulänglichem Einkommen und Vermögen.** Die von den ZivGer, insbes vom IX. ZivSenat des BGH, bis 1993 für diese Fallgruppe entwickelten Beurteilgskriterien (hier 53. Aufl) bedürfen wg der GrdsEntsch des BVerfG (NJW **94**, 36) einer Korrektur (Honsell NJW **94**, 565, Pape ZIP **94**, 515). Das BVerfG verpflichtet die ZivGer wg der strukturell ungleichen VhdlgsStärke der Part u der ungewöhnl starken Belastg des Bü od Schuldübernehmers zu einer InhKontrolle. Diese ist hier aber nicht iS einer über den Rahmen des § 138 hinausgehenden AngemessenhKontrolle zu verstehen; sie hat systemkonform dch eine strengere Anwendg des § 138 (BGH **125**, 207, NJW **94**, 1341) u dch eine Erweiterg der Prüfgs- u AufklPflten des Gläub (§ 276 Rn 85) zu erfolgen. Dabei stehen Part einer nichtehel LebensGemsch Eheg gleich

38   (Zweibr NJW-RR **94**, 433). **Sittenwidrig** ist eine Bürgsch (Schuldmitübernahme), wenn ein besonders grobes Mißverhältn zw dem Verpflichtgsumfang u der LeistgsFgk des Bü besteht u dieser aus GeschUnerfahrenh ohne wesentl Eigeninteresse gehandelt hat (BGH **125**, 207), so bei einem Kredit von 425000 DM u einem Einkommen des Bürgen (Lebenspartnerin) von 1500 DM (Köln BB **95**, 1608). Auch wenn dieses bes grobe Mißverhältn fehlt, ist § 138 anwendb, wenn der Bü sich in einem Umfang verpflichtet, der seine im Ztpkt des VertrSchlusses bestehden od zu erwartden Eink- u VermVerhältn weit übersteigt, u wenn weitere dem Gläub zurechenb u den Bü erhebl belastde Umst hinzutreten (BGH NJW **95**, 1887), so die Veranlassg der BürgschÜbernahme dch die Eltern in Verletzg der familienrechtl Pfl zur Rücksnahme (§ 1618a) u Kenntn od grob fahrläss Unkenntn der Bank von diesem Sachverhalt (BGH **125**, 207, NJW **94**, 1341), die Verharmlosg der Tragweite od des Risikos der Verpflichtg dch einen Angestellten der Bank (BGH NJW **94**, 1341), die Überrumpelg des Angeh od die Ausnutzg einer seelischen Zwangslage (BGH **120**, 277), das Abbedingen von bürgschaftsrechtl SchutzVorschr (Köln NJW **94**, 2555), das Fehlen einer betragsmäß Begrenzg od eine bereits bestehde hoffnglose Überschuld des HauptSchu (s Ffm NJW-RR **92**, 1009). Steht die Mitverpflichtg der geschunerfahrenen **Ehefrau** in einem auffäll Mißverhältn zu ihrer LeistgsFgk, so besteht die Vermutg, daß sie sich nur aufgrd ihrer schwächeren VhdlgsPosition auf den Schuldbeitritt eingelassen hat u ihre Unterlegenh von seiten der Bank ausgenutzt worden ist (BGH NJW **94**, 1726); so vor allem, wenn die Ehefr eine der dtschen Sprache kaum mächtige Ausl ist (Celle BB **95**, 219). Sittenw ist die Mitverpflichtg einer geschunerfahrenen, einkommens- u vermögenslosen Ehefrau für einen UnternKredit, wenn die Bank diese zusätzl Sicherh in Ausnutzg der ehelichen Hilfsbereitsch der am Untern nicht beteiligten Ehefrau verlangt hat (Kblz NJW-RR **94**, 682). Ands kann **gegen die Anwendung des § 138** sprechen, daß es sich um einen nicht übermäßig hohen Kredit zur Finanzierg von Anschaffgen („AlltagsGesch") handelt (BVerfG NJW **94**, 36, Kblz WM **95**, 1186: 30000 DM), daß die KreditAufn auf einem gemeins Entschl der Eheg beruht (Hbg FamRZ **93**, 957) od der Ablösg eines Kredits dient, für den der Part mithaftet (Düss WM **95**, 1530), daß die Bü eine erfahrene Industriekauffrau ist (Karlsr NJW-RR **95**, 434), daß der Mitverpflichtete über die Kreditsumme mitverfügen konnte od aus ihrer Verwendg unmittelb Vorteile hatte (BGH NJW **93**, 322). Die Mitverpflichtg ist nicht sittenw, wenn der einkommens- u vermögenslose Angeh sich an dem risikoreichen Projekt beteiligt, um erhebl Gewinne zu machen (BGH NJW **94**, 1280) od wenn die Höhe der Verpflichtg auf das etwa zu erwartde zukünft Einkommen der Angeh abgestimmt ist (BGH NJW **94**, 1728). Hat die Mitverpflichtg den Zweck, der Gefahr von **Vermögensverschiebungen** entggzuwirken, so ist das kein für die Sittenwidrigk sprechder Umst (BGH NJW **95**, 593, aA BGH **120**, 278); hat sich die Gefahr nicht verwirklicht, kann der Gläub aber wg Wegfalls der GeschGrdl aus der Verpflichtg keine Rechte mehr herleiten (s BGH NJW **95**, 593, u § 242 Rn 156).

39   **e) Knebelungsverträge,** die die wirtschaftl Freih des and Teils so sehr beschränken, daß dieser seine freie Selbstbestimmg verliert, sind sittenw (BGH **44**, 161, **83**, 316, NJW **62**, 102, **93**, 1588). Eine Schädiggsabsicht ist nicht erforderl (RG JW **19**, 443); entscheidd ist der obj Umfang der auferlegten Beschränkgen. Allerdings ist nicht jede Einschränkg der wirtschaftl EntscheidgsFreih sittenw (BGH **LM** (Bc) Nr 13): Die einseitig Verpflichtg zum Erwerb eines Grdst ist idR wirks (BGH aaO), ebso die Ankaufsverpflichtg in einem ErbbauRVertr (BGH **68**, 1, **75**, 15, ErbbRVO 2 Rn 4). Ein Vertr verstößt aber dann gg die guten Sitten, wenn die wirtschaftl HdlgsFreih im ganzen od in wesentl Teilen gelähmt w (RG **130**, 145, BGH **19**, 18). Sittenw wg Knebelg können sein: UnternPachtVertr (BGH WM **76**, 181). MietVertr über Gewerberäume (Hamm BB **70**, 374). Finanziergs- u SichergsVertr (BGH **19**, 18, NJW **62**, 102). TrHandVertr (BGH **44**, 158, NJW **67**, 1043). Vertr zw Mineralölkonzern u Tankstellenbetreiber, wenn dieser prakt nur mit Zustimmg des Konzerns beendet w kann (BGH **83**, 315). VerlagsVertr, der dem Verleger ein OptionsR für alle künft Werke des Autors einräumt (BGH **22**, 354). Vgl auch Rn 79 (ArbVertr), Rn 93 (Macht- u Monopolstellg) u Rn 97 (SichergsVertr).

40   **3) Sittenwidriges Verhalten gegenüber der Allgemeinheit oder Dritten. – a) Allgemeines. – aa)** Ergibt sich der Sittenverstoß nicht bereits aus dem Inh des RGesch (Rn 7), sond seinem GesCharakter,

ist § 138 bei einer Verletzg von Interessen der Allgemeinh od Dr grdsl nur anwendb, wenn **alle Beteiligten sittenwidrig** handeln (RG **140**, 190, BGH WM **66**, 495, NJW **90**, 568), dh die Tats, die die Sittenwidrigk begründen, kennen od sich ihrer Kenntn grob fahrläss verschließen (BGH NJW **90**, 568, **92**, 310); der gute Glaube eines Beteiligten kann unerhebl sein, wenn die and ihn für vollständ informiert hielten (BGH NJW-RR **90**, 751). Die bloße Kenntn des unsittl BewegGrds des and Teils genügt idR nicht, hinzukommen muß die Billigg, Förderg od Ausnutzg der sittenw Abs des and (RG **71**, 194, JW **31**, 929; BGH DB **71**, 39). –
bb) Die hierher gehörenden Fälle betreffen unterschiedl Sozialbereiche u Schutzzwecke, liegen zT auch so, **41** daß zugl der GeschPartner schutzbedürft ist. Eine allg od auch nur überwiegd anerkannte Einteilg von **Fallgruppen** hat sich nicht dchgesetzt. Hier werden zunächst nur Verstöße gg die GemeinschOrdng, gg die Ehe- u FamOrdnng, gg die Sexualmoral, RGesch, die eine mißbilligte Kommerzialisierg zum Ggst haben, sowie standeswidr u drittschädigde RGesch behandelt. Vgl im übrigen die Einzelfälle in Rn 77 ff.

b) Gemeinschaftswidrige Rechtsgeschäfte. – aa) RGesch, die gg wichtige rechtl geschützte Belange der **42** Allgemeinh verstoßen, können sittenw sein (Soergel-Hefermehl Rn 195). Neben § 134 hat auch § 138 die Funktion, die Einhaltg der ROrdng zu sichern. Vertr, die der Vorbereitg, Förderg od Ausnutzg **strafbarer Handlungen** dienen, sind daher sittenw (BGH NJW-RR **90**, 1522), so der Vertr, der zur Vornahme einer strafb Hdlg verpflichtet (BGH NJW **95**, 2027), der Verkauf von Diebesgut, wenn der Erwerber grob fahrläss handelt (BGH NJW **92**, 310), der Kauf von wertlosen Aktien zur Vorbereitg eines Betrugs (BGH DB **71**, 39), and RGesch zur Verwirklichg eines Betrugsplans (BGH NJW-RR **90**, 1522), wohl auch der KaufVertr über ein Radarwarngerät (AG Bln NJW **95**, 2173), der Vertr zur Förderg des gewerbsmäß Schmuggels (RG **96**, 283), jedoch wird vielf bereits § 134 eingreifen (dort Rn 23). Nichtig sind auch die auf **Bestechung** abzielen **43** Vertr (RG Gruch **70**, 546), u zwar auch dann, wenn ein ausl Staatsbediensteter bestochen w soll (BGH NJW **85**, 2406, Hbg NJW **92**, 635). Dagg ist § 138 unanwendb, wenn das Verhalten des VertrPartners nicht als Unterstützg der strafb Hdlg gewertet w kann. So kann es liegen, wenn der Käufer das Schiff zum Schmuggel benutzen will u der Verkäufer hiervon weiß (RG JW **31**, 928) od wenn ein WerbeVertr für eine Veranstaltg geschlossen w, die nach dem UWG unzul ist (Hamm GRUR **88**, 564). Unschädl ist es auch, wenn der and Teil erst nach VertrSchl von der strafb Hdlg erfährt (BGH NJW **55**, 586). Die Übernahme von Geldstrafen, die nicht mehr als Strafvereitelg strafb ist (BGH NJW **91**, 990), ist wg Rn 6 auch nach § 138 nicht zu beanstanden (Kapp NJW **92**, 2797). Sittenw ist dagg der Vertr zw Mandant u RA über die Anlage von Mandantengelder, die dieser in Wahrheit schon veruntreut hat (BGH **LM** (Cf) Nr 11). Auch wenn es nicht um strafb Verhalten geht, kann § 138 anwendb sein, so bei einer wertvollen Schenkg unter offensichtl Verletzg von **Haushaltsvorschriften** (BGH **36**, 398), bei einem Vertr, der den Ertrag einer Sammlg in Verletzg des landesrechtl **Sammlungsgesetzes** zu 90% dem dchführden Untern u nur zu 10% der gemeinnütz Organisation zuweist (Hamm NJW-RR **95**, 1010), od bei Vertr über die **Täuschung von Behörden** zur Erlangg von rechtsw Vorteilen (BGH NJW **85**, 2953, NJW-RR **92**, 949). Die Täuschg ausl Beh rechtf die Anwendg des § 138 zumindest dann, wenn auch dtsche Interessen berührt w (BGH **34**, 177, NJW **62**, 1436). – **bb)** Vertr, die mit **44** einer **Steuerhinterziehung** verbunden sind, verstoßen nur dann gg § 138, wenn diese den Hauptzweck des Vertr darstellt (BGH **14**, 31, DNotZ **69**, 350, § 134 Rn 23). Der GrdstKaufVertr, der den KaufPr zur Steuerhinterziehg zu niedrig angibt, ist sittenw (RG **107**, 364, BGH NJW **66**, 588). Dagg ist ein OR (Ohne-Rechng)-Gesch iZw im ganzen unwirks, da nicht festgestellt w kann, daß der Vertrag ohne die OR-Abrede zum gleichen Pr abgeschlossen worden wäre (BGH **LM** § 134 Nr 57). – **cc) Umweltbezogene 45 Sittenwidrigkeit.** Zu den dch § 138 geschützten Werten gehören auch die natürlichen LebensGrdl einschließl derer künft Generationen (K. Meier Ökologische Aspekte des SchuldVertrR 1995, 96 ff). RGesch, die auf eine Umweltschädig abzielen, können daher sittenw sein. Soweit das öffR die beabsichtigte Maßn zuläßt, ist § 138 aber unanwendb, auch wenn sie von der öff Meing als umweltschädl abgelehnt w (Rn 6).

c) Ehe- und Familienordnung. – aa) Vereinbgen, die gg das **Wesen der Ehe** verstoßen, sind sittenw. **46** Gem § 138 **nichtig** sind daher: Vereinbg eines Entgelts od eines Darl für das Eingehen einer Scheinehe (Düss FamRZ **83**, 1023). Eheversprechen eines Verheirateten (Karlsr NJW **88**, 3023) od eines bereits Verlobten (RG **105**, 245, BayObLG NJW **83**, 831). Vereinbg über ein dauerndes Recht zum Getrenntleben (Düss FamRZ **81**, 545). VertrStrafVersprechen zur Sicherg ehegemäß Verhaltens (RG **158**, 300). Vereinb über den Ausschluß der Scheidg (BGH **97**, 304, aA Hattenhauer FamRZ **89**, 232) od über die Geltg des Schuldprinzips (Herb FamRZ **88**, 123). Vereinbg, daß iF der Scheidg ein Betrag in existenzvernichtder Höhe zu zahlen ist (Hamm FamRZ **91**, 443). Dagg sind **wirksam:** Verzicht auf ein entstandenes ScheidgsR (BGH **97**, 304). Verpflichtg zur Zahlg einer Abfindg von 100 000 DM iF der Scheidg, wenn diese eine angem wirtschaftl Sicherg darstellt u die Grenzen der LeistgsFgk des Ehem nicht überschreitet (BGH NJW **90**, 703).

bb) Scheidungsfolgen. Vereinbgen über den ZugewinnAusgl (§ 1363 Rn 4) u den Unterh (§ 1585 c) sind **47** grdsl zul; sie können auch schon vor der Eheschließg getroffen w (BGH NJW **92**, 3164) u auch den Anspr aus § 1570 einbeziehen (BGH NJW **91**, 913). Abreden über den VersorggsAusgl sind aber nur in den Grenzen der §§ 1408 II, 1587 o wirks (s dort). Der Geltdmachg eines **Verzichts auf Unterhalt** kann § 242 entgegstehen, insbes wenn nach dem Verzicht ein Kind geboren worden ist (BGH **85**, 1833, **91**, 914, **92**, 3164). Sittenw ist der UnterhVerzicht zu Lasten des Sozialhilfeträgers od and Dritter, es sei denn, daß bes Grde den Verz rechtf od der Eintritt der Hilfsbedürftigk nicht voraussehb war (BGH **86**, 86, Hamm NJW-RR **89**, 1414, Köln FamRZ **90**, 634, Kblz FamRZ **95**, 171, § 1585 c Rn 9). Es ist aber dogmat nicht mögl, die Nichtigk auf die Zeit zu beschränken, währd der sich der Verzicht zu Lasten des Dr auswirkt (aA BSG NJW-RR **94**, 1346). Auch der Verz auf ZugewinnAusgl u den PflichtT ist sittenw, wenn er den Zweck hat, Sozialhilfe in Anspr zu nehmen (VGH Mannheim NJW **93**, 2953). Tritt ein Dr (Ehestörer/künft Eheg) der UnterhPfl bei, so ist das idR nicht zu beanstanden; § 138 kann jedoch anwendb sein, wenn die UnterhRente von Anfang an die wirtschaftl LeistgsFähigk des Ehem deutl übersteigt (BGH **LM** (Cd) Nr 8). Sittenw ist ein GesVerzicht, in dem die Ehefr nach 25 jähr Ehe auf Unterh, Zugewinn- u VersorggsAusgl u ihre Hälfte am gemeins Haus verzichtet (Karlsr NJW-RR **91**, 452). Unwirks ist eine Vereinbg, die die Freizügigk des geschiedenen Eheg beschränkt (BGH NJW **72**, 1414, krit Schwabe NJW **73**, 229).

cc) Eltern-Kind-Verhältnis. Vertr, die das durch GG 6 geschützte Eltern-Kind-Verhältn mißachten, **48** sind sittenw. Gem § 138 **nichtig** sind daher: Entgeltl Vereinbg zw Vater u Mu, die nichtehel Vatersch zu verschweigen u den UnterhAnspr des Kindes nicht geltd zu machen (Düss DAV **67**, 287). IdR Verpflichtg der Mu, den Vater von UnterhAnspr des gemeins nichtehel Kindes freizuhalten (Hamm FamRZ **77**, 556). Entgeltl Gesch über die EhelichkAnf (Celle NdsRpfl **62**, 188). **Wirksam** ist aber die Vereinbg, in der der Erzeuger die UnterhPfl für das scheinehel Kind übernimmt (BGH **46**, 56, KG FamRZ **74**, 449). Der **Leihmuttervertrag,** dessen Vermittlg AdVermiG 13a–d nunmehr ausdr verbietet (Lüderitz NJW **90**, 1633), ist sittenw (Hamm NJW **86**, 781, LG Freibg NJW **87**, 1488, Kollhosser JZ **86**, 446, AK/Damm Rn 206); and, wenn die biologische GroßMu sich als LeihMu zur Vfg stellt (Vieweg FS Stree/Wessels, 1993, 991). RGesch über eine **heterologe Insemination** verstoßen grdsl gg § 138. Sie sind nur wirks, wenn das Recht des Kindes auf Kenntn der eig Abstammg (BVerfG NJW **88**, 3010, Rn 2 v § 1591) gewährleistet ist u mögl Konflikte zw genetischer u sozialer Elternsch (BGH **87**, 169ff) ausgeräumt w (s AK/Damm Rn 203). Die Vereinbg, nach der ein Elternteil die **elterliche Sorge** übernimmt u den and von UnterhAnspr des Kindes freistellt, ist, wenn sie mit dem Kindeswohl vereinb ist, wirks (BGH NJW **86**, 1168, Stgt NJW-RR **93**, 134). Dagg verstößt es gg § 138, wenn der Verzicht auf das UmgangsR u die Freistellg von der UnterhPfl in ein GgseitigkVerhältn gebracht w (BGH NJW **84**, 1952, Hbg FamRZ **84**, 1223). And liegt es aber, wenn der Ausschluß des UmgangsR dem Kindeswohl entspr (Ffm FamRZ **86**, 596).

49 **dd) Zurücksetzung von Angehörigen, Sittenwidrigkeit von Verfügungen von Todes wegen. (1)** Die Vfgsfreih des Eigtümers u seine TestierFreih werden dch das Bestehen familiärer Bindgen grdsl nicht beschränkt. Der Eigtümer kann über sein Eigtum nach seinem Belieben dch RGesch unter Lebden od Vfg vTw verfügen. Schranken ergeben sich aus dem PflichtTR (§§ 2303ff), uU aus RGesch, etwa rechtsbezügl od vertragsmäß Vfgen vTw, aber grdsl nicht aus § 138 (BGH **53**, 374; **111**, 39). Ein Vertr, dch den die Eltern ihr gesamtes Vermögen einem Kind unter Übergeh der and Abkömmlinge zuwenden, ist nicht sittenw (BGH **LM** (Cd) Nr 19). Es verstößt auch nicht gg § 138, wenn der Erbl unter Übergeh von Frau u Kindern einen Freund (BayObLG NJW **90**, 2056, FamRZ **92**, 227) od ein nichtehel Kind (Hamm OLGZ **79**, 425) zum Alleinerben einsetzt. Die Übergehg von Frau u Kindern zG eines Freundes ist auch dann nicht sittenw, wenn wesentl Teile des Nachl aus Zuwendgen der Ehefrau herrühren (BayObLG FamRZ **86**, 1248 mit krit Anm Bosch). Hat ein Erbl in der fr DDR sein Vermögen ausschließl seinen in der DDR lebden gesetzl Erben zugewendet, um das Vermögen vor einem staatl Zugriff zu bewahren, so verstößt das nicht gg § 138 (Düss WM **68**, 811). Erst recht ist § 138 unanwendb, wenn die Schwester zG des Stiefsohnes übergangen w (KG DR **39**, 1389) od wenn der Erbl eine um ihn verdiente Pers nicht bedenkt (BayObLG FamRZ **84**, 1153). Dagg kann ein Verstoß gg § 138 zu bejahen sein, wenn der Erbl einen nicht zu billigden **Druck** auf die EntschließgsFreih od and Rechte des Bedachten ausübt, in dem er dessen Erbeinsetzg von einer Konversion (RG SeuffA **69** Nr 48), von seiner Ehelosigk (Rostock SeuffA **49** Nr 4) od seiner Priesterweihe (BayObLG SeuffA **50** Nr 94) abhäng macht. Erbrechtl Nachteile wg der Zugehörigk zur Scientology Church od Sekten, die unter religiöser Tarng wirtschaftl Gesch betreiben, verstoßen dagg nicht gg § 138 (Düss NJW **88**, 2615, krit Smid **50** NJW **90**, 409). **(2) Zuwendungen an Geliebte.** In ihrer Beurteilg ist seit 1970 ein inzw allg anerkannter Beurteilgswandel eingetreten. Vfgen vTw u Zuwendgen dch RGesch unter Lebden sind nicht schon deshalb sittenw, weil zw dem Zuwendden u dem Bedachten ein außerehel Liebesverhältn bestanden hat, gleichgült ob eine Part so bede verheiratet waren. Nur wenn die Zuwendg **ausschließlich** den Zweck hat, geschlechtl Hingabe zu belohnen od zu fördern, ist das RGesch sittenw (BGH **53**, 375, **77**, 59, **112**, 262, allgM), ein Fall der kaum vorstellbar ist. Wer sich auf die Unsittlich der Zuwendg beruft, ist für die sittenw Zweckbestimmg beweispflicht (BGH **53**, 379). Eine tats Vermutg, daß Zuwendgen an einen Ehebruchspartner eine Belohng für geschlechtl Hingabe darstellen, besteht nicht (BGH FamRZ **71**, 638). Diese von der fr Rspr (BGH NJW **64**, 764) abweichde BewLastVerteilg bedeutet, daß Zuwendgen zG von Geliebten prakt nicht mehr an § 138 scheitern (s BGH NJW **83**, 675, **84**, 2150, BAG DB **84**, 887). Auch Zuwendgen unter Partnern einer **nichtehelichen Lebensgemeinschaft** verstoßen grdsl nicht gg die guten Sitten (BGH **77**, 59, BayObLG FamRZ **84**, 1153, Diederichsen NJW **83**, 1024). Für Partner von homoerotischen Beziehgen kann nichts and gelten (Ffm NJW-RR **95**, 265). Die heftig umstr Rspr, daß bei Vfgen zG der Geliebten **Teilnichtigkeit** vorliegen könne (BGH **53**, 381, NJW **73**, 1646), hat nur noch dogmengeschichtl Bedeutg. Sittenw ist aber die Veräußerg des MitEigtAnteils am gemeins Haus an den nichtehel Part, um eine TeilgsVerst zu ermöglichen **50a** (Schlesw NJW-RR **95**, 900); **(3) Behindertentestament.** Erbrechtl Regelgen, die dem behinderten Kind zu seinen Lebzeiten zusätzl zu den Leistgen der Sozialhilfe laufde Einnahmen verschaffen, den Nachl aber dem Zugriff des Trägers der Sozialhilfe entziehen, sind nicht sittenw (BGH **111**, 39, **123**, 368). Es verstößt auch nicht gg § 138, wenn dch Anordng von Vor- u Nacherbsch erreicht w, daß nach dem Tod des Behinderten sein Erbteil an einen FamAngehörigen fällt u der AufwendgsErsAnspr des Sozialhilfeträgers nicht dchgesetzt werden kann (BGH **123**, 373). Das Nachrangprinzip der Sozialhilfe wird im BSHG in erhebl Umfang dchbrochen; es hat daher nicht die für einen Maßstab der Sittenwidrigk erforderl Prägekraft (BGH aaO). Es fehlt auch eine allg RÜberzeugg, daß Eltern ihrem behinderten Kind von einer gewissen Größe ihres Vermögens an einen über den PflichtT hinausgehden Erbteil hinterlassen müßten, damit es nicht ausschließl der Allgemeinh zur Last fällt (BGH aaO, van de Loo NJW **90**, 2852, Krampe AcP **191**, 526, Pieroth NJW **93**, 173, Renk NJW **93**, 2727, Nieder NJW **94**, 1264, Mayer DNotZ **94**, 347, Raiser MDR **95**, 237).

51 **d) Sexualsphäre. – aa)** Die fr Vorstellg, daß außerehel geschlechtl Beziehgen grdsl sittenw seien (s BGH **20**, 72), ist dch einen Wandel des gesellschaftl Bewußtseins überholt. Die **nichteheliche Lebensgemeinschaft** ist inzw eine allg anerkannte alternative Lebensform; sie kann von den Part umfassd dch PartnerschVertr, aber auch dch Einzelabmachgen, geregelt w (Einl 8 v § 1297). Auch wenn ein Partner od beide verheiratet sind, sind vermögensrechtl Abreden idR wirks (s BGH NJW **70**, 1540). Zuwendgen sind grdsl auch dann nicht sittenw, wenn sie sich zum Nachteil von nahen FamAngehörigen auswirken (Rn 50). Dagg verstößt das Versprechen einer Abfindg für den Fall der Auflösg der Partnersch gg § 138, falls der Versprechde verheiratet ist, aber auch dann, wenn es sich um eine Sanktion mit VertrStrafencharakter handelt (Hamm NJW **88**, 2474). WoMietVertr mit Nichtverheirateten sind wirks, ebso BeherberggsVertr, die **Nichtverheiratete** über ein **Doppelzimmer** schließen (BGH **92**, 219, LG Bonn NJW **76**, 1691, aA AG **52** Emden NJW **75**, 1363). – **bb)** Der auf die entgeltl Gewährg des GeschlechtsVerk gerichtete Vertr mit der **Prostituierten** ist sittenw (BGH **67**, 122, NStZ **87**, 407, MüKo/Mayer-Maly Rn 50), wirks ist dagg die

Übereign des Dirnenlohns (BGHSt **6**, 379, Düss NJW **70**, 1852). Pacht-, Kauf- u GesellschVertr über **Bordelle** sind wirks, wenn der Betrieb des Bordells nach StGB 180 a straffrei ist u das Entgelt nicht in einem auffälligen MißVerhältn zum Wert der Leistg steht (BGH **63**, 365, DNotZ **75**, 93, NJW-RR **88**, 1379, und noch BGH **41**, 341). Das gilt entspr für MietVertr mit Dirnen (BGH NJW **70**, 1179) u für Vertr über die Belieferg von Bordellen (BGH NJW-RR **87**, 999). Vertr über verbotene Bordelle sind dagg sittenw, unter den Voraussetzgen von Rn 41 auch DarlVertr zum Erwerb eines verbotenen Bordells (BGH NJW-RR **90**, 750). Vertr über **Zeitungsanzeigen,** in denen verdeckt für Prostitution geworben w, sollen gg ÖWiG 120 I Nr 2 verstoßen (BGH **118**, 182), Vertr über Telefonsex, bei denen die Partnerin eine im wesentl akustische Leistg zu erbringen hat, sind wohl noch mit § 138 vereinb (AG Offenbach NJW **88**, 1097, AG Düss NJW **90**, 1856, Behm NJW **90**, 1822, aA Hamm NJW **89**, 2551, AG Essen NJW **89**, 3162, AG Halle NJW-RR **93**, 1016). Der Verkauf eines Untern, das Telefonsex vermittelt, ist dagg sittenw, wenn der Kaufpreis in einem Mißverhältn zur Leistg steht (Düss NJW-RR **91**, 246). Sittenw ist auch die Verpflichtg zum Geschlechts-Verk auf der Bühne (BAG NJW **76**, 1958) od zum Auftreten als Schauobjekt in einer Peep-Show (s BVerwG NVwZ **80**, 668). – **cc)** Die in **Animierlokalen** übl überhöhten GetränkePr verstoßen idR nicht gg § 138 **53** (BayObLG NJW **85**, 873). Auch die Zeichng von Schecks (4203 u 4110 DM) od Wechseln ist nicht ow sittenw (BGH NJW **80**, 1742). § 138 ist aber anwendb, wenn das Entgelt Leistgen der Bardamen auf sexuellem Gebiet mitabdeckt (Hamm NJW-RR **86**, 547). Gibt der Gast einen Wechsel, Scheck od ein Schuldanerkenntn über einen außergewöhnl hohen Betrag, kann sich die – uU auf einen Teilbetrag zu beschränkde – Nichtigk aus der sittenw Überwälzung der BewLast ergeben, so bei einem Schuldanerkenntn über 79749 DM (BGH NJW **87**, 2015), über 15642 DM (LG Bln NJW **86**, 1940) über 11832 DM (Zweibr MDR **92**, 952) od einen Wechsel von 2430 DM für einige Biere (LG Hbg MDR **74**, 50). – **dd)** Vertr über **54** **pornographische** Produkte sind gem § 134 unwirks, soweit sie gg StGB 184 verstoßen (Hbg GRUR **80**, 999, **84**, 663). § 138 kann anwendb sein, wenn die Part das Verbot des StGB 184 I Nr 7 dch die Ausgestaltg der EntgeltsVereinbg umgehen (s BGH NJW **81**, 1439, der die Berufg auf die Nichtigk aber an § 242 scheitern läßt). Der Vertr über die Herstellg pornograph Aufn verstößt nicht schlechthin, wohl aber bei einem ausbeuterischen Charakter gg § 138 (s Stgt NJW-RR **87**, 1435). – **ee)** Maßn zur **Empfängnisverhü-** **55** **tung** sind nicht sittenw. Wirks sind daher KaufVertr über Präservative (s BGHSt **24**, 318) u Antibabypillen (s LG Itzehoe VersR **69**, 265), aber auch Vertr über eine Sterilisation (BGH **67**, 50, Bambg NJW **78**, 1685).

e) Die Vereinbg eines Entgelts kann einen Sittenverstoß begründen, wenn die **Kommerzialisierung** in dem **56** betreffden Lebensbereich anstöß ist (MüKo/Mayer-Maly Rn 109). **Nichtig** sind daher: Entgeltl Vermittlg von Patienten (Hamm NJW **85**, 679, s auch BGH NJW **86**, 2361) od von Mandanten eines RA (KG NJW **89**, 2893). Vertr über die Gewinng von Mitgl für einen Idealverein gg eine Beteilig am Beitrag (Stgt NJW **85**, 1401). Provisionsversprechen an einen Steuerberater, der seinen Mandanten zu einer best VermAnlage veranlassen soll, aber nur, wenn die Verheimlichg der Provisionszusage billigd in Kauf genommen w (BGH **95**, 84, NJW-RR **87**, 1108). Vertr, die Glaubens- od Gewissensfragen zum HandelsObj machen (Otto Personale Freih u soziale Bindg, 1978, 119). Gesch des Ordens- u Titelhandels (RG **86**, 98, BGH NJW **94**, 187). Entgeltl Vertr über den Erwerb des Dr-Titels (Köln NJW-RR **94**, 1540). Entgeltl Vertr über die Verschaffg einer Adoptionsmög-lichk (Oldenbg NJW **91**, 2216, jedoch wird idR schon Einf 6 v § 1741 zutreffen). Zusage eines Schweigegelds für Ehebruch (BGH **LM** § 134 Nr 18). Erkaufter Verzicht auf die EhelichkAnf (Celle Nds Rpfl **62**, 188, s aber Rn 42), auf das UmgangsR (BGH NJW **84**, 1952) od die elterl Sorge (Hbg FamRZ **84**, 1223, s aber Rn 42). Entgeltl Vereinbgen über die Nichterstattg (Rückn) einer **Strafanzeige** sind nicht schlechth sittenw (BGH NJW **91**, 1046), wohl aber dann, wenn unter Ausnutzg der emotionalen Zwangslage des Täters ein erhebl übersetzter Entschädiggsbetrag vereinbart w (BGH aaO). IdR **wirksam** ist der mit einer Bürgerinitiative vereinbarte entgeltl Verzicht auf RMittel gg einen Kraftwerksbau (BGH **79**, 141, aA Medicus AT Rn 705) u der entgeltl Studienplatztausch (Mü NJW **78**, 701). Es ist auch nicht ow anstößig, die Hilfe in einer Notlage von einer Vergütg abhäng zu machen (BGH **69**, 299, FluchthelferVertr). Vertr über **Organtransplantationen** sind zul (s BGH **101**, 217), dürfen aber keine EntgeltsPfl vorsehen.

f) Standeswidrige Rechtsgeschäfte. – aa) Standesw RGesch können zugl sittenw sein, wenn der **57** betreffde Berufsstand rechtl anerkannt ist u wicht GemeinschAufg zu erfüllen hat (RG **144**, 245, MüKo/Mayer-Maly Rn 39). Nicht jeder Verstoß gg StandesR rechtfertigt aber die Anwendg des § 138 (BGH **60**, 33, **78**, 267, Taupitz NJW **89**, 2871). Das *obiter dictum* von BGH **22**, 357, standesw RGesch seien idR auch sittenw, geht zuweit. Sittenw ist ein RGesch nur, wenn neben StandesPflten zugl Werte der Rechts- od Sittenordng verletzt sind (s AK/Damm Rn 181). In die freie Berufsausüb darf StandesR nur eingreifen, wenn dafür eine hinreichd best Ermächtigg vorliegt (BVerfG **76**, 171). Berufsrechtl Verbote ohne eine derartige Grdl sind zivilrechtl ohne Bedeutg, so daß Werbeverbot für Heilpraktiker (BGH NJW-RR **89**, 1386), das Verbot, die HOAI zu unterbieten (Stgt NJW **80**, 1584), das Verbot gewerbsmäß Maklertätigk für Steuerberater (BGH **78**, 267, s aber Rn 56), das Verbot der Architektenbindg beim GrdstErwerb (BGH **60**, 33, s aber § 631 Rn 3) u das Verbot von ZuchtmietVertr in den Regeln eines Hundezuchtverbandes (LG Fulda NJW-RR **93**, 886). Es ist aber sittenw, wenn ein RAnw sich als Hausverwalter bei der Vergabe von Auftr eine Provision („Schmiergeld") versprechen läßt (Ffm NJW **90**, 2131). – **bb)** Die Vereinbg eines **58** **Erfolgshonorars** gefährdet die Unabhängigk des RA u ist daher sittenw (BGH **34**, 70, **39**, 148, **51**, 295, aA Undritz AnwGebühren, 1994, S 157), BRAO 49b bestimmt jetzt ausdr, daß Vereinbgen, dch die eine Vergütg od ihre Höhe vom Ausgang der Sache od vom Erfolg der anwaltl Tätigkeit abhängig gemacht wird (Erfolgshonorar) od nach denen der RA einen Teil des erstrittenen Betrages als Honorar erhält (quota litis), unzul sind. Unzul ist auch die Abgabe u Entggnahme eines Teils der Gebühren od sonstiger Vorteile für die Vermittlg von Auftr, gleichviel ob im Verhältn zu einem RA od Dr gleich welcher Art, BRAO 49b III (ebso zum fr Recht BGH NJW **80**, 2407). Die Nichtigk einer Abreden ergibt sich jetzt bereits aus § 134 iVm BRAO 49b. Wirks ist das mit einem ausl RA vereinbarte Erfolgshonorar, vorausgesetzt auf den Vertr ist BRAO 49b nicht anwendb (BGH **22**, 165). Läßt sich der RA für eine Maklertätigk eine erfolgsbezogene Vergütg versprechen, ist weder § 138 noch BRAO 49b anzuwenden (s BGH NJW **92**, 682). Die Vereinbg eines angem Pauschalhonorars in außergerichtl Angelegenh u Beitreibgssachen verstößt nicht gg § 138 (BGH NJW **80**, 1851, **95**, 1429 u BRAGO 3 V). Eine Bindgsdauer von 5 Jahren ist bei BeratgsVertr nicht zu beanstanden (BGH NJW **95**, 1430). Sittenw ist ein Vertr, dch den sich der RA von seinem Mandanten einen Ggst übereignen läßt, den dieser zur Dchsetzg seiner Rechte unbedingt benötigt (BGH NJW **67**, 873). –

59 cc) Vertr können gg § 138 verstoßen, wenn sie eine den rechtl Erfordern entsprechde **ordnungsgemäße Berufsausübung** gefährden. Das von der Rspr aus § 138 abgeleitete Verbot, für Apotheken stille Beteiligen od eine vom Umsatz od Gewinn abhängige Miete zu vereinbaren (BGH **75**, 215, NJW **79**, 2351), hat der GesGeber in ApG 8 übernommen. Sittenw sind: Die einem Zahnarzt in einem MietVertr auferlegte Verpflichtg, alle zahnproth Auftr an ein best Labor zu geben (Nürnbg MDR **88**, 861). Verpflichtg zu freier ärztl

60 Behandlg auf Lebenszeit bei Erwerb eines Grdst (BGH NJW **65**, 2005). – **dd) Praxisverkauf.** Der Verkauf u der Tausch von Praxen von standesrechtl gebundenen Freiberuflern ist entgg fr RAuffassg (RG **66**, 142, **161**, 155) grdsl zul, so beim Arzt (BGH **16**, 74, NJW **89**, 763), RA (BGH **43**, 47, NJW **73**, 98) u Steuerberater (BGH **LM** (Cf) Nr 1). Der VertrInh darf aber nicht die Gefahr begründen, daß der Erwerber die Praxis in einer Allgemeininteressen widersprechden Weise fortführt (BGH **43**, 50, Narr Ärztl BerufsR, 2. Aufl, Rn 1147 ff). Das WettbewVerbot für den fr Inh muß ggständl, zeitl u örtl auf das notw Maß beschränkt w (Rn 106). Die Mitübertragg der Patientenkartei nebst Behandlgsunterlagen ist nur mit Einwilligg des Patienten zul (BGH **116**, 274, auch noch BGH NJW **74**, 602), auch der Mitverkauf der Handakten bei Veräußerg einer RA-Praxis ist nur mit Zust der Mandanten wirks (§ 134 Rn 22).

61 g) Schädigung Dritter. Zur Schädigg dch strafb Hdlg s Rn 43. – **aa)** Die Verletzg von VertragsR Dr ist nicht ow sittenw (BGH NJW **81**, 2185). Der mit einem **abgeworbenen** ArbN geschlossene ArbVertr ist idR wirks (BAG NJW **63**, 125, Ffm NJW **63**, 862). Ein bes rücksichtsloses od illoyales Verhalten kann aber einen Sittenverstoß begründen (BGH NJW **81**, 2185), so vor allem eine vorsätzl Verleitg zum VertrBruch (BGH **103**, 241) od ein bewußtes ZusWirken, um ein Vorkaufs-, Vorpacht- oder WiederkaufsR auszuschalten (BGH NJW **64**, 540, **85**, 2953), jedoch kann die Umgehgsproblematik hier idR dadch gelöst w, daß dem Berecht gem §§ 242, 162 der Eintritt in den Vertr gestattet w (BGH NJW **92**, 237). Sittenw ist auch eine vor dem KreditG verheimlichte Zusatzabrede, dch die die zugesagte Sicherstellg der Kredite ausgehöhlt u entwertet w (BGH NJW **88**, 902, Heinrichs EWiR **88**, 227) u die Vereinbg, die die Dchsetzg eines Voll-

62 ziehgsAnspr (§ 2194) verhindern soll (BGH **121**, 366). – **bb)** Der **Treubruch** ist in all seinen Erscheingsformen sittenw. Nichtig sind daher: Vereinbg zw HauptSchu u Gläub, daß dieser sich ausschließl aus dem Vermögen des PfandSchu befriedigen soll (RG **164**, 90). Vereinbg der ZwVerst, um einen langfrist MietVertr zu lösen (RG LZ **27**, 448). PfdRBestellg am Speditionsgut ohne Rücks auf die EigtVerh (BGH **17**, 5). Verpflichtg des Abladers, den Verfrachter gg Ausstellg eines unricht Konnossements von SchadErsAnspr des Empfängers freizuhalten (BGH **60**, 102, Hbg VersR **86**, 385). Vereinbg, dem HaftpflVersicherer den wahren Sachverhalt nicht mitzuteilen, um dem Gläub einen ungerechtfertigt hohen SchadErsBetrag zu verschaffen (BGH VersR **69**, 733). Kollusives ZusWirken des Vertreters od TestVollstr mit dem Gegner zum Nachteil des Vertretenen od des Nachl (BGH NJW **89**, 26, NJW-RR **89**, 642). Verpfl des GeschFü eines staatl Untern, sich für den ÜbernAntr eines Interessenten einzusetzen (Hamm OLGZ **94**, 52). Treuw Selbstkontrahieren mit Schädiggsabsicht (RG SeuffA **86**, 91). Auch beim **Konflikt** zw **Globalzession** u dem **verlängerten Eigentumsvorbehalt** stellt die Rspr auf das Kriterium des Treubruchs ab (näher § 398

63 Rn 25). – **cc) Schmiergeldverträge** über Zuwendungen an den Vertreter od VhdlgsGeh des and Teils sind sittenw (BGH NJW **62**, 1099, **73**, 363, NJW-RR **87**, 42, NJW **91**, 1819). Gleichgült ist, ob Nachteile für den Gegner entstanden sind od beabsichtigt waren; bereits die Verheimlichg der Zuwendg begründet den Sittenverstoß (BGH NJW **62**, 1099, **73**, 363, Hamm ZIP **93**, 468). Die Nichtigk erstreckt sich nach der Rspr auch auf den dch das Schmiergeld zustande gekommenen Vertr (BGH NJW **89**, 26, Köln NJW-RR **90**, 624), es sei denn, daß die Schmiergeldzahlg auf den Inh des HauptVertr keinen Einfluß gehabt haben kann (BGH NJW-RR **90**, 443); interessengerecht ist es jedoch, dem Vertretenen insoweit eine GenMöglichk analog § 177 einzuräumen (AK/Damm Rn 176). Nichtig sind auch: ProvZusagen des BauUntern ggü dem Architekten (Hbg MDR **70**, 47). Entgeltszusagen an BankAngest für die Weitergabe von dienstl Wissen (BGH **LM** (Aa) Nr 24). Zuwendungen an den künft für die Anschaffg von Inventar entscheidsbefugten Pächter (Köln NJW-RR **88**, 144). Vgl auch Rn 44 (Bestechg) u Rn 56 (Zuwendgen an Steuerberater).

65 4) Wucher (II). § 138 II ist wg seiner engen tatbestandl Voraussetzgen von nur geringer prakt Bedeutg. RGesch, die den WucherTatbestd nur zT erfüllen, können aber gem § 138 I nichtig sein (Rn 24 ff). –

66 a) Objektiver Tatbestand. – aa) Erforderl ist ein auffäll **Mißverhältnis zwischen Leistung und Gegenleistung.** Wucherisch können daher nur auf einen Leistgsaustausch gerichtete VermGesch sein (BGH NJW **82**, 2767, FamRZ **90**, 1344), aber solche jeder Art: Darl, Kauf, Miete, Gesellsch, DienstVertr, WkVertr, Vergl, dagg nicht die Bürgsch (BGH **106**, 271, NJW **89**, 831, **91**, 1952). Ausgangspkt für die Beurteilg ist die Ermittlg u Ggüberstellg des obj Werts der beiderseit Leistgen (BGH **LM** (Ba) Nr 1, 4, 4a, WM **69**, 1255), u zwar unter Zugrdelegg der bei VertrSchl bestehden Verhältn (BGH WM **77**, 399). Ein nachträgl entstehdes Mißverhältn rechtf die Anwendg des II nur, wenn es auf einem ZusatzGesch beruht (RG **86**, 298). Der nachträgl Wegfall des Mißverhältn ist unerhebl. Zu vergleichen sind die beiderseit HptLeistgen; die für Leistgsstörgen getroffenen Regelgen können aber unterstützd berücksichtigt w (BGH **80**, 171). Wirken mehrere Pers als Leistde, Vermittler od in and Weise mit, genügt, daß zw der Summe der Leistgen u der Gesamth der GgLeistgen ein auffälliges Mißverhältn besteht (StGB 302a I 2, sog Additionsklausel), die auch für die zivilrechtl Beurteilg heranzuziehen ist (BGH NJW **80**, 1156). Beim Vergl ist das beiderseit Nachgeben ggeinand abzuwägen (BGH **51**, 143, **79**, 139, BAG NJW **85**, 2661).

67 bb) Wann ein Mißverhältn „**auffällig**" ist, läßt sich nicht allg, sond nur aufgrd einer umfassden Würdigg des Einzelfalls entscheiden. Dabei sind insbes die übernommenen Risiken zu würdigen (BGH **LM** (Aa) Nr 15, KG OLGZ **81**, 125, Verk auf Rentenbasis). Auch der Verwendgszweck der Leistgen kann von Bedeutg sein. Bis etwa 1978 hat die Rspr bei Entscheidg der Frage, ob **Zinsen** wucherisch sind, auf die absolute Zinshöhe abgestellt u die Grenze zuletzt bei etwa 28–30% gezogen (vgl 46. Aufl). Inzw besteht Einverständn darüber, daß bei Zinsen ebso wie bei and marktgäng Leistgen auf das Verhältn des Vertr- zum MarktPr abzustellen ist. Die Wuchergrenze liegt etwa beim **Zweifachen des Marktzinses** (BGH NJW-RR **89**, 1068, Rn 27). Die Grenze des „Doppelten" gilt auch für LeasVertr (BGH NJW **95**, 1022). Bei Gelegenh-

Krediten eines nicht gewerbsmäß DarlG müssen aber die Umst des Einzelfalles berücksichtigt w (BGH BB **90**, 1510). In einer Niedrigzinsphase (8,6%) können 18,62% Zinsen wucherisch sein (BGH NJW-RR **90**, 1199). Wenn sich für Eintrittskarten zu einer Veranstaltg ein grauer Markt bildet, ist aber ein Preis, der den offiziellen um ein Mehrfaches übersteigt, nicht ow wucherisch (Köln OLGZ **93**, 193). Auch beim Teppichkauf in einem Basar ist wg Fehlens einer festen Bezugsgröße eine Würdigg aller Umst erforderl (Hamm NJW-RR **93**, 629).

cc) **Einzelfälle** (ja: auffäll Mißverhältn; nein: kein auffäll Mißverhältn): KaufPr von ⅔ des obj Wertes, **68** nein (BGH **LM** (Ba) Nr 4); ungewöhnl hoher Liebhaberpreis für Grdst in Naturschutzgebiet, idR nein (BGH DNotZ **77**, 102); Verkauf eines Grdst im Wert von 80000 DM zum Pr von 45000 DM, uU ja (BGH WM **80**, 597); ebso bei einem Wert von 64000 DM u einem Pr von 138000 DM (BGH NJW-RR **90**, 950); Bewertg einer gesellschaftr Einlage mit nur 30% ihres Wertes, ja (BGH WM **75**, 327); Vergl über die Abfindg einer VersorggsAnwartsch im Wert von 110000 DM gg Zahlg von 5000 DM, ja (BAG DB **86**, 548); ArbLohn von 1,04 DM/Stunde, ja (LAG Brem **AP** Nr 33); zinsloses Darl mit 40jähr Laufzeit ja (BGH WM **88**, 195); WkLohn, der das Dreifache des Übl u Angem beträgt, ja (LG Nürnb BB **73**, 777); Maklerprovision, die das Fünffache des Übl ausmacht, ja (BGH DB **76**, 573); Übererlösklauseln, die dem Makler, wie er weiß, eine Provision von mehr als 20% sichert, ja (BGH **125**, 135, aA Martinek JZ **94**, 1048); and liegt es aber, wenn offen ist, ob u in welcher Höhe ein Übererlös erzielt werden kann (BGH NJW-RR **94**, 559); Provision von 6% für die Vermittlg eines Kredits von 1,2 Mio DM, ja (Oldbg NJW-RR **86**, 857); Provision von 50000 DM für Kredit von 450000 DM, ja (LG Aachen NJW-RR **87**, 741); 116000 DM für 40jähr Grabpflege, ja (LG Mü NJW-RR **89**, 197); Vergütg von 3075 DM für 25 Partnervorschläge, nein (LG Krefeld MDR **84**, 491); von 4985 DM für 4 Partnervorschläge, ja (AG Eltville FamRZ **89**, 1299); finanzierter Heißmangelkauf, wenn der Käufer 10520 DM aufzuwenden hat, die übl Aufwendgen aber nur 4330 DM betragen, ja (BGH NJW **80**, 1156); Preis für ein Spielgerät, der das 2½fache des VerkWertes ausmacht, wohl ja, aber kein bes grobes Mißverhältn iSv Rn 23 (BGH NJW **79**, 758); Jahresmietzins für einen Automaten, der dessen AnschaffgsPr um mehr als das Doppelte übersteigt, ja (LG Ffm NJW **64**, 255); völlige Überbürdg der Produktionskosten auf den Künstler bei einem VerwertgsVertr über U-Musik, ja (BGH NJW-RR **89**, 747); Zuschlag von 13,41%, der von E-Werk mit örtl Monopolstellg ohne eig Marktleistg für die Stromliefergen eines and Werks erhoben w, ja (BGH **LM** (Cc) Nr 4).

b) **Subjektive Voraussetzungen.** Zum Tatbestd des Wuchers gehört subj, daß der Wucherer die beim **69** and Teil bestehde Schwächesituation (Zwangslage, Unerfahrenh, mangelndes UrtVermögen, erhebl Willensschwäche) ausgebeutet hat. Fehlt es hieran, kann das obj wucherische Gesch aber gem § 138 I nichtig sein, sofern der Begünstigte aus verwerfl Gesinng gehandelt h od sonst anstöß Umst vorliegen (Rn 24f).

aa) **Zwangslage:** Sie ist gegeben, wenn dch wirtschaftl Bedrängn od Umst and Art für den Betroffenen **70** ein zwingdes Bedürfn nach einer Geld- od Sachleistg entsteht (BT-Drucks 7/3441); ausr ist insb ein erhebl Kreditbedürfn (Hamm WM **84**, 1448), aber auch eine momentane Kalamität, etwa ein Wasserrohrbruch (MüKo/Mayer-Maly Rn 124). Die von der Rspr aus der aF („Notlage") abgeleitete Beschrkg auf Fälle existenzgefährdder wirtschaftl Not (BGH **LM** Ba Nr 1) ist dch die nF überholt. Es genügt, daß dem Betroffenen schwere Nachteile drohen (BGH NJW **94**, 1276); auch polit u gesundheitl Gefährdgen sowie Nachteile für sonst nichtwirtschaftl RGüter sind miterfaßt (s BGH WM **81**, 1050). Unzufriedenh mit den polit Verh u der Wunsch nach höherem Lebensstandard begründen dagg keine Zwangslage (BGH NJW **77**, 2358); ebsowenig die Schwierigk, die bei einem Bauvorhaben (Kraftwerk) dch Einlegg von RMitteln Dr entstehen (BGH **79**, 137). Es muß sich um die Gefährdg von etwas Bestehendem handeln, es reicht nicht, wenn ohne den erstrebten Kredit bloße Zukunftspläne scheitern (BGH NJW **94**, 1276). Gleichgült ist, ob die Zwangslage verschuldet ist. Sie kann auch bei einer an sich vermögden Part vorliegen (BGH NJW **82**, 2767), ebso bei einer jur Pers (RG **98**, 324). Die Bedrängn eines Dr, insb eines Angeh, kann ausr (RG JW **15**, 574, BGH NJW **80**, 1575), wohl auch eine ledigl subj angenommene Zwangslage (str).

bb) **Unerfahrenheit** ist ein Mangel an Lebens- oder GeschErfahrg (RAG JW **30**, 3009). Sie kann insb bei **71** Jugendl (BGH NJW **66**, 1451), Alten od geistig Beschränkten (RG **67**, 393) aber auch bei Bürgern der neuen Bundesländer (BGH NJW **94**, 1476) od Aussiedlern (s Meier/Wehlau VuR **91**, 143) gegeben sein. Unerfahrenh auf einem best Lebens- od WirtschGebiet ist uU ausr (RG LZ **26**, 819, LG Trier NJW **74**, 151), nicht aber mangelh RKenntn (LAG Mü DB **86**, 2191) od mangelnde Fachkenntn für Sondergebiete (BGH NJW **79**, 758, WM **82**, 849, Hamm NJW-RR **93**, 629).

cc) **Mangelndes Urteilsvermögen** liegt vor, wenn der Betroffene nicht in der Lage ist, die beiderseit **72** Leistgen richt zu bewerten u Vor- u Nachteile des Gesch sachgerecht ggeinand abzuwägen. Dies Unvermögen w vielf eine Folge von Verstandesschwäche sein. Aber auch bei einem normal Begabten kann im Einzelfall, insb bei schwier od unklar ausgestalteten Gesch, das erforderl UrtVermögen fehlen (Stgt FamRZ **83**, 499). Entscheidd ist allein, ob der Betroffene im konkreten Fall zu einer vernünft Beurteilg in der Lage ist. Eine allg Schwäche des UrtVermögens ist weder erforderl noch ausr.

dd) **Erhebliche Willensschwäche:** Sie ist gegeben, wenn der Betroffene zwar Inh u Folgen des Gesch **73** dchschaut, sich aber wg einer verminderten psych Widerstandsfähigk nicht sachgerecht zu verhalten vermag. Mangelndes UrtVermögen u Willensschwäche ergänzen sich ähnl wie Einsichts- u Steuerungsfähig. Sie erfassen im wesentl auch die Fälle, in denen die Rspr das fr Merkmal „Leichtsinn" bejaht h (vgl dazu BGH DNotZ **77**, 102). Willensschwäche kann insb bei Alkohol- od Drogenabhäng, aber auch bei jungen od alten Menschen vorliegen. Sie ist aber bei einem Fußballfan, der für eine Eintrittskarte einen überhöhten Preis zahlt, nicht ow zu bejahen (Köln OLGZ **93**, 193). Ein krankh Zustand ist nicht erforderl (BGH NJW-RR **88**, 764). Die von der Werbg ausgehden „Verführgen" reichen grdsl nicht aus (BT-Drucks 7/5291 S 20). Unlautere Werbg, insb sog psychologischer Kaufzwang (LG Trier NJW **74**, 151/564 Anm Sack), kann aber bei den Kunden mangelndes UrtVermögen oder erhebl Willensschwäche hervorrufen.

c) Der Wucherer muß die Zwangslage, die Unerfahrenh usw **ausgebeutet** haben. Diese Voraussetzg ist **74** gegeben, wenn der Wucherer sich die Zwangslage, die Unerfahrenh usw bewußt zunutze macht u dabei Kenntn von dem Mißverhältn der beiderseit Leistgen hat, eine bes AusbeutgsAbs ist nicht erforderl (BGH

NJW **82**, 2767, **85**, 3006, BB **90**, 1510). Das Angebot zu dem Gesch kann von dem Bewucherten ausgegangen sein (BGH NJW **85**, 3006). Hat sich der Bewucherte aus Dankbark auf das Gesch eingelassen, so schließt das die Anwendg von § 138 II nicht aus (RG HRR **30**, 693).

75   **d) Rechtsfolge des Wuchers** ist die Nichtigk des Gesch. Aufrechterhaltg mit angem GgLeistg ist nach hM nicht mögl (BGH **44**, 162, **68**, 207, NJW **58**, 1772). And liegt es beim Mietwucher (Rn 76) u in den Fällen, in denen der Preis normativ bestimmt ist (§ 139 Rn 10). Auch bei Lohnwucher steht dem ArbN nach den Grds über das fehlerh ArbVerh gem § 612 II Anspr auf die übl Vergütg zu (BAG **AP** Nr 2; LAG Düss DB **78**, 165). Wie sich aus der Formulierg „od gewähren läßt" ergibt, ist auch das ErfGesch des Bewucherten nichtig (BGH NJW **94**, 1275, 1470), ebso die Bestellg von Sicherh (BGH NJW **82**, 2767) u Leistgn erfhalber wie die Hingabe eines Schecks od Wechsels (BGH NJW **90**, 384); dagg erstreckt sich die Nichtigk nicht auf das ErfGesch des Wucherers (Soergel-Hefermehl Rn 57). Der Bewucherte kann daher seine Leistg gem §§ 985, 812 zurückfordern. Daneben hat er SchadErsAnspr aus § 826 u c. i. c. (Rn 22). Dagg ist der Wucherer auf den Anspr aus § 812 beschr, der aber uU dch § 817 S 2 ausgeschl w. Beim **Wucherdarlehen** steht § 817 S 2 der RückFdg des DarlKapitals nicht entgg (RG (GrZS) **161**, 52, BGH NJW **62**, 1148). Der Wucherer muß dem Bewucherten das Darl aber bis zu dem Ztpkt belassen, in dem es bei Gültigk des Vertr zurückzuzahlen wäre (BGH **99**, 338), ohne für die Zeit der Überlassg der DarlValuta Zinsen fordern zu können (BGH NJW **83**, 1422; § 817 Rn 23).

76   **e)** Das StGB enthält in § 302a einen umfassden, mit § 138 II weitgeh übereinstimmden Wuchertatbestd. Wucherische RGesch sind dementspr zual nach § 134 nichtig. Die SonderVorschr für den **Mietwucher** (StGB 302f) ist entfallen. Für ihn gilt aber weiter die fr Rspr (LG Köln NJW **65**, 158 zu WiStG 2a Z 2 aF), daß der Vertr zum angem Mietzins aufrechtzuerhalten ist. StGB 302a w ergänzt dch das in WiStG 5 enthaltene Verbot von Mietpreisüberhöhgen. Auch hier wird der Vertr zum angem Mietzins aufrechterhalten (§ 134 Rn 27). Nichtigkeit tritt bei Verwirklichg des obj Tatbestd ein (Schmidt-Futterer JR **72**, 136). Ein auffäll Mißverhältn ist idR zu bejahen, wenn die vereinb Miete die angem um mehr als 50% übersteigt (LG Darmstadt NJW **72**, 1244, Köln DB **75**, 2033); eine wesentl Überhöhg (WiStG 5) bei einer Überschreitg um 20%, WiStG 5 II. Bei einer Erhöhg der angem Miete reduziert sich der Umfang des Verstoßes, zugl aber auch der nichtige Teil der MietPrVereinbg (Hbg NJW-RR **95**, 1037). Soweit die Miete zur Deckg der laufden Vermieteraufwendgen erforderl ist, sind MietprÜberhöhgen iRv WiStG 5 II 2 erst bei einem auffälligen MißVerhältn (50% über ortsübl Miete, s Hbg NJW-RR **92**, 1366; Karlsr NJW-RR **94**, 1034) unwirks. Zur Berechng der Vermieteraufwendgen s BGH NJW **95**, 1838.

77   **5) Weitere Einzelfälle** (ja = sittenw; nein = nicht sittenw). – **a) Abtretung** (s auch Rn 97): Abtr aller zukünft GeschFdgen, idR nein (Stgt NJW **64**, 666, aA RG **67**, 168); Abtr des ges pfändb ArbEink ohne zeitl Beschrkg, nein, wenn sie der gleichmäß Befriedig aller Gläub dient (BAG DB **80**, 835). Globalzession, wenn sie zu einer Täuschg u Gefährdg späterer Gläub führt u die Part dies in Kauf genommen haben, ja (BGH DB **77**, 949); aller Fdgen der TochterGesellsch an die Mutter u Mitübern deren Schulden dch die Tochter, ja (LG Stgt WM **92**, 983), aller KommanditeinlageFdgen einer Publikums-KG, ja (BGH DB **79**, 301); bei Konflikt mit einem verlängerten EV, ja (§ 398 Rn 25). Verpfl zur Abtr von Fdgen nach Zahlgseinstellg od iF der Beantragg des VerglVerf, idR ja (RG JW **33**, 40). SichgAbtr künft KundenFdgen, die der Schu aGrd verlängerten EV seinen Lieferanten abgetreten hat, idR ja (§ 398 Rn 24). Abtr, um ProzKostHilfe zu erlangen od dem KostenerstattgsAnspr des Gegners zu entgehen, ja (BGH NJW **80**, 991, WM **87**, 1408; vgl aber BGH **47**, 292, der Abtr als wirks behandelt u ProzKostHilfe wg Leistgsfähigk des Zedenten ablehnt), dagg Abtr, um den Abtretden als Zeugen benennen zu können, nein (BGH WM **76**, 424,

78 NJW **80**, 991, Ffm VersR **82**, 1079, Mü BauR **85**, 210, Karlsr NJW-RR **90**, 753). – Vertragl **Abtretungsverbot**, trotz der Möglichk eines Konflikts mit einem verlängerten EV der Lieferanten idR nein (BGH **51**, 117, § 399 Rn 9). – **Abwerbung:** ArbVertr mit abgeworbenem ArbN, nein (BAG **13**, 284, Rn 61). – **Animierlokal:** Rn 53. – **Ankaufsverpflichtung:** Rn 38.

79   **b) Arbeitsverträge und ähnliche Abhängigkeitsverhältnisse** (s auch Rn 105 WettbewVerbot): Lohn-Vereinbg nicht schon bei Unterschreitg des tarifmäß Lohns, sond erst bei erhebl MißVerh zum allg Lohnniveau für vergleichb Arb (BAG **AP** Nr 30). Belastg des ArbN mit dem Betr- u WirtschRisiko, ja (BAG NJW **91**, 860). Vereinbg, daß der ArbN nur bei einem best nicht ow zu erreichenden Mindesterfolg eine Vergütg erhält, ja (LAG Hamm ZIP **90**, 881). Bindg eines mdj ArbN dch einen für 2 Jahre unkündb Vertr bei umsatzabhäng Lohn u weiteren drückden VertrBedinggen, ja (BAG **AP** Nr 23). ArbVertr über öffentl Vorführg von GeschlechtsVerk, ja (BAG NJW **76**, 1958); ebso Vertr zw Bordellwirt u Prostituierte (BGH **AP** Nr 35). Nicht ohne weiteres Bindg der AgentenProv an Mindesterfolg (RAG **19**, 110). Vertr mit Einfirmenvertreter mit „Hungerprovision", idR ja (Evers BB **92**, 1365). Auferlegg einer übermäß VerschwiegenhPfl, ja (LAG Hamm DB **89**, 783). Übern einer schuldunabhäng Mankohaftg dch Verkäufer, idR ja (BAG NJW **74**, 1155), ebso Abbedingg der Haftgvergünstig für ArbN (Erman-Brox Rn 65). Vertr über Werbg auf Toilettentüren, wenn der Vertreter eine überhöhte „VertrSumme" zu zahlen hat, ja (LG Paderborn NJW-RR **87**, 672, LG Ffm NJW-RR **89**, 182). Überhohe VertrStrafe nur unter bes Umst, ja (RG HRR **32**, 1644, § 343 Rn 3). Verfallklausel uU ja (BAG BB **89**, 223, Preis ZIP **89**, 886). Klausel, wonach Gratifikation iF der Künd zurückzuzahlen ist, uU ja (§ 611 Rn 89). AufhebgsVertr, die Ausdr einer strukturell unterschiedl VhdlgsStärke sind u offensichtl keinen angem InteressenAusgl herbeiführen, ja (Zwanziger DB **94**, 982). – Verpfl eines **Autors,** auf Lebenszeit alle seine Werke einem Verleger zuerst anzubieten, ja, wenn angem GgLeistg fehlt (BGH **22**, 347). Verpfl, das einer RundfunkAnst angebotene Manuskript wiederholt zu ändern, nein, wenn in jedem Fall angem Teilvergütg zu zahlen ist (BGH **LM** (Bb) Nr 32). – **Aussteueranschaffungsverträge:** Rn 18.

80   **c) Auszeichnungen:** Entgeltl Gesch zur Verschaffg von –, ja (s Rn 56). – **Automatenaufstellverträge:** Vereinbg mit Gastw über DarlVerzinsg u Sichg einer gewissen Laufzeit des AufstellVertr, nein (Düss OLGZ **73**, 11). Übermäß Bindgen, die nicht mehr in einem vertretb Verhältn zu den Investitionen des Aufstellers stehen, ja (v Olshausen-Schmidt, AutomatenR B 53 u B 29ff). VertrBdggen, die den Charakter der Gastwirtsch bedeut beeinflussen u die BeweggsFreih des Wirtes stark einengen, ja, wenn eine Korrek-

tur nach AGBG 9ff nicht mögl, ohne dem Vertr einen wesentl and Inhalt zu geben (BGH **51**, 55, WM **82**, 1354). Bspe für unangem Bdggen s AGBG 9 Rn 57. – **Bestechung:** Rn 44, ferner Rn 63 (Schmiergeld). – **Bierbezugsverträge:** Die Rspr läßt grdsl Laufzeiten bis 15, äußerstenfalls bis 20 Jahren zu (BGH **74**, 293, **81** NJW **92**, 2145). Längere Bindgen werden gem § 139 auf das angem Maß zurückgeführt (BGH NJW **72**, 1459, NJW-RR **90**, 816), ohne daß die LeistgsPflten der Brauerei reduziert w (BGH NJW **92**, 2145, aA Meilicke/Weyde DB **94**, 821). Dabei kann die Laufzeit von mehreren aneinand anschließden Vertr je nach Lage des Falles zuszurechnen sein (BGH NJW-RR **90**, 816, Götz BB **90**, 1217). Wird ein Vertr mit 30jähr (unwirks) Laufzeit nach 20 Jahren von einem Nachf übernommen, bleibt die Laufzeitregelg – einschließl der Verlängergsregelg – unwirks (BGH NJW **88**, 2362). Dingl RGesch zur Begründg einer zeitl unbefristeten VerbotsDbk sind dagg idR wirks (BGH NJW **88**, 2364, NJW-RR **92**, 594). Mögl ist auch, daß die sog **Bündeltheorie** die Anwendg von EWGV 85 rechtf (EuGH DB **91**, 744 mAv Thieme = DNotZ **91**, 662 mAv Raum; Jehle EuZW **91**, 376); dann gilt die VO Nr 1984/83 der EG-Kommission vom 22. 6. 83 (ABl L 173/5ff). Sie gestattet ledigl Laufzeiten von 10 Jahren (Art 8 Id), wenn die BezugsPfl neben Bier auch and Getränke erfaßt vor nur 5 Jahren (Art 8 Ic). EWGV 85 ist aber nur anwendb, wenn der str Vertr od die Vertr der betroffenen Brauerei wesentl zur Marktabschottgswirkg beitragen; dafür ist der Gastwirt darleggs- u beweispflicht (BGH NJW **92**, 1456, 2145, Köln NJW-RR **89**, 1338, Stgt NJW-RR **93**, 937, LG Köln NJW-RR **94**, 242). § 138 ist unabhäng von Bindgsdauer anwendb, sofern die BeweggsFreih u Selbstdgk unvertretb eingeengt w (Frage des Einzelfalls: s BGH **54**, 156, **LM** (Bb) Nr 35 u 37, Ffm NJW **77**, 1157); doch kann Korrekturmögl nach AGBG 9ff der Nichtigk entggstehen (RG **152**, 254, BGH **LM** (Bc) Nr 16). Sieht der Vertr bei Nichteinhaltg der Mindestabnahme RNachteile vor, so ist das nicht ow sittenw (BGH NJW **90**, 568). Brauerei, die zu ihren Gunsten (§ 328) geschl unsittl Vertr vorbereitet h, muß sich wie VertrPart behandeln lassen (BGH **LM** (Bb) Nr 27). Vgl auch AGBG 9 Rn 70 ff. – **Bierverlagsvertrag:** Bei unvertretb Einengg der wirtschaftl Beweggsfreih, ja (BGH NJW-RR **87**, 629). – **Bindungsdauer:** 5 Jahre bei Beratgs-Vertr mit RA, nein (BGH NJW **95**, 1430); 7 Jahre bei HaarpflegeVertr, nein (BGH NJW-RR **86**, 982); 15 Jahre beim RatenkreditVertr, nein (Hamm NJW-RR **92**, 685); Ausschluß des ordentl KündR bei Fernwärme Vertr aus der Zeit vor dem 1. 4. 80, nein (BGH **64**, 290, **100**, 3); Ausschluß des ordentl KündR des Unternehmers beim HandelsvertreterVertr, nein (BGH NJW **95**, 2350); zu BierbezugsVertr s dort, zu Kaufzwangsklauseln in ErbbRVertr s Rn **83**, zum WettbewVerbot s Rn 106, s auch AGBG 11 Nr 12.

d) Bordellverträge: Rn 52. – **Bürgschaft** zG eines Angeh, der strafb Hdlgen begangen hat, idR nein **82** (BGH NJW **88**, 2599); wg „Überforderg" des Bürgen, idR nein (Rn 38). – **Ehe und Familie:** Rn 46 ff.

e) Bindg dch Ehrenwort zur Bekräftigg dienstvertragl Pflten kann den Vertr sittenw machen (RG **74**, **83** 333 u **78**, 263). – **Eigenhändlervertrag:** Erschwerg der nach 5 Jahren erstmals mögl Künd dch Verpfl, die ges Kundsch zu übergeben u Wettbew für 2 Jahre zu unterl, ja, wenn ohne angem Entsch (BGH **LM** (Bb) Nr 33). – Kaufzwangklausel in **Erbbaurechtsvertrag**, idR nein (BGH **68**, 1, **75**, 15), sie können aber gg AGBG 9 verstoßen (BGH **114**, 339); s auch ErbbRVO 2 Rn 4. – **Erfolgshonorar:** Rn 58. – **Fernlehrvertrag:** s FernunterrichtsschutzG u Einf 21 v § 611. – **Finanzielle Leistungsfähigkeit:** Rn 36. – Vertr über **Fluchthilfe**, grdsl nein, doch kann sich Sittenwidrigk aus überhöhter Vergütg od aus and Umst (konkr Gefährdg unbeteil Dr) ergeben (BGH **69**, 295, NJW **80**, 1574, Wengler JZ **78**, 64). Grdsl unbedenkl auch Vereinbg, wonach Vorschuß iF des Mißlingens der Flucht nicht zurückzuzahlen ist (BGH **69**, 307). – **Franchisevertrag:** Zahlg einer hohen Lizenzgebühr für eine nicht realisierte u nicht realisierb GeschIdee ja (LG Karlsr NJW-RR **89**, 822).

f) Zuwendungen an Geliebte: Rn 50. **84**

g) Gesellschaftsverhältnis (s auch Rn 99 „StimmR"): GewinnVorweg für Kommanditisten ohne Rücks **85** auf JahresAbschl, ja (RG **166**, 72). Best, daß Gter, die Konkurrenten der Gesellsch sind, sich in GterVers dch Mitgl der GeschFg od des AufsR vertreten lassen müssen, nein (RG **80**, 390, 391), dagg ja, wenn alle GterR dch Vertreter ausgeübt w sollen (RG **88**, 221, 222). Verpflichtg zur Übertragg aller GterR auf einen TrHänder, ja, wenn der Gter diesen weder anweisen noch abberufen kann (BGH **44**, 158). Verspr des geschführd Gters einer PersHandelsgesellsch, Einn aus anderw Tätigk jeder Art an Gesellsch abzuführen, ja, da unzul Eingr in den FreihBereich (BGH **37**, 385). ManagementVertr mit FamKG, der für diese 50 Jahre unkündb ist, ja (BGH DB **82**, 846). Befreiung des geschführden Gters von Pfl zur RechenschLegg, uU ja (BGH Warn **65**, 126), Globalzession aller KommanditeinlageFdgen einer PublikumsKG, uU ja (BGH DB **79**, 300). Befugn, die Beteiligg eines MitGters ohne wicht Grd nach freiem Ermessen zu beenden, idR ja (BGH **81**, 266, **123**, 281, **125**, 75). Grdsl zul ist aber ein freies KündR iF des Todes eines Gters (BGH **105**, 217). Bei **Buchwertklauseln** ist zu unterscheiden: Sie sind idR wirks (BGH NJW **89**, 2686), auch ggü dem Gläub, der einen GesellschAnteil gepfändet hat, vorausgesetzt er wird nicht schlechter behandelt als ein Gter (BGH NJW **75**, 1835, Ffm OLGZ **78**, 86). Sittenw ist aber eine willkürl, dch das GesellschInteresse nicht gedeckte Beschränkg der Abfindg auf den Nennwert (BGH **116**, 375). Unvereinb mit § 138 ist auch, daß der ohne wicht Grd Ausgeschlossene od der aus wicht Grd Austretde zu Buchwerten abgefunden w (BGH NJW **79**, 104, NJW **92**, 895 zur GmbH, Ulmer NJW **79**, 101, Engel NJW **86**, 345). Auf jeden Fall sittenw ist die Kürzg des AbfindgsAnspr auf den halben Buchwert (BGH NJW **89**, 2686, Mayer DB **90**, 1319). Einzahlg der GmbH-Stammeinlage aus Mitteln, die dch UntreueHandlgen zu Lasten der Gesellsch beschafft w waren, ja (RG **159**, 331). Bewußter Verstoß gg das Verteilgsverbot in GmbHG 73, ja (BGH NJW **73**, 1695). GesellschVertr über „Ferienrechte" mit einem KündAusschluß für 17 Jahre u weiteren die Gter belastden Regelgen, ja (LG Kleve NJW-RR **93**, 165).

h) Gläubigergefährdung (vgl auch Rn 97 „SichgÜbereigng"): SichgVertr, mit dem sich eine Bank **86** leichtfert über die Belange etwaiger GeschPartner des Schu hinwegsetzt, uU ja (BGH **20**, 50–52). FinanziergsVertr mit Abtr, die die ges Einn des Schu an sich ziehen sollen, uU ja, wenn ihm aus dem Kredit die Befriedigg seiner and Gläub aus fr Zeit nicht mögl (BGH **19**, 17, 18). Aneigng sämtl Werte eines konkursreifen Untern dch GroßGläub unter Ausnutzg der wirtsch Machtstellg, so daß Einstellg mangels Masse nöt, ja (BGH NJW **56**, 417). SichgÜbertr der ggwärt u künft KundenFdgen u damit des letzten pfändb Verm dch einen Unternehmer, dessen baldiger Konk wahrscheinl ist, ohne Zuführg neuer Mittel, ja (BGH NJW **95**,

1668). Für die Sittenwidrigk ausr, daß der SichgN aGrd seiner Kenntn von der VermLage des Schu mind mit der Möglk einer Täuschg and Pers über die Kreditwürdigk des Schu rechnet (RG **143**, 52, BGH DB **77**, 949). SichgVertr zur Sanierg, ohne daß der Gläub die Erfolgsaussicht eingehd u obj geprüft h, idR ja, wenn die Möglk besteht, daß Dr über die Kreditwürdigk des Schu getäuscht w (BGH **10**, 228). Fortführg eines konkursreifen Untern zur Prüfg von Saniergsmöglichk, nein, sow die PrüfgFr sich im Rahmen des Vertretbaren hält (BGH **75**, 110, Batereau WM **92**, 1520). Konkursverschleppg, ja (Köln ZIP **85**, 1474). Übereigng des Warenlagers eines FlüchtlingsBetr zur Sichg an die öff Hand, idR nein, weil and Gläub damit rechnen müssen, daß keine nennenswerte Kapitalausstattg vorh (BGH BB **66**, 12). Entggn von ErfLeistg od Sicherh dch Gläub in Kenntn des bevorstehdn Zusbruchs des Schu, nein (BGH **LM** (Bb) Nr 13). Wg GläubBenachteiligg anfechtb RGesch, idR nein (Rn 16). Abtr aller Anspr des Spediteurs gg den Versender, ja wg Gefährdg der Anspr des Frachtführers (Hamm NJW-RR **87**, 235). ZwVerst, um Lasten zu beseitigen, die nach Überzeugg des Eigtümers dch das Grdst nicht mehr gedeckt w, nein (RG **160**, 58). Für Lohnschiebgs-Vertr gilt die Sonderregel in ZPO 850h.

87 **i) Glücksspiel:** Darl zu Spielzwecken, ja, wenn Darleiher daraus Gewinn ziehen will u es sich für DarlNehmer um nicht unbedeutde Betr handelt (BGH **LM** § 762 Nr 1, WM **91**, 1947, Hamm NJW-RR **88**, 871); sonst nein (BGH NJW **74**, 1821); entspr gilt bei Darl für WareterminGesch (Köln WM **83**, 1072). MietVertr über Spielräume nicht schon dann, wenn Spielzweck Verm bekannt, wohl aber, wenn Spiel bewußt gefördert w soll (RG Warn **22**, 121). – **Haftungsbeschränkungen und -verschärfungen:** § 276 Rn 53 u 62. – **Haushaltsvorschriften:** Vertr mit Gemeinde, dessen Erf nur unter schwerer Verletzg von HaushVorschr mögl ist, ja (BGH **36**, 398). – **Haustürgeschäfte:** Rn 18. – **Kartellrecht:** FolgeVertr, nein (Celle NJW **63**, 2126, § 134 Rn 19 unter „KartellR"). Über Vertr mit Dr, der gült PrBindgsVereinbg widerspricht, vgl Plaßmann NJW **63**, 2097 u Paul NJW **64**, 129. – **Kaufvertrag** mit Polenaussiedler unter Ausnutzg von dessen geschäftl Unerfahrenh, ja (Hamm JMBlNRW **74**, 32); mit einer VorauszahlgsPfl, die der Käufer offensichtl nicht erfüllen kann, ja (KG MDR **84**, 405, näher Rn 36); über ein Heizgerät im Wert von ca 325 DM zum Preis von 1767 DM, ja (LG Brem NJW-RR **88**, 570); Bestellg von Möbeln zum Preis von 20000 DM an der Haustür, ja (BGH ZIP **88**, 582, Rn 18).

88 **k) Knebelungsverträge:** Rn 39. – **Kommerzialisierung:** Rn 56. – **Konkurrenzverbote:** Rn 105.

89 **l) Koppelungsgeschäfte:** Koppelg von WohnVermittlg u MöbelVerk ist dch Ges zur Regelg der Wohn-Vermittlg 3 III 1 untersagt (§ 652 Rn 45). Nach fr Rspr war eine solche Koppelg nicht ohne weiteres sittenw (BGH NJW **70**, 2017). Ein entspr Verbot für die Koppelg von GrdstKaufvertr mit Ingenieur- u ArchVertr enthält das Ges zur Regelg von Ingenieur- u ArchLeistgen 3 S 1 (§ 631 Rn 3). Auch derart Vereinbgen waren fr nicht in jedem Fall sittenw (BGH **60**, 33). – **Krankenhausaufnahmevertrag** mit einem nicht behandlgs-bedürft Querschnittgelähmten, der den hohen Pflegesatz selbst zu tragen hat, ja (BGH **102**, 110). – Aus-
90 nutzg von **Hoheitsrechten:** Der Staat darf grdsätzl die Wahrnehmg der öff Aufgaben nicht von einer gesetzl nicht vorgesehenen Geldleistg abhäng machen (BGH **LM** § 134 Nr 50). Gewährg in das Erm gestellter baurechtlich Befreiungen gg kostenl Abtr eines GrdstStreifens für eine Straßenverbreiterg, ja (BGH NJW **72**, 1657, vgl auch Menger VerwA **64**, 203 u RG SeuffA **87**, 182). Steuerl UnbedenklichkBescheinigg gg Abtr zur Sicherg künft SteuerFdgen, ja (BGH **94**, 125). BaudispensVertr, die mit wirtsch GgLeistg verbunden sind, können wirks sein, wenn sie innerl zusgehörde Dinge in vernünft Weise miteinand verknüpfen, u der Bauherr nicht schlechter gestellt w als iF einer Enteigng (BGH **26**, 87, 88). Unbedenkl auch Gen, gg die wesentl finanzielle Grde sprechen u auf die kein Anspr bestand, an eine GgLeistg zu knüpfen, wenn diese die finanziellen Nachteile mildert (BGH **LM** § 134 Nr 50). Übern von „Folgekosten" der Bebauung dch Bauherrn, Frage des Einzelfalles (BVerwG NJW **73**, 1895, BGH NJW **75**, 1019). Für die Beurteilg ist gleichgült, ob BeitragsPfl in Vertr mit der Gem od in Vertr mit GrdstVeräußerer zG der Gem begründet w (BGH aaO). Die Ergebn der bisherigen Rspr sind nunmehr in dem für öffrechtl Vertr geltden VwVfG 56 kodifiziert. Danach kann eine GgLeistg vereinb w, wenn diese für einen best Zweck versprochen w, der Erf öff Aufg dient, angem ist u im sachl Zushang mit der Leistg der Beh steht. Ein Forstamt, das die Privatwaldbesitzer iW schlicht hoheitl Tätig berät u betreut, darf sich bürgerl-rechtl Mittel bedienen u die Unkosten für die Weiterleitg von SammelBestellgen der Waldbesitzer dch eine Prov mindern (BGH MDR **63**, 990). – **Kredittäuschung:** Rn 86.

91 **m) Kündigung:** Sie ist sittenw, wenn sie aus verwerfl Motiven, etwa Rachsucht od Vergeltg, erfolgt (BAG NJW **90**, 142). Die Sittenwidrigk kann sich aber auch aus dem Verstoß gg obj Wertmaßstäbe ergeben (s BAG aaO). Bei ArbVertr, die in den Schutzbereich des KSchG fallen, ist § 138 nur anwendb, wenn Unsittlichk nicht aus Sozialwidrigk iS von KSchG 1, sond aus sonst Grden hergeleitet w (BAG **16**, 26, DB **73**, 2307). Künd wg Ablehng schamverletzder Untersuchg, ja (RAG JW **36**, 2012). Künd, um die Erlangg des Amts als VertrauensratsMitgl unmögl zu machen, ja (RAG **20**, 319). Künd wg herabsetzder Agitation gg den ArbG, nein (BAG NJW **73**, 77), Künd währd der Wartezeit wg Aids, nein, wenn die Erkrankg zu längeren Ausfallzeiten geführt hat u mit weiteren zu rechnen ist (BAG NJW **90**, 142). – MietVertr aus Vergeltg od sonst unsachl Grden uU ja (vgl LG Mannh NJW **68**, 1833 u AG Siegen MDR **70**, 239), ebso ÄndergsKünd, die dem Mieter kaum Zeit zur Überlegg läßt (LG Hbg NJW **71**, 1084). Künd eines TankstellenVertr, weil der Pächter die Einf eines belastdn Rabattsystems ablehnt, ja (BGH NJW **70**, 855). – Künd eines wirtsch unzumutb PrivatgleisAnschl trotz Monopolstellg, nein (BGH DB **71**, 2352). Künd eines StromliefergsVertr, uU ja,
92 wenn die Weiterbelieferg wirtsch zumutb ist (BGH **24**, 152). – **Leasingvertrag:** Einseit zG der Vertriebsfirma gefaßter FormularVertr über Aufstellen einer Softeismaschine u Bezug von Eisbeuteln, ohne daß die Vertriebsfirma ihre Vertreter zur ordngsgem Information angehalten h, ja (Bambg NJW **72**, 1993). Vereinbg eines erhebl über den übl Sätzen liegdn Entgelts, uU ja (Rn 33a). – **Leihmuttervertrag:** Rn 48.

93 **n) Macht- oder Monopolstellung** (s auch Rn 38 KnebelgsVertr): Festsetzg eines überhöhten sachl nicht zu rechtfertigden Strompr unter Ausnutzg der Monopolstellg, ja (BGH NJW **76**, 711, **LM** (Cc) Nr 4). Existenzgefährdde Standgelderhöhg für Tabak- u Süßwarenstand dch Stadtgemeinde, ja (BGH **19**, 94). Überhöhte Vergütg für SondernutzgsR unter Ausnutzg der Zwangslage, ja (BGH NJW **58**, 1772). Unbefristetes RücktrR der Gemeinde für den Fall, daß der Käufer das Grdst nicht zweckentspr nutzt, nein (BGH WM **84**, 1253). Sittenw auch die mißbräuchl Ausnutzg der Machtstellg des **Vermieters;** Mietwucher s

130

Rn 76. Verpfl zur Kinderlosigk im MietVertr, ja (LG Mannh WM **65**, 95). Vereinbg, daß Verp bei Beendigg des PachtVerh unter Ausschl von EntschAnspr die vom Pächter eingebaute Anl behalten darf, Frage des Einzelfalls (BGH NJW **67**, 1223). Verbot in PachtVertr über Kiesgrube, verpächterfremde Grdst ohne dessen Zust auszukiesen, uU ja (BGH WM **72**, 882). Verbot, in MietWo elektr Waschmaschine aufzustellen, ja (Roquette NJW **63**, 91, LG Bln JR **63**, 423, Glaser MDR **63**, 364); ebso für Geschirrspülmaschine (AG Hildesheim NJW **73**, 519), u das Verbot der Hausmusik (Hamm MDR **81**, 320). Vereinbg von Kettenmiet-Vertr um den Mieterschutz zu umgehen, nein, da der Schutz des § 564c I ausreicht (Ffm NJW-RR **91**, 269). Vgl auch AGBG 9 Rn 110ff. Vereinbg einer überhöhten Abstandszahlg zw Vor- u Nachmieter, uU ja (Düss NJW-RR **92**, 1429, Ffm NJW-RR **93**, 975, Peters JR **92**, 225). Vergl, den der **Versicherer** unter Mißbr seiner Machtstellg ggü dem in dringder Not befindl VersN herbeigeführt h, ja (RG JW **36**, 2787); ebso Vereinbg einer unverhältnismäß geringen Abfindg für den Tod des Ehem, wenn Versicherer die GeschUnkenntn des and Teils ausgenutzt h (RG **96**, 92, 93). – **Maklervertrag:** IndividualVereinbg über erfolgsunab- **94** hängige MaklerProv, nein (BGH DB **76**, 189); zeitl unbegrenztes AlleinverkaufsR, ja (BGH WM **76**, 533). Vereinbg, wonach der für beide Seiten tät Makler vom Kaufinteressenten auch bei Nichtzustandekommen des KaufVertr eine Prov erhalten soll, ja (BGH **61**, 17, Lopau NJW **73**, 1971). Das gilt entspr für den Finanzmakler (Nürnb OLGZ **65**, 7). Vereinbg eines erhebl überhöhten Entgelts, uU ja (Rn 68). Maklerbindg (Selbstverkaufsverbot) für angem Fr (5 Jahre), nein (BGH WM **74**, 257).

o) Nachrichtenbeschaffung: Vertr zur Beschaffg pol u handelspol Nachrichten aus dem Ausl, nein (RG **95** JW **24**, 1424). – **Naturalobligation:** Abrede in ggs Vertr, daß die Anspr einer Part nicht klagb sein sollen, idR ja (Celle OLGZ **69**, 1). S auch § 134 Rn 22 unter „SchiedsVertr". – **Organtransplantation:** Rn 56. – **Partnerschaftsverträge:** Rn 68. – **Pauschalierter Schadensersatz:** S § 276 Rn 54. – **Praxiskauf:** Rn 60. – **Religionsbekenntnis:** Letztw Vfg, nach der ein Erbe iF des Glaubenswechsels auf den Pflichtt gesetzt w, ja (RG JW **13**, 1100). AuflVerpfl für den Fall, daß der Käufer kath w sollte, ja (KG HRR **33**, 1830); erbrechtl Nachteile wg Zugehörigk zur Scientology Church, nein, wenn es dem Erbl darum geht, sein Vermögen vor dem Zugriff der Scientology Church zu schützen (Düss NJW **88**, 2615, Smid NJW **90**, 409); HeimfallAnspr iF des Glaubenswechsels, ja (Brschw OLGZ **76**, 52, aA LG Mü II Rpfleger **83**, 268).

p) Scheckrecht: Vertr über Scheckreiterei, ja (BGH NJW **93**, 1068). **Schiedsgerichtsvertrag,** der einer **96** Partei eine übermäß Machtstellg verleiht, ja (BGH **106**, 339). – **Schmiergeldverträge:** Rn 63. – **Schmuggel:** Rn 43f. – **Schneeballsystem:** Vertr über die Mitarbeit in einer auf dem Schneeballsystem aufgebauten Vertriebsorganisation, ja (BGH WM **78**, 877, Mü NJW **86**, 1880, LG Trier NJW-RR **90**, 313), u zwar einschließl des zur Finanzierg abgeschl DarlVertr (BGH NJW **79**, 868). – **Schweigegeld:** ErlVertr, um zu verhindern, daß der Schu strafb Handlgen des Gläub anzeigt, ja (RG **58**, 204, 207). Entgeltl Verspr des Ehem ggü dem Ehebrecher, über den Ehebruch zu schweigen, ja (BGH **LM** § 134 Nr 18, Rn 56).

q) Sicherungsübertragungen. – aa) Sie werden idR formularmäß vereinbart. Soweit es um die Benach- **97** teiligg des SichgG geht, ist daher auch der strengere AGBG 9 Prüfgsmaßstab; soweit es sich um Interessen Dr od der Allgemeinh handelt, ist dagg allein auf § 138 abzustellen. Die SÜ des ganzen Warenlagers ist nicht ow sittenw (RG **132**, 187, BGH NJW **62**, 102), auch nicht die des ganzen Maschinenparks (BGH NJW **56**, 585) oder aller künft GeschFdgen (Rn 77). Fehlde Offenkundigk macht die SÜ noch nicht sittenw (RG **160**, 57). Auch die SÜ unpfändb Sachen ist nicht sittenw (BGH WM **61**, 243, Ffm NJW **73**, 104, Bambg MDR **81**, 50, Wacke, JZ **87**, 382). Eine gült SÜ wird dch eine spätere sittenw nicht unwirks, jedoch kann die Dchführg des ErstVertr gg § 138 verstoßen (BGH **7**, 114). Auch GläubGefährdg (Kredittäuschg/Konkursverschleppg) kann die Anwendg von § 138 rechtfertigen (Rn 86), ebso die Knebelg (Aussaugg) des Sichg-Geb (Rn 39). – **bb)** Die Unwirksamk kann sich bei formularmäß bestellten nicht akzessor Sicherh auch **97a** daraus ergeben, daß gg möglw auftretde **Übersicherung** keine ausr Vorkehrgen getroffen worden sind. Die hierzu seit 1990 entwickelten strengeren Kriterien hat der BGH, vor allem sein XI. ZS, in neueren Entsch (BGH NJW **94**, 1798, **95**, 1085, 2219, 2221, 2289, 2348), soweit abgeschwächt, daß der *status quo ante* fast schon wieder erreicht ist. Der ggwärtige, wenig übersichtl Stand der Rspr ist folgder (Wiegand/Brunner NJW **95**, 2513): **(1)** Die SÜ **bestimmter Sachen** ist auch ohne Freigaberegelg grdsl wirks (BGH **124**, 380); der SichgG w dch den vertragl od gesetzl FreigabeAnspr, der bei Eintritt einer deutl Übersicherg entsteht, idR hinreich geschützt. Schränkt die Klausel diesen FreigabeAnspr ein, ist sie unwirks, die Wirksamk der SÜ bleibt aber unberührt. Das gilt ebso für die Bestellg einer GrdSchuld (BGH NJW **94**, 1796), die Abtr einer KapitallebensVers (BGH NJW **95**, 2219), die Abtr des pfändb Teils der HonorarAnspr gg eine kassenärztl Vereinigg (BGH aaO) u für die SÜ einer Sachgesamth, wenn deren Bestand, vom Austausch einz entwerteter Stücke abgesehen, bereits bei VertrSchl feststeht (BGH **124**, 371), aber auch für die kombinierte Abtr des Darl- u LebensVersAnspr beim Berlin-Darl (Celle NJW-RR **94**, 737). Für den Fall, daß die Kreditsumme absinkt, brauchen keine bes Vorkehrgen getroffen zu werden (BGH **124**, 379, Düss DB **94**, 1379). **(2)** And liegt es bei **revolvierenden, umfangmäßig unbestimmten Sicherheiten,** so bei der **97b** Globalzession eines wechselnden FdgsBestandes (BGH **109**, 245), bei der SÜ eines Warenlagers (BGH **117**, 377), beim erweiterten u verlängerten EigtVorbeh (BGH **120**, 300, **125**, 87) u bei der LohnAbtr (BGH **108**, 106), da es hier typischerw zu einem Anwachsen der Sicherh u damit zu einer Übersicherg kommt. Hier muß eine ausdr Freigaberegelg getroffen w, die nicht auf billiges Ermessen, sond auf obj Bezugsgrößen abstellt (BGH aaO). Bei einer LohnAbtr zur Abwendg der ZwVollstr aus einem vollstreckb Titel ist aber eine bes Freigaberegelg nicht erforderl (BGH NJW **95**, 2289). Beim erweiterten u verlängerten EigtVorbeh muß idR eine FreigabePfl bei einer Überdeckg von 20% bestehen (BGH **120**, 300), bei der Globalzession jedenf bei einer Übersichg von 50% (BGH **98**, 303). Offen ist, ob dabei auch die Kosten zu berücksichtigen sind, die der SichgN zukünft nach InsO 170, 171 zu tragen hat (Obermüller WM **94**, 1875). Stellt die FreigabeRegelg auf den „Wert der Fdg" ab, ist darunter iZw der Nennwert u nicht der realisierb Wert zu verstehen (BGH NJW **94**, 445, 1799). Ist für die Entscheidg über die Freigabe eine Bewertg von Sachen erforderl, muß die Freigaberegelg eine Bezugsgröße für die Wertermittlg festlegen (BGH **117**, 377). Ausr ist eine Regelg, die auf den EinkaufsPr od GestehgsPr (BGH NJW **95**, 2348) od den realisierb Wert (BGH NJW **95**, 2223) abstellt, ein etwaiger Zusatz, daß dieser nach bankübl Grds zu ermitteln ist, ist unschädl (BGH aaO). Genügt die Freigaberegelg diesen Erfordern nicht, ist die Bestellg der Sicherh im ganzen unwirks

(BGH **108**, 106, **117**, 377, **120**, 300, **125**, 87, NJW **95**, 2223 krit BGH NJW **94**, 1798, **95**, 1085, Früh DB **94**, 1860, Neuhof NJW **95**, 1068); das ist aber im Ergebn unschädl, wenn der Bank nach ihren AGB an dem SichgGut ein PfandR zusteht (BGH NJW **95**, 1085, aA Tiedtke WiB **95**, 582). Werden unter (1) u (2) fallde SichgÜbertraggen miteinander kombiniert, bedarf es keines zusätzl GesDeckgsplanes (Hamm NJW **94**, 2624). Eine Unwirksamk allein der VerwertgsRegel läßt die Wirksamk der SichgÜbertragg grdsl unberührt (BGH NJW **95**, 2348).

98   **r) Sport:** Entgeltl Vertr zur Fernhaltg von Mitbewerber, ja (RG **138**, 137). Vertr zw Arzt u Sportler über Doping, ja (Derleder/Deppe JZ **92**, 117, Turner NJW **92**, 720). Verspr von Zuwendgen an Fußballspieler unter Verletzg des Bundesligastatuts, idR nein (BAG NJW **71**, 855, krit Reuter NJW **83**, 650), ebso HandgeldVerspr entgg dem VertrSpielerstatut (Köln NJW **71**, 1367), od dem Amateurstatut (Hamm NJW **76**, 331). Vereinbg einer Transfersumme für Amateurfußballer, nein (Karlsr NJW **78**, 324). Satzgsregelgen über Transferzahlgen für Sportler s § 25 Rn 9. **Standespflichten:** Rn 57 ff. – Vertr über freiw **Sterilisation,** grdsl auch dann nein, wenn keine soziale od eugenische Indikation gegeben ist (BGH **67**, 48, Bambg NJW **78**, 1685, s aber Narr Ärztl BerufsR, 2. Aufl Rn 818 ff).

99   **s) Steuerzuwiderhandlungen:** Rn 45. – **Stimmrecht** (s auch Rn 85): Mitstimmen in eig Sache, ja (RG **136**, 245, BGH **108**, 27, § 134 Rn 24). StimmRBindgsVertr idR nein (RG **161**, 300, BGH NJW **51**, 268). Vereinbg, daß die Mitgliedsch im AufsR einer GmbH alle 5 Jahre zw zwei Fam wechseln soll, ja (RG **57**, 208). – Vorbereitg, Förderg u Ausnutzg **strafbarer Handlungen:** Rn 43. – **Täuschung von Behörden:** Rn 44.

100   **t) Telefonsex:** Rn 52, Testament zG der Geliebten: Rn 49, **Time-Sharing-Verträge** können wg überhöhten Pr (BGH NJW **94**, 1346, LG Bln NJW-RR **95**, 754), irreführden (LG Hbg u LG Tübingen NJW-RR **95**, 1078, 1142) od unerfüllb Inh (LG Detmold NJW **94**, 3301) gg § 138 verstoßen (Hildenbrand NJW **94**, 1994). Grobe Abweichgn von der noch nicht umgesetzten EG-RiL (NJW **95**, 374) können Sittenwidrigk begründen. **Treuebruch:** Rn 62. Beschäftiggs- u Investitionszusagen in Vertr mit der **Treuhandanstalt,** idR nein (Wächter WM **94**, 1319).

101   **u)** Entgeltl Vereinbg über das **Umgangsrecht:** Rn 56. – **Umgehungsgeschäfte:** § 134 Rn 28. – **Unterhalt, Vaterschaft:** Rn 48.

102   **v) Vereitelung von Rechten Dritter:** Rn 61. – **Vergleich:** Regelg der RFolgen eines nichtigen Vertr, nein (BGH NJW-RR **89**, 1143). Vereinbg einer unangem niedr Abfindgssumme unter Umgehg des RA der Geschädigten, uU ja (LG Saarbr AnwBl **76**, 131). **Verlängerter Eigentumsvorbehalt:** IdR nein, es sei denn, daß er zu einer die übr Gläub benachteiligden Übersicherg führt (Rn 97); uU ja, wenn er wie eine Globalzession wirkt (BGH WM **69**, 1072). Für das Verh zur Globalzession s § 398 Rn 25. – Bewußte **Verleitung zum Vertragsbruch,** ja (BGH NJW **88**, 1717). – **Verfahrensrecht:** Vertr, die eine Pfl zur Vornahme od zum Unterl einer ProzHdlg begründen, sind zul (§ 242 Rn 82). Wirks auch Verpfl zur Rückn einer StrafAnz (Ffm MDR **75**, 584). – **Versicherungsrecht:** Abschl einer RSchutzVers dch einen WoEigtümer mit geringem Anteil, um alle Anspr der Gemsch geltd zu machen, nein (BGH NJW **95**, 2284). – **Versteigerung:** Abhalten vom

103 Mitbieten in der ZwVerst nur unter bes Umst (BGH NJW **61**, 1012, Köln NJW **78**, 47, Ffm WM **89**, 1104), § 134 Rn 25 unter „Versteigerg". – **Vertragsstrafe:** § 343 Rn 3. – **Vertrauensstellung:** Haben sich Vater, Mutter, Vormd, RAnw, Arzt oder Pers ähnl Stellg unter Mißbr ihrer Autorität unangem Vorteile versprechen lassen, ist die Zuwendg gem § 138 I nichtig (RG JW **37**, 25 Vater; BGH **LM** (Bc) Nr 1 ältere Schwester). –

104 **Wechselrecht:** Austausch von Finanzwechseln zum Zwecke der Kreditbeschaffg, ja (BGH **27**, 176, **121**, 280). Vermittlg u Austausch von Finanzwechseln auch in Einzelfällen idR, ja (BGH **LM** (Ca) Nr 3). Diskontierg von „umgedrehten" (vom Akzeptanten eingereichten) Wechseln, nein (BGH **56**, 265, Hamm NJW-RR **95**, 617), u zwar auch dann, wenn die Diskontbank weiß, daß der Akzeptant kein vollstrfäh Vermögen besitzt (BGH NJW **84**, 728). Begebg von Finanzwechseln gg gedeckte Schecks, idR nein (BGH NJW **80**, 931, Mü BB **88**, 95), Diskontierg eines im sog Wechsel-Scheck-Verf ausgestellten Wechsels, idR nein (Hamm NJW **86**, 2839, Ffm WM **95**, 1497). Begebg eines vierstell Wechsels in einem Animierlokal, uU ja (Rn 53).

105 **w) Wettbewerbsverbote. – aa) Arbeits- und Ausbildungsverträge.** Die SchutzVorschr der HGB 74 ff, insbes das Verbot unbezahlter Karenz (HGB 74) u die Beschränkgn des HGB 74 a (HöchstFr 2 Jahre), gelten auch für nichtkaufm ArbN (BAG **22**, 6, 125, 324, Köln WiB **94**, 285). Einbezogen sind auch Angest von Freiberuflern (BAG BB **74**, 1531), AuslAngest (BAG NJW **81**, 1174), Hochbesoldete (BAG NJW **76**, 342), Gesellschafter-Prokuristen (Karlsr OLGZ **87**, 211), uU auch FranchiseN (KG MDR **74**, 144), Kundenschutzklauseln (BAG NJW **88**, 1686), Mandantenschutzklauseln (BAG NJW **71**, 2245, **75**, 79) u Vereinbgen im Rahmen eines AufhebgsVertr (BAG NJW **95**, 151), nicht aber OrganMitgl (BGH **91**, 3, Bauer/Diller BB **95**, 1134) u Vereinbargen nach Beendigg des ArbVerh (BAG DB **68**, 1717, LAG Mü DB **86**, 2191). Auch HGB 75 f (Unverbindlichk von Sperrabreden) ist auf alle ArbN auszudehnen (BGH **88**, 264, NJW **74**, 1282, 1330). Für § 138 bleiben die (seltenen) Fälle, in denen die Sittenwidrigk aus Umst hergeleitet w, die nicht in den Schutzbereich der HGB 74 ff fallen (BAG NJW **70**, 626, **71**, 74, **AP** HGB 74 Nr 24). WettbewVerbote in AusbildgsVertr sind gem BerBG 5 I unzul. WettbewVerbote in nicht unter das BerBG fallden SchulgsVertr können schon wg Nichtzusage einer Karenzentschädig unwirks sein (Kblz NJW-RR **93**, 611). Dagg kann eine Mannequinschule mit ihren Schülerinnen ein örtl u zeitl angem begrenztes WettbewVerbot vereinbaren

106 (Karlsr MDR **75**, 314). – **bb) Gesellschaftsrecht, Freiberufler.** Der Inh des § 138 w dch die WertEntscheidg von GG 12 mitbestimmt (BVerfG NJW **90**, 1469). WettbewVerbote sind daher nur wirks, wenn sie dch ein schutzwürd Interesse des Berecht gefordert w u sich nach ihrem örtl, zeitl u ggstndl Umfang im Rahmen des Angem halten (BGH **91**, 6, NJW **86**, 2944, BezirksG Dresden DB **91**, 1620, Mayer NJW **91**, 23). Ein übermäß Verbot ist im ganzen unwirks (BGH NJW **86**, 2944, krit Lammel AcP **189**, 244) u erfaßt idR auch den übrigen VertrInh (BGH NJW-RR **89**, 801); eine geltgserhaltde Reduktion ist aber ausnahmsw zul, wenn sich die Bedenken allein gg die Verbotsdauer richten (BGH NJW **79**, 1606, **91**, 699). Zu Wettbew-

107 Beschränkgen zw RA s Michalski/Römermann ZIP **94**, 439). Als **wirksam** hat die Rspr anerkannt: 2- bis 3jähriges Rückkehrverbot nach Tausch von Arztpraxen (BGH **16**, 81); beim Praxisverkauf liegt die zeitl Obergrenze bei 5 Jahren (Narr, ArztR 2. Aufl Rn 1150); Verpfl, sich nicht in einem best Ort als prakt Arzt niederzulassen (LG Münst NJW **70**, 1974); 3jähriges WettbewVerbot für fr Apothekenpächter (BGH NJW **64**, 2203); zeitl unbegrenztes, aber sachl eingeschränktes Verbot bei Verkauf einer Steuerberaterpraxis (Kblz

BB **89**, 1010); 2- od 3jährige Mandantenschutzklausel für den ausgeschiedenen Gesellschafter einer Wirtsch-PrüfgsGmbH (BGH **91**, 6, NJW **68**, 1717) od den ausgeschiedenen Steuerberater (BAG BB **89**, 985, BGH NJW-RR **90**, 227). Als **nichtig** hat die Rspr angesehen: 10jähriges WettbewVerbot für einen ausgeschiede- **108** nen Gesellschafter (BGH NJW **79**, 1605); fehlt eine sachl u örtl Beschränkg, ist bereits eine Fr von 1 od 2 Jahren zu lang (Hamm NJW-RR **93**, 1314, Düss NJW-RR **94**, 35); zeitl u örtl unbeschränktes WettbewVerbot nach Verkauf einer RAPraxis (BGH NJW **86**, 2944); Mandantenschutzklauseln, die wg Einbez lange zurückliegder Auftr od künft Mandanten od sonst wg ihres Umfangs übermäß sind (BGH NJW **91**, 699, Celle OLGZ **90**, 464); zeitl unbegrenzte Mandantenschutzklausel für einen Unternehmensberater (LG Ffm BB **92**, 2459); 3jährige Wettbewerbssperre für den ausgeschiedenen GeschFü einer WirtschPrüfgsGmbH (BGH NJW **68**, 1717); WettbewVerbot für den ausgeschiedenen nur kapitalmäß beteiligten Gesellschafter (Karlsr WM **86**, 1473). Zur Anwendg von GWB 18 s BGH **112**, 218, DNotZ **89**, 238. Bei Teilg einer KapitalGesellsch nach GeschBereichen kann ein 5jähr Verbot mit § 138 vereinb sein, aber gg GWB 1 verstoßen (BGH NJW **94**, 384). – **cc) Unternehmensverträge, weitere Fälle.** Beim Verk eines Untern ist **109** das WettbewVerbot idR eine sich unmittelb aus § 433 ergebde VerkäuferPfl. Es ist aber entspr Rn 106 nur wirks, soweit es örtl, zeitl u ggständ angem ist. Eine Fr von 10 Jahren kann je nach Lage des Falles zul (BGH NJW **82**, 2000), aber auch zu lang sein (BGH NJW **79**, 1605). Geht das Verbot über das zur Erreichg des Leistgsaustauschs Erforderl hinaus, kann auch ein Verstoß gg GWB 1 vorliegen (BGH NJW **82**, 2000, Michalski BB **91**, 1875). Weitere Fälle: Zul: 3jähr räuml eng begrenztes Verbot für fr Tankstellen/ KfzWkStatt-Pächter (Celle NJW-RR **90**, 974); Kundenschutzklauseln in UnternVeräußergsVertr (Jeinsen DB **81**, 1707), 2jähriges Verbot für Fahrlehrer als fr selbstd Mitarbeiter (Köln OLGZ **67**, 397). Unzul: Unbefristetes u örtl unbegrenztes Verbot bei Verkauf eines ReiniggsBetr (BGH NJW-RR **89**, 801). 10jähriges Verbot für Verpächter eines Imbißstandes (Hamm MDR **87**, 320).

x) **Wucherähnliche Geschäfte:** Rn 24 ff. – **Zeugenbeeinflussung:** Rn 56. **110**

139 *Teilnichtigkeit.* **Ist ein Teil eines Rechtsgeschäfts nichtig, so ist das ganze Rechtsgeschäft nichtig, wenn nicht anzunehmen ist, daß es auch ohne den nichtigen Teil vorgenommen sein würde.**

1) Allgemeines. Abw von dem gemeinrechtl Grds *„utile per inutile non vitiatur"* hat gem § 139 die **1** Nichtig eines Teils eines RGesch iZw die Nichtig des ganzen RGesch zur Folge. Die Vorschr beruht auf dem Gedanken der **Privatautonomie** (Übbl 1 v § 104). Sie soll verhindern, daß den Part anstelle des von ihnen gewollten RGesch ein Gesch mit and Inh aufgedrängt w. Die gesetzgeberische Entsch, daß die GesNichtig die Regel u die Restgültigk die Ausn ist, wird aber dadch entschärft, daß über die Gültigk des RestGesch aufgrund des mutmaßlichen PartWillens u damit einer Abwägg der Interessen der Part zu entscheiden ist (Rn 14 f). Sie w außerdem dch zahlreiche Ausn eingeschränkt (Rn 17 f).

2) Anwendungsbereich. § 139 gilt für RGesch, die teilw nichtig sind. – **a) Begriff der Nichtigkeit** vgl **2** Übbl 27 v § 104. Gleichgült ist, worauf die Nichtig beruht. § 139 gilt für alle NichtigkGrde. Ist der Vertr wg Formmangels nichtig, kann ein VertrTeil, der für sich allein nicht formbedürft war, aufrecht erhalten werden, sofern dies dem mutmaßl PartWillen entspr (BGH NJW **86**, 2642). § 139 ist auch anwendb, wenn das RGesch wg einer TeilAnf (BGH NJW **69**, 1759, § 142 Rn 1) od einer anfängl Teilunmöglichk (RG **162**, 123) teilw nichtig ist. Alle Arten der **Unwirksamkeit** (Übbl 30–35 v § 104) fallen gleichf unter § 139, so etwa die schwebde Unwirksamk (BGH **53**, 179, 318, NJW **74**, 2234, **LM** Nr 24), die dch einen Widerr gem VerbrKrG 7, 9 II od HausTWG 1 entstandene Unwirksamk (BGH NJW **83**, 2028, **91**, 917, **95**, 724) u die wg Fehlens einer Gen des VormschGer (Zweibr NJW-RR **93**, 1478) od gem § 779 (Köln OLGZ **72**, 49). Bei nachträgl Teilnichtig infolge einer GesÄnd ist § 139 entspr anzuwenden, falls das ÄndGes keine Regelg enthält (BGH NJW **52**, 299, **LM** Nr 9), ebso iF des TeilRücktr (BGH NJW **76**, 1931) od der TeilAufhebg (BGH FamRZ **90**, 976). Bei nachträgl Teilunmöglichk gelten dagg die Sonderregeln in den §§ 275 ff, 323 ff. – **b)** § 139 gilt **3** grdsl für **Rechtsgeschäfte jeder Art,** nicht aber für vollzogene Arb- u GesellschVertr (Einf 29 v § 145), u wohl auch nicht für OrganisationsVertr (Hbg NJW **90**, 3025). Er bezieht sich aber nur auf das vollst vollendete RGesch, so daß die einz WillErkl, sow diese nicht selbständ RGesch bildet. Bei letztw Vfgen geht § 2085 dem § 139 vor (§ 2085 Rn 1). Versammlgsbeschlüsse fallen unter § 139, sow sie einen rgeschäftl Inh haben (RG **140**, 177, Hamm NJW-RR **86**, 501) ebso AufsRBeschlüsse (BGH **124**, 122). Unanwendb ist § 139 dagg auf die dch RGesch entstandenen Normen, wie Vereinssatzgen (BGH **47**, 179), TarifVertr (Söllner ArbR S 134, im Ergebn ebso BAG **1**, 258, 272) u BetrVereinbgen (Soergel-Hefermehl Rn 13), jedoch gilt § 139 für den schuldrechtl Teil. Auf Eintraggen im GrdBuch kann § 139 entspr angewandt w (RG **119**, 214), nicht aber auf Eintraggen im Vereins-, Handels- u GenossenschRegister (RG **132**, 22). Zu den Einschränkgen, die sich aus dem Schutzzweck der Nichtigk begründen Norm für den Anwendungsbereich des § 139 insb im Arb- u MietR ergeben, s Rn 18. – **c)** Im **öffentliches Recht** ist § 139 seit dem Inkrafttreten der VwVfG des Bundes u **4** der Länder nicht mehr (entspr) anwendb (MüKo/Mayer-Maly Rn 9, and die fr Rspr RG **133**, 211, BGH **58**, 395, BVerwG NJW **80**, 2539). Für öffr Vertr gilt der mit § 139 inhaltl übereinstimmde § 59 III VwVfG, für VerwAkte § 44 IV VwVfG. Auf einseit Erkl des öffR, die keine VerwAkte sind, ist nicht mehr § 139 BGB, sond § 59 III VwVfG entspr anzuwenden. Bei **Gesetzen** hat die Nichtigk einzelner Vorschr idR nicht die Nichtig des ganzen Ges zur Folge (BVerfG **8**, 301); Bebauungspläne bleiben nur wirks, soweit sie trotz ihrer Teilnichtigk eine sinnvolle städtebaul Ordng enthalten (BVerwG NJW **94**, 272). § 139 ist (entgg BGH **16**, 198) nicht anwendb, zumal er nicht einmal für Vereinssatzgen gilt (Rn 3).

3) § 139 setzt voraus, daß die Teilnichtig ein **einheitliches Rechtsgeschäft** betrifft. – **a)** Diese Voraus- **5** setzg kann auch dann zu bejahen sein, wenn die Part mehrere RGesch unterschiedl Typs, etwa einen KaufVertr über die Einrichtg u einen MietVertr über die Räume (BGH NJW **83**, 2028), abgeschlossen haben. Eine nur äußere Verbindg od ein wirtschaftl Zusammenhang genügen nicht (RG **103**, 298), können aber indizielle Bedeutg haben (BGH **LM** Nr 34). Entscheidd ist der **Einheitlichkeitswille** der Part zZ der Vornahme des RGesch; aus den Erkl der Part muß sich unter Berücksichtigg der Interessen der Beteil u der VerkSitte (§ 157) der Wille ergeben, daß die möglicherw äußerl getrennten RGesch miteinand stehen u fallen sollen (s BGH **50**, 13, **LM** Nr 34, NJW **76**, 1931, **90**, 1474). Es genügt der EinheitlichkWille einer Part, wenn er für die and erkennb war u von ihr gebilligt od hingenommen worden ist (BGH **LM** Nr 46). Bei Aufn in eine Urk besteht eine tatsächl Vermutg für einen EinheitlichkWillen (BGH **54**, 72, DNotZ **75**, 153), die getrennte Beurk spricht dagg prima facie für die Selbständigk der Gesch (BGH **LM** Nr 34). Auch dch die Beteiligg versch Pers an den einzelnen Abreden w das Vorliegen eines einheitl RGesch nicht ausgeschl (BGH **LM** Nr 34, NJW **76**, 1932). – **b) Einzelfälle** (ja = Einh, nein = keine Einh; da es auf die Umst des Einzelfalls ankommt, ist eine schemat Übertragg auf and Fälle unzul): Vertr mit Unfallhelferring über Übern der Schadensregulierg u DarlGewährg ja (BGH NJW **77**, 39, VersR **78**, 1041). Vermietg u Möbelverkauf uU ja (BGH **LM** Nr 29). Grdstkauf- u BaubetreuungsVertr uU ja (BGH NJW **76**, 1931). GrdSchuldBestellg u Bürgsch uU ja (BGH FamRZ **83**, 455); mehrere Bürgsch idR nein (Ffm NJW-RR **88**, 496); Bierliefergs- u DarlVertr uU ja (BGH NJW **91**, 917); Vertr über Hard- u Software, ja, wenn beide Vertr miteinand „stehen u fallen" sollen (BGH NJW **90**, 1312, Kblz u Mü NJW-RR **92**, 689, 1271); iZw nein bei Vertr über Standardware verschiedener Hersteller (BGH NJW **87**, 2007, aA Zahrnt BB **93**, 1675); Franchise- u Kauf- od ein sonst NebenVertr ja (BGH **112**, 293, Düss WM **87**, 601); DarlVertr mit mehreren DarlN ja (BGH NJW **91**, 40). Äußerl getrennte Erb- u AdoptionsVertr uU ja (BGH **LM** Nr 34). Erb- u EheVertr Frage des Einzelfalls (BGH **29**, 131, Stgt FamRZ **87**, 1035). Darl- u Pfandbestellg idR nein (RG **86**, 324). Darl u RestSchuldVers nein (BGH VersR **90**, 884, Ffm NJW-RR **89**, 591). Vertr, die die zu sichernde Fdg begründen, u SichgVertr nur ausnw ja (BGH NJW **94**, 2885). – Handelt es sich nicht um ein einheitl RGesch iSd § 139, kann die Wirksamk des einen Vertr **Geschäftsgrundlage** für den and sein (s Einf 17 v § 305). –

7 c) Grund- und Erfüllungsgeschäft (Übbl 19ff v § 104). – **aa)** Auch das Grd- u das ErfGesch können dch den Willen der Part zu einer **Einheit** iSd § 139 zusgefaßt w (BGH **31**, 323, NJW **52**, 60, **67**, 1130, BAG NJW **67**, 751, Eisenhardt JZ **91**, 271, stRspr, aA Medicus AT Rn 241, Staud-Dilcher Rn 19). Beide Gesch liegen zwar dogmat auf versch Ebenen; es ist auch richt, daß der AbstraktionsGrds ein wesentl Strukturelement des dtschen PrivR ist. Das ändert aber nichts am Vorrang des PartWillens. Wie auch die GgAns einräumt, können die Part Grd- u ErfGesch dch Vereinbg einer Bedingg zusfassen. Auch im Rahmen des § 139 **8** entscheidet der PartWille, wann ein einheitl RGesch anzunehmen ist. – **bb)** Grd- u ErfGesch bilden aber nur dann eine Einh, wenn für einen entspr PartWillen **konkrete Anhaltspunkte** vorliegen (BGH DNotZ **90**, 170). Der prakt immer bestehde wirtschaftl ZusHang genügt nicht. Gleichzeit Abschl u (od) Zusfassg in einer Urk haben indizielle Bedeutg, reichen aber für die Feststellg der Einheitlichk nicht aus (BGH NJW **67**, 1130, zu weitgehd BAG NJW **67**, 751). Es müssen bes Umst vorliegen, die für eine Zusfassg sprechen (BGH NJW **52**, 60). Fehlt es hieran (u das w die Regel sein), bleibt es bei der Selbstdigk der beiden Gesch, so wenn eine wg übermäß Länge sittenw BezugsPfl dch eine Dbk gesichert w (BGH NJW **88**, 2364, NJW-RR **89**, 519). Das GBAmt kann im allg davon ausgehen, daß etwaige Mängel des GrdGesch die Wirksamk des ErfGesch nicht berühren. Nur beim Handkauf w man auch ohne bes Anhaltspkte eine Einh annehmen können. Vgl auch Übbl 24 vor § 104 zur stillschw Vereinbg einer Bedingg u zu dem Fall, daß derselbe UnwirksamkGrd sowohl das Grd- als auch das ErfGesch ergreift. **Einzelfälle:** Fahrnisübereigng (BGH NJW **52**, 60); FdgsAbtr (BAG NJW **67**, 751, aA Hamm NJW-RR **88**, 628); vor allem SichgAbtr (BGH NJW **82**, 275, Tiedtke DB **82**, 1709, Bähr NJW **83**, 1473, krit Buchholz Jura **90**, 300, aber auch BGH NJW **91**, 353); SchuldÜbern (BGH **31**, 323, Hbg NJW **66**, 986); NießbrBestellg (Celle OLGZ **74**, 170); ErbbRBestellg (Wufka DNotZ **85**, 661); ErbteilsÜbertr (BGH NJW **67**, 1130, DNotZ **71**, 38). Die Nichtigk des GrdGesch kann sich auch auf die **Vollmacht** erstrecken (BGH NJW **85**, 730, ZIP **87**, 1455). – **cc)** Eine **9 Zusammenfassung** der beiden Gesch kommt **nicht** in Betr: **(1)** wenn das ErfGesch, wie die Aufl (§ 925 II), bedinggsfeindl ist, da den Part nicht der Wille einer GesUmgeh unterstellt w kann (s BGH NJW **79**, 1495, **91**, 918, Hbg NJW **93**, 3076); **(2)** wenn das GrdGesch als ScheinGesch nichtig ist, da die Part hier zw GrdGesch (nicht wirkl gewollt) u ErfGesch (gewollt) unterscheiden, ein einheitl Wille also gerade nicht besteht (s RG **104**, 104, Mü NJW-RR **86**, 13); **(3)** wenn das ErfGesch zur Heilg des GrdGesch führt (§§ 518 II, 766 S 2, GmbHG 15 IV 2; § 313 S 2 hier wg (1) ohne Bedeutg).

10 4) Teilbarkeit. – a) § 139 setzt voraus, daß sich die Nichtigk auf einen **abtrennbaren Teil** des RGesch beschr. Das RGesch muß daher teilb sein; das nach Abtrenng des nichtigen Teils verbleibde RestGesch muß als selbstd RGesch Bestand haben können (BGH NJW **62**, 913). Ist eine Regelg im ganzen unwirks, kann § 139 entspr anwendb sein, wenn die Part bei Kenntn der Unwirksamk eine and, auf das zul Maß beschränkte Regelg getroffen hätten (BGH **105**, 221, **107**, 355). An der Teilbark fehlt es, wenn die Erkl eines GesVertreters nichtig ist, weil die Erkl der and keine rechtl Bindg zu begründen vermag (BGH **53**, 214). Bei einem Verstoß gg § 138 ist eine teilw Aufrechterhaltg des RGesch nur mögl, wenn der sittenwidrige VertrTeil eindeutig abgegrenzt w kann u iü gg Inh u Zustandekommen des Gesch keine Bedenken bestehen (§ 138 Rn 19). Diese Voraussetzgen können gegeben sein, wenn allein die lange VertrDauer zu beanstanden ist (Rn 13). Auch eine Erbeinsetzg kann wg Verstoßes gg § 138 teilw nichtig, iü aber wirks sein (BGH **52**, 24). Dagg ist grdsl GesNichtigk anzunehmen, wenn ein Vertr wg der übermäß Höhe einer der beiden Leistgen gg § 138 verstößt (BGH **68**, 207, § 138 Rn 19). Die Teilg der Leistg ist eine angem u einen sittenwidr Teil wäre ein Eingriff in das von den Part zu bestimmde Äquivalenzverhältn, zu dem der Ri nicht befugt ist. And liegt es, wenn die Höhe des Entgelts, wie beim Verstoß gg Preisvorschriften (§ 134 Rn 27), normativ festliegt. Auch beim Mietwucher kann der Vertr zum ortsübl Mietzins aufrechterhalten w (§ 138 Rn 50). Entspr gilt im Ergebn iF des Lohnwuchers (§ 138 Rn 49). – **b)** Eine Teilg des RGesch u damit eine **11** Aufrechterhaltg des RestGesch ist in folgden **Fallgruppen** mögl: – **aa)** Die Nichtigk beschr sich auf **Einzelbestimmungen** des RGesch od einen Teil eines zusgesetzten RGesch; so kann die Vereinbg der Gütertrenng wirks sein, wenn der gleichzeit vereinbarte Verzicht auf Unterh, Zugewinn- u VersorggsAusgl unwirks ist (Stgt BWNotZ **90**, 168). – **bb)** Auf einer Seite des RGesch sind **mehrere Personen** beteiligt; nur im Verh zu einer Pers liegt ein NichtigkGrd vor. Die Rspr hat das RGesch aGrd des mutmaßl PartWillens (Rn 14) hinsichtl einer Pers aufrechterhalten: bei HypBestellg an mehreren MitEigtAnteilen (BGH DNotZ **75**, 152), bei BürgschÜbern dch Mitbürgen (RG **138**, 270), bei FdgsAbtr dch GesGläub (BGH NJW-RR **87**, 1260, Frage des Einzelfalls), bei gemeinschaftl Adoption dch Eheg nach fr R (BGH **24**, 345), bei einer mehrere Erben betreffden Anordng der TestVollstr (BGH **LM** § 2085 Nr 3). GesNichtigk ist dagg angenommen worden: bei PachtVertr, wenn einer der Pächter geschunfäh (RG **99**, 55), ebso bei ProzVergl (RG **141**, 108), bei GrdstVerkauf, wenn einer der Verkäufer geschunfäh ist (BGH NJW **94**, 1471) od die für einen Mj erforderl vormundschgerichtl Gen versagt w (BGH **54**, 72), bei Wucher od argl Täuschg ggü od dch einen von mehreren VertrPartnern (RG **72**, 218, Warn **12**, 360), bei VertrSchl im eig Namen u zugl als vollmloser Vertreter eines and, wenn dieser die Gen verweigert (BGH NJW **70**, 240). – **cc)** Die von beiden 12 Part zu erbringden **Leistungen** sind **teilbar** (§ 266 Rn 3) u der korrespondierde Teil der GgLeistg läßt sich anhand obj Kriterien ermitteln. Der NichtigkGrd beschränkt sich auf eine Teilleistg (BGH DB **83**, 1812). – **dd)** Das RGesch ist wg **überlanger Vertragsdauer** nicht wirks. Sow keine sonst Bedenken bestehen (s 13 BGH NJW **79**, 1606), kann das RGesch mit der zul Dauer aufrechterhalten w, so wenn die für eine längere Bindg erforderl vormundschgerichtl Gen fehlt (RG **114**, 35, 39, BGH NJW **62**, 734 MietVertr, RAG **21**, 129 ArbVertr, s auch BGH **28**, 83 LebensVersVertr), wenn bei einem BierliefergsVertr, einem WettbewVerbot od der AnkaufsVerpfl eines ErbbBerecht die Bindgsdauer gg § 138 verstößt (BGH NJW **74**, 2090, **79**, 865; BGH **68**, 5, WM **80**, 877, § 138 Rn 106), wenn bei einem im GesellschVertr vorgesehenen KündR (AusschließgsR) die fehlde Befristg mit § 138 unvereinb ist (BGH **105**, 221). § 139 ist auch anwendb, wenn lediglich die vereinbarte Rückwirkg des Vertr unwirks ist (Hbg NJW **90**, 521).

5) Rechtsfolgen. Das RGesch ist idR im ganzen nichtig. Ausnw bleibt das RestGesch wirks, wenn 14 anzunehmen ist, daß es auch ohne den nichtigen Teil vorgenommen worden wäre. – **a)** Dabei ist vorbehaltl abweichder Vereinbgen (Rn 17) auf den **mutmaßlichen Parteiwillen** abzustellen. Er ist nach den gleichen Grds zu ermitteln, die für die ergänzde VertrAuslegg gelten (§ 157 Rn 2ff). Maßgebd ist, welche Entscheidg die Part bei Kenntn der Teilnichtigk nach Treu u Glauben u unter Berücksichtigg der VerkSitte getroffen hätten (RG **107**, 40, **118**, 222, BGH **LM** Nr 13). Das bedeutet idR, daß das obj Vernünftige als PartWille anzunehmen ist (BGH NJW **86**, 2577, Ffm FamRZ **83**, 177). Es genügt nicht, daß die Part auf jeden Fall, wenn vielleicht auch and, abgeschlossen hätten. Das Gesch muß so, wie es sich ohne den nicht Teil darstellt, dem mutmaßl PartWillen entspr (RG **146**, 118, BGH NJW **51**, 397), u zwar dem Willen beider Part (RG **99**, 55). Hatten die Part von vornherein von der Teilnichtigkeit **Kenntnis,** liegt hinsichtl dieses Teils kein RFolgewille u daher kein RGesch vor (RG **122**, 140, BGH **45**, 379, BAG **1**, 270, stRspr, str). Das RGesch gilt ohne den als nichtig erkannten Teil, vorausgesetzt, daß es beide Part mit diesem eingeschränkten Inh gewollt haben (BGH **45**, 380, **LM** Nr 42, Mü WM **84**, 262). Überwiegen weder die für noch die gg die GesNichtigk sprechden Umst, ist das RGesch im ganzen nichtig (BayObLG MDR **80**, 756). Wer sich auf die Gültigk des RestGesch beruft, trägt für die Tats die **Beweislast,** aus denen sich ergeben soll, daß das RGesch auch ohne den nichtigen Teil vorgenommen worden wäre (BGH **45**, 380, **LM** Nr 42 Bl 2, Mü NJW-RR **87**, 1042). – **b)** In einigen **Fallgruppen** kann in typ Bewertg der Interessen der Part idR davon ausgegangen w, 15 daß die Gültigk des RestGesch ihrem mutmaßl Willen entspr. So erstreckt sich die Nichtigk des HauptVertr idR nicht auf die GerStandsKlausel (RG **87**, 10, BGH **LM** ZPO 38 Nr 4, KG BB **83**, 213) od die Schiedsabrede (BGH **53**, 318, NJW **77**, 1398, **79**, 2568). Umgekehrt läßt die Nichtigk der GerStandsKlausel die Gültigk des HauptVertr unberührt (BGH **22**, 90). Betrifft der NichtigkGrd allein die SchiedsGerKlausel, bleibt die gleichzeit vereinbarte GerStandsKlausel wirks (BGH DB **84**, 825). Sind einz Bestimmgen eines GesellschVertr nichtig, bleibt der Vertr iü idR gült (BGH **49**, 365, NJW **89**, 2682, Hbg NJW **90**, 3025). Die Nichtigk einer Wertsichergsklausel führt iZw nicht zur GesNichtigk, sond zur Substituierg einer rechtl unbedenkl Klausel (§ 245 Rn 20). – **c)** Die GesNichtigk **wirkt** ggü jedermann u ist im Proz vAw zu 16 berücksichtigen. Betrifft sie einen vollzogenen Arb- od GesellschVertr, gelten aber die Grds über das fehlerh Arb- u GesellschVerh (Einf 29 v § 145). Ausnw kann die Geltdmachg der GesNichtigk als **Rechtsmißbrauch** (§ 242 Rn 40) unbeachtl sein, so etwa, wenn die Nichtigk eines bereits abgewickelten Vertr aus einer Best hergeleitet w soll, der für die VertrDchführg bedeutgslos geblieben ist (BGH **112**, 296). Begünstigt die unwirks Best nur eine Part (Unterwerfg unter die ZwVollstr, Bestellg einer Sicherh, Begründg einer KontrollBefugn) u will diese am Vertr iü festhalten, kann diese am RGesch orientierte GesNichtigk dch die GgPart gg § 242 verstoßen (BGH NJW **67**, 245, **93**, 1589, einschränkd RG **91**, 361). Eine unzul RAusübg kann aber auch dann anzunehmen sein, wenn die Part, die dch den Wegfall der unwirks Klausel benachteiligt w, deren Nichtigk als Vorwand benutzt, um sich vom Vertr loszusagen (s Ffm NJW **74**, 2239).

6) Ausschluß. – a) § 139 ist **dispositives Recht.** Er kann dch IndVereinbg, aber auch dch formularmäß 17 Regelgen abbedungen w (s BGH NJW **77**, 40, **94**, 1653). Klauseln, wonach das RestGesch iF der Teilnichtigk gült bleibt, sind aber uU einschr auslegbar u daher nicht anwendb, wenn Bestimmgen von grdlegder Bedeutg sittenw od sonst nichtig sind (BGH DB **76**, 2107, Stgt ZIP **89**, 63). – **b)** § 139 ist unanwendb, wenn 18 sich aus einer ausdr gesetzl Bestimmg od dem GesZweck eine abw Regel ergibt (Soergel-Hefermehl Rn 49). Wird gg ein Ges verstoßen, das eine VertrPart vor best nachteiligen Klauseln schützen soll, beschr sich die Nichtigk nach dem **Zweck der Verbotsnorm** auf die verbotene Klausel, das Gesch iü bleibt wirks. Das gilt für Verstöße gg §§ 276 II, 443, 476, 540, 637, 556a VII, 556b I 2, 557 IV, 557a II, 565a III, 651k (Soergel-Hefermehl Rn 51), gg BPflVO 6 S 3 (Celle OLGZ **85**, 374) u allg für die Unwirksamk von Klauseln in AGB **(AGBG 6).** Wird gg die in and Ges enthaltenen SchutzVorschr verstoßen, bleibt das RGesch gleichf unter Wegfall der nichtigen Bestimmg wirks, so bei Verstoß gg Schutzbestimmgen des VerbrKrG (s BGH NJW **77**, 1058, 1059, Schutzbestimmgen zG des Handelsvertreters (RG **146**, 119, BGH **40**, 239, DB **71**, 2303), zG des ArbN (BAG DB **75**, 1417, NJW **79**, 2119, ZIP **87**, 595), zG des Mieters (BGH MDR **64**, 495), so bei Verstoß gg MHRG 10 (Celle OLGZ **82**, 221), uU auch bei Verstoß gg SchutzVorschr des GWB (Helm GRUR **76**, 496, v Jeinsen DB **81**, 1713). Bei Verstößen gg **Preisvorschriften** w das RGesch grdsl mit dem zul Preis aufrechterhalten (§ 134 Rn 27). Entspr gilt bei unwirks HonorarAbreden mit einem RA (BGH **18**, 349, NJW **80**, 2407) u bei Erschließabreden, die gg BauGB 129 (Kostenbeteiligg der Gemeinde) verstoßen (BGH **65**, 370).

140 *Umdeutung.* **Entspricht ein nichtiges Rechtsgeschäft den Erfordernissen eines anderen Rechtsgeschäfts, so gilt das letztere, wenn anzunehmen ist, daß dessen Geltung bei Kenntnis der Nichtigkeit gewollt sein würde.**

1   **1) Allgemeines:** § 140 dient ebso wie § 139 der Dchsetzg des mutmaßl Willens der Part. Der von ihnen erstrebte wirtschaftl Erfolg soll auch dann verwirklicht w, wenn sie eine rechtl unzul Regelg gewählt h, aber ein zum annähernd gleichen Ergebn führder rechtl zul Weg offensteht (BGH **68**, 206). Die Umdeutg ist kein Sonderfall der Auslegg, sond ein eigenständ RInstitut (str). Sie tritt **kraft Gesetzes** ein u ist daher kein richterl Gestaltgsakt (Soergel-Hefermehl Rn 1, Larenz § 23 III, aA BGH **19**, 273). Sie ist im Proz vAw zu beachten (BGH NJW **63**, 340, aA BAG DB **76**, 634). Im GrdBVerfahren ist wg der dort geltden VerfGrds eine Umdeutg nur zul, wenn die für die Beurteilg maßgebden Umst offenkund sind, das GBA also keine eig Ermittlgen anzustellen braucht (s BayObLG NJW **53**, 1914, Rpfleger **83**, 346, KG NJW **67**, 2359, Düss DNotZ **77**, 307). Für öffr Vertr gilt § 140 gem VwVfG 62 S 2 entspr (BGH **76**, 28, BVerwG NJW **80**, 2538, OVG Münst NJW **81**, 1329); ebso für einseit öffr WillErkl (OVG Münst NVwZ **90**, 676). Dagg sind für **Verwaltungsakte** VwVfG 47, AO 128 od SGB X 43 maßgebd (BVerwG NVwZ **84**, 645).

2   **2) Voraussetzungen. – a) Objektive. – aa)** Umgedeutet w können **Rechtsgeschäfte** aller Art, insb auch ggs Vertr (BGH NJW **63**, 339), Vfgen (RG **66**, 28, **124**, 30), RGesch des FamR (Karlsr NJW **77**, 1731) u Vfgen 3 vTw (BGH **40**, 224). – **bb)** Das RGesch muß **nichtig** sein (Begriff s Übbl 27 v § 104). § 140 gilt grdsl für alle NichtigkGrde (s RG **125**, 212, BGH **26**, 328). Er ist auch auf angefochtene RGesch anzuwenden (Soergel-Hefermehl Rn 3), ebso auf endgült unwirks gewordene (BGH **40**, 222). Grdsl umdeutgsfäh ist auch die wg Fehlens von ausr KündGrden wirkgslose Künd (BGH NJW **81**, 977, BAG DB **78**, 1454), die endgült unwirks gewordene Vfg eines Nichtberecht (Soergel-Hefermehl Rn 3, aA RG **124**, 31), u die Verpfändg einer Fdg, die wg Nichtbeachtg des § 1280 (Anzeige an Schu) wirkgslos geblieben ist (Reinicke, RFolgen formwidr abgeschl Vertr, 1969, S 89, aA RG **79**, 308). Dagg kann § 140 auf anfechtb (aber nicht angefochtene) u schwebd unwirks 4 RGesch nicht angewandt w (Staud-Dilcher Rn 2), ebsowenig auf unvollständ RGesch, etwa auf den Fall, daß der Vertr nur von einem GesVertreter abgeschl worden ist (BGH WM **82**, 156). – **cc)** Die **Auslegung** des RGesch geht der Umdeutg vor (BGH WM **59**, 328 u 418, Bürck SchlHAnz **73**, 40). Unrichtige Bezeichnungen *(falsa demonstratio)* erfordern keine Umdeutg; die Maßgeblichk des wirkl Gewollten ergibt sich bereits aus § 133. Bei einer Anf wg argl Täuschg kann idR schon iW der Auslegg angenommen w, daß sie die Anf wg Irrt 5 mitumfassen soll (BGH NJW **79**, 161, s auch Berg JuS **81**, 179). – **dd)** Das nichtige RGesch muß den Erfordern eines and RGesch (ErsGesch) entsprechen. Hinsichtl des ErsGesch müssen daher sämtl **Wirksamkeitsvoraussetzungen** erfüllt sein (Staud-Dilcher Rn 4). § 140 gestattet nicht, fehlde Tatbestdsmerkmale zu fingieren 6 (RG JW **38**, 44). – **ee)** Der von den Part erstrebte **wirtschaftliche Erfolg** muß dch das ErsGesch im wesentl erreicht w (BGH **68**, 206). Das ErsGesch darf in seinen rechtl **Wirkungen nicht weiterreichen** als das unwirks (BGH **19**, 275, BAG DB **75**, 214); dagg kann es in seinen RFolgen hinter diesem zurückbleiben. Eine Anf kann daher in eine Künd od einen Rücktr umgedeutet w (BGH NJW **75**, 1700, Hamm VersR **81**, 275, aA Köln VersR **93**, 297), nicht aber umgekehrt eine Künd od ein Rücktr in eine Anf (RG **105**, 208, BAG NJW **76**, 592). Eine unwirks Verpfändg kann nicht als SichergsÜbereigng aufrechterhalten w (Soergel-Hefermehl Rn 5), wohl aber eine nichtige Übereigng als NießbrBestellg (RG **110**, 392, JW **37**, 3153); die Einwilligg des Betreuers kann nicht in die Eigenvornahme des Gesch umgedeutet w (aA Jurgeleit RPfleger **95**, 282). Mögl ist auch, daß das ErsGesch ggü dem unwirks ein **aliud** darstellt. Ein unwirks RGesch unter Lebden kann daher als Vfg vTw aufrechterhalten w (BGH **40**, 218). Das gilt ebso umgekehrt (BGH NJW **78**, 423, krit Tiedtke NJW **78**, 2572). Zul auch die Umdeutg eines proz Anerkenntn in ein mat-rechtl (Düss FamRZ **83**, 724) u die eines nichtigen in ein weniger fehlerh RGesch (RG **129**, 122). Auch die Umdeutg eines RGesch (Umwandlg einer Valutaschuld) in einen Realakt (Verwertg einer Sicherh) ist nicht ausgeschlossen (Hamm WM **91**, 1773). – 7 **ff)** Die Umdeutg setzt voraus, daß nicht der von den Part erstrebte Erfolg, sond nur der von ihnen gewählte rechtl Weg von der **Rechtsordnung mißbilligt** w (BGH **68**, 207, ZIP **86**, 1058, OVG Münst NJW **81**, 1329). Sie ist daher bei sittenwidr, insb wucherischen od wucherähnl Gesch idR ausgeschl (BGH aaO, § 138 Rn 49). Entspr kann auch iF des § 134 anzunehmen sein. Bei einem formnicht Vertr kann der **Schutzzweck** der Formvorschrift einer Umdeutg entggstehen (Zeiß WM **63**, 906), so etwa iF der Bürgsch (Hamm NJW **88**, 3022) od der FormVorschr des GWB (Celle BB **75**, 390, Emmerich NJW **80**, 1367, aA BGH NJW **80**, 2517). – 8 **b) Subjektive Voraussetzung** ist, daß die Umdeutg dem PartWillen entspr. Maßgebd ist der **mutmaßliche Wille** der Part zZ der Vorn des RGesch (BGH **19**, 273, **40**, 223, NJW **80**, 2517). Er ist nach den Grds über die ergänze VertrAuslegg (§ 157 Rn 2 ff) zu ermitteln. Entscheidt ist daher, ob die Part bei Kenntn der Nichtigk das ErsRGesch im Hinblick auf die von ihnen verfolgten wirtschaftl Ziele vernünftigerweise vorgenommen hätten (BGH aaO). Kann ausnahmsw der **wirkliche Parteiwille** festgestellt w, hat er den Vorrang. Gg den eindeut erklärten Willen der Part ist eine Umdeutg nicht zul (BGH **19**, 274, NJW **71**, 420). Kennen beide Part die Nichtigk, ist eine Umdeutg ausgeschl, *arg* § 117; kennt sie nur eine Part, ist § 140 dagg grdsl anwendb (Mühlhans NJW **94**, 1049).

9   **3) Einzelfälle** (ja = umdeutb, sofern PartWille nicht entggsteht; nein = nicht umdeutb). – **a) Abtretung** in Einziehgsermächtigg ja (BGH **68**, 125, NJW **87**, 3122). Abtr eines nicht mehr bestehden HerausgAnspr in Abtr des Anspr aus § 816 ja (Hamm MDR **62**, 985, 986). Abtr einer Hyp in Bestellg einer neuen GrdSch ja (RG LZ **31**, 839). Abtr des Nießbr in Überlassg der Ausübg ja (RG JW **10**, 801). **Arbeitsrecht:** Nichtiges BeamtenVerh in ArbVerh idR nein (BAG **8**, 267). Antr des gem § 613a gebundenen neuen ArbG auf Abschl eines ArbVertr in Angebot zur VertrÄnd ja (BAG DB **77**, 1192); nichtige BetrVereinbg in EinzelVertr ja (BAG DB **90**, 132). Fristlose Künd in fristgem ja, wenn der unbedingte Beendiggswille eindeut erkennb u der BetrR ausdr auch zur fristgem Künd gehört worden ist (BAG NJW **88**, 581, § 626 Rn 34 ff). Künd in Angebot auf VertrAufhebg ja (BAG **AP** § 626 Nr 64); ebso beim HandelsvertreterVertr (Mü NJW-RR **95**, 95), beim Vertr zw GeschFü u GmbH (Mü NJW-RR **95**, 740) u bei sonst DienstVertr (BGH NJW **82**, 2603). 10 Fristgem Künd in fristlose od Anf nein (Rn 6). – **b) Erbrecht** u ähnl: ErbVertr in Test ja (KGJ **35** A 99), auch in gemeinschaftl Test (KGJ **31** A 114), od in aufschiebd bedingten SchenkgsVertr (BGH NJW **78**, 423). Gemeinschaftl Test von NichtEheg in EinzelTest ja (§ 2265 Rn 3). ÜbergabeVertr in ErbVertr ja (BGH **8**, 34, **40**, 224). Verkauf auf Rentenbasis in ErbVertr idR nein, aber Frage des Einzelfalles (BGH **125**, 363). Verpfl, Test nicht zu ändern, in vertragl Erbeinsetzg ja (Stgt OLGZ **89**, 416). SchenkgsVerspr in Test ja (Kblz NJW **47/48**, 384). Erbeinsetzg mit einer gg § 2302 verstoßden Aufl in Vor- u Nacherbeinsetzg ja (Hamm NJW **74**, 60). Verpfl zum Abschluß eines ErbVertr in VzGDr ja, wenn Verpfl hinr konkreten Inh h

(BGH **LM** Nr 3). ErbteilsÜbertr in ErbVerzicht ja (BGH NJW **74**, 43). ErbschKauf in ErbauseinanderS ja (RG **129**, 123), in Abtr des AuseinanderSAnspr ja (RG **137**, 176). Angebot zur Aufhebg eines ErbVertr in Rücktr ja (Hamm Rpfleger **77**, 208). **Gesellschaftsrecht:** OHG-Vertr in BGB-GesellschVertr ja (BGH **19**, 275). Anf in Künd aus wicht Grd ja (BGH NJW **75**, 1700). StimmRAbtr in StimmRAusschl iVm Begründg höheren StimmR ja (BGH **20**, 366, Kblz ZIP **92**, 846). StimmRAbtr in StimmRVollm ja (Hbg NJW **89**, 1866). – **c) Grundstücksverkehr:** Veräußerg in Bestellg eines Nießbr uU ja (RG **110**, 392, JW **37**, 3153). 11 Zusage von WoEigt in Einräumg von DauerwohnR ja (BGH NJW **63**, 339). Begründg von SonderEigt in Regelg der InstandsetzgsPfl ja (Hamm NJW-RR **92**, 149), in SondernutzgsR nein, wenn dies dem Berecht eine umfassdere RStellg verschafft (BayObLG MDR **81**, 145). Dingl Vor- od WiederkaufsR in schuldrechtl ja (RG **104**, 124, BGH **LM** § 497 Nr 6). KaufVertr über wesentl GrdstBestandt (Wochenendhaus) in AbstandsVereinbg ja (LG Hann MDR **80**, 310). Grddienstbark in beschr pers Dienstbark nein (Mü NJW **57**, 1765). Nicht wirks angenommenes Angebot in Angebot mit längerer AnnFr (Option) ja (RG **169**, 71). Aufl an GesGut in Aufl an Eheg als NichtBerecht uU ja (BayObLG **83**, 574). GrdstKaufVertr mit (nichtiger) PlangsZusage der Gemeinde in KaufVertr mit Übern des Plangsrisikos uU ja (BGH **76**, 29). **Miet- und Pachtrecht:** Erbpacht in Pacht ja (RG Warn **28**, 120). Fristlose Künd in ordentl ja, wenn sich aus dem Inh der Erkl eindeut ergibt, daß das VertrVerh auf jeden Fall beendet w soll (BGH NJW **81**, 977); in Angebot zur VertrAufhebg idR nein (BGH NJW **81**, 43, WM **84**, 171). Ordentl Künd mit unricht bemessener KündFr in Künd zum richt Termin ja (Ffm NJW-RR **90**, 337, Hamm MDR **94**, 56). Formungült **Prozeßvergleich** in materiellrechtl Vereinbg ja (BGH NJW **85**, 1963). – **d) Sicherungsgeschäfte:** Nichtige Verpfändg in 12 Bestellg eines ZbR ja (RG **66**, 27, OGH **4**, 164), and angebl, wenn Vfg eines NichtBerecht (RG **124**, 31, str, s Rn 3). Verpfändg in Verpfl zur Bestellg eines SichgHyp ja (Naumbg JW **29**, 70). Verpfändg in Sichgübereigng nein (Rn 6). Bürgsch in Schuldmitübern nein (Rn 7). **Wertpapierrecht:** Eig Wechsel in Schuldanerkenntn od kaufm VerpflSchein ja (RG **136**, 210, BGH ZIP **88**, 18). Akzept in SchuldVerspr od sonst VerpflErkl ja (BGH **124**, 263, and noch BGH WM **55**, 1324); Indossament in VerpflErkl nach allg bürgerl Recht nein (RG **130**, 84, BGH NJW **57**, 1837); Erkl des Ausstellers nein (Reinicke DB **60**, 1028). Scheck in ZahlgsAuftr ja (KG OLGZ **42**, 245), in Anweisg ja (AG Springe WM **87**, 309), in abstr SchuldVerspr, kaufm VerpflErkl, GarantieVertr nein (Düss WM **73**, 403, Karlsr NJW **77**, 589). Keine Umdeutg nach Verlust des Rückgriffs (BGH **3**, 239). – **e) Sonstiges:** Vermögensübertragg in Übertr der einz VermGgst ja 13 (RG **76**, 3, **82**, 277). Kauf eig Sachen in Rückgängigmachg des KaufVertr ja (RG JW **24**, 1360). Unwiderrufl Vollm in widerrufl ja (§ 168 Rn 6); verdrängde in nicht ausschließl ja (Hbg DB **89**, 618). Außerordentl Künd eines LebensVersVertr in ordentl, Frage des Einzelfalls (Hamm VersR **84**, 985, **86**, 759), in Angebot zur VertrAufhebg uU ja (BGH VersR **87**, 923). VersichergsVertr s Bach VersR **77**, 881.

141 *Bestätigung des nichtigen Rechtsgeschäfts.* [I] Wird ein nichtiges Rechtsgeschäft von demjenigen, welcher es vorgenommen hat, bestätigt, so ist die Bestätigung als erneute Vornahme zu beurteilen.

[II] Wird ein nichtiger Vertrag von den Parteien bestätigt, so sind diese im Zweifel verpflichtet, einander zu gewähren, was sie haben würden, wenn der Vertrag von Anfang an gültig gewesen wäre.

1) **Allgemeines. – a)** Ein nichtiges RGesch bleibt grdsl auch dann unwirks, wenn der NichtigkGrd 1 nachträgl wegfällt (Übbl 27 v § 104). Um es gültig zu machen, bedarf es einer **Bestätigung;** so bezeichnet das Ges in den §§ 141, 144 das RGesch, dch das die Part ihr eig bisher fehlerh RGesch als gültig anerkennt. Die Bestätigg ist iF des § 141 als Neuvornahme zu beurteilen. Sie braucht aber nicht von einem Neuabschlußwillen getragen zu sein, es genügt ein Bestätiggswille (Staud-Dilcher Rn 2). – **b)** Die Bestätigg iSd 2 § 141 ist zu **unterscheiden: – aa)** von der Bestätigg eines anfechtb, aber noch nicht angefochtenen RGesch (§ 144, s dort); – **bb)** von der Heilg dch Leistgsbewirkg (§§ 313 S 2, 518 II); sie tritt kr Ges ein, erfordert also keinen rgeschäftl Bestätiggswillen; – **cc)** von der Gen (§§ 182ff); sie betrifft schwebd unwirks RGesch, ist idR von einem Dr zu erklären u hat rückwirkde Kraft; – **dd)** von der Ergänzg eines unvollst RGesch etwa iF eines Dissenses (s RG JW **29**, 575).

2) **Voraussetzungen. – a)** Das RGesch muß **nichtig** sein (Übbl 27 v § 104). Gleichgült ist, worauf die 3 Nichtigk beruht. § 141 gilt auch für das dch Anf nichtig gewordene RGesch (BGH NJW **71**, 1795, 1800), ist aber unanwendb, wenn schon tatbestandl kein RGesch vorliegt (BGH NJW **87**, 1699). – **b)** Die Bestätigg 4 geschieht dch **Neuvornahme** (aA M. Müller, Die Bestätigg nichtiger RGesch, 1989, der die Formulierg „ist als Neuvorname zu beurteilen" als RFolgenAnordng versteht). – **aa)** Sie muß die vorgeschriebene **Form** wahren. Das gilt auch dann, wenn das ursprüngl Gesch nicht wg Formmangels, sond aus einem and Grd nichtig war (RG **146**, 238, BGH NJW **85**, 2580). Die Formwahrg kann in der Weise geschehen, daß die neue Urk auf die fr Erkl Bezug nimmt (RG Gruch **71**, 389). Gilt das Formerfordern zZ der Bestätigg nicht mehr, ist diese formfrei mögl (BGH NJW **73**, 1367). – **bb)** Die Bestätigg muß allen sonstigen Anfordergen an ein 5 wirks RGesch genügen. Ein wg Verstoßes gg ein **Verbotsgesetz** nichtiges RGesch kann daher nur wirks bestätigt w, wenn das Verbot entfallen ist (BGH **11**, 60, Düss NJW **76**, 1638), ein sittenw nur dann, wenn die Grde für die **Sittenwidrigkeit** nicht mehr fortbestehen (BGH **60**, 102, 108, **104**, 24). Der Vertr bleibt nichtig, wenn die GesWürdigg ergibt, daß trotz Wegfalls einz Umst die weiterwirkden zus mit neuen Umst auch das neu vorgenommene RGesch als sittenw erscheinen lassen (BGH NJW **82**, 1981, Kothe JuS **84**, 509). – **cc)** Eine Bestätigg setzt idR voraus, daß die Part die **Nichtigkeit kennen** od zumindest Zweifel an der 6 RBestätigkeit des Vertr h (RG **138**, 56, BGH **11**, 60, ZIP **95**, 998). Es genügt aber auch, daß der Bestätigde die mögl Deutg seines Verhaltens als Bestätigg bei pflegm Sorgf hätte erkennen können (BGH NJW **90**, 456). Nicht erforderl ist, daß die Part den vom Gegner geltd gemachten NichtigkGrd anerkennt; es genügt, daß beide Part von der mögl Nichtigk ausgehen (BGH WM **77**, 389). Der zu bestätigde Vertr braucht in seinen Einzelheiten nicht noch einmal erklärt zu w; es reicht aus, wenn sich die Part in Kenntn aller Umst auf den Boden des fr Vereinbarten stellen (BGH NJW **82**, 1981); Änderugen der ursprüngl VertrBdggen in der BestätiggsVereinbg sind mögl (Ffm DNotZ **95**, 541). Formlose Gesch können dch **schlüssiges Verhalten** 7

bestätigt w (RG **125**, 7, BGH **11**, 60). Voraussetzg ist aber, daß das Verhalten für alle Beteiligten eindeut als Bestätigg des nichtigen RGesch zu verstehen ist (BGH NJW **71**, 1800). Eine ErfHdlg kann als Bestätigg aufzufassen sein (BGH WM **83**, 232, Mü OLG **24**, 266), ebso eine VertrÄnderg (BGH NJW **82**, 1981). Die Weiterbenutzg der erworbenen Sache ist keine Bestätigg, wenn sie nur bis zur Beschaffg eines ErsStückes dauert (BGH NJW **71**, 1795, 1800, **85**, 2580).

8   **3) Rechtsfolgen:** Die Bestätigg hat als Neuvornahme **keine rückwirkende Kraft;** das RGesch gilt erst vom Ztpkt der Bestätigg an (RG **75**, 115). Nach II sind die Part bei Vertr jedoch iZw verpfl, einand so zu stellen, wie sie gestanden hätten, wenn der Vertr von Anfang an gült gewesen wäre. Diese schuldrechtl Rückbeziehg läßt etwaige Rechte Dr unberührt (s RG HRR **26** Nr 790). Sie entfällt, wenn ein abw PartWille feststeht (RG JW **31**, 2227).

142   *Wirkung der Anfechtung.*   [I] Wird ein anfechtbares Rechtsgeschäft angefochten, so ist es als von Anfang an nichtig anzusehen.

[II] Wer die Anfechtbarkeit kannte oder kennen mußte, wird, wenn die Anfechtung erfolgt, so behandelt, wie wenn er die Nichtigkeit des Rechtsgeschäfts gekannt hätte oder hätte kennen müssen.

1   **1) Allgemeines. Begriff** u Fälle der Anfechtbark vgl Übbl 33 f v § 104. Über den Kreis der anfechtb RGesch s bei den einz AnfGrden. Ggst der Anf ist bei Vertr nicht die einz WillErkl, sond das RGesch Vertr (Leenen Jura **91**, 393, aA hM, s Heerstraßen JuS **95**, 197). Auch **nichtige Rechtsgeschäfte** können angefochten w (Übbl 35 v § 104), uU auch geschäftsähnl Hdlgen (Übbl 7 v § 104), nicht aber TatHdlgen (Übbl 10 v § 104). Eine **Teilanfechtung** ist mögl, wenn das RGesch teilb ist (§ 139 Rn 10); das RestGesch bleibt gült, wenn dies dem mutmaßl PartWillen (§ 139 Rn 14) entspr (RG **146**, 239, BGH **LM** HGB 119 Nr 10, DNotZ **84**, 685).

2   **2) Wirkung der Anfechtung I. – a)** Das wirks angefochtene RGesch ist als **von Anfang an nichtig** anzusehen. Die Anf hat rückwirkde Kraft u wirkt für u gg Dr. Der Zessionar verliert daher seine Fdg, wenn der der Fdg zGrde liegde Vertr angefochten w. Wird der vermittelte Vertr angefochten, entfällt der ProvisionsAnspr des Maklers od Vertreters. Die Anf schließt Anspr aus dem Vertr aus. Wenn Anf u Wandlg nebeneinand geltd gemacht w, ist daher zunächst die Anf zu prüfen (RG JW **13**, 485); and ist es aber, wenn die Anf bedingt (hilfsw) erfolgt ist (Honsell JuS **82**, 811, § 143 Rn 2). Mit dem RGesch w auch die **akzessorischen Rechte,** wie PfandR, Bürgsch, VertrStrafVerspr rückwirkd hinfäll. Die Nichtigk inf Anf ist **endgültig.** Die Rückn der Anf ist ausgeschlossen (RG **74**, 3). Falls ein AnfGrd vorliegt, kann die AnfErkl aber ihrerseits angefochten w (BayObLG MDR **80**, 492). Für die Bestätigg des wirks angefochtenen RGesch
3   gilt § 141 (dort Rn 3 ff). – **b) Vor erklärter Anfechtung** ist das anfechtb RGesch gült. Die Anfechtbark begründet jedoch für mithafte Dritte (Bürgen, Eigtümer der mit einem PfandR belasteten Sache) bis zum Ende der AnfFr ein LeistgsVR (§§ 770, 1137, 1211). Bei vollzogenen **Arbeits- und Gesellschaftsverhältnissen** wirkt die Anf abw nur § 142 I nur *ex nunc* (§ 119 Rn 5). Die Anf des GrdGesch berührt die Wirksamk des **Erfüllungsgeschäfts** an sich nicht. Der Grd, der das VerpflGesch anfechtb macht, kann aber das ErfGesch miterfassen (Übbl 23 v § 104). Außerdem können das Grd- u das ErfGesch nach dem Willen der Part ein einheitl RGesch bilden (§ 139 Rn 7). Ist auch das ErfGesch nichtig, können die Part ihre Leistgen mit der EigtKlage herausverlangen. Sonst richtet sich die Rückgewähr der beiderseit Leistgen nach § 812 (Leistgskondiktion). SchadErsAnspr können sich aus § 122, c. i. c. (§ 276 Rn 78) od aus § 826 ergeben.

4   **3) II.** Die Anf hat bei VfgsGesch die Folge, daß der RErwerb als von Anfang nichtig gilt. Hat der Erwerber inzw eine Vfg zG eines Dritten getroffen, stellt diese nunmehr die eines **Nichtberechtigten** dar. Die Vfg ist daher bei Fdgen u den unter § 413 fallden Rechten wirkgslos; iü gelten die Vorschr über den Erwerb kr guten Glaubens (§§ 892, 932, HGB 366, ferner §§ 893, 936, 1007, 1032, 1138, 1155, 1207, 1244). Kenntn od fahrl Unkenntn der Anfechtbark steht der Kenntn od fahrl Unkenntn der Nichtigk gleich, II. Bezugspkt der Bösgläubigk sind die Tats, die die Anfechtbark begründen (BGH NJW-RR **87**, 1457). Die Voraussetzgn der **Bösgläubigk** ergeben sich aus den jeweils anzuwendn Vorschr über den Erwerb vom NichtBerecht (Staud-Dilcher Rn 18). Bei § 892 schadet daher nur Kenntn, bei § 932 auch grob fahrl Unkenntn. Für die Zurechng von Bösgläubigk gilt § 166 (BGH NJW **89**, 2880). Bei Anf von VerpflGesch hat II Bedeutg für §§ 819, 818 IV, bei Anf einer Vollm für die Haftg des Vertreters aus § 179.

143   *Anfechtungserklärung.*   [I] Die Anfechtung erfolgt durch Erklärung gegenüber dem Anfechtungsgegner.

[II] Anfechtungsgegner ist bei einem Vertrage der andere Teil, im Falle des § 123 Abs. 2 Satz 2 derjenige, welcher aus dem Vertrag unmittelbar ein Recht erworben hat.

[III] Bei einem einseitigen Rechtsgeschäft, das einem anderen gegenüber vorzunehmen war, ist der andere der Anfechtungsgegner. Das gleiche gilt bei einem Rechtsgeschäfte, das einem anderen oder einer Behörde gegenüber vorzunehmen war, auch dann, wenn das Rechtsgeschäft der Behörde gegenüber vorgenommen worden ist.

[IV] Bei einem einseitigen Rechtsgeschäft anderer Art ist Anfechtungsgegner jeder, der auf Grund des Rechtsgeschäfts unmittelbar einen rechtlichen Vorteil erlangt hat. Die Anfechtung kann jedoch, wenn die Willenserklärung einer Behörde gegenüber abzugeben war, durch Erklärung gegenüber der Behörde erfolgen; die Behörde soll die Anfechtung demjenigen mitteilen, welcher durch das Rechtsgeschäft unmittelbar betroffen worden ist.

1   **1) Allgemeines** s zunächst § 142 Rn 1. Die Anfechtbk begründet für den Berecht ein **Gestaltungsrecht** (Übbl 17 v § 104). Es erlischt dch Ausübg (BAG NJW **94**, 474), Ablauf der AnfFr (§§ 121, 124, 318, 2082, 2283) u dch Bestätigg (§ 144). Es ist bei DauerschuldVerh gem § 242 ausgeschl, wenn der AnfGrd inf

Zeitablaufs bedeutgslos geworden ist (BAG NJW **70**, 1565, § 123 Rn 25). Ein vom AnfBerecht verschuldeter Untergang des zurückzugewährden Ggst schließt dagg das AnfR nicht aus. § 351 ist nicht entspr anwendb (BGH **57**, 137, 148, NJW **85**, 2580, und LG Lünebg NJW **89**, 1097).

2) Anfechtungserklärung. – a) Sie ist eine formfreie empfangsbedürftige WillErkl (§ 130 Rn 2). Sie ist **2** als GestaltgsGesch unwiderrufl u bedinggsfeindl (Übbl 17 v § 104). Zul aber eine **Eventualanfechtung** für den Fall, daß sich die von der Part primär vorgetragene RAns, die Erkl sei nichtig od in einem best Sinne auszulegen, als irrig erweist, da hier eine Bedingg im RSinne nicht vorliegt (BGH NJW **68**, 2099). Sondervorschriften über den Vollzug der Anf s §§ 1955, 2081, 2282, 2308. – **b)** Die Erkl muß erkennen lassen, daß **3** die Part das Gesch **wegen eines Willensmangels nicht gelten lassen** will (BGH **88**, 245, **91**, 331, NJW-RR **88**, 566, **95**, 859). Das Wort „anfechten" braucht nicht verwandt zu werden (BGH aaO); die RückFdg des Geleisteten od das Bestreiten der Verpfl kann genügen (BGH aaO, KG DB **72**, 768), ebso die Äußerg, sich an der Erkl wg eines Übertraggsfehlers nicht festhalten lassen zu wollen (Karlsr VersR **92**, 1121). Dagg kann ein auf Umst nach VertrSchl gestützter Rücktr nicht als Anf aufgefaßt w (RG **105**, 208), ebsowenig eine Strafanzeige (BGH DB **75**, 2075), od ein auf § 463 gestütztes SchadErsVerlangen (BGH NJW **91**, 1674). Der **Anfechtungsgrund** braucht in der AnfErkl nicht angegeben zu werden (RG **65**, 88). Erforderl ist aber, daß für den AnfGegner erkennb ist, auf welchen tats Grd die Anf gestützt w (Soergel-Hefermehl Rn 2, Flume II § 31, 2, str). Nach FrAblauf kann der AnfBerecht keine neuen AnfGrde nachschieben (BGH NJW **66**, 39, NJW-RR **89**, 1183, **93**, 948, BAG **AP** § 119 Nr 5). Die Anf wg argl Täuschg kann die Anf wg Irrt mitumfassen (BGH **34**, 39, **78**, 221, krit Berg NJW **81**, 2337).

3) Anfechtungsberechtigt ist derj, der die anfechtb WillErkl abgegeben hat od für den sie dch einen **4** Vertreter abgegeben worden ist (vgl aber § 318). Sind mehrere AnfBerecht vorhanden, kann grdsl jeder von ihnen allein anfechten (RG **65**, 405), and aber wg §§ 2038, 2040 bei der ErbenGemsch.

4) Anfechtungsgegner. – a) Verträge sind ggü dem VertrPartner od dessen Erben anzufechten (II). Das **5** gilt auch, wenn für den and Teil ein Vertreter aufgetreten ist od wenn er die Rechte aus dem Vertr an einen Dr abgetreten hat (RG **86**, 310, HRR **29**, 796). Auch beim VertrzGDr ist der VertrPartner AnfGegner (BGH **LM** PatG 9 Nr 8), beim GesellschVertr sind es alle Gter (BGH **LM** § 182 Nr 9); bei einer mehrseit Vertr-Übern alle Beteiligten (BGH **96**, 309, aA Dörner NJW **86**, 2916); bei SchuldÜbern auch nach Gen dch den Gläub der ursprüngl Schu (BGH **31**, 325). Im Fall einer argl Täuschg, die einem Dr unmittelb Vorteile gebracht hat, ist dagg der Dr AnfGegner (II Halbs 2). – **b)** Bei **einseitigen** empfangsbedürft WillErkl (Übbl **6** 11 v § 104) hat die Anf ggü dem ErklEmpf zu erfolgen (III 1). Kann die Erkl wahlw auch ggü einer Beh abgegeben w (Bsp §§ 875 I 2, 876 S 3, s § 130 Rn 15) u ist das geschehen, ist nicht die Beh, sond der sachl Beteiligte AnfGegner (III 2). Sow das Ges in and Fällen mehrere mögl ErklEmpfänger vorsieht (VollmErteilg, § 167, Zustimmg, § 182), kann die Anf ggü dem erfolgen, dem ggü die anfechtb Erkl tatsächl abgegeben worden ist (allgM). Wahlw kommt aber auch der mögl and Adressat als AnfGegner in Betracht (Staud-Dilcher Rn 10, sehr str). – **c)** Bei **nichtempfangsbedürftigen** WillErkl ist AnfGegner derj, der aus **7** dem RGesch unmittelb einen Vorteil gezogen h, iF der EigtAufg also der Aneigde, bei amtsempfangsbedürft Erkl (§ 130 Rn 15) daneben wahlw die Beh (IV). IV 2 Halbs 2 (MitteilgsPfl) ist ledigl eine Ordngsvorschrift. Die Anf ist auch dann wirks, wenn die Mitteilg unterbleibt. Ggü einem unbekannten AnfGegner kann die AnfErkl öffentl zugestellt w (§ 132 II).

144 **Bestätigung des anfechtbaren Rechtsgeschäfts.** [I] **Die Anfechtung ist ausgeschlossen, wenn das anfechtbare Rechtsgeschäft von dem Anfechtungsberechtigten bestätigt wird.**
[II] **Die Bestätigung bedarf nicht der für das Rechtsgeschäft bestimmten Form.**

1) Allgemeines. Die Bestätigg (Begriff s § 141 Rn 1) betrifft iF des § 144 ein gültiges RGesch. Sie ist **1** daher and als die Bestätigg des § 141 keine Neuvornahme des Gesch, sond der Sache nach ein Verzicht auf das AnfR.

2) Voraussetzungen. Die Bestätigg ist eine nicht empfangsbedürftige WillErkl u braucht daher nicht ggü **2** dem AnfGegner erklärt zu w (RG **68**, 398, MüKo/Mayer-Maly Rn 1, str). Sie ist formfrei (II), kann also auch dch schlüssige Hdlg erfolgen (BGH NJW **58**, 177). Erforderl ist ein Verhalten, das den Willen offenbart, trotz der Anfechtbark am RGesch festzuhalten (BGH **110**, 222, NJW-RR **92**, 779); jede and den Umst nach mögl Deutg muß ausgeschlossen sein (BGH aaO). Voraussetzg ist weiter, daß der Bestätigde die mögl Deutg seines Verhaltens als Bestätigg bei pflgem Sorgf hätte erkennen können (BGH NJW **90**, 456). Das ist idR anzunehmen, wenn er die Anfechtbark kannte od mit ihr rechnete (BGH **128**, 119, BGH WM **61**, 785). Im Fall der Drohg muß die Zwangslage weggefallen sein (OHG SJZ **49**, 470, BAG **AP** § 123 Nr 16). Als Bestätigg können angesehen w: die Vfg über den VertrGgst (RG JW **11**, 359), nicht aber wenn die Vfg unabhängig von der Gültigk des Vertr geboten war (RG JW **10**, 574); die freiwillige Erf (RG JW **05**, 76); die Weiterzahlg des in einem gerichtl Vergl vereinb Unterh (Kblz FamRZ **83**, 720); die Ann der GgLeistg (RG SeuffA **62** Nr 51); ausnahmsw auch die Geltdmachg von SchadErsAnspr (RG **65**, 403, BGH NJW **58**, 177), nicht aber ein Wandlgsbegehren od die Geltdmachg and GewLAnspr (BGH **110**, 222, NJW **58**, 177). Auch die Weiterbenutzg der Sache kann als Bestätigg aufzufassen sein (BGH NJW **71**, 1795); der argl getäuschte Mieter bleibt aber auch nach viermonatigem Mietgebrauch zur Anf berecht, wenn er ledigl die Nebenkosten bezahlt hat (BGH NJW-RR **92**, 780). Die BewLast für die Bestätigg trägt der AnfGegner (BGH NJW **67**, 721).

3) Rechtsfolgen. Die Bestätigg beseitigt das AnfR. Bestehen mehrere AnfGrde, kann die Bestätigg auf **3** einen Grd beschr w (RG JW **38**, 2202). Sonstige Rechte, insb SchadErsAnspr, bleiben bestehen (RG JW **11**, 398). Die Bestätigg kann jedoch den Verzicht auf SchadErsAnspr mitumfassen (Staud-Dilcher Rn 10).

Dritter Titel. Vertrag

Einführung

1   **1) Vertrag. – a) Begriff:** Vertr ist die von zwei od mehr Pers erklärte **Willensübereinstimmung** über die Herbeiführg eines best **rechtlichen Erfolges.** Er gehört zu den mehrseit RGesch (Übbl 12 vor § 104) u setzt (mindestens) zwei zusammenstimmende WillErkl versch RSubjekte voraus. – **aa)** Der Vertr ist die **Haupterscheinungsform des Rechtsgeschäfts.** Das unserer ROrdng zugrde liegde Prinzip der Privatautonomie überläßt es dem einzelnen, seine Lebensverhältnisse im Rahmen des Rechts eigenverantwortl zu gestalten (Übbl 1 vor § 104). Das wichtigste Mittel hierzu ist der Vertr; in ihm legen die Part gemeins fest, was zw ihnen rechtens sein soll. Die überragde Bedeutg, die der Vertr für den RVerk u das System des PrivR hat, kommt im Aufbau des BGB nur unvollkommen zum Ausdr. Das Ges behandelt den Vertr als einen Sonderfall der im 3. Abschn geregelten RGesch u ordnet in den §§ 145ff im wesentl nur den VertrSchl. Inhalt u Wirkg der Vertr w dch die Normen für die einz VertrArten (zB §§ 305ff, 320ff) u Typen **2** (zB §§ 433ff) best. – **bb)** Der Vertr muß auf die Herbeiführg eines best **rechtlichen Erfolges** gerichtet sein. Erforderl ist daher ein RFolgewille (Bindgswille), Einf 4 vor § 116. Abreden, die ausschließl auf einen außerrechtl GeltgsGrd, wie Anstand, Ehre od Sitte abgestellt sind, sind keine Vertr im RSinn. Die Abgrenzg im Einzelfall ist, insb bei Gefällig u *„gentlemen's agreement"* schwier (näher Einf 9ff vor § 241). Nicht erforderl ist, daß der mit dem Vertr beabsichtigte rechtl Erfolg allein aufgrd der gemeins WillErkl eintritt. Oft müssen weitere TatbestdMerkmale hinzutreten, wie TatHdlgen (zB Überg bei FahrnÜbereigng), Ein- **3** traggen (zB bei RÄndergen an Grdst) od behördl Gen. – **cc)** Der Vertr setzt eine **Willenseinigung** voraus. Diese braucht zwar nicht sämtl RFolgen abschließd zu regeln; erforderl ist aber, daß der wesentl Inhalt des Vertr zumindest **bestimmbar** ist. Ein gült Vertr liegt nicht vor, wenn sich die Part über wesentl VertrBestandt *(essentialia negotii,* Übbl 3 vor § 104) – beim Kauf zB über Ware u Preis (RG **124,** 83) – nicht geeinigt h u sich die Einigg auch nicht aus den Umst entnehmen läßt. Es genügt jedoch, daß die Bestimmg ausdr od stillschw einer Part od einem Dr überlassen w (§§ 315ff). Ausnahmsw kann ein wesentl Pkt auch späterer Einigg vorbehalten bleiben (BGH BB **66,** 1412, § 154 Rn 2). Schließl kann der Gedanke der *protestatio facto contraria* trotz fehlder Einigg zur Bejahg eines VertrSchl führen (Rn 27). Bei VertrLücken greifen die gesetzl Regeln u die Grds der ergänzden VertrAuslegg (§ 157 Rn 2) ein.

4   **b)** Der **Vertragsschluß** vollzieht sich idR in der Form eines zeitl vorangehden **Antrages** (§§ 145ff) u seiner **Annahme** (§§ 146ff). **Ort des Vertragsschlusses** ist derjenige, in dem die AnnErkl wirks w, idR wo sie dem Antragden zugeht, im Fall des § 151 der Ort ihrer Abgabe (RG **62,** 381, vgl auch BGH NJW **58,** 751). **Zeitpunkt des Vertragsschlusses** ist gleichf derjenige des Wirksamwerdens der AnnErkl, idR also der Ztpkt ihres Zugehens, im Fall des § 151 der Ztpkt der Erkl (Soergel-Wolf § 145 Rn 27). Rückdatierg von RGesch vgl Schneider AcP **175,** 279.

5   **2) Arten der Verträge. – a)** Im **Privatrecht** kommen Vertr in allen RGebieten vor. Im SchuldR, dem Hauptverbreitgsgebiet des Vertr, unterscheidet man zw einseit verpflichtden Vertr (zB Schenkg, Bürgsch), unvollk zweiseit verpflichtden Vertr (zB Leihe, Auftr) u vollk zweiseit verpflichtden (ggs) Vertr (zB Kauf, Miete), näher Einf 4ff vor § 320. Neben diesen verpflichtden Vertr stehen die vertragl VfgsGesch des SchuldR, wie Abtr, Erlaß u SchuldÜbern (Einf 6 v § 305). Unter den VertrBegr des BGB fallen weiter die Einiggen des SachenR (Begründg, Übertr, Änderg dingl Rechte), der Vertr im FamilienR (EheVertr, Verlöbn, – für die Eheschließg gelten Sonderregelgen) u des ErbR (ErbVertr u Erbverzicht). Die §§ 104ff u die §§ 145ff gelten für alle VertrArten, die §§ 305ff dagg grdsätzl nur für schuldrechtl Vertr (RG **66,** 99). – **6** **b)** Auch im **öffentlichen Recht** können RVerh dch Vertr begründet, geändert od aufgeh w (näher Einf 35ff v § 305). Bei privatrechtl Vertr, die unmittelb der Erfüllg öff Aufg dienen, unterliegt die öff Hand den sich aus dem öffR ergebden Bindgen (§ 242 Rn 11).

7   **3) Vertragsfreiheit. – a)** Die VertrFreih, dh die Freih des einzelnen, seine LebensVerhältn dch Vertr eigenverantwortl zu gestalten, ist die Haupterscheinsform der **Privatautonomie** (Übbl 1 vor § 104). Sie gehört zu den überkommenen grdlegden Prinzipien unserer ROrdng u ist als Teil des R auf freie Entfaltg der Persönlichk (GG 2 I) verfassgsrechtl gewährleist (BVerfG **8,** 328, BVerwG **1,** 323), unterliegt aber den Schranken verfassgsmäß Ordng (BVerfG **12,** 347). Diese gebietet, sozialem u wirtschaftl **Ungleichgewicht** entggzuwirken, damit Selbstbestimmg für den and Teil nicht zur schrankenlosen Fremdbestimmg w (BVerfG NJW **90,** 1470, **94,** 38). Von Ausn abgesehen (§ 134 Rn 4) stellen die GrdRArtikel u die sonstigen Normen des GG zwar keine unmittelb wirkden Schranken der VertrFreih dar, weil sie nach ihrer geschichtl Entwicklg, ihrem Inhalt u Zweck das Verh zw Bürger u öffentl Gewalt betreffen; sie wirken aber über die Generalklauseln (§§ 138, 242, 826) in das PrivR ein (sog Theorie mittelb Drittwirkg, § 242 Rn 7). Das gilt auch für die **Sozialstaatsklausel,** GG 20, 28 (BVerfG **8,** 329, NJW **90,** 1470, **94,** 38). Sie verpflichtet GesGeber u Rspr, Mißbräuchen der VertrFreih entggzuwirken. Mit der Anerkenng der VertrFreih ist zwar eine allg gerichtl BilligKontrolle des VertrInhalts unvereinb. Eine sozialstaatl ROrdng kann aber nicht an der Erscheing vorübergehen, daß vielf der wirtschaftl u (od) intellektuell Überlegene dem and einseit die VertrBedinggen aufzwingt u daß die VertrFreih ein Instrument gesellschaftl Machtausübg sein kann. Sie muß Kriterien u Verf entwickeln, um **Vertragsgerechtigkeit** auch dann zu gewährleisten, wenn die VertrFreih im materiellen Sinne allein von der einen Part in Anspr gen w (Rn 13).

8   **b)** Die **Abschlußfreiheit** wird dch das Institut des Abschlußzwanges (Kontrahiergszwanges) beschränkt. In best Fällen besteht die Pfl, mit einem und den von diesem gewünschten Vertr abzuschließen, sofern nicht wicht Grde eine Ablehng rechtf. – **aa) Unmittelbarer Abschlußzwang.** Für wicht TBereiche der Daseinsvorsorge ist der AbschlPfl ausdr gesetzl festgelegt, so für die Versorgg mit Strom u Gas, EnergiewirtschG 6, der auch für Sonderabnehmer gilt (BGH NJW-RR **91,** 409), für den PersTransport (PersBefG 22), für Monopol- u PflLeistgen der Post (PostG 8 nF), die PflegeVers (SGB XI 23 VI) u die KfzPflVersicherg, jetzt aber eingeschränkt dch PflVersG 5 IV nF. Vgl ferner BRAO 48, 49, SchwbG 5, StromeinspeisgsG 2 (BGH NJW-RR **94**, 176) u die ZusStellg bei Kilian AcP **180**, 53. TrHandG 2 begründet keinen Abschlußzwang (Krebs ZIP **90**, 1521), wohl aber SachRBG 13, 14 (Grün NJW **94**, 2646). – **bb) Mittelbarer** 9 **Abschlußzwang.** Ist die Ablehng des VertrSchl eine unerlaubte Hdlg, ergibt sich aus dem DeliktsR für den Schädiger eine AbschlPfl. Die Rspr hat diesen Grds ursprüngl für den Anwendgsbereich des § 826 entwikkelt (RG **115**, 258, **132**, 276, **133**, 391, **148**, 334). Soweit es um die RBeziehungen zw Unternehmgen geht, hat inzw das **Kartellrecht** den § 826 fast völlig verdrängt. Marktbeherrschde u marktstarke Unternehmgen unterliegen einem AbschlZwang, soweit die Ablehng des VertrSchl gg das Diskriminiergsverbot des GWB 26 II verstößt (BGH **36**, 91, **49**, 98, stRspr). AbschlPflten sind von der Rspr auf der Grdl des GWB 26 II bejaht worden für den Hersteller von Skiern (BGH NJW **76**, 803); von Farbfernsehern (BGH NJW **79**, 2152); von Faßbier (BGH NJW **79**, 107); für den Zeitschriftenhändler mit Gebietsschutz (Ffm NJW-RR **88**, 229); für Theater im Verhältn zu Besucherorganisationen (Hamm NJW **89**, 406); mit erhebl Einschränkgen auch für die gesetzl Krankenkassen u gemeindl Krankenhäuser als Nachfrager (BGH **36**, 99, **101**, 83, **114**, 229). Zu weiteren Einzelfällen s die Kommentare zum GWB. Die Rspr stützt den Kontrahiergszwang konstruktiv auf die Verpfl zur Naturalrestitution, § 249 S 1 (BGH **21**, 1, 8, **44**, 283). Darin liegt aber ein überflüssiger Umweg. Ist der Nichtabschluß verboten, so ist zugl der Abschluß geboten (Bydlinski AcP **180**, 13, Larenz SchR I § 4 I a). Es genügt ein obj Verstoß, ein Verschulden ist nicht erforderl. – **cc) Ver-** 10 **braucher.** Für den Verbraucher fehlt eine GWB 26 II entspr allg SchutzVorschr. Ihn, abgesehen von den unter Rn 8 aufgeführten Fällen, auf den Schutz des § 826 zu beschränken, überzeugt nicht. Aus allg RGrds (Sozialstaatsklausel) u einer RAnalogie zu den unter Rn 8 u 9 angeführten Vorschr läßt sich vielmehr der RSatz ableiten: Der Untern, der lebenswicht Güter öffentl anbietet, darf den VertrSchl nur aus sachl Grden ablehnen, sofern für den Kunden keine zumutb Möglichk besteht, seinen Bedarf anderweit zu befriedigen (ähnl Bydlinski AcP **180**, 41; Medicus SchR I § 11 IV; enger Larenz SchR I § 4 I a). Eine AbschlPfl besteht daher für Theater (aA RG **133**, 388, Eidenmüller NJW **91**, 1441), Museen, städtische Badeanstalten (AG Würzburg NJW-RR **93**, 1332) u für Krankenhäuser hins allg Krankenhausleistgen (BGH NJW **90**, 762). Sie ist dagg wg zumutb Ausweichmöglichk idR ausgeschlossen bei Lebensmittelhändlern (Celle OLGZ **72**, 281) u Kreditinstituten (AG Essen WM **94**, 333, Simon ZIP **87**, 1234) u erst recht bei Spielbanken (BGH NVwZ **94**, 1240). Für die Einrichtg von Girokonten sieht das SparkassenR einz Länder einen Kontrahiergszwang vor (s *NRW*SparkassenVO 8 u dazu Köln NJW-RR **92**, 1522). Bei nichtlebenswicht Gütern kann sich ein Abschlußzwang aus § 826 ergeben, so etwa iF einer **rassischen Diskriminierung** (aA Kühner NJW **86**, 1401). – **dd)** Die **Presse** unterliegt hins der Veröffentlichg polit Anzeigen keinem AbschlZwang, *arg* GG 5 (BVerfG NJW **76**, 1627). Dieser besteht aber bei PresseUntern mit regionaler Monopolstellg für Anzeigen unpolit Inh (s Schlesw NJW **77**, 1886, LG Brschw NJW **75**, 782, aA Karlsr NJW **88**, 341, Rath-Glawatz WRP **82**, 625 mwNw) u für AbonnementsVertr (Karlsr NJW **91**, 2913 läßt offen). Widerspricht die Anzeige der redaktionellen Linie der Zeitg od kann sie möglicherw das AnzeigenGesch gefährden, entfällt der AbschlZwang (Rath-Glawatz aaO). Der Sportreporter darf wg GG 5, 12 nicht vom Besuch einer Sportveranstaltg ausgeschl w (LG Münst NJW **78**, 1329). – **ee)** Besteht AbschlZwang, ist bereits bloßes **Schweigen** 11 auf ein Angebot als Ann zu werten (OGH **2**, 356, BGH **LM** § 284 Nr 1, vgl auch PflVersG 5 III). Der Zugang des Angebots reicht dagg zum Zustandekommen des Vertr noch nicht aus (Erm-Hefermehl Rn 17). Wird der VertrSchl verweigert, kann der Berecht mit der Klage auf Ann seines Angebots die auf die vertragsmäß Leistg verbinden (s zur ähnl Problematik beim VorVertr unten Rn 22). Er kann ferner in den zu Rn 9 u 10 angeführten Fallgruppen SchadErs wg c.i.c. verlangen (BGH NJW **74**, 1904, Enn-Nipperdey § 162 Fußn 40); außerdem besteht idR SchadErsAnspr gem § 823 II od § 826 (vgl BGH NJW **51**, 109). Besteht bereits ein Vertr, wirkt der Abschlußzwang wie eine KündSperre (BGH NJW **89**, 3011). – **ff)** Vom 12 AbschlZwang zu unterscheiden ist der **diktierte Vertrag.** Er kommt, ohne daß es irgendwelcher WillErkl der Beteiligten bedarf, aufgrd gesetzl Ermächtigg dch Hoheitsakt zustande. Die meisten einschläg Ermächtiggen sind im Zuge des Abbaus der Zwangsbewirtschaftg beseitigt worden. Bsp sind die ArbVerpfl gem ArbSichG 10 (nur im Verteidiggsfall u in Spanngsstaten zul), ZwangspachtVertr gem BauGB 97 II od gem Ges vom 28. 7. 69 (BGBl I 1013) § 4, ferner die Einweisg eines Eheg in den MietVertr nach HausratsVO 5. Der Hoheitsakt begründet in diesen Fällen ein priv RVerh, das in seinen Wirkgen (nicht in seiner Entstehg) einem VertrVerh gleichsteht (BGH **LM** § 284 Nr 1, Enn-Nipperdey § 162 Fußn 40).

   c) Die **Freiheit inhaltlicher Gestaltung** unterliegt gleichf Schranken. Im Familien- u ErbR sind Vertr 13 nur statth, sow das Ges sie zuläßt. Im SachenR können dch Vertr nur die Rechte begründet w, die die ROrdng vorsieht. Im SchuldR, dem eigentl Wirkgsbereich der VertrFreih, findet die Freih inhaltl Gestaltg ihre Grenze an §§ 134, 138, den sonstigen Vorschr zwingend Rechts und an öffrechtl GenVorbeh (§ 275 Rn 26 ff). Die tradierten Einschränkgen reichen aber nicht mehr aus, um die **Spannung zwischen Vertragsfreiheit und Vertragsgerechtigkeit** allein angemessen zu lösen (s Limbach JuS **85**, 10). Der Vertr ist als Gestaltgsmittel der wirtschaftl u sozialen Verh uneingeschränkt geeignet, wenn sich wirtschaftl u intellektuell gleich Starke gügstehen. Die beim Vertr typischerw gegebene **Richtigkeitsgewähr** (Schmidt-Rimpler AcP **147**, 130) ist dagg gefährdet, wenn der einen Part ein wirtschaftl u/od intellektuelles Übergewicht zukommt. GesGeber u Rspr sind aufgrd der Sozialstaatsklausel gehalten, dieser Gefährdg entggzuwirken u auch bei gestörter VertrParität ein ausr Maß an VertrGerechtigk sicherzustellen: hierzu bedarf es, – da eine allg gerichtl BilligkKontrolle mit dem Prinzip der VertrFreih u des RStaates unvereinb ist, – eines breit gefächerten Katalogs von gesetzl u richterrechtl Regelgen (Rn 7): – **aa)** Im MietR u ArbR hat der GesGeber 14 zahlreiche **Schutzvorschriften** zugunsten der wirtschaftl Schwächeren geschaffen (Einf 95 vor § 535, Einf 63 ff vor § 611). In neuerer Zeit ist der **Gedanke des Verbraucherschutzes** eine wichtige Zielvorstellg der PrivRGesGebg (Hart/Köck ZRP **91**, 61, Gärtner JZ **92**, 73, Esser/Schmidt § 1 IV, krit Lieb DNotZ **89**, 274, Reuter AcP **189**, 199), aber auch der Europäischen Union, die ein hohes Niveau des Verbraucherschutzes anstrebt (EGV 129a, 100a III). Sein Leitbild sollte abweichd von der dtschen Praxis entspr der Rspr des EuGH (NJW **83**, 507, 1967, **84**, 1291, ZIP **95**, 1286, KG NJW **94**, 1464, Fezer WRP **95**, 671, Dauses EuZW **95**, 429) nicht der fast schon debile flüchtige unsorgf, sond der krit u sorgf Verbraucher sein. Zivilrechtl kann der Schutz dch die (wenig wirkgsvolle) Begründg eines WiderrR des Verbrauchers (HausTWG 1,

VerbrKrG 7), dch Auferlegg von InformationsPflten, etwa des Reiseveranstalters (Anh zu §§ 651a–l) od des Versicherers (VAG 10a), dch zwingde od halbzwingde materielle SchutzVorschr (§§ 651a ff, Wo-MietR, VerbrKrG, FernUSG, HeimG usw), dch Regelgen über eine richterl InhKontrolle (AGBG) od dch

15 delikt Schutzregelgen verwirklicht w. Die gesetzl Regelgen w dch Grds ergänzt, die die **Rechtsprechung** herausgebildet h, vgl etwa die Entwicklg von Aufkl- u SchutzPflten. Auch das kollektive ArbR dient dazu, die Interessen der wirtschaftl schwächeren ArbN zu sichern. Das gilt insb für den TarifVertr (Einf 65 vor § 611). Er ist der Hauptanwendgsfall des sog **Normenvertrages**, dh eines Vertr, in dem Normen

16 vereinbart w, die für schuldrechtl EinzelVertr maßgebd sein sollen (vgl Hueck JherJb **73**, 33). – **bb)** Das im GWB enthaltene, allerd dch viele Ausn eingeschränkte **Verbot wettbewerbsbeschränkender Verträge** h (ua) gleichf das Ziel, der Gefahr eines Mißbr der VertrFreih entggzuwirken. Es soll (ua) gewährleisten, daß der Abnehmer zw unterschiedl Angeboten von miteinand im Wettbewerb stehden Untern

17 wählen kann. – **cc)** Es bleiben die Fälle, in denen ein nicht formularmäß abgeschl Vertr den Schwächeren eindeut benachteiligt, bes gesetzl SchutzVorschr aber fehlen. Hier muß auf die Generalklauseln (§§ 138, 242) zurückgegriffen w. Sie rechtf es zwar nicht, jede unbill vertragl Regelg dch eine angemessene zu ersetzen (BVerfG NJW **94**, 38). Besteht ein strukturelles Ungleichgewicht u wird der unterlegene VertrTeil ungewöhnl belastet, muß die PrivROrdng aber darauf reagieren u in Anwendg der Generalklauseln (§§ 138, 242) Korrekturen ermöglichen (BVerfG aaO).

18   **4) Vorverhandlungen, Vorvertrag, Option, Vorhand. – a)** Dem VertrSchl gehen regelm **Vorverhandlungen** voraus. Sie sind idR nicht bindd, § 154 I, können aber für die Ausleg des späteren Vertr bedeuts sein (§ 133 Rn 16). Währd der Verhandlgen bestehen noch keine VertrPflichten, wohl aber beiders SorgfPflichten aus einem **vertragsähnlichen Vertrauensverhältnis,** deren Verletzg zur Haftg wg c.i.c. führen kann (§ 276 Rn 65 ff), zum Einiggsmangel inf Versch einer Part vgl § 155 Rn 5.

19   **b) Vorvertrag. – aa) Begriff, Zweck.** Der VorVertr ist ein schuldrechtl Vertr, dch den die Verpfl zum späteren Abschl eines HauptVertr begründet w (BGH **102**, 388). Seine Zulässigk ergibt sich aus dem Grds der VertrFreih (RG **66**, 120, allgM), er muß auf Abschl eines VerpflGesch gerichtet sein (BGH NJW **62**, 1812); kein VorVertr ist die Verpfl zu einer Vfg (RG **48**, 135). Der VorVertr bezweckt idR eine vorzeit Bindg der Part, wenn dem Abschl des HauptVertr noch tats od rechtl Hindern entggstehen. Zu prüfen aber stets, ob wirkl ein beiderseit Bindgswille zu bejahen ist (BGH WM **73**, 67, NJW **80**, 1578); ferner ob nicht in Wahrh ein evtl bedingter HauptVertr vorliegt (BGH NJW **62**, 1812, WM **73**, 238, LG Gießen NJW-RR **95**, 524). An den notw Inhalt eines VorVertr können nicht die gleichen Anfordergen gestellt w wie an eine die Sache endgült regelnde Vereinbg (BGH DNotZ **63**, 36, **LM** § 705 Nr 3, str). Ein wirks VorVertr setzt aber voraus, daß sich die Part über alle wesentl Punkte geeinigt h u der Inhalt des abzuschließden HauptVertr zumindest bestimmb ist (BGH NJW **90**, 1235, NJW-RR **93**, 140, BFH NJW **84**, 1655, Ritzinger NJW **90**, 1205); es muß eine soweit gehde Einigg erzielt worden sein, daß sich der Inhalt des HauptVertr im Streitfall unter Anwendg des ZPO 287 iW ergänzder Ausleg ermitteln läßt (RG **156**, 138, BGH aaO). Der VorVertr mit einem Architekten begründet uU nur dann eine AbschlPfl, wenn das Bauvorhaben ausgeführt w (BGH **102**, 388). **Rahmenverträge** eröffnen eine auf Dauer angelegte GeschVerbindg. Sie sind mangels Bestimmth der abzuschließden EinzelVertr idR keine VorVertr, der darauf abzielende einzelVertr kann aber eine pVV des RahmenVertr sein (BGH NJW-RR **92**, 978). **Anpassungsklauseln** (VhdlgsGesch) stellen nur dann einen wirks (aufschiebd bedingten) VorVertr zum Abschl eines ÄndVertr dar, wenn sie für die Anpassg hinr konkretisierte Maßst festlegen (Baur, Vertragl Anpassgsregelgen, 1983, S 120). Der VorVertr

20 ist hinsichtl seiner Anfechtbark ein selbstd RGesch (BGH WM **73**, 238). – **bb)** Der VorVertr bedarf der **Form** des HauptVertr, wenn diese, wie idR, vor einer übereilten Bindg warnen soll (BGH **61**, 48, stRspr); für ihn gelten daher insb § 313 u das sich aus § 313 ergebde Erfordern der UrkBestimmth (BGH **97**, 147), § 518, § 766 (BGH **LM** § 766 Nr 8 Bl 1 R), GWB 34 (BGH NJW **75**, 1170), GmbHG 2 (BGH NJW-RR **88**, 288), nicht dagg § 566, da Form hier nur BewZwecken dient (RG **86**, 32, BGH **LM** § 566 Nr 1), ebsowenig TVG 1 II, da Form hier Unterrichtg der Normunterworfenen bezweckt (BAG NJW **77**, 318). Bei gewillkürter Form ist es Ausleggsfrage, ob sie auch für den VorVertr gilt (BGH NJW **58**, 1281, BB **63**, 572). Der

21 formunwirks VorVertr wird mit Abschluß des HauptVertr wirks (BGH **82**, 398, § 313 Rn 52). – **cc)** Der VorVertr **verpflichtet** die Part, ein Angebot auf Abschl des HauptVertr abzugeben u das Angebot des and Teils anzunehmen (BGH JZ **58**, 245). Besteht bereits ein von einem vollmlosen Vertreter geschlossener HauptVertr, ergibt sich aus dem VorVertr ein Anspr auf Gen (BGH **108**, 384). Der VorVertr kann auch so ausgestaltet w, daß nur der eine Teil gebunden w, der and dagg keine Pfl zum VertrSchl übernimmt (BGH NJW **90**, 1233, Hbg WM **91**, 1179). Ein solcher einseit bindder VorVertr kann auch dch die Ann eines **Letter of Intent** zustande kommen (Lutter, Letter of Intent, 1982, 27, Köln EWiR **94**, 533); typw ist der *letter of intent* aber ledigl die rechtl nicht verbindl Fixierg der Vhdlgsposition des Verfassers. Macht der eine Teil ein dem VorVertr entspr Angebot auf Abschl des HauptVertr, so erlischt seine Verpfl dch Erf (aA BGH JZ **58**, 245); er muß dem and aber eine ausreichde Prüfgszeit einräumen u kann zu Klarstellgen verpflichtet sein. Bei Weigerg kann der Berecht nicht ohne weiteres auf die nach dem HauptVertr geschuldete Leistg klagen (BGH WM **71**, 45). Er muß dem and Teil vielmehr ein Angebot machen u auf Ann klagen (BGH **97**, 147), jedoch kann aus Grden der ProzÖkonomie auch eine Klage auf Abgabe eines Angebots zul sein (BGH

22 **98**, 131). Mit der **Klage** auf VertrAbschluß kann der Berecht die auf Leistg nach dem HauptVertr verbinden (BGH NJW **86**, 2820), jedoch muß in die UrtFormel uU der Vorbeh aufgenommen w, daß das Zustandekommen des Vertr Voraussetzg für die Leistg ist (BGH NJW **89**, 2132). Ausnahmsw kann der Berecht die geschuldete Leistg ohne vorherige Klage auf Abschl des HauptVertr fordern (BGH NJW **72**, 1189, Aufl-Anspr aus EigenheimbewerberVertr). Er kann aber auch iF der Unmöglichk od dem § 326 SchadErs wg NichtErf verlangen (BGH NJW **63**, 1247, **90**, 1233); an das Vorliegen einer ernsth u endgült ErfVerweigerg sind auch hier strenge Anfordergen zu stellen (BGH NJW-RR **93**, 140). Zur Anwendg der §§ 320 ff im einzelnen vgl Brüggemann JR **68**, 207. Ein RücktrR wg pVV besteht nur bei eig VertrTreue (BGH NJW **84**, 480). Ist der VorVertr auf Begründg eines DauerschuldVerh gerichtet, besteht dagg unabhäng vom Verschulden gem § 242 ein RücktrR bei Erschütterg der VertrauensGrdl (BGH NJW **58**, 1531).

c) Das **Optionsrecht** ist das Recht, dch eins Erkl einen Vertr, insb einen Kauf- od MietVertr, zustande zu 23 bringen (MüKo/Kramer Rn 41 ff, Larenz SchuldR II § 44 IV 3), gesetzl Bsp: WiederkaufsR §§ 497 ff. Es unterscheidet sich vom VorVertr dadch, daß es keinen schuldrechtl Anspr auf Abschl des HauptVertr, sond ein GestaltgsR begründet. Das OptionsR ergibt sich idR aus einem aufschiebd bedingten Vertr, der dch die OptionsErkl unbedingt w (BGH **47**, 391, Bambg NJW-RR **89**, 1449, Weber JuS **90**, 249). Bei dieser Gestaltg gelten etwaige FormVorschr (§ 313) nur für den bedingten VertrAbschl (die OptionsVereinbg), nicht dagg für die OptionsErkl (BGH **LM** § 433 Nr 16 Bl 3, NJW **67**, 153). Von einem OptionsR spricht man aber auch dann, wenn dem Berecht ein langfristig binddes VertrAngebot gemacht worden ist (MüKo/ Kramer, Larenz aaO). In diesem Fall gelten etwaige FormVorschr auch für die OptionsErkl (BGH **LM** § 433 Nr 16 Bl 3). Ob die eine od and Art des OptionsR od ein eins binddter VorVertr (Rn 21) vorliegt, ist Ausleggsfrage (vgl BGH aaO, Düss BB **79**, 962). Wird als GgLeistg für die übernommene Bindg ein sog Bindgsentgelt vereinb, erstreckt sich etwaige Formbedürftig auch auf diese Abrede (§ 313 Rn 12).

d) Von Einräumg einer sog **Vorhand** spricht man, wenn jemand sich verpflichtet, einen Ggst, bevor er 24 ihn anderweit veräußert od vermietet, dem VorhandBerecht anzubieten (Larenz SchuldR II § 44 IV 2). Rechtl läßt sich die Vorhand nicht eindeut einordnen (Lorenz FS Dölle I S 118). Vielf beschränken sich die Pflichten darauf, mit dem Berecht in Verhandlgen einzutreten u ihm etwaige Angebote and mitzuteilen (RG HRR **33** Nr 913); diese schwächste Art der Vorhand ist auch bei Grdst nicht formbedürft (Hbg NJW-RR **92**, 21); Die Vorhand kann aber auch ein eins bindder aufschiebd bedingter VorVertr sein (Rn 19), wobei die aufschiebde Bedingg (Potestativbedingg) der Wille des Verpflichteten ist, nunmehr zu verkaufen (Larenz aaO). Schließl ist denkb, daß die Vorhand als OptionsR (Rn 23) ausgestaltet ist. Was im Einzelfall gewollt ist, ist gem §§ 133, 157 zu ermitteln.

5) „Faktische Vertragsverhältnisse". – a) Allgemeines. Nach einer von Haupt („Über fakt VertrVer- 25 hältn", 1941) begründeten Lehre sollen VertrVerh auch ohne WillErkl der Part allein dch ein rein tatsächl Verhalten entstehen können. Diese Lehre hat anfängl im Schriftt Unterstütz gefunden (Simitis, Nikisch), u auch der BGH ist ihr in einigen Entsch gefolgt, so im Parkplatzfall (BGH **21**, 334), Stromversorggsfall (BGH **23**, 175) u Hoferbenfall (BGH **23**, 261). Inzw besteht aber Einverständn darüber, daß die Lehre vom „fakt Vertr" ein Irrweg war (s etwa MüKo/Kramer vor § 241 Rn 57, Medicus AT Rn 248, Esser-Schmidt § 10 I 2 u jetzt auch Larenz AT § 28 II). Der BGH hat sie seit 1958 nicht mehr angewandt u hat 1985 festgestellt, daß die neuere Rspr die fr als fakt Vertr eingestuften Fälle mit rgeschäftl Kategorien löse (BGH **95**, 399, ähnl BGH NJW-RR **91**, 176). In der Tat ist die Lehre Haupts **ersatzlos entbehrlich.** Die von ihm behandelten Fallgruppen lassen sich mit der modernen RGeschLehre u dem BerR angem lösen.

b) Massenverkehr, Daseinsvorsorge. Im modernen MassenVerk werden vielf Leistgen in Anspr ge- 26 nommen, ohne daß ausdr vertragl Abreden getroffen w (Straßenbahnfahrten, Parkplätze, Elektrizität, Gas, Wasser). Gleichwohl kommen auch hier, soweit nicht öffR anwendb ist, dch schlüssiges Verhalten wirks SchuldVertr zustande: – **aa)** Das Leistgsangebot des Versorggsunternehmens ist eine **Realofferte** (Saarbr NJW-RR **94**, 436). Diese wird vom and Teil gem § 151 dch ein Gebrauchs- od AneigngsHdlg angenommen. Die Ann, die man als **sozialtypisches Verhalten** bezeichnen kann, ist eine rgeschäftl WillensBetätigg. Sie erfordert GeschFgk (AG Mühlheim NJW-RR **89**, 175, Medicus NJW **67**, 354, allgM, verfehlt LG Bremen NJW **66**, 2360); auch die §§ 116 ff sind anwendb, jedoch kann die Anf nicht darauf gestützt w, der Annehmde habe sich über die sozialtyp Bedeutg seines Verhaltens geirrt (Canaris, Vertrauenshaftg, 1971, S 447). – **bb) Protestatio facto contraria.** Ein wirks Vertr kommt auch dann zustande, wenn die Part, die 27 die Leistg in Anspr nimmt, ausdr erklärt, sie werde kein Entgelt zahlen; die Part muß die obj ErklBedeutg ihres Verhaltens gg sich gelten lassen, ihr Vorbehalt ist unbeachtl (BGH **95**, 399; NJW **65**, 387, Parkplatz; DB **70**, 1686, Taxenstandplatz, str, aA Köhler JZ **81**, 464). Auch die §§ 612 I, 632 I zeigen, daß eine rechtens bestehde VergütgsPfl nicht dch eine einseit Erkl ausgeschlossen werden kann (Medicus AT Rn 250). Unschädl ist, daß eine vollständ Einigg über die VertrBedggen fehlt, etwaige Lücken sind gem §§ 315, 316 zu schließen (BGH NJW **83**, 1777, **LM** § 315 Nr 12); Voraussetzg ist jedoch, daß das Verhalten nach seiner obj ErklBedeutg als Ann zu werten ist (BGH NJW **91**, 564). Davon kann beim Dieb keine Rede sein; er bleibt außerh der Vor- u Nachteile des VertrR u haftet gem §§ 823, 812 (LG Bln JZ **73**, 217); entspr gilt für den, der sich heiml in ein Flugzeug einschleicht (BGH **55**, 128). Auch wenn ein zunächst berecht in Anspr genommener Standplatz nicht geräumt wird, kommt kein Vertr zustande (Nürnb OLGZ **78**, 197). – **cc) Versorgungsverträge.** Wer aus dem Verteilgsnetz eines VersorggsUntern (ohne strafb Manipulatio- 28 nen) Elektrizität, Gas od Fernwärme entnimmt, nimmt die Realofferte des Untern dch sozialtyp Verhalten an; er muß nach der Protestatio-Regel auch bei einem ausdr Widerspr das tarifl Entgelt zahlen (RG **111**, 312, BGH NJW **83**, 1777, Saarbr NJW-RR **94**, 436, stRspr). Kündigt er mit der Erkl, er werde weiter Energie entnehmen, ist die Künd wg widersprüchl Verhaltens unwirks (BGH **LM** Allg Bdgg EVersorgg Nr 11). Nunmehr wird in § 2 II AVBEltV/GasV/FernwärmeV auch ausdr bestimmt, daß die Entnahme von Energie aus dem Verteilgsnetz als Ann des VertrAngebots des Untern aufzufassen ist. Damit wird der EnergieEntn ErklWirkg beigelegt; es handelt sich um ein „Tun mit ErklWirkg" vergleichb dem „Schweigen mit ErklWirkg"; Einf 12 vor § 116 gilt entspr. Zur Abgrenzg des Entnehmerbegriffs s BGH **100**, 299, BB **91**, 300, Karlsr NJW-RR **88**, 1527, Janke-Weddige BB **85**, 758. Der fakt Abnehmer (Pächter) kann neben dem fr Kunden (Verpächter) VertrPart w (Ffm NJW-RR **89**, 889). Erfaßt wird aber nur die EnergieEntn über zugelassene Anschlüsse; der Energiediebstahl begründet auch nach den AVBV keinen Vertr, sond delikt Anspr (Hermann/Recknagel/Schmidt-Salzer § 2 AVBV Rn 35).

c) Fehlerhafte Dauerschuldverhältnisse. Bei einem vollzogenen **Gesellschaftsvertrag** können Nich- 29 tigk- u AnfGrde grdsätzl nur mit Wirkg *ex nunc* geltd gemacht w (stRspr u allgM, BGH **3**, 285, **55**, 8, **97**, 250, s näher § 705 Rn 10 f). Entspr gilt für das vollzogene **Arbeitsverhältnis** (BAG **5**, 65, **14**, 186, stRspr u hM, s näher § 611 Rn 23) u ArbNÜberlassgsVertr (Hbg NJW-RR **93**, 1524). Darin liegt jedoch keine Anerkenng von fakt Vertr. Auch bei der fehlerh Gesellsch u beim fehlerh ArbVerh sind die, wenn auch fehlerh WillErkl der Part, Grdl des VertrVerh (BGH **11**, 190). Es handelt sich nicht um die Anerkenng eines von der Willenseinigg der Part unabhäng VerpflGrd, sond um eine Beschrkg der Nichtigk- u AnfFolgen, die an den RGedanken der AktG 273 ff, GmbHG 75 ff, EheG 16 ff anknüpft (MüKo/Kramer Rn 65 v § 241). Die bei vollzogenen DauerschuldVerh bestehde erhöhte Bestandsfestigk (Einf 21 v § 241) führt beim Gesellsch- u ArbVerhältn wg der hier gegebenen bes Umst dazu, daß ein nichtiger od anfechtb Vertr idR nur mit Wirkg für die Zukunft vernichtet w kann. Dagg sind auf **Miet- und Pachtverträge** auch nach Überlassg der Sache die normalen Nichtigk- u AnfRegeln anzuwenden (KG MDR **67**, 404, LG Bambg WuM **72**, 119, str).

145 Bindung an den Antrag. Wer einem anderen die Schließung eines Vertrags anträgt, ist an den Antrag gebunden, es sei denn, daß er die Gebundenheit ausgeschlossen hat.

1 **1) Vertragsantrag. – a)** Der Antr (Angebot, Offerte) ist eine einseit, empfangsbedürft WillErkl (§ 130 Rn 2), die gem § 130 mit dem Zugehen wirks w. Er ist kein einseit RGesch, sond soll Teil des zweiseit RGesch „Vertrag" w (Hamm NJW **82**, 2076). Ggst u Inh des Vertr müssen im Antr so **bestimmt** od so bestimmb (§§ 133, 157, 315 ff) angegeben w, daß die Ann dch ein **einfaches Ja** erfolgen kann (s RG HRR **30**, 91, ebso CISG 14 I). Eine ausr Bestimmbark liegt aber auch dann vor, wenn der Antragde die Festlegg einzelner VertrPunkte dem AntrEmpfänger überläßt (MüKo/Kramer Rn 4). Auch die Bestimmg der Pers des AntrEmpfängers gehört abgesehen vom Fall des Angebots an einen unbestimmten PersKreis zum Inh des Antr (Karlsr DNotZ **88**, 695). Das Angebot an einen noch zu bestimmden Dr ist noch kein Antr iS des § 145; seine etwaige Bindgswirkg beruht zunächst auf dem mit dem BestimmgsBerecht abgeschlossenen Vertr (s auch § 313 Rn 30). Das dem Abmahnschreiben beigefügte Formular für eine UnterlVerpfl u ein VertrStrafVerspr ist dagg ein Angebot (Pohlmann BB **95**, 1249). Sow keine FormVorschr bestehen, kann 2 der Antr auch dch **schlüssige Handlung** erfolgen. – **b)** Der Antr muß den **Willen zu einer rechtlichen Bindung** zum Ausdr bringen (ebso CISG 14 I, s aber Rn 3). Hierdch unterscheidet sich der Antr von der **Aufforderung zur Abgabe von Angeboten** *(invitatio ad offerendum)*. Ob das eine od das and vorliegt, ist Ausleggsfrage. Maßgebd ist nicht der innere Wille des Antragden, sond der obj ErklWert seines Verhaltens (§ 133 Rn 9). Bestellgen von Hotelzimmern sind iZw ein Angebot (Düss NJW-RR **91**, 1144), nicht aber Anzeigen in Zeitgen u Plakaten, Kataloge, Preislisten, Speisekarten u Ankündiggen von Theatervorstellgen (RG **133**, 391, MüKo/Kramer Rn 8). Der Unternehmer will sich noch nicht endgült binden, weil sein Vorrat möglicherw nicht reicht od gg einzelne Kunden Bedenken bestehen können. Gleiches gilt für Warenauslagen im **Schaufenster,** auch wenn sie entspr den Vorschr der PreisangabenVO mit einer verbindl Preisangabe versehen sind (BGH NJW **80**, 1388), u für die in der Werbg herausgestellten Sonderangebote (Soergel-Wolf Rn 7). Auch die Präsentation von Waren im Bildschirmtext ist iZw als *invitatio ad offerendum* aufzufassen (Brinkmann BB **81**, 1184, Lachmann NJW **84**, 407, Redeker NJW **84**, 2391, aA Hart KritV **86**, 234), ebso Erkl des ArbGeb in einer BetrVersammlg (LAG Hamm EWiR **92**, 127).

3 **2) Bindung an den Antrag. – a)** Der Antr ist für den Antragden bindd. Er kann daher grdsl **nicht widerrufen** w (and CISG 16). Die Bindg beginnt mit dem Zugang des Antr (vorher s § 130 I 2) und endet mit seinem Erlöschen (§ 146). Aus der Bindg entsteht ein ggs VertrauensVerh mit beiderseit SorgfPfl; deren Verletzg begründet eine Haftg aus c.i.c. (s RG **107**, 242, § 276 Rn 65 ff). Bei einer Bindg von langer Dauer (15 Jahre) kann der Antr entspr Einl 18 v § 241 aus wichtigem Grd widerrufen w (Düss NJW-RR **91**, 312). Wird der angebotene Antr vom Antragden schuldh zerstört, steht der GgPart analog § 160 ein **Schadensersatzanspruch** auf das pos Interesse zu (MüKo/Kramer Rn 14, str, die hM gibt aus § 307 od c.i.c. einen 4 Anspr auf das negative Interesse). – **b)** Der Antragde kann die **Bindungswirkung** des Antr **ausschließen** (§ 145 letzter Halbs). Geschieht das dch eine Freiklausel, die sich auf das Angebot im ganzen bezieht (freibleibd, unverbindl), ist die Erkl idR nicht als Antr, sond als eine Aufforderg zur Abgabe eines Angebots aufzufassen (RG **102**, 229, **105**, 12, BGH NJW **58**, 1628, Lindacher DB **92**, 1813). Wer eine derart Erkl abgibt, hat aber hinsichtl der ihm zugehden Antr eine ErklPfl; sein Schweigen ist daher als Ann zu werten (RG JW **26**, 2674, Staud-Dilcher Rn 20). Die Freiklausel kann aber auch als **Widerrufsvorbehalt** zu verstehen sein, so etwa, wenn eine Flugreise „freibleibd erster unserer Verfügbark" angeboten w (BGH NJW **84**, 1885). Hier ist iZw anzunehmen, daß der Widerruf nur bis zur AnnErkl des Empfängers zul ist (Staud-Dilcher Rn 18, str). Klauseln wie „solange der Vorrat reicht" sind als auflösde Bedingg anzusehen (s Staud aaO, str). Beschr Freiklauseln wie „Preise freibleibd", „Liefersmöglichk vorbehalten" können auch dahin auszulegen sein, daß ein Vertr fest abgeschlo w, die Freiklauseln aber VertrInh w sollen (s RG **103**, 415, BGH **1**, 354; vgl § 157 Rn 16). Wer sich auf das Vorliegen eines Antr beruft, hat dessen Voraussetzgen zu **beweisen;** wer den Ausschluß der Bindg behauptet, ist insow beweispflichtig (MüKo/Kramer Rn 17).

5 **3)** Das dem ErklEmpfänger aus dem Antr erwachsde Recht ist ein **Gestaltungsrecht** (RG **132**, 6, Celle NJW **62**, 744, str). Das Recht kann uU übertragb (§§ 413, 398), pfändb (ZPO 851 I) u vererbl sein. Eine feste Regel für od gg die Übertragbark läßt sich nicht aufstellen (MüKo/Kramer Rn 16). Maßgebd ist der dch Ausleg (§§ 133, 157) im Einzelfall zu ermittelnde Inh des Antr.

6 **4) Sonderformen. – a)** Das Ges geht davon aus, daß der Vertr dch zwei zeitl aufeinand folgde WillErkl (Antr u Ann) zustande kommt. Das entspr dem regelmäß Ablauf, jedoch gibt es in der RWirklichk auch den VertrSchl dch **Abgabe gleichzeitiger Erklärungen** (Leenen AcP **188**, 393). Der VertrSchl nach längeren mdl Vhdlgen od der dch Unterzeichn einer von einem Dr entworfenen Urk läßt sich idR nicht unter das Schema von Antr u Ann bringen. Das ist auch nicht erforderl. Bei beiderseit Zust liegt ein wirks Vertr auch dann vor, wenn die Erkl der Part nicht als Antr u Ann voneinand unterschieden w können (Huber RabelsZ 7 **43**, 445). – **b)** Das Aufstellen eines **Automaten** ist ein Angebot an jedermann *(ad incertas personas).* Es w dch Einwerfen der richtigen Münze angenommen (Larenz § 27 I a, Padeck VersR **89**, 542). Beim Geldautomaten 8 der Kreditinstitute richtet sich das Angebot nur an den Berecht (BGH NJW **88**, 981). – **c)** Die Auslage im **Selbstbedienungsladen** ist eine Aufforderg zur Abgabe von Angeboten. Angebot ist die Vorlage der Ware an der Kasse, Ann die Feststellg des RechngsBetr (s Dietrich DB **72**, 958, Staud-Dilcher Rn 4, aA Hart KritV **86**, 235, offen gelassen v BGH **66**, 55). Bei Selbstbediengstankstellen ist die betriebsbereite Zapfsäule

das Angebot u die Selbstbedieng die Ann (str). Die vom Tankstelleninhaber abgegebene dingl EiniggsErkl (§ 929) ist aber dahin auszulegen (§ 157), daß das Eigt erst mit Bezahlg übergehen soll (str, aA Herzberg NJW **84**, 896). – **d)** Bei einem **Antrag an mehrere** ist es Ausleggsfrage, ob das Recht zur Ann jedem einz **9** od nur der Gesamth zustehen soll. Letzterenfalls muß der Antr von allen rechtzeit angenommen w; wenn einer ablehnt od sich nicht erklärt, erlischt der Antr (BGH **LM** Nr 10). – **e)** Ein wirks Vertr kommt auch dann zustande, wenn sich zwei inhaltl entspr Antr **kreuzen** (Neumayer, FS Riese, 1964, 315, Staud- Dilcher Rn 7, str). – **f)** Ein VertrAntr ist auch die **Zusendung unbestellter Ware.** Schweigen bedeutet hier keine **10** Ann, auch dann nicht, wenn der Antragde erklärt, der Vertr gelte bei Nichtablehng od Nichtrücksendg als geschl (allgM). Eine Pfl zur Rücksendg besteht nicht; sie kann auch nicht dch Beilegg des erforderl Portos begründet w. Gleiches gilt, abgesehen von Sonderfällen (HGB 362, ständ GeschVerbindg), für den kaufm Verkehr (MüKo/Kramer Rn 9). Auch ein VerwahrVertr kommt nicht zustande (Schwung JuS **85**, 450). Die allein verbleibde außervertragl Haftg des Empfängers beschr sich analog § 300 auf Vors u grobe Fahrlässigk (MüKo aaO, Soergel-Wolf Rn 26); idR steht einer SchadErsPfl auch § 254 entgg, da die unbestellte Waren- zusendg ein grob rechtsw Eingriff in die Privatsphäre des Empfängers ist (BGH **LM** UWG 1 Nr 77).

146 *Erlöschen des Antrags.* **Der Antrag erlischt, wenn er dem Antragenden gegenüber abgelehnt oder wenn er nicht diesem gegenüber nach den §§ 147 bis 149 rechtzeitig angenommen wird.**

1) Der **Antrag erlischt** dch Ablehng, Ablauf der AnnFr (§§ 147–149, 151 S 2, 152 S 2, s dort) u dch **1** Widerruf eines nicht bindden Antr (§ 145 Rn 4). Weitere ErlöschensGrde ergeben sich aus §§ 153, 156. Die **Ablehnung** ist eine empfangsbedürft WillErkl (§ 130 Rn 2) u im Ggs zu Antr u Ann zugleich ein einseit RGesch (Lange, FS Reinhardt, 1972, 100). Sie ist auch bei formbedürft Vertr formfrei (allgM). Der Mj kann nur mit Zust seines gesetzl Vertr ablehnen, da die Ablehng die zG des AntrEmpfängers begründete RPosi- tion (§ 145 Rn 5) vernichtet, also auch rechtl Nachteile (§ 107) mit sich bringt (MüKo/Kramer Rn 3). Als Ablehng gilt auch die Ann mit Änd (§ 150 II).

2) Das **Erlöschen** des Antr beseitigt nicht nur die Bindg des Antragden; der Antr existiert rechtl nicht **2** mehr u kann daher nicht mehr angenommen w (BGH NJW-RR **94**, 1164). Die verspätete Ann ist als neuer Antr aufzufassen (§ 150 I). Entspr gilt für die Ann nach Ablehng (§§ 133, 157).

147 *Annahmefrist.* [I] **Der einem Anwesenden gemachte Antrag kann nur sofort angenom- men werden. Dies gilt auch von einem mittels Fernsprechers von Person zu Person gemachten Antrage.**

[II] **Der einem Abwesenden gemachte Antrag kann nur bis zu dem Zeitpunkt angenommen wer- den, in welchem der Antragende den Eingang der Antwort unter regelmäßigen Umständen er- warten darf.**

148 *Bestimmung einer Annahmefrist.* **Hat der Antragende für die Annahme des Antrags eine Frist bestimmt, so kann die Annahme nur innerhalb der Frist erfolgen.**

1) **Vertragsannahme** (§§ 147–152). – **a)** Sie ist eine einseit, empfangsbedürft, iF der §§ 151, 152 aus- **1** nahmsw auch nicht empfangsbedürft WillErkl (§ 130 Rn 2), aber ebso wie der Antr kein einseit RGesch (§ 145 Rn 1). Ihr Inh besteht aus einer vorbehaltlosen Bejahg des Antr (Staud-Dilcher § 146 Rn 4), die Ann mit Änd gilt als Ablehng (§ 150 II). Weicht bei einem VersVertr die dch Übersendg des VersScheins erklärte Ann vom Antr ab, kommt dieser aber mit dem Inh des VersScheins zustande, es sei denn, daß der VersN von seinem WidersprR gem VVG 5 Gebrauch macht. Ein entspr WidersprR besteht nach VVG 5 a, wenn dem VersN die AVB oder die Verbraucherinformation gem VAG 10 a nicht übergeben wurde ist (Lorenz VersR **95**, 616). Eine telegraf od fernmündl Erkl mit dem Zusatz **„Brief folgt"** bringt idR zum Ausdr, daß der Erklärde sich zumindest Änd in Nebenpunkten vorbehält u ist daher iZw keine Ann (RG **105**, 13, Hamm DB **83**, 2619). Der Vertr kommt mit dem Zugehen der AnnErkl zustande, iF der §§ 151, 152 bereits mit der Ann selbst. – **b)** **Schlüssige und stillschweigende Annahme.** – **aa)** Sow die Ann nicht formbedürftig ist, kann sie auch **2** dch **schlüssiges Verhalten** geschehen, so etwa dch Bewirken der Leistg (s RG **129**, 113, BGH NJW **80**, 2246) od dch Entggnahme der angebotenen Leistg (s BGH NJW **63**, 1248). Maßgebd ist die Lage des Einzelfalles. Beim VersVertr ist die Entggnahme der Erstprämie iZw nicht als Ann zu werten (BGH NJW **76**, 289), es kann aber auch anl liegen (s BGH NJW-RR **91**, 1178). IdR fällt die Ann dch schlüssige Hdlg unter § 151, so daß der Vertr bereits mit der Betätigg des AnnWillens zustandekommt. – **bb)** Bloßes **Schweigen** ist grdsl keine **3** WillErkl, also auch keine Ann (Einf 7 v § 116); es gilt aber in einigen Fällen kr Ges als AnnErkl (§ 516 II, HGB 362). Außerdem steht Schweigen einer Ann dann gleich, wenn der AntrEmpfänger nach **Treu und Glauben** (§ 242) verpfl gewesen wäre, seinen abw Willen zu äußern (BGH **1**, 355, NJW **75**, 1359, Einf 10 v § 116). Schweigen kann daher als AnnErkl zu bewerten sein: bei einem Angebot aGrd von Vorverhdlgen, in denen über die wesentl VertrBedinggen bereits Einigk erzielt worden war (BGH NJW **95**, 1281, krit Pfeifer BB **95**, 1507); bei VorVhdlgen mit einer namensähnl Schwesterfirma (BGH NJW-RR **86**, 456); bei einem Antr nach einer Aufforderg zur Abgabe von Angeboten (§ 145 Rn 2); iF des § 150 I, wenn die als neuer Antr geltde AnnErkl nur wenig verspätet war (§ 150 Rn 1); iF des § 150 II, bei nur unwesentl Abw vom ursprüngl Antr (§ 150 Rn 3); bei Angeboten an Untern, für das Kontrahiergszwang besteht (OGH NJW **50**, 24); uU bei Angeboten im Rahmen laufder GeschBeziehgen (BGH **LM** § 157 [G b] Nr 4), nicht aber wenn üblicherw ausdr Ann erfolgt (BGH **LM** § 148 Nr 2) od es sich um ein außergewöhnl od bes wichtiges Gesch handelt (BGH NJW-RR **94**, 1165); bei einem kaufm BestätSchr (Rn 8 ff).

2) Nur die **rechtzeitige Annahme** führt zum VertrSchl. – **a)** Hat der Antragde eine **Annahmefrist 4** bestimmt, so ist diese maßgebd (§ 148). – **aa)** Die **Fristsetzung** ist eine rgeschäftl Hdlg. Sie erfolgt idR dch

Festlegg eines Endtermins, der unmittelb dch ein Datum od mittelb dch einen Zeitraum best w kann. Die FrSetzg kann aber auch konkludent geschehen od sich aus der Natur des Gesch ergeben. Die Aufforderg, „bereits der Akkreditivbank Instruktionen zu geben", kann eine FrBestimmg iSd § 148 enthalten (BGH Warn **69** Nr 221). Um eine FrSetzg iSd § 148 handelt es sich auch, wenn die Part erklärt, sie halte sich für den Zeitraum X an das Angebot gebunden (LG MöGladb VersR **83**, 49). Ein „festes" Angebot erlischt nach angem, nach den Umst zu bemessder Fr (RG **97**, 3). Der Antragde kann die AnnFr jederzeit auch stillschw verlängern (Hamm NJW **76**, 1212), nicht aber nachträgl einseit verkürzen. Eine kürzere als die gesetzl Fr (§ 147) kann daher nur im Antr od in einer gleichzeit zugehden Erkl gesetzt w (Staud-Dilcher § 148 Rn 7). Der Antragde ist in der Bemessg der Fr frei. Ist die in AGB zG des Verwders bestimmte AnnFr unangem 5 lang, gilt aber AGBG 10 Nr 1. – **bb) Fristberechnung** s §§ 186 ff. Die Fr beginnt idR mit dem Datum des Antr, nicht erst mit dessen Zugang (Soergel-Wolf § 148 Rn 8, ebso CISG 20). Bei einer Fr bis zu einem best Tag gehört dieser iZw noch zur Fr (RG **105**, 419). Die AnnErkl muß innerh der Fr zugehen, die Abgabe der Erkl reicht iZw zur FrWahrg nicht aus (RG **53**, 60, Ffm VersR **83**, 529, ebso CISG 20 II 2). Wird das rechtzeit Zugehen schuldh verhindert, steht dies aber dem Zugehen gleich (§ 130 Rn 17). Bei dem einen Vertreter ohne Vertretgsmacht muß auch die Gen des Vertretenen innerhalb der AnnFr erfolgen (BGH NJW **73**, 1789, MüKo/Kramer § 148 Rn 7, str). Wer sich auf eine Befristg beruft, hat diese wg der Abw von der Regel des § 147 zu **beweisen** (Baumgärtel/Laumen Rn 1).

6   **b)** Ist keine Fr bestimmt, kann der Antr unter **Anwesenden** od mittels Fernsprecher nur sofort angenommen w (§ **147 I**; ebso CISG 18 II 3). **Sofort** bedeutet so schnell wie obj mögl. Es kann als bei „unverzügl" (§ 121 I) schadet auch schuldloses Zögern. Es kommt aber auch hier auf die Lage des Falles an. Wird das Ferngespräch unterbrochen, bevor die Ann erklärt w konnte, erlischt der Antr (RG SeuffA **80**, 175, RG **104**, 235, MüKo/Kramer § 147 Rn 3, str). Erkl mittels Fernschreiber ist Erkl unter Abwesden (Greulich BB **54**, 492). Das gleiche gilt für die Kommunikation über Bildschirmtext (Redeker NJW **84**, 2391, Paefgen JuS **88**, 596) u für Erkl von od an Boten. Dagg ist Erkl von od an Vertreter ein Antr unter Anwesden. Ob ein persönl übergebener verkörperter Antr unter § 147 I (so Flume II § 35 I 2) od unter § 147 II (so Staud-Dilcher § 147 Rn 2) fällt, hängt von den Umst des Einzelfalls ab. IdR liegt in der Übergabe des schriftl Antr die Einräumg einer angem AnnFr (s RG **83**, 106, BGH NJW **85**, 197). § 147 I gilt nur dann, wenn die schriftl Erkl zur sofort Lektüre u Entsch vorgelegt w (s auch BGH **LM** § 147 Nr 2).

7   **c)** Ein Antr unter **Abwesenden,** für den keine AnnFr best worden ist, kann bis zu dem Ztpkt angenommen w, zu dem der Eingang der Antwort unter regelmäß Umst zu erwarten ist (§ **147 II,** ebso CISG 18 II 2). Die gesetzl AnnFr setzt sich zusammen aus der Zeit für die Übermittlg des Antr an den Empfänger, dessen Bearbeitgs- u Überleggszeit sowie aus der Zeit für die Übermittlg der Antwort an den Antragden (Ffm NJW-RR **86**, 329). Dieser letzte Zeitabschnitt entfällt, wenn die Ann gem § 151 nicht zugangsbedürft ist. Verzögergn in einem Abschn können dch Beschleuniggn in einem and ausgeglichen w. Bei einem Antr auf Änderg einer VersVertr kann die nach 27 Tagen zugehde Ann noch rechtzeit sein (Ffm aaO). Verzögernde Umst, die der Antragde kannte od kennen mußte, gehören zu den regelmäß Umst u führen daher zu einer angem FrVerlängerg (RG **142**, 404, BGH **LM** § 147 Nr 1 Bl 2, Mü VersR **76**, 745). Bsp sind etwa saisonbedingter starker ArbAnfall, Urlaub, Einholg von notw Ausk, Beschlußfassg dch das zust Organ des AntrEmpfängers. Für den Antragden nicht voraussehb ungewöhnl Erschwern verlängern die Fr dagg nicht. Das Beförderungsmittel für die AnnErkl muß an Schnelligk grdsl dem für den Antr verwandten Beförderungsmittel gleichstehen (CISG 18 II 2). Telegraf Antr erfordern daher idR eine telegraf Ann (Staud-Dilcher Rn 12); ein Antr per Telex muß spätestens binnen 4 Tagen angenommen w (AG Ffm NJW-RR **89**, 47). Rechtzeit Absendg genügt nicht. Die Ann muß innerh der AnnFr wirks w, idR also zugehen. Der Antragde ist nicht verpfl, auf den drohden FrAblauf hinzuweisen (BGH DB **71**, 232).

8   **3) Schweigen auf ein kaufmännisches Bestätigungsschreiben. – a) Allgemeines.** Im HandelsVerk gilt der Grds, daß der Empfänger eines kaufm BestätSchr unverzügl widersprechen muß, wenn er den Inh des Schreibens nicht gg sich gelten lassen will. Widerspricht er nicht, ist der Vertr mit dem aus dem BestätSchr ersichtl Inh rechtsverbindl, es sei denn, daß der Bestätigde das VerhdlgsErgebn bewußt unricht wiedergegeben hat od das BestätSchr inhaltl so weit von VerhdlgsErgebn abweicht, daß der Absender vernünftigerw nicht mit dem Einverständn des Empfängers rechnen konnte. Dch sein Schweigen wird der Vertr nach Maßg des BestätSchr geändert od ergänzt; war noch kein Vertr geschl, kommt er mit dem aus dem BestätSchr ersichtl Inh zustande (RG **54**, 179, BGH **7**, 189, **11**, 3, stRspr, hM). Die Wirkg der widerspruchslosen Hinnahme des BestätSchr beruht auf **Gewohnheitsrecht** (Medicus AT Rn 440; K. Schmidt HandelsR 4. Aufl § 19 III 1). Konstruktiv handelt es sich um einen Fall des normierten Schweigens (Einf 9 ff v § 116, str). Das Schweigen ist ähnl wie in den Fällen der §§ 416 I S 2, 496 S 2, HGB 362 tatbestandl keine WillErkl, steht aber in seinen Wirkgn einer WillErkl gleich. Die Vorschr über die GeschFgk sind anzuwenden; ebso die über **Willensmängel** (str). Der Irrt über die Bedeutg des Schweigens berecht aber nicht zur Anf (BGH **11**, 5, **20**, 154, allgM). Die Anf kann auch nicht darauf gestützt w, daß BestätSchr u mdl Abrede voneinand abweichen (BGH NJW **69**, 1711, **72**, 45).

9   **b) Persönlicher Anwendungsbereich.** Die Grds über das BestätSchr sind als Handelsbrauch (HGB 346) im Verkehr unter Vollkaufleuten entstanden, sind heute aber nicht mehr darauf beschränkt. – **aa) Mögl Empfänger** eines BestätSchr ist, wer wie ein Kaufm in größerem Umfang selbstd am RVerk teilnimmt (BGH **11**, 3, NJW **64**, 1223). Das ist bejaht worden für den nicht im Handelsregister eingetragenen Schrotthändler (BGH **11**, 3); Makler (BGH **40**, 42); Gutsbesitzer (RG Gruchot **71**, 253); RA, wenn er im eig Namen handelt (RG JW **31**, 522), od als Konk- od NachlVerw eines Kaufm (BGH NJW **76**, 1402, **87**, 1941, zur Begründg krit K. Schmidt NJW **87**, 1905, nicht dagg bei Handeln für einen sonst Mandanten (BGH NJW **75**, 1358); WirtschPrüfer (BGH DB **67**, 1362); Architekt (BGH WM **73**, 1376, Düss NJW-RR **95**, 501); öff Untern (K. Schmidt, HandelsR 2. Aufl § 18 III 2); Behörden im fiskal Tätigkeitskreis (BGH NJW **64**, 1223, Frage des Einzelfalls). Die Grds über das BestätSchr sind dagg unanwendb ggü einem Bankdirektor im PrivBereich (Düss DB **66**, 458); Legationsrat (BGH WM **81**, 334); Kleinhandwerker (Ffm MDR **66**, 512, Düss MDR **81**, 1022). Sie gelten im Ergebn für alle im größeren Umfang selbstd berufl am Markt Tätigen,

sofern die Hdlgen nicht dem PrivBereich zuzuordnen sind (s Hopt AcP **183**, 692). – **bb)** Mögl **Absender** 10 eines BestätSchr ist jeder, der ähnl wie ein Kaufm am RVerk teilnimmt u erwarten kann, daß ihm ggü nach kaufm Sitte verfahren w (BGH **40**, 44, WM **73**, 1376). Der Kreis mögl Empfänger u Absender von BestätSchr decken sich daher. Schickt ein priv AnsprSteller seinem Versicherer ein BestätSchr, bedeutet Schweigen keine Zust (BGH NJW **75**, 1358). Bestätigt der leitende Angestellte einer GmbH dieser eine dienstvertragl Abrede, handelt es sich gleichf nicht um ein BestätSchr (Hamm MDR **93**, 227).

c) Voraussetzungen. – aa) Das BestätSchr, das auch per Fax übermittelt w kann (Hamm NJW **94**, 3172), 11 muß sich auf eine mdl, fernmdl od telegraf getroffene **Vereinbarung** beziehen (BGH NJW **90**, 386). Auch fernschriftl Vereinbgen können in einem BestätSchr fixiert werden (BGH **LM** HGB 346 (Ea) Nr 12). Ist ein mdl Angebot schriftl angenommen worden, kann die Part die Vereinbg bestätigen, die sich bis dahin nur mdl erklärt hatte (BGH **54**, 242). Formularmäß Schriftformklauseln stehen der Wirksamk des BestätSchr nicht entgg (BGH NJW-RR **95**, 179). And ist es aber, wenn der and Teil den VertrSchl von einer schriftl Ann abhäng gemacht hat (BGH NJW **70**, 2104). Zw den Parteien müssen **Vertragsverhandlungen** stattgefunden haben (BGH NJW **74**, 992). Nicht erforderl ist, daß sie zu einem wirks VertrSchl geführt haben. Es genügt daher, wenn für eine Part ein **vollmachtloser Vertreter** od ein unter ihrem Namen handelnder Unbefugter aufgetreten ist (BGH NJW **64**, 1951, **90**, 386, Celle MDR **67**, 1016). Das Schreiben braucht die Vhdlgen nicht ausdr zu erwähnen (BGH **54**, 242); die Bezugn kann sich aus den Umst ergeben (BGH WM **75**, 324). – **bb) Auftragsbestätigung.** Währd das BestätSchr den Inh eines nach Ansicht des Absenders 12 bereits geschl Vertr wiedergibt, ist die AuftrBestätigg die schriftl Ann eines VertrAngebots, u zwar idR eine Ann unter Ändergen, § 150 II. And als beim BestätSchr bedeutet das Schweigen auf eine AuftrBestätigg grdsl keine Zust (BGH **18**, 215, **61**, 285, DB **77**, 1311, Köln BB **94**, 741). Die Abgrenzg im Einzelfall ist Ausleggsfrage. Auf die Bezeichng kommt es nicht an (BGH **LM** HGB 346 (Ea) Nr 12), wenn sie auch indizielle Bedeutg haben kann. Entscheidd ist, ob das Schreiben nach seinem Inh den Vertr erst zustande bringen od das Ergebn fr VertrVhdlgen verbindl festlegen soll (BGH DB **71**, 2302, Schmidt-Salzer BB **71**, 591). – **cc)** Das BestätSchr muß **eindeutig** gefaßt sein (BGH NJW **72**, 820). Unklarh gehen zu Lasten des 13 Absenders (RG JW **38**, 1902). Auf die Bezeichng kommt es nicht an (BGH **54**, 241, Rn 12). Das Schreiben muß erkennb dazu bestimmt sein, einen VertrSchl u den Inh der getroffenen Vereinbgen verbindl festzulegen (BGH BB **61**, 271, NJW **65**, 965); ein als Erinnergshilfe übersandter Aktenvermerk stellt kein BestätSchr dar (Köln OLGZ **68**, 396). Bittet der Absender um **Gegenbestätigung,** liegt idR kein BestätSchr im RSinne vor (RG **106**, 415, BGH NJW **64**, 1270). Entspr gilt, wenn eine Zusatzabrede nicht bestätigt, sond vorgeschlagen w (BGH NJW **72**, 820). **Kreuzen** sich zwei inhaltl voneinand abw BestätSchr, so ist idR kein Widerspr erforderl (BGH NJW **61**, 1862). And liegt es aber, wenn die Abw ledigl eine ohnehin zu erwartete VertrErgänzg betrifft (BGH NJW **66**, 1070: Haftgsbegrenzg). – **dd)** Zugang. Das BestätSchr muß 14 in **zeitlich** unmittelb Zushang mit den VertrVhdlgen abgesandt w (BGH NJW **64**, 1223, JZ **67**, 575). Die einzuhaltde Fr richtet sich nach den Umst des Einzelfalls; 5 Tage können noch unbedenkl sein (BGH WM **75**, 324), nahezu 3 Wo sind es sicher nicht (Mü BB **95**, 172). Für den Zugang des BestätSchr gilt § 130 (BGH **70**, 234). Die Adressierg „zu Händen" des tät gewordenen vollmlosen Vertreters schadet nicht (BGH NJW **90**, 386); auf die Kenntn des Empfängers kommt es nicht an (BGH **20**, 152, NJW **64**, 1951).

d) Grenzen. – aa) Das BestätSchr ist ohne Wirkg, wenn der Bestätigde das VhdlgsErgebn bewußt 15 unricht od entstellt wiedergibt, also **arglistig** handelt (BGH **40**, 45, allgM). Arglist ist aber nicht anzunehmen, wenn der Bestätigde den VertrInh in einem Nebenpunkt ergänzt (BGH DB **69**, 2172, **70**, 1777, krit Walchshöfer BB **75**, 721). Der Bestätigde muß sich gem § 166 I die Kenntn seines Vertreters anrechnen lassen. Das gilt auch dann, wenn nicht der bösgl Vertreter, sond der falsch unterrichtete gutgl Vertretene das BestätSchr verfaßt (BGH **40**, 46, **93**, 343). And liegt es aber, wenn der and Teil den guten Glauben des Bestätigden dch sein Verhalten, etwa einen mißverständl Vermerk, mitherbeigeführt hat (BGH **11**, 4, **40**, 48). – **bb)** Das BestätSchr bleibt ohne Wirkg, wenn es inhaltl so weit vom Vorbesprochenen **abweicht,** daß 16 der Absender vernünftigerw mit dem Einverständn des Empfängers nicht rechnen konnte (BGH **7**, 190, **40**, 44, **93**, 343, NJW **87**, 1942). Dieser allein auf obj Kriterien abstellde AusschlTatbestd ist wg der geringeren BewAnfordergen prakt wichtiger als der der Argl. Er ist erfüllt, wenn der Absender in das BestätSchr unzumutb od nicht branchenübl Bdggen aufnimmt (BGH **LM** HGB 346 (Ea) Nr 10 u 12), od wenn es auf einen Vertr Bezug nimmt, dessen Abschluß der Empfänger ausdr verweigert hat (BGH NJW **94**, 1288).

e) Widerspruch. Für ihn bestehen keine FormVorschr. Er kann auch konkludent erklärt werden, etwa 17 dch ein Schreiben, aus dessen Zushang sich ergibt, daß das verbindl Zustandekommen des Vertr geleugnet w (Düss MDR **85**, 940). Der Widerspr muß unverzügl (§ 121) binnen einer dem VerkBedürfn angem kurzen Fr erklärt w (BGH **18**, 216); idR binnen 1 bis 2 Tagen (RG **105**, 390), 3 Tage können noch ausreichen (BGH NJW **62**, 246), dagg ist 1 Woche idR zu lang (BGH NJW **62**, 104, Köln BB **71**, 286). Zu berücksichtigen ist auch, welche Zeitspanne zw den VertrVhdlgen u dem Zugang des BestätSchr gelegen hat (Rn 14). Der Widerspr muß dem Bestätigden zugehen, § 130. Adressat des Widerspr kann auch der Makler sein, der die Interessen des Bestätigden wahrnimmt (BGH MDR **67**, 584).

f) Rechtsfolgen. – aa) Die widerspruchslose Hinnahme des BestätSchr hat die Wirkg, daß der Inh des 18 Schreibens als VertrInh gilt (Rn 8). Das Schweigen hat damit eine vertrbegründde od ändernde Wirkg (RG **54**, 179). Mögl ist aber auch eine auf die Beweisbedeutg abstellde Beurteilg: Es wird unwiderlegl vermutet, daß die Part einen Vertr mit dem im BestätSchr niedergelegten Inh geschlossen haben (BGH **40**, 46, K. Schmidt, HandelsR § 18 III 6). – **bb)** Dch das BestätSchr können **AGB** zum VertrInh gemacht w. Das 19 gilt in den Grenzen von Rn 15 u AGBG 4 auch dann, wenn die AGB währd der VertrVhdlgen nicht erwähnt worden sind (AGBG 2 Rn 25). Voraussetzg ist jedoch, daß der Empfänger Kaufm ist. Soweit Nichtkaufl Empfänger eines BestätSchr sein können, scheitert die nachträgl Einbeziehg von AGB an AGBG 2. – **cc)** Das widerspruchslos hingenommene BestätSchr hat die Vermutg der **Vollständigkeit** für sich (BGH 20 **67**, 381, NJW-RR **86**, 393). Diese ist aber widerlegl. Den Part steht der Nachw offen, daß weitere Abreden getroffen worden sind (BGH aaO).

21   **g) Beweislast.** Der Bestätigte trägt die BewLast für alle rbegründden Tats: die Zugehörigk beider Part zu dem PersKreis, für den die Grds über das kaufm BestätSchr gelten; dafür, daß VertrVhdlgen geführt worden sind (BGH NJW **90**, 386); für den Zugang des BestätSchr u dessen Rechtzeitigk (BGH **70**, 234). Der Empfänger ist bewpflicht für alle rhindernden Tats: die Argl des Bestätigden od wesentl Abw des BestätSchr vom VhdlgsErgebn (BGH NJW **74**, 992, DB **76**, 41), den Zugang des Widerspr u seine Rechtzeitigk (RG **114**, 282, BGH NJW **62**, 104).

149   *Verspätet zugegangene Annahmeerklärung.* **Ist eine dem Antragenden verspätet zugegangene Annahmeerklärung dergestalt abgesendet worden, daß sie bei regelmäßiger Beförderung ihm rechtzeitig zugegangen sein würde, und mußte der Antragende dies erkennen, so hat er die Verspätung dem Annehmenden unverzüglich nach dem Empfange der Erklärung anzuzeigen, sofern es nicht schon vorher geschehen ist. Verzögert er die Absendung der Anzeige, so gilt die Annahme als nicht verspätet.**

1   **1) Allgemeines.** Die **verspätet zugegangene Annahme** bringt den Vertr nicht zum Entstehen, sond gilt als neuer Antr (§ 150 I). Diese Regelg w dch § 149 unter dem Schutz des Annehmenden eingeschr. Geht die rechtzeit abgesandte Ann erkennb nur wg Unregelmäßigk der Beförderg verspätet zu, gilt die AnnErkl als rechtzeit, sofern der Antragde nicht unverzügl eine Verspätgsanzeige absendet (ebso CISG 21 II). Konstruktiv handelt es sich um eine Fiktion, deren Grdl der Gedanke des Vertrauensschutzes ist (aA Hilger AcP **185**, 560: ErfAnspr aus c. i. c.). Auch wenn die Voraussetzgen des § 149 nicht vorliegen, kann das Schweigen auf eine verspätete Ann zu einem wirks VertrSchl führen (§ 150 Rn 1).

2   **2) Voraussetzungen: – a)** Der Annehmde muß die Erkl rechtzeit unter Verwendg eines verkehrsübl Übersendgswegs („regelmäß Beförderg") abgesandt h (MüKo/Kramer Rn 3). – **b)** Für den Antragden muß 3 bei Anwendg der verkehrserforderl Sorgfalt erkennb sein, daß die Absendg rechtzeit erfolgt ist. – **c)** Die **Verspätungsanzeige** (Satz 2) ist eine einseit, nicht empfangsbedürft geschäftsähnl Hdlg (Übbl 6 v § 104). Sie muß unverzügl (§ 121) erfolgen. Die rechtzeit Absendg genügt. Bei Unterlassen od Verzögerg der Anzeige gilt die Ann als rechtzeit u der Vertr als geschlossen (RG **105**, 257). Ablehng des VertrSchl aus and Grden wahrt die Fr nicht (RG aaO).

4   **3)** Der Annehmde hat die **Beweislast** dafür, daß er die Ann rechtzeit abgesandt hat u der Grd der Verspätg erkennb war; der Antragde muß beweisen, daß er die Verspätg unverzügl angezeigt hat (MüKo/Kramer Rn 5, Baumgärtel-Laumen Rn 1 ff).

150   *Verspätete und abgeänderte Annahme.* **^I Die verspätete Annahme eines Antrags gilt als neuer Antrag.**
  ^{II} Eine Annahme unter Erweiterungen, Einschränkungen oder sonstigen Änderungen gilt als Ablehnung verbunden mit einem neuen Antrage.

1   **1) Die verspätete Annahme** (§ 149 Rn 1) gilt als neuer Antr (**I**, and CISG 21 I). Er kann gem § 151 dch Bewirken der Leistg od Entggnahme der GgLeistg angenommen w. Auch bloßes Schweigen kann, insb bei geringfügiger od erkennb unverschuldeter Verspätg, ausr, wenn der and Teil nach den Umst des Falles verpfl war, seine etwaige Ablehng alsbald zu erklären (s RG **103**, 11, 13, BGH NJW **51**, 313, Einf 10 v § 116 u den Sonderfall des § 149). Bei wicht Vertr bleibt es aber beim Zugangserfordern (BGH NJW-RR **94**, 1165, Köln NJW **90**, 1051).

2   **2) Annahme mit Änderungen. – a)** Sie gilt als Ablehng u neuer Antr (**II**, ebso CISG 19, mit einer Sonderregelg für unwesentl Änd); beim VersVertr können aber Änd, die im VersSchein enthalten sind, gem VVG 5 VertrInh w (§ 148 Rn 1). Ob die AnnErkl ggü dem Antr Änd enthält, ist dch Auslegg (§§ 133, 157) zu ermitteln. Die Änderg muß für den and Teil klar u unzweideut zum Ausdr gebracht w (BGH **LM** Nr 2). Die bloße Beifügg eines vom Inh des Angebots abw Formulars genügt nicht (BGH WM **83**, 313). Setzt der Händler in seine AuftrBestätig wg einer Erhöhg des ListenPr einen höheren Pr ein, ist II anzuwenden (BGH NJW **83**, 1603), ebso wenn die Bank statt des Nachw der Restfinanzierg die Einzahlg der Eigenmittel verlangt (BGH NJW **90**, 1846). Bitte um bessere VertrBedinggen fällt nicht unter II, wenn Auslegg ergibt, daß der Annehmde notf auch den angebotenen Bedinggen einverstanden ist (BGH WM **82**, 1330, BAG **AP** § 154 Nr 1). Bei Ann einer größeren Menge als angeboten gilt idR II (RG JW **25**, 236); es kann aber auch eine Ann verbunden mit einem Antr auf Abschluß eines weiteren Vertr vorliegen (s BGH ZIP **95**, 816). Bei Ann eines Teils des Angebotenen ist idR gleichf II anzuwenden; Auslegg des Antr kann aber ergeben, daß 3 eine TeilAnn mögl ist (BGH NJW **86**, 1984). Zusätze wie „Brief folgt" s § 148 Rn 1. – **b) Die Annahme des neuen Angebots** kann gem § 151 dch Bewirken der Leistg od ähnl erfolgen (Rn 1). Bloßes Schweigen ist als Ann zu werten, wenn nach Treu u Glauben ausdr Ablehng geboten war (Einf 10 v § 116), so vor allem iF einer nur unwesentl Änd (s BGH DB **56**, 474, Köln GRUR **85**, 149, CISG 19 II). Nimmt der Annehmde erstmals in der AnnErkl, etwa in einer **Auftragsbestätigung** (§ 148 Rn 12), auf seine AGB Bezug, bedeutet Schweigen keine Zust (BGH **18**, 215, **61**, 285, DB **77**, 1311). Bei der Beteiligg an der VertrDchführg ist zu unterscheiden: Sie stellt im nichtkauf Verkehr keine nachträgl Billigg der AGB des and Teils dar (AGBG 2 Rn 16). Im kaufm Verk bedeutet sie dagg idR Zust, es sei denn, daß der Einbeziehg der AGB dch eine 4 Abwehrklausel od in sonst Weise widersprochen worden ist (BGH NJW **95**, 1672). – **c)** II gilt auch dann, wenn Antragder u Annehmder auf ihre einand **widersprechenden AGB** Bezug genommen haben (BGH **61**, 287, **LM** Nr 3, 5, 6, DB **77**, 1311). Führen die Part den Vertr gleichwohl dch, ist er trotz des teilw Dissens wirks (§ 154 Rn 3). Die Beteiligg an der VertrAbwicklg stellt idR keine Billigg der AGB der Ggseite dar, vor allem dann nicht, wenn die eigenen AGB eine Abwehrklausel enthalten. Soweit die AGB nicht übereinstimmen, w sie nicht VertrInh, gem AGBG 6 gilt vielmehr das dispositive Recht (AGBG 2 Rn 27).

151 *Annahme ohne Erklärung an den Antragenden.* Der Vertrag kommt durch die Annahme des Antrags zustande, ohne daß die Annahme dem Antragenden gegenüber erklärt zu werden braucht, wenn eine solche Erklärung nach der Verkehrssitte nicht zu erwarten ist oder der Antragende auf sie verzichtet hat. Der Zeitpunkt, in welchem der Antrag erlischt, bestimmt sich nach dem aus dem Antrag oder den Umständen zu entnehmenden Willen des Antragenden.

1) Allgemeines. Die Ann ist idR eine empfangsbedürft WillErkl, die erst mit ihrem Zugehen wirks w 1 (§ 148 Rn 1). Hiervon ist § 151 eine Ausn (ähnl CISG 18 III; s ferner § 152); die Ann bedarf iF des § 151 keiner Erkl ggü dem Antragden. Sie ist eine **nicht empfangsbedürftige Willensäußerung.** Eine Ann, dh eine unzweideutige Betätigg des AnnWillens, ist aber auch hier erforderl (Rn 2). Sow bloßes **Schweigen** ausnw als Ann gilt (§ 148 Rn 3), folgt das nicht aus § 151, sond aus and RGrds (Einf 9 ff v § 116).

2) Voraussetzungen. – a) Erforderl ist eine nach außen hervortretde **eindeutige Betätigung des** 2 **Annahmewillens** (RG 117, 314, BGH 74, 356, Hamm NJW-RR 94, 1474, Medicus AT Rn 383, hM). IdR erfolgt die Ann dch schlüssige Hdlg, insb dch Erf-, Zueigngs- od GebrauchsHdlgen. Rein betriebsinterne Hdlgen können ausr (Staud-Dilcher Rn 16). Bei Vertr über Warenlieferngen ist aber deren Absendg erforderl (s RG 102, 370, 372). Weitere Bsp sind die Reservierg von Hotelzimmern (Düss MDR 93, 26), die Überweisg des Kaufpreises (s RG 129, 113), die Einlös des mit dem Vorschlag eines Teilerlasses übersandten Schecks (BGH NJW-RR 86, 415, NJW 90, 1657, Köln VersR 94, 113, aA v Randow ZIP 95, 445), es sei denn, daß sich aus den Umst, insbes einem Widerspr, das Fehlen eines AnnWillens ergibt (BGH 111, 101, Celle NJW-RR 92, 884). Wird der Scheck an den Vertreter des Gläub übersandt, kann mit diesem ein TrHandVertr zustande kommen (BGH NJW 92, 904). Es genügen auch Erkl ggü Dr, sow diese auf sofort u nicht erst künft Ann gerichtet sind (s RG 60, 412, OGH NJW 50, 947). Str ist, ob die Ann gem § 151 WillErkl od WillBetätigt ist (Bydlinski JuS 88, 36). Der Streit ist im wesentl terminolog Natur u für die Praxis unerhebl. Da der Gedanke des Vertrauensschutzes keine Rolle spielt, ist ein wirkl AnnWille (ErklBewußtsein) erforderl; auf die obj ErklBedeutg kommt es grdsl nicht an (BGH NJW-RR 86, 415, NJW 90, 1656, aA Brehmer JuS 94, 386). Es ist daher keine Ann, wenn der AntrEmpfänger das übersandte Buch beim Aufschneiden für sein eig hält. Nimmt er die Sache in voller Kenntn aller Umst in Benutzg, kann er sich aber analog § 116 nicht auf das Fehlen des AnnWillens berufen. Irrt er, etwa über die Pers des Antragden od verkehrswesentl Eigensch, kann er gem § 119 anfechten. – **b)** Das Zugehen der AnnErkl ist in zwei **Fällen** entbehrl: – **aa) Verzicht.** Er ist auch bei formbedürft AnnErkl mögl (BGH NJW-RR 86, 1301) u 3 kann auch stillschw erfolgen, insb sich aus den Umst ergeben. Bsp: Aufforderg zur sofort Warenlieferg (s RG 102, 370, 372); Übersendg unbestellter Waren (§ 145 Rn 10), eines Maklerangebots (BGH WM 83, 865), einer unterschriebenen UnterlErkl (Ffm NJW-RR 86, 1164), einer Ausk (Hamm NJW-RR 87, 209, Köln NJW-RR 88, 335), einer AuftrBestätig, die in Wahrh ein Angebot darstellt (AG Korbach NJW-RR 94, 374), kurzfristige Bestellg eines Hotelzimmers; entspr Handhabg bei fr Gesch (BGH NJW 57, 1105). – **bb) Verkehrsitte.** Wenn die Ann nach der VerkSitte nicht zugangsbedürft ist, liegt idR zugl ein stillschw 4 Verzicht vor. Eine entspr VerkSitte besteht im Versandhandel, außerdem bei unentgeltl Zuwendgen u and für den AntrEmpfänger vorteilhaften Gesch (§ 516 II). Sie gilt auch für das Angebot eines PrNachlasses (BGH WM 84, 243), besserer VertrBdggen (Ffm NJW-RR 95, 39), einer Schuldbestätig (BAG NJW 93, 2554) eines Schuldbeitritts (BGH NJW-RR 94, 280) u für das in der Aushändigg einer Garantiekarte liegde VertrAngebot (BGH 78, 373, 104, 85). Für die Ann eines Antr des Versicherer besteht dagg keine derart VerkSitte (BGH NJW 76, 289, VersR 87, 923, Hbg VersR 88, 1169), ebsowenig für die AnnErkl der Bank im DiskontGesch (BGH NJW 85, 196). – **c)** Die Ann muß währd der **Annahmefrist des Satzes 2** erfolgen. 5 Der Antragde kann die Länge der Frist im Antr bestimmen. Ist das nicht geschehen, gilt nicht § 147 II, es ist vielmehr gem S 2 der mutmaßl Wille des Antragden zu ermitteln (s RG 83, 106). IdR w sich aus der Interessenlage eine kurze AnnFr ergeben. UU kann aber auch eine längere Fr dem Willen des Antragden entspr (Mü OLGZ 78, 446, MaklerVertr).

3) Mit der objektiv erkennb Betätigg des AnnWillens **kommt der Vertrag zustande.** Kenntn des 6 Gegners ist nicht erforderl (RG 84, 323). Rückgängigmach der AnnHdlg beseitigt die Bindg nicht, sond ist VertrVerletzg. Ein WiderrufsR analog § 130 I 2 besteht nicht (Staud-Dilcher Rn 11, str).

152 *Annahme bei notarieller Beurkundung.* Wird ein Vertrag notariell beurkundet, ohne daß beide Teile gleichzeitig anwesend sind, so kommt der Vertrag mit der nach § 128 erfolgten Beurkundung der Annahme zustande, wenn nicht ein anderes bestimmt ist. Die Vorschrift des § 151 Satz 2 findet Anwendung.

Auch iF des § 152 ist die AnnErkl **nicht empfangsbedürftig.** Der Vertr kommt bereits mit der Beurk 1 der AnnErkl zustande, nicht erst mit deren Zugang. § 152 gilt für alle Fälle not Beurk, auch wenn das BeurkErfordern auf RGesch beruht. Er gilt entspr für die not beurk Zustimmg des Vertretenen zu einem vom Vertreter ohne Vertretgsmacht geschl Vertr (Karlsr NJW 88, 2050, aA Tiedtke BB 89, 924). Auf die Schriftform od die öffentl Beglaubig einer VertrErkl ist § 152 dagg nicht anzuwenden (allgM). Für die Bemessg der AnnFr gilt nach **Satz 2** § 151 Satz 2 entspr (dort Rn 5). § 152 ist **abdingbar.** Setzt der Antragde 2 eine best AnnFr, so will er iZw bis zu deren Ende Klarheit h. § 152 ist daher stillschw abbedungen (str, s BGH NJW-RR 89, 199). Die AnnErkl muß dem Antragden innerh der Fr zugehen od er muß wenigstens von ihr zuverläss Kenntn erlangen (RG 96, 275), doch kommt uU auch and Auslegg in Betracht. Wer geltd macht, die Bestimmg einer AnnFr enthalte keine Abbedingg des § 152, ist dafür beweispflichtig (RG 96, 275, str).

153 *Tod oder Geschäftsunfähigkeit des Antragenden.* **Das Zustandekommen des Vertrags wird nicht dadurch gehindert, daß der Antragende vor der Annahme stirbt oder geschäftsunfähig wird, es sei denn, daß ein anderer Wille des Antragenden anzunehmen ist.**

1   **1)** Eine WillErkl w gem § 130 II auch dann mit ihrem Zugehen wirks, wenn der Erklärde nach ihrer Abgabe stirbt od geschäftsunfähig w. Handelt es sich um einen VertrAntr so bleibt dieser gem § 153 iZw auch weiter **annahmefähig,** gleichgült ob Tod od GeschUnfgk vor od nach dem Zugehen des Antr eingetreten sind (Hamm NJW-RR **87**, 342). Die Ann muß in diesem Fall ggü dem Erben od gesetzl Vertreter erklärt w; sow die Voraussetzgn des § 151 vorliegen, genügt aber auch hier die erkennb Betätigg des AnnWillens (BGH NJW **75**, 383). Tritt eine VfgsBeschrkg ein, so ist zu unterscheiden: Richtet sich der Antr auf Abschl eines verpflichtden Vertr, bleibt er weiterhin annahmefäh. Er wird dagg wirkgslos, sow ein verfügder Vertr abgeschl werden sollte (s BGH **27**, 366 zu § 130 II, str).

2   **2)** § 153 gilt nicht, wenn ein **anderer Wille** des Antragden anzunehmen ist (Ausleggsfrage). Das ist bei Bestellgn zum persönl Bedarf od beim Angebot persönl Leistgn idR zu bejahen. Auf die Erkennbark für den AntrEmpfänger kommt es nicht an (str). Dieser hat, wenn der Vertr nicht zustandekommt, in entspr Anwendg des § 122 einen SchadErsAnspr auf das negative Interesse (Clasen NJW **52**, 14, Erm-Hefermehl Rn 4, str).

3   **3) Tod oder Geschäftsunfähigkeit des Antragsempfängers.** Stirbt der Empfänger vor od nach Zugang des Antr, aber vor Absendg der AnnErkl, ist dch Ausleg zu ermitteln, ob der Antr auch für die Erben gelten soll (§ 145 Rn 5). Tod nach Absendg der AnnErkl ist gem § 130 II unschädl. Wird der Empfänger geschäftsunfäh, so muß die Ann dch seinen gesetzl Vertreter erklärt w. Ist die GeschFgk für das VertrVerhältn wesentl, wie idR beim DienstVertr, entfällt die Annahmefähigk des Antr (Staud-Dilcher Rn 12).

154 *Offener Einigungsmangel; fehlende Beurkundung.* [1] **Solange nicht die Parteien sich über alle Punkte eines Vertrags geeinigt haben, über die nach der Erklärung auch nur einer Partei eine Vereinbarung getroffen werden soll, ist im Zweifel der Vertrag nicht geschlossen. Die Verständigung über einzelne Punkte ist auch dann nicht bindend, wenn eine Aufzeichnung stattgefunden hat.**

[II] **Ist eine Beurkundung des beabsichtigten Vertrags verabredet worden, so ist im Zweifel der Vertrag nicht geschlossen, bis die Beurkundung erfolgt ist.**

1   **1) Offener Einigungsmangel. – a)** Haben sich die Part über den Inh des Vertr noch nicht vollst geeinigt, u sind sie sich dieses Einiggsmangels bewußt, ist der Vertr iZw noch nicht zustande gekommen (I). Gleichgült ist, ob der noch ungeregelte Punkt obj wesentl ist od nicht (BGH **LM** Nr 2). Es genügt, daß eine Part erkennb gemacht h, sie halte eine Einigg über den betreffden Punkt für erforderl. Das kann auch dch schlüssiges Verhalten geschehen (RG SeuffA **78**, 61). Auch wenn die TeilVereinbg aufgezeichnet worden ist (Punktation), bleibt sie iZw unverbindl (I 2). Der Dissens ist kein NichtigkGrd. Wenn I zutrifft, liegt tatbestandl (noch) kein RGesch vor (Übbl 3 v § 104). §§ 154, 155 gelten nicht nur, wenn der Vertr dch Zust zu einem vorbereiteten Text zustande kommt (so Leenen AcP **188**, 382), sond auch für den VertrSchl dch

2   Antr u Ann (hM). – **b)** I enthält aber lediglich eine Ausleggsregel (BGH NJW **51**, 397). Er ist **unanwendbar,** wenn sich die Part trotz der noch offenen Punkte **erkennbar** vertragl **binden** wollen (BGH **41**, 275, WM **81**, 1141) u sich die bestehden VertrLücken ausfüllen lassen (BGH NJW **90**, 1234). Ein solcher Wille ist idR zu bejahen, wenn die Part im beiderseit Einvernehmen mit der Dchführg des Vertr begonnen haben (BGH NJW **83**, 1728, BAG **AP** Nr 1, Larenz § 27 III) od das VertrVerhältn trotz der von einem Teil ausgesprochenen Künd fortsetzen (BGH NJW **83**, 1777). Er kann sich aus einem Handelsbrauch ergeben (Ffm NJW **77**, 1015, internationaler Mineralölhandel). Ein Indiz für einen Bindgswillen ist es idR auch, wenn für eine od beide Part Kontrahiergszwang besteht (BGH **41**, 275, **LM** LuftVZO Nr 2). Regelgslücken sind dch Heranziehg des dispositiven Rechts zu schließen (BGH aaO). Fehlen geeignete Vorschr, sind die Grds der ergänzden VertrAusleg anzuwenden (BGH NJW **75**, 1116, Dauer des Vertr). Haben die Part die Höhe des Entgelts nicht geregelt, sind bei Dienst- u WkVertr die §§ 612 II, 632 II heranzuziehen, bei sonst Vertr, insb KaufVertr, die §§ 315 ff (BGH **41**, 275, **LM** § 315 Nr 12, NJW **83**, 1777). Bei KaufVertr kann der mutmaßl Wille der Part auch dahin gehen, es solle als angem Preis der (im BauGB 194 gesetzl definierte) VerkWert entrichtet w (s Hamm NJW **76**, 1212). UU kann das Berufen auf den Einiggsmangel gg Treu u

3   Glauben verstoßen (BGH **LM** Nr 2). – **c)** Bezieht sich der Dissens auf die **Einbeziehung von AGB,** gilt trotz AGBG 6 grdsl I (Larenz § 29 a, AGBG 2 Rn 17). Wird der Vertr im beiderseit Einvernehmen ganz od teilw ausgeführt, ist die Ausleggsregel des I aber entkräftet (s BGH **61**, 288, AGBG 2 Rn 27). An die Stelle der nicht einbezogenen AGB tritt gem AGBG 6 das dispositive Recht.

4   **2) Vereinbarte Beurkundung. – a)** Haben die Part eine **Beurkundung** des Vertr verabredet, genügt die vollst Willenseinigg zum VertrSchl idR nicht. Der Vertr kommt nach II, einer ParallelVorschr zu § 125 S 2, iZw erst mit der Beurk zustande. II gilt auch, wenn die Part Schriftform (§§ 126, 127) vereinbart h; Beurk iSd II ist auch die Errichtg einer privatschriftl Urk (Staud-Dilcher Rn 7, allgM). Die Formabrede kann auch dch schlüssiges Verhalten getroffen w, etwa dch Austausch von schriftl Entw (Celle MDR **60**, 398) od dch Herstellg einer VertrUrk (Kblz WM **94**, 1798), od sich aus einer VerkSitte ergeben (RG **103**, 75); sie ist bei wicht u langfrist Vertr widerlegl zu vermuten, so etwa bei Sichergsabreden über die Bestellg einer GrdSch (BGH **109**, 200, WM **93**, 267). II gilt auch dann, wenn die Beurk nur desh erfolgen sollte, weil die Part den Vertr irrtüml für formbedürft halten (s Düss DB **70**, 1778). Soll ein gerichtl Vergl geschlossen w, sind die Part gem II iZw bis zur Protokollierg nicht gebunden (Schlesw MDR **84**, 51, Karlsr NJW **95**, 1561). Ist der Vergl wg Mängel der Protokollierg prozessual unwirks, ist er wg II iZw auch materiell-rechtl nicht bindd (KG FamRZ **84**, 285), doch kann eine Umdeutg (§ 140) mögl sein (BGH NJW **85**, 1963). II gilt entspr, wenn

5   in der GmbH-Satzg für GesellschBeschl eine Protokollierg vorgesehen ist (Stgt DB **83**, 1488). – **b)** II ist

nicht anwendb, wenn die Beurk nach dem Willen beider Part nur **Beweiszwecken** dienen soll (RG HRR **30**, 92, BGH NJW **64**, 1269). Für einen solchen Willen müssen aber konkrete Anhaltspunkte vorliegen (BGH NJW-RR **91**, 1054, Hamm NJW-RR **95**, 274). Er ist idR zu bejahen, wenn die Part erst nach VertrSchl eine Formabrede treffen (BGH NJW **94**, 2026). Die Anwendg von II entfällt, wenn die Part die Formabrede aufheben (§ 125 Rn 14). Das kann auch stillschw geschehen, etwa dadch, daß die Part den nur mdl geschl Vertr einverständl dchführen (MüKo/Kramer Rn 19).

3) Beweislast. Zu I: Wer die Verbindlichk von Teilabreden behauptet, hat einen entspr Willen der Part zu **6** beweisen. Auch bei Streit darüber, ob noch weitere Punkte geregelt w sollten, trägt er die BewLast, der sich auf den VertrSchl beruft (Baumgärtel-Laumen Rn 8, MüKo/Kramer Rn 11). **II:** Wer bei einer form-freien Vertr eine BeurkAbrede behauptet, muß diese beweisen (Mü WM **84**, 470, Baumgärtel-Laumen Rn 13, str, aA RG Warn **22**, 48). Wer bei unstr Formabrede geltd macht, die Beurk solle nur deklaratorische Bedeut h, ist insow beweispflichtig (Kblz VersR **95**, 662).

155 *Versteckter Einigungsmangel.* **Haben sich die Parteien bei einem Vertrage, den sie als geschlossen ansehen, über einen Punkt, über den eine Vereinbarung getroffen werden sollte, in Wirklichkeit nicht geeinigt, so gilt das Vereinbarte, sofern anzunehmen ist, daß der Vertrag auch ohne eine Bestimmung über diesen Punkt geschlossen sein würde.**

1) Allgemeines. § 155 regelt den Fall, daß die Part glauben, vollst einig zu sein, währd das in Wahrh **1** nicht zutrifft. Er ist auch anzuwenden, wenn nur eine Part irrtüml den Vertr für geschlossen hält, die and aber von dem Einiggsmangel weiß, sog einseit versteckter Dissens (s MüKo/Kramer Rn 2). Haben sich die Part über wesentl Elemente des Vertr nicht geeinigt, ist § 155 dagg unanwendb, der Vertr ist auf jeden Fall nicht zustande gekommen, sog logischer od Totaldissens. Bsp: Beide Part wollen verkaufen (RG **104**, 266); fehlde Einigg über *essentialia negotii*.

2) Voraussetzungen. – a) Ein Einiggsmangel liegt nur vor, wenn der **Inhalt der abgegebenen Erklä- 2 rungen** nicht übereinstimmt; es genügt nicht, daß die Part Verschiedenes gewollt h (BGH NJW **61**, 1668, **93**, 1798, **95**, 2638). Die beiders Erkl sind gem §§ 133, 157 auszulegen. Stimmen sie in ihrer obj ErklBedeutg überein, ist § 155 unanwendb; die Part, die ihre Erkl mit einem and als den obj Sinn verbunden h, kann aber gem § 119 zur Anf berechtigt sein (s RG u BGH aaO). – **b)** Auch wenn der Inh der Erkl voneinand **3** abweicht, besteht kein Dissens, sofern der innere **Wille der Parteien übereinstimmt** (RG **99**, 148, BGH WM **72**, 1424, § 133 Rn 8). Entspr gilt, wenn die eine Part den von der obj ErklBedeutg abw wirkl Willen der and Part erkannt hat. Ihr etwaiger Vorbehalt, die GgPart an dem obj Sinn der Erkl festzuhalten, ist gem § 116 unwirks; maßgebd ist das von der GgPart wirkl Gewollte (RG **66**, 429, **93**, 299, BGH BB **83**, 927, LG Aachen NJW **82**, 1106). Weicht der Wille beider Part von obj ErklWert ab, ohne daß Willensübereinstimmg besteht, haben an sich beide Part gem § 119 ein AnfR; auf diesen Fall w man aber Wertgsgesichtspkten § 155 entspr anwenden können (MüKo/Kramer Rn 10). – **c) Fälle des § 155. – aa)** Vergessen oder Überse- **4** hen eines regelgsbedürft Punktes, sog verdeckte **Unvollständigkeit.** – **bb)** Abgabe von äußerl voneinand abw Erkl, die auch dem Sinn nach auseinandergehen, von denen die Part aber annehmen, daß sie sich decken, sog **Erklärungsdissens.** Bsp: Beiderseit Verhören od Verlesen. – **cc)** Die Erkl decken sich äußerl, die Auslegg ergibt aber, daß einer der verwandten Begriffe obj mehrdeut ist u beide Part ihn unterschiedl verstanden haben, sog **Scheinkonsens.** Bsp: Unterschiedl Bedeutg der Begriffe „Eigenkapital" (RG HRR **36**, 526), „Typenflug" (RG **116**, 274), „Baukostenzuschuß" (Brschw NdsRpfl **54**, 150), „Aktien" (Köln WM **70**, 892), „ca Größe" (BGH LM Nr 2), Selbstkostenanteil bei zahnärztl Behandl (AG Köln NJW **80**, 2712).

3) Rechtsfolgen. Der versteckte Dissens führt idR zum Nichtzustandekommen des Vertr (Staud-Dilcher **5** Rn 13). Der Vertr ist aber gült, wenn er auch ohne Einigg über den offenen Punkt geschlossen worden wäre. Maßgebd ist insoweit ebso wie iF des § 139 (dort Rn 14) der mutmaßl PartWille (MüKo/Kramer Rn 11). Bei einem versteckten Dissens über die Einbeziehg von AGB ist iZw die Gültigk des Vertr zu bejahen (s § 154 Rn 3). Betrifft der Einiggsmangel essentialia negotii, scheidet die Aufrechterhaltg des Vertr idR aus (RG **93**, 299). Die verbliebene Einiggslücken sind dch Rückgriff auf das dispositive Recht od dch ergänze Vertr-Auslegg auszufüllen (RG **88**, 379). Ausnw kann die Gültigk des Vertr auch bei einem Dissens über die Höhe des Entgelts zu bejahen sein (s § 154 Rn 2). Wer sich trotz eines Dissens auf das Zustandekommen des Vertr beruft, muß ebso wie iF der §§ 139, 154 die Tats **beweisen**, aus denen sich ein entspr PartWille ergibt (MüKo/Kramer Rn 14). Hat eine Part dch ein von ihr zu vertretdes Verhalten (zB dch mehrdeut Formulierungen) den Dissens verursacht, ist sie wg c. i. c. zum SchadErs verpflichtet (RG **104**, 268, **143**, 221, str). Bei Mitverschulden gilt § 254, nicht § 122 II (RG JW **32**, 735, 739).

156 *Vertragsschluß bei Versteigerung.* **Bei einer Versteigerung kommt der Vertrag erst durch den Zuschlag zustande. Ein Gebot erlischt, wenn ein Übergebot abgegeben oder die Versteigerung ohne Erteilung des Zuschlags geschlossen wird.**

1) Bei Versteigerungen ist das Gebot der VertrAntr des Bieters, der Zuschlag die AnnErkl des Verstei- **1** gerers (BGH NJW **83**, 1186). Der Bieter hat daher, sow § 156 anwendb ist, keinen Anspr auf den Zuschlag (Staud-Dilcher Rn 2). Das Gebot erlischt mit der Abgabe eines Übergebotes od dem Ende der Versteigerg; auf die Wirksamk des Übergebotes kommt es nicht an (MüKo/Kramer Rn 4, hM). Der Zuschlag ist eine nicht empfangsbedürft WillErkl. Er bringt den Vertr sond dann zustande, wenn der Bieter sich inzw entfernt hat (s BeurkG 15 S 2). Der dem Versteigerer erteilte ErsteigergsAuftr ist kein Gebot, sond eine vom Verbot des § 181 freigestellte Vollm zur Abgabe eines Gebots (BGH NJW **83**, 1186). § 156 ist dispositives Recht, kann also in den Grenzen von AGBG 9ff dch abw VersteigergsBdggen ersetzt w. Der Versteigerer handelt idR den Umst nach im Namen des Einlieferers; dieser w also VertrPartner des Bieters (v Hoyningen-Huene NJW **73**, 1476, Schneider DB **81**, 199).

2   **2) Anwendungsbereich.** § 156 gilt für freiw sowie für die auf dem Gebiet des PrivR ges vorgesehenen Versteigergen: §§ 383, 489, 753, 966, 979, 983, 1219, 1233, HGB 373, 376. Für Versteigergen iW der ZwVollstr gilt ZPO 817, der auf § 156 verweist. Für die ZwVerst von Grdst gelten ZVG 71 ff; § 156 ist nicht anzuwenden. Vgl auch GewO 34 b u die VO v 1. 6. 1976 (BGBl 1345).

157   *Auslegung von Verträgen.*   **Verträge sind so auszulegen, wie Treu und Glauben mit Rücksicht auf die Verkehrssitte es erfordern.**

1   **1) Allgemeines.** § 157 gilt entgg seinem Wortlaut nicht nur für die Auslegg von Vertr, sond auch für die von einseit RGesch u einz WillErkl (RG **169**, 125, BGH **47**, 78). Umgekehrt ist § 133 nicht nur auf die Auslegg von WillErkl, sond auch auf die von Vertr u RGesch jeder Art anzuwenden (§ 133 Rn 1). Der Anwendsbereich beider Vorschr deckt sich daher. Auch inhaltl ist eine Trenng in eine Auslegg nach § 157 u nach § 133 nicht mögl. Beide Vorschr sind bei der Auslegg **stets nebeneinander** heranzuziehen. Aus ihnen haben Rspr u Lehre die bei § 133 zufassd dargestellten AusleggsGrds entwickelt. Die Erläutergen zu § 157 können sich daher auf die Kommentierg der ergänzden VertrAuslegg (Rn 2 ff), die Anführg von Einzelfällen (Rn 12 ff) u Hinweise zu den im Verk gebräuchl typ Klauseln (Rn 16 ff) beschränken.

2   **2) Ergänzende Vertragsauslegung. – a)** Die eigentl Auslegg hat festzustellen, ob ein best Verhalten als WillErkl aufzufassen ist u welchen Inh die WillErkl hat. Die ergänzde VertrAuslegg hat dagg den Zweck, Lücken der rgeschäftl Regelg zu schließen (BGH **9**, 277, **77**, 304, LM [D] Nr 1). Ihre Grdl ist § 157, nicht § 242. Sie knüpft an die im Vertr objektivierte Regelg an u versteht diese als eine **selbständige Rechtsquelle,** aus der unter Berücksichtigg von Treu u Glauben u der VerkSitte Regelgen für offen gebliebene Pkte abgeleitet w können (s BGH **9**, 277, NJW **78**, 695). Die ergänzde Auslegg ist bei **Rechtsgeschäften aller Art** mögl. Ihr unterliegen auch formbedürft Gesch (BGH **81**, 143, OVG Hbg MDR **70**, 537), Vertr, die einer öffrechtl Gen bedürfen (BGH WM **82**, 1331), Ehe- u ErbVertr (BGH NJW **57**, 423) u Test (BGH **22**, 357, § 2084 Rn 8), TarifVertr dagg nur, wenn konkrete Anhaltspunkte dafür vorliegen, welche Regelg die Part in Kenntn der Lücke getroffen hätten (BAG DB **81**, 1881). Auch AGB können ergänzd ausgelegt w, jedoch ergeben sich insow aus AGBG 6 Schranken (AGBG 5 Rn 11). Stehen die Part in VertrVhdlgen od sonst in sozialem Kontakt, kann nach der Rspr – trotz Fehlens eines endgült VertrSchl – iW ergänzder Auslegg ein stillschw HaftgsAusschluß angenommen w (BGH NJW **79**, 643, **80**, 1681, § 254 Rn 71).

3   **b)** Die ergänzde Auslegg setzt voraus, daß der Vertr eine **Regelungslücke** enthält (BGH **40**, 103, **77**, 304, NJW **94**, 1011, stRspr). Gleichgült ist, ob sie von Anfang an bestanden hat od nachträgl entstanden ist (RG **164**, 202, BGH NJW **81**, 220). Die Lücke kann darauf beruhen, daß die Part einen Punkt bewußt offen gelassen haben, etwa in der Hoffng, sie würden sich insow noch einigen (BGH NJW **75**, 1116, **82**, 2816, BAG DB **80**, 934). IdR ist sie darauf zurückzuführen, daß die Part an einen best regelgsbedürft Punkt nicht gedacht haben (BGH NJW-RR **91**, 177). Sie kann sich auch aus nachträgl Änderg der wirtschaftl od rechtl Verh ergeben (BGH **23**, 285, NJW **93**, 3193, BAG NJW **73**, 822) od darauf beruhen, daß die fr getroffene Vereinbg nicht mehr feststellb ist (Schopp MDR **58**, 291). Auch die Unwirksamk einer VertrBest kann als Regelgslücke aufzufassen sein (BGH **63**, 135, **90**, 74). **Keine** Lücke liegt vor, wenn die getroffene Regelg nach dem Willen der Part bewußt abschließend sein sollte (BGH NJW **85**, 1836). Sie kann nicht daraus hergeleitet w, daß sich eine eindeut Regelg als unbill erweist (LAG Hamm DB **91**, 1577).

4   **c)** Eine ergänzde VertrAuslegg scheidet idR aus, wenn die Regelgslücke dch **Heranziehung des dispositiven Rechts** geschlossen w kann (BGH **40**, 103, **77**, 304, **90**, 75, NJW **82**, 2191). So sind etwa bei einem Kauf ohne Regelg der Sachmängelhaftg die §§ 459 ff anzuwenden. Würde man bei jeder VertrLücke den Vertr ergänzd auslegen, wäre das dispositive Recht leerlaufd u funktionslos. Für eine ergänzde VertrAuslegg **5** verbleiben folgde Fallgruppen: – **aa)** Die Heranziehg dispositiven Rechts **widerspricht** dem ausdr od mutmaßl **Parteiwillen** (BGH NJW **75**, 1116, **79**, 1704, NJW-RR **90**, 818). Das ist zu bejahen, wenn die Part bei den Vhdlgen übereinstimmd von einer längeren als der gesetzl KündFr ausgegangen ist (BAG **AP** § 154 Nr 1). Ein mutmaßl entggstehder Wille kann auch angenommen w, wenn das dispositive Recht, der Interessenlage offensichtl nicht gerecht w (BGH NJW **82**, 2816) od wenn es, wie das GesellschR, veraltet ist **6** u in der Praxis idR abbedungen w (BGH NJW **79**, 1704). – **bb)** Der Vertr entspr keinem gesetzl geregelten GeschTyp od es bestehen ggü dem NormalTyp **Besonderheiten,** für die das dispositive Recht keine passde Regelg bereit hält (MüKo/Mayer-Maly Rn 38, Larenz § 29 II). Auch bei dchnormierten Vertr kann daher ergänzde Auslegg geboten sein, so etwa bei einer unwirks Tagespreisklausel (BGH **90**, 75), bei einem Verkauf zur Abwendg der Enteign (BGH NJW **81**, 220, einschränkd BGH **84**, 7), beim GrdstKauf, wenn der Käufer unerwartet mit Erschließgskosten belastet w (BGH NJW **88**, 2100), od wenn die Erschließg entgg den anfängl Vorstellgen vom Verkäufer dchgeführt w (BGH NJW-RR **87**, 458), bei einem Praxistausch zw Ärzten (BGH **16**, 71), bei einem MietVertr wg der Verzinsg der Mietkaution eines gewerbl Mieters (BGH NJW **94**, 3287) od der Abrede über SchönhReparaturen, wenn diese nicht mehr ausgeführt w können (BGH **77**, 304, **92**, 370, Düss NJW-RR **94**, 780), and dagg, wenn die dem Mieter obliegden UmbauMaßn undchführb w (BGH **96**, 145).

7   **d)** Die vertragl Regelg ist entspr dem **hypothetischen Parteiwillen** zu ergänzen (BGH **7**, 235, **9**, 278). Es ist darauf abzustellen, was die Part bei einer angem Abwägg ihrer Interessen nach Treu u Glauben als redl VertrPart vereinb hätten, wenn sie den nicht geregelten Fall bedacht hätten (BGH **84**, 7, **90**, 77, NJW **94**, 1011). Dabei ist zunächst an den Vertr selbst anzuknüpfen. Die in ihm enthaltenen Regelgen u Wertgen sind Ausgangspkt der VertrErgänzg (BGH WM **64**, 235, Larenz § 29 I). Zugl sind mit Treu u Glauben sowie der VerkSitte auch obj Maßstäbe zu berücksichtigen (BGH **7**, 235, LM § 133 (A) Nr 5). In die ergänzde Auslegg sind daher sowohl individuelle als auch obj Kriterien einzubeziehen (MüKo/Mayer-Maly Rn 39 f, sehr str).

8   **e) Schranken.** Ergänzde VertrAuslegg muß den Grds der PrivAutonomie (Übbl 1 v § 104) u der VertrTreue respektieren u darf nicht zu einer freien richterl RSchöpfg ausufern (s BGH **9**, 279, **40**, 103 ff). Sie hat daher die sich aus dem Willen der Part u dem VertrInh ergebden Grenzen zu beachten: – **aa)** Das

Ergebn der ergänzden Auslegg darf nicht im **Widerspruch** zum tatsächl **Parteiwillen** od zum VertrInh stehen (BGH **90**, 77, NJW **95**, 1212). Sie ist daher ausgeschl, wenn die Part über den (scheinb) regelgsbedürft Punkt bewußt eine abschließde Regelg getroffen haben (BGH **2**, 385) od wenn die Ergänzg eine Änderg des geschl Vertr bedeuten würde (RG **129**, 88, HRR **33**, 1573, **34**, 1275, BGH **9**, 278). Sie kommt wg Verstoßes gg den mußmaßl PartWillen auch dann nicht in Betracht, wenn sie zur Nichtigk des Vertr führen würde (BGH NJW **70**, 468). – **bb)** Die ergänzde Auslegg darf nicht zu einer **Erweiterung des Vertragsgegen-** **9** **standes** führen (BGH **9**, 278, **40**, 103, NJW **82**, 2191, BAG **AP** Nr 3). Sie muß sich innerh des tats gegebenen Rahmens der getroffenen Vereinbg halten (BGH **12**, 343, **29**, 110). Sie kann eine sinnlos gewordene Verpfl dch eine and ersetzen (BGH **92**, 370), scheidet aber aus, wenn sie eine über den VertrInh wesentl hinausgehde Bindg begründen (BGH **16**, 77) od einer Part dch den VertrInh nicht gedeckte wesentl zusätzl Rechte verschaffen würde (RG **87**, 213). – **cc)** Eine ergänzde VertrAuslegg ist auch dann mit der Grds der **10** PrivAutonomie unvereinb, wenn die Regelgslücke **in verschiedener Weise** geschlossen w kann u keine Anhaltspkte dafür bestehen, für welche Alternative sich die Part entschieden hätten (BGH NJW **74**, 1323, BGH **62**, 89, 327, **90**, 80). Sie kommt auch dann nicht in Betracht, wenn sich ein Ereign wg einer grdlegden Änderg der Verhältn einer Beurteilg nach dem PartWillen entzieht (BGH **84**, 368).

f) Für die **prozessuale Behandlung** der ergänzden VertrAuslegg gelten die allg Grds (§ 133 Rn 29 ff). Sie **11** gehört, sow sie nicht typ Vereinbgen betrifft, zum Bereich der TatsFeststellg u ist vom RevGer nur beschränkt nachprüfb (BAG **4**, 365). Bei der Ermittlg des mußmaßl PartWillens kann das Ger in entspr Anwendg von ZPO 287 nach freier Überzeugg ohne Bindg an BewAnträge entscheiden (s RG JW **38**, 2743).

3) Die **Judikatur** zu §§ 133, 157 ist unerschöpfl, jede Entsch ist naturgem auf den Einzelfall abgestellt. **12** Verallgemeinergen sind nicht am Platze. Beispielsw sind zu erwähnen: Im KündSchutzProz vereinbarte **Abfindung** für ArbN ist iZw brutto zu zahlen (LAG Düss DB **70**, 784). Enthält der Vergl in einem BauProz eine Abfindgsklausel, kann sich diese auch auf noch nicht geltd gemachte Mängel erstrecken (Mü BB **81**, 1487). – Vertr über **Alleinverkaufsrecht** begründet idR keinen absoluten Gebietsschutz idS, daß Untern den Händler (Alleinvertreter) gg Liefergen Dr in das VertrGebiet schützen muß (BGH **LM** § 433 Nr 33). – **Anrechnungsklausel** in Ausfuhrgarantie (Hermesgarantie) s BGH **LM** § 133 (Fb) Nr 8. – **Bauherrnmodell:** Auslegg der RückkaufsGarantie BGH VersR **85**, 1159. – Zu den **Betriebskosten** gehören bei der Lieferg von Fernwärme auch Instandhaltgskosten (BGH NJW **84**, 972). – Begriff der **Erschließungskosten** Hamm NJW-RR **94**, 339, Nieder NJW **84**, 2662. Verteilg nach dchgeführten Maßn (BGH NJW **92**, 2817). – **Fälligkeitsklauseln** vgl § 271 Rn 5. – Abrede über **Freistellungspflicht** verpflichtet idR nicht nur zur Erf begründeter, sond auch zur Abwehr unbegründeter Anspr (BGH NJW **70**, 1594, **83**, 1729). – Auslegg von **Freizeichnungsklauseln** vgl § 276 Rn 58; stillschw Haftgsfreistellg § 254 Rn 70 ff. – Besteht Vergütg in **Gewinnbeteiligung** od ist sie sonst vom Ertrag abhäng, ist e Frage des Einzelfalls, ob Einnahmen aus Subventionen mitzuberücksichtigen sind (vgl BGH **13**, 123, Platzzuschüsse bei BühnenaufführgsVertr, ja; **LM** (D) Nr 23, Anpassgsbeihilfe bei Förderzins, nein). – **Grundstückskaufvertrag.** Übernimmt GrdstKäufer Hyp, w idR neben dem NennBetr des Darl ein Agio auf den Kaufpreis anzurechnen sein (zB NennBetr u Auszahlg 100%, bei Rückzahlg 105%, s BGH DNotZ **70**, 247). – Auslegg einer **Kursgarantie,** BGH BB **76**, 1430. – Bei **Lieferungsvertrag** h Lieferer idR gem § 279 für Belieferg dch **13** Unterlieferanten einzustehen (RG **103**, 181), and bei Einschränkg dch VorbehKlauseln (Rn 16). – Die **Mehrwertsteuer** ist ein rechtl unselbständ Teil des zu zahlden Preises (BGH **58**, 295, **60**, 203, **77**, 82, 103, 287). Sie ist, wenn sich aus den Umst nichts and ergibt, in dem angebotenen Preis enthalten (BGH aaO u NJW **91**, 2484, Karlsr BB **92**, 231, PrAngabenVO 1 I 1). Das gilt für Vertr jeglicher Art, auch für den Vergl über eine ProvFdg (Mü NJW-RR **94**, 867). Der RA, Steuerberater u Architekt kann aber MWSt zusätzl zu seinem Honorar fordern (BRAGO 25 II, StBGebV 15, 1, HOAI 9 I 1). Ist Pachthöhe vom Umsatz abhäng, ist iZw der Bruttoumsatz maßgebd (Hamm BB **78**, 1282). Verkäufer kann keine MWSt nachfordern, wenn er irrtüml geglaubt hat, er sei nicht umsatzsteuerpflicht (BGH **LM** (D) Nr 31). Auch bei Angeboten an einen zum Vorsteuerabzug berecht Untern idZw die MWSt iZw im angebotenen Preis enthalten ist (BGH WM **73**, 677, Oldbg NJW **69**, 1486, Mü DB **70**, 1480, Köln NJW **71**, 894, Schaumburg NJW **74**, 1734). Es hat sich auch kein Handelsbrauch herausgebildet, daß Preisangebote u -vereinbargen im Verk zw vorsteuerabzugsberecht Untern iZw „netto" zu verstehen sind (Düss NJW **76**, 1268, Karlsr Justiz **77**, 200, Mü NJW-RR **93**, 415, str, aA Schaumburg NJW **75**, 1261). Vereinbg ist iZw dahin auszulegen, daß Nettopreis zuzügl der wirkl geschuldeten MWSt zu zahlen ist. Der Preis ist daher entspr herabzusetzen, wenn keine od eine geringere Umsatzsteuer anfällt (BGH WM **90**, 1323). – **Preisänderungsklauseln 14** bedeuten idR, daß der Verk den Preis gem § 315 an jeweiligen Marktpreis u WirtschLage anpassen darf (BGH **1**, 354); uU enthalten sie aber einen RücktrVorbeh mit Pfl zum Neuangebot (BGH aaO). Zulässigkschranken für formularmäß Erhöhungsklauseln ergeben sich aus AGBG 9, 11 Nr 1 (AGBG 11 Rn 2 ff). Erhöhgsklauseln geben dem Käufer bei sinkden Gestehgskosten iZw nicht das R, eine Preisherabsetzg zu verlangen (BGH JZ **54**, 356). Dagg verpflichten Zinsänderugsklauseln bei sinkendem Zinsniveau auch zur Herabsetzg (BGH **97**, 212). Entspr gilt für die Preisklausel im StromliefergsVertr mit einem Sonderabnehmer (BGH JZ **57**, 56). Bei Verkauf zu dem am Liefertag gült Listenpreis ist Preiserhöhg nicht zu berücksichtigen, wenn Verzögerg vom Verk zu vertreten ist (Düss DB **72**, 35). Zu PreisändKlauseln in langfristigen LieferVertr vgl Kunth BB **78**, 178, in EnergieliefergsVertr s Baur ZIP **85**, 905. Bei ErbbVertr u Dauerschuldverhältn w zur Anpassg des Entgelts an die veränderten Verhältn vielf Gleitklauseln, Spanngsklauseln od sonst **Wertsicherungsklauseln** vereinbart, vgl dazu §§ 244, 245 Rn 22 ff u § 317 Rn 5 ff. **Siche- 15 rungsrechte** dürfen von SichergsGeb, insbes von Banken u VersUntern, nur für Fdgen in Anspr genommen w, die sie in branchenübl Weise erworben haben; hat der Erwerb den Zweck dem Zedenten eine Befriedigasmöglichk zu verschaffen, ist die Verwertg unzul (BGH NJW **81**, 1600, **87**, 2997, **91**, 1946). – **Skontoabreden** § 272 Rn 1; **Standby Letter of Credit** s BGH NJW **94**, 2018. Bei **Stundungsvereinbarungen** besteht idR RücktrR, wenn Schu den Anspr bestreitet (§ 271 Rn 15). – Zur ergänzden Anwendg von Vorschr des FamR auf schuldrechtl **Unterhaltsvereinbarungen** s BGH **LM** (D) Nr 48. – Schließt Schu mit Gläub auf der Grdlage gleichmäß Befriedigg außergerichtl **Vergleich,** h Gläub bei Gewährg von Sondervorteilen an and RücktrR (RG **153**, 397, Mü NJW **56**, 1801). – Zur Auslegg des Begr **Verkehrswert**

s BGH NJW **89**, 2129, von **Wertgarantien** s Karlsr JZ **82**, 860. – Aus GeschVerkauf kann sich für den Verk ohne ausdr Bestimmg ein **Wettbewerbsverbot** ergeben (RG **117**, 177, Stgt NJW **49**, 27); ebso aus Arztpraxistausch das Verbot, sich in der Nähe der früheren Praxis wieder als Arzt niederzulassen (BGH NJW **55**, 337). Vermieter von GeschRäumen ist idR verpflichtet, im gleichen Haus keinen Wettbewerber aufzunehmen (§ 535 Rn 18). Vertragl WettbewVerbote verpflichten zugl zur Unterlassg von UmgehgsHdlgen (BGH WM **70**, 1339). Das Verbot für ausscheidde Gesellschter gilt auch für den ledigl aus der GeschFü Ausscheidden (BGH NJW-RR **90**, 226). Nachvertragl Wettbewerbsverbot für ArbN gilt idR nicht, wenn ArbG ohne wicht Grd kündigt od selbst wicht KündGrd setzt (BAG BB **67**, 714). Es entfällt, wenn sein Schutzzweck dauernd wegfällt, so bei endgült Aufg der geschützten Tätigk (Zweibr OLGZ **72**, 210). Vertragl Wettbewerbsverbote haben sich seit dem 3. 10. 90 iZw auf das Gebiet der fr DDR ausgedehnt (LAG Bln DB **91**, 1287). – Der Begriff **Wohnfläche** ist iZw nach DIN 283 auszulegen (Ffm OLGZ **84**, 366, and BGH MDR **91**, 515). – Zur Auslegg des Vertr zw **Zeitschriftenverleger** u Händler vgl BGH **LM** (B) Nr 7. – Ob bei Vereinbg bankübl **Zinsen** Soll- od Habenzinsen maßgebd, hängt von den Umst ab (Hamm WM **73**, 794).

16 **4) Typische Klauseln:** „Brief folgt" (§ 148 Rn 1); – „Circa-Klausel" (BGH **LM** (Ge) Nr 2, Thamm DB **82**, 417); sie bleibt bei der SchadErsBerechng außer Betracht (Düss NJW-RR **91**, 679, a A Mü NJW-RR **94**, 887); – „wie besichtigt" (BGH BB **57**, 238, Ffm DB **80**, 779); – „Kasse gg Lieferschein" (Hertin MDR **70**, 881); – „Kasse gg Dokumente" (RG **106**, 299, BGH **14**, 61), „Kasse gg Dokumente bei Ankunft des Dampfers" (BGH **41**, 215, BGH WM **67**, 1216), „netto Kasse gegen Faktura" (RG **69**, 125), „netto Kasse" (BGH **23**, 131, DB **72**, 1719), „Kasse gegen Akkreditiv" (RG Recht **22**, 1136), „cash on delivery" (BGH NJW **85**, 550), „Zahlg durch Scheck" (RG JW **26**, 2074), „Zahlung bei Empfang" (OLG **44**, 242), „Zahlung nach Eintreffen der Waren" (RG SeuffA **81**, 25), „Zahlung gg Dokumente" (BGH **55**, 342); – „Zurückhaltg des Kaufpreises ausgeschlossen" (BGH NJW **58**, 419); – „cif" (RG **90**, 1), „cif" (RG **106**, 212, BGH **60**, 5); – „frachtfrei X" (Mü NJW **58**, 426); – „freibleibend" bei VertrAngebot (vgl § 145 Rn 4) wird idR nur VertrBestandt, wenn im Vertr wiederholt (RG **102**, 228); als VertrBestandt gewährt die Klausel meist RücktrR, nicht Befugn zur Änderg der Abmachgen (RG Warn **23/24**, 101); möglicherw auch nur Befugn zur Preisänderg (RG **103**, 415); jedenf ist sie eng auszulegen (RG **102**, 228, „stets freibleibend"), „freibleibend unter Vorbehalt der Lieferungsmöglichkeit" (RG **104**, 115, 306); „Lieferungsmöglichkeit vorbehalten" (RG **132**, 305, RG JW **25**, 49, BGH NJW **58**, 1628); „richtige und rechtzeitige Selbstbelieferung vorbehalten" (BGH **92**, 397, **LM** HGB 346 (Ea) Nr 12, Celle DB **74**, 375), derart Klausel bezieht sich uU nur auf Lieferzeit (BGH **24**, 39), zur Selbstbeliefergsklausel bei kongruenten DeckgsGesch vgl BGH **49**, 388, DB **95**, 1557. – Bedeutg der Bezeichng „gentleman agreement" für eine Absprache ist nach dem Einzelfall auszulegen (BGH **LM** § 242 (Be) Nr 19). – „Angemessener" Mietzins ist im Streitfall vom Gericht festzusetzen (BGH **LM** (Ga) Nr 14). – „Geschäftsverbindg" in Bankbedinggen (BGH NJW **64**, 2057). – Über Dollarklausel vgl RG **152**, 166, auch RG **163**, 324. – „Triftiger Grund" (BGH **LM** Nr 15). – Klauseln im AuslandsGesch vgl die von der Internationalen Handelskammer aufgezeichneten „incoterms" u dazu Baumb/Duden/Hopt 2. Teil III (6).

Vierter Titel. Bedingung. Zeitbestimmung

Einführung

1 **1) Begriffe. – a) Bedingung** iSd §§ 158 ff ist die dch den PartWillen in ein RGesch eingefügte Bestimmg, die die RWirkgen des Gesch von einem zukünft ungewissen Ereign abhäng macht. Auch dieses Ereign w vom Ges als Bdgg bezeichnet (§ 158 „Eintritt der Bdgg"). Bdggen kommen in zwei GrdTypen vor: Bei der **aufschiebenden** Bdgg hängt der Eintritt, bei der **auflösenden** Bdgg das Fortbestehen der RWirkgen von dem zukünft Ereign ab. Welche Art von Bdgg vorliegt, ist Ausleggsfrage (§ 158 Rn 1). –
2 **b) Befristung** ist die dch den PartWillen in ein RGesch eingefügte Bestimmg, wonach ein zukünft gewisses Ereign für den Beginn der RWirkgen (Anfangstermin) oder deren Ende (Endtermin) maßgebd ist (§ 163 Rn 1).

3 **2) Keine Bedingungen** iSd §§ 158 ff sind: – **a) Vertragsbedingungen,** ein Terminus, der dch AGBG 1 Eingang in die GesSprache gefunden hat. Sie legen die beiderseit Rechte u Pflten fest, machen aber die Wirkgen des RGesch nicht von einem zukünft Ereign abhäng. Die Abgrenzg kann schwer sein, so bei KreditVertr (BGH WM **60**, 356, **63**, 192) od Bürgsch (BGH WM **58**, 218, Düss NJW-RR **91**, 435). Für sie ist die Interessenlage maßgebd; die Verwendg des Wortes „Bdgg" besagt für die rechtl Einordng nichts, da es sowohl für VertrBdggen als auch für Bdggen im RSinne gebraucht w. Mögl ist auch, daß die Erf einer
4 vertragl Pfl zur Bdgg iSd §§ 158 ff gemacht w (s BGH WM **83**, 991). – **b) Auflagen** (§§ 525, 1940, 2192). Sie verpfl den Empfänger einer Zuwendg zu einer Leistg, das RGesch ist aber sofort voll wirks. –
5 **c) Rechtsbedingungen** (s Egert, RBdgg 1974) sind die gesetzl Voraussetzgen für das Zustandekommen u die Wirksamk eines RGesch. Solange eine nachholb RBdgg (Gen dch Dr od Beh) fehlt, besteht ebenf ein Schwebezustand. Für ihn gelten aber SonderVorschr (zB §§ 184, 185 II). Die §§ 158 ff sind nicht entspr anwendb (RG **144**, 73, OGH **3**, 253, Egert S 183 ff). Eine RBdgg bleibt idR auch dann bloße RBdgg, wenn sie im Vertr ausdr als WirksamkVoraussetzg angeführt w. Haben die Part irrtüml angenommen, die Wirksamk des Vertr sei von einer bestimmt RBdgg (behördl Gen) abhäng, so berührt dies die Gültigk des
6 RGesch grdsl nicht (BGH WM **61**, 407, 410, DNotZ **76**, 370, BFH WM **81**, 343). – **d)** Die auf ein **vergangenes** od **gegenwärtiges** Ereign abgestellte Bdgg. Es fehlt an dem Erfordern des zukünft ungewissen Ereign. Die bestehde subj Ungewißh reicht zur Anwendg der §§ 158 ff nicht aus. Die Auslegg kann ergeben, daß die Erkl nur wirks sein soll, wenn die Erwartgen des Erklärden zutreffen (Frohn Rpfleger **82**, 56). Es kann auch Wette (§ 762) vorliegen. Ist ein Vertr unter der „Bdgg" geschlossen wor-

den, daß der Rücktr von einem fr Vertr wirks ist, können die §§ 158 ff entspr angewandt w (BGH **LM** § 159 Nr 1, Staud-Dilcher Rn 26). – **e)** Hat eine Part erklärt, daß sie von best **Voraussetzungen** ausgehe, ist die 7 rechtl Einordng Frage des Einzelfalls. Es kann eine Bdgg vorliegen, uU kommt bei Fehlen einer Voraussetzg eine IrrtAnf in Betracht (§ 119 Rn 17), möglicherw sind auch die Grds über den Wegfall der GeschGrdl anwendb (§ 242 Rn 149).

3) Bedingtes Rechtsgeschäft, Rechtstellung des Berechtigten. – a) Das **bedingte Rechtsgeschäft** 8 ist tatbestandl vollendet u voll gült, nur seine RWirkgen sind bis zum Eintritt od Ausfall der Bdgg in der Schwebe (BGH **NJW 94**, 3228). Für die GeschFgk, die VfgsBefugn, die Beurteilg der Sittenwidrigk u alle sonst GültigkVoraussetzgen kommt es daher auf den Ztpkt der Vornahme des RGesch an, nicht auf den des Bdggseintritts. Das gilt auch für die Voraussetzgen des gutgl Erwerbs (BGH **30**, 377). Der für die Zukunft vorgesehene RZustand äußert bereits Vorwirkgen. Zu Gunsten des bedingt Berecht bestehen die SchutzVorschr der §§ 160 ff. Der bedingte Vertr begründet eine ggs TreuePfl (BGH **90**, 308, **LM** § 158 Nr 11, **NJW 84**, 2035), die auch nach dem Ausfall der Bdgg nachwirken kann (BGH **NJW 90**, 508). Ihre Verletzg kann, auch wenn die Voraussetzgen des § 160 nicht vorliegen, zum SchadErs wg pVV verpfl. – **b)** Die RStellg des bedingt Berecht w als **Anwartschaftsrecht** bezeichnet (§ 929 Rn 37 ff). 9 Das AnwR ist grdsl vererbl u übertragb also auch pfändb. Es kann dch Bürgsch, PfandR, Vormerkg sowie dch Arrest od einstw Vfg gesichert w u Ggst der Feststellgsklage od der Klage auf zukünft Leistg sein. Es entsteht nicht nur dch bedingte RGesch, sond immer dann, wenn von dem mehrakt Entstehgs-Tatbestd eines Rechts schon so viele Erfordern erf sind, daß von einer gesicherten RPosition des Erwerbers gesprochen w kann, die der und an der Entstehg des Rechts Beteiligte nicht mehr einseit zu zerstören vermag (BGH **49**, 201, **83**, 399, **NJW 94**, 3100). Die dogmat Einordng des AnwR ist umstr. Ein Teil des Schriftt bezeichnet es als Vorstufe des erwarteten Rechts (RGRK Rn 26); der BGH sagt, es sei ggü dem VollR kein aliud, sond ein „wesensgleiches minus" (BGH **28**, 21). Richtig wohl die von Georgiades (EigtAnw beim VorbehKauf, 1963) begründete Einordng des AnwR als ein **Erwerbsrecht eigener Art** (ebso Staud-Dilcher Rn 51, Larenz § 25 III c). Es ist dadch gekennzeichnet, daß aus ihm beim Eintritt best Voraussetzgen ipso jure das (dingl od schuldrechtl) VollR entsteht. Auf die Übertragg des AnwR sind die Vorschr entspr anzuwenden, die für die Übertragg des VollR gelten (§ 925 Rn 19, § 929 Rn 45). Abw von diesem GleichbehandlgsGrds sind aber für die Pfändg des AnwR die Vorschr über die RPfändg (ZPO 857) maßgebd (§ 925 Rn 19, § 929 Rn 54). Vgl dazu u zum **Schutz des Anwartschaftsrechts** ggü Dr eingeh § 929 Rn 41.

4) Gegenstand der Bedingung kann ein zukünft Ereign jeder Art sein, auch die Hdlg eines Dr 10 (BayObLG NJW-RR **86**, 94). Wie § 495 zeigt, kann sogar das freie Belieben einer Part zur Bdgg eines RGesch gemacht w, sog **Potestativbedingung** (RG **104**, 100, BGH **47**, 391, BayObLG NJW-RR **88**, 982). Ein RGesch mit einer derart WollensBdgg w aber nur ausnahmsw, etwa bei Ankaufs- od WiederkaufsR, anzunehmen sein (Einf 23 v § 145). Bindet sich nur eine Part, währd sich die GgPart ihre Entschließg vorbehält, liegt idR ein VertrAngebot mit verlängerter Bindgswirkg (Option) u nicht ein bedingter Vertr vor. Eine auflösde Wollensbedingg w iZw als RücktrVorbehalt (§ 346) aufzufassen sein (LG Hbg NJW-RR **91**, 823). Bei handlgsabhäng Bdggen kann der und Teil den Schwebezustand dch FrSetzg u Ablehngsandrohg analog § 326 beenden (BGH NJW **85**, 1557).

5) Fehlerhafte Bedingung. Eine unmögl aufschiebde Bdgg macht das RGesch von Anfang an un-11 wirks, ein RGesch mit einer unmögl auflösden Bdgg ist dagg voll wirks. Verstößt die aufschiebde Bdgg gg ein gesetzl Verbot od gg die guten Sitten (§§ 134, 138), ist das RGesch im Ganzen nichtig; eine Aufrechterhaltg unter Wegfall der fehlerh Bdgg ist nicht mögl, da das RGesch iSd § 139 nicht teilb ist (Staud-Dilcher Rn 28). Dagg kann ein RGesch mit einer gesetz- od sittenw auflösden Bdgg in Anwendg des § 139 aufrecht erhalten w, so ein ArbVertr mit einer Zölibatsklausel (BAG **4**, 285), ein dch Schwangersch auflösd bedingter ArbVertr (LAG Düss DB **69**, 931), ein ArbVertr mit einer auflösden Bdgg, die das Beschäftiggsrisiko einseit auf den ArbNeh abwälzt (BAG NJW **82**, 788, krit Füllgraf NJW **82**, 738), eine Vergütgszusage mit einer unwirks auflösden Bdgg (BGH DB **82**, 2407). Wird die Erkl unter der „Bdgg" abgegeben, daß eine best RFolge eintritt, ist sie iF des Fehlschlagens der Erwartg unwirks (BayObLG Rpfleger **82**, 69).

6) RGesch können grdsl unter Bdggen vorgenommen w, sind also idR bdggsfreundl. Es bestehen aber 12 Ausn: – **a)** Kraft ausdr gesetzl Vorschr sind **bedingungsfeindlich:** die Aufl (§ 925 II), die Bestellg u Übertragg des ErbbR (ErbbRVO 1 IV, 11 I), die Eheschließg (EheG 13 II), die Anerkenng der Ehelichk (§ 1600 b), vgl ferner §§ 1724, 1750 II, 1947, 2180 II, 2202 II, VermG 3 (Jesch DB **92**, 2073). Auch die Anmeldg zum Handelsregister ist als VerfHdlg bdggsfeindl (BayObLG DNotZ **93**, 197). – **b)** Bdggsfeindl 13 ist die Ausübg von **Gestaltungsrechten,** da dem ErklEmpfänger keine Ungewißh u kein Schwebezustand zugemutet w kann (BGH **97**, 267). Das gilt für die Aufr (§ 388 S 2), die AnfErkl (RG **66**, 153, BGH WM **61**, 157), den Rücktr (BGH **97**, 267), die Künd (BAG NJW **95**, 1982), die Gen (§ 185 Rn 10), die Ausübg des VorkaufsR. Unbedenkl sind aber Bdggen, die dem ErklEmpfänger nicht in eine ungewisse Lage versetzen (BGH **97**, 267, Hbg NJW-RR **91**, 1201), seine berecht Interessen also nicht beeinträchtigen. Das trifft insb auf PotestativBdggen zu, deren Erf, wie iF der ÄndKünd, vom Willen des ErklEmpf abhängen (BGH **LM** § 609 Nr 4 Bl 3, BAG NJW **95**, 1982). Unbedenkl auch RBdggen, da sie die gesetzl Voraussetzgen lediglich wiederholen (BGH **99**, 239, BAG DB **80**, 1601, Ffm NJW **70**, 1646), ebso die EventualAnf od -Aufr im Proz (BGH NJW **68**, 2099, § 388 Rn 3). Vergangenh- u GegenwartsBdggen (s Rn 6) sind nur zul, wenn sie auf ein dem ErklEmpfänger bei Zugang bekanntes Ereign abstellen.

7) Wer aus einem RGesch Rechte herleitet, trägt die **Beweislast** dafür, daß das RGesch ohne aufschiebde 14 Bdgg vorgenommen worden ist (BGH NJW **85**, 497, Karlsr OLGZ **72**, 277, sog Leugngstheorie, str). Er ist ebso für den BdggsEintritt bewpflicht (BGH NJW **81**, 2404). Die GgPart trägt die BewLast für die spätere Vereinbg einer aufschiebden Bdgg (RG **107**, 406) sowie für das Vorliegen u den Eintritt einer auflösden Bdgg (BGH MDR **66**, 571, Baumgärtel-Laumen § 158 Rn 1, aA Reinicke JZ **77**, 164).

158 *Aufschiebende und auflösende Bedingung.* [I] Wird ein Rechtsgeschäft unter einer aufschiebenden Bedingung vorgenommen, so tritt die von der Bedingung abhängig gemachte Wirkung mit dem Eintritte der Bedingung ein.

[II] Wird ein Rechtsgeschäft unter einer auflösenden Bedingung vorgenommen, so endigt mit dem Eintritte der Bedingung die Wirkung des Rechtsgeschäfts; mit diesem Zeitpunkte tritt der frühere Rechtszustand wieder ein.

1 **1) Allgemeines. – a)** S Einf. Bei der aufschiebden Bdgg (I) steht dem Erwerber zunächst nur ein AnwR zu, das mit Eintritt der Bdgg zum VollR erstarkt (Einf 9 v § 158). Bei der auflösden Bdgg (II) tritt zunächst die gewollte RÄnd ein; der dch die auflösde Bdgg Begünstigte hat aber ein AnwR auf Rückerwerb (Wiederherstellg des fr RZustandes). Trotz dieser begriffl klaren Unterscheidg ist die Abgrenzg im Einzelfall oft schwier. Ausleggsregeln für Sonderfälle enthalten §§ 455, 495, 2075. Kauf vorbehaltl des Ergebn einer Probefahrt ist iZw aufschiebd bedingt (LG Bln MDR **70**, 923), ebso der Kauf unter der Bdgg der Weiterver-
2 äußerg (BGH NJW **75**, 776, sog Konditionskauf). – **b) Eintritt der Bedingung** ist Eintritt des vorgesehenen Ereign. Er beendigt den Schwebezustand u läßt bei aufschiebder Bdgg ipso jure das RGesch wirks, bei auflöser Bdgg tritt ipso jure der fr RZustand wieder ein. Das gilt auch dann, wenn derj, der das bedingte RGesch vorgenommen hat, die RFolge nicht mehr will (BGH NJW **94**, 3228), wenn er verstorben
3 ist, die GeschFgk od die Verfüggsbefugn verloren hat (Einf 9). – **c)** Der **Ausfall** der Bdgg beseitigt ebenf den Schwebezustand aber mit entggesetztem Ergebn: das aufschiebd bedingte RGesch wird endgült wirkgslos, das auflösd bedingte RGesch bleibt dauernd wirks. Ausgefallen ist die Bdgg, wenn feststeht, daß sie nicht mehr eintreten kann (BGH VersR **74**, 1168) od wenn der Zeitraum verstrichen ist, innerhalb dessen der BdggsEintritt zu erwarten war (BGH NJW **85**, 1557). Der dch die Bdgg Begünstigte kann bei Vfgen auf sie einseit **verzichten**; bei VerpflGesch ist dagg ein ÄndVertr notw (BGH ZIP **94**, 1688).

4 **2) Einzelfälle:** RäumgsVergl mit ErsRaumKlausel ist iZw ein aufschiebd bedingter MietaufhebgsVertr (Roquette NJW **65**, 678). Hingabe eines Geldscheins mit wesentl höherem Wert als die Schuld ist Übereign unter aufschiebder Bdgg der Rückzahlg der Differenz (Saarbr NJW **76**, 65). Klausel „Selbstbelieferg vorbehalten" macht NichtErf des DeckgsGesch zur auflösden Bdgg des KaufVertr (BGH **24**, 40). Finanzirgsklauseln können unaufschiebde od auflösde Bdggen sein, wenn allen Beteil klar ist, daß der Käufer selbst nicht zahlen kann (s BGH NJW **85**, 1080, KG NJW **71**, 1139/1704, Mü WM **84**, 1335, LG Zweibr NJW-RR **95**, 816); die angebotene Finanzierg muß in diesem Fall für den Käufer akzeptabel sein (s LG Aachen NJW-RR **86**, 411). Auch zw einem Kauf- u einem LeasingVertr kann ein BdggsZushang bestehen (BGH NJW-RR **90**, 1010, Köln NJW-RR **88**, 504). Wird der Vollzug eines LeasingVertr von der Vorlage einer Übernahmebestätig abhäng gemacht, handelt es sich aber iZw nicht um eine Bdgg, sond um eine FälligkRegelg (BGH NJW **93**, 1381). Bei Mieterhöhgs Vereinbgen mit einem Sozialhilfeempfänger kann die Gen des SozialAmtes stillschw eine aufschiebde Bdgg darstellen (LG Siegen NJW-RR **93**, 1424). Eine aufschiebde Bdgg kann anzunehmen sein bei Mietaufhebg für den Fall, daß ein geeigneter ErsMieter gefunden w (LG Mannh DWW **77**, 42), bei Verpfl zur Übern eines Vertr, falls dieser notleidd w (BGH NJW **90**, 1903), beim Vergl unter WiderrufsVorbeh (BGH **88**, 364, NJW-RR **89**, 1214) u beim PkwKauf unter dem Vorbeh einer Probefahrt (LG Bln MDR **70**, 923). Bei DarlVertr ist Stellg der vereinbarten Sicherh nicht aufschiebde Bdgg, sond VertrPfl (BGH NJW **69**, 1957); dagg kann die Dchführbark einer geplanten Umschuldg eine aufschiebde Bdgg sein (Saarbr WM **81**, 1212). Sichergsübereign u -Abtr sind nur bei ausdr Abrede dch die Entstehg des zu sichernden Anspr aufschiebd u dessen Erlöschen auflösd bedingt (BGH NJW **84**, 1184, **91**, 354, **94**, 865, MüKo/Westermann Rn 12). Soll die Maklerprovision erst nach Eingang des KaufPr gezahlt w, ist es Ausleggsfrage, ob eine aufschiebde Bdgg od nur eine FälligkRegel vorliegt (BGH NJW **86**, 1035).

159 *Rückbeziehung.* Sollen nach dem Inhalte des Rechtsgeschäfts die an den Eintritt der Bedingung geknüpften Folgen auf einen früheren Zeitpunkt zurückbezogen werden, so sind im Falle des Eintritts der Bedingung die Beteiligten verpflichtet, einander zu gewähren, was sie haben würden, wenn die Folgen in dem früheren Zeitpunkt eingetreten wären.

1 Der Eintritt der Bdgg hat **keine rückwirkende Kraft** (BGH **10**, 72). Eine Vereinbg, die den BdggsEintritt zurückbezieht, hat nur schuldrechtl Wirkg. Der RückgewährAnspr ergibt sich aus dem auflösd bedingten Vertr (Medicus AT Rn 840, str), hilfsw aus § 812 (BGH **LM** Nr 1).

160 *Haftung während der Schwebezeit.* [I] Wer unter einer aufschiebenden Bedingung berechtigt ist, kann im Falle des Eintritts der Bedingung Schadensersatz von dem anderen Teile verlangen, wenn dieser während der Schwebezeit das von der Bedingung abhängige Recht durch sein Verschulden vereitelt oder beeinträchtigt.

[II] Den gleichen Anspruch hat unter denselben Voraussetzungen bei einem unter einer auflösenden Bedingung vorgenommenen Rechtsgeschäfte derjenige, zu dessen Gunsten der frühere Rechtszustand wieder eintritt.

1 § 160 hat für bedingte VerpflGesch nur klarstellde Bedeutg (s Einf 8 v § 158), für VfgsGesch ist er dagg konstitutiv (MüKo/Westermann Rn 3). Der SchadErsAnspr entsteht erst iF des BdggsEintritts. Er richtet sich auf das positive Interesse (Staud-Dilcher Rn 8). § 278 ist anzuwenden, ebso § 282 (MüKo Rn 5).

161 *Zwischenverfügungen.* [I] Hat jemand unter einer aufschiebenden Bedingung über einen Gegenstand verfügt, so ist jede weitere Verfügung, die er während der Schwebezeit über den Gegenstand trifft, im Falle des Eintritts der Bedingung insoweit unwirksam, als sie die von der Bedingung abhängige Wirkung vereiteln oder beeinträchtigen würde. Einer solchen Verfügung steht eine Verfügung gleich, die während der Schwebezeit im Wege der Zwangsvollstrek-kung oder der Arrestvollziehung oder durch den Konkursverwalter erfolgt.

II Dasselbe gilt bei einer auflösenden Bedingung von den Verfügungen desjenigen, dessen Recht mit dem Eintritte der Bedingung endigt.

III Die Vorschriften zugunsten derjenigen, welche Rechte von einem Nichtberechtigten herlei-ten, finden entsprechende Anwendung.

1) **Zwischenverfügungen. – a)** § 161 schützt den aus einer Vfg (Übbl 16 v § 104) bedingt Berecht. **1** Vfgen, die der RInhaber währd der Schwebezeit trifft, w mit Bdggseintritt unwirks, sow sie die Rechte des Erwerbers vereiteln od beeinträchtigen. Die Unwirksamk ist absolut, wirkt also ggü jedermann (Staud-Dilcher Rn 10). Sie betrifft aber nur die ZwVfg, nicht das zugrundeliegde VerpflGesch (BGH DB **62**, 331). Sie tritt nicht ein, wenn der bedingt Berecht der Vfg zugestimmt hat (RG **76**, 91, BGH **92**, 288). Der Erlaß der bedingt abgetretenen Fdg fällt unter § 161 (BGH **20**, 133, Hamm FamRZ **80**, 890), ebso deren Einziehg (MüKo/Westermann Rn 10), jedoch bleibt dem Schu der Schutz des § 407. Den rgeschäftl Vfgen gleich-zustellen sind gesetzl PfandR (Soergel-Wolf Rn 4, str) sowie gem I 2 Maßn der ZwVollstr, der Arrestvoll-ziehg u des KonkVerw. Der aus der ZwVfg Berecht bleibt seine RStellg, soweit sie den Erwerber nicht beeinträchtigt. Wer nach einer bedingten NießbrBestellg Eigt erworben hat, bleibt daher auch nach BdggsEintritt Eigentümer, vorbehaltlich III jedoch mit den sich aus dem Nießbr ergebden Einschränkgen. Auf den gem § 956 AneigngsBerecht ist § 161 weder unmittelb noch analog anwendb (BGH **27**, 367). – **b)** Keine Vfg iSd § 161 ist die **Prozeßführung.** Der RInhaber ist währd der Schwebezeit weiter aktiv- u **2** passivlegitimiert. Das für od gg ihn ergangene Urt wirkt nach BdggsEintritt gem ZPO 325 auch für den RNachfolger. Der Schutzgedanke des § 161 ist auch nicht analog anzuwenden (Pohle FS Lehmann, 1956, II, 758, str, aA MüKo/Westermann Rn 16).

2) Zum Schutz des ZwErwerbers sind gem III die Vorschr über den **gutgläubigen Erwerb** entspr **3** anwendb. III beruht auf der Erwägg: Wenn der Erwerber das Recht kr guten Glaubens auch von einem NichtBerecht hätte erwerben können, ist er beim Erwerb vom Berecht erst recht schutzwürd, voraus-gesetzt, daß er hinsichtl der Beschrkgen der VfgsMacht gutgl war. Bei Vfgen über Grdst gelten die §§ 892, 893 entspr, bei Vfgen über bewegl Sachen die §§ 932, 936, 1032, 1207, HGB 366. Bei Fdgen u den Rechten des § 413 gibt es keinen gutgl Erwerb, ebsowenig bei Maßn der ZwVollstr.

162 *Unzulässige Einwirkung auf die Bedingung.* [I] Wird der Eintritt der Bedingung von der Partei, zu deren Nachteil er gereichen würde, wider Treu und Glauben verhindert, so gilt die Bedingung als eingetreten.

II Wird der Eintritt der Bedingung von der Partei, zu deren Vorteil er gereicht, wider Treu und Glauben herbeigeführt, so gilt der Eintritt als nicht erfolgt.

1) **Allgemeines.** § 162 ist Ausdr des allg RGedankens, daß niemand aus seinem treuwidrigen Verhalten **1** Vorteile ziehen darf (Rn 6). Er gilt grdsl nur für Bdggen iSd § 158, nicht dagg für RBdggen, insb nicht für behördl Gen (RG **129**, 367, BGH **LM** KRG 45 Art IV Nr 4 u 5, Ffm DNotZ **72**, 180). Bei diesen sind die Part aber idR gem § 242 verpfl, auf die Erteilg der Gen hinzuwirken u alles zu unterlassen, was die Gen gefährden könnte (§ 242 Rn 33). Steht die Bindgswirkg des RGesch aGrd einer WollensBdgg (Einf 10 v § 158) im Belieben einer Part, ist § 162 idR nicht anwendb (RG **115**, 302), in AusnFällen kann aber § 162 herangezogen w (Mü NJW-RR **88**, 59, Ring JuS **91**, 634). Wo eine Mitwirkg des bedingt Verpflichteten zur Erf der Bdgg erforderl ist, ist es Ausleggsfrage, ob u inwieweit eine Bindg bestehen soll (RG **79**, 98, **88**, 3).

2) **Voraussetzungen. – a)** Die Part muß den Eintritt der Bdgg verhindert (I) od herbeigeführt h (II). **2** Erforderl ist daher eine wirkl **Beeinflussung des Kausalverlaufs,** der bloße Versuch einer Einwirkg schadet nicht. Ein Unterl genügt, sofern, etwa aus § 242 (Düss DB **87**, 41), eine RPflicht zum Handeln besteht. Ausr auch eine mittelb Einwirkg (BGH BB **65**, 1052), nicht aber die bloße Erschwerg des BdggsEintritts (RG **66**, 226). Wer sich auf § 162 beruft, muß UrsachenZushang zw Einwirkg u Ausfall bzw Eintritt der Bdgg beweisen (BGH **LM** Nr 2). – **b)** Die Einwirkg auf den BdggsEintritt muß gg **Treu u** **3** **Glauben** verstoßen. Die Verletzg einer einklagb VertrPfl ist nicht erforderl (BGH **LM** Nr 3). Es genügt, wenn das Verhalten bei Würdigg von Anlaß, Zweck u BewegGrd als treuwidr erscheint. Dabei können auch subj Momente mitberücksichtigt w. Die Anwendg des § 162 setzt aber kein absichtl Handeln voraus (RG **122**, 247, BGH NJW-RR **89**, 802, BVerwG NVwZ **91**, 75); auch ein schuldh Verhalten ist nicht zu fordern, ein obj Verstoß gg Treu u Glauben reicht aus (Staud-Dilcher Rn 8, str, aA RG u BGH aaO, ähnl wie hier aber RG HRR **31**, 1905). – **c)** Einzelfälle: § 162 ist anwendb, wenn der VorbehVerkäufer die **4** angebotene Restzahlg nicht annimmt (BGH **75**, 228); wenn der Vermieter bei einem bedingten Mietauf-hebgsVertr den ErsMieter ohne triftigen Grd ablehnt (LG Köln MDR **67**, 768, LG Mannh DWW **77**, 42) od den VertrSchl von besseren Konditionen abhäng macht (Düss NJW-RR **92**, 657); wenn der Vermieter die Verpflichtg zum VertrSchluß mit einem Nachfolgemieter dch das Stellen von ungünstigen Bdggen zu umgehen sucht (Mü NJW-RR **95**, 393); wenn die finanzielle Leistgsfähigk aufschiebde Bdgg ist u der Schu nicht gehör arbeitet (BGH BB **65**, 1052); wenn die Erf einer Verbindlichk aufschiebde Bdgg ist u der Schu wg Unvermögens, von dem er schon bei VertrSchl wußte, nicht leistet (BGH NJW-RR **89**, 802); wenn der RücktrGegner den Berecht dch unricht Informationen von der Ausübg des RücktrR abhält (BGH NJW-RR **91**, 177); wenn die für den Fall der Kinderlosigk aufschiebd bedingte Zuwendg vom Pfltigen dch Ann eines Vollj umgangen w soll (Stgt FamRZ **81**, 818); wenn die Verpfl, iF des VertrSchl einen Mitpächter zu beteiligen, dch einen VertrSchl der Ehefrau umgangen w soll (BGH NJW **82**, 2552); wenn der GrdstEigtü-mer dem ErbbBerecht treuw die Zustimmg zur Aufnahme eines HypKredits versagt (BGH NJW-RR **93**, 465). **Kein Verstoß** gg Treu u Glauben ist es, wenn der ArbGeb vor dem Stichtag für die Gratifikations-zahlg aus betriebsbedingten Grden kündigt (BAG DB **86**, 383); wenn Bauherr, der dem Arch iF der BauGen

ein Honorar schuldet, nach deren Ablehng auf ein langwieriges RMittelVerf verzichtet (Köln OLGZ **74**, 8); wenn GeschHerr, der dem Makler nur bei DchFührg des Gesch eine Provision schuldet, auf die Ausführg verzichtet (BGH NJW **66**, 1404); wenn der Kunde die Maklerinformation an einen Dr weitergibt u dieser kauft (BGH BB **90**, 2296, aA Schäfer ebda 2277); wenn die zur Bdgg gemachte Finanzierg an den unzulängl EinkommensVerh des Schu scheitert (Hamm NJW-RR **89**, 1366); wenn der KaufVertr wieder aufgehoben w, um die Ausübg eines VorkaufR zu verhindern (RG **98**, 51); wenn der Käufer wg des für den Verzug vorgesehenen Rückkaufs absichtl nicht zahlt (BGH NJW **84**, 2568).

5　　**3) Rechtsfolgen.** Die Verhinderg (I) od Herbeiführg (II) des Bdggseintritts führen zu der Fiktion, daß die Bdgg als eingetreten bzw als ausgefallen gilt. Die Fiktion wirkt auch ggü Dr, so etwa zG des Maklers, der einen aufschiebd bedingten Vertr vermittelt hat (RG Warn **29**, 101). Als **Zeitpunkt** des Bdggseintritts (I) gilt derj, an dem die Bdgg bei redl Handeln eingetreten wäre (RG **79**, 96, str), als Ztpkt des Ausfalls (II) der der unredl herbeigeführten Bdgg. Hat sich der Schu die VertrErf schuldh unmögl gemacht, gilt die Bdgg aber bereits mit der Vornahme der treuwidrigen Hdlg als eingetreten (BGH NJW **75**, 205).

6　　**4) Analoge Anwendung.** § 162 enthält den allg RGedanken, daß niemand aus einem von ihm treuwidr herbeigeführten Ereign Vorteile herleiten darf (s auch § 242 Rn 42 ff u 46 ff). Er ist daher bei vergleichb Interessenlage entspr anzuwenden, so auf die treuwidr Herbeiführg des Nacherbfalls (BGH NJW **68**, 2051), auf die treuwidr Ablehng von NachbessergsArb (BGH **88**, 240, 248), auf die treuwidr Künd unmittelb vor Eintritt des KündSchutzes (BAG NJW **58**, 37), vor Fälligk einer Gratifikation (BAG **AP** § 611 Gratifikation Nr 52), vor Unverfallbark der Versorggsanwartsch (BAG WM **76**, 64), vor Fälligwerden der geschuldeten GeschÜbertr (RG **170**, 389). § 162 gilt auch dann analog, wenn der Käufer beim finanzierten AbzKauf die Abn der Sache grundlos ablehnt (BGH NJW **64**, 36) od wenn der Gläub den BürgschFall dadch herbeiführt, daß er den Schu zur NichtErf veranlaßt (BGH BB **66**, 305). Bei VergangenhBdggen (Einf 6 v § 158) ist § 162 gg denj anwendb, der ihr Nichtvorliegen kannte (RG JW **36**, 987). Der RGrds des § 162 gilt auch iF des § 852 für die Möglichk der KenntnErlangg (BGH VersR **91**, 1032) u im öffR (BVerwG **9**, 92, JR **70**, 275).

163　*Zeitbestimmung.* **Ist für die Wirkung eines Rechtsgeschäfts bei dessen Vornahme ein Anfangs- oder ein Endtermin bestimmt worden, so finden im ersteren Falle die für die aufschiebende, im letzteren Falle die für die auflösende Bedingung geltenden Vorschriften der §§ 158, 160, 161 entsprechende Anwendung.**

1　　**1) Allgemeines.** Begriff s Einf 2 v § 158. – **a)** Die Übergänge zw **Zeitbestimmung** u Bdgg sind flüss. Abstellen auf ein Ereign, dessen Eintritt ungewiß ist (dies incertus an, incertus quando, zB Heirat) ist idR Bdgg, Abstellen auf ein nur der Zeit nach ungewisses Ereign (dies certus an, incertus quando, zB Tod) idR Befristg (s BGH **LM** § 158 Nr 14, NJW **93**, 1978, BayObLG NJW-RR **93**, 1165). Entscheidd für die Abgrenzg ist der PartWille (RG **91**, 229); es kommt darauf an, ob die Part das künft Ereign subj als gewiß od 2 ungewiß angesehen haben (Hromadka NJW **94**, 911). – **b)** Von den befristeten sind die **betagten Forderungen** zu unterscheiden. Die befristete Fdg entsteht erst in Zukunft, die betagte besteht schon, ist aber noch nicht fäll (Staud-Dilcher Rn 4). Bsp für betagte Fdgen sind gestundete KaufpreisFdgen, aber auch künft Leasingraten, da sie zugl ein Entgelt für die vorweg erbrachte Finanziergsleistg darstellen (BGH **109**, 372, **111**, 95, **118**, 290, krit Deubner JuS **92**, 22). Dagg kann künft Mietzins eine befristete Fdg sein (BGH aaO u NJW **65**, 1373). Die auf eine betagte Schuld erbrachte Leistg kann wg § 813 II nicht zurückgefordert w, wohl aber die auf eine aufschiebd befristete Verbindlichk (hM). Im Fall des Konk kann gem KO 54 mit einer betagten Fdg aufgerechnet w, nicht aber mit einer befristeten (s aber BGH **86**, 385). Die VorausVfg über betagte Fdgen ist konkursfest, die über befristete uU nicht (BGH **109**, 372). Wird eine SicherhAbtr „befristet", sind die §§ 163, 158 II anwendb, die Auslegg kann aber ergeben, daß zur FrWahrg eine rechtserhaltende Anzeige ausreicht (BGH WM **83**, 122).

3　　**2) Die Regelung des § 163.** Der Anfangstermin w der aufschiebdn Bdgg gleichgestellt, der Endtermin der auflösdn. Die Verweisg auf die §§ 158, 160, 161 ist nicht abschließd. Auf den dies certus an incertus quando (zB Tod) ist § 162 entspr anwendb. Auch eine Rückbeziehg entspr § 159 ist mögl (s RG **68**, 145), prakt aber selten.

Fünfter Titel. Vertretung. Vollmacht

Einführung

1　　**1) Begriff und Grundprinzipien der Vertretung. – a)** Vertretg iSd §§ 164 ff ist rgeschäftl Handeln im Namen des Vertretenen mit der Wirkg, daß die RFolgen unmittelb in der Pers des Vertretenen eintreten (sog unmittelb Vertretg). Die §§ 164 ff erfassen damit von den versch Erscheingsformen des Handelns für einen und nur einen Ausschnitt. Sie sind auf rechtserhebl Hdlgen nichtrgeschäftl Art unanwendb (Rn 3); auch für die sog mittelb Stellvertretg, das Handeln im Interesse eines and, aber im eig Namen, gelten sie nicht 2 (Rn 6). – **b)** Die Regelg der unmittelb Vertretg beruht auf drei Grdprinzipien: – **aa)** Das **Repräsentationsprinzip.** Der rgeschäftl Handelnde ist allein der Vertreter, nicht der Vertretene (MüKo/Schramm Rn 62). Für Inh u Wirksamk des Gesch kommt es auf seinen Willen an; ledigl die RWirkgen des Gesch treffen den Vertretenen (§ 166 Rn 1, dort auch über Einschrkgen). – **bb)** Der **Offenheitsgrundsatz.** Das Vertreter-Gesch hat nur dann unmittelb Fremdwirkg, wenn der Vertreter erkennb im Namen des Vertretenen auftritt (§ 164 Rn 1, dort auch über Einschrkgen). – **cc)** Das **Abstraktionsprinzip.** Vertretgsmacht u das zugrunde liegde RVerh zw Vertreter u Vertretenem sind voneinand zu trennen. Wie das Bsp der UnterVollm zeigt, braucht der Vertretgsmacht nicht notw ein RVerh zw dem Vertreter u dem Vertretenen zGrde zu liegen (BGH NJW **81**, 1728). Die Vollm ist in ihrer Wirksamk von dem InnenVerh unabhäng (§ 167 Rn 4).

Handeln im Rahmen der Vertretgsmacht wirkt grdsl auch dann ggü dem Vertretenen, wenn der Vertreter gg Pflten aus dem InnenVerh verstoßen hat (§ 164 Rn 13). – **c)** Die §§ 164 ff gelten für den **rechtsgeschäft- 3 lichen Verkehr.** Von aktiver Vertretg spricht man, wenn der Vertreter für den Vertretenen eine WillErkl abgibt, von passiver, wenn er für den Vertretenen eine WillErkl entggnimmt (§ 164 III). Auf geschäftsähnl Hdlgen (Übbl 7 v § 104), zB Mahngen u Mitteilgen, sind die §§ 164 ff analog anwendb. Entspr gilt für das tatsächl Anerkenntn iSd § 208 (BGH NJW **70**, 1119, KG DNotZ **70**, 157). Dagg können reine Realakte (Übbl 10 v § 104) nicht in Stellvertretg vorgenommen w. Das gilt insb für den Erwerb des unmittelb Besitzes (BGH **8**, 132, **16**, 263, Ausn: § 854 II), die Verarbeitg, den Fund, doch kann das Handeln auch in diesen Fällen, etwa gem § 855, Fremdwirkg haben. Auch im Recht der Leistgsstörgen, der c. i. c. u der unerl Hdlgen sind die §§ 164 ff unanwendb; für die Zurechng der Hdlgen von HilfsPers gelten die §§ 278, 831, 31, 89. – **d) Stellvertretung ist ausgeschlossen** bei höchstpersönl RGesch. Das gilt vor allem für die Eheschl 4 (EheG 13), die TestErrichtg (§ 2064), den ErbVertr (§ 2274) u einige and Gesch des Fam- u ErbR (s §§ 1595, 1600 d, 1617 II, 1618 II, 1728, 1729, 1740 b III, 1740 c, 1750 III, 2282, 2347 II, 2351), aber auch für die Einwilligg in eine ärztl Behandlg od FreihEntziehg (Stolz FamRZ **93**, 643, BWNotZ **93**, 132, aA Stgt OLGZ **94**, 431, Diederichsen Einf 8 v § 1896). Sonst ist Vertretg grdsl zul, auch beim Abschluß von TarifVertr (BAG BB **94**, 289). Sie kann aber dch vertragl Abreden der Part abbedungen w (BGH **99**, 94), sog gewillkürte Höchstpersönlich.

2) Die Wirkg des VertreterGesch für u gg den Vertretenen tritt nur ein, wenn der Vertreter **Vertretungs- 5 macht** hatte od der Vertretene genehmigt (§ 177). Die Vertretgsmacht ist kein subj Recht, sond eine RMacht eigener Art (str, s Staud-Dilcher Rn 16 ff). Sie kann dch RGesch begründet w (§ 167 Rn 1) u ist in diesem Fall ein Mittel, den die rgeschäftl Wirkgskreis dch ArbTeilg zu erweitern. Sie kann aber auch ein Mittel des Schutzes u der Fürs sein. Pers, die geschäftsunfäh od beschr geschäftsfäh sind, bedürfen eines gesetzl Vertreters. Diese leiten ihre Vertretgsmacht unmittelb aus dem Ges (Eltern § 1629) od aus einem aGrd des Ges erlassenen Akt der freiw Gerbark ab (Vormd, Betreuer, s Einf 2 v § 104). Auch die sog Schlüsselgewalt ist ein Fall gesetzl Vertretg (§ 1357 Rn 3, str, s Schmidt FamRZ **91**, 634), ebso die dem Verwalter gem WEG 27 II eingeräumte RStellg (WEG 27 Rn 1). Weitere Bsp: §§ 29, 1189 u ZPO 57, 58, 494 II. Dem gesetzl Vertr verwandt ist die Vertretg jur Pers dch ihre **Organe** (§ 26 Rn 1). Wer für die jur Pers des PrivR zum Handeln berecht ist, ergibt sich aus der Satzg u w in öff Registern (Vereins- od Handelsregister) verlautbart (§§ 68, 70, AktG 81, GmbHG 35, GenG 28; Ausn: Stiftgen, für die aber zT landesr Register bestehen). Für jur Pers des öffR fehlen entspr Register. Vertretg der Gemeinden s § 125 Rn 3, der BRep u der Länder s Staud-Dilcher Rn 28 ff. Bedarf das VertretgsOrgan bei best RGesch der Mitwirkg eines and Organs, hat diese Beschrkg iZw nur Innenwirkg (BGH MDR **78**, 388).

3) Vertretg iSd §§ 164 ff ist rgeschäftl Handeln im fremden Namen mit unmittelb Wirkg für den Vertrete- 6 nen (Rn 1). Auf sonst Handeln im Interesse u mit Wirkg für and sind die §§ 164 ff **nicht anwendbar:** – **a) Mittelbare** (unechte, verdeckte, indirekte, stille) **Stellvertretung** liegt vor, wenn jemand ein RGesch im eig Namen, aber im Interesse u für Rechng eines and, des GeschHerrn, vornimmt (Hager AcP **180**, 239, Schwark JuS **80**, 777). Sie ist im BGB nicht geregelt, das HGB behandelt nur die Sonderformen des Kommissions- u SpeditionsGesch (HGB 383 ff, 407 ff). Dch das VertreterGesch w der im eig Namen handelnde mittelb Vertreter allein berecht u verpfl. Die Rechte unterliegen dem Zugriff seiner Gläub (Ausn HGB 392, der aber nur für Vertr gem HGB 383, 406 gilt, RG **58**, 276, **84**, 216, aA Hager aaO S 249). Die Übertr auf den GeschHerrn erfolgt dch Abtr (§ 398) od Übereign (§§ 929 ff). Die Risiken für den Gesch-Herrn können aber dch eine VorausAbtr (§ 398 Rn 11) od eine vorweggenommene Einigg u ein antizipiertes BesKonstitut (§ 930 Rn 5 ff) gemindert w. Etwaige Mängel des Vertr zw Vertreter u Vertretenem berühren die Wirksamk des AusfGesch nicht (Hager aaO S 240). Der mittelb Vertreter kann den Schaden des Gesch-Herrn iW der Drittschadensliquidation geltd machen (Vorbem 115 v § 249). Bei Vfgen über Ggst des GeschHerrn handelt er idR aGrd einer Einwilligg (§ 185) u daher mit unmittelb Fremdwirkg. – **b) Treu- 7 hand.** Einen allg anerkannten RBegriff der TrHand gibt es nicht (Gernhuber JuS **88**, 355). Gemeins Merkmal aller TrHandVerh ist, daß der TrGeber dem TrHänder VermRechte überträgt od Vfgsmacht einräumt, von der der TrHänder nur nach Maßg einer schuldr TrHandVereinbg Gebrauch machen darf (MüKo/ Schramm Rn 27, Soergel-Leptien Rn 61). Typisch für die TrHand ist damit die über die Bindgen des InnenVerh hinausgehde RMacht des TrHänders im AußenVerh. Bei Mißbrauch dieser RMacht treten daher ähnl Fragen auf wie iF des VollmMißbrauchs (§ 164 Rn 13). Haupterscheinungsformen der TrHandsch sind die fremdnütz VerwaltgsTrHand u die eigennütz SichergsTrHand (Sichergsübereign od Abtr). Der Begriff der TrHandsch erfordert nicht, daß der TrHänder für den TrGeber rgeschäftl handelt. Sow dies geschieht, w der TrHänder als mittelb Vertreter für den TrGeber tätig (Rn 6). Näher zur TrHand s § 903 Rn 33 ff, zur treuhänd Abtr § 398 Rn 20 ff. – **c)** Der **Strohmann** ist mittelb Vertreter (Rn 6); uU liegt zugl eine Ver- 8 waltgsTrHandsch (Rn 7) vor. Er w von einem Hintermann vorgeschoben, der das beabsichtigte RGesch in eig Pers nicht vornehmen kann od will. Das StrohmannGesch ist idR kein ScheinGesch (§ 117 Rn 6), es kann aber wg GesUmgehg nichtig sein (§ 134 Rn 28). Der Strohmann w aus dem Gesch berecht u verpfl (BGH WM **64**, 179). Er kann seiner Inanspruchn nicht entgghalten, der and habe von seiner StrohmannEigensch gewußt (Hbg MDR **72**, 237). Gg den Hintermann können die Gläub des Strohmanns erst vorgehen, wenn sie dessen SchuldbefreigsAnspr gepfändet h (Celle JW **38**, 1591). – **d) Gesetzliche Vermögensverwalter** 9 (Konk-, Zwangs-, NachlVerwalter, TestVollstr). Ihre RStellg entspr der eines TrHänders (Rn 7). Sie beruht aber nicht auf Vertr, sond auf Ges od (iF der TestVollstr) VfgvTw. Die Verwalter treten nicht im Namen eines Vertretenen auf, sond handeln objektbezogen für das von ihnen verwaltete Vermögen. Sie sind daher keine gesetzl Vertreter (so Larenz § 30 I a), sond Träger eines privaten Amtes (KonkVerw: BGH **24**, 396, **88**, 335; ZwangsVerw: RG **53**, 263, **99**, 199; NachlVerwalter: RG **61**, 222, BGH **38**, 284; TestVollstr: BGH **13**, 205, **51**, 214). Das schließt aber nicht aus, einz Vorschr des VertretgsR entspr anzuwenden, so etwa §§ 177 ff (§ 178 Rn 2) u § 181 (s dort Rn 3). Weitere gesetzl TrHänder: der Verwalter nach dem WEG, sow er zum Handeln im eig Namen ermächtigt ist (BayObLG DNotZ **80**, 751); HypBkG 29 ff; BauFdG 35 f; VAG 70 ff. – **e)** Der **Gerichtsvollzieher** handelt in der ZwVollstr nicht als Vertreter des Gläub, sond als staatl 10

Organ der RPflege (RG **90**, 194, **156**, 398, LG Bln MDR **77**, 146). Soweit er für den Gläub freiw Leistgen
11 entggnimmt, ist er aber Vertreter iSd §§ 164 ff (RG **77**, 25, aA Fahland ZZP **92**, 432). – f) **Bote.** Währd der
Vertreter eine eig WillErkl abgibt, also selbst der rgeschäftl Handelnde ist (Rn 2), übermittelt der Bote eine
WillErkl seines AuftrGebers. Sein Tun ist tatsächl, nicht rgeschäftl Natur. Er braucht daher nicht geschfähig
zu sein. Die Form not Beurk (§ 128) w dch die Beurk der von ihm abgegebenen Erkl nicht gewahrt (RG **79**,
202). Zur irrigen Übermittlg s § 120. Die Unterscheidg zw Vertreter u Boten richtet sich nach dem äußeren
Auftreten, nicht nach dem zw GeschHerrn u Mittler bestehden InnenVerh (BGH **12**, 334, aA Staud-Dilcher
Rn 76). Ist der Bote als Vertreter aufgetreten od umgekehrt der Vertreter als Bote, w der GeschHerr
gleichwohl verpfl, sofern sich der Handelnde im Rahmen seiner Ermächtigg (Vertretgsmacht) gehalten hat
(MüKo/Schramm Rn 47 ff). Hat der Bote eine and als die aufgetragene Erkl abgegeben, gelten die §§ 177 ff
entspr (§ 178 Rn 2). Geringe prakt Bedeutg hat dagg die Unterscheidg zw **Empfangsboten** (§ 130 Rn 9) u
Passivvertreter (§ 164 III). Beide nehmen eine WillErkl entgg, tun also dasselbe. Sofern eine Ermächtigg od
Vollm vorliegt, ist auch die Wirkg ihres Tuns im wesentl gleich, wenn auch beim Ztpkt des Zugangs
Unterschiede bestehen (Vertreter: sofort; Empfangsbote: sobald mit Weiterleitg zu rechnen ist, § 130 Rn 9)
u die Auslegg unterschiedl ausfallen kann. Die ggü dem Boten abgegebene Erkl ist nach dem Empfängerho-
rizont des GeschHerrn auszulegen, währd es beim Vertreter gem § 166 I auf dessen VerständnMöglichk
12 ankommt (MüKo/Schramm Rn 53). – g) **Vertreter in der Erklärung.** AdoptionsVertr konnten fr nur
höchstpersönl abgeschlossen w. Um gleichwohl einen VertrSchl dch einen Vertreter zu ermöglichen, hat die
Rspr die RFigur des Vertreters in der Erkl entwickelt (BGH **5**, 348, **30**, 311). Dieser bilde nur einen Willen,
sond gebe nur die vom Vertretenen inhaltl festgelegte Erkl an dessen Stelle ab; Vertretg in der Erkl sei daher
auch bei höchstpersönl RGesch zul. Dch die Reform des AdoptionsR ist das Bedürfn für diese ZwStufe zw
13 Vertretg u Botensch weggefallen. Sie läßt sich auch nicht mit den Grds der §§ 164 ff vereinbaren. – h) RGrdl
der **Ermächtigung** ist § 185 (dort Rn 13). Sie unterscheidet sich von der Vertretg in dreifacher Beziehg.
Der Ermächtigte handelt im eig Namen. Seine RMacht ist – im Ggs zur persbezogenen Vertretgsmacht –
ggstbezogen. Sie begründet auch nur die Befug zur Vfg od Einziehg; eine VerpflErmächtigg ist unzul
14 (§ 185 Rn 3). – i) Als **Wissensvertreter** w die Pers bezeichnet, deren Kenntn sich der GeschHerr zurechnen
lassen muß, so etwa iF der §§ 142 II, 460, 464, 640 II, 819, 892, 932, 990. Die Wissenszurechng ist im Ges
nur für die rgeschäftl Vertretg (§ 166 I) u in Vorschr des VVG (§§ 2 III, 19) ausdr vorgesehen. Diese Regelg
ist für die Bedürfn einer arbeitsteil Wirtsch zu eng. Sie muß auch auf nicht vertretgsberecht Pers ausgedehnt
15 w. Dafür bietet die entspr Anwendg des § 166 eine rechtl Grdl (s dort Rn 6). – j) **Abschlußvermittler,
Verhandlungsgehilfen.** Kein Vertreter iSd § 164 ist, wer den Abschl von RGesch nur vermittelt, wie etwa
der Makler (§ 652). Der Handelsvertreter (HGB 84 ff), der den VertrSchl ohne HandlgsVollm ledigl vorbe-
reitet, fällt gleich nicht unter § 164. Entspr gilt für sonst VhlgGeh ohne AbschlVollm. Für den Widerruf
einer „VerhdlgsVollm" gilt aber § 168 entspr (BGH NJW-RR **91**, 441). Das Wissen derart HilfsPers muß
sich der GeschHerr uU analog § 166 anrechnen lassen (dort Rn 6).

164 *Wirkung der Vertretererklärung.* [I] Eine Willenserklärung, die jemand innerhalb der
ihm zustehenden Vertretungsmacht im Namen des Vertretenen abgibt, wirkt unmittel-
bar für und gegen den Vertretenen. Es macht keinen Unterschied, ob die Erklärung ausdrücklich
im Namen des Vertretenen erfolgt oder ob die Umstände ergeben, daß sie in dessen Namen
erfolgen soll.

[II] Tritt der Wille, in fremdem Namen zu handeln, nicht erkennbar hervor, so kommt der
Mangel des Willens, im eigenen Namen zu handeln, nicht in Betracht.

[III] Die Vorschriften des Absatzes 1 finden entsprechende Anwendung, wenn eine gegenüber
einem anderen abzugebende Willenserklärung dessen Vertreter gegenüber erfolgt.

1 **1) Handeln im Namen des Vertretenen. – a)** Das Recht der Stellvertretg beruht auf dem **Offenheits-
grundsatz** (Einf 2 vor § 164). – **aa)** Eine wirks Vertretg setzt voraus, daß die WillErkl erkennb **im Namen
des Vertretenen** abgegeben w. Dafür bedarf es keiner ausdr Erkl; der Wille, in fremden Namen zu
handeln, kann sich aus den Umst ergeben **(I 2).** I 2 gilt für RGesch jeder Art, auch für den ScheckVerk
(Hamm NJW-RR **89**, 1269). Unbeachtl ist der innere unerkl gebliebene Wille. Tritt der Vertreter nach
außen im fremden Namen auf, will er aber in Wahrh für sich selbst abschließen, w allein der Vertretene
berecht u verpfl (BGH **36**, 33, NJW **66**, 1916, zur Anf s Rn 16). Mögl ist ein Handeln zugl im eig u im
fremden Namen (RG **127**, 105, BGH NJW **88**, 1909). Der Name des Vertretenen braucht nicht genannt zu
w (RG **140**, 338, BGH **LM** Nr 10, BAG **AP** SeemG 24 Nr 1). Es genügt, daß die Pers des Vertretenen
bestimmb ist (BGH NJW **89**, 164). Sie kann sich entspr I 2 auch aus den Umst ergeben (BGH DB **76**, 143,
WM **85**, 451). Die Verwendg von Sammel- od Kurzbezeichnungen ist zul (BGH **76**, 90). Bei einer GmbH &
Co kann die Auslegg ergeben, daß entgg dem ersten Anschein nicht die GmbH, sond die KG VertrPartner
sein soll (BGH NJW-RR **88**, 475). Mögl ist auch, daß die Bestimmg der Pers des Vertretenen einer späteren
Regelg vorbehalten w, offenes Geschäft (vgl für den, den es angeht (Köln NJW-RR **89**, 166, Köln NJW **92**, 1380).
2 918). Es muß jedoch festgelegt w, dch wen die Bestimmg getroffen w soll (Rn 9). – **bb)** Bei **unterneh-
mensbezogenen Geschäften** geht der Wille der Beteiligten iZw dahin, daß der BetrInh VertrPart w soll
(BGH **91**, 152, NJW **95**, 44, NJW-RR **95**, 991). Das gilt aber nur, wenn der Handelnde sein Auftreten für ein
Untern hinreichd deutl macht (BGH NJW **95**, 44). Der Inh wird auch dann aus dem RGesch berecht u
verpfl, wenn die GgPart den Vertreter für den BetrInh hält od sonst unricht Vorstellgn über die Pers des
BetrInh hat (BGH **62**, 216, 221, **64**, 15, **91**, 152, **92**, 268), jedoch kann die Vermutg der Vollständigk u
Richtigk der Urk den Vorrang haben (LG Bln NJW-RR **89**, 686), so wenn der GmbH-GeschFü zur
Begleichg einer GmbH-Schuld einen ohne Firmenzusatz gezeichneten Scheck gibt (BGH NJW **92**, 1380).
Bei einem joint-venture wird uU die handelnde u nicht die in Gründg befindl Firma verpflichtet (Stgt NJW-
3 RR **92**, 995). – **cc)** Daneben besteht uU **Rechtsscheinhaftung** desj, der wie der FirmenInh aufgetreten ist
(Oldbg OLGZ **79**, 60, Düss BB **92**, 2102). Sie greift insbes ein, wenn jemand für eine GmbH mit seinem
Namen od einer PersFirma ohne GmbH-Zusatz zeichnet (BGH **64**, 17, NJW **81**, 2569, **90**, 2679, **91**, 2627,

Celle NJW-RR **90**, 802); ausnweise kann auch eine mdl Erkl die RScheinhaftg begründen (LG Aachen NJW-RR **88**, 1174). Entspr gilt, wenn jemand für eine GmbH & Co KG unter einer Firma auftritt, die diese GesellschForm nicht erkennen läßt (BGH **71**, 354, DB **79**, 1598). Wird ein GeschÜbergang nicht kenntl gemacht, kommt eine RScheinhaftg des fr Inhabers in Betracht (Hamm NJW-RR **95**, 418).

b) Für die **Abgrenzung** zw Vertreter- u EigenGesch gelten die allg AusleggsGrds (§§ 133, 157). Ent- 4 scheidend ist, wie die GgPart das Verhalten des Handelnden verstehen durfte. Zu berücksichtigen sind alle Umst, insb fr Verhalten, Zeit u Ort der Erkl, die berufl Stellg der Beteiligten, die Art ihrer Werbg (BGH NJW **80**, 2192) u die erkennb Interessenlage. Bleiben Zweifel, ist von einem EigenGesch anzunehmen. **Einzelfälle:** Der Architekt handelt bei der Beauftragg von BauUntern, Handwerkern u Statikern idR im 5 Namen des Bauherrn (BGH RsprBau **2**.13 Bl 30, Köln BauR **86**, 717). Der Bauträger od Baubetreuer handelt dagg iZw im eig Namen. Schließt er ausdr im Namen des Bauherrn ab, wird dieser auch dann verpflichtet, wenn er an den Bauträger einen Festpreis gezahlt hat (BGH **67**, 336, **76**, 90, aA Moritz JZ **80**, 714). Der Hausverwalter handelt bei Vermietgen iZw für den Eigtümer, auch wenn er dessen Namen nicht nennt (KG WM **84**, 254), dagg kann bei Abschluß eines WerkVertr ein EigenGesch vorliegen (Düss NJW-RR **93**, 885). Werden im Text des MietVertr beide Eheg als Mieter aufgeführt, werden beide iZw auch dann Mieter, wenn nur einer unterschreibt (Schlesw NJW-RR **93**, 274, aA LG Mannh NJW-RR **94**, 274). Das gilt aber nicht für die Unterschrift unter einem Vertr zur Verlängerg eines LandpachtVertr (BGH NJW **94**, 1649). Die Bank, die für einen Kunden von einer and Bank eine Auskunft einholt, handelt iZw im eig Namen (Breinersdorfer WM **92**, 1588). Wer die Beiziehg eines Arztes od die Einweisg in ein Krankenhaus veranlaßt, handelt iZw im Namen des **Patienten** (s LG Wiesbaden VersR **70**, 69). Bei Behandlg eines 6 Kindes od des Ehegatten werden dagg gem § 1357 iZw beide Eheg verpflichtet (s BGH **47**, 81, § 1357 Rn 16), iF des Getrenntlebens hängt die Pers des Verpflichteten von den Umst des Einzelfalles ab (BGH NJW **91**, 2958). Die Klausel in einem KrankenhausVertr, Schu der ärztl Leistg sei allein der Arzt, ist nur wirks, wenn der Patient auf sie deutl hingewiesen w (BGH **121**, 107). Der **Franchisenehmer** tritt häufig „den Umst nach" für den FranchG auf (Wolf BB **94**, 1027). Vertr mit zusarbeitden RA, Steuerberatern od Ärzten kommen iZw mit allen Partnern zustande, auch wenn sie keine **Sozietät** bilden (BGH **70**, 249, **97**, 277, NJW **90**, 827, **95**, 1841). Das gilt bei RA iZw auch dann, wenn die Part im PKH-Verf nur die Beiordng eines Partners beantragt hat (Köln ZIP **93**, 520). Der Vertr erstreckt sich iZw auch auf später eintretde Partner (BGH **124**, 50) u bei einem Mandat zur erstinstanzl ProzFührg auch auf die nur beim BerufsGer zugelassenen RA (Düss AnwBl **95**, 193). Gehen zwei Einzel-RA (Steuerberater) eine Sozietät ein, kann aber nicht ow eine entspr Erstreckg der Mandate angenommen w (s BGH NJW **88**, 1973, **90**, 827). Der RSchutz-Versicherer beauftragt den RA iZw im Namen des VersN (BGH NJW **78**, 1003), beim HaftpflVersicherer entscheiden die Umst des Einzelfalles (Mü BB **89**, 1718). Der **Reiseveranstalter,** der wie ein VertrPartner 7 auftritt, kann nicht unter Hinw auf seine AGB geltd machen, er sei nur Vermittler, § 651a (BGH **61**, 281, **77**, 310). Das gilt ebso für ein LufttransportUntern, das wie ein Luftfrachtführer auftritt (BGH **80**, 283) u für den Untern, der die Vermietg von FerienWo wie eig Leistgn anbietet (BGH NJW **85**, 906). Wer eine Reise für eine Gruppe od mehrere Fam bucht, handelt iZw nur hins der eig Pers (Fam) im eig Namen (BGH **LM** Nr 43, LG Ffm NJW **87**, 784). Das gilt ebso für die Bestellg von Karten für eine Klassenfahrt (Ffm NJW **86**, 1942). Der **Sammelbesteller** kann Vertreter (Köln NJW-RR **91**, 918), aber auch nur Bote sein (LG Ffm NJW-RR **88**, 247). Gibt der KfzFahrer nach einem Unfall ein Schuldanerkenntn ab, handelt er iZw nur im eig Namen, nicht im Namen des Halters (LG Freibg NJW **82**, 1162). Die **Gemeinde** schließt in AuftrAngelegenh Vertr iZw im eig Namen (BGH **2**, 142). Entspr gilt, wenn sie als Vormd für ihr Mündel einen HeimpflegeVertr abschließt (Hamm MDR **90**, 152). Bei Versteigergen ergibt sich idR aus den VersteigergsBdggen, ob der Versteigerer im eig Namen od im Namen des Einlieferers handelt (Schneider DB **81**, 199). Eröffng von **Spar- oder Girokonten** s § 328 Rn 9.

c) Geschäft für den, den es angeht. Bei BarGesch des tägl Lebens ist es für die VertrSchließen idR 8 ohne Bedeutg, ob der und Teil im eig od fremden Namen handelt. Hier ist die Offenlegg des Vertreterwillens nach der ratio des OffenheitsGrds nicht erforderl, da er die GgPart schützen soll, diese aber nicht schutzbedürft ist (MüKo/Schramm Rn 44). Der Vertr kommt daher, ohne daß der Vertreterwille erkennb gemacht zu werden braucht, mit dem zustande, den es angeht (RG NJW **100**, 192, BGH NJW **55**, 590). Voraussetzg ist jedoch, daß der Vertreter für den Vertretenen handeln will u der GgPart die Pers des Kontrahenten gleichgültig ist. Das ist beim EigtErwerb an bewegl Sachen aGrd eines Barkaufs der Fall (RG **100**, 192, **140**, 231, BGH **114**, 79). Entspr gilt für den bei BarGesch des tägl Lebens geschl schuldrechtl Vertr (MüKo/Schramm Rn 47, str) u uU auch für die Anlegg von Sparkonten (BGH **46**, 202, § 328 Rn 9). Bei und Vertr muß der Vertreterwille dagg offengelegt w, so etwa beim Krankenhauspflege-Vertr (BGH **LM** Nr 33), SchleppVertr (Brem VersR **86**, 461) od bei der Aufl von Grdst (BayObLG **83**, 278). Beim Vertr über eine **Auskunft** od ein Gutachten führt die Konstruktion eines Vertr, für den es angeht, prakt zum gleichen Ergebn wie die eines Vertr mit Schutzwirkg zGDr (BGH BauR **91**, 103, § 328 Rn 32). Systemat nicht hierher gehören die Fälle, in denen der Vertreterwille ausdr erklärt w, der Name od die Pers des Vertretenen aber zunächst offen bleibt (Rn 1). Diese Fälle werden jedoch als **offenes Geschäft** 9 für den, den es angeht, bezeichnet. Der Vertreter ist ggü dem and Teil verpfl, den Namen des Vertretenen mitzuteilen (Ffm NJW-RR **87**, 914, Köln NJW-RR **91**, 919). Kommt er dieser Pfl trotz Aufforderg nicht nach, haftet er aus § 179 (§ 178 Rn 2). Seine Bestimmg wirkt *ex nunc* (K. Schmidt JuS **87**, 431). Stellt ein **Doppelvertreter** nicht klar, für welchen Vertretenen er handelt, w idR ein offenes Gesch, für den, den es angeht, vorliegen (s MüKo/Schramm Rn 26).

d) Auf das **Handeln unter fremden Namen** sind die §§ 164ff, insb die §§ 177, 179, entspr anzuwenden 10 (BGH **45**, 195, NJW **63**, 148, Letzgus AcP **126**, 27, **137**, 327, Lieb JuS **67**, 106). Mögl ist aber auch, daß nach den Umst des Falles ein EigenGesch des Handelnden vorliegt. Für die Abgrenzg kommt es nicht auf den inneren Willen des Handelnden an. Ebso ist es gleichgült, ob der Handelnde Vertretgmacht für den Namensträger hat. Entscheidd ist, wie die GgPart das Verhalten des Handelnden auffassen durfte (BGH aaO, MüKo/Schramm Rn 37, Larenz § 30 IIb). – **aa)** Ein **Geschäft des Namensträgers** ist anzunehmen, wenn 11 das Auftreten des Handelnden auf eine best and Pers hinweist u die GgPart der Ans sein durfte, der Vertr komme mit dieser Pers zustande (BGH NJW-RR **88**, 815, Soergel-Leptien Rn 23). Das ist der Fall, wenn der Handelnde die Urk mit dem Namen einer best existierden Pers unterzeichnet (BGH **45**, 195, **111**, 338), wenn er beim Verkauf eines unterschlagenen Pkws als der im KfzBrief eingetragene Eigentümer auftritt (Düss NJW **85**, 2484, aA Düss NJW **89**, 906, MüKo/Schramm Rn 38a) od wenn er unbefugt die Bildschirmtextanlage eines and für eine Bestellg benutzt (Redeker NJW **84**, 2393). Aber auch bei einem mdl VertrSchl unter Anwesden kann der Wille des VertrPartners dahin gehen, mit dem Namensträger zu

12 kontrahieren. – **bb)** Ein **Eigengeschäft** des Handelnden liegt vor, wenn die Benutzg des fremden Namens bei der GgPart keine falsche Identitätsvorstellg hervorgerufen hat, diese also mit dem Handelnden abschließen will (Flume II § 44 IV). Das ist anzunehmen, wenn der Handelnde unter einem Phantasie- od Allerweltsnamen aufgetreten ist, od wenn der VertrPart den Namensträger nicht kennt. Entspr gilt, wenn nach der Art des Gesch (BarGesch, Übernachtg im Hotel) Name u Identität der Part für den Abschluß u die DchFührg des Vertr keine Rolle spielen. Hierher gehört auch der Fall, daß die Mu den Lottoschein mit dem Namen der Tochter ausfüllt (Kblz MDR **58**, 687) od der Teilnehmer an einem PrAusschreiben einen and Namen verwendet (RGRK Rn 9).

13   **2)** Wirks Vertretg setzt weiter **Vertretungsmacht** voraus, also ges Vertretgsmacht (Einf 5 v § 164) oder Vollm (§ 167). Fehlt die Vertretgsmacht od w sie überschritten, gelten die §§ 177 ff. Verletzt der Vertreter seine Pflten aus dem InnenVerh, ist die Vertretg dagg wirks. Das Risiko eines **Mißbrauchs** der Vertretgsmacht trägt grdsl der Vertretene. Dem VertrGegner obliegt im allg insow keine PrüfgsPfl (BGH NJW **94**, 2083). Wirken Vertreter u VertrGegner bewußt zum Nachteil des Vertretenen zus (sog Kollusion), w dieser aber nicht gebunden (RG **130**, 142). Der Vertretene kann seiner Inanspruchn den Einwand unzul RAusübg entggsetzen, wenn der Vertreter von seiner Vertretgsmacht in ersichtl verdächtiger Weise Gebr gemacht hat, so daß beim VertrGegner begründete Zweifel entstehen mußten (BGH **113**, 320, NJW **90**, 385, **95**, 251).

14 Notw ist dabei eine massive Verdachtsmomente vorausstzde obj Evidenz des Mißbr (BGH NJW **94**, 2083, **95**, 251). Bei der ges unbeschränk Vertretgsmacht des HandelsR (Komplementär, GeschFü, Prokurist) ist § 242 nur anwendb, wenn der Vertreter b e w u ß t zum Nachteil des Vertretenen gehandelt hat u der VertrGegner dies aus Fahrlk nicht erkannt hat (BGH **50**, 114, DB **76**, 1278, **84**, 661). Ein vorsätzl Handeln zum Nachteil des Vertretenen ist dagg nicht erforderl, wenn der Inh der Vertretgsmacht rechtsgeschäftl bestimmt ist (BGH NJW **88**, 3012). Beim VertrGegner genügt einf Fahrlässigk (BGH MDR **64**, 592). Nicht ausr ist aber, daß der VertrGegner die dem Vertreter im InnenVerh auferlegten Beschrkgen kannte od kennen mußte (BAG **12**, 155); and aber, wenn der VertrGegner der ständ jur Berater des Vertretenen ist (BGH MDR **78**, 388). Hat der Vertretene zumutb Kontrollmaßn unterl, kommt eine Verteilg der entstandenen Nachteile entspr § 254 in Betracht (BGH **50**, 114, Hamm WM **76**, 140, krit Heckelmann JZ **70**, 62). Auch ProzHdlgen können wg VollmMißbr unwirks sein (BGH **LM** ZPO 515 Nr 13 u ZPO 565 III Nr 10, RMittelVerz u -Rückn). Bei mißbräuchl Verwendg der Scheckkarte (Einf 17 v § 765) sind die zum VollmMißbr entwickelten Grds gleich anzuwenden (BGH **64**, 82, **83**, 33, NJW **82**, 1513). Sie gelten dagg nicht bei Mißbr der Rechte eines TrHänders, da dieser im eig Namen handelt u über ein eig Recht verfügt (BGH NJW **68**, 1471, krit Kötz ebda, Schlosser NJW **70**, 685, Timm JZ **89**, 22, s auch § 903 Rn 40). VollmMißbr führt grdsl zur **Anwendung der §§ 177 ff** (MüKo/Schramm Rn 102a, Larenz § 30 II a, str), nach den Umst des Einzelfalles kann die RFolgenbestimmg aber gem §§ 242, 254 zu korrigieren sein (Prölss JuS **85**, 578).

15   **3)** Liegen die Voraussetzgen einer wirks Vertretg vor, treffen die **Wirkungen** des RGesch allein u unmittelb den Vertretenen. Zw dem Vertreter u dem VertrGegner entsteht dch das VertreterGesch kein RVerh. Eine Haftg des Vertreters kann sich aber aus od RGrden ergeben, etwa aus Vertr, wenn er sich ausdr od stillschw neben dem Vertretenen zur Leistg verpfl hat (RG **127**, 105, JW **31**, 1028), aus unerl Hdlg od aus c. i. c. Die Haftg aus c. i. c. setzt voraus, daß der Vertreter am VertrSchl ein erhebl unmittelb Eigeninteresse hat od daß er in bes Maße für sich persönl Vertrauen in Anspr genommen hat (§ 276 Rn 93 ff). Eine Eigenhaftg des Vertreters kann ausnw auch bei pVV in Betracht kommen (§ 276 Rn 129).

16   **4) Absatz II und III. – a)** Bereits aus allg AusleggGrds u aus I ergibt sich, daß der für einen und Handelnde selbst aus dem RGesch berecht u verpfl w, wenn er seinen Vertreterwillen nicht erkennb macht (Rn 1). **II** ist daher insow leerlaufd (MüKo/Schramm Rn 54). Er schließt aber das AnfR aus, das dem ohne erkennb Vertreterwillen Handelnden an sich gem § 119 I zustehen würde (BGH NJW-RR **92**, 1011, aA Neuner AcP **193**, 15). Entspr gilt umgekehrt. Wer im eig Namen handeln will, aber im fremden Namen auftritt, kann in analoger Anwendg von II gleichf nicht anf (str, aA MüKo/Schramm Rn 57). II gilt auch, wenn die Erkl obj mehrdeut ist. Er ändert an den anerkannten Dchbrechgen des OffenhGrds nichts. Bei betriebsbezogenen Gesch (Rn 2) u bei Gesch für den, den es angeht (Rn 8), wirkt das Gesch auch dann für u gg den Vertretenen, wenn der Vertreterwille nicht erkennb gemacht worden ist. Entspr gilt schließl auch, wenn der

17 VertrGegner mit dem Vertretenen abschließen will (s Einf 5 v § 116). – **b) III.** Auf die **passive Stellvertretung** finden nach III die Vorschr über die aktive Vertretg entspr Anwendg. Der passive Vertreter braucht jedoch seinen Vertreterwillen nicht bes kenntl zu machen, da er sich bereits aus den Umst – Entggnahme einer an den Vertretenen gerichteten Erkl – ergibt. Beschränkgen der aktiven Vertretgsmacht gelten nicht ow für die passive (Oldenbg NJW-RR **91**, 857). Abgrenzg zum Empfangsboten s Einf 11 v § 164.

18   **5) Beweislast.** Ist str, ob ein RGesch im eig od im fremden Namen vorgen worden ist, so ist derj beweispflicht, der ein VertreterGesch behauptet (BGH NJW **86**, 1675). Wird der Verhandelnde als VertrPart in Anspr genommen, muß er daher beweisen, daß er entw ausdrückl im Namen des Vertretenen aufgetreten ist od daß sein Vertreterwille erkennb aus den Umst zu entnehmen war (BGH **85**, 258, NJW **91**, 2958, NJW-RR **92**, 1010, hM). Diese BewLastVerteilg gilt für alle Arten der Vertretg einschließl der organschaftl u gesetzl (Baumgärtel/Laumen Rn 9). Sie ist auch anzuwenden, wenn str ist, ob der Empfänger eine Zahlg im eig od fremden Namen entgegennommen hat (Ffm NJW-RR **88**, 108). Bei **unternehmensbezogenen** Gesch besteht jedoch eine tatsächl Vermutg, daß der Handelnde für das Unternehmen aufgetreten ist (BGH NJW **84**, 1347, **86**, 1675, Rn 2). Der Handelnde muß jedoch beweisen, daß sich das Gesch erkennb auf das Untern bezogen hat (BGH NJW **95**, 43). Die BewLast für die Vertretgsmacht trägt derj, der sich auf ein gült

VertreterGesch beruft (BayObLG **77**, 9), also bei Klagen gg den Vertretenen der and Teil, iF des § 179 der Vertreter. Ein behauptetes Erlöschen der Vertretgsmacht ist von dem zu beweisen, der Rechte daraus herleitet. Steht das Erlöschen fest, muß Abschl vor diesem Ztpkt von dem bewiesen w, der die Gültigk des Gesch behauptet (BGH NJW **74**, 748, WM **84**, 603).

165 *Beschränkt geschäftsfähiger Vertreter.* **Die Wirksamkeit einer von oder gegenüber einem Vertreter abgegebenen Willenserklärung wird nicht dadurch beeinträchtigt, daß der Vertreter in der Geschäftsfähigkeit beschränkt ist.**

Da der Vertreter aus dem VertreterGesch nicht haftet (§ 164 Rn 15), genügt seine beschr GeschFgk **1** (§ 106). Bei Handeln ohne Vertretgsmacht stellt § 179 III 2 den beschr GeschFähigen grdsl von Haftg frei. § 165 ermöglicht die Bestellg von beschr GeschFähigen zu Prokuristen, HdlgsBevollmächtigten u Organ-Mitgl jur Pers, sie ist aber beim Vorstd der AG (AktG 76 III, 100 I) u beim GmbH-GeschFü ausgeschlossen (Hamm NJW-RR **92**, 1258). § 165 gilt nicht für das InnenVerh (Auftr, GeschBesorggsVertr usw, § 167 Rn 4). Auch im ProzR ist er nicht anzuwenden (ZPO 79). GeschUnfähige (§ 104) können keinen rechtserhebl Willen bilden u daher weder Vertreter noch Organ einer jur Pers sein (BGH **53**, 215, Mü JZ **90**, 1029); ihr Handeln kann einer jur Pers aber uU nach RScheinGrds zugerechnet w (BGH **115**, 81). Der Vertretene haftet dem VertrGegner nicht in entspr Anwendg des § 122 (s dort Rn 2), wohl aber wg c. i. c., wenn er die GeschUnfgk seines Vertreters kannte od kennen mußte.

166 *Willensmängel, Kenntnis, Kennenmüssen; Vollmacht.* **I Soweit die rechtlichen Folgen einer Willenserklärung durch Willensmängel oder durch die Kenntnis oder das Kennenmüssen gewisser Umstände beeinflußt werden, kommt nicht die Person des Vertretenen, sondern die des Vertreters in Betracht.**

II Hat im Falle einer durch Rechtsgeschäft erteilten Vertretungsmacht (Vollmacht) der Vertreter nach bestimmten Weisungen des Vollmachtgebers gehandelt, so kann sich dieser in Ansehung solcher Umstände, die er selbst kannte, nicht auf die Unkenntnis des Vertreters berufen. Dasselbe gilt von Umständen, die der Vollmachtgeber kennen mußte, sofern das Kennenmüssen der Kenntnis gleichsteht.

1) Allgemeines. Die vom Vertreter abgegebene WillErkl wirkt für u gg den Vertretenen. Der rgeschäftl **1** Handelnde ist aber der Vertreter (Einf 2 vor § 164); die Erkl ist Ausdr seines rgeschäftl Willens. Für Inh u Wirksamk des Gesch kommt es daher auf Willensmängel, Kenntn u Kennenmüssen des Vertreters an (§ 166 I). Von diesem Grds macht § 166 II für den weisgsgebundenen Vertreter zur Vermeidg von Mißbräuchen eine Ausnahme. Der § 166 zuGrde liegde RGedanke kann für eine **Wissenszurechnung** auch dann herangezogen w, wenn die Voraussetzgen einer rgeschäftl Vertretg nicht vorliegen (Rn 6 ff).

2) I, Voraussetzungen. – a) § 166 I gilt für **alle Vertreter,** den rgeschäftl bestellten, den gesetzl **2** Vertreter (BGH **38**, 66) u die Organe jur Pers (BGH **41**, 287). Er ist auch auf Unterbevollmächtigte anzuwenden (BGH NJW **84**, 1954) u auf den vollmachtlosen Vertreter, sofern der Vertretene das Gesch genehmigt (BGH NJW **92**, 200, BAG **10**, 179), nicht aber auf den Boten (Hoffmann JR **69**, 373). Für gesetzl Verwalter (KonkVerw usw) gilt § 166 nicht; ihr Wissen u Wollen ist von mittelb Vertretern u TrHändern ist aber deshalb maßgebd, weil sie VertrPart sind (BGH BB **84**, 565). Bei **Gesamtvertretern** (§ 167 Rn 13) genügt der Willensmangel, die Kenntn, der böse Glaube od die Argl eines der am Gesch beteiligten Vertreter (RG **78**, 354, **134**, 36, BGH **20**, 153, **62**, 173, NJW **88**, 1200). Jur Pers müssen sich sogar die Kenntn von nicht am VertrSchl beteiligten u ausgeschiedenen OrganMitgl zurechnen lassen (§ 28 Rn 2).

b) Anwendungsfälle. – aa) Willensmängel iSd § 166 I sind die Fälle der §§ 116–123. Beim ScheinGesch **3** kommt es daher auf das Einverständn des Vertreters an (RG **134**, 37), auf ihn ist auch beim Irrt abzustellen (RG **106**, 204), Täuschg od Drohg müssen sich gg ihn gerichtet haben (BGH **51**, 145). Hat umgekehrt der Vertreter getäuscht, gilt § 123 Rn 12. Willensmängel des Vertretenen können die von ihm erteilte Vollm unwirks machen (§ 167 Rn 4). – **bb)** Ist bei einem RGesch das **Kennen oder Kennenmüssen** (Begriff: **4** § 122 II) best Umst erhebl, entscheidet die Person des Vertreters. Das gilt etwa für subj TatbestdMerkmale in VerbotsGes (BayObLG NJW **93**, 1143), die subj Voraussetzgen des § 138 (BGH NJW **92**, 899, **LM** Nr 8) od der §§ 142 II, 173 (BGH NJW **89**, 2880), die Kenntn von Sachmängeln iF des § 460 (RG **101**, 73, **131**, 355), die Zurechng von Argl iF des § 463 (BGH **117**, 106), die Zurechng von bösem Glauben in den Fällen der §§ 892, 932, 990 (BGH **102**, 320), HGB 366 usw. Soweit der gesetzl Vertreter ohne die erforderl Gen des VormschG handelt, ist dessen Kenntn dem Vertretenen nicht zuzurechnen (RG **132**, 78). Kenntn des in sich vertragsschließend beiderseit Vertreters ist Kenntn beider Teile (BGH **94**, 237). Auf Kenntn des Vertreters, die treuw dem Vertretenen nicht mitgeteilt w soll, kann sich der Gegner nicht berufen (RG **134**, 71, BGH WM **72**, 138). – **cc) Auslegung.** Auch hier ist auf die VerständnMöglichk des Vertreters abzustellen (BAG **5** NJW **61**, 2085, MüKo/Schramm Rn 3). Mdl Erläutergen zu einem schriftl VertrAngebot sind auch dann zu berücksichtigen, wenn der Vertreter nur zur Entggn des Angebots, nicht aber zum VertrSchl ermächtigt ist (BGH **82**, 222).

3) I, entsprechende Anwendung. – a) Persönlicher Anwendungsbereich. – aa) Die Anwendg von **6** § 166 I ist nicht auf die rgeschäftl Vertretg beschränkt; er ist auf den vergleichb Tatbestd der **Wissenszurechnung** entspr anwendb (BGH **83**, 296, **117**, 106, MüKo/Schramm Rn 23a, stRspr, hM). Wissensvertreter ist jeder, der nach der Arbeitsorganisation des GeschHerrn dazu berufen ist, im RVerkehr als dessen Repräsentant best Aufg in eigener Verantwortg zu erledigen u die dabei anfallden Informationen zur Kenntn zu nehmen u ggf weiterzugeben; rgeschäftl Vertretgmacht ist nicht erforderl, ebsowenig eine Bestellg zum „Wissensvertreter" (BGH **117**, 106, Richardi AcP **169**, 398, Schultz NJW **90**, 479). **Wissensvertreter** idS sind etwa der Vermittlgsagent des HandelsR (BGH NJW **65**, 1174, **LM** § 307 Nr 1, Ffm OLGZ **76**, 224), der

VersAgent (BGH **102**, 98, **116**, 387), uU weitere Mitarbeiter der Vers (Meyer-Reim/Testorf VersR **94**, 1137), der vom Versicherer beauftragte Arzt (Ffm NJW-RR **93**, 676); der vom VersN mit der Schadensregulierg beauftragte Angeh (BGH **122**, 388); das als Vermittler auftretde Reisebüro (BGH **82**, 222), uU der Anlagevermittler (BGH NJW **85**, 1080, stellt auf Empfangsboten ab) u der Kreditvermittler (Hamm ZIP **81**, 53, Düss ZIP **93**, 1378), der Kassenbeamte der Bank, der einen Scheck hereinnimmt (BGH **102**, 320), der Sachbearbeiter einer anderen Filiale, der den Scheck anschließd prüft u weiter bearbeitet (BGH NJW **93**, 1067), der Bankkassierer, der eine Zahlg entggnimmt (BGH NJW **84**, 1954), der Vhdlgsgehilfe, dem der Verkäufer die Vorbereitg des Vertr überlassen hat (BGH NJW **92**, 899), der Hintermann, der für den von ihm vorgeschobenen Strohmann auftritt (BGH NJW-RR **92**, 590), der Vertrauensmann, der von einer Part in die Abwicklg eingeschaltet w (BGH **41**, 20), der GebrechlichkPfleger für den PflTBerecht (LG Siegen NJW-RR **93**, 1420), im SteuerschuldVerh uU die Sekretärin des SteuerSchu (BFH NJW **92**, 69). –

7 **bb) Keine Wissensvertreter** sind Bedienstete des GeschHerrn, die von der VertrSchl u seiner Vorbereitg nicht beteiligt waren (BGH **117**, 107, s aber Rn 8), Pers, die den GeschHerrn ledigl intern beraten haben (BGH aaO, Hamm NJW-RR **95**, 942) u Pers, die nicht für den GeschHerrn, sond and Beteiligte an den Vhdlgen teilgenommen haben (BGH **55**, 311). Der Makler ist idR nicht VhdlgsGehilfe einer Part, sond Dr (RG **101**, 97, BGH **33**, 309 zu § 123) ebso der Notar (Hamm NJW-RR **91**, 46); and kann es aber liegen, wenn der Notar Verwalter des verkauften Grdst war (BGH **LM** Nr 14). Geht es um die Ausleg od um Willensmängel bei einem **notariell beurkundeten Vertrag** od um die Anwendg des § 419, soll dem Vertretenen dagg nur die Kenntn seiner gesetzl oder rgeschäftl Vertreter, nicht aber seiner VhdlgsGehilfen zugerechnet w (BGH NJW **65**, 1174, NJW-RR **86**, 1019, Mü NJW-RR **93**, 1169); soweit es um die Zurechng von Arglist geht, bleibt es dagg bei der allg Regel (Kln NJW-RR **93**, 1170).

8 **b) Wissenszusammenrechnung.** Sie findet statt, wenn für eine Part GesVertreter auftreten (Rn 2). Bei jur Pers wird, and als bei PersGesellsch (BGH NJW **95**, 2160), auch das Wissen von ausgeschiedenen, uU auch von verstorbenen OrganMitgl berücksichtigt (BGH **109**, 330). Sind an dem unter § 166 fallden Vorgang mehrere Vertreter od Wissensvertreter beteiligt, kommt es nach Rn 4 u 6 im Ergebn gleichf zu einer Wissenszusrechng. Diese kann aber auch dann gerechtfertigt sein, wenn die Information in einem arbeitsteilig organisierten Betrieb bei einer Pers od Stelle ist, die an dem Vorgang unbeteiligt ist (Bohrer DNotZ **91**, 130, Waltermann AcP **192**, 181). Voraussetzg für eine Wissenszusrechng ist, daß nach Treu u Glauben eine Pfl zur Organisation eines Informationsaustausches bestand. Eine solche Pfl kann im Verhältn zw verschiedenen Abteilgen od Filialen eines Kreditinstituts bestehen (BGH NJW **89**, 2879, 2881), ebso im Verhältn zw der Verkaufsabteilg u der Werkstatt eines Gebrauchtwagenhändlers (LG Mü ZIP **88**, 924) u den bei einem Unternehmen mit dem Verkauf u der Sanierg eines Grdst befaßten Pers (Köln VersR **94**, 686), angebl aber nicht im Verhältn zw dem LiegenschAmt u dem BauAmt einer Gem (BGH **117**, 107), obwohl das LiegenschAmt im umgekehrten Fall des Erwerbs eines Grdst selbstverständl die Informationen des Bauamtes abgefragt hätte. Wird das Wissenselement der Argl dch Wissenszusrechng erfüllt, ist auch das voluntative ArglMerkmal zu bejahen (BGH **109**, 333, aA Waltermann NJW **93**, 893).

9 **c) Sachlicher Anwendungsbereich.** Auch wenn die Voraussetzgen einer rgeschäftl Stellvertretg nicht vorliegen, kann § 166 bei vergleichb Interessenlagen entspr angewandt w. § 166 ist Ausdr des allg RGedankens, daß derj, der einen and mit der Erledigg best Angelegenh in eig Verantwortg beauftragt, sich das in diesem Rahmen erlangte Wissen des and zurechnen lassen muß (BGH **83**, 296; **117**, 106; Rn 4). § 166 ist daher entspr anwendb auf die Abn gem § 464 (auch wenn dies kein RGesch ist), die Zurechng von Kenntn bei einer gg HeimG 14 verstoßen Erbeinsetzg (BayObLG NJW **93**, 1143), die GläubAnf gem KO 29ff, AnfG 3 (BGH **22**, 134, **41**, 21, NJW **91**, 981), den Besitzerwerb dch einen bösgläub Besitzdiener (BGH **32**, 59, **102**, 320, § 990 Rn 2), die verschärfte Haftg gem § 819 (BGH **83**, 296). Für den VerjBeginn gem § 852 werden dem Verletzten die Kenntn eines Dr zugerechnet, wenn er diesen mit der TatsErmittlg zur Aufklärg od Dchsetzg des SchadErsAnspr beauftragt hat (BGH NJW **93**, 652, § 852 Rn 5). Beim Überbau (§ 912) rechnet die Rspr dem Bauherrn den bösen Glauben des Architekten zu (BGH **42**, 63), nicht aber den des BauUntern (BGH NJW **77**, 375); ebso verfährt sie bei Nichteinhaltg von Vorschr über den Grenzabstand (BayObLG **79**, 23).

10 **4) Kenntnis und Kennenmüssen des Vertretenen** ist gem II neben dem Vertreterwissen zu berücksichtigen, wenn der Vertreter nach best Weisgen des Vertretenen gehandelt hat. – **a)** Die Vorschr gilt für **alle Fälle** rgeschäftl erteilter Vertretgsmacht, auch für die UnterVollm, falls der Untervertreter auf Weisg des Hauptbevollm handelt (RG Gruch **58**, 907). Sie ist iF der Gen auf die Vertretg ohne Vertretgsmacht entspr anwendb; dabei steht die Gen einer Weisg gleich (RG **161**, 162, BGH BB **65**, 435). Maßgebd ist die Kenntn des Vertretenen im Ztpkt der Gen (RG **128**, 116). Auch iF „gespalteter" Argl (Auseinanderfallen von Wissen u VertrSchl) kann II anwendb sein (LG Mü ZIP **88**, 924). Für den nicht weisgsgebundenen ges Vertreter u die Organe jur Pers gilt II nicht. Er ist aber entspr anwendb, wenn der ges Vertreter im Einzelfall wie ein weisgsgebundener Bevollm handelt (BGH **38**, 68). Das kann bei einem Ergänzgspfleger (BGH aaO), aber auch bei einem GebrechlichkPfleger der Fall sein. Auch bei RGesch kr Schlüsselgewalt gilt II analog, wenn der nach außen auftretde Eheg nach Weisgen des and handelt (Weimar JR **76**, 318). Dagg ist die entspr Anwendg des § 166 ausgeschlossen, wenn der Mj bei einem gem § 107 zustimmgsfreien RGesch **11** selbst handelt (BGH **94**, 239, krit Tintelnot JZ **87**, 795). – **b)** Der Begriff der **Weisung** ist weit auszulegen (RG **161**, 161). Es genügt, daß der Vertretene den Bevollm zu dem Gesch veranlaßt hat s BGH **38**, 68). Der Weisg steht es gleich, wenn der Vertretene trotz Kenntn nicht eingreift, obwohl er es könnte (BGH **50**, 368, BayObLG NJW-RR **89**, 910). Ausr auch, wenn der Bevollm das Gesch in Anwesenh des Vertretenen **12** abschließt u dieser nicht widerspricht (BGH **51**, 145). – **c)** Auf **Willensmängel** des Vertretenen ist II entspr anwendb (BGH **51**, 145, MüKo/Schramm Rn 41, str). Ist der Vertretene dch argl Täuschg zur Erteilg einer Weisg an den Bevollm veranlaßt worden, kann er das RGesch daher gem § 123 anfechten (BGH aaO). Davon zu unterscheiden ist der Fall, daß die Bevollmächtigg anfechtb ist (§ 167 Rn 3). Befindet sich der weisgserteilde Vertretene in einem Zustand vorübergeher geistiger Störg (§ 105 II), soll II gleichf entspr anwendb sein (Brschw OLGZ **75**, 441).

167 *Erteilung der Vollmacht.* ¹ Die Erteilung der Vollmacht erfolgt durch Erklärung gegenüber dem zu Bevollmächtigenden oder dem Dritten, dem gegenüber die Vertretung stattfinden soll.

II Die Erklärung bedarf nicht der Form, welche für das Rechtsgeschäft bestimmt ist, auf das sich die Vollmacht bezieht.

1) Vollmachtserteilung. – a) Vollm ist die dch RGesch erteilte Vertretgsmacht (§ 166 II). Sie w dch eine **1** einseit empfangsbedürft WillErkl (Übbl 11 v § 104), die sog **Bevollmächtigung,** begründet. Die Bevollmächtigg bedarf keiner Ann. Sie kann ggü dem Vertreter **(Innenvollmacht),** ggü dem GeschGegner **(Außenvollmacht)** od dch öff Bekanntmachg (MüKo/Schramm Rn 10) erklärt w. Sie kann auch in einer VfgvTw enthalten sein (RG **170**, 380, Köln DNotZ **51**, 36, LG Siegen NJW **50**, 226); mögl ist auch eine Begründg dch Vertr (Karlsr NJW-RR **86**, 101). Die Bevollmächtigg ist grdsl formfrei, II (Rn 2). Sie kann auch dch **schlüssiges Verhalten** erfolgen (Auslegg nach §§ 133, 157). Die Übertragg von Aufg, deren ordngsmäß Erf eine best Vollm erfordert, enthält stillschw zugl eine entspr Bevollmächtigg (§ 173 Rn 21). Das gilt etwa für die Übertragg der GeschFü eines Betr (RG **106**, 203), aber auch für die Beauftragg eines Architekten (Rn 8). Erklärt der Verkäufer dem Käufer, er solle sich zur Regelg einer Mängelrüge an den Hersteller wenden, so liegt darin die Erteilg einer AußenVollm an das Herstellerwerk (Karlsr MDR **83**, 488, das allerdings eine AnschVollm annimmt). Wer es duldet, daß ein und für ihn wie ein Vertreter auftritt, muß sich dessen Verhalten nach den Grds der **Duldungs- oder Anscheinsvollmacht** uU auch dann anrechnen lassen, wenn er keinen Bevollmächtiggswillen hatte (§ 173 Rn 9ff). – **b)** Die Bevollmächtigg bedarf grdsl **keiner 2 Form.** Gesetzl Ausn enthalten §§ 1484 II, 1945 III, GmbHG 2 II, AktG 134 III, 135. In and Fällen ist die Vollm zwar formlos gült, bedarf aber ggü dem Ger eines formgebundenen Nachw (ZPO 80, GBO 29, HGB 12, FGG 13). In der für das VertreterGesch vorgeschriebenen Form muß die Vollm erteilt w, wenn die formfreie Bevollmächtigg im Ergebn zu einer Umgehg der FormVorschr führen w (Staud-Dilcher Rn 20, RGRK Rn 5). Das ist der Fall, wenn der Vertretene dch die Erteilg der Vollm rechtl u tatsächl in ähnlicher Weise gebunden w wie dch die Vorn des formbedürft RGesch (MüKo/Schramm Rn 17). Formbedürft sind daher die unwiderrufl Vollm zum GrdstVerkauf od -Erwerb (§ 313 Rn 20), zur ErbTÜbertr (KG JFG **15**, 205, BayObLG **54**, 234), zur Schenkg od Übern einer Bürgsch (MüKo/Schramm Rn 22, aA hM), zum Abschluß eines VerbrKrVertr (Derleder NJW **93**, 2404), zur Unterwerfg unter die ZwVollstr (Dux WM **94**, 1145); zur Abtr von SteuererstattgsAnspr (BFH WM **83**, 402), uU auch die Vollm zum Abschl eines nach GWB 34 formbedürft KartellVertr (Saarbr OLGZ **68**, 5). Dagg ist wg des and Zwecks der FormVorschr die unwiderrufl Vollm zur Abtr von GmbH-Anteilen formfrei (RG **135**, 71, BGH **13**, 53, **19**, 72). – **c)** Für die **3** Bevollmächtigg gelten dieselben Nichtigk- u AnfGrde wie für and RGesch. **Willensmängel** berecht auch nach Vorn des VertreterGesch zur Anf (Staud-Dilcher Rn 79, MüKo/Schramm Rn 83, aA Prölss JuS **85**, 582), jedoch bleibt der Vertretene uU nach §§ 170ff (§ 173 Rn 1) od den Grds der AnschVollm gebunden (§ 173 Rn 19). AnfGegner ist bei InnenVollm der Vertreter, bei AußenVollm der GeschPart (§ 143 III); diesem steht aber auch bei Anf einer InnenVollm Anspr aus § 122 zu (MüKo/Schramm Rn 85, RGRK Rn 26); ebso kann der gutgl Vertreter auch bei Anf einer AußenVollm SchadErs gem § 122 verlangen (Staud-Dilcher Rn 82). – **d)** Die Vollm ist nach dem Abstraktionsprinzip (Einf 2 v § 164) unabhäng von dem **Grundgeschäft,** wie **4** Auftr, GeschBesorggs- od GesellschVertr. Die Nichtigk des GrdGesch läßt die Wirksamk der Vollm grdsl unberührt (RG **69**, 234, Hamm NJW **92**, 1175); sie kann sich aber ausnw auf die Vollm erstrecken, so bei Fehleridentität (Übbl 23 v § 104) od wenn GrdGesch u Vollm ein einheitl Gesch iSd § 139 bilden (BGH NJW **85**, 730, Korte DNotZ **84**, 84, § 139 Rn 7ff), uU bleibt aber eine AnschVollm mit ihren Wirkgen bestehen (§ 173 Rn 19). GrdGesch u Vollm stehen nicht völl beziehgslos nebeneinand. Das Erlöschen der Vollm richtet sich gem § 168 nach dem GrdGesch. Auch für den Umfang der Vollm kann das GrdGesch von Bedeutg sein (Rn 5). Mögl ist auch eine sog isolierte Vollm ohne GrdGesch (BGH NJW **90**, 1722), sie liegt insb dann vor, wenn allein das GrdGesch nichtig ist (Zweibr OLGZ **85**, 46).

2) Umfang der Vollmacht. – a) Er w grdsl vom VollmGeber best. Bei einigen Vollm des HandelsR ist der **5** Umfang ges festgelegt, so bei Prokura u HdlgsVollm (HGB 49, 54ff). Bei Zweifeln ist der Umfang der Vollm dch **Auslegung** (§§ 133, 157) zu ermitteln. Maßgebd ist, wie der ErklEmpfänger das Verhalten des VollmGebers verstehen durfte. Bei der reinen InnenVollm kommt es auf die VerständnMöglichk des Bevollm an (BGH NJW **91**, 3141); bei der nach außen kundgegebenen od in einer Urk verlautbarten Vollm (§§ 171, 172) u der AußenVollm auf die des GeschGegners (BGH aaO, NJW **83**, 1906). Bei Ausleg einer InnenVollm können daher Inh u Zweck des GrdGesch mitberücksichtigt w; bei der Ausleg einer AußenVollm u iF der §§ 171, 172 dürfen dagg nur solche Umst herangezogen w, die dem GeschGegner bekannt od erkennbar waren (RG **143**, 199). Handelt es sich um eine verkehrstyp Vollm, ist iZw davon auszugehen, daß sie den verkehrsübl Umfang haben soll (Joussen WM **94**, 273), so etwa beim Architekten (Rn 8), Hausverwalter, Kassierer. Zu beachten auch der Grds von Treu u Glauben. Der zur Vergabe notw bevollmächtigte Kraftfahrer ist daher nicht berecht, weitgehde Haftausschlüsse zu vereinb (BGH DB **53**, 991). Bleiben Zweifel, gilt der weniger weitreichde Umfang (RG **143**, 199, JW **13**, 1034, BGH NJW **78**, 995).

b) Nach dem Umfang der Vollm sind zu unterscheiden: – **aa) Spezialvollmacht** zur Vorn eines best **6** RGesch. Ob Festlegen hins des Inh des RGesch Beschrkgen der Vollm od ledigl Weisgen im InnenVerh sind, ist Ausleggsfrage (Rn 5). – **bb) Art- od Gattungsvollmacht** zur Vorn einer best Art von RGesch. Sie kann wiederkehrde gleichart Gesch betreffen (Inkasso-, BankVollm) od an eine best Funktion anknüpfen (Architekt, Hausverwalter, Kellner, Kassierer). – **cc) Generalvollmacht.** Sie berecht grdsl zur Vorn aller RGesch, **7** sow Vertretg zul ist (s Geitzhaus GmbHR **89**, 229, 278, MüKo/Schramm Rn 68). Die Auslegg kann aber Einschränkgen ergeben (Zweibr NJW-RR **90**, 931). So sind uU völl außergewöhnl RGesch u RGesch, die eindeut u erkennb den Vertretenen schädigen, von der Vollm nicht gedeckt (Ffm NJW-RR **87**, 482). Die Best, daß der Generalbevollm die Interessen des VollmGebers zu wahren h, ist aber keine Beschrkg der Vollm (RG HRR **31**, 1037). Auch wenn sich der Bevollmächtigte in den Grenzen der Vollm hält, ist der Vertretene nicht gebunden, sow die Grds über den VollmMißbr (§ 164 Rn 13f) eingreifen.

8   **c) Einzelfälle: Altersvorsorgevollmacht:** Einf 8 vor § 1896. **Architekt** (Jagenburg BauR **78**, 180, Meissner BauR **87**, 497): Wird ein Arch mit der Dchführg eines Bauvorhabens beauftragt, so liegt hierin, falls nichts and vereinb w, zugleich die Erteilg einer Vollm (BGH NJW **60**, 859, sog originäre Vollm); and ist es aber, wenn der Architekt nur Angebote einholen sollte (Köln NJW-RR **92**, 915). Die „originäre" Vollm ist iZw eng auszulegen, und zwar auch dann, wenn der Arch ausdr als „bevollmächtigter Vertreter" bezeichnet w (BGH NJW **78**, 995). Sie umfaßt idR: die Vergabe einz Bauleistgen (BGH BB **63**, 111), von Zusatzleistgen nur, wenn diese von untergeordneter Bedeutg sind (Stgt MDR **82**, 1016, Köln BauR **86**, 443); die Anerkenng von Stundenlohnzetteln (Meissner aaO 506); die Rüge von Mängeln, die Entggn von Vorbeh gem VOB/B 16 Nr 3 (BGH NJW **77**, 1634, **78**, 1631); von Erläutergen zu eingereichten Rechngen (BGH NJW **78**, 994). Dagg sind dch die Vollm idR nicht gedeckt: ZusatzAuftr größeren Umfangs, insb dann nicht, wenn sie die AuftrSumme fast verdoppeln (BGH DB **75**, 1741, Stgt BauR **94**, 789); Vergabe von Arb, die der Bauherr als Nachbesserg beansprucht (AG Marbach MDR **86**, 671); Beauftragg von Sonderfachleuten (BGH BB **63**, 111; Hamm BauR **92**, 260, str); Verlängerg der FertigstellgsFr (BGH NJW **78**, 995); rgeschäftl Anerkenntn der Schlußrechng (BGH NJW **60**, 859), des Aufmaßes (Jagenburg S 184); Abnahme im RSinne (Jagenburg S 185, Meissner S 506, aA LG Essen NJW **78**, 108); Entggn von Abtretgsanzeigen (BGH NJW **60**, 1805). Vgl auch § 173 Rn 22. – Vollm des **Baubetreuers** s BGH **67**, 334, **76**, 90, **9** **LM** § 164 Nr 39, Hamm NJW-RR **92**, 153. – Vollm zur Vfg über ein **Bankkonto** berecht nicht zur Kontoüberziehg (BGH MDR **53**, 345), auch nicht zur Umwandlg in ein Konto des Vertreters (s aber Hamm WM **95**, 152), ebsowenig zur eigennützigen Verpfändg von Wertpapieren (BGH WM **69**, 112); die Vollm hinsichtl eines Girokontos berecht auch zur Vfg des Scheck (BGH DB **86**, 1870), nicht aber zur KreditAufn oder zur Begebg von Schecks über den Guthabenstand hinaus (Hamm NJW **92**, 378). Eine PostVollm (PostO 46) hat keine privrechtl Wirkg (BGH **98**, 144). Die dem **Gebrauchtwagenhändler** bei einem VermittlgsAuftr erteilte Vollm kann dch Veränderg des Pkws (Umlackierg) erlöschen (Köln NJW-RR **89**, 1084). Die Vollm zum **Grundstücksverkauf** kann die zur Beauftragg eines Maklers mitumfassen (BGH NJW **88**, 3012). Sie berecht aber nicht dazu, den Käufer zur Belastg des Grdst zu ermächtigen (Jena OLG-NL **94**, 244). Die dem **Notar** erteilte Vollm zum Vollzug eines GrdstVertr umfaßt auch die Einholg von Löschgsbewilliggen für Rechte, die erst nach dem VertrSchl eingetragen worden sind (Köln NJW-RR **95**, 590).

10   **d) Vollmachtsüberschreitung** führt zur Anwendg der §§ 177ff. And nur, wenn die §§ 170ff od Grds der AnschVollm eingreifen (§ 173 Rn 9ff) od wenn sich der Vertretene wg mangelnder Überwachg nach § 242 nicht auf die VollmÜberschreitg berufen darf (BGH WM **74**, 407). Ist das Gesch teilw dch die Vollm nicht gedeckt, gilt § 139 entspr (BGH NJW **70**, 240). Bei einem teilb Gesch ist der dch die Vollm gedeckte Teil gült, sow dies dem mutmaßl PartWillen entspr; nur hins des Restes gelten die §§ 177ff. GesNichtigk aber, wenn der Vertreter mit dem Käufer vereinb, daß das Gesch zwecks Steuerhinterziehg nicht verbucht w soll (BGH NJW **58**, 57). **Vollmachtsmißbrauch** s § 164 Rn 13f.

11   **3) Arten der Vollmacht. – a) Innen-** u **Außenvollmacht** s Rn 1; **General-** u **Spezialvollmacht** s Rn 6f; **widerrufliche** u **unwiderrufliche** Vollm s § 168 Rn 5f; **postmortale** Vollm s § 168 Rn 4; **Duldungs-** **12** u **Anscheinsvollmacht** s § 173 Rn 9ff; **Verhandlungsvollmacht** s Einf 15 vor § 164. – **b)** Die **Hauptvollmacht** w vom GeschHerrn selbst erteilt, die **Untervollmacht** vom Bevollm od ges Vertreter. Ob der Bevollm zur Erteilg von Untervollm berecht ist, ist Ausleggsfrage. Entscheidd ist, ob der Vertretene erkennb ein Interesse an der pers Wahrnehmg der Vertretgsmacht dch den Bevollm hat (BGH BB **59**, 319, Ffm VersR **76**, 173, Mü WM **84**, 834). Die Untervollm kann nicht weiter gehen als die Hauptvollm. Der von § 181 nicht befreite Hauptbevollm kann daher den Unterbevollm insow nicht freistellen (Staud-Dilcher Rn 67). Bei widerrufl od zeitl begrenzter Hauptvollm kann dch Untervollm nicht unwiderrufl od zeitl unbegrenzt erteilt w. Eine VollÜbertr (sog Abtr) der Vollm ist idR unzul (Staud-Dilcher Rn 60, RGRK Rn 21). Der Unterbevollm ist **Vertreter des Geschäftsherrn,** nicht des Hauptbevollm (MüKo/Schramm Rn 71, Larenz § 31 Ib; and BGH **32**, 253, wonach der Unterbevollm auch „Vertreter des Vertreters" sein kann). Er muß daher im Namen des GeschHerrn auftreten. Wenn er zugl offenlegt, daß er als Unterbevollm handelt, haftet er aus § 179 aber nur für Mängel der Untervollm, nicht für solche der Hauptvollm (§ 179 **13** Rn 3). – **c)** Steht die Vertretgsmacht mehreren Pers zu, können sie jeder für sich allein (Einzelvertretg) od nur gemeins (**Gesamtvertretung**) vertretgsberecht sein. Welche Vertretgsart gewollt ist, ist Ausleggsfrage. Ges Regelgen enthalten §§ 709ff, 1629, HGB 48 II, 125 II, 150, AktG 78, GmbHG 35 II, GenG 25, ZPO 84. Es genügt, daß nach außen ein GesVertreter auftritt. Die and können ggü diesem od ggü dem GeschGegner zustimmen (RG **75**, 424, BGH **LM** § 164 Nr 15, Mü BB **72**, 114). Die vorher erteilte Zust („Ermächtigg" s HGB 125 II 2, 150 II 1, AktG 78 IV) erweitert die GesVertretgsmacht punktuell um Einzelvertretgsmacht (BGH **64**, 75). Sie ist nur wirks, wenn sie sachl beschränkt ist (BGH **34**, 30, WM **86**, 316). Sie keine Vollm, steht dieser aber so nahe, daß neben den §§ 182ff auch § 174 entspr anwendb ist (BAG NJW **81**, 2374). Sowohl die Ermächtigg als auch die Gen kann dch schlüss Verhalten erklärt w (Staud-Dilcher Rn 54). Auch sow die GemO eine GesVertretg vorsehen, kann eine Ermächtigg zu einem Gesch ihr Gesch zul (str). Die Ermächtigg u die Gen müssen aber die in den GemO vorgesehenen Förmlichk wahren, da deren Beachtg Voraussetzg für ein wirks Vertreterhandeln ist (BGH NJW **82**, 1036, **84**, 606, § 125 Rn 3f). Bei GesVertretg muß der Wille aller Vertreter mangelfrei sein. Der Willensmangel jedes einz ist beachtl (§ 166 **14** Rn 2); hat ein geschunfäh Vertreter mitgewirkt, gelten die §§ 177ff (s BGH **53**, 214). Zur **Passivvertretung** (Entgqn von WillErkl) ist jeder GesVertreter allein berecht (RG **53**, 230, BGH **62**, 173, NJW **88**, 1200). Das folgt aus §§ 28 II, 1629 I 2, HGB 125 II 3, AktG 78 II 2, GmbHG 35 II 3, die Ausdr eines allg RGedankens sind. Ebso genügt für § 166 I das Kennen od Kennenmüssen eines GesVertreters (§ 166 Rn 2).

15   **4) Wirkung der Vollmacht.** Die Vollm begründet für den Bevollmächtigten Vertretgsmacht (§ 164 Rn 13). Sie schränkt aber die rgeschäftl HdlgsFähigk des VollmG nicht ein. Der Vollm kann dch RGesch keine den VollmG ausschließe, verdrängde Wirkg beigelegt w (BGH **3**, 358, **20**, 364, WM **71**, 956, aA Gernhuber JZ **95**, 381).

168 *Erlöschen der Vollmacht.* **Das Erlöschen der Vollmacht bestimmt sich nach dem ihrer Erteilung zugrunde liegenden Rechtsverhältnisse. Die Vollmacht ist auch bei dem Fortbestehen des Rechtsverhältnisses widerruflich, sofern sich nicht aus diesem ein anderes ergibt. Auf die Erklärung des Widerrufs findet die Vorschrift des § 167 Abs. 1 entsprechende Anwendung.**

1) Allgemeines. Das Erlöschen der Vollm richtet sich entgg dem mißverständl Wortlaut des § 168 in erster Linie nach ihrem Inh. Der VollmGeber kann die Vollm befristen od unter einer auflösdn Bdgg erteilen. Betrifft die Vollm die Vorn best RGesch, erlischt sie dch Zweckerreichg, sobald die RGesch abgeschl sind od der Abschl endgült gescheitert ist. Die einseit VerzErkl des Bevollm ist gleichf ein Erlöschensrd (OVG Hbg NVwZ **85**, 350, Staud-Dilcher Rn 18). Sow die Bevollmächtigg selbst keine Regelg enthält, gelten gem § 168 S 1 die ErlöschensGrde des GrdVerh. Bei der isolierten Vollm (§ 167 Rn 4) können idR die ErlöschensGrde des AuftrR entspr herangezogen w (str).

2) Erlöschen nach dem Grundverhältnis. – a) Das GrdVerh ist idR ein GeschBesorggsVertr (§ 675), es kann aber auch ein Kaufvertrag od eine Schenkg sein. Als EndiggsGrde kommen zB Erf, Zeitablauf, Rücktr od Künd in Betracht. – **b)** ErlöschensGrde im Zushang mit der **Person des Bevollmächtigten.** Sein Tod führt gem §§ 673, 675 idR zum Erlöschen der Vollm. Wenn die Vollm im Interesse des Bevollm erteilt worden ist, etwa eine AuflVollm zG des Käufers, besteht sie aber auch nach seinem Tod fort (Schlesw MDR **63**, 675, Köln OLGZ **69**, 305). Wird der Bevollm dauernd geschunfäh, erlischt die Vollm (MüKo/Schramm Rn 7, Staud-Dilcher Rn 21). Konk ist grdsl kein ErlöschensGrd, u aber, wenn die Vollm auf einem GesellschVertr beruht (§ 728). Die einer jur Pers erteilte Vollm endet erst mit ihrem völligen Erlöschen, nicht schon mit dem Eintritt in die Liquidation. – **c) Person des Vollmachtgebers.** Sein Tod führt idR nicht zum Erlöschen der Vollm (§§ 672, 675, Zweibr DNotZ **83**, 105). Die Vollm kann auch von vornherein für den Todesfall erteilt w (RG **114**, 354) u eine Befreig von § 181 vorsehen (Köln NJW-RR **92**, 1357). Nach dem Tode des VollmGebers vertritt der Bevollm die Erben, jedoch beschränkt auf den Nachlaß (RG **106**, 187, BGH FamRZ **83**, 477). Wird von einer postmortalen Vollm Gebrauch gemacht, ist der Geschäftspartner u bei Tod und Teil weder berecht noch verpflichtet, die Zust der Erben abzuwarten (BGH NJW **95**, 250). Die Vollm w aber dch die Grds über den VollmMißbr (§ 164 Rn 13) begrenzt (BGH aaO, Schlesw WM **83**, 547). Jeder Erbe kann die Vollm für sich widerrufen (BGH NJW **75**, 382), ebso der TestVollstrecker u der NachlVerw (KG OLGZ **71**, 161). Auch wenn der Bevollmächtigte Alleinerbe des VollmGeb ist, ist er aGrd der Vollm ohne Nachw seines ErbR zu RGesch über den Nachl legitimiert (LG Brem Rpfleger **93**, 235, sehr str, aA Stgt NJW **48**, 627). S zur postmortalen Vollm näher Einf 16 ff v § 2197. – Wird der VollmGeber geschunfäh, so berührt das den Bestand der Vollm idR nicht (§§ 672, 675). Mit dem Konk enden die von ihm erteilten Vollm (KO 23), u zwar auch ProzVollm (RG **118**, 162, BGH MDR **64**, 50). Dagg erlischt die vom einem Vertreter erteilte Vollm nicht mit der Beendigg der ges Vertretg (RG **107**, 166, BayObLG NJW **59**, 2119, DB **74**, 1521), die vom VereinsVorstd erteilte Vollm nicht mit einem Wechsel des Vorstds (LG Stgt DB **82**, 638), die von einem ges Verwalter (Konk-, Zwangs-, NachlVerw, TestVollstrecker) erteilte Vollm nicht mit einem Wechsel in der Pers des Verwalters; sie endet aber mit der Beendigg der Verwaltg (MüKo/Schramm Rn 27).

3) Widerruf. – a) Er ist grdsl **jederzeit** zul, auch wenn das GrdVerh fortbesteht (S 2). Der Widerruf ist eine einseit empfangsbedürft WillErkl (Übbl 11 v § 104). Er kann als actus contrarius zur VollmErteilg ebso wie diese ggü dem Bevollm, dem GeschGegner od dch öff Bekanntmachg (§ 171 II) erklärt w (S 3). Eine Außenvollm kann ggü dem Bevollm widerrufen w, zG des GeschGegners gilt aber § 170. – **b)** Der Widerruf kann dch Vertr **ausgeschlossen** w, nicht aber dch einen einseit Verz des VollmGebers (RG **109**, 333, Hopt ZHR **133**, 317). Die Vereinbarg kann sich aus den Umst, insb aus dem Zweck der Vollm ergeben. Sie ist anzunehmen, wenn die Vollm im Interesse des Bevollm erteilt wurde (BGH NJW-RR **91**, 441), so wenn sie den Bevollm sichern soll (RG **53**, 419) od dieser maßgebd am Erlös des Gesch beteiligt ist (RG JW **27**, 1139). Ein stillschw Ausschluß ist aber nicht anzunehmen, wenn ihm überwiegde Interessen des VollmGeb entggstehen (BGH NJW-RR **91**, 441). Unwirks ist der Ausschl bei GeneralVollm (Staud-Dilcher Rn 9, Soergel-Leptien Rn 25), bei isolierter Vollm ohne GrdVerh (BGH **110**, 367) u bei Vollm, die ausschließl im Interesse des VollmGebers erteilt worden ist (BGH DNotZ **72**, 229). Den Widerruf kann nicht ausschließen, wer selbst nur widerrufl Vertretgsmacht besitzt (Mü OLGZ **65**, 1). Die Unwirksam beschr sich auf die AusschlKlausel; die Vollm selbst bleibt idR gem § 139 bestehen (MüKo/Schramm Rn 38, aA RG Gruch **68**, 538). Auch die unwiderrufl Vollm kann aus wicht Grd widerrufen w (BGH WM **69**, 1009, **85**, 646). Ebso bleibt der VollmGeber seinerseits vfgsberecht; eine sog verdrängde Vollm ist unzul (§ 137 Rn 4).

169 *Kein Fortwirken gegenüber Bösgläubigen.* **Soweit nach den §§ 674, 729 die erloschene Vollmacht eines Beauftragten oder eines geschäftsführenden Gesellschafters als fortbestehend gilt, wirkt sie nicht zugunsten eines Dritten, der bei der Vornahme eines Rechtsgeschäfts das Erlöschen kennt oder kennen muß.**

Der erloschene Auftr, der beendete GeschBesVertr, die aufgelöste Gesellsch u die aufgrd dieser Vertr erteilte Vollm wirken gem §§ 674, 675, 729, 168 S 1 uU zG des gutgl Beauftragten od geschführden Gesellschafters fort. Nach § 169 gilt das nicht zG eines GeschGegners, der das Erlöschen (die Auflösg) kennt od fahrl nicht kennt.

170 *Wirkungsdauer der Vollmacht.* **Wird die Vollmacht durch Erklärung gegenüber einem Dritten erteilt, so bleibt sie diesem gegenüber in Kraft, bis ihm das Erlöschen von dem Vollmachtgeber angezeigt wird.**

171 *Wirkungsdauer bei Kundgebung.* **¹Hat jemand durch besondere Mitteilung an einen Dritten oder durch öffentliche Bekanntmachung kundgegeben, daß er einen anderen**

bevollmächtigt habe, so ist dieser auf Grund der Kundgebung im ersteren Falle dem Dritten gegenüber, im letzteren Falle jedem Dritten gegenüber zur Vertretung befugt.

II Die Vertretungsmacht bleibt bestehen, bis die Kundgebung in derselben Weise, wie sie erfolgt ist, widerrufen wird.

172   *Vollmachtsurkunde.*   I Der besonderen Mitteilung einer Bevollmächtigung durch den Vollmachtgeber steht es gleich, wenn dieser dem Vertreter eine Vollmachtsurkunde ausgehändigt hat und der Vertreter sie dem Dritten vorlegt.

II Die Vertretungsmacht bleibt bestehen, bis die Vollmachtsurkunde dem Vollmachtgeber zurückgegeben oder für kraftlos erklärt wird.

173   *Kenntnis des Erlöschens.*   Die Vorschriften des § 170, des § 171 Abs. 2 und des § 172 Abs. 2 finden keine Anwendung, wenn der Dritte das Erlöschen der Vertretungsmacht bei der Vornahme des Rechtsgeschäfts kennt oder kennen muß.

1   **1) Allgemeines. – a)** Die §§ 170–173 schützen den GeschGegner, der auf den Bestand (Fortbestand) einer in Wahrh nicht (mehr) bestehen den Vollm vertraut hat. Sie normieren damit eine **Rechtsscheinhaftung** des Vertretenen. Diese setzt voraus, daß die Vollm dem GeschGegner ggü erteilt (§ 170) od ihm ggü in best Weise (§§ 171, 172) kundgegeben worden ist (s Rn 3, 4 u 5). Die §§ 170 ff gelten auch dann, wenn eine Vollm in Wahrh nicht od nicht wirks erteilt worden ist (RG **104**, 360, **159**, 369, BGH NJW **85**, 730, NJW-RR **86**, 467, hM, str iF des § 170). Dch **Anfechtung** kann die RScheinVollm nicht beseitigt w (Staud-Dilcher § 170 Rn 2, § 171 Rn 9, Enn-Nipperdey § 184 II 4, str). Voraussetzg für die Anwendg der §§ 170–172 ist aber, daß der Vertretene bei Vorn des **Kundgabeaktes geschäftsfähig** war (BGH NJW **77**, 623, Stgt 2   MDR **56**, 673). – **b)** Ein GeschGegner, der das Erlöschen **kennt** od fahrl nicht kennt (s § 122 II), kann sich auf das Fortbestehen der Vollm nicht berufen (**§ 173**). Dasselbe gilt, wenn er das Nichtentstehen der Vollm kennt od kennen muß (BGH MDR **65**, 282). Keine RScheinhaft daher, wenn die Unwirksamk aus der VollmUrk (der Mitteilg, der Bekanntgabe) hervorgeht (RG **108**, 123). Kennt der GeschGegner die Beschränkg, kommt es auf Erkennbark nicht an (BGH NJW-RR **88**, 1321). Nichterkennen eines NichtigkGrdes, der sich aus § 313, 139 ergibt, ist auch im kaufm Verk (Bank) idR kein Verschulden (BGH NJW **85**, 730, **88**, 698). Bei anfechtb Vollm entsch der gute Glaube hins der AnfTats (§ 142 II).

3   **2) Voraussetzungen. – a) § 170:** Die dch Erkl ggü dem GeschGegner erteilte **Außenvollmacht** (§ 167 Rn 1) wirkt fort, bis ihm das Erlöschen angezeigt ist. Die Anzeige ist eine geschähnl Hdlg (Übbl 6 v § 104). Der Schutz des § 170 endet bereits mit ihrem Zugang. Ein ggü dem GeschGegner erkl Widerruf steht der Anz gleich. § 170 gilt auch dann, wenn die Außenvollm eingeschr erteilt od abgeändert w (RG JW **15**, 998). – 4   **b) § 171:** Die bes Mitteilg u die öff Bekanntmach sind geschähnl Hdlgen (Übbl 6 v § 104), die, falls eine wirks Vollm fehlt, zur Begründg einer RScheinVollm führen. Sie müssen die Pers des Bevollm ergeben (RG **124**, 386, JW **29**, 576). Die bes Mitteilg kann auch in der Anzeige der notariell beurkundeten Vollm an das GBA od den GeschGegner liegen; sogar der Notar selbst kann Adressat der bes Mitteilg sein (s Hieber DNotZ **52**, 185, Haegele Rpfleger **72**, 306, Köln DNotZ **84**, 570). Ausr ist auch ein schlüssiges Verhalten, etwa die Ankündigg des Besuchs eines Vertreters. Die öff Bekanntmach muß an einen unbest PersKreis gerichtet sein. In Betracht kommen Zeitgsanzeigen od Aushänge; unter § 171 fallen aber auch Eintragen im Handelsregister (RG **133**, 233), nicht aber Anmelden zur Gewerberegister (Hamm NJW **85**, 1847). Die Wirkg des § 171 tritt nur ein, wenn der GeschGegner bei Vorn des RGesch **Kenntnis vom Kundgabeakt** hat (MüKo/Schramm Rn 11). Das w jedoch vermutet, wenn die Kundgabe erfolgt ist. Die Beseitigg der RScheinVollm geschieht gem § 171 II dch *actus contrarius*. Mit dem Zugang der bes Mitteilg od dem Vollzug der öff Bekanntmach entfällt der Schutz des § 171 auch ggü einem Gutgläubigen.

5   **3) Voraussetzungen, § 172. – a) Vollmachtsurkunde** ist ein unterschriebenes od mit not beglaubigtem Handzeichen versehenes Schriftstück, das die Pers des Bevollm u den Inh seiner Vollm bezeichnet (RG **124**, 386, JW **34**, 2394). Die Urk muß echt sein, dh von der dch die Unterschrift als Aussteller ausgewiesenen Pers stammen (BSozG NVwZ **83**, 768). Sie muß willentl ausgehändigt worden sein; für abhandengekommene VollmUrk gilt § 172 nicht (BGH **65**, 13). Auf die BestallgsUrk des Vertreters ist § 172 weder unmittelb 6   noch entspr anzuwenden (RG **74**, 265). – **b) Vorgelegt** ist die Urk, wenn sie dem GeschGegner zur sinnl Wahrnehmg unmittelb zugängl gemacht w (BGH **76**, 78, NJW **88**, 698). Nicht erforderl ist, daß der GeschGegner tats Einsicht nimmt (BGH aaO). Die Urk muß in Urschrift od Ausfertigg vorgelegt w; beglaubigte Abschriften od Fotokopien genügen nicht (BGH **102**, 63), jedoch kann eine RScheinhaftg analog Rn 9 ff in Betracht kommen (BGH aaO, krit Bohrer DNotZ **88**, 551). Nicht ausr ist die Bezugn auf die bei Ger od einem Notar hinterlegte Urk. Wenn in einem beurk Vertr auf eine vom Notar selbst beurk u bei ihm jederzeit zugängl Vollm verwiesen w, steht die Bezugn aber einer Vorlegg gleich (BGH **76**, 79). – 7   **c)** Die RScheinVollm **erlischt,** wenn die VollmUrk zurückgegeben od für kraftlos erkl w. Anspr auf Rückg: § 175, KraftlosErkl: § 176. Der Schutz des § 172 I entfällt auch dann, wenn dem GeschGegner ein Widerruf des VollmGebers zugeht (MüKo/Schramm Rn 13a, hM). Solange sich die VollmUrk od eine Ausfertigg im Besitz des Vertreters befindet, wird das Fortbestehen der Vollm vermutet (Ffm Rpfleger **72**, 8   306, Stiegler BWNotZ **85**, 130). – **d)** § 172 ist auf **Blanketturkunden** entspr anzuwenden. Wer ein Blankett mit seiner Unterschr freiw aus der Hand gibt, muß den abredewidr ausgefüllten Inh des Blanketts ggü einem gutgl Dritten als seine WillErkl gg sich gelten lassen (BGH **40**, 68, 304, **113**, 53, WM **73**, 750, krit Müller AcP **181**, 516). Zur Anf gem § 119 ist er nicht berecht (BGH aaO). Die Grds der Haftg für Blankett-Urk gelten entspr, wenn die Bank eine Sammelüberweisg vornimmt, die einen von einem Mitarbeiter des Kunden verfälschte Computerliste Bezug nimmt (BGH NJW-RR **92**, 1265). Sie sind auch dann anzuwenden, wenn ein **Btx-Anschluß** von einem Angeh des AnschlußInh od einem Ermächtigten mißbräuchl benutzt w (Oldenbg NJW **93**, 1400, Köln NJW-RR **94**, 177).

4) Duldungs- und Anscheinsvollmacht. – a) Allgemeines. – aa) Die §§ 170 ff gehen davon aus, daß 9 dem GeschGegner die Nachprüfg der Bevollmächtigg nicht zuzumuten ist, wenn das Verhalten des Vertretenen auf das Bestehen einer Vollm schließen läßt. Dieser RGedanke, der auch den § 370 u HGB 56 zugrde liegt, bildet die Grdl für die Anerkenng von Duldgs- u AnscheinsVollm. Beide unterscheiden sich in ihrer rechtl Qualität (Rn 11 u 14) u in ihren Voraussetzgen, beruhen aber gemeins auf dem Gedanken des **Vertrauensschutzes** (s BGH NJW **62**, 1003, **91**, 1225). – **bb) Anwendungsbereich.** Die Rspr hat die Grds 10 über die Duldgs- u AnschVollm zunächst für den kaufm Verkehr herausgebildet. Sie gelten aber heute **allgemein**, also auch ggü Minder- u Nichtkaufleuten (BGH **LM** § 167 Nr 4, NJW **56**, 1674, stRspr, aA für die AnschVollm Canaris, Vertrauenshaftg 1971, S 78). Sie sind im Bereich privatrechtl Handelns auch zu Lasten von **öffentlich-rechtlichen Körperschaften** anwendb (BGH **40**, 204, **97**, 230, NJW **55**, 985). Voraussetzg ist jedoch, daß das duldende Organ nach der maßgebden ZuständigkOrdng in der Lage ist, für die VertreterHdlg eine formlos wirks Vollm zu erteilen (BGH **5**, 213, NJW **72**, 941, s zur Bedeutg von FormVorschr für VerpflErkl § 125 Rn 3). Umgekehrt gelten die Grds der Duldgs- u AnschVollm auch für die Vertretg des Bürgers ggü der Verw (BSG NVwZ **83**, 768, BVerwG NJW-RR **95**, 73).

b) Duldungsvollmacht. – aa) Sie ist gegeben, wenn der Vertretene es **wissentlich** geschehen läßt, daß 11 ein and für ihn wie ein Vertreter auftritt u der GeschGegner dieses Dulden nach Treu u Glauben dahin versteht u auch verstehen darf, daß der als Vertreter Handelnde bevollmächtigt ist (BGH **LM** § 167 Nr 4, 13, NJW **56**, 460, VersR **92**, 990). Besteht für den Vertretenen GesVertretg, müssen alle GesVertreter das Auftreten des Handelnden wissentl geduldet haben (BGH NJW **88**, 1200). Von der stillschw erteilten Vollm unterscheidet sich die DuldgsVollm dadch, daß der Vertretene bei der DuldgsVollm keinen Willen zur Bevollmächtigg hat (BGH **LM** § 167 Nr 15, § 164 Nr 24). Entgg der hM (BGH **LM** § 164 Nr 34, § 167 Nr 15, MüKo/Schramm § 167 Rn 31, Soergel-Leptien § 167 Rn 20) ist die DuldgsVollm aber gleichwohl ein rechtsgeschäftl Tatbestd (Jauernig § 167 Anm 5 c, Flume § 49, 3, 4). Das Fehlen des Bevollmächtiggswillens steht – ähnl wie das Fehlen des ErklBewußtseins (Einf 17 v § 116) – der Wertg als **schlüssige Willenserklärung** nicht entgg. Wer wissentl den Tatbestd einer DuldgsVollm setzt, kann sich auch wg des Verbots widersprüchl Verhaltens nicht auf den fehlden Bevollmächtiggswillen berufen (Parallelfall zu Einf 27 v § 145). – **bb) Voraussetzungen.** Eine DuldgsVollm setzt GeschFgk des Duldenden voraus (BayObLG 12 AnwBl **92**, 234, allgM). Da es um wissentl Dulden geht, kann schon ein einmaliges Gewährenlassen eine DuldgsVollm begründen. Der GeschGegner muß den maßgebl Vertrauenstatbestd kennen (BGH NJW **56**, 460, VersR **73**, 612). Er wird analog § 173 nicht geschützt, wenn er weiß od wissen mußte, daß der Duldende keine Vollm erteilen wollte (BGH NJW **91**, 1225, 1226, **LM** § 167 Nr 15 Bl 2). – **cc)** Der 13 **Umfang** der Vollm richtet sich nach dem geschaffenen Vertrauenstatbestd. Da die DuldgsVollm auf einer schlüssigen WillErkl beruht, gelten für sie die allg Vorschr über RGesch u WillErkl (str). Eine **Anfechtung** wg Irrt über die Bedeutg des Duldens ist jedoch ausgeschlossen (MüKo/Schramm § 167 Rn 41). Außerdem haftet der Vertretene iF einer Anf idR nach den Grds über die AnschVollm (Rn 19). Die DuldgsVollm **endet**, wenn das wissentl Dulden aufhört, es kann aber eine AnschVollm fortbestehen (BGH **LM** § 167 Nr 10 Bl 2).

c) Anscheinsvollmacht. – aa) Sie ist gegeben, wenn der Vertretene das Handeln des Scheinvertreters 14 nicht kennt, er es aber bei pflichtgem Sorgf **hätte erkennen** u verhindern können und der and Teil annehmen durfte, der Vertretene dulde u billige das Handeln des Vertreters (BGH NJW **81**, 1728, VersR **92**, 990, BAG **15**, 305, BVerwG NJW-RR **95**, 73). Bei der AnschVollm handelt es sich nicht um einen rechtsgeschäftl Tatbestd, sond um die Zurechng eines schuldh verursachten RScheins; sie setzt aber GeschFgk des Vertretenen voraus (BayObLG AnwBl **92**, 234). In der Lit wird die Ansicht vertreten, in den Fällen der AnschVollm hafte der Vertretene aus c. i. c. nur auf das negative Interesse, da ein Anspr auf das ErfInteresse nicht aus einer SorgfPflVerletzg, sond allein aus einem privatautonomen Handeln des Vertretenen hergeleitet w könne (Flume § 49, 4, Larenz AT § 33 I a, Medicus AT Rn 971); das Ges geht aber, wie die §§ 170–173 zeigen, nicht von einem derart engen Verständn der PrivAutonomie aus (Erm-Brox Rn 7). Mit der Rspr ist daran festzuhalten, daß die AnschVollm in ihrer Wirkg einer rgeschäftl Vollm gleichsteht (BGH **86**, 275, BAG DB **94**, 2503). – **bb) Voraussetzungen. (1)** Das den RSchein einer BevollmächtiggerzeugdeVerhal- 15 ten muß von einer gewissen **Dauer oder Häufigkeit** sein (BGH NJW **56**, 1647, **LM** § 167 Nr 4, § 157 (Ga) Nr 3, WM **86**, 901, Dresden NJW-RR **95**, 804). Ausreich ist die wiederholte Verwendg überlassener GeschPapiere od Firmenstempel (BGH **5**, 116), die Verwendg des Namens eines ausgeschiedenen od eines NichtSozius auf dem Praxisschild od Briefbogen (BGH NJW **90**, 827, **91**, 1225), die Fortführg eines Betr des Erbl dch einen Miterben im Namen der ErbenGemeinsch (BGH NJW **62**, 2196), nicht aber die Benutzg einer entwendeten VollmUrk in einem Einzelfall (s BGH **63**, 13). Dagg soll sich aus der Kombination von Verhdlgs- u BankVollm der RSchein einer AbschlußVollm ergeben können (Oldenb WM **95**, 1403). Wird ein Vertr mit einem Mitarbeiter ohne Kenntn des ArbG währd längerer Zeit abweichd von der schriftl Vereinbg dchgeführt, kann ein nach den Grds der AnschVollm wirks ÄndVertr vorliegen (BAG DB **94**, 2502). **(2)** Der Vertretene muß seine **Sorgfaltspflichten** verletzt haben, dh er mußte die Möglichk haben, 16 das vollmlose Handeln vorauszusehen u zu verhindern (BGH **5**, 116, NJW **56**, 1673). Besteht für den Vertretenen GesVertretg, muß allen GesVertretern Verschulden zur Last fallen (BGH NJW **88**, 1200). Ob die Aushändigg (Belassg) von VertrFormularen u ähnl fahrlässig ist, ist Frage des Einzelfalls (BGH **LM** § 167 Nr 21). **(3)** Der RSchein der Bevollmächtigg muß zZ des vollmlosen Auftretens noch bestanden haben 17 u für das Handeln des and Teils **ursächlich** geworden sein (BGH NJW **56**, 460, **62**, 1003, **LM** § 167 Nr 13). Der GeschGegner muß daher idR die Tats kennen, aus denen sich der RSchein der Bevollmächtigg ergibt (BGH NJW **56**, 460). Es genügt aber, wenn ihm die allg Überzeugg vom Bestehen der Vollm mitgeteilt haben (BGH NJW **62**, 1003). **(4)** Der and Teil muß **gutgläubig** gewesen sein (§ 173 analog); er wird nicht 18 geschützt, wenn er den Mangel der Vollm kannte od inf Fahrlässigk nicht kannte (BGH NJW **58**, 2062, **82**, 1513, **91**, 2126). Überschreitet der Vertreter erkennb die Grenzen seiner Vollm, sind die Grds der Ansch-Vollm unanwendb (BGH VersR **65**, 134, BAG JZ **61**, 457). Sie gelten idR auch nicht für ungewöhnl Gesch (BGH **LM** § 164 Nr 34) u für wicht Vertr, die einer gründl Vorbereitg bedürfen (BGH NJW **58**, 2061), jedoch können bes Umst eine abweichde Beurteilg rechtf (BGH NJW **81**, 1729). Bestehen Zweifel, muß sich

19 der GeschGegner beim Vertretenen erkundigen (Köln NJW-RR **92**, 915). – **cc)** Der **Umfang** der Vollm richtet sich nach dem geschaffenen VertrauensTatbestd. Sie **endet**, wenn der abweichde Wille des Vertretenen für den and Teil erkennb geworden ist (RG Warn **15**, 273). Eine **Anfechtung** kann die Wirkg der AnschVollm nicht beseitigen, da der gesetzte RSchein nicht rückwirkd vernichtet w kann (sehr str, s Soergel-Leptien § 167 Rn 22 u MüKo/Schramm Rn 41). Ist eine rechtsgeschäftl erteilte Vollm nichtig od angefochten, kann sich aus dem entstandenen RSchein eine Haftg nach den Grds der AnschVollm ergeben, wenn den Vertretenen hinsichtl des NichtigGrdes (AnfGrdes) Verschulden trifft (str, s Eujen/Frank JZ **73**, 236). – **dd)** Die AnschVollm steht in ihrer **Wirkung** einer rgeschäftl Vollm gleich (BGH **86**, 275, str s Rn

20 14). Da der Vertreter mit Vertretgsmacht gehandelt hat, bestehen gg ihn keine Anspr aus § 179 (BGH aaO).

21   **e) Einräumung einer typischerweise mit einer Vollmacht verbundenen Stellung.** Wer einem and Aufg überträgt, deren ordngsmäß Erf nach der VerkAuffassg eine best Vollm voraussetzt, muß diesen als bevollmächtigt gelten lassen, auch wenn er tatsächl keine od eine zu geringe Vollm erteilt h (Düss ZIP **89**, 495, Köln NJW-RR **94**, 1501, Düss NJW-RR **95**, 592, Parallelfall zur AnscheinsVollm). Er kann allerdings dann nicht in Anspr genommen w, wenn für den and Teil das Fehlen od die Einschränkg der Vollm unschwer zu erkennen war. Anwendgsfälle sind etwa Schalterbeamte von Kreditinstituten (RG **86**, 89, **118**, 239), Leiter von Zweigniederlassgen (BGH WM **89**, 1837), der zeitw mit der GeschFü (RG **106**, 203) od mit der Zeichng der GeschPost Beauftragte (RG **100**, 49), der zu einem Termin Entsandte, wenn dort ein Werk abgenommen od eine rgeschäftl Vereinbg getroffen w soll (BGH **97**, 320, Köln NJW-RR **94**, 1501, Düss NJW-RR **95**, 592) u der Architekt (§ 167 Rn 8); Angestellte am Fernsprecher (Fernschreiber) sind zur Entggnahme von Erkl ermächtigt (RG **102**, 296), nicht aber zu deren Abgabe (RG **103**, 97).

22   **f) Einzelfälle:** Die Beauftragg eines **Architekten** mit der Leitg eines Bauvorhabens begründet idR eine sog originäre Vollm (§ 167 Rn 8), rechtf aber nicht ow die Ann einer AnschVollm (Schmalzl MDR **77**, 622, aA Stgt NJW **66**, 1461, Köln NJW **73**, 1798). AnschVollm nur dann, wenn der Untern wg des selbst Auftretens u Verhandelns des Arch ohne Versch von einer entspr Vollm des Arch ausgehen konnte (BGH WM **83**, 232); iZw muß sich Untern beim Bauherrn erkundigen (Köln NJW-RR **92**, 915). – Zur Anscheins-Vollm von **Angestellten** BGH NJW **56**, 460 (landwirtschaftl Betr), NJW **56**, 1673 (Erledigg von Gesch-Post), **LM** § 167 Nr 17 (Handlgsbevollmächtigter, der wie GeschF auftritt), **LM** § 164 Nr 24 (Abschl bei bloßem VermittlgsAuftr), BGH WM **71**, 40 (Oberrentenmeister mit begrenzter Vollm). – Keine Duldgs-Vollm des federführden Mitgl der **Arge** zur WkLohneinziehg (BGH NJW-RR **90**, 404). – AnschVollm im **Bankverkehr** (BGH **LM** § 157 (Ga) Nr 3), des **Bauleiters** für die Abn (BGH **97**, 230), von **Behörden** (Grund DVBl **78**, 428). **Betriebsratsvorsitzender** h idR keine Duldgs- od AnschVollm, aGrd derer er verbindl Erkl für den ArbG abgeben könnte (BAG **15**, 305). – Zur AnschVollm beim VertrSchl mittels **Btx**

23 s LG Ravensburg NJW-RR **92**, 111. – Bei getrennt lebden **Ehegatten** liegen die Voraussetzgen einer RScheinVollm idR nicht vor (LG Tüb FamRZ **84**, 50); aber auch das Bestehen einer ehel LebensGemsch ist für sich allein kein ausr RScheinTatbestd (BSozG NVwZ **83**, 767). – Bei RGesch für gemeins Kind besteht uU AnschVollm des einen **Elternteils** für den and (BGH **105**, 48, LG Deggendorf VersR **73**, 609, krit Pawlowski MDR **89**, 775). – **Gesamtvertreter** kann aGrd von Ansch- od DuldgsVollm uU alleinvertrgsberecht sein (BGH WM **76**, 503, VorstdsMitgl; Mü BB **72**, 113, Prokurist). – Der **frühere Inhaber** eines Untern haftet uU aGrd von Ansch- od DuldgsVollm, wenn InhWechsel nicht erkennb gemacht w (BGH VersR **71**, 227, WM **71**, 15). – DuldgsVollm des **Kommanditisten**, wenn Komplementär dessen selbstd Auftreten hinnimmt (BGH WM **72**, 615). – **Kraftfahrer.** Aushändigg des Kfz-Briefes begründet nicht ow AnschVollm für Veräußerg (Köln VersR **74**, 1185). – Beim **Leasingvertrag** kann eine AnschVollm des Lieferanten für den LeasGeb bestehen (Köln VersR **92**, 325, aA Knops BB **94**, 947, s auch § 130 Rn 9). – Zur

24 AnschVollm für Zusichergen, die **Makler** für seinen AuftrGeb abgibt (BGH WM **73**, 612). Überläßt der Makler die Vhdlgsführg uneingeschränkt einem Mitarbeiter, hat dieser eine AnschVollm für die Festlegg der Provision (BGH NJW-RR **87**, 308). – Zur AnschVollm von **Miterben** BGH NJW **58**, 2061, **62**, 2196. – Zur Duldgs(Inkasso)Vollm eines **Provisionsvertreters** vgl BGH VersR **71**, 768. – Die Grds über die AnschVollm gelten auch für die **Prozeßvollmacht** (BGH **40**, 203, NJW **75**, 1652, Warn **81** Nr 82). Ein leitder Angest kann nach diesen Grds zur Erteilg einer ProzVollm legitimiert sein (BGH **LM** § 167 Nr 17). – Duldgs- u AnschVollm im **Steuerrecht** vgl Oswald NJW **71**, 1350; des Leiters eines **Verbindungsbüros**, BGH WM **77**, 1167. – **Verhandlungsbeauftragter** h idR AnschVollm für die Benenng des Bankkontos, auf das der and Teil überweisen soll (BGH WM **71**, 1500). – **Versicherungsrecht:** Vollm zum Inkasso u zur vorläuf Deckgszusage begründet keine AnschVollm für den Abschluß eines VersVertr (BGH NJW **83**, 631); beim Schadensregulierer besteht idR keine RScheinVollm für die Vergabe von ReparaturAuftr (BGH VersR **65**, 134); dagg kann eine FilialDirektion eine AnschVollm bestehen (Köln VersR **58**, 580), ebso bei einem Angestellten hins der Erteilg einer vorläuf Deckgszusage (Köln VersR **65**, 54). – Der **Verwalter** nach dem WEG kann AnschVollm für die Entggnahme von Gebührenbescheiden haben (BVerwG NJW-RR **95**, 73).

174 *Einseitige Rechtsgeschäfte.* Ein einseitiges Rechtsgeschäft, das ein Bevollmächtigter einem anderen gegenüber vornimmt, ist unwirksam, wenn der Bevollmächtigte eine Vollmachtsurkunde nicht vorlegt und der andere das Rechtsgeschäft aus diesem Grunde unverzüglich zurückweist. Die Zurückweisung ist ausgeschlossen, wenn der Vollmachtgeber den anderen von der Bevollmächtigung in Kenntnis gesetzt hatte.

1   **Einseitige Rechtsgeschäfte. – a)** § 174 ist eine Konsequenz aus § 180 S 1, wonach bei einseit RGesch Vertretg ohne Vertretgsmacht unzul ist. Er ermöglicht dem GeschGegner, klare Verh zu schaffen. Die Vorschr gilt für einseit empfangsbedürft WillErkl (Übbl 11 v § 104). Sie ist entspr anzuwenden auf geschähnl Hdlgen, wie die Mahng (BGH NJW **83**, 1542, Bambg NJW-RR **90**, 905, Übbl 6 v § 104), die Abmahng (Nürnbg NJW-RR **91**, 1393, aA Karlsr NJW-RR **90**, 1323), FrSetzgen (Deggau JZ **82**, 796), ferner auf die VertrAnn (Staud-Dilcher Rn 2), das Mieterhöhgsverlangen gem MHRG 2 (Hamm NJW **82**, 2076, LG Mü NJW-RR **87**, 1164), die Übermittlg von einseit RGesch dch einen Boten (MüKo/Schramm Rn 2), nicht aber für die Geltdmachg von GewLAnspr gem § 651g I (Karlsr NJW-RR **91**, 54, aA LG Düss NJW-RR **92**, 443,

LG Kleve NJW-RR **95**, 316). Sie gilt auch dann, wenn ein GesVertreter mit Ermächtigg eines and auftritt (BAG NJW **81**, 2374). Sie ist auf den gesetzl Vertreter nicht anzuwenden (RG **74**, 265, Düss NJW-RR **93**, 470), auch nicht auf den Betreuer od auf den Vertreter gem § 30 (BAG BB **90**, 1130). Nimmt der gesetzl Vertreter od Betreuer ein einseit RGesch vor, das einer Gen des VormschG bedarf, gilt aber § 1831. Auf den Verwalter einer WoEigtGemsch ist § 174 anwendb (LG Mü VersR **90**, 1378, AG Erlangen VersR **84**, 634). Er kann entspr angewendet w, wenn der WillErkl einer Gemeinde entgg der GO das Dienstsiegel nicht beigefügt ist (BAG NVwZ **88**, 1167). Das ZurückweisgsR besteht auch dann, wenn die WillErkl dch Vermittlg des GerVollz zugestellt w (BGH NJW **81**, 1210). – **b)** Die **Vollmachtsurkunde** muß im Origi- **2** nal vorgelegt w. Die Vorlage einer beglaubigten Abschrift od Fotokopie genügt nicht (BGH NJW **81**, 1210, **94**, 1472, LAG Düss MDR **95**, 612), ebsowenig die Vorlage einer Faxkopie (Hamm NJW **91**, 1185, Schmittmann DB **93**, 2575). Nicht ausr ist auch das Angebot, die Urk beim Bevollm einzusehen (LG Mannh Just **76**, 511); ist die Künd in der Räumgsklage enthalten, soll dagg die Einreichg der ProzVollm zu den GerAkten genügen (LG Tübingen NJW-RR **91**, 972). – **c)** Das **Zurückweisungsrecht** entspr dem des **3** § 111 (s dort). Eine Zurückweisg nach 17 Tagen ist nicht mehr unverzügl (Hamm NJW-RR **88**, 282), auch 6 Tage können schon zu lang sein (Hamm NJW **91**, 1185). S 1 gilt auch dann, wenn die Vollm die Befugn zur Vornahme des RGesch nicht mit der erforderl Eindeutig ergibt (BAG **AP** Nr 3), erst aber ist aber die ausdr Erwähng des RGesch im UrkText (LG Mü NJW-RR **87**, 1164). – **d)** S **2** setzt eine entspr Mitteilg des **4** VollmGebers voraus; es genügt nicht, daß der GeschGegner die Kenntn in and Weise erlangt hat. Bei einer im Handelsregister eingetragenen u öffentl bekannt gemachten Prokura, besteht kein ZurückweisgsR (BAG DB **92**, 895). Entspr gilt, wenn der Vertreter eine Stellg bekleidet, die üblicherw mit entspr Vertretgsmacht ausgestattet ist (BAG **AP** Nr 1). Kein ZurückweisgsR daher, wenn der Bevollmächtigte im Rahmen einer ständ GeschBeziehg bereits wiederholt entspr Hdlgen vorgenommen hat (LG Aachen NJW **78**, 1387) od wenn der Leiter der Personalabteilg kündigt (BAG NJW **93**, 1286), auch wenn dessen Vollm im InnenVerh beschränkt ist (BAG aaO), wohl aber bei Künd dch einen Sachbearbeiter (BAG **AP** Nr 2) od bei Künd eines MietVertr dch den ProzBevollm (LG Dortm AnwBl **84**, 222). Kein ZurückweisgsR auch bei einseit RGesch (Aufr), das in einem anhäng RStreit aGrd der ProzVollm vorgen w (BAG **AP** ZPO 81 Nr 2 mAv Rimmels-pacher).

175 _Rückgabe der Vollmachtsurkunde._ **Nach dem Erlöschen der Vollmacht hat der Bevollmächtigte die Vollmachtsurkunde dem Vollmachtgeber zurückzugeben; ein Zurückbehaltungsrecht steht ihm nicht zu.**

§ 175 hat den Zweck, den VollmGeber vor mißbräuchl Weiterbenutzg der VollmUrk zu schützen (KG **1** NJW **57**, 755). Der RückgabeAnspr besteht auch dann, wenn die Vollm nicht wirks erteilt worden ist (Staud-Dilcher Rn 1). Für ihn ist gleichgült, wer Eigtümer der Urk ist. Die Urk muß auch dann zurückgegeben w, wenn sie noch and Erkl enthält (RG JW **02** Beil 211). Die HerausgPfl erstreckt sich auch auf Abschriften. Widerruft von mehreren VollmGebern nur einer, kann nicht Rückg der Urk, sondern ledigl Vorlage zur Eintrag eines einschränkten Vermerks verlangt w (BGH NJW **90**, 507). Befindet sich die Urk im Besitz eines Dritten, ist § 175 nach seinem Zweck entspr anzuwenden (MüKo/Schramm Rn 7, Soergel-Leptien Rn 4, str, s auch § 371 Rn 4). Ggü dem Anspr ist jedes ZbR ausgeschl (Köln MDR **93**, 512). Wenn die Voraussetzgen des § 372 vorliegen, kann die RückgabePfl aber dch Hinterlegg erf w (KG NJW **57**, 755).

176 _Kraftloserklärung der Vollmachtsurkunde._ [I] **Der Vollmachtgeber kann die Vollmachtsurkunde durch eine öffentliche Bekanntmachung für kraftlos erklären; die Kraftloserklärung muß nach den für die öffentliche Zustellung einer Ladung geltenden Vorschriften der Zivilprozeßordnung veröffentlicht werden. Mit dem Ablauf eines Monats nach der letzten Einrückung in die öffentlichen Blätter wird die Kraftloserklärung wirksam.**

[II] **Zuständig für die Bewilligung der Veröffentlichung ist sowohl das Amtsgericht, in dessen Bezirke der Vollmachtgeber seinen allgemeinen Gerichtsstand hat, als das Amtsgericht, welches für die Klage auf Rückgabe der Urkunde, abgesehen von dem Werte des Streitgegenstandes, zuständig sein würde.**

[III] **Die Kraftloserklärung ist unwirksam, wenn der Vollmachtgeber die Vollmacht nicht widerrufen kann.**

Die KraftlosErkl steht in ihrer Wirkg der Rückgabe gleich (§ 172 II). Sie geschieht dch Erkl des VollmGe- **1** bers. Der Mitwirkg der Ger bedarf es nur zur Bewilligg der öff Bekanntmachg. Das Ger entscheidet im FGGVerf, hat aber die Voraussetzgen der KraftlosErkl nicht zu prüfen (KG JW **33**, 2153). Veröffentlichg nach ZPO 204f. KraftlosErkl enthält zugl Widerruf der Vollm (§ 168). Ist die Vollm unwiderrufl, ist auch die KraftlosErkl unwirks (III).

177 _Vertragsschluß durch Vertreter ohne Vertretungsmacht._ [I] **Schließt jemand ohne Vertretungsmacht im Namen eines anderen einen Vertrag, so hängt die Wirksamkeit des Vertrags für und gegen den Vertretenen von dessen Genehmigung ab.**

[II] **Fordert der andere Teil den Vertretenen zur Erklärung über die Genehmigung auf, so kann die Erklärung nur ihm gegenüber erfolgen; eine vor der Aufforderung dem Vertreter gegenüber erklärte Genehmigung oder Verweigerung der Genehmigung wird unwirksam. Die Genehmigung kann nur bis zum Ablaufe von zwei Wochen nach dem Empfange der Aufforderung erklärt werden; wird sie nicht erklärt, so gilt sie als verweigert.**

178 *Widerrufsrecht des anderen Teils.* Bis zur Genehmigung des Vertrags ist der andere Teil zum Widerrufe berechtigt, es sei denn, daß er den Mangel der Vertretungsmacht bei dem Abschlusse des Vertrags gekannt hat. Der Widerruf kann auch dem Vertreter gegenüber erklärt werden.

1   **1) Vorbemerkungen zu §§ 177–180. – a) Anwendungsbereich.** Die §§ 177 ff gelten für alle Fälle, in denen ein Vertreter ohne Vertretgsmacht ein RGesch in fremdem Namen vornimmt. Sie sind daher anwendb, wenn die Vertretgsmacht nicht od nicht wirks erteilt war od wenn sie dch Anf od Widerruf erloschen ist. Entspr gilt, wenn der Vertreter seine Vertretgsmacht bewußt od unbewußt überschreitet (§ 167 Rn 10), wenn er die Vertretgsmacht mißbraucht (§ 164 Rn 14, str) od wenn er von ihr keinen Gebrauch machen will (BGH DNotZ **68**, 408). Die §§ 177 ff gelten auch dann, wenn der AG-Vorstd im ZuständigkBereich des AufsR handelt (str, s BGH NJW-RR **93**, 1251) od wenn Organe von öffR Körpersch außerh der Grenzen ihrer Vertretgsmacht handeln (BGH **6**, 333, **32**, 381, Hamm NJW-RR **93**, 1403). Hierher gehören auch die Fälle, in denen GemOrgane ohne Beachtg der ges vorgeschriebenen Förmlichk gehandelt haben, da deren Einhaltg Voraussetzg für ein wirks Vertreterhandeln ist (§ 125 Rn 4, str). Die §§ 177 ff sind dagg unanwendb, wenn eine Vertretg ges ausgeschl ist (BGH **LM** § 177 Nr 10, NJW **71**, 428). Sie scheiden auch aus, wenn eine Duldgs- od AnscheinsVollm vorliegt (BGH **86**, 275, K. Schmidt FS Gernhuber, 1993, 435, für ein WahlR des and Teils Canaris NJW **91**, 2628) od wenn gg den Vertretenen aus Grden des Vertrauensschutzes ein ErfAnspr besteht (Karlsr VersR **86**, 33). Entscheidd ist, ob die Vertretgsmacht bei Abgabe der WillErkl bestanden hat (Ffm OLGZ **84**, 12); ihr Erlöschen zw Abgabe u Zugang der 2 Erkl ist unschädl (MüKo/Schramm Rn 11, *arg* §§ 130 II, 153, str). – **b)** Die §§ 177 ff, insb **§ 179,** sind **entsprechend anwendbar,** wenn der Vertreter, der für einen namentl nicht genannten Vertretenen aufgetreten ist, diesen trotz Aufforderg nicht benennt (BGH NJW **95**, 1742, Ffm NJW-RR **87**, 914, Köln NJW-RR **91**, 919, § 164 Rn 9), wenn der Bote ohne Auftr handelt od bewußt eine and als die aufgetragene Erkl abgibt (Oldbg NJW **78**, 951, § 120 Rn 2), wenn jemand unberecht als ges Verwalter fremden Vermögens auftritt (RG **80**, 417, RGRK Rn 3, Müller JZ **81**, 370 zum TestVollstr, Einf 9 v § 164), wenn jemand **unter fremdem Namen** gehandelt hat u das Gesch als ein solches des Namensträgers anzusehen ist (§ 164 Rn 11). Nach dem RGedanken des § 179 haftet auch der Vertreter, der bei der Stimmabgabe für and Aktionäre die aktienrechtl TreuPfl verletzt u die Namen seiner VollmG nicht angibt (BGH NJW **95**, 1742). Auch beim 3 Handeln für eine **noch nicht bestehende** jur Pers od **Handelsgesellschaft** gelten die §§ 177 ff entspr (BGH **91**, 152, NJW **73**, 798, Hamm NJW-RR **87**, 1110), ebso bei VertrSchl für eine zu errichtde BauherrnGemeinsch (BGH **105**, 285, Köln NJW-RR **87**, 1375). Die Haftg aus § 179 greift hier auch dann ein, wenn der GeschGegner wußte, daß die jur Pers (Gesellsch) noch nicht rechtl existent war (BGH **63**, 48, **105**, 286, Hamm NJW-RR **87**, 633). Sie entfällt aber – ebso wie der Anspr aus GmbHG 11 (BGH **80**, 182, NJW **82**, 933) –, sobald die jur Pers u der gg sie gerichtete Anspr existent w (BGH **69**, 101, WM **79**, 146), jedoch bleibt die etwaige Haftg als Gter der VorGesellsch unberührt (BGH NJW **83**, 2822). § 179 ist unanwendb, sow die Sonderregeln in GmbHG 11, AktG 41 eingreifen (RG **122**, 172, 175, hM), die jedoch für das Vorgründgsstadium (BGH **91**, 148) u bei einem ausdr Auftreten der Gesellsch iG nicht gelten (str, s Jula BB **95**, 1599). Kein Fall der §§ 177 ff liegt vor, wenn der Vertreter nicht für die künft jur Pers, sond ausschließl für die GründgsGesellsch auftritt (Soergel-Leptien Rn 10). Tritt der Vertreter im Namen einer nicht existierden („erdichteten") Pers auf, ist (allein) § 179 analog anzuwenden (s RG **106**, 74, Larenz § 32 II).
4   – **c) Vertretung ohne Vertretungsmacht** (AußenVerh) **und Geschäftsführung ohne Auftrag** (InnenVerh). Sie laufen meist, aber nicht notw parallel. Zw dem Vertretenen u dem Vertreter ohne Vertretgsmacht kann ein VertrVerh bestehen, umgekehrt kann der GeschFü ohne Auftr uU Vollm haben. Bei berecht GoA hat der GeschFü gem §§ 683, 670 einen Anspr auf AufwendgsErs, nicht aber auf Gen des abgeschl Vertr (BGH **LM** § 177 Nr 1, Beigel BauR **85**, 40). Dem GeschFü steht §§ 679, 680 steht aber in deren Rahmen ges Vertretgsmacht zu (LG Saarbr NJW **71**, 1894, Bertzel AcP **158**, 109, NJW **62**, 2280, Soergel-Leptien Rn 8; aA Olschewski NJW **72**, 346, Berg NJW **72**, 1117; vgl auch § 2038 Rn 5).

5   **2)** Die ohne Vertretgsmacht abgeschl **Verträge** sind **schwebend unwirksam** (Übbl 31 f v § 104). Das gilt auch für dingl Vertr wie die Aufl (RG **103**, 295, 303). Sie w mit der Gen (Rn 6) vollwirks, mit deren Verweigerg dagg endgült unwirks (nichtig). Der bis zur Entsch über die Gen bestehde Schwebezustand ist gesetzl nicht befristet. Er kann vom GeschGegner aber dch Widerruf (Rn 9) od dch **Aufforderung** gem § 177 II beendet w. Diese hat die Wirkg, daß die Erkl über die Gen nur noch ggü dem GeschGegner erfolgen kann, daß eine dem Vertreter ggü bereits abgegebene Erkl nachträgl unwirks w u daß für die Gen eine AusschlFr von 2 Wochen beginnt, die aber verlängert w kann. Der mit dem Vollzug eines Vertr beauftragte Notar ist idR nicht bevollmächtigt, eine Aufforderg mit der RWirkg des § 177 II abzugeben (Holthausen-Dux NJW **95**, 1470, aA Köln NJW **95**, 1499). § 177 II entspr § 108 II. Vgl daher näher § 108 Rn 5 ff; auch § 108 Rn 7 gilt entspr.

6   **3) Genehmigung. – a)** Sie ist eine einseit empfangsbedürft WillErkl (Übbl 11 v § 104), auf die die §§ 182 ff anzuwenden sind. Die Gen kann dch den Vertretenen, seine Erben (Hamm Rpfleger **79**, 17), seinen SonderRNachfolger (BGH **79**, 378), seinen ges Vertreter od einen Bevollm erfolgen. Auch der Vertreter ohne Vertretgsmacht kann genehmigen, wenn er nachträgl Vertretgsmacht erlangt (BGH WM **60**, 611, Ffm FamRZ **86**, 592). Die Gen kann bis zur Aufforderg gem § 177 II (Rn 5) ggü dem Vertreter od ggü dem GeschGegner erkl w. Das gilt auch, wenn von mehreren GesVertretern nur einer aufgetreten ist (BGH **LM** § 164 Nr 15, § 167 Rn 13); iF der GesVertretg ist die Gen dch die übrigen Vertreter aber nur dann wirks, wenn der zunächst Handelnde mit dem Gesch noch einverstanden ist (BGH **30**, 313, WM **76**, 1054). Die Gen kann auch dch **schlüssiges Handeln** erfolgen. Voraussetzg ist jedoch, daß der Vertretene die mögl Deutg seines Verhaltens als Gen bei Anwendg pflgem Sorgf hätte erkennen können (BGH **109**, 177, § 133 Rn 11). Das ist idR nur anzunehmen, wenn er sich der schwebden Unwirksamk des Vertr bewußt ist od mit ihr rechnet (BGH DB **76**, 1573, WM **81**, 171, stRspr). Bloßes Schweigen genügt nur dann, wenn der Vertretene nach Treu u Glauben verpfl gewesen wäre, seinen abw Willen zu äußern (Einf 10 v § 116). Das kann anzunehmen sein, wenn der Ehemann ohne Vertretgsmacht für die Ehefrau aufgetreten ist (Karlsr VersR **92**,

1363), wenn der Vertreter nachträgl Vertretgsmacht erlangt u über die Gen zu entscheiden hat (Ffm BB **80**, 10), wenn es um die Gen eines GesVertreters geht (RG **75**, 424). Bei einem teilb RGesch ist auch eine TeilGen mögl; für ihre Wirkg gilt § 139 entspr (MüKo/Schramm Rn 35). – **b)** Die Gen bedarf nicht der **Form,** die für das genehmiggsbedürft RGesch best ist (§ 182 II). Das gilt auch dann, wenn die Vollm selbst ausnahmsw formbedürft gewesen wäre (BGH NJW **94**, 1344, § 182 Rn 2). Die Gen dch GemOrgane muß dagg die in den GemO festgelegten Förmlichk wahren, da deren Beachtg Voraussetzg für ein wirks Vertreterhandeln ist (s BGH NJW **66**, 2401, **82**, 1036, **84**, 606, Mü NVwZ **85**, 293, § 125 Rn 4). Bei **fristgebundenen** RGesch ist die Gen nur wirks, wenn sie vor FrAblauf erteilt w (MüKo/Schramm Rn 40). – **c)** Die Gen hat **rückwirkende Kraft** (§ 184 II). Sie schließt iZw die Gen der etwaigen GoA ein (BGH ZIP **85**, 536). Das Gesch kommt zustande, wie wenn der Vertreter von Anfang an Vertretgsmacht gehabt hätte. Aus dem Vertr ist allein der Vertretene verpfl (§ 164 Rn 15). Für Willensmängel usw gilt § 166 I, jedoch muß sich der Vertretene gem § 166 II auch seine Kenntn anrechnen lassen (§ 166 Rn 10).

4) Widerrufsrecht des GeschGegners (§ 178). Es ist ausgeschl, wenn der GeschGegner den Mangel der Vertretgsmacht kannte. Es endet mit Gen. Der Widerruf ist formfrei, muß aber erkennen lassen, daß der Vertr wg des Vertretgsmangels nicht gelten soll (RG **102**, 24, BGH NJW **65**, 1714, WM **73**, 460). Ein auf and Grde gestützter Rücktr ist daher kein Widerruf, ebsowenig ein ÄndVorschlag, wohl aber die Geltdmachg von Anspr aus § 812 (BGH NJW **88**, 1200).

179   *Haftung des Vertreters ohne Vertretungsmacht.* [I] **Wer als Vertreter einen Vertrag geschlossen hat, ist, sofern er nicht seine Vertretungsmacht nachweist, dem anderen Teile nach dessen Wahl zur Erfüllung oder zum Schadensersatze verpflichtet, wenn der Vertretene die Genehmigung des Vertrags verweigert.**

[II] **Hat der Vertreter den Mangel der Vertretungsmacht nicht gekannt, so ist er nur zum Ersatze desjenigen Schadens verpflichtet, welchen der andere Teil dadurch erleidet, daß er auf die Vertretungsmacht vertraut, jedoch nicht über den Betrag des Interesses hinaus, welches der andere Teil an der Wirksamkeit des Vertrags hat.**

[III] **Der Vertreter haftet nicht, wenn der andere Teil den Mangel der Vertretungsmacht kannte oder kennen mußte. Der Vertreter haftet auch dann nicht, wenn er in der Geschäftsfähigkeit beschränkt war, es sei denn, daß er mit Zustimmung seines gesetzlichen Vertreters gehandelt hat.**

1) Voraussetzungen. – a) § 179 begründet eine schuldunabhäng ges Garantiehaftg. Sie beruht auf dem Gedanken, daß der Vertreter ohne Vertretgsmacht **Vertrauen** veranlaßt u enttäuscht h (BGH **39**, 51, **73**, 269). Die Vorschr betrifft nicht nur die gewillkürte, sond auch die ges u organschaftl Vertretg (RG **104**, 193, BGH **39**, 52, s § 178 Rn 1). Sie gilt für Vertr aller Art, also auch für Vfgen. Zur Anwendg des § 179 genügt es, daß der Vertr wg VollmÜberschreit teilw unwirks ist (BGH **103**, 274, krit Jakobs NJW **89**, 697). Die Haftg setzt voraus, daß der Vertretene die Gen verweigert hat od sie gem § 177 II als verweigert gilt. Der dch die Verzögerg der Gen verursachte Schaden fällt nicht unter § 179 (Soergel-Leptien Rn 5). Keine Haftg, wenn der GeschGegner gem § 178 widerrufen hat (Reinicke/Tiedtke DB **88**, 1203, aA BGH NJW **88**, 1200). Da nur das Vertrauen auf die Vertretgsmacht geschützt w, greift § 179 nicht ein, wenn der Vertr aus and Grd (Formmangel, GeschUnfgk, Verstoß gg § 134, 138) nichtig ist (RG **145**, 43, Staud-Dilcher Rn 9), jedoch kommt hier uU eine Haftg aus c.i.c. in Betracht (Soergel-Leptien Rn 12, weitergeh RG **106**, 73, **145**, 44, die uU § 179 analog anwenden). Entspr gilt, wenn der Vertr wg fehlder VfgsMacht des Vertretenen undchführb war (BGH JZ **57**, 441) od wg Vermögenslosigk des Vertretenen keine realisierb Anspr begründete (Hamm MDR **93**, 515). Ein etwaiges Anf- od **Widerrufsrecht** (VerbrKrG 7, HausTWG 1) kann der **2** Vertreter an Stelle des Vertretenen ausüben (BGH NJW-RR **91**, 1075). Entnehmen der GeschGegner u der Vertreter die ges Vertretgsmacht übereinstimmd einem verfassgswidrigen Ges (§ 1629 aF), ist § 179 nach seiner *ratio* nicht anwendb, da Veranlasser des enttäuschten Vertrauens nicht der Vertreter, sond der GesGeber war (s BGH **39**, 51). Zu weitgeh aber die These, daß § 179 bereits dann unanwendb sei, wenn der Vertreter dem GeschGegner die Tats unterbreitet habe, aus denen er seine Vertretgsmacht herleite (so BGH aaO). Trotz dieser Offenlegg muß der Vertreter als der Sachnähere grdsl das Risiko einer Falschbeurteilg tragen (Prölss JuS **86**, 170), doch kann uU § 179 III anwendb sein (Rn 4). Zur **entsprechenden Anwendung** des § 179 auf den Boten, den unter fremdem Namen od für eine nicht existierde Pers Handelnden s § 178 Rn 2 f.

b) Der **Untervertreter** haftet für Mängel der Untervollm. Für Mängel der Hauptvollm muß er einste- **3** hen, wenn er ohne Offenlegg der mehrstufigen Vertretg für den Vertretenen aufgetreten ist; nicht aber, wenn er klargestellt hat, daß er seine Vollm von einem Hauptvertreter ableitet (BGH **68**, 394, Hbg VersR **87**, 1216, Bühler MDR **87**, 985, ebso mit and Begr – s § 167 Rn 12 – BGH **32**, 254, str).

c) Die Haftg w dch **III ausgeschlossen,** wenn der GeschGegner den Mangel der Vertretgsmacht kannte **4** od kennen mußte. Etwas and gilt aber beim Handeln für eine noch nicht bestehde jur Pers (§ 178 Rn 3). Wer ausdr ohne Vertretgsmacht auftritt u die Gen des Vertretenen zu Unrecht als sicher hinstellt, haftet nicht aus § 179, sond allenfalls aus c.i.c. (s Köln JMBlNRW **71**, 270). Zusage, Vollm nachzureichen, bedeutet idR, daß Vollm mdl bereits erteilt sei, macht den Gegner daher nicht bösgläub (Celle DNotZ **77**, 33). Eine Nachprüfgs- od ErkundiggsPfl besteht nur dann, wenn die Umst des Einzelfalles Zweifel an der Vertretgsmacht begründen (BGH NJW **90**, 388, Düss NJW-RR **95**, 113). Wer mit einem GemOrgan kontrahiert, braucht dessen ges Vertretgsmacht grdsl nicht anhand der einschläg RVorschr zu überprüfen (RG **104**, 194), and aber bei Gesch, die über den Kreis laufder Verw hinausgehen u einen bedeutsamen Umfang h (Celle OLGZ **76**, 443). Der beschr geschfäh Vertreter haftet nur, wenn er mit Zust seines ges Vertreters gehandelt hat (**III 2**). Es genügt die Zust zur Vertretg als solche, nicht gerade die zur Vertretg ohne Vertretgsmacht ist nicht erforderl (Soergel-Leptien Rn 20, aA van Venrooy AcP **181**, 220). Die Haftg wird dch III auch dann ausgeschlossen, wenn dem Gegner nur Fahrlässigk, dem Vertreter aber Vorsatz vorzuwerfen ist (LG Bochum NJW-RR **89**, 1365).

5 **2) Rechtsfolgen.** Der Vertreter haftet nach Wahl des GeschGegners auf Erf od SchadErs. Es handelt sich nicht um eine Wahlschuld sond um einen Fall elektiver Konkurrenz (§ 262 Rn 6, sehr str). – **a)** Die Wahl der **Erfüllung** macht den Vertreter nicht zur VertrPart (BGH NJW **70**, 241), gibt ihm aber tatsächl deren Stellg. Er hat keinen eig ErfAnspr (Staud-Dilcher Rn 15, str, s Koch JuS **81**, 129), wohl aber die Einr aus § 320 u die Rechte aus §§ 323ff (RG **120**, 129, BGH NJW **71**, 430); bei mangelh GgLeistg gelten die GewLVorschr zu seinen Gunsten (Hbg SeuffA **62**, 201); er hat auch alle sonst in Betracht kommden Einr, so auch die aus VOB/B 16 Nr 3 II (Düss BauR **85**, 339). Alle Anspr aus dem SchuldVerh richten sich gg ihn; das gilt auch für RückgewährAnspr (Düss MDR **84**, 666). Er haftet wie eine VertrPart für Verzug, Unmöglichk u pVV (s RG **120**, 129), u zwar gem § 328 auch ggü Dr (Hamm NJW-RR **87**, 1110). Die Kl gg ihn kann am ErfOrt erhoben w (Mü OLGZ **66**, 425), die im Vertr enthaltene SchiedsGerAbrede bindet ihn dagg nicht (BGH **68**,
6 360). – **b)** Der **Schadensersatzanspruch** umfaßt das ErfInteresse. Er ist nicht auf Naturalrestitution, sond auf GeldErs gerichtet (MüKo/Schramm Rn 32). Er erstreckt sich auch auf die Kosten eines erfolglosen Proz gg den Vertretenen (Düss NJW **92**, 1177). Bei ggs Vertr gilt die abgeschwächte Differenztheorie (§ 325 Rn 11). Der Vertreter muß sich gem § 166 II die Argl des Vertretenen zurechnen lassen, auch wenn er selbst
7 gutgl ist (Köln NJW-RR **90**, 760). – **c)** Hat der Vertreter den Mangel der Vertretgsmacht **nicht gekannt**, beschr sich seine Haftg aus § 179 II auf den Ers des Vertrauensschadens (§ 122 Rn 4). Kennenmüssen schadet nicht; II ist aber unanwendb, wenn die Ann der Vertretgsmacht auf willkürl Unterstellen beruht (Saarbr
8 OLGZ **89**, 235). – **d)** Alle Anspr aus § 179 **verjähren** in der Fr, die für den ErfAnspr aus dem nicht wirks gewordenen Vertr gegolten hätte (BGH **73**, 271). – **e)** Mit dem Anspr aus § 179 kann ein Anspr aus Delikt, unter den Voraussetzgen von § 276 Rn 93ff aber auch ein SchadErsAnspr aus c. i. c. gg den Vertreter **konkurrieren** (Hamm NJW **94**, 666).

9 **3)** Eine **Haftung des Vertretenen** kann sich aus c. i. c. ergeben. Er muß für eig Verschulden einstehen (ungenaue Ausdrucksweise, mangelh Auswahl od Überwachg). Er haftet gem § 278 aber auch für das Verschulden des vollmlosen Vertreters, sow er diesen zu seinem VhdlgsGeh bestellt hat (§ 276 Rn 92). Hat das Organ einer jur Pers mit der Überschreitg seiner Vertretgsmacht zugl eine unerl Hdlg (zB Betrug) begangen, greift die Haftg aus § 31 ein (dort Rn 10f). Auch die BerHaftg des Vertretenen w dch die Anspr aus § 179 gg den Vertreter nicht ausgeschl (BGH **36**, 35, § 812 Rn 46); der Vertreter kann ggf analog § 255 die Abtr der BerAnspr gg den Vertretenen verlangen (Beigel BauR **87**, 626).

10 **4) Beweispflichtig** für das Handeln im fremden Namen, den VertrSchluß u die Verweigerg der Gen ist der VertrGegner (KG JW **30**, 3488, Baumgärtel/Laumen Rn 1), für die Begründg der Vertretgsmacht der Vertreter (BGH **99**, 52, Düss NJW **92**, 1176), für deren Erlöschen der VertrGegner, für die Voraussetzgen von II u III der Vertreter (MüKo/Schramm Rn 39, allgM).

180 **Einseitiges Rechtsgeschäft.** **Bei einem einseitigen Rechtsgeschäft ist Vertretung ohne Vertretungsmacht unzulässig. Hat jedoch derjenige, welchem gegenüber ein solches Rechtsgeschäft vorzunehmen war, die von dem Vertreter behauptete Vertretungsmacht bei der Vornahme des Rechtsgeschäfts nicht beanstandet oder ist er damit einverstanden gewesen, daß der Vertreter ohne Vertretungsmacht handele, so finden die Vorschriften über Verträge entsprechende Anwendung. Das gleiche gilt, wenn ein einseitiges Rechtsgeschäft gegenüber einem Vertreter ohne Vertretungsmacht mit dessen Einverständnisse vorgenommen wird.**

1 Die von od ggü einem machtlosen Vertreter vorgenommenen einseit RGesch (Übbl 11 v § 104) sind nichtig u nicht genfäh (S 1). Das gilt ausnlos für nichtempfangsbedürft WillErkl (Bsp Auslobg, Aneigng) u für amtsempfangsbedürft WillErkl (BPatG NJW **64**, 616, Göppinger FamRZ **87**, 765). Bei sonst empfangsbedürft WillErkl, aber auch bei geschähnl Hdlgen wie die Mahng (s Ffm FamRZ **86**, 592) gelten die §§ 177–179 entspr, wenn der Gegner die behauptete Vertretgsmacht nicht beanstandet od mit dem Handeln ohne Vertretgsmacht einverstanden ist (S 2). Beanstanden ist gleichbedeutd mit unverzügl Zurückweisen iSd § 174 (s Kblz NJW-RR **92**, 1093). Das Einverständn kann auch dch schlüssige Hdlg erkl w; es setzt aber voraus, daß der Gegner das Fehlen der Vertretgsmacht kennt od für mögl hält (Soergel-Leptien Rn 11). Besteht für das RGesch eine Fr (Bsp: § 626 II), muß die Gen vor FrAblauf erteilt w (BAG NJW **87**, 1038). Auf ProzHdlgen wie die Unterwerfg unter die sofort ZwVollstr ist § 180 nicht anzuwenden (RG **146**, 313).

181 **Selbstkontrahieren.** **Ein Vertreter kann, soweit nicht ein anderes ihm gestattet ist, im Namen des Vertretenen mit sich im eigenen Namen oder als Vertreter eines Dritten ein Rechtsgeschäft nicht vornehmen, es sei denn, daß das Rechtsgeschäft ausschließlich in der Erfüllung einer Verbindlichkeit besteht.**

1 **1) Allgemeines. – a) Bedeutung.** § 181 beschränkt sowohl die rgeschäftl als auch die gesetzl Vertretgsmacht. Diese berecht grdsl nicht zur Vornahme von **Insichgeschäften**, gleichgült, ob es sich um ein Gesch des Vertreters mit sich selbst (Selbstkontrahieren) oder mit einem von ihm vertretenen Dr (Doppel- od Mehrvertretg) handelt. Konstruktiv ist § 181 nicht als Verbot iSd § 134, sond als eine Beschränkg des rechtl
2 Könnens aufzufassen (§ 134 Rn 1). – **b) Zweck.** § 181 beruht auf dem Gedanken, daß die Mitwirkg derselben Pers auf beiden Seiten des RGesch die Gefahr eines Interessenkonflikts u damit die Schädigg eines Teils in sich birgt (BGH **51**, 210, **56**, 101). Ggü diesem Normzweck ist der Tatbestd des § 181 aber verselbständigt. Für seine Anwendg kommt es grdsl auf die **Art der Vornahme** des RGesch an; die Feststellg eines konkreten Interessenkonflikts ist weder erforderl noch ausr (RG **157**, 31, BGH **21**, 231, **91**, 337, NJW **91**, 983). Unglückl ist aber die Bezeichng des § 181 als **formale Ordnungsvorschrift** (so BGH **50**, 11 uö). Bei der Abgrenzg des § 181 ist neben dem Wortlaut u den Erfordern der RSicherh u RKlarh auch der **Schutzzweck** der Vorschr zu berücksichtigen (BGH **56**, 97, **77**, 9). Er führt in best Fallgruppen zu einer Einschränkg des § 181 (Rn 9ff), in and zu einer Erweiterg (Rn 12ff).

2) Anwendungsbereich. – a) Persönlicher. § 181 gilt nicht nur für den rgeschäftl, sond auch den 3 gesetzl Vertreter (RG **71**, 163, BGH **50**, 10), den Vertreter ohne Vertretgsmacht (BayObLG Rpfleger **88**, 61), für Organe von jur Pers im PrivR (BGH **33**, 190, **56**, 101) u des öffR (LG Arnsberg Rpfleger **83**, 63). Es genügt, wenn der Handelnde auf einer Seite als Gesamtvertreter, dh unter Mitwirkg weiterer Vertreter aufgetreten ist (BGH NJW **92**, 618, BayObLG **79**, 191). Auf den TestVollstr ist § 181 entspr anzuwenden (BGH **30**, 67, **51**, 213, **108**, 24, näher § 2205 Rn 30), ebso auf den Nachl-, Konk- u ZwangsVerw (BGH **113**, 270). – **b) Gegenständlicher. – aa)** § 181 gilt für das gesamte **Privatrecht**, auch für das GesellschR (s aber 4 Rn 10). Er tritt zurück, soweit SonderVorschr eingreifen. Bei Beschlüssen zur Willensbildg in einem Verein, einer KapitalGesellsch od einer WoEigtGemeinsch enthalten § 34, AktG 136, GmbHG 47 IV, GenG 43 III, WEG 25 IV Sonderregelgen (Karlsr OLGZ **76**, 145, MüKo/Schramm Rn 17). Für Versteigergen gilt § 456. – **bb)** Auf **Prozeßhandlungen** ist § 181 nicht anzuwenden (BGH **41**, 107). Er ist auch in FGG-Streitsachen 5 in einem Proz niemand auf beiden Seiten Part od PartVertreter sein kann. Er ist auch in FGG-Streitsachen anwendb (BayObLG NJW **62**, 964), nicht aber auf Registeranmeldgen (BayObLG **70**, 134, **77**, 78).

3) Voraussetzungen. – a) § 181 gilt grdsl für alle **Rechtsgeschäfte.** Er erfaßt Vertr jegl Art, auch die 6 dingl Einigg (RG **89**, 371) sowie Vertr des FamR (RG **79**, 283) u des ErbR (BGH **50**, 10). Er ist auch auf einseit RGesch, wie Künd, Rücktr, Bevollmächtigg, Zust u Anf anzuwenden (BGH **77**, 9, NJW-RR **91**, 1441), ebso auf geschäftsähnl Hdlgen, wie Mahng, FrSetzgen (BGH **47**, 357), nicht aber auf streng einseit RGesch (BayObLG **53**, 266). – **b)** Der Vertreter muß **auf beiden Seiten** des RGesch auftreten. – **aa)** Das ist 7 bei **Verträgen** der Fall, wenn er für den Vertretenen mit sich selbst od mit einem von ihm vertretenen Dritten kontrahiert. Dagg ist § 181 unanwendb, wenn jemand einen Vertr zugl im eig Namen od für mehrere Vertretene mit einem Dr abschließt, also keine ggläuf, sond parallele WillErkl abgibt (RG **127**, 105, BGH **50**, 10, BayObLG FGPrax **95**, 20). Zu prüfen ist aber jeweils, ob gleichzeit ein RGesch zw dem Vertreter u dem Vertretenen vorliegt. Das ist der Fall bei Gründg einer Gesellsch (Zweibr OLGZ **80**, 213), bei Eintritt mehrerer Pers in eine Gesellsch (BayObLG NJW **59**, 989), idR auch bei ErbauseinanderSVertr (BGH **21**, 231, **50**, 10). § 181 gilt auch, wenn der Aussteller den Wechsel namens des Bezogenen annimmt (Tiedtke BB **76**, 1535). Wird ein Wertpapier dch dieselbe Bank eingezogen u eingelöst, kann ein InsichGesch vorliegen (RG **111**, 349, BGH **26**, 171). – **bb)** Bei **einseitigen Rechtsgeschäften** u geschäftsähnl Hdlgen ist 8 (Übbl 6 vor § 104) ist § 181 anwendb, wenn der Erkläde u der ErklEmpfänger ident sind (BGH WM **91**, 1754), ferner unter den Voraussetzgen von Rn 13. Dagg liegen die Voraussetzgen des § 181 nicht vor, wenn der Vertreter einen von ihm im eig Namen abgeschlossenen zustimmgsbedürft Vertr namens des Vertretenen zustimmt, sofern die Zust ggü dem VertrGegner erklärt wird (OLG **76**, 92, BGH **94**, 137, str, BayObLG NJW-RR **95**, 1033 läßt offen). Entspr gilt, wenn der vollmachtlose Vertreter den Vertr nach Erwerb der Vertretgsmacht ggü dem Gegner genehmigt (BGH **41**, 107); wenn der Verwalter dem Verkauf seiner EigtWo dch Erkl ggü dem Erwerber zustimmt (Düss NJW **85**, 390, BayObLG NJW-RR **86**, 1077, aA Sohn NJW **85**, 3060). Auch der ÜberweisgsAuftr, dch den der Vertreter im Namen des Vertretenen von dessen Girokonto auf sein eigenes überweist, fällt nicht unter § 181, da es sich nicht um ein RGesch zw Vertreter u Vertretenem, sond um eine Weisg an die Bank (§ 665 Rn 5) handel (Canaris BankVertrR Rn 169, 320). And ist es bei Eintraggsbewilliggen, wenn diesen eine InsichEinigg zw Vertreter u Vertretenem zugrde liegt, so bei Bewilligg der Eintragg od Abtr einer Hyp zG des Vertreters (s RG **89**, 371, Rn 13).

4) Einschränkung des Tatbestandes. – a) § 181 ist nach seinem Normzweck (Rn 2) unanwendb, wenn 9 das InsichGesch dem Vertretenen lediglich **rechtlichen Vorteil** (§ 107 Rn 2 ff) bringt, da hier ein Interessenwiderstreit ausgeschl ist u Belange Dr nicht entgstehen (BGH **59**, 240, **94**, 235, NJW **82**, 1984, BFH NJW **77**, 456, aA RG **157**, 31). Zul ist es daher auch, wenn GesVertreter einem von ihnen EinzelVollm erteilen, obwohl dieser auf beiden Seiten bei der Bevollmächtigg beteiligt ist (RG **80**, 182, Celle SJZ **48**, 311, Rn 12). – **b)** Aus ähnl Erwägen hat der BGH § 181 nicht auf RGesch zw dem **Alleingesellschafter** einer 10 GmbH od GmbH & Co KG u der Gesellsch angewandt (BGH **56**, 97, **75**, 360). Der seit dem 1. 1. 81 geltde GmbHG 35 IV bestimmt aber in bewußter Abweich von dieser Rspr, daß § 181 auch für Vertr zw dem Alleingesellsch u der Gesellsch gilt. – **c)** Im **Gesellschaftsrecht** ist zu unterscheiden: – **aa)** Auf Beschlüs- 11 se, die im Rahmen des GesellschVertr über **Maßnahmen der Geschäftsführung** u sonst gemeins Angelegenh gefaßt w, ist § 181 nach seinem Normzweck nicht anzuwenden (BGH **65**, 98). Mj Gesellschter können daher dch ihre Eltern vertreten w (BGH aaO). Auch zur steuerl Anerkenng ist eine Pflegerbestellg nicht erforderl (BMF BB **76**, 22 u BFH DB **76**, 1088. – **bb)** Auf Beschlüsse, die eine **Änderung des Gesellschaftsvertrages** zum Ggst haben, ist § 181 dagg anwendb (BGH NJW **61**, 724, **76**, 1539). Entspr gilt für Änd einer GmbH-Satzg (BGH NJW **89**, 169), für den Beschluß über die Auflösg der Gesellsch (Erm-Brox Rn 12, aA BGH **52**, 318) u die Wahl des Vertreters in ein GesellschOrgan (BGH **51**, 213, Hübner, Interessenkonflikt u Vertretgsmacht, 1977, S 281). Wählt sich ein Gesellschter zugleich in Vollm seiner MitGesellschter zum GeschFü, ist § 181 gleichf anwendb (BGH **112**, 341, Hübner JZ **91**, 879).

5) Erweiterung des Tatbestandes. – a) Bestellt der Vertreter einen **Untervertreter** u nimmt er das 12 RGesch diesem ggü vor, ist § 181 nach seinem Normzweck (Rn 2) analog anwendb (Ffm OLGZ **74**, 347, MüKo/Schramm Rn 21, wohl auch BGH **64**, 74, hM, aA RG **108**, 407, BAG FamRZ **69**, 535). Entspr gilt, wenn der Vertreter für den Vertretenen handelt u für sich einen Vertreter auftreten läßt (Hamm NJW **82**, 1105). Zul ist dagg, wenn ein gesamtvertretgsberecht GeschFü, der mit der Gesellsch kontrahieren will, den and GeschF zur Alleinvertretg ermächtigt, da dieser selbst u aus eig Recht handelt (BGH **64**, 72, MüKo/Schramm Rn 20). Unbedenkl ist es auch, wenn für die GmbH ein Prokurist auftritt, da dieser nicht als Untervertreter des GeschF, sond in eig Verantwortg tät wird (BGH **91**, 336). – **b)** Bei **amtsempfangsbe-** 13 **dürftigen** Erkl ist zu unterscheiden: – **aa)** Hätte der Vertreter die Erkl wie iF der §§ 875 I 2, 1516 II, 1183 auch ggü sich selbst abgeben können, ist § 181 analog anzuwenden, da er der Sache nach ErklEmpfänger ist (BGH **77**, 8, Kuntze JR **80**, 413). Das gilt ebso, wenn die TestErbin namens der gesetzl Erben das Test ggü dem NachlGer anficht (RG **143**, 353). – **bb)** Unanwendb ist § 181, wenn das Amt (Ger) nicht nur formell, sond auch der Sache nach ErklEmpfänger ist. Die Ausschlag der Erbsch dch den gesetzl Vertreter ist daher auch wirks, wenn er hierdch Erbe wird (BayObLG **83**, 220, Coing NJW **85**, 9, aA Heldrich FS

14 Lorenz S 97, Buchholz NJW **93**, 1161). – **c)** Dagg ist eine analoge Anwendg des § 181 auf and mögl **Interessenkonflikte** nicht zul (s BGH **91**, 337, MüKo/Schramm Rn 31). Die Übern, Verbürgg od Bestellg einer dingl Sicherh für eine Schuld des Vertreters zu Lasten des Vertretenen (Interzession) wird daher von § 181 nicht erfaßt (RG **71**, 220, MüKo aaO). Der Vertretene wird insow dch die Grds über den Mißbrauch der Vertretgsmacht (§ 164 Rn 13) geschützt.

15   **6) Rechtsfolgen.** Dch den Abschluß des InsichGesch überschreitet der Vertreter seine Vertretgsmacht. Trotz des Wortlauts („kann nicht") ist das Gesch daher nicht nichtig, sond entspr § 177 **schwebend unwirksam** (RG **56**, 107, BGH **65**, 125, NJW-RR **94**, 291, allgM). Ein Arb- od GesellschVertr, aber auch der Vertr mit dem GmbH-GeschFü, ist für die Dauer des Vollzuges trotz des Verstoßes gg § 181 als wirks zu behandeln (BGH NJW **95**, 1158, Einf 25 v § 145). Bei einem einseit RGesch ist § 180 anzuwenden. Für die Genehmigg gilt § 178 Rn 6 ff. Bei Doppelvertretg müssen beide Vertretene genehmigen. Mit dem Tod des Vertretenen geht das GenR auf die Erben über (Hamm OLGZ **79**, 45). Das InsichGesch eines gesetzl Vertreters kann von dem geschäftsfäh Gewordenen od einem Pfleger genehmigt w (RG JW **24**, 1862); eine Gen dch das VormschGer ist ausgeschlossen (RG **71**, 164, BGH **21**, 234, Hamm OLGZ **75**, 173). Der Vertr einer GmbH mit einem gesvertretgsberect GeschFü kann von dem inzw alleinvertretgsberect GeschFü genehmigt w (BGH NJW-RR **94**, 291). Einen Anspr auf Gen hat der Vertretene nur, wenn die Verweigerg rmißbräuchl wäre (RG **110**, 216).

16   **7) Zulässige Insichgeschäfte.** Das InsichGesch ist von Anfang an rwirks, wenn es dem Vertreter gestattet ist od es ausschließl in der Erf einer Verbindlichk besteht. – **a)** Eine **gesetzliche** Gestattg enthalten §§ 1009 II, HGB 125 II, AktG 78 IV, BerBG 3 III. Sie kann sich auch aus dem KirchenR ergeben, so für den Residenzialbischof (BayObLG DNotZ **74**, 226) od den KirchenVorstd (Hamm Rpfleger **74**, 310).

17   – **b) Gestattung durch Rechtsgeschäft. – aa)** Sie kann in der Vollm enthalten sein od dch eine bes einseit empfangsbedürft WillErkl (Einwilligg, § 183) erfolgen. Die Gestattg ist auch bei GrdstVertr grdsl **formfrei** (BGH NJW **79**, 2306, § 313 Rn 21). Sie kann auch dch schlüss Handeln erklärt w. Bsp: Erteilg eines ErsteigergsAuftr an den Versteigerer (BGH NJW **83**, 1187); Erteilg einer AuflVollm dch beide Part in ders Urk (KG JW **37**, 471, LG Kassel DNotZ **58**, 429); Vollm über ein Konto auch zu eig Gunsten zu verfügen (Mü DB **73**, 1693); Billigg eines VertrTextes dch das zuständ Organ, wenn dem Umst nach klar ist, daß der Vollzug dch ein InsichGesch erfolgen w (BGH **58**, 118, DB **71**, 1761, NJW **76**, 1539); uU bei Erteilg einer StimmRVollm (BGH NJW **76**, 959). Die GeneralVollm, Prokura od HandlgsVollm enthält nicht ow eine Gestattg. Auch die Vollm „soweit die Ges eine Vertretg zulassen", ist idR nicht als Gestattg

18 von InsichGesch aufzufassen (KG DR **43**, 802, JR 52, 438). – **bb) Zuständig** für die Gestattg ist der **Vertretene.** Bei Doppelvertretg ist die Gestattg dch beide Vertretenen erforderl (vgl aber zu einem Sonderfall LG Bayreuth Rpfleger **82**, 17). Der Vertreter, der keine Erlaubn zum Selbstkontrahieren hat, kann InsichGesch des Unterbevollmächtigten weder gestatten noch genehmigen (BayObLG BB **93**, 746, aA KG DR **41**, 997). Dem TestVollstr können InsichGesch dch den Erbl (BGH **30**, 70), aber auch dch alle Erben

19 gestattet werden (v Lübtow JZ **60**, 157). – **cc) Organe juristischer Personen** können dch die Satzg von den Beschränkgen des § 181 freigestellt w. Mögl ist auch eine generelle od auf den Einzelfall bezogene Gestattg dch das Bestellorgan; diese bedarf aber einer satzgsmäß Grdl (BGH **87**, 60, NJW **91**, 173, BayObLG **85**, 191, Köln NJW **93**, 1018, str). Fehlt eine Ermächtig in der Satzg, ist eine SatzgsÄnd erforderl (BGH, BayObLG u Köln aaO, aA Altmeppen NJW **95**, 1182). Besteht eine satzgsmäß Grdl, ist

20 auch eine Befreig dch schlüssiges Verhalten mögl (BGH DB **71**, 1761, NJW **76**, 1539). – **dd)** Für die **OHG** u KG gilt Rn 19 entspr (s BGH MDR **70**, 398). Die für die laufde GeschFührg unzuständ GesellschterVersammlg der KG kann in Dchbrechg des GesellschVertr im Einzelfall ein InsichGesch des Kom-

21 plementärs genehmigen (BGH **58**, 118). – **ee)** Eine generelle Befreiung ist im **Register** zu verlautbaren, auch wenn sie sachl beschränkt ist (Düss DNotZ **95**, 237), so beim VereinsVorstd (LG Ravensbg Rpfleger **90**, 26), beim Prokuristen (BayObLG **80**, 200), beim Komplementär (Hamm Rpfleger **83**, 280, Hbg DNotZ **86**, 571) u beim GmbH-GeschFü (BGH **87**, 60, BayObLG **85**, 191, aA Altmeppen NJW **95**, 1182). Sie bleibt wirks, wenn die GmbH zur EinmannGmbH w (BGH **114**, 170), gilt aber nicht ow für den Liquidator (BayObLG **85**, 191, Düss NJW-RR **90**, 51). Nicht eintraggsfäh ist dagg die bloße Ermächtigg zur Befreig (Ffm NJW-RR **94**, 165).

22   **c) Erfüllung einer Verbindlichkeit.** Die Verbindlichk muß vollwirks, fäll u nicht einredebehaftet sein. Sie kann ggü dem Vertretenen, dem Vertreter od (iF der Doppelvertretg) ggü dem Dr bestehen. Auch Verbindlichk aus einem SchenkgsVerspr od einem Vermächtn können dch ein InsichGesch erfüllt w (BayObLG DNotZ **83**, 176). Es genügt aber nicht, daß die Verbindlichk wie iF der §§ 518 II, 313 S 2 erst dch die Erf wirks w (RG **94**, 150). Zul ist nur eine „glatte" Erf, nicht eine Leistg an ErfStatt od erfhalber. Die Aufr steht der Erf gleich, weil beide Fdgen vollwirks u fäll sind. Ist ein einf Schenkg des gesetzl Vertreters das ErfGesch rechtl nachteilig, kommt es für die Anwendg des § 181 auf eine **Gesamtbetrachtung** des schuldrechtl u dingl Gesch an (BGH **78**, 34, § 107 Rn 6). Daraus könnte der allg RGrds abgeleitet w, daß bei einem für den Vertretenen rechtl nachteiligen ErfGesch das GenErfordern auch für das KausalGesch (Schenkg) nicht entfällt (Feller DNotZ **89**, 69).

23   **d)** Das InsichGesch ist nur wirks, wenn es **nach außen erkennbar** vorgenommen worden ist (BGH NJW **62**, 589, **91**, 1730, BFH DB **76**, 2238, Nürnbg NJW-RR **90**, 677). Bei einem formbedürft Gesch muß sich das Handeln für beide Teile aus der Urk ergeben (Düss MDR **77**, 1018). Bei nicht formbedürft SchuldVertr genügt jede Feststellbark des Willens, auch aGrd späterer Hdlgen (RG JW **12**, 236, Soergel-Leptien Rn 11). Dagg ist bei dingl Vfgen, insb die Übertragg von Eigtum od Besitz, eine deutl äußerl Kenntlichmachg unentbehrl (RG **116**, 202). Bei InsichGesch zw der GmbH u ihrem AlleinGesellschter müssen sich Inh u Ztpkt des Gesch aus einer schriftl Aufzeichg einwandfrei ergeben; mindestens ist eine ordngsmäß Verbuchg erforderl (BGH **75**, 363, Mü GmbHRdsch **84**, 98). Auch für InsichGesch gilt aber der Grds, daß iF einer falsa demonstratio das übereinstimmd Gewollte den Vorrang vor der obj ErklBedeutg hat (BGH NJW **91**, 1730).

Sechster Titel. Einwilligung. Genehmigung

Einführung

1) Begriffliches. – a) Zustimmung iSd §§ 182 ff ist die EinverständnErkl zu dem von einem and 1
vorgenommenen RGesch. Die vorh erteilte Zust nennt das BGB **Einwilligung** (§ 183), die nachträgl
Genehmigung (§ 184). Diesen Sprachgebrauch führt das Ges aber nicht streng dch. Vielfach wird die Gen
als Oberbegriff für die vorherige u nachträgl Zust verwandt, so etwa in §§ 1643, 1819 ff, KO 133 f, ferner in
den Ges, die die Wirksamk von RGesch von der Gen einer VerwBeh abhäng machen (Rn 6). – **b)** Von der 2
Zust iSd §§ 182 ff, die fremde RGesch betrifft, sind zu **unterscheiden: – aa)** die Bestätigg (§§ 141, 144), dch
die die Part ein eig bisher fehlerh RGesch als gült anerkennt; – **bb)** die uneigentl Zust (§§ 32 II, 709 I, 744 II);
sie bezieht sich nicht auf ein fremdes RGesch, sond ist Mitwirkg an einem gemeins vorzunehmden RGesch
(Beschluß); – **cc)** die Einwillig zu nicht rgeschäftl Hdlgen, insb die in ärztl Heileingriffe (Übbl 8 v § 104).

2) Rechtsnatur. – a) Die Zust ist eine einseit empfangsbedürft **Willenserklärung** (Übbl 11 v § 104). Sie 3
ist WirksamkVoraussetzg (RBdgg) für das HauptGesch, auf das sie sich bezieht. Sie ist damit funktional ein
Hilfsgeschäft u ebso wie die Vollm (§ 167 Rn 4) abstrakt. Die Normen über RGesch finden auf die
ZustErkl Anwendg, so die Vorschr über Willensmängel (§§ 116 ff), über das Zugehen (§§ 130 ff) u über die
Auslegg (§§ 133, 157). Zu beachten ist aber, daß der Willensmangel die Zust u nicht das zustbedürft RGesch
betreffen muß (BGH **111**, 347). – **b)** Die Zust macht das RGesch so **wirksam, wie es abgeschlossen** 4
worden ist. Der ZustBerecht kann den Inh des RGesch nicht verändern. Eine TeilZust ist mögl, wenn das
RGesch teilb ist u die Teilwirksamk dem hypothetischen PartWillen entspr (§ 139). – **c)** Die Zust kann 5
verschiedenen **Zwecken** dienen. In einigen Fällen ist sie ein Mittel der Aufsicht, so insb bei RGesch von
beschr Geschfäh (§§ 106 ff) u **Betreuten,** für die ein EinwilliggsVorbeh angeordnet worden ist (§ 1903). In
and Fällen ist die Zust deshalb erforderl, weil das RGesch in Rechte od rechtl geschützte Interessen des
ZustBerecht eingreift. Hierher gehören die Zust des Vertretenen zu RGesch des Vertreters ohne Vertretgs-
macht (§ 177), des Berecht zu Vfgen des NichtBerecht (§ 185), eines Eheg zu best Gesch des and (§§ 1365 ff,
1423 ff, 1516), des Kindes zur Anerkenng der nichtehel Vatersch (§ 1600c), des Nacherben zu Vfgen des
Vorerben (§ 2113 III), des Inhabers eines Rechts zur Änd oder Aufhebg des belasteten Rechts (§§ 876, 1071,
1255, 1276), des Gläub zur SchuldÜbern (§ 415), der WoEigtümer iF der WEG 12 III. Unter die §§ 182 ff
fallde Zustimmgserfordernisse können nur dch Ges, nicht dch RGesch begründet w (MüKo/Schramm
Rn 13). Vom Sonderfall der Ausübg eines GestaltgsR abgesehen, ist es aber mögl, die „Zust" eines Dritten
als Bdgg (§§ 158 ff) eines RGesch zu vereinbaren (BAG NJW **95**, 1981).

3) Öffentlichrechtliche Genehmigungen. In einer Anzahl von Ges wird die Wirksamk von priv 6
RGesch von der Gen einer VerwBeh abhäng gemacht (Bsp s § 275 Rn 27 u 32). Diese Gen sind keine RGesch
des PrivR, sond privrechtsgestaltde VerwAkte. Ihre Voraussetzgen u Wirkgen bestimmen sich nach öffR
(BVerwG **11**, 198, MüKo/Schramm Rn 21). Die §§ 182 ff sind weder unmittelb noch analog anwendb (aA
RG **125**, 55, **157**, 211, BGH **LM** § 497 Nr 1). Wem die behördl Gen bekanntzumachen ist, richtet sich nicht
nach § 182 I, sond, sow SpezialVorschr fehlen, nach VwVfG 41 (s BVerwG NJW **70**, 345, **82**, 2630). Für die
Form des VerwAkts sind die Vorschr des VerwR (VwVfG 37) maßgebd, nicht § 182 II. Für die Rückn od
den Widerruf gelten VwVfG 48 u 49, keinesfalls aber § 183. Dch die behördl Gen w das RGesch idR mit
rückwirkder Kraft wirks (§ 275 Rn 28 u 33). Das folgt aber nicht aus einer Analogie zu § 184, sond aus dem
Zweck des GenErfordernisses (BGH **32**, 389, NJW **65**, 41); allerdings kann bereits die Verwendg des Wortes
Gen ein Hinw darauf sein, daß die Zust Wirkg *ex tunc* haben soll (OVG Münst NJW **82**, 1771). Für die
vormschgerichtl Gen enthalten die §§ 1828 ff eine im wesentl abschließde Regelg.

182 *Zustimmung.* [I] Hängt die Wirksamkeit eines Vertrags oder eines einseitigen Rechts-
geschäfts, das einem anderen gegenüber vorzunehmen ist, von der Zustimmung eines
Dritten ab, so kann die Erteilung sowie die Verweigerung der Zustimmung sowohl dem einen als
dem anderen Teile gegenüber erklärt werden.
[II] Die Zustimmung bedarf nicht der für das Rechtsgeschäft bestimmten Form.
[III] Wird ein einseitiges Rechtsgeschäft, dessen Wirksamkeit von der Zustimmung eines Dritten
abhängt, mit Einwilligung des Dritten vorgenommen, so finden die Vorschriften des § 111 Satz 2,
3 entsprechende Anwendung.

1) Allgemeines. Begriff u RNatur der Zust s Einf v § 182. Die Zust kann sowohl ggü demj **erklärt** w, 1
dessen WillErkl zustbedürft ist, als auch ggü dem GeschGegner (I). Jede and Äußerg der Zust ist rechtl
bedeutgslos, so etwa die Gen der von einem vollmachtlosen Vertreter abgegebenen AuflErkl ggü dem
Grdbuchamt (KGJ **34** A 253, s aber § 152 Rn 1). Bei Weiterleitg an den richtigen Adressaten w die Zust
wirks, sobald sie diesem zugeht (§ 130). Da das Ges zwei mögl ErklEmpfänger vorsieht, kann die Anf der
Zust (Einf 3 v § 182) ggü jedem von beiden erklärt werden (§ 143 Rn 6). Ausn von der Regel des I enthalten
die §§ 108 II, 177 II, 876, 1071, 1178, 1245, 1255, 1276 u für die vormschgerichtl Gen § 1829.

2) Zustimmung. – a) Sie ist grdsl **formfrei** u bedarf nicht der für das HauptGesch best Form (II). 2
Formfrei sind daher die Zust zu einer BürgschErkl (RG JW **27**, 1363), WechselErkl (RG JW **118**, 170) od
GrdstVertr (BGH **125**, 219, Köln NJW-RR **93**, 1364), wobei im letzten Fall jedoch GBO 29 unberührt
bleibt. Die Zust ist auch dann formfrei, wenn eine Vollm formbedürft wäre (BGH **125**, 219) od wenn das
GenR auf die Part selbst übergegangen ist (BGH DNotZ **81**, 183). Eine bes Form der Zust verlangen aber
§§ 1516 f, 1600e, 1730, 1750, 2120, ZVG 71. Formbedürft ist auch die Gen von gemeindl VerpflErkl (BGH
NJW **84**, 606, Ffm NJW-RR **89**, 1426, § 167 Rn 13). – **b)** Die Zust kann auch dch **schlüssiges Handeln** 3

erfolgen. Sie setzt idR voraus, daß der ZustBerecht von der ZustBedürftig des RGesch wußte od mit ihr rechnete (RG **158**, 44, BGH **2**, 153, NJW **88**, 1200, Nürnbg VersR **91**, 209). Ein schlüssiges Verhalten kann aber auch bei Fehlen eines ErklBewußtseins als Zust gewertet w, wenn der Erklärde bei Anwendg pflgem Sorgf erkennen konnte, daß seine Äußerg als WillErkl aufgefaßt w durfte u der and Teil die Äußerg auch tatsächl so verstanden hat (BGH **109**, 177, DtZ **95**, 252, § 133 Rn 11). Eine schlüssige Zust kann zu bejahen sein, wenn der ZustBerecht das RGesch als gült behandelt (BGH WM **90**, 1575), wenn er auf Anfrage erklärt, der gefälschte Wechsel gehe gut (BGH **LM** Art 7 WG Nr 1–3), wenn er von demj, der als Nichtbe-recht verfügt hat, die Herausg des Veräußergserlöses verlangt (§ 185 Rn 10). Eine konkludente Zust kann auch vorliegen, wenn ein MitBerecht die Vfg eines and MitBerecht duldet (s Karlsr NJW **81**, 1278). Voraussetzg ist aber, daß das Verhalten des ZustBerecht einem der mögl ErklEmpfänger (Rn 1) als Zust erkennb ist. Bloßes Schweigen genügt nur dann, wenn der ZustBerecht verpfl gewesen wäre, seinen abw Willen zu äußern (Einf 10 v § 116). Eine solche Pfl besteht nur in bes liegden AusnFällen (Bsp s § 178 Rn 6). Eine Anfrage des and Teil genügt nicht, um für den ZustBerecht eine ÄußergsPfl zu begründen (BGH **47**, 113). Die §§ 170 ff sind entspr anwendb (VGH Mannheim NJW **93**, 1812, MüKo/Schramm Rn 10). Die bes verlautbarte od dch Vorlage einer Urk belegte Einwillig gilt daher ggü einem gutgl ErklEmpfänger auch dann, wenn sie inf Widerrufs nicht mehr besteht. Auch die Grds der Duldgs- u AnschVollm (§ 173 Rn 9 ff) finden iF der Einwillig entspr Anwendg (Karlsr NJW **81**, 1278, MüKo aaO).

4   **3)** Die **Verweigerung** der Zust, die § 182 I hins der ErklAdressaten der Zust gleichstellt, ist ein RGesch (RG **139**, 125, BGH NJW **82**, 1099). Die Verweigerg der Einwillig ist analog § 183 widerrufl. Sie w ggstlos, wenn der Berecht nachträgl einwilligt od das inzw vorgenommene RGesch genehmigt. Die Ver-weigerg der Gen ist dagg unwiderrufl; sie macht das schwebd unwirks RGesch endgült unwirks (BGH **13**, 187, NJW **89**, 1673, **94**, 1786, aA Palm, Die nachträgl Erteilg der verweigerten Gen, 1964, für ein Regel-Ausn-Verhältn K. Schmidt JuS **95**, 105). Auch die Verweigerg der Zust kann dch schlüssiges Verhalten erfolgen, vorausgesetzt, der Erklärde konnte die mögl Deutg seines Verhaltens als Verweigerg der Zust erkennen (s BGH **109**, 177, Rn 3). Die Verweigerg kann angefochten w. Der Willensmangel (§§ 119 ff) muß aber die Verweigerg u nicht das HauptGesch betreffen.

5   **4) Einseitige empfangsbedürftige Rechtsgeschäfte (III). – a)** Sie können grdsl **nur mit Einwilli-gung** vorgenommen w. Das w in den §§ 111, 180, 1367, 1831 ausdr bestimmt, gilt aber als allg RGrds für alle unter die §§ 182 ff fallden einseitigen RGesch. Sie sind, wenn die Einwillig fehlt, nicht schwebd unwirks, sond nichtig (RG **146**, 316, OGH NJW **49**, 671, BAG DB **77**, 1191). Eine Einschränkg ergibt sich aber aus dem entspr anzuwendn § 180 S 2. Wenn der ErklEmpfänger mit der Vorn des Gesch ohne Einwillig einverstanden ist, ist das RGesch bis zur Entsch über die Gen schwebd unwirks (MüKo/ **6** Schramm Rn 22, str). – **b)** Trotz Einwillig ist das einseit RGesch gem § 182 III iVm § 111 S 2 u 3 unwirks, wenn die Einwillig nicht in **schriftlicher Form** vorgelegt w u der ErklEmpfänger das RGesch aus diesem Grd unverzügl zurückweist. Die Zurückweisg ist ausgeschl, wenn der ZustBerecht den ErklEmpfänger von der Einwillig in Kenntn gesetzt hatte (s bei § 111).

183   *Widerruflichkeit der Einwilligung.* **Die vorherige Zustimmung (Einwilligung) ist bis zur Vornahme des Rechtsgeschäfts widerruflich, soweit nicht aus dem ihrer Erteilung zugrunde liegenden Rechtsverhältnisse sich ein anderes ergibt. Der Widerruf kann sowohl dem einen als dem anderen Teile gegenüber erklärt werden.**

1   **1) Widerruflichkeit. – a)** Die Einwillig ist wie die Vollm (§ 168) grdsl **frei widerruflich.** Der Wider-ruf kann ggü dem Adressaten der Einwillig, aber auch ggü dem and Teil erfolgen (S 2). Er ist nur bis zur Vorn des RGesch mögl, dh bis zu seiner wirks Vorn. Vfgen, die einer Eintr im Grdbuch bedürfen, sind daher grdsl bis zum Vollzug der Eintr widerrufl (BGH NJW **63**, 36). Ist die Einig gem § 873 II bindd geworden, entfällt aber der Widerruf (BGH aaO). Die Einwillig zur Klage kann nur bis zur KlZustellg **2** nicht bis zum Erlaß des Urt widerrufen w (RG **164**, 242). – **b)** Der Widerruf ist iF der §§ 876, 1071, 1178, 1245, 1255, 1276, 1516 f, 1750 kr Ges **ausgeschlossen.** Die Widerruflichk kann auch dch RGesch ausgeschl w. Der Ausschl kann ausdr erfolgen; er kann sich aber auch aus dem Zweck des zugrdeliegdn RVerh ergeben. Das zur Unwiderruflichk der Vollm Ausgeführte gilt insow entspr (§ 168 Rn 6). Der Widerruf darf in den Grenzen des § 138 auch für den Fall eines wichtigen Grdes ausgeschlossen w (BGH **77**, 397). Die dem VorbehKäufer erteilte Einwillig zur Weiterveräußerg (§ 185 Rn 9) kann nur widerrufen w, wenn dch das Verhalten des Käufers die Sicherg des Verkäufers gefährdet w (BGH NJW **69**, 1171). Trotz Widerrufs bleibt die Einwillig ggü einem gutgl Dr wirks, sow die Voraussetzgen der entspr anzuwendden §§ 170–173 erf sind (Staud-Dilcher Rn 8).

3   **2)** Die Einwillig kann auch aus and Grden **erlöschen,** so etwa wenn sie befristet od unter einer auflösden Bdgg erteilt worden ist. Darüber hinaus können sich aus dem RVerhältn, das der Einwillig zugrde liegt, ErlöschensGrde ergeben, so etwa, wenn der Ermächtigte stirbt od geschäftsunfäh w. Auch insow gilt das zur Vollm Ausgeführte (§ 168 Rn 2 ff) entspr.

184   *Rückwirkung der Genehmigung.* **I Die nachträgliche Zustimmung (Genehmigung) wirkt auf den Zeitpunkt der Vornahme des Rechtsgeschäfts zurück, soweit nicht ein anderes bestimmt ist.**

II Durch die Rückwirkung werden Verfügungen nicht unwirksam, die vor der Genehmigung über den Gegenstand des Rechtsgeschäfts von dem Genehmigenden getroffen worden oder im Wege der Zwangsvollstreckung oder der Arrestvollziehung oder durch den Konkursverwalter erfolgt sind.

1) Genehmigung. Begriff u RNatur s Einf v § 182; ErklEmpfänger u Form § 182; behördl Gen Einf 6 v 1
§ 182. – **a)** Bis zur Erkl des ZustBerecht über die Gen ist der Vertr **schwebend unwirksam** (Übbl 31 v
§ 104). Die Part sind gebunden, können den Vertr aber aufheben. Für die Gen besteht idR keine Fr; sie kann
auch noch nach Jahr u Tag erkl w (Stgt NJW **54**, 36), es sei denn, daß Verwirkg (§ 242 Rn 87 ff) eingetreten
ist. Der VertrPartner kann den ZustBerecht iF der §§ 108 II, 177 II, 1366 III zur Erkl über die Gen auffor-
dern. Diese Aufforderung hat die Wirkg, daß die Gen nur binnen 2 Wo erteilt w kann u nach FrAblauf als
verweigert gilt. Diese Regelg kann auf alle unter § 184 fallden RGesch entspr angewendet w (MüKo/
Schramm Rn 9). Einseitige RGesch sind idR nicht genfäh (§ 182 Rn 5). – **b)** Dch die Gen w das RGesch, 2
gleichgült, ob es ein Verpfl- od ein VfgsGesch ist, mit **rückwirkender Kraft** vollwirks, bei Vfgen aller-
dings mit der Einschränkg, daß der Erwerb der VfgsMacht dch den Genehmigden die Rückbeziehg be-
grenzt (BayObLG FamRZ **83**, 744). Die Rückwirkg steht zur Disposition der Part, I letzter Halbs (BGH
108, 384), aber auch des Genehmigden allein (K. Schmidt DNotZ **90**, 711). Auch aus dem GesZweck
ergeben sich Einschränkgen: Die VerjFr für vertragl Anspr beginnt erst mit der Gen (RG **65**, 248), ebso die
AnfFr nach dem AnfG (BGH NJW **79**, 102) u die Fr nach VerbrKrG 7 (BGH NJW **95**, 2290). Auch der
SchuVerzug tritt mit Wirkg ex nunc ein (Rstk OLG-NL **95**, 177). Sow für die Vorn des RGesch ges od
vertragl AusschlFr zu wahren sind, ist die Rückwirkg der Gen gleichf ohne Bedeutg. Das RGesch w iZw
endgül unwirks, wenn die Gen nicht bis zum Ablauf der Fr erteilt worden ist (BGH **32**, 375, **108**, 30). Sow
einseit RGesch ausnw genfäh sind (§ 182 Rn 5), w das RGesch erst mit dem Ztpkt der Gen *(ex nunc)* wirks.
Die Gen der vom Nichtberecht erhobenen Klage wirkt ebenf *ex nunc* (BGH **46**, 229, **108**, 30). – **c)** Die 3
Voraussetzungen der Gen müssen im Ztpkt der Gen gegeben sein (MüKo/Schramm Rn 22). Vfgen
können daher nur wirks genehmigt w, wenn der Genehmigde die erforderl **Verfügungsmacht** noch im
Ztpkt der Gen besitzt (RG **134**, 286, BGH **107**, 341). Gleichgült is dagg, ob der Ggst der Vfg noch existiert.
Der Eigtümer einer gestohlenen Sache kann deren Veräußerg noch genehmigen, wenn die Sache dch Ver-
arbeitg, Vermischg od in sonst Weise untergegangen ist (RG **115**, 34, BGH **56**, 133). Da zum RErwerb an
Grdst auch die Eintr im GrdBuch nötig ist, muß diese bei Gen noch bestehen. Ist die Eintr inzw gelöscht,
kann das Eigt erst mit NeuEintr übergehen (RG **131**, 97, BGH **LM** § 107 Nr 7). – **d)** Die Gen ist als
rechtsgestaltde Erkl **unwiderruflich** (BGH **40**, 164). Das gilt auch für die Verweigerg der Gen (§ 182 Rn 4).
Beide Erkl können aber, sow die Voraussetzgen der §§ 119 ff vorliegen, angefochten w (Einf 3 v § 182).   4

2) Zwischenverfügungen. II schützt die Rechte Dritter, die diese vor der Gen dch Vfg des Genehmig- 5
den od dch ZwVollstrMaßn gg ihn erworben haben. Der Schutz setzt keinen guten Glauben voraus, besteht
also auch dann, wenn der Begünstigte das schwebde unwirks Gesch kannte. Wird von zwei Vfgen die zeitl
spätere genehmigt, bleibt diese entspr II auch dann wirks, wenn nachträgl fr genehmigt w (BGH **40**, 164,
55, 37). Auf einen RErwerb, der nicht auf einer Vfg des Genehmigden od einer ZwangsVfg gg ihn beruht,
ist II nicht anzuwenden (RG **134**, 123, DR **42**, 1159, BGH **70**, 302). Er gilt auch nicht für die Eintr eines
Widerspr im Grdbuch, da diese keine Vfg darstellt (RG **134**, 288).

185 *Verfügung eines Nichtberechtigten.* ¹ Eine Verfügung, die ein Nichtberechtigter
über einen Gegenstand trifft, ist wirksam, wenn sie mit Einwilligung des Berechtigten
erfolgt.

ᴵᴵ Die Verfügung wird wirksam, wenn der Berechtigte sie genehmigt oder wenn der Verfügende
den Gegenstand erwirbt oder wenn er von dem Berechtigten beerbt wird und dieser für die
Nachlaßverbindlichkeiten unbeschränkt haftet. In den beiden letzten Fällen wird, wenn über
den Gegenstand mehrere miteinander nicht in Einklang stehende Verfügungen getroffen worden
sind, nur die frühere Verfügung wirksam.

1) Allgemeines. – **a)** § 185 regelt vier Fälle der **Konvaleszenz** von Vfgen eines NichtBerecht. Nach 1
§ 185 I u § 185 II Fall 1 beruht die Konvaleszenz auf der Zustimmg des Berecht. Nach § 185 II Fall 2 u 3 tritt
sie ein, weil der Verfügde den Ggst erwirbt od er vom Berecht beerbt w u dieser für die Nachlaßverbind-
lich unbeschränkt haftet. § 185 gilt nur für Vfgen, die der Nichtberecht im eig Namen trifft. Auf Vfgen im
fremden Namen finden ausschließl die §§ 164 ff Anwendg. Sie können daher nicht nach § 185 II Fall 2 u 3
wirks w (RG HRR **34**, 1276, BayObLG NJW **56**, 1279, Ffm OLGZ **84**, 13, str, s Rn 11).

b) Eine **Verfügung** ist ein RGesch, das unmittelb darauf gerichtet ist, auf ein bestehdes Recht einzuwir- 2
ken, es zu verändern, zu übertragen od aufzuheben (BGH **1**, 304, **75**, 226, Übbl 16 v § 104). – **aa)** Vfg iSd
§ 185 ist auch die grundbuchrechtl EintrBewilligg (Düss NJW **63**, 162, BayObLG NJW **71**, 514), nicht aber
die Vfg vTw (RG **111**, 251). Die Gestattg des Grenzüberbaues steht der Vfg so nahe, daß § 185 entspr
angewendt w kann (BGH **15**, 219). Auf einseit **Gestaltungsgeschäfte** (Übbl 17 v § 104) ist § 185 I anzu-
wenden (RG Recht **24** Nr 1319, LG Stgt MDR **70**, 682), jedoch steht dem ErklGegner analog §§ 174, 111 ein
ZurückweisgsR zu. Dagg ist § 185 II unanwendb, da GestaltgsGesch keinen Schwebezustand vertragen (RG
78, 382, **146**, 316, BGH **32**, 382, **114**, 366). Vfg iSd § 185 ist auch die Zustimmg zu einer Vfg (s BGH **LM**
Nr 7, MüKo/Schramm Rn 9) u die NachFrSetzg u Ablehngsandrohg (BGH **114**, 366). – **bb)** Auf **Ver-** 3
pflichtungsgeschäfte ist § 185 nicht anzuwenden. Eine VerpflErmächtigg ist unzul (BGH **34**, 125, **114**,
100, Peters AcP **171**, 234, str). Entspr anwendb ist § 185 jedoch auf die Einräumg von obligator BesitzR an
fremden Sachen, insb auch die Vermietg od Verpachtg (RG **80**, 397, **124**, 32, Gursky JR **83**, 266, aA offenb
BGH **84**, 90, s dazu aber auch Crezelius JZ **84**, 72). Dagg entsteht iF der Reparatur einer nicht dem Besteller
gehörden Sache auch bei Zust des Eigtümers kein ges PfandR (BGH **34**, 125). Eine mit einer Vfg vergleichb
Hdlg liegt nicht vor, da die Entstehg des ges PfandR nicht vom Willen der Beteil abhängt. Bei einer entspr
Einigg kann der Untern aber ein vertragl PfandR erwerben (BGH **87**, 279). – **cc)** Auf Vfgen iW der 4
Zwangsvollstreckung ist § 185, insbes II Fall 2, entspr anzuwenden (RG **60**, 73, BGH **56**, 351, K. Schmidt
ZZP **87**, 316, aA RG JW **34**, 221). Die Pfändg einer abgetretnen Fdg bleibt aber wg Fehlens eines konkreten
Substrats auch nach einer RückAbtr unwirks (BGH **56**, 350, **100**, 42, BAG NJW **93**, 2700, aA Tiedtke ZIP
93, 1452). And ist es dagg, wenn es sich um die Pfändg u RückAbtr von abgetretnen künft, fortlaufden

VergütgsAnspr handelt (BAG aaO). Auf die **Unterwerfung** unter die ZwVollstr kann § 185 I entspr angewandt w (Köln OLGZ **80**, 409, Rpfleger **91**, 13, str), nicht aber § 185 II (BayObLG NJW **71**, 514, Ffm DNotZ **72**, 85, die allerdings auch § 185 I für unanwendb halten). Ausgeschlossen ist eine entspr Anwendg des § 185 auf die KlErhebg (BGH NJW **58**, 338, VersR **67**, 162) od die Einlegg von RMitteln (Hamm OLGZ **68**, 316).

5   **c) Nichtberechtigter:** – Es kommt nicht auf die RInhabersch, sond auf die Vfgsmacht an. Nichtberecht iSd § 185 ist, wer über einen Ggst verfügt, obwohl ihm die dafür erforderl Vfgsmacht nicht od nicht allein zusteht (Hamm OLGZ **81**, 282). Unter den Begriff fallen im einzelnen: – **aa)** Der **nicht voll** Berecht, so der Miteigtümer od Gesamtdseigtümer, der allein über eine ihm gemeins mit and gehörde Sache verfügt (RG **152**, 380, BGH **LM** § 2040 Nr 3), ebso der Eigtümer einer belasteten Sache, der dem Erwerber die Sache lastenfrei verschaffen will. – **bb)** Der **nicht mehr** Berecht, etwa der Zedent, der die Fdg zum 2. Mal abtritt (BGH NJW **90**, 2680). Die Vfgsmacht muß im Ztpkt der Vollendg des RErwerbs gegeben sein (MüKo/ Schramm Rn 25). Nichtberecht ist daher auch, wer zw Aufl u Eintr im Grdbuch das Eigt verliert (BGH **LM** Nr 6, BayObLG DNotZ **73**, 610). Hat der VorbehKäufer sein AnwartschR weiterübertragen, handelt er als Nichtberecht, wenn er einer Erweiterg des EigtVorbeh zustimmt (BGH **75**, 226, **92**, 290). – **cc)** Der **noch nicht** Berecht (RG **149**, 22). Der VorbehKäufer ist NichtBerecht, wenn er über das VollR verfügt; dagg ist er bei Vfgen über das AnwartschR Berecht (BGH **20**, 94). – **dd)** Der **nicht verfügungsberechtigte Rechtsinhaber,** so der GemSchu im Konk, der Erbe iF der TestVollstr (Düss NJW **63**, 162) od der NachlVerw (BGH **46**, 229). Sow die VfgsBeschrkgen der §§ 2113 ff zutreffen, ist auch der Vorerbe Nichtberecht iSd § 185 (RG **110**, 95, Mü FamRZ **71**, 94). – **ee)** Entspr anwendb ist § 185, wenn der Berecht dch die Vfg gg ein **relatives Verfügungsverbot** (§§ 135, 136) verstößt (RG **154**, 368).

6   **d)** Der **Begriff des Berechtigten** entspricht spiegelbildl dem des Nichtberecht. Unter ihn fällt nicht nur der voll vfgsberecht RInhaber; Berecht ist jeweils derj, dessen Vfgsmacht od Teilhabe an der Vfgsmacht den Verfügden zum Nichtberecht iSd § 185 w läßt (s die Einzelfälle Rn 5).

7   **2) Einwilligung. – a)** Für sie gelten die §§ 182, 183 (s daher zunächst dort). Die Einwillig zur Vfg verschafft dem Nichtberecht die **Ermächtigung** genannte RMacht, über ein fremdes Recht wirks zu verfügen. And als der Vertreter (§ 164) braucht der Ermächtigte nicht kenntl zu machen, daß er über ein fremdes Recht verfügt. Ob im Einzelfall eine Einwillig od eine Vollm vorliegt, ist Ausleggsfrage (§§ 133, 157). Entscheidd ist nicht die von den Part gewählte Bezeichng, sond Sinn u Zweck ihrer Erkl (RG **53**, 274, Recht **26**, 2124). Eine „Ermächtigg" kann je nach Lage des Falles eine Vollm, eine Einwilligg, aber auch beides darstellen (Mü DNotZ **74**, 229). Wie bei der Vollm ist zw Außen- u InnenVerh zu unterscheiden; Einschränkgen können den Umfang der Einwilligg im AußenVerh begrenzen (BGH **106**, 3: Ermächtigg zur 8 Grdstbelastg zwecks Finanzierg des Kaufpreises). – **b)** Die Einwilligg kann auch dch **schlüssige** Hdlg erfolgen (§ 182 Rn 3). In der Aufl liegt idR eine Einwilligg zur Weiterveräußerg auch ohne vorherige Eintr des AuflEmpf (RG **135**, 382, BayObLG NJW-RR **91**, 465). Das gilt aber nicht, wenn gleichzeit die Eintr einer RückAuflVormkg bewilligt w (Düss OLGZ **80**, 343). Die dch Aufl stillschw erteilte Ermächtigg deckt 9 auch nicht ow Belastgen des Grdst (BayObLG NJW **71**, 514). – **c) Anwendungsfälle** der VfgsErmächtigg sind insb die **Verkaufskommission** (HGB 383 ff) u die Ermächtigg zum Weiterverkauf beim verlängerten **Eigentumsvorbehalt** (§ 455 Rn 17) u bei der SichgÜbereignung (§ 930 Rn 14). Der VorbehKäufer ist idR formularmäß berecht, Waren im ordngsmäß GeschVerk weiterzuveräußern. Auch wenn eine ausdr Einwilligg fehlt, ist sie beim Verkauf an Wiederverkäufer stillschw anzunehmen (Hbg MDR **70**, 506). Die Beschrkg auf Veräußergen im Rahmen ordngsmäß GeschVerk gilt iZw auch ohne bes Abrede (BGH **10**, 17, 18). Die Ermächtigg ist unwirks, wenn der Käufer dch eine Abwehrklausel verhindert hat, daß der verlängerte EigtVorbeh VertrInh geworden ist (BGH NJW-RR **86**, 1379). Sie deckt nicht den Verk zum Schleuderpreis (Hbg MDR **70**, 506), den Verk unter Einkaufspreis (BGH **LM** § 455 Nr 23), den Verkauf mit gleichzeit Rückkauf zu einem höheren Preis (BGH NJW **89**, 897: „NullGesch"), die SichgÜbereignung u den Verk im „Sale-and-Lease-Back-Verf" (BGH **104**, 134, krit Weber BB **89**, 1768), den Verk unter Vereinbg eines AbtrVerbots (BGH **27**, 306, **73**, 264, § 399 Rn 9). Ein normal abgewickeltes UmsatzGesch ist auch dann dch die Einwilligg gedeckt, wenn sich der VorbehKäufer in einer wirtsch Krise befindet (BGH **68**, 202). Unbedenkl ist auch der Weiterverkauf unter Vereinbg eines Kontokorrents (BGH **73**, 264). Auf die Einwilligg sind die Grds der Duldgs- u AnscheinsVollm entspr anzuwenden (§ 182 Rn 3). Ist die Vfg nicht dch Einwilligg gedeckt, kann der Erwerber gleichwohl kr guten Glaubens Eigtümer w (§§ 932 ff, HGB 366). Andf gilt das in § 929 Rn 34 Ausgeführte.

10   **3) II. – a)** Für die **Genehmigung (II Fall 1)** gelten die §§ 182, 184 (s daher zunächst dort). Sie kann auch dch schlüss Hdlg erfolgen (§ 182 Rn 3). Erhebt der Berecht gg den Nichtberecht Klage auf Herausgabe des Erlangten (§ 816), so liegt darin idR stillschw die Gen der Vfg (BGH NJW **86**, 2106). Obwohl die Gen bedinggsfeindl ist (Einf 13 v § 158), ist es nach hM zul, die Gen Zug um Zug gg Herausg des Erlöses zu erteilen (§ 816 Rn 9). Haben mehrere Nichtberecht über den Ggst verfügt, kann der Berecht frei entscheiden, welche Vfg er genehmigen will. Hat er die spätere Vfg genehmigt, bleibt diese auch dann (allein) wirks, wenn er später auch die fr Vfg genehmigt (BGH **40**, 156). Ein Fall des § 185 II ist die SchuldÜbern iF des 11 § 415 (s dort). – **b) Erwirbt der Nichtberechtigte** nachträgl den Ggst der Vfg, w die Vfg wirks **(II Fall 2).** Das gilt ebso, wenn der Berecht den Nichtberecht **beerbt** u für die NachlVerbindlichk unbeschränkt haftet **(II Fall 3).** Solange die Möglichk besteht, die Erbenhaftg zu beschränken, bleibt die Vfg unwirks (Stgt NJW-RR **95**, 968, str). Die Konvaleszenz tritt iF des nachträgl RErwerbs u der Beerbg ohne Rückwirkg (ex nunc) ein (RG **135**, 383, BGH WM **78**, 1406). Sie ist ausgeschl, wenn die Vfg bereits endgült unwirks geworden war (BGH **13**, 187, NJW **67**, 1272) od wenn das KausalGesch nichtig od unwirks geworden ist, eine Verpfl zur Vfg also nicht besteht (BGH NJW **94**, 1471). Hat der Vertreter ohne Vertretgsmacht verfügt, ist II Fall 3 nicht anwendb (Rn 1), da der and Teil dch den ErfAnspr aus § 179 u den Einwand des RMißbr (§ 242 Rn 52) hinr geschützt ist (aA Habersack JZ **91**, 70). Zum Begriff des Nichtrecht u Berecht s Rn 5 u 6. Danach liegt II Fall 2 auch vor, wenn der nicht vfgsberecht RInhaber die Vfgsmacht wiedererlangt (s BGH **46**, 229, Wegfall der NachlVerw u BGH **123**, 63, Beendigg der staatl

TrHandsch). II Fall 3 ist gegeben, wenn der Vorerbe, der eine gem § 2113 unwirks Vfg getroffen hat, vom Nacherben beerbt w (RG **110**, 95, Mü DNotZ **71**, 544) od der Eheg, der ohne die nach § 1365 erforderl Zustimmg des and verfügt hat, diesen allein beerbt (Celle NJW-RR **94**, 646). Entspr anzuwenden ist II, wenn ein Nichtberecht, der in die Vfg eines and Nichtberecht eingewilligt hat, den Ggst erwirbt od den and beerbt (BGH **LM** Nr 7). – c) Für mehrere **kollidierende Verfügungen** gilt in den Fällen 2 u 3 des II das 12 Prioritätsprinzip (**II S 2**). Grdsl wird nur die fr Vfg wirks. Die spätere Vfg erlangt nur dann u nur insow Wirksamk, als sie der fr nicht widerspricht. War die fr Vfg eine Übereigng, w die spätere Verpfändg nicht wirks. Dagg steht die fr Verpfändg einer späteren Übereigng nicht entgg, führt jedoch zum Erwerb des mit einem PfandR belasteten Eigtums (Soergel-Leptien Rn 33, MüKo/Schramm Rn 66, str, aA RG **60**, 73). Dasselbe gilt beim Zustreffen von Übereigng u Pfändg od Entstehg eines ges PfandR. II S 2 ist entspr anzuwenden, wenn der Berecht mehrere Vfgen gleichzeitig genehmigt u über die Reihenfolge ihres Wirksamwerdens keine Bestimmg trifft (RGRK/Steffen Rn 15, Rn 10).

4) § 185 ist Grdl für die von Rspr u Lehre herausgebildete RFigur der **Ermächtigung**. Sie begründet für 13 den Ermächtigten die Befug, im eig Namen über ein Recht des Ermächtigden zu verfügen od das Recht dch Einziehg od in sonst Weise auszuüben. Die VfgsErmächtigg ist ein unmittelb Anwendgsfall des § 185 I (Rn 7), aber auch die auf eine entspr Anwendg des § 185 I gestützte Einziehgsermächtigg ist inzw fast allg anerkannt (s näher § 398 Rn 29). Unzul ist die **Verpflichtungsermächtigung** (Rn 3). Die dogmat Einordng der Ermächtigg, insb die Frage, ob es sich um ein einheitl RInstitut handelt, ist umstr (s dazu eingehd Doris, Rgeschäftl Ermächtigg, Diss, Mü 1974), für die prakt RAnwendg aber ohne Bedeutg.

Vierter Abschnitt. Fristen. Termine

186 *Geltungsbereich.* **Für die in Gesetzen, gerichtlichen Verfügungen und Rechtsgeschäften enthaltenen Frist- und Terminsbestimmungen gelten die Auslegungsvorschriften der §§ 187 bis 193.**

1) **Allgemeines. – a) Zweck:** Der RVerk braucht für die Berechng der in Vertr u Ges enthaltenen 1 Zeitbestimmgen klare Regeln. Diesem Bedürfn tragen die §§ 186–193 Rechng. Sie enthalten Ausleggs-Vorschr, sind also unanwendb, sow dch Ges od RGesch etwas Abweichdes best ist. – b) **Anwendungsbereich.** Die §§ 186 ff gelten nicht nur für das bürgerl Recht, sond, sow keine Sondervorschriften bestehen, 2 für alle RGebiete (GmS-OGB BGHZ **59**, 397), so etwa im Handels- u Wechselrecht (ergänzde Regelgen in HGB 359, WG 36, 37, 72 ff), im VerfahrensR (ZPO 222, VwGO 57 II, FGG 17, abw StPO 42 f), im öff Recht (VwVfG 31, AO 108, die jedoch Abw vorsehen), im TarifVertrR (BAG **AP** Nr 1), SozVersR (BSG NJW **74**, 920), SchwBG (BAG NJW **81**, 1333) u PStG (BayObLG JW **26**, 2450).

2) **Begriffe. – a) Frist** ist ein abgegrenzter, also best od jedenf bestimmb Zeitraum (RG **120**, 362); er 3 braucht, wie sich aus § 191 ergibt, nicht zushängd zu verlaufen. Die Frist kann unterschiedl Zwecken dienen; sie kann Rechte begründen (so die ErsitzgsFr des § 937 I), Rechte erlöschen lassen (so die Ausschlußfr, Übbl 7 v § 194), eine dauernde Einr gg einen Anspr schaffen (so die VerjFr) od den Zeitraum abgrenzen, in dem eine Leistg zu erbringen ist (so die NachFr gem §§ 326 I, 634 I). Sie kann auf Ges, richterl Anordng od RGesch beruhen. Ihre Dauer kann dch einen unbest RBegriff ("unverzügl", § 121 I S 1, "angem") bestimmt w. – b) **Termin** iSd BGB ist ein best Ztpkt, an dem etwas geschehen soll od eine RWirkg 4 eintritt (VGH Mü NJW **91**, 1250).

3) **Grdlage der Zeitberechnung** ist der 1582 eingeführte Gregorianische Kalender. Die gesetzl Zeit ist die 5 mitteleuropäische Zeit (s ZeitG v 25. 7. 1978 BGBl I S 1110). § 3 ZeitG ermächtigt die BReg, dch VO die Sommerzeit einzuführen (s Ekrutt NJW **78**, 1844).

187 *Fristbeginn.* **[1] Ist für den Anfang einer Frist ein Ereignis oder ein in den Lauf eines Tages fallender Zeitpunkt maßgebend, so wird bei der Berechnung der Frist der Tag nicht mitgerechnet, in welchen das Ereignis oder der Zeitpunkt fällt.**

[2] Ist der Beginn eines Tages für den Anfang einer Frist maßgebende Zeitpunkt, so wird dieser Tag bei der Berechnung der Frist mitgerechnet. Das gleiche gilt von dem Tage der Geburt bei der Berechnung des Lebensalters.

1) Nach der Ausleggsvorschrift des § 187 I gilt für die FrBerechng der Grds der **Zivilkomputation**: Es 1 wird nur nach vollen Tagen gerechnet. Der Tag, in dessen Lauf das für den FrBeginn maßgebde Ereign fällt, wird nicht mitgezählt, der folgde Tag ist der erste Tag der Fr. Dabei ist gleichgült, ob dieser Tag ein Sonnabend, Sonn- od Feiertag ist (RG Recht **37** Nr 1915). Die **Naturalkomputation** rechnet die Fr dagg in ihrer natürl Länge, also von Augenblick zu Augenblick. Sie ist bei Stunden- u MinutenFr anzuwenden. Die Ausleg kann jedoch ergeben, daß die Fr analog § 187 I erst mit dem Anfang der folgden Zeiteinh (Stunde, Minute) beginnen soll. Eine Fr von 24 oder 48 Stunden ist iZw als StundenFr zu verstehen (Staud-Dilcher Rn 2), jedoch können auch 1 od 2 Tage gemeint sein. Bei einer FrSetzg "ab heute" rechnet das "heute" entspr § 187 I nicht mit (Kbg OLG **40**, 277). Unter § 187 I fallen auch die Fr gem § 477 (BGH NJW-RR **89**, 629) u § 651 g (Karlsr NJW-RR **91**, 54, LG Hann NJW-RR **90**, 572), die WiderrufsFr nach dem HausTWG u dem VerbrKrG (BGH **126**, 56), die Fr für die Lohnfortzahlg (BAG NJW **61**, 479), die ZahlgsFr des VersR (RG JW **38**, 683). Die **Verzinsung** beginnt beim Darl am Tag nach dem Empfang (Karlsr NJW **88**, 75, Pleyer/Huber DB **89**, 1859). Auch bei Verzug u RHängigk gilt für den Zinsbeginn § 187 I entspr (BGH NJW-RR **90**, 519, für eine stundengenaue Abrechng Zimmermann JuS **91**, 231).

2   **2)** § 187 II enthält Abw von der Regel des I. – **a)** Ist für den FrAnfang der Beginn eines Tages maßgebd, so zählt dieser Tag gem II 1 mit. Wird ein noch nicht vollzogener Miet- od ArbVertr gekündigt, beginnt die KündFr iZw mit dem Zugang der Künd (BGH **73**, 353, BAG NJW **87**, 148); beginnt die Fr nach dem PartWillen erst mit dem Ztpkt des vereinbarten Vollzugs des VertrVerh, gilt II 1 (BAG NJW **80**, 1015): Der erste VertrTag rechnet daher mit. Auch die AusleggsFr des BauGB 3 II (fr BBauG 2a VI) u entspr Fr fallen unter II 1 (GmS-OGB BGH **59**, 396), ebso die Fr gem PatG 17 III 2 (BPatGer GRUR **83**, 641). Ges, die am

3 Tag der Verkündg in Kraft treten, gelten vom Beginn dieses Tages an (RG **91**, 339). – **b)** Bei der Berechng des **Lebensalters** w der Geburtstag entgg I mitgerechnet **(II 2)**. Volljährig tritt also mit dem Beginn des 18. Geburtstages ein. Das gilt ebso für die strafrechtl Verantwortlichk (RGSt **35**, 37). Wer am Monatsersten geboren ist, vollendet sein Lebensjahr mit Ablauf des vorhergehden Monats; für den am 1. 8. Geborenen beginnt der Ruhestand daher am 31. 7. (s BVerwG **30**, 168, BAG DB **65**, 1368). Wer in einem Schaltjahr am 29. 2. geboren worden ist, steht in Nichtschaltjahren einem am 1. 3. Geborenen gleich, da sein Lebensjahr gem § 188 II mit Ablauf des 28. 2. endet.

4   **3)** § 187 betrifft den Fall, daß der FrBeginn dch Ges, gerichtl Vfg od RGesch festgelegt ist u das FrEnde ermittelt w soll. Er ist aber entspr anwendb, wenn die Fr, wie iF der KO 31, 32, AFG 141 b I, MSchG 9, von einem **Endzeitpunkt** (KonkEröffng, Geburt) aus zu berechnen ist; gem § 187 I zählt daher der Tag der KonkEröffng (Geburt) nicht mit (BSG **48**, 61, ZIP **95**, 940, BAG FamRZ **86**, 901).

188   *Fristende.*   [I] Eine nach Tagen bestimmte Frist endigt mit dem Ablaufe des letzten Tages der Frist.

[II] Eine Frist, die nach Wochen, nach Monaten oder nach einem mehrere Monate umfassenden Zeitraume – Jahr, halbes Jahr, Vierteljahr – bestimmt ist, endigt im Falle des § 187 Abs. 1 mit dem Ablaufe desjenigen Tages der letzten Woche oder des letzten Monats, welcher durch seine Benennung oder seine Zahl dem Tage entspricht, in den das Ereignis oder der Zeitpunkt fällt, im Falle des § 187 Abs. 2 mit dem Ablaufe desjenigen Tages der letzten Woche oder des letzten Monats, welcher dem Tage vorhergeht, der durch seine Benennung oder seine Zahl dem Anfangstage der Frist entspricht.

[III] Fehlt bei einer nach Monaten bestimmten Frist in dem letzten Monate der für ihren Ablauf maßgebende Tag, so endigt die Frist mit dem Ablaufe des letzten Tages dieses Monats.

1   **1)** Eine **nach Tagen** best Fr endigt vorbehaltl des § 193 mit Ablauf des letzten FrTages (I). Eine Fr von 8 Tagen kann als WochenFr zu verstehen sein. Die in einer behördl Vfg gesetzte Fr von 8 Tagen bedeutet iZw 8 volle Tage (RG DR **44**, 909). Entspr best HGB 359 II für HandelsGesch; im WechselR gilt diese Auslegg gem WG 36 IV in jedem Fall. Bei einer Befristg bis zu einem best Tag gehört dieser noch zur Fr (RG **105**, 419).

2   **2)** Bei den **längeren Fristen** des II ist zu unterscheiden: – **a)** Fällt das für den FrBeginn maßg Ereign in den Lauf eines Tages (§ 187 I), so endet die Fr mit dem Ablauf des entspr Wochen- od Monatstages. Bsp: Das maßg Ereign fällt auf den 4. 4., FrEnde 4. 5. Fehlt der entspr Monatstag, endet die Fr mit Ablauf des letzten Monatstages. **(III)** Bsp: FrBeginn 31. 1., FrEnde 28. 2. Dagg endet eine am 28. 2. beginnde Fr am

3 28. 3. u nicht erst am 31. 3. (BGH NJW **84**, 1358, aA Celle OLGZ **79**, 360). – **b)** Fängt der FrLauf bereits mit dem Beginn des Tages an (§ 187 II), so endet die Fr mit Ablauf des vorhergehden Tages (s auch § 187 Rn 3). Bsp: FrBeginn Mittwoch, FrEnde Dienstag.

4   **3) Sonstiges. – a)** Die zur FrWahrg notw Hdlg darf grdsl bis zum Ablauf des letzten Tages (24 Uhr) vorgenommen w. Ist eine **Mitwirkung** des and Teils erforderl, ist dieser aber nur bis zum Ende der übl Zeit zur Mitwirkg verpflichtet, der Kaufmann bis zum Ende der gewöhnl GeschZeit (HGB 358), die Behörde bis Dienstschluß (BGH **23**, 310). Entspr ist abzugrenzen, wenn es auf den Zugang der Erkl ankommt (§ 130

5 Rn 6 f). – **b)** Zur Fr gehört auch ihr **Endzeitpunkt**; was mit FrEnde eintritt, tritt innerh der Fr ein: Der Ablauf des letzten FrTages gehört rechtl noch zu diesem Tag (BAG NJW **66**, 2081). Was nach Mitternacht geschieht, geschieht dagg rechtl am nächsten Tag. Eine Künd in der Nacht vom 31. 3. zum 1. 4. nach Mitternacht setzt KündFr daher erst ab 2. 4. in Lauf (BAG BB **69**, 1135).

189   *Halbes Jahr, Vierteljahr, halber Monat.*   [I] Unter einem halben Jahre wird eine Frist von sechs Monaten, unter einem Vierteljahre eine Frist von drei Monaten, unter einem halben Monat eine Frist von fünfzehn Tagen verstanden.

[II] Ist eine Frist auf einen oder mehrere ganze Monate und einen halben Monat gestellt, so sind die fünfzehn Tage zuletzt zu zählen.

1   § 189 enthält aus sich heraus verständl Ausleggsvorschriften. Eine am 20. 1. beginnende Fr von 1½ Monaten endet gem § 189 II am 7. 3., währd sie bei umgekehrter Rechenreihenfolge schon am 4. 3. ablaufen würde. Eine vertragl Fr von 4 Wochen darf nur dann einem Monat gleichgesetzt w, wenn ausr Anhaltspunkte für einen entspr PartWillen vorhanden sind (MüKo/v Feldmann Rn 1).

190   *Fristverlängerung.*   Im Falle der Verlängerung einer Frist wird die neue Frist von dem Ablaufe der vorigen Frist an berechnet.

1   Materiellrechtl Fr können auch noch nach ihrem Ablauf verlängert w (BGH **21**, 46). Entspr gilt im öff Recht (VwVfG 31 VII, AO 109 I) u auch im VerfR (BAG GrS NJW **80**, 309, BGH NJW **82**, 52 u BGH GrS **83**, 219), vorausgesetzt der VerlängergsAntr ist vor FrAblauf gestellt worden (BGH **116**, 377). § 190 ist sowohl auf laufde als auch auf abgelaufene Fr anzuwenden. Bei einer abgelaufenen Fr läuft die Verlängerg iZw nicht erst von der Bewilligg, sond vom Ende der ursprüngl Fr ab (Karlsr DB **71**, 1410). Da die alte u die neue Fr eine Einh bilden, hat es auf die Länge der GesFr keinen Einfluß, daß das Ende der ursprüngl Fr auf einen Sonnabend, Sonntag od Feiertag fiel (Ziegeltrum JuS **86**, 710). Bei prozessualen Fr läuft die Verlängerg dagg ab Ablauf der (ggf entspr § 193 verlängerten) ursprüngl Fr (BGH **21**, 45, *arg* ZPO 224 III, aA RG **131**, 337). § 190 ist unanwendb, wenn anstelle der ursprüngl Fr eine neue Fr bestimmt w (Ausleggsfrage); deren Beginn richtet sich nach § 187.

191 *Berechnungen von Zeiträumen.* **Ist ein Zeitraum nach Monaten oder nach Jahren in dem Sinne bestimmt, daß er nicht zusammenhängend zu verlaufen braucht, so wird der Monat zu dreißig, das Jahr zu dreihundertfünfundsechzig Tagen gerechnet.**

Bsp für Fr, die unter § 191 fallen, sind: Verpfl eines GeschReisenden, mind 9 Monate des Jahres auf Reisen 1 zu sein; Aufl, ein vermachtes Grdst 6 Monate im Jahr zu bewohnen; Urlaub von 3 Monaten, sofern er nicht zuhängd genommen zu werden braucht (Mot I 286). § 191 ist auf die Hemmg der Verj nicht anwendb (§ 205 Rn 1). Bei einer FrHemmg dch die GerFerien gilt für die Berechng gleichf nicht § 191, sond ZPO 223 I 2 (BGH **5**, 277, NJW **62**, 347).

192 *Anfang, Mitte, Ende des Monats.* **Unter Anfang des Monats wird der erste, unter Mitte des Monats der fünfzehnte, unter Ende des Monats der letzte Tag des Monats verstanden.**

Für Anfang, Mitte u Ende der Woche fehlt eine ges Ausleggsregel. Unter Beginn der Woche ist iZw der 1 Montag zu verstehen, unter Mitte der Woche der Mittwoch, unter Ende der Woche der Sonnabend, falls ArbTage gemeint sind, iZw der Freitag. Die Bedeutg von Jahreszeitangaben wie Frühjahr od Herbst richtet sich nach der VerkSitte des Leistgsortes (HGB 359). Fehlt eine solche, ist der kalendermäß Anfang der Jahreszeit bzw ihr Ende entscheidd.

193 *Sonn- und Feiertage; Sonnabende.* **Ist an einem bestimmten Tag oder innerhalb einer Frist eine Willenserklärung abzugeben oder eine Leistung zu bewirken und fällt der bestimmte Tag oder der letzte Tag der Frist auf einen Sonntag, einen am Erklärungs- oder Leistungsorte staatlich anerkannten allgemeinen Feiertag oder einen Sonnabend, so tritt an die Stelle eines solchen Tages der nächste Werktag.**

1) Allgemeines. Die Vorschr gilt seit der Änd dch Ges vom 10. 8. 65 (BGBl I 753) auch für den 1 FrAblauf am Sonnabend. Sie bezweckt die Wahrg der Sonn- u Feiertagsruhe u berücksichtigt, daß sich in Wirtsch u öff Verw weitgehd die 5-Tage-Woche dchgesetzt hat. Entspr **Sondervorschriften** für and RGebiete enthalten ZPO 222 II, FGG 17 II, StPO 43 II, StGB 77b I 2, WG 72, ScheckG 55, VwVfG 31 III, AO 108 III.

2) Voraussetzungen. – a) § 193 gilt für Fr u Termine (§ 186 Rn 3f), die für die Abgabe einer **Willens-** 2 **erklärung** od zum Bewirken einer **Leistung** best sind. Bei den WillErkl ist gleichgült, ob zu ihrer Abgabe eine RPfl besteht od sie nur der Wahrg eig Rechte dient (BGH **99**, 291). Die Vorschr ist auf geschäftsähnl Hdlgen (Übbl 6 vor § 104), etwa auf Anzeigen gem § 485 od HGB 377, entspr anwendb, ebso auf **Prozeßhandlungen**, soweit diese zugl eine materiellrechtl Wirkg haben. Sie gilt daher für die zur Unterbrechg der Verj erhobene Klage (RG **151**, 347, BGH WM **78**, 464), die AnfKlage in Konk (BGH NJW **84**, 1559), den Widerruf eines Vergl (BGH NJW **78**, 2091), die Fr für die Inanspruchnahme aus einer Bürgsch (BGH **99**, 291) u die vom Ger bewilligte RäumgsFr (LG Hbg NJW-RR **90**, 657). Ist am letzten Tag der Fr keine Hdlg vorzunehmen, sond tritt ledigl eine RWirkg ein (Bsp: VerwZustellg drei Tage nach Aufg des Briefes zur Post), ist § 193 unanwendb (VGH Mü NJW **91**, 1250). – **b)** Für **Kündigungsfristen** 3 gilt § 193 nicht, da sie den Gekündigten zu ihrem Schutz unverkürzt zur Vfg stehen müssen (BGH **59**, 267, VersR **83**, 876, BAG NJW **70**, 1470, DB **77**, 639). Eine Künd am 1. 9. mit einer Fr von 1 Monat wirkt daher auch dann erst zum 1. 11., wenn der 31. 8. ein Sonntag war. Auch die für Versammlungen geltden EinladgsFr (bei Verein, AG, GmbH) fallen nicht unter § 193, da mit ihrem Zweck, den Geladenen eine ausr Prüfgs- u Überleggszeit zu verschaffen, eine Abkürzg nicht zu vereinbaren ist. Anwendb ist § 193 dagg, wenn sich ein Vertr verlängern soll, falls die Verlängerg nicht bis zu einem best Zeitpkt abgelehnt w; die „Künd" ist in diesem Fall in einer wirkl Künd, sond eine WillErkl, dch die das Angebot zur VertrVerlängerung abgelehnt w (BGH NJW **75**, 40). – **c)** Als bloße Ausleggsregel ist § 193 unanwendb, sow 4 dch Ges od RGesch etwas **anderes bestimmt** ist. StundenFr fallen iZw nicht unter § 193. Auch bei TagesFr kann die Auslegg ergeben, daß § 193 nicht gelten soll. Handelt es sich um eine Leistg, die für ein Wochenende best ist (zB Festzelt), ist § 193 stillschw abbedungen. Keine Geltg hat § 193 für die Berechng einer VertrStrafe nach VOB/B 11 Nr 3 (BGH NJW **78**, 2594) u den Eintritt einer Bdgg (Staud-Dilcher Rn 13).

3) Rechtswirkungen. § 193 verlängert die Fr oder verschiebt den Termin, bedeutet aber nicht, daß die 5 Erkl od Leistg am nächstfolgden Werktag auf den best Tag zurückwirkt (Ffm NJW **75**, 1971). Er läßt die Fällig unberührt, so daß bei einer Zahlg am Montag uU für den Sonnabend u Sonntag Zinsen zu entrichten sind (Ffm aaO). Die Vorschr verbietet nicht, daß der Begünstigte am Wochenende (Feiertag) leistet od die Erkl abgibt. Der and Teil kann seine Mitwirkg an diesen Tagen nur ablehnen, wenn Treu u Glauben od die VerkSitte (§§ 157, 242) das rechtfertigen.

4) Gesetzliche Feiertage sind im ges Bundesgebiet: Neujahr, Karfreitag, Ostermontag, Christi Him- 6 melfahrt, 1. Mai, Pfingstmontag, 3. Oktober, 1. u. 2. Weihnachtstag. Die Anerkenng des 3. 10., der an die Stelle des 17. 6. getreten ist, beruht auf BundesR (EinigsV 2 II), die der übrigen Feiertage auf LandesR. Vgl *BaWü* GBl **71**, 1, *Bay* BayRS 1131-3-J, *Bln* GVBl **54**, 615, **56**, 169, *Brdbg* GVBl **91**, 44, *Brem* GBl **54**,

115, **58**, 61, **93**, 115, *Hbg* GVBl **53**, 289, *He* GVBl **71**, 344, *Nds* GVBl **69**, 113, *NRW* GVBl **89**, 222, *RhPf* GVBl **70**, 225, *Saarl* ABl **76**, 213, *SachsAnhalt* GVBl **92**, 356, *SchlH* GVBl **69**, 112. In den *neuen Bundesländern* gilt, soweit noch keine LandesGes erlassen worden sind, die VO v 16. 5. 90 (GBl DDR I 248).

Fünfter Abschnitt. Verjährung

Überblick

Schrifttum: Spiro, Die Begrenzg privater Rechte dch Verj-, Verwirkgs- u Fatalfristen, 1975.

1   **1) Begriff.** Zeitablauf kann unabhäng vom Willen der Part kr Ges die RLage verändern; er kann Rechte entkräften od begründen. Im gemeinen Recht bezeichnete man beide mögl Einwirkgen des Zeitablaufs – RVerlust u RErwerb – als Verj u unterschied daher zw erlöschder u erwerbder Verj. Diesen weiten VerjBe-
2 griff hat das BGB nicht übernommen. – **a) Verjährung** iSd §§ 194 ff ist der Zeitablauf, der für den Verpflichteten das Recht begründet, die Leistg zu verweigern. Sie greift nur ggü Anspr dch (§ 194) u führt nicht zum Erlöschen des Anspr, sond zur Begründg eines dauernden LeistgsVR (§ 222 I). Ausnw kann die Verj aGrd von sondergesetzl Regelgen aber auch den Anspr erlöschen lassen (§ 222 Rn 7); sie steht dann in ihrer Wirkg einer AusschlußFr gleich (Rn 7). – **b)** Den RErwerb dch Zeitablauf, die fr erwerbde Verj, nennt das BGB **Ersitzung.** Sie betrifft nur dingl Recht u ist für bewegl Sachen in §§ 937 ff, 1033, für Grdst u
3 Schiffe in § 900 u SchiffsRG 5 geregelt. – **c)** Nicht in das BGB übernommen, aber in den der LandesGes-Gebg vorbehaltenen RGebieten wirks geblieben, ist die **unvordenkliche Verjährung** (RG SeuffA **80**, 108, BayObLGZ **82**, 406). Sie setzt voraus, daß der als Recht beanspruchte Zustand 40 Jahre als Recht besessen worden ist u daß weitere 40 Jahre vorher keine Erinnerung an einen and Zustand seit Menschengedenken bestanden hat (BGH **16**, 238, BayObLG **94**, 139).

4   **2)** Obwohl nach den §§ 194 ff scheinb nur ein wirkl bestehder Anspr verjähren kann, hat die Verj vor allem den **Zweck**, dem Schu die Abwehr unbegründeter Anspr zu erleichtern (Mot I 291, BGH BB **93**, 1395). Soweit die Verj begründete Anspr betrifft, ist sie dch den Gedanken des SchuSchutzes u des RFriedens gerechtfertigt (Heinrichs, Karlsr Forum 1991, 3 ff). – **a)** Die Verj ist ein zur Wahrg der **Interessen des Schuldners** unverzichtb RInstitut. Die „verdunkelnde Macht der Zeit" (Mot I 512) kann die BewPosition des Schu verschlechtern, der Zeitablauf kann ihn zugl um Regreßmöglichk bringen. Schutzbedürft ist auch die DispositionsFreih des Schu. Er kann nicht unbegrenzt Rücklagen für Risiken aus fr Gesch bilden u muß daher irgendwann allein aGrd von Zeitablauf berecht sein, den Anspr ohne ein Eingehen auf die Sache zurückzuweisen. – **b)** Als Rechtfertigg der Verj noch wichtiger ist der Gedanke des **Rechtsfriedens** u der RSicherh (BGH **59**, 74). Aus ihm ergibt sich zugl, daß die Verj nicht nur dem Schutz des Schu dient, sond auch im öffentl Interesse liegt. Tatsächl Zustände, die längere Zeit unangefochten bestanden haben, müssen im Interesse des RFriedens u der RSicherh als zu Recht bestehd anerkannt w (BGH NJW-RR **93**, 1060). – **c)** Der dch die Verj eintretde RVerlust ist idR auch deshalb gerechtfertigt, weil der Gläub ihn dch rechtzeit **Geltendmachung** des Anspr hätte **verhindern** können. Diese Möglichk ist aber keine notw Voraussetzg der Verj. Verj kann auch eintreten, wenn der Gläub von der Existenz des Anspr nichts wußte u auch nichts wissen konnte, so vor allem in den Fällen der §§ 477 u 638 (s BGH **77**, 223, **88**, 140), der VOB/B 13 Nr 4 (Müller-Foell BauR **82**, 538) u der BRAO 51 b, StBerG 68 (BGH **83**, 19). Das ist im Grds sachgerecht; im Konflikt zw GläubSchutz einerseits sowie SchuSchutz u RFrieden andseits, verdienen letzteren den Vorrang. VerjFr sollten aber so bemessen sein, daß der Gläub typw die faire Chance hat, seinen Anspr dchzusetzen. Das trifft auf die angeführten Fr nicht zu; ihre Verlängerg im Zuge einer Reform des VerjR (Rn 5) ist daher dringd erwünscht. – **d)** Die Verj dient zugl dem Bedürfn des RVerk nach einer beschleunigten Abwicklg von RVerhältn (BGH NJW **83**, 390) u entlastet die Ger von Streitigk über veraltete Anspr. Dabei handelt es sich aber nur um **Nebenzwecke,** nicht um Gesichtspkte, die die Verj im Hinblick auf GG 14 rechtfertigen.

5   **3)** Das VerjR des BGB u seiner NebenGes entspr nicht mehr den Bedürfn des R- u WirtschVerk u bedarf dringd einer **Reform** (s Peters/Zimmermann Reformgutachten SchuldR, 1981, I S 77–374, Heinrichs Karlsr Forum 1991, 3 ff). Die regelmäß VerjFr von 30 Jahren (§ 195) ist zu lang, die VerjFr des GewährleistgsR u einige and VerjFr (BRAO 51 b, StBerG 68) sind zu kurz od wg ihres Beginns unabhäng von der Kenntn des Berecht problemat, die Vielzahl von unterschiedl, sich zT überschneidden VerjFr kompliziert die RAnwendg, die Einordng der auf RichterR beruhden Anspr in das System der VerjFr bereitet Schwierigk, der kasuistisch gefaßte § 196 steht mit dem heutigen Entwicklgsstand von Wirtsch u Technik nur noch teilw im Einklang. Ein dem geltden Recht vor allem dch größere Klarh u Einfachh überlegene VerjRegelg enthalten die Vorschläge der **Schuldrechtskommission** (vgl den Abschlußbericht, 1992 u Rabe NJW **92**, 2395). Es
6 ist zZ aber offen, ob u ggf wann sie in das GesGebgsVerf eingebracht w. – Die **Auslegung der Verjährungsvorschriften** muß versuchen, diese Unzulänglichk zu mildern. Die Rspr geht in einigen Entsch davon aus, daß das VerjR eine formale Regelg darstelle u daher im Interesse der RSicherh in enger Anlehng an den Wortlaut des Ges ausgelegt w müsse (BGH **53**, 47, **59**, 326). Dabei handelt es sich aber um einen Grds, der Ausn nicht ausschließt. Auch im VerjR hat die Rspr die Aufg, das Recht an die sich ändernden Verhältn anzupassen (s BGH **80**, 281, wonach Lufttransportunternehmen „Frachtfuhrleute" iSd § 196 I Nr 3 sind). Bei seiner Auslegg muß letztl dem GesZweck der Vorrang vor dem GesWortlaut eingeräumt w (s BGH **54**, 268, **59**, 165); auch eine analoge Anwendg von Vorschr des VerjR ist nicht ausgeschl (s BGH **58**, 122, **117**, 174, **119**, 35, NJW **93**, 1848, NJW-RR **93**, 1060).

7   **4) Sonstige Einwirkungen des Zeitablaufs auf Rechte. – a) Ausschlußfrist. – aa)** Sie unterscheidet sich von der Verj dch ihre Wirkg. Bei der AusschlußFr endet das Recht mit FrAblauf (RG **128**, 47), die Verj begründet dagg nur ein LeistgsVR (§ 222). Der Ablauf der AusschlußFr ist im RStreit vAw zu beachten, der der VerjFr nur auf Einr. Währd die Verj nur Anspr erfaßt (§ 194), betrifft die AusschlußFr auch and Rechte,

vor allem GestaltgsR (zB §§ 121, 124, 148, 532, 626 II, 1944, 1949), ausnw aber auch Anspr (zB §§ 561 II, 651 g I, 801 I 1, 864, ProdHaftG 13, 12, *Bay*AGBGB 71 (BayObLG **70**, 320). Wo es sich um Verj handelt, spricht das BGB von „verjährt"; bei AusschlFr gebraucht es Wendgen wie „kann nur . . . erfolgen", „das Recht erlischt", „ist ausgeschlossen." Bei den Fr and Ges u vereinb Fr ist es Ausleggsfrage, ob sie als Ausschl- od VerjFr aufzufassen sind. – **bb)** Die Frage der **Anwendbarkeit von Verjährungsvorschriften** 8 auf AusschlFr läßt sich nicht allg, sond nur von Fall zu Fall nach Sinn u Zweck der jeweil EinzelVorschr entscheiden (BGH **43**, 237, **73**, 102, WM **82**, 1172). Für einz AusschlußFr bestehen TVerweisgen auf das VerjR (§§ 124 II, 210, 215 II, 802, 1002, HGB 160 I 3 (Reichold NJW **94**, 1619), ua; sog geschwächte od gemischte AusschlußFr). Auch bei Fehlen derart Verweisgen (sog „strenge" AusschlußFr) ist uU eine entspr Anwendg von Vorschr des VerjR geboten. Das gilt vor allem für die Best über die AblaufHemmg (§ 206 Rn 2), kann aber auch für and Vorschr zutreffen (BGH **53**, 272 zu § 210; BGH **83**, 270 zu § 209 II Nr 3). Unanwendb auf AusschlußFr sind dagg § 209 II 1 (BGH NJW **93**, 1585, aA LG Ffm NJW-RR **95**, 866), § 209 II 1 a (Hbg MDR **93**, 328), § 211 II (Köln FamRZ **92**, 1220), § 212 II (RG **88**, 296) u § 217 (BAG NJW **80**, 359); iF von HGB 612 w man § 208 aber anwenden können (Prüßmann-Rabe SeehandelsR § 612 HGB Anm C 1 a, aA BGH **112**, 101). Zur Anwendg der §§ 203 ff auf die erbrechtl AusschlußfristenU der §§ 1944 I, 1954 IV, 2082 II s dort. Auf tarifl AusschlFr findet weder § 211 noch § 212 Anwendg (BAG DB **92**, 1147). Die Grds über die unzul RAusübg gelten auch für AusschlußFr (§ 242 Rn 62). – **b)** Für die **Verwirkung** ist 9 der Zeitablauf nur von mehreren Voraussetzgen. Der entscheidde Grd für den RVerlust ist, daß die verspätete Geltdmachg des Rechts gg Treu u Glauben verstößt. Ein weiterer Unterschied besteht darin, daß die Verwirkg vAw, die Verj aber nur auf Einr zu berücksichtigen ist (s näher § 242 Rn 87 ff).

5) Unzulässige Rechtsausübung. – a) Die VerjEinr ist unbeachtl, wenn sie gg das Verbot unzul 10 RAusübg (§ 242 Rn 38 ff) verstößt. Dabei ist ein strenger Maßstab anzulegen (BGH NJW **88**, 2247). Die Einr ist nicht schon deshalb mißbräuchl, weil der Schu weiß, daß der Anspr zu Recht besteht (Mot I 296), od weil der Gläub wg des Ansehens od der Stellg des Schu nicht mit der VerjEinr gerechnet hat; auch öffr Körpersch können sich ggü ihren Bediensteten grdsl auf Verj berufen (BAG NJW **67**, 174, s aber Rn 14). Unzul ist die VerjEinr, wenn der Schu den Gläub dch sein Verhalten von der rechtzeit Klagerhebg abgehalten hat od wenn der Gläub nach obj Maßstäben darauf **vertrauen** durfte, sein Anspr werde auch ohne RStreit befriedigt od vom Schu nur mit Einwendgen in der Sache bekämpft (BGH **93**, 66, NJW **88**, 266, 2247, stRspr). Dabei genügt es, daß der Schu den Gläub unabsichtl an der VerjUnterbrechg gehindert hat (BGH **9**, 5, **71**, 96). Bloßes Schweigen begründet aber keinen Vertrauenstatbestd (BGH NJW **88**, 2247); es reicht auch nicht, daß der Gläub subj der Ans war, er könne noch zuwarten (BGH NJW **88**, 266). Der Schu muß sich das Verhalten seiner Vertreter u VhdlgsGeh zurechnen lassen, das seines **Haftpflichtversicherers** auch dann, wenn dieser (noch) keine ReguliergsVollm hat (BGH NJW **81**, 2243) od nicht od nur zT deckgspflicht ist (BGH VersR **78**, 533). Die Unzulässigk der VerjEinr beruht idR auf dem Verbot des *venire contra factum proprium* (§ 242 Rn 55). Sie kann sich aber auch aus dem Gedanken ergeben, daß niemand aus einem **unredlichen Verhalten** Vorteile ziehen darf, so etwa, wenn der Schu dch falsche Anmeldg od häuf 11 Wohngswechsel die rechtzeit Unterbrechg der Verj verhindert hat (Kbg HRR **41**, 111).

b) Einzelfälle. – aa) Verhandeln die Part über Grd od Höhe des Anspr, wird der Gläub dch § 242 12 geschützt, wenn er nach dem Verlauf der Vhdlgen darauf vertrauen durfte, der Schu sei mit der Zurückstellg der gerichtl Geltdmachg einverstanden u werde dem Anspr nur sachl Grde enttgehalten (BGH **93**, 66, NJW **76**, 2345, VersR **77**, 617, stRspr). Entspr gilt, wenn sich beide Teile auf Vhdlgen vor einer Schlichtgsstelle eingelassen haben (BGH NJW **83**, 2076) od bei einem wg § 225 unwirks **Verzicht** auf die VerjEinr (BGH NJW **86**, 1861, § 225 Rn 2). Ob ein Stillhalteabkommen die Anwendg von § 242 rechtf, ist dagg Frage des Einzelfalls (BGH VersR **82**, 422, NJW **90**, 1232). Bei Anspr aus Delikt od Gefährdgshaftg führen Vhdlgen zur **Hemmung** der Verj, § 852 II; gem § 651 g II 3, PflVG 3 Nr 3 wird die Verj bereits dch Anmeldg des Anspr gehemmt (s BGH **83**, 165). Eine Hemmg der Verj tritt auch dann ein, wenn die Part ausdr od stillschw ein *pactum de non petendo* abgeschlossen haben (§ 202 Rn 8). – **bb) Verhalten im Prozeß.** Der Schu 13 kann grdsl frei darüber entscheiden, ob u ggf wann er die VerjEinr erheben will (Brschw NJW-RR **89**, 800). Ist der Kläger erst längere Zeit nach ProzBeginn AnsprInh geworden, kann sich der Bekl auch dann auf Verj berufen, wenn er sich zunächst sachl auf die Klage eingelassen hat, ohne die Aktivlegitimation zu beanstanden (BGH **LM** § 242 (Cb) Nr 4). Es verstößt auch nicht gg § 242, wenn die VerjEinr erst in der Berufsinstanz od im NachVerf erhoben wird (Ffm MDR **81**, 228, Celle WM **93**, 1957) od wenn der Bekl sich zunächst auf eine KlErweiterg einläßt u später ggü der MehrFdg die VerjEinr erhebt (BGH NJW-RR **88**, 1195). Ggü dem RückgriffsAnspr des Versicherers ist die VerjEinr nicht desh ausgeschl, weil dieser die Erledigg des DeckgsProz abgewartet hat (BGH NJW **72**, 158). Es ist auch kein RMißbrauch, wenn der Schu in WettbewSachen auf das Abschlußschreiben nicht reagiert u nach Ablauf der VerjFr den Antr aus ZPO 926 stellt (BGH NJW **81**, 1955). Die Zustimmg zum NichtBetr od Ruhen des Verf macht die VerjEinr nicht mißbräuchl, arg § 211 II (BGH NJW **83**, 2498); and kann es liegen, wenn die Part einverständl den Ausgang eines MusterProz abwarten wollten (RG **145**, 245). – **cc) Unkenntnis, Irrtum.** Unkenntn von Beginn u 14 Dauer der Verj gehen grdsl zu Lasten des Gläub, es sei denn, daß der Schu eine ihm insoweit obliegde AufklPfl verletzt hat (Rn 16 f). Haben sich beide Part über die VerjDauer geirrt, kann der Schu nach Aufkl des Irrt ohne Verstoß gg § 242 die VerjEinr erheben (Celle NJW **75**, 1603, AnwBl **79**, 20). Es ist auch kein RMißbrauch, wenn sich der Schu nach einer Änd der Rspr auf die maßgebde kürzere VerjFr beruft (BGH NJW **64**, 1022, BSG MDR **77**, 170). Dagg kann § 242 der VerjEinr enttgstehen, wenn der Anspr auf ZugewinnAusgl nicht geltd gemacht worden ist, weil die Eheg ihr Haus fälschl als gemeins Eigt angesehen haben (Köln FamRZ **82**, 1071), wenn der Schu Anlaß zu der Annahme gegeben hat, es gelte eine längere VerjFr (BGH NJW-RR **89**, 1271), wenn der zust Behörde den Berecht dch ihr Verhalten an der rechtzeit Geltdmachg seines Anspr gehindert hat (BVerwG **23**, 172, NVwZ **83**, 740), wenn eine öffr Körpersch ihre ArbNeh nicht über die Einräumg zusätzl Anspr unterrichtet hat (BAG NJW **57**, 558) od wenn der ArbGeb der ihm bekannten unricht Ans des ArbNeh nicht enttgtritt, wg eines anhäng MusterProz sei eine gerichtl Geltdmachg des Anspr nicht erforderl (BAG **AP** § 242 Unzul RAusübg Nr 6).

15   **c)** Nach dem **Wegfall** der die Unzulässig der RAusübg begründden Umstände beginnt keine neue VerjFrist, auch § 205 (Hemmg) ist nicht anzuwenden; vielm bestimmt sich die Frist für die Geltdmachg des Anspr nach den Anfordergen des redl GeschVerkehrs u den Umst des Falles (RG **115**, 139). Das gilt auch für den wg § 225 nicht bindden Verzicht auf die VerjEinr (BGH VersR **60**, 517, NJW **74**, 1285, **78**, 1256, **79**, 867). Der Einwand unzul RAusübg entfällt daher, wenn der Gläub nach Wegfall der die Klageerhebg verzögernden Umst zur rechtzeit Klageerhebg noch angemessene Zeit hatte (RG **157**, 22). Die dem Gläub zuzubilligde Fr ist knapp zu bemessen (BGH NJW **55**, 1834), 3 Monate sind zu lang (BGH NJW **59**, 96, **78**, 1256, Hamm FamRZ **92**, 432), die Höchstgrenze liegt idR bei 4 Wochen (Hbg VersR **78**, 45, Düss NJW **83**, 1435). 6 Wochen sind zu lang (BGH NJW **91**, 975), sie können aber ausnw nach bes langen Vhdlgen zul sein (BGH WM **77**, 870). Die Rückwirkg der Klagezustellg gem ZPO 270 III gilt auch hier (BGH NJW **74**, 1285), sofern der Gläub das weitere Verf zügig betreibt (BGH NJW **86**, 1861).

16   **d)** Hat Schu die Verj dch eine zum **Schadenersatz** verpfl Hdlg mitverursacht, muß er die Fdg als unverjährt gelten lassen. Das gilt für den Untern, der den Handelsvertreter argl über die Entstehg von ProvAnspr getäuscht hat (BGH DB **77**, 2443, Stötter NJW **78**, 799), kann aber auch auf den Maklerkunden zutreffen (Kblz NJW-RR **91**, 881). Der **Rechtsanwalt** ist verpfl, den Mandanten rechtzeit vor FrAblauf auf mögl RegreßAnspr gg sich selbst hinzuweisen. Tut er das nicht, muß er den Mandanten wg pVV gem § 249 S 1 so stellen, als wäre der Anspr unverjährt (BGH **94**, 380, NJW **93**, 2751, stRspr). Entspr gilt für den Steuerberater (BGH **83**, 22, **96**, 298, NJW **95**, 2107) u, wenn auch eingeschränkt, für den Architekten (BGH **71**, 149, **92**, 258, NJW-RR **86**, 182), nicht aber für den Versicherer (Hamm VersR **87**, 1081). Die Schad-ErsPfl setzt eine neue schuldh PflVerletzg voraus (BGH **94**, 380, **114**, 157, 354, NJW **94**, 2824, Zugehör NJW **95** Beil zu Heft 21 S 17); sie liegt beim RAnw od Steuerberater vor, wenn er keinen Hinw gegeben hat, obwohl er begründeten Anlaß zur Überprüfg seines fr Verhaltens hatte (BGH aaO, Rinsche VersR **87**, 239). Ein Anlaß zur Aufkl kann auch nach Beendigg des fr Vertr im Rahmen eines neuen Mandats bestehen (BGH NJW **86**, 583); wird der RAnw hierbei als Angestellter eines und RAnw tät, trifft die HinwPfl aber diesen

17   (BGH NJW-RR **90**, 460). Für die **Verjährung des Sekundäranspruchs** g ung des Sekundäranspruchs gelten BRAO 51b, StBerG 68. Er verjährt ggü dem RAnw drei Jahre nach der Verletzg der AufklPfl, spätestens 3 Jahre nach Beendigg des Mandats (BGH **94**, 389, NJW **88**, 266); seine Verj des Anspr kann beginnen, bevor die Verj des PrimärAnspr vollendet ist (BGH aaO). Die BelehrgsPfl erstreckt sich nicht auf die VerjFr für den SekundärAnspr (BGH **94**, 391, RAnw; NJW **95**, 2107, Steuerberater). Sie wird nicht dadch berührt, daß der RAnw annimmt, der Mandant wisse von der drohden Verj (BGH NJW **87**, 326). Sie entfällt, wenn der Mandant von einem und RAnw belehrt worden ist (BGH NJW **85**, 1152, **88**, 2247, **94**, 1407, 2822) od wenn ein and RAnw den RegreßAnspr rechtzeit, wenn auch außergerichtl geltd gemacht hat (BGH NJW **92**, 836). Unerhebl ist auch, daß der Mandant auf and Weg von der ErsPfl des RAnw Kenntnis erlangt h (BGH NJW **85**, 2941). Die Pfl entsteht erneut, wenn der Mandant den RAnw im ZusHang mit dem ursprüngl Auftr nochmals konsultiert (BGH VersR **84**, 162). UU führt § 254 zur teilw Zurückweisg der VerjEinr. Vgl auch § 198 Rn 10.

18   **6) Beweislast.** Der Schu hat Beginn u Ablauf der VerjFr zu beweisen (BGH WM **80**, 534), der Gläub die Voraussetzgen von Hemmg u Unterbrechg (Baumgärtel/Laumen § 194 Rn 2). Das gilt entspr für die AusschlußFr (Kblz OLGZ **76**, 459, Baumgärtel/Laumen § 186 Rn 1 mwNw, hM), jedoch muß der Berecht die Vorn der fristwahrenden Hdlg beweisen (BayObLG NJW **67**, 57).

194 *Gegenstand der Verjährung.* [I] Das Recht, von einem anderen ein Tun oder ein Unterlassen zu verlangen (Anspruch), unterliegt der Verjährung.

[II] Der Anspruch aus einem familienrechtlichen Verhältnis unterliegt der Verjährung nicht, soweit er auf die Herstellung des dem Verhältnis entsprechenden Zustandes für die Zukunft gerichtet ist.

1   **1) Allgemeines. – a)** § 194 I enthält eine **Legaldefinition** des Anspr: Er ist das Recht, von einem and ein Tun od Unterl zu verlangen. Tun ist jede denkb Hdlg, zB Zahlg, Abgabe einer WillErkl, Herausg einer Sache, Herstellg eines Werkes. Unterl ist jedes denkb Nichthandeln (Unterl von Wettbew, der Firmen-Führg), insb auch das Dulden. Der Anspr richtet sich gg einen od mehrere best Dr. Seine Grdl kann ein

2   RVerh des SchuldR, des SachenR, des FamR od ErbR sein. – **b)** Der Verj unterworfen ist nach § 194 I allein der materiellrechtl **Anspruch**, nicht das prozessuale KlageR, so nicht das Recht, Feststellgs- od Gestaltgsklage zu erheben (Soergel-Walter Rn 14). Auch dingl, familien- u erbrechtl Anspr unterliegen grdsl der Verj (s aber Rn 11). Gg unklagb Anspr kann die Einr der Verj zur Abkürzg der AuseinandSetzg erhoben w, wenn (etwa iF des § 762 II) Streit über die Unklagbark besteht (str, aA Staud-Dilcher Rn 34). Für die Verj von **öffentlich-rechtlichen Ansprüchen** gelten in erster Linie die Vorschr des öffR. Bsp sind SGB I 25 II, 27, 45, AO 169, 170, 228, OBGNRW 41, 43 (BGH **72**, 273), BayAGBGB 71. Soweit die öffr Vorschr weder direkt noch analog anwendb sind (s zu AO 169 BVerwG EWiR **95**, 639), sind die Vorschr des BGB entspr anzuwenden (HessVGH DVBl **93**, 1318, § 195 Rn 13).

3   **2) Rechte u RStellgen, die keine Anspr sind, können nicht verjähren.** Das gilt vor allem für folgde Rechte: – **a) Gestaltungsrechte** geben die Befugn, dch einseit RGesch ein Recht zu begründen, aufzuheben od zu ändern (Übbl 17 v § 104). Bsp sind Künd, Anf, Rücktr u Aufr. Die Ausübg eines GestaltgsR kann RückabwicklgsAnspr begründen, die der Verj unterliegen. Das GestaltgsR selbst ist unverjährb; für seine

4   Ausübg können aber AusschlußFr (Übbl 7 v § 194) bestehen. – **b) Absolute Rechte,** wie Eigtum, Persön-lichkR u UrheberR, wirken gg jedermann (Einl 3 v § 854). Sie sind daher kein Anspr u können nicht verjähren. Wird das absolute Recht verletzt, entsteht aus ihm aber ein Anspr, etwa auf Herausg (§ 985), Unterl (§§ 1004, 12) od SchadErs (§ 823). Dieser Anspr unterliegt (vorbehaltl § 902) der Verj (Mager AcP **193**, 68), die jedoch das absolute Recht unberührt läßt. Auch wenn der HerausgAnspr des Eigtümers gg den Besitzer (§ 985) verjährt ist, bleibt ihm das Eigtum (s RG **138**, 296, 300 „dominium sine re"). Dieses ist prakt leerlaufd; es kann aber wieder von Bedeut w, wenn die Sache an einen Dritten gelangt, der sich nicht auf

die Verj berufen kann. – **c)** Das **Recht zum Besitz** (§ 986) ist eine dauernde Befug u kein Anspr. Der 5
Verkäufer kann daher das verkaufte u übergebene Grdst auch dann nicht vom Käufer zurückverlangen,
wenn dessen AuflAnspr verjährt ist (BGH **90**, 270). – **d) Einreden** (LeistgVR). Selbständige Einr, die nicht 6
auf einen GgAnspr beruhen, sind unverjährb (allgM). Zu ihnen gehört nach hM auch die Einr des nicht
erfüllten Vertr (§ 320, s RG **149**, 328, Roth, Einrede des Bürgerl R, 1988, 56, aA – für Anwendg des § 390 –
BGH **53**, 125). And liegt es bei unselbständ Einr; sie verjähren mit dem Anspr, von dem sie abgeleitet sind.
Ausn: §§ 478, 490, 639, 821, 853. Das ZbR des § 273 bleibt in entspr Anwendg des § 390 S 2 trotz Verj des
GgAnspr bestehen, wenn die Verj bei Entsteh des Anspr des Gläub noch nicht vollendet war (BGH **48**,
116, **53**, 122). – **e) Dauerschuldverhältnisse** (Einf 17 ff v § 241), zB MietVerh, sind als solche unverjährb; 7
nur die einz aus ihnen erwachsenen Anspr unterliegen der Verj (BGH **LM** § 138 (Bb) Nr 51 Bl 3). Für die
Leibrente u ähnl Verpfl zu wiederkehrden Leistgen ist aber anerkannt, daß auch das Stammrecht (der
GesAnspr) der Verj unterworfen ist (RG **136**, 432, BGH VersR **72**, 1079, NJW **73**, 1684). Mit ihm verjähren
zugl die EinzelAnspr (RG u BGH aaO). Bei delikt RentenAnspr (§§ 843 II, 844 II) gilt für die Verj des
StammR § 852 (BGH aaO); sonst ist mangels bes Vorschr idR § 195 anzuwenden.

3) Anspruchskonkurrenz. – a) Begründet ein u ders Sachverhalt mehrere nebeneinand bestehde Anspr, 8
so verjähren grdsl jeder Anspr **selbständig** in der für ihn maßgebden Frist (BGH **9**, 303, **66**, 315, **100**, 201,
116, 300). Das gilt zB für den RückgabeAnspr aus Vertr u Eigt (BGH **LM** § 989 Nr 2), den BerAnspr u den
Anspr auf SchadErs (BGH **56**, 319) sowie idR für SchadErsAnspr aus Vertr u Delikt (BGH **9**, 303, **66**, 315,
100, 201, krit Arens AcP **170**, 392 ff). Der für eine AnsprGrdl geltde HemmgsTatbestd (Bsp: § 852 II) kann
aber nach seinem Schutzzweck auch auf konkurrierde Anspr (Bsp: aus § 558) Anwendg finden (BGH **93**,
66). – **b)** Ausnw besteht ein **Vorrang** der **kurzen Verjährung,** wenn die für sie maßgebl Vorschr nach 9
ihrem Schutzzweck auch die konkurrierden Anspr erfassen will. Das ist insb anzunehmen, wenn das Recht
des Gläub, nach Verj des VertrAnspr weiterhin Anspr aus Delikt od and RGrden geltd zu machen, die
gesetzl Regelg über die kurze Verj aushöhlen würde (BGH **66**, 317). Die kurzen VerjFr der §§ 558, 606, 1057
gelten daher auch dann, wenn der ErsAnspr des Vermieters (Verleihers) wg Verschlechterg der Sache auf
unerl Hdlg, GefährdgsHaftg od Eigt gestützt w (BGH **47**, 55, **54**, 267, **116**, 294; Einzelh § 558 Rn 5 ff). Das
gilt umgekehrt ebso für den Anspr des Mieters auf VerwendgsErs (BGH NJW **74**, 744). In der Fr des § 197
verjährt neben dem Anspr aus § 557 zugl der aus § 286 u § 812 (BGH **68**, 309, krit Heckelmann NJW **77**,
1335). Der SchadErsAnspr gg den HandlgsGeh aus unzul Wettbew verjährt auch insow in der Fr des HGB
61 II, als er auf unerl Hdlg gestützt w (RG JW **37**, 2655). Die 5-JahresFr des HGB 26 gilt unabhäng davon,
ob der fr GeschInh aus HGB 25, aus Schuldbeitritt (BGH **42**, 384) od aus § 419 in Anspr genommen w
(MüKo/v Feldmann Rn 26). Die VerjFr des BinnSchG 117 erfaßt Anspr aus jedem RGrd (BGH **76**, 312,
NJW **81**, 2576), die Verj gem UWG 21 geht uU der aus § 852 vor (BGH **36**, 256, Einzelh § 852 Rn 1). Die
kurze Verj gem § 638 hat ggü der aus BRAO 51b den Vorrang (BGH NJW **65**, 106), ebso ggü der aus
StBerG 68 (KG NJW **77**, 110/766, aA BGH NJW **82**, 2256). Unanwendb ist die kurze VerjFr des HGB
113 III dagg, wenn der WettbewVerstoß des Gesellschafters zugl eine and VertrVerletzg enthält (Düss
OLGZ **70**, 328); GmbHG 43 IV ist nicht anzuwenden, wenn die PflVerletzg des GeschFü zugl eine Untreue
darstellt (BGH **100**, 199) od einen Verstoß gg seine gesellschrechtl TreuePfl enthält (BGH NJW **82**, 2869,
NJW-RR **89**, 1256). Auf den konkurrierden delikt SchadErsAnspr ist die kurze VerjFr des § 477 nicht
anzuwenden (BGH **66**, 315, **67**, 366); das gilt ebso iF des § 638 (BGH **55**, 397) u der Haftg des Spediteurs
gem HGB 414 (BGH **9**, 304, **116**, 299). CMR 32 Nr 1 umfaßt Anspr jeder Art, soweit sie mit der Güterbe-
förderg zushängen (BGH NJW **72**, 1003, **79**, 2474, stRspr).

4) Bei **gemischten Verträgen** gelten für die Verj die Grds, die allg für die rechtl Behandlg von gemisch- 10
ten Vertr maßgebd sind (Einf 24 ff v § 305). Für jede Leistg sind die VerjVorschr des betreffden VertrTyps
heranzuziehen (BGH **70**, 361). Das gilt auch für den typ Vertr mit einer andersart Nebenleistg. Beim KaufVertr
mit einer WkNebenleistg sind daher für die Verj von WkMängeln die §§ 638 f maßgebd (vgl BGH **63**, 312,
NJW **83**, 2441). Kollidieren versch gesetzl Vorschr, ist das Recht des VertrTyps anzuwenden, der den rechtl
od wirtsch Schwerpkt bildet. Bei einem Vertr über die Herstellg einer EigtWo (eines Hauses) u die Veräu-
ßerg eines GrdstAnteils verjährt der VergütgsAnspr daher einheitl in der Fr des § 196 I Nr 1 (BGH **72**, 232,
74, 275, Hamm NJW-RR **91**, 89). Das gilt auch dann, wenn der Vertr wie ein KaufVertr ausgestaltet ist u
die Herstellg der Wo (des Hauses) in einem fr geschlossenen AnwartschVertr geregelt ist (BGH NJW **81**,
273). Haben die Part für das Grdst u die Bauleistg getrennte Entgelte vereinb, gilt § 196 I Nr 1 dagg nur für
den VergütgsAnspr hins der Bauleistg (Düss OLGZ **77**, 200, s aber § 196 Rn 10).

5) Grdsl verjähren **alle Ansprüche.** Ausn enthalten §§ 758, 898, 902 (vgl aber § 1028), 924, 1138, 2042 II. 11
Anspr aus einem **familienrechtl Verhältnis** verjähren nicht, soweit sie **auf Herstellung** des dem
Verhältn entspr Zustandes für die Zukunft gerichtet sind **(II).** Das gilt auch für die im famrechtl Verhältn
wurzelnden Ansprüche gg Dritte, zB dem Anspr auf Kindesherausg (§ 1632). Unverjährbark ist bedeuts für
§§ 1353, 1356, 1360, 1361, 1619, 1632. – UnterhAnspr für die Vergangenh u Anspr aus §§ 1298–1301,
1615k unterliegen dagg der Verj.

195 *Regelmäßige Verjährungsfrist.* **Die regelmäßige Verjährungsfrist beträgt dreißig**
Jahre.

1) Die **30jährige Verjährungsfrist** ist die ges RegelFr u zugleich die längste VerjFr. Sie gilt für alle 1
Anspr, sofern dch Ges od RGesch (§ 225) keine kürzere VerjFr bestimmt ist. Neben der Fr des § 195 kennt
das Ges eine Vielzahl von **kürzeren Verjährungsfristen.** Sie reichen von 6 Wochen (§ 490 I 1), über
3 Monate (HGB 61 II, 113 III), 6 Monate (§§ 477 I 1, 638 I 1, 558 I, 591 v, 606, 651 j, 1057, 1226, UWG 13 a I
1), 1 Jahr (§§ 477 I 1, 638 I 1, HGB 414 I 1, 423 S 1, 439 S 1, BSchG 117, PostG 24 I, CMR 32), 2 Jahre
(§§ 196, 611 a III, 801 I 2, VOB/B 13 Nr 4, VVG 12), 3 Jahre (§§ 852, 1378 IV 1, 1934 b II 2, 1934 d III,
2332 I, BRAO 51 b, StBerG 68), 4 Jahre (§§ 196 II, 197, 804, PostG 24 II), 5 Jahre (§§ 638 I 1, HGB 26 I,

159 I, WirtschPrüfOrd 51 a), MarkG 20, bis zu 10 Jahren (AO 169 II 2). Die RegelFr des § 195 ist daher **praktisch** die **Ausnahme.**

2 **2) Geltungsbereich und Überschneidung von Verjährungsfristen. – a)** Welche VerjFr maßgebd ist, bestimmt der Sachverhalt zZ der **Entstehung des Anspruchs.** Nachträgl Ändergen sind unerhebl, so iF des § 196 I Nr 1 der nachträgl Erwerb od Verlust der KaufmEigensch (s RG **60**, 74), ein Wechsel in der Pers des Gläub (BGH **60**, 240, NJW **88**, 2606, BAG DB **84**, 139) od des Schu (Mot I 340). Auch ein außergerichtl **Vergleich** ändert die maßgebl VerjFr nicht (BGH NJW **72**, 158, NJW-RR **87**, 1426), ebsowenig ein schuldbestätigdes Anerkenntn (BGH NJW **82**, 1809, **84**, 795, **92**, 2228, KG NJW **75**, 1326) od eine ohne Präjudiz abgegebene Reguliergszusage (Celle VRS **84**, 161). Dagg gilt die 30jährige Verj, wenn ein gerichtl Vergl abgeschl w (§ 218 I 2), das Anerkenntn ein FeststellgsUrt ersetzen soll (BGH NJW **85**, 792), od das alte SchuldVerh iW der **Schuldumschaffung** (Novation) dch ein neues ersetzt w, so iF eines abstrakten Schuldanerkenntn (BGH VersR **79**, 647, NJW **82**, 1809), der Anerkenng eines Kontokorrentsaldos (BGH
3 **49**, 27, **51**, 349) od der SaldoFdg aus einem KreditkartenVertr (Oldenbg DB **94**, 526). – **b)** Die für den Anspr maßgebde VerjFr gilt grdsl auch für **Ersatz- und Nebenansprüche,** die an die Stelle des ursprüngl Anspr treten od ihn ergänzen; hins der Dauer der Verj stehen dem PrimärAnspr alle Anspr gleich, die als „ErsWert des ursprüngl Bedungen" aufzufassen sind (BGH **73**, 269, NJW **84**, 795). Die kurze VerjFr des § 196 I erfaßt daher auch den Anspr aus § 812 od GoA, soweit dieser wg Unwirksamk des Vertr wirtschaftl den vertragl EntgeltsAnspr ersetzt (BGH **48**, 127, **50**, 29, **72**, 233). Entspr gilt für Anspr aus RScheinHaftg (Celle NJW-RR **90**, 803), den SchadErsAnspr wg NichtErf (Rn 8), wg Verzuges (Rn 8), den Anspr aus § 281 (BGH NJW-RR **88**, 904), den aus § 347 S 2 (BGH **86**, 320) u den VertrStrafAnspr iF des § 340 (s Horschitz NJW **73**, 1960, aA RG **85**, 242), and aber iF des § 341 (Hamm NJW-RR **89**, 489), u bei wettbewerbl Strafen (BGH NJW-RR **91**, 1318, ZIP **95**, 1444). Die VerjFr für den vertragl ErfAnspr erfaßt auch den Anspr aus einem VorVertr (Hamm MDR **84**, 227), aus einer für den VertrAnspr übernommenen Garantie (Düss NJW-RR **94**, 11), aus § 179 (BGH **73**, 269), aus §§ 122 u 307 (BGH **49**, 83) u aus c. i. c., sofern wg des Versch einer Part kein Vertr od kein wirks Vertr zustandegekommen ist (BGH **57**, 194, Rn 10). HilfsAnspr, wie der **Auskunftsanspruch,** unterliegen der 30jährigen Verj; können aber nicht mehr geltd gemacht w, wenn das Informationsbedürfn wg Verj des HauptAnspr entfallen ist (BGH **33**, 379, NJW **85**, 384). –
4 **c)** Treffen auf einen Anspr die Voraussetzgen von **mehreren kurzen Verjährungsfristen** zu, hat die speziellere Vorschrift den Vorrang. Das ist bei RGesch des tägl Lebens iZw § 196 (BGH **91**, 307, Ffm NJW **80**, 2531). Der VergütgsAnspr des Wasser- od Fernwärmewerks verjährt daher in der Fr des § 196 I Nr 1, obwohl auf ihn auch § 197 zutrifft (BGH u Ffm aaO). Bei Lohn- u GehaltsAnspr haben § 196 I Nr 8 u 9 den Vorrang vor § 197.

5 **3) Einzelfälle. – a)** Von den **vertraglichen Erfüllungsansprüchen** unterliegen vor allem folgde der 30jährigen Verj: der Anspr des Käufers, auch wenn für den EntgeltsAnspr des Verkäufers § 196 I gilt (BGH **79**, 95, NJW **93**, 537); der KaufpreisAnspr, wenn ein Grdst VertrGgst ist od der Verkäufer nicht unter § 196 Nr 1 od 2 fällt; das AnkaufsR, wenn es auf einem KaufVorvertr beruht (BGH **47**, 392); der Anspr auf Erteilg einer Rechng mit gesondert ausgewiesener MWSt (BGH **120**, 315); der Anspr aus VertrSchl aus einem Vor- od RahmenVertr (BGH NJW **83**, 1494); der DarlAnspr, auch beim finanzierten AbzGesch (BGH **60**, 108, **71**, 325; s jetzt VerbrKrG 9 III); der Anspr des Bestellers aus dem WerkVertr (BGH NJW **74**, 1707); der Anspr des Vermieters od Verpächters auf Rückg der Mietsache einschließl des Zubeh (BGH **65**, 88); der Anspr aus Bürgsch, auch wenn die Hauptschuld in kürzerer Fr verjährt (Düss MDR **75**, 1019, aA Bydlinski ZIP **89**, 954), zG des Bü kann aber § 768 anwendb sein; der gesellschaftsvertragl GewinnAnspr (BGH **80**, 357); der Anspr aus einem selbstd GarantieVerspr (BGH DB **71**, 520, NJW **82**, 1809), dagg gilt für Anspr aus einer Garantie für MängelFreih die VerjFr des GewLR (BGH **75**, 80, BB **81**, 1238). Der 30jährigen Verj unterliegen weiter: der Anspr aus einem abstrakten Schuldanerkenntn u einem anerkannten Kontokorrentsaldo (Rn 2); der Anspr des Kommittenten gg den Kommissionär auf Herausg des Erlangten (BGH **79**, 92); der Anspr aus einem VorVertr, sofern für den in Aussicht genommenen endgült Vertr keine kürzere Fr gilt (BGH WM **74**, 217); der Anspr aus einem Teilgesabkommen (BGH NJW **74**, 698, Ffm VersR **82**, 66); der Anspr des ArbN aus einer Ruhegeldzusage, sofern eine einmalige Kapitalzahlg geschuldet w (BAG **AP** Nr 4); der ZeugnAnspr des ArbN (BAG BB **60**, 663). Anspr wg **Wegfalls der Geschäftsgrundlage** unterliegen grdsl der 30jähr Verj, so der Anspr auf Ausgl einer ehebedingten Zuwendg (BGH NJW-RR **94**, 258). Gilt für den anzupassden Anspr eine kürzere VerjFr, bleibt diese aber auch nach der Anpassg maßgebd.

6 **b)** Der HerausgAnspr des **Eigentümers** verjährt in 30 Jahren. Wenn der Besitzer gutgl ist, kann der Anspr aus § 985 aber schon nach 10 Jahren inf Ersitzg erlöschen (§ 937). Die 30jährige Verj gilt auch für SchadErsAnspr aus § 989 (BGH **LM** § 989 Nr 2), aus § 992 (RG **117**, 425), für den Anspr aus § 906 II 2 (BGH NJW **95**, 714), für den aus § 1004 (BGH **60**, 239, **125**, 63) u für den öffr HerausgAnspr (Manssen JuS **92**, 745).

7 **c)** Anspr aus **Bereicherung** u **Geschäftsführung ohne Auftrag** verj grdsl in 30 Jahren. Das gilt für den Anspr aus GoA auch dann, wenn die GeschFü in der Tilgg einer kurzfrist verjährden Schuld bestand (RG **86**, 96, BGH **32**, 16, **47**, 375). Für den Anspr aus § 812 gilt dagg iF der Schuldtilgg die VerjFr des getilgten Anspr (BGH **70**, 398, **89**, 87, str). Für den Anspr auf Ers von Abmahnkosten, der die Rspr aus GoA herleitet, gilt die kurze Verj des UWG 21 (BGH **115**, 224), für den Anspr auf Rückgewähr preisrechtsw gezahlter Miete die Fr des WoBindG 8 II 2 (Sonnenschein/Weitemeyer NJW **93**, 2204). Der Anspr auf Rückzahlg von überzahltem Lohn unterliegt der 30jährigen Verj (BAG MDR **73**, 168) ebso der BerAnspr wg Verletzg eines UrhR (BGH **56**, 317). Dagg gilt die Fr des § 196, wenn der Anspr aus § 812 od GoA wg Nichtigk des Vertr an die Stelle eines unter § 196 fallden EntgeltsAnspr getreten ist (Rn 3). Die VerjFr des § 197 ist anzuwenden, wenn jemand anstelle des UnterhPflichtigen dem Bedürftigen Unterh gewährt hat (BGH **31**, 333). Sie gilt auch für den Anspr auf Rückzahlg von Zinsen (§ 197 Rn 4).

8 **d) Schadensersatzansprüche** (s Rn 3). – **aa)** Der SchadErsAnspr wg **Nichterfüllung** verj wie der HauptAnspr, an dessen Stelle er tritt (BGH **50**, 29, NJW **83**, 1494, **86**, 312; LG Ffm NJW **82**, 1538 zum ReiseVertr), idR aber mit neuem FrBeginn (§ 198 Rn 9). Für SchadErsAnspr wg Verzugs gilt statt § 195 die

kürzere Fr für die EntgeltsFdg, wenn der SchadErs als ein Zuschlag zu dieser Fdg ausgestaltet ist (BGH NJW **91**, 221, **82**, 1277), währd für Verzugszinsen § 197 gilt (dort Rn 5). – **bb)** Der Anspr aus **positiver Vertrags-** 9 **verletzung** unterliegt grdsl der 30jährigen Verj (BGH **35**, 132, **67**, 1, NJW **92**, 2413, BAG **AP** Nr 1), so auch bei Verletzg der Pfl aus einem BeratgsVertr (BGH NJW-RR **90**, 1302, **92**, 1011) od einem DienstVertr (Hamm NJW-RR **95**, 400). Besteht die pVV in der Liefer einer mangelh Sache, gilt die kurze Verj des § 477 (dort Rn 6). Auch § 558 erstreckt sich im Rahmen seines Anwendgsbereichs, der auch die vorläufige Sachüberlassg im Rahmen eines Kaufs auf Probe umfaßt (BGH NJW **92**, 2413), auf Anspr aus pVV (dort Rn 2), ebso VVG 12 III (Hamm NJW-RR **89**, 1302), dagg ist § 638 auf ErsAnspr aus pVV nicht anwendb (dort Rn 3). Sow der Anspr aus pVV an die Stelle des ErfAnspr tritt od ihn ergänzt, ist auf ihn die VerjFr des ErfAnspr anzuwenden (BGH **50**, 29, **73**, 269). Für den SchadErsAnspr aus VOB/B 6 Nr 5 II wg Behinderg der LeistgsAusführg gilt daher § 196 Nr 1 (BGH **50**, 31), für den wg Verletzg einer dch Vertr übernommenen wettbewrechtl UnterlPfl UWG 21 (BGH ZIP **95**, 1444). Gestaltet ein Gastwirt die Gastwirtsch in Verletzg der Pflten aus einem AutomatenaufstellVertr um, verjährt der ErsAnspr des Aufstellers erst in 30 Jahren (BGH **71**, 82). SchadErs-Anspr gg RA u Steuerberater unterliegen einer 3jähr Verj (BRAO 51b, StBerG 68), Anspr gg WirtschPrüfer einer 5jähr (WiPrO 51a), der sich aber wg der Verpfl, auf die eig RegreßPfl hinzuweisen, im Ergebn verlängern kann (Übbl 16 v § 194). Auf Lohnsteuerhilfevereine findet StBerG 68 keine Anwendg (Mü NJW **88**, 1030). Bei einem **Mehrfachberufler** (RA/Steuerberater/WirtschPrüfer) ist entscheidd, in welchem Berufsfeld er im Einzelfall tät geworden ist (BGH **78**, 335, 343); bei einer gemischten Tätigk ist auf den PartWillen abzustellen, hilfsw auf den Schwerpkt der vertragl Verpfl (BGH **83**, 332, **102**, 223); als TrHänder eines Bauherrnmodells gilt für den Mehrfachberufler iZw WiPrO 51a (BGH **102**, 222). Haften die Mitgl einer gemischten Sozietät als GesSchu, gilt für jeden die berufsspezif VerjFr (BGH **83**, 332). – **cc)** Anspr aus **culpa** 10 **in contrahendo** verj grdsl in 30 Jahren (BGH **49**, 80, NJW **92**, 1616). Werden die Anspr aus Sach- od WkMängeln hergeleitet, gelten die §§ 477, 638 (BGH **88**, 137, NJW **84**, 2938). Wird der Anspr darauf gestützt, daß wg des Versch einer Part kein Vertr od kein wirks Vertr zustande gekommen ist, ist die VerjFr des vertragl ErfAnspr maßgebd, gleichgült, ob das posit od das negat Interesse gefordert w (BGH **57**, 194, **58**, 123). Das gilt ebso, wenn neben dem wertlosen ErfAnspr ein SchadErsAnspr gg den Vertreter wg c. i. c. besteht (BGH **87**, 37). Der Anspr auf Rückzahlg geleisteter Zinsen bei Nichtigk des KreditVertr verj, auch soweit er auf c. i. c. gestützt w, in der Fr des § 197 (BGH **98**, 186). SchadErsAnspr aus **Prospekthaftung** gg die Gründer u Initiatoren einer PublikumsKG (§ 276 Rn 22) verj analog KAGG 20 V, AuslInvestmentG 12 V 11 in 6 Monaten ab Kenntn, spätestens aber in 3 Jahren (BGH **83**, 222). Für die Prospekthaftg beim Bauherrnmodell gilt aber § 195 (BGH **111**, 321, **115**, 217, **126**, 172, abwegig Hbg NJW-RR **95**, 14, das § 477 anwenden will). § 195 ist auch dann maßgebd, wenn der Anspr auf ein konkretes VhdlgsVersch gestützt w (BGH **83**, 227, NJW **84**, 2523, **85**, 380, **95**, 1309) od auf die Verletzg einer vertragl BeratgsPfl (BGH NJW **84**, 2524), etwa beim Erwerb von Optionsscheinen (Ffm NJW-RR **93**, 1134). Für Steuerberater, RA u WirtschPrüfer, die im Rahmen ihres berufl TätigkKreises, etwa als TrHandGesellschter, tätig geworden sind, gelten StBerG 68, BRAO 51b od WiPrO 51a (BGH **100**, 132, 120, 157). Auf eine RABeratg ausschließl über wirtschaftl Risiken ist dagg § 195 anzuwenden (BGH NJW **80**, 1856, WM **95**, 347), ebso auf Anspr, die gg einen WirtschPrüfer als Prospektverantwortl eines Bauherrnmodells geltd gemacht w (BGH **126**, 173). Wenn der Vermittler od Gehilfe einer Part aus c. i. c. für einen Sachmangel haftet (§ 276 Rn 93), ist § 477 auf die Verj des SchadErs-Anspr analog anzuwenden (str). Zur Verj der Anspr aus §§ 122, 179 II, 307 s Rn 3.

e) Weitere Anwendungsfälle der 30jährigen Verj sind: der RückgewährAnspr aus §§ 346, 327 (BGH 12 NJW **89**, 219) u aus vollzogener Wandlg (BGH ZIP **95**, 654); der VertrStrafAnspr in den Grenzen von Rn 3 (Kblz GRUR **92**, 884), der AusglAnspr unter GesSchu (BGH **58**, 218); der KostenerstattgsAnspr (Mü NJW **71**, 1755, Ffm JZ **77**, 353); der Anspr des Freigesprochenen gg die Staatskasse (LG Wiesbaden AnwBl **83**, 469); der ErbschAnspr gem § 2018; der Anspr des VermNeh aus § 2174. Dagg verjährt der Anspr gg den KonkVerw aus KO 82 in der Fr des § 852 (BGH **93**, 278, **113**, 280).

f) Öffentlich-rechtliche Ansprüche (§ 194 Rn 2). Der 30jährigen Verj unterliegen Anspr aus Enteign 13 (BGH **13**, 98, NJW **82**, 1273) u Aufopferg (BGH **9**, 209, **36**, 387, Düss NJW **57**, 912), der Anspr aus enteigngsgleichem Eingriff (BGH **13**, 89, **117**, 294), der öffr HerausgAnspr (Manssen JuS **92**, 745, abwegig VerwG Köln NJW **91**, 2584, das diesen Anspr für unverjährb hält), der Anspr wg Verletzg der beamten-rechtl FürsorgePfl (BGH **14**, 137), der Anspr wg Verletzg der Pflten aus einer Sonderverbindg (s RG DR **43**, 855, BGH WM **77**, 1459), der Anspr des Dienstherrn auf Rückzahlg zuviel gezahlter Beträge (BVerwG DVBl **83**, 504, § 197 Rn 4), der Anspr aus BAFöG 20 (VerwG Düss FamRZ **82**, 546) u der aus einer KreuzgsVereinbg (VerwG Augsburg NVwZ **83**, 307). Der Anspr auf Ers von Kosten für GrdstAnschlLeitgen verj nicht in der Fr des § 195 sond nach AbgRecht (BVerwG NVwZ **82**, 377, OVG Münst NJW **71**, 1330, OVG Kblz NJW **73**, 1341).

196 *Zweijährige Verjährungsfrist.* [1]In zwei Jahren verjähren die Ansprüche:

1. **der Kaufleute, Fabrikanten, Handwerker und derjenigen, welche ein Kunstgewerbe betreiben, für Lieferung von Waren, Ausführung von Arbeiten und Besorgung fremder Geschäfte, mit Einschluß der Auslagen, es sei denn, daß die Leistung für den Gewerbebetrieb des Schuldners erfolgt;**
2. **derjenigen, welche Land- oder Forstwirtschaft betreiben, für Lieferung von land- oder forstwirtschaftlichen Erzeugnissen, sofern die Lieferung zur Verwendung im Haushalte des Schuldners erfolgt;**
3. **der Eisenbahnunternehmungen, Frachtfuhrleute, Schiffer, Lohnkutscher und Boten wegen des Fahrgeldes, der Fracht, des Fuhr- und Botenlohns, mit Einschluß der Auslagen;**
4. **der Gastwirte und derjenigen, welche Speisen oder Getränke gewerbsmäßig verabreichen, für Gewährung von Wohnung und Beköstigung sowie für andere den Gästen zur Befriedigung ihrer Bedürfnisse gewährte Leistungen, mit Einschluß der Auslagen;**

5. derjenigen, welche Lotterielose vertreiben, aus dem Vertriebe der Lose, es sei denn, daß die Lose zum Weitervertriebe geliefert werden;

6. derjenigen, welche bewegliche Sachen gewerbsmäßig vermieten, wegen des Mietzinses;

7. derjenigen, welche, ohne zu den in Nummer 1 bezeichneten Personen zu gehören, die Besorgung fremder Geschäfte oder die Leistung von Diensten gewerbsmäßig betreiben, wegen der ihnen aus dem Gewerbebetriebe gebührenden Vergütungen, mit Einschluß der Auslagen;

8. derjenigen, welche im Privatdienste stehen, wegen des Gehalts, Lohnes oder anderer Dienstbezüge, mit Einschluß der Auslagen, sowie der Dienstberechtigten wegen der auf solche Ansprüche gewährten Vorschüsse;

9. der gewerblichen Arbeiter – Gesellen, Gehilfen, Lehrlinge, Fabrikarbeiter –, der Tagelöhner und Handarbeiter wegen des Lohnes und anderer anstelle oder als Teil des Lohnes vereinbarten Leistungen, mit Einschluß der Auslagen, sowie der Arbeitgeber wegen der auf solche Ansprüche gewährten Vorschüsse;

10. der Lehrherren und Lehrmeister wegen des Lehrgeldes und anderer im Lehrvertrage vereinbarter Leistungen sowie wegen der für die Lehrlinge bestrittenen Auslagen;

11. der öffentlichen Anstalten, welche dem Unterrichte, der Erziehung, Verpflegung oder Heilung dienen, sowie der Inhaber von Privatanstalten solcher Art für Gewährung von Unterricht, Verpflegung und für die damit zusammenhängenden Aufwendungen;

12. derjenigen, welche Personen zur Verpflegung oder zur Erziehung aufnehmen, für Leistungen und Aufwendungen der in Nummer 11 bezeichneten Art;

13. der öffentlichen Lehrer und der Privatlehrer wegen ihrer Honorare, die Ansprüche der öffentlichen Lehrer jedoch nicht, wenn sie auf Grund besonderer Einrichtungen gestundet sind;

14. der Ärzte, insbesondere auch der Wundärzte, Geburtshelfer, Zahnärzte und Tierärzte, sowie der Hebammen für ihre Dienstleistungen, mit Einschluß der Auslagen;

15. der Rechtsanwälte, Notare sowie aller Personen, die zur Besorgung gewisser Geschäfte öffentlich bestellt oder zugelassen sind, wegen ihrer Gebühren und Auslagen, soweit nicht diese zur Staatskasse fließen;

16. der Parteien wegen der ihren Rechtsanwälten geleisteten Vorschüsse;

17. der Zeugen und Sachverständigen wegen ihrer Gebühren und Auslagen.

II Soweit die im Absatz 1 Nr. 1, 2, 5 bezeichneten Ansprüche nicht der Verjährung von zwei Jahren unterliegen, verjähren sie in vier Jahren.

1　　1) **Allgemeines. – a)** Die im § 196 vorgesehene VerjFr von 2 od 4 Jahren beruht auf dem Gedanken, daß Leistgen aus **Geschäften des täglichen Lebens** idR bald bezahlt, Belege oft nicht erteilt od bald vernichtet w (Mot I 297). Ggü diesem Zweck ist die Regelg des § 196 aber verselbständigt. Sow seine Voraussetzgen zutreffen, ist § 196 auch anzuwenden, wenn es sich um ein wirtschaftl bedeutds Gesch, etwa den Bau eines Hauses od einer EigtWo, handelt (BGH **72**, 232). Umgekehrt fallen keineswegs alle Gesch des tägl Lebens unter § 196. Der KaufPrAnspr eines priv Verkäufers wird auch dann nicht iw § 196 erfaßt, wenn eine

2　bewegl Sache von geringem Wert VertrGgst ist. – **b)** Der kasuistisch gefaßte § 196 steht mit dem heutigen Entwicklgsstand von Wirtsch u Technik nur noch teilw im Einklang. Seine Berufsbilder sind zT **veraltet** („Frachtfuhrleute", „Lohnkutscher", „Tagelöhner"); die an die wirtschaftl – techn Weiterentwicklg u die gewandelte VerkAnschauung anzupassen, ist Aufg der Rspr (BGH **33**, 331, **39**, 260, **80**, 281). Auch die Anwendg des § 196 auf neue VertrTypen bereitet Schwierigk (vgl zum finanzierten Kauf BGH **58**, 121, **71**, 324, zum AutomatenaufstellVertr BGH **71**, 82). Um sie zu bewältigen, ist eine rechtsfortbildde Anwendg

3　des § 196 zul u geboten (s Übbl 5 v § 194). – **c)** Ob ein Anspr der kurzen Verj des § 196 unterliegt, richtet sich nach den **Verhältnissen zur Zeit der Entstehung** des Anspr; spätere Änd sind unerhebl (§ 195 Rn 2). § 196 gilt iF der Unwirksamk des Vertr auch für den Anspr aus § 812 od GoA (§ 195 Rn 3); er erfaßt auch **Ersatz- und Nebenansprüche,** die an die Stelle des ursprüngl Anspr treten od ihn ergänzen (§ 195 Rn 3). Dagg gilt § 196 nicht für Anspr **gegen** den Kaufm, Fabrikanten usw. Sie verjähren idR gem § 195 in 30 Jahren (RG **116**, 281, BGH **79**, 95), jedoch kann der Verkäufer ggü dem Anspr auf Lieferg auch nach Verj des KaufPrAnspr die Einr aus § 320 erheben (§ 194 Rn 6).

4　　2) Die VerjFr des § 196 **beginnen** mit dem Schluß des Jahres, in dem der Anspr entstanden ist (§§ 201, 198). **Fristberechnung s §§ 187ff.**

5　　3) **Nr 1. – a) Personenkreis. – aa)** Wer Kaufmann ist, bestimmen die HGB 1–6. Nr 1 gilt auch für den Minderkaufm (KG OLG **20**, 174) u denj, der nebenberufl ein Handelsgewerbe betreibt. Handelsgesellsch (HGB 6) fallen auch dann unter die Vorschr, wenn sie nicht kaufm tät sind (s BGH **39**, 257, **74**, 256). Zugunsten gutgl Dr ist Nr 1 auch ggü einem Scheinkaufm anzuwenden (Staud-Dilcher Rn 11, Soergel-

6　Walter Rn 7, Erm-Hefermehl Rn 3, hM, aA RG **129**, 403). – **bb)** Der **Fabrikant** ist idR Kaufm. Prakt Bedeutg hat seine bes Anführg nur für den Urerzeuger, wie den Ziegelei- od Steinbruchbesitzer. Fabrikant

7　iSd Nr 1 ist auch der Betreiber eines E-Werkes (s BGH NJW **61**, 453). – **cc) Handwerker** sind Gewerbetreibde, die bewegl Sachen in handwerksmäß, dh nicht fabrikmäß Betriebsweise ver- od bearbeiten. Der Betr muß auf eine persönl Mitarbeit des Inhabers angelegt sein, die jedoch ausschließl leitender od disponierender Natur sein kann (s Mü JW **38**, 2134). Auf die Eintr in die Handwerksrolle kommt es nicht an, sie ist aber BewAnzeichen. Nr 1 gilt für den **Bauunternehmer** auch dann, wenn er weder Kaufm noch Handwerker ist. Da sein Anspr im wesentl aus handwerkl Tätigk herrührt, fällt er unter den insow erweiternd auszulegden Begriff des Handwerkers (BGH **39**, 255, Schmalzl NJW **71**, 2015). Kein Handwerker ist der Architekt (BGH **45**, 226), der Bauingenieur u der Statiker (str), deren Anspr aber gem Nr 7 gleichf der kurzen Verj

8　unterliegen (Rn 22). – **dd) Kunstgewerbetreibender** ist, wer sich dch Ausüb der Kunstfertigk eine gewerbsmäß Verdienstquelle schafft, insb der Kunsthandwerker, wohl auch der Designer (offen Köln GRUR

9　**85**, 80), nicht aber der Künstler. – **b) Gegenstand der Leistung. – aa) Waren** sind alle bewegl körperl Sachen des HandelsVerk (RG **130**, 88), auch solche, die, wie ein sichergsübereigneter Pkw, an sich nicht zur

Veräußerg, sond zum Gebrauch bestimmt sind (Brschw NdsRpfl **74**, 319). Grdst, Fdgen u Wertpapiere sind keine Waren (RG **74**, 161), ebsowenig techn Ideen (BGH **LM** Nr 36), wohl aber elektr Strom (BGH NJW **61**, 455, **82**, 931), Gas (BGH NJW-RR **87**, 238), Wasser (BGH **91**, 306), Fernwärme (Ffm NJW **80**, 2532) u Software (Hoeren JZ **90**, 240). – **bb) Ausführung von Arbeiten und Besorgung fremder Geschäfte.** 10 Hierunter fallen geistige u körperl Arbeiten jeder Art, auch wenn sie auf einem Werkvertrag beruhen (BGH **72**, 231, Rn 22), so die Tätigk des Statikers (Mü NJW **66**, 1128), des Architekten (BGH NJW **80**, 447), der Bank (BGH **LM** Nr 28), des Kreditvermittlers (Düss DB **85**, 226), des SchleppschiffahrtsUntern (RG **118**, 27), die Herstellg von Hausanschlüssen dch ein Gas- od E-Werk (BGH **114**, 259), für die Herstellg der Anschlüsse für Wasser und Abwasser soll dagg § 195 gelten (BGH WM **91**, 1397). Ausführg von Arbeiten ist auch die Herstellg von Häusern u EigtWo (BGH **72**, 229), u zwar auch dann, wenn der Vertr scheinb wie ein KaufVertr gestaltet ist (BGH NJW **81**, 273). Ist für die Herstellg des Hauses (der EigtWo) u die Lieferung des Grdst (des EigtAnteils) eine einheitl Vergütg vereinb, gilt für diese insges Nr 1 (BGH aaO u § 194 Rn 10). Für Erschließgskosten gilt Nr 1 auch dann, wenn sie im ErwerbsVertr bes ausgewiesen sind (BGH **102**, 170). Der **Baubetreuer** fällt, sofern er Kaufm ist, unter Nr 1, sonst unter Nr 7 (Rn 22). Kann ein Untern (Kaufm) eine Vergütg für die Ausarbeitg eines Angebots verlangen, gilt Nr 1 (u nicht Nr 7) auch für Vorarbeiten, die Architektenleistgen sind (BGH NJW **80**, 447). Die Vereinbg einer Abstandssumme für die Überlassg von Architekten- u Statikerleistgen fällt unter Nr 1 (BGH NJW **95**, 2547), nicht aber das Entgelt für die Überlassg einer technischen Idee (BGH **LM** Nr 36) od Lagergeld (BGH **89**, 87). – **c)** Unter die kurze Verj fallen alle 11 Ansprüche, die ein **Äquivalent für die erbrachte Leistung** darstellen (BGH **79**, 92). Hierzu gehören der Anspr auf Ers von Mehraufwendgen gem VOB/B 6 Nr 5 II (BGH **50**, 29), der Anspr auf Nachentrichtg von Erschließgskosten (BGH NJW **82**, 325), der ErsAnspr des Verkäufers od des Kreditgebers aus AbzG 2, jetzt VerbrKrG 3 II (BGH **58**, 121, **71**, 327, allgM), der Anspr aus § 347 S 2 (BGH **86**, 319), der Anspr auf Erlösherausg beim verlängerten EigtVorbeh (Brschw NJW **74**, 647). Keine GgLeistgsAnspr sind der Darl-Anspr der Bank beim finanzierten Kauf (BGH **60**, 108) u der Anspr des Kommittenten gg den Kommissionär auf Herausg des Erlangten (BGH **79**, 92). – Dem GgLeistgsAnspr gleichgestellt ist der Anspr auf Ers von Auslagen. **Auslagen** sind Aufwendgen jeder Art, die der Berecht für Rechng des Verpflichteten gemacht h. Beispiele sind Zahlgen der Bank zur Einlösg des Wechsels eines Kunden (BGH **LM** Nr 28); Auslagen für eine Zwischenfinanzierg (BGH NJW **78**, 39); Kajegebühren u Containermiete (BGH **84**, 257, 261); Anspr auf Rücklieferg od Bezahlg von Leergut (LG Kblz NJW **59**, 1783); Zahlgen des RA aus seinem Vermögen zur Abwendg der ZwVollstr gg den Mandanten (LG Wiesbaden AnwBl **79**, 390). Keine Auslage iSd § 196 ist dagg der Anspr auf Befreiung von einer Verbindlichk (BGH NJW **83**, 1729); auch nach Umwandlg in einen ErstattgsAnspr bleibt es bei der 30jähr Verj (BGH NJW-RR **93**, 1227).

4) Gewerbebetrieb. – a) Bei Leistgen für den **Gewerbebetrieb** des Schu iF der Nr 1 statt der 12 2 JahresFr die 4 JahresFr des II. GewBetrieb ist der auf die Erzielg von dauernden Einnahmen gerichtete berufsmäß GeschBetr (BGH **57**, 199, **83**, 386). Eine auf ein EinzelGesch beschr ErwerbsAbs genügt nicht, wohl aber eine nebenberufl Tätigk (Ffm NJW-RR **91**, 246, LG Bremen NJW **68**, 1384). Kein GewBetr ist die freiberufl Tätigk, wie die des Arztes (BGH **86**, 320, Nürnb NJW **73**, 1414), einer als ärztl Institut organisierten GemeinschPraxis (Düss NJW **88**, 1519), des Architekten (BGH WM **79**, 559), des Steuerberaters (Celle OLGZ **78**, 65). Ausnw kann aber auch eine freiberufl od wissenschaftl Tätigk als Gewerbe betrieben w, so etwa die Leitg eines Sanatoriums (Hbg BB **66**, 1412) od einer priv Lehranstalt. Die Anlegg u Verwaltg des eig Kapitals ist idR keine berufsmäß u daher auch keine gewerbl Tätigk (BGH **74**, 276). Wer sich Häuser od Wohngen bauen läßt, um diese dch **Vermietung** zu nutzen, fällt daher idR nicht unter II (BGH NJW **63**, 1397, 13 **68**, 1962). Entspr gilt für den Bau (Erwerb) u die Vermietg eines Supermarkts (Ffm DB **82**, 895), eines Wohn- u GeschHauses (Saarbr NJW-RR **88**, 1297) u eines Appartementhotels (BGH **74**, 276). And liegt es aber, wenn die GrdstVerwaltg wg der Größe des Objekts als berufsmäß Tätigk zu werten ist (BGH NJW **67**, 2353) od wenn der Bau u die geplante Vermietg im ZusHang mit einer sonst gewerbl Tätigk des Schu steht u als deren Bestandt aufzufassen ist (BGH **63**, 33, Ffm NJW-RR **95**, 1076). GewBetr ist auch die Errichtg u **Veräußerung von Eigenheimen** (BGH BB **73**, 499, Nürnb BauR **72**, 318) od von EigtWo in größerer Zahl (BGH NJW **81**, 1665: 21 Einheiten; BFH NJW **87**, 2104: nein bei 3 Einh). Landwirtschaftl Betr sind, soweit die Veräußerg von Erzeugn u Erzielg von Einnahmen bezweckt w, nach heutiger Auffassg GewBetr (BGH **33**, 321, NJW **66**, 1403, Schlesw MDR **83**, 53). Das gilt auch für kleine FamBetr (LG Traunst NJW **66**, 159, Teplitzky MDR **64**, 816, str). Einrichtgen der **öffentlichen Hand** fallen nur dann unter II, wenn sie als ein erwerbswirtschaftl 14 Untern betrieben w (BGH **49**, 260). Die Abs, für das investierte Kapital eine marktübl Verzinsg zu erzielen, genügt nicht (BGH aaO). Die DBB fällt, wenn sie BeschaffgsGesch tätigt, unter II (BGH **95**, 157), ebso das von einer kirchl Stiftg betriebene Krankenhaus (BVerfG NJW **95**, 1606). Keine GewBetr sind dagg idR gemeindl Abwasserbeseitiggsanlagen (BGH **53**, 223), Wasserwerke (BGH **49**, 260, Ffm NJW **73**, 759), öffr Wasserverbände (BGH **83**, 387) u öffr Fernsehanstalten (BGH **57**, 200). And aber, wenn sie in der RForm einer **Handelsgesellschaft** betrieben w. Die GmbH, die AG u die Genossensch fallen als Formkaufleute auch dann unter II, wenn sie nicht gewerbl tät sind (BGH **49**, Mü OLGZ **76**, 444). Das gilt jetzt auch für die GmbH, die nach neuerer Rspr (BGH NJW **94**, 786, BayObLG NJW **95**, 199) von Freiberuflern gegründet worden ist. – **b)** II gilt auch dann, wenn die Leistg für einen **demnächst zu eröffnenden** GewBetr erfolgt (BGH **69**, 104, 15 NJW **67**, 2353, Kblz NJW **90**, 719). Gleichgült ist, ob die Leistg tatsächl für betriebl Zwecke verwendet w (Köln BB **66**, 265). Ist die Leistg (Bsp: Lieferg von elektrischem Strom, Bauarbeiten) sowohl für den privaten Bereich als auch für den GewerbeBetr bestimmt, gilt die 4 JahresFr (Schlesw MDR **83**, 53, Hamm NJW-RR **90**, 315); and ist es aber, wenn der Vertr seinen Schwerpunkt eindeut im privaten Bereich h. II gilt auch dann, wenn der Schu den RSchein hervorruft, er sei Gewerbetreibder (LG Bochum NJW-RR **87**, 1007 u Rn 5 „Scheinkaufm"). Sind **mehrere Schuldner** vorhanden, gilt II ggü allen, sofern die Leistg für den GewBetr eines von ihnen best ist (BGH NJW **93**, 1915). Die 4-JahresFr gilt auch ggü dem Schuldübernehmer, gleichgült, ob er der Schuld nachträgl beitritt (BGH **58**, 254) od sie von Anfang an mitübernimmt (BGH NJW **93**, 1915). – **c)** Die **Beweislast** für den AusnTatbestd des II trifft den Gläub (BGH **49**, 261, Baumgärtel- 16 Laumen Rn 1). Steht fest, daß der Schu Kaufm ist, gilt aber HGB 344 II; dh der Schu muß beweisen, daß die Leistg nicht für den Betr seines Handelsgewerbes erfolgt ist (BGH **63**, 34, Düss NJW **90**, 640, allgM).

17 5) **Nr 2.** Zur **Land- und Forstwirtschaft** iSd Nr 2 gehört auch der Weinbau (Kblz NJW-RR **90**, 61). Erzeugn sind auch die dch Be- od Verarbeitg entstandene Produkte, wie Butter, Käse u Wein (RG **130**, 236). Eine Ausdehng der Vorschr auf and Arten der Urproduktion (Fischerei, Jagd) ist nicht angäng (Staud-Dilcher Rn 35, hM). Liefer für den Haushalt des Schu ist Voraussetzg für die kurze Verj; der Schu trägt daher insow die BewLast (Soergel-Walter Rn 27, allgM).

18 6) **Nr 3–5. – a) Nr 3.** Die zT veralteten Berufsbilder der Vorschr müssen an die Gegebenh des heutigen WirtschVerk angepaßt w (Rn 2). **Eisenbahnunternehmungen** iSd Nr 3 sind auch Straßenbahnen, S- u U-Bahnen. Anspr der Bundesbahn aus der Beförderg von Gütern u Gepäck verjähren gem EVO 94, 31 idR schon in 1 Jahr. **Frachtfuhrleute** sind alle TransportUntern des nicht schienengebundenen Verk. Unter Nr 3 fallen daher Seefrachtführer (BGH **84**, 258), LuftfahrtUntern (BGH **80**, 281), ferner auch die Post, obwohl sie ihre Befördergsleistgen fr auf öffr Grdlage erbracht h (MüKo/v Feldmann Rn 19), nicht aber der Schleppschiffer (RG **118**, 27). Anspr aus CharterVertr werden erfaßt, wenn VertrGgst die BefördergsLeistg ist (Mü NJW-RR **88**, 223). Für den GüterfernVerk gilt idR die einjähr VerjFr gem KVO 40 (BGH **8**, 71) od CMR 32 (Düss NJW-RR **95**, 1122), auf den Möbelfernverk ist aber Nr 3 anzuwenden (BGH **LM** GüKG Nr 28). **Lohnkutscher** sind nach heutigem Verständn auch die TaxiUntern (Staud-Dilcher Rn 42). Zum Begriff der Auslagen s Rn 11. Die 2-JahresFr gilt auch bei Leistgen für den GewBetr des Schu (BGH **47**, **19** 374). – **b) Nr 4. Gastwirt** iSd Vorschr ist auch der Hotelier u der Pensionsinhaber. Für SchadErsAnspr gg **20** den Gast wg der Beschädigg von Räumen od Inventar gilt § 558 (BGH **71**, 175). Auslagen s Rn 11. Ein dem Gast gewährtes Darl fällt nicht unter diesen Begriff. – **c) Nr 5.** Voraussetzg ist ein berufs- od gewerbsmäß Vertrieb der Lose (RG **60**, 341). Bei Liefer zum Weiterkauf gilt gem II die 4jährige VerjFr; die BewLast trägt insow der Gläub (Baumgärtel-Laumen Rn 3).

21 7) **Nr 6** gilt nur für den **gewerbsmäßigen Vermieter** bewegl Sachen. Anwendgsfälle sind die Vermietg von Kfz, Büchern, Zeitschriften, Schiffen (BGH **LM** Nr 7), Bäckereianlagen (BGH NJW **68**, 693), die stundenweise Überlassg von Großrechnern (BGH NJW-RR **93**, 178), aber auch LeasingVertr (BGH **97**, 78). Auch der SchadErs- od AusglAnspr des Vermieters iF vorzeitiger VertrBeendigg unterliegt der Verj gem Nr 6 (BGH aaO). Zur Miete unbewegl Sachen s § 197.

22 8) **Nr 7** erfaßt alle Pers, die **gewerbsmäß Dienste leisten oder fremde Geschäfte besorgen,** sow sie nicht bereits als Kaufleute (usw) unter Nr 1 fallen. Für die Abgrenzg zw gewerbl u nicht gewerbl Tätig gelten die Ausführgen zu II (Rn 12 ff) entspr (s BGH NJW **81**, 1665). Gemeinnützigk schließt die Gewerbs-mäßigk nicht notw aus (Nürnb NJW **72**, 2126). Gleichgült ist, ob der Dienstleistg (GeschBesorgg) ein Dienst- od ein WerkVertr zugrunde liegt (BGH **59**, 165, NJW **77**, 375 unter Aufg der fr Rspr). Unter Nr 7 fallen daher der Makler, Spielervermittler (BGH NJW-RR **90**, 114), RBeistand, Heilpraktiker (and LG Tüb NJW **83**, 2093, das Nr 1 anwendet), Berater (BGH NJW-RR **95**, 1058), Beistand (Celle FamRZ **61**, 385), Hausverwalter, Verwalter nach WEG 26 (BGH NJW-RR **93**, 1227), **Architekt** (BGH **59**, 165, and noch BGH **45**, 229), Statiker (BGH NJW **83**, 870), Bauingenieur, Bodengutachter (Hamm MDR **74**, 489), Psychologe u Psychotherapeut (AG Köln VersR **88**, 93), Reiseveranstalter (Staud-Dilcher Rn 51). Nr 7 gilt auch für den **Baubetreuer** (BGH NJW **78**, 39, **81**, 1665), es sei denn, daß er als Kaufm bereits unter Nr 1 fällt. Zur Verj bei gemischten Vertr über die Herstellg eines Hauses (einer EigtWo) u der Lieferg des zugehör GrdstAnteils s § 194 Rn 10. Die 2-JahresFr gilt auch bei Leistgen für den GewBetr des Schu (BGH NJW **83**, 870); das führt etwa bei Baubetreuern zu wenig sachgerechten Unterschieden (längere Verj für die BaubetreuungsGmbH als für den nicht eingetragenen Baubetreuer). Der öffr GebührenAnspr des **Prüfin-genieurs** fällt nach Ansicht des OVG Lünebg (NdsRpfl **93**, 170) unter Nr 7, in Wahrh aber wohl unter Nr 15 (Rn 29).

23 9) **Nr 8 und 9. – a) Personenkreis.** Die Nr 8 u 9, die von dem überholten GgsPaar „PrivBediensteter" u „gewerbl Arbeiter" ausgehn, müssen an den heutigen Entwicklgsstand der ArbWelt u des ArbR angepaßt w (Rn 2). Die Vorschr erfassen nach heut Verständn **alle Arbeitnehmer,** Nr 8 die Angestellten, Nr 9 die Arbeiter (Soergel-Walter Rn 43). Sie gelten daher (trotz des Wortes „PrivDienst" in Nr 8) auch für ArbNeh des öff Dienstes (BAG NJW **66**, 269, **AP** Nr 2, **AP** TOA § 3 Nr 8), den unselbstd Handelsvertreter iSd HGB 84 II (BAG BB **72**, 1056), den Heimarbeiter (BAG **AP** Nr 4) u den **Haussohn**, der mit Rücks auf versprochene Zuwendgn vTw Dienste ohne Entgelt geleistet hat (BGH NJW **65**, 1224, BAG NJW **70**, 1701, **78**, 444). Gleichgült ist, ob der Anspr auf Vertr, GoA od Bereicherg gestützt w (BAG NJW **64**, 2178, **66**, 268, BGH NJW **65**, 1224). Die kurze Verj gilt auch für den VergütgsAnspr wg der im KZ geleisteten Zwangsarbeit (BGH **48**, 128). Für Handelsvertreter gilt der SonderVorschr des HGB 88, u zwar auch dann wenn er arbeitnehmerähnl Pers ist. Unanwendb ist Nr 8 auf alle Pers, die Dienste in wirtsch u soz Selbstdig leisten, wie VorstdMitgl einer AG (BGH **36**, 143), GeschFü einer GmbH (BGH NJW **64**, 1620), **24** NotGeschFü einer jur Pers (§ 29). – **b)** Die Nr 8 u 9 gelten für alle Anspr, soweit sie ein **Entgelt** für die geleistete Dienste darstellen (Rn 11). Sie erfassen daher neben dem GehaltsAnspr den Anspr auf Naturalien, Provisionen, Gewinnanteile, Einmalleistgn wie Prämien (BAG DB **92**, 326), Abfindgen gem KSchG 9 I 1 (MüKo/v Feldmann Rn 29, aA LAG Brem NJW **83**, 1631), Urlaubsabgeltg (ArbG Wuppertal BB **69**, 1479), Karenzentschädigg (BAG DB **84**, 2099), nicht aber die an die Stelle von LohnFdgen tretden SchadErsAnspr aus § 843 (BGH NJW-RR **89**, 215). Auch RuhegehaltsAnspr fallen unter Nr 8 u 9 (BAG NJW **55**, 1167, **67**, 174, LAG BaWü DB **78**, 2498), ebso der Anspr auf Ers von Vorstellgskosten, auch wenn der Vertr nicht zustandekommt (BAG **AP** Nr 8). Dagg verjähren erst in 30 Jahren: Einmalige Vergütgen für längere Dienste (BGH NJW **65**, 1224, Stgt FamRZ **85**, 285); einmalige KapitalZahlg anstelle von Ruhegehalt (BAG NJW **68**, 2027, BB **90**, 562); Anspr auf Erteilg einer Pensionszusage (BAG NJW **71**, 1424); BeihilfeAnspr (BAG **AP** Nr 14); VergütgsAnspr für ArbNErfindg (BGH GRUR **81**, 265); SchadErsAnspr aus § 618 (RAG JW **38**, 2308). Zu den Auslagen s Rn 11. Von den Anspr des ArbG erfassen Nr 8 u 9 nur die Anspr wg gewährter **Vorschüsse.** Die kurze Verj gilt auch dann, wenn der RückzahlgsAnspr auf § 812 gestützt w (BAG NJW **66**, 268). Die irrige Gehaltsüberzahlg ist kein Vorschuß; nicht § 196 I, sond § 195 ist daher anzuwenden (BAG **AP** § 195 Nr 5).

10) Nr 10–14. – a) Nr 10 hat nur noch Bedeutg, sow sie die vom **Lehrherrn** gemachten Auslagen (Rn 11) 25 betrifft. Lehrgeld ist gem BerBG 5 II Nr 1 verboten. – b) **Nr 11** erfaßt nur privrechtl Anspr, nicht aber öffrechtl GebührenAnspr (Staud-Dilcher Rn 63, aA VGH Mannheim NJW **85**, 1414). Anwendgsfälle sind VergütgsAnspr von PrivSchulen, Kindergärten, Volkshochschulen, **Altenheimen,** Krankenhäusern u Sanatorien, sofern das BenutzgsVerh privrechtl organisiert ist (Einf 40 v § 305). – c) **Nr 12** setzt eine berufs- od 26 gewerbsmäß Tätigk voraus (RG **60**, 341) u erfaßt daher Anspr aus PflegekindVerh idR nicht. Sie ist, wie so vieles and im Katalog des § 196 I, veraltet u ohne prakt Bedeutg. – d) **Nr 13.** Anspr beamteter **Lehrer** u Anspr aus einer selbstd Lehrtätigk fallen unter § 197 (LG Aachen NJW-RR **88**, 1085). Für angestellte Lehrer wiederholt Nr 13 ledigl das, was sich bei Fehlen der Vorschr ohnehin aus Nr 8 ergeben würde. – e) **Nr 14** 27 gilt nur für approbierte **Ärzte** u Hebammen. Auf nicht approbierte Ärzte, Heilpraktiker u Zahntechniker ist Nr 7 anzuwenden. Soweit der Arzt als Kassenarzt tät w, erwirbt er einen öffrechtl Anspr gg die Kassenärztl Vereinigg; auf die Verj dieses Anspr ist Nr 7 unanwendb (Staud-Dilcher Rn 72).

11) Nr 15–17. – a) GebührenAnspr des **Rechtsanwalts** verjähren in 2 Jahren, auch wenn ihre Höhe auf 28 einer vertragl Abrede beruht (RG Warn **29** Nr 130). Nr 15 gilt auch für die Vergütg des PatentAnw (BGH NJW **82**, 2733) sowie für den Anspr des im ProzKostenhilfeVerf beigeordneten RA (Mü AnwBl **85**, 596, KG JurBüro **87**, 1806, Ffm FamRZ **88**, 1184) u des PflVerteidigers gg die Staatskasse (Hbg JurBüro **91**, 233). Voraussetzg ist, daß es sich um eine anwaltl Berufstätigk handelt. Die Vergütg für Tätigk, die auch ein Nichtanwalt hätte ausführen können, fällt nicht unter Nr 15 (MüKo/v Feldmann Rn 35); Bsp sind die Tätigk als NotGeschFü gem § 29 od als TestVollstr (Düss JW **18**, 741). Dagg kann die Tätigk als Pfleger unter Nr 15 fallen (KG AnwBl **82**, 71). Auf den KostenerstattgsAnspr gg den ProzGegner ist § 195 anzuwenden (Mü NJW **71**, 1755, Ffm JZ **77**, 353), u zwar auch iF des ZPO 126 (Ffm JurBüro **88**, 481). – b) Nr 15 gilt 29 außerdem für Anspr der **Notare** u aller Pers, die zur Besorgg best Gesch **öffentlich bestellt oder zugelassen** sind. Dazu gehören Feldmesser, Auktionatoren, Taxatoren, Steuerberater (KG DStR **79**, 296), SteuerberatgsGesellsch, deren Tätigk ua Formkauf (scheinb) unter Nr 1 fallen (Celle BB **84**, 92), WirtschPrüfer, Prüflng für Baustatik (VerwG Gelsenkirchen DB **92**, 2184, aA Haesler DB **94**, 1606). Auf EntschAnspr ehrenamtl Ri kann Nr 15 entspr angewandt w (AG Darmst JurBüro **77**, 526), für GerVollzieher gilt dagg GVzKostG 12. Zum Begriff der Auslagen s Rn 11. – c) **Nr 16.** Vorschüsse sind im voraus geleistete Zahlgen 30 auf den zu erwartden GebührenAnspr. Nicht erfaßt w von Nr 16 Anspr auf Rückg von Urk u Akten (Staud-Dilcher Rn 77). Für SchadErsAnspr gg den RA gilt BRAO 51b (s Übbl 17 v § 194). – d) **Nr 17.** Für den 31 EntschädiggsAnspr der **Zeugen und Sachverständigen** bestimmt ZuSEG 15 eine AusschlußFr, die iF der Zeugen 3 Monate beträgt. Unabhäng von dieser Befristg läuft ab Entstehg des Anspr die Verj gem Nr 17 (Erm-Hefermehl Rn 25).

197 *Vierjährige Verjährungsfrist.* **In vier Jahren verjähren die Ansprüche auf Rückstände von Zinsen, mit Einschluß der als Zuschlag zu den Zwecke allmählicher Tilgung des Kapitals zu entrichtenden Beträge, die Ansprüche auf Rückstände von Miet- und Pachtzinsen, soweit sie nicht unter die Vorschrift des § 196 Abs. 1 Nr. 6 fallen, und die Ansprüche auf Rückstände von Renten, Auszugsleistungen, Besoldungen, Wartegeldern, Ruhegehalten, Unterhaltsbeiträgen und allen anderen regelmäßig wiederkehrenden Leistungen.**

1) **Allgemeines. – a)** § 197 soll das übermäß Anwachsen von Schulden verhindern, die aus den laufden 1 Einkünften des Schu zu tilgen sind (BGH **103**, 169). Er gilt für alle **regelmäßig wiederkehrenden** Leistgen, soweit sie nicht unter § 196 I Nr 1, 6, 7, 8 od 9 fallen (§ 195 Rn 4). Unerhebl ist, ob die Leistg auf Ges, Satzg od RGesch beruht. Voraussetzg ist aber, daß der Anspr sich seiner Natur nach auf Leistgen richtet, die in zeitl Wiederkehr zu erbringen sind (BGH VersR **57**, 450). Ratenzahlgen auf eine feststehde Schuld fallen daher nicht unter § 197 (BGH WM **75**, 1281), ebsowenig die in Rentenform zu erfüllde Anspr auf SchmerzG od AufopfergsEntsch (BGH VersR **57**, 450). Auch auf Amortisationsbeträge ist § 197, abgesehen vom Fall des Zinszuschlages (Rn 5), nicht anzuwenden (Erm-Hefermehl Rn 3). Die regelmäß Wiederkehr bezieht sich auf die **Zeit, nicht** auf die **Gleichmäßigkeit des Betrages** (RG **153**, 378, BGH **28**, 147). § 197 ist daher auch dann anzuwenden, wenn die Beträge in der Höhe wechseln, zeitweise auf ein Minimum absinken od gelegentl ganz ausfallen (BGH **LM** Nr 2, BAG **AP** Nr 3). Wie sich aus der ausdr Erwähng der Besoldgen ergibt, gilt § 197 auch im **öffentlichen Recht** (BVerwG **28**, 340, OVG Münst NJW **81**, 1328). – **b)** Neben der Verj der Einzelleistg ist auch die Verj des **Stamm- 2 rechts** mögl (§ 194 Rn 7). Mit dem StammR, dessen Verj § 852 od StVG 14 richten kann, verjähren auch die Anspr auf die einz Leistgen (BGH VersR **72**, 1079, NJW **73**, 1685). – **c) Rückstände** 3 sind alle nach Fälligk unbezahlten Leistgsteile. Rückständig kann auch die geschuldete Leistg im ganzen sein (allgM). Der Rückstand braucht dem Umfang nach nicht festzustehn (RG **72**, 340). Die Verj kann vor Feststellg der Höhe beginnen (RG aaO). – **d)** Die kurze Verj gilt auch für **Ersatz- und Nebenan- 4 sprüche,** die an die Stelle des ursprüngl Anspr treten od ihn ergänzen (§ 195 Rn 3), so etwa für Anspr aus einer Mietgarantie (Düss NJW-RR **94**, 11). Sie ist auf Anspr auf **Rückzahlung** überzahlter Zinsen oder Kreditgebühren entspr anzuwenden (BGH **98**, 181), ebso auf den Anspr wg überzahlter Leistgsentgelte für Fernwärme (BGH NJW-RR **89**, 1015), Heizgskosten (Hbg NJW **88**, 1097), Mieten u Mietnebenkosten (s Hbg NJW-RR **89**, 458, Düss OLGZ **91**, 255), auch soweit die Überzahlg auf eine bei vorzeitiger Beendig des Vertr geleistete Sonderzahlg beruht (BGH NJW **90**, 1036). Eine analoge Anwendg wird dagg abgelehnt auf den Anspr wg überzahlten Gehalts/Lohns (BVerwG **66**, 251, BAG ZIP **94**, 727), Ruhegehalts (BAG DB **90**, 2123) od überzahlter VersPrämien (Düss NJW-RR **91**, 1184), auf den Anspr auf Rückerstattg des Disagios (BGH NJW **93**, 3257, Düss WM **95**, 575, Heinrichs EWiR **93**, 229) u auf den Rückfordergsanspr wg der nach dem Tod des Versicherten geleisteten Zahlgen (Karlsr NJW **88**, 1920). Der beim AnnuitätenDarl dch unricht Zinsberechng (nachschüss Tilggsverrechg) entstandene BerAnspr verjährt jedenf dann in der Fr des § 195, wenn zur vorzeit VertrBeendigg ein (hoher) Ablösgsbetrag gezahlt worden ist (BGH **112**, 353).

5   **2) Die einzelnen Fälle. – a) Zinsen.** Der Begriff der Zinsen ist im § 197 ebso zu verstehen wie in den §§ 246 ff; s daher § 246 Rn 1. § 197 gilt auch für Verzugszinsen (RG **109**, 348, Hamm FamRZ **95**, 613), der Anspr aus §§ 288 II, 286 betrifft regelmäß wiederkehrde Leistgen u wird daher gleichf von § 197 erfaßt (BGH NJW **93**, 1384, 3320). Für den Anwendungsbereich des **VerbrKrG** gilt nunmehr die Sonderregel des VerbrKrG 11 III 3 (s dort). Erfaßt werden Sparzinsen (LG Kaiserslautern WM **84**, 1604), Bereitstellgszinsen (Stgt NJW **86**, 436), ZinsAnspr aus öffr Vertr (VGH Kassel MDR **93**, 291) u auch Hyp- u GrdSchZinsen (§ 902 I 2), obwohl die Hyp u die GrdSch selbst unverjährb sind. Zinsrückstände verj auch dann in 4 Jahren, wenn sie nur einmal zu zahlen sind, also keine wiederkehrden Leistgen darstellen (Erm-Hefermehl Rn 2). Den Zinsen gleichgestellt sind **Amortisationsquoten,** die als Zuschlag zu den Zinsen zu zahlen sind. Beide Leistgen müssen zu einer GesLeistg verschmolzen sein. Das trifft auch auf die bei Teilzahlgskrediten übl Kreditgebühren zu, die daher einschl aller Nebenkosten nach § 197 verjähren (Hamm NJW **90**, 1673, Stgt NJW-RR **92**, 181, Celle MDR **94**, 157, aA LG Krefeld NJW **91**, 2027, Schwachheim NJW **89**, 2026). Sonderregeln gelten für Anspr aus Zinsscheinen von InhSchuldverschreibgn (§ 801) u ZinsAnspr gg den Annehmer eines Wechsels (WG 70). Gem § 224 verjährt der ZinsAnspr spätestens mit dem HauptAnspr. –

6   **b) Miet- und Pachtzinsen,** ausgen die unter § 196 I Nr 6 fallden Anspr aus der gewerbsmäß Vermietg bewegl Sachen. Gleichgült ist, ob die Miete fortlaufd od in einem einmaligen Betrag zu leisten ist (s auch Rn 5). Die Vorschr gilt auch für Mietnebenkosten, wie Wassergeld u Heizgskosten (s LG Bielef MDR **77**, 312), für Anspr aus §§ 557, 597, einschließl der konkurrierden Anspr aus §§ 286 u 812 (BGH **68**, 309, NJW **84**, 794), für Anspr aus einer Mietgarantie (Düss NJW-RR **94**, 11) u für den SchadErsAnspr wg entgangener Miete bei vorzeitiger Beendigg des MietVerh (BGH NJW **68**, 693). Benutzt der Pächter die Sache mit stillschw Duldg des Verpächters weiter, ist auf den Anspr aus § 812 gleichf § 197 anzuwenden (aA KG NJW

7   **71**, 432). – **c) Renten.** Hierher gehören vor allem die Leibrente (§§ 759 ff), SchadErsRente (§ 843), Überbaurente (§ 912 II), Notwegrente (§ 917 II) sowie die rückständ Leistgen aus einer Reallast od Rentenschuld (§§ 1107, 1199). Gleichgült ist, ob Geld od and vertretb Sachen geschuldet w. Für Leistgen der ges Renten- od UnfallVers gilt der inhaltl mit § 197 übereinstimmde § 45 SGB I. Auf RentenAnspr nach dem BVersG ist dagg § 197 entspr anwendb (BSG NJW **63**, 1373). **Auszugsleistungen** sind die aufgrund eines AltenteilsVertr an den Altenteiler zu erbringden wiederkehrden Leistgen (s RG **104**, 272, Art 96 EGBGB). –

8   **d) Besoldungen, Ruhegehälter.** Sie müssen auf **öffentlichem Recht** beruhen. Die Vorschr gilt für Anspr aus dem BeamtenVerh (BVerwG **23**, 167, ZBR **79**, 334) u für Anspr aus dem DienstVerh der Richter u Soldaten. Anspr aus ArbVertr verjähren, auch wenn der ArbG eine jur Pers des öffR ist, nach § 196 I Nr 8 u 9 (dort Rn 22). Anspr von GeschFü u VorstdMitgl fallen unter sonst regelmäß wiederkehrde Leistgen (Rn 9). – **e) Unterhaltsansprüche,** vgl §§ 1361, 1569 ff, 1601 ff; für Anspr auf Sonderbedarf (§ 1613 II) gilt

9   jedoch § 195 (BGH **103**, 167). – **f) Andere regelmäßig wiederkehrende Leistungen.** Zum Begriff s Rn 1. Anwendungsfälle sind: SchadErsAnspr wg Verdienstausfalls (BGH NJW-RR **89**, 215); ErstattgsAnspr aus GoA od § 812 gg den UnterhPflichtigen wg der Gewährg von Unterh (RG **170**, 253, Nürnb FamRZ **60**, 107); ErstattgsAnspr zw Eltern, wenn einer das gemeins Kind allein unterhalten hat (BGH **31**, 333, Karlsr OLGZ **65**, 138); ErstattgsAnspr wg zu Unrecht gewährter Renten (BGH NJW **63**, 2316, BVerwG ZBR **75**, 323); ErstattgsAnspr nach dem Ges zu GG 131 (OVG Kblz NVwZ **86**, 146); Prov des VersVermittlers (RG **153**, 375); „Wohngeld" gem WEG 16 (dort Rn 9); BeitrFdgen einer Versorggskasse (BAG **AP** Nr 3); Vereinsbeiträge; LizenzAnspr (BGH NJW-RR **93**, 1060) u GewinnAnspr aus Patentverwertg (BGH **28**, 144) od aus Filmverwertg (Mü Ufita **48**, 313, str, Mü Ufita **58**, 290 wendet § 196 Nr 1 mit II an); VergütgsAnspr der Organe jur Pers (BGH **36**, 142) u VersorggsAnspr ihrer Hinterbliebenen (BGH NJW **64**, 1620); Anspr gg den Chefarzt auf Abführg eines Teils des Honorars, das er von PrivPatienten erhält (OVG Münst NJW **81**, 1328); Anspr gg Prof wg der Benutzg von Hochschuleinrichtgen (BVerwG ZBR **87**, 340); Anspr des Lagerhalters auf Lagergeld, wenn es nach Zeiteinheiten berechnet w (BGH **89**, 87). **Unanwendbar** ist § 197 dagg auf den Anspr des Dienstherrn auf Rückzahlg zuviel gezahlter Bezüge (BVerwG DVBl **83**, 504), auf

10   den gesellschvertragl **Gewinnanspruch,** da dieser von einer Feststellg der Gewinn- u Verlustrechng abhängt (BGH **80**, 359), auf ProvAnspr, sofern dessen Fälligk nicht auf best Termine abstellt (Kblz NJW-RR **88**, 673), auf Anspr des WoEigtümer wg Rückstände aus genehmigten Jahresrechnen (BayObLG **83**, 292), auf Vergütgen, deren Fälligk von künft ungewissen Ereign abhängen (BGH GRUR **79**, 803).

198

Regelmäßiger Verjährungsbeginn. **Die Verjährung beginnt mit der Entstehung des Anspruchs. Geht der Anspruch auf ein Unterlassen, so beginnt die Verjährung mit der Zuwiderhandlung.**

1   **1) Allgemeines. – a)** Die Verj beginnt, wenn der Anspr **entstanden** ist. Das ist der Fall, sobald der Anspr **klagweise geltend gemacht** w kann (BGH **55**, 341, **73**, 365, **79**, 178). Voraussetzg dafür ist grdsl, daß der Anspr **fällig** ist, § 271 (BGH **53**, 225, **55**, 341, **113**, 193). Bei aufschiebd bedingten Anspr beginnt die Verj frühestens mit dem Eintritt der Bdgg (BGH **47**, 391, NJW **87**, 2745). Das gilt auch iF einer PotestativBdgg (BGH aaO) u eines Anfangstermins. Bei Anspr aus genehmiggsbedürft RGesch läuft die VerjFr erst ab Erteilg der Gen, der insow keine rückwirkde Kraft zukommt (RG **65**, 248). Bei verhaltenen Anspr (§ 271 Rn 1), die jederzeit, aber nur auf Verlangen des Berecht zu erfüllen sind, beginnt die Verj mit der Entstehg, nicht erst mit dem Verlangen (BGH NJW-RR **88**, 904). Anspr auf **wiederkehrende** Leistgen (§ 197)

2   verjähren mit der sich aus § 201 ergebden Maßg von der Fälligk der einz Leistg an. – **b)** Die Möglichk, den Anspr geltd zu machen, braucht **nur objektiv** zu bestehen. Der VerjBeginn hängt **nicht** davon ab, daß der Berecht vom Bestehen des Anspr **Kenntnis** hat od haben konnte (BGH **73**, 365, NJW **94**, 1001; Ausn s Rn 14), eine bei den kurzen VerjFr für GewLAnspr problemat Regelg (s Übbl 4 v § 194). Davon soll jedoch eine Ausn gelten, wenn der Anspr aus c. i. c. gg den Vertreter in derselben Fr verjährt wie der vertragl ErfAnspr gg den Vertretenen (BGH NJW **83**, 1609), eine mit der sonst Rspr nicht zu vereinbare u dogmat kaum haltb Entsch. Der VerjBeginn erfordert nicht, daß der Berecht den Anspr beziffern kann (BGH **79**, 178, BauR **79**, 62); es genügt die Möglichk, Stufen- od Feststellgsklage zu erheben (BGH **73**, 365, **96**, 294,

3   BVerwG NVwZ **83**, 740, stRspr). Von der Erteilg einer **Rechnung** od der Hergabe des Aufmaßes ist der

VerjBeginn unabhäng, auch wenn erst die Rechng den Anspr betragsmäß festlegt (BGH **79**, 178, Düss BauR **80**, 367). Entscheidd ist, wann die Rechng hätte erteilt werden können (BGH **102**, 171). Etwas and gilt nur dann, wenn die Rechngserteilg, wie beim VOB-Vertr, FälligkVoraussetzg ist (Rn 6); eine entspr Vereinbg kann auch stillschw getroffen w (BGH NJW-RR **89**, 148). Eine entspr formularmäß Klausel für einen nicht unter die VOB fallden WkVertr ist aber unwirks (Stgt NJW-RR **94**, 17).

2) Einzelheiten. – a) Vertragsansprüche. Soweit sie unter §§ 196, 197 fallen, beginnt die Verj erst mit **4** dem **Schluß des Jahres,** in dem der Anspr entstanden ist (§ 201). – **aa) Kaufvertrag.** Die Verj des KaufPrAnspr beginnt nicht erst im Ztpkt der Lieferg, sond bereits mit VertrSchl (RG **62**, 178). Die Klausel „Zahlg gg Dokumente" verschiebt die Fälligk u damit den VerjBeginn auf den Ztpkt der Vorlage der Dokumente (BGH **55**, 342). – **bb) Dienstverträge.** Bei **Anwaltsgebühren** beginnt die Verj mit dem **5** Schluß des Jahres, in dem der Anspr fäll geworden ist (BGH NJW **83**, 1048). Entscheidd ist grdsl, wann der erste FälligkTatbestd des BRAGO 16 verwirklicht worden ist (BGH LM Nr 10, Brschw NdsRpfl **87**, 132). Die Gebühren aus einem ScheidsgsVerf können daher verjährt sein, bevor die abgetrennte Folgesache beendet ist (Brschw NdsRpfl **85**, 15). Der VerjBeginn ist idR von der Festsetzg des Streitwertes unabhäng (Celle NdsRpfl **83**, 94); iF der nachträgl Erhöhg des Streitwertes beginnt die Verj aber erst nach Erlaß des ÄndBeschl, da die MehrFdg erst dch den ÄndBeschl dchsetzb w (BGH aaO, Kblz DAR **83**, 172). Hat der RA nach dem Inh des Auftr einen Vertr zu überprüfen, beginnt die Verj erst nach Ablauf der hierfür erforderl Zeit, auch wenn die Überprüfg nicht dchgeführt worden ist (BGH AnwBl **85**, 257). **Steuerberater:** Der VerjBeginn richtet sich nach StBGebV 7 (Kblz BB **89**, 2002). **Arzt:** Voraussetzg für die Fälligk u den VerjBeginn ist die Erteilg einer Rechng, GOÄ 12 (Narr MedR **86**, 75, s aber § 200 Rn 2). – **cc)** Bei **6** **Werklohnforderungen** beginnt die Verj gem § 640 mit der Abnahme. Nach VOB/B 16 Nr 3 setzt die Fälligk des Anspr u damit der VerjBeginn die Vorlage der Schlußrechng voraus. Entscheidd ist, wann der Untern die Schlußrechng erteilt hat, nicht wann er sie hätte erteilen können (BGH **53**, 225, NJW **82**, 1815, WM **84**, 340). Auch beim **Architektenhonorar** hängt die Fälligk u damit der VerjBeginn von der Erteilg einer Rechng ab (HOAI 8, s aber § 200 Rn 2). HOAI 8 gilt auch bei vorzeit Künd (BGH NJW-RR **86**, 1279), unabhäng davon, ob die Part eine Vereinbg über die Geltg der HOAI getroffen haben (BGH NJW **81**, 2354). Der VerjBeginn erfordert eine prüfgsfäh Rechng (BGH NJW-RR **90**, 1171, BauR **91**, 489). Auch bei nachträgl berechneten Anspr von **Versorgungsunternehmen** beginnt die Verj erst mit Schluß des Jahres, in dem die Nachtragsrechng erteilt worden ist (BGH NJW **82**, 931, NJW-RR **87**, 238, s aber § 200 Rn 2). Beim Bauhandwerker hängt der VerjBeginn dagg nicht von der Rechngserteilg ab (Rn 3). – **dd) Gewinn-** **7** **ansprüche** entstehen idR erst mit der Feststellg der Bilanz (s BGH **80**, 358, Hbg OLG **35**, 319), jedoch sind abw Abreden der Part mögl (RAG JW **34**, 218). Bei **Mietnebenkosten** beginnt die Verj mit dem Zugang einer nachprüfb Rechng beim Mieter (BGH **113**, 193). Beim **Ruhegehalt** beginnt die Verj mit Fälligk auch für den inf unricht Anpassg noch nicht festgesetzten FdgsTeil (LAG Hamm DB **91**, 1121). – **ee) Versiche-** **8** **rung:** Die Verj des DeckgsAnspr gg den HaftPflVers beginnt frühestens in dem Ztpkt, in dem der geschädigte Dr Anspr geltd gemacht hat (BGH VersR **76**, 479). Der RückgriffsAnspr des Versicherers, der an den Geschädigten Teilleistgen erbracht hat, entsteht mit jeder Teilleistg (Hamm VersR **80**, 828).

b) Schadensersatzansprüche. – aa) Die Verj von SchadErsAnspr wg **Nichterfüllung,** Verzuges od **9** pVV beginnt mit deren Entstehg, nicht mit der des ursprüngl Anspr (BGH **128**, 79, BGH **107**, 184, aA Peters JZ **89**, 750). Entstanden ist der ErsAnspr: iF der Unmöglichk mit deren Eintritt (BGH NJW **59**, 1819); iF des Verzugs mit der Entstehg eines Schadens (BGH LM § 286 Nr 3, VersR **69**, 61); iF des pVV u der c.i.c. gleichf mit der Entstehg von Schaden (BGH **73**, 365, NJW **86**, 2567, vgl aber BGH **87**, 37, wo iF der c.i.c. auf die Kenntn des Geschädigten abgestellt w); iF einer unberecht Künd mit deren Zugang (BGH NJW **71**, 1841, **74**, 2290); iF des pflwidr Anlage von Vermögen mit dieser Anlegg (RG JW **32**, 1648), iF des § 179 mit der Verweigerg der Gen (BGH **73**, 271); iF des ZPO 717 II mit der Aufhebg des Urt (Karlsr OLGZ **79**, 374). Für die unter § 477 fallden Anspr beginnt die Verj einheitl mit der Übergabe (dort Rn 6), für die unter § 638 fallden einheitl mit der Abn (BGH **95**, 382). Haftet der Verpflichtete **in zweiter Linie,** beginnt die Verj erst, wenn feststeht, daß vom ersten Schu nichts zu erlangen ist (BGH NJW **81**, 2343, **87**, 2743). – **bb)** Auch **10** beim SchadErsAnspr gg den **Rechtsanwalt** u den **Steuerberater** kommt es für den VerjBeginn grdsl auf die Entstehg des Schadens an, BRAO 51b, StBerG 68. Die pflichtw Hdlg muß obj eine Verschlechterg der Vermögenslage des Mandanten verursacht haben; das Bestehen einer risikobehafteten Situation genügt nicht (BGH **100**, 228, **124**, 30, NJW **93**, 650). Kenntn des Mandanten ist nicht erforderl (BGH **119**, 71); es reicht aus, daß obj die Erhebg einer unbezifferten Feststellgsklage mögl ist (BGH **100**, 231, Rn 2). Hat der Steuerberater steuerl Nachteile verschuldet, beginnt die Verj nicht mit der Begehg der PflVerletzg, sond mit dem Zugang des Steuerbescheids (BGH **119**, 73, NJW **93**, 2046, 2181), dessen Unanfechtbark ist für den VerjBeginn nicht erforderl (BGH NJW **95**, 2108). Auf den Zugang des Bescheids u nicht auf dessen Unanfechtbark od die Begehg der PflVerletzg kommt es auch an, wenn die Steuer zu hoch festgesetzt worden ist (BGH **114**, 153), wenn der Mandant für die Steuerschuld eines Dr einstehen muß (BGH NJW **93**, 1141) od wenn die Außenprüfg zu einer NachFdg führt (BGH **114**, 155 iVbm NJW **95**, 2108); wird ein außerhalb des Prüfgszeitraums begangener Fehler u ein damit verbundener Schaden festgestellt, bleibt es bei der eingetretenen Verj (BGH NJW **91**, 2831). Führt der Fehler des Steuerberaters zu weiteren Schäden (Verpfl zur SicherhLeistg, Verschlechterg der gesellschrechtl Stellg), beginnt aber mit deren Entstehg die Verj auch hinsichtl der steuerl Nachteile (BGH NJW **93**, 1141). Bei einem fehlerh vorprozessualen Verhalten des RA (Erhebg einer unbegründeten Klage) beginnt die Verj mit Klagerhebg (BGH VersR **95**, 962), bei einem fehlerh ProzVerhalten dagg erst, wenn die nachteilige Entscheidg erlassen u mit ihrer Änderg nicht mehr zu rechnen ist (BGH NJW **92**, 2829). Der ErsAnspr gg den RA wg der wegen Fdg verjährt ab VerjEintritt u nicht erst ab Erhebg der VerjEinr (BGH NJW **94**, 2822). Bei falscher Anlageberatg beginnt die Verj, wenn der nachteil Vertr bindd geworden ist (BGH NJW **94**, 1407); muß der Mandant wg des Fehlers des Steuerberaters Kredit aufnehmen, beginnt die Verj mit der KreditAufn (BGH NJW **91**, 2833). RAnw u Steuerberater müssen ihre Arbeiten aus gegebenem Anlaß auf Fehler überprüfen; bei einem Verstoß gg diese Pfl beginnt eine neue Verj (BGH **83**, 21); sie sind außerdem verpflichtet, den Mandanten auf den Regreß-Anspr gg sich selbst hinzuweisen (Übbl 16 v § 194). – **cc)** Bei SchadErsAnspr, auch solchen mit vertragl **11**

195

Grdl, beginnt die Verj **einheitlich** auch für den erst in Zukunft entstehden Schaden, sow er voraussehb ist (BGH **50**, 24, **100**, 231, **114**, 153, NJW **93**, 650, 1141, BAG **AP** Nr 8). Unvorhersehb können insb unerwartete Kostensteigergen sein (RG **102**, 143). Bei RentenAnspr aus §§ 843, 844 kann die Verj des ErhöhgsAnspr erst beginnen, wenn feststeht, daß eine nachhalt Änderg der Verh eingetreten ist (BGH **33**, 118, § 852 Rn 4 ff). – **dd**) Bei **Dauerhandlungen** kann die Verj nicht beginnen, solange der Eingriff andauert (BGH NJW **73**, 2285). Bei **wiederholten** Hdlgen setzt jede Hdlg eine neue VerjFr in Lauf (BGH NJW **85**, 1023); der strafrechtl Begriff der fortgesetzten Hdlg ist auf das bürgerl Recht nicht übertragb (BGH **71**, 94). Verursacht eine Hdlg eine **dauernde Beeinträchtigung** verjährt der Anspr auf SchadErs od Beseitig ab der Entstehg der Beeinträchtigg (BGH **60**, 240); verstärkt sich die Beeinträchtigg inf einer Änderg der Verhältn, beginnt eine neue Verj (BGH aaO).

13   **c**) Bei Anspr auf **Unterlassen** beginnt die Verj nach **Satz 2** erst mit der ZuwiderHdlg, da der Berecht vorher weder einen Anlaß noch eine Möglichk hat, gg den Verpflichteten vorzugehen (BGH **59**, 74). Bei einem Anspr auf einmaliges Unterlassen kommt Verj nicht in Betracht, da die Leistg mit der ZuwiderHdlg unmögl w, also nur noch SchadErs verlangt w kann. Auch hins der UnterlAnspr aus §§ 12, 861, 1004 ist Satz 2 leerlaufd, da der Anspr erst dch die ZuwiderHdlg entsteht. Bei den danach allein unter S 2 fallden Anspr auf **dauernde** Unterlassg, beginnt mit jeder ZuwiderHdlg eine neue Verj (RG **80**, 438, Rn 12). Entspr anwendb ist S 2 auf den auf eine dauernde Leistg (zB Nutzgsüberlassg) gerichteten Anspr (BGH NJW **95**, 2549).

14   **3**) **Abweichende Regelungen** über den VerjBeginn enthalten: – **a**) §§ 199, 200 (s dort); – **b**) §§ 201, VVG 12 I 2: FrLauf erst ab Jahresende (s dazu BGH NJW **83**, 2882); – **c**) §§ 852, 1378 IV, 1934b II, 2332, AGBG 13 IV, HGB 61 II, PatG 48, BBergG 117 I: FrLauf erst ab Kenntn. Weitere Sondervorschriften: §§ 477, 490, 558, 638, 651 g II, 801, 1057, 1226, 1302, 1615 k, 2287. Vgl auch MüKo/v Feldmann Rn 12 ff mwN.

199 *Verjährungsbeginn bei Kündigung.* **Kann der Berechtigte die Leistung erst verlangen, wenn er dem Verpflichteten gekündigt hat, so beginnt die Verjährung mit dem Zeitpunkte, von welchem an die Kündigung zulässig ist. Hat der Verpflichtete die Leistung erst zu bewirken, wenn seit der Kündigung eine bestimmte Frist verstrichen ist, so wird der Beginn der Verjährung um die Dauer der Frist hinausgeschoben.**

200 *Verjährungsbeginn bei Anfechtung.* **Hängt die Entstehung eines Anspruchs davon ab, daß der Berechtigte von einem ihm zustehenden Anfechtungsrechte Gebrauch macht, so beginnt die Verjährung mit dem Zeitpunkte, von welchem an die Anfechtung zulässig ist. Dies gilt jedoch nicht, wenn die Anfechtung sich auf ein familienrechtliches Verhältnis bezieht.**

1   **1**) **Allgemeines.** – **a**) Die Entstehg des Anspr, die nach § 198 Voraussetzg für den VerjBeginn ist, hängt iF der Künd u der Anf vom Belieben des Gläub ab, sofern das Künd- od AnfR allein ihm zusteht. Um dem Gläub die Möglichk zu nehmen, die Verj hinauszuzögern, legen die §§ 199, 200 als VerjBeginn den Ztpkt fest, von dem an die Künd od Anf zul ist. Es genügt, daß die Künd- od AnfMöglichk **objektiv besteht;** auf die Kenntn des Gläub kommt es nicht an; gleichgült ist auch, ob die AnfFr bereits begonnen hat (hM). –

2   **b**) Ist die Entstehg des Anspr von einem Rücktr, Widerruf od einer sonst Hdlg des Gläub abhäng (Vorlage od Erteilg einer Rechng, PotestativBdgg), sind §§ 199, 200 nach hM **nicht** entspr **anwendbar** (BGH **55**, 344, NJW **82**, 931, NJW-RR **87**, 238, Hbg WM **86**, 1097, aA mit beachtl Grden AK/Kohl Rn 3). Kommt der Gläub seiner Obliegenh zur **Rechnungserteilung** nicht alsbald nach, muß er sich dagg so nach §§ 162, 242 so behandeln lassen, wie wenn die Fdg fällig geworden wäre (BGH NJW-RR **86**, 1279, aA BGH NJW **91**, 836, Düss NJW-RR **87**, 945). Das gilt insbes dann, wenn der Schu ihn zur Rechngserteilg aufgefordert hat (KG NJW-RR **88**, 22).

3   **2**) **Kündigung (§ 199).** Gleichgült ist, ob die Künd Voraussetzg für die Entstehg od die Fälligk des Anspr ist. Tritt die Fälligk erst nach Ablauf einer KündFr ein, verschiebt sich der VerjBeginn entspr **(Satz 2).** Kann nur der Schu kündigen, beginnt die Verj erst, wenn er gekündigt hat u die Künd wirks geworden ist.

4   **3**) **Anfechtung (§ 200).** – **a**) § 200 gilt nur für solche Anspr, die, wie der aus § 812, dch die Anf **neu entstehen.** Hat der Gläub nach der anfechtb Hdlg geleistet, beginnt die Verj erst mit dem Ztpkt der Leistg (BGH WM **89**, 1028). Lebt dch die Anf ein fr Anspr wieder auf, ist § 200 nicht anwendb (RG **86**, 366); die Verj läuft seit der ursprüngl Entstehg des Anspr, jedoch ist § 202 I entspr heranzuziehen (Soergel-Walter Rn 3). Für den RückfdgsAnspr des AnfGegners beginnt die Verj, wie aus § 142 folgt, mit dem Ztpkt der Leistg. – **b**) Bezieht sich die Anf auf ein familienrechtl Verhältn, beginnt die Verj nach **Satz 2** erst **mit der Anfechtung.** Für den UnterhAnspr des scheinehel Kindes gg seinen wirkl Vater kann die Verj daher erst beginnen, wenn seine Nichtehelichk rechtskr festgestellt worden ist (BGH **48**, 366, s auch § 204).

201 *Beginn der kurzen Verjährung.* **Die Verjährung der in den §§ 196, 197 bezeichneten Ansprüche beginnt mit dem Schlusse des Jahres, in welchem der nach den §§ 198 bis 200 maßgebende Zeitpunkt eintritt. Kann die Leistung erst nach dem Ablauf einer über diesen Zeitpunkt hinausreichenden Frist verlangt werden, so beginnt die Verjährung mit dem Schlusse des Jahres, in welchem die Frist abläuft.**

1   Der einheitl Beginn der kurzen VerjFr mit Ende des Jahres erspart den GeschLeuten eine dauernde Kontrolle des FrAblaufs. Für eine am 15. 3. 1992 entstandene, unter § 196 I Nr 1 fallde KaufPrFdg beginnt die Verj am 31. 12. 1992 24 Uhr u endet am 31. 12. 1994 24 Uhr. Unter **Satz 2** fallen vor allem die Stundg u der Lauf einer KündFr, nicht aber die in § 202 II aufgeführten Einr (allgM). War die Verj gehemmt od unterbrochen, läuft die Fr nach Beendigg der Hemmg od Unterbrechg sofort weiter u nicht erst mit Schluß

des Jahres (BGH **86**, 103, **93**, 294, NJW-RR **90**, 665, BAG NJW **90**, 2579). Endet die Hemmg od Unterbrechg vor Schluß des Jahres, in dem der Anspr entstanden ist, ist sie im Anwendgsbereich des § 201 wirkgslos. Der Anspr auf die Jahresumsatzprämie 1991 entsteht iZw erst am 1. 1. 1992; seine Verj beginnt daher am 31. 12. 1992 24 Uhr (s BAG NJW **74**, 663).

202 *Hemmung der Verjährung aus Rechtsgründen.* ^I **Die Verjährung ist gehemmt, solange die Leistung gestundet oder der Verpflichtete aus einem anderen Grunde vorübergehend zur Verweigerung der Leistung berechtigt ist.**

^{II} **Diese Vorschrift findet keine Anwendung auf die Einrede des Zurückbehaltungsrechts, des nicht erfüllten Vertrags, der mangelnden Sicherheitsleistung, der Vorausklage sowie auf die nach § 770 dem Bürgen und nach den §§ 2014, 2015 dem Erben zustehenden Einreden.**

1) Allgemeines. – a) Die **Hemmung** der Verj bewirkt, daß die Verj mit Eintritt des HemmgsGrdes zum **1** Stillstand kommt u nach dessen Wegfall weiterläuft (§ 205). Von der Hemmg zu unterscheiden ist die **Ablaufhemmung** (§§ 206, 207), die die Vollendg der Verj hindert, u die **Unterbrechung** (§§ 208ff), bei der die Verj von neuem beginnt. – **b)** Die Hemmg der Verj beruht auf dem **Gedanken**, daß die Zeit, währd **2** der der Gläub den Anspr wg rechtl od tatsächl Hindern vorübergehd nicht geltnd machen kann, bei sachgerechter Interessenabwägg nicht in die VerjFr einbezogen w darf. § 202 erfaßt die Fälle, in denen vorübergehende rechtl Hindern der Dchsetzg des Anspr entggstehen, § 203 tatsächl Hindern der RVerfolgg. Daneben gibt es für einz Anspr spezielle Vorschr, vgl insb §§ 204, 639 II, 651g II, 802, 852 II, VVG 12 II, PflVersG 3 Nr 3, CMR 32 II, KVO 40 III (BGH DB **86**, 685), VerglO 55. – **c)** Im **öffentlichen Recht** können die §§ 202ff, **3** sow SonderVorschr fehlen, entspr angewandt w (BVerwG NJW **77**, 823, GebührennachFdg der Post). Bei **Ausschlußfristen** ist die entspr Anwendg der §§ 202ff Frage des Einzelfalls (Übbl 8 v § 194). § 203 wird bei einer Reihe von AusschlFr ausdr für anwendb erklärt (s dort Rn 2). – **d)** Wer sich auf eine Hemmg der Verj beruft, hat die Tats zu **beweisen**, aus denen sich die Hemmg ergibt (allgM).

2) Hemmungsgründe. – a) Stundung iSd § 202 ist nur die nach VerjBeginn getroffene Vereinbg, dch **4** die die Fälligk des Anspr hinausgeschoben w (BGH NJW-RR **92**, 255). Wird die Stundg bei Begründg des Anspr vereinb, folgt bereits aus § 198 S 1, daß die Verj erst nach Ablauf der StundgsFr beginnt (§ 198 Rn 1). Ein einseit Stundgsangebot hemmt die Verj nicht. Erforderl ist eine vertragl Abrede, die aber auch stillschw getroffen w od sich aus einer ergänzden VertrAuslegg ergeben kann (BGH **86**, 104). Hat der ArbG dem ArbN („Haussohn") versprochen, er werde für die geleisteten Dienste letztwill bedacht, ist der Vergütgs-Anspr bis zum Widerruf des Versprechens od bis zur TestEröffg gestundet (BAG NJW **63**, 2188, **78**, 444, BGH NJW **65**, 1224); kein HemmgsGrd ist aber die einseit Erwartg des Dienstleistdn, er werde in einer Vfg vTw bedacht w (BAG NJW **70**, 1701). Die Vereinbg des Ruhens eines Proz enthält nicht ow eine Stundg (RG **73**, 394, s aber Rn 8), wohl aber die Abrede, daß der Gläub seine Befriedigg zunächst aus einer erfhalber abgetretenen Fdg suchen soll (RG **70**, 37). Bei einer SichgGrdSch sind Zinsen iZw bis zum Eintritt des SichgFalls gestundet (BGH ZIP **93**, 257, Hök MDR **94**, 645). Die StundgsVereinbg **unterbricht** zugl **5** die Verj, da sie ein Anerkenntn iSd § 208 enthält. Nach Ende der StundgsZeit beginnt die Verj daher neu zu laufen. Eine StundgsAbrede zw PfändgsGläub u Schu hemmt die Verj nur im Verh zw diesen (BGH NJW **78**, 1914, BAG DB **84**, 138). Auch ges Stundgen (Moratorien) fallen unter § 202 (MüKo/v Feldmann Rn 4).

b) Leistungsverweigerungsrechte. – aa) Steht dem Anspr eine **aufschiebende** Einr entgg, ist die Verj **6** gehemmt, so etwa, wenn der Gläub noch nach der GewlRegelg erst einen Dr in Anspr nehmen muß (BGH DNotZ **82**, 122). Dagg fallen die zerstörden Einr (zB §§ 813 II, 886, 1169, 1254) nicht unter § 202, da sie eine mindestens ebso starke Wirkg haben wie die Verj. Auch Anf- u AufrTatbestde hemmen die Verj nicht (Staud-Dilcher Rn 17). Entspr gilt für das Recht zum Besitz (§ 986). Da es Einwendg (nicht Einr) ist (§ 986 Rn 1), entsteht der HerausgAnspr ohnehin erst, wenn der Besitzer nicht mehr zum Besitz berecht ist. – **bb)** Aufschiebde Einr können vernünftigerw nicht als HemmgsGrd anerkannt w, wenn sie auf dem eig **7** Verhalten des Gläub beruhen (NichtErf einer Verbindlichk). **II** bestimmt daher ausdr, daß folgde LeistgVR **keine Hemmung** der Verj mit sich bringen: Einr des ZbR (§§ 273, 1000, HGB 369), des nicht erfüllten Vertr (§ 320), mangelnder SicherhLeistg (§§ 258, 811, 867, 997, 1005), die Einr des Bü gem §§ 770, 771. Die dem Erben gem §§ 2014, 2015 zustehden Einr sind miteinbezogen, weil sie den Gläub nicht hindern, die Verj dch Leistgsklage zu unterbrechen (ZPO 305). II ist die analogiefäh Regel, I die Ausn (Roth, Einr des Bürgerl R, 1988, S 238). Er ist entspr anzuwenden, wenn der Vermieter sein PfandR geltd macht (BGH **101**, 45) od wenn der Schu eine nicht wirks abgetretenen Fdg wg einer unricht AbtrAnzeige (§ 409 I) berecht ist, die Leistg ggü dem wirkl Gläub zu verweigern (BGH **64**, 121). – **cc)** Hauptanwendgsfall d § 202 ist das **8** **pactum de non petendo** (Stillhalteabkommen), dh die Absprache zw Gläub u Schu, daß der Anspr einstweilen nicht geltd gemacht w soll. Es kann auch stillschw zustandekommen. Der Wille der Part muß aber darauf gerichtet sein, für den Schu ein LeistgVR zu begründen (BGH NJW **83**, 2497) od die Klagbark der Fdg vorübergehd auszuschließen (BGH NJW-RR **89**, 1049, Kblz NJW-RR **91**, 375). Die Tats, daß die Part über den Anspr miteinand verhandeln, genügt nicht (BGH VersR **63**, 360, **69**, 320, **71**, 1150, Hamm AnwBl **90**, 207), ebsowenig die Abrede, ein SachverstGutachten einzuholen (Zweibr NJW-RR **95**, 260) od einen Proz vorläuf nicht weiter zu betreiben (BGH NJW **83**, 2497). Ein Stillhalteabkommen kann je nach den Umst des Einzelfalls zu bejahen sein, wenn die Entsch einer VerwBeh, eines Vorprozesses, der Ausgang von Ermittlgen od die weitere Schadensentwicklg abgewartet w soll (BGH **LM** Nr 3, NJW **73**, 316, **86**, 1338, **93**, 1323), wenn ein Dr auf Ers in Anspr genommen (BGH **LM** Nr 5, Hamm NJW-RR **93**, 215) od einverständnl ein SchiedsgutachtenVerf w soll, jedoch endet die Hemmg, wenn der Gläub das Verf verzögert (BGH NJW **90**, 1232). Das TeilsAbk zw SozVersTräger u HaftPflVers ist ein *pactum de non petendo* zG des Schädigers (§ 328), führt also zur Hemmg der Verj (BGH **LM** Nr 12), bis die Leistgn des Vers die im Abkommen vorgesehene Höchstgrenze erreicht haben (BGH NJW **74**, 698, **78**, 2506). Die Hemmg endet, wenn für den Geschädigten ein nicht am TeilsAbk beteil SozVersTräger zust w (Brschw VersR **77**, 450). Auch wenn kein *pactum de non petendo* zustande kommt, können die **Verhandlungen** der

Part gem §§ 852 II, 639 II zur Hemmg der Verj führen od einen Einwand aus § 242 begründen (Übbl 12 v § 194).

9   **c)** § 202 gilt auch dann, wenn der Geltdmachg des Anspr ein vorübergehdes **rechtliches Hindernis** entggsteht, das nicht auf einer Einr im technischen Sinn beruht (RG **94**, 180, BGH **10**, 310, **LM** Nr 11). Es genügt, daß vorübergehend aus RGründen keine Leistgsklage erhoben w kann; die Möglichk, Feststellgsklage od Klage auf künft Leistg zu erheben, schließt die Hemmg nicht aus (BGH NJW **69**, 1662, **LM** Nr 12, KG VersR **81**, 1080). Das rechtl Hindern muß aber auf **Seiten des Schuldners** vorliegen. Wird der Gläub, etwa dch VermBeschlagn od Konk, an der Geltdmachg des Anspr gehindert, gilt § 202 nicht (BGH **10**, 311, NJW **63**, 2019), iF der VermBeschl kann aber uU § 203 anwendb sein. HemmgsGrde sind: die Anordg des Ruhens des Verf gem ZPO 251 (§ 211 Rn 6); die Einlegg von RBehelfen, wenn sie wg ihrer aufschiebden Wirkg die Dchsetzg eines Leistgsbescheids hindern (BVerwG NJW **77**, 823); der eine LeistgsPfl des SozVersTrägers ablehnde Bescheid hins der gem SGB X 116 übergegangenen Fdg (BGH NJW **69**, 1661); Verbot der MilReg an den Schu, die geschuldete Leistg zu erbringen (BGH **LM** Nr 1); Verf gem AUB 12 hins des Anspr des VersN (BGH VersR **71**, 435); **Kontokorrentabrede** hins der in das Kontokorrent einzustellnd Anspr (BGH **49**, 27), gleichgült, ob sie tatsächl in das Kontokorrent aufgenommen worden sind (BGH **51**, 347), da die einz Posten nicht selbstd eingeklagt w können. Keine HemmgsGrde sind:

10 **Zweifel an der Rechtslage,** auch nicht eine ansprfeindl stRspr (§ 203 Rn 7), bei SchadErsAnspr gg die Organe einer jur Pers die Tats, daß die Organe noch amtieren u daher wg Interessenkollision eine Geltdmachg des Anspr nicht zu erwarten ist (RG **156**, 291). Der UnterhAnspr des nichtehel Kindes entsteht erst mit der Feststellg der Vatersch (§ 1600 a S 2); erst in diesem Ztpkt kann die Verj beginnen; sie ist daher (entgg BGH FamRZ **81**, 763) nicht bis zur Feststellg der Vatersch gehemmt.

203 *Hemmung aus tatsächlichen Gründen.* [I] **Die Verjährung ist gehemmt, solange der Berechtigte durch Stillstand der Rechtspflege innerhalb der letzten sechs Monate der Verjährungsfrist an der Rechtsverfolgung verhindert ist.**

[II] **Das gleiche gilt, wenn eine solche Verhinderung in anderer Weise durch höhere Gewalt herbeigeführt wird.**

1   **1) Allgemeines. – a)** S zunächst § 202 Rn 1–3. Steht der Geltdmachg des Anspr ein tats Hindern entgg, so tritt grdsl keine Hemmg der Verj ein. Ausn gelten nur bei Stillstand der RPflege u höherer Gewalt. Die HemmgsGrde des § 203 müssen **innerhalb der letzten 6 Monate** der VerjFr vorgelegen haben; auch wenn sie schon fr bestanden haben, beginnt die Hemmg erst 6 Mo vor FrAblauf (BGH NJW-RR **91**, 574). Es genügt aber, daß das Hindern während eines Teils des Zeitraums gegeben war (allgM). Die Hemmgszeit
2 wird gem § 205 nicht in die VerjFr eingerechnet, s „solange" (BGH NJW **94**, 2753). – **b) Auf Ausschlußfristen** findet § 203 in einer Anzahl von Fällen kr ausdr Verweisg Anwendg (zB §§ 210, 212 II, 215 II, 802, 1002 II, 1594 III, 1599, 1944 II, 1954 II, 2082 II, 2283). Fehlt eine solche Bezugn, kann § 203 idR nicht angewandt w (s BGH **19**, 20, Fr des ZPO 586; BGH DtZ **94**, 214, Fr des ZPO 958 II; BGH **33**, 363, Fr gem FinanzVertr Art 8).

3   **2) Stillstand der Rechtspflege** ist ein Unterfall der höheren Gewalt. Sie setzt voraus, daß die Ger ihre Tätigk (etwa wg Kriegs od einer Naturkatastrophe) eingestellt haben. Es genügt nicht, daß der Gläub nur persönl an der RVerfolgg gehindert war (RG **128**, 47).

4   **3) Höhere Gewalt** (s auch § 651j). – **a)** Sie liegt vor, wenn die Verhinderg auf Ereign beruht, die auch dch die äußerste, billigerweise zu erwartde Sorgf nicht vorausgesehen u verhütet w konnte; schon das geringste Verschulden des Gläub schließt höhere Gewalt aus (BGH **81**, 355, NJW **73**, 698). Der Begriff entspr damit im wesentl dem des unabwendb Zufalls in ZPO § 233 II aF; es gilt ein obj Maßstab. Das Verschulden seines **Prozeßbevollmächtigten** muß sich der Gläub zurechnen lassen; es begründet also keine höhere Gewalt (BGH **17**, 203, **81**, 356, NJW **73**, 699, aA RGZ **158**, 361). Entspr gilt für das Verschulden des ges Vertreters (BGH **LM** § 254 (E) Nr 2). Verschulden des Notars als AmtsPers ist dem Gläub dagg nicht zuzurechnen (KG NJW **59**, 296, Hamm NJW-RR **94**, 523).

5   **b) Einzelfälle. – aa)** Bsp für höhere Gewalt: so plötzl auftretde Krankh, daß Vorsorge nicht mehr mögl ist (RG JW **12**, 384, BGH VersR **63**, 94); verzögerl od falsche Sachbehandlg dch das Ger (BGH NJW **95**, 1419, Hamm FamRZ **77**, 552), etwa die für den Gläub unerkennb unwirks Zustellg eines VollstrTitels (BGH NJW **90**, 176), die unricht Belehrg über ein TestAnfR (BayObLG **60**, 497) od ein unricht Erbschein (BayObLG NJW-RR **89**, 1091); Löschg des Schu (GmbH) im Handelsregister (BAG **AP** Nr 2, Hamm NJW-RR **90**, 478, krit Schmidt DB **90**, 1703), Vermögenssperre gem MRG 52, auch wenn ein TrHänder bestellt worden ist (KG DB **52**, 368). Keine höhere Gewalt sind: Strafhaft (Schlesw SchlHA **49**, 367); Eröffng des KonkVerf über das Vermögen des Gläub (BGH NJW **63**, 2019, aA von Zwehl NJW **64**, 99). –
6 **bb) Unkenntnis** vom Bestehen des Anspr ist keine höhere Gewalt (BGH NJW **68**, 1381, VersR **84**, 136), auch nicht eine falsche RAuffassg (BGH **24**, 134). And liegt es, wenn der Berecht die äußerste den Umst nach denkb Sorgf angewandt hat. Das kann zu bejahen sein, wenn er sich in einem entschuldb Irrt über die Pers des Ersatzpflichtigen befand (BGH ZIP **95**, 951) od wenn er auf die unricht RBelehrg eines RKundigen vertraut hat u er sich dessen Verschulden nicht anzurechnen lassen braucht (RG JW **27**, 1195, Hamm FamRZ **75**, 589). Der Berecht darf sich darauf verlassen, daß die zust Amtspersonen ordngsmäß verfahren u ihre Ausk richt sind (BayObLG NJW-RR **93**, 782). Bei der EhelichkAnfKl kann höhere Gewalt vorliegen, wenn dch eine amtl Äußerg (Tatbestd des ScheidgsUrt) der Schein erweckt w, daß das Kind sei auch ohne Anf nichtehel (Ffm u Schlesw DAVorm **84**, 405, 704) od wenn das JA die Zusage nicht einhält, seinerseits
7 AnfKlage zu erheben (BGH NJW **94**, 2752). – **cc)** Wird der geltd zu machde Anspr dch eine **„anspruchsfeindliche" ständige Rechtsprechung** verneint, so begründet das grdsl keine Hemmg der Verj (BAG NJW **62**, 1077, aA BGH DB **61**, 1257), da andf jede Änd einer ständ Rspr auf längst abgeschlossene Sachverhalte zurückwirken würde u Anspr, denen eine unricht stRspr entggsteht, prakt unverjährbar wä-

ren, ein Ergebn, das unter Ordngsgesichtspkten nicht zu überzeugen vermag (vgl die Überleggen in BGH **37**, 117). Etwas auch vielleicht dann angenommen w, wenn die Rspr iW richterl RFortbildg neue Anspr schafft, wie iF der Aufwertg nach dem 1. Weltkrieg (RG **120**, 357), od iF der Entschädigg von Impfschäden (BGH NJW **57**, 1595, 1597), doch bleibt die Anwendg der §§ 202, 203 auch in diesen Fällen problemat (s Karlsr NJW **59**, 48 mAnm v Larenz). – **dd)** Keine Hemmg der Verj, wenn dem Anspr ein **verfassungswidriges** 8 vom BVerfG noch nicht für unwirks erklärtes Ges entggsteht (Hamm u KG NJW **80**, 244, 246, str) od wenn der Gläub wg einer unwirks AGB-Klausel (MusterProzKlausel) scheinb nicht klagbefugt ist (BGH NJW **88**, 197). Eine ständ Rspr, die eine längere VerjFr bejaht, ist kein HemmgsGrd (BGH **60**, 101, NJW **77**, 375, **79**, 1162). Das gilt sicher dann, wenn die Dauer der Verj schon immer str war (BGH aaO); aber auch, wenn diese Voraussetzg nicht zutrifft, wird die Verj (entgg BGH NJW **60**, 283) nicht gehemmt, da die angebl längere VerjFr den Gläub nicht hinderte, den Anspr beizeiten geltd zu machen. Keine höhere Gewalt auch, wenn der Gläub wg **Beweisschwierigkeiten** von einer KlErhebg abgesehen hat (BGH NJW **75**, 1466). – **ee)** Ist der Gläub außerstande, die Kosten des RStreits selbst aufzubringen, so tritt Hemmg der Verj 9 ein, wenn er rechtzeit **Prozeßkostenhilfe** beantragt (RG **126**, 61, **168**, 224, stRspr). Es genügt, daß das Gesuch am letzten Tag der VerjFr gestellt w (BGH **70**, 235, and noch BGH **37**, 113). Das Gesuch muß jedoch ordngsmäß begründet u vollst sein (BGH **70**, 237, Zweibr JurBüro **80**, 1102); auch die nach ZPO 117 erforderl Unterlagen müssen dem Ger rechtzeit u vollständ vorgelegt w (BGH NJW **89**, 1149, 3149). Voraussetzg ist weiter, daß der Gläub subj der Ans sein durfte, er sei bedürftig iSd Ges (s BGH VersR **82**, 41, Bambg FamRZ **90**, 763). Wird das Gesuch vor Beginn der letzten 6 Monate der VerjFr abgelehnt, liegt § 203 tatbestandl nicht vor (Köln NJW **94**, 3361). Macht der Gläub nur einen TeilAnspr geltd, tritt nur insow Hemmg ein, da die Nichtverfolgg der MehrFdg auf seinem freien Entschluß beruht (aA RG **163**, 17). Die Hemmg besteht nur solange, als der Gläub die zur Förderg des Verf erforderl Maßn trifft (BGH NJW **81**, 1550, **LM** Nr 6), jedoch dürfen die SorgfAnfordergen nicht überspannt w (BGH NJW **87**, 3120: Feststellg des wechselnden AufenthOrts des Schu). Der Gläub muß von den in Betracht kommden RBehelfen Gebrauch machen (BGH **17**, 201, **37**, 116); für die Einlegg u Begründg der PKH-Beschw steht ihm höchstens eine Fr von 2 Wo zu (s BGH **98**, 301). Hat der Gläub das BeschwVerf aus freien Stücken nicht weiterbetrieben, entfaltet die Beschw insges keine Hemmgswirkg (BGH NJW-RR **91**, 574). Wird das Verf vom Gläub od seinem ProzBevollmächtigten schuldh verzögert, ist die Hemmgszeit entspr zu kürzen (BGH VersR **77**, 623). Die Hemmg endet grdsl mit der unanfechtb gerichtl Entsch, gleichviel ob sie sachl richtig ist od falsch (BGH **37**, 113, **LM** Nr 9, VersR **77**, 623). Erhebt der Gläub GgVorstellg u hat diese Erfolg, läuft Hemmg aber weiter (s zu ZPO 233, 234 BGH **41**, 1). Außerdem steht dem Gläub in Anlehng an ZPO 234 I für die Klagerhebg eine Fr von 2 Wo zu (BGH **70**, 239f). Für das Gesuch auf Bestellg eines NotAnw (ZPO 78 b) gilt dasselbe wie für das PKH-Gesuch (BGH **LM** Nr 8).

204 **Hemmung aus familiären Gründen.** Die Verjährung von Ansprüchen zwischen Ehegatten ist gehemmt, solange die Ehe besteht. Das gleiche gilt von Ansprüchen zwischen Eltern und Kindern während der Minderjährigkeit der Kinder und von Ansprüchen zwischen dem Vormund und dem Mündel während der Dauer des Vormundschaftsverhältnisses.

1) Allgemeines. § 204 soll den auf ggs Rücksichtnahme gegründeten FamFrieden vor Störgen dch die 1 klagw Geltdmachg von Anspr bewahren (BGH **76**, 295). Er ist vAw zu berücksichtigen (RG JW **08**, 192) u gilt für Anspr jeder Art, auch für solche aus Unfällen im StraßenVerk (BGH NJW **88**, 1209). Die Hemmg endet, wenn der Anspr an einen Dr **abgetreten** w od kr Ges auf ihn übergeht (Düss FamRZ **81**, 308). Sie beginnt von neuem, wenn der Anspr auf das FamMitgl zurückübertragen w (AG Hbg DAVorm **73**, 622).

2) Die einzelnen Fälle. – a) Ansprüche zwischen Ehegatten. Die Hemmg gilt auch für Anspr, die vor 2 der Ehe entstanden sind (Nürnb MDR **80**, 668). Sie beginnt mit dem Tag der Eheschließg u endet mit der Auflösg der Ehe. Die Scheidg dch ein ausl Ger beendigt die Hemmg erst dann, wenn sie im Inland anerkannt w, vorausgesetzt, der Gläub hält sich dauernd im Ausl auf (Celle NJW **67**, 783). Auch die nichtige Ehe fällt unter § 204 (Soergel-Walter Rn 3). Dagg ist die Vorschr auf Nichtehen (EheG 11 Rn 2) u eheähnl LebensGemsch unanwendb. – **b) Ansprüche zwischen Eltern und Kindern.** Für die Hemmg ist gleich- 3 gült, ob die Eltern die elterl Sorge haben. Die Vorschr gilt auch zw Adoptiveltern u Kind (§ 1754) u zw dem nichtehel Kind u seinem Vater (BGH **76**, 295), auch für den ErbErsAnspr (Mü FamRZ **95**, 572). Die Hemmg endet, wenn das Kind 18 Jahre alt (§ 2) od adoptiert w (§ 1755). Anspr geschiedener Eheg wg des Kindesunterh fallen nicht unter § 204 (Hbg FamRZ **82**, 524). – **c) Ansprüche zwischen Vormund und** 4 **Mündel.** Gleiches gilt für Anspr zw Mündel u GgVormd, Mündel u Pfleger, Mündel u Beistand (Soergel-Walter Rn 7) u jetzt auch für Anspr zw **Betreuer** u Betreutem.

205 **Wirkung der Hemmung.** Der Zeitraum, während dessen die Verjährung gehemmt ist, wird in die Verjährungsfrist nicht eingerechnet.

Der Tag, in dessen Verlauf der HemmgsGrd entsteht, w in die Verj nicht einberechnet (RG **161**, 127). 1 Entspr gilt für den Tag, in dessen Verlauf der HemmgsGrd wegfällt. Die Verj läuft auch für die unter §§ 196, 197 fallden Anspr vom Beginn des nächsten Tages an (0 Uhr) weiter; § 201 ist nicht anzuwenden (RG **120**, 362, BGH **86**, 103). Auch § 191 gilt nicht (hM). Die VerjFr ist in konkreter Berechng um die Hemmgszeit zu verlängern. Höchstgrenzen für deren Berücksichtigg gibt es nicht (BGH **37**, 113, NJW **90**, 178). Die Wirkg der Hemmg beschränkt sich auf die Pers, zw denen der HemmgsGrd besteht (§§ 425 II, 429 II), die eingetretene Verlängerg der VerjFr wirkt jedoch über § 768 zu Lasten des Bürgen.

206 **Ablaufhemmung bei nicht voll Geschäftsfähigen.** I Ist eine geschäftsunfähige oder in der Geschäftsfähigkeit beschränkte Person ohne gesetzlichen Vertreter, so wird die gegen sie laufende Verjährung nicht vor dem Ablaufe von sechs Monaten nach dem Zeitpunkte vollendet, in welchem die Person unbeschränkt geschäftsfähig wird oder der Mangel der Vertretung aufhört. Ist die Verjährungsfrist kürzer als sechs Monate, so tritt der für die Verjährung bestimmte Zeitraum an die Stelle der sechs Monate.

II Diese Vorschriften finden keine Anwendung, soweit eine in der Geschäftsfähigkeit beschränkte Person prozeßfähig ist.

1　　**1) Allgemeines. – a)** § 206 soll verhindern, daß ein Gläub, der nicht voll geschäftsfäh ist u keinen ges Vertreter hat, seinen Anspr allein deshalb verliert, weil niemand für eine rechtzeit Unterbrechg der Verj sorgen kann. Auf den **Betreuten,** für den ein EinwilliggsVorbeh angeordnet worden ist, ist § 206 entspr anwendb (§ 1903 I 2). Auf den umgekehrten Fall des Anspr gg einen nicht voll Geschäftsfähigen ist § 206 nicht anzuwenden, da ZPO 57 auch bei Fehlen eines ges Vertreters des Bekl eine Klagerhebg ermöglicht (BGH NJW **79**, 1983). Auch auf jur Pers kann § 206 nicht entspr angewandt w (BGH NJW **68**, 693, s auch 2　BGH BB **71**, 369 zu § 203); für sie muß erfdlf ein NotVorstd (§ 29) bestellt w. – **b)** § 206 – u ebso § 207 – sind Ausdr eines allg RGedankens; sie sind daher auf **Ausschlußfristen** grdsl entspr anwendb (Haueisen NJW **67**, 235); das ist anerkannt für die Fr gem HGB 89b IV 2 (BGH **73**, 101, WM **87**, 22); StrEG 12 (BGH **79**, 2); fr RVO 1290 II (BSozG NJW **74**, 519).

3　　**2) Voraussetzungen.** § 206 erfaßt nur den Fall, daß der ges Vertreter wirkl fehlt. Eine tatsächl Behinderg des ges Vertreters, etwa dch Krankh od Unkenntn der Angelegenh, fällt nicht unter § 206 (BGH NJW **75**, 260), doch kann uU § 203 eingreifen. Anwendb ist § 206 dagg, wenn der ges Vertreter wg GeschUnfgk od Interessenkollision (§§ 181, 1629, 1795) rechtl verhindert ist (RG **143**, 350, BGH **55**, 271). § 206 gilt auch für den partiell GeschUnfähigen (BGH VersR **69**, 907, 1021, § 104 Rn 5), nicht aber für den gem §§ 112, 113 partiell Gesch- u ProzFähigen (II u ZPO 52). Das Fehlen des ges Vertreters muß in die letzten 6 Mo der VerjFr fallen, braucht aber nicht währd der ganzen Zeit bestanden zu haben. Der amtl bestellte Vertreter eines RAnw ist nicht dessen ges Vertreter (BGH **57**, 204).

4　　**3) Wirkung.** Die VerjFr verlängert sich um 6 Mo, bei kürzeren VerjFr um die Dauer der Fr. Das gilt auch dann, wenn der Berecht währd der letzten 6 Mo nur kurze Zeit ohne ges Vertreter war (allgM).

207 *Ablaufhemmung bei Nachlaßsachen.* Die Verjährung eines Anspruchs, der zu einem Nachlasse gehört oder sich gegen einen Nachlaß richtet, wird nicht vor dem Ablaufe von sechs Monaten nach dem Zeitpunkte vollendet, in welchem die Erbschaft von dem Erben angenommen oder der Konkurs über den Nachlaß eröffnet wird oder von welchem an der Anspruch von einem Vertreter oder gegen einen Vertreter geltend gemacht werden kann. Ist die Verjährungsfrist kürzer als sechs Monate, so tritt der für die Verjährung bestimmte Zeitraum an die Stelle der sechs Monate.

1　　§ 207 beruht auf demselben RGedanken wie § 206; er schützt aber nicht nur den Erben, sond auch den NachlGläub (s auch § 2031). Die 6-MonatsFr (od die kürzere VerjFr) beginnt: – **a)** mit der Ann der Erbsch (§ 1943), bei mehreren Miterben, wenn sämtl Erben angenommen haben; – **b)** mit Eröffng des NachlKonk (KO 214 ff); – **c)** mit Einsetzg eines NachlVertreters, dh eines NachlVerw (§ 1975), NachlPflegers (§ 1960), AbwesenhPflegers (§ 1911) od TestVollstr (§§ 2197 ff), u zwar bei diesem mit der Ann des Amtes (RG **100**, 281), bei den and mit der gerichtl Bestellg.

208 *Unterbrechung der Verjährung durch Anerkenntnis.* Die Verjährung wird unterbrochen, wenn der Verpflichtete dem Berechtigten gegenüber den Anspruch durch Abschlagzahlung, Zinszahlung, Sicherheitsleistung oder in anderer Weise anerkennt.

1　　**1) Unterbrechung** der Verj tritt ein dch Anerkenntn des Schu (§ 208) od dch Geltdmach des Anspr dch den Gläub (§§ 209, 210). Sie hat die Wirkg, daß nach ihrer Beendigg die volle VerjFr neu beginnt (§ 217). Auch währd einer HemmgsZeit kann die Verj unterbrochen w (BGH NJW-RR **88**, 731). Ausgeschl ist die Unterbrechg dagg nach Vollendg der Verj. Das nach Ablauf der VerjFr abgegebene Anerkenntn beseitigt daher die Verj nicht (RG **78**, 130, BGH VersR **67**, 1092, NJW-RR **87**, 289), kann aber uU als Verzicht auf die VerjEinr aufzufassen sein (§ 222 Rn 5). Die neue Verj **beginnt** iF des § 208 mit dem auf das Anerkenntn folgenden Tag, § 187 I (Köln VRS **89**, 83). Maßgebd ist der Ztpkt der Abgabe, nicht der des Zugangs der Erkl (BGH WM **75**, 559, aA KG NJW-RR **90**, 1402). Auf **Ausschlußfristen** können die Vorschr über die Unterbrechg der Verj idR nur dann angewandt w, wenn dies gesetzl vorgesehen ist (RG **128**, 47, **151**, 347, BGH NJW **90**, 3207 zu HGB 612). Bei geschäftl AusschlFr kann eine analoge Anwendg von einz Vorschr der §§ 208 ff aber dem Partwillen entspr (BGH **83**, 270 zu § 209 II Nr 3).

2　　**2) Anerkenntnis. – a)** Anerkenntn iSd § 208 ist das rein **tatsächliche Verhalten** des Schu gü dem Gläub, aus dem sich das Bewußtsein vom Bestehen des Anspr unzweideut ergibt (BGH **58**, 104, NJW-RR **94**, 373, stRspr). Einer rgeschäftl WillErkl bedarf es nicht (RG **113**, 238). Das Anerkenntn ist eine geschäftsähnl Hdlg (Übbl 6 v § 104), deren RFolgen unabhäng vom Willen des Schu eintreten (Staud-Dilcher Rn 5). Ein wirks Anerkenntn setzt GeschFgk voraus (Spiro I § 155); die §§ 133, 157 sind entspr anzuwenden, ebso die §§ 164 ff (Rn 6), nicht aber die Vorschr über Willensmängel (RG HRR **30**, 96). Aus einem argl herbeigeführten Anerkenntn können aber wg § 242 keine Rechte hergeleitet w (§ 242 Rn 43). Das Anerkenntn kann in einem nichtigen RGesch, etwa einer unwirks Abtr, liegen (Karlsr HRR **39**, 549), es kann sich aber auch aus einem gült RGesch ergeben. Das abstrakte Schuldanerkenntn (§ 781) u das bestätigde Schuldanerkenntn 3　(§ 781 Rn 2 ff) enthalten stets auch zugl ein Anerkenntn iSd § 208 (s Brem OLGZ **71**, 53). – **b)** Das Anerkenntn kann auch in einem schlüss Verhalten liegen; ausnw sogar in einem bloßen Stillschw (BGH NJW **65**, 1430). Erforderl ist aber, daß das Verhalten des Schu das **Bewußtsein vom Bestehen der Schuld** unzweideut zum Ausdr bringt (BGH **58**, 103, WM **70**, 548). **Nicht** als Anerkenntn aufzufassen sind daher:

die Zahlg in Erf einer BewährgsAufl gem StGB 56b (Düss NJW-RR **94**, 614, aA Düss NJW-RR **92**, 99: Frage des Einzelfalls); die SicherhLeistg zur Abwendg der ZwVollstr (BGH NJW **93**, 1848); die Bezahlg der Kosten des einstw VfgsVerf bezügl der HauptAnspr (BGH NJW **81**, 1955); die Ankündigg einer Kulanzzahlg (Mü DAR **81**, 13); die Erkl des Schu, ihm sei ein Fehler unterlaufen (Hamm MDR **90**, 547); seine Erkl er werde sich um die Angelegenh kümmern (Kblz MDR **90**, 50); die Ankündigg, leisten zu wollen, wenn ein GgAnspr auf Mängelbeseitig erfüllt ist (BGH NJW **69**, 1108). Als **Anerkennungshandlungen** kom- 4 men dagg neben den im Ges ausdr genannten (Abschlagszahlg, Zinszahlg, SicherhLeistg) in Betracht: Stundgsgesuch (BGH NJW **78**, 1914); Bitte um wohlwollde Prüfg der wirtschaftl Lage; Hergabe eines Wechsels od Schecks; AuskErteilg über das Vermögen od den Nachl auf Verlangen eines Ausgleichs- od PflichtteilsBerecht (BGH NJW **75**, 1409, **85**, 2945, NJW-RR **87**, 1411, FamRZ **90**, 1107); Erkl, zur Abgabe eines Anerkenntn grdsl bereit zu sein (Köln Vers **93**, 331); Abgabe einer wettbewerbsrechtl Unterwerfgs-Erkl (KG NJW- RR **90**, 1403); Angebot anderw Verrechng; die Aufr ggü einer unbestrittenen Fdg (BGH **107**, 397, v Maltzahn NJW **89**, 3144, Beater MDR **91**, 928, Frage des Einzelfalls, and BGH **58**, 103); die Vornahme von Nachbessergsarbeiten in dem Bewußtsein, der GewL verpflichtet zu sein (BGH NJW **88**, 254, NJW-RR **94**, 373, Köln VersR **95**, 420); die Zusage von Nachbessergsarbeiten (BGH BauR **88**, 467); ErsLieferg für eine als mangelh beanstandete Sache (Kln NJW-RR **93**, 1140). Bei GewLAnspr betrifft die Unterbrechg die MängelUrs, nicht nur die erkennb gewordene Mängelerscheing (BGH **110**, 99, 209 Rn 13). Ein VerglAngebot kann ein Anerkenntn darstellen, wenn sich aus ihm ergibt, daß der AnsprGrd nicht bestritten w soll (BGH VersR **65**, 959, 1150); idR ist aber davon auszugehen, daß VerglVhdlgen unter Aufrechterhaltg der beiderseit RStandpunkte geführt w; die dabei abgegebenen Erkl haben nach dem Scheitern der Vhdlgen keine Wirkg mehr (BGH WM **70**, 549, Hamm VersR **82**, 806).

3) Es genügt, daß der Schu den Anspr **dem Grunde nach** anerkennt (BGH VersR **60**, 832, **74**, 571, **84**, 5 442). Leistet der Schu entspr den Anfordergen des Gläub nur auf best Schadensgruppen, so erstreckt sich die Unterbrechg iZw auf die GesamtFdg (BGH NJW-RR **86**, 324, Kblz NJW-RR **94**, 1049). Das gilt auch dann, wenn sich der Schu wg der Höhe Einwendgen vorbehalten hat (BGH VersR **63**, 187, VRS **29**, 328) od er sich über den Umfang des Anspr nicht im Klaren war (RG **135**, 9). Dagg unterbricht das ausdr auf einen **Teil des Anspruchs**, etwa eine best Haftgsquote, beschr Anerkenntn nur hins dieses Teils (BGH VersR **60**, 831, Nürnb VersR **70**, 552). Eine Zahlg mit dem Hinw, die Haftg werde nicht anerkannt, unterbricht nicht über den gezahlten Betrag hinaus (Köln VersR **67**, 463). Bei mehreren Fdgen gg denselben Schu wirkt Anerkenntn nur für diejenige, für die es erklärt ist (BGH VersR **69**, 922). Das Anerkenntn eines GewLAnspr betrifft die MängelUrs (BGH **110**, 99) u unterbricht die Verj zugl hins der konkurrierden Anspr (§§ 477, 639 I), auch soweit diese auf SchadErs gerichtet sind (BGH **39**, 190, NJW **78**, 262). Bei **wiederkehrenden** Leistgen wird dch die Bezahlg einer einz Rate zugl auch die Verj des StammR unterbrochen (BGH VersR **60**, 949, NJW **67**, 2353, Köln MDR **84**, 755).

4) Erklärung des Schuldners gegenüber dem Gläubiger. – a) Das Anerkenntn muß vom **Schuldner** 6 od in entspr Anwendg der §§ 164ff von einem legitimierten Vertreter abgegeben w (BGH NJW **70**, 1119, KG DNotZ **70**, 159). AnerkenngsHdlgen des HaftpflVersicherers wirken wg seiner ReguliergsVollm aus AKB 10 V wie solche des Schu (BGH VersR **64**, 1200). Sie sind nicht auf die Deckgssumme beschränkt (BGH NJW **70**, 1119, VersR **72**, 399), wirken auch gg den berecht Fahrer (BGH VersR **72**, 373) u gelten auch dann, wenn der Versicherer ggü dem VersNeh leistgsfrei ist. Aus den Umst kann sich jedoch eine Beschränkg des Anerkenntn auf die Deckgssumme ergeben (BGH NJW **79**, 867, Brschw NJW-RR **89**, 800). Das Anerkenntn des **Pflichtteilsanspruchs** dch den Vorerben wirkt auch ggü dem Nacherben (BGH NJW **73**, 1690). – **b)** Die 7 Anerkenng muß ggü dem **Berechtigten** abgegeben w. Eine Erkl, die nicht zur Weitergabe an den Berecht best ist, wie idR eine Erkl im StrafVerf (Düss NJW-RR **90**, 1178), genügt nicht. Ausreichd aber ist ein Anerkenntn ggü einem legitimierten Vertreter, ggü dem PfändgsGläub (BGH NJW **78**, 1914) u ggü einem Dr, wenn dieser es an den Berecht weiterleiten soll (BGH **LM** Nr 1). Leistgen an den SozVersTräger, auf den der Anspr übergegangen ist, sind kein Anerkenntn ggü dem Verletzten (Oldbg VersR **67**, 384).

209 *Unterbrechung durch gerichtliche Geltendmachung.* [I] **Die Verjährung wird unterbrochen, wenn der Berechtigte auf Befriedigung oder auf Feststellung des Anspruchs, auf Erteilung der Vollstreckungsklausel oder auf Erlassung des Vollstreckungsurteils Klage erhebt.**

[II] **Der Erhebung der Klage stehen gleich:**
1. die Zustellung eines Mahnbescheids im Mahnverfahren;
1a. die Geltendmachung eines Anspruchs durch Anbringung eines Güteantrags bei einer Gütestelle der im § 794 Abs. 1 Nr. 1 der Zivilprozeßordnung bezeichneten Art;
2. die Anmeldung des Anspruchs im Konkurs oder im Seerechtlichen Verteilungsverfahren;
3. die Geltendmachung der Aufrechnung des Anspruchs im Prozesse;
4. die Streitverkündung in dem Prozesse, von dessen Ausgang der Anspruch abhängt;
5. die Vornahme einer Vollstreckungshandlung und, soweit die Zwangsvollstreckung den Gerichten oder anderen Behörden zugewiesen ist, die Stellung des Antrags auf Zwangsvollstreckung.

1) Allgemeines. Fassg des 2. SeeRÄndG vom 25. 7. 86 (BGBl S 1127). Nach dem Sinn u Zweck der Verj 1 (Übbl 4 v § 194) muß der Gläub die Möglichk haben, die Verj dch Geltdmachg des Anspr zu unterbrechen. Welche Schritte dazu nöt sind, bestimmt § 209. Danach kann der Gläub die Verj nur dch **Klage** (I, Rn 2–15) od eine ihr **gleichgestellte Handlung** (II, Rn 16ff) unterbrechen. Daneben bestehen für einige Arten von Anspr aufgrund von SonderVorschr bes Unterbrechgsmöglichk (Rn 23f).

2) Zur Unterbrechg der Verj ist nach I eine **Klage** erforderl. Auch die als **Stufenklage** erhobene Leistgs- 2 klage unterbricht die Verj, auch wenn zunächst nur der AuskAntr gestellt w (BGH NJW **75**, 2563),

allerdings nur bis zur Höhe des anschließd bezifferten Betrages (BGH NJW **92**, 2563, mißverständl BGH NJW-RR **95**, 771). Die Unterbrechg erstreckt sich auch auf einen zunächst nicht einbezogenen Zeitraum, wenn die zeitl Beschränkg erkennb auf einem Irrt beruht (BGH NJW **78**, 1157). Auch die Klage auf zukünft Leistg (ZPO 257 ff) u auf **Feststellung** (ZPO 256, 280, 281) unterbricht, selbst wenn sie unzul ist (Rn 5). Das gilt ebso für die Klage auf Erteil der **Vollstreckungsklausel** (ZPO 731, 796, 797) u auf **Erlaß des Vollstreckungsurteils** (ZPO 722, 1042). Wird die Klage vor Beginn der VerjFr erhoben, tritt die Unter-
3 brechg sofort mit deren Beginn ein (BGH **52**, 49). Die Unterbrechg erstreckt sich auch auf den **hilfsweise** geltd gemachten Anspr (BGH NJW **59**, 1819, **78**, 261). Wird auf den HauptAnspr zuerkannt, ist § 212 entspr anzuwenden, dh die Verj gilt als nicht unterbrochen, wenn der HilfsAntr nicht binnen 6 Mo neu eingeklagt w (BGH NJW **68**, 693, aA Oehlers NJW **70**, 845). Die Klage vor einem **ausländischen Gericht** unterbricht grdsl nur, wenn die Voraussetzgen für eine Anerkenng des Urt (ZPO 328) vorliegen (Rg **129**, 389, aA Schütze DB **77**, 2130). Die Klage vor dem Ger eines VertrStaates des EuGVÜ unterbricht dagg auch dann, wenn das Ger nicht zust ist (Düss NJW **78**, 1752). Die Verteidigg ggü einer **negativen Feststellungsklage** unterbricht die Verj nicht (BGH **72**, 28, NJW **72**, 159, 1043, aA Schlesw NJW **76**, 970), ebsowenig ein Antrag auf Erlaß einer einstw Vfg od PKH (Rn 23).

4 **3)** Die Verj wird nur dch eine **wirksame** Klage od WiderKl unterbrochen (BGH NJW **59**, 1819). Die Klagschrift muß den wesentl Erfordern des ZPO 253 entsprechen (BGH NJW-RR **89**, 508) u im Anwalts-prozeß von einem beim ProzGer zugelassenen RA unterzeichnet sein (Brschw MDR **57**, 425). Ein mit einem PKH-Antr vorgelegter u mit diesem zugestellter KlagEntw ist noch keine wirks Klage (Köln NJW **94**, 3360). Bezeichng mit falschem Namen od mit einer unzul Sammelbezeichng (WoEigtümerGemsch) ist unschädl, wenn ow festgestellt w kann, gg wen sich die Klage richtet (BGH NJW **77**, 1686). Das gilt entspr für sonst Mängel der PartBezeichng (BGH DB **78**, 2409). Ein Antr auf Terminsanberaumg kann uU eine
5 wirks Klage darstellen (BGH NJW-RR **89**, 508). Fehlt eine ausr **Substantiierung,** so wird dadch die Wirksamk der Klage nicht berührt (BGH NJW **59**, 1819, **67**, 2210, VersR **79**, 764). Bestehen unverzichtb Mängel, tritt die Unterbrechg ohne Rückwirkg mit deren Heilg ein (BGH **LM** ZPO 253 Nr 16). Von der unwirks Klage ist die (bloß) **unzulässige Klage** zu unterscheiden. Wie sich aus § 212 ergibt, wird die Verj auch dch eine unzul Klage unterbrochen (BGH **78**, 5). Das gilt etwa beim Fehlen der ProzFgk (BGH MDR **74**, 388), bei örtl od sachl Unzuständig (BGH NJW **78**, 1058), Fehlen des FeststellgsInteresses (BGH **39**, 291, **103**, 302) od Nichteinhalten eines vorgeschriebenen Verwaltgsvorverfahrens (BGH MDR **74**, 388).

6 **4)** Die Klage muß wirks u rechtzeit **erhoben** werden. – **a)** Die KlErhebg erfolgt gem ZPO 253, 496, 498 dch **Zustellung** der Klagschrift. Die Zustellg an einen nicht bevollmächtigten Vertreter w rückwirkd wirks, wenn der Bekl die ProzFührg genehmigt, selbst wenn dies erst nach Ablauf der VerjFr geschieht (RG **86**, 246). Entspr gilt für sonst Zustellgsmängel, sobald der Bekl gem ZPO 295 I sein RügeR verloren hat (RG **87**, 272, BGH VersR **67**, 398). Der rückwirkden Heilg steht nicht entgg, daß der Bekl bereits vorher die Einr der Verj erhoben h (Brem GmbHRdsch **64**, 10). Die Zustellg dch Niederlegg bei der Post ist wirkgslos, wenn die Kl dem Bekl wg falscher Parteibezeichng nicht ausgehändigt w (LG Paderborn NJW **77**, 2077). KlErweiterg u WiderKl können außer dch Zustellg auch dch Geltdmachg in der mdl Vhdlg erhoben w (ZPO 261 II). Auch insow gilt ZPO 295, iF eines Rügeverzichts tritt die Unterbrechg der Verj bereits mit formloser Übermittlg des Schriftsatzes ein, auch wenn der Antr in der nächsten mdl Vhdlg noch nicht
7 verlesen worden ist (BGH NJW **60**, 1947). – **b)** Die Zustellg wirkt auf den Ztpkt der KlEinreichg zurück, sofern sie **demnächst** erfolgt (ZPO 270 III, 207). Entscheidd ist der Eingang bei dem Ger, an das die Klage adressiert ist (Köln NJW-RR **89**, 572). Abweichgen zw der eingereichten u der zugestellten Kl sind un-schädl, sofern beide im wesentl ident sind (BGH NJW **78**, 1058). Bei der Beurteilg wird auf die seit Ende der VerjFr verstrichene Zeit abgestellt, nicht auf die seit Einreichg der Klage (BGH NJW **95**, 2230). Die Dauer der Verzögerg ist gleichgült, wenn sie nicht vom Kläger zu vertreten ist, sond auf dem GeschAblauf des Ger beruht (BGH **103**, 28, NJW **95**, 2231). Hat das Verhalten des Klägers zur Verzögerg der Zustellg beigetra-gen, so ist zu unterscheiden: Wird die Kl alsbald (etwa 14 Tage) nach Ablauf der VerjFr zugestellt, spielen etwaige Nachlässigk des Klägers keine Rolle, da sich das Verhalten des Klägers im Ergebn nicht nachteilig ausgewirkt hat (BGH NJW **71**, 891, **72**, 1948, **93**, 2320, **94**, 1073). Hätte er die Kl am letzten FrTag eingereicht, wäre die Zustellg unabhäng von seinem Verhalten auch nicht fr erfolgt. Liegt zw Einreichg u Zustellg der Kl eine längere Fr, wirkt die Zustellg nicht zurück, wenn den Kläger od seinen ProzBevoll-mächtigen ein Verschulden trifft (BGH NJW **88**, 1082, **91**, 1746). Einfache Fahrlässigk genügt (BGH aaO), so etwa die Angabe eines falschen Namens (BGH NJW **92**, 1821). Der Kläger darf grdsl die Aufforderg zur Einzahlg des Kostenvorschusses abwarten (BGH NJW **93**, 2811), muß aber von sich aus initiativ w, wenn das Ger längere Zeit untät bleibt (BGH **69**, 364). Für die Zahlg steht ihm eine Fr von 2 Wo zu (BGH NJW-
8 RR **92**, 471). – **c)** Der Kläger darf die VerjFr **voll ausnutzen.** Einreichg der Kl am letzten FrTag genügt. Fällt dieser auf ein Wochenende od einen Feiertag, verlängert sich die Fr gem § 193 bis zum nächsten Werktag (RG **151**, 345, BGH WM **78**, 464).

9 **5) Klage des Berechtigten. – a)** Der **Berechtigte** muß klagen; die Kl eines NichtBerecht unterbricht nicht (Düss NJW **94**, 2423). Es genügt, wenn der Kläger im Ztpkt der KlZustellg Berecht war (ZPO 265). Spätere Änd sind verjährgsrechtl auch dann unschädl, wenn die Klage nicht auf Leistg an den neuen RInhaber umgestellt w (BGH NJW **84**, 2102). Der Begriff des Berecht ähnelt dem des § 185 (s dort Rn 6). Entscheidd ist nicht die RInhabersch, sond die Befugn zur klagw Geltdmachg des Anspr. NichtBerecht kann auch der FdgsInh sein, so der GemSchu iF der KonkEröffng (BGH **LM** Nr 13), der Erbe iF der NachlVerw (BGH **46**, 229). Die gem § 744 II erhobene Kl unterbricht auch für die Mitberecht (BGH **94**, 120). Bei einer gepfändeten u zur Einziehg überwiesenen Fdg wird sowohl der PfandgsGläub als auch der Gläub zur Unterbrechg der Verj legitimiert (BGH NJW **78**, 1914; **86**, 423). Berecht ist auch der zur Einziehg einer Fdg Ermächtigte (§ 398 Rn 29 ff). Seine Kl unterbricht auch dann, wenn sie wg Fehlens eines eig rechtl Interesses unzul ist (BGH **78**, 5). Voraussetzg ist jedoch, daß er die Ermächtigg offenlegt (BGH **78**, 6, NJW **72**, 1580, Hbg VersR **82**, 872) od sie allen Beteiligten bekannt ist (BGH NJW **85**, 1826). Nach einem gesetzl FdgÜbergang kann nur noch der NeuGläub die Unterbrechg herbeiführen (RG **85**, 429, BGH VersR **65**,

611, Karlsr NJW **61**, 1866). – **b)** Entspr gilt grdsl für die **Abtretung.** Bei der SichergsAbtr bleibt dem 10
Zedenten jedoch idR eine Einziehgsbefugn (§ 398 Rn 21), iF der stillen SichergsAbtr sogar das Recht, Leistg
an sich zu verlangen. In diesem Fall unterbricht seine Kl auch dann, wenn er die Abtr nicht offenlegt (BGH
NJW **78**, 698, Düss NJW-RR **93**, 1327). Vom Ztpkt der RückAbtr ab unterbricht die Klage des Zedenten,
auch wenn ihm keine Einziehgsbefugn zustand (BGH NJW **95**, 1676). Bestehen bei mehrfacher Sichergs-
Abtr Zweifel, wer Berecht ist, kann der Zedent dch FeststellgsKl die Verj unterbrechen (BGH NJW **81**,
678). Ist die Abtr unwirks, ist der Zedent auch dann aktivlegitimiert, wenn er die Abtr gem § 409 angezeigt
hat (BGH **64**, 120). – **c) Genehmigt der Berechtigte** die Kl des NichtBerecht od tritt er iW des PartWech- 11
sels für diesen in den RStreit ein, wird die Verj mit Wirkg *ex nunc* unterbrochen (BGH **46**, 229, NJW-RR **89**,
1269, **LM** Nr 13); eine Rückwirkg kommt nicht in Betracht, da § 185 auf die ProzFührg nicht entspr
anwendb ist. Hat ein Vertreter ohne Vertretgsmacht die Kl erhoben, wirkt die Gen der ProzFührg dagg auf
den Ztpkt der KlErhebg zurück (BGH **LM** Nr 10). – **d)** Die Kl muß sich **gegen den Schuldner** richten. 12
Die Kl gg einen falschen Schu unterbricht nicht (BGH **80**, 226). Bei einem Anspr gg einen Gesellschafter
tritt aber auch dann eine Unterbrechg der Verj ein, wenn die Kl gg die Gesellsch erhoben w (s BGH **80**, 227
in spiegelbildl Anwendg). Hat der Schu die Klage gg den NichtSchu dch falsche Informationen veranlaßt,
gilt § 242 (BGH NJW-RR **91**, 1034).

6) Umfang der Unterbrechung. – a) Die Unterbrechg tritt nur für den geltd gemachten **Anspruch** ein, 13
dh für den StreitGgst der erhobenen Kl (BGH NJW **88**, 965, **93**, 2440). AntrÄnd, die die Identität des Anspr
unberührt lassen, sind unschädl (BGH **104**, 271: Valuta statt DM; BGH NJW-RR **90**, 183: DM statt Valuta;
BGH NJW **95**, 1676: Freistellg statt Zahlg). Die Verj des Anspr auf ZugewinnAusgl wird auch dann
unterbrochen, wenn er zunächst als Anspr auf Übertr eines MitEigtAnteils geltd gemacht wird (BGH NJW-
RR **94**, 514). Die Unterbrechg erstreckt sich auf alle in Betr kommden AnsprGrdl (BGH NJW **83**, 2813),
auch wenn die Klage im GerStand des ZPO 32 erhoben w (Köln VersR **93**, 1367); erfaßt werden neben dem
Anspr aus dem GrdGesch auch der aus ScheckG 40 (Düss MDR **90**, 819), nicht aber und Anspr iS des ProzR.
Die KündSchutzKl unterbricht nicht hins des LohnAnspr (BAG NJW **60**, 838, Rewolle DB **80**, 1696); and
soweit es um die Wahrg tarifl AusschlFr geht (BAG DB **91**, 498, **92**, 1147, 1408); die Klage auf Erf nicht hins
des SchadErsAnspr (BGH **104**, 12); die Kl auf DchFührg des SachverstVerf nach AVB nicht für den
EntschAnspr (BGH VersR **71**, 433); die Kl auf VertrErf od SchadErs aus einem AbzGesch nicht für den
Anspr aus VerbrKrG 13 (s Hamm MDR **72**, 605); die Kl auf VertrErf nicht für den SchadErsAnspr aus
Verzug (Hamm VersR **81**, 947); die Kl auf SchadErs wg NichtErf nicht für den Anspr aus § 649 (BGH NJW
92, 1111); die Kl aus § 812 nicht für den SchadErsAnspr aus UWG 1 (BGH ZIP **89**, 735); die Kl auf
Unterlassg von geschäftsschädigden Äußergen nicht für den Anspr auf Widerruf (BGH NJW **73**, 2286); die
Kl aus einem zur Sicherg übertragenen Recht nicht für den gesicherten Anspr; die WechselKl nicht hins der
GrdFdg (Henckel JZ **62**, 338, aA Schaaff NJW **86**, 1029), die Kl auf Zahlg des großen PflTeils od auf
Zustimmg zu einem Teilgs- u AuseinandSPlan nicht für den Anspr auf ZugewinnAusgl (BGH NJW **83**,
388, **93**, 2438); die Kl auf Auskunft od Rechngslegg nicht für den HauptAnspr (RG **115**, 29, BAG DB **71**,
1776, BayObLG NJW-RR **91**, 395). Bei GewLAnspr betrifft die Unterbrechg die MangelUrs, nicht nur die
erkennb gewordenen Mangelerscheingen (BGH NJW-RR **89**, 208, Beise BauR **91**, 27, § 208 Rn 4); bei
SchadErsAnspr beschränkt sie sich nicht auf die konkrete Ausgestaltg der ErsPfl, sond betrifft die ErsPfl
schlechthin (BGH NJW **85**, 1152), die auf Zahlg gerichtete Klage unterbricht daher auch für die gem § 249
S 1 geschuldete Freihaltg (BGH aaO). Zur Sonderregel für GewLAnspr in § 477 III u 639 I s dort. – **b)** Eine 14
Teilklage unterbricht nur in Höhe des eingeklagten Betrages (BGH **66**, 147, NJW **78**, 1058, VersR **84**, 391).
Das gilt auch dann, wenn der Anspr seinem ganzen Umfang nach dargelegt u die Geltdmachg des Restes
ausdr vorbehalten w (RG **77**, 213). Auch wenn der Schu ein Versicherer ist, braucht er auf die drohde Verj
des Restes nicht hinzuweisen (BGH NJW **59**, 241). And ist es zu beurteilen, wenn der Gläub den **Anspruch
im ganzen** geltd macht, der zunächst eingeklagte Betrag sich aber als zu niedr erweist. Die SchadErsKl
unterbricht die Verj auch hins des Mehrbetrages, um den sich der Schaden in der Änd der PrVerh erhöht
(BGH NJW **70**, 1682, **82**, 1809, VersR **84**, 868). Das gilt ebso für die Kl auf Vorschuß zur Behebg von
Baumängeln (BGH **66**, 139), nicht aber für die Kl auf Ers der Kosten für eine bereits dchgeführte Mängelbe-
seitigg (BGH **66**, 147). Zur **Stufenklage** s Rn 2. Die **unbezifferte** SchmerzG- od FeststellgsKl führt gleichf 15
zur Unterbrechg der Verj im ganzen (BGH NJW **74**, 1551) auch hins nicht bes erwähnter Positionen (BGH
103, 301). Eine Kl, mit der **Teilbeträge verschiedener Ansprüche** ohne nähere Aufgliedrg geltd ge-
macht w, unterbricht für jeden Anspr in Höhe der GesKlagesumme (BGH NJW **59**, 1819, **67**, 2210, NJW-
RR **88**, 692, Arens ZZP **82**, 145); die Unterbrechg entfällt aber rückwirkd, wenn der Kläger die Aufgliedrg
bis zum Ende des Proz nicht nachholt (BGH NJW **84**, 2346). Eine **Klagerweiterung** unterbricht die Verj,
wenn die Voraussetzgen von ZPO 261 II erfüllt sind (BGH NJW **73**, 25); ZPO 270 III findet Anwendg.

7) Der KlErhebg sind nach II **gleichgestellt: – a) Mahnbescheid (Nr 1).** Der Bescheid muß den geltd 16
gemachten Anspr so bezeichnen, daß er Grdl eines VollstrTitels sein und der Schu erkennen kann, welcher
Anspr gg ihn geltd gemacht w (BGH NJW **92**, 1111, **95**, 2231). Ein Bescheid über mehrere Anspr muß
erkennen lassen, welche individualisierb Anspr ihm zugrdeliegen (LG Brem NJW-RR **91**, 58). Für den
Umfang der Unterbrechg gilt Rn 13f entspr (s BGH NJW **92**, 1111). Unterbrechg tritt auch ein, wenn das
Ger unzuständ od der Antr unzul war (BGH **86**, 322, Hamm NJW **48**, 375, Rn 5); das gilt bei einem
geringen Verschulden des Gläub auch dann, wenn die Zustellg dch die Abgabe des Antr an das zust Ger
verzögert w (BGH NJW **90**, 1368). Auch das Fehlen einer Unterschr unter dem Antrag ist unschädl, sofern
der Bescheid erlassen u zugestellt w (BGH **86**, 321). Der Gläub kann den auf Antr eines vollmachtlosen
Vertreters erlassenen Mahnbescheid mit Wirkg *ex tunc* genehmigen (BGH **LM** Nr 10). Wer in ProzStandsch
handelt, muß klarstellen, daß er ein fremdes Recht geltd macht (BGH NJW **72**, 1580). Ein erst nach
KonkEröffng zugestellter Mahnbescheid unterbricht nicht (RG **129**, 344). Erfolgt die Zustellg „demnächst"
(Rn 7) wirkt sie auf den Ztpkt der Einreichg des Antr zurück (ZPO 693 II). Die Rückwirkg erfaßt auch
Erweitergen des MahnAntr (BGH **103**, 26). Die Unterbrechg wird nicht dadch berührt, daß die „alsbaldige"
Abgabe der Streitsache (ZPO 696 III) unterbleibt (LG Köln NJW-RR **91**, 60). – **b) Güteantrag (Nr 1a).** 17

Unterbrechg tritt nur ein, wenn der Gläub die Voraussetzg für ein sachl Tätigwerden der Gütestelle schafft. Der Antr muß die notwend Formalien wahren (Rn 4), der Gebührenvorschuß muß bezahlt u der Antr „demnächst" (Rn 7) dem Schu mitgeteilt w (Hbg MDR **65**, 130, Schumacher BB **56**, 1119). Die Unterbrechg setzt nicht voraus, daß der AntrGegner im Bezirk der Gütestelle einen GerStand hat (BGH **123**, 342). GütestellenenSd ZPO 794 I Nr 1 bestehen in Hbg u Lübeck. Auf Anträge an die Internationale Handelskammer auf Dchführg eines SchlichtgsVerf ist Nr 1a weder direkt noch analog anwendb (BGH NJW-RR **93**,
18 1059). – **c) Anmeldung im Konkurs (Nr 2).** Die Verj wird nur für KonkFdgen u nur in Höhe des angemeldeten Betrags unterbrochen (RG **170**, 278); der Gläub kann aber nachträgl geltd machen, der Schaden sei höher, so daß der angemeldete Betrag trotz MitVersch berecht sei (RG aaO). Die Unterbrechg fällt nicht rückwirkd fort, wenn die KonkEröffng auf Beschw aufgehoben w (Celle NJW **59**, 941). Die Anmeldg als Masseschuld unterbricht nicht (LAG Hbg ZIP **88**, 1271), wohl aber die Anmeldg in einem niederländ Konk (Düss NJW **90**, 640). Dauer der Unterbrechg s § 214. Der Anmeldg im Konk steht nunmehr die im Seerechtl VerteilgsVerf gleich; für das Verf gilt die Seerechtl Verteilgsordng vom 25. 7. 86
19 (BGBl I S 1130). Im VerglVerf tritt nach VerglO 55 Hemmg, nicht Unterbrechg ein. – **d) Aufrechnung (Nr 3).** Die Aufr wird im Proz geltd gemacht, wenn eine Part die Aufr erklärt od vorträgt, daß sie bereits außerh des Proz aufgerechnet habe. Die Vorschr betrifft ausschließl die Aufr, die nicht dchgreift. Hat die Aufr Erfolg, erlischt die Fdg u die VerjFrage ist ggstlos. Anwendgsfälle der Nr 3 sind die nicht berücksichtigte EventualAufr (BGH NJW **90**, 2681, allgM), die prozessual unzul Aufr (BGH **83**, 270, aA Schreiber JR **81**, 62) u die Aufr, die aus mat Grden, etwa wg eines AufrVerbots, nicht dchgreift (s BGH **80**, 225, **83**, 270). Bei fehlder Ggseitig ist jedoch Voraussetzg, daß die Aufr auch ggü dem richtigen Schu geltd gemacht worden ist (BGH **80**, 225). Unanwendb ist Nr 3, wenn der Bekl mit einer bereits dch Aufr des Klägers erloschenen Fdg aufrechnet (Köln MDR **89**, 636). Unterbrechg tritt nur hins des zur Aufr verwendeten Teils des Anspr ein. Sie ist daher der Höhe nach dch den Betrag der KlFdg begrenzt (RG **57**, 375, BGH NJW-RR **86**, 1079, NJW **90**, 2581). Werden mehrere Fdgen zur Aufr gestellt, wirkt die Unterbrechg für alle in Höhe der KlFdg (BayObLG **66**, 361). Wegfall der Unterbrechgswirkg s § 215 II. Auf **Ausschlußfristen,** die in
20 AGB vorgesehen sind, kann Nr 3 uU entspr angewandt w (BGH **83**, 270). – **e) Streitverkündung (Nr 4).** Die Unterbrechg tritt gem ZPO 270 III bereits mit Einreich des Schriftsatzes ein, wenn die Zustellg „demnächst" (Rn 7) erfolgt. Die Einreichg u Zustellg im PKH-Verf ist ausr (Hamm NJW **94**, 203). Die Unterbrechg setzt voraus, daß die Streitverkündg vom Berecht ausgeht (BGH BB **93**, 1687, entspr Rn 9) u daß sie den ZulässigkErfordern des ZPO 72 genügt (BGH **36**, 214, **65**, 131, **70**, 189, KG OLGZ **89**, 74). Diese sind auch erfüllt, wenn der Streitverkündete alternativ zum Streitverkündden als Schu in Betracht kommt (BGH **8**, 80). Die ZulässigkFrage ist erst im FolgeProz zu prüfen (BGH **70**, 189, Saarbr NJW-RR **89**, 1216). Unterbrechg tritt auch ein, wenn der Streitverkündete im Vorprozeß obsiegt (BGH **36**, 214). Sie entfällt aber, wenn die Kl nach der Streitverkündg zurückgenommen w (BGH **65**, 134). Auch eine Streitverkündg erst im BetrVerf unterbricht die Verj (BGH NJW **79**, 264). Streitverkündg im AuslProz unterbricht, sofern sie den wesentl Voraussetzgen des dtschen Rechts entspr (RG **61**, 393) u eine Anerkenng der ausl
21 Entsch zu erwarten ist (Taupitz ZZP **102**, 288). Wegfall der Unterbrechgswirkg s § 215 II. – **f) Vollstreckungshandlungen und Vollstreckungsanträge (Nr 5).** Sowohl der Antr des Gläub auf ZwVollstr als auch der hierauf ergehde Akt des VollstrOrgans unterbrechen (BGH **93**, 295). Das gilt auch dann, wenn ihnen eine Entsch in einem summarischen Verf, wie ein Arrest (RG **128**, 80) od eine einstw Vfg (Hamm WRP **78**, 398), zugrunde liegt. Die Unterbrechg betrifft aber nur den unmittelb gesicherten Anspr (Bsp: Eintragg einer SichHyp) nicht den dahinter stehden HauptsachenAnspr (ZahlgsAnspr), s Düss BauR **80**, 475. Keine VollstrHdlgen sind dagg einstw Vfgen, Arrestbefehle u die Antr auf ihren Erlaß (BGH NJW **79**, 217, Hamm WRP **77**, 40). Bei einer einstw Vfg ist die nachträgl erlassene Strafandroh (ZPO 890 II) eine VollstrHdlg (BGH NJW **79**, 217); dann ist es aber gerechtfertigt, auch den mit in die einstw Vfg aufgenom-
22 menen **Strafandrohungsbeschluß** als VollstrHdlg anzuerkennen (Hamm NJW **77**, 2319, WRP **77**, 816, Dittmar GRUR **79**, 288, aA BGH aaO, Teplitzky GRUR **84**, 307). VollstrHdlgen sind alle das VollstrVerf förderden Maßn, so zB die Anordng der ZwVersteigerg, die Bestimmg des Versteigergstermins, die Festsetzg des geringsten Gebots, die DchFührg des Termins u die Entscheidg über den Zuschlag (BGH **93**, 296). Wie § 216 ergibt, tritt Unterbrechg auch ein, wenn wg eines nur vermeintl titulierten Anspr vollstreckt w (BGH **122**, 296, Köln WM **95**, 600). Dagg bewirkt die Anmeldg im ZwVersteigergsVerf keine Unterbrechg (KG JW **38**, 45, aA Lucas u Fraeb JW **38**, 2932, 2934). VollstrHdlgen zur Beitreibg von Kosten unterbrechen die Verj der HauptFdg nicht (Hamm GRUR **79**, 326). Wird die von Gläub angekündigte VollstrMaßn dch eine vom Ger angeordnete Einstellg der ZwVollstr verhindert, ist Nr 5 entspr anwendb (BGH **122**, 293). Wegfall der Unterbrechgswirkg s § 216.

23 **8) Andere Unterbrechungsgründe.** Keine Unterbrechgswirkg haben der Antr auf **Prozeßkostenhilfe** (s aber § 203 Rn 9), der Antr auf Erlaß einer **einstweiligen Verfügung** od eines Arrests (s aber Rn 21), die Verteidigg ggü einer negativen **Feststellungsklage** (Rn 3), die VerfassgsBeschw. Dagg haben Unterbrechgswirkg: der Antr auf **Bestimmung des zuständigen Gerichts** od auf Vorentscheidg der zuständ VerwBeh (§ 210); der Antr auf Anordng des **selbständigen Beweisverfahrens,** aber nur in den Fällen der §§ 477 II, 480, 490, 493, 639 (BGH NJW **95**, 252); die Kl vor einem **Schiedsgericht** (§ 220); das Adhäsions-
24 verfahren StPO 404 II (s Hbg VersR **89**, 642); der **Widerspruch** u die verwaltungsgerichtl Klage hins des AmtshaftgsAnspr, der aus der angefochtenen Maßn abgeleitet w (BGH **95**, 238); die Einleitg eines Verf gem WHG 10 II (BGH **97**, 112) u die Geltdmachg des öffr HerstellgsAnspr hins des AmtshaftgsAnspr (BGH **103**, 246). Die Verj des Anspr wg einer gerichtl AmtsPflVerletzg wird aber nicht unterbrochen, wenn der Gläub den PrimärAnspr gg den Schu weiterverfolgt (BGH NJW **90**, 179). Weitere Unterbrechgstatbestände sind dagg: der Antr auf **Festsetzung von Anwaltsgebühren** (BRAGO 19 VI) u zwar unabhäng davon, ob der Antr demnächst zugestellt w (BGH NJW **81**, 825); die Übersendg der **Kostenrechnung des Notars** gem KostO 17 III 2 (BayObLG **90**, 279) u das Verf gem KostO 156 (BayObLG **92**, 75, aA Hamm DNotZ **90**, 318); die **Zahlungsaufforderung** gem KostO 17 III 2, 143, aber nur einmal (Celle DNotZ **76**, 759, Ffm JurBüro **83**, 1245); das **Nachbesserungsverlangen** gem VOB/B 13 (§ 639 Rn 7); der **Abfindungsantrag** nach dem UmwG (BayObLG **82**, 467). Im **öffentlichen Recht** wird die Verj von Anspr der öffr RTräger

unterbrochen, wenn zur Dchsetzg des Anspr ein VerwAkt erlassen w (VwVfG 53). Im AbgabenR gilt AO 231, im SozialR SGB I 45 III u X 52; X 52 findet aber auf übergeleitete UnterhAnspr keine Anwendg (Bonefeld FamRZ **93**, 1029).

210 *Unterbrechung durch Antrag auf Vorentscheidung.* **Hängt die Zulässigkeit des Rechtswegs von der Vorentscheidung einer Behörde ab oder hat die Bestimmung des zuständigen Gerichts durch ein höheres Gericht zu erfolgen, so wird die Verjährung durch die Einreichung des Gesuchs an die Behörde oder das höhere Gericht in gleicher Weise wie durch Klagerhebung oder durch Anbringung des Güteantrags unterbrochen, wenn binnen drei Monaten nach der Erledigung des Gesuchs die Klage erhoben oder der Güteantrag angebracht wird. Auf diese Frist finden die Vorschriften der §§ 203, 206, 207 entsprechende Anwendung.**

Fassg: VO v 13. 2. 24 Art IV. Ist der Gläub an der Erhebg einer zul Kl verhindert, weil zunächst ein 1 behördl VorVerf dchgeführt od das zuständ Ger (ZPO 36) bestimmt w muß, ist es sachgerecht, die Unterbrechg bereits mit der Einleitg des VorVerf eintreten zu lassen. Dem trägt § 210 Rechng. § 210/1. Fall ist trotz seines zu engen Wortlauts („Zulässigk des RWegs") immer anwendb, wenn eine behördl Entsch od ein behördl VorVerf **Prozeßvoraussetzung** für die Erhebg einer Kl ist (BGH **LM** Nr 5 Bl 3). Bsp sind StrEG 10 ff, Nato-Truppenstatut 6 ff, FinanzVertr 8 X. Auch auf das VorVerf bei beamtenrechtl Anspr ist § 210 anwendb; die Verj wird aber nicht schon dch den Antr, sond erst dch den Widerspr gem VerwGO 68 unterbrochen (BVerwG **57**, 308, BayVGH DÖD **79**, 229). Dagg findet § 210 keine Anwendg, wenn die behördl Entsch nicht die Zulässigk, sond die Begründeth der Kl betrifft (BGH **LM** Nr 5 zu AMVO Bln 11 IV), od wenn sie, wie iF der GehaltsAnspr von ArbNeh des öff Dienstes, keine KlVoraussetzg ist (BAG BB **72**, 222). Auch wenn der behördl Entsch nur für einen KlGrd ProzVorausetzg ist, unterbricht der Antr für alle KlGrde (BayObLG **56**, 65). Untätigk des Gläub führt nicht zur Beendigg der Unterbrechg, wenn die Beh vAw für den Fortgang des Verf zu sorgen hat (BGH VersR **77**, 647). Die Unterbrechg tritt nur ein, wenn die Beh od das Ger über das Gesuch eine **Sachentscheidung** trifft (Soergel-Walter Rn 2). Die Fr von 3 Mo beginnt, wenn die Entscheidg dem Gläub zugeht.

211 *Dauer und Ende der Unterbrechung bei Klage.* **[I] Die Unterbrechung durch Klagerhebung dauert fort, bis der Prozeß rechtskräftig entschieden oder anderweit erledigt ist.**

[II] Gerät der Prozeß infolge einer Vereinbarung oder dadurch, daß er nicht betrieben wird, in Stillstand, so endigt die Unterbrechung mit der letzten Prozeßhandlung der Parteien oder des Gerichts. Die nach der Beendigung der Unterbrechung beginnende neue Verjährung wird dadurch, daß eine der Parteien den Prozeß weiter betreibt, in gleicher Weise wie durch Klagerhebung unterbrochen.

1) Allgemeines. Währd die neue VerjFr nach der Unterbrechg dch Anerkenntn (§ 208) od dch 1 VollstrMaßn (§ 209 II Nr 5) sofort wieder zu laufen beginnt (§ 216 Rn 1), **dauert** die Unterbrechg dch KlErhebg bis zur Erledigg des RStreits (I) od zu einem Stillstand des Verf (II) **fort**. Wird der RStreit dch KlRückn od dch ProzUrt beendet, gilt § 212. Die **Beweislast** für die Beendigg der Unterbrechg trägt der Schu (KG HRR **25**, 719). Tarifl AusschlFr sind dch KlagErhebg endgült gewahrt, § 211 ist nicht anwendb (BAG DB **92**, 1147). Auf das Verf nach KostO 156 findet § 211 entspr Anwendg (BayObLG **92**, 75).

2) Beendigung des Rechtsstreits (I). Rechtskr Entsch iSd § 211 sind das EndUrt (ZPO 300), das 2 VorbehUrt (§ 219), das TeilUrt hins des entschiedenen AnsprTeils (BGH **65**, 136), nicht aber das GrdUrt (BGH **65**, 135) u das unter § 212 fallde ProzUrt. Zur anderweit Erledigg führt der gerichtl oder außergerichtl Vergl. Auf die Erledigg der Hauptsache ist § 211 idR nicht anwendb, da sie Fälle betrifft, in denen das KlBegehren ggstlos w (Staud-Dilcher Rn 4). Zur Klagrückn s § 212.

3) Stillstand des Verfahrens (II). – a) Vereinbgen der Part (II/1. Fall) können nach geltdem Recht nicht 3 mehr ipso jure zum ProzStillstand führen (s RG **128**, 196). Die Part haben es aber weiterhin in der Hand, den RStreit dch **Nichtbetreiben** zum Stillstand zu bringen. Stillstand des Verf liegt vor, wenn das Ger gem ZPO 251 I, 251a III das Ruhen des Verf angeordnet hat (BGH NJW-RR **88**, 279, Rn 6). II ist aber auch dann anwendb, wenn das Verf ohne förml GerBeschl fakt in Stillstand gerät (BGH NJW **68**, 694, BAG NJW **72**, 1247, Ffm DB **72**, 2349), etwa dadch, daß der Kläger den Anspr nicht begründet (Düss NJW-RR **88**, 703, Hamm OLGZ **94**, 358) od iF des ZPO 254 nach Erledigg der 1. Stufe den HauptAntr nicht weiterverfolgt (BAG NJW **86**, 2527, Nürnbg NJW-RR **95**, 1091). Tritt der Stillstand nur hins eines Teils des Anspr ein, so endet die Unterbrechg nur für diesen (RG JW **28**, 100, BAG NJW **61**, 2371). Das kann anzunehmen sein, wenn ein KlAntr nicht mehr gestellt w (BAG aaO, BGH VersR **70**, 817), eine stillschw KlRückn aber nicht vorliegt. Unanwendb ist II, wenn die Part zunächst die Entscheidg über die Berufg gg ein TUrt abwarten, weil dieses für den noch nicht erledigten Teil bedeuts ist (BGH NJW **79**, 811). Das gilt ebso, wenn das Verf ruht, um einer Part die Beschaffg von Beweisen zu ermöglichen (BGH VersR **77**, 648, Karlsr BB **73**, 119), wenn der richtige KlAntr wg einer vom Ger angeregten KlÄnd nicht gestellt w (BGH NJW **88**, 128) od wenn sonst trift Grde für ein Zuwarten bestehen (BGH NJW **87**, 371), vorausgesetzt, dem Schu ist dieser Grd für den Nichtbetrieb des Proz bekannt (Karlsr NJW-RR **90**, 1012). Dagg soll die Unterbrechg enden, wenn die Part den Proz nicht fördern, um dem Ausgang eines MusterProz abzuwarten (BGH NJW **83**, 2496, krit Brommann AnwBl **85**, 5). Auch wenn die Part ohne triftige Grde untät sind, ist II unanwendb, sow die Förderg des Verf **Sache des Gerichts** ist, das Ger also vAw tät w muß (BGH NJW-RR **94**, 889). Das gilt 4 etwa, wenn über einen PKH-Antr zu entscheiden ist (BGH NJW-RR **95**, 771), eine Part die Anschrift eines Zeugen nicht mitteilt (Köln VersR **70**, 1024) od sonst gerichtl Auflagen nicht erfüllt (BGH NJW-RR **94**, 889). Dagg ist II anzuwenden, wenn die Terminsansetzg auf Wunsch des Gläub unterbleibt (BGH NJW **83**,

2496). Nach RKraft des GrdUrt muß das Ger vAw Termin ansetzen; eine Untätigk der Part rechtfertigt daher nicht die Anwendg von II (BGH NJW **79**, 2307, krit Grunsky ZZP **93**, 179). Dagg endet die Unterbrechg, wenn der Kläger im MahnVerf der gerichtl Aufforderg gem ZPO 700 III, 697 I nicht nachkommt (Düss
5 OLGZ **94**, 219). – **b) Unterbrechungen** des Verf (ZPO 239–245) u **Aussetzungen** (ZPO 246 ff, 148 f) fallen nicht unter II 1 (BGH **15**, 82, **106**, 297, NJW-RR **93**, 742, BAG NJW **90**, 2578). Die neue Verj beginnt erst, wenn der Grd der Unterbrechg od Aussetzg wegfällt u die Part gleichwohl nichts unternehmen. Ruht das Verf bereits vor Eintritt des Unterbrechgs- od AussetzgsGrdes, so bewirkt dieser keine Unterbrechg
6 od Hemmg der Verj (BGH NJW **63**, 2019). – **c)** Die Unterbrechg der Verj endigt mit der **letzten Prozeßhandlung.** Darunter fallen alle Hdlgen der Part od des Ger, die der Förderg od Erledigg des RStreits dienen (RG **77**, 324), wie die Zustellg, Ladg, Vertagg, Einreichg eines Schriftsatzes (BGH VersR **76**, 37), nicht aber die Einholg eines NotFrAttestes (Nürnb OLGZ **66**, 390). Kommt der RStreit dch einen Beschl über das **Ruhen des Verfahrens** zum Stillstand, ist die neue VerjFr wg der Sperrwirkg des ZPO 251 II gem § 202 I gehemmt, es sei denn, daß das Ger der vorzeit WiederAufn des Verf mit Sicherh jederzeit zustimmen w (BGH
7 NJW **68**, 693). – **d) Weiterbetreiben (II 2)** ist jede ProzHdlg einer Part, die best u geeignet ist, den Proz wieder in Gang zu setzen, auch wenn die Hdlg im Ergebn erfolglos bleibt (BGH **73**, 10, NJW-RR **94**, 514). Nicht erforderl ist, daß der Schu von der Hdlg Kenntn erlangt (BGH NJW **84**, 2104). Ausr daher ein ProzKostenhilfeAntr (BGH aaO), TerminsAntr (BGH **55**, 216), VerweisgsAntr, auch wenn die ohne mdl Vhdlg beantragte Verweisg unzul ist (BGH VersR **76**, 37), Einlegen einer Anschlußberufg (BGH ZZP **89**, 204), Auftr zur Zustellg eines VollstrTitels, auch wenn sich diese als undchführb erweist (BGH **73**, 10); Zahlg der ProzGebühr (BGH **52**, 51, NJW **82**, 2662); hier soll es für die erneute Unterbrechg auf den Tag des Zahlgseingangs bei dem für das Ger zust PostGiroAmt ankommen (Karlsr NJW-RR **92**, 63). Genügd ist auch der Antr, das ruhde Verf auszusetzen (BGH NJW-RR **88**, 279), nicht aber die Ankündigg, der RStreit solle fortgeführt w (Nürnbg NJW-RR **95**, 1091). Das Weiterbetreiben unterbricht auch dann erneut, wenn der Kläger den Anspr inzw abgetreten hat (BGH NJW **84**, 2102, Düss NJW-RR **93**, 1327).

212 *Unterbrechung bei Klagerücknahme.* [I] Die Unterbrechung durch Klagerhebung gilt als nicht erfolgt, wenn die Klage zurückgenommen oder durch ein nicht in der Sache selbst entscheidendes Urteil rechtskräftig abgewiesen wird.

[II] Erhebt der Berechtigte binnen sechs Monaten von neuem Klage, so gilt die Verjährung als durch die Erhebung der ersten Klage unterbrochen. Auf diese Frist finden die Vorschriften der §§ 203, 206, 207 entsprechende Anwendung.

1　　**1) Absatz I. – a)** Die **Klagrücknahme** hat zur Folge, daß der RStreit als nicht anhäng geworden gilt (ZPO 269 III); sie bewirkt zugleich, daß auch die Unterbrechg der Verj als nicht eingetreten gilt (I/1. Fall). KlRückn kann auch in dem Übergang zu einem and Anspr liegen, wenn der ursprüngl nicht weiterverfolgt w (BAG NJW **61**, 1787). Wiederholt der Kläger einen fr gestellten Antr nicht mehr, ist es Frage des Einzelfalls, ob eine
2 TeilKlRückn od bloßes Nichtbetreiben (§ 211 II) vorliegt (s BGH VersR **65**, 1154, **70**, 817). – **b)** Der KlRückn gleichgestellt ist das wg Fehlens allg od bes ProzVoraussetzgen ergehde klagabweisde **Prozeßurteil** (I/2. Fall). Daraus ergibt sich zugl, daß auch die unzul Klage die Verj unterbricht (BGH **78**, 5, § 209 Rn 5). Die Abweisg wg fehlder Aktivlegitimation ist SachUrt, führt also, wenn die Verj wirkl unterbrochen worden ist (§ 209 Rn 9), nicht zur Anwendg von I. – **c)** Auf die Wahrg von **Ausschlußfristen** findet § 212 keine Anwendg (Überbl 8 v § 194).

3　　**2)** Die unterbrechde Wirkg der ersten Kl bleibt erhalten, wenn der Kläger innerh einer AusschlußFr von 6 Mo eine **neue Klage** erhebt **(II)**. Die Fr beginnt mit der KlRückn od der RKraft des klagabweisden Urt. Der Kl gleichgestellt sind auch hier die in § 209 II angeführten ProzHdlgen (Köln DNotZ **57**, 217) sowie der Eintritt in einen anhäng RStreit iW des PartWechsels (BGH DB **89**, 1465). Es schadet nicht, wenn die neue Kl bereits vor Rückn der fr erhoben w (s RG **149**, 326).

4　　**3)** Auf das **selbständige Beweisverfahren** (§ 209 Rn 23) ist § 212 entspr anzuwenden. Auch der unzul Antr unterbricht, sofern das Ger ihm stattgibt (BGH NJW **83**, 1901). Die Unterbrechgswirkg fällt bei einer Rückn od Zurückweisg des Antr weg, bei DchFührg der BewSicherg beginnt die Verj neu zu laufen (BGH **53**, 46); iF der Rückn od Zurückweisg bleibt die unterbrechde Wirkg erhalten, wenn der Gläub binnen 6 Mo einen neuen Antr stellt od Kl erhebt (Soergel-Walter Rn 5). § 212 ist außerdem analog anwendb auf das GebührenfestsetzgsVerf nach BRAGO 19 (BGH **21**, 206); das BeschwVerf gem KostO 156 (Düss Rpfleger **77**, 462); die Geltdmachg eines HilfsAnspr (§ 209 Rn 3), nicht aber auf die Fälle des § 209 II Nr 1 ff (§ 213 Rn 4), od den dch Klage geltd gemachten Vorbeh gem VOB/B 16 Nr 3 II (BGH NJW **87**, 2582).

212 a *Dauer der Unterbrechung bei Güteantrag.* Die Unterbrechung durch Anbringung des Güteantrags dauert bis zur Erledigung des Güteverfahrens und, wenn an dieses Verfahren sich ein Streitverfahren unmittelbar anschließt, nach Maßgabe der §§ 211, 212 fort. Gerät das Güteverfahren dadurch, daß es nicht betrieben wird, in Stillstand, so finden die Vorschriften des § 211 Abs. 2 entsprechende Anwendung. Wird der Güteantrag zurückgenommen, so gilt die Unterbrechung der Verjährung als nicht erfolgt.

1　　Fassg: VO v 13. 2. 24 Art IV. Da das GüteVerf vor dem AmtsGer dch das REinhG aufgeh worden ist, hat § 212 a im wesentl nur noch aufgrund der Verweisg in § 213 Bedeutg. S daher dort.

213 *Dauer der Unterbrechung bei Mahnbescheid.* Auf die Unterbrechung durch Zustellung eines Mahnbescheids im Mahnverfahren finden die Vorschriften des § 212 a entsprechende Anwendung. Die Unterbrechung gilt als nicht erfolgt, wenn der Mahnbescheid seine Kraft verliert (§ 701 der Zivilprozeßordnung).

1) Fassg: VO v 13. 2. 24 Art IV. Die **entsprechende Anwendung des § 212a** bedeutet: – **a)** Das 1
MahnVerf ist **erledigt** (§ 212a S 1, 1. Hälfte), wenn die Sache gem ZPO 696 I an das StreitGer abgegeben
(BGH **103**, 27, NJW-RR **92**, 1022), der Antrag rechtskr zurückgewiesen od der VollstrBescheid rechtskr
geworden ist (ZPO 700), der GüteAntr mit der gütl Einigg od dem Scheitern des Güteversuchs (BGH **123**,
346). Damit endet die Unterbrechg u die neue Verj beginnt. – **b)** Das **Streitverfahren** schließt sich 2
unmittelb an (§ 212a S 1, 2. Hälfte), wenn das AmtsGer den RStreit nach Einlegg von Widerspr od Einspr
an das zuständ Ger abgibt (ZPO 696 I, 700 III); auf die Anberaumg eines VhdlgsTermins vor dem StreitGer
kommt es nicht an (s BGH **55**, 214 zum fr Recht). Die Unterbrechg dauert gem §§ 211, 212 bis zur Erledigg
od zum Stillstand des StreitVerf fort. – **c)** Zum **Stillstand** des MahnVerf (§ 212a S 2) gelten die Ausführgen 3
in § 211 Rn 3ff entspr. Er tritt zB ein, wenn der Antr auf DchFührg des streitigen Verf nicht gestellt w (ZPO
696 I) od die 2. Gebührenhälfte nicht eingezahlt w (Karlsr NJW-RR **92**, 63); ebso, wenn der VollstrBescheid
im PartBetr zugestellt w soll (ZPO 699 IV), die Zustellg aber nicht erfolgt (s BGH **73**, 10, Mü OLGZ **76**,
189). – **d)** Wird der Antr auf Erlaß des Mahnbescheids **zurückgenommen,** so gilt die Unterbrechg als nicht 4
erfolgt (§ 212a S 3). And als iF der KlRückn (§ 212 II) hat der Gläub nicht die Möglichk, die Unterbrechgs-
wirkg dch Einleitg eines neuen Verf zu erhalten (BGH **123**, 346 zum GüteAntr).

2) Satz 2. Der Mahnbescheid verliert seine Kraft, wenn der VollstrBescheid nicht binnen 6 Mo beantragt 5
od der Antr zurückgewiesen w (ZPO 701). Auch hier fällt die Unterbrechg endgült weg; § 212 II ist nicht
entspr anwendb.

214 **Dauer der Unterbrechung bei Anmeldung im Konkurs.** [I] Die Unterbrechung
durch Anmeldung im Konkurse dauert fort, bis der Konkurs beendigt ist.
[II] **Die Unterbrechung gilt als nicht erfolgt, wenn die Anmeldung zurückgenommen wird.**
[III] **Wird bei der Beendigung des Konkurses für eine Forderung, die infolge eines bei der Prüfung
erhobenen Widerspruchs in Prozeß befangen ist, ein Betrag zurückbehalten, so dauert die Unter-
brechung auch nach der Beendigung des Konkurses fort; das Ende der Unterbrechung bestimmt
sich nach den Vorschriften des § 211.**
[IV] **Auf die Unterbrechung durch Anmeldung im Seerechtlichen Verteilungsverfahren sind die
Absätze 1 bis 3 entsprechend anzuwenden.**

Der Konk endet dch Aufhebg (KO 163) od Einstellg (KO 202ff), aber nicht schon mit BeschlFassg, sond 1
erst mit öff Bekanntmachg (BGH **64**, 3). Wird der EröffngsBeschl auf Beschw aufgeh, ist gleichf I anzuwen-
den, die Unterbrechg w nicht etwa rückwirkd beseitigt (Staud-Dilcher Rn 2). Die Rückn der Anmeldg (II)
führt zum endgült Wegfall der Unterbrechg. Nimmt der Gläub die Anmeldg aufgrund einer Vereinbg mit
dem KonkVerw wg einer und Befriediggsmöglichk zurück, ist II nicht anzuwenden (RG **70**, 36). Zu III s
KO 146, 168. Gem IV, eingefügt dch das 2. SeeRÄndg vom 25. 7. 86, gelten I–III für das dch die Verteilgs-
ordng vom 25. 7. 86 (BGBl I 1130) geregelte seerechtl VerteilgsVerf entspr.

215 **Dauer der Unterbrechung bei Aufrechnung und Streitverkündung.** [I] Die Unter-
brechung durch Geltendmachung der Aufrechnung im Prozeß oder durch Streitverkün-
dung dauert fort, bis der Prozeß rechtskräftig entschieden oder anderweit erledigt ist; die Vor-
schriften des § 211 Abs. 2 finden Anwendung.
[II] **Die Unterbrechung gilt als nicht erfolgt, wenn nicht binnen sechs Monaten nach der Beendi-
gung des Prozesses Klage auf Befriedigung oder Feststellung des Anspruchs erhoben wird. Auf
diese Frist finden die Vorschriften der §§ 203, 206, 207 entsprechende Anwendung.**

1) Die Unterbrechg dch Aufr od Streitverkünd **dauert** – ebso wie die dch KlErhebg – bis zur Erledigg 1
od zum Stillstand des Prozesses **(I).** Die Ausführgen zu § 211 gelten daher entspr. Nimmt der Kläger die Kl
zurück, gilt die Unterbrechg dch Aufr od Streitverkünd als nicht erfolgt (BGH **65**, 134). Läßt der Beklagte
den AufrEinwand fallen, bleibt die Unterbrechg wirks (MüKo/v Feldmann Rn 3), die 6-MonatsFr des II
beginnt aber sofort zu laufen.

2) Die Unterbrechg gem § 209 II 3 u 4 ist auflös bedingt dch **Klagerhebung** innerh einer AusschlußFr 2
von 6 Mo **(II).** Ein GrdUrt setzt die Fr nicht in Lauf (BGH **65**, 135, NJW **80**, 2303), ein TeilUrt nur dann,
wenn es den für die Aufr (Streitverkündg) vorgreifl ProzStoff vollständ erledigt (BGH **65**, 135). Die Fr
beginnt mit der RKraft des Urt. Der Kl stehen die Einleitg eines MahnVerf u die übrigen in § 209 II
genannten ProzHdlgen gleich (BGH **53**, 273). Die Fr wird auch dch den Antr auf Bestimmg des zust Ger
gewahrt, wenn anschließd in der Fr des § 210 Kl erhoben w (BGH aaO).

216 **Unterbrechung bei Vollstreckungshandlungen.** [I] Die Unterbrechung durch Vor-
nahme einer Vollstreckungshandlung gilt als nicht erfolgt, wenn die Vollstreckungs-
maßregel auf Antrag des Berechtigten oder wegen Mangels der gesetzlichen Voraussetzungen
aufgehoben wird.
[II] **Die Unterbrechung durch Stellung des Antrags auf Zwangsvollstreckung gilt als nicht erfolgt,
wenn dem Antrage nicht stattgegeben oder der Antrag vor der Vornahme der Vollstreckungs-
handlung zurückgenommen oder die erwirkte Vollstreckungsmaßregel nach Absatz 1 aufgeho-
ben wird.**

§ 216 regelt nur den Wegfall der Unterbrechg, nicht ihre Dauer. Er geht als selbstverständl davon aus, daß 1
die Verj iF des § 209 II Nr 5 sofort wieder zu laufen beginnt (BGH **93**, 295, **122**, 293). Die Unterbrechg **fällt**
rückwirkd **weg,** wenn die VollstrMaßn auf Antr des Gläub aufgeh w (I; Bsp: Gläub gibt gepfändete Sache

frei) od er den VollstrAntr zurücknimmt (II). Das gleiche gilt in Anlehng an den Fall der ProzAbweisg (§ 212), wenn die VollstrMaßn wg Fehlens der ges Voraussetzgn aufgeh w. Das trifft nur zu, wenn die Voraussetzgn für eine ZwangsVollstr schlechthin fehlen (MüKo/v Feldmann Rn 3), nicht aber, wenn die VollstrMaßn wg Unpfändg der Sache od aufgrund einer DrittWidersprKl aufgeh w. Die Unterbrechgs-Wirkg bleibt in entspr Anwendg des § 212 erhalten, wenn der Gläub in der Fr des § 212 II erneut eine verjunterbrechde Maßn ergreift (BGH **122**, 296).

217 *Wirkung der Unterbrechung.* Wird die Verjährung unterbrochen, so kommt die bis zur Unterbrechung verstrichene Zeit nicht in Betracht; eine neue Verjährung kann erst nach der Beendigung der Unterbrechung beginnen.

1   Endet die Unterbrech im Laufe eines Tages, beginnt die neue Verj am folgden Tag (§ 187 I); endet sie mit Beginn eines Tages (Bsp: RKraft eines Urt), ist dieser bereits auf die neue Verj mit anzurechnen (§ 187 II). § 201 gilt nicht (s dort Rn 1). Tritt die Unterbrechg zugl mit od zeitl nach einer Hemmg ein, läuft die neue Verj erst vom Ende der Hemmg an (BGH **109**, 223). Da auch die neue Verj unterbrochen w kann, kann die GesDauer der Verj ein Vielfaches der ges VerjFr betragen. Die Unterbrechg wirkt auch für den RNachf (RG **163**, 396). Sie betrifft nicht den Anspr gg den Bürgen, hindert diesen aber daran, sich gem § 768 auf die Verj der HptFdg zu berufen (Düss MDR **69**, 655). Bei GesSchu hat die Unterbrechg idR Einzelwirkg; sie kann aber ausnw auch GesWirkg haben (§ 425 Rn 4).

218 *Verjährung des rechtskräftigen Anspruchs.* [1] Ein rechtskräftig festgestellter Anspruch verjährt in dreißig Jahren, auch wenn er an sich einer kürzeren Verjährung unterliegt. Das gleiche gilt von dem Anspruch aus einem vollstreckbaren Vergleich oder einer vollstreckbaren Urkunde sowie von einem Anspruche, welcher durch die im Konkurs erfolgte Feststellung vollstreckbar geworden ist.

[II] Soweit sich die Feststellung auf regelmäßig wiederkehrende, erst künftig fällig werdende Leistungen bezieht, bewendet es bei der kürzeren Verjährungsfrist.

1   **1) Verjährung des rechtskräftig festgestellten Anspruchs.** – a) Die **rechtskräftige Feststellung** kann dch LeistgsUrt, FeststellgsUrt, VorbehUrt (§ 219), Schiedsspruch (§ 220), VollstrBescheid od KostenfestsetzgsBeschl geschehen. Auch ein die ErsPfl nur ganz allg feststelldes Urt ist ausr (BGH NJW-RR **89**, 215). Wird eine negative FeststellgsKl, die sich auf einen konkret umrissenen Anspr bezieht, als unbegründet abgewiesen, wird dadch der Anspr des Bekl positiv festgestellt (BGH NJW **72**, 1043, **75**, 1320, krit Gürich MDR **80**, 359). Umfang u Tragweite der positiven Feststellg sind erfdlf den UrtGrden dch Auslegg zu entnehmen. Ausl Urt fallen unter § 218, wenn sie im Inland anerkannt w (Frank IPRax **83**, 111). Eine teilw Feststellg wirkt für den festgestellten Betrag (RG **66**, 271). Ein GrdUrt nach ZPO 304 genügt nicht, weil es keine mat RKraft schafft (BGH NJW **85**, 792), wohl aber ein Schiedsspruch über den Grd, wenn das 2   SchiedsGer nur über ihn zu entscheiden hat (RG **100**, 122). – b) Der rkräft Feststellg stehen gem I 2 gleich der vollstreckb **Vergleich** (ZPO 794 I Nr 1), nicht der außergerichtl Vergl (s aber § 195 Rn 2), die **vollstreckbare Urkunde** (ZPO 794 I Nr 5), die vollstreckb Feststellg zur **Konkurstabelle** (KO 164 II, 194, 206 II), aber auch der für d vollstreckb erklärte schiedsgerichtl Vergl u AnwVergl (aA Ziege NJW **91**, 1585). Eine vollstreckb Ausfertigg der Kostenrechg des Notars fällt nicht unter § 218; es bleibt bei der 2jähr Verj gem § 196 I Nr 15 (Köln JurBüro **82**, 1555, KG Rpfleger **91**, 83, Hamm MDR **92**, 715, sehr str, aA Schlesw 3   DNotZ **83**, 580, Oldbg DNotZ **90**, 330, Mü DNotZ **92**, 114). – c) Dch die rkräft Feststellg wird die bisher maßgebde VerjFr dch die **30jährige Verjährung** ersetzt. Das gilt auch für den aus dem festgestellten FreistellgsAnspr entstandenen ZahlgsAnspr (BGH NJW **91**, 2014), den Anspr gg den Gesellschter (s BGH NJW **86**, 188) u den ausgeschiedenen Gesellschafter (RG JW **38**, 1174) sowie für Anspr, die erst nach Erlaß des Urt gesetzl eröffnet w od entstehen (BGH NJW **67**, 563, Düss MDR **95**, 160). Die 30-JahresFr ist auch dann maßgebd, wenn eine kürzere Verj vertragl vereinb war (RG **109**, 234, Nürnb OLGZ **66**, 388). Sie gilt aber nicht für Anspr, die gg den fr GeschInh rkräft festgestellt worden sind, u die gem HGB 26 gg den neuen 4   Inhaber geltd gemacht w (Staud-Dilcher Rn 8). – d) Für regelmäß **wiederkehrende Leistungen** gilt gem II die 4jährige Verj, jedoch mit einer Sonderregel in VerbrKrG 11 III 3. Der Begriff ist hier ebso zu verstehen wie in § 197 (s dort Rn 1). II ist auch dann anzuwenden, wenn der RentenAnspr aus einem rkräft festgestellten GesAnspr hervorgeht (BGH NJW-RR **89**, 215, **90**, 665). Die bis zur RKraft des Urt aufgelaufenen Leistgen (Zinsen) verjähren gem I in 30 Jahren, die nach RKraft fäll werdden gem II in 4 Jahren, wobei für den VerjBeginn § 201 gilt (BGH NJW-RR **89**, 215, NJW **90**, 2754). Die 30-JahresFr gilt auch ggü dem **Rechtsnachfolger** u dem nachträgl beigetretenen Schuldmitübernehmer (BGH NJW **87**, 2863), nicht aber ggü and GesSchu od Bürgen (BGH NJW **80**, 1461, **84**, 794).

5   **2) Beginn und Unterbrechung der neuen Verjährung.** – a) Die neue VerjFr von 30 od 4 Jahren **läuft** ab RKraft des Urt. War der Anspr noch nicht fäll, beginnt die Verj erst mit der Fälligk (Celle NJW **64**, 820, § 198 Rn 1). Geht der Anspr auf Unterl, wird die neue Verj gem § 198 S 2 erst dch eine ZuwiderHdlg in Lauf 6   gesetzt (BGH **59**, 74, Neu GRUR **85**, 347). – b) Kommt der Schu dem Urt nicht nach, ist zur Unterbrechg der Verj eine erneute **Feststellungsklage** zul, wenn, wie iF eines flüchtigen UnterhPflichtigen, and Unterbrechgsmöglichk, insbes die des § 209 II 5, fehlen (BGH **93**, 287, Hbg FamRZ **82**, 526).

219 *Verjährung des Anspruchs aus Vorbehaltsurteil.* Als rechtskräftige Entscheidung im Sinne des § 211 Abs. 1 und des § 218 Abs. 1 gilt auch ein unter Vorbehalt ergangenes rechtskräftiges Urteil.

VorbehUrt können bei Aufr (ZPO 302) u im Urk- u WechselProz (ZPO 599) ergehen. Auf das Urt unter 1
Vorbeh der beschränkten Haftg sind die §§ 211 I, 218 dagg direkt anzuwenden. Wird der RStreit aufgrund
des Vorbeh weitergeführt, wird die Verj wie dch eine neue Kl erneut unterbrochen (allgM).

220 *Unterbrechung der Verjährung bei sonstigen Verfahren.* [I] Ist der Anspruch vor
einem Schiedsgericht oder einem besonderen Gerichte, vor einem Verwaltungsgericht
oder einer Verwaltungsbehörde geltend zu machen, so finden die Vorschriften der §§ 209 bis 213,
215, 216, 218, 219 entsprechende Anwendung.
[II] Sind in dem Schiedsvertrage die Schiedsrichter nicht ernannt oder ist die Ernennung eines
Schiedsrichters aus einem anderen Grunde erforderlich oder kann das Schiedsgericht erst nach der
Erfüllung einer sonstigen Voraussetzung angerufen werden, so wird die Verjährung schon da-
durch unterbrochen, daß der Berechtigte das zur Erledigung der Sache seinerseits Erforderliche
vornimmt.

1) Die Regeln, die auf die Unterbrechg der Verj dch Geltdmachg vor den ordentl Ger anzuwenden sind, 1
überträgt § 220 auf die RVerfolgg vor dem SchiedsGer, den bes Ger (ArbGer, PatentGer, Rheinschiffahrts-
Ger) u den VerwGer (VerwGer, FinanzGer, SozGer). Soweit die Vorschr außerdem VerwBeh erwähnt, ist
sie leerlaufd. VorVerf vor VerwBeh fallen unter § 210, endgült Entsch über RStreitigk sind den VerwBeh
entzogen (GG 92). Die Kl vor einem der in § 220 angeführten Ger unterbricht auch dann, wenn der RWeg
nicht eröffnet od das Ger unzuständ ist (Staud-Dilcher Rn 2). Der fr bestehde Streit, ob das auch für den Fall
der ProzAbweisg gilt (s hier 51. Aufl), hat sich prakt erledigt, da die Unzulässigk des beschrittenen RWeges
nach GVG 17a nunmehr zur Verweisg vAw führt.

2) Kl vor dem **Schiedsgericht** kann idR erst nach dessen Konstituierg erhoben w. II läßt die Unterbrechg 2
der Verj daher bereits eintreten, wenn der Gläub das zur Konstituierg des SchiedsGer Erforderl veranlaßt,
dh idR seinen SchiedsRi benennt. Die Erhebg der SchiedsKl unterbricht erneut. § 220 gilt auch für ausl
SchiedsGer (Junker KTS **87**, 45). Wird der SchiedsVertr nachträgl aufgeh, ist § 212 I entspr anzuwenden
(BGH WM **71**, 355). Auf SchiedsgutachtenVertr findet § 220 keine Anwendg (Hamm OLGZ **82**, 452).

221 *Verjährung bei Rechtsnachfolge.* Gelangt eine Sache, in Ansehung deren ein dingli-
cher Anspruch besteht, durch Rechtsnachfolge in den Besitz eines Dritten, so kommt die
während des Besitzes des Rechtsvorgängers verstrichene Verjährungszeit dem Rechtsnachfolger
zustatten.

Bei einem persönl Anspr hat der Wechsel in der Pers des Gläub od Schu keinen Einfluß auf den Lauf der 1
Verj, da der Anspr ders bleibt (BGH **60**, 240). Das gilt ebso für dingl Anspr (Einl 10 v § 854), soweit es sich
um die RNachfolge auf Seiten des Gläub (Eigtümers) handelt. Dingl Anspr gg den Besitzer gehen dagg mit
der Beendigg des Besitzes unter, u gg den neuen Besitzer entsteht aus dem dingl Recht ein neuer Anspr, für
den an sich eine neue VerjFr beginnen müßte. Um dieses prakt Bedürfn widersprechde Ergebn zu vermei-
den, bestimmt § 221 für den Fall **abgeleiteten Besitzerwerbes**, daß die unter dem Vorgänger abgelaufene
Zeit auch dem Nachf angerechnet w. Bei mehrfacher Besitzübertragg kommt dem letzten Besitzer die Zeit
aller Vorgänger zugute (hM, aA Ordemann JR **61**, 93). Die RNachfolge kann Ges- od Einzelnachfolge sein;
letztere erfordert eine Willenseinigg zw neuem u fr Besitzer. Hat sich der neue Besitzer die Sache gg od ohne
den Willen der fr verschafft, ist § 221 unanwendb (Soergel-Walter Rn 3).

222 *Wirkung der Verjährung.* [I] Nach der Vollendung der Verjährung ist der Verpflich-
tete berechtigt, die Leistung zu verweigern.
[II] Das zur Befriedigung eines verjährten Anspruchs Geleistete kann nicht zurückgefordert wer-
den, auch wenn die Leistung in Unkenntnis der Verjährung bewirkt worden ist. Das gleiche gilt
von einem vertragsmäßigen Anerkenntnisse sowie einer Sicherheitsleistung des Verpflichteten.

1) **Absatz I. – a)** Die Verj ist vollendet, wenn die VerjFr unter Berücksichtigg etwaiger Hemmgen u 1
Unterbrechgen abgelaufen ist. Die Vollendg der Verj beseitigt den Anspr nicht, gibt dem Schu aber ein
dauerndes **Leistungsverweigerungsrecht**. Es bleibt dem Belieben des Schu überlassen, ob er von diesem
LeistgVR Gebrauch machen will od nicht. Bei Streit kann nicht die Feststell begehrt w, dem Gläub „stehe
der Anspr nicht zu", sond nur, der Schu sei zur LeistgV berecht (BGH **LM** Nr 8, NJW **83**, 392). – **b)** Im 2
Prozeß ist die Verj nicht vAw zu berücksichtigen. Sie hindert daher den Erlaß eines VersäumnUrt nicht.
Die Kl ist aber dch unechtes VersäumnUrt abzuweisen, wenn der Kläger selbst vorträgt, der Bekl habe sich
auf Verj berufen (Düss NJW **91**, 2091). Im Rahmen des RGesprächs (ZPO 139, 278 III) darf das Ger die Part
auf die Verj des Anspr u den Bekl auf sein LeistgVR hinweisen (Köln NJW-RR **90**, 192, LG Hbg NJW **84**,
1905, sehr str, aA Hbg NJW **84**, 2710). Die Einr kann bis zum Schluß der mdl Vhdlg erhoben w, da sie auf
tatsächl Gebiet liegt aber nicht mehr in der Revision (BGH **1**, 234); bei der Entscheidg über die bereits in der
TatsInstanz erhobene Einr darf das RevisionsGer den weiteren Zeitablauf berücksichtigen (BGH NJW **90**,
2755). Im 2. RZug ist die erstinstanzl geltd gemachte Einr auch ohne ausdr Wiederholg zu beachten (BGH
NJW **90**, 326). Wird die Einr hilfsw geltd gemacht, ist diese Einschr unerhebl u die Kl alsbald abzuweisen
(Köln MDR **70**, 686, Schneider JurBüro **78**, 1265).

2) **Absatz II. – a)** Die verj Fdg bleibt **erfüllbar**. Der Schu kann die Leistg nicht zurückverlangen, auch 3
wenn er in Unkenntn der Verj geleistet hat (II 1). Der Leistg steht das vertragsmäß Anerkenntn, das nach
§ 812 II als Leistg gilt, u eine SicherhLeistg gleich (II 2). Das Anerkenntn bedarf gem § 781 der Schriftform
(RG **78**, 132, DR **42**, 727). Ausn: § 782, HGB 350. Ist wg einer verj Fdg vollstreckt worden, steht dem Schu
ein RückFdgsAnspr zu (BGH NJW **93**, 3320). Entspr gilt, wenn der Schu zur Abwendg der ZwVollstr

geleistet hat (BGH aaO, § 362 Rn 12) od wenn die Leistg aGrd einer Bürgsch auf erstes Anfordern erbracht worden ist (BGH WM **95**, 745). Die wg vorbehaltl **Annahme der Schlußzahlung** gem VOB/B 16 nicht mehr dchsetzb Fdg steht in einer verj Fdg weitgehd gleich; auf sie ist II analog anwendb (BGH **62**, 15, NJW **81**,
4 1784), dagg nicht auf verwirkte Fdgen (KG NJW-RR **86**, 598). – **b)** Da die verj Fdg **weiter besteht** ist sie noch zur Aufr geeignet (§ 390), auf sie kann ein ZbR (§ 273) u die Einr des nicht erfüllten Vertr (§ 320) gestützt w (§ 223 Rn 4), die Haftg der Hyp u PfandR bleibt bestehen (§ 223), ebso das Recht, den Anspr einredew geltd zu machen (s §§ 478, 490, 639, 821, 853). **Ausnahmen:** §§ 901, 1028. Dch die Verj wird der
5 SchuVerzug beendet; Rücktr- u KündR, die Verzug voraussetzen, entfallen (§ 284 Rn 30f). – **c)** Währd ein vor Eintritt der Verj erklärter **Verzicht** nichtig ist (§ 225), kann der Schu nach Vollendg der Verj auf die VerjEinr wirks verzichten (BGH NJW **73**, 1690, Mü NJW-RR **94**, 356), u zwar dch einseit, nicht formgebundene Erkl (RG **78**, 131). Ein nicht in der Form des § 781 abgegebenes Anerkenntn kann unter uU als Verzicht aufgefaßt w (BGH DB **74**, 2005). Bei einer ausdr VerzErkl ist es wg Maßgeblichk der obj ErklBedeutg (§ 133 Rn 9) gleichgült, ob der Schu vom VerjEintritt Kenntn hatte. Die ggteilige stRspr (BGH **83**, 389 uö, Hamm VersR **94**, 1107) kann nicht überzeugen; sie läßt die Wirksamk des Verzichts an einem (obj nicht erkennb) Irrt des Erklärden scheitern, der mit der Erkl, sowie der Willensbildg betrifft, ein mit §§ 119ff, 133, 157 offensichtl unvereinb Ergebn. Für schlüssige Hdlgen trifft es dagg zu, daß sie idR nur dann als Verzicht gedeutet werden dürfen, wenn der Schu vom Eintritt der Verj weiß od mit ihr rechnet (§ 133 Rn 11). Ein Fallenlassen der Einr im Proz ist nicht immer Verzicht (BGH **22**, 267), erst recht nicht die Zahlg von TBeträgen hins des Restes (BGH VersR **67**, 1092). Dch den Verzicht w die Fdg nicht unverjährb; es beginnt vielmehr eine neue VerjFr zu laufen (Karlsr NJW **64**, 1135, Staud-Dilcher Rn 16, str).

6 **3)** Bei einer Mehrh von Gläub u Schu hat die Verj grdsl nur **Einzelwirkung** (§§ 425, 429). Die Einr der Verj kann gg **Treu und Glauben** verstoßen od deshalb unbeachtl sein, weil der Schu seiner Pfl, den Gläub auf den drohden VerjAblauf **hinzuweisen,** nicht nachgekommen ist; s dazu Übbl 10ff v § 194.

7 **4)** Im **öffentlichen Recht** führt die Verj zT aGrd von SonderVorschr zum Erlöschen des Anspr (s AO 232, 47). § 222 II ist in diesen Fällen nicht entspr anwendb; das auf die verj Fdg Geleistete kann zurückgefordert w (OVG Münst ZMR **74**, 314). Soweit Sonderregelgen fehlen, begründet die Verj aber auch im öffR nur eine Einr (BVerwG **23**, 166, **42**, 353, VerwG Stgt NVwZ **82**, 578, aA Haenicke NVwZ **95**, 348).

223 *Wirkung bei gesicherten Rechten.* ^I Die Verjährung eines Anspruchs, für den eine Hypothek, eine Schiffshypothek oder ein Pfandrecht besteht, hindert den Berechtigten nicht, seine Befriedigung aus dem verhafteten Gegenstande zu suchen.

^{II} Ist zur Sicherung eines Anspruchs ein Recht übertragen worden, so kann die Rückübertragung nicht auf Grund der Verjährung des Anspruchs gefordert werden.

^{III} Diese Vorschriften finden keine Anwendung bei der Verjährung von Ansprüchen auf Rückstände von Zinsen oder anderen wiederkehrenden Leistungen.

1 **1)** Fassg: SchiffsRDVO v 21. 12. 40 (RGBl I 1609). Da die Verj den Anspr nicht erlöschen läßt (§ 222), behält der Gläub das Recht, sich aus den ihm eingeräumten **Sicherheiten zu befriedigen (I, II),** u zwar
2 auch dann, wenn diese akzessorisch ausgestaltet sind. I gilt auch für Sicherh, die kr Ges od im Wege der ZwVollstr erworben worden sind (BGH WM **85**, 548). Im einzelnen fallen unter I u II: – **a) Hypotheken** (§ 1113), SchiffsHyp (SchiffsRG 8), RegisterPfdR an Luftfz (LuftfzRG 98 II). § 223 geht § 1169 vor. Grd- u Rentenschulden, die nicht akzessorisch sind, bleiben ohnehin bestehen. – **b) Pfandrechte** (§§ 1204, 1273). I gilt auch für gesetzl PfdR, er stellt auf ein bestehdes PfdR ab, ohne hins des EntstehgsGrdes einen Unterschied zu machen (Schlesw SchlHA **58**, 82). Für SchiffsGläubR gilt dagg die Sonderregelg in HGB 759. –
3 **c) Sicherungsabtretung** u Sichersübereigng. – **d)** Auf den **Eigentumsvorbehalt** (§ 455), der gleichf eine dingl Sicherh darstellt, ist II entspr anwendb. Der Verkäufer kann daher nach Verj der KaufPrFdg die unter EigtumsVorb gelieferte Sache herausverlangen (BGH **34**, 195, **70**, 98, Dilcher JuS **79**, 331, aA van Look/Stoltenberg WM **90**, 661), aber nur zum Zweck der Verwertg (Bodenburg WM **79**, 1202). Das gilt auch, wenn es sich um ein AbzGesch handelt (BGH NJW **79**, 2195, Tiedtke DB **80**, 1477, aA Peters JZ **80**, 178, AK-Kohl Rn 3). Ein etwaiger Überschuß ist an den Käufer auszukehren.

4 **2)** § 223 **gilt nicht** für die Vormerkg (§§ 883, 886) u die Bürgsch, § 768 (BGH NJW **89**, 221, Hamm NJW-RR **95**, 939). Beim **Zurückbehaltungsrecht** ist zu unterscheiden: § 223 ist entspr anwendb, wenn der Anspr bei Entstehg des ZbR (§ 273) noch nicht verj war (BGH **48**, 116, § 273 Rn 8); die Einr des nicht erfüllten Vertr bleibt dagg auf jeden Fall wirks (RG **149**, 327, HRR **30**, 1434, Mot I 291). Kann ein Anspr wg vorbehaltl Ann der Schlußzahlg gem VOB/B 16 nicht mehr dchgesetzt w, gilt § 223 entspr (BGH NJW **81**, 1784).

5 **3)** Die Ausn des III gilt für **wiederkehrende Leistungen** aller Art ohne Rücks auf die Regelmäßigk der Wiederkehr, auch für Verzugszinsen (BGH NJW **93**, 3320), nicht aber für Tilggs- od Amortisationsbeiträge (Soergel-Walter Rn 8).

224 *Verjährung der Nebenleistungen.* Mit dem Hauptanspruche verjährt der Anspruch auf die von ihm abhängenden Nebenleistungen, auch wenn die für diesen Anspruch geltende besondere Verjährung noch nicht vollendet ist.

1 Anspr auf **Nebenleistungen** sind hins des VerjBeginns, der Dauer der Verj, der Hemmg u Unterbrechg von der Verj des HauptAnspr unabhäng (MüKo/v Feldmann Rn 2). Sie verjähren aber gem § 224 spätestens mit dem HauptAnspr, u zwar auch dann, wenn der NebenleistgsAnspr erst nach Ablauf der VerjFr des HauptAnspr beziffert werden konnte (Köln NJW **94**, 2160). § 224 ist aber unanwendb, wenn der Anspr auf die NebenLeistg vor der Verj des HauptAnspr eingeklagt worden ist (BGH NJW **95**, 252, Valcarcd NJW **95**,

640). Zu den Nebenleistgn gehören Zinsen, Früchte, Nutzgen, Provisionen, Kosten (RG **61**, 392, Cahn/Farrenkopf ZIP **86**, 416). Auf den Anspr auf Ers von Verzugsschaden ist § 224 entspr anzuwenden (BGH NJW **95**, 252), nicht aber auf sonst Anspr auf Ers von Zinsschäden (BGH NJW **87**, 3137), auch nicht auf den Anspr auf eine verfallene VertrStrafe (RG **85**, 242) u den Anspr auf Mietnebenkosten (Ffm MDR **83**, 757). Selbständ wiederkehrde Leistgen fallen nicht unter § 224. Zur Verj des **Stammrechts** s § 194 Rn 7.

225 *Vereinbarungen über die Verjährung.* **Die Verjährung kann durch Rechtsgeschäft weder ausgeschlossen noch erschwert werden. Erleichterung der Verjährung, insbesondere Abkürzung der Verjährungsfrist, ist zulässig.**

1) Erschwerungen der Verjährung. – a) Da die Verj nicht nur dem Schutz des Schu, sondern auch dem **1** RFrieden u damit dem öff Interesse dient (Übbl 4 v § 194), hat der GesGeber die VerjRegelg **halbzwingend** ausgestaltet: Die Verj darf erleichtert, nicht aber ausgeschl od erschwert w (Satz 1). Der Anspr, für den die Verj ausgeschl od erschwert ist, verjährt in der gesetzl Fr (BGH NJW **88**, 1259). **Ausnahmen** von S 1 enthalten §§ 477, 480, 490, 638 II, HGB 414 I, 423, 439. Die Verj kann aber höchstens bis zu 30 Jahren verlängert w (BGH NJW-RR **94**, 1327). – **b)** Auch der **Verzicht** auf die Einr der Verj, der nach Eintritt der **2** Verj zul ist (§ 222 Rn 5), ist, vorher ausgesprochen, **ungültig**. Er hat aber gem § 242 die Wirkg, daß die VerjEinr bis zum Ablauf der festgesetzten Fr od bis zum Scheitern der Vhlgen zuzügl einer kurzen ÜberleggsFr unzul ist (BGH NJW **74**, 1285, **79**, 867, **91**, 975). Die Rückwirkg der KlErhebg gem ZPO 270 III kommt dem Gläub auch hier zugute (BGH NJW **77**, 1686, Köln VersR **91**, 197); zur Länge der ÜberleggsFr s Übbl 15 v § 194. Voraussetzg ist jedoch, daß er das Verf im folgen zügig betreibt (BGH NJW **86**, 1861). Da es nicht um rechtl bindde Abreden, sond nur um Vertrauensschutz geht, kann der Schu den Verzicht jederzeit widerrufen (BGH VersR **84**, 689). Es genügt jede Kundgabe des Willens, nicht länger beim Verzicht stehen bleiben zu wollen (Hamm VRS **65** Nr 85). Ob der Verzicht auch für den Fall gilt, daß die Verj bereits eingetreten ist, ist Auslegsfrage (Brem VersR **78**, 135). – **c)** Nicht erfaßt vom Verbot des § 225 **3** S 1 werden Abreden, die den VerjLauf nur **mittelbar** erschweren (BGH **93**, 292), wie das Hinausschieben der Fälligk (BGH NJW **84**, 290), die Stundg (BGH NJW **86**, 1608), die Vereinbg einer aufschiebbden Bdg (BGH NJW **95**, 2283), das *pactum de non petendo* (§ 202 Rn 8), die Umwandlg einer kurzfrist verjährden Schuld in ein Darl usw. Die Grenzen für derart Abreden ergeben sich aus dem Verbot von UmgehgsGesch (§ 134 Rn 28). Wird der VerjBeginn um 6 Mo hinausgeschoben (Düss NJW-RR **91**, 208) od davon abhäng gemacht, daß der Gläub die einschläg ErmittlgsAkten hat einsehen können, handelt es sich um eine gg § 225 S 1 verstoßde unmittelb Erschwerg (BGH NJW **84**, 290). Ist die Einsicht bei einem Anspr aus § 558 eine formularmäß FälligkVoraussetzg, verstößt die Regelg gg ABGB 9, da sie den VerjBeginn vom Belieben des Gläub abhäng macht (Karlsr NJW-RR **92**, 244) u der Schu nicht in der Lage ist, den VerjBeginn zuverl zu beurteilen (BGH NJW **86**, 1608, Karlsr VRS **77** Nr 37).

2) Die Erleichterung der Verjährung ist zul (Satz 2). Sie kann dch Abkürzg der Verj, Festsetzg eines **4** vorzeit VerjBeginns (RG **66**, 413), Rückdatierg (Schneider AcP **175**, 294) od Einschränkg der Hemmgs- u UnterbrechgsGrde geschehen. Sie ist auch bei SchadErsAnspr aus vorsätzl Handeln zul; § 276 II steht nicht entgg (RG **135**, 176, BGH **9**, 5). Unwirks sind aber: Vereinbgen, die einen unverjährb Anspr der Verj unterwerfen (Staub-Dilcher Rn 12); die Bestimmg im GesellschVertr einer PublikumsKG, die die VerjFr für SchadErsAnspr gg den AufsR unangem verkürzt (BGH **64**, 244); die Vereinbg von VerjErleichtergen für tarifl Anspr wg Verstoßes gg TVG 4 IV 3 (MüKo/v Feldmann Rn 7); die einseit Abkürzg der VerjFr des HGB 88 zu Lasten des Handelsvertreters (BGH **75**, 218); wirks ist dagg eine beide Part gleichbehandelnde Abkürzg auf 6 Mo, wenn VerjBeginn kenntnisabhäng ist (BGH NJW-RR **91**, 35). Die Verj kann auch dch **AGB** erleichtert w, aber nur in den Grenzen von AGBG 9 (dort Rn 135) u 11 Nr 10f (dort Rn 69).

Sechster Abschnitt. Ausübung der Rechte.
Selbstverteidigung. Selbsthilfe

Überblick

1) Die §§ 226ff enthalten allg Regeln über die **Ausübung und Durchsetzung von Rechten**. Sie gehen **1** davon aus, daß der Schutz u die Dchsetzg von Rechten, sow sie den Einsatz von Zwangsmitteln erfordern, grdsl Aufg des Staates ist. Dieser stellt hierfür das in den ProzGes geordnete Ger- u VollstrVerf zur Vfg. Private Gewaltanwendg zur Dchsetzg vermeintl od wirkl RPositionen („Faustrecht") ist mit den Erfordern des RStaates grdsl unvereinbar. Nur unter den im Ges festgelegten engen Voraussetzgen ist ausnw die Anwendg von privater Gewalt zum Schutz od zur Dchsetzg von Rechten gestattet.

2) § 226, den der GesGeber als zentrale Vorschr über die Ausübg von Rechten angesehen hat, ist neben **2** den §§ 242, 826 weitgehd leerlaufd (§ 226 Rn 1). Erhebl Bedeutg hat dagg die in den §§ 227ff enthaltene Regelg der **Selbstverteidigung** (Notwehr, Notstand) u der **Selbsthilfe**. Sie ist aber nicht erschöpfd. Ergänzd gelten StGB §§ 34, 35 (rechtfertigder u entschuldigder Notstand), BGB § 904 (Angriffsnotstand), § 859 (Besitzwehr), sowie die §§ 561, 862, 910, 962.

226 *Schikaneverbot.* **Die Ausübung eines Rechtes ist unzulässig, wenn sie nur den Zweck haben kann, einem anderen Schaden zuzufügen.**

1) Voraussetzungen. – a) Die Rspr hat aus § 242 iVm § 826 den allg RGrds entwickelt, daß die gg Treu **1** u Glauben verstoßde RAusübg unzul ist (§ 242 Rn 38). Neben diesem sich aus § 242 ergebden **Verbot der**

unzulässigen Rechtsausübung ist der tatbestandl eng gefaßte § 226 weitgehd leerlaufd. Er regelt einen zur Fallgruppe „Fehlen eines schutzwürdigen Interesses" gehörden Sonderfall der unzul RAusübg (§ 242 Rn 50). – **b)** § 226 gilt ebso wie § 242 (dort Rn 16) für **alle Rechtsgebiete**, auch im ProzR (RG **120**, 50, Ffm NJW **79**, 1613, str, aA RG **162**, 67) u im öffR. – **c)** § 226 setzt voraus, daß nach Lage der gesamten Umst ein **anderer Zweck** als Schadenszufügg obj **ausgeschlossen** ist (RG **68**, 425, Ffm NJW **79**, 1613). Es genügt nicht, daß jemand subj aus verwerfl Grden von seinem Recht Gebrauch macht; es muß feststehen, daß die RAusübg dem Berecht obj keinen Vorteil bringen kann u ledigl zur Schädigg eines and taugt (Ffm aaO). Wenn ein berecht Interesse auch nur mitbestimmd sein kann, scheidet Schikane aus (RG **98**, 17). Der Schaden kann auch in der Verletzg ideeller Interessen bestehen (RG **72**, 254). – **d) Einzelfälle.** Die Rspr hat Schikane bejaht, wenn die Wiederbeschaffg best hinterlegter Aktien statt der angebotenen gleichart Aktien and Nummern verlangt w, obwohl die Aktien wertlos sind (RG **96**, 184); wenn der Vater seinen Kindern das Betreten seines Grdst verbietet, auf dem die Grabstätte der Mutter liegt (RG **72**, 251); wenn der Vater die Zust zur Auszahlg des Kinderzuschlags an die Mutter verweigert, obwohl er den Zuschlag selbst nicht in Anspr nimmt (BAG FamRZ **69**, 212); wenn gg den bereits auf Klage eines and rkräftig Verurteilten wg desselben WettbewVerstoßes grundlos eine weitere Klage erhoben w (s RG **120**, 50); wenn der Austausch einer ProzBürgsch gg ein and, offensichtl gleichwert verweigert w (BGH WM **94**, 623); wenn dieselbe Klage gleichzeit bei einer Vielzahl von Ger (74!) anhängig gemacht w (ArbG Hamm MDR **66**, 272); wenn wg 2,10 DM Zinsen die Abgabe der eidesstattl Versicherg verlangt w (LG Köln Rpfleger **91**, 328).

5 **2)** Die schikanöse RAusübg ist **unzulässig**, dh rechtsw (RG **58**, 216). Gg sie ist daher Notwehr mögl. § 226 ist SchutzG iSd § 823 II; schikanöses Handeln verpflichtet somit zum SchadErs. Es begründet, falls Wiederholgsgefahr besteht, zugl einen UnterlAnspr (RG **72**, 254, Einf 18 f vor § 823).

227 Notwehr. [I] Eine durch Notwehr gebotene Handlung ist nicht widerrechtlich. [II] Notwehr ist diejenige Verteidigung, welche erforderlich ist, um einen gegenwärtigen rechtswidrigen Angriff von sich oder einem anderen abzuwenden.

1 **1) Allgemeines.** Der Notwehrbegriff des StrafR (StGB 32) stimmt mit dem des § 227 inhaltl überein. Beide Vorschr sind einheitl auszulegen (MüKo/v Feldmann Rn 1, str). Sie beruhen auf dem Gedanken, daß das Recht dem Unrecht nicht zu weichen braucht. Die Notwehr bezweckt neben dem Schutz des angegriffenen RGuts zugl die Bewährg der ROrdng (s Kühl JuS **93**, 177).

2 **2) Notwehrlage (II). – a) Angriff** ist die von einem Menschen drohde Verletzg rechtl geschützter Interessen. Ein Verschulden ist nicht erforderl; Angreifer kann daher auch ein Kind od ein Geisteskranker sein (BayObLG NJW **91**, 2031, hM, s aber Rn 8). Dagg fällt der Angriff dch ein Tier unter § 228; nur wenn das Tier von einem Menschen als Werkzeug benutzt w, ist § 227 anwendb. Unterl ist dann kein Angriff, wenn eine RPfl zum Handeln besteht (RGSt **19**, 298, RG Warn **33** Nr 116, str). Keine Notwehr daher, wenn der Inh der Reparaturwerkstatt den Pkw nach Beendigg der Reparatur rechtsw nicht herausgibt (aA AG Bensberg NJW **66**, 733), der ArbN den Betr bei Dienstschluß nicht verläßt (Derleder BB **87**, 825) od der wirks gekündigte Mieter nicht auszieht. Die unberecht Künd eines ArbVertr ist kein Angriff iSd § 227 II (BAG NJW **79**, 237); ebsowenig die Verfolg eines and zu dem Zweck, seine Personalien dch die Polizei feststellen zu lassen (BGH VersR **71**, 629), wohl aber das Hindern an der Weiterfahrt (BayObLG NJW **93**, 211). – **b)** Geschützt sind **Rechtsgüter aller Art**, so vor allem Leben, Gesundh, Freih, auch die Freih zur Fortbewegg im StraßenVerk (Schlesw NJW **84**, 2471) u zum Aufsuchen des ArbPlatzes (Löwisch/Krauß DB **95**, 1330), das Eigtum, das HausR (Löwisch/Rieble NJW **94**, 2596, abwegig Ffm NJW **94**, 946), die Ehre (BGHSt **14**, 361), das allg PersönlichkR u das Recht am eig Bild (Hbg NJW **72**, 1290), das aber uU ggü berecht FahndgsInteressen der Polizei zurücktreten muß (BGH NJW **75**, 2076). Der Ehebruch ist kein Angriff iS d § 227 II, da sich die Ehe nicht dch Gewalt schützen läßt (s Köln NJW **75**, 2344). Gg wen sich der Angriff richtet, ist gleichgültig. Auch die Verteidigg fremder RGüter fällt als **Nothilfe** unter § 227 II; sie darf aber nicht gg den Willen des Angegriffenen ausgeübt w (str s Seier NJW **87**, 2478). Bes gilt für die Störg der öff Ordng: Ihr darf der einzelne nur dann enttgegentreten, wenn der Störer zugl rechtl geschützte Individualinteressen angreift (BGH **64**, 180). Daher keine Notwehr gg die Ausstellg pornograf Schriften (BGH aaO) u wohl auch nicht gg das Rauchen im Nichtraucherabteil (s LG Bln NJW **78**, 2343). Das NothilfeR des § 227 steht trotz der Sonderregelgen in den PolizeiG der Länder auch den Polizeibeamten zu (BayObLGSt **91**, 141, 4 Rogall JuS **92**, 551, str). – **c) Gegenwärtig** ist der Angriff schon vor seinem Beginn, sofern er unmittelbar bevorsteht. Erforderl aber auch ausr ist ein Verhalten, das unmittelb in eine Verletzg umschlagen kann (BayObLG NJW **85**, 2601). Es genügt daher der Griff zur Waffe (BGH NJW **73**, 255) od das Losgehen auf den Gegner (BGH VersR **71**, 630). Der Angriff ist nicht mehr ggwärtig, wenn er beendet ist. Das ist der Fall, wenn er aufgegeben, fehlgeschlagen od dchgeführt ist. Er dauert dagg fort, wenn mit weiteren Tätlichk (BGH VersR **64**, 286) od Beleidiggen (BGH VersR **63**, 730) zu rechnen ist. Der Angriff des Diebes ist 5 ggwärtig, solange er bestrebt ist, die Beute zu sichern (RG **111**, 370, Hamm OLGZ **78**, 73). – **d) Rechtswidrig** ist der Angriff, wenn er ohne einen bes RFertiggsGrd in ein fremdes Recht od RGut eingreift (so mit Recht die Lehre vom Erfolgsunrecht gg die Lehre vom Verhaltensunrecht, s § 823 Rn 32 ff). Gg rechtmäß AmtsHdlgen ist keine Notwehr mögl, wohl aber gg unrechtmäß (s LG Bln NJW **71**, 620).

6 **3) Erforderliche Verteidigung. – a)** Eine VerteidiggsHdlg setzt einen **Verteidigungswillen** voraus, mögen auch noch and Motive (Haß, Wut) mitbestimmd sein (RGSt **60**, 261, BGHSt **3**, 198). Wollen die 7 Beteiligten nur raufen, ist § 227 unanwendb (BGH NJW **90**, 2263). – **b)** Welche Verteidigg **erforderlich** ist, richtet sich nach der obj Sachlage u nicht danach, ob sie der Angegriffene für erforderl hielt od halten konnte (RG **84**, 306, BGHSt NJW **74**, 154). Der Angegriffene muß das am wenigsten schädl od gefährl Mittel zur Erreichg des Abwehrerfolges anwenden (BGH VersR **67**, 478, BGHSt NJW **72**, 1822), braucht sich aber nicht auf das Risiko einer ungenügden AbwehrHdlg einzulassen (BGH NJW **76**, 42; **91**, 504). **Schußwaffengebrauch** ist nur in ernster Gefahrenlage gerechtfertigt (BGH aaO). Für ihn gilt grdsl die Abfolge:

Drohg, Warnschuß, Schuß in die Beine (BGH NStZ **87**, 322). Ein Ausweichen ist dem Angegriffenen ledigl dann zuzumuten, wenn es ohne Aufg berecht Interessen mögl ist (RG **84**, 308, BGHSt NJW **54**, 438). Es kann geboten sein, wenn die nach Sachlage an sich erforderl VerteidiggsHdlg zu einer Gefährdg unbeteiligter Dritter führen würde (BGH NJW **78**, 2028). Dagg ist ein Zurückweichen unzumutb, wenn es als schmähl Flucht erscheinen würde (BGH NJW **80**, 2263). Entscheid ist die Stärke u Hartnäckigk des Angriffs, nicht der Wert des angegriffenen RGutes. Auch zur Verteidigg von Sachgütern ist daher uU eine Leib u Leben des Angreifers gefährdde Abwehr zul (RG **111**, 370, BGHSt NJW **56**, 920); das gilt auch für den Nothelfer (Seier NJW **87**, 2476). Daran hat Art II 2 a MRK nichts geändert, da die MRK das Verhältn der Staatsbürger untereinand nicht betrifft (Kreye JZ **79**, 708 mwNw). – **c)** Auch für das NotwehrR gilt das **8** **Verbot unzulässiger Rechtsausübung** (§ 242 Rn 38). Ggü Kindern, Geisteskranken od sonst ohne Schuld Handelnden kann es daher geboten sein, auf eine Abwehr zu verzichten od die Verteidigg zu beschränken (MüKo/v Feldmann Rn 6). Auch bei der Verteidigg gg den Eheg können sich aus § 242 Einschränkgen für das NotwehrR ergeben (BGH NJW **69**, 802, **75**, 63); das gilt aber nur dann, wenn eine mildere Verteidigg mögl u erfolgversprechd ist (BGH JZ **84**, 529). Das NotwehrR wird nicht dch den Grds der Verhältnismäßigk begrenzt (BGH NJW **76**, 42); besteht zw dem angegriffenen u dch die VerteidiggsHdlg verletzten RGut ein krasses Mißverhältn, ist die Ausübg des NotwehrR aber mißbräuchl u unzul (Hamm NJW **72**, 1827, BayObLG NJW **95**, 2644). – **d)** Hat der Angegriffene die Notwehrlage selbst verursacht, ist zu **9** unterscheiden: – **aa)** Hat er die Notwehrlage absichtlich herbeigeführt, um den Angreifer unter dem Deckmantel der Notwehr zu verletzen (sog **Absichtsprovokation**), besteht kein NotwehrR, die angebl VerteidiggsHdlg ist rechtsw (BGH NJW **83**, 2267, allgM). – **bb)** Hat der Angegriffene die Notwehrlage rechtsw u **vorwerfbar,** aber nicht absichtl herbeigeführt, wird sein NotwehrR dch § 242 eingeschränkt. Er muß sich bei der Verteidigg zurückhalten u jeden mögl Weg zur Abwendg der drohden Gefahr benutzen (BGHSt NJW **72**, 1822, **75**, 1423). Er hat geringfügige Beeinträchtiggen hinzunehmen u muß, wenn mögl, ausweichen (BGH aaO). Diese ZurückhaltgsPfl entfällt aber, wenn der Angreifer trotz der Zurückhaltg des Angegriffenen keine Anstalten zum Einlenken macht, sond den Angriff fortführt (BGHSt NJW **76**, 634).

4) Die dch Notwehr gebotene Hdlg ist **rechtmäßig** (§ 227 I) und begründet daher keine SchadErsPfl. **10** Sow die NotwehrHdlg RGüter unbeteiligter Dritter verletzt, ist sie nicht dch § 227 gerechtfertigt (hM). Als RFertiggsGrd kommt aber Notstand (§§ 228, 904, StGB 34) in Betracht. Ein SchadErsAnspr des Dr gg den Angegriffenen besteht, abgesehen vom Fall des § 904, nur bei Verschulden. Hat der Angegriffene sich der Notwehrlage bewußt ausgesetzt u konnte er die Gefährdg Dritter voraussehen, so trifft ihn Verschulden (BGH NJW **78**, 2029).

5) Sonderfälle. – a) Überschreitet der Angegriffene die Grenzen der erforderl Verteidigg, so handelt er **11** rechtsw **(Notwehrexzeß)**. Das gilt auch dann, wenn die Tat gem StGB 33 straffrei ist. Eine SchadErsPfl besteht nur bei Verschulden (BGH NJW **76**, 42), sie kann wg Mitverschuldens des Angreifers gemindert w od sogar ganz entfallen (s BGH VersR **67**, 478). – **b)** Wer irrtüml annimmt, in Notwehr zu handeln **12** **(Putativnotwehr)**, handelt rechtsw. Eine SchadErsPfl tritt nur bei Verschulden ein, also nicht, wenn der Irrt entschuldigt ist (BGH NJW **76**, 42, **87**, 2509, Hamm OLGZ **78**, 73). Auch insow gilt aber der obj FahrlkMaßstab des § 276 (BGH NJW **81**, 745).

6) Beweislast. Wer sich auf Notwehr beruft, erhebt einen rhindernden Einwand; er muß daher die **13** Voraussetzgen der Notwehr beweisen (BGH NJW **76**, 42, Kblz NJW-RR **94**, 863, allgM). Für eine Überschreitg der Notwehr ist dagg der Angreifer darleggs- u bewpflichtig (BGH VersR **71**, 630, NJW **76**, 42). Im Fall der Putativnotwehr muß der Handelnde die Entschuldbark des Irrt beweisen (BGH NJW **81**, 745).

228 *Notstand.* **Wer eine fremde Sache beschädigt oder zerstört, um eine durch sie drohende Gefahr von sich oder einem anderen abzuwenden, handelt nicht widerrechtlich, wenn die Beschädigung oder die Zerstörung zur Abwendung der Gefahr erforderlich ist und der Schaden nicht außer Verhältnis zu der Gefahr steht. Hat der Handelnde die Gefahr verschuldet, so ist er zum Schadensersatze verpflichtet.**

1) Allgemeines. – a) § 228 behandelt den **Verteidigungsnotstand;** er wird dch die Regelg des An- **1** griffsnotstandes in § 904 ergänzt. Währd § 228 zur Gefahrabwehr die Beschädigg der gefahrbringenden Sache, also eine VerteidiggsHdlg, gestattet, gibt § 904 das Recht, auf eine Sache einzuwirken, obwohl dch sie keine Gefahr droht. Beide Vorschr beruhen auf dem Gedanken, daß im Konfliktsfall das weniger schutzwürd RGut hinter höherrangigen RGütern zurücktreten muß. Derselbe Gedanke der **Güterabwägung** liegt auch **StGB 34** zugrunde. StGB 34 ist in seinen Voraussetzgen strenger, gestattet aber neben dem Eingriff in fremdes Eigtum auch den in persönl RGüter, wie Gesundh u Freih. Wg der Einheitlichk der ROrdng schließt StGB 34 die RWidrigk auch für das bürgerl Recht aus; umgekehrt wirken §§ 228, 904 auch im StrafR als RFertiggsGrde. Auch in and Fällen kann der Gedanke der Güter- u PfltenKollision einen RFertiggsGrd darstellen (BAG NJW **83**, 2784: Konflikt zw Arb- u WehrPfl iF eines türk ArbN). – **b)** Dagg **2** schließt der entschuldigte Notstand des **StGB 35** das nach obj Kriterien zu beurteilde zivilrechtl Verschulden nicht ohne weiteres aus, insb dann nicht, wenn der Täter die Gefahrenlage verschuldet hat. Im übrigen besteht in den Fällen der StGB 34, 35 ein schuldunabhäng SchadErsAnspr analog § 904 S 2 (MüKo/Säcker § 904 Rn 24, Wilts NJW **64**, 708, str, für eine BilligkHaftg Freibg JZ **51**, 226 mAv Ballerstedt). – Auf dem Gebiet des Jagdschutzes gehen BJagdG 23 ff u die ergänzden Regelgen der LandesjagdGes den §§ 228, 904 vor (s RG **155**, 338 zu RJagdG 40). Wg weiterer SpezialVorschr vgl § 904 Rn 1.

2) Die **Notstandslage** des § 228 setzt voraus, daß die Gefahr der Verletzg eines RGuts dch eine fremde **3** Sache droht. – **a)** Notstandsfähig sind **Rechtsgüter jeder Art,** auch ein AneignsR (RGSt **34**, 297) od reine Vermögensinteressen. Unerhebl ist, um wessen RGut es sich handelt. Eine bes Beziehg des Handelnden zu dem bedrohten Gut ist nicht erforderl. – **b)** Genügd ist eine **drohende Gefahr,** and als iF des § 227 braucht **4** es sich nicht um eine ggwärtige Gefahr zu handeln. Eine drohde Gefahr liegt vor, wenn eine auf tats Umst

5 gegründete Wahrscheinlichk des Eintritts eines Schadens besteht (s BGHSt **18**, 272). – **c)** Die Gefahr muß von einer **fremden** Sache drohen. Gleich zu behandeln ist eine herrenlose Sache, an der ein AneigngsR
6 besteht (allgM). – **d)** Die Gefahr muß von **der Sache ausgehen**, auf die dch die NotstandsHdlg **eingewirkt** w. Erforderl ist, daß die Sache selbst unmittelb aus sich heraus die Gefährdg begründet (RG **71**, 242, **88**, 214, MüKo/v Feldmann Rn 2, sehr str, aA Allgaier VersR **89**, 789). Das ist der Fall, wenn auf einem brennden Schiff wg eines Tanks mit Schmieröl die Gefahr einer Ausweitg des Brandes besteht (RG **143**, 387). Nicht § 228, sond § 904 ist dagg anzuwenden, wenn wg der Einlagerg von Tabak die Gefahr einer Plünderung droht (aA OGH **4**, 102, Ballerstedt JZ **51**, 228) od wenn ein Damm durchstochen w, um aufgestautes Wasser ablaufen zu lassen (RG **71**, 242). Wird die Sache als Werkzeug von einem Menschen benutzt, so gilt § 227. Eine ErsPfl des Angegriffenen besteht auch dann nicht, wenn die Sache einem Dritten gehört.

7   **3)** Die **Notstandshandlung** besteht in dem Beschädigen od Zerstören der Sache, von der die Gefahr ausgeht. – **a)** Die Hdlg setzt einen Abwehrwillen voraus (BGH **92**, 359) u muß zur Abwehr der Gefahr **erforderlich** sein. Ebso wie iF des § 227 ist die Erforderlichk obj zu bestimmen. Kann die Gefahr auf and Weise abgewendet w, ist § 228 unanwendb. Die Möglichk der Flucht schließt – and als iF der Notwehr – die
8 Berufg auf § 228 aus (Soergel-Fahse Rn 26, allgM). – **b)** Der dch die NotstandsHdlg angerichtete Schaden darf nicht **außer Verhältnis** stehen zur abgewendeten Gefahr. Grdl für die Abwägg bilden die in der RGemeinsch herrschden Anschauungen. Danach sind Leben u Gesundheit höherwertig als Sachgüter. Handelt es sich um eine bes wertvolle Sache, muß aber uU eine geringfügige Körperverletzg hingenommen w. Bei Sachgütern kommt es idR auf die Wertrelation an, jedoch sind auch ideelle Gesichtspkte zu berücksichtigen. Zur Rettg eines Mischlingshundes od eines Schafs darf ein vielf wertvollerer Rassehund getötet w, wenn sich der Angriff auf and Weise nicht abwehren läßt (Kblz NJW-RR **89**, 541, Hamm NJW-RR **95**, 279).

9   **4)** Die im Notstand vorgenommene VerteidiggsHdlg ist **rechtmäßig**. Sie ist daher nicht strafb u stellt keine unerl Hdlg iSd § 823ff dar; gg sie gibt es keine Notwehr. Auch bei einem selbstverschuldeten Notstand bleibt die Hdlg rechtmäß, besteht jedoch nach § 228 S 2 eine SchadErsPfl. Verschulden liegt vor, wenn der Handelnde die Gefahr verursacht od sich vorsätzl od fahrlässig der Gefahr ausgesetzt hat. §§ 827, 828 sind entspr anzuwenden, ebso § 852, da es sich um eine deliktsähnl Haftg für eine actio libera in causa handelt (aA Soergel-Fahse Rn 29 u die hM, die zwar §§ 827, 828, nicht aber § 852 für anwendb halten).

10   **5)** Für den **Notstandsexzeß**, den **Putativnotstand** u die **Beweislast** gelten die Ausführgen in § 227 Rn 11–13 entspr. Der Handelnde haftet nur bei Verschulden (s RG JW **26**, 1145). § 228 S 2 ist auf die Notstandsüberschreitg u den vermeintl Notstand nicht entspr anwendb (Staud-Dilcher Rn 27).

229 **Selbsthilfe.** **Wer zum Zwecke der Selbsthilfe eine Sache wegnimmt, zerstört oder beschädigt oder wer zum Zwecke der Selbsthilfe einen Verpflichteten, welcher der Flucht verdächtig ist, festnimmt oder den Widerstand des Verpflichteten gegen eine Handlung, die dieser zu dulden verpflichtet ist, beseitigt, handelt nicht widerrechtlich, wenn obrigkeitliche Hilfe nicht rechtzeitig zu erlangen ist und ohne sofortiges Eingreifen die Gefahr besteht, daß die Verwirklichung des Anspruchs vereitelt oder wesentlich erschwert werde.**

Schrifttum: Schünemann, Selbsthilfe im RSystem, 1985.

1   **1) Allgemeines.** Selbsthilfe ist die Dchsetzg od Sicherg eines Anspr vermittels privater Gewalt. Sie ist in einem rechtsstaatl geordneten Gemeinwesen grdsl unzul; der Berecht muß seine Rechte in dem dafür vorgesehenen gerichtl Verf geltd machen (Übbl 1 vor § 226). Nur unter den engen Voraussetzgen des § 229 ist ausnw eine eigenhändl vorläuf Sicherg des Ansprs erlaubt. Das Recht auf Selbsthilfe ergänzt den staatl RSchutz u ist wie dieser auf Verwirklichg der ROrdng gerichtet (Schünemann S 18 ff). Ergänzd gelten § 561 I (Vermieter), §§ 859, 860 (Besitzer, Besitzdiener), § 910 (NachbarR) u § 962 (Bienenschwarm). § 229 ist **zwingendes Recht**; er kann dch PartVereinbg nicht erweitert w (RG **131**, 222, **146**, 186, allgM). Ein etwaiges WegnR des Abzahlgskäufers muß daher iW der Klage dchgesetzt w (RG aaO).

2   **2) Voraussetzungen. – a)** Dem Handelnden muß ein **Anspruch** zustehen. Maßgebd ist der AnsprBegriff des § 194, nicht der des ProzeßR (aA Schünemann S 65ff); guter Glaube an die Existenz des Anspr genügt nicht. Der Anspr muß in einem gerichtl Verf dchsetzb sein; unklagb, verjährte od rechtskräft abgewiesene Anspr dürfen nicht dch Selbsthilfe gesichert w. Bei bedingten od betagten Anspr ist Selbsthilfe
3 zul, sofern gem ZPO 916 II Arrest od einstw Vfg erlassen w kann (arg § 230 II, III). – **b)** Selbsthilfe ist nur zum Schutz **eigener** Anspr gestattet, nur zur Sicherg von Anspr Dr (Staud-Dilcher Rn 7, aA Schünemann S 57ff). Gesetzl u rgeschäftl bestellte Vertreter stehen dem AnsprInh gleich. Zul ist es auch, daß sich der Berecht der Unterstützg Dr bedient. Auf Handeln in auftragloser GeschFührg ist § 229 dagg unanwendb
4 (Staud-Dilcher Rn 7, str). – **c) Obrigkeitliche Hilfe** muß nicht rechtzeit zu erlangen sein. Als Sichergsmittel kommen uU auch Arrest u einstw Vfg in Betracht, uU aber auch polizeil Maßn, sow die Polizei ausnw für den Schutz priv Rechte zuständig ist (Wolff-Bachof III § 125 II a 1). Es genügt, wenn die staatl Hilfe zu Unrecht verweigert w. Das SelbsthilfeR ist aber ausgeschl, wenn der Gläub die Möglichk, staatl RSchutz in
5 Anspr zu nehmen, nicht genutzt hat (Schünemann S 74). – **d) Gefährdung der Verwirklichung des Anspruchs.** Es ist nicht erforderl, daß ein unwiederbringl Verlust droht. Eine wesentl Erschwerg der RDchsetzg genügt. Sie kann gegeben sein, wenn der Schu ins Ausl gehen od wesentl Teile seines Vermögens beiseite schaffen will. Drohde Beweisschwierigk rechtfertigen Selbsthilfe nicht (BGHSt **17**, 328), ebsowenig drohde Zahlgsunfähigk (Soergel-Fahse Rn 13). Hinreichde Sicherg des PrimärAnspr schließen die Gefährdg aus (AK/Damm Rn 7), nicht aber die Möglichk, SchadErs wg NichtErf zu erlangen.

6   **3) Selbsthilfehandlung.** Sie muß von einem Selbsthilfewillen getragen sein (Schünemann S 31). Als Mittel der Selbsthilfe sind zugelassen: – **a) Wegnahme, Zerstörung oder Beschädigung einer Sache.** Die Sache muß dem Schu gehören (hM) u vollstreckgs- u arrestfähig sein (arg § 230 II, IV). Wg eines ZahlgsAnspr kann jede pfändb Sache, wg eines HerausgAnspr nur die herauszugebde Sache weggenommen w. Die Zerstörg od Beschädigg einer Sache dient idR dazu, die Dchführg der eigentl SelbsthilfeHdlg zu

ermöglichen (Aufbrechen der Wohngstür od eines Schrankes). – **b)** Die **Festnahme** des Schu setzt Flucht- 7 verdacht voraus. Sie ist nur zul, wenn die Voraussetzgen des persönl SicherhArrests (ZPO 918) vorliegen (arg § 230 III). Der der Festn entggstehde Widerstand darf gebrochen w (Rn 8); ein Recht zur Tötg besteht jedoch in keinem Fall (RGSt **69**, 311). – **c)** Der **Widerstand** des Schu darf **beseitigt** w, sofern er zur Duldg 8 einer Hdlg verpflichtet ist. Die DuldgsPfl kann sich aus dem zu sichernden Anspr od dem SelbsthilfeR ergeben. Erlaubt ist in den Grenzen des § 230 I – ähnl wie bei ZPO 892 – sowohl Gewalt gg Sachen als auch die gg Pers. Der Berecht hat an den dch Selbsthilfe erlangten Sachen ein ZbR (Schünemann S 112). Ein Anspr auf Erstattg der entstandenen Kosten kann sich aus § 286 od pVV ergeben (Schünemann S 133).

4) Die SelbsthilfeHdlg ist unter den Voraussetzgen des § 229 **rechtmäßig.** Gg sie ist keine Notwehr 9 gegeben, sie begründet keine SchadErsPfl u ist nicht strafb, es sei denn, daß sie zugl RGüter Dr od der Allgemeinh verletzt (zB als StraßenverkGefährdg).

5) Für den **Selbsthilfeexzeß,** die **Putativselbsthilfe** u die **Beweislast** gelten die Ausführgen in § 227 10 Rn 11–13 sinngem; iF der Putativselbsthilfe u des Selbsthilfeexzesses besteht jedoch auf jeden Fall die schuldunabhäng SchadErsPfl nach § 231.

230 *Grenzen der Selbsthilfe.* [I] **Die Selbsthilfe darf nicht weiter gehen, als zur Abwendung der Gefahr erforderlich ist.**

[II] **Im Falle der Wegnahme von Sachen ist, sofern nicht Zwangsvollstreckung erwirkt wird, der dingliche Arrest zu beantragen.**

[III] **Im Falle der Festnahme des Verpflichteten ist, sofern er nicht wieder in Freiheit gesetzt wird, der persönliche Sicherheitsarrest bei dem Amtsgerichte zu beantragen, in dessen Bezirke die Festnahme erfolgt ist; der Verpflichtete ist unverzüglich dem Gerichte vorzuführen.**

[IV] **Wird der Arrestantrag verzögert oder abgelehnt, so hat die Rückgabe der weggenommenen Sachen und die Freilassung des Festgenommenen unverzüglich zu erfolgen.**

1) Ebso wie iF der Notwehr muß die SelbsthilfeHdlg zur Abwendg der Gefahr **erforderlich** (I) sein (s 1 § 227 Rn 7). Verhältnismäßig zw der drohdn Gefahr u dn Nachteilen für dn Schu braucht nicht zu bestehen, jedoch gilt ebso wie iF der Notwehr die Grenze des RMißbrauchs (s § 227 Rn 8).

2) Die Selbsthilfe bezweckt nur eine **vorläufige Sicherung** des Anspr. Die endgült Entsch obliegt dem 2 Ger. Ausnw kann aber auch eine Befriedigsselbsthilfe zul sein (Schünemann S 96). – **a) II und III.** Der Gläub muß iF der Wegn einer Sache, sofern er keinen VollstrTitel hat, dingl Arrest (ZPO 917, 920) beantragen, iF der Festn persönl SicherhArrest (ZPO 918, 920). Der ArrestAntr ist auch dann erforderl, wenn der Gläub zum Besitz der weggenommenen Sache berecht ist (MüKo/v Feldmann Rn 2, str); and nur, wenn die Voraussetzgen der Besitzkehr (§ 859 II u III) vorliegen. – **b) IV.** Die Pfl zur Rückgabe der 3 weggenommenen Sache besteht – abgesehen vom Fall der Besitzkehr (§ 859 II u III) – auch bei einem BesitzR des Gläub (Staud-Dilcher Rn 5, str). IV ist SchutzG isd § 823 II, seine Verletzg begründet daher, wenn dem Gläub Verschulden zur Last fällt, eine SchadErsPfl.

231 *Irrtümliche Selbsthilfe.* **Wer eine der im § 229 bezeichneten Handlungen in der irrigen Annahme vornimmt, daß die für den Ausschluß der Widerrechtlichkeit erforderlichen Voraussetzungen vorhanden seien, ist dem anderen Teile zum Schadensersatze verpflichtet, auch wenn der Irrtum nicht auf Fahrlässigkeit beruht.**

§ 231 begründet eine **schuldunabhängige Schadensersatzpflicht.** Sie setzt voraus, daß die Selbsthilfe- 1 Hdlg rechtsw ist u erfaßt neben der Putativselbsthilfe auch den Selbsthilfeexzeß. Auch wenn der Handelnde sich aus Grden zur Selbsthilfe befugt gehalten hat, die nicht in § 229 angeführt sind, ist § 231 anzuwenden (BGH NJW **77,** 1818). Dogmat handelt es sich um einen Fall der GefährdgsHaftg. Deliktsfähig (§§ 827, 828) ist nicht erforderl (hM). Für die Verj gilt § 852 (str), für MitVersch § 254 (BGH aaO).

Siebenter Abschnitt. Sicherheitsleistung

Überblick

1) Die SicherhLeistg hat den **Zweck,** den SichergsN vor drohdn RNachteilen zu schützen. Die §§ 232– 1 240 regeln ledigl **die Art und Weise** der SicherhLeistg. Die **Verpflichtung** zur SicherhLeistg setzen sie voraus; sie kann sich aus dem Ges (zB §§ 843, 1039, 1051, 1067, 1389), richterl Anordng (§ 1844) od RGesch (BGH NJW **86,** 1038) ergeben (Kohler ZZP **102,** 58). And ges Vorschr sehen ein Recht zur SicherhLeistg vor, um RNachteile abzuwehren od RVorteile zu erhalten (zB §§ 257, 258, 273 III, 321). Auch auf diese Fälle sind die §§ 232 ff anzuwenden (Kohler aaO S 73). Die **Höhe** der SicherhLeistg bemißt sich, sow Sondervorschr fehlen, nach dem Wert des zu sichernden Rechts.

2) Für die **prozessuale** SicherhLeistg gelten ZPO 108 ff. Die §§ 232 ff sind nur anwendb, sow ZPO 108 ff 2 auf sie verweisen.

3) Die **praktische Bedeutung** der §§ 232 ff ist gering. Wenn Sicherh zu leisten ist, einigen sich die Part 3 vielf auf eine von den §§ 232 ff abweichde wirtschaftlichere Art der SicherhLeistg (Hinterlegg bei Notar, Einrichtg eines TrHandKontos, BankBürgsch, s VOB/B 17).

232 **Arten.** [1] Wer Sicherheit zu leisten hat, kann dies bewirken durch Hinterlegung von Geld oder Wertpapieren,

durch Verpfändung von Forderungen, die in das *Reichsschuldbuch* oder in das Staatsschuldbuch eines *Bundesstaats* eingetragen sind,

durch Verpfändung beweglicher Sachen,

durch Bestellung von Schiffshypotheken an Schiffen oder Schiffsbauwerken, die in einem deutschen Schiffsregister oder Schiffsbauregister eingetragen sind,

durch Bestellung von Hypotheken an inländischen Grundstücken,

durch Verpfändung von Forderungen, für die eine Hypothek an einem inländischen Grundstücke besteht, oder durch Verpfändung von Grundschulden oder Rentenschulden an inländischen Grundstücken.

[II] Kann die Sicherheit nicht in dieser Weise geleistet werden, so ist die Stellung eines tauglichen Bürgen zulässig.

1   **1) Allgemeines.** Der Verpflichtete hat unter den in § 232 I aufgeführten Mitteln die **Wahl.** Im Streitfall müssen Klage u Urt ihm die Art der SicherhLeistg freistellen. Erst in der gem ZPO 887 I dchzuführenden ZwVollstr geht das WahlR analog § 264 auf den Gläub über (Kblz FamRZ **73**, 382, Düss FamRZ **84**, 704).

2   **2) Grdsl** ist eine der in § 232 I genannten **Realsicherheiten** zu leisten. Zu den in das Staatsschuldbuch eingetragenen Fdgen s § 236 Rn 1. Bei Geld u Wertpapieren erfolgt die SicherhLeistg dch Hinterlegg nach Maßg der HintO (s §§ 233, 234). In den übrigen Fällen des § 232 I muß ein PfdR od eine Hyp nach den dafür maßgebden Vorschr bestellt w (s §§ 235–238). Wird eine Hyp bestellt, genügt eine SichergsHyp. § 238 steht nicht entgg, da er nur die HypVerpfändg betrifft; er ist jedoch hins der SicherhGrenze entspr anwendb. Der SchiffsHyp steht nach LuftfzRG 98 II das RegisterPfandR an einem Luftfahrzeug gleich.

3   **3)** Unter **Geld** sind die gesetzl u gesetzl zugelassenen Zahlgsmittel zu verstehen. Es ist in Höhe des Nennwertes zur SicherhLeistg geeignet. Auch ausl Geld ist ein taugl Sichergsmittel, in entspr Anwendg von § 234 III aber nur in Höhe von ¾ des Kurswertes (hM). Für die and Sichergsmittel stellen die §§ 234 ff TauglichkVoraussetzgen auf (vgl dort).

4   **4)** SicherhLeistg dch einen **Bürgen** (§ 239) ist nur zul, wenn der Schu keine Realsicherh erbringen kann (§ 232 II). Beweispflicht ist insow der Schu. In einigen Fällen ist die SicherhLeistg dch Bürgen ausdr ausgeschlossen (zB § 273 III, 1218 I).

233 **Wirkung der Hinterlegung.** Mit der Hinterlegung erwirbt der Berechtigte ein Pfandrecht an dem hinterlegten Gelde oder an den hinterlegten Wertpapieren und, wenn das Geld oder die Wertpapiere in das Eigentum des Fiskus oder der als Hinterlegungsstelle bestimmten Anstalt übergehen, ein Pfandrecht an der Forderung auf Rückerstattung.

1   Über Geld s § 232 Rn 3, über Wertpapiere § 234. Dch Hinterlegg entsteht für den Berecht ein **Pfandrecht**, das gem § 1257 den Regeln des rgeschäftl PfandR folgt. Geld geht mit der Hinterlegg in das Eigt des Landes über (HintO 7) u zwar auch dann, wenn es dem Hinterleger nicht gehört. Ausl Geld u Wertpapiere w dagg unverändert aufbewahrt (HintO 7 II, 9 II), dh die bei Einliefg bestehden EigtVerhältn bleiben unverändert. Handelt der Hinterleger als NichtBerecht, so erwirbt der Gläub das PfandR bei inländ Geld auf jeden Fall (Darkow JR **56**, 337), bei Wertpapieren u ausl Geld nur bei gutem Glauben (Soergel-Fahse Rn 7, str). Zur öffr Seite der Hinterlegg s Einf 5 vor § 372.

234 **Geeignete Wertpapiere.** [1] Wertpapiere sind zur Sicherheitsleistung nur geeignet, wenn sie auf den Inhaber lauten, einen Kurswert haben und einer Gattung angehören, in der Mündelgeld angelegt werden darf. Den Inhaberpapieren stehen Orderpapiere gleich, die mit Blankoindossament versehen sind.

[II] Mit den Wertpapieren sind die Zins-, Renten-, Gewinnanteil- und Erneuerungsscheine zu hinterlegen.

[III] Mit Wertpapieren kann Sicherheit nur in Höhe von drei Vierteilen des Kurswertes geleistet werden.

1   Als Sichergsmittel geeignete **Wertpapiere** sind nach § 234 nur InhPapiere, wie die InhSchuldVerschreibgen (§§ 793 ff) u InhAktien (AktG 10) u Orderpapiere mit Blankoindossament. Kurswert ist der dch Angebot u Nachfrage best, im Verk anerkannte Marktpreis; eine amtl Kursnotierg ist nicht erforderl (MüKo/v Feldmann Rn 1). Über Mündelsicherh s § 1807. Wechsel sind wg fehler Mündelsicherh kein geeignetes Sichergsmittel.

235 **Umtauschrecht.** Wer durch Hinterlegung von Geld oder von Wertpapieren Sicherheit geleistet hat, ist berechtigt, das hinterlegte Geld gegen geeignete Wertpapiere, die hinterlegten Wertpapiere gegen andere geeignete Wertpapiere oder gegen Geld umzutauschen.

1   Der SichergsGeb hat bei Bestellg der Sicherh freie Wahl zw den in § 232 I genannten Sichergsmittel. Nachträgl Änd erfordern grdsl eine Zust des SichergsNeh. Nur bei Geld u Wertpapieren läßt § 235 einen Austausch ohne Zust des SichergsNeh zu.

236   *Buchforderungen.*   **Mit einer Buchforderung gegen das *Reich* oder gegen einen *Bundesstaat* kann Sicherheit nur in Höhe von drei Vierteilen des Kurswerts der Wertpapiere geleistet werden, deren Aushändigung der Gläubiger gegen Löschung seiner Forderung verlangen kann.**

An die Stelle des Reichsschuldbuches ist gem der VO vom 13. 12. 49 (BGBl **50**, 1) das Bundesschuldbuch **1** getreten (s Meder/Ernst, Schuldbuchrecht des Bundes u der Länder, 1950). Staatsschuldbücher bestehen in den Ländern BaWü, Bay, Bln, Br, Hbg, Hess, RhPf, SchlH (s Art 97 EGBGB Rn 2). BuchFdgen gg eine Gemeinde sind zur SicherhLeistg nicht geeignet.

237   *Bewegliche Sachen.*   **Mit einer beweglichen Sache kann Sicherheit nur in Höhe von zwei Dritteilen des Schätzungswerts geleistet werden. Sachen, deren Verderb zu besorgen oder deren Aufbewahrung mit besonderen Schwierigkeiten verbunden ist, können zurückgewiesen werden.**

Den Schätzwert muß ggf der SichergsGeb beweisen. Ggst, die nur einen Liebhaberwert haben, sind als **1** Sichergsmittel ungeeignet. Die SicherhLeistg geschieht dch Verpfändg gem § 1205, bei Schiffen u Luftfahrzeugen dch Bestellg einer SchiffsHyp bzw eines RegisterPfdR (§ 232).

238   *Hypotheken, Grund- und Rentenschulden.*   **[I]Eine Hypothekenforderung, eine Grundschuld oder eine Rentenschuld ist zur Sicherheitsleistung nur geeignet, wenn sie den Voraussetzungen entspricht, unter denen am Orte der Sicherheitsleistung Mündelgeld in Hypothekenforderungen, Grundschulden oder Rentenschulden angelegt werden darf. [II]Eine Forderung, für die eine Sicherungshypothek besteht, ist zur Sicherheitsleistung nicht geeignet.**

Die SicherhLeistg geschieht dch Verpfändg gem §§ 1291, 1280, 1273 (§ 232). Zur Mündelsicherh s § 1807 **1** I Z 1 u II. SichergsHyp (§§ 1184 ff) sind wg ihrer Abhängigk von der zu sichernden Fdg kein geeignetes Sichergsmittel (II). SchiffsHyp u RegPfdR an Luftfahrzeugen fallen unter § 237. Zur SicherhLeistg dch Bestellg einer Hyp s § 232 Rn 2.

239   *Bürge.*   **[I]Ein Bürge ist tauglich, wenn er ein der Höhe der zu leistenden Sicherheit angemessenes Vermögen besitzt und seinen allgemeinen Gerichtsstand im Inlande hat. [II]Die Bürgschaftserklärung muß den Verzicht auf die Einrede der Vorausklage enthalten.**

Die SicherhLeistg dch Stellg eines Bürgen ist nur unter den Voraussetzgen des § 232 II gestattet. Das **1** pfändb Vermögen des Bü muß (deutl) größer sein als die Summe seiner Schulden (BayObLG DB **88**, 1846). Sichere regelmäß Einkünfte stehen einem angem Vermögen gleich. Neben den Großbanken u Sparkassen sind auch die Volksbanken geeignete Bürgen (Beuthien/Jöstingmeyer NJW **94**, 2070). Zum allg GerStand s ZPO §§ 13 ff. Einen GerStand innerh der EU hält Ehricke (EWS **94**, 259) wg EGV 59 für ausreichd (aA Düss WiB **95**, 602). Einen ausdr Verzicht auf die Einrede der Vorausklage (§ 771) kann der Berecht zumindest in Zweifelsfällen auch verlangen, wenn die Einrede gem HGB §§ 349, 351 ausgeschlossen ist.

240   *Ergänzungspflicht.*   **Wird die geleistete Sicherheit ohne Verschulden des Berechtigten unzureichend, so ist sie zu ergänzen oder anderweitige Sicherheit zu leisten.**

Der **Ergänzungsfall** kann eintreten dch Entwertg des Sichergsmittels (Untergang, Verschlechterg, Sin- **1** ken des Kurswertes, VermVerfall des Bürgen) od dch Erhöhg der zu sichernden Fdg. War die SicherhLeistg von Anfang an unzulängl, kann der Berecht gem § 232 eine Ergänzg fordern (Soergel-Fahse Rn 3), einer Anwendg des § 240 bedarf es nicht (BGH **LM** Nr 1). Ist die Sicherh im Konk des Berecht untergegangen, besteht wg § 279 keine ErgänzgsPfl (s AG Ffm NJW-RR **91**, 1165). Die Wahl zw Ergänzg u and Sicherh-Leistg hat der Verpflichtete. Der Berecht ist beweispflichtig dafür, daß die Sicherh unzureichd geworden ist. Das etwaige Verschulden des Berecht muß der Verpflichtete beweisen. Haben die Part SicherhLeistg dch einen best Ggst vereinbart, begründet dessen Wertminderg iZw keine ErgänzgsPfl (BGH **LM** Nr 1).

Zweites Buch. Recht der Schuldverhältnisse

Bearbeiter der §§ 241–432: Prof. Dr. Heinrichs, Präsident des Oberlandesgerichts Bremen i. R.;
der §§ 433–630: Prof. Dr. Putzo, Vizepräsident des Bayerischen Obersten Landesgerichts i. R.;
der §§ 631–853: Prof. Dr. Thomas, Vorsitzender Richter am Oberlandesgericht München i. R.

Schrifttum

a) Kommentare: Erman, 9. Aufl 1993. – Jauernig, 7. Aufl 1994. – Münchener Kommentar, 3. Aufl Bd 2 1994, Bd 3 1995; Bd III 2 noch 2. Aufl 1986. – Reichsgerichtsrätekommentar, 12. Aufl 1976/1992, §§ 621–630 noch 11. Aufl. – Soergel- Siebert, Bd 2 u 3 12. Aufl 1991, Bd 4 noch 11. Aufl. – Staudinger, 12. Aufl 1978 ff, 13. Bearb seit 1995 im Erscheinen. – **b) Lehrbücher:** Esser-Schmidt, AT 7. Aufl 1. HalbBd 1992, 2. HalbBd 1993; Esser-Weyers, BT 7. Aufl 1991. – Ennecerus-Lehmann, 15. Aufl 1958. – Fikentscher, 8. Aufl 1992. – Heck, 1929, unveränd Nachdr 1958. – Larenz, Bd I 14. Aufl 1987; Bd II/1 13. Aufl 1986; Larenz/Canaris Bd II/2 13. Aufl 1994. – Medicus, AT 8. Aufl 1995; BT 7. Aufl 1995. – Schlechtriem, 2. Aufl AT 1994, BT 1991. – **c) Grundrisse:** Brox Bd I AT 22. Aufl 1995: Bd II BT 20. Aufl 1995. – **d) Handbuch** in Einzeldarstellgen. Hrsg Gernhuber. Bd 1 Lange, SchadErs, 2. Aufl 1990. Bd 2 Nörr/Scheyhing Sukzessionen, 1983. Bd 3 Gernhuber, Erf u ihre Surrogate, 2. Aufl 1994. Bd 4 Reuter/ Martinek, Ungerechtf Bereicherg, 1983. Bd 5 Selb, Mehrh von Gläub u Schu, 1984. Bd 6 Walter, KaufR 1987. Bd 7 Gitter, Gebrauchsüberlassgs Vertr 1988. Bd 8 Gernhuber, SchuldVerh, 1989.

Einleitung

1   **1) Allgemeines. – a) Begriff des Schuldverhältnisses:** Das SchuldVerh ist eine RBeziehg zw (mindestens) zwei Pers, kraft deren die eine, der Gläub, von der and, dem Schu, eine Leistg zu fordern berecht ist (§ 241). Es setzt begriffl voraus, daß Gläub u Schu verschiedene Pers sind; eine anfängl Einh von Gläub u Schu ist ausgeschl (BGH NJW **82**, 2381, krit Kohler JZ **83**, 13). Vereinigen sich Gläub- u SchuStellg, erlischt das SchuVerh dch Konfusion (Übbl 4 v § 362). Aus dem SchuldVerh ergibt sich das Recht des Gläub auf die Leistg, die Fdg; ihr entspr als Kehrseite die LeistgsPfl des Schu, die Schuld. Das Ges bezeichnet mitunter als SchuldVerh die einz Leistgsbeziehg (Bsp: der MietzinsAnspr für einen best ZeitAbschn), so etwa in §§ 362, 364, 397. Das SchuldVerh fällt mit der einz Fdg (Schuld) zus. Der eigentl Begr des SchuldVerh ist aber
2   umfassder: SchuldVerh ist **die Gesamtheit der Rechtsbeziehungen** zw Gläub u Schu (BGH **10**, 395, Bsp: das MietVerh); so w der Ausdr etwa in §§ 273 I, 292 I, 425, im Titel des 2. Buches u in den Überschriften vor §§ 241 u 433 gebraucht. Das SchuldVerh ist die „Quelle" der einz FdgRechte; aus ihm können eine Reihe von LeistgsPflten, weitere VerhaltensPflten u Gestaltgsrechte hervorgehen (Henke JA **89**, 186). Man hat das SchuldVerh daher als „Organismus" (Siber), „konstante Rahmenbeziehg" (Herholz), „sinnhaftes Gefüge" (Larenz), „komplexe Einh" (Gernhuber) od „finaler Prozeß" (Larenz) bezeichnet.

3   **b) Die Relativität der Schuldverhältnisse:** Dch das SchuldVerh w grdsätzl nur die an ihm Beteiligten berecht u verpflichtet. Die Fdg des Gläub auf die Leistg besteht als **relatives Recht** nur ggü dem Schu. Sie unterscheidet sich hierdch grdlegd von den absoluten Rechten (HerrschaftsR), deren Haupterscheinungsform die dingl Rechte sind (Einf 3 vor § 854). Währd das dingl R ggü jedermann wirkt, verpflichtet die FdgR nur den Schu, nur dch ihn kann es verletzt w. Das FdgR w daher nicht dch § 823 I geschützt (BGH **12**, 317, NJW **70**, 137, § 823 Rn 31). Das gilt nach hM auch dann, wenn ausnahmsw ein Dr unmittelb auf das SchuldVerh einzuwirken vermag, wie bei Empfangn der Leistg dch den NichtmehrGläub gem § 407 (MüKo/Kramer Rn 14–27). Delikt Schutz besteht nur im Rahmen des § 826, dh bei vorsätzl sittenw Verleitg zum VertrBruch (§ 826 Rn 52). Die Relativität beschränkt zugl die Verteidiggsmöglichkeit des Schu; Einr aus dem RVerhältn eines Dr sind grdsl unzul (Henke, Relativität des Schuldverh, 1989, S 45). Die Beschränkg des SchuldVerh auf die Part ist römrechtl Ursprungs. Sie w dch prakt wicht Ausn aufgelockert. Dch den Vertr zGDr (§§ 328 ff) kann für Dr ein FdgR begründet w. Nach § 267 ff ist uU ein Dr befugt, an Stelle des Schu zu leisten. Die aus dem SchuldVerh entstandene Fdg kann auf einen Dr übertragen (§§ 398 ff), die Schuld von einem Dr übernommen w (§§ 414 ff). Außerdem kann in best Fällen auch das SchuldVerh im ganzen übergehen (vgl §§ 571, 613 a, § 398 Rn 38, ferner dch Erbfolge, § 1922).

4   **c) Bedeutung des Schuldrechts.** Das SchuldR, dh der Teil des PrivR, der die SchuldVerh behandelt, ordnet nicht einen in sich geschlossenen Bereich des sozialen Lebens. Unter den für das SchuldR konstitutiven Begr des SchuldVerh fallen Lebensvorgänge der verschiedensten Art. Hauptaufgabe des SchuldR ist die Regelg des **rechtsgeschäftlichen Verkehrs** (GüterVerk, WirtschVerk); dabei w die §§ 241 ff jedoch ergänzt dch die Vorschr des Allg Teils, des SachenR sowie dch zahlreiche SonderGes (zB AGBG, HGB, VVG, GWB usw). Das SchuldR regelt die Verpflichtg zur Erbringg von Sachleistgen (Kauf, Tausch, Schenkg), die zeitweil Sachüberlassg (Miete, Pacht, Leihe, Darlehn), die Erbringg von ArbLeistgen im weitesten Sinn (Dienst-, Werk-, Reise-, GeschBesorggsVertr), ferner SichergsGesch (Bürgsch, Garantie-Vertr, Schuldmitübern) u sonst VerpflichtgsGesch. Außerdem enthält es im GesellschR Regeln, die für die Gestaltg der **Organisationsformen** des WirtschLebens von erhebl Bedeutg sind. Zugl w die Aufg für einen **Personen- und Güterschutzes.** Es regelt Voraussetzgen u Umfang der SchadErsPfl bei unerl Handlgen u einigen Tatbestden der Gefährdgshaftg. Schließl enthält das SchuldR in den §§ 812 ff eine **Ausgleichsordnung** für rechtsgrundlose Vermögensverschiebgen.

5   **d) Parteiwille und öffentliche Ordnung:** Das SchuldR w beherrscht von dem **Grundsatz der Vertragsfreiheit** (Einf 7 vor § 145). Der wichtigste EntstehgsTatbestand des SchuldVerh ist der Vertr. Auch

soweit SchuldVerh dch einseit RGesch, aus gesetzl Tatbestden (unerl Hdlgen, ungerechtf Ber, GoA) od dch sozialen Kontakt (Anbahng von VertrVerh, § 276 Rn 65 ff) begründet w, steht es den Part frei, das SchuldVerh dch Vertr zu ändern od aufzuheben (§ 305). Die VertrFreih, den Abschl- u Gestaltgsfreih unterteilen läßt, ist aber nicht schrankenlos. In best Fällen besteht ein **Abschlußzwang** (Einf 8 vor § 145). Die Gestaltgsfreih findet ihre Grenze an §§ 134, 138, den sonstigen Vorschriften zwingden Rechts u an öffrechtl GenVorbehalten (Einf 13 ff vor § 145). Gesetz u Parteiwille dürfen aber nicht als bloßer Ggsatz angesehen w. Der Parteiwille, der seine rechtsschaffde Kraft aus der Anerkenng dch die ROrdng schöpft, muß sich nicht nur negativ innerh der ausdr gesetzl Schranken halten, er muß sich auch positiv in die dch das GG geprägte öff Ordng einfügen. Das SchuldVerh gibt dem Gläub mit der Fdg nicht nur Rechte, sond zugl auch Pflten; die RStellg des Gläub ist zugl auch eine PfltenStellg. Nicht nur Eigt verpflichtet (Art 14 II GG), sond auch die sich aus dem SchuldVerh ergebden Rechte. Diese Pflten wohnen jedem Recht inne u begrenzen seinen Inhalt. Wo die RAusübg diese Schranken überschreitet, stellt sie einen **Rechtsmißbrauch** dar, dem die Anerkenng zu versagen ist (§ 242 Rn 38).

e) Leistungspflichten und weitere Verhaltenspflichten. Das SchuldVerh verpflichtet den Schu, die 6 Leistg zu bewirken. Dabei versteht das BGB unter Leistg zT den Leistgserfolg (so etwa in § 362 dort Rn 1), zT aber auch die LeistgsHdlg (so etwa in §§ 241, 269), die in einem Tun od einem Unterl bestehen kann (§ 241 Rn 4 f). – **aa)** Die **Hauptleistungspflichten** prägen die Eigenart des jeweil SchuldVerh u sind für die Einordng in die verschiedenen Typen der SchuldVerh entscheid. Die **Nebenleistungspflichten** dienen der Vorbereitg, DchFührg u Sicherg der Hauptleistg (Gernhuber SchuldVerh § 2 III 4). Sie sind auf die Herbeiführg des Leistgserfolgs bezogen u ergänzen die HauptleistgsPfl (MüKo/Kramer § 241 Rn 15). Zu den primären LeistgsPflichten können später sekundäre hinzutreten, wie etwa SchadErsPflten wg verspäteter od schlechter Erf u AbwicklgsPflten nach Künd od Rücktr. Das SchuldVerh erschöpft sich jedoch nicht in der Herbeiführg des geschuldeten Leistgserfolges, sond ist eine von dem Grds von Treu u Glauben beherrschte Sonderverbindg (§ 242 Rn 23 ff). – **bb)** Zu den leistgsbezogenen NebenPflten treten daher 7 weitere NebenPflten hinzu, die man als **weitere Verhaltenspflichten** (Larenz) od Schutzpflichten (Stoll, Canaris) bezeichnen kann. Bei ihnen geht es nicht um die geschuldete Leistg, sond darum, die Rechte u sonst RGüter der GgPart zu schützen. Ihr SchutzGgst ist damit das Integritätsinteresse des Teils, dh sein personen- u vermögensrechtl *status quo*. Der Umfang u Inh der NebenPflten hängt von den jeweiligen VertrZweck, der VerkSitte u den Anfordergen des redl GeschVerk ab (§ 276 Rn 113 ff). Die VerhaltensPflten entstehen bereits mit der Anbahng von VertrVerhandlgen u sind Grdlage für die Haftg aus c. i. c. (§ 276 Rn 65 ff); sie können nach Beendigg des SchuldVerh fortwirken (§ 276 Rn 103). Sie sind idR nicht klagb (§ 242 Rn 25) u erstrecken sich beim Vertr mit Schutzwirkg zGDr auf Pers, die hinsichtl der eigentl LeistgsPfl keine GläubStellg h (§ 328 Rn 13). Bei der Anbahng von VertrVerhandlg u der Einbeziehg von Dr in den Schutzbereich eines Vertr sind die VerhaltensPflten der einz Inhalt des SchuldVerh. – **cc)** Die 8 neuere REntwicklg kennt danach auch SchuldVerh **ohne primäre Leistungspflichten**. Deren dogmat Einordng ist str. Ein Teil der Lehre leitet die Haftg für c. i. c., für pVV (außerh des ErfInteresses) u bei Vertr mit Schutzwirkg zGDr aus einem gesetzl SchutzVerhältn ab (MüKo/Kramer Rn 72 ff) u hält die „quasivertragl" Haftg für eine „dritte Spur" zw Vertr u Delikt (Canaris FS Larenz 1983 S 27). And sehen eine allg culpa-Haftg in Sonderverbindgen als HaftgsGrdl an (Picker JZ **87**, 1041 uö); wiederum and suchen die Lösg im DeliktsR (v Bar, VerkPflten, 1980 uö). Ggü diesen Ansichten ist daran festzuhalten, daß c. i. c., pVV u der Vertr mit Schutzwirkg zGDr verschiedene RInstitute sind, wenn sie auch Verbindgslinien u Gemeinsam aufweisen (s § 276 Rn 106). Der Lösgsweg über das DeliktsR ist trotz der Ausweitg der VerkPflten schon wg der Unzulänglichk der §§ 823, 831 (Vermögen kein Schutzobjekt des § 823 I, Entlastgsmöglichk für Gehilfen) nicht gangb.

2) Rechtsbindung, Gefälligkeitsverhältnisse. – a) Abgrenzung. Abreden, die ausschließl auf einem 9 außerrechtl GeltgsGrd, wie Freundsch, Kollegialität od Nachbarsch beruhen, sind kein SchuldVerh im RSinn. Ein rgeschäftl SchuldVerh setzt den Willen voraus, eine RBindg zu begründen (BGH NJW **68**, 1874, **71**, 1404). Entscheidd ist dabei nicht der innere Wille; es kommt vielm darauf an, wie sich das Verhalten der Beteiligten bei Würdigg aller Umst einem obj Beurteiler darstellt (BGH **21**, 107, Einf 4 v § 116). Die Verneing einer RBindg setzt ein unentgeltl u uneigennütz Verhalten des Gefälligen voraus (BGH **21**, 107). Wie sich aus den im Ges geregelten GefälligkVertr (§§ 662, 521, 599, 690) ergibt, kann ein RBindgswille aber auch bei einem unentgeltl u uneigennütz Handelnden anzunehmen sein (Einf 3 v § 662). Zu würdigen sind die wirtschaftl u rechtl Bedeutg der Angelegenh, vor allem für den Begünstigten, ferner Art, Grd u Zweck der Gefälligk sowie die Interessenlage (BGH **21**, 107, **88**, 382, **92**, 168). Eine vertragl Bindg liegt nahe, wenn der Begünstigte sich erkennb auf die Zusage verläßt u für ihn erhebl Werte auf dem Spiel stehen (BGH **56**, 210). Eine Kulanzregel ist idR rechtl bindd (s Köln DB **75**, 2271). Dagg werden dch ein „gentlemen's-agreement" idR keine klagb Verpfl begründet (Hbg MDR **53**, 482, MüKo/Kramer Rn 39); die Auslegg kann aber im Einzelfall ergeben, daß die Abrede rechtl verbindl sein sollte (BGH **LM** § 242 (Be) Nr 19). – **b)** Das **Gefälligkeitsverhältnis** (idR ggs GefälligkVertr) begründet weder Erf- noch Auf- 10 wendgsErsAnspr, schafft aber einen RGrd für das Behaltendürfen der Leistg (Willowett JuS **84**, 915). Der Gefällige haftet gem §§ 823 ff, u zwar grdsl auch für einf Fahrlässigk (§ 254 Rn 79). Daneben tritt eine SchadErsPfl analog den Grds über c. i. c., wenn u soweit dch den sozialen Kontakt zw den Beteiligten eine verträhnl Sonderverbindg entsteht (MüKo/Kramer Rn 33, Schwerdtner NJW **71**, 1676, Willowett JuS **84**, 915). – **c) Einzelfälle** (ja = RBindg, nein = keine RBindg): Ausk, Frage des Einzelfalls (§ 676 Rn 4). – 11 Beaufsichtigg von Nachbarskindern, idR nein (BGH NJW **68**, 1874). – Aufsicht über die zu einem Kindergeburtstag eingeladenen Kinder, ja (Celle NJW-RR **87**, 1384). – Mitnehmen and Kinder im Pkw bei Fahrt zum Kindergarten, nein (LG Karlsr VersR **81**, 143). – Bereitsch, das Haus eines abwesden Nachb od Verwandten zu beaufsichtigen, nein (Hbg VersR **89**, 468). – Unentgeltl Ausbildg eines Hundes, ja (Kblz NJW-RR **91**, 26). – **Gefälligkeitsfahrt**, idR nein (BGH **30**, 46, zur Haftgsbeschränkg s § 254 Rn 79 ff) – 12 GefälligkFlug, nein (BGH **76**, 33). – Teilnahme an einer Ballonfahrt gg Kostenbeteiligg, ja (Karlsr VersR **91**, 343, Mü NJW-RR **91**, 420). – FahrGemeinsch idR ja (Mädrich NJW **82**, 860), and aber bei Fahrt zur Hilfe zw ArbKameraden (BGH NJW **92**, 498). – „Ausleihen" eines Fahrers, idR ja (BGH **21**, 107). – Winkzeichen im

StraßenVerk, nein (Ffm NJW **65**, 1334). – Abrede über Fluchthilfe, ja (BGH NJW **77**, 2357). – Übern einer polit Widerstandstätig idR nein (BGH **56**, 210). – Mitarbeit im Beruf od Gesch des Eheg, Frage des Einzelfalls (§ 1356 Rn 8 ff). – Absprache über EmpfängnVerhütg zw Partnern einer nichtehel LebensGemeinsch, nein (BGH **97**, 372, Einl 8 ff v § 1297). – Einladg zur Treibjagd, nein (RG **128**, 42). – Ausfüllen u Einreichen des Lottoscheins für LottoGemeinsch, idR nein (BGH NJW **74**, 1705, krit Plander AcP **176**, 425). – Gratisbehandlg zw Ärzten, ja (BGH NJW **77**, 2120). – Zusagen im Rahmen eines Architektenwettbewerbs, ja (BGH **88**, 382). – Ehrenamtl Hilfe bei Stellg eines RentenAntr, ja (Nürnbg OLG **67**, 140). – Raumüberlassg an Gästegruppe dch Gastwirt, idR ja (Karlsr NJW **61**, 1866). – Erlaubn des GrdstEigentümers zum Abstellen von Pkw, nein (Köln OLGZ **72**, 213). – Erlaubn, beim Beladen eines Seeschiffs vorübergehd ein Binnenschiff als Abstellfläche zu benutzen, nein (Hbg VersR **84**, 58).

13 **3) Schuld und Haftung. – a)** Erfüllt der Schu die ihm obliegende LeistgsPfl (Schuld) nicht, kann der Gläub die Fdg dch Klage u ZwVollstr erzwingen. In der zwangsw Dchsetzg verwirklicht sich die zur Schuld hinzutretde Haftg. Haftg bedeutet das Unterworfensein des SchuVermögens unter den VollstrZugriff des Gläub. Sie erstreckt sich idR auf das ges pfändb Verm des Schu, nicht aber nur darauf; ein kann sich auch auf best VermTeile beschr, so etwa bei der Haftg des Erben (§ 1975) u des VermÜbernehmers (§ 419 II). Außerdem gibt es unvollk Verbindlichk, bei denen eine Haftg völl fehlt (Rn 15).

14 **b)** Der Ausdr „Haftg" w in der RSprache auch in and Sinne gebraucht. – **aa)** Von „Haftg" w vielf iS von Verpflichtetsein gesprochen, so insb beim Schulden von ErsLeistgen (Haftg auf SchadErs, Haftg für Versch, Haftg des Bürgen). Haften heißt hier: Schulden, Einstehenmüssen. – **bb)** Von „Haftg" spricht man ferner bei dingl VerwertgsR (PfandR). Diese begründen eine reine Sachhaftg ohne persönl Schuld. Sie sichern zwar idR eine Fdg, diese braucht sich aber nicht gg den Eigentümer der belasteten Sache zu richten („Haftg" für fremde Schuld).

15 **4) Unvollkommene Forderungen und Obliegenheiten. – a)** Neben den dch Klage u ZwVollstr erzwingb Fdgen kennt die ROrdng Verbindlichk, die zwar freiw erfüllt, aber nicht gg den Willen des Schu dchgesetzt w können. Diese unvollk Verbindlichk („Naturalobligationen") hat man fr dahin charakterisiert, es handele sich um Schulden ohne Haftg. In Wahrh liegt aber vielf nicht einmal eine Schuld im RSinne vor. Gemeins Merkmal der unvollk Verbindlichk ist, daß sie einen ErwerbsGrd darstellen, so daß das freiw Geleistete nicht gem § 812 zurückgefordert w kann. Im übr bestehen erhebl Unterschiede: – **aa)** Die verj Fdg ist voll wirks u einklagb, sie kann jedoch nicht dchgesetzt w, wenn der Schu die Einr der Verj erhebt (§§ 222, 223). – **bb)** Die dch ZwVergl im Konk od im VerglVerf erlassene TeilFdg ist nicht mehr dchsetzb (BGH **118**, 76), ein auf sie sich gründdes SchuldAnerkenntn kann aber nicht kondiziert w (RG **153**, 342, **160**, 138). – **cc)** Spiel u Wette sowie der Ehemäklerlohn begründen keine Verbindlichk im RSinne. Sie bilden ledigl einen ErwerbsGrd. SchuldAnerk sind unwirks (§§ 656 II, 762 II). – **dd)** Unvollk Fdgen können auch dch Vertr begründet w (Hbg HansGerZ **25**, 165), doch kann § 138 entggstehen (Celle OLGZ **69**, 1, vgl auch BGH **LM** § 1018 Nr 19).

16 **b)** Von den vollk u unvollk Verbindlichk zu unterscheiden sind die **Obliegenheiten** (R. Schmidt, Obliegenh, 1953, Wieling AcP **176**, 345). Sie begründen für den „Berechtigten" weder einen ErfAnspr noch bei Verletzg eine SchadErsFdg (BGH **24**, 382, NJW **95**, 402); Befolg der Obliegenh ist Gebot des eig Interesses, da der Belastete bei ihrer Verletzg einen RVerlust od rechtl Nachteile erleidet. Obliegenh kommen vor allem im VersR (§ 242 Rn 84), aber auch in and RGebieten vor; Bsp: die Anzeige gem § 149, die AnnObliegenh des Gläub gem §§ 300 ff, InventarFr gem § 1994, Untersuchg u Rüge gem HGB 377, nach hM auch Pflten aus § 254 (dort Rn 1). Zur Anwendg des § 278 auf Obliegenh vgl § 278 Rn 21.

17 **5) Dauerschuldverhältnisse. – a) Begriff:** Das Dauerschuldverh unterscheidet sich von den auf eine einmalige Leistg gerichteten Schuldverh dadch, daß aus ihm währd seiner Laufzeit ständig neue Leistgs-, Neben- u SchutzPflten entstehen. Es wird dch seine zeitl Dimension u das Merkmal ständiger PflAnspanng gekennzeichnet (Esser-Schmidt § 15 II). Begriffl setzt es voraus, daß ein dauerndes Verhalten od wiederkehrde Leistgen geschuldet w u daß sich der GesUmfang der Leistg von der Dauer der RBeziehg abhängt (Larenz § 2 VI, Soergel/Teichmann § 241 Rn 6). Der Begriff des DauerschuldVerh ist im Anschluß an v Gierke (JherJB **64**, 355) von Rspr u Lehre herausgebildet worden u erst dch das AGBG (10 Nr 3, 11 Nr 1 u 12) in die GesSprache eingegangen. Von den gesetzl normierten Vertr sind Miete, Pacht, Leihe, Darl (Einf 2 v § 607), DienstVertr, Verwahrg, Gesellsch u der VersVertr DauerSchuldverh. Hinzukommen zahlreiche verkehrstyp Vertr, etwa das Factoring (BGH NJW **80**, 44), der BelegarztVertr (BGH NJW **72**, 1128) u wettbewerbsrechtl UnterlVertr (Petersen GRUR **78**, 156, AG Hbg MDR **89**, 645). Auch Kauf, WerkVertr, Bürgsch u MaklerVertr können nach der Ausgestaltg im Einzelfall DauerSchuldverh darstellen (Rn 20). Umgekehrt kann der DienstVertr dch Beschränkg auf eine Einzelleistg seinen Charakter als DauerSchuldverh verlieren (BGH NJW **89**, 1479). Beim **Sukzessivlieferungsvertrag** ist zu unterscheiden: Der über eine best GesMenge geschlossene RatenliefergsVertr ist kein DauerSchuldverh, wohl aber der ohne Festlegg auf eine best Liefermenge geschlossene BezugsVertr (Einf 26 ff v § 305).

18 **b) Kündigungsrecht aus wichtigem Grund. – aa)** Die Rspr hat aus §§ 554a, 626, 723, HGB 89b den allg RGrds entwickelt, daß DauerSchuldverh aus wichtigem Grd gekündigt w können (BGH **29**, 172, **41**, 108, NJW **89**, 1483). Dieser RGrds ist auf ein VertrAngebot mit 15jähriger Bindgsdauer entspr anwendb (Düss NJW-RR **91**, 312). Er ist in seinem Kern zwingendes Recht u kann dch AGB nicht eingeschränkt w (BGH ZIP **86**, 920). IndVereinbgen können das KündR beschränken, aber nicht völlig ausschließen (s BGH BB **73**, 819, § 626 Rn 2). Das KündR muß in angem Fr ausgeübt w (BGH **71**, 211, **LM** (Ba) Nr 2). § 626 II findet auf and als DienstVertr keine Anwendg (§ 626 Rn 21); bei einem EigenhändlerVertr kann auch eine

19 Künd nach 2 Mo noch rechtzeit sein (BGH NJW **82**, 2432). – **bb) Wichtiger Grund:** Er ist gegeben, wenn Tats vorliegen, die unter Berücksichtig aller Umst u unter Abwägg der beiderseit Interessen die Fortsetzg des Vertr für den Kündigden unzumutb machen (BGH **41**, 108, NJW **81**, 1264, **89**, 1483). Ein Verschulden des and Teils ist weder erforderl noch ausr (BGH DB **72**, 2054). Eig Verschulden schließt das KündR nicht notw aus (BGH DB **69**, 1403, **72**, 2054), wohl aber dann, wenn der Kündigde die Störg des VertrauensVerh überwiegd verursacht hat (BGH **44**, 275, NJW **81**, 1265). KündGrd kann ein **pflichtwidriges Verhalten** des and Teils sein. Voraussetzg ist dann idR eine Abmahng (BGH NJW **81**, 1265, **92**, 497, BAG NJW **89**, 2493). Sie ist entbehrl, wenn sie keinen Erfolg verspricht od das VertrauensVerh so schwerwiegd gestört ist, daß eine sofortige Beendigg des Vertr gerechtfertigt erscheint (§ 626 Rn 18). Das kann zu bejahen sein, wenn der Schu dem and Teil nicht anzeigt, daß er sein Untern in eine GmbH & Co KG umgegründet hat (BGH **LM** (Bc) Nr 24, Hbg NJW-RR **89**, 996). Ist die VertrauensGrdl zerstört, kann das KündR auch dem zustehen, der sich selbst vertrwidr verhalten hat (BGH NJW **58**, 1531). Wer die Zerrüttg überwiegd verschuldet hat, hat aber idR kein KündR (BGH NJW **81**, 1264). Ein KündGrd kann auch in die VertrauensGrdl zerstörder nicht näher aufklärb Verdacht sein (BGH NJW **90**, 42), ebso eine **wesentliche Änderung** der Verhältn. Dabei gelten aber zwei Einschränkgen: Störgen aus dem eig Risikobereich begründen grdsl kein KündR (BGH NJW **91**, 1829, **LM** (Bc) Nr 10). Für die Abgrenzg der Risikosphären gelten § 242 Rn 126 ff u 135 ff entspr. Der Gastwirt kann den BierliefersgsVertr wg vorzeit Beendigg des MietVerh über die Gaststätte kündigen, da der Fortbestand des MietVerh zu seinem Risikobereich gehört (BGH NJW **85**, 2694). Das KündR entfällt auch dann, wenn sich die Störg dch Anpassg des Vertr an die veränderten Verhältn beseitigen läßt u beiden Part die Fortsetzg des Vertr zuzumuten ist (§ 242 Rn 120). – **cc) Einzelfäl-** 20 **le.** Die Rspr hat für folgde Vertr ein KündR aus wichtigem Grd anerkannt: Miet- u PachtVertr (BGH **50**, 315, NJW **88**, 206, Köln NJW-RR **89**, 439); die KündVorschr des MietR, insbes § 554a, enthalten keine abschließde Regelg (BGH aaO). KaliabbauVertr (BGH NJW **51**, 836, **LM** § 595 Nr 1). Automatenaufstell-Vertr (Hbg MDR **78**, 577). BierbezugsVertr (BGH **LM** (Bc) Nr 10 u 23). WärmeliefergsVertr (BGH **64**, 293). Vertr über die wiederkehrde Herstellg eines Kalenders (BGH **LM** (Bc) Nr 8). HaarbehandlgsVertr (Ffm NJW-RR **90**, 693). EigenhändlerVertr (BGH NJW **82**, 2432). ReiseVertr (LG Ffm NJW **83**, 2884). MaklerAlleinAuftr (BGH NJW **69**, 1626). Darl (BGH NJW **86**, 1929, § 609 Rn 13). Bürgsch u Schuldmitübern, soweit sich diese auf künft entstehde Anspr beziehen (BGH NJW **85**, 3008, **86**, 252, 2308, Köln ZIP **90**, 449), vor allem bei einer erhebl Verschlechterg der VermLage des HauptSchu (BGH NJW-RR **93**, 943). ZweckVereinbgen für GrdSch (Gerth BB **90**, 80). Vertr über die Stellg einer Bürgsch (BGH NJW **89**, 1483). SchiedsVertr (BGH **41**, 108, **51**, 79, LG Kassel NJW **92**, 3107). LizenzVertr (BGH BB **91**, 2393). Verlags-Vertr (BGH NJW **90**, 1989, Ffm NJW-RR **92**, 757). Gestattg der Veröffentlichg von Aktfotos (Mü NJW-RR **90**, 1000). VersVertr (BGH NJW **91**, 1829, Hamm NJW-RR **91**, 610). Versorggszusagen (BGH NJW **83**, 2254, 2256). GenußrechtsVertr (BGH **119**, 330). Vgl auch Rn 17.

c) Weitere Sonderregeln. Die Vorschr des BGB gehen typw von dem auf eine einmalige Leistg gerich- 21 teten Schuldverh aus. Sie können auf das DauerSchuldverh zT nur mit Modifikationen angewandt w: – **aa) Leistungsstörungen:** Für die Nicht- oder SchlechtErf einer einz LeistgsPfl gelten die allg Grds. And ist es, wenn der Gläub Rechte hins des GesVertr geltd machen will. An die Stelle des **Rücktrittsrechts** tritt beim vollzogenen DauerSchuldverh das KündR aus wichtigem Grd (BGH WM **72**, 628, NJW **86**, 125, stRspr). Auch der SchadErsAnspr wg NichtErf beschränkt sich auf die noch nicht od fehlerh erbrachten Leistgen (§ 276 Rn 127). – **bb) Beendigung.** Das befristete DauerSchuldverh endet dch FrAblauf, das 22 unbefristete dch Künd. Fehlen Vorschr über ein **ordentliches Kündigungsrecht** u haben die Part die ordentl Künd nicht ausgeschl, sind die §§ 624, 723 entspr anwendb (BGH NJW **72**, 1129, NJW-RR **93**, 1460). Der Ausschluß des ordentl KündR dch AGB kann gg AGBG 9 verstoßen (Stgt OLGZ **90**, 251), er ist aber dch IndVereinb bis zur Grenze des § 138 zul (BGH **64**, 290). – **cc) Mängel des Vertragsschlusses.** Sie 23 können bei Arb- u GesellschVertr – und als bei sonst DauerSchuldverh – nur mit Wirkg ex nunc geltd gemacht w (Einf 29 vor § 145). Die Nichtigk einer EinzBest läßt die Wirksamk des Vertr im übrigen unberührt (§ 139 Rn 3).

6) Anwendungsbereich des Schuldrechts. – a) Der Allg Teil des SchuldR gilt in erster Linie für die in 24 §§ 433–853 geregelten bes SchuldVerh. Er ist außerdem auf die dch SonderGes (HGB, VerlG usw) geregelten SchuldVerh anzuwenden, soweit für diese keine SonderVorschr bestehen. SchuldVerh können darüber hinaus kr Ges auch aus sachenrechtl, familienrechtl od erbrechtl Tatbestd entstehen; Bsp sind etwa das Eigtümer/Besitzer Verh (Vorbem 1 vor § 987), der Anspr auf Finderlohn (§ 971), das gesetzl SchuldVerh beim Nießbr (Einf 1 vor § 1030), der UnterhAnspr (§§ 1601 ff), den Vermächtn (§ 2174). Auch auf dieses SchuldVerh ist das allg SchuldR anzuwenden (so bereits Mot II 4, III 398). Die Anwend hat jedoch unter Beachtg der jeweiligen Sonderr zu erfolgen; sie ist ausgeschl, soweit Inhalt od Zweck der gesetzl Regelg dem entggstehen (BGH **49**, 263).

b) Auch das **öffentliche Recht** kennt SchuldVerh verschiedenster Art. Für sie gelten in erster Linie die 25 Vorschr u Grds des VerwR, insb das VwVfG, die AO u das SGB. Soweit diese Lücken enthalten, können die §§ 241 ff entspr herangezogen w, wobei jedoch die Eigenart des öffR zu berücksichtigen ist. Vgl § 276 Rn 130, ferner § 242 Rn 17, 105, § 254 Rn 7, § 282 Rn 22, § 284 Rn 6, § 291 Rn 2, Einf 35 ff v § 305.

7) Anfänge einer Europäisierung des Schuldrechts. – a) Der Proz zur RVereinheitlichg innerhalb der 26 EG hat sich in den letzten Jahren deutl beschleunigt u auch das SchuldR erfaßt (s Ulmer JZ **92**, 1, Remien JZ **92**, 277, Hommelhoff AcP **192**, 71, Müller-Graff NJW **93**, 13, Blaurock JZ **94**, 270). Zu den Aufg der EG, die einen einheitl Binnenmarkt schaffen will, gehört nach EGV 3 h die Angleichg der innerstaatl RVorschr, soweit dies für das Funktionieren des gemeins Marktes erforderl ist. Mittel der Vereinheitlichg sind vor allem **Richtlinien** (EGV 189 III), die von den MitglStaaten in innerstaatl Recht umgesetzt w (Einf 24 a v § 1). Dadurch entsteht allgemein europäisches, formell allerdings einzelstaatl Recht, für dessen Auslegg über die VorlagePfl nach EGV 177 letztl der EuGH zuständ ist (Hommelhoff aaO S 95). VO der EG, die unmittelb geltdes europäisches Recht schaffen (Einf 24a v § 1), spielen dagg bei der Vereinheitlichg des SchuldR eine untergeordnete Rolle. – **b) Die einzelnen Angleichungsmaßnahmen.** Schwerpunkt der 27 RVereinheitlichg war im PrivR zunächst das GesellschR, vor allem das Recht der KapitalGesellsch, mit jetzt 9 RiL u 3 RiL-Entw (Schimmelpfennig/Hauschka NJW **92**, 942, Großfeld WM **92**, 2121, Texte bei v Borries Europäisches WirtschR). Europarechtl geprägt ist auch das VersR, das dch die Umsetzg der RiL der 3. Generation zum 1. 7. 94 so umgestaltet worden ist, daß die Versicherer aus allen MitglStaaten europaweit tätig w können (Hübner/Matusche-Beckmann EuZW **95**, 263). Auch auf das ArbR wirkt das EuropaR inzw

nachhaltig ein, einers dch eine erhebl Zahl von RiL (s Preis ZIP **95**, 892: mehr als 10), ands dch eine umfangreiche Rspr des EuGH (Preis aaO) gelegentl, wie im Fall Christel Schmidt (EuGH NJW **94**, 2343), mit unhaltb Entscheidgen (§ 613a Rn 10, Preis aaO S 907). Im eigentl **Schuldrecht** verfolgen alle RiL das Ziel, den Verbr zu schützen u dabei ein hohes Schutzniveau (EGV 100a III) zu gewährleisten (Reich ZEuP **94**, 381). Vier RiL sind dch das ProdHaftG, das HausTWG, das VerbrKrG u die Novelle zum ReiseVertrR inzw umgesetzt, die RiL über Pauschalreisen allerdings mit einer Verspätg von 18 Mo; zu den sich daraus möglicherw ergebden Haftgsfolgen s § 839 Rn 19. Auch bei der RiL über mißbräuchl Klauseln in VerbrVertr, die bis zum 1. 1. 95 umgesetzt werden mußte, hat die BRep die UmsetzgsFr nicht eingehalten. Die Neuergen, die diese RiL ggü dem AGBG bringt, können aber dch eine europarechtskonforme Auslegg des AGBG u seines Umfelds ab 1. 1. 95 von der Rspr übernommen w (Anh nach AGBG 30). Den Entw einer RiL über eine Haftg bei Dienstleistgen, der in der BRep wg seiner unklaren Haftgskonzeption u seinem Mangel an juristischer Präzision heftig kritisiert worden ist (s hier 53. Aufl), hat die Kommission zurückgezogen. Er soll gründl überarbeitet werden u wird dabei hoffentl an Klarheit gewinnen. Für öff Auftr gelten die dch das HGrG 57 a ff transformierten RiL zum AuftrWesen (Triantafyllou NVwZ **94**, 943, Rittner NVwZ **95**, 313, Lötzsch/Bornheim NJW **95**, 2134), dch deren Verletzg Anspr aus c.i.c. begründet w können (§ 276 Rn 76). Die zahlreichen (wohl zu zahlreichen) europ techn Normen (Helmig/Allkemper WiB
28 **95**, 245) wirken auf den Sorgfaltsmaßstab des § 276 u den Fehlerbegriff der §§ 459 und 633 ein. – **c)** Das Europäische Parlament hat 1989 u 1994 die Organe der EG aufgefordert, mit der Vorbereitg zur Ausarbeitg eines einheitl **Europäischen Gesetzbuches** für das PrivR zu beginnen (ABl C 158/400–401, EuZP **95**, 669). Diese Entschließgen haben bisher zu keinen Aktivitäten der Kommission od des Rates der EG geführt. Inzw hat sich die Diskussion um eine Kodifikation des europäischen PrivR belebt (Müller-Graff PrivR u europäisches GemeinschR, 1989 u NJW **93**, 22, Rittner JZ **90**, 842, Drobnig FS Steindorff 1990, S 1141; Ulmer aaO S 5; Tilman ZEuP **95**, 535). Eine Arbeitsgruppe von UNIDROIT hat „Principles for international commercial contracts" formuliert (Bonell RabelsZ **56**, 274, Zimmermann JZ **95**, 937), die von der EG-Kommission geförderte Lando-Gruppe arbeitet an „Principles of european contract law" (Lando RabelsZ **56**, 261) u hat inzwischen den ersten Teil ihrer Vorschläge vorgelegt (Zimmermann aaO). Parallel dazu wird die Fdg nach einer Europäisierg der RWissensch erhoben (Coing NJW **90**, 937, Zimmermann aaO). Noch überwiegen aber die zurückhaltden Stimmen, die den Vereinheitlichgsbedarf auf Teilbereiche, etwa auf das HandelsR, das VertrR, das HaftgsR od das KreditsichergsR beschränken wollen. Aber auch wenn sich der Kodifikationsgedanke voll od für das wirtschnahe PrivR dchsetzen sollte, werden bis zum Inkrafttreten eines europäischen Zivilgesetzbuches noch Jahrzehnte vergehen.

Erster Abschnitt. Inhalt der Schuldverhältnisse

Erster Titel. Verpflichtung zur Leistung

241 *Schuldverhältnis und Leistungspflicht.* **Kraft des Schuldverhältnisses ist der Gläubiger berechtigt, von dem Schuldner eine Leistung zu fordern. Die Leistung kann auch in einem Unterlassen bestehen.**

1   **1)** § 241 gibt keine Begriffsbestimmg des Schuldverhältnisses, sond führt nur seine Wirkgen auf, ohne diese zu erschöpfen (s Einl 6). Über **Grundbegriffe und Grundsätzliches** vgl Einl zu Buch II.

2   **2) Voraussetzungen. – a)** Gläub u Schu müssen **verschiedene Personen** sein. Es gibt keine Schuld ohne Schu, daher erlischt eine Schuld bei gänzl Wegfall der jur Persönlich des Schu, falls weder RNachfolge noch Liquidation eintritt (hM, vgl Übbl 4 vor § 362). Gläub u Schu müssen **bestimmt** od doch bestimmb sein. Das gilt auch für den Gläub des BürgschVertr (RG **57**, 66). In Verträgen zGDr können aber ein FdgsR für den Dritten begründet w, ohne daß dieser schon vorhanden ist, er braucht nicht einmal erzeugt zu sein, es genügt, daß er dch irgendwelche Ereign bestimmb ist (§ 328 Rn 2); er kann auch dch Abrede der VertrSchließenden (§ 328 II) od nachträgl einseit Akt (§ 332) nachträgl ausgewechselt w.

3   **b)** Auch der **Inhalt der Leistung** muß **bestimmt** od eindeutig bestimmb sein (vgl die §§ 315–319), sonst ist das SchuldVerh unwirks (RG **85**, 291, BGH **55**, 250). Bsp: unbestimmter VorVertr (RG **124**, 83), UnterrichtsVertr (LG Stgt u LG Duisbg MDR **81**, 140 u 315), Vertr über den Erwerb von Ferienwohnrechten, „time-sharing" (Köln NJW **94**, 59), Vertr über „KapazitätsVermittlg" (AG Gießen NJW-RR **91**, 765), MietVertr mit Lücke hinsichtl der VertrDauer (BGH **55**, 250) od der Anrechng von Investitionen (BGH NJW-RR **90**, 271); Verpfl zur Bildg von WoEigt (KG DNotZ **87**, 103, Düss NJW-RR **95**, 718); Vertr über Btx-Nutzg (LG Dortm NJW-RR **91**, 1529, LG Freibg NJW-RR **92**, 1018).

4   **3) Leistung** ist die Zuwendg eines wirkl od vermeintl Vorteils, der typw, aber nicht notw einen Vermögenswert hat (Henke, Die Leistg, 1991). Der LeistgsGgst kann **positiv oder negativ** sein. **Die positive Leistung,** das **Tun,** umfaßt auch das Geben, zB das Verschaffen eines dingl Rechts, u das Einstehen (zB GewährVertr).

5   **4) Die negative Leistung:** Das **Unterlassen** kann den Hauptinhalt der Leistg bilden, so zB beim Vertr über Abhalten vom Bieten u bei dem UnterlVertr des WettbewR (Petersen GRUR **78**, 156). Sie kann auch eine selbstd NebenLeistgsPfl darstellen, so zB das Wettbewerbsverbot bei Verkauf eines gewerbl Unternehmens. Der UnterlAnspr ist in beiden Fällen klagb, wg ZPO 259 aber nur, wenn ZuwiderHdlgen zu besorgen sind (BGH **LM** Nr 2, str, ausdrückl offengelassen in BGH **42**, 345, NJW-RR **89**, 264, aA Köhler AcP **190**, 511). Vollstreckg: ZPO 890. Von den rechtsgeschäftl begründeten selbst UnterlPfl sind die unselbst UnterlPfl zu unterscheiden. Jede Verpfl zur positiven Leistg enthält zugl die Pfl, alles zu unterlassen, was den Leistgserfolg beeinträchtigen könnte (§ 242 Rn 27). Auch das RVerhältn zw ArbG u BetrRat kann UnterlPflten begründen (BAG NJW **95**, 1044, aA Dobberahn NJW **95**, 1333). Außerdem gibt es unselbstd UnterlPflten, die nicht das Leistgs-, sond das Integritätsinteresse des Gläub schützen u daher zu den VerhaltensPflten (Einf 7 v § 241) gehören (Beispiele s § 242 Rn 35, 36). Auch bei diesen UnterlPflten besteht ein KlagR, wenn nach Lage des Falles ein schutzwürdiges Interesse an der klagweisen Geltdmachg des Anspr gegeben ist (s § 242 Rn 25). Eine Unterart der UnterlPfl ist die Pfl zur **Duldung:** Sie verpflichtet den Gläub zum Unterl der ihm an sich zustehden Abwehr- u GgRechte.

5) Von den auf einer schuldrechtl Sonderverbindg beruhden UnterlPfl zu unterscheiden ist die **vorbeu-** 6 **gende Unterlassungsklage.** Sie dient dem Schutz absoluter Rechte u absolut geschützter RGüter u geht auf Unterlassg künft Störgen, als wiederherstellde UnterlKl aber auch auf Beseitigg von Beeinträchtiggen. Einzelh s Einf 16 u 26 ff v § 823. Zur Unterscheidg von **Haupt- u Nebenleistungspflichten** s Einl 6 vor § 241.

242 *Leistung nach Treu und Glauben.* Der Schuldner ist verpflichtet, die Leistung so zu bewirken, wie Treu und Glauben mit Rücksicht auf die Verkehrssitte es erfordern.

Übersicht

1) Allgemeines. – a) Bedeutung des § 242. – aa) § 242 regelt seinem Wortlaut nach („so", „wie") nur 1 die Art und Weise der geschuldeten Leistg. Bestand u Inhalt (das „Ob" u „Was") der LeistgsPfl werden bei wörtl Ausleg von § 242 nicht erfaßt. Es ist aber seit langem anerkannt, daß § 242 eine weit über den Wortsinn hinausgehde Bedeutg zukommt. Rspr u Lehre haben aus § 242 den das gesamte **Rechtsleben beherrschenden Grundsatz** entnommen, daß jedermann in Ausübg seiner Rechte u Erf seiner Pflten nach Treu u Glauben zu handeln hat (BGH **85,** 48, Weber JuS **92,** 631). Der Grds von Treu u Glauben gilt für den gesamten RVerk (Rn 16); das SchwZGB stellt ihn in Art 2 zu Recht an den Anfang seiner Vorschr. § 242 beruht auf dem Gedanken, daß jedem Recht sozialethische Schranken immanent sind; er verpflichtet zu einer sozial angem RAusübg. – **bb)** Als **Generalklausel** enthält § 242 – ebso wie §§ 138, 826 u AGBG 2 9 – keinen RSatz mit deskriptiven TatbestdMerkmalen, aus dem dch bloße Subsumtion best RFolgen abgeleitet w können. In einer jetzt fast 100jähr REntwicklg ist der Inhalt des § 242 aber dch Herausbildg von Funktionskreisen (Rn 13) u dch Bildg von Fallgruppen präzisiert u im wesentl abschließd konkretisiert worden (gg eine solche Konkretisierg Weber AcP **192,** 516 u Staud-J. Schmidt Rn 38 ff). Zu betonen ist, daß § 242 **keine Ermächtigung zu einer Billigkeitsjustiz** enthält; es gibt dem Richter nicht die Befugn, die sich aus Vertr od Ges ergebden RFolgen im Einzelfall dch vermeintl „billigere" od „angemessene" zu ersetzen (RG **131,** 177, BGH NJW **85,** 2580, BayObLG **72,** 283, Gernhuber JuS **83,** 767). Die Anwend u Weiterentwicklg des § 242 hat sich an den RGrds u RInstituten zu orientieren, die Rspr u Lehre auf der Grdl des § 242 herausgebildet haben (s Rn 23 ff). Sie setzen der RAusübg eine Schranke, wo sie zu untragb, mit Recht u Gerechtigkeit offensichtl unvereinb Ergebn führt (s BGH **48,** 398, NJW **87,** 1070, BAG DB **90,** 741).

b) Tatbestandliche Voraussetzungen. § 242 enthält einen „offenen" Tatbestd, er muß in den einz 3 Funktionskreisen der Vorschr wertd konkretisiert w (Rn 13). Generelle, die einz Anwendgsfälle übergreifende Aussagen zu seinen Voraussetzgen sind nur beschränkt mögl: **aa) Treue** bedeutet nach seinem Wortsinn eine auf Zuverlässigk, Aufrichtigk u Rücksichtn beruhde äußere u innere Haltg ggü einem and;

Glauben das Vertrauen auf eine solche Haltg. Die Wortverbindg **„Treu und Glauben",** die auch in §§ 157, 162, 320 II, 815 u AGBG 9 verwandt w, soll den in der Gemsch herrschden sozialethischen Wertvorstellgen Eingang in das Recht verschaffen (MüKo/Roth Rn 5). Sie verpflichtet zur billigen Rücksichtn auf die schutzwürd Interessen des and Teils sowie zu einem redlichen u loyalen Verhalten (MüKo/Roth aaO, Larenz § 10 I). Treu und Glauben umfaßt auch den Gedanken des Vertrauensschutzes (BGH **94**, 351). Die **Verkehrssitte** als tatsächl Übg in den beteiligten Kreisen (§ 133 Rn 21) gibt Anhaltspunkte für das, was Treu u Glauben entspr; die mißbräuchl, insbes die ggf Treu u Glauben verstoße VerkSitte ist aber unbeachtl
4 (RG **114**, 13, JW **22**, 488, BGH **16**, 12). – **bb) Intensität der Einwirkung.** In welchem Umfang § 242 auf das SchuldVerh einwirkt, wird von dessen Inhalt u Dauer wesentl mitbestimmt (Soergel-Teichmann Rn 40, Staud-J.Schmidt Rn 98). Die vergleichsweise geringe Intensität der Einwirkg bei AustauschVerh mit ggsätzl Interessen verdichtet sich bei fremdnütziger Tätigk. Am stärksten ist der Einfluß auf RVerhältn, die auf ein
5 Zuswirken gerichtet sind. – **cc) Interessenabwägung.** § 242 erfordert in all seinen Anwendgsfällen eine umfassde Interessenabwägg (BGH **49**, 153, MüKo/Roth Rn 33). Dabei sind auch subj Elemente zu berücksichtigen; die aGrd des § 242 eintretden RNachteile setzen aber kein Verschulden voraus (BGH **64**, 9). Umgekehrt schließt das Verschulden einer Part eine Interessenwertg zu ihren Gunsten nicht notw aus. –
6 **dd) Sonderverbindung.** Aus der systemat Stellg der Norm ergibt sich, daß der Grds von Treu u Glauben nur innerhalb von rechtl Sonderbindgen gilt (RG **160**, 357, BGH **95**, 279, 288, ähnl BFH NJW **90**, 1251, Soergel-Teichmann Rn 30, str, offen BGH **102**, 102). Dieser Begriff ist aber im Zushang des § 242 im weitesten Sinn zu verstehen. Es genügt jeder qualifizierte soziale Kontakt (MüKo/Roth Rn 55). Neben vertragl u gesetzl SchuldVerh werden daher erfaßt: die dch ein nichtiges RGesch entstandene RBeziehg (BGH **85**, 48, NJW **81**, 1439), VertrVhdlgen, dauernde GeschVerbindgen (§ 276 Rn 103), Nachwirkgen eines Vertr (§ 276 Rn 121), die dch einen WettbewVerstoß entstandene RBeziehg (BGH NJW **90**, 1905), jedoch trifft den zu Unrecht Abgemahnten keine AufklPfl (BGH NJW **95**, 715); Verhältn zw ArbN desselben Betr (BAG **5**, 16), zw dem GrdstEigtümer u dem, der im Auftr eines Dr Arbeiten an dem Grdst dchführt (BGH **102**, 102), zw den Aktionären einer AG (BGH **103**, 195, Hennrichs AcP **195**, 238), zw Bauern u Sohn, dem die Übertragg des Hofes in Aussicht gestellt w (BGH **47**, 189), zw Nachbarn (§ 903 Rn 13).

7   **c) Grundrechte und § 242. – aa)** Die Frage, auf welche Weise u in welchem Umfang die GrdR auf das PrivR einwirken, ist weiterhin str (s Canaris AcP **184**, 201, JuS **89**, 161, Schwabe AcP **185**, 1, Hermes NJW **90**, 1764). Nach der Lehre von der **unmittelbaren Drittwirkung** gelten die GrdR als gesetzl Verbote (§ 134) od SchutzGes (§ 823 II) unmittelb auch für den priv RVerk (so Enn-Nipperdey § 15 IV 4, Hager JZ **94**, 373, BAG **1**, 193, **4**, 243, 276, **13**, 174, and aber jetzt BAG **47**, 374, **48**, 138). Nach der GgAns, der Theorie **mittelbarer Drittwirkung,** können die GrdR als subj öffR nicht als gesetzl Verbote od SchutzGes in das PrivR übernommen w; sie wirken aber, wie die Wertordng des GG insges, dch Auslegg u über die Generalklauseln auf das PrivR ein (BVerfG **7**, 198, **34**, 280, NJW **90**, 1470, **94**, 38, Wiedemann JZ **90**, 696, hM). Der BGH hat zu dem Theorienstreit nicht ausdr Stellg genommen, seine Rspr zum allg PersönlichkR (BGH **13**, 338, **15**, 258, **26**, 354 ua), zum R auf freie Meingsäußerg (BGH **31**, 313, **45**, 308) u zum Verhältn von Glaubensfreih u ehel Pflten (BGH **33**, 149, **38**, 319) geht ohne weitere Erörtergen von einer Drittwirkg der GrdR aus; seine Rspr zur Einwirkg von GG 12 auf die Sittenwidrigk von vertragl WettbewVerboten spricht für die Theorie mittelb Drittwirkg (BGH NJW **86**, 2944); and BGH **36**, 95) lassen die Frage
8 offen. – **bb) Eigene Stellungnahme.** Der Theorie mittelb Drittwirkg ist zuzustimmen. Die GrdR betreffen nach ihrer geschichtl Entwicklg, ihrem Inhalt u ihrem Zweck das Verhältn zw Bürger u öff Gewalt. Die in ihnen enthaltenen WertEntsch sind das „Medium" privatrechtl Normen u RGrds auf das PrivR ein (BVerfG **7**, 198, 205). Sie sind im PrivR bei der GesAuslegg u Lückenausfüllg zu berücksichtigen. Einz GrdR enthalten VerbotsGes iSd § 134 (dort Rn 4), und können als subj PrivR od RFertiggsGrde in das PrivR transponiert w. Hierauf beruht die Anerkenng des aus GG 1, 2 hergeleiteten allg PersönlichkR (§ 823 Rn 175 ff) u des R auf freie Meingsäußerg als Grenze des Ehrenschutzes (§ 823 Rn 24). Darüber hinaus u vor allem wirken die GrdR über die **Generalklauseln** (§§ 242, 138, 826, AGBG 9) in das PrivR ein. Was Treu u Glauben entspr, wird entscheidd mitbestimmt dch das in den GrdR verkörperte Wertsystem. GrdR können auch über § 157 den **Vertragsinhalt** mitbestimmen, so die Informationsfreih das Recht des Mieters zum vertrmäß Gebrauch der Mietsache (Rn 12a).

9   **d) Einzelne Grundrechte und § 242. – aa)** Zu den grundlegden RWerten, die auf das PrivR einwirken, gehört die in GG 4 verbürgte **Gewissensfreiheit** (BAG NJW **86**, 86, Soergel-Teichmann Rn 49ff). Bei echter Gewissensnot kann der Schu aus § 242 ein LeistgsV-, Künd- od RücktrR herleiten. Ein solches Recht besteht aber nicht, wenn es dem Schu in Wahrh darum geht, eig ideologische od politische Vorstellgen ggü dem VertrPart dchzusetzen (MüKo/Roth Rn 40). **Kernkraftgegner** sind nicht berecht, unter Berufg auf GG 4 die Bezahlg ihrer Stromrechng teilw zu verweigern. Es ist unter keinem rechtl Gesichtspunkt zul, die Kraftwerksbetreiber dch NichtErf wirks begründeter Verbindlichk zum Unterl einer erlaubten, wenn auch polit umstrittenen Tätigk zu nötigen (s Hamm NJW **81**, 2473, LG Dortm NJW **81**, 764, abwegig AG Stgt NJW **79**, 2047). Ein LeistgsVR besteht auch dann nicht, wenn ein Drucker etwas für einen ihm polit nicht genehmen Kunden drucken soll, der nicht seiner polit Einstellg entspr (bedenkl BAG NJW **86**, 85, mit Recht krit Reuter BB **86**, 385) od wenn die Mitarbeit in einer Forschungsabteilg verweigert w, weil die Forschgsergebn möglicherw auch nach einem Atomkrieg verwendb sind (aA BAG NJW **90**, 203). Ein ArbN jüdischer Herkunft darf aber die Bearbeitg von Auftr für den Irak ablehnen (ArbG Köln NJW **91**, 1006). Erforderl ist eine umfassde Würdigg aller Umst, bei der das Leistgsinteresse des Gläub u das Gewicht der GewissensEntsch ggeinand abzuwägen sind (LAG Bay JZ **58**, 514, LAG Düss BB **88**, 1750). Ein allg Vorrang von GewissensEntsch ggü VertrPfl kann nicht anerkannt w. Wer den Konflikt bei VertrSchl vorausgesehen hat, kann aus ihm keine Rechte herleiten (BAG NJW **86**, 86). Entspr gilt für vorhersehb Konflikte (Wieacker JZ **54**, 467, Grabau BB **91**, 1262, aA Henssler AcP **190**, 551). And liegt es nur, wenn es sich um eine sachl od zeitl unbedeute LeistgsV handelt,
10 die das GläubInteresse nicht nachhalt berührt. – **bb)** Eine allg **Pflicht zur gleichmäßigen Behandlung** läßt sich für das vom Grds der PrivAutonomie (Übbl 1 v § 104) beherrschte bürgerl Recht weder aus GG 3 noch aus § 242 herleiten (BayObLG NJW **81**, 1277, MüKo/Roth Rn 41, grdlegd G. Hueck, Der Grds gleichmäß Behandlg im PrivR, 1958, S 169 ff). Sie besteht im ArbR (§ 611 Rn 105 ff), im Vereins- u

GesellschR (§ 35 Rn 3), im EnergieWirtschR für Tarifkunden (Martinek BB **89**, 1281), nicht dagg im MietR (Weimar MDR **71**, 108, hM, aA Rathjen MDR **80,** 713). Bei einer beschränkten Gattgsschuld kann sie sich aus § 242 ergeben, wenn der Schu mehrere Gläub nur teilw befriedigen kann (RG **84**, 128). – **cc) Verwal-** 11 **tungsprivatrecht.** Betätigt sich die öff Verw in den Formen des PrivR, um ihr zugewiesene öff Aufg zu erfüllen, unterliegt sie den sich aus dem öffR ergebden Bindgen u Beschränkgen (BGH **91**, 96, **93**, 381, NJW **92**, 173). Es gilt daher der GleichhSatz (BGH **29**, 76, **36**, 91, **65**, 287) u das Übermaßverbot (BGH **93**, 381). VerwPrivR ist auch anwendb, wenn die öff Verw Aufg der Daseinsvorsorge dch jur Pers des PrivR erfüllen läßt (BGH **52**, 326, **65**, 287), so etwa auch iF der **Treuhandanstalt** (Scheifele BB **91**, 560, 1353, Weimar ZIP **93**, 1). **Einzelfälle:** Bindg kommunaler Versorggs- u VerkBetr an GG 3 (BGH aaO, Hbg NJW **88**, 1600) u an den Grds der Verhältnmäßigk (LG Brschw NJW **74**, 800). FlughafenGmbH u GG 3 (BGH BB **69**, 1239). Kindergartengebühren u GG 3 (Celle NJW **77**, 1295, LG Ffm NJW **78**, 2555, krit Raacke NJW **77**, 2166). – **dd)** Zu den grdlegden WertEntsch, die den Inhalt von Treu u Glauben mitbestimmen, gehört das **Sozial-** 12 **staatsprinzip,** GG 20, 28 (Soergel-Teichmann Rn 55). Es ist, zus mit and rechtl Gesichtspunkten, Grdl für die InhKontrolle von AGB u and normähnl Regelgen (Rn 40). Auch bei der Interessenabwägg (Rn 5) kann uU berücksichtigt w, daß der eine Teil der wirtschaftl Schwächere ist. Eine Verpflichtg, unbegrenzt auf die Belange des wirtschaftl Unterlegenen Rücksicht zu nehmen, ergibt sich aber aus dem Sozialstaatsprinzip nicht (MüKo/Roth Rn 37). – **ee) Weitere Fälle.** Letztl können alle GrdR auf den PrivRVerk einwirken, so 12a GG 14 auf das RVerh zw WoEigtümern (KG NJW-RR **91**, 1490) u das GrdR der Informationsfreih auf MietVerh u das RVerhältn zw WoEigtümern (BVerfG NJW **92**, 494, NJW **94**, 1147, 2143, **95**, 1665). Besteht ein Kabelanschluß, ergibt sich aus der InformationsFreih aber kein Anspr auf Anbringg einer Parabolantenne (BVerfG NJW **93**, 1252), and kann es liegen, wenn der Kabelanschluß das berecht Informationsinteresse des Teilnehmers, etwa eines Ausl, nicht abdeckt (§ 535 Rn 14, WEG 22 Rn 11). Der ArbN kann sich wg der PersSorge für sein Kind nicht unter Berufg auf GG 6 selbst von seiner ArbPfl suspendieren (BAG DB **92**, 2446).

e) Funktionskreise. Der hinsichtl der Tatbestd- u RFolgenseite „offene" § 242 bedarf einer Konkreti- 13 sierg. Diese läßt sich in einer ersten Stufe dch die Herausarbeitg von Funktionskreisen (Wirkgsweisen) erreichen (Soergel-Teichmann Rn 58, MüKo/Roth Rn 93). Diese sind wiederum dch Fallgruppen weiter zu konkretisieren. Die Zahl u die Abgrenzg der Funktionskreise ist str. Es empfiehlt sich, wie folgt zu unterscheiden: – **aa) Konkretisierungsfunktion.** § 242 regelt die Art u Weise der Leistg. Er ergänzt die in den §§ 243 ff enthaltenen Einzelbestimmgen (Rn 22). – **bb) Ergänzungsfunktion.** § 242 ist Grdl für NebenPflten verschiedenster Art; zT handelt es sich um leistgsbezogene NebenPflten, zT aber auch um SchutzPflten, die das Integritätsinteresse des and Teils sichern (Rn 23 ff). – **cc) Schrankenfunktion.** Der Grds von Treu u Glauben bildet eine allen Rechten u RPositionen immanente Schranke. Aus ihm ergibt sich das Verbot unzul RAusübg in seinen unterschiedl Erscheingsformen (Rn 38 ff u 87 ff). – **dd) Korrekturfunktion.** Die aGrd des § 242 herausgebildeten Grds über Fehlen u Wegfall der GeschGrdl ermöglichen es, den VertrInh bei wesentl Änd der Verhältn anzupassen, sofern einem Teil das unveränderte Festhalten am bisher Vertr nicht zugemutet w kann (Rn 110 ff). In diesem Zushang gehört auch das KündR aus wicht Grd bei DauerschuldVerh (Einl 18 v § 241). – **ee)** § 242 ist grdsl **keine** selbstd **Anspruchsgrundlage** (BGH **88**, 351, 14 **95**, 399, NJW **81**, 1779). Er kann aber im Anwendungsbereich der GeschGrdl (Rn 131) u im UnterhR (BGH NJW **89**, 1991) Grdl von AusglAnspr sein. Außerdem können die sich aus § 242 ergebden NebenPflten klagb Anspr begründen (Rn 25).

f) Verfahrensrechtliches, Abdingbarkeit. Der Verstoß gg Treu u Glauben ist im Proz vAw zu berück- 15 sichtigen (BGH **3**, 103, **31**, 84, **37**, 152). Ergeben sich die Voraussetzgen für die Anwendg des § 242 nicht aus dem KlVorbringen, sond aus dem des Bekl, so trifft diesen die BewLast (BGH **12**, 160, NJW **64**, 1854, **75**, 828). § 242 ist als „Grundgebot der Redlichk" unabdingb (BGH **LM** (Cb) Nr 12 Bl 2, Larenz § 10 I). Die Part können aber Regelgen treffen, die für best Fallgestalten die an sich denkb Anwendg des § 242 ausschließen (Bsp: Keine Rechte wg Wegfall der GeschGrdl bei ausdr Risikoübernahme).

g) Anwendungsbereich. – **aa)** Die Grds des § 242 gelten für das gesamte SchuldR einschließl des Be- 16 reicherugsR (RG GrZS **161,** 58, BGH **14**, 10, **29**, 161, **37**, 370); viele schuldrechtl Vorschr sind Ausprägen des § 242, so §§ 254, 266, 273, 299, 320, 618 u AGBG 9. § 242 gilt darüber hinaus für das **gesamte Privatrecht** innerh u außerh des BGB (RG **166,** 49, BGH, **12**, 157), so im SachenR (BGH **10**, 75, **47**, 189, **58**, 157, **96**, 376, § 903 Rn 13), im FamR (BGH **5**, 189, NJW **82**, 1999, **89**, 1991), im ErbR (BGH **4**, 91, **64**, 8), im ArbR (§ 611 Rn 39 ff, 96 ff, 105 ff), im gewerbl RSchutz (BGH 1, 31, **21**, 78, NJW **74**, 2282) u im VersR (BGH **40**, 389, **96**, 92). Vgl auch die Nachw in Rn 58 ff, 98 ff u 153 ff. – **bb) Öffentliches Recht.** Der 17 Grds von Treu u Glauben gilt für das gesamte öffR. § 242 selbst ist als privatrechtl Vorschr nur entspr anwendb (BGH **30**, 236, **94**, 349, BVerwG **9**, 160, **25**, 303, BFH NJW **90**, 1251, **92**, 68, DB **93**, 260, BSG NJW **58**, 1607, **66**, 125 u 1381). Dabei gilt der Grds von Treu u Glauben in bundesrechtl geregelten Materien als BundesR, iü dagg als LandesR (BVerwG **55**, 339). Treu u Glauben gilt auch für das VerfR, insb das ZivilProzR (BGH **20**, 206, **43**, 292, **57**, 111) u das ZwVollstrR (Bittmann ZZP **97**, 32). Bei Anwendg des Grds von Treu u Glauben im öffR u im VerfR ist jedoch die Eigenart dieser RGebiete zu beachten. Der Vorrang öff Interessen u das Gebot der RSicherh kann dazu führen, daß der RGedanke des § 242 zurücktreten muß. Das gilt im VerfR etwa für die Wahrg von Fr u die Beachtg der RKraft. **Einzelne Anwendungsfälle** s Rn 58 ff, 98 ff u 153 ff bei den einschläg Schlagworten.

h) Abgrenzungen. – **aa) §§ 133, 157.** Ziel der Auslegg gem §§ 133, 157 ist es, Sinn u Tragweite der 18 PartAbrede zu ermitteln u etwaige Lücken iW ergänzender Auslegg zu schließen. Dagg enthält § 242 einen obj Maßstab, der unabhängig vom PartWillen auf Art u Weise, Bestand u Inhalt der LeistgsPfl einwirkt u auch für RVerh aus nicht rgesch Tatbestd gilt. § 157 betrifft das rechtl Wollen, § 242 das rechtl Sollen (BGH **16**, 8). Die Anwendg der beiden Vorschr, die dieselben Wertmaßstäbe verwenden, greift ineinand über; das gilt vor allem, soweit es um die Begründg von NebenPflten (Rn 23) u die Anpassg des VertrInh an sich ändernde Verhältn (Rn 116 ff) geht. Auch hier gilt aber, daß Auslegg – einschließl der ergänzden Auslegg – den Vorrang hat (BGH **9**, 277, **81**, 143, **90**, 74); erst wenn der PartWille feststeht, ist zu prüfen, wie § 242 auf

19 das RVerh einwirkt. – **bb) § 134, 138.** §§ 134, 138 enthalten Außenschranken für die Gültigk von RGesch. Dagg legt § 242 eine Binnenschranke für die RAusübg fest, berührt aber, auch soweit er Anspr aus RGesch betrifft, deren Gültigk nicht. Auch die Maßstäbe der §§ 138, 242 stimmen nicht überein; der Standard der guten Sitten ist enger als der des § 242. Sittenwidrigk ist immer zugl ein Verstoß gg Treu u Glauben; umgekehrt ist aber nicht jede Treuwidrigk zugl ein Sittenverstoß (BAG NJW **64,** 1543, Staud-J. Schmidt Rn 238). Die Anwendg des § 242 kann dazu führen, einen Anspr auch dann ganz od teilw zu versagen, wenn das RGesch bei seinem Abschl nicht unsittl war; so kann die Geltdmachg von Anspr aus einem bei seiner Errichtg nicht sittenw Testament bei nachträgl Änderg der Verh gg § 242 verstoßen (BGH **20,** 76, § 138 Rn 10). Ands können die einer Part auferlegten Belastgen dch § 242 derart begrenzt w, daß der Vertr entgg

20 dem ersten Anschein nicht sittenw ist (§ 138 Rn 14). – **cc) § 226.** Das Schikaneverbot des § 226 ist neben dem sich aus § 242 ergebden Verbot unzul RAusübg weitgeh leerlaufd. Es regelt einen Sonderfall der Fallgruppe RMißbrauch wg Fehlens eines schutzwürd Interesses (Rn 50). Auch soweit § 242 ausnw mangels einer Sonderverbindg (Rn 6) unabwendb ist, ist § 226 wg seiner engen tatbestandl Voraussetzg ohne prakt

21 Bedeutg. – **dd) § 826.** Aus § 826 ergibt sich, daß die RAusübg unzul ist, wenn sie obj gg die guten Sitten verstößt, gleichgült, ob im Schaden entstanden ist u den Handelnden Verschulden trifft. Sittenwidrigk setzt aber einen groben Verstoß gg Treu u Glauben voraus (Rn 19). Auch § 826 hat daher als Schranke der RAusübg neben § 242 nur geringe Bedeutg. Er ist heranzuziehen, wenn § 242 wg Fehlens einer rechtl Sonderverbindg unanwendb ist. Außerdem ist § 826 Grdl für SchadErsAnspr. § 242 ist kein SchutzG iSd § 823 II, bei einem Verstoß gg Treu u Glauben sind aber idR Anspr aus c. i. c. od pVV gegeben. – **ee) AGBG 9** s Vorbem 18 v AGBG 8.

22 **2) Art und Weise der Leistung.** § 242 regelt, wie schon sein Wortlaut ergibt, die Art u Weise das „Wie" der Leistg. Er ergänzt insoweit die in §§ 243 ff enthaltenen Einzelbestimmgen. Der Schu hat seine Verbindlichk so zu erfüllen, wie es nicht nur dem Buchstaben, sond auch dem Sinn u Zweck des SchuldVerh entspr (Larenz § 10 II). Eine Leistg zur Unzeit ist unzul, ebso eine Leistg am unpassden Ort. Ist die Erf am vertragl od gesetzl ErfOrt unmögl od unzumutb, tritt an seine Stelle ein andem Ort (§ 269 Rn 18). Eine TeilAufr kann unzul sein, wenn sie den Gläub unzumutb belästigt (RG **79,** 361). Ands muß der Gläub auf schutzwürd Interessen des Schu Rücksicht nehmen. Er kann entgg § 266 zur Ann von Teilleistgen verpflichtet sein (§ 266 Rn 9). Ausnw kann der Gläub auch verpflichtet sein, sich auf Ratenzahlgen einzulassen (RG GrZS **161,** 58, Wucherdarlehen; BGH NJW **77,** 2358, Fluchthilfe). Der Schu kann gem § 242 berecht sein, statt Barzahlg einen (gedeckten) Scheck herzugeben (RG **78,** 142). Unerhebl Abweichgen sind unschädl, soweit der gleiche wirtschaftl Erfolg herbeigeführt wird (RG JW **09,** 734: SicherhLeistg dch Abtr statt dch Verpfändg; BGH NJW **69,** 320: Überweisg auf ein and Konto).

23 **3) Nebenrechte und Nebenpflichten. – A) Allgemeines. – a)** Die für das einz SchuldVerh kennzeichndn HauptleistgsPflten werden dch **Nebenpflichten** ergänzt. Diese können sich aus der – gem § 157 auszulegdn – PartVereinbg od aus bes gesetzl Vorschr (etwa §§ 368, 402, 444, 618, 666) ergeben; daneben u vor allem ist aber § 242 Grdl für zahlreiche NebenPflten. Da der Schu so zu leisten hat, wie Treu u Glauben es gebieten, hat er den Leistgserfolg vorzubereiten, herbeizuführen u zu sichern. Zugl hat er sich so zu verhalten, daß Leben, Gesundh u Eigentum des Gläub nicht geschädigt w (Einl 7 v § 241). Daraus kann sich ein ganzes Bündel von Pflten ergeben; im einz kann es sich je nach Inhalt u Natur des SchuldVerhältn handeln um AufklPflten, BeratgsPflten, AuskPflten, AnzeigePflten, MitwirkgsPflten, UnterlPflten, FürsorgePflten, ObhutsPflten od SchutzPflten. § 242 kann auch in nicht schuldrechtl Sonderverbindgen Grdl für NebenPflten sein, so etwa für AufklPflten in der RBeziehg zw UnterhBerecht u VerpflichtetEn (BGH

24 NJW **86,** 1753, **88,** 1966, Kblz NJW-RR **89,** 649). – **b) Leistungsbezogene Pflichten und weitere Verhaltenspflichten.** Vgl zur grdsl Abgrenzg Einl 6 ff v § 241. Leistgsbezogene Pflten sind die Leistgstreue- u die MitwirkgsPfl (Rn 27 ff u 32 ff). Die SchutzPfl bezweckt in erster Linie den Schutz der RGüterSphäre des and Teils, sichert aber zugl auch das Leistgsinteresse (s Rn 35 f). Bei der Aufkl- u AuskPfl (Rn 37)

25 kann SchutzGgst je nach Lage des Einzelfalles das Leistgs- od das Integritätsinteresse sein. – **c) Selbständige und unselbständige Nebenpflichten.** Selbständ NebenPflten haben trotz ihrer Unterordng unter die HauptPfl einen Eigenzweck; sie gewähren einen ErfAnspr, sind also klagb. Hierher gehört die AuskPfl (Rn 37) u idR die MitwirkgsPfl (Rn 32 ff). Unselbständ NebenPflten sichern die HauptPfl u die Abwicklg des SchuldVerh, ohne daß ihnen ein Eigenzweck zukommt. Ihre Verletzg kann einen ErsAnspr wg pVV od c. i. c. begründen, ein KlagR besteht aber grdsl nicht (RG **72,** 394, Ffm JZ **85,** 337). Es ist ausnw anzuerkennen, wenn ein schutzwürd Interesse an der klagweisen Dchsetzg der Pfl gegeben ist (str, s Stürner JZ **76,** 384, Motzer JZ **83,** 884, Köhler AcP **190,** 506), so uU bei der Hinw Pfl gem VOB/B 4 Nr 3 (Clemm BauR

26 **87,** 613). Hierher gehören die Leistgstreue-, die Schutz- u die AufklPfl (Rn 27 ff, 35 f u 37). – **d) Zeitlicher Wirkungsbereich.** Grdl für die Nebenpflten ist das SchuldVerh. Ein SchuldVerh ohne primäre LeistgsPflten entsteht aber bereits dch die Anbahng von VertrVhdlgen; schon vor Begründg der LeistgsPfl bestehen Schutz- u AufklPflten (Rn 35 ff), deren Verletzg zu einer Haftg wg c. i. c. führen kann (§ 276 Rn 65 ff). Ands können einz NebenPflten auch nach Erf der HauptPfl fortwirken (§ 276 Rn 121).

27 **B) Einzelne Nebenpflichten.** Eine allg anerkannte inhaltl Einteilg u eine einheitl Terminologie hat sich nicht dchgesetzt (s etwa MüKo/Roth Rn 115 ff u Soergel-Teichmann Rn 134 ff). – **a) Leistungstreuepflicht.** Sie dient als ergänzde NebenPfl der Sicherg der HauptPfl. Der Schu hat alles zu tun, um den Leistgserfolg vorzubereiten, herbeizuführen u zu sichern; dh die Part hat alles zu unterlassen, was den Vertr-Zweck od den LeistgsErfolg beeinträchtigen od gefährden könnte (s RG **72,** 394, BGH **93,** 39, NJW **78,** 260, **83,** 998). Die LeistgstreuePfl des HauptSchu kann sich auf den Bü erstrecken (BGH NJW **89,** 1393). Welche Pflten sich aus ihr im einz ergeben, hängt vom Inhalt u der RNatur des jeweiligen SchuldVerh ab. Im

28 wesentl lassen sich vier Pfltenbereiche unterscheiden: – **aa) Vorbereitung und Herbeiführung** des Leistgsfolges. Vom VertrSchl bis zur Erbringg der Leistg hat der Schu hins des SchuldGgst eine Erhaltgs- u ObhutsPfl (MüKo/Roth Rn 148). Maschinen hat er zu warten, Tiere zu füttern; er ist auch dann weiter zur Obhut verpflichtet, wenn der Gläub in AnnVerzug gerät (RG **108,** 343, s aber §§ 300, 303, 372). Der Verkäufer muß ordngsmäß verpacken (LG Ffm NJW-RR **86,** 967) u muß bei der Versendg sorgfält verfah-

ren, insb darf er nicht zur Unzeit versenden (§ 447 Rn 16). Der Untern muß auf Mängel der Vorarbeiten hinweisen (Hamm NJW-RR **89**, 982). – **bb) Sicherung des Leistungserfolges.** Die Part dürfen die dem 29 und Teil aGrd des SchuldVerhältn gewährten Vorteile weder entziehen noch wesentl schmälern, noch gefährden (RG **161**, 338, BGH **16**, 10). Diese Verpfl besteht uU auch nach beiderseit VertrRErf fort (§ 276 Rn 121). Der Zedent hat alles zu unterlassen, was die FdgsEinziehg dch den Zessionar beeinträchtigen könnte (RG **111**, 303). Der Verkäufer eines Unternehmens od einer Praxis mit Kundsch darf dem Käufer zunächst keinen Wettbewerb machen (RG **117**, 178, BGH **16**, 75). Eine entspr Pfl kann sich aus dem Vertr über die Herstellg u den Vertrieb eines Produkts ergeben (BGH NJW-RR **89**, 1305). Der Verkäufer von technischen Industrieprodukten kann verpflichtet sein, Ersatzteile für die dchschnittl Nutzgsdauer des Produkts bereit zu halten (AG Mü NJW **70**, 1852, Finger NJW **70**, 2049, Rodig BB **71**, 854). Hierher gehört auch die **Dokumentationspflicht**, die beim ArztVertr (§ 823 Rn 169) u GeschBesVertr (s BGH NJW **92**, 1695) anerkannt ist, aber auch bei BauVertr bestehen kann (LG Heidelbg NJW-RR **92**, 668). Der Vermieter von Gewerbeflächen ist verpflichtet, vom Mieter Wettbewerb fernzuhalten (BGH **70**, 80, § 535 Rn 18). Der Handelsvertreter darf nicht für eine Konkurrenzfirma tät sein (BGH **42**, 61, **LM** (Ba) Nr 53 Bl 4). – **cc) Vertragsuntreue.** 30 Der Schu verstößt gg die LeistgstreuePfl, wenn er die Erf des Vertr ernsthaft verweigert od wenn er dch eine schwere Unzuverlässigk die VertrauensGrdl des Vertr gefährdet; entspr gilt für den Gläub, der sich grdlos vom Vertr lossagt od die Leistg des Schu unberecht beanstandet (§ 276 Rn 114). – **dd) Unterstützung des** 31 **anderen Teils.** Aus dem SchuldVerhältn ergibt sich im gewissen Umfang eine Pfl zur ggs Unterstützg (BGH DB **68**, 2210). Der Gläub kann verpflichtet sein, dem Schu Unterlagen für die Kreditbeschaffg zur Vfg zu stellen (BGH NJW **73**, 1793, Brych DNotZ **74**, 414) od eine Bescheinig, die der Schu zur Wahrnehmg seiner steuerl Belange braucht (Hamm MDR **75**, 401). Keine Part ist aber verpflichtet, gleichrang eig Interessen ggü Belangen des and Teils zurückzustellen (BGH **LM** § 455 Nr 21 Bl 2, § 242 (Be) Nr 36).

b) Mitwirkungspflicht. Gläub u Schu sind verpflichtet, im ZusWirken die Voraussetzgen für die 32 Dchführg des Vertr zu schaffen u ErfHindern zu beseitigen. Die MitwirkgsPfl dient ebso wie die LeistgstreuePfl der Erreichg des VertrZweckes u des Leistgserfolges. Sie ist and als die LeistgstreuePfl eine selbständ einklagb NebenPfl. – **aa) Genehmigungsbedürftige Rechtsgeschäfte.** Sie sind der Hauptanwendgsbereich der MitwirkgsPfl. Sofern das RGesch im übrigen wirks ist, sind beide Part verpflichtet, alles 33 zu tun, um die Gen herbeizuführen u alles zu unterl, was die Gen gefährden od vereiteln könnte (BGH **14**, 2, **67**, 35, BVerwG NJW-RR **86**, 758, § 275 Rn 27). Wird die Gen unter der Aufl einer VertrÄnd erteilt, sind die Part im Rahmen des Zumutb verpflichtet, den Vertr entspr abzuändern (BGH **67**, 35, NJW **60**, 523, **67**, 830). Ist der Vertr inf Versagg der Gen nichtig geworden, kann uU eine Pfl zum Neuabschluß bestehen (BGH MDR **63**, 837). Ist das ErfGesch genbedürft, kann nach Versagg der Gen eine Pfl zur VertrAnpassg u zur Wiederholg des ErfGesch gegeben sein (BGH **38**, 149, **67**, 35). Bes liegt es bei der vormschgerichtl Gen. Bei ihr kann der gesetzl Vertreter frei darüber entscheiden, ob er von ihr Gebrauch machen will od nicht (BGH **54**, 73). – **bb) Weitere Einzelfälle.** Erweist sich der mit der VertrAbwicklg beauftragte Notar als 34 unzuverlässig, haben die Part unter Abänderg des Vertr einen and einzuschalten (BGH **87**, 165). Wer eine Zust wirks, aber formlos erteilt hat, ist verpflichtet, sie in der Form des GBO 29 zu bestätigen (KG NJW **62**, 1062). Bezieht sich die AbtrErkl inf ergänzder Auslegg auf eine weitere od and Fdg, ist der Zedent zu einer entspr Klarstellg verpflichtet (Hbg MDR **59**, 123). Entspr gilt iF einer *falsa demonstratio* (Köhler JR **84**, 15).

c) Schutzpflicht. – aa) Allgemeines. Gläub u Schu haben sich bei Abwicklg des SchuldVerh so zu 35 verhalten, daß Pers, Eigt u sonstige RGüter des and Teils nicht verletzt w (BGH NJW **83**, 2814, KG NJW **85**, 2137). Die SchutzPflten bezwecken in erster Linie den Schutz der RGüterSphäre der GgPart ("Erhaltgsod Integritätsinteresse"). Sie dienen aber entgg der hL (Soergel-Teichmann Rn 178) zugl auch der Sicherg des Leistgsinteresses. Die Pfl der KfzWerkstatt zur Diebstahlssicherg schützt neben dem Kfz auch die Reparaturleistg. SchutzPfl sind bes normiert zB in §§ 536, 618, 701; unabhäng hiervon gilt der allg Grds, daß jede VertrPart "die gebotene Sorgfalt für die Gesundh u das Eigt des and Teils zu beobachten hat" (RG **78**, 240). Aus ihm ergibt sich nach heutigem Verständn die Pfl, auf Nichtraucher, insbes solche mit einer Rauchallergie, die gebotene Rücks zu nehmen (Ffm NJW-RR **94**, 633). Die Verletzg von SchutzPflten begründet SchadErsAnspr wg c.i.c. od pVV. **Einzelfälle** s § 276 Rn 71 u 116. – **bb) Versicherungs-** 36 **schutz.** Die SchutzPfl umfaßt die Pfl, im erforderl Umfang für VersSchutz zu sorgen. Der KfzHalter ist ggü dem berecht Fahrer verpflichtet, das Kfz ordngsmäß gg HaftPfl zu versichern (BGH VersR **64**, 239, **71**, 430, BAG **14**, 228). Der ArbG ist verpflichtet, den angestellten Fahrer dch eine KaskoVers mit angem Selbstbeteiligg gg uU existenzgefährdde ErsAnspr zu schützen (Stgt NJW **80**, 1169, LAG Brem VersR **80**, 1182, LAG Nds DB **82**, 2628, Arens BB **90**, 69, aA BAG NJW **88**, 2820). Dagg besteht für den ArbG keine Pfl zum Abschl einer RSchutzVers (ArbG Karlsr BB **86**, 868) od einer FeuerVers (LAG Düss DB **90**, 1468). Der KfzHändler muß für Probefahrten eine Kaskoversicherg abschließen (BGH NJW **72**, 1363, **86**, 1099), der Juwelier w der ihm zur Bearbeitg anvertrauten Sachen eine Versicherg gg Einbruch u Beraubg (s Ffm NJW-RR **86**, 107). Auch bei sportl Betätigg muß im erforderl Maß für VersSchutz gesorgt w; der Reiterclub muß eine HaftPflVers abschließen (s BGH NJW-RR **86**, 573). Dagg soll für den Judoverein keine derart Pfl bestehen (LG Münst VersR **89**, 155).

d) Aufklärungspflicht (Anzeige-, Hinweis-, OffenbargsPfl) ist die Pfl, den and Teil unaufgefordert über 37 entscheidgserhebl Umst zu informieren (MüKo/Roth Rn 210). Sie ist nicht klagb u betrifft Informationen, nach denen der and sein fr Verhalten ausgerichtet hätte. Sie unterscheidet sich hierdch von der klagb AuskPfl, bei der es um Informationen geht, nach denen der Berecht sein künft Verhalten ausrichten will. Die AufklPfl überschneidet sich mit der SchutzPfl, insbes dann, wenn vor Gefahren zu warnen ist, die das Integritätsinteresse bedrohen (s BGH **64**, 49, gefährl Präparate; Mü NJW-RR **91**, 421, Ballonfahrt). Sie besteht nur dann, wenn der and Teil nach den im Verk herrschden Anschauungen redlicherw Aufkl erwarten darf (BGH NJW **70**, 655). Vgl dazu grdsl § 123 Rn 5 u die Einzelfälle in § 276 Rn 78 ff u 118. Bei argl Verletzg währd der Phase der VertrAnbahng besteht ein AnfR, bei schuldh Verletzg der AufklPfl hat der and Teil einen SchadErsAnspr wg c.i.c. od pVV (s aaO bei §§ 123 u 276).

e) Auskunftspflicht: vgl §§ 259–261 Rn 8 ff.

38   **4) Unzulässige Rechtsausübung. – A) Allgemeines. – a) Bedeutung.** Treu u Glauben bilden eine allen Rechten, RLagen u RNormen **immanente** InhBegrenzg („Innentheorie", BGH **30**, 145, BAG BB **95**, 204, MüKo/Roth Rn 45). Die gg § 242 verstoßde „Rechts"ausübg od Ausnutzg einer „Rechts"lage ist als RÜberschreitg mißbräuchl u unzul (BGH **12**, 157). Welche Anfordergen sich aus Treu u Glauben ergeben, läßt sich nur unter Berücksichtigg der Umst des Einzelfalles entscheiden. Eine gg § 242 verstoße RAusübg kann bei Änderg der maßgebl Umst wieder zul w (BGH **12**, 307, **52**, 368, **LM** § 247 Nr 1); umgekehrt kann eine Änderg der Verhältn dazu führen, daß die zunächst zul RAusübg mißbräuchl w. § 242 ruft daher eine Relativität des RInhalts hervor. Maßgebder BeurteilgsZtpkt ist die Geltdmachg des Rechts (BGH **13**, 350), im RStreit die letzte TatsVhdlg. Die allg Grds über den RMißbrauch sind unanwendb, soweit abschließde **Sonderregelungen**, bestehen, so etwa in § 1587c Nr 3 für den VersorggsAusgl (BGH NJW **92**, 3295) u dch verfahrensrechtl SonderVorschr für das AsylR (BVerfG NJW **81**, 1436, krit Philipp NVwZ **93**, 248). –

39   **b) Voraussetzungen, Allgemeines.** Vgl Rn 3ff. Voraussetzg ist das Bestehen einer Sonderverbindg. Ein Verschulden ist nicht erforderl (BGH **64**, 9, NJW-RR **86**, 765), es kann aber bei der gebotenen umfassenden Interessenabwägg von ausschlaggebender Bedeutg sein. Die weiteren tatbestandl Voraussetzgn ergeben
40 sich aus den einz Anwendgsfällen der unzul RAusübg (Rn 42ff u 58ff). – **c) Individueller und institutioneller Rechtsmißbrauch.** Beim RMißbrauch geht es typw darum, daß die Ausübg eines individuellen Rechts als treuw u unzul beanstandet w. Der Grds von Treu u Glauben als Gebot der Redlichk u allg Schranke der RAusübg beschränkt aber nicht nur subj Rechte, sond auch RInstitute u RNormen. Neben den individuellen tritt daher der **institutionelle** RMißbrauch. Bei ihm geht es darum, daß sich die aus einem RInstitut oder einer RNorm (scheinb) ergebden RFolgen uU zurücktreten müssen, wenn sie zu einem mit Treu u Glauben unvereinb, schlechthin untragb Ergebn führen (s BGH **29**, 10, **48**, 398 zur Formnichtigk). Voraussetzgn u Grenzen des institutionellen Rechtsmißbrauchs werden wesentl dch das jeweils betroffene RInstitut mitbestimmt; seine Anwendgsfälle werden daher bei den einz RInstituten dargestellt. Einschlägig sind vor allem: **(1)** InhKontrolle von formularmäß Regelgen (Mißbrauch der VertrFreiheit). Für AGB gelten AGBG 9ff; weitere Anwendgsfälle Vorbem 6 v AGBG 8 u Anh nach AGBG 30 Rn 19ff. **(2)** Dchgriffshaftg (Mißbrauch der RForm der jur Pers), Einf 12 v § 21. **(3)** Einwendgsdchgriff (Mißbrauch von Gestaltgsformen des bürgerl Rechts), VerbrKrG 9, Einf 17 v § 305. **(4)** Formnichtigk u Treu u Glauben,
41 § 125 Rn 16. **(5)** Nichtigk gem § 138 u Treu u Glauben, § 138 Rn 20. – **d) Rechtsfolgen.** RMißbrauch begründet, wenn schon der RErwerb anstößig ist, eine rhindernde, sonst eine rvernichtde Einwendg. Der Mißbrauchseinwand hat bei einer Mehrh von Berecht keine Drittwirkg. Dem von mehreren GesHändern geltd gemachten Anspr kann daher nicht entggegehalten w, daß einer von ihnen mißbräuchl handelt (BGH **44**, 367, NJW **73**, 1604). Der Gesamt- od EinzelRNachfolger muß sich dagg den Mißbrauchseinwand entgghalten lassen (BGH **64**, 10, aA BGH NJW **62**, 1388). – **e) Verfahrensrechtliches.** Vgl Rn 15.

42   **B) Fallgruppen.** Aus der Vielzahl mögl Anwendgen des Verbots unzul RAusübg haben sich einige typ Fallgruppen herausgebildet; eine allg anerkannte Einteilg u Terminologie hat sich allerdings nicht dchgesetzt (s MüKo/Roth Rn 259ff, Soergel-Teichmann Rn 281ff). – **a) Unredlicher Erwerb der eigenen Rechts-**
43 **stellung. – aa)** Die Ausübg eines Rechts ist idR mißbräuchl, wenn der Berecht es dch ein gesetz-, sitten- oder vertragswidriges Verhalten erworben hat (BGH **57**, 111). Dieser Grds hat sich aus der exceptio doli specialis = praeteriti des röm u gemeinen R entwickelt. Er entspr im angloamerikanischen RKreis dem Einwand der „unclean hands" (Staud-J. Schmidt Rn 612). Es genügt im obj unredl Verh, Argl od Versch ist nicht erforderl (BGH **LM** (Cd) Nr. 5). Voraussetzg ist jedoch, daß das unredl Verhalten für den Gläub Vorteile od den Schu Nachteile gebracht hat, die bei redl Verhalten nicht entstanden wären (BGH **LM** (Cd)
44 Nr 226). – **bb) Einzelfälle:** Geltdmachg von Anspr aus einem Vertr, der unter erkanntem Mißbrauch der Vertretgsmacht zustande gekommen ist (BGH **94**, 138, § 164 Rn 13). Künd eines PachtVertr, wenn der Verpächter den Zahlgsrückstand dch argl Verhalten mitverursacht hat (BGH **LM** (Cd) Nr 55). Künd gem ZVG 57a, wenn der Erwerb iW der ZwVollstr nur zur Umgehg des § 571 erfolgt ist (BGH **LM** (Cd) Nr 213, KG OLGZ **73**, 1). Inanspruchn des Bü, wenn der Gläub den BürgschFall treuw herbeigeführt hat (BGH **LM** § 765 Nr 10, WM **84**, 586). Geltdmachg eines VertrStrafAnspr, wenn der Gläub das vertragsw Verhalten des Schu veranlaßt hat (BGH NJW **71**, 1126). Geltdmachg von Kosten einer Abmahng, der ein unlauter dchgeführter Testkauf zugrde liegt (Mü NJW-RR **92**, 739). Geltdmachg eines vorrangigen PfandR, wenn dieses do Erschleichg einer Zustellg erworben worden ist (BGH **57**, 111). Ausübg eines ÜbernR, wenn der Berecht den ÜbernFall treuw herbeigeführt hat (RG **162**, 394). Geltdmachg eines unredl erworbenen NamensR (Brschw NJW **79**, 1463). Geltdmachg des Anspr auf Ersatz von beschädigten Banknoten, wenn diese aus einem Banküberfall stammen und der Erwerber bösgläub ist (BVerwG NJW **94**, 954). –
45 **cc) Öffentliches Interesse.** Bei einem überwiegden öff Interesse kann die RAusübg trotz Unredlichk des Berecht zul sein. Die argl Vereitelg der Zustellg setzt die NotFr nicht in Lauf (BGH NJW **78**, 426). Die Rspr, daß der AuftrG das Festentgelt nach dem GüKG grdsl auch bei vorsätzl Tarifunterbietg zahlen müsse (BGH NJW-RR **87**, 1009), ist dch Aufhebg von GüKG 23 überholt (Nürnbg NJW-RR **94**, 1384).

46   **b) Verletzung eigener Pflichten. – aa)** Die RAusübg kann unzul sein, wenn dem Berecht eine Verletzg eig Pflten zur Last fällt. Es gibt aber keinen allg Grds, nach dem nur derj Rechte geltd machen kann, der sich selbst rechtstreu verhalten hat (BGH NJW **71**, 1747, BAG DB **74**, 2357). RVerstöße begründen unter den im Ges vorgesehenen Voraussetzgn SchadErsAnspr u geben dem and Teil die Befugn aus §§ 273, 320, führen aber grdsl nicht zu einem Wegfall eig Rechte (Soergel-Teichmann Rn 287). **Versorgungsansprüche** bleiben daher auch bei schweren PflVerletzgen des Berecht bestehen (BGH **55**, 277, NJW **81**, 2407, BAG NJW **80**, 1127, **81**, 188, Blomeyer ZIP **91**, 1113); nur in bes kraß liegden AusnFällen entfällt der Anspr, so etwa, wenn der Berecht die wirtschaftl Grdl des Versorggspflichtigen gefährdet (BGH aaO, LAG Hamm DB **89**, 788), wenn er sich der Erpressg schuldig macht (BAG NJW **84**, 141) od in erhebl Umfang Schmiergelder annimmt (BAG NJW **84**, 1530), dagegen nicht bei der Beteiligg an Unterschlagen (191000 DM) nicht aus (BAG ZIP **90**, 1613), auch nicht ow die Tätigk für einen Mitbewerber (BAG DB **90**, 1870). Der RA verliert seinen HonorarAnspr nur iF des Parteiverrats od einer vergleichb schweren PflVerletzg (s BGH NJW **81**, 1212, weitergehd RG **113**, 269). Auch der VergütgsAnspr des SachVerst entfällt nur bei bes groben PflVerletzgen (BGH NJW **76**, 1154, Mü NJW **71**, 257); das gilt ebso für den TestVollstr (BGH DNotZ **76**, 559, WM **79**,

1116) u für den Pfleger, Vormd u Betreuer (s RG **154**, 110, BayObLG NJW **88**, 1919, BayObLG **91**, 275). –
bb) Keine unzulässige Rechtsausübung: Geltdmachg des GehaltsAnspr bei Verstoß gg ein WettbewVer- 47
bot (BGH NJW-RR **88**, 353), und bei einem bes groben Treuverstoß (Düss ZIP **89**, 1557). Klage gg
unlauteren Wettbew dch Kläger, der gleichart Verstöße begeht (BGH NJW **60**, 1295, **71**, 1749). Gebrauch
einer VollstrMöglichk, die dem Gläub pflichtw von einem Dr mitgeteilt worden ist (BGH **LM** (Cd) Nr
166). Geltdmachg des ÜbernAnspr dch den an der Zerrüttg der Ehe schuld Ehem/Komplementär gg die
Ehefr/Kommanditistin (BGH **46**, 396). Berufg auf Mutterschutz bei Verletzg der NachwPfl (BAG DB **83**,
1770). – **cc) Eine unzulässige Rechtsausübung** ist zu bejahen: Geltdmachg von Rechten aus § 326 bei eig 48
erhebl VertrUntreue (§ 326 Rn 10). Berufg auf Bezugsbindg bei NichtErf der eig LieferPfl (Nürnb NJW **72**,
2270), Berufg des Mieters auf § 552 S 3, obwohl er ohne Rücksicht auf den MietVertr endgült ausgezogen ist
u keine Miete mehr zahlt (§ 552 Rn 12). Beharren auf die unbillig verzögerte förml Abnahme (BGH **107**,
368). Dchsetzg eines WettbewVerbots bei Nichtzahlg der KarenzEntsch (BAG NJW **64**, 1643). Geltdmachg
einer ProvFdg nach treuw Verhalten gerade hinsichtl des provpflicht Gesch (Hamm NJW **59**, 677, Kblz BB
73, 866). Berufg auf MitwirkgsR bei beharrl Verweigerg der eig Mitwirkg (BGH NJW **72**, 863). Geltd-
machg eines dingl VorkaufsR trotz vertragl Verpflichtg zur Nichtausübg (BGH **37**, 152). Aufr mit GgFdg,
wenn die AufrLage bei eig redl Verhalten nicht entstanden wäre (BGH NJW **85**, 1826). Berufg auf Leistg-
sunfähigk, die der UnterhSchu selbst vorwerfb herbeigeführt hat (BGH NJW **85**, 733, 806). – **dd) Miß-** 49
bräuchliche Ausnutzung einer formalen Rechtsstellung. RStellen einer Part unterliegen vielf Be-
schränkgen, die ledigl ggü Dr bestehen od nur im InnenVerhältn wirks sind. Auf diese Beschränkgen kann
sich bei einem offensichtl Mißbrauch ausnw auch der Verpflichtete berufen, so bei Anspr aus einem Akkre-
ditiv (BGH **101**, 91), einer Bankgarantie (BGH **90**, 292, NJW **89**, 160), einer Scheckgarantie (BGH **122**, 160)
od einer Bürgsch auf erstes Anfordern (BGH NJW **89**, 1480, Einf 14 v § 765). Ähnl liegt es beim Mißbrauch
der Vollm (§ 164 Rn 13) od des StimmR (BGH **88**, 328), aber auch dann, wenn die BeschlUnfähigk einer
GterVersammlg dch Boykott herbeigeführt w (Hbg NJW-RR **91**, 674).

c) Fehlen eines schutzwürdigen Eigeninteresses. – aa) Die RAusübg ist mißbräuchlich, wenn ihr kein 50
schutzwürdiges Eigeninteresse zugrde liegt. Dieser Grds hat sich aus der *exceptio doli generalis = praesentis* des
röm u gemeinen R entwickelt. Zu dieser Fallgruppe gehören neben der nutzlosen RAusübg die Fälle, in
denen die Ausübg eines Rechts Vorwand für die Erreichg vertragsfremder od unlauterer Zwecke ist, weiter
aber auch die Fälle des § 226, dessen Tatbestd von dem des § 242 mitumfaßt w (Rn 20). – **bb) Einzelfälle** 51
mißbräuchl RAusübg: Ausübg des gesetzl VorkR gem BauGB bei Fehlen eines öff Interesses (BGH **29**, 117,
36, 158); Geltdmachg einer AnfKl zu dem Zweck, sich das AnfR abkaufen zu lassen (BGH **107**, 310).
Erhebg der DrittwidersprKl dch den SichersNeh mit dem ausschließl Ziel, das SichersGut dem Sichergs-
Geb zu erhalten (Brem OLGZ **90**, 73). Wandlg nach Wegfall des Mangels (BGH **90**, 204). Geltdmachg von
InformationsAnspr als Vorwand für die Ausspähg von GeschGeheimn (BGH **10**, 387, **93**, 206, 211). Ehe-
Aufhebgs- od EhenichtigkKlage als Vorwand, um sich einen neuen Partner zuwenden zu können (BGH **5**,
186, **30**, 146). Inanspruchn von Sicherh für Fdgen, die der SichergsNeh nach dem Vermögensverfall des
SichergGeb von Dr erworben hat, um diesem Befriedig zu verschaffen (BGH NJW **75**, 122, **83**, 1735).
Weigerg, den ProzBürgsch einer Bank gg die einer ebso sicheren und auszutauschen (BGH NJW **94**, 1351).
Mißbrauch des StimmR (BGH **88**, 328, Hamm OLGZ **78**, 188). Antr auf Teilgsversteigerg, wenn Realteilg,
obwohl § 752 nicht zutrifft, mögl u zumutb ist (BGH **58**, 146). – **cc) Pflicht zur alsbaldigen Rückge-** 52
währ. Ein schutzwürdiges Interesse fehlt, wenn eine Leistg gefordert wird, die alsbald zurückzugewähren
wäre: *dolo agit, qui petit, quod statim redditurus est* (BGH **10**, 75, **79**, 204, **94**, 246, **110**, 33). **Einzelfälle:**
HerausgVerlangen des Eigtümers gg den AnwBerecht, der alsbald Eigtümer werden w (BGH **10**, 75).
Räumgsverlangen, wenn der Besitzer aGrd eines VorVertr den Abschluß eines MietVertr verlangen kann
(Köln NJW-RR **92**, 1162); aber and, wenn das Verhalten des Besitzers eine Künd rechtfertigt (Köln aaO).
Untersag einer Nutzg, wenn der Nutzer Vollm hat, die Nutzg dch RGesch zu gestatten (BayObLG NJW-
RR **95**, 210 läßt offen). Geltdmachg einer GrdSch, wenn eine schuldrechtl Pfl zur Rückgewähr besteht
(BGH **19**, 206). Verlangen auf Löschg eines nicht wirks bestellten Rechts bei Verpflichtg zur Bestellg (BGH
38, 126, DNotZ **76**, 22). Verlangen, die ohne Gen errichtete Anlage zu beseitigen, wenn eine Verpflichtg zur
Gen besteht (BGH DB **76**, 1058, BayObLG NJW-RR **88**, 589). Künd wg eines vertragsw Zustands bei
Verpflichtg zur Gen (BayObLG NJW-RR **91**, 461). Geltdmachg einer Fdg, wenn der Gläub das Geleistete
als SchadErs (BGH **66**, 305, **116**, 200) od gem § 812 (BGH **56**, 25, **74**, 300) zurückerstatten müßte. Verlan-
gen, Unterlagen herauszugeben, die der and zur BewFührg benutzen darf u will (BGH **110**, 33). Geltd-
machg der Rechte aus einer SichergsGrdSch, wenn der Gläub wg getrennter Abtr von Fdg u GrdSch
ersatzpflicht ist (BGH NJW-RR **87**, 139). Geltdmachg eines RegreßAnspr dch den HaftpflVersicherer, wenn
der Schu bei einem Mitversicherten Regreß nehmen kann u der Versicherer für diesen einstehen muß (BGH
NJW **72**, 440) od zu dessen Gunsten eine geschplanmäß Erkl abgegeben hat (BGH NJW **92**, 1508). Erhebg
der DrittwidersprKl, wenn der Kläger mithaftet (BGH **LM** ZPO 771 Nr 2, Hbg MDR **59**, 580, Celle NJW
60, 2196). Geltdmachg eines FolgenbeseitiggsAnspr, wenn der rechtsw geschaffene Zustand inzw der mat
RLage entspr (s BVerwG NJW **89**, 118).

d) Geringfügige Interessenverletzung, Unverhältnismäßigkeit. – aa) Geringfügigkeit. Trotz 53
§§ 320 II, 459 I 2, 468 I 2, 542 II, 634 III gibt es keinen allg RGrds, daß geringfüg PflVerletzgen (Mängel)
ohne RFolgen bleiben (BGH **88**, 95, WM **85**, 877). RMißbrauch ist nur gegeben, wenn an eine geringfüg,
im Ergebn folgenlos gebliebenen Verstoß weitreichde eindeutig unangemessene RFolgen geknüpft w. Das
Rücktr- od KündR kann daher bei einem unerhebl Zahlgsrückstand ausgeschl sein (RG **86**, 335, **169**, 143).
Unzul ist die RAusübg auch in folgden Fällen: Berufg auf Leistgsfreih bei unbedeutem Prämienrückstand
(BGH **21**, 136) od bei Verletzg einer Obliegenh, die generell nicht geeignet ist, die berecht Interessen des
Versicherers ernsth zu gefährden (BGH **53**, 160, **96**, 92, Rn 84). Berufg auf Verfallklausel bei geringfüg
Verfehlg (RG **152**, 258, WM **88**, 106). UU Berufg auf eine StrafAbrede bei geringfüg Überschreitg der
ZahlgsFr für den Pachtzins (LG Bln NJW **72**, 1324); idR hat es aber beim Schutz des § 343 sein Bewenden.
Eine im Vergl festgelegte Wiederauflebensklausel (Wegfall eines TErlasses) ist auch bei geringfüg Über-
schreitg des Zahlgstermins anwendb (BGH NJW **81**, 2686); and aber, wenn die Verspätg auf einem vom

Gläub erkannten u nicht richtig gestellten Irrt des Schu beruht (BGH NJW **80,** 1043). Der Rücktr bleibt auch
54 dann wirks, wenn der Rückstand alsbald nach der RücktrErkl getilgt w (BGH NJW **85,** 260). – **bb) Unver-
hältnismäßigkeit.** Es gibt keinen allg RGrds, daß die RFolgen einer PflVerletzg in einem angem Verhältn
zu deren Schwere stehen müssen (Staud-J.Schmidt Rn 663). Eine geringfüg Fahrlässig kann eine Schad-
ErsPfl in existenzvernichter Höhe begründen (Vorbem 6 u 67 v § 249). Soweit auf PflVerletzgen mehrere
Reaktionen mögl sind, kann § 242 aber, vor allem bei DauerSchuldVerh od Bestehen einer engeren Bindg,
dazu verpflichten, die mildere Reaktion zu wählen (s BayObLG NJW-RR **90,** 332, s auch § 251 II). Die
Künd aus wicht Grd ist wg eines pflichtw Verhaltens idR erst nach einer Abmahng zul (Einl 19 vor § 241,
§ 626 Rn 18). Der Ausschl aus der Gesellsch ist mißbräuchl, wenn mildere Mittel mögl u zumutb sind (BGH
16, 322). Die Entziehg der GeschFü (HGB 117) ist unzul, wenn eine weniger weitreiche Maßn ausr (BGH
51, 203).

55   **e) Widersprüchliches Verhalten (venire contra factum proprium):** Die ROrdng läßt widersprüchl
Verhalten grdsl zu. Die Part dürfen ihre RAnsichten ändern (BGH **LM** ZPO § 549 Nr 81 Bl 3, ähnl
BGH **32,** 279), der Kläger die Klagbegründg, der Beklagte seine RVerteidigg. Jeder Part steht es idR auch
frei, sich auf die Nichtigk der von ihr abgegebenen Erkl zu berufen (BGH **87,** 177, LAG Bln DB **89,** 1826)
od ein unter ihrer Beteiligg zustande gekommenes RGesch anzugreifen (BGH NJW **92,** 834). Wider-
sprüchl Verhalten ist aber mißbräuchl, wenn für den and Teil ein VertrauensTatbestd geschaffen worden
ist (BGH **32,** 279, **94,** 354, NJW **86,** 2107) od wenn and bes Umst die RAusübg als treuw erscheinen lassen
(BGH NJW **92,** 834, präzisierd u im Ergebn erhebl einschränkd Singer, Das Verbot widersprüchl Verhal-
56 tens, 1993). Ein Verschulden ist nicht erforderl (BGH WM **68,** 877). – **aa) Vertrauensbegründendes
Verhalten.** Die RAusübg ist unzul, wenn dch das Verhalten des Berecht ein Vertrauenstatbestd entstan-
den ist u der and Teil im Hinbl hierauf best Dispositionen getroffen hat (Canaris, Vertrauenshaftg, 1971,
S 278). Aber auch wenn es nicht zu bes weiterwirkden Dispositionen gekommen ist, kann das Vertrauen
des and Teils auf das Verhalten des Berecht schutzwürd sein (BGH **94,** 351, NJW **85,** 2590, **86,** 2107).
Einzelfälle: Wer eine rechtl Regel längere Zeit in einem best Sinn ausgelegt hat, ist hieran gebunden,
wenn der and Teil sich auf eine gleichbleibde Einstellg eingerichtet hat (RG **144,** 92, BGH **LM** WZG 1
Nr 5). Wer zugesagt hat, er werde das vertragl KündR nur aus wicht Grd ausüben, verliert das freie
KündR (Mü NJW-RR **92,** 1038). Der Versorggsträger, der eine einschläg KürzgsVorschr 8 Jahre lang
nicht angewandt hat, ist an diese Handhabg auch für die Zukunft gebunden (BGH **94,** 349). Der ArbN
kann nach langjähr VertrDauer nicht geltd machen, er sei 9 Jahre älter als bisher angegeben (Schlesw DB
89, 1828). Wer jahrelang den Irrt unterhalten hat, er sei der rechte Schu, darf nicht nachträgl seine Passivle-
gitimation bestreiten (BGH **LM** § 164 Nr 33, NJW-RR **90,** 417). Wer den mit einer ad Firma der Firmen-
gruppe geschlossenen Vertr als eig abgewickelt hat, darf sich später nicht auf fehlde Passivlegitimation
berufen (BGH NJW-RR **87,** 335). Hat der geschäftsunf Erbl unter Mitwirkg des Erben ein Grdst verkauft,
kann dieser nicht die Nichtigk des Vertr geltd machen (BGH **44,** 367). Wer an gefährl Sport (Fußball)
teilnimmt, kann keinen SchadErs fordern, wenn er unter Beachtg der sportl Regeln verletzt wird
(BGH **63,** 145, § 254 Rn 75). Der Vermieter kann die EigenbedarfsKünd nicht auf Grde stützen, die er
schon bei VertrSchluß kannte (BVerfG NJW **89,** 972, LG Münster NJW-RR **90,** 1354). Der Mieter, der
die Mietsache nicht mehr nutzt u die Mietzahlg eingestellt hat, kann sich ggü einer zur Schadensminderg
sinnvollen anderw Vermietg nicht auf § 552 S 3 berufen (Düss NJW-RR **91,** 1485). Der **Architekt** ist an
die in Kenntn aller maßgebden Umst erteilte Schlußrechng grdsl gebunden (BGH **120,** 133). Eine
NachFdg ist aber nicht stets treuw (BGH aaO gg BGH **62,** 211 u die fr stRspr). Es sind in jedem Einzelfall
die beiderseit Interessen umfassd ggeinand abzuwägen (BGH aaO). Der Vertrauensschutz für den AuftrG
wird nicht dadch ausgeschlossen, daß der Architekt die Mindestsätze der HOAI unterschritten hat (BGH
NJW **93,** 661); er entfällt aber, wenn der AuftrG die Rechng als nicht prüffäh beanstandet hat (KG NJW-
RR **95,** 536). Diese Grds gelten für den Statiker u den Tragwerksplaner entspr (s Köln BauR **78,** 65, Düss
NJW-RR **95,** 340). Beim VOB-Vertr werden NachFdgen dagg nur dch VOB/B 16 Nr 3 II beschränkt
(BGH **102,** 395). Hat der Schu den Gläub, wenn auch schuldlos, von der Unterbrechg der Verj abgehal-
57 ten, ist die Einr der **Verjährung** unzul (Übbl 10 v § 194). – **bb) Treuwidrigkeit aus anderen Gründen.**
Auch wenn kein bes Vertrauenstatbestd begründet worden ist, kann widersprüchl Verhalten unzul sein, so
wenn der Berecht aus seinem fr Verhalten Vorteile gezogen hat od bei einem unlösb Selbstwiderspr.
Einzelfälle: Wer im SchiedsVerf dessen Unzulässigk eingewandt hat, kann im anschließenden RStreit
nicht die Einr des SchiedsVertr erheben (BGH **50,** 191). Das gilt ebso für den, der ggü der Klage die Einr
des SchiedsVertr erhoben hat u später die Zuständigk des SchiedsGer bestreitet (BGH NJW-RR **87,** 1195).
Wer das ihm ohne RGrd Geleistete behalten will, kann nicht unter Berufg auf die Nichtigk des Gesch seine
GgLeistg zurückverlangen (RG GZS **161,** 59, BGH **LM** § 154 Nr 2). Wer im Hinblick auf den seiner Frau
gewährten Kinderzuschlag den Unterh gekürzt hat, kann nicht seinerseits den Zuschlag verlangen (BGH
LM (Cd) Nr 40). Wer das SachverstHonorar vom Schädiger ersetzt verlangt u erhalten hat, darf die Ho-
norarhöhe nicht nachträgl bestreiten (Celle NJW **67,** 1511, Anm Lueder NJW **68,** 1186). Hat der ArbG
dem ArbN im Zeugn vorbehaltlos Ehrlich u Gewissenhaftig bescheinigt, kann er Anspr aus Manko-
haftg wg eines vorher bekannten Sachverhalts nicht mehr geltd machen (BAG NJW **72,** 1214); miß-
bräuchl ist auch eine mit Inh des Zeugn unvereinb fristlose Künd (LAG Brem BB **84,** 473). Hat der
Versicherer an den VersN in Kenntn von dessen PflVerletzg geleistet, kann er die RückFdg nicht auf
diese PflVerletzg stützen (Ffm VersR **89,** 474). Hat eine Part den Eindruck erweckt, sich dem Entsch
eines schwebden MusterProz zu unterwerfen, kann sie deren Verbindlichk nicht nachträgl bestreiten
(BGH **94,** 354). Auf dem Verbot widersprüchl Verhaltens beruhen auch der Grds der **Verwirkung**
(Rn 87 ff) u der **Erwirkung** (Einf 14 vor § 116) sowie die Regel, daß die *protestatio facto contraria* unbe-
achtl sind (Einf 27 vor § 145).

58   **C) Weitere Einzelfälle.** Um die systemat Darstellg nicht mit RsprNachw zu überfrachten, werden hier
weitere Einzelfälle zusgestellt. Die Wiedergabe der Kasuistik will u kann nicht vollst sein. Zu berücksichti-
gen ist auch, daß gerade im Anwendgsbereich des § 242 alle Umst des Einzelfalls sorgfält abgewogen
werden müssen, die Entsch eines (scheinb) ähnl Falles also nicht einf übernommen werden darf.

a) Abfindungsvergleich u § 242 s Rn 153. – **Abtretung.** Die TeilAbtr kann gg § 242 verstoßen, wenn 59 sie für den Schu zu unzumutb Erschwern führt (BGH **23**, 56, Düss MDR **81**, 669). Das ist aber nur in AusnFällen anzunehmen; eine gewisse MehrArb genügt nicht (BGH aaO). Die Unzumutbark kann sich auch aus der Pers des Zessionars ergeben (Baumgärtel AcP **156**, 256). – **Akkreditiv.** § 242 ist trotz des Grds 60 der Dokumentenstrenge anwendb (Koller WM **90**, 293). Dem Anspr des Verk (Einf 12 vor § 783) steht der Einwand unzul RAusübg entgg, wenn er argl zur VertrErf ungeeignete Ware geliefert hat (BGH **101**, 91), wenn seine Fdg rechtskr abgewiesen ist (BGH BB **58**, 541) od wenn aus sonst Grden ein offensichtl RMißbr vorliegt. Das Bestehen eines starken Verdachts genügt nicht (BGH NJW **89**, 160). – **Allgemeine Geschäftsbedingungen:** InhKontrolle s AGBG 9ff. Individueller RMißbrauch s Vorbem 18 v AGBG 8.

b) Arbeitsrecht. Die Künd kann gg das Verbot widersprüchl Verhaltens verstoßen (BAG NJW **72**, 1878, 61 LAG Brem BB **84**, 473). Soweit es um die Sozialwidrigk der Künd geht, wird § 242 dch das KSchG verdrängt (BAG DB **91**, 341). Gem § 242 unzul ist aber die Künd zur Unzeit u die in verletzder Form (Vorbem 49 v § 620), ferner die, die allein wg der Homosexualität des ArbN erfolgt (BAG BB **95**, 204). Der Anspr auf Lohnfortzahlg wird dch die Verletzg von Melde- u NachwPflten nicht ausgeschl (BAG NJW **72**, 76); and nur bei bes krassen Verstößen (s BAG **9**, 168). Der ArbN, der in seinem landwirtschaftl NebenBetr einen Unfall erleidet, verstößt nicht gg § 242, wenn er Lohnfortzahlg beansprucht (BAG DB **72**, 1245). Der UrlAnspr besteht auch dann, wenn der ArbN krankheitsbedingt im UrlJahr nicht einen Tag gearbeitet hat (BAG NJW **82**, 1548, krit Buchner DB **82**, 1823); er kann bei bes schweren Verfehlgen entfallen (BAG **6**, 300, BB **69**, 273). Tarifl Anspr unterliegen gem TVG 4 IV nicht der Verwirkg; der Einwand unzul RAusübg ist aber zul, wenn er nicht auf illoyale Verspätg, sond auf einen sonst groben Verstoß gg § 242 gestützt w (BAG **3**, 80, **4**, 63, VersR **83**, 768). Rückzahlgsklauseln bei Gratifikationen u § 242 s § 611 Rn 89ff; über Ruhegehalt u § 242 s Rn 46).

c) Aufrechnung: Ausschluß dch § 242 s § 387 Rn 15; Einschränkg von AufrVerboten dch § 242 s § 387 62 Rn 17ff. – **Auskunftsanspruch:** s § 261 Rn 8ff u 27. – **Ausschlußfristen:** Die Anwendg **tariflicher** AusschlFr steht unter dem Gebot von Treu u Glauben (BAG **14**, 145). Der Anspr kann aus bes Grden trotz FrAblauf noch zuzulassen sein, jedoch sind strenge Anfordergen zu stellen (s BAG **10**, 7, **17**, 200, DB **82**, 2250). § 242 ist anwendb, wenn der Schu den Anschein erweckt, er werde sich nicht auf die AusschlFr berufen u der Gläub hierauf vertraut (BAG DB **70**, 688, **85**, 659; Parallelfall zu Einl 10 vor § 194). Entspr gilt, wenn der ArbN vom Anspr nichts wußte, weil der ArbG die geschuldete Abrechng od Ausk nicht erteilt hat (BAG **AP** TVG 4 AusschlFr Nr 41), bei Argl (BAG NJW **71**, 579) u bei Anspr aus vorsätzl strafb Hdlgen, von denen der and Teil nichts wußte (BAG **AP** aaO Nr 42). Dagg ist § 242 unanwendb, wenn der Anspr wg Zweifelhaftigk der RLage nicht geltd gemacht worden ist (BAG **AP** aaO Nr 34), wenn der ArbG den ArbN nicht auf die für die Geltdmachg des Anspr vorgeschriebene Schriftform hingewiesen hat (BAG NZA **95**, 229) od wenn der ArbN einseit erwartet hat, der ArbG werde sich nicht auf den FrAblauf berufen (BAG BB **71**, 309). – Bei **gesetzlichen** 63 AusschlFr hängt es von ihrem Zweck ab, ob u inwieweit bei ihrer Versäumg § 242 anwendb ist (BGH **31**, 83). Auf prozessuale Fr, die beamtenrechtl KlFr (BGH **14**, 128) u die Fr des PatG 27 (BPatG GRUR **71**, 569) ist § 242 nicht anzuwenden. Dagg ist § 242 anwendb auf die Fr des § 626 II (BGH NJW **75**, 1698) u der AVBGasV 21 II (BGH NJW-RR **91**, 949). – Im **Versicherungsrecht** gilt für gesetzl u vertragl AusschlFr die Grds, daß der 64 VersN keine RNachteile erleidet, wenn er die Fr schuldlos versäumt hat (BGH **9**, 208, **43**, 236). Wird der fr Zustand entgg einer VertrVorschrift nicht rechtzeit wiederhergestellt, so ist das unschädl, wenn der Versicherer die FrWahrg dch Nichtzahlg der VersSumme verhindert hat (BGH **LM** (Cb) Nr 12).

d) Bankgarantie u § 242 s Einf 16f v § 783. – **Bereicherungsrecht.** § 242 ist unanwendb, soweit der 66 Schutz des § 818 III ausr (BGH **55**, 134, VersR **77**, 474). Bei aufgedrängter Ber ist der Anspr mißbräuchl, wenn der Bereicherte die Rückn der verbundenen Sachen verlangen kann u verlangt (BGH NJW **65**, 816, § 951 Rn 19). Beim BerAnspr des Bewucherten können gem § 242 SchongsMaßn (Teilzahlg, Stundg) geboten sein (RG **161**, 58). Ist der erzielte Erlös wesentl größer als der obj Wert der Sache, kann der Anspr aus § 816 gem § 242 einzuschränken sein (BGH **29**, 161, § 816 Rn 24). Auch ggü § 817 S 2 ist § 242 anwendb (§ 817 Rn 20). Will der Gläub die causalose GgLeistg behalten, ist sein BerAnspr ausgeschl (Rn 57). – **Bürgschaft.** Der Gläub hat keinen Anspr gg den Bü, wenn er den BürgschFall treuw herbeiführt (Rn 44). 67 Hat der Gläub ggü dem Bü SorgfPflten übernommen, kann deren Verletzg den Anspr gg den Bü ausschließen (BGH **LM** § 765 Nr 16). Auch wenn die Hauptschuld dch ein in den Konsequenzen nicht bedachtes RGesch (Novation) erlischt, kann der Bü sich hierauf berufen (BGH Warn **69** Nr 330). Erhebt der Bü die Einr aus § 770 II, so kann hierin nur ausnw ein Verstoß gg § 242 liegen (BGH NJW **66**, 2009). Bürgsch auf erstes Anfordern u RMißbr s Einf 14 v § 765.

e) Eherecht: Bei Ehen, die währd des Krieges od in den ersten Nachkriegsjahren außerh des Reichsgebie- 68 tes vor einem Geistl geschl worden sind, kann die Berufg auf den Formmangel mißbräuchl sein, wenn die Eheg die Ehe mehr als 20 Jahre als gült anerkannt haben (Stgt FamRZ **63**, 42, Hbg FamRZ **81**, 356). **Ehenichtigkeitsklage:** Langer Zeitablauf (35 Jahre) begründet allein keinen RMißbr (BGH NJW-RR **94**, 69 264). Die Kl des in bigamischer Ehe lebden Eheg ist nicht schon deshalb mißbräuchl, weil er die 1. Ehe nicht fortsetzen will od kann (BGH **37**, 55). Die RAusübg ist aber unzul, wenn es dem Kläger nur darum geht, eine 3. Ehe einzugehen (BGH **30**, 146, aA unter Hinw auf das neue ScheidgsR Düss NJW-RR **93**, 136). Entspr gilt, wenn die 1. Ehe vor Eingehg der 2. bereits ihre ausl Ger geschieden war, der Kläger aber keinen AnerkAntr stellt (BGH JZ **62**, 446). RMißbr kann auch vorliegen, wenn der Kläger sich dem Partn der inzw geschiedenen 1. Ehe wieder zuwendet (BGH NJW **64**, 1835). Verfolgt die 1. Ehefr mit ihrer Klage versorggsrechtl Interessen, so ist das nicht mißbräuchl (BGH FamRZ **86**, 879). Die **Eheaufhebungsklage** 70 ist nicht schon deshalb mißbräuchl, weil der Kläger sich bereits vor Entdeckg der Täuschg von der Bekl abgewandt od die Ehe zerrüttet hat (BGH **29**, 269, NJW **58**, 1290). Sie ist aber unzul, wenn der Kläger den AufhebgsGrd als Vorwand benutzt, um sich einer and Frau zuwenden zu können (BGH **5**, 186). – **Einwendungsdurchgriff:** beim VerbrKredit VerbrKrG 9 III, bei sonst Vertr Einf 18 v § 305.

f) Erbrecht. Der Nacherbe, der den Vorerben vorsätzl tötet, wird wg treuw Herbeiführg des NachErbf 72 nicht Erbe (BGH NJW **68**, 2051). Die Anf gem §§ 2278, 2281 ist unzul, wenn der Erbl deren Voraussetzgen dch ein gg Treu und Glauben verstoßdes Verh selbst herbeigeführt hat (BGH **4**, 91, FamRZ **62**, 428). Hat der PflichttBerecht sich zunächst mit einem privaten Verzeichn über den Bestand des Nachl begnügt, kann das Verlangen nach Aufn eines amtl Verz (§ 2314 I 3) mißbräuchl sein (BGH **33**, 380). Wer am Abschl eines ErbVertr mitgewirkt hat, kann nicht dessen Unwirksamk wg Verstoßes gg ein ihn begünstigdes gemschaftl Test einwenden (BGH MDR **58**, 490). Läßt der Erbl den Widerr eines gemschaftl Test öff zustellen, obwohl er den AufenthOrt seines Eheg kennt, kann gg den dch ein späteres Test Begünstigten der Einwand unzul RAusübg begründet sein (BGH **64**, 8). Der mit der GesSchuldKl belangte Miterbe kann die Leistg verweigern, wenn sich der Gläub dch Aufr gg eine Fdg der ErbGemsch befriedigen kann (BGH **38**, 126). Der Erbe, unter dessen Mitwirkg ein geschäftsunfäh Erblasser ein Grdst verkauft hat, handelt mißbräuchl, wenn er sich auf Nichtigk des Vertr beruft (BGH **44**, 367). Sieht der ErbVertr ein RücktrR bei pflichtw Verhalten vor, ist Rücktr idR erst nach Abmahng zul (BGH MDR **67**, 993); diese ist aber bei einem groben Verstoß gg klare VertrPflten entbehrl (BGH DNotZ **83**, 118). Der Antr des Miterben aus Teilgsversteigerg kann gg § 242 verstoßen (Celle NJW **68**, 802). – **Formmangel:** Vgl § 125 Rn 16 ff.

73   **g) Gesellschaftsrecht:** Der Gter u die von ihm beherrschte jur Pers sind haftgsmäß als Einh zu behandeln, wenn die Berufg auf die förml Selbständigk gg § 242 verstoßen würde, sog **Durchgriffshaftung** (s Einf 12 v § 21). Der Kommanditist kann sich auf die Beschränkg seiner Haftg grdsl auch berufen, wenn er wirtschaftl Inh der KG ist (BGH **45**, 204), ausnw kann aber RMißbr vorliegen (BGH NJW **72**, 1418). Die Inh einer GmbH & Co KG haften kr RScheins, wenn die Firmierg nicht erkennb macht, daß keiner ihrer Inh unbeschr persönl haftet (BGH **62**, 226, **71**, 354). Die Pflten einer Gesellsch erstrecken sich uU auch auf eine von den Gtern gegründete weitere Gesellsch (BGH **59**, 64, WM **75**, 777). UnterlPflten obliegen uU auch der vom Schu beherrschten jur Pers (BGH DB **88**, 701). Das AuskR des Gter ist ausgeschl, wenn es Material für einen offensichtl unbegründeten Anspr od für vertragsw Wettbew liefern soll (RG **148**, 280, Rn 51). Das ÜbernR entfällt, wenn der Berecht das Untern nicht erhalten, sond einen Liquidationsgewinn erzielen will 74 (BGH NJW **59**, 432), die **Anfechtung** eines HauptVersammlgsBeschl ist mißbräuchl, wenn es dem Anfechtden darum geht, sich das AnfR „abkaufen" zu lassen (BGH **107**, 308, NJW **93**, 2181, Düss WiB **94**, 477, Radu ZIP **92**, 303); das gilt auch dann, wenn der Entschluß zur grob eigennützigen Ausnutzg der Anf erst nach KlErhebg gefaßt worden ist (BGH NJW **92**, 570). Wer den PrivGläub eines MitGters zur Künd veranlaßt, kann nicht dessen Ausschl verlangen, wenn der Gläub alsbald befriedigt (BGH **30**, 201). Wer die Liquidation absichtl verzögert, kann ggü dem SchadErsAnspr der MitGter nicht einwenden, dieser sei ein bloßer Rechngsposten (BGH NJW **68**, 2005). Die Künd kann mißbräuchl sein, wenn der MitGter vorübergeh an der Wahrnehmg seiner Rechte gehindert ist (RG DR **43**, 1220, Wehrdienst; OGH NJW **50**, 503, Verschollenh). Wenn der AlleinGter einer GmbH sein Amt als einziger GeschFü ohne wicht Grd 75 niederlegt, ohne einen neuen GeschFü zu bestellen, ist die Amtsniederlegg unwirks (BayObLG DB **81**, 2219). – **Gewissensnot** s Rn 9. – **Haftungsbeschränkung** s § 276 Rn 62. – **Kaufvertrag:** Hat der Käufer im VorProz die WandlgsEinr erhoben, kann die nachträgl Geltdmachg eines SchadErsAnspr aus § 463 mißbräuchl sein (BGH **29**, 156). Das gilt auch, wenn der Mangel nicht mehr besteht (BGH **90**, 204) od wenn der Verkäufer wg der Beseitigg u Mängel bereits erhebl Kosten aufgewandt hat u dem Käufer ein Festhalten am Vertr zumutb ist (Köln DB **72**, 2458). Beim Gattgskauf kann es gg § 242 verstoßen, wenn der Käufer die sofort angebotene mangelfreie ErsSache ablehnt (RG **91**, 110, § 243 Rn 7). Die VorleistgsPfl des Käufers kann entfallen, wenn konkrete VerdachtsGrde für erhebl Mängel bestehen (§ 320 Rn 18). Besteht das vertragl R, einen Nachkäufer zu stellen, darf der Verkäufer die VertrÜbern nicht ablehnen, um dch einen weiteren Vertr zusätzl Gewinn zu erzielen (Karlsr OLGZ **87**, 127).

76   **h) Kindschaftsrecht:** Die Anf ist nicht deshalb mißbräuchl, weil der Kläger die Vatersch anerkannt hat; die Aufhebg des § 1598 aF, der diese RFolge vorsah, darf nicht über § 242 korrigiert w (BGH **2**, 130). Das AnfR des Ehem ist aber ausgeschl, wenn das Kind aus einer mit seiner Zust durchgeführten heterologen Insemination stammt (Düss FamRZ **88**, 762, Hamm NJW **94**, 2425, aA BGH **87**, 173, Celle NJW **92**, 1516, § 1593 Rn 11). Die BewLast für die Zust trägt das Kind (BGH NJW-RR **93**, 643); dessen eig AnfR bleibt unberührt. – **Konkursrecht.** Der KonkAntr ist mißbräuchl, wenn er wg einer BagatellFdg od aus unlaut Motiven gestellt w (str, s LG Würzburg BB **84**, 95, Braun DGVZ **79**, 109). Die Klage auf Feststellg einer Fdg zur KonkTabelle verstößt gg § 242, wenn der Kläger den KonkVerw veranlaßt hat, dieselbe Fdg für einen and Gläub anzuerkennen (BGH NJW **70**, 810). Die Ablehng der VertrErf gem KO 17 kann ausnw mißbräuchl sein (BGH **98**, 168); ebso die Anf der Übertr von Gter-Vermögen auf die KonkMasse der Gesellsch (BGH **121**, 193). – **Maklervertrag.** War der Makler längere Zeit nicht mehr für den AuftrGeb tät, ist die Berufg auf den AlleinAuftr mißbräuchl (BGH NJW **66**, 1405). Haben die VertrPart sich nicht auf den Formmangel berufen, hat der Makler trotz der Nichtigk des vermittelten Vertr einen ProvAnspr (Köln JR **56**, 461). Es genügt aber nicht, daß eine der Part erfüllgsbereit ist (Celle OLGZ **69**, 418) od daß die Part den Formmangel verschuldet haben (BGH WM **77**, 1050). Der Kaufinteressent verstößt nicht gg § 242, wenn er eine vor Abschluß eines MaklerVertr erteilte Information dazu benutzt, um das Objekt provisionsfrei zu erwerben (BGH NJW **86**, 178). Er muß aber die vereinbarte Prov zahlen, wenn der KaufVertr statt 78 von ihm, von seinem Eheg (Partner) abgeschlossen w (§ 652 Rn 31). – **Mietvertrag:** Zur Verwendg von Haushaltsmaschinen, zur Umstellg der Heizg od den Mieter u zur Haustierhaltg s § 535 Rn 13, 15, 17. Die Künd ist im MietR detailliert u unter Berücksichtigg sozialer GesichtsPkte geregelt. Für § 242 bleiben daher nur wenige Anwendgsfälle. Nach § 242 unzul ist die Künd in verletzder Form, die Künd gem § 542, wenn der Mieter die Sache ohnehin nicht benutzt hätte (BGH DB **70**, 1633), die Künd gem § 566 S 2, wenn der Formverstoß ausschließl in NichtBeurk der von dem Kündigden günst nachträgl Vereinbg besteht (BGH NJW **75**, 1653), ausnw auch die Künd gem § 567 (BGH **LM** § 581 Nr 31). RMißbr kann auch vorliegen, wenn der Vermieter, obwohl eine ErsVermietg mögl ist, auf den Anspr gg den ausgezogenen Mieter beharrt (§ 552 Rn 8). Verweigert der Mieter die Erf u nimmt der Vermieter zur SchadMinderg eine ErsVermietg vor, haftet der Mieter trotz § 552 S 3 für die Mietdifferenz (BGH **122**, 163).

79   **i) Sachenrecht.** Das Verbot unzul RAusübg gilt auch im SachenR, aber nur für sachenrechtl „Sonderverbindgen" (Rn 6), nicht soweit es um die „Zuordngsfunktion" des SachenR geht (Soergel-Teichmann

Rn 70). Der MißbrTatbestd kann im SachenR mangels and RBeziehgen idR nur aus dem dingl RVerhältn hergeleitet w (BGH NJW **60**, 673). Dem Anspr aus § 985 kann § 242 enttgstehen, so bei Pfl zur alsbaldigen Rückg (BGH **10**, 75), bei einem sofort Räumgsverlangen gg den Sohn, der jahrelang auf dem Hof mitgearbeitet hat (BGH **47**, 189); bei einem HerausgVerlangen gg einem Besitzer, zu dessen Gunsten eine öff Baulast besteht (BGH **79**, 210). Das HerausgVerlangen ist auch dann mißbräuchl, wenn der AnsprSteller unberecht über die Sache verfügt u sie anschließd von gutgl ZwErwerber zurückerworben hat (BGH WM **69**, 657; **72**, 238: Scheck; str s § 932 Rn 17). Dagg kann der Eigtümer auch dann Herausg verlangen, wenn der and Teil den Besitz vor 70 Jahren aGrd einer Verwechslg erlangt u das Grdst erhebl verbessert hat (LG Itzehoe JZ **83**, 308, krit v Olshausen ebda 288). Auch der Anspr aus § 894 kann an § 242 scheitern, so bei schuldrechtl Verpfl, das eingetr Recht zu bestellen (RG **137**, 336, BGH NJW **74**, 1651) u bei sonst unzul RAusüb (BGH NJW **79**, 1656), so wenn der nur formal berecht TrHänder Löschg eines vom TrGeb bestellten Rechts verlangt (RG JW **34**, 3054). Ggü dem Anspr aus § 861 ist die Berufg auf § 242 zwar nicht schlechthin ausgeschl (so KG NJW **67**, 1915), aber nur in bes AusnFällen mögl (BGH NJW **78**, 2157). Die Ausüb einer **Grunddienstbarkeit** kann wg veränderter Umst unzul sein, wenn die Nachteile für das diende Grdst in **80** einem Mißverhältnis zu den Vorteilen des herrschden stehen (RG **169**, 183, BGH NJW **60**, 674, DNotZ **70**, 349). Der Inhalt der GrdDbk kann sich nach den Bedürfn des herrschden Grdst ändern (§ 1018 Rn 9). Aus einer SichgGrdSch können keine Rechte hergeleitet w, wenn die zuGrde liegde Fdg nicht od nicht mehr besteht (BGH **19**, 206). Beim PfandR kann eine RückgPfl bestehen, wenn der Gläub andweit ausr gesichert ist (BGH **LM** § 610 Nr 1). Drohder Verderb macht die Berufg auf das PfandR idR nicht unzul, da der Schu gem § 1218 vorgehen kann (BGH DB **66**, 378, s aber § 1218 Rn 1). Dem HeimfallAnspr kann § 242 enttgstehen, wenn das ZwVerstVerf wieder aufgehoben ist (BGH DNotZ **69**, 538); idR bleibt ein entstandener Anspr aber auch dann dchsetzb, wenn die verletzte Pfl nachträgl erfüllt w (BGH NJW-RR **88**, 715, **LM** (Bc) Nr 16). Zum **nachbarlichen Gemeinschaftsverhältnis** s § 903 Rn 13.

j) Schiedsklausel: Die Einr des SchiedsVertr verstößt gg § 242, wenn der Bekl im SchiedsVerf dessen **81** Unzulässigk eingewandt hat (BGH **50**, 191) od wenn das SchiedsVerf wg mangelnder Leistgsfähigk einer Part nicht dchgeführt w kann (BGH **102**, 202). – **Teilungsversteigerung:** Sie kann unzul sein, wenn eine Realteilg mögl u zumutb ist (BGH **58**, 146, **68**, 304) od wenn sie zu einem für den and Eheg schlechth unzumutb Ergebn führt (Mü NJW-RR **89**, 715). Der Antr eines geschiedenen Eheg ist mißbräuchl, wenn er nach Treu u Glauben verpflichtet ist, dem and seinen MitEigtAnteil zu übertragen (BGH **68**, 304, **82**, 237, Rn 158 ff). – **Verfahrensrecht:** Das Verbot unzul RAusüb gilt auch im ProzR, doch muß den Besonderh **82** dieses RGebiets Rechng getragen w. Die argl Vereitelg der Zustellg setzt die NotFr nicht in Lauf, *arg* ZPO 237 (BGH NJW **78**, 426). Der Empfänger, der das Empfangsbekenntn statt mit der Unterschrift mit einer Paraphe versehen hat, kann sich auf die Unwirksamk der Zustellg berufen (BGH **57**, 165). Führt der Kläger den RStreit fort, obwohl er sich außergerichtl zur KlRückn verpflichtet hat, ist die Kl als unzul abzuweisen (RG **159**, 190, Ffm WM **91**, 682). Das gilt unter für die Verpflichtg zur BerufgsRückn u die außergerichtl Vereinbg eines RMittelVerzichts (BGH **28**, 52, NJW **84**, 805, OVG Hbg NJW **89**, 604); jedoch kann der Verpflichtg eine *replicatio doli* enttgstehen (BGH **LM** ZPO 514 Nr 5, NJW **68**, 794). Verstößt der Kläger gg die Verpflichtg, nicht im UrkProz zu klagen od keine PatentnichtigkKl zu erheben, ist seine Klage unzul (RG **160**, 241, BGH **10**, 22). Ggü rechtskräftig festgestellten Anspruch ist eine Berufg auf **83** § 242 grdsl ausgeschl. Nur wenn die strengeren Voraussetzgen des § 826 vorliegen, kann die RKraft ausnw zurücktreten (§ 826 Rn 46). Entspr gilt für rechtskr ZuschlagsBeschl (BGH **53**, 50). And liegt es, wenn es um Änderg geht, die nach Erlaß des Urt eingetreten sind. Hier wird die RKraft nicht berührt, Einwendgen aus § 242 sind daher zul, so etwa der Einwand der Verwirkg (BGH **5**, 194) u der Einwand, die GeschGrdl sei weggefallen (BGH **38**, 149). Über mißbräuchl DrittwidersprKl s Rn 52. – Ein außergerichtl **Vergleich** hat ggü dem sog Akkordstörer keine Bindgswirkg (BGH **116**, 329). **Verjährung:** s Übbl 10 ff v § 194. Zur KenntnZurechng von Wissensvertretern s § 852 Rn 5.

k) Versicherungsrecht: Die bei ObliegenhVerletzg vorgesehene LeistgsFreih tritt nur ein, wenn der **84** Versicherer mit ausr Deutlichk auf den drohden RVerlust hingewiesen hat (BGH **47**, 101, **48**, 9). Sie darf nur geltd gemacht w, wenn die Verletzg generell geeignet ist, die berecht Interessen des Versicherers ernsth zu gefährden u den VersNeh ein erhebl Verschulden trifft (BGH **53**, 160, VersR **78**, 77). Dieser „RelevanzRspr" (Sieg BB **90**, 2280) haben die KfzVersicherer dch nF des § 7 V AKB Rechng getragen. Sie ist aber für and VersichergsZweige weiterhin von Bedeutg, so für die FeuerVers (BGH **96**, 92) u die EinbruchdiebstahlsVers (Düss VersR **78**, 833, Hbg VersR **87**, 873). Leistgsfreih wg argl Täuschg des VersN tritt nicht ein, wenn auch der Vers sich grob pflwidr verhalten h (BGH **107**, 368). In bes liegden Fällen kann auch die Berufg auf Leistgsfreih wg eines Prämienrückstands mißbräuchl sein (BGH **21**, 136, NJW **63**, 1056), so etwa, wenn der Versicherer bei Anmahng der Erstprämie nicht auf den drohden Verlust der Rechte aus der vorläufigen Deckgszusage hingewiesen hat (BGH **47**, 360, VersR **73**, 811), wenn der Versicherer bei Entggn der Folgeprämie nicht über die Notwendigk der Bezahlg der Erstprämie informiert (BGH VersR **74**, 121) od wenn der VersN wg einer von Versicherer zu vertretden Ungewißh über die Prämienhöhe nicht gezahlt hat (Brem VersR **77**, 855, Düss VersR **78**, 912). Zur AusschlFr s Rn 62. § 242 ist auch zG des Versicherers anwendb: Bei einer bes groben Treuwidrigk kann der VersN den VersSchutz verlieren, auch wenn für den gegebenen Fall keine RVerwirkg vereinbart war (BGH NJW-RR **91**, 1371, krit Lücke VersR **92**, 402).

l) Vertretungsmacht: Mißbr s § 164 Rn 13. AnschVollm s § 173 Rn 14. – **Vorkaufsrecht.** Die Ausübg **85** des VorkR ist unzul, wenn der Berecht die Erf der sich aus seiner Erkl ergebden Pflten ablehnt (§ 505 Rn 2), beim dingl VorkR ferner, wenn sich der Berecht schuldrechtl verpflichtet hat, von ihm keinen Gebr zu machen (BGH **37**, 152). Das ges VorkaufsR der Gem ist ausgeschl, wenn an dem Erwerb des Grdst kein öff Interesse besteht (Rn 51). Verweigert der Verpflichtete die Besichtigg der Sache, verlängert sich die Fr für die Ausübg des VorkaufsR (RG DR **41**, 1461, BGH MDR **72**, 128). – **Wechselrecht:** Die Berufg auf die **86** Fälschung einer WechselUnterschr kann gg das Verbot widersprüchl Verhaltens verstoßen (Zeiss JZ **63**, 747). Bloßes Schweigen macht den Fälscheinwand aber noch nicht unzul (BGH **47**, 113, NJW **63**, 149). Der Akzeptant, der die Einlösg endgült verweigert hat, kann aus der Nichtvorlage des Wechsels beim Domizilaten keine Rechte herleiten (BGH **30**, 322). – **Werkvertrag:** Der Anspr aus § 641 kann nach Treu und

Glauben auch gg den GrdstEigentümer geltd gemacht w, wenn dieser in der VertrAbwicklg die beherrschde Position innehat u die Vorteile aus der WkLeistg zieht (BGH **102**, 102). – **Zurückbehaltungsrecht:** § 273 als Ausprägg des § 242 s § 273 Rn 1; Einschränkg des ZbR dch § 242 s § 273 Rn 18.

87   **5) Verwirkung. – a) Begriff, Grundgedanke.** Ein Recht ist verwirkt, wenn der Berecht es längere Zeit hindch nicht geltd gemacht hat u der Verpflichtete sich nach dem gesamten Verhalten des Berecht darauf einrichten durfte u auch eingerichtet hat, daß dieser das Recht auch in Zukunft nicht geltd machen werde (BGH **43**, 292, **84**, 281, **105**, 298, NJW **82**, 1999). Die Verwirkg ist damit ein typ Fall der unzul RAusübg wg widersprüchl Verhaltens (MüKo/Roth Rn 360). Der Verstoß gg Treu u Glauben liegt in der **illoyalen Verspätung** der RAusübg (BGH **25**, 52, NJW **84**, 1684, BAG **6**, 167). Die Verwirkg begründet – in Ergänzg etwaiger Verj- u AusschlFr – eine zeitl Grenze für die RAusübg. Sie kann ebenso wie die Einr der Verj auch gg in Wahrh nicht bestehde Anspr geltd gemacht w.

88   **b) Abgrenzung. – aa) Verwirkung durch pflichtwidriges Verhalten.** Das Ges sieht in einer Reihe von Best vor, daß der Berecht sein Recht dch ein pflichtw od ehrloses Verhalten verlieren kann, so etwa in §§ 654, 971 II, 1579 Nr 2 u 5, 1611 I, 2339, GG 18. Für bes AusnFälle kann sich auch aus § 242 ergeben, daß grobe PflVerletzgen zum Ausschl eines Rechts führen (Rn 46). Der RVerlust dch pflichtw Verhalten wird häufig gleichf als Verwirkg bezeichnet, er hat aber mit der hier zu behandelnden Verwirkg wg illoyaler
89 Verspätg nichts zu tun. – **bb) Verzicht.** Er kann auch stillschw erklärt w. Voraussetzg ist aber, daß das Verhalten des Berecht als rechtsgeschäftl Willensäußerg gewertet werden kann, der ein Verzichtswille zGrde liegt. Bei Anspr ist außerdem eine Ann dch den and Teil erforderl (§ 397 Rn 1). Die Verwirkg ist dagg vom Willen des Berecht unabhäng. Sie kann auch eintreten, wenn der Berecht von seinem Recht keine Kenntn
90 hatte (Rn 94). – **cc) Verjährung und Ausschlußfristen:** Bei Verj u AusschlFr tritt die RFolge allein aGrd des Ablaufs der gesetzl od vertragl best Zeit ein. Für die Verwirkg genügt dagg ein auch längerer Zeitablauf nicht; es müssen weitere Umst hinzutreten, die die verspätete Geltdmachg des Rechts als treuw erscheinen lassen (BGH NJW **84**, 1684). Je kürzer die Verj- od AusschlFr ist, desto seltener kommt Verwirkg in Betracht (BGH **84**, 280, NJW-RR **89**, 818). Auch ggü einem verjährten Anspr kann der vAw zu berücksichtigde Einwand der Verwirkg dchgreifen (Ffm MDR **80**, 755). Das hat prakt Bedeutg, wenn der Verpflichtete auf die Einr der Verj verzichtet hat (Ffm aaO) oder wenn er sie, etwa aus RUnkenntn, nicht erhebt. –
91 **dd) Erwirkung:** Die rechtserzeugde Erwirkg ist das Spiegelbild der rechtsvernichtden Verwirkg, s Einf 14 v § 116.

92   **c) Anwendungsbereich. – aa) Rechte:** Ggst der Verwirkg können grdsl alle subj Rechte sein, auch rechtskr festgestellte (BGH **5**, 194). Die RStellg als Mitgl einer Gesellsch od ähnl kann nicht verwirkt w (BGH **LM** (Cc) Nr 58), wohl aber die aus ihr folgdn Rechte. Der Verwirkg unterliegen alle RPositionen, die ggü einem and geltd gemacht w können (Soergel-Teichmann Rn 335), auch die Einr der Verj (Ffm NJW-RR **90**, 574, Celle NJW-RR **93**, 559). Es gelten aber die in Rn 96, 98 u 107 angeführten Ausn. – **bb) Rechtsgebiete.** Die Grds der Verwirkg gelten in allen RGebieten des PrivR (BGH NJW **80**, 1148, JZ **65**, 682), im öffR (BVerwG **6**, 205, **44**, 339, BGH **35**, 199) einschließl des SozialR (BSG NJW **58**, 1607, **69**, 767) u im ProzR (BGH **20**, 206, **97**, 220, BAG NJW **83**, 1444). Vgl die Einzelfälle Rn 98 ff.

93   **d) Voraussetzungen.** Die Verwirkg ist ein außerordentl RBehelf (BGH NJW **84**, 1684). Grdsl steht es dem Berecht frei, bei der Geltdmachg seiner Rechte die dch Ges od Vertr best Verj- od AusschlFr voll auszunutzen. – **aa) Zeitablauf („Zeitmoment").** Seit der Möglichk, das Recht geltd zu machen, muß längere Zeit verstrichen sein (Rn 87). Die erforderl Dauer des Zeitablaufs richtet sich nach den Umst des Einzelfalls. Zu berücksichtigen sind vor allem die Art u Bedeutg des Anspr (BAG **6**, 168), die Intensität des vom Berecht geschaffenen VertrauensTatbestd (Ffm NJW-RR **91**, 678) u das Ausmaß der Schutzbedürftigk des Verpflichteten. Ein Verhalten des Berecht, das einem konkludenten Verzicht nahekommt, indiziert die erforderl Zeitdauer, so etwa die Nichtgeltdmachg des Anspr bei einer Abrechng od bei Vhdlgen über den zGrde liegdn Sachverhalt (RG JW **35**, 2883, BGH WM **79**, 647) od die widersprlose Hinnahme einer Zurückweisg des Anspr (Ffm BauR **89**, 210). Die Schutzbedürftigk des Verpfl wird wesentl bestimmt dch den Umfang seiner Vertrauensinvestitionen (Rn 95) u seinen Informationsstand, dh ob er vom Recht des and Teils wußte, wissen mußte od ob er gutgl war (s BGH **21**, 83, GRUR **60**, 141). Bei einem RücktrR kann eine Fr von einigen Wochen ausr (BGH BB **69**, 383, s auch § 626 II), während bei dingl Anspr 28 Jahre zu kurz sein können (BGH WM **71**, 1084). Bei rechtl Zweifeln darf der Berecht die Klärg der RLage abwarten (BGH **1**, 8, BVerwG **5**, 140). Für die NachFdg von Mietnebenkosten ist davon auszugehen, daß das
94 Zeitmoment der Verwirkg idR 1 Jahr nach Ablauf der Abrechngsperiode erfüllt ist (Rn 103). – **bb) Untätigsein des Berechtigten.** Währd des für die Verwirkg erforderl Zeitraums darf der Berecht nichts zur Durchsetzg seines Rechts getan haben. Eine Verwirkg ist ausgeschl, wenn er dch Mahng, Widerspr od in sonst Weise zu erkennen gegeben hat, daß er auf seinem Recht beharrt (BGH FamRZ **88**, 480, MüKo/Roth Rn 389). **Kenntnis** des Berecht vom Bestehen des Rechts ist nicht erforderl (RG **134**, 41, BGH **25**, 53, BAG DB **69**, 1996, aA BVerwG **6**, 206, BAG NJW **78**, 724), ebsowenig ein Verschulden (Saarbr NJW-RR **89**, 559, LG Mü NJW-RR **89**, 852, Staud-J. Schmidt Rn 494, str). Es genügt, daß der Berecht bei obj Betrachtg Kenntn hätte haben können (LG Ffm NJW-RR **86**, 593). Ausgeschl ist die Verwirkg, wenn der Verpflichtete dem Berecht
95 den Anspr treuw verheimlicht (BGH **25**, 53). – **cc) Vertrauenstatbestand („Umstandsmoment").** Der Verpflichtete muß sich aGrd des Verhaltens des Berecht darauf eingerichtet haben, dieser werde sein (vermeintl) Recht nicht mehr geltd machen, u wegen des geschaffenen Vertrauenstatbestdes muß die verspätete Geltdmachg des Rechts als eine mit Treu u Glauben unvereinbare Härte erscheinen (BGH **25**, 52, **67**, 68, NJW-RR **95**, 109, BAG ZIP **90**, 737, BVerwG NVwZ **90**, 554, Rn 87). Das „Umstandsmoment" ist idR erfüllt, wenn der Verpflichtete im Hinbl auf die Nichtgeltdmachg des Rechts Vermögensdispositionen getroffen hat (BGH **67**, 68, NJW **84**, 1684). Zul ist aber auch eine mehr typisierende Beurteilg, insbes bei verspätete Unterh- u MietNachFdgen. Hier kann uU davon ausgegangen w, daß der Verpflichtete dch die NachFdg in wirtschaftl Schwierigk gerät, währd er bei rechtzeit Geltdmachg des Anspr seine Lebensführg entspr angepaßt hätte (BGH **103**, 71: Unterh). Der Verpflichtete kann (entgg BGH NJW-RR **92**, 1240) auch deshalb schutzbedürft sein, weil der Zeitablauf seine BewPosition verschlechtert hat (LG Trier NJW-RR **93**, 55,

Verlust von Zahlgsbelegen). Ein Vertrauenstatbestd kann nicht entstehen, wenn die polit u rechtl Verhältn (DDR) den Berecht an der Geltdmachg seines Anspr gehindert haben (Brdbg OLG-NL **95**, 135). – **dd) Öf- 96 fentliches Interesse.** Die Verwirkg ist ausgeschl, soweit ihr überwiegde öff Interessen entggstehen (BGH **5**, 196, **16**, 93); nicht verwirkt w können daher: die verfahrensmäß Befugn zur Anrufg des Ger, insbes das KlagR bei LeistgsKl (s BGH NJW-RR **90**, 887, Hamm JurBüro **80**, 1380, Baumgärtel ZZP **86**, 367); das Beschw- u AntrR in GBSachen (BGH **48**, 354, Hamm OLGZ **73**, 405); die RBehelfe gg unricht Firmenführg od irreführde Werbg (BGH **16**, 93, GRUR **85**, 931, krit Schütz GRUR **82**, 526); der Anspr aus AGBG 13 (BGH NJW **95**, 1488), der UnterlAnspr gg die mißbräuchl Verwendg des Roten Kreuzes (BGH **126**, 287).

e) Rechtsfolgen, Beweislast. Die Verwirkg begründet, ebso wie die sonst Tatbestde der unzul RAus- 97 übg, eine inhaltl Begrenzg des Rechts (BGH **67**, 68). Sie ist eine rechtsvernichtde Einwendg u im Proz vAw zu berücksichtigen (BGH NJW **66**, 345). Der Verpflichtete trägt die BewLast für die Voraussetzgen der Verw; der Gläub ist darleggs- (nicht bew-)pflichtig dafür, wann u wie er den Anspr geltd gemacht hat (BGH NJW **58**, 1188).

f) Einzelfälle. – aa) Arbeitsrecht. Tarifl Anspr unterliegen gem TVG 4 IV nicht der Verwirkg. Auch der 98 gesetzl UrlAnspr kann nicht verwirkt w (BAG DB **70**, 787), wohl aber die dem ArbN zustehden sonst Rechte, so der Anspr auf UrlEntgelt (BAG aaO), auf Ers von Umschulgskosten (SchlH LAG BB **76**, 1418), auf die ArbNErfinderVergütg (BGH GRUR **77**, 784), der ZeugnAnspr (BAG NJW **88**, 1616), der Anspr auf Entferng von Abmahnschreiben aus den PersAkten (BAG NJW **89**, 2564), der Anspr aus § 613a I 1 (LAG Köln ZIP **90**, 1294), das Recht, die Unzulässigk einer Künd geltd zu machen (BAG **9**, 334: fristlose Künd; BB **89**, 990: Verstoß gg § 613a IV). Solange das ArbVerh besteht, kommt eine Verwirkg von Rechten des ArbN wg der bestehden Schutzbedürftigk aber nur ausnw in Betracht (BAG NJW **55**, 159). Bei Lohn- u GehaltsAnspr scheidet sie wg der kurzen VerjFr des § 196 idR aus (BAG BB **58**, 117). Für die Anspr des ArbG gelten die allg Grds der Verwirkg, so für SchadErsAnspr (BAG **6**, 166, s aber unten Rn 108), für die RückFdg von überzahltem Lohn (BAG **15**, 275), die Anpassg des Ruhegehalts an Rentenerhöhgen (BAG **17**, 185) u das Recht, die Zinsen für ein MitarbeiterDarl zu erhöhen (Saarbr NJW-RR **89**, 558). Bei der außerordentl Künd verdrängt die kurze AusschlFr des § 626 II die Anwendg der VerwirkgsGrds (BAG NJW **78**, 724, DB **86**, 1339).

bb) Bereicherungsrecht. Da der Schu dch § 818 III geschützt wird, kommt Verwirkg nur ausnw in 99 Betracht (BGH NJW **76**, 1262, Düss WM **95**, 575). Der Anspr auf Rückzahlg von MaklerProv od einer VersLeistg ist nach nach 7 Jahren noch nicht ow verwirkt (BGH WM **76**, 1194, Hamm VersR **91**, 758); bei der RückFdg von überzahltem WkLohn der öff Hand genügt eine Zeitspanne von 6½ Jahren ab Schlußrechng nicht (BGH NJW **80**, 880, Mü BauR **82**, 603, Hbg BB **84**, 14; bedenkl, von der öff Hand kann u muß eine zügige Rechngsprüfg erwartet w), wohl aber ein Zeitraum von 7 Jahren (Köln BauR **79**, 252, LG Mü NJW-RR **89**, 853). Vgl auch Rn 103 „Miete". – **Bürgschaft:** Der Anspr gg den Bü kann 40 Jahre nach Abschl des BürgschVertr verwirkt sein (Ffm MDR **78**, 52, s aber Mü WM **89**, 602). – **Darlehen:** Der titulierte DarlAnspr einer Bank kann 8 Jahre nach der letzten VollstrMaßn verwirkt sein (LG Trier NJW-RR **93**, 55); das R auf Zinsanpassg nach 9½ Jahren (Kln WM **94**, 1469). – **Entschädigungsansprüche:** Vgl BGH **LM** (Cc) Nr 38 u 39. – **Erbrecht:** Verwirkg, wenn ein Anspr erstmals mehr als 20 Jahre nach dem Erbfall geltd gemacht w, obwohl über zushängde Anspr verhandelt u ein Vergl geschlossen worden ist (BGH WM **77**, 688). – **Gesellschaftsrecht:** Die Stellg als Gter unterliegt nicht der Verwirkg (BGH **LM** 100 (Cc) Nr 58), im übrigen gelten die allg Grds, so für das ÜbernR aus HGB 142 (RG JW **35**, 2490), das KaduziergsVerf (Hbg NJW-RR **94**, 1528), den Anspr auf Änderg des GesellschVertr (BGH WM **69**, 688), die Berufg auf die Nichtigk eines GterBeschl (BGH DB **73**, 467), das Recht den GmbH-GeschFü als wicht Grd abzuberufen (BGH NJW-RR **92**, 292). Der SchadErsAnspr gg den geschführden Gter ist auch nach längerem Zeitablauf nicht verwirkt, wenn dieser die tatsächl Grdl des Anspr verheimlicht hat (BGH **25**, 53, BB **66**, 474). Das KündR aus wicht Grd ist verwirkt, wenn mit der Künd unangem lange gewartet wird (RG JW **36**, 2547); § 626 II ist nicht entspr anwendb (dort Rn 21), kann aber eine Orientierghilfe sein. – **Gewerblicher Rechtsschutz:** Im MarkenR gilt jetzt MarkG 21 I–III, wonach bei Gutgläubigk des Verlet- 101 zers Verwirkg eintritt, wenn der Berecht die Benutzg wissentl 5 Jahre geduldet hat. Diese Regelg läßt nach MarkG 21 IV die Anwendg der allg Grds der Verwirkg unberührt. Danach kommt es nicht auf den Ablauf einer best Frist an; entscheidd ist vielmehr, ob der Verletzer einen schutzwürd Besitzstand erlangt hat: Dch eine länger andauernde redl u ungestörte Benutzg muß ein Zustand geschaffen worden sein, der für den Benutzer erhebl Wert hat, u den der Verletzte hinnehmen muß, da er ihn dch seine Untätigk mit ermöglicht hat (BGH **21**, 78, NJW **88**, 2470, **93**, 920, NJW-RR **93**, 1387). Ein auf einen best Abnehmerkreis beschränkter Besitzstand kann genügen (BGH GRUR **81**, 60). War der Verletzer bösgl, bedarf es einer längeren Benutzgsdauer, bevor der Besitzstand schutzwürd wird (BGH **21**, 83, GRUR **60**, 141); ist für den Verletzer ein starker Vertrauenstatbestand entstanden, genügt eine kürzere Fr (BGH DB **91**, 2650). Verwirkg kann eintreten, obwohl der Verletzte von der Verletzg keine Kenntn hat (BGH **1**, 33, NJW **66**, 346, Rn 94). Sie ist nicht deshalb ausgeschlossen, weil der Berecht wg der ZusArbeit mit dem Verletzer von der Geltdmachg seiner Rechte abgesehen hat (BGH **LM** (Cc) Nr 29). Hat der Verletzte die Verwendg der Bezeichng mehr als 50 Jahre unbeanstandet hingenommen, kann auch der Verletzer Namensschutz beanspruchen (BGH NJW-RR **91**, 935). Keine Verwirkg, wenn der Verletzer nicht nur IndividualR beeinträchtigt, sond die Allgemeinh irreführt (BGH **5**, 196, **16**, 93, Rn 96). Die Verwirkg von SchadErsAnspr richtet sich nach allg Grds, setzt also keinen schutzwürd Besitzstand voraus (BGH NJW **88**, 2470). Sie kann zu bejahen sein, wenn der Berecht 9 Jahre lang gg die rechtsw Benutzg seines Kennzeichens nichts unternommen hat (BGH aaO). – Zur Verwirkg von lizenzvertragl Anspr im Patentrecht s BGH NJW-RR **89**, 109.

cc) Kaufvertrag: Hat der Verkäufer dch Lieferverzögerg den Anschein erweckt, der Vertr sei erledigt, 102 kann der ErfAnspr verwirkt sein (BGH MDR **51**, 281). Das gilt entspr, wenn der Anspr aus einem 1939 geschl GrdstKaufVertr erst 1947 geltd gemacht wird (Stgt NJW **49**, 506). Auf Anspr, für die die kurze VerjFr des § 196 gilt, sind die VerwirkgGrds idR nicht anzuwenden (BGH WM **89**, 354). – **Kündigungsrecht aus wichtigem Grund.** Es muß außerhalb des Anwendgsbereichs von § 626 II (dort Rn 21) in angem Fr ausgeübt w, beim VertrHändler idR binnen 2 Mo (BGH NJW **94**, 722), beim Handelsvertreter sind 2 Mo

103 idR schon zu lang (BGH aaO). – **Miete:** Bei Anspr auf Nachzahlg von Nebenkosten, insbes von Heizkosten, ist das Zeitmoment der Verwirkg idR ein Jahr nach Ablauf der Abrechngsperiode erfüllt (s LG Mannh WoM **76**, 225, LG Darmstadt WoM **76**, 253, LG Mü WoM **78**, 5, LG Bln WoM **78**, 166, LG Bonn WoM **79**, 235). Bei nicht erwarteten NachFdgen ist idR in typisierder Betrachtg auch das UmstMoment erfüllt (Rn 95 u die zit LGEntsch, aA BGH NJW **84**, 1684). Dagg kommt beim Anspr des Mieters auf Rückzahlg nicht verbrauchter Vorauszahlgen Verwirkg idR nicht in Betracht (Sternel MietR Rn III 146a). Für die Verwirkg von Mieterhöhgen, die aGrd einer Mietgleitklausel fäll geworden sind, gelten dagg die strengeren allg Grds wie für die Verwirkg von Nebenkosten (LG Bln ZMR **82**, 87, aA Celle NJW-RR **88**, 724); die Verwirkg erfaßt uU auch die in letzter Zeit aufgelaufenen Erhöhgsbeträge (Düss NJW-RR **93**, 1036). Hat der Vermieter die zu niedrige Miete vorbehaltlos quittiert, kann sogar von einem konkludenten Verzicht ausgegangen w (LG Osnabrück WoM **76**, 162). Für die Verwirkg von pachtvertragl Anspr gelten dagg die strengeren allg Grds (Köln WM **87**, 1310). Auch das MieterhöhgsR aus MHRG 3 kann verwirkt w (AG Albstadt NJW-RR **91**, 1482); ebso der Anspr aus § 556, nach 6 Mo ist aber das Zeitmoment noch nicht erfüllt (BGH NJW-RR **88**, 78); sogar der Anspr aus einem rechtskr RäumgsUrt unterliegt der Verwirkg (Hamm NJW **82**, 341). Der Mieter verliert seinen Anspr aus InstandsetzgsArb, wenn er ihn längere Zeit nicht geltd macht u die Miete vorbehaltlos zahlt (BGH **LM** § 558 Nr 2). Er hat keinen Anspr auf Rückzahlg, wenn er die überhöhte Miete trotz erkannter Zweifel mehrere Jahre ohne Widerspr gezahlt hat (RG **144**, 90) od wenn er mit seiner Fdg erst längere Zeit nach Beendigg u Abrechng des MietVerhältn hervortritt (RG JW **35**, 2883). Das KündR ist

104 wicht Grd muß nicht sofort, aber innerh angem Fr geltd gemacht w (BGH WM **67**, 517). – **Namens- und Personenstandsrecht:** Die Befugn zur Untersagg einer unricht Namensführg entfällt nur dann, wenn der Verletzer auf die Fortdauer des bisherigen Zustands auch für die Zukunft vertrauen durfte (BayObLG **71**, 216). Das Recht, die Berichtigg des Geburtenregisters zu verlangen, ist nach 18 Mo noch nicht verwirkt (BayObLG NJW-RR **95**, 647).

105 **dd) Öffentliches Recht:** Auch Anspr u RStellgen des öffR unterliegen der Verwirkg: Anf von VerwAkten (BVerwG **7**, 56, BSG NJW **72**, 2103); AnliegerBeitrFdgen (BVerwG NJW **57**, 1204, DVBl **72**, 226); beamtenrechtl Anspr einschließl von GehaltsAnspr (BVerwG **6**, 206, ZBR **62**, 196); ErstattgsAnspr wg Überzahlgen (BVerwG DVBl **65**, 728); FolgenbeseitiggsAnspr (OVG Hbg NJW **78**, 658); GebührenFdgen (OVG Hbg MDR **62**, 246); NachbKlage (BVerwG **44**, 343, NVwZ **91**, 1183, de Vivie/Barsuhn BauR **95**, 492); Recht auf Berichtigg eines Rentenbescheids (BSG NJW **73**, 871); SteuerAnspr (BFH BB **85**, 580, FinG Münster BB **87**, 2220). Bei ErstattgsFdgen des Bürgers gg die öff Hand ist eine Verwirkg idR ausgeschl (OVG Hbg MDR **68**, 1039), ebso bei LeistgsAnspr gg SozVersTräger, vor allem wenn der Anspr aus RUnkenntn nicht geltd gemacht worden ist (BSG NJW **69**, 767). Auch das baupolizeil BeseitigsR unter-

106 liegt wohl nicht der Verwirkg (OVG Bln DVBl **70**, 519). – **Prozeßrecht:** Verfahrensrechtl Befugn u RStellgen unterliegen mit den Einschränkgen gem Rn 96 der Verwirkg. Es können daher verwirkt w: die Beschw, insbes die unbefristete Beschw (BGH **20**, 206, **43**, 292, Ffm OLGZ **80**, 425, KG OLGZ **88**, 282), ausnw auch die befristete Beschw (BGH **43**, 292); Einspr gg VersäumnUrt (BGH NJW **63**, 155); Widerspr gg einstw Vfg (Ffm ZZP **69**, 459); KostenfestsetzgsAnspr (Karlsr FamRZ **94**, 55); NachzahlgsAnspr gem ZPO 125 (KG Rpfleger **77**, 415); ErstattgsAnspr gg Sachverst (Ffm NJW **79**, 705).

107 **ee) Rücktrittsrecht:** Es ist verwirkt, wenn der Gläub nach Ablauf der NachFr Zahlgen entggnimmt, dch die die Schuld im wesentl getilgt w (BGH BB **69**, 383). Entspr gilt bei ungebührl Verzögerg der RücktrErkl (BGH **25**, 52). Auch nach Erkl des Rücktr ist Verwirkg nicht ausgeschl (BGH NJW **60**, 2331). – **Sachenrecht:** Das dingl Recht unterliegt nicht der Verwirkg (MüKo/Roth Rn 364, str), wohl aber die aus ihm entstandenen Anspr, so der Anspr aus § 985 (s RG **133**, 296), aus § 894 (BGH **122**, 309), u der aus WEG 15 III (BayObLG NJW-RR **91**, 1041, Köln NJW-RR **95**, 851). Bei Anspr aus § 1004 (dort Rn 37) ist zu unterscheiden: Der aus einem abgeschl Eingriff entstandene Anspr kann verwirkt w, so der Anspr auf Beseitigg eines Überbaus nach 7 Jahren, wenn der Eigtümer dies längere Zeit geltd gemacht noch sich vorbehalten hat (BGH WM **79**, 646). Bei dem mit jeder Einwirkg neu entstehden Anspr (zB unzul

108 Immissionen) ist dagg eine Verwirkg idR ausgeschl (RG JW **35**, 1775). – **Schadensersatzanspruch:** Bei Anspr aus vorsätzl Schädigg scheidet Verwirkg idR aus (BAG **AP** (Verwirkg) Nr 36); ebso bei deliktischen Anspr idR vor Ablauf der 3-JahresFr des § 852 (BGH DB **92**, 2294). Der Anspr gg eine Bank kann nach 11 Jahren verwirkt sein (LG Hof WM **71**, 882), der Anspr gg einen Arzt nach 10 Jahren, wenn dieser inzw verstorben u sein Nachl verteilt ist (Mü VersR **56**, 543). – **Unterhaltsanspruch:** Der Anspr auf rückständ Unterh unterliegt der Verwirkg, nicht aber das StammR (BGH **84**, 282). Verwirkg kann bei einem str Anspr schon nach 1jähr Untätigk zu bejahen sein (BGH **103**, 68, Köln NJW **90**, 2630, Düss NJW-RR **93**, 1222, Schlesw NJW-RR **94**, 582, Rn 95), auch bei einem titulierten od übergeleiteten Anspr (KG u Düss FamRZ **94**, 771), sie scheidet aber aus, wenn fortlaufd gemahnt worden ist (BGH FamRZ **88**, 480). –

109 **Urheberrecht:** Die für den gewerbl RSchutz (Rn 101) entwickelten RGrds gelten entspr; wg des hohen Ranges des UrhR kommt Verwirkg nur in Betracht, wenn der Verletzer einen bes wertvollen Besitzstand erworben hat (BGH **67**, 68, **LM** (Cc) Nr 3. – **Vereinsrecht:** Der AufwendgsErsAnspr aus §§ 27 III, 670 kann verwirkt sein, wenn er nicht im folgden GeschJahr geltd gemacht w (LG Mossbach MDR **89**, 993). – **Vorkaufsrecht:** Wg der kurzen AusschlFr (§ 510 II, BauGB 28 II) ist für eine Verwirkg idR kein Raum (Celle NJW **63**, 352).

6) Fehlen und Wegfall der Geschäftsgrundlage

Schrifttum: Chiotellis, RFolgenbestimmg bei GeschGrdlStören, 1981; Köhler, Unmöglichk u GeschGrdl bei Zweckstörgen, 1971; Larenz, GeschGrdl u VertrErf, 3. Aufl 1963.

110 **A)** Das ältere gemeine R ging davon aus, daß jedem Vertr auch ohne bes Abrede die **clausula rebus sic stantibus** innewohne. Daraus wurde abgeleitet, daß die Bindg an den Vertr entfalle, wenn eine grdlegde Änderg der bei VertrSchl vorliegden bes od allg Verhältn eintrete. Das ALR hat versucht, diese Lehre zu kodifizieren (§§ 377ff I 5). Sie wurde jedoch bereits im jüngeren gemeinen R aufgegeben; das BGB hat sie, von einigen Einzelauspräggen abgesehen (zB §§ 321, 610, 519, 528, 530, zT auch §§ 626, 723, 775), nicht übernommen. Der Gedanke der *clausula rebus sic stantibus* stellt im geltden R **kein allgemeines Rechts-**

prinzip dar (RG **50**, 257 (grdsl), allgM). Daran hat auch der ausschließl für öffr Vertr geltde VwVfG 60 nichts geändert. Vereinbgen über SchadErsRenten wohnt nach der Rspr stillschw die *clausula rebus sic stantibus* inne (BGH **105**, 245). Bei **Unterhaltsverträgen** stellt die Rspr auf den Wegfall der GeschGrdl ab, **111** bejaht diesen aber bereits bei jeder erhebl Änderg der Verhältn (BGH NJW **86**, 2055, **93**, 1974, **95**, 1892; s aber – wieder auf die *clausula* abstelld – BGH NJW **95**, 1345). Die Vereinbg ist anzupassen, sobald sich die für die Bemessg des UnterhAnspr maßgebl Verhältn (Bedürfn des Berecht, Leistgsfähigk des Verpflichteten) wesentl verändert haben. Können dem PartWillen keine Maßstäbe für die gebotene Anpassg entnommen w, ist diese nach Maßgabe der einschläg gesetzl Vorschr dchzuführen (BGH FamRZ **86**, 785). Bei einem ProzVergl ist eine Anpassg auch für die Zeit vor Erhebg der Abänderigsklage zul (BGH **85**, 73, DtZ **94**, 372). Wer bei UnterhVertr behauptet, daß Leistgen nicht den geänderten Verh angepaßt werden sollen, hat hierfür die BewLast (BGH VersR **66**, 38). Der UnterhVerzicht enthält idR keine *clausula rebus sic stantibus* (BGH FamRZ **84**, 172, Hamm FamRZ **93**, 973). Er wird aber wirkslos, soweit ihm aGrd späterer Ereign überwiegde schutzwürd Interessen gemschaftl Kinder entggstehen (BGH NJW **85**, 1833, **92**, 3164), wenn er zur Überwindg einer lange zurückliegden Ehekrise gegeben worden ist (BGH NJW **87**, 2739) od wenn das Vermögen, aus dem der Unterh bestritten werden soll, innerh kurzer Fr ohne Verschulden des Verzichtden entwertet w (Mü FamRZ **85**, 1264).

B) Als der 1. Weltkrieg, Revolution u Geldentwertg die Grdl einer Vielzahl von SchuldVerh erschüttert **112** hatten, hat die Rspr dem Schu anfängl mit unterschiedl Begründgen (Clausula-Lehre, RG **100**, 130; wirtschaftl Unmöglichk, § 275 Rn 12) ein Recht auf Änderg od Aufhebg des Vertr zugestanden. Diese Konstruktionen haben aber nur vorübergehd Bedeutg erlangt. Seit 1923 hat das RG im Anschl an Oertmann die sog **Geschäftsgrundlage** als den entscheidnen GesichtsPkt für die Berücksichtig veränderter Verh angesehen, so erstmals RG **103**, 332. Hieran hat es auch nach Stabilisierg der wirtschaftl Verhältn festgehalten. Heute sind die Grds über Fehlen u Wegfall der GeschGrdlage trotz Streites über Einzelfragen ein in stRspr anerkanntes RInstitut.

a) Begriff: GeschGrdlage sind nach stRspr die bei Abschl des Vertr zutage getretenen, dem and Teil er- **113** kennb gewordenen u von ihm nicht beanstandeten Vorstellgen der einen Part od die gemeins Vorstellgen beider Part von dem Vorhandensein od dem künft Eintritt best Umst, sofern der GeschWille der Part auf diesen Vorstellgen aufbaut (RG **103**, 332, BGH **25**, 392, **40**, 335, **121**, 391, BAG NJW **91**, 1563). Die GeschGrdlage ist daher einen vom einseit gebliebenen Motiv u ands vom VertrInhalt (Bedingg, RGrd) zu unterscheiden. Die von der Rspr zGrde gelegte, auf Oertmann zurückgehende „subj Formel" w von der Lehre überw abgelehnt. Diese ist aber in sich zerstritten u uneinheitl. Chiotellis (aaO S 29) hat **56 verschiedene Theorien** über die GeschGrdl gezählt. Die Lehre tritt zT für eine rein obj ein (Kaufmann, Krückmann, Locher), zT für eine Vbdg von obj u subj Merkmalen (Lehmann), zT unterscheidet sie zw obj u subj GeschGrdl (Larenz, Wieacker); and halten den Gedanken der Risikoverteilg für allein ausschlaggebd (Fikentscher, Koller); wieder and wollen die Grds über die ergänzde VertrAuslegg u die GeschGrdl zu einem RInstitut zusfassen (Medicus) od lehnen die Lehre von der GeschGrdl völl ab (Flume). Ggü dieser in sich uneinheitl Kritik ist an der auf die Grdl des GeschWillens abstellden BegrBestimmg festzuhalten. Dabei ist die Feststellg der Umst, auf die der GeschWille aufbaut, jedoch kein rein psychologischer, sond ein wertder Vorgang. Die BegrBestimmg erfaßt daher auch die Fälle, die als „obj GeschGrdlage" bezeichnet w (Äquivalenzstörg, Zweckstörg). Die notw Berücksichtig obj GesichtsPkte ergibt sich daraus, daß die Frage, wann eine rechtl erhebl Störg vorliegt u welche RFolgen sie auslöst, nach dem Grds von Treu und Glauben zu beurteilen ist. Ein Verdienst der Lehre liegt jedoch darin, daß ihre Bemühgen um Systematisierg u schärfere begriffl Konturen die Herausbildg von Fallgruppen ermöglicht (Rn 135 ff).

b) Anwendungsbereich. – aa) Die Grds über Fehlen u Wegfall der GeschGrdl gelten für alle schuld- **114** rechtl Vertr, trotz § 779 auch für den Vergl (BGH NJW **84**, 1746, Rn 169), für einseit verpflichtde Vertr wie Schenkg (BGH NJW **72**, 248, Rn 168), Darlehn (BGH **7**, 243, **15**, 34, Rn 157). Bürgsch (BGH NJW **88**, 2174, Rn 156), für abstr SchuldVerspr (BGH DB **77**, 301) u VorVertr (BGH **47**, 393). Auch nach vollständ Abwicklg des Vertr können ausnw noch Rechte wg Fehlens od Wegfall der GeschGrdl geltd gemacht w (Rn 133). Ist der Vertr nicht zustande gekommen, gibt es dagg noch keine GeschGrdl (BGH NJW **56**, 1275, **LM** § 812 Nr 84). Als Ausprägg des § 242 gelten die Grds über die GeschGrdl auch für nicht schuldrechtl Vertr, so für Vertr des Sachen-, Erb- u FamR (Rn 158), jedoch müssen die Besonderh dieser RGebiete beachtet w. Für öffr Vertr enthält VwVfG 60 eine Sonderregelg; die zum BGB entwickelten Grds können nur herangezogen w, soweit VwVfG 60 Lücken enthält (Meyer NJW **77**, 1710), so etwa bei Vereinbgen über Vorauszahlgen auf Erschließgskosten (Nierwetberg NVwZ **89**, 537). Auf **einseitige Rechtsgeschäfte** sind die Grds über die GeschGrdl nicht anzuwenden (BGH NJW **93**, 850), so nicht auf Vfgen vTwg (BGH aaO) u auch nicht auf die ErbschAusschlagg (Rstk OLG NL **94**, 40). Soweit es sich um Änd nach UrtErl handelt, steht dessen RKraft der erforderl Anpassg nicht entgg (BGH **38**, 349). – **bb)** Son- **115** **derregelungen.** In zahlreichen SonderVorschr werden Fälle der GeschGrdl geregelt od teilw in die Regelg einbezogen. Neben den in Rn 171 angeführten VertrHilfeVorschr sind vor allem einschlägig: §§ 321, 519, 527, 528, 530, 554a, 593, 594e, 605, 610, 626, 650 (dazu BGH NJW **73**, 140, Ffm NJW-RR **89**, 209), 651j (BGH NJW **90**, 572), 723, 775, 779, 1301, 1612a, 2077, 2079, BetrAVG 16, 17, ArbEG 12 (dazu BGH **61**, 153), VVG 41a (dazu BGH VersR **81**, 622), UrhG 36 (dazu BGH NJW **91**, 3151), DM-BilanzG 32 II (Rn 152b). Für MWStErhöhgen gilt UStG 29, der eine Anpassg nur für die Vertr zuläßt, die mehr als 4 Mo vor dem Stichtag geschl worden sind (s Dittmann BB **92**, 1571). Die SonderVorschr schließen in ihrem Geltgsbereich die Anwendg der allg Grds aus; diese bleiben aber anwendb, soweit die Sonderregelgen tatbestandl od hinsichtl der geltd gemachten RFolgen nicht zutreffen (BGH **40**, 336, WM **77**, 735).

c) Abgrenzung. – aa) Vertragsinhalt. Die GeschGrdl gehört nicht zum VertrInh (BGH **90**, 74, NJW **116** **83**, 2036). Enthält bereits der Vertr nach seinem ggf dch ergänzde Auslegg (§ 157 Rn 2 ff) zu ermittelnden Inh Regeln für Fehlen, Wegfall od Veränderg best Umst, scheidet eine Anpassg gem § 242 aus (BGH **81**, 143, **90**, 74, NJW-RR **90**, 602); was nach dem VertrText VertrInh ist, kann nicht GeschGrdl sein (BGH ZIP **91**, 1600). Die Grenze zw ergänzder Auslegg u GeschGrdl ist aber fließd (MüKo/Roth Rn 572); sie kann im

Einzelfall offen bleiben, wenn die Anpassg nach §§ 157 u 242, wie idR, zum gleichen Ergebn führt. Entzieht sich ein Ereign wg einer grdlegden Änderg der Verhältn einer Beurteilg nach dem PartWillen, kommt eine ergänzde Auslegg nicht in Betracht; die Anpassg hat daher nach § 242 zu erfolgen (BGH NJW **82**, 2237). –

117 **bb) Einseitige Erwartungen einer Partei.** Einseit Erwartgn, die für die Willensbildg einer Part maßgebd waren, gehören nur dann zur GeschGrdl, wenn sie in den dem Vertr zGrde liegden gemschaftl GeschWillen beider Part aufgenommen worden sind (BGH NJW-RR **89**, 753, oben a). Dazu genügt nicht, daß die Part ihre Erwartgn bei der VertrVhdlgen der und mitgeteilt hat (BGH NJW-RR **93**, 774). Entscheid ist vielmehr, ob das Verhalten des and Teils nach Treu u Glauben als bloße Kenntnisn od als Einverständn u Aufn der Erwartg in die gemeins Grdl des GeschWillens zu werten ist. Dabei ist im Zw eine Aufn in die GeschGrdl zu verneinen, so wenn eine Part währd der VertrVhdlgen ihre steuerl Erwartgn mitteilt (BGH NJW **67**, 1082, NJW-RR **86**, 708, Rn 150), wenn sie die von ihr in Aussicht genommene Finanzierg darlegt (BGH NJW **83**, 1490), wenn der Käufer (Mieter) die beabsichtigte Verwendg der Kaufsache (Mietsache) erwähnt (Rn 145), wenn der Bü die Erwartg äußert, der BürgschFall w nicht eintreten

118 (BGH **104**, 242, Rn 156). – **cc) Gewährleistung.** Im Anwendgsbereich der GewLVorschr (§§ 459 ff, 537 ff, 634 f, 651 c ff) sind die Grds der GeschGrdl unanwendb (BGH **60**, 321, **98**, 103, NJW **92**, 1385, NJW-RR **92**, 267). Das gilt auch dann, wenn die Voraussetzgen der GewLVorschr im Einzelfall nicht vorliegen (Düss NJW **71**, 438, aA Mü DAR **72**, 329), wenn der GewLAnspr verjährt ist (RG **135**, 346), wenn die GewL vertragl abgedungen ist (BGH **98**, 103), od wenn das Grdst wg Altlasten unbebaub ist (LG Bochum NJW-RR **89**, 915). Ausgeschl ist auch der Einwand des GewLPflichtigen, er könne wg unvorhergesehener Umst nicht mangelfrei liefern (BGH DB **71**, 1862). § 242 kann aber anwendb sein, wenn ein Reihenmittelhaus wg

119 Nichtbebauung des NachbarGrdst Endhaus w (LG Dortmund NJW-RR **89**, 469). – **dd) Unmöglichkeit.** Die Grds der GeschGrdl sind ggü den Vorschr über die Unmöglichk subsidiär (BGH NJW-RR **95**, 854). Auf die fr sog wirtschaftl Unmöglichk (§ 275 Rn 12) ist aber nicht § 275, sond § 242 anzuwenden (Rn 140). Abgrenzgsprobleme zw Unmöglichk u GeschGrdl bestehen bei Zweckstörgen (Rn 144 ff). Haben die Part eine dauernde Unmöglichk irrtüml als eine vorübergehde angesehen, kann statt § 306 § 242 anwendb sein

120 (BGH **47**, 52). – **ee) Kündigung von Dauerschuldverhältnissen.** Das bei DauerschuldVerhältn bestehde KündR aus wicht Grd (Einl 18 v § 241) verdrängt die Grds der GeschGrdl, soweit es um die Auflösg des Vertr geht (MüKo/Roth Rn 583). Das KündR ist aber ausgeschl, wenn sich die Störg dch Anpassg des Vertr an die veränderten Umst ausgleichen läßt u beiden Part die Fortsetzg des Vertr zuzumuten ist (s BGH NJW

121 **58**, 785). – **ff) Nichteintritt des mit der Leistung bezweckten Erfolgs.** Der Anspr aus § 812 I S 2 2. Alt ist ggü den Grds über die GeschGrdl subsidiär (BGH **84**, 10, NJW **75**, 776, **92**, 2690, BAG NJW **87**, 918, aA MüKo/Roth Rn 577). Die Grenze zw GeschGrdl u der nach § 812 I S 2 2. Alt erforderl tats Willensübereinstimmg über den Leistgszweck (§ 812 Rn 86) ist aber fließd. Wird ein MietVerhältn vorzeit beendet, leitet die Rspr den Anspr auf teilw Erstattg von Aufbauleistgen aus § 812 ab (BGH **29**, 291); dagg richtet sich iF der Eheschcidg der Ausgl von Zuwendgen nach § 242 (Rn 158).

122 **d) Arten.** Die GeschGrdl u die mögl Arten ihrer Störg können nach versch Kriterien eingeteilt w (s auch die Fallgruppen Rn 135 ff): – **aa) Subjektive und objektive Geschäftsgrundlage** (Unterscheidg nach Larenz § 21 II): Die subj GeschGrdl besteht aus best gemeins Vorstellgen od sicheren Erwartgn beider VertrPart, von denen sich beide beim Abschl des Vertr haben leiten lassen. Die obj GeschGrdl bilden iReg Umst u allg Verhältn, deren Vorhandensein od Fortdauer obj erforderl ist, damit der Vertr im Sinn der Intentionen beider VertrPart noch als eine sinnvolle Regelg bestehen kann. Nach der hier vertretenen subj Theorie der Rspr (Rn 113) ist die obj GeschGrdl ledigl eine bes Fallgruppe der umfassden subj GeschGrdl. Umst, die zur obj GeschGrdl gehören, werden von den Part vielf, insbes bei wichtigen VertrSchl, ausdr erörtert u zur gemeins Grdl des GeschWillens gemacht. Im übrigen ist die Feststellg der Umst, auf die der GeschWille aufbaut, kein rein empirisch psychologischer, sond auch ein wertender Vorgang (s bereits Rn 113): Die Umst, die für den Vertr als eine sinnvolle Regelg von ausschlaggebder Bedeutg sind, gehören in wertender Beurteilg auch dann zur GeschGrdl, wenn sie von den Part währd der VertrVhdlgen nicht bes angesprochen worden sind. Die natürl Auslegg wird insoweit auch auf der Ebene der GeschGrdl dch eine

123 normative ergänzt. – **bb) Fehlen und Wegfall der Geschäftsgrundlage.** Die GeschGrdl kann inf nachträgl Ereign wegfallen od wesentl erschüttert w. So liegt es in der Mehrzahl der Fälle, in denen es um Störgen der GeschGrdl geht (s Rn 135–148). Die GeschGrdl kann aber auch von Anfang an fehlen, weil sich die Part hins einer wesentl Voraussetzg des Gesch in einem beiders Irrt befunden haben (Rn 149 ff). Rechtl ist das Fehlen der GeschGrdl ebso zu behandeln wie ihr nachträgl Wegfall (BGH **25**, 393, NJW **76**, 566, **86**,

124 1349). – **cc) Große und kleine Geschäftsgrundlage.** Unter „großer GeschGrdl" versteht man die dem Vertr idR zGrde liegde Erwartg, daß die polit u wirtschaftl Verhältn sich nicht grundlegd verändern (Esser-E. Schmidt § 24 II). Störgen der großen GeschGrdl sind Krieg, kriegsähnl Entwicklgen, Naturkatastrophen u ähnl (Rn 148). Alle übrigen Störgen betreffen die kleine GeschGrdl.

125 **e) Voraussetzungen.** Im ungeschriebenen Tatbestd des Wegfalls (Fehlens) der GeschGrdl lassen sich drei TatbestdsMerkmale ausmachen. Alle drei sind wertausfüllgsbedürft, erfordern also eine Konkretisierg dch Fallgruppen (Rn 135 ff). Die folgden Erläutergen gehen vom Wegfall der GeschGrdl als dem typ Störgsfall aus, gelten aber entspr für das Fehlen der GeschGrdl: – **aa) Wesentliche Änderung.** Nur eine wesentl Änderg der GeschGrdl rechtfertigt eine Anpassg (BGH NJW **89**, 289). Wo die WesentlichkGrenze jeweils zu ziehen ist, hängt von der Art des Vertr u der aufgetretenen Störg ab (s daher Rn 135 ff u 153 ff). Allg gilt aber: Die Störg ist nur dann wesentl, wenn nicht ernstl zweifelh ist, daß eine der Part od beide bei Kenntn

126 der Änderg den Vertr nicht od mit and Inhalt abgeschlossen hätten. – **bb) Überschreiten der Grenzen der Risikozuweisung.** Auch wesentl Ändergen der Verhältn begründen kein Recht auf Anpassg des Vertr, wenn sich dch die Störg ein Risiko verwirklicht, das eine Part zu tragen hat (BGH **74**, 373, **101**, 152, NJW **84**, 1747, **92**, 2691, NJW-RR **91**, 1269). Wie die Risikosphären der Part ggeinand abzugrenzen sind, ergibt sich aus dem Vertr, dem VertrZweck u dem anzuwendden dispositiven Recht (BGH aaO). Danach trägt der GeldleistgsGläub das Risiko der Geldentwertg (Rn 136), der GeldleistgsSchu das Risiko der Geldbeschaffg u Finanzierg (Rn 140). Der SachleistgsGläub trägt das Entwertgs- u Verwendgsrisiko (Rn 139 u 144 f), der SachleistgsSchu das Risiko von Leistgserschwergen (Rn 140). Rechte wg Wegfall der GeschGrdl bestehen

nur, wenn die der Risikozuweisg idR immanenten Grenzen überschritten sind. Dabei ist zu unterscheiden: –
(1) Vertragliche Risikoübernahme. Bei ausdr vertragl Risikoübern u bei SpekulationsGesch sind Rechte 127
wg Wegfalls der GeschGrdl grdsl ausgeschl (BGH **LM** (Bb) Nr 47, RG **163**, 96, **166**, 49). And kann es
liegen, wenn nur ein best, klar abgegrenztes Risiko übernommen worden ist (BGH **LM** (Bb) Nr 61). –
(2) Verschulden, freie Willensentschließung. Hat der Schu die Änd verschuldet, ist sie eingetreten, als er
sich im Verzug befand od geht sie auf sein eig Tun zurück, bestehen keine Rechte wg Wegfalls der
GeschGrdl (BGH NJW **93**, 881, NJW **95**, 2031, **LM** § 284 Nr 2). Das gilt aber nicht ausnlos (s BGH **LM**
(Bb) Nr 23; FamRZ **68**, 249); so ist für die nach Ehescheidg in Betracht kommden Anspr (Rn 158) gleich-
gült, wer am Scheitern der Ehe schuld ist. – **(3) Vorhersehbarkeit.** Vorhersehb Ändergen begründen keine 128
Rechte aus § 242 (BGH WM **72**, 656, Ulmer AcP **174**, 185, MüKo/Roth Rn 506, str). And kann es zu
beurteilen sein, wenn beide Part davon ausgegangen sind, daß die obj vorhersehb Entwicklg nicht eintreten
werde (s BGH **112**, 261) od sie insow keine Vorsorge treffen konnten (BGH **2**, 188). – **(4) Normative
Risikozuweisungen.** Sie betreffen das typ Risiko eines in typ Weise zustande gekommenen Vertr (s
Jauernig-Vollkommer Anm V 3 d bb). Sie gelten daher nicht, wenn sich aus dem Umst des konkr VertrSchl
eine Risikobeteiligg des and Teils ergibt, etwa des SachleistgsSchu am Verwendgsrisiko (Rn 146) od des
SachleistgsGläub am BeschaffgsRisiko (Rn 141). Sie treten auch dann zurück, wenn das typ VertrRisiko
eindeut überschritten ist, so etwa wenn der ErbbZins inf Sinkens der Kaufkraft nur noch 40% seines
ursprüngl Wertes besitzt (Rn 137). – **cc) Unzumutbarkeit.** Rechte wg Wegfalls der GeschGrdl bestehen 129
nur, wenn der von der Störg betroffenen Part die unveränderte VertrErf nicht mehr zugemutet werden kann
(BGH **2**, 188, **84**, 9, **121**, 393, NJW **95**, 48). Wo die Grenze der Zumutbarkeit verläuft, hängt – wie bei
Rn 126ff – von der Art des Vertr u der aufgetretenen Störg ab (s daher Rn 135ff u 153ff).

f) Rechtsfolgen. – aa) Allgemeines. Fehlen od Wegfall der GeschGrdl führen grdsl nicht zur Auflösg 130
des Vertr, sond zur Anpassg seines Inh an die veränderten Verhältn (BGH **47**, 52, **83**, 254, **89**, 238, NJW **84**,
1747). Die Anpassg tritt **kraft Gesetzes** ein, der Aufg des Richters ist eine rechtsfeststellde, keine gestaltde
(BGH NJW **72**, 152, MüKo/Roth Rn 551). Eine neuere Ansicht bejaht eine Verpflichtg der Part zur
NeuVhdlg (Horn AcP **181**, 276, Nelle, NeuVhdlgsPflten, 1994, Eidenmüller ZIP **95**, 1063). Gg eine solche
Pfl, die die Mitwirkg der Part an der Anpassg institutionalisiert, bestehen keine Bedenken, wenn die
Vhdlgen ergebnislos bleiben, bleibt es aber dabei, daß das Ger über die Anpassg entscheidet. Es hat dabei
jedoch den VertrWillen der Part zu berücksichtigen (Medicus FS Flume S 637, ähnl BGH **9**, 279, NJW **84**,
1747). Rechte wg Störg der GeschGrdl können auch vom **Rechtsnachfolger** u gg ihn geltd gemacht
werden, so im Erbfall (BGH **40**, 336), aber auch iF der SonderRNachf (BGH WM **78**, 1355). Beim Vertr
zGDr erfolgt die Anpassg zG des Dr (BGH NJW **72**, 152). – **bb) Anpassung.** Das maßgebl Kriterium für 131
die Anpassg ist die **Zumutbarkeit** (MüKo/Roth Rn 507), die damit sowohl auf der Tatbestds- als auch auf
der RFolgenseite bedeuts ist. Erforderl ist eine umfassde Interessenabwägg (BayObLG NJW-RR **89**, 1296).
Als Anpassg kommen je nach Lage des Falles in Frage: Herabsetzg od Aufhebg einer Verbindlichk (BGH
NJW **58**, 758, WM **71**, 276); Ers von Aufwendgen für eine zwecklos gewordene Leistg (BGH **LM** (Bb) Nr
20); Aufhebg der KäuferPflten u Begründg einer ErsPfl für einen Teil des dem Verkäufer entgehden
Gewinns (Ffm MDR **74**, 401); Stundg (OGH **1**, 69); Gewährg von Teilzahlgen; Einräumg eines AusglAnspr
(BGH NJW **58**, 906, **62**, 30, Rn 137); Anpassg der ZahlgsPfl an die rechtl Grdl (BGH **25**, 390); hälft Teilg
des Risikos (BGH NJW **84**, 1746, BGH **109**, 229); Zuweisg einer and statt der bisher genutzten Wohng
(Celle Nds Rpfl **65**, 221). – **cc) Vertragsauflösung.** Sie kommt nur in Frage, wenn die Fortsetzg des Vertr 132
unzumutb ist. Sie geschieht nicht *ipso jure*; sie besteht vielmehr im RücktrR, an dessen Stelle bei Dauer-
schuldVerh ein KündR u bei HandelsGesellsch ggf die AusschlKl tritt (BGH **10**, 51, **101**, 150). Die Rückab-
wicklg des Vertr erfolgt nach BereicherungsR (BGH **109**, 144, Einf 7 v § 346). Verweigert der and Teil seine
Mitwirkg an der Anpassg, entsteht ein Rücktr- od KündR (BGH NJW **69**, 233). – **dd) Erfüllte Verträge.** 133
Die Störg der GeschGrdl ist idR unerhebl, wenn der Vertr bereits vollständ abgewickelt ist (BGH **2**, 384, **58**,
363, NJW **83**, 2144, Mü BB **84**, 630). Bei teilw abgewickelten Vertr ist die Anpassg idR auf die noch nicht
erbrachten Leistgen zu beschränken (BGH **58**, 363, BAG NJW **87**, 918). Da die Zumutbark entscheidet,
kann aber auch bei abgewickelten Vertr eine Anpassg in Frage kommen (Soergel-Teichmann Rn 264), so
wenn die GeschGrdl von Anfang an gefehlt hat (BGH **25**, 390) od wenn das Festhalten am bisherigen VertrInh
trotz der beiderseit Erf nicht zumutb ist (BGH **74**, 373, NJW **53**, 1585, **LM** § 133 (A) Nr 11). – **ee) Verfah-
rensrecht.** Die Störg der GeschGrdl ist vAw zu berücksichtigen (BGH **54**, 155, **LM** (Ba) Nr 38). Das Ger hat 134
auf eine sachgerechte AntrStellg hinzuwirken (BGH NJW **78**, 695). Die Klage ist auf die nach dem veränderten
VertrInh geschuldete Leistg zu richten, nicht auf Zustimmg zur Anpassg (BGH **91**, 36). Wer sich auf Fehlen od
Wegfall der GeschGrdlage beruft, trägt insow die **Beweislast** (BGH NJW **95**, 1085, 1892), u zwar auch dafür,
daß dem VertrSchl bestimmte Vorstellgen zugrde gelegen (BGH GRUR **90**, 1006) u die Part mögl Änderg
nicht in den Kreis ihrer Erwäggen einbezogen h (BGH WM **69**, 529). Ist Wegfall der GeschGrdlage unstr, muß
der Berecht die Voraussetzgen für den Fortbestand seines Rechts beweisen (BGH WM **73**, 1176).

C) Fallgruppen. – a) Äquivalenzstörung. Bei ggs Vertr gehört der Gedanke der Gleichwertigk von 135
Leistg u GgLeistg zur GeschGrdl (BGH NJW **58**, 906, **59**, 2203, **62**, 251), u zwar als Teil der obj GeschGrdl
grdsl auch dann, wenn er währd der VertrVhdlgen nicht bes zum Ausdr gekommen ist (Rn 122). Wird das
ÄquivalenzVerh dch unvorhersehb Ereign schwerwiegd gestört, ist der Vertr an die veränderten Umst
anzupassen, soweit die Störg das von der and beteiligten Part zu tragde Risiko (Rn 126) überschreitet (RG
147, 289, BGH **77**, 198, NJW **62**, 30). – **aa) Geldentwertung. – (1) Risikobereich des Gläubigers der** 136
Geldschuld. Sinken der Kaufkraft des Geldes begründt grdsl keine Rechte wg Wegfalls der GeschGrdl
(BGH **86**, 168, NJW **59**, 2203, **81**, 1668, NJW-RR **93**, 272). § 242 bietet keine Handhabe, in langfr Vertr
entgg dem für die ROrdng grdleg den Nominalwertprinzip (§ 245 Rn 9) eine stillschw Wertsichergsklausel
hineinzuinterpretieren (BGH NJW **74**, 1186). Das Risiko normaler Kaufkraftentwertg trägt der Gläub. Das
gilt auch für den zu Anfang des Jhdts festgesetzten Kaliabbauzins (BGH NJW **59**, 2203), den GrdstVerkauf
auf Rentenbasis (Düss NJW **72**, 1137/1674), den Mietzins (BGH NJW **76**, 142) u den ErbbZins (BGH **86**,
168, NJW **76**, 846, **81**, 1668). Besteht bei einem AufführgsVertr das Entgelt in einem Anteil an den
Bruttoeinnahmen, kann der ErhöhgsAnspr nicht ow darauf gestützt w, daß die Finanzierg nunmehr über-

wiegd dch Subventionen erfolgt (BGH NJW **91**, 1478). Bei einem zur Schadensabgeltg geschl WasserversorggsVertr kann eine PrErhöhg nicht auf das Steigen der Selbstkosten, sond höchstens auf das Ansteigen der ersparten Eigenaufwendgen des Geschädigten gestützt w (BGH **LM** (Bb) Nr 94). Grdsl auch dann keine Erhöhg, wenn die Part auf eine Anpassgsklausel nur verzichtet h, weil sie diese irrtüml für unzul hielten
137 (BGH BB **76**, 1046). – **(2) Anpassung.** Sie ist ausnw geboten, wenn das Gleichgewicht von Leistg u GgLeistg so stark gestört ist, daß die Grenze des übernommenen Risikos überschritten u das Interesse der benachteiligten Part auch nicht mehr annähernd gewahrt ist (BGH **77**, 198). Diese Voraussetzg ist beim ErbbZins erfüllt, wenn die Lebenshaltgskosten um 150% gestiegen sind, also eine Entwertg um 60% eingetreten ist (BGH **90**, 228, **91**, 34, **94**, 259, **97**, 173); das gilt bei einem langfrist MietVertr ebso (Hbg OLGZ **90**, 65). Nicht ausr sind dagg Verändergen, die sich im Rahmen des Vorhersehb halten, wie etwa ein Anstieg der Lebenshaltgskosten um 120–135% in einem Zeitraum von rund 25 Jahren (BGH **86**, 168, NJW **81**, 1668). Der Anspr ergibt sich aus dem schuldrechtl Vertr, nicht aus der dingl RBeziehg (BGH **96**, 371); er besteht auch dann, wenn der Schu das ErbbR inzw veräußert hat (BGH **111**, 216). Bei der Neufestsetzg ist analog ErbbRVO 9a auf die Änderg der allg wirtschaftl Verhältn abzustellen, jedoch ist die Entwicklg des Bodenwertes Anpassgsmaßstab, wenn dieser langsamer gestiegen ist als die allg Lebenshaltgskosten (BGH **119**, 220). Ist dtsches Recht anwendb, kann dem Gläub einer ValutaFdg ein AusglAnspr zustehen, wenn die ausl Währg zw Entstehg u Erf der Fdg unerwartet abgewertet w (RG **141**, 216, **155**, 137, **163**, 334); es muß sich aber um eine Abwertg handeln, die über das Maß normaler Paritätsändergen erhebl hinausgeht. Abzulehnen RG **147**, 289 (AusglAnspr bereits bei Abwertg von 13%). – **(3) Verträge mit Versorgungscharakter.** Bei ihnen sind die Voraussetzgen für eine Anpassg weniger streng. Bei RuhegeldVereinbg rechtfertigt bereits eine Entwertg um 30% ein Anpassgsverlangen (BAG NJW **73**, 959 u jetzt BetrAVG 16), bei UnterhVertr liegt die Grenze bei etwa 10% (Düss Rpfleger **83**, 462). Keine derartigen „Faustregeln" gibt es für Vereinbgen über SchadErsRenten (BGH **105**, 247) u für AltenteilsVertr (Nürnbg RdL **71**, 322). Bei einem Kauf auf Rentenbasis gelten die Grds von (2) (Düss NJW **72**, 1137); auch bei ApanageVertr sind strengere Maßstäbe anzuwenden (s Hamm NJW-RR **91**, 968).

139 **bb) Entwertung der Sachleistung.** Sie gehört zum Risikobereich des Gläub (Rn 145). Der Käufer eines Architektenbüros muß daher eine vereinb KaufPrRaten auch dann weiterentrichten, wenn er das Büro wg Unrentabilität aufgegeben hat (BGH **LM** (Bb) Nr 87). Bei außergewöhnl Einwirkan außerh des typ VertrRisikos kann aber eine Anpassg in Frage kommen, so wenn die auf Rentenbasis verkaufte Fabrik im Krieg zerstört w (OGH **1**, 67) od wenn die verkaufte Apothekenkonzession dch Einführg der Niederlassgsfreih wertlos w (BGH **LM** (Bb) Nr 33, s aber ebda Nr 37). Vgl auch Rn 167 „Patent".

140 **cc) Leistungserschwerungen.** Treten nach Begründg des SchuldVerh Leistgserschwergen auf, so geht das nach der vertragl Risikoverteilg (Rn 126) grdsl zu Lasten des Schu. Er trägt das Aufwandsrisiko (Willoweit JuS **88**, 833). – **(1) Geldschuldner.** Er kann sich nicht darauf berufen, daß sich für ihn unerwartet Finanziergsschwierigkeiten ergeben haben. § 242 ist daher unanwendb, wenn der Schu den Pkw nicht erhält, den er vereinbgsgem in Zahlg geben wollte (BGH NJW **58**, 1772) od wenn die von ihm geplante KreditAufn scheitert (BGH NJW **83**, 1490). And kann es bei engen persönl Beziehgen der Part liegen (BGH NJW-RR **86**, 946), aber auch dann, wenn der Gläub die Vermittlg des Kredits übernommen hatte (s auch § 158 Rn 4). – **(2) Sachleistungsschuldner.** Der vereinbarte **Festpreis** bleibt auch bei unerwarteten Kostenerhöhgen, wittergsbedingten Schwierigk u ähnl Erschwergen bindd (BGH BB **64**, 1397, WM **69**, 1021, **79**, 582, Düss MDR **74**, 489, Mü BauR **85**, 330). Bei einem FestPr für Heizöl begründn steigde Selbstkosten keinen Wegfall der GeschGrdl, insbes dann nicht, wenn der Händler sich vor der PrSteigerg rechtzeit hätte eindecken können (BGH **LM** (Bb) Nr 91, zur Begründg krit Braun JuS **79**, 692). Die Zusage des Bauträgers, er werde Fernwärme zum Tarif der Stadtwerke liefern, bleibt auch dann bindd, wenn der Tarif für ihn nicht mehr kostendeckd ist (BGH NJW **77**, 2262). Der Schu kann sich auch nicht darauf berufen, daß er seine Produktionsplang geändert (Stgt NJW-RR **88**, 312) od sich aus freiem Entschluß für eine aufwendigere Herstellg einer Fernsehserie entschieden h (BGH NJW-RR **93**, 881). Bei einem lebenslängl unentgeltl NutzgsR an einer Wo bestehen keine Rechte aus § 242, wenn sich die Hauslasten erhöhen
141 (Oldbg MDR **68**, 499). – **(3) Anpassung.** Sie kommt ausnw in Betracht, wenn dch Umst außerh des Einfluß- u Risikobereichs des Schu ein so krasses Mißverhältn zw Leistg u GgLeistg entsteht, daß ein Festhalten am Vertr nicht mehr zumutb ist (BGH BB **56**, 254, Larenz § 21 II); das sind prakt die Fälle, in denen die fr Rspr wirtschaftl Unmöglichk (§ 275 Rn 12) angenommen hat. Anpassg od die Gewähr eines RücktrR kommen daher in Betracht: bei übermäß Ansteigen der Herstellgkosten, auf das 15-fache (RG **101**, 81); um 60% (RG **102**, 273); bei Beschlagn der Vorräte (RG **94**, 47); bei Brand im FertiggsBetr (RG **57**, 118); bei nicht vorhersehb übermäß Beschaffgsschwierigk (§ 279 Rn 8); bei schwerwiegden Störgen dch Maßn staatl WirtschLenkg (Ulmer AcP **174**, 167) od dch ArbKampf (str, s Löwisch AcP **174**, 231 mit einem and Lösgsansatz).

142 **dd) Wertsteigerung bei Geld- und Sachleistungen, Leistungserleichterungen.** Sie sind spiegelbildl nach den in Rn 136–141 dargestellten Grds zu behandeln (MüKo/Roth Rn 636), begründen also nur ausnw Rechte wg Änderg der GeschGrdl. Bei GrdstVeräußergen bleibt die PrVereinbg grdsl auch dann bindd, wenn das Preisniveau zw Begründg u Fälligk des Anspr wesentl gestiegen ist (BGH WM **68**, 1248, **73**, 839). Dagg hat die Rspr Rechte aus § 242 zugebilligt: bei außergewöhnl u unvorhersehb Ansteigen des Aktienkurses (BGH DB **63**, 448); bei einer außergewöhnl Wertsteigerg eines GmbH-Anteils, für den ein AnkaufsR bestand (BGH BB **70**, 1192).

143 **ee) Rechtsänderungen, Eingriffe von hoher Hand.** Auch GesÄnd, Änd der Rspr (BGH **58**, 362, **70**, 298, NJW **83**, 1552) u Eingriffe von hoher Hand können das ÄquivalenzVerh stören. Hier gelten die in Rn 135–142 dargestellten Grds entspr. Bei Äquivalenzstörgen dch die Herabsetzg von Lastenausgl- oder HypGewinnabgaben hat die Rspr die Vorteile, die je nach der VertrGestaltg beim Verkäufer od Käufer auftraten, im Zw hälft geteilt (BGH NJW **58**, 906, 907, **62**, 30). Sow die BPflVO das LiquidationsR des Chefarztes eingeschränkt hat, muß sein Gehalt angem erhöht w (BAG NJW **80**, 1912); auch bei Kostenerstattgsregelgen kann eine Anpassg notw sein (BAG NJW **89**, 1563, **91**, 1563). Angesichts der ständ Änderg

der SteuerGesGebg sind steuerl Erwartgen dagg nur GeschGrdl, wenn das währd der VertrVhdlgen hinr zum Ausdr gekommen ist (Rn 150). Der Wegfall der Steuerfreih für Sozialpfandbriefe begründet keine Rechte aus § 242 (Schöne WM **93**, 2145, Beyer DB **95**, 1062, aA Köln DB **95**, 421). Haben sich Miterben darüber geeinigt, daß einer von ihnen gg Zahlg einer Abfindg ein BodenreformGrdst übernehmen soll, kann die GeschGrdl der ZahlgsPfl entfallen, wenn für den Übernehmer dch eine gesetzl Neuregelg (EG 233 §§ 11 ff) ein Anspr auf unentgeltl Zuteilg des Grdst begründet w (Naumbg OLGNL **95**, 82).

b) Störung des Verwendungszwecks. – aa) Abgrenzung. Tritt der LeistgsErfolg ohne Zutun des Schu **144** ein (Zweckerreichg) od kann der LeistgsErfolg wg Wegfalls des Leistgssubstrats nicht mehr erreicht w (Zweckfortfall), sind die UnmöglichkRegeln anwendb (§ 275 Rn 9). And ist es, wenn der Leistgserfolg noch herbeigeführt werden kann, der Gläub an ihm aber kein Interesse mehr hat, sog Zweckstörg (Bsp: die Verlobg, für die Ringe gekauft worden sind, findet nicht statt; die Gaststätte, für die Inventar gekauft worden ist, brennt ab). Unmöglichk liegt hier idR nicht vor; ausnw können aber Rechte wg Störg der GeschGrdl bestehen. – **bb) Verwendungsrisiko des Gläubigers.** Ist die Leistg mangelfrei, trägt grdsl der Gläub das **145** Risiko der Verwertbark (BGH **74**, 374, Willoweit JuS **88**, 833, allgM). Der **Käufer** kann daher aus § 242 keine Rechte herleiten, wenn er seinen Betr aufgibt (Stgt NJW **54**, 233); wenn er wg Umsatzrückgangs für die gekaufte Ware keine Verwendg hat (BGH **17**, 327); wenn ihm die Gaststätte, für die er Bier bestellt hat, gekündigt w (BGH NJW **85**, 2694); wenn die Straße, für deren Anlage das Grdst gekauft worden ist, nicht gebaut w (BGH **71**, 293); wenn er die im PrivatisiergsVertr mit der TrHandAnstalt übernommenen Beschäftiggs- u Investitionszusagen nicht einhalten kann (Wächter WM **94**, 1319); wenn die gekaufte ungeschützte Erfindg für ihn nicht verwertb ist (BGH **83**, 288). Der **Mieter** bleibt an den Vertr gebunden, wenn die Finanzierg des von ihm geplanten Ausbau scheitert (BGH DB **74**, 918); wenn der geplante Kiesabbau sich als unrentabel erweist (BGH NJW **82**, 2062); wenn er statt der erwarteten Gewinne Verluste macht (BGH NJW **70**, 1313, **78**, 2390, **81**, 2405, Düss BB **91**, 159, Joachim BB **88**, 779, s aber Celle OLGZ **90**, 89); wenn er das bestellte Hotelzimmer wg Ausfalls der Veranstaltg nicht benötigt (Brschw NJW **76**, 570/970, s aber BGH NJW **77**, 386). Der **Darlehnsnehmer** kann sich nicht darauf berufen, daß er das Darl wg and Finanziergsmöglichk od Änd seiner Plang nicht (mehr) benötigt (s BGH NJW **86**, 467, NJW **90**, 981). – **cc) Ge-** **146** **schäftsgrundlage.** Die vom Gläub beabsichtigte Verwendg kann ausnw GeschGrdl sein. Das setzt mindestens voraus, daß die geplante Verwendg (Liefg in ein Krisengebiet) dem and Teil mitgeteilt worden ist (LG Karlsr NJW-RR **93**, 311). Eine solche Information genügt aber nicht, auch nicht die Erwähng des Verwendgszwecks im VertrText (BGH NJW-RR **92**, 182). Der and Teil muß sich die geplante Verwendg soweit zu eigen gemacht haben, daß sein Verlangen, den Vertr trotz der aufgetretenen Störg unverändert dchzuführen, gg das Verbot widersprüchl Verhaltens verstößt (Köhler aaO S 143 ff, ähnl Larenz § 21 II). Das ist insbes anzunehmen, wenn die geplante Verwendg, wie beim Kröngszugfall, bei der Preisbemessg berücksichtigt worden ist (s BGH **LM** (Bb) Nr 83). Die Rspr stimmt hiermit im Ergebn weitgehd überein, wenn auch einz Entsch in der Bejahg von Rechten aus § 242 recht weit gehen. Wegfall der GeschGrdl ist angenommen worden: bei Kauf von Fertighäusern, wenn BauGen versagt w (BGH JZ **66**, 409); bei Tod des Käufers, wenn Vertr ausschl auf seine Pers abgestellt war (Ffm MDR **74**, 401); bei Kauf von Gaststätteninventar, wenn der vom Verkäufer vermittelte PachtVertr ohne Versch des Käufers nicht dchgeführt w (BGH **LM** (Bb) Nr 54); bei Waren, für die nur ein best Abnehmer in Betr kommt, wenn WeiterVerk ohne Versch des Käufers unmögl w (BGH **LM** (Bb) Nr 12, „Bohrhämmerfall"); bei Kauf eines Grdst zu VorzugsPr, wenn die geplante dem Verkäufer förderl Verwendg nicht dchgeführt w kann (BGH NJW **75**, 776); bei einem Vertr über die Liefrg von Reis in den Iran, für das der Käufer wg der islam Revolution keine Abnehmer mehr hat (BGH NJW **84**, 1746); bei Saalmiete für Vorstellg, wenn Hauptdarstellerin erkrankt (Brem NJW **53**, 1393, nimmt Unmöglk an, richtig Kraft NJW **53**, 1751); Engagement von Musikern für eine Faschingsveranstaltg, die wg des Golfkrieges ausfällt (Karlsr NJW **92**, 3177); bei Miete eines Bootshauses, wenn Schiffahrt auf dem angrenzden See beschränkt w (BGH WM **71**, 1303); bei Pacht von Bauland, wenn Pächter das Bauvorhaben aus von ihm nicht zu vertretdn Grden nicht dchführen kann (BGH NJW **58**, 785); bei Miete eines Ladens, wenn der Mieter wg Leerstands großer Teile der Passage Verluste macht (Kblz NJW-RR **89**, 401, s aber BGH NJW **81**, 2405). Beim Kauf von **Bauerwartungsland** trägt grdsl der Käufer das Risiko der Bebaubark (BGH **74**, 374, DB **80**, 83, **147** Rstk NJW-RR **95**, 1105), bei ErbbRVertr der ErbbRBerecht (BGH **101**, 152). And ist es nur, wenn sich aus dem GesInh des Vertr od den Erörtergen bei VertrSchl ergibt, daß insow der Verkäufer risikobelastet sein soll (BGH aaO u **LM** (Bb) Nr 83, WM **81**, 14, BVerwG DNotZ **80**, 413).

c) Große Geschäftsgrundlage. Grundlegde Verändergen der polit, wirtschaftl od sozialen Verhältn, **148** wie Krieg, kriegsähnl Verhältn, Revolution od Naturkatastrophen sind nach den unter Rn 135 ff u 144 ff dargestellten Grds zu behandeln, soweit sie das Äquivalenzverhältn od die vom Gläub geplante Verwendg stören. Im übrigen gibt allg wirtschaftl Not dem Schu nicht das Recht, sich auf den Wegfall der GeschGrdl zu berufen, auch wenn der Schu von ihr bes betroffen ist. Die Regelg muß insow dem GesGeber überlassen bleiben, der dafür das – zZ allerd prakt bedeutglose – Institut der VertrHilfe schaffen kann (Rn 171). Vermögensverlust dch Krieg, Vertreib, Demontage, Währgsverfall entschädiggslose Enteign od ähnl Ereign geben dem Schu daher keine Rechte aus § 242 (OGH **1**, 394, BGH **7**, 360). § 242 führt auch denn nicht zur Herabsetzg der Schu, wenn es sich um eine hyp gesicherte Fdg handelt u das Grdst zerstört od entschädiggslos enteignet w (BGH **7**, 360, MDR **58**, 86, 88).

d) Gemeinschaftlicher Irrtum (subj GeschGrdl). – **aa)** Haben sich die Part bei VertrSchl über einen für **149** ihre Willensbildg wesentl Umstand gemeins geirrt, sind die Grds über das Fehlen der GeschGrdl anwendb (BGH **25**, 392, NJW **72**, 153, **76**, 566). Der RIrrt steht dem TatsIrrt gleich (BGH **25**, 393). Rechte aus § 242 scheiden aber aus, wenn der Störg der Motivation ausschließl in die Risikosphäre einer Part fällt (Rn 126 ff). – **Fälle:** gemeins KalkulationsIrrt (§ 119 Rn 18 ff), gemeins Irrt, das vereinbarte RA-Honorar sei geringer als das gesetzl (BGH NJW **95**, 1428), gemeins Irrt über den Umrechngskurs (RG **105**, 406, Köln NJW-RR **91**, 1266, vom RG mit ErklIrrt gelöst), über das UmstellgsVerh (BGH **25**, 393), über die Höhe von übernommenen Aufwendgen (BGH WM **76**, 1352), über den VerkWert eines übernommenen Grdst (BGH NJW **72**, 153), über den wirkl Grenzverlauf bei einem GrenzfeststellgsVertr (BGH **LM** (Bd) Nr 24), über die öffr Voraussetzgen für die Bebauung des verkauften TGrdst (BGH NJW **78**, 695), über die Bereitsch eines

Dritten, die zur VertrAbwicklg erforderl Löschgsbewillgg zu erteilen (BGH NJW **93**, 1641), über den Anschaffgspreis der verkauften Sache (BGH WM **69**, 498), über die Angemessenh des anerkannten Honorars (BGH **46**, 273), über den im PachtObj (Gaststätte) zu erzielden Umsatz (BGH NJW **90**, 569), über den Wert der VermGgst, auf die sich der AuseinandSVertr bezieht (RG **131**, 94, **122**, 203), über die öff Förderg eines Bauvorhabens (BGH NJW-RR **90**, 602), über die Möglichk, ein Objekt gemeins zu vermarkten (BGH NJW-RR **94**, 434), über die Spielberechtigg des transferierten Fußballspielers, aber nur wenn Gründe aus der Zeit vor dem Vereinswechsel zum Wegfall der Spielberechtigg führen (BGH NJW **76**, 566, Wertenbruch NJW **93**, 183), über den Umfang des übernommenen Risikos bei der RestschuldVers (BGH NJW **90**, 2809), über die RFolgen einer VertrÄnderg (BGH **LM** HGB 339 Nr 2), über die Möglichk, den Vertr aGrd einer VertrKlausel anzupassen (BGH NJW-RR **91**, 1340), über die RNatur des geschlossenen Vertr – ArbVertr statt GesellschVertr (BAG NJW **87**, 918), über den Widerrufk eines Test (BGH **62**, 24), über den Umfang des FdgsÜbergangs (BGH VersR **68**, 401), über die Wirksamk der dem Vertr zugrde liegden RNorm etwa der PrAngabenVO (Mü BB **84**, 629, Sommerlad NJW **84**, 1495, Köhler WRP **90**, 460, Rn 170), über die dch den Vertr begründete Haftg gem § 419 (BGH **70**, 51), über das Nichteingreifen des VorkaufsR eines Dr (BGH NJW **87**, 892). Der gemeins Irrt begründet aber dann keine Rechte zu § 242, wenn die VertrErf trotz des Irrt **zumutbar** ist (Hamm NJW-RR **92**, 1416, Rn 129). Bei Vertr über eine **vorweggenommene Erbfolge** rechtfertigt idR nur der anfängl BewertgsIrrt die Anwendg von § 242 (BGH **113**, 314). Auch der
150 gemeins Irrt über **steuerliche Folgen** eines Gesch führt zur Anwendg der Grds über das Fehlen der GeschGrdl u damit uU zur Anpassg (BGH DB **76**, 234, KG BB **82**, 944, Kapp BB **79**, 1207). Voraussetzg ist, daß der GeschWille der Part auf einem gemeins Irrt über die steuerl Behandlg aufbaut (Rn 117) u die Aufdeckg des Irrt die wirtschaftl Daten wesentl verändert (Köln NJW-RR **93**, 784). Haben die Part irrtüml eine MwSteuerPfl angenommen, kann das vereinbarte Bruttoentgelt entspr zu kürzen sein (BGH WM **90**, 1323, Düss DB **90**, 39); sind sie umgekehrt fälschl von MwStFreih ausgegangen, kann eine entspr Erhöhg des Entgelts in Betracht kommen (Nürnbg BB **95**, 1924). Für die Beurteilg kann von Bedeutg sein, wie eingehd die Part die steuerl Folgen erörtert h (s BGH NJW **51**, 517). Vielf handelt es sich um bloß einseit Erwartgen einer Part, die unerhebl sind (BGH NJW **67**, 1082, NJW-RR **86**, 708) od um Verändergen, die, wie Steuererhöhgen od der Wegfall von Steuervergünstiggen, ausschließl in den Risikobereich einer Part fallen (BGH DtZ **94**, 282). So liegt es wohl beim Wegfall der Steuerfreih für Sozialpfandbriefe (Rn 143).

151 **bb)** Ggst des gemeins Irrt kann auch der **Eintritt oder Nichteintritt eines zukünftigen Ereignisses** sein, sofern dieser Umst zu den beidn Part zur Grdl ihres GeschWillens gemacht worden ist (Rn 113). Das ist idR nicht anzunehmen, wenn es sich um Umst aus dem Risikobereich einer Part handelt (Rn 126). Scheitern der in Aussicht genommenen Finanzierg stellt daher idR keinen Wegfall der GeschGrdl dar (BGH NJW **83**, 1490). Dagg kann § 242 anwendb sein, wenn die zugesagte Vfg vTw nicht getroffen od wieder aufgeh w (BGH NJW **77**, 950), wenn das gekaufte Bauerwartgsland nicht bebaut w kann (BGH **LM** (Bb) Nr 83, Rn 147), wenn die einem Vertr als feststehd zGrde gelegte gesetzl Vorschr, Rspr od Standesrichtlinie sich ändert (BGH **58**, 362, **89**, 232, Oldbg NJW-RR **90**, 84, Ffm NJW-RR **92**, 105), wenn ein Vergl wg eines ausländ Verbots nicht dchgeführt w kann (BGH NJW **84**, 1747), wenn die beim Aktienerwerb beiderseits als sicher erwartete Kapitalerhöhg nicht dchgeführt w (LG Bln NJW-RR **94**, 807). Bei UnterlVerpfl, die ggü einem nicht mehr **klagbefugten Verband** eingegangen worden sind, ist seit der nF von UWG 13 die GeschGrdl entfallen (KG NJW **95**, 264, Vogt WiB **95**, 62, Wiebe WRP **95**, 79, Rn 170), sie bleiben aber wohl wirks, soweit es um Verstöße gg konkrete schutzwürdige Interessen von Mitbewerbern geht (Teplitzky WRP **95**, 275, aA Engler NJW **95**, 2185).

152 **cc)** Aus dem Willen der Part kann sich ergeben, daß die Wirksamk u Dchführbark eines and Vertr GeschGrdl für den abgeschl Vertr sein soll (BGH NJW **82**, 106). Die beiden Vertr bilden in diesem Fall eine **Vertragsverbindung** eig Art (Einf 17 v § 305).

152a **e) Wiederherstellung der deutschen Einheit. – aa)** Die Wiederherstellg der dtschen Einh u die dadch bedingten grdlegden Verändergen der politischen u wirtschaftl Verhältn in der fr DDR haben bei einer Vielzahl von Vertr deren wirtschaftl Grdl verändert (Drexel DtZ **93**, 194). In diesen Fällen sind die Grds über den Wegfall der GeschGrdl anwendb, u zwar auch bzgl **Altverträge**, aus der Zeit vor dem 3. 10. 90, für die gem EGBGB Art 231 § 1 grdsl noch das Recht der DDR gilt (BGH **120**, 22, **121**, 391, **126**, 159, NJW **95**, 48, für eine Anpassg gem ZGB 78 I aber Görk Dtsche Einh u Wegfall der GeschGrdl, 1995). Der BGH rechtfertigt das mit der Erwägg, der Grds von Treu u Glauben sei als übergesetzl Prinzip allen ROrdngen immanent. Folgt man dem für das Recht der DDR nicht, sind die Grds von Treu u Glauben u die aus ihm abgeleiteten RInstitute jedenfalls wg ihres reformatorischen Charakters am 3. 10. 90 mit sofortiger Wirkg auch für AltVertr in Kraft getreten (KG DtZ **93**, 359 u RG **144**, 380 für das Inkrafttreten des BGB). –
152b **bb) Sonderregelungen** gehen § 242 vor (Rn 115), sie erfassen aber nur einen Teil der Fälle, in denen eine Anpassg notwendig ist: **(1) DM-Bilanzgesetz** § 32 I gibt dem SachleistgsSchu bei Vertr, die nach dem 30. 6. 90 zu erfüllen sind, die Befugn, den Pr nach billigem Ermessen zu bestimmen, wenn für den Vertr inzw aufgehobene PrVorschr maßgebd waren. Er gilt aber nur für Vertr ohne ziffernmäß festgelegten Pr (BGH **122**, 38, ZIP **94**, 817). Kontrolle gem § 315 (dort Rn 9). **(2) DM-Bilanzgesetz** § 32 II gibt dem Part bei schwebd Vertr ein Recht auf PrAnpassg, wenn das Gleichgewicht von Leistg u GgLeistg dch die Währgsumstellg erhebl gestört worden ist. Ein schwebder Vertr liegt vor, wenn der Vertr am Stichtag der Umstellg (1. 7. 1990) von beiden Part od von einer noch nicht erfüllt war (BGH **122**, 40, ZIP **94**, 817, aA Dresden DtZ **95**, 26). Eine erhebl Äquivalenzstörg ist gegeben, wenn der im Verhältn 2:1 umgestellte Kaufpreis um 100% über dem Marktniveau liegt (BGH ZIP **94**, 817, Dresden DtZ **95**, 133). DM-BilanzG 32 II ist auch anzuwenden, wenn die Importfirma für ein Westprodukt entspr den damaligen Grds das 4,4- od 3,4-Fache des Westpreises in Mark der DDR berechnet hat u jetzt nach der Umstellg im Verhältn 2:1 fast das Doppelte od mehr als das Doppelte des DM-Preises verlangt (BGH **122**, 41, BezG Erfurt OLGNL **94**, 29, Naumbg OLGNL **94**, 102). Die Vorschr ist auf den AufwendgsErs Anspr nach DDR-VG 78, 79 nicht anzuwenden (BGH DtZ **95**, 19). Sie gilt auch nicht, wenn die Äquivalenzstörg nicht dch die Umstellg, sond dch and Verändergen verursacht worden ist (BGH **120**, 21). **(3) Entschuldungsverordnung.** Nach ihr werden Altkreditschulden, um die Sanierg, Umstrukturierg od WettbewFähigk des KreditN zu fördern, von der TrHandAnstalt übernommen (BGH NJW **95**, 48). **(4)** Das **Zinsanpassungsgesetz** vom 24. 6. 91 (BGBl I

1314) hat die Kreditzinsen an die Marktzinssätze angepaßt. Es verstößt nicht gg das rechtsstaatl Rückwirkgsverbot (BVerfG DB **93**, 1357). **(5)** Die **NutzEV** (BGBl **93**, 1339) regelt die Entgeltsanpassg für „ErholgsGrdst" (Wardenbach MDR **93**, 710, Oetker DtZ **93**, 325). **(6)** Auch der in **VertrG** 79 geregelte AufwendgsErsAnspr geht iR seines Anwendungsbereichs § 242 vor (BGH **121**, 392). – cc) **Wirtschaftsverträ-** 152c **ge.** Die Grds über den Wegfall der GeschGrdl sind heranzuziehen, wenn sich aus der grdlegden Änderg des Rechts- u WirtschSystems schwerwiegde Äquivalenzstörgen ergeben, die nicht von den sondergesetzl Regelgen (Rn 152b) erfaßt w. Beispiele sind etwa: Wegfall von staatl Zuschüssen od Finanziergsmitteln (BGH **120**, 23). Anpassg von unentgeltl NutzgsVerh zw sozialistischen WirtschEinh an marktwirtschaftl Gegebenh (BGH **126**, 159). Unverkäuflichk des bestellten RGW-Produkts (BezGer Magdebg DtZ **92**, 291), aber nur, wenn die Wiederherstellg der Verwertbark ausgeschlossen ist (Dresden DtZ **95**, 22). Vervielfachg der Selbstkosten bei einer FestpreisVereinbg (LG Bln ZIP **92**, 1661). ZusBruch des RGW-Marktes bei einem auf den Absatz in der RGW abgestellten LizenzVertr (BGH ZIP **95**, 1028). Angemessen ist häufig die hälftige Teilg des entstandenen Nachteils (BGH **120**, 26, BezGer Magdebg DtZ **92**, 291), uU ist aber auch ein RücktrR die richt Lösg (LG Bln aaO). Eine Anpassg scheidet aus, wenn der entstandene Nachteil möglw dch eig Verschulden od Verzug verursacht worden ist (BGH ZIP **93**, 234, KG ZiP **94**, 1641). Auch Altlasten aus der (schuldnerfeindl) Umstellg 2 : 1 rechtfertigen die Anwendg des § 242 nicht (BGH NJW **93**, 1856, Rostock OLGNL **94**, 124, Dresden OLGNL **94**, 193, Hommelhoff ua ZIP **93**, 1362, krit R. Scholz JR **94**, 304); auch eine Verrechng von Krediten mit den nicht an den KreditGeb, sondern die DDR abgeführten Gewinnabgaben ist nicht mögl (BGH **124**, 4, Bultmann WiB **94**, 527, krit Lorenz/Braun DtZ **94**, 164). Auch die Tats, daß der Kredit zur Anschaffg einer nach der Umstellg im Verhältn 2 : 1 viel zu teuren Anlage verwandt worden ist, rechtf die Anwendg des § 242 nicht (BGH NJW **95**, 48). Für WoBauGesellsch gilt jetzt aber das AltschuldenhilfeG (Köhler DtZ **94**, 390). – dd) **Abfindungsvereinbarungen mit Pflichtteilsberechtigten.** Ist bei der 152d Berechng des PflichtT in der DDR enteignetes od unter ZwVerw stehdes Vermögen unberücksichtigt geblieben, das jetzt nach dem VermG zurückzuerstatten od zu entschädigen ist, steht dem PflichtTBerecht entspr § 2313 ein ErgänzgsAnspr zu (BGH **123**, 76), der aber unter Berücksichtigg des Kaufkraftschwundes auf den Wert im Ztpkt des Erbfalls zurückzurechnen ist (BGH aaO, § 2313 Rn 3). Die Abfindgsvereinbg tritt, wenn sie nicht eingeschränkt ausgelegt werden kann, nach den Grds über den Wegfall der GeschGrdl zurück (BGH aaO). Bloße Wertsteigergen inf der Wende begründen dagg nach dem Stichtagsprinzip (BGH NJW-RR **93**, 131) keinen ErgänzgsAnspr (s Mü DtZ **93**, 153). – ee) **Verträge zwischen Miterben** sind idR so 152e gefaßt, daß Anspr aus dem VermG wg in der fr DDR belegener NachlGgste bei der ErbenGemsch verblieben sind. Liegt es ausnw and, zB bei Übertragg des Erbteils, ist § 242 anwendb. Der abgefundene Miterbe darf nicht schlechter stehen als der abgefundene PflichtTBerecht. Obwohl § 2313 nicht anwendb ist, können die vom BGH für den ErgänzgsAnspr des PflichtTBerecht entwickelten Grds (Rn 152d) auf der Grdl des § 242 auf den Miterben übertragen w (str). Bloße Wertsteigergen bei den in den neuen Bundesländern belegenen Sachen begründen dagg keine Rechte wg Wegfalls der GeschGrdl. Die dch eine Vereinbg zugewandten VermTeile fallen mit der Übertragg endgült in den Risikobereich des Empfängers; spätere Wertsteigergen haben ebso wie ein Wertverfall auf die vertragl u erbrechtl RStellg des Empfängers keinen Einfluß (s BGH **113**, 314). Auf einseit RGesch, wie **Testamente** od die **Ausschlagung der Erbschaft** finden die Grds über den Wegfall der GeschGrdl ohnehin keine Anwendg (Rn 114). Zur TestAnf s § 2078 Rn 6, zur Anf der Ausschlagg der Erbsch § 1954 Rn 3. – ff) Bei vor dem 3. 10. 90 abgeschlossenen **Kaufverträgen** rechtfertigen die nach der Wende 152f eingetretenen teilw erhebl Wertändergen, abgesehen von den Sonderfällen der Rn 152b, keine VertrAnpassg (Prölss/Armbrüster DtZ **92**, 203). Auch hier gilt, daß Wertändergen in beiden Richtgen ausschließl in die Sphäre des Erwerbers fallen u keine Rechte wg Wegfalls der GeschGrdl begründen. Für erzwungene Verkäufe, etwa im ZusHang mit einer Ausreise, enthält das VermG auch eine Sonderregelg, die die Grds über den Wegfall der GeschGrdl verdrängt (Prölss/Armbrüster aaO 206). – gg) Zur Anpassg von Ost-West-Vertriebs-, Verwertgsu **Lizenzverträgen** über Urh- u gewerbl SchutzR s Loewenheim u Rojahn GRUR **93**, 934, 941.

D) Weitere Einzelfälle. Die Rspr zur GeschGrdl wird überwiegd bereits in der systemat Kommentierg 153 nachgewiesen; s daher zunächst Rn 110–152. – a) **Abfindungsvereinbarungen** über SchadErsAnspr sind gem § 242 anzupassen, wenn beide Part von irrigen Vorstellgen über den SchadUmfang ausgegangen sind (BGH NJW-RR **92**, 715). Fehleinschätzgen der künft Entwicklg gehören dagg grdsl zu den von den Part übernommenen Risiken (BGH NJW **84**, 115, **91**, 1535). Rechte aus § 242 entfallen vor allem dann, wenn sich die AbfindgsVereinbg auch auf unbekannte Schäden bezieht; hierauf kann sich der Schädiger aber nicht berufen, wenn sich wg unvorhersehb Folgen ein so krasses Mißverhältn zw Abfindgssumme u Schaden ergibt, daß das Festhalten am Vertr gg Treu u Glauben verstößt (BGH VersR **61**, 382, **66**, 243, **67**, 804, Köln NJW-RR **88**, 924). Abfindg vor UnterhAnspr s Rn 111. – **Altenteilsleistungen** können bei erhebl Veränderg der allg wirtschaftl od pers Verh der Beteiligten abgeändert w (BGH **25**, 298, Rn 138). Bei jeder 154 Änderg ist auf die Leistgsfähig des Hofes Rücksicht zu nehmen; doch kann sich der Übernehmer nicht auf einen von ihm verschuldeten Einkommensrückgang berufen (Celle RdL **58**, 183). Kann ein WohnR wg Pflegebedürftigk nicht mehr ausgeübt w, kann der Berecht zur Vermietg befugt sein (Köln FamRZ **91**, 1432). Bei schweren Störgen des persönl Verh od wenn eine Heimunterbringg in Frage kommt, können Natural- u Dienstleistgen in Geldleistgen umgewandelt w (BGH DB **81**, 1615, Düss NJW-RR **88**, 326, Düss NJW-RR **94**, 201). Das gilt entspr für ähnl VersorggsAbreden (BGH aaO, Hamm FamRZ **93**, 1435). Sonderregelgen gibt es vor (BayObLGZ **89**, 481); vgl insb ReichsG über die anderweit Festsetzg von Geldbezügen aus Altenteilsverträgen vom 18. 8. 23, RGBl 815 (noch in Kraft BGH **25**, 296) u die in EGBGB 96 Rn 5 angeführten LandesG. – **Arbeitsrecht.** Wissen beide Part bei VertrSchl nicht, daß ArbN schwanger 155 ist, kann sich ArbG nicht auf Fehlen der GeschGrdl berufen, da das Festhalten am Vertr nach den Wertgen des MuSchG zumutb ist (LAG Saarbr NJW **66**, 2137). Kein Wegfall der GeschGrdl für Vereinbg über KarenzEntsch, wenn für ArbN nachträgl WettbewMöglichk entfällt (BAG NJW **69**, 677), für Vereinbg über KündAbfindg, wenn ArbN vor dem vereinb Ausscheidenstermin stirbt (BAG DB **70**, 259), für AkkordVereinbg bei Einsatz arbsparder Maschinen (LAG Hamm DB **70**, 113), für Leistgszulage, wenn Leistg nachläßt (BAG DB **76**, 2404). Haben die Part den Vertr irrtüml für einen GesellschVertr gehalten, kann der ArbG für die von ihm nachzuentrichten SozVersBeiträge nachträgl keinen (hälft) Ers vom ArbN verlangen

(BAG DB **88**, 1550). Erhält der Ruheständler wg Änderg der Steuern u SozVersBeiträge eine GesVersorgg in Höhe von 115% der letzten Nettobezüge, kann eine Anpassg geboten sein (BAG DB **86**, 1231), auch eine existenzbedrohde wirtschaftl Notlage kann Kürzgen rechtfertigen (BGH DB **93**, 1927). Die Grds über Fehlen u Wegfall der GeschGrdlage sind auch auf BetrVereinbgen anwendb (BAG DB **64**, 1342), ebso auf Sozialpläne (BAG DB **95**, 480, Winderlich BB **94**, 2483), nicht aber auf den normativen Teil des TarifVertr (BAG DB **77**, 679, **85**, 130). – Ob der verlorene Zuschuß bei vorzeit Beendigg eines **Automatenaufstellvertrages** teilw zurückgezahlt w muß, ist Frage des Einzelfalls (LG Siegen NJW-RR **90**, 632).

156 **b) Bürgschaft:** Die Erwartg des Bü, der BürgschFall w nicht eintreten, da der HauptSchu leistgswillig u -fähig sei u bleiben w, ist nicht GeschGrdl, weil die Zahlgsfähigk des HauptSchu allein zur Risikosphäre des Bü gehört (BGH **104**, 242, NJW **83**, 1850, **88**, 2174, 3206, stRspr). Umst außerh des BürgschRisikos können nach allg Grds GeschGrdl sein (BGH NJW **66**, 449), so die Erwartg, der Gläub werde gg den HauptSchu keine StrafAnz erstatten (BGH WM **73**, 36), eine geplante Sanierg werde in Angriff genommen (BGH WM **73**, 752), ein ÜbernVertr werde dchgeführt (BGH DB **74**, 2244), das ArbVerh zw Bü u HauptSchu werde weiterbestehen (KG BB **85**, 2177), vorausgesetzt jedoch, die Erwartg ist wirkl Grdl des gemschaftl GeschWillens geworden (BGH NJW-RR **89**, 753, Rn 117). Die Erwartg, die zu sichernde Fdg werde nicht abgetreten u gehe nicht kr Ges auf einen Dr über, ist idR nicht GeschGrdl (BGH NJW **93**, 2935), ebsowenig die Erwartg, daß die weiter bestellten Sicherh fortbestehen (BGH NJW **94**, 2146). Die von einem **Angehörigen** od Partner übernommene, seine LeistgsFgk übersteigde Bürgsch hat idR den Sinn, Vermögensverschiebgen entggzuwirken (BGH NJW **95**, 592). Steht, etwa wg Trenng der Partner, fest, daß sich diese Gefahr nicht verwirklichen w, entfällt die GeschGrdl (BGH aaO) u die BürgschVerpflichtg (Reinicke/Tiedtke NJW **95**, 1449, and aber der BGH, der den Umfang der BürgschVerpflichtg auf das zumutb Maß 157 reduzieren will). – **Darlehen.** Der DarlN trägt das Verwendgsrisiko (Rn 145). Er kann sich nicht darauf berufen, daß er das Darl nicht benötigt, aber auch nicht darauf, daß er den mit der DarlValuta angeschafften Ggst unverschuldet verloren hat, ohne einen ErsAnspr zu erlangen (BGH **15**, 34, DB **72**, 620, Rn 148; Ausn: Einwendgsdchgriff). Ein Darl kann vorzeit kündb sein, wenn ein korrespondierdes RVerhältn vorzeit beendet w, so das Darl an den Schwiegersohn bei Scheidg der Ehe (BGH FamRZ **73**, 252, Düss NJW **89**, 908, aA Karlsr NJW **89**, 2137), das Darl an den GmbH-GschFü bei Beendigg des AnstellgsVerhältn (BGH WM **69**, 335), das Darl an ArbN, wenn dieser Unterschlaggen begeht (Brschw OLGZ **85**, 139), aber nicht bei sonst Beendigg des ArbVertr (LAG BaWü BB **69**, 1268), das WoBauDarl nicht, wenn der ArbNeh das geförderte Haus seiner Geschiedenen überträgt (Köln FamRZ **93**, 955). – **Dauerschuldverhältnisse** Rn 120. – **Erbbauzins** Rn 136 f. – **Erfüllter Vertrag:** Rn 133.

158 **c) Familienrecht:** Unentgeltl Zuwendgen zwischen Eheg kann ein SchenkgsVertr zGrde liegen (§ 1372 Rn 3). IdR handelt es sich aber um sog unbenannte Zuwendgen (Ausgl für die familiäre Mitarbeit), deren RGrd ein bes famrechtl Vertr ist (BGH **84**, 364, **87**, 146, **116**, 169, krit Kollhosser NJW **94**, 2313, stRspr). ZuwendgsGgst sind typw MitEigentumsAnteile od Sachen od die Finanzierg ihres Erwerbs, es können aber auch Dienstleistgen (BGH **84**, 364, NJW **94**, 2545) od die Anwartsch aus einer LebensVers sein (BGH NJW **92**, 2155). GeschGrdl für die Zuwendgen ist idR der Bestand der Ehe, sie werden aber iF des Scheiterns der Ehe grdsl allein güterrechtl ausgeglichen (BGH **65**, 322, **84**, 364, **115**, 136, NJW **92**, 2155, stRspr). Rechte aus § 242 bestehen grdsl auch dann nicht, wenn der Zuwendgsempfänger mehr erhalten hat, als ihm nach dem Grds des ZugewinnAusgl zusteht (BGH **82**, 232) od wenn der Ausgl am fehlden Zugewinn des Zuwendgsempfängers scheitert (Reinicke/Tiedtke DNotZ **83**, 164). Nur in extremen Sonderfällen sind Ausn mögl (BGH **115**, 138), so wenn eine Leistg, die ein Eheg wg schwerster Verletzgen erhalten hat (Erblindg), teilw dem and zugewendet worden ist (Stgt NJW-RR **94**, 1490). Ein Eheg kann ausnw berecht sein, die Übertragg eines Ggst zu AlleinEigtum zu beanspruchen, jedoch idR nur gg eine angem AusglZahlg (BGH **68**, 299, **82**, 229). Ein den ZugewinnAusgl ergänzder AusglAnspr kann gegeben sein, wenn ein Eheg dem and währd der Verlobgszeit für die Bebauung von dessen Grdst erhebl Zuwendgen gemacht hat (BGH **115**, 261) od wenn ein Eheg dem and in einer von Versorggsgedanken geprägten Ehe ein Wertpapierdepot übertragen hat u die Ehe nach kurzer Zeit 159 scheitert (BGH FamRZ **94**, 503). Bei **Gütertrennung,** auch wenn sie auf der Anwendg ausländ Rechts beruht (BGH **119**, 397), ist zu unterscheiden. RückFdgsAnspr sind ausgeschlossen, soweit die Zuwendg eine angem Beteiligg an dem gemeins Erarbeiteten darstellt (BGH NJW **72**, 580, **89**, 1988) od als Ggleistg für die Zustimmg zur Gütertrennug aufzufassen ist (Ffm FamRZ **81**, 778, Stgt NJW-RR **88**, 134). Bei Zuwendgen außerh dieses Rahmens kommen dagg AusglAnspr in Betracht, vor allem bei Zuwendg eines Grdst, finanzielle Unterstützg od Mitarbeit im Betr od beim Hausbau (BGH **84**, 368, NJW **94**, 2545, NJW-RR **88**, 964, 965) u bei Zuwendgen für den Aufbau einer eig berufl Existenz (BGH NJW **74**, 2045), aber erst nach rkräft Scheidg (Düss NJW-RR **92**, 1477). Wird die Ehe nicht dch Scheidg, sond dch Tod aufgelöst, sind AusglAnspr aber idR ausgeschl (BGH 160 NJW-RR **90**, 835). Auch für Zuwendgen, an denen die **Schwiegereltern** aktiv od passiv beteiligt sind, kann der Bestand der Ehe GeschGrdl sein (BGH NJW **95**, 1890, Oldenbg NJW **92**, 1461, **94**, 1539, Köln NJW **94**, 1540, Düss NJW-RR **94**, 1411). Anspr gg den Schwiegervater wg des Ausbaus einer Wohng in seinem Haus kommen aber erst in Betracht, nachdem die Wohng geräumt ist (BGH NJW **85**, 314) od vom Eigtümer dch Vermietg genutzt w (BGH **111**, 128). Dch die Trenng entfällt auch die GeschGrdl für die dem Eheg eingeräumte Befugn, über das Bankkonto des and zu verfügen (BGH NJW **88**, 1209, NJW-RR **89**, 834). Auch bei Leistgen zw Geschwistern in einem MitEigtümerVerh können bei einer wesentl Änderg der Verhältn AusglAnspr bestehen (BGH NJW **92**, 2283). Für den Verzicht auf **Versorgungsausgleich** nach der 1. Scheidg kann die GeschGrdl 161 entfallen, wenn auch die 2. Ehe zw diesen Partnern scheitert (BGH NJW **94**, 579). Auf Einiggen über die **elterliche Sorge** finden die Grds über die GeschGrdl Anwendg (Köln FamRZ **64**, 524, Karlsr OLGZ **65**, 258, FamRZ **68**, 266). Es ist aber idR kein Wegfall der GeschGrdl, wenn eine bei der Einigg gem § 1671 od einem UnterhVergl zugl vereinbarte Regel des UmgangsR nicht dchgeführt wird (BayObLG **66**, 70, Stgt NJW **81**, 1743). Für die bei einer **heterologen Insemination** stillschw übernommene vertragl UnterhPfl kann die GeschGrdl entfallen, wenn Mu od Kind die Ehelichk anfechten (BGH NJW **95**, 2032, 2033). AusglAnspr zw Partn einer **eheähnlichen Lebensgemeinschaft** s Einf 8 ff v § 1297.

162 **d) Gesellschaftsrecht:** Fällt bei einer OHG od KG die GeschGrdl für den Eintritt eines Gters weg, kommt eine Ausschl- od Aufhebgskl in Betracht (BGH **10**, 51, NJW **67**, 1082), uU ist aber auch die

Aufrechterhaltg des Vertr unter Anpassg an die veränderten Umst mögl (BGH NJW **74**, 1657: Änderg der Nachfolgeregelg nach Scheidg). Sind die Gter bei der AuseinandS von einer unricht Bewertg ausgegangen, kann dem Benachteiligten ein AusglAnspr zustehen (RG **131**, 94). Besteht zw dem für die Ausübg eines ÜbernahmeR vereinbarten Pr u dem wirkl Wert des GAnteils wg veränderter Verhältn ein grobes Mißverhältn, ist der Pr anzupassen (BGH **126**, 241). Bei irrigen Vorstellgn über die Folgen einer VertrÄnderg kann eine Anpassg an das wirkl Gewollte geboten sein (BGH **LM** HGB 339 Nr 2), bei der irrtüml Beurteilg einer RFrage (Widerruflichk eines Test) ist die Anpassg an die wirkl RLage (BGH **62**, 24). – **Hofübergabevertrag.** 163 Beruht der Vertr auf der Erwartg, der Hof werde im FamBesitz bleiben, kann der Übergeber bei Weiterveräußerg an einen Fremden eine Erhöhg der GgLeistg fordern (BGH **40**, 334). Wegfall der GeschGrdl ist es auch, wenn ein Bruder dem und den Hof in der Erwartg übertragen hat, er werde eine auf LebensGrdl finden u sich diese Erwartg wg völliger Veränderg der Verhältn nicht erfüllt (BGH NJW **53**, 1585). – **Kaufvertrag:** 164 Vorrang der Sachmängelhaftg Rn 118. Störg des Äquivalenzverhältn Rn 135 ff. Verwendgsrisiko des Käufers Rn 144. Mängel der subj GeschGrdl, insb irrige Vorstellgn über die Preisbemessg oder steuerl Folgen Rn 149 f. Beim Verkauf zur Abwendg der Enteignng kann der Käufer bei Wegfall od Fehlen der Enteigngsvoraussetzgn uU Rückgewähr der Kaufsache verlangen, sei es nach § 157 od nach § 242 (BGH **84**, 7, BayObLGZ **89**, 460, **92**, 37). Nehmen die Part irrtüml an, ein bestehdes Leistgshindern können in Kürze behoben w, ist § 242 u nicht § 306 anzuwenden (BGH **47**, 48, DB **93**, 1511). – **Konzessionsvertrag** zw Gem u 165 VersorggsUntern s BGH WM **74**, 161. – **Leasingvertrag.** Tritt der LeasG seine kaufvertragl GewLAnspr an den LeasN ab, wird der KaufVertr GeschGrdl für den LeasVertr. Wird der KaufVertr gewandelt, entfällt die ZahlgsPfl des LeasN ggü dem LeasG (BGH **68**, 126, **81**, 306, **94**, 48, Einf 44 v § 535). Die Rückabwicklg erfolgt nach BerR (BGH **109**, 144). Währd der Dauer des WandlgsProz besteht keine vorl ZahlgsPfl (BGH **97**, 141). Auch wenn die Sache zeitweilig benutzb war, fällt die ZahlgsPfl von Anfang an weg (BGH NJW **85**, 796). – **Makler.** Besteht seine Prov in dem Teil des KaufPr, der einen MindestBetrag übersteigt, kann bei 166 einem unerwartet günst Verkauf eine Herabsetzg in Frage kommen (Düss MDR **68**, 494). – **Miete und Pacht:** Vorrang der GewLR Rn 118. Störg des Äquivalenzverhältn Rn 135 ff. Verwendgsrisiko des Mieters Rn 144. Mängel der subj GeschGrdl Rn 149 f. Nehmen die Part irrig an, der Vertrag mit dem Vorpächter bestehe nicht mehr, kann die GeschGrdl des neuen Vertr fehlen (BGH **LM** (Bb) Nr 20). Entfällt der Eigenbedarf, kann die GeschGrdl für einen RäumgsVergl wegfallen (Pankow NJW **94**, 1184).

e) Öffentlich-rechtliche Verträge: Rn 114. – **Patent:** Der Käufer einer ungeschützten Erfindg hat idR 167 keine Rechte aus § 242, wenn die Patentanmeldg abgelehnt w (BGH **83**, 288). Entspr gilt, wenn sich eine Diensterfindg des ArbN als nicht schutzfäh erweist (BGH **102**, 35). Bei Vertr über den Erwerb od Auswertg eines Patents besteht dagg idR ein LösgsR, wenn das SchutzR ganz od teilw vernichtet w (BGH NJW **57**, 1317); auch die wirtschaftl Verwertbark des Rechts kann GeschGrdl sein (BGH **52**, 60, NJW **78**, 320). – Der **Sanierungsvergleich** ist trotz nachträgl Änderg seiner Konzeption nicht anzupassen, wenn die Umstrukturierg der Unternehmen endgült in den Entscheidgsbereich der Saniergsträger fällt (LG Ffm NJW-RR **93**, 1197). – **Schenkung.** §§ 528, 530, 1301 gehen als SonderVorschr den Grds der GeschGrdl vor (BGH NJW **53**, 168 1585, Karlsr NJW **89**, 2136). Nicht unter diese Vorschr fallde Erwartgen u Vorstellgn können dagg GeschGrdl sein (BGH **112**, 261, NJW **72**, 248, **LM** § 133 (A) Nr 11, Dürr NJW **66**, 1660), so auch ein gemeins Irrt über die steuerl Folgen der Schenkg (Kapp BB **79**, 1207). Schenkgen zw Ehegn sind iZw vom Bestand der Ehe unabhäng (BGH NJW-RR **90**, 387); meist handelt es sich aber nicht um Schenkgen, sond um ehebedingte sog unbenannte Zuwendgn (Rn 158 ff). – **Unterhaltsverträge** Rn 111. – **Vergleich.** Ergänzd zu der 169 Sonderregelg des § 779 gelten die allg Grds der GeschGrdl (BGH NJW **84**, 1746, NJW-RR **94**, 434). Sie sind anzuwenden: wenn beide Part von falschen tats oder rechtl Voraussetzgn ausgegangen sind, der gemeins Irrt sich aber nicht auf streitausschließde Umst bezogen hat (BGH JZ **62**, 361, VersR **63**, 1219, **LM** § 779 Nr 2, 24), so wenn die Leistg, die ein nicht am Vergl beteiligter GesSchu erbracht hat, zu niedrig angesetzt worden ist (Stgt NJW **94**, 3237), wenn den AbfindgsVergl zugrde gelegte vorläuf Bilanz ausweisl der endgült Bilanz wesentl VermWerte nicht berücksichtigt hat (BGH NJW-RR **95**, 413); wenn die dem Vergl als feststehd zugrde liegde Rspr geändert w (BGH **58**, 362); wenn die Part den Eintritt eines best zukünft Ereign irrtüml als sicher angesehen haben (BGH NJW-RR **86**, 946). Beim ProzVergl kann Fehlen u Wegfall der GeschGrdl nur in einem neuen RStreit geltd gemacht w (§ 779 Rn 31). AbfindgsVergl s Rn 153. – **Vertragsstrafe.** Die von 170 einem Kaufm versprochene Strafe kann trotz HGB 348 bei unricht Vorstellgn der Part über den Wert des VertrGgst herabgesetzt w (BGH NJW **54**, 998). Für die dch StrafVerspr gesicherte **wettbewerbsrechtliche** UnterlVerpfl entfällt die GeschGrdl *ex nunc,* wenn der BGH die beanstandete Werbg für zul erklärt (BGH NJW **83**, 2143, Düss WRP **95**, 223). Entspr gilt, wenn die VO, deren Einhaltg gesichert w soll, für unwirks erklärt w (Rn 149) od wenn die Verpfl ggü einem nicht mehr klagbefugten Verband eingegangen worden ist (Rn 151).

7) Vertragshilfe. Die dch SchuldVerh begründeten LeistgsPflen können in Kriegs- u sonst Notzeiten für 171 den Schu zu einer existenzvernichtenden Härte w. Die hieraus entstehen Probleme lassen sich mit den überkommenen schuldrechtl Regelgn nicht angem lösen, wenn auch die Rspr versucht h, sie mit den Grds des Wegfalls der GeschGrdl (Rn 148) u der wirtschaftl Unmöglichk (§ 275 Rn 12) zu bewältigen. Der GesGeber hat daher das Institut der Vertragshilfe geschaffen, das den Ri in best Fällen ermächtigt, das SchuldVerh rechtsgestaltd zu ändern u an die Leistgsfähigk des Schu anzupassen. Maßgebd ist insow das VertragshilfeG vom 26. 3. 52, das jedoch die VertrHilfe auf die vor dem 21. 6. 1948 begründeten Verbindlichk beschr. Es spielt daher in der Praxis keine Rolle mehr. VertrHilfe kann außerdem in Anspr genommen w nach BVFG 82 ff, HeimkG 26a, HäftlingshilfeG 9, FlüchtlingshilfeG (BGBl 1965 I S 612) 20 III. Auch diese Vorschr sind aber prakt ohne Bedeutg.

243 *Gattungsschuld.* [I] Wer eine nur der Gattung nach bestimmte Sache schuldet, hat eine Sache von mittlerer Art und Güte zu leisten.

[II] Hat der Schuldner das zur Leistung einer solchen Sache seinerseits Erforderliche getan, so beschränkt sich das Schuldverhältnis auf diese Sache.

1   **1) Allgemeines. – a)** Die Gattgsschuld gehört zu den SchuldVerh mit unbest, aber bestimmb LeistgsGgst. Währd dieser bei der Stückschuld (Speziesschuld) individuell festgelegt ist, ist er bei der Gattgsschuld nur nach generellen Merkmalen best. § 243 enthält für die Gattgsschuld ledigl eine Teilregelg. Ergänzd gelten §§ 279, 300 II, 480, 524 II, 2155, 2182, HGB 360, 373 ff. § 243 betrifft seinem Wortlaut nach nur Sachleistgsschulden; er ist aber auf Dienst- u WkLeistgen, Gebrauchsüberlassgen (Bestellg eines Hotelzimmers; LeasingVertr, BGH NJW **82**, 873) u die Verschaffg von Rechten (Abtretg von KundenFdgen) entspr anzuwenden. – **b)** Eine **Gattung** bilden alle Ggst, die dch gemeinschaftl Merkmale
2   (Typ, Sorte, uU auch Preis) gekennzeichnet sind u sich dadch von Ggst and Art abheben. Mögl ist auch, daß die Part Qualitätsmerkmale zu Gattgsmerkmalen machen (RG **86**, 92, Seibert MDR **83**, 177). Über die Abgrenzg entscheidet der PartWille (BGH NJW **86**, 659, Mü OLGZ **73**, 455); die Part können dch Festlegg von best Eigensch die Gattg eng begrenzen (BGH NJW **89**, 219, krit Wank JuS **90**, 96). Ergeben sich aus dem PartWillen keine bes Anhaltspkte, ist die VerkAnschauung BeurteilgsGrdl (BGH NJW **84**, 1955). IdR ist die Gattgsschuld auf Leistg vertretb Sachen (§ 91) gerichtet. Das ist aber nicht notw so, da für § 91 ein obj Maßstab (die VerkAnschauung), für § 243 aber ein subj gilt. Eine Speziesschuld kann eine vertretb Sache zum Ggst haben (etwa einen best Neuwagen), eine Gattgsschuld eine unvertretb Sache (etwa ein BauGrdst in der Gemeinde X). Keine Gattgsschuld, sond eine Schuld eig Art ist die Geldschuld (§ 245 Rn 6). Zur Abgrenzg von der Wahlschuld s bei § 262. Verkauf der ges Ernte begründet eine Stückschuld, ebso der Verkauf der „nächsten auf Grube X zu fördernden Erze" (RG **92**, 371). Beim Verkauf rollder Ware kann je nach dem VertrInh eine Gattgs- od Stückschuld vorliegen (Mü NJW **57**, 1801). –
3   **c)** Die Gattgsschuld begründet für den Schu grdsl eine **Beschaffungspflicht**. Er wird von seiner LeistgsPfl nur frei, wenn die ges Gattg untergeht, Sachen der betreffden Art also am Markt nicht mehr erhältl sind (§ 279, sog marktbezogene Gattgsschuld). Besonderes gilt für die sog **beschränkte** Gattgsschuld **(Vorratsschuld)**, bei der der Schu nach dem Inh des abgeschlossenen Vertr nur aus einem best Vorrat zu leisten hat. Bei unverschuldetem Untergang des ges Vorrats w der Schu frei (§ 275); bei teilw Untergang des Vorrats ist er berecht, die Fdgen seiner Gläub anteil zu kürzen (RG **84**, 125, aA Wolf JuS **62**, 103). Eine beschr Gattgsschuld ist iZw anzunehmen, wenn ein Selbsthersteller Erzeugn geg Produktion zu liefern verspricht. Dabei können die beiderseit Interessen auch so liegen, daß der Schu nach Einstellg seiner Produktion mit Waren and Herstellg erf will, der Gläub das aber als nicht vertragsgem ablehnt (Mü OLGZ **73**, 454). Bsp für Vorratsschulden: Kohlen aus einer best Zeche (Karlsr JZ **72**, 120); Wertpapiere aus einem best Bestand (s Ziganke WM **61**, 234); Holz von einem best Lagerplatz (RG **108**, 420), landwirtschaftl Produkte eines best Hofes (RG **84**, 126), Bier aus einer best Brauerei (Mü OLGZ **73**, 454), Waren aus einer best Schiffsladg (BGH WM **73**, 364).

4   **2)** Der **Schuldner bestimmt** den LeistgsGgst, ist jedoch in der Bestimmg nicht frei. Er hat Sachen **mittlerer Art und Güte** zu leisten (I, s auch HGB 360), doch kann sich aus dem VertrInh, etwa der Höhe des Preises, etwas and ergeben. Bei einer Schlecht- od aliud-Lieferg kann der Gläub die Sache zurückweisen. Er kann sie aber auch annehmen u die Rechte aus §§ 480, 459 ff geltd machen (BGH NJW **67**, 33). Weist der Gläub (Käufer) die Leistg zurück, muß der Schu (Verkäufer) die MängelFreih beweisen (s RG **95**, 119). Nimmt der Gläub die Leistg als Erf an, kehrt sich die BewLast gem § 363 um.

5   **3) Konkretisierung** (s Huber FS Ballerstedt, 1975, 328 ff). – **a) Voraussetzungen.** Der Schu muß das zur Leistg seinerseits Erforderl getan haben (II). Mindestvoraussetzg ist daher, daß der Schu eine den Erfordern des Vertr entspr Sache ausgewählt u ausgesondert hat. Was weiterhin erforderl ist, ist je nach Art der Schuld (§ 269 Rn 11) verschieden: – **aa)** Bei **Bringschulden** muß die Sache dem Gläub an seinem Wohns in einer AnnVerzug begründen Weise tatsächl angeboten w. – **bb)** Bei **Schickschulden** genügt die Übergabe der Sache an die Transportperson (RG **57**, 141, BGH BB **65**, 349). Beim Sammelversand besteht währd des Transports eine beschränkte Gattgsschuld (Gernhuber SchuldVerh § 10 III 6b). – **cc)** Bei **Holschulden** u and Fällen des § 295 genügt die Ausscheid u das wörtl Angebot zur Leistg u zwar auch dann, wenn der Gläub wg § 299 nicht in AnnVerzug kommt (MüKo/Emmerich Rn 37, str, aA Huber aaO),
6   jedoch muß dem Gläub eine angem Fr zur Abholg zugebilligt w (Soergel-Teichmann Rn 10). – **dd) Entspricht** die ausgewählte u angebotene Sache **nicht** dem Vertr, tritt keine Konzentration auf die angebotene Sache ein. Etwas and gilt aber dann, wenn der Gläub die mangelh Sache annimmt (BGH NJW **67**, 33, **82**, 873, Seibert MDR **83**, 178, str, aA Putzo § 480 Rn 2); vorbehaltl § 464 hat der Gläub die Wahl, welches
7   GewLRecht er geltd machen will. – **b) Rechtsfolgen.** Mit der Konkretisierg wird die Gattgsschuld zur Stückschuld. Die **Leistungsgefahr** geht daher auf den Gläub über (§ 275). Auch wenn der Schu noch nicht alles seinerseits Erforderl getan hat, wird er gem § 300 II von der Leistgsgefahr frei, sobald der Gläub in Annahmeverzug kommt (§ 300 Rn 3 ff). Für die Gegenleistgsgefahr gelten §§ 323, 324 II, 447. Die Konkretisierg bindet auch den Schu. Er hat nicht mehr das Recht, die zur Leistg best Sache auszuwechseln (BGH NJW **82**, 873, Köln BB **95**, 1973, aA Hager AcP **190**, 332). Er kann aber mit and Ggst erfüllen, wenn der Gläub die angebotene Sache zurückgewiesen (RG **91**, 113, Brem MDR **58**, 919) od die ErsLieferg als Erf angenommen hat (BGH BB **65**, 349).

244 *Geldschuld.* [I]Ist eine in ausländischer Währung ausgedrückte Geldschuld im Inlande zu zahlen, so kann die Zahlung in *Reichswährung* erfolgen, es sei denn, daß Zahlung in ausländischer Währung ausdrücklich bedungen ist.

[II]Die Umrechnung erfolgt nach dem Kurswerte, der zur Zeit der Zahlung für den Zahlungsort maßgebend ist.

245 *Geldsortenschuld.* Ist eine Geldschuld in einer bestimmten Münzsorte zu zahlen, die sich zur Zeit der Zahlung nicht mehr im Umlaufe befindet, so ist die Zahlung so zu leisten, wie wenn die Münzsorte nicht bestimmt wäre.

*§ 3 WährG. *Geldschulden dürfen nur mit Genehmigung der für die Erteilung von Devisengenehmigungen zuständigen Stelle in einer anderen Währung als in Deutscher Mark eingegangen werden. Das gleiche gilt für Geldschulden, deren Betrag in Deutscher Mark durch den Kurs einer solchen anderen Währung oder durch den Preis oder eine Menge von Feingold oder von anderen Gütern oder Leistungen bestimmt werden soll.*

*§ 49 AWG. (1) *§ 3 Satz 1 des Währungsgesetzes findet auf Rechtsgeschäfte zwischen Gebietsansässigen und Gebietsfremden keine Anwendung.*

(2) *Für die Erteilung von Genehmigungen nach § 3 des Währungsgesetzes ist die Deutsche Bundesbank zuständig.*

1) Allgemeines. – a) Bedeutung der §§ 244, 245. Die im RVerk am häufigsten vorkommde Geldschuld **1** ist im BGB nicht umfassd geregelt. Die §§ 244, 245 betreffen ausschließl Sonderformen der Geldschuld, die Fremdwährgsschuld (Rn 11) u die Geldsortenschuld (Rn 8). Weitere Vorschr enthalten §§ 251, 253, 270, 288, 607, 783, ZPO 803ff, KO 69, WährG 3 (Rn 18). Die Begriffe Geld u Geldschuld werden nirgends definiert, sondern vorausgesetzt. – **b) Geld** ist seiner wirtschaftl Funktion nach allg Tauschmittel, Wertmes- **2** ser (BGH **61**, 391, **65**, 77), RechngsEinh u Wertaufbewahrgsmittel. Rechtl ist zu unterscheiden: **aa) Der institutionelle Geldbegriff** (K. Schmidt, GeldR, A 14f). Geld als Ggst der Geldschuld ist in WährgsEinh ausgedrückte abstrakte Vermögensmacht (K. Schmidt aaO A 15, Larenz § 12 III, Soergel-Teichmann Rn 2). Objekt der Geldschuld ist nicht ein körperl Ggst, sond ein Quantum Kaufmacht (Rn 6). – **bb) Der gegenständliche Geldbegriff.** Geld im ggständl Sinn sind die Geldzeichen (Münzen, Banknoten). Dabei ist zu unterscheiden: Geld ieS sind die gesetzl Zahlgsmittel, die jeder Gläub einer Geldschuld kr Ges annehmen muß. Geld iwS (VerkGeld) sind die im Verk anerkannten Zahlgsmittel, also neben den gesetzl Zahlsmitteln auch ausl Münzen u Banknoten. Die Vorschr des BGB beziehen sich idR auf das Geld iwS, so in §§ 244, 270, 935. Die **ECU** ist kein gesetzl Zahlsmittel, sond RechngsEinh (Siebelt/Häde NJW **92**, 10, Häde/ Eckert EuZW **93**, 628); das Eingehen von Verbindlichk in ECU ist aber seit 1987 aGrd einer Gen der Bundesbank zul. – **c) Währungsrecht** ist der öffrechtl Teil des GeldR. WährgsEinh ist seit der Währgsre- **3** form 1948 die „Deutsche Mark" (WährG 1). Gesetzl Zahlgsmittel sind die von der Dtschen Bundesbank ausgegebenen Banknoten (BBankG 14 I) u die vom Bund ausgegebenen Münzen (MünzG 2). Die DM-Währg ist eine reine Papierwährg; Einlösgs- od DeckgsVorschr bestehen nicht. Sie gilt seit dem 1. 7. 90 auch im Gebiet der fr **DDR** (StVertr 10). Die **Umstellung** ist für Löhne, Gehälter, Mieten u Pachten sowie weitere wiederkehrde Zahlgen einschließl Unterh (BezG Erfurt FamRZ **93**, 207) im Verhältn 1:1, im übrigen im Verhältn 2:1 erfolgt (StVertr 10). UnterhRückstände sind im Verhältn 2:1 umgestellt (BezG Gera DtZ **93**, 124, BezG Erfurt FamRZ **93**, 207, Janke DtZ **94**, 62, str), ebso Jubiläumsgelder (BAG DB **93**, 942), 1:1 dagg im Ergebn SchmerzGAnspr (BGH **123**, 65), Anspr auf Kapitalleistgen der UnfallVers (BezG Rostock VersR **94**, 82, aA KrG Nordhausen VersR **94**, 666) u die erst nach dem Umstellgsstichtag entstandenen Anspr auf Auszahlg des Inventarbeitrages (BGH DtZ **93**, 283). Vor dem Stichtag getroffene Vereinbgen über ein und UmstellgsVerhältn sind unwirks (KreisG Gotha DtZ **92**, 90, Bultmann DB **93**, 669 im Anschluß an BGH NJW **51**, 708). Dem Sachleistgsgläub, der vor dem 1. 7. 1990 Vertr zu staatl festgesetzten Pr geschlossen hat, steht im Rahmen des DMBilG 32 (EinigsV Anl II Kapitel III Sachgebiet D Abschnitt I) ein Recht zur PrAnpassg zu (§ 242 Rn 152a). – **d) Wert des Geldes.** Sein **Nennwert** wird dch die staatl **4** Kennzeichng festgelegt; er besteht im Einfachen, Vielfachen od in einem Bruchteil der WährgsEinh. Der **Außenwert** ergibt sich aus dem Verhältn zu ausl Währgen (Valutakurs); dabei können sich wg der teilw festen Wechselkurse Verzerrgen ergeben. Der **Binnenwert** des Geldes entspricht seiner Kaufkraft. – **e) Buchgeld** besteht in einer Fdg gg ein Kreditinstitut, über die der Inh zu Zahlgszwecken jederzeit **5** verfügen kann (K. Schmidt GeldR A 18). Die „bargeldlose" Zahlg mit Buchgeld erfolgt dch Überweisg, Lastschrift od Scheck. Sie ist – sieht man so den typw bar abgewickelten KleinGesch ab – der vorherrschde Zahlgsart. Wirtschaftl sind die Barzahlg u die Zahlg mit Buchgeld gleichwert. Hat sich der Gläub ausdr od stillschw mit der Zahlg dch Überweisg einverstanden erklärt, steht diese der Barzahlg auch rechtl gleich (§ 362 Rn 8). Der Streit, ob Buchgeld Geld im RSinn ist (so Larenz § 12 I) od nicht (so K. Schmidt GeldR A 18), ist ein ausschließl terminologischer ohne prakt Relevanz.

2) Geldschuld. – a) Begriff. Die Geldschuld ist eine Wertverschaffgsschuld, keine Sachschuld (s RG **101**, **6** 313, aA Füllbier NJW **90**, 2797); der Schu hat dem Gläub das dch den Nennbetrag der Schu ausgedrückte Quantum an Vermögensmacht zu verschaffen. Das bedeutet zugl, daß die Geldschuld **keine Gattungsschuld** ist (Larenz § 12 III, Esser-Schmidt § 13 II, MüKo/v Maydell Rn 8, hM, aA BGH **83**, 300). Die Gattgsschuld ist eine Unterart der Sachschuld; Leistgsobjekt der Geldschuld ist dagg keine Sache sond unkörperl Vermögensmacht. Das schließt jedoch nicht aus, daß einzelne der für Gattgsschulden geltenden Vorschr auf die Geldschuld analog anzuwenden sind (Rn 8). – **b) Abgrenzung.** Keine Geldschuld, sond **7** eine normale Stückschuld ist gegeben, wenn ein best Geldstück („Jubiläumstaler") geschuldet w. Eine normale Gattgsschuld kann vorliegen, wenn der Münzsorte nach best Geldstücke zu leisten sind. Die **Geldsortenschuld,** die seit der Abschaffg der Goldwährg (Goldmünzklausel) kaum mehr vorkommt, ist aber gem § 245 iZw eine unechte Geldsortenschuld: Der Schu wird auch bei Wegfall der Münzsorte nicht frei. Die Sortenschuld ist in diesem Fall eine echte Geldschuld mit der Besonderh, daß die Erf, soweit mögl, in einer best Münzsorte zu erfolgen hat. Der auf Herausg best Banknoten od Münzen gerichtete Anspr, etwa aus §§ 985, 667, 696, 818 I bezieht sich auf best Sachen u ist daher keine Geldschuld. Eine Geldschuld liegt dagg vor, wenn Leistgsobjekt eine Geldsumme od ein Geldwert ist; wer ohne RGrd Geld übereignet hat, kann vom Bereicherten den erlangten Geldwert, nicht aber Rückgabe der individuellen Geldzeichen verlangen (K. Schmidt GeldR C 3). – **c) Rechtliche Regelung.** Die auf Sachschulden zugeschnittene Vorschr **8** über Unmöglichk u Unvermögen finden auf die Geldschuld als Wertverschaffgsschuld keine Anwendung (K. Schmidt GeldR C 29, allgM). Daß wirtschaftl Unvermögen den Schu nicht befreit, ist ein unserer R- u WirtschOrdng immanenter allg RGrds, der vor allem im KonkursR seinen Ausdr findet (§ 279 Rn 4). Aus ihm ergibt sich zugleich, daß der Schu seine finanzielle LeistgsFgk zu vertreten hat (Medicus AcP **188**, 501). Von den für Gattgsschulden geltenden Vorschr ist § 300 II auf Geldschulden entspr anwendb (K. Schmidt JuS **84**, 742). Eine analoge Anwendg des § 243 scheidet dagg aus: Der Schu hat entgg § 243 I nicht Geldzeichen

mittlerer Art u Güte zu leisten, sond ein Quantum Vermögensmacht zu verschaffen; ggü § 243 II hat § 270
9 den Vorrang (K. Schmidt GeldR Rn C 10). – **d) Arten.** Nach der Art der geschuldeten Währg ist zw
DM-Schulden u Fremdwährgsschulden (Rn 11) zu unterscheiden. Aus der Art, wie die Höhe des geschul-
deten Geldbetrages zu bestimmen ist, ergibt sich folgde Unterscheidg: – **aa) Geldsummenschuld.** Bei ihr
ist die geschuldete Leistg als best Betrag in Währgseinh festgelegt. Für sie gilt der Grds des **Nominalis-
mus** (Nennwertprinzip), der als ungeschriebener RSatz zu den tragden Grdl unserer R- u WirtschOrdng
gehört (BGH **61**, 38, **79**, 194, K. Schmidt GeldR Rn D 33, s auch BVerfG **50**, 57). Ihr Wert wird dch den
Nennwert, nicht dch den inneren Wert des Geldes best. Sie erlischt dch Zahlg des Nennbetrages auch
dann, wenn sich der innere Wert des Geldes bis zum Ztpkt der Tilgg wesentl geändert hat. Der Gläub
trägt daher das Risiko der Geldentwertg. Er kann sich aber dch eine Wertsichergsklausel schützen (Rn 18);
10 ausnw kommt auch eine Anpassg gem § 242 in Betracht (dort Rn 137). – **bb) Geldwertschuld.** Bei ihr
wird die Höhe des zu leistden Betrages dch den jeweiligen Schuldzweck best; eine Festlegg auf einen festen
Nennbetrag fehlt (s BGH **28**, 265). Bsp sind: Anspr auf SchadErs, WertErs, AufwendgsErs u Bereicherg,
sofern sie nicht von vornherein auf Geld gerichtet sind (RG **114**, 344, **118**, 188, BGH **38**, 358), Unter-
hAnspr (Ffm DNotZ **69**, 98), bis zum Bewertgsstichtag auch der Anspr auf ZugewinnAusgl u den Pflicht-
teil (BGH **61**, 391, **65**, 77, and BGH **7**, 138). Für Geldwertschulden gilt, wenn auch mit Einschränkgen,
das Prinzip des **Valorismus;** sie sind bis zu dem Ztpkt, der der Bestimmg der Schuldhöhe zugrde zu legen
ist, wertbeständ.

11 **3) Fremdwährungsschuld (§ 244). – a) Allgemeines.** Die Fremdwährgsschuld (Valutaschuld) ist eine
in ausl Währg ausgedrückte Geldschuld (Maier-Reimer NJW **85**, 2049). Sie setzt voraus, daß die geschuldete
Leistg nach dem Inh des SchuldVerh in ausl Währg bezeichnet ist (RG **168**, 245). Abreden nur über die Art
der Zahlg genügen nicht. Valutaschulden beruhen idR auf entspr Vereinbgen der Part. Sie können aber auch
bei Abwicklg des Vertr entstehen, zB wenn der Beauftragte die vom ihm erlangte Valuta gem § 667
herauszugeben hat (BGH WM **69**, 26). Geldwertschulden (Rn 10), insbes gesetzl Anspr auf Schadens-,
Wert- od AufwendgsErs, lauten nicht von vornherein auf eine best Währg. Sie entstehen, soweit sie sich aus
dtschem Recht ergeben, in inländ Währg; der etwa in ausl Währg ermittelte ErsBetrag bildet nur einen
Berechngsfaktor für die in DM festzusetzde Schadenshöhe (BGH **14**, 212, WM **77**, 479, NJW-RR **89**, 672f,
12 MüKo/v Maydell Rn 44, aA Alberts NJW **89**, 610). Eine **Genehmigung** für die vertragl Begründg von
Valutaschulden ist nur noch erforderl, wenn Gläub u Schu ihren Wohns im Inland haben, WährG 3, AWG
49 (Text s oben); das Fehlen der Gen macht den Vertr schwebd unwirks (BGH **101**, 303). In der Mitteilg Nr
1009/61 v 24. 8. 61, geändert dch Mitteilg Nr 1001/90 v 5. 1. 90, hat die DBB für eine Reihe von Vertr zw
Inländern die Eingehg von Valutaschulden generell genehmigt.

13 **b) Unechte Valutaschuld. – aa) Begriff.** Die unechte Valutaschuld lautet auf ausl Währg, kann aber
vom Schu wahlweise in dtscher od ausl Währg getilgt w, § 244 I. Konstruktiv handelt es sich um eine
Ersetzgsbefugn des Schu (RG **101**, 313). Der Gläub ist nicht befugt, seinerseits Zahlg in DM zu verlangen
(BGH NJW **80**, 2017, NJW **93**, 2012). Mögl ist allerdings die ausdr od konkludte Begründg einer Wahl-
schuld mit GläubWahlR (RG **168**, 247) od einer Ersetzgsbefugn des Gläub (RG **136**, 129, § 262 Rn 9). –
14 **bb) Voraussetzung.** § 244 setzt voraus, daß die Schuld im Inland zu zahlen ist. Entscheid ist, daß für die
Schuld ein inländ ErfOrt besteht. § 244 ist auch dann anwendb, wenn der Schu das Geld gem § 270 I ins
Ausl zu übermitteln hat. Als einseit Kollisionsnorm gilt § 244 auch für SchuldVerh, die nicht dem dtschen
Recht unterstehen (LG Brschw NJW **85**, 1169, Staud/K. Schmidt Rn 77, aA Gruber MDR **92**, 122). –
15 **cc) Umrechnung** (§ 244 II). Es entscheidet der Kurs der Zeit, zu der tatsächl gezahlt wird, nicht der, zu der
gezahlt werden sollte (RG **101**, 313, Köln NJW **71**, 2128, Hbg MDR **78**, 930), allerdings kann dem Gläub
wg des Kursverlustes ein SchadErsAnspr aus § 286 zustehen. Maßgebd ist der Kurs am Zahlgsort (Köln
NJW-RR **92**, 239), u zwar der Briefkurs, da der Gläub diesen für die Valutabeschaffg aufwenden muß (BGH
WM **93**, 2012). § 244 gibt dem Schu zugleich die Möglichk, ggü der unechten Valutaschuld mit einer DM-
Fdg **aufzurechnen** (RG **106**, 100, **167**, 62). Für die Umrechng gilt in diesem Fall der Kurs im Ztpkt des
Zugangs der AufrErkl (RG aaO; Staud/K. Schmidt Rn 50), für die Umrechng im Konk der im Ztpkt der
16 KonkEröffng (BGH **108**, 128). – **dd)** Im **Prozeß** steht die unechte Valutaschuld den Heimwährgsschulden
grdsl gleich. Klage u Urteil sind auf Leistg des Fremdwährgsbetrages zu richten, da über die Zahlg in DM
allein der Schu zu entscheiden hat (BGH NJW **80**, 2017); mögl ist aber auch, daß die Part die Schuld
stillschw in eine DM- Schuld umwandeln (BGH **14**, 217, ZIP **87**, 1175). Der Schu kann den Antr stellen, das
Ger möge ihm gem § 244 die Zahlg in DM nachlassen. Er behält seine Ersetzgsbefugnis aber auch dann,
wenn er ohne einen solchen Vorbeh verurteilt worden ist (Staud/K. Schmidt Rn 108). Die Vollstr erfolgt
gem ZPO §§ 803ff (nicht § 883 oder § 887), ist also in das gesamte Verm zul (RG **106**, 77, Düss NJW **88**,
2185). Für die Umrechng gilt der Kurs in dem Ztpkt, in dem der Gläub den Geldbetrag erlangt.

17 **c) Echte Valutaschuld. – aa) Begriff.** Die echte (effektive) Valutaschuld ist nicht nur in ausl Währg
ausgedrückt, sond auch notw dch Zahlg in ausl Währg zu erfüllen. § 244 gilt für sie nicht. – **bb) Fälle.
(1)** Wie ein Umkehrschluß aus § 244 ergibt, ist eine echte Valutaschuld iZw anzunehmen, wenn die Schuld
im **Ausland** zu zahlen ist (Dtsches SeeschiedsGer VersR **77**, 448, aA Birk AWD **73**, 438). Entscheid ist,
daß der ErfOrt iSd §§ 269, 270 IV im Ausl liegt (RG **96**, 272). **(2)** Bei inländ ErfOrt ist eine echte
Valutaschuld gegeben, wenn die Zahlg in ausländ Währg **ausdrücklich** bedungen ist. Dazu genügt nicht,
daß der Vertr od die Rechng den Schuldbetrag in ausl Währg angibt. Erforderl ist vielmehr eine eindeut
Willensäußerg der Part, die allerdings auch konkludent erfolgen kann (RG **153**, 385, BGH LM § 275 Nr 5).
Sie kann sich insbes aus Wendungen wie „effektiv" od „zahlb in" ergeben, möglicherw aber auch aus dem
GeschZweck, so beim Kauf von Devisen für eine AuslReise. Ist der Schu, etwa wg entggstehder ausl
DevisenGes, zur Leistg der ausl Währg außerstande, wird er von seiner Verpfl nicht frei (BGH LM § 275
Nr 5). Der SchuldInh ist vielmehr gem § 242 an die veränderten Verhältn anzupassen, notfalls dch Um-
wandlg der Valutaschuld in eine Heimwährgsschuld (Staud/K. Schmidt Rn 61 ff). – **cc)** Für den **Prozeß** gilt
Rn 16 mit der Maßg, daß § 244 unanwendb ist. Die ZwVollstr führt idR zur Befriedigg in DM (Staud/
K. Schmidt Rn 113). Das ist systemwidrig, muß aber aus prakt Grden hingenommen w.

4) Wertsicherung. – a) Verbot mit Erlaubnisvorbehalt. Wertsichergsklauseln sind Vereinbgen, die 18 die Höhe einer Geldschuld von dem Preis od einer Menge and Güter od Leistgen abhäng machen; sie haben das Ziel, die Geldschuld vom Nennwertprinzip (Rn 9) zu lösen u wertbeständ zu gestalten. Gem **WährG 3** (Text s oben) sind Wertsichergsklauseln nur mit Gen der DBB zul. Diese Vorschr gilt gem EiniggsV 8 auch in den neuen Bundesländern. Dieses Verbot mit ErlaubnVorbeh ist verfassgsrechtl unbedenkl (BVerwG NJW **73**, 530); WährG 3 ist aber als Einschrkg der VertrFreih restriktiv auszulegen (BGH **14**, 304, **81**, 140, stRspr). Auf Geldwertschulden (Rn 10) findet WährG 3 keine Anwendg (BGH NJW **57**, 342, WM **75**, 55, Ffm DNotZ **69**, 98, aA Immenga/Schwintowski NJW **83**, 2841). Sein Verbot erfaßt nur solche Klauseln (Gleitklauseln), die die Höhe der Geldschuld an einen außerhalb des Schuldverhältn liegden Maßstab binden u bei Änderg der Bezugsgröße eine automatische Anpassg vorsehen (BGH **53**, 318, NJW **69**, 91, Rn 22). And Klauseltypen, insb Leistgsvorbehalte u Spanngsklauseln, sind genehmigungsfrei (Rn 24 f u 26 f). Weitere **Schranken** für Wertsichergsklauseln ergeben sich aus § 651 a III u IV, MHRG 10, 10 a (Staffelmiete), 10 b (Indexmiete), ErbbRVO 9 a, AGBG 9 u II Nr 1 (s dort). Bei Betriebsrenten besteht nach BetrAVG 16 auch **ohne vertragliche Vereinbarung** ein Anspr auf Anpassg. Für LandpachtVertr gilt § 593; ausnahmsw kann auch § 242 Grdl für eine Anpassg sein (dort Rn 137). – **b) Genehmigungsrichtlinien.** Die DBB hat zu 19 WährG 3 Genehmiggsrichtlinien erlassen, die jetzt in der Fassg vom 9. 6. 78 gelten (BAnz Nr 109 v 15. 6. 78 = NJW **78**, 2381 = DNotZ **78**, 449). Die Richtlinien, die gült sind (BVerwG NJW **73**, 529), enthalten eine **Negativliste** nicht genfähiger Klauseln. Soweit die Richtlinien die Gen nicht ausschließen, kann im allg mit ihrer Erteilg gerechnet w (Nr 4 der Grds). Nicht genfäh sind insbes: **(1)** Wertsichergsklauseln bei Darl u bei Miet- od PachtVertr mit geringerer Laufzeit als 10 Jahre; **(2)** Geldwertklauseln u Valutaklauseln im inländ Verk; **(3)** Klauseln, die den geschuldeten Betrag von der Kaufkraft der DM od einer and unbest Bezugsgröße abhäng machen; **(4)** Einseitigkeitsklauseln, die nur eine Erhöhg, nicht aber umgekehrt bei einem Wertrückgang eine Ermäßigg vorsehen; **(5)** Indexklauseln sind nur für best AuseinandSAnspr sowie für wiederkehrde Leistgen zul, die für einen längeren Zeitraum als 10 Jahre, für die Lebenszeit od bis zur Erreichg der Erwerbsfähigk od ähnl zu entrichten sind (Grds Nr 3 a). Ähnl Einschrkgen gelten für Gehaltsklauseln (Grds Nr 3 b). Nach der Praxis der DBB nicht genfäh sind Klauseln, die auf den Lebenshaltungsindex der neuen Bundesländer abstellen (Wiedemann-Lang DtZ **92**, 273) u gemischte Index- u Gehaltsklauseln (DBB DNotZ **83**, 201, and BGH DNotZ **81**, 258). – **c) Nicht genehmigte Wertsicherungsklauseln** sind 20 schwebd unwirks (BGH **14**, 313, **53**, 318, WM **59**, 1160). Mit Erteilg der Gen wird die Klausel mit Wirkg ex tunc vollwirks (§ 275 Rn 28). Die Gen kann auch noch nach Beendigg des VertrVerh erteilt w (BGH DB **79**, 1502). Die für einen gekündigten Vertr erteilte Gen bleibt wirks, wenn die Part die Künd vor FrAblauf einverständl rückgängig machen (BGH NJW **74**, 1081). Fehlt die GenFähigke od wird die Gen **versagt**, besteht prakt immer die Möglichk, die Klausel dch eine in der Wirkg ähnl genfreie od genfäh zu ersetzen; idR bietet sich als ErsKlausel ein LeistgsVorbeh (Rn 26) an. Die Part sind gem § 242 verpflichtet, in eine entspr Änderg der Klausel einzuwilligen (BGH NJW **73**, 149, **79**, 1546, **86**, 933, NJW-RR **86**, 879); meist bedarf es aber eines solchen ÄndVertr nicht, weil die unwirks Klausel bereits iW ergänzder Auslegg dch eine genfreie od genfäh Klausel ersetzt w kann (BGH **63**, 135, NJW **79**, 2250, **86**, 933). § 139 ist nur anwendb, wenn eine Anpassg dch ergänzde VertrAuslegg od VertrÄnderg nicht mögl ist (BGH **63**, 136, NJW **83**, 1909). Ein solcher Fall ist kaum vorstellb; im übrigen kann, insbes bei kurzer VertrLaufzeit, anzunehmen sein, daß der Vertr auch ohne die Wertsichergsklausel abgeschlossen worden wäre (BGH BB **59**, 1006, NJW **84**, 872). – **d) Ungeeigneter Wertmaßstab.** Erweist sich der von den Part vereinbarte Wertmesser, etwa der Roggen- 21 preis, als ungeeignet, ist er iW ergänzder VertrAuslegg od gem § 242 dch einen and zu ersetzen (BGH **81**, 139, LM § 157 (D) Nr 27). Das kommt aber nur bei offensichtl Ungeeignethe in Betracht (BGH BB **75**, 623, WM **79**, 250). Ist die Miethöhe vom Beamtengehalt abhäng, genügt es nicht, daß die Beamtengehälter stärker ansteigen als die ortsübl Miete (BGH DB **73**, 613). Das gilt ebso umgekehrt, wenn der ErbbZins vom Lebenshaltgskostenindex abhängt u dieser langsamer steigt als der GrdstWert (BGH DB **73**, 1594).

5) Wertsicherung, einzelne Klauseltypen. – a) Gleitklauseln. – aa) Begriff. Gleitklauseln sind 22 Vereinbgen, die die Höhe der Geldschuld an eine vertragsfremde Bezugsgröße binden u bei Änderg der Bezugsgröße eine automatische Anpassg vorsehen (BGH **53**, 318, **63**, 134). Die genbedürft Gleitklausel unterscheidet sich von der genfreien Spanngsklausel dch die Bezugn auf einen außerh des Schuldverhältn liegden Maßstab, vom genfreien LeistgsVorbeh dch die Automatik der Änderg. – **bb) Anpassung.** Sie vollzieht 23 sich bei Änderg der VerglGröße *ipso facto* (BGH NJW **80**, 589). Bei Kaufpreisrenten erhöht sich mit den einz Raten iZw auch der GesPreis (BGH NJW-RR **90**, 780). Der geänderte Betrag wird vom nächsten Termin an geschuldet, kann einem rückwirkden Zahlsverlangen uU § 242 entggstehen (Bilda MDR **73**, 538). Ist die Anpassg mehrfach nach einem and als dem vertragl Maßstab dchgeführt worden, können die Rechte aus der VertrKlausel verwirkt sein (Celle NJW-RR **91**, 271). Änderngen der Bezugsgröße sind vorbehaltl Rn 21 auch dann maßgebl, wenn sie stärker od schwächer als die Veränderg der Kaufkraft ausfallen (BGH NJW **71**, 835, **74**, 274, **75**, 105). Ob bei **Gehaltsklauseln** strukturelle Veränderngen zu berücksichtigen sind, hängt von der Fassg der Klausel u der Art der Änderg ab; s Vorschaltg einer Dienstaltersstufe (Hamm BB **70**, 1194); Neueinstufg einer Beamtengruppe (BGH BB **71**, 147); Dchstufg in eine höhere Besoldgsgruppe (Hamm DB **75**, 542); Einarbeitg eines Sockelbetrages (BGH NJW **76**, 2342, DNotZ **77**, 411); Änderg des Besoldgsdienstalters (Köln DNotZ **72**, 235); Ersetzg des Kinderzuschlags dch Kindergeld (BGH BB **83**, 215). Die Einführg des 13. Monatsgehalts hat bei Vertr mit Versorggscharakter zu einer entspr Erhöhg geführt (BGH NJW **71**, 835, **80**, 1741), nicht aber bei MietVertr (BGH NJW **75**, 105). Ist die Pacht von der Höhe des Bierpreises abhäng, führt die Erhöhg der **Umsatzsteuer** iZw nicht zu einer Änderg der Pacht (BGH NJW **72**, 677).

b) Spannungsklauseln. – aa) Begriff. Spanngsklauseln sind Vereinbgen, die die Höhe der Geldschuld 24 vom künft Preis od Wert gleichartiger Güter od Leistgen abhäng machen (BGH **14**, 310, NJW **83**, 1910, NJW-RR **86**, 877). Sie sind **genehmigungsfrei** (Rn 18). – **bb) Abgrenzung.** Das Merkmal Gleichartigk, 25 das die Spanngs- von der Gleitklausel unterscheidet, ist erfüllt, wenn die Bezugsgröße im wesentl gleichart od vergleichb Leistgen betrifft (BGH NJW **79**, 1888, Dürkes Wertsichergsklauseln 10. Aufl D 23). Nicht genbedürft sind daher: die Bindg von Gehalt od Ruhegehalt an Tarifgehälter (BAG DB **77**, 503) od die Beamtenbesoldg (BGH NJW **74**, 273, **80**, 1741); die Bindg von Miete od Pacht an die Preisentwicklg für vergleichb Räume (BGH NJW-RR **86**, 877, s aber MHRG 10); die Koppelg von ErbbZins, Miete, Pacht u Kaufpreisrenten an den GrdstErtrag od den Ertragswert (BGH NJW **76**, 422, **79**, 1546, Mü NJW-RR **94**, 469); die Bindg des Baupreises an den Baukostenindex (Kblz DB **75**, 1842); die Bindg von LeasRaten an KapitalmarktVerh (Kblz BB **92**, 2247). Genbedürft sind dagg: die Bindg von Miet-, Pacht- u ErbbZins od Kaufpreisrenten an Gehälter (BGH **14**, 311, NJW **83**, 1910), die Bindg des ErbbZinses an den Bodenwert (BGH NJW **79**, 1546, aA Hartmann NJW **76**, 404); Bindg der VerwVergütg an die GehaltsEntwicklg im öffentl Dienst (Köln BB **94**, 2310). – **cc) Anpassung.** Rn 23 gilt entspr.

26   **c) Leistungsvorbehalte. – aa) Begriff.** Leistgsvorbehalte (besser Leistgsbestimmgsvorbehalte) sind Vereinbgen, nach denen die Höhe der Geldschuld bei Eintritt best Voraussetzgen (Zeitablauf, wesentl Änderg, Änderg einer VerglGröße) dch die Part od Dr neu festgesetzt w soll (BGH **81**, 142, NJW **67**, 830). Der LeistgsVorbeh ist genfrei (Rn 18). Er unterscheidet sich von der Gleitklausel dadch, daß die Anpassg nicht automatisch erfolgt, sond daß für sie ein, wenn auch begrenzter ErmSpielraum besteht (BGH **63**, 136, LM § 157 (Ge) Nr 14). Die Vereinbg eines Grenzwertes (die Schuldhöhe soll nicht unter einen best Prozent-
27 satz der VerglGröße sinken) begründet idR noch keine GenPfl (BGH BB **78**, 581). – **bb) Anpassung.** Sie wird iZw mit dem Zugang der AnpassgsErkl wirks (BGH **81**, 146, NJW **88**, 154), ggf mit dem Erlaß des sie ersetzden Urteils, § 319 (BGH **81**, 146). Die AnpassgsErkl muß die MehrFdg best bezeichnen (BGH NJW **74**, 1464/1947). Nachbesser5gen sind mögl, wirken aber erst zum nächsten Stichtag (BGH NJW **74**, 1464). Ist die Änderg einer Bezugsgröße **Voraussetzung** der Anpassg, gilt Rn 23 entspr. Häufig werden als ÄndVoraussetzgen unbest RBegriffe verwandt: Eine „wesentl Änderg der Verh" ist idR bei einem Ansteigen der Lebenshaltgskosten od der Einkommen um mehr als 10% (BGH NJW **95**, 1360), od, wenn zusätzl auf die
28 Unzumutbark abgestellt w, bei 20% gegeben (BGH NJW **92**, 2088). – **cc) Durchführung und Maßstab.** Wenn nichts and, etwa die Bestimmg dch einen Dr, vereinbart worden ist, hat iZw der Gläub die Anpassg nach billigem Ermessen zu treffen, §§ 316, 315 (BGH LM § 535 Nr 35, 139 Nr 51, NJW **74**, 1464). Die Auslegg kann aber auch ergeben, daß die Anpassg entspr §§ 315 III, 319 I 2 dch Urt erfolgen soll (BGH **71**, 283, § 315 Rn 14). Ist die Anpassg einem Dr übertragen, so ist dieser iZw **Schiedsgutachter** u nicht SchiedsRi (§ 317 Rn 4). Die Neufestsetzg erfolgt nach den Verhältn im Ztpkt der Anpassg; die spätere Entwicklg darf iZw nicht berücksichtigt w (BGH NJW **75**, 211). Zu berücksichtigen sind die im Vertr zum Ausdr kommden Wert- u Äquivalenzvorstellgen der Part (BGH **62**, 316, NJW **75**, 1557) u die Entwicklg der marktübl Preise für die geschuldete Leistg (BGH LM § 139 Nr 51). Die Klausel kann – ausdr od konkludent – auch die Berücksichtigg and Faktoren (Änderg der Lebenshaltgskosten, der Gehälter, des Bodenwertes) vorsehen; für die Anpassg des ErbbZinses gelten aber, falls das Grdst zu Wohnzwecken genutzt w, die Beschränkgen der ErbbRVO 9a.

29   **d) Preisklauseln** sind Vereinbgen, dch die sich der Gläub, insbes bei langfrist Liefer- u MietVertr, eine PrErhöhg in dem Umfang vorbehält, in dem seine eig Kosten od best Kostenelemente steigen (MüKo/v Maydell Rn 26). Sie sind **genehmigungsfrei** (BGH BB **79**, 1213, Wolf ZIP **81**, 240, aA Willms/Wahlig BB **78**, 973). Sie werden, auch bei EnergieliefergsVertr (Harms DB **83**, 322), vom Schutzzweck des WährG 3 nicht erfaßt, da sie nicht auf eine Dchbrechg des Nennwertprinzips abzielen. Voraussetzg für die GenFreih ist aber, daß die Erhöhg ausschließl auf das Steigen der Selbstkosten abstellt (BGH NJW **73**, 1498).

30   **e) Weitere Klauseln.** Nicht gem WährG 3 genbedürft sind ferner: **(1)** Beteiligs- u Umsatzklauseln, nach denen die Höhe des Anspr vom Gewinn od Umsatz des and Teils abhängt (Dürkes D 334ff); **(2)** die Vereinbg von Sachschulden anstelle einer Geldzahlg (BGH **81**, 137, Schlesw DNotZ **75**, 720); **(3)** Wahlschuld auf Geld od Naturalien, insbes bei AlteteilsVertr (Schlesw NJW **55**, 65, Celle DNotZ **52**, 126, **55**, 315); **(4)** Ersetzgsbefug des Gläub, der statt Geld Naturalien fordern kann (BGH **81**, 137, NJW **62**, 1568). Die Naturalleistg muß aber dch eine Mengenangabe, nicht dch den jeweil Preis best w (Dürkes aaO D 302). Vgl auch ErbRVO 9 Rn 3 (ErbbZins).

31   **6) Devisenrechtliche Beschränkungen.** Seit dem Inkrafttreten des AWG im Jahre 1961 ist der Kapital- u ZahlgsVerk mit dem Ausl grdsätzl frei. Beschränkgen (Verbote, GenVorbeh, Depot- od MeldePflten) können aGrd der Ermächtigg in AWG 5, 6, 6a, 7, 22, 23, 26 eingeführt w (K. Schmidt GeldR E 8), spielen aber gegenwärt kaum eine Rolle. Die RProbleme, die dch die von 1972–1974 bestehde BardepotPfl aufgeworfen worden sind (K. Schmidt E 11f), sind zZ nicht mehr von Bedeutg.

246   *Gesetzlicher Zinssatz.*   **Ist eine Schuld nach Gesetz oder Rechtsgeschäft zu verzinsen, so sind vier vom Hundert für das Jahr zu entrichten, sofern nicht ein anderes bestimmt ist.**

1   **1) Allgemeines.** Der gesetzl Zinssatz von 4% gilt nur, wenn sich aus Ges od Vertr nichts and ergibt. Anwendgsfälle des § 246 sind Verzugszinsen (§§ 288–290, s aber §§ 288 II u VerbrKrG 11 I), Prozeßzinsen (§ 291), die Zinsen bei Verwendgen (§ 256), Rücktr (§ 347), Kauf (§ 452), Werklohn (§ 641), ungerechtf Ber (§§ 819, 820) u unerl Hdlg (§ 849). Abweichde Regelgen enthalten für HandelsGesch HGB 352 (5%), für Inlandwechsel od Schecks WG 28, 48, 49, ScheckG 45, 46 (2% über Bundesbankdiskont, mindestens 6%), u
2 für Verzugszinsen bei VerbrKrVertr VerbrKrG 11 I (5% über Bundesbankdiskont). – **a) Zinsen** sind die nach der Laufzeit bemessene, gewinn- u umsatzunabhäng Vergütg für den Gebrauch eines auf Zeit überlassenen Kapitals (BGH NJW **79**, 541, 806, NJW-RR **92**, 592, Köln ZIP **92**, 1480, auf die Kapitalentbehrg abstelld Mülbert AcP **192**, 490). Entgg der vom RG (**168**, 285) verwandten Definition brauchen Zinsen nicht „fortlaufd" entrichtet zu w; sie können auch sogleich für die ges Nutzgsdauer berechnet u vom Kapital einbehalten w (Canaris NJW **78**, 1891, Larenz § 12 VIII). Es ist auch nicht begriffswesentl, daß die Zinsen „in einem im voraus best Bruchteil" des Kapitals bestehen; die Zinshöhe kann von wechselnden Umst (zB Bundesbankdiskontsatz) abhängen (RG **118**, 156, BGH LM § 247 Nr 2) u braucht nicht in einem Prozentsatz des Kapitals ausgedrückt zu sein. Bei dem Kapital handelt es sich idR um Geld, es kommen aber auch sonst vertretb Sachen in Betracht. Die Überlassg zur Nutzg ist wirtschaftl zu verstehen; rechtl liegt meist eine Übertr zu Eigt mit einer RückgewährVerpfl vor (s RG **161**, 56 u § 607). Zinsen sind unabhäng von dem

wirtschaftl Ergebn der Kapitalüberlassg zu entrichten. Gewinnbeteiliggen u Dividenden sind daher keine Zinsen (RG **86**, 399, **168**, 285, MüKo/v Maydell Rn 7, and RG **118**, 156). Zinsen w nach der Zeitdauer der Kapitalüberlassg bemessen. Das trifft auch auf **Kreditgebühren** zu, die daher Zinsen im RSinne sind (BGH NJW **79**, 541, 806, 2090, **80**, 446, jetzt allgM). Dagg fallen **laufzeitunabhängige Leistungen** des Kredit- 3 Neh grdsl nicht unter den Zinsbegriff (BGH NJW **79**, 806, 808, Canaris NJW **78**, 1893, str). Das gilt insb für die im KonsumentenkreditGesch berechneten laufzeitunabhäng Vergütgen, wie Bearbeitgs u Vermittlgs-Geb (BGH NJW **79**, 806, 2090, Ffm NJW **78**, 1928, KG WM **84**, 430, Canaris aaO, str). Diese Kosten sind keine Zinsen iSd bürgerl R, da sie keine Vergütg für den Gebrauch des Kapitals, sond für seine Beschaffg u Bereitstellg darstellen. Sie sind aber bei Prüfg des § 138 als Teil der GesLeistg des KreditNeh mitzuberück-sichtigen (§ 138 Rn 25). Sie gehören jetzt unter Einschluß der Prämie einer obligatorischen RestschuldVers auch zum **effektiven Jahreszins** iSd PreisangabenVO (Boest NJW **93**, 40, Wimmer BB **93**, 950). Im übrigen ist jeweils zu prüfen, ob nicht in Wahrh eine verschleierte Zinsabrede vorliegt. Das kann etwa bei BearbeitgsGeb zu bejahen sein, deren Höhe den Rahmen des übl deutl überschreitet (Nürnb WM **81**, 1399). Das **Disagio** hat sich in der Bankpraxis zu einem Rechenfaktor für die Zinsbemessg entwickelt u gehört nunmehr grdsl zu den Zinsen im RSinn (BGH **111**, 289, and noch BGH **81**, 126); es ist iZw der gesamten VertrLaufzeit zuzuordnen (Kblz WM **95**, 797). AGB-Klauseln, die das Disagio den DarlBeschaffgskosten zuweisen, sind unzul (BGH aaO), entspr IndVereinbgen dagg wirks. Sie können auch stillschw getroffen w (BGH NJW **92**, 2285, **93**, 3257, krit Hammen WM **94**, 1101). Ist das Disagio Zins, ist es bei vorzeit Rückzahlg des Darl gem § 812 anteilig zu erstatten (BGH **111**, 290, NJW **94**, 47); bei der Berechng des zu erstattden Betrags ist das Disagio idR nicht auf die GesLaufzeit des Darl, sond auf die Zeit der Zinsfest-schreibg zu beziehen (BGH NJW **95**, 2778).

b) Keine Zinsen sind nach dem Dargelegten: Renten (RG **141**, 7, BGH **LM** § 248 Nr 2), Gewinn- od 4 Umsatzbeteiliggen (BGH **85**, 63), Mietzinsen, ErbbZinsen (BGH NJW-RR **92**, 592) u die in Form einer „Verzinsg" des GrdstWertes festgesetzte EnteignsEntsch für einen Nutzgsentzug (BGH NJW **64**, 294), da sie keine Entgelt für die Überlassg eines in Geld od vertretb Sachen bestehden Kapitals sind. Aus dem gleichen Grd sind auch „Strafzinsen" (BGH WM **74**, 44), Bereitstellgszinsen (BGH WM **86**, 157, aA Mülbert AcP **192**, 507) u Tilgsleistgen (RG **91**, 299) keine Zinsen. Zu laufzeitunabhäng Leistgen u Divi-denden s Rn 2.

c) Die Zinsschuld ist in ihrer Entstehg **von der Hauptschuld abhängig** (Kollhosser ZIP **86**, 1435). 5 Besteht der HauptAnspr nicht, besteht auch kein ZinsAnspr; erlischt der HauptAnspr, so endet die ZinsPfl (RG **86**, 219). Die Verj der Hauptschuld führt zur Verj des ZinsAnspr (§ 224), auch wenn die Verj für den ZinsAnspr (§ 197) noch nicht abgelaufen ist. Ein einmal entstandener ZinsAnspr kann aber selbstd einge-klagt, abgetreten u verpfändet w (RG **94**, 137). Beim entgeltl Darl sind die Zinsen GgLeistg iS der §§ 320 ff u daher auch ihrerseits Hauptschuld (s Brem NJW **91**, 1953, Hammen DB **91**, 954, Mülbert AcP **192**, 499).

2) Kreditgebühren. – a) Sie sind Zinsen im RSinne, obwohl ihre Höhe in einem gleichbleibden Monats- 6 satz vom ursprüngl KreditBetr ausgedrückt w (Rn 1, jetzt allgM). Zur Prüfg der Voraussetzgen des § 138 müssen die Kreditgebühren in den **effektiven Jahreszins** umgerechnet w (§ 138 Rn 25). Die Praxis hat hierfür fr lange die sog **Uniformmethode** verwandt (BGH NJW **82**, 2434) u zieht sie bei Vertr mit kürzerer Laufzeit als 48 Mo gelegentl auch jetzt noch heran (BGH NJW **95**, 1022). Genauer u zuverlässiger ist aber die 7 **Annuitätenmethode,** deren problemlose Anwendg die Tabellen von Sievi/Gillardon ermöglichen. Sie hat sich inzw in der Praxis allg dchgesetzt, vor allem bei Vertr mit einer Laufzeit von mehr als 48 Mo, bei denen die Uniformmethode zu falschen Ergebnissen (zu hohe Zinssätze) führt (s BGH NJW **87**, 2221, **88**, 1660, 1662, Ffm NJW-RR **87**, 998, Düss ZIP **87**, 1312). Beispiel:

Nettokredit	10 000 DM
Kreditgebühr 1% pm bei 36 Monaten Laufzeit	3 600 DM
Bearbeitungsgebühr (2%)	200 DM
GesKredit	13 800 DM

Durchschnittl Monatsrate 383,33 DM (13 800 : 36)
Monatsrate bezogen auf 1000 DM Auszahlgsbetrag:

$$\frac{383,33 \times 1000}{10\,000} = 38,33 \qquad \text{Effektiver Jahreszins gem Tabelle} = 25,1\%$$

b) Wird ein Teilzahlgskredit vorzeit zurückgezahlt od fäll gestellt, muß eine **Rückrechnung der Kredit-** 8 **gebühren** erfolgen. Das legen §§ 12 II u 14 VerbrKrG für den Geltgsbereich des VerbrKrG ausdr fest, gilt aber allg (BGH NJW **79**, 541). Entggstehde AGB-Klauseln sind auch außerhalb des Anwendgsbereichs des VerbrKrG gem AGBG 3 u 9 unwirks (Ffm NJW **78**, 1928, DB **81**, 1459). Bearbeitgsgebühren sind als laufzeitunabhäng Leistgen nicht in die Rückrechng einzubeziehen (arg 12 II VerbrKrG, KG WM **85**, 715, s aber Rn 2). Bei der Rückrechng der Kreditgebühren ist davon auszugehen, daß die vom KreditNeh geleiste-ten Zahlgen im Verh des Nettokredits zum GesKredit auf das Darl u die Kreditkosten zu verteilen sind (BGH **91**, 59, NJW **83**, 1420, KG WM **84**, 429). In dem oben gebildeten Bsp entfallen daher von jeder Zahlg

$$\frac{10\,000}{13\,800} = 72,46\% \text{ auf die Tilgg des Kredits u } \frac{3\,800}{13\,800} = 27,54\%$$

auf die der Kreditkosten (26,09% Kreditgebühren; 1,45% Bearbeitgsgebühren). Für die Rückrechng ist 9 folge Formel zu verwenden (s LG Stgt NJW **93**, 208, Staud-K. Schmidt § 246 Rn 172):

$$\frac{\text{Restlaufzeit} \times (\text{Restlaufzeit} + 1) \times 100}{\text{Laufzeit} \times (\text{Laufzeit} + 1)} = \text{Rediskont in } \%$$

Wird der Kredit in dem oben gebildeten Bsp nach einer Laufzeit von 10 Monaten u Zahlg von 2500 DM vorzeit fällig gestellt, ergibt sich somit folge Rechng:

$$\frac{26 \times (26 + 1) \times 100}{36 \times (36 + 1)} = \frac{70\,200}{1332} = 52,7\% \text{ Rediskont.}$$

Die Kreditgebühren von 3600 DM vermindern sich daher um 1897,20 DM (52,7%) auf 1702,80 DM. Vom KreditN sind daher noch zu leisten:

Nettokredit	10 000,– DM
abzügl gezahlter 72,46% von 2500 DM	1 811,50 DM
Restkredit	8 188,50 DM
BearbeitgsGeb	200,– DM
abzügl gezahlter 1,45% von 2500 DM	36,25 DM
restl BearbeitgsGeb	163,75 DM
KreditGeb	1702,80 DM
abzügl gezahlter 26,09% von 2500 DM	652,25 DM
	1050,55 DM

Der KreditN hat daher insg noch 9402,80 DM zu zahlen. Hinzukommen die bis zur Fälligstellg des GesKredits aufgelaufenen Verzugszinsen, die der KreditG substantiiert darzulegen hat.

10 3) Bei der Frage, welche **Schadensersatzansprüche** (ZinsAnspr) dem KreditG bei Verzug des KreditN zustehen, ist zu unterscheiden: – **a) Verbraucherkreditgesetz.** In seinem Anwendgsbereich kann der KreditG als gesetzl festgelegten abstrakt berechneten SchadErs 5% über Bundesbankdiskont beanspruchen, VerbrKrG 11 I (s dort), unterliegt aber den Beschränkgen von VerbrKrG 11 II u III, die auch für Anspr aus nichtigen Vertr gelten (Bülow NJW 92, 2049). Er kann konkret nachweisen, daß ihm ein höherer Schaden entstanden ist, eine abstrakte Schadensberechng nach den Grds von BGH **104**, 337 (Rn 11) ist aber bei Vertr **11** aus der Zeit nach dem 1. 1. 91 nicht mehr zul. – **b) Andere Kreditverträge. – aa) Marktübliche Sollzinsen.** Die Bank kann als abstrakt berechneten Verzugsschaden die zZ des Verzuges marktübl Bruttosollzinsen beanspruchen, u zwar, wenn sie verschiedene KreditGesch betreibt, nach einem Dchschnittszinssatz (BGH **104**, 337). Abzustellen ist bei der Dchschnittsberechng auf den marktübl Zins, bei der Gewichtg der einz Kreditarten aber auch auf die institutsspezifischen Gegebenh (BGH NJW-RR **89**, 754, 950). Ersparte Aufwendgen sind nicht abzusetzen, ands kann der Gläub aber auch nicht Ers der Aufwendgen für den gestörten Kredit (Mahnkosten) beanspruchen (BGH **104**, 347, NJW **88**, 1971). Unerhebl ist, daß die Bank tatsächl auf kein NeuGesch verzichtet, sond ihr Refinanziergsvolumen erweitert. Dies ist eine überobligationsmäß Maßn der Schadensabwehr, die bei der Schadensberechng außer Betracht bleibt (BGH aaO). Der Kunde kann aber den GgBew führen, daß der Bank unter den konkret gegebenen Umst eine Anlage zum Marktzins nicht mögl war; ebso steht der Bank der Nachw offen, daß sie den Geldbetrag alsbald zu einem höheren **12** Zinssatz angelegt hätte (BGH aaO). – **bb) 5% über Bundesbankdiskont.** Die abstrakte Schadensberechng von 5% über Bundesbankdiskont, die das VerbrKrG in § 11 I vorsieht, ist eine praktikable, den Interessen beider Part gerecht werdde Regelg. Auf sie kann sich die Bank auch bei **Altverträgen** berufen, sofern bei einem Abschluß nach dem 1. 1. 91 das VerbrKrG anwendb wäre (BGH **115**, 273). Auch ggü gewerbl KreditN kann sie herangezogen w (BGH ZIP **95**, 909, Mü WM **94**, 1028). Sie gilt aber nicht für Fdgen eines HandelsUntern (BGH NJW **94**, 3344) u auch nicht für Bankkredite, die wg der Absicherg dch GrdPfandR unter den AusschlußTatbestd von VerbrKrG 3 II Nr 2 fallen (BGH NJW **92**, 1621, aA Meyer-Cording NJW **93**, 114). Bei Realkrediten kann der Zinsschaden aber auf den dchschnittl HypoZinssatz + 1% geschätzt w **13** (Bruchner WM **92**, 973). – **cc) Vertragszins.** Die Bank kann anstelle des marktübl Sollzinses die Weiterzahlg des Vertragszinses verlangen (BGH **104**, 342). Das läßt sich allerdings weder aus § 301 (dort Rn 1) noch aus der mietrechtl SonderVorschr des § 557 herleiten (BGH aaO u NJW **86**, 376); auch § 288 I 2 ist nicht anwendb (dort Rn 3). Grdl für die Verpfl zur Weiterzahlg des VertrZinses ist der RGedanke des § 326 u eine Analogie zu § 628 II. Der KreditN schuldet SchadErs wg NichtErf, der auch den in die Verzinsg einkalkulierten Gewinn mitumfaßt (s zur ähnl Problematik beim LeasingVertr BGH **82**, 129, **94**, 194 u § 276 Rn 127). Der ErsAnspr betrifft jedoch nur das DarlKapital u endet zum nächstmögl KündTermin (§ 609a) **14** od dem vertragl FälligkZtpkt (BGH **104**, 342). – **c) Bei Nichtabnahme des Kredits** kann der KreditG als SchadErs wahlw beanspruchen (BGH NJW **91**, 1818, Köndgen NJW **94**, 1513): **(1)** den Bruttozins bis zum nächstmögl KündTermin, abzüglich ersparter Refinanziergs- u VerwKosten; eine abstrakte Berechng des Nettobetrages nach branchenübl Dchschnittssätzen ist zul; **(2)** die etwaige Differenz zw VertrZins u Wiederanlagezins.

Anhang zu § 246 BGB, Diskontsatz der Bundesbank

Gültig ab	Diskontsatz	Gültig ab	Diskontsatz	Gültig ab	Diskontsatz
26. 8. 88	3½%	20. 8. 91	8%	10. 9. 93	6¼%
20. 1. 89	4%	17. 7. 92	8¾%	22. 10. 93	5¾%
21. 4. 89	4½%	15. 9. 92	8¼%	18. 2. 94	5¼%
30. 6. 89	5%	5. 2. 93	8%	15. 4. 94	5%
6. 10. 89	6%	19. 3. 93	7½%	13. 5. 94	4½%
1. 2. 91	6½%	23. 4. 93	7¼%	31. 3. 95	4%
16. 8. 91	7½%	2. 7. 93	6¼%	25. 8. 95	3½%

247 *(Betraf KündR bei einem höheren Zinssatz als 6%. Aufgeh dch Ges vom 25. 7. 1986 – BGBl 1169 –, gilt aber nach Art 12 II dieses Ges noch für Vertr, die vor dem 1. 1. 87 abgeschlossen worden sind. Vgl im Bedarfsfall die 45. Aufl u die Nachträge in der 53. Aufl.)*

Die Vereinbg einer VorfälligkEntschädig ist unwirks, wenn der KreditN gem § 247 aF zur Künd berecht war (Hamm WM **95**, 190, Reifner NJW **95**, 87).

248 *Zinseszinsen.* [I] Eine im voraus getroffene Vereinbarung, daß fällige Zinsen wieder Zinsen tragen sollen, ist nichtig.

[II] Sparkassen, Kreditanstalten und Inhaber von Bankgeschäften können im voraus vereinbaren, daß nicht erhobene Zinsen von Einlagen als neue verzinsliche Einlagen gelten sollen. Kreditanstalten, die berechtigt sind, für den Betrag der von ihnen gewährten Darlehen verzinsliche Schuldverschreibungen auf den Inhaber auszugeben, können sich bei solchen Darlehen die Verzinsung rückständiger Zinsen im voraus versprechen lassen.

1) Zinseszinsverbot (Verbot des Anatozismus). – **a)** Das Verbot ist eine SchutzVorschr zG des Schu. Es **1** soll eine Zinskumulation verhindern (Reifner NJW **92**, 337) u zielt zugl auf Zinsklarh ab (str, s K. Schmidt JZ **82**, 829). – **b)** § 248 gilt für vertragl u gesetzl **Zinsen**. Der Zinsbegriff entspricht dem des § 246 (§ 246 Rn 1), umfaßt also auch Kreditgebühren. Stellt das Disagio Zins im RSinne dar (§ 246 Rn 3), verstößt seine Verzinsg gg § 248 (Nasse WuB I E 4 – 492, aA Köln OLGZ **92**, 472). – **c)** Verboten ist nur die **im voraus 2** getroffene Abrede. Vereinbgen nach Fälligk sind zul. Auch eine VertrStrafabrede, wonach sich der Zinsfuß bei unpünktl Zinszahlg erhöht, ist wirks (RG **37**, 274, K. Schmidt JZ **82**, 832), jedoch kann AGBG 11 Nr 6 entggstehen.

2) Absatz 2 schränkt das Verbot des I dch zwei Ausn ein. Die in II 1 verwandten Begriffe (Sparkasse, **3** Kreditanstalt, BankGesch) werden seit Inkrafttreten des KWG dch dessen Vorschr (§§ 1, 39, 40) inhaltl bestimmt. Eine weitere Ausn ergibt sich aus HGB 355. Danach ist beim handelsrechtl Kontokorrentverhältn der Saldo von seiner Feststellg ab auch insoweit zu verzinsen, als er Zinsen enthält.

Schadensersatz (§§ 249–253)

Vorbemerkung

Übersicht

Schrifttum: Lange, Schadensersatz, 2. Aufl 1990; Magnus, Schaden u Ers, 1987; Mommsen, Lehre vom Interesse, 1855; Roussos, Schaden u Folgeschaden, 1992.

1) Allgemeines. – a) Bedeutung der §§ 249 ff. Die §§ 249 ff bestimmen **Art, Inhalt und Umfang** der **1** SchadErsLeistg. Sie enthalten keine AnsprGrdl, sond ergänzen die Normen, die SchadErsAnspr vorsehen. RegelgsGgst der §§ 249 ff ist nicht die Haftgsbegründg (HaftgsR), sond ausschließl die Haftgsausfüll

2 (SchadensR). – **b) Anwendungsbereich.** Die §§ 249 ff finden grdsl auf alle SchadErsAnspr Anwendg, gleichgült, ob sie auf Vertr, Delikt od Gefährdg beruhen. Sie gelten auch für SchadErsAnspr wg Verletzg sachen-, familien- od erbrechtl Pflten u für SchadErsAnspr, die außerh des BGB normiert sind, so im ProdHaftG 1, HPflG 1, StVG 7, LuftVG 33, WHG 22, AMG 84, AtG 25 ff, UmweltHG 1, StrEG 7 (s BGH **65**, 173), BeamtenR (s BVerwG NVwZ **92**, 173) u im DDR-StHG 3 (Ossenbühl NJW **91**, 1207). Die einheitl Anwendg der §§ 249 ff auf alle SchadErsAnspr wird dch die Lehre vom Schutzzweck der Norm (Rn 62 ff) eingeschränkt. Zu warnen ist aber vor der Tendenz, die Fragen des Schadensbegriffs u der Zurechng bei jedem Haftgtatbestand unterschiedl zu beurteilen, da an der grdsl einheitl Auslegg der §§ 249 ff festgehalten werden muß. Selbstverständl zu berücksichtigen sind die gesetzl Sonderbestimmgen, die die §§ 249 ff ergänzen od modifizieren: Im DeliktsR u im ReiseVertrR ist im Rahmen der §§ 847, 651 f II auch für Nichtvermögensschäden GeldErs zu leisten. Für die Gefährdgshaftg bestehen zT summenmäß Haftgsbeschränkgen, so in ProdHaftG 10, HPfG 9 f, StVG 12, LuftVG 37, AtG 31, UmweltHG 16. Bei AusglPflten beschränkt die hM den AnsprInh auf eine nach EnteigngsGrds zu bemessende Entschädigg (§ 906 Rn 32, 39, 43). Auch für die
3 Schadensversicherg gelten Sondervorschriften (VVG 49 ff). – **c) §§ 249 ff und kollektiver Schadensausgleich.** Das BGB geht davon aus, daß sich bei der Schadensregulierg allein der Geschädigte u der Schädiger ggüstehen. Das entspr seit langem nicht mehr der sozialen Wirklichk. Das SchadErsR w von einem **System kollektiver Sicherung** u SchadVorsorge überlagert. Der Geschädigte erhält trotz ArbUnfähigk meist seinen Lohn weiter, die Heilbehandlgskosten übernimmt idR die Krankenversicherg. Für den Schädiger tritt gleichf häuf eine KollektivGemsch ein, so etwa bei ArbUnfällen die BerufsGenossensch, bei KfzUnfällen der HaftPflVersicherer. Die unmittelb Beziehg Geschädigter-Schädiger tritt damit vielf in den HinterGrd. Das ändert aber an der Bedeutg der §§ 249 ff nichts. Sie sind dafür maßgebd, in welchem Umfang der ArbG, SozVersTräger od Versicherer des Geschädigten beim Schädiger od dessen HaftPflVersicherer Regreß
4 nehmen kann (Rn 148 ff). – **d) Grundgedanken des Schadensersatzrechts. – aa)** Das SchadErsR des BGB beruht auf dem **Ausgleichsgedanken.** Die SchadErsLeistg soll die entstandenen Nachteile ausgleichen, sie hat keinen pönalen Charakter. Zu den Zielvorstellgen des HaftgsR (Rn 1) gehört auch der Gedanke der **Prävention** u der Schadensverhütg (Steiner Schadensverhütg als Alternative zum SchadErs, 1983). Dieser hat aber für das SchadErsR keine eigenständ Bedeutg. Ledigl beim SchmerzGAnspr ist neben der im VorderGrd stehenden AusglFunktion auch der Genugtuungsgedanke zu berücksichtigen (BGH GrZS **18**, 154).
5 – **bb) Rechtsfortsetzungsgedanke.** SchadErsAnspr entstehen idR aus der Verletzg eines subj Rechts od eines RGuts. Das verletzte Recht od RGut setzt sich in diesen Fällen in dem SchadErsAnspr fort. Der sich hieraus ergebde RFortsetzgsgedanke (Larenz § 27 I) hat neben dem AusglGedanken selbstd Bedeutg. Er rechtfertigt es, dem Geschädigten den obj Wert als Mindestschaden zuzuerkennen (Rn 53), u ist auch bei der
6 Lösg des Problems der hypothet Kausalität (Rn 102) zu berücksichtigen. – **cc) Totalreparation.** Für die Höhe des Ers gilt das Prinzip der Totalreparation. Der Schädiger hat auch bei leichtester Fahrlk den gesamten Schaden zu ersetzen, selbst wenn die Schadenshöhe die Grenzen seiner Leistgsfähigk bei weitem überschreitet. Den Vorschlag des 43. DJT, bei leichter Fahrlässigk auszuweichen aus BilligkGrden eine Reduktion der ErsPfl zuzulassen, hat der GesGeber nicht übernommen: Der Grds der Totalreparation steht, wenn er auch *de lege ferenda* fragwürd sein mag, mit der Verfassg im Einklang (aA Canaris JZ **87**, 1002 u, soweit es um die Haftg von Jugendl u Kindern geht, Celle NJW-RR **89**, 791 u LG Brem NJW-RR **91**, 1433). Aus dem GG läßt sich nicht entnehmen, daß dem Schädiger ein weitergehder Schutz als der der VollstrSchutzVorschr gewährt w muß. Im ArbR wird das Prinzip der Totalreparation dch die von der Rspr entwickelten Grds über die Haftg bei schadensgeneigter Arbeit erhebl eingeschränkt (§ 611 Rn 158).

7   **2) Begriff und Arten des Schadens. – a) Schaden im natürlichen Sinn** ist jede Einbuße, die jemand inf eines bestimmten Ereign an seinen Lebensgütern, wie Gesundh, Ehre od Eigt erleidet. Objekt des Schadens können vermögenswerte RStellgen, aber auch immaterielle Güter sein. Auch der **Schadensbegriff des BGB** umfaßt sowohl Vermögens- als auch Nichtvermögensschäden (*arg* § 253). Für beide gelten aber unterschiedl Regeln. Vermögensschäden sind nach Maßg der §§ 249–252 voll zu ersetzen. Bei immateriellen Schäden hat der Verletzte, soweit eine Naturalrestitution mögl ist, den HerstellgsAnspr aus § 249. Ein Anspr auf SchadErs in Geld besteht dagg nach § 253 grdsl nicht (Ausn §§ 847, 651 f II, 1300). Damit ergibt sich zugl, daß der Begriff des Schadens im natürl Sinn für die Praxis u Dogmatik des SchadensR wenig ergiebig ist. Die **Kernfrage des Schadensrechts,** ob ein bestimmter Nachteil ein zu ersetzder Schaden ist, kann nicht dch Aussagen über den allg, materielle u immaterielle Schäden umfassden Schadensbegriff, sond nur dch Abgrenzg von Vermögens- u Nichtvermögensschäden beantwortet werden. Unterscheidgen nach dem real verletzten Objekt helfen insow nicht weiter. Die Verletzg von immateriellen Gütern verursacht vielfach auch Vermögensnachteile (zB Heilgskosten, Verdienstausfall). Umgekehrt ist es mögl, daß der Eingriff in ein materielles RGut, etwa die vorübergehde rechtsw Benutzg einer fremden Sache, nicht zur Entstehg eines Vermögensschadens führt.

8   **b) Vermögensschaden.** Ausgangspunkt für die rechtl Beurteilg ist weiterhin die auf Mommsen (Lehre vom Interesse, 1855) zurückgehde in ihrem Kern richtige **Differenzhypothese.** Der Schaden besteht in der Differenz zw zwei Güterlagen: der tatsächl dch das Schadensereign geschaffenen u der unter Ausschaltg dieses Ereign gedachten. Ein Vermögensschaden ist gegeben, wenn der jetzige tatsächl Wert des Vermögens des Geschädigten geringer ist als der Wert, den das Vermögen ohne das dch die ErsPfl begründe Ereign haben würde (BGH **27**, 183, **75**, 371, **99**, 196, NJW **94**, 2357, BAG NJW **85**, 2545). In einer nicht immer gradlinig
9 verlaufenen **Rechtsfortbildung** hat die Rspr Ausn von der Differenzhypothese zugelassen u in bestimmten Fallgruppen einen Schaden auch dann bejaht, wenn sich dch eine Differenzrechng keine Vermögensmindergn feststellen läßt (BGH GrZS **98**, 212). Das Schrifttum hat diese Entwicklg der Rspr teils zugestimmt, überwiegd aber krit begleitet u ist mit eig Lösgsvorschlägen hervorgetreten (vgl die umfassde Darstellg des Diskussionsstandes bei Lange, Schiemann u Magnus, alle wie LitVerzeichn). In den Erörtergen um eine neue Abgrenzg des Schadensbegriffes haben vor allem der Kommerzialisiergsgedanke u die Lehre vom normativen Schaden Bedeutg erlangt (s Rn 10–14). Inzw setzt sich verstärkt die Erkenntn dch, daß die Ausn von der Differenzhypothese nicht dch Deduktion aus dem Schadensbegriff abgeleitet od auf einen einzigen Wertgesichtspkt zurückgeführt w können, sond **fallgruppenweise** entwickelt w müssen (Rn 12).

c) Kommerzialisierungsgedanke. – aa) Der BGH hat seit 1956 in einer Reihe von Entscheidgen einen 10 **Vermögensschaden** etwa **wie folgt begründet:** Der Begriff des Vermögens u der des Vermögensschadens seien auf die ROrdng bezogene wirtschaftl Begriffe. Zum Vermögen iSd SchadErsR gehörten daher alle Lebensgüter, die kommerzialisiert seien, dh diej, die im wirtschaftl Verk gg ein Entgelt erworben werden könnten. Werde ein solches vermögenswertes Gut beeinträchtigt od entzogen, stelle der entstandene, in Geld meßbare Nachteil auch dann einen Vermögensschaden dar, wenn sich bei einer auf das Gesamtvermögen bezogenen Differenzrechng keine bleibde Einbuße feststellen lasse (vgl BGH NJW **56**, 1235, Seereise; BGH **40**, 347, **45**, 218, **65**, 170, Gebrauchsvorteile eines Pkw; BGH **63**, 98, frustrierter Urlaub). Diese Rspr ist mit Recht kritisiert worden (Diederichsen FS Klingmüller 1974 S 80; Larenz § 29 I c; Lange § 6 III). In einer WirtschOrdng, in der prakt alle immateriellen Güter gg Geld erworben werden können, verwischt eine undifferenzierte Anwendg der Kommerzialisierungsthese die Grenze zw materiellen u immateriellen Schäden u führt zu einer unangemessenen Ausweitg der SchadErsPfl. – **bb)** In seiner **neueren** 11 **Rechtsprechung** trägt der BGH dieser Kritik Rechng. Er erkennt an, daß nicht jede Beeinträchtigung eines kommerzialisierten Lebensgutes einen Vermögensschaden darstellt (BGH **63**, 393, Pelzmantel; **86**, 128, Wohnwagen; **89**, 64, Motorboot; **86**, 216 vertaner Url; **106**, 32, frustrierte Freizeit). Die gg die Kommerzialisierungsthese sprechden Gesichtspunkte hat der 5. ZS des BGH in seinem VorlageBeschl vom 22. 11. 85 (NJW **86**, 2040) überzeugd zusgefaßt. Dem ist der GrZS (**98**, 212) in der Sache grdsl gefolgt. Auch er geht davon aus, daß nicht jeder Eingriff in ein kommerzialisiertes Lebensgut einen Vermögensschaden begründet u daß Korrekturen der Differenzhypothese nur zul sind, wenn eine wertde, normative u wirtschaftl Gesichtspunkte berücksichtigde Abwägg dies ausnw rechtfertigt. – **cc)** Dieser neueren Rspr ist **zuzustim-** 12 **men.** Ein Vermögensschaden setzt voraus, daß der entstandene Nachteil in Geld bewertet werden kann (BGH **98**, 222, **106**, 31). Eine solche Bewertgsmöglichk genügt aber zur Bejahg eines Vermögensschadens nicht. Erforderl ist vielmehr bei den einzelnen Fallgruppen (Rn 19ff) eine sorgfältige Abwägg der in Frage kommenden Sachgesichtspunkte.

d) Bei der Abgrenzg des Schadensbegriffes sind auch **normative Wertungen** zu berücksichtigen (BGH 13 **43**, 381, GrZS **50**, 305, **54**, 47). Das ist in der Sache seit langem anerkannt: Wenn der Verletzte währd seiner Arbeitsunfähigk seinen Lohn weiterbezieht od vom ArbGeber, Dienstherrn od SozVersTräger Leistgen mit Lohnersatzfunktion erhält, werden diese selbstverständl beim Vermögensvergleich nicht berücksichtigt. Es ist das Verdienst der **Lehre vom normativen Schaden** (s vor allem Selb Schadensbegriff u Regreßmethoden 1963), daß sie diesen Ansatz weiterentwickelt u aufgezeigt hat, daß auch auf allg RGrds beruhde Wertgen korrigierd auf die Differenzrechng einwirken können. Einig besteht aber darüber, daß der Schadensbegriff nicht ausschließl normativ bestimmt w kann (Lange § 1 III 1, Medicus JuS **79**, 234, Steffen NJW **95**, 2057).

e) Im Ergebn gilt daher ein **dualistischer Schadensbegriff** (BGH WM **80**, 250). Ausgangspunkt bleibt 14 die Differenzhypothese. Die Differenzrechng muß aber in einigen Fallgruppen dch wirtschaftl od normative Wertgen korrigiert w. Wann ein zu ersetzder Schaden vorliegt, läßt sich angesichts der Vielgestaltigk der Probleme nicht dch bloße Deduktion aus dem Schadensbegriff ableiten (ähnl Magnus S 308), sondern erfordert eine wertde Beurteilg nach Maßg von Fallgruppen (Rn 19ff).

f) Unmittelbarer und mittelbarer Schaden. Unmittelb (Objekt-)Schaden ist die nachteilige Verän- 15 derg, die am verletzten Recht od RGut selbst entstanden ist (Larenz § 27 II b 3, MüKo/Grunsky Rn 35). Er umfaßt bei GeldErs die Kosten für die Herstellg des geschädigten Gutes, also bei Verlust od Zerstörg die Wiederbeschaffgskosten, bei Beschädigg die Reparaturkosten, bei Körperverletzg die Heil- und Pflegekosten. Auch der verbleibde techn od merkantile **Minderwert** (§ 251 Rn 19) gehört zum unmittelb Schaden (BGH VersR **69**, 473, Ffm BB **91**, 503). Mittelb Schäden (Vermögensfolgeschäden) sind die dch das schädigde Ereign verursachten sonst Einbußen, insb entgangener Gewinn (§ 252) sowie Nutzgsausfälle. Die ErsPfl nach BGB umfaßt beide Schadensarten. Die Unterscheidg hat aber Bedeutg für den Umfang des Schadens, der im Fall hypothet Kausalität zu ersetzen ist (Rn 102). Im VersR beschränkt sich die ErsPfl idR auf den unmittelb Sachschaden (VVG 52, 53).

g) Nichterfüllungs- und Vertrauensschaden. – aa) Wird aus einem RGesch, insb aus Vertr, wg 16 Nichteinhaltg einer LeistgsPfl auf SchadErs gehaftet, ist grdsätzl das volle ErfInteresse **(positives Interesse)** zu ersetzen: der Gläub ist so zu stellen, wie er stehen würde, wenn der Schu ordngsmäß erfüllt hätte (NJW **91**, 33). Dieser „SchadErs wg Nichterfüllg" (zB §§ 280, 286 II, 325, 326) geht entgg § 249 S 1 idR auf Leistg von Geld (BGH **LM** § 325 Nr 3, § 325 Rn 11), doch ist Naturalherstellg auch hier denkb (vgl § 283 Rn 8 u Pieper JuS **62**, 411). – **bb)** Ist gem §§ 122, 307, 179 II, aus c. i. c. (§ 276 Rn 100) od aus unerl Hdlg SchadErs wg 17 Nichtzustandekommens eines wirks RGesch zu leisten, geht die Haftg dagg auf den **Vertrauensschaden** (negatives Interesse). Hier ist der Gläub so zu stellen, wie er stehen würde, wenn er nicht auf die Gültigk des Gesch vertraut hätte (BGH NJW-RR **90**, 230). Das gilt entspr, wenn die Part wg pVV ihres Maklers einen Vertr abgeschl hat, den sie bei gehöriger Aufkl nicht eingegangen wäre (BGH NJW **82**, 1146). Das negat Interesse ist idR, aber nicht notw, niedriger als das positive. In §§ 122, 179 II u 307 I 1 ist das ErfInteresse die obere Grenze des ErsAnspr; das gilt bei Anspr aus c. i. c. nicht (RG **151**, 359, BGH **57**, 193, **69**, 56, NJW-RR **90**, 230). Beweist der Geschädigte, daß ohne die unerl Hdlg (c. i. c.) ein günstigerer Vertr abgeschl worden wäre, ist dieser für SchadBemessg maßgebd (BGH BB **69**, 696). Auch ohne diesen Bew soll der Geschädigte bei grdsl Aufrechterhaltg des Vertr den dch Täuschg veranlaßten Mehraufwand ersetzt verlangen können (BGH **69**, 56, NJW **80**, 2408, § 276 Rn 102). Das negat Interesse ist auch bei SchadErs wg unricht **Auskunft** 18 maßgebd: Der Geschädigte ist so zu stellen, wie er gestanden hätte, wenn ihm die richt Ausk erteilt worden wäre (BGH **116**, 214, NJW **81**, 1035, KG VersR **91**, 705, aA Karlsr VersR **88**, 1131). Die Vermögenslage, die bestehen würde, wenn der Inhalt der fehlerh Ausk richt wäre, darf der Schadensbemessg nur zugrde gelegt w, wenn der AuskG eine Garantie für deren Richtigk übernommen hat (BGH **116**, 214, NJW-RR **95**, 619, Heinrichs EWiR **95**, 433).

3) Einzelprobleme des Vermögensschadens. – a) Vermögensminderung. Die Feststellg eines Scha- 19 dens entspr der Differenzhypothese (Rn 8) wird idR nicht dadch ausgeschl, daß der Geschädigte wg der entstandenen Nachteile einen Anspr gg einen Dr, zB auf Herausg hat, *arg* § 255 (BGH NJW **70**, 461, **82**, 1806, **87**, 3201, **93**, 594), der Schädiger kann aber Abtr des Anspr gg den Dr verlangen (BayObLG NJW-RR **87**, 1368). Der Schaden entfällt nicht, wenn dem KontenInh wg der aGrd einer Fälsch dchgeführten Überweisg ein Anspr auf Gutschrift gg die Bank zusteht (BGH NJW **94**, 2359). Er ist dagg ausgeschlossen, wenn dem Nachteil ein gleich hoher Vermögenszuwachs od eine ausr Sicherh ggüsteht (s BGH **64**, 62, NJW **78**, 426). Wird der Käufer dch irreführde Angaben zum Erwerb einer Sache veranlaßt, die sich grdlegd von der angepriesenen unterscheidet, ist ein Schaden auch dann zu bejahen, wenn der Wert der Sache dem gezahlten Preis entspricht (BGH **115**, 222, aA Köln VersR **95**, 1434). Wird eine Bank rechtsw zur Erteilg einer Gutschrift veranlaßt, entsteht der Schaden erst, wenn der Kunde über den Betrag verfügt hat u ein Storno nicht mehr mögl ist (BGH NJW **79**, 2146, **83**, 221). Das Nichtentstehen einer Fdg, etwa wg AmtsPflVerletzg des Notars od wg Handels ohne Vertretgsmacht, ist kein Schaden, wenn die Fdg nicht dchsetzb gewesen wäre (BGH NJW **86**, 246, Nürnb MDR **87**, 150); der Verletzte kann aber auf Feststellg der ErsPfl für den Fall einer nachträgl Solvenz des Schu klagen (Ffm MDR **89**, 257). Bei rechtsw Submissionsabreden besteht der Schaden in der Differenz zw dem Angebotspreis u dem ohne die Abrede erzielb Marktpreis (BGH NJW **95**, 737).

20   **b) Gebrauchsvorteile von Kraftfahrzeugen. – aa)** Der Eigtümer eines privat genutzten Pkw, der die Möglichk zur Nutzg seines Pkw einbüßt, hat nach stRspr auch dann einen **Schadensersatzanspruch,** wenn er kein ErsKfz mietet (BGH **40**, 345, **45**, 212, NJW **85**, 2471). Gg diese Ans bestehen Bedenken (Larenz § 29 II c, Lange § 6 VII 4). Der Kommerzialisiergsgedanke rechtfertigt, wie inzw auch der BGH anerkennt, die Bejahg eines Schadens nicht (BGH **86**, 131, Rn 11). Auch die Frustriergsthese vermag keinen Schaden zu begründen (Rn 32 f). Gleichwohl ist die ErsPfl als Ergebn **richterlicher Rechtsfortbildung** anzuerkennen (BGH **98**, 221). Sie beruht letztl auf der Erwägg, daß der auf einen Mietwagen verzichtende vorsichtige u spars Eigtümer nicht schlechter gestellt werden soll als derj, der einen ErsPkw mietet (BGH **66**, 278, **86**, 132). Sie wird von allen an der Abwicklg von VerkUnfällen Beteiligten seit mehr als 3 Jahrzehnten praktiziert u stellt 21 daher GewohnhR dar. – **bb)** Voraussetzg für die ErsPfl ist ein Eingriff in den **Gegenstand des Gebrauchs** (BGH **55**, 147), gleichgült, ob die ErsPfl auf Delikt od Vertr beruht (BGH **88**, 14). Der Anspr besteht daher bei Beschädigg od Totalschaden des Kfz, aber auch bei verspäteter Rückg (BGH **85**, 15), bei verspäteter Lieferg des Pkws od des KfzBriefes (BGH **88**, 11), bei Vorenthaltg des Kfz-Kennzeichens (Hamm NJW-RR **89**, 56), bei einem SchadErsAnspr aus § 463 (Hamm BB **80**, 962) u bei rechtsw Entziehg des Dienstfahrzeugs dch den ArbG (BAG NJW **95**, 348). Dagg begründet der Nutzgsausfall inf Verletzg des Berecht keinen SchadErsAnspr (BGH **55**, 147), ebsowenig der dch unberecht Entziehg der Fahrerlaubn (BGH **63**, 205, **65**, 22 173). – **cc)** AnsprVoraussetzg ist eine **fühlbare Beeinträchtigung.** Erforderl sind daher Nutzgswille u eine hypothet Nutzgsmöglichk (BGH **45**, 219). Hätte der Eigtümer den Pkw wg unfallbedingter Verletzgen nicht nutzen können, besteht kein ErsAnspr (BGH NJW **68**, 1778, Mü VersR **91**, 324), es sei denn, daß die Benutzg dch einen Angehörigen mögl u beabsichtigt war (BGH NJW **74**, 33, **75**, 922). Der Anspr entfällt, wenn der Einsatz eines Zweitwagens mögl u zumutb ist (BGH NJW **76**, 286) od wenn der Geschädigte auf die DchFührg der Reparatur verzichtet (BGH **66**, 239), es sei denn, daß sich der Nutzgswille aus der baldigen Anschaffg eines ErsKfz ergibt (Hamm NJW-RR **95**, 1230). Dagg wird der Anspr nicht dadch berührt, daß ein Dritter vorübergehd unentgeltl seinen Pkw zur Vfg stellt (BGH NJW **70**, 1120, **75**, 256). Der nichtberecht Besitzer hat keinen ErsAnspr, wenn ihm der Eigtümer das Kfz dch verbotene Eigenmacht 23 entzieht (BGH **73**, 362, **79**, 237). – **dd)** Die **Höhe des Anspruchs** bemißt die Praxis nach der im Anhang zu § 249 abgedruckten Tabelle von Sanden/Danner/Küppersbusch. Ist die Nutzgsausfallentschädig höher als die Miete des angemieteten einfacheren Pkw, kann der Geschädigte die Differenz zusätzl beanspruchen (BGH NJW **70**, 1120, Karlsr VRS **77** Nr 2). Für die **zeitliche Abgrenzung** der ErsPfl gelten die gleichen 24 Grds wie bei Mietwagenkosten (§ 249 Rn 15). – **ee) Behörden- und Nutzfahrzeuge.** Die ErsPfl für entgangene Gebrauchsvorteile besteht nach der Rspr auch bei Behörden- u Nutzfahrzeugen, obwohl hierfür überzeugde Sachgründe fehlen u die auf den Schutz der priv Eigennutzg abstellde Abgrenzg des GrZS (BGH **98**, 216) gg eine ErsPfl spricht. Bejaht worden ist die ErsPfl für Krankenwagen der Bundeswehr (BGH NJW **85**, 2471), Müllwagen (KG MDR **72**, 50), Polizei- u BehördenKfz (Oldbg DAR **83**, 144, Mü NZV **90**, 348, LG Nürnbg NJW **82**, 2079); vgl auch die Tabelle DAR **90**, 475, mit Recht verneint dagg bei Vorführwagen (Düss NZV **94**, 317). Beim Ausfall eines gewerbl genutzten Kfz bemißt sich der Schaden idR nach dem entgangenen Gewinn (§ 252), den Vorhaltekosten eines Reservefahrzeugs (Rn 43) od der Miete eines Ers-Fahrzeugs (§ 249 Rn 17). Hat der Ausfall wg besonderer Anstrengen des Geschädigten od der Eigenart seines Betr weder gewinnmindernd noch kostensteigernd ausgewirkt, soll der Geschädigte Nutzgsentschädigg verlangen können (BGH **70**, 203, NJW **85**, 2471, Köln VRS **89**, 97, aA Ffm VersR **79**, 745, Stgt VersR **81**, 361). Das ist jedoch mit dem Grds des GrZS (BGH **98**, 219) unvereinb: Die erwerbswirtschaftl Sachnutzg fällt in den Anwendungsbereich des § 252; eine Korrektur der Differenzhypothese läßt sich insoweit nicht rechtfertigen (Düss EWiR **94**, 845). Bei **gemisch genutzten** Kfz ist der Anteil der privaten Nutzg, soweit erforderl, gem ZPO 287 zu schätzen (Ffm VersR **87**, 205, Hamm NJW-RR **89**, 1194, LG Mü DAR **89**, 423). SchätzgsGrdl kann die steuerl Aufteilg sein (Ffm NJW **85**, 2956), sie ist aber für die schadensersatzrechtl Beurteilg nicht bindend (KG VersR **92**, 327).

25   **c) Gebrauchsvorteile anderer Sachen.** Die Rspr hat den Verlust von Gebrauchsvorteilen und Sachen zunächst in Anlehng an die Rspr zu Kfz-Schäden allg als einen ersatzfähigen Schaden anerkannt. In diesem Sinn hat sie entschieden bei Gebrauchsvorteilen von Häusern (BGH NJW **67**, 1803, KG NJW **67**, 1233), Schwimmhallen (Köln NJW **74**, 560), Flugzeugen (Karlsr MDR **83**, 575) u Segeljachten (LG Kiel SchlHA **73**, 34). Bald darauf hat die Rspr die ErsPfl für entgangene Gebrauchsvorteile überwiegend **verneint:** so bei Vorenthaltg eines Pelzmantels (BGH **63**, 393), verspäteter Herstellg eines Hauses od einer EigtWo (BGH **66**, 280, **71**, 236), Beschädigg eines Hauses (BGH **75**, 370, Brschw VersR **82**, 1169), Nichtbenutzbark einer Schwimmhalle (BGH **76**, 184), Vorenthaltg eines Wohnwagens (BGH **86**, 130), Beschädigg oder unbefugte Benutzg eines Motorbootes (BGH **89**, 62, BVerwG DVBl **84**, 1224), Ausfall eines Reitpferdes (Hbg VersR **84**, 242), eines Autotelefons (LG Hbg DAR **78**, 323), eines Fernsehers (LG Bln VersR **80**, 830). Dieses widerspruchsvolle, fast schon chaotische Bild der Rspr hat der 5. ZS (NJW **86**, 2037) mit Recht zum Anlaß

genommen, den GrZS anzurufen. Dieser hat sich, erkennb in dem Bestreben möglichst alle Ergebn der BGH- Rspr zu halten, für eine **mittlere Lösung** entschieden (BGH **98**, 212). Bei Sachen, auf deren ständige Verfügbark der Berecht für die eigenwirtschaftl Lebenshaltg typw angewiesen ist, begründet der (delikt) Eingriff in den Ggst des Gebrauchs einen ersfähigen Vermögensschaden. Diese aus den Wertgen der §§ 249ff nicht ableitb, aber nicht unvertretb **offene Rechtsfortbildung** bedeutet im einzelnen: – **aa)** Ge- 26 schützt werden **Lebensgüter,** deren ständ Verfügbark für die eigenwirtschaftl Lebenshaltg von zentraler Bedeutg ist (BGH **98**, 222). Dieser Begriff ist eng auszulegen (s BGH **117**, 262). Unter ihn fallen die Wo (BGH **98**, 222), nicht aber WoTeile von eher marginaler Bedeutg, wie die nur gelegentl von Besuchern genutzte EinliegerWo (BGH **117**, 262), der Hobbyraum (Düss BauR **92**, 96) od die Terrasse (aA BayObLG **87**, 53); bei kurzfrist, dch Umdispositionen im wesentl auffangb Beeinträchtiggen besteht kein Anspr (BGH NJW **93**, 1794). Geschützt sind das Kfz (Rn 20), das als Transportmittel eingesetzte Wohnmobil (Hamm VersR **90**, 864), das Motorrad (Saarbr NZV **90**, 312), nicht das von einem Liebhaber gehaltene Oldtimer-Krad (Düss NJW-RR **93**, 36), wohl aber das Fahrrad (KG NJW-RR **93**, 1438), der Elektrorollstuhl (LG Hildesheim NJW-RR **91**, 798) u der Blindenhund (AG Marbg NJW-RR **89**, 931). Bei EinrichtgsGgst kommt es darauf an, ob ihre ständ Verfügbark für die Lebensführg von zentraler Bedeutg ist. Das trifft zu auf die Kücheneinrichtg (LG Tübingen NJW **89**, 1613, s aber Rn 28), idR aber nicht auf Fernseher (aA AG Ffm NJW **93**, 137), Waschmaschine u Kühlschrank. Nicht geschützt sind Ggst, die nicht zum notw Lebensbedarf gehören, wie das private Schwimmbad (BGH **76**, 187), der Pelzmantel (BGH **63**, 393), Möglichk der Jagdausübg (BGH **112**, 398), das Privatflugzeug (Oldenbg NJW-RR **93**, 1437), das Motorboot (BGH **89**, 64) u das Reitpferd (LG Augsburg ZfS **88**, 42). In den Schutz einzubeziehen sind dagg: die FerienWo (s BGH **101**, 334, Fall eines vertragl GebrauchsR), dann aber auch der WoWagen (aA BGH **86**, 133), dagg nicht die Garage (BGH NJW **93**, 1794, aA BGH **96**, 124). – **bb) Vertragliche Gebrauchsmöglichkeiten** sind, 27 soweit sie Lebensgüter des notw Bedarfs betreffen, ebso geschützt wie die Gebrauchsmöglichk des Eigtümers (BGH **101**, 330). Da der obligator Berecht die Nutzg nicht nachholen kann, gibt es gute Grde, ihm auch außerh der Grenzen von Rn 26 Nutzgsentschädig zuzusprechen (BGH **76**, 184, **101**, 332, Zeuner JZ **88**, 200). – **cc)** Voraussetzg ist ein Eingriff in den **Gegenstand des Gebrauchs.** Die Ausführgen zu Rn 21 28 gelten entspr. Eine vorübergehde Beeinträchtigg des Gebrauchs genügt nicht (Köln NJW-RR **92**, 527); auch wenn die Wo nicht bezogen w, weil die erwartete Steuervorteile nicht erreicht w, besteht kein ErsAnspr (BGH NJW **94**, 442). Werden Ggstde für die Herstellg eines Badezimmers od einer Küche nicht rechtzeit geliefert, kann der Geschädigte gleichf keine NutzgsEntsch verlangen (LG Stgt NJW **89**, 2823, LG Kassel NJW-RR **91**, 790). Gleichgült ist, ob die ErsPfl auf Delikt (so BGH GrZS **98**, 212) od Vertr beruht (BGH **88**, 14, **101**, 330, **117**, 262). Die Störg muß die eigenwirtschaftl Nutzg betreffen. Wird eine geplante Vermietg vereitelt, gilt allein § 252 (BGH NJW **87**, 772). – **dd)** AnsprVoraussetzg ist weiter eine **fühlbare** 29 **Beeinträchtigung** (Rn 22). Unerhebl od kurzfrist Störgen, die dch zumutb Umdispositionen aufgefangen od wesentl gemildert werden können, begründen keine ErsPfl (BGH **98**, 224). – **ee) Höhe des Anspruchs.** 30 Entscheidd ist, welchen Wert der Verkehr dem Eigengebrauch beimißt (BGH **98**, 225). IdR wird auf die zeitanteil Vorhaltekosten, vermehrt um einen maßvollen Aufschlag, abzustellen sein (BGH aaO). Auch die übl Miete kann als Ausgangspunkt der Schadensbemessg genommen w, muß aber um die Gewinnspanne des Vermieters u die bei priv Nutzg nicht anfalldn Kosten gemindert w (BGH aaO u Anhang zu § 249 Rn 1 f, unricht LG Köln NJW-RR **92**, 76). Ist die Nutzgsausfallentschädig höher als die Miete der ErsSache, kann der Geschädigte die Differenz zusätzl verlangen (Kblz NJW **89**, 1808). Ist der WoMieter nach dem von seinem RA verschuldeten Verlust der Wo in ein Hotelzimmer gezogen u sind die Hotelkosten höher als die Miete, besteht dagg auch dann kein zusätzl ErsAnspr (Hamm NJW-RR **93**, 1181). – **ff) Würdigung** (Honsell/Harrer JuS **91**, 447, Magnus, wie 31 LitVerz, S 251). Die Erwäggen, mit denen der GrZS für die dch § 252 nicht geschützte eigenwirtschaftl Sachnutzg die Abweichg von der Differenzhypothese rechtf, sind plausibel. Dagg ist die Beschränkg auf Lebensgüter von zentraler Bedeutg problemat (Medicus NJW **89**, 1892). Sie führt zu Abgrenzgsschwierigk u einer dem Ges unbekannten Unterscheidg zw notw Güter u sonst Ggst („Luxusgütern").

d) Fehlgeschlagene Aufwendungen. – aa) Soweit für enttäuschtes **Vertrauen** gehaftet w, umfaßt der 32 zu ersetzde Schaden auch die Aufwendgen, die inf des schädigden Ereign nutzlos geworden sind (Rn 17). Beim SchadErsAnspr wg NichtErf kann der Gläub als Mindestschaden die Leistgen u Aufwendgen ersetzt verlangen, die er im Hinbl auf den Vertr gemacht hat (BGH **57**, 80, § 325 Rn 15); der SchadErsAnspr des Mieters wg NichtErf umfaßt daher auch die von ihm vergebl aufgewendeten Maklerkosten (LG Köln NJW-RR **93**, 524). Dabei handelt es sich aber ledigl um eine widerlegl Rentabilitätsvermutg (BGH **71**, 238, **99**, 197, NJW **93**, 2527), also eine BewErleichterg, nicht eine Erweiterg des Schadensbegriffs. – **bb)** Die 33 **Frustrationstheorie** erhebt die für den Vertrauensschaden entwickelten Grds zu einem allg RPrinzip. Aufwendgen des Geschädigten sollen unabhäng von dem maßgebdn HaftgsGrd einen Schaden darstellen, soweit sie inf des schädigdn Ereign fehlschlagen (Esser-Schmidt § 31 III, Köndgen AcP **177**, 1 ff). Die Anhänger dieser Theorie berufen sich auf den ökonomischen Vermögensbegriff u meinen, der Frustrationsgedanke ermögliche eine sachgerechte Grenzziehg zw Vermögens- u Nichtvermögensschäden. Das trifft jedoch nicht zu. Die Frustrationsthese wird mit Recht von der Rspr (BGH **55**, 151, **71**, 234, **99**, 196, **114**, 196, NJW **91**, 2708) u der hL abgelehnt (s Staud/ Medicus § 249 Rn 128, MüKo/Grunsky Rn 12d, Lange § 6 IV, Larenz § 29 II c). Die ErsPfl kann nicht auf Schäden erstreckt w, die auch bei einem pflgem Verhalten des Schu entstanden wären (BGH **99**, 197). Die Frustrationstheorie bejaht einen ErsAnspr wg entgangener Gebrauchsvorteile auch dann, wenn nicht in den Ggst des Gebrauchs eingegriffen worden ist, u höhlt deshalb den § 253 noch weiter aus als die Kommerzialisiergsthese (Rn 10). Im Ergebn macht sie ohne Anhalt im Ges bloße Handlgsmöglichk u Gebrauchsaussichten zu einem zu ersetzdn Schaden. Schiemann (S 284) weist mit Recht darauf hin, daß die §§ 252, 842 nur Erwerbs-, nicht aber Gebrauchsmöglichk in den Vermögensbereich einbeziehen. Die praktischen Konsequenzen der Frustrationslehre sind wenig einleuchtd: Der Verletzte könnte während seines Krankenhausaufenthaltes die frustrierte Miete seiner Wohng mit allen Nebenkosten bis hin zur Fernsehgebühr ersetzt verlangen. Bei einem aufwendigen Lebensstil (Düsenjet, Butler, mehrere Villen) ergeben sich fast schon groteske Schadenspositionen. – **cc)** Die Rspr 34

hat die ErsPfl daher in folgden Fällen mit Recht **verneint:** frustrierte Pachtzahlgen eines unfallverletzten Jagdpächters (BGH **55**, 151); inf unberecht Entziehg der Fahrerlaubn fehlgeschlagene Pkw-Aufwendgen (BGH **65**, 174); wg verspäteter Lieferg der EigtWo fehlgeschlagene Zinsen u Kosten (BGH **71**, 234; BGH NJW-RR **90**, 980 beruht auf der Rentabilitätsvermutg – Rn 32 – u weicht nur scheinb ab); zu ideellen Zwecken (polit Veranstaltg) gemachte u inf NichtErf des MietVertr nutzlos gewordene Aufwendgen (BGH **99**, 196; aA E. Schmidt FS Gernhuber, 1993, 423, Müller-Laube JZ **95**, 538); nutzlos gewordener Erschließgsaufwand des Pächters (BGH NJW **79**, 2035); vom Vermieter vorgenommene, wg vorzeit Beendigg des MietVertr zT nutzlos gewordene Verbessergen (Düss NJW-RR **88**, 652); dch eine Betriebsstörg frustrierter Lohnaufwand (BGH NJW **77**, 2266); Aufwendgen eines Architekten zur Teilnahme an einem Wettbew, von dem er rechtsw ausgeschl worden ist (BGH NJW **83**, 443), frustrierte Aufwendgen für die
35 Ausarbeitg eines VertrAngebots (Köln MDR **92**, 229). – **dd) Ausnahmen.** Die ErsPfl für frustrierte Aufwendgen kann sich ausnweise in einer VertrBeziehg aus dem Schutzzweck des Vertrages ergeben, so etwa im Rahmen eines ReiseVertr (Rn 39).

36 **e)** Muß der Geschädigte wg des schädigden Ereign einen Theaterbesuch ausfallen lassen, steht ihm ein ErsAnspr in Höhe des Wertes der Theaterkarte zu. Entspr gilt, wenn der Geschädigte eine geldwerte **Genußmöglichkeit** (Konzert, Klavierstunde, Teiln an einer Kreuzfahrt, Mü NJW-RR **86**, 964) endgült nicht wahrnehmen kann. Über dieses Ergebn besteht allg Einverständn (Staud/Medicus § 253 Rn 55, Lange § 6 III), die Begründg macht aber Schwierigk. Abzustellen ist auf den Kommerzialisiergsgedanken (Rn 10), dessen Anwendg in dieser Fallgruppe keinen Bedenken begegnet. Da für zerstörte Schallplatten u Parfum GeldErs zu leisten ist, muß entspr auch für die nicht in einer Sache verkörperten geldwerten Genußmöglichk gelten. Ein Schaden ergibt sich aber auch bei Anwendg der Differenzhypothese: Das schädigde Ereign entwertet den Anspr auf die Genußmöglichk u vermindert entspr den Wert des Vermögens.

37 **f)** Die **Arbeitskraft** u die Erwerbsfähigk sind Eigensch der Pers u keine vermögenswerten Güter (Lange § 6 XIII 1). Der bloße Ausfall der ArbKraft begründet daher keinen Vermögensschaden (BGH **54**, 50, **69**, 36, NJW-RR **92**, 852), ebsowenig die abstr Minderg der Erwerbsfähigk (BGH **38**, 58, NJW **95**, 1023). Erforderl ist vielmehr ein konkreter Verdienst – od Gewinnentgang (s aber § 252 Rn 16). Fällt die Arbkraft eines unentgeltl tät Ordensbruders inf einer Verletzg aus, besteht daher grdsl kein SchadErsAnspr (Celle NJW **88**, 2618). Setzt der Geschädigte zur Schadensbeseitigg eig ArbN ein, kann er deren Lohn ersetzt verlangen (BGH VersR **79**, 180, BAG JZ **71**, 380). Zwar kann in diesem Zushang nicht auf den normativen Schadensbegriff rekurriert w (aA BAG aaO). Dem Geschädigten kommt aber die Rentabilitätsvermutg (BGH **71**, 238, Rn 32) zugute. Es wird vermutet, daß die ArbN ohne das schädigde Ereign and, dem Wert ihres Lohnes entspr Arbeitsleistgen erbracht hätten; ein Teil der Rspr verlangt aber einen entspr konkreten Vortrag des Geschädigten (Köln NJW-RR **94**, 1262). Hat ein Vorgesetzter pflichtw die Dienste eines Soldaten in Anspr genommen, ist er schadensersatzpflicht (BVerwG NVwZ **90**, 1171), nicht aber, wenn er den Untergebenen rechtsw unentgeltl für eine Gemeinde hat arbeiten lassen (BVerwG NJW **79**, 885). Besteht für die erlaubte InAnsprNahme eine Vergütgsregelg, ist das Entgelt auch bei einem pflichtw Einsatz für priv Zwecke zu zahlen (BVerwG ZBR **87**, 344).

38 **g)** Die prakt mit jedem Schadensfall verbundene Einbuße an **Freizeit** stellt keinen Vermögensschaden dar (BGH **69**, 36, **106**, 32, BVerwG DVBl **91**, 1196). Das gilt auch für die Zeit, die der Geschädigte zur **Abwicklung des Schadensfalles** aufwendet (BGH **66**, 112). Sogar wenn der Geschädigte hierfür besonderes Personal anstellt od einen RA beauftragt, besteht keine ErsPfl (BGH **66**, 112, **75**, 231, NJW **95**, 446, s aber § 249 Rn 21). Anders liegt es, wenn der Geschädigte dch **überpflichtmäßige** gem § 254 nicht gebotene **Anstrengungen** den Eintritt nachteiliger Folgen verhindert hat. Hier ist bei der Beurteilg wertd auf die Güterlage abzustellen, die ohne die Maßn des Geschädigten bestanden hätte (BAG NJW **68**, 222, BGH **55**, 329, Rn 126).

39 **h) Urlaub. – aa)** Im **Reisevertragsrecht** hat der BGH den Urlaub vor Inkrafttreten des § 651 f als ein vermögenswertes Gut u seine Beeinträchtigg als einen Vermögensschaden angesehen (BGH **63**, 98). SchadErs wg nutzlos aufgewandter UrlTage konnten entspr dem Kommerzialisiergsgedanken (Rn 10) aber nur Erwerbstätige einschließl der Hausfrauen (BGH **77**, 124) verlangen, nicht dagg Kinder, Studenten, Arbeitslose u Rentner. Inzw hat sich die RLage dch das Inkrafttreten des § 651 f II verändert. Nunmehr steht auch Nichterwerbstätigen wg nutzlos aufgewandter UrlZeit eine angem Entschädig in Geld zu (BGH **85**, 168). Damit ist zugl klar, daß der Anspr aus § 651 f II nichtvermögensrechtl Charakter hat u die Kommerzialisiergsthese in seinem Anwendgsbereich überholt ist (§ 651 f Rn 5, nicht eindeut BGH NJW **85**, 906). Soweit bei auf Urlaub (über einz Reiseleistgen, Anmietg einer Ferienwohng, eines Wohnmobils, Bootscharter) der VertrZweck einen Ers für vertane UrlZeit rechtfertigt, ist § 651 f II entspr anzuwenden (BGH NJW **85**, 906, Mü NJW-RR **87**, 366, Karlsr NJW-RR **88**, 955). Es überzeugt nicht, fehlgeschlagenen Url im Rahmen des §
40 651 f II als Nichtvermögensschaden, bei ähnl Vertr aber als Vermögensschaden zu qualifizieren. – **bb)** Im **Vertragsrecht** außerhn des Anwendgsbereichs des § 651 f, im **Deliktsrecht** u im Recht der Gefährdgshaftg kann vertane UrlZeit nur als Folgeschaden auftreten, verursacht etwa dch eine Körperverletzg, dch die Beschädigg od nicht ordngsmäß Reparatur eines Kfz, dch den Verzug mit einer Geldzahlg (LAG Bln DB **87**, 542). Die Rspr hat in einigen Fällen derart Beeinträchtiggen des Url als Vermögensschaden anerkannt; vgl Brem VersR **69**, 929 (VerkUnfall), KG NJW **70**, 474 (Hundebiß), Hamm VersR **78**, 1147 (Fußverletzg). Diese Rspr ist aber überholt (BGH **86**, 213, VersR **92**, 504, LG Bln NJW-RR **88**, 203, **90**, 636). Um einen Vermögensschaden zu bejahen, reicht es nicht aus, daß Urlaub nach heutiger Auffassg kommerzialisiert ist (Rn 11). Außerdem ergibt § 651 f II, daß das Ges nutzlos aufgewendete UrlZeit in den nichtvermögensrechtl Bereich verweist. Auch der Anspr aus StrEG 7 umfaßt keine Entschädig für vertanen Urlaub (Köln NJW-RR **94**, 920). Denkb ist die Zubilligg von SchadErs allerdings dann, wenn der Schutzzweck der verletzten Pfl dies rechtfertigt, so wenn die Vermittlg von Urlaubsfreude VertrZweck ist (BGH NJW **56**, 1235, „Seereisefall"). Wird der Urlaub dch eine Körperverletzg beeinträchtigt, kann dies bei der Bemessg des SchmerzG berücksichtigt werden. Holt der Geschädigte den frustrierten Url nach, kann er seinen zusätzl finanziellen Aufwand schon nach der Differenzhypothese (Rn 8) ersetzt verlangen.

i) Verdienstausfallschaden. Der ArbN, Beamte od Gesellschter, der dch ein zum SchadErs verpflicht- 41
des Ereign erwerbsunf wird, erleidet auch dann einen Schaden in Höhe seines Gehalts, wenn ihm dieses
weitergezahlt w od er im Rahmen des Systems kollektiver Sicherg Leistgen mit LohnErsFunktion erhält
(BGH **7**, 30, **21**, 112, **90**, 338). Die gewährten Leistgen sind beim Vergl der Güterlagen nicht zu berücksich-
tigen, da sie nach ihrem Zweck dem Geschädigten zugute kommen, aber nicht den Schädiger entlasten
sollen (näher Rn 134–136). Die Differenzrechng ist daher normativ zu korrigieren (Rn 13).

k) Der Eheg od Elternteil, der inf einer Verletzg die ihm als UnterhBeitrag obliegde **Hausarbeit nicht** 42
leisten kann, hat auch dann einen SchadErsAnspr in Höhe der Kosten einer ErsKraft, auch wenn eine solche
nicht angestellt w (BGH **38**, 59, GrZS **50**, 305). Das ist als Ergebn der Lehre vom **normativen Schaden**
(Rn 13) allg anerkannt (Lange § 6 IX 6), gilt aber nicht für den Partner einer nichtehel LebensGemeinsch
(Raiser NJW **94**, 2672, aA LG Zweibr NJW **93**, 3207). Der Anspr besteht auch dann, wenn der Eheg neben
der Hausarbeit einer Berufstätigk nachgeht (Ffm VersR **80**, 1122). Er kann auch bei einer MdE von nur 20%
gegeben sein (Ffm VersR **80**, 1122), ist aber bei einer MdE von 10% wg der bestehden Kompensationsmög-
lichk ausgeschl (Oldenbg VersR **93**, 1491). Der Witwer kann auch dann gem § 844 II SchadErs wg Verlustes
der als Unterh geschuldeten Haushaltsführg verlangen, wenn er sich ohne ErsKraft behilft (BGH NJW **71**,
2067, **72**, 1130, VersR **73**, 940) od Verwandte od der Partner einer nichtehel LebensGemeinsch die Haus-
haltsführg übernehmen (BGH VersR **73**, 85). Die Höhe des ErsAnspr bemißt sich nach der Nettovergütg
einer vergleichb ErsKraft (BGH **86**, 372, § 843 Rn 8 u § 844 Rn 11). Eine Hilfe bei der SchadSchätzg ist das
sog Münchener Modell (DAR **91**, 401) u Schulz-Borck/Hofmann SchadErs bei Ausfall von Hausfrauen u
Müttern, 3. Aufl 1987.

l) Vorsorgeaufwendungen. – aa) Ein Schaden im RSinne ist auch dann zu bejahen, wenn der Geschä- 43
digte zum Ausgl mögl Schäden **Vorsorgemaßnahmen** getroffen hat (BGH **32**, 284, krit Lange § 6 VIII 4).
Die Schadensvorsorge entlastet den Schädiger nicht; er hat vielmehr die Vorsorgeaufwendgen bis zur Höhe
des Schadens zu ersetzen, der ohne die Vorsorgemaßn entstanden wäre. Vgl RG **74**, 365 (Vorsorge für das
Heben gesunkener Schiffe), BGH **32**, 284, **70**, 201, Hbg MDR **65**, 293 (Haltg von Reservefahrzeugen),
BGH VersR **86**, 1127 (Rückrufaktion). Voraussetzg ist jedoch, daß die Reservehaltg mit Rücks auf fremd-
verschuldete Ausfälle meßb erhöht ist (BGH **70**, 201). Die Schadenshöhe ist gem ZPO 287 nach den
betriebswirtschaftl Kosten der Reservehaltg zu schätzen (BGH VersR **78**, 812, Brem VersR **81**, 861, Dan-
ner/Echtler VersR **90**, 1066). Wenn der Geschädigte Ers der Vorhaltekosten beansprucht, entfällt der Ent-
schädiggsAnspr wg entgangener Gebrauchsvorteile (BGH **70**, 203, Rn 24). – **bb) Kosten von Überwa-** 44
chungs- und Sicherungsmaßnahmen sind kein zu ersetzder Schaden (Lange § 6 VIII 3, Staud/Medicus
Rn 123). Das gilt für Vorbeugemaßn gg **Ladendiebstähle** (BGH **75**, 237), für Detekteikosten zur Aufkl
(Verhinderg) von Parkverstößen (LG Mü DAR **88**, 383), aber auch für Vorsorgemaßn nach einem Störfall in
einem benachbarten Chemiewerk (BGH NJW **92**, 1043). Da die Mühewaltg bei der Feststellg u Abwicklg
eines Schadens zum eig Pfltenkreis des Geschädigten gehört, besteht auch kein Anspr auf Ers von Bear-
beitgskosten (BGH **75**, 234, aA MüKo/Grunsky Rn 76 b). Dagg sind **Fangprämien** zu ersetzen, soweit sie
in einem angem Verhältn zum Wert der gestohlenen Sache stehen (BGH **75**, 238, Deutsch JZ **80**, 102,
Schiemann S 233, aA MüKo/Grunsky Rn 76 a mwNw). Die Obergrenze bildet der Wert der gestohlenen
Sache (aA BGH **75**, 240, der Prämien bis zu 50 DM auch bei geringerem Sachen für ersatzfäh hält). Bei
wertvollen Sachen muß die Prämie deutl geringer sein als der Warenwert. Sie darf idR 500 DM nicht über-
schreiten (LG Bln DB **84**, 1029). – **cc)** Bei **Verletzung musikalischer Urheberrechte** billigt die Rspr der 45
Gema einen Anspr auf Ers von Kosten der Kontrollorganisation zu (BGH **17**, 383, **59**, 286: 100% Zuschlag
auf den Normaltarif). Diese Rspr, der der besonderen Verletzlichk musikal UrhR Rechng trägt, hat inzw
wohl den Rang von GewohnhR (Lange § 6 VIII 2). Sie kann keinesf auf and Fallgruppen übertragen w.

m) Ein ersatzfäh Vermögensschaden kann auch in der **Belastung mit einer Verbindlichkeit** bestehen. 46
Ein Schaden ist auch dann gegeben, wenn der Belastete weder Vermögen noch Einkommen hat (BGH **59**,
148, **66**, 4, NJW **86**, 582, aA RG **147**, 280). Der Belastete hat gem § 249 S 1 einen FreihaltgsAnspr, der
jedoch gem § 250 in einen GeldAnspr übergehen kann (BGH NJW **89**, 1216, **92**, 2222). Er kann aber nicht
einerseits das Bestehen der Verbindlichk bestreiten u ands Freihaltg verlangen (BGH VersR **93**, 446). Auch
die Abtr an den Gläub bewirkt die Umwandlg in einen GeldAnspr (BGH **71**, 170), ebso die KonkEröffng
über das Vermögen des Belasteten (BGH **57**, 83, ZIP **81**, 131). Wird die Leasingsache zerstört, stellen die
weiterzuentrichtden Raten keinen Haftgsschaden dar, da sie auf jeden Fall zu zahlen waren (BGH NJW **92**,
553); der ErsAnspr des LeasNeh bemißt sich nach § 251 Rn 14.

n) Unterhaltspflicht gegenüber einem ungewollten Kind. In seinem Urt zur Neuregelg des 47
SchwangerschAbbruchs hat das BVerfG, allerd ohne die Bindgswirkg des BVerfGG 31, entschieden, daß
das GG es verbiete, die UnterhPfl für ein Kind als Schaden zu begreifen (BVerfG NJW **93**, 1751, 1764). Der
zur Überprüfg seiner Rspr aufgeforderte BGH folgt dieser Beurteilg nicht (BGH **124**, 136, NJW **95**, 1609,
2409); er betont, daß der Schaden in der dch die planwidr Geburt des Kindes ausgelösten UnterhPfl u nicht
in der Existenz des Kindes bestehe u daß sich die Zubilligg eines SchadErsAnspr auf die Persönlichk u das
Dasein des Kindes nicht negativ auswirke. Gleichwohl hat der BGH die Grds seiner Rspr im Hinblick auf
die Entscheidg des BVerfG korrigiert (Rn 48 b). **(1)** Grdl der SchadErsPfl ist der jeweils abgeschlossene 48
Vertrag, das DeliktsR begründet für die Belastg mit einer UnterhPfl keine ErsPfl. Der Vertr ist auch dann
wirks, wenn eine rechtsw, aber nicht strafb Abtreibg dchgeführt werden soll (BVerfG NJW **93**, 1763). In
den Schutzbereich des Vertr ist der Eheg miteinbezogen (BGH **76**, 262, NJW **81**, 631), wohl auch der
Partner einer nichtehel LebensGemeinsch. **(2)** Auch nach den neuen Grds der BGH-Rspr **besteht** eine 48a
Ersatzpflicht bei fehlerh genet Beratg (BGH NJW **94**, 788), mißlungener Sterilisation (BGH NJW **95**,
2409), Versagen des Verhütgsmittels (LG Itzehoe FamRZ **69**, 90) u bei verhindertem od fehlgeschlagenem
SchwangerschAbbruch aus embryopathischer od kriminologischer Indikation (BGH **124**, 136). **(3) Ausge-** 48b
schlossen ist die **Ersatzpflicht**, wenn ein SchwangerschAbbruch scheitert, für den keine medizinische,
embryopathische od kriminologische Indikation vorlag (s BGH NJW **95**, 1609). Auch wenn der Schwanger-
schAbbruch den vom BVerfG entwickelten Erfordern entspricht, bleibt er rechtsw, nur die Strafbark

entfällt (BVerfG NJW **93**, 1751). Führt eine rechtsw Handlg nicht zu dem gewünschten Erfolg, so begründet das aber keine SchadErsPfl (s BGH aaO). Aus dem Fehlschlagen eines SchwangerschAbbruchs, der gem § 218 a aF wg einer Notlagenindikation versucht worden ist, kann nur dann ein SchadErsAnspr hergeleitet w, wenn nachgewiesen w, daß für die Schwangere eine mit der medizinischen od embryopathischen

48c Indikation vergleichb Konfliktlage bestand (BGH aaO). **(4) Die Höhe** des Anspr wird vom BGH auf den einem dchschnittl Lebenszuschnitt entspr Unterh begrenzt (BGH **76**, 265). Maßgebd sind die Regelunterh-Sätze für nichtehel Kinder, vermehrt um einen Zuschlag für Betreuungsleistgen der Mutter u vermindert um das Kindergeld (BGH **76**, 265, Köln VersR **91**, 102). Die ErsPfl erstreckt sich nicht auf den Unterh der Mutter, wenn diese wg der Kinderbetreuung nicht mehr erwerbstät sein kann (BGH NJW **81**, 632, Saarbr NJW **86**, 1549). Kommt es wg ärztl Verschuldens zur Geburt eines behinderten Kindes, erstreckt sich die ErsPfl auf den vollen UnterhBedarf (BGH **89**, 104, **124**, 136). Gleiches gilt für die Adoptionsvermittlgsstelle, die in Verletzg von AufklPflten die Adoption eines geistig behinderten Kindes vermittelt hat (Hamm VersR **94**, 677), ferner allg für den RA, der die EhelichkAnfFr versäumt hat (BGH **72**, 299). **(5)** Die Verweigerg der Adoption begründet kein **Mitverschulden** (BGH **76**, 257). Die ErsPfl soll aber entfallen, wenn das Kind wg einer veränderten Einstellg seiner Eltern zu einem Wunschkind w (BGH **76**, 256, NJW **84**, 2626, **85**, 671, krit Stürner FamRZ **85**, 759). Gg den Ehebrecher besteht dagg auch nach erfolgreicher Anf nur der Anspr aus § 1615 b (§ 823 Rn 18).

49 **o)** Ausnweise kann auch der Grds von **Treu und Glauben** normative Korrekturen rechtfertigen. Besteht der Schaden darin, daß ein VermögensGgst statt dem Geschädigten einem Angeh zugeflossen ist, kann § 242 die ErsPfl beschränken (BGH NJW **79**, 2033, krit Zimmermann FamRZ **80**, 99).

50 **4) Schadensberechnung. – a) Konkrete Schadensberechnung.** Der Schaden ist grdsl konkret zu berechnen. Maßgebd ist die tatsächl eingetretene Vermögensminderg **(damnum emergens)** u die ausbleibde Vermögensmehrg **(lucrum cessans).** Zu ersetzen ist das volle wirtschaftl Interesse des Geschädigten. **Affektionsinteressen,** dh persönl Erinnerungs- od Gefühlswerte, sind nicht zu berücksichtigen (§ 251 Rn 11). Bei Sachen mit einem Sammler- od Liebhaberwert besteht dagg ein GeldErsAnspr, sofern sich ein

51 Marktpreis gebildet hat (§ 251 aaO). – **b) Abstrakte Schadensberechnung.** Sie ist gem § 252 S 2 für entgangenen Gewinn zuläss. Sie stellt auf den gewöhnl Verlauf der Dinge u den typ Dchschnittsgewinn ab (§ 252 Rn 7). Systemat handelt es sich um eine **Beweiserleichterung.** Der GgBeweis, es sei kein od ein

52 geringerer Schaden entstanden, ist mögl. – **c) Abstrakt-normative Schadensberechnung.** Hier geht es um die Fälle, in denen das Ges unabhäng von dem konkret eingetretenen Schaden einen nach einem dchschnittl Maßstab ermittelten Betrag verbindl, ohne Möglichk eines GgBeweises, als Schaden od Mindestschaden festlegt. Bsp sind HGB § 376 II (Fixkauf), § 288 (Verzugszinsen) u § 849 (ZinsPfl des Delikt-Schu). Bei der Verletzg von **Urheberrechten** u ähnl AusschließlkR kann der Verletzte wählen zw dem Anspr auf Herausg des Gewinns (UrhG 97 I 2, PatG 139 II 2, GeschmG 14 a I, GebrMG 15 II 2) u dem SchadErsAnspr. Den Schaden kann er konkret, aber auch normativ-abstrakt nach der angem Lizenzgebühr berechnen (BGH **20**, 345, **44**, 372, **119**, 20, Einzelh § 687 Rn 6). Diese dreifache Methode der Schadensberechng gilt auch für die Verletzg von Namens- u FirmenR (BGH **60**, 208), bei wettbewerbsw Nachahmg (BGH **122**, 266) u ähnl WettbewVerstößen (§ 687 Rn 6), nicht aber bei Verletzg des PerslkR dch Presseveröffentlichgen (BGH NJW **94**, 1953). Bei Vorenthaltg eines Patents muß der Verletzte dagg gem § 252 S 2 die

53 Wahrscheinlichk eines Gewinns dartun (BGH **LM** § 252 Nr 29). – **d) Als Mindestschaden** kann der Geschädigte den obj Wert (VerkWert) des beschädigten od zerstörten Vermögensgutes fordern (Larenz § 29 I b). Das ergibt sich für den Fall der Beschädigg aus § 249 S 2 (§ 249 Rn 8) u für den der Zerstörg od Entziehg aus der Differenzhypothese (Rn 8), da der Wert des Vermögens mindestens um den VerkWert des zerstörten od entzogenen Gutes gemindert w. Für eine MindestSchadErsPfl in Höhe des obj Wertes spricht auch der RFortsetzgsgedanke (Rn 5). Die Rspr folgt, wenn auch unausgesprochen, dieser Ansicht, soweit sie merkantilen Minderwert unabhäng von einer Verkaufsabsicht des Geschädigten für einen zu ersetzden Schaden hält (BGH **35**, 396, § 251 Rn 19).

54 **5) Zurechnungszusammenhang. – A) Allgemeines. – a)** Die SchadErsPfl setzt voraus, daß der Schaden dch das zum SchadErs verpflichtde Ereign verursacht worden ist. Das Verhalten des Schädigers muß für den Schaden kausal sein. Der KausalZushang ist Grund u Grenze der zivilrechtl Haftg (Gottwald Karlsr

55 Forum 1986, S 4). Dabei ist zu unterscheiden: – **aa)** Bei der **haftungsbegründenden Kausalität** geht es darum, ob zw dem Verhalten des Schädigers u der eingetretenen RGutVerletzg, im Fall des § 823 I etwa der Körperverletzg, ein Ursachenzushang gegeben ist. Systematisch gehört dieser Teil der Kausalkette zum

56 Haftgs- u nicht zum SchadensR. – **bb)** Die **haftungsausfüllende Kausalität** ist der Ursachenzushang zw dem Haftgsgrund (RGutVerletzg) u dem entstandenen Schaden. Dabei können sich im Einzelfall Überschneidgen ergeben: Stürzt das mangelhaft errichtete Haus ein, so gehört die vom Eigtümer (Besteller) erlittene Körperverletzg beim Anspr aus pVV zur Haftgsausfüllg. Soweit es um den Anspr aus §§ 823, 847 od um die Verletzg eines Besuchers geht, handelt es sich dagg um haftgsbegründde Kausalität. Setzt die SchadErsPfl ein Verschulden voraus, gilt dies Erfordern nur für die Haftgsbegründg.

57 **b) Äquivalente Kausalität. – aa)** Nach dem UrsachenBegr der Logik u der Naturwissensch ist Ursache die Gesamth aller Bedingngen, Teilursache mithin jede einz Bedingg, die zum Erfolg beigetragen hat. Hieran knüpft die Bedinggs- od **Äquivalenztheorie** an: alle Bedingngen sind gleichwertig. Kausal ist jedes Ereign, das nicht hinweggedacht werden kann, ohne daß der Erfolg entfiele *(condicio sine qua non).* – **bb)** Auch im bürgerl Recht setzt der Zurechngszushang voraus, daß das Verhalten des Schädigers iSd **condicio-sine-qua-non-Formel** ursächl für den eingetretenen Schaden geworden ist (BGH **2**, 141, **25**, 84). Diese Mindestkausalitätserfordern sowohl für die Haftgsbegründg als auch für die Haftgsausfüllg fest. Zur Feststellg des UrsZusshangs muß die pflichtwidr Hdlg hinweggedacht, aber nicht and hinzugedacht w (BGH **96**, 172, NJW **95**, 127). In den Fällen der alternativen od Doppelkausalität bedarf die *condicio-sine-qua-non*-Formel allerdings einer normativen Korrektur (Rn 86).

58 **c) Adäquate Kausalität. – aa) Bedeutung.** Die *condicio-sine-qua-non*-Formel ist ein notw, allein aber nicht ausr Kriterium der Schadenszurechng. Sie bedarf, um eine unerträgl Ausweitg der SchadErsPfl zu verhindern, eine Ergänzg dch weitere Zurechngskriterien. Diese hat die dch v Bar (1871) u v Kries (1888) begründete u 1902 von der Rspr (RG **50**, 222) übernommene Adäquanztheorie zu entwickeln versucht. Sie zielt im Ergebn darauf ab, aus der Schadenszurechng gänzl unwahrscheinl Kausalverläufe auszuscheiden. – **bb)** Zur Umschreibg der Adäquanz hat die Rspr unterschiedl **Formeln** verwandt. Die negativen Formu- 59 lieren lauten etwa: die Möglichkeit des Schadenseintritts darf nicht so entfernt sein, daß sie nach der Erfahrg des Lebens vernünftigerweise nicht in Betracht gezogen werden kann (RG **78**, 272); sie darf nicht außerh aller Wahrscheinlichk liegen (RG **152**, 401, **158**, 38, BGH **LM** (Bb) Nr 3). Positiv hat die Rspr das Adäquanzerfordern wie folgt umschrieben: das Ereign muß die Möglichk eines Erfolges der eingetretenen Art generell nicht unerhebl erhöht haben (RG **69**, 59, BGH **3**, 266, **57**, 255). Häufig werden beide Formu- lierungen verbunden: das Ereign muß u nicht nur unter besonders eigenart, unwahrscheinl u nach dem gewöhnl Verlauf der Dinge außer Betracht zu lassden Umst geeignet sein, einen Erfolg der eingetretenen Art herbeizuführen (BGH **7**, 204, **57**, 141, NJW **95**, 127). – **cc) Konkretisierung:** Bei Beurteilg der 60 Adäquanz kommt es, and als beim Verschulden, nicht auf die Einsicht u Voraussicht des Schädigers an, sondern auf eine **objektive nachträgliche Prognose;** alle dem optimalen Betrachter zZ des Eintritts des Schadens erkennb Umst sind zu berücksichtigen (BGH **3**, 266, Bambg VersR **90**, 1015, Mü VersR **91**, 1391). Das gesamte zur Vfg stehde Erfahrgswissen ist heranzuziehen (BGH VersR **72**, 69). Tatfolgen, die vom Vors mitumfaßt sind, sind immer adäquat (BGH **79**, 262, BAG NJW **90**, 3228). Hat sich eine mögl Gefahr auf ungewöhnl Weise verwirklicht, so beseitigt das die adäquate Kausalität nicht (BGH VersR **61**, 465, Spitzhacke, krit Kramer JZ **76**, 338; VersR **67**, 113, Kamineinsturz). Sie ist in einem Impfschadensfall bejaht worden, obwohl die Schadenswahrscheinlichk geringer als 0,01% war (BGH **18**, 286). Bei der Gefährdgshaftg kommt es darauf an, ob der eingetretene Schaden eine spezifische Auswirkg der Gefahr ist, wg derer nach dem Sinn der HaftgsVorschr ein ErsAnspr gewährt w soll (BGH **79**, 262, NJW **82**, 1046, Schünemann NJW **81**, 2796). Gelegentl hat der BGH formuliert, bei Prüfg der Adäquanz gehe es um die Feststellg der Grenze, bis zu der die Haftg noch **zugemutet** w könne (BGH **3**, 267, **18**, 288). Diese vielf kritisierte Formulierg bedeutet aber nicht, daß auf Billigk u Zumutbark im Einzelfall abgestellt w soll (s etwa BGH VersR **59**, 1000, **63**, 263). Es bleibt vielmehr dabei, daß die Adäquanztheorie die Haftg des Schädigers im Ergebn nur bei gänzl unwahrscheinl Kausalverläufen ausschließt. – **dd) Kritische Würdi-** 61 **gung.** Ein Teil des neueren Schrift tritt dafür ein, die Adäquanztheorie aufzugeben u bei der Beurteilg des Zurechngszusammenhanges allein auf den Schutzzweck der Norm abzustellen (MüKo/Grunsky Rn 42, Esser/ Schmidt § 33 II). Dieser Ansicht ist jedoch nicht zu folgen. Die Adäquanzformel, die mit abgeschwächtem Inh das VorsehbarkMerkmal übernimmt, ist für die Haftgsbegründg als auch für die Haftgsaus- füllg ein brauchb Kriterium für die Bestimmg der äußersten Grenze der Zurechng (Larenz § 27 III, Lange § 3 VI 5, Staud/Medicus § 249 Rn 43, Soergel-Mertens Rn 120). Richtig ist allerdings, daß Einschränkgen der Zurechng in der prakt RAnwendg idR auf eine wertde Beurteilg gestützt w. Es trifft auch zu, daß sich aus dem Schutzzweck der Norm eine Haftg für unwahrscheinl u inadäquate Folgen ergeben kann (BGH NJW **82**, 572, Schaden dch ZusWirken von BeurkMangel u grobem Fehler des Ger) u daß vorsätzl herbeigeführte Tatfolgen immer „adäquat" sind (BGHZ **79**, 262). Das rechtfertigt Einschränkgen der Adäquanztheorie, nötigt aber nicht dazu, diese guter RTradition entspr Theorie völlig aufzugeben. – **ee) Einzelfälle:** s Rn 66 ff bei den einz Fallgruppen.

d) Schutzzweck der Norm. – aa) Die auf eine WahrscheinlichkBetrachtg ausgerichtete Adäquanztheo- 62 rie bedarf einer **Ergänzung** dch eine **wertende Beurteilung:** Eine SchadErsPfl besteht nur, wenn der geltd gemachte Schaden nach Art u Entstehgsweise unter den **Schutzzweck** der verletzten Norm fällt; es muß sich also um Nachteile handeln, die aus dem Bereich der Gefahren stammen, zu deren Abwendg die verletzte Norm erlassen od die verletzte vertragl od vorvertragl Pfl übernommen worden ist (BGH **27**, 140, **35**, 315, **57**, 256, MüKo/Grunsky Rn 44, stRspr, hM). Der entstandene Nachteil muß zu der vom Schädiger geschaffene Gefahrenlage in einem inneren Zushang stehen; eine bloß zufäll äußere Verbindg genügt nicht (BGH NJW **86**, 1332). Soweit für die Schadenszurechng ein **Rechtswidrigkeitszusammenhang** gefordert w (Lange § 3 IX, Esser/ Schmidt § 33 III), ist in der Sache dasselbe gemeint. Dieser erfaßt nur die Schadens- folgen, vor deren Eintritt die verletzte Norm schützen soll. – **bb) Anwendungsbereich.** Die auf Rabel 63 (Recht des Warenkaufs I S 495ff) zurückgehde Schutzzwecklehre ist von der Rspr zunächst auf Anspr aus SchutzGesVerletzg (§ 823 II) angewendet worden (§ 823 Rn 159). Sie ist aber nunmehr für SchadErsAnspr aller Art anerkannt: so für Anspr aus § 823 I (BGH **27**, 138, **32**, 205); § 826 (BGH **93**, 236); § 839 (BGH **39**, 365, **90**, 312, NJW **90**, 2616); §§ 990, 989 (BGH WM **89**, 1799); BNotO 19 (BGH **70**, 377; VersR **85**, 669, NJW-RR **90**, 631); StVG 7 (BGH **37**, 315, NJW **71**, 461); ZPO 717 II (BGH **85**, 113); KO 89 (BGH NJW **94**, 455); AMG 84 (Köln NJW-RR **94**, 91); Vertr (BGH NJW **90**, 2057, **93**, 1781, **95**, 451; § 463 (BGH **50**, 200, NJW **68**, 2375). Besteht eine umfassde **Aufklärungspflicht** u fehlt es an der erforderl GrdAufkl, haftet der AufklPflige auch dann, wenn sich ein Risiko verwirklicht, über das nicht aufgeklärt zu werden braucht, so iF der Arzthaftg (BGH **106**, 396, NJW **91**, 2346) u der Prospekthaftg (BGH **116**, 212, **123**, 107), NJW **95**, 1026). Beschränkt sich die AufklPfl dagg auf best Einzelpunkte, entfällt die Haftg, wenn sich ein and, nicht aufklpflichtiges Risiko verwirklicht (BGH **116**, 212), so etwa, wenn über das Bestehen einer Sozialbindg aufgeklärt w mußte, SchadErs aber für Baumängel verlangt w (BGH aaO). Ebso entfällt ein ErsAnspr, wenn die Ausk nicht für den angegebenen, sond für einen and Zweck verwandt w (BGH NJW-RR **91**, 1265, Breinersdorfer WM **92**, 1557). Wird nicht über die Risiken eines Anlageprogramms aufgeklärt, besteht eine ErsPfl auch dann, wenn das Untern inf von Veruntreuungen zusbricht (BGH NJW **92**, 2561). – **cc) Schutz-** 64 **zwecklehre als Teil des Schadensersatzrechts.** In ihrer klassischen Ausprägg gehört die Schutzzwecklehre zum Recht der Haftgsbegründg. Sie beantwortet die Frage, ob für die eingetretene Erstverletzg eine ErsPfl besteht u stellt dabei auf den konkreten HaftgsGrd ab. Die Schutzzwecklehre gilt aber auch im Bereich der haftgsausfüllden Kausalität u damit im SchadErsR (Lange § 3 IX 11). Es gibt eine Reihe von normativen Wertgen, die die Zurechng von Schadensfolgen unabhäng vom konkreten HaftgsGrd ein- schränken (s zB Rn 70, 71 u 88). Sie sind systemat den §§ 249ff zuzuordnen.

e) Der Schaden muß gerade dch die **Pflichtwidrigkeit** der Hdlg verursacht worden sein. Die Nichtein- 65 haltg des erforderl SicherhAbstandes ist für den Unfall nur ursächl, wenn dieser bei ausr Abstand vermieden

worden wäre (BGHSt **11**, 1). Maßgebder **Zeitpunkt** für die Beurteilg ist der Eintritt der konkreten krit
Lage, die unmittelb zum Schaden führt (BGH VersR **77**, 524, NJW **85**, 1350, **88**, 58). Eine Geschwindigk-
Überschreitg ist nicht desh ursächl, weil der Fahrer ohne sie dem Unfallort später erreicht hätte; entscheidnd
ist, wie der Vorgang von der Erkennbark der Gefahr ab bei richt Verhalten verlaufen wäre (BGH aaO,
Oldbg NJW-RR **90**, 98).

66   **B) Einzelprobleme der Schadenszurechnung. – a) Mitwirkung weiterer Ursachen.** Die Zurechng
wird nicht dadch ausgeschl, daß außer dem zum SchadErs verpflichtden Ereign noch and Ursachen zur
Entstehg des Schadens beigetragen haben. Der zum SchadErs verpflichtde Umst braucht nicht die über-
wiegde od wesentl Ursache zu sein (BGH NJW **90**, 2883). Die im *common law* herrschde Theorie der *causa-
proxima* ist im SchadErsR des BGB unanwendb.

67   **b) Schadensanlagen. – aa)** Ein Zurechngszushang besteht auch dann, wenn der Schaden dch eine **zum
Schaden neigende Konstitution** des Geschädigten ermöglicht od wesentl erhöht worden ist. Wer einen
Kranken od Geschwächten verletzt, kann nicht verlangen, so gestellt zu werden, als habe er einen Gesunden
verletzt (BGH **20**, 139, NJW **74**, 1510, Mü VersR **91**, 1391, stRspr). Der Schädiger muß daher auch dann
vollen SchadErs leisten, wenn der Verletzte Bluter ist u sich die Heilgskosten dadch um mehr als
300 000 DM erhöhen (Kblz VRS **72** Nr 145) od wenn seine VertrVerletzg wg der wirtschaftl Schwäche des
VertrPart dessen Betr zusbrechen läßt (BGH **LM** (Ba) Nr 20). Erfüllt ein Behinderter (30% MdE) wg des
Unfalls (+ 30% MdE) die Voraussetzgen des vorgezogenen Altersruhegeldes, kann er dieses zu Lasten des
68   Schädigers in Anspr nehmen (BGH NJW **86**, 2763). – **bb)** Eine **andere Beurteilung** ist geboten, wenn es
sich um ganz ungewöhnl, keinesfalls zu erwartde Verläufe handelt, so wenn eine geringfüg Ehrverletzg zu
einer Gehirnblutg führt (BGH NJW **76**, 1143), ein Beinaheunfall zu einem 40 Minuten später eintretden
Herztod (Düss VersR **92**, 1233), eine AuseinanderS über einen VerkUnfall zu einem Schlaganfall (BGH **107**,
361, krit v Bar JZ **89**, 1071, Lipp JuS **91**, 809), wenn ein Tritt auf den Fuß eine Oberschenkelamputation
notw macht (Karlsr VersR **66**, 741), wenn eine verbale AuseinandS od eine Rauferei zu einem
Herzinfarkt führt (KG VersR **87**, 105, Karlsr MDR **93**, 29), wenn ein häuf dem VerkLärm ausgesetztes
Reitpferd dch eine einmalige Lärmeinwirkg dauernd lärmscheu w (Nürnb MDR **78**, 755). § 254 kann den
ErsAnspr ausschließen, wenn sich ein gesundheitl Geschwächter einer vermeidb Gefahr aussetzt (Celle
VersR **81**, 1058).

69   **c) Seelische Reaktionen. – aa)** Der Zurechngszushang erstreckt sich grdsl auch auf seelische Reaktionen
des Verletzten, selbst wenn diese dch eine psychische Labilität wesentl mitbestimmt sind (BGH **20**, 139, **39**,
315, Rn 67) u hirnorganische Urs für die Ausfälle nicht festgestellt w können (BGH NJW **91**, 2348). Der
Schädiger muß daher für auftretde Depressionen (BGH VersR **66**, 931) u Wesensverändergen des Verletzten
(BGH VersR **60**, 225) einstehen. Ihm kann uU auch eine Selbstverstümmelg des Verletzten zugerechnet w
70   (BGH VersR **69**, 160). – **bb) Rentenneurose.** Der Schädiger haftet für eine beim Verletzten auftretde
Rentenneurose (Begehrensneurose) nicht, weil es dem Zweck des SchadErs widerspricht, „wenn gerade dch
die Tats, daß ein and SchadErs zu leisten hat, die Wiedereingliederg des Verletzten in den sozialen Lebens- od
Pfltenkreis erschwert od unmögl gemacht w" (BGH **20**, 142, NJW **79**, 1936, VersR **86**, 242, aA RG **159**, 259).
Der ErsAnspr ist auch dann ausgeschl, wenn nicht festgestellt w kann, daß der Verletzte seinen Versagenszu-
stand bei Zurückweisg seiner Anspr überwinden wird (BGH NJW **65**, 2293, **79**, 1936). Anders zu beurteilen
sind Rentenneurosen, die auf natsoz GewaltMaßn zurückzuführen sind (BGH **39**, 316). Grdsl von der ErsPfl
erfaßt werden Angstneurosen (BGH VersR **70**, 272), traumatische Neurosen (Hamm VRS **82**, 9), uU
Konversionsneurosen (BGH NJW **93**, 1523, Nürnbg VersR **94**, 1352, Hamm VersR **95**, 833, s aber Ffm VersR
93, 853), doch ist gem § 254 zu prüfen, ob die Fehlhaltg dch einen zumutb Willensakt od dch Rehabilita-
tionsMaßn überwunden w kann (BGH VersR **62**, 280, **70**, 272, § 254 Rn 36). Steht die neurot Fehlhaltg in
einem groben Mißverhältn zum schädigden Ereign, ist sie also Ausdr einer **offensichtlich unangemessenen
Erlebnisverarbeitung,** ist ebso wie in den Fällen von Rn 68 eine ErsPfl ausgeschl (BGH VersR **70**, 283, Köln
VersR **88**, 1049, Ffm VersR **93**, 853, Stoll JZ **82**, 203, aA BGH NJW **91**, 2348, **93**, 1523, Mü VersR **91**, 354).

71   **d)** Ein **Schockschaden,** den jemand dch den Tod od die Verletzg eines and erleidet, ist grdsl dem allg
Lebensrisiko zuzuordnen (Rn 88). Ein SchadErsAnspr besteht nur unter folgden Voraussetzgen: – **aa)** Die
GesundhBeschädigung muß nach Art u **Schwere** deutl über das hinausgehen, was Nahestehde als mittelb
Betroffene in derart Fällen erfahrgsgem an Beeinträchtiggen erleiden (BGH **56**, 163, VersR **89**, 854, Stgt
NJW-RR **89**, 478, Köln VersR **89**, 519, Staud-Medicus § 249 Rn 58). Nur wenn diese Grenze überschritten
ist, liegt eine Körperverletzg iSd § 823 I vor. Der ErsAnspr besteht auch, wenn der Schock dch ein Ereign
ausgelöst w, für das der Schädiger gem § 833 einzustehen hat (LG Gießen NJW **87**, 711). Er ist nicht
gegeben, wenn sich inf des Todes des Eheg die Alkoholabhängigk verschlimmert (BGH NJW **84**, 1405). –
bb) Der Anspr steht nur **nahen Angehörigen** zu (Stgt NJW-RR **89**, 478, LG Tübingen NJW **68**, 1187,
Berg NJW **70**, 515, str). Geschützt sind aber auch Verlobte u der Partner einer Liebesbeziehg (LG Ffm NJW
69, 2286, MüKo/Grunsky Rn 54 a). Führt der Schock zu einer Frühgeburt, ist auch der *nasciturus* in den
Schutz einbezogen (BGH NJW **85**, 1391). – **cc)** Der Schock muß im Hinblick auf seinen Anlaß **verständ-
lich** sein. Das trifft bei Tod u schweren Verletzgen auch dann zu, wenn der Angeh das Ereign nicht selbst
miterlebt, sond entspr benachrichtigt worden ist (BGH **93**, 351). Dagg besteht kein ErsAnspr, wenn der
Schock dch die Nachricht von einem unbedeutden Sachschaden (LG Hildesheim VersR **70**, 720), den Tod
eines Hundes (AG Essen JurBüro **86**, 1494, KreisG Cottbus NJW-RR **94**, 804) od dch polizeil Ermittlgen wg
einer falschen Verdächtigg (LG Hbg NJW **69**, 615) ausgelöst wird.

72   **e)** Der ZurechngsZushang erstreckt sich grdsl auch auf **mittelbar verursachte** Schäden. Beispiele:
Plangsfehler des Architekten u Wasserschaden am Mobiliar des Mieters (BGH NJW **87**, 1013); Sturz des
Geschädigten über ein Warndreieck nach der UnfallAufn (LG Konstanz NJW-RR **90**, 43); Refraktur des
Unterschenkels wg einer noch nicht ausgeheilten Primärverletzg (Hamm VersR **95**, 545); Sturz inf einer bei
einem fr Unfall erlittnen Beinverletzg (RG **119**, 204, BGH VersR **71**, 443); and soll es liegen, wenn sich der
Verletzte bei Artilleriebeschuß nicht rechtzeit in Sicherh bringen kann (BGH NJW **52**, 1010); Tod des
Verletzten dch Infektion im Krankenhaus (RG **105**, 264); Organspende der Mu zur Rettg ihres verletzten

Kindes (BGH **101**, 215); Produktionsausfall od Verderb von Sachen inf Beschädigg der Stromleitg u Unterbrechg der Stromzufuhr (BGH **41**, 125, NJW **68**, 1280), auch wenn Fehler bei der Notreparatur zur Schadensentstehg beigetragen haben (Hbg NJW **91**, 849), jedoch fehlt für nicht unter § 823 I fallde Schäden idR eine AnsprGrdl, da die einschläg Vorschr der LBauO keine SchutzG iSd § 823 II sind (BGH **66**, 388); Nichtausweisg eines Grdst als Bauland inf bergbaubedingter Bodensenkg (BGH **59**, 144); rechtsw Ausschl aus der HerdbuchGenossensch, Verzicht auf Vergrößerg der Herde u Zuteilg einer geringeren Milchquote (BGH NJW **95**, 126); rechtsw Verpfändg einer fremden Sache u Schaden dch öff Versteigerg (BAG NJW **90**, 3228); FdgsAusfälle des Käufers u Wiederverkäufers, weil dessen Abnehmer wg mangelhafter Lieferg ein ZbR geltd macht u später in Konk fällt (BGH **LM** (Bb) Nr 27). Auch der der **Leibesfrucht** dch Schädigg seiner Mutter mittelb zugefügte Schaden begründet eine SchadErsPfl (BGH **8**, 246, **58**, 48, NJW **85**, 1390). **Ausgeschlossen** ist eine SchadErsPfl, wenn das Risiko dem Schädiger nicht mehr zugerechnet w kann, so das Fehlschlagen eines weiteren Berufswechsels 20 Jahre nach dem Unfall (BGH NJW **91**, 3276) od Panikreaktionen von eingepferchten Schweinen wg VerkLärms (BGH **115**, 87, krit H. Roth JuS **93**, 716). Schäden aus der Befolgg einer ArbAnweisg sind nur zu ersetzen, wenn sie auch bei völl Beachtg der Anweisg entstanden wären; es genügt nicht, daß einz Elemente der Anweisg falsch waren (BAG DB **69**, 1466, krit Weitnauer **AP** Nr 9).

f) **Fehlverhalten Dritter** unterbricht den ZurechngsZushang idR nicht. – aa) Das gilt vor allem für **73** Fehler der Pers, die der Geschädigte zur Abwicklg od **Beseitigg des Schadens** hinzuzieht. Der Schädiger haftet auch für Folgeschäden, die währd der Behandlg dch ärztl Kunstfehler entstehen (BGH **3**, 268, NJW **86**, 2368, **89**, 768, DAR **92**, 58). Entspr gilt für Folgeschäden aus Fehlern der Reparaturwerkstatt (BGH **63**, 183), des Anwalts (RG **140**, 9) od eines SchiffsFü (BGH VersR **77**, 325). Der ZurechngsZushang entfällt ausnweise bei ungewöhnl grobem Fehlverhalten, so bei schweren Kunstfehlern des Arztes (RG **102**, 231, BGH NJW **89**, 768, Köln VersR **94**, 989), Tierarztes (Köln VersR **90**, 389) od Anwalts (RG **140**, 9), bei einem inf grober Fahrlässigk bei der Reparatur entstandenen Brandschaden (BGH VersR **77**, 519). Für den dch eine fehlerh Beurk entstandenen Schaden haftet der Notar nach dem Schutzzweck seiner AmtsPfl dagg auch dann, wenn dieser vom **Gericht** dch Übersehen des § 313 S 2 grob fahrlässig mitverursacht worden ist (BGH NJW **82**, 572, krit Hanau DNotZ **82**, 500). Der Beratgsfehler des RA bleibt weiter ursächl, auch wenn der Notar ihn bei der anschließden Beurk hätte berichtigen können (BGH NJW **90**, 2882). Auch dch gerichtl Fehlleistgen wird der UrsZushang zw RAVerschulden u Schaden nicht unterbrochen (BGH AnwBl **88**, 641, Düss VersR **88**, 1274). Der ZurechngsZusHang entfällt aber, wenn der Mandant den Schaden nicht verhindert, obwohl er dazu aGrd einer andweitigen Beratg in der Lage war (BGH NJW **94**, 2822). – bb) Wer **74** eine **Gefahrenlage** schafft, bei der Fehlleistgen und erfahrgsgem vorkommen, hat (auch außerh von Rn 73) den dch das Fehlverhalten Dritter entstehden Schaden idR zurechenb mitverursacht (BGH **43**, 181, **LM** HGB 735 Nr 5); das gilt auch dann, wenn zw der Entstehg der Gefahrenlage u des Schadens ein längerer Zeitraum liegt (BGH NJW **82**, 2669, 6 Tage alte Fahrbahnverschmutzg). Zw dem Teileinsturz eines Hauses u dem behördl Abrißgebot besteht auch dann ein Zurechngszushang, wenn die behördl Vfg nicht gerechtfertigt war (BGH **57**, 254). Der für eine rechtsw Inhaftierg Verantwortl haftet auch für den Schaden, der dem Inhaftierten dch die unberecht Künd von Krediten entsteht (BGH **106**, 316). Wer auf einer Schnellstraße einen Unfall verursacht, haftet auch für Schäden, die dch das Auffahren weiterer Kfz entstehen, sog **Ket- 75 tenunfall** (BGH **43**, 181, Karlsr VersR **79**, 1013). Das gilt auch dann, wenn ein Kfz wg des Unfalls auf der nicht versperrten GgFahrbahn anhält u dort angefahren w (Köln VersR **71**, 574/1024). Die Haftg des für den Erstunfall Verantwortl erstreckt sich auch auf Verletzgen, die ein unbeteiligter Dritter dch einen Auffahrden erleidet (BGH NJW **72**, 1804); sie entfällt aber, wenn der Erstunfall nur der zufäll äußere Anlaß für den weiteren Unfall war (Karlsr DAR **91**, 300). Wer für den Untergang eines Schiffes verantwortl ist, muß für Schäden einstehen, die ein Dritter auf das Wrack davon trägt (Hbg VersR **72**, 1119). Wer ein Schiff zu einem harten Rudermanöver veranlaßt, haftet, wenn dieses wg Verrutschens der Decksladg untergeht (BGH **LM** (Bb) Nr 17). Veranlaßt ein Radfahrer schuldh ein Kfz zu einem Ausweichmanöver, bei dem 2 Fußgänger getötet w, ist der Radfahrer auch dann mitverantwortl, wenn das Kfz viel zu schnell gefahren ist (BGH VersR **63**, 262). Wer zur Sicherg der von ihm geschaffenen Gefahrenlage alle notw **Schutzvorkehrungen** trifft, haftet aber nicht, wenn es trotzdem zu Schäden kommt (BGH VersR **69**, 895, MüKo/Grunsky Rn 52a). Der ZurechngsZushang entfällt wg Fehlens einer Gefahrerhöhg, wenn der wg der Verletzg des Fahrers eingesetzte ErsFahrer einen Schaden verursacht (BGH VersR **71**, 81) od wenn das Kfz beim Abholen aus der Reparaturwerkstatt dch einen Dr beschädigt w (Düss MDR **95**, 264). – cc) **Vorsätz- 76 liches Verhalten Dritter.** Auch hieraus entstehde Schäden können dem Erstschädiger nach dem Schutzzweck der verletzten Norm zuzurechnen sein (BGH **106**, 316). Wer für einen BeurkFehler verantwortl ist, haftet, wenn der hierdch Begünstigte den Fehler vorsätzl rechtsw zu seinem Vorteil ausnutzt (BGH NJW-RR **90**, 204). Wer fahrl eine Schwarzfahrt ermöglicht, haftet auch für vorsätzl Verhalten des Schwarzfahrers (BGH NJW **71**, 459). Wer einen Weidezaun beschädigt, muß für das entlaufene u von Dritten entwendete Vieh SchadErs leisten (BGH NJW **79**, 712). Wer den Geschädigten dch Beibringg von Gift in einen wehrlosen Zustand versetzt, haftet auch für die anschließde vorsätzl Mißhandlg dch einen Dr (BGH NJW **92**, 1382). Bei Reizg zu einer gefährl Hdlg haftet der Provokateur neben dem Provozierten für die von einem Dritten erlittene Verletzg (BAG DB **68**, 1996). Wer auf einer stark befahrenen Straße eine Verkehrsstockg verursacht, ist ersatzpflichtig, wenn and Kfz den **Grünstreifen** od Fußweg befahren u hierdch Schäden entstehen, da auch der Straßeneigentümer in den Schutz der straßenverkehrsrechtl Normen einbezogen ist (Brem VersR **70**, 424, MüKo/Grunsky Rn 58, Staud/Medicus § 249 Rn 58, aA BGH **58**, 162, Kramer JZ **76**, 344). Hat jemand die Pfl, Schäden dch Dr zu verhindern (Veranstalter einer Massenveranstaltg), ist ihm auch vorsätzl Verhalten Dr zuzurechnen (BGH NJW **80**, 223).

g) **Willensentschlüsse des Verletzten.** – aa) Eine ErsPfl kommt auch dann in Betracht, wenn der **77** Schaden dch eine Hdlg verursacht w, die auf einem Willensentschluß des Verletzten beruht (sog psychische vermittelte Kausalität). Voraussetzg ist, daß der Schaden nach Art und Entstehg nicht außerh der Wahrscheinlichk liegt u unter den Schutzzweck der Norm fällt (Rn 58 ff u 62 ff). Die Rspr bejaht diese Voraussetzgen, wenn die Hdlg des Verletzten dch das haftgsbegründde Ereign **herausgefordert** worden ist u eine nicht ungewöhnl Reaktion auf dieses darstellt (BGH **57**, 25, **63**, 189, NJW **95**, 127, 451). Die Beweislast für die Herausforderg trägt der Geschädigte (BGH NJW **81**, 570). Der Schädiger haftet entspr Rn 74 aber auch dann, wenn er eine Gefahrenlage geschaffen hat, bei der Fehlleistgen und erfahrgsgem vorkommen, so etwa, wenn der unzureichd beratene Mandant das gekaufte Grdst weiterverkauft u dadch den SchadErsAnspr wg

78 NichtErf verliert (BGH NJW **95**, 451). – **bb) Nothilfe und rechtlich oder sittlich gebotene Handlungen.** Der Schädiger hat für Schäden einzustehen, die Dr bei einem mit einer Risikoerhöhg verbundenen Rettgs- od Hilfeversuch erleiden (Köln NJW-RR **90**, 669, Karlsr VersR **91**, 353), so bei Rettg aus einem brennenden Kfz (RG **164**, 125, Stgt NJW **65**, 112), aus einem im Schienenbereich der Bahn liegen gebliebenen Pkw (Düss VRS **89**, 15), beim Anhalten dchgehder Pferde (RG **50**, 221, Celle NJW **79**, 723), bei Entferng der vom Schädiger umgefahrenen BAB-Leitplanke (Köln NJW-RR **87**, 857), iF einer Organspende der Mu zur Rettg ihres verletzten Kindes (BGH **101**, 215, zur Begründg krit Stoll JZ **88**, 153). Kein ZurechnsgsZushang besteht, wenn dem Helfer bei der Hilfeleistg eine Uhr gestohlen w (Ffm VersR **81**, 768) od wenn der Feuerwehrmann bei der Brandbekämpfung mit dem vorgeschädigten Fuß umknickt (BGH NJW **93**, 2234).

79 – **cc) Verfolgungsfälle.** Der nach einem VerkUnfall flüchtde Schädiger haftet für die bei seiner Verfolgg entstehden Schäden (BGH NJW **64**, 1363, VersR **67**, 580). Entspr gilt für den nach einem od Delikt od einer Festn flüchtden Schädiger, sofern der Verletzte in vorwerfb Weise zur Verfolgg herausgefordert worden ist u sich im Schaden ein verfolggstypisches Risiko verwirklicht hat (BGH **57**, 25, **63**, 189, NJW **71**, 1982, **90**, 2885, Saarbr NJW-RR **92**, 473, Strauch VersR **92**, 932). Zw dem eingegangenen Risiko u dem

80 erstrebten Erfolg muß ein angem Verhältn bestehen (MüKo/Grunsky Rn 62). – **dd) Weitere Fälle.** Willensentschlüsse des Verletzten unterbrechen den ZurechngsZushang nicht, wenn sie nicht frei getroffen, sond dch das Verhalten des Schädigers herausgefordert od wesentl mitbestimmt worden sind. Die Zurechng entfällt daher nicht, wenn der Geschädigte nach Vortäuschg eine KündGrdes „freiwillig" der VertrAufhebg zustimmt (BGH BB **82**, 516, BayObLG NJW **82**, 2004), wenn der Geschädigte Aufwendgen zur Beseitig des Schadens macht (Rn 83), wenn der Geschädigte wg der Unfallverletzg vorzeit in den Ruhestand geht (BGH NJW **86**, 2763), wenn der Geschädigte aus dem wg eines Notarfehlers formnicht Vertr in Kenntn der Nichtigk Anspr geltd macht (BGH NJW **88**, 1143, 1262), wenn der VertrSchl wg falscher Beantwortg einer Frage scheitert, die dem Geschädigten nur wg einer PflVerletzg des Schädigers gestellt worden ist (BGH NJW **92**, 2087), wenn der Geschädigte bei der Reparatur, die wg der Lieferg von mangeln Einbauteilen notwend ist, mangelfreie Sachbestandt zerstört (BGH NJW **92**, 1225, aA Brüggemeier/Herbst JZ **92**, 804), wenn der hirnverletzte Geschädigte strafb Hdlgen begeht u zwangsweise untergebracht wird (BGH NJW **79**, 1055), wenn der Halter sein verkehrsunsicheres Fzg einem fahruntüchtigen Jugdlichen ohne Führerschein überläßt (Köln VRS **83**, 167), wenn der Geschädigte in vertretb Würdigg der Sach- u RLage einem

82 **Vergleich** (BGH **101**, 219, NJW **99**, 100, NJW-RR **92**, 1197) od eine Abfindgsvereinbg (BGH NJW **93**, 1141) schließt, und aber wenn er seine RPosition leichtfert aufgibt (BGH NJW **93**, 1589). Dagg besteht nach dem Schutzzweck der Norm kein ZurechngsZushang zw dem vom Notar verschuldeten Zweifel über die Wirksamk eines Vertr u den Kosten eines Proz, in denen ein Beteil erfolglos die Nichtigk des Vertr geltd gemacht hat (BGH **70**, 376). Führt ein Bauherr das Bauvorhaben wg Verzuges des Untern nicht zu Ende, wird der ZurechngsZushang idR unterbrochen (Hbg VersR **84**, 1048). Entspr gilt, wenn der Gläub wg einer unbedeuten VertrVerletzg des Schu grdlos vom Vertr zurücktritt (BGH NJW **87**, 253).

83 **h) Aufwendungen.** Der Geschädigte kann, soweit § 249 S 2 anwendb ist, den zur Schadensbeseitig erforderl Geldbetrag u damit im Ergebn Ers seiner Aufwendgen verlangen (§ 249 Rn 6 ff). Auch die ErsPfl gem § 249 S 1 erstreckt sich auf Aufwendgen des Geschädigten, soweit er sie nach dem Umst des Falles als notw ansehen durfte (BGH **66**, 192, NJW **90**, 2061). Sein Willensentschluß unterbricht den ZurechngsZushang nicht, da er nicht frei getroffen, sond dch das Verhalten des Schädigers veranlaßt worden ist (Rn 77). Die ErsPfl besteht nur für Aufwendgen, die ein wirtschaftl denkder Mensch bei einer Betrachtg *ex ante* für notw halten durfte (BGH aaO). Sie betrifft auch Aufwendgen, die erforderl waren, um einen konkret drohden Schaden zu verhindern (BGH **123**, 309); sie ist zB gegeben, wenn der VertrPartner Aufwendgen macht, um die dch den VertrBruch des and Teils drohden Nachteile abzuwenden (BGH **LM** HGB 376 Nr 2, WM **72**, 558, BAG JZ **76**, 721), wenn der Geschädigte zur Abwendg od Beseitigg des Schadens einen RAnw beauftragt (§ 249 Rn 20), wenn das Wasserwerk wg der Einleitg von Schadstoffen Kosten für Wasseranalysen aufwendet (BGH **103**, 140), wenn der Kraftwerksbetreiber nach einer Schornsteinbesetzg seine Wachen verstärkt (LG Itzehoe NJW **87**, 1269), wenn der Geschädigte sich gg Beeinträchtiggen seiner Ehre od seines geschäftl Rufes zur Wehr setzt (BGH **66**, 192, § 253 Rn 2), wenn der Geschädigte an einen Nichtberecht SchadErs leistet, den er irrtüml für den Berecht hielt (BGH NJW **91**, 1110). Keine ErsPfl besteht für Aufwendgen, die der Geschädigte hätte machen können, aber nicht gemacht hat (BGH VersR **70**, 121).

84 **i) Unterlassen.** Auch ein Unterlassen kann im RSinn einen Schaden zurechenb verursachen, sofern eine Pfl zum Handeln bestand u die Vornahme der gebotenen Hdlg den Schaden verhindert hätte (BGH **7**, 204, Düss NJW-RR **86**, 576, s StGB 13). Die Pfl zum Handeln kann auf Ges, Vertr, vorangegangenem gefährl Tun od der Aufnahme von VertrVhdlgen (Karlsr VersR **78**, 61) beruhen. Gesetzl HdlgsPflten ergeben sich vor allem aus der VerkSichergsPfl (§ 823 Rn 58 ff) u aus den FürsorgePflten des FamR (BGH **73**, 194). Um den ZurechngsZushang zu bejahen, muß die unterbliebene Hdlg hinzugedacht u festgestellt w, daß der Schaden dann nicht eingetreten wäre, bloße Wahrscheinlichk des Nichteintritts genügt nicht (BGH **64**, 51, NJW **61**, 870, BFH NJW-RR **94**, 102). Voraussetzg ist weiter, daß der Schaden unter den Schutzzweck der verletzten Norm fällt, die HandlgsPfl also einen Schaden wie den eingetretenen verhindern sollte (BayObLG NJW-RR **94**, 337). Für die Verletzg von AufklPflten gilt uU eine Umkehr der BewLast (§ 282 Rn 15). Außerdem können die Grds des *prima-facie*-Beweises anwendb sein (Rn 167).

85 **k)** Hängt die Beurteilg des ZurechngsZushanges davon ab, wie ein **Gericht** od eine Behörde eine best Frage **entschieden haben würde,** ist davon auszugehen, daß die Sache iS des jetzt zuständ Gerichts richtig entschieden worden wäre (BGH **36**, 144, **51**, 34, NJW **88**, 3015, stRspr, krit Braun ZZP **96**, 89). Es dürfen sämtl BewMittel benutzt werden, auch solche die im fr Verfahren noch nicht zur Vfg standen (BGH **72**, 331). Für die BewLast gelten die gleichen Grds wie im nicht dchgeführten Verfahren (BGH **30**, 232, WM **85**, 203). Ein dch AnwVerschulden verlorener Proz begründet keinen Schaden im RSinn, wenn sich im Regreß-

Proz herausstellt, daß der ErstProz materiellrechtl richt entschieden worden ist (BGH NJW **87**, 3255). Bei Ermessensentscheidgen ist darauf abzustellen, wie die Behörde nach ihrer übl Praxis entschieden hätte (BGH NJW **59**, 1125, VersR **85**, 359, BVerwG **16**, 342, **31**, 1). Die Prüfg des hypothet Ablaufs entfällt, wenn sicher ist, wie entschieden worden wäre (BGH **79**, 226, NJW **86**, 1924). Ist dch ein schädigdes Ereign eine behördl **Maßnahme ausgelöst** worden, muß das Gericht diese als verbindl hinnehmen. Das gilt (abgesehen vom Fall der Willkür) insb für die vorzeitige Pensionierg eines verletzten Beamten (BGH VersR **69**, 76, 538, **72**, 976, krit Dunz VersR **84**, 906).

l) **Mehrere Verursacher.** Ein ZurechngsZushang ist auch dann gegeben, wenn die Hdlg des Schädigers **86** den Schaden nicht allein, sond nur im ZusWirken mit dem Handeln eines and herbeiführen konnte, sog **Gesamtkausalität,** auch kumulative Kausalität genannt (RG **69**, 58, **73**, 290, BGH NJW **90**, 2884). Bei Mittätern, Gehilfen od Anstiftern ist gem § 830 jeder für den Schaden verantwortl. Entspr gilt gem § 830 I 2, wenn sich nicht ermitteln läßt, wer von mehreren Beteiligten den Schaden dch seine Hdlg verursacht hat, sog **alternative Kausalität.** Haben zwei Ereign den Schaden herbeigeführt, von denen jedes auch allein den Schaden verursacht hätte, sind beide im RSinne ursächl, sog konkurrierde od **Doppelkausalität** (BGH VersR **71**, 819, **83**, 732, NJW **88**, 2882, **92**, 2692, **93**, 1723, Mü NJW-RR **90**, 42, krit Jung AcP **170**, 429); die *condicio-sine-qua-non-*Formel (Rn 57) bedarf insow einer normativen Korrektur. Ist der Schaden **teilweise 87** dch das eine u teilw dch das and Ereign verursacht worden, besteht dagg ledigl eine gem ZPO 287 voneinand abzugrenzde Teilverantwortlichk (BGH **LM** § 276 (Ca) Nr 11, § 823 (C) Nr 4, VersR **64**, 51). Eine bloß mögl Kausalität begründet außerh des Anwendgsbereichs von § 830 I 2 keine Haftg; das gilt auch für **Umweltschäden** (aA Hager NJW **86**, 1966).

m) Ein Schaden fällt nicht unter den Schutzzweck der verletzten Norm, wenn er bei wertder Beurteilg **88** die **Verwirklichung eines allgemeinen Lebensrisikos** darstellt (Deutsch JZ **93**, 1041). Entscheidd ist, ob der Schaden im inneren Zushang mit der vom Schädiger geschaffenen Gefahrenlage steht, od ob er zu dieser eine bloß zufäll äußere Verbindg hat. Der ZurechngsZushang entfällt daher, wenn bei der Behandlg der Unfallverletzg eine and, zur vorzeit Pensionierg führde Krankh entdeckt wird (BGH NJW **68**, 2287); wenn der Verletzte dch einen anläßl der Unfalloperation vorgenommenen, dch diesen aber nicht indizierten zusätzl Eingriff od dch eine der allg Vorbeugg diende Impfg geschädigt w (BGH **25**, 86, NJW **63**, 1671, VersR **65**, 349); wenn sich bei der Behandlg nach einem Unfall herausstellt, daß unfallunabhäng eine Bypassoperation notw ist (Düss DAR **91**, 148), wenn die wg eines Fehlers des Rentenberaters dchgeführte Überprüfg ergibt, daß sein Mandant zu viel Rente bezieht (BGH NJW-RR **89**, 530), wenn sich der Eigtümer der beschädigten Sache bei deren Abtransport einen Hexenschuß zuzieht (Karlsr OLGZ **81**, 123), wenn ein Pferd wg des Sturzes eines and in Panik gerät u dchgeht (Düss NJW **78**, 2036, krit v Mohrenfels JuS **79**, 775), wenn der argl getäuschte Pkw-Käufer in einen Unfall verwickelt w, sofern dieser mit der Täuschg in keinem Zushang steht (Honsell NJW **73**, 350, v Caemmerer FS Larenz 1973, 611, aA BGH **57**, 137), wenn bei der Aussonderg des angeschafften Ersatzbusses wg zu geringer Laufzeit kein öffentl Zuschuß gewährt wird (Hamm VersR **84**, 1051). Die ErsPfl für einen verspäteten Studiumsbeginn erstreckt sich auch auf Verzögergen dch einen Vorlesgsstreik (BGH NJW **85**, 792). Das mit schweren Mißbildgen geborene Kind kann keinen SchadErsAnspr darauf stützen, daß seine Abtreibg wg einer fehlerh ärztl Beratg unterblieben ist, sog **wrongful-life** Problematik; es hat keinen Anspr aur Nichtexistenz (BGH **86**, 241). Dagg steht den Eltern **89** ein SchadErsAnspr wg des gesamten UnterhBedarfs des Kindes zu, vorausgesetzt, es hat sich das Risiko verwirklicht, hins dessen der Arzt seine Pflten verletzt hat (BGH **89**, 104, Mü VersR **88**, 523).

n) **Kosten der Strafverfolgung. – aa) Maßnahmen gegen den Geschädigten.** Die hierdch entsteh- **90** den Nachteile sind grdsl kein zu ersetzder Schaden (Rn 95). Die Strafverfolgg gg den Geschädigten beruht auf dem Verdacht, er habe eine strafb Hdlg begangen, nicht darauf, daß seine Rechte od RGüter verletzt worden sind. Zwischen dem zum SchadErs verpflichteten Ereign u den Kosten besteht daher kein Ursachen-Zushang iSd *condicio-sine-qua-non-*Formel (aA BGH **26**, 76); auf den Schutzzweck der Norm kommt es nicht an (aA BGH **27**, 137). Bei einem Anspr aus dem StrEG sind nach dem Normzweck auch Verteidigerkosten zu ersetzen (BGH **65**, 176, **68**, 87), ebso iF einer falschen Verdächtigg (§§ 823 II, StGB 164), nicht aber, wenn der Anzeigde gutgl war (BVerfG NJW **87**, 1929). – **bb) Maßnahmen gegen den Schädiger.** Die **91** hierdch entstehden Kosten fallen nicht unter den Schutzzweck der privrechtl Haftgsnormen (BGH **75**, 235). Eine SchadErsPfl ist daher ausgeschl für die Kosten einer Strafanzeige (BGH aaO), einer PrivKlage (Düss VersR **72**, 52), einer Nebenklage (BGH **24**, 266, Schlesw VersR **94**, 833), einer Vernehmg als Zeuge (AG Waiblingen VersR **77**, 922). Ist der ArbN wg dienstlicher Verrichtgen (Lkw-Fahrer) Strafverfolggsmaßn ausgesetzt, so gehört das grdsl zu seinem Risikobereich (LAG Hamm NJW **91**, 861); ein AufwendgsErs-Anspr kann aber bestehen, wenn er im Ausl rechtsstaatsw VerfolggsMaßn ausgesetzt ist (BAG NJW **89**, 317).

o) **Verlust des Schadensfreiheitsrabatts** (s auch § 249 Rn 19). – **aa)** Er ist in der **Kaskoversicherung 92** als Sachfolgeschaden zu ersetzen (BGH **44**, 387), ebso der Verlust des Anspr auf Beitragsrückerstattg (Köln VersR **90**, 908). Da die Schadensentwicklg hinsichtl zukünft Mehrprämien von einer Vielzahl von ungewissen Faktoren abhängt, steht dem Geschädigten insow nicht die Leistgs-, sondern nur die Feststellgsklage offen (BGH NJW **92**, 1035). Der Geschädigte darf die KaskoVers in Anspr nehmen, wenn er einen Teil des Schadens selbst tragen muß od wenn mit einer langwierigen Abwicklg der Schadensreguliererg zu rechnen ist (Hamm VersR **93**, 1545). Der Anspr ist ausgeschl, wenn die KaskoVers nur wg der Neuwertklausel in Anspr genommen w (Saarbr NJW-RR **86**, 194, LG Brem VersR **93**, 710). Vgl zu entspr Schäden bei and Versichergen § 249 Rn 19). – **bb)** In der **Haftpflichtversicherung** besteht gg den Unfallgegner kein Ers- **93** Anspr, da die Rückstufg nicht auf den vom Geschädigten erlittenen Schaden, sondern darauf beruht, daß auch dem Gegner Schäden entstanden sind (BGH **66**, 398, BVerwG NJW **95**, 412). Ist der Unfall dch einen Mieter, einen ArbNeh od einen Schwarzfahrer verursacht worden, kann der Eigtümer umfassd für alle Vermögensschäden Ers verlangen; die ErsPfl erstreckt sich daher auf den Rückstufgsschaden (BAG NJW **82**, 846, Honsell JuS **78**, 747); uU wird das insow bestehde Schadensrisiko aber dch die dem ArbN od Beamten gewährte Kilometerpauschale mitabgegolten (BAG NJW **93**, 1028, BayVGH DVBl **93**, 396).

94   **p)** Ein ErsAnspr entfällt, wenn die ErsLeistg dem **Zweck des Schadensersatzes** zuwiderlaufen würde (s Rn 62). Entgangener Gewinn aus einer rechtl mißbilligten od verbotenen Tätigk ist daher nicht zu ersetzen (§ 252 Rn 3). Entspr ein Urt der wirkl RLage, auch wenn der Proz nur wg eines AnwVerschuldens verloren gegangen ist (BGH NJW **87**, 3255). Wird die Dchsetzg eines nicht der Sach- u RLage entspr Titels dch ein pflichtw Verhalten eines Beteiligten verhindert, so begründet das keinen Schaden im RSinne (BGH **124**, 95). Wird gg ein richtiges Urt weisgswidr kein RMittel eingelegt, besteht wg des Schadens aus der vorzeit Vollstr keine ErsPfl (RG **162**, 68, Hamm MDR **87**, 582). Der Steuerberater ist nicht ersatzpflicht, wenn seinem Mandanten ein ungerechtfertigter Steuervorteil entgeht (BGH VersR **94**, 738). Der dch eine Fälschg Begünstigte hat keinen ErsAnspr, wenn er wg eines Fehlers des Rpflegers die Vort der Fälschg nicht realisieren kann (BGH **97**, 186). Der Straftäter kann dagg wg der ihm auferlegten

95   **Strafe** ausnw einen ErsAnspr gg einen VertrPartner (Steuerberater, Bank) haben, wenn dieser ihn vertragswidr nicht gewarnt od ihn von einer strafbefreienden Selbstanzeige abgehalten hat (RG **169**, 267, BGH **23**, 225). Der ArbG braucht aber das dem ArbN auferlegte Bußgeld auch dann nicht zu ersetzen, wenn er überwiegd für die Ordngswidrigk verantwortl ist (LAG Hamm NJW **91**, 861, s aber BAG NJW **89**, 317). Die Bank ist auch bei Verletzg des Bankgeheimnisses nicht für Nachteile haftb, die ihr Kunde wg der von ihm begangenen strafb Hdlgen erleidet (Köln OLGZ **94**, 50).

96   **C) Hypothetische Schadensursachen und rechtmäßiges Alternativverhalten. – a)** Bei der hypothet od überholden Kausalität geht es um das **Problem,** ob sich der Schädiger darauf berufen kann, daß der von ihm verursachte Schaden aGrd eines and Ereign (sog Reserveursache) ohnehin eingetreten wäre. Systemat handelt es sich nicht um eine Frage der Kausalität, sond der Schadenszurechng. Real ursächl ist allein das Erstereign. Die Reserveursache hat sich nicht mehr ausgewirkt, weil der Schaden bereits eingetreten war (BGH **104**, 360).

97   **b)** Das **Gesetz** nimmt zu dem Problem nicht ausdrückl Stellg. § 249 S 1 sagt nur, daß das schädigde Ereign wegzudenken ist, nicht aber, daß hypothet Ursachen hinzuzudenken sind. §§ 287 S 2, 848 sehen für best Fälle die Berücksichtigg hypothet Ursachen vor, § 440 II u HGB 844 deren Nichtberücksichtigg. Dabei handelt es sich aber um SonderVorschr, die weder dch Analogie noch dch einen Umkehrschluß verallgemeinert werden können.

98   **c) Rechtsprechung und Lehre** haben trotz einer über 100jähr Diskussion keine allg anerkannte Lösg gefunden. Das RG hat in stRspr die Berücksichtigg hypothet Schadensursachen abgelehnt (RG **141**, 365, **144**, 80, **169**, 117), hiervon aber prakt wichtige Ausn zugelassen (Rn 99). Ein erhebl Teil des neueren Schrifttums tritt für die grdsl Beachtlichk hypothet Ursachen ein (MüKo/Grunsky Rn 79, Lange § 4 III–XI, ähnl OGH **1**, 308). Herrschd ist aber eine auch vom BGH favorisierte vermittelnde Ansicht (Rn 102).

99   **d)** Weitgehde **Übereinstimmung** besteht über drei Grds: – **aa) Anlagefälle.** Bestand bei Eintritt des schädigden Ereign eine der geschädigten Pers od Sache innewohnende Schadensanlage, die zu dem gleichen Schaden geführt hätte, beschränkt sich die ErsPfl auf die dch den ErsPflichtentritt bedingten Nachteile (RG **156**, 191, BGH **20**, 280, NJW **85**, 676, allgM). Keine od eine nur beschränkte ErsPfl besteht daher bei Beschädig einer Sache, die ihrer Anlage nach vor der Vernichtg stand (BGH **20**, 280), bei Schädig eines GewBetr, der wg fehlder Rentabilität ohnehin hätte liquidiert werden müssen (BGH **LM** (Ba) Nr 20), bei Unterlassen von Schönheitsreparaturen, wenn das Gebäude abgerissen od umgebaut werden sollte (Köln MDR **71**, 665, s aber BGH **77**, 303 u § 157 Rn 6), bei unberecht Künd eines Handelsvertreters, wenn dieser ohnehin selbst kündigen wollte (BGH **LM** (Ba) Nr 23), bei Verletzg einer Pers, die inf Krankh od Alters ohnehin in Kürze erwerbsunfäh geworden wäre (RG **129**, 321, BGH **LM** § 840 Nr 7 a, VersR **65**, 491, Ffm NJW **84**, 1409), bei Versteifg eines Knies dch einen ärztl Fehler, wenn arthrotische Veränderungen gleich zu einer Versteifg geführt hätten (BGH NJW **85**, 676), bei Schäden dch eine schuldh fortgesetzte Fehlinjektion, wenn diese dch die ohne Verschulden vorgenommene Erstinjektion ebso entstanden wären (BGH **78**, 213); für einen Verdienstausfall dch eine Kur, wenn diese schon vor dem Unfall bewilligt war (LG Würzbg NJW-RR **86**, 1356). Keine Schadensanlage in

100   diesem Sinne ist aber das allg Risiko von Kriegsschäden (BGH **29**, 216). – **bb) Hypothetische Verantwortlichkeit eines Dritten.** Die Reserveursache entlastet den Schädiger nicht, wenn sie einen ErsAnspr gg einen Dritten begründet hätte (BGH NJW **58**, 705, **67**, 552, Staud/Medicus § 249 Rn 100 f). Der Schädiger kann sich nicht darauf berufen, daß der Anspr gg den Dr summenmäß beschränkt od nicht dchsetzb gewesen wäre. Er haftet für den von ihm verursachten Schaden, nicht für das Nichtentstehen des Anspr gg den Dr (Staud/Medicus

101   aaO). Der Geschädigte darf keinesf mit einem doppelten Insolvenzrisiko belastet w. – **cc) Beweislast.** Der Schädiger hat die BewLast dafür, daß der Schaden auch aGrd der Reserveursache eingetreten wäre (BGH **78**, 214, NJW **67**, 551, **83**, 1053, Karlsr NJW-RR **87**, 868). Die gerade bei hypothet Verläufen vielf verbleibende Zweifel gehen daher zu Lasten des Schädigers (*arg* §§ 287 S 2, 848), jedoch kann im Bereich haftgsausfüllder Kausalität ZPO 287 anwendb sein. Geht es darum, welches von 2 realen Ereign den Schaden verursacht h (Unfall, Schlaganfall), ist der Geschädigte beweisbelastet (BGH VersR **87**, 179).

102   **e) Verbleibende Fälle:** Umstritten ist, wie die Fälle hypothet Kausalität zu behandeln sind, die sich nicht mit den unter d dargestellten Grds lösen lassen. Bsp: Bei einem VerkUnfall erleidet eine Taxe Totalschaden. Sie wäre ohne den Unfall drei Tage später bei einem Garagenbrand vernichtet worden. Hier ist zu unterscheiden: – **aa) Objektschaden.** Der Geschädigte erwirbt mit dem Ztpkt der Schädigg einen SchadErsAnspr gg den Schädiger. Dieser Anspr ist Bestandt seines Vermögens. Er wird dch spätere Ereign, die das Schadensobjekt, existierte es noch, betroffen hätten, nicht berührt (BGH **29**, 215, **125**, 61, **LM** (Ba) Nr 15 u 23, NJW **94**, 1000, Staud/Medicus § 249 Rn 104 f). Der Geschädigte trägt mit dem Schadensfall das FdgsRi-

103   siko. Ihn zusätzl mit dem Sachrisiko zu belasten, ist nicht zu rechtfertigen. – **bb) Vermögensfolgeschäden.** Hier geht es nicht um den Ersatz eines abgeschl Schadens, sondern um Nachteile, die sich im Laufe der Zeit entwickeln. Der weitere Geschehensablauf einschließl hypothet Ursachen ist daher zu berücksichtigen (BGH DB **79**, 352 u die in Rn 102 Zitierten). Im BspFall braucht der Schädiger daher den Nutzgsausfallschaden nur für drei Tage zu ersetzen. – **cc)** Die **Gegenansicht,** die die hypothet Kausalität unter Berufg auf den AusglGedanken auch bei Objektschäden berücksichtigen will (s die in Rn 98 Zitierten), vermag nicht zu überzeugen. Sie zeigt nicht auf, wieso der einmal entstandene SchadErsAnspr wieder erlöschen soll u warum der Geschädigte neben dem Fdgs- auch weiterhin das Sachrisiko tragen soll.

f) Zeitliche und sachliche Grenzen. Ist der SchadErsAnspr dch Erf erloschen, sind spätere hypothet 104 Ursachen nicht mehr zu berücksichtigen (Staud/Medicus § 249 Rn 106, Soergel-Mertens Rn 154, str). Entspr gilt für die Fixierg dch Urteil od Vergl, jedoch bleiben der wiederkehrden Leistgen dch Erhöh aus ZPO 323 unberührt. Ggü Anspr auf Herausg od Rückgewähr (§§ 556, 604, 667, 696, 812, 985 usw) ist die Berufg auf hypothet Ursachen auch dann ausgeschl, wenn sie mit einem SchadErsAnspr konkurrieren (Lemhöfer JuS **66**, 339); entspr gilt für Anspr aus dem AnfG (BGH ZIP **88**, 1061).

g) Rechtmäßiges Alternativverhalten. – aa) Besonders liegt das **Problem,** ob der Schädiger geltd 105 machen kann, der Schaden wäre auch entstanden, wenn er sich rechtsmäß verhalten hätte. Das RG hat diesen Einwand nicht zugelassen (RG **102**, 391, **163**, 138), wohl aber der OGH (OGH **1**, 308). Das BAG ist ursprüngl dem RG gefolgt (BAG **6**, 376, Metallarbeiterstreik), gestattet aber jetzt dem vertragsbrüch ArbN den Einwand, die geltd gemachten Inseratskosten wären bei vertrgem Künd ebso entstanden (BAG NJW **81**, 2430, **84**, 2846). Der BGH stellt bei der Lösg des Problems auf den Schutzzweck der verletzten Norm ab (BGH **96**, 173). Nach seiner Rspr darf der auf SchadErs in Anspr genommene Arzt geltd machen, der Patient hätte die wg fehler Aufklärg unwirks Einwillig auch bei gehör Aufklärg erteilt (BGH **90**, 111, § 823 Rn 51); der Anspr aus § 839 entfällt, wenn die von einer unzuständ Behörde getroffene Maßn von der zuständ ebso erlassen worden wäre (BGH NJW **71**, 239); der in Verletzg der VOL übergangene Bieter hat keinen ErsAnspr, wenn die Ausschreibg wg eines schwerwiegden Grdes hätte aufgehoben w müssen (BGH **120**. 285). – **bb) Grundsatz.** Das rechtmäß 106 Alternativverhalten ist grdsl beachtl (MüKo/Grunsky Rn 90, Esser/Schmidt § 33 III 2, Düss VersR **82**, 857). Schäden, die auch bei einem rechtmäß Verhalten des Schädigers entstanden wären, werden vom Schutzzweck der Haftungsnormen regelmäß nicht erfaßt. Der Schädiger trägt aber die BewLast dafür, daß der Schaden auf jeden Fall eingetreten wäre (BGH **29**, 187, **61**, 123, **120**, 287, NJW **91**, 167). Der SchadErsAnspr wg Maßn einer unzuständ Behörde scheitert daher nicht daran, daß die zuständ Behörde im Rahmen ihres Ermessens möglicherw ebso entschieden hätte (BGH NJW **59**, 1316). Wer anstelle die KonkVerw technische Unterl herausgegeben hat, kann sich nicht damit verteidigen, daß möglichw auch der KonkVerw zur Herausg bereit gewesen sei (BGH NJW-RR **95**, 937). Der Schädiger kann auch nicht einwenden, daß die fehlde RGrdl dch einen Dr hätte geschaffen werden können (BGH **63**, 325, fehlde VO). – **cc) Einschränkung.** Ausnahmsw 107 kann sich aus dem Schutzzweck der verletzten Norm ergeben, daß die Berufg auf rechtmäß Alternativverhalten ausgeschl ist (BGH **96**, 173, VersR **86**, 1183, Lange § 4 XII 5, aA Hanau DNotZ **86**, 413). Der Notar, der die FälligkBestätigg rechtsw vor Eintr der AuflVormkg erteilt hat, kann nicht geltd machen, daß er dch ein pflgem Verhalten einen fr Eintritt der Fälligk hätte erreichen können (BGH **96**, 173). Auch bei Verletzg grdlegder Verfahrensnormen kann die Berufg auf ein rechtmäß Alternativverhalten unzul sein (Soergel-Mertens Rn 164), so bei einer verfahrensw Unterbringg eines psychisch Kranken (Oldenbg VersR **91**, 306) so bei einer rechtsw FreihBeraubg, wenn die Voraussetzgen des dingl Arrests vorlagen.

6) Kreis der Ersatzberechtigten, Drittschadensliquidation. – a) Allgemeines. – aa) Der Kreis der 108 ErsBerecht wird dch das **Relativitäts-** und das **Tatbestandsprinzip** begrenzt. ErsBerecht ist bei VertrVerletzgen der VertrPart, bei Vertr zGDr od mit Schutzwirkg zGDr auch der begünstigte Dr (RelativitätsGrds, Einf 3 v § 241), bei unerl Hdlgen derjenige, dessen Rechte od rechtl geschützte Interessen verletzt worden sind (Tatbestdsprinzip). – **bb)** Wer dch die **Verletzung eines anderen** nur mittelb in seinem Vermögen geschädigt 109 wird, hat grdsl **keinen Ersatzanspruch.** Beispiele sind der dch die Verletzg seines Stars geschädigte Theaterveranstalter, der dch die Verletzg eines ArbNeh geschädigte ArbGeb (BGH **7**, 36, LG Hildesheim NJW-RR **86**, 453) u der ArbNeh, der dch Beeinträchtiggen des Betr seines ArbGeb Schaden erleidet. Von dem Grds, daß dem nur mittelb Betroffenen kein ErsAnspr zusteht, gelten aber (scheinb u wirkl) **Ausnahmen: (1)** Bei 110 unerl Hdlgen haben Dr in den Fällen u im Rahmen der §§ 844 II u 845 Anspr auf SchadErs. Diese Vorschr gelten auch für die Gefährdgshaftg (ProdHaftG 7 II, HaftPflG 5 II, StVG 10 II, LuftVG 35 II) u für DienstVertr (§ 618 III). **(2)** Ein ErsAnspr besteht, wenn dch die Verletzg eines und in ihrem Verhältn zu einem mittelb Betroffenen der Tatbestd einer haftgsbegründden Norm erfüllt wird. Bsp sind Schockschäden wg des Todes eines nahen Angeh (Rn 71) od die Schädigg der Leibesfrucht dch Verletzg der Mutter (Rn 72). Auch bei Anspr, die auf einen allg Vermögensschutz abzielen (Anspr aus Vertr, §§ 823 II, 826, 839), kann ein lediql mittelb Betroffener ersberecht sein. So umfaßt der Anspr aus § 538 auch den Schaden, der dem Mieter dch Tötg eines Unter- od Dienstverpflichteten entsteht (RG **77**, 100, BGH **LM** § 538 Nr 12/13). **(3)** Das Ges sieht in einer Reihe von Fällen vor, daß die Anspr des Verletzten ganz od teilw auf den mittelb Betroffenen übergehen. Beispiele sind EFZG 6 u SGB X § 116. **(4)** Für einige Fallgruppen ist anerkannt, daß der AnsprInh den Schaden des mittelb betroffenen Dritten liquidieren kann, sog Drittschadensliquidation (Rn 112). – **cc)** Der Anspr des 111 ErsBerecht **beschränkt** sich auf den von ihm selbst erlittenen Schaden (BGH **7**, 30). Der Erbe des Geschädigten kann daher nur für die dem Erblasser entstandenen Nachteile Ersatz verlangen (BGH NJW **62**, 911, **LM** § 823 (F) Nr 25, VersR **72**, 460). Dem Gter steht wg eines Schadens, der ihm als Reflex einer Schädigg der Gesellsch entstanden ist (Wertverlust der Aktie), kein eig SchadErsAnspr zu (BGH ZIP **95**, 829, krit Müller ZIP **95**, 1416). Eine KapitalGesellsch kann steuerl Nachteile ihrer Gter nicht als eig Schaden geltd machen (BGH NJW-RR **92**, 291). Umgekehrt kann der einer KapitalGesellsch dch Verletzg ihres Gters entstandene Schaden nicht als persönl Schaden des **Alleingesellschafters** gewertet w (MüKo/Grunsky Rn 115, Erm-Kuckuk Rn 147, Schulte NJW **79**, 2230, aA BGH **61**, 380, NJW **77**, 1283, NJW-RR **89**, 684). Der AlleinGter hat aber, wenn er tatbestandl Verletzte ist, einen SchadErsAnspr wg des Wertverlusts seiner GeschAnteile (BGH NJW-RR **95**, 864, Medicus § 249 Rn 186). Daneben kann ein eig SchadErsAnspr der jur Pers bestehen, soweit sie selbst Verletzte ist, so etwa wenn sie in den Schutzbereich des von ihrem Gesellschter geschlossenen Vertr einbezogen ist.

b) Drittschadensliquidation. – aa) Der Schaden, der typischerw beim ErsBerecht eintreten müßte, 112 wird vielfach aufgrd eines RVerhältn zw dem ErsBerecht u einem Dr auf diesen verlagert. Es besteht Einverständn darüber, daß der Schädiger aus dieser **Schadensverlagerung** keinen Vorteil ziehen darf. Rspr u Lehre lassen daher beim Auseinanderfallen von GläubStellg u geschütztem Interesse eine Drittschadensliquidation zu (BGH **40**, 100, **51**, 93, Staud/Medicus § 249 Rn 191, Lange § 8 III, Larenz § 27 IV). Ein Teil der neueren Lit verneint die Zulässigk der Drittschadensliquidation, gelangt aber auf and, komplizierter Begründgswegen zu prakt übereinstimmden Ergebn (s Junker AcP **193**, 348). – **bb) Anwendungsbereich.** 113

Die Drittschadensliquidation kommt idR nur bei vertragl Anspr in Betracht (Hamm NJW **70**, 1793). Bei Anspr aus **unerlaubter Handlung** ist sie nur in den Fällen der obligatorischen Gefahrentlastg (Rn 117) zul (BGH VersR **72**, 1139, Hbg MDR **74**, 668, str), ferner in der Fallgruppe mittelb Stellvertretg (Rn 115), soweit es um Anspr aus AmtspflVerletzg geht (RG JW **27**, 1144, BGH NJW **67**, 931, **91**, 2697). Der GrdSchGläub kann bei einer AmtspflVerletzg des Notars nicht den Schaden des Eigtümers geltd machen (BGH VersR **83**, 460). Ausgeschlossen ist die Drittschadensliquidation bei Anspr aus § 906 II 2 (Salje DAR
114 **89**, 302). Im öffR kann sie ausnw zul sein (BVerwG **12**, 254). – **cc) Anspruchsinhaber** ist der Inh der verletzten RStellg; er kann auf Leistg an sich od den Geschädigten klagen (BGH NJW-RR **87**, 880, NJW **89**, 452, KG NJW-RR **91**, 273). Der geschädigte Dr kann idR gem § 281 Abtretg des SchadErsAnspr verlangen. Gg seinen Willen ist die Liquidation seines Schadens nicht zul (RG **115**, 426, BGH NJW **85**, 2412). Mit dem ErsAnspr des Inh der verletzten RStellg kann ein (idR delikt) SchadErsAnspr des Dr konkurrieren (BGH NJW **85**, 2412, aA BGH NJW **84**, 2569). Beide sind in diesem Fall GesamtGläub (BGH NJW **85**, 2412). Der **Umfang** des Schadens richtet sich nach den Verhältn des Dr (BGH VersR **72**, 1140, str). Dieser muß sich MitVersch des AnsprInh, aber auch eig MitVersch anrechnen lassen (BGH NJW **72**, 289).

115   **c) Fallgruppen. – aa)** Wer als **mittelbarer Stellvertreter** für fremde Rechng einen Vertr geschlossen hat, kann den Schaden des GeschHerrn gg den zum SchadErs verpflichteten VertrGegner geltd machen (RG **90**, 246, **115**, 425, BGH **25**, 258, VersR **72**, 68, 199, 274, stRspr). Das gilt insb für den Spediteur (Hbg VersR **87**, 558, Rabe TransportR **93**, 1), der sowohl für den Empfänger als auch für den Absender liquidieren darf (BGH NJW **89**, 3099), den Frachtführer (Ffm NJW-RR **86**, 577), den Empfänger (Piper VersR **88**, 202), den Kommissionär, den Beauftragten, aber auch für den TrHänder (BGH NJW-RR **87**, 881) u den Notar (Düss WM **86**, 639). Besonders liegt es beim Fixkostenspediteur (Rabe aaO). Der Inkassozessionar ist berecht, den Schaden des Zedenten geltd zu machen (RG **107**, 132), auch iF der SichgAbtr soll der SichgN iW der Drittschadensliquidation befugt sein, den Zedentenschaden ersetzt zu verlangen (BGH NJW **95**, 1283). Grdsl mögl ist auch die Liquidation eines Schadens, der in der Belastg mit einer EntschPfl aus enteignungsglei-
116 chem Eingriff besteht (BGH **57**, 335). – **bb)** Wer als berecht Besitzer einer fremden Sache einen Vertr abschließt, der hinsichtl der Sache eine **Obhutspflicht** begründet, kann bei Verletzg dieser Pfl ggü dem VertrGegner den Schaden des Eigtümers geltd machen (BGH **40**, 101, NJW **69**, 790, **85**, 2412, Naumbg OLG-NL **94**, 174). Das ergibt sich für den Fall der Gastwirtshaftg aus § 701, gilt aber allg. Mit dem vertragl SchadErsAnspr des Besitzers kann ein delikt Anspr des Eigtümers konkurrieren (BGH NJW **85**, 2412, Rn 114). Liegen zugl die Voraussetzgen des Vertr mit Schutzwirkg zGDr vor, besteht gleichf eine unter § 428 fallde AnsprKonkurrenz (Söllner JuS **70**, 163, str, für Vorrang des Vertr mit Schutzwirkg zGDr BGH **49**, 355, NJW **85**, 2411, § 328 Rn 19). Ist umgekehrt der Eigtümer VertrSchließder u der Besitzer (Mieter)
117 der Geschädigte, ist eine Drittschadensliquidation nicht zul (Hamm NJW-RR **87**, 725). – **cc) Gefahrentla-stung.** Erleidet der zur EigtÜbertrag verpflichtete Eigtümer bei Beschädigg od Zerstörg der Sache keinen eig Schaden, weil er ggü seinem Gläub frei wird, kann er das Drittinteresse seines Gläub geltd machen (RG **62**, 334, BGH **40**, 100, NJW **70**, 41, VersR **72**, 1139, Hbg MDR **74**, 668). Hauptanwendgsfälle sind der Versendgskauf (§ 447) u das Vermächtn (§§ 2174, 275). Beim WerkVertr kann der Besteller den Schaden des Untern geltd machen, wenn das bereits vor Abnahme (§ 644) in sein Eigtum übergegangene Werk dch Dr zerstört od beschädigt w (BGH NJW **70**, 41). Soweit der Untern aus Besitzverletzg einen eig SchadErs-Anspr hat, besteht GesamtGläubigersch, § 428 (Rn 114, str). Ein Anspr in Höhe des VerkWertes der Sache steht dem Eigtümer auch nach der Lehre vom obj Schadenskern als Mindestschaden zu (BGH **49**, 361, Rn 53). Der SchadensAusgl darf aber nicht auf den dch Wert beschränkt w (Lange § 8 III 6; aA Peters AcP **180**, 336). Es entspr nicht dem Sinn der Gefahrtraggsregeln, das Risiko der ErsPflichtigen zu mindern u den
118 Dr zu belasten. – **dd) Vereinbarung.** Die Liquidation des Drittinteresses ist mögl, wenn die Part dies ausdrückl od stillschw vereinbart haben (RG **170**, 251). Für einen entspr PartWillen müssen aber konkrete AnhaltsPkte vorliegen (BGH NJW **69**, 271). Der LizenzGeb kann berecht sein, den Schaden weiterer NutzgsBerecht gg den LizenzN geltd zu machen (BGH NJW **74**, 502). Bei Kauf od WkVertr kann dagg bei einer sog **Verkäuferkette** nicht angenommen werden, daß der Käufer od Besteller berecht sein soll, den Schaden seines Abnehmers zu liquidieren (BGH **40**, 102, **LM** (D) Nr 11, Hamm NJW **74**, 2092). Das Problem der Produkthaftg läßt sich nicht über die Drittschadensliquidation lösen (BGH **51**, 93, § 823 Rn 201 ff). Eine Drittschadensliquidation kommt nicht in Betracht, wenn der dch ein WettbewVerbot Ge-schützten seinen Betr an einen Dr veräußert (Kblz NJW-RR **91**, 152). Entspr gilt, wenn ein GewerbeBetr dch die von einem Dr verursachte Beschädigg eines Stromkabels geschädigt w (BGH NJW **77**, 2209). Der GeneralUntern kann uU berecht sein, ggü dem SubUntern den Schaden des Bestellers od und SubUntern geltd zu machen (Fender BauR **84**, 257). Dagg ist bei Verletzg sonst bauvertragl Pflten eine Drittschadensli-quidation, etwa des Schadens des NachUntern od des Architekten, nicht zul (BGH NJW **85**, 2477, Locher/Löffelmann NJW **82**, 970, krit Kraus BauR **86**, 27). Beim LeasVertr ist der Lieferant nicht berecht, den Schaden des LeasG zu liquidieren (Düss NJW-RR **89**, 884).

119   **7) Vorteilsausgleichung. – A) Allgemeines. – a) Problem.** Hat das zum SchadErs verpflichtde Er-eign neben Nach- auch Vorteile gebracht, ergibt sich die Frage, ob diese auf den SchadErsAnspr anzurech-nen sind. Das Gesetz nimmt zu dem Problem nicht ausdr Stellg. Einzelne Vorschr sehen eine Vorteilsan-rechng vor (zB § 642 II), andere schließen sie aus (zB § 843 IV). Aus der Entstehgsgeschichte des BGB ergibt sich, daß der GesGeber die Lösg des Problems Rspr u Lehre überlassen wollte (Mot II 19).

120   **b) Formel.** Die Rspr macht die Vorteilsausgleichg von zwei Voraussetzgen, einer tatsächl u einer norma-tiven, abhängig: Zw dem schädigden Ereign u dem Vorteil muß ein **adäquater Kausalzusammenhang** bestehen (BGH **49**, 61, **81**, 275). Weiter muß die Anrechng des Vorteils aus der Sicht des Geschädigten zumutb sein (BGH **10**, 108); sie muß dem **Zweck des Schadensersatzes** entsprechen u darf den Schädiger nicht unbillig entlasten (BGH **8**, 329, **30**, 33, **91**, 210, 361, BAG NJW **68**, 222). Das neuere Schrifttum stimmt dem Ergebn der Rspr weitgehd zu, hält aber die von der Rspr entwickelten Abgrenzgskriterien für unbrauchb (Esser/Schmidt § 33 V, Larenz § 30 II, Lange § 9 III). Dieser Kritik ist zuzugeben, daß die von der Rspr verwandten Begriffe (Zumutbark, Billigk, Zweck des SchadErs) wenig aussagekräftig sind u in

Fallgruppen konkretisiert werden müssen (s Rn 125–147). Der Lit ist es aber nicht gelungen, einen der Rspr überlegenen, plausiblen Lösgsvorschlag zu entwickeln (s die Darstellg der Lehrmeingen bei Lange § 9 II 4), wenn sie auch einzelne brauchb Wertgsgesichtspunkte herausgearbeitet hat.

c) Kausalitätserfordernis. – aa) Das schädigde Ereign muß *condicio sine qua non* für den anzurechnden 121 Vorteil sein. Der wg eines Kunstfehlers in Anspr genommene Arzt kann sich daher nicht darauf berufen, daß der Patient ohne die Operation verstorben wäre, denn der Behandlgsfehler, nicht die Operation ist das haftb machde Ereign (RG JW **34**, 869). Der für einen VerkUnfall Verantwortl kann dem von ihm Verletzten nicht entgghalten, dieser habe erbrechtl Vorteile, weil sein Bruder bei dem gleichen Unfall getötet worden sei (BGH NJW **76**, 747), denn die Verletzg des Geschädigten, nicht der Tod des Bruders ist der HaftgsGrd. – **bb)** Zw dem schädigden Ereign u dem Vorteil muß ein **adäquater** Ursachenzushang bestehen (RG **80**, 160, BGH **49**, 61, **81**, 275, NJW **89**, 2389, **90**, 1360, stRspr, aA die hL, s Staud/Medicus § 249 Rn 145 mwNw). Inadäquate Vorteile, die wg der insoweit maßgebden Kriterien (Rn 58) schon in den aleatorischen Bereich gehören, sind in spiegelbildl Anwendg des Gedankens des allg Lebensrisikos (Rn 88) dem Geschädigten, nicht dem Schädiger gutzubringen.

d) Wertungsgesichtspunkte. Die Entscheidg, ob ein Vorteil anzurechnen ist od nicht, läßt sich nicht auf 122 einen einzigen Grundgedanken zurückführen (Lange § 9 III 3). Sie muß vielmehr nach den für die einzelnen Fallgruppen maßgebden Sachgesichtspunkten getroffen werden. Im Anschluß an Thiele (AcP **167**, 193) läßt sich aber eine allg Voraussetzg der Vorteilsausglch formulieren: Zw Nach- u Vorteil muß ein **innerer Zusammenhang** bestehen, so daß beide bei werfder Betrachtg gleichsam zu einer RechngsEinh verbunden sind (BGH **77**, 154, **91**, 210, 363, NJW **89**, 2117, **90**, 1360). Aus den Vorschr über die **Legalzession** (SGB X 116, VVG 67, AFG 127, BBG 87a, BRRG 52, EFZG 6) liegt ein allg RGedanke zugrde: Sie setzen voraus, daß der ErsAnspr des Geschädigten dch die Leistg des Legalzessionars nicht berührt wird u schließen daher in ihrem Anwendgsbereich eine VorteilsAusgl aus (Rn 143 ff). Im übrigen gilt: Weder die Anrechng noch die Nichtanrechng des Vorteils ist die Regel (Staud/Medicus § 249 Rn 146). Beides bedarf vielmehr einer auf die Eigenart der Fallgruppe abgestellten Begründg.

e) Durchführung der Vorteilsausgleichung. – aa) Der Vorteil wird, ohne daß es einer GestaltgsErkl 123 des Schädigers bedarf, vom ErsAnspr abgezogen. Es handelt sich um einen Fall der **Anrechnung** nicht der Aufr (§ 387 Rn 2); die VorteilsAusgl findet daher auch bei gesetzl od vertragl AufrVerboten statt (BGH NJW **62**, 1909). Sind der ErsAnspr u der Vorteil nicht gleichartig, muß der Geschädigte den Vorteil Zug um Zug gg Erf des ErsAnspr herausgeben (BGH **27**, 248). Besteht der Vorteil in einem Anspr gg einen Dr, muß dieser abgetreten w (BGH NJW-RR **90**, 80, 1201). – **bb)** Der Vorteil kann auch in der **Vermeidung von Verlusten** bestehen (BGH NJW **89**, 2117), so etwa wenn eine unricht BankAusk zur Weiterbelieferg u zu FdgsAusfällen führt, zugl aber auch zur Befriedig älterer Fdgen (BGH NJW-RR **92**, 1397). – **cc) Kongruenz von Vor- und Nachteilen.** Der Vorteil ist bei der Schadensposition abzusetzen, der er sachl entspricht (BGH NJW **79**, 760). Erforderl ist ebso wie beim gesetzl FdgÜbergang sachl u zeitl Kongruenz (Rn 152). Auf die Kosten der Umschulg kann daher der später erzielte Mehrverdienst nicht angerechnet w (s BGH NJW **87**, 2741, Nürnbg VersR **91**, 1256); unfallbedinger Mehrbedarf kann nicht mit höherem ArbVerdienst verrechnet w (s Ffm MDR **83**, 752). Ersparte häusl Verpfleggskosten sind von den Heilbehandlgskosten, nicht vom Verdienstausfallschaden abzuziehen (Rn 141). – **dd) Quotenvorrecht.** Beschränkt sich die ErsPfl gem § 254 auf eine Quote od besteht eine summenmäß Haftgsbeschränkg, ist der Vorteil quotenmäß zu berücksichtigen (BGH NJW **70**, 461). Die Einnahmen aus der ersatzw aufgenommenen Tätigk darf der Geschädigte daher nicht vorweg mit seiner Mithaftgsquote verrechnen (BGH NJW-RR **92**, 1050); bei einem UnterhSchaden sind Einkünfte der Witwe/des Witwers aber nicht zuerst in erster Linie auf den ersetzden Schadensteil anzurechnen (BGH **16**, 274, NJW **83**, 2316, NJW-RR **86**, 1402). – **ee)** Die **Beweislast** für die Voraussetzgen der VorteilsAusgl trägt der Schädiger (BGH **94**, 217, NJW **79**, 761, **83**, 1053, NJW-RR **92**, 1397).

f) Anwendungsbereich. Die Grds der VorteilsAusgl gelten für SchadErsAnspr aller Art, auch für den 124 aus § 845 (Karlsr FamRZ **88**, 1051, Rn 142) u den nachbarrechtl AusglAnspr (BGH NJW **92**, 2884). Keine Anwendg finden sie auf ErfAnspr (RG **80**, 154, BGH BB **92**, 1162) u Anspr aus dem AnfG (RG **100**, 90). Auf NachbessergsAnspr ist der Gedanke der VorteilsAusgl anwendb (BGH **91**, 210, NJW **89**, 2389). Entspr gilt für Anspr aus Auftr od GoA, soweit die Aufwendg in einem Schaden besteht (Oldbg NdsRpfl **72**, 273). Zur VorteilsAusgl im EnteignsR s Übbl 28 v § 903.

B) Eigene Handlungen des Geschädigten. Soweit der Geschädigte den Schaden dch eig Leistg abwen- 125 det od mindert, entscheidet § 254 II über die Anrechng od Nichtanrechng. Bei Maßn, zu denen der Geschädigte gem § 254 II verpflichtet ist, ist der Vorteil anzurechnen; Vorteile aus überpflichtmäß Anstrenggen des Geschädigten entlasten den Schädiger dagg nicht (BGH **55**, 332, allgM).

a) Eigener Arbeitsverdienst. Wg des Grds der Kongruenz (Rn 123) kommt eine Anrechng nur auf den 126 Verdienstausfallschaden od den Anspr aus § 844 II in Frage. Maßstab für die Anrechng od Nichtanrechng ist § 254 II (s dort Rn 36 ff). Der Schädiger wird nicht entlastet, wenn der Geschädigte eine verhinderte Tätigk dch Mehrarbeit nachholt (BGH **55**, 332, krit Lieb JR **71**, 371), wenn er eine unzumutb Erwerbstätig aufnimmt (BGH NJW **74**, 602), wenn der ArbG die Dienste des vertragsbrüch ArbN zusätzl selbst leistet (BAG NJW **68**, 222), wenn die Witwe, ohne hierzu gem § 254 II verpflichtet zu sein, erwerbstät ist (BGH **4**, 176, VersR **69**, 469).

b) Vorteile aus einem vom Geschädigten abgeschlossenen **günstigen Vertrag** sind idR nicht anzurech- 127 nen (Müller-Laube JZ **91**, 162). – **aa)** Der Gewinn aus einem **Deckungsgeschäft** mindert die ErsPfl des Schädigers grdsl nicht. Wenn der Geschädigte den neuen Kunden ohnehin hätte beliefern können, fehlt es bereits an einem KausalZushang zw dem schädigden Ereign u dem Vorteil (RG **52**, 154, **102**, 349, BGH NJW **70**, 32). Auch wenn dieses Erfordern erfüllt ist, ist der Mehrerlös aus dem ZweitGesch grdsl nicht anzurechnen (RG **89**, 284, KG NJW-RR **88**, 1403). Etwas and gilt aber dann, wenn der Geschädigte seinen Schaden auf der Grdl eines konkreten DeckgsGesch berechnet u der Mehrerlös aus diesem Gesch den

128 VerkWert der Sache nicht übersteigt (BGH NJW **81**, 1834, **82**, 326). – **bb)** Verkauft der gutgl Käufer die Sache unter Vereinbg eines **Haftungsausschlusses** od sonst mit Gewinn weiter, so berührt das seinen ErsAnspr aus § 463 nicht (BGH NJW **81**, 45, **92**, 3175, Mü NJW **80**, 1581). Für SchadErs wg Nicht- od Schlechtlieferg gilt allg, daß der Schädiger nicht entlastet wird, wenn der Abnehmer des Geschädigten keine MängelAnspr geltd macht (BGH NJW **77**, 1819); and ist es bei SchadErsAnspr auf das negative Interesse (BGH NJW **92**, 3175). Der SchadErsAnspr des Vermieters wg unterlassener **Schönheitsreparatur** wird nicht dadch ausgeschlossen, daß der Nachmieter deren Kosten übernimmt (BGH **49**, 61, Staud/Medicus
129 § 249 Rn 155, aA Hbg VersR **91**, 716). – **cc) Anzurechnen** ist der Vorteil, wenn er nach Art u Entstehg mit dem entstandenen Nachteil in einem unlösb inneren Zushang steht (BGH NJW **82**, 326). Wer rechtsw zum Kauf einer Sache veranlaßt worden ist, muß sich den Gewinn aus deren Weiterveräußerg anrechnen lassen (BGH NJW **84**, 229). Bei verspäteter Lieferg ist der Wertsteigerg der Sache anzurechnen, wenn der Geschädigte sie bei rechtzeitiger Lieferg sofort weiterveräußert hätte u nicht in den Genuß der Werterhöhg gekommen wäre (BGH **77**, 154).

130 **c)** Hat der Geschädigte bei Dchsetzg seiner Anspr eine Sache in der **Zwangsversteigerung** unter Wert ersteigert, ist der Vorteil nicht anzurechnen (s RG **80**, 155, Lange § 9 V 3). Etwas ad gilt dann, wenn der Geschädigte die Sache ohnehin erwerben wollte u er ohne die Zwangsversteigerg ein höheres Entgelt hätte zahlen müssen (RG **133**, 221). Wird der Zuschlag amtspflwidr versagt, ist der Vorteil aus der späteren Ersteigerg anzurechnen (BGH NJW-RR **87**, 246). Erst nach dem Erwerb eintretde Wertsteigergen sind nicht zu berücksichtigen (BGH VersR **67**, 189).

131 **C) Leistungen Dritter. – a) Freigiebige Leistungen** Dritter sind nicht anzurechnen, wenn sie, wie idR, nicht den Schädiger entlasten, sond dem Geschädigten zugute kommen sollen (RG **92**, 57, BGH **21**, 117). Nicht auszugleichen sind daher: Ertrag einer Sammlg für den Geschädigten (RG JW **35**, 3369); freiw UnterhLeistgen eines Dritten (RG **92**, 57), etwa des Partners einer eheähnl LebensGemeinsch (BGH **91**, 363), Betreuung dch Angeh (BGH VersR **73**, 85), Dienstleistgen von Angeh od Mitgesellschtern, die für den verletzten BetrInhaber einspringen (BGH NJW **70**, 95), freiw Zuwendgen des ArbG (BGH **10**, 107), freiw Leistgen von Unterstützgskassen (Hamm VersR **69**, 1151), „Verwandtenrabatt" bei der ErsBeschaffg (Hamm VersR **77**, 735). Hat die Drittleistg den Zweck, den Schädiger zu entlasten, ergibt sich die Anrechenbark bereits aus § 267. Ist der geschuldete, aber nicht angebrachte Sichg der Giebelwand nicht mehr erforderl, weil der Nachbar inzw angebaut hat, entlastet dies den Schädiger nicht (BGH NJW **94**, 314, in der Begründg allerdings abweichd). Die ErsPfl für Schäden an der Kanalisation wird nicht dadch ausgeschlossen, daß die Gem die Kosten der Schadensbeseitigg dch eine **Gebührenerhöhung** auf alle Benutzer abgewälzt hat (BVerwG NJW **95**, 2305).

132 **b) Leistungen aus einer Privatversicherung. – aa)** In der **Schadensversicherung** scheidet eine VorteilsAusgl schon deshalb aus, weil der SchadErsAnspr hier gem VVG 67 auf den Versicherer übergeht. VVG 67 gilt für die Feuer-, Diebstahls-, Kasko- u TransportVers, ferner für die RSchutzVers (BGH VersR **67**, 774, Köln NJW-RR **94**, 956 u ARB 20 II) u die KrankenVers, soweit sie die Behandlgskosten betrifft (BGH **52**, 352). Der FdgsÜbergang beschränkt sich auf die Schäden, die dem versicherten Risiko kongruent sind (BGH **25**, 340, **44**, 383, Rn 152). Hat der Schädiger den Schaden wg MitVersch od einer summenmäß Haftgsbegrenzg nur teilw zu ersetzen, geht die Fdg nur über, soweit nach voller Befriedigg des Geschädigten noch eine ErsPfl des Schädigers verbleibt, Differenztheorie, QuotenVorR des VersN (BGH **13**, 28, **44**, 382, **47**, 308). Zur rechnerischen Abwicklg in der Kfz-KaskoVers s BGH **82**, 338, NJW **82**, 829, Müller
133 VersR **89**, 317. – **bb)** In der **Summenversicherung** ist VVG 67 unanwendb; gleichwohl mindert die VersLeistg die ErsPfl nicht, da sie als Ergebn privater Schadensfürsorge nicht den Schädiger entlasten, sond dem Geschädigten zugute kommen soll. Die Leistgen aus der LebensVers sind daher weder mit ihrem Stammwert noch mit ihren Erträgn anzurechnen (BGH **73**, 109). Das gilt nicht nur für die RisikoVers, sond auch für die SparVers (BGH **73**, 109, and noch BGH **39**, 249). Auch bei der UnfallVers ist weder die VersSumme anzurechnen (BGH **19**, 99, **25**, 328) noch deren Erträge (BGH NJW **57**, 905, VersR **69**, 351). Gleichgült ist, ob der Vertr vom Geschädigten od einem Dritten (Angeh, ArbG) abgeschlossen worden ist (BGH NJW **68**, 837). Hat der **Schädiger** zugunsten des Geschädigten eine Vers, etwa eine Insassenunfall-Vers, abgeschlossen, sind deren Leistgen aber auf ein entspr Verlangen des Schädigers anzurechnen (BGH **64**, 266). Entspr gilt, wenn ein naher Angeh des Schädigers VersN ist (BGH **80**, 11).

134 **c) Leistungen des Sozialversicherungsträgers und andere Sozialleistungen** führen zum FdgÜbergang kr Ges, nicht aber zur Entlastg des Schädigers. Maßgebd ist SGB X § 116 (s Rn 148ff). Eine Anrechng kommt nach dem Zweck der Sozialleistg auch dann nicht in Betracht, wenn ausnw kein FdgsÜbergang stattfindet (BGH **4**, 178, FamRZ **92**, 42, Bambg VersR **94**, 995). Auch die Übernahme von Kosten dch die Streitkräfte od den staatl GesundhDienst entlastet den Schädiger nicht (BGH NJW-RR **89**, 671, Celle VersR **89**, 491).

135 **d) Leistungen nach den Beamtengesetzen** führen gem BBG 87a, BRRG 52 zu einem Übergang des SchadErsAnspr auf den Dienstherrn u entlasten den Schädiger nicht. Der FdgÜbergang vollzieht sich bereits im Ztpkt des schädigend Ereign (BGH BGH NJW **84**, 607, Ffm VersR **87**, 593). Gleichgült ist, ob der Dienstherr Dienstbezüge weiterzahlt od Versorggsleistgen erbringt. Beihilfeleistgen führen zum FdgÜbergang (BGH NJW **77**, 802, **LM** RVO 1542 Nr 122), sind aber auch dann nicht anzurechnen, wenn ausnw kein FdgsÜbergang stattfindet (BGH NJW **92**, 1557). Dieser besteht auch auf vertragl SchadErsAnspr (BGH NJW **83**, 1377) u findet auch dann statt, wenn die Versorggslast des Dienstherrn bei Tötg eines pensionierten Beamten im Ergebn geringer w (BGH FamRZ **58**, 210). Der FdgÜbergang darf sich nicht zum Nachteil des Beamten auswirken. Seine volle Befriedigg hat daher vor der *cessio legis* den Vorrang (BGH **22**, 137, VersR **67**, 902). Auch wenn der Beamte seine SchadensmindergsPfl verletzt, geht die AnsprKürzg zunächst zu Lasten des Dienstherrn (BGH NJW **84**, 354). Zur Höhe des übergehden Anspr s § 252 Rn 9, zum Ausschluß des Übergangs bei Anspr gg Angeh Rn 159.

136 **e) Leistungen des Arbeitgebers.** Erhält der verletzte ArbN aufgrd gesetzl Vorschr (§ 616 II, EFZG, HGB 63) od vertragl Vereinbg sein Gehalt weiter, so entlastet das den Schädiger nicht. Die Gehaltsfortzahlg muß nach ihrem Zweck (fürsorgerische Leistg zG des Geschädigten) bei der Schadensfeststellg unberücksichtigt bleiben (BGH **7**, 30, **10**, 107, **43**, 381). Das ergibt sich zugl aus dem in EFZG 6 angeordneten Fdg-

Übergang. Nicht anzurechnen sind auch: das Gehalt, das die OHG od KG ihrem verletzten Gesellschter weiterzahlt (BGH NJW **63**, 1051, **70**, 95); das Gehalt, das die Einmann-GmbH ihrem arbeitsunfäh AlleinGesellschter weitergewährt (BGH NJW **71**, 1136); das vom ArbG gezahlte Sterbegeld (BGH NJW **78**, 536); Ruhegehälter des ArbG od einer Unterstützgskasse; Abfindgen des ArbG (BGH NJW **90**, 1360). Der SchadErsAnspr des verletzten ArbN geht gem EFZG 6 auf den ArbG über; die von BGH **107**, 328 zu LFZG 4 vertretene Ansicht, iF der Verletzg eines Angestellten finde kein gesetzl FdgsÜbergang statt, ist überholt. Ist EFZG 6 nicht anwendb, muß der Verletzte seinen Anspr analog §§ 255, 281 an den ArbG (Dienstberechtigten) abtreten (BGH **107**, 329). Das BefriediggsVorR steht wie bei VVG 67 u BRRG 52 dem Geschädigten zu (Lange VersR **70**, 486, 493).

f) Unterhaltsleistungen. – aa) Grundsatz. Für RentenAnspr aus §§ 843, 844 ist in §§ 843 IV, 844 II, **137** 618 III, ProdHaftG 9 II, HaftpflG 8 II, UmweltHG 15 II, StVG 13 II, LuftVG 38 II ausdr bestimmt, daß UnterhLeistgen an den Geschädigten die ErsPfl des Schädigers nicht mindern. Diese Vorschr sind Ausdr des **allgemeinen Rechtsgedankens:** Leistgen des UnterhPflichtigen entlasten nach ihrem Zweck den Schädiger nicht (BGH **9**, 191, VersR **70**, 41, NJW **71**, 2070). Auf den ErsAnspr gg den Vormd, der UnterhAnspr gg den Vater verjähren ließ, sind daher die Leistgen der Mutter nicht anzurechnen (BGH **22**, 72). Auf den Anspr aus § 844 II wg Tötg der Mutter dürfen die UnterhLeistgen des Großvaters u die nach dessen Tod gewährte Waisenrente nicht angerechnet w (BGH NJW **74**, 1236/1653). Dagg sind UnterhVorauszahlgen u Abfindgen zu berücksichtg (BGH NJW **71**, 2069). Ein SchadErsAnspr besteht nicht, wenn das Kind nach dem Tod des Vaters von der Mutter aus den Erträgen des gleichen Vermögens unterhalten w wie vorher (BGH NJW **69**, 2008). – **bb) Ausnahmen.** Besonders liegt es, wenn das den UnterhAnspr begründe **138** RVerhältn erst dch das **schädigende Ereignis ermöglicht** worden ist. Auf den Anspr der Witwe (des Witwers) aus §§ 844 I od 845 sind nach **Wiederverheiratung** die Leistgen des neuen Eheg anzurechnen (BGH NJW **70**, 1127, Bambg DAR **77**, 300), jedoch lebt der Anspr nach Tod od Scheidg der neuen Ehe wieder auf (MüKo/Grunsky Rn 108 a). Dagg sind die Leistgen des Partners einer eheähnl LebensGemeinsch nicht anzurechnen (BGH **91**, 359, krit Lange JZ **85**, 90). Ebso bleibt der ErsAnspr der Unfallwaisen aus § 844 II im Fall der **Adoption** unberührt (BGH **54**, 269, § 1755 I 2).

g) Schadensausgleich durch bestehende Sicherheiten. Wird ein Schaden, etwa ein FdgsAusfall, dch **138a** zG des Geschädigten bestehde Sicherh ausgeglichen, so entlastet dies den Schädiger nicht (BGH NJW **94**, 511), zum einen, weil es sich um eine Maßnahme privater Schadensfürsorge handelt, zum and, weil hier idR eine *cessio legis,* etwa nach §§ 774, 1143 od 1225, vorgesehen ist (BGH aaO).

D) Vorteile ohne Zutun des Geschädigten oder eines Dritten. – a) Erbrechtlicher Erwerb. – 139 aa) Die Hinterbliebenen brauchen sich den **Stammwert** der Erbsch od des Pflichtt auf den Anspr aus § 844 grdsl nicht anrechnen zu lassen, da ihnen dieser später ohnehin zugefallen wäre (BGH **8**, 328, NJW **57**, 905). Anzurechnen ist die Erbsch aber, wenn die Eheg aus dem Stamm ihres Vermögens lebten (MüKo/Grunsky Rn 109), wenn feststeht, daß der Getötete den Hinterbliebenen enterbt od sich wiederverheiratet hätte (Thiele AcP **167**, 232), od wenn der ErsBerecht eine erhebl geringere Lebenserwartg hatte als der Getötete (Lange § 9 IV 4 c bb, aA BGH VersR **67**, 1154). Das gilt jedoch nur für Anspr aus § 844. Die Vorteile aus dem gleichzeit verursachten Unfalltod seines Bruders braucht sich der Geschädigte nicht entgghalten zu lassen (BGH NJW **76**, 747). – **bb) Erträgnisse der Erbschaft** sind anzurechnen, soweit sie ohne das **140** schädigde Ereign vom Getöteten – etwa für den eig Unterh – verbraucht worden wären (BGH NJW **74**, 1236, **79**, 760, Ffm NJW-RR **90**, 1443). Das gilt auch dann, wenn der Geschädigte nur zur Nutznießg berecht ist (BGH VersR **69**, 951) od wenn er dem ihm zustehden PflichtAnspr nicht geltd macht (BGH NJW **61**, 119). Maßgebd ist nicht der Brutto- sond der Nettoertrag (BGH VersR **62**, 323). Soweit die Bewirtschaftg der Erbsch ArbLeistgen des Erben erfordert, ist hierfür ein hypothet Gehalt (UnternLohn) anzusetzen (BGH **58**, 14). Der Anspr aus § 844 II wg Todes der Mutter entfällt, wenn das Kind wg des gleichzeitigen Todes des Vaters Vermögen erbt, dessen Erträge seinen UnterhBedarf decken (BGH **62**, 129). Nicht anzurechnen sind die Erträge, soweit der Getötete sie zur Vermehrg seines Vermögens verwandt hätte (BGH NJW **74**, 1236).

b) Ersparte Aufwendungen sind wg ihres engen Zushanges mit dem entstandenen Nachteil (Rn 122) **141** nach der Differenzhypothese (Rn 8) grdsl anzurechnen (MüKo/Grunsky Rn 97, allgM), es sei denn, die Ersparn beruht auf einem überpflichtmäß Verzicht des Geschädigten. **Anzurechnen** sind daher: auf den Verdienstausfallschaden die ersparten Kosten für Fahrten zur auswärt Arbeitsstätte (BGH NJW **80**, 1787); bei Krankenhaus- od Kuraufenthalt die ersparten häusl **Verpflegungskosten** von iZw 10 DM pro Tag (Hamm NJW-RR **95**, 599), u zwar auf die Heilbehandlgskosten, nicht auf den Verdienstausfallschaden (BGH NJW **80**, 1787), jedoch erstreckt sich die *cessio legis* auf den SozVersTräger in Höhe der Ersparn auch auf den Verdienstausfall (BGH NJW **84**, 2628, Schmalz VersR **95**, 516; auf den SchadErsAnspr wg Nicht-Erf bei konkreter Schadensberechng alle ersparten Aufwendgen (BGH NJW **69**, 879, **82**, 326); auf den ErsAnspr wg Bruch des ArbVertr das ersparte Gehalt (BAG DB **70**, 1646); bei SchadErs wg Verletzg einer WettbewAbrede die ersparte Karenzentschädig (BGH VersR **75**, 132); bei verspäteter Fertigstellg eines Hauses die ersparten Zinsen (BGH NJW **83**, 2137); bei Anmietg eines Pkw die ersparten Eigenkosten (§ 249 Rn 14); bei Nachbessergskosten die sog „**Ohnehin“- Kosten,** um die das Werk teurer geworden wäre, wenn es von Anfang an ordngsmäß hergestellt worden wäre (BGH **91**, 210, NJW-RR **88**, 1045). Dabei sind die Sowieso-Kosten auf den Preisstand einer seinerzeitigen ordngsmäß Errichtg zu beziehen (BGH NJW-RR **94**, 148). Eine Anrechg ist aber ausgeschl, wenn der Gläub die Mehrkosten bei einem pflgem Verhalten des Schu auf einen Dr hätte abwälzen können (BGH BauR **90**, 84). Anzurechnen sind weiter: auf SchadErs-Anspr wg Betrugs beim Autokauf die ersparte Abnutzg des andl gekauften Pkws (Hamm NJW **70**, 2296); auf ErsAnspr wg pflichtw Kreditgewährg die Unterstützg, die die Gemeinde wg des Hinausschiebens des UnternZusbruchs erspart hat (RG JW **37**, 740). Dagg kann der wg **Anstellungsbetrugs** Entlassene sich **142** nicht darauf berufen, seine Arb habe die Vergüt für eine and Pers erspart (Mü MDR **65**, 988). Beim Anspr wg entgangener Dienste (§ 845) sind nur die ersparten Aufwendgen für Wohng u Verpflegg, nicht der gesamte ersparte UnterhAufwand anzurechnen (BGH **4**, 129, NJW **53**, 98, VersR **61**, 857, s aber Karlsr

FamRZ **88**, 1050). Für den Anspr des Witwers wg **Wegfall der Haushaltsführung** (§ 844 II) gilt diese Beschränkg nicht (BGH **56**, 389, VersR **84**, 876, aA Staud/Medicus § 249 Rn 171), jedoch sind die ersparten UnterhLeistgen nur im Rahmen der Billigk auszugleichen (BGH aaO). Die beim Vater eintretde Ersparn mindert aber nicht den Anspr des Ki wg Todes der Mu (Hamm NJW-RR **87**, 539).

143　　**c) Nutzungen.** Ist ein VertrVerh rückabzuwickeln, sind die vom Geschädigten gezogenen Nutzgen iW der Vorteilsausgleichg anzurechnen (BGH NJW **62**, 1909, Karlsr OLGZ **75**, 192). Das gilt jedoch nicht bei einer dch die Verhältn erzwungenen obj unzumutb Nutzg (Saarbr NJW-RR **87**, 471). Bewertgsmaßstab ist bei aufgedrängten Nutzgen nicht der VerkWert, sond die ersparte Abnutzg der andf gekauften Sache. Diese können bei Pkw auf 0,10–0,15 DM/km veranschlagt w (Hbg VersR **81**, 138, § 347 Rn 9). Zu berücksichtigen ist aber auch der Vorteil aus der **vorzeitigen Rückgabe** der Sache (BGH **82**, 121, 132, NJW **95**, 1541).

144　　**d) Steuerliche Vorteile** sind grdsl im Wege der VorteilsAusgl zu berücksichtigen (BGH **53**, 132, NJW **86**, 245, Kullmann VersR **93**, 388, zum umgekehrten Fall nachteiliger steuerl Auswirkgen s § 249 Rn 18). – **aa)** Die Steuerersparn aus folgden Vergünstiggen mindern die ErsPfl: Steuerfrei gem EStG 3 für Leistgen der Unfall-, Kranken- u ArbLosenVers (BGH NJW **80**, 1788) u für ArbNAbfindgen (BGH NJW **89**, 3150); Steuerfrei gem EStG 22 für ErwerbsunfähigkRenten (BGH NJW **86**, 245, **87**, 1814); Abzugsfähigk von Schuldzinsen gem EStG 21 a (BGH NJW **83**, 2137); Steuerfrei des ErwerbsunfähigkSchadens gem GewStG 7 (BGH NJW **79**, 915, **87**, 1814); Steuervorteile aus erhebl Verlustzuweisgen (BGH NJW **84**, 2524, NJW-RR **88**, 161); Vorteile aus einer Verringerg der Progression bei einer nur quotenmäß Haftg des Schädigers (BGH NJW **95**, 391); Berechtigg zum **Vorsteuerabzug** gem UStG 15 (BGH NJW **72**, 1460); Umsatzsteuerfrei der ErsLeistg (BGH NJW **87**, 1690, 1814); Berücksichtigg des Verspätgszuschlags als BetrAusgabe (BGH NJW-RR **91**, 794); Abschreibgsmöglichk gem EStG 7, 7b (BGH NJW **90**, 571); die Nichtanwendg des ErbStG, wenn der Geschädigte statt der Erbsch SchadErs für deren Verlust erhält (Lange § 6 XIII 4a). Die VorteilsAusgl entfällt, wenn die ErsLeistg gleichf der SteuerPfl unterliegt (BGH **74**, 114, NJW-RR **88**, 788,
145 856, Ffm NJW-RR **90**, 281). – **bb)** Auch der **Zweck der Steuervergünstigung** od and Wertgsgesichtspunkte können eine Berücksichtigg des Vorteils ausschließen (BGH NJW **93**, 1643, Kullmann VersR **93**, 390). Nicht anzurechnen sind: Vorteile aus dem Pauschbetrag für Behinderte gem EStG 33b (BGH NJW **86**, 245) u aus Sonderregelgen bei der MWSteuer für Landwirte (Hbg NJW **91**, 849); die Vergünstigg nach EStG 34 (BGH **74**, 116, § 252 Rn 11); Vorteile aus der Verj der Steuerschuld (BGH **53**, 137); Ersparn dch eine Tarifsenkg, die inf der Verzögerg der ErsLeistg anwendb wird (BGH WM **70**, 637); Vorteile aus einer steuergünstigen Verwendg des SchmerzG (BGH NJW **86**, 983). Vgl hierzu u zum Wegfall von SozialVers-Beiträgen auch § 252 Rn 11 ff.

146　　**e) Abzug neu für alt.** Wird eine gebrauchte Sache dch eine neue ersetzt od dch den Einbau von Neuteilen repariert, kann dies zu einer Werterhöhg führen. Diese Differenz ist grdsl vom Geschädigten auszugleichen (BGH **30**, 33). Es müssen aber folgde Voraussetzgen erfüllt sein: – **aa)** Dch die Schadensbeseitigg muß eine meßb **Vermögensvermehrung** eingetreten sein. Diese ist bei Einbau eines generalüberholten Motors gegeben (Kbls VRS **88**, 170), nicht aber wenn Teile ersetzt werden, die im allg die Lebensdauer des Kfz erreichen (KG NJW **71**, 144). Wird die 8 Jahre alte Abwasserleitg eines Hauses erneuert, kann gleichf eine meßb Steigerg des VerkWertes fehlen (Kblz NJW-RR **90**, 149). Auch bei SchadErs für eine Zahnprothese kommt ein Abzug neu für alt idR nicht in Betracht (AG Landshut NJW **90**, 1537). Wird bei der ErsLeistg die demnächst fäll Generalüberholg mitdchgeführt, muß dagg ein Abzug erfolgen (BGH NJW-RR **90**, 827: Flugzeug). – **bb)** Die Werterhöhg muß sich für den Geschädigten wirtschaftl **günstig auswirken** (Celle VersR **74**, 1032). Diese Voraussetzg ist bei Neuerrichtg einer abgebrannten Baulichk wg der längeren Lebensdauer u der Ersparn von Reparaturaufwendgen idR erfüllt (BGH **30**, 34, **102**, 331). Entspr gilt für die Erneuerg des Daches (Ffm BauR **87**, 323), einer Mauer (BGH NJW **92**, 2884, Düss NJW-RR **93**, 664) od von Teilen der Kanalisation (BVerwG NJW **95**, 2305), jedoch müssen bei der Ermittlg der Wertsteigerg Nebenkosten uU unberücksichtigt bleiben (BGH **102**, 331). Auch bei Erneuerg des Anstrichs kann ein Abzug neu für alt gerechtfertigt sein (Hamm NJW-RR **93**, 1236), ebso bei der Reparatur einer Eisenbahnbrücke, wenn diese eine kostengünstigere Dchführg künft Reparaturen ermöglicht (Hamm NJW-RR **94**, 345). Wird allein der Verkaufswert erhöht, muß der Ausgl uU bis zum tatsächl Verkauf zurückgestellt w (Saarbr VersR **75**, 189). – **cc)** Die VorteilsAusgl muß dem Geschädigten **zumutbar** sein (BGH **30**, 34) u darf nicht gg rechtl Wertgen verstoßen. So entfällt, wenn wenig getragene Kleidg einer Unterstützgsempfängerin beschädigt wird (Schlesw MDR **52**, 747) od eine Baufirma Nachbessergsarbeiten mit erhebl Verspätg ausführt (BGH **91**, 215, Früh BauR **92**, 164).

147　　**f) Verschiedenes: – aa)** Glücksfälle (Schulbeispiel: der Geschädigte entdeckt bei der Entferng des beschädigten Baumes einen Schatz): Der Vorteil ist als inadäquat nicht anzurechnen (Rn 121). Außerdem ist der Gedanke des allg Lebensrisikos (Rn 88) spiegelbildl anzuwenden (Lange § 9 IV 5). – **bb) Wertsteigerungen** der verspätet zurückgegebenen Sache sind anzurechnen, sofern der Geschädigte sie bei rechtzeit Leistg zu einem geringeren Preis verkauft hätte (BGH **77**, 154). Sie sollen auch bei Bausummenüberschreitgen die ErsPfl mindern (BGH NJW **70**, 2018, krit Steinert BauR **88**, 555). Zu berücksichtigen ist auch die dch den Wegfall des Denkmalschutzes eintretde Werterhöhg (BGH NJW **88**, 1838). Keine VorteilsAusgl, wenn der Schädiger das **entwendete Geld** bei der bestohlenen Spielbank wieder verspielt (BGH NJW **80**, 2183).

E) Forderungsübergang gemäß § 116 SGB X

§ 116. Ansprüche gegen Schadensersatzpflichtige

(1) Ein auf anderen gesetzlichen Vorschriften beruhender Anspruch auf Ersatz eines Schadens geht auf den Versicherungsträger oder Träger der Sozialhilfe über, soweit dieser auf Grund des Schadensereignisses Sozialleistungen zu erbringen hat, die der Behebung eines Schadens der gleichen Art dienen und sich auf denselben Zeitraum wie der vom Schädiger zu leistende Schadensersatz beziehen. Dazu gehören auch Beiträge, die von Sozialleistungen zu zahlen sind.

(2) Ist der Anspruch auf Ersatz eines Schadens durch Gesetz der Höhe nach begrenzt, geht er auf den Versicherungsträger oder Träger der Sozialhilfe über, soweit er nicht zum Ausgleich des Schadens des Geschädigten oder seiner Hinterbliebenen erforderlich ist.

(3) Ist der Anspruch auf Ersatz eines Schadens durch ein mitwirkendes Verschulden oder eine mitwirkende Verantwortlichkeit des Geschädigten begrenzt, geht auf den Versicherungsträger oder Träger der Sozialhilfe von dem nach Absatz 1 bei unbegrenzter Haftung übergehenden Ersatzanspruch der Anteil über, welcher dem Vomhundertsatz entspricht, für den der Schädiger ersatzpflichtig ist. Dies gilt auch, wenn der Ersatzanspruch durch Gesetz der Höhe nach begrenzt ist. Der Anspruchsübergang ist ausgeschlossen, soweit der Geschädigte oder seine Hinterbliebenen dadurch hilfebedürftig im Sinne der Vorschriften des Bundessozialhilfegesetzes werden.

(4) Stehen der Durchsetzung der Ansprüche auf Ersatz eines Schadens tatsächliche Hindernisse entgegen, hat die Durchsetzung der Ansprüche des Geschädigten und seiner Hinterbliebenen Vorrang vor den übergegangenen Ansprüchen nach Absatz 1.

(5) Hat ein Versicherungsträger oder Träger der Sozialhilfe auf Grund des Schadensereignisses dem Geschädigten oder seinen Hinterbliebenen keine höheren Sozialleistungen zu erbringen als vor diesem Ereignis, geht in den Fällen des Absatzes 3 Satz 1 und 2 der Schadensersatzanspruch nur insoweit über, als der geschuldete Schadensersatz nicht zur vollen Deckung des eigenen Schadens des Geschädigten oder seiner Hinterbliebenen erforderlich ist.

(6) Ein Übergang nach Absatz 1 ist bei nicht vorsätzlichen Schädigungen durch Familienangehörige, die im Zeitpunkt des Schadensereignisses mit dem Geschädigten oder seinen Hinterbliebenen in häuslicher Gemeinschaft leben, ausgeschlossen. Ein Ersatzanspruch nach Absatz 1 kann dann nicht geltend gemacht werden, wenn der Schädiger mit dem Geschädigten oder einem Hinterbliebenen nach Eintritt des Schadensereignisses die Ehe geschlossen hat und in häuslicher Gemeinschaft lebt.

(7) Haben der Geschädigte oder seine Hinterbliebenen von dem zum Schadensersatz Verpflichteten auf einen übergegangenen Anspruch mit befreiender Wirkung gegenüber dem Versicherungsträger oder Träger der Sozialhilfe Leistungen erhalten, haben sie insoweit dem Versicherungsträger oder Träger der Sozialhilfe die erbrachten Leistungen zu erstatten. Haben die Leistungen gegenüber dem Versicherungsträger oder Träger der Sozialhilfe keine befreiende Wirkung, haften der zum Schadensersatz Verpflichtete und der Geschädigte oder dessen Hinterbliebene dem Versicherungsträger oder Träger der Sozialhilfe als Gesamtschuldner.

(8) Weist der Versicherungsträger oder Träger der Sozialhilfe nicht höhere Leistungen nach, sind vorbehaltlich der Absätze 2 und 3 je Schadensfall für nicht stationäre ärztliche Behandlung und Versorgung mit Arznei- und Verbandmitteln fünf vom Hundert der monatlichen Bezugsgröße nach § 18 des Vierten Buches zu ersetzen.

(9) Die Vereinbarung einer Pauschalierung der Ersatzansprüche ist zulässig.

(1) Allgemeines. – a) Die Vorschr ist an die Stelle von RVO 1542 getreten u hat dch das RRG 1992 in **148** einen neuen Satz 2 erhalten. Sie ist **keine Anspruchsgrundlage;** ihr RegelgsGgst ist der FdgÜbergang auf den SozVersTräger. Dieser setzt voraus, daß in der Pers des Geschädigten ein übergangsfäh SchadErsAnspr entstanden ist. – **b) Zeitlicher Anwendungsbereich.** § 116 gilt für alle seit dem 1. 7. 1983 entstandenen **149** SchadErsAnspr. Für ältere Anspr bleibt das fr Recht (s 42. Aufl) auch dann maßgebd, wenn sich der Schaden weiter entwickelt od der Geschädigte den SozVersTräger wechselt (Art 170 EGBGB). – **c) Sachlicher 150 Anwendungsbereich.** Die Vorschr gilt für alle SozVersTräger (Kranken-, Unfall- u RentenVers), gem AFG 127 auch für die BfA. Einbezogen sind auch die SozHilfeTräger. BSHG 90, 91, wonach der FdgÜbergang aGrd Überleitungsanzeige eintritt, gilt für SchadErsAnspr des HilfeEmpfängers nicht.

(2) Voraussetzungen. – a) Dem Geschädigten od seinem Hinterbliebenen muß ein **Schadensersatzan- 151 spruch** zustehen. Der FdgÜbergang erfaßt neben ErsAnspr aus Delikt od Gefährdg auch solche aus vertragl Grdl (BGH **26**, 371, Vers **69**, 954) u aGrd ausländ Rechts (BGH NJW **85**, 1082), nicht aber AufwendgsErs-Anspr (Karlsr NJW **88**, 2677). Er setzt voraus, daß dem Verletzten ein Schaden iSd §§ 249ff entstanden ist. Der VersTräger, der eine Teilrente zahlt, hat daher keine Regreßmöglichk, wenn der Verletzte weiter in der bisher Stellg zu unverändertem Lohn arbeitet (BGH VersR **67**, 1069). – **b)** Der VersTräger muß kr Ges **152 verpflichtet** sein, eine **Sozialleistung** zu erbringen. Ein Fdgsübergang findet auch statt, wenn ein fr Schaden dch Nachversicher in den VersSchutz einbezogen w (v Einem VersR **92**, 382, str). Er ist aber ausgeschlossen, soweit ZuzahlgsPflten des Verletzten bestehen (Breuer/Labuhn VersR **83**, 914). Zw der SozLeistg u dem SchadErsAnspr muß sachl u zeitl **Kongruenz** bestehen (I). Der Anspr des Geschädigten auf SchmerzG geht daher nicht über (BGH VersR **70**, 1054), ebsowenig der ErsAnspr wg MehrAufwendgen für die 2. Pflegeklasse (BGH NJW **73**, 1196). Die ErwerbsunfähigkRente u der Anspr wg unfallbedingter Mehraufwendungen sind nicht kongruent (BGH NJW **70**, 1685). Gleichart sind dagg: SchadErs wg Erwerbs-nachteile u SozVersLeistgen mit LohnErsFunktion (BGH **90**, 342); Kinderzuschläge zur Rente u SchadErs wg Minderg der Erwerbsfähigk (BGH NJW **75**, 978); Waisenrente nach dem Tod der Mutter od Rente wg Minderg der Erwerbsfähigk u Anspr wg entgangener Betreuungsleistgen (BGH NJW **87**, 2295); vorgezoge-nes Altersruhegeld u Verdienstausfallschaden (BGH NJW **86**, 2763, Köln VRS **89**, 105); Rente wg Minderg der Erwerbsfähigk u SchadErsAnspr wg Beeinträchtig der Haushaltsführg (Rn 42), soweit die Haushalts-führg einen UnterhBeitrag darstellt, nicht soweit diese den eig Bedürfn dient (BGH NJW **74**, 41, **82**, 1045, **85**, 735); Sterbegeld u SchadErsAnspr wg Beerdiggskosten (BGH VersR **86**, 698). – **c)** Der FdgsÜbergang ist **153 unabhängig** davon, ob der VersTräger inf des Unfalls **mehr leisten muß** als ohne ihn (BGH GrZS **9**, 189). Wird ein Rentner getötet, geht der seiner Witwe zustehde ErsAnspr aus § 844 II auf den VersTräger über, obwohl dessen LeistgsPfl sich im Ergebn verringert (BGH NJW **71**, 936). Diese stRspr hat sich § 116, wie sein Abs V zeigt, trotz der im Schrift vorgebrachten Kritik (Gärtner JuS **72**, 69) zu eigen gemacht. Dagg gehen der Anspr des nichtehel Kindes wg des Todes seines Vaters nicht auf den VersTräger über, sofern es Waisenrente nach seinem Stiefvater bezogen hat u diese nunmehr wegfällt (BGH **54**, 380). – **d) Beitragsre- 154 greß.** Der Schädiger muß ab 1. 1. 92 auch für die Zeiten Beiträge an den RentenVers entrichten, die für den Verletzten beitragsfrei als Anrechngs- od Zurechngszeiten berücksichtigt w, SGB VI § 62 (BGH **116**, 263, NJW **95**, 1969). Auch in der KrankenVers wird der auf den SozVersTräger übergehde SchadErsAnspr dch die Beitragsfreih des Verletzten nicht mehr ausgeschlossen od gemindert, SGB V § 224. Diese Neuregelg trägt dem Gedanken Rechng, daß die Vergünstigen, die das SozialR dem Verletzten einräumt, nicht zur

Entlastg des Schädigers bestimmt sind (s BGH NJW **92**, 509, von Einem VersR **91**, 381). Für den Beitragsregreß gilt ergänzd SGB X 119 (von der Heide VersR **94**, 274). Er findet auch statt, wenn es um Beiträge für Monatsteile geht (BGH **97**, 336) u wenn Minderverdienst zu einem teilw Beitragsausfall führt (BGH **97**, 339).

155   **(3) Rechtsfolgen.** Der SchadErsAnspr geht kr Ges auf den VersTräger über (§ 412). Für die RBeziehg zw VersTräger u Schädiger gelten die §§ 399 ff, insb §§ 404 u 407. Ist auch ein Versorggsträger leistgspflicht, geht der Anspr anteilig nach Maßg des Grds kongruenter Deckg auf beide Träger über (BGH NJW **95**, 2413). – **a)** Der FdgÜbergang auf den Träger der Kranken-, Unfall- u RentenVers vollzieht sich im **Zeitpunkt** des schädigden Ereign (BGH **48**, 188, stRspr). Er bezieht sich auf alle Anspr, die in diesem Ztpkt in dem bestehden SozVersVerhältn angelegt sind (BGH NJW **90**, 2934), auch auf künft Erhöhgen (BGH **19**, 179) u Anspr aus einer Veränderg des MitgliedschVerh, soweit dessen Identität gewahrt bleibt (BGH NJW **90**, 2935). Nicht erfaßt werden neue Leistgen, die dch eine Systemveränderg eingeführt w (BGH NJW **90**, 2936). Auch der Übergang auf die BfA erfolgt, soweit diese ArbLosengeld od Reha-Leistgen zu gewähren hat, bereits im Ztpkt des Unfalls (BGH **108**, 299, NJW **94**, 3097), bei der Gewährg von ArbLosenhilfe ist dagg eine Überleitungsanzeige gem AFG 140 erforderl (BGH **108**, 299). Der Übergang auf den SozHilfeTräger vollzieht sich, wenn der Geschädigte bedürft iSd BSHG geworden ist od wenn konkrete Anhaltspkte für eine künft Hilfebedürftig vorliegen (Stgt NJW-RR **93**, 1418). Diese ist aber ausgeschl, soweit dem Geschä-
156   digten ein dchsetzb SchadErsAnspr zusteht. – **b)** Reicht der SchadErs wg einer MitVerantwortlichk des Geschädigten nicht zur Deckg des Schadens aus, gilt nunmehr grdsl die sog **relative Theorie** (III 1). Sie löst das sog Quotenvorrecht ab, das bisher dem SozVersTräger zustand. Bsp: Der Geschädigte erleidet einen Verdienstausfallschaden von 2000 DM monatl. Er erhält eine ErwerbsunfähigkRente von 1200 DM; seine MitVerschQuote beträgt 50%. Von dem ErsAnspr von 1000 DM gehen 600 DM (50% von 1200 DM) auf
157   den SozVersTräger über; 400 DM (50% von 800 DM) verbleiben dem Geschädigten. – **c)** In vier Fällen räumt das Ges dem Geschädigten ein **Vorrecht** ein, u zwar iF bb ein Befriediggsvorrecht, in den drei übrigen Fällen ein Quotenvorrecht (s Hartung VersR **86**, 903): – **aa)** wenn die Haftg des Schu dch Höchstsummen beschränkt ist **(II)**; Bsp sind StVG 12, ProdHaftG 10, LuftVG 37, HaftpflG 9, 10; – **bb)** wenn der Dchsetzg des ErsAnspr tatsächl Hindern entggstehen **(IV)**; Bsp sind mangelnde finanzielle Leistgsfähigk od unzureichder VersSchutz des Schu (Denck VersR **87**, 629); – **cc)** wenn der VersTräger inf des schädigden Ereign keine höheren Leistgen zu erbringen hat als vorher **(V)** (so schon bish BGH **70**, 69), s Rn 153; – **dd)** soweit der Geschädigte dch den FdgÜbergang sozialhilfebedürft w **(III 3).** Zur rechnerischen Abwicklg s Küppersbusch VersR **83**, 198 ff. Völlig mißlungen ist III 2. Er führt dazu, daß sich größeres Mitverschulden zG des Geschädigten auswirkt. Bsp: Schaden jährl 60 000 DM; Haftgshöchstgrenze 30 000 DM, kongruente Leistgen des VersTrägers 30 000 DM. Mitverschulden 20%; Anteil des VersTrägers 24 000 DM, des Geschädigten 6000 DM. Mitverschulden 50%; Anteil des VersTrägers 15 000 DM, des Geschädigten 15 000 DM. Ob u ggf wie dieses abwegige Ergebn korrigiert w kann, ist str, s Küppersbusch aaO, Plumeyer
158   VerkGerT **84**, 163, Lange § 11 C II 7c. – **d)** Dch den FdgÜbergang rückt der VersTräger voll in die RStellg des Gläub ein. Er erwirbt auch die Befugn, Abändergsklage gem ZPO 323 zu erheben (BGH NJW **70**, 1319). Der FdgsÜbergang erfolgt auch dann **unbeschränkt**, wenn der HaftPflVersicherer des regreßpflicht KfzFahrers leistgsfrei ist (BGH **88**, 296, **103**, 52). Der VersTräger ist aber gem SGB IV 76 II verpflichtet, den Regreß zur Vermeidg unbilliger Härten zu beschränken. Die RKontrolle obliegt insow nicht den ordentl Ger, sond den SozGer (BGH **88**, 301, BSG VersR **90**, 176, aA Ahrens NJW **89**, 1704, AcP **189**, 540).

159   **(4) VI.** SchadErsAnspr gg einen **Familienangehörigen** des Geschädigten od seiner Hinterbliebenen werden abgesehen vom Fall des Vorsatzes vom FdgÜbergang nicht erfaßt. Die Vorschr entspr VVG 67 II u ist Ausdr eines allg RGedankens, der, nicht dch eine Abtr umgangen w kann (Hbg VersR **92**, 686); er gilt auch für den FdgÜbergang gem BBG 87a, BRRG 52 (BGH **41**, 82, **43**, 77), gem LFZG 4 (BGH **66**, 107), u jetzt gem EFZG 6, nicht aber für den Regreß gem SGB X 119 (BGH **106**, 285) u auch nicht für den RegreßAnspr des HaftPflVers gg den unberecht Fahrer (BGH **105**, 142, aA Schirmer DAR **89**, 14). Die Ausn für vorsätzl Handeln ist nur anwendb, wenn der Vors die Schadensfolge umfaßt (BGH VersR **86**, 233). Haftet neben dem Angeh ein Dr, beschränkt sich FdgsÜbergang auf den Haftgsanteil des Dr, da andf der Angeh entgg dem RGedanken des § 116 VI ausglpflicht würde (BGH **54**, 256, § 426 Rn 21). Die häusl Gemsch (s BGH NJW-RR **86**, 385) muß im UnfallZtpkt bestehen, späterer Wegfall schadet nicht (BGH NJW **71**, 1938). Ausgeschl ist der Regreß, auch der nach VVG, wenn es nach dem schädigden Ereign zur Eheschließg u Begründg einer häusl Gemeinsch kommt (Köln VersR **91**, 1238). Auch nach Scheidg besteht das Regreßverbot weiter (Breuer NJW **84**, 276, str). Dagg sind VVG 67 II, SGB X 116 VI auf den Partner einer eheähnl od homophilen LebensGemsch nicht anzuwenden (BGH **102**, 259, Hamm NJW-RR **93**, 1443, aA LG Saarbr VersR **95**, 158), wohl aber auf ein Pflegekind (BGH NJW **80**, 1468, Stgt NJW-RR **93**, 1418).

160   **(5) VII–IX. – a)** Hat der Geschädigte Leistgen empfangen, die gem § 407 ggü dem VersTräger wirks sind, besteht nach **VII 1** ein ErstattgsAnspr gg den Geschädigten, für den die Beschränkg des § 818 III nicht gilt. Hat die Leistg an den Geschädigten keine befreiende Wirkg, kann sich der VersTräger nicht nur an den Schädiger, sond auch an den Geschädigten selbst halten; beide haften als GesSchu (VII 2). Der Schädiger hat wg der Sonderregelg in VII 2 gg den Geschädigten keinen Anspr aus § 812; wenn er an den VersTräger geleistet hat, geht aber der Anspr aus VII 2 gem § 426 II auf ihn über. Trotz der Regelg im SGB haben die Anspr aus VII, die die Rückabwicklg von privatrechtl Leistgen betreffen, privatrechtl Charakter (Ebel
161   VersR **85**, 897, aA Plagemann NJW **83**, 427). – **b)** Gem VIII kann der VersTräger die Kosten der ambulanten Heilbehandlg pauschalieren. IX stellt klar, daß Teilsabkommen weiterhin zul sind.

162   **8) Beweisfragen. – a)** Der Geschädigte hat die **Beweislast** für die obj u subj Voraussetzgen des SchadErsAnspr. Er muß das schädigde Handeln (Ereign) beweisen, wozu auch der Bew gehört, daß ein der Willenslenkg unterliegdes Verhalten gegeben war (BGH **39**, 103). Er hat weiter die BewLast für das Verschulden des Schädigers, den ursächl Zushang zw Handeln u Ersterfolg (haftgsbegründde Kausalität), die Entsteh des (weiteren) Schadens u den ursächl Zushang zw diesem Schaden u dem Ersterfolg (haftgsausfüllde Kausalität). Seine BewLast wird aber dch gesetzl u richterrechtl **Beweiserleichterungen** gemil-

dert (s Prütting Karlsr Forum 1989, 1 ff u unten Rn 163 ff). Den Bew für den Ausschl der Widerrechtlichk sowie für mangelnde Zurechngsfähigk muß der Schädiger führen (BGH GrZS **24**, 28, LM § 828 Nr 3). Er ist auch dafür beweispflicht, daß wg seiner Bewußtlosigk keine Hdlg im RSinne vorgelegen habe (BGH **98**, 137). Ist die Berufg auf hypothet Ursachen zul, hat Schädiger BewLast dafür, daß der Schaden auch aGrd der Reserveursache eingetreten wäre (Rn 101). Die Part können Vereinbgen über die BewLast treffen, formularmäß Klauseln sind aber grdsätzl unwirks (AGBG 11 Nr 15). Zul sind auch Vereinbgen über eine **Pauschalierung** der Schadenshöhe (§ 276 Rn 54), im AGB aber nur in den Grenzen von AGBG 11 Nr 5.

b) Beweis des ersten Anscheins. – aa) Die dem Geschädigten obliegde Beweisführg wird vielfach dch 163 die von der Rspr herausgebildeten Grds des AnschBew (*prima-facie*-Bew) erleichtert. Steht ein Sachverhalt fest, der nach der Lebenserfahrg auf eine best Ursache od einen best Geschehensablauf hinweist, so ist diese Ursache od dieser Ablauf, wenn der Fall das Gepräge des Üblichen u Gewöhnlichen trägt, als bewiesen anzusehen (BGH **2**, 5, 31, 357, **100**, 216). Beim AnschBew kann von einem feststehden Erfolg auf eine best Ursache, aber auch umgekehrt von einer feststehden Ursache (PflVerletzg) auf einen best Erfolg geschlossen w (BGH **LM** ZPO 286 (C) 26). Der AnschBew bedeutet nicht, daß die beweisbelastete Part ihre Darstellg nur wahrscheinl zu machen braucht (BGH NJW **66**, 1264); der streng nachgewiesene Teilsachverhalt (Ursache, PflVerletzg) und allg od besondere Erfahrgssätze müssen zusammen die volle Überzeugg des Richters von dem behaupteten Geschehensablauf begründen (BGH **LM** ZPO 286 (C) Nr 7). Der Ansch-Bew kehrt die **Beweislast nicht um,** er ist entkräftet, wenn der Gegner Tatsachen behauptet und beweist, 164 aus denen sich die ernsth Möglichk eines and Geschehensablaufs ergibt (BGH **8**, 239, DAR **85**, 316, stRspr). Die beweisbelastete Part muß sodann für ihre Behauptg den vollen Beweis erbringen (BGH **6**, 170, **39**, 108). Kann der Schaden auf mehrere typische Geschehensabläufe zurückzuführen sein, von denen nur einer zur Haftg des Bekl führt, muß der Geschädigte diesen Ablauf beweisen (BGH VersR **69**, 751), sofern auch die and Abläufe ernsth in Betracht kommen (BGH NJW **78**, 2033). Umfaßt der AnschBew mehrere schuldh Verursachgen, ist er erst entkräftet, wenn alle Verschuldensmöglichk ausgeräumt sind (BGH VersR **60**, 317, **62**, 60). Da die Verletzg von Erfahrgssätzen nach stRspr **revisibel** ist, wird die Anwendg des AnschBew vom RevGer prakt voll nachgeprüft (MüKo-ZPO/Prütting 286 Rn 65). Ob der AnschBew entkräftet ist, kann dagg als Frage tatrichterl Würdigg vom RevGer nur darauf überprüft werden, ob der Tatrichter von richt rechtl Voraussetzgen ausgegangen ist (BGH NJW **69**, 277).

bb) Der AnschBew gilt nur für **typische Geschehensabläufe** (BGH **100**, 33, NJW **82**, 2488, VersR **91**, 165 461). Er ist daher ausgeschlossen, wenn individuell geprägte Verhaltensweisen zu beurteilen sind, wie die Ursächlichk der argl Täuschg (BGH NJW **68**, 2139), die Richtigk der Angaben in einer polizeil Anmeldg (BGH **31**, 357), Vorsatz (KG **163**, 27, Ffm WM **84**, 1505), Freitod (BGH **100**, 214), die innerl Herbeiführg des VersFalles (BGH NJW **88**, 2041) u die subj Voraussetzgen grober Fahrlässigk (§ 277 Rn 3). Ist zu beurteilen, ob ein Jugendl fahrläss gehandelt hat, ist der AnschBew zul, da es insoweit um obj Maßstäbe geht (BGH NJW **70**, 1038). Ist der Geschädigte pflichtw nicht od nicht vollständ über Gefahren od Risiken aufgeklärt worden, spricht der AnschBew dafür, daß er sich bei ordngsmäß Aufklärg richt verhalten hätte (§ 282 Rn 15). Vom AnschBew zu unterscheiden ist der **Anzeichenbeweis** (BGH VersR **91**, 460). 166 Er stellt nicht auf typ Geschehensabläufe sond auf Umst des Einzelfalles ab. Dabei können Erfahrgssätze, die für einen AnschBew nicht ausreichen, zusammen mit and Indizien dazu führen, den Beweis als erbracht anzusehen (BGH NJW **51**, 70, **LM** § 1006 Nr 8).

cc) Werden dch Gesetz od technische Normen vorgeschriebene **Schutzmaßnahmen** nicht getroffen u 167 verwirklicht sich die Gefahr, die dch die Auferlegg der VerhaltensPflten verhindert w soll, spricht der AnschBew dafür, daß der Unfall (Schaden) bei Beachtg der maßgebden Vorschr vermieden worden wäre, so bei Verletzg von SchutzG (BGH NJW-RR **88**, 789, BayObLGZ **95**, 285), UnfallverhütgsVorschr (BGH NJW **83**, 1380), anerkannten Regeln der Technik (BGH VersR **72**, 767), DIN-Normen (BGH **114**, 276), VDE-Normen (Saarbr NJW **93**, 3078), FeuerverhütgsVorschr (BGH NJW **78**, 2032), der VerksichergsPfl (BGH NJW **94**, 945), aber auch der SchadMindergsPfl (Brem Vers **79**, 1061, Unterl von ärztl Behandlgs-Maßn). Weitere Bsp sind das Fehlen eines Treppenhandlaufs (BGH DB **86**, 1815), eines Sichgsgitters an einer Maschine (Mü VersR **75**, 606), von sichtb Markiergen an Glasflächen im Fußgängerbereich (Köln NJW-RR **84**, 349) und das Unterl von gebotenen akustischen Signalen (BGH VersR **57**, 800, Hbg VersR **73**, 542, **74**, 1200). Hat sich der Schädiger **objektiv pflichtwidrig** verhalten od einen offensichtl gefährl Zustand geduldet, spricht, sofern nicht § 282 anwendb ist, ein AnschBew für ein Verschulden (BGH NJW **86**, 2758). Bei erhebl Baumängeln ist *prima facie* ein Verschulden des aufsichtführden Architekten anzunehmen (BGH DB **73**, 1846).

dd) Einzelfälle. Arzthaftung s § 823 Rn 169. **(1) Straßenverkehr:** Ein AnschBew für ein **Verschul-** 168 **den** des Kfz-Fahrers besteht idR bei folgden Vorgängen: Zusammenstoß mit einem vorfahrtberecht Kfz (BGH NJW **82**, 2668, Köln VersR **94**, 191); Auffahren auf ein vorausfahrdes Kfz (BGH VersR **62**, 1101, **64**, 263), und aber wenn der Vorausfahrde gerade die Spur gewechselt hat (Köln VersR **91**, 1195) od auf die BAB eingefahren ist (BGH VersR **82**, 627); Kollision mit dem vorausfahrden Kfz beim Überholvorgang (BGH VersR **75**, 331); Auffahren auf ein Hindern, auch wenn dieses zunächst verdeckt (BGH NJW-RR **89**, 670) od unbeleuchtet war (BGH NJW-RR **88**, 406); Anfahren eines Begrenzgspfostens (Mü VersR **70**, 630) od eines Baumes (BGH **8**, 239); Streifen eines haltden Kfz (BGH **LM** ZPO 286 (C) Nr 10); Abkommen von der Fahrbahn (Karlsr VRS **86**, 85) od von der richtigen Fahrbahnseite (BGH NJW-RR **86**, 383); Schleudern bei Glatteis (BGH VersR **65**, 690; **71**, 842) od inf Aquaplaning (Düss VersR **75**, 160). Aus der Art der Unfallverletzg kann sich *prima facie* ergeben, daß der verletzte Pkw-Insasse nicht angeschnallt war (BGH NJW **91**, 230). Die **Ursächlichkeit** des Verschuldens der Unfall ist *prima facie* zu vermuten: bei 169 **alkoholbedingter** Fahruntüchtigk eines Fahrers (BGH NJW-RR **86**, 323), vor allem, wenn er in einer von einem nüchternen Fahrer zu meisternden VerkLage versagt (BGH **18**, 311, Stgt VersR **80**, 243), der prima-facie-Beweis kann aber dch den Nachweis grober Fahrlässigk des and Teils erschüttert w (Zweibr VersR **95**, 429); bei einem alkoholisiert (1,78‰) auf der Straße liegden Fußgänger (BGH NJW **76**, 897); bei fehlder Beleuchtg, wenn ein and Kfz auf das unbeleuchtete Fahrzeug auffährt (BGH VersR **64**, 296) od mit ihm

zusammenstößt (Düss VersR **75**, 143); bei mangelh Sichg des liegengebliebenen Kfz (BGH NJW **71**, 431). Wird die Windschutzscheibe eines Pkw dch einen hochgeschleuderten Stein zertrümmert, u erleidet der Fahrer kurz darauf einen Herzinfarkt, kann *prima facie* anzunehmen sein, daß der Stein dch ein entgegen-kommdes Kfz hochgeschleudert wurde und daß der Infarkt auf das Zertrümmern der Windschutzscheibe zurückzuführen ist (BGH NJW **74**, 1510). Fahren ohne Führerschein ist nur dann *prima facie* für den eingetretenen Unfall ursächl, wenn konkrete Anhaltspkte für eine verkehrsw Fahrweise vorliegen (BGH
170 VersR **62**, 374). **(2) Andere Unfälle:** AnschBew für Verschulden bei **Bauunfällen:** Einsturz der Decke kurz nach Fertigstellg (BGH VersR **58**, 107), Einsturz eines Gerüsts (Nürnbg VersR **56**, 557), Herunterfallen eines Reklameschilds (Köln VersR **54**, 295). Bei **Brandschäden** kann *prima facie* zu vermuten sein, daß der Schaden auf eine in der Nähe eingesetzte Feuerquelle zurückzuführen ist, etwa auf einen Propanbrenner (BGH VersR **80**, 532), Schweißbrenner (BGH VersR **84**, 64) od ausgeschütteten Ofeninhalt (BGH VersR **71**, 642). Platzt währd einer Frostperiode in einem ungeheizten Raum eine Wasserleitg, handelt es sich *prima facie* um einen Frostschaden (BGH NJW **72**, 35). Stürzt ein erhebl alkoholisierter Fußgänger auf einer Treppe, spricht der AnschBew dafür, daß der Alkoholabusus für den Sturz ursächl war (Hamm VersR **72**,
171 244). **(3) Vertragsrecht.** Hat der ArbN Schmiergelder angenommen, ist *prima facie* zu vermuten, daß der ArbG einen Schaden in Höhe dieses Betrages erlitten h (BGH NJW **62**, 1099). Zw dem Mangel einer Sache u Folgeschäden kann *prima facie* ein UrsachenZusHang anzunehmen sein (BGH NJW **69**, 1709).

172 **c)** Dem Geschädigten w die BewFührg weiter dch **ZPO 287** erleichtert, wonach das Ger nach **freier Überzeugung** über Entstehg u Höhe des Schadens zu entscheiden h. ZPO 287 gibt dem Ger verfahrensmäß eine freiere Stellg, es ist an BewAntr u an die Regelg der BewLast nicht gebunden (RG **95**, 1, **155**, 39, BGH NJW **58**, 1579, VersR **62**, 1099). Als Beweismaß genügt überwiegde Wahrscheinlichk (BGH NJW **72**, 1516, **93**, 734). Der Bew der schädigden Hdlg u der haftgsbegründden Kausalität (UrsachenZusHang zw Handeln des Schädigers u konkretem HaftgsGrd) fällt jedoch nicht unter ZPO 287, insow gilt vielmehr ZPO 286 (BGH **4**, 196, NJW **68**, 2292, **83**, 998); anzuwenden ist ZPO 287 dagg auf die haftgsausfüllde Kausalität, dh den UrsachenZusHang zw konkretem HaftgsGrd u weiterem Schaden (BGH **29**, 398, NJW **76**, 1146, stRspr). Diese Abgrenzg gilt ebso bei MitVersch (BGH NJW **68**, 985). Im Fall der Arzthaftg ist HaftgsGrd die Körperverletzg, nicht der Behandlgsfehler (BGH NJW **87**, 705). Zu den BewAnfordergen bei Verletzg einer Leibesfrucht vgl BGH **58**, 48, bei Beurteilg des UrsachenZushangs zw Verletzg u späterem Tod, BGH NJW **73**, 1413, bei doppeltem Auffahrunfall, BGH NJW **73**, 1283, krit Henckel JuS **75**, 221.

173 **d) Umkehr der Beweislast:** Bei SchadErsAnspr wg Unmöglichk od Verzuges tritt hins des Verschuldens des Schädigers eine echte Umkehr der BewLast ein (§§ 282 Rn 1, 285 Rn 1). Ähnl Grds gelten für die pVV u c.i.c. (§ 282 Rn 6ff). BewErleichtergen zG des Geschädigten bestehen auch bei der Produzentenhaftg (§ 823 Rn 219), bei der Haftg für Immissionsschäden (BGH **92**, 149), bei groben Behandlgsfehlern od unzulängl ärztl Dokumentation (§ 282 Rn 20), bei grober Verletzg sonst BerufsPflten (§ 282 Rn 14), ferner bei Verletzg von AufklPflten (§ 282 Rn 15). Für Anspr aus dem **UmweltHG** gilt die Ursachenvermutg des UmweltHG 6 (s dazu Landsberg/Lülling DB **91**, 479, Hager NJW **91**, 137).

174 **9)** Der Anspr auf SchadErs in Geld bemißt sich grdsl nach den Wert- u Preisverhältn im **Zeitpunkt der Erfüllung** (BGH **79**, 258, NJW **87**, 646). Verfahrensrechtl ist von dem Verhältn zZ der letzten mdl Vhdlg vor dem Tatrichter auszugehen (BGH **10**, 10, **55**, 331, NJW-RR **94**, 148), wobei die weitere Entwicklg des Schadens bis zur voraussichtl Erf zu berücksichtigen ist (s BGH **27**, 188). Nachträgl Preisändergen rechtfertigen entspr Nach- od RückFdgen, unwesentl Ändergen bleiben jedoch außer Betracht (Staud/Medicus § 249 Rn 240, Lange § 1 IV 2a, für volle Berücksichtigg der Schadensfortentwicklg Schultz AcP **191**, 433). Die Höhe des Anspr kann aber auch schon vor der Erf dch bes Umst endgült festgelegt w (Lent DJ **41**, 770), so etwa, wenn der Geschädigte die Reparatur od ErsBeschaffg dchgeführt hat, wenn entgangener Gewinn für ein Gesch verlangt w, das zu einem best Ztpkt abzuwickeln war (BGH WM **74**, 391), od wenn die Schadensentwicklg aus sonst Grden endgült abgeschlossen ist. Bes Grds gelten für die Bemessg des merkantilen Minderwerts (§ 251 Rn 20), die abstrakte Berechng des SchadErsAnspr wg NichtErf (§ 325 Rn 19), ferner, wenn Parteien Schätzg auf best Ztpkt vereinbart h (BGH **LM** § 251 Nr 11). Vgl auch RG DJ **40**, 1014 (SchadBerechng bei Aktien mit schwankdem Kurswert). Entstehen nach der letzten mdl Vhdlg weitere Schäden, ist Verletzter nicht gehindert, diese notf in neuem RStreit geltd zu machen.

249 *Art und Umfang des Schadensersatzes.* **Wer zum Schadensersatze verpflichtet ist, hat den Zustand herzustellen, der bestehen würde, wenn der zum Ersatze verpflichtende Umstand nicht eingetreten wäre. Ist wegen Verletzung einer Person oder wegen Beschädigung einer Sache Schadensersatz zu leisten, so kann der Gläubiger statt der Herstellung den dazu erforderlichen Geldbetrag verlangen.**

1 **1) Satz 1: – a)** Der Schaden ist grdsl dch **Naturalrestitution** auszugleichen. Diese bedeutet Herstellg des gleichen wirtschaftl Zustandes, der ohne das schädigde Ereign bestehen würde (BGH NJW **85**, 793). Die hypothet Weiterentwicklg des fr Zustandes ist zu berücksichtigen (RG **143**, 274). Naturalrestitution, für die das Gebot der Wirtschaftlichk gilt (BGH **125**, 61), zielt daher nicht notw auf „Wieder"herstellg ab (RG **131**, 178); uU genügt auch eine kostengünstigere Ausführg, etwa die Wiederauffüllg einer Kiesgrube mit Erdaushub (BGH NJW-RR **86**, 875). Auch bei immateriellen Schäden besteht ein Anspr auf Naturalrestitution (§ 253 Rn 2). Er ist aber bei AmtsPflVerletzgen idR ausgeschlossen (BGH **5**, 102, **34**, 104, § 839 Rn 79). Auch der nach dem PflVG haftde Versicherer schuldet ledigl GeldErs (PflVG 3 Nr 1 S 2). Bei Zerstörg od Verlust vertretb Sachen besteht die Naturalrestitution in der Leistg gleichartiger Sachen (§ 251 Rn 12ff). Bei unvertretb Sachen wird idR gem § 251 I GeldErs geschuldet; bei gebrauchten Kfz ist aber auch die Beschaffg eines gleichwert ErsFahrzeugs eine Form der Naturalrestitution (BGH **66**, 247, **115**, 364, 378, § 251 Rn 12ff). Bei **Belastung mit einer Verbindlichkeit** geht der Anspr aus S 1 auf Freihaltg (Vorbem 46). –
2 **b) Geldersatz.** Ist für den Verlust von Geld od Einkünften od für die Belastg mit Ausgaben SchadErs zu leisten, so besteht bereits die Naturalrestitution in einer Geldzahlg. Unter den Voraussetzgen der §§ 249 S 2,

250 kann der Geschädigte „statt" der Herstellg GeldErs verlangen. Ist die Herstellg unmögl od unverhältnismäß, ist gem § 251 SchadErs in Geld zu leisten. Der SchadAusgl dch GeldErs ist daher prakt die Regel. Die Verpflichtg, für eine best Schadensposition GeldErs zu leisten, kann je nach Lage des Falles auf einer unterschiedl RGrdl beruhen. So fallen **Mietwagenkosten** (Rn 13) bei Beschädigg des Kfz als Herstellgskosten unter § 249 S 2; bei Verlust od Nichtlieferg ist dagg § 251 I anwendb. Die dch **Fehlleistungen bei der Restitution** entstehenden weiteren Aufwendgen können als Teil der Herstellgskosten (§ 249 S 2), als ein zusätzlicher Schaden neben der Herstellg (§ 251 I), aber auch als eine unmittelb nach § 249 S 1 zu ersetzde AusgabenPosition gewertet w.

2) Satz 2. – a) Bei Verletzg einer Pers od Beschädigg einer Sache kann der Geschädigte statt Naturalresti- **3** tution **Geldersatz** verlangen. – **aa)** Konstruktiv handelt es sich um eine **Ersetzungsbefugnis** des Gläub (RG **71**, 214, BGH **63**, 184, **121**, 26). Sie ermöglicht einen SchadensAusgl, ohne daß der Geschädigte das verletzte RGut dem Schädiger zur Naturalrestitution anzuvertrauen braucht. Verlangt der Geschädigte GeldErs, ist er an die Wahl gebunden (RG JW **37**, 1145, BGH **121**, 26), jedoch kann § 242 ausnw den Widerruf rechtfertigen. Das Urt, das den Anspr aus S 1 wg Fehlens einer ErsPfl abweist, schafft auch für den Anspr aus S 2 RKraft (RG **126**, 403, BGH NJW **91**, 2014). – **bb)** Der geschuldete Geldbetrag bemißt sich **4** nach dem, was zur Herstellg erforderl ist (Rn 6ff). Gleichwohl ist der Geschädigte in der **Verwendung** der ErsLeistg frei. Wg der für ihn bestehden Dispositionsbefugn braucht er den ErsBetrag nicht zur Wiederherstellg zu verwenden (BGH **61**, 58, **66**, 241, **76**, 221, **81**, 391, NJW **89**, 3009, Weber VersR **92**, 533). Nur bei PersSchäden besteht für den Anspr aus S 2 eine Zweckbindg, da der Geschädigte andf entgg der Wertg des § 253 als ideellen Schäden ein finanzielles Gesch machen könnte (BGH **97**, 15, Steffen NJW **95**, 2060). Der Geschädigte, der sich ohne den gebotenen Krankenhausaufenthalt behilft, kann daher keine fiktiven Krankenhauskosten ersetzt verlangen (LG Stgt NJW **76**, 1797). Entsprechdes gilt, wenn der Geschädigte eine gebotene u mögl Narbenkorrektur od SchönhOperation nicht dchführen läßt (BGH **97**, 15). – **cc)** Der **5** Anspr aus S 2 richtet sich ebso wie der aus S 1 auf **Restitution** u ist von dem auf Kompensation abzielden Anspr aus § 251 zu unterscheiden (BGH **5**, 109, NJW **85**, 793). Er setzt voraus, daß die Naturalrestitution **möglich** ist (BGH **102**, 325, NJW **84**, 2282, **85**, 2414, *arg* § 251 I, dort Rn 3). Es besteht daher kein Anspr aus S 2, wenn die zu reparierde Sache inzw untergegangen ist (BGH **66**, 243), wenn die notw Pflegekraft nicht eingestellt (aA RG **151**, 298) od das ärztl verordnete Stärkgsmittel nicht gekauft worden ist (aA BGH NJW **58**, 627). Wird die Sache unrepariert **veräußert**, bleibt die Restitution mögl; der Anspr aus S 2 besteht daher weiter. Das gilt nicht nur für die Veräußerg eines beschädigten Kfz (so BGH **66**, 244, NJW **85**, 2469), sond auch für den Verkauf eines reparaturbedürft od mit einem WkMangel versehenen Hauses (BGH **99**, 86, NJW **89**, 451, Düss OLGZ **89**, 252, MüKo/Grunsky Rn 15a, aA BGH **81**, 392, NJW **93**, 1793). Der Geschädigte kann den Anspr aus S 2 an den Erwerber abtreten. Der Anspr besteht aber auch dann weiter, wenn die Abtr unterbleibt (Werres NJW **83**, 2371, § 251 Rn 26ff). Ist die Naturalrestitution nur innerhalb eines **beschränkten Zeitraums** mögl (Bsp: Stärkgsmittelfall BGH NJW **58**, 627), wird der Schädiger nicht frei, soweit er sich bei Eintritt der Unmöglichk im Verzug befand (MüKo/Grunsky Rn 16, *arg* § 287 S 2, aA Schiemann DAR **82**, 311).

b) Sachschäden. Satz 2 gilt nur für die Beschädigg, nicht für die Zerstörg der Sache. Die Zerstörg eines **6** Hauses od Baumes fällt aber als GrdstBeschädigg unter S 2 (BGH **102**, 325, Stgt VersR **95**, 424). Dagg ist die Nichtbeseitigg von Umbauten keine Sachbeschädigg (BGH **104**, 16). – **aa)** Zu ersetzen ist der **erforderliche** Geldbetrag, dh die Aufwendgen, die ein verständiger, wirtschaftl denkder Mensch in der Lage des Geschädigten für zweckmäß u notw halten durfte (BGH **54**, 85, **61**, 349, NJW **92**, 1619). Dabei ist § 254 II entspr anzuwenden (BGH **63**, 186, NJW **85**, 794, Vorbem 83 v § 249). Der Geschädigte darf bei der SchadBeseitigg die SicherhStandards zugrundelegen, die er allg bei Reparaturen beachtet (BGH **LM** (Gb) Nr 19, Eisenbahnbrücke). Er muß sich uU mit einer Ausbesserg statt einer Erneuerg begnügen, auch wenn eine geringfüg opt Abweich verbleibt (Hamm NJW-RR **95**, 17; Celle NJW-RR **94**, 1305). Ist der Rechngsbetrag niedriger als die Kostenschätzg des Sachverst, gilt die Rechng, es sei denn, daß die Abweich auf einer nicht vollst Dchführg der Reparatur od einem PrNachl des Geschädigten beruht (Stgt VersR **74**, 374, Köln VersR **88**, 1165, Nürnbg VersR **90**, 391, Seiwerth DAR **87**, 374, ähnl BGH NJW **89**, 3009, LG Bochum NJW-RR **90**, 859, krit Birkmann DAR **90**, 3). Werden Teile einer **Sachgesamtheit** entwendet, fallen unter S 2 auch die Kosten der Ermittlg des Schadensumfangs (BGH **76**, 219). Soweit zur Schadensbeseitigg die Aufn eines Kredits erforderl ist, gehören auch die Finanziergskosten zum erforderl Geldbetrag (BGH **61**, 346, NJW **66**, 1454, § 254 Rn 40). – **bb)** Die ErsPfl erstreckt sich auch auf Mehrkosten, die ohne **7** Schuld des Geschädigten dch unsachgem Maßn der von ihm beauftragten **Werkstatt** verursacht worden sind (BGH **63**, 184, § 254 Rn 67). Auch das **Prognoserisiko** trägt der Schädiger (BGH **115**, 370, NJW **72**, 1800, **78**, 2592, Ffm NJW-RR **92**, 603). Er haftet daher für erfolglose Reparaturversuche u nicht notw Aufwendgen, sofern der Geschädigte die getroffene Maßn als aussichtsreich ansehen durfte (BGH aaO, § 251 Rn 18). – **cc)** Der Geschädigte kann, wenn er **selbst repariert** od auf eine Reparatur verzichtet, die im **8** Reparaturgewerbe entstehden Kosten einschließl MwSteuer ersetzt verlangen (BGH **61**, 56, NJW **85**, 1222, NJW **89**, 3009, Medicus DAR **82**, 356, Steffen NJW **95**, 2059). Das ergibt sich aus der Dispositionsfreih des Geschädigten (Rn 4). Die MwSteuer wird nicht als solche, sond als Teil des übl Entgelts geschuldet; sie fällt ebso an, wenn der Geschädigte mit dem ErsBetrag ein and Konsumgut erwirbt. Im Fall der Selbstreparatur sind die erforderl Kosten bis zu 130% des Fahrzeugwertes zu ersetzen, ohne daß es auf den Arb- u Gemeinaufwand des Geschädigten ankommt (BGH NJW **92**, 1619). Unterhält ein VerkBetr eine eig Reparaturwerkstatt, kann er aber nur seine Selbstkosten zuzügl Gemeinkosten u nicht die höheren Kosten einer fiktiven Fremdreparatur fordern (BGH **54**, 83, Steffen NJW **95**, 2059). Bei einer Selbstreparatur dch die DB gehören zum ersatzfäh Schaden auch die Verw- u Fahrwegbenutzgskosten (BGH NJW **83**, 2815, Mü VersR **87**, 362). Unternehmergewinn darf der Geschädigte mitberechnen, wenn er gewerbsmäß auch Fremdreparaturen dchführt (BGH VersR **78**, 243, Düss NJW-RR **94**, 1375). Vergibt der Geschädigte die Reparatur, darf er keine Gemeinkosten berechnen, da die Mühewaltg bei der Schadensabwicklg zum eig Pfltenkreis gehört (Rn 23). Kann er die MwSteuer zum Vorsteuerabzug verwenden, entfällt insow wg VortAusgl ein ErsAnspr (BGH NJW **72**, 1460, Vorbem 144). – **dd)** Als ErsLeistg wird idR ein einmaliger Kapitalbetrag **9**

geschuldet. Bei sich fortlaufd erneuernden Schäden kann der Geschädigte eine **Rente** beanspruchen (RG **68**, 430, **136**, 375). SchadBemessg bei der Beschädigg von **Kraftfahrzeugen** s § 251 Rn 12ff.

10 **c) Personenschäden. – aa)** Die Herstellgskosten bei der Verletzg einer Pers bestehen vor allem in den Kosten der **Heilbehandlung.** Werden diese vom SozVersTräger od einem privaten Versicherer getragen, findet gem SGB 116, VVG 67 ein FdgÜbergang statt (Vorbem 148ff v § 249). Die Aufwendgen müssen sich im Rahmen des Angemessenen halten (BGH NJW **69**, 2281: Behandlg im Ausl); der Verletzte darf aber den Leistgsstandard wählen, den er üblicherw in Anspr nimmt (BGH VersR **89**, 56). Wer als Kassenpatient geschädigt worden ist, muß die Heilbehandlg im Rahmen der kassenärztl Versorgg dchführen lassen (Düss NJW-RR **91**, 1308), er darf sich aber priv behandeln lassen, wenn dadch keine Mehrkosten entstehen (Hamm NJW **95**, 786). Bei der Abwägg, ob Mehrkosten einer priv Behandlg zu ersetzen sind, kann ebso wie bei § 251 II (dort Rn 7) auch die Schwere des Verschuldens berücksichtigt w (BGH NJW **69**, 2281, str). Die Kosten für Einzelzimmer u Privatbehandlg sind zu ersetzen, wenn der Verletzte sie auch ohne die Regreßmöglichk aufgewandt hätte (BGH VersR **70**, 130, Düss NJW **66**, 397, Hamm VersR **77**, 151). Auch wenn diese Voraussetzg nicht erfüllt ist, besteht eine ErsPfl, soweit der Mehraufwand medizinisch geboten ist (s BGH VersR **64**, 257, Oldbg VersR **84**, 765). Entspr gilt für die Kosten eines Mietfernsehers (Köln NJW-RR **94**, 532, Pardey NJW **89**, 2314), dagg besteht für zusätzl Lesestoff keine ErsPfl (Köln VersR **89**, 1309). Ersparte häusl Verpfleggskosten sind abzuziehen (Vorbem 141 v § 249). Die Kosten einer aufwendg kosmet Operation sind nicht zu ersetzen, sofern für sie kein ausr Grd vorlag (BGH **63**, 295). Das **Prognoserisiko** hat auch hier der Schädiger zu tragen (Rn 7). Verschlimmergen dch ärztl Kunstfehler gehen zu seinen **11** Lasten (Vorbem 73 v § 249). – **bb)** Zu den Heilgskosten gehören auch die **Fahrtkosten von nahen Angehörigen** für Krankenhausbesuche (BGH NJW **85**, 2757, **89**, 766), auch wenn der Verletzte im Koma liegt (LG Saarbr NJW **88**, 2958). Die ErsPfl beschränkt sich auf die unvermeidb Kosten (BGH NJW **91**, 2341), dh auf Fahrtkosten der wirtschaftlichsten Befördergsart (BGH aaO), – bei Pkw-Fahrten können 0,40 DM/km angesetzt werden (Hamm NJW-RR **95**, 599) –, auf Lohnausfall für nicht nachholb Arbeitsstunden u bei Selbständigen auf Gewinnentgang, der der Besuchszeit unmittelb zuzurechnen ist u sich auf and Weise nicht abfangen läßt (BGH aaO). Für entgangene Freizeit gibt es keinen Ersatz (BGH **106**, 30), idR auch nicht für entgangene Haushaltstätigk (BGH NJW **91**, 2341), wohl aber für die Kosten eines Babysitters (BGH NJW **90**, 1037). Dem Angeh selbst steht als mittelb Geschädigtem kein SchadErsAnspr, uU aber ein Anspr aus GoA od § 812 zu (BGH NJW **79**, 598, Seidel VersR **91**, 1323). – **cc)** Zu den Herstellgskosten bei Verletzg einer Person gehören weiter Kur- u Pflegekosten (RG **151**, 299, BGH VersR **78**, 149), Betreuungsaufwand, bei Leistgen von Angeh aber nur, wenn sie über die aufgrd der UnterhPfl unentgeltl geschuldete Pflege hinausgehen (s Grunsky BB **95**, 937), sowie Aufwendgen für eine **berufliche Rehabilitation,** insb eine Umschulg (BGH NJW **82**, 1638, NJW-RR **91**, 854, Karlsr NJW **89**, 111 od die Arbeit in einer Behindertenwerkstatt (Hamm VersR **92**, 460); bei einer Umschulg zu einem höher qualifizierten Beruf kann sich die ErsPfl aber auf einen Teil der Kosten beschränken (BGH NJW **87**, 2741). Tritt eine dauernde Vermehrg der Bedürfn ein, gilt die Sonderregel des § 843. Wird eine einmalige Maßn (Anschaffg eines medizinischen Hilfsgeräts, rollstuhlgerechte Einrichtg der Wohng) erforderl, ist § 249 anzuwenden (BGH NJW **82**, 757, Düss DAR **95**, 159), aus dem sich uU auch ein Anspr auf Errichtg eines priv Schwimmbades ergeben kann (s Huber VersR **92**, 545).

12 **3) Miete einer Ersatzsache. – a)** Kann der Geschädigte wg des schädigden Ereign die Sache nicht nutzen, hat ihm der Schädiger die Kosten für die Anmietg einer gleichwert Sache zu ersetzen (BGH GrZS **98**, 220). Das gilt allg (Mü VersR **88**, 1043: Flugzeug), hat aber vor allem für KfzSchäden prakt Bedeutg. AnsprGrdl ist § 249 S 2, kann aber ausnw auch § 251 I sein (Rn 2). Bei Verzicht auf die Anmietg einer ErsSache kann dem Geschädigten ein Anspr auf NutzgsAusfallEntsch zustehen (Vorbem 20ff v § 249).

13 **b)** Der geschädigte KfzHalter darf sich grdsl einen **Pkw gleichen** Typs mieten (BGH NJW **82**, 1519). Ist dieser nur zu einem bes hohen Mietzins zu haben, muß er sich mit einem etwas weniger komfortablen Typ begnügen (BGH aaO); wg der beschädigte Pkw ein Autotelefon hat, kann ein vorübergehender Verzicht hierauf zumutb sein (LG Traunstein NJW-RR **93**, 535). Bei einem älteren Pkw mit erhebl herabgesetztem Gebrauchswert sind nur die Kosten für einen in etwa wertgleichen MietPkw zu ersetzen (Hbg VersR **80**, 879, Stgt r + s **88**, 332, LG Heilbr VersR **82**, 784, LG Freibg DAR **94**, 404, str, s Anhang Rn 3). Bei längerer Mietdauer muß der Geschädigte **Preisvergleiche** anstellen (BGH NJW **85**, 2639, Nürnbg NJW-RR **90**, 1502, Stgt VersR **92**, 1485, Hamm NJW-RR **93**, 1053, Mü DAR **95**, 255, aA Nürnbg DAR **94**, 498, Ffm NJW-RR **95**, 664), bei teuren Fahrzeugen (Miettaxen) auch schon bei kurzer Mietdauer (Karlsr DAR **91**, 107). Der Geschädigte muß die Vorteile eines Pauschaltarifs nutzen (Nürnbg VersR **94**, 235, Hamm VRS **85**, 2). Seitdem die MietwagenUntern neben dem Normaltarif einen übertreuerten Unfalltarif anbieten, muß sich der Geschädigte insoweit informieren u den günstigeren Normaltarif wählen (s Köln VersR **93**, 767, Karlsr DAR **93**, 220, Hamm NJW-RR **94**, 923, Mü VRS **87**, 321, LG Ravensbg NJW-RR **94**, 796, Möller/Durst VersR **93**, 1070, Etzel DAR **95**, 17, aA Stgt NJW-RR **94**, 921). Mietet er von einem Angeh, muß er sich um angem, unterh der übl Sätze liegde Miete bemühen (BGH NJW **75**, 255/684, LG Mainz NJW **95**, 1421/2019); bei Anmietg von einer PrivPers sind idR nur 50% der gewerbl Miete zu ersetzen (Celle NJW-RR **93**, 1052). Bei einem **geringen Fahrbedarf** (20 km und weniger) darf der Geschädigte idR keinen Mietwagen in Anspr nehmen (Ffm VersR **92**, 620, Mü VersR **93**, 769, Harneit DAR **94**, 97). Der Geschädig- **14** te muß sich im Wege der VortAusgl **ersparte Eigenaufwendungen** anrechnen lassen, u zwar auch bei Miete eines einfacheren Pkws (BGH NJW **67**, 552, Köln DAR **85**, 385, KG VersR **89**, 56, Ffm NJW **90**, 3212, Karlsr VRS **79**, 328, aA Celle NJW-RR **93**, 1052, Nürnbg NJW-RR **94**, 924, Ffm NJW-RR **95**, 664). Die ersparten Aufwendgen sind bisher auf 15%–20% der Mietkosten veranschlagt worden (Mü VersR **70**, 67, KG VersR **89**, 56, Köln NJW-RR **93**, 913); sie betragen aber nach den jetzt maßgebden technischen u wirtschaftl Verhältn **nur** noch 10% (LG Freibg VersR **92**, 250, LG Ravensbg NJW-RR **94**, 796), vgl auch Meinig DAR **93**, 281 u ihm folgd Stgt NJW-RR **94**, 921 u LG Ansbach DAR **94**, 403: nur 3–4%. Zu ähnl Ergebn führt es, wenn man die ADAC-Tabelle über die Kosten der PkwHaltg als SchätzgsGrdl heranzieht (so BGH NJW **69**, 1478, Karlsr DAR **90**, 20). Bei kurzer Mietzeit u geringer Fahrleistg kann eine Ersparn entfallen (LG Köln VersR **74**, 1231, AG Köln VersR **77**, 70). Die Mehrzahl der Versicherer verzichtet trotz Auslaufens des Abkommens mit den Autovermietern auf den ErsparnAbzug, wenn der Geschädigte einen Pkw der für sein Kfz maßgebden „Zuordngsgruppe" mietet u die empfohlene Mietobergrenze einhält (NJW **93**, 376 = VersR **93**, 26).

c) Der Anspr beschränkt sich auf die für die Reparatur od ErsBeschaffg **notwendige Zeit,** iF des 15 Verzuges auf dessen Dauer (BGH **88**, 16). Sie beträgt, wenn Ers für einen gebrauchten Pkw zu beschaffen ist, 2–3 Wo (KG VersR **87**, 822). Werden gleichzeit unfallunabhäng Schäden beseitigt, muß die Ausfallzeit entspr geteilt w (BGH **81**, 274 zur Schiffsreparatur). Wird der Unfallschaden ohne Verlängerg der Reparaturzeit bei and Arbeiten miterledigt, besteht kein ErsAnspr (BGH VRS **52** Nr 39). Kann der Geschädigte die ErsBeschaffg nicht finanzieren u erhält er trotz Mahng keinen Vorschuß, so geht das zu Lasten des Schädigers (Nürnbg DAR **81**, 14, LG Ffm NJW-RR **92**, 1183). Auch Schwierigk bei der ErsTeilBeschaffg sind dem Schädiger zuzurechnen (BGH NJW **82**, 1519: Mietwagenkosten 13712 DM). Der Geschädigte darf grdsl auch dann einen Mietwagen in Anspr nehmen, wenn sein Pkw kurz vor od währd einer **Reise** beschädigt w (BGH NJW **85**, 2639). UU ist aber eine provisorische Reparatur (Köln VersR **79**, 965, Stgt VersR **81**, 1061), die Anschaffg eines Interimsfahrzeugs (BGH NJW **82**, 1519, Oldbg VersR **82**, 1154), die Benutzg der Bahn (LG Freib DAR **84**, 153), od eine Umdisposition u der Verzicht auf wenige UrlTage zumutb (BGH NJW **85**, 2639).

d) Der Schädiger hat auch die **Prämien** für eine **Haftungsfreistellung** zu ersetzen, sofern für das be- 16 schädigte Kfz eine entspr Versicherg besteht (BGH **61**, 331). Ist das nicht der Fall, gilt nach BGH eine mittlere Lösg (aaO u VersR **74**, 657): Die Prämie ist zu ersetzen, soweit mit der Mietwagennutzg ein Sonderrisiko verbunden ist; der Geschädigte muß sich aber das ersparte eig Schadensrisiko anrechnen lassen. Diese Ansicht verdient trotz der Schwierigk bei der Quantifizierg den Vorzug vor einer vollen Bejahg der ErsPfl (so Ffm NJW-RR **95**, 664) od deren Verneing (so Oldbg VersR **83**, 470, Hamm NJW-RR **94**, 793); iZw kann der zu ersetzde Prämienanteil gem ZPO 287 auf 1/2 geschätzt w (Schlesw VersR **75**, 268, Hbg VersR **76**, 371, Mü DAR **76**, 157).

e) Auch bei Ausfall eines **gewerblich genutzten Kfz** (Taxe, Lkw) kann der Geschädigte zu Lasten des 17 Schädigers ein ErsKfz mieten. Die Mietkosten sind bis zur Grenze des § 251 II selbst dann zu ersetzen, wenn sie höher sind als die Einnahmen, die zu entgehen drohen (BGH NJW **85**, 793, **93**, 3321, Benicke JuS **94**, 1004); sie können angebl auch dann noch verhältnismäß sein, wenn sie 283% der entgehden Einnahmen ausmachen (BGH aaO). Der Schaden kann auch nach den Vorhaltekosten eines ErsKfz (Vorbem 43 v § 249) od nach dem entgangenen Gewinn berechnet w. Wenn die Miete eines ErsKfz mögl ist u ihre Kosten geringer sind als der entgehde Gewinn, steht dem Anspr aus § 252 aber § 254 II entgg.

4) Die SchadErsPfl erstreckt sich auch auf **Folgeschäden,** sofern diese mit dem schädigden Ereign in 18 einem adäquaten UrsachenZushang stehen u in den Schutzbereich der verletzten Norm fallen (s Vorbem 58 u 62 u die Einzelfälle in Vorbem 66 ff). – **a) Steuerliche Nachteile** werden grdsl von der ErsPfl miterfaßt (Kullmann VersR **93**, 385, spiegelbildl zur VorteilsAusgl Vorbem 144). Zu ersetzen sind daher: die vom Geschädigten zu zahlde Umsatzsteuer (Hamm OLGZ **80**, 20), es sei denn, daß er zum Vorsteuerabzug berecht ist (BGH NJW **72**, 1460); die Gewerbeertragssteuer, die er auf den Verdienstausfallschaden zu leisten hat (BGH NJW **67**, 1462); die EinkSteuer, die er auf Renten gem § 844 II – trotz Steuerfreih der weggefallenen UnterhLeistgen – zahlen muß (BGH NJW **79**, 1501, NJW-RR **87**, 604); steuerl Vorteile, die ihm nach einer ständ, wenn auch gesetzwidr VerwPraxis zugute gekommen wären (BGH NJW **81**, 920, GrdErwerbs-Steuerfreih für Ferienhäuser); Verlust von AbschreibgsMöglichk (BGH VersR **80**, 529, **90**, 748), Nachteile aus einer Erhöhg des Steuertarifs (Kullmann VersR **93**, 387). Bei Ehefr ist im Fall getrennter Veranlagg entstehde EinkSteuer maßgebd, nicht die höhere, bei gemeins Veranlagg zu zahlde (BGH NJW **70**, 1271, aA Kullmann aaO). Bei Verdienstausfallschäden ist ein besonderer Ausgl für steuerl Nachteile idR nicht erforderl, da bei der SchadBemessg vom **Bruttolohn** auszugehen ist (§ 252 Rn 9). Nicht zu ersetzen sind: der Steuermehrbetrag, der wg Verlegg des ArbOrtes vom Aus- ins Inland zu leisten ist (LAG Ffm DB **86**, 52); die bei Tötg des Eheg wegfallden steuerl Vorteile, wie Freibeträge u Splittingtarif (BGH NJW **79**, 1501). –
b) Höhere Versicherungsprämien oder der Verlust eines BeitrNachlasses, die dch das schädigde Ereign 19 verursacht w, gehören grdsl zum zu ersetzden Schaden (BGH NJW **84**, 2627, Zweibr VRS **89**, 10), auch wenn dieser mittelb Schaden erhebl größer ist als der unmittelb (BGH **107**, 260, krit Löwisch JZ **90**, 189). Einschränkgen gelten aber für den Verlust des SchadensfreihRabatts in der HaftPflVers (Vorbem 93). –
c) Kosten der Rechtsverfolgung. – aa) Die ErsPfl erstreckt sich auch auf die dch die Geltdmachg u 20 Dchsetzg des SchadErsAnspr entstehden Kosten. Es besteht insow ein **unselbständiger** mat-rechtl KostenerstattgsAnspr. Die Kosten, die dch Geltdmachg eines nicht auf SchadErs gerichteten Anspr entstehen, kann der Gläub dagg nur unter den Voraussetzgen des Verzuges (§ 286 Rn 7), der pVV (§ 276 Rn 123), der unerl Hdlg (BGH **111**, 171) od der GoA (BGH **52**, 393, GRUR **84**, 129, sehr str) ersetzt verlangen (abwegig Soyka MDR **95**, 27). Das gilt entspr für Kosten der **Rechtsverteidigung** (BGH NJW **86**, 2244). Die Verletzg einer höchstpersönl familienrechtl Pfl begründet aber keine Pfl zum Ers von Kosten (BGH NJW **88**, 2033, aA Lipp JuS **90**, 791). Der mat-rechtl KostenerstattgsAnspr steht grdsl rechtl selbstd neben dem aus ZPO 91 ff (BGH **66**, 114). Die Klage ist aber wg Fehlens eines RSchutzbedürfn unzul, soweit sich beide Anspr decken (RG **130**, 218, LAG Hamm DB **92**, 431). Sie ist dagg zul, soweit vorprozessual entstandene Kosten geltd gemacht werden (BGH WM **87**, 248), insb dann, wenn die Kostenfestsetzg wg ZPO 92 zu einem für den Kläger ungünstigeren Ergebn führen könnte (BayObLG **79**, 20, Köln NJW **86**, 1546). Die Abweisg des matrechtl Anspr steht der Geltdmachg derselben Kostenposition im Verf nach ZPO 103 idR nicht entgg (Kblz VersR **75**, 932, Mü Rpfleger **76**, 255). Dagg ist die Klage unzul, wenn mit ihr bei unverändertem Sachverhalt ein von der gerichtl KostenEntsch abweichdes Ergebn erstrebt wird (BGH **45**, 257, JZ **95**, 840, krit Becker-Eberhard JZ **95**, 814). And ist es aber, wenn die mat-rechtl ErsPfl weiterreicht als die aus ZPO 91 (BGH NJW **90**, 2062). Die SchadErsPfl des DrittSchu aus ZPO 840 II 2 umfaßt auch entstandene Ger- u RAnwKosten; ArbGG 12a schließt diesen Anspr nicht aus (BAG NJW **90**, 2643, LG Köln NJW-RR **90**, 125, and BAG NJW **73**, 1062). – **bb)** Der mat-rechtl KostenerstattgsAnspr erstreckt sich vor allem auf **Anwaltskosten** (BGH **30**, 21

154, **LM** (Ha) Nr 15). Diese fallen auch bei Anspr aus pVV od c. i. c. (BGH NJW **86**, 2244) aber auch bei Anspr aus § 823 (Oldbg NJW **61**, 613) u StVG 7 in den Schutzbereich der verletzten Norm (Nürnbg OLGZ **69**, 140). Die ErsPfl besteht auch dann, wenn sich der RAnw selbst vertritt (BAG ZIP **95**, 502, LG Mainz NJW **72**, 161, LG Mannh AnwBl **75**, 68). Sie setzt voraus, daß die Inanspruchn eines RAnw erforderl war (Karlsr NJW-RR **90**, 929). Das trifft in einfach gelagerten Fällen nur zu, wenn der Geschädigte geschäftl ungewandt ist od die Schadensregulierg verzögert w (BGH NJW **95**, 446), nicht auf Kosten für Vhdlgen über eine KreditAufn (Düss DAR **83**, 359), wohl aber auf die für die SchadRegulierg beim Kaskoversicherer (KG VersR **73**, 926, Hamm AnwBl **83**, 141, Karlsr VRS **77** Nr 2), auch wenn der Geschädigte LeasN ist (LG Bielefeld NJW-RR **89**, 1431). Beschäftigt der Geschädigte einen jur ausgebildeten ArbN, ist es Frage des Einzelfalles, ob die Kosten eines RAnw ersatzfäh sind (Notthoff DAR **95**, 843). Zu ersetzen sind bei Schiffsunfällen die Kosten des Verf vor dem Seeamt (BGH **81**, 276), nicht aber Kosten für ein StrafVerf gg den Schädiger (Vorbem 90). GeschWert ist der Betrag der begründeten Fdg (BGH **39**, 73, NJW **70**, 1122). Dieser ist auch bei einem MitVersch des Geschädigten maßgebd (Klimke u Schütz VersR **69**, 490 u 499). Die Kosten des vom Zessionar beauftragten RAnw sind nur unter den Voraussetzgen des § 286 zu ersetzen, da sich die ErsPfl gem § 249 auf den beim Zedenten entstandenen Schaden beschränkt (Nob Mosbach VersR **83**, 571, Riedl VersR **91**, 151, Schmalzl VersR

22 **94**, 1315). – cc) **Weitere Kosten.** Der Schädiger hat die Kosten von **Sachverständigengutachten** zu ersetzen, soweit diese zu einer zweckentspr RVerfolgg notw sind (BGH NJW **74**, 35, NJW-RR **89**, 956), angebl auch dann, wenn das Gutachten obj ungeeignet ist (Hamm BB **94**, 1525). In Kfz-Unfallsachen darf der Geschädigte – von Bagatellschäden bis 1000 DM abgesehen (Klimke DAR **84**, 39) – auch dann einen Sachverst hinzuziehen, wenn der Schädiger bereits einen beauftragt hat (KG OLGZ **77**, 317): Kosten eines Kostenanschlags, wenn er anstelle eines teureren Gutachtens eingeholt worden ist (sehr str, s Notthoff DAR **94**, 419). Zu ersetzen sind weiter: die Kosten eines BeweissicherungsVerf (Hamm NJW-RR **93**, 1045; Aufwendgen für das Wiederauffinden u die Rückführg eines entführten Kindes (Kblz NJW-RR **94**, 899); Detektivkosten (BGH NJW **90**, 2061), etwa zur Aufklärg eines VersBetruges (Oldenbg VersR **92**, 1150); Dolmetscherkosten (AG Osnabrück VersR **89**, 1277); **Belohnungen** für die Wiederbeschaffg gestohlener Sachen (BGH VersR **67**, 1169, BAG DB **70**, 500), für die Überführg von Ladendieben (Vorbem 44), für Unfallzeugen, wg der Gefahr der Falschaussage aber nur in engen Grenzen (s Kblz VersR **75**, 933, Halvescheid DAR **82**, 223); Kosten eines erfolglosen **Vorprozesses** gg einen vermeintl Schädiger od HerausgPflichtigen (BGH NJW **69**, 1109, **71**, 135, NJW-RR **91**, 1428) od zur Scha-

23 densabwehr (BGH VersR **76**, 731). – dd) Kein ErsAnspr besteht dagg für den **Zeitaufwand des Geschädigten** bei der außergerichtl Abwicklg von SchadErsAnspr (BGH **66**, 114, **75**, 231, NJW **77**, 35, Hbg NJW **77**, 1347, Stoll JZ **77**, 97, aA Weimar NJW **89**, 3246). Das gilt auch dann, wenn der Geschädigte für diese Aufg besonderes Personal angestellt hat (BGH aaO). Sind Teile einer Sachgesamth entwendet worden, gehören die Kosten der Ermittlg des Schadensumfangs zum zu ersetzden Schaden (BGH NJW **80**, 1519).

24   **5) Einzelfälle.** Vgl die Nachw in der Vorbem vor allem in Rn 19 ff u 66 ff. – a) **Naturalherstellung:** SchadErsLeistg dch Nenng des vertragsbrüch Dr (RG **148**, 373); dch Nenng seiner Abnehmer (BGH **LM** (Fb) Nr 7) od Lieferanten (BGH WRP **88**, 50), zeitl u sachl begrenztes Beschäftiggsverbot für abgeworbenen ArbN (BGH GRUR **76**, 306; **LM** UWG 1 Nr 10); dch Bekanntgabe der Unwirksamk des Ausschl aus einem Verein (RG **107**, 386); dch Veröffentlichg, die Verwirrg im GeschVerk beseitigt (BGH **LM** UWG 23 Nr 2, GRUR **82**, 491, Leisse GRUR **88**, 88); dch Veröffentlichg eines UnterlVersprechens (BGH **46**, 305, **99**, 140); dch Veröffentlichg einer richtigstellten Werbeanzeige in der Zeitg, die ein unricht Darstellg gegeben h (BGH **70**, 42); dch Weiterbelieferg bei SchadErsAnspr aus GWB 26, 35 wg Diskriminierg (BGH **49**, 98); dch Schaffg einer and Zufahrt bei SchadErs für Verlust eines WegeR (BGH VersR **68**, 896); dch Aufhebg des inf c. i. c. zustandegekommenen Vertr (BGH NJW **62**, 1196, **68**, 986, § 276 Rn 78).

25   **b) Geldentschädigung: Abzug neu für alt,** vgl Vorbem 146. – Bei Unfällen ist dem Geschädigten, sofern es sich um mehr als Bagatellschaden handelt, für Telefon, Porto u Fahrtkosten ohne weitere Spezifi-zierg eine **Auslagenpauschale** zuzuerkennen, idR 30 DM (Köln VersR **92**, 719), für 40–50 DM aber ein Teil

26 der InstanzGer (ZfS **90**, 229). – **Bäume:** Die Zerstörg od Beschädigg eines Baumes ist wg §§ 93, 94 rechtl eine Verletzg des Eigtums als Grdst. Die Kosten der Herstellg sind idR so hoch, daß § 251 II anwendb ist (BGH NJW **75**, 2061). Einzelfälle, **Zerstörung:** Oldbg VersR **86**, 1004 (3252 DM für Eiche), Düss VersR **87**, 1139 (29 529 DM für eine 80jähr Roßkastanie), Mü NVwZ **89**, 187 (47 785 DM für 3 Kastanien); Saarbr OLGZ **89**, 229 (2765 DM für 7 Scheinakazien); LG Bln VersR **95**, 107 (21 048 DM für 60jähr Kastanie). **Beschädigung:** Hbg VersR **79**, 963 (5330 DM für Buche); Celle NJW **83**, 2391 (5380 DM für 2 Linden); Schlesw SchlHA **84**, 14 (7697 DM für Bergahorn); Düss DAR **91**, 428 (23 000 DM für die Beschädig von 16 Alleebäumen), Düss VersR **92**, 458 (10 082 DM für die Beschädigg von Blauzedern u Schwarzkiefern); LG Bln VersR **80**, 1053 (nur 634 DM für baumchirurgische Maßnahmen). Bei der Schadensbemessg folgt die Rspr überwiegd den Veröffentlichgen von Koch (zuletzt NVwZ **89**, 122, VersR **90**, 573). Dessen Methode führt aber zu übersetzten Entschädiggsbeträgen, die mit den Mehrpreisen, die bei GrdstVerkäufen für Baumbestand bezahlt w, kaum zu vereinbaren sind (s Mü VersR **95**, 843, Staud/Medicus § 251 Rn 78, Kappus VersR **84**, 1021, aA Breloer VersR **85**, 322), wenn auch manche abwegige Ergebn (fast 30 000 DM für einen Baum!) auf eine unrichtig Anwendg der Methode zurückgehen mögen. Zu Abschlägen von den nach Koch ermittelten Werten s Celle NJW **83**, 2391 (25% bei Straßenbäumen) u LG Arnsberg VersR **95**, 844 (50% bei untergeordneter Funktion, Reduktion auf 0 bei erhebl Vorschäden). Bei zum Verkauf best Bäumen, die gem § 95 Scheinbestandt sind (Baumschulen, Weihnachtsbäume) ist der Sachwert im Ztpkt des Schadenseintritts zu ersetzen (Hamm NJW-RR **92**, 1438). Beim unbefugten Beschneiden von Bäumen wird

27 sich idR ein Schaden nicht feststellen lassen (LG Bielef NJW-RR **92**, 26). – Kein SchadErs wg Überschreitg der veranschlagten **Baukosten,** sofern Mehraufwand zur Werterhöhg geführt hat (BGH NJW **70**, 2018, **94**, 856, Köln NJW-RR **93**, 986, Hamm NJW-RR **94**, 211); haben sich die Zinskonditionen verschlechtert, kann aber für die Zinsmehraufwendgen eine ErsPfl bestehen (Köln NJW-RR **94**, 981). – Wegfall der **Beitrags-vergünstigung** in der Berufsgenossensch ist bei Anspr wg pVV ein ersfäh Schaden (Nürnbg VersR **82**, 1176). – **Beschädigung** von gebrauchten Sachen, insb Kfz vgl § 251 Rn 12 ff. – Verlust der **Beteiligung** an AbschreibgsGesellsch, wenn Geschädigter dch Verlustzuweisgen Steuervorteile erlangt hat (BGH **74**, 113). –

28 Vereitelg der Beteiligg an einer OHG (BGH NJW **84**, 2570). – Bei **Bruch des Arbeitsvertrages** umfaßt die

ErsPfl ggf entgangenen Gewinn (BAG DB **72**, 1299), zusätzl Aufwendgen für ErsKraft (LAG Bln DB **74**, 538), Kosten für Zeitgsinserate (Bengelsdorf BB **89**, 2391), Nachteile aus dem Wegfall des Konkurrenz-Schutzes (BAG WM **76**, 136), nicht aber Wegfall des öff Zuschuß für Schaffg eines DauerArbPlatzes, wenn ArbVerh jederzeit kündb (BAG DB **77**, 1854). Leistet ArbG die Arb des vertragsbrüch ArbN zusätzl selbst, so schließt das ErsPfl nicht aus (BAG NJW **68**, 221). Keine ErsPfl für Inserate, die auch bei fristgerechter Künd notw gew wären (BAG NJW **84**, 2846, Vorbem 105 ff). – Unter **Denkmalschutz** stehdes Haus s BGH NJW **88**, 1838, NJW-RR **90**, 1303. – **Dressurpferd** (Hamm VersR **89**, 1106). – Beschädig einer **Eisenbahnbrücke** (BGH VersR **77**, 744). – **Fernmeldekabel** (Ffm VersR **81**, 987). – **Finanzierungskosten** vgl Rn 6. – SchadBemessg bei **Fischsterben** s BGH VersR **69**, 928. – SchadErs bei Verletzg einer **Freihalteverpflichtung,** BGH NJW **70**, 1595. – Einbuße an **Freizeit** vgl Vorbem 38. – Ers für Verlust von **Gebrauchsvorteilen** vgl Vorbem 20 ff u 25 ff. – Wer SchadErs für einen inf **Immissionen** entstandenen GrdstMinderwert leisten muß, hat keinen GgAnspr auf Eintr einer entspr DuldgsDbk (BGH NJW **70**, 856). – **Ladendiebstahl:** ErsPfl w nicht dadch ausgeschl, daß Untern Schaden kalkulator an GesKundsch weiter- **29** gibt (Meier BB **74**, 1376). Kein Ers von pauschalierten Bearbeitgsgebühren, da Mühewaltg bei Feststellg u Abwicklg eines Schadens zum eig PflitenKreis der Geschädigten gehört (BGH **75**, 234, Rn 23). Kein Ers im Kosten der **Kontrollorganisation;** dagg sind **Fangprämien** im Rahmen des Angemessenen zu ersetzen (Vorbem 44). – **Merkantiler Minderwert** vgl § 251 Rn 19 f. – **Mietwagenkosten** s Rn 13 f. – **Nebenklagekosten** vgl Vorbem 91. – **Neuroseschäden** vgl Vorbem 69. – Haben beide Parteien gleichart **Rabattverstöße** begangen, ist zu vermuten, daß sie sich ggs nicht geschädigt h (BGH NJW **70**, 1365). Wird künft **Rentenanspruch** dch Nichtabführg von Beitr verkürzt, muß Schädiger (schon jetzt) den zur Sicherg der **30** unverkürzten Rente erforderl Betr leisten (BGH **LM** (Ha) Nr 25, s aber BGH NJW **83**, 1669). – Ers von **Reparaturkosten** vgl § 251 Rn 18. – Kosten der **Reservehaltung** vgl Vorbem 43. – SchadBemessg bei Zerstörg einer **Ruine** vgl BGH **LM** (Hd) Nr 4. – Verlust des **Schadensfreiheitsrabatts** s Vorbem 92. – Schadensbemessg bei **sicherungsübereigneten** Sachen vgl RG **143**, 376. – **Steuern:** Steuerl Nachteile als Schaden s Rn 18, Steuern u VorteilsAusgl s Vorbem 144, Steuern u Verdienstausfall § 252 Rn 8, u Reparatur Rn 8. – Bei widerrechtl **Stromentnahme** ist SchadErs in Höhe des tarifl Entgelts zu leisten (BGH **117**, 31. – Bei Verletzg von **Urheberrechten** u ähnl AusschließlichkR kann Schaden nach Lizenzgebühr berechnet w, idR auch nach Gewinn des Verletzers (§ 687 Rn 6). – SchadBemessg nach **Verkehrswert** eines Grdst, BGH NJW **70**, 2018. – Ers von **Währungsschaden** vgl Vorbem 90. – Ers von sog **Werterhöhungsschaden** (Geldentwertgsschaden) vgl § 286 Rn 6. – Schadensbemessg bei **Waldbrand** vgl BGH **LM** (Hd) Nr 5, bei unlauterem **Wettbewerb** (Marktverwirrgsschaden) s BGH NJW **82**, 2774, Leisse GRUR **88**, 88. – Bemessg des Schad-ErsAnspr gg **Wilderer** vgl BGH **LM** § 823 (F) Nr 10. – Verlust von **Zeitschriften** BGH DB **75**, 1073 (ErsPfl für Nachdruckkosten uU auch dann, wenn diese höher als VerkErlös).

Anhang zu § 249: Pkw-Nutzungsausfallentschädigung

1) Dem Eigtümer eines priv genutzten Pkw steht auch dann ein Anspr auf eine Nutzgsausfallentschädigg **1** zu, wenn er keinen ErsPkw anmietet (BGH **40**, 345, **66**, 249, **98**, 212, stRspr seit 1963; zu den Voraussetzgen des Anspr s Vorbem 20 ff v § 249, zur zeitl Abgrenzg der ErsPfl s § 249 Rn 15). Die **Höhe dieses Anspruchs** bemißt die Praxis seit mehr als zwei Jahrzehnten nach den Tabellen von Sanden u Danner, deren Mitautor inzw Küppersbusch geworden ist (s Schlesw VersR **67**, 68, Nürnb VersR **71**, 260, Stgt VersR **80**, 392). Da nicht die fehlgeschlagenen Aufwendgen, sond die entgangenen Gebrauchsvorteile „für die eigenwirtschaftl Verwendgsplang" zu ersetzen sind (BGH **98**, 225), gehen Sanden/Danner/Küppersbusch bei der Wertermittlg wohl mit Recht von den dchschnittl Mietsätzen für Pkw u nicht von den Vorhaltekosten aus. Die Mieten mindern sie um die Gewinnspanne des Vermieters u die bei einer priv Nutzg nicht anfalldenen Kosten (Verwaltg, Provisionen, erhöhte Abnutzg u VersPrämien). Der danach verbleibde Betrag stellt den Wert der priv KfzNutzg dar. Er liegt bei 35–40% der üblichen Miete od **200–400% der Vorhaltekosten. 2** Wünschenswert wäre allerdings eine einfachere Lösg (zB 200% der Vorhaltekosten). Es bleibt auch die Frage, ob die Differenz zw Vorhaltekosten u dem in den Tabellen ausgewiesenen Nutzwert betriebswirtschaftl nicht zT weiterer Gewinn des Vermieters ist. Der **BGH** hat nach manchem Hin u Her (s 51. Aufl) die Tabelle als geeignete SchätzgsGrdl anerkannt (BGH **56**, 217). Da nach seinem Ansatz die NutzgsEntschädigg den Wert der Vorhaltekosten nur maßvoll übersteigen soll (BGH **56**, 221, **98**, 212, 226), ist das allerdings schwer nachzuvollziehen; denn eine Überschreitg der Vorhaltekosten bis zu 300% ist kaum maßvoll.

2) Die nachfolgde Tabelle hat den **Stand vom 1. 1. 1995.** Abgedruckt ist dieses Mal nicht die nach **3** Gruppen, sondern die nach Herstellern geordnete benutzerfreundlichere Tabelle. Für die elf Gruppen gelten folgde Entschädiggssätze: **A** 45 DM; **B** 49 DM; **C** 53 DM; **D** 63 DM; **E** 72 DM; **F** 85 DM; **G** 98 DM; **H** 111 DM; **J** 122 DM; **K** 134 DM; **L** 150 DM (vgl ergänzd NJW **95**, Beilage zu Heft 22). Diese Beträge gelten für Pkw bis zu einem Alter von 5 Jahren (Ffm VersR **85**, 248, Schlesw NJW-RR **86**, 776, Karlsr VersR **89**, 58, Hamm DAR **94**, 26, LG Tübingen DAR **91**, 184, aA Ffm DAR **84**, 319, Karlsr DAR **89**, 67, KG VRS **86**, 28). Bei einem Alter bis zu 10 Jahren ist der Satz der nächst niedrigeren Gruppe maßgebd, bei noch älterem Pkw ist auf die Vorhaltekosten abzustellen (s BGH NJW **88**, 484). Zur Bewertg eines Rolls-Royce s LG Aachen NJW-RR **89**, 414. Tabelle zum Nutzwert von Motorrädern s NJW **89**, 2044; fr Tabellen zu Kfz s NJW **79**, 2083; **80**, 434; VersR **81**, 110; **82**, 527; **83**, 806; **85**, 417; NJW **87**, 3167, **91**, 810, **94**, 1111; vgl auch VorAufl.

Seiten 282–286: Tabelle von Sanden/Danner/Küppersbusch Stand 1. 1. 1995 (Auszug) – Copyright EurotaxSchwacke, Abdruck oder sonstige Nutzung – auch auszugsweise – nur mit ausdrücklicher Genehmigung der EurotaxSchwacke GmbH, Nachdrucke dieser Veröffentlichung, Abdruckrechte oder Rohdatenlieferung bei EurotaxSchwacke GmbH, Wilhelm-Röntgen-Str. 7, 63477 Maintal, Tel.: 06181/405-0, Fax.: 405-111.

Hersteller Modell, Typ	Aufbauart /Türen /Kraftstoffart	Hubraum ccm	Leistung kW	Wert Pkw-Nutzung/Tag
Alfa Romeo (I)				
Alfa 145 1.4	Limousine/3/S	1351	66	63,00
Alfa 145 1.6	Limousine/3/S	1596	76	72,00
Alfa 145 1.7 16V	Limousine/3/S	1712	95	72,00
Alfa 155 1.7 Twin Spark	Limousine/4/S	1749	85	85,00
Alfa 155 2.0 Twin Spark	Limousine/4/S	1995	104	98,00
Alfa 155 V6	Limousine/4/S	2492	120	111,00
Alfa 155 Q4	Limousine/4/S	1995	137	122,00
Alfa 155 2.5 TD	Limousine/4/D	2499	92	98,00
Alfa 164 2.0 Twin Spark	Limousine/4/S	1995	106	111,00
Alfa 164 3.0 V6 Super	Limousine/4/S	2959	132	122,00
Alfa 164 V6 24V Super	Limousine/4/S	2959	155	122,00
Alfa 164 Q4 Allrad	Limousine/4/S	2959	170	134,00
Alfa 164 TD Super	Limousine/4/D	2499	92	122,00
Audi (D)				
Audi 80 1.6E	Limousine/4/S	1595	74	85,00
Audi 80 2.0E	Limousine/4/S	1984	85	85,00
Audi 80 2.3E	Limousine/4/S	2309	98	98,00
Audi 80 2.6E	Limousine/4/S	2598	110	98,00
Audi 80 2.8E	Limousine/4/S	2771	128	111,00
Audi 80 S2	Limousine/4/S	2226	169	134,00
Audi 80 TD	Limousine/4/D	1896	55	85,00
Audi 80 TDI	Limousine/4/D	1896	66	85,00
Audi 80 Avant 2.0E	Limousine/5/S	1984	85	85,00
Audi 80 Avant 2.3E	Limousine/5/S	2309	98	98,00
Audi 80 Avant 2.6E	Limousine/5/S	2598	110	98,00
Audi 80 Avant 2.8E	Limousine/5/S	2771	128	111,00
Audi 80 Avant S2	Limousine/5/S	2226	169	134,00
Audi 80 Avant RS2	Limousine/5/S	2226	232	134,00
Audi 80 Avant TDI	Limousine/5/D	1896	66	98,00
Audi Coupe 2.0E	Coupe/2/S	1984	85	98,00
Audi Coupe 2.6E	Coupe/2/S	2598	110	111,00
Audi Coupe 2.8E	Coupe/2/S	2771	128	122,00
Audi Coupe S2	Coupe/2/S	2226	169	134,00
Audi Cabriolet	Cabrio/2/S	1984	85	111,00
Audi Cabriolet	Cabrio/2/S	2309	98	122,00
Audi Cabriolet 2.6E	Cabrio/2/S	2598	110	122,00
Audi Cabriolet 2.8E	Cabrio/2/S	2771	128	122,00
Audi A6	Limousine/4/N	1984	74	98,00
Audi A6 2.0	Limousine/4/S	1984	85	98,00
Audi A6 2.6	Limousine/4/S	2598	110	111,00
Audi A6 2.8	Limousine/4/S	2771	128	122,00
Audi S6	Limousine/4/S	2226	169	134,00
Audi S6 4.2	Limousine/4/S	4172	213	134,00
Audi A6 1.9 TDI	Limousine/4/D	1896	66	98,00
Audi A6 2.5 TDI	Limousine/4/D	2460	85	111,00
Audi A6 2.5 TDI	Limousine/4/D	2461	103	111,00
Audi A6 Avant 2.0	Limousine/5/S	1984	85	98,00
Audi A6 Avant 2.6	Limousine/5/S	2598	110	111,00
Audi A6 Avant 2.8	Limousine/5/S	2771	128	122,00
Audi S6 Avant	Limousine/5/S	2226	169	134,00
Audi S6 Avant 4.2	Limousine/5/S	4172	213	150,00
Audi A6 Avant 1.9 TDI	Limousine/5/D	1896	66	111,00
Audi A6 Avant 2.5 TDI	Limousine/5/D	2460	85	111,00
Audi A6 Avant 2.5 TDI	Limousine/5/D	2461	103	122,00
Audi A8	Limousine/4/S	2771	128	134,00
Audi A8 Quattro Tiptro.	Limousine/4/S	4172	220	134,00
BMW (D)				
316I Compact	Limousine/3/S	1596	75	72,00
318 Compact TI	Limousine/3/N	1796	103	85,00
316I	Limousine/4/N	1596	75	85,00
318I	Limousine/4/N	1796	85	85,00
320I	Limousine/4/S	1991	110	98,00
325I	Limousine/4/S	2494	141	111,00
M3	Limousine/4/S	2990	210	134,00
318I	Cabrio/2/S	1796	85	111,00
320I	Cabrio/2/S	1991	110	111,00
325I	Cabrio/2/S	2494	141	122,00
M3	Cabrio/2/S	2990	210	134,00
318 TDS	Limousine/4/D	1665	66	85,00
325 TD	Limousine/4/D	2497	85	98,00
325 TDS	Limousine/4/D	2498	105	111,00
316I	Coupe/2/S	1596	75	85,00
318IS	Coupe/2/N	1796	103	98,00
320I	Coupe/2/S	1991	110	98,00
325I	Coupe/2/S	2494	141	122,00
M3	Coupe/2/S	2990	210	134,00
518I	Limousine/4/N	1796	85	98,00
520I 24V	Limousine/4/S	1991	110	98,00
525I 24V	Limousine/4/S	2494	141	111,00
530I V8	Limousine/4/S	2997	160	134,00
540I (Automatik) V8	Limousine/4/S	3982	210	134,00
M5	Limousine/4/S	3535	232	150,00
525 TD	Limousine/4/D	2498	85	111,00
525 TDS	Limousine/4/D	2497	105	111,00
518I Touring	Kombi/5/N	1796	85	98,00
520I Touring	Kombi/5/S	1991	110	111,00
525I Touring	Kombi/5/S	2494	141	122,00
530I Touring V8	Kombi/5/S	2997	160	134,00
540I Touring V8 (Aut.)	Kombi/5/S	3982	210	134,00
M5 Touring	Kombi/5/S	3795	250	150,00
525 TD Touring	Kombi/5/D	2498	85	111,00
525 TDS Touring	Kombi/5/D	2498	105	122,00
730I	Limousine/4/S	2997	160	134,00
740I	Limousine/4/S	3982	210	134,00
750I Aut.	Limousine/4/S	5379	240	150,00
840CI	Coupe/2/S	3982	210	150,00
850 Aut. CI	Coupe/2/S	5379	240	150,00
Buick (USA)				
Park Avenue	Limousine/4/N	3789	127	134,00
Chevrolet (USA)				
Beretta Z 26 T	Coupe/2/N	3137	110	111,00
Corvette	Coupe/2/S	5734	207	134,00
Corvette	Cabrio/2/S	5734	207	150,00
Astro 2WD	Kombi/4/N	4300	120	111,00
Chrysler (USA)				
Le Baron 3.0LX (GTC)	Coupe/2/N	2972	100	111,00
Le Baron V6 3.0LX (GTC)	Cabrio/2/N	2972	100	122,00
Saratoga 2.5 SE	Limousine/4/N	2501	71	72,00
Saratoga 3.0 Aut. LE	Limousine/4/N	2972	104	98,00
Vision V6 3.5 Aut.	Limousine/4/S	3518	155	122,00
Voyager 2.5 SE	Kombi/4/N	2501	73	98,00
Voyager 3.3 Aut. SE	Kombi/4/N	3301	120	98,00
Grand Voyager Aut. SE	Kombi/4/N	3301	120	111,00
Voyager 2.5 TD SE	Kombi/4/D	2499	87	98,00
Grand Voyager 2.5 TD LE	Kombi/4/D	2499	87	111,00
Citroën (F)				
AX Teen	Limousine/3/S	954	33	45,00
AX First	Limousine/3/S	1116	44	49,00
AX Furio	Limousine/3/S	1351	55	53,00
AX D Teen	Limousine/3/D	1360	37	49,00
ZX 1.4I Reflex	Limousine/5/S	1360	55	53,00
ZX 1.6I Avantage	Limousine/5/S	1580	65	63,00
ZX 1.8I Autom. Aura	Limousine/5/S	1761	74	72,00
ZX 2.0I 16V	Limousine/3/S	1998	110	85,00
ZX 1.9D Reflex	Limousine/5/D	1905	50	63,00
ZX 1.9TD Avantage	Limousine/5/D	1905	66	72,00
ZX 1.4I Break Avantage	Kombi/5/S	1360	55	63,00
ZX 1.6I Break Avantage	Kombi/5/S	1580	65	63,00
ZX 1.8I Break Autom. Aura	Kombi/5/S	1761	74	85,00
ZX 1.9D Break Avantage	Kombi/5/D	1905	50	72,00
ZX 1.9TD Break Avantage	Kombi/5/D	1905	66	72,00
Xantia 1.6I X	Limousine/5/S	1580	65	72,00
Xantia 1.8I X	Limousine/5/S	1761	74	72,00
Xantia 2.0I SX	Limousine/5/S	1998	89	85,00
Xantia 2.0I 16V	Limousine/5/S	1998	110	98,00
Xantia 1.9 X	Limousine/5/S	1905	50	72,00
Xantia 1.9 Turbo D SX	Limousine/5/D	1905	66	85,00
XM 2.0 SX	Limousine/5/S	1998	97	98,00
XM Turbo C.T.VSX	Limousine/5/S	1998	108	98,00
XM V6 VSX	Limousine/5/S	2963	123	111,00
XM V6 24V Exclusive	Limousine/5/S	2963	147	134,00
XM Turbo D 12SX	Limousine/5/D	2088	80	111,00
XM 2.5 Turbo D VSX	Limousine/5/D	2446	95	111,00
XM 2.0 Break SX	Kombi/5/S	1998	97	98,00
XM Turbo C.T. Break VSX	Kombi/5/S	1998	108	111,00
XM V6 Break VSX	Kombi/5/S	2963	123	122,00
XM Turbo D12 Break SX	Kombi/5/D	2088	80	111,00
XM 2.5 Turbo D Break VSX	Kombi/5/D	2446	95	111,00
Evasion 2.0I X	Kombi/5/S	1998	89	85,00
Evasion Turbo CT SX	Kombi/5/S	1998	108	98,00
Daihatsu (J)				
Cuore GL	Limousine/3/N	847	30	45,00
Charade TS	Limousine/3/N	1296	55	49,00
Charade TS	Limousine/3/N	1296	62	49,00
Charade GTI	Limousine/3/N	1590	77	72,00
Applause 16V LI	Limousine/4/N	1589	66	63,00
Applause 16V LI	Limousine/5/N	1589	77	63,00

Hersteller Modell, Typ	Aufbauart /Türen /Kraftstoffart	Hubraum ccm	Leistung kW	Wert Pkw- Nutzung/Tag
Fiat (I)				
Cinquecento	Limousine/3/S	899	29	45,00
Panda Selecta	Limousine/3/S	1108	37	45,00
Punto 55S	Limousine/3/S	1108	40	49,00
Punto 60SX	Limousine/3/S	1242	43	49,00
Punto 60 Selecta SX	Limousine/3/S	1242	44	49,00
Punto 75 S	Limousine/3/S	1242	54	49,00
Punto 90 SX	Limousine/3/S	1581	65	53,00
Punto GT	Limousine/3/S	1372	98	72,00
Punto TD S	Limousine/3/D	1698	51	49,00
Punto Cabrio 60 S	Cabrio/2/S	1242	43	72,00
Punto Cabrio 90 ELX	Cabrio/2/S	1581	65	72,00
Tipo 1.4IE.S	Limousine/5/S	1372	51	53,00
Tipo 1.6IE.S	Limousine/5/S	1581	55	63,00
Tipo 1.8I SX	Limousine/5/S	1756	66	72,00
Tipo 1.8IE.GT	Limousine/5/S	1756	76	72,00
Tipo 2.0IE.SLX	Limousine/5/S	1995	83	72,00
Tipo 2.0IE. 16V Sport	Limousine/5/S	1995	102	85,00
Tipo 1.9 TD SX	Limousine/5/D	1929	66	72,00
Tempra 1.4IE.L	Limousine/4/S	1372	51	63,00
Tempra 1.6IE.S	Limousine/4/S	1581	55	63,00
Tempra 1.8IE.SX	Limousine/4/S	1756	66	72,00
Tempra 1.8IE.SLX	Limousine/4/S	1756	76	85,00
Tempra 2.0IE.Aut. SX	Limousine/4/S	1995	83	85,00
Tempra 1.9 TD S	Limousine/4/D	1929	66	72,00
Tempra 1.6IE.Stat.Wg.S	Kombi/5/S	1581	55	63,00
Tempra 1.8IE.Stat.Wg.S	Kombi/5/S	1756	66	72,00
Tempra 1.8IE.Stat.Wg.SX	Kombi/5/S	1756	76	85,00
Tempra 2.0IE.Stat.Wg.SX	Kombi/5/S	1995	83	85,00
Tempra 1.9 TD Stat.Wg.S	Kombi/5/D	1929	66	72,00
Croma 2.0IE.	Limousine/4/S	1995	85	85,00
Croma 2.0IE. 16V S	Limousine/4/S	1995	101	98,00
Croma 2.5 V6	Limousine/4/S	2492	117	111,00
Croma 2.5 TD S	Limousine/4/D	2500	85	98,00
Coupe 2.0 16V	Coupe/2/S	1995	102	85,00
Coupe 2.0 Turbo 16V	Coupe/2/S	1995	140	111,00
Ulysse 2.0 S	Kombi/5/S	1998	89	85,00
Ulysse 2.0 Turbo EL	Kombi/5/S	1998	108	98,00
Ford (D)				
Fiesta	Limousine/3/S	1119	37	49,00
Fiesta	Limousine/3/S	1299	44	49,00
Fiesta Fun	Limousine/3/S	1392	54	49,00
Fiesta Futura	Limousine/3/S	1597	65	63,00
Fiesta Fun	Limousine/3/D	1753	44	49,00
Escort CL	Limousine/3/S	1299	44	53,00
Escort CL	Limousine/3/S	1391	55	53,00
Escort 16V CL	Limousine/3/S	1597	66	63,00
Escort 16V CLX	Limousine/3/S	1796	77	63,00
Escort 16V RS2000	Limousine/3/S	1998	110	98,00
Escort Cosworth RS St.	Limousine/3/S	1993	162	134,00
Escort CL	Limousine/4/S	1299	44	53,00
Escort CL	Limousine/4/S	1391	55	63,00
Escort 16V CL	Limousine/4/S	1597	66	63,00
Escort 16V CLX	Limousine/4/S	1796	77	63,00
Escort Fun	Cabrio/2/S	1392	55	72,00
Escort Fun	Cabrio/2/S	1597	66	72,00
Escort M.Schum. XR3I	Cabrio/2/S	1796	77	85,00
Escort CL	Limousine/5/D	1753	44	53,00
Escort CL	Limousine/5/S	1753	66	63,00
Escort CL	Limousine/4/S	1753	44	63,00
Escort CL	Limousine/4/D	1753	66	63,00
Escort Turnier CL	Kombi/5/S	1299	44	63,00
Escort Turnier CL	Kombi/5/S	1391	55	63,00
Escort Turnier 16V CL	Kombi/5/S	1597	66	63,00
Escort Turnier 16V CLX	Kombi/5/S	1796	77	72,00
Escort Turnier CL	Kombi/5/D	1753	44	63,00
Escort Turnier CL	Kombi/5/D	1753	66	63,00
Mondeo CLX	Limousine/5/S	1597	65	72,00
Mondeo CLX	Limousine/5/S	1796	82	85,00
Mondeo Ghia	Limousine/5/S	1796	85	85,00
Mondeo CLX	Limousine/5/S	1988	100	85,00
Mondeo 24V V6	Limousine/5/S	2544	125	98,00
Mondeo CLX	Limousine/5/D	1753	65	72,00
Mondeo CLX	Limousine/4/S	1597	65	72,00
Mondeo CLX	Limousine/4/S	1796	82	72,00
Mondeo CLX	Limousine/4/S	1988	100	85,00
Mondeo 24V V6	Limousine/4/S	2544	125	98,00
Mondeo CLX	Limousine/4/D	1753	65	72,00
Mondeo Turnier CLX	Kombi/5/S	1597	65	72,00
Mondeo Turnier CLX	Kombi/5/S	1796	82	72,00
Mondeo Turnier CLX	Kombi/5/S	1988	100	85,00
Mondeo Turnier 24V V6	Kombi/5/S	2544	125	98,00
Mondeo Turnier CLX	Kombi/5/D	1753	65	72,00
Scorpio CLX	Limousine/5/S	1998	85	85,00
Scorpio V6 CLX	Limousine/5/S	2394	92	85,00
Scorpio CLX	Limousine/5/S	2935	107	98,00
Scorpio 24V GLX	Limousine/5/S	2935	143	111,00
Scorpio CLX	Limousine/5/D	2500	85	98,00
Scorpio CLX	Limousine/4/S	1998	85	85,00
Scorpio V6 CLX	Limousine/4/S	2394	92	85,00
Scorpio V6 GL	Limousine/4/S	2935	107	98,00
Scorpio 24V GLX	Limousine/4/S	2935	143	111,00
Scorpio CLX	Limousine/4/D	2500	85	98,00
Scorpio Turnier CLX	Kombi/5/S	1998	85	85,00
Scorpio Turnier V6 CLX	Kombi/5/S	2394	92	85,00
Scorpio Turnier V6 CLX	Kombi/5/S	2935	107	98,00
Scorpio Turnier 24V GLX	Kombi/5/S	2935	143	122,00
Scorpio Turnier CLX	Kombi/5/D	2500	85	98,00
Probe 16V	Coupe/2/N	1991	85	98,00
Probe 24V	Coupe/2/S	2497	119	98,00
Honda (J)				
Civic 1.3LS	Limousine/3/N	1343	55	63,00
Civic 1.5I	Limousine/3/N	1493	66	63,00
Civic 1.5I	Limousine/4/N	1493	66	72,00
Civic 1.6ESI	Limousine/3/S	1590	92	72,00
Civic 1.6ESI	Limousine/4/S	1590	92	85,00
Civic 1.6VTI	Limousine/3/S	1595	118	98,00
Civic 1.6VTI	Limousine/4/S	1595	118	98,00
Civic 1.5I	Coupe/2/N	1493	74	72,00
Civic 1.6ESI	Coupe/2/S	1590	92	72,00
CRX 1.6ESI del Sol	Coupe/2/S	1579	92	85,00
CRX 1.6VTI del Sol	Coupe/2/S	1579	118	98,00
Concerto 1.5I	Limousine/5/N	1493	66	63,00
Concerto 1.6I 16V	Limousine/5/S	1590	82	72,00
Concerto 1.6I 16V	Limousine/5/S	1590	90	72,00
Accord 2.0I	Limousine/4/S	1997	85	72,00
Accord 2.0I S	Limousine/4/S	1997	96	85,00
Accord 2.0I Aero Deck LS	Kombi/5/S	1996	100	85,00
Accord 2.2I Aero Deck ES	Kombi/5/S	2156	110	98,00
Accord Coupe 2.2I ES	Coupe/2/S	2156	110	98,00
Accord 2.3I SR	Limousine/4/S	2259	116	98,00
Prelude 2.0I-16V	Coupe/2/S	1997	98	98,00
Prelude 2.3I-16V	Coupe/2/S	2259	118	111,00
Prelude 2.2I VTEC	Coupe/2/S	2156	136	111,00
Legende V6 3.2I	Limousine/4/S	3206	151	134,00
Legende V6 3.2I	Coupe/2/S	3206	151	134,00
Hyundai (ROK)				
Pony 1.3LS	Limousine/3/N	1299	43	49,00
Pony 1.5LS	Limousine/3/N	1468	53	49,00
Pony 1.5LS	Limousine/4/N	1468	53	49,00
Pony 1.5I GS	Limousine/4/N	1468	61	49,00
Pony 1.5I GLS	Limousine/4/N	1468	61	53,00
S-Coupe I	Coupe/2/S	1495	65	63,00
S-Coupe GT	Coupe/2/N	1495	85	72,00
Lantra 1.5I GLS	Limousine/4/N	1468	63	53,00
Lantra 1.6I 16V GLS	Limousine/4/N	1596	84	63,00
Lantra 1.8I 16V GT	Limousine/4/N	1836	93	63,00
Sonata 2.0I SOHC	Limousine/4/N	1997	77	72,00
Sonata 2.0I 16V GLS	Limousine/4/N	1997	102	72,00
Sonata 3.0I V6 Aut. GLS	Limousine/4/N	2972	107	98,00
Jaguar (GB)				
XJ6 3.2	Limousine/4/S	3239	146	134,00
XJ6 4.0 S	Limousine/4/S	3980	163	134,00
XJ V12 6.0	Limousine/4/S	5993	229	150,00
XJS 4.0 Mod.94	Coupe/2/S	3980	163	150,00
XJS 4.0 2 + 2 Convertible	Cabrio/2/S	3980	163	150,00
XJS V12 Aut. 2 + 2 Convertib.	Cabrio/2/S	5994	222	150,00
Kia (ROK)				
Sephia SLX	Limousine/4/N	1598	59	53,00
Lada (GUS)				
Nova	Limousine/4/N	1451	49	45,00
Samara LS	Limousine/5/N	1100	39	45,00
Samara LS	Limousine/5/N	1288	45	45,00
Samara LS	Limousine/5/N	1500	50	49,00
Forma	Limousine/4/N	1288	45	45,00
Forma	Limousine/4/N	1500	50	49,00
Aleko	Limousine/5/D	1753	43	49,00
Lancia (I)				
Y10 Junior	Limousine/3/S	1108	37	49,00
Delta 1.6LE	Limousine/5/S	1581	55	63,00

283

Hersteller Modell, Typ	Aufbauart /Türen /Kraftstoffart	Hubraum ccm	Leistung kW	Wert Pkw-Nutzung/Tag
Delta 1.8 I.E.	Limousine/5/S	1756	66	72,00
Delta 2.0 HF Turbo LS	Limousine/5/S	1995	137	111,00
Dedra 1.6 I.E.	Limousine/4/S	1581	55	72,00
Dedra 1.8 I.E.	Limousine/4/S	1756	66	72,00
Dedra 2.0 I.E. LS	Limousine/4/S	1995	83	85,00
Dedra 2000 Turbo	Limousine/4/S	1995	119	98,00
Dedra Integrale	Limousine/4/S	1995	124	111,00
Dedra 2.0 Turbo DS LE	Limousine/4/D	1929	66	85,00
Thema I.E.	Limousine/4/S	1995	85	98,00
Thema 16V LE	Limousine/4/S	1995	110	111,00
Thema Turbo 16V LS	Limousine/4/S	1995	148	122,00
Thema V6 LS	Limousine/4/S	2959	126	122,00
Thema TDS LE	Limousine/4/D	2500	85	98,00
Thema 16V LE	Kombi/5/S	1995	110	111,00
Thema Turbo 16V LS	Kombi/5/S	1995	148	134,00
Thema V6 LS	Kombi/5/S	2959	126	122,00
Thema TDS LE	Kombi/5/D	2500	85	111,00
Lexus (J)				
GS 300	Limousine/4/S	2997	156	134,00
LS 400	Limousine/4/S	3969	180	150,00
Mazda (J)				
121 L	Limousine/4/N	1324	39	49,00
121 16V Canvas Top GLX	Limousine/4/S	1324	53	53,00
323 C 1.4	Limousine/3/N	1324	54	63,00
323 C 1.5	Limousine/3/N	1489	65	63,00
323 C 1.9	Limousine/3/N	1840	84	72,00
323 F 1.5	Limousine/5/N	1489	65	63,00
323 F 1.9	Limousine/5/N	1840	84	72,00
323 F 2.0 V6	Limousine/5/S	1995	106	85,00
323 S 1.4	Limousine/4/N	1324	54	63,00
323 S 1.5	Limousine/4/N	1489	65	63,00
323 S 1.9	Limousine/4/N	1840	84	72,00
626 1.9L LX	Limousine/4/N	1839	77	72,00
626 1.9L LX	Limousine/5/N	1839	77	72,00
626 2.0L GLX	Limousine/4/N	1991	85	85,00
626 2.0L GLX	Limousine/5/N	1991	85	85,00
626 2.5L V6	Limousine/5/S	2497	121	98,00
626 2.0L GLX	Kombi/5/N	1998	66	72,00
626 2.2L GLE	Kombi/5/S	2184	85	85,00
626 2.0 D Comprex GLX	Limousine/4/D	1998	55	85,00
626 2.0 D Comprex GLX	Limousine/5/D	1998	55	85,00
626 2.0 D Comprex LX	Kombi/5/D	1998	55	72,00
Xedos 6 1.6L 16V	Limousine/4/N	1598	79	85,00
Xedos 6 2.0L V6	Limousine/4/S	1995	103	98,00
Xedos 9 2.0L V6	Limousine/4/S	1995	103	98,00
Xedos 9 2.5L V6	Limousine/4/S	2497	123	111,00
MX-3 16V	Coupe/2/N	1598	79	85,00
MX-3 V6	Coupe/2/N	1845	95	85,00
MX-5 16V	Roadster/2/N	1840	96	85,00
MX-6 16V	Coupe/2/N	1991	85	98,00
MX-6 V6 26V	Coupe/2/S	2497	121	111,00
RX-7 Turbo	Coupe/2/S	1308	176	134,00
Mercedes-Benz (D)				
C 180	Limousine/4/S	1799	90	85,00
C 200	Limousine/4/S	1998	100	98,00
C 220	Limousine/4/S	2199	110	98,00
C 280	Limousine/4/S	2799	142	111,00
C 200 D	Limousine/4/D	1997	55	85,00
C 220 D	Limousine/4/D	2197	70	98,00
C 250 D	Limousine/4/D	2497	83	98,00
E 200	Limousine/4/S	1998	100	98,00
E 220	Limousine/4/S	2199	110	111,00
E 280	Limousine/4/S	2799	142	122,00
E 320	Limousine/4/S	3199	162	134,00
E 420	Limousine/4/S	4196	205	150,00
E 500	Limousine/4/S	4973	235	150,00
E 200 T	Kombi/5/S	1998	100	111,00
E 220 T	Kombi/5/S	2199	110	111,00
E 280 T	Kombi/5/S	2799	142	122,00
E 320 T	Kombi/5/S	3199	162	134,00
E 200 D	Limousine/4/D	1997	55	98,00
E 250 D	Limousine/4/D	2497	83	111,00
E 250 Turbo D	Limousine/4/D	2497	93	122,00
E 300 D	Limousine/4/D	2996	100	122,00
E 300 Turbo D	Limousine/4/D	2996	108	134,00
E 250 TD	Kombi/5/D	2497	83	122,00
E 300 TD	Kombi/5/D	2996	83	134,00
E 300 Turbo D	Kombi/5/D	2996	108	134,00
E 220 C	Coupe/2/S	2199	110	122,00
E 320 C	Coupe/2/S	3199	162	134,00
E 200	Cabrio/2/S	1998	100	122,00
E 220	Cabrio/2/S	2199	110	134,00
E 320	Cabrio/2/S	3199	162	150,00
S 280	Limousine/4/S	2799	142	134,00
S 320	Limousine/4/S	3199	170	150,00
S 420	Limousine/4/S	4196	205	150,00
S 500	Limousine/4/S	4973	235	150,00
S 600	Limousine/4/S	5987	290	150,00
S 350 Turbo D	Limousine/4/D	3449	110	134,00
SL 280	Roadster/2/S	2799	142	150,00
SL 320	Roadster/2/S	3199	170	150,00
SL 500	Roadster/2/S	4973	235	150,00
SL 600	Roadster/2/S	5987	290	150,00
S 420 C	Coupe/2/S	4196	205	150,00
S 500 C	Coupe/2/S	4973	235	150,00
S 600 C	Coupe/2/S	5987	290	150,00
Mitsubishi (J)				
Colt 1300 GLI	Limousine/3/N	1299	55	53,00
Colt 1600 GLXI	Limousine/3/S	1597	83	63,00
Lancer 1300 GLI	Limousine/4/N	1299	55	53,00
Lancer 1600 GLXI	Limousine/4/S	1597	83	72,00
Lancer 2000 GLX	Limousine/4/D	1998	50	72,00
Lancer 2000 GLX	Kombi/5/D	1998	50	72,00
Galant 1800 GLSI	Limousine/4/S	1834	85	72,00
Galant 2000 GLSI	Limousine/4/S	1997	101	85,00
Galant 2000 V6-24	Limousine/4/S	1999	110	98,00
Galant 1800 GLSI	Limousine/5/S	1834	85	85,00
Galant 2000 GLSI	Limousine/5/S	1997	101	85,00
Galant 2000 V6-24	Limousine/5/S	1999	110	98,00
Galant 2000 Turbo D GLS	Limousine/4/D	1998	66	85,00
Galant 2000 Turbo D GLS	Limousine/5/D	1998	66	85,00
Sigma 3000 V6	Limousine/4/S	2972	130	111,00
Sigma 3000 V6 24V	Limousine/4/S	2972	151	122,00
Sigma 3000 V6	Kombi/5/S	2972	125	98,00
Eclipse 2000 16V GSI	Coupe/2/S	1997	110	98,00
3000 GT	Coupe/2/S	2972	210	134,00
Space Wagon 2000 GLXI	Kombi/5/S	1997	98	85,00
Space Wagon 2000 TD GLX	Kombi/5/D	1998	60	85,00
Space Runner 1800 GLI	Kombi/4/S	1834	90	72,00
Nissan (J)				
Micra L	Limousine/3/S	998	40	49,00
Micra S	Limousine/3/S	1275	55	53,00
Sunny LX	Limousine/4/S	1392	55	53,00
Sunny LX	Limousine/5/S	1392	55	53,00
Sunny SLX	Limousine/4/S	1597	66	63,00
Sunny SLX	Limousine/5/S	1597	66	63,00
Sunny GTI	Limousine/3/S	1998	105	85,00
Sunny Traveller SLX	Kombi/5/S	1597	66	63,00
Sunny LX	Limousine/4/D	1974	55	63,00
Sunny LX	Limousine/5/D	1974	55	63,00
Sunny Traveller LX	Kombi/5/D	1974	55	63,00
Primera 1.6 LX	Limousine/4/S	1597	66	63,00
Primera 1.6 SLX	Limousine/5/S	1597	66	72,00
Primera 2.0 SLX	Limousine/4/S	1998	85	72,00
Primera 2.0 SLX	Limousine/5/S	1998	85	72,00
Primera 2.0 GT	Limousine/4/S	1998	110	98,00
Primera Trav. 1.6 LX	Kombi/5/S	1597	66	72,00
Primera Trav. 2.0 SLX	Kombi/5/S	1998	85	72,00
Primera 2.0 SLX	Limousine/4/D	1974	55	72,00
Primera Trav. 2.0 SLX	Kombi/5/D	1974	55	72,00
Maxima 3.0 V6	Limousine/4/S	2960	125	98,00
100 NX	Coupe/3/S	1597	66	72,00
100 NX SR	Coupe/2/S	1597	75	72,00
100 NX GTI	Coupe/3/S	1988	105	85,00
300 ZX Twin Turbo	Coupe/2/S	2960	208	134,00
Prairie Pro SLX	Kombi/5/N	2389	98	72,00
Serena SLX	Kombi/4/S	1597	71	85,00
Serena 2.0 SGX	Kombi/4/S	1998	93	85,00
Serena SLX	Kombi/4/D	1952	49	85,00
Opel (D)				
Corsa Swing	Limousine/3/S	1195	33	49,00
Corsa Swing	Limousine/3/S	1389	44	49,00
Corsa 16V Joy	Limousine/3/S	1389	66	53,00
Corsa 16V Sport	Limousine/3/S	1598	78	63,00
Corsa D Eco	Limousine/3/D	1488	37	49,00
Corsa TD Swing	Limousine/3/D	1488	49	53,00
Astra GL	Limousine/5/S	1388	44	53,00
Astra GL	Limousine/5/S	1598	52	53,00
Astra 16V GLS	Limousine/5/S	1598	74	63,00
Astra 16V Sport	Limousine/5/S	1798	85	72,00
Astra 16V GSI	Limousine/5/S	1998	110	85,00
Astra D GL	Limousine/5/D	1700	50	63,00

284

Hersteller Modell, Typ	Aufbauart /Türen /Kraftstoffart	Hubraum ccm	Leistung kW	Wert Pkw-Nutzung/Tag
Astra TD GL.	Limousine/5/D	1686	60	63,00
Astra GL	Limousine/4/S	1388	44	53,00
Astra GL	Limousine/4/S	1598	52	53,00
Astra 16V GLS	Limousine/4/S	1598	74	63,00
Astra D GL	Limousine/4/D	1700	50	63,00
Astra TD GL	Limousine/4/D	1686	60	63,00
Astra Caravan GL	Kombi/5/S	1388	44	53,00
Astra Caravan GL	Kombi/5/S	1598	52	63,00
Astra Caravan 16V Club	Kombi/5/S	1598	74	72,00
Astra Caravan 16V Sport	Kombi/5/S	1798	85	72,00
Astra Caravan 16V GSI	Kombi/5/S	1998	110	85,00
Astra Caravan D GL	Kombi/5/D	1700	50	63,00
Astra Caravan TD GL	Kombi/5/D	1686	60	72,00
Astra 1.6L	Cabrio/2/S	1598	52	85,00
Astra 1.8L 16V	Cabrio/2/S	1798	85	98,00
Vectra GL	Limousine/4/S	1598	52	63,00
Vectra GL	Limousine/4/S	1796	66	72,00
Vectra GL	Limousine/4/S	1998	85	72,00
Vectra Sport	Limousine/4/S	1998	100	85,00
Vectra V6	Limousine/4/S	2495	125	98,00
Vectra GL	Limousine/5/S	1598	52	63,00
Vectra GL	Limousine/5/S	1796	66	72,00
Vectra GL	Limousine/5/S	1998	85	72,00
Vectra Sport	Limousine/5/S	1998	100	85,00
Vectra V6	Limousine/5/S	2495	125	98,00
Vectra D GL	Limousine/4/D	1700	44	72,00
Vectra TD GL	Limousine/5/D	1686	66	72,00
Vectra D GL	Limousine/5/D	1700	44	72,00
Vectra TD GL	Limousine/5/D	1686	60	72,00
Calibra	Coupe/2/S	1998	85	85,00
Calibra 2.0 16V	Coupe/2/S	1998	100	98,00
Calibra V6	Coupe/2/S	2495	125	111,00
Calibra Turbo 16V 4X4	Coupe/2/S	1998	150	111,00
Omega	Limousine/4/S	1998	85	85,00
Omega	Limousine/4/S	1998	100	85,00
Omega	Limousine/4/S	2498	125	98,00
Omega MV6	Limousine/4/S	2962	155	122,00
Omega Turbo D	Limousine/4/D	2497	96	98,00
Omega Caravan	Kombi/5/S	1998	85	85,00
Omega Caravan	Kombi/5/S	1998	100	98,00
Omega Caravan	Kombi/5/S	2498	125	98,00
Omega Caravan MV6	Kombi/5/S	2962	155	122,00
Omega Caravan Turbo D	Kombi/5/D	2497	96	98,00
Trans Sport 16V	Kombi/4/N	2260	101	98,00
Trans Sport V6 Autom.	Kombi/4/N	3789	129	111,00
Peugeot (F)				
106 XN	Limousine/3/S	954	33	45,00
106 XN	Limousine/3/S	1124	44	49,00
106 XS	Limousine/3/S	1361	55	49,00
106 XS	Limousine/3/S	1587	65	53,00
106 XSI	Limousine/3/S	1587	76	72,00
106 D XN	Limousine/3/D	1351	37	49,00
205 New Look	Limousine/3/S	1124	44	49,00
205 Automatik	Limousine/3/S	1580	65	63,00
205 D New Look	Limousine/3/D	1905	40	49,00
306 XN	Limousine/3/S	1124	44	53,00
306 XN	Limousine/3/S	1361	55	53,00
306 XR	Limousine/3/S	1587	65	63,00
306 XT	Limousine/3/S	1762	74	72,00
306 XSI	Limousine/3/S	1998	89	72,00
306 S 16	Limousine/3/S	1998	110	85,00
306 XND	Limousine/5/D	1905	50	53,00
306 XRDT	Limousine/5/D	1905	66	63,00
306 Cabriolet 1.8	Cabrio/2/S	1762	74	85,00
306 Cabriolet 2.0	Cabrio/2/S	1998	89	98,00
405 GL	Limousine/4/S	1360	55	63,00
405 GL	Limousine/4/S	1580	65	63,00
405 GR	Limousine/4/S	1762	74	72,00
405 SRI	Limousine/4/S	1998	89	85,00
405 MI 16	Limousine/4/S	1998	110	98,00
405 T16 X 4	Limousine/4/S	1998	144	122,00
405 GLD	Limousine/4/D	1905	47	72,00
405 GRDT	Limousine/4/D	1905	66	85,00
405 Break GL	Kombi/5/S	1360	55	72,00
405 Break GL	Kombi/5/S	1580	65	72,00
405 Break GR	Kombi/5/S	1762	74	72,00
405 Break SRI	Kombi/5/S	1998	89	85,00
405 Break GLD	Kombi/5/D	1905	47	72,00
405 Break GRDT	Kombi/5/D	1905	66	85,00
605 SLI	Limousine/4/S	1998	97	85,00
605 SRTI	Limousine/4/S	1998	108	98,00
605 3.0 SV	Limousine/4/S	2963	123	122,00
605 SV 24	Limousine/4/S	2963	147	134,00

Hersteller Modell, Typ	Aufbauart /Türen /Kraftstoffart	Hubraum ccm	Leistung kW	Wert Pkw-Nutzung/Tag
605 SLDT	Limousine/4/D	2088	80	98,00
605 SRDT	Limousine/4/D	2446	95	111,00
Pontiac (USA)				
Firebird	Coupe/2/N	3353	109	122,00
Firebird Aut.	Coupe/2/N	3353	109	122,00
Firebird T-Top Trans Am	Coupe/2/S	5736	192	134,00
Porsche (D)				
911 Carrera	Coupe/2/S	3600	200	150,00
911 Carrera Cabriolet	Cabrio/2/S	3600	200	150,00
968 CS	Coupe/2/S	2990	176	134,00
968 Cabriolet	Cabrio/2/S	2990	176	150,00
928 GTS	Coupe/2/S	5397	257	150,00
Renault (F)				
Twingo	Limousine/3/S	1239	40	45,00
Clio 1.2 RL	Limousine/3/N	1171	40	49,00
Clio 1.4 RT	Limousine/3/N	1390	55	53,00
Clio 1.8 Autom. Baccara	Limousine/3/S	1794	65	72,00
Clio 1.8 RSI	Limousine/3/S	1794	80	72,00
Clio 1.9 D RL	Limousine/3/D	1870	47	53,00
R 19 1.8 Driver	Limousine/3/N	1721	54	53,00
R 19 1.8S RT	Limousine/3/S	1794	66	63,00
R 19 1.8I RT	Limousine/5/S	1794	79	72,00
R 19 16V 1.8	Limousine/5/S	1764	99	85,00
R 19 1.8 Bellevue RL	Limousine/4/N	1721	54	53,00
R 19 1.8S Bellevue RT	Limousine/4/S	1794	66	63,00
R 19 1.9D RN	Limousine/5/D	1870	47	63,00
R 19 1.9DT RT	Limousine/3/D	1870	66	72,00
R 19 1.9D Bellevue RN	Limousine/4/D	1870	47	63,00
R 19 1.9DT Bellevue RT	Limousine/4/D	1870	66	72,00
R 19 Cabriolet	Cabrio/2/S	1794	65	85,00
R 19 Cabriolet 16V	Cabrio/2/S	1764	99	98,00
R 21 Nevada 1.8 Prima	Kombi/5/S	1721	66	63,00
R 21 Nevada RT (Bev. GTX)	Kombi/5/N	2165	79	72,00
R 21 Nevada RTI (Bev. TXI)	Kombi/5/S	1995	99	85,00
R 21 Nevada 2.1 D Prima	Kombi/5/D	2068	51	72,00
R 21 Nevada DT RT (Bev.T.)	Kombi/5/D	2068	65	72,00
Laguna 1.8 RN	Limousine/5/S	1794	66	72,00
Laguna 2.0 RT	Limousine/5/S	1998	83	72,00
Laguna V6 3.0	Limousine/5/S	2963	123	98,00
Safrane 2.2I RN	Limousine/5/S	2165	79	85,00
Safrane 2.2SI RT	Limousine/5/S	2165	101	98,00
Safrane V6I RT	Limousine/5/S	2963	123	111,00
Safrane BI-Tur. 4WD RXE	Limousine/5/S	2963	193	134,00
Safrane 2.1 Turbo D RN	Limousine/5/D	2068	65	85,00
Safrane 2.5 Turbo D RT	Limousine/5/D	2499	83	98,00
Espace RN	Kombi/5/S	2165	79	85,00
Espace V6 RT	Kombi/5/S	2849	110	111,00
Espace Turbo D RN	Kombi/5/D	2068	65	98,00
Rover (GB)				
Mini Mayfair	Limousine/2/S	1273	39	49,00
Mini Cooper	Limousine/2/S	1273	46	49,00
Estate 2.0 GTI	Kombi/5/S	1982	75	72,00
Estate 2.0 GTD	Kombi/5/D	1994	60	72,00
Rover 111 SL	Limousine/5/S	1119	44	49,00
Rover 114 Cabriolet	Cabrio/2/S	1396	55	72,00
Rover 214 I	Limousine/5/S	1396	55	72,00
Rover 214 SI	Limousine/5/S	1396	76	72,00
Rover 216 SLI	Limousine/5/N	1590	82	85,00
Rover 216 Coupe 1.6	Coupe/2/S	1590	90	85,00
Rover 220 GSI	Limousine/3/S	1994	100	85,00
Rover 220 Coupe 2.0 Tu.	Coupe/2/S	1994	148	111,00
Rover 214I	Cabrio/2/S	1396	76	85,00
Rover 216	Cabrio/2/S	1590	90	85,00
Rover 620 I	Limousine/4/S	1997	85	72,00
Rover 620 SI	Limousine/4/S	1997	96	85,00
Rover 623 SI Sport	Limousine/4/S	2259	116	98,00
Rover 820 SI	Limousine/4/S	1994	100	98,00
Rover 827 I (Sport)	Limousine/4/N	2675	124	111,00
Rover 827 Coupe	Coupe/2/N	2675	124	134,00
Rover 825 SD	Limousine/4/D	2498	87	98,00
Saab (S)				
900 2.0L S	Coupe/3/S	1985	98	85,00
900 2.0L S	Limousine/5/S	1985	98	85,00
900 2.3L S	Coupe/3/S	2290	110	98,00
900 2.3L S	Limousine/5/S	2290	110	98,00
900 2.5 V6 SE	Coupe/3/S	2498	125	111,00
900 2.5 V6 SE	Limousine/5/S	2498	125	111,00
900 2.0 Turbo S	Coupe/3/S	1985	136	111,00

Hersteller Modell, Typ	Aufbauart /Türen /Kraftstoffart	Hubraum ccm	Leistung kW	Wert Pkw-Nutzung/Tag
900 2.0 Turbo S	Limousine/5/S	1985	136	111,00
900 2.0L Cabriolet S	Cabrio/2/S	1985	98	111,00
900 2.3L Cabriolet SE	Cabrio/2/S	2290	110	111,00
900 2.5 V6 Cabriolet SE	Cabrio/2/S	2498	125	122,00
900 2.0 Turbo Cabrio SE	Cabrio/2/S	1985	136	122,00
9000 2.0L CS	Limousine/5/S	1985	96	98,00
9000 2.3L CS	Limousine/5/S	2290	108	98,00
9000 2.3 Ecopower CS	Limousine/5/S	2290	125	111,00
9000 2.3 Turbo CS Mod. 95	Limousine/5/S	2290	147	122,00
9000 3.0 V6 CS	Limousine/5/S	2962	154	122,00
9000 2.3 Turbo Aero	Limousine/5/S	2290	165	134,00
9000 2.3L CD	Limousine/4/S	2290	108	98,00
9000 2.3 Ecopower CD	Limousine/4/S	2290	125	111,00
9000 2.3 Turbo CD	Limousine/4/S	2290	147	122,00
9000 3.0 V6 CD	Limousine/4/S	2962	154	122,00
Seat (E)				
Ibiza 1.4L CLX	Limousine/3/N	1391	44	49,00
Ibiza 1.6L CLX	Limousine/3/N	1598	55	53,00
Ibiza 1.8L GLX	Limousine/3/S	1781	66	63,00
Ibiza 2.0L GTI	Limousine/3/S	1984	85	72,00
Ibiza 1.8L 16V GTI	Limousine/3/S	1781	95	72,00
Ibiza 1.9 D CLX	Limousine/3/D	1896	50	53,00
Ibiza 1.9 TD GLX	Limousine/3/D	1896	55	53,00
Cordoba 1.4L CLX	Limousine/4/N	1391	44	49,00
Cordoba 1.6L CLX	Limousine/4/N	1598	55	53,00
Cordoba 1.8L GLX	Limousine/4/S	1781	66	63,00
Cordoba 2.0L GTI	Limousine/4/S	1984	85	72,00
Cordoba 1.8L 16V GTI	Limousine/4/S	1781	95	72,00
Cordoba 1.9D CLX	Limousine/4/D	1896	50	53,00
Cordoba 1.9 Turbo D GLX	Limousine/4/D	1896	55	63,00
Toledo 1.8L GL	Limousine/4/N	1781	66	63,00
Toledo GL	Limousine/4/S	1984	85	72,00
Toledo GLX	Limousine/4/S	1984	85	72,00
Toledo Turbo D GL	Limousine/4/D	1896	55	72,00
Toledo Turbo D GLX	Limousine/4/D	1896	55	72,00
Skoda (CS)				
Favorit X	Limousine/5/N	1289	40	45,00
Favorit LXI	Limousine/5/N	1289	50	45,00
Forman LX	Kombi/5/N	1289	40	49,00
Forman LXI	Kombi/5/N	1289	50	49,00
Subaru (J)				
Justy 1200 4WD GLI	Limousine/3/N	1190	55	49,00
Justy 1200 4WD GLI	Limousine/5/N	1190	55	53,00
Impreza 1.6 LX	Limousine/4/N	1597	66	72,00
Impreza 1.6 LX	Limousine/5/N	1597	66	72,00
Impreza 1.6 GL	Limousine/4/N	1820	76	72,00
Impreza 1.8 GL	Limousine/5/N	1820	76	72,00
Legacy 2.0 4WD GL	Limousine/4/S	1994	85	85,00
Legacy 2.2 4WD GX	Limousine/4/S	2212	94	98,00
Legacy 2.0 4WD LX	Kombi/5/S	1994	85	85,00
Legacy 2.2 4WD GX	Kombi/5/S	2212	94	98,00
SVX	Coupe/2/S	3319	169	134,00
Suzuki (J)				
Swift 1.0 GL	Limousine/3/N	993	39	49,00
Swift 1.3 GL	Limousine/3/N	1298	50	49,00
Swift 1.3 GTI	Limousine/3/N	1298	74	63,00
Swift 1.3 GL	Limousine/4/N	1298	50	53,00
Swift 1.6 GLX	Limousine/4/N	1590	68	53,00
Swift 1.3 (GS)	Cabrio/2/N	1298	50	72,00
Toyota (J)				
Starlet 1.3 XLI	Limousine/3/N	1296	55	49,00
Corolla 1.3 XLI	Limousine/5/S	1332	65	63,00
Corolla 1.6 SI	Limousine/5/S	1587	84	72,00
Corolla 2.0 XL	Limousine/5/D	1975	53	63,00
Corolla 1.4 XLI	Limousine/5/S	1332	65	63,00
Corolla Liftback 1.4 XLI	Limousine/5/S	1332	65	63,00
Corolla Liftback 1.6 GLI	Limousine/5/S	1587	84	72,00
Corolla Liftback 2.0 XL	Limousine/5/D	1975	53	72,00
Corolla 1.4 XLI	Kombi/5/S	1332	65	63,00
Corolla 2.0 XL	Kombi/5/D	1975	53	72,00
Carina 1.6 XLI	Limousine/4/S	1587	79	72,00
Carina 2.0 GLI	Limousine/4/S	1988	98	85,00
Carina Liftback 1.6 XLI	Limousine/5/S	1587	79	85,00
Carina Liftback 2.0 GLI	Limousine/5/S	1998	98	85,00
Carina Liftback 2.0 GTI	Limousine/5/S	1998	129	111,00
Carina 1.6 XLI	Kombi/5/S	1587	79	72,00
Carina 2.0 GLI	Kombi/5/S	1998	98	85,00
Celica	Coupe/3/S	1762	85	85,00
Celica GT	Coupe/3/S	1998	129	111,00
Camry 2.2 GL	Limousine/4/S	2164	100	98,00
Camry Combi 2.2 GL	Kombi/5/S	2164	100	98,00
Camry V6 GX	Limousine/4/S	2959	138	111,00
Camry Combi V6 GX	Kombi/5/S	2959	128	111,00
MR 2 T-Bar	Coupe/2/S	1998	129	122,00
Supra 3.0 Turbo	Coupe/2/S	2997	243	150,00
Previa	Kombi/4/S	2438	97	85,00
Volvo (S)				
440 1.6L	Limousine/5/S	1596	61	72,00
440 1.8L	Limousine/5/S	1794	66	72,00
440 1.8L Automatic	Limousine/5/S	1721	75	72,00
440 2.0L	Limousine/5/S	1998	80	72,00
440 Turbo	Limousine/5/S	1721	88	85,00
440 1.9 Turbo D	Limousine/5/D	1870	66	72,00
460 1.6L	Limousine/4/S	1596	61	72,00
460 1.8L	Limousine/4/S	1794	66	72,00
460 1.8L Automatic	Limousine/4/S	1721	75	72,00
460 2.0L	Limousine/4/S	1998	80	72,00
460 Turbo	Limousine/4/S	1721	88	85,00
460 1.9 Turbo D	Limousine/4/D	1870	66	72,00
480 Mod. 95 S	Coupe/3/S	1998	80	72,00
480 Turbo Mod. 95	Coupe/3/S	1709	88	85,00
850 2.0-10V	Limousine/4/S	1984	93	98,00
850 2.5-10V	Limousine/4/S	2435	103	98,00
850 2.5-20V	Limousine/4/S	2435	125	111,00
850 T-5	Limousine/4/S	2319	166	122,00
850 2.0-10V	Kombi/5/S	1984	93	98,00
850 2.5-10V	Kombi/5/S	2435	103	98,00
850 2.5-20V	Kombi/5/S	2435	125	111,00
850 T-5	Kombi/5/S	2319	166	122,00
940 2.0L	Limousine/4/S	1986	82	85,00
940 2.3L	Limousine/4/S	2316	96	85,00
940 2.3L Turbo	Limousine/4/S	2316	121	98,00
940 Turbo D	Limousine/4/D	2383	90	111,00
940 2.0L	Kombi/5/S	1986	82	85,00
940 2.3L	Kombi/5/S	2316	96	85,00
940 2.3L Turbo	Kombi/5/S	2316	121	98,00
940 Turbo D	Kombi/5/D	2383	90	98,00
960 2.5-24V	Limousine/4/S	2473	125	111,00
960 3.0-24V Aut.	Limousine/4/S	2922	150	122,00
960 2.5-24V	Kombi/5/S	2473	125	111,00
960 3.0-24V Aut.	Kombi/5/S	2922	150	111,00
VW (D)				
Polo	Limousine/3/S	1043	33	49,00
Polo 55 Servo	Limousine/3/S	1296	40	49,00
Polo 75 Servo	Limousine/3/S	1598	55	53,00
Golf CL	Limousine/4/N	1391	44	53,00
Golf CL	Limousine/4/N	1598	55	53,00
Golf CL	Limousine/4/N	1781	55	53,00
Golf CL	Limousine/4/S	1781	66	63,00
Golf Automatik GL	Limousine/4/S	1984	85	72,00
Golf 16V GTI	Limousine/4/S	1984	110	98,00
Golf VR6	Limousine/4/S	2792	128	98,00
Golf CL	Limousine/4/D	1896	47	63,00
Golf CL	Limousine/4/D	1896	55	63,00
Golf TDI CL	Limousine/4/D	1896	66	72,00
Golf Variant CL	Kombi/5/N	1391	44	53,00
Golf Variant CL	Kombi/5/S	1781	55	63,00
Golf Variant CL	Kombi/5/S	1781	66	63,00
Golf Variant GL	Kombi/5/S	1984	85	72,00
Golf Variant CL	Kombi/5/D	1896	47	63,00
Golf Variant CL	Kombi/5/D	1896	55	63,00
Golf Variant TDI CL	Kombi/5/D	1896	66	72,00
Golf	Cabrio/2/N	1781	55	72,00
Golf	Cabrio/2/S	1781	66	72,00
Golf	Cabrio/2/S	1984	85	85,00
Vento CL	Limousine/4/N	1781	55	63,00
Vento CL	Limousine/4/S	1781	66	63,00
Vento GL	Limousine/4/S	1984	85	72,00
Vento VR6	Limousine/4/S	2792	128	98,00
Vento CL	Limousine/4/D	1896	47	63,00
Vento CL	Limousine/4/D	1896	55	72,00
Vento TDI CL	Limousine/4/D	1896	66	72,00
Corrado	Coupe/2/S	1984	85	98,00
Corrado VR6	Coupe/2/S	2861	140	122,00
Passat CL	Limousine/4/N	1781	55	72,00
Passat CL	Limousine/4/S	1781	66	72,00
Passat CL	Limousine/4/S	1984	85	72,00
Passat 16V GL	Limousine/4/S	1984	110	98,00
Passat VR6 GL	Limousine/4/S	2792	128	98,00
Passat CL	Limousine/4/D	1896	55	72,00
Passat TDI CL	Limousine/4/D	1896	66	72,00
Passat Variant CL	Kombi/5/N	1781	55	72,00
Passat Variant CL	Kombi/5/S	1781	66	72,00
Passat Variant CL	Kombi/5/S	1984	85	72,00
Passat Variant 16V GL	Kombi/5/S	1984	110	98,00
Passat Variant VR6 GL	Kombi/5/S	2792	128	98,00
Passat Variant CL	Kombi/5/D	1896	55	72,00
Passat Variant TDI CL	Kombi/5/D	1896	66	85,00

250 *Schadensersatz in Geld nach Fristsetzung.* **Der Gläubiger kann dem Ersatzpflichtigen zur Herstellung eine angemessene Frist mit der Erklärung bestimmen, daß er die Herstellung nach dem Ablaufe der Frist ablehne. Nach dem Ablaufe der Frist kann der Gläubiger den Ersatz in Geld verlangen, wenn nicht die Herstellung rechtzeitig erfolgt; der Anspruch auf die Herstellung ist ausgeschlossen.**

1) Allgemeines. § 250 eröffnet dem Geschädigten die Möglichk, unabhäng von den Voraussetzgen der 1 §§ 249 S 2, 251 zu einem Anspr auf Geldersatz zu gelangen. Die Fristsetzg ist auch zul, wenn zweifelh ist, ob die §§ 249 S 2, 251 anwendb sind. In der Praxis spielt § 250 kaum eine Rolle; GeldErs wird idR auch dann einverständl geleistet, wenn die Voraussetzgen der §§ 249 S 2, 250, 251 nicht erfüllt sind.

2) Voraussetzungen (Satz 1). Erforderl ist eine Fristsetzg u eine Ablehngsandrohg. Die bloße Auffor- 2 derg, GeldErs zu leisten, genügt nicht (RG JW **37**, 1145), ebsowenig der Vorbeh, die spätere Herstellg abzulehnen (§ 326 Rn 18). Die mit einer Ablehngsandrohg verbundene Aufforderg, in angem Fr od unverzügl zu leisten, ist wirks (§ 326 Rn 17). Die Bestimmg einer zu kurzen Frist setzt eine angem in Lauf (RG **56**, 234). Die Fristsetzg hat keinen Erfolg, wenn vor FrAblauf die Naturalrestitution unmögl w od der ErsAnspr verjährt (s BGH NJW **88**, 1780). Sie ist **entbehrlich,** wenn der Schädiger die Leistg von SchadErs od die Naturalrestitution ernsth u endgült verweigert (BGH NJW **92**, 2222). Dem steht es gleich, wenn der Geschädigte, wie bei Unbenutzbark seines Pkw, raschen Ers benötigt u dieser vom Schädiger nicht zu erwarten ist (BGH **40**, 352). Im Prozeß kann die Frist gem ZPO 255, 510 b im Urteil gesetzt werden (BGH NJW **86**, 1677).

3) Rechtsfolgen (Satz 2). Währd des Fristlaufs kann der Geschädigte, auch wenn ein Fall des § 249 S 2 3 vorliegt, nur Naturalherstellg verlangen. Nach Fristablauf geht der HerstellgsAnspr endgült in eine GeldFdg über (BGH **LM** § 249 (Gb) Nr 3 Bl 2). Geschuldet wird der erforderl **Geldbetrag iS von § 249 S 2,** nicht die Entschädigg in Geld iSd § 251 (BGH **11**, 163, Staud/Medicus Rn 2, Frotz JZ **63**, 391, aA Lange § 5 5 1).

251 *Schadensersatz in Geld ohne Fristsetzung.* [1]**Soweit die Herstellung nicht möglich oder zur Entschädigung des Gläubigers nicht genügend ist, hat der Ersatzpflichtige den Gläubiger in Geld zu entschädigen.**

[2]**Der Ersatzpflichtige kann den Gläubiger in Geld entschädigen, wenn die Herstellung nur mit unverhältnismäßigen Aufwendungen möglich ist. Die aus der Heilbehandlung eines verletzten Tieres entstandenen Aufwendungen sind nicht bereits dann unverhältnismäßig, wenn sie dessen Wert erheblich übersteigen.**

1) Allgemeines. – a) Das Ges zur Verbesserg der RStellg des Tieres im bürgerl R v 20. 8. 90 (BGBl 1762) 1 hat an II den S 2 angefügt (s Rn 8). – **b)** § 251 regelt zwei ganz **verschiedene Tatbestände.** I dient dem GläubInteresse. Ist Naturalrestitution nicht mögl od für den Geschädigten nicht genügd, besteht ein Anspr auf GeldErs. Dagg begünstigt II den Schu. Er kann die Naturalrestitution ablehnen, wenn die Herstellg unverhältnismäß Aufwendgen erfordert. – **c) Anwendungsbereich.** § 251 gilt für alle SchadErsAnspr. II ist auf 2 BeseitiggsAnspr aus direkter od analoger Anwendg des § 1004 entspr anwendb (BGH **62**, 391, NJW **70**, 1181, DB **77**, 908, BayObLG NJW-RR **90**, 1168, aA Picker AcP **176**, 53, Staud/Medicus Rn 31). Sein RGedanke kann uU auch auf ErfAnspr angewandt w, die auf Herstellg gerichtet sind, so auf den pachtvertragl WiederherstellgsAnspr (BGH NJW **76**, 235), aber auch auf den Anspr aus § 667 (BGH NJW **88**, 699). Dagg ist I weder auf den Anspr aus § 985 noch auf den aus § 1004 anwendb (BGH NJW **64**, 2414, MüKo/Grunsky Rn 1).

2) Unmöglichkeit oder Unzulänglichkeit der Herstellung (I). – a) I erfaßt alle Sachverhalte, die unter 3 § 275 fallen (s dort Rn 4 ff). Gleichgült ist, ob es sich um anfängl od nachträgl **Unmöglichkeit** handelt. Unerhebl ist auch, wer die Unmöglichk zu vertreten hat. Ist sie vom Geschädigten verschuldet worden, ist aber § 254 anzuwenden (MüKo/Grunsky Rn 3). Unvermögen steht der Unmöglichk grdsl gleich; es schließt aber nur den Anspr aus § 249 S 1, nicht den aus § 249 S 2 aus (Staud/Medicus Rn 10). Wirtschaftl Unmöglichk fällt unter II. Unmöglichk aus **tatsächlichen Gründen** ist gegeben: bei Zerstörg einer unvertretb Sache (BGH NJW **75**, 2061, **85**, 2414), bei Sachbeschädig, wenn eine befriedige Reparatur nicht mögl ist oder einer Neuherstellg gleichsteht (BGH **92**, 88), bei dauernder Minderg der ErwerbsFgk (RG **80**, 28), bei Vereitelg des Rechts zum Eintritt in eine OHG (BGH NJW **84**, 2571), bei widerrechtl Stromentnahme (BGH **117**, 31). Bei Zerstörg eines Hauses ist die Naturalrestitution mögl, wenn (trotz einer Wertsteigerg) ein wirtschaftl-funktional gleichwert Zustand hergestellt w kann (BGH **102**, 326). Unmöglichk aus **Rechtsgründen** ist gegeben, wenn dch die Herstellg in Rechte Dritter eingegriffen würde (Kblz NJW-RR **91**, 946) u beim SchadErsAnspr wg NichtErf (§§ 325, 326, 463), da die Herstellg hier auf die kr Ges ausgeschlossene Erf der ursprüngl Fdg hinauslaufen würde. Bei Anspr aus § 839 ist Naturalrestitution gleichf rechtl unmögl, da sie einen unzul Eingriff in die Verw darstellen würde (RG **150**, 143). Bei **vertretbaren** Sachen ist Naturalrestitution dch Lieferg gleicher Sachen mögl. Das gilt etwa für neue Kfz. Dagg sind gebrauchte Kfz unvertretb; im Fall eines Totalschadens ist daher I anzuwenden (Rn 12). – **b)** Ist die Herstellg **nicht genügend,** kann dem 4 Geschädigten je nach Gestaltg des Falls in den Anspr auf Naturalrestitution ersetzder od ergänzder GeldErs-Anspr zustehen. I 2. Alt ist anwendb, wenn eine Reparatur dem Geschädigten wg des Schadensumfangs nicht zugemutet werden kann (Rn 28), wenn ein techn od merkantiler Minderwert verbleibt (Rn 19), wenn die techn mögl Naturalrestitution unzumutb lange dauert (RG **76**, 146). Soweit die Herstellg nicht genügt, kann man sie auch als unmögl ansehen. Eine exakte Grenzziehg zw den beiden Alt ist daher schwierig, wg der Gleichheit der RFolgen aber auch unnötig. – **c)** In **Notzeiten** muß den besonderen Gegebenh Rechng 5 getragen w. I 1. Alt ist nach dem 2. Weltkrieg auf vom Markt verschwundene Sachen nicht angewandt worden, da anzunehmen war, daß ein auf Naturalrestitution gerichtetes Urt währd der VerjFr vollstreckt w konnte (Hamm SJZ **48**, 195, KG JR **48**, 282).

6   **3) Unverhältnismäßigkeit der Herstellung. – a)** II ist Ausfluß des Grds von Treu u Glauben. Er gilt nicht nur ggü dem HerstellgsAnspr (§ 249 S 1), sond auch ggü dem Anspr aus § 249 S 2 (BGH **63**, 297, **102**, 330). Er ist entspr anwendb, wenn es, wie bei einer kosmet Operation, um die Beseitigg immaterieller Schäden geht (BGH **63**, 297). Konstruktiv handelt es sich um eine **Ersetzungsbefugnis** des Schu. Sie besteht auch bei einem Haus unter Denkmalschutz, ist aber bei einer Teilklage unerhebl, wenn der eingeklagte Betrag auf jeden Fall
7   gerechtfertigt ist (BGH NJW-RR **90**, 1303). – **b)** Die **Unverhältnismäßigkeit** ergibt sich idR aus einem Vergl zw dem Herstellgsaufwand (ggf nach einem Abzug „neu für alt", BGH **102**, 326) u dem gem § 251 geschuldeten GeldErs. Für Kfz-Schäden hat die Rspr als Faustregel eine **30%-Grenze** herausgebildet: II ist anwendb, wenn die Reparaturkosten den Wert der Sache vor dem Schadensfall um mehr als 30% überschreiten (Rn 25). Diese Grenze darf aber nicht schemat angewandt w. Erforderl ist eine umfassde Abwägg der beiderseit Interessen unter dem Gesichtspkt der Zumutbark (Naumbg NJW-RR **95**, 1041: beschädigte GrdstMauer). Auch der Grad des Verschuldens ist zu berücksichtigen (BGH NJW **70**, 1180, DB **88**, 547, Lange § 5 VII 1, str), ebso immaterielle Interessen (Oetker NJW **85**, 347). Wird ein **Baum** zerstört, sind die Restitutionskosten idR so
8   hoch, daß II anwendb ist (§ 249 Rn 26). – **c)** Heilbehandlgskosten eines verletzten **Tieres** können auch dann noch verhältnismäß sein, wenn sie dessen Wert erhebl übersteigen, **II 2.** Das war auch schon vor Einfügg des II 2 geltdes Recht (LG Mü NJW **78**, 1862, weitere Nachw 49. Aufl), wenn auch einz Ger and entschieden haben. Bei einem Hund mit geringem VerkWert, aber auch bei einem Mischling od einer Katze ohne Marktwert, wird die Grenze des II dch Aufwendgn von 1500–2000 DM noch nicht überschritten (LG Lünebg NJW **84**, 1243, LG Karlsr NJW-RR **86**, 542). Zu berücksichtigen sind Alter u Gesundheitszustand des Tieres, aber auch die Intensität der gefühlmäßigen Bindgen, die etwa bei einem Pferd od Hund ungleich stärker sein können als bei einem reinen Nutztier (MüKo-Grunsky Rn 32). Wird ein Rassehund dch einen Mischling gedeckt, braucht der Halter zur Schadminderg keinen Abort dchführen zu lassen (Hamm NJW-RR **90**, 1054). SchadErs bei Verlust (Tötg) des Tieres s Rn 17. Auch wenn **ökologische Schäden** zu ersetzen sind, ist die Wiederherstellg des fr Zustandes nicht allein deshalb unverhältnismäß, weil die Kosten den Wert der Sache übersteigen (UmweltHG
9   16). – **c) Prognoserisiko.** Nimmt der Geschädigte die Herstellg unter unverhältnismäß Aufwendgn vor, bleiben dem Schädiger die Rechte aus II (BGH **LM** Nr 8). Der Schädiger trägt aber das Prognoserisiko: Er muß auch unverhältnismäß Kosten ersetzen, wenn sich die Unverhältnismäßigk ohne Verschulden des Geschädigten erst nachträgl herausstellt (BGH NJW **72**, 1801, Rn 25).

10   **4) Geldentschädigung.** Währd der gem §§ 249 S 2, 250 geschuldete GeldErs nach den Herstellgskosten zu bemessen ist, ist in § 251 auf das **Wert- od Summeninteresse** abzustellen. Zu ersetzen ist die Differenz zw dem Wert des Vermögens, wie es sich ohne das schädigde Ereign darstellen würde, u dem dch das schädigde Ereign tatsächl verminderten Wert (BGH NJW **84**, 2571, **85**, 2414). Bei Zerstörg od Verlust eines Ggst ist sein **Wiederbeschaffungswert** (VerkWert) zu ersetzen (BGH **92**, 90, **117**, 31). Fehlt bei gebrauchten Sachen mangels ausr Nachfrage ein Marktpreis, kann der VerkWert dch lineare od degressive Abschreibg aus dem Neupreis entwickelt w (Karlsr VersR **73**, 471, **79**, 776). Ist auch diese Ableitg, etwa bei einem nicht marktgängigen Bastlerstück (Unikat), unmögl, sind Marktpreise ähnl Objekte heranzuziehen (BGH **92**, 85,
11   krit E. Schmidt JuS **86**, 517). Nicht zu ersetzen ist ein **bloßes Affektionsinteresse** (Liebhaberwert). Hat sich für die Liebhaberei ein Markt gebildet (Briefmarken, Jagdtrophäen, Oldtimer), besteht aber eine ErsPfl in Höhe des Marktpreises (Staud/Medicus § 253 Rn 17). Anhaltspkte für die Schätzg der Schadenshöhe (ZPO 287) können je nach der Fallgestaltg auch darstellen: der Sach- od Ertragswert des Ggst (BGH NJW **75**, 2062); der nach betriebswirtschaftl Grds zu ermittelnde Wert eines GesellschAnteils (BGH NJW **84**, 2571), die Herstellgs-kosten (Köln VersR **83**, 377, aA BGH **92**, 86), die Kosten der Maßn, die anstelle der zu aufwendigen Herstellg ausgeführt worden ist (Düss VersR **80**, 335, Mauer statt Hecke). Die Ansicht, die ausschließl auf den Marktpreis abstellen will (Schmidt aaO), übersieht, daß es zahlreiche vermögenswerte Güter gibt, die keinen Marktpreis haben. Die Beispiele reichen von gebrauchten Panzern bis zu Mitglsch- u NießbrR.

12   **5) Zerstörung oder Beschädigung von Kfz.** Die Schadensbemessg richtet sich zT nach § 249 (Beschä-digg, Verlust od Zerstörg von neuen Fahrzeugen), zT aber auch nach § 251 (Verlust od Zerstörg von gebrauchten Fahrzeugen). Der Ansicht von BGH **115**, 378, die Schadensbeseitigg dch Kauf eines gebrauch-ten Fahrzeugs sei ein Fall der Naturalrestitution, ist nicht zu folgen (A. Roth JZ **94**, 1092, MüKo/Grunsky Rn 4); sie führt aber im Ergebn zu keinen Abweichgn von der hL. Aus prakt Gründen werden die Probleme der Schadensbemessg, gleichgült ob § 251 od § 249 anwendb ist, hier zusfassd dargestellt. Mitbehandelt wird zugl die Schadensbemessg bei and **gebrauchten Sachen.**

13   **A) Zerstörung oder Verlust – a)** Der Umfang des ErsAnspr richtet sich idR nach den Kosten der Wiederbeschaffg einer wirtschaftl gleichwert ErsSache (BGH **92**, 90). Bei Kfz ist daher auf den Preis eines gleichwert gebrauchten Kfz abzustellen; etwaige Finanziergskosten sind hinzuzurechnen, nicht jedoch ein Risikozuschlag (BGH NJW **66**, 1455/2159, Schlesw VersR **68**, 977, stRspr). Maßgebd ist nicht der Preis, den der Eigtümer bei Verkauf erlöst hätte (Zeitwert), sond der, der bei Kauf von gleichwert Kfz an seriösen Händler zu zahlen wäre, **Wiederbeschaffungswert.** Dieser liegt wg der Händlerspanne idR etwa 20–25% über dem Zeitwert (Stgt NJW **67**, 254, Celle NJW **68**, 1478; UStG 25a (Steuer nur auf die PrDifferenz) hat insoweit nichts geändert, da fr idR im umsatzsteuerneutralen AgenturGesch verkauft worden ist (Reinking DAR **91**, 160, aA Greger NZV **91**, 18). Handelt es sich um einen „Ersthandwagen", so ist dies bei der Wertermittlg zu berücksichtigen, jedoch ist insoweit kein bes ausgeworfener Zuschlag zu machen (Düss NJW **77**, 719, im Ergebn ebso BGH NJW **78**, 1373). Als Teil des übl Preises ist die MwSt auch dann zu ersetzen, wenn der Geschädigte auf ErsBeschaffg verzichtet od aus priv Hand kauft (BGH NJW **82**, 1865, Bambg NJW **79**, 2316, hM; vgl zur Reparatur § 249 Rn 6). Die vom tatsächl Aufwand unabhäng ErsPfl beschränkt sich aber auf den unmittelb Substanzschaden, erfaßt also nicht Begleitschäden (Schiemann DAR **82**, 309). Kosten für die An- u Abmeldg, für technische Untersuchgn, für die Umlackierg einer Taxe u ähnl sind daher nur zu ersetzen, wenn sie tatsächl anfallen (Karlsr VRS **75**, Nr 151, Ffm VersR **87**, 1043, Saarbr VersR **89**, 1159, aA Ffm NJW **90**, 3213). Wird ein bereits vor dem Unfall verkaufter Pkw zerstört, ist der Kaufpreis gem § 252 auch dann zu ersetzen, wenn er größer ist als der Wiederbeschaffgswert (BGH NJW **82**, 1748), jedoch sind strenge Beweisanfordergn zu stellen (Karlsr VersR **80**, 75).

b) Bei prakt neuen Kfz ist bei der Schadensbemessg vom **Neupreis** auszugehen (BGH NJW **82**, 433, Berr **14** DAR **90**, 313), u zwar unabhäng davon, ob sich der Geschädigte ein ErsKfz anschafft (KG VersR **81**, 553). Die Schadensbemessg auf Neuwagenbasis ist grdsl auf Kfz bis zu einer Fahrleistg von 1000 km (BGH NJW **82**, 433, Karlsr NJW-RR **86**, 254) u eine Zulassgsdauer von einem Mo beschränkt (s Hamm DAR **94**, 165; Nürnbg NJW-RR **95**, 919). Sie kann aber ausnw bis zu 3000 km im ersten Nutzgsmonat zugelassen w (BGH NJW **82**, 433, KG VersR **92**, 196), jedoch ist bei Fahrleistgen über 1000 km vom Neupreis ein Abschlag zu machen (BGH NJW **83**, 2694). Dieser kann pro 1000 km auf 1–1,5% des Neupreises bemessen w (Schlesw VersR **85**, 373, ähnl Karlsr DAR **82**, 230: 0,2% je 100 km für die ersten 5000 km). Entspr Grds gelten für sonst gebrauchte Sachen, zB Motorräder (Nürnb NJW **72**, 2042), Fahrräder (LG Frankenthal NJW-RR **91**, 352), auch für Wohnwagen aber nur im 1. ZulassgsMo (Köln DAR **89**, 228, Hamm NJW-RR **89**, 1433). Geschädigter Händler ist mit EinkaufsPr zu entschädigen (Hamm NJW-RR **90**, 469). Bei **LeasingKfz 15** bemißt sich der SchadErs nicht nach den noch zu zahlden Leasingraten, sond nach dem Wiederbeschaffgswert (BGH **116**, 25), jedoch erfaßt die ErsPfl auch Folgeschäden, etwa steuerl Nachteile u Finanziergskosten (BGH aaO). Die im LeasingVertr enthaltenen Schadenspauschalen sind ggü dem Schädiger ohne Wirkg (Dörner VersR **80**, 1000). Der dem Geschädigten eingeräumte Werksrabatt mindert die ErsPfl (Mü NJW **75**, 170, aA Celle VersR **93**, 624, s auch BGH VersR **75**, 127 zum Kaskoschaden), nicht aber Verwandtenrabatt (Hamm VersR **77**, 735).

c) Hat die zerstörte Sache noch einen **Restwert,** muß Geschädigter sie dem Schädiger herausgeben od **16** sich den Wert anrechnen lassen (BGH NJW **92**, 903); der Geschädigte kann auch dann zw Herausg u Anrechng wählen, wenn er den ErsAnspr gg den HaftPflVers des Schädigers geltd macht (BGH NJW **83**, 2694, Karlsr DAR **94**, 26). Eine Pfl zur Herausg besteht auch bei einer Abrechng auf Neuwagenbasis nicht (KG NJW-RR **87**, 16). Kein Verstoß gg § 254 II, wenn der Geschädigte auf die mögl, den Erlös erhöhde Zerlegg des Kfz verzichtet (BGH NJW **85**, 2471) od wenn er es beim Händler zu den dort übl Bedinggen in Zahlg gibt (KG NJW **70**, 1049). Der Geschädigte kann in seiner Schadensberechng grdsl den vom Schverst geschätzten Restwert in Abzug bringen (BGH NJW **92**, 903); erzielt er ohne überobligationsmäß Anstrenggen einen höheren Wert, ist dieser maßgebd (BGH aaO). Der Mehrerlös ist aber nicht anzurechnen, wenn er darauf zurückzuführen ist, daß der Geschädigte das Kfz bei Erwerb eines Neufahrzeuges in Zahlg gegeben hat (BGH **66**, 247, Köln NJW-RR **93**, 1437). Der Geschädigte muß dem Schädiger das eingeholte Gutachten übermitteln u diesem Gelegenh zu einer Überprüfg geben (Hamm NJW **92**, 3244, Dornwald VersR **93**, 1075, aA BGH NJW **93**, 1850, Harneit DAR **94**, 93); eine etwa vom Schädiger nachgewiesene günstigere Verkaufsmöglichk muß der Geschädigte nutzen (Ffm VersR **92**, 620, aA offenb BGH aaO), vorausgesetzt, der Nachw erfolgt unverzügl u rechtzeit vor dem Verkauf des beschädigten Pkws (Nürnbg NJW **93**, 405, LG Ffm NJW-RR **93**, 347).

d) Auch bei Verlust eines **Tieres** ist SchadErs in Höhe des Wiederbeschaffgswertes zu leisten (Schlesw **17** NJW-RR **94**, 289); nicht zu ersetzen sind die aufgewandten Ausbildgskosten (Schlesw aaO). Eine SchadBemessg nach dem Wiederbeschaffgswert scheidet aus, wenn gleichwert gebrauchte Sachen nicht erhältl sind od wenn diese Art der ErsBeschaffg aus sonst Gründen (zB wg Unzumutbark) nicht in Betr kommt. Hier kann der Schaden idR nur dch Anschaffg **neuer Sachen** beseitigt w. In diesem Fall ist von den Wiederbeschaffgskosten ein Abzug **neu für alt** zu machen (BGH **30**, 29, 34, Vorbem 146 v § 249). Er ist idR dch (lineare od degressive) Abschreibg zu ermitteln (BGH NJW **95**, 415, 416, Brem VersR **84**, 555, Kblz VersR **91**, 1188, Rn 10). Wird eine nicht verkäufl Sache zerstört u besteht keine Möglichk der Reproduktion, kann ein ErsAnspr entfallen (Mü NJW-RR **91**, 477).

B) Beschädigung. – a) Der Umfang des ErsAnspr richtet sich idR nach den für die Wiederherstellg **18** aufzuwendden Kosten einschließl der MwSt (§ 249 Rn 8). Der Geschädigte braucht nicht die billigste Werkstatt zu beauftragen, muß aber die Kosten im Rahmen des Angem halten (Nürnb VersR **68**, 506, Köln VersR **69**, 1006). Die Reparaturkosten von EinrichtgsGgst sind auch dann zu ersetzen, wenn diese wg ihres Alters unverkäufl sind (Düss NJW-RR **89**, 332). Die ErsPfl erstreckt sich in den Grenzen des § 254 auch auf die Kosten eines erfolglosen RepVersuchs (§ 249 Rn 7).

b) Minderwert. – aa) Zu ersetzen ist auch der nach der Reparatur etwa verbleibde techn Minderwert. **19** Dieser w aber bei älteren Kfz nur dch geringe Farbunterschiede in der Lackierg begründet (Ffm VersR **78**, 378). Auch den **merkantilen Minderwert** muß der Schädiger ersetzen. Das gilt auch dann, wenn der Geschädigte die Sache behält u weiterbenutzt, der Minderwert sich also nicht in einem Verkauf konkretisiert (BGH **35**, 396, hM, and noch BGH **27**, 181). Der merkantile Minderwert beruht darauf, daß ein Kfz, das Unfallschäden von einigem Gewicht erlitten hat, im Verk idR trotz ordngsmäß Reparatur geringer bewertet w als ein unfallfreies (BGH **35**, 397). Entspr gilt für and beschädigte od mangelhafte Sachen (BGH NJW **81**, 1663). – **bb)** Voraussetzg ist jedoch, daß ein **Markt** vorhanden ist, auf dem sich der Minderwert in Gestalt **20** eines geringeren Erlöses auswirken kann (KG u Schlesw VersR **79**, 260 u 1037; offengelassen v BGH NJW **80**, 281). Denkb Objekte von Wertminderungen sind daher: Lkws (BGH NJW **80**, 281); Motorräder (LG Ulm VersR **84**, 1178, LG Aschaffenbg VersR **91**, 355); Neubauten (BGH **9**, 98, **55**, 198, NJW **86**, 428); Häuser (Bindhardt BauR **82**, 442), etwa bei Bestehen eines Schwammverdachts (BGH LM § 463 Nr 8, BB **68**, 1355) od bei unzureichendem Schallschutz (BGH BauR **89**, 740); restaurierte Bilder (RG JW **04**, 140), Musikinstrumente (BAG NJW **88**, 932). Als Objekte eines merkantilen Minderwerts scheiden dagg aus: Straßenbahnwagen (Köln VersR **74**, 761), Krankenwagen (KG VersR **79**, 260), Bundeswehrfahrzeuge (Schlesw VersR **79**, 1037, aA Riecker VersR **81**, 517). Panzer der Bundeswehr (aA Frank MDR **85**, 721), Straßenbäume (KG VersR **78**, 524). Der Minderwert bemißt sich abw von den sonst geltden Grds (Vorbem 174 v § 249) nach dem Ztpkt der WiederIngebrauchn (BGH NJW **67**, 552). Keine ErsPfl, wenn es sich um eine vorübergehde, inzw endgült weggefallene Wertminderg handelt (BGH NJW **78**, 263, vorübergehde Immissionen). – **cc)** Bei **Kraftfahrzeugen** entfällt die Wertminderg idR bei älteren Kfz. Bei Pkw soll die Grenze **21** bei 5 Jahren od 100 000 km liegen (Ffm DAR **84**, 319, Karlsr VRS **79**, 328), jedoch kann auch bei älteren Fahrzeugen mit größerer Fahrleistg ein merkantiler Minderwert zu bejahen sein (Düss MDR **87**, 1023, LG Oldenbg NZV **90**, 76). IdR keine Wertminderg bei erhebl Vorschäden (Celle VersR **73**, 717); bei reinen

Blechschäden (LG Köln VersR **81**, 45) u bei sonst Bagatellschäden, wenn die Reparaturkosten 10% des Wiederbeschaffgswerts nicht übersteigen (s Köln DAR **73**, 71, KG VersR **75**, 664, 13. VerkGerT S 8); bei neuen Pkw kann auch ein Reparaturaufwand unterhalb der 10% Grenze einen Minderwert begründen (LG
22 Hanau NJW-RR **88**, 862). – **dd)** Eine allgemein anerkannte **Schätzungsmethode** hat sich für den merkantilen Minderwert von Kfz noch nicht dchgesetzt. Brauchbare Ergebn bringt bei Pkw die Methode von Ruhkopf u Sahm (VersR **62**, 593; zustimmd BGH NJW **80**, 281, Karlsr VersR **83**, 1065, Hamm DAR **87**, 83, aA KG VRS **87**, 416). Danach ist der Minderwert x% der Summe vom Wiederbeschaffgswert u Reparaturkosten. Ruhkopf/Sahm sprechen zwar vom Zeitwert; gemeint ist aber der Wiederbeschaffgswert (Himmelreich/Klimke Kfz-Schadensregulierg Rn 817a, str). x ergibt sich aus der nachfolgenden **Tabelle:**

	Verhältn der Reparaturkosten zum Wiederbeschaffgswert		
Zulassgsjahr	10–30%	30–60%	60–90%
1	x = 5	x = 6	x = 7
2	x = 4	x = 5	x = 6
3 u 4	x = 3	x = 4	x = 5

23 Brauchb ist auch die Methode Halbgewachs/Berger (Der merkantile Minderwert 11. Aufl, 1992) u das vom 13. VerkGerTag (S 8, 251) vorgeschlagene sog Hbger Modell (zustimmd Hbg VersR **81**, 1187, ablehnd BGH NJW **80**, 281); in der nachfolgden Tabelle betrifft die linke Spalte die Betriebsleistg u die rechte den merkantilen Minderwert in Prozent der minderwerterhebl Reparaturkosten:

| bis 20000 km | 30% | bis 75000 km | 15% |
| bis 50000 km | 20% | bis 100000 km | 10% |

Dabei können die minderwerterhebl Reparaturkosten mangels eines ggteiligen substantiierten Vortrags der Part idR auf ⅔ des Rechngsbetrages geschätzt w. Zu berücksichtigen sind aber auch die Umst des Einzelfalls, so etwa die starke Nachfrage nach einem best Fahrzeugtyp (Köln MDR **92**, 646). Die immer wieder erhobene Fdg, der Minderwert müsse in jedem Einzelfall von einem Sachverst ermittelt w (Hörl ZfS **91**, 145), übersieht, daß auch der Sachverst idR (ohne das offen zu legen) die gängigen Berechngsmethoden anwendet u aus deren Ergebn einen Mittelwert ableitet.

24   **c)** Auch bei Reparaturkosten kann ein Abzug **neu für alt** (Vorbem 146 v § 249) nöt sein; Voraussetzg ist jedoch, daß dch die Reparatur eine Wertsteigerg eingetreten ist, die sich für den Geschädigten wirtschaftl auswirkt (Celle VersR **74**, 1032), Einbau von neuen Teilen allein genügt nicht (Mü VersR **58**, 407, **66**, 1192), insb dann nicht, wenn Teile ersetzt w, die idR die Lebensdauer des Kfz erreichen (KG NJW **71**, 144).

25   **d)** Der Anspr auf Ers der Reparaturkosten u des Minderwerts besteht grdsl auch, wenn diese zus höher sind als der Wert der Sache vor dem SchadFall; nur wenn die bei Reparatur zu zahlde Entsch wesentl (mehr als 30%) über diesem Wert liegt, greift § 251 II (**„unverhältnismäßige Aufwendungen"**) ein (BGH **115**, 371, 375, NJW **92**, 1619, der die 130% Grenze allerdings dem § 249 S 2 entnimmt), jedoch sind bei der Verletzg von Tieren auch höhere Kosten zu ersetzen (Rn 7). Der **„Integritätszuschlag"** von 30% ist nicht auf die Differenz zw Sachwert u Restwert zu beziehen, sond auf den vollen Wiederbeschaffgswert (BGH **115**, 371, NJW **92**, 1618, A. Roth JZ **94**, 1095); entstehen iF der Reparatur bes hohe Mietwagenkosten kann die Abrechng auf Reparaturkostenbasis aber unzul sein (BGH aaO). Entscheid ist die Sachlage bei der Entsch über die Art der Schadensbeseitigg; das Prognoserisiko trägt auch hier der Schädiger (BGH aaO). Der Anspr wg der Mehraufwendgen besteht nur bei tats Dchführg der Reparatur, dagg nicht bei Abrechng auf der Grdl eines SachverstGutachtens (BGH NJW **92**, 1619, Köln VersR **93**, 898). Er ist auch ausgeschl, wenn der Pkw verkauft w soll (Hamm NJW-RR **93**, 1436) od eine Billigstreparatur dchgeführt worden ist. Bei einer Selbstreparatur sind die erforderl Kosten bis zur 130% Grenze zu ersetzen, ohne daß es auf den Arb- u Kostenaufwand des Geschädigten ankommt (BGH aaO). Bei unverhältnismäß Aufwendgen richtet sich ErsPfl nach dem Wiederbeschaffgswert u nicht nach den höheren noch verhältnismäß Aufwendgen (BGH **115**, 380).

26   **e)** Der Geschädigte kann den Schaden statt dch Reparatur auch dch **Anschaffung einer gleichwertigen Ersatzsache** ausgleichen; sein Schaden besteht in diesem Fall in der Differenz zw Wiederbeschaffgs- u Restwert (Rn 13f). Auch wenn sich der Geschädigte für eine ErsBeschaffg entscheidet, kann er ggü dem Schädiger auf Reparaturkostenbasis abrechnen (BGH **66**, 239, § 249 Rn 5). Der Anspr auf Ers **fiktiver Reparaturkosten** ist aber im Ergebn nicht höher als der, der sich bei einer Schadensberechng nach den Kosten der ErsBeschaffg ergibt. Der Integritätszuschlag entfällt bei NichtDchführg der Reparatur (Rn 25). Im übr bilden die Kosten der ErsBeschaffg deshalb eine Obergrenze, weil der Geschädigte von den beiden Möglichk der Schadensbeseitigg grdsl diej wählen muß, die den geringeren Aufwand erfordert (BGH **115**,
27 368, 378, Köln NJW-RR **93**, 1437). Ist umgekehrt die **Reparatur** unter Berücksichtigg der weiteren Schadenspositionen deutl **billiger**, ist die Schadensbeseitigg dch ErsBeschaffg unzul. Hiervon gelten aber Ausn: Der Geschädigte braucht sich auf Reparatur nicht verweisen zu lassen, wenn diese keine Betriebssicherh gewährleistet (BGH **LM** § 249 (Hd) Nr 10). Entspr gilt, wenn die Reparatur unzumutb ist, sog
28 **unechter Totalschaden.** Dieser liegt bei einem **neuen** Kfz vor, wenn es erhebl Beschädiggen erlitten hat (BGH NJW **76**, 1203, Köln VersR **90**, 1251). Die Grenze der Neuwertigk liegt bei einer Fahrleistg von 1000 km; sie kann aber je nach Lage des Falles bis zu 3000 km ausgedehnt w (BGH NJW **82**, 433, VersR **83**, 658). Bei Kfz mit einer Fahrleistg von mehr als 1000 km ist eine Abrechng auf Neuwagenbasis aber nur zul, wenn durch reine Reparatur der fr Zustand bei obj Beurteilg auch nicht annähernd wiederhergestellt w kann (BGH VersR **84**, 46, Hamm DAR **89**, 188). Zur Schadensbemessg s Rn 14. Bei and Kfz ist entscheidd, ob das Kfz so umfangreiche Schäden, erlitten hat, daß die Weiterbenutzg unter Berücksichtigg der Fahrleistg u des Alters sowie des Risikos verborgener Mängel nicht zuzumuten ist (Brem VersR **71**, 912, Hamm DAR **89**, 188); das ist nicht der Fall, wenn die beschädigten Teile „spurlos" ausgewechselt w können (Köln VersR **89**, 60). Ein strengerer Maßstab gilt bei Nutzfahrzeugen; bei ihnen fallen ästhetische Beeinträchtiggen grdsl

nicht ins Gewicht (Stgt VersR **83**, 92). Der Geschädigte darf auch dann auf Totalschadensbasis abrechnen, wenn er nach sachverständ Beratg subj der Ans sein durfte, das Kfz sei nicht reparaturwürd (BGH VersR **66**, 490, Karlsr VersR **75**, 335). Das sog Prognoserisiko trägt auch hier der Schädiger (§ 249 Rn 7).

252 *Entgangener Gewinn.* **Der zu ersetzende Schaden umfaßt auch den entgangenen Gewinn. Als entgangen gilt der Gewinn, welcher nach dem gewöhnlichen Laufe der Dinge oder nach den besonderen Umständen, insbesondere nach den getroffenen Anstalten und Vorkehrungen, mit Wahrscheinlichkeit erwartet werden konnte.**

1) Allgemeines. – a) Satz 1 hat nur klarstellde Bedeutg. Die Verpfl des Schädigers, entgangenen Ge- **1** winn zu ersetzen, folgt bereits aus § 249 S 1 (BGH GrZS **98**, 219). Unter den **Begriff** des entgangenen Gewinns fallen alle Vermögensvorteile, die im Ztpkt des schädigden Ereign zum Vermögen des Verletzten gehörten, die ihm ohne dieses Ereign aber zugeflossen wären (BGH NJW-RR **89**, 981). § 252 ist daher auch anwendb, wenn der Geschädigte inf des schädigden Ereign in Aussicht stehde unentgeltl Zuwendgen nicht erhält (BGH NJW **73**, 700, DB **72**, 2202) od wenn sein Anspr auf ArbLosenUnterstützg entfällt (BGH **90**, 336). Die Vorschr erfaßt aber auch Nachteile aus dem Wegfall von **do-it-your-self-Arbeiten** (BGH NJW **89**, 2539, **90**, 1037, Hamm NJW-RR **89**, 160), jedoch sind insoweit strenge BewAnforderen zu stellen (Mü OLGZ **90**, 103). Entgangener Gewinn gehört zum sog mittelb Schaden (Vorbem 15 v § 249). Die Grenze zum positiven Schaden ist flüss, für die RAnwendg aber auch unerhebl, da das Ges beide Schadensarten gleich behandelt. ParallelVorschr zu § 252 S 1 sind § 842 (Nachteile für Erwerb u Fortkommen) sowie § 843 I–III (Aufhebg od Minderg der Erwerbsfähigk). – **b) Satz 2** enthält trotz seiner **2** mißverständl Formulierg ("gilt") keine mat-rechtl Begrenzg der ErsPfl, sond ledigl eine **Beweiserleichterung** (BGH **29**, 399, **74**, 224, NJW **83**, 758). Der Geschädigte kann bis zur Grenze der Adäquanz auch ungewöhnl entgangenen Gewinn ersetzt verlangen, wenn er den dafür erforderl (vollen) Beweis erbringt (Lange § 6 X 1). – **c)** Nicht zu ersetzen ist der Gewinn, der nur dch eine **rechtswidrige Tätigkeit** hätte **3** erzielt werden können (BGH **75**, 368). Es besteht daher keine ErsPfl für entgangenen Gewinn, der dch unzul Werbemaßn (BGH NJW **64**, 1183) od dch eine Umgehg des PersBefG (KG OLGZ **72**, 408) erzielt werden sollte. Bei rechtsw Vertr ist entscheidd, ob das verletzte Ges ein VerbotsGes iSd § 134 ist (BGH **75**, 365). Gewinne aus Vertr, die gg baupolizeil od gewerberechtl Vorschr verstoßen, sind daher grdsl geschützt (BGH aaO, WRP **89**, 257); auch die Verletzg der MeldePfl aus SGB IV 104 schadet nicht (BGH DB **94**, 2286). Dagg besteht keine ErsPfl für entgangene Einkünfte aus verbotener Schwarzarbeit (LG Karlsr NJW **75**, 1420, LG Oldenbg NJW-RR **88**, 1496), für einen nach dem RabattGes unzul PrVorteil (Stgt VersR **73**, 773), bei Verstößen gg PrGes (RG **96**, 286) od gg die AZO (BGH NJW **86**, 1486). Das Fehlen einer behördl Gen ist unschädl, wenn sie im Fall ihrer Beantragg erteilt worden wäre (BGH NJW **74**, 1376). Das gilt bei einer feststehden VerwPraxis auch dann, wenn die Gen an sich nicht hätte erteilt werden dürfen (BGH NJW **79**, 231). Die ErsPfl ist aber ausgeschl, wenn der Verletzte die Gen bewußt nicht eingeholt hat (MüKo/Grunsky Rn 4, aA Stürner VersR **76**, 1014). Das Ausbleiben eines unrechtmäß **Steuervorteils** begründet idR keine SchadErsPfl (Kblz NJW-RR **93**, 714), and aber, wenn er aGrd einer ständ VerwPraxis gewährt worden wäre (BGH **79**, 229). – **d)** Auch Gewinn, der nur unter Verstoß gg die **guten Sitten** zu erzielen ist, ist grdsl nicht **4** zu ersetzen. Damit die verletzte Dirne nicht der öff Hand zur Last fällt, kann sie aber vom Schädiger den zu einer einfachen Lebensführg erforderl Betrag verlangen (BGH **67**, 127, str, s MüKo/Grunsky Rn 5). Dieser liegt zZ bei etwa 1700 DM (s Mü VersR **77**, 628: 1000 DM; Düss NJW **84**, 2474: 1500 DM).

2) Satz 2. – a) Er enthält für den Geschädigten eine ZPO 287 ergänzde **Beweiserleichterung** (Rn 2). **5** Dieser braucht nur die Umstände darzulegn u in den Grenzen der ZPO 287 zu beweisen, aus denen sich nach dem gewöhnlichen Verlauf der Dinge od den bes Umständen des Falles die Wahrscheinlichk des Gewinneintritts ergibt (BGH **54**, 55, NJW **64**, 662). Dabei dürfen keine zu strengen Anfordergen gestellt w (BGH **29**, 398, **100**, 50, NJW **93**, 1990, BAG NJW **72**, 1437). Es genügt, wenn Ausgangs- u AnknüpfgsTats für eine SchadSchätzg vorgetragen w (BGH NJW **88**, 3017, **91**, 3278, **93**, 2673). Bei entgangenem Gewinn aus Vermietg ist es ausreichd, wenn die Höhe der erzielb Miete vorgetragen u die Einholg eines SachVerst-Gutachtens beantragt w (BGH NJW **95**, 716). Steht fest, daß ein der Höhe nach nicht bestimmb, aber erhebl Schaden entstanden ist, ergibt sich idR aus den Umst eine hinr Grdl für die Schätzg eines Mindestschadens (BGH NJW **87**, 909). Nach den getroffenen Anstalten u Vorkehrgen kann auch ein Gewinn aus Aktienspekulationen hinreichd wahrscheinl sein (BGH NJW **83**, 758, Köln WM **89**, 1529). Bei einem Freiberufler kann aber nicht ow angenommen w, daß ihm wg Komplikationen bei einer Zahnbehandlg Gewinn entgeht (Düss NJW-RR **90**, 608). Wer zu Unrecht aus formellen Grden von der Teiln an einem PrAusschreiben ausgeschlossen worden ist, kann sich nicht auf S 2 berufen (BGH NJW **83**, 442). Bei Pferderennen entspr es nicht dem gewöhnl Lauf der Dinge, daß das als Favorit gewettete Pferd auch tatsächl gewinnen w (Düss NJW-RR **86**, 517). Grdsl zu berücksichtigen sind auch die vom Geschädigten nach dem Schadensereign gefaßten Entschlüsse (BGH **74**, 225, NJW **83**, 442, Hbg NJW-RR **91**, 1431), es sei denn, daß es diesem wesentl darum geht, höheren SchadErs zu erlangen (BGH **74**, 225). S 2 begründet ledigl eine widerlegl **Vermutung.** Trotz der Ausdrucksweise des Ges ("gilt") ist der GgBeweis zuläss (BGH **29**, 398, BAG NJW **85**, 2545). – **b) Maßgeblicher Zeitpunkt** für die Beurteilg gem S 2 ist der der Erfüllg des Anspr, im Proz **6** der Ztpkt der letzten mdl Vhdlg (BGH **29**, 398, Vorbem 174 vor § 249). Auf den Ztpkt des schädigden Ereign kommt es entg dem mißverständl GesWortlaut nicht an. Maßgebd ist der Standpunkt eines obj Beurteilers, nicht der des Schädigers. – **c)** S 2 ist zugl Grdl für die **abstrakte Schadensberechnung,** da er es **7** gestattet, bei der Ermittlg des Gewinns auf den **gewöhnlichen Lauf** der Dinge abzustellen (BGH **29**, 398, **62**, 105). Im HandelsVerk entspr es dem gewöhnl Lauf, daß der Kaufm Waren zum Marktpreis kaufen od verkaufen kann. Der Kaufm, nicht der Fiskus od ein Privatmann (RG **105**, 285, BGH WM **80**, 467), kann daher als abstrakt berechneten Schaden die Differenz zw MarktPr- (Selbstkosten) u VertrPr fordern (BGH **2**, 313, BGH NJW **88**, 2236, Mü NJW-RR **93**, 492, § 325 Rn 16ff). Generalunkosten sind nicht abzusetzen, wohl aber ersparte Spezialunkosten (BGH **107**, 69). Anfallde Gewerbesteuer ist mitzuersetzen (BGH NJW **67**, 1462). Da der entgangene Gewinn nicht der Umsatzsteuer unterliegt, ist bei der Differenzrechng auf die

Nettopreise abzustellen (BGH NJW **87**, 1690, NJW-RR **92**, 411). Der GgBeweis, daß der Verlauf im Einzelfall and gewesen wäre, ist zul. Steht fest, daß Auftr entgangen sind, ist aber offen, wer die Auftr erhalten hätte, kann die Schadenshöhe für jedes der Untern uU gem ZPO 287 geschätzt werden (BGH **29**, 400). Auch bei and HandelsGesch ist die abstr Berechng zul: so für den Frachtvermittler (BGH **29**, 399), im FrachtR (BGH VersR **65**, 351, 374, KG VersR **76**, 464), beim Einbau von ErsTeilen (BAG NJW **72**, 1437), für den Verkäufer, dem die Ware nicht abgenommen worden ist (§ 325 Rn 18), für den Gewinn aus BankGesch (§ 288 Rn 6), idR aber nicht für GrdstGesch (BGH NJW **95**, 587).

8   **3) Entgangener Verdienst aus abhängiger Arbeit. – a)** Währd der Zeit der **Gehaltsfortzahlung**
9   (§ 616 II, EFZG 1, HGB 63, BBG 87a, BRRG 52, Vorbem 135 u 136 v § 249) ändert sich an der steuerl u sozialversichergsrechtl Behandlg der Bezüge nichts. Der Schaden besteht daher in den Bruttobezügen einschließl der ArbGebAnteile zur SozVers (BGH **42**, 76, **43**, 378, **87**, 182, NJW **95**, 390). Bei einem fakt ArbVerh (mitarbeitder Eheg) ist auf den übl Lohn abzustellen (Mü NJW-RR **93**, 1179). Zu ersetzen sind auch anteiliges Weihnachts- u Urlaubsgeld (BGH **59**, 109, 154, Stgt NJW-RR **88**, 151, Mittelmeier VersR **87**, 846), Beiträge zu den Sozialkassen des Baugewerbes (BGH NJW-RR **86**, 513), nicht aber die Winterbauumlage (BGH aaO), Beiträge zur Berufsgenossensch (BGH NJW **76**, 326) od ein Entgelt für den gem SchwerBG 44 zu gewährden ZusatzUrl (BGH NJW **80**, 285). Die ErsPfl erstreckt sich auch auf **Zuschläge** zum Gehalt, wie ErschwernZulagen (BGH **LM** § 842 Nr 4), Auslöse (Mü VersR **86**, 69), Tantiemen (Hamm VersR **79**, 745), nicht aber auf Aufwandsentschädigen, FahrtkostenErs, Trenngszulagen (BGH
10   **LM** § 842 Nr 4, LG Kassel NJW-RR **87**, 799, LG Flensbg DAR **91**, 460). – **b)** Nach **Ende der Entgeltsfortzahlung** geht die Rspr bei der Schadensbemessg teils vom Bruttolohn aus (so der III. ZS VersR **73**, 1028, **75**, 37, gelegentl auch der VI. ZS NJW **86**, 245), teils aber auch vom Nettolohn (so idR der VI. ZS VersR **61**, 213, NJW **95**, 389). Beide Theorien modifizieren ihren AusgangsPkt aber dch Abzüge (Bruttolohnmethode) od Zuschläge (Nettolohnmethode) u kommen daher zu prakt identischen Ergebnissen (BGH NJW **95**, 390, Lange JZ **95**, 407). Scheinb bleibt ein Unterschied bei der BewLast, weil nach der modifizierten Bruttolohnmethode der Schädiger die anrechenbaren Vorteile nachweisen muß, nach der modifizierten Nettolohnmethode dagg der Geschädigte zusätzl steuerl od sozialversichergsrechtl Nachteile; dieser Unterschied wirkt sich aber nicht aus, weil nach beiden Methoden idR der Geschädigte beweisbelastet ist, da die BewMöglichk in seiner Sphäre liegen (BGH NJW **95**, 390). Im folgnd wird entspr der überwiegdn Praxis (trotz BGH NJW **95**, 389) die **modifizierte Bruttolohnmethode** zugrde gelegt. Auszugehen ist vom Gesamtgehalt einschließl aller Zulagen (Rn 9); ein mögl berufl Aufstieg ist zu berücksichtigen, soweit er überwiegd wahrscheinl ist (BGH VersR **56**, 175). Vgl zur Meisterprüfg Köln NJW **72**, 59, zur Diplomprüfg BGH NJW **73**, 701. Lief das ArbVerh aus, muß der Geschädigte in Zeiten erhebl ArbLosigk wahrscheinl machen, daß er wieder Arbeit gefunden hätte (Karlsr VRS **78**, 1), Stand der Geschädigte nicht in einem festen ArbVerhältn, hat er seinen LebensUnterh aber dch wechselde Beschäftigg sichergestellt, liegt es nahe (ZPO 287), daß er ohne das schädigde Ereign bald wieder Arbeit gefunden hätte (BGH NJW **95**, 1024, 2228). Ist der mutmaßl PensioniergsZtpkt zu ermitteln, ist auf die konkreten Verhältn des Geschädigten u nicht auf Dchschnittswerte abzustellen (Drees VersR **87**, 741); iZw ist die Vollendg des 65. Lebensjahres als Beginn des Ruhestandes anzunehmen (BGH NJW-RR **88**, 470, NJW **89**, 3150). Erspar an Steuern u
11   SozVersBeiträgen sind nach den Grds der VortAusgl wie folgt zu berücksichtigen: – **aa) Steuern** (Vorbem 144 v § 249). Gem EStG 24 Nr 1 unterliegen auch SchadErsRenten wg Erwerbsunfähigk die Einkommensteuer (Weber–Grellet DAR **94**, 52). Die Vergünstigen nach EStG 33b (Freibetrag für Behinderte) u 34 (halber Steuersatz) sind nicht zugunsten des Schädigers zu berücksichtigen (BGH **74**, 116, NJW **80**, 1788, **86**, 245, **93**, 1643, DB **94**, 1132). Erhält der Verletzte Leistgen der Unfall-, Kranken-, Arblosen- od RentenVers, sind die Vorteile, sind aber der Steuerfreih gem EStG 3 u 22 Nr 1a ergeben, aber auszurechnen (BGH NJW **86**, 245, NJW-RR **86**, 1216, NJW-RR **88**, 470). Entspr gilt für den Vorteil aus EStG 19 II (BGH NJW-RR **92**, 1051), die Vergünstigg gem EStG 3 Nr 9 für Abfindgen (BGH NJW **89**, 3150) u die Vorteile aus der
12   Progressionsdifferenz bei einer nur quotenmäß Haftg des Schädigers (BGH NJW **95**, 390). – **bb) Krankenversicherung.** Auch wenn der Verletzte von der BeitragsPfl freigestellt ist, besteht ab 1. 1. 92 abweichd vom fr Recht (BGH NJW **81**, 1846, **91**, 1414) eine SchadErsPfl, SGB V § 224 (Vorbem 154 v § 249). Ist der RentenVers leistgspflicht, geht der SchadErsAnspr gem SGB X 119 auf ihn über (BGH VersR **78**, 323, Hartung VersR **86**, 521). Entspr gilt, soweit die BerufsGenossensch als Rehabilitationsträger Beiträge für den Verletzten abführt (BGH NJW **89**, 17). Ist der Geschädigte privat versichert, gehen verletzgsbedingte Prämiener-
13   höhngen zu Lasten des Schädigers (§ 249 Rn 19). – **cc) Arbeitslosenversicherung.** Der Verletzte ist nicht beitragspflichtig u hat auch nicht die Möglichk zu einer freiw WeiterVers (BGH **87**, 181, 187, NJW-RR **88**, 149). Es besteht daher abgesehen vom Fall der Weiterversicherg dch den Rehabilitationsträger (BGH **89**, 17) keine ErsPfl. Etwa entstehde Nachteile sind erst zu ersetzen, wenn sie sich konkret auswirken (BGH **87**, 187, VersR **86**, 915). **Verliert** der Verletzte seinen Anspr auf **Arbeitslosenunterstützung,** besteht auch dann ein auf den VersTräger übergehder SchadErsAnspr, wenn er in gleicher Höhe Krankengeld erhält (BGH **90**, 336).
14   – **dd) Rentenversicherung.** Der Verletzte kann die zur freiw Fortsetzg der Versicherg erforderl Beiträge ersetzt verlangen (BGH **46**, 332, Fuchs NJW **86**, 2344). Das gilt auch dann, wenn offen ist, ob die etwaige Beitragslücke zu einer Verkürzg der Rente führen wird (BGH **69**, 347, NJW **78**, 157, VersR **79**, 1104). Ausgeschlossen war die ErsPfl, wenn der Verletzte eine unfallfeste Position erlangt hatte u die Weiterversicherg daher unvernünft war (BGH **101**, 207, **106**, 293. Darauf kommt es aber seit dem 1. 1. 92 nicht mehr an (BGH **116**, 200). Nunmehr muß der Schädiger auch für die Zeiten Beiträge entrichten, für die den Verletzten beitragsfrei als Anrechngs- od Zurechnungszeiten berücksichtigt w, SGB VI § 62 (von der Heide VersR **94**, 274). Kommt eine Weiterversicherg nicht in Betracht, sind etwaige Nachteile erst zu ersetzen, wenn sie sich konkret auswirken (BGH **87**, 189). Einen Anspr auf Finanzierg von privaten VorsorgeMaßn (Rücklagen, private Versichergen) hat der Verletzte nicht, sofern gg die dauernde Leistgsfähigk des Schu (HaftpflVers) keine
15   Bedenken bestehen (BGH aaO). Zum FdgÜbergang gem SGB X § 119s Vorbem 154 vor § 249. – **ee) Vermindert** sich der ArbVerdienst inf des Unfalls, kann der Verletzte keinen Ers für die Minderg der SozVersBeiträge fordern (BGH **87**, 181, NJW-RR **88**, 149), jedoch steht dem RentenVers ein ErsAnspr aus SGB X 119 zu (Vorbem 154 v § 249). – **ff)** Kommt wg des Verschuldens eines Dr od des ArbG **kein wirksamer Arbeits-**

vertrag zustande, kommen dem Geschädigten gleichfalls die Beweiserleichtergen der §§ 252, ZPO 287 zugute (v Hoyningen-Huene/Boemke NJW **94**, 1757).

4) Entgangener Verdienst aus selbständiger Arbeit. – a) Wird ein Gewerbetreibder od Freiberufler **16** arbeitsunfäh, darf er den Schaden nach der Rspr nicht nach dem Gehalt für eine gleichwert, tatsächl nicht eingestellte **Ersatzkraft** bemessen; abgestellt werden soll vielm ausschließl auf die anhand des BetrErgebn konkret festzustellde Gewinnminderg (BGH **54**, 53, NJW-RR **92**, 852). Diese Rspr wird vom Schrifft mit Recht fast einmüt abgelehnt (Knobbe-Keuk VersR **76**, 408, Grunsky DAR **88**, 404, Staud/Medicus Rn 48, Larenz § 29 III a). Der Verletzte kann sich auf die Vermutg berufen, daß seine ArbLeistg das übl Entgelt wert ist. Diese Vermutg zu entkräften, ist Sache des Schädigers. Wird der Ausfall des Inhabers dch überpflichtmäß Anstrenggen von leitden Mitarbeiter od Angeh ausgeglichen, so entlastet das den Schädiger nicht. Bei Unterbrechgen od Störgen des **Betriebsablaufes** besteht der Schaden in den entgangenen Roherlösen abzüglich ersparter BetrKosten (s Grunsky DAR **88**, 405), zuzügl etwaiger Schadensmindergskosten. Betriebswirtschaftl kann die Differenz zw entgangenen Erlösen u ersparten Kosten („Deckgsbeitrag") am zuverlässigsten dch eine kalkulatorische Rechng erfaßt w. An die Darstellg des hypothetischen Geschehensablaufs (GeschEntwicklg ohne das schädigde Ereign) dürfen keine zu hohen Anfordergen gestellt w (BGH NJW **93**, 2673). Wg der Steuerfragen s Rn 8 ff u Vorbem 144 v § 249. – **b) Einzelfälle.** Zur Berechg des **17** Gewinnentgangs vgl Stürner JZ **84**, 463, Grunsky DAR **88**, 400. Im einzelnen: **Anlageberater** LG Dortm VersR **72**, 1180; **Architekt** Ffm VersR **79**, 87; Köln MDR **71**, 215; **Arzt** Düss VersR **73**, 929; Mü NJW **87**, 1484; Belegarzt BGH NJW-RR **88**, 410; **Bauunternehmer** LG Passau MDR **75**, 230; LG Rottweil VersR **73**, 1177; **Betriebswirt** BGH VersR **72**, 1068; **Elektromeister** BGH VersR **61**, 1140; **Erfinder** BGH VersR **67**, 903; **Fahrlehrer** BGH **55**, 329; **Fuhrunternehmer** BGH VersR **60**, 526; **71**, 82; Köln VersR **80**, 240; **Gärtner** BGH VersR **66**, 658; **Geschäftsinhaber** BGH VersR **68**, 970; Karlsr VersR **59**, 56; **Großhändler** BGH VersR **61**, 703; **Handwerksmeister** Stgt VersR **68**, 1074; LG Osnabrück VersR **82**, 255; **Kaufmann** BGH VersR **61**, 247; **62**, 49; **Kfz-Händler** BGH VersR Celle VersR **70**, 472; Schleswig VersR **76**, 1183; **Kfz-Werkstatt- Inhaber** BGH VersR **69**, 466; VersR **76**, 663; **Landwirt** BGH VersR **85**, 1158; **Maschinenmeister** Ffm VersR **80**, 270; **Modellschneiderin** BGH VersR **64**, 76; **Schlachter** BGH VersR **65**, 1441; **Steuerberater** BGH VersR **66**, 957; **Taxiunternehmer** BGH NJW **79**, 2244; KG VersR **76**, 888; Mü MDR **75**, 755; Spengler VersR **72**, 1008; Klimke VersR **73**, 397; **Unternehmensberater** in der Anlaufphase KG VRS **88**, 119; **Vertreter** BGH VersR **63**, 682; **70**, 860; Mü VersR **60**, 1101 (Versichergsvertreter); **Zahnarzt** Nürnb VersR **68**, 481; **77**, 63; **Zahntechniker** BGH VersR **66**, 445. – **c)** Wird dem **18** verletzten **Gesellschafter-Geschäftsführer** das Gehalt weitergezahlt, kann Rn 9 entspr: es besteht ein SchadErsAnspr in Höhe des Bruttogehalts (BGH NJW **63**, 1051, **70**, 95). Das gilt auch im Fall der Einmann-GmbH (BGH NJW **71**, 1136). Die ErsPfl erstreckt sich auch auf eine weiter gewährte Tantieme, soweit diese Vergütg für die tatsächl nicht erbrachten Dienste ist (BGH **78**, 40, Kuckuk BB **78**, 283, Riedmaier DB **80**, 64).

5) Handelt es sich um einen Unfall **vor dem Eintritt in das Berufsleben,** ist gem ZPO 287 zu schätzen, **19** wie der berufl Weg des Verletzten nach seinen persönl Fähigk u Eigensch u den Bdggen des Arbeitsmarktes voraussichtl verlaufen wäre (Köln NJW **72**, 59, Karlsr VersR **89**, 1102). Die statistische Wahrscheinlich fällt nicht ins Gewicht (Köln aaO). Es gibt keinen Schätzgsbonus zG des Geschädigten (Medicus DAR **94**, 446), jedoch ist ZPO 287 nicht zu eng anzuwenden.

253 *Immaterieller Schaden.* **Wegen eines Schadens, der nicht Vermögensschaden ist, kann Entschädigung in Geld nur in den durch das Gesetz bestimmten Fällen gefordert werden.**

1) Allgemeines: § 253 beruht auf dem Gedanken, daß bei ideellen Schäden die Herstellg des Zustandes, **1** der ohne das schädigde Ereign bestehen würde, dch GeldErs nicht mögl ist. Da § 251 I für VermSchäden auch bei Unmöglichk der Herstellg GeldErs vorsieht, ist diese Erwägg wenig überzeugd. Entsprechdes gilt für die sonstigen Grde, die in den Mot für die Regelg des § 253 angeführt w (vgl dazu BGH **35**, 367, **39**, 131). § 253 läuft im Ergebn auf einen minderen Schutz ideeller Güter hinaus. Das ist rechtspolit bedenkl. Gleichwohl ist das in § 253 enthaltene **Analogieverbot** zu respektieren. Die Rspr des BGH (aaO), die bei schweren Verletzgen des allg PersönlichkR entgg § 253 SchmerzG zuerkennt, ist daher abzulehnen (aA Thomas § 823 Rn 200), ebso die Ansicht (Diedrich MDR **94**, 528), § 253 sei auf vertragl Anspr unanwendb. Die Entsch des BVerfG (NJW **73**, 1221), wonach die BGH-Rspr mit dem GG vereinb ist, ändert an den sich aus dem System des BGB ergebden Bedenken nichts.

2) § 253 betrifft nur die GeldEntsch. Ein Anspr auf **Naturalherstellung** (§ 249 S 1) besteht auch bei **2** ideellen Schäden; er hat aber nur geringe prakt Bedeutg, da Naturalbeseitig meist unmögl ist. Verletzter kann bei fortwirkden ehrverletzden Äußergen als SchadErs Widerruf verlangen (RG **88**, 133, **148**, 122, BGH NJW **53**, 1386). Dieser ein Versch voraussetzde Anspr w aber in der Praxis dch den aus § 1004 abgeleiteten BeseitiggsAnspr verdrängt, der auch bei nicht schuldh Beeinträchtigen besteht. Bei Verletzg des Briefgeheimn kann Verletzter Herausg der gefertigten Abschr zwecks Vernichtg verlangen (RG **94**, 3). Auch der gleich auf Herstellg gerichtete Anspr aus § 249 S 2 w dch § 253 nicht ausschl (hM). Die Kosten für die Beseitigg ehrverletzder Inschriften sind daher zu ersetzen, ebso die Kosten für die Richtigstellg unricht ehrverletzender Behauptg, sofern diese notw ist u sich im Rahmen des Angem hält (BGH **66**, 191, **70**, 42, NJW **79**, 2197). Keine ErsPfl besteht, wenn der Verletzte einen presserechtl Anspr auf GgDarstellg hat u diese zum Ausgl der Rufschädigg ausr (BGH aaO). Bei Sachen, die ledigl einen Affektionsw haben, besteht ein Anspr auf Ers von Reparatur- od Reproduktionskosten, soweit diese mögl ist u die Verhältnismäßigk-Grenze (§ 251 II) nicht überschritten w. Ers ideellen Schadens kann vertragl vereinbart w (BGH JZ **55**, 581); ebso ist die Vereinbg einer VertrStrafe zul.

3) Zur **Abgrenzung von Vermögens- und Nichtvermögensschaden** vgl Vorbem 7 ff u 19 ff v § 249.

3   4) Eine **Geldentschädigung** für ideelle Schäden sieht das BGB in §§ 847, 611a II, 651 f II u 1300 vor. Außerh des BGB besteht ein Anspr auf GeldErs für immaterielle Schäden nach LuftVG 53 III, UrhG 97 II, GWB 35, 27, SeemannsG 40 u EMRK 50 (Deumeland DB **95**, 476).

254 *Mitverschulden.* [1] Hat bei der Entstehung des Schadens ein Verschulden des Beschädigten mitgewirkt, so hängt die Verpflichtung zum Ersatze sowie der Umfang des zu leistenden Ersatzes von den Umständen, insbesondere davon ab, inwieweit der Schaden vorwiegend von dem einen oder dem anderen Teile verursacht worden ist.

[II] Dies gilt auch dann, wenn sich das Verschulden des Beschädigten darauf beschränkt, daß er es unterlassen hat, den Schuldner auf die Gefahr eines ungewöhnlich hohen Schadens aufmerksam zu machen, die der Schuldner weder kannte noch kennen mußte, oder daß er es unterlassen hat, den Schaden abzuwenden oder zu mindern. Die Vorschrift des § 278 findet entsprechende Anwendung.

Übersicht

1   **1) Allgemeines. – a)** § 254 beschr die ErsPfl des Schädigers, wenn bei der Entstehg (I) od der Entwicklg (II) des Schadens ein „Verschulden" des Geschädigten mitgewirkt h. Dieser Begriff ist in § 254 in einem weiteren uneigentl Sinn gebraucht. Da die ROrdng die Selbstgefährdg u Selbstschädigg nicht verbietet, bedeutet Versch iS des § 254 nicht – wie sonst – eine vorwerfb, rechtsw Verletzg einer ggü einem and od der Allgemeinh bestehden RPfl; Versch iS des § 254 ist vielmehr der vorwerfb Verstoß gg Gebote des eig Interesses (Obliegenheiten); es handelt sich um ein **„Verschulden gegen sich selbst"** (RG 149, 7, **156**, 207, BGH **3**, 49, **57**, 145, NJW **70**, 946, MüKo/Grunsky Rn 2, hM). § 254 beruht auf dem RGedanken, daß derjenige, der die Sorgfalt außer acht läßt, die nach Lage der Sache erforderl erscheint, um sich selbst vor Schad zu bewahren, den Verlust od die Kürzg seines SchadErsAnspr erleiden muß (RG **100**, 44, **112**, 287, 2 BGH **3**, 49, **9**, 318). Die Vorschr ist damit zugl eine **Ausprägung des Grundsatzes von Treu und Glauben** (BGH NJW **82**, 168). Wer für den von ihm erlittenen Schaden trotz eig Mitverantwortg vollen SchadErs fordert, verstößt gg das Verbot des *„venire contra factum proprium"* (§ 242 Rn 55, BGH **34**, 363, NJW **70**, 756, **78**, 2024, 2025, Dunz NJW **86**, 2234, Henke JuS **88**, 753).

3   **b) Sach- oder Betriebsgefahr.** § 254 liegt der allg RGedanke zGrde, daß der Geschädigte für jeden Schaden mitverantworl ist, bei dessen Entstehg er in zurechenb Weise mitgewirkt h (BGH **52**, 168). Eine auf seiten des Geschädigten mitwirkde Sach- od BetrGefahr beschr den SchadErsAnspr, u zwar auch dann, wenn der Schädiger aus Delikt od Vertr haftet (BGH **6**, 320, **12**, 128, **LM** (Ba) Nr 5, VersR **81**, 355, stRspr). Der geschädigte Halter eines Kfz muß sich daher, wenn er nicht den AusschlTatbest des StVG 7 II beweist, die BetrGefahr seines Kfz auch ggü dem SchmerzGAnspr anrechnen lassen (BGH **20**, 262, **26**, 75; stRspr). Im Verhältn zw Halter u Fahrer ist die BetrGefahr dagg nicht anzurechnen (BGH NJW **72**, 1415, aA Düss DAR **74**, 157); ebsowenig im Verhältn zw Fahrer u Dr, sofern Fahrer den Entlastgsbew gem StVG 18 führt (BGH VersR **63**, 380, Böhmer NJW **70**, 1724). Der Grds, daß die auf seiten des Geschädigten mitwirkde Sach- od BetrGefahr den ErsAnspr beschränkt, gilt auch für die Tierhalterhaftg (BGH **67**, 129, 134, Hamm NJW-RR **90**, 1054) u für WHG 22 II (BGH NJW **95**, 1150), nach Ans des BGH aber nicht iF des § 836 (BGH **79**, 264). Setzt der ErsAnspr kein Verschu voraus, beruht er aber auch nicht auf dem Gedanken der Gefährdgshaftg, 4 rechnet der BGH dem Geschädigten eine **schuldlose Mitverursachung** auch dann zu, wenn sie **nicht** Ausdr einer **Sach- oder Betriebsgefahr** ist, so iF des § 122 (BGH NJW **69**, 1380), des § 906 II 2 (BGH NJW-RR **88**, 138), des § 1004 (BGH NJW **95**, 396) u des ErsAnspr aus GoA bei Selbstaufopferg (BGH **38**, 278). Auf dem Gedanken, daß der Verantwortgsbereich bei Haftgsbegründg u HaftgsBeschränkg korrespondieren, beruht auch die Anwendung des § 829 im Rahmen des § 254 (Rn 13). Auch die Beschränkg der **Arbeitnehmerhaftung** dch das vom ArbG zu tragde BetrRisiko stützt die Rspr auf § 254 (BAG NJW **95**, 212).

5   **2) Anwendungsbereich. – a)** § 254 gilt, soweit nicht SonderVorschr (Rn 10) bestehen, ggü **allen Schadensersatzansprüchen,** gleichgül auf welchem RGrd sie beruhen (Henke JuS **88**, 759). Er ist daher anzuwenden auf SchadErsAnspr aus Vertr, auch aus §§ 325, 326, jedoch soll es insow allein auf das Verhalten nach VertrSchl ankommen (BGH NJW **72**, 1702, BF **77**, 253, s aber auch BGH NJW **93**, 1191), aus der Garantiehaftg gem § 538 (BGH **68**, 288, NJW-RR **91**, 971); aus c.i.c. (RG **151**, 360, BGH DB **67**, 1085, BAG **14**, 211); aus unerl Hdlg u zwar auch für Anspr aus § 839, sofern nicht das MitVersch den Anspr gem § 839 III ausschließt (BGH VersR **61**, 907, NJW **65**, 962); auf Anspr aus § 845 (BGH **69**, 3); auf Schmerz-GAnspr (§ 847 Rn 5); auf Anspr aus §§ 989, 990 (BGH **LM** HGB 366 Nr 4 Bl 3 R, § 989 Nr 12 Bl 2, krit

Roth AcP **180**, 279); aus KO 17 (RG **140**, 14); auf SchadErsAnspr des Eigtümers gg den Finder (BGH NJW **90**, 1231); wg der Sonderregelg der §§ 439, 460 aber nicht auf SchadErsAnspr wg R- od Sachmängel (BGH **110**, 203, NJW **78**, 2240, aA Mittenzwei JuS **94**, 187). § 254 gilt auch ggü SchadErsAnspr aus Gefährdgshaftg. Das ist in StVG 9, HaftpflG 4, ProdHaftG 6, UmweltHG 11, GenTG 32u AtomG 27 ausdr bestimmt, gilt aber allg, so für Anspr gg den Tierhalter (BGH VersR **81**, 1179, Hamm NJW-RR **90**, 1054), gg den Gastwirt aus § 701 (RG **75**, 394) u für Anspr aus ZPO 302 IV, 600 II, 717 II u 945 (BGH NJW **78**, 2024).

b) § 254 ist **entsprechend** anzuwenden, wenn in sonstigen, gesetzl nicht geregelten Fällen **beiderseitiges 6 Verschulden** vorliegt, das ggeinand **abzuwägen** ist (RG **71**, 191, BGH LM HGB 366 Nr 4 Bl 3, WM **78**, 367, MüKo/Grunsky Rn 13). Der RGedanke des § 254 gilt daher für den Ausgl zw mehreren erspflichtigen GesSchu (§ 426 Rn 10); für die beiders verschuldete Unmöglichk (Vorbem 4 vor § 323); beim VollmMißbr, wenn Versch des Vertretenen u seines VertrPartners ggeinand abzuwägen sind (BGH **50**, 112); beim Mißbr der Scheckkarte (Hamm WM **76**, 139); bei Anspr aus einer Garantie (BGH NJW-RR **91**, 219); wenn der argl getäuschte Käufer den Untergang der Kaufsache verschuldet (BGH **57**, 144). § 254 ist ferner entspr anwendb auf Anspr aus § 1004 (BGH **110**, 317, NJW **95**, 396) u aus § 906 II 2 (BGH NJW-RR **88**, 138); auf Anspr aus § 667, wenn die Überweisg weisgwidr ausgeführt worden ist (Mü NJW-RR **95**, 814; auf Anspr aus § 670, soweit dieser auf SchadErs geht (Celle NJW **65**, 2348, BAG NJW **81**, 702); auf ErsAnspr aus GoA (Düss DAR **62**, 150, BGH **38**, 278); auf Anspr aus NRWOBG (BGH NJW **86**, 182); wohl auch auf Anspr der Berufsgenossensch aus RVO 640: anzurechnen ist MitVersch des Verletzten (Kühne DB **72**, 730, Marschall v Bieberstein VersR **72**, 996, aA BGH VersR **72**, 171, NJW **73**, 1496, NJW-RR **89**, 341), ebso das der BerufsGenossensch (BGH NJW **74**, 798 wendet in krassen Fällen § 242 an u läßt die Anwendbark von § 254 offen). Keine entspr Anwendg des § 254 auf Gefahrtraggsregeln wie VOB/B 7 (BGH **61**, 144, aA Saarbr NJW **72**, 1761).

c) Auch im **öffentlichen Recht** ist § 254 als Ausprägg des Grds von Treu u Glauben (Rn 2) sinngem **7** anzuwenden (BGH **56**, 57, MüKo/Grunsky Rn 18). § 254 gilt daher entspr für SchadErsAnspr aus AFG 145 (BSG VersR **85**, 159), Verletzg vertragsähnl öffrechtl Pflichten (BGH NJW **65**, 962, s § 276 Rn 130), soweit nicht SonderVorschr bestehen (vgl BGH **4**, 291 zu PostG 6 aF, jetzt PostG 14). Er ist auch auf Aufopfergs-Anspr entspr anwendb (Celle NJW **54**, 559, BGH **45**, 294, aA RG **149**, 37), vgl auch BSeuchenG 51 III; ebso auf EntschAnspr aus Enteigng u enteigngsgleichem Eingr (BGH **90**, 32, vgl die ausdrückl Regelg in BauGB 93 III, BLG 32 II, SchutzberG 13 II, LBG 17 II); ferner auf Anspr aus dem StrEG (Hamm NJW **75**, 2033), jedoch kann das (nur für das BetragsVerf zust) ZivGer den Anspr nicht mehr wg schuldh Mitverursach der StrafverfolggsMaßn mindern (BGH **63**, 209). Auch auf RegreßAnspr des Staates gg Beamten ist § 254 entspr anzuwenden (s BVerwG **34**, 130, **50**, 108). Wg der gesschuldnerischen Haftg mehrerer Schädiger kann sich der Beamte jedoch idR nicht auf mangelnde Überwach dch seinen Vorgesetzten berufen (BVerwG aaO). § 254 ist entspr anwendb auf die FolgenbeseitiggsAnspr (BVerwG NJW **89**, 2484, VGH Mannheim NJW **85**, 1482, aA Schenke JuS **90**, 370), nach VerwG Hannover ZBR **71**, 280 u VGH BaWü ZBR **72**, 344 auch auf den RückerstattgsAnspr wg überzahlten Gehalts (zweifelh, vgl Rn 8 aE).

d) Ausgeschl ist die Anwendg des § 254 auf **Erfüllungsansprüche**, u zwar auch dann, wenn ErfAnspr u **8** SchadErsAnspr nebeneinand bestehen (BGH **25**, 310, NJW **67**, 250, Kblz WM **89**, 1280; für eine analoge Anwendg aber Peters JZ **95**, 754). § 254 daher unanwendb auf MietzinsAnspr gg den nicht eingezogenen od vorzeit ausgezogenen Mieter (Ffm ZMR **70**, 49, Köln NJW-RR **92**, 443, s aber § 552 Rn 6); auf Anspr aus § 557 (BGH **104**, 290); auf den Anspr auf Auszahlg des Sparguthabens (BGH NJW **86**, 2106); auf LohnAnspr des unzul gekündigten ArbN (BGH NJW **67**, 250, vgl aber § 615); auf Anspr aus Bürgsch (RG JW **37**, 3104); auf Anspr des Verfrachters gg Empf auf Zahlg der Fracht (BGH **25**, 310). Dagg ist § 254 im Fall der MankoHaftg auf den Anspr aus § 667 entspr anwendb (BAG BB **71**, 705); das gilt ebso für den Anspr aus § 670 wg fehlgegangener Überweisgs- od AuszahlgsAuftr, wenn den AuftrG ein MitVersch trifft (BGH **87**, 380, **108**, 391, NJW **95**, 2485). Nicht anwendb ist § 254 auf HerausgAnspr aus § 985 (RG **93**, 281, BGH LM HGB Nr 4); auf GewlAnspr (BGH DB **71**, 1764); auf BereicherungsAnspr (BGH **37**, 370, DB **70**, 2021); jedoch kann § 242 die Berücksichtigg schuldh Mitverursach rechtf (BGH **57**, 152, BereicherungsAnspr). Das gilt vor allem für **Gewährleistungsansprüche** (BGH NJW **72**, 447, **84**, 1677). Die Nachbesserg hat in diesen Fällen Zug um Zug **9** gg Ers eines Teils der entstehden Kosten zu erfolgen (BGH **90**, 347, **91**, 211, Düss u Hamm BauR **79**, 246).

e) Sonderregelungen. – aa) StVG 17 schließt als Sonderregelg § 254 aus, soweit es um die Haftgsver- **10** teilg zw KfzHaltern u Fahrern geht, ferner für das Verhältn zw Kfz u Eisenbahn od Tierhalter (BGH LM § 249 (Bb) Nr 3 Bl 2). Für Schiffskollisionen enthält HGB 736 eine § 254 verdrängde Sonderregelg (BGH VersR **59**, 506). StVG 17 u HGB 736 lassen aber § 254 II unberührt (BremVersR **76**, 559); sie verwenden iü prakt die gleichen AbwäggsGrds wie § 254. – **bb)** Der SchadErsAnspr aus §§ 122, 179, 307, 309 entfällt, **11** wenn der Geschädigte das zum Ers verpflichtde Ereign kannte od kennen mußte, MitVersch führt danach zum Verlust des Anspr. BGH NJW **69**, 1380 wendet § 254 auf Anspr aus § 122 aber entspr an, wenn Gläub Irrt schuldlos mitverurs hat (Rn 4). Dagg ist neben § 439 für eine Anwendg des § 254 kein Raum (BGH **110**, 203). Entspr gilt für §§ 460 u 640 II (BGH NJW **78**, 2240).

3) Mitverschulden des Geschädigten. – a) Mitverschulden bei der Entstehung des Schadens (I). – 12 aa) Den Geschädigten trifft ein MitVersch, wenn er diejenige Aufmerksamk u Sorgf außeracht läßt, die jedem ordentl u verständ Menschen obliegt, um sich vor Schaden zu bewahren (RG **105**, 119, BGH **3**, 49, **9**, 318, sog Versch gg sich selbst, s Rn 1). Ein schuldh Verhalten, das eine Haftg ggü einem and begründen könnte, ist nicht erforderl (RG **149**, 7, **156**, 207, BGH NJW **65**, 1075, **82**, 168). Der Geschädigte muß die ihm in eig Angelegenh obliegde Sorgf aber vorsätzl od fahrl verletzt h (RG **54**, 410, **59**, 221). Vorausssetzg daher grdsätzl Vorhersehbark u Vermeidbark der Schädigg, bloße Mitverursach genügt, sofern der Geschädigte für Sach- od BetrGefahr einzustehen h (Rn 3).

bb) Zum Versch gehört **Zurechnungsfähigkeit** (nicht Geschfgk), §§ 827, 828 gelten entspr (RG **108**, **13** 89, BGH **9**, 317, **24**, 327), ebso § 827 S 2 (BGH VersR **71**, 473, 475). Dabei kommt es auf die Fähigk zur Einsicht an, daß man sich selbst vor Schad zu bewahren h (Celle NJW **68**, 2146). Da Haftgsbegründ u Haftgsbegrenzg korrespondieren (Rn 4), ist § 829 ebenf entspr anwendb (BGH **37**, 106, NJW **73**, 1795).

Voraussetzg ist aber, daß die Billigk ausnahmsw die Mithaftg des Unzurechngsfäh gebietet (BGH NJW **69**, 1762). Es genügt nicht, daß für ihn VersSchutz besteht (BGH NJW **69**, 1762, **73**, 1795). Ist der Schädiger haftpflichtversichert, scheidet eine Anwendg der §§ 254, 829 idR aus (KG DAR **95**, 72).

14 **cc)** Das Versch des Geschädigten muß für die Schädigg **mitursächlich** iS der Adäquanztheorie (Vorbem 58 v § 249) gewesen sein (BGH **3**, 47, **61**, 147, NJW **52**, 537, 539, **57**, 217). Zeitl kann es dem Versch des Schädigers vorangehen od nachfolgen (BGH **3**, 47, VersR **88**, 570), jedoch soll bei SchadErsAnspr wg NichtErf od verspäteter Erf nur ein dem VertrSchl folgdes MitVersch erhebl sein (BGH NJW **57**, 217, **72**, 1702, s aber auch BGH NJW **93**, 1191). Wer unberecht vom Vertr zurücktritt, kann idR nicht geltd machen, Gegner habe Rücktr dch sein Verhalten mitverurs (BGH WM **74**, 1117). Fehlen der vom Geschädigten zu stellden Sichergsmittel ist unschädl, wenn Schädiger sie ohnehin nicht benutzt hätte (BGH VersR **70**, 813). War allein das MitVersch adäquat ursächl, entfällt eine Haftg, war umgekehrt allein das Versch adäquat **15** ursächl, haftet allein der Schädiger (OGH **1**, 272). Auch für § 254 gilt, daß die Zurechng dch den **Schutzzweck der Norm** begrenzt w (Vorbem 62 v § 249). § 254 setzt daher voraus, daß die vom Geschädigten verletzte Pfl den Zweck hatte, Schäden wie den eingetretenen zu verhindern (BGH VersR **70**, 813, **72**, 1016, **78**, 1071, Bambg VersR **88**, 586). Der Arzt kann bei einem Behandlgsfehler nicht geltd machen, der Patient habe die Behandlgsbedürftig verschuldet (BGH NJW **72**, 334); bei einem Selbstmordversuch ist § 254 unanwendb, wenn der Patient wg Suizidverdachts eingeliefert worden ist (BGH **96**, 101, Kblz OLGZ **91**, 331); der Abschlepppunternehmer kann sich nicht darauf berufen, der von ihm beschädigte Pkw habe wg falschen Parkens entfernt w müssen (BGH NJW **78**, 2503); die wg unrichtiger Aufstellg eines VerkSchildes haftpflicht Gemeinde kann sich nicht auf die Nichtbefolgg des Schildes berufen (Hamm NJW- RR **86**, 771).

16 **dd) Geschäfts- und Rechtsverkehr** (Einzelfälle, vgl auch § 276 Rn 22ff): Jedermann hat in seinem geschäftl u priv Bereich im Rahmen des Zumutb die notw Vorkehrgen zu treffen, um sich vor Schad zu bewahren. Schuldh iS des § 254 handelt daher, wer sein eig Konto nicht überwacht (BGH NJW **68**, 742); wer die ordngsmäß Dchführg seiner Überweisgen nicht prüft (Hamm WM **89**, 1321); wer seine Kontenauszüge nicht überwacht (LG Lübeck WM **93**, 1131); wer Scheckformulare unsorgfält verwahrt (RG **81**, 254); wer einen Scheck mit der Post versendet (Hamm WM **83**, 461); wer Verlust von Paß u Kundenkarte nicht unverzügl der Bank mitteilt (BGH NJW **68**, 37); wer bei Kreditgewährg die Bonität des KreditNeh od der Sicherheiten nicht prüft (Mü NJW **70**, 1926; BGH WM **70**, 1270); wer keine Vorsorge gg Veruntreuen od Unterschlagg dch ArbN trifft (BGH **108**, 391, BAG NJW **70**, 1861); wer sich, statt sich an Notar zu wenden, auf den Rat von dessen Angest verläßt (RG **162**, 29); wer als Mieter eine unberecht Künd widerspruchslos hinnimmt (BGH **89**, 307); wer ein Unternehmen beauftragt, gg dessen fachl Kompetenz erkennb Bedenken bestehen (BGH NJW **93**, 1192); wer Arb dch Nichtfachmann ausführen läßt (BGH VersR **88**, 570) od dch einen Schwarzarbeiter (Celle JZ **73**, 246; aA BGH NJW **91**, 165); wer seine ArbN mangelh überwacht (BGH DB **70**, 2224, BAG DB **71**, 635); wer ArbN Verantwortg überträgt, die in auffäll Mißverhältn zu seinem Einkommen steht (LAG Bln BB **74**, 231); wer einen „entliehenen" ArbN nicht ausr überwacht (Karlsr BauR **85**, 223); wer vom Steuerberater vorbereitete SteuerErkl ungelesen unterschreibt (LG Wuppertal VersR **77**, 95); wer eine ihn gesundheitl überfordernde Arb annimmt (BAG NJW **67**, 1631); wer einen Irrt des and Teils nicht richt stellt, obwohl er die Irrt schädl Folgen h kann (BGH NJW **64**, 195); wer Koffer mit bes wertvollem Inhalt als Reisegepäck aufgibt (BGH **24**, 188); wer auf **17** einem Wertpaket den Wert statt mit 100 000 DM mit 3500 DM angibt (BGH NJW-RR **89**, 676); wer kostbare Schmucksachen im Hotelzimmer läßt, obwohl er sie im Safe hinterlegen könnte (Lindemeyer BB **83**, 1508); wer in dem in der Hotelgarage abgestellten PKW wertvolle Ggst beläßt (BGH NJW **69**, 789); wer an ungesicherter Garderobe wertvollen Pelzmantel ablegt (BGH VersR **74**, 141); wer abgelegten Pelzmantel nicht überwacht, obwohl das mögl (Hbg MDR **70**, 842); wer in der Künstlergarderobe erhebl Geldbeträge zurückläßt (Karlsr NJW-RR **91**, 1245); wer als Gast in einem Ferienpark für sein wertvolles Gepäck keine Vers abschließt (Düss NJW-RR **90**, 38); wer grdlos die Abn einer Sache ablehnt, über die er bereits ein Empfangsbekenntn ausgestellt h (BGH NJW **64**, 36); wer die gebotene Untersuch der gekauften Ware unterläßt (BGH **101**, 346); wer das ihm zur Vfg stehde Datensichgsgerät nicht zur Sichg seiner Daten einsetzt (Hamm NJW-RR **92**, 1503); wer ohne od aGrd einer nicht rbeständ behördl Gen zu bauen beginnt (BGH NJW **75**, 1968); wer baut, obwohl Nachb gg BauGen möglicherw begründete Einwendgen erhoben h (BGH NJW **85**, 265, 1692); wer als Besteller Hinweise des WerkUntern unbeachtet läßt, auch wenn diese nicht den FormVorschr der VOB entspr (BGH NJW **75**, 1217, WM **78**, 220), wer dch vertrwidr Verhalten einen VertrBruch des and Teils herausfordert (BGH NJW-RR **94**, 728); wer dch unbeherrschte Drohgen die Vollziehg eines unberecht Steuerarrests provoziert (BGH NJW **78**, 2024); wer wg mögl ZwVollstrMaßn in **18** FdgPfändg beschreitet (BGH DB **82**, 2684). **Kein Mitverschulden** trifft, wer sich beim Aktienkauf auf Richtigk u Vollständigk des Prospektes verläßt (RG **80**, 202); wer unter Verzicht auf GrdBuchEinsicht auf Richtigk des GrdSchBriefes vertraut (RG HRR **28** Nr 2264); wer weiß, daß Verkäufer Ware erst beschaffen muß (BGH NJW **72**, 1702); wer mit einem zahlgsunfäh Käufer einen KaufVertr abschließt (Düss NJW **57**, **19** 217, bedenkl). VertrPartner, der unricht **Auskunft** erteilt, kann dem and Teil idR nicht entgghalten, daß dieser auf Ausk vertraut h (BGH **LM** § 276 (Hb) Nr 15, NJW-RR **88**, 856), ebso, wenn Bürger auf die Ausk eines Beamten vertraut (BGH NJW **78**, 1522, **80**, 2575). MitVersch kann aber vorliegen, wenn nach dem Umst des Falles (werbdes Auftreten eines Anlagevermittlers) Anlaß zu Mißtrauen bestand (BGH NJW **82**, 1095, Assmann NJW **82**, 1083). Schädiger kann sich idR auch nicht darauf berufen, er sei **nicht** ausr **überwacht** (BGH **76**, 218) od falsch ausgewählt worden (BGH NJW **83**, 1856); das gilt insb dann, wenn die nicht sachgem Auswahl od Überwachg einer Pers anzulasten ist, die neben dem Schädiger als GesSchu haftet (BGH NJW **85**, 2195). MitVersch ist dagg die Vermietg von Kfz an Mj ohne Zust der Eltern (Düss MDR **68**, 46, Medicus JuS **74**, 224, aA BGH NJW **73**, 1791.

20 **ee) Straßenverkehr** (Einzelfälle): **Fußgänger** muß sich vor Betreten der Fahrbahn überzeugen, daß sich kein Kfz nähert (BGH VersR **65**, 959, **68**, 603); er handelt aber nicht in jedem Fall schuldh, wenn er bei Annäherg eines PKW im letzten Augenblick zurückspringt (BGH VersR **70**, 819). Dagg ist es iS des § 254 schuldh, wenn er eine stark befahrene, 7,2 m breite Straße in Abschnitten zu überqueren versucht (Hamm

VRS **78** Nr 6), od wenn er eine HauptVerkStraße überquert, ohne nahe gelegenen Überweg zu benutzen (BGH NJW **59**, 1363, Celle VersR **90**, 911: Überweg 60 m entfernt). Benutzg des Überwegs befreit nicht von jeder Sorgf (Hamm VersR **69**, 139), auch nicht bei Grünlicht (BGH NJW **66**, 1211), jedoch darf der Fußgänger idR darauf vertrauen, daß sein Vorrecht beachtet w (BGH DAR **82**, 289). Auch wenn VerkPosten Übergang freigibt, uU Vorsicht geboten (BGH NJW **60**, 2235). Höchste Sorgf, wenn Fußgänger ausnahmsw Autobahn überqueren darf (BGH **LM** StVO 1 Nr 11). Straßenbenutzg schuldh, wenn auf linker Straßenseite Fußweg (BGH VersR **64**, 1203), ebso wenn Pfad od Sandstreifen vorhanden (BGH VersR **60**, 149). Bei zul Benutzg der Fahrbahn besteht gesteigerte SorgfPfl (Oldbg DAR **61**, 256); bei einer erkennb Gefährdg muß der Fußgänger auf den Randstreifen ausweichen (Hamm VersR **85**, 357). MitVersch, wenn Fußgänger sich bei näherndem LKW dicht am Straßenrand aufhält (BGH NJW **65**, 1708) od wenn **Radfahrer** den Radweg in falscher Richtg benutzt (KG DAR **93**, 257, LG Nürnbg DAR **93**, 265). **Kraftfahrer:** 21 Nichttragen eines Sturzhelms dch Motorradfahrer ist MitVersch (BGH NJW **65**, 1075, VersR **83**, 440, Nürnbg VRS **77** Nr 8); das gilt auch für Motorroller (Hbg MDR **70**, 326), u Moped, für diese aber erst seit der nF des § 21 StVO (BGH NJW **79**, 980), nicht dagg für Rennräder (Nürnbg NJW-RR **91**, 546) u für Fahrräder mit Hilfsmotor (BGH VersR **69**, 1898). Nimmt ein Bluter als Sozius auf einem Mokick am StraßenVerk teil, so liegt hierin kein MitVersch (Kblz VRS **72**, 145). Bei Kopfverletzgen ist *prima facie* zu vermuten, daß sie dch das Nichttragen des Helmes mitverursacht worden sind (BGH VersR **83**, 440). Die Nichtverwendg von **Sicherheitsgurten** ist MitVersch (BGH VersR **74**, 25). § 21a StVO ist verfassgsrechtl unbe- 22 denkl (BVerfG NJW **87**, 180, BGH aaO). Er gilt auch für den Taxifahrer auf einer längeren Leerfahrt (BGH **83**, 73). Nichtangurten des Beifahrers ist auch dann MitVersch, wenn der Fahrer sich nicht anschnallt (Karlsr VRS **65** Nr 50). Gesundheitl Grde rechtfertigen ein Nichtangurten nur dann, wenn die Voraussetzgen von StVO 46 I Nr 5b vorliegen (BGH **119**, 271). Mitursächlichk ist bei Verletzgen des Kopfes sowie der oberen u unteren Extremitäten *prima facie* zu vermuten, falls sie dch einen Frontalzusammenstoß, einen Auffahrunfall od dch Herausschleudern entstanden sind (Weber NJW **86**, 2671, s auch BGH NJW **91**, 231, Zweibr VRS **84**, 171). *Prima-facie-*Bew entfällt aber bei schweren Frontalzusammenstößen (Karlsr MDR **79**, 845), bei seitl Überschlagen des Kfz (Hamm VersR **87**, 206), od wenn sonst die ernsthafte Möglichk eines anderen Geschehensablaufs besteht (BGH NJW **80**, 2125). Besonders liegt es, wenn der Verletzte die Kausalität nicht bestreitet, aber geltend macht, er hätte angeschnallt u ähnl schwere Verletzgen erlitten; insoweit trägt der Verletzte die BewLast (BGH NJW **80**, 2126, Karlsr DAR **90**, 342). Die Mithaftungsquote ist je nach Lage des Falles auf ⅕ (Karlsr VersR **91**, 83), ¼ (KG DAR **80**, 341), ⅓ (Ffm Vers **87**, 670) od ½ (BGH NJW **81**, 288, Saarbr VersR **87**, 774, Ffm VRS **73** Nr 57) zu bemessen. Dabei ist vor allem die Schwere des Verschuldens des Unfallverursachers zu berücksichtigen; haftet dieser ledigl aus BetrGefahr, ist auch ein völl Haftgsausschl mögl (Landscheidt NZV **88**, 7). Minderg betr nur die Schadenspositionen, für die das Nichtanlegen des Gurts mitursächl war (BGH NJW **80**, 2125), jedoch kann die Bildg einer einheitl Quote für alle Verletzgen gem ZPO 287 vertretb sein (BGH aaO). Voraussetzg ist jedoch, daß insow hinreich konkrete Feststellgen getroffen w (BGH NJW **81**, 288). MitVersch eines Fahrschülers (LG Hann NJW-RR **88**, 1301), bei der Verfolgg eines Flüchtden (BGH VersR **67**, 580), bei Überlassg des Kfz an Fahruntüchtigen (BGH VersR **67**, 379). Wer vorsätzl einen groben VerkVerstoß begeht, kann sich idR nicht darauf berufen, der Teil habe mit einem solchen Verhalten rechnen müssen (BGH NJW **82**, 1756). Im übr gilt § 823 Rn 94ff für das MitVersch sinngem. **Insassen** des Kfz sind idR nicht verpfl, die Fahrweise des Fahrers od die VerkLage 23 zu beobachten (BGH VersR **61**, 919, **65**, 688). Ausn: mitfahrende Halter od WeisgsBerecht (BGH VersR **53**, 198, **59**, 890), ferner Co-Pilot bei einer Rallyfahrt (Brschw DAR **76**, 71); schuldh handelt aber, wer sich einen erkennb fahruntüch Fahrer anvertraut (Rn 76ff). **Halter** handelt schuldh, wenn er Kfz dch einen 24 Fahrer ohne Führerschein lenken läßt (Ffm VersR **78**, 828) od wenn er es einem unzuverläss Fahrer anvertraut (Düss NJW **72**, 637).

ff) Mitverschulden gegenüber Verletzung der Verkehrssicherungspflicht (Einzelfälle): **Gebäude:** 25 MitVersch: unvorsicht Dchqueren eines dunklen Kellers (Hamm VersR **93**, 491); eiliges Begehen einer frisch gewachsten Bodenfläche (Karlsr VersR **56**, 556), Stolpern über verkehrsunsicheren Fußabstreifer (Stgt VersR **64**, 1185); Verletzg dch Glaswand (BGH VersR **68**, 470); Nichterkennen von offensichtl Mängeln eines Gerüsts (Hamm VRS **85**, 87). Bes Vorsicht bei Aufsuchen unbekannter Örtlichk (BGH VersR **57**, 198), doch auch in vertrauter Umgeb Vorsicht notw (BGH VersR **61**, 464). MitVersch Benutzg einer dunklen Treppe, obwohl Beleuchtg mögl (Karlsr VersR **89**, 275). Festhalten am Geländer notw, wenn andf Gefährdg zu besorgen (BGH VersR **58**, 245, hohe Absätze, Bambg VersR **53**, 289, Glätte, Celle VersR **52**, 322, frisch gebohnert). Bes Vorsicht bei Kenntn der Gefährlich der Treppe (BGH VersR **65**, 190, **67**, 877); bei ausgetretenen Stufen (Karlsr VersR **53**, 342), Marmorstufen (Nürnb VersR **53**, 263). Treppenbenutzg in angeheitertem Zustand nicht ohne weiteres schuldh (BGH VersR **66**, 684). Ausgleiten auf Gemüseblatt idR schuldh (Neust VersR **55**, 90). Schlafen auf Boden einer für eine Fete zur Vfg gestellten Scheune bei MitVersch (BGH NJW-RR **89**, 280). **Straßen und öffentliche Anlagen:** Fußgänger muß auf Weg achten 26 u Gefahrenstellen ausweichen (BGH VersR **64**, 62); wieweit die SorgfPfl insow gehen, ist Frage des Einzelfalls (BGH VersR **69**, 515); das gilt auch in Badeanstalt (Düss VersR **65**, 818) u auf Festplatz (BGH VersR **65**, 515). MitVersch idR bei Sturz über herausragde Platten od Kanaldeckel (BGH VersR **81**, 482, Mü VersR **56**, 543, Köln VersR **57**, 401). Tragen sehr hoher Absätze uU MitVersch (RG HRR **31** Nr 1083). Bes Vorsicht bei Betreten eines unbekannten Geländes (BGH VersR **59**, 889, **64**, 781). MitVersch des Kfz-Fahrers, der auf Ölspur ins Schleudern gerät (BGH VersR **64**, 925); der auf Straße mit Schlaglöchern unvorsichtig fährt (LG Itzehoe VersR **57**, 308); der auf unfert Straße gg Kanaldeckel fährt (Düss VersR **57**, 823); der Querrinne nicht beachtet (Schlesw VersR **64**, 982). **Schnee- und Eisglätte:** MitVersch: Betreten eines erkennb spie- 27 gelglatten Parkplatzes (BGH NJW **85**, 483); Benutzg eines glatten Weges, wenn Benutzg eines and mögl u zumutb (BGH VersR **57**, 710, Celle NJW-RR **89**, 1419); wieweit Umwege zuzumuten, ist Frage des Einzelfalls. Fußgänger handelt schuldh, wenn er den gestreuten Teil des Weges ohne zwingden Grd verläßt (Hbg VersR **54**, 358). Den Gast, der einen eisglatten Hotelweg 7 Tage rügelos benutzt, trifft bei einem späteren Unfall ein überwiegdes MitVersch (Düss NJW-RR **89**, 735). Keine Pfl für Berufstätige, bei Glätte zu Hause zu bleiben (Stgt MDR **57**, 675). Ob Nichterkennen von Glätte schuldh, hängt von den Umst ab (BGH VersR **59**, 96, Oldbg VersR **56**, 598). Doppelamputierte muß sich bei Glätte führen lassen (LG

Schweinfurth VersR **53**, 216), nicht aber 72jährige Frau (BGH VersR **55**, 456). Gehbehinderte Pers müssen Stock benutzen, das gilt uU auch für ältere Pers (Nürnb VersR **55**, 218, Oldbg VersR **56**, 523, Nürnb VersR **70**, 776). SorgfPfl des KfzFahrers bei Glatteisgefahr (Karlsr NJW-RR **89**, 612, Schlund DAR **88**, 6). **Rennveranstaltung:** Ggü dem Besucher, der sich leichtfert auf die Rennstrecke begibt, entfällt idR eine ErsPfl
28 (Kblz VRS **83**, 401). **Bauarbeiten:** MitVersch idR Stolpern über die Querstange eines Gerüsts (Kblz VRS **11**, 4, Celle VersR **55**, 396); Anlehnen an Grabenabsperrg, wodch Sturz verursacht w (BGH VersR **57**, 393); Eindringen u Herumklettern in einem Rohbau (Karlsr VersR **82**, 1010); Sturz in offenen Kellerschacht (Mü NJW-RR **94**, 1241). Unfall wg Baumaterials, das ungesichert auf Fußweg lagert (Stgt VersR **67**, 485). SorgfPfl des Bauhandwerkers bei Betreten eines morschen Dachs (BGH VersR **65**, 801), Benutzg einer fremden Leiter (BGH VersR **65**, 261, **67**, 187), Anbringg einer Dachrinne (Kblz VersR **62**, 624), zum
29 MitVersch des AuftrG bei Beschädigg eines Kabels (Bambg VersR **70**, 843). **Betriebe und Maschinen:** MitVersch uU bei Sturz in nicht ausreichd gesicherte Montagegrube (Celle VersR **55**, 357, Köln VersR **58**, 712). MitVersch von Kindern, die an gefährl Maschinen zu Schad kommen (s BGH VersR **65**, 877, Bambg VersR **65**, 989); unvorsicht Benutzg eines Fahrstuhls (Düss VersR **72**, 159), Unfall bei Besichtigg eines im Bau befindl Schiffes (BGH VersR **72**, 553).

30   **gg) Tätlichkeiten** (Einzelfälle): Schuldh iS des § 254 handelt, wer einen and zu tätl Ausschreitgen reizt od herausfordert (BGH VersR **65**, 1152), etwa dadch, daß er mit dessen Ehefrau ein Liebesverhältn unterhält (LG Paderborn NJW **90**, 260), ihm Grd zur Eifersucht gibt (Köln NJW **82**, 2260) od ihm Slibowitz über die Kleidg schüttet (Kblz NJW-RR **89**, 476); uU tritt aber MitVersch ggü grobem Versch des Täters zurück (BGH VersR **56**, 431). MitVersch des Angreifers bei fahrl Notwehrüberschreitg (BGH VersR **67**, 477), desj, der zur Eskalation einer AuseinandS beigetragen h (Schlesw DAR **93**, 150). Abgrenzg der Haftgsanteile bei Schlägerei (BGH VersR **66**, 282, Stgt VersR **56**, 701). Bei Gaststättenbesuch ist das Nichtanlegen eines Korsetts zum Schutz einer bes gefährdeten Bauchdecke kein MitVersch (BGH NJW **82**, 168).

31   **hh) Sonstige Einzelfälle:** MitVersch der Getöteten, die in Abtreibg eingewilligt h (BGH **7**, 198, 208), der Schwangeren, die nach der Sterilisation die empfohlene Kontrolluntersuchg nicht dchführen läßt (BGH NJW **92**, 2961). MitVersch bei Denunziation (Ffm NJW **47**, 24). MitVersch des geschädigten Veranstalters einer GesellschJagd, der nicht auf Einhaltg der SicherhVorschr hinwirkt (BGH VersR **58**, 851); eines Jagdteilnehmers, der sich in das Schußfeld der Jagdgenossen begibt (Oldbg VersR **80**, 339). Aufenth in der Nähe friedl Demonstration kein MitVersch (Köln NJW **70**, 1322), uU aber Rodeln auf einem Autoreifen (Ffm NJW-RR **91**, 1435). Schuldh handelt, wer sich ohne ausreichend Grd in die Nähe eines gefährl **Tieres** begibt; so wer eine fremde Katze streichelt (LG Rottweil NJW-RR **88**, 539), wer sich auf eine Wiese begibt, auf der Hunde spielen (Hbg NJW-RR **93**, 31), wer Warnschild vor biss Hund nicht beachtet (LG Memmingen NJW-RR **94**, 1435), wer sich ohne ausr Anlaß in den Einwirkgsbereich eines Hundes begibt (Hamm VersR **81**, 85), wer sich beißde Hunde mit ungeschützter Hand zu trennen versucht (Kblz NJW-RR **86**, 704), wer die zur Vermeidg von Hundebeißereien getroffenen Absprachen nicht einhält (Kblz NJW **88**, 1737), wer als Reitschüler trotz einer Indisposition an einer schwierigen Übg teilnimmt (BGH VersR **82**, 349).

32   **b) Schadensabwendungs- und -minderungspflicht. – aa) Allgemeines:** Nach II S 1 kann das MitVersch auch darin bestehen, daß der Geschädigte es unterläßt, den Schädiger auf die Gefahr eines ungewöhnl hohen Schad aufmerks zu machen od den Schad abzuwenden od zu mindern. II S 1 ist ledigl ein bes Anwendgsfall des in I ausgesprochenen allg Grds (MüKo/Grunsky Rn 38), der aber hinsichtl der Anrechng des MitVersch von gesetzl Vertretern u ErfGeh eine Sonderstellg h (Rn 66). Die Anwendg von II S 1 setzt – ebso wie die von I – keinen Verstoß gg eine bes RPfl voraus (BGH **4**, 174). MitVersch iS von II ist gegeben, wenn der Geschädigte die Maßn unterläßt, die ein ordentl u verständ Mensch zur SchadAbwendg od Minderg ergreifen würde (BGH NJW **51**, 797, VersR **65**, 1173, KG DAR **76**, 154); dabei ist der entscheidde Abgrenzgsmaßstab der Grds von Treu u Glauben (BGH **4**, 174). Kommt der Geschädigte seiner Warngs-,
33 Abwendgs- od MindergsPfl nach, so sind ihm die dabei entstandenen **Aufwendungen** als adäquat verursachter Schaden zu ersetzen (BGH **122**, 179), u zwar auch dann, wenn die Maßn ohne Versch des Geschädigten erfolglos geblieben ist (BGH NJW **59**, 933, MDR **91**, 1139); dazu kann auch der Wert der eingesetzten eig ArbKraft gehören (BAG NJW **68**, 222, Vorbem 126 v § 249). Der dem Geschädigten erwachsene Vorteil ist anzurechnen, es sei denn, daß er auf überobligationsmäß Anstrenggen beruht (Vorbem 125 v § 249). Bei Körperverletzgen obliegt die SchadMindergsPfl dem Verletzten, nicht seinem RNachfolger (BGH NJW **81**, 1100). Der aus SGB X § 116 klagde SozVersTräger muß sich aber Versäumn bei der Rehabilitation gem § 242 entgghalten lassen (BGH aaO).

34   **bb)** § 254 II S 1 Halbs 1 begründet eine **Warnpflicht** des Geschädigten, wenn die Gefahr eines ungewöhnl hohen Schad besteht, die der Schädiger weder kannte noch kennen mußte. Sie gilt auch für Schadensfälle wg verspäteter Herausg von ArbPapieren (LAG Ffm DB **84**, 2200). Ob der Schad als ungewöhnl hoch anzusehen ist, ist unter Würdigg aller Umst nach Treu u Glauben zu beurteilen (RGRK Rn 59). MitVersch nur, wenn Schädigg u SchadHöhe für den Geschädigten voraussehb (BGH VersR **64**, 950). Keine WarnPfl, wenn Schädiger gleiche od bessere ErkenntnisMöglichk h wie Geschädigter (BGH VersR **53**, 14). Die Warng muß den drohden Schad bezeichnen (BGH VersR **60**, 526), ausnahmsw kann aber auch ein abstr Hinw genügen (BGH **LM** (Da) Nr 19). Mangels Ursächlichk des Unterlassens w die ErsPfl nicht gemindert, wenn Schädiger Warng nicht beachtet hätte (BGH NJW **89**, 292). Die BewLast trifft insoweit den Geschädigten (BGH DB **56**, 110, s aber § 282 Rn 15). WarnPfl besteht zB, wenn der Gläub Geld zu ungewöhnl günst Bedingen anlegen kann od spekulieren will (Rg JW **11**, 35, HRR **31** Nr 922, krit Meyer NJW **65**, 1419), wenn der nach den Umst zu erwarte VersSchutz nicht besteht (s ArbG Mü DB **89**, 783), wenn bei einem ÜbersetzgsAuftr dch einen Fehler ein Schaden in 40-facher Höhe des Honorars droht (Hamm NJW **89**, 2066), wenn der geschädigte KfzHalter Reparatur nicht finanzieren kann u hierdch weiterer Schaden droht (Schlesw VersR **67**, 68, Celle VersR **80**, 633, vgl auch Rn 40).

35   **cc)** Der Verletzte muß sich bei nicht ganz geringfüg Körperverletzgen in **ärztliche Behandlung** begeben (RG **72**, 219, BGH VersR **64**, 94). Er hat die ärztl Verordngen zu befolgen; uU muß er diät leben (Hamm

VersR **60**, 859); er kann auch verpflichtet sein, sich in geschlossener Nervenheilanstalt behandeln zu lassen (RG **60**, 149). Zur Beseitigg des Doppelbildsehens u der Wiederherstellg der Fahrtauglichk kann das vorübergehende Tragen einer Augenbinde zumutb sein (s BGH NJW **89**, 2251). Heranziehg eines Naturheilkundigen statt eines Arztes mit Ohne weiteres Versch (RG **139**, 135). Die Höhe der Heilbehandlgskosten müssen sich im Rahmen des Angemessenen halten (s § 249 Rn 10). Der Geschädigte ist zur Duldg einer **Operation** verpflichtet, sofern sie gefahrl u nicht mit bes Schmerzen verbunden ist, sichere Aussicht auf Heilg od wesentl Besserg bietet u der Schädiger für geeignete kostenl Vorn einsteht (BGH **10**, 19, NJW **94**, 1593, stRspr). Dementspr keine DuldgsPfl bei risikoreichen Operationen od wenn Aussicht auf Besserg zweifelh (Oldbg NJW **78**, 1200). IdR auch kein MitVersch, wenn Hausarzt von Operation abrät (RG **129**, 399). Bei Prüfg, ob Ablehng der Operation schuldh ist, ggf die verminderte Entschlußkraft des Geschädigten zu berücksichtigen (RG **139**, 135).

dd) Der Geschädigte ist im Rahmen des Zumutb verpflichtet, die ihm verbliebene **Arbeitskraft** zur 36 Abwendg od Minderg des ErwerbsSchad zu verwenden (BGH **10**, 20, NJW **91**, 1413); das gilt auch für den inf eines Unfalls vorzeit pensionierten Beamten (BGH NJW **67**, 2053, **84**, 354, Dunz VersR **84**, 905). Von seinen etwaigen Einkünften ist aber zunächst der gem BeamtenVersorggsR auf seinen Dienstherrn übergehende Teil abzuziehen (Ffm VRS **86**, 20). Der Geschädigte muß alles Zumutb unternehmen, um einen geeigneten ArbPlatz zu finden; eine Meldg beim ArbAmt reicht nicht aus (Köln VRS **80**, 85, Düss FamRZ **80**, 1008), jedoch kann es uU auch and liegen (BGH NJW **91**, 1413). Als schadensmindernde Erwerbstätigk kommt auch die Übern der Haushaltsführg in Betracht; ihr Wert ist gem ZPO 287 zu schätzen (BGH **74**, 226). Der Geschädigte hat **Begehrensvorstellungen** zu bekämpfen (Vorbem 70 v § 249); er hat bei seiner Rehabilitation mitzuwirken, wobei der Vorschlag geeigneter Maßn jedoch idR Sache des Schädigers ist (BGH VersR **70**, 274). Der Geschädigte muß, sofern das zumutb, mit od ohne Umschulg einen **Berufs- 37 wechsel** vornehmen (BGH **10**, 19, VersR **61**, 1018); er kann auch verpflichtet sein, den Wohns zu wechseln (BGH VersR **62**, 1100); ein zweiter mit einem weiteren sozialen Abstieg verbundener Berufswechsel ist aber idR unzumutb (Hamm VRS **88**, 90). Die entstehen Kosten hat der Schädiger vorzuschießen (RG **160**, 121, JW **38**, 1648). Verletzter GeschInh muß uU Betr mit Hilfskraft fortführen (BGH **LM** § 843 Nr 1, VersR **71**, 82) u ausgefallene Arb im Rahmen des Zumutb nachholen (BGH NJW **71**, 837). Erträge aus einer neu aufgenommenen Tätigk sind nicht anzurechnen, soweit für diese ohnehin freie Kapazitäten bestanden (Köln DB **84**, 2137). Aufgabe des ArbPlatzes, die behandelnder Arzt, wenn auch irrig, als notw ansieht, ist nicht schuldh (BGH NJW **51**, 797). MitVersch aber, wenn sich der Geschädigte dch Begehg von Straftaten weitere Erwerbstätigk unmögl macht (RG **164**, 85). – Ob eine gem § 844 schadersberecht **Witwe** den 38 Schaden dch ArbAufn mindern muß, hängt davon ab, ob ihr nach Treu u Glauben zur Entlastg des Schädigers eine Erwerbstätigk zuzumuten ist (BGH **4**, 170, **91**, 365). Dabei ist an die Erwerbsobliegenh des § 254 II nicht derselbe strenge Maßstab anzulegen, wie er im UnterhR für den geschiedenen Eheg gilt (BGH **91**, 368). IdR keine Pfl zur Erwerbstätigk, wenn mj Kinder zu versorgen sind (BGH **91**, 367), jedoch kann bei einem 15jähr Kind eine Halbtagstätigk zumutb sein (Düss VRS **72**, 27). Keine Erwerbsobliegenh, wenn Berufstätigk Aufg der bisherigen sozialen Stellg bedeuten würde (BGH VersR **60**, 159), auch nicht für 52 Jahre alte Frau, die drei Kinder groß gezogen h (BGH VersR **62**, 1176), wohl aber bei junger kinderloser Witwe (BGH NJW **76**, 1502). Vorteile aus einer eheähnl LebensGemsch sind nur anzurechnen, soweit eine ErwerbsObliegenh besteht (BGH **91**, 364, krit Dunz VersR **85**, 509). Die Witwe muß uU nicht benötigte Räume vermieten, ist aber nicht verpfl, von den fr mietfrei wohnden Kindern nunmehr Miete zu fordern (Brschw VersR **79**, 1125). Haftet der Schädiger nur für eine Schadensquote, ist der Verdienst zunächst auf den nicht zu ersetzden Schad anzurechnen (Vorbem 123 v § 249). Nimmt Geschädigt Arb auf, obwohl er dazu ggü dem Schädiger nicht verpflichtet ist, ist ihm Verdienst nicht anzurechnen (BGH **4**, 176, NJW **74**, 602, Vorbem 125 v § 249). Schädiger hat die **Beweislast** dafür, daß dem Geschädigten die Aufn einer and 39 Arb mögl u zumutb ist (BGH NJW **79**, 2142). Der Geschädigte muß jedoch darlegen, was er unternommen hat, um einen angem ArbPlatz zu finden (BGH aaO).

ee) Es hängt von den Umst des Einzelfalles ab, ob der Geschädigte verpflichtet ist, den zur SchadBesei- 40 tigg erforderl Betr aus **eigenen Mitteln** od dch **Kreditaufnahme** vorzufinanzieren. Ein Einsatz eig Mittel ist ihm zuzumuten, wenn dies ohne Einschränkg der gewohnten Lebensführg mögl ist (BGH **61**, 350, Zweibr VersR **81**, 343). KreditAufn ist nur ausnweise zumutb, wenn der Kredit leicht zu beschaffen ist u den Geschädigten nur unerhebl belastet (BGH NJW **89**, 291). Vor der KreditAufn muß der Geschädigte dem Schädiger die Möglichk geben, die entstehen Kosten dch Zahlg eines Vorschusses abzuwenden (BGH **61**, 350, Düss NJW **69**, 2051, KG VersR **75**, 909). Er ist verpflichtet, eine wirtschaftl Finanziergsart zu wählen (BGH **61**, 350, Nürnb VersR **65**, 247) u muß ggf seinen KaskoVers in Anspr nehmen (Mü VersR **84**, 1054). Er darf nicht das Finanziergsangebot eines Unfallhelferrings annehmen, wenn er bei seinem Kreditinstitut einen billigeren Kredit bekommen kann (BGH **61**, 350). Die Finanziergskosten sind in den Grenzen des Erforderl u Angemessenen Teil des zu ersetzden Schadens (BGH **61**, 348, NJW **66**, 1455). Bei Einsatz eig Mittel muß der Schädiger dem Zinsverlust ersetzen.

ff) Der **geschädigte KfzEigentümer** muß innerh angem Fr entsch, ob der Schad dch Reparatur od dch 41 ErsBeschaffg zu beseitigen ist (Hamm NJW **64**, 406, § 251 Rn 26). Er darf die AuftrErteilg (vom Fall der Leistgsunfähigk abgesehen) nicht von einer ÜbernErkl abhäng machen (Hamm MDR **84**, 490). Er darf keine Wkstatt beauftragen, gg deren Leistgsfähigk erkennb Bedenken bestehen (Ffm DB **85**, 1837) u muß die Reparatur beschleunigen (Celle VersR **62**, 1212), u denen Kosten im Rahmen des Angem halten (§ 251 Rn 18). Bei Kauf eines ErsKfz hat er gleichf jede Verzögerg zu vermeiden (Oldbg VersR **67**, 362), das totalbeschädigte Kfz muß er schleunigst veräußern (LG Mü VersR **65**, 145), er kann es aber auch bei Anschaffg des ErsKfz beim Händler zu dessen übl Bedingen in Zahlg geben (KG NJW **70**, 1048); bietet der Schädiger (HaftPflVersicherer) mehr, muß er darauf eingehen (§ 251 Rn 16). Den Ers von Mietwagenkosten u Nutzgsausfall kann er nur für die notw Zeit der Reparatur od ErsBeschaffg verlangen (§ 249 Rn 15). Um Mietwagenkosten gering zu halten, muß er uU PrVergleiche anstellen (§ 249 Rn 13); er kann auch verpflichtet sein, den PKW trotz geringer Schäden (vorübergehd) weiterzubenutzen (Stgt VersR **81**, 1061) od provisorische Reparatur vornehmen zu lassen (Köln VersR **67**, 1081). Taxenhalter muß uU bis zur Lieferg eines Neuwagens ein gebrauchtes InterimsKfz anschaffen (KG VRS **54** Nr 105). ReparaturPfl uU auch dann, wenn vor dem Unfall bereits neues Fzg bestellt w war (KG DAR **76**, 154). Der KfzHalter, der statt des Kaskoversicherers den berecht Fahrer seines Kfz in Anspr nimmt, verstößt nicht gg § 254 II; ob § 242 entggsteht, ist Frage des Einzelfalls (BGH NJW **86**, 1814).

42   **gg)** Der Nichtgebrauch von **Rechtsbehelfen** kann gg II verstoßen (BGH **90**, 32, **110**, 330). Der Geschädigte darf aber bei gerichtl Entsch grdsl auf deren Richtigk vertrauen (BGH VersR **85**, 359). RBehelfe braucht er nur einzulegen, soweit hinr Erfolgsaussichten bestehen (BGH NJW-RR **91**, 1459). MitVersch kann vorliegen, wenn der dch einen VerwAkt in seinen Rechten Verletzte weder Widerspr noch AnfKl erhebt (BGH **90**, 32), wenn Geschädigter bei drohder Vollstreckg den mögl EinstellgsAntr nicht stellt (RG **167**, 81, JW **32**, 654), wenn der SichgEigtümer keine DrittwidersprKlage erhebt (BGH NJW **93**, 524), wenn Vermieter die Klage gem § 561 II S 2 nicht erhebt (RG **119**, 267, BGH ZMR **65**, 376). Nichterhebg der UntätigkKl idR kein Versch (BGH **15**, 305), ebsowenig der Verzicht des Vermieters auf eine RäumgsKl gg den Untermieter (BGH NJW **84**, 1528), auch nicht die Hinnahme eines hM entspr Steuerbescheids (BGH VersR **70**, 183).

43   **hh)** Die **Nichtgeltendmachung von Ansprüchen** gg gesschuldnerisch haftde Mitschädiger begründet keinen Verstoß gg II, *arg* § 421 (vgl aber § 421 Rn 14). Der Gläub ist auch nicht verpflichtet, zur SchadAbwendg gg Bürgen vorzugehen (BGH **LM** (A) Nr 5 c). Gibt Käufer dem Eigtümer die abhanden gekommene Sache heraus, kann er aber ggü Verkäufer verpflichtet sein, gg den Eigtümer Verwendgsansprüche geltd zu machen (BGH **LM** (Dc) Nr 6). Anspr gg Schiedsgutachter wg eines unricht Gutachtens setzen voraus, daß der Geschädigte das Gutachten gem § 319 angegriffen h (LG Stade MDR **76**, 582).

44   **ii) Verschiedenes:** SchadAbwendg od -Minderg dch Vorn eines **Deckungsgeschäfts** ist vom Geschädigten nur unter bes Umst zu verlangen (§ 325 Rn 17 u 21), so etwa bei günstiger Kursentwicklg nach dem Verlust von Aktien (Köln ZIP **90**, 93), bei drohdem PrRückgang hins der nicht abgenommenen Sache (Köln OLGZ **90**, 341), uU auch, wenn der Schu jemanden vorschlägt, der geeignet u in der Lage ist, seine Rechte u Pflten zu übernehmen (BGH NJW-RR **90**, 433). Macht Behörde eine Maßn von einer nicht im Ges vorgesehenen Voraussetzg abhäng, braucht sich Gesuchsteller hierauf auch unter Berücksichtig von II idR nicht einzulassen (BGH **LM** (Dc) Nr 13). Hat sicherer Schu (BRD) einer unbestr Fdg baldige Zahlg zugesagt, verstößt Erteilg eines EinziehgsAuftr an RA uU gg II (Mü VersR **74**, 179).

45   **4) Folge der Mitverantwortlichkeit. – a) Allgemeines:** Trifft den Geschädigten MitVersch od ist ihm eine schuldl Mitverursach zuzurechnen (Rn 3), hängt der Umfang der ErsPfl von einer Würdigg u **Abwägung** der Umst des Falles ab, I.

46   **aa)** Nach der Fassg des Ges („insbesondere") ist bei der Abwägg in erster Linie auf das Maß der beiders **Verursachung** abzustellen (RG **142**, 368, BGH NJW **52**, 538, **69**, 790, stRspr); Verstoß hiergg ist revisibler RFehler (RG **169**, 95, BGH VRS **6**, 1). Entscheid ist, mit welchem Grad von Wahrscheinlichk die beiders Verursachgsbeiträge zur Herbeiführg des schädigenden Erfolgs geeignet waren; „vorwiegd verursachen" bedeutet soviel wie in höherem Grad wahrscheinl machen (BGH NJW **63**, 1447, 1449, **83**, 622, **94**, 379). Unerhebl ist, in welcher zeitl Reihenfolge die beiders Verursachgsbeiträge gesetzt worden sind (BGH VersR **88**, 1238). Die Schwere der Versch kann mittelb bereits die Abwägg der Verursachgsbeiträge beeinflussen, denn grobe Verletzgen der gebotenen Sorgfalt führn idR auch zu einer höheren Gefährlichk der gesetzten Ursache (s Dunz NJW **64**, 2133).

47   **bb)** Daneben, aber erst in zweiter Linie, ist das Maß des beiders **Verschuldens** abzuwägen (RG **69**, 57, 59, BGH VRS **6**, 1, NJW **69**, 790, LAG Hamm DB **81**, 1573, stRspr). Das gilt auch für das beiden Teilen etwa anzurechnde Versch von Hilfspersonen (RG JW **38**, 2274). Bloß vermutetes Versch (§ 831) ist nicht zu berücksichtigen (BGH **LM** StVG 17 Nr 10); auch die Zahl der Haftgsgründe ist idR unerhebl (BGH **LM** (Ba) Nr 3). Der höhere Schuldgrad kann dazu führen, daß das mindere Versch des and Teils völl zurücktritt (Rn 53 ff). Versch von Kindern u Jugendl ist idR geringer zu bewerten als das von Erwachsenen (BGH NJW-RR **93**, 480, Köln VRS **89**, 93), das eines Achtjährigen geringer als das eines Jugendl (Brschw DAR **94**, 277).

48   **cc)** Ist an der Entstehg des Schad ein Kfz beteiligt, so ist dem Halter u Fahrer bei der Abwägg anzulastde Umst vor allem die **Betriebsgefahr** des Kfz (BGH **LM** (Ba) Nr 3 u 5), wobei zw aktiver u passiver BetrGefahr zu unterscheiden ist (Staud-Medicus Rn 96). Das gilt ebso für sonst Fälle der Gefährdgshaftg (Rn 3). BetrGefahr ist die Summe der Gefahren, die das Kfz (die Eisenbahn, das Tier usw) dch seine Eigenart in den Verk trägt (BGH **LM** (Ba) Nr 3). Die dch ein Versch des Fahrers (BGH **12**, 128), die Bauart (BGH VersR **69**, 359) od Mängel des Kfz (BGH **LM** HaftpflG 1 Nr 5) erhöhte BetrGefahr ist bei der Abwägg verstärkt zu berücksichtigen, das Versch des Fahrers ohne die Entlastgsmöglichk des § 831 1 S 2 (BGH VersR **65**, 712). Zu berücksichtigen sind aber nur die bei der Entstehg des Schadens nachweisl ursächl gewordenen Gefahrenmomente (BGH NJW **95**, 1029), daher nicht ein bloß vermutetes Versch (StVG 18) od eine absolute Fahruntüchtigk, wenn offen ist, ob sie sich auf die Entstehg des Schadens ausgewirkt hat (BGH aaO).

49   **dd)** Umstr ist, ob bei der Abwägg neben der Verursachg u dem Versch auch **sonstige Umstände,** wie wirtschaftl Folgen, das Bestehen von VersSchutz u verwandtschaftl Beziehgen, berücksichtigt w können (bejahd Schlierf NJW **65**, 676, Böhmer MDR **62**, 442 u Celle NJW **79**, 724, das zw Eheg bei hälft MitVersch eine SchadErsPfl verneint). Diese Ans ist jedoch abzulehnen (Dunz NJW **64**, 2133, Klausner NJW **65**, 1894, MüKo/Grunsky Rn 66). Nach § 254 ist die SchadVerteilg nicht nach allg BilligkGesichtspunkten, sond danach auszurichten, wieweit dem einen od and Teil der Schad zuzurechnen ist. Ein Teil der von den Vertretern der GgAns angeführten Umst (verwandtschaftl Beziehgen, Gefälligk) kann aber ggf bei der Schuldabwägg Berücksichtig finden.

50   **ee)** Die Abwägg darf erst erfolgen, wenn die für das Maß der beiders Verursachg u des Versch entsch Umst aufgeklärt u **festgestellt** sind (BGH NJW **63**, 1447, 1449, VersR **67**, 1187, BAG VersR **66**, 1065). Unterstellen sind nur ausnahmsw zul u setzen voraus, daß der unterstellte Vorgang hinreichd best ist. Wird MitVersch aGrd von Wahlfeststellgen bejaht, muß bei der Abwägg von der weniger belastden Alternative ausgegangen w (BGH NJW **78**, 421).

ff) Die dargelegten AbwäggsGrds gelten auch bei Verletzg der SchadAbwendgs- u MindergsPfl (RG **156,** 51 206, Soergel-Mertens Rn 109). Bei der **Verletzung von II** w es jedoch – abgesehen vom Fall eines groben Verschuldens des Schädigers (Mü NJW-RR **90,** 829) – idR angem sein, den Mehrschaden allein dem Verletzten aufzuerlegen (Brem VersR **76,** 560, Kblz VersR **91,** 195, MüKo/Grunsky Rn 59).

b) Die Abwägg kann im **Ergebnis** zu einer SchadTeilg, zu einem Wegfall der ErsPfl od zu einer vollen 52 Haftg des Schädigers führen. Ist eine Teilg, etwa iF der Naturalrestitution, nicht mögl, hat der Geschädigte Zug um Zug einen Anteil der entstehden Kosten zu übernehmen (s BGH **90,** 347, **91,** 211, BVerwG NJW **89,** 2484). Maßgebd sind die Umst des Einzelfalles. Allg Grds lassen sich kaum aufstellen. Haftgsanteile von weniger als 10% w von der Rspr idR nicht berücksichtigt, zT w diese Grenze sogar bei 20% gezogen (Hamm VersR **71,** 914). Soweit die Rspr Richtlinien herausgebildet h, sind sie nicht starr, sond unter Berücksichtigg des jeweiligen Falles anzuwenden. – **aa)** Bei **Vorsatz** des Schädigers tritt ein fahrl MitVersch 53 des Geschädigten idR zurück (BGH **98,** 158, NJW **80,** 1519, BAG DB **70,** 500), so vor allem iF des § 826 (BGH NJW **92,** 311, Karlsr NJW-RR **92,** 515); das gilt aber nicht für die Verletzg der SchadMindergsPfl (RG **148,** 58, Hbg NJW **77,** 1347, 1349). Vorsätzl Handeln eines gesetzl Vertreters (§ 31) steht eig Vors gleich (BGH NJW **84,** 922). Hat ein Erf- od Verrichtgsgehilfe vorsätzl gehandelt, kann sich der GeschHerr dagg auf Fahrlk des Geschädigten berufen (BGH DB **66,** 147, NJW **84,** 2087). In bes gelagerten Fällen (bedingter Vors, Vors umfaßt nur PflVerletzg, nicht aber Schad) kann auch der vorsätzl Täter dem Geschädigten Fahrlk entgghalten (BGH **57,** 145, NJW **88,** 129, BAG NJW **70,** 1861). Ein solcher Sonderfall liegt auch vor, wenn der Geschädigte die vorsätzl Schädigg provoziert hat (LAG Hamm DB **81,** 1573, Düss NJW-RR **92,** 856). Fällt dem Geschädigten Vors zur Last, besteht idR keine ErsPfl (Köln VersR **91,** 565, MüKo/Grunsky Rn 62). Bei beiderseit Vors ist abzuwägen.

bb) Bei beiders **Fahrlässigkeit** ist idR eine SchadTeilg angem u zwar bei gleicher Ursächlichk je zur 54 Hälfte (Soergel-Mertens Rn 117). Ist das Versch des einen Teils die weitaus überwiegde SchadUrsache, hat dieser den Schad allein zu tragen, so etwa, wenn der Geschädigte den Schädiger dch falsche Angaben leichtfert veranlaßt hat, seinen KontrollPflten nicht zu genügen (BGH NJW-RR **91,** 1240).

cc) Die **Gefährdungshaftung** w idR dch leichte Fahrlk des Geschädigten nicht ausgeschl (BGH NJW **51,** 55 110). Sie kann entfallen, wenn die im VorderGrd stehde SchadUrsache ein grob verkehrsw Verhalten des Geschädigten ist, vgl zB Abspringen vom fahrenden Zug (Ffm VersR **87,** 1118), leichtfertiges Verhalten am unbeschrankten Bahnübergang (BGH VersR **62,** 788), grobes Versch eines Radfahrers (BGH VersR **66,** 39, **69,** 571), eines Fußgängers (Stgt VersR **80,** 243, KG VersR **93,** 201) od eines Straßenbahnfahrgasts (Celle VersR **81,** 1059), grobes MitVersch ggü Tierhalterhaftg (Hbg VersR **82,** 779). Umgekehrt kann ggü einer dch Versch erhöhten BetrGefahr ein leichtes MitVersch od eine nicht erhöhte BetrGefahr völl zurücktreten, s zB Unfall am Fußgängerüberweg (BGH NJW **66,** 1211, Köln DAR **75,** 17), Vorfahrtsverletzg (Köln VersR **92,** 978), ZusStoß mit unfallaufnehmden Polizisten (BGH VersR **69,** 570). Gesetzl Haftgshöchstgrenzen sind iF von MitVersch nicht herabzusetzen (BGH **32,** 149, DB **74,** 1713). Zur Quotelg bei Unfällen im **Straßenverkehr** s Berger VersR **87,** 542, LG Osnabrück NJW-RR **91,** 545, u die Hbger Quotentabelle VersR **85,** 513 u die Mü Quotentabelle NZV **88,** 168.

c) Ist der Schaden dch **mehrere Schädiger** verurs worden, so ist bei der Abwägg zu unterscheiden: – 56 **aa)** Handelt es sich um **Mittäter,** muß sich jeder den Tatbeitrag des and anrechnen lassen. Bei Abwägg ist der Verursachgs- u Schuldbeitrag sämtl Mittäter dem des Geschädigten ggüzustellen (BGH **30,** 203, Saarbr OLGZ **70,** 11). Das gilt entspr iF der Anstiftg u der Beihilfe (Saarbr aaO).

bb) Handelt es sich um **Nebentäter,** ergibt sich die vom Geschädigten insges zu beanspruchde Quote aus der 57 Abwägg des Verursachgs- u Schuldbeitrags aller Nebentäter mit dem entspr Beitrag des Geschädigten („Gesamtschau"); wieweit der Geschädigte einen einzelnen Nebentäter in Anspr nehmen kann, bestimmt sich nach der beiders Verursachg u Schuld unter Nichtberücksichtigg der übr Schädiger, Einzelabwägg (BGH **30,** 211, **61,** 354, **LM** § 840 Nr 6, NJW **64,** 2011, Düss NJW-RR **95,** 281, krit Roth, Haftgseinheiten bei § 254 BGB, 1982). Bsp: A, B u C haben einen Schad des G von 12000 DM verurs; jedem der vier fällt ein gleicher Verursachgs- u Schuldbeitrag zur Last. Nimmt man mit der früher hM ledigl eine Einzelabwägg zw G u jedem der Schädiger vor, h G nur ½, also 6000 DM, von A, B u C als GesSchu zu beanspruchen, obwohl sein Verantwortungsanteil nur insges ¼ beträgt. Richt Abwägg unter Bildg von Solidar- u Separatquoten: G h insg 9000 DM (¾ von 12000 DM – GesAbwägg) zu fordern, jedoch beschr sich die ErsPfl von A, B u C auf je 6000 DM (½ von 12000 DM – Einzelabwägg). Ergebn: G kann von A, B u C als GesSchu 4500 DM u von jedem von ihnen als EinzelSchu 1500 DM verlangen. Die von BGH VersR **59,** 608 vertretene Ans, die GesSchuld bestehe iH der niedrigsten gemeins Verantwortsquote, ist unricht (Celle VersR **91,** 235, Hartung VersR **80,** 800, MüKo/Grunsky Rn 71). Solidar- u Separatquoten sind so aufeinand abzustimmen, daß Geschädigter das bekommt, was ihm nach der GesAbwägg zusteht u Schädiger insg auf das haftet, was nach der Einzelabwägg auf ihn entfällt (Düss NJW-RR **95,** 281; Steffen DAR **90,** 41, der in der rechnerischen Dchführg abweicht).

cc) Die Trenng von GesSchau u Einzelabwägg ist ausgeschl, sow die Schädiger (Nebentäter) eine **Haf-** 58 **tungseinheit** (Zurechngseinheit) bilden (BGH **54,** 285, **61,** 218, Celle VersR **70,** 1013), ferner bei SchmerzGAnspr (BGH **54,** 286, Düss NJW-RR **95,** 281). HaftgsEinh besteht zw Kfz-Halter u -Fahrer (BGH NJW **66,** 1262). Erf- od Verrichtgsgehilfe u GeschHerr (BGH **6,** 27), ferner immer dann, wenn sich die Verhaltensweisen der versch Schädiger in demselben Ursachenbeitrag ausgewirkt h (BGH **54,** 285, **61,** 218, VersR **71,** 350). Auf die HaftgsEinh fällt im Rahmen des Ausgl eine gemeins Quote (§ 426 Rn 11). Ggü dem Geschädigten haften die Schädiger nach Maßgabe ihres Verantwortgsanteils. Dem Schädiger darf über die HaftgsEinh nicht in Abänderg der ZurechngsGrds der Nebentätersch über die Fälle der §§ 31, 278, 830 hinaus FremdVersch zugerechnet w (BGH NJW **95,** 1150, Roth wie Fn 57, str).

dd) Alternativtäter (§ 830 I 2) haften auf die geringste (hypoth) Quote (BGH NJW **82,** 2307). 59

5) Einstehen für das Mitverschulden Dritter: II S 2 ordnet nach seiner Stellg im § 254 eine entsprechde 60 Anwendg des § 278 nur für die Verletzg der Schadensabwendgs- u MindergsPfl (II) an; er bezieht sich aber nach allgM auch auf das MitVersch im haftgsbegründden Vorgang: II S 2 ist so zu lesen, als wäre er ein selbstd Abs III (stRspr seit RG **62**, 107). Bei der Bezugn auf § 278 handelt es sich um eine RGrdVerweis, nicht um eine RFolgenverweis. **Voraussetzung für die Anwendung des § 278** ist daher, daß zw den Parteien vertragl Beziehg od eine sonstige **rechtliche Sonderverbindung** besteht; fehlt diese, ist nicht § 278, sond § 831 entsprechd anzuwenden (stRspr, BGH **1**, 249, **73**, 192, **103**, 342, MüKo/Grunsky Rn 77, Hager NJW **89**, 1640, Henke JuS **90**, 30, aA Lange § 10 XI 6). Für die hier vertretene Ans spricht, daß das schuldh Verhalten von Hilfspersonen bei der HaftgsBeschrkg nicht anders behandelt w sollte als bei der Haftsbegründg.

61 **a) Mitverschulden im haftungsbegründenden Vorgang. – aa)** Besteht zw den Parteien **keine rechtliche Sonderverbindung,** braucht sich eine verletzte natürl Pers das MitVersch gesetzl Vertreter überh nicht u das von sonstigen Hilfspersonen nur gem § 831 mit der dort gegebenen EntlastgsMögl anrechnen zu lassen (stRspr, BGH **1**, 249, **73**, 192, NJW **80**, 2575, Düss NJW-RR **94**, 22). Dagg ist bei jur Pers u OHG gem § 31 MitVersch ihrer Organe ohne EntlastgsMögl zu berücksichtigen (BGH **68**, 151, **LM** HGB 126 Nr 1); der Schädiger kann sich jedoch nicht auf das MitVersch einer OrganPers berufen, die neben ihm als GesSchu haftet (BGH DB **85**, 1173). Der Halter eines Kfz muß sich das MitVersch seines Fahrers als einen die BetrGefahr erhöhden Umst (Rn 48) ohne die Entlastgsmögl des § 831 I 2 entgghalten lassen (BGH VersR **59**, 731, **LM** (Ba) Nr 15 Bl 2). Nach den SonderVorschr in StVG 9, ProdHaftG 6, HaftpflG 4, UmweltHG 12, LuftVG 34, GenTG 32, AtomG 27, BergG 118 muß sich der Geschädigte iF der Sachbeschädig ggü dem **62** Anspr aus Gefährdgshaftg das MitVersch seiner **„Bewahrgehilfen"** anrechnen lassen; das gilt aber nicht für Anspr aus §§ 823 ff od aus Vertr (BGH NJW **92**, 1095, Hamm NJW **95**, 2233). Wird eine **Miteigentümern 63** gehörde Sache beschädigt, hat das MitVersch eines einz Miteigentümers idR GesWirkg (BGH aaO). Eine Anrechng von MitVersch Dr kann sich nach der Rspr des BGH auch aus den Grds über die **Zurechnungs-einheit** (§ 426 Rn 11 f) ergeben. Trifft den Geschädigten selbst ein MitVersch u bildet er mit einem der Schädiger eine ZurechngsEinh, weil sich ihr Verhalten in demselben Verursachgsbeitrag ausgewirkt hat, muß er sich dessen MitVersch im Verh zu and Schädigern zurechnen lassen (BGH **61**, 218, VersR **78**, 735, krit Hartung VersR **79**, 97). Das setzt jedoch SchuldFgk des Geschädigten u des Dr voraus (Düss VersR **82**, 300).

64 **bb)** Bestehen zw den Parteien **vertragliche Beziehungen,** ist dem Verletzten das MitVersch seiner gesetzl Vertreter u ErfGeh entsprechend § 278 anzurechnen, soweit er sich ihrer zur Wahrnehmg seiner Interessen im Schuldverhältn bedient h (BGH **3**, 50, **36**, 339). Das Kind muß sich daher mangelnde Beaufsichtigg dch Mutter entgghalten lassen (BGH **9**, 319, NJW **68**, 1324, aA Sundermann JZ **89**, 929); ebso sonstiges MitVersch der Eltern (BGH NJW **64**, 1670) od and AufsPers (BGH **24**, 327), soweit diese mit Willen des gesetzl Vertreters tätig geworden sind (BGH **LM** § 276 (Cg) Nr 6). Auch das MitVersch and vom Verletzten zur Wahrnehmg seiner Interessen eingesetzter Pers ist zu berücksichtigen. Bsp: Ehefr (BGH **3**, 48); Architekt (BGH **LM** (E) Nr 2 Bl 3, § 278 Rn 25), Bank (BGH **36**, 338), RAnw (BGH NJW **94**, 3105), Verhandlgsbeauf-tragter (Hbg DAR **72**, 16), ArbN (BGH NJW **65**, 962). § 278 Rn 18 gilt entspr. Für Herstellgs- u Installations-mängel der in seinem Besitz befindl Sache braucht der Verletzte idR nicht einzustehen, da ihm insow ggü dem Schädiger keine SorgfPflten obliegen (BGH NJW **83**, 1109, Öltank). Bei Bestehen vertragl Beziehgen ist § 278 **auch** anzuwenden, wenn Verletzter seinen Anspr auf **Delikt oder Gefährdung** stützt (BGH **9**, 316, **24**, 327, **LM** (E) Nr 2 Bl 3, NJW **64**, 1670) od wenn er einen allein delikt haftden GesSchu in Anspr nimmt (BGH **90**, 86).

65 **cc)** Verletzter muß sich entsprechd Rn 64 ein MitVersch von gesetzl Vertretern u Hilfspersonen auch dann anrechnen lassen, wenn zw den Part zwar kein Vertr, aber eine **sonstige rechtliche Sonderverbindung** besteht. Eine solche ist zu bejahen: bei einem mit dem Schädiger abgeschl Vertr zG oder mit Schutzwirkg zG des Verletzten (BGH **9**, 318, **24**, 327, **33**, 250, NJW **75**, 868); hier ist gem § 334 auch MitVersch des VertrPartners des Schädigers zu berücksichtigen (Rn 68); bei vertragsähnl Beziehgen zu einem aGrd eines DienstverschaffgsVertr für ihn Tätigen (BGH VersR **70**, 934); im Fall der Drittschadensliquidation (BGH NJW **72**, 289, Hamm NJW **76**, 2078); im Verhältn zw VerglGläub u Verw (BGH NJW **94**, 3105); bei einer vertragsähnl öffrechtl Beziehg, so im Verh Schule- Schüler (BGH NJW **64**, 1670), Stiftgsaufsicht-Stiftg (BGH **68**, 151), Notar-Mandant (BGH DNotZ **81**, 775); bei Anbahng des VertrVerhältn (BGH NJW **68**, 1967); entgg RG **119**, 155 auch im Eigtümer-BesitzerVerhältn (§ 989 Rn 1). Dagg genügt zur Anwendg des § 278 nicht: das Bestehen einer konkreten Gefährdgssituation (BGH **5**, 384, aA Henke JuS **91**, 266), der Besuch eines publikumsoffenen Reitertrainings (BGH VersR **75**, 134), eines Friedhofs (BGH NJW **77**, 1392, 1394), eines öffentl Kinderspielplatzes (BGH **103**, 342), das Betreten eines fremden Grdst (BGH NJW **80**, 2080), die dch die VerkSichgPfl geschaffene RBeziehg (BGH VersR **59**, 732), das Verh zw VormschRichter u Mündel (BGH **LM** (Ea) Nr 10).

66 **b)** Auf **Mitverschulden** von gesetzl Vertretern u Hilfspersonen nach Eintritt des schädigden Ereign, also **bei Schadensabwendung und -Minderung** ist § 278 gem II 2 uneingeschränkt entspr anwendb (BGH **9**, 319, allgM). Auch für die Zeit vor Begehg der unerl Hdlg u dem SchadEintritt gilt bereits II (vgl RG **141**, 356, BGH **33**, 140, **LM** (Ea) Nr 10, Düss NJW **73**, 1801). Voraussetzg ist, daß der gesetzl Vertreter in dieser Eigensch gehandelt h; das ist nicht der Fall, wenn Vormd jahrelang Veruntreuungen begangen h u die einz Möglick der SchadMinderg die Offenbarg der Straftat war (BGH **33**, 137); ebsowenig, wenn gesetzl Vertreter für den Schädiger erkennb mißbräuchl zum Nachteil des Vertretenen gehandelt h (BAG DB **74**, 1632). Eltern eines vollj geschunfäh, aber nicht entmündigten Kindes sind für SchadMinderg nicht dessen ErfGehilfen (BGH VersR **70**, 273). Die vom Geschädigten mit der Schadensbeseitigg beauftragten Pers sind nicht seine ErfGeh, da diese nicht in Erf einer ggü dem Schädiger bestehden Verbindlichk tätig w (Düss VersR **80**, 681). Kein ErfGeh sind daher der vom Verletzten hinzugezogene Arzt (RG **72**, 219) od Sachverst (LG **67** Lünebg MDR **70**, 675, LG Köln NJW **75**, 57); ebsowenig die vom Geschädigten beauftragte **Reparatur-werkstatt** (BGH **63**, 183, Hbg VersR **74**, 1216, Karlsr VersR **76**, 1162, fr str). Das Verschulden eines Sachverst, der stellvertretd für den Geschädigten die Maßn der Schadensbeseitigg koordiniert, wird diesem dagg zugerechnet (Hamm NJW-RR **93**, 917), ebso das Verschulden seines RAnw (Naumbg VRS **87**, 2). Bei bes groben Fehlleistgen des Arztes od der Werkstatt kann der adäquate UrsachZushang unterbrochen sein (Vorbem 73 v § 249). Außerdem sind Arzt u Werkstatt ggü Erstschädiger ausglpflichtig (§ 426).

c) Der ersatzberecht **mittelbare Geschädigte** (§§ 844, 845) muß sich gem § 846 (neben eig mitwirkdem 68 Versch, s RG **55**, 29) auch das des unmittelb Verletzten anrechnen lassen. Das gilt entspr für VertrAnsprüche, die dem mittelb Geschädigten zustehen (RG **81**, 215, SchadErsAnspr des Ehem aus MietVertr wg Verletzg der Frau). Auch wer inf Tötg od Verletzg eines Angeh eine GesundhBeschädigg erleidet (Vorbem 71 v § 249), muß sich dessen MitVersch anrechnen lassen; das w aber entgg RG **157**, 13 nicht aus § 846, sond aus § 242 herzuleiten sein (BGH **56**, 163, Lange SchadErs § 10 XI 5g). Keine Minderg des ErsAnspr, wenn der Schock auf dem Tod von zwei Angeh beruht, von denen nur einen ein MitVersch trifft (Hamm VersR **82**, 557). Bei Vertr mit **Schutzwirkung zugunsten Dritter** (§ 328 Rn 13 ff) ist dem Dr nach dem RGedan- 69 ken der §§ 334, 846 das MitVersch des Gläub anzurechnen (BGH **33**, 250, NJW **65**, 1757), dieses darf daher nicht etwa dem Schu angelastet w (BGH NJW **75**, 868, Köln NJW-RR **88**, 335). Die auf dem dispositiven § 334 beruhe Anrechn kann aber stillschw abbedungen sein, insbes dch die Natur des DeckgsVerhältn (BGH NJW **95**, 393). Sie beschränkt sich auf den vertragl ErsAnspr, gilt also nicht für Anspr aus Delikt (BGH **33**, 251, NJW **85**, 1077). Bei nichtiger TestErrichtg soll UrkPerson dem ausgefallenen Erben das MitVersch des Erbl nicht entgghalten können (BGH NJW **56**, 260, sehr zweifelh).

6) Stillschweigender Haftungsausschluß, Handeln auf eigene Gefahr, Gefälligkeitsfahrt. – 70 **a) Stillschweigender Haftungsausschluß.** Vgl zu ausdr Abreden, deren Auslegg u Wirksamk § 276 Rn 57 ff; zu formularmäß Freizeichnen s AGBG 2 Rn 5 ff (Einbeziehg) u AGBG 9 Rn 36 ff (WirksamkSchranken). – **aa)** Die Haftg kann **stillschweigend** ausgeschl w. Dafür kommen konstruktiv zwei Wege in Betracht: **(1)** Der Wille zum HaftgsAusschl kann sich **konkludent** aus den Umst des Falles ergeben. Für einen entspr Willen der Part müssen aber konkrete Anhaltspkte vorliegen; das Zurückgreifen auf den PartWillen darf keine Fiktion sein (BGH **41**, 81, **43**, 76). – **(2)** Der HaftgsAusschl kann sich aus einer **ergänzenden Vertragsausle-** 71 **gung** ergeben (BGH VersR **78**, 625, NJW **79**, 414, **80**, 1681). Sie kommt aber nur in Betracht, wenn feststeht, daß der Schädiger, wäre der RLage vorher besprochen worden, einen HaftgsAusschl gefordert u der Geschädigte diesen billigerw nicht hätte ablehnen dürfen (BGH aaO u NJW **89**, 3276). Beide Lösgswege, die die Praxis nicht immer unterscheidet, erfordern grdsl GeschFgk der Part; bei einem mj Verletzten ist daher Zust des gesetzl Vertreters erforderl (BGH NJW **58**, 904). Für die Beurteilg sind die versichergsrechtl Gegebenheiten von wesentl Bedeutg. Ein Haftgsverzicht, der nicht den Schädiger, sond seinen Versicherer entlastet, entspr idR nicht dem PartWillen (BGH **39**, 158, **63**, 59, NJW **93**, 3067). Andererseits kann es für einen HaftgsAusschl sprechen, daß der Geschädigte dch eine Versicherg geschützt ist od geschützt sein könnte, währd umgekehrt für den Schädiger, etwa wg der Benzinklausel der AHB, nicht die Möglichk bestand, sich dch Abschluß einer HaftPflVers zu sichern (BGH NJW **79**, 644, **80**, 1682). Der zG des Geschädigten eingreife VersSchutz rechtfertigt aber allein nicht den Schluß auf einen stillschw Haftgsverzicht (arg SGB X 116, VVG 67), ebsowenig das Fehlen von VersSchutz für den Schädiger (BGH VersR **80**, 385). Die mit dem Verletzten in häusl Gemeinsch lebden Angeh w dch SGB X 116 VI, VVG 67 II geschützt, die prakt wie ein Teilhaftgsverzicht wirken (Vorbem 159 v § 249). Der stillschw HaftgsAusschl gilt ledigl für **einfache Fahrlässigkeit** (BGH VersR **69**, 424 u die Rn 72 zitierten Entsch). Ein HaftgsAusschl für grobes Verschulden erfordert eine ausdr Abrede (s zum Vors aber § 276 II). – **bb) Bejaht** hat die nicht immer widersprfreie Rspr einen stillschw 72 HaftgsAusschl: zG des Kfz-Mieters, wenn die berecht Fahrers, wenn die KaskoVersPrämie offen abgewälzt od auf das Bestehen einer KaskoVers hingewiesen w (BGH **22**, 113, **43**, 299, NJW **94**, 1409); zG des Mieters bei Überwälzg der FeuerVersPrämie im MietVertr (BGH NJW-RR **90**, 1176) od bei ausdr Verpfl des Vermieters zum Abschluß einer FeuerVers (BGH WM **91**, 1079, Fuchs BB **92**, 1219); zG des Vermieters, wenn der Mieter sich ausdr zum Abschluß einer Versicherg verpflichtet hat (Düss VersR **95**, 55); zG des Kaufinteressenten währd der Probefahrt (BGH NJW **79**, 643, **80**, 1681, Köln NJW-RR **92**, 415; vgl auch BGH NJW **86**, 1099, der den Verkäufer wg NichtAbschl einer KaskoVers aus pVV haften läßt, krit Jox NZV **90**, 53); zG des LeasN, dem wg Nichteinhaltg des Liefertermins ein ErsPkw überlassen w (Hamm NJW-RR **90**, 955); zG des Fahrschülers (LG Freibg MDR **81**, 843); zG des Kunden, dem der Kfz-Händler währd der Garantiereparatur einen ErsPkw leiht, wenn für den Pkw des Kunden, wie der Händler weiß, eine KaskoVers besteht (BGH NJW **79**, 759); zG des ArbKollegen (Eheg, künft Eheg), der auf Wunsch des angetrunkenen Kfz-Halters das Steuer übernimmt (BGH VersR **78**, 625, **80**, 385, Ffm NJW-RR **86**, 1350); zG des Fahrers, der auf einer gemeins, gesellschaftsähnl organisierten UrlFahrt den Kfz-Halter beim Fahren ablöst (BGH NJW **79**, 414); zG des Nachbarn, der dem and beim Umzug hilft (LG Bonn NJW-RR **94**, 797). Der HaftgsAusschl betrifft aber nur solche Schäden, für die dem Schädiger kein VersSchutz zusteht (s auch Rn 80). Vgl zur Teiln an Sport od sportähnl Betätigg Rn 75. – **cc) Verneint** hat die Rspr einen stillschw HaftgsAusschl bei gemeins Teiln an 73 einer Kfz-ZuverlässigkFahrt (BGH **39**, 158); an einem Kfz-Gefahrentraining (BGH **96**, 28, Karlsr VersR **90**, 1405); an einer Motorradrallye (Kblz NJW-RR **94**, 1369); an einer mäß schwierigen Bergtour (Karlsr NJW **78**, 705); an einer JagdVeranstaltg (BGH **LM** (Da) Nr 7, Karlsr VRS **77** Nr 162); an Reitunterricht (Düss NJW **75**, 1893); bei gemeins Dart-Spiel (Köln NJW-RR **93**, 1499); bei Mitbenutzg des Pferdes eines Verwandten (BGH NJW **77**, 2159); bei Fahrt mit einem fahruntüchtl Fahrer od einem mangelh Kfz (BGH **LM** (Da) Nr 12, Köln VersR **70**, 914, s aber Rn 76); bei Fahrt mit einem kaskoversicherten Kfz (BGH **30**, 48, BAG JZ **69**, 75), jedoch wirkt AKB 15 II prakt wie ein TeilhaftgsAusschl (s § 242 Rn 36).

b) Stillschweigende Einwilligung. Währd der HaftgsAusschl die Widerrechtlichk der Verletzg unbe- 74 rührt läßt u als antizipierter Verzicht ledigl die Entsteh des SchadErsAnspr hindert, beseitigt die Einwillig die Widerrechtlichk der Schädigg u damit eine Voraussetzg der ErsPfl. Die Einwilligg erfordert bei höchstpersönl RGütern EinsichtsFgk (BGH **29**, 33, Überbl 6 v § 104), bei VermögensR GeschFgk. Sie ist unwirks, wenn sie gg das Ges od gg die guten Sitten verstößt (näher § 823 Rn 42). Die Einwilligg kann auch **stillschweigend** erfolgen. Für sie müssen aber konkrete Anhaltspkte vorliegen (BGH **34**, 360); der Lösgsweg einer ergänzd VertrAuslegg (Rn 71) kommt nicht in Betracht, weil es um eine reale Erkl des Verletzten geht. In den oben Rn 73 angeführten Fällen ist neben dem stillschw HaftgsAusschl zugl auch eine stillschw Einwilligg zu verneinen. Bei der Teiln am **Sport** ist zu unterscheiden. Wer an einer auf körperl Kampf 75 ausgerichteten Sportart (Boxen, Ringen, Judo usw) teilnimmt, willigt in die bei Kämpfen dieser Art übl Verletzgen ein (BGH **63**, 144). Bei sog Kampfspielen (Fußball, Handball, Eishockey, Basketball usw) verneint der BGH dagg eine konkludente Einwilligg u stellt statt dessen auf das Verbot des *venire contra* *factum proprium* ab (BGH **63**, 140): Wer für eine Verletzg SchadErs verlangt, die trotz Einhaltg der sportl Regeln unvermeidb war, verstößt gg § 242. Außerdem fehlt es an einem Verschulden (BGH NJW **76**, 957, 2161). Sogar bei leichten Regelverstößen kann der Schuldvorwurf entfallen (BGH aaO, Oldenbg VersR **95**, 670, näher § 823 Rn 122).

76   **c) Handeln auf eigene Gefahr. – aa)** Der von Rspr u Lehre entwickelte Tatbestd des Handelns auf eig Gefahr ist erfüllt, wenn sich jemand bewußt in eine Situation drohder Eigengefährdg begibt (BGH **2**, 163, **34**, 358). Währd die ältere Rspr in diesen Fällen eine konkludente Einwilligg in die mögl Schädigg bejaht hat (RG **141**, 265, BGH **2**, 162), besteht jetzt Einverständn darüber, daß Handeln auf eig Gefahr als **schuldhafte Selbstgefährdung** unter § 254 fällt (BGH **34**, 363, **43**, 77, MüKo/Grunsky Rn 34, ganz hM). Bei der Gefährdgshaftg kann das Handeln auf eig Gefahr ein HaftgsausschlußGrd sein, bei der Tierhalterhaftg aber nur, wenn sich der Verletzte bewußt Risiken aussetzt, die über die normale Tiergefahr hinausgehen (BGH NJW **92**, 2474, **93**, 2611, aA Hasselblatt NJW **89**, 2571). Abgesehen von diesem Sonderfall führt Handeln auf eig Gefahr zur Anwendg des § 254 u damit idR zu einer Schadensteilg (s BGH NJW-RR **95**, 857). Es setzt die Übernahme von Risiken voraus, die über das übl Maß deutl hinausgehen
77   (BGH VersR **92**, 1146). – **bb) Zu verneinen** ist eine vorwerfb Selbstgefährdg in den Fällen der Rn 73; bei einer freundschaftl Rangelei zw Partnern (Kblz NJW-RR **95**, 24); bei Teiln an einer Ballonfahrt (Mü NJW-RR **91**, 422); bei gemeins Skifahrt (Köln NJW **62**, 1110); bei Besuch eines Autorennens (aA RG **130**, 168) od eines Eishockeyspiels der Bundesliga (BGH NJW **84**, 801); bei rechtl od sittl gebotenen Hdlgen (Beispiele in Vorbem 78 v § 249); bei Fahrt mit Fahrer, der über geringe Fahrpraxis verfügt (BGH NJW **65**, 1075); bei Fahrt währd wittergsbedingter Glätte (Hbg VersR **70**, 188); bei Mitfahrt eines Bluters als Bei-
78   fahrer auf einem Mokick (Kblz VersR **87**, 1225). – **cc) Bejaht** hat die Rspr die Anwendg des § 254, sofern die die Gefährdg begründden Tats bekannt od erkennb waren: Bei Fahrt mit einem Fahrer ohne Führerschein (BGH **34**, 363, Bambg VersR **85**, 787), mit einem nicht zugelassenen Kfz (BGH VersR **69**, 424) od mit einem inf Alkoholgenusses (Übermüdg) fahruntüchtigen Fahrer (BGH NJW **88**, 2366, Zweibr VRS **84**, 177), die Schadensverteil muß den Beitrag des Fahrers/Halters idR stärker gewichten, s BGH VersR **66**, 565, **85**, 965, Mü VersR **86**, 925), jedoch reicht bloße Kenntn vom Alkoholgenuß od ein Verdacht der Übermüdg nicht aus (BGH NJW **88**, 2365, KG VRS **76** Nr 39, Ffm VersR **89**, 1097); bei Nichtbeachtg des Warnschildes vor einem bissigen Hund (Stgt VersR **55**, 686) od vor Dachlawinen (Karlsr NJW-RR **86**, 1404); bei wechselseit ins Wasser Stoßen (BGH NJW-RR **95**, 857); bei Teiln am Reitsport, obwohl damit wg gesundheitl Beeinträchtiggen eine erhebl Gefährdg verbunden ist (BGH VersR **84**, 286); bei Mitwirkg an einem „Kraftakt", für den sich der Verletzte als „Gewicht" zur Vfg gestellt hat (Ffm NJW **86**, 2648); bei Ausführg von Bauarbeiten trotz fehler Gen u vor dem Abschluß wirks Vertr (BGH **LM** § 276 (Fc) Nr 4).

79   **d) Gefälligkeitsfahrt. – aa) Allgemeines.** AnsprGrdl ggü dem Gefälligen ist in erster Linie § 823. Die Gefährdgshaftg ist dch StVG 8a ausgeschl. Vertragl Anspr scheiden aus, weil idR ein rgeschäftl Verpflwille fehlt (BGH **21**, 107, Einl 12 v § 241). Der Gefällige kann aber, soweit dch den sozialen Kontakt eine vertragsähnl Sonderverbindg entsteht, aufgr den Grds der c.i.c. auf SchadErs in Anspr genommen w (Einf 10 v § 241). Eine gesetzl Haftgsbeschrkg auf Vors u grobe Fahrlk besteht – abgesehen von den §§ 521, 599 – nicht (BGH **30**, 46, NJW **92**, 2475, Eimer GefälligkFahrt u SchadErs, 1994, 115, aA Hoffmann AcP **167**, 406). Es gelten im GgTeil nicht einmal die Haftgsmildergen der §§ 708, 1359, 1664, da der Haftgsmaßstab der konkreten Fahrlässigk im StraßenVerk ungeeignet ist (BGH **46**, 313, **53**, 352, **61**, 104,
80   **63**, 57, stRspr). – **bb) Stillschweigender Haftungsausschluß.** Wer aus Gefällig einen Fahrgast mitnimmt od sich aus Gefällig als Fahrer zur Vfg stellt, haftet grdsl auch für einfache Fahrlässigk. Die Unentgeltlichk der Fahrt rechtfertigt noch nicht die Annahme eines HaftgsAusschl (BGH **30**, 46, **43**, 76, stRspr). Auch das Bestehen naher familiärer Beziehgen gestattet keinen stillschw HaftgsAusschluß (BGH **41**, 81, Eheg; **43**, 76, Vater/Sohn). Er widerspricht dem wohlverstandenen Interesse der Beteiligten, da er idR nicht dem Gefälligen, sond dem HaftPflVers zugute kommen würde, der nach AKB 11 auch für Anspr von Eheg u Kindern u PersSchäden des Halters einzustehen hat (s zu diesen versichergsrechtl Beurteilgskriterien Rn 70). Fehlt der erforderl HaftpflVersSchutz, sind Anspr des Halters gg den Fahrer wg aller Schäden ausgeschl, die von der Vers gedeckt wären (BGH VersR **69**, 50, BAG DB **70**, 546). Ein wirkl Interesse des Gefälligen an einer Haftgsfreistellg besteht daher nur hins der nicht vom VersSchutz erfaßten Sach- u VermSchäden des Halters od Eigtümers, insb wg der Schäden am Kfz des Halters. Für
81   diese Schäden kann iW **ergänzender Vertragsauslegung** ein stillschw HaftgsAusschl angenommen w, wenn der Halter ein bes Interesse daran hatte, daß der Gefällige sich als Fahrer zur Vfg stellte (s BGH VersR **78**, 625, **80**, 385, Ffm NJW-RR **86**, 1350, Mersson DAR **93**, 87), etwa deshalb, weil der Halter angetrunken war. Einzelfälle s Rn 72.

82   **7) Verfahrensrechtliches.** Die Beweislast für das Versch des Geschädigten u dessen Ursächlichk hat der ErsPflichtige (BGH **91**, 260, NJW **94**, 3105). Der Geschädigte muß aber, soweit es um Umst aus seiner Sphäre geht, an der Sachaufklärg mitwirken; er muß erforderlichenfalls darlegen, was er zur Schadensminderg unternommen hat (BGH **91**, 260, Ffm NJW-RR **94**, 23). § 254 begründet einen Einwand, keine Einrede; er ist daher vAw zu berücksichtigen, sofern entspr Tats vorgetragen sind (BGH NJW **91**, 167, BAG NJW **71**, 958). Für Bew des MitVersch gilt ZPO 286, wobei Grds des AnscheinsBew anwendb sein können (Vorbem 163 v § 249); dafür, inwiew MitVersch ausgewirkt hat, gilt ZPO 287 (BGH NJW **86**, 2946). Bei der Abwägg gem § 254 ist die Beweislastregel des § 282 unanwendb (BGH **46**, 268). – Über den Einwand ist im Grundurteil nach ZPO 304 zu entscheiden, er darf aber dem BetragsVerf vorbehalten bleiben, wenn er zugleich dieses berührt u er zweifellos nicht zum völligen Wegfall des SchadErs-Anspruchs führen kann (RG **82**, 197, BGH **1**, 34, **76**, 400, Hamm NJW-RR **93**, 916). And jedoch, wenn zwei versch Schadensabläufe mögl u das Ergebn der Abwägg bei beiden Alternativen unterschiedl (BGH NJW **79**, 1933). Beim SchmerzGAnspr ist im GrdUrt nicht auf eine Quote zu erkennen, sond auszusprechen, daß der Anspr unter Berücksichtigg eines MitVerschAnteil dem Grde nach gerechtf ist (BGH WM **91**, 1776, Köln MDR **75**, 148). – Verurteilg zu zukünft Rentenzahlg kann unzul sein, solange die gem § 254 II gebotenen Heilgsversuche noch nicht erfolgt sind (BGH NJW **70**, 1229). Es steht nichts im Wege,

zunächst nur einen Teil des Anspr einzuklagen, damit der Einwand des § 254 in diesem Prozeß nicht mit Erfolg erhoben w kann (RG **122**, 360, Mü NJW **70**, 1924, Schlesw VersR **83**, 932). – Die Abwägg der Verantwortlichk ist Tatfrage, also idR nicht revisibel (BGH **3**, 52, **51**, 279, NJW **83**, 622, NJW- RR **89**, 677).

255 *Abtretung der Ersatzansprüche.* **Wer für den Verlust einer Sache oder eines Rechtes Schadensersatz zu leisten hat, ist zum Ersatze nur gegen Abtretung der Ansprüche verpflichtet, die dem Ersatzberechtigten auf Grund des Eigentums an der Sache oder auf Grund des Rechtes gegen Dritte zustehen.**

1) Allgemeines. – a) Aus § 255 ergibt sich, daß der Geschädigte grdsl auch dann vollen SchadErs 1 verlangen kann, wenn ihm zugl ein Anspr gg einen Dr zusteht (BGH NJW **82**, 1806, NJW-RR **89**, 472, Vorbem 19 v § 249). Die Vorschr ist – ebso wie die Grds der VortAusgl (Vorbem 119 v § 249) – Ausdr des schadensersatzrechtl **Bereicherungsverbots** (s BGH **60**, 358, NJW **93**, 594). Sie soll verhindern, daß der Geschädigte sowohl den Schädiger als auch den Dr in Anspr nimmt u einen doppelten Ausgl erhält. – **b)** § 255 geht davon aus, daß im Ergebn allein der Dr, als der dem Schaden näher Stehde, belastet w soll. 2 Das steht im Widerspr zu der im Grds gleichstuf Haftg der GesSchu, bei denen auf die interne Schadensverteilg § 254 entspr anzuwenden ist (§ 426 Rn 10). Besteht, wie idR zw mehreren für einen Schaden Verantwortlichen (§ 426 Rn 8), ein **Gesamtschuldverhältnis** ist nicht § 255, sond § 426 die maßgebde Regreßnorm (BGH **59**, 102, MüKo/Grunsky Rn 2). § 426 u § 255 sind alternative, einand ausschließde Regreßwege, § 426 gilt für gleichstufige Verpflichtgen, § 255 bei fehlder Gleichstufigk (Mü NJW-RR **95**, 814). Angesichts des weiten Anwendgsbereichs der GesSchuld, verbleiben für § 255 nur wenige Anwendgsfälle. Er gilt, wenn der Schädiger WertErs, der Dr aber Herausg od Rückgewähr schuldet (allgM), etwa wenn wg eines Versehens der SchuBank ein zu hoher Betrag an den Gläub überwiesen worden ist (s Mü NJW-RR **95**, 814). § 255 bleibt auch dann anwendb, wenn sich die HerausgPfl des Dr in eine Schad- od WertErsPfl verwandelt hat; der Inh der geschuldeten Leistg bleibt in Wahrh weiter ungleich, da der Dr (vollen) Ers, der Schädiger aber nur Übernahme des Ausfallrisikos schuldet (Staud-Selb Rn 4, Larenz § 32 I, str, aA BGH JZ **84**, 230). Den Vertretern der GgAns, die § 255 nur anwenden wollen, solange die Sache vorhanden ist u der Dr deren Herausg schuldet (so Lange SchadErs § 11 A II, Soergel- Mertens Rn 5), ist auch entggzuhalten, daß das Ges nicht von einem abzutretden HerausgAnspr, sond (unter Verwendg des Plurals) allg von abzutretden Anspr spricht. – **c)** Auch die Vorschr über den **gesetzlichen Forderungsübergang** (VVG 67, 3 SGB X 116, EFZG 6, BBG 87a, s Vorbem 134 ff u 148 ff v § 249) gehen als speziellere u stärkere Vorschr dem § 255 vor. § 255 ist **keine Generalregreßnorm.** Sie kann aber, sow ausdr Regreßregeln fehlen, zur Ausfüllg von Lücken mitherangezogen w (§ 421 Rn 12), so in Lohnfortzahlgsfällen, soweit kein gesetzl FdgÜbergang stattfindet (BGH **107**, 329), od wenn dem gem StrEG 7 EntschädiggsBerecht kongruente SchadErsAnspr gg einen Dr zustehen (BGH **106**, 313).

2) Voraussetzungen. – a) Die Rechte aus § 255 stehen grdsl **jedem Schädiger** zu, gleichgült ob er aus 4 Vertr, Delikt od einem sonst RGrd haftet (MüKo/Grunsky Rn 3). Gleichf unerhebl ist das Maß des Verschuldens; auch der vorsätzl Handelnde, etwa der Verwahrer, der die Sache rechtsw verlieren hat, kann Abtr der Anspr gg den Dr verlangen. Etwas and gilt jedoch für den Dieb, der die gestohlene Sache an einen gutgl Erwerber veräußert hat; die Abtr an ihn wäre sinnlos, da der Erwerber ihm entgghalten könnte, daß er ihn von dem abgetretenen Anspr freihalten muß (BGH **52**, 42, krit Goette VersR **74**, 526). Wer aus § 816 in Anspr genommen w, hat keinen AbtrAnspr, da § 255 nur zG von SchadErsPflichtigen gilt (BGH **29**, 161, aA Reeb JuS **70**, 214); ihm können jedoch AusglAnspr aus § 426 zustehen (BGH **52**, 43). – **b) Verlust der** 5 **Sache** liegt nicht nur beim Verlust des Besitzes, sond auch beim EigtVerlust vor, gleichgült ob die Sache untergangen od in das Eigt eines and übergegangen ist (MüKo/Grunsky Rn 4, str). Auch wenn § 255 tatbestandl zutrifft, kann er aber wg des Vorrangs von § 426 II unanwendb sein (Rn 2). – **c)** Verlust eines 6 **Rechts.** Unerhebl ist, ob es sich um ein dingl, obligatorisches od sonst Recht handelt. Nicht erforderl ist ein Erlöschen; es genügt eine Entwertg, etwa dch Zahlgsunfähigk des Schu (Bambg OLGZ **76**, 451) od Eintritt der Verj. Der Verlust braucht nicht endgült zu sein; ausr ist auch das vorläuf Wertloswerden einer Fdg (BGH **6**, 61). Auch hier ist § 255 aber unanwendb, sow die Beteiligten als GesSchu haften (Rn 2).

3) Rechtsfolgen. – a) Die Anspr gehen nicht kr Ges auf den Schädiger über. Dieser hat einen **Anspruch** 7 **auf Abtretung,** den er iW des ZbR (§ 273) geltd machen kann. Hat er bereits SchadErs geleistet, kann er die Abtr nachträgl verlangen (RG **117**, 338, BGH **52**, 42). Keiner Prüfg bedarf, ob u welche Anspr der Geschädigte gg den Dr hat; es genügt, daß Anspr möglicherw bestehen u hinr bestimmt bezeichnet w (BGH **6**, 61, NJW-RR **90**, 407). – **b)** Abzutreten sind **alle Ansprüche,** die dem Geschädigten aufgrd des Eigt an 8 der Sache od aufgrd des Rechts zustehen. Darunter fallen alle HerausgAnspr (BGH **985**, 861, 1007), SchadErs-Anspr aus § 823 I od §§ 989, 990 (Erm-Sirp Rn 4, str, s Rn 2) u BereichergsAnspr aus § 816 (BGH **52**, 42, RG JW **37**, 2777, str) od § 812 (BGH WM **89**, 1785). Nicht abzutreten sind Anspr, die sich aus einem die Sache betreffden bes Vertr, etwa einem VersVertr, ergeben. – **c)** Mit der Abtr des HerausgAnspr (§ 985) 9 **erwirbt** der ErsPflichtige gem §§ 929, 931 zugl das **Eigentum** (RG **59**, 371, Erm-Kuckuk Rn 5, str). Erlangt der Geschädigte die Sache später zurück, kann der ErsPflichtige gem § 985 die Herausg der Sache verlangen. Dagg ist er nicht berecht, die SchadErsLeistg zurückzufordern (aA Reeb JuS **70**, 215, MüKo/ Grunsky Rn 5). § 812 I 2 trifft nicht zu, da SchadErs geschuldet war u die ErsLeistg die Schuld zum Erlöschen gebracht hat. Auch wenn der ErsPflichtige SchadErs geleistet hat, ohne den Anspr aus § 255 geltd zu machen, ist er nach Wiederauftauchen der Sache auf die Rechte aus §§ 255, 929, 985 beschränkt. Dem Geschädigten, der an der Sache (Stück einer Sammlg) ein bes Interesse haben kann, muß aber ein WahlR zugebilligt w (AK/Rüßmann Rn 2). Er kann gg Rückgewähr der ErsLeistg die Rückübereignu u (od) Rückgabe der Sache verlangen.

256 *Verzinsung von Aufwendungen.* **Wer zum Ersatze von Aufwendungen verpflichtet ist, hat den aufgewendeten Betrag oder, wenn andere Gegenstände als Geld aufgewendet**

worden sind, den als Ersatz ihres Wertes zu zahlenden Betrag von der Zeit der Aufwendung an zu verzinsen. Sind Aufwendungen auf einen Gegenstand gemacht worden, der dem Ersatzpflichtigen herauszugeben ist, so sind Zinsen für die Zeit, für welche dem Ersatzberechtigten die Nutzungen oder die Früchte des Gegenstandes ohne Vergütung verbleiben, nicht zu entrichten.

1   **1)** § 256 setzt eine auf Vertr od RGesch beruhde Pfl zum Ers von Aufwendgen voraus. Sie kann sich zB aus §§ 304, 347 S 2, 633 III, 670, 683 od 684 ergeben. **Aufwendung** ist die freiw Aufopferg von VermWerten im Interesse eines and (BGH **59**, 329, NJW **60**, 1568, **89**, 2818). Unter den vom Ges nicht definierten Begriff fallen auch die Übernahme (Eingeh) von Verbindlichk (RG **151**, 99), nicht aber Unterhlleistgen, die ein Eheg anstelle des und für das gemeins Kind erbringt (BGH NJW **89**, 2816). Mitumfaßt sind auch die Verwendgen iSd § 994. Dch das Merkmal der Freiwillig unterscheidet sich die Aufwendg vom Schaden. Schäden, die mit dem Einsatz für fremde Interessen notw od wahrscheinl verknüpft sind, werden aber Aufwendgen gleichgestellt (§ 670 Rn 11). Umgekehrt können Aufwendgen des Verletzten unter den Schadensbegriff fallen (Vorbem 83 v § 249).

2   **2)** Aus der Verwendg des Wortes „Betrag" in § 256 S 1 ergibt sich, daß der Anspr auf AufwendgsErs grdsl auf **Geldersatz** gerichtet ist (BGH **5**, 199). In Zeiten verminderter Kaufkraft od fehlden Tauschwertes des Geldes kann der Schu aber nach Treu u Glauben (§ 242) verpflichtet sein, NaturalErs zu leisten (Brschw BB **47**, 349, MüKo/Keller Rn 5). AufwendgsErs umfaßt auch die entstandene Mehrwertsteuer (Seltmann NJW **69**, 1153, Schaumburg NJW **74**, 1737). Ob auch für den Einsatz der eig ArbKraft GeldErs gefordert werden kann, richtet sich nach der für das RVerhältn maßgebden AnsprGrdl (BGH **59**, 330, NJW **83**, 1556, Köhler JZ **85**, 359). Diese entscheidet auch darüber, ob bei der Ermittlg der AnsprHöhe ein kalkulatorischer Gewinn zu berücksichtigen ist (s BGH **87**, 43). Die **Zinspflicht** setzt keinen Verzug voraus, sond beginnt im Ztpkt der Aufwendg. Zinshöhe: § 246. Zu Satz 2 vgl §§ 99 u 100.

257 *Befreiungsanspruch.* **Wer berechtigt ist, Ersatz für Aufwendungen zu verlangen, die er für einen bestimmten Zweck macht, kann, wenn er für diesen Zweck eine Verbindlichkeit eingeht, Befreiung von der Verbindlichkeit verlangen. Ist die Verbindlichkeit noch nicht fällig, so kann ihm der Ersatzpflichtige, statt ihn zu befreien, Sicherheit leisten.**

1   **1)** § 257 gibt dem ErsBerecht einen **Befreiungsanspruch**, wenn die Eingeh der Verbindlichk eine Aufwendg iSd § 256 war. Ein BefreigsAnspr kann sich auch aus der SchadErsPfl (Vorbem 46 v § 249) u für den Bürgen aus § 775 ergeben. Der BefreigsAnspr ist nur an den zu befriedigden Gläub, nicht aber an Dr abtretb (BGH **12**, 141, § 399 Rn 4). Durch die Abtr an den Gläub **wandelt** er sich in einen ZahlgsAnspr um (BGH **71**, 170); das gilt ebso, wenn der Gläub den Anspr pfändet (BGH **7**, 246). Im Konk des ErsBerecht gehört der BefreigsAnspr zur Masse; er verwandelt sich auch in diesem Fall in einen ZahlgsAnspr (RG **139**, 321, BGH **57**, 78, NJW **94**, 49, aA Gursky KTS **73**, 27); and aber, wenn der Schu des BefreigsAnspr neben dem Gläub dieses Anspr zur Leistg verpflichtet ist (Hbg NJW-RR **95**, 673).

2   **2)** Der Schu kann **wählen,** wie er die Befreig vornehmen will (BGH **91**, 77). – **a)** Er kann gem § 267 als Dr zahlen od mit dem Gläub eine SchuldÜbern (§ 414) od einen Erlaß (§ 397) vereinbaren. Dagg wird er dch Zahlg an den ErsBerecht nur dann frei, wenn dieser einverstanden ist (Karlsr NJW-RR **94**, 1159). Der ErsBerecht ist gleichf idR **nicht** befugt, **Zahlung** des zur Tilgg erforderl Geldbetrages an sich zu verlangen. Aus der für das RVerhältn maßgebden AnsprGrdl kann sich aber ein entspr VorschußAnspr ergeben, so iF des Auftr u des GeschBesorggsVertr aus §§ 669, 675 (Reiche WM **88**, 853), iF des WkVertr aus einer erweiterten Auslegg des § 633 III (BGH **47**, 273), iF der SchadErsPfl aus § 250. Die dch die Aufwendgen erlangten Vorteile sind auf den BefreigsAnspr wg des AusglZwecks der 3   §§ 256, 257 anzurechnen (BGH MDR **55**, 283). – **b)** Satz 2 ist Ausdr eines allg RGedankens. Er ist auch auf nicht unter § 257 fallde BefreigsAnspr anwendb (Rimmelspacher JR **76**, 89, str), od vertragl Anspr aber nicht, sofern der BefreigsAnspr erst nach Fälligk der Verbindlichk fällig w soll, auf die sich die FreihaltgsVerpfl bezieht (BGH **91**, 77). Die Vollstr des Urt auf Befreig richtet sich nach ZPO 887 (BGH **25**, 7).

258 *Wegnahmerecht.* **Wer berechtigt ist, von einer Sache, die er einem anderen herauszugeben hat, eine Einrichtung wegzunehmen, hat im Falle der Wegnahme die Sache auf seine Kosten in den vorigen Stand zu setzen. Erlangt der andere den Besitz der Sache, so ist er verpflichtet, die Wegnahme der Einrichtung zu gestatten; er kann die Gestattung verweigern, bis ihm für den mit der Wegnahme verbundenen Schaden Sicherheit geleistet wird.**

1   **1)** § 258 regelt nur die **Ausübung des Wegnahmerechts,** setzt also dessen Bestehen voraus. Das BGB gibt insb dem Mieter (§ 547a), Pächter (§ 581 II), Besitzer (§ 997) u dem Vorerben (§ 2125) ein WegnR. **Einrichtung** ist eine Sache, die mit einer andern verbunden ist u deren wirtschaftl Zwecken dient. Eine Verbindg zu einem vorübergehden Zweck genügt. § 258 gilt aber auch dann, wenn die Einrichtg wesentl Bestandt geworden ist (s § 997). Einrichtgen iSv § 258 sind zB Öfen, Beleuchtungsanlagen, Anschlußgleise (BGH BB **66**, 304), nicht aber Zwischendecken u eingezogene Wände (Celle NdsRpfl **69**, 283).

2   **2) Rechtsfolgen. – a)** Solange der WegnBerecht die Sache besitzt, hat er ein TrennsR. Ist die Einrichtg wesentl Bestandt der Hauptsache u damit Eigt des and geworden, umfaßt das TrennsR zugl ein AneigngsR (BGH **81**, 150). Nach dem Besitzübergang verwandelt sich das TrennsR in den Anspr auf

Gestattg der Wegn (S 2), der dingl Natur sein soll (BGH **81**, 150, **101**, 42). – **b)** Der Berecht hat den vor der 3 Hinzufügg der Einrichtg bestehden **Zustand wiederherzustellen.** Ist das nicht mögl, ist das WegnR gleichwohl gegeben, der Berecht hat aber SchadErs zu leisten (MüKo/Keller Rn 10). Neben den Schienen des Anschlußgleises hat der Berecht auch den Schotter zu entfernen (BGH BB **66**, 304). Keinesf darf er sich auf die Wegn der verwertb Bauteile beschr u alles and zurücklassen (BGH NJW **70**, 754). Auf das LeistgVR des Gestattgsverpflichteten (S 2, 2. Halbsatz) sind §§ 273f anzuwenden, auf die SicherhLeistg §§ 232ff.

259 Umfang der Rechenschaftspflicht; eidesstattliche Versicherung.

259 *Umfang der Rechenschaftspflicht; eidesstattliche Versicherung.* [I] Wer verpflichtet ist, über eine mit Einnahmen oder Ausgaben verbundene Verwaltung Rechenschaft abzulegen, hat dem Berechtigten eine die geordnete Zusammenstellung der Einnahmen oder der Ausgaben enthaltende Rechnung mitzuteilen und, soweit Belege erteilt zu werden pflegen, Belege vorzulegen.

[II] Besteht Grund zu der Annahme, daß die in der Rechnung enthaltenen Angaben über die Einnahmen nicht mit der erforderlichen Sorgfalt gemacht worden sind, so hat der Verpflichtete auf Verlangen zu Protokoll an Eides Statt zu versichern,

daß er nach bestem Wissen die Einnahmen so vollständig angegeben habe, als er dazu im Stande sei.

[III] In Angelegenheiten von geringer Bedeutung besteht eine Verpflichtung zur Abgabe der eidesstattlichen Versicherung nicht.

260 *Pflichten bei Herausgabe oder Auskunft über Inbegriff von Gegenständen.* [I] Wer verpflichtet ist, einen Inbegriff von Gegenständen herauszugeben oder über den Bestand eines solchen Inbegriffs Auskunft zu erteilen, hat dem Berechtigten ein Verzeichnis des Bestandes vorzulegen.

[II] Besteht Grund zu der Annahme, daß das Verzeichnis nicht mit der erforderlichen Sorgfalt aufgestellt worden ist, so hat der Verpflichtete auf Verlangen zu Protokoll an Eides Statt zu versichern,

daß er nach bestem Wissen den Bestand so vollständig angegeben habe, als er dazu im Stande sei.

[III] Die Vorschrift des § 259 Abs. 3 findet Anwendung.

261 *Abgabe der eidesstattlichen Versicherung.* [I] Die eidesstattliche Versicherung ist, sofern sie nicht vor dem Vollstreckungsgericht abzugeben ist, vor dem Amtsgericht des Ortes abzugeben, an welchem die Verpflichtung zur Rechnungslegung oder zur Vorlegung des Verzeichnisses zu erfüllen ist. Hat der Verpflichtete seinen Wohnsitz oder seinen Aufenthalt im Inlande, so kann er die Versicherung vor dem Amtsgericht des Wohnsitzes oder des Aufenthaltsorts abgeben.

[II] Das Gericht kann eine den Umständen entsprechende Änderung der eidesstattlichen Versicherung beschließen.

[III] Die Kosten der Abnahme der eidesstattlichen Versicherung hat derjenige zu tragen, welcher die Abgabe der Versicherung verlangt.

1) Allgemeines. – a) Zweck. Die Geltdmachg u Dchsetzg von Anspr ist vielfach nur mögl, wenn der 1 Berecht in die Lage versetzt w, sich Informationen über ihm unbekannte Verhältn u Vorgänge zu verschaffen. Dem trägt das BGB dadch Rechng, daß es Anspr auf Ausk u RechenschLegg begründet; bei letzteren verwendet es „Rechensch ablegen" (zB § 666) u „Rechng legen" (zB § 1840) als Synonyma (Rn 17). Die Pflten zur Ausk u RechenschLegg sind nur graduell verschieden. Die RechenschLegg setzt eine mit Einn u Ausg verbundene Verw voraus; sie ist eine rechtfertigde, besondere u genauere Art der Ausk (BGH **93**, 329). – **b)** Die Pfl zur Ausk u RechenschLegg ist im BGB nicht zushäng u nur unvollkommen geregelt. 2 § 259 bestimmt lediglich die **Art und Weise** der **Rechenschaftslegung**; § 260 betrifft AuskFälle, in denen der Schu ein **Bestandsverzeichnis** vorzulegen hat. § 261 regelt verfahrensrechtl Fragen für die nach §§ 259 II, 260 II abzugebende **eidesstattliche Versicherung.** Grdl für die Pfl zur Ausk u RechenschLegg sind eine Vielzahl von gesetzl Vorschr im BGB u in den NebenGes (Rn 5 u 17) sowie die von der Rspr herausgebildete Grds (Rn 6 u 18), die inzw zu GewohnhR erstarkt sind.

2) Auskunftspflicht. Das BGB kennt **keine allgemeine** AuskPfl (RG **102**, 236, BGH **74**, 380, NJW **78**, 3 1002, **81**, 1733), ebsowenig die ZPO (BGH NJW **90**, 3151, krit Schlosser JZ **91**, 599, Stürner ZZP **104**, 208). Der AuskAnspr setzt eine besondere RGrdl voraus – **a)** Kann sich aus einem **Auskunftsvertrag** ergeben, 4 der auch stillschw zustandekommen kann (näher § 676 Rn 3 ff).

b) Bei vielen vertragl od gesetzl SchuldVerh besteht aGrd **ausdrücklicher gesetzlicher Vorschrift** eine 5 AuskPfl, so zB nach §§ 402 (Zedent), 444 (Verkäufer), 666 (Auftr), 675 (GeschBesVertr), 681 (GoA), 687 II (unerl EigenGeschFührg), 713 (GesellschVertr), 1379 (ZugewGemsch), 1580, 1605, 1361 IV (Unterh) 1634 III, 1711 III (nichtsorgeberecht ElternT), 1839, 1799 (Vormd), 1908 i (Betreuer), 2027 (ErbschBesitzer), 2057 (Miterbe), 2127 (Vorerbe) u 2314 (Erbe ggü PflichttBerecht). AuskPflten sind auch in MarkenG 19, UmweltHG 9–11 (Landsberg/Lülling DB **91**, 479), GenTG 35 u BDSG 13, 26, 34 (BGH NJW **81**, 1738) vorgesehen. Sie können sich auch aus §§ 249 S 1 od 1004 ergeben, soweit die Ausk zur Beseitig eines Schadens od einer Störg notw ist (BGH **91**, 128, NJW **76**, 194). Dagg begründet ZPO 840 keinen klagb AuskAnspr gg den DrittSch (BGH **91**, 128).

c) § 260 begründet eine AuskPfl für jeden, der einen Inbegriff von Ggst herauszugeben hat. Auch wenn 6 die AuskPfl bereits unabhängig von § 260, etwa aGrd von § 666 od § 2027, besteht, richten sich Inh u

307

Umfang der Ausk bei einem Inbegriff von Ggst nach § 260 (Rn 22). – **aa)** Eine Mehrheit von Ggst (Sachen od Rechte, s Übbl 5 v § 90) bildet einen **Inbegriff,** wenn sie von einem einheitl RVerh zusgefaßt w u der Berecht von sich aus nicht in der Lage ist, die einz Ggst zu bezeichnen (RG **90**, 139). Als Inbegriff kommen daher neben Sachgesamth (Bibliothek, Warenlager, Inventar) u Sondervermögen (Nachlaß) etwa in Betracht: die Kundsch eines Untern (RG DR **42**, 465); eine Gesamth von Vermittlgsgebühren, VerkErlösen, SchadErsAnspr od Provisionen (RG HRR **28**, 1726, LZ **31**, 372, BGH **55**, 202); die Gesamth der unter EigtVorb gelieferten Waren (Köln HRR **38** Nr 758); die Gesamth der aus der Tätigk des beauftragten
7 Architekten erwachsenen Rechte u Pflichten (s BGH **41**, 321). – **bb)** Die **Herausgabepflicht** kann sich aus Vertrag (zB § 667), aber auch aus dem Gesetz ergeben, so etwa aus § 812 (RG **90**, 139), aus § 985 (BGH **98**, 164) od aus § 249 (RG HRR **28**, 1726).

8 **d)** Nach **Treu und Glauben** (§ 242) besteht eine AuskPfl, wenn die zw den Part bestehdn RBeziehgen es mit sich bringen, daß der Berecht in entschuldb Weise über Bestehen od Umfang seines Rechts im Ungewissen ist u der Verpflichtete die zur Beseitigg der Ungewißh erforderl Ausk unschwer geben kann (RG **108**, 7, BGH **10**, 387, **81**, 24, NJW **95**, 387, stRspr), ein RGrds, der inzw zu GewohnhR erstarkt ist
9 (Köhler NJW **92**, 1480). – **aa)** Zw den Part muß eine **Sonderverbindung** bestehen (BGH **95**, 279, 288, NJW **78**, 1002, NJW-RR **89**, 450). Die Tats, daß jemand Informationen besitzt, die für einen und bedeuts sind, begründet keine AuskPfl (BGH NJW **80**, 2463). Bei der Sonderverbindg kann es sich um einen Vertr (BGH **LM** § 242 (Be) Nr 5), ein AbwicklgsVerhältn nach Rücktr vom Vertr (BayObLG **94**, 21), um ein gesetzl SchuldVerh aus unerl Hdlg (BGH **95**, 288, NJW **62**, 731), aus einem AnfTatbestd (BGH **74**, 381, Köln OLGZ **85**, 376) od aus der Anbahng eines Vertr (BGH **LM** § 242 (Be) Nr 23) handeln; es genügt aber auch eine RBeziehg des SachenR (BGH NJW-RR **86**, 876, Oldbg WM **85**, 748), des FamR (BGH **82**,
10 137) od des ErbR (BGH **61**, 184). **(1)** Innerhalb eines **Vertragsverhältnisses** reicht es aus, daß für den LeistgsAnspr od die Einwendg, die geltd gemacht w soll, eine überwiegde Wahrscheinlk besteht (BGH **LM** § 242 (Be) Nr 19, BAG BB **67**, 839, DB **72**, 1831, Soergel-Wolf § 260 Rn 25 u 28). Das gilt entspr für
11 Anspr aus c.i.c. (Hamm DB **91**, 799). **(2)** Geht es um Informationen zur Dchsetzg eines **gesetzlichen Anspruchs,** muß dargetan w, daß er dem **Grunde nach** besteht; daß die AnsprVoraussetzgen wahrscheinl gemacht w, genügt grdsl nicht (BGH **74**, 381, NJW **78**, 1002, FamRZ **83**, 352, NJW-RR **87**, 1296). Hiervon läßt die Rspr aber fallbezogen Ausn zu. Der PflichtBerecht od der VertrErbe hat gg den mutmaßl vom Erbl Beschenkten bereits dann einen AuskAnspr, wenn er hinr Anhaltspkte für eine unentgeltl Vfg dartut (BGH **61**, 184, **97**, 191, NJW **93**, 2737). Das gilt ebso für den Nacherben wg etwaiger Schenkgen des Vorerben (BGH **58**, 239). Dagg genügt Wahrscheinlk des AnsprGrdes nicht für den AuskAnspr des KonkVerw gg einen mutmaßl AnfGegner (BGH **74**, 381), den des Erben gg einen mutmaßl DarlN des Erbl (BGH NJW **70**, 751) u den des Zessionars gg den GrdSchGläub wg eines mutmaßl Übererlöses aus der Verwertg einer GrdSch (BGH NJW-RR **87**, 1297). Bei deliktischen SchadErsAnspr müssen bis auf die Entstehg des Schadens alle AnsprVoraussetzgen, auch das Verschulden feststehen (BGH GRUR **57**, 224, NJW **90**, 1358, Celle GRUR **77**, 262). Ausr ist es aber auch, wenn eine feststehde RVerletzg mit hoher Wahrscheinlk auf weitere gleichart Verstöße schließen läßt (BGH NJW **62**, 731, **86**, 1245, and BGH NJW **80**, 2807).

12 **bb)** Der Berecht muß in entschuldb Weise über das Bestehen od den Umfang seines Rechts im **Ungewissen sein** u sich die erforderl Informationen **nicht selbst** auf zumutb Weise **beschaffen** können. Der Anspr ist daher ausgeschlossen, wenn der Berecht sich aus ihm zugängl Unterlagen informieren kann (BGH **LM** § 242 (Be) Nr 25, WM **71**, 1196) od wenn ihm ein vorrangiger AuskAnspr gg einen und Beteiligten zusteht. Der KonkVerw, der sich gem KO 100 an den GemSchu halten kann, hat daher keinen AuskAnspr gg den mutmaßl AnfGegner (BGH **74**, 381, NJW **78**, 1002), die Ehefr des AnfGegners (BGH NJW **87**, 1812) od einen ArbN (BAG DB **90**, 2075). Der Verkäufer kann einen weiteren Beteiligten nicht in Anspr nehmen, soweit ihm der Käufer auskpflicht ist (BGH NJW **80**, 2463). Wg seines Anspr gg den Vorerben hat der Nacherbe keinen AuskAnspr gg den mutmaßl vom Vorerben Beschenkten (BGH **58**, 239). Der Anspr ist grdsl auch dann ausgeschl, wenn der Berecht eine fr Informationsmöglichk schuldh nicht genutzt hat (BGH WM **59**, 208, NJW **90**, 1358). Bei RatenkreditVertr kann der Schu, der keine Unterlagen mehr in Besitz hat, aber gg Kostenerstattg vom Gläub die zur Wahrnehmg seiner Rechte nach §§ 138, 826 notw Informationen verlangen (s BGH NJW-RR **92**, 1073, Hamm WM **92**, 1100). Es werden aber nur noch Informationen geschuldet, keine Dienstleistgen wie etwa Berechngen (Köln WM **90**, 1327).

13 **cc)** Der Verpflichtete muß „unschwer" in der Lage sein, die Ausk zu erteilen. Entscheidd ist, ob ihm der mit der AuskErteilg verbundene ArbAufwand zugemutet w kann (BGH **81**, 25). Steht eine RVerletzg des Verpflichteten fest, ist das bei der ZumutbarkPrüfg zu seinen Lasten zu berücksichtigen (BGH **95**, 281, 293). Ausk über die Verhältn seines Eheg braucht der Verpflichtete grdsl nicht zu erteilen (BGH NJW **79**, 2351). Über strafb Hdlgen kann der Berecht nur Ausk fordern, wenn dies zur Berechng seines ErsAnspr unerläßl ist (BGH NJW **76**, 193).

14 **dd) Schuldner des Auskunftsanspruchs** ist idR der Schu des HauptAnspr, dh derjenige, gg den der LeistgsAnspr geltd gemacht w soll (BGH **56**, 262). Aus Treu u Glauben kann sich aber ausnw auch eine AuskPfl von **Dritten** ergeben, die nicht Schu des HauptAnspr sind. Der Kunde kann vom E-Werk Ausk verlangen, wer irrtüml über seinen Zähler mitversorgt worden ist (LG Bln NJW **82**, 2782). Der HausVerw muß dem Mieter Name u Anschrift des Vermieters bekanntgeben (AG Köln u Hbg NJW-RR **89**, 269, 666), der Krankenhausträger dem Patienten Name u Anschrift des behandelnden Arztes (Düss NJW **84**, 670, AG Offenbach NJW **90**, 2321), der Sportverein dem bei einer Veranstaltg Verletzten Name u Anschrift des Verletzers (LG Köln NJW-RR **86**, 832), der fr gutgl Besitzer einer gestohlenen Sache dem Eigtümer Name u Anschrift des Erwerbers (Hamm NJW **93**, 2623, aA Lorenz NJW **94**, 173, der Vertreiber einer in Verletzg eines LeistgsschutzR in den Verk gebrachten Ware seine Bezugsquelle (BGH **125**, 329), der Vertreiber einer schwarzen Liste (KonkListe) den Betroffenen den Namen des Urhebers der Liste (BGH NJW **95**, 1965). Der Urheber hat gg den Kunsthändler od Versteigerer einen AuskAnspr, wenn dieser ein dem FolgeR (UrhG 26) unterliegdes Gesch vermittelt hat (BGH **56**, 262).

ee) Einzelfälle. – Abwicklung von Verträgen. Auskberecht sind: der VertrPartner (Makler, Archi- 15 tekt) u sein Erbe gg den and VertrPartner wg der BemessgsGrdl seines Anspr (BGH NJW-RR **90**, 1370, Köln NJW-RR **91**, 279, Ffm NJW-RR **94**, 405); der Käufer, der zu den Gestehgskosten gekauft hat, wg der Höhe dieser Kosten (BGH DB **70**, 1533); der VersN gg den Versicherer wg der Grde für die Prämienerhöhg (AG Kblz NJW-RR **93**, 1239); der Eigtümer wg der vom Besitzer gezogenen Nutzgen (RG **137**, 211, BGH JR **54**, 460); der Eigtümer ggü der Bank wg der Höhe des zur GrdSchAblösg erforderl Betrages (Oldenbg WM **85**, 748); der gem § 615 zahlgspflicht ArbG gg den ArbN wg anrechenb Einkünfte (BAG NJW **94**, 2041); der SichgG (ggf der SichgN) wg des Verbleibs des SichgGutes (Brschw BB **56**, 903); der VorbehEigtümer beim verlängerten EigtVorbeh auch wg der Außenstände aus Weiterverkäufen (Köln NJW **57**, 1032); dieser Anspr richtet sich im Konk uU gg den KonkVerw (BGH **49**, 11). Dagg ist der Heimbetreiber nicht verpflichtet, den Bewohnern über die Höhe seiner Personal- u Sachkosten Ausk zu geben (BGH NJW **95**, 1222, Karlsr NJW **95**, 464). – **Anfechtungstatbestände** s Rn 11 u 12. – Beim **Arztvertrag** erstreckt sich die AuskPfl auf Diagnose, Art u Verlauf der Behandlg u auf etwaige Komplikationen (MüKo/Keller § 260 Rn 15). Der AuskAnspr umfaßt hier auch das Recht auf Einsicht in die Krankenunterlagen (BGH **85**, 327, § 810 Rn 4); entspr gilt beim Vertr mit einem Heilpraktiker (LG Köln NJW-RR **94**, 1539). Bei psychiatrischer Behandlg ist das EinsichtsR ausgeschlossen, soweit ihm Interessen des Patienten, des Arztes od Dr entggstehen (BGH **85**, 341, **106**, 146). Das EinsichtsR kann auf Erben od Angeh übergehen, soweit ein berecht Interesse besteht u die ärztl SchweigePfl kein HindergsGrd ist (BGH NJW **83**, 2627). – **Erbrecht.** Auskberecht sind: der weichde Erbe gg den Hoferben wg der BemessgsGrdl seines AbfindgsAnspr (BGH **91**, 171); der nichtehel Sohn gg den Vater wg der Bemessg des Anspr auf vorzeit ErbAusgl (Nürnbg NJW-RR **86**, 83); der PflichtBerecht, VertrErbe od Nacherbe wg etwaiger Schenkgen des Erblassers od Vorerben (Rn 11); der ursprüngl aus einem LebensVersVertr BezugsBerecht gg die Erben des VersNeh u etwaiger Änd des BezugsR (BGH NJW **82**, 1807). Zw Miterben besteht keine allg AuskPfl, insbes nicht über Umst, die die Testierfähigk des Erblassers betreffen (BGH NJW-RR **89**, 450). Vgl im übrigen bei den einz in Rn 5 aufgeführten erbrechtl Vorschr. – **Familienrecht.** Auskberecht sind: der UnterhBerecht u der UnterhPflichtige wg der BemessgsGrdl des UnterhAnspr (§§ 1605, 1361 IV, 1580), wg Ändergen des GesundhZustandes (Schlesw FamRZ **82**, 1018), wg der Bemühgen um einen ArbPlatz (Brschw FamRZ **87**, 284) u der Anlage von Kapital (Karlsr FamRZ **90**, 756); die Eltern eines vollj Kindes wg der Voraussetzgen für ihre pro-rata-Haftg (BGH NJW **88**, 1906); die Eheg untereinand über Vermögensmindergen gem § 1375 II (BGH **82**, 137), über VersorggsR zG des Partners (Düss NJW-RR **90**, 710) u zur Vorbereitg einer Hausrat-AuseinanderS (KG FamRZ **82**, 68). Zum AuskAnspr des nichtehel Kindes auf Benennung seines leibl Vaters s Einf 2 vor § 1593. Der Scheinvater hat ggü der KiMutter keinen Anspr auf Benennung des leibl Vaters (LG Paderborn NJW-RR **92**, 906, aA LG Bonn MDR **93**, 655). Vgl im übr bei den einz in Rn 5 angeführten familienrechtl Vorschr. – **Schadensersatzansprüche.** Der AuskAnspr kann auch iF der Amts- od Staats- 16 haftg im ordentl RWeg geltd gemacht w (BGH **78**, 276, **81**, 24). AuskAnspr kommen in Betracht: bei Verletzg von WettbewVerboten (BAG NJW **67**, 1879, Düss AnwBl **87**, 147), in den Fällen des ergänzden wettbewerbsrechtl Leistgsschutzes (BGH **125**, 329), es besteht aber kein AuskAnspr hins der Richtigk einer Werbebehauptg (BGH **LM** § 242 (Be) Nr 17), bei Verletzg von AlleinverkaufsR (BGH NJW **57**, 1026), Kundenschutzabkommen (BGH **LM** § 242 (Be) Nr 17), Marken (MarkenG 19), UrhR (Mü NJW-RR **92**, 749), von musikal VerwertgsR (BGH **95**, 279, 288), bei Produktmängeln ggü dem Lieferanten hins des Herstellers (Spickhoff NJW **92**, 2055), bei Versteigerg eines fremden Warenlagers (BGH NJW **90**, 1358) u beim Kiesabbau in Überschreitg der bestehden Dbk (BGH NJW-RR **86**, 876). Auch wenn der Berecht gem § **1004** Beseitigg verlangen will, kann ihm ein AuskAnspr zustehen (RG **158**, 379, BGH BB **84**, 2086, Ffm NJW **71**, 245).

3) Pflicht zur Rechenschaftslegung. Sie setzt eine besondere RGrdl voraus, entweder einen Vertr, ein 17 Ges od einen allg RGrds (RG **102**, 236, BGH NJW **57**, 669). Die RechenschLegg setzt eine mit Einn u Ausg verbundene Verw voraus; sie ist eine rechtfertige, besonders genaue Art der Ausk (BGH **93**, 329). – **a)** Bei vielen vertragl u gesetzl SchuldVerh hat das Ges eine Pfl zur RechenschLegg **ausdrücklich angeordnet,** so in §§ 666 (Auftr), 675 (GeschBesVertr), 681 (GoA), 687 II (unerl EigenGeschFührg), 713 (GesellschVertr) 1698 (Eltern), 1890, 1908 i (Vormd u Betreuer), 2130 II (Vorerbe), 2218 (TestVollstr), RechenschPflten iS des § 259 sind auch die Pflten zur Rechngslegg, die nach §§ 1840, 1841, 1667 II, 1908 i ggü dem VormschPfl bestehen (Soergel-Wolf Rn 4). Auch außerhalb des BGB sind RechenschPfl vorgesehen, so in WEG 28 III u IV (Verwalter), in MaBV 8 (Bauträger u Makler) u in HGB 87 c (Unternehmer ggü Handelsvertreter).

b) Besorgung fremder Angelegenheiten. – aa) Aus den angeführten Vorschr, insbes aus §§ 666, 675, 18 681, 687 II, ergibt sich iVm § 242 der **allgemeine Rechtsgrundsatz,** daß rechenschpflicht jeder ist, der fremde Angelegenh besorgt od solche, die zugl fremde u eig sind (RG **73**, 288, **110**, 16, **164**, 350, BGH **10**, 385, NJW **59**, 1963, stRspr). RechenschPflten bestehen daher: beim BauBetreuungsVertr (Locher NJW **68**, 2324), nicht aber bei einer FestpreisVereinbg (Hamm NJW **69**, 1439), beim MietVertr hinsichtl der Heizkosten (BGH NJW **82**, 574, LG Mannh NJW **69**, 1857), bei LizenzVertr, soweit der LizenzGeb am Gewinn beteiligt ist (RG **127**, 243), bei einem partiarischen Darl (KG OLG **19**, 390), u zwar auch dann, wenn eine Verlustbeteiligg ausgeschlossen ist (Soergel-Wolf § 259 Rn 9, aA RG **73**, 288), bei einer VermögensVerw aGrd eines nichtigen Vertr (RG HRR **33**, 3). Dagg besteht **keine** RechenschPfl: bei einer Verpfl zur Herausg von Nutzgen (RG **137**, 212, BGH **19**, 68), bei WärmeliefergsVertr, wenn es für die Höhe des Entgelts nicht auf die tats entstandenen Kosten ankommt (BGH NJW **79**, 1304). – **bb)** Auch ein **rechtswidriges Verhal-** 19 **ten** kann eine RechenschPfl begründen, arg § 687 II. Die SchadErsPfl umfaßt zwar idR keine RechenschPfl (RG HRR **30**, 966), wohl aber dann, wenn der Verletzer obj im Gesch des Verletzten geführt hat, so bei Verletzg eines vertragl AlleinVerkR (RG **92**, 93), bei verbotsw abgeschl Gesch eines Handelsvertreters (RG JW **28**, 2092), bei Vereitelg eines Vertr, der eine RechenschPfl begründet hätte (RG **89**, 103, BGH MDR **63**, 300), vor allem aber bei der Verletzg von UrheberR (UrhG 97 I) u gewerbl SchutzR (BGH **92**, 64, § 687 Rn 6), aber auch wenn der ArbG eine Diensterfindg unbeschränkt in Anspr genommen h (BGH **126**, 114). Auch iF einer Eingriffskondiktion kann der Schu rechenschpflicht sein (BGH **5**, 123), auch hier vor allem bei der Verletzg von ImmaterialgüterR (BGH **60**, 172, § 687 Rn 6).

20   **4) Inhalt des Anspruchs. – a) Auskunftsanspruch. – aa)** Die Ausk ist eine WissensErkl; sie bedarf grdsl der Schriftform (s Mü FamRZ **95**, 737), kann aber in einf Fällen auch mdl abgegeben w (Soergel-Wolf § 260 Rn 57). Sie muß die zur Dchsetzg des GläubAnspr notw Informationen enthalten (BGH **126**, 116, NJW-RR **87**, 876) u dem Gläub eine Nachprüfg ihrer Richtig ermöglichen (RG **127**, 244). Der Schu kann in den Grenzen des § 242 zur Wiederholg der Ausk verpfl sein (BGH NJW-RR **88**, 1073). Der Inh der Ausk kann auch darin bestehen, daß der Schu einen auskpflicht Tatbestd verneint (BGH BB **69**, 1014). Zur Erf genügt es aber nicht, daß der Schu das Bestehen einer AuskPfl bestreitet (BGH NJW **59**, 1219, WM **71**, 443). Etwa entstehde Kosten gehen zu Lasten des Schu (BGH **84**, 32). Sie dürfen aber nicht in einem Mißverhältn zur Bedeutg der Ausk stehen, jedoch kann der Gläub in diesem Fall die erforderl Arbeiten selbst übernehmen

21   (BGH **70**, 91). – **bb) Belege, Wertermittlung.** And als der RechenschAnspr u viele auf ausdr gesetzl Anordng beruhde AuskAnspr (zB §§ 666, 1605) umfaßt der Anspr aus § 242 grdsl keine Pfl zur Vorlage von Belegen (BGH **LM** § 810 Nr 5). Auch ein WertermittlgsAnspr, wie ihn §§ 1379 u 2314 vorsehen, besteht grdsl nicht; er ist aber ausnw gegeben, wenn der Berecht darauf angewiesen ist, daß der Wert von Ggst sachverständ u obj ermittelt w (BGH **108**, 395, NJW **86**, 127), so etwa der PflichttBerecht wg seines Anspr gg den vom Erbl Beschenkten (BGH aaO). Etwaige Kosten gehen zu Lasten des Berecht (BGH **108**, 397). –

22   **cc) Bestandsverzeichnis.** Hat der Schu über einen Inbegriff von Ggst Ausk zu geben (Rn 6), hat er gem § 260 I ein Bestandsverzeichnis vorzulegen, in dem die Aktiva u Passiva übersichtl zusgestellt sind (BGH **33**, 374). Es kann, sofern die Übersichtlichk gewahrt ist, aus einer Mehrh von Teilverzeichnissen bestehen (BGH **LM** § 260 Nr 14). Ein Anspr auf **Ergänzung** besteht, wenn der Schu inf eines Irrt einen Teil des Bestandes weggelassen hat (RG **84**, 44, BGH **LM** § 260 Nr 1), wenn in der Aufstellg best sachl od zeitl Teile völlig fehlen (BGH **92**, 69, NJW **83**, 2244, Köln FamRZ **85**, 935), wenn die Angaben erkennb unvollstänk sind (BGH DB **82**, 2393, Oldbg NJW-RR **92**, 778) od wenn das Verzeichn aGrd gefälschter Unterlagen aufgestellt worden ist (RG HRR **33**, 465). Hat der Schu seine Ausk als unricht widerrufen, ist er zur Wiederholg der Ausk verpflichtet (BGH NJW **86**, 424). Im übrigen begründen materielle Mängel der Ausk grdsl keinen Anspr auf NachErf, sond auf Abgabe der eidesstattl Vers (BGH **LM** ZPO 254 Nr 3 u 6).

23   **b) Anspruch auf Rechenschaftslegung.** Die RechenschLegg erfordert eine übersichtl in sich verständl ZusStellg der Einnahmen u Ausg (BGH NJW **82**, 573, **85**, 2699). Sie muß nicht nur den derzeitigen Zustand, sond auch die Entwicklg zu ihm im einz aufzeigen (Köln NJW-RR **89**, 528). Belege sind, soweit solche üblicherw gegeben w, vorzulegen, beim Auftr sind sie herauszugeben (§ 667). Die Angaben müssen so detailliert u verständl sein, daß der Berecht ohne fremde Hilfe in der Lage ist, seine Anspr u die gg ihn gerichteten Anspr nach Grd u Höhe zu überprüfen (BGH NJW **82**, 573, BayObLG NJW-RR **88**, 18). Die bloße Vorlage von Belegen mit dem Angebot einer mdl Erläuterg genügt nicht (BGH **39**, 95, Köln NJW-RR **89**, 568). Bei **Unvollständigkeit** der Rechng besteht ein Anspr auf Ergänzg (BGH **92**, 69, Rn 22). Einen Anspr auf Überprüfg der Rechng dch einen Sachverst sieht das Ges dagg nicht vor (BGH **92**, 64).

24   **c) Grenzen des Auskunfts- und Rechenschaftsanspruchs.** Der Umfang der Ausk- u RechenschPfl wird wesentl dch den Grds der Zumutbark mitbestimmt (BGH NJW **82**, 574). Besteht die Gefahr, daß der Berecht Informationen zu vertragsfremden Zwecken, insbes zum Wettbew, mißbrauchen könnte, braucht der Verpflichtete diese nicht zu offenbaren (RG **127**, 245, BGH **10**, 387, NJW **66**, 1119); er muß sie aber auf Verlangen des Berecht einer zur Verschwiegenh verpflichteten Vertrauensperson mitteilen (BGH **LM** § 260 Nr 6, PatG 47 Nr 5, Kblz VersR **91**, 1192). Der Anspr entfällt, wenn feststeht, daß der Gläub aGrd der Ausk od RechenschLegg keinesfalls etwas fordern könnte (BGH **108**, 399, BAG ZIP **94**, 644), aber auch, wenn der Schu einer SchweigePfl unterliegt u der Berecht nicht „Herr des Geheimnisses" ist (BGH NJW **90**, 512). Dagg kann sich der Schu nicht darauf berufen, daß er sich bei wahrheitsgem Erkl einer strafb Hdlg bezichtigen müßte (BGH **41**, 318, NJW **90**, 511). Auch Störgen des Erinnergsvermögens befreien den Schu nicht (RG DR **41**, 2325), zumal ihm auch and ErkenntnQuellen, uU auch AuskAnspr gg Dr (BGH **107**, 109), zur Vfg stehen. Langes Zuwarten kann Verwirkg begründen (BGH **39**, 92); and ist es aber, wenn nachträgl Bedenken gg die Zuverlässigk auftreten (BGH aaO).

25   **5) Rechtsnatur und Verhältnis zum Hauptanspruch. – a)** Der Ausk- u RechenschAnspr ist im Verhältnis zum HauptAnspr, dessen Dchsetzg er dient, ein HilfsAnspr (MüKo/Keller § 259 Rn 19). Er beruht auf **dispositivem Recht** u kann daher abbedungen w (Stgt NJW **68**, 2338). Der Verzicht in einem BaubetreuungsVertr verstößt aber idR gg MaBV 5, 8, ein formularmäß Verzicht gg AGBG 9 II Nr 1. Die Entggn von Leistgen des Schu enthält iZw keinen Verzicht auf Ausk oder RechenschLegg (Mü HRR **41**, 628). Der Berecht verliert seinen RechenschAnspr nicht dadch, daß er zunächst nur Ausk verlangt hat (BGH NJW **73**,

26   1839). – **b)** Der Ausk- od RechenschAnspr kann idR nur zus mit dem HauptAnspr **abgetreten** w (BGH **107**, 104, Karlsr FamRZ **67**, 692). Ist der Gläub (Erbe) seinerseits einem and (PflichttBerecht) auskpflicht, kann er den Anspr aber an diesen abtreten (BGH aaO). Die Abtr des HauptAnspr erstreckt sich iZw auch auf den Ausk- u RechenschAnspr (§ 401 Rn 4). Dieser ist aktiv u passiv vererbl, jedoch kann sich der Erbe uU auf Unvermögen berufen (RG HRR **33**, 569, s aber BGH **107**, 104). Der Ausk- u RechenschAnspr hat iZw den gleichen ErfOrt wie der HauptAnspr (Karlsr NJW **69**, 1968, Düss NJW **74**, 2185). Bei mehreren Berecht ist § 432 od § 428 anwendb, dem Schu ist aber idR eine Vervielfältig zuzumuten (RG DR **41**, 2191); neben den AuskAnspr der PersMehrh kann bei einem berecht Interesse ein IndividualAnspr des einz

27   Gläub treten (BayObLG Rpfleger **72**, 262). Zum ZbR s § 273 Rn 17. – **c)** Der Ausk- u RechenschAnspr **verjährt** selbständ, idR gem § 195 in 30 Jahren. Die kürzere VerjFr für den HauptAnspr (Bsp: § 2332) gilt für den Ausk- u RechenschAnspr nicht (BGH **108**, 399, NJW **85**, 384, and noch BGH **33**, 379). Wenn der HauptAnspr verjährt ist, kann aber der Ausk- od RechenschAnspr wg Wegfalls des Informationsinteresses idR nicht mehr erhoben w (BGH aaO).

28   **6) Verfahrensrechtliches.** Mit dem Anspr auf Ausk (Rechenschlegg) kann iW der **Stufenklage** (ZPO 254) zugl der Anspr auf eidesstattl Versicherg u (od) Leistg geltd gemacht w; der Klage darf hinsichtl einer späteren Stufe (eidesstattl Versicherg, Leistg) erst stattgegeben w, nachdem über die fr (Ausk, eidesstattl Versicherg) dch TUrt entschieden worden ist (BGH **10**, 386, **LM** ZPO 254 Nr 3 u 7). Die Klage muß die zu erteilde Ausk konkret bezeichnen (Soergel-Wolf § 260 Rn 77), jedoch kann je nach den Umst des EinzFalles auch eine allg Fassg ausr sein (BGH DB **70**, 1533). Der Übergang von der Ausk- zur Zahlgsklage u umgekehrt ist nach ZPO § 264 Nr 2 keine KlÄnderg u daher grdsl jederzeit mögl (BGH NJW **79**, 926). Die ZwVollstr richtet sich nach ZPO 888, da AuskErteilg u RechenschLegg unvertretb Hdlgen sind (KG NJW **72**, 2093, Ffm FamRZ **84**, 271).

7) Eidesstattliche Versicherung (§§ 259 II u III, 260 II u III, 261. – **a)** Sie ist aGrd des Ges vom 27. 6. 70 **29** (BGBl 911) an die Stelle des Offenbarseides getreten. Es handelt sich um eine **materiellrechtliche** Pfl, die über die tatbestandl Grenzen der §§ 259, 260 hinaus auch bei AuskAnspr ähnl Inh gegeben sein kann (Hbg NJW-RR **93**, 829) so vor allem iF der AuskPfl des ArbN gem § 615 (BAG NJW **94**, 2044). Sie kann auch dch mehrere Versichergen erfüllt w (BGH NJW **62**, 245). Die Verpfl ist höchstpersönl Natur; sie kann nur vom Verpflichteten selbst, nicht von einer HilfsPers erfüllt w (KG NJW **72**, 2093), geht aber auf den Erben über (BGH **104**, 371). Die Versicherg ist nach dem Ges das einzige Zwangsmittel zur Sicherstellg der Richtig u Vollständigk der Ausk (Rechngslegg); einen Anspr auf Überprüfg dch einen Sachverst od dch Bucheinsicht sieht das BGB nicht vor (BGH **92**, 64, s aber Rn 31).

b) Voraussetzungen. Es muß Grd zu der Ann bestehen, daß die in der Rechng enthaltenen Angaben **30** über die Einnahmen (§ 259 II) od das Bestandsverzeichn (§ 260 II) nicht mit der erforderl Sorgf erstellt worden sind. Maßgebd ist das GesVerhalten des Schu (BGH **LM** § 259 Nr 8). Es genügt nicht, daß er f die Ausk verweigert hat (BGH NJW **66**, 1171), daß das Verzeichn ohne Zuziehg von Zeugen aufgestellt worden ist od daß der Schu Belege verspätet vorgelegt hat (KG JR **49**, 410). Auch Unrichtigk od Unvollständigk begründen keinen Anspr auf Abgabe der Versicherg, wenn sie auf entschuldb Unkenntn od einem unver-schuldeten Irrt beruhen (BGH **89**, 140); and ist es aber, wenn das er gehörige Sorgf hätten vermieden w können (BGH aaO). Auch wenn inhaltl Mängel nicht feststehen, kann Grd für die Annahme einer SorgfPfl-Verletzg gegeben sein (BGH **89**, 139), so etwa bei mehrf berichtigten Angaben (BGH **LM** § 259 Nr 8) od wenn der Schu mit allen Mitteln versucht hat, die AuskErteilg zu verhindern (Ffm NJW-RR **93**, 1483). And als beim Bestandsverzeichn des § 260 I (BGH **33**, 375) bezieht sich die eidesstattl Versicherg bei der Rechen-schLegg nur auf die Vollständigk der **Einnahmen,** da sich der Schu dch eine Unvollständigk der Ausgaben idR nur selbst benachteiligt. Der TestVollstr u der zur Ermittlg der Höhe eines SchadErsAnspr (Verletzer-gewinn) RechenschPflicht hat aber auch hinsichtl der Ausg eine Pfl zur eidesstattl Versicherg (BGH **92**, 68).

c) Der Anspr auf eidesstattl Vers ist bei Angelegenh von geringer Bedeutg **ausgeschlossen** (§§ 259 III u **31** § 260 III). Das gilt nicht nur, wenn die Angelegenh insges unbedeutd ist, sond auch, wenn der beanstandete Mangel unbedeutd ist. Der Erbe wird von der Pfl zur eidesstattl Versicherg frei, wenn er die Mängel der Abrechng des Erbl behebt (BGH **104**, 369). Dagg ist es kein BefreiungsGrd, daß der Schu eine strafb Hdlg offenbaren müßte (BGH **41**, 322). Hat der Berecht einen gesetzl od vertragl Anspr auf Bucheinsicht od Überprüfg dch einen Sachverst od kann er sonst auf **einfachere Weise** eine umfassde Klarstellg erreichen, kann im Einzelfall für den Anspr auf eidesstattl Versicherg das RSchutzinteresse fehlen (BGH **92**, 65). Im HandelsvertreterR ist er ggü dem Anspr aus HGB 87 c IV subsidiär (BGH **32**, 302, Saarbr OLGZ **88**, 234).

d) Verfahren (§ 261). – **aa)** Der Schu kann die Versicherg **freiwillig** vor dem Ger der freiw Gerichtsbk **32** abgeben (FGG 163, 79), zuständ ist der RPfleger (RPflG 3 Nr 1 b). Das Ger hat nicht zu prüfen, ob Grd zur Annahme eines SorgfMangels bestehe (KGJ **45**, 112). Der Berecht muß die Versicherg aber dch Klage od in sonst Weise verlangt haben (BayObLG **53**, 135). Das FGG-Verfahren ist auch noch nach Erlaß eines Urt mögl. Die Abg vor einem Notar ist dagg nicht ausr (Zweibr MDR **79**, 492). – **bb)** Wird die Versicherg **33** verweigert, muß der Berecht **Klage** erheben, die er gem ZPO 254 mit der Klage auf Ausk (RechenschLegg) u Leistg verbinden kann (Rn 28). VollstrGer ist das AmtsGer, zuständ ist der Rpfleger (RpflG 20 Nr 17), jedoch ist die Anordng der Erzwinggshaft dem Ri vorbehalten (RPflG 4 II Nr 2). – **cc)** Die Formel der **34** eidesstattl Versicherg kann zur Verdeutlichg geändert w (§ 261 II). Bsp: RG **125**, 260, BGH **33**, 375. Zust ist bei freiw Abgabe das Ger der freiw Gerichtsbark, sonst das Proz- oder VollstrG. Das VollstrGer darf auch dann ändern, wenn die Formel in einem rechtskr Urt festgelegt worden ist (Bamberg NJW **69**, 1304/2204, str). – **dd)** Die **Kosten** der eidesstattl Versicherg trägt gem § 261 III, wer diese verlangt, idR also der **35** Berecht. III gilt für die Abgabe im FGG-Verfahren u vor dem VollstrGer (KG JW **34**, 1982, aA Hansens JurBüro **86**, 830). Sie ist keine Grdl für eine gerichtl Kostenentscheid (LG Bochum Rpfleger **94**, 451). Sie gilt nicht für die Kosten des RStreits um den Anspr auf eidesstattl Versicherg u nicht für die Kosten des ErzwinggsVerf nach ZPO 889 II, 888 (MüKo/Keller Rn 5). Auch auf sonst Kosten des Schu ist III weder direkt noch analog anwendb, insbes nicht auf die Kosten der DrittschuldnerErkl nach ZPO 840 (BAG NJW **85**, 1182).

262 *Wahlschuld; Wahlrecht.* **Werden mehrere Leistungen in der Weise geschuldet, daß nur die eine oder die andere zu bewirken ist, so steht das Wahlrecht im Zweifel dem Schuldner zu.**

1) Wahlschuld. – a) Sie liegt vor, wenn mehrere **verschiedene Leistungen** in der Weise geschuldet w, **1** daß nach späterer Wahl nur eine von ihnen zu erbringen ist. Es besteht nur ein einheitl Anspr mit alternati-ven Inh (Köln VersR **93**, 322). Die zunächst unbest, aber bestimmb Leistg wird dch die Wahl auf eine best Leistg konkretisiert. Eine Wahlschuld ist auch gegeben, wenn sich das WahlR nicht auf verschiedene LeistgsGgst, sond auf versch **Modalitäten der Erfüllung** (Zeit, Ort) bezieht (RG **57**, 141, Ziegler AcP **171**, 198, MüKo/Keller Rn 4, aA RG **114**, 395, Larenz § 11 II, wohl auch BGH NJW **83**, 996 für den Fall eines Wahlgerichtsstandes mit SchuWahlR). Dagg sind die §§ 262ff unanwendb, wenn für eine geschuldete Leistg, etwa SchadErs od Honorar, versch **Berechnungsarten** bestehen (BGH NJW **66**, 826, Stgt NJW **70**, 287). – **b)** Das **Wahlrecht** ist ein GestaltgsR. Nach § 262, der keine bloße Auslegsregel, sond eine Ergänzg **2** des PartWillens ist, steht es iZw dem Schu zu. In der Praxis des RVerk wird es dagg idR dem Gläub übertragen. Es kann dch vertragl Abrede auch einem Dr überlassen w; in diesem Fall sind die §§ 317ff entspr anwendb (Staud-Selb Rn 13, str). – **c) Entstehung.** Die Wahlschuld kann dch Vertr, Vfg vTw (§ 2154) od **3** Ges begründet w. Bsp vereinbarter Wahlschulden sind: WahlR zw Geld- u Naturalpacht (BGH **81**, 137,

NJW **62**, 1568), zw versch Währgen (RG **126**, 197, **168**, 247), zw versch Arten der AuseinandS (s RG **114**, 395), zw verschiedenen zu stellden od freizugebden Sicherh (BGH WM **83**, 926, 928), Gutschrift für eine vom Käufer zurückgegebene Sache (AG Hbg NJW **90**, 125). Ges Wahlschulden sind selten. Die in diesem ZusHang oft genannten §§ 179, 280 II u 557 I sind nach richt Ans Fälle der elektiven Konkurrenz (Rn 6).

4 **2)** Die Wahlschuld hat im BGB eine **wenig überzeugende Regelung** gefunden. Ihr enger Begriff umfaßt von den SchuldVerh mit Wahlmöglichk nur einen Teil, u zwar gerade den, der in der Praxis selten vorkommt. Die §§ 262ff, insb der § 264, sind in „Gesetzesform gegossene schlechte Begriffsjurisprudenz" (Ziegler AcP **171**, 216). Wenn einer Part nach RGesch od Ges Wahlbefugn zustehn, ist vielf keine Wahlschuld, sond je nach der Interessenlage eine der ihr ähnl RFiguren (Rn 5ff) anzunehmen.

5 **3) Abgrenzung. – a) Gattungsschuld.** Über die Abgrenzg zw der beschr Gattgsschuld (§ 243 Rn 3) u der Wahlschuld entscheidet der PartWille. Bei der beschr Gattgsschuld verstehen die Part den Vorrat, aus dem geleistet w soll, als eine Menge gleichart Ggst, bei der Wahlschuld als eine Anzahl von individuell geprägten verschiedenartigen Ggst (MüKo/Keller Rn 6). Bei der Gattgsschuld sind Sachen mittlerer Art u Güte zu liefern (§ 243), dagg ist der Berecht bei der Wahlschuld in der Leistgsbestimm frei (§ 263 Rn 1). In der Praxis überwiegt die Gattgsschuld. Der **Spezifikationskauf** (HGB 375), bei dem der Käufer über Form, Maß od ähnl Modalitäten der Kaufsache bestimmen kann, ist idR eine Gattgsschuld (hM); er kann aber im Einzelfall als eine Wahlschuld ausgestaltet sein (Ziegler AcP **171**, 207). Mögl ist auch eine Kombination von Wahl- u Gattgsschuld in der Weise, daß jeder der wahlw geschuldeten Ggst nur nach Gattgsmerkmalen bestimmt ist (BGH NJW **60**, 674).

6 **b) Elektive Konkurrenz.** Währd bei der Wahlschuld nur eine Fdg mit alternativen Inh besteht, stehen dem Gläub bei der elektiven Konkurrenz wahlw **mehrere**, inhaltl verschiedene **Rechte** (Fdgen und GestaltgsR) zu (MüKo/Keller Rn 15). Bsp für eine solche Mehrh von GläubR sind: Wandlg u Minderg (§ 462); SchadErs wg NichtErf u Rücktr iF der §§ 325, 326 (RG **109**, 186, Düss NJW **72**, 1051); WegnR u Vergütgs-Anspr iF des § 951 (BGH **LM** § 946 Nr 6); ErfAnspr u VertrStrafe iF des § 340 (Ziegler AcP **171**, 205, str); Minderg u Nachbesserg iF der §§ 633, 634 (MüKo/Keller Rn 16, aA Köln OLGZ **68**, 259); Erf- u SchadErs-Anspr iF des § 179 (Hilger NJW **86**, 2237, aA RG **154**, 62); SchadErsAnspr u Anspr aus § 281 (Soergel/Wiedemann § 281 Rn 41, str); KündR aus 564b II Nr 1 u IV (Hbg NJW **83**, 183). §§ 262ff sind weder unmittelb noch analog anzuwenden. Das gilt insb für § 263 (allgM). Ob die Wahl bindt ist od ein *jus variandi* besteht, ist dem RegelgsZusHang der Norm zu entnehmen, die die konkurrierden GläubR begründet.

7 **c) Ersetzungsbefugnis** *(facultas alternativa)*. – **aa)** Das BGB hat sie nicht geregelt, obwohl sie in der Praxis häufiger vorkommt als die Wahlschuld. Die §§ 262ff sind weder unmittelb noch entspr anwendb (RG **132**, 14, **136**, 130). Ob die Wahl bindet od der Berecht ein *jus variandi* hat, ist dch Auslegg des Ges od 8 RGesch zu entscheiden, auf dem die *facultas alternativa* beruht. – **bb)** Die Schuld mit einer **Ersetzungsbefugnis des Schuldners** hat im Ggs zur Wahlschuld von Anfang an einen best Inh. Der Schu ist aber berecht, anstelle der an sich geschuldeten Leistg eine and als Leistg an Erf Statt zu erbringen. Ges Bsp sind ua §§ 244 I (RG **101**, 313), 251 II, 528 I S 2, 775 II, 1973 II S 2, 2170 II S 2. Ersetzungsbefugn des Schu können auch dch Vertr begründet w, dch formularmäß Klauseln aber nur in den Grenzen von AGBG 10 Nr 4 (s dort). Gibt der Kfz-Käufer seinen Gebrauchtwagen in Zahlg, liegt darin die Begründg einer Ersetzungsbefugn (BGH **46**, 338, **89**, 128). Das gilt aber nicht, wenn der KfzHändler zur Vermeidg einer MWStPfl ledigl als Vermittler auftritt (s BGH NJW **80**, 2191). Wird die Primärleistg dch Zufall unmögl, wird der Schu auch dann frei, wenn die ErsLeistg weiterhin erbracht w könnte (Esser-Schmidt § 14 III 1, hM). Dagg bleibt der Anspr auf 9 die Primärleistg unberührt, wenn die ErsLeistg unmögl w (RG **94**, 60). – **cc)** Bei der Schuld mit einer **Ersetzungsbefugnis des Gläubigers** hat dieser das Recht, statt der an sich geschuldeten Leistg eine and zu fordern. Ein ges Bsp ist § 249 S 2 (BGH **5**, 209). Vertragl Abreden über die Begründg einer *facultas alternativa* des Gläub dienen vielf demselben Zweck; sie sehen zu diesem Zweck vor, daß der Gläub statt des geschuldeten Geldbetrages Naturalleistgn verlangen kann (BGH **81**, 137, NJW **62**, 1568). Der Schu kann die Verbindlichk (and als iF der Wahlschuld) erfüllen, ohne die Wahl des Gläub abwarten od eine Fr gem § 264 II setzen zu müssen. Für die Unmöglichk der Primär- od ErsLeistg gilt dasselbe wie bei der Ersetzgsbefugn des Schu (Rn 8). Im übrigen ist der Unterschied zur Wahlschuld mit einem WahlR des Gläub gering (s Erler, Wahlschuld mit WahlR des Gläub usw., 1964).

263 *Ausübung des Wahlrechts; Wirkung.* [I] Die Wahl erfolgt durch Erklärung gegenüber dem anderen Teile.
[II] Die gewählte Leistung gilt als die von Anfang an allein geschuldete.

1 **1)** Das WahlR ist ein GestaltgsR. Es gehört zum Inh des SchuldVerh u geht daher mit auf den RNachfolger des wahlberecht Gläub od Schu über. Es wird dch eine einseit, empfangsbedürft WillErkl **ausgeübt**. Die Erkl ist wie alle rechtsgestalten WillErkl grdsl bedinggsfeindl (Einf 13 v § 158). Sie kann auch dch schlüss Hdlg erfolgen, etwa dch Angebot od Ann der Leistg od dch Klage. Schlüss Verhalten ist aber nur dann als WillErkl zurechenb, wenn der Berecht die mögl Deutg seines Verhaltens als WahlErkl erkennen konnte (§ 133 Rn 11). Steht das WahlR mehreren gemeins zu, muß die Wahl von ihnen übereinstimmd erklärt w (s BGH **59**, 190). § 243, wonach iZw eine Sache mittlerer Art u Güte zu leisten ist, ist nicht entspr anwendb (Staud-Selb Rn 3). Die Wahl ist an Treu u Glauben gebunden (BGH WM **83**, 926, 928); sie kann, auch wenn 2 sie vor der Leistg erfolgt, **nicht widerrufen** od geändert w (eine wenig zweckmäß Regelg). Da § 263 dispositives Recht ist, können die Part aber vertragl ein *jus variandi* begründen (RG **136**, 130). Die WahlErkl ist nach Maßg der §§ 119ff anfechtb. Bereits erbrachte Leistgn können nach wirks Anf gem § 812 zurückgefordert w. Auch bei Leistg in Unkenntn des WahlR besteht ein Anspr aus § 812. Auf die Fälle der elektiven Konkurrenz u der Ersetzungsbefugn findet § 263 keine Anwendg (§ 262 Rn 6 u 7).

3 **2)** Dch die WahlErkl tritt eine **rückwirkende Konzentration** des SchuldVerhältn auf die gewählte Leistg ein **(II).** Bei Unmöglichk einer einzelnen Leistg w § 263 II aber dch § 265 modifiziert (s dort).

264 *Verzug des Wahlberechtigten.* [I] Nimmt der wahlberechtigte Schuldner die Wahl nicht vor dem Beginne der Zwangsvollstreckung vor, so kann der Gläubiger die Zwangsvollstreckung nach seiner Wahl auf die eine oder auf die andere Leistung richten; der Schuldner kann sich jedoch, solange nicht der Gläubiger die gewählte Leistung ganz oder zum Teil empfangen hat, durch eine der übrigen Leistungen von seiner Verbindlichkeit befreien.

[II] Ist der wahlberechtigte Gläubiger im Verzuge, so kann der Schuldner ihn unter Bestimmung einer angemessenen Frist zur Vornahme der Wahl auffordern. Mit dem Ablaufe der Frist geht das Wahlrecht auf den Schuldner über, wenn nicht der Gläubiger rechtzeitig die Wahl vornimmt.

1) Die Vorschr, bes ihr Abs 1, zeichnet sich dch Lebensferne u Schwerfälligk aus (s auch § 262 Rn 4). Die 1 Wahlschuld begründet **keine Pflicht zur Wahl.** Eine Kl auf Vorn ist nicht mögl. Verzögert der Schu die Wahl, kommt er nicht in Verzug.

2) Ist der **Schuldner wahlberechtigt,** gibt das Ges dem Gläub nicht die Möglichk dch FrSetzg den 2 Übergang des WahlR herbeizuführen. Der Gläub muß vielm LeistgsKl mit alternativen KlAntrag erheben. Nach Erlaß eines entspr Urt kann er bestimmen, wg welcher Leistg vollstreckt w soll **(I 1, 1. Halbsatz).** Gleichwohl hat der Schu weiterhin das WahlR; nach Beginn der ZwVollstr (ZPO 750, 803 ff, 829) kann er das WahlR aber nicht mehr dch Erkl, sond nur noch dch tats Leistg ausüben, **I 1, 2. Halbsatz** (RG 53, 82). Sobald der Gläub (teilw) befriedigt ist, erlischt das WahlR des Schu. Gem ZPO 815 III, 819 tritt Befriedigg des Gläub bereits ein, wenn der GVz das gepfändete Geld od den Versteigergserlös in Besitz nimmt.

3) Ist der **Gläubiger wahlberechtigt,** kann der Schu dch FrSetzg den Übergang des WahlR auf sich 3 herbeiführen (II). Die FrSetzg setzt AnnVerzug voraus. Dazu genügt gem § 295 ein wörtl Angebot. Die FrSetzg ist entbehrl, wenn der Gläub die DchFührg des Vertr ernsth u endgült verweigert (RG **129**, 145). Auf das WahlR, das dem ArbN bei einem unverbindl nachvertragl WettbewVerbot zusteht, ist II 1 entspr anwendb (BAG DB **91**, 709).

265 *Unmöglichkeit bei Wahlschuld.* Ist eine der Leistungen von Anfang an unmöglich oder wird sie später unmöglich, so beschränkt sich das Schuldverhältnis auf die übrigen Leistungen. Die Beschränkung tritt nicht ein, wenn die Leistung infolge eines Umstandes unmöglich wird, den der nicht wahlberechtigte Teil zu vertreten hat.

1) Allgemeines. Die Vorschr trägt den mögl verschiedenart Interessenlagen nicht ausr Rechng (s Ziegler 1 AcP **171**, 211). Sie ist aber nachgieb Recht. Stillschw Abbedingg ist anzunehmen, wenn ihre Anwendg den VertrAbs widerstreiten würde (RG **90**, 395). Der Unmöglichk steht es gleich, wenn das Versprechen einer der Leistgen gg ein ges Verbot (§ 134) verstößt od formunwirks (§ 125) ist (RG Gruch **48**, 973); Voraussetzg ist jedoch, daß die verbleibde Leistg auch ohne die ungült vereinb worden wäre (RG aaO, § 139).

2) Unmöglichkeit. – a) Bei **anfänglicher** Unmöglichk aller Leistgen ist der Vertr gem § 306 nichtig; 2 ggf ist § 307 anwendb. Ist nur eine Leistg unmögl, tritt in Dchbrechg des § 139 keine GesNichtigk ein; das SchuldVerh beschränkt sich vielm auf die mögl Leistg **(Satz 1).** Zu prüfen ist aber jeweils, ob der Wille der Part diesem Ergebn entggsteht (Rn 1). – **b) Nachträgliche** Unmöglichk **vor der Wahl:** Werden alle 3 Leistgen unmögl, gelten die allg Regeln (§§ 275 ff, 323 ff). Wird nur eine Leistg unmögl, beschränkt sich das Schuldverh auf die mögl Leistg **(Satz 1).** Das gilt jedoch nicht, wenn die Unmöglichk von der nicht wahlberecht Part zu vertreten ist **(Satz 2).** Wählt in diesem Fall der wahlberecht Schu die unmögl Leistg, gilt § 275 (ggf mit § 324). Der wahlberecht Gläub kann bei Wahl der unmögl Leistg auch nach § 325 SchadErs verlangen. – **c)** Unmöglichk **nach der Wahl:** Unmöglichk der nicht gewählten Leistg ist für das 4 SchuldVerh unerhebl. Wird die gewählte Leistg unmögl, gelten gem § 263 II die allg Bestimmgen (§§ 275 ff, 323 ff); interessengerecht wäre zumindest in diesem Fall ein *jus variandi.*

266 *Teilleistungen.* Der Schuldner ist zu Teilleistungen nicht berechtigt.

1) § 266 hat den **Zweck,** Belästiggen des Gläub dch mehrfache Leistgen zu verhindern (RG **79**, 361). 1

2) Teilleistung. – a) Der Begriff wird vom Ges nicht definiert. Die §§ 280 II, 320 II, 323 I 2, 325 I 2, 420, 2 427, 431, 432, die and Probleme der Teilleistg regeln, sind für die Ausleg des § 266 unergieb. Eine einheitl BegrBildg ist nicht mögl, da jede Vorschr entspr ihrer Zweckbestimmg ausgelegt w muß (Coing SJZ **49**, 532). Teilleistg iS des § 266 ist jede unvollst Leistg (MüKo/Keller Rn 3). Dabei sind die obj Gegebenh maßgebd, nicht die Auffassg des Schu. § 266 ist auch dann anwendb, wenn der Schu die obj unvollst Leistg subj für vollst hält (Soergel-Wolf Rn 15, fr str). Von der TeilLeistg begriffl zu unterscheiden ist die Leistg eines *aliud.* Für die Abgrenzg kommt es darauf an, ob die erbrachte Leistg dch weitere Leistgen zu der geschuldeten GesLeistg ergänzt w könnte (Teilleistg) od nicht ("AndersLeistg"). Die prakt Bedeut der Unterscheidg ist jedoch gering, da Gläub in beiden Fällen ein AblehngsR hat. Das Verbot des § 266 gilt auch für die **Hinterlegung** u die Künd eines TeilBetr dch den Schu (RG **111**, 401).

b) Der Begr der **teilbaren Leistung** (§§ 420, 427, 431, 432) stimmt mit dem der Teilleistg weder überein 3 noch ist er aus ihm ableitb. Er ist aber deshalb für § 266 von Bedeutg, weil die ausnw bestehde Pfl zur Ann von Teilleistgen (Rn 6 ff) grdsl nur bei teilb Leistgen in Betracht kommt. Teilb ist eine Leistg, wenn sie ohne Wertminderg u ohne Beeinträchtigg des LeistgsZwecks in Teilleistgen zerlegt w kann (Staud-Selb Rn 3, RGRK § 420 Rn 9). Das trifft idR zu bei Geld od and vertretb Sachen (RG **67**, 261, **75**, 310), GattgsLeistgen, Herausg von hinterlegtem Geld (BGH **90**, 196), Lieferg von mehreren geschuldeten Sachen, Dienstleistgen (RG JW **11**, 756). Unteilb sind Leistgen, deren Ggst nicht geteilt w kann, wie die Verpfl zur Herstellg eines Werkes (RG JW **11**, 756), zur tatsächl Übergabe (Herausgabe) einer best Sache (RG **89**, 207, **119**, 169, BGH

65, 227, *arg* 432 I 2), zur Übereign eines Grdst (BayObLG NJW-RR **92**, 1370) od zur sonst Verschaffg des Eigt od eines Rechts (RGRK § 420 Rn 11: TeilEigt ist ggü VollEigt nicht *minus* sond *aliud*, str), zur Naturherstellg gem § 249 S 1 (RG **67**, 275), zur RückÜbertr einer GrdSch (BGH WM **69**, 211), zur Gebrauchsgewähr an einer Mietsache (Düss NJW-RR **86**, 507, Frage des Einzelfalls s BGH **116**, 337), zur
4 Unterlassg (Übbl 11 vor § 420). Auch bei einer im natürl Sinn teilb Leistg kann sich aus dem **Leistungszweck** u der Eigenart der Fdg die Unteilbark der Leistg (rechtl Unteilbark) ergeben (§ 432 Rn 2).

5   **3)** Sind aus einem SchuldVerh **mehrere Forderungen** entstanden, so ist die Erf einer dieser Fdgen keine Teilleistg, sond vollst Erf. § 266 ist dementspr unanwendb bei Zahlg einer von mehreren rückständ Mietzinsraten (KG OLG **22**, 290). Das gilt ebso für Unterhalt, HypZinsen, Beiträge u Renten. Anspr auf VerspätgsSchaden u VertrStrafe sind nicht Teil der HauptFdg, sond auf einem zusätzl RGrd beruhde NebenFdg (§ 284 Rn 29, str, aA Staud-Selb Rn 3). § 266 daher unanwendb, wenn Schu allein die HauptFdg (NebenFdg) bezahlt. Das gilt ebso für das Verh von HauptFdg zu Zinsen u Kosten (Weber MDR **92**, 328), jedoch ist die Leistg vorbehaltl der Sonderregelg in VerbrKrG 11 III gem § 367 zunächst auf Zinsen u Kosten anzurechnen. Schuldet der Schu neben einer noch mögl Teilleistg SchadErs wg des unmögl gewordenen Teils, handelt es sich gleich um zwei Anspr (str).

6   **4) Teilleistungen** sind zulässig: – **a)** Bei einer entspr **Parteivereinbarung,** die auch stillschw zustande kommen kann; in AGB sind Teilzahlgsklauseln ohne Einschränkg dch ein ZumutbarkKriterium aber unwirks (Stgt NJW-RR **95**, 116). Beim SukzessivliefergsVertr (Einf 26 ff v § 305) ist die Abwicklg dch Teilleistg VertrInhalt. § 266 gilt für die jeweilige Teilleistg.

7   **b) Aufrechnung:** Es darf mit einer geringeren gg eine größere Fdg aufgerechnet w (allgM). Die §§ 387 ff wären sonst weitgehd leerlaufd, da gleich hohe Fdgen sich selten aufrechenb ggüstehen. Zul auch Aufr mit einem Teil der GgFdg (RG **79**, 360, hM); TeilAufr kann aber gem § 242 unzul sein, wenn sie eine für den Gläub unzumutb Belästigg darstellt.

8   **c)** Der **Wechsel- und Scheckinhaber** muß Teilzahlgen annehmen (WG 39 II, ScheckG 34 II). Eine Pfl zur Ann von Teilzahlgen besteht auch bei VerbrKrediten (VerbrKrG 11 III 2), bei Mietkautionen gem § 550b I 3, in der Zwangsvollstreckg (*arg* ZPO 757) u im KonkVerteilgsVerf (KO 149) sowie nach Erlaß eines TeilUrt (MüKo/Keller Rn 13). Im **Enteignungsverfahren** darf Eigtümer die behördl festgesetzte Entschädigg auch dann nicht zurückweisen, wenn sie zu niedr ist (BGH **44**, 59, NJW **67**, 2011).

9   **d) Treu und Glauben:** § 266 wird auch dch § 242 eingeschränkt. Der Gläub darf Teilleistgn nicht ablehnen, wenn ihm die Ann bei verständ Würdigg der Lage des Schu u seiner eig schutzwürd Interessen zuzumuten ist (BGH VersR **54**, 298, **LM** Nr 2). Die Frage hat insb für Teilleistgen von HaftpflVersicherern bei bestr AnsprHöhe prakt Bedeutg. Ihre Entscheidg erfordert in jedem Einzelfall eine sorgf Abwägg der beiderseit Interessen (Baumgärtel VersR **70**, 971). AnnPfl des Gläub ist zu bejahen, wenn Schu in vertretb Würdigg der Umst der Ans leisten durfte, er leiste alles, was er schulde (Düss NJW **65**, 1763, Hamm VersR **67**, 383) oder wenn nur ein geringfüg SpitzenBetr fehlt (RG SeuffA **77**, 22, Schlesw FamRZ **84**, 187, Brem NJW-RR **90**, 6). Anders liegt es, wenn ein marktstarker Schu (Versicherer) den SpitzenBetr offenläßt, um den Gläub wg des auf die RestFdg konzentrierten Prozeßrisikos von einer Klage abzuhalten. Wenn Schu nach seiner finanziellen Lage zur vollst Leistg außerstande ist u wenn Schu sich zur zusätzl Zahlg bereit erklärt, sofern ein weitergehder Anspr bewiesen w, muß der Gläub annehmen (Nürnb VersR **65**, 1184). Dagg ist die Ann von Teilleistgn unzumutb, wenn sie als Verz auf die MehrFdg gedeutet w könnte (Düss VersR **66**, 1055) od wenn ein leistgsfähiger Schu eine offensichtl nicht ausr Leistg anbietet.

10   **5)** Der Gläub kann die Teilleistg ablehnen, er muß es nicht. Für den Schu treten iF der Ablehng die **Nichterfüllungsfolgen** (§§ 286, 320, 326) hins der GesLeistg ein. Nimmt der Gläub die Teilleistg widerspruchslos an, obwohl Schu sie als vollst bezeichnet, gilt § 363. Die **Zuvielleistung** hat das Ges nicht geregelt (s Reichelt AcP **130**, 176). Gläub kann bei Unteilbark ablehnen. Bei Teilbark muß er das Geschuldete annehmen, sofern dch Trenng keine unzumutb Aufwendgen entstehen u Schu zur Rückn der Mehrleistg bereit ist (Werner BB **84**, 221).

11   **6)** § 266 gilt nicht **für den Gläubiger.** Dieser kann Teilleistgen fordern u einklagen, es sei denn, daß ausnw § 242 entggsteht. Zul daher auch TeilKl auf Übereign eines GrdstTeils (BGH WM **78**, 193). Bei Teilklagen kann Gläub den aufrechnen Bekl nicht auf den nicht eingeklagten FdgsTeil verweisen (§ 388 Rn 4). Das gilt entspr bei TeilErf (BGH WM **66**, 160). Bei TeilErf vor Klagerhebg kann Gläub aber den verbleibden Rest (ganz od teilw) geltd machen u dadch Anrechng auf den nicht eingeklagten FdgsTeil herbeiführen (BGH aaO). Zul ist auch die TeilVollstr (Schlesw Rpfleger **76**, 224).

12   **7)** Das **Gericht** kann grdsl keine Teilzahlgen bewilligen. Ausn: § 1615i (rückständ Unterh), § 1382 (ZugewinnAusgl), §§ 1934b u 2331a (ErbErs- u PflTAnspr); ausnw kann das Gericht auch gem § 242 Teilzahlgen bewilligen, so uU beim RückzahlgsAnspr des Wucherers (RG **161**, 58) od dem VergütgsAnspr eines Fluchthelfers (BGH NJW **77**, 2358). Im VollstrVerf können gem ZPO 813a ZahlgsFr bewilligt w. Das VertragshilfeG ist auch insow dch Zeitablauf überholt (§ 242 Rn 171).

267   *Leistung durch Dritte.*   ¹ Hat der Schuldner nicht in Person zu leisten, so kann auch ein Dritter die Leistung bewirken. Die Einwilligung des Schuldners ist nicht erforderlich.
  II Der Gläubiger kann die Leistung ablehnen, wenn der Schuldner widerspricht.

1   **1) Allgemeines.** § 267 beruht auf dem Gedanken, daß der Gläub idR nur an der Herbeiführg des LeistgsErfolgs, nicht aber an der Pers des Leistden interessiert ist. Er gilt grdsl für alle SchuldVerhältn, auch für GrdSchulden (BGH NJW **69**, 2238, WM **70**, 1517) u für SchuldVerhältn des öffR (s AO 48). Er ist unanwendb, wenn der Schu **in Person** zu leisten hat. Das ist nach gesetzl Ausleggsregeln iZw anzunehmen

beim Dienstverpflichteten (§ 613), Beauftragten (§ 664), Verwahrer (§ 691) u geschäftsführden Gesellschafter (§ 713). Die höchstpersönl LeistgsVerpfl kann sich auch aus einer ausdr od stillschw ParteiVereinbg od der Natur der Sache ergeben, so etwa bei UnterlVerpfl u bei Geldstrafen (BGH **23**, 224, RGSt **30**, 232).

2) Abgrenzung. Dritter ist nicht: – **a)** Wer als **Vertreter** od ErfGehilfe (§ 278) des Schu leistet. – **b)** Wer in Erf einer **eigenen Verbindlichkeit** leistet, so der GesSchu (§ 421), der Bürge (BGH **42**, 56), der Versicherer, der aufgrund eines TeilgsAbk zahlt (BGH NJW **70**, 134), and aber – abgesehen vom Fall des DirektAnspr – der HaftPflVersicherer (BGH **113**, 69), der DrittSchu iFd ZPO 829 (LG Brem NJW **71**, 1366), die einen Wechsel einlöse Bank (BGH **67**, 79), der FdgKäufer (RG **167**, 298, 301, BGH Rpfleger **82**, 412, Mü WM **88**, 1847). Mögl ist aber auch eine doppelte TilggsBestimmg (Rn 4), dh eine Leistg zugl auf die eig Schuld u als Dritter auf die Verbindlichk des Schu (s RG **120**, 208, BGH **70**, 396, LG Zweibr NJW-RR **95**, 917).

3) Voraussetzungen. – a) Der Dritte muß die **Leistung** bewirken. Zu ErsLeistgen ist er nicht berecht; er kann nicht aufrechnen (RG **119**, 4), nicht hinterlegen (MüKo/Keller Rn 13, aA KG JW **28**, 2563) u keine Leistg an Erf Statt erbringen. Erbringt er eine Leistg erfhalber (Hingabe eines Schecks od Wechsels), stehen ihm alle Einwendgen aus dem GrdGesch zu (s Bilda NJW **91**, 3251). – **b)** Der Dritte muß mit dem **Willen** leisten, die Verpfl des Schu zu tilgen (BGH **46**, 325, **75**, 303, NJW **95**, 129). Dabei kommt es nicht auf den inneren Willen des Dritten, sond darauf an, wie der Gläub sein Verhalten verstehen durfte (BGH **40**, 276, **72**, 248). Das gilt auch dann, wenn zweifelh ist, ob der Leistde als Dr od als Bü gezahlt hat (BGH NJW **86**, 251). Fehlt eine solche TilggsBest, etwa bei der Leistg eines PutativSchu, liegt keine wirks Erf vor; der Anspr des Gläub besteht weiter. Der BereichergsAusgl findet zw dem Dritten u dem Gläub statt (Rn 8). Der Dritte hat aber in den Grenzen von § 242 die Möglichk, die TilggsBestimmg nachzuholen (BGH NJW **64**, 1898, **83**, 814, **86**, 2700, str, offen gelassen in BGH **75**, 303). Mögl ist auch eine doppelte TilggsBestimmg, wonach zugl die Verpfl des Schu u eine eig Verbindlichk erfüllt w soll (BGH **70**, 396). Auch insow kommt es aber nicht auf den inneren Willen, sond auf dessen obj ErklWert an (BGH **72**, 249). – **c)** Der Gläub kann die Leistg **ablehnen,** wenn der Schu widerspricht **(II).** Der Widerspr kann ggü dem Gläub od ggü dem Dr erklärt w. Er bindet den Gläub nicht; dieser bleibt in seiner Entscheidg frei. Ist dem Gläub die Pers des Leistden nicht zuzumuten (zB Ehebrecher), kann er gem § 242 auch ohne Widerspr des Schu ablehnen. Hat der Gläub dem Schu eine Sache unter EigtVorbeh geliefert, entfällt das KlRecht des Gläub aus ZPO 771, wenn der PfändgsGläub den RestKaufPr gem § 267 zahlt, da dch die Zahlg die aufschiebe Bdgg eintritt u der Schu Eigtümer der gepfändeten Sache w. Das WidersprR des Schu aus § 267 II kann der PfändgsGläub dadch ausräumen, daß er das AnwartschR gem ZPO 857 pfänden läßt (BGH **75**, 228, NJW **54**, 1328). Das gilt entspr bei einer auflösd bedingten SichgsÜbereigng (Celle NJW **60**, 2196).

4) Rechtsfolgen. – a) Das SchuldVerhältn **erlischt** (§ 362), ebso die für den Gläub bestellte Sicherh (BGH DB **75**, 2432). Lehnt der Gläub die Leistg ab, gerät er (vorbehaltl Rn 5) in AnnVerzug. Die mangelh Drittleistg bewirkt ebso wie die mangelh SchuLeistg idR keine Erf (§ 362 Rn 2). Für Folge- u Begleitschäden u SchutzPflVerletzgen haftet der Dr (Rieble JZ **89**, 830). – **b)** Der **Rückgriff des Dritten** regelt sich nach seinem RVerhältn zum Schu. Als AnsprGrdl kommen Auftr, GoA od Gesellsch in Betracht. Ein gesetzl FdgÜbergang findet statt. Bei einer **rechtsgrundlosen** Drittleistg ist zu unterscheiden: – **aa)** Bestand zw dem Dritten u dem Schu kein gült RVerhältn, richtet sich der BerAnspr gg den Schu (BGH **70**, 396, DB **75**, 2432). Ein BerAnspr gg den Gläub ist nicht gegeben (BGH **72**, 248). – **bb)** Bestand der Anspr nicht, den der Dritte tilgen wollte, hat er einen BerAnspr gg den ScheinGläub (BGH **113**, 69, Jakobs NJW **92**, 2524, aA für die vom ScheinSchu veranlaßte Drittleistg Canaris NJW **92**, 868). – **cc)** Leistet der Dritte in der irrigen Annahme, er sei selbst der Schu, erlischt der Anspr nicht (Rn 4). Der BerAnspr richtet sich (vorbehaltl einer nachträgl TilggsBestimmg) gg den Gläub (RG HRR **33** Nr 995, LG Frankenthal Rpfleger **81**, 373, BVerwG **48**, 284, § 812 Rn 62).

268 *Ablösungsrecht des Dritten.* [I] **Betreibt der Gläubiger die Zwangsvollstreckung in einen dem Schuldner gehörenden Gegenstand, so ist jeder, der Gefahr läuft, durch die Zwangsvollstreckung ein Recht an dem Gegenstande zu verlieren, berechtigt, den Gläubiger zu befriedigen. Das gleiche Recht steht dem Besitzer einer Sache zu, wenn er Gefahr läuft, durch die Zwangsvollstreckung den Besitz zu verlieren.**

[II] **Die Befriedigung kann auch durch Hinterlegung oder durch Aufrechnung erfolgen.**

[III] **Soweit der Dritte den Gläubiger befriedigt, geht die Forderung auf ihn über. Der Übergang kann nicht zum Nachteile des Gläubigers geltend gemacht werden.**

1) Allgemeines. § 268 gibt dem Dritten, wenn er dch ZwVollstr ein Recht od den Besitz am Ggst der ZwVollstr verlieren könnte, ein eig **Ablösungsrecht** u damit eine wesentl stärkere RStellg als die des § 267: Die Ablösg führt nicht zum Erlöschen, sond zum Übergang der Fdg (Rn 6); der Widerspr des Schu ist ohne Wirkg. § 268 gilt auch bei der Ablösg öffrechtl Fdgen (BGH **75**, 24, NJW **56**, 1197). Entspr Vorschr enthalten §§ 1142, 1143, 1150, 1223 II, 1224, 1249.

2) Voraussetzungen. – a) Der Gläub muß die ZwVollstr betreiben. Nicht erforderl ist, daß das VollstrOrgan bereits tätig geworden ist. Ein VollstrAntr des Gläub genügt. Soweit die in Rn 1 angeführten SonderVorschr anwendb sind, setzt der Schutz bereits früher ein. Das AblösgsR entfällt mit der Beendigg der Vollstr, dh idR mit der Erteilg des Zuschlags (s RG **123**, 340, **146**, 322). – **b)** Die ZwVollstr muß wg einer GeldFdg betrieben w (Staud-Selb Rn 3) u sich gg einen dem **Schuldner gehörenden** Ggst (Übbl 2 v § 90) richten. Ist das nicht der Fall, bleibt dem Dritten nur der Weg des § 267. Wenn er selbst Eigtümer ist, kann er gem ZPO 771 intervenieren. – **c) Drohender Rechts- oder Besitzverlust.** Erforderl ist grdsl das Bestehen eines dingl Rechts. Eine ZwangsHyp genügt (LG Verden Rpfleger **73**, 296), ebso eine Vormkg (BGH NJW **94**, 1475). Geschützt sind der unmittelb u der mittelb Besitz. Das AblösgsR besteht grdsl auch dann, wenn der Ablösde unberecht Besitzer ist. Ein Wille des Dritten, die drohde ZwangsVollstr abzuwehren, ist nicht erforderl (BGH NJW **94**, 1475, aA RG **146**, 323).

5   **3)** Der Dritte hat das Recht, den Gläub **zu befriedigen.** Er übt dabei – and als iF des § 267 – ein eig Recht aus (RG **150**, 60), ist aber, ebso wie der Schu, zu Teilleistgen nicht berecht (BGH NJW **90**, 260). Er kann auch hinterlegen, **II**, aber nur, wenn die Voraussetzgen des § 372 erf sind (BGH ZIP **94**, 1839). Ebso ist trotz fehlder Ggseitigk der Fdgen Aufr mögl **(II)**. Ein Widerspr des Schu berecht den Gläub nicht, die Leistg abzulehnen.

6   **4) Rechtsfolgen. – a)** Mit der Befriedigg des Gläub geht die Fdg kr Ges (§ 412) mit allen NebenR (§ 401) auf den Dritten über **(III 1).** Das gilt auch für eine öffrechtl Fdg; sie verwandelt sich aber dch die cessio legis 7 in einen privrechtl Anspr (BGH **75**, 25, Rimmelspacher ZZP **95**, 281). – **b)** Der Gläub darf dch den FdgÜbergang nicht schlechter gestellt w, als wenn der Schu selber geleistet hätte **(III 2):** nemo subrogat contra se (s die entspr Regelgen in §§ 426 II 2, 774 I 2, 1143 I 2, 1164 I 2, 1607 II 3 u Herpers AcP **166**, 454). Bei einer Teilbefriedigg erwirbt der Gläub verbleibde TeilFdg den **Vorrang**, auch wenn der Gläub den abgelösten Teil als rangersten bezeichnet hat (Celle Rpfleger **90**, 379); dementspr erwirbt der Dritte auch an den akzessorischen SichergsR (Hyp, PfandR) eine nachrangige Teilberechtigg (RG **131**, 325, BGH **LM** § 426 Nr 26, Celle NJW **68**, 1140/1936). Im Konk des Schu darf der Dritte seine nachrangige Fdg anmelden (RG **82**, 403), muß aber die auf ihn entfallde Quote an den Gläub auskehren, soweit das zu dessen Befriedigg erforderl ist. Der Vorrang des Gläub beschränkt sich auf die (teilw) abgelöste Fdg u die aus ihr entstandenen sekundären Anspr (SchadErs, Zinsen, Kosten); and Fdgen des Gläub w von ihm nicht erfaßt (RG **76**, 195, **136**, 43, BGH **92**, 379, Herpers aaO S 456).

269 *Leistungsort.* **^I Ist ein Ort für die Leistung weder bestimmt noch aus den Umständen, insbesondere aus der Natur des Schuldverhältnisses, zu entnehmen, so hat die Leistung an dem Orte zu erfolgen, an welchem der Schuldner zur Zeit der Entstehung des Schuldverhältnisses seinen Wohnsitz hatte.**

^{II} Ist die Verbindlichkeit im Gewerbebetriebe des Schuldners entstanden, so tritt, wenn der Schuldner seine gewerbliche Niederlassung an einem anderen Orte hatte, der Ort der Niederlassung an die Stelle des Wohnsitzes.

^{III} Aus dem Umstand allein, daß der Schuldner die Kosten der Versendung übernommen hat, ist nicht zu entnehmen, daß der Ort, nach welchem die Versendung zu erfolgen hat, der Leistungsort sein soll.

1   **1) Allgemeines. – a)** Leistgsort ist der Ort, an dem der Schu die **Leistungshandlung** vorzunehmen hat. Begriffl davon zu unterscheiden ist der Ort, an dem der Leistgserfolg eintritt (Erfolgsort, Bestimmgsort). Beide Orte können zusammenfallen, sie können aber nicht: Bei der **Bringschuld** ist der Wohns des Gläub sowohl Leistgs- als auch Erfolgsort. Bei der **Schickschuld** (Hauptanwendgsfälle: Geldschuld, § 270, u Versendgskauf, § 447) ist der Wohns des Schu LeistgsOrt; der LeistgsErfolg tritt dagg am Wohns des Gläub ein. Bei der **Holschuld** nimmt der Schu die LeistgsHdlg an seinem Wohns vor; dort tritt auch der LeistgsErfolg ein. Den LeistgsOrt bezeichnet das Ges auch als **Erfüllungsort** (s §§ 447 I, 644 II, ZPO 29). Das ist nicht unproblemat, weil unter „Erfüllg" nicht die Vornahme der LeistgsHdlg, sond die Herbeiführg des LeistgsErfolgs zu verstehen ist (§ 362 Rn 1). Der Terminus „ErfOrt" hat sich aber so allg dchgesetzt, daß Kritik 2 nicht mehr sinnvoll ist. – **b) Bedeutung.** § 269 legt fest, an welchem Ort der Schu zu leisten hat. Nur wenn er am LeistgsOrt handelt, kann er den Gläub in AnnVerzug setzen, selbst dem SchuVerzug entgehen u bei GattgsSchulden die Konkretisierg herbeiführen (§ 243 Rn 6). Die Part dürfen aber iZw mehr tun, als sie zu tun verpflichtet sind; der Schu darf daher bei Holschulden auch bringen od schicken, der Gläub bei Bring- od Schickschulden auch holen. Mittelbare Bedeutg hat der Leistgsort für den GerStand, dessen 3 anzuwendde Recht: – **aa)** Für Streitigk aus einem VertrVerhältn u über dessen Bestehen ist nach ZPO 29 das Ger des Ortes zuständ, an dem die str Verpfl zu erfüllen ist. Welcher das ist, bestimmt § 269. Anknüpfgs-Punkt für den **Gerichtsstand** des ZPO 29 ist der gesetzl LeistgsOrt. Vereinbgen über den ErfOrt sind für den GerStand ohne Wirkg; etwas and gilt nur dann, wenn die Part Vollkaufleute, jur Pers des öffR od 4 öffrechtl SonderVerm sind (ZPO 29 II). – **bb)** Welches **Recht** auf das SchuldVerhältn anzuwenden ist, richtet sich nach dem PartWillen (EG 27). Fehlt eine PartVereinbg, unterliegt der Vertr gem EG 28 ff dem Recht des Staates, mit dem er die engste Verbindg aufweist. Die fr übl hilfsweise Anknüpfg an das Recht des 5 Erfüllgsortes (BGH **57**, 72) spielt nur mehr eine kleine Rolle mehr. – **cc)** Welche **Verkehrssitte** auf das SchuldVer-hältn anzuwenden ist, bestimmt sich bei regionalen Unterschieden nach den Grds der Rn 4 (BGH **LM** HGB 6 346 (B) Nr 7 u 8, str). – **c) Anwendungsbereich:** § 269 gilt für SchuldVerhältn aller Art, auch für UnterlAnspr (BGH NJW **74**, 410, Rn 11). Er ist auch auf sachenrechtl Anspr anzuwenden, etwa auf den Anspr aus § 985 (BGH **79**, 214), ebso auf Anspr aus familien- od erbrechtl Tatbestd (Einl 24 v § 241). § 269 bestimmt an sich nur den Leistgsort iSd kleinsten polit Einh (Gemeinde). Er ist aber auf die Leistgsstelle innerh des Ortes entspr anzuwenden, gilt also auch für **Platzgeschäfte** (RG **78**, 141, BGH **87**, 110). – 7 **d)** Der Leistgsort ist grdsl **für jede** einzelne **Verpflichtung besonders** zu bestimmen (MüKo/Keller Rn 8). Das gilt auch für ggs Vertr (RG **140**, 69, Karlsr NJW-RR **86**, 351) u für GesSchuldVerhältn (RG LZ **19**, 148). Aus Abreden der Part (Rn 8 ff) od der Natur des SchuldVerhältn (Rn 11 ff) kann sich aber ein einheitl Leistgsort ergeben. **Nebenpflichten** sind iZw am Ort der Hauptverpflichtg zu erfüllen (RG **70**, 199). Das gilt zB für Rechensch- u AuskPfl (Karlsr NJW **69**, 1968, Düss NJW **74**, 2185) sowie für den VertrStrafAnspr (RG **69**, 12). Anspr gg den Bürgen haben dagg ihren selbstd Leistgsort (RG **137**, 11), ebso die Verpfl aus einer Schuldmitübernahme (Ffm MDR **80**, 318, Schlesw SchlHA **81**, 189).

8   **2)** Wo der LeistgsOrt ist, unterliegt in erster Linie der **Bestimmung der Parteien. – a)** Erforderl ist eine **Vereinbarung** der Part. Sie kann ausdr od stillschw getroffen w. Einseit Erkl nach VertrSchl, insb Vermerke auf Rechngen, genügen nicht (RG **57**, 410, **65**, 331). Sie können aber bei ständ GeschVerbindg zw

Kaufleuten uU VertrInh w (AGBG 2 Rn 24). Ausr ist die Festlegg in einem kaufm BestätiggsSchreiben, sofern der Empfänger nicht widerspricht (§ 148 Rn 8). Entspr gilt für den Vermerk in der Schlußnote des Maklers (RG **59**, 350). Erfüllen beide Teile den Vertr sogleich nach Abschluß am selben Ort, so kann darin die stillschw Vereinbg dieses Orts als LeistgsOrt liegen (RG **102**, 283). Bei ggs Vertr ist iZw anzunehmen, daß sich die ErfOrtAbrede auf die beiderseit Verpfl erstreckt. – **b)** Die Vereinbg muß den **Ort der Lei-** 9 **stungshandlung** (Rn 1) **festlegen.** Vielfach hat die Vereinbg eines ErfOrts nur den Zweck, den GerStand zu bestimmen (Rn 3). Derart „abstrakte" ErfOrtVereinbgen sind für den LeistgsOrt iSd § 269 ohne Bedeutg (s BGH WM **95**, 859). Entspr gilt für Abmachgen, die den Schu zur Übersendg der Sache verpflichten, denn auch bei Schickschulden ist der Leistgsort der Wohns des Schu (Rn 1). Die Übernahme der **Versendungs- kosten** ändert daher den Leistgsort nicht. Das gilt ebso für die Übernahme der Versendgsgefahr (RG **68**, 78, **114**, 408, *arg* § 270 I, IV), die Festlegg eines Abliefergsortes (Schlesw NJW-RR **93**, 314) u die ledigl den § 270 I wiederholde Abrede „zahlb in" (Hbg JW **38**, 1891). Auch die Vereinbg einer Akkreditivgestell läßt den LeistgsOrt unberührt (BGH NJW **81**, 1905, **93**, 1076), idR auch Klauseln wie „frei Hbg" (NJW **11**, 24), „bahnfrei" und „franko" (RG **114**, 408). Sie können bloße Kostenklauseln od Gefahrtraggsregeln darstellen, ausnw aber auch den LeistgsOrt festlegen (s BGH NJW **84**, 567). Die im ÜberseeGesch übl Transportklau- seln verändern den LeistgsOrt; nach der cif-Klausel ist der Verschiffgshafen Leistgsort (RG **87**, 134, Schüss- ler DB **86**, 1163), ebso nach der fob-Klausel (RG **106**, 212, LG Bochum AWD **76**, 42, Hüffer JA **81**, 148). – **c)** Der GerStand des ZPO 29 wird dch ErfOrtVereinbgen nur dann begründet, wenn die Part Kaufleute od 10 jur Pers des öffR sind (Rn 3).

3) Natur des Schuldverhältnisses. – a) Bei fehlder PartBestimmg entscheiden die **Umstände,** insb die 11 Natur des SchuldVerhältn, über den LeistgsOrt. Zu den wesentl Umst gehört die VerkSitte (§ 157), bei Gesch des HandelsVerk der Handelsbrauch (HGB 346). Bei LadenGesch des tägl Lebens ist nach der VerkSitte für beide Part das Ladenlokal LeistgsOrt (Stgt OLG **41**, 244), für die Rückn von **Verkaufsver- packungen** die Verkaufsstelle (VerpackV 5, 6), von Transportverpacken der Sitz des Vertreibers (s BayObLG BB **93**, 2404, Flanderka BB **92**, 1576). Übernimmt der Verkäufer bei Gesch des AlltagsVerk die Anliefer der Ware, ist idR eine Bringschuld anzunehmen (MüKo/Keller Rn 24), LeistgsOrt ist also die Wohng des Käufers so etwa bei Lieferg von Heizöl od Kohle, aber auch von Möbeln (Oldenbg NJW-RR **92**, 1527). Ist die Zeitg „frei Haus" zu liefern, genügt die Zustellg an der GrdstGrenze (AG Hanau NJW **89**, 398). Warenschulden im HandelsVerk sind iZw Schickschulden (§ 447), LeistgsOrt ist der Wohns des Verkäufers (BGH **113**, 111). Bei reinen GefälligkVertr ist der jeweilige Aufenthaltsort des Schu LeistgsOrt, bei der Verpfl zur Aufl od HypBestellg der Ort des GBAmtes (Stgt Recht 08, 3399), bei SchadErsAnspr wg der Verpfl zur Naturalrestitution (§ 249 S 1) der Ort der Schädigg, uU aber auch der Ort, an der sich der entzogene od beschädigte Ggst ohne das schädigde Ereign befinden würde (BGH **5**, 143). Für UnterlAnspr ist nicht der Ort der ZuwiderHdlg LeistgsOrt, sond der Wohns des Schu (BGH NJW **74**, 410), für Darl- Anspr nicht das GeschLokal der Bank, sond ebenf der Wohns des Schu (Stgt BB **92**, 2386). Für die Verpflichtg des Gläub, die zur Sichg der HauptFdg bestellte GrdSchuld an den Bürgen abzutreten, ist der Wohns des Gläub ErfOrt (BGH NJW **95**, 1546).

b) Bei **gegenseitigen Verträgen** ist der LeistgsOrt für die beiderseit Verpfl nicht notw einheitl (Rn 7). 12 Daß die beiderseit Leistgen Zug um Zug zu erbringen sind, reicht zur Bejahg eines gemeins LeistgsOrtes nicht aus (RG **49**, 421, Hamm NJW-RR **95**, 187, LG Krefeld MDR **77**, 1018, aA Stgt NJW **82**, 529). Die Rspr tendiert aber vorsichtig dahin, den Ort, an dem die **vertragscharakteristische Leistung** zu erbringen ist, als Schwerpunkt des Vertr u als ErfOrt für die beiderseit Verpfl anzusehen (krit M. Schmidt MDR **93**, 410). – **aa)** Als **gemeinsamer Erfüllungsort** in diesem Sinn sind anerkannt: der Ort der ArbStätte beim ArbVertr 13 (BAG DB **83**, 395, NZA **86**, 366, EuGH IPRax **83**, 173, s auch BGH **23**, 54), u zwar auch für den Anspr auf Herausg von ArbPapieren (LAG Ffm DB **84**, 2200) u des Zeugnisses (BAG NJW **95**, 2373) sowie den RückFdgsAnspr bei Überzahlgen (BGH NJW **85**, 1286); bei einem Reisdn ist aber dessen Wohns ErfOrt (BAG NJW-RR **88**, 482, aA Ehler BB **95**, 1849); gemeins ErfOrt ist die Kanzlei des RA beim AnwVertr (BGH NJW **91**, 3096, BayObLG AnwBl **93**, 241, Köln AnwBl **94**, 476); der Ort der Dienstleistg beim DienstVertr (Düss DB **72**, 1065), nicht dagg beim Handelsvertreter (BGH NJW **88**, 966) u beim Diplompsychologen (AG Köln NJW-RR **95**, 185); wohl aber der Kursusort beim UnterrichtsVertr (Karlsr NJW-RR **86**, 351); der Sitz des Internats beim InternatsVertr (Hamm NJW-RR **89**, 1530); der Ort der Werkstatt bei Kfz-Reparaturen (Düss MDR **76**, 496, Ffm DB **78**, 2217); der Klinikort beim KrankenhausVertr (Celle NJW **90**, 777); der Ort des Bauwerks beim BauVertr (BGH NJW **86**, 935, BayObLG **83**, 64, Kblz NJW-RR **88**, 1401, Saarbr NJW **92**, 988) u beim ArchitektenVertr (Stgt BauR **77**, 72, aA Nürnb BauR **77**, 70, EuGH NJW **87**, 1132 zu EuGVÜ 5); das Büro des Architekten, wenn ihm nur die Plang übertr worden ist (LG Mü NJW-RR **93**, 212), and, wenn ihm nur eine Plangsleistg übertr worden ist (s Köln NJW-RR **94**, 986); der Ort der Energieabnahme beim EnergieversorggsVertr (Riemer RdE **89**, 242); der BeherberggsOrt beim BeherberggsVertr (Nürnbg NJW **85**, 1297, LG Kempten BB **87**, 929 mAv Nettesheim, Joachim DB **90**, 1603); der jeweilige Sitz der Gesellsch beim GesellschVertr (Rn 18), jedoch nicht bei der BGB-Gesellsch, für die es dann keinen Sitz versieht (BayObLG NJW-RR **90**, 742); der Ort der Wohng beim MietVertr über eine FerienWo (LG Flensb SchlHA **67**, 267, AG Neuss NJW-RR **86**, 1210). Auch sonst ist bei Miet- u PachtVertr über Grdst der Ort der belegenen Sache vielf als ErfOrt für beide Teile anzusehen (Hamm OLGZ **91**, 80, Düss OLGZ **92**, 491), jedoch kann auch eine and Beurteilg in Betracht kommen (RG **140**, 69, LG Trier NJW **82**, 286). – **bb)** Bei **Kaufverträgen** sind idR getrennte LeistgsOrte anzunehmen, auch beim Kauf auf einer Kunstauktion (Düss 14 NJW **91**, 1492) od dem Kauf einer Zahnarztpraxis (Hamm NJW-RR **95**, 187). Ein einheitl LeistgsOrt ist aber zu bejahen, wenn der LeistgsAustausch nach ausdr vertragl Abrede Zug um Zug in der gewerbl Niederlassg des Verkäufers erfolgen soll (s Stgt NJW **82**, 529), wenn das EKG anzuwenden ist (BGH **74**, 141, NJW **92**, 2428: Niederlassg des Verkäufers), ferner in den in Rn 11 angeführten Fällen. Auch beim WerkVertr sind getrennte ErfOrte die Regel (Schlesw NJW-RR **93**, 314), vgl aber zu den Ausn Rn 13.

c) Rückgewähransprüche. Gemeins LeistgsOrt für die Wandlg ist der Ort, an dem sich die Sache 15 vertragsbelegen befindet (RG **55**, 112, **57**, 12, BGH **87**, 109, MDR **62**, 399). Entspr gilt für das gesetzl RücktrR

(BGH WM **74**, 1073, Nürnb NJW **74**, 2237, aA Muscheler AcP **187**, 386: Wohns des RücktrBerecht) u die Rückabwicklg iF des großen SchadErsAnspr (Hamm MDR **89**, 63, aA LG Lünebg MDR **91**, 992). Beim vertragl RücktrR ist iZw anzunehmen, daß der vertragl ErfOrt auch für die RückgewährPfl maßgebd sein soll (Hamm MDR **82**, 141, str). Dagg sind Anspr aus § 812 am Wohns des RückgewährSchu zu erfüllen (BGH MDR **62**, 399). Für den MindergsAnspruch ist der Wohns des Verkäufers LeistgsOrt (RG Gruch **47**, 1150, MüKo/Keller Rn 45), ebso für den Anspr auf Kaufpreisrückgewähr nach Maßg des EKG (BGH **78**, 260) od des CISG.

16   **4) Gesetzlicher Leistungsort. – a)** Versagen PartBestimmg u Umst, so ist LeistgsOrt der **Wohnsitz** (§ 7) des Schu bei Entstehg des SchuldVerhältn (I), für Gewerbeschulden der Ort der **gewerblichen Niederlassung** (II). Dieser Begriff ist ebso zu verstehen wie der in AGBG 14 (s dort Rn 5). Fehlt ein Wohns,
17   so ist der Aufenthaltsort LeistgsOrt; bestehen mehrere Wohns, kann der Schu wählen (§ 262). – **b)** § 269 ist unanwendb, soweit das **Gesetz** dch Sonderregeln einen **Leistungsort** bestimmt. Regelgen dieser Art enthalten: §§ 261 I, 374, 604 I (Bringschuld Köln BB **72**, 1526), 697, 700, 811, 1194, 1200 I, VVG 36, ScheckG 2 II u III, WG 2 III, 75 Nr 4, 76 III. Das Ges über Zahlg aus öff Kassen v 21. 12. 38 (RGBl I S 1899) enthält hins des LeistgsOrtes keine bes Bestimmg; es gelten vielmehr §§ 269, 270 (s BGH **LM** § 2 des Ges über Zahlg aus öff Kassen Nr 1, Tappermann NJW **73**, 2095).

18   **5) Änderung der Verhältnisse, Beweislast. – a)** Der LeistgsOrt wird dch die **Verhältnisse bei Entstehung des Schuldverhältnisses** bestimmt. Bei bedingtem (befristeten) Gesch ist der AbschlZtpkt entscheidd, nicht der des Bdggseintritts (Stgt NJW-RR **87**, 1076). Die Part können **nachträglich** einen and LeistgsOrt vereinbaren (RG **106**, 211). Dagg ändert ein WohnsWechsel den LeistgsOrt nicht (BGH **36**, 15, LG Bln WM **77**, 327), auch nicht bei einem DauerschuldVerh (BGH NJW **88**, 1914), ebsowenig der Wechsel der gewerbl Niederlassg (s Kblz MDR **50**, 45). Bei GesellschVertr ist jedoch iZw anzunehmen, daß für die Rechte u Pflten aus dem Vertr der jeweilige Sitz der Gesellsch LeistgsOrt sein soll (Blomeyer MDR **50**, 46). Ist die Erf am ursprüngl LeistgsOrt unmögl od unzumutb, ist gem § 242 ein neuer nach der Sach- u RLage **angemessener** LeistgsOrt zu bestimmen (RG **107**, 122, OGH **1**, 367, BGH BB **55**, 844). Als solcher kommt
19   iF der Vertreibg der neue Wohns des Schu in Betracht (Celle NJW **53**, 1831). – **b)** Gem § 269 I ist iZw der Wohns des Schu LeistgsOrt. Wer aus einer Vereinbg od best Umst einen and LeistgsOrt herleiten will, trägt dafür die **Beweislast** (Baumgärtel-Strieder Rn 1).

270 *Zahlungsort.* [I] Geld hat der Schuldner im Zweifel auf seine Gefahr und seine Kosten dem Gläubiger an dessen Wohnsitz zu übermitteln.

[II] Ist die Forderung im Gewerbebetriebe des Gläubigers entstanden, so tritt, wenn der Gläubiger seine gewerbliche Niederlassung an einem anderen Orte hat, der Ort der Niederlassung an die Stelle des Wohnsitzes.

[III] Erhöhen sich infolge einer nach der Entstehung des Schuldverhältnisses eintretenden Änderung des Wohnsitzes oder der gewerblichen Niederlassung des Gläubigers die Kosten oder die Gefahr der Übermittelung, so hat der Gläubiger im ersteren Falle die Mehrkosten, im letzteren Falle die Gefahr zu tragen.

[IV] Die Vorschriften über den Leistungsort bleiben unberührt.

1   **1) Allgemeines. – a)** LeistgsOrt für Geldschulden ist idR der Wohns des Schu zZ der Entstehg des SchuldVerhältn (§ 269 I iVm § 270 IV). Der Schu ist aber verpflichtet, das Geld auf seine Gefahr u Kosten an den Wohns des Gläub zu übermitteln. Die Geldschuld ist danach Schickschuld mit der Besonderh, daß der Schu die Gefahr der Übermittl trägt (**„qualifizierte Schickschuld"**). Dch die Regelg des Gefahrtragg ist die Geldschuld einer Bringschuld angenähert. Sie unterscheidet sich von dieser aber dadch, daß es für die Rechtzeitig der Leistg auf die Vornahme der LeistgsHdlg am Wohns des Schu ankommt (Rn 6) u daß der
2   GerStand des ErfOrtes (ZPO 29) der Wohns des Schu ist. – **b)** § 270 gilt für **Geldschulden** jeder Art (§ 245 Rn 6), gleichgült ob es sich um Geldsummen- od Geldwertschulden handelt. Geldschuld iSd § 270 ist, zumindest wenn man der KonsensualVertrTheorie (Einf 2 v § 607) folgt, auch der AuszahlgsAnspr aus einem DarlVertr (MüKo/Keller Rn 7). Dagg ist § 270 nicht anwendb, wenn der Beauftragte gem § 667 zur Herausg von Geld verpflichtet ist (BGH **28**, 128); er haftet für die Übermittlg nur im Rahmen der §§ 276, 278 (Coing JZ **70**, 245, Ostler NJW **75**, 2275). Entspr gilt für den Anspr aus § 812. Der Schu kann gem § 818 III die Kosten der Überweisg absetzen. Er wird, falls er nicht gem §§ 818 IV, 819, 279 verschärft haftet (BGH **83**, 297), frei, wenn der Geldbetrag bei der Übermittlg ohne sein Verschulden verloren geht (MüKo/
3   Keller Rn 6). Nach CISG 57 I a u vielen ausl ROrdngen ist die Geldschuld dagg Bringschuld. – **c)** § 270 gilt (ebso wie § 269) auch im **Platzverkehr** (RG **78**, 140, BGH NJW **69**, 875, **LM** Nr 3 Bl 3). Er kann, sow Sondervorschr fehlen, entspr auf **öffentlichrechtliche** Geldschulden angewandt w. Das gilt auch für den
4   Grds, daß der Gläub die Verzögersgefahr (Rn 6) trägt (Picker RentenVers **84**, 182). – **d)** § 270 gibt nur eine **Auslegungsregel**. Sie tritt zurück, sow dch Ges od PartVereinbg etwas and bestimmt ist. Bei **gegenseitigen Verträgen** ist der Ort, an dem die vertragscharakteristische Leistg zu erbringen ist, vielfach auch für die vom and Teil geschuldete Geldleistg ErfOrt (§ 269 Rn 12); in diesen Fällen u im Anwendgsbereich von Art 57 CISG ist die Geldschuld daher Bringschuld. Gem AO 224 ist auch die Steuerschuld Bringschuld. Dagg sind Anspr aus Präsentationspapieren Holschulden (§ 269 Rn 17). Eine **Holschuld** liegt auch vor, wenn die Part Zahlg im **Lastschriftverfahren** (§ 675 Rn 13ff) vereinbart haben (BGH NJW **84**, 872, WM **85**, 462). Der Schu hat das seinerseits Erforderl getan, wenn auf seinem Konto Deckg vorhanden ist (BGH **69**, 366). Für die rechtzeit Einzieh (Abbuchg) ist der Gläub verantwortl. Der Gläub trägt neben dem Verzögergs- auch das Verlustrisiko (Canaris, BankVertrR Rn 642, Soergel-Wolf Rn 11). Hat er versehentl nicht abgebucht, ist der Schu nach Aufforderg leistgspflicht (Düss BB **88**, 2208, and Schwarz ZIP **89**, 1442).

5   **2)** Der Schu hat das Geld an den Wohns des Gläub zu **übermitteln** (I). – **a)** Die **Art der Übermittlung** wird, soweit PartAbreden fehlen, vom Schu bestimmt. Eine Barzahlg kommt bei DistanzGesch kaum noch

vor; sie ist bei größeren Beträgen selbst bei PlatzGesch selten. An ihre Stelle sind die verschiedenen Formen der bargeldlosen Zahlg getreten: Banküberweisg, Scheck, Postanweisg u Postscheck. Dagg gehört das LastschriftVerf nicht hierher, da seine Vereinbg eine Holschuld begründet (Rn 4). Die Überweisg ist Leistg an den Gläub, nicht an die Bank (BGH **53**, 142, **72**, 319). Zur Schuldtilgg dch Überweisg ist der Schu berecht, wenn der Gläub sein Konto dch Aufdruck auf Briefen, Rechngen od dergleichen bekannt gegeben (BGH NJW **53**, 897) od in der Vergangenh Überweisgen widerspruchslos hingenommen hat (MüKo/ Heinrichs § 362 Rn 16). Die Tats, daß der Gläub ein Girokonto eröffnet hat, reicht dagg – abgesehen vom Verk zw Kaufleuten – als Einverständn mit einer Überweisg nicht aus (BGH aaO, Möschel JuS **72**, 298, str). Die Übersendg von Schecks erfolgt iZw erfüllgshalber (§ 364 II). Ob der Gläub zur Entggnahme des Schecks verpflichtet ist, ist Frage der Auslegg (§ 157). – **b) Leistungsort** ist idR der Wohns des Schu **6** (§ 269 I iVm § 270 IV). Für die **Rechtzeitigkeit** der Leistg ist daher entscheid, wann der Schu das zur Übermittlg des Geldes seinerseits Erforderl getan hat (BGH **44**, 179, NJW **64**, 499, Köln NJW-RR **90**, 285). Die **Verzögerungsgefahr**, dh das Risiko verspäteten Eingangs trotz rechtzeit LeistgsHdlg, geht zu Lasten des Gläub; sie fällt nicht unter § 270 I (MüKo/Keller Rn 18, allgM). Die mit der Übermittlg befaßten Stellen (Post, Bank) sind insow keine ErfGehilfen des Schu. Aus der Vereinbg der Part, vor allem einer **Rechtzeitigkeitsklausel** (Kblz NJW-RR **93**, 583, LG Bln NJW-RR **93**, 144), kann sich aber ergeben, daß es für die Rechtzeitigk der Leistg auf den Eintritt des Leistgserfolges ankommen soll (Köln FamRZ **90**, 1243, Soergel-Wolf Rn 20). Nach der gesetzl Regel ist die Leistg bereits rechtzeit, wenn der Schu den Geldbetrag vor FrAblauf am LeistgsOrt bei der Post auf Postanweisg od Zahlkarte eingezahlt hat (RG **78**, 140). Bei einem vom Gläub angenommenen **Scheck** kommt es bei Übersendg dch die Post auf den Ztpkt der Absendg an (s BSG NJW **88**, 2501, Nürnb MDR **68**, 148, LSG Mü BB **80**, 731), bei Übermittlg dch den Schu selbst od dch einen Boten auf den Ztpkt, in dem die VfgsGewalt dch Übergabe od Einwerfen in den Briefkasten auf den Gläub übergeht (BGH NJW **69**, 875, BFH DB **69**, 420). Das gilt auch bei Zahlg dch einen vordatierten Scheck (BGH **44**, 180). Bei Zahlg dch **Überweisung** ist die LeistgsHdlg rechtzeitig, wenn der Überweisgs- **7** Auftr vor FrAblauf den Geldinstitut (Bank, Postscheckamt) eingegangen u auf dem Konto Deckg vorhanden ist (Celle MDR **69**, 1007, Düss DB **84**, 2686, Kblz NJW-RR **93**, 583, BFH WM **86**, 631). Eine Gutschrift auf dem GläubKonto ist nicht erforderl, da für die Rechtzeitigk auf die LeistgsHdlg abzustellen ist (BGH NJW **64**, 499). Auch auf die Abbuchg des überwiesenen Betrages vom SchuKonto kommt es daher (entgg Larenz § 14 IV c, Brink EWiR **85**, 357) nicht an (MüKo/Keller Rn 22). Auch wenn es bei einer Skontoabrede um die Rechtzeitigk der Leistg geht, trägt grdsl der Gläub die Verzögersgsgefahr (Kronenbitter BB **84**, 2033). – **c)** Das Geld ist an den **Wohnsitz** des Gläub zu übermitteln, bei gewerbl Anspr an den **8** Ort der gewerbl Niederlassg (II). Empfangsort ist der **jeweilige** Wohns des Gläub od seine jeweilige Niederlassg. Der Gläub trägt jedoch die dch Änderg des Empfangsortes entstehden Mehrkosten; führt die Änderg des Empfangsortes zu einer Gefahrerhöhg, wird der Schu von der Gefahrtragg im ganzen frei (III). Diese AusnRegel ist aber weder unmittelb noch entspr anwendb, wenn der Gläub nachträgl verlangt, die Überweisg solle auf ein and (auswärt) Konto erfolgen u die durch diesem Verlangen freiw nachkommt (BGH NJW **52**, 929). Hat der Gläub keinen Wohns, ist das Geld an seinen Aufenthaltsort zu übermitteln. **Erfüllung** tritt ein, wenn der Geldbetrag an den Gläub ausgezahlt w. Bei einer Zahlg dch Überweisg, **9** Lastschrift od Scheck erlischt die Schuld dagg bereits, sobald der geschuldete Betrag dem Konto des Gläub von seiner Bank vorbehaltlos gutgeschrieben worden ist (BGH **6**, 124, **53**, 203). Einzelheiten s § 362 Rn 8 ff.

3) Transportgefahr, Kosten. – a) Die Gefahr, die I dem Schu auferlegt, ist die **Verlustgefahr** (Trans- **10** portgefahr, Übermittlgsgefahr). Der Schu wird von seiner LeistgsPfl nur frei, wenn das zu übermittelnde Geld beim Gläub eingeht. Die Transportgefahr umfaßt auch die Gefahr der Geldentwertg u der Beschlagn (Hbg HansGZ **24**, HauptBl 131, Mü BayZ **25**, 98, MüKo/Keller Rn 17). Bei außergewöhnl Störgen kann nach § 242 eine Teilg des Verlustes gerechtf sein (s BGH **2**, 218, **10**, 320, Fälle der steckengebliebenen Banküberweisgen). Für Gefahren, die aus der Sphäre des Gläub stammen, braucht der Schu nicht einzustehen, so nicht für den Konkurs der Empfängerbank (Canaris BankVertrR Rn 478). Läßt der Gläub seine Postsendgen aus einem Postfach abholen, gehen dabei entstehde Verluste zu seinen Lasten (RG **69**, 139). Zur Verzögergsgefahr s Rn 6. – **b)** Die Pfl des Schu zur **Kostentragung** besteht idR auch bei einfachen Schick- **11** schulden. Sie erstreckt sich bei Geldschulden auch auf Zustellkosten, also etwa auf die vom Gläub an sein Kreditinstitut zu zahlde Kontoführgsgebühr (BAG DB **77**, 679, OVG Brem ZBR **76**, 90). Zu III s Rn 8.

4) Der Schu hat die Absendg, die Rechtzeitigk der Absendg sowie den Eingang des Geldes zu **beweisen 12** (Baumgärtel-Strieder Rn 1). Der Postanweisgsabschnitt begründet eine tatsächl Vermutg für die Absendg u Ankunft des Geldes. Wird Geld od ein Verrechnsscheck in einem Brief abgesandt, besteht dagg, auch wenn es sich um eine Einschreibsendg handelt, kein AnschBew für den Zugang (BGH **24**, 312, Hamm NJW-RR **95**, 363).

271 *Leistungszeit.* [1]Ist eine Zeit für die Leistung weder bestimmt noch aus den Umständen zu entnehmen, so kann der Gläubiger die Leistung sofort verlangen, der Schuldner sie sofort bewirken.

[2]Ist eine Zeit bestimmt, so ist im Zweifel anzunehmen, daß der Gläubiger die Leistung nicht vor dieser Zeit verlangen, der Schuldner aber sie vorher bewirken kann.

1) Allgemeines. – a) Zu den wesentl Modalitäten der Leistg gehört – neben dem Ort der Leistg (§ 269) – **1** die LeistgsZeit. Dabei sind zwei Begriffe zu unterscheiden: – **aa)** Unter **Fälligkeit** versteht man den Ztpkt, von dem ab der Gläub die Leistg verlangen kann. Sie ist – zumindest idR – Voraussetzg für den Erhebg einer LeistgsKlage u den VerjBeginn (§ 198 Rn 1). – **bb)** Die **Erfüllbarkeit** bezeichnet den Zpkt, von dem ab der Schu leisten darf, der Gläub also dch Nichtannahme der Leistg in AnnVerzug kommt. IdR wird die Fdg **gleichzeitig** fällig u erfüllbar. Sie kann jedoch, obwohl noch nicht fällig, erfüllb sein, II (Rn 11). Umgekehrt ist es bei den sog **verhaltenen Ansprüchen**. Bei ihnen darf der Schu nicht von sich aus leisten, der Gläub kann aber jederzeit die Leistg fordern (MüKo/Keller Rn 2). Bsp sind der Anspr auf Herausg

2 ErsVorteile (§ 281) u der Anspr auf Rückg aus der Verwahrg (§§ 695, 696 S 2). – **b)** Die Leistgszeit kann dch vertragl Abreden (Rn 4), dch gesetzl Vorschr (Rn 8) od die Umst (Rn 9) festgelegt sein. Fehlen Sonderregelgen, gilt als Ausdr des typischen Partwillens u **ergänzender Rechtssatz** sofort Fällig u Erfüllbark. Wenn der Schu sich auf eine die Fällig hindernde Nebenabrede beruft, ist er daher **beweispflichtig** (Mü NJW-RR **92**, 819, LAG Ba-Wü DB **70**, 886, Baumgärtel-Strieder Rn 2). Die GgAns (RG **68**, 306, BGH NJW **75**, 206, LG Tübingen NJW **90**, 1186), die Bestreiten des KlagGrdes annimmt, begünstigt den zahlgsunwilligen Schu u ist praktisch unbrauchbar. Unstreitig ist die BewLast des Schu wg der Vermutg der Vollständig u Richtigk der VertrUrk jedenf dann, wenn der schriftl Vertr keine Anhaltspkte für eine Hinausschieb der 3 Fällig enthält (s BGH NJW **80**, 1680). – **c)** § 271 gilt für **Schuldverhältnisse aller Art**, auch für solche, die aus sachen-, familien- od erbrechtl Tatbestdn hervorgegangen sein (Einl 24 v § 241). Hinsichtl der **Tageszeit** der Leistg gelten § 242, HGB 358. Danach darf der Schu nicht zu unpassder Zeit leisten, bei Handels-Gesch muß er die gewöhnl GeschZeit einhalten.

4 **2)** Die Part können die LeistgsZeit in unterschiedl Weise dch **Vertrag** festlegen. – **a)** Soweit die Vereinbg für die Leistg Fristen od Termine vorsieht, gelten die Auslegsregeln der §§ 187– 193. Wird die LeistgsZeit dch unbestimmte Formulierg wie „in Kürze" od „möglichst bald" festgelegt, ist der Beurteilgsspielraum nach billigem Ermessen auszufüllen. Sollen Möbel „baldigst" geliefert werden, w der Anspr spätestens nach 6–8 Wochen fällig (Nürnbg NJW **81**, 1104). Soweit AGB im nichtkaufm Verk derart unbestimmte Leistgsfristen vorsehen, sind sie wg Verstoßes gg AGBG 10 Nr 1 unwirks (s dort). AGBG 10 Nr 1 enthält 5 außerdem ein Verbot unangemessen langer LeistgsFristen. – **b)** Typische **Klauseln und Abreden:** „Kasse gg Faktura" bedeutet Fällig des ZahlgsAnspr schon gg Empfang der Rechng ohne Rücksicht auf die Absendg der Ware (RG **69**, 126). „Zahlg gg Dokumente" macht die Fällig von der Vorlage der Verladgs-6 Nachweise abhängig (BGH **55**, 342). BessergsKlauseln s Rn 15. – **c)** Mögl ist auch, daß die Festlegg der LeistgsZeit einer **Vertragspartei überlassen** wird. – **aa)** Hat der **Schuldner** die LeistgsZeit zu bestimmen, so hat er sie nach § 315 iZw nach billigem Ermessen festzulegen. Ist die Bestimmg in das freie Belieben des Schu gestellt, hat er gleichwohl die Grenzen des § 242 einzuhalten. § 2181, wonach der Vermächtnisbeschwerte iZw erst mit seinem Tode zur Leistg verpflichtet sein soll, kann im SchuldR als GüterVerkR nicht entspr herangezogen w (Staud-Selb Rn 4). Die Festlegg der LeistgsZeit gehört zur LeistgsPfl des Schu, ihre Nichtvornahme führt zum SchuVerzug (Nastelski JuS **62**, 290, str). Im Streitfall hat das Ger die LeistgsZeit festzusetzen. Erst danach steht dem Gläub der Weg des § 326 offen (RG **64**, 116, § 315 Rn 13). Im HandelsVerk entspr es aber idR dem PartWillen, daß der Gläub die NachFr gem § 326 auch ohne vorheriges Urt setzen darf (RG **90**, 29). – **bb)** Hat der **Gläubiger** das BestimmungsR, gelten die Ausführgen zu Rn 6 entspr. HauptBsp ist der Kauf auf Abruf. NichtAbruf führt gem § 295 zum GläubVerzug, bei Pfl zur 7 Abnahme auch zum SchuVerzug (s RG SeuffA **63**, 6, § 293 Rn 6). – **d)** Die Erteilg einer **Rechnung** ist grdsl **keine Fälligkeitsvoraussetzung**, auch dann nicht, wenn der Schu gem UStG 14 (s dazu BGH **103**, 285, **120**, 316) od nach der VerkSitte (§§ 157, 242) einen Anspr auf eine spezifizierte Rechng hat (BGH **79**, 178, Grimme NJW **87**, 468), der Schu kann aber Verspätgsschaden ersetzt verlangen (BGH NJW-RR **91**, 793) u hat ein ZbR (Mü NJW **88**, 270). Eine and Beurteil würde auch den Interessen des Schu zuwiderlaufen, da sie den VerjBeginn von der RechngsErteilg abhängig machen würde (§ 198 Rn 3). Dch SonderRegelgen kann die Fällig aber bis zum Zugang einer Rechng hinausgeschoben w, so für WerklohnFdgen, wenn VOB/B 16 Nr 3 anwendb ist (BGH **53**, 225, **105**, 293), das Architektenhonorar, HOAI 8 (BGH NJW-RR **86**, 1279), das Arzthonorar (GOÄ 12 II), Fdgen von Telekom, TKV 13 (BGBl **92**, 1721), den Nachfordergs-Anspr von VersorggsUntern (BGH NJW **82**, 931), den HeizkostenAnspr des Vermieters (BGH NJW **82**, 574) u sonst Mietnebenkosten (Ffm MDR **83**, 757).

8 **3)** Fehlt eine vertragl Regelg, gilt die **gesetzliche Leistungszeitbestimmung** des § 271. – **a)** § 271 I tritt jedoch zurück, wenn die LeistgsZeit dch gesetzl **Sonderregeln** festgelegt ist, so bei Miete (§ 551), Pacht (§ 584), Leihe (§ 604), Darl (§§ 608 f), DienstVertr (§ 614), WerkVertr (§ 641), Verwahrg (§ 695 ff, s Rn 1), 9 Gesellsch (§ 721), Unterh (§§ 1361 IV, 1585 I, 1612 III, Leistgen des Versicherers (VVG 11). – **b)** Die LeistgsZeit kann sich aus den **Umständen** ergeben (§ 271 I). Zu berücksichtigen sind – ebso wie iF des § 269 – die Natur des SchuldVerh, die VerkSitte u die Beschaffenh der Leistg. Beim WerkVertr ist auf die für die Herstellg des Werkes erforderl Zeit abzustellen (Kühne BB **88**, 713). Beim BauVertr tritt Fällig erst nach Erteilg der BauGen ein (BGH NJW **74**, 1080). Der AbfindgsAnspr des ArbNeh w nicht schon mit der Künd sond erst mit dem Ausscheiden fällig (BAG NJW **84**, 1650, LAG Düss DB **89**, 2031). Der Anspr auf Rückzahlg der Kaution wird fällig, sobald nach Beendigg des MietVerh die GgAnspr des Vermieters betragsmäß festliegen (LG Stgt NJW **77**, 1885). Der BefreigsAnspr wird uU erst fällig, wenn die Verbind-10 lich fällig geworden ist, auf die sich der FreihaltgsVerpfl bezieht (BGH NJW **91**, 77). – **c)** Fehlt eine anwendbare Bestimmg, hat der Schu **sofort** zu leisten (§ 271 I). Das Ges stellt damit auf den Begriff „unverzügl" (§ 121 Rn 3) auf einen ausschließl objektiven Maßstab ab. Zu warten braucht der Gläub, wenn überhaupt, nur in engen Grenzen (s Mü NJW-RR **92**, 820). Devisenrechtl Verbote hindern die Fällig idR nicht (BGH 11 NJW **64**, 100). – **d)** Eine Hinausschieb der LeistgsZeit wirkt iZw nur **zugunsten des Schuldners (II).** Er darf vor dem Fälligwerden der Fdg leisten; nimmt der Gläub die Vorausleistg nicht an, gerät er in AnnVerzug. II ist jedoch unanwendb, wenn der Gläub dch die vorzeit Tilgg ein vertragl Recht verliert od wenn seine rechtl geschützten Interessen beeinträchtigt w. Das Recht zur Vorausleistg ist daher ausgeschlossen bei verzinsl Darl, § 609 III (Hammen DB **91**, 958, s aber VerbrKrG 14 S 1), bei GrdSchulden u Hyp (KG JW **35**, 1641), bei Wechsel (BGH NJW **70**, 42), bei BauDarl, wenn es ein WohngsBeleggsR begründet (BGH NJW **70**, 603). Beim Ruhegehalt u Unterh sind VorausZahlg nur für eine angemessene Zeit (6 Mo) zul (BGH NJW **72**, 154, BGH **123**, 53).

12 **4) Stundung. – a) Begriff.** Stundg bedeutet das Hinausschieben der Fällig einer Fdg bei Bestehenbleiben der Erfüllbark (MüKo/Keller Rn 21). Sie beruht idR auf vertragl Abrede. Der Richter ist nur in den Fällen der §§ 1382, 1615 i, 1934 d V, 2331 a berecht, die Fdg zu stunden; ausnw kommt auch § 242 als Grdl für eine Stundg in Betracht (BGH NJW **77**, 2358). Stundgen können als Vereinbgen über einen Zahlgsaufschub unter VerbrKrG 11 III fallen (s dort). – **b)** Von der Stundg sind zu **unterscheiden –: aa)** Die

aufschiebde **Befristung** iSd § 163. Sie schiebt die Entstehg des SchuldVerh u der Fdg hinaus; dagg ist die gestundete Fdg bereits entstanden, aber noch nicht fällig. – **bb)** Die Abrede, die Fdg zeitweilig nicht geltd zu machen **(pactum de non petendo).** Sie gibt dem Schu eine Einr, führt im Proz zur Klagabweisg als unzul (BGH NJW-RR **89**, 1048), die Fälligk bleibt aber bis zur Erhebg der Einr bestehen. – **cc)** Das Versprechen des Gläub, aus einem Titel zeitweilig **nicht zu vollstrecken.** Es handelt sich um eine Abrede mit ausschließl vollstreckgsrechtl Inh (BGH NJW **68**, 700). Die Fälligk der Fdg u der SchuVerzug bestehen weiter. Wie eine getroffene Vereinbg einzuordnen ist, hängt von den Umst des Einzelfalls ab u ist erforderlf dch Auslegg (§§ 133, 157) zu entscheiden (BGH NJW-RR **87**, 907). – **c)** Die Stundg kann schon bei VertrSchluß **14** vereinbart w (s § 509). Die nachträgl Stundg ist VertrÄnderg (s § 305 Rn 2) u unterliegt als solche bei formbedürft Vertr grdsl dem Formzwang (§ 313 Rn 41); sie kann sich uU aus einer ergänzden VertrAuslegg ergeben (BGH **86**, 102). Wird auf **unbestimmte Zeit** gestundet, kann der Gläub die LeistgsZeit gem §§ 316, 315 nach billigem Ermessen festsetzen (BGH NJW-RR **91**, 822). Eine Stundg bis zur Zahlg der Abnehmer des Schu entfällt, wenn diese nicht in angem Frist leisten (Hamm MDR **77**, 928), eine Stundg bis zu einem geplanten Verkauf, wenn die dafür angem Frist abgelaufen ist (BGH NJW-RR **92**, 1141), eine Stundg bis zur Schadensreguliering, wenn diese 4 Jahre nach dem Unfall immer noch nicht erfolgt ist (Hamm NJW-RR **93**, 181). Die Stundg bis zur **Besserung** der VermVerhältn des Schu endet, sobald u soweit der Schu zur Leistg imstande ist; der Schu muß unaufgefordert zahlen (RG **94**, 290, BGH WM **75**, 975). – **d)** Der **15** Gläub kann die Stundg **widerrufen,** wenn der Schu den gestundeten Anspr bestreitet od ihn in sonst Weise erhebl gefährdet (RG **90**, 180, BGH NJW **81**, 1667, Celle MDR **62**, 569). Der Gläub ist bei einer nachträgl Stundg auch dann zum Widerruf berecht, wenn sich die Verhältn des Schu wesentl verschlechtern (BGH FamRZ **74**, 652). Ist die Stundg bereits bei VertrSchluß vereinbart worden, gilt § 321. **Verfallklauseln,** die an die nicht rechtzeit Zahlg von Raten die sofort Fälligk od Kündbark der RestFdg knüpfen, sind nicht anwendb, wenn die Nichtzahlg vom Schu nicht zu vertreten ist (BGH NJW **85**, 2330.

5) Rechtsfolgen. – a) Hält der Schu die LeistgsZeit nicht ein, kommt er, soweit die Voraussetzgen der **16** §§ 284 f erfüllt sind, in SchuVerzug. – **b)** Beim **absoluten Fixgeschäft** begründet die Nichteinhaltg der LeistgsZeit dagg Unmöglichk (BGH **60**, 16); anzuwenden sind dann §§ 275, 280, 323 ff. Eine absolute (uneigentl) Fixschuld liegt vor, wenn die Einhaltg der LeistgsZeit nach dem Zweck des Vertr u der gegebenen Interessenlage für den Gläub derart wesentl ist, daß eine verspätete Leistg keine Erf mehr darstellt. Bsp sind etwa die Taxenbestellg für einen bestimmten Zug, die Buchg einer Flugreise (LG Bln NJW **82**, 343), der auf eine best Zeit abgestellte ReiseVertr (BGH **60**, 16, NJW **74**, 1047), Verzögerung des Beginns sind aber gem § 242 zu würdigen (LG Hannover NJW-RR **86**, 603); der Vertr über regelmäß dchzuführde Wartgen (Stgt BB **77**, 118), nicht aber die vom Mieter dchzuführden SchönhReparaturen (aA Enderlein AcP **192**, 298). Fixcharakter haben idR auch **Dauerverpflichtungen,** wie die ArbPfl des ArbNeh (BAG NJW **86**, 1832, krit Nierwetberg BB **82**, 995), sowie UnterlPflten. Ausnahmsweise kann es aber so liegen, daß das Interesse des Gläub dch eine Nachholg der Leistg befriedigt w kann (§ 284 Rn 3). – **c)** Beim **relativen 17 Fixgeschäft** (eigentl FixGesch, FixGesch ieS) tritt bei Nichteinhaltg der LeistgsZeit keine Unmöglichk ein; der Gläub ist aber nach Maßgabe des § 361 berecht, vom Vertr zurückzutreten. Wann ein absolutes od ein relatives FixGesch vorliegt, ist Auslegsfrage (§§ 133, 157). Auch zur relativen Fixschuld genügt es nicht, daß die LeistgsZeit genau bestimmt ist. Die Einhaltg der LeistgsZeit muß vielmehr so wesentl sein, daß mit der zeitgerechten Leistg das Gesch „stehen u fallen soll" (näher § 361 Rn 2).

272 *Zwischenzinsen.* **Bezahlt der Schuldner eine unverzinsliche Schuld vor der Fälligkeit, so ist er zu einem Abzuge wegen der Zwischenzinsen nicht berechtigt.**

1) Die vorzeitige Zahlg einer unverzinsl Fdg gibt dem Schu nicht das Recht zum Abzug von Zwischenzin- **1** sen, da die Zahlg auf seinem freien Entschluß beruht. Auch wenn der Schu irrtüml zu früh leistet, ist die Erstattg von Zwischenzinsen ausgeschlossen (§ 813 II letzter Halbs). Zum Abzug eines **Barzahlungsskonto** ist der Schu nach § 272 gleich nicht berecht. Ein hiervon abweicher allg Handelsbrauch besteht nicht. Wer Skonto beansprucht, muß daher entweder eine entspr Abrede od Branchenüblichk (§ 157, HGB 346) nachweisen. Ob auch bei TZahlgen Skonto abgezogen w darf, hängt von der Fassg der Vereinbg ab (Hamm NJW-RR **95**, 856). Ein Umkehrschluß aus § 272 ergibt, daß bei einer verzinsl Schuld nach einer berecht vorzeit Zahlg die weitere Verzinsg entfällt (Hammen DB **91**, 957).

2) Das Ges läßt den Abzug von Zwischenzinsen in §§ 1133 S 3, 1217 II, KO 65 II, 70, ZVG 111 ausdr zu; **2** SchadErsAnspr sind abzuzinsen, soweit schon jetzt Ers für erst künft entstehe Nachteile zu leisten ist (BGH **115**, 300). Die Berechng erfolgt nach der von Hoffmann (1731) entwickelten Methode. Sie wird in der KO u im ZVG (aaO) ausdr für anwendb erklärt, gilt aber allg. Danach ist der Betrag zu zahlen, der mit dem gesetzl Zinssatz verzinst bei Fälligk die volle Schuldsumme ergeben würde. Formel s BGH **115**, 310.

273 *Zurückbehaltungsrecht.* **¹ Hat der Schuldner aus demselben rechtlichen Verhältnis, auf dem seine Verpflichtung beruht, einen fälligen Anspruch gegen den Gläubiger, so kann er, sofern nicht aus dem Schuldverhältnisse sich ein anderes ergibt, die geschuldete Leistung verweigern, bis die ihm gebührende Leistung bewirkt wird (Zurückbehaltungsrecht).**

II Wer zur Herausgabe eines Gegenstandes verpflichtet ist, hat das gleiche Recht, wenn ihm ein fälliger Anspruch wegen Verwendungen auf den Gegenstand oder wegen eines ihm durch diesen verursachten Schadens zusteht, es sei denn, daß er den Gegenstand durch eine vorsätzlich begangene unerlaubte Handlung erlangt hat.

III Der Gläubiger kann die Ausübung des Zurückbehaltungsrechts durch Sicherheitsleistung abwenden. Die Sicherheitsleistung durch Bürgen ist ausgeschlossen.

1) Allgemeines. – a) Normzweck. Das ZbR gewährt dem Schu das Recht, seine Leistg zu verweigern, **1** bis die ihm gebührde Leistg bewirkt w (s die Legaldefinition in I). Es beruht auf dem Gedanken, daß derj treuwidr handelt, der aus einem einheitl RVerh die ihm gebührde Leistg fordert, ohne die ihm obliegde GgLeistg zu erbringen (RG **152**, 73, BGH **LM** § 794 Wert n 5 ZPO Nr 3). Das ZbR ist damit eine besondere Ausformg des § 242; daraus ergeben sich Einschränkgen (Rn 18). Ands kann der Schu nach § 242 aber auch dann zur LeistgsVerweigerg berecht sein, wenn die Voraussetzgen des § 273 nicht erf sind (s § 242 Rn 52 *„dolo facit, qui petit, quod statim rediturus est"*). And als das kaufm ZbR (Rn 25) enthält es kein BefriediggsR, sond sichert dem GgAnspr des Schu nur dadch, daß es mittelb auf den Gläub Zwang zur Erfüllg seiner Verbindlichk ausübt. Gleichwohl ist das ZbR ein **wesentliches Schutzrecht** zG des Schu. Es kann zwar dch IndVereinbg (Rn 13), nicht aber dch formularmäß Klauseln abbedungen w (AGBG 11 Nr 2). Mögl ist auch die **vertragliche Begründung** eines ZbR; die unwirks Bestellg eines PfandR an einem HypBrief kann daher uU in die Vereinbg eines vertragl ZbR umgedeutet w (RG **66**, 28). Das vertragl ZbR kann sich auch auf nichtfällige u nicht konnexe GgFdgen beziehen (s AGB der Kreditinstitute u BGH NJW **85**, 849). –

2 **b) Anwendungsbereich.** § 273 gilt für SchuldVerh aller Art grdsl auch für SchuldVerh, die aus sachen- od erbrechtl Tatbestden entstanden sind (s Einf 24 v § 241). Ein ZbR kann daher geltd gemacht w ggü dem HerausgAnspr des Eigtümers (BGH **64**, 124, NJW-RR **86**, 282), dem GrdbuchBerichtiggsAnspr (BGH **41**, 35), dem Anspr auf Einwillig in die Löschg einer AuflVormerkg (RG **163**, 62), dem Anspr auf Erbauseinandersetzg (Dütz NJW **67**, 1105). Ggü familienrechtl Anspr ist § 273 aber nur anwendb, soweit dies mit der Eigenart des familienrechtl RVerh vereinb ist. Ein ZbR kommt daher nicht in Betracht ggü dem UnterhAnspr od dem den UnterhAnspr vorbereitenden AuskAnspr (Bambg FamRZ **85**, 610), im HausratsVerf (Hamm FamRZ **81**, 877), ggü der Verpflichtg zur ehel LebensGemeinsch), dem Anspr auf Herausg des Kindes (Düss HRR **40**, 1104) u dem UmgangsR (s KG ZbJR **78**, 372). Ggü dem AuskAnspr aus § 1379 kann dagg wg eines entspr GgAnspr ein ZbR geltd gemacht w (Stgt FamRZ **82**, 282, aA Ffm NJW **85**, 3083). –

3 **c) Im öffentlichen Recht** ist der GrdGedanke des § 273 gleichf anwendb (Stober DVBl **73**, 351); er muß aber uU hinter höherrangigen RGrds zurücktreten (OVG Hbg NJW **77**, 1251). So kommt bei einem hoheitl Anspr eine Verurteilg Zug um Zug (§ 274) nicht in Betracht (VGH Mü NVwZ- RR **90**, 625). Hat die Polizei ein verbotsw parkdes Kfz abgeschleppt, kann sie im Rahmen der VerhältnisMäßigk bis zur Bezahlg der Abschleppkosten an dem Kfz ein ZbR geltd machen (aA Würtenberger DAR **83**, 158). Dagg kann die Vornahme einer AmtsHdlg nicht dch die Zb von Kosten erzwungen w (KG OLGZ **91**, 21). Begriffl ausgeschlossen ist das ZbR ggü FeststellgsKl (RG **163**, 62) u GestaltgsKl wie etwa der VollstrGgKl (BGH **71**, 19, 22).

4 **2) Gegenstand** des ZbR kann grdsl jede Leistg sein. Als Ggst des ZbR kommen daher Sachen aller Art in Betracht, auch solche, die keinen selbständ VermWert haben u daher nicht selbständ pfändb sind, wie etwa Versichergsscheine (RG **51**, 87), Hyp- u Grdschuldbriefe (RG **66**, 28), Sparkassenbücher (RG **68**, 282) u and Legitimationspapiere (s aber Rn 15). Verweigert werden kann auch die Vornahme von Hdlgen jeder Art, etwa von Dienstleistgen der SchiedsRi (BGH **55**, 347), von BefreigsVerpfl (BGH NJW **84**, 2152), von Grdbuchberichtiggen (BGH **41**, 75, 75, 293) u die Freigabe von hinterlegtem Geld (BGH **90**, 196). Der ArbN kann an der ArbLeistg ein ZbR ausüben, so wg seines Anspr aus § 618, wenn er an einem asbestbelassteten ArbPlatz arbeiten soll (BAG **AP** Nr 4), er muß aber die sich aus § 242 ergebden Schranken beachten (BAG ZIP **85**, 303). Auch die Erfüllg von DuldgsPfl, wie die aus § 917, kann Ggst des ZbR sein (BGH DB 5 **76**, 2399), ebso die Einhaltg von **Unterlassungspflichten.** ZuwiderHdlgen gg UnterlPflten sind aber dann nicht dch § 273 gedeckt, wenn sie den UnterlAnspr endgült vereiteln würden (RG **152**, 73, BAG NJW **83**, 2896, Karlsr VersR **73**, 857). Umgekehrt kann der (einmalige) Verstoß gg eine UnterlPfl nur ausnw die Nichterfüllg einer Pfl zur Vornahme einer Hdlg rechtfertigen (RG DR **40**, 795). **Sonderregelungen** bestehen in BRAO 50, SteuerberatungsG 66 IV und WirtschPrüferO 51 b III für das ZbR an Handakten u ä sowie in EFZG 7 für das ZbR des ArbG ggü dem Anspr auf Fortzahlg des Entgelts im Krankheitsfalle.

6 **3) Gegenanspruch des Schuldners. – a)** Der zurückhaltde Schu muß zugl Gläub des GgAnspr u der Gläub des Anspr zugl Schu des GgAnspr sein, **Gegenseitigkeit** der Anspr. Besteht der GgAnspr nur ggü einem MitGläub, ist § 273 unanwendb (BGH DNotZ **85**, 551). Dagg genügt es, wenn der GgAnspr dem Schu gemeinschaftl mit and zusteht (BGH **5**, 176, **38**, 125, NJW-RR **88**, 1150). Dch Abtr wird das ZbR des Schu nicht berührt (BGH **19**, 162, **64**, 126, § 404 Rn 6), dagg entfällt das ZbR des Zedenten (BGH **92**, 196). Beim Vertr zGDr wirkt das ZbR gem § 334 auch ggü dem Dr (BGH NJW **80**, 450), bei mehrseit RVerh uU ggü allen Beteiligten (Gernhuber FS Larenz, 1973, 465). Auch familienrechtl Anspr können ein ZbR begründen (BGH **92**, 196). Liquidität (sofortige Beweisbark) des GgAnspr ist nicht erforderl, ebsowenig Gleichartigk der Anspr. Bei gleichart Anspr ist die Geltdmachg eines ZbR uU als Aufr zu werten (Rn 14). – **b)** Der 7 GgAnspr muß **vollwirksam** u **fällig** sein. Anspr aus Spiel u Wette begründen kein ZbR, ebsowenig bedingte od künft Anspr (s Köln DB **74**, 2301) sowie Anspr, denen eine Einr entggsteht (§ 390 S 1). Es genügt, wenn der GgAnspr mit der Erbringg der geschuldeten Leistg entsteht u fällig w (BGH **73**, 319, **111**, 156, **116**, 248); daß sie erst nach der Fdg des Gläub fäll geworden ist, schadet nichts (BGH **92**, 217, BGH NJW **71**, 421). Der Anspr auf Quittg (§ 370), auf Rückgabe des Schuldscheins (§ 371), auf eine Rechng gem UStG 14 (BGH NJW **80**, 2710) u auf Rückgabe der Pfandsache gg Tilgg der Schuld (BGH **73**, 319) begründen daher ein ZbR. Unschädl ist, daß dem GgAnspr ein fr geltd gemachtes ZbR des Gläub entggsteht, da dieses dch die Leistg des Schu entfällt (BGH **116**, 248). Die Gesellsch kann ggü dem ausgeschiedenen Gter trotz fehler Fälligk ihres GgAnspr ein vorläuf ZbR geltd machen, wenn das AuseinandSGuthaben des Ausgeschiedenen mit großer Wahrscheinlichk negativ ist (BGH NJW **81**, 2802). Abgesehen von diesem Sonderfall kommen nicht fällige Anspr höchstens nach § 1000 od bei entspr vertragl Abreden (Rn 1) als Grdl für ein 8 ZbR in Betracht (s BGH NJW-RR **86**, 543). Auch ein bereits **verjährter** Anspr begründet in entspr Anwend von § 390 S 2 das ZbR, wenn die Verj noch nicht vollendet war, als der Anspr des Gläub entstand (BGH **48**, 116). Das gilt auch für den verj MängelbeseitiggsAnspr nach VOB/B, sofern die Anzeige (§§ 639, 478) rechtzeitig erfolgt ist (BGH **53**, 122). Nicht erforderl ist, daß der Schu das ZbR vor Eintritt der Verj geltd gemacht hat (BGH aaO, Keller JuS **82**, 666, str). Dagg gibt ein dch Ablauf einer AusschlußFr erloschene GgAnspr dem Schu kein ZbR (§ 390 Rn 3). Ein ZbR scheidet auch aus, wenn die Erf des GgAnspr unmögl geworden ist (RG JW **19**, 105).

4) Konnexität. – a) Der Anspr des Gläub u der GgAnspr des Schu müssen auf „demselben rechtl 9 Verhältn" beruhen. Dieser Begriff ist im weitesten Sinne zu verstehen. Es ist nicht erforderl, daß die beiderseit Anspr im selben Vertr od SchuldVerh ihre Grdl haben; es genügt, wenn ihnen ein innerl zushäng-des **einheitliches Lebensverhältnis** zugrunde liegt (BGH **92**, 196, **115**, 103). Zwischen den beiden Anspr muß ein „innerer natürl u wirtschaftl ZusHang" in der Weise bestehen, daß es gg Treu u Glauben verstoßen würde, wenn der eine Anspr ohne Rücks auf den and geltd gemacht u dchgesetzt w könnte (RG **134**, 146, **158**, 14, BGH **47**, 167, **64**, 125, stRspr). – **b)** Konnexität ist daher zu **bejahen:** bei beiderseit Anspr aus 10 einem nicht zustande gekommenen, angefochtenen od nicht Vertr (RG **108**, 336, BGH NJW- RR **90**, 848); bei Anspr aus ständ GeschVerbindg, sofern die verschiedenen Vertr wg ihres zeitl od sachl ZusHangs als eine natürl Einh erscheinen (s RG **68**, 34, BGH **54**, 250, Düss NJW **78**, 703, OLGZ **85**, 78); Anspr aus zeitl aufeinand folgden VersorggsVertr (BGH **115**, 103), and aber, wenn der eine die Wo u der and den berufl Bereich betrifft (BGH aaO), zw Anspr aus dem Wechsel od Scheck u dem GrdGesch (BGH **57**, 300, **85**, 348, NJW **76**, 1451); zw dem GrdbuchberichtiggsAnspr u dem Anspr auf Ers von aufgewendeten HypZinsen (RG Warn **11**, 391); zw dem Anspr aus ZVG 50 (Erhöhg des Bargebots) u dem Anspr auf Herausg des GrdSchBriefes (Hamm FamRZ **94**, 247); zw SchadErsAnspr wg Lieferg eines aliuds u GgAnspr wg Ver-wertg der gelieferten Sache (BGH NJW **79**, 812), die beiderseit Anspr aus einer aufgelösten Gemeinsch oder Gesellsch (BGH DB **84**, 1392, NJW **90**, 1172); bei Anspr aus einer aufgelösten Verlöbn (RG Warn **14**, 39); bei beiderseit vermögensrechtl Anspr aus der ehel LebensGemeinsch (BGH **92**, 196, NJW-RR **90**, 134, Ffm FamRZ **83**, 1233) od einem eheähnl ZusLeben; zw dem Anspr auf Herausg des abgeschleppten Kfz u dem (abgetretenen) Anspr auf Erstattg von Abschleppkosten (Karlsr OLGZ **78**, 206, aA Dörner DAR **80**, 105). – **c)** Konnexität ist dagg zu **verneinen:** zw Anspr aus dem GesellschVerh u Verbindlichk, die der Gter als 11 Kunde der Gesellsch (Bank) eingegangen ist (RG **118**, 300); zw Anspr aus dem VersVerh u GgAnspr aus versichergsfremden Gesch (RG **158**, 15); zw MietzinsAnspr u Anspr auf Erteilg der NebenkostenAbrechng (Kblz NJW-RR **95**, 394); zw dem Anspr auf Zustimmg zur Löschg einer EigtümerGrdschuld u dem GgAnspr aus Verwendgen auf das Grdst (BGH **41**, 33); zw dem Anspr auf Zustimmg zur Auskehrg des Versteigergserlöses u Anspr, die keine Zuteilg aus dem Erlös rechtf (BGH NJW-RR **87**, 892); zw dem Anspr aus ZPO 717 II od III u dem Anspr aus dem materiellrechtl Verhältn (RG **123**, 395).

5) Ausschluß des Zurückbehaltungsrechts. – a) Gesetzlich ausgeschlossen ist das ZbR an der 12 VollmUrk (§ 175); das ZbR des Mieters od Pächters unter den Voraussetzgen der §§ 556 II, 580, 581 II, 596 II; das ZbR des GmbH-Gesellschafters ggü der Fdg auf Zahlg der Stammeinlage (GmbHG 19 II); das ZbR des Handelsvertreters an ihm zur Vfg gestellter Unterlagen (HGB 88a II); das ZbR des Dienstherrn bei Beamtenbezügen (BBG 84 II). Eine bedenkl Einschränkg des ZbR von Fernsprechteilnehmer auf offen-sichtl Fehler enthält TKV 14 II (s dazu AG Ffm u Leipzig NJW-RR **94**, 1394ff).

b) Das ZbR kann dch **Vereinbarung** ausgeschl w. Erforderl ist aber eine IndVereinbg, formularmäß 13 Klauseln sind gem AGBG 11 Nr 2 im nichtkaufm Verk unwirks. Die Ausschlußabrede kann konkludent zustandekommen (RG **146**, 59), etwa dch Begründg einer VorleistgsPfl (§ 320 Rn 15), dch Vereinbg einer Barzahlgsklausel (§ 387 Rn 14) od dch Begründg eines neuen RVerh in Kenntn des Bestehens von GgFdgen (BGH NJW-RR **90**, 49). Ein vertragl AufrVerbot schließt das ZbR aus, wenn die Zb in der Wirkg einer Aufr gleichsteht (BGH NJW **84**, 129, Rn 14). Trotz einer entggstehden Abrede kann der Schu zur Zb berechtigt sein, wenn er das ZbR auf einen liquiden GgAnspr stützt (BGH NJW **60**, 859, DB **77**, 627) od wenn dem Gläub eine grobe VertrVerletzg zur Last fällt (BGH **48**, 270, DB **72**, 868).

c) Gesetzl **Aufrechnungsverbote** bedeuten nicht notw, daß auch das ZbR ausgeschlossen ist (RG **85**, 14 110). Die Aufr ist ein zum Erlöschen des Anspr führdes RGesch; die Zb die Geltdmach einer aufschiebden Einrede, die nicht auf Tilgg, sond auf Sicherg des Anspr abzielt. Trotz dieser begriffl Unterschiede kann sich aus dem Zweck der Verbotsnorm ergeben, daß sie neben der Aufr auch das ZbR miterfassen will. Das ist vor allem für § 393 u VAG 26 anerkannt. Das ZbR entfällt daher ggü dem SchadErsAnspr aus vorsätzl unerl Hdlg (BAG NJW **68**, 565; BayObLG NJW-RR **91**, 1235, aber nur für den Fall gleichart Fdgen) u ggü dem BeitrAnspr des VersVereins (BGH **16**, 49). Die andern AufrVerbote (§§ 394, 392, 395) schließen das ZbR aus, wenn seine Ausübg einer dem unzul **Aufrechnung gleichkommenden** Erfolg haben würde (BGH **38**, 129, NJW **84**, 129, **87**, 3254). Das ist der Fall, wenn der Schu weiß, daß seine GgFdg wg der schlechten Vermögenslage des Gegners nicht beigetrieben w kann (BGH **LM** § 395 Nr 2) od wenn Fdg u GgFdg auf Geld gerichtet u beide Fdgen fällig sind (BGH NJW **74**, 367, **LM** HGB 355 Nr 12). Die Zb bedeutet in diesem Fall in Wahrh die Erkl der Aufr; der angebl abw Wille des Schu ist unbeachtl, da er auf GesUmgeh abzielen würde (RG **85**, 110). Das AufrVerbot steht dem ZbR ausnahmsweise nicht entgg, wenn es wg einer vorsätzl unerl Hdlg im Rahmen desselben RVerhältn geltd gemacht w (BGH **30**, 38, § 394 Rn 2).

d) Der Ausschluß des ZbR kann sich aus der **Natur des Schuldverhältnisses** ergeben. Die hierher 15 gehörden Fälle entziehen sich einer abschließden Systematisierg. – **aa)** Der Grd für den Ausschluß des ZbR kann die **Eigenart des Gegenstandes** sein, den der Schu zurückhalten will. Kein ZbR besteht an Reisepäs-sen (LG Ba-Ba NJW **78**, 1750), Führerscheinen (LG Limburg NJW-RR **90**, 1080, Clemens NZV **89**, 62), Schuldscheinen od Wechseln, gleichgült ob die Schuld getilgt od nie entstanden ist (BGH NJW **58**, 2112, DB **83**, 2621), Quittgen od Löschgsbewilliggen (BGH **71**, 21, ZIP **88**, 831), es sei denn wg Kosten dieser Unterlagen (Köln Rpfleger **83**, 307), ArbPapieren (Peterek DB **68**, 173), BetrMitteln u Werkzeugen des ArbG (LAG Düss DB **75**, 2040), GeschPapieren (BGH WM **68**, 1325), Buchhaltgsunterlagen (Düss NJW **77**, 1201, MüKo/Keller Rn 74, aA Hbg NJW **83**, 2455, Weyand DStR **88**, 503, Nürnbg MDR **90**, 820), and aber, wenn diese eine ArbLeistg des Zurückhaltenden verkörpern (BGH NJW **88**, 2607), Krankenunterlagen (AG Freibg NJW **90**, 770), Miet- od Pachtkautionen, wenn nach Beendigg des Vertr eine angem Fr für die Abrechng abgelaufen ist (Celle OLGZ **66**, 6), zur Ansicht überlassenen Waren (BGH **LM** Nr 16); Paletten, die als Transportmittel mitgeliefert worden sind (Ffm MDR **85**, 503); Zuchtpudel (LG Stgt NJW-RR **91**, 446); Sachen, deren Verderb od Entwertg zu besorgen ist, EnteigngsEntsch (BGH **44**, 58). Ggst eines ZbR können dagg sein: die Kundenkartei des Handelsvertreters (BGH WM **83**, 864), das dem SubUntern überlassene Gerät (Düss NJW-RR **93**, 886), der vom ArbG zur Vfg gestellte Dienstwagen (Düss NJW **86**,

2513), die Handakten des RA (BRAO 50 I), ein VollstrTitel, jedenf wenn er nach Rücktr vom Vertr entspr §§ 346, 348 herauszugeben ist (BGH NJW **94**, 1162).

16   **bb)** Das ZbR kann wg der **Natur des Gläubigeranspruchs** ausgeschlossen sein. Kein ZbR besteht ggü dem Anspr auf Unterh od Altenteilsleistgen (Soergel-Wolf Rn 40, 38). Dagg ist es ggü einem schuldrechtl Anspr, der die Grdl des künft Unterh sichern soll, grdsl gegeben (BGH NJW **80**, 450). Das ZbR ist
17 ausgeschlossen ggü dem Anspr auf Zustimmg zur Mieterhöhg gem MHRG 2 (LG Bln MDR **84**, 582, Mutter ZMR **92**, 185), ggü dem Anspr auf Ausk od RechenschLegg (RG **102**, 110, BGH NJW **78**, 1157), u zwar auch bei einem gleichf auf Ausk gerichteten GgAnspr (Köln FamRZ **87**, 714); ggü dem Anspr auf Aufhebg der Gemeinsch (BGH **63**, 350); ggü dem RäumgsAnspr nach Beendigg der nichtehel LebensGemeinsch (Hamm NJW **86**, 728); ggü SchadErsAnspr, wenn dieser auf NichtErf eines Anspr beruht, dem kein ZbR entggstand (BGH WM **75**, 425); ggü dem VorschußAnspr der EigtGemsch aus WEG 16 II (BayObLG MDR **72**, 145, Ffm OLGZ **79**, 391); ggü dem Anspr auf Zust zur Veräußerg von WoEigt (BayObLG Rpfleger **77**, 173); ggü dem Anspr gg den GmbHGeschafter auf Zust zur KapitalErhöhg (BGH DB **87**, 1413); ggü dem Anspr auf Anschluß an Versorggsleitgen. sofern er sich gg die EigtGemsch gem WEG richtet (Hamm NJW **84**, 2708); ggü dem Anspr auf Herausg des Nachl wg eines PflichtteilsAnspr (KG FamRZ **74**, 386); ggü dem Anspr auf Rückg von Sicherh nach Wegfall des Sichergszwecks (BGH NJW **68**, 2139); ggü dem Anspr auf Herausg des dch die GeschBesorgg Erlangten (RG **160**, 59, BGH **LM** § 313 Nr 15); ggü dem Anspr gg den VersVertreter auf Herausg der eingezogenen Prämien (LG Bonn VersR **71**, 543, Höft VersR **70**, 461); ggü dem Anspr, eine Sache zum Zweck der Vernichtg herauszugeben (Karlsr MDR **92**, 450); ggü dem Anspr auf Beglaubigg der HypAbtr (BGH NJW **72**, 44). Zul ist das ZbR dagg ggü dem GrdBBerichtiggsAnspr (BGH **41**, 35, NJW **90**, 1171), and aber, wenn die Eintragg wg GeschUnfähigk nichtig ist (BGH NJW **88**, 3261), ggü dem NotwegR (BGH MDR **76**, 917), ggü dem Anspr aus KO 37 (BGH NJW-RR **86**, 991) u ggü Wechsel- u ScheckAnspr (BGH **85**, 348, NJW **76**, 1451, Bulla JuS **83**, 755).

18   **cc)** Das ZbR ist nach **Treu u Glauben** ausgeschlossen, wenn der Schu für seinen GgAnspr ausr Sicherh besitzt (BGH **7**, 127, BAG ZIP **85**, 304, *arg* § 273 III), wenn der Schu wg einer unverhältnismäß geringen Fdg die ganze Leistg zurückbehalten will (RG **61**, 128, Köln VRS **85**, 243, *arg* § 320 II), wenn ggü einer unbestr Fdg ein GgAnspr geltd gemacht wird, dessen Klärg so schwierig u zeitraubd ist, daß die Dchsetzg der unbestr Fdg auf unabsehb Zeit verhindert w (BGH **91**, 83, NJW **90**, 1172, Ffm OLGZ **94**, 538), § 242 verbietet aber nicht, daß die WoEigtGemsch ein Mitgl wg Nichtbezahlg von Heizkosten von der Wärmeversorgg ausschließt (Celle NJW- RR **91**, 1118, Hamm OLGZ **94**, 269). Das ZbR der **Versorgungsunternehmen** wird dch den in § 33 (AVBEltV, AVBWasserV, AVBGasV u AVBFernwärmeV) konkretisierten Grds der Verhältnismäßigk beschränkt (BGH DB **89**, 2328). VersorggsUntern steht aber grdsl auch wg Anspr aus fr Vertr ein ZbR zu (BGH **115**, 103), and aber, wenn ein Vertr die Wo u der and den berufl Bereich betrifft (BGH aaO). Zur Einbehaltg von Teilen der StromRechng dch **Kernkraftgegner** s § 320 Rn 11.

19   **6) Rechtsfolgen. – a)** Das ZbR gibt dem Schu eine aufschiebde **Einrede**. Es ist nicht vAw zu berücksichtigen, sond muß ausdr od stillschw geltd gemacht w, damit der Gläub von seiner AbwendgsBefugn (III) Gebrauch machen kann (RG **77**, 438, BGH WM **71**, 1021, NJW **83**, 565). Einer bes Geltdmach bedarf es aber nicht, wenn der Gläub dem Bestehen des ZbR von sich aus Rechng trägt u Leistg Zug um Zug verlangt (BGH **60**, 323). Die Ausübg des ZbR setzt voraus, daß die Leistg noch zurückgehalten w kann, also noch nicht bewirkt ist; iF des § 273 II ist erforderl, daß der Schu noch Besitz der Sache hat. Hat der Schu in Unkenntn des ZbR geleistet, steht ihm kein RückgewährAnspr aus § 813 zu, da § 273 keine dauernde, sond eine aufschiebde Einr begründet (RG **139**, 21). Auch bei einem unfreiwilligen Besitzverlust endet das ZbR. Vollstreckt der Gläub aus einem vorläuf vollstreckb Urt, kann der Schu nicht über ZPO 717 II od III die
20 Wiederherstellg der ZbLage fordern (RG **109**, 105, JW **27**, 1468). – **b)** Die Ausübg des ZbR hat **rechtsgestaltende Wirkung** (BGH NJW-RR **86**, 992). Sie schränkt den Anspr des Gläub dahin inhaltl ein, daß der Schu nur noch zur Zug-um-Zug-Leistg verpflichtet ist. Das ZbR beseitigt nicht die Fälligk u hindert nicht, daß auf den mit der ZbR behafteten Anspr seinerseits ein ZbR gestützt w (BGH NJW **92**, 557). Seine Geltdmach schließt aber den SchuVerzug u den Anspr auf ProzZinsen aus (§ 284 Rn 12, § 291 Rn 5). Ist bereits vorher Verzug eingetreten, genügt die Ausübg des ZbR zur Heilg des Verzuges nicht; der Schu muß vielmehr seine eig Leistg Zug-um-Zug gg Erfüllg des GgAnspr anbieten (§ 284 Rn 30). Das ZbR begründet ein Recht zum Besitz (BGH **64**, 124, NJW-RR **86**, 282, str s § 986 Rn 6), aber kein BenutzgsR (BGH **65**, 57). Im **Konkurs** ist das ZbR ohne Wirkg (RG **149**, 94, aA Marotzke GgsVertr im Konk, 1985, S 34). Eine Ausn gilt ledigl für das ZbR wg Verwendgen, für das KO 49 I Nr 3 ein AbsondergsR vorsieht. – **c) Prozessuale Wirkungen** s § 274 mit Anm.

21   **7) Absatz II. – a)** II betrifft das ZbR ggü HerausgAnspr. Die Vorschrift enthält keine abschließde Sonderregelg. Daneben gelten § 273 I (BGH **64**, 125) sowie § 1000 (BGH **75**, 293). – **b)** Die Verpfl zur **„Herausgabe eines Gegenstandes"** ist im weitesten Sinne zu verstehen. Unter § 273 II fallen auch schuldrechtl HerausgAnspr. Ggst (Übbl 2 v § 90) sind neben Sachen auch Rechte, Fdgen u der Buchbesitz, dh die sich aus einer (unricht) GrdBucheintragg ergebde RPosition (BGH **75**, 293). HerausgAnspr iSd § 273 II sind daher auch Anspr auf GrdBuchberichtigg (BGH **41**, 33), auf Aufl (BGH **LM** Nr 6) od auf Löschg einer
22 AuflVormerkg (RG **163**, 63). – **c)** § 273 II begründet keinen Anspr auf **Verwendungsersatz**, sond setzt dessen Bestehen voraus. AnsprGrdl können §§ 304, 683 f od 812 f sein. Da es genügt, daß der VerwendgsersatzAnspr gleichzeit mit der Herausg fällig wird, kommen auch §§ 994 ff als AnsprGrdl in Frage (BGH **75**, 293, **87**, 277, Rn 7). Die Verwendg muß auf den Ggst des ZbR gemacht worden sein (Schlesw WM **72**, 1259). An dieser Identität fehlt es, wenn dem Anspr auf Löschg einer Grdschuld od Hyp Anspr aus Verwendgen auf das belastete Grdst entggehalten w (RG **141**, 226, BGH **41**, 37, DB **70**, 2434). § 273 II ist auch dann anwendb, wenn der Schu dch den herzugebden Ggst (Tier) Schaden erlitten hat u der Gläub zum Ers des Schadens verpflichtet ist. Eine bes Prüfg der Konnexität iS für das ZbR des § 273 II nicht erforderl. –
23 **d)** Hat der Schu den Ggst dch eine vorsätzl begangene **unerlaubte Handlung** (Diebstahl, Erpressg, Betrug) erlangt, entfällt sein ZbR aus § 273 II. Das gilt auch dann, wenn sein Vertreter die unerlaubte Hdlg

begangen hat (BGH **LM** Nr 6). Der Ausschluß betrifft aber nur GgAnspr wg Verwendgen od SchadErs; iü bleibt das ZbR aus § 273 I unberührt (Kblz MDR **77**, 667). Auf vorsätzl VertrVerletzgen ist § 273 II letzter Halbs nicht entspr anwendb (Staud-Selb Rn 37, aA Schlesw WM **72**, 1259, 1478).

8) Da das ZbR kein Befriediggs- sond ein SichergsR ist, kann der Gläub es – and als if des § 320 – **durch** 24 **Sicherheitsleistung abwenden (III).** Es genügt nicht, daß der Gläub die SicherhLeistg anbietet; sie muß tats erbracht w (RG **137**, 355). UU kann aber die Vollstr des Urt vom Nachweis der SicherhLeistg abhäng gemacht w (RG aaO). Für die Art der SicherhLeistg gelten die §§ 232 ff (BGH NJW **88**, 484), jedoch ist die SicherhLeistg dch Bürgen ausgeschlossen (III 2). Die Höhe der SicherhLeistg richtet sich nach dem Wert des GgAnspr des Schu; ist der Wert der zurückgehaltenen Ggst geringer, ist dieser maßgebd (RG **137**, 355, aA RG **152**, 75). Ist der Schu anderweit ausr gesichert, entfällt das ZbR. Das kann aus einer entspr Anwendg von III, aber auch aus § 242 hergeleitet w (Rn 18).

9) Sonderfälle. – a) Das **kaufmännische Zurückbehaltungsrecht** (HGB 369 ff) setzt keine Konnexität 25 der beiderseit Anspr voraus u kann auch an eig Sachen geltd gemacht w. Es begründet ein BefriediggsR (HGB 371) u im Konk ein AbsondergsR (KO 49 I Nr 4). – **b)** Die ZbR der §§ 1000 u 2022 sind VarfällR des ZbR gem § 273 II. Beide ZbR setzen keine Fälligk der GgFdg voraus u begründen uU ein BefriediggsR. – **c)** Nach richtiger, allerdings bestrittener Ans ist auch die **Einrede des nichterfüllten Vertrages** ein Unterfall des § 273 (§ 320 Rn 1). – **d)** Muß sich der Besteller gem § 254 od nach den Grds der VortAusgl an 26 den **Kosten der Mängelbeseitigung** beteiligen, kann der Untern ledigl eine Absicherg seines Beteiligungs-Anspr verlangen (BGH **90**, 350), im RStreit hat eine „doppelte Zug-um-Zug-Verurteilg" zu erfolgen (§ 274 Rn 2). – **e)** Zum vertragl ZbR s Rn 1.

274 *Wirkungen des Zurückbehaltungsrechts.* [I] **Gegenüber der Klage des Gläubigers hat die Geltendmachung des Zurückbehaltungsrechts nur die Wirkung, daß der Schuldner zur Leistung gegen Empfang der ihm gebührenden Leistung (Erfüllung Zug um Zug) zu verurteilen ist.**

[II] **Auf Grund einer solchen Verurteilung kann der Gläubiger seinen Anspruch ohne Bewirkung der ihm obliegenden Leistung im Wege der Zwangsvollstreckung verfolgen, wenn der Schuldner im Verzuge der Annahme ist.**

1) Wirkung im Rechtsstreit (I). – a) Das ZbR wird im RStreit nicht vAw beachtet, sond muß vom Schu 1 dch Einr geltd gemacht w (§ 273 Rn 19). Nicht erfordl ist, daß der Bekl formell einen Antrag zur Verurteilg Zug um Zug stellt (BGH NJW-RR **86**, 992). Es genügt, wenn sich aus der Gesamth seines Vorbringens ergibt, daß er ein ZbR geltd machen will. Im 2. RZug ist das erstinstanzl geltd gemachte ZbR auch ohne ausdr Wiederholg zu beachten (BGH NJW-RR **91**, 992). Die außergerichtl erhobene Einr ist auch dann zu berücksichtigen, wenn der Kläger die maßgebden Tats in den Proz einführt (Münzberg NJW **61**, 542). – **b)** Die Geltdmachg des ZbR führt nicht – wie sonst bei aufschiebden Einr – zur KlAbweisg, sond zur **Verur-** 2 **teilung Zug um Zug.** (I) Auch wenn der Kläger auf unbeschränkte Verurteilg anträgt, ist der Bekl unter entspr Teilabweisg zur Leistg Zug um Zug zu verurteilen (BGH **117**, 3). Die Verurteilg Zug um Zug ist ggü der unbeschränkten kein *aliud*, sond ein *minus* (Staud-Selb Rn 4). Auch wenn der Bekl bereits im AnnVerzug ist, ist zur Leistg Zug um Zug zu verurteilen (BGH **90**, 358, **116**, 248, aA Siegburg BauR **92**, 419); stellt das Urt den AnnVerzug fest, gilt für die Vollstr aber § 274 II (Rn 4). Ist die gleichzeit Ausführg der beiderseit Leistgen nicht mögl, muß das Ger gem § 242 eine u zweckentspr Lösg finden (Ffm BB **78**, 323). Ist die vom Gläub zu erbringde Leistg von einer (weiteren) GgLeistg des Schu abhäng (Bsp: Zuzahlg zur Nachbesserg), ist auch eine „doppelte Zug-um-Zug-Leistg" zul (BGH **90**, 349, 357). Steht dem Anspr des Gläub gg einen Miterben ein aufrechenb Anspr der ErbenGemsch ggü, führt die Geltdmachg des ZbR ausnw zur KlAbweisg (BGH **38**, 129). Dch die Verurteilg erwächst nur die Feststellg der LeistgsPfl des Schu in RKraft, nicht die Pfl des Gläub zur GgLeistg (BGH **117**, 3, Batschari/Durst NJW **95**, 1650 zu § 321). Die **Beweislast** für die Voraussetzgen des § 273 hat der Schu (RG JW **14**, 188). – **c)** Die Einr der ZbR braucht im GrdUrt (ZPO 304) nicht erledigt zu 3 werden (RG **123**, 7). Bei TeilUrt muß das Ger das ZbR berücksichtigen (BGH NJW **92**, 1633); es hat Zug-um-Zug der vollen GgLeistg zu verurteilen (BGH NJW **62**, 628). Die Einr kann in der RevInstanz nicht mehr erhoben w (BGH NJW-RR **93**, 776). Sie ist auch dann ausgeschlossen, wenn der Gläub den Anspr bereits aufgrund eines vorläuf vollstreckb Urt beigetrieben hat (§ 273 Rn 19). Zur revisionsrechtl Behandlg, wenn nur die Entscheidg über die GgLeistg fehlerh ist, s BGH **45**, 287 u NJW **66**, 2356.

2) Zwangsvollstreckung (II). Das Zug-um-Zug Urteil gibt nur dem Gläub eine VollstrMöglichk, nicht 4 dem zurückhaltden Schu (RG Warn **21**, 22). Der Gläub erhält eine vollstreckb Ausfertigg des Urt – abgesehen vom Fall der Verurteilg zur Abgabe einer WillErkl – ohne den Nachweis, daß der Schu befriedigt od in AnnVerzug ist (ZPO 726 II). Die Vollstr setzt aber entweder Befriedigg od AnnVerzug des Schu od ein Zug-um-Zug-Angebot des Gläub bei Dchführg der Vollstreckg voraus (ZPO 756, 765). Es empfiehlt sich, daß der Gläub den etwaigen AnnVerzug des Schu dch FeststellgsUrt ausdr feststellen läßt (Doms NJW **84**, 1340, Schibel NJW **84**, 1945). Es genügt aber auch, daß sich der AnnVerzug liquide aus dem UrtInh ergibt (KG OLGZ **74**, 312, Köln JurBüro **89**, 873).

Leistungsstörungen (§§ 275 ff)

Vorbemerkungen

1) Allgemeines. – a) Das SchuldVerh ist eine RBeziehg zw zwei Pers, kraft deren die eine, der Gläub, 1 von der and, dem Schu, eine Leistg zu fordern berecht ist (§ 241). Zweck des SchuldVerh ist es, daß die **Leistung** erbracht w; mit dem Eintritt des LeistgsErfolgs, der Erfüllg (§ 362), hat es seinen Zweck erreicht

u erlischt. Unterbleibt die Leistg od wird sie unvollständ erbracht, kann der Gläub seinen ErfüllgsAnspr iW der Klage u anschließend iW der Vollstr dchsetzen. Das Proz- u VollstrR ist damit eine wesentl Ergänzg des Schuld- u VermögensR. Es gewährleistet die Dchsetzg der GläubR u unterwirft den Schu einem **rechtli-**
2 **chen Erfüllungszwang. – b)** Die Erfüll ist der regelmäß, aber nicht der allein denkb ErlediggsTatbestd des SchuldVerh. Bei seiner Abwicklg können Hindernisse auftreten, die eine ordngsmäß Erfüll erschweren od ausschließen; ebso kann es zu einer Schädigg der einen Part dch die and kommen. Für diese Störgsfälle verwendet man seit Heinrich Stoll (Die Lehre von den Leistgsstörgen, 1936) den Sammelbegriff **„Leistungsstörungen".** RFolge der LeistgsStörg ist eine inhaltl Änderg des SchuldVerh; die ursprüngl LeistgsPfl kann ganz od teilw entfallen, sich in eine Rückgewähr- od SchadErsPfl umwandeln od dch eine SchadErsPfl ergänzt w. **Kein** Fall der LeistgsStörg ist die **bloße Nichtleistung.** Sie gibt dem Gläub ledigl den ErfüllgsAnspr. Erst wenn Verzug (§ 284) od ein vertragsgefährddes Verhalten (§ 276 Rn 114) hinzukommt, liegt tatbestandl eine LeistgsStörg vor.

3 **2)** Die Verfasser des BGB haben das Recht der Leistgsstörgen nur unvollständ u nicht in jeder Beziehg überzeugd geregelt. Der **Zentralbegriff** des Rechts der Leistgsstörgen ist die prakt nur selten vorkommde **Unmöglichkeit.** Sie wird in doppelter Funktion verwandt: Sie ist einerseits SchuldbefreiungsGrd (§ 275), zugleich aber auch HaftgsTatbestand (§§ 280, 324, 325). Weitere **gesetzlich geregelte Fälle** von Leistgsstörgen sind der Verzug des Schuldners (§§ 284 ff), der GläubVerzug (§§ 292 ff) sowie die Sonderregeln der Mängelhaftg bei Kauf, Miete, Werk- u Reisevertrag (§§ 459 ff, 537 ff, 633 ff, 651 cff). Den prakt wich-
4 tigsten Fall der Leistgsstörg, die **positive Vertragsverletzung,** hat das Ges dagg ungeregelt gelassen (s § 276 Rn 104 ff). Auch für das Verschulden bei den VertrVhdlgen (§ 276 Rn 65 ff), das anfängl Unvermögen des Schu zur Leistg (§ 306 Rn 9 ff) u den Wegfall der GeschGrdl (§ 242 Rn 110) fehlt eine gesetzl Normierg. Die Lücken, die insoweit anfängl bestanden haben, sind aber dch RichterR geschlossen. Das Recht der Leistgsstörgen umfaßt heute zwei in ihrer Herkunft, ihrem GeltgsGrd u ihrer Struktur unterschiedl Normenbestände: das aus der Tradition der Pandektenwissenschaft stammende, streng begriffl geschriebene Recht einerseits; andererseits die in ihren begrifflichen Konturen weniger scharfen, dafür aber elasticheren u für neue Problemstellgen offenen richterrechtl Grds. Trotz der im Schrifft vorgebrachten Kritik fügen sich beide Teile in der Praxis der RAnwendg zu einem brauchb Ganzen zus. Gleichwohl könnte ein neues, einheitl konzipiertes LeistgsstörgsR für die Praxis u Dogmatik des SchuldR von Vorteil
5 sein. Einen entspr **Reformvorschlag** hat nunmehr die Schuldrechtskommission vorgelegt (Abschlußbericht der Kommission zur Überarbeitg des SchuldR, 1992). Er will die PflVerletzg zum GrdTatbestand der Leistgsstörg machen u die einzel Friktionen u Wertgswidrspr zw LeistgsstörgsR u GewLR abbauen (vgl Rolland, Medicus, Haas u Rabe NJW **92,** 2377 ff, Brambring DNotZ **92,** 691, Heinrichs, Jur Gesellsch Mittelfranken zu Nürnbg, Heft 14 mwN, Schlechtriem ZEuP **93,** 217). Der Vorschlag wird trotz des positiven Votums des DJT (NJW **94,** 3069) voraussichtl erst in der nächsten Legislaturperiode in das GesGebgsVerfahren eingebracht.

6 **3)** Die §§ 275–283 regeln die **nachträgliche Unmöglichkeit.** Sie stellen obj Unmöglichk u Unvermögen gleich (§ 275 II) u unterscheiden in der RFolge danach, ob der Schu die Unmöglichk zu vertreten hat od nicht. Bei zu vertretder nachträgl Unmöglichk ist der Schu schadensersatzpflichtig (§ 280), bei nicht zu vertretder nachträgl Unmöglichk w er von der LeistgsPfl frei (§ 275). Wie sich die Unmöglichk der Leistg bei ggs Vertr auf die beiderseit Rechte u Pflten auswirkt, regeln die §§ 323 ff. Die anfängl (obj) Unmöglichk behandelt das Ges in §§ 306 ff. Die §§ 276–279 legen fest, wann der Schu die nachträgl Unmöglichk **„zu vertreten"** hat. Sie enthalten Zurechngsnormen, die auch für den Verzug (§ 285), die pVV (§ 276 Rn 104) u die c.i.c. (§ 276 Rn 65) gelten. Dabei geht das BGB vom **Verschuldensprinzip** aus. Der Schu hat nach § 276 Vorsatz u Fahrlässigk zu vertreten. Das Verschuldensprinzip wird aber dch Garantieelemente modifiziert. Der Schu muß nach § 278 für das Verschulden von gesetzl Vertretern u ErfGeh unabhäng von einem eig Verschulden einstehen. Auch für das finanzielle Leistgsvermögen u das Beschaffgsrisiko bei Gattgsschulden besteht eine schuldunabhäng EinstandsPfl des Schu (§ 279).

275 *Nicht zu vertretende Unmöglichkeit.* [I] Der Schuldner wird von der Verpflichtung zur Leistung frei, soweit die Leistung infolge eines nach der Entstehung des Schuldverhältnisses eintretenden Umstandes, den er nicht zu vertreten hat, unmöglich wird.
[II] Einer nach der Entstehung des Schuldverhältnisses eintretenden Unmöglichkeit steht das nachträglich eintretende Unvermögen des Schuldners zur Leistung gleich.

1 **1) Allgemeines.** Vgl zunächst die Vorbem. **– a)** Die nicht zu vertretde Unmöglichk ist nach § 275 ein **Befreiungsgrund.** Der Schu wird von seiner LeistgsPfl frei; auch eine sekundäre EinstandsPfl besteht
2 nicht. Es erlischt aber nur die LeistgsPfl, nicht das SchuldVerh im ganzen (Rn 24). § 275 gilt grdsl für **Schuldverhältnisse aller Art** (RG **62,** 227). Auf Geld- u GattgsSchulden ist § 275 II aber unanwendb (§ 279 Rn 1 u 4). Zur Abgrenzg der Unmöglichk vom GewährleistgsR s Vorbem 5 v § 459, § 537 Rn 3, Vorbem 19 v § 633 u Vorbem 9 v § 651 c. Zum Verhältn zur Künd aus wicht Grd s Picker JZ **85,** 641. Auf dingl Anspr ist § 275 nur anzuwenden, soweit dies mit der Eigenart der sachenrechtl Regelg vereinbar ist. Die §§ 275 ff können daher auf LeistgsPflten aus einer Reallast (§§ 1105 ff) u InstandhaltgsPflichten bei einer GrdDbk (§§ 1021 f) angewandt w, nicht aber auf Anspr aus §§ 985 u 1004 (Staud-Löwisch Rn 15 v § 275, aA
3 Fritzsche NJW **95,** 1125). **– c)** Die **Erläuterungen** in Rn 4–22 beziehen aus prakt Grden die **anfängliche Unmöglichkeit** mit ein. Sie gelten daher nicht nur für die §§ 275 ff u §§ 323 ff, sond auch für §§ 306 ff.

4 **2) Unmöglichkeit.** Sie liegt vor, wenn die Leistg von niemandem, weder vom Schu noch von einem Dritten, erbracht w kann (sog obj od sachl Unmöglichk). Unvermögen (Rn 13) ist dagg gegeben, wenn der Schu zur Leistg außerstande ist, die Leistg aber von einem and bewirkt w könnte. Unmöglichk ist daher gleichbedeutd mit genereller Unerfüllbark, Unvermögen mit individueller.

a) Die Unmöglichk kann auf **tatsächlichen Gründen** beruhen. Die Leistg ist unmögl, wenn die geschulde- **5** te Sache niemals existiert h od untergegangen ist (BGH **2**, 268, 270). Das gilt auch bei Zerstörg od erhebl Beschädigg der Mietsache (BGH **66**, 350, NJW-RR **91**, 204) u bei Rechten, so etwa bei Verz auf ein nicht existierdes R (RG **78**, 431, Mü NJW **71**, 1807), bei Verk einer dch ZwVerst untergegangenen Hyp (RG Recht **18**, 1126), bei Kauf- od LizenzVertr über ein GeheimVerf, wenn dies bei VertrSchl bereits offenkund war (RG **163**, 7, BGH GRUR **63**, 209), bei Verkauf einer Gattgssache, wenn die betreffde Gattg nicht mehr hergestellt w (Hamm DAR **83**, 79), bei Enttarng des Detektivs, der verdeckt Aufkl betreiben soll (BGH NJW **90**, 2549), bei Tod des Dirigenten, auf dessen Pers das Konzert abgestellt ist (AG Mannh NJW **91**, 1490). Eine LieferVerpfl wird dch eine Verschlechterg der Sache unmögl, wenn diese ein solches Maß erreicht, daß es sich wirtschaftl nicht mehr um die ursprüngl Sache handelt (Oldbg NJW **75**, 1788). Unmöglichk ist auch gegeben, wenn der Erfolg (Abschirmg gg Erdstrahlgen) nach physikal Erkenntn nicht erreicht werden kann (aA LG Brschw NJW-RR **86**, 479) od wenn er dch Einsatz magischer Kräfte herbeigeführt werden soll (LG Kassel NJW **85**, 1642, NJW-RR **88**, 1517). Kann die verlorengegangene Urk nach einem AufgebotsVerf ersetzt w, liegt dagg keine Unmöglichk vor (LG Düss WM **93**, 1388). Die vom FrachtFü geschuldete Leistg wird unmögl, wenn das Frachtgut an der Grenze vom ausl Zoll zurückgewiesen w (Köln NJW-RR **95**, 671). Die Unmöglichk kann sich auch aus **Nichteinhaltung der Leistungszeit** ergeben, so insb beim sog absoluten **6** FixGesch (§ 271 Rn 16), aber auch bei and RGesch; zB endet die Verpfl zum Abschl eines ErbVerzVertr mit dem Tod des Erbl (BGH **37**, 329). Bei **Unterlassungspflichten** tritt mit der ZuwiderHdlg, sofern sie nicht rückgäng gemacht od das Unterlassen nachgeholt w kann, Unmöglichk ein (BGH **37**, 151, **52**, 398), bei einer DauerVerpfl Teilunmöglichk (Köhler AcP **190**, 517). Dagg ist keine Unmöglichk gegeben, wenn nur die ursprüngl ErfArt undchführb geworden ist, die Leistg aber vom Schu in and Weise erbracht w kann u die and Ausführgsart beiden Part auch wirtschaftl zumutb ist (RG **92**, 225, BGH **LM** § 242 (Ba) Nr 18). Bei höchstpersönl Leistgen begründet Unvermögen zugl Unmöglichk (s aber § 306 Rn 4).

b) Unmögl ist auch die Leistg, der dauernde **Rechtshindernisse** entggstehen. Fälle **anfänglicher** (Rn 16) **7** rechtl Unmöglichk: Vertr über die Lieferg einer verkunfäh Sache; Übereign einer Sache, die dem Gläub schon gehört (RG JW **24**, 1360); Vereinbg eines NutzgsR, das dem Begünstigten bereits kr GemGebr zusteht (RG **150**, 218); Veräußerg eines Grdst mit der Abrede, daß der Veräußerer Eigtümer eines wesentl GrdstBestandt (Gebäude) bleiben soll (KG OLGZ **80**, 199); Verkauf einer nicht übertragb persgebundenen Konzession (BGH Warn **79**, 279); Vertr zur Erlangg einer Gen, die nach der RLage nicht erteilt w kann (Hamm NJW-RR **88**, 1118); Vertr über eine nicht genfäh Bauleistg (Ffm NJW-RR **89**, 982); Vertr über die Bestellg eines ErbbR an einem nicht bebaub Grdst (BGH **96**, 387); Bestehen eines inländ od ausländ Lieferverbots ohne eine Dispensmöglichk (BGH NJW **83**, 2873). In diesen Fällen ist der Vertr gem § 306 nichtig; die Nichtigk kann sich zugl auch aus § 134 ergeben (§ 306 Rn 4). Keine anfängl rechtl Unmöglichk ist dagg bei einem Vertr über eine wg Einführg der GewerbeFreih ggstlose Apothekenkonzession gegeben (BGH NJW **60**, 322), ebsowenig bei Einräumg einer Lizenz an einem schutzunfäh Patent (BGH NJW **57**, 1317), GebrMuster (BGH NJW **77**, 109) od UrhR (BGH **115**, 72). – Fälle **nachträglicher** (Rn 16) rechtl Unmöglichk: Übereign einer Sache, die der Gläub inzw wirks von einem Dr erworben h (RG JW **10**, 805); einer Sache, deren Lieferg dch Ges verboten w (RG **102**, 205, **117**, 129); das gilt für eine ins Ausl zu erbringde Leistg auch dann, wenn das Verbot nur dort besteht (RG **93**, 184); Beschlagn einer best Sache od einer ganzen Warengattg inf Krieges (RG **95**, 22); Einreiseverbot bei Reisevertrag (BGH **60**, 16); Entzug der GewerbeErlaubn, die zur BetrFortführg unerläßl Pächter benötigt (BGH **LM** Nr 3 u 323 Abs 1 Nr 9); Wirksamw eines Beschäftiggsverbots (BAG **9**, 301, **AP** 615 Nr 29); Beschäftiggsverbot nach MuSchG währd der von den Part einverständl festgesetzten UrlZeit (BAG NJW **95**, 1775); Auslaufen der ArbErlaubn eines ausl ArbN (BAG NJW **77**, 1023); Verbot, eine übernommene Architektenbindg weiterzuübertragen (BGH NJW **82**, 2190); Versagg der für das ErfGesch erforderl Gen (Rn 34).

c) Unmögl ist auch die Leistg, die zwar theoret mögl, nach der Anschauung des Lebens aber **praktisch 8** nicht erbracht w kann (BGH NJW **83**, 2873, Roth JuS **68**, 102 Fn 21). Schulbeispiele sind der Ring auf dem Meeresboden u die Münzsammlg unter dem Fundament eines Hochhauses. Hierher gehört auch der Fall, daß die verkaufte Sache von unbekannten Tätern gestohlen worden ist (RG **105**, 351, Erm-Battes Rn 16 vor § 275, sehr str, für Unvermögen BGH **8**, 231, Gudian NJW **71**, 1239).

d) Unter Leistg iSd § 275 ist der **Leistungserfolg**, nicht die LeistgsHdlg zu verstehen. Unmöglichk liegt **9** daher auch dann vor, wenn zwar die LeistgsHdlg an sich weiterhin mögl ist, sie aber den Leistgserfolg nicht mehr herbeiführen kann (Larenz § 21 Ic, Köhler, Unmöglichk u GeschGrdl bei Zweckstörgen im Schuld-Verh, 1971, S 18ff, krit Henke, Die Leistg, 1991, S 53). § 275 ist daher anwendb, wenn der geschuldete Leistgserfolg ohne Zutun des Schu eintritt, sog **Zweckerreichung** (Bsp: das freizuschleppde Schiff kommt wieder frei; der zu behandelnde Patient w vor Eintreffen des Arztes gesund). Das gleiche gilt, wenn der Leistgserfolg wg Wegfalls od Untauglichk des **Leistungssubstrats** nicht mehr erreicht w kann (Bsp: das zu **10** streichde Haus brennt ab, der aufgrd eines HeimpflegeVertr zu versorgde Berecht stirbt, LG Düss NJW-RR **91**, 184). Entgg der fr hM liegt in diesen Fällen kein AnnVerzug vor, da es sich um ein endgült Leistgshin-dern handelt, AnnVerzug aber nur bei vorübergehnden Leistgshindern in Betr kommt. Auch dauernde Ann- od Mitwirkgsunmöglichk des Gläub begründet daher Unmöglichk im RSinne (§ 293 Rn 5). Für die GgLeistg gelten die §§ 320 ff. Der von der SachleistgsPfl frei gewordene Schu behält daher seinen Vergütgss-Anspr, wenn der Gläub die Zweckerreichg od den Zweckfortfall zu vertreten hat (§ 324 u dort Rn 4). Aber auch wenn das nicht zutrifft, hat der frei gewordene Schu Anspr auf eine Teilvergütg. Das ergibt sich aus einer entspr **Anwendung des § 645** (dort Rn 9). Diese Vorschr, die auch auf DienstVertr angewandt w kann (Picker JZ **85**, 694), enthält als allg RGedanken, daß Leistgsstörgen, im weitesten Sinn mit dem Wegfall od der Veränderg des Leistgssubstrats zushängen, zur Sphäre des Gläub gehören u diesen daher zur Zahlg einer Teilvergütg verpflichten (BGH **40**, 71, **60**, 14, **77**, 324, **78**, 354, **83**, 203). Unanwendb ist § 275 dagg, wenn der Leistgserfolg, zumindest äußerl betrachtet, noch herbeigeführt w kann, der Gläub aber an der Leistg kein Interesse mehr h, sog **Zweckstörung** od Zweckverfehlg (Bsp: Hochzeit, für die Kapelle **11** bestellt ist, findet nicht statt; Fußballspiel, zu dem die Sonderfahrt dchgeführt w soll, fällt aus). Daß der Gläub an dem weiterhin mögl Leistgserfolg kein Interesse mehr h, ist sein Risiko (BGH **74**, 374, § 242

Rn 145). Ausnahmsw kann die vom Gläub beabsichtigte Verwendg aber VertrInhalt mit der Folge sein, daß bei Scheitern der geplanten Verwendg Unmöglichk anzunehmen ist. Dazu genügt aber nicht, daß der Gläub dem Schu die Art der beabsichtigten Verwendg mitgeteilt hat. Der Vertr muß vielmehr seinem Inh nach auf die geplante Verwendg ausgerichtet sein; auch wenn das nicht der Fall ist, können dem Gläub uU Rechte wg Wegfalls der GeschGrdl zustehen (§ 242 Rn 146).

12 **e)** Eine fr weit verbreitete Ans will der rechtl Unmöglichk die sog **wirtschaftliche** Unmöglichk gleichstellen. Diese w bejaht, wenn die Leistg zwar an sich mögl ist, ihr aber solche Schwierigk entggstehen, daß sie dem Schu wg Überschreitg der „Opfergrenze" nach Treu u Glauben nicht zugemutet w kann („überobligationsmäß Schwierigk"). Die Gleichsetzg von wirtschaftl u rechtl Unmöglichk diente der Rspr nach dem 1. Weltkrieg dazu, der völl Veränderg der wirtschaftl Verhältn dch Not u Inflation Rechng zu tragen (RG **94**, 47, **102**, 273, **107**, 157). Sie versagte jedoch, wenn die Veränderg nicht die Leistg, sond die GgLeistg (Geldleistg) betraf (vgl RG **102**, 101, **106**, 9). Inzw geht die überwiegde Ansicht dahin, daß für die Fälle von übermäß Leistgserschwergen nicht die Vorschr über die Unmöglichk, sond die Grds über den Wegfall der GeschGrdl (§ 242 Rn 140) die sach- u interessengerechte Lösg darstellen (Larenz § 21 Ie, Staud-Löwisch Rn 6, Soergel-Wiedemann Rn 38f). Im Fall von übermäß Leistgserschwergen ist idR nicht die Befreig von der LeistgsPfl, sond Anpassg an die veränderten Verhältn die angem RFolge. Auch die Rspr hat die Lehre von der wirtschaftl Unmöglichk abgesehen vom Fall, daß dem Vermieter die Wiederherstellg der zerstörten Mietsache unzumutb ist (BGH NJW-RR **91**, 204, Karlsr NJW-RR **95**, 849), prakt aufgegeben u wendet idR die Grds über den Wegfall der GeschGrdl an (BGH **LM** § 242 [Bb] Nr 12 u 50 Bl 2, BB **56**, 254).

13 **3) Unvermögen.** – **a)** Es ist gegeben, wenn die Leistg von einem and od unter Mitwirkg eines and erbracht w könnte, der Schu aber (allein) zur Leistg außerstande ist. Voraussetzg ist, daß der Schu auch zur Beschaffg (Wiederbeschaffg) nicht in der Lage ist (BGH NJW **88**, 700, **92**, 3225). Gem 275 II stehen nachträgl Unmöglichk u nachträgl Unvermögen einand gleich. Das gilt auch iF des § 280 (RG **52**, 95). Für die §§ 275ff ist die Abgrenzg zw Unmöglichk u Unvermögen daher, abgesehen vom Fall der Gattgsschuld (§ 279), unerhebl. Sie ist aber im Hinbl auf § 306 von Bedeutg: Bei ursprüngl Unmöglichk besteht keine LeistgsPfl (§ 306), für ursprüngl Unvermögen muß der Schu dagg einstehen (§ 306 Rn 9).

14 **b)** Das Unvermögen (subj Unmöglichk) kann – ebso wie die Unmöglichk – auf **tatsächlichen od rechtlichen Gründen** beruhen. Beispiele für tatsächl Unvermögen sind: Abschl eines 2. ArbVertr für denselben Zeitraum (BAG **AP** § 306 Nr 1); dauernde ArbUnfähigk eines HandelsVertreter (LG Bln NJW **69**, 514; Nürnb VersR **69**, 1136, offen gelassen von BGH **52**, 17); ebso bei sonst DienstVertr (Stgt FamRZ **85**, 285); and aber, wenn Vertr dch Vertreter erfüllb (BGH **LM** § 323 I Nr 5); völlige Unzumutbark der festgelegten ArbZeit (BAG NJW **82**, 2142); Doppelvermietg ders Wohng (BGH **85**, 271); Mittellosigk des Schu, doch kann Schu aus ihr wg der § 279 zGrd liegden Wertg keine Rechte herleiten (§ 279 Rn 4); 15 unzureichdes know-how eines Unternehmers, der seinem HandelsVertreter den Vertrieb einer Neuh zugesagt hat (BAG DB **74**, 1617), Beschaffgsschwierigk bei Gattgsschulden (§ 279 Rn 6ff). Beispiele für **rechtliches Unvermögen:** Verk od Vermietg einer fremden Sache ohne Zust des Eigtümers (BGH **85**, 271, DNotZ **72**, 530); Verk einer eig Sache ohne die erforderl Zust des Eheg (RG **80**, 249, BGH **47**, 269); Beschlagn der zu liefernden Sache (BGH NJW **84**, 2031); Veräußerg der verkauften Sache an Dr (BGH WM **73**, 1202); in diesen Fällen liegt kein Unvermögen vor, wenn der Dr zur Zust bereit od ein Rückerwerb mögl ist (BGH NJW **92**, 3225). Entspr gilt, wenn der Vermieter, der Konkurrenzschutz zugesagt hat, einen weiteren MietVertr ohne Beachtg dieser Klausel abschließt (BGH NJW **74**, 2317). Unvermögen bei höchstpersönl Leistgen s Rn 6 aE.

16 **4)** Für die Unterscheidg zw **anfänglicher** (ursprüngl) Unmöglichk (§§ 306ff) u **nachträglicher** Unmöglichk (§§ 275ff, 323ff) kommt es darauf an, ob das LeistgsHindern vor od nach Begründg des SchuldVerh entstanden ist. Bei vertragl SchuldVerh ist daher der VertrSchl der für die Abgrenzg maßgebde Ztpkt (BGH **47**, 50, **60**, 16). Das gilt auch dann, wenn der Vertr aufschiebd bedingt od befristet ist. Wird die Leistg nach Abschluß des Vertr, aber vor Eintritt der Bedingg unmögl, liegt daher nachträgl Unmöglichk vor (Staud-Löwisch Rn 43). Ist für die Leistg (das ErfGesch) die Gen eines Dritten erforderl, begründet deren Versagg gleichf keine anfängl, sond nachträgl Unmöglichk (BGH **37**, 240, Rn 34).

17 **5) Dauernde und vorübergehende Unmöglichkeit.** – **a)** Voraussetzg für die Anwendg der §§ 275, 280, 306 ist eine dauernde Unmöglichk (BGH **LM** Nr 4 u 7, allgM). **Vorübergehende Leistungshindernisse** begründen Verzug, sofern sie der Schu zu vertreten hat. Ist das nicht der Fall, ist die LeistgsPfl des Schu für die Dauer der Leistgshindernis nach dem RGedanken des § 275 ausgeschlossen (Erman-Battes Rn 10). Im RStreit ist der Schu daher nicht zur sofort, sond zur künft Leistg zu verurteilen (s RG **168**, 328, 18 ähnl MüKo/Emmerich Rn 28 v § 275, der jedoch eine Einr des Schu für erforderl hält). – **b)** Vorübergehde Unmöglichk (Unvermögen) steht **dauernder Unmöglichkeit gleich,** wenn sie die Erreichg des Gesch-Zweckes in Frage stellt u dem und Teil die Einhaltg des Vertr bis zum Wegfall des LeistgsHindern nicht zuzumuten ist (BGH **47**, 50, **83**, 200). Ob das zutrifft, ist unter Berücksichtig aller Umst u der Belange beider Part nach Treu u Glauben zu entscheiden (BGH **LM** Nr 4, BAG BB **93**, 727). Bei Gesch des Warenhandels ist zu berücksichtigen, daß der Handel kurzfrist zu disponieren pflegt, dem Gläub also ein langes Warten nicht zugemutet w kann (BGH **LM** Nr 4). Dagg kann bei einem GrdstKaufVertr längeres Zuwarten uU zumutb sein (OGH **2**, 252). Wird die Erfüllg eines Vertr dch den Ausbruch eines Krieges zeitweil unmögl, ist idR dauernde Unmöglichk anzunehmen (RG **94**, 49, **101**, 80). Diese kann auch zu bejahen sein, wenn Bauarbeiten wg der polit Verhältn im Lande des Bestellers (Iran) seit 3 Jahren nicht begonnen w konnten u eine Änderg der Lage nicht zu erwarten ist (BGH **83**, 200). Beim absoluten FixGesch begründen vorübergehde LeistgsStörgen dauernde Unmöglichk (§ 271 Rn 16); bei **Dauerverpflichtungen** führen sie idR zu einer teilw dauernden Unmöglichk (§ 284 Rn 3). Die Versagg der erforderl devisenrechtl Gen ist dagg iZw vorübergehde Unmöglichk (RG **151**, 38, Kühn NJW **83**, 1233). Bei der Abwägg ist auch das Verhalten der Part mitzuberücksichtigen. Hat der Schu zu erkennen gegeben, daß er ein Herstellgsverbot als ein vorübergehdes LeistgsHindern ansieht, so kann ihn der Gläub hieran festhalten (s OGH **3**, 397).

Das gilt ebso umgekehrt für eine entspr Erkl des Gläub (s RG **168**, 327). – **c) Maßgebender Zeitpunkt** für **19** die Beurteilg, ob vorübergehde od dauernde Unmöglichk vorliegt, ist grdsl der Eintritt des LeistgsHindern (BGH **LM** Nr 4, 7). Die LeistgsPfl lebt nicht wieder auf, wenn die Leistg infolge einer unerwarteten Entwicklg wieder mögl w (RG **158**, 331, BGH **LM** Nr 4). Aus § 242 kann sich aber eine Verpflichtg zum Neuabschluß ergeben (RG **158**, 331). Im RStreit ist die Bedeutg des LeistgsHindern – bezogen auf den Ztpkt seines Eintritts – *ex post* nach dem Kenntnisstand der letzten mdl Vhdlg zu beurteilen (so im Ergebn BGH **83**, 201). Ist die Unmöglichk bei einer alsbald erhobenen Klage bis zur letzten mdl Vhdlg behoben, ist sie idR als vorübergehd anzusehen. Entspr gilt, wenn sie bei einem bedingten od befristeten Anspr bis zum Eintritt der Bedingg od der Fälligk wieder entfallen ist (s § 308 II). Ist eine vom Schu zu vertretde od eine währd des SchuVerzuges entstandene Unmöglichk weggefallen, kann sich der Schu nach Treu u Glauben nicht auf Unmöglichk berufen (RGRK-Alff Rn 23).

6) Teilweise und völlige Unmöglichkeit. – **a)** Teilunmöglichk, vom Ges in §§ 280 II, 323 I u 325 I **20** „teilw Unmöglichk" genannt, setzt voraus, daß die Leistg teilb ist (BGH **116**, 337, § 266 Rn 3). Bei ihr treten die RFolgen der Unmöglichk grdsl nur hins des unmögl Teils der Leistg ein (BGH **77**, 322, Teilunmöglichk bei Schiffspauschalreise). Hins des noch mögl Teils der Leistg bleibt der Schu weiter leistgspflicht (§ 275 I „soweit"). Die Verpflichtg zur GgLeistg wird entspr gemindert (§ 323 I). Hat der Schu die Teilunmöglichk zu vertreten, gelten §§ 280 II, 325 I 2. – **b)** Die Teilunmöglichk kann der **vollständigen Unmög- 21 lichkeit gleichstehen** (s Scherner JZ **71**, 533). – **aa)** Handelt es sich um eine **unteilbare** Leistg (§ 266 Rn 3), begründet die Teilunmöglichk idR zugl vollständ Unmöglichk (BGH VersR **77**, 527). Bsp: Das verkaufte Schiff wird teilw zerstört. – **bb)** Die Leistg ist im ganzen unmögl, wenn der Gläub nach dem Inh u Zweck **22** des Vertr nur an der vollständ Leistg ein Interesse hat, die mögl gebliebene **Teilerfüllung** für ihn also **sinnlos** ist (RG **140**, 383, BGH NJW-RR **95**, 854). Vollständige Unmöglichk ist daher anzunehmen, wenn die Teilleistg nicht mehr im Rahmen des konkreten SchuldVerh liegt, sond wirtschaftl etwas und bedeutet als die volle Leistg (Scherner JZ **71**, 533). Ausnw kann auch die Unmöglichk von Nebenleistgn dazu führen, daß die Leistg im ganzen als unmögl anzusehen ist (RG **88**, 37, Unmöglichk der Versendg). – **22a c) Qualitative Unmöglichkeit.** Bei einer Verschlechterg des LeistgsGgst finden die Grds der Sachmängelhaftg u der pVV Anwendg (Soergel/Wiedemann Rn 48, str); die Einordng der Leistgsverschlechterg als qualitative Unmöglichk (MüKo/Emmerich Rn 62) ist mit der Systematik des von Rspr u Lehre entwickelten LeistgsstörgsR, dessen Zentralbegriff die pVV ist, unvereinb. Das schließt aber bei Leistgsverschlechtergen einen Rekurs auf SonderVorschr des UnmöglichkR, etwa § 281, nicht aus (s BGH ZIP **95**, 84).

7) Der Schu wird nur dann frei, wenn er die Unmöglichk (das Unvermögen) **nicht zu vertreten** hat. Ist **23** er für die Unmöglichk verantwortl, haftet er nach § 280 od § 325 auf SchadErs. Was der Schu zu vertreten hat, ergeben die §§ 276–279. Die Haftg ist erweitert, wenn der Schu in Verzug ist (§ 287 S 2), sie ist eingeschränkt, wenn sich der Gläub in AnnVerzug befindet (§ 300 I). Bei der Prüfg des Verschuldens (§ 276) ist zu berücksichtigen, daß der Schu verpflichtet ist, alles ihm Mögl u Zumutb zu tun, um bei Fälligk leisten zu können. Er haftet daher, wenn er es verabsäumt, sich rechtzeit einzudecken (RG **95**, 264). Der Schu ist aber auch dann verantwortl, wenn er sich uneingeschränkt zur Leistg verpflichtet hat, obwohl er das später aufgetretene LeistgsHindern schon bei VertrSchl voraussehen mußte (RG **93**, 18, BGH **LM** § 325 Nr 8 (Bl 3), § 242 (Be) Nr 24). Vfgen hoher Hand, wie Beschlagn u polizeil Verbote, hat der Schu idR nicht zu vertreten (RG JW **11**, 94), wohl aber einen freihänd Verkauf der geschuldeten Sache, auch wenn der Verkauf zur Abwendg der Enteigng erfolgt ist (s BGH NJW **83**, 275).

8) Rechtsfolgen. – **a)** Nachträgl Unmöglichk u nachträgl Unvermögen lassen die LeistgsPfl des Schu **24 erlöschen.** Das gilt entgg dem Wortlaut des § 275 auch dann, wenn der Schu die Unmöglichk zu vertreten hat (Staud-Löwisch Rn 44, aA Kohler JuS **91**, 945), der Schu ist in diesem Fall jedoch gem § 280 schadensersatzpflicht. Die Schuldbefreiung tritt kr Ges ein; sie ist daher unabhäng von einer Einr des Schu zu berücksichtigen. Sie betrifft aber nur die einzelnen LeistgsPfl, nicht das SchuldVerh im ganzen. Der Schu ist daher gem § 281 zur ErsHerausg verpflichtet. Außerdem trifft ihn die Verpfl, dem Gläub die Unmöglichk anzuzeigen. Wird die Leistg wieder mögl, kann er uU zur Neubegründg des SchuldVerh verpflichtet sein (Rn 19). Aus § 275 ergibt sich, daß die **Leistungsgefahr** der Gläub trägt. Für ggs Vertr wird § 275 dch § 323 ergänzt. Danach erlischt bei nicht zu vertretder Unmöglichk mit der LeistgsPfl zugl die Verpfl zur GgLeistg. Das bedeutet, daß die GgLeistgs- od **Preisgefahr** der Schu trägt. – **b) Verfahrensrechtliches.** Steht fest, **25** daß die Leistg obj od subj unmögl ist, ist die auf Verurteilg zur Leistg gerichtete Klage abzuweisen (BGH NJW **72**, 152, 74, 943, 2317, BGH **68**, 377, **97**, 181). Ist die Unmöglichk streitig, kann der Schu ohne Beweiserhebg über die Unmöglichk zur Leistg verurteilt w, sofern feststeht, daß er die etwaige Unmöglichk zu vertreten hat (RG **54**, 28, **107**, 18, BGH NJW **74**, 1554, Düss NJW-RR **91**, 138, K. Schmidt ZZP **87**, 61, str, aA Wittig NJW **93**, 635). Der Gläub kann sich aufgrund des Urt dch einen VollstrVersuch selbst davon überzeugen, ob die Erf nicht doch mögl ist. Liegt wirkl Unmöglichk vor, kann er gem § 283 vorgehen. – **c) Beweislast** s § 282 Rn 1 ff.

9) Genehmigungsbedürftige Rechtsgeschäfte. Währd in der Kriegs- u Nachkriegszeit für eine Viel- **26** zahl von RGesch behördl Gen erforderl waren, bilden öffr GenErfordern heute die Ausn. Sie sind aber weiterhin in einer Reihe von Ges vorgesehen u von nicht unerhebl prakt Bedeutg. Die Gen kann für das VerpflGesch (Rn 27), das ErfGesch (Rn 32) oder für beide erforderl sein. UU betrifft das GenErfordern beide Gesch nicht, sond hindert den Schu an der Beschaffg des LeistgsGgst u der Erf der eingegangenen Verbindlichk. In diesen Fällen liegt rechtl Unmöglichk (Rn 7) od Unvermögen (Rn 14) vor, auf die die §§ 275 ff, 306, 323 ff anzuwenden sind. Wird ein einseit GestaltgsGesch ohne die erforderl Gen vorgenommen, ist es nichtig (§ 134 Rn 12). Bezieht sich das GenErfordern auf das Verpfl- od ErfGesch u enthält das die GenPfl begründende Ges keine Sondervorschriften, gilt folgdes:

a) Genehmigungsbedürftige Verpflichtungsgeschäfte. Bsp sind die GenErfordern nach dem **27** GrdstVerkG (Übbl 22 ff v § 873), nach der GrdstVerkO der neuen BLänder (Böhringer DtZ **93**, 141, Heckschen DB **94**, 364), nach VO aGrd des AWG, nach WährG 3 (§ 245 Rn 18), ferner die Gen der AufsBeh nach den GemOrdngen (§ 125 Rn 3). Das GenErfordern erstreckt sich uU zugleich auf das ErfGesch. Die Gen ist hier RBdgg des VerpflGesch; sie ist Voraussetzg für seine Wirksamk, nicht aber Teil des rechtsgeschäftl Tatbestdes. – **aa)** Bis zur Entsch der Beh ist das VerpflGesch **schwebend unwirksam** (BGH 23, 344, BVerwG NJW 78, 338, Kblz NJW 88, 3099, stRspr, Begriff Übbl 31 v § 104), auch wenn feststeht, daß das Gesch nicht genehmiggsfäh ist (BGH NJW 93, 650). Die Part sind gebunden, es bestehen aber noch keine ErfAnspr (BGH NJW 93, 651). Auch eine Klage auf Leistg für den Fall der Gen ist nicht mögl (RG 98, 246, DR 41, 214). Zul dagg eine Klage auf Feststellg, daß ein Vertr best Inh geschl worden ist (RG 121, 157). Sow der Zweck des GenErfordern nicht entggsteht, können sich die Part verpfl, die VertrAbwicklg dch geeignete Maßn vorzubereiten. Bei einem dem GrdstVerkG unterfallden Vertr können die Part daher wirks vereinbaren, daß der KaufPr bereits vor der Erteilg der Gen beim Notar hinterlegt w soll (BGH DNotZ 79, 306). Die Part sind verpflichtet, alles zu tun, um die Gen herbeizuführen u alles zu unterlassen, was die Gen **gefährden** od vereiteln könnte (BGH 14, 2, 67, 35, § 242 Rn 33). Bei Verletzg dieser Pfl besteht Anspr auf SchadErs wg c. i. c. (RG 114, 159), der sich uU auf das ErfInteresse erstrecken kann (§ 276 Rn 101). Wird eine Gen für den Fall einer VertrÄnd erteilt, kann sich aus § 242 die Pfl zum Abschl eines entspr ÄndVertr ergeben (BGH NJW 60, 523, § 242 Rn 33; zu WährG 3 s § 245 Rn 20). Keine schwebe Unwirksamk, sondern **Nichtigkeit** tritt ein, wenn der Vertr von beiden Seiten in UmgehgsAbs abgeschl w (BGH NJW 28 68, 1928, DNotZ 69, 351, DB 81, 576). – **bb)** Mit der **Erteilung der Genehmigung** w der Vertr **vollwirksam**. Die Gen hat idR rückwirkde Kraft. Das ergibt sich aber entgg der älteren Rspr (RG 123, 330, 125, 55, 157, 211) nicht aus einer entspr Anwendg des § 184, sond aus dem Zweck des GenErfordern (BGH 32, 389, NJW 65, 41, Einf 6 v § 182). Einen Grds, daß Gen wg ihrer privatrechtsgestaltden Wirkg nicht zurückgenommen w dürfen, gibt es nicht (BVerwG NJW 78, 338, BGH 84, 71, str). Die erforderl Abwägg zw den öff u priv Belangen w aber idR zum Ausschluß der Rückn (VwVfG 48) führen. Das gilt erst recht für den Widerruf (VwVfG 49), vorausgesetzt, daß der Vertr bereits geschlossen ist. Im übrigen bestehen iF der Rückn u des Widerrufs EntschädiggsAnspr gem VwVfG 48 III u 49 V. Wird der GenBeh zum Zweck der Täuschg ein unvollständ od unricht beurkundeter Vertr vorgelegt, ist die Gen grdsl ohne Wirkg, ohne daß 29 eine Rückn erforderl ist (s BGH NJW 81, 1958). – **cc)** Ein unricht **Negativattest** kann, auch wenn eine entspr ges Regelg fehlt, einer Gen gleichstehen (BGH 1, 301, DevisenGen; 14, 4, preisrechtl Gen). Der Zweck des GenErfordern kann aber uU eine Gleichstellg ausschließen (BGH 44, 325 zur Gen des VormschG; BGH NJW 80, 1692 zu BBauG 19 aF; s auch BGH NJW 69, 923). Der **Wegfall des Genehmigungserfordernisses** macht das Gesch gleichf vollwirks, sofern der Zustand schwebder Unwirksamk noch bestand (BGH 37, 236, NJW 95, 320, stRspr). Die Wirksamk tritt aber ex nunc ein (aA BGH NJW 65, 41, 30 Zweibr OLGZ 85, 362). – **dd)** Mit der **Versagung der Genehmigung** w der Vertr nichtig, grdsl aber erst, wenn der Bescheid unanfechtb geworden ist (BGH NJW 93, 650). Ersetzt die Beh ihren noch nicht rechtsbeständ AblehngsBescheid dch eine Gen, wird der Vertr daher wirks (BGH 84, 71). Dagg hat es bei der Nichtigk sein Bewenden, wenn der unanfechtb gewordene VersaggsBescheid nachträgl aufgehoben w (BGH NJW 56, 1918, JZ 72, 368) od die GenPfl wegfällt. Nichtigk tritt aber auch ein, wenn die oberste GenBehörde rechtsverbindl bekannt macht, daß Gen nicht mehr erteilt werden (BGH NJW 95, 320, krit 31 K. Schmidt NJW 95, 2255). **Verzögerungen** der Gen stehen der Verweiger nur gleich, wenn sie die Erreichg des VertrZwecks gefährden od den Part ein längeres Zuwarten nicht zuzumuten ist (BGH NJW 78, 1262, 93, 651, Rn 17). Die aGrd des nichtig gewordenen Vertr erbrachten Leistgn sind nach § 812 zurückzugewähren. SchadErsAnspr können sich aus c. i. c. ergeben (Rn 27). Die Regeln über die Unmöglichk finden keine Anwend.

32   **b) Genehmigungsbedürftige Erfüllungsgeschäfte.** Bsp sind die TeilgsGen nach BauGB 19, 51 (Übbl 18 v § 873). – **aa)** Das VerpflGesch ist, sow es nicht selbst der Gen bedarf, **von Anfang an wirksam**. Es bestehen beiderseits ErfAnspr. Eine Klage auf Leistg ist grdsl zul (BGH 82, 296, NJW 78, 1262); ob der GenVorbeh aud in die UrtFormel aufgen w muß, hängt von einer Auslegg des Ges ab, auf dem das GenErfordern beruht (BGH aaO). Aus diesem Ges kann sich auch ergeben, daß eine vorzeit Leistgsklage ausgeschl sein soll (RG 143, 328, devisenrechtl Gen; OGH NJW 49, 425, AusfuhrGen nach KRG 53). Die Pfl der Part, auf die Erteilg der Gen hinzuwirken (Rn 27), ist echte VertrPfl (RG 151, 39). Ihre Verletzg begründet einen vertragl SchadErsAnspr. Wird die Gen nur iF einer VertrÄnd erteilt, kann sich aus § 242 die Pfl zur VertrAnpassg u Wiederholg des ErfGesch ergeben (BGH 38, 146, 67, 34, § 242 33 Rn 33). Das bereits vorgenommene ErfGesch (Bsp: Aufl) ist bis zur Entscheidg über die Gen **schwebend unwirksam**. Ausnw kann das Fehlen der Gen auch zivilrechtl unschädl sein, wenn die das GenErfordern begründde Norm eine bloße OrdngsVorschr ist (BGH LM § 134 Nr 59). Wird die Gen od ein der Gen gleichstehdes Negativattest erteilt od fällt das GenErfordern weg, w auch das ErfGesch wirks, u zwar 34 grdsl mit rückwirkder Kraft. Insoweit gilt Rn 28 entspr. – **bb)** Wird die **Genehmigung** endgült **versagt** u scheidet eine Anpassg aus, wird die Erf des Vertr nachträgl unmögl. Die RFolgen beurteilen sich in diesem Fall nach den §§ 275, 323 ff (BGH 37, 240, NJW 80, 700, 93, 651), uU kann aber auch die stillschw Vereinbg einer Bdgg angenommen w (BGH NJW-RR 92, 558). Die etwaige Rückwirkg des Ablehnsbescheids begründet keine anfängl Unmöglichk, da das Gesch, auf das sich die Rückwirkg bezieht, nicht das VerpflGesch, sond das ErfGesch ist. Die Unmöglichk (Ablehng der Gen) ist idR von keiner Part zu vertreten, so daß beide Teile gem §§ 275, 323 von ihrer LeistgsPfl frei werden (BGH NJW 69, 837, DtZ 94, 247). Es können aber auch die §§ 280, 324, 325 anwendb sein, wenn eine Part die Ablehng der Gen verschuldet od insow das Risiko übernommen hat (BGH NJW 80, 700, Kauf von Bauerwartgsland).

276 *Haftung für eigenes Verschulden.* [I] Der Schuldner hat, sofern nicht ein anderes bestimmt ist, Vorsatz und Fahrlässigkeit zu vertreten. Fahrlässig handelt, wer die im Verkehr erforderliche Sorgfalt außer acht läßt. Die Vorschriften der §§ 827, 828 finden Anwendung.

[II] Die Haftung wegen Vorsatzes kann dem Schuldner nicht im voraus erlassen werden.

Übersicht

1) Allgemeines. Die §§ 276–279 legen fest, was der Schu zu vertreten hat. Sie gelten nicht nur für die **1** Unmöglichk (§§ 275, 280, 325), sond immer, wenn das Ges den Begriff vom Schu „zu vertreten" verwendet (§§ 285, 439 I, 538 I, 548 usw) od wenn es, wie im Fall der pVV u der c. i. c., nach allg RGrds auf das Vertretenmüssen des Schu ankommt. § 276 ist eine der zentralen Normen des BGB; er umfaßt Vorschr von ungleichart Inh u mit unterschiedl AnwendgsBereich. – **a)** I 1 bestimmt, daß der Schu Vors u Fahrlässigk zu **2** vertreten hat. – **aa)** Die Vorschr erläutert den Begriff des Vertretenmüssens. Sie regelt, ebso wie etwa §§ 278, 279, eine HaftgsVoraussetzg, ist aber selbst **keine Anspruchsgrundlage** (BGH **11**, 83, Larenz § 24 I, MüKo/Hanau Rn 1). Die fr vom RG vertretene, in einem Teil des neueren Schrift unter Hinw auf die EntstehgsGeschichte wiederbelebte GgAns, I 1 enthalte eine HaftgsAnordng (so RG **66**, 291, **106**, 25, Westhelle NichtErf u pVV, 1978), ist mit Wortlaut u Systematik des Ges (offensichtl) nicht zu vereinbaren (Rn 104 f). – **bb)** I 1 legt für den Bereich der LeistgsStörgen das **Verschuldensprinzip** fest. Der Schu haftet **3** für die LeistgsStörg idR nur dann, wenn er die Störg dch ein vorwerfbares Verhalten verursacht od mitverursacht hat. Das Ges führt das Verschuldensprinzip jedoch nicht streng dch. Schuldunabhäng EinstandsPfl bestehen für das Verschulden von gesetzl Vertretern u ErfGeh (§ 278), für die finanzielle LeistgsFähigk u das BeschaffgsRisiko bei GattgsSchulden (§ 279), für Sachmängel bei Kauf (§ 459), Miete (§ 537), Werk- u ReiseVertr (§§ 633, 651 c) sowie in den Fällen der ErklHaftg (§§ 122, 307). Auch die Objektivierg des FahrlässigkBegriffs (Rn 15) modifiziert den VerschuldensGrds u führt im Ergebn zur Berücksichtigg von Garantieelementen. Das Deliktsrecht geht gleichfalls vom Verschuldensprinzip aus; es unterliegt aber auch dort Einschränkgen (Rn 136). – **b)** I 2 enthält die Begriffsbestimmg der Fahrlässigk (Rn 12). Sie gilt für **4** das **gesamte Privatrecht** innerhalb u außerhalb des BGB (BGH **LM** (Be) Nr 2), auch für das öffR (BAG **AP** RVO §§ 394, 395 Nr 5), nicht aber für das Strafrecht. – **c)** I 3 legt dch eine Verweisg auf §§ 827, 828 fest, daß vertragl Verschulden ebso wie deliktisches ZurechngsFähigk voraussetzt. – **d)** II enthält ein FreizeichngsVerbot. Er gilt – ebso wie I 2, aber and als I 1 u 3 – auch für SchadErsAnspr aus unerl Hdlg (BGH **9**, 306, Rn 57).

2) Verschulden. – a) Der **Begriff** des Verschuldens ist im BGB nicht definiert. Er ist nach der Systema- **5** tik des Ges Oberbegriff der Schuldformen Vorsatz u Fahrlässigk u erfordert als weiteres Verschuldenselement ZurechngsFähigk. Schuldh kann nur ein obj rechtsw (pflichtw) Verhalten sein (Rn 8). Es ergibt sich daher folgde Begriffsbestimmg: Verschulden ist obj rechtsw (pflichtw) u subj vorwerfb Verhalten eines ZurechngsFäh. – **b)** Für die **Zurechnungsfähigkeit** gelten gem der Verweisg in I 3 die §§ 827, 828 (s dort). **6** Die Prüfg der ZurechngsFähigk u der Frage, ob die Part im konkreten Fall schuldh (fahrläss) gehandelt hat, sind sorgfält von einand zu trennen (BGH **LM** § 828 Nr 1). § 829 wird in I 3 nicht in Bezug genommen. Er kann aber im Bereich des VertrR entspr angewandt w (Staud-Löwisch Rn 61, sehr str, aA Böhmer NJW **67**, 865). Für diese Analogie spricht auch, daß § 829 nach stRspr im Rahmen des § 254 anwendb ist (§ 254 Rn 13), obwohl § 254 auch außerh des DeliktsR gilt. – **c)** Vorschr über **Schuldausschließungsgründe** **7** enthält das BGB nicht. Die EntschuldiggsGrde der StrafR, vor allem StGB 35, haben für das bürgerl Recht keine unmittelb Bedeutg. Sie schließen das nach obj Maßstäben zu beurteilde zivilrechtl Verschulden nicht ohne weiteres aus (§ 228 Rn 2). Im BGB kann aber ausnw der – restriktiv zu handhabde – Gesichtspunkt der **Unzumutbarkeit** den Schuldvorwurf entkräften (BGH **LM** § 828 Nr 1, MüKo/Hanau Rn 72). Auch echte Gewissensnot kann in AusnFällen ein EntschuldiggsGrd sein (§ 242 Rn 9). Selbstmord des Schu ist im Verhältn zum Gläub kein Verschulden (BGH NJW-RR **91**, 76, BAG DB **79**, 1803). – **d)** Verschulden setzt **8** notw **Rechtswidrigkeit** voraus. Rechtsw ist jede Verletzg eines fremden Rechts od RGuts, die nicht dch einen bes RFertiggsGrd gedeckt ist (§ 823 Rn 33). Im VertrR ist rechtsw gleichbedeut mit obj pflichtw. Der Begriff der PflWidrigk ist – ebso wie der Begriff der RWidrigk im DeliktsR – **erfolgsbezogen.** Obj PflWidrigk ist gegeben, wenn der äußere Tatbest einer LeistgsStörg vorliegt. Es genügt daher, daß die Leistg unmögl ist, der Schu trotz Mahng nicht od schlecht leistet, od der Gläub dch das Verhalten des Schu einen Schaden erleidet. Ausnw kann die PflWidrigk auch verhaltensbezogen sein (MüKo/Hanau Rn 31), so etwa iF der Begehg dch Unterl (Vorbem 84 v § 249). Die im DeliktsR anerkannten RFertiggsGrde (§ 823 Rn 36, § 228 Rn 1) gelten wg der Einheit der ROrdng auch im VertrR. Eine Sonderstellg hat der von der Rspr als Korrektiv der schuldunabhäng Haftg aus § 831 herausgebildete RFertiggsGrd des verkehrsrichtigen Verhaltens (BGH **24**, 21). Wird die Leistg infolge eines allen Sorgfaltsanfordergen genügden Verhaltens des Schu unmögl, entfällt nicht der obj Tatbest der LeistgsStörg, wohl aber ein Verschulden u damit eine Haftg. – **e)** Nach der von einem Teil des Schrift vertretenen Lehre vom **Handlungsunrecht** soll dagg ein **9**

nicht vorsätzl Verhalten nur dann rechtsw sein, wenn der Schu die im Verk erforderl Sorgf außer acht gelassen od gg eine spezielle Verhaltensnorm verstoßen hat (so mit unterschiedl Nuanciergen Nipperdey NJW **57**, 1777, Staud-Löwisch Rn 6, Esser-Schmidt § 25 IV). Diese Lehre wird jedoch von der hM mit Recht abgelehnt (s Larenz § 20 IV, MüKo/Hanau Rn 27, Erman-Battes Rn 12, Baur AcP **160**, 465, Huber FS E. R. Huber 274 ff). Wie § 823 I u die Normen des LeistgsStörgsR zeigen, geht das BGB davon aus, daß die Haftg sowohl RWidrigk (PflWidrigk) als auch Fahrlässig voraussetzt. RWidrigk (PflWidrigk) u Fahrlässig sind nach dem Ges zwei verschiedene, von einand zu trennde HaftgsVoraussetzgen. An dieser Unterscheidg hält, wie das allein aus ZuständigkGrden gescheiterte StHG zeigt, auch der heutige GesGeber fest. Eine Notwendigk, das Gesetz in diesem Pkt zu korrigieren, hat die Lehre vom HandlgsUnrecht nicht aufgezeigt. Die plausibleren u prakt befriedigderen Lösgen bietet vielmehr die Lehre vom Erfolgsunrecht (s § 823 Rn 33). Sie verhindert, daß das subj Recht, eine der zentralen Kategorien des ZivilR, zu einem bloßen Reflex von SorgfPflten denaturiert w.

10 **3) Vorsatz. – a)** Vors ist das Wissen u Wollen des rechtsw Erfolges (MüKo/Hanau Rn 49); das gilt sowohl für das VertrR als auch für das R der unerl Hdlgen. Der Streit zw Vorstellgs- u Willenstheorie ist dch die Erkenntn überholt, daß zum Vors sowohl ein Wissens- als auch ein Willenselement gehört: Der Handelnde muß den rechtsw Erfolg vorausgesehen u in seinen Willen aufgenomm h. Nicht erforderl ist, daß der Erfolg gewünscht od beabsichtigt war (RG **57**, 241), ebso ist der BewegGrd unerhebl. Der Vors braucht sich idR nur auf die Verletzg des Vertr zu erstrecken, nicht auf den eingetretenen Schaden (BGH MDR **55**, 542). Das gilt im R der unerl Hdlgen sinngem: Bei § 823 I genügt Wissen u Wollen der Verletzg des geschützten R od RGutes, bei § 823 II Wissen u Wollen der SchutzGVerletzg, bei § 839 Wissen u Wollen der AmtsPflVerletzg, der eingetretene Schaden braucht vom Vors nicht umfaßt zu sein (BGH **34**, 381, **59**, 39, **75**, 329, VersR **72**, 492, stRspr). Beim SchmerzGAnspr muß sich der Vors dagg auch auf die Verletzg der in § 847 aufgezählten Lebensgüter beziehen (RG **142**, 122). Auch der Anspr aus § 826 u RVO 640 I setzt voraus, daß der Vors auf die Schadensfolgen erstreckt (BGH NJW **51**, 596, s § 826 Rn 10, BGH **75**, 329). Wie im StrafR umfaßt der VorsBegr im ZivilR neben dem unbedingten auch den bedingten Vors. Bedingt vorsätzl handelt, wer den als mögl erkannten rechtsw Erfolg billigd in Kauf nimmt (BGH **7**, 313, NJW **84**, 801, **86**, 180, 182, Brammsen JZ **89**, 71). Bewußte Fahrlässig liegt dagg vor, wenn der Handelnde darauf vertraut, der Schaden werde nicht eintreten (BGH NJW **71**, 460, VRS **65** Nr 155, BAG VersR **71**, 528, Köln VersR **94**, 339).

11 **b)** Der Irrt über tatsächl Umst, aber auch der RIrrt schließt den Vors aus (RG **72**, 6, **84**, 194, **119**, 267). Zum Vors gehört nach hM im ZivilR das **Bewußtsein der Rechtswidrigkeit**, sog VorsTheorie (BGH **69**, 142, **118**, 208, MüKo/Hanau Rn 55, aA BAG **1**, 79 uö). Die zivilrechtl Lehre steht damit in Widerspr zu der im StrafR geltenden sog Schuldtheorie (StGB 16, 17, BGH GrStS **2**, 194), nach der ein vorwerfb VerbotsIrrt die Schuld nicht beseitigt. Bei Verletzg eines strafrechtl SchutzG ist Bewußtsein der RWidrigk nicht erforderl, es genügt vorsätzl Schuld iS der Schuldtheorie (BGH NJW **62**, 910, **85**, 135). Auch die ErsPfl aus § 826 setzt kein Bewußtsein der Sittenwidrigk voraus, Kenntn der Umst, die das Verhalten als sittenw erscheinen lassen, reicht aus (BGH NJW **51**, 597, s § 826 Rn 11). Daraus ist allg abzuleiten, daß der Irrt über grdlegde Anfordergen des Rechts (RBlindh) den Vors nicht beseitigt (Mayer-Maly AcP **170**, 162, str). Unerheblich ist auch der RFolgenIrrt u der Irrt über Einzelh des Kausalverlaufs (Erman-Battes Rn 18). Bei vorsätzl Verstoß gg grdlegde allg RPfl ist vorsätzl VertrVerletzg auch dann gegeben, wenn Schu nicht weiß, daß sein Verhalten zugl eine VertrVerletzg darstellt (BGH NJW **70**, 1082). Wer sich auf einen den Vors ausschließden RIrrt beruft, trägt insow die BewLast (BGH **69**, 143). Entfällt Vors inf Irrt, besteht vielf Haftg wg Fahrlk, zum RIrrt vgl § 285 Rn 4. UnzurechngsFgk schließt Vors aus, auch wenn sie auf Alkoholgenuß beruht (BGH NJW **68**, 1132), nicht aber verminderte ZurechngsFgk (BGH VersR **67**, 126).

12 **4) Fahrlässigkeit. – A) Allgemeines. – a)** Fahrlässig ist nach der für das gesamte bürgerl Recht geltden Begriffsbestimmg in I 2 **Außerachtlassung der im Verkehr erforderlichen Sorgfalt.** Sie ist kein Element der RWidrigk, sond eine Schuldform (Rn 8). Fahrlässig setzt Voraussehbark (Rn 20) u Vermeidbark (Rn 21) des rechtsw (pflichtw) Erfolges voraus (BGH **39**, 285, **LM** § 828 Nr 1, MüKo/Hanau Rn 75). –

13 **b) Arten der Fahrlässigkeit.** Bei **bewußter** Fahrlässig hat der Handelnde mit dem mögl Eintritt des schädl Erfolges gerechnet, hat aber fahrl darauf vertraut, der Schaden werde nicht eintreten. Sie unterscheidet sich vom bedingten Vorsatz dadch, daß der Handelnde den rechtsw Erfolg nicht billigd in Kauf nimmt (Rn 10). Bei **unbewußter** Fahrlässig hat der Handelnde den mögl Eintritt des schädl Erfolges nicht

14 erkannt, hätte ihn aber bei gehöriger Sorgf voraussehen u verhindern können. – **c) Grade der Fahrlässigkeit. Grobe** Fahrlässig liegt vor, wenn die im Verk erforderl Sorgf in bes schwerem Maße verletzt worden ist (§ 277 Rn 2). **Einfache** (leichte, gewöhnl) Fahrlässig ist gegeben, wenn die bes Merkmale grober Fahrlässig nicht erfüllt sind. Die einfache Fahrlässig wird für die Haftg des ArbN weiter unterteilt in mittlere u **leichteste** Fahrlässig. Bei leichtester Fahrlässig ist die Haftg des ArbN ausgeschl, bei mittlerer wird der Schaden zw ArbN u ArbG geteilt (BAG NJW **88**, 2816, BGH NJW **91**, 1683, § 611 Rn 162).

15 **B) Sorgfaltsmaßstab und Voraussetzungen der Fahrlässigkeit. – a)** Abweichd vom StrafR gilt im BGB kein individueller, sond ein auf die allg VerkBedürfn ausgerichteter **objektiver Sorgfaltsmaßstab** (BGH **39**, 283, **80**, 193, NJW **80**, 2465, **88**, 909, MüKo/Hanau Rn 78, Esser-Schmidt § 26 II). Der entscheidde Grd hierfür ist der Gedanke des Vertrauensschutzes. Im RVerk muß jeder grdsl darauf vertrauen dürfen, daß der and die für die Erf seiner Pflten erforderl Fähigk u Kenntn besitzt. Der obj FahrlässigkBegriff gilt auch im Rahmen des § 254 (MüKo/Hanau Rn 89) u des § 823 II, u zwar selbst dann, wenn als SchutzGes eine strafrechtl Norm anzuwenden ist (BGH **LM** § 823 (Bb) Nr 2). Der Schu kann den FahrlässigkVorwurf daher nicht dadch ausräumen, daß er sich auf fehlde Fachkenntnisse, Verstandeskräfte, Geschicklichk od Körperkraft beruft. Keine EntlastgsGrde sind auch: Sehfehler eines Kfz-Fahrers (BGH JZ **68**, 103); vorhersehb alters- od krankheitsbedingte Ausfallerscheingen (BGH NJW **88**, 909); mangelnde Ausbildg od Erfahrg eines Kfz-Fahrers (BGH Vers **58**, 268, **68**, 395); seelische Erregg eines Notars (BGH **17**, 72); mangelndes Fachwissen des Bürgermeisters einer kleinen Gemeinde (RG **152**, 140); Überbeanspruchg eines Operateurs (BGH VersR **53**, 338). Da die Objektivierg des SorgfMaßstabes dem Schutz des Verk dient, ist es nicht ausgeschlossen, bes Kenntn u Fähigk zu Lasten des Betroffenen zu berücksichtigen (BGH VersR **64**, 831, **67**, 777, **68**, 1059), so etwa bes Ortskenntn (BGH VersR **58**, 94, **71**, 667, Ffm VersR **75**, 381). Bei Vertr kann der Sorgfaltsmaßstab dch vertragl Abreden verstärkt od abgemildert w (RG **119**, 399). Die gelegentl Versuche, äußere u innere Sorgf von einand zu trennen, haben sich mit Recht nicht dchgesetzt (Fabarius, Äußere u innere Sorgf, 1991).

b) Der im Ges dch Blankett umschriebene SorgfMaßstab bedarf der **Konkretisierung. – aa)** Die nach I 2 **16** maßgebde **erforderliche** Sorgf entspr nicht notw der übl (BGH **8**, 141, NJW **65**, 1075, Düss DB **84**, 1772). Eingerissene VerkUnsitten u Nachlässigk entschuldigen nicht (BGH **5**, 319), auch nicht das Bestehen eines „verbreiteten Brauchs" (BGH **23**, 290). Eine etwaige tatsächl Übg muß aber bei der Festlegg der SorgfAnfordergen mitberücksicht w (BGH **65**, 308, MüKo/Hanau Rn 80). Wenn der Schu sich so verhalten hat, wie es ihm von kompetenten Fachleuten empfohlen worden ist, kann ihm idR kein Schuldvorwurf gemacht w (BGH NJW **71**, 1882). Erforderl ist das Maß an Umsicht u Sorgf, das nach dem Urteil besonnener u gewissenhafter Angehöriger des in Betracht kommden VerkKreises zu beachten ist (BGH NJW **72**, 151, Köln NJW-RR **90**, 793). Wie die zur Risikovermeidg erforderl Ausstattg beschaffen sein muß, hängt von den Umst des Falles ab (s Damm NJW **89**, 737); iZw muß sie mindestens dem Normalstandard entspr. Wer eine weitgehd unerprobte Technik anwenden will, muß über deren Risiken informieren (BGH NJW-RR **93**, 26). Bei der Beurteilg kommt es auf den Erkenntnisstand zZ der Verursachg des Schadens an (BGH **80**, 193), jedoch trifft den Warenhersteller nach dem Inverkbringen eine **Produktbeobachtungspflicht** auf noch unbekannt gebliebene gefährl Eigensch (BGH **80**, 202, **99**, 167, § 823 Rn 208). Werden SichergsVorkehrgen unterlassen, die im maßgebden Ztpkt weder von der Rspr gefordert wurden, noch in deren Tendenz lagen, entfällt ein Schuldvorwurf (BGH NJW **85**, 620). Besonderh der örtl Verhältn können berücksichtigt w (RG **113**, 426, BGH MDR **82**, 387). – **bb)** Die SorgfAnfordergen sind für die einz **17** **Handlungstypen**, je nach der Größe der damit verbundenen Gefahr, unterschiedl (RG **147**, 356). Sie sind nach dem jeweiligen **Verkehrskreis** (Berufs-, Alters-, Bildgs-, Lebenskreis) zu bestimmen (BGH **39**, 283, NJW **70**, 1038). Bsp: „ordentl" Kaufm (HGB 347, 408), Frachtführer (HGB 429), Gewerbetreibder (BGH **31**, 358), Facharzt/Heilpraktiker (BGH **113**, 304), Bauherr (BGH NJW **94**, 2233), Berufsanfänger (BGH NJW **88**, 2299, **92**, 1560, **93**, 2989, Gounalakis NJW **91**, 2946), Hausfrau (Düss NJW **75**, 171), Auszubildder (BGH NJW **79**, 864), Jugendl (BGH **LM** (Be) Nr 2, VersR **67**, 159), Kind (BGH NJW **70**, 1038, **84**, 1958). Auch alte Menschen u **Behinderte** sind in diesem Sinne eine Gruppe, deren Besonderh sich auf den SorgfMaßstab auswirken kann (MüKo/Hanau Rn 85). An untergeordnete Mitarbeiter können nicht die gleichen Anforderungen gestellt w wie an leitde (BGH NJW **88**, 48). Zu prüfen ist aber jeweils, ob ein Übernahmeverschulden vorliegt. Zu berücksichtigen ist auch das Recht jedes Bürgers auf PrivLeben (Grunsky JuS **89**, 593) u die **besondere Lage,** in der der Betroffene sich befunden hat. Unsachgem Verhalten in einer unverschuldeten u nicht vorhersehb Gefahrenlage ist in jedem Fall schuldh (BGH NJW **76**, 1504, Hbg VRS **84**, 173, Karlsr VersR **87**, 693). – **cc)** Zur Ausfüllg des in I 2 verwandten Blanketts kann **18** auch auf RVorschr, etwa die StVO zurückgegriffen w. Der Ri kann auch and **Regelwerke** heranziehen, so etwa UnfallverhütgsVorschr (BGH NJW **57**, 499, VersR **62**, 358), techn Regeln (BGH VersR **54**, 335, Hamm OLGZ **90**, 119, Marburger VersR **83**, 598), DIN-Normen (BGH **103**, 341, Karlsr VersR **84**, 1174), Richtlinien des Spitzenverbandes der Banken (Köln NJW **90**, 2262) od Sportregeln (BGH **58**, 40, Scheuer DAR **90**, 121); er ist aber zur eig Prüfg u Bewertg verpfl (BGH VersR **84**, 165). Auch wenn der Handelnde die maßgebden technischen Regeln eingehalten hat, kann ausnw ein Verschulden zu bejahen sein (BGH NJW **85**, 621, Hamm BauR **83**, 173). – **dd)** Soweit es ausschließl um Sachschäden geht, ist auch eine **Nutzen- 19 Kosten-Analyse** entspr der ökonomischen Analyse des Rechts (Einl 32 v § 1) ein zul Hilfsmittel, um den Umfang der erforderl Sorgf zu bestimmen: SorgfMaßn sind erforderl, wenn der für sie notw Aufwand geringer ist als der dch ihre Nichtanwendg möglw entstehde Schaden.

c) Voraussetzg der Fahrlässigk ist **Vorhersehbarkeit** der Gefahr (BGH **39**, 285, **LM** § 828 Nr 1). Sie **20** braucht sich nur auf den HaftgsTatbest zu beziehen, dagg nicht auf die weitere Schadensentwicklg. Es genügt die allg Vorhersehbark eines schädigden Erfolges, der konkrete Ablauf braucht in seinen Einzelh nicht vorhersehb gewesen zu sein (s BGH **57**, 33, **59**, 39, NJW-RR **93**, 346). Wann Vorhersehbark zu bejahen ist, hängt von den Umst des Einzelfalles ab. Der Schu muß hier mögl Störgen die notw **Vorsorge** treffen (Ehmann NJW **87**, 402). Vorkehrgen für alle abstrakt denkb Schadensrisiken können aber idR nicht verlangt w; es muß vielmehr die nicht ganz fern liegde Möglichk einer Schädigg bestehen (BGH VersR **75**, 812, **LM** § 823 (Dc) Nr 121 Bl 3 R). Die Voraussehbark kann trotz entggstehder Umst zu bejahen sein, weil den Schu nach Maßg des konkreten SchuldVerh eine **Prüfungspflicht** trifft (MüKo/Hanau Rn 101). Ein **Irrtum** des Schu schließt Fahrlässigk nur aus, wenn er unvermeidb ist. Das trifft beim RIrrt ledigl in AusnFällen zu (§ 285 Rn 4).

d) Der Schu handelt nur dann fahrlässig, wenn er den Eintritt des schädigden Erfolges **vermeiden** konnte **21** u mußte (BGH **39**, 285, **LM** § 828 Nr 1). Grdsl ist der Schu gehalten, jede vorhersehb Verwirklichg eines HaftgsTatbestd zu verhindern. Eine jegliche Gefahr vermeiddes Verhalten wird jedoch nicht verlangt, sond ein sachgerechter Umgang mit der Gefahr (Deutsch NJW **92**, 74). Erforderl Sichergsvorkehrgen sind auch dann zu treffen, wenn sie mit Unbequemlichk, Zeitverlust od finanziellen Opfern verbunden sind (BGH NJW **53**, 258); sind die Schäden nicht zu verhindern, besteht eine HinwPfl (LG Bln DB **83**, 652). Etwas and gilt, wenn das Verhalten des Schu im Rahmen der Sozialadäquanz u damit des **erlaubten Risikos** hält (MüKo/Hanau Rn 128, Esser/Schmidt § 25 IV). In diesen Fällen ist jedoch uU schon der Zurechnungszushang (Vorbem 58ff v § 249) od die RWidrigk ausgeschlossen. Die Vermeidbark kann auch dann fehlen, wenn es inf **Streiks** zu einer Leistgsstörg kommt (Strohmaier BB **93**, 2031).

C) Einzelfälle der Fahrlässigkeit. Vgl zur c. i. c. Rn 72ff, zur pVV Rn 109ff; s ferner § 242 Rn 28ff, **22** § 254 Rn 16ff, sowie bei den einzelnen SchuldVerh, insb bei §§ 611, 675, 823, 839. – **a) Anlagevermittlung und Prospekthaftung —** Lit: v Heymann NJW **90**, 1137; Pleyer/Hegel ZIP **85**, 1370, **86**, 681; Reithmann/Thode, Kauf vom Bauträger, 6. Aufl, 435; v Teuffel DB **85**, 373; Wüst JZ **89**, 67. – **aa)** Der **Anlagevermittler** muß den Kunden richtig u vollständ über alle für die Anlage wichtigen Umst informieren (BGH

74, 106, NJW **82**, 1095, **83**, 1730). Er handelt schuldh, wenn er nicht offenlegt, daß seine positive Beurteilg ausschließl auf nicht überprüften Informationen der Börsenzulassg (BGH **123**, 130) od des betreffden Untern beruht (BGH NJW-RR **93**, 1115). Entspr gilt für den Herausgeber eines Börsendienstes (BGH **70**, 356). Die **Bank** schuldet eine „anlegergerechte" u „objektgerechte" Beratg (BGH **123**, 126). Für sie gilt jetzt auch das WpHG (Lampert WiB **95**, 501). Sie trifft eine Pfl zur sorgfält Prüfg bei Befürwortg einer Anlage (BGH **100**, 122, NJW **92**, 2562), bei einer Anlageempfehlg, auch an einen unbest PersKreis (BGH NJW **79**, 1595), bei Aufn der Anlage in das Beratgsprogramm (Nürnb WM **86**, 124), wenn sie sich als Referenz benennen läßt (BGH NJW **92**, 2149) od die Anlage als bankgeprüft bezeichnet (BGH NJW-RR **86**, 1102, aA Düss ZIP **94**, 1256). Eine Empfehlg der inzw wertlos gewordenen australischen **Bond-Anleihe** war häuf schon deshalb pflichtw, weil die Bank den Kunden nicht darüber informiert hat, daß ihr mangels eig Informationen die Kompetenz zur Beurteilg der Anleihe fehlte (BGH **123**, 126). Außerdem mußte die Bank den Kunden auf die ab Juli 1988 überwiegd negativen Berichte der WirtschPresse über die BondGruppe hinweisen (BGH aaO; aA für Juni 1988 LG Hbg ZIP **94**, 1439); vgl auch Ffm NJW-RR **94**, 946 zur Haftg aus BörsG **45**, 46). Auch die Empfehlg der Polly-Peck-Anleihe begründet eine Haftg, wenn die Bank nicht offen gelegt hat, daß sie die Bonität der Anleihe mangels eig Sachkunde nicht beurteilen könne (Brschw ZIP **93**, 1460, aA Düss ZIP **94**, 1256, Ffm WM **94**, 2106). Die Bank, die ledigl zur Finanzierg eingeschaltet w, trifft dagg grdsl keine PrüfgsPfl (Rn 32). Steht der Vermittler erkennb auf der Anbieterseite, kann der Anleger zur bes Vorsicht verpflichtet sein; strenge SorgfAnfordergen sind dagg an denj zu stellen, der als individueller Berater auftritt (BGH NJW **82**, 1096, **90**, 2463, NJW-RR **89**, 150). Die Empfehlg an einen nicht termingeschfäh Kunden, ein BörsenterminGesch abzuschließen, ist aber nicht ow pflwidrig (BGH **107**, 193). Zu

23 den weniger seriösen Anlagen (Warenterminoptionen usw) vgl Rn 82. – **bb)** Eine von der Rspr des BGH entwickelte **Prospekthaftung** besteht für PublikumsKGs (BGH **71**, 286), Erwerb von Aktien außerh geregelter Märkte (BGH **123**, 106), Bauherrenmodelle (BGH **111**, 315, aA BGH NJW **90**, 389) u Mischformen dieser Anlagearten (BGH **115**, 218). Die Haftg knüpft nicht an persönl, sond an typisiertes Vertrauen an (BGH **83**, 226). Sie geht davon aus, daß der Emissionsprospekt idR die einzige Informationsquelle des Anlegers ist (BGH **111**, 317). Sondervorteile, die den GründsGtern gewährt w, müssen offen gelegt w (BGH NJW **95**, 130), ebso eine Mietausfallgarantie, wenn sie die Baukosten erhöht (BGH aaO, Gehrlein NJW **95**, 110). Für die Richtigk u Vollständigk des Prospekts haften die Gründer, Initiatoren u Gestalter der Gesellsch (BGH **71**, 287, **115**, 218, NJW **95**, 1025), sowie alle Pers, die hinter der Gesellsch stehen u auf ihr GeschGebaren entscheidden Einfluß ausüben (BGH **79**, 340, **115**, 218, NJW **95**, 1025), uU auch derj, der im Prospekt als Referenz benannt w (BGH NJW **92**, 2149). Der TrHandKommanditist muß für Fehler des Prospekts gem § 278 auch dann einstehen, wenn der Text ohne sein Wissen in den Verkehr gebracht worden ist (BGH **84**, 143). Nicht erforderl ist, daß der Geschädigte für den Prospekt Verantwortl u ihre Mitwirkg gekannt hat (BGH **72**, 387, **79**, 340). Die Haftg erstreckt sich auch auf „Garanten" des Prospekts, die als RA, WirtschPrüfer od ähnl einen Vertrauenstatbestd für die Richtigk des Prospekts geschaffen h (BGH **77**, 176, NJW-RR **92**, 879); hier setzt die Haftg aber voraus, daß der Verantwortl nach außen in Erscheing getreten ist (BGH **77**, 176, NJW-RR **92**, 879). Mitgliedsch im Beirat (BGH **79**, 348) od die Benenng im Prospekt als TrHänder zur Überwachg der Vfgen über Anlegerkonten (BGH NJW **95**, 1025) begründen dagg keine ProspektVerantwortlichk. Auf Prospekte des normalen GeschVerk findet die Prospekthaftg keine Anwendg (BGH NJW **81**, 2810), ebsowenig auf Prospekte für WarenterminGesch (Rn 82). Bei Publikums-KGs verjähren ProspekthaftgsAnspr in 6 Mo nach Kenntn, spätestens in 3 Jahren nach Beitritt (BGH **83**, 227). Beim Bauherrnmodell soll dagg die Fr des § 195 od des § 638 maßgebd sein (BGH

24 **111**, 323, **115**, 225). Zur Anwendg von BRAO 51, StBerG 68 usw s § 195 Rn 11. – **cc)** Die Grds der Haftg für **culpa in contrahendo** sind neben der Prospekthaftg anwendb; für sie gilt, auch wenn bei den Vhdlgen Prospekte vorgelegt worden sind, die 30jährige Verj (BGH **83**, 227, NJW **84**, 2523, **85**, 380). Anspr aus c.i.c. bestehen, wenn ein Vertreter od Sachwalter dch Teilnahme an den Vhdlgen persönl Vertrauen in Anspr genommen hat (BGH **83**, 227, NJW **95**, 130); auch ein VhdlgsGehilfe haftet, wenn er dch Hinw auf seine Sachkunde u sein Ansehen wie ein Garant aufgetreten ist (BGH WM **86**, 1047). Unrichtige Ausk, etwa über eine Wiederverkaufsmöglichk, begründen auch dann eine Haftg, wenn keine Garantie übernommen worden ist (BGH BB **90**, 13). Der künft VertrPartner des Anlegers, etwa der TrHandKommanditist od der Gründgskommanditist, haftet wg § 278 auch dann, wenn einem seiner VhdlgsGehilfen ein Schuldvorwurf zu machen ist (BGH NJW **85**, 380, **87**, 2677, NJW-RR **91**, 804); entspr gilt für den Kommanditisten, der die KG dch Bürgsch am Leben hält (BGH NJW **91**, 1608). Dem Gesellschter sind daher Prospektmängel gem § 278 auch bei eig Schuldlosigk zuzurechnen, aber nicht, wenn der Prospekt u die BeitrittsVhdlgen typw

25 seinem Einflußbereich entzogen sind (BGH NJW-RR **92**, 542). – **Architekt** (vgl Bindhardt-Jagenburg, Haftg des –, 8. Aufl 1981, MüKo/Hanau Rn 137 ff): Er muß eine dem Bodenverhältn entspr Gründg wählen (Oldbg VersR **81**, 541). Für die statische Berechg ist er nicht verantwortl; bemerkt er aber Fehler, so muß er Nachprüfg veranlassen (BGH VersR **64**, 1045, **67**, 260). Seine Prüfgs- u BelehrgsPfl erstreckt sich grdsl auch auf die von ihm nicht selbst geplanten Teile der BauMaßn (BGH NJW **82**, 2243). Pfl zur Beratg des Bauherrn hins Geldmachg von SachmängelR (BGH NJW **73**, 1457), hins der Vorbehalts von VerttrStrafen (BGH **74**, 235, krit Ganten NJW **79**, 2513), Pfl bei Plang einer Wärmedämmg (BGH **LM** § 635 Nr 60); bei der Wohnflächenberechg (Mü BauR **73**, 122); AufsPfl bei örtl BauAufs (BGH VersR **69**, 473, **70**, 571, **71**, 818, **74**, 167, Brschw VersR **74**, 436), bei Abbruchsarbeiten (Düss VersR **69**, 1051). Grdsätzl keine Pfl zur Beratg hinsichtl steuerl Vergünstigen (BGH **60**, 1, Düss BauR **90**, 493); hängt die angestrebte steuerl Vergünstigg von ihm bekannten baul Voraussetzgen (Wohnfläche) ab, muß er diese aber einhalten (Köln NJW-RR **93**, 1493). Bei Ausführg von (noch) nicht notw Arb hat er wg pVV keinen VergütgsAnspr (Düss BauR **80**, 376). Mängel des Architektenwerkes muß er offenbaren (BGH **71**, 149). Tut er das nicht, kann er

26 sich nicht auf die Verj der GewlAnspr berufen (Übbl 16 v § 194). – **Arzt:** Bei ihm fallen die Voraussetzgen für eine vertragl u delikt Haftg idR zus, s daher § 823 Rn 66 ff u „Krankenhaus". Zur AufklärgsPfl des Arztes bei Operationen u sonst gefährl BehandlgsMaßn s § 823 Rn 45. Auch zur Wahrg von Vermögensinteressen des Patienten kann der Arzt verpflichtet sein, so bei Zw hins der EintrittsPfl des Versicherers (BGH NJW **83**, 2630) od des SozVersTrägers (Köln OLGZ **88**, 212). Entspr Pflten des Arztes bestehen aber nur, wenn sich ihm die Möglichk einer wirtschaftl Schädig aufdrängen mußte (Köln NJW **87**, 2304, Hamm NJW-RR

91, 1141, Brem NJW 92, 2366, Baden NJW 88, 746). Das gilt etwa dann, wenn der Arzt eine teure, medizinisch nicht anerkannte Krebstherapie empfiehlt (Hamm NJW 95, 790). Für eine Wahlleistg kann er kein Honorar verlangen, wenn er verschweigt, daß er diese für Kassenpatienten ebso erbringt (LG Hanau NJW 89, 2335). Zur BewLast s § 282 Rn 18. Haftg wg Verletzg der SchweigePfl (BGH NJW 68, 2288); für Diebstahl im Sprechzimmer (RG 99, 35), ebso im Krankenhaus (Karlsr NJW 75, 597).

b) Bank. – aa) Zur Haftg für **Auskünfte** s § 676 Rn 7, bei der **Anlagenberatung** s Rn 22, aus c. i. c. Rn 84. **27** **Aufklärungspflichten** s Hopt FS Gernhuber, 1993, 169. – **bb) Überweisungsverkehr:** Wg der Massenhaftigk der GeschVorfälle bestehen ggü dem Überweisden u dem Empfänger grdsl keine Warn- od SchutzPflten (BGH NJW 78, 1852, 87, 317); eine Warnpfl kommt aber in Betracht, wenn die Bank von dem ZusBruch des Empfängers (der Empfängerbank) weiß (BGH aaO, Bundschuh RWS-Forum 1, S 9). Auf devisenrechtl Bedenken muß die Bank hinweisen (BGH 23, 222), ebso auf die Nichtausführbark des Auftr (Hamm WM 84, 1222) u auf offensichtl Verändergen der Seriennummer bei einem SammelAuftr (Düss BB 91, 369). Zahlt der Kunde bei Erteilg des ÜberweisgsAuftr den erforderl Betrag auf seinem Girokonto ein, muß die Bank beide Gesch so abwickeln, daß der Kunde nicht mit Zinsen belastet wird (AG Hbg NJW-RR 93, 114). Vgl auch § 675 Rn 7ff, zur Drittwirkg § 328 Rn 23 u zum **Lastschriftverfahren** § 675 Rn 13ff. – **cc) Scheckverkehr.** **28** Die Bank hat die Echth des Schecks dch einen überschlägigen Vergl mit der Unterschriftenprobe zu prüfen (BGH ZIP 84, 1074). Sie verletzt ihre SorgfPflten, wenn sie einen Scheck ohne diese Prüfg bar auszahlt, ohne daß der Einreicher sich als KontenInh (VfgsBerecht) ausgewiesen hat (BGH 91, 229). Eine PrüfgsPfl kann sich auch daraus ergeben, daß die Schecksumme die bei dem Aussteller übl Beträge in ungewöhnl Maße übersteigt (BGH NJW 86, 988) od daß das Feld für den Namen des Scheckinhabers mit einem Adreßaufkleber überklebt ist (BGH NJW 88, 912). Die Bank haftet, wenn sie einen Verrechnungsscheck bar auszahlt (BGH 26, 268) od in einen Barscheck umtauscht (BGH **LM** § 989 Nr 12). Sie ist beim Scheckinkasso verpfl, den schnellsten u sichersten Weg zu wählen (BGH 22, 305, ZIP 81, 149). Bei Einholg einer Scheckbestätigg hat sie dem AuftrG auch alle für ihn relevanten Zusatzinformationen mitzuteilen (BGH NJW 94, 2541). – **dd)** Beim **Wechseldis-** **29** **kont** ist die Bank idR nicht verpfl, den Einreicher auf Bedenken gg die Zahlgsfähigk der Beteiligten hinzuweisen (BGH WM 77, 638, 87, 679). Sie darf aber nicht schuldh den Anschein erwecken, der Akzeptant sei kreditwürd (BGH aaO). – **ee) Kreditgewährung. (1) Allgemeines.** Wenn der Kunde es wünscht, muß **30** die Bank ihn vollständ u richtig über die Vor- u Nachteile der in Frage kommden Finanziergsmodelle beraten (Celle WM 93, 2085). Stellt die Bank für den Kunden Berechngen an, haftet sie für Fehler, so bei falscher Ermittlg des für die Umschuldg erforderl Betrages (Mü NJW-RR 90, 438) od bei unricht Information über die beim Hauserwerb zu erwartde Belastg (BGH ZIP 91, 645, Celle NJW-RR 87, 1261). Die Bank hat ggü dem Kunden keine Verpfl, seine Kreditwürdigk u Leistgsfähigk zu überprüfen (Köln WM 94, 201). Sie handelt aber pflichtw, wenn sie einem hochverschuldeten Kunden den Kauf einer EigtWo finanziert, um ihm Sicherh für einen Konsumentenkredit zu verschaffen (Düss MDR 93, 1197). Auf Bedenken gg die Zweckmäßigk der gewählten Kreditart braucht sie idR nicht unaufgefordert hinzuweisen, wohl aber auf belastde Besonderh des angebotenen Kredittyps (BGH WM 91, 181), so etwa auf die für den Normalkunden undurchschaubaren Nachteile der Kombination von KreditVertr u LebensVers (BGH 111, 124, NJW 89, 2882). Bietet sie eine RestSchuldVers an, trifft sie gleichf eine BelehrgsPfl (Nürnb u LG Köln NJW-RR 89, 815). Sie braucht aber nicht darüber aufzuklären, daß DarlZinsen am Markt städt Schwankgen unterliegen (Hamm NJW-RR 93, 54). Zu einer weiteren Kreditgewährg ist sie nicht verpflichtet, auch wenn ein aussichtsreiches Saniergskonzept besteht (Baterreau WM 92, 1519). **(2) Rechtliche Risiken.** Beim finanzierten Kauf muß die Bank auf die **31** möglicherw von Lieferg u Mängelfreih unabhäng ZahlgsPfl hinweisen u vor unricht Empfangsbekenntn warnen (BGH NJW 47, 212, 222). Eine entspr Pfl besteht bei Personalkredit, sofern ein Irrt des KreditNeh über die RisikoVerteilg naheliegt u der Bank die IrrtGefahr zuzurechnen ist (BGH NJW 79, 2093, 80, 177). **(3) Verwendung.** Über Risiken der geplanten Verwendg des Kredits braucht die Bank idR nicht zu belehren **32** (BGH 72, 101, **107**, 101, NJW-RR 92, 880). Will der KreditN mit dem Kredit ein Grdst od ein Untern erwerben, schuldet sie nicht ungefragt eine Kauf- od Unternehmensberatg (Ffm ZIP 94, 1014). Soll ein fr Kredit abgelöst wd, braucht sie daher nicht nachzuforschen, ob dieser sittenw war (BGH NJW 90, 1597, § 138 Rn 31) od ob für ihn öff Zinssubventionen gegeben worden sind (BGH NJW-RR 90, 623). Sie muß aber belehren, wenn die Umschuldg zu einer Mehrbelastg führt (BGH NJW-RR 91, 502). Eine AufklPfl besteht auch, wenn die Bank aGrd eines konkreten Wissensvorsprungs die bes Gefährlichk des Gesch kennt (BGH NJW 89, 2881, 92, 2147) od wenn sie über die Rolle des KreditGeb hinausgeht u gleichsam als Part des zu finanzierden Gesch erscheint (BGH NJW 88, 1584, NJW-RR 92, 882). Auf die Verpfl zur Wahrg des Bankgeheimn kann sie sich nicht berufen, wenn sie weiß, daß der Anleger voraussichtl sein Geld verlieren w (BGH NJW 91, 693). Fälle einer AufklPfl: Kredit für die Beteiligg an einer saniergsbedürft PublikumsKG, deren HauptGläub die Bank ist (BGH NJW 78, 2547). Kredit für die Beteiligg an einer Gesellsch, die, wie die Bank weiß, vor dem ZusBruch steht (BGH NJW-RR 86, 1167). Finanzierg der mit erhebl Risiken verbundenen Beteiligg von ArbNeh an der ArbGebFirma (BGH 72, 103, NJW 93, 2107). Beteiligg an einem Bauherrnmodell, das, wie die Bank weiß, mit erhebl Risiken belastet ist u möglicherw scheitern w (BGH DB 90, 1182, NJW-RR 92, 374). **(4) Abwicklung.** Die Bank hat keine AufsPfl hins der ordngsmäß Verwendg der abzurufden Finanziergsmittel (BGH WM 87, 1417). Sie haftet aber, wenn sie das dch eine GrdSch zu sichernde Darl vorzeit auszahlt (BGH WM 70, 710) od wenn sie dem Kunden rät, den KaufPr statt auf Notaranderkonto auf ein Konto des Verkäufers zu überweisen (BGH NJW 95, 2218). – **ff) Sicherungsgut.** Bei der Verwertg **33** von Sichergsgut muß die Bank auf die Interessen ihrer Kunden Rücksicht nehmen (BGH NJW 80, 226, Düss BB 90, 1017; zur entspr Pfl des LeasG s BGH NJW 91, 224). Auf günstigere Angebote, die der SichergsGeb nachweist, braucht sie sich nur einzulassen, wenn eine risikolose Abwicklg gesichert erscheint (Ffm WM 91, 931). Sie hat bei Hereinnahme einer Sicherh ggü dem Kunden nicht die Pfl, deren Werthaltigk zu prüfen (BGH NJW 82, 1520, 92, 1820). – **gg) Verschiedenes.** Die Bank haftet, wenn sie ihre VerschwiegenhPfl verletzt (BGH 27, 241), auch für eine PflVerletzg nach Beendigg des VertrVerhältn (Köln BB 92, 2174), wenn sie bei einer WertpapierVerw 70% des Depots in Standardaktien anlegt (Düss NJW-RR 91, 308), wenn sie beim steuerbegünstigten Sparen nicht auf die Steuerschädlichk einer Vfg hinweist (BGH NJW 64, 2059), wenn sie die Überwachg eines zu sanierden Betr übernommen hat u dieser Pfl nicht nachkommt (BGH DB 84, 2133),

wenn sie ihren Kunden nicht über den Verdacht unterrichtet, daß sein Vertreter seine Vertretgsmacht mißbraucht (BGH WM **84**, 730), wenn sie eine gem AGBG 9 unwirks SichgAbtretg offenlegt (BGH NJW **94**, 2754). Geringere SorgfAnfordergen sind uU bei spekulativen EffektenGesch zu stellen (Karlsr NJW-RR
34 **88**, 1263). – **Bankkunde:** Haftg für Aufbewahrg von Scheckformularen (RG **81**, 254, LG Bochum WM **84**, 1639), von Scheckkarten u für die Geheimhaltg der PIN (Zweibr ZIP **90**, 1549, KG NJW **92**, 1051), von vorcodierten Überweisgsformularen, aber nur, wenn sie mit Willen des Kunden in seinen Besitz gelangt sind (BGH NJW **94**, 3344), für Nichtmitteilg des Verlustes von Paß u Kundenkarte (BGH NJW **68**, 37), für Nichtanzeige von Falschbuchgen (BGH **72**, 14, **73**, 207, 211); Kontrolle der Bankauszüge (Düss NJW-RR **88**, 106, Hamm OLGZ **88**, 444); für den schuldh ermöglichten Mißbr der Geldautomatenkarte (Nürnb WM **89**, 405). – **Bauherrenmodell:** Prospekthaftg Rn 23. Haftg bei Angabe einer falschen WoGröße (BGH NJW-RR **91**, 217, 663). Pfl des TrHänders zu umfassder Interessenwahrg (BGH **102**, 224). Haftg des TrHänders, der den Prospekt nicht auf seinen WahrhGehalt überprüft (Stgt NJW-RR **88**, 277), der Kapital-raten des Bauherrn ohne ausr Sicherg weitergibt (BGH NJW-RR **87**, 20, 273), der gg Kostenüberschreitgen nichts unternimmt (BGH NJW-RR **88**, 916), der mögl Nutzgsbeschränken nicht prüft (BGH NJW **90**, 2464), der die Einhaltg der für die Gewährg von Steuervorteilen notw Voraussetzgen nicht überwacht (BGH NJW-RR **91**, 661). Pfl des „MittelverwendgsTrHänders" (BGH NJW-RR **89**, 1102); AufklPfl der
35 Bank, die als Kapitalsammelstelle tät w (BGH NJW-RR **86**, 1433). – **Bausparkasse:** Pfl zum Hinw auf Untragbark der Belastg, wenn sie Grdst vermittelt (Düss WM **86**, 253). BeratgsPfl hins RisikolebensVers (s BGH NJW-RR **90**, 108). Haftg für eine schuldh unricht Zuteilgsprognose (BGH NJW **91**, 694). Unter Umst Pfl zur Warng vor einem vorzeit VertrSchl (Karlsr WM **95**, 748). – **Bedienungsanleitung:** Anfor-dergen an Verständlichk u Vollständigk (KG VersR **82**, 1006). – **Betriebsunternehmer** bei Benutzg neuartigen Gerätes (vgl BGH **LM** (Cd) Nr 4). – **Bundesbank:** Keine Pfl, in Zahlgsschwierigk geratene Bank vom AbrechngsVerk auszuschließen (BGH NJW **78**, 1853). Haftg für Fehler beim Scheckeinzug (BGH **99**, 16, NJW-RR **88**, 560).

36 **c) Fahrlehrer:** (BGH NJW **69**, 2197, Düss u Ffm NJW-RR **88**, 24, 26, Mü DAR **88**, 55). – **Fahrschüler:** (Düss VersR **79**, 649). – **Friseur** ist auch bei Hautempfindlichk nicht unaufgefordert verpfl, vor einer
37 Dauerwelle die in Betr kommden Präparate auf ihre Verträglichk zu prüfen (Ffm VersR **81**, 579). – **Gastwirt:** Haftg für Gefahrlosigk der Räume (§ 823 Rn 94ff); Sicherg vor randalierden Gästen (KG VersR **72**, 157); Haftg für Garderobe, die der Wirt außerh des Sichtbereichs des Gastes aufhängt (LG Hbg NJW-RR **86**, 829, aA AG Bad Neuenahr VersR **93**, 58); keine Haftg, wenn die Garderobe im Sichtbereich des Gastes bleibt (BGH NJW **80**, 1096). – **Heilpraktiker:** BGH **113**, 302, Mü VersR **91**, 471, Taupitz NJW **91**, 1505. – Anlieferg von **Heizöl.** Der Tankwagenfahrer hat folgde Pflten: (1) Er hat zu prüfen, ob der Tank die bestellte Menge fassen kann. (2) Er hat seine Instrumente am Tankwagen zu überpüfen u sich vom einwandfreien Funktionieren der Tankanlage zu überzeugen. (3) Er hat sich währd des Abfüllvorganges bei Kontrollgängen darüber zu vergewissern, daß im Tankraum alles in Ordng ist. (4) Er hat nach Abschluß des Einfüllvorganges einen Blick in den Tankraum zu werfen (vgl BGH NJW **83**, 1109, **84**, 234, Hamm NJW-RR **93**, 290, Köln NJW-RR **94**, 1510). – **Jahrmarkt.** SorgfAnfordergen des Betreibers einer go-cart-Anlage (Karlsr VersR **86**, 478). –
38 **Kraftfahrer:** § 823 Rn 94ff. – **Kfz-Betriebe:** Nachfüllen von Frostschutzmitteln (Ffm DAR **73**, 296); Schließen der Motorhaube, (Oldbg DAR **67**, 274); Nichtmitteilg des festgestellten zu geringen Getriebeölstan-des (Düss DAR **77**, 322); Betanken mit falschem Kraftstoff (LG Hann ZfS **81**, 3); Versagen der Tankautomatik einer Selbstbediengstankstelle (AG Bambg DAR **82**, 330); Kontrolle des Luftdrucks (Celle VersR **83**, 877); Hinw auf nötigen Ölwechsel (LG Nürnb NJW-RR **88**, 313; Waschanlage (BGH NJW **75**, 685, Mü OLGZ **82**, 381, Hbg DAR **84**, 260, LG Stgt DAR **87**, 227, LG Köln NJW-RR **88**, 801, AGBG 9 Rn 58); Auffahrunfall in Waschanlage (AG Ffm VersR **85**, 150); Pfl zur Sicherg vor Diebstahl (BGH NJW **74**, 900, Düss NJW **75**, 1034, Nürnb OLGZ **79**, 220, LG Hbg NJW-RR **92**, 924). – **Krankenhaus:** Sichergsmaßn gg Diebstahl (Karlsr NJW **75**, 597, Hbg VersR **89**, 1268); Pfl, die Errichtg von öff Test zu ermöglichen (BGH NJW **58**, 2107).

39 **d) Rechtsanwalt** (Borgmann/Haug, AnwHaftg, 3. Aufl 1995; Rinsche, Haftg des RAnw u Notars, 4. Aufl 1992; Vollkommer, AnwHaftgsR, 1989). Zur Haftg von AnwSozietäten s § 425 Rn 8. – **aa)** Soweit der AuftrG nicht unzweideut zu erkennen gibt, daß er des Rates nur in einer best Richtg bedarf, ist der RA zu einer **umfassenden und möglichst erschöpfenden Belehrung** des AuftrG verpflichtet (BGH NJW **88**, 566, **91**, 2079, NJW-RR **90**, 1241). Die BelehrgsPfl besteht grdsl auch, wenn der Mandant rechtskund ist (BGH NJW **92**, 820) od wenn im Anschl an die Beratg ein Notar tät werden soll (BGH NJW **90**, 2884). Sie kann je nach Lage des **Einzelfalles** betreffen: Versorggsrechtl Risiken einer Scheidgsvereinbg (BGH VersR **71**, 641). FreihaltgsPflten, die sich aus einer Vereinbg ergeben können (BGH AnwBl **90**, 37). Möglichk, sich freiw in der gesetzl KrankenVers weiterzuversichern (Hamm NJW **88**, 2383). Bedenken, die der Dchführg eines KaufVertr über eine EigtWo entgstehen (BGH NJW **88**, 566). Bedenken gg die Wirksamk einer Klausel über die Abfindg zu Buchwerten (BGH NJW **94**, 1472). Risiko einer Haftg aus HGB 25 (BGH NJW **86**, 581). Risiken eines UmgehgsGesch (BGH NJW **92**, 1160). Möglichk, den Anspr auf ZugewinnAusgl zu sichern (Hamm NJW **92**, 1410). Klagerhebg vor Ablauf des Trenngsjahres, um den vertragl Ausschluß des VersorggsAusgl gem § 1408 II 2 unwirks zu machen (Karlsr NJW-RR **95**, 374). Regreßrisiko gem AFG 128a bei einem arbeitsgerichtl Vergl (Düss VersR **88**, 1048). Möglichk, im KündSchutzProz einen Auflösgs-u AbfindgsAntr zu stellen (Bambg NJW-RR **89**, 223). Möglichk die Fdg, für die ein Vorrecht beansprucht w, vorsorgl als einf VerglFdg anzumelden (BGH NJW **94**, 3105). Möglichk, Konkursausfallgeld zu beantra-gen (AG Siegburg NJW-RR **89**, 155). Der RA muß sicherstellen, daß seinem Mandanten keine RNachteile dch **Verjährung** entstehen. Er muß den VerjBeginn u die Länge der VerjFr prüfen (Düss NJW **86**, 1938), bei einer Teilklage auch hinsichtl des nicht eingeklagten Restes (Düss VersR **89**, 850). Er muß für die rechtzeit Unterbrechg der Verj sorgen (BGH NJW **81**, 2741, **92**, 840) u bei Zweifel über das Ende der VerjFr den Grds des sichersten Weges beachten (Rn 42). Er muß gewährleisten, daß der UnterbrechgsTatbestd nachgewiesen w kann (Köln OLGZ **77**, 324). Er muß darüber belehren, daß die Zustellg der Klage erforderl ist und daß diese die Einzahlg des Kostenvorschusses voraussetzt (BGH NJW-RR **95**, 252). Bei einem MusterProz hat er sicher zu stellen, daß auch die Anspr gg die übrigen Beteiligten nicht verjähren (BGH NJW **93**, 1779). Übernimmt er die Vertretg in einem FinanzGerVerf, muß er auch die Verj von mögl

RegreßAnspr gg den Steuerberater prüfen (BGH NJW **93**, 2045). Sogar auf die drohde Verj von RegreßAnspr gg ihn selbst muß der RA hinweisen (Übbl 16 v § 194). – **bb) Klärung des Sachverhalts.** Der RA muß dch **40** Befragg seines AuftrG die für die rechtl Beurteilg wesentl Pkte klären (BGH NJW **61**, 602). Er darf diese Aufg nicht seinem Büropersonal überlassen (BGH NJW **81**, 2741). Er darf idR den tats Angaben seines Mandanten vertrauen (BGH NJW **94**, 2293), muß aber bei lückenhafter Information auf Vervollständigg drängen (BGH NJW **82**, 437) u bei Mitteilg von sog RTats die zugrde liegden tats Umst aufklären (BGH NJW **94**, 2293). Er muß sich die für die rechtl Beurteilg wesentl Unterl vorlegen lassen (BGH VersR **83**, 34) u diese sorgf auswerten (Düss NJW **71**, 1641). – **cc) Rechtliche Prüfung.** Der RA hat grdsl jeden RIrrt zu vertreten (BGH **41** VersR **59**, 641, Kblz NJW **89**, 2699, krit Vollkommer Rn 122). Er muß die einschläg Ges, auch die aus neuester Zeit, kennen od sich die für die Beurteilg des Falles erforderl RKenntn verschaffen (BGH NJW **71**, 1704, **78**, 1486, **82**, 97). Über den Stand der höchstrichterl Rspr muß er sich laufd in den Fachzeitschriften informieren (BGH NJW **52**, 425, **79**, 877), eine Pfl zur laufden Lektüre von Spezialzeitschriften besteht dagg grdsl nicht (BGH Vers **79**, 376, Mü NJW-RR **91**, 803). Er muß sich bei der rechtl Beurteilg grdsl an den Ergebn der höchstrichterl Rspr orientieren (BGH NJW **93**, 3324; aA Ernst ZIP **94**, 605), auch wenn diese in der Lit bekämpft werden u eine Änderg der Rspr nicht auszuschließen ist (BGH NJW **93**, 2799). Wg der Verpflichtg, den sichersten Weg zu wählen (Rn 42), muß er uU auch eine sich abzeichnde Änderg der BGH-Rspr berücksichtigen (s BGH NJW **93**, 3325); für Schäden aus einer nicht vorhersehb Änderg der Rspr ist er aber nicht verantwortl (BGH aaO). Bei einer höchstrichterl noch nicht entschiedenen Frage muß er sich über die OLG-Rspr informieren (BGH NJW-RR **93**, 245). Ist das LG letztinstanzl zuständ, muß er dessen Rspr auch dann berücksichtigen, wenn diese von der hM abweicht (KG AnwBl **93**, 35). Bei der rechtl Dcharbeitg des Falles muß der RA nach der allg anerkannten juristischen Methode verfahren (BGH **97**, 380) u erfdlf auch das EuropaR berücksichtigen. Übernimmt der RA ein Mandat in einem ihm weniger vertrauten RGebiet, muß er sich die erforderl Kenntn verschaffen (s BGH NJW **83**, 1665, Kblz NJW **89**, 2699). Wird er in einer ArbRSache tät, muß er sich auch über etwaige tarifl AusschlFr informieren (BGH aaO, aA Weisemann AnwBl **84**, 174, Lang MDR **84**, 31). Bei einem entspr Mandat muß er auch Fragen des ausl Rechts sorgf prüfen (Raiser NJW **91**, 2051). Ist unter Beteiligg eines ausl RA ein Vertr nach ausl Recht geschl worden, darf er aber idR auf dessen Wirksamk vertrauen (Bambg MDR **89**, 542). Wird der Mandant in einem ausl Proz von einem ausl RA vertreten, darf er sich iZw auf dessen RKenntn verlassen (Bambg MDR **89**, 542). Hat ein KollegialGer die RAnsicht des RA geteilt, entfällt idR ein Verschulden (Vollkommer Rn 299, aA BGH **85**, 261, NJW-RR **86**, 1281, B. Schmidt NJW **93**, 1630). – **dd) Sicherster Weg, Weisungen.** Der RA hat im Interesse seines **42** Mandanten den sichersten Weg zu wählen (BGH NJW **81**, 2742, **88**, 487, 566, NJW-RR **90**, 205). Ist die Länge der VerjFr zweifelh, muß er die Verj innerh der in Betracht kommden kürzesten Fr unterbrechen (BGH NJW **81**, 2741). Geschieht das nicht, ist der RA haftb, auch wenn der Anspr nicht geltd gemacht wird, weil alle Beteiligten ihn wg Ablauf der kurzen Fr als verjährt angesehen haben, u zwar auch dann, wenn in Wahrh eine längere Fr maßgebd war (BGH NJW **93**, 2797). Ist unklar, ob ein dch Niederlegg bei der Post zugestelltes Schriftstück ein Mahn- od ein VollstrBescheid ist, muß der RA die für den Mandanten ungünstigere Alternative zugrde legen (BGH NJW-RR **90**, 204). Soll er sicherstellen, daß die dch ErbVertr zur Alleinerbin eingesetzte Ehefrau von der Erbfolge ausgeschlossen wird, u besteht für den Ehemann eine lebensbedrohde Situation, muß er veranlassen, daß neben der Einreich der Scheidgsklage auch das im ErbVertr vorbehaltene RücktrR ausgeübt wird (BGH NJW **95**, 52). Einen Vertr muß er im Rahmen des Mögl so abfassen, daß Zweifel über seine Wirksamk u Auslegg vermieden w (BGH NJW-RR **95**, 1267). Will der RA seiner von der obergerichtl Rspr oder der hM abweichden RAns folgen, muß er den Mandanten umfassd u eindringl belehren (Ernst ZIP **94**, 607), u zwar wg der Vermutg, daß sich der Mandant aufklärgsricht verhalten hätte (§ 282 Rn 15), am besten schriftl. **Weisungen** des Mandanten (Köln NJW-RR **94**, 956) muß der RA grdsl befolgen (§§ 675, 664). Er muß aber über etwaige Bedenken belehren u den richtigen Weg aufzeigen (BGH NJW **85**, 42). Beharrt der Mandant trotz dieser Belehrg auf seinem Standpunkt, handelt der RA aber nicht pflichtw, wenn er die Weisg befolgt (BGH NJW-RR **90**, 1243). – **ee) Prozeßführung. (1)** Der RA muß die **43** **Erfolgsaussichten** der RVerfolgg od RVerteidigg sorgf prüfen (Rinsche I 123) u den Mandanten über das Ausmaß des ProzRisikos informieren (BGH **89**, 182), insbes auch über BewRisiken (Ffm VersR **80**, 289). Ist sicher od in hohem Maße wahrscheinl, daß der Mandant den Proz verliert, muß der RA hierauf nachdrückl hinweisen (BGH **97**, 397, NJW **84**, 791, Köln NJW-RR **94**, 28). Das gilt auch ggü dem rschutzversicherten Mandanten (Köln NJW-RR **94**, 956), zumal diesem bei aussichtslosen Maßn Kostennachteile entstehen können (s Schiefer AnwBl **89**, 606). **(2)** Der RA muß alle für einen ProzErfolg **notwendigen Maßnahmen** **44** treffen. Er muß Angriffs- u Verteidiggsmittel rechtzeit geltd machen (Hamm VersR **88**, 192, Düss NJW-RR **89**, 1197) u darf bei zweifelh RLage die RVerteidigg nicht auf ZulässigkRügen u Einwendgen zum KlagGrd beschränken (BGH NJW-RR **90**, 1242). Er muß die notw BeweisAntr stellen u soweit erforderl, Beweise sichern (BGH NJW **93**, 2676). Benennt der Mandant 2 Zeugen, braucht der RA aber idR nicht nach weiteren zu fragen (Köln NJW **86**, 725). Er muß alle prozessualen Fr wahren (Rinsche I 415) u den Mandanten auf die bei verspäteter Zahlg des Kostenvorschusses drohden RNachteile hinweisen (BGH NJW **74**, 2319). Er ist auch dann verantwortl, wenn er den Schriftsatz eines VerkAnwalts übernimmt (BGH NJW **88**, 1079). Die Erhebg der Scheidgsklage darf der RA wg der beim VersorggsAusgl etwa drohden Nachteile nicht verzögern (Hamm FamRZ **91**, 1049); er muß auch für seinen Mandanten den Vorbeh der beschränkten Erbenhaftg geltd machen (BGH NJW **92**, 2649). Nach ZPO 139 gegebene Hinw hat der RA vorsorgl auch dann zu beachten, wenn er sie für unricht hält (BGH NJW **74**, 1866). Drohen Nachteile aus einem erkennb Fehler des Ger, muß er auf eine Berichtigg des Fehlers hinwirken (BGH NJW **88**, 3016, **95**, 1420). Steht die gerichtl Empfehlg, ein **Rechtsmittel** wg Aussichtslosigk zurückzunehmen, mit der höchstrichterl Rspr im Widerspr, muß der RA hierauf nachdrückl hinweisen (BGH NJW **94**, 1213, Köln BB **95**, 1926). IdR ist die BerufgsRückn auf Anraten des Ger mit Zust des Mandanten aber nicht pflichtw (Köln NJW **89**, 1159). Bei der Entscheidg über die Annahme eines **Vergleichsvorschlages** muß der RA gründl über das Für u Wider beraten (Oldenbg NJW-RR **91**, 1499). Wird eine vom Mandanten für wicht gehaltene RPosition dch den vorgeschlagenen Vergl nicht gewahrt, handelt der RA pflichtw, wenn er den Vergl abschließt, ohne den Mandanten insow aufzuklären (BGH NJW **93**, 1326). Einen AbfindgsVergl von nicht unerhebl Tragweite darf er idR nur abschließen, wenn sein Mandant belehrt ist u zugestimmt hat (BGH NJW **94**, 2085). Die

Weisg, einen unter WiderrVorbeh abgeschl Vergl zu widerrufen, hat er unverzügl auszuführen, den Eingang des Widerr zu überwachen u zu gewährleisten, daß dessen rechtzeit Eingang bewiesen w kann (BGH NJW **95**,
45 521). **(3) Kosten.** Eine Pfl über das Kostenrisiko u dessen Höhe zu belehren, besteht zwar nicht allg, wohl aber dann, wenn sich der Mandant hierüber möglicherw falsche Vorstellgn macht (Rinsche I 421). Der RA muß in geeigneten Fällen auf die Möglk hinweisen, PKH zu beantragen (Düss AnwBl **87**, 147). Er muß den seinem Mandanten etwa zustehden VersSchutz prüfen u die insoweit zur RWahrg notw Schritte unternehmen (BGH **LM** § 675 Nr 46, Düss VersR **85**, 92). Ist der Mandant rschutzversichert, muß er die DeckgsPfl klären (Nürnbg NJW-RR **89**, 1370) u das Mandat so führen, daß der Mandant nicht mit Kosten belastet w. Der RA muß auf die fehlde KostenerstattgsPfl im ArbGerVerf hinweisen (Mü AnwBl **81**, 68) u auf das mit dem Beitritt zu einem verwaltgsgerichtl Proz verbundene Kostenrisiko (Düss AnwBl **87**, 283). Den zur Einzahlg bei Ger best Vorschußbetrag darf er auch dann nicht mit eig Fdgen verrechnen, wenn er PKH beantragen soll (BGH NJW **89**, 1148). – **ff) Außergerichtliche Rechtsbesorgung.** Der RA handelt pflichtw, wenn er eine unzul TeilKünd ausspricht (BGH NJW **93**, 1779), wenn er bei Vornahme eines einseit RGesch für den Mandanten keine VollmUrk (§ 174) vorlegt (BGH NJW **94**, 1472) od wenn er die Errichtg eines Test vorschlägt, das zum Verlust von GesellschAnteilen führt (BGH NJW **95**, 2550). Pfänden bei einer Bank muß er so beantragen, daß auch ein etwaiges Wertpapierdepot des Schu erfaßt w (Düss VersR **91**, 424). –
46 Rechtsberatung dch RBeiständer u berufsständ Vereiniggen: Sie sind ebso wie der RA verpflichtet, die Sache umfassd zu prüfen u alle geeigneten Schritte zu ergreifen, um den AuftrGeber vor Schaden zu bewahren (BGH NJW **81**, 1553, **85**, 44, Düss DB **87**, 1837, LG Essen NJW-RR **90**, 1180: RBeratg dch Gewerksch). Hins der RKenntn, insb bei Anwendg von neuen Ges, sollen dagg an den RBeistand geringere Anfordergn zu stellen sein als an den RA (BGH VersR **71**, 866). Sow der RBeistand aGrd des Ges vom 18. 8. 1980 Mitgl der RA-Kammer geworden ist u wie ein RA liquidiert, müssen für ihn aber uneingeschränkt die gleichen SorgfAnfordergen gelten wie für einen RA. – **Reeder:** Haftg für körperl Unversehrth der Fahrgäste (RG **126**, 330). – **Reinigungsunternehmen** (LG Freibg NJW-RR **87**, 89). – **Reitlehrer** (Kblz NJW-RR **91**, 150).

47 **e) Sachverständiger:** s § 823 Rn 117. – **Schiedsrichter:** keine weitergehde Haftg als Staatsrichter (BGH **15**, 15). – **Schornsteinfeger:** (Ffm VersR **75**, 244). – **Skisport, Sport:** § 823 Rn 119 ff. – **Sprengarbeiten:** (BGH **LM** (Cd) Nr 5, VersR **70**, 139, **73**, 1069). – Herabfallen von Drähten bei **Starkstromleitungen:** (RG **48** 147, 356). – **Steuerberater. aa)** Die Aufg des StBeraters richten sich nach Inh u Umfang des erteilten Mandats (BGH NJW-RR **87**, 1375). Sind ihm die Buchhaltg u die Abgabe der StErkl übertragen, haftet er nicht für Nachteile, die sich für seinen Mandanten aus der Beteiligg an StSparmodellen ergeben (BGH aaO); bei einem Mandat nur für die Buchhaltg braucht er nicht über das InvZulagenG aufzuklären (Karlsr VersR **95**, 800). Auf außerh seines Auftr (BetrAufspaltg) liegde steuerl FehlEntsch (GrdErwerbsSt) muß er nur hinweisen, wenn sie auf den ersten Blick ersichtl sind (BGH BB **95**, 537). Dagg hat er im Rahmen des erteilten Auftr die steuerl Interessen seines Mandanten umfassd wahrzunehmen (BGH NJW-RR **87**, 210) u muß den für seinen Mandanten sichersten Weg wählen (BGH NJW-RR **92**, 1112). Er muß über alle auftretden steuerl Fragen belehren u auf Möglichk von StErsparn hinweisen (Stgt NJW-RR **90**, 792). Ist er mit der Vorbereitg einer Stiftgsgründg beauftragt, muß er ungefragt über mögl StErsparn informieren (BGH NJW-RR **92**, 157). Er ist aber nicht verpflichtet, ohne ausr Anhaltspkte nach einer Änderg des Güterstands seines Mandanten zu fragen (BGH VersR **80**, 264). Er hat ähnl wie der RA (Rn 41) grdsl jede unrichtige Beurteil einer steuerl Frage zu vertreten (s BGH NJW-RR **95**, 621). Ein obj fehlerh Verhalten spricht zunächst für ein Versch (BGH u Stgt NJW-RR **86**, 1348, **90**, 792). Er muß die einschläg Rspr des BFH kennen (BGH NJW-RR **93**, 212, **95**, 621). Ist sie seinem Mandanten günstig, muß er von ihr auch dann ausgehen, wenn sie in der Lit bekämpft w (BGH NJW **93**, 2799). Tut er das nicht, ist ein ihm zurechenb Schaden auch bei einer späteren RsprÄnderg zu belegen, wenn der Nachteil bei rechzeit Befolgg der fr Rspr nicht eingetreten wäre (BGH aaO). Für nicht voraussehb Ändergen der Rspr des BFH haftet er nicht (Kblz NJW-RR **93**, 714). Die für die Abgabe von StErkl geltden gesetzl Fr sind für die VertrVerhältn zum Mandanten nur verbindl, wenn sie zum VertrInh gemacht worden sind (BGH **115**, 383); fehlt eine vertragl Regelg, haftet er für Verzögergen nach den Grds der pVV (BGH aaO). Erforderl Unterlagen hat er rechtzeit anzufordern (BGH NJW-RR **86**, 1348). RMittelFr muß er sorgf wahren u das Zugangsdatum von Bescheiden beweiskräft festhalten (BGH NJW **92**, 1695). Auch ggü dem StBerater gilt die Vermutg, daß sich der Mandant bei ordngsmäß Beratg aufklärgsricht verhalten hätte (§ 282 Rn 15). Macht der StBerater geltd, daß der StNachteil, den eine von ihm empfohlene Maßn verursacht hat, ohne diese Maßn aus anderen Grden ebso entstanden wäre, trifft ihn die Darleggs- u Beweislast (BGH NJW **83**, 1052). Auf den Ablauf der VerjFr des StBerG 68 (§ 195 Rn 9 ff) kann sich der StBerater nicht berufen, wenn er nicht auf seine Regreßpfl hingewie-
49 sen hat (Einf 16 v § 194). – **bb) Einzelfälle.** Falsche Beratg über die steuerl günstigste GesellschForm (BGH NJW-RR **87**, 647). NichtAufkl über die Nichteigng der gewählte Vertragskonstruktion zur Erreichg der erstrebten StBefreig (BGH NJW-RR **90**, 918), über die MwStPfl für Pachtnebenkosten (BGH NJW-RR **94**, 535), über die zum Vorsteuerabzug berechtigde VertrGestaltg (BGH NJW-RR **93**, 212). Nichtgeltdmachg von Abschreibgen u Umbaukosten (BGH NJW-RR **86**, 1348). VertrGestaltg, die zu vermeidb Gewinnausschüttgen (BGH **83**, 262) od zur steuerl Nichtanerkenng des GeschFüGehalts führt (BGH NJW-RR **87**, 1379). Empfehlg einer Regelg, die gem AO 42 als Gestaltgsmißbr verworfen w (BGH NJW-RR **95**, 621). Beratgsfehler bei Übertragg des Grdst an Ehefr (Saarbr VersR **83**, 177). Mangelh Überwachg der Buchführg des Mandanten (BGH DB **73**, 520, Düss **74**, 1616). Fehlerh Beratg über die geplante Beteiligg an einem u Unternehmen, das keine ordngsmäß Buchhaltg u kein EigenkapitaL hat (BGH DB **84**, 1138). Beratg über die bei einer VermAnlage zu erwartde Verlustzuweisg (BGH NJW-RR **91**, 1125). Offenlegg der Provision, die er für die vom ihm empfohlene VermAnlage erhält (BGH **78**, 268, NJW-RR **87**, 1381).
50 Prospekthaftg s Rn 23. – **Warenhausunternehmer:** Keine Pfl zur ständ Überwachg der in Garage abgestellten KundenFzge, sofern übl VollkaskoVers zG der Kunden besteht (BGH NJW **72**, 151, vgl auch Güllemann NJW **72**, 889). – **Warentermingeschäfte** s Rn 82. – **Wirtschaftsförderungsgesellschaft:**
51 Haftg für Empfehlg, sich an einem Unternehmen zu beteiligen (BGH VersR **93**, 477). – **Wirtschaftsprüfer:** Haftg für Richtigk des von ihm geprüften JahresAbschl ggü Kreditgeber (BGH NJW **73**, 321, § 328 Rn 32), für Empfehlg, sich an einem Untern zu beteiligen (BGH WM **75**, 763).

5) Haftungsverschärfungen und Haftungsmilderungen. Die Haftg für Vors u Fahrlk tritt (nur) ein, 52 soweit nichts and best ist (I S 1). Für eine Reihe von Fällen sieht das **Gesetz** Verschärfgen od Mildergen der Haftg vor, vgl zu den gesetzl Verschärfgen Rn 135 ff u zu den gesetzl Mildergen § 277 Rn 4 u 6. Die Verschärfg od Milderg der Haftg kann aber auch vertragl ausbedungen w.

A) Vertragliche Haftungsverschärfungen. – a) Sie sind in IndividualVertr bis zur Grenze des § 138 zul, 53 zB dch GarantieVertr, Übern jeder Haftg einschl höherer Gewalt, Begründg einer Gefährdgshaftg; diese kann aber nicht bereits aus dem Angebot einer vollautomat Leistg hergeleitet w (BGH NJW **75**, 685). Haftgsverschärfgen in **Allgemeinen Geschäftsbedingungen** sind nur verbindl, wenn sie sachl angem sind (AGBG 9 Rn 91). Sie sind iZw eng u gg den auszulegen, der die Haftg erweitern will (BGH NJW **72**, 256, Rn 58).

b) Abreden, die die Höhe des Schadens **pauschalieren,** sind aGrd der VertrFreih zul (BGH NJW **70**, 32 u 54 2017). Sie sind in **Allgemeinen Geschäftsbedingungen** aber nur wirks, wenn die Pauschale den bei normalem Ablauf zu erwartden Schaden nicht übersteigt u dem and Teil der Nachweis offen steht, der Schaden sei geringer als die Pauschale, AGBG 11 Nr 5 (s dort). Auf Schadenspauschaliergen in Individual-Vertr ist gem §§ 157, 242 der RGedanke des AGBG 11 Nr 5b entspr anzuwenden (Schlesw DNotZ **85**, 311; für eine analoge Anwendg des § 343 LAG Düss DB **73**, 85). – **aa)** Von der Schadenspauschale zu unterschei- 55 den ist die **Vertragsstrafe.** Während die Schadenspauschale allein den Schadensbeweis ersparen soll, hat die VertrStrafe eine doppelte Funktion: Sie soll die Erf der Hauptverbindlichk als Zwangsmittel sichern u iF einer Leistgsstörg den Schadensbeweis entbehrl machen (Vorbem 1 v § 339). Bei der Abgrenzg kommt es auf die von den Part gewählten Bezeichngen grdsl nicht an (Celle VersR **93**, 1026), wenn auch der Wortlaut gewisse Hinw geben kann. „SchadErs“, „entgangener Gewinn“ u ähnl spricht für eine Schadenspauschale (BGH NJW **70**, 32). Das entscheidde Abgrenzgskriterium ist aber die Funktion der Abrede. Bezweckt sie ausschließl die vereinfachte Dchsetzg eines SchadErsAnspr, handelt es sich um eine Schadenspauschale, geht es auch od vor allem darum, „Druck“ auf den Schu auszuüben, handelt es sich dagg um eine VertrStrafe (BGH **49**, 89, NJW **83**, 1542, Schlesw DNotZ **85**, 311). Ausschlaggebd ist letztl, ob es sich um den ernsth Versuch einer antizipierten Schätzg des typischerw entstehden Schadens handelt od nicht (Köln NJW **74**, 1953). – **bb) Vertragsstrafversprechen** können etwa sein: Klausel, daß für nicht zurückgegebenes Leergut 56 der Neupreis zu zahlen ist (LG Waldshut EWiR **87**, 105, Trinkner BB **84**, 1455), Verpflichtg zur Zahlg einer Abstandszahlg (Ffm BB **84**, 1967) od von Überziehungsgebühren, wenn Dauer und Umfang des Zahlgsrückstandes auf deren Höhe keinen Einfluß haben (BGH NJW **94**, 1533). Auch Zinserhöhgsklauseln für den Verzugsfall sind (entgg BayObLG BB **81**, 1418) jedenf dann VertrStrafVerspr, wenn davon auszugehen ist, daß sich die Kosten der Refinanzierg dch den Verzug nicht erhöhen.

B) Vertragliche Haftungsmilderungen sind ebenf grdsätzl zul, u zwar auch für Anspr aus unerl Hdlg 57 (RG **88**, 436, BGH **9**, 306, stRspr). Nicht abbedungen werden kann die Haftg des Schu für Vors (II). Auch summenmäß Haftgsbegrenzen sind insoweit unzul (s Heinrichs RWS-Skript 157 S 1 ff), Abkürzen der VerjFr dagg unbedenkl. Bei ErfGeh kann auch die Haftg für Vors abbedungen w, aber nur dch IndVereinbg, nicht dch AGB (§ 278 S 2, AGBG 11 Nr 7). Die Haftgsmilderg kann ausnw auch **stillschweigend** vereinbart w (s § 254 Rn 70).

a) Auslegung. – aa) Bei vertragl Haftgsmildergen (Freizeichngsklauseln) ist zunächst ihre Bedeutg dch 58 Auslegg zu ermitteln. Sie sind iZw **eng** u gg den auszulegen, der die Haftg abbedingen will (RG **142**, 353, BGH **22**, 96, **40**, 69, **47**, 318, **54**, 305, NJW **70**, 386, stRspr). Das gilt nicht nur für formularmäß Klauseln (AGBG 5), sond auch für IndVereinbgen (so wohl auch BGH NJW **78**, 261) u für Satzgen (BGH VersR **77**, 572, **78**, 40, Mü VersR **80**, 725). SchadErsAnspr wg pVV (BGH VersR **70**, 677), aus Delikt (BGH **67**, 366), wg falscher Beratg (BGH **47**, 318), wg fehlerh Abliefergsinspektion (BGH NJW **69**, 1708/2043) u wg Verletzg der NachbessergsPfl (BGH NJW **76**, 235) werden von einem GewährleistgsAusschluß nicht erfaßt. Der Haftgsausschluß in TKV 17 betrifft nur betriebsspezifische Risiken und ist daher nicht anzuwenden, wenn dem Kunden unrichtige Auskünfte über seine künft TelefonNr gegeben worden sind (Hamm NJW-RR **95**, 218). HaftgsBeschrkg eines Lagerhalters erfaßt uU nicht Anspr aus §§ 823 ff (BGH VersR **71**, 617, 623); das gilt entspr für Architekten (BGH WM **75**, 597). Umgekehrt läßt Ausschl von SchadErsAnspr idR die gesetzl GewährleistgsR unberührt (LG Ffm VersR **70**, 871). HaftgsAusschl für Material- u Bearbeitgsfehler betrifft iZw nicht Konstruktionsfehler (Celle BB **70**, 513), der für Produktionsausfall erfaßt nicht die dch eine Produktionserschwerg entstehden Mehrkosten (BGH DB **89**, 2603). UU kann die mit dem Besitzer vereinb HaftgsBeschrkg dem Eigtümer entgegehalten w (BGH NJW **74**, 2178, VersR **76**, 1129). Trotz Beschränkg der ErsPfl auf unmittelb Schäden haftet der TrHänder beim Bauherrenmodell für Zinsmehraufwendgen, die er dch Verletzg einer wesentl VertrPfl verursacht hat (BGH NJW **94**, 2228).

bb) Zul auch die Vereinbg von Haftgsmildergen mit Wirkg **zugunsten Dritter.** Da die §§ 328 ff für 60 schuldrechtl VfgsGesch nicht gelten (Einf 9 vor § 328), nimmt die Rspr bei derart Abreden ein pactum de non petendo zGDr an (BGH VersR **60**, 727); idR läßt sich jedoch über §§ 423, 397 eine dingl Wirkg begründen: Die Fdg kann ggü einem GesSchu mit GesWirkg erlassen w; das hat entspr für Verzicht auf künft Fdg zu gelten (BGH BB **56**, 1086 u § 397 Rn 2). Haftgsmildergen gelten iZw auch ohne ausdrückl Einschluß für die ArbN des Schu (BGH NJW **62**, 389, **LM** § 328 Nr 66). Das gilt trotz der UnklarhRegel (AGBG 5) auch für formularmäß Freizeichngen (BGH VersR **85**, 595, Heinrichs RWS-Skript 157 S 53). Die zw dem Spediteur u dem FrachtFü vereinb Haftgsbegrenzg erfaßt werden zG des Eigtümers u wirkt auch zG des UnterFrachtFü u der beteiligten ArbN (BGH VersR **77**, 717, BB **94**, 385), die zw dem Motorsportveranstalter u den Teilnehmern vereinb Haftgsbeschränkg wirkt auch zG der and Teilnehmer (Kblz VersR **93**, 1164). Insb ist eine Einbeziehg in den Schutzbereich der Haftgsmilderg dann geboten, wenn der ArbN nach den Grds der **Arbeitnehmerhaftung einen Freistellungsanspruch** gg den ArbG hätte (§ 611 61 Rn 156), eine Freizeichng ohne Ausdehng auf den ArbN also sinnlos wäre (BGH NJW **62**, 389, Hbg VersR **72**, 659). Aus diesem Grd sind auch die gesetzl Haftgsbeschränkgen der AVBEltV (usw) (AGBG 27 Rn 1) auf die ArbN auszudehnen (Taupitz VersR **82**, 315). Haftgsbeschränkgen können aber nicht ohne jeden Anhalt im Wortlaut auf rechtl selbstd Tochterfirmen ausgedehnt w (LG Hbg NJW-RR **94**, 1312). Auch Abreden über AusschlFr od Abkürzg der Verj wirken iZw zG der ArbN des Schu (BGH **LM** HGB 612

Nr 4, vgl auch § 328 Rn 20). Besteht für den Mieter eines Kfz eine Haftgsmilderg (§ 254 Rn 72), so gilt diese auch für den von ihm beauftragten Fahrer (BGH **22**, 122, NJW **82**, 987, Schlesw VersR **83**, 590). Zw Mieter eines Zelts u Benutzer vereinb HaftgsVerz wirkt uU zg des Vermieters (Hamm DB **75**, 1650).

62   **b)** Nach der Auslegg der Haftgsmilderg ist ihre **Wirksamkeit** zu prüfen. Verbote von Haftgsmildergen enthalten 651 h II, StVG 8 a II, HaftPflG 7, ProdHaftG 14, LuftVG 49, BRAO 51 b, BerBildG 5 II, GüKG 26, 85 (BGH **49**, 218, 221, NJW **84**, 125), FuttermittelG 6 (BGH **57**, 298), FernUSG 2 V Nr 3. Außerdem kann die Haftgsmilderg gg § 138 verstoßen. Haftgsbeschränken in **Allgemeinen Geschäftsbedingungen** sind nur verbindl, wenn sie mit AGBG 9 u 11 Nr 7 ff vereinb sind (AGBG 9 Rn 36 ff).

63   **C)** Im **Arbeitsverhältnis** gelten zT des HaftgsGrds. Die Rspr erstreckt die Haftg des ArbG aGrd des § 242 u der FürsPfl in best Fallgruppen über § 276 hinaus (§ 615 Rn 22). Für ArbN besteht eine richterrechtl entwickelte Haftgsmilderg (§ 611 Rn 156), die zunächst auf gefahrgeneigte Arbeit beschränkt war, jetzt aber auf alle betriebl veranlaßten Verrichtgen der ArbN ausgedehnt worden ist (BAG NJW **95**, 210). Die Haftgsbeschränkg gilt nur für Anspr des ArbG, nicht für **Ansprüche Dritter** (BGH NJW **94**, 852, **95**, 1159), u zwar auch dann nicht, wenn eine vom ArbG geleaste Sache beschädigt worden ist (BGH **108**, 307). Sie entfällt, wenn der ArbN in den Schutzbereich einer PflVers einbezogen ist (BGH **116**, 207) od zu seinen Gunsten ein geschäftsplanmäß Regreßverzicht besteht (BGH **117**, 156). Umstr ist, wieweit man diese **64** HaftgsBeschrkg auf und RVerh übertr kann. Bei Schäden, die ein **Beamter** im Rahmen hoheitsrechtl Tätigk Dritten od dem Dienstherrn zufügt, können die arbeitsrechtl Grdsätze nicht angewandt w, weil Beamter hier ohnehin nur bei grober Fahrlk haftet (§ 839, BBG 78, BRRG 46, BVerwG **19**, 249); bei SchadVerursachg im Rahmen fiskal Tätigk, für die keine HaftgsBeschrkg auf grobe Fahrlk besteht (BVerwG ZBR **70**, 127), muß man sie anwenden (OVG Saarl NJW **68**, 1796); das gilt auch dann, wenn der Beamte haftpflichtversichert ist (BVerwG **29**, 129, BGH NJW **72**, 440, OVG Saarl aaO). Sie sind auch auf VereinsMitgl anwendb, die ehrenamtl für den Verein tätig sind (BGH **89**, 157) u kr ausdr gesetzl Regelg (SeelotsG 25 III) auf den Seelotsen. Dagg ist Anwendg auf AuftrVerhältn ausgeschl (BGH **30**, 49), ebso auf Vertr mit Schwarzarbeiter (Celle JZ **73**, 246), auf DienstVertr mit Organen jur Pers (BGH WM **75**, 469) od mit selbstd Tätigen (BGH NJW **63**, 1100, **70**, 34).

65   **6) Verschulden bei Vertragsverhandlungen** (culpa in contrahendo). – **A) Allgemeines. – a) Rechtsgrund der Haftung.** Eine Reihe von gesetzl Vorschr verpfl zum SchadErs wg Versch währd der VertrVerhandlgen, ohne daß ein wirks Vertr od der Tatbestd einer unerl Hdlg gegeben zu sein braucht (vgl §§ 122, 179, 307, 309, 463 S 2, 663). Aus diesen EinzVorschr haben Rspr u Lehre iW der RFortbildg den Grds abgeleitet, daß bereits dch die Aufn von VertrVerhandlgen od einen diesem gleichzustllden geschäftl Kontakt ein vertragsähnl VertrauensVerh entsteht, das die Partner zur Sorgf von „Schuldnern" verpfl (RG **95**, 58, 120, 251, **162**, 156, BGH **6**, 333, **66**, 54). Das „RVerhältn der VertrVerhandlgen" (Stoll) u die daraus folgde Haftg für c. i. c., sind heute gewohnheitsr anerkannt (BGH NJW **79**, 1983, Staud-Löwisch Rn 39 v § 275); sie w im AGBG 11 Nr 7 als selbstverständl bestehd vorausgesetzt. Das dch die Aufn von VertrVerhandlgen entstehde gesetzl SchuldVerh ist dadch gekennzeichnet, daß es keine primär LeistgsPflten kennt, **66** sond ledigl Pflten zur ggs Rücks, Fürsorge u Loyalität. Der Grd für die Verpfl ist mit Ballerstedt (AcP **151**, 507) in „der Gewährg von in Anspr genommenem **Vertrauen**" zu erblicken (s BGH **60**, 226, NJW **81**, 1035: Haftg für „enttäuschtes" Vertrauen). Es handelt sich zugl um einen Fall von gesteigertem „sozialen Kontakt" (Dölle ZStaatsW **43**, 67); dieser reicht aber allein zur HaftgsBegrdg nicht aus. Die Haftg tritt unabhäng davon ein, ob es überh zu einem Vertr kommt. **Voraussetzung** ist ein Verhalten, das auf Abschl eines Vertr od Anbahng geschäftl Kontakte abzielte. SchadErs wg c. i. c. kann daher nur geltd machen, wer sich als mögl Kunde in Verkaufsräume begeben h, nicht ein sonst Besucher (BGH **66**, 54); ergänzd sind aber die Grds über Vertr mit Schutzwirkg zGDr heranzuziehen (BGH aaO). Die Verpfl aus c. i. c. erfordert GeschFgk, nicht dagg die Berechtigg (Canaris NJW **64**, 1987, BGH NJW **73**, 1791). Wird eine Sache von mehreren gemeins verkauft, ohne daß zw ihnen ein bes RVerh besteht, haften sie einand in entspr Anwendg **67** der Grds über c. i. c. (BGH NJW **80**, 2464, zur Begründg krit van Venrooy JuS **82**, 93). **Grund** der Ausgestaltg der Lehre von der c. i. c. im Recht des BGB: die Haftg aus unerl Hdlg, die sonst eintreten würde, ist gerade für die fahrl VermSchädigg unzulängl geregelt (keine allg Haftg für fahrl VermSchädigg, eingeschränkte Haftg für Gehilfen, § 831).

68   **b) Abgrenzung.** Die generalklauselartige Haftg aus c. i. c. entfällt, soweit abschließde Sonderregelgen bestehen. Beim Kauf schließen die §§ 459 ff die Haftg für c. i. c. aus, soweit sich das Verschulden auf Fehler u zugesicherte Eigensch bezieht; unberührt bleibt jedoch die Haftg für falsche Informationen über den KaufGgst, die nicht in den Anwendungsbereich der §§ 459 ff fallen (Rn 80), für vorsätzl Handeln (BGH NJW-RR **90**, 79, 971) u die Eigenhaftg des Vertreters (Rn 93 ff). Entspr Abgrenzgen gelten für den MietVertr (BGH NJW **80**, 777, krit Littbarski DB **81**, 409) u den WerkVertr (BGH DB **76**, 958, Vorbem 21 v § 633). Dch die §§ 119 ff u deshalb Anspr wird die Haftg für c. i. c. nicht ausgeschlossen (s Rn 78).

69   **c) Anwendungsbereich.** Die Grds der c. i. c. gelten für das gesamte PrivR. Sie finden auch auf **öffentlichrechtliche Körperschaften** Anwendg (Jäckle NJW **90**, 2521), u zwar auch dann, wenn für sie ein nicht abschlußberecht Vertreter verhandelt (BGH **6**, 333, **92**, 175) od die erforderl aufsichtsbehördl Gen fehlt (BGH **LM** (Fc) Nr 4). Bei Vhdlgen über einen GrdstKauf zur Abwendg der Enteintg richtet sich die Haftg nach c. i. c. u nach § 839 (BGH NJW **81**, 976). Die Gem kann bei privr VertrVhdlgen u. U. haften, wenn sie den and Teil nicht auf öffr Bedenken gg das geplante Bauvorhaben hinweist (BGH **LM** (Fa) Nr 71) od die Absicht einer Umplang verschweigt (BGH WM **91**, 1733). Der SozVersTräger kann aus einem auf seine Veranlassg abgegebenen unricht SchuldAnerkenntn wg c. i. c. keine Rechte herleiten (Stgt NJW **82**, 2608). Die Grds der c. i. c. sind auch im **öffentlichen Recht** anwendb (BGH **71**, 392, **76**, 349, BVerwG DÖV **74**, 133), so etwa bei Vhdlgen über einen ErschließgsVertr (BGH VersR **90**, 271), aber auch im BeamtenR (Battis ZBR **71**, 300). Für Anspr aus öffr c. i. c. ist, soweit ein SachZushang mit § 839 besteht, der ordentl RWeg gegeben (BGH **76**, 348, NJW **86**, 1109, str).

70   **d) Ausgestaltung der Haftung.** Es wird wie in einem bestehden SchuldVerh gehaftet, also für Vorsatz u Fahrlässigk. Auch § 278 ist anzuwenden (Rn 92). Das Verschulden kann in der Verletzg einer vorvertragl Pfl zur Aufkl, Beratg, Schutz, Obhut od Fürsorge bestehen (s Rn 72 ff). Bestehen für das angebahnte RVerh gesetzl Haftgsmildergen (zB §§ 521, 690), gelten diese auch für die Haftg aus c. i. c. (str, s Gerhardt JuS 70, 597), nicht aber iF der Verletzg von SchutzPflten, die nicht im ZusHang mit dem VertrGgst stehen (BGH 93, 27). Die Haftg kann dch vertragl Abreden beschr w, dch AGB aber nur in den Grenzen von AGBG 9, 11 Nr 7 (s dort).

B) Fallgruppen. – a) Körper- und Eigentumsschäden. Bereits währd der VertrVhdlgen besteht die **71** Pfl, sich so zu verhalten, daß Körper, Leben, Eigt u sonst RGüter des and Teils nicht verletzt w (§ 242 Rn 35). Die Verletzg dieser **Schutzpflicht** begründet neben konkurrierden delikt Anspr einen SchadErs-Anspr aus c. i. c., s RG **78**, 239 (Linoleumrolle), BGH **66**, 54 (Gemüseblatt), BGH NJW **62**, 32 (Bananen-schale), BGH BB **86**, 1185 (Fußbodenbelag). Der Schutz beginnt mit Erreichen des Eingangsbereichs der Verkaufsräume (s BGH NJW **62**, 32, VersR **68**, 993). Er setzt voraus, daß der Kunde die Räume zur Anbahng geschäftl Kontakte betritt (BGH **66**, 55, Köln VRS **87**, 164, str), u erstreckt sich in entspr Anwendg von § 328 auch auf BegleitPers (BGH aaO, § 328 Rn 15). Ebso haften aus c. i. c.: der Untern, der die vor VertrSchl in Obhut genommene Sache des Kunden beschädigt (BGH NJW **77**, 376); der Kaufinter-essent, der den Pkw währd der Probefahrt beschädigt (BGH NJW **72**, 1363, zur Haftgsminderg s § 254 Rn 72); der Ladendieb (Soergel-Wiedemann Rn 175 v § 275, BGH **75**, 231 läßt offen).

b) Nichtzustandekommen eines Vertrages. – aa) Abbruch der Vertragsverhandlungen. Die Part **72** sind bis zum endgült VertrSchl in ihren Entschließgen grdsl frei, u zwar auch dann, wenn der and Teil in Erwartg des Vertr bereits Aufwendgen gemacht hat (BGH NJW **67**, 2199, **75**, 43). Eine ErsPfl besteht nur, wenn eine Part die Vhdlgen ohne triftign Grd abbricht, nachdem sie in zurechenb Weise **Vertrauen auf das Zustandekommen** des Vertr erweckt hat (BGH **71**, 395, NJW **75**, 1774, Köln NJW-RR **95**, 31); das gilt grdsl auch, wenn der angebahnte Vertr formbedürft ist (BGH **92**, 175, NJW **67**, 2199, **70**, 1840, s aber Rn 74). Da noch keine vertragl Bindg besteht, sind an das Vorliegen eines triftign Grdes keine zu hohen Anfordergen zu stellen (Soergel-Wiedemann Rn 22). Das günstigere Angebot eines and Interessen-ten kann ausr sein; sachfremde Erwäggen können dagg den Abbruch der Vhdlgen nicht rechtfertigen (BGH **76**, 351, Fdg einer überhöhten Sicherh). Hins der Schaffg des VertrauensTatbestdes ist zu unter-scheiden: – **(1) Verschulden bei den Verhandlungen.** Wer Vertrauen auf das Zustandekommen des **73** Vertr erweckt, obwohl dem VertrSchl ein dem and Teil unbekanntes u verschwiegenes Hindern entgg-steht od entggstehen könnte, haftet wg c.i.c. (BGH **71**, 396, NJW **75**, 44). Beispiele sind: fehlde Vertretgs-macht der Verhandelnden (s BGH **6**, 333, BAG NJW **63**, 1843); GenBedürftigk des Vertr (BGH **LM** (Fc) Nr 4); Bedenken gg die Dchführbark (BGH **71**, 397); Bedenken wg einer EinstellgsVoraussetzg (BAG DB **74**, 2060); innerbetriebl Schwierigk (BGH NJW **84**, 867); fehlder od zweifelh AbschlWille (BGH **LM** § 313 Nr 80 Bl 5; NJW **75**, 44). – **(2) Vertrauenshaftung.** Aus c.i.c. haftet auch derjenige haftb, der ohne **74** Verschulden bei der VhdlgsFührg Vertrauen auf das Zustandekommen des Vertr erweckt u anschließd ohne trift Grd den VertrSchl verweigert (BGH **71**, 395, NJW **75**, 1774, **LM** (Fa) Nr 28, grdlegd, Weber AcP **192**, ,402). Das gilt jedoch nicht für Vertr, die kr Ges formbedürft sind (BGH NJW **75**, 44, DB **79**, 741, DNotZ **83**, 623, Hamm NJW-RR **91**, 1043, alle zu § 313; Stgt DB **89**, 1817 zu GmbHG 15, krit Küpper DB **90**, 2460, Kapp DB **91**, 1265). Erforderl ist außerdem ein qualifizierter Vertrauenstatbestd. Er ist gegeben, wenn der Abbrechde den VertrSchl als sicher hingestellt hat (BGH NJW **70**, 1840, NJW-RR **89**, 627, Düss NJW-RR **88**, 988); wenn er den and Teil zu Vorleistgen veranlaßt (BGH **92**, 176, NJW **61**, 169, **LM** (Fa) Nr 3); wenn die Part mit der Dchführg des Vertr begonnen haben (BGH **6**, 334, **LM** (Fa) Nr 11); wenn die Gen zu einer Abtr od VertrÜbertragg als sicher in Aussicht gestellt worden ist (BGH WM **68**, 531, **84**, 205). – **(3) Einschränkungen.** Die Bindg an den VertrauensTatbestd beschränkt sich auf eine angem Fr (BGH NJW **70**, 1840). Zu ersetzen sind ledigl Aufwendgen, die nach Lage des Falles vertretb waren, § 254 (BGH **LM** (Fc) Nr 4; WM **76**, 923). – **bb)** Für **Verzögerungen** der **75** VertrAnn od Ablehng wird idR nicht gehaftet (BGH NJW **66**, 1407). And kann es liegen, wenn der VhdlgsPart dch beruhigde Erkl von einem anderweit VertrSchl abgehalten w (BGH NJW **84**, 867, Grune-wald JZ **74**, 709). Auch der Versicherer darf die formularmäß festgelegte AnnFr grdsl voll ausnutzen (BGH NJW **66**, 1407, Kblz VersR **77**, 320, Hamm VersR **78**, 1014). Er muß aber aufklären, wenn sich der and Teil über die Länge der AnnFr u der Bearbeitgsdauer erkennb irrt (BGH VersR **75**, 1093, Rn 90). – **cc) Öffentliche Ausschreibung.** Sie begründet ein verträhnl Vertrauensverhältn, das zur ggs Rücksn u **76** Loyalität verpflichtet (BGH **49**, 79, **60**, 223). Der Ausschreibde kann zum SchadErs verpflichtet sein, wenn er unter Überschreitg seines Beurteilgsspielraums einen and Bewerber aus unsachl Grden bevorzugt (BGH NJW **85**, 1466, Düss NJW- RR **90**, 1046), wenn er bei einer Ausschreibg nach der VOB/A od VOL/A deren Vorschr nicht einhält (BGH **120**, 284, NJW **92**, 827), wenn er die Ausschreibg zu Unrecht aufhebt (BGH NJW **81**, 1673, Düss NJW-RR **86**, 509, krit Lampe-Helbig/Zeit BauR **88**, 659) od er einen Bewerber rechtsw vom Wettbewerb ausschließt (BGH NJW **83**, 442); in den zuletzt genannten Fällen besteht ein SchadErsAnspr auf das positive Interesse, wenn der Bewerber nachweist, daß er bei ordngs-mäß Abwicklg den Auftr (Preis) erhalten hätte (BGH **120**, 284, Düss aaO) od hätte erhalten müssen (Düss BauR **89**, 198, Feber BauR **89**, 553).

c) Unwirksame Verträge. Beruht die Unwirksamk auf einem WirksamkHindern, das aus der **Sphäre** **77** einer Part stammt, kann diese wg Verursachg der Unwirksamk od wg mangelnder Aufkl über das Wirk-samkHindern aus c. i. c. schadersatzpfl sein. Fälle: Dissens wg schuldh unklarer AusdrWeise (RG **104**, 267, Weinsteinsäurefall). Fehlen einer devisenrechtl Gen (BGH **18**, 252). VertrSchl dch einen nicht vertretgsbe-recht Vhdlgsführer (BGH **6**, 333, **92**, 175). Verwendg von sittenw od gg das AGBG verstoßde VertrBdggen (BGH **99**, 106, NJW **84**, 2816, **87**, 640). Vgl auch die Sonderregeln in §§ 122, 179, 307 u 309. Handelt es sich um ein **allgemeines** WirksamkHindern, das nicht dem Verantwortgsbereich einer Part zuzuordnen ist, bestehen grdsl keine Anspr wg c. i. c. (s BGH **116**, 257, Hamm NJW-RR **94**, 245, Formmangel). Die Wirksamk des Vertr sicherzustellen, ist ein Gebot des eig Interesses, aber keine RPfl ggü dem and Teil. And ist es nur, wenn eine Part der and aus Ges, Vertr od vorangegangenem Tun Betreuung od zumindest Aufkl schuldet.

78 **d) Inhaltlich nachteilige Verträge. – aa) Allgemeines.** Bei wirks, aber inhaltl nachteiligen Vertr können Anspr aus c. i. c. bestehen, wenn der Vertr dch eine pflichtwidr Einwirkg auf die Willensbildg des Geschädigten zustande gekommen ist. IdR geht es darum, daß der Schädiger dem Geschädigten unricht od unvollständ **Informationen** gegeben hat. Das pflichtw Verhalten kann dementspr in einem Tun, einer Irreführg, od einem Unterl, dem Verschweigen von Tats, bestehen. Letzteres ist nur dann c. i. c., wenn der andere Teil nach Treu u Glauben unter Berücksichtigg der VerkAnschauung redlicherw Aufkl erwarten durfte (BGH NJW **89**, 1794; s dazu grdsl § 123 Rn 5, Einzelfälle Rn 80 ff). Der **fahrlässig Getäuschte** kann wg c. i. c. iVm § 249 S 1 die Rückgängigmach des Vertr verlangen (BGH NJW **62**, 1196, **74**, 851, **85**, 1771, **93**, 2107, stRspr, sehr str). Die Ausübg dieses Rechts ist nicht an die Fr des § 124 gebunden (BGH NJW **79**, 1983, WM **81**, 310, str). Die §§ 123 f sind ggü der c. i. c. keine abschließde Sonderregelg. Im Fall der argl Täuschg od widerrechtl Drohg besteht neben dem AnfR ein Anspr wg c. i. c. (BGH NJW **79**, 1983, **LM**
79 § 123 Nr 47 Bl 2). Auch das bei irreführden **Werbeangaben** nach § 13a UWG bestehde RücktrR läßt die Rechte aus c. i. c. unberührt (Medicus JuS **88**, 6, 7, Köhler JZ **89**, 270). Neben dem Recht auf Rückgängigmachg des Vertr gibt die Rspr dem Geschädigten auch ein Recht auf **Anpassung des Vertrages** (Rn 102).

80 **bb) Kaufvertrag. (1)** Unrichtige Informationen über die Beschaffenh des KaufGgst (Fehler u Eigensch) begründen keinen Anspr aus c. i. c., da die §§ 459 ff insoweit eine abschließde Sonderregelg enthalten (BGH **60**, 319, **88**, 314, **114**, 266, stRspr). Das gilt nach neuerer Rspr auch für zusichergsfäh, aber nicht zugesicherte Eigensch (BGH **114**, 266, NJW **92**, 2564). Nicht ausgeschl ist die Haftg für c. i. c., wenn dem Verkäufer Vorsatz zur Last fällt (BGH NJW **92**, 2565, **95**, 2160) u im Fall der RMängelHaftg (BGH NJW-RR **92**, 91). Auch wenn der Verkäufer ausdr od konkludent eine **Beratungspflicht** übernommen hat, tritt die Haftg für c. i. c. (od pVV) neben die etwaigen GewLAnspr (BGH **88**, 135). BeratgsPflten kommen insbes bei Vertr über EDV-Anlagen in Betracht (BGH NJW **84**, 2938, Köln NJW **94**, 1355, Zahrnt NJW **95**, 1795), sie können aber auch in and Fällen zu bejahen sein, so bei Verkauf eines Haartonikums (BGH **64**, 46), eines
80a Klebers (BGH **88**, 135) od eines Pflanzenschutzmittels (BGH WM **77**, 1027). Vgl auch Rn 112. – **(2)** Bei fahrläss falschen od unvollständ Informationen über **wertbildende Merkmale** des KaufGgst haftet der Verkäufer daher nur dann nach den Grds der c. i. c., wenn es sich um Umst handelt, die keine Eigensch iSd § 459 II (dort Rn 20) sind. Die Grenzziehg zw Eigensch u „Umst außerh des KaufGgst" ist schwierig, die Rspr nicht immer einheitl (Müller ZIP **93**, 1045): **Unternehmen und Beteiligungen** (ja = Anspr aus c. i. c., nein = kein Anspr aus c. i. c.). Falsche Angaben über den Gewinn od Umsatz, ja (BGH NJW **77**, 1538, NJW-RR **89**, 307). Vorlage einer falschen Bilanz, ja (BGH NJW **91**, l224), aber Frage des Einzelfalles (Hbg ZIP **94**, 945). Falsche Information über GesellschSchulden, ja (BGH NJW **80**, 2408). Verschweigen einer erhebl Steuerschuld, ja (Naumbg NJW-RR **95**, 799). Verschweigen der charakterl Unzuverlässigk eines leitden Angestellten, uU ja (BGH NJW **91**, 1223). Verschweigen, daß ein Dr die weitere Produktion aGrd seines PatentR verbieten lassen kann, ja (Stengel/Scholderer NJW **94**, 161). Verschweigen, daß der Eheg ins Konkurrenzuntern eröffnen will, auch beim Verkauf mit einem WettbewVerbot, nein (BGH NJW **87**, 909). – **Grundstücke.** Falsche Angaben über Einnahmen u Ausg des Grdst, ja (BGH NJW-RR **88**, 458). Falsche od unvollständ Angaben über Steuervorteile, ja (BGH **114**, 266, NJW-RR **88**, 350, Köln NJW-RR **94**, 144), über die GrdErwerbssteuerFreih, ja (Karlsr **80**, 226), mißverständl Information über die Bezahlg der Erschließßkosten, ja (BGH NJW-RR **94**, 77). Verschweigen einer behördl Umbauauflage, ja (BGH NJW **89**, 1794), einer geplanten öffr Nutzgsbeschränkg, ja (BGH **LM** (Fb) Nr 10). Verschweigen, daß auf dem NachbarGrdst Unterkünfte für Asylbewerber errichtet w sollen, nein (Karlsr NJW **91**, 2494). Verschweigen eines jahrelangen schikanösen Verhaltens des Nachbarn, ja (BGH NJW **91**, 1671). Täuschg über Baubsichten des Nachbarn, ja (BGH NJW **93**, 1324). Nichtaufklärg über Risiken der in Aussicht genommenen Vermietg, uU ja (BGH NJW-RR **88**, 350). Nichtaufklärg über die Unkündbark einer Hyp,
80b wenn es dem Käufer erkennb auf deren Ablösg ankommt, ja (BGH WM **71**, 1096). – **Maschinen, Kraftfahrzeuge, andere Gegenstände.** Falsche, die geplante Aufstellg der Maschine verhindernde Maßangaben, ja (BGH NJW **62**, 1196). Verschweigen, daß die Maschine in den vom Verkäufer vermittelten Räumen wg entggstehder UnfallverhütgsVorschr nicht betrieben w darf, ja (BGH NJW **85**, 1771). Nichtaufklärg des geschäftl erfahrenen Käufers, daß die zu einem „Sondernettopreis" angebotene Maschine ein älteres Modell ist, nein (BGH **96**, 312). Nichtaufklärg über einen bevorstehd Modellwechsel od techn Verbessergen, grdsl nein (Feudner BB **89**, 788). Nichtaufklärg beim Kauf eines parallel-importierten Kfz, daß die VertrHändler die Dchführg von GewLArb verweigern, ja (EuGH EuZW **93**, 743, Brüsselbach JuS **95**, 21). Falsche Zusicherg, für den verkauften Pkw bestehe VersSchutz, ja (BGH NJW-RR **89**, 211). Unricht Information, die Umsatzsteuer für die verkaufte Segelyacht sei bereits im Ausland abgeführt worden, ja (BGH **111**, 80). Nichtaufklärg des unerfahrenen Erwerbers über die Risiken des AutomatenaufstellGesch, ja (Hamm MDR **63**, 48, Ffm NJW **64**,
81 257). **(3)** Keine Abgrenzgsprobleme zu den §§ 459 ff bestehen, wenn sich die Verletzg der AufklärgsPfl auf Umst bezieht, die in **keinem Zusammenhang mit der Beschaffenheit** der Kaufsache stehen. Beim Kreditkauf haftet der Käufer wg c. i. c., wenn er seine erhebl wirtschaftl Schwierigk verschweigt (BGH **87**, 31, NJW **83**, 677). Hat der Käufer, der seinen Pkw in Zahlg gibt, erkennb zu hohe Vorstellgen über den Anrechngspreis (DAT-Schätzpreis), muß der Verkäufer aufklären (Ffm MDR **82**, 847). Haben die Part vereinb, daß der Großhandelspreis berechnet w soll, ist die Vereinbg eines höheren Preises eine c. i. c. (BGH **80**, 84). Bei einem Kalkulationsfehler besteht ein Anspr aus c. i. c. grdsl nur, wenn der and Teil den Fehler erkannt hat; Erkennenkönnen genügt nicht (BGH NJW **80**, 180, Hundertmark BB **82**, 16).

82 **cc) Handel mit Warenterminoptionen und ähnliche Risikogeschäfte.** Der Vermittler von Warenterminoptionen muß unmißverständl u grdsl schriftl darüber informieren, daß die ungewöhnl Höhe seiner Provision das Chancen-RisikoVerhältn aus dem Gleichgewicht bringt u die Gewinnchancen gg Null tendieren läßt (BGH **80**, 84, **105**, 110, **124**, 151, NJW **94**, 997, Düss WM **95**, 1491, Grün NJW **94**, 1330), u zwar vor dem Auftr für das erste Gesch (BGH NJW **93**, 2434). Die AufklPfl besteht bereits bei einem Prämienaufschlag von 10–11% (BGH NJW **91**, 1106; Ffm WM **94**, 2195). Die auszugsw Wiedergabe eines BGH-Urt als „Risikohinweis" genügt nicht (BGH **124**, 155); ebsowenig die Übersendg der übl Informationsschrift der Banken (LG Düss ZIP **94**, 1933). Dagg kann der Vergl der Gewinnchancen mit Lotto od Roulette ausr (Hamm ZIP **92**, 1149), sofern die erhebl Risiken dch den übr Inh des Prospekts nicht wieder abgeschwächt

w (BGH NJW-RR **91**, 1243). Entspr Grds gelten bei Aufschlägen auf die börsenmäß Prämien für WarenterminindirektGesch (BGH NJW **92**, 1879), für Devisenterminoptionen (BGH **124**, 152, NJW **94**, 997, 1862), für Aktien- u Aktienindexoptionen (BGH NJW **91**, 1106, Düss WM **95**, 1351), für Stillhalteoptionen (BGH NJW **91**, 1106) u für penny-stocks (BGH NJW **91**, 1108, 1947). Werden DevisendirektGesch zu normalen Provisionen vermittelt, sind an die AufklärgsPfl dagg weniger strenge Anfordergen zu stellen (BGH ZIP **92**, 609, krit Tilp ZIP **93**, 1843). Der bei selbstd Optionsscheinen bestehdn AufklPfl kann ggü einem geschäftserfahrenen Makler dch ein Beratgsgespräch genügt w (BGH NJW **95**, 321). Zur BeratgsPfl bei AuslAnleihen s Rn 22.

dd) Werkverträge: Sow sich das Versch auf Fehler od zusichergsfäh Eigensch bezieht, w Anspr aus **83** c.i.c. dch die §§ 633 ff verdrängt (BGH DB **76**, 958, Vorbem 21 v § 633). Der Architekt muß den erkennb nicht informierten AuftrGeb uU auf das Entstehen od die Höhe einer VergütgsPfl hinweisen (Stgt NJW **89**, 2402, für eine Beschränkg auf eng begrenzte AusnFälle Köln NJW-RR **94**, 340). Er handelt pflichtw, wenn er die entstehdn Kosten mit ca 119 TDM statt richtig mit 417 TDM angibt (Rstk OLG-NL **95**, 145). Wer sich fälschl als Architekt ausgibt, kann wg c.i.c. kein Honorar verlangen (Köln BauR **80**, 372). Der Baubetreuer muß darüber informieren, daß er nicht nach den WoBauVorschr zugel ist (Düss MDR **72**, 688). Er muß den Kunden über Belastgen richtig u vollständ aufklären (BGH NJW **74**, 851). Der BauUntern darf eine den Preis erhöhde Provisionsabrede nicht verschweigen (BGH **114**, 90). Er haftet nicht für Rechenfehler, wenn der AuftrG das Angebot nach VOB (A) 23 rechnerisch zu prüfen hat (BGH **60**, 225). Umgekehrt hat der BauUntern keinen ErsAnspr, wenn der AuftrG die für die PrErmittlg maßgebden Umst erkennb lückenh angegeben hat (BGH NJW **66**, 498, NJW-RR **88**, 785, krit Wettke BauR **89**, 292). Eine fehlerh Ausschreibg begründet nur dann Anspr aus c.i.c., wenn der Bieter in seinem schutzwürd Vertrauen enttäuscht worden ist (BGH **124**, 68); das ist idR nicht der Fall, wenn er den Fehler bei zumutb Prüfg hätte erkennen können (BGH aaO). Ist die Verwirklichg einer BauMaßn finanziell nicht gesichert, muß die Gem hierauf in der Ausschreibg hinweisen (Düss NJW **77**, 1064), Reparaturwerkstatt muß AuftrGeb darüber informieren, daß sich die Reparatur nicht lohnt (Hamm NJW-RR **92**, 1329), aber auch darüber, daß sie den Auftr gg einen Aufschlag von 10% an fremden Untern vergibt (Köln OLGZ **74**, 383).

ee) Kreditgeschäfte (s auch Rn 28 ff). **(1)** Die Bank ist ggü dem KreditN nicht verpflichtet, dessen **84** Leistgsfähig zu überprüfen u auf das Risiko von Einkommensverschlechtergen hinzuweisen (Eckert WM **90**, 92, Rn 31). Sie muß beim finanzierten Kauf aber auf die von Lieferg u MängelFreih unabhäng ZahlgsPfl hinweisen u vor unricht Empfangsbekenntn warnen (BGH **47**, 212, 222). Eine entspr Pfl kann auch bei einem Personalkredit bestehen, sofern ein Irrt des DarlNeh über die Risikoverteilg naheliegt u der Bank die IrrtGefahr zuzurechnen ist (BGH NJW **79**, 2093, **80**, 177). Verletzt der Verkäufer seine AufklPfl ggü dem Käufer, muß sich die Bank dies uU zurechnen lassen (BGH WM **81**, 869). Teilzahlgsbank muß uU darauf hinweisen, daß der Kreditvermittler nicht zu ihrer Vertretg berecht ist (Ffm WM **80**, 95) u daß ihr Gesch-Stellenleiter keine EinlagenGesch tätigen darf (BGH NJW **80**, 2410). Der Kreditvermittler muß offenbaren, daß er neben der Courtage von der Bank zu Lasten des Kunden ein mehr als zweimal so hohes „packing" erhält (Stgt NJW **82**, 1599). Die Bausparkasse braucht nicht von sich aus darüber aufzuklären, daß sich die bisher übl ZuteilgsFr verlängern können (BGH NJW **76**, 892, 2257). Der DarlGeb haftet wg c.i.c., wenn er über die Aussicht, eine Landesbürgsch zu erhalten, schuldh unrichtige Angaben macht (BGH VersR **78**, 822). **(2) Bürgschaft, Schuldmitübernahme.** Nach bisheriger Rspr obliegen dem Gläub ggü dem Bü **85** (Schuldmitübernehmer) grdsl keine SorgfPflten. Er braucht die LeistgsFgk des Bü nicht zu prüfen u diesen nicht über die mit der Bürgsch verbundenen Risiken aufzuklären (BGH NJW **68**, 986, **83**, 1850, **94**, 2148), u zwar auch dann nicht, wenn der Bü das mit der Bürgsch verbundene Risiko erkennb zu gering veranschlagt (BGH NJW **88**, 3206). Nur wenn der Gläub einen Irrt über den Umfang des übernommenen Risikos veranlaßt hat, ist eine AufklPfl u eine Haftg aus c.i.c. bejaht worden (BGH NJW-RR **87**, 1291, **91**, 170). Nach der von BVerfG NJW **94**, 36 ausgehdn Änderg der Rspr zu § 138 (dort Rn 37) müssen aber auch die Voraussetzgen der Haftg für c.i.c. neu bestimmt w. Die SorgfPflten der Banken ggü Bü (Schuldmitübernehmern) dürfen nicht hinter denen zurückbleiben, die die Rspr für Kapitalanleger entwickelt hat (Rn 28 ff u 82). Einkommenslose Angeh, die eine Bürgsch übernehmen/Schuld mitübernehmen sollen, müssen über die drohdn Risiken (lebenslanger Schuldturm) eindringl u unmißverständl belehrt w (Groeschke BB **94**, 727, 1313, Grün NJW **94**, 2937 mwN in Fn 35). Dem Bü möglicherw unbekannte, das Risiko erhöhde Umst (Überschreitg des Kreditrahmens) müssen offenbart w (aA Köln NJW-RR **90**, 756). Der Ehegatte (Partner) muß darüber belehrt w, daß die Bürgsch (Schuldmitübern) auch bei Scheitern der Ehe (Partnersch) wirks bleibt (Brandner ZHR **153**, 159, aA BGH NJW **90**, 1035).

ff) Gesellschaftsverträge: Die Gründer u Initiatoren einer PublikumsKG haften für schuldh falsche **86** Prospektangaben (Rn 23). Die Gründer einer nicht eingetragenen GmbH haften, wenn ihr GeschF neue Gter über wesentl Umst täuscht (BGH **15**, 205). AG-Gründer muß uU bei VertrSchl mit Dritten auf Bedenken gg die Kreditwürdig hinweisen (RG **159**, 55). Er kann ggü den Mitgründern schaderspflicht sein, wenn er dch sein Verhalten die Gründg gefährdet (BGH MDR **61**, 832).

gg) Miete, Pacht, Franchising. Hier werden ebso wie beim KaufVertr (Rn 80) Anspr aus c.i.c. dch die **87** Vorschr des GewLR verdrängt (BGH NJW **80**, 777). Es gilt der Grds, daß der Mieter über alle Umst aufzuklären ist, die für seinen Entschluß, den Vertr abzuschließen, erkennb von Bedeutg sind. Das gilt etwa für die Höhe von Nebenkosten (AG Rendsbg NJW-RR **88**, 398), eine für den Vertr od die geplanten baul Ändergen erforderl Zust des Eigtümers (BGH **LM** (Fa) Nr 22 u 14), bei der Vermietg einer Halle für eine geplante Konkurrenzveranstaltg (BGH VersR **71**, 155). Bei Miete eines Pkws nach einem VerkUnfall muß der gewerbl Vermieter darauf hinweisen, daß der angebotene Preis über den Sätzen liegt, die von den HaftPflVersicherern übernommen w (Karlsr VersR **93**, 229, Mü VRS **92**, 321, LG Halle OLGNL **94**, 80, LG Ravensbg NJW-RR **93**, 797, Möller/Durst VersR **93**, 1073, Etzel VersR **93**, 1195); er muß zugl über seine weiteren günstigeren Tarife informieren (Kblz NJW-RR **92**, 820). Beim Franchising muß der FranchiseG den FranchiseN richtig u vollständ über die Rentabilität des Systems informieren (Mü NJW-RR **94**, 667, Böhmer NJW **94**, 635, Braun NJW **95**, 504, von Dorp WiB **95**, 285).

88   **hh) Makler** darf die Unterzeichng eines AlleinAuftr nicht als bloße Formsache hinstellen (BGH NJW **69**, 1625). Er muß den bereits anderweit gebundenen VertrPartner über die rechtl Auswirkgen des AlleinAuftr aufklären (Celle NdsRpfl **63**, 277). Er darf nicht die Voraussetzgen für den Baubeginn bejahen, wenn weder Bebauungsplan noch BauGen vorliegen (Köln NJW **72**, 1813).

89   **ii) Dienst- und Arbeitsverträge:** Lehrinstitut, das EDV-Programmierer ausbildet, muß Interessenten eingehd über Anfordergen u Berufsaussichten informieren (Stgt MDR **71**, 216). Dagg hat eine Sprachschule ggü einem berufserfahrenen Vollj mit mittlerer Reife keine entspr AufklPfl (Nürnb BB **72**, 61). ArbN braucht Fragen nach Vorstrafen, die das ArbVerh nicht berühren, nicht wahrhgem zu beantworten (§ 123 Rn 6), er darf aber nicht verschweigen, wg Krankh arbunfäh zu sein (BAG NJW **64**, 1197). ArbG muß wirtschaftl Bedrängn offenbaren, wenn diese den LohnAnspr gefährdet (BAG NJW **75**, 708) od wenn sie zur vorzeit Beendigg eines AusbildgsVerh führen kann (BAG DB **77**, 1323). Beim **Krankenhausvertrag** muß der AntrSteller darü belehrt w, daß er dch die Unterschrift die Kosten für den (nicht verwandten) Patienten übernimmt (Düss NJW **91**, 2353, Rn 27).

90   **kk)** Der **Versicherer** braucht den VersN grdsl nicht ungefragt über den genauen Umfang des VersSchutzes aufzuklären, falls nicht die Vorstellgen des VersN erkennb unricht sind (BGH NJW **63**, 1979, Ffm VersR **87**, 579). Er braucht nicht ow auf einz AusschlBest hinzuweisen (BGH aaO). Er haftet aber aus c. i. c., wenn der Vertr entgg dem Wunsch des VersN, umfassd gesichert zu w, best wesentl Risiken nicht abdeckt (Hamm VersR **84**, 853, Nürnbg NJW-RR **94**, 1515), wenn schuldh der unricht Anschein erweckt worden ist, es bestehe sofort VersSchutz (BGH VersR **78**, 458), wenn der Agent, der das Ausfüllen des AntrFormulars übernommen hat, dies falsch od unvollständ ausfüllt (Hamm VersR **91**, 914), wenn er über die steuerl Behandlg der Prämie unricht Angaben macht (Hamm VersR **88**, 623). Hat der VersAgent den VersN fehlerh beraten, muß der Versicherer den VersN so stellen, wie er bei richtiger Beratg gestanden hätte (BGH **40**, 27, § 278 Rn 22). Weist der Versicherer bei einer VertrVerlängerg nicht auf seine neuen, für den VersN günstigeren AVB hin, muß er sich uU so behandeln lassen, wie wenn die neuen AVB VertrInh geworden wären (BGH NJW **82**, 926). Täuscht der VersN fahrl über gefahrerhebl Umst, gelten die VVG 16f, die Grds über c. i. c. sind unanwendb (BGH NJW **84**, 2815).

92   **C) Erfüllungsgehilfen. – a) Haftung für Erfüllungsgehilfen.** Der GeschHerr haftet gem § 278 für das Verschulden seiner Vertreter u VhdlgsGeh (BGH NJW **91**, 2557, allgM); er muß für alle Pers einstehen, denen er sich bei der VertrAnbahng bedient; eine Wissenszurechng kann auch für HilfsPers erfolgen, die währd der Vhdlg anwesd sind, ohne in diese einzugreifen (BGH NJW **90**, 1662). Nimmt der VhdlgsGeh als Fachmann in bes Weise Vertrauen in Anspr, muß sich der Schu dessen Versch zurechnen lassen, auch wenn er selbst kein Fachmann ist (BGH **114**, 272). Schließt ein VhdlgsGeh ohne od in Überschreitg seiner Vertretgsmacht einen Vertr, haftet der Vertretene aus c.i.c. auf das Vertrauensinteresse; die Vertreterordng hat insoweit keinen Vorrang, da sie nur das ErfInteresse betrifft (BGH **92**, 175, **6**, 334, hM, aA Köln NJW-RR **92**, 916); ausgeschlossen sind aber Anspr auf das positive Interesse (BGH NJW-RR **92**, 1436). § 278 bezieht sich auch im Anwendgsbereich der c.i.c. auf den gesamten PfltenKreis des GeschHerrn (§ 278 Rn 16ff), dh auf ein sorgfält Verhalten währd der Anbahng u des Abschl des Vertr. § 278 ist daher anzuwenden, wenn der Vertreter den and Teil argl täuscht (BGH NJW **74**, 1505); wenn er das vom and Teil zu unterschreibde Formular schuldhaft unricht ausfüllt (BGH NJW **72**, 822, Nürnb VersR **82**, 361); wenn der Vertreter einen irreführden Prospekt verwendet (BGH **84**, 143); der Kommanditist einer Publikums-KG muß sich das Verschulden des Komplementärs aber nur zurechnen lassen, wenn er zu den Initiatoren der KG gehört (BGH NJW **85**, 380, Rn 23). Die Bank muß sich beim AbzahlgsGesch das Verhalten des für sie tät Verkäufers anrechnen lassen (BGH **33**, 312, **47**, 230), der LeasingGeb das des Herstellers od Händlers (BGH **95**, 179, § 278 Rn 33). Der VhdlgsGeh kann bei seinem rechtsw Verhalten den GeschHerrn als gutgl Werkzeug benutzen (BGH VersR **89**, 466: VersBetrug). Der Makler ist aber idR nicht VhdlgsGeh, sond Dritter (Kblz NJW-RR **93**, 180). Der GeschHerr haftet auch nicht für Pers, die ohne sein Wissen u gg seinen Willen handeln (BGH NJW **58**, 57, WM **69**, 524).

93   **b) Eigenhaftung des Vertreters oder Verhandlungsgehilfen.** Die Haftg aus c. i. c. trifft grdsl allein die Partner des angebahnten Vertr; Vertreter u VhdlgsGeh können idR nur aus Delikt in Anspr genommen w (BGH **56**, 83, **88**, 68). Nach einem von der Rspr entwickelten Grds ist der Vertreter od VhdlgsGeh aber persönl aus c. i. c. haftb, wenn er am VertrSchl ein unmittelb eig wirtschaftl Interesse hat od wenn er ein bes persönl Vertrauen in Anspr genommen u hierdch die VertrVhdlgen beeinflußt hat (BGH **14**, 318, **88**, 68, NJW **90**, 1907, stRspr). An das Vorliegen dieser Voraussetzgen stellt vor allem die neuere Rspr des BGH
94   strenge Anfordergen (s BGH NJW-RR **91**, 1242, 1313, **92**, 605). – **aa) Eigenes wirtschaftliches Interesse.** Die Eigenhaftg tritt nur ein, wenn der Vertreter, wirtschaftl betrachtet, gleichsam in eig Sache tät w; er muß als QuasiPart, als wirtschaftl Herr des Gesch od eigentl wirtschaftl Interessenträger anzusehen sein (BGH **56**, 84, NJW **86**, 587, NJW-RR **91**, 1242, **92**, 605). Das kann anzunehmen sein, wenn ein Eheg das Gesch des and wie ein eig führt (BGH **14**, 318, **LM** § 278 Nr 49), wenn der Gebrauchtwagenhändler den in Zahlg genommenen Pkw des Kunden in dessen Namen verkauft (Rn 98) od wenn er die Leistg des and Teils für sich verwenden will (BGH **86**, 587). Ein bloß mittelbares Interesse, etwa die Aussicht auf eine Provision od ein Entgelt genügt nicht (BGH NJW **90**, 506, NJW-RR **91**, 1242, **92**, 605), ebsowenig das allg Interesse des GeschFü od des Gters am Erfolg der Gesellsch (Rn 97) od eine Mithaftg des Vertreters für die Schulden des
95   Vertretenen (BGH NJW **94**, 2221). Aus c. i. c. **haften** daher grdsl **nicht:** der Angestellte (BGH **88**, 67), der Handlgsbevollmächtigte (BGH NJW-RR **88**, 328), der VersAgent (BGH NJW-RR **91**, 1242), der Bezirksleiter einer LottoGesellsch (Celle NJW-RR **86**, 833), der Vermittler (BGH NJW-RR **88**, 366), der Eheg
96   (BGH NJW **87**, 2512), der Autor, dessen Werk gedruckt w soll (BGH NJW-RR **89**, 111). – **bb) Besonderes persönliches Vertrauen.** Der Verhandelnde haftet, wenn er in bes Maße persönl Vertrauen in Anspr genommen u dadch die Vhdlg beeinflußt hat (BGH **56**, 84, NJW **87**, 2512). Voraussetzg ist jedoch, daß er eine über das normale VhdlgsVertrauen hinausgehde persönl Gewähr für die Seriosität u die Erf des Vertr übernommen hat (BGH **88**, 69, NJW-RR **91**, 1242, 1314, Celle NJW-RR **94**, 615). Das kann bei Vhdlgen mit einem Verwandten (BGH **87**, 33) od dem Partner einer nichtehel LebensGemeinsch (BGH NJW-RR **91**, 290) zu bejahen sein, aber auch, wenn der Verhandelnde erklärt, er „verbürge" sich für die Seriosität des

Gesch (Hamm WM **93**, 241). Für das erforderl qualifizierte Vertrauen sind dagg idR nicht ausreichd: Der Hinweis auf eine bes eig Sachkunde (BGH NJW **90**, 506), private Kontakte od eine langjähr GeschBeziehg (BGH NJW-RR **92**, 605), das Auftreten als Wortführer (BGH ZIP **93**, 363), die Stellg als Anlageberater der Bank (Brschw ZIP **93**, 1453), das Auftreten als ausgewiesener Fachmann (BGH ZIP **93**, 1787). Ein der Eigenhaftg begründder od mitbegründder Umstand kann die berufl Stellg des Verhandelnden, seine Funktion od seine Stellg als **Sachwalter** sein. Die Voraussetzgen für eine Eigenhaftg können daher vorliegen beim UnternSanierer (BGH NJW **90**, 1907), Eigtümer, dessen Kohlevorräte ausgebeutet w sollen (BGH NJW-RR **86**, 1478), Generalkonsul, der für einen ausl Staat auftritt (Hbg MDR **67**, 491), Agentur, die einen ausl Time-Sharing-Anbieter vertritt (AG Köln NJW-RR **95**, 502), Versichergsmakler (BGH **94**, 359), Kunstauktionator (Düss OLGZ **78**, 317), Urheber einer PatronatsErkl (Düss NJW-RR **89**, 1118), Vermittler von Warenterminoptionen (BGH **80**, 82, NJW **87**, 641). Dagg kommt eine **Eigenhaftung** idR **nicht** in Betracht bei dem in Rn 95 angeführten PersKreis (BGH **88**, 69, NJW-RR **88**, 328, **91**, 1242), beim Konk-Verw (BGH **100**, 352, NJW-RR **90**, 96), Sequester (BGH **105**, 234), Mitgl des GläubAusschusses (BGH **LM** (Fa) Nr 68), Betreuer (BGH NJW **95**, 1213) u bei dem von einer Part hinzugezogenen RAnw (BGH NJW **89**, 294) od Architekten (Kblz VersR **92**, 1099). **Sonderfälle** sind die Haftg des Gebrauchtwagenhändlers (Rn 98) u die Prospekthaftg der Gründer, Initiatoren Thänder einer PublikumsKG od eines Bauherrenmodells u die Garanten ihres Prospekts (Rn 23). – **cc) GmbH-Geschäftsführer, Gesellschafter.** Das allg **97** Interesse des GeschFü od Gters am Erfolg seines Untern begründet keine Eigenhaftg (BGH **126**, 183, NJW **90**, 389, **94**, 2221, **95**, 1544, überholt BGH **87**, 34). Tritt der GeschFü od Gter für die Gesellsch auf, nimmt er idR nur normales VhdlgsVertrauen in Anspr (BGH NJW **94**, 2222); auch wenn er den VhdlgsPartner dch positiv täuschdes Verhalten schädigt, haftet er daher idR nicht aus c.i.c. (BGH NJW-RR **91**, 1314). Eine Eigenhaftg kommt in Betracht, wenn er die persönl Gewähr für die Seriosität u die Erf des Vertr übernommen hat (Rn 96). Sie kann sich auch daraus ergeben, daß er als Bürge od mit einer GrdSch für die Schulden der Gesellsch haftet u dch den Vertr das Risiko einer persönl Inanspruchnahme verringern od hinausschieben will (BGH NJW **84**, 2284, **86**, 587, **88**, 2235, aA aber jetzt BGH **126**, 187). Dagg wird eine Eigenhaftg nicht dadch begründet, daß die GgAnspr gg den Gläub an den GeschFü (Gter) zur Sichg abgetreten worden sind (BGH NJW **95**, 1544). – **dd)** Der **Gebrauchtwagenhändler**, der ein in Zahlg genommenes Kfz im Namen **98** des Kunden verkauft, haftet als Sachwalter u „Quasi-Verkäufer" für c.i.c. persönl (BGH **63**, 382, **79**, 286, **87**, 304, NJW **80**, 2185, Müller BB **90**, 2136). Seine Haftg tritt ggf neben die der Part (BGH **63**, 388, NJW **77**, 1914, Köln NJW-RR **90**, 1144). Sie ist ausgeschl, sow die Gewährleistg wirks abbedungen ist; der HaftgsAusschl ist aber analog § 476 bei Argl nichtig (BGH **63**, 388, NJW **79**, 1707). Eine UntersuchgsPfl besteht nicht allg (BGH **74**, 383); der Händler muß aber prüfen, ob die Marken- u Typenbezeichngen zutreffen (BGH NJW **83**, 217). Er ist auch dann zur Untersuchg verpflichtet, wenn UnfallFreih zugesichert w (Düss VersR **93**, 1027) od die Angaben des Verkäufers Anlaß zu Bedenken geben (Ffm NJW-RR **92**, 186). Sieht der Händler von einer Untersuchg ab, muß er den Käufer hierüber informieren (BGH NJW-RR **92**, 1399). Der Händler haftet für das Fehlen von zugesicherten Eigensch (BGH **87**, 305), für das Verschweigen wesentl Mängel (§ 123 Rn 7) u ins Blaue hinein abgegebene obj unricht Erkl (Köln NJW-RR **93**, 1138, § 123 Rn 11). Der SichergsGeb, der beim Verkauf formell im Namen des SichergsEigtümers handelt, haftet als QuasiVerkäufer gleichf persönl aus c.i.c. (Karlsr OLGZ **79**, 431).

D) Umfang des Schadensersatzanspruchs. Der Geschädigte kann gem § 249 verlangen, so gestellt zu **99** werden, wie er ohne das schädigde Verhalten des Teils gestanden hätte (BGH NJW **81**, 1673). Trifft den Geschädigten ein MitVersch, gilt § 254; die Sonderregeln der §§ 122 II, 179 III, 307 I 2 sind nicht anzuwenden (RG **151**, 360, BGH DB **67**, 1085, WM **87**, 136, BAG **14**, 211). Für die **Verjährung** gilt idR § 195 (dort Rn 10), soweit nicht die kürzeren Fr des angebahnten Vertr etwa § 196 (BGH **58**, 123), § 477 (dort Rn 6) od § 638 (dort Rn 2) eingreifen. Für Anspr aus Prospekthaftg ist KAGG 20 V entspr anzuwenden (§ 195 Rn 11). – **a)** Der Anspr geht idR auf Ers des **Vertrauensschadens** (BGH **114**, 94, Vorbem 17 v **100** § 249). Er ist and als iF der §§ 122, 179, 307 der Höhe nach nicht auf das ErfInteresse beschränkt (RG **151**, 359, BGH **57**, 193, **69**, 56). Der Schaden kann in der Aufwendg von RA-Kosten bestehen (Rn 123). Ist inf des pflwidrigen Verhaltens des and Teils ein Vertr zustande gekommen, hat der Geschädigte Anspr auf Rückgängigmachg des Vertr (BGH NJW **62**, 1196, Rn 78), nicht aber auf Ers des Gewinns, den er sich aus der DchFührg des Vertr erhofft hatte (Mü OLGZ **83**, 463). Ein Schaden ist auch dann zu bejahen, wenn die GgLeistg zwar werthalt ist, aber eine ganz and als die vom Getäuschten gewollte (BGH **115**, 222, Nürnbg NJW-RR **94**, 1515). Hätte der Geschädigte ohne das schuldh Verhalten des Gegners einen Vertr mit einem and geschlossen, gehört zum negativen Interesse auch der aus diesem Vertr entgangene Gewinn (BGH NJW **88**, 2236). Wird eine Ausschreibg ohne ausr Grd aufgehoben, kann der Bieter nur dann SchadErs verlangen, wenn er iF der Dchführg des Auftr den Zuschlag erhalten od bei gehör Aufkl auf eine Teiln an der Ausschreibg verzichtet hätte (BGH NJW **81**, 1673). Obergrenze seines Anspr ist der entgangene Gewinn aus dem nicht erteilten Auftr (BGH NJW **83**, 444). – **b)** Der ErsAnspr erstreckt sich auf das **Erfüllungsinteres- 101 se,** wenn das Gesch ohne die c.i.c. mit dem vom Geschädigten erstrebten Inh wirks zustande gekommen wäre (BGH BB **74**, 1040, Düss NJW-RR **86**, 510). Ein Anspr auf das ErfInteresse kann sich aber auch aus dem Schutzzweck der verletzten Pfl ergeben (BGH **108**, 208, Kblz BB **92**, 2176). Ist ein GrdstkaufVertr wg Versch des Verkäufers formnichtig, kann Käufer als SchadErs den Kaufpreis eines gleichwertigen Grdst verlangen (BGH NJW **65**, 813). Es besteht aber kein Anspr auf Naturalrestitution, dh auf VertrSchl u Lieferg des Grdst (BGH WM **68**, 1402; für Ers des Vertrauensschadens BGH DB **88**, 223. – **c)** Ist der Vertr **102** inf der c.i.c. zu ungünstigen Bdggen zustande gekommen (Rn 78), hält der Geschädigte aber gleichwohl am Vertr fest, gibt ihm die neuere Rspr einen Anspr auf **Vertragsanpassung.** Er kann Herabsetzg der von ihm geschuldeten Leistg auf das angem Maß u Rückzahlg des Mehrbetrages fordern, so der UnternKäufer, dem eine unricht Bilanz vorgelegt od falsche Umsatzzahlen genannt worden sind (BGH **69**, 56, NJW-RR **89**, 307), dem GrdstKäufer, dem eine ihn benachteiligte Provisionsabrede, Geruchsbelästigng, Lagenachteile od Bauabsichten des Nachbarn verschwiegen worden sind (BGH **114**, 94, NJW-RR **88**, 10, **89**, 151, NJW **93**, 1324) od in dem der Irrt hervorgerufen worden ist, die Erschließskosten seien im wesentl bezahlt (BGH NJW-RR **94**, 77), der Käufer einer Motoryacht, dem fälschl erklärt worden ist, die Einfuhrumsatzsteuer sei bezahlt (BGH **111**, 83), der Käufer einer Ladeneinrichtg, der wg einer unricht Standortanalyse zu aufwendig gekauft hat (BGH NJW-RR **94**, 664). Mehraufwendgen, die der Käufer inf des pflichtw Verhaltens gemacht hat, sind zu ersetzen (BGH NJW-RR **91**, 600). Die VertrAnpassg setzt aber voraus, daß das Gleichgewicht von Leistg u GgLeistg gestört ist od der Geschädigte Mehraufwendgen für den Erwerb des Obj machen muß (s BGH **111**, 83). Falsche Informationen über steuerl Abschreibgsmöglichk od HypZinsen begründen keinen Anspr auf VertrAnpassg (aA Kblz WM **93**, 1241). Hätte der Geschädigte bei pflgem Aufklärg einen DarlVertr u einen GrdstKaufVertr nicht abgeschlossen, müssen bei der Schadensermittlg auch die vermögensmäß Auswirkgen der GrdErwerbs mitberücksichtigt w (BGH NJW **91**, 1881). Der Geschädigte wird damit so behandelt, als wäre es ihm bei Kenntn der wahren Sachlage gelungen, den Vertr zu günstigeren Bdggen abzuschließen, obwohl feststeht od doch wahrscheinl ist, daß sich der andere Teil auf diese Bdggen nicht eingelassen hätte; im Ergebn wird entgg der Wertg des § 463 S 2 für eine fahrläss falsche Information eine ErfHaftg begründet. Die Konstruktion eines solchen SchadErsAnspr, der auch iF einer delikt Haftg bestehen soll (BGH NJW-RR **92**, 255), ist mit §§ 249, 463 nicht zu vereinbaren (Tiedtke WM **93**, 1231), aber vielleicht als Ergebn richterl RFortbildg hinnehmb.

103 **E) Aus dauernder Geschäftsverbindung,** dch die sich ein **Vertrauensverhältnis** herausgebildet hat, kann sich eine Haftg nach VertrGrdsätzen auch für Hdlgen ergeben, die nicht unmittelb auf Erf einer VertrPfl od Anbahng eines Vertr gehen, aber mit dem Vertr in Zushang stehen, insb für Ausk- u Ratserteilg (RG **126**, 52, **131**, 246, BGH **13**, 199, **49**, 168, BB **67**, 1309, **69**, 382, Müller-Graff, Auswirkgen einer laufden GeschVerbindg, 1974, S 247ff). Der Umfang der Verpfl ist nach Lage des Falles verschieden. Die Haftg ist ein Parallelfall, kein Unterfall der Haftg für Versch bei VertrSchl. Vgl auch § 676 Rn 12. Weitere Parallelfälle: Haftg aus der **Nachwirkung** eines Vertrages (Rn 121); Haftg in GefälligkVerh (Einl 10 vor § 241); Haftg des Vertreters od Vermittlers, der nach VertrSchluß den GeschGegner falsch informiert (Canaris VersR **65**, 114).

104 **7) Positive Vertragsverletzung. – A) Allgemeines. – a)** Die Verfasser des BGB sind davon ausgegangen, daß dch die Vorschr über Unmöglichk u Verz einers u die gesetzl GewährleistgsVorschr bei Kauf, Miete u WerkVertr ands alle denkb Arten von Leistgsstörgen (Vorbem 3 v § 275) geregelt seien. Wie zuerst Staub (1902) nachgewiesen hat, gibt es aber zahlreiche weitere Fälle von VertrVerletzgen, die unter keinem dieser rechtl GesichtsPkte einordnen lassen. So zB, wenn der zur Bilanzaufstellg verpflichtete Gesellschafter die Bilanz vor Ablauf der festgesetzten Fr fahrl falsch zieht u die Gesellsch hierdch zu schädl Abschlüssen veranlaßt w, od wenn der Schu fahrl krankes Vieh liefert, das das Vieh des Gläub ansteckt. In beiden Fällen ist der Schaden weder dch Unmöglichk noch dch Verz entstanden; ebsowenig läßt sich aus dem GewährleistgsR eine SchadErsPfl begründen. Staub hat für diese im BGB nicht ausdrückl geregelte dritte Art der Leistgsstörg die Bezeichng **positive Vertragsverletzung** (pVV) geprägt u den Grds entwickelt, daß der Schu für pVV ebso einzustehen habe wie für Unmöglichk u Verz. Dieser Grds hat sich allg durchgesetzt; er bildet einen **gesicherten Bestandteil des Schuldrechts** (RG **54**, 98, **106**, 22, BGH **11**, 83); über den RGrd der Haftg u Einzelfragen der tatbestandl Abgrenzg bestehen allerd unterschiedl Ans (Rn 105f). Die Bezeichng pVV ist an sich ungenau. Die Haftg für pVV greift nicht nur beim Verstoß gg vertragl Pflten, sond auch bei Verletzg von Pflten aus gesetzl SchuldVerh, etwa bei PflVerletzgen zw WoEigtümern (Karlsr OLGZ **85**, 138). Die Verletzg braucht auch nicht in einem pos Handeln zu bestehen, auch ein Unterl kann eine pVV darstellen. Der Name pVV hat sich aber so sehr eingebürgert, daß man an ihm festhalten sollte, zumal die vorgeschlagenen and Bezeichngen (pFV, SchutzpflVerletzg, sonst Fdgsverletzg) entweder gleichf zu eng od zu farblos sind.

105 **b) Rechtsgrundlage der Haftung:** Die seit mehr als 70 Jahren in stRspr angewandten Grds über die Haftg für pVV stellen inzw **Gewohnheitsrecht** dar (Larenz § 24 Ia, Staud-Löwisch Rn 21 v § 275). Der Streit um den RGrd der Haftg hat daher heute im wesentl nur noch dogmengeschichtl Bedeutg. Das RG hat die Haftg für pVV unmittelb aus § 276 hergeleitet: die Vorschr, daß der Schu Vors u Fahrlk zu vertreten habe, bedeute zugleich, daß der Schu bei VertrVerletzg SchadErs leisten müsse (RG **66**, 291, **106**, 25). Diese Ans hat der BGH mit Recht nicht übernommen (BGH **11**, 83). § 276 enthält nur einen Haftgsmaßstab, sagt aber nichts über die RFolge, die bei einer schuldh VertrVerletzg eintritt (Rn 2). Die Fallgruppen der pVV lassen sich auch nicht unter den Begr der Teilunmöglichk einordnen (Schünemann JuS **87**, 3, aA Himmelschein AcP **135**, 255; **158**, 273). Es bestand daher für die pVV eine – inzw gewohnheitsrechtl geschlossene – Regelgslücke, die dch eine entsprechende Anwend der Bestimmungen über Verzug (§§ 286, 326) u Unmöglichk (§§ 280, 325) auszufüllen war (Enn-Lehmann § 55 II, Larenz § 24 Ia, BGH **11**, 83), wobei zugleich der RGedanke des § 242 herangezogen w konnte (BGH **11**, 84). Eine neuere Ans (Canaris JZ **65**, 475) betrachtet als Grdlage der Haftg

106 für pVV nicht den Vertr, sond ein diesem ggü rechtl selbstd allg **Schutzverhältnis**, auf dem auch die Haftg für c. i. c. (Rn 65ff) u beim Vertr mit Schutzwirkg zGDr (§ 328 Rn 13ff) beruhen soll (Einl 8 vor § 241). Gg die Ans spricht, daß sie die Grenze zw vertragl u delikt Haftg verwischt (Giesen NJW **69**, 583). Ihr ist weiter entggzuhalten, daß die pVV neben der Verletzg von Schutzpflichten die Fälle der Schlechtleistg umfaßt, in denen es nicht um Verletzg von Pflten aus dem SchutzVerh sond eindeut um VertrVerletzg geht (Huber AcP **177**, 296). Sie vermag das RücktrR wg pVV nicht zu erklären u läuft im Ergebn auf eine Zweiteilg des Instituts der pVV hinaus. Beim nichtigen Vertr sind, soweit einem Teil ein schuldh Verhalten zur Last fällt, Anspr aus c. i. c. gegeben; für Anspr aus pVV besteht insow weder eine Grdlage noch ein Bedürfn (wie hier im Ergebn auch Larenz § 9 II, Gernhuber § 2 IV 4, Staud-Löwisch Rn 22 v § 275).

107 **c)** Unter den **Begriff** der pVV fallen alle PflVerletzgen im Rahmen eines bestehden SchuldVerh, die weder Unmöglichk noch Verz herbeiführen u deren Folgen nicht von den gesetzl GewährleistgsVorschr erfaßt w (BGH **11**, 83, NJW **78**, 260). Die pVV ist damit in Wahrh der GrdTatbestd der VertrVerletzg (Vorbem 4 vor § 275). Wg der Vielfalt der VertrInhalte u der denkb Arten von VertrVerletzgen ist eine abschließde Tatbestd-

108 bildg nicht mögl; als **Haupttypen** der pVV lassen sich aber die Schlechtleistg (Rn 109ff) einers u die Verletzg von Nebenpflichten (Rn 113ff) ands unterscheiden. Die Gefährdg des VertrZwecks (Rn 114) w man dagg (entgg Staud-Löwisch Rn 20 v § 275) nicht als selbstd Fallgruppe ansehen können, da sie idR Folge einer Schlechtleistg od der Verletzg von NebenPfl ist.

109 **B) Schlechtleistung. – a)** Bei **Verträgen ohne gesetzliche Gewährleistungsvorschriften** richten sich die RFolgen der vom Schu zu vertreten Schlechtleistg (vorbehaltl von delikt Anspr) allein nach den Grds über die Haftg für pVV (BGH NJW **83**, 1188). Das gilt insbes für Dienst- u GeschBesorggsVertr (Ullrich NJW **84**, 588), etwa des RA (Rn 39ff), des Steuerberaters (Rn 48), des Architekten, sofern es sich ausnahmsw nicht um einen WkVertr handelt (Hamm NJW-RR **95**, 400), des Arztes (Rn 27) u der Bank (Rn 28ff), für MaklerVertr (BGH **36**, 326, NJW **82**, 1146, Hamm NJW-RR **89**, 631), GesellschVertr (BGH **25**, 49, NJW **83**, 1188) u AuftrVerhältn (BGH VersR **93**, 1274). Bei ArbN besteht aber für pVV die Haftgsmilderg gem § 611 Rn 156.

b) Bei **Verträgen mit gesetzlichen Gewährleistungsvorschriften** finden die Grds über die Haftg für 110 pVV auf die mangelh Erfüllg nur Anwendg, soweit das GewLRecht Regelslücken enthält. – **aa)** Im **Kaufrecht** regeln die §§ 459ff abschließd die Rechte, die dem Käufer wg der unmittelb Wirkg der mangelh Lieferg zustehen. Die Haftg für die dch die Lieferg entstehenden weiteren Schäden (**„Mangelfolgeschäden"**) richtet sich nach den Regeln über die pVV (BGH **77**, 217, **86**, 260, **101**, 339, Vorbem 6 v § 459). Nur iF des § 463 erstreckt sich der GewLAnspr uU auch auf Folgeschäden (§ 463 Rn 15). Zu den nicht von der Haftg für pVV erfaßten Mangelschäden gehören die Reparaturkosten (BGH **77**, 218), der verbleibde Minderwert, Nutzgsausfall und Gewinnentgang (BGH aaO), aber auch die Kosten eines Deckgskaufs u Gutachterkosten (Kblz NJW-RR **89**, 337). Mangelfolgeschäden sind die Schäden, die dem Käufer an seinen RGütern außerh der Kaufsache erleidet, etwa an Leben, Gesundh, Eigt (BGH **77**, 218), uU aber auch die Belastg mit einer SchadErsPfl ggü einem dch die Sache geschädigten Dr. Die für die Haftg aus pVV erforderl **Pflichtverletzung** liegt – auch beim Stückkauf – bereits in der Lieferg der mangelh Sache (U. Huber AcP **177**, 293, sehr str, s Soergel-Wiedemann Rn 419 v § 275 mNw). Beim Verkäufer, der nicht selbst Hersteller ist, wird es aber vielf am Verschulden fehlen; dem **Zwischenhändler** obliegt nach stRspr grdsl hinsichtl der Kaufsache keine UntersuchgsPfl (BGH NJW **68**, 2238, **81**, 1269). Ihm kann auch das Verschulden des Herstellers nicht gem § 278 zugerechnet w, da die Herstellg der Kaufsache nicht zum Pfltenprogramm des Verkäufers gehört (§ 278 Rn 13). Der Anspr des Käufers wg pVV, der auf der Lieferg einer mangelh Sache beruht, verjährt ebso wie die GewLAnspr in den Fristen des § 477 (BGH **77**, 219, § 477 Rn 6). – **bb) Fälle:** Explosion des 111 vom Verkäufer gelieferten Propangases wg unzureichder Abdichtg der Flasche (BGH DB **72**, 1335). Tod von Tieren des Käufers wg der Lieferg von vergiftetem Viehfutter (RG **66**, 290). Erkrankg wg der Lieferg von nicht pasteurisierter Milch od vergiftetem Tee (BGH VersR **54**, 100, Karlsr VersR **89**, 805). Folgeschäden dch die Verarbeitg des vom Verkäufer gelieferten mangelh Putzes (BGH MDR **62**, 965). Lieferg von verschmutztem Mörtel (BGH NJW-RR **94**, 601). Lieferg eines aliuds, die zu ZollNachFdgen führt (BGH NJW **94**, 2230), Verderb von Wein wg der vom Verkäufer gelieferten mangelh Korken (BGH NJW **90**, 908). – **cc)** Bei **Mietverträgen** besteht für Sachmängel die umfassde, die Haftg für pVV verdrängde SchadErsRegelg des § 538 (s dort). Das **Werkvertragsrecht** enthält in § 635 eine ähnl umfassde SchadErsRegelg. § 635 ist aber nach stRspr u hM nur auf Mangelschäden u eng mit dem Mangel zusammenhängder Schäden anzuwenden (VerjFr § 638); für entferntere Mangelschäden hat der Untern nach den Grds über die Haftg für pVV einzustehen (VerjFr § 195). Vgl näher Vorbem 23ff v § 633.

c) Verletzung von leistungsbezogenen Nebenpflichten. Der Schlechtleistg nahe stehen die (systemat 112 unter C gehörden) Fälle, in denen der Schu mangelfrei leistet, der Gläub aber Schaden erleidet, weil der Schu leistgsbezogene NebenPflten zur Aufkl, Beratg, Verpackg, ordngsgemäßen Anlieferg od Auslieferg verletzt. Anspr aus pVV werden insoweit dch das GewLRecht nicht verdrängt, bei PflVerletzgen des Verkäufers ist aber uU § 477 anwendb (dort Rn 6). Bsp: NichtAufkl über die Risiken der Verwendg eines Klebers (BGH **88**, 135). NichtAufkl eines Daueranbehmers über die Änd der Produktbeschaffenh (BGH **107**, 336). NichtAnz eines an sich zul Chlorzusatzes zum Leitgswasser, der bei Konservenfabrik zu Schäden führt (BGH **17**, 131). Verletzg einer kaufvertragl BeratgsPfl dch falsche Angaben über SachEigensch (BGH NJW **62**, 1197). Lieferg von Maschinen mit fehlerh Bediengsanleitg (BGH **47**, 312). Mangelschäden inf schlechter Verpackg (BGH **87**, 92). Schaden dch Auslieferg geladener u gefüllter Batterien ohne Verpackg (BGH **66**, 208). Schaden dch Nichtentfernen des Farbsichergsetiketts (LG Siegen NJW-RR **92**, 794). Einfüllen von Normalbenzin in den Tank für Superbenzin (BGH **107**, 251). Nichtmitteilg von weiteren Schäden, die der Untern bei den Reparaturarbeiten bemerken mußte (BGH LM § 242 (Cd) Nr 37). NichtAufkl darüber, daß das zu reparierde Gerät nicht mehr den geltden Vorschr entspricht (Ffm NJW **80**, 2756). Soweit es um Warngs- u AufklPflten geht, ist zu berücksichtigen, daß den **Zwischenhändler** grdsl keine UntersuchgsPfl trifft (Rn 110). Seine Haftg entfällt daher vielfach mangels Verschuldens, dafür besteht aber uU ein delikt Anspr gg den Hersteller wg eines Instruktionsfehlers (§ 823 Rn 207).

C) Verletzung von Nebenpflichten. Sie ist neben der Schlechtleistg der zweite Hauptanwendgsfall der 113 pVV. Anspr aus pVV werden wg der insoweit bestehenden Regelslücke nicht dch das GewLR verdrängt. Angesichts der Vielfalt der in Frage kommden, vom jeweil VertrInh abhäng NebenPflten können hier nur einige typ Bspe angeführt w. Vgl auch Rn 22–51 u bei den einz VertrTypen.

a) Verletzung der Leistungstreuepflicht, dh der Pfl, den VertrZweck nicht zu beeinträchtigen od zu 114 gefährden (§ 242 Rn 27). Welche Pflten sich aus ihr im einz ergeben, hängt von Inhalt u RNatur des jeweil Vertr ab. Bei ggs Vertr können schwerwiegde PflVerletzgen (hier auch in der RücktrR od einem SchadErsAnspr wg NichtErf des ganzen Vertr begründen (Rn 124f u zum SukzessivliefergsVertr Einf 33 v § 305). – **aa)** Eine Verletzg der LeistgstreuePfl und pVV ist vor allem die **Erfüllungsverweigerung** (BGH **49**, 59, **65**, 374); betrifft sie eine fällige HauptPfl aus einem ggs Vertr ist ein Rekurs auf die Grds der pVV allerdings nicht erforderl, § 326 ist unmittelb anwendb (§ 326 Rn 20). An die Bejahg einer endgült ErfVerweigerg sind strenge Anfordergen zu stellen (Nachw in § 326 Rn 20). Bereits die Ankündig einer ErfVerweigerg kann aber einen SchadErsAnspr begründen (BGH **90**, 308). Die Ablehng der VertrErf dch den **Konkursverwalter** aGrd von KO 17 ist fr als eine vom GemeinSchu wg seiner Zahlgsunfähigk zu vertretde pVV gewertet worden; der an die Stelle der beiderseit ErfAnspr tretde SchadErsAnspr wg NichtErf ergibt sich aber wohl bereits aus konkursrechtl Grds (BGH **68**, 380). – **bb)** Auch eine unberecht **Kündigung** ist 115 eine pVV. Das gilt vor allem für die Künd eines MietVertr wg eines in Wahrh nicht bestehenden Eigenbedarfs (§ 564b Rn 60), aber auch für die unberecht Künd eines HandelsvertreterVertr (Mü NJW-RR **95**, 294), eines Dienstvertr od eines WkVertr (BGH **51**, 192, **53**, 151). Auch wenn der Kündigde den maßgebden Sachverhalt wahrheitsgem angibt, ist die unberecht („unschlüss") Künd eine pVV (aA Hamm NJW **84**, 1045), idR wird aber § 254 anwendb sein. Fällt der Eigenbedarf nachträgl weg, bleibt die Künd wirks, der Vermieter kann aber gem § 242 verpflichtet sein, dem Mieter die Fortsetzg des Vertr anzubieten (v Stebut NJW **85**, 289).

116 – **cc)** Auch in folgden Fällen ist eine **Verletzung der Leistungstreuepflicht** u eine pVV vor: Weigerg, die vereinbarten VertrBdggen einzuhalten (BGH NJW **78**, 103). Verlangen von Barzahlg statt der vereinbarten Zahlg dch Wechsel (BGH **LM** (Hd) Nr 2). Unberecht Versagg des VersSchutzes (BGH VersR **72**, 970). Unbegründete Mängelrüge (LG Hbg NJW-RR **92**, 1301). Täuschg des and Teils dch unricht Angaben über die VertrErf (BGH **11**, 86). Ausstellen einer unricht ÜbernBestätigg (Hamm BB **93**, 681). Bestechg eines ArbN des Gläub, um diesen zu einem illoyalen Verhalten ggü seinem ArbG zu veranlassen (RG **149**, 189). Einziehg der abgetretenen Fdg dch den Zedenten (RG **111**, 303). Gefährdg des dingl nicht gesicherten WohnR dch hohe Belastg des auf Rentenbasis gekauften Hauses (BGH **LM** (Hb) Nr 10). Vollstr aus einer vollstreckb Urk wg eines nicht bestehden Anspr (s BGH NJW **94**, 2756). Auch die Geltdmachg einer unberecht Fdg kann eine pVV sein (AG Mü NJW-RR **94**, 1261), nicht aber deren **gerichtliche Geltendmachung** (BGH **20**, 169, **95**, 18), zumal der Schu hier dch ZPO 91 geschützt ist. Zu beleidigden Äußergen s Rn 125.

117 **b) Verletzung der Schutzpflicht,** dh der Pfl, sich bei Abwicklg des SchuldVerh so zu verhalten, daß Körper, Leben, Eigt u sonst RGüter des and Teils nicht verletzt w (§ 242 Rn 35). Die VerkSichgPfl (§ 823 Rn 58) ist innerh eines VertrVerhältns zugl eine VertrPfl (MüKo/Emmerich Vorb 295 v § 276). Die Haftg aus pVV setzt voraus, daß die RGutVerletzg im Zushang mit der dch die Sonderverbindg begründeten erhöhten Einwirkgsmöglichk steht (Saarbr NJW-RR **95**, 23). Bei Schäden dch Gasexplosion od dem Austritt von Wasser ist es daher Frage des Einzelfalles, ob dem AnschlußN neben dem Anspr aus Delikt od Gefährdghaftg auch ein vertragl (od bei einem öffr AnschlußVerhältn) vertragsähnl Anspr gg das VersorggsUntern zusteht (BGH **LM** (Ci) Nr 33, NJW **92**, 40, Saarbr aaO). Die SchutzPfl begründet zugl die Pfl, für den nach den Umst erforderl **Versicherungsschutz** zu sorgen (§ 242 Rn 36). **Einzelfälle:** Fälle der Rn 71, wenn die Pfl erst nach Zustandekommen des Vertr verletzt w. Verletzg von Eigt od Pers des Bestellers bei Dchführg des WerkVertr, etwa Verbrennen beim Legen einer Wasserwelle (RG **148**, 150) od Brandschäden bei Ausführg von Arbeiten (BGH VersR **76**, 166). Verletzg der Obhuts- od VerwahrgsPfl, die hins der zu reparierden Sache besteht (BGH NJW **83**, 113). Die für den Besteller bestehden korrespondierden Pflten leitet die Rspr aus einer entspr Anwendg des § 618 her (dort Rn 1). Schädigg beim Einfüllen von Heizöl (Rn 37). Schädigg des Mieters od Vermieters dch einen vom and Teil verschuldeten Wassereinbruch od Brand (BGH NJW **64**, 35, Hamm NJW-RR **92**, 906). Vom Mieter verschuldeter Unfall mit dem MietKfz, der für den Vermieter eine Haftg aus StVG 7 begründet (BGH **116**, 203). Unzureichde Sichg vor Tätlichk beim GastAufnVertr (Hamm VersR **79**, 191). Dem ArbG obliegt eine weitgehde in § 618 normierte SchutzPfl (s dort), aber auch der ArbN kann wg Verletzg der SchutzPfl schadensersatzpflichtig sein: Schwarzfahrt mit einem Pkw des ArbG od eines Kunden (BAG NJW **68**, 718). Nichtmitteil von schädigden Hdlgen and ArbN, obwohl Wiederholgsgefahr gegeben ist (BAG DB **70**, 1598). Entspr gilt für freie Mitarbeiter, es besteht aber keine Pfl zur Selbstbezichtigg (BGH NJW-RR **89**, 614). Der RA verletzt seine SchutzPfl bereits dch ein Verhalten, das den Verdacht der Unterschlagg von Mandantengeldern begründet (BGH NJW **95**, 1955). Zu den SchutzPflten gehört auch die **Geheimhaltungspflicht** beim ChiffreAnzeigenVertr (Oldenbg NJW-RR **89**, 1454), beim Vertr über Modeneuheiten (BGH **16**, 11) und beim BankVertr (BGH **27**, 246). Auch aus einem Kaufvertrag kann sich eine GeheimhaltgsPfl ergeben, wenn dem and Teil dch die Offenlegg ein unverhältnmäß hoher Schaden droht (BGH NJW **62**, 2198).

118 **c) Verletzung der Mitwirkungspflicht,** dh der Pfl, im ZusWirken mit dem and Teil die Voraussetzgen für die Durchführg des Vertr zu schaffen u ErfHindern zu beseitigen (§ 242 Rn 32). Bspe: Nichteinholg der erforderl AusfuhrGen (Mü BB **54**, 547). Weigerg des Bestellers, die zur Herstellg des Werkes notw MitwirkgsHandlgen vorzunehmen (BGH **11**, 89, **50**, 179). Mangelnde Mitwirkg des Mieters od Bestellers bei der vereinbarten Entwicklg neuer Software (BGH DB **88**, 2249).

119 **d) Verletzung der Aufklärungspflicht,** dh der Pfl, den and Teil unaufgefordert über entscheidgserhebl Umst zu informieren (§ 242 Rn 37). Sie betrifft vielfach die Phase der VertrVhlgen und führt dann zu einer Haftg aus c. i. c. (Rn 78 ff). Für die Zeit nach Vertragschluß ergibt sich aus der fallbezogenen Rspr der Grds, daß der Schu, insbes der Fachmann, zur Aufkl verpflichtet ist, wenn Gefahren für das Leistgs- od Integritätsinteresse des Gläub bestehen, von denen dieser keine Kenntn hat (BGH **36**, 328, **64**, 49). Die AufklPfl überschneidet sich daher mit den leistgsbezogenen NebenPflten (Leistgsinteresse) u den SchutzPflten (Integritätsinteresse); vgl dazu die Nachw in Rn 112 u 116. AufklPfl des Architekten (Rn 25), des Arztes (Rn 27), der Bank (Rn 28), des Bankkunden (Rn 34), des Maklers (§ 654 Rn 3), des RA (Rn 39 ff), des Steuerberaters (Rn 49), des Verkäufers (§ 433 Rn 17), des Untern (§ 631 Rn 13). Weitere **Einzelfälle:** Bei Verhandlgen über die VertrAufhebg muß der KreditG darüber informieren, daß die vertragl vorgesehene, das KündR des KreditN nach § 247 aF ausschließde Art der Refinanzierg nicht dchgeführt worden ist (BGH NJW-RR **90**, 431). Der Unternehmer muß den Handelsvertreter über mögl Lieferschwierigk (BGH DB **88**, 2402) u eine beabsichtigte BetrStillegg rechtzeit informieren (BGH NJW **94**, 795), der Vertreter den Unternehmer über Bedenken gg die Kreditwürdigk des Kunden (BGH BB **69**, 1196). Der Schu muß dem Gläub zumindest auf ausdr Befragen den wirkl Grd für das Ausbleiben seiner Leistg mitteilen (BGH WM **95**, 441). Der Stromerzeuger muß seine Abnehmer über längere Abschaltgen rechtzeit informieren (BGH VersR **71**, 155). Die Werbeagentur muß auf rechtl Bedenken gg die geplante Werbeaktion hinweisen (BGH **61**, 120), der Lagerhalter auf drohde Entwertg od Entwendg des Lagerguts (OGH **1**, 383). Der Versicherer muß darü aufklären, daß der ÄndVertr nicht sofort, sond erst mit der Ann wirks w (BGH NJW-RR **88**, 23), aber auch darü, daß die Verlegg des VersOrtes zum Erlöschen des FeuerVersSchutzes führt (Hamm NJW-RR **94**, 484).

120 **e) Verletzung sonstiger Nebenpflichten:** Verletzg der TreuePfl dch rechtsw Ausschl aus Genossensch (OGH **1**, 379). ZuwiderHdlg gg ein sich aus dem VertrZweck ergebdes WettbewVerbot (BGH **16**, 11). Erteilg eines unricht Zeugnisses dch den ArbG (§ 630 Rn 5). Verstoß gg die tarifvertragl FriedensPfl (BAG **6**, 341). Abschl eines ungünstigen Vergl dch den HaftPflVersicherer (BGH **24**, 320, **28**, 244) od den Zessionar, an den die Fdg erfhalber abgetreten worden ist (RG **160**, 1).

D) Das Verbot, dem Gläub die dch den Vertr gewährten Vorteile zu entziehen u die Pfl, alles zu 121 unterlassen, was den VertrZweck gefährden od vereiteln könnte, besteht im Rahmen des Zumutb auch **nach Vertragserfüllung** fort (BGH NJW-RR **90**, 142), u zwar auch bei WarenumsatzGesch (BGH **LM** § 362 Nr 2). Der Verstoß gg diese nachvertragl Pfl begründet eine Haftg wg pVV. Es ist aber nicht pflichtw, wenn eine VertrPart vermeintl Rechte dch Klage geltd macht (BGH **20**, 169, NJW **80**, 190) od einen unbegründeten KonkAntr stellt (BGH **36**, 18). Bei einem GrdstKaufVertr kann es eine pVV darstellen, wenn der Verkäufer das RestGrdst bebaut (RG **161**, 338) od es and bebaut als zugesagt (LG Hann NJW-RR **86**, 1278) od die Verpflicht zur Nichtbebaug nicht auf den RNachfolger überträgt (LG Hbg NJW-RR **94**, 1472). Entspr gilt, wenn er die im Verhältn zum Käufer von ihm zu tragden Erschließgskosten von der Gem zurückfordert (Karlsr NJW-RR **87**, 344). Der Vermieter verletzt eine nachvertragl Pfl, wenn er das Verm-PfandR an unpfändb Sachen ausübt (Ffm BB **79**, 136). Als **weitere Vertragsnachwirkungen** kommen in 122 Frage: ein aus dem VertrZweck sich ergebdes WettbewVerbot (RG **113**, 72, **117**, 178); Benachrichtiggs-pflichten (OGH **1**, 384, BGH **61**, 178). ObhutsPfl hinsichtl zurückgelassener Sachen des Mieters (BGH Warn **71** Nr 126) od des Taxenkunden (LG Tübingen NJW-RR **89**, 1053); Pfl, schädige Äußergen zu unterl (BGH NJW **62**, 2198); Pfl, Falschbuchgen anzuzeigen (Ffm WM **72**, 436); Pfl, bei Neuvergabe eines Girokontos auf die Belange des fr Inhabers Rücks zu nehmen (Köln NJW **90**, 2262).

E) Rechtsfolgen.–a) Die vom Schu zu vertretende pVV begründet für den and Teil einen **Schadensersatz-** 123 **anspruch,** der sich auf alle unmittelb u mittelb Nachteile des schädigden Verhaltens erstreckt, ausgenommen aber Folgeschäden, die außerh des Schutzzwecks der verletzten VertrPfl liegen (Vorbem 63 vor § 249). Der Anspr besteht grdsätzl auch dann, wenn dem Gläub ebenf eine VertrVerletzg zur Last fällt (RG **123**, 241, BGH NJW **62**, 2198, **71**, 1747 mwN); doch kann die VertrVerletzg des Gläub das Versch des Schu ausschließen od zur Anwendg des § 254 führen. Der SchadErsAnspr tritt grdsätzl nicht an die Stelle, sond neben den ErfAnspr (BGH **11**, 84). Er unterliegt der 30jährigen Verj (BGH **67**, 9, **71**, 151), soweit nicht die für den entsprechden VertrTyp geltden kürzeren VerjFr eingreifen (§ 195 Rn 9). Er kann bei NichtErf einer Wiederverkaufszusage auf Freistellg u Zahlg Zug um Zug gg Rückgabe der Sache gerichtet sein (BGH NJW **94**, 1654), bei unberecht Künd auf Wiedereinräumg des Bes (Karlsr NJW **82**, 54, BayObLG NJW **82**, 2004), aber auch auf Ers der AnwKosten für die Zurückweisg der Künd (Anf) od eines unberecht geltd gemachten Anspr (BGH NJW **86**, 2244, Mü DAR **85**, 383, AG Ffm WM **95**, 194). Bei falscher Beratg kann er dahin gehen, daß ein verj Anspr als nicht verj zu behandeln ist (Übbl 16 v § 194). Dauert die VerletzgsHdlg od der pflichtw geschaffene Zustand an, kann sich aus der pVV auch ein **Unterlassungsanspruch** ergeben (BGH NJW **95**, 1285).

b) Gegenseitige Verträge. – aa) Bei ggs Vertr kann die pVV – ebso wie bei Unmöglichk u Verz (§§ 325, 124 326) – für den and Teil ein **Rücktrittsrecht** od einen **Schadensersatzanspruch wegen Nichterfüllung** des ganzen Vertr begründen. Voraussetzg ist, daß die pVV den **Vertragszweck** derart **gefährdet,** daß dem und Teil nach Treu u Glauben das Festhalten am Vertr nicht zugemutet werden kann (BGH **11**, 84, **LM** § 276 (H) Nr 3, NJW **69**, 975, Kblz NJW-RR **92**, 468, stRspr). Ob das zutrifft, ist Frage des Einzelfalls. Bei einem auf dauerndes ZusWirken der Part angelegten Vertr sind an das beiders VertrVerhalten strengere Maßstäbe anzulegen als bei einf WarenumsatzGesch. Es muß sich unter Berücksichtig des jeweiligen VertrZweckes um schwere, die VertrGrdlage erschütternde Verstöße handeln (RG JW **38**, 2010). Hierher gehören die Fälle der ernsth u endgült Weigerg, den Vertr zu erfüllen, der unberecht Lossagg vom Vertr sowie sonst Fälle, in denen der eine Teil die VertrauensGrdlage des Vertr zerstört hat (Rn 114 f). Die **Erfüllungsverweigerung** rechtfertigt nur dann ein RücktrR od SchadErsAnspr wg Nichterfüllg, wenn sie ernsth u endgült erklärt w; insow sind strenge Anfordergen zu stellen (§ 326 Rn 20). Liegt keine ernsth u endgült ErfVerweiger vor, kann der Gläub idR erst nach einer NachFrSetzg SchadErs wg NichtErf verlangen od vom Vertr zurücktreten (BayObLG **85**, 66). – **bb)** Ein RücktrR od SchadErsAnspr wg Nichterfüllg ist – neben den zu Rn 114 f angeführten Beispielen – in 125 folgden **Fällen** gegeben: erhebl Leistgsverzöger, wenn sie allein od zus mit od Umst schwerwiegde Unzuverlässigk des Schu erkennen läßt (BGH NJW **69**, 975); Einbau alter Teile in einen verkauften fabrikneuen Pkw (BGH NJW **78**, 260); Verletzg der vom Verk übernommenen Pfl, nicht in das Absatzgebiet des Käufers zu liefern (RG **54**, 286); mangelh Teilliefer, wenn hierdch die VertragsGrdlage zerstört w (RG **67**, 7); wiederholte Nichtzahlg der Nutzgsentschädig für eine verkaufte, aber noch nicht dingl übertr EigtWohng (BGH NJW **72**, 1668); schwerwiegde Verletzg der LeistgstreuePfl (BGH DB **76**, 1956); NichtErf des Anspr auf SicherhLeistg aus MaBV (Brem NJW **77**, 638, s aber BGH NJW **78**, 1054); Beleidiggen od schwere Kränkgen des and Teils (RG **140**, 385, DR **39**, 1441); and ist es idR bei einf GüterumsatzGesch (RG **102**, 409, BGH **LM** § 276 (Hd) Nr 1) od einem Vergl (BGH WM **71**, 1055, vgl aber Hbg BB **73**, 1409). Ein RücktrR ist nicht gegeben, wenn Gläub mit dem Abruf der Leistg säum ist (BGH NJW **72**, 99) od wenn eine Part der and den Schiedsrichter abspenst macht (BGH **23**, 204). – **cc)** Ebso wie im Fall des § 326 steht das RücktrR u der 126 SchadErsAnspr wg Nichterfüllg auch bei pVV grdsätzl nur dem zu, der selbst **vertragstreu** ist (RG **109**, 55, **149**, 40, § 326 Rn 10 ff), doch w der den ErfAnspr nur ergänzde SchadErsAnspr dch eig vertrwidr Verhalten idR nicht berührt (Rn 123). Eine Nachfristsetzg od Abmahng ist idR erforderl (BGH DB **68**, 1575, NJW **78**, 260, and noch BGH **11**, 86), nur bei bes schwerwiegden Verstößen kann auf sie verzichtet w. RücktrErkl muß angeben, in welchem Verhalten die pVV erblickt w (BGH **LM** (Hd) Nr 1), ein Nachschieben neuer Grde ist unzul (BGH **11**, 86), Gläub kann aber nach Kenntn neuer Umst ggf erneut zurücktreten, wenn GesTatbestd Rücktr rechtf (BGH **LM** § 326 (H) Nr 4).

c) Dauerschuldverhältnisse. – aa) Bei vollzogenen DauerschuldVerh tritt an die Stelle des RücktrR das 127 KündR aus wicht Grd (BGH NJW **81**, 1264, **86**, 125). so beim Miet- u PachtVertr (BGH **50**, 312, Hamm OLGZ **84**, 346), beim DienstVertr (RG **92**, 158, BAG NJW **67**, 2030), aber auch bei den übrigen in Einl 20 v § 241 angeführten Vertr. Voraussetzg für eine Künd ist idR eine Abmahng; sie ist nur entbehrl, wenn sie keinen Erfolg verspricht od das VertrauensVerh so schwerwiegd gestört ist, daß die sofortige Beendigg des Vertr gerechtfertigt erscheint. Vgl dazu u zum RBegriff des wicht Grdes Einl 19 v § 241. – **bb)** Beim 128 **Schadensersatzanspruch** ist zu unterscheiden: **(1)** Der Gläub kann beim Vertr stehen bleiben u entspr Rn 123 SchadErs fordern (BGH NJW **86**, 125); in diesem Fall bedarf es grdsl keiner Abmahng (BGH NJW-RR **88**, 417). **(2)** Der Gläub kann aber auch den Vertr kündigen u nach den GrdGedanken der §§ 326, 628 den dch die Künd (NichtErf) entstehen Schaden ersetzt verlangen (BGH **82**, 129, **94**, 194, **95**, 43, NJW **84**,

2687, Gernhuber, SchuldVerh, § 16 II 9). Der ErsAnspr ist in der Weise zu errechnen, daß die Summe der noch ausstehden Entgelte um einen Abzinsgsfaktor, ersparte Aufwendgen u die Erträge aus einer and Verwertg der VertrGgst vermindert w (BGH **82**, 129, **94**, 194, Köln NJW-RR **93**, 1016). Bei einem LeasVertr ist auch die vom LeasN zu leistde Restzahlg, ands aber auch der Vorteil aus der vorzeit Rückg der LeasSache zu berücksichtgen (BGH NJW **95**, 1541). Die ErsPfl beschränkt sich auf die Zeit bis zum nächsten ordentl KündTermin (BGH **82**, 130, **95**, 147), so auch iF der Miete (BGH **95**, 49, 60), des Leasing (BGH NJW **91**, 223), des HandelsvertreterVertr (BGH **122**, 12) u des Darl (BGH **104**, 343, NJW **90**, 2677). Verlangt umgekehrt der Mieter SchadErs wg NichtErf, ist er nicht verpflichtet, den Vertr dch Künd aus wicht Grd vorzeit zu beenden (BGH NJW-RR **95**, 716). Der SchadErsAnspr besteht auch dann, wenn sich der Berecht wg des zur Künd berechtigden Verhaltens des and Teils mit einer Aufhebg des Vertr einverstanden erklärt hat (BGH NJW **82**, 2432, BayObLG NJW **82**, 2003), er entfällt aber, wenn auch der and Teil zur Künd aus wicht Grd berecht war (BGH **44**, 277, NJW **81**, 1265). Zu Sukzessivliefergsverträgen s Einf v § 305.

129   **d)** Der Schu muß bei pVV ebso wie bei Verz u Unmöglichk für das Verschulden seiner **Erfüllungsgehilfen** einstehen (§ 278). Der ErfGeh selbst haftet uU aus unerl Hdlg, vertragl Anspr gg ihn bestehen grdsätzl nicht (BGH NJW **64**, 2009, **LM** (Ha) Nr 4). Eine eig vertragl ErsPfl des ErfGeh ist aber in entspr Anwendg der für c. i. c. geltden Grds (Rn 92) dann zu bejahen, wenn die pVV nicht in einer eigentl Leistgsstörg sond in einer Verletzg von NebenPfl besteht, u der ErfGeh bei Anbahng u Abwicklg des VertrVerh für sich Vertrauen in Anspr genommen h (BGH **70**, 337, 342, NJW-RR **90**, 461, weitergehd Canaris VersR **65**, 114, Müller NJW **69**, 2172, Hohloch NJW **79**, 2369, Düss NJW **71**, 942).

130   **8) Öffentlich-rechtliche Sonderbeziehungen. – a)** Die RGedanken der §§ 276, 278 gelten auch für öffrechtl Verhältn, soweit diese schuldrechtsähnl Pflichten begründen u die Eigenart des öffR nicht entggsteht (RG **152**, 132, BGH **17**, 192,**21**, 218, BVerwG **13**, 20, stRspr). §§ 276, 278 sind daher auf öffrechtl Vertr (Einf 35 vor § 305) entspr anwendb (VwVerfG 62). Sie gelten außerdem sinngem für sonstige öffrechtl **Sonderverbindungen,** sofern diese eine einem privrechtl SchuldVerh vergleichb Leistgs- od Obhutsbeziehg zum Ggst h (BGH **4**, 149, **17**, 192, **54**, 299, **59**, 305, NJW **77**, 197/954). Die verletzten Pflichten müssen über allg Amtspflichten iS des § 839 hinausgehen, zw dem einzelnen u der öffentl Körpersch muß ein „besonders enges Verhältn" bestehen (so BGH **21**, 218, NJW **63**, 1828). Als schuldrechtsähnl Beziehgen idS sind insb anerkannt die öffrechtl Verwahrg (Rn 133), öffrechtl AnstaltsnutzgsVerh (BGH DVBl **63**, 438), öffrechtl KanalbenutzgsVerh (BVerwG NJW **95**, 2304), das RVerh zw dem Krankenhaus u einem aGrd öffR eingewiesenen Kranken (BGH **4**, 138), das RVerhältn zw Schulträger u Lehrer (Köln NVwZ **94**, 618, Maurer JuS **94**, 1015), die FürsPfl des Dienstherrn ggü dem Beamten (BVerwG **13**, 20, BGH **43**, 184). Keine schuldrechtsähnl Sonderverbindg besteht nach der Rspr des BGH zw Strafgefangenen u Strafanstalt (BGH **21**, 219, **25**, 231, 238, NJW **62**, 1053, 1054). Auch im Verhältn zw Schüler u Schule sollen §§ 276, 278 unanwendb sein (BGH NJW **63**, 1828, **LM** § 839 (Fd) Nr 12a). Das kann nicht überzeugen; die Streitfrage ist aber hinsichtl Körperschäden dch Einbeziehg der Schüler in die gesetzl UnfallVers ggstlos, da RVO 636 privrechtl SchadErsAnspr ausschließt (BGH NJW **77**, 296, **93**, 3272). Für den Geschädigten hat der Anspr aus §§ 276, 278, ggü dem konkurrieden Anspr aus § 839, den Vorteil der günstigeren BewLast-Verteilg (§ 282), der Nichtanwendbark des § 839 I S 2 (BVerwG **25**, 145, BGH **63**, 172) u III, der entspr Anwendbark der Grds über die vertragl Schutzwirkg zGDr (BGH NJW **74**, 1817) sowie des 30jähr Verj (BVerwG NJW **95**, 2303); ihr Nachteil besteht darin, daß sich der Geschädigte das MitVersch von gesetzl Vertretern u ErfGeh anrechnen lassen muß (§ 254 Rn 64), u die Haftg dch Satzg beschr w kann (BGH **61**, 13, **131** BayObLG **89**, 198). Für SchadErsAnspr wg Verletzg öffrechtl Pflichten ist gem VwGO 40 II der **ordentliche Rechtsweg** eröffnet (BGH **43**, 34, **59**, 305); das gilt jedoch nur für Anspr gg die öff Hand, nicht umgekehrt (BGH **43**, 269). Dagg sind SchadErsAnspr wg Verletzg öffrechtl Vertr vor dem VerwGer geltd zu machen (VerwGO 40), ebso Anspr wg Verletzg der beamtenrechtl FürsPfl gem BRRG 126, BBG 172 (BVerwG **13**, 17, BGH **43**, 184).

132   **b) Einzelfälle** (ja = entspr Anwendg der §§ 276, 278; nein = nur delikt Haftg): Beziehg zw gemeindl **Deckstation** u Benutzer, ja (BGH VersR **78**, 254); Verletzg der **Fürsorgepflicht** des Dienstherrn ggü dem Beamten, ja (BVerwG **13**, 20, BGH **43**, 184); die Haftg aus §§ 276, 278 erstreckt sich aber, wie stets, nicht auf SchmerzG, insow sind vielm allein § 839, Art 34 GG maßgebd (BVerwG NJW **65**, 929). – Behandlg eines in Ausübg öff Gewalt in einer **Heil- und Pflegeanstalt** untergebrachten Geisteskranken, ja (RG DR **43**, 854, BGH **21**, 219, str). – Betreuung von Kindern u Jugendl im Rahmen öff **Jugendpflege,** uU ja (Kinderlandverschickg (RG **130**, 97), gemeindl Spielschule (RG JW **33**, 1389), Kindertagesstätte (KG VersR **74**, 368). – Beziehg zw Gemeinde u GrdstEigentümer hinsichtl **Kanalisation,** ja (BGH **54**, 299, NJW **77**, 197, NVwZ **83**, 571, OVG Münster NVwZ **87**, 1105). – Unentgeltl Krankenbehandlg aGrd öffR dch **133** gemeindl **Krankenhaus,** ja (RG **112**, 293, BGH **4**, 138). Verhältn zw **Krankenkasse** u Mitgl hinsichtl vertrauensärztl Untersuchg, ja (BGH **131**, 73). – Benutzg von gemeindl **Schlachthof,** uU ja (BGH **61**, 7, NJW **74**, 1816, Hamm VersR **87**, 789). – Beziehg zw Schüler u **Schule** vgl Rn 130. – Verhältn zw **Sozialversicherungsträger** u Versicherten, uU ja (BSozG NJW **70**, 1254). – Verhältn zw Strafgefangenen u **Strafanstalt** Rn 130. – RBeziehg zw Land einers u **Universität** u Studentensch ands, ja (Karlsr NJW **74**, 1824). – Verletzg der **Verkehrssicherungspflicht,** nein (RG **113**, 296, stRspr). – Öffrechtl **Verwahrung,** ja (BGH **3**, 173, NJW **90**, 1231, Köln VersR **90**, 898), auch dann, wenn Bürger Verwahrer (Müller JuS **77**, 232, Einf 5 vor § 372, Einf 7 vor § 688). – Gemeindl **Versorgungsbetriebe:** Wasserwerke, Gaswerke, ja (BGH VersR **80**, 356). – Beziehg zw **Wasserverband** u Mitgl bei Dchführg von MeliorationsMaßn, ja (BGH VersR **87**, 768).

134   **9) Verfahrensrechtliches. Beweislast** s Vorbem 162ff v § 249 u § 282 Rn 1ff, für den Vorsatz ausschließden Irrt Rn 11. Der Begriff des Verschuldens u der der einz Arten des Verschuldens, wie einfache od grobe Fahrlässigk, sind RBegriffe (BGH **10**, 16, 74, **LM** § 277 Nr 1, BAG NJW **68**, 908, **71**, 957). Die Feststellg ihrer Voraussetzgen liegen aber im wesentl auf tatsächl Gebiet (BGH **LM** § 823 Nr 44 zur Vorhersehbark). Das RevGer kann ledigl nachprüfen, ob der Tatrichter von den richtigen rechtl BeurteilgsMaßstäben ausgegangen ist u DenkGes, ErfahrgsSätze od VerfVorschr verletzt hat (BGH **10**, 16, 74).

10) Haftung ohne Verschulden. – a) Der Schu haftet grdsl nur für Verschulden (Rn 3). Entsteht ein 135 Schaden od ein rechtsw Zustand ohne Verschulden, beruht er im RSinn auf **Zufall.** Dabei ist zw einfachem Zufall (§§ 350, 848) u **höherer Gewalt** (§§ 651j, 701 III) zu unterscheiden. Zufall liegt vor, wenn keinen der Beteil ein Verschulden trifft; höhere Gewalt erfordert dagg ein außergewöhnl Ereign, das unter den gegebenen Umst auch bei äußerster nach Lage der Sache zu erwartder Sorgf nicht verhindert w konnte (Hamm NJW 80, 244, § 203 Rn 4). – **b)** Zu den Fällen einer schuldunabhäng Haftg **innerhalb eines bestehenden** 136 **Schuldverhältnisses** s Rn 3. **Außerhalb bestehender Schuldverhältnisse** ist vor allem der Gedanke der **Gefährdungshaftung** Grdlage für eine schuldunabhäng SchadErsPfl. Das vom Verschuldensprinzip ausgehde BGB sieht eine GefährdgsHaftg ledigl in §§ 833, 701 u 231 vor. Im übrigen gelten SonderGes: HaftpflichtG, StVG, ProdHaftG, LuftVG, BergG, UmweltHG, GenTG, WHG, AtomG, ArznMG. Eine über diese gesetzl geregelten Fälle hinausgehde GefährdgsHaftg läßt sich weder iW der Einzel- noch der GesAnalogie begründen (RG 147, 353, BGH VersR 72, 1047). Weitere Fälle einer schuldunabhäng EinstandsPfl sind: die BilligkHaftg gem § 829, AusglAnspr aus Aufopferg od enteigngsgleichem Eingriff (4 ff u 50 ff v § 903), der nachbarrechtl AusglAnspr (§ 906 Rn 42 ff) u der SchadErsAnspr wg der Vollstr aus einem später aufgehobenen Titel (ZPO 717 II, 945).

277 *Sorgfalt in eigenen Angelegenheiten; grobe Fahrlässigkeit.* **Wer nur für diejenige Sorgfalt einzustehen hat, welche er in eigenen Angelegenheiten anzuwenden pflegt, ist von der Haftung wegen grober Fahrlässigkeit nicht befreit.**

1) Zu den **Fahrlässigkeitsgraden** s § 276 Rn 14. Das Ges unterscheidet drei Stufen der Fahrlässigk: 1 einfache (leichte), grobe u Verletzg der Sorgf in eig Angelegenh. Für einfache Fahrlässigk, deren Begriff in § 276 bestimmt ist (dort Rn 12 ff), wird idR gehaftet. Eine eingeschränkte Haftg nach einem der beiden and FahrlässigkeitkGrade tritt nur ein, soweit das dch Ges od PartAbrede bes bestimmt ist (Rn 4 u 6).

2) Grobe Fahrlässigkeit. – a) Sie liegt vor, wenn die verkehrserforderl Sorgf in bes schwerem Maße 2 verletzt w, schon einfachste, ganz naheliegende Überlegen nicht angestellt werden u das nicht beachtet w, was im gegebenen Fall jedem einleuchten mußte (BGH **10**, 16, **89**, 161, NJW **92**, 3236, NJW-RR **94**, 1471). Währd der Maßstab der einfachen Fahrlässigk ein ausschließl obj ist (§ 276 Rn 15), sind bei der groben Fahrlässigk auch subj, in der Individualität des Handelnden begründete Umst zu berücksichtigen (BGH **10**, 17, **119**, 149, BAG DB **72**, 780, stRspr), etwa die Tats, daß er ungeübt u Nichtfachmann ist (Hamm NJW-RR **93**, 536). Den Handelnden muß auch in subj Hins ein schweres Verschulden treffen (BGH NJW **88**, 1265, NJW-RR **89**, 340). Ob bei einem Augenblicksversagen grobe Fahrlässigk entfällt od nicht, ist Frage des Einzelfalles (BGH **119**, 147, NJW **89**, 1354, Römer VersR **92**, 1187), sie kann bei einem obj schweren Verstoß auch wg erhebl geminderter Einsichtsfähigk des Handelnden entfallen (BGH NJW **85**, 2648). Sie setzt idR das Bewußtsein der Gefährlichk voraus (BGH VersR **85**, 1061, NJW-RR **89**, 991, aA BayObLG VersR **76**, 33, Karlsr NJW-RR **88**, 669). Sie kann aber auch dann zu bejahen sein, wenn der Handelnde die Gefährlichk seines Tuns leichtfertig nicht erkennt. Sie braucht sich idR nur auf den haftgbegründden Tatbestd, nicht auf den konkret eingetretenen Schaden zu erstrecken (BGH VersR **85**, 1061 zu CMR 29 II). **Einzelfälle** grober Fahrlässigkeit: Überschreiten der zul Höchstgeschwindigk um mehr als 100 % (Mü 3 DAR **83**, 78); Einfahren in eine Kreuzg bei Rotlicht (BGH NJW **92**, 2418); KfzFahren nach erhebl Alkoholgenuß (BGH VersR **85**, 441, Köln VersR **89**, 139: 1,3‰); Überfahren eines Stoppschildes (Zweibr VersR **93**, 218, aA Hamm VersR **93**, 826); „scherzhaftes" Abfeuern einer Schußwaffe in Richtg auf einen Menschen, die der Handelnde ohne Nachprüfg für ungeladen hielt (Hamm VersR **83**, 566); Fällen eines Baumes, in dessen Fallbereich sich zwei Menschen aufhalten (Mü VersR **87**, 596). Weitere Einzelfälle aus dem StraßenVerk Riedmaier VersR **81**, 10; aus dem Bereich der ArbUnfälle Plum VersR **83**, 905, ferner MüKo/Hanau Rn 9 ff. Die Abgrenzg zw einfacher u grober Fahrlässigk kann vom RevGer nur darauf überprüft w, ob der Tatrichter den Begriff grober Fahrlässigk verkannt od die Grenzen tatrichterl Ermessens überschritten hat (BGH **89**, 160, NJW **92**, 3236). Grobe Fahrlässigk kann wg ihrer subj Voraussetzgen nicht iW des AnschBew nachgewiesen w (BGH NJW **74**, 1377, VersR **83**, 1011, Vorbem 163 v § 249). – **b) Anwen-** 4 **dungsbereich.** Das BGB sieht in §§ 300 I, 521, 599, 680 u 968 eine HaftgsBeschr auf grobe Fahrlässigk vor. Entspr HaftgsBeschr bestehen nach AVBEltV, AVBGasV, AVBWasserV, AVBFernwärmeV je 6 Nr 2, 3 u nach SeelotsG 21 III, der auch für Binnenlotsen gilt (BGH **107**, 32). Grobe Fahrlässigk ist Voraussetzg für den RegreßAnspr des Dienstherrn gg den Beamten (BBG 78 I 2, BRRG 46 I 2) u den Regreß des SozVersTrägers gem RVO 640 (s BGH NJW **88**, 1265). Sie schließt im SachenR gutgl Erwerb aus (§ 932 II) u ist eine Schranke für die **Freizeichnung** dch AGB (AGBG 11 Nr 7). Weitere Fälle: VVG 61 (LeistgsFreih des Versicherers), WG 16 II (Ausschluß gutgl Erwerbs), Haftg des ArbN im Rahmen des ArbVerhältn (§ 611 Rn 156), ausdr od stillschw vertragl HaftgsBeschr auf grobe Fahrlässigk (§ 254 Rn 71 u 79 f). Der in CMR 29 enthaltene Begriff eines dem Vors gleichstehden Verschuldens ist gleichbedeut mit grober Fahrlässigk (BGH **88**, 157, Thume VersR **93**, 932). Für all diese AnwendgsFälle gilt der Begriff grober Fahrlässigk einheitl in dem dargelegten Sinne (BGH VersR **59**, 223, **66**, 1150).

3) Konkrete Fahrlässigkeit (diligentia quam in suis, Sorgf in eig Angelegenh). – **a)** Abweichd von § 276 5 gilt hier kein obj, sond ein subj, auf die Veranlagg u das gewohnheitsmäß Verhalten des Handelnden abgestellter Maßstab (MüKo/Hanau Rn 25). Verfährt der Handelnde in eig Angelegenh bes sorgfältig, so haftet er auch iF des § 277 nur für die erforderl Sorgf iSd § 276. Der subj Maßstab des § 277 soll die Haftg nicht verschärfen, sond mildern. Die HaftgsMilderg findet aber ihre Grenze daran, daß der Handelnde für grobe Fahrlässigk (Rn 2) auf jeden Fall einstehen muß. Die Beweislast dafür, daß er in eig Angelegenh nicht sorgfältiger verfahre als im konkreten Fall geschehen, obliegt dem Handelnden (Karlsr NJW **94**, 1966). – **b) Anwendungsbereich:** Das Ges sieht für den unentgeltl Verwahrer (§ 690), den Gesellschafter 6 (§ 708), die Ehegatten (§ 1359), die Eltern (§ 1664), den Vorerben (§ 2131) u den Verbraucher nach HausTWG 3 II, VerbrKrG 7 IV eine HaftgsBeschr auf eigenübl Sorgf vor. Die ein wenig antiquierte HaftgsErleichterg hat ihren rechtspolit Grd in der engen persönl Beziehg der Beteiligten. Sie gilt idR auch für konkurrierde delikt Anspr (MüKo/Hanau Rn 16), ist aber nach ihrem Sinn u Zweck auf die gemeins Teiln am StraßenVerk unanwendb (BGH **46**, 313, **53**, 352, **63**, 57, aA Hamm NJW **93**, 543: Wegfall des Haftgsprivilegs nur bei Führen eines Kfz).

278   *Verschulden des Erfüllungsgehilfen.*   **Der Schuldner hat ein Verschulden seines gesetzlichen Vertreters und der Personen, deren er sich zur Erfüllung seiner Verbindlichkeit bedient, in gleichem Umfange zu vertreten wie eigenes Verschulden. Die Vorschrift des § 276 Abs. 2 findet keine Anwendung.**

Übersicht

1   **1) Grundsätzliches. – a) Grundgedanke.** Währd außerhalb eines SchuldVerh für HilfsPers gem § 831 idR nur bei eig allerd vermutetem Auswahl- od ÜberwachgsVersch gehaftet w, stellt § 278 bei bestehden SchuldVerh das Versch von gesetzl Vertretern u ErfGeh eig Versch gleich; er begründet damit eine Art von **Erfolgshaftung,** ist aber selbst keine AnsprGrdl, sond eine Zurechngsnorm. § 278 beruht auf dem Gedanken, daß der Schu ggü dem Gläub für seinen Gesch- u Gefahrenkreis verantwortl ist u daß zum Gefahrenkreis des Schu auch die von ihm eingesetzten HilfsPers gehören (BGH **62**, 124, Larenz § 20 VIII). Wer den Vorteil der ArbTeilg in Anspr nimmt, soll auch deren Nachteil tragen, nämlich das Risiko, daß der an seiner Stelle handelnde Gehilfe schuldh rechtl geschützte Interessen des Gläub verletzt (BGH **95**, 132).

2   **b) Anwendungsbereich: – aa)** Die Haftg für fremdes Versch nach § 278 gilt nur **innerhalb bestehender Schuldverhältnisse** (BGH **58**, 212). Gleichgültig ist, ob es sich um ein vertragl od gesetzl SchuldVerh handelt. Nach § 278 w daher auch gehaftet für das Versch von gesetzl Vertretern u ErfGeh (Verhandlgs- u AbschlBevollmächtigten od Geh) bei od vor Abschl eines Vertr **(culpa in contrahendo)**; denn schon dch den Eintritt in Verhandlgen entsteht ein vertragsähnl Verh, das SorgfPflten iS des § 278 begründet (s § 276 Rn 65 ff. Es genügt, daß zw Gläub u Schu eine rechtl **Sonderverbindung** besteht, aus der sich Verbindlichk ergeben (BGH **58**, 214: Verh zw PfändgsGläub u DrittBerecht; Larenz § 20 VIII), so etwa die Beziehg zw KonkVerw u MasseGläub (BGH **93**, 283), die dch einen WettbewVerstoß entstandene RBeziehg (s BGH NJW **90**, 1905, aA Mü NJW-RR **90**, 1433), eine ständ GeschVerbindg (§ 276 Rn 103), die Nachwirkgen eines Vertr (§ 276 Rn 121). Dagg kommt bei unerlaubten Hdlgen nur die Haftg aus § 831 mit der Möglichk des EntlastgsBew in Betr. Besteht ein SchuldVerh, kann die unerl Hdlg aber zugl einen Verstoß gg eine schuldrechtl Verpfl darstellen u daher dem Schu gem § 278 zuzurechnen sein (s Rn 36). Auf die RGemsch (§§ 741 ff) ist § 278 anwendb (Schubert JR **75**, 363, aA BGH **62**, 246 u hM, s auch Rn 3), nicht aber auf bloße tatsächl GemschVerh ohne schuldr Beziehgen der Beteiligten zueinand (Erm-Battes Rn 6), so nicht auf das Verh zw mehreren Mietern eines Hauses od das Verh zw ArbN desselben Betr. Bei GefälligkVerh kann **3**   dagg ein vertragsähnl VertrauensVerh vorliegen, § 278 also anwendb sein (s Einl 10 v § 241). – **bb)** Auch auf **sachenrechtliche Sonderverbindungen** findet § 278 Anwendg (Einl 24 v § 241), so auf das Eigt-Bes-Verh (§ 990 Rn 8), auf das Verh zw WoEigtümern (BayObLG NJW-RR **92**, 1102, Düss FGPrax **95**, 146), das gesetzl SchuldVerh beim Nießbr u beschr dingl R (BGH **95**, 146), die Pflten des Finders (Erm-Battes Rn 5). Auf den BesErwerb ist § 278 dagg unanwendb, da er das Eigt-Bes-Verh voraussetzt u es hier auch nicht um die Zurechng von Versch, sond von Kenntn geht (BGH **16**, 262). Auf das nachbarrechtl Gemsch-Verh (§ 903 Rn 13) wendet die hM § 278 nicht an (BGH **42**, 377, NJW **77**, 375, Staud-Löwisch Rn 5). Das soll auch für die halbscheid Giebelmauer gelten (BGH **42**, 379), für Verstöße gg § 909 (BGH NJW **60**, 335) u für die dch wasserrechtl Best geregelten Beziehgen (BGH VersR **65**, 689). Das ist prakt unbefriedigd u veranlaßt die Rspr zur Überspann der Haftg aus § 831. Auch dogmat vermag die hM nicht zu überzeugen. Das dch Bundes- u LandesR geregelte RVerh zw Nachbarn erfüllt alle Merkmale einer rechtl Sonderverbindg, § 278 ist daher anwendb (Mühl NJW **60**, 1136, Westermann § 63 IV 2). Das gilt zumindest für den **4**   RVerh hinsichtl einer gemeins Kommunmauer (Düss NJW **59**, 580, § 922 Rn 5). – **cc)** Der RGedanke des § 278 gilt ebso wie der des § 276 auch im **öffentlichen Recht** (§ 276 Rn 130). – **dd)** Wo das Ges ausdr od dem Sinne nach **eigenes Verschulden voraussetzt,** genügt Versch einer HilfsPers nicht, so nicht für den Ausschl des AusglAnspr des HandelsVertr gem HGB 89 b III (BGH **29**, 278).

5   **2) Gesetzliche Vertreter. – a)** Der Begr ist im **weiteren Sinn** des Handelns mit Wirkg für und zu verstehen (BGH NJW **58**, 670). Unter § 278 fallen daher außer den Inh der elterl Sorge, der Vormd, der Betreuer, Pfleger u Beistand, sond auch sonst Pers, die aGrd gesetzl Vorschr mit Wirkg für und handeln können (BGH aaO), so der TestVollstr (RG **144**, 402, BGH **LM** § 823 (Ad) Nr 1), NachlVerw, KonkVerw, ZwVerw, TrHänder („custodian") des MRG 52 (BGH NJW **58**, 670), ferner die Eheg iF des § 1357 u der Eheg, der bei Verw des GesGutes mit Wirkg für and handelt (Erm-Battes Rn 13). Bei GesVertretg **6**   genügt das Versch eines Vertreters (RG **110**, 146). – **b)** Dagg ist § 278 nicht anwendb auf **verfassungsmäßig berufene Vertreter** (Begr § 31 Rn 6) einer **juristischen Person.** Diese sind als Organe anzusehen. Ihr Versch gilt nicht nur bei unerl Hdlgen, sond auch innerh bestehder SchuldVerh nach §§ 31, 89 als eig Versch der jur Pers (MüKo/Hanau Rn 11, Soergel-Wolf Rn 20, RG LZ **33**, 310, aA RG **122**, 358, **152**, 132, unentschieden BGH NJW **77**, 2259). Beide Ans führen im wesentl zum selben Ergebn, nur bei Anwendg von § 278 S 2 besteht eine Abw (Rn 39). Für die OHG gilt gewohnheitsrechtl dasselbe wie für jur Pers (BGH **45**, 312, NJW **52**, 537). Dagg w für den Vorstd eines nichtrechtsf Vereins nach § 278 gehaftet (RG **143**, 214).

3) Erfüllungsgehilfe. – a) ErfGeh ist, wer nach den tatsächl Gegebenh des Falles mit dem Willen des **7** Schu bei der Erf einer diesem obliegden Verbindlichk als seine HilfsPers tät w (BGH **13**, 113, **50**, 35, **62**, 124, **98**, 334). Währd § 831 idR auf selbstd Untern unanwendb ist (§ 831 Rn 6), kann ErfGeh auch derj sein, der in seinem Verhalten keinem WeisgsR des Schu unterliegt (BGH **62**, 124, NJW **93**, 1705). Die Art der zw dem Schu u der HilfsPers bestehden rechtl Beziehg ist gleichgült (BGH **13**, 113, **50**, 35). Sie kann auch öffrechtl gestaltet sein (BGH **62**, 124, NJW **84**, 1748) od in rein tatsächl ZusArbeit bestehen (BGH NJW **85**, 915). Auch wenn das RVerh zw Schu u HilfsPers nichtig ist, ist § 278 anwendb. Gleichgültig ist auch, ob der Schu zu einer Kontrolle u Überwachg des ErfGeh in der Lage ist (BGH **58**, 211, RA; **62**, 124, Notar; Grunewald NJW **80**, 1926). Für das Verhalten eines GeschF oA haftet der Schu dagg nur iF nachträgl Gen (BGH NJW **55**, 297). Unerhebl ist, ob die HilfsPers eine eig Verbindlichk erf will (BGH **13**, 114), ob sie überh weiß, daß sie mit ihrer Tätigk eine Verpfl des Schu erf (BGH **13**, 114, VersR **69**, 1108), u ob der Schu imstande wäre, die Leistg in eig Pers auszuführen (RG **64**, 234, **160**, 314). § 278 greift auch ein, wenn sich die HilfsPers nicht an die Weisgen des Schu hält (BGH **31**, 366). Dagg braucht sich der Schu iF eines **Streiks** das **8** Verhalten seiner ErfGeh (ArbN) nicht zurechnen zu lassen (hM, s zu den unterschiedl Begründgen u Abgrenzgen Kreissl JZ **95**, 695 u Löwisch AcP **174**, 202, 251, aA für den ReiseVertr LG Ffm NJW-RR **87**, 824). And liegt es aber iF eines rechtsw Streiks (BGH NJW **77**, 1875 zu § 839, GG 34). Der ErfGeh kann dem Schu dch den Gläub gestellt w, so etwa ein Pilot, der dem Untern vom Best zur Prüfg zur Vfg gestellt w (Hamm NJW **74**, 1090), ein ArbN des Käufers, der bei der Nachbesserg hilft (BGH DB **75**, 2426), ein LkwFahrer des Anlieferers, der den Leuten des LuftfrachtFü beim Umladen hilft (BGH VersR **79**, 83). Müssen bei einer WkLeistg mehrere Untern zuswirken, so haftet jeder MitUntern für den vom and Teil best ErfGeh (BGH NJW **52**, 217).

b) Hilfspersonen des Erfüllungsgehilfen sind ErfGeh des Schu, sofern dieser mit ihrer Heranziehg **9** einverst war (BGH NJW **83**, 448, 632, **LM** Nr 76). Das Einverständn kann auch stillschw erklärt w. Der Schu braucht nicht zu erfahren, welche weiteren Geh der erste ErfGeh beauftragt (BGH NJW **52**, 217). War der Schu nicht einverst, hat er für das Verhalten der HilfsPers des ErfGeh nicht einzustehen. Er haftet aber idR, gleichwohl weil die Eigenmächtigk der ersten HilfsPers als Versch ggü dem Gläub anzusehen ist.

c) Substitution: War bei Auftr od Verwahrg dem Schu gestattet, die gesamte Ausführg einem and (dem **10** Substituten) zu übertragen, so haftet er nicht für dessen, sond nur für eig Versch bei der Übertr (nach § 276), insb bei der Auswahl des Betrauten (culpa in eligendo), §§ 664 I 2 (dort Rn 1), 691 S 2. Auf entgeltl GeschBesVertr ist der RSatz des § 664 I 2 nicht anwendb, da § 675 nicht auf § 664 verweist (RG **161**, 70, MüKo/Hanau Rn 16, unklar BGH **LM** § 664 Nr 1). Der WkUntern haftet daher auch dann gem § 278, wenn er die DchFührg der Arb mit Zust des Best einem and Untern überläßt (Hamm NJW **74**, 1090). § 278 u nicht § 664 I 2 gilt auch für den amtl best Vertreter des RA (RG **163**, 377).

d) Bedient sich der Schu zur Erf seiner Verpfl **elektronischer Hilfsmittel** (Datenverarbeitg), haftet er **11** für Versch bei Betr u Wartg der Anlage. Das gilt auch dann, wenn es sich um einen Fehler ohne sachl od zeitl Bezug zu dem konkreten VertrVerhältn handelt (Köhler AcP **182**, 160) od wenn der Schu insow ein and Untern beauftragt (Rn 7). Bei einem unverschuldeten techn Versagen ist § 278 dagg unanwendb (Köhler aaO, MüKo/Hanau Rn 25, aA Wolf JuS **89**, 901).

4) Der ErfGeh (gesetzl Vertreter) muß **in Erfüllung einer Verbindlichkeit** des Schu handeln, dh die **12** von ihm verrichtete Tätigk muß im Bereich des vom Schu geschuldeten GesVerhaltens liegen (BGH **123**, 14). Die Haftg des Schu greift auch ein, wenn der von ihm eingesetzte ErfGeh untät bleibt (MüKo/Hanau Rn 13, Kaiser/Rieble NJW **90**, 219, str). Das Verhalten der HilfsPers fällt idR in die Zeit nach Entstehg der Verpflichtg. § 278 ist aber auch dann anzuwenden, wenn die HilfsPers des Schu die Leistg schon vor dem VertrSchl hergestellt od vorbereitet haben (MüKo/Hanau Rn 12).

a) Inwieweit dem Schu fremdes Versch zuzurechnen ist, richtet sich nach seinem konkr **Pflichtenkreis**, **13** wie er dch Art u Inhalt des jew SchuldVerh festgelegt ist. – **aa)** Beim KaufVertr ist der **Hersteller** (Lieferant) im Verh zum Käufer nicht ErfGeh des Verk, da sich dessen Pflten nicht auf die Herstellg der Sache erstrecken (RG **101**, 158, BGH NJW **68**, 2238, NJW-RR **89**, 1190). Das gilt entspr beim Werklieferungs-Vertr über eine vertretb Sache (BGH **48**, 121, **LM** § 463 Nr 13). Der Hersteller w auch nicht dadch ErfGeh des Verk, daß dessen UntersuchgsPfl (§ 276 Rn 111) inf seines berecht Vertrauens auf die Zuverlässigk des Lieferwerkes entfällt (BGH **LM** § 276 (Hb) Nr 2). Ist der Verk selbst Hersteller od tritt er als solcher auf, muß er sich dazg das Versch seiner Hersteller anrechnen lassen (Medicus Rn 806). Liefert der Hersteller auf Weisg des Verk unmittelb an den Käufer, ist er hins der Lieferg, nicht aber ü ErfGeh des Verk (BGH WM **71**, 1122, weitergehd offenb RG **108**, 223, Hertin MDR **70**, 883, Rathjen MDR **79**, 446). Benutzt der Verk zur Erf der ihm obliegden UnterweisgsPfl eine Bediensanleitg des HerstWerkes, so ist dieses insow ErfGeh (BGH **47**, 316, krit Weitnauer NJW **68**, 1597). Dagg haftet der Verk für Fehler der Gebrauchsanweisg nicht, wenn er diese ohne eig Untersuchgs- od InstruktionsPfl ledigl mitliefert (BGH NJW **81**, 1269). Auch hins der Rechtzeitigk der Leistg muß sich der Verk das Versch des Lieferanten anrechnen lassen (stillschw GewährÜbern, Ffm BB **77**, 13). Beim WerkVertr ist der SubUntern ErfGeh (BGH **66**, 48), ebso die in die Produktion eingeschaltete MutterGesellsch (Nürnbg NJW-RR **93**, 1304); der Zulieferer dagg idR nicht (BGH NJW **78**, 1157, krit Rathjen MDR **79**, 446); and aber, wenn der Untern das betreffde Teil nach dem VertrInh (§ 157) nicht nur zu beschaffen, sond herzustellen hat, od wenn es um die Rechtzeitigk der Leistg geht (BGH WM **79**, 724). – **bb)** Beim **Versendungskauf** sind die BefördergsPers od § 447 keine **14** ErfGeh des Verk (RG **115**, 164, BGH **50**, 35). Übernimmt der Verk die Auslieferg mit eig Leuten, ist dagg § 278 anzuwenden (MüKo/Hanau Rn 18, Hüffer JuS **88**, 129, aA Faust DB **91**, 1556), u zwar schon deshalb, weil dch die Verwendg eig Leute die sonst bestehde Möglichk der Drittschadensliquidation (Vorbem § 249 Rn 117) prakt abgeschnitten w (Brox JuS **75**, 8). ErfGeh sind auch der Fahrer od SubUntern, die für den

Verk die Auslieferg u das Einfüllen von Heizöl übernehmen (BGH NJW **71**, 1036, 1038). – **cc)** Beim
15 **Dienstverschaffungsvertrag** hat der Verpflichtete die Dienste zu verschaffen, aber nicht für ihre Ordngs-
mäßigk einzustehen; er braucht sich daher das Versch des zur Dienstleistg Bestellten nicht anrechnen zu
lassen (BGH **LM** Nr 40, VersR **70**, 934, Becker NJW **76**, 1827). Das gilt entspr beim LeihArbVerh (BGH
NJW **71**, 1129), jedoch muß der „Verleiher" die Eigng des ArbN sorgf prüfen (BGH NJW **75**, 1695;
vorbestrafter Buchhalter). Beim sog LohnfuhrVertr (Stellg eines Kfz mit Fahrer) ist der Fahrer dagg idR
ErfGeh des Untern (BGH NJW **75**, 780). – Unanwendb ist § 278 auf Verbindlichk, die den Schu ledigl zur
Beauftragg eines Dr verpflichten, aber nicht auf die Tätigk des Dr erstrecken (Erm-Battes Rn 21). So ist
der Arzt weder ErfGeh des zur Vorlage eines ärztl Zeugnisses verpflichteten ArbN (RG **101**, 154) noch des
dch eine Körperverletzg Geschädigten (RG **72**, 220). Entspr gilt für die vom Geschädigten beauftragte
Reparaturwerkstatt (BGH **63**, 184) u den von ihm hinzugezogenen Sachverst (§ 254 Rn 67). Bei **Pau-
schalreise** ist Hotel ErfGeh des ReiseUntern (BGH **63**, 98, Köln OLGZ **75**, 185), ebso die Fluggesellsch (LG
Ffm NJW **80**, 1230), das Reisebüro (LG Ffm NJW-RR **87**, 178) u das Personal der Leistgsträger (LG Ffm
NJW-RR **91**, 631, Rn 9), nicht aber Flughafenpersonal (LG Hann VersR **90**, 282), der Fluglotse, der um
Auskunft gebetene ausl Generalkonsul (Düss NJW-RR **95**, 694), der Zollbeamte (LG Hann NJW-RR **89**,
820) od der Schiffsarzt (Hbg MDR **85**, 141).

16   **b)** Der Ausdr Verbindlichk umfaßt die **gesamte Verpflichtung** des Schu (BGH **95**, 179). – **aa)** Er
bezieht sich nicht nur auf die Haupt- u NebenleistgsPflten, sond auch auf die dem Schu obliegden **weiteren
Verhaltenspflichten** (Einl 6 vor § 241). § 278 gilt daher auch für die Verletzg der **Schutzpflicht,** dh der
Pfl, sich bei Abwicklg des SchuldVerh so zu verhalten, daß Pers, Eigt u sonst RGüter des and Teils nicht
verletzt w (§ 242 Rn 35). Welche Pers aus dem GeschKreis des Schu insoweit als ErfGeh anzusehen sind,
richtet sich nach der Art des SchuldVerh u der Stellg der HilfsPers. Beim MietVertr hat der Vermieter
einzustehen für den Hauswart (RG **103**, 143), den Verwalter (BGH NJW **68**, 1323), den von ihm beauftrag-
ten RepUntern (RG **102**, 234), Arb, die in seinem Auftr Arbeiten ausführen (BGH **LM** Nr 39), den
Nachbarn, der mit seinem Einverständn Abrißarbeiten ausführt (Karlsr NJW-RR **88**, 528), nicht dagg für
den einen Mieter im Verh zum and (RG **103**, 374, BGH VersR **69**, 754). Der Mieter haftet gem § 278 für
seine FamAngeh (LG Köln NJW-RR **86**, 1087), soweit diese die Mietsache mit seinem Wissen und Wollen
benutzen (AG Ffm NJW-RR **88**, 198), den Untermieter (§ 549 III), Dr, den er den Besitz der Sache überlas-
sen hat (Hamm NJW-RR **87**, 1142), sowie für Hauspersonal u Angest (RG **84**, 224). Er ist ferner für Gäste,
Kunden u Lieferanten verantwortl (auch für den Spediteur, der die Wohng beim Abholen von Sachen
beschädigt, RG **106**, 134), nicht dagg für Dr, die ohne sein Zutun mit der Mietsache in Berührg kommen
(BGH NJW **91**, 1752, Hbg NJW-RR **91**, 1167), wie Hausierer u Bettler, auch nicht für den Hauswart, selbst
17 wenn dieser Hdlgn im Mieterinteresse vornimmt (KG ZMR **76**, 204). – **bb)** Bei **Offenbarungspflichten**
hängt die Anwendg des § 278 auf HilfsPers davon ab, welche Aufgaben diesen zugewiesen sind. Arbeiter,
die an der Herstellg eines Werkes (Ggst) mitwirken, sind hins der Pfl, Mängel zu offenbaren, nicht ErfGeh
des Untern (BGH **LM** § 463 Nr 13, KG MDR **70**, 1011), wohl aber der mit Prüfgsaufgaben betraute
Kolonnenführer (BGH **62**, 66), ebso der Subunternehmer (BGH **66**, 43) u der örtl Bauleiter (Karlsr BauR
79, 335). Fehlen ausr Kontrollen, muß sich der Untern so behandeln lassen, als hätte er die zu offenbarde
Tats gekannt (BGH **117**, 320, Derleder JZ **92**, 1021, aA Rutkowsky NJW **93**, 1748).

18   **c)** Die schuldh Hdlg muß in innerem **sachlichem Zusammenhang** mit den Aufg stehen, die der Schu
dem ErfGeh im Hinbl auf die VertrErf zugewiesen hatte (BGH **114**, 270, NJW **93**, 1705); für schuldh
Hdlgen des ErfGeh nur bei **Gelegenheit** der VertrErf haftet der Schu nicht (RG **63**, 343, BGH NJW **65**,
1709, VersR **66**, 1154). – **aa)** Die Hdlg des ErfGeh muß in den allg Umkreis des AufgBereichs gehören, zu
dessen Wahrnehmg sich der Schu bedient hat (BGH **31**, 366, NJW **65**, 1709, NJW-RR **89**, 725). Der Zusang
mit der VertrErf w nicht dadch unterbrochen, daß der ErfGeh von den Weisgen des Schu abweicht (BGH
aaO) od in die eig Tasche wirtschaften will (BGH NJW **77**, 2259). Er kann auch bei vorsätzl Hdlgen gegeben
sein, *arg* § 278 S 2 (BGH NJW **91**, 3210, **94**, 3345), sogar dann, wenn der ErfGeh im Zuge des von ihm
geplanten VersBetruges den Schu ermorden will (BGH NJW-RR **89**, 1184). § 278 ist anwendb: wenn ein
Bankfilialleiter unter Ausnutzg seiner Stellg betrügerische Hdlgen zum Nachteil eines Kunden vornimmt
(§ 31 Rn 11); wenn ein Angestellter seine BankVollm in strafb Weise mißbraucht (BGH NJW **91**, 3210, aA
BGH **108**, 392); wenn der mit einer Rep beauftragte Geselle im Zushang mit der Rep eine Sache beschädigt
(RG **63**, 343); wenn eingelagerte od zu befördernde Sachen vom Lager- od Transportpersonal gestohlen w
(BGH VersR **81**, 732, **83**, 352, Düss TranspR **91**, 239); wenn der Fahrer des Mieters (Untermieter) den
gemieteten Pkw entwendet (Mü NJW-RR **87**, 727); wenn der Lkw-Fahrer die ihm anvertraute Ladg dch
einen Schmuggelversuch gefährdet (BGH DB **85**, 2675); wenn HotelAngest mit eingestelltem GästePkw
Schwarzfahrt unternimmt (BGH NJW **65**, 1709); wenn Klempnerlehrling dch unachtgem weisgwidr Ein-
satz einer Lötlampe Brand verursacht (BGH **31**, 366); wenn Schaden dch eine im Zushang mit der Ver-
trDchführg stehde NeugierHdlg verursacht w (BGH VersR **66**, 1154); wenn Frau des KlinikVerw bei
Benutzg der klinikeigenen Bügeleinrichtg Brand verursacht, sofern sie zur Benutzg der Einrichtg berecht
oder verpfl (BGH **23**, 323); wenn AbschlußGeh bei den VertrVhdlgen falsche Angaben od Zusicherungen
19 macht (BGH **LM** Nr 79); wenn er ohne Vollm Vertr schließt (§ 276 Rn 92). – **bb)** Dagg ist § 278 **unan-
wendbar,** wenn der mit Rep beauftragte ArbN bei Ausführg der Arb stiehlt od den Gläub mißhandelt (Hbg
MDR **77**, 752); wenn Bauführer als vollmachtloser Vertreter an Handwerker erhebl Auftr vergibt (BGH
NJW **63**, 2167); wenn derj, der die Verspätg des Piloten entschuldigen soll, selbst als Pilot einspringt (BGH
NJW-RR **89**, 725); wenn eine Aushilfskraft mit und AufgKreis sich vorcodierte Formulare verschafft u diese
zu Überweisen auf ihr Konto mißbraucht (BGH NJW **94**, 3344). Die Abgrenzg ist vielf schwier u unsicher
(krit Zunft AcP **153**, 378, Schmidt AcP **170**, 505, Rathjen JR **79**, 232). § 278 sollte in Weiterentwicklg der
bisherigen Rspr immer angewandt w, wenn dem Gehilfen die Schädigg dch die übertragene Tätigk erhebl
erleichtert worden ist (Soergel-Wolf Rn 37, 41, Medicus SchuldR AT § 30 III 1 d).

20   **d)** § 278 gilt auch für **Unterlassungspflichten** (RG **63**, 117, **79**, 42, **160**, 313). Bei primären UnterlPfl ist
dch Auslegg (§ 157) zu ermitteln, ob u inwieweit der Schu für seine HilfsPers einzustehen h (so wohl Ffm
NJW **74**, 2239, aA Ulmer ebd). Bei den UnterlPflten, die sich als NebenPflten aus § 242 ergeben, muß sich

der Schu die ZuwiderHdlgen derj Pers anrechnen lassen, deren Tätigk mit der UnterlPfl in innerem sachl Zushang steht (BGH **23**, 323, WM **78**, 248, Rn 18). Hins der Pfl des Mieters, Schädiggen der Mietsache zu unterl, sind alle Pers ErfGeh, denen er die Benutzg der Mietsache gestattet (Rn 16).

e) § 278 gilt gem § 254 II 2 für die Verl der sich aus § 254 ergebden **Obliegenheiten** (dort Rn 60 ff). Er ist **21** ferner in § 351 für anwendb erkl. Auf den **Annahmeverzug** ist er gleichf entspr anzuwenden (Anrechng des Verhaltens der HilfsPers des Gläub, da die RStellg des Gläub zugl eine PfltenStellg ist. Aus den gleichen Erwäggen muß der Gläub sich auch im Rahmen des § 324 das Versch seiner HilfsPers analog § 278 anrechnen lassen. Für die Verl von sonst Obliegenh (Einl 16 vor § 241) gilt § 278 dagg nicht (RG **159**, 352). Er ist insb auf Obliegenh des VersN unanwendb, dieser muß sich aber das Verhalten seiner **Repräsentanten** anrechnen lassen (BGH **11**, 122, stRspr). Repräsentant ist, wer in dem GeschBereich, zu dem das versicherte Risiko gehört, aGrd eines Vertretgs- od ähnl Verhältn an die Stelle des VersN getreten ist (BGH **107**, 230, **122**, 250); der Repräsentant muß zum selbstd Handeln befugt sein ("RisikoVerw"), jedoch ist geschäftl VertrMacht nicht erforderl (BGH **122**, 250). Repräsentant ist der gesetzl Vertreter des mj VersN (RG **135**, 372), in der RSchutzVersicherg der vom VersN beauftragte RA (Hamm VersR **84**, 31), nicht aber eine untergeordnete HilfsPers (BGH **11**, 123), nicht der Eheg od Partner einer nichtehel LebensGemeinsch, dem der VersN vorübergehd die Obhut od dauernd die Mitobhut über den versicherten Ggst übertragen hat (RG **117**, 329, BGH VersR **86**, 331, Hamm VersR **89**, 509, Karlsr VersR **91**, 1048); nicht der Mieter in der FeuerVers (BGH **107**, 229); nicht der Sohn, der den Hof gemeins mit seiner Mu (der VersN) verwaltet (Hamm VersR **77**, 1145); nicht der SchiffsFü für den Eigner des Binnenschiffs (Karlsr VersR **83**, 310). In der Kfz-Versicherg ist Repräsentant, wer die Wartg u die Verantwortg für die VerkSicherh übernommen h (BGH NJW **70**, 43). Das trifft auf den Mieter nicht ow zu (BGH NJW **69**, 1387), auch nicht auf den abhäng Fahrer (BGH VersR **71**, 538), wohl aber dann, wenn dem Fahrer die Prüfg der VerkSicherh übertr worden ist (BGH VersR **75**, 229). Hat der VersN eine Pers mit der Erf seiner AufklObliegenh beauftragt, muß er für deren Versch einstehen, auch wenn diese die Voraussetzgen der RepräsentantenEigensch iü nicht erf (s BGH NJW **81**, 1952). – Für den **Versicherungsagenten** gilt neben der Haftg für c. i. c. (§ 276 Rn 90) der gewohn- **22** heitsrechtl Satz, daß der Versicherer den vom Agenten fehlerh beratenen u unvollst aufgeklärten VersN so stellen muß, wie er iF richtiger Beratg gestanden hätte (RG **147**, 188, BGH **2**, 92, **40**, 27, **108**, 206). Es besteht daher uU Anspr auf entspr Erstreckg des VersSchutzes, der jedoch bei erhebl MitVersch des VersN entfällt (BGH **40**, 24, VersR **86**, 329, Köln VersR **95**, 157).

f) Höchstpersönliche Schuldnerpflichten: § 278 ist unanwendb, wenn der Schu die VertrErf einem **23** and überträgt od sich zur Erf einer HilfsPers bedient, ohne hierzu berecht zu sein. Hier haftet der Schu bereits gem § 276 aus eig Versch. Einer entspr Anwendg des § 278 (so RG **152**, 128) bedarf es nicht.

5) Der ErfGeh (gesetzl Vertreter) muß **schuldhaft** gehandelt h, also vorsätzl od fahrl. Für die Zurechngs- **24** fähigk (§ 827) kommt es auf seine Pers an (Düss FGPrax **95**, 146). Besteht Haftgsmilderg, haftet Schu nur für den VerschGrad, für den er selber einzustehen h (RG **65**, 20). Der SorgfMaßstab richtet sich nach der Stellg des Schu, nicht der des ErfGeh (BGH **31**, 367). Nimmt der ErfGeh als Fachmann in bes Weise Vertrauen in Anspr, gilt aber der für ihn maßgebde höhere SorgfStandard (BGH **114**, 272).

6) Einzelfälle (ja = ErfGeh; nein = nicht ErfGeh). – **a) Abzahlungskredit:** Verk für Bank bei Ver- **25** handlg über Kredit, ja (BGH **33**, 299, 312, **47**, 230); ebso Kreditvermittler für Bank (Stgt NJW **75**, 262, Ffm BB **80**, 124); aber nicht hins der Entggn der DarlValuta (BGH NJW **78**, 2295). – **Architekt:** Für Bauherrn ggü Untern, ja hins PlangsVersch (BGH NJW **84**, 1677); ja hins Pfl zur Koordinierg (BGH WM **70**, 357); ja hins Fehler der Ausschreibg (BGH NJW-RR **91**, 276); dagg nicht, soweit Arch Pfl zur BauAufs verl (BGH **95**, 131, NJW-RR **89**, 87). Das gilt entspr für Sonderfachleute (BGH NJW-RR **91**, 276, Ffm NJW-RR **26** **90**, 1497) u auch im Verhältn zw Haupt- u SubUntern (BGH NJW **87**, 644). – **Ärzte** u HilfsPers (Laufs ArztR Rn 177): Bei einem sog „totalen KrankenhausVertr" (Einf Rn 19 vor § 611) sind Ärzte u sämtl Klinikpersonal ErfGeh des Krankenhausträgers (BGH **23**, 321, **LM** Nr 24). Das gilt auch hins der Leistgen, für die ein eig LiquidationsR des Chefarztes besteht (BGH **95**, 67); bei einer ambulanten kassen- od privärztl Versorgg im Krankenhaus ist dagg der Arzt VertrPartner des Patienten (BGH **100**, 363, **105**, 194). Beim „gespaltenen Arzt-KrankenhausVertr", der seit dem Inkrafttreten der BPflVO prakt nur noch bei Belegärzten vorkommt, ist Arzt hins der ärztl Betreuung selbst VertrPart (BGH NJW **75**, 1463) u nicht ErfGeh des Krankenhauses (BGH NJW **95**, 1613). Bei den HilfsPers kommt es darauf an, ob sie im PfltenKreis des Arztes od des Krankenhausträgers tät sind (BGH **5**, 324, **LM** Nr 24, NJW **62**, 1763. Franzki/Hansen NJW **90**, 740); der Krankenhausträger haftet idR für das nichtärztl Personal u die weiter hinzugezogenen Ärzte und Fachgebiete (Düss NJW-RR **93**, 488, Franzki/Hansen aaO). Hat der Belegarzt eine Entbindg übernommen, ist die von ihm hinzugezogene Hebamme seine ErfGeh (BGH NJW **95**, 1612). Apotheker für Arzt im Verh zum Patienten, nein (RG **125**, 377). Zur Anwendbark von § 278 auf Verl der ärztl SchweigePfl s Kleinwefers u Wilts NJW **63**, 2345, **65**, 333. – **Auslobung:** PreisGer für Auslobden ja (BGH NJW **83**, 442).

b) Bankverkehr: Kontoführde Bank für KontenInh ggü Überweisdem, ja (Hbg HEZ **2**, 84). Bezogene **27** Bank ist ErfGeh des Ausstellers, nicht des vom ScheckInh mit der Einziehg beauftragten KreditInst (Köln BB **53**, 305). Beim LastschriftVerf (§ 675 Rn 13) sind die beteil Banken ErfGeh des Gläub, (LG Bln WM **75**, 530). Vom Käufer zZw der Zahlg eingeschaltete Bank, ja (RG **105**, 34). BankAngest für Bank ggü Kunden, ja (RG **84**, 353). Die von der beauftragten Bank im ÜberweisgsVerk, LastschriftVerf od Scheckeinzug in die Abwicklg eingeschalteten weiteren Banken, nein (BGH **4**, 248, NJW **91**, 2210, Hüffer WM **87**, 641, differenzierd Koller/Faust ZBB **89**, 63); Bauträger im Verh zw finanzierder Bank u GrdstErwerber, idR nein (BGH NJW **76**, 2213); Kreditvermittler, ja (Düss ZIP **93**, 1376), aber Frage des Einzelfalls (BGH WM **86**, 1032); Makler, der als VertrauensPers der Bank aufgetreten ist, ja (BGH WM **91**, 890); ArbG im Verh zw Bank u ArbN bei finanzierter UnternBeteiligg, ja, wenn Beteiligg u DarlGewährg eine wirtsch Einh bilden (BGH **72**, 97). Eheg für KontenInh, ja, soweit er vom KontenInh in die Abwicklg der Kontenangelegenh einbezogen w (KG NJW **92**, 1051). ArbN für KontenInh, Frage des Einzelfalls (BGH NJW **94**, 3344). BankAngest, auch ausgeschiedene, hinsichtl der Pfl zur Wahrg des Bankgeheimnisses, ja (Köln, OLGZ **94**, 49). – **Bauvertrag:** BauUntern, insbes VorUntern, für den Bauherrn ggü and BauUntern, nein (BGH **95**, **28**

131, krit Baden BauR **91**, 30). Statiker für Bauherrn ggü Arch, ja (Düss NJW **74**, 704, Oldbg BauR **81**, 400); BauFü für Bauherrn ja, wenn er im Zushang mit seinem AufgKreis unricht Ausk erteilt; nein, wenn er ohne VertrMacht Auftr größeren Umfangs erteilt (BGH **LM** Nr 37). Verschw von Baumängeln s Rn 17. Arch s Rn 25. – **Bürgschaft:** HauptSchu für Gläub ggü Bü, idR nein (BGH **LM** § 765 Nr 19).

29   **c) Chartervertrag:** Vercharterter für Verfrachter (Charterer) nein (Hbg MDR **70**, 56). – **Culpa in contrahendo:** s § 276 Rn 92. – **Dienst- u Arbeitsverträge:** Fügt ein ArbN dem and Schaden zu, so begründet das nicht ow eine Haftg des ArbG, da nicht jeder ArbN hins der dem ArbG obliegden FürsPfl ErfGeh ist (RG **102**, 374, **106**, 294). Anwendb ist § 278, wenn dem schädigden ArbN die Erf von ArbG-Funktionen übertr ist (BAG NJW **69**, 766, LAG Ffm DB **91**, 552). – **Dienstverschaffungsvertrag:** s Rn 15.

30   **d) Gastaufnahmevertrag:** Mitwirkde einer Unterhaltgsvorführg für Gastwirt ggü Gästen, ja (RG **169**, 215). „Aufpasser" für Gastwirt ggü Gästen, ja (BGH VersR **75**, 520). Mit Pkw eines Gastes schwarzfahrder Angest für Hotelier ggü Gast, ja (BGH NJW **65**, 1709); nein, wenn Angest dem Gast aus eig Antrieb anbietet, dessen Pkw zu einer Tankstelle zu fahren (BGH NJW **64**, 718). – **Gerichtsvollzieher,** der im Auftr des Käufers verderbl Sachen versteigert, ggü Verk nein, da er hoheitl u nicht als Beauftr tät w (RG
31   **104**, 285; vgl aber BGH **62**, 122). – **Gesellschaftsrecht:** Der zur unechten GesVertr einer Gesellsch berufene Prokurist ist nicht ErfGeh des von ihm ersetzten OrganMitgl (BGH **13**, 64), und aber, wenn sich das OrganMitgl des Prokuristen zur Erf eig Pflten bedient (BGH aaO). Gter einer BGB-Gesellsch haben bei GesHandSchulden u GesSchulden für das Versch ihrer MitGter einzustehen (BGH NJW-RR **90**, 701). – **Gewerkschaftssekretär:** Für Gewerksch hins FriedensPfl, ja (BAG **3**, 284). – **Handwerker** (Heizgsinstallateur) für HausEigtümer im Verhältn zum Heizöllieferanten nein (BGH VersR **83**, 395). – Beim **Internatsvertrag** ist das untergebrachte Kind ErfGeh seiner Eltern (BGH NJW **84**, 2093; aA Picker JZ **85**, 644). – **Jagdgast:** Für Jagdherrn ggü and Jagdgästen, nein (RG **128**, 42).

32   **e) Kaufvertrag:** Keine Haftg des Verk für den Hersteller, s Rn 13, wohl aber für Abrechngsmanipulationen der Mitarbeiter (BGH **90**, 302). Beim Versendgskauf keine Haftg des Verk für das Befördergspersonal s Rn 14. Verschw von Mängeln s Rn 17. Lagerhalter ist ErfGeh des Verk ggü Käufer (Hertin MDR **70**, 884); ebso sonst Pers, denen Verkäufer die Sache in der Zeit zw VertrSchl u Lieferg überläßt, ferner Steuerberater,
33   dessen Bilanz vom Verk dem Käufer eines GmbH-Anteils vorgelegt w (BGH DB **76**, 37, 38). – **Lagervertrag:** Hersteller der Lagerräume, nein (Hbg VersR **88**, 634). – **Leasingvertrag:** LeasingN für Geb in bezug auf die AbnVerpfl ggü dem Hersteller, ja (BGH **90**, 309, NJW **90**, 1292, aA Canaris AcP **190**, 428). Lieferant, der für LeasingG die VorVhdlgen führt, ja (BGH **95**, 179, NJW-RR **88**, 241, Hbg NJW-RR **88**, 438), aber nur bei einem entspr Auftr (BGH NJW **95**, 1147) u idR nur bis zum Abschl des LeasingVertr (BGH NJW-RR **89**, 1142); die ErfGehEigensch lebt nicht wieder auf, wenn der Lieferant ohne Auftr des LeasingG weitere Ausk erteilt (BGH ZIP **89**, 1337); für die ÜbergabePfl des LeasingG, ja (BGH NJW **88**, 198); für die LieferPfl ja (v Westphalen ZIP **85**, 1436, Canaris AcP **190**, 432); für die Mitwirkg bei der Erstellg der ÜbergBescheinigg, ja (BGH NJW **88**, 207, Hamm BB **93**, 681); der LeasingN für die im LeasingG im Verhältn zum Lieferanten (Wiederkäufer), nein (Ffm NJW **88**, 1331). – **Leiharbeitsverhältnis:** s Rn 15.

34   – **Makler** für Verk im Verh zum Käufer, idR nein (Kblz NJW-RR **93**, 180, KG MDR **95**, 37); ja wenn der M wie ein Repräsentant u bevollmächtigter Vertreter auftritt (BGH NJW **95**, 2550), aber nein, wenn der Verkäufer ausdr klarstellt, daß er nur nach Maßg seiner eigenen Erkl haften will (BGH aaO). Ein Makler für den and, wenn sie in einer „Franchise-Organisation" zusarbeiten, ja (BGH WM **78**, 246). – **Mietverhältnis:** s Rn 16. – **Nachbarrecht:** s Rn 3. – **Notar:** Für Verk ggü dem Käufer hins der EigtVerschaffgsPfl, ja, wenn er mit Abwicklg beauftragt (BGH **62**, 121, dazu krit Lüderitz NJW **75**, 1); ebso für Käufer im Verhältn zum GBAmt (BGH **123**, 13, NJW **84**, 1748) u hins der ZahlgsPfl (Kblz WM **84**, 928); aber nein hins der Erf von HinwPflten (BGH NJW **93**, 652). Angest eines Not hins der Erf seiner AmtsPfl, nein, da diese in eig Pers zu erfüllen sind (RG **162**, 28, BGH NJW **76**, 847).

35   **f) Rechtsanwalt:** Für PfändgsGläub ggü dem der Pfändg widersprechden DrittBerecht, ja (BGH **58**, 215). Bürovorsteher für RAnw ggü Mandanten, ja (RG **101**, 249); ebso amtl bestellter Vertreter (RG **163**, 377), VerkAnw für HauptBevollm od umgekehrt, nein (BGH NJW **88**, 1082, Mü NJW-RR **91**, 1460); für Part im Verh zum HauptBevollm, idR nein (RG **167**, 80); ZweitAnw im Verhältn des Mandanten zum ErstAnw, idR nein (BGH NJW **93**, 1779); und aber, wenn der ZweitAnw im Rahmen der Obliegenh des Mandanten zur Schadensabwehr tätig w (BGH NJW **94**, 2822). – **Reisevertrag:** s Rn 15. – **Seefrachtvertrag** s Kronke TranspR **88**, 39. – **Tankstellen:** Gehilfe für Inh hins der NebenPfl zur sicheren Aufbewahrg des zum Waschen gegebenen Kfz, ja (BAG NJW **68**, 717). Tankwart, der vom Kunden mit Rückführg seines Kfz beauftragt ist, kein ErfGeh des TankstellenInh (BGH VersR **68**, 472). – **Versicherungsvertrag:** s Rn 21. – **Vertragsstrafe:** s § 339 Rn 3.

36   **g) Werkvertrag:** Monteur, der Gasuhr unsachgem anbringt, ist ErfGeh des Untern ggü Kunden u dessen ArbN (RG **127**, 224), ebso die Drittfirma, die für den Untern auf dessen Grdst Arbeiten ausführen läßt (BGH NJW-RR **90**, 309). TransportPers, dch die HauptUntern den zu bearbeitden Ggst zum SubUntern befördern läßt, ja (RG **101**, 152). SubUntern, ja (BGH **66**, 48); Zulieferer, idR nein (BGH NJW **78**, 1157, Rn 13); VorUntern für AuftrGeb im Verhältnis zum NachUntern nein (BGH **95**, 131, aA Kapellmann BauR **92**, 433). Rennfahrer für Veranstalter ggü Zuschauern, ja (RG **127**, 314). Lehrer u AufsPers bei Vertr zw Schulträger u BusUntern, ja (BGH VersR **91**, 693). Schiffsbesatzg für Reeder hins der mit der Befördergg zushängden Pflten, ja (RG **124**, 50). Verschw von Mängeln s Rn 17. BauVertr s Rn 28. – **Wettvertrag:** Buchmacher für TotalisatorUntern, uU ja (BGH **LM** Nr 17).

37   **7) Umfang der Haftung:** Sie entspr dem der Haftg für eig Versch bei Erf der Verbindlichk. Haftg besteht nur ggü dem Gläub u den Pers, die in den Schutzbereich des Vertr einbezogen sind (§ 328 Rn 13). Dritten ggü haftet der Schu nur gem § 831. Der ErfGeh selbst haftet nicht aus Vertr, uU aber aus unerl Hdlg. Für ein Versch bei den VertrVerhandlgen kann der ErfGeh ausnahmsw auch selbst in Anspr genommen w (s § 276 Rn 93).

38   **8)** Gläub h die **Beweislast** für das Versch der HilfsPers, es sei denn, daß § 282 anwendb ist (vgl dort). Es brauchen jedoch keine VerschTats hins best HilfsPers bewiesen zu w, da der Gläub sonst in BewNot geriete.

9) Satz 2 ermöglicht einen **Haftungsausschluß** für vorsätzl Verhalten von ErfGeh u gesetzl Vertretern. **39** Das gilt nicht für Organe jur Pers (Rn 6) u wird für ErfGeh dch AGBG 11 Nr 7 begrenzt. Danach ist der formularmäß Ausschl der Haftg für Vors u grobe Fahrlässigk von ErfGeh unwirks.

279 *Unvermögen bei Gattungsschuld.* **Ist der geschuldete Gegenstand nur der Gattung nach bestimmt, so hat der Schuldner, solange die Leistung aus der Gattung möglich ist, sein Unvermögen zur Leistung auch dann zu vertreten, wenn ihm ein Verschulden nicht zur Last fällt.**

1) Allgemeines. – a) § 279 geht davon aus, daß der Schu, der sich zur Lieferg einer Gattgssache **1** verpflichtet, idR die Gewähr für die Beschaffgsmöglichk u zugl das BeschaffgsRisiko übernimmt. Er begründet daher für den Schu insoweit eine **schuldunabhängige Einstandspflicht.** Dabei hat § 279 aber im wesentl nur klarstellde Bedeutg. Da der Schu einer GattgsSchuld nicht ein bestimmtes, sond irgendein Stück der Gattg schuldet, ergibt sich schon aus dem Inh seiner LeistgsPfl, daß seine Schuld fortbesteht, solange die geschuldete Leistg beschafft w kann (Larenz § 21 I d). – **b) Anwendungsbereich. – aa)** § 279 **2** gilt für die sog marktbezogene **Gattungsschuld.** Soll der Schu nach dem Inh des abgeschlossnen Vertr nicht zur Beschaffg verpflichtet sein, sond aus seinem Vorrat liefern **(Vorratsschuld),** ist § 279 unanwendb (RG **108**, 420, Karlsr JZ **72**, 120, § 243 Rn 3). Die Anwendg des § 279 entfällt, sobald aus der GattgsSchuld dch Konkretisierg eine Stückschuld geworden ist (§ 243 Rn 5 ff). Auf den Anspr aus § 667 kann § 279 nicht angewandt w (BGH **28**, 128, OGH **3**, 285). Er gilt aber ggü dem gem § 818 IV, 819 verschärft haftbm BereichergsSchu, da sich die Verweisg in § 818 IV auch auf § 279 bezieht (BGH **83**, 300, krit Wilhelm AcP **183**, 1, Wandt MDR **84**, 535). – **bb)** Auf **Stückschulden** ist § 279 entspr anzuwenden, wenn der Schu die **3** Verpfl übernommen hat, den geschuldeten Ggst zu beschaffen (RG **75**, 335, sog BeschaffgsSchuld). Auch der WkVertr enthält vielf Elemente einer BeschaffgsSchuld. Die BeschaffgsPfl kann ausdr, aber auch konkludent übernommen w. Ihr Umfang ist erforderlf dch Auslegg (§ 157) festzustellen. – **cc)** Dagg fällt die **4** **Geldschuld** nicht unter § 279 (Staud-Löwisch Rn 2; Soergel-Wiedemann Rn 7, Larenz § 21 I d, aA BGH **83**, 300). Sie ist Wertschuld, von der der Schu auch bei Untergang der ges Geldsorte nicht frei wird. Der allg anerkannte Grds, daß der Schu für seine finanzielle LeistgsFähigk einzustehen hat (RG **106**, 181, BGH **63**, 139, NJW **89**, 1278), bedarf keiner Ableitg aus § 279. Er ist ein unserer R- u WirtschOrdng immanenter allg RGrds; er kommt in dem Prinzip der unbeschr Vermögenshaftg zum Ausdr u wird verfahrensrechtl dch das ZwVollstr- u KonkursR verwirklicht (Medicus AcP **188**, 501).

2) Inhalt und Grenzen der Einstandspflicht. – a) Nicht § 279, sond § 275 I sind anzuwenden, wenn die **5** Leistg obj **unmöglich** w. Zum Begriff der Unmöglichk s § 275 Rn 4. AnwendgsFälle sind der Untergang od die Beschlagn der ges Gattg. Die genaue Abgrenzg der Gattg ist dch Auslegg (§§ 133, 157) festzustellen. Handelt es sich um ein absolutes FixGesch, tritt mit Ablauf der für die Erfüllg in Betracht kommden Zeitspanne Unmöglichk ein (§ 271 Rn 16). Für die Frage, ob der Schu diese Unmöglichk zu vertreten hat, kann aber neben § 276 auch § 279 von Bedeutg sein. – **b)** Liegt keine Unmöglichk, sond **Unvermögen 6** (§ 275 Rn 13) vor, besteht grdsl eine EinstandsPfl des Schu. Dabei ist aber zu differenzieren. – **aa)** Der Schu ist **verantwortlich,** wenn die Beschaffg an fehlden finanziellen Mitteln, an mangelnder GeschErfahrg, an nicht rechtzeit Eindeckg od sonst an Grden scheitert, die seinem GeschKreis zuzurechnen sind. – **bb)** Nicht **7** § 279, sond §§ 275 II, 276 sind dagg heranzuziehen, wenn das Unvermögen auf **persönlichen Hinderungsgründen,** wie Krankh od FreihBeschränkgen, beruht, die nicht mit der Eigenart der Schuld als GattgsSchuld zushängen (RG **99**, 1, Erm-Battes Rn 6, hM). So kann auch das Unvermögen wg eines Streiks einzuordnen sein (Kreissl MDR **94**, 958). Es besteht kein Anlaß, GattgsSchulden insow anders zu behandeln als Stückschulden. – **cc)** Die Verantwortlichk aus § 279 entfällt, wenn inf nicht vorhersehb Umst so erhebl **8** LeistgsHindern entstanden sind, daß dem Schu die Beschaffg **nicht** mehr **zugemutet** w kann (BGH NJW **72**, 1703, **94**, 515). Das kann zu bejahen sein, wenn der Hersteller die Belieferg des Verkäufers für diesen unvorhersehb ablehnt (BGH NJW **94**, 515), od wenn bei einem reinen InlandsGesch eine Beschaffg nur noch im Ausl mögl ist (s RG **107**, 158). Str ist die Begründg für dieses prakt allg anerkannte Ergebn. Währd die Rspr des RG auf den (inzw aufgegebenen) Gesichtspkt der wirtschaftl Unmöglichk (§ 275 Rn 12) abgestellt hat, werden im Schriftt die unterschiedlichsten Lösgsansätze befürwortet: Auslegg u ergänzde Auslegg der Vereinbg über die BeschaffgsPfl, teleolog Reduktion des § 279, Heranziehg des Begriffs der erforderl Sorgf od des § 242 (s Erm-Battes Rn 8). Nach richt Ans sind auch hier – ebso wie in den ähnl u fr mit wirtschaftl Unmöglichk gelösten Fällen – die Grds über den Wegfall der GeschGrdl (§ 242 Rn 140) anzuwenden (BGH NJW **94**, 515). – **dd)** Der Gläub kann sich auf § 279 nicht berufen, wenn er das Unvermögen des Schu dch **9** eine rechtsw Hdlg **selbst herbeigeführt** hat (RG **97**, 6). Weiß der Gläub bei VertrSchluß, daß sich der Schu die Ware erst beschaffen muß, so steht das der Anwendg des § 279 aber nicht entgg (BGH NJW **72**, 1703).

3) Rechtsfolgen. § 279 schränkt § 275 II ein. Der ErfAnspr bleibt, solange Stücke aus der Gattg erhältl **10** sind, bestehen, auch wenn der Schu wg finanzieller Schwierigk zur Leistg außerstande ist (Roth JuS **68**, 101, MüKo/Emmerich Rn 18, aA Coester-Waltjen AcP **183**, 283). Sofern der Schu sich auf Unvermögen beruft, kann der Gläub statt Erfüllg auch SchadErs wg NichtErf (§§ 280, 325) verlangen; ihn in diesem Fall auf §§ 283, 326 zu verweisen, wäre ein überflüssiger Formalismus.

4) Abweichende Vereinbarungen. § 279 ist dispositiv. Für formularmäß Freizeichnen im nichtkaufm **11** Verk ergeben sich aber aus AGBG 10 Nr 1 Beschränkgen (s dort). Die Selbstbeliefergsklausel befreit den Schu, wenn er von seinem Lieferanten, mit dem er ein konkretes DeckgsGesch abschl hat, im Stich gelassen w (BGH **49**, 393, NJW-RR **92**, 611, DB **95**, 1557). Enger ist die Klausel „Liefergsmöglichk vorbehalten"; hier muß sich der Schu im Rahmen des Zumutb um anderweit Deckg bemühen (BGH NJW **58**, 1628, **94**, 515). Zu Arbeitskampfklauseln s Löwisch BB **74**, 1497, Schmid NJW **79**, 15.

5) Der Schu ist dafür **beweispflichtig,** daß die Leistg aus der Gattg unmögl ist (Staud-Löwisch Rn 14). **12** Im übrigen gilt § 282.

280 *Haftung bei zu vertretender Unmöglichkeit.* [1] Soweit die Leistung infolge eines von dem Schuldner zu vertretenden Umstandes unmöglich wird, hat der Schuldner dem Gläubiger den durch die Nichterfüllung entstehenden Schaden zu ersetzen.

[2] Im Falle teilweiser Unmöglichkeit kann der Gläubiger unter Ablehnung des noch möglichen Teiles der Leistung Schadensersatz wegen Nichterfüllung der ganzen Verbindlichkeit verlangen, wenn die teilweise Erfüllung für ihn kein Interesse hat. Die für das vertragsmäßige Rücktrittsrecht geltenden Vorschriften der §§ 346 bis 356 finden entsprechende Anwendung.

1   **1) Allgemeines. – a)** Die Vorschr ergänzt § 275. Hat der Schu die Unmöglichk nicht zu vertreten, wird er nach § 275 von seiner LeistgsPfl frei, ohne daß das Ges ihm eine SchadErsPfl auferlegt. Handelt es sich um eine vom Schu zu vertretde Unmöglichk, fällt die sinnwidr gewordene ursprüngl LeistgsPfl gleichf weg (Soergel-Wiedemann Rn 30, str); sie setzt sich aber in der **Schadensersatzpflicht** gem § 280 fort. Konstruktiv handelt es nicht um die Entsteh eines neuen Anspr, sond um die Umwandlg (Inhaltsänderg) des Erfüllgs- in einen SchadErsAnspr. Sicherh, wie Bürgen u Pfänder, bleiben daher ver-
2   haftet (§§ 767 I, 1210). – **b)** § 280 gilt für alle **einseitig verpflichtenden Schuldverhältnisse**, gleichgült ob sie auf RGesch od Ges beruhen. Bei ggs Vertr gelten für die im Synallagma stehden LeistgsPflten die Sonderregelgen in §§ 324, 325; auf Anspr, die nicht unter das GgseitigkVerh fallen, ist dagg § 280 anzuwenden. § 280 ist auch anwendb, wenn der zur Duldg der Wegnahme Verpflichtete diese unmögl macht (Oldenbg NJW-RR **95**, 151). Er gilt auch für den Anspr des AussondergsBerecht gg die KonkMasse (BGH NJW **58**, 1534).

3   **2) Voraussetzungen. – a)** Der SchadErsAnspr aus § 280 setzt voraus, daß die Leistg **unmöglich** geworden ist. Gleichgültig ist, ob es sich um objektive Unmöglichk (§ 275 Rn 4) od um Unvermögen (§ 275 Rn 13) handelt (Prot 1, 321). § 280 betrifft nur die **nachträgliche** Unmöglichk (§ 275 Rn 16); auf die anfängl sind §§ 306, 307 u die in den Erläutergen zu § 306 dargestellten allg RGrds anzuwenden. Es muß sich um einen Fall **dauernder** Unmöglichk (§ 275 Rn 17 ff) handeln, vorübergehde begründet unter den Voraussetz-
4   gen der §§ 284 f Verzug. – **b)** Die Unmöglichk muß vom Schu **zu vertreten** sein (s § 275 Rn 23). Ist die Unmöglichk dch das Verschulden beider Teile herbeigeführt worden, ist § 280 anzuwenden, jedoch wird der SchadErsAnspr des Gläub entspr § 254 gemindert (BGH **40**, 326, 332).

5   **3) Rechtsfolgen. – a)** Der Gläub hat einen SchadErsAnspr wg NichtErf. Der Anspr richtet sich auf das sog **positive Interesse** (BGH NJW **83**, 443). Der Gläub kann verlangen, so gestellt zu werden, wie er bei gehöriger Erfüllg dastehen würde. Der Anspr geht idR auf SchadErs in Geld, da eine Herstellg in Natur wg der Unmöglichk der Leistg im allg ausgeschlossen ist (RG NJW **84**, 2570, *arg* § 251). Ist die Naturalrestitution, etwa dch Liefer von vertretb Sachen od Wertpapieren, ausnw mögl, kann der Gläub aber Ersatz in Natur fordern (RG **106**, 88, **107**, 17, BGH WM **71**, 1414, str, aA Staud-Löwisch Rn 9). Für den SchadErsAnspr gilt dieselbe **Verjährungsfrist** wie für den ErfAnspr (§ 195 Rn 8), die Verj beginnt aber erst mit dem Eintritt der Unmöglichk (§ 198 Rn 9). Verlangt der Gläub die Herausg des stellvertreten commodum
6   (§ 281 I 1), ist dessen Wert auf den ErsAnspr anzurechnen (§ 281 II). – **b) Verfahrensrechtliches.** Verlangt der Gläub SchadErs wg NichtErf, trägt er für die Unmöglichk der Leistg die Beweislast (§ 282 Rn 1). Hinsichtl des Vertretenmüssens ist dagg der Schu beweispflicht (§ 282). Bei Zweifeln über die Möglichk der Leistg kann es sich für den Gläub empfehlen, zunächst auf Leistg zu klagen. Wendet der Schu Unmöglichk ein, kann der Gläub gem ZPO 264 Nr 3 zum SchadErsAnspr übergehen, ohne die Einr der Klagänderg befürchten zu müssen (§ 283 Rn 1). ZPO 264 Nr 3 gilt auch dann, wenn die Unmöglichk bereits vor Klagerhebg eingetreten ist, sofern der Gläub erst nach RHängigk von ihr Kenntn erlangt hat (RG **88**, 405, Ffm FamRZ **81**, 979). Zu den verfahrensrechtl Fragen der ErfKlage s § 275 Rn 25.

7   **4) Teilweise Unmöglichkeit. – a)** Bei Teilunmöglichk beschränkt sich der SchadErsAnspr wg NichtErf grdsl auf den unmögl gewordenen Teil der Leistg; im übrigen bleibt die LeistgsPfl des Schu bestehen (*arg* I „soweit"). Die Teilunmöglichk kann jedoch ausnw der vollständ Unmöglichk gleichstehen (§ 275 Rn 21). Ist das der Fall, hat der Gläub bereits nach I einen SchadErsAnspr wg NichtErf der ganzen Verbindlichk;
8   auf II kommt es nicht an. – **b)** Auch bei bloßer Teilunmöglichk kann der Gläub SchadErs wg NichtErf der ganzen Verbindlichk fordern, wenn er an der teilweisen Erfüllg **kein Interesse** hat (II 1). Maßgebd ist eine obj Beurteilg, nicht das Belieben des Gläub. Ein Interessenwegfall kann zu bejahen sein, wenn sich der Gläub neu eindecken mußte u es zweckmäß war, wg der gesamten Menge neu zu kontrahieren. Hat der Gläub eine Teilleistg angenommen, besteht das AblehngsR als II nur dann, wenn die Annahme unter dem Vorbeh der Ergänzg erfolgt ist. Dieser Vorbehalt ergibt sich aber idR aus dem Umst (MüKo/Emmerich Rn 17). Für das Fehlen eines Vorbeh ist der Schu beweispflicht (Staud-Löwisch Rn 15), für den Interesse-
9   wegfall der Gläub. – **c)** Wg der Ausübg des AblehngsR verweist II 2 auf die **Rücktrittsvorschriften.** Danach erfolgt die Ablehng dch rechtsgestalte Erkl des Gläub (§ 349). Sie ist ausgeschlossen, wenn der Gläub sich die Rückg der empfangenen Teilleistg schuldh unmögl gemacht hat (§§ 350, 351). Die beiderseits geschuldeten Leistgen (Rückg der Teilleistg, SchadErs) sind Zug um Zug zu erbringen (§ 348). Der Schu kann dem Gläub für die Ausübg des AblehngsR eine AusschlußFr setzen (§ 355). Hat der Schu die GgLeistg des Gläub bereits ganz od teilw erhalten, richtet sich die RückgewährPfl nach SchadErsR, nicht nach § 346 (v Jaschke MDR **54**, 202). Bei ggs Vertr gilt § 325 I 2.

10   **5)** § 280 ist **dispositives Recht.** Einschränkgen des I dch AGB sind aber im nichtkaufm Verkehr nur in den Grenzen von AGBG 11 Nr 7 u 8 zul (s dort). II ist gem AGBG 11 Nr 9 dch AGB nicht abdingb.

281 *Herausgabe des Ersatzes bei Unmöglichkeit.* [1] Erlangt der Schuldner infolge des Umstandes, welcher die Leistung unmöglich macht, für den geschuldeten Gegenstand einen Ersatz oder einen Ersatzanspruch, so kann der Gläubiger Herausgabe des als Ersatz Empfangenen oder Abtretung des Ersatzanspruchs verlangen.

^{II} **Hat der Gläubiger Anspruch auf Schadensersatz wegen Nichterfüllung, so mindert sich, wenn er von dem im Absatz 1 bestimmten Rechte Gebrauch macht, die ihm zu leistende Entschädigung um den Wert des erlangten Ersatzes oder Ersatzanspruchs.**

1) Allgemeines. – a) § 281 zeigt, daß die nachträgl Unmöglichk nur die LeistgsPfl, nicht aber das 1 SchuldVerh im ganzen erlöschen läßt. Die Vorschr beruht auf dem Gedanken, daß dem Gläub, der den Anspr auf die Leistg verloren hat, als Ausgl das stellvertretde commodum gebührt, das im Vermögen des Schu an die Stelle der unmögl gewordenen Leistg getreten ist; sie hat den Zweck, eine in der Sache unricht Verteilg von Vermögenswerten auszugleichen (RG **120**, 349, **157**, 44, BGH **LM** Nr 1). Konstruktiv handelt es sich um einen Fall **schuldrechtlicher Surrogation** (Esser-Schmidt § 22 IV 2, Larenz § 22 I). Die in § 281 angeordnete RFolge entspricht idR dem mutmaßl PartWillen. Man kann die Vorschr daher als einen gesetzl geregelten Fall ergänzder VertrAuslegg bezeichnen (BGH **25**, 9). – **b)** § 281 ist grdsl auf **alle schuldrechtli-** 2 **chen Ansprüche** anzuwenden (BGH **75**, 206). Der RGrd des Anspr ist gleichgült. § 281 gilt auch für Anspr aus unerl Hdlg, GoA od Rücktr (BGH NJW **83**, 930, BayObLG **94**, 21), ist aber unanwendb, soweit das GewLR das allg LeistgsstörgsR verdrängt (Vorbem 2 vor § 459). Eine entspr Anwendg ist aber mögl, wenn die Sache vor Übergabe einen Mangel erleidet, für den VersSchutz besteht (Eckardt BB **94**, 1946, aA Hamm NJW-RR **1**, 1366, BGH **114**, 36 läßt offen). Für die ungerechtf Ber enthält § 818 II u III eine Sonderregel (BGH **75**, 206). Auf den verschärft haftden BereicherSchu ist § 281 dagg anzuwenden, da sich die Ver- weisg auf die allg Vorschr (§ 818 IV, 819) auch auf § 281 bezieht (BGH **75**, 206, Frank JuS **81**, 102). Der UrlAbgeltgsAnspr ist kein unter § 281 falldes Surrogat (BAG DB **89**, 2175). – **c)** Auf den **dinglichen** 3 **Herausgabeanspruch** des Eigtümers gg den Besitzer (§ 985) findet § 281 keine Anwendg (RG **115**, 33, **157**, 44, Staud-Löwisch Rn 6, stRspr u hM, and fr RG **105**, 88). Die §§ 989, 990 enthalten für die schuldrechtl Folgen der Unmöglichk der Herausg eine Sonderregel. Es wäre auch offensichtl sinnwidr, wenn dem Eigtümer einer abhanden gekommenen Sache neben dem HerausgAnspr gg den Erwerber gem § 281 ein Anspr auf den VerkErlös gg den Veräußerer zustehen würde. Nur wenn der Eigtümer die Veräußerg genehmigt, kann er gem § 816 die Herausg des Verkaufserlöses verlangen. § 281 scheidet insow auch deshalb als AnsprGrdl aus, weil er nur BesSurrogate betreffen würde, währd der VerkErlös, ebso wie die VersicherungsSumme, ein Surrogat des Eigtums ist (Jochem MDR **75**, 177, Merle AcP **183**, 85, Rn 7).

2) Voraussetzungen. – a) Der Anspr muß auf **Leistung eines Gegenstands** (Übbl 2 v § 90) gerichtet 4 sein. Hdlgen u Unterlassgen sind keine Ggst iSd § 281 (Staud-Löwisch Rn 9). § 281 gilt daher nicht für den WerkVertr (RG **97**, 90). Ist der ArbGeb verpflichtet, das Gehalt an den verletzten ArbNeh weiter zu zahlen, geht der etwaige SchadErsAnspr des ArbNeh gem LFZG 4 auf den ArbGeb über (Vorbem 136 v § 249). Soweit ausnw kein gesetzl FdgÜbergang stattfindet, kann die Verpfl zur Abtr des SchadErsAnspr (§ 616 Rn 32) auch auf den RGedanken des § 281 (Rn 1) gestützt w (BGH **107**, 328). § 281 gilt auch für bedingte Anspr (BGH **99**, 388). Er setzt voraus, daß ein bestimmter individueller Ggst geschuldet w (RG **108**, 187). Er ist daher **auf Gattungsschulden unanwendbar** (RG **88**, 288, **108**, 187), solange diese nicht dch Konkretisierg (§ 243 II) zu Stückschulden geworden sind. Das gilt auch für die Vorratsschuld (beschränkte Gattgsschuld, § 243 Rn 3). Auf diese kann § 281 aber angewandt w, wenn der UnmöglichkGrd (Beschlagn, Brandschaden) den gesamten Vorrat betrifft (RG **93**, 143, **95**, 23). – **b)** Die Leistg muß **nachträglich** 5 **unmöglich** geworden sein. Die in § 275 II angeordnete Gleichstellg von Unvermögen u objl Unmöglichk gilt auch hier. Gleichgült ist, ob der Schu die Unmöglichk zu vertreten hat od nicht (BGH WM **87**, 988). Sogar wenn der Gläub die Unmöglichk zu vertreten hat, ist § 281 grdsl anwendb (BGH **LM** Nr 1). Hat der Schu die Leistg dch eine pVV entwertet u dadch für die Leistg ein Surrogat erlangt, findet § 281 entspr Anwendg (Erm-Battes Rn 7, ebso im Ergebn BGH ZIP **95**, 84, der „qualitative" Unmöglichk annimmt). Beispiel: Einziehg der abgetretenen Fdg dch den Zedenten (RG **111**, 303, JW **26**, 981). – **c)** Der Schu muß 6 **infolge** des Umstandes, der die Leistg unmöglich gemacht hat, für den geschuldeten Ggst **Ersatz** od einen Anspr auf Ers erlangen (sog stellvertretdes commodum). Zw dem Ereign, das die Unmöglichk herbeige- führt hat, u der Erlangg des stellvertretden commodum muß ein adäquater UrsachenZushang bestehen (RG **102**, 205); es genügt jedoch Mitursächlichk (RG aaO, BGH **LM** Nr 1). Beispiele sind: SchadErsAnspr gg Dritte wg Zerstörg, Beschädigg od Entwendg der geschuldeten Sache; Anspr auf die VersSumme (BGH **99**, 389, VersR **55**, 225, **LM** Nr 1); Versteigergserlös (BGH WM **87**, 988), LastenAusglEntsch wg Enteign in der fr DDR (BGH NJW-RR **88**, 903), EntschädiggsAnspr wg Beschlagn (RG **93**, 143, **95**, 21) (sog commo- dum ex re). Ersatz ist auch das zur Befriedig dieser Anspr an den Schu Geleistete. Auch die Befreiung von einer Schuld kann ein auszugleichdes Surrogat darstellen (RG **120**, 350), nicht aber mildtät Zuwendgen Dr an den Schu. Sind das Ereign, das die Leistg unmögl macht (Bsp: Übereign der Sache), u der Umst, der den ErsAnspr begründet (Bsp: Verk der Sache), nicht identisch, ist § 281 gleichwohl anwendb, sofern beide Ereign wirtschaftl eine Einh bilden. Unter § 281 fällt daher auch das dch RGesch, insb dch Verk, vom Schu erzielte Entgelt, sog **commodum ex negotiatione** (BGH **46**, 264, **75**, 206, NJW **83**, 930, prakt allgM). § 281 gilt auch dann, wenn das VeräußergsGesch gg ein gesetzl Verbot od gg die guten Sitten verstieß (RG **105**, 90, Haselhoff NJW **48**, 289). – **d)** Zw dem Ggst, dessen Leistg unmögl geworden ist, u dem Ggst, für 7 den der Schu Ers erlangt hat, muß **Identität** bestehen (BGH **25**, 9, MüKo/Emmerich Rn 17). Ein EigtSur- rogat ist daher nur herauszugeben, wenn der Schu zur EigtVerschaffg verpflichtet war, nicht aber wenn er ledigl die Übertragg des Besitzes schuldete (Jochem MDR **75**, 179). Der Mieter, der sein GebrauchsR verloren hat, hat keinen Anspr auf Einräumg eines MietR am ErsObjekt (BGH **8**, 64). Auch hins der für die Sache gezahlten Enteignungsentschädig stehen dem Mieter keine Rechte aus § 281 zu (BGH **25**, 9). War an einem Grdst eine Dienstbark zu bestellen, kann der Gläub nicht den Mehrerlös herausverlangen, der dch den lastenfreien Verk des Grdst erzielt worden ist (BGH **46**, 264, aA Staud-Löwisch Rn 19). Ein im PachtVertr vereinbartes AnkaufsR begründet für den Pächter nur dann einen Anspr auf das EigtSurrogat (BrandVers- Summe), wenn es vor Eintritt der Unmöglichk ausgeübt worden ist (BGH **LM** Nr 5). ErsLeistgen gerade für den Nutzgsausfall gebühren dagg dem Mieter (MüKo/Emmerich Rn 18). Wird dem Mieter bei vorzeit- iger Beendigg des Vertr eine Abfindg gezahlt, ist § 281 daher zG des Untermieters anwendb (BGH NJW-RR **86**, 234). Mögl ist es auch, daß dem Gläub nach den Grds der ergänzden VertrAuslegg (§ 157 Rn 2ff) weitergehde Rechte als die des § 281 zustehen (BGH **25**, 10).

8   **3) Rechtsfolgen. – a)** § 281 hat keine dingl Wirkg (RG **94**, 23); er regelt vielmehr (ähnl wie §§ 667, 816) einen Fall schuldrechtl Surrogation (Rn 1). Der dch § 281 begründete Anspr ist weder ein SchadErs- noch ein BereicherungsAnspr, sond ein **Ausgleichsanspruch eigener Art.** Er entsteht nicht kr Ges, sond nur wenn der Gläub es verlangt (sog verhaltener Anspr). Da er auf dem ursprüngl SchuldVerh beruht, haften für ihn Bürgen u Pfänder weiter. Der Anspr setzt voraus, daß der Schu den Ers od ErsAnspr wirkl **erlangt** hat (BGH **114**, 39); es genügt nicht, daß er etwas hätte erlangen können. Ein Verkaufserlös ist in voller Höhe herauszugeben, nicht nur in Höhe des gemeinen Wertes (RG **138**, 48, MüKo/Emmerich Rn 25). Späterer Verlust befreit den Schu nur, wenn er ihn nicht zu vertreten hat (§ 275). Andf gilt § 280 (nicht § 818 III). Die HerausgPfl erstreckt sich auch auf gezogene Nutzgen (BGH NJW **83**, 930). Eig Aufwendgen darf der Schu abziehen (RG **138**, 51); soweit er im Rahmen seines Gewerbes tät geworden ist, gebührt ihm auch ein Ausgl 9 für den Wert seiner Dienste. – **b)** Hat der Gläub neben dem Anspr aus § 281 einen **Schadensersatzanspruch** (§ 280 od § 325), besteht zw beiden Anspr eine elektive Konkurrenz (§ 262 Rn 6). Der Gläub hat – and als iF der Wahlschuld – ein jus variandi. Auch wenn er über den einen Anspr ein rechtskr Urt erstritten hat, kann er noch den weitergehden and Anspr geltd machen (BGH NJW **58**, 1041). Der Schu ist dagg nicht 10 berecht, den Gläub auf das stellvertretde commodum zu verweisen (RG **105**, 155). – **c)** Nach **II** ist der Wert des Ers auf den SchadErsAnspr **anzurechnen.** Die Vorschr beruht auf dem Gedanken der VortAusgl. Stellt sich der abgetretene ErsAnspr als nichtdchsetzb heraus, entfällt die Anrechng (Staud-Löwisch Rn 27, str). II soll einen ungerechtfert Gewinn des Gläub verhindern, ihm aber nicht das Risiko der Bonität des DrittSchu 11 überbürden. Bei **gegenseitigen Verträgen** gilt für die Pfl zur GgLeistg § 323 II. – **d)** Die **Beweislast** dafür, daß der Schu Ers od einen ErsAnspr erlangt hat, trägt der Gläub. Ist dieser Bew gelungen, steht ihm hins der Höhe ein AuskAnspr zu (BGH NJW **83**, 930, Hamm VersR **87**, 316).

282   *Beweislast bei Unmöglichkeit.*   **Ist streitig, ob die Unmöglichkeit der Leistung die Folge eines von dem Schuldner zu vertretenden Umstandes ist, so trifft die Beweislast den Schuldner.**

1   **1) Beweislastverteilung bei Unmöglichkeit. – a) Bedeutung des § 282.** § 282 enthält für den SchadErsAnspr aus §§ 280, 325 eine Beweislastumkehr zG des Gläub. Da das Vertretenmüssen in §§ 280, 325 AnsprVoraussetzg ist, müßte es nach allg BewLastGrds an sich vom Gläub nachgewiesen w. § 282 weicht hiervon ab u legt dem Schu den Bew des Nichtvertretenmüssens auf. Das entspr der BewLastVerteilg iF des Verzugs (§ 285 Rn 1). Verlangt der Gläub Erf, ist § 282 dagg einschlägig. Der Schu, der sich ggü dem ErfAnspr auf § 275 beruft, hat schon nach allg RGrds dessen Voraussetzgen zu beweisen (Hamm NJW-RR **88**, 1087). Die allg Grds der BewLast entscheiden auch darüber, wer nachzuweisen hat, ob überhaupt Unmöglichk gegeben ist. Die BewLast hat, wer **Rechte** aus der Unmöglichk **herleiten** will, also der Gläub, wenn er auf SchadErs klagt, der Schu, wenn er ggü der ErfKlage Unmöglichk einwendet (allgM). – 2 **b) Grund** für die in § 282 angeordnete BewLastUmkehr ist der Gedanke, daß idR der Schu am besten die Umst aufklären kann, die die Leistg unmögl machen (BGH NJW **65**, 1584, **LM** § 688 Nr 2 Bl 3). Die § 282 zGrde liegde Vermutg, daß der Schu die Unmöglichk zu vertreten hat, ist zugl Ausdr des mit der Schuld 3 übernommenen Leistgsrisikos (Soergel-Wiedemann Rn 3). – **c) Anwendungsbereich.** § 282 gilt für alle vertragl u gesetzl SchuldVerh. Gleichgültig ist, welche RFolge der Gläub aus der Leistgstörg herleiten will. § 282 gilt nicht nur für SchadErsAnspr, sond auch, wenn der Gläub zurücktritt, eine VertrStrafe verlangt, od eine Verfallklausel geltd macht. Auch RückgewährPflten werden erfaßt, so die des Mieters (BGH NJW **53**, 59, Düss OLGZ **75**, 319), des Verwahrers (BGH **LM** § 688 Nr 11) u des Käufers nach Wandlg (BGH NJW **75**, 44). § 282 ist auf alle Arten der nachträgl Unmöglichk anzuwenden, auch auf das Unvermögen u die Teilunmöglichk. Er gilt daher auch dann, wenn die herauszugebde Sache nur in beschädigtem Zustand zurückgewährt w kann (BGH **3**, 174, Düss MDR **74**, 1017). Nicht anwendb ist § 282 auf delikt Anspr 4 (Rn 24) u iF des § 254 (BGH **46**, 268). Zur Anwend im öffR s Rn 22. – **d) Vertretenmüssen.** Der Schu muß dartun, daß er die Unmöglichk nicht zu vertreten hat. Der EntlastgsBew muß sich daher auch auf das Versch von ErfGehilfen erstrecken (RG **101**, 153, BGH Warn **69** Nr 41). Besteht eine Haftgsmilderg, genügt der Bew, daß der Grad an Sorgf beobachtet worden ist, für den der Schu einzustehen hat (BGH **46**, 267, BAG NJW **85**, 220, BVerwG **52**, 260); dagg soll es nach der ADSp Sache des AuftrGeb sein, das grobe Verschulden des Spediteurs zu beweisen (BGH NJW-RR **93**, 863, Mü NJW-RR **93**, 926, Köln VersR **93**, 5 1255). – **e) Entlastungsbeweis.** An ihn dürfen **keine zu hohen Anforderungen** gestellt w (Mot II S 48, BGH NJW **53**, 59, NJW-RR **90**, 447: Verdacht vorsätzl Brandstiftg). Er ist erbracht, wenn der Schu die Ursache der Unmöglichk nachweist u dartut, daß er diese nicht zu vertreten hat. Es genügt aber auch, daß der Schu den Grund der Unmöglichk wahrscheinl macht u beweist, daß er für diesen nicht einzustehen hat (BGH **116**, 337). Ist die Ursache unaufklärb, kann sich der Schu dch den Bew entlasten, daß er alle ihm obliegde Sorgf beobachtet hat (RG **74**, 344, BGH NJW **65**, 1585). Der Schu ist aber beweisfäll, wenn nach den Umst des Falles die ernsth Möglichk offen bleibt, daß er die NichtErf zu vertreten hat (BGH NJW **52**, 1170, Warn **69** Nr 41). Hat er mehrere mögl Ursachen für die Unmöglichkeit gesetzt, muß er für jede den EntlastgsBew erbringen (BGH NJW **80**, 2187 zur pVV). Wird der Anspr erst viele Jahre nach Eintritt der Unmöglichk geltd gemacht, kann sich die BewLast umkehren (BGH WM **72**, 19).

6   **2) Beweislastverteilung bei positiver Vertragsverletzung. – a) Allgemeines.** Rspr u Lehre stimmen darin überein, daß dem Gläub auch iF einer pVV nicht einschränkgslos die BewLast für alle Voraussetzgen des SchadErsAnspr auferlegt werden kann. Streit herrscht aber darüber, in welchem Umfang BewErleich-7 tergen zG des Gläub zul sind u auf welches RPrinzip die BewLastUmkehr gestützt w kann. – **aa)** Das **Schrifttum** hat im Anschluß an Raape (AcP **147**, 212) urspr überwiegd die Ansicht vertreten, § 282 sei auf die pVV **entsprechend anwendbar.** Der Gläub habe die obj PflWidrigk zu beweisen, der Schu das Nichtvertretenmüssen. Die nunmehr hL stellt bei der BewLastVerteilg dagg auf die **Art der verletzten Pflicht** ab (Stoll AcP **176**, 145, Baumgärtel Anh § 282 Rn 51, Heinemann BewLVerteilg bei pFV, 1988). Ist ein best **Erfolg geschuldet,** muß sich der Schu iF des Nichteintritts entlasten, dh er muß beweisen, daß das Ausbleiben des Erfolges nicht von ihm zu vertreten ist. Erfolg kann auch die Vermeidg eines Schadens, etwa

eines Transport- od Diebstahlsschadens, sein. Ist nur ein best **Verhalten geschuldet,** so hat der Gläub die Verletzg der VerhaltensPfl u deren Kausalität für den Schaden zu beweisen. Auch die BewLast für das Vertretenmüssen soll grdsl dem Gläub obliegen; in welchem Umfang hiervon Ausn zu machen sind, ist ebso str wie die Abgrenzg zw erfolgs- u verhaltensbezogenen Pflten. – **bb)** Die **Rechtsprechung** des RG hat für **8** Wk-, Dienst- u GastaufnVertr eine BewLastUmkehr bejaht, wenn die Schadensursache aus dem Gefahrenkreis des Schu hervorgegangen ist u die Sachlage zunächst den Schluß rechtfertigt, daß der Schu die ihm obliegde SorgPfl verletzt hat (RG 112, 42, **148,** 150, **171,** 171). Der **BGH** hat diese Rspr, teils unter Hinw auf § 282, teils ohne Bezugn auf die Vorschr, zu einer BewLastVerteilg nach **Gefahren- oder Verantwortungsbereichen** weiterentwickelt (BGH **64,** 51, **66,** 53, NJW **78,** 2197, **80,** 2186 uö mit Hinw auf § 282; BGH **8,** 241, **48,** 312, NJW **87,** 1938 uö ohne Hinw auf § 282). Danach gilt der Grds: Fällt dem Schu obj eine PflVerletzg zur Last od ist die Schadensursache in sonst Weise aus seinem Verantwortgsbereich hervorgegangen, so muß er beweisen, daß er die PflVerletzg nicht zu vertreten hat. Diesen Grds erstreckt die Rspr auf prakt alle VertrTypen u auch auf vertragsunabhängige SchutzPflten (Rn 10). – **cc) Eigene Stellung-** **9** **nahme.** Der Rspr des BGH ist zuzustimmen. Ihre Grds sind entgg der Kritik in der Lit (MüKo/Emmerich Rn 370 v § 275) hinr bestimmt (s Rn 11– 16), ihre Ergebn sachgerecht. Zu berücksichtigen ist außerdem, daß das **AGBG** in § 11 Nr 15a die BewLastVerteilg nach Verantwortgsbereichen als einen dch richterrechtl RFortbildg geschaffenen **Rechtssatz anerkennt.** Der Vorschlag, zw erfolgs- u leistgsbezogenen Pflten zu unterscheiden, kann ohne Bruch in die von der Rspr entwickelte BewLastVerteilg übernommen w (Rn 12); allerdings ist die Abgrenzg zw erfolgs- u leistgsbezogenen Pflten in Wahrh unsicherer als die der Verantwortgsbereiche der Beteiligten.

b) Anwendungsbereich. Die BewLastVerteilg nach Verantwortgsbereichen gilt für **alle Vertragsty-** **10** **pen** (s aber zum ArztVertr u zu weiteren Sonderfällen Rn 17ff), so für BeherberggsVertr (RG **169,** 97), GastAufnVertr (RG **160,** 155), WkVertr (BGH **23,** 290, **48,** 312), BefördergsVertr (BGH **8,** 241), SchleppVertr (BGH **27,** 238), ReiseVertr (BGH NJW **87,** 1938), EntsorggsVertr (Hamm NJW-RR **90,** 667). VerwahrgsVertr (BGH **3,** 174), DienstVertr (BGH **28,** 254, NJW **85,** 264), Auftr (BGH VersR **93,** 1274), GeschBesorggsVertr (BGH WM **72,** 583), MietVertr (BGH NJW **64,** 35, **78,** 2197), KaufVertr (BGH **64,** 51, **LM** § 326 (H) Nr 8), MaklerVertr (BGH NJW **82,** 1147). Sie erfaßt neben den Anspr aus pVV auch **andere Ansprüche,** soweit deren BewSituation vergleichb ist. Das gilt für den Anspr aus § 635 (BGH **48,** 312), aus § 651 f (BGH **100,** 188), aus **culpa in contrahendo** (BGH **66,** 54, **67,** 387, NJW **62,** 31, **87,** 640), aus dem gesetzl SchuldVerh zw Ladgsbeteiligten u Schiffer (BGH VersR **77,** 326, Köln OLGZ **72,** 26, Hbg VersR **72,** 658), aus § 989 (dort Rn 1). Auf delikt Anspr ist die BewLastVerteilg nach Verantwortgsbereichen dagg nicht übertragb; eine Ausn bildet allein die Produzentenhaftg (BGH **51,** 104, NJW **92,** 1039).

c) Der **Gläubiger** trägt die BewLast dafür, daß der Schu **objektiv** eine ihm obliegde **Pflicht verletzt** hat **11** (BGH **28,** 253, **48,** 312, NJW **85,** 264). Dabei ist zu unterscheiden: – **aa)** IdR muß der Gläub den **vollen Beweis** einer PflVerletzg erbringen. Das gilt auch dann, wenn die PflVerletzg in einem Unterl, etwa der Verletzg einer Beratgs- od AufklPfl, besteht (BGH NJW **87,** 1322, **88,** 202, NJW-RR **90,** 29, 1423). Soweit es um Beratgs- u AufklärgsPflten des Steuerberaters geht, soll dieser dagg bewbelastet sein (BGH NJW **82,** 1516, s aber BGH NJW **86,** 2570, **92,** 1697 u § 363 Rn 1). And ist die BewLastVerteilg, wenn für den Dienstleister ausnw eine DokumentationsPfl besteht (Rn 20). Beim Wk-, Reise- od KaufVertr genügt es, wenn eine im RSinn mangelh Leistg nachgewiesen w (BGH **48,** 312, **100,** 188, **LM** § 433 Nr 36, NJW-RR **95,** 684), wenn nachweisl eine gebotene Aufkl unterlassen worden ist (BGH **66,** 53, NJW **78,** 2197), wenn im Verantwortgsbereich des Schu ein verkehrsunsicherer Zustand bestanden hat (BGH **66,** 53, Gemüseblatt; DB **86,** 1771, gefährl Bodenbelag; BGH BB **95,** 1611, gesundheitsgefährdder ArbPlatz) od wenn beim PferdepflegeVertr verdorbenes Futter verfüttert worden ist (BGH NJW **80,** 2186). Die BewLastUmkehr rechtfertigt sich in diesen Fällen aus dem Bestehen einer ggständl VertrWidrigk. – **bb)** Die PflVerletzg des Schu kann sich auch **12** daraus ergeben, daß der Gläub bei Durchführg des Vertr einen **Schaden** erlitten hat (Hamm NJW-RR **89,** 468). Ein solcher Schluß vom Schaden auf die PflVerletzg ist zul, wenn der Schu nach dem VertrInh die **erfolgsbezogene** Pfl hatte, einen Schaden wie den eingetretenen zu verhindern (Rn 7). Beim Befördergs-Vertr muß der Untern dafür sorgen, daß die zu befördernde Pers „wohlbehalten" am Bestimmungsort anlangt (BGH **8,** 242). Eine Schädigg beweist daher zugl eine PflVerletzg (BGH aaO), so die Verletzg des Patienten währd eines Transports im Krankenhaus (BGH NJW **91,** 1541), aber auch das Vernageln des Hufschmieds (Köln VersR **90,** 389). Entspr gilt für den SchleppVertr (BGH **27,** 239), den VerwahrVertr (BGH **3,** 174), den LagerVertr (BGH **41,** 153), den BewachgsVertr (LG Mö-Gladb NJW-RR **89,** 859), u den Beherberggs- u GastaufnVertr (RG **160,** 155, **169,** 97). – **cc)** Der Schluß von einer Schädigg auf eine PflVerletzg ist auch dann gerechtfertigt, wenn der Gläub dartut, daß die SchadensUrs allein aus dem **13** **Verantwortungsbereich** des Schu herrühren kann (BGH NJW-RR **91,** 576, **93,** 795, NJW **93,** 1706). So liegt es, wenn der Schaden entweder dch das Personal od das Gerät des Schu verursacht worden ist (BGH BauR **85,** 705), wenn bei der Arbeit des Untern ein Brand entsteht (BGH VersR **60,** 345), wenn der Pkw beim Dchlaufen der Autowaschanlage beschädigt w (Hbg DAR **84,** 260, Kblz NJW-RR **95,** 1135, LG Bayr NJW **82,** 1766, Pardey DAR **89,** 337, differenziert Bambg NJW **84,** 929, aA LG Hanau DAR **84,** 26, LG Kassel DAR **89,** 28), wenn ein Wasserschaden dem Umst nach seine Urs in der Sphäre des Vermieters hat (BGH NJW **64,** 33, AG Wedding NJW-RR **92,** 968), wenn trotz VertrWidrigk der Schu an der Mietsache allein Urs aus dem Gefahrenkreis des Mieters in Betracht kommen (BGH **126,** 129), wenn bei der Anlieferg Heizöl überläuft (BGH NJW **78,** 1576, LG Trier NJW-RR **92,** 1378), wenn Pkw auf einem bewachten Parkplatz von Randalierern beschädigt w (LG Mö-Gladbach VersR **89,** 1151), wenn die persönl GeheimNr (PIN) mißbraucht worden ist (Zweibr NJW-RR **91,** 241). Wird die wg Eigenbedarf gekündigte Wohng anderweit vermietet, muß der Vermieter nachweisen, daß der Eigenbedarf nicht vorgetäuscht war (LG Hbg NJW-RR **93,** 333).

d) Für den **Kausalzusammenhang** zw der PflVerletzg u dem Schaden trägt der Gläub die BewLast **14** (BGH NJW **78,** 2197, **80,** 2186, **88,** 203, **89,** 2946). Es gelten aber drei Ausn: **aa)** Hat ein Arzt einen **groben Behandlungsfehler** begangen, der geeignet war, einen Schaden wie den eingetretenen herbeizuführen, tritt hins der Ursächlichk eine Umkehr der BewLast ein (Rn 19). Das gilt entspr für die grobe Verletzg **sonst Berufspflichten,** sofern sie dem Schutz von Leben u Gesundh dienen. Bsp: Krankenpflegepersonal (BGH

NJW **71**, 243), Bademeister (BGH NJW **62**, 959), Kirmeskiosk (Köln OLGZ **70**, 315), Warenproduzenten (aA BGH NJW **92**, 563), aber auch Tierärzte (Mü NJW-RR **89**, 988). Eine entspr BewLUmkehr ist auch bei Vermögensschäden zu bejahen, wenn eine grobe PflVerletzg eines **Rechtsanwalts** od eines Freiberuflers mit ähnl Vertrauensstellg nachgewiesen ist (s Heinemann NJW **90**, 2352, aA BGH NJW **88**, 203, **94**, 3298). –

15 **bb)** Wer vertragl od vorvertragl Beratgs- od **Aufklärungspflichten** verletzt hat, ist bewpflicht dafür, daß der Schaden auch bei pflichtgem Verhalten entstanden wäre, der Geschädigte sich also nicht „aufklärgsrichtig" verhalten hätte (BGH **61**, 118, **64**, 51, **72**, 106, **89**, 103, **124**, 159). Das gilt zB für AufklFehler des Verkäufers (BGH **64**, 51, **111**, 82), des RAnw (BGH NJW **92**, 240, **93**, 3259, Köln NJW-RR **94**, 28), des Steuerberaters (BGH NJW-RR **92**, 1115), der Bank (BGH **72**, 106), des Arztes (BGH **89**, 103), des Terminoptionsvermittlers (BGH **124**, 159) u iF der Prospekthaftg (BGH NJW **92**, 3296). Bei Vertr mit rechtl Beratern soll die Vermutg nach der neueren Rspr des BGH keine Umkehr der BewLast bewirken, sond ein Anwendgsfall des AnschBew sein (BGH **123**, 314, **126**, 223, NJW **94**, 1472). Dafür sprechen gute Grde (Stodolkowitz VersR **94**, 11, Grunewald ZIP **94**, 1162), allerdings muß die Vermutg dann in ihrem ganzen Anwendgsbereich dem AnschBew zugeordnet werden (aA BGH **124**, 159). Die Vermutg gilt auch ggü demj, der, ohne selbst aufklärgspflicht zu sein, die Aufkl argl verhindert hat (BGH NJW **84**, 1688). Sie gilt auch für konkurrierde delikt Anspr (BGH NJW **84**, 1688, WM **86**, 735) u auch für Instruktionsfehler des Warenproduzenten (BGH **116**, 73). Die BewLastUmkehr betrifft allein die mögl Nichtbefolgg des Hinw, im übr bleibt es bei der BewLast des Geschädigten (BGH NJW **74**, 795). Sie setzt voraus, daß ein auf ein best Verhalten gerichteter Rat zu erteilen war (BGH NJW **81**, 630, **89**, 2946, Saarbr NJW **89**, 2759), gilt also nicht, wenn mehrere Verhaltensalternativen in Frage kamen (BGH NJW **94**, 2541). Sie kann entfallen, wenn die Befolgg des Rats neben Vorteilen auch wesentl Nachteile gebracht hätte (BGH NJW-RR **89**, 153). Sie ist widerlegt, wenn der Geschädigte entspr fr Belehrgen unbeachtet gelassen hat (Stgt ZIP **95**, 641) od das schädigde Verhalten trotz Aufkl fortsetzt (Köln NJW-RR **95**, 112). – **cc)** Ergibt sich die PflVerletzg daraus, daß der Gläub bei der Abwicklg des Vertr einen Schaden erlitten hat (Rn 12 u 13), entfällt ein bes Kausalitätsbeweis.

16   **e)** Hat der Gläub den ihm gem Rn 11 ff u 14 ff obliegden Bew erbracht, muß der **Schuldner beweisen,** daß er die VertrVerletzg **nicht zu vertreten** hat (BGH **8**, 241, **23**, 290, **27**, 238). Er muß eigenes Versch u das von ErfGeh ausschließen (BGH NJW **87**, 1938). Die Ausführgen in Rn 4 u 5 gelten entspr. Kommen als SchadUrs zwei obj pflichtwidr Hdlgen des Schu in Betracht, w er nur dann von der Haftg frei, wenn er hins beider Urs seine Schuldlosigk dartut (BGH NJW **80**, 2186).

17   **3) Sonderfälle.** – **a)** Auch im **Arbeitsrecht** ist § 282 auf die pVV entsprechd anzuwenden (BAG NJW **57**, 647, **65**, 709, **AP** Nr 7, DB **75**, 356); das gilt insb für Anspr aus § 618 (dort Rn 8). § 282 ist aber unanwendb, wenn gg den ArbNeh Anspr aus gefahrgeneigter Arb geltd gemacht w (BAG **19**, 70, NJW **71**, 968, BGH NJW
18 **73**, 2020). – **b) Arzthaftung.** Der Patient hat idR sowohl den Behandlungsfehler als auch den UrsachenZushang zw diesem u dem Schaden zu beweisen (BGH NJW **69**, 554, **80**, 1333). Der Beweis, daß im Zushang mit der Behandlg ein Schaden entstanden ist, genügt nicht (BGH NJW **69**, 554). Die Anfordergen an den vom Patienten zu erbringden Beweis dürfen aber nicht überspannt w (BVerfG NJW **79**, 1925, Giesen JZ **90**, 1061). Ist str, ob der Eingriff überhaupt vorgenommen worden ist, ist der Arzt beweisbelastet (BGH NJW **81**, 2003); entspr gilt für die Erf der AufklPfl (BGH NJW **84**, 1808). Zur Würdigg von med SachVerstGutachten s BGH NJW **75**, 1463, **81**, 2009. Steht eine PflVerletzg (Behandlgsfehler) des Arztes (Tierarztes) fest, soll § 282 nach der Rspr unanwendb sein (BGH **LM** ZPO 286 (C) Nr 25, NJW **81**, 2004, **77**, 1102). Nur bei Einsatz eines obj mangelh Geräts läßt die Rspr eine Ausn zu (BGH NJW **78**, 584, Hamm VersR **80**, 585). Das überzeugt nicht. Der ArztVertr kann hins der BewLastUmkehr für das Verschulden nicht and behandelt w als alle and SchuldVertr (Giesen ArzthaftgsR 4. Aufl 1995, Rn 375). Bes Bedeutg hat dieser Streit allerdings nicht. Der Fall, daß ein Ger einen Behandlgsfehler feststellt, ein Verschulden des Arztes aber als nicht bewiesen ansieht, kommt prakt kaum vor (Baumann JZ **83**, 168). Der Patient kann sich zum Beweis des Kunstfehlers u des UrsZushangs zw Kunstfehler u Schaden vielf auf den Beweis des ersten Anscheins berufen (Vorbem 163 v
19 § 249). Außerdem findet in folgden Fällen eine Umkehr der BewLast statt. – **aa)** Hat der Arzt einen **groben Behandlungsfehler** begangen, der geeignet war, einen Schaden, wie den tatsächl eingetretenen, herbeizuführen, muß er auch ggü dem delikt Anspr die Nichtursächlichk seines Versch beweisen (BGH **72**, 133, **85**, 216, § 823 Rn 170). Voraussetzg ist, daß sich das Risiko verwirklicht, dessen Nichtbeachtg den Fehler als grob erscheinen läßt (BGH NJW **81**, 2513). Sie kann entfallen, wenn der UrsZushang zw Behandlgsfehler u Schaden gänzl unwahrscheinl ist (BGH NJW **88**, 2949, **95**, 778). Es muß sich um einen Fehler handeln, der dem Arzt „schlechterdings nicht unterlaufen darf" (BGH NJW **83**, 2081, **86**, 1540, **88**, 1511), so etwa, wenn eine eindeut gebotene Untersuchg nicht dchgeführt (Karlsr NJW **87**, 718) od eine therapeut gebotene Aufkl unterlassen worden ist (BGH **107**, 222). Zu werten ist nach obj Kriterien, nicht nach dem Grad der Vorwerfbark (BGH NJW **92**, 754). Der Arzt muß den vollen KausalitätsGgBew führen, u zwar auch hinsichtl der Frage, ob Vorschäden SchadUrs sein können (BGH VersR **70**, 839); Bew der ernsth Möglichk einer and Ursache genügt nicht. Ist str, ob aus dem Erstschaden weitere Schäden entstanden sind, gilt die BewLastUm-
20 kehr nicht (BGH NJW **88**, 2948). – **bb)** Auch bei unricht od unzulängl ärztl **Dokumentation** u bei groben Verstößen gg die Pfl zur Befundsicherg kann sich die BewLast umkehren, sof dem Patienten wg der aus dem Verantwortgsbereich des Arztes stammden AufklHindern die BewLast nicht mehr zugemutet w kann (BGH **72**, 138, **85**, 212, Köln NJW-RR **95**, 346). Das gilt entspr für die DokumentationsPfl des RAnw (Heinemann
21 NJW **90**, 2353) u des ZwVerwalters (BGH NJW **86**, 61). – **c)** Die in Rn 6 ff dargestellten BewLastGrds gelten auch bei **Kassenfehlbeständen** u für die sonstige Mankohaftg; der ArbG (Dienstherr) muß beweisen, daß im Verantwortgsbereich des ArbN (Beamten, GeschFü) ein Fehlbestand entstanden ist (BGH NJW **86**, 54); dazu gehört idR Bew, daß der ArbN allein Zugang u Vfg über die Kasse hatte (BGH NJW **85**, 220); sodann ist es Sache des ArbN (Beamten, GeschFü) sich zu entlasten (BGH **5**, 26, BAG **19**, 5, BVerwG **37**, 199, **52**, 260,
22 LAG BaWü BB **68**, 1289, Karlsr DB **69**, 742). – **d)** Der RGedanke des § 282 ist auch im **öffentlichen Recht** anzuwenden, so insb bei öffentl Verwahrg (BGH **3**, 174, **4**, 195, NJW **90**, 1230, Einf 7 vor § 688), öffrechtl Liefergsbeziehg (BGH **59**, 309), öffrechtl TrhdVerhältn (BGH NJW **52**, 659), Haftg des Kassenbeamten für Fehlbestände (Rn 21), dagg nicht bei Haftg des Soldaten für den Verlust von AusrüstgsGgstden (BVerwG NJW **86**, 2523).

4) a) § 282 ist **dispositives Recht.** Er kann dch IndVereinbg, nicht aber dch AGB abgeändert w (AGBG 23 11 Nr 15). Wird in einem Vertr das Versch ausdr als AnsprVoraussetzg genannt, so enthält das iZw keine Änd des § 282 (Hbg GRUR **80,** 874). – **b)** Die BewLastUmkehr für vertragl Anspr gilt nicht für die 24 konkurrierenden Anspr aus **Delikt** (RG **160,** 156, **169,** 97 stRspr). Der Verletzte muß daher, auch wenn für den VertrAnspr § 282 gilt, für den SchmerzGAnspr das Versch des Schädigers beweisen. Die BewErleichtergen bei groben PflVerletzgen (Rn 14), bei Verletzg der DokumentationsPfl (Rn 20) u bei Verletzg der AufklPfl (Rn 15) ist aber auch im DeliktsR anwendb.

283 *Fristsetzung nach Verurteilung.* [I] Ist der Schuldner rechtskräftig verurteilt, so kann der Gläubiger ihm zur Bewirkung der Leistung eine angemessene Frist mit der Erklärung bestimmen, daß er die Annahme der Leistung nach dem Ablaufe der Frist ablehne. Nach dem Ablaufe der Frist kann der Gläubiger Schadensersatz wegen Nichterfüllung verlangen, soweit nicht die Leistung rechtzeitig bewirkt wird; der Anspruch auf Erfüllung ist ausgeschlossen. Die Verpflichtung zum Schadensersatze tritt nicht ein, wenn die Leistung infolge eines Umstandes unmöglich wird, den der Schuldner nicht zu vertreten hat.

[II] **Wird die Leistung bis zum Ablaufe der Frist nur teilweise nicht bewirkt, so steht dem Gläubiger auch das im § 280 Abs. 2 bestimmte Recht zu.**

1) Allgemeines. – a) Bestehen AnhaltsPkte dafür, daß dem Schu die Leistg unmögl ist, h der Gläub für 1 die Geltdmachg seiner Rechte folgde Möglichk: – **aa)** Er kann **Klage auf Erfüllung** erheben. Für sie besteht wg der SchadErsPfl aus § 283 auch dann ein RSchutzInteresse, wenn das ErfUrt nicht vollstreckt werden kann (BGH **56,** 308, 312, NJW **74,** 2317). Die ErfKl ist allerd abzuweisen, wenn Unmöglichk od Unvermögen feststehn (§ 275 Rn 25). Der Gläub kann aber zum Antr auf SchadErs od Herausg des Erlangten (§ 281) übergehen, ohne daß ihm der Einwand der KlÄnd entggehalten w kann (ZPO 264 Nr 3). – **bb)** Der Gläub kann auch alsbald **Klage auf Schadensersatz wegen Nichterfüllung** erheben. Abgesehen von Sonderregelgen, insb im GewlR, besteht SchadErsAnspr wg NichtErf aber nur: **(1)** wenn die Leistg inf eines vom Schu zu vertreten Umst unmögl gew ist (§§ 280, 325); **(2)** wenn die Leistg inf des Verz für den Gläub kein Interesse mehr h (§§ 286 II, 326 II); **(3)** bei ggs Vertr nach FrSetzg gem § 326 I u in best Fällen der pVV (§ 276 Rn 124). – Stützt der Gläub seinen SchadErsAnspr auf § 280 od § 325, muß er den uU schwier Bew der Unmöglichk führen (§ 282 Rn 1). Soweit die §§ 286 II, 326 I u II unanwendb sind, w sich der Gläub daher vielf für den Weg der ErfKl entscheiden.

b) Hat der Gläub auf Erf geklagt u ein entspr Urt erzielt, **erleichtert § 283** den **Übergang zum** 2 **Schadensersatzanspruch** wg NichtErf. Der Gläub braucht dem Schu nach Rechtskr des Urt nur eine angem Fr zu setzen u zu erkl, daß er die Leistg nach FrAblauf ablehnen w. Mit Ablauf der Fr endet die Bindg des Gläub an den ErfAnspr: er kann SchadErs verlangen, ohne den UnmöglichkBew zu führen od einen VollstrVersuch zu unternehmen. Er hat alternativ die Möglichk, nach Maßg der §§ 286 II, 325, 326 zum SchadErsAnspr übergehen (RG Warn **12** Nr 375), muß aber die Voraussetzgen dieser Vorschr dartun. – § 283 ist auf die Haftgs- u GefahrtraggsGrds der §§ 275, 280 (§§ 323, 325) zugeschnitten (K. Schmidt MDR **73,** 974). Er gilt aber grdsätzl auch dort, wo SonderVorschr die Geltg der §§ 275, 280 ausschließen; jedoch muß sichergestellt w, daß etwaige für den Schu günstigere HaftgsBest dch Anwendg des § 283 nicht unterlaufen w (Rn 3 zum Anspr aus § 985).

2) Anwendungsbereich. § 283 ist grdsätzl bei allen SchuldVerh anwendb. Er gilt nicht nur für ErfAnspr 3 ieS, sond auch für Anspr aus Künd, § 556 (BGH **56,** 308, 312), Rücktr, Wandlg (RG **66,** 67), ungerechtf Ber (vgl K. Schmidt MDR **73,** 973), Anspr auf Veröffentlichg eines Widerrufs (KG NJW-RR **95,** 479) u Anspr aus dem AnfG (Köln ZIP **91,** 1370). Unanwendb ist er bei Urt auf Abgabe einer WillErkl, weil bei diesen mit Rechtskr Erf eintritt, ZPO 894 (BGH **53,** 34). Bei einseit ZahlgsAnspr ist § 283 ebenf funktionslos; und aber bei ZahlgsAnspr aus ggs Vertr, da § 325 II dem Gläub hier (neben dem SchadErsAnspr) ein RücktrR u die Rechte aus § 323 gewährt. Auf den Anspr auf Naturalrestitution (§ 249 S 1) ist § 283 entspr anwendb (BGH **97,** 178, aA Kohler JuS **92,** 59). Auch auf dingl Anspr findet § 283 Anwendg (Einl 24 vor § 241). Er gilt insb für den Anspr aus § 985 (BGH **53,** 32). Geht der Eigtümer gem § 283 vor, kann der Besitzer analog § 255 Übertr des Eigt verlangen (K. Schmidt ZZP **87,** 71, str). Beim mittelb Besitzer könnte die Anwendg des § 283 dazu führen, daß er SchadErs leisten muß, ohne daß die Voraussetzgen der §§ 989, 990, 993 vorliegen (Rn 2 aE). BGH **53,** 29 löst diesen Konflikt dadch, daß er gg den mittelb Besitzer idR nur einen Anspr auf Abtr des HerausgAnspr gibt, der sich gem ZPO 894 von selbst vollstreckt (str, s § 985 Rn 3).

3) Voraussetzungen. – a) Erforderl ist ein **rechtskräftiges Urteil.** Das VorbehUrt im UrkProz sowie 4 der VollstrBescheid stehen gleich, dagg sind ein vorläuf vollstreckb Urt u ein gerichtl Vergl nicht ausr (LG Trier NJW **90,** 2391, K. Schmidt ZZP **87,** 51). – **b)** Erforderl ist weiter **Fristsetzung** u Erkl der **Ablehnung** 5 (§ 326 Rn 14 ff u 19 ff). Die FrSetzg kann gem ZPO 255 bereits im ErstUrt erfolgen. Sie ist entbehrl, wenn der Schu erkl od im ErstProz erkl h, daß er nicht leisten könne od wolle (RG **96,** 21, **109,** 236), ebso, wenn Gläub die Vollstr fruchtlos versucht h (RG **109,** 236). Währd des FrLaufs besteht LeistgsAnspr fort. Der Gläub muß die angebotene Leistg annehmen, sonst gerät er in AnnVerz. Er kann vollstrecken u, wenn sein Interesse nach FrSetzg entfällt, gem § 286 II od § 326 II vorgehen. Nach fruchtlosem FrAblauf entfällt der LeistgsAnspr; er wandelt sich ipso jure in SchadErsAnspr um. – **c)** Der Anspr aus § 283 geht auf SchadErs 6 wg NichtErf des LeistgsAnspr, nicht etwa auf SchadErs wg Nichtbefolgg des ErstUrt (RG **117,** 67). Der Gläub kann seinen SchadErsAnspr daher auch auf Umst stützen, die sich erst in letzten mdl VerhTm im ErstProz eingetreten sind (RG aaO); den UnmöglichkBew braucht er nicht mehr zu führen. Die **Rechtsnatur** des Anspr aus § 283 u ZPO 767 II schließen es aus, daß sich der Schu auf eine vor dem ErstUrt eingetretene, nicht zu vertretde Unmöglichk berufen kann (RG **107,** 19, **117,** 68, BGH **53,** 33, Hbg MDR **68,** 666). Auch alle übrigen vor dem ErstUrt entstandenen Einwendgen sind ausgeschl (RG **107,** 19, **117,** 68); und ist es nur beim Einwand, der Gläub h auf Anspr aus § 283 verzichtet (zT abw Kühne JZ **70,** 189, E. Schwerdtner, Verz im SachenR, 1973, S 144). Der Schu kann nur geltd machen, daß die Erf nach der letzten mdl Verh des ErstProz dch einen von ihm nicht zu vertretenden Umst unmögl gew sei (I 3). Die prakt Bedeutg dieser Vorschr ist aber gering: Da der Schu sich wg der Verurteilg, zumindest aber wg der FrSetzg im Verz befindet, h er gem § 287 S 2 idR auch für zufäll Unmöglichk einzustehen. Zul ist der Einwand, der Gläub habe das ErstUrt sittenw erschlichen (RG HRR **28**, 2265), ferner die Aufr mit GgFdgen (BGH NJW **75**, 7 1119). – **d) Verfahrensrechtliches.** Örtl u sachl ausschl zust ist das ProzGer des ErstProz (ZPO 893, 802). Der SchadErsAnspr kann nicht bereits hilfsw mit dem LeistgsAnspr im ErstProz verbunden w (Staud-Löwisch Rn 26). Ein derart (unechter) HilfsAntr ist aber unter den Voraussetzgen des ZPO 259 zul (Staud-Löwisch aaO, K. Schmidt ZZP **87**, 68, Schlesw NJW **66**, 1929, aA Mü OLGZ **65**, 11), u zwar auch dann, wenn der HilfsAntr später entscheidgsreif ist als der HauptAntr (aA Kblz AnwBl **90**, 108). Bei Kl vor dem AmtsG vor Vornahme einer Hdlg ist evt Verurteilg zu SchadErs gem ZPO 510b statth, in diesem Fall schließt aber ZPO 888a die Vollstr des LeistgsAnspr aus.

8   **4) Inhalt des Anspruchs. – a)** Der Anspr aus § 283 geht gem § 249 S 1 auf Naturalherstellg; der SchadErs darf aber nicht zur Wiederherstellg des gem I S 2 Halbs 2 erloschenen ErfAnspr führen (RG **96**, 24). Prakt ist daher idR GeldErs zu leisten (BGH NJW **94**, 314), doch sind auch and Fälle denkb (vgl RG **73**, 21: Anspr auf SicherhLeistg, SchadErs dch gleichwert und SicherhLeistg). Der Umfang des Anspr bemißt sich nach dem Wert der ausgebliebenen Leistg (BGH NJW **94**, 314). Der säumige Schu kann sich, wenn es um den Ausgleich einer vorübergehden Beeinträchtigg ging, nicht darauf berufen, daß diese inzw entfallen ist (BGH 9 aaO). – **b)** Bei **gegenseitigen Verträgen** geht der Anspr aus § 283 gem § 325 II auf SchadErs wg NichtErf des ganzen Vertr. Für ihn gilt die zu §§ 325, 326 entwickelte Differenztheorie (RG **66**, 68, § 325 Rn 11). Die ersparte GgLeistg des Gläub w Rechgsposten; dem Gläub steht es jedoch frei, die GgLeistg anzubieten od sie iF einer Vorleistg dem Schu zu belassen (§ 325 Rn 12f, RG **96**, 20, für die an sich nicht unter §§ 320ff fallde Wandlg). Bei ggs Vertr kann Gläub nach FrAblauf statt SchadErs zu verlangen auch vom Vertr zurücktreten od die Rechte aus § 323 geltd machen (§ 325 II mit I 3). – **c)** Für den Ztpkt der SchadBemessg gilt das gleiche wie für den Anspr aus § 325 mit der Maßg, daß an die Stelle des Eintritts der Unmöglichk der Ablauf der Fr tritt (näher § 325 Rn 19).

10   **5) II.** Vgl dazu § 280 Rn 7ff.

284 *Verzug des Schuldners.* ¹Leistet der Schuldner auf eine Mahnung des Gläubigers nicht, die nach dem Eintritte der Fälligkeit erfolgt, so kommt er durch die Mahnung in Verzug. Der Mahnung steht die Erhebung der Klage auf die Leistung sowie die Zustellung eines Mahnbescheids im Mahnverfahren gleich.

IIIst für die Leistung eine Zeit nach dem Kalender bestimmt, so kommt der Schuldner ohne Mahnung in Verzug, wenn er nicht zu der bestimmten Zeit leistet. Das gleiche gilt, wenn der Leistung eine Kündigung vorauszugehen hat und die Zeit für die Leistung in der Weise bestimmt ist, daß sie sich von der Kündigung ab nach dem Kalender berechnen läßt.

1   **1) Allgemeines. – a) Begriff.** Der Verzug des Schu ist ein Unterfall der **Leistungsstörung** (Vorbem 2 v § 275). Er liegt vor, wenn der Schu die Leistg aus einem von ihm zu vertretden Grd rechtsw verzögert. Vom SchuVerzug ist der in §§ 293ff geregelte AnnVerzug zu unterscheiden. Währd der SchuVerzug Verletzg einer rechtl Verpflichtg ist, verstößt der Gläub dch die NichtAnn der Leistg lediql gg ein Gebot des eig Interesses; er ist zur Ann der Leistg berecht, aber nicht verpflichtet. Sofern die Abn der Leistg, wie in den Fällen der §§ 433 II, 640 I, ausnw eine echte RPfl ist, gerät der Gläub dch NichtAbn der Leistg zugl in Ann-u SchuVerzug (§ 293 Rn 6).

2   **b) Abgrenzung. – aa)** SchuVerzug setzt voraus, daß die Leistg noch mögl, dh **nachholbar** ist (BGH **84**, 248, BAG NJW **86**, 1832). Dauernde **Unmöglichkeit** (Unvermögen) schließen daher den SchuVerzug aus (RG **97**, 9). Vorübergehde vom Schu zu vertrede Unmöglichk begründet dagg Verzug. Ob im Einzelfall dauernde od vorübergehde Unmöglichk anzunehmen ist, ist unter Berücksichtig des VertrZweckes u der Belange der Part nach Treu u Glauben zu beurteilen (§ 275 Rn 17ff). Beim absoluten **Fixgeschäft** begründet 3 die Nichteinhaltg der Leistgszeit dauernde Unmöglichk (BGH **60**, 16, § 271 Rn 16). Auch bei **Dauerverpflichtungen** ist die Leistg idR für die zurückliegde Zeit nicht nachholb; eine Leistgsverzögerg führt daher zur Teilunmöglichk (BGH **10**, 189), so bei GebrauchsüberlassgsVertr (BGH NJW-RR **91**, 268), aber auch bei Arb- u DienstVertr. Ausnw kann es aber so liegen, daß ein Nachholen der Leistg mögl ist u das GläubInteresse befriedigt (MüKo/Thode Rn 26). Bsp: Nacharbeiten von Fehlstunden, Verlängerg der Mietzeit für die verspätet übergebene FerienWo. Auch bei **Unterlassungspflichten** begründet ein Verstoß idR Unmöglichk, bei DauerVerpfl Teilunmöglichk (§ 275 Rn 6). Kann die ZuwiderHdlg rückgäng gemacht od das Unterlassen nachgeholt w, tritt Verzug ein (Köhler AcP **190**, 522). Bsp: Pfl zur Nichtbenutzg eines Grdst, um die DchFührg von Reparaturarbeiten zu ermöglichen. Tritt **Unmöglichkeit während des Schuldnerverzuges** ein, entfallen die Verzugsfolgen mit Wirkg ex nunc. Dafür gelten die UnmöglichkRegeln mit der sich aus § 287 S 2 ergebnden Haftgsverschärfg. Der SchadErsAnspr aus § 280 od § 325 tritt grdsl 4 neben den Anspr auf Ers des Verzugsschadens (§§ 286 Rn 3, § 326 Rn 26). – **bb)** Die §§ 284ff gehen als SonderVorschr den Grds über die Haftg für **positive Vertragsverletzung** vor (§ 276 Rn 107). Die Verzögergg der Leistg ist daher keine pVV (§ 286 Rn 8). Dagg kann eine pVV vorliegen, wenn der Schu die Erfüllg der Fdg ernsth u endgült verweigert (§ 275 Rn 114) od wenn er seiner AnzeigePfl bei unverschuldeten Leistgshindern nicht nachkommt (RG **68**, 194). – **cc) Gläubigerverzug** s § 293 Rn 6.

5   **c) Anwendungsbereich. – aa)** Die §§ 284ff gelten grdsl auch für SchuldVerh, die aus sachen-, familien-u erbrechtl Tatbestdn entstehen arg §§ 990 II, 1613 (Einl 24 v § 241, E. Schwerdtner, Verzug im SachenR). Die Besonderh des jeweiligen RGebietes sind jedoch zu beachten. Bei dingl Anspr ist die Anwendbark der §§ 284ff für jeden Anspr bes zu prüfen (BGH **49**, 266). Auf den Anspr des VormerkgsBerecht aus § 888gg den vormerkgswidr eingetragenen Eigtümer sind die VerzugsVorschr nicht anzuwenden (BGH aaO, krit

Schwerdtner aaO S 186ff, Reinicke NJW **68**, 788). Bei Anspr aus §§ 985 od 894 sind die §§ 284ff nur unter den Voraussetzgen des § 990 anwendb (Saarbr OLGZ **87**, 223). Im FamR begründet Verzug mit einer AuskPfl eine SchadErsPfl gem § 286 (Karlsr FamRZ **79**, 170). – **bb)** Verzögert der Schu die Erfüllg einer **6** öffrechtl LeistgsVerpfl, bestimmen sich die eintretden RFolgen in erster Linie nach **öffentlichem Recht** (Einl 25 v § 241). Einschlägig sind AO 233ff, SGB I 44. Soweit das öffR Lücken enthält, können die §§ 284ff entspr angewendt w (BGH **36**, 344, sehr str, s Czybulka NVwZ **83**, 125, v Heinegg NVwZ **92**, 524). Eine entspr Anwendg setzt aber voraus, daß zw den Part ein Verhältn der Gleichordng besteht; sie scheidet bei Über- u Unterordngsverhältn auch dann aus, wenn es sich um GeldFdgen handelt (BGH NJW **82**, 1277). §§ 284ff sind daher unanwendb bei beamtenrechtl Anspr (BVerwG **16**, 346, **24**, 191), bei Regreß-Anspr gg Beamte (BVerwG NVwZ **88**, 440) od seine Erben (BVerwG NVwZ **97**, 168), bei Anspr nach dem BEG (BGH **LM** BEG 1965 § 3 Nr 2) u dem LAG (BVerwG **21**, 44), bei Anspr aus dem SozialversicherungsR (BSG NJW **69**, 575), u zwar auch im Anwengsbereich von SGB X § 61 (BSG VersR **87**, 944), bei Anspr auf Erschließgsbeiträge (BVerwG NJW **71**, 1148), auf Beiträge im FlurbereiniggsR (BVerwG NVwZ **89**, 878) auf Investitionszulagen (BFH NJW **76**, 1863), auf Enteignungsentschädig (BGH NJW **82**, 1277), auf Rücker- **7** stattg von rgrdlos empfangenen Entschädiggen (BVerwG DVBl **78**, 609) u auf GebührenAnspr der Schornsteinfeger (BVerwG NJW-RR **94**, 972). Anwendb sind die §§ 284ff, insb § 288, dagg auf GebührenFdgen der Notare (Mü DNotZ **84**, 121, aA BGH **108**, 269, Hansens NJW **90**, 1831), auf Anspr aus öffrechtl Vertr, VwVfG 62 (BVerwG NVwZ **89**, 878, aA BVerwG NVwZ **86**, 554) u auf Rückzahlg von Studienbeihilfen (BVerwG DÖD **79**, 189). Zuständ zur Entscheidg sind gem VerwGO 40 II, GG 34 grdsl die ordentl Ger (BVerwG **14**, 4, DVBl **71**, 412). Das gilt aber nur dann, wenn der SchadErsAnspr unmittelb u ausschließl Ggst der Kl ist (BVerwG **27**, 132, NJW **71**, 1148). Vgl auch § 291 Rn 2.

d) Voraussetzungen (Übersicht). Sie ergeben sich aus den § 284, 285: Der Anspr muß vollwirks u fäll **8** sein (Rn 11ff). Erforderl ist grdsl eine Mahng (Rn 15ff; Ausn s Rn 22ff). Der Schu muß die mögl Leistg nicht od nicht rechtzeit erbringen (Rn 26f) u muß die Verzögerg zu vertreten haben (§ 285).

e) Rechtsfolgen (Übersicht). Sie sind in den §§ 286–290, 326 geregelt. Der Gläub kann Ersatz des **9** Verzögerggsschadens verlangen (§ 286), bei Geldschaden als Mindestschaden Verzugszinsen (§ 288). Unter den Voraussetzgen des § 286 II steht ihm ein SchadErsAnspr wg NichtErf der ganzen Verbindlichk zu. Beim ggs Vertr kann er nach Maßg des § 326 SchadErs wg NichtErf fordern u vom Vertr zurücktreten. Verschärfgen u Erweitergen der Haftg ergeben sich aus §§ 287–290. SonderVorschr enthalten die §§ 339, 354, 455, 538, 554, 557, 633 III, 636.

f) Die §§ 284ff sind **dispositives Recht.** Ändergen dch AGB unterliegen aber den sich aus dem AGBG **10** ergebden Schranken. Einschlägig sind neben der Generalklausel (AGBG 9) die Klauselverbote in AGBG 10 Nr 1 u 2, 11 Nr 4, 5a, 7, 8 u 9 (s dort).

2) Der Anspr muß **vollwirksam und fällig** sein. – **a)** Bei unvollkommenen Verbindlichk (Einl 15 v **11** § 241) kann der Schu daher nicht in Verzug kommen. Auch das Bestehen einer **dauernden oder aufschiebenden Einrede** (§§ 202 I, 222, 379, 478, 771, 813, 2014f) schließt den Verzug aus, u zwar auch dann, wenn der Schu die Einr (zunächst) nicht erhebt (RG **126**, 285, BGH **48**, 250, **104**, 11). Der Verzug erfordert einen dchsetzb Anspr, der schon dch das Bestehen des EinredeR ausgeschlossen ist (MüKo/Thode Rn 13, str, s Diederichsen JuS **85**, 829). Voraussetzg ist jedoch, daß der Schu die Einr im Proz wirkl erhebt; geschieht das nicht, muß es so behandeln lassen, wie wenn er in Verzug gekommen wäre (Larenz § 23 Ic mwNw). – **b)** Besonderheiten gelten für das **Zurückbehaltungsrecht** (§ 273) u die **Einrede des 12 nichterfüllten Vertrages** (§ 320). Das ZbR schließt den Verzug nur aus, wenn es vor od bei Eintritt der Verzugsvoraussetzgen ausgeübt w, da der Gläub Gelegenh haben muß, von seiner Abwendgsbefugn (§ 273 III) Gebrauch zu machen (RG **77**, 438, BGH WM **71**, 1021). Eine bes Geltdmachg ist nicht erforderl, wenn der Gläub dem Bestehen des ZbR Rechng trägt u Leistg Zug um Zug verlangt (BGH **60**, 323). Ausübg des ZbR nach Eintritt des Verzuges beseitigt den Verzug nicht. Erforderl ist vielmehr, daß der Schu seine Leistg Zug um Zug anbietet (BGH NJW **71**, 421, Rn 30). Für die Einr des nichterfüllten Vertr gilt die allg Regel, daß bereits das Bestehen des später geltd gemachten EinredeR den Verzug ausschließt (BGH **84**, 44, **113**, 236, NJW **93**, 2674). Verzug setzt voraus, daß der Gläub die ihm obliegde **Gegenleistung** anbietet, **13** u zwar in einer AnnVerzug begründden Weise (BGH **116**, 249); die bloße Bereitsch des Gläub zur Erbringg der Leistg reicht nicht aus (BGH aaO, aA RG **126**, 285, s auch § 320 Rn 12). Das Angebot der GgLeistg kann aber iF des § 295 in der Mahng selbst enthalten sein (BGH MDR **91**, 1039). Hat der Gläub die geschuldete GgLeistg hinterlegt, genügt eine Verweisg auf den hinterlegten Betrag (BGH **LM** § 320 Nr 8). – **c)** Zur **14 Fälligkeit** s § 271. Die Gewährg einer richterl RäumgsFr (ZPO 721) beseitigt die Fälligk u den Verzug nicht (BGH NJW **53**, 1586, vgl aber § 557 III), ebsowenig die Abrede, aus einem Titel zeitweilig nicht zu vollstrecken (BGH NJW **68**, 700), wohl aber die Stundg der Fdg (RG **147**, 381).

3) Mahnung. – a) Sie ist die an den Schu gerichtete Aufforderg des Gläub, die geschuldete Leistg zu er- **15** bringen. Sie ist eine nicht formgebundene, einseit empfangsbedürft Erkl. Sie ist kein RGesch, sondern eine geschäftsähnl Hdlg (BGH **47**, 357, NJW **87**, 1547, ÜbblG v § 104). Die Vorschr über RGesch u WillErkl sind aber entspr anwendb (BGH aaO). Die Mahng des GeschBeschränkten ist daher gült, da sie ledigl Vorteile bringt, § 107 (KG FamRZ **89**, 537), die des GeschUnfähigen ist dagg nichtig (§ 105). Soll ein GeschBeschränkter od ein GeschUnfähiger gemahnt w, gilt § 131. Die Mahng muß **nach Fälligkeit** erfolgen. Eine **16** vorher ausgesprochene Mahng ist wirkgslos (BGH **77**, 64, NJW **92**, 1956). Es ist jedoch zul, die Mahng mit der die Fälligk begründden Hdlg (zB Abruf) zu verbinden (RG **50**, 261, BGH WM **70**, 1141, KG DNotZ **87**, 34). Bei wiederkehrden Leistgen (Bsp: Unterh) genügt eine Mahng (BGH **103**, 64, Bambg NJW-RR **90**, 903); eine neue Mahng ist aber bei einem Wechsel der AnsprIdentität erforderl (BGH aaO u NJW **92**, 1956, Hamm FamRZ **89**, 634: Trenngs- u nachehel Unterh, krit Spangenberg FamRZ **93**, 28, Bentert FamRZ **93**, 890). Die Mahng braucht nicht am ErfOrt (§ 269) zu erfolgen. Bei einer Mahng am unpassden Ort kann sich aber aus Treu u Glauben (§ 242) ergeben, daß Verzug nicht sofort, sond erst nach angem Fr eintritt (Rn 27).

b) Die in der Mahng enthaltene Aufforderg zur Leistg muß **bestimmt u eindeutig** sein (RG **93**, 301, **17** BGH FamRZ **83**, 52). Eine FrSetzg ist nicht nötig, ebsowenig die Androhg best Folgen. Es genügt, wenn der Gläub unzweideut zum Ausdr bringt, daß er die geschuldete Leistg verlange (Hbg MDR **78**, 577). Der häufig (fr auch hier) zitierte Satz, die Mahng müsse erkennen lassen, daß das Ausbleiben der Leistg Folgen haben w (BGH **LM** Nr 1, AG Gütersloh NJW **83**, 1621), trifft nicht zu (Hamm NJW-RR **92**, 668). Eine bedingte Mahng begründet keinen Verzug (RG **75**, 333, MüKo/Thode Rn 32), ebsowenig eine vorsorgl Geldmachg (BAG DB **86**, 2684), wohl aber die befristete Mahng, wobei die Fr iZw mit dem Datum der Mahng beginnt (Ziegeltrum JuS **86**, 709). Die Mahng hins eines hilfsw geltd gemachten Anspr ist wirks (BGH NJW **81**, 1732). Auch ein in höfl Form od in Versen abgefaßtes Schreiben kann eine Mahng darstellen (Hbg MDR **78**, 577, LG Ffm NJW **82**, 650). Die Erkl, der Leistg werde gern entgegesehen, ist dagg keine Mahng, ebsowenig die Aufforderg, sich über die Leistgsbereitsch zu erklären (LG Bln MDR **83**, 319), die Mitteilg, die Fdg sei nunmehr fäll (Düss DNotZ **85**, 767), od die Äußerg des Gläub, er wäre dankb, wenn er die Leistg erwarten dürfe (RG **93**, 301). Die Mahng kann auch konkludent erfolgen, etwa dch Übersendg eines ProzKostenhilfeAntr od eines Antr auf Erlaß einer einstweil Anordng (BGH NJW **83**, 2320), eines Antr beim VormschG gem § 1612 II 2 (Hbg FamRZ **93**, 102), eines Schreibens, das den Verzugseintritt feststellt (BGH **80**, 276), einer quittierten Rechng, dch wiederholte Übersendg einer Rechng od dch Abruf der Ware beim Kauf auf Abruf (Dresden SeuffA **72**, 135). Die Wechselvorlage ist Mahng hins der Wechselschuld, nicht aber hins der Fdg aus dem KausalVerhältn (BGH **96**, 193). Die Überleitungsanzeige gem AFG 140 stellt keine Mahng dar (BGH FamRZ **83**, 52), ebsowenig die Rechtwahrsanzeige gem BSHG 91 (Düss NJW **78**, 436) u die Einleitg eines StrafVerf (BGH NJW **87**, 1149). Auch die erstmalige Zusendg einer Rechng ist keine Mahng (RG **118**, 354). Wenn diese einen Vermerk über den gewünschten ZahlgsZpkt enthält („zahlb binnen 2 Wo"), so ist das iZw als Einräumg eines Zahlgsziels u nicht als befristete Mahng aufzufassen (s auch LG Paderborn MDR **83**, 225, aA Wilhelm ZIP **87**, 1497). Stehen dem Gläub **mehrere** Anspr zu, muß erkennb sein, worauf sich die Mahng bezieht (BGH **LM** § 346 Nr 6).

18 **c)** Bei betragsmäß **unbestimmten** Anspr (SchmerzG, PflTeil, Unterh) braucht die Mahng nicht in jedem Fall eine Bezifferg zu enthalten. Beim SchmerzGAnspr genügt es, wenn ausr konkrete Tats zur Höhe vorgebracht w (s BGH VersR **63**, 726). Für den PflTeilsAnspr ist anerkannt, daß der auskpflicht Schu dch eine unbezifferte, einem zuläss Antr in einer StufenKl entspr Mahng in Verzug kommt (BGH **80**, 277). Das gilt ebso für den **Unterhaltsanspruch** (BGH NJW-RR **90**, 325), vorausgesetzt, es besteht ein fäll Ausk-Anspr (Düss NJW **93**, 1080). Enthält das AuskVerlangen zugl die Mahng wg eines best Betrages, tritt Verzug nur in Höhe dieses Betrages ein (Brschw FamRZ **95**, 875). Abgesehen vom Fall der Stufenmahng muß die Mahng im UnterhR die geschuldete Leistg der Höhe nach genau bezeichnen (BGH NJW **82**, 1983) od doch so konkretisiert sein, daß der Schu weiß, welcher Unterh von ihm verlangt w (BGH NJW **84**, 868). Es genügt, wenn der Gläub ggü dem Schu zum Ausdr bringt, daß er weiterhin einen best Mindestbetrag benötigt u fordert (Celle FamRZ **80**, 914). Nicht ausr ist es dagg, daß der Schu unter Inanspruchn fachkund Beratg den geschuldeten Unterh ziffernmäß ermitteln kann (BGH NJW **84**, 868), auch die Mitteilg von UnterhRichtl genügt nicht (Soergel/Häberle § 1613 Rn 3, aA Karlsr FamRZ **80**, 917). Kennt der Schu Grd u Höhe des gg ihn bestehenden Anspr, so tritt bei Einstellg der bisher von ihm geleisteten Zahlgen ohne Mahng Verzug ein (BGH NJW **87**, 1551). Solange die anspruchsbegründden Voraussetzgen des UnterhR fortbestehen, braucht die Mahng **nicht periodisch wiederholt** zu werden (BGH **103**, 62), es sei denn, die Verhältn haben sich wesentl geändert (Bambg FamRZ **90**, 1235). Eine erneute Mahng ist erforderl, wenn der Gläub seine Fdg dch teilw Rückn od dch AntrErmäßigg reduziert hat (Hamm FamRZ **89**, 1303) od wenn eine Mehrzahl über den gezahlten Unterh hinaus beansprucht w (Oldbg FamRZ **82**, 731). Auch die Mahng zur Vornahme von Schönheitsreparaturen ist nur wirks, wenn sie die vorzunehmden Reparaturen näher bezeichnet (LG Bln MDR **83**, 319, BGH NJW-RR **92**, 1227 läßt offen).

19 **d)** Bei **Zuvielforderung** ist die Mahng wirks, wenn der Schu die Erkl des Gläub nach den Umst des Falles als Aufforderg zur Bewirkg der tatsächl geschuldeten Leistg verstehen muß u der Gläub zur Annahme der ggü seinen Vorstellgen geringeren Leistg bereit ist (BGH **LM** § 286 Nr 3, FamRZ **83**, 352, Ffm NJW-RR **89**, 409, Bambg NJW-RR **90**, 903). Entspr gilt, wenn der Gläub eine Leistg zu Bdggen verlangt, die vom Vertr abweichen (BGH WM **89**, 1898: Leistg an RA statt auf Notaranderkonto). Entgg der älteren Rspr (RG JW **24**, 1137 uö) ist nicht entscheid, wie sich der Schu iF richtiger Mahng verhalten hätte (Staud-Löwisch Rn 25). Es kommt vielmehr darauf an, ob die Erkl des Gläub gem §§ 133, 157 als Aufforderg zur Erbringg der geschuldeten Leistg aufzufassen ist. Der Gläub kann aber aus der Mahng keine Rechte herleiten, wenn er einen weit übersetzten Betrag geltd macht (BGH NJW **91**, 1288, ZIP **93**, 423), insbes dann nicht, wenn der Schu den wirkl geschuldeten Betrag nicht zuverläss feststellen kann (BGH aaO). Die Fdg einer **zu geringen Summe** begründet nur hins des angemahnten Betrages Verzug (BGH

20 NJW **82**, 1985). – **e)** Ist zur Vornahme der Leistg eine **Mitwirkung des Gläubigers** notw, ist die Mahng nur wirks, wenn der Gläub die erforderl Hdlg vornimmt od anbietet (BGH DB **71**, 2155). Das gilt etwa bei Holschulden, beim Spezifikationskauf u bei Wahlschulden; bei einer ErfVerweigerg des Schu ist die MitwirkgsHdlg des Gläub aber entbehrl (BGH NJW-RR **90**, 444). Bei einem Anspr aus einem ggs Vertr muß

21 der Gläub mit der Mahng die ihm obliegde GgLeistg anbieten (Rn 13). – **f)** Der **Mahnung gleichgestellt** ist dch I 2 die Erhebg der Leistgsklage u die Zustellg eines Mahnbescheids. Eine Widerklage genügt, ebso ein HilfsAntr (RG **108**, 281, BGH NJW **81**, 1732) u eine Stufenklage (BGH **80**, 277), vorausgesetzt der Ausk-Anspr besteht u ist fällig (Düss NJW **93**, 1080). Dagg reichen nicht aus die Feststellgsklage, die Klage auf künft Leistg nach ZPO 257 ff u die Anmeldg der Fdg im Konkurs (RG **121**, 211).

22 **4) Verzug ohne Mahnung. – a)** Eine Mahng ist entbehrl, wenn für die Leistg dch Ges od RGesch eine Zeit nach dem **Kalender** bestimmt ist (**II 1**). Erforderl ist eine vertragl Vereinbg, eine einseit Bestimmg dch den Gläub genügt nicht (LG Paderborn MDR **93**, 225, aA Fahl JZ **95**, 341). Als Leistgszeit muß unmittelb od mittelb ein best Kalendertag festgelegt sein (s RG **103**, 34, BGH WM **71**, 615). Es genügt daher die Bestimmg „spätestens am 10. April", „noch im Laufe des April" (RG **106**, 89), „Mitte des Monats" (BAG WM **82**, 246), „1. Dekade des Monats" (BGH NJW **84**, 49), „3 Wochen nach Ostern", od „bis Ende 1983", „14 Tage ab Bestellg" (BGH WM **92**, 823), Zahlg „4 Wochen nach Beurk" (BGH WM **95**, 440). Dagg ist bloße Berechenbark nach dem Kalender nicht ausreichd (Umkehrschluß aus II 2, RG **103**, 33, Oldbg NJW

59, 888). Bei folgden Abreden tritt Verzug daher erst nach Mahng ein: „Bezahlg 2 Wochen nach Lieferg", „Lieferg 3 Wochen nach Abruf" (RG **68**, 22, **103**, 33), Zahlg bei Übergabe (Köln NJW-RR **94**, 916), „60 Tage nach Rechngsstellg" (BGH **96**, 315), „1 Jahr nach Baubeginn" (Hamm MDR **81**, 844); Fertigstellg binnen 160 ArbTagen (BGH NJW **86**, 2049). Der Ablauf der WiderrFr für einen Vergl fällt schon deshalb nicht unter II 1, weil die Fr nicht die Leistgszeit, sond die Ausüb des WiderrR betrifft (s Ffm MDR **95**, 565); and ist es aber, wenn im Vergl ausdrückl „Zahlg nach Ablauf der WiderrFr" vereinbart worden ist (s Düss MDR **87**, 495). Die für die Steuerpflichtigen maßgebden Fr des SteuerR gelten für den Vertr mit dem Steuerberater nur, wenn sie VertrInh geworden sind (BGH **115**, 387). Bei wiederkehrden kalendermäß bestimmten Leistgen tritt Verzug auch dann ein, wenn der Gläub in der Vergangenh wiederholt unpünktl Leistgen widerspruchslos angenommen hat (BGH NJW **59**, 766). II setzt voraus, daß der Anspr im maßgebden Ztpkt vollwirks u fäll ist (Karlsr NJW-RR **86**, 57). – **b) Unterhaltsansprüche.** Daß der Unterh nach 23 § 1612 III monatl im voraus zu zahlen ist, begründet keine Kalenderfällig iSv II (Karlsr FamRZ **81**, 384, MüKo/Hinz § 1613 Rn 4). Dagg ist II anwendb, wenn die Part den Unterh vertragl geregelt haben od der Unterh gerichtl ausgeurteilt ist (BGH NJW **83**, 2320, FamRZ **89**, 150). Das gilt auch, wenn die UnterhHöhe vertragl an einen Index geknüpft ist (Köln FamRZ **83**, 178). Hat sich der Schu zur Zahlg des jew RegelUnterh verpflichtet, tritt iF einer Erhöhg Kalenderfällig jeweils für den erhöhten Betrag ein (Oldenbg u Düss FamRZ **79**, 627 u 1057); das gilt auch für eine UnterhRegelg, die zw den Eltern in einer ScheidgsVereinbg getroffen worden ist (Mü FamRZ **79**, 1057). – **c)** Eine Mahng ist nicht erforderl, wenn der Leistg eine **Kündigung** vorauszugehen hat u sich die Leistgszeit von der Künd ab nach dem Kalender berechnen läßt **(II 2).** Bsp sind die Räumg einer Wohng od die Rückzahlg eines Darl „3 Monate nach Künd." Eine entspr Anwendg dieser Vorschr auf and Fälle ist nicht mögl. Bei einer Abrede „Lieferg 2 Wochen nach Abruf" ist daher eine Mahng erforderl (RG **103**, 34). Insbes gilt, wenn die Leistgszeit von einem sonstigen künft ungewissen Ereign abhängig gemacht w, etwa von einer Lieferg od einer Rechng (RG aaO, Oldbg NJW **59**, 888, LG Mannh BB **68**, 269). – **d)** Nach **Treu und Glauben** ist die Mahng entbehrl: – **aa)** wenn der Schu 24 die Leistg vor od nach Fälligk ernsth u endgült **verweigert** (BGH **2**, 312, **65**, 377, NJW-RR **92**, 1227, Düss VersR **94**, 1461), etwa dch die Weisg an den Notar nicht zu zahlen (Ffm DNotZ **89**, 254); bei einem UnterhAnspr genügt es, daß der Schu die Fam verläßt u seine Leistgen einstellt (Schlesw FamRZ **85**, 734); Verzug tritt mit Wirkg *ex nunc* ein (BGH NJW **85**, 488); – **bb)** wenn der Schu, wie er weiß, eine falsche od fehlerh Leistg erbracht hat, gleichwohl aber die geschuldete Leistg nicht bewirkt (RG SeuffA **60**, 28, BGH NJW **70**, 1502, **85**, 2526); – **cc)** wenn sich die **besondere Dringlichkeit** der Leistg aus dem VertrInhalt ergibt (RG JW **33**, 2204, BGH NJW **59**, 933, **63**, 1823). Bsp sind die Reparatur eines Wasserrohrbruches od die sonst Zusage „schnellstmögl Reparatur" in einem dringl Fall (BGH NJW **63**, 1823). – **e)** Die Mahng 25 kann dch **Parteiabrede** erlassen w. Dazu bedarf es aber einer Individualvereinbarg. Entspr Klauseln in AGB sind gem AGBG 11 Nr 4 unwirks (s dort). – **e)** Eine Mahng ist entbehrl, wenn der Schu zur Herausg einer dch **unerlaubte Handlung** entzogenen Sache verpflichtet ist: fur semper in mora (Kiel SeuffA **59**, 259). Die §§ 848, 849, die ausdr einige Verzugsfolgen ohne Mahng eintreten lassen, stehen einer solchen allg Beurteilg nicht entgg (hM).

5) Verzögerung der Leistung. – a) Leistet der Schu auf die Mahng **nicht,** gerät er in Verzug. Für die 26 Rechtzeitigk der Leistg kommt es bei Schickschulden auf die Vorn der LeistgsHdlg an, nicht auf den Eintritt des Leistgserfolgs (BGH NJW **69**, 875, § 270 Rn 6). Der Schu gerät nicht in Verzug, wenn der Gläub zZ der Mahng od am kalendermäß best Termin nicht in der Lage od nicht willens ist, die Leistg anzunehmen (Gursky AcP **173**, 450; entspr Anwendg von § 297). – **b)** Der Verzug **beginnt** mit dem Zugang der Mahng 27 (I), im kalendermäß festgelegter Leistgszeit (II) mit dem Ablauf des Tages, an dem die Leistg (spätestens) zu erbringen war. Für den Tag des Zugangs der Mahng wären daher an sich anteilige Verzugszinsen (§ 288) zu zahlen (sehr str, s Zimmermann JuS **91**, 231). Der RGedanke des § 187 (dort Rn 1) rechtfertigt es aber, den Zinslauf erst am nächsten Tag beginnen zu lassen. Eine Prüfgs- od NachFr steht dem Schu grdsl nicht zu. Treu u Glauben können aber ausnw eine and Beurteilg rechtfertigen, so wenn die Erteilg der Rechng u die Mahng gleichzeit erfolgt sind (BGH Warn **70**, 191), wenn der Anspr auf Freihaltg von einer Verbindlichk gerichtet ist (BGH NJW **83**, 1729), od wenn ein Anspr geltd gemacht w, dessen Berechtigg einer Überprüfg bedarf, so bei Anspr aus VersVertr (BGH **LM** VVG 11 Nr 1, Köln VersR **83**, 451, Saarbr AnwBl **91**, 343), wettbewerbsrechtl UnterlAnspr (KG NJW-RR **87**, 995) u Aussondergs- u AbsondergsR im Konk (AG Bonn ZIP **94**, 1880).

6) Beendigung des Verzuges. – a) Der Verzug endet für die Zukunft, wenn eine seiner Voraussetzgen 28 entfällt. Der häufigste BeendiggsTatbestd ist die nachträgl Erbringg der **Leistung.** Nicht die LeistgsHdlg, sond erst der Eintritt des LeistgsErfolges beendet den Verzug. Auch dch eine Leistg zur Abwendg der ZwVollstr endet der Verzug, obwohl das SchuldVerh noch nicht erlischt (BGH NJW **81**, 2244, aA Braun AcP **184**, 161, vermittelnd Krüger NJW **90**, 1209) . – **b)** Der Verzug wird auch dann geheilt, wenn der Schu 29 die Leistg in einer AnnVerzug begründden Weise **anbietet.** Dazu ist notw, daß der Leistg vollständ angeboten w. Ein gleichzeit Angebot von Verzugszinsen u Schaden ist nicht erforderl, da die Anspr aus §§ 286, 288 nicht Teil der HauptFdg, sond auf einem zusätzl RGrd beruhde NebenFdgen sind (Eisenhardt JuS **70**, 489, Scherner JR **71**, 441, MüKo/ Thode Rn 46, § 266 Rn 5, str). Auch wenn man die ursprüngl Leistg als Teilleistg ansieht, ist der Gläub uU nach Treu u Glauben zur Ann verpflichtet (BAG BB **75**, 1578, § 266 Rn 9). – **c)** Weiter können folgde Grde zur Beendigg des Verzuges führen: – **aa) Stundung** (BGH NJW-RR 30 **91**, 822); – **bb) Verjährung** des Anspr (BGH **34**, 197, **104**, 11); – **cc) Untergang** des Anspr dch Anf, Rücktr od Unmöglichw der Leistg (Rn 3); – **dd)** Ausübg eines **Zurückbehaltungsrechts** (RG **120**, 197, BGH NJW **71**, 421, Rn 12). Der Erwerb des ZbR genügt nicht. Erforderl ist, daß der Schu das ZbR geltd macht u seine Leistg Zug um Zug anbietet (BGH aaO); zur nachträgl Berufg auf § 321 s dort Rn 5, auf § 410 s dort Rn 3; – **ee) Rücknahme** der Mahng od der Klage (BGH NJW **83**, 2320) nicht aber ow die Ablehng 31 des Antr auf Erlaß einer einstweil AO (BGH NJW **95**, 2033). Der Verzug endet mit Wirkg *ex nunc* (BGH NJW **87**, 1546, FamRZ **88**, 479); bereits eingetretene Verzugsfolgen, zB die Verpfl zur UnterhZahlg für die Vergangenh (§ 1613), bleiben bestehen (BGH aaO). – **d)** Ein aGrd des Verzuges entstandenes gesetzl

Rücktritts- od Kündigungsrecht entfällt mit der Beendigg des Verzuges, sofern es nicht vorher ausgeübt worden ist (BGH **34**, 197, WM **91**, 467, Müller DB **70**, 1209). Dagg kann bei einem entspr vertragl Recht die Auslegg ergeben, daß es auch nach Beendigg des Verzuges ausgeübt w kann (BGH WM **79**, 422).

32   **7)** Der Gläub trägt für die tatbestandl Voraussetzgen des Verzuges die **Beweislast** (Baumgärtel-Strieder Rn 1), die Leistg u ihre Rechtzeitigk hat dagg der Schu zu beweisen (BGH NJW **69**, 875). Der Schu ist außerdem für die fehlde AnnBereitsch des Gläub beweispflicht (Gursky AcP **173**, 450), ferner für die Voraussetzgen des § 285 (dort Rn 1) u für die Beendigg des Verzuges (BGH NJW **69**, 875).

285 *Kein Verzug ohne Verschulden.* **Der Schuldner kommt nicht in Verzug, solange die Leistung infolge eines Umstandes unterbleibt, den er nicht zu vertreten hat.**

1   **1) Allgemeines.** Verzug tritt entspr dem Verschuldensprinzip (§ 276 Rn 3) nur ein, wenn die Verzöger der Leistg auf einem vom Schu zu vertretden Umst beruht. Was der Schu zu vertreten hat, regeln die §§ 276–279. Danach hat der Schu für zu Verschulden u das seiner ErfGehilfen u gesetzl Vertreter einzustehen (§§ 276, 278). Bei Gattgs- u Beschaffgsschulden ist der Schu entspr § 279 auch dann für die Verzöger der Leistg verantwortl, wenn sie in mangelnder finanzieller Leistgsfähigk od in Fehlern bei den geschäftl Dispositionen ihren Grd hat (BGH **36**, 345, WM **82**, 400, Coester-Waltjen AcP **183**, 288, § 279 Rn 1). Das BGB sieht das Vertretenmüssen nicht als Voraussetzg des Verzuges, sond das Nichtvertretenmüssen als BefreiungsGrd an. Die **Beweislast** trifft damit insow den Schu (BGH **32**, 222, VersR **83**, 61).

2   **2) Als Entschuldigungsgründe,** die den Eintritt des Verzuges hindern, kommen in Betracht: – **a) Unverschuldete tatsächliche Leistungshindernisse** vorübergehder Natur. Bsp sind: eine schwere Krankh des Schu (RG JW **03**, Beil 114); Unkenntn der geänderten Anschrift des Gläub (RG SeuffA **60**, 27) od der Anschrift des Zessionars (RG SeuffA **68**, 32); Unkenntn der Erben des verstorbenen Gläub (BGH LM § 581 Nr 35); vom Gläub verschuldete Unklarh über die Höhe der zu zahlen VersPrämie (BGH VRS **54**, 177); Unkenntn der genauen TatUmst bei Anspr aus unerl Hdlg od Gefährdg (BGH BB **64**, 820, Celle NJW **63**, 125, § 284 Rn 27); Nichtzurverfüggstellg der für die Anfertigg der Steuererklärg erforderl Unterlagen (BGH VersR **83**, 61); uU Schwierigk bei der Beschaffg von ErsRaum (Braunschw NJW **63**, 1110, Celle MDR **67**, 1013, Schmidt-Futterer NJW **62**, 472); BetrStörgen dch Naturereign od sonst höhere Gewalt. Dagg kann sich der UnterhSchu nicht darauf berufen, er habe die für die Bemessg der UnterhHöhe maßgebden Umst nicht zuverläss gekannt (Stgt FamRZ **84**, 1234). – **b) Unverschuldete rechtliche Leistungshindernisse** vorübergehder Natur. Bsp sind: Einfuhrbeschränkgen od Beschränkgen im internationalen ZahlgsVerk (RG **161**, 105); befristetes Neubauverbot (BGH LM § 275 Nr 7); nicht voraussehb Verzögergen bei der Erteilg der erforderl behördl Gen. – **c) Rechtsirrtum** (Lit: J. Mayer, RIrrt, 1989). Die neuere Rspr geht abw von einer fr strengeren Auffassg zutreffd einmütig davon aus, daß der Schu für einen unverschuldeten RIrrt nicht einzustehen braucht (RG **156**, 120, BGH NJW **51**, 398, **758**, **72**, 1045, LM Nr 4). An den Entlastgsbeweis sind jedoch strenge Anfordergen zu stellen (BGH NJW **94**, 2755). Der Schu muß die RLage sorgfält prüfen, soweit erforderl, RRat einholen u die höchstrichterl Rspr sorgf beachten (BGH **89**, 303, NJW **94**, 2755). Er handelt idR schuldh, wenn er sich auf eine von zwei entgegensetzten RAusk verläßt (BGH VersR **68**, 148). Die unricht Ausk eines RA ist keinesfalls immer ein EntschuldiggsGrd, dann nicht, wenn ein erkennb sittenw Verhalten für rechtl unbedenkl erklärt w (BGH **74**, 281). Auch wenn ein KollegialGer die RAns des Schu gebilligt hat, ist dieser nicht in jedem Fall entlastet (BGH NJW **74**, 1903, VersR **90**, 153, **91**, 333); vor allem dann nicht, wenn er bewußt das Risiko eines VerbotsIrrt eingegangen ist (BGH NJW **82**, 635), wenn das Ger das Verhalten des Schu aus RGrden billigt, die dieser selbst nicht erwogen hat (BGH NJW **82**, 36) od wenn es sich um eine vorläuf Entscheidg aGrd einer summar Prüfg handelt (BGH NJW **83**, 2318). Muß der Schu mit einer abw Beurteilg dch das zuständ Ger ernsth rechnen, handelt er auch dann auf

5   eig **Risiko** u damit schuldh, wenn er seine eig RAnsicht sorgfält gebildet hat (BGH **89**, 303, NJW **74**, 1904, NJW-RR **90**, 161, MüKo/Hanau § 276 Rn 120; and, nur auf die sorgf Prüfg der RLage abstelld aber BGH **17**, 295, **62**, 36, NJW **53**, 1426, LM § 276 (Bd) Nr 2 Bl 3). Entschuldigt ist der Schu, wenn beide Part längere Zeit hindch von derselben RAnsicht ausgegangen sind (RG **96**, 316) od wenn seine RAns der damals hM entsprach (BGH NJW **72**, 1045, Köln DB **85**, 2403). Das Verschulden kann auch dann entfallen, wenn der Schu bei einer zweifelh, höchstrichterl noch nicht geklärten Ausleggsfrage der GesBegründg folgt (BAG

6   DB **93**, 1037). – **d)** Das Vorliegen eines EntschuldiggsGrdes ist eine im Proz vAw zu berücksichtigde **Einwendung,** keine Einrede. Der Schu ist idR nach § 242 verpflichtet, dem Gläub von dem Leistgshindern Mitteilg zu machen. Bei schuldh Verletzg dieser Anzeigepfl haftet der Schu wg pVV auf SchadErs. Fällt der EntschuldiggsGrd weg, tritt Verzug ein, ohne daß es einer erneuten Mahng bedarf (MüKo/Thode Rn 11). Ein nach Eintritt des Verzuges entstehder EntschuldiggsGrd beseitigt den Verzug nach dem RGedanken des § 287 nicht (RG **156**, 121).

286 *Verzugsschaden.* [I] **Der Schuldner hat dem Gläubiger den durch den Verzug entstehenden Schaden zu ersetzen.**

[II] **Hat die Leistung infolge des Verzugs für den Gläubiger kein Interesse, so kann dieser unter Ablehnung der Leistung Schadensersatz wegen Nichterfüllung verlangen. Die für das vertragsmäßige Rücktrittsrecht geltenden Vorschriften der §§ 346 bis 356 finden entsprechende Anwendung.**

1   **1) Allgemeines. – a)** § 286 regelt neben den §§ 287–290 die **Rechtsfolgen des Verzuges.** I gilt für SchuldVerh jeder Art, auch für ggs Vertr u Anspr aus sachen-, familien- od erbrechtl Tatbestden (BGH NJW **84**, 868, Karlsr FamRZ **79**, 170, § 284 Rn 5). Er wird beim Räumgsverzug dch § 557 II u III ein-

2   schränkt. II gilt gleichf für vertragl u gesetzl Anspr (str), wird aber bei ggs Vertr dch § 326 ersetzt. – **b)** § 286 ist **dispositives Recht.** Für Ändergen dch AGB gelten jedoch die sich aus dem AGBG ergebden Schranken.

Formularmäß Klauseln, die die Haftg des Verwders begrenzen sollen, können gg AGBG 11 Nr 7, 8 od 9 od gg die Generalklausel des AGBG 9 verstoßen (s dort). Formularmäß Erweitergen der Verzugsfolgen können die Klauselverbote der AGBG 9, 10 Nr 7, 11 Nr 5 u 6 entggstehen (s dort).

2) I. – a) Der Anspr auf Ers des **Verzögerungsschadens** tritt **neben** den bestehenbleibden LeistgsAnspr. 3 Zu ersetzen ist der dch den Verzug entstandene Schaden; zw dem Verzug u dem Schaden muß daher ein UrsachenZusHang bestehen (Vorbem 54 v § 249). Gleichgült ist, ob die Entstehg des Schadens für den Schu voraussehb war. Sein Verschulden braucht sich nur auf den Eintritt des Verzuges, nicht auf die Entstehg des Schadens zu beziehen. Bei einem Verzug mit einem Teil der Leistg kann der Gläub den Anspr aus I nur hins dieses Teils geltd machen. Der Anspr auf Ers des Verzögergsschadens bleibt auch dann bestehen, wenn dem Gläub nachträgl gem §§ 325 od 326 ein SchadErsAnspr wg NichtErf erwächst (BGH NJW **75**, 1740, Hamm NJW **83**, 1332). Der Gläub kann aber wahlweise den Verspätgsschaden als Rechngsposten in den NichtErf-Schaden einbeziehen (RG **94**, 206, **105**, 281). Macht der Gläub beide Anspr nebeneinand geltd, darf die gleiche Schadensposition nicht berücksichtigt w (BGH NJW **53**, 337). **Schadensersatz wegen Nichterfüllung** kann nicht aGrd von I, sond nur unter den Voraussetzgen von II od § 326 gefordert w 4 (RG **105**, 281). Die Kosten eines DeckgsGesch fallen daher idR nicht unter I (Mü NJW **95**, 2263). And kann es liegen, wenn der Gläub (Käufer) von seinem Abnehmer mit den Kosten eines DeckgsGesch belastet worden ist (BGH NJW **89**, 1215) od wenn der drohde Verspätgsschaden größer ist als die Kosten des DeckgsGesch (Peters NJW **79**, 688). Auch die Kosten einer ErsVornahme fallen als NichtErfSchaden nicht unter I (Baier NJW **84**, 2931, aA BGH **87**, 111, krit Rupp/Fleischmann NJW **84**, 219). Für den Anspr aus I gilt die VerjFr des HauptAnspr; die Verj beginnt mit der Entstehg des Schadens (BGH **LM** Nr 3, WM **73**, 489). Der Anspr verjährt aber gem § 224 spätestens mit dem HauptAnspr (RG **156**, 121, § 224 Rn 1).

b) Inhalt und Umfang des Anspr richten sich nach den §§ 249–255. Der Gläub ist so zu stellen, wie er 5 bei rechtzeit Leistg des Schu stehen würde. Für den Anspr aus I gilt der Grds der Naturalrestitution (§ 249 S 1). Diese ist aber prakt nur in AusnFällen mögl, so etwa wenn der Gläub inf des Verzuges mit einer Verbindlichk belastet worden ist (BGH BB **61**, 803). IdR ist der Verzögerungsschaden gem § 251 I in Geld zu ersetzen. Die ErsPfl erstreckt sich ggf auch auf die vom Gläub zu zahlde MWSt (Hamm OLGZ **80**, 20, s aber § 288 Rn 8). Die vorbehaltl Ann der verspäteten Leistg enthält iZw keinen Verzicht auf den Anspr aus I (MüKo/Walchshöfer Rn 15).

c) Einzelfälle. – aa) Wert- und Kursverluste. Bei einer Fremdwährgsschuld ist ein währd des Verzugs 6 entstandener Kursverlust als Verspätgsschaden zu ersetzen (RG **147**, 381, JW **38**, 946, BGH **LM** § 282 Nr 25, Mü NJW **79**, 2480, LAG Hbg DB **72**, 1587); der Gläub muß aber darlegen, daß er die Valuta werterständ angelegt hätte (Alberts NJW **89**, 614) od daß sich der Kursverlust sonst für ihn (konkret) nachteilig ausgewirkt hat (Mü NJW-RR **88**, 1019); allerdings besteht bei einem Inländer die Vermutg, daß er Valuta alsbald in DM umtauscht (Düss WM **89**, 57). Eine ErsPfl besteht auch dann, wenn sich währd des Verzuges des Versicherers die für die Bemessg einer Leistg maßgebl Taxwerte verschlechtert haben (Hbg VersR **75**, 660). Auch bei einer Fdg auf dtsche Währg kann inf des Verzuges ein zu ersetzder Entwertgsschaden entstehen (RG **107**, 213, Staud-Löwisch Rn 15), etwa wenn der Gläub das Geld in ausl Valuta (Wertpapieren, WirtschGütern) angelegt u deren Kurs (Preis) gestiegen ist. Derartige SchadErsAnspr scheitern aber vielf an Beweisschwierigk od wg der Möglichk der KreditAufn an § 254. – **bb) Kosten der Rechts-** 7 **verfolgung.** Zu ersetzen sind die Kosten von **Mahnschreiben**, sofern die Mahng nach Eintritt des Verzuges erfolgt ist u eine zweckentspr Maßn der RVerfolgg darstellt (BGH VersR **74**, 642). Wenn die Bank ihren Verzugsschaden abstrakt berechnet, sind aber Mahnkosten nicht anzusetzen (§ 246 Rn 11). Die ErsPfl erstreckt sich auch auf die dch die Zuziehg eines RAnw entstehden Kosten, da seine Beauftragg dem adäquaten Kausalverlauf entspr u im allg nicht gg § 254 verstößt (s BGH **30**, 156, § 249 Rn 21). Das gilt auch dann, wenn sich der RA selbst vertritt (BAG DB **95**, 835). Zu ersetzen sind auch die Kosten eines Künd-Schreibens, das wg des Verzuges notw wurde (Köln NJW-RR **87**, 593). Auch die dem Gläub im PKHVerf entstandenen Kosten w trotz ZPO 118 I 4 von der ErsPfl umfaßt (Schlesw SchlHAnz **78**, 170). Eine ErsPfl besteht für alle sachdienl Maßn prozessualer RDchsetzg, auch wenn eine prozeßrechtl Kostenerstattg ausgeschl ist. Bsp sind Klageerhebg od VollstrMaßn in Unkenntn der inzw geleisteten Zahlg (s KG NJW-RR **92**, 1298) u der mangels Masse erfolglose KonkAntr (LG Essen MDR **83**, 753, s auch § 249 Rn 21). Die Kosten der den Verzug begründeten **Erstmahnung** (Künd) kann der Gläub dagg nicht ersetzt verlangen, 8 weil sie nicht dch den Verzug verursacht worden sind u die nicht rechtzeit Leistg keine pVV darstellt (BGH NJW **85**, 324, BayObLG NJW-RR **93**, 280, Köln VersR **75**, 1106). Der Zeitaufwand des Gläub für Mahnschreiben u Besuche beim RAnw (Freizeiteinbuße) ist nicht erstattgsfäh (§ 249 Rn 23). Kosten eines **Inkas-** 9 **sobüros** kann auch der Kaufm ersetzt verlangen (aA AG Hombg MDR **83**, 840, LG Bln WM **90**, 62). Führt ein konzerngebundenes Untern das Inkasso dch, sprechen aber gute Gründe gg eine ErsPfl (Michalski ZIP **94**, 1501). Obergrenze für die ErsPfl sind auch bei BagatellFdgen wg § 254 die Sätze der BRAGO (Köln OLGZ **72**, 411, Hamm JurBüro **84**, 1534, Bambg NJW-RR **94**, 412, MüKo/Thode Rn 8, Soergel-Wiedemann Rn 27, aA Kblz JurBüro **85**, 295, Rieble DB **95**, 195). Kommt es anschließd zum Proz, können die Inkassokosten idR wg § 254 nicht zusätzl zu den RAKosten beansprucht w, da der Gläub zur Schadensminderg den RA sogleich hätte beauftragen können (Düss OLGZ **87**, 494, Karlsr Rpfleger **87**, 422, Dresden NJW-RR **94**, 1139, Jena OLGNL **94**, 197, LG Rottweil NJW **94**, 266, sehr str, s Seitz Rpfleger **95**, 201). Eine ErsPfl besteht insb dann nicht, wenn der Schu erkennb zahlgsunwill od -unfäh ist, da in einem solchen Fall die Notwendigk, später einen RAnw beauftragen zu müssen, vorhersehb ist (Mü NJW **75**, 832, Karlsr NJW-RR **87**, 15). Sie kann ausnw gegeben sein, wenn der Gläub aus bes Grden darauf vertrauen durfte, daß der Schu ohne gerichtl Hilfe leisten w (Mü MDR **88**, 407, Düss JurBüro **88**, 1513; and ein erhebl Teil der Rspr, zB Ffm NJW-RR **90**, 729, der den Anspr nur bei erkennb Zahlgsunwillen od Zahlgsunfähigk verneint). – **cc)** Zu ersetzen sind in den Grenzen des § 254 auch alle sonst dch den Verzug verursachten 10 **Aufwendungen** (Vorbem 83 v § 249). Bsp sind die Miete für eine ErsWohng bei verspäteter Herstellg des Wohnhauses (BGH **66**, 281); **Finanzierungskosten** bei verspäteter Fertigstellg eines Bauvorhabens (BGH **121**, 212, NJW-RR **90**, 980, aber nur bis zur Höhe des obj Nutzwerts des Obj (AG Stgt NJW-RR **94**, 980);

Mehrkosten bei ArbErschwernissen od Verzögerg der Bauzeit (BGH **97**, 164, Clemm DB **85**, 2548); die währd des Verzuges weiter zu entrichtde KreditVersPrämie (LG Hbg BB **71**, 932); Kreditzinsen (§ 288

11 Rn 7). – **dd)** Zu ersetzen sind, soweit nicht § 254 entggsteht, auch weitere Folgeschäden (Honsell FS Lange, 1992, S 517) u **entgangener Gewinn** (BGH DB **56**, 110). Bsp sind das Scheitern des gewinnbringden Wiederverkaufs wg der verspäteten Lieferg, der währd des Zahlgszuges entgangene Anlagezins (§ 288 Rn 6), aber auch entgangener Gewinn aus einem Spekulationsgeschäft (BGH NJW **83**, 758), sofern der Gläub diesen „wirkl hereingeholt" hätte (Ffm NJW-RR **88**, 1109). Dagg stellen die dch den Verzug entgangenen **Nutzungsmöglichkeiten** grdsl keinen ersatzfäh Schaden dar (Vorbem 20ff u 25ff v § 249).

12 **3) II** gibt dem Gläub die Möglichk, anstelle der Leistg **Schadensersatz wegen Nichterfüllung** zu verlangen. Voraussetzg ist, daß die Leistg für ihn inf des Verzuges kein Interesse mehr hat. Das gleiche Merkmal verwendet das Ges in dem prakt wichtigeren § 326 II (dort Rn 21). Für den Inh u Umfang des SchadErsAnspr gelten die §§ 249ff. Der Anspr richtet sich auf GeldErs, da Naturalrestitution prakt Erf wäre, das gibt den ErfAnspr aber ausschließt (MüKo/Thode Rn 13). Der Schaden kann konkret, uU aber auch abstrakt bemessen w (s § 325 Rn 9ff). Bei abstrakter Schadensberechng ist als Stichtag nach Wahl des Gläub entweder der Verzugseintritt od der Interessenwegfall zugrde zu legen (RG **96**, 160). Vgl im übrigen zur Schadensbemessg §§ 326 Rn 26 u 325 Rn 9ff. Will der Gläub nach § 286 II vorgehen, muß er die Leistg

13 ablehnen. Wg der Ausübg des AblehngsR verweist II 2 auf die **Rücktrittsvorschriften**. Gleichwohl ist die AblehngsErkl kein Rücktr, sond die Geltendmach eines VertrR. Eine entspr Verweisg auf die §§ 346ff enthält § 280 II 2. Die Ausführgen zu § 280 II 2 (dort Rn 9) gelten sinngem.

287 *Erweiterte Haftung.* **Der Schuldner hat während des Verzugs jede Fahrlässigkeit zu vertreten. Er ist auch für die während des Verzugs durch Zufall eintretende Unmöglichkeit der Leistung verantwortlich, es sei denn, daß der Schaden auch bei rechtzeitiger Leistung eingetreten sein würde.**

1 **1) Satz 1 erweitert** das **Haftungsmaß:** Auch wenn für den Schu Haftgserleichtergen gelten (§ 277 Rn 4 u 6), muß er währd des Verzuges für jede Fahrlässigk einstehen. Da der Schu nach S 2 für die währd des Verzuges eintretde Unmöglichk unabhäng von einem Verschulden haftet, ist die prakt Bedeutg von S 1 gering. Er betrifft nur solche Schäden, die nicht auf einer Unmöglichk der Leistg beruhen (allgM).

2 **2) Satz 2. – a).** Er erweitert die Haftg des Schu auf die währd des Verzuges **durch Zufall** eintretde Unmöglichk, wobei Zufall hier auch höhere Gewalt umfaßt (Knütel NJW **93**, 900). Ist die Unmöglichk eine adäquate Folge des Verzuges, ergibt sich die Haftg des Schu bereits unmittelb aus §§ 280, 285, 286. Der UrsachenZusHang zw Verzug u Unmöglichk gehört zum Bereich der haftgsausfüllden Kausalität, auf den sich das Verschulden nicht zu erstrecken braucht (Vorbem 56 v § 249). Satz 2 ist daher nur für die Fälle prakt bedeuts, in denen zw Verzug u Unmöglichk **kein adäquater Kausalzusammenhang** besteht. Er gilt auch für die teilw Unmöglichk, insb für den Fall der Verschlechterg (Erm-Battes Rn 3). Auch auf die vorübergehde Unmöglichk (zeitweil gesetzl Zahlgsverbot) ist die Vorschr anzuwenden (BGH **LM** § 286 Nr 3). Der Schu hat SchadErs wg NichtErf zu leisten (§§ 280, 325). Seine ErsPfl beschränkt sich auf den adäquat verursachten Schaden, da die Haftgserweiterg nicht für den KausalZushang zw Unmöglichk u Schaden gilt.

3 **– b) Halbsatz 2** schließt die Zufallshaftg aus, wenn die Unmöglichk auch bei **rechtzeitiger Leistung** eingetreten wäre. Er gestattet dem Schu damit die Berufg auf ein hypothet SchadensEreign. Gleichgült ist, ob dasselbe od ein und Ereign die Unmöglichk beim Gläub herbeigeführt hätte. Der dch Untergang der Sache bereits entstandene SchadErsAnspr wird aber dch eine nachträgl im Bereich des Gläub auftretde hypothet Schadensursache nicht mehr beseitigt. And liegt es nur, wenn der Sache zZ ihres Untergangs eine

4 Schadensanlage innewohnte (Vorbem 99 v § 249). Die **Beweislast** dafür, daß die Unmöglichk auch bei rechtzeit Leistg eingetreten wäre, trägt der Schu. Macht der Gläub geltd, er hätte die Sache bei rechtzeit Leistg vor Eintritt der hypothet Schadensursache verbraucht od weiterveräußert, muß der Schu dieses Vorbringen widerlegen. Haftet der Schu nach allg RGrds für die Unmöglichk, ist Halbsatz 2 unanwendb; für die Berücksichtigg von hypothet Schadensursachen gelten vielmehr die allg Regeln (Vorbem 96 v § 249).

288 *Verzugszinsen.* **[I]Eine Geldschuld ist während des Verzugs mit vier vom Hundert für das Jahr zu verzinsen. Kann der Gläubiger aus einem anderen Rechtsgrunde höhere Zinsen verlangen, so sind diese fortzuentrichten.**

[II]Die Geltendmachung eines weiteren Schadens ist nicht ausgeschlossen.

1 **1) Verzugszinsen (I). – a)** Der Gläub einer Geldschuld kann iF des Verzuges als **Mindestschaden** Zinsen iH von 4% verlangen. Dabei ist gleichgült, ob dem Gläub tatsächl ein Schaden entstanden ist od nicht (BGH **74**, 231, BFH NJW **82**, 792). Die ZinsPfl besteht bei Geldschulden jeder Art (§ 245 Rn 6f), auch bei SchmerzGAnspr (§§ 284 Rn 18, 291 Rn 3), VorschußAnspr aus § 633 III od VOB (B) § 13 Nr 5 (BGH **77**, 62, NJW **83**, 2191), ohne daß die Zinsen in die Abrechng des Vorschusses einzubeziehen sind (BGH **94**, 333), bei unverzinsl Fdgen (RG **92**, 284, BGH NJW **53**, 337), BereichergsAnspr (§ 154, 265) u UnterhFdgen (Hbg, Mü u Hamm FamRZ **84**, 87, 310, 478, s auch BGH NJW-RR **87**, 386 zu § 291), bei Kostenerstattgsanspr von BetrRMitgl (BAG BB **89**, 1618), bei KaufPr- od WkLohnFdgen auch für die im Rechngsbetrag enthaltene MwSteuer (BGH NJW-RR **91**, 484, Delcker NJW **86**, 2936). Bei GehaltsAnspr betrifft sie den gesamten Bruttobetrag (LAG Nürnbg BB **95**, 206, Soergel-Wiedemann Rn 12; aA BAG **AP** TVAL II § 21 Nr 2). Bei Verzug mit der DarlGewährg braucht sich der Gläub nicht die Zinsen anrechnen zu lassen, die er bei rechtzeit Zahlg des Darl zu leisten gehabt hätte (RG **92**, 284). Bei schuldhafter Nichtbeschaffg eines langfrist zinslosen Darl steht dem Schu in entspr Anwendg von § 288 als Mindestschaden 4% Zinsen zu (BGH **74**, 231). I gilt nicht für die Schenkg (§ 522) u wg der Sonderregel in WG 48 nicht für Wechselunkosten u Provision (BGH NJW **77**, 1396). Zur Anwendg von I im öffR s § 284 Rn 6. Bei einem SchadErsAnspr

wg NichtErf kann der Gläub Verzugszinsen von dem Ztpkt an verlangen, der der Bemessg des NichtErf-Schadens zugrde gelegt w (s BGH NJW **53**, 337). – **b)** Die **Höhe** der Verzugszinsen von 4%, bei beider- 2 seit HandelsGesch von 5% (HGB 352), ist unangem niedrig. Die notw Anpassg an die veränderten wirtschaftl Verhältn muß aber dem GesGeber überlassen bleiben; die Voraussetzgen für eine richterl RFortbildg contra legem liegen nicht vor (Bartsch NJW **80**, 2564, aA Gelhaar NJW **81**, 859). Im Anwendgsbereich des **VerbrKrG** beträgt der Verzugszins nunmehr 5% über Bundesbankdiskont (VerbrKrG 11), beiden Teilen steht aber der Nachw eines höheren od niedrigeren Schadens offen (Rn 6). – **c) I 2** bedeutet 3 nach seiner Entstehgsgeschichte u seinem Wortlaut, daß der vertragl vereinbarte Zins auch iF des Verzuges maßgebd bleibt (Rieble ZIP **88**, 1028, Nassall WM **89**, 705, Hamm ZIP **90**, 641). Für DarlVertr gilt aber der vom BGH entwickelte u in VerbrKrG 11 anerkannte RGrds, daß die Verpfl zur Zahlg des VertrZinses mit der Fälligstellg des Darl endet (BGH **104**, 341, NJW **92**, 109). – **d) Beginn** der Zinspflicht s § 187 4 Rn 1 aE, **Ende** mit Ablauf des Tages an dem gezahlt worden ist (Pleyer/Huber DB **89**, 1859).

2) Der Gläub kann gem II eine **höhere Zinsforderung** geltd machen, soweit die Voraussetzgen des 5 § 286 vorliegen; auch wenn die Part den Verzugszins vertragl auf 14% festlegen, ist II iZw nicht abbedungen (Ffm DNotZ **89**, 256). Der Zinsschaden kann entweder im Verlust von Anlagezinsen od in der Aufwendg von Kreditzinsen bestehen. – **a) Verlust von Anlagezinsen.** Der Zinsverlust muß grdsl konkret 6 dargelegt u bewiesen w. Die Anfordergen an die Darleggs- u BewLast des Gläub dürfen aber nicht überspannt w. Zu seinen Gunsten ist ZPO 287 anwendb, uU auch § 252 S 2. Eine **Bank** kann ihren Schaden abstrakt berechnen (§ 252 Rn 7), u zwar, wenn sie verschiedene GeschArten betreibt, nach ihrem dchschnittl Bruttosollzinssatz (BGH **62**, 103, **104**, 347). Bei VerbrKrediten kann die Bank gem § 11 I VerbrKrG 5% Zinsen über Bundesbankdiskont beanspruchen; diese abstrakte Schadensberechn läßt der BGH auch bei Altkrediten zu (BGH **115**, 269, § 246 Rn 11a). Handelt es sich um einen größeren Geldbetrag, bei dem nach der Lebenserfahrg eine gewinnbringde Anlage (zB in verzinsl Wertpapieren od als Festgeld) anzunehmen ist, sind zG des Gläub die Grds des AnschBew anzuwenden (s BGH WM **74**, 128, VersR **80**, 194, NJW **81**, 1732, BB **92**, 232), die Untergrenze liegt bei 5000 DM (Baumgärtel/Strieder Rn 16). – **b) Aufwendung von Kreditzinsen.** Wird Ers von Kreditkosten verlangt, genügt zunächst die 7 allg Behauptg, der Gläub habe einen mit x% verzinsl Bankkredit in Anspr genommen (BGH DB **77**, 582). Bestreitet der Schu, ist ein konkrete Darlegg erforderl (BGH aaO u NJW-RR **91**, 1406). Nicht notw ist, daß der Gläub gerade wg der KlFdg Kredit aufgenommen hat, s BGH NJW **84**, 371 (Kaufmann), BGH **LM** Nr 7 (öff Hand), Karlsr VersR **92**, 173 (Rentner). Beim Kaufmann besteht auch eine tatsächl Vermutg, daß er eingehde Zahlgen zur Rückführg des Kredits verwendet (BGH NJW-RR **91**, 793). Dagg muß der PrivatGläub substantiiert dartun, daß eine Verringerg des Kreditvolumens mögl u beabsichtgt war (LG Kblz NJW-RR **91**, 171). Die öff Hand sowie Bundespost u Bahn können Verzugszinsen in Höhe des Zinssatzes fordern, den sie für ihre zuletzt aufgelegte Anleihe zu zahlen hat (BGH NJW-RR **89**, 672, **LM** Nr 7, Hamm VersR **79**, 191, krit Schön NJW **93**, 962). Der ErsAnspr besteht auch bei einer Kreditgewährg dch ein verbundenes Unternehm (BGH NJW **75**, 867). Der Einwand, die Zinsen, für die eine Verzinsg gem §§ 288 II, 286 in Frage kommt, seien insgesamt höher als der aufgenommene Kredit, ist wg der für die alternative Kausalität geltden Grds unerhebl (Hbg MDR **74**, 930, Vorbem 86 v § 249). Zu ersetzen sind auch Überziehgszinsen (Karlsr VersR **92**, 174) u die auf die Zinsen etwa zu entrichtde **Mehrwertsteuer** (BGH NJW **79**, 540). Da die Zinsen nicht in die BemessgsGrdl der MWSt 8 einzubeziehen sind, entfällt aber insow nach geltdem SteuerR eine ErsPfl (EuGH NJW **83**, 505, BFH NJW **95**, 1240, BGH **90**, 209, Erlaß des BFM vom 24. 2. 83 UStR **83**, 78).

289 *Keine Zinseszinsen.* **Von Zinsen sind Verzugszinsen nicht zu entrichten. Das Recht des Gläubigers auf Ersatz des durch den Verzug entstehenden Schadens bleibt unberührt.**

1) Satz 1. Er erweitert das in § 248 enthaltene Verbot der Zinseszinsvereinbg u schränkt zugl den An- 1 wendgsbereich von § 288 I ein. Gleichgült ist, ob die Zinsschuld auf Ges od Vertr beruht. **Zinsen** (§ 246 Rn 1) sind auch Kreditgebühren, nicht aber Bereitstellgszinsen, in Zinsform zu entrichtde EnteigngsEntsch od ErstattgsAnspr wg rechtsw gezogener Zinsen (KG OLG **24**, 285). Gem ErbbVO 9 I, § 1107 ist die Vorschr auf ErbbZinsen u Einzelleistgen aus Reallasten entspr anwendb (BGH NJW **70**, 243, **78**, 1261), nicht aber auf den mit nur schuldrechtl Wirkg vereinbarten ErbbZins (BGH NJW-RR **92**, 592). Dagg gilt sie für den kaufm KontokorrentVerk nicht (HGB 355).

2) Satz 2. Das Zinseszinsverbot schließt, wie auch VerbrKrG 11 II 2 zeigt, den SchadErsAnspr wg 2 verzögerter Zinszahlg (§§ 288 II, 286) nicht aus (BGH NJW **93**, 1260). Ein ErsAnspr besteht aber nur dann, wenn die Verzugsvoraussetzungen auch hins der ZinsFdg vorliegen (BGH aaO). Der Verzugsschaden kann entspr § 288 Rn 5 ff auch im Verlust von Anlagezinsen od der Aufwendg von Kreditzinsen bestehen. Der Schaden muß konkret dargelegt u nachgewiesen w (s RG **152**, 174); Banken können den Zinsschaden aber auch hier abstrakt berechnen (BGH NJW **93**, 1260), im Anwendgbereich des VerbrKrG jedoch nur bis zur Höhe des gesetzl Zinssatzes, VerbrKrG 11 II 2 (dort Rn 6).

290 *Verzinsung des Wertersatzes.* **Ist der Schuldner zum Ersatze des Wertes eines Gegenstandes verpflichtet, der während des Verzugs untergegangen ist oder aus einem während des Verzugs eingetretenen Grunde nicht herausgegeben werden kann, so kann der Gläubiger Zinsen des zu ersetzenden Betrags von dem Zeitpunkt an verlangen, welcher der Bestimmung des Wertes zugrunde gelegt wird. Das gleiche gilt, wenn der Schuldner zum Ersatze der Minderung des Wertes eines während des Verzugs verschlechterten Gegenstandes verpflichtet ist.**

1   **1)** Die Vorschr setzt voraus, daß der Schu zum **Wertersatz** eines Ggstdes (Begriff Übbl 2 v § 90) **verpflichtet** ist, der währd des Verzuges mit der HerausgPfl untergegangen (Satz 1) od verschlechtert (Satz 2) worden ist. Wann eine solche Wertersatzschuld besteht, ergibt sich nicht aus § 290, sond aus §§ 280, 325 iVm §§ 285, 286 u vor allem mit § 287. Welcher Ztpkt der Wertermittlg zugrde zu legen ist, richtet sich nach den allg Grds des SchadErsR (§ 286 Rn 12).

2   **2)** Der ZinsAnspr ist ebso wie iF des § 288 gesetzl **Mindestschaden.** Seine Höhe ergibt sich aus § 288, bei beiderseit HandelsGesch aus HGB 352. Die Geltdmachg eines weitergehden SchadErsAnspr ist nicht ausgeschl (s § 288 II). Für das Gebiet der unerl Hdlgen enthält § 849 eine entspr Vorschr.

291   *Prozeßzinsen.* **Eine Geldschuld hat der Schuldner von dem Eintritte der Rechtshängigkeit an zu verzinsen, auch wenn er nicht im Verzug ist; wird die Schuld erst später fällig, so ist sie von der Fälligkeit an zu verzinsen. Die Vorschriften des § 288 Abs. 1 und des § 289 Satz 1 finden entsprechende Anwendung.**

1   **1) Allgemeines. – a)** Nach § 291 ist die ZinsPfl eine materiellrechtl Folge der RHängigk. Die prakt **Bedeutung** der Vorschr ist beschränkt. Der ZinsAnspr des Gläub ergibt sich idR schon aus § 288, da der Schu grdsl dch Zustellg der Kl od des Mahnbescheids in Verzug kommt (§ 284 I 2). Für § 291 bleiben die Fälle, in denen der Schu die Verspätg der Leistg, etwa wg eines entschuldb RIrrt, nicht zu vertreten hat (RG **92**, 285; § 285). Auch bei der Klage auf künft Leistg (Satz 1 Halbs 2), die noch keinen Verzug begründet, hat

2 § 291 selbstd Bedeutg. – **b)** Bei öffentl GeldFdgen richtet sich die Verzinsg in erster Linie nach **öffentlichem Recht.** Einschlägig sind AO 236, 237 u SGB I 44. AO 236f sind auch auf öffentlich Gebühren u Beiträge anwendb (BVerwG **37**, 159, OVG Lünebg VerwRspr **23**, 201). Soweit das öffR Lücken enthält, kann § 291 entspr angewandt w (BVerwG NJW **58**, 1744, **73**, 1854, BGH NJW **70**, 1637, Czybulka NVwZ **83**, 128), aber nur auf Leistgs- nicht auf AnfKlagen (BVerwG NJW **94**, 3116), so etwa bei Anspr aus dem BeamtenVerh (BVerwG **10**, 129, BVerwG **48**, 136, NVwZ **91**, 169), AusglAnspr gem SVG 85 (BSG NJW **89**, 3237) u öffrechtl ErstattgsAnspr (BGH NJW **70**, 1637, BVerwG NJW **73**, 1854).

3   **2) Voraussetzungen. – a)** Es muß sich um eine **Geldschuld** (§ 245 Rn 6 ff) handeln. Gleichgült ist, auf welchem RGrd sie beruht. Auch der unbeziffert geltd gemachte SchmerzGAnspr ist ab RHängigk zu verzinsen (BGH NJW **65**, 531 u 1376, KG VersR **72**, 281), ebso der UnterhAnspr (BGH NJW-RR **87**, 386), die FremdwährgsFdg (K. Schmidt NJW **89**, 68) u die in § 288 Rn 1 angeführten Anspr. Die ZinsPfl besteht auch dann, wenn der Gläub den geschuldeten Betrag an eine Dr weiterzuleiten hat (Düss VersR **74**, 1075). Stützt der Kläger seinen Anspr im 2. RZug statt auf Wandelg auf Minderg, stehen ihm ProzZinsen schon seit RHängigk der WandlgsKl zu (Hamm NJW-RR **89**, 1272). SchadErs wg künft Gewinnentgangs ist erst von dem Ztpkt an zu verzinsen, in dem der Gewinn erzielt worden wäre (BGH **115**, 309). Auf Wechselunkosten u Provision s § 291 wg der Sonderregel in WG 48 unanwendb (BGH NJW **77**, 1396). – **b)** Voraussetzg ist die Erhebg einer **Leistungsklage** od die Zustellg eines Mahnbescheids (ZPO 690). Ein HilfsAntr genügt (BGH NJW- RR **90**, 519), ebso eine Stufenklage (BGH **80**, 277 zu § 284 I 2), nicht aber eine FeststellgsKl (s BGH **93**, 186, aA für Eingruppiergsstreitigk BAG NJW **70**, 1207). Der Eintritt der **Rechtshängigkeit** bestimmt sich nach ZPO 253, 261, 302 IV, 696 III, 700 II; bloße Anhängigk genügt nicht. –

5 **c)** Der Anspr muß **fällig** u dchsetzb sein. Bei Kl auf künft Leistg (ZPO 257 ff) beginnt daher die ZinsPfl erst mit der Fälligk des Anspr (Satz 1 Halbs 2). Steht dem Anspr die Einr des ZbR od des nichterf Vertr entgg, entfällt eine Verzinsg (BGH **55**, 198, Düss NJW **71**, 2310). Bei einer Kl gem § 315 III wird der Anspr erst mit Erlaß des Urteils fäll; ein ZinsAnspr für die vorhergehde Zeit ist daher ausgeschl (Brschw OLGZ **66**, 19). Entspr gilt für den AbfindgsAnspr gem KSchG 7, 8 (BAG NJW **69**, 1735, LAG Brem NJW **78**, 126).

6   **3) Rechtsfolgen.** Der Gläub kann ProzZinsen von 4% beanspruchen (Satz 2 iVm § 288 I), bei beiderseit HandelsGesch 5% (HGB 352). Auf Zinsen sind keine ProzZinsen zu entrichten (Satz 2 iVm § 289 I). Einen weitergehden Schaden kann der Gläub nur ersetzt verlangen, wenn zugl die Voraussetzgen des Verzuges vorliegen. Ist das der Fall, besteht zw den Anspr aus § 288 u § 291 AnsprKonkurrenz; der Gläub kann nicht etwa Proz- u Verzugszinsen kumulativ geltd machen (RG **92**, 285, Saarbr NJW-RR **87**, 471).

292   *Haftung bei Herausgabepflicht.* **[1]Hat der Schuldner einen bestimmten Gegenstand herauszugeben, so bestimmt sich von dem Eintritte der Rechtshängigkeit an der Anspruch des Gläubigers auf Schadensersatz wegen Verschlechterung, Unterganges oder einer aus einem anderen Grunde eintretenden Unmöglichkeit der Herausgabe nach den Vorschriften, welche für das Verhältnis zwischen dem Eigentümer und dem Besitzer von dem Eintritte der Rechtshängigkeit des Eigentumsanspruchs an gelten, soweit nicht aus dem Schuldverhältnis oder dem Verzuge des Schuldners sich zugunsten des Gläubigers ein anderes ergibt.**

[II]Das gleiche gilt von dem Anspruche des Gläubigers auf Herausgabe oder Vergütung von Nutzungen und von dem Anspruche des Schuldners auf Ersatz von Verwendungen.

1   **1) Allgemeines.** Die Vorschr begründet als materiell-rechtl Wirkg der RHängigk eine **Mindesthaftung** für den zur Herausg verpflichteten Schu. Soweit wg Verzuges (§ 287) od nach der Art des SchuldVerhältn (zB § 819 I) eine strengere Haftg besteht, bleibt diese unberührt (I letzter Halbs). Da die Klagerhebg idR Verzug begründet (§ 284 I 2), ist die unmittelb Bedeutg des § 292 gering. Zu den Fällen, in denen ausnw trotz KlErhebg kein Verzug eintritt, s § 291 Rn 1. Aufgrund der Verweisg in § 818 IV gilt § 292 auch für BereicherungsAnspr (§ 818 Rn 52).

2   **2) Voraussetzungen. – a) Gegenstand** ist nach dem Sprachgebrauch des BGB alles, was Objekt von Rechten sein kann (Übbl 2 v § 90). § 292 gilt daher auch für den Anspr auf Herausg eines PatentR (RG **62**, 321), eines Erbteils (RG **137**, 179) od einer Apotheke (BGH **LM** § 987 Nr 3). Da es sich um einen „bestimmten" Ggst handeln muß, ist die Vorschr auf Gattgsschulden nicht anzuwenden. – **b)** Eine Verpflichtg zur 3 **Herausgabe** ist sowohl die zur Rückg (zB bei Miete od Leihe) als auch die zur Lieferg (zB beim Kauf). Dagg findet § 292 auf die Verpflichtg zur Vorlegg von Sachen (§§ 809, 810) keine Anwendg. – **c) Eintritt der Rechtshängigkeit** s § 291 Rn 4.

3) Rechtsfolgen. Die Vorschr, die ab RHängigk für das Eigtümer-BesitzerVerhältn gelten, sind anzuwenden, u zwar in drei Richtgen: – **a)** Der Schu haftet entspr § 989 auf **Schadensersatz,** wenn der geschul- 4 dete Ggst nach RHängigk dch sein Verschulden verschlechtert w, untergeht od aus einem sonst Grd nicht herausgegeben w kann. Sofern die Voraussetzgen des Verzuges vorliegen (§ 291 Rn 1), haftet der Schu gem § 287 S 2 auch für Zufall. Auch die strengere Haftg gem § 819 I bleibt unberührt (s RG **137**, 179), da § 292 ledigl ein Mindestmaß an Haftg festlegt (Rn 1). – **b)** Der Schu hat entspr § 987 die ab RHängigk gezogenen **Nutzungen** herauszugeben; für schuldh nicht gezogene Nutzgen hat er SchadErs zu leisten. – **c)** Der Anspr 5 auf Ersatz von **Verwendungen** richtet sich nach §§ 994 II, 995. Eine ErsPfl besteht aber nicht notw Verwendg- 6 gen u nur nach Maßg der Vorschr über die GoA (s näher § 994 Rn 5). Bei nützl Verwendgen (§ 996) hat der Schu ledigl das WegnR des § 997. Entspr anzuwenden sind auch die §§ 1000–1003.

Zweiter Titel. Verzug des Gläubigers

293 *Annahmeverzug.* **Der Gläubiger kommt in Verzug, wenn er die ihm angebotene Leistung nicht annimmt.**

1) Allgemeines. – a) Begriff. Der GläubVerzug (AnnVerzug) ist das Ggstück zum SchuVerzug 1 (§§ 284 ff) u fällt wie dieser unter den Oberbegriff der Leistgsstörg (Vorbem 3 v § 275). Er liegt vor, wenn die Erf des SchuldVerh dadch verzögert w, daß der Gläub die seinerseits erforderl Mitwirkg, insb die Ann der Leistg, unterläßt. Die §§ 293 ff gehen davon aus, daß der Gläub zur Ann der Leistg zu berecht, aber nicht verpflichtet ist (BGH BB **88**, 1418; Ausn Rn 6). GläubVerzug ist daher, and als der SchuVerzug, nicht Verletzg einer RPflicht, sond ledigl Verstoß gg eine **Obliegenheit** (Larenz § 25 I). Er begründet keine SchadErsPfl, setzt aber auch kein Verschulden des Gläub od ein sonstiges Vertretenmüssen voraus. – **b) Anwendungsbereich.** Die §§ 293 ff gelten für alle LeistgsPflten, zu deren Erf eine Mitwirkg des Gläub 2 erforderl ist. Sie sind daher idR auf die Pfl zum Unterlassen, zur Abgabe einer WillErkl u zu einer GeschBesorgg nicht anwendb (Staud-Löwisch Rn 3 v § 293). Bei Anspr aus sachen-, familien- od erbrechtl Tatbestden ist GläubVerzug mögl, soweit nicht die Eigenart des betreffden Anspr entggsteht. Im öffR ist eine (entspr) Anwendg der §§ 293 ff nicht ausgeschlossen. Sie gelten aGrd der Verweisg in VwVfG 62 S 2 insb für Anspr aus öffrechtl Vertr.

2) Abgrenzung. – a) Unmöglichkeit der Leistg u Unvermögen des Schu schließen den AnnVerzug 3 aus, *arg* § 297 (RG **106**, 276, BGH **24**, 96, BAG **AP** § 615 Nr 29, aA Picker JZ **85**, 698). Die Grenzziehg zw Unmöglichk u AnnVerzug ist, insb bei Dienst- u WerkVertr, bestr u zweifelh. Sie ist beim DienstVertr von erhebl Bedeutg, da der VergütgsAnspr bei Unmöglichk der Leistg entfällt (§ 323), bei AnnVerzug aber weiterbesteht (§ 615). Die fr hM ging bei der Abgrenzg von der sog Abstrahiergsformel aus (BGH **24**, 96): Entscheidd sei, ob der Schu, wenn man die Mitwirkg des Gläub unterstelle, die Leistg erbringen könne. Bei ArbVertr hat sich die Rspr seit 1923 von den §§ 293 f, 323, 615 gelöst u stattdessen darauf abgestellt, in wessen Gefahrenkreis die Störgsursache fällt, sog **Sphärentheorie** (RG **106**, 276, BAG **3**, 346, DB **94**, 2552, 4 § 615 Rn 22 f). Diese Theorie ist vorübergehd auch außerh des ArbR angewandt worden; sie hat aber inzw im allg bürgerl Recht keine Bedeutg mehr. Im Anschluß an Beuthien (Zweckerreichg, 1969) u Köhler (Zweckstörgen, 1971) hat sich mit Recht die Ans dchgesetzt, daß für die Abgrenzg von AnnVerzug u Unmöglichk allein entscheidd ist, ob die Leistg noch **erbracht werden kann** od nicht. AnnVerzug liegt als 5 Unterfall der Leistgsverzögerg nur vor, wenn der Gläub die Leistg nicht annehmen will od wenn ein vorübergehdes Ann- od Mitwirkgshindern besteht. Unmöglichk ist dagg bei allen dauernden Leistgshindern anzunehmen, gleichgült worauf diese im einzelnen beruhen (BGH **60**, 17, MüKo/Thode Rn 5, Soergel-Wiedemann Rn 11 v § 293). Sie ist auch gegeben, wenn die an sich weiterhin mögl LeistgsHdlg wg Hindern aus der Sphäre des Gläub nicht mehr den Leistgserfolg herbeiführen kann (§ 275 Rn 9 ff). Unmöglichk u nicht AnnVerzug liegt daher vor, wenn der Leistgserfolg ohne Zutun des Schu eintritt (Bsp: der wegzuräumde Erdwall wird weggeschwemmt); wenn das Leistgssubstrat wegfällt (Bsp: der zu behandelnde Patient stirbt); wenn die Leistg wg einer dauernden Ann- od Mitwirkgsunmöglichk des Gläub nicht erbracht w kann (Bsp: der Fahrschüler erblindet); wenn der ReiseVertr undchführb w, weil dem Reisenden eine erforderl Schutzimpfg nicht zugemutet w kann (BGH **60**, 17); wenn die geschuldete Beratgstätigk wg Aufg des GeschBetr des Gläub nicht mehr fortgesetzt werden kann (s BGH **24**, 96, der aber AnnVerzug bejaht). Stammt das Leistgshindern aus der Sphäre des Gläub, kann dem Schu aber gem § 324 od § 645 ein VergütgsAnspr zustehen (§ 275 Rn 10). – **b)** Der Gläub kann dch NichtAnn der Leistg gleichzeit in **Schuld-** 6 **nerverzug** kommen, wenn die Ann zugleich als RPflicht geschuldet w, so nach § 433 II beim KaufVertr u nach § 640 I beim WkVertr (s RG **57**, 109, 405). Beim Spezifikationskauf (HGB 375) begründet das Unterlassen der vom Käufer geschuldeten Spezifikation ebenf zugleich Schu- u AnnVerzug. Entspr gilt, wenn der Käufer beim Kauf auf Abruf den geschuldeten Abruf verzögert (BGH NJW **72**, 100). Sofern die Abn od die sonst geschuldete Mitwirkg HauptPfl ist, ist neben § 286 auch § 326 anwendb (dort Rn 7). – **c)** Nimmt der 7 Gläub die ihm angebotene Leistg nicht an od unterläßt er eine ihm obliegde MitwirkgsHdlg, so ist das keine **positive Vertragsverletzung,** da der Gläub dch sein Verhalten keine Pfl, sond ledigl eine Obliegenh verletzt. AnnVerzug u pVV können aber zusammentreffen, wenn die Weigerg des Gläub, die Leistg anzunehmen od in der erforderl Weise mitzuwirken, als Lossagg vom Vertr od eine erhebl Gefährdg des VertrZweckes zu werten ist (RG **57**, 112, BGH **11**, 88, **50**, 178, § 276 Rn 114 f). RFolge der pVV ist ein SchadErsAnspr; außerdem kann § 326 entspr anwendb sein (§ 276 Rn 124 f).

8   **3) Voraussetzungen.** Sie sind in den §§ 293–299 geregelt. – **a)** Der Schu muß so, wie er die Leistg anbietet, **leisten dürfen.** Ist für die Leistg eine öffrechtl Gen erforderl, kommt der Gläub nur in AnnVerzug, wenn die Gen vorliegt (BGH **13**, 329, NJW **52**, 743). Der AnnVerzug des ArbG ist ausgeschlossen, wenn der ArbN (Arzt) nicht die erforderl Erlaubn zur Berufsausübg besitzt (BAG **AP** § 615 Nr 29) od
9   wenn dieser einem gesetzl Beschäftiggsverbot (MuSchG 8) unterliegt (BAG **9**, 300). – **b)** Der Schu muß zur Leistg **bereit und imstande** sein (§ 297 Rn 2). – **c)** Der Schu muß die Leistg dem Gläub od einem
10   empfangsberecht Vertreter, so wie sie geschuldet w, **anbieten** (§§ 294–296). – **d)** Voraussetzg ist weiter, daß der Gläub die Leistg **nicht annimmt** od die erforderl Mitwirkg unterläßt. Es genügt ein bloßes Unterlassen; eine ausdrückl Ablehng ist nicht erforderl. Gleichgült ist, aus welchem Grd der Gläub nicht annimmt. Er kommt, abgesehen vom Fall des § 299, auch dann in AnnVerzug, wenn er die NichtAnn od Nichtmitwirkg **nicht zu vertreten** hat; der AnnVerzug setzt kein Verschulden des Gläub voraus (BGH **24**, 96, NJW-RR **94**, 1470, BAG NJW **73**, 1949). AnnVerzug tritt daher auch ein, wenn der Gläub das Angebot inf eines entschuldb Irrt für nicht ordngsmäß hält (BAG aaO), od wenn er es wg Streiks seiner ArbN nicht annehmen kann (Richardi JuS **84**, 833). Konnte der Gläub davon ausgehen, daß der Schu mit der vorgeschlagenen Verlegg des AbnTermins einverstanden sei, gerät er aber nicht in AnnVerzug (BGH NJW-RR **91**, 914).

11   **4) Rechtsfolgen.** Sie sind in den §§ 300–304 geregelt (s dort). Darüber hinaus besteht ein Recht zur Hinterlegg od zum Selbsthilfeverkauf (§§ 372, 383, HGB 373). Vgl die Übersicht in § 300 Rn 1.

12   **5) Beendigung. – a)** Der AnnVerzug endet für die Zukunft, wenn eine seiner Voraussetzgen entfällt. Der prakt wichtigste BeendiggsTatbestd ist der, daß der Gläub die Leistg **annimmt** od die ihm obliegde MitwirkgsHdlg vornimmt. Die BereitErkl des Gläub reicht aus, wenn der Schu die zweite Andieng aus von ihm zu vertretden Grden verzögert. Die nach §§ 304, 615 geschuldeten Beträge braucht der Gläub nicht mitanzubieten (MüKo/Thode Rn 12, aA Staud-Löwisch Rn 28); der Schu kann aber wg der ihm insoweit zustehden GgAnspr ein ZbR geltd machen u dadch gem § 298 die Beendigg des AnnVerzuges verhindern (s BAG NJW **82**, 122). Der AnnVerzug des ArbG heilt iF einer unberecht Künd nicht schon dadch, daß er sich zur vorläufig weiteren Entgnahme der ArbLeistg bereit erklärt (BAG NJW **82**, 122). Erforderl ist vielmehr grdsl, daß er der weiteren DchFührg des Vertr zustimmt u die Unwirksamk der Künd anerkennt (BAG NJW **86**, 2846, aA Staud-Löwisch Rn 26). Es genügt aber auch, wenn der ArbG den Abschluß eines befristeten ArbVertr bis zur Klärg der Wirksamk der Künd anbietet, sofern dem ArbN die Ann dieses Angebots zuzumuten ist (Schäfer NZA **84**, 110, aA BAG aaO). In dem nachträgl Bereiterklären zur Entgegnahme der Leistg kann zugl hins des GgAnspr eine Mahng liegen; mit der Beendigg des AnnVerzugs
13   kann daher gleichzeit SchuVerzug eintreten. – **b)** Weiter können folgde Grde zur Beendigg des AnnVerzugs führen: – **aa) Erlöschen** des Anspr, etwa dch Hinterlegg (§ 378), Aufr (§ 389) od Erlaß (§ 397): – **bb) Unmöglichwerden** der Leistg (BGH **117**, 6); – **cc)** Erklärg des Schu, daß er sein Angebot **zurück-**
14   **nimmt. – c)** Der AnnVerzug entfällt mit **Wirkung ex nunc.** Die gem § 300 II eingetretene Konkretisierg der Gattgsschuld bleibt daher bestehen (Staud-Löwisch Rn 25).

15   **6)** Der Schu trägt für die Voraussetzgen des AnnVerzuges die **Beweislast.** Er muß insb nachweisen, daß er die Leistg ordngsmäß angeboten hat. Der AusnTatbestd des § 297 muß dagg vom Gläub bewiesen w.

294   *Tatsächliches Angebot.* **Die Leistung muß dem Gläubiger so, wie sie zu bewirken ist, tatsächlich angeboten werden.**

1   **1) Allgemeines.** Die Vorschr ergänzt u konkretisiert § 293. Sie legt fest, daß der AnnVerzug ein tatsächliches Angebot voraussetzt (Rn 2). Sie stellt außerdem klar, daß AnnVerzug nur dch ein zur Erf taugl Angebot begründet w kann (Rn 3 ff).

2   **2) Tatsächliches Angebot.** Es ist keine zusätzl zur Leistg vorzunehmde Hdlg, sond der **Beginn der Leistung** („Anleistg"). Es muß so vorgenommen w, daß der Gläub nichts weiter zu tun braucht, als zuzugreifen u die Leistg anzunehmen (BGH **90**, 359). Seiner RNatur nach ist das tatsächl Angebot ein in der LeistgsHdlg mitenthaltener Realakt, kein RGesch (Larenz § 25 I a). § 130 ist nicht anwendb; der Gläub kommt auch dann in AnnVerzug, wenn er wg Ortsabwesenh von dem Angebot zunächst keine Kenntn erhält (s aber § 299). Bloße Leistgsbereitsch ist nicht ausreichd. Bei Geldschulden genügt es daher nicht, daß die Bank des Schu das Geld bereit hält (RG **108**, 160). Auch eine Mitteilg der Bank, sie sei vom Schu mit der Leistg beauftragt, stellt kein tatsächl Angebot dar (RG **109**, 328). Sucht der Schu den Gläub selbst auf, genügt es, daß er das Geld bei sich führt u sich zur Aushändigg bereit erklärt; ein Vorweisen des Geldes ist nicht erforderl (RG **85**, 416). Beim GrdstkaufVertr ist rechtzeit Mitteilg des Notartermins u Erscheinen zu diesem Termin erforderl, um AnnVerzug des Käufers zu begründen (BGH NJW **92**, 558). Bei Nachnahmesendgen liegt ein tatsächl Angebot dagg nur vor, wenn die Post dem Empfänger die Sendg vorgezeigt hat (RG **102**, 372). Bei einer **Schickschuld** muß die Leistg dem Gläub am Bestimmgsort angedient w; der bereits mit der Absendg eintretde Gefahrübergang (§§ 270, 447) ist insow ohne Bedeutg (RG **106**, 297, MüKo/Thode Rn 3, aA RG JW **25**, 607).

3   **3) Ordnungsmäßiges Angebot.** Die Leistg muß so, wie sie geschuldet w, am rechten Ort, zur rechten Zeit u in rechter Weise angeboten w. – **a)** Anzubieten ist die **geschuldete Leistung.** Das Angebot einer Leistg an ErfStatt od einer Leistg erfhalber (Scheck) genügt nicht (BGH WM **83**, 864). Wird die Zahlg des einem Ausländer geschuldeten Geldbetrages dch die Devisengesetzgebg verboten, begründet das Angebot der allein noch zul Zahlg auf Sperrkonto kein AnnVerzug (RG **151**, 116, BGH **13**, 332), es sei denn, die
4   gesetzl Regelg ändere den Inh des SchuldVerh entspr ab. – **b)** Die angebotene Leistg muß nach **Art, Güte und Menge** dem Inh des SchuVerh entsprechen. Weist der ArbG einen betrunkenen ArbN zurück, tritt kein AnnVerzug ein (LAG Schlesw DB **89**, 630). Aus der Vereinbg der Part, etwa der Verwendg einer Bar-

zahlgsklausel („cash against documents"), kann sich ergeben, daß der Gläub auch eine mangelh Leistg zunächst abnehmen muß (BGH NJW **87**, 2436). Die Mietsache muß der Vermieter auch im beschädigten od verwahrlosten Zustand zurücknehmen (BGH **86**, 210). Dch ein Teilangebot kommt der Gläub nur in AnnVerzug, wenn eine Teilleistg ausnw zul ist (§ 266 Rn 6ff). Ein Mehrangebot begründet AnnVerzug, wenn der Gläub dch die notw Aussonderg nicht unzumutb beschwert w (RG **23**, 126). Ein Herausgeben von Geld (Geldwechseln) ist dem Gläub im Rahmen des Verkehrsübl zuzumuten (§ 242). Die Zurückweisg einer mangelh Leistg begründet auch dann keinen AnnVerzug, wenn der Gläub sich nicht auf den Mangel berufen od diesen nicht einmal erkannt hat (RG **111**, 89). Entspr gilt, wenn die Leistg nicht der vereinbarten Gattg entspr od mangelh verpackt ist (Ffm DB **84**, 1521). Der Gläub handelt jedoch auf eig Gefahr. Ist die angebotene Leistg in Wahrh mangelfrei, tritt AnnVerzug ein (BAG NJW **73**, 1949). Ein Angebot unter Vorbehalt setzt den Gläub in Verzug, wenn sich der Schu mit dem Vorbehalt ledigl die Möglichk offenhalten will, das Geleistete entgg § 814 wieder zurückzufordern (§ 362 Rn 11). – **c)** Der Schu muß die Leistg zur rechten **Zeit** (§ 271) u am rechten **Ort** (§§ 269, 270) anbieten. Ist für den ArbVertr, wie idR, die BetrStätte ErfOrt, tritt kein AnnVerzug ein, wenn der ArbN seinen ArbPlatz wg wittersbedingter Schwierigk nicht erreicht (BAG DB **83**, 396). Auch bei VerkStörgen, Smogalarm u ähnl trägt der ArbN das **Wegerisiko** (§ 615 Rn 22). – **d)** Die Leistg muß dem **Gläubiger** od einem empfangsberecht Vertreter angeboten w. Handelt es sich um GesamtGläub gelten die §§ 428, 429. Das Angebot muß vom **Schuldner** od einem ErfGehilfen gemacht w. Unter den Voraussetzgen der §§ 267, 268, 1150, 1249 kann auch das Angebot eines Dr AnnVerzug begründen.

295 Wörtliches Angebot.

Ein wörtliches Angebot des Schuldners genügt, wenn der Gläubiger ihm erklärt hat, daß er die Leistung nicht annehmen werde, oder wenn zur Bewirkung der Leistung eine Handlung des Gläubigers erforderlich ist, insbesondere wenn der Gläubiger die geschuldete Sache abzuholen hat. Dem Angebote der Leistung steht die Aufforderung an den Gläubiger gleich, die erforderliche Handlung vorzunehmen.

1) Allgemeines. Die Vorschr legt fest, daß in zwei AusnFällen (Rn 4 u 5) statt eines tatsächl ein **wörtliches Angebot** ausreich ist. And als das tatsächl (§ 294 Rn 2) ist das wörtl Angebot, wie die Mahng, eine geschäftsähnl Hdlg (MüKo/Thode Rn 2, Staud-Löwisch Rn 12). Die §§ 130ff sind anwendb (hM). Die Aufforderg zur Vornahme der MitwirkgsHdlg steht dem wörtl Angebot gleich **(S 2).** Das Angebot bedarf keiner Form; es kann auch stillschw erfolgen u in der Klage auf Unwirksamk der Künd od in einem Widerspr gg die Künd liegen (BAG **3**, 74, NJW **75**, 1335). Für das **Arbeitsverhältnis** hat die Rspr inzw den RGrds herausgebildet, daß der ArbG bei einer unberecht Künd gem § 296 auch ohne jedes Angebot des ArbN in AnnVerzug kommt (s dort). Werden selbstd Dienste geschuldet, ist dagg auch iF einer rechtsw Künd ein wörtl Angebot erforderl (BGH NJW-RR **86**, 794), dafür kann ein Widerspr gg die rechtsw Künd ausr sein (BGH aaO, Mü u Kblz NJW-RR **94**, 507, 1058). And als iF des § 294 kann das Angebot gem § 295 nur der Schuldner abgeben. Ein Dritter ist hierzu nicht schon unter den Voraussetzgen des § 267, sond nur dann berecht, wenn ihm gem §§ 268, 1150, 1249 ein AblössgsR zusteht (RG **83**, 393). Das Angebot muß der geschuldeten Leistg entspr (RG HRR **28**, 414). Es ist nur wirks, wenn der Schu leistgsfäh u **leistungsbereit** ist, § 297 (RG **103**, 15, BAG MDR **74**, 433, NJW **75**, 1336). Bei Gattgsschulden ist eine vorherige Aussonderg nicht erforderl (BGH WM **75**, 920), sie ist jedoch Voraussetzg für den Gefahrübergang (§ 300 Rn 4). Es genügt, daß der Schu die geschuldete Ware jederzeit beschaffen kann (RG **50**, 260). Hat der Gläub die VertrErf ernsthaft u endgült verweigert, kann der Schu auch dann wirks anbieten, wenn er das geschuldete Werk noch nicht vollständ hergestellt hat (BGH **LM** § 651 Nr 3). Besteht Streit, ob der Schu zur Leistg imstande war, trifft die **Beweislast** den Gläub (§ 297 Rn 3).

2) Fall 1: Die Erkl des Gläub, er werde die Leistg **nicht annehmen,** muß bestimmt u eindeutig sein. Sie ist ebso wie das wörtl Angebot (Rn 1) eine zugangsbedürft geschäftsähnl Hdlg (Staud-Löwisch Rn 3). Ein bloßer Vorbehalt genügt nicht, wohl aber die Erkl des Gläub, er halte den Vertr für nichtig, annulliere ihn od trete zurück (RG **57**, 113). Auch eine unberecht Künd reicht aus (BAG NJW **63**, 1124) od ein sonst schlüssiges Verhalten, aus dem sich unzweideut eine AnnVerweigerg ergibt (BGH **LM** § 651 Nr 3). Die AnnVerweigerg muß zeitl **vor** dem Angebot erklärt worden sein (BGH NJW **88**, 1201, Hamm NJW-RR **92**, 668). Die Weigerg des Gläub macht, wie sich aus der gesetzl Regel ergibt, das wörtl Angebot nicht überflüssig. And liegt es aber, wenn offenkundig ist, daß der Gläub auf der AnnVerweigerg beharrt. In einem solchen Fall ist auch ein wörtl **Angebot nicht erforderlich,** da es eine leere Form wäre (MüKo/Thode Rn 6, str, s auch § 296 Rn 1). Widerruft der Gläub seine Ablehng, so muß der Schu nunmehr tatsächl anbieten.

3) Fall 2: Er liegt vor, wenn eine zur Bewirkg der Leistg erforderl **Handlung des Gläubigers** unterblieben ist. Beispiele für derart MitwirkgsHdlgen: Abholg bei Holschulden, Abn beim WkVertr (§ 640 I), Erteilg einer Rechng, sofern der zu zahlde Betrag einer Festlegg bedarf (Celle NJW **86**, 327), Bereitstellung von Verpackgsmaterial, Abruf von Waren (RG **73**, 260), Ausübg des GläubWahlR bei Wahlschuld (§ 262), nähere Bestimmg des LeistgsGgstandes, etwa beim Spezifikationskauf gem HGB 375 (RG Warn **18** Nr 177), Anweisg von Diensten, Mitteilg an ArbN, daß die Schlechtwetterperiode beendet ist u die Arbeit wieder aufgenommen w (LAG Düss BB **69**, 1479). Die Frage, ob eine Mitwirkg des Gläub erforderl ist, muß uU dch VertrAuslegg entschieden w (RG **168**, 327). Hat der Verzug des Schu die Mitwirkg des Gläub erschwert, genügt ein diese Erschwern nicht berücksichtigdes bloß wörtl Angebot nicht (BGH NJW **86**, 987). Nimmt der Gläub die MitwirkgsHdlg nachträgl vor, endet der AnnVerzug; der Schu muß nunmehr tatsächl anbieten.

296 *Überflüssiges Angebot.* **Ist für die von dem Gläubiger vorzunehmende Handlung eine Zeit nach dem Kalender bestimmt, so bedarf es des Angebots nur, wenn der Gläubiger die Handlung rechtzeitig vornimmt. Das gleiche gilt, wenn der Handlung eine Kündigung vorauszugehen hat und die Zeit für die Handlung in der Weise bestimmt ist, daß sie sich von der Kündigung ab nach dem Kalender berechnen läßt.**

1 § 296 enthält eine ergänzde Regelg zu § 295 Fall 2 (dort Rn 5). Unterläßt der Gläub eine MitwirkgsHdlg, für die eine Zeit nach dem Kalender bestimmt ist, gerät er in AnnVerzug, ohne daß es eines Angebots bedarf. Bsp: Nichteinhaltg eines Übergabetermins (BGH NJW-RR **91**, 268); Unterl der Abbuchg beim LastschriftVerf (Schwarz ZIP **89**, 1445). Die übrigen Voraussetzgen des AnnVerzugs, insb Leistgsvermögen u Leistgswille, müssen aber auch hier vorliegen. Für die kalendermäß Bestimmth (S 1) u Berechenbark (S 2) gelten die Ausführgen in § 284 Rn 22 ff entspr (s BGH WM **95**, 440). Die dem ArbG obliegde Zuweisg von

2 Arb ist eine kalendermäß bestimmte MitwirkgsHdlg (BAG NJW **85**, 935, 2662). Der **Arbeitgeber,** dessen **Kündigung unwirksam** ist od der ArbN rechtsw die ArbMöglichk verweigert, kommt daher in AnnVerzug, ohne daß es eines ArbAngebots des ArbN bedarf, iF einer unwirks ordentl Künd allerdings erst mit Ablauf der KündFr (BAG aaO u DB **94**, 2552). Auch ggü dem bei Zugang der Künd arbunfäh ArbN tritt ab Wiedergenesg AnnVerzug ein (BAG NJW **92**, 933). Eine Anzeige der Leistgsbereitsch soll auch dann nicht erforderl sein, wenn der ArbN eine unbefristete ArbUnfgkbescheinig eingereicht hat (BAG DB **95**, 1181). Holt der Gläub die Hdlg nach, wird der AnnVerzug mit Wirkg *ex nunc* geheilt (§ 293 Rn 12). Der Schu muß nunmehr tatsächl anbieten.

297 *Unvermögen des Schuldners.* **Der Gläubiger kommt nicht in Verzug, wenn der Schuldner zur Zeit des Angebots oder im Falle des § 296 zu der für die Handlung des Gläubigers bestimmten Zeit außerstande ist, die Leistung zu bewirken.**

1 **1) Allgemeines.** AnnVerzug tritt nur ein, wenn der Schu zur **Leistung imstande** ist. Ist die Leistg dauernd unmögl, gelten die Vorschr des Unmöglichk R, u zwar auch dann, wenn die Ursache der Unmöglichk aus der Sphäre des Gläub stammt (§ 293 Rn 4). § 297 schließt den AnnVerzug auch für den Fall aus, daß der Schu **vorübergehend** zur Leistg außerstande ist, die Regeln über die Unmöglichk also unanwendb sind (Larenz § 25 I c). Bsp sind etwa Krankh, Ortsabwesenh od Inhaftierg des ArbN (Staud-Löwisch Rn 2). Wird dem als Lkw-Fahrer angestellten ArbN der Führerschein entzogen, kommt der ArbG nur in AnnVerzug, wenn eine vorübergehde and Beschäftigg mögl u zumutb war (BAG DB **87**, 1359).

2 **2)** Voraussetzgen des AnnVerzuges sind nach § 297 **Leistungsvermögen und Leistungswille** des Schu (s BAG NJW **73**, 1949). Der maßgebde Ztpkt für die Leistgsbereitsch ist iF des tatsächl Angebots (§ 294) dessen Vornahme, iF des wörtl Angebots (§ 295) dessen Zugang, iF des § 296 der Termin, an dem die GläubHdlg vorzunehmen ist. Bei einem DauerSchuldVerh, insb einem ArbVertr, setzt die Fortdauer des AnnVerzuges voraus, daß die Leistgsbereitsch fortbesteht (BAG NJW **75**, 1336). Zu ihr gehört auch der ernsth Wille, die angebotene Leistg, so wie sie gschuldet ist, zu erbringen (BAG aaO). Für die Fälle des wörtl Angebots (§ 295) u des § 296 ist jedoch die Bereitsch zur sofort Leistg nicht erforderl. Es genügt, wenn die Leistg so weit vorbereitet ist, daß geleistet w kann, sobald der Gläub zur Ann od sonst Mitwirkg bereit ist (RG **50**, 255). Bei der Gattgsschuld ist daher die Ausscheidg nicht notw (BGH WM **75**, 920, s aber § 300 Rn 4). Es ist ausreichd, wenn sich der Schu den LeistgsGgst dch einen VertrSchl mit einem Dr jederzeit verschaffen kann (RG **34**, 99, **45**, 30, 50, 260). Bei einer hartnäckigen AnnVerweigerg des Gläub genügt es uU, daß der Schu den LeistgsGgst in Kürze herstellen kann (BGH **LM** § 651 Nr 3). Hat der Gläub die Leistgsunfähigk des Schu herbeigeführt, kann er sich gem § 242 nicht auf § 297 berufen.

3 **3)** Wie sich aus der Fassg der Vorschr unzweideutig ergibt, trägt der Gläub die **Beweislast** für das Leistgsunvermögen u den fehlden Leistgswillen des Schu (allgM).

298 *Zug-um-Zug-Leistungen.* **Ist der Schuldner nur gegen eine Leistung des Gläubigers zu leisten verpflichtet, so kommt der Gläubiger in Verzug, wenn er zwar die angebotene Leistung anzunehmen bereit ist, die verlangte Gegenleistung aber nicht anbietet.**

1 **1)** Schuldet der Gläub dem Schu eine **Zug-um-Zug-Leistung,** steht nach § 298 das **Nichtanbieten der Gegenleistung** der NichtAnn der Leistg gleich. § 298 gilt nicht nur iF der ggs Vertr (§ 320), sond für alle Fälle des ZbR (§§ 255, 273, 281, 410, 797, 1144, 1233), auch wenn es sich bei der Ggleistg um eine Nebenverpflichtg (§ 368, Quittg, § 371 Schuldschein) handelt. Hat der Gläub vorzuleisten, ist § 298 erst recht anzuwenden (Staud-Löwisch Rn 2). Zur Anwendg des § 298 bei einem Grdstkauf s BGH **116**, 249.

2 **2) Voraussetzung** ist, daß der Schu die ihm gebührde GgLeistg **verlangt** hat. Eine ausdr Verweigerg der GgLeistg dch den Gläub ist nicht erforderl, bloßes Nichtanbieten genügt. Wie anzubieten ist, richtet sich nach den entspr anwendb §§ 294, 295 (BGH **90**, 359). Auf ein Verschulden des Gläub kommt es nicht an, § 299 gilt aber analog. Das Verlangen des Schu stellt gleichzeit eine Mahng dar. Mit dem AnnVerzug tritt daher zugl hinsichtl der GgLeistg **Schuldnerverzug** ein, es sei denn, daß § 285 entggsteht. Währd der Dauer des AnnVerzugs ist ein Leistgsverzug des Schu ausgeschlossen. Um den AnnVerzug zu beenden, muß der Gläub alle GgLeistgen anbieten, wg der Schu ein ZbR geltd macht (BAG NJW **82**, 122).

299 *Vorübergehende Annahmeverhinderung.* **Ist die Leistungszeit nicht bestimmt oder ist der Schuldner berechtigt, vor der bestimmten Zeit zu leisten, so kommt der Gläubiger nicht dadurch in Verzug, daß er vorübergehend an der Annahme der angebotenen Leistung verhindert ist, es sei denn, daß der Schuldner ihm die Leistung eine angemessene Zeit vorher angekündigt hat.**

1) Allgemeines. Der Grds, daß der AnnVerzug kein Verschulden des Gläub voraussetzt (§ 293 Rn 10), 1
wird dch § 299 für den Fall einer vorübergehden Verhinderg des Gläub eingeschränkt. Die Vorschr beruht
auf dem Gedanken, daß es dem Gläub bei unbestimmter Leistgszeit nicht zugemutet w kann, ständ annah-
mebereit zu sein. Sie ist eine bes Ausformg des § 242.

2) Voraussetzungen. – a) Die **Leistungszeit** darf **nicht bestimmt** sein. Gleichgestellt ist der Fall, daß 2
die Leistgszeit zwar bestimmt ist, der Schu aber entspr § 271 II schon vorher leisten darf. In beiden Fällen
schließt eine vorübergehde AnnHinderg (Abwesenh, Krankh, zeitweiliger Platzmangel) den AnnVerzug
aus. – **b)** Der Gläub kommt aber in AnnVerzug, wenn der Schu die Leistg eine angem Zeit vorher 3
angekündigt hat. Die Ankündigg ist eine empfangsbedürft geschäftsähnl Mitteilg. Sie kann auch von
einem leistgsberecht Dritten ausgehen. Trotz rechtzeit Ankündigg tritt kein AnnVerzug ein, wenn dem
Gläub die Ann nach Treu u Glauben (§ 242) nicht zuzumuten ist (plötzl Krankh, Todesfall). – **c)** Der Gläub 4
trägt die **Beweislast** für die vorübergehde Behinderg, der Schu für die rechtzeit Ankündigg.

300 *Haftungsminderung; Gefahrübergang.* [I] Der Schuldner hat während des Verzugs
des Gläubigers nur Vorsatz und grobe Fahrlässigkeit zu vertreten.

[II] Wird eine nur der Gattung nach bestimmte Sache geschuldet, so geht die Gefahr mit dem
Zeitpunkt auf den Gläubiger über, in welchem er dadurch in Verzug kommt, daß er die angebote-
ne Sache nicht annimmt.

1) Allgemeines. Die §§ 300–304 regeln die **Rechtsfolgen** des AnnVerzuges. Im Ggs zum SchuVerzug 1
begründet der AnnVerzug **keine Schadensersatzpflicht** (§ 293 Rn 1). Nur wenn zugl die Voraussetzgen
des SchuVerzuges od der pVV vorliegen, steht dem Schu ein SchadErsAnspr zu (§ 293 Rn 6 u 7). Richtet
sich die AnnVerweigerg gg einen gem §§ 1150, 1249 AblösgsBerecht, kommt auch eine SchadErsPfl aus
§ 823 I in Betracht (RG **83**, 393, **123**, 341). Der AnnVerzug bewirkt, abgesehen vom Fall des DienstVertr
(§ 615), **keine Befreiung des Schuldners.** Er gibt dem Schu aber die Möglichk, die Schuld dch Hinterlegg
des SchuldGgst (§ 372) od des Erlöses aus dem Selbsthilfeverkauf (§ 383) zum Erlöschen zu bringen. Bei
einem Grdst tritt an die Stelle der §§ 372, 383 das Recht zur Besitzaufgabe gem § 303 (s dort). Ein Rücktr-
od KündR steht dem Schu nur zu, wenn das Verhalten des Gläub zugl eine pVV darstellt (§ 293 Rn 7).
Weitere Folgen des AnnVerzuges ergeben sich aus §§ 274 II, 322 III sowie aus §§ 264 II, 642–644.

2) Haftungsminderung (I). Sie ist das Ggstück zu der Haftgsverschärfg, die § 287 S 1 für den SchuVer- 2
zug vorsieht. Die Haftgserleichterg betrifft trotz des weitergehden Wortlauts nur die Haftg für den
LeistgsGgst (BGH **LM** § 651 Nr 3 Bl 2 R, Staud-Löwisch Rn 8). Die Haftg für die Verletzg sonst Pflten
richtet sich nach dem allg Verschuldensmaßstab (MüKo/Thode Rn 2, aA RG **57**, 107). Das gilt auch für die
Vornahme des Selbsthilfeverkaufs (RG SeuffA **76**, 96, JW **21**, 394, Köln NJW-RR **95**, 53). Die Vorschr ist
auf alle SchuldVerh anwendb, auch auf das RückgewährSchuldVerh aus Wandlg (RG **56**, 270). Sie erstreckt
sich auch auf konkurrierde Anspr aus unerl Hdlg (Köln NJW-RR **95**, 53). Vorsatz s § 276 Rn 10, grobe
Fahrlässigk s § 277 Rn 2, Beweislast s § 282 Rn 4.

3) Gefahrübergang bei Gattungsschulden (II). – a) Allgemeines. Die Vorschr gilt für alle Arten der 3
Gattgsschuld. Sie ist auch auf die beschränkte Gattgsschuld (Vorratsschuld, § 243 Rn 3) u (analog) auf
Geldschulden anwendb. Sie betrifft ausschließl die **Leistungsgefahr** (§ 275 Rn 24): Der Schu wird dch
§§ 275, 300 II u I von seiner LeistgsPfl frei, wenn die von ihm erfolglos angebotene Gattgsache währd des
AnnVerzuges dch Zufall od leichtes Verschulden untergeht od verschlechtert w. Die Preisgefahr, dh die
Frage, ob der Schu trotz des Untergangs der von ihm geschuldeten Sache den Anspr auf die GgLeistg behält,
ist nicht in § 300 II, sond in § 324 II geregelt (s RG **103**, 15, Staud-Löwisch Rn 13, hM). Die prakt Bedeutg
des § 300 II ist gering. Die Leistgsgefahr geht bei Gattgsschulden idR nicht aGrd des § 300 II, sond gem
§ 243 II dch Konkretisierg auf den Gläub über (s Rn 5). – **b) Voraussetzungen. – aa)** Der Gläub muß in 4
AnnVerzug geraten sein. Die Vorschr gilt auch, wenn der AnnVerzug auf § 295 (wörtl Angebot) beruht
(allgM). Sie ist auch iF des § 296 anwendb (MüKo/Thode Rn 4). – **bb)** Der Schu muß die zur Erfüll
erforderl Sachen **ausgesondert** haben, auch wenn dies, wie in den Fällen der §§ 295, 296, für den Eintritt
des AnnVerzugs nicht erforderl war (RG **57**, 404, BGH WM **75**, 920, Hönn AcP **177**, 390, Wertheimer JuS
93, 646). Die Aussonderg kann dem Angebot zeitl nachfolgen (BGH u Hönn aaO; ein Mitteilg der
Aussonderg an den Gläub ist dagg nicht notw (Staud-Löwisch Rn 19, Erm-Battes Rn 5, aA RG **57**, 404). –
c) Anwendungsfälle. Geht die ganze Gattg od bei der beschränkten Gattgsschuld (§ 243 Rn 3) der ganze 5
Vorrat unter, ist § 300 II unanwendb. Daß der Schu von seiner LeistgsPfl frei wird, folgt bereits aus § 275.
Eine weitere wesentl Einschränkg des § 300 II ergibt sich aus § 243 II. Hat der Schu das zur Leistg seinerseits
Erforderl getan, wird die Gattgs- zur Stückschuld u die Leistgsgefahr geht gem § 243 II auf den Gläub über
(§ 243 Rn 5 ff). Für den § 300 II bleiben daher im wesentl nur folgde Fälle: – **aa)** Der Gläub einer Bring- od
Schickschuld ist dch ein wörtl Angebot (§ 295) od (str, s Staud-Löwisch Rn 20) gem § 296 in AnnVerzug
geraten. Der Schu hat die Sache ausgesondert (Rn 4). Die Voraussetzungen des § 300 II liegen somit vor.
Dagg ist § 243 II nicht erfüllt, da die Absendg od Übermittlg der Leistg an den Gläub noch aussteht. – **bb)**
Der dem Gläub erfolglos angebotene Geldbetrag wird dem Schu auf dem Rückweg gestohlen. §§ 243 II, 275
kommen wg § 270 I nicht als Grdl für einen Gefahrübergang in Frage. – **cc)** Der Gefahrübergang erfolgt
auch dann aGrd des § 300 II, wenn die Part den § 243 II abbedungen haben.

301 *Wegfall der Verzinsung.* Von einer verzinslichen Geldschuld hat der Schuldner wäh-
rend des Verzugs des Gläubigers Zinsen nicht zu entrichten.

1) Grundsatz. Die Vorschr befreit den Schu währd des AnnVerzuges von jeder ZinsPfl. Sie gilt für alle 1
Arten von Zinsen (§ 246 Rn 1), gleichgült ob diese kr Ges od RGesch geschuldet w. Die Verpflichtg zur
Entrichtg von Verzugszinsen (§ 288 I) entfällt allerdings unabhäng von § 301 schon deshalb, weil der Ann-

Verzug den SchuVerzug hinsichtl derselben Leistg ausschließt. Die nach § 301 eintretde RFolge ist keine Stundg, sond endgült Befreiung. Aus der Vorschr ergibt sich iW des Umkehrschlusses, daß vertragl Zinsen über den FälligkZtpkt hinaus bis zum Eintritt des AnnVerzuges (u bis zum Erlöschen der Schuld) weiterzuentrichten sind (RG JW **36**, 2858, Mü OLGZ **78**, 452, aA BGH **104**, 341). Für DarlVertr ist dieser Umkehrschluß aber seit dem 1. 1. 91 wg VerbrKrG 11 nicht mehr zul (§ 246 Rn 13).

2   **2) Ausnahmen.** Hat der Schu tatsächl Zinsen gezogen, muß er diese gem § 302 als Nutzgen herausgeben, sofern nach der Art des SchuVerh eine Verpflichtg zur Herausg von Nutzgen besteht (BGH NJW **58**, 137). §§ 668, 1834, die eine ZinsPfl bei der Verwendg von Fremdgeld begründen, gehen § 301 vor (MüKo/Thode Rn 3).

302   *Nutzungen.*   **Hat der Schuldner die Nutzungen eines Gegenstandes herauszugeben oder zu ersetzen, so beschränkt sich seine Verpflichtung während des Verzugs des Gläubigers auf die Nutzungen, welche er zieht.**

1   Die Vorschr gilt (nur) für solche SchuldVerh, die für den Schu eine Verpflichtg zur Herausg von Nutzgen (§ 100) begründen (s §§ 292 II, 347, 987 II, 990). Sie beschränken die HerausgPfl währd des AnnVerzuges auf die tatsächl gezogenen Nutzgen, u zwar auch dann, wenn der Schu es grob fahrlässig od vorsätzl unterlassen hat, weitere Nutzgen zu ziehen. Bei einem krassen Verstoß gg Treu u Glauben kann sich der Schu aber nicht auf den Schutz des § 302 berufen. Bei Transferschwierigk, die den AnnVerzug ausschließen (§ 293 Rn 8), muß der Schu die tatsächl gezogenen Nutzgen nach dem GrdGedanken des § 302 an den Gläub herausgeben (BGH NJW **58**, 137).

303   *Recht zur Besitzaufgabe.*   **Ist der Schuldner zur Herausgabe eines Grundstücks oder eines eingetragenen Schiffs oder Schiffsbauwerks verpflichtet, so kann er nach dem Eintritte des Verzugs des Gläubigers den Besitz aufgeben. Das Aufgeben muß dem Gläubiger vorher angedroht werden, es sei denn, daß die Androhung untunlich ist.**

1   **1) Allgemeines.** Vgl zunächst § 300 Rn 1. Der Schu hat bei bewegl Sachen iF des AnnVerzuges die Möglichk, sich dch Hinterleg (§ 372) od dch Hinterleg des Versteigergserlöses (§ 383) von der Schuld zu befreien. Diese Regelg ist auf Grdst u gem § 383 IV auch auf eingetragene Schiffe u Schiffsbauwerke (§ 929a Rn 1 f) unanwendb; stattdessen besteht nach § 303 **ein Recht zur Besitzaufgabe.** Solange der Schu den Besitz nicht aufgegeben hat, besteht seine ObhutsPfl auch dann weiter, wenn er dem Gläub mitgeteilt hat, er werde sich nicht mehr um die Sache kümmern (BGH **86**, 208).

2   **2) Einzelheiten. – a)** § 303 gilt sowohl für die Pfl zur Herausg als auch für die zur Leistg (Übereign), gleichgült ob sie auf einem schuldrechtl od sonst RGrd beruht. Der Schu ist nur zur Aufg des Besitzes (§ 856), nicht zur Aufg des Eigt (§ 928) berecht. Dch die BesitzAufg wird er von der Pfl zur Besitzübertragg u von der Haftg für das weitere Schicksal des Grdst frei (RG **73**, 70). Dagg besteht eine etwaige Pfl zur
3   Übereign weiter. – **b)** Der Aufg hat eine **Androhung** vorauszugehen. Diese ist eine zugangsbedürftige geschäftsähnl Erkl, die bereits mit dem Angebot der Leistg verbunden w kann (RG **73**, 70). Untunl u daher unnötig ist die Androhg, wenn sie mit unverhältnmäß Kosten od mit einer unzumutb Verzögerg verbunden
4   ist. Die BewLast trägt insow der Schu. – **c)** Mit dem Grdst darf der Schu den Besitz an **Zubehör** aufgeben. In freier Anwendg der §§ 242, 303 hat RG **60**, 163 dem Verkäufer von Kuxen gestattet, die dem Käufer erfolglos angebotene Kuxe der Gewerksch zur Vfg zu stellen, um sich von Zubußen zu befreien.

304   *Ersatz von Mehraufwendungen.*   **Der Schuldner kann im Falle des Verzugs des Gläubigers Ersatz der Mehraufwendungen verlangen, die er für das erfolglose Angebot sowie für die Aufbewahrung und Erhaltung des geschuldeten Gegenstandes machen mußte.**

1   **1) Allgemeines.** Vgl zunächst § 300 Rn 1. Der AnnVerzug begründet für den Gläub keine SchadErsPfl. Er wandelt eine Bring- od Schickschuld auch nicht in eine Holschuld um (Staud-Löwisch Rn 1). Der Schu hat aber nach § 304 das Recht, die erforderl **Mehraufwendungen** ersetzt zu verlangen. Die ErsPfl erstreckt sich auch auf die Kosten des erfolglosen Angebots, nicht aber auf die des erfolgreichen Zweitangebots. Nach den Grds des SchadensErsR wäre eine umgekehrte Regel sachgerecht gewesen.

2   **2) Einzelheiten.** Der ErsAnspr beschränkt sich auf den obj erforderl Mehraufwand (RG **45**, 302, MüKo/Thode Rn 1). Zu den Kosten des erfolglosen Angebots gehören auch die einer etwaigen Mahng od Androhg; zu den der Aufbewahrg u Erhaltg rechnen auch etwaige VersPrämien. Zu ersetzen sind aber nur tatsächl aufgewandte Beträge. Ein Entgelt für den Einsatz der eig ArbKraft steht dem Schu nur zu, wenn die Leistg in seinen gewerbl od berufl TätigkKreis fällt (wie bei GoA, § 683 Rn 8). Wg seines ErsAnspr hat der Schu gem § 273 ein ZbR. §§ 256 (Verzinsg) u 257 (Befreiung von etwaigen Verbindlichk) sind anzuwenden. Will der Gläub den AnnVerzug beenden, so muß er auf Verlangen des Schu auch den Ers der Mehraufwendgen anbieten (§ 293 Rn 12). Weitergehde Anspr können sich aus GoA ergeben.

Zweiter Abschnitt. Schuldverhältnisse aus Verträgen

Erster Titel. Begründung. Inhalt des Vertrags

Einführung

1) Allgemeines. Die §§ 305–361 enthalten allg Regeln für SchuldVerh aus Vertr. Sie ergänzen damit **1** die Vorschr des Allg Teils (§§ 145–157), in denen der Abschluß des Vertr normiert ist. Die §§ 305 ff gelten für **alle Schuldverträge** (Rn 3), sind aber auf Vertr des Sachen-, Fam- u ErbR grdsl nicht anwendb (RG **66**, 99; RGRK-Ballhaus Rn 17). Dagg können sie auf öffrechtl Vertr, soweit diese verpflichtden Charakter haben, entspr angewandt w (Rn 35). Auch auf SchuldVerh aus einseit RGesch sind die §§ 305–361 analog anwendb, soweit nicht ein VertrSchl od ein VertrVerh vorausgesetzt w (hM).

2) Entstehung von Schuldverhältnissen. – a) SchuldVerh (Begriff Einl 1 v § 241) können auf **2** **Rechtsgeschäft** od **Gesetz** beruhen. Die in der Lehre weiter angeführten Entstehgsgründe, wie sozialer Kontakt (§ 276 Rn 66) od Akte der öff Gewalt (Einf 12 v § 145) haben ggü dieser Zweiteilg keine selbstd Bedeutg. In den angeführten Fällen handelt es sich, soweit schuldrechtl Beziehgen entstehen, um gesetzl SchuldVerh.

b) Die typische Art der Entstehg von SchuldVerh dch RGesch ist, wie § 305 hervorhebt, die dch **Ver- 3 trag.** Das PrivatR geht vom dem Grds der VertrFreih aus. Jeder Bürger hat im Rahmen der Ges das Recht, seine LebensVerh dch Vertr eigenverantwortl zu gestalten (Einf 7 v § 145). In § 305 wird die VertrFreih nicht statuiert, sond als bestehd vorausgesetzt. Die wesentl Aussage des § 305 ist, daß idR nur das vom and Teil angenommene Versprechen RBindgen erzeugt, eine bloß einseit Erkl aber unverbindl ist.

c) Ausnahmsweise kann ein SchuldVerh auch dch ein **einseitiges Rechtsgeschäft** (Übbl 11 v § 104) **4** begründet w. Beispiele sind die Stiftg (§ 82), die Auslobg (§ 657) u das Vermächtn (§§ 1939, 2147), nach der Kreationstheorie ferner die Schuldverschreibg auf den Inh u die Ann der Anweisg (§ 784 Rn 3). Dagg ist der VertrAntrag kein einseit RGesch, er soll vielmehr Teil des zweiseit RGesch „Vertr" w (§ 145 Rn 1) u begründet kein SchuldVerh. Das währd der VertrVhdlgen bestehde ggs SchutzVerh beruht nicht auf RGesch sond auf Ges (§ 276 Rn 65). Einseit GestaltgsGesch, wie Anf, Rücktr, Widerruf, Künd u Aufr, begründen kein SchuldVerh, sond verändern den Inh eines bereits bestehden SchuldVerh (Übbl 17 v § 104). Zur entspr Anwendg der §§ 305–361 auf SchuldVerh aus einseit RGesch s Rn 1.

d) Gesetzliche Schuldverhältnisse entstehen, wenn die Voraussetzgen der maßgebl RNorm erfüllt **5** sind. Beispiele sind vor allem die SchuldVerh aus unerl Hdlg (§§ 823 ff), Gefährdgshaftg (§ 276 Rn 136), BilligkHaftg (§ 829), ungerechtf Ber (§§ 812 ff) u GoA (§§ 677 ff). Weitere Anwendgsfälle sind die Gemeinsch (§§ 741 ff), das Einbringen von Sachen bei Gastwirten (§§ 701 ff), die VorleggsPfl gem §§ 809 ff u die SchuldVerh aus Tatbeständen des Sachen-, Fam- od ErbR (Einl 24 v § 241). Auch der Eintritt in VertrVhdlgen begründet ein gesetzl SchuldVerh (§ 276 Rn 65); dch ständ GeschBeziehgen kann gleichf ein gesetzl SchuldVerh entstehen (§ 276 Rn 103).

3) Arten der Schuldverträge. – a) Verpflichtende und verfügende Verträge. Der verpflichtde **6** („obligatorische") Vertr ist der eigentl schuldrechtl Vertr (SchuldVertr ieS). Er begründet die LeistgsPfl u damit das SchuldVerh. Der verfügde Vertr wirkt auf ein bestehdes Recht od RVerh unmittelb ein; er ändert es ab, hebt es auf od überträgt die Gläub- od SchuStellg auf einen Dritten (BGH **75**, 226, Übbl 16 v § 104). Das Hauptanwendgsgebiet der verfügden Vertr ist das SachenR. Auch das SchuldR kennt aber die folgn VfgsVertr: den Ändergs- u AufhebgsVertr (§ 305 Rn 2 u 7), den AufrVertr (§ 387 Rn 19), den Erlaß (§ 397), die Abtretg (§§ 398 ff), die VertrÜbern (§ 398 Rn 38) u die befreide Schuldübernahme (§§ 414 ff). Der schuldrechtl VfgsVertr setzt als Objekt der Einwirkg ein bestehdes SchuldVerh voraus.

b) Kausale und abstrakte Verträge (Übbl 19 v § 104). Kausale Vertr enthalten neben dem Leistgsver- **7** sprechen zugl die Einigg über den RGrd („causa") der zu erbringden Leistgen. Bei abstrakten Vertr ist der RGrd dagg nicht Bestandt des Vertr; sie sind unabhäng (losgelöst) vom RGrd gült. Kausale Vertr sind grdsl alle verpflichtde Vertr, abstrakte Vertr alle verfügde Vertr, auch die des SchuldR (Rn 6). Einz VerpflGesch hat das Ges aber als abstrakte RGesch ausgestaltet, so das SchuldVerspr (§ 780), das Schuldanerkenntn (§ 781), die Ann der Anweisg (§ 784) u die Verpflichtg aus umlauffäh Wertpapieren, wie Wechsel, Scheck u Inhaberschuldverschreibg.

c) Entgeltliche und unentgeltliche Verträge. Entgeltl Vertr zielen auf einen Austausch von Leistgen **8** ab (RG **163**, 356). Erforderl ist eine rechtl Verknüpfg von Leistg u GgLeistg (Mü NJW **83**, 759). Sie kann hergestellt w dch Begründg eines GegenseitigkVerh (Synallagma), dch Vereinbg einer Bedingg (§ 158) od dch die Abrede, daß eine Leistg den RGrd für die and darstellen soll (Einf 7 v § 320). Unentgeltl Vertr begründen LeistgsPflten, denen keine Gglleistg ggüstehen. Beispiele sind die Schenkg (§ 516), die Leihe (§ 598), der Auftr (§ 662), die unentgeltl Verwahrg (§ 690), die Bürgsch (BGH **113**, 288), auf die das HausTWG aber gleichwohl anzuwenden ist (BGH NJW **93**, 1595) u das unverzinsl Darl. – **d) Einseitige, zweiseitige und gegenseitige Verträge:** s Einf 1 v § 320.

e) Konsensual- und Realverträge. Beim KonsensualVertr entstehen die LeistgsPflten dch bloße Wil- **9** lenseinigg der VertrPart. Beim RealVertr werden dagg LeistgsPflten erst begründet, wenn zu der Willenseinigg ein reales Moment, die Sachhingabe, hinzutritt. Die Unterscheid entstammt dem röm Recht. Sie war dort sinnvoll, weil die bloße Willenseinigg nur bei Vertr des tägl Lebens eine klagb Verbindlichk begründete (MüKo/Thode Rn 13). Im geltden Recht, das vom Grds der Vertr- u Formfreih ausgeht, ist der Begriff des RealVertr ohne innere Berechtigg u ersatzlos entbehrl. Die fr als RealVertr angesehenen

Vertr sind daher als KonsensualVertr aufzufassen. Das gilt auch für das Darl (Einf 2 v § 607). – **f) Haupt- und Vorverträge:** s Einf 19 ff v § 145.

10   **g) Formlose und formgebundene Verträge.** Für SchuldVertr gilt der Grds der FormFreih (§ 125 Rn 1). Sie können daher grdsl ohne Einhaltg einer Form abgeschl w. Notarielle Beurk ist vorgesehen in §§ 311, 312 II, 313, 518, Schriftform in §§ 566, 585 a, 761, 766, 780, 781, 784 II, 793, ferner in den in § 126 Rn 1 angeführten Fällen.

11   **4) Typische und atypische Verträge. – a)** Wg des im SchuldR herrschden Grds der VertrFreih (Einf 7 v § 145) sind die Part in der Ausgestaltg ihrer vertragl Beziehgen grdsl frei. And als im SachenR besteht im SchuldR **kein Typenzwang.** Für bes wichtige u häufig vorkommende Vertr hat der GesGeber aber spezielle RNormen aufgestellt u zugl die Vertr mit einem Namen bezeichnet, sog **typische** („benannte") **Verträge.** Benannte Vertr sind die in §§ 433 ff geregelten Vertr, ferner die außerh des BGB in SonderGes normierten Vertr, wie das KommissionsGesch (HGB 383 ff), das SpeditionsGesch (HGB 407 ff), das Lager-Gesch (HGB 416 ff), das FrachtGesch (HGB 425 ff), der FernunterrichtsVertr (FernUSG), der VersVertr (VVG) u der VerlagsVertr (VerlG). Die vom Ges normierten Vertr kommen nicht nur in Reinform vor; die Part können sie dch Ändergen od Vermischgen umgestalten. Für die Einordng eines VertrVerh unter einen best VertrTyp ist nicht die von den Part gebrauchte Bezeichng, sond der VertrInh entscheidd (BGH **71**, 191, **74**, 207 u 268, **75**, 301). Vgl näher Rn 24.

12   **b)** Die Bedürfn des Rechts- u WirtschVerk haben dazu geführt, daß sich neben den vom Ges ausdr normierten u benannten Vertr weitere typ Vertr herausgebildet haben, sog **verkehrstypische Verträge.** Dabei handelt es sich zT um Neubildgen eig Art (Bsp: GarantieVertr), zT um Abwandlgen normierter Vertr (Bsp: StahlkammerVertr = abgewandelter MietVertr, s RG **141**, 99), vielfach aber auch um gemischte Vertr (Rn 19 ff). Beispiele: **Arbeitnehmerüberlassungsvertrag** s Einf 38 ff v § 611; **Automatenaufstellvertrag** s Einf 19 vor § 535; **Bankvertrag** s § 675 Rn 7 ff; **Baubetreuungsvertrag** s § 675 Rn 20 ff; **Bauherrenmodell** s Lauer WM **82**, 1346, Brych BB **83**, 737, 1761; Vertrag über **Bausatzhäuser** zum Selbstbauen s BGH **78**, 378, Becker BauR **80**, 493; **Beherbergungsvertrag** s Einf 3 vor § 701; **Belegarztvertrag** s Franzki/Hansen NJW **90**, 737, Narr, Ärztl BerufsR, 2. Aufl, 1977, Rn 492 ff; **Breitbandkabelanschlußvertrag** s BGH NJW **93**, 1133; **Bühnenaufführungsvertrag** s BGH **13**, 119; **Dienstverschaffungsvertrag** s Einf 25 vor § 611; **Diskontierung** von Wechseln, idR Kauf od kaufähnl Vertr s BGH **19**, 292, NJW **72**, 1084, Stgt ZIP **93**, 1783; **EDV-Verträge** s § 433 Rn 5, Einf 12 vor § 631; **Energieversorgungsvertrag** s
13   BGH **64**, 288 u 355, 66, 62, AVBEltV u die AVBGasV u dazu die bei AGBG 26 angeführte Lit; **Factoringvertrag** s § 398 Rn 35; **Fernunterrichtsvertrag** s Einf 22 vor § 611; **Fernwärmelieferungsvertrag** s BGH NJW **81**, 1361, Köln BB **81**, 1489, AVBFernwärmeV u dazu die bei AGBG 27 angeführte Lit; **Filmbezugsvertrag** s BGH **LM** § 325 Nr 8, Haeger NJW **59**, 656; FilmverwertgsVertr s BGH **2**, 331, **9**, 264; **Franchisevertrag** s Einf 22 ff vor § 581; **Garantievertrag** s Einf 16 vor § 765; der **Gegenkauf** im Osthandel s Füllbier DB **92**, 977; Vertr über **Geldautomatensystem** s Bieber WM **87**, Beil 6; **Heimvertrag** s BGH **73**, 351, **110**, 237, Einf 25 v § 535; **Hofübergabevertrag** s BGH **3**, 211; **Hotelreservierungsvertrag** s Düss NJW-RR **91**, 1403; **Inzahlunggabe** von Altwagen bei Neuwagenkauf s § 364 Rn 5; **Konzessionsvertrag** s BGH NJW-RR **91**, 176; **Leasingvertrag** s Einf 27 ff vor § 535; **Qualitätssicherungsvereinbarung** s Schmidt NJW **91**, 144, Steinmann BB **93**, 873, Ensthaler NJW **94**, 817; **Schiedsgutachtenvertrag** s § 317 Rn 4; **Schiedsrichtervertrag** s RG **94**, 210, BGH **LM** ZPO 1025 Nr 5, Breetzke NJW **68**, 1113; **Schuldmitübernahme** s Übbl 2 vor § 414; **Teilungsabkommen** s Risikozuweisg dch –, Kaiser, Diss 1981, Denck NJW **82**, 2048; **Theaterbesuchsvertrag** s Fessmann NJW **83**, 1164; **Time-Sharing-Verträge,** sie verstoßen wg ihres Inh (zT wucherische Entgelte) u der Art u Weise ihres Zustandekommens vielf gg § 138 (dort Rn 100). Sie können auch wg fehler Transparenz u Bestimmbark ihres Inh unwirks sein (Köln NJW **94**, 59). Eine eigentumsrechtl Ausgestaltg (MitEigtAnteile) ist mögl (BGH NJW **94**, 1344, Martinek ZEuP **94**, 483), ebso die Begründg periodischer DWohnR (WEG 31 Rn 2), es überwiegen aber schuldrechtl Konstruktionen (Hildenbrand NJW **94**, 1992), auf die zT ausl Recht anzuwenden ist (Schomerus NJW **95**, 359). Die EG-RiL (Text NJW **95**, 374) ist noch nicht umgesetzt (krit zur RiL Martinek aaO u Mäsch EuZW **95**, 8), sie kann aber, insbes bei Anwendg von §§ 138, 242, 157, iW richtlinienkonformer Auslegg berücks w (Einl 24 a vor § 1). **Tischreservierung** s AG Siegburg NJW **91**, 1305; **Unterrichtsvertrag** s Dörner NJW **79**, 241; **Werkförderungsvertrag** s Einf 87 vor § 535; **Wohngemeinschaften** s Bume MDR **89**, 127; **Zeitungsbezugsvertrag** s BGH **70**, 358, Schmidt NJW **79**, 15; Vereinbg über ein eheloses **Zusammenleben** von Mann u Frau s Einl 21 v § 1297.

14   **c)** Ein **atypischer Vertrag** ieS liegt vor, wenn der Vertr wg seiner individuellen Prägg weder einem gesetzl normierten VertrTyp (Rn 11) noch einem verkehrstyp Vertr (Rn 12) zugeordnet w kann. Beispiele sind etwa der Vertr mit einem GrdstEigt über die Aufstellg von Leitgsmasten (BGH **LM** § 241 Nr 11) u der Vertr zw Gemeinde u einem Untern über das alleinige Recht zum Aufstellen von Reklameflächen (BGH NJW **52**, 620). Ein atypischer Vertr, der dabei ist, sich zu einem typischen zu entwickeln, ist der **Sponseringvertrag** (BGH **117**, 353, NJW **92**, 2690, Weiand NJW **94**, 227, Mehlinger/Bruhn WiB **95**, 372).

15   **d) Rechtliche Behandlung.** Sowohl für verkehrstyp Vertr als auch für atyp Vertr ieS gilt das allg SchuldR. Vielf kann das Recht ähnl gesetzl geregelter VertrTypen herangezogen w, u zwar, wenn es sich um gemischte Vertr handelt, nach den in Rn 24 dargestellten Grds. Bei verkehrstyp Vertr sind über § 157 die VerkGewohnh mitzuberücksichtigen. Bei typ Vertr kann das Recht des betreffen VertrTyps ausdr od stillschw abbedungen w. So können die Part etwa auf einen DienstVertr Regeln des WkVertrR für anwendb erklären (BGH **LM** § 611 Nr 3). Das gilt aber nur für IndVereinbg; dch AGB kann der Vertr nicht abweichd von seinem Inhalt dem Recht eines and VertrTyps unterstellt w (BGH **74**, 269, Rn 11).

16   **5) Vertragsverbindungen und gemischte Verträge. – a)** Mehrere Vertr zw denselben Part sind idR voneinand unabhängg u rechtl selbstd, u zwar auch dann, wenn zw ihnen ein tatsächl od wirtschaftl Zushang besteht (RG **97**, 439). Der PartWille od der Grds von Treu u Glauben kann aber zw den Vertr eine Verbindg herstellen. Dabei kommen vor allem folgde Möglichk in Betracht: – **aa) Zusammengesetzte**

Verträge. Der PartWille kann mehrere Vertr derart zu einem GesVertr zusfassen, daß sie für die rechtl Beurteilg eine Einh bilden (RG **79**, 220, BGH **76**, 49). Ob ein solcher einheitl GesVertr vorliegt, ist dch Auslegg (§§ 133, 157) zu entscheiden (BGH **50**, 13, **78**, 348, § 139 Rn 5, § 313 Rn 32). In den zusgesetzten Vertr kann auch der Vertr mit einem Dr einbezogen w (BGH NJW **76**, 1931). Entscheidd ist, ob nach dem PartWillen die einzelnen Vertr miteinander stehen u fallen sollen (BGH **76**, 49, **78**, 349, **101**, 396, NJW **87**, 1069). Der Abschl in einer Urk kann für einen einheitl Vertr sprechen (BGH NJW **70**, 1415), dagg läßt die UrkTrenng Selbständigk vermuten (BGH DNotZ **68**, 665, **75**, 87). Beim zusgesetzten Vertr erstrecken sich die für einen VertrTeil geltde FormVorschr (zB § 313) auf den GesVertr (BGH **76**, 49). **Mängel** eines VertrTeils machen iZw den GesVertr nichtig (§ 139 Rn 5). Auch für die Abwicklg gem §§ 325, 326 u den Rücktr (§ 346) bildet der zusgesetzte Vertr eine Einh (BGH NJW **76**, 1931). Einzelfälle: s § 139 Rn 5, § 313 Rn 32. Für organisatorisch u funktional aufeinand bezogene Vertr, wie sie etwa beim bargeldlosen Zahlgs-Verk bestehen, hat Möschel (AcP **186**, 211) als neue dogmat Kategorie den **Netzvertrag** entwickelt, hat diesem aber keine klaren Konturen geben können (s Koller u Köndgen RWS-Forum 1, 1986, S 25 u 144). – **bb)** Zwei rechtl selbstd Vertr können auch dadch miteinand verbunden sein, daß die Wirksamk u Durch- **17** führbark des einen Vertr **Geschäftsgrundlage** (§ 242 Rn 152) für den and ist. Beispiele: Architekten- u GrdstKaufVertr (BGH DNotZ **70**, 540); Leasing- u KaufVertr (BGH **68**, 126, **97**, 140, § 242 Rn 165); Kauf- u FinanziergsVertr (Ffm BB **77**, 1573); Neuwagenkauf u Vertr über die Inzahlgnahme des Gebrauchtwagens (Hansen NJW **75**, 1521, BGH NJW **80**, 2191); Scheidsfolgen- u GrdstÜbertraggsVertr (BGH NJW **93**, 1590). Ebso kann die Auflösg des einen Vertr einen wicht Grd für die Künd des and darstellen (BGH MDR **59**, 483, Miet- u DienstVertr). Wird ein Vertr verletzt, kann der verbundene Vertr aber nicht aus wicht Grd gekündigt w, wenn der verletzte aufrecht erhalten w soll (BGH JZ **72**, 493). – **cc)** Wird ein wirtschaftl **18** einheitl, innerl zusgehördes Gesch in zwei rechtl selbstd Vertr aufgespalten, kann Treu u Glauben es bei auftretden Störgen rechtfertigen, die Trenng nicht zu beachten u den sog **Einwendungsdurchgriff** zuzu-lassen (BGH **83**, 303, NJW **92**, 2562, stRspr). Das **VerbrKrG** hat den EinwendgsDchgriff nunmehr in seinem § 9 geregelt (s dort). Außerh des Anwendgsbereichs des VerbrKrG kann der EinwendgsDchgriff, etwa bei Minderkaufleuten, weiter auf § 242 gestützt w, aber nur dann, wenn die Verbindg zw den beiden Vertr bes eng ist od zusätzl Umst den Schutz des KreditNeh rechtfertigen (Canaris ZIP **93**, 411, BankVertrR Rn 1447). Ausgeschlossen ist der EinwendgsDchgriff beim finanzierten Beitritt zu einer AbschreibgsGe-sellsch (BGH NJW **81**, 389, BB **86**, 1178) od zu einem Bauherrnmodell (BGH NJW-RR **87**, 523), aber auch beim finanzierten Erwerb eines HausGrdst (Köln WM **94**, 200).

b) Währd beim zusgesetzten Vertr mehrere dch den Parteiwillen verbundene, aber gedankl voneinand **19** trennb Vereinbgen vorliegen, sind beim **gemischten Vertrag** Bestandt versch VertrTypen derart verbun-den, daß sie nur in ihrer Gesamth ein sinnvolles Ganzes ergeben. Die Grenze zw zusgesetztem u gemischtem Vertr ist fließd, vgl zur Abgrenzg BAG DB **72**, 2358. Die Lehre unterteilt die gemischten Vertr in vier Gruppen (Larenz II § 62, Staud-Löwisch Rn 33ff): – **aa) Typischer Vertrag mit andersartiger Nebenlei- 20 stung:** Die von den Part zu erbringden HptLeistgen entspr einem typ Vertr, eine Part schuldet jedoch zusätzl eine andart Nebenleistg, Bsp: Miete eines Zimmers mit Bedieng, Kauf mit MontageVerpfl (diese kann aber auch HptPfl sein, Stgt BB **71**, 239), Vertr über zahnprothet Behandlg (BGH **63**, 306, Dienst-Vertr mit WkVertrNebenleistg), Kauf von Wein in zurückzugebn Flaschen, Kauf einer GastWirtsch mit BierbezugsPfl. – **bb) Kombinationsvertrag:** Eine Part schuldet mehreren versch VertrTyp entspr Hpt- **21** Leistgen. Bsp: PensionsVertr über Kost u Unterkunft, EigenheimerwerbsVertr (Kauf- u WerkVertr, BGH **68**, 374, **72**, 232, **74**, 207); AltenheimVertr (BGH **73**, 351, NJW **81**, 341), BewirtgsVertr (AG Hbg NJW **73**, 2253), Miete einer Maschine mit DienstverschaffgsVertr hinsichtl des Bediengspersonals (RG **69**, 128), FactoringVertr (§ 398 Rn 35); Schlüsselfunddienst (GeschBesorgg u Versicherg, BGH NJW **95**, 324); wohl auch der TransportVertr im multimodalen Verk (Koller VersR **89**, 770). – **cc) Gekoppelter Vertrag** **22** (doppeltyp Vertr): Die Part tauschen Leistgen aus, die versch typ Vertr entspr. Bsp: HausmeisterVertr (BAG **21**, 340); Bürgsch gg Dienstleistgn, Warenlieferg gg Werkleistg. Beim ArbVertr u MietVertr über eine WkDienstWo handelt es sich sowohl um einen Kombinations- als auch um einen gekoppelten Vertr (Gaßner AcP **186**, 332). – **dd) Typenverschmelzungsvertrag:** In der von einer Part geschuldeten Leistg **23** sind Elemente versch VertrTypen untrennb miteinand vereinigt. Bsp: Vergl mit KaufVertr (OGH **3**, 26); Abonnement eines Börsendienstes (BGH **70**, 356, 359: Kauf u Übern von entgeltl BeratgsPflten); gemischte Schenkg (§ 516 Rn 13ff), wohl auch Vertr über Theaterbesuch (Faude JuS **69**, 434), Konzert (AG Passau NJW **93**, 1473), Schiffspassage, SanatoriumsAufenth.

c) Für die rechtl Behandlg sind drei Theorien entwickelt worden: – **aa)** Die **Absorptionstheorie** hält das **24** Recht der HptLeistg für anwendb. – **bb)** Die **Kombinationstheorie** wendet die jeweils für den betreffden VertrBestandt maßgebden RNormen an und versucht, sich dabei ergebde Ggsätzlich nach dem mutmaßl PartWillen auszugleichen. – **cc)** Die **Theorie der analogen Rechtsanwendung** entspr im prakt Ergebn der Kombinationstheorie, hat aber einen and theoret Ansatz. Sie nimmt an, daß das Ges die Mischformen nicht regelt, die Vorschr des bes SchuldR also nur entspr angewandt w können. – Keine dieser Theorien ist angesichts der Vielgestaltigk der auftretden Mischformen in der Lage, die rechtl Behandlg der gemischten Vertr allein sinnvoll zu lösen (MüKo/Thode Rn 45, Staud-Löwisch Rn 32f, Esser-Schmidt § 12 II 2). Wenn ausdr Abreden fehlen, ist vom mutmaßl PartWillen auszugehen, für den der VertrZweck, die Interessenlage u die VerkSitte AnhaltsPkte geben können. Dabei w idR folgde rechtl Einordnung sachgerecht sein: Für jede Leistg sind die Vorschr des entspr VertrTyps heranzuziehen (Hbg VersR **77**, 567); das gilt grdsätzl auch für typ Vertr mit andersart NebenLeistg (BGH NJW **72**, 46, BGH **63**, 312). Kollidieren die ges Vorschr, ist das Recht des VertrTyps heranzuziehen, der den rechtl oder wirtsch **Schwerpunkt** bildet (BGH **2**, 333, NJW **25** **81**, 342, **95**, 326); bei einem BewirtgsVertr kann sich ein MindergsR auch daraus ergeben, daß erst mit erhebl Verzögerg serviert w (LG Kbl NJW-RR **94**, 947). Auch bei der Auflösg, insb der Künd, ist grdsl auf den Schwerpkt des Vertr abzustellen (BGH NJW **79**, 1288, BAG NJW **69**, 1192, Köln NJW **80**, 1395, Gaßner AcP **186**, 342). Sind die VertrTypen gleichwert vertreten (wie idR beim gekoppelten u Kombina-tionsVertr, uU aber auch beim TypenverschmelzgsVertr), ist die Vorschr anzuwenden, die dem Vertr-Zweck am besten entspr. Ist, wie vielf bei TransportVertr im **multimodalen** Verk, unklar, welchem

VertrTeil ein entstandener Schaden zuzurechnen ist, muß eine der Interessenlage entspr Lösg gesucht w (s BGH **101**, 184, Hamm NJW-RR **92**, 1449, Koller VersR **89**, 770, Ebenroth/Fischer/Sorek DB **90**, 1073); uU muß, insb beim Typenverschmelzgsvertr, für best Fragen (zB Länge der KündFr) iW der RAnalogie aus versch Vorschr eine „mittlere Lösg" abgeleitet w (s Raisch BB **68**, 530; KündFr beim Automatenaufstell-Vertr). Soweit ein wicht Grd vorliegt, kann die Künd auf einen VertrTeil beschränkt w (BGH **96**, 280). Zur Verj s § 194 Rn 10. Die gerichtl Zustdgk hängt von der Art des geltd gemachten Anspr ab; maßgebd kann der Schwerpkt des Vertr sein (BAG NJW **69**, 1192) uU aber auch der VertrTeil, aus dem der Anspr hergeleitet w (BAG DB **76**, 539, **AP** ArbG 2 ZuständigkPrüfg Nr 2; ArbVertr mit Zusage gesellschaftsrechtl Beteiligg).

26 **6) Sukzessivlieferungsverträge und ähnliche Verträge. – a) Begriffe.** Der SukzessivliefergsVertr ist ein einheitl Kauf- od WerkliefergsVertr, der auf die Erbringg von Leistgn in zeitl aufeinand folgdn Raten gerichtet ist (BGH NJW **77**, 35, **81**, 680). Er kommt in zwei Unterarten vor: – **aa)** Beim **Ratenlieferungsvertrag** („echter" SukzessivliefergsVertr) wird eine von vornherein fest bestimmte Menge geschuldet, die in Teilmengen zu liefern ist (MüKo/Emmerich Rn 375 v § 275). Es handelt sich um einen zeitl gestreckten Kauf- od WerkliefergsVertr. Da das Merkmal ständiger Leistgsbereitsch fehlt, handelt es sich nicht um ein typ DauerschuldVerhältn (s BGH NJW **81**, 680), jedoch können einzelne der für DauerschuldVerhältn 27 geltdn Regeln (Einf 17 v § 241) anwendb sein. – **bb)** Der **Bezugsvertrag** (DauerliefergsVertr) wird ur unbest, zumindest aber auf längere Zeit ohne Festlegg einer best Liefermenge geschlossen (Musielak JuS **79**, 97). Die Leistgsmenge richtet sich nach dem Bedarf des Abnehmers. Beispiele sind Bierliefergs- u VersorggsVertr (Rn 30). Der BezugsVertr erfordert ständ Lieferbereitsch u ist daher ein echtes Dauerschuld-28 Verh. – **cc)** Das **Wiederkehrschuldverhältnis** ist und als der SukzessivliefergsVertr kein einheitl VertrVerhältn, sond eine Reihe von aufeinand folgdn Vertr; für jeden Abrechngszeitraum wird erneut ein Vertr 29 abgeschlossen (RG **148**, 330). – **dd)** Der **Alleinvertriebsvertrag** legt als RahmenVertr eine ZusArbeit der Part fest u verpflichtet den einen Teil (VertrHändler), Waren des and (Hersteller) im eig Namen u für eig Rechng zu verkaufen (BGH NJW **86**, 126). Er ist wie der BezugsVertr ein echtes DauerschuldVerh. – **ee)** Der **Zuliefervertrag** ist vielfach ein Ratenliefergs- od BezugsVertr (Rn 26 f), uU aber auch ein RahmenVertr, der die Bdggen künftiger Vertr festlegt u eine Part od beide zum Abschluß von AusführgsVertr verpflichtet (Saxinger, ZulieferVertr, 1993).

30 **b)** Wie **Versorgungsverträge** über Strom, Gas, Wasser u Fernwärme einzuordnen sind, ist umstr. Ausgangspkt für den Streit ist die Behandlg der Anspr im **Konkurs.** Die Einheitlichk des Sukzessivliefergs-Vertr hat die Folge, daß der KonkVerw das WahlR des KO 17 nur einheitl ausüben kann. Fordert er WeiterErf, wird auch der ZahlgsAnspr für die vor KonkEröffng erfolgten Liefergen gem KO 59 Nr 2 Fall 1 Masseschuld (RG **98**, 138, **129**, 228, BGH **LM** KO 17 Nr 3). Um dieses Ergebn zu vermeiden, hat die Rspr für VersorggsVertr den Begriff des WiederkehrschuldVerhältn (Rn 28) entwickelt (RG **148**, 330, Köln NJW **81**, 1105). Die Vorstellg eines sich ständig wiederholnden VertrSchl wird aber den wirkl Gegebenh schwerl gerecht. Der Vertr mit Sonderabnehmern wird bereits seit langem als SukzessivliefergsVertr anerkannt (BGH **LM** KO 17 Nr 3, BGH **81**, 91). Wie die KündRegelgen in AVBEltV, AVBGasV, AVBWasserV u AVBFernwärmeV (jeweils § 32) zeigen, ist auch der Vertr mit Tarifkunden ein einheitl **Bezugsvertrag** (Hermann/Recknagel/Schmidt-Salzer AVBV-Ko § 32 Rn 4, aA Fuchs-Wissmann NJW **84**, 28, offen in BGH **83**, 362). Gleichwohl werden rückständ Fdgen des VersorggsUntern nicht nur Masseschulden. Der KonkVerw kann den laufdn Vertr kündigen u wg des bestehenden Kontrahierungszwanges den Abschl eines neuen Vertr verlangen (BGH **83**, 364). Für das VerglVerf gilt ohnehin VerglO 36 II.

31 **c) Leistungsstörungen beim Ratenlieferungsvertrag** („echter" SukzessivliefergsVertr, Rn 26). – **aa) Verzug.** Kommt der Schu mit einer od mehreren Raten in Verzug, hat der Gläub nach seiner Wahl folgde Rechte: **(1)** Anspr auf Erfüllg des Vertr (§ 433) u Ers des Verspätgsschadens (§ 286). **(2)** nach Fristsetzg u Ablehngsandroh gem § 326 SchadErs wg NichtErf od Rücktr hinsichtl der verzögerten Leistg. In den Fällen des § 326 Rn 19 ff ist die FrSetzg entbehrl. **(3)** SchadErs wg NichtErf od Rücktr vom Vertr hinsichtl **aller noch ausstehender Raten** (RG **58**, 421, BGH NJW **81**, 680). Die Geltdmachg dieser Totalrechte des § 326 setzt aber eine entspr erweiterte Ablehngsandrohg voraus (RG **61**, 130, BGH NJW **77**, 35, WM **89**, 646). Außerdem sind §§ 326 I S 3, 325 I S 2 zu beachten. Der Gläub muß dartun, daß er an der 32 Erfüllg des Vertr kein Interesse mehr hat (MüKo/Emmerich Rn 381 v § 275, str). Das ist bereits dann zu bejahen, wenn es für ihn günstiger ist, im ganzen neu abzuschließen (§ 325 Rn 27). – **bb) Unmöglichkeit.** Wird die Erfüllg hinsichtl einer Teilleistg unmögl, hat der Gläub folgde RBehelfe: **(1)** Er kann die Rechte des § 325 (SchadErs wg NichtErf, Rücktr, Rechte des § 323) bezügl der unmögl gewordnen Rate geltd machen. **(2)** Er kann diese Rechte auf alle noch ausstehdn Raten ausdehnen, vorausgesetzt sein Interesse an der weiteren Dchführg des Vertr ist entfallen, § 325 I S 2 (§ 325 Rn 26). Der bereits abgewickelte Teil des Vertr 33 bleibt ebso wie im Fall des § 326 unberührt (RG **58**, 421, 61, 130, BGH NJW **76**, 1354). – **cc) Schlechterfüllung.** Der Gläub hat hinsichtl der einzelnen Rate die Rechte der §§ 459 ff. Soweit die SchlechtErf od ein sonstiges vertragswidr Verhalten des Schu den Zweck des Gesch u dessen ordngsmäß Dchführg ernsthft gefährdet u dem Gläub ein Festhalten am Vertr wg endgült Zerstörg der VertrauensGrdl nicht zugemutet w kann, kann der Gläub die Totalrechte des § 326 ohne Ablehngsandrohg geltd machen (BGH NJW **95**, 243, § 276 Rn 124). Voraussetzg ist aber grdsl eine NachFrSetzg (Abmahng) u eine gem Rn 31 erweiterte Ablehngsandrohg (BGH DB **77**, 159, NJW **77**, 35, **81**, 679, einschränkd Musielak JuS **79**, 96); außerdem muß ggf HGB 377 gewahrt sein (RG **65**, 49, BGH **LM** HGB 377 Nr 3). Entbehrl ist die FrSetzg bei ernstl u endgült ErfVerweigerg (§ 326 Rn 20), bei irreparabler Zerstörg der VertrauensGrdl des Vertr (RG **104**, 41, BGH NJW **72**, 246, Hbg VersR **82**, 805), nach dem RGedanken von CISG 73 II aber wohl auch dann, wenn berecht Anlaß für die Befürchtg besteht, die PflVerletzg werde sich wiederholen.

34 **d) Leistungsstörungen beim Bezugsvertrag und Alleinvertriebsvertrag** (Rn 27 u 29). Die Rechte des Gläub beschränken sich grdsl auf die gestörte Teilleistg (BGH NJW **86**, 125, Musielak JuS **79**, 97). Da es sich um ein DauerschuldVerh handelt, treten an die Stelle der Totalrechte der §§ 325, 326 das KündR aus wichtigem Grd u der SchadErsAnspr wg schuldh Herbeiführg der Künd (§ 276 Rn 127).

7) Öffentlichrechtliche Verträge. – a) Auch auf dem Gebiet des öffR können RVerh dch Vertr 35 begründet, geändert od aufgeh w (VwVfG 54). Bei den öffrechtl Vertr ist zw koordinationsrechtl Vertr (Vertr zw Gleichgeordneten) u subordinationsrechtl Vertr (Vertr im Über- u UnterordnungsVerh) zu unterscheiden. Die fr umstrittene, von der Rspr aber seit langem bejahte **Zulässigkeit** von subordinations-rechtl Vertr w nunmehr dch das VwVfG 54ff ausdr anerkannt (s Maurer DVBl **89**, 798, krit Bleckmann NVwZ **90**, 601).

b) Maßgebd für die oft schwier **Abgrenzung** zw öffrechtl u privrechtl Vertr ist der VertrInhalt, ent- 36 scheidd ist also, ob sich der Vertr auf einen von der ROrdng öffrechtl od privrechtl geregelten Ggst bezieht (GmS-OGB BGH **97**, 314, BGH **32**, 216, BVerwG **22**, 140, Scherzberg JuS **92**, 202). Betrifft der Vertr Ggst des öffR u des PrivR, entscheidet sein Schwerpunkt (BGH NJW **80**, 826, Mü OLGZ **80**, 476). Auch Vertr zw PrivPers können öffrechtl Charakter haben (s Karsten/Rapsch NVwZ **86**, 708), auf sie findet die FormVorschr des VwVfG 57 aber keine Anwend (BVerwG NJW **92**, 2908). – **aa) Öffentlichrechtlich** 37 sind zB: Pflegesatzvereinbgen gem BSHG 93 II (BGH **116**, 339, BVerwG NJW **94**, 3027); AblösgsVertr über Pflichten aus RGaragenOrdng (BGH **32**, 217, BVerwG **23**, 214, VGH Kassel NJW **83**, 2831); Vertr über Beseitigg eines nicht genehmigten Bauwerks (OVG Münst DÖV **60**, 798); Vertr zw Gemeinde u Priv über ErschließgsBeitr (BVerwG **22**, 140, BGH **56**, 365, NJW **72**, 585, **74**, 1709, GrdstÜbertragg in An-rechng auf Anliegerkosten); Vertr über eine „freiwill" Umlegg (BVerwG NJW **76**, 2360); GrdstTausch in verwgerichtl Vergl (BVerwG NJW **76**, 2360); ErschließgsVertr gem BauGB 123 III (BVerwG NJW **69**, 2162, BGH **54**, 287, **58**, 388, NJW **86**, 1109); DchführgsVertr gem BauGBMaßnG 7 I (Birk NVwZ **95**, 626); Vertr über sog Folgekosten (BVerwG NJW **73**, 1895, BGH **71**, 393, VGH Mannh NVwZ **91**, 583, vgl jetzt BauGBMaßnG 6); Vertr mit der BAnst für Straßenbau über die Teiln an einer Materialprüfg (BGH **87**, 12); Vergl über öff Last (BGH WM **71**, 195); Vertr über Steuer mit Steuerpflichtigen (BVerwG **8**, 329, nur aGrd ausdr gesetzl Ermächtigg zul); KostenÜbern des SozAmtes ggü dem Vermieter (BVerwG NJW **94**, 2968); SchuldAnerkenntn, das an die Stelle einer mögl Regelg dch VerwAkt getreten ist (BGH **102**, 343, BVerwG NJW **95**, 1104); GarnisonsVertr (BVerwG **25**, 301); Vertr zw Diensthern u Beamten über Studienförderg (BVerwG NJW **82**, 1412, **86**, 2589, BGH **LM** § 13 GVG Nr 126); AusbildgsfördergsVertr mit einem Angestellten, der dessen Übernahme in das BeamtenVerh vorbereiten soll (BAG NJW **91**, 943); Vereinbg über die Erstattg von Ausbildgskosten (BGH DVBl **94**, 1240); Einiggen über öffrechtl Entsch (BGH NJW **73**, 656), dagg können Vertr zur Abwendg der Enteigng od über die unentgeltl Abtr von Straßenflächen privatrechtl sein (BGH aaO, BayObLG **73**, 176). Öffrechtl waren nach fr Recht auch: Vertr zw Bahn u Gemeinde über Bahnanschluß (BGH **34**, 88), Vertr über den Bahnhofsnamen (BGH NJW **75**, 2015) u der zw der Bundesbahn u einer Gem über die Beförderg von Schülern (BVerwG NVwZ **89**, 877). – **bb) Pri-** 38 **vatrechtlich** zB: KaufVertr zur Abwendg der Enteigng (BGH **95**, 4, BayObLG **92**, 34); Vertr zw Verk u Käufer über Tragg öffrechtl Folgelasten (OVG Lüneb DVBl **72**, 154); GrdstVertr mit Gemeinde trotz „Bauplangsabrede", sofern diese keine unmittelb Verpfl begründet, sond die Übern einer GewährPfl bein-haltet (BGH **76**, 16, Papier JuS **81**, 500); Verpfl ggü Gem, sich bei einem Bauvorhaben an einen noch nicht bestandskr BebauPlan zu halten (BGH NJW **85**, 1892); Vertr mit Gem zur Förderg des Eigenheimbaus für einheimische Fam (BVerwG NJW **93**, 2696, krit Grziwotz NJW **93**, 2665); KonzessionsVertr zw Gemeinde u VersorggsUntern über Leitgsverlegg in öff Straßen (BGH **15**, 114, **LM** FStrG Nr 6, BVerwG **29**, 251); PrivatisiergsVertr der **Treuhand** (Rn 41); Vertr über Wasserentnahme aus öff Gewässern (BGH **28**, 41); 1909 geschl Vertr über die unentgeltl Belieferg mit Wasser (BGH NJW **79**, 2615); PflegekindVertr zw PflegePers u Jugendamt (OVG Münst NJW-RR **86**, 1012); Vertr mit Künstler od Sammler über die Aus-stellg seiner Werke (BVerwG VerwRspr **28** Nr 65, Düss NJW **90**, 2000); Vertr über ZusatzVersorgg dch Versorggsanstalt des Bundes (BGH **48**, 35, **69**, 175, BSozG NJW **72**, 2151); mit PrivFirma über Suche nach Bodenschätzen (BVerwG DVBl **70**, 735); mit zur Pers des PrivR über den Betr eines Krankenhauses (OVG Münster NJW **91**, 61); zw Flughafen u Benutzer (BGH VRS **86**, 11); zw Bundeswehr u dem Betreiber einer Bundeswehrkantine (BGH **LM** GVG § 13 Nr 150); Vertr des SozVersTrägers über die Belieferg der Versi-cherten mit Heil- u Hilfsmitteln (GmS-OGB BGH **97**, 315) od über die häusl Krankenpflege (BGH NJW **92**, 1561); Kostenübern ggü AuslBeh für einreisden Ausl (Hamm NVwZ **92**, 205); Bürgsch für SozVersBeiträge (BGH **90**, 189, Ffm NVwZ **83**, 573, Kraushaar/Häuser NVwZ **84**, 217) od für sonst öffrechtl Fdg (Hamm NVwZ **92**, 205; Zuleeg JuS **85**, 106). Handelt es sich um einen privrechtl Vertr, der unmittelb der Erfüllg öff Aufgaben dient, unterliegt die Verw den Beschränkgen des VerwPrivR (s § 242 Rn 11).

c) Rechtliche Behandlung. Maßgebd sind die §§ 54–62 VwVfG. Das VwVfG unterscheidet als Vertr- 39 Arten den VerglVertr (§ 55) u den AustauschVertr (§ 56). Der VerglVertr ist auch dann wirks, wenn er mit der GesLage nicht voll übereinstimmt, sofern die Beh den VerglSchl zur Beseitigg der Ungewißh nach pflichtmäß Ermessen für zweckmäß hält. Dagg gelten für den AustauschVertr strengere WirksamkVoraus-setzgen. Er ist nichtig, wenn im VerwAkt entspr Inhalts sachl rechtswidr wäre (VwVfG 59 II Nr 3). Auch bei Verstoß gg das in VwVfG 56 kodifizierte Verbot von KoppelgsGesch (§ 138 Rn 89) tritt Nichtigk ein. Öffrechtl Vertr bedürfen der Schriftform (VwVfG 57). Haben sie eine Pfl zur Übereigng od zum Erwerb eines Grdst zum Ggst, gilt § 313 sinngem (dort Rn 15). Soweit das öffR keine Sonderregeln enthält, sind die Vorschr des bürgerl Rechts als allg RGedanken entspr anzuwenden (VwVfG 62). Wg aller Einzelh vgl die Kommentare zum VwVfG u Kunig DVBl **92**, 1193.

d) Bei **Anstalten** u ähnl Einrichtgen kann das BenutzgsVerhältn dch privrechtl Vertr, öffrechtl Vertr od 40 VerwAkt zustandekommen, die Zulassg kann ferner zweistuf geordnet sein (Rn 41). Maßgebd für die Zuordng zum öffR od PrivR ist der in der rechtl Ordng des BenutzgsVerh zum Ausdruck kommde Wille des Anstaltsträgers (BGH NJW **92**, 172). Er kann grdsl zw öffrechtl u privrechtl Ausgestaltg des Nutzgs-Verh wählen (von Danewitz JuS **95**, 1). Privatrechtl Benutzg ist auch dann mögl, wenn Anschl- u Benut-zungszwang besteht (BGH aaO). Sie versteht sich bei Bundespost u Bundesbahn seit deren Privatisierg (Vorbem 2 v § 89) von selbst; die Benutzg der Einrichtgen der Bundespost ist – mit Ausn des hoheitl Bereichs gem PostG 16 – seit dem 1. 7. 89 privrechtl geregelt (BGH **111**, 336); bei der Bundesbahn waren die BenutzgVerh auch schon vorher privrechtl (BGH **6**, 309). Privrechtl NutzgsVerh bestehen idR bei E-Werken (BGH NJW **54**, 1323) u Einrichtgen der Abwasserentsorgg (BGH NJW **92**, 172), Sparkassen (RG

91, 344), Krankenhäusern (BGH **4**, 148, **9**, 145, **89**, 252, Tiemann NJW **85**, 2169), auch bei psychiatr Landeskrankenhäusern (Fischer/Mann NJW **92**, 1539), and bei Einweisg in geschl Anstalt (BGH **38**, 39). Privrechtl gestaltet ist idR auch die Benutzg von Flughäfen (BGH DB **69**, 1970, VRS **86**, 11), Kindertagesstätten (KG OLGZ **74**, 193, VGH Kassel NJW **77**, 452, Celle NJW **77**, 1295), Müllkippen (BGH NJW **75**, 106), uU auch bei einer gemeindl Kanalisation (BGH NVwZ **83**, 59). Öffrechtl ist die Benutzg dagg idR bei kommunalen Badeanstalten (VGH Mannh NJW **79**, 1900, Mü VersR **80**, 725, aA AG Würzbg NJW-RR **93**, 1332) u bei kommunalen Wasserwerken (BGH **17**, 192, BayObLG **68**, 35), jedoch ist auch privatrechtl Ausgestaltg mögl (BGH **65**, 285, OVG Lünebg NJW **77**, 450). Auf öffrechtl ausgestaltete Anstaltsnutzgs-Verh finden die §§ 276, 278 entspr Anwendg (§ 276 Rn 130).

41   **e)** Für Darlehn im Rahmen öff Kreditprogramme haben Rspr u Lehre die sog **Zweistufentheorie** entwickelt: Die Entsch über die Darlehnsgewährg ist VerwAkt, der in Vollzug des Bewilliggsbescheids geschl DarlehnsVertr gehört dem PrivR an (BGH **40**, 206, **61**, 299, BVerwG **1**, 308, **13**, 307, **18**, 47, s näher Einf 18 v § 607). Dagg soll die Gewährg von Darl gem BSHG 89 ausschließl öffr zu beurteilen sein (Schlesw NVwZ **88**, 76). Bei verlorenen Zuschüssen u bei sonst nicht als Darl gewährten Zuwendgen gilt für das SubventionsVerh idR allein öffR (BVerwG NJW **69**, 809, BGH **57**, 130, VGH Mannh NJW **78**, 2050), u zwar auch dann, wenn die Auszahlg dch ein Kreditinstitut erfolgt (BGH DB **85**, 1737); umgekehrt ist allein PrivR anwendb, wenn die öff Hand den Kredit ledigl refinanziert u sich für ihn verbürgt h (BVerwG **30**, 211), ebso idR bei WoBauDarl an Angeh des öff Dienstes (BVerwG DVBl **73**, 416). Auch die Benutzg öff Einrichtgen ist vielf zweistuf geordnet; die Entsch über die Zulassg erfolgt dch VerwAkt, der anschließd geschl Vertr ist privatrechtl (BVerwG **32**, 334, NVwZ **91**, 59, Lässig NVwZ **83**, 18). Das gilt auch für Einrichtgen, die die öff Hand dch jur Pers des PrivR betreiben läßt (BVerwG NJW **90**, 134). Die **Treuhandanstalt**, inzw umbenannt in BAnstalt für vereiniggsbedingte SonderAufg (VO v 20. 12. 94, BGBl S 3913), wird bei der Privatisierg von Unternehmen ausschließl privatrechtl tät (OVG Bln NJW **91**, 715, KG NJW **91**, 2299, Horn DB **95**, 310, aA KG NJW **91**, 360, Immenga NJW **93**, 2473), unterliegt aber den Bindgen des VerwPrivR (Horn DB **95**, 312, § 242 Rn 11).

305 *Begründung.*   **Zur Begründung eines Schuldverhältnisses durch Rechtsgeschäft sowie zur Änderung des Inhalts eines Schuldverhältnisses ist ein Vertrag zwischen den Beteiligten erforderlich, soweit nicht das Gesetz ein anderes vorschreibt.**

1   **1) Allgemeines.** § 305 legt fest, daß zur rechtsgeschäftl **Begründung** eines SchuldVerh idR ein Vertr erforderl ist. Vgl dazu Einf 2. Zu den Art der SchuldVertr, zu typ u atyp Vertr, zu VertrVerbindgen u gemischten Vertr sowie zu öffrechtl Vertr s Einf 6–34.

2   **2) Änderungsvertrag. – a)** Auch zur rechtsgeschäftl Änderg des SchuldVerh bedarf es nach § 305 grdsl eines Vertr. Die Änderg kann die Hauptleistgen (BGH NJW **92**, 2283), Nebenverpflichtgen od Leistgsmodalitäten betreffen. ÄndVertr sind auch Vereinbgen über die Änd der RNatur (Celle WM **88**, 1815, Bürgsch im Darl) sowie die nachträgl Stundg (§ 271 Rn 14). Der ÄndergsVertr läßt das ursprüngl SchuldVerh unter Wahrg seiner **Identität** fortbestehen (s RG **65**, 392). Bürgsch u PfandR haften daher weiter, erstrecken sich aber nicht auf eine Erweiterg der Schuld (§§ 767 I 3, 1210 I 2). Ob im Einzelfall ein ÄndergsVertr, ein AufhebgsVertr verbunden mit dem Abschluß eines neuen Vertr od ein weiterer rechtl selbst Vertr vorliegt, ist Ausleggsfrage (BGH **LM** Nr 10, Karlsr NJW **83**, 1499). Maßgebd ist in erster Linie der Wille der Part (BGH NJW **92**, 2283); daneben sind die wirtschaftl u rechtl Bedeutg der Abänderg u die VerkAnschauung zu berücksichtigen (BGH **119**, 116). Auch bei einem Austausch od einer Erweiterg des Mietobjekts kann ein ÄndergsVertr zu bejahen sein (BGH NJW **92**, 2283, AG Bad Hombg NJW-RR **94**, 143). Der ÄndergsVertr verändert unmittelb den Inh des SchuldVerh, ist aber idR abstrakt (Einf 7), dh von der Einigg der Part über den RGrd unabhäng. Eine VertrÄnderg ist auch die Verlängerg der VertrDauer (s Kleveman/Ziemann DB **89**, 2608), etwa dch einverständl Aufhebg der ausgesprochenen Künd (BGH NJW **74**, 1081). Ein bereits erloschenes SchuldVerh kann aber nicht dch den ÄndergsVertr, sond nur dch Neuabschluß wiederbegründet w (RGRK-Ballhaus Rn 4). VertrÄndergen iwS sind auch die Abtretg (§§ 398 ff), die SchuldÜbern (§§ 414 ff) u die VertrÜbern (§ 398 Rn 38). Für diese Fälle des Personenwechsels gelten aber Sonderregelgen.

3   **b)** Der ÄndergsVertr bedarf grdsl der für die Begründg des SchuldVerh vorgeschriebenen **Form** (§ 125 Rn 8). Das gilt insb iF des § 313 (dort Rn 41). And liegt es dagg bei rgeschäftl FormVorschr. Werden wie bei Abschluß eines ÄndergsVertr nicht beachtet, kann iZw angenommen w, daß die Part die Formabrede stillschweigd aufgeh haben (§ 125 Rn 14). Auch die Änderg eines nicht formgebundenen Vertr kann formbedürft sein, so etwa wenn bei Verlängerg eines MietVertr ein VorkaufsR für das Grdst begründet (§ 313) od die Verlängerg für mehr als ein Jahr fest abgemacht w (§ 566). Sollen dch die Änderg nachträgl AGB in das VertrVerh einbezogen w, ist AGBG 2 entspr anzuwenden (dort Rn 19). Soweit der ÄndergsVertr **4** formfrei ist, kann er auch **stillschweigend** abgeschl werden. Ein ÄndergsVertr kann daher zu bejahen sein, wenn der Vertr nach Mitteilg von veränderten VertrBdggen einverständl fortgesetzt w (Frage des Einzelfalls s BAG DB **76**, 2478, NZA **86**, 474), wenn der Mieter die SchönhReparaturen mehr als 40 Jahre durchgeführt hat (Ffm MDR **81**, 498), wenn in einer Gesellsch mehr als 20 Jahre eine vom GesellschVertr abweichde Gewinnverteilg vorgenommen worden ist (BGH **LM** HGB 105 Nr 22), wenn bei einem DauerrechtsVerh eine vom allg Einverständn getragene dem Vertr widersprechde Übg besteht (BGH BB **67**, 1307). Keine ÄndergsVereinbg ist dagg anzunehmen, wenn eine Part aGrd einer unwirks AGB den Pr erhöht u die GgPart die Erhöhg für wirks hält u hinnimmt (BGH **90**, 71). Haben die Part einen Vertr längere Zeit zu abgeänderten Bdggen durchgeführt, besteht uU eine tatsächl Vermutg für das Zustandekommen eines entspr ÄndergsVertr (BGH **LM** Nr 17). Sie gilt insbes für Personalgesellsch (BGH NJW **66**, 826), nicht aber für Publikums KG (BGH NJW **90**, 2684).

5   **c)** Die **Pflicht** zum Abschluß eines ÄndergsVertr kann sich aus vertragl Abreden (Bsp: Wertsichergsklauseln § 245 Rn 20), aus bes gesetzl Vorschr (Bsp: MHRG 2 I) od aus § 242 ergeben (Bsp: nicht genehmiggsfäh

Wertsichergsklausel, § 245 Rn 20). Die **Beweislast** für eine VertrÄnd trägt derj, der Rechte aus ihr herleitet (BGH NJW **95**, 49); das gilt für den Umfang der Änderg auch dann, wenn die Part unstr einen Teil ihrer Vereinbg dch eine Neuregelg ersetzt haben (BGH aaO).

d) Eine Änderg dch **einseitiges Rechtsgeschäft** ist nur mögl, soweit Ges od vertragl Abreden dies 6 zulassen. Bsp sind die gesetzl eingeräumten GestaltgsR, wie die Wahl iF des § 263 od die Fristsetzg iF des § 326, außerdem die dch Anpassgsklauseln für eine Part begründeten Rechte (s Bilda DB **69**, 427, MDR **79**, 89). Zu Ändersvorbehalten in AGB s AGBG 10 Nr 4 u 11 Nr 1.

3) Aufhebungsvertrag. Die Part können das SchuldVerh, obwohl das Ges dies nicht bes ausspricht, dch 7 vertragl Abrede (contrarius consensus) aufheben. Der AufhebgsVertr unterscheidet sich vom ErlaßVertr (§ 397) dadch, daß er nicht die einzelne Fdg, sond das gesamte SchuldVerh als „Organismus" (Einl 2 v § 241) betrifft. Er bedarf nicht der Form des BegründgsVertr (BAG BB **77**, 94 zum TarifVertr, MüKo/Thode Rn 26, § 313 Rn 39). Besteht für VertrÄndergen eine vertragl Formabrede, so gilt diese iZw nicht für den AufhebgsVertr (hM, beim MietVertr str). Die auf Aufhebg des Vertr gerichteten WillErkl können auch stillschw abgegeben w (s LG Köln NJW-RR **93**, 1096: Auszug einer MietVertrPart). Um SchutzVorschr nicht leerlaufen zu lassen, bedarf das Vorliegen eines AufhebgsVertr aber sorgfält Prüfg, vor allem im ArbeitsR (Vorbem 5–7 v § 620). Die Hinnahme einer Künd kann nicht ohne weiteres als stillschw Abschluß eines AufhebgsVertr aufgefaßt w. Dagg ist es nach der Interessenlage als Angebot einer einverständl Aufhebg u nicht als Künd anzusehen, wenn der Handelsvertreter erklärt, er könne den Vertr wg seines GesundhZustandes nicht länger erfüllen (BGH **52**, 16). Die TAufhebg eines Vertr dch Ausscheiden einer Part (eines Mieters) verändert den VertrInh u bedarf daher der Zust der verbleibden VertrPart (BayObLG **83**, 32, Celle NdsRpfl **82**, 60). Ob die Aufhebg ex tunc od ex nunc wirkt, ist Frage der Auslegg (BGH NJW **78**, 2198). Wird das SchuldVerh mit Wirkg ex tunc aufgeh, sind die beiderseit Leistgn iZw entspr §§ 346 ff (u nicht gem §§ 812 ff) zurückzugewähren (LG Duisbg VRS **74** Nr 2, MüKo/Thode Rn 27, str).

4) Novation (Schuldersetzg). – **a)** Sie liegt vor, wenn die Part die Aufhebg des SchuldVerh derart mit der 8 Begründg eines neuen SchuldVerh verbinden, daß das neue an die Stelle des alten tritt (RG **134**, 155, **162**, 245). Die Zulässigk der Novation ergibt sich aus dem Grds der VertrFreih (RG **119**, 24). Ob eine Novation od ledigl eine ÄndergsVertr (Rn 2) vorliegt, ist Ausleggsfrage (RG aaO). Eine Novation darf wg ihrer weitreichden Folgen nur bejaht werden, wenn der auf Schuldumschaffg gerichtete Wille der Part deutl hervortritt (BGH NJW **86**, 1490). Sie läßt Bürgsch u PfandR erlöschen (RG **134**, 155), dagg bleiben diese iF der Schuldänderg bestehen (Rn 2). IZw ist anzunehmen, daß keine Novation, sond ledigl ein ÄndergsVertr gewollt ist (BGH NJW **87**, 3126). – **b)** Die Novation kann kausal od abstrakt gestaltet sein (Staud-Löwisch 9 Rn 49 ff). Bei der **kausalen** Novation („Schuldumschaffg") ist die Entstehg des neuen SchuldVerh davon abhäng, daß die alte Schuld bestanden hat (RG **62**, 52). Bei der **abstrakten** Novation („Schuldneuschaffg") ist das neue SchuldVerh dagg vom Bestand des alten unabhäng (BGH **28**, 167). Der Schu kann sein Anerkenntn allenfalls nach § 812 II kondizieren od die Einr aus § 821 erheben. Auch diese Möglichk entfällt, wenn das Anerkenntn ohne Rücks auf das Bestehen der alten Schuld abgegeben worden ist (RGRK-Ballhaus Rn 12). Die kausale Novation ist grdsl formfrei; für die abstrakte gelten dagg §§ 780, 781, falls nicht § 782 od HGB 350, 351 anwendb sind. – **c) Einzelfälle** (ja = Novation; nein = keine): Anerkenng des Kontokor- 10 rentsaldos (HGB 355) ja (BGH **26**, 150, **84**, 376, stRspr), jedoch mit der Besonderh, daß Sicherh nicht erlöschen (HGB 356); Übersendg von Tagesauszügen im Sparkassenkontokorrent nein (BGH **50**, 277, **73**, 210); VereinbgsDarl (§ 607 II), Frage des Einzelfalls (§ 607 Rn 15 f); Leistg an Erf Statt ja (RG SeuffA **62**, 202); Abrede zw RA u Mandant, daß der zur Weiterleitg an den Gegner best Geldbetrag vorübergehd zinsgünst angelegt werden soll nein (BGH NJW **86**, 1490); Prolongationswechsel gg Rückg des alten Wechsels ja (RG **107**, 35); Hingabe von Schuldverschreibgn an Zahlgs Statt ja (RG **124**, 365); Schuldtilgg dch Hingabe eines abstrakten SchuldVerspr ja (RG **119**, 12; Vergleich idR nein (BGH **52**, 46, NJW-RR **87**, 1426); deklaratorisches SchuldAnerkenntn nein (§ 781 Rn 3).

306 *Unmögliche Leistung.* Ein auf eine unmögliche Leistung gerichteter Vertrag ist nichtig.

1) Allgemeines. – a) § 306 übernimmt den röm-rechtl Satz: *impossibilium nulla est obligatio.* Die Vorschr 1 läßt aber nicht nur die Verpflichtg zur Leistg entfallen, sond ordnet zugl die Nichtigk des Vertr an; SchadErsAnspr werden dementspr auf das negative Interesse beschränkt (§ 307). Diese Regel wird dch Ges der Logik nicht gefordert u ist interessenwidr (MüKo/Thode Rn 3). Wenn die anfängl Unmöglichk von einer Part zu vertreten ist, wäre, ebso wie iF nachträgl Unmöglichk (§§ 280, 324 f), die Einräumg eines SchadErsAnspr auf das positive Interesse sachgerecht. § 306 ist daher restriktiv auszulegen. Es ist jeweils zu prüfen, ob für das anfängl Leistgshindern Sonderregelgn bestehen (Rn 11) od der Schu ausdr od stillschw die **Garantie** für die Möglichk der Leistg übernommen hat (Staud-Löwisch Rn 2). – **b) Anwendungsbe-** 2 **reich.** § 306 gilt für alle Vertr, die eine Verpflichtg zu einer Leistg begründen. Er ist auf SchuldVerh aus einseit RGesch entspr anzuwenden. Dagg findet § 306 auf Vfgen keine Anwendg (BGH NJW **93**, 2750). Bei einer Anzahl von Vertr wird § 306 dch Sonderregeln verdrängt (Rn 11).

2) Voraussetzungen. § 306 gilt nur, wenn es sich um eine anfängl, obj u dauernde Unmöglichk handelt; 3 er ist unanwendb, wenn der scheinb obj unmögl Leistgserfolg auf einem and zumutb Weg herbeigeführt w kann (BGH DB **90**, 1559). – **a)** Für die Abgrenzg zw **anfänglicher** (ursprüngl) Unmöglichk u nachträgl ist entscheidd, ob das Leistgshindern vor od nach Begründg des SchuldVerh entstanden ist (§ 275 Rn 16). Bei Vertr ist der VertrSchl der maßgebde Ztpkt (BGH **47**, 50, **60**, 16, Hamm NJW-RR **88**, 1117), u zwar bei rückdatierten Vertr der des tatsächl Abschl (Karlsr SJZ **49**, 412). Wird bei einem bedingten od befristeten Vertr die Leistg nach VertrSchl aber vor BdggsEintritt od Fälligkeit unmögl, ist nachträgl Unmöglichk gegeben (MüKo/Emmerich Rn 37 v § 275). Ist für die Leistg die Gen eines Dritten erforderl, begründet deren Versagg gleichf nachträgl Unmöglichk (§ 275 Rn 34). Vgl auch Rn 5. – **b)** § 306 setzt voraus, daß die 4

Leistg **objektiv** unmögl ist. Auf anfängl Unvermögen sind nicht die §§ 306 ff, sond die in Rn 9 dargestellten Grds anzuwenden. Gleichgült ist, ob die Unmöglichk auf tatsächl od rechtl Grden beruht. Ist die Leistg wg Verstoßes gg ein gesetzl Verbot unmögl, tritt Nichtigk sowohl nach § 134 als auch nach § 306 ein (RG **95**, 348, **120**, 45, s auch § 309). Zur Abgrenzg von obj u subj Unmöglichk s § 275 Rn 4 ff u 3. Bei höchstpersönl Leistgen begründet Unvermögen zugl obj Unmöglichk (MüKo/Söllner Rn 7, aA Staud-Löwisch Rn 11). Der Schu haftet aber aGrd einer EinstandsPfl auf das ErfInteresse (Neumann-Duesburg BB **70**, 1462). –

5 **c)** Wie § 275 betrifft auch § 306 nur die **dauernde** Unmöglichk. Vorübergehde Unmöglichk steht dauernder aber dann gleich, wenn sie die Erreichg des VertrZweckes gefährdet (s näher § 275 Rn 17). Ist bei einem bedingten od befristeten Vertr die Unmöglichk bis zum Eintritt der Bdgg od des Termins behoben, ist der Vertr wirks (§ 308 II). Haben die Part für den Fall kontrahiert, daß das Leistgshindern wegfällt, ist der Vertr gleichf wirks (§ 308 I). Sind die Part insow den falschen zeitl Vorstellgen ausgegangen, gelten die Grds über

6 den Wegfall der GeschGrdl (BGH **47**, 52). – **d)** Ist die Leistg **teilweise** unmögl, gilt § 306 nur für den unmögl Teil (§ 275 Rn 20, s auch § 307 II). Die Frage, ob der Vertr auch im übrigen nichtig ist, ist nach

7 § 139 zu beurteilen (RG **51**, 94). – **e)** Ob eine der Part die Unmöglichk zu **vertreten** hat, ist für die Anwendg des § 306 unerhebl, hat aber für die in § 307 geregelte SchadErsPfl Bedeutg.

8   **3) Rechtsfolgen.** Der auf eine obj unmögl Leistg gerichtete Vertr ist nichtig. Ein SchadErsAnspr besteht nur unter den Voraussetzgen des § 307. § 281 ist nicht anwendb. Er setzt einen gült Vertr voraus u betrifft daher nur die nachträgl Unmöglichk (Staud-Löwisch Rn 29).

9   **4) Anfängliches Unvermögen. – a)** § 306 ist auf anfängl Unvermögen (subj Unmöglichk, § 275 Rn 13) unanwendb; er enthält keine dem § 275 II entspr Vorschr. Der auf eine sub unmögl Leistg gerichtete Vertr ist wirks (allgM, s bereits Mot II 45 f) u begründet einen ErfAnspr (RG **80**, 249, hM, aA Wolff JZ **95**, 280). Der Schu übernimmt dch sein LeistgsVerspr stillschw eine Garantie für sein Leistgsvermögen; der Gläub kann iF anfängl Unvermögens (ohne den Umweg über § 283 od § 326 gehen zu müssen) **Schadensersatz wegen Nichterfüllung** (positives Interesse) verlangen (RG **69**, 355, BGH **8**, 231, **11**, 22, **47**, 269, NJW **83**, 2874, Ffm NJW-RR **89**, 763, BAG **AP** Nr 2, Staud-Löwisch Rn 45, stRspr, hM) od vom Vertr zurücktreten (BGH NJW **88**, 2878). Handelt es sich um einen KaufVertr, ergibt sich der SchadErsAnspr (auch) aus §§ 440, 325 (Larenz II § 40 II 3, § 441 Rn 4). Da der Vertr wirks ist, kann der Gläub auch auf Erf klagen (RG **80**, 250) u anschließd gem § 283 vorgehen. Bei ggs Vertr stehen ihm neben dem SchadErsAnspr die sonst Rechte des § 325 zu (Planck Anm 8). Bei vorübergehdem Unvermögen kann der Gläub den Schu in **Verzug** setzen u die Rechte aus §§ 286, 326 geltd machen (Karlsr NJW- RR **89**, 1246). Bei teilw Unvermögen gilt

10 § 325 I 2 (§ 325 Rn 26) entspr. – **b)** Ein Teil der Lit tritt dafür ein, die **Einstandspflicht** des Schu **zu beschränken.** Einige Autoren wollen die für die nachträgl Unmöglichk geltden Vorschr (§§ 275, 280, 323, 325) entspr anwenden, den Schu also nur haften lassen, wenn er das anfängl Unvermögen zu vertreten hat (so Gudian NJW **71**, 1239, Esser-Schmidt § 22 III, s auch BGH **85**, 271); and wollen nach Fallgruppen unterscheiden (Eichenhofer JuS **89**, 778). Wieder und folgen im Ausgangspunkt der hM, bejahen aber für den Fall einen Haftgsausschluß, daß das Leistgshindern nicht aus dem Risikobereich (GeschKreis) des Schu stammt (so Larenz § 8 II). Demggü ist am Standpunkt der stRspr u hM festzuhalten; sie entspricht dem Willen des GesGebers (Mot II 45) u ist grdsl interessengerecht. Handelt es sich um ein unvorhersehbares, nicht aus der Sphäre des Schu stammendes Leistgshindern, kann die Auslegung (§§ 133, 157) od § 242 (dort Rn 140) ergeben, daß die EinstandsPfl des Schu ausgeschlossen ist (Staud-Löwisch Rn 47, ähnl BGH DB **72**, 1336).

11   **5) Sonderregelungen.** § 306 u die für anfängl Unvermögen geltden RGrds (Rn 9 f) finden keine Anwendg, soweit sie dch SonderRegelgen verdrängt w. – **a)** Hat der Schu für die Leistg vertragl eine **Garantiehaftung** übernommen, haftet er auch iF obj Unmöglichk auf das positive Interesse (RG **137**, 84, BGH

12 **93**, 145). Der nicht zwingde § 306 kann auch stillschw abbedungen w (Rn 1). – **b)** **Forderungskauf.** Der Verkäufer einer nicht bestehden Fdg od eines sonst nicht existierden Rechts haftet gem § 437 für den Bestand des Rechts. Das gilt grdsl auch dann, wenn ein Fall anfängl Unmöglichk vorliegt (RG **90**, 244, Mü NJW **71**, 1807). § 306 ist nur dann anzuwenden, wenn das verkaufte Recht von vornherein aus RGründen nicht

13 entstehen konnte (RG **68**, 293, Mü aaO, § 437 Rn 1). – **c)** **Rechtsmängelhaftung beim Kauf.** Im Fall anfängl Unmöglichk (Bsp: Verkauf einer nicht existierden Sache) gilt § 306 (Schlesw NJW-RR **95**, 554, MüKo/Westermann § 440 Rn 3), soweit nicht eine bes GewährPfl übernommen worden ist (Rn 11); iF

14 anfängl Unvermögens haftet der Verkäufer gem § 440, 325 (Rn 9). – **d)** **Sachmängelhaftung.** Auch wenn die verkaufte Speziessache einen obj nicht behebb Mangel hat od ihr eine zugesicherte Eigensch fehlt, deren Herstellg ausgeschlossen ist, ist § 306 unanwendb. Die GewährleistgsVorschr gehen dem § 306 vor, u zwar auch dann, wenn die GewährleistgsVorschr vertragl abgewandelt od eingeschränkt ist (BGH **54**, 238). Das gilt ebso für den WerkVertr (BGH aaO), den ReiseVertr (Vorbem 9 v § 651 c) u den MietVertr (§ 537 Rn 6). Die Anwendg des § 306 ist auch schon für die Zeit vor Übergabe (Abnahme) ausgeschlossen (s BGH **54**, 238 zum Kauf- u WerkVertr, BGH **93**, 142 zum MietVertr). Eine NichtigkVorschr wie § 306 kann nicht je nach dem Stand der VertrDchführg angewandt od nicht angewandt w. Es wäre auch sachwidr, dem Verkäufer (Unternehmer, Vermieter) bis zur Übergabe (Abnahme) die Möglichk zu geben, sich dch Berufg auf §§ 306, 139 seiner gesetzl Garantiehaftg zu entziehen. Der and Teil kann sich ggf durch Anf (§ 119 II) od

15 Wandlg (Künd) vom Vertr lösen. – **e)** Bei LizenzVertr über **gewerbliche Schutzrechte** führt die Schutzunfähigk des LizenzGgst idR nicht zur Anwendg des § 306, sond zu einem KündR ex nunc (BGH **115**, 72).

307   *Negatives Interesse.* [1] Wer bei der Schließung eines Vertrags, der auf eine unmögliche Leistung gerichtet ist, die Unmöglichkeit der Leistung kennt oder kennen muß, ist zum Ersatze des Schadens verpflichtet, den der andere Teil dadurch erleidet, daß er auf die Gültigkeit des Vertrags vertraut, jedoch nicht über den Betrag des Interesses hinaus, welches der andere Teil an der Gültigkeit des Vertrags hat. Die Ersatzpflicht tritt nicht ein, wenn der andere Teil die Unmöglichkeit kennt oder kennen muß.

^{II} **Diese Vorschriften finden entsprechende Anwendung, wenn die Leistung nur teilweise unmöglich und der Vertrag in Ansehung des möglichen Teiles gültig ist oder wenn eine von mehreren wahlweise versprochenen Leistungen unmöglich ist.**

1) Allgemeines. § 307 begründet eine Haftg für Verschulden beim VertrSchl (BGH **76**, 22). Er war zus 1 mit §§ 122 u 179 II Anlaß, die inzw gewohnheitsrechtl anerkannte Haftg für c. i. c. herauszubilden (§ 276 Rn 65). § 307 gilt auch für öffrechtl Vertr (VwVfG 62) u ist auf einseit RGesch entspr anwendb.

2) Voraussetzungen. – a) § 307 setzt voraus, daß der Vertr gem § 306 **nichtig** ist. Er ist nicht anzuwen- 2 den, wenn noch ein weiterer NichtigkGrd (zB Formmangel, GeschUnfähigk) gegeben ist. Die Haftg tritt auch bei Teilnichtigk ein (II, s § 306 Rn 6). Über die Unmöglichk bei Wahlschulden s § 265. – **b)** AnsprVor- 3 aussetzg ist **Kenntnis** od **fahrlässige Unkenntnis** (§ 122 II) der Unmöglichk der Leistg dch eine der Part. Die PartStellg ist gleichgült. Die Part muß sich das Verhalten ihrer Vertreter u VhdlgsGehilfen anrechnen lassen (§ 276 Rn 92). Zurechngsnorm ist § 278, nicht § 166. Bestehen für den Vertr gesetzl Haftgsmildergen (zB §§ 521, 690), gelten diese auch für die Haftg aus § 307 (§ 276 Rn 71). – **c)** Die Haftg **entfällt**, wenn auch 4 der and Teil die Unmöglichk kannte od fahrl nicht kannte **(I 2)**. Die Vorschr schließt eine Abwägg gem § 254 aus (BGH **76**, 22). Auch wenn auf der einen Seite Vors u auf der and Seite nur leichte Fahrlässigk vorliegt, besteht keine ErsPfl (RG **110**, 55); sie kann sich aber aus § 826 u § 823 II iVm StGB 263 ergeben. Auf den Anspr aus c. i. c. ist I 2 nicht anzuwenden (RG **151**, 361), ebsowenig auf den aus § 839, GG 34 (BGH **76**, 30).

3) Rechtsfolgen. – a) § 307 beschränkt die ErsPfl auf den **Vertrauensschaden,** dh die Nachteile, die dch 5 das Vertrauen auf die Gültigk des Vertr entstanden sind (Vorbem 17 v § 249). Diese Regelg ist rechtspolit verfehlt (§ 306 Rn 1); sie ist Folge der in § 306 ausgesprochenen Nichtigk des Vertr u der Vorstellg, daß aus einem nichtigen Vertr kein Anspr auf das ErfInteresse gegeben w kann (Mot II 178). Der ErsAnspr w dch das ErfInteresse nach oben begrenzt. Es besteht daher keine ErsPfl, wenn die DchFührg des Vertr dem ErsBerecht keine Vermögensvorteile gebracht hätte. Für Anspr aus dem allg Anwendgsbereich der c. i. c. gilt diese Begrenzg nicht (§ 276 Rn 100). – **b)** Der ErsAnspr **verjährt** gem § 195 in 30 Jahren; § 852 findet 6 keine Anwendg. Gilt für den VertrAnspr eine kürzere VerjFr, ist diese auch für den Anspr aus § 307 maßgebd (BGH **49**, 83, **73**, 269). – **c)** Anspr aus den allg **Grundsätzen über c. i. c.** sind im Anwendgsbe- 7 reich des § 307 ausgeschlossen (s BGH **76**, 22). Dagg können delikt Anspr mit dem aus § 307 konkurrieren. – **d)** Ob die für den VertrAnspr bestellten **Sicherheiten** auch für den Anspr aus § 307 haften, ist Frage der 8 Auslegg des einzelnen Vertr (MüKo/Thode Rn 14); iZw ist die Frage zu bejahen.

308 *Vorübergehende Unmöglichkeit.* ^I **Die Unmöglichkeit der Leistung steht der Gültigkeit des Vertrags nicht entgegen, wenn die Unmöglichkeit gehoben werden kann und der Vertrag für den Fall geschlossen ist, daß die Leistung möglich wird.**
^{II} **Wird eine unmögliche Leistung unter einer anderen aufschiebenden Bedingung oder unter Bestimmung eines Anfangstermins versprochen, so ist der Vertrag gültig, wenn die Unmöglichkeit vor dem Eintritte der Bedingung oder des Termins gehoben wird.**

1) Allgemeines. Nichtigk gem § 306 tritt ein, wenn die Leistg im Ztpkt des VertrSchl unmögl ist (§ 306 1 Rn 3); ein späteres Möglichwerden der Leistg ändert an der Nichtigk des Vertr idR nichts (BGH ZIP **95**, 1018). Von diesem Grds macht § 308 für zwei Fallgruppen eine Ausn (Rn 2f). Wenn die Voraussetzungen des § 308 vorliegen, ist der Vertr von **Anfang an wirksam** (MüKo/Thode Rn 2); es handelt sich nicht um eine nachträgl Heilg eines zunächst bestehder Nichtigk. – Die Formulierg, die Unmöglichk werde **„gehoben"** entspr dem Sprachgebrauch des 19 Jhdts; sie ist heute iSv „behoben" zu verstehen.

2) Einzelheiten. – a) Absatz 1. Der auf eine unmögl Leistg gerichtete Vertr ist gült, wenn die Unmög- 2 lichk behebb ist u die Part ihn für diesen Fall geschlossen haben. Das Ges betrachtet das Möglwerden der Leistg als aufschiebde Bdgg (s II „and Bdgg"); die §§ 158 ff sind daher anzuwenden. Die Vereinbg kann auch stillschw getroffen w (RG **138**, 55), so etwa, wenn ein GrdstkaufVertr für den Fall der Erteilg der erforderl Gen geschlossen (BGH NJW-RR **92**, 559) od die Lieferg beschlagnahmte Ware für den Fall der Freig versprochen w (RG **102**, 255). Sie kann auch einer ergänzden VertrAuslegg (§ 157 Rn 2ff) zu entnehmen sein (MüKo/Thode Rn 3). Dagg entfällt § 308, wenn eine sofort Leistg gewollt ist (OGH **3**, 60). Im ArbR ist I bei sog überwindb BeschäftiggsVerboten anwendb, falls der Part die Voraussetzgn für eine zul Beschäftigg herbeiführen wollen (BAG **AP** BBiG 15 Nr 1). Gehen die Part hins des Ztpkts des Möglwerdens der Leistg von unricht Vorstellgn aus, kann die GeschGrdl fehlen (BGH **47**, 51). – **b) Absatz 2.** Ein unter einer 3 aufschiebden Bdgg od Befristg geschlossener Vertr ist gültig, wenn die Leistg vor Eintritt der Bdgg od des Termins mögl wird. Es genügt der obj Tatbestd des MöglWerdens, ein entspr PartWille ist nicht erforderl. Wird die Unmöglichk erst später behoben, kann der Vertr gem I gült sein. Wird die Leistg zunächst mögl, noch vor BdggsEintritt aber wieder unmögl, handelt es sich um einen Fall nachträgl Unmöglichk.

309 *Gesetzwidriger Vertrag.*   **Verstößt ein Vertrag gegen ein gesetzliches Verbot, so finden die Vorschriften der §§ 307, 308 entsprechende Anwendung.**

1) Allgemeines. Der auf eine verbotene Leistg gerichtete Vertr ist sowohl nach § 306 als auch nach § 134 1 nichtig (§ 306 Rn 4). §§ 307 u 308 sind daher direkt anwendb; § 309 hat insoweit nur klarstellde Funktion. Soweit sich das Verbot nicht auf die Leistg, sond auf den VertrSchl bezieht, ist § 309 dagg **konstitutiv**. Verstößt der Vertr gg die guten Sitten (§ 138), ist § 309 nicht anwendb, u zwar auch dann nicht, wenn zugl ein Verstoß gg ein gesetzl Verbot vorliegt (MüKo/Thode Rn 2).

2) Einzelheiten. – a) Anwendung des § 307. Da bereits fahrl Unkenntn des Verbots den SchadErs- 2 Anspr ausschließt (§ 307 I 2), hat der Anspr nur geringe prakt Bedeutg. Auch bei argl Täuschg über das

Verbot beschränkt sich der SchadErsAnspr auf das Vertrauensinteresse (RG **105**, 366). Mit dem Anspr aus
3 § 307 kann ein delikt Anspr konkurrieren (§ 307 Rn 7). – **b) Anwendung des § 308.** Der gg ein gesetzl
Verbot verstoßde Vertr bleibt auch dann nichtig, wenn das Verbot nachträgl wegfällt (RG **138**, 55, § 134
Rn 13). Die Anwendg des § 308 I setzt voraus, daß der Vertr von vornherein für den Fall der Aufhebg des
Verbots geschlossen worden ist u das Verbot bis dahin beachtet w sollte (BGH **LM** § 134 Nr 7, BVerwG
NJW **82**, 2293, BAG DB **87**, 2048). Im Fall des § 308 II genügt dagg der obj Tatbestd, daß das Verbot bis
zum Eintritt der Bdgg od des Termins außer Kraft getreten ist (s RG **105**, 137).

310 **Vertrag über künftiges Vermögen.** Ein Vertrag, durch den sich der eine Teil ver-
pflichtet, sein künftiges Vermögen oder einen Bruchteil seines künftigen Vermögens zu
übertragen oder mit einem Nießbrauche zu belasten, ist nichtig.

1 **1) Allgemeines. – a)** § 310 hat den **Zweck,** die wirtschaftl BetätiggsFreih des einz vor übermäßigen
Beschränkgen zu schützen. Er soll verhindern, daß jemand sich seiner Vermögensfähigk begibt u dadch zugl
jede Motivation für eine Erwerbstätigk verliert (Mot II 186). Soweit die Vorschr Vertr über Bruchteile eines
2 zukünft Vermögens verbietet, will sie prakt Schwierigk vermeiden (Mot II 187). – **b) Anwendungsbe-
reich.** Die Vorschr gilt für schuldrechtl VerpflichtgsVertr (Einf 6 v § 305). Sie ist auf einseit schuldrechtl
Verpflichtgen entspr anwendb. Dagg werden ErbVertr (§§ 2274ff) u Vertr des FamGüterR (§§ 1415ff) von
ihr nicht erfaßt. Auch auf Vfgen findet § 310 keine Anwendg. Eine Vfg über das ges künft Vermögen od
einen Bruchteil davon ist ohnehin nicht mögl. Auf die Verschmelzg u Vermögensübertragg von jur Pers ist
§ 310 nach UmwG §§ 4 I S 2, 176 nicht anzuwenden.

3 **2) Voraussetzungen. – a)** Es muß sich um einen **Verpflichtungsvertrag** handeln (Rn 2). Die Art des
Vertr ist gleichgült, ebso die Frage, ob die Part eine GgLeistg vereinb haben od nicht. § 310 erfaßt neben
Kauf u Schenkg auch GesellschVertr u Leibrentenversprechen. Er gilt auch für **juristische Personen** (RG
4 **169**, 83), soweit keine gesetzl AusnVorschr (Rn 2) eingreifen. – **b)** Der Vertr muß sich auf das **künftige
Vermögen** des Versprechden od einen Bruchteil davon beziehen. Der Vertr über künftiges fremdes Ver-
mögen verstößt nicht gg § 310 (RG **79**, 285 zu § 311). Unter Vermögen iSd §§ 310, 311 sind nur die Aktiva
zu verstehen (RG **69**, 285 u 420). Die Verpflichtg muß die Gesamtheit der Aktiva od eine Quote betreffen.
Unanwendb ist § 310 bei Vertr über einzelne VermögensGgst (BGH WM **76**, 744) od über Sondervermögen
(§ 311 Rn 5). Die Verpfl zur Abtr aller künft GeschlFdgen wird daher von § 310 erfaßt (Staud-Wufka
Rn 11, aA RG **67**, 168), erst recht nicht die Abtr des künft pfändb ArbEinkommens (BGH **107**, 92, NJW **90**,
5 1035, **91**, 2018, aA Stgt NJW **88**, 833). – **c)** Das Verbot gilt für die Verpflichtg zur **Übertragung** od zur
Bestellg eines Nießbr. Es erfaßt auch die Verpflichtg zur Sichergsübereign, nicht aber die zur Verpfändg od
zur Übertragg der Verw an einen TrHänder (RG **72**, 118 zu § 311).

6 **3) Rechtsfolgen.** Der Vertr ist nichtig. Wenn das Vermögen erst im Ztpkt des Todes des Schu übergehen
soll, ist aber eine Umdeutg in einen ErbVertr mögl (BGH **8**, 34). Die ErfGesch wird sittwidrig, das Geleistete
kann, soweit nicht § 814 entgigsteht, gem § 812 zurückgefordert w. § 310 ist als ein gesetzl Verbot aufzufas-
sen, nicht als ein tatbestandl bes festgelegter Fall des § 138. Aus §§ 309, 307 kann sich daher ein Anspr auf
Ers des **Vertrauensschadens** ergeben (Staud-Wufka Rn 17). Dieser wird aber meist an § 307 I 2 scheitern,
da idR beiden Part mindestens Fahrlässigk vorzuwerfen ist.

311 **Vertrag über gegenwärtiges Vermögen.** Ein Vertrag, durch den sich der eine Teil
verpflichtet, sein gegenwärtiges Vermögen oder einen Bruchteil seines gegenwärtigen
Vermögens zu übertragen oder mit einem Nießbrauche zu belasten, bedarf der notariellen Beur-
kundung.

1 **1) Allgemeines. – a)** § 311 soll vor dem übereilten Eingehen einer bes gefährl Verpflichtg schützen
(Mot II 188, RG **94**, 314, BGH **25**, 5). Der im VorderGrd stehde **Formzweck** (§ 125 Rn 1) ist die Warn-
2 funktion, zugl soll eine sachkund Beratg der Beteil sichergestellt w (BeurkG 17). – **b) Anwendungsbe-
reich.** § 311 gilt (ebso wie § 310) für VerpflichtgsVertr, nicht aber für Vfgen. Auf einseitige schuldrechtl
Verpflichtgen ist § 311 entspr anwendb. Sondervorschriften bestehen für die Umwandlg dch Verschmelzg,
3 VermögensÜbertragg od Spaltg (UmwG 6, 125, 176). – **c) Verhältnis zu § 419.** Beide Vorschr unterschei-
den sich nach ihrem Zweck. § 311 will den sich Verpflichtden schützen, § 419 die Gläub. Auch hinsichtl der
Voraussetzgen bestehen Unterschiede: § 311 erfordert einen Vertr über das Vermögen im ganzen od einen
Bruchteil davon (Rn 5); § 419 gilt auch bei der Übertragg einzelner VermögensGgst, sofern diese im wesentl
das ganze Aktivvermögen darstellen (§ 419 Rn 6).

4 **2) Voraussetzungen.** Sie entsprechen, abgesehen davon, daß sich § 311 auf gegenwärtiges Vermögen
bezieht, denen des § 310. – **a)** Es muß sich um einen **Verpflichtungsvertrag** handeln. Gleichgült ist die Art
des Vertr, ebso die Frage, ob eine GgLeistg vereinb worden ist od nicht. § 311 gilt auch für **juristische
Personen** (RG **76**, 2, **137**, 348), jedoch bestehen für die Verschmelzg u die Umwandlg SonderVorschr
5 (Rn 2). – **b)** Die Verpflichtg muß auf Übertragg des **Vermögens** des Versprechden od eines Bruchteils
davon gerichtet sein. Unter Vermögen iSd § 311 sind nur die Aktiva zu verstehen (RG **69**, 285 u 420). Die
Vorschr gilt nicht, wenn die Verpflichtg die Übertragg fremden Vermögens betrifft (RG **79**, 282). Sind die
Ggst im Vertr einzeln od dch Sammelbezeichnen angeführt, so gilt § 311 auch dann unanwendb, wenn die
angeführten Ggst prakt das ges Vermögen ausmachen (RG **69**, 420, BGH **25**, 4, ZIP **90**, 1544). Entscheid
ist, ob der Vertr nach dem Willen beider Parteien auf die Übertragg des ges Vermögens in „Bausch u
Bogen" gerichtet ist (RG **69**, 420, **94**, 315, Staud-Wufka Rn 13). Das kann auch dann zu bejahen sein,
wenn einzelne Ggst von verhältnismäß untergeordneter Bedeut von der Übertragg ausgenommen w (RG
137, 349, stRspr). Unanwendb § 311, wenn VertrGgst ein **Sondervermögen** ist, zB ein Unternehmen

(RG Gruch **63**, 88, Warn **17** Nr 49), das Verm einer OHG (RG JW **10**, 242), ein Fideikommiß (RG **137**, 349) od AllodialVerm (BGH **25**, 4). – c) Der Vertr muß auf die Verpflichtg zur **Übertragung** od zur **6** Bestellg eines Nießbr gerichtet sein; insow gelten die Ausführgen in § 310 Rn 5 entspr.

3) Rechtsfolge des Formmangels ist **Nichtigkeit** des Vertr (§ 125). Der Mangel wird dch Erf nicht **7** geheilt (RG **76**, 3, BGH DNotZ **71**, 38). Der Schu kann die von ihm erbrachten Leistgen zurückfordern, sow nicht § 814 entggsteht. Bei einer unentgelt Übertragg bedarf nicht nur das SchenkgsVersprechen (§ 518 I), sond der ganze Vertr der Beurk. Der Vollzug der Schenkg heilt nur den Mangel der Form des § 518 I, nicht den des § 311 (Marienwerder OLG **17**, 376). Das gilt entspr, wenn der Vertr sowohl gem § 313 als auch gem § 311 formbedürft ist. Geht die Verpflichtg auf Übertragg des ggwärt u des künft Vermögens, kann der Vertr hins des ggwärt Vermögens gem § 139 gült sein (RG Recht **12**, 3180). Eine **Umdeutung** eines gg § 311 verstoßden Vertr in entspr EinzelVertr ist nicht ausgeschl (RG **76**, 3).

312 **Vertrag über Nachlaß eines lebenden Dritten.** [I] Ein Vertrag über den Nachlaß eines noch lebenden Dritten ist nichtig. Das gleiche gilt von einem Vertrag über den Pflichtteil oder ein Vermächtnis aus dem Nachlaß eines noch lebenden Dritten.

[II] Diese Vorschriften finden keine Anwendung auf einen Vertrag, der unter künftigen gesetzlichen Erben über den gesetzlichen Erbteil oder den Pflichtteil eines von ihnen geschlossen wird. Ein solcher Vertrag bedarf der notariellen Beurkundung.

1) Das Verbot des Absatzes 1. – a) Grundgedanke: Die Vorschr beruht auf sittl u wirtschaftl Er- **1** wäggen (Mot II 182, BGH **37**, 323). Abmachgen über den Nachl eines lebden Dritten sind nach der § 312 zGrde liegden Wertg sittl verwerfl, da sie mit dem Tod des Dr spekulieren. Vor allem soll § 312 aber gefährl Gesch unter Ausbeutg des Leichtsinns u eine VermVerschleudrg verhindern; darin liegt heute seine entscheidde ratio (BGH **104**, 281, NJW **95**, 448. – **b)** § 312 gilt (ebso wie die §§ 310, 311) **2** nur für **schuldrechtliche Verträge** (BGH **37**, 324, s aber Rn 4). And als die §§ 310, 311 betrifft § 312 aber nicht nur Verpfl zur Übertr od NießbrBestellg, sond grdsätzl alle VerpflGesch mit Bezug auf den Nachl eines lebden Dr. Dem Nachl gleichgestellt sind Pflichtt u Vermächtn (I S 2) sowie der ErbErs-Anspr (arg § 1934 b II, s Damrau FamRZ **69**, 585). Unter § 312 fallen die Verpfl zur ErbschAnn od Ausschlagg, zur Nichtgeltdmachg des Pflichtt od zur Unterlassg der TestAnf (Staud-Wufka Rn 4). Auch AbfindgsVereinbg zw Schlußerben eines Berliner Test sind gem § 312 nichtig (BGH **37**, 323, krit Wiedemann NJW **68**, 771), jedoch kommt uU eine Umdeutg in einen ErbverzichtsVertr in Betr (BGH NJW **74**, 43, krit Blomeyer FamRZ **74**, 421). Dagg sind Vertr über das AnwR des Nacherben zul (§ 2100 Rn 11). Gleichgült ist, ob sich der Vertr auf den Nachl (Pflichtt usw) im ganzen od nur einen Bruchteil bezieht (BGH **26**, 324). Der Vertr braucht auch nicht auf eine unmittelb Beteiligg am Nachl abzuzielen; es genügt, daß sich der Umfang der Leistg nach dem NachlWert richtet (BGH aaO). Gült ist dagg der **3** Vertr über einz NachlGgst (RG LZ **24**, 587, OGH NJW **49**, 623, BGH **LM** Nr 3 stRspr), ebso die Verpfl, aus dem Nachl eine betragsmäß best Leistg (Rente) zu erbringen (BGH **26**, 325) u die Verpfl, vom Erblasser zu dessen Lebzeiten keine Zuwendgen anzunehmen (BGH WM **77**, 689). Etwas and gilt aber, wenn die Verpfl prakt alle NachlAktiven erfaßt (OGH NJW **49**, 623, BGH **LM** Nr 3, hM). Maßgebd ist insow der Ztpkt des VertrSchl (BGH aaO). Die VollmErteilg dch einen künft Erben fällt nicht unter § 312 (MüKo/Thode Rn 6); unzul ist jedoch die Erteilg einer unwiderrufl Vollm, da sie zur Umgehg des § 312 mißbraucht w könnte. Die Zust des Dritten ändert an der Nichtigk nichts. Maßgebend ist, ob die VertrPart den Dritten als lebd gedacht haben; insow kommt es also nicht auf die obj Sachlage, sond auf die subj Vorstellgen der Part an (RG **93**, 297, MüKo/Thode Rn 10, hM). – **c)** Auch **Verfü- 4 gungen** über den Nachl eines lebden Dritten sind nichtig (BGH **37**, 324). Das ergibt sich bereits aus allg RGrds (BGH aaO), kann aber aus einer entspr Anwendg des § 312 hergeleitet w. Verträge des **Erblassers selbst** fallen nicht unter § 312. Für sie sind der Vorschr des ErbR (ErbVertr §§ 1941, 2274ff; ErbVerzichtVertr §§ 2346ff; Vertr über vorzeit ErbAusgl §§ 1934d, e) maßgebd.

2) Die Ausnahme des Absatzes 2. – a) Sie soll eine **vorgezogene Auseinandersetzung** zw gesetzl **5** Erben ermöglichen. Alle VertrSchließden müssen künft gesetzl Erben sein. Nicht erfordel ist, daß es sich um die nächsten gesetzl Erben handelt; es genügt, daß sie zZ des VertrSchl zu den gem §§ 1924ff möglicherw zur Erbf berufenen Pers gehören (RG **98**, 332, BGH NJW **56**, 1151). – **b)** Der Vertr, für **6** den sich die Bezeichng „ErbschVertr" eingebürgert h (BGH NJW **95**, 448), muß sich auf den **gesetzlichen Erbteil** od den Pflichtt beziehen. Vertr über testamental Erbteile u Vermächtn stehen gleich, allerd nur bis zur Höhe des gesetzl Erbteils (BGH **104**, 279, Kuchinke JZ **90**, 601, aA BGH NJW **56**, 1151). Der Vertr ist auch dann wirks, wenn die VertrPart, die sich zur Vfg über ihren Erbteil verpflichtet hat, nicht kr Ges, sond aGrd lwVfg Erbe w (RG **98**, 333, BGH NJW **56**, 1151, MüKo/Thode Rn 13). Wird der Verpflichtete nicht Erbe, sind die Grds über den Wegfall der GeschGrdl anwendb (Wiedemann NJW **68**, 773). – **c)** Die in § 312 II zugel Vertr haben nur **schuldrechtliche Wirkung.** Das VollzugsGesch, **7** etwa die Übertr des ErbAnteils (§ 2033), muß nach dem Erbfall dchgeführt w (BGH **104**, 280). Der PflichttAnspr kann dagg als künft Fdg auch schon vor dem Erbfall abgetreten w (s § 398 Rn 11). Die FormVorschr des II 2 gilt auch für VertrKombinationen, bei denen der Erblasser dem ErbschVertr ausdr zustimmt (BGH NJW **95**, 448). Ein nach § 312 nichtiger AbfindgsVertr kann uU in einen ErbVerzVertr od eine Verpfl zum Abschl eines ErbVerzVertr umgedeutet w (BGH NJW **74**, 44, BGH **37**, 328). Umgekehrt ist uU die Umdeutg eines nichtigen ErbVertr in einen Vertr nach § 312 II mögl (RG JR **27** Nr 1403).

313 **Form der Verpflichtung zur Veräußerung oder zum Erwerb eines Grundstücks.** Ein Vertrag, durch den sich der eine Teil verpflichtet, das Eigentum an einem Grund-

stück zu übertragen oder zu erwerben, bedarf der notariellen Beurkundung. Ein ohne Beobachtung dieser Form geschlossener Vertrag wird seinem ganzen Inhalte nach gültig, wenn die Auflassung und die Eintragung in das Grundbuch erfolgen.

1   **1) Allgemeines. – a) Fassung** des Ges vom 30. 5. 73 (BGBl S 501). Auch die Begründg von Erwerbs-
2   verpflichtgn ist seit dem 1. 7. 73 – und als nach fr Recht (BGH **57**, 394, **61**, 20) – formbedürft. – **b) Zweck.** Der BeurkZwang soll die Part auf die Bedeutg des Gesch hinweisen u vor dem Eingehen übereilter Verpflichten schützen (Warnfunktion); er soll zugl den Beweis der getroffenen Vereinbg sichern (Beweisfunktion), die Gültigk des RGesch gewährleisten (GültigkGewähr) u eine sachgem Beratg der Part (BeurkG 17) sicherstellen (Beratgsfunktion); vgl BGH **87**, 153, NJW **74**, 271. Der Schutz der Part ist aber nur gesetzl Motiv, nicht TatbestdMerkmal; § 313 gilt auch dann, wenn wg bes Umst des Einzelfalles die Part nicht schutzbedürft erscheinen (BGH **16**, 335, **53**, 194, NJW **94**, 3347).

3   **2) Grundstück als Vertragsgegenstand. – a)** Der Vertr muß sich auf die Übereigng eines **Grundstücks** beziehen. Dem Grdst stehen gleich MitEigtAnteile (RG Warn **25**, 19), das WohnEigt (WEG 4 III), das ErbbR (ErbbRVO 11), u jetzt das SonderEigt an Gebäuden nach ZGB (EG 231 § 5 Rn 2). Die Einräumg od Veräußerg von Wohnbesitz sind formbedürft, da sie eine bedingte Verpfl zur Übertr od zum Erwerb von WohnEigt begründen (Brambring NJW **76**, 1439, Staud-Wufka Rn 22). Nicht formbedürft sind Vertr über GrdstZubehör (s aber Rn 33), Scheinbestandt (§ 95 Rn 1) od wesentl GrdstBestandt (RG Warn **25**, 56). –
4   **b)** Gleichgült ist, ob der Vertr ein eig od ein **fremdes** Grdst betrifft (RG **77**, 131, Mü NJW **84**, 243). Der AusspielVertr ist daher auch dann formbedürft, wenn das als Gewinn ausgesetzte Grdst noch nicht dem Veranstalter gehört (aA Nürnb OLGZ **66**, 278). § 313 gilt auch für den Vertr über ein **ausländisches** Grdst, sofern auf ihn dtsches Recht anwendb ist (BGH **52**, 239, **53**, 194, **73**, 394). Für den im Ausl über ein dtsches Grdst geschl Vertr genügt nach EG 11 I die Einhaltg der Ortsform (RG **121**, 156, BayObLG DNotZ **78**, 58,
5   EG 11 Rn 12). – **c)** Die Verpflichtg, **Gesellschaftsanteile** zu übertragen od zu erwerben, ist auch dann formfrei, wenn das GesellschVermögen im wesentl aus GrdBes besteht (BGH **86**, 367). Eine Ausn gilt aber, wenn die Gesellsch zu dem Zweck gegründet worden ist, den Formzwang zu umgehen, wie etwa im Fall
6   einer „EigenheimGesellsch" (K. Schmidt AcP **182**, 510). – **d)** Für die Übertragg des **Anwartschaftsrechts** des AuflEmpfängers gilt § 925 (BGH **49**, 197). Es ist dem VollR sow angenähert, daß die Verpflichtg zur Übertragg od zum Erwerb des AnwR vom Normzweck des § 313 miterfaßt w (BGH **83**, 400). Dagg fällt die **Abtretung** des Anspr auf Übereigng eines Grdst nicht unter § 313, weil sie ein VfgGesch ist, währd § 313 nur für VerpflGesch gilt (BGH **89**, 46, BayObLG NJW **76**, 1895). Auch die Verpflichtg zur Abtr ist formfrei, da sie die Übertr u den Erwerb eines Anspr u nicht den eines Grdst betrifft (BGH **89**, 45, NJW **94**, 1346). § 313 ist aber anzuwenden, wenn der Vertr für den Zessionar eine Erwerbsverpflichtg hins des Grdst begründet (Soergel-Wolf Rn 14, unten Rn 13). Die Abtr von Anspr auf Rückübertragg von Grdst, Gebäuden u Unternehmen nach dem **VermG** bedürfen seit dem 22. 7. 92 nebst dem zGrde liegden KausalGesch notarieller Beurk, VermG 3 nF (Weimar/Alfes DNotZ **92**, 624).

7   **3) Übertragung oder Erwerb.** Der Vertr muß zur Übertragg od zum Erwerb eines Grdst verpflichten. – **a)** Erforderl ist, daß der Vertr auf eine **Änderung der Eigentumszuordnung** gerichtet ist (MüKo/ Kanzleiter Rn 17). Die Verpflichtg zur Belastg eines Grdst ist formfrei (Ausn: ErbbR, ErbbRVO 11, dingl VorkaufsR, Rn 11), ebso der Verz auf ein schuldrechtl WiederkaufsR (BGH DNotZ **88**, 560). Die Verpfl des Nacherben, dem Verkauf eines NachlGrdst zuzustimmen, steht der Begründg einer VeräußergsPfl gleich u ist daher formbedürft (BGH **LM** § 2120 Nr 2/3). Entspr gilt für die Verpfl, den BerichtiggsAnspr auf Wiedereintragg als Eigtümer nicht geltd zu machen (Kbl RzW **52**, 252). § 313 gilt auch dann, wenn die EigtÄnderg nicht dch Aufl, sond dch **Zuschlag** in der ZwVerst erfolgen soll (BGH **85**, 250, NJW-RR **92**, 14). Der ErsteigergsAuftr ist daher wg der für den AuftrGeb u den Beauftragten begründeten ErwerbsPfl idR formbedürft (BGH **110**, 321, Celle NJW-RR **91**, 867, ein-
8   schränkd Münch DNotZ **91**, 533). – **b)** Formbedürft sind auch Vereinbgn über die Umwandlg von **Gesamthands- in Bruchteilseigentum** od AlleinEigt (RG **57**, 432, **129**, 123, Mü DNotZ **71**, 544). Das gilt ebso für die Übertragg des Grdst einer GesHandsGemsch auf eine and (BayObLG **80**, 305), etwa von einer ErbGemsch auf eine persgleiche OHG od BGB-Gesellsch (KG DR **40**, 977) od von einer Gesellsch auf eine and persgleiche Gesellsch (RG **136**, 405, KG NJW-RR **87**, 1321), nicht aber für die Umwandlg einer OHG
9   in eine BGB-Gesellsch (RG **155**, 186). – **c) Gesellschaftsvertrag** (Wiesner NJW **84**, 95). Er ist formbedürft, wenn sich ein Gesellschter bei Gründg der Gesellsch od späterem Beitritt zur Einbringg eines Grdst verpflichtet (BGH BB **55**, 203, Kblz NJW-RR **92**, 614), es sei denn, daß das Grdst nur zur Nutzg in die Gesellsch eingebracht w soll (RG **109**, 383, BGH WM **67**, 952) od daß eine bloße InnenGesellsch gegründet w (BGH NJW **74**, 2279). Auch hier besteht aber Formzwang, wenn, etwa für den Fall der Auflösg, eine bedingte ÜbereignsPfl vorgesehen ist (Hamm MDR **84**, 843). Die Gründg einer Gesellsch zum Zweck des Erwerbs von Grdst ist formbedürft, sofern eine, wenn auch bedingte, ErwerbsPfl begründet w (Schwanecke NJW **84**, 1588). Der Beitritt zu einer PublikumsKG ist formbedürft, wenn damit eine Pfl zum Erwerb einer EigtWo verbunden ist (BGH NJW **78**, 2505). Keiner Form bedarf es in allen Fällen, in denen der EigtÜbergang dch **Anwachsung** (§ 738 I 1) erfolgt, da hier keine rgeschäftl Übertr stattfindet (Petzold BB **75**, 906). Formfrei ist daher die Übertragg von MitglR an einer GrdstGesellsch u entspr VerpflGesch (BGH **86**, 370, Köln NJW **95**, 2232); der Beitritt zu einem geschlossenen Immobilien-Fond (Reinelt NJW **92**, 2054, Schippel Notartag **93**, 27); Übernahme des Vermögens einer OHG gem HGB 142 (RG **65**, 240, **136**, 99); ebso bei BGB-Gesellsch, obwohl eine dem HGB 142 entspr Vorschr fehlt (BGH **32**, 314, NJW **66**,
10 827, stRspr). – **d) Negative Verpflichtungen.** Die Verpfl, ein Grdst nicht od nicht an best Pers zu veräußern, ist formfrei (BGH **31**, 19, **103**, 238). Entspr gilt für die Verpfl, ein Grdst nicht zu erwerben, etwa in einer ZwVersteigerg kein Gebot abzugeben (Hamm OLGZ **74**, 123, s aber Köln NJW **78**, 47 zu § 138). Ausnweise ist § 313 anzuwenden, wenn die Verpfl die Erf einer formbedürft positiven Verpfl sichern soll (BGH DNotZ **66**, 364, Köln NJW **71**, 1942).

11 **4) Verpflichtung.** Formbedürft ist die *Verpflichtg* zur Übertragg od zum Erwerb eines Grdst. – **a)** Nicht notw ist, daß der Vertr unmittelb auf die Übertr od den Erwerb gerichtet ist. Formbedürft sind auch

bedingte Verpflichtungen (BGH **57**, 394, Celle NJW **77**, 52, stRspr, allgM). Kein Formzwang besteht jedoch bei reinen Willensbedinggen (Einf 10 v § 158), da hier eine wirkl Bindg nicht begründet w (str) u auch nicht beim Letter of Intent (Wolf DNotZ **95**, 193). Dagg ist der **Vorvertrag** formbedürft (RG **169**, 189, BGH **82**, 398, NJW **70**, 1915), ebso die Einräumg eines VorkaufsR (RG **72**, 385, **148**, 108), die Verpfl zur Bestellg eines dingl VorkaufsR (RG **110**, 333, BGH NJW-RR **91**, 206) u die Begründg eines WiedererwerbsR beim Sale-and-lease-back-Verf (LG Düss WM **89**, 1127). Bei dem gleichf formbedürft **Ankaufsrecht** ist zu unterscheiden (BGH **LM** § 433 Nr 16): – **aa)** Wird ein einseit bindender VorVertr (Einf 21 v § 145) abgeschlossen, ist auch der HauptVertr formbedürft. – **bb)** Wird für den Käufer dch einen aufschiebd bedingten Vertr ein OptionsR begründet (Einf 23 v § 145), ist die OptionsErkl formfrei (RG **169**, 70, BGH **LM** § 433 Nr 16 Bl 3, NJW **91**, 2698). – **cc)** Wird das OptionsR dch ein langfrist VertrAngebot eingeräumt, ist auch die OptionsErkl formbedürft (RG u BGH aaO). – **b)** Formzwang besteht auch dann, wenn die Verpfl zG eines **Dritten** begründet w (BGH **92**, 171, NJW **83**, 1545). Die Vereinbg einer **Wahlschuld** od einer facultas alternativa mit einem Grdst als mögl LeistgsGgst ist gleichf formbedürft (Köln VersR **93**, 321). Das gilt wg der aufschiebd bedingten ErwerbsVerpfl des Gläub auch bei einem WahlR des Schu. Die alternativ zu einer Ausbietgsgarantie übernommene Verpfl zur Leistg einer Geldsumme kann aber gem §§ 139, 265 wirks sein (BGH NJW-RR **93**, 14). – **c)** Formbedürft sind alle Vereinbgen, 13 die für den Fall der Nichtveräußerg od des Nichterwerbs ins Gewicht fallde wirtschaftl **Nachteile** vorsehen u so einen Zwang zur Veräußerg od zum Erwerb begründen (BGH **76**, 46, NJW **90**, 391). Das gilt für VertrStrafVerspr (BGH NJW **70**, 1916, VersR **84**, 946); für das Entgelt, das der Erwerbsinteressent für einen vorweg dchzuführden Umbau zusagt (Hamm DNotZ **92**, 423), u für Vergütgen, die sich der **Makler** für den Fall versprechen läßt, daß ein Grdst nicht veräußert od nicht erworben w (BGH NJW **71**, 93, 557, **80**, 1622, NJW-RR **92**, 818, stRspr). Beim Beitritt zu einem Bauherrnmodell begründen die im TrHandVertr übernommenen Verpfl idR einen Zwang zum Erwerb des Grdst (BGH NJW **92**, 3238), uU aber auch das an den Anlageberater zu entrichtde Entgelt (BGH NJW **90**, 391). Gleichgült ist, wie das Entgelt bezeichnet w („Abstandssumme", „Provision", „Aufwandsentschädigg"). Unbedenkl ist die Verpfl zum Ers nachgewiesener Aufwendgen. Pauschaliergen sind nur formfrei, wenn sie sich am wirkl Aufwand orientieren. 30% od 25% der übl Provision sind zuviel (BGH NJW **80**, 1622, Hbg NJW **83**, 1502), ebso ein Betrag von 76665 DM, 41040 DM od 10000 DM, mag er auch im Verhältn zur Provision relativ niedrig sein (BGH NJW **87**, 54, BB **89**, 1015, Ffm NJW-RR **86**, 597). Wird ausdr eine KaufVerpfl übernommen, kommt es auf die Höhe des Entgelts nicht an (BGH NJW-RR **90**, 57). ReserviergsVereinbgen sind formbedürft, wenn sie wg der Höhe des **Bindungsentgelts** auf den Interessenten einen Druck zum Erwerb des Grdst ausüben (BGH **103**, 239); die krit Grenze liegt bei 10% der übl Maklerprovision (BGH aaO, s auch Hbg NJW-RR **92**, 21: 100000 US$ bei einem Preis von 1,2 Mio US$). Bau- und ArchitektenVertr, die im Hinblick auf einen beabsichtigten GrdstErwerb geschl w, sind nicht formbedürft (Köln NJW-RR **90**, 1112). Der vom präsumtiven Erwerber an den Veräußerer erteilte entgeltl PlangsAuftr kann aber formbedürft sein (Düss NJW-RR **93**, 667), ebso der dem GrdstVermittler erteilte BauAuftr (Hamm MDR **93**, 537). Auch der **Fertighausvertrag** ist nicht schon deshalb formbedürft, weil der Besteller, der noch keinen Bauplatz besitzt, zum Erwerb irgendeines Grdst gezwungen ist (BGH **76**, 43, Kblz NJW-RR **94**, 295, krit Wolf DNotZ **94**, 773). § 313 ist aber anwendb, wenn bei einem Fertighaus- od BauVertr ein rechtl ZusHang mit einem GrdstKaufVertr besteht (BGH **78**, 348, ZIP **85**, 292), etwa weil der BauVertr mit dem Kauf eines Grdst „stehen u fallen" soll (Schlesw NJW-RR **91**, 1175, Hamm NJW-RR **91**, 1369, **95**, 1045), od wenn er Zwang zum Erwerb eines bestimmten Grdst begründet (BGH NJW **94**, 721, Hbg DNotZ **83**, 626, Hagen DNotZ **84**, 273). – **d) Schuldübernahme.** Die Übern der Veräußergs- od ErwerbsPfl ist formbedürft, nicht dagg die Übern 14 der KaufPrSchuld (MüKo/Kanzleiter Rn 29, Staud-Wufka Rn 63). Die **Bürgschaft** u die Garantie für eine Veräußergs- od ErwerbsPfl sind formfrei (RG **140**, 218, BGH NJW-RR **88**, 1197). Das gilt jedoch nicht, wenn sie Bestandt des VeräußergsVertr sein sollen (BGH NJW **62**, 586).

5) Begründung durch Vertrag. – a) Die Verpfl muß dch Vertr begründet w. In Betracht kommen 15 nicht nur Kauf od Tausch, sond jeder Vertr, der eine Verpfl zur Veräußerg od zum Erwerb eines Grdst zum Ggst hat. Der WkVertr, dch den sich der Untern zur Bebauung u Übereign eines Grdst verpflichtet, ist auch dann formbedürft, wenn die Bebauung die Hauptleistg ist (BGH **LM** Nr 48). § 313 gilt auch für **öffentlich-rechtliche** Vertr (VwVfG 62 u bereits fr BGH **58**, 386, BVerwG DVBl **85**, 290). Ausn ergeben sich aber aus SonderVorschr, so im BauGB 110 für die Einigg im EnteignsVerf (BGH NJW **73**, 657). Formfrei ist auch die Einigg im Verf nach dem PrEnteignsGes (BGH **88**, 173, Schlesw DNotZ **81**, 563) u die vor Einleit eines EnteignsVerf abgeschlossene Teileinigg über den BesÜbergang (BayObLG DVBl **82**, 360). Dagg bedarf die außerh förml EnteignsVerf getroffene Einigg über den EigtÜbergang der Form des § 313 (BGH **88**, 171), ebso die Verpfl zur FlächenAbtr im Vorgriff auf eine spätere Umlegg (VGH Mannh NJW-RR **95**, 721). – **b)** Die Zuweis von Grdst gem der **Satzung einer Genossenschaft** ist nicht 16 beurkundgsbedürft (BGH **15**, 182, **LM** Nr 59, Karlsr OLGZ **80**, 447). Dagg unterliegt die Satzg einer PublikumsKG, die eine Pfl zum Erwerb eines EigtWo vorsieht, dem Formzwang (BGH NJW **78**, 2505). Im SiedlgsR ist § 313 anzuwenden (BGH **16**, 334), jedoch kann sich die Pfl zur Übertr einer Siedlerstelle aus dem GleichhGrds ergeben (s BGH **29**, 81, **31**, 37, **45**, 179). Auf **einseitige Rechtsgeschäfte** (StiftgsGesch, Auslobg) ist § 313 entspr anwendb (MüKo/Kanzleiter Rn 24), nicht aber auf lwVfg (OGH **1**, 166). – **c)** § 313 gilt nicht, wenn die Verpfl zur Veräußerg od zum Erwerb **kraft Gesetzes** od aus einem sonst 17 selbstd RGrd entsteht, das RGesch der Part also nicht RGrdl der Veräußergs- od ErwerbsPfl ist. Formfrei ist daher der Vertr über die Wandlg eines GrdstKaufs, da die Rückgewähr gesetzl Folge der Wandlg ist (RG **137**, 296). Auch die Ausübg von **Gestaltungsrechten** (Rücktr, Anf) bedarf nicht der Form des § 313 (Soergel-Wolf Rn 41, Wufka DNotZ **90**, 354). Hängt der Eintritt der Veräußergs- od ErwerbsVerpfl von der Erkl eines Beteil als Bedingg ab, ist die Erkl formfrei, da die Verpfl in dem geschlossenen Vertr ihre RGrdl hat (MüKo/Kanzleiter Rn 28). Entspr gilt, wenn der VertrInh von einer Part od einem Dr dch Ausübg eines **Bestimmungsrechts** (§§ 315ff) konkretisiert werden soll (RG **165**, 164, OGH NJW **50**, 463, BGH Rpfleger **73**, 356, Wolf DNotZ **95**, 183, Staud-Wufka Rn 155). Die Ausübg des ÜbernR aus § 1477 II ist formfrei (Mü FamRZ **88**, 1277); der Vertr über die AuseinandS einer Gemeinsch dagg nur dann, wenn er

der Regel des § 752 voll entspr (OGH NJW **49**, 64); in allen and Fällen ist er formbedürft (BGH DNotZ **73**,
18 472). – **d) Auftrag und Geschäftsbesorgungsvertrag.** Der Auftr od der GeschBesorggsVertr (§ 675), der
auf die Beschaffg eines Grdst abzielt, ist idR formbedürft. Die 1. Alternative des § 313 ist allerdings unan-
wendb, weil die Pfl zur Übereigng an den AuftrGeb nicht Inhalt, sond gesetzl Folge des Vertr ist, § 667
(BGH **85**, 248, NJW **81**, 1267, **LM** Nr 40, stRspr); das gilt auch dann, wenn es um die Verschaffg eines
MitEigtAnteils geht (BGH NJW **94**, 3346). Der Vertr ist aber idR deshalb formbedürft, weil er für den
AuftrGeb (stillschw) eine bedingte **Erwerbspflicht** begründet (BGH **85**, 250, NJW **85**, 730, **94**, 3347). And
liegt es jedoch, wenn das Grdst nicht an den AuftrGeb, sond nach Parzellierg dch den Beauftragten (TrHän-
der) an Dr übereignet w soll (BGH NJW **87**, 2071); unerhebl ist, daß der AuftrGeb bei einem Scheitern des
Projekts fakt zur Übern des Grdst gezwungen sein kann. UU entsteht auch für den Beauftragten hins eines
best Grdst eine ErwerbsPfl (s BGH NJW **81**, 1267, Mü WM **84**, 182). **Baubetreuungsverträge** sind bereits
nach der 1. Alternative formbedürft, wenn der Betreuer ein eig Grdst bebauen u liefern od wenn er das Grdst
für eig Rechng erwerben soll (BGH **LM** Nr 40, 48). Soll der Betreuer das Grdst für Rechng des AuftrGeb
erwerben, greift die 2. Alternative (bedingte ErwerbsPfl) ein (BGH NJW **85**, 730).

19   **6) Vollmacht.** Die Vollm zum Abschluß eines gem § 313 formbedürft Vertr ist grdsl formfrei, § 167 II.
And ist es nur in folgden Fällen: – **a)** Ist die Vollm Teil eines einheitl Veräußergs- od ErwerbsVertr,
erstreckt sich die für den **Gesamtvertrag** geltde FormPfl (Rn 25 ff) auch auf sie (RG **94**, 150, **103**, 300, BGH
NJW-RR **89**, 1099). Das gilt aber nicht, wenn die Vollm gerade die Vollziehg des Vertr sichern soll (BGH
20 aaO, NJW **90**, 1722). – **b)** Wird eine **unwiderrufliche** Vollm erteilt, ist die Bevollmächtigg formbedürft,
da sie bereits eine bindende Verpfl zur Veräußerg od zum Erwerb des Grdst begründet (RG **110**, 320, BGH
LM § 167 Nr 18, DNotZ **65**, 549, Karlsr NJW-RR **86**, 101, stRspr). Das gilt auch für eine zeitl begrenzte
unwiderrufl Vollm (BGH WM **67**, 1039) u die Verpfl zur Erteilg einer solchen Vollm (BGH NJW-RR **88**,
351). Der Ausschluß des WiderrufsR kann sich auch aus den Umst, insb aus dem Zweck der Vollm ergeben
21 (§ 168 Rn 6). – **c)** Auch die **widerrufliche** Vollm ist formbedürft, wenn sie eine rechtl od tatsächl Bindg
des VollmGeb zur GrdstVeräußerg od zum GrdstErwerb begründet (BGH **LM** § 167 Nr 18, DNotZ **65**,
549, NJW **79**, 2306, Korte DNotZ **84**, 84, stRspr). Die Vollm mit der Befugn zum Selbstkontrahieren ist
aber nicht schon desh formbedürft, weil der VollmGeb beabsichtigt, die Vollm nicht zu widerrufen (BGH
NJW **79**, 2306). Entscheidd ist vielmehr, ob nach den Umst des Falles, insb nach dem zGrde liegden
RVerhältn, eine Bindg besteht (BGH aaO u BGH NJW **52**, 1210, DNotZ **66**, 92). Das ist vor allem dann der
Fall, wenn der Bevollmächtigte den Weisgen des GeschGegners zu folgen hat (RG **108**, 126, Ffm Rpfleger
22 **79**, 133). – **d)** Die Vollm, die dem TrHänder beim **Bauherrnmodell** erteilt w, ist idR nach Rn 19 u 20
formbedürft (BGH NJW **92**, 3238). – **e)** Für die **Auflassungsvollmacht** gelten die dargestellten Grds
entspr (BGH DNotZ **63**, 672, KG OLGZ **85**, 187). Obwohl sich die AuflVollm nicht auf das Verpfl-, sond
auf das VfgsGesch bezieht, kann auch sie die äußere Einkleidg einer formunwirks begründeten Veräußergs-
od ErwerbsVerpfl sein (Korte DNotZ **84**, 88, aA MüKo/Kanzleiter Rn 44); sie ist wg der Möglichk zur
Änderg der dingl RLage sogar bes gefährl. Auch die unwiderrufl Vollm ist aber formfrei, wenn sie zur
23 Ausführg eines bereits formwirks geschlossenen Vertr erteilt w (Zweibr Rpfleger **82**, 216). – **f)** Schließt der
Bevollm in den Fällen Rn 19–21 ab, so handelt er als **Vertreter ohne Vertretungsmacht.** Der Vertretene
kann das Gesch genehmigen (§ 177). Der VertrGegner kann sich nicht auf guten Glauben berufen, wenn sich
die dem zugrundeliegden RVerhältn anhaftenden Formmängel aus der VollmUrk ergeben (RG **108**, 128); ist
das nicht der Fall, können die §§ 170 ff anwendb sein (BGH NJW **85**, 730).

24   **7) Einzelne Rechtsgeschäftstypen: Abtretung** Rn 6; **Ankaufsrecht** Rn 11; **Auftrag** Rn 18; **Ausbie-
tungsgarantie** Rn 7; **Baubetreuungsvertrag** Rn 18; **Bauherrnmodell** Rn 22 u 33; **Bindungsentgelt**
Rn 13; **Bürgschaft** Rn 14; **Einseitige Rechtsgeschäfte** Rn 17; **Fertighausvertrag** Rn 13; **Garantiever-
trag** Rn 14; **Gesellschaftsvertrag:** Rn 9; **Gesellschaftsanteile** Rn 5; **Gemeinschaft** Rn 17; **Maklerver-
trag** Rn 13; **Nichtbieten** Rn 10; **Öffentlich-rechtlicher Vertrag** Rn 15; **Parzellierungsvertrag,** dch den
sich der eine Teil verpflichtet, sein Grdst an Dr zu veräußern, ist formbedürft (RG **50**, 108, **68**, 261, Mü
OLGZ **72**, 271); **Reservierungsvereinbarung** Rn 13; **Schuldübernahme** Rn 14 u 25; Beim gerichtl **Ver-
gleich** wird die not Beurk dch die gerichtl Protokollierg ersetzt (§ 127a). Der außergerichtl Vergl ist
formbedürft, wenn in ihm eins Verpfl zur Übereigng od zum Erwerb eines Grdst übernommen od ver-
schärft w (RG **94**, 152; **109**, 26, BGH **LM** Nr 5). Formfrei ist der Vergl über die vom Käufer beanspruchte
Wandlg od Minderg (RG **137**, 296). **Vertragsstrafeversprechen** Rn 13; **Vollmacht** Rn 19; **Vorvertrag**
Rn 11; **Wahlschuld** Rn 12; **Werkvertrag** Rn 15.

25   **8) Umfang des Formzwanges. – a) Grundsatz.** Das BeurkErfordern erstreckt sich nicht nur auf die
Veräußergs- u ErwerbsVerpfl, sond auf den Vertr im ganzen. Formbedürft sind alle Vereinbgen, aus denen
sich nach dem Willen der Part die schuldrechtl VeräußergsPfl zusetzt (BGH **63**, 361, **74**, 348, BGH NJW
74, 271, **84**, 974, stRspr). Es genügt, daß der eine Teil die Abrede zum VertrBestandt machen will, wenn der
and dies erkannt u hingenommen h (BGH **76**, 49, **78**, 349, NJW **82**, 434). Gleichgült ist, ob es sich um eine
obj wesentl od unwesentl Abrede handelt (RG **97**, 220, BayObLG DNotZ **79**, 180). Hätten die Part auch
ohne den nicht beurk Teil abgeschlossen, ist der Formverstoß nach § 139 unschädl (BGH NJW **81**, 222,
NJW-RR **93**, 14). Auch die zw Angebot u Ann getroffenen Vereinbgen sind formbedürft (BGH **LM** Nr 27).
Der Formzwang betrifft aber nur Erkl, die eine Regelg enthalten, dh Rechtswirkgen erzeugen (BGH **85**,
317). Dazu gehören auch die Vereinbgen, die Inh u Umfang der Leistg beschreiben u konkretisieren (BGH
74, 351, Bramberg DNotZ **80**, 282). Dagg sind bloße Erläuterungen nicht formbedürft (BGH NJW **79**, 1498).
Übernimmt eine Part eine Verbindlichk aus einem and **Schuldverhältnis,** muß der Inh dieser Verpflichtg
nicht mitbeurkundet werden; die Bezeichng der Verpflichtg hat hier nur die Bedeutg eines Identifiziergsmit-
tels (BGH **125**, 238).

26   **b) Einzelfragen. – aa)** Das zu veräußernde **Grundstück** muß im Vertr hinreichend best bezeichnet w.
Beim Verkauf eines Grdst im ganzen genügt die Grdbuch- oder Katasterbezeichng, jedoch ist auch eine and
Individualisierg mögl (BGH NJW **69**, 132). Ist der Kauf von WoEigt VertrGgst, so genügt die Angabe des

betreffden WoGrdBuchs (BGH **125**, 235). Bei einem noch nicht vermessenen GrdstTeil können die Grenzen dch eine Beschreibg im VertrText, dch Verweisg auf Merkmale in der Natur, wie Gräben, Bäume, Hecken, Zäune (BGH NJW **69**, 502) od Zeichen wie Pflöcke (Mü DNotZ **71**, 544) festgelegt w, vorausgesetzt sie sind wirkl vorhanden (BGH NJW **89**, 898). Zul ist auch die Verweisg auf einen Lageplan. Soweit dieser den Umfang der VeräußergsPfl nicht nur erläutert, sond inhaltl bestimmt, ist er gem BeurkG 9 I 3, 13 I 1 mitzubeurkunden. Die Angabe der GrdstGröße genügt allein nicht (BGH NJW **69**, 132). Nicht ausr ist auch die Erkl, die Part seien über den Grenzverlauf einig (BGH NJW **79**, 1350); der Vertr ist aber formwirks, wenn die Festlegg der Grenze der nachträgl Bestimmg einer Part überlassen w (BGH NJW-RR **88**, 971). Wird die verkaufte Fläche dch einen beigefügten Plan u eine ca-Größe bestimmt, hat bei einem Widerspr iZw der Plan den Vorrang (BGH DNotZ **81**, 235). – **bb)** Ergibt sich der Inh u Umfang der Pflten einer Part **27** aus einer **Baubeschreibung,** einem Bauplan od einer **Teilungserklärung,** gilt die FormErfordern auch für diese (BGH **69**, 266, **74**, 348, NJW **79**, 1495, 1498, 1984, allgM). Die Beurk kann gem BeurkG 9 I 3, 13 I 1 dch Verweisg auf beizufügde Anlagen erfolgen. Die vor dem 20. 2. 1980 ohne Beachtg dieser Förmlichk geschlossene Vertr hat das BeurkÄndG für wirks erklärt – **cc)** Der Formzwang erstreckt sich auf alle **28** Abreden über die **Gegenleistung,** auch soweit diese an Dr zu erbringen sind (BGH **11**, 101). Formbedürft sind auch Abreden über **Vorauszahlungen** (BGH **85**, 318, NJW **84**, 974, **86**, 248, **94**, 720), über die Tragg von Steuern, Provisionen u Finanziergskosten (RG **112**, 68, Düss BB **71**, 846, Pieler DNotZ **83**, 23, 229), über die besondere Ausweisg der MwSteuer (Stgt NJW-RR **93**, 1365), über Zusatzentgelte etwa für baldige Räumg (RG **114**, 233). Regelgen über Zahlungsmodalitäten bedürfen gleichf der Beurk (Düss DNotZ **73**, 602), es sei denn, daß sie ohne Begründg einer rechtl Bindg ledigl ZweckmäßigkGrden dienen sollen (Soergel-Wolf Rn 63). Die Erkl, über die GgLeistg bestehe Einigk, genügt nicht (BGH DNotZ **68**, 481), ebsowenig die Erkl, der Preis sei bezahlt; auch bereits bewirkte Leistgen müssen beurkundet w (BGH NJW **69**, 1629, **86**, 248) – **dd) Leistungsbestimmungsrechte.** Der Vertr kann die Bestimmg des zu übereignden **29** Grdst, der GgLeistg, von Leistungsmodalitäten od des Berecht gem §§ 315ff einer Part oder einem Dr überlassen (BGH **71**, 280, NJW **86**, 845, **LM** Nr 33, DNotZ **87**, 744, stRspr). Voraussetzg ist jedoch, daß die Bestimmgsbefugn im Vertr genügd abgegrenzt w (BGH NJW **86**, 845). Der KaufVertr über eine EigtWo kann daher schon vor der beabsichtigten Vorratsteilg wirks geschlossen w (BGH NJW **86**, 845, KG OLGZ **84**, 423, BayObLG NJW-RR **92**, 1041, Reinelt NJW **86**, 827). Die Ausübg des formwirks begründeten BestimmgsR unterliegt nicht dem Formzwang (Rn 17). – **ee)** Zum formbedürft VertrInh gehört auch **30** die **Individualisierung der Vertragsparteien.** Bei einem VertrAngebot ist daher die Festlegg der Pers des Empfängers Bestandt des Angebots (Karlsr NJW-RR **89**, 19). Mögl ist aber auch, die Bestimmg des VertrPart entspr Rn 29 einem Dr zu überlassen (MüKo/Kanzleiter Rn 50, aA Ludwig DNotZ **88**, 697); die Bestimmgsbefugn des Dr muß aber im Vertr hinreichd abgegrenzt w. – **ff) Nebenabreden** bedürfen der **31** Form, wenn sie nach dem Willen der Part Bestandt des HauptVertr sein sollen (Rn 25). Formbedürft sind daher: Vertragl Zusichergen (BGH WM **73**, 612), SichgAbreden bei einem Verkauf zu Sichgzwecken (BGH NJW **83**, 565), Kostenübernahme dch den Angebotsempfänger für den Fall der Nichtannahme (Mü NJW-RR **91**, 86), Vereinbgen über Maklerkosten (Pieler DNotZ **83**, 23, 229) od die Zahlg einer Ernteentschädigg (BGH NJW **89**, 898). Formbedürft ist auch die Regelg der RücktrVoraussetzgen. Hat der Verkäufer ein RücktrR, falls der Käufer nicht einen best FormularVertr abschließt, muß das Formular daher mitbeurkundet w (LG Ellwangen BWNotZ **86**, 148). Dagg gilt § 313 nicht für den gem ZPO 1027 in bes Urk errichteten SchiedsVertr (BGH **69**, 264). Übernimmt eine Part eine Verpflichtg aus einem and SchuldVerh, muß der Inh dieser Verpflichtg nicht mitbeurkundet w (BGH NJW **94**, 1347).

c) Gemischte und zusammengesetzte Verträge. – aa) Grundsatz. Bei gemischten od zusgesetzten **32** Vertr erstreckt sich der Formzwang auf den gesamten Vertr, sofern dieser rechtl eine Einh bildet (BGH **76**, 48). Entscheidend ist, ob die Vereinbgen nach dem Willen der Part nicht für sich allein gelten, sond miteinand „stehen u fallen" sollen (BGH **101**, 396, NJW **87**, 1069, **94**, 2885). Es genügt ein entspr Wille des einen Teils, wenn der and ihn erkannt u hingenommen hat (BGH **76**, 49, **78**, 349). Ein tatsächl od wirtschaftl ZusHang (gleichzeit Abschl, Veranlassg des einen Vertr dch den and) ist nicht ausr. Erforderl ist gedkl eine ggs Abhängigk derart, daß die Vereinbgen nur zus gelten sollen (BGH **50**, 13, NJW **84**, 870, **86**, 1984). Genügd ist aber auch eine einseit Abhängigk des GrdstGesch von dem and Vertr (RG **97**, 222). Wird dagg der GrdstVertr unbedingt abgeschl u soll der NebenVertr nur iF der GrdstVeräußerg gelten, erstreckt sich § 313 nicht auf den NebenVertr (Korte DNotZ **84**, 10, Sigle NJW **84**, 2660, Soergel-Wolf Rn 68, wohl auch BGH NJW **86**, 1984, aA BGH NJW **83**, 565, **95**, 2548). Die Abgrenzg ist vielf zweifelh. UrkTrenng od Mündlichk der Zusatzabrede läßt Selbständigk vermuten (BGH **76**, 49, NJW **87**, 1069), ZusFassg in einer Urk dagg Einheitlichk (BGH **89**, 43). Liegt ein einheitl Vertr vor, muß der rechtl Zushang bei getrennter Beurk in der zeitl später errichteten Urk verlautbart w (BGH **104**, 23, KG NJW-RR **91**, 688). – **bb) Einzel- 33 fälle.** Der Vertr über den Verkauf u die Bebauung eines Grdst bilden eine Einh, wenn GrdstKauf u Bau als Einh angeboten w (s BGH **78**, 348, Hamm NJW-RR **89**, 1366, Koeble NJW **92**, 1143). Einheitlichk kann trotz UrkTrenng gegeben sein: zw einem BauVertr, der auf die Bebaug eines best vom AuftrG zu erwerbden Grdst abstellt, u dem Vertr über den Kauf dieses Grdst (BGH NJW **94**, 721), so uU beim Fertighaus-Vertr (Rn 13); zw zwei dch eine Verrechngsabrede verbundenen KaufVertr (BGH NJW-RR **89**, 1493); beim Verkauf eines Untern (AG) u des BetrGrdst (BGH **LM** Nr 80, krit Sigle NJW **84**, 2660), zw zwei GrdstKaufVertr, die trotz getrennter Beurk eine rechtl Einh bilden (KG NJW-RR **91**, 688), zw GrdstKauf-Vertr u TrHandAuftr zur Hausrenovierg (BGH NJW-RR **93**, 1421), zw Options- u MietVertr im Rahmen des sog Mietkaufmodells (BGH NJW **87**, 1069), zw Kauf- u vorgeschaltetem MietVertr (Mü NJW-RR **87**, 1042), zw PachtVertr u Begründg eines ErwerbsR für den Pächter (BGH NJW **88**, 2881), zw KaufVertr u Schuldanerkenntn (BGH NJW **88**, 131); zw KaufVertr u einer SichgÜbereigng zG eines KäuferAnspr (BGH NJW **94**, 2885). Beim **Bauherrenmodell** sind neben dem KaufVertr über den MitEigtAnteil idR formbedürft: der TrHandVertr u der GesellschVertr unter den Miteigtümern (BGH **101**, 396, NJW **92**, 3228), uU der den Erwerb vorbereitde MaklerDienstVertr (BGH NJW-RR **90**, 341), die dem TrHänder erteilte Vollm (Karlsr NJW-RR **86**, 101), nicht aber die Bau- u FinanziergsVertr (Hamm BB **85**, 1420; s zum ganzen auch Gruner/Wagner NJW **83**, 193). Beim DarlVertr begründet ein bloß wirtschaftl ZusHang mit dem

GrdstVertr keine Formbedürftig (BGH NJW **86**, 1984). Sie ist aber gegeben, wenn das Darlehn (Teil der) GgLeistg ist (BGH DNotZ **85**, 279) od wenn der GrdstVertr von der DarlGewährg abhängen soll (BGH NJW **86**, 1984). Beim DarlVertr zur WoBauFörderg erstreckt sich die Formnichtigk der dem DarlNeh auferlegten VeräußergsPfl uU nicht auf den GesVertr (BGH WM **79**, 868). Der Vertr über GrdstInventar ist auch dann formfrei, wenn die Preishöhe dch den gleichzeit GrdstKauf beeinflußt w (BGH DNotZ **75**, 89). Er ist dagg formbedürft, wenn der Abschluß od der Inh des GrdstVertr von ihm abhängen (BGH NJW **61**, 34 1764; MüKo/Kanzleiter Rn 53). – **cc)** Vereinbgen mit **Dritten** sind nur formbedürft, wenn die Abrede nach dem Willen der Beteiligten in den rechtl Zushang des GrdstVertr einbezogen w soll (BGH **11**, 101, NJW-RR **89**, 199, KG NJW-RR **91**, 688). Die zu Rn 32 dargestellten Grds gelten entspr. Ein Einbeziehgswille ist idR nicht anzunehmen, wenn die KaufVertrPart an der Abrede nicht beteiligt sind (BGH NJW-RR **91**, 1032) od wenn eine Part ohne Beteiligg der und Abreden mit einem Dr trifft (BGH NJW **83**, 2495). Er kann auch bei einer Bürgsch für die KaufPrSchuld gegeben sein, wenn der GrdstVertr mit der Bürgsch stehen u fallen soll (BGH NJW **62**, 586). Die Vereinbg mit dem vollmlosen Vertreter über die Gen des von ihm geschl Vertr ist idR formfrei (BGH **LM** Nr 10).

35   **9) Erfüllung des Formerfordernisses. – a)** Für die **notarielle Beurkundung** gilt § 128 u das BeurkG. Der gerichtl Vergl ersetzt die notarielle Beurk (§ 127 a). Bei **Verweisungen** auf and Urk, Zeichngen od Abbildgen ist zu unterscheiden: Wird der VertrInh dch die in Bezug genommenen Urk (Zeichng usw) mitbestimmt, gelten die FormErfordern der §§ 9, 13, 13 a BeurkG. Dienen die in Bezug genommenen Urk ledigl der Erläuterg, ist die Verweisg dagg an keinerlei Förmlichk gebunden (BGH NJW **79**, 1498, **89**, 165). Hat der Wille der Part in der Urk nur unvollkommen Ausdr gefunden, gelten die allg Grds über die **Auslegung** formbedürft Erkl (§ 133 Rn 19).

36   **b) Unrichtige Beurkundung. – aa)** Haben die Part **bewußt** Unrichtiges beurkunden lassen (Bsp: einen zu niedrigen KaufPr), ist der beurk Vertr als ScheinGesch (§ 117) u der wirkl gewollte Vertr wg Formmangels (§ 125) nichtig (BGH **54**, 62, **89**, 43, Ffm NJW **91**, 1958, allgM). Der verdeckte Vertr kann aber gem § 313 S 2 wirks werden. Bei Ausübg des gesetzl VorkR des SiedlgsUntern ist gem RSiedlgsGes 4 III der 37 beurk Pr maßgebd (s BGH **53**, 52). – **bb)** Haben die Part **unbewußt** Unrichtiges beurkunden lassen, obwohl sie über das im Wahrh Gewollte einig waren, ist der Vertr gült: falsa demonstratio non nocet (BGH **87**, 152, NJW-RR **88**, 971, Düss NJW-RR **95**, 784, stRspr seit RG **46**, 227). Als Bsp unschädl Falschbezeichng hat die Rspr anerkannt: falsche Kataster- od Grdbuchbezeichng (BGH NJW **69**, 2045); versehentl Weglassen eines Flurstücks (BGH **87**, 152); falsche Beschreibg der Grenzlinie (BGH WM **71**, 1085); Falschbezeichng der Zahl der zum WoEigt gehörden Räume (Hamm NJW-RR **93**, 785); versehentl Weglassen von Klauseln, die in einer in Bezug genommenen Urk enthalten sind (BGH **LM** Nr 30), unricht Angabe der Höhe der übernommenen Hyp (RG JR **27**, 1010); unricht Bezeichng des Verpflichteten (BGH WM **73**, 869). Ist der Verkauf eines ganzen Grdst beurkundet, währd im Wahrh nur eine noch nicht vermessene Teilfläche verkauft werden soll, ist der Vertr jedoch nichtig, da die Beurk auch bei Protokollierg des Gewollten mangelh wäre (BGH **74**, 117, NJW-RR **88**, 265).

38   **c)** Ist der Vertr **unvollständig** beurkundet, sind die nicht beurkundeten Abreden nichtig. Die Gültigk des Vertr im übrigen richtet sich nach § 139 (BGH NJW **81**, 222). Wußten die Part um die Formnichtigk eines Teils ihrer Abreden, so ist allein das Beurkundete gült (RG **122**, 140, BGH **45**, 379), jedoch können die nicht beurkundeten Abreden gem § 313 S 2 wirks w (BGH NJW **75**, 205).

39   **10) Aufhebung und Änderung. – a)** Beim **Aufhebungsvertrag** ist zu differenzieren: – **aa)** Ist der KaufVertr dch Aufl u Eintragg vollzogen, begründet seine Aufhebg eine Verpfl zur Übertragg u zum Rückerwerb des Grdst. Der Vertr ist daher formbedürft (BGH **83**, 397, Köln NJW-RR **95**, 1107, allgM). – **bb)** Ist der KaufVertr noch nicht vollzogen u besteht für den Käufer auch noch kein AnwartschR, begründet seine Aufhebg weder eine Übertraggs- noch eine ErwerbsPfl. Der Vertr ist daher formfrei (BGH **83**, 398, allgM). Entspr gilt für den Erlaß des AuflAnspr (RG **127**, 218) od den Verz auf ein WiederkaufsR (BGH **103**, 40 179). – **cc)** Hat der Erwerber nach Aufl dch Stellg des EintraggAntr od dch Eintr einer AuflVormerkg ein **Anwartschaftsrecht** erworben, ist die Verpflichtg zur Aufhebg des AnwR formbedürft, da dieses dem VollR gleichsteht (BGH **83**, 398, NJW-RR **88**, 265, Pohlmann DNotZ **93**, 357, aA Müller-Michaels NJW **94**, 2742); das gilt aber nur dann, wenn der Vertr ausdr od stillschw vertragl Pflten zur Rückabwicklg begründet, nicht wenn die Rückabwicklg nach § 812 erfolgen soll (BGH NJW **94**, 3347). Durch Eintragg einer AuflVormerkg vor KaufVertr entsteht kein AnwR (BGH **103**, 179). Wird zunächst od gleichzeit das AnwR aufgegeben, etwa dch formlose Aufhebg der Aufl od dch Rücknahme des EintraggsAntr, entfällt das FormErfordern (BGH NJW **93**, 3325, Lehmann DNotZ **87**, 142, aA Ernst ZIP **94**, 608).

41   **b) Änderung, Grundsatz.** Ändergen od Ergänzgen des GrdstVertr sind grdsl **formbedürftig** (BGH **66**, 271, NJW **73**, 37, **82**, 434, stRspr). Gleichgült ist, ob es sich um wesentl od unwesentl Ändergen handelt (s aber Rn 43). Der Formzwang gilt auch dann, wenn die Änderg in einem Vergl erfolgt (RG **109**, 26, BGH **LM** Nr 5). Formbedürft sind zB: Erlaß od Herabsetzg des KaufPr (BGH NJW **82**, 434), es sei denn, sie beruht auf einem berecht Mindergsverlangen (RG **137**, 296); Erhöhg des KaufPr, es sei denn, es handelt sich um eine gem § 242 gebotene Anpassg (RG HRR **28**, 1469); Änderg eines BauträgerVertr in einen BaubetreuungsVertr mit Vollm zur Verpflichtg des Bauherrn (Hamm NJW-RR **94**, 1296); Vereinbg über die Anrechng od Aufr von Leistgen (BGH NJW **84**, 974); Vereinbg einer Leistg an ErfStatt (BGH **56**, 162); Vereinbg über die Übertragbark eines VorkR (RG **148**, 108); Änderg eines bedingten in ein unbedingtes Kaufangebot (BGH NJW **82**, 882); Verlängerg der noch nicht abgelaufenen Fr für ein AnkaufsR (Tiedtke DNotZ **91**, 348); Vorverlegg od Hinausschiebg der Lieferzeit (BGH NJW **74**, 271, **LM** Nr 50); Stundgsabreden (BGH NJW **82**, 434, s aber Rn 43); Verlängerg der Fr zur Erkl der Aufl (RG **76**, 34); Erschwerg des Rücktr (BGH NJW **88**, 3263); NeuÜbern der ÜbereignsPfl (RG **109**, 27, BGH DB **66**, 978). Die Nichtigk **beschränkt** sich auf die ÄndVereinbg, läßt also die Wirksamk des ursprüngl Vertr unberührt (RG **65**, 392, Soergel-Wolf Rn 86); and aber, wenn ein (noch) schwebd unwirks Vertr geändert w (BGH NJW **88**, 3263).

c) Änderung, Formfreiheit. Von dem Grds, daß ÄndergsVertr formbedürft sind, gelten drei **Ausnah-** 42 **men: – aa)** Vertr, die die Veräußergs- od ErwerbsPfl weder unmittelb noch mittelb verschärfen od erweitern, sind formfrei (BGH **66**, 270, Soergel-Wolf Rn 81, aA MüKo/Kanzleiter Rn 55). Der Anwendgsbereich dieses AusnTatbestd ist aber eng. Einziges RsprBsp ist die FrVerlängerg für ein vertragl RücktrR (BGH **66**, 270). – **bb)** Vereinbgen, die ledigl der Beseitigg einer bei **Abwicklung des Geschäfts** aufgetretenen 43 Schwierigkeit dienen u den Inh der ggs LeistgsPfl im Kern unberührt lassen, sind nicht formbedürft (RG **140**, 339, BGH NJW **73**, 37, **74**, 271, **LM** Rn-RR **88**, 186). Das gilt sicher für nur deklaratorische Ändergen, bei der sich die festgestellte RFolge schon aus einer ergänzden VertrAuslegg ergibt. Formfrei besteht aber auch dann, wenn der Vereinbg konstitutive Bedeutg zukommt (Hagen DNotZ **84**, 277, str). Die Ausn ist jedoch restriktiv zu handhabn. Wenn die Part einen Teilerlaß des KaufPr od eine langfrist Stundg vereinbaren, besteht Formzwang (BGH NJW **82**, 434). Formfrei können dagg sein: kurzfrist Stundgen (RG Warn **27** Nr 89), FrVerlängerg für ein WiederkaufsR (BGH NJW **73**, 37), Vereinbgen über R- od Sachmängel (s BGH WM **72**, 557). – **cc)** Ändergen **nach Auflassung** sind nicht formbedürft, weil die 44 Übereignigs- u ErwerbsPfl mit der Aufl alsdann u daher nicht mehr besteht (BGH NJW **85**, 266, **LM** Nr 49, BayOblG BB **87**, 712, aA MüKo/Kanzleiter Rn 57). Das gilt ebso für Ändergen nach Aufl u Eintragg; formbedürft ist aber eine RückkaufsVereinbg (BGH **104**, 276).

11) Rechtsfolge des Formmangels ist **Nichtigkeit** des Vertr (§ 125). Sie ist vAw zu beachten, u zwar 45 auch dann, wenn die Part den Vertr als gült behandelt wissen wollen (BGH **LM** § 125 Nr 29) od auf den Einwand der Formnichtig „verzichten" (BGH NJW **69**, 1167). Die Nichtig erstreckt sich auf den **gesamten** Vertr, jedoch ist § 139 Halbs 2 anzuwenden. Der Formmangel der Nebenabrede, daß auf den Preis eine schon geleistete Zahlg anzurechnen ist, braucht dann nicht zur Nichtigk des GesVertr zu führen, wenn der Käufer diese Zahlg ow zu belegen vermag (BGH NJW **94**, 720). Die mit dem formnicht Vertr verbundene Aufl ist idR gült (BGH NJW **79**, 1496, § 139 Rn 9). Das gilt auch für Schwarzkauffälle u für AuflVollm (RG **103**, 302, **137**, 339, BGH NJW **76**, 237, Mü NJW-RR **86**, 13). Ausn: Rn 19 f. Bei Formnichtigk kann gg den VertrPartner ein Schadensersatzanspruch wg c. i. c. bestehen (§ 276 Rn 77 u 101). Ausnahmsw kann der Berücksichtig des Formmangels **Treu und Glauben** entggstehen (§ 125 Rn 16 ff).

12) Heilung (Satz 2). – a) Allgemeines. Um ein formnicht RGesch gült zu machen, bedarf es grdsl 46 einer formgerechten NeuVorn (§ 141 I). Von diesem Grds macht § 313 S 2 eine Ausn. Der formnicht Vertr wird mit Aufl u Eintragg wirks, weil es mit dem Gedanken der RSicherh unvereinb wäre, trotz Erf der die Formbedürftig begründden Pfl 30 Jahre (§ 195) BerAnspr bestehen zu lassen (BGH NJW **78**, 1577). Die Heilg setzt voraus, daß der Formmangel der alleinige UngültigkGrd ist. **Andere Mängel**, wie Willensmängel, fehlde Vertretgsmacht, fehlde behördl Gen (RG **137**, 352), werden von der Heilg nicht erfaßt (BGH DNotZ **69**, 350). Daß die Part den Formmangel bei VertrSchl kannten, hindert die Heilg dagg nicht (BGH NJW **75**, 205). Die Heilg erstreckt sich auf den Vertr im ganzen. Sie erfaßt auch **Rückübereignungsverpflichtungen**, ohne daß bereits eine RückAufl erforderl ist (BGH NJW **75**, 206, **LM** Nr 15).

b) Auflassung. – aa) Sie muß **rechtswirksam** sein (RG **137**, 352, BGH **29**, 9). Die dch einen Bevoll- 47 mächtigten erteilte Aufl heilt nur, wenn die AuflVollm gült ist (BGH DNotZ **66**, 96). Die Unwirksamk, insb die Formungültig, des GrdstVertr erstreckt sich aber iZw nicht auf die AuflVollm (Rn 45). Ist das ausnw doch der Fall (Rn 22), tritt Heilg erst mit der formlos mögl Gen ein (§ 177). Bedarf die Aufl einer behördl Gen wird der Vertr nur wirks, wenn die Gen erteilt w (BGH DNotZ **69**, 350). Die Aufl muß in Erf des formunwirks Vertr vorgenommen w (BGH NJW **83**, 1545). Sie kann gleichzeit mit Abschl des Vertr erfolgen od ihm nachfolgen. Eine vorher erklärte Aufl genügt dagg nicht (BGH aaO). Heilg tritt auch beim gutgl Erwerb von einem NichtBerecht ein (BGH **47**, 270). – **bb)** Die Aufl muß sich auf das **gesamte** 48 **Vertragsobjekt** beziehen. Betrifft der Vertr mehrere Grdst, muß sich die Aufl auf alle erstrecken (RG **68**, 386), jedoch kann eine TeilAufl den Vertr nach dem RGedanken des § 139 teilw wirks machen (RG **133**, 294; **137**, 351 läßt offen). Beim TauschVertr muß Aufl beidseits erfolgt sein (RG **56**, 386, s auch BGH **59**, 271). Bei einer **Veräußerungskette** heilt die Aufl an den Letzterwerber bei einem entspr ErfWillen auch die formlosen KaufVertr der ZwPers (RG **85**, 274, **132**, 290). – **cc)** Die **Willensübereinstimmung** der Part 49 muß bis zur Aufl fortbestehen (BGH NJW **78**, 1577, **94**, 588, 3229, Stgt NJW-RR **93**, 1365). Sie muß sich auf den ganzen VertrInh erstrecken (BGH **54**, 64, MüKo/Kanzleiter Rn 73) u wird vermutet, solange nicht eine Part erkennb einen abweichenden Willen äußert (s BGH NJW-RR **93**, 522, **94**, 318). Wegfall der Übereinstimmg in der Zeit zw Aufl u Eintragg schadet auch dann nicht, wenn Aufl u VertrSchl in derselben Urk erfolgt sind (BGH WM **73**, 612).

c) Eintragung im GrdBuch. – **aa)** Sie muß tatsächl **vollzogen** sein (RG **54**, 147) u das VertrObjekt 50 betreffen (RG **78**, 44). Die Eintrag auf einem falschen GrdBBlatt heilt auch iF einer falsa demonstratio nicht (BGH NJW **93**, 3197), obwohl dieser für die Aufl unschädl ist (Rn 37). Die Eintrag einer AuflVormerk genügt nicht (BGH **LM** Nr 19), die eines Widerspr ändert wg seiner and Zweckrichtg an der Heilg nichts (RG **109**, 334). – **bb)** Bis zur Eintrag kann der Veräußerer die Aufl **kondizieren** (RG **108**, 329, **109**, 354, 51 stRspr), es sei denn, daß er die Formnichtig kannte, § 814 (RG **133**, 276). RHängig der Kondiktionsklage hindert die Heilg nicht. Der Veräußerer kann aber iW einstw Vfg ein **Erwerbsverbot** erwirken (§ 136 Rn 5). Die dennoch erfolgte Eintrag ist analog §§ 136, 135 relativ unwirks u heilt nicht (RG **117**, 291, **120**, 120, Hamm DNotZ **70**, 662). Heilg mit Wirkg ex tunc tritt jedoch bei Aufhebg des Verbots ein (Mü OLGZ **69**, 196).

d) Sonderfälle, entsprechende Anwendung. Der Wortlaut des § 313 S 2 ist auf den typischen dch Aufl 52 u Eintragg zu erfüllden GrdstÜbereignsVertr zugeschnitten. Soweit § 313 auch für Vertr gilt, die nicht diesem Nomaltyp entspr, ist Satz 2 analog, dh mit Modifikationen, anzuwenden: – **aa) Vorverträge** u ähnl Abreden werden bereits mit dem Abschluß des HauptVertr wirks (BGH **82**, 398). Voraussetzg ist, daß Vor- u HauptVertr inhaltl korrespondieren u der Inh des VorVertr nicht über den des HauptVertr hinausreicht (BGH NJW-RR **93**, 522). Die formunwirks Verpfl, an einen Dr zu verkaufen od ihm ein ErbbR zu übertragen, heilt daher, sobald der Vertr mit dem Dr formwirks abgeschlossen w (BGH **82**, 398, NJW **94**,

720). Der wg der ErwerbsVerpflichtg des AuftrN formunwirks Vertr heilt mit dem GrdstErwerb dch diesen, der Übertragg an den AuftrG bedarf es dazu nicht (BGH NJW **94**, 3347). Das formunwirks VertrStrVerspr heilt mit Abschl des HauptVertr (BGH NJW **87**, 1628), der formunwirks ErsteigergsAuftr mit dem Erwerb in der ZwVollstr (BGH **85**, 245), der formungült Vertr über die Bestellg eines dingl VorkaufR mit der Bestellg dieses Rechts (BGH DNotZ **90**, 660), die formunwirks Verpfl zur Abgabe eines Angebots mit dessen formgült Abgabe (RG **169**, 190), der wg Bestehen eines AnwR formunwirks AufhebgsVertr mit dem Erlöschen des AnwR (Düss DNotZ **90**, 370, Hamm DNotZ **91**, 149, Pohlmann DNotZ **93**, 359). –

53 **bb)** Wenn § 313 auf Vertr über **ausländische Grundstücke** anzuwenden ist, tritt Heilg mit dem EigtErwerb nach ausl Recht ein (BGH **73**, 397, Mü OLGZ **74**, 19). Eintragg in das ausl EigtRegister ist nicht erforderl, sofern sie nur deklarator Bedeutg hat (BGH aaO, Düss NJW **81**, 529, Löber NJW **80**, 496). –

54 **cc)** Die Verpfl zur Übertragg eines **Erbbaurechts** heilt auch dann, wenn der Erwerber als Eigtümer eingetragen u das ErbbR gelöscht w (BGH **32**, 11). – **dd)** Auf **andere Formvorschriften** ist § 313 S 2 dagg nicht entspr anwendb (Pohlmann, Heilg formnicht VerpflGesch dch Erf, 1992, S 180), so nicht auf den ErbschKauf, § 2371 (BGH NJW **67**, 1128, DNotZ **71**, 38) u den ErbVerzicht, § 2348 (RG HRR **30**, 713).

55 **e) Wirkung der Heilung. – aa)** S 2 heilt nur die **Formnichtigkeit**. Andere Mängel werden nicht geheilt (Rn 46). Auch der Formmangel entfällt nicht, sowie eine vertragl Formabrede besteht (MüKo/Kanzleiter Rn 81). Die Heilg erstreckt sich auf den **gesamten Inhalt** des Vertr einschließlich aller mdl u schriftl Nebenabreden sowie aller formunwirks Ändergen u Ergänzgen, soweit die Willensübereinstimmg zZ der Aufl noch besteht (Rn 49). Auch die vereinb Verpflichtgen zur Rückübereigng werden wirks (BGH NJW **75**, 205, **LM** Nr 15), soweit sie nicht weiterreichen als der Ggst der Veräußerg. Die Verpfl des Eigtümers, das Grdst nach Beendigg des ErbbR an den ErbbBerecht aufzulassen, wird daher dch die Eintragg des ErbbR nicht geheilt (BGH **59**, 269). Die Heilg erstreckt sich auch auf ein entgg § 761 mdl abgegebenes zum Vertr gehördes LeibrentenVerspr (BGH NJW **78**, 1577) u auf formbedürft Abreden mit Dr (BGH NJW **74**, 136, **81**, 2293). Dagg richtet sich die Wirksamk von vollstreckb Urk ausschließl nach VerfR (BGH NJW **85**,

56 2423). – **bb)** Der Vertr wird gült, die Heilg hat **keine Rückwirkung**. Eine vorher eingetragene AuflVormerkg bleibt wirkgslos (BGH **54**, 63, NJW **83**, 1545). Die VertrAnspr verjähren erst ab Eintragg u zwar auch bei fr Überg des Grdst (RG **75**, 114, **134**, 86). Auch für § 460 ist der Ztpkt der Heilg entscheidend (Hamm NJW **86**, 136). § 141 ist weder direkt noch analog anzuwenden. Es besteht aber die tatsächl Vermutg, daß die Part den Willen hatten, einand das zu gewähren, was sie haben würden, wenn der Vertr von Anfang an wirks gewesen wäre (BGH **32**, 13, **54**, 63, **82**, 398). Für die Vergangenh tritt jedoch kein Verzug ein (BGH DB **79**, 938), auch eine VertrStrafe wg verspäteter Erf ist iZw nicht verwirkt (Reinicke/Tiedtke NJW **82**, 1433, aA BGH NJW **82**, 759).

57 **13) Behördliche Genehmigungen:** Die GenPfl für die Veräußerg land- u forstwirtschaftl Grdst ist im GrdstVG geregelt (Übbl 22 ff vor § 873), die städtebaul GenVorschr sind im BauGB zusgefaßt (Übbl 18 ff vor § 873). Zur zivilrechtl Bedeutg behördl GenPfl s § 275 Rn 26 ff.

314   *Erstreckung auf Zubehör.*   **Verpflichtet sich jemand zur Veräußerung oder Belastung einer Sache, so erstreckt sich die Verpflichtung im Zweifel auch auf das Zubehör der Sache.**

1 § 314 enthält eine **Auslegungsregel**, nicht einen ergänzden RSatz. Der GgBew, daß die Verpflichtg das Zubeh nicht mitumfassen soll, ist daher mögl (s AG Esslingen NJW-RR **87**, 750). § 314 gilt für **schuldrechtliche** Verpflichtgen, gleichgült ob sie auf Vertr od einseit RGesch beruhen. Im VeräußergsVertr ist neben Kauf u Tausch auch die Schenkg. Auf GebrauchsüberlassgsVertr (Miete, Pacht) ist § 314 entspr anwendb (BGH **65**, 88, hM). Sache: § 90. **Zubehör:** §§ 97, 98. § 314 gilt auch dann, wenn der Verpflichtete nicht Eigtümer des Zubeh ist (Düss DNotZ **93**, 345). Maßgebder Ztpkt für die ZubehEigensch ist der des VertrSchlusses (so ausdr Entw I, in Entw II als selbstverständl weggelassen), doch kann sich aus den Umst ein and Ztpkt ergeben. Für das Vermächtn gilt § 2164, für die GrdstÜbereign § 926. § 314 ist als Ausdr eines allg Erfahrgssatzes analogiefäh (aA Kohler DNotZ **91**, 362); er ist entspr anzuwenden: bei Veräußerg eines Betr hinsichtl der zu ihm gehörden gewerbl SchutzR (RG **112**, 247), einer VertrWo hinsichtl des Anteils am Instandhaltgsfond (Düss NJW-RR **94**, 1038). Nicht mögl ist eine analoge Anwendg auf RübenlieferR bei Verk einer landwirtschaftl Teilfläche (BGH **111**, 116, Oldenbg NdsRpfl **95**, 160, Uhlig DNotZ **91**, 669) od den Anspr auf Freistellg von Erschließgskosten (BGH NJW **93**, 2232).

315   *Bestimmung der Leistung durch eine Partei.*   [I]**Soll die Leistung durch einen der Vertragschließenden bestimmt werden, so ist im Zweifel anzunehmen, daß die Bestimmung nach billigem Ermessen zu treffen ist.**

[II]**Die Bestimmung erfolgt durch Erklärung gegenüber dem anderen Teile.**

[III]**Soll die Bestimmung nach billigem Ermessen erfolgen, so ist die getroffene Bestimmung für den anderen Teil nur verbindlich, wenn sie der Billigkeit entspricht. Entspricht sie nicht der Billigkeit, so wird die Bestimmung durch Urteil getroffen; das gleiche gilt, wenn die Bestimmung verzögert wird.**

1 **1) Allgemeines. – a)** Ein wirks SchuldVerh setzt voraus, daß die geschuldete Leistg bestimmt od wenigstens **bestimmbar** ist (§ 241 Rn 3). Hinreichde Bestimmbark ist gegeben, wenn die Leistg nach obj Maßstäben (Marktpreis od ähnl, Rn 6) ermittelt w soll. Sie ist aber auch dann gewahrt, wenn die Bestimmg einem der VertrPart (§§ 315, 316) od einem Dritten (§§ 317–319) vorbehalten w. Voraussetzg ist jedoch eine – ausdr od stillschw – Einigg der Part darüber, daß eine derart Bestimmg erfolgen u wem das BestimmgsR zustehen soll (s RG **90**, 28). Fehlt eine Einigg hierüber, kann hins der Pers des BestimmgsBerecht § 316 eingreifen. Wird die Lücke insoweit nicht dch § 316 geschlossen od ergibt der Vertr für die Ausübg des

BestimmgsR keine Anhaltspkte, ist das SchuldVerh unwirks (s BGH **55**, 248). – **b)** Das BestimmgsR kann **2** sich je nach der PartVereinbg auf die Leistg als solche, auf die Pers des VertrPartners (RG **20**, 37, **24**, 66), die Anpassg des Vertr an veränderte Verhältn (BGH DB **76**, 670), die Feststellg von AnsprVoraussetzungen (BAG **AP** § 611 GewerkschAngest Nr 2), die Ergänzg der VertrBdgen od auf Leistgsmodalitäten (Zeit, Ort) beziehen (Einzelfälle s Rn 8). Der **Anwendungsbereich** des § 315 reicht damit weit über den Wortlaut der Vorschr hinaus. § 315 bindet die Gestaltgsmacht des Berecht an billiges Ermessen u unterwirft die von ihm getroffene Bestimmg einer gericht **Billigkeitskontrolle** (Kronke AcP **183**, 128). Er schützt damit den and VertrPartner, typw den sozial Schwächeren. Diesen in § 315 enthaltenen „Schutzgedanken" (BGH **38**, 186) haben Rspr u Lehre dazu verwandt, um aus § 315 auch in and Bereichen eine Schranke gg den **Mißbrauch privatautonomer Gestaltungsmacht** abzuleiten: In den RGebieten, in denen die AGBG 9ff nicht gelten, vor allem also im Arb- u GesellschR, ist § 315 zus mit § 242 Grdl der richterl InhKontrolle (AGBG 24 Rn 2). Bes Bedeutg haben die §§ 315ff im ArbR. Auch das für das ArbVerhältn charakteristische **Direktionsrecht** unterliegt grdsl den sich aus § 315 ergebden Grenzen (BAG NJW **86**, 86, BB **93**, 2019, Leßmann DB **92**, 1137, str). – **c)** § 315 enthält **dispositives** Recht (BGH NJW-RR **86**, 164), kann aber dch **3** AGB nicht abgeändert w (AGBG 9 II Nr 1).

2) Voraussetzungen, Abgrenzung. – a) § 315 setzt eine ausdr od stillschw **Vereinbarung** voraus, daß **4** einer Partei ein LeistgsbestimmgsR zustehen soll (Rn 1). Haben sich die Part trotz eines offenen Einiggsmangels (§ 154) erkennb vertragl binden wollen, können zur Schließg der verbliebenen Lücken uU die §§ 315ff herangezogen w (BGH **41**, 275, **LM** Nr 12, DB **83**, 875). Dch AGB können Leistgs- u PreisbestimmgsR des Verwders aber nur in den Grenzen von AGBG 10 Nr 4, 11 Nr 1 (s dort) u AGBG 9 (s dort Rn 106) begründet w. Auch das **Gesetz** kann einer Part ein unter § 315 falldes BestimmgsR zuweisen, so etwa DMBilG 32 (Rn 9) u ArbEG 12 III dem ArbG (BGH **126**, 120). Auf **faktische Bestimmungsrechte** findet § 315 grdsl keine Anwendg (Soergel-Wolf Rn 30). Tarife für Leistgn der Daseinsvorsorge, auf deren Inanspruchn der Teil angewiesen ist, sind aber einer Kontrolle gem § 315 unterworfen (BGH **73**, 116), so für Flughafentarife (BGH WM **93**, 2054), Gasanschlußkosten (BGH NJW **87**, 1828), Stromtarife (BGH NJW-RR **92**, 183) u Abwasserentgelte (BGH NJW **92**, 172). Das gilt nicht nur für Sonderabnehmer, sond auch für Tarifkunden (BGH NJW **87**, 1828, Celle NJW-RR **93**, 630), nicht aber für IndVereinbgen (BGH NJW-RR **90**, 1204). Soll die Bestimmg dch eine VertrPart im **Einvernehmen mit einem Dritten** (zB BetrR) erfolgen, sind nicht §§ 315f, sond §§ 317ff entspr anwendb (BAG **21**, 311, **AP** 319 Nr 2).

b) § 315 I gibt die **Auslegungsregel,** daß die Bestimmg nach billigem Ermessen zu treffen ist. Die Part **5** können auch einen and Bestimmgsmaßstab vereinbaren: Sie können den BestimmgsBerecht an Richtlinien binden, können seinen Spielraum aber auch erweitern. Dazu bedarf es jedoch einer IndVereinbg; dch AGB kann die Regelg des § 315 nicht abgeändert w, AGBG 9 II Nr 1. Auch wenn die Bestimmg in das freie Ermessen (RG **99**, 106, BAG DB **82**, 1939) od das **freie Belieben** (RG aaO) gestellt w, ist sie bei offenb Unbilligk unverbindl (RG u BAG aaO, BAG **AP** § 242 Nr 18). **Willkür** kann nicht zum Bestimmgsmaßstab erhoben w: Wird dem Schu Willkür gestattet, ist er in Wahrheit nicht gebunden (RG **40**, 199); wird dem Gläub gestattet, nach reiner Willkür zu verfahren, verstößt der Vertr gg § 138 (Erman-Battes Rn 5).

c) § 315 ist unanwendb, soweit der Umfang der Leistg dch **objektive Beurteilungsmaßstäbe** festgelegt **6** ist. Beim Dienst-, Werk- u MaklerVertr wird, wenn die Höhe der Vergüt nicht bestimmt ist, die taxmäß, bei Fehlen einer taxmäß die übl Vergüt geschuldet (§§ 612 II, 632 II, 653 II). Für Kauf u Miete besteht keine derart Bestimmg. Soweit zum Tages-, Laden-, Markt- od übl Preis verkauft w, sind die §§ 315, 316f, gleichwohl unanwendb. Die betragsmäß Festlegg erfolgt notf dch das Ger, dessen Entsch hier (and als bei III) nicht gestaltden, sond feststelldn Charakter hat. Entspr gilt für die Ermittlg des Honorars nach GOÄ od HOAI (s BGH **120**, 137), beim Kauf zum VerkWert (BGH NJW **89**, 2129), bei Verpachtg von Kleingärten zum angem Entgelt iSv BKleingG 18 II 2 (BGH **117**, 396) od bei Vermietg zur ortsübl Miete (BGH NJW-RR **92**, 517). Auch bei Verwendg eines obj Beurteilgsmaßstabes kann aber ein Spielraum bleiben, der dch eine Bestimmg gem §§ 315f auszufüllen ist (BGH aaO). Haben die Part ein „angemessenes" Entgelt vereinb, sind idR §§ 315ff anwendb, uU kann aber eine Bestimmg dch ergänzde VertrAusslegg od nach obj Maßstäben mögl sein (BGH BB **65**, 103; **LM** § 157 (Ga) Nr 14: MietVertr; WM **89**, 994: MaklerVertr). Entspr gilt, wenn Begriffe wie Billig od Zumutbark verwandt w (BGH **62**, 314, Vollkommer JZ **85**, 879).

d) Sonder- und Parallelvorschriften enthalten: zur Festsetzg von Rahmengebühren des RAnw BRA- **7** GO 12, zur Anpassg der laufden Leistgen der betriebl Altersversorg BetrAVG 16, zur Erhöhg des Erbb-Zinses ErbbRVO 9a, zur Auslobg § 660, zum Vermächtn § 2156, zum Spezifikationskauf HGB 375.

e) Einzelfälle: Altenheim: Erhöhg des Entgelts (Karlsr NJW-RR **88**, 1402). – **Arbeitsrecht** (Rn 2), s **8** Hrodmadka DB **95**, 1609. Ausgestaltg des BereitschDienstes (BAG DB **90**, 2026); Festsetzg der konkreten UrlZeit dch den ArbG (s BAG NJW **62**, 269, DB **71**, 295, Lepke DB **90**, 1133); Kürzg der ArbZeit wg betriebl Erschwern (BAG DB **85**, 132) od wg Verringerg des Bedarfs, jedoch kann eine Umgeh des KSchG vorliegen (BAG NJW **85**, 2151); die soziale AuswahlEntsch iF einer Künd, soweit nicht bereits KSchG 1 III eingreift (BAG DB **95**, 880); Eingruppierg in Vergütgsgruppen (BAG **AP** § 611 GewerkschAngest Nr 2), sofern sie keine reine RAnwendg ist (BAG DB **83**, 2313); Recht auf Änderg od Anpassg der VertrBdgen (BAG DB **83**, 1368, **93**, 1038); tarifl BestR des ArbG (Plum DB **92**, 735); Widerruf von Leistgszulagen (BAG DB **71**, 392, **88**, 183); Vergütgsfestsetzgen für Lehrbeauftragte (VerwG Kassel DVBl **72**, 345); Vergütgsfestsetzgen dch den ArbG gem BAG 12 III (BGH NJW **95**, 388); Anpassg von Ruhegehalt gem BetrAVG 16 (BAG **AP** BetrAVG § 16 Nr 5); Änderg der LeistgsOrdng für die Altersversorg (BAG DB **93**, 743); Gewähr von BetrRenten an geschiedene Ehefr des ArbN aus BilligkGrden (BAG DB **82**, 1779); Anrechng von and Einkünften auf die betriebl Altersversorg (BAG DB **83**, 289); Regelgn über das Erlöschen der Mitgliedsch in einer Pensionskasse (BAG ZIP **94**, 148); WahlR des ArbN hins arbeitsfreier Tage (BAG NJW **83**, 2600); Festsetzg des Honorars für Mitgl von Einiggsstellen (BAG DB **81**, 1192), s jetzt BetrVG 76 a u Bauer/Röder DB **89**, 224. – **Auslobung: 9** Entscheidg über die Vergabe der Belohng (RG **167**, 235). – **Besserungsklauseln:** s Rn 13 u § 271 Rn 14. – **Genossenschaften:** Festsetzg des Entgelts für Leistgn der Genossen (BGH WM **83**, 1006, Schlesw NJW-RR **95**, 1062). – **Gesellschaftsrecht:** BestimmgsR hinsichtl der Art der AuseinandS (RG **114**, 393). Festsetzg einer

Tantieme, für die die vorgesehene BemessgsGrdl noch nicht erarbeitet worden ist (BGH NJW-RR **94**, 1055). – **Grundstücksverkehr:** Bestimmg des ErwerbsPr dch BauGenossensch (RG **156**, 216); Festsetzg der Überbaurente dch Gemeinde (BGH **65**, 399); Anpassg des Erbbauzinses (ErbbRVO 9a); Ändergs- od AnrechngsBefugn in Vertr über vorweggenommene Erbfolge (BGH NJW-RR **86**, 164). – Die Festsetzg von **Krankenhauspflegesätzen** unterliegt nicht der Nachprüfg dch die ordentl Ger (BGH **73**, 114, **105**, 161). – Wertsichergsklauseln in der Art von **Leistungsvorbehalten:** Haben die Part eine Anpassg dch Vereinbg vorgesehen, können iF der Nichteinig §§ 315, 316 anwendb sein (§ 245 Rn 28), mögl ist aber auch, daß die Leistgsbestimmg nach dem PartWillen dch Urt erfolgen soll (Rn 14). – Verteilg von **Mietnebenkosten** (Hamm NJW **84**, 984, Kblz NJW-RR **90**, 1038). – **Preisanpassungen** in DDR-AltVertr nach DM-BilanzG 32 (BGH ZIP **95**, 1120, KG DtZ **95**, 210). – Die Klausel **„Preise freibleibend"** gibt dem Verkäufer die Befugn, den Pr unter Berücksichtig der Marktlage nach billigem Ermessen zu bestimmen (BGH **103**, 415). Der Vorbeh einer PrÄnderg ist iZw ebso auszulegen (BGH **1**, 354, § 157 Rn 14). – **Reisevertrag:** Bestimmg des Hotels bei einer sog „Fortuna-Buchg" (LG Ffm NJW **85**, 143). – **Sicherheiten:** Entscheidg über die Freigabe (BGH NJW **81**, 571, **83**, 2702); Aufforderg, weitere Sicherh zu stellen (BGH NJW **81**, 1363, das jedoch § 242 anwendet). – Festsetzg von **Vergütungen:** für Kindergärten (Celle NJW **77**, 1295/2166); für Leistgn der Daseinsvorsorge (Rn 4); für die Flughafenbenutzg (BGH MDR **73**, 999, WM **93**, 2054); für die Tätigk als Schiedsrichter (BGH BB **78**, 328) od Vorsitzer einer tarifl Schiedsstelle (Stgt ZIP **88**, 864). – **Versicherungsvertrag:** Anpassg der Prämien (BGH **119**, 59, Hamm NJW-RR **93**, 1501, Celle u Hbg VersR **93**, 1343, 1345). – Festsetzg von **Vertragsstrafen** s § 339 Rn 5. – Festsetzg od Anpassg von **Zinsen** (BGH **97**, 212, NJW **91**, 833) od Überziehgszinsen (BGH NJW **92**, 1753).

10   **3) Bestimmungsrecht (II). – a)** Der Berecht hat, auch wenn er an billiges Ermessen gebunden ist, einen Entscheidgsspielraum. Er ist rgestaltd, nicht rfeststelld tät (MüKo/Gottwald Rn 17). Soweit sein BestimmgsR vom Vorliegen best Voraussetzgen abhäng ist, handelt es sich aber um R- u Tatfragen. Was **billigem Ermessen** entspricht, ist unter Berücksichtig der Interessen beider Part u des in vergleichb Fällen übl festzustellen (BGH **41**, 271, BAG ZIP **94**, 148). Ist ein Entgelt festzusetzen, kommt es auf den Wert der zu vergütden Leistg an (BGH NJW **66**, 540, WM **83**, 1006, Mü NJW-RR **94**, 161), bei einem Gutachten auf die aufgewandte Arbeit u seine wirtschaftl Bedeutg (BGH aaO), bei einem AnkaufsR auf den VerkWert des Grdst (BGH **71**, 276). Das LeistgsbestimmgsR kann uU die Befugn mitumfassen, die Aufr u das ZbR des 11   und Teils auszuschließen (BGH **83**, 1778). – **b)** Die **Bestimmung** erfolgt dch eine einseit, empfangsbedürft WillErkl. Die Part können aber vorsehen, daß die Best dch Vfg vTw erfolgen soll (BGH NJW-RR **86**, 164). Die Erkl konkretisiert den LeistgsInh u ist unwiderrufl (BAG VersR **81**, 942, Köln NJW-RR **93**, 1073, s auch BGH **120**, 137). Eine Regelg, wonach die bankinterne Festsetzg maßgebl ist, kann dch IndVereinbg, wg AGBG 9 aber nicht dch AGB getroffen w (Saarbr WM **88**, 3210, aA Mü WM **83**, 1275). Für die Erkl gelten die allg Nichtigk- u AnfGrde. Sie ist auch bei einem formbedürft RGesch formlos gült (RG **165**, 163, BGH DNotZ **84**, 240) u kann daher auch dch schlüss Hdlg erfolgen (BGH **LM** AbzG 5 Nr 2, Düss MDR **68**, 321). Die Erkl ist unwirks, wenn der Berecht von dem vertragl festgelegten Vorgehen grdsl abweicht (BGH NJW-RR **90**, 28). Sie muß hinreichd bestimmt sein (BGH NJW **74**, 1465) u kann in eine Teil- u Schlußbestimmg geteilt w (KG DB **79**, 1124). Sie wirkt, wenn es sich um die Bestimmg der ursprüngl Leistg handelt, auch für die zurückliegde Zeit, iF der Leistgsanpassg (Wertsichergsklausel) dagg 12   iZw nur für die Zukunft (§ 245 Rn 27). – **c)** Steht dem **Gläubiger** das BestimmgsR zu, so obliegt ihm auch die Pfl, die Bestimmg zu treffen. Das gilt auch dann, wenn er nach freiem Ermessen od Belieben entscheiden kann (MüKo/Gottwald Rn 26, sehr str). Bis zur Bestimmg kann kein SchuVerzug eintreten. Der Gläub gerät in AnnVerzug, wenn der Schu sich zur Leistg bereit erklärt od zur Bestimmg der Leistg auffordert. Hat der Gläub nach billigem Ermessen zu entscheiden, kann der Schu gem III 2 Halbs 2 auf richterl Gestaltg klagen; ist das freie Belieben des Gläub maßgebd, ist die Klage auf Vornahme der Bestimmg zu richten. Die Auslegg der Vereinbg (§ 157) kann aber ergeben, daß das BestimmgsR, ebso wie beim Spezifikationskauf 13   (HGB 375), iF des Verzuges auf den Schu übergehen soll. – **d)** Steht das BestimmgsR dem **Schuldner** zu, ist die Bestimmg Teil seiner LeistgsPfl. Er ist iF des Verzuges schadensersatzpflicht (§ 286). Die Klage ist, wenn der Schu nach billigem Ermessen zu bestimmen hat, gem III 2 Halbs 2 auf richterl Gestaltg zu richten, in and Fällen auf Vornahme der Bestimmg. Soweit III 2 Halbs 2 anwendb ist, kann der Gläub iF des Verzugs mit der Bestimmg nicht nach § 326 vorgehen. Verzug mit der Leistg selbst tritt erst ein, wenn das Ger anstelle des Schu die Leistg bestimmt hat (RG **64**, 116, BGH **LM** Nr 11). Erst danach steht dem Gläub der Weg des § 326 offen. Die Auslegg (§ 157) kann aber ergeben, daß das BestimmgsR – ähnl wie beim Spezifikationskauf (HGB 375) – iF des Verzuges dem Gläub zufallen soll. Diese Auslegg liegt vor allem dann 14   nahe, wenn das BestimmgsR ausschließl die Leistgszeit betrifft (BGH NJW **83**, 2934). – **e)** Bei Anpassgsklauseln kann die Auslegg ergeben, daß die **Neufestsetzung**, falls eine Einigg der Part scheitert, entspr §§ 315 III, 319 unmittelb **durch Urteil** erfolgen soll (BGH **71**, 283, NJW **95**, 1360, krit Grunewald ZZP **101**, 156). Eine solche Regelg ist zul, sofern die Vereinbg für die Neufestsetzg einen hinreichd konkretisierten Bezugsrahmen enthält.

15   **4) Ersetzung durch Urteil. – a)** III ist eine **Sondervorschrift** für den Fall der Bestimmg nach billigem Ermessen. Bei einem and Bestimmgsmaßstab (Rn 6) ist III unanwendb: Die offenb unbillige u daher auch iF freien Beliebens unzul Bestimmg ist ipso facto unverbindl. Ob der Berecht ein zweites Mal bestimmen darf od das BestimmgsR auf Teil od and Teil übergeht, ist Auslegsfrage. Scheitert die Bestimmg endgült, wird der 16   Vertr (ähnl wie iF des § 319 II) unwirks. – **b)** Die Bestimmg ist **unverbindlich,** wenn sie nicht der Billigk entspr. Das gilt auch dann, wenn die Bestimmg mit behördl Gen getroffen worden ist (BGH **LM** LuftVZO Nr 2). Unverbindlichk ist nicht gleichbedeut mit Nichtigk sond eine bes Art der Unwirksamk. Wg der Unverbindlichk tritt weder Schu- noch GläubVerzug ein. Das BestimmgsR ist verbraucht. Der and Teil hat ledigl das KlagR aus III 2, ein Rücktr- od KündR steht ihm zumindest idR nicht zu (BGH **LM** Nr 11). – 17   **c)** Für die **Klage** besteht keine AusschlFr. Das KlagR kann aber verwirkt w, wenn sie nicht in angem Fr erhoben w (BAG **18**, 59, BGH **97**, 220). Sie kann iF einer unverbindl Bestimmg des Schu sogleich auf die Leistg gerichtet w, die bei einer der Billigk entspr Bestimmg geschuldet w (BGH **41**, 280, BayObLG NJW-

RR **86**, 1081). Ggü der LeistgsKl des bestimmgsberecht Gläub kann der Schu einredew geltd machen, die Bestimmg sei unbillig, eine WiderKl ist nicht erforderl (BGH **LM** § 535 Nr 35). Auch wenn die Leistgsbestimmg in den Grden erfolgt, handelt es sich um ein GestaltgsUrt („verdecktes" GestaltgsUrt). Die Leistg wird erst mit der RKraft des Urt fällig (Brschw OLGZ **66**, 15). Aus der vertragl Abrede kann sich aber ergeben, daß die Leistg rückwirkd neu festzusetzen ist (BGH DB **79**, 887). – **d)** Das KlagR gem III besteht auch dann, wenn der Berecht die Bestimmg **verzögert** od verweigert. Es genügt eine obj Verzögerg; Verzug braucht nicht vorzuliegen (BGH **74**, 345). **18**

5) Beweislast. Wer das Recht der Leistgsbestimmg in Anspr nimmt, hat zu beweisen, daß ihm dieses Recht eingeräumt worden ist (RG **57**, 49). Er hat nach hM auch die BewLast für die Billigk der getroffenen Bestimmg (BGH **41**, 279, **97**, 220, Hamm NJW-RR **93**, 1501, *arg* III S 1; S 2 Halbs 1 spricht demggü eher für die BewLast des Gegners) u kann daher zur Offenleg seiner Kalkulation verpflichtet sein (BGH NJW **92**, 174). Wer ein BestimmgsR ohne Bindg an billiges Ermessen beansprucht, hat eine entspr Freistellg zu beweisen (RG JW **36**, 3111). **19**

316 **Bestimmung der Gegenleistung.** Ist der Umfang der für eine Leistung versprochenen Gegenleistung nicht bestimmt, so steht die Bestimmung im Zweifel demjenigen Teile zu, welcher die Gegenleistung zu fordern hat.

1) Allgemeines. § 316 enthält eine **Auslegungsvorschrift** für den Fall, daß die Part den Umfang der **1** GgLeistg im Vertr nicht bestimmt haben. Die Regel, daß iZw dem Gläub der GgLeistg das BestimmgsR zusteht, schränkt § 154 ein u ergänzt § 315. Sie beruht auf der Erfahrg, daß VertrSchließde über den Umfang der GgLeistg vielf keine Vereinbg treffen, obwohl an ihrem Willen, sich endgült zu binden, kein Zweifel besteht. Das gilt bes für die Inanspruchn von Diensten od WkLeistgn höherer Art, aber auch für and Fälle. Im einheitl KaufR wird § 316 dch EKG 57 bzw CISG 55 verdrängt (s BGH NJW **90**, 3077).

2) Voraussetzungen, Rechtsfolgen. – a) § 316 gilt für **gegenseitige Verträge** (§§ 320ff); er ist aber **2** auch anwendb, wenn ausnweise bei einem nicht ggs Vertr (Bsp: MaklerVertr) für eine Leistg eine GgLeistg geschuldet w (BGH **94**, 100). Er setzt voraus, daß die Leistg des einen Teils nach Art u Umfang, die GgLeistg des and aber nur der Art nach bestimmt ist. Die Vorschr ist unanwendb, wenn die Höhe der Vergütg nach dem PartWillen od nach dispositivem Recht (§§ 612 II, 632 II, 653 II) nach obj Maßstäben zu ermitteln ist (§ 315 Rn 6). Sie ist auch dann nicht anzuwenden, wenn die Auslegg ergibt, daß keiner Part ein BestimmgsR zustehen soll (BGH **94**, 102, NJW-RR **92**, 142) od daß die Festsetzg dch den Schu der GgLeistg (BGH **41**, 276, Festsetzg des Milchpreises dch Molkerei) od dch das Ger (BGH **94**, 101, NJW-RR **86**, 50) erfolgen soll. – **b) Fälle** des § 316: Arzthonorar, wenn die Gebührenordng abbedungen w (Ffm NJW **77**, 1497); Vergütgs- **3** Anspr von Gutachtern (BGH NJW **66**, 539); Rahmengebühren des RAnw (Schmidt NJW **75**, 1727); Abrede, über den Umfang der Leistg werde man sich schon einigen (BGH NJW-RR **88**, 971). Sieht eine Anpassgsklausel vor, daß die Leistg einvernehml erhöht w soll, kann bei einem Scheitern der Einigg § 316 anwendb sein (§ 245 Rn 28); vielf w es aber dem PartWillen entspr, daß die LeistgsBestimmg dch Urt erfolgen soll (§ 315 Rn 14). – **c)** Inh, Ausübg u **Rechtsfolgen** der Leistgsbestimmg richten sich nach § 315 (dort Rn10ff). **4**

317 **Bestimmung der Leistung durch einen Dritten.** [I]Ist die Bestimmung der Leistung einem Dritten überlassen, so ist im Zweifel anzunehmen, daß sie nach billigem Ermessen zu treffen ist.

[II] Soll die Bestimmung durch mehrere Dritte erfolgen, so ist im Zweifel Übereinstimmung aller erforderlich; soll eine Summe bestimmt werden, so ist, wenn verschiedene Summen bestimmt werden, im Zweifel die Durchschnittssumme maßgebend.

1) Allgemeines. – a) Die Part können die Bestimmg der Leistg aGrd der VertrFreih einem Dr überlassen. **1** § 317 I enthält für diesen Fall die **Auslegungsregel**, daß der Dr die Bestimmg iZw (ebso wie die Part iF des § 315) nach billigem Ermessen zu treffen hat. Mögl ist aber auch, die Bestimmg in das freie Ermessen od Belieben des Dr zu stellen. Das folgt aus dem Grds der VertrFreih, ergibt sich aber auch aus § 319 II. In **AGB** können BestimmgsR Dr nur dann wirks begründet w, wenn die Interessen des Verwendgsgegners ausr gewahrt sind (AGBG 9 Rn 127). – **b)** Die Part müssen sich über die Person des **Dritten** einig geworden sein. **2** Es genügt, wenn die Pers des Dr bestimmbar ist. Seine Benennung kann einer Behörde od neutralen Stelle übertragen w. Das **Gericht** kann innerh seiner gesetzl Zuständigk nicht Dr iSd § 317 sein (BGH **LM** Nr 3, NJW **95**, 1360). Sofern die Leistg nach obj Maßstäben zu ermitteln ist (§ 315 Rn 6), bestehen aber gg eine gerichtl Entscheidgsbefug keine Bedenken (BGH **LM** § 157 (Ga) Nr 14). In vertragl Anpassgsklauseln können die Part vereinbaren, daß die Anpassg iF der Nichteinigg analog §§ 315 III, 319 II dch Urt erfolgen soll, sofern für die Neufestsetzung ein hinreichd konkreter Bezugsrahmen besteht (§ 315 Rn 14). Eine VerwBeh kann als Dr iSd § 317 tät w, wenn die ZuständigkRegelg nicht entggsteht u die Gefahr von Interessenkollisionen ausgeschlossen ist (BGH NJW **55**, 665). Bei RAnwHonoraren kann die Bestimmg ausschließl der RAnwKammer übertragen w (BRAGO 3 II). Nicht § 317, sond § 315 ist anzuwenden, wenn das BestimmgsR in einem ArbVertr dem ArbGVerband übertragen ist (BAG DB **88**, 1273).

2) Leistungsbestimmung, Schiedsgutachten. – a) Der Dr kann je nach dem Inh der getroffenen Abrede **3** eine verschiedene Aufg haben. Die Part können ihm die Befug übertragen, die Leistg od eine Leistgsmodalität zu bestimmen u dadch den VertrInh **rechtsgestaltend** zu ergänzen (BGH NJW **91**, 2761). Auf diesen Fall sind die §§ 315ff unmittelb anzuwenden. Der Dr kann aber auch die Aufg haben, Tats od TatbestdMerkmale für die Part verbindl **festzustellen**. Hierauf sind die §§ 315ff entspr anwendb. Für beide Fallgruppen hat sich die Bezeichng **Schiedsgutachten** dchgesetzt, obwohl sie eigentl nur für die zweite paßt. Schuldet der Dr eine rgestaltde, „billige" Festlegg, spricht man von einem SchiedsgutachtenVertr iwS. Soll der Dr eine rfeststellde „richtige" Festlegg treffen, handelt es sich um einen SchiedsgutachtenVertr ieS.

4   **b)** Der **Schiedsgutachtenvertrag** ist im Ggs zum SchiedsVertr (Rn 9) ein RGesch des materiellen Rechts (RGRK Rn 19, str). Die FormVorschr der ZPO 1027 gilt für ihn nicht (RG **152**, 204, BGH NJW **75**, 1556). Er kann auch im ArbR geschlossen w, soweit die Part dispositionsbefugt sind (BAG NJW **58**, 315, Dütz FS Müller, 1981, 129), ebso im öffR (BVerwG NJW **90**, 2039). Im WohngsMietR ist er nur zul, soweit der Schiedsgutachter an die formellen u materiellen Vorschr des MHG gebunden ist (MüKo/Voelskow MHG 10 Rn 2, str). Der SchiedsgutachtenVertr ist nur wirks, wenn er ausreichde Anhaltpkte dafür enthält, wie der ausfüllgsbedürft Pkt geregelt w soll (BGH **55**, 250). Nach der dem Schiedsgutachter übertragenen Aufg ist **zu unterscheiden** (s RG **96**, 60, **153**, 193, BGH **6**, 335):

5   **aa) Rechtsgestaltende Ergänzung** des VertrInh. Das Schiedsgutachten ergänzt den VertrWillen der Part. Bsp sind die Ausfüllg einer VertrLücke (Vergütg, Laufzeit des Vertr) od die Anpassg von Dauerschuld Verh an veränderte Verhältn, vorausgesetzt, daß für den Schiedsgutachter ein Ermessensspielraum besteht (s BGH **48**, 28, **62**, 315, NJW **91**, 2761).

6   **bb) Klarstellung** des VertrInh. Das Schiedsgutachten stellt einen obj vorhandenen, dem Unkundigen verborgenen, von einem Sachkundigen aber auffindb VertrInh für die Part verbindl fest. Bsp sind die Ermittlg des Wertes eines GesellschAnteils (BGH WM **76**, 253), des VerkWertes eines BauWerks (BGH WM **75**, 256), der ortsübl Miete (BGH NJW **65**, 150), der angemessenen Miete (BGH NJW **75**, 1557).

7   **cc) Feststellung von Tatsachen oder Tatbestandsmerkmalen.** Das Schiedsgutachten legt Tats od sonst Umst, die für Art od Umfang der Leistg von Bedeutg sind, verbindl fest. Die Feststellgsmacht des Schiedsgutachters kann sich auf die Beurteilg der tatsächl Gegebenh beschränken; sie kann aber auch die Subsumtion u rechtl Beurteilg von Vorfragen mitumfassen (s BGH **9**, 144, NJW **75**, 1556, BAG NJW **58**, 315). Bsp: Feststellg eines Schadens (BGH NJW **71**, 1455), des KausalZusHangs zw schädigdem Ereign u Schaden (BGH WM **75**, 1047), eines Verschuldens; Feststellg von ErwerbsBeschränkgen, der Dienstunfähigk (BAG DB **79**, 947), eines unfallbedingten Leidens (RG **69**, 167), einer „Überbehandlg“ dch die Schiedsstelle einer kassenärztl Vereinig (RG **124**, 39); Feststellg eines KündGrdes (BGH **9**, 144), der Angemessenh von ErsRaum (BayObLG NJW **50**, 909, Bambg NJW **50**, 917), einer angemessenen Lohnkürzg (BAG **AP** § 611 (Akkordlohn Nr 11); Feststellg von Reparaturmängeln dch Kfz-Schiedsstellen (LG Nürnb NJW **75**, 972, Nicklisch FS Bülow 1981 S 159), der GesBaukosten (BGH NJW **74**, 896), des Schätzpreises für in Zahlg genommene Pkw (LG Hbg NJW **70**, 2064, BGH **LM** § 319 Nr 14, NJW **83**, 1855); des Zeitwerts der LeasSache (LG Ffm NJW-RR **88**, 1132); wohl auch die TatsFeststellg eines FußballschiedsRi (AG Ettenheim NJW-RR **92**, 353); Feststellg der aGrd einer Gleit- od Spanngsklausel eingetretenen PrErhöhg (§ 245 Rn 23 u 25); bei LeistgsVorbeh ist die Anpassg dagg ein Fall von Rn 5.

8   **c)** Schiedsgutachter sind in der Gestaltg des **Verfahrens** grdsl frei. Das gilt sowohl für das rfeststellde Schiedsgutachten ieS als auch für das rgestaltde iwS. Die ZPO 1025 ff finden keine Anwendg (RG **152**, 204, BGH **6**, 341, hM, stRspr). Ein AblehngsR (ZPO 1032) besteht grdsl nicht (RG **152**, 207). Die Part können es jedoch dch vertragl Abrede begründen (BGH NJW **72**, 827), es ist dann aber nicht im Verf gem ZPO 1032 geltd zu machen (Mü BB **76**, 1047). Mögl ist auch, daß der SchiedsgutachtenVertr bei Befangenh des Gutachters aus wicht Grd gekündigt w kann (BGH DB **80**, 967). Die Versagg rechtl Gehörs berührt die Wirksamk des Schiedsgutachtens nicht (BGH **6**, 341, NJW **55**, 665, DB **68**, 751, Soergel-Wolf Rn 28, str). Die Kosten des Schiedsgutachtens fallen den Part iZw je zur Hälfte zur Last (LG Hbg MDR **75**, 143). Die Part können iW der FeststellgsKl den Inh eines für die Leistgsbestimmg dch den Gutachter vorgreifl RVerh dch die ordentl Ger feststellen lassen (BGH NJW **82**, 1879). Maßgebder Ztpkt für die Leistgsbestimmg ist in Anpassgsfällen der Zugang des Änderungsverlangens (BGH NJW **78**, 154).

9   **d) Abgrenzung zum Schiedsvertrag** (ZPO 1025). Das SchiedsGer entscheidet anstelle des StaatsGer endgült über das RVerhältn. Dagg ist der SchiedsgutachtenVertr, soweit er ggü dem SchiedsVertr abgrenzgsbedürft ist, auf die Feststellg von einzelnen TatbestdMerkmalen gerichtet (Fälle von Rn 6 u 7). Dabei kann den Schiedsgutachtern auch die Entscheidg von rechtl Vorfragen mitübertragen w (BGH **48**, 27, NJW **75**, 1556, Kurth NJW **90**, 2039), das Schiedsgutachten unterliegt jedoch (and als der Schiedsspruch) gem § 319 I 2 einer inhaltl Kontrolle dch das StaatsGer. Die Abgrenzg kann im Einzelfall zweifelh sein. Die von den Part gebrauchten Ausdrücke (SchiedsRi, Schiedsmänner, Gutachter, Sachverst) erlauben vielf keine zuverläss Schlüsse. Auch die unterschiedl AufgStellg (Entscheidg eines RStreits, Feststellg eines Tatbestd Merkmals) ermöglicht nicht in jedem Fall eine eindeut Abgrenzg. So kann etwa die Anpassg von Leistgen aus einem Dauerschuldverhältn an sich ändernde Verhältn od die Regelg einer AuseinandS einem SchiedsGer, aber auch einem Schiedsgutachter übertragen w (s BGH **48**, 30, Kurth NJW **90**, 2039). Entscheidd ist, welche Wirkg die Feststellg des Schiedsorgans nach dem Willen der Part haben soll: Soll eine Überprüfg auf offenb Unbilligk od Unrichtigk dch das StaatsGer mögl sein, handelt es sich um ein Schiedsgutachten; soll eine derart Überprüfg ausgeschl sein, ist die Vereinbg ein SchiedsVertr (s BGH **48**, 28, NJW **75**, 1556, VersR **81**, 883, Zweibr OLGZ **71**, 396). Bleiben Zweifel, ist ein SchiedsgutachtenVertr als die weniger weitgehde Regelg anzunehmen (Bulla NJW **78**, 399). Preisrichter sind keine Schiedsgutachter, sond haben eine dem SchiedsRi ähnl RStellg (s BGH **17**, 366).

10   **3)** Der **Schiedsgutachtervertrag** zw den Part u dem Schiedsgutachtern ist ein dem SchiedsRiVertr ähnl GeschBesorggsVertr. Er begründet idR RBeziehgen zw dem Schiedsgutachter u beiden Part (RG **87**, 194). Der Schiedsgutachter haftet nur bei groben Verstößen gg anerkannte fachwissenschaftl Regeln u überdies nur dann, wenn sein Gutachten wg offenb Unrichtigk unverbindl ist (BGH **43**, 376, Schlesw NJW **89**, 175, Hamm NJW-RR **89**, 681). Bei einer Mehrh von Gutachtern muß der überstimmte den Part einen Hinw geben, wenn das Gutachten offenb unbill iSd § 319 I 1 ist (BGH **22**, 346).

11   **4) Mehrheit von Bestimmungsberechtigten (II).** Die Vorschr ist dispositiv. Sie wird in der Praxis vielf dch das MehrhPrinzip ersetzt. Soweit gem II 1. Halbs der EinstimmigkGrds gilt, u die Schiedsgutachter sich nicht einigen, ist die Bestimmg entspr § 319 I 2 dch Urt zu treffen (BAG BB **69**, 579). Das in II 2. Halbs vorgesehene Durchschnittsprinzip ist unanwendb, wenn die Festleggen sow auseinanderklaffen, daß eine von ihnen od beide offenb unrichtig sein müssen (BGH NJW **64**, 2401).

318 *Anfechtung der Bestimmung.* [I] Die einem Dritten überlassene Bestimmung der Leistung erfolgt durch Erklärung gegenüber einem der Vertragschließenden.

[II] Die Anfechtung der getroffenen Bestimmung wegen Irrtums, Drohung oder arglistiger Täuschung steht nur den Vertragschließenden zu; Anfechtungsgegner ist der andere Teil. Die Anfechtung muß unverzüglich erfolgen, nachdem der Anfechtungsberechtigte von dem Anfechtungsgrunde Kenntnis erlangt hat. Sie ist ausgeschlossen, wenn dreißig Jahre verstrichen sind, nachdem die Bestimmung getroffen worden ist.

1) Bestimmungserklärung. I entspr § 315 II (s dort Rn 10ff). Die Bestimmg ist ein einseit empfangsbe- **1** dürft RGesch (hM). Die Abgabe ggü einer der Part genügt. Die Bestimmg wird mit dem Zugehen Inh des zw dem Part bestehden RGesch. Sie ist unwiderrufl. Auch bei Schiedsgutachten ieS (§ 317 Rn 6 u 7) sind nachträgl Ändergen, etwa wg and Überzeuggen der Gutachter, ausgeschl (RG JW **31**, 3194, Schlesw SchlHAnz **57**, 341).

2) Anfechtbarkeit (II). Als WillErkl gelten für die Bestimmg die allg Nichtigk- u AnfRegeln. Die **2** AnfGrde ergeben sich aus §§ 119, 120, 123, jedoch mit der Maßg, daß § 123 II unanwendb ist (MüKo/ Gottwald Rn 3, hM). Das AnfR steht nach § 318 II nicht dem Dr, sond allein den VertrPart zu, da die Bestimmg nur für diese RWirkgen äußert. Der Dr ist aber verpflichtet, die Part anf Willensmängel hinzuweisen (Döbereiner VersR **83**, 712). Wenn eine Part selbst die Drohg od Täuschg verübt hat, ist sie im Hinblick auf § 242 nicht anfechtsberecht. Abweichd von § 124 I muß auch bei Täuschg u Drohg unverzügl angefochten w (II 2). Wenn zugl die Voraussetzgen des § 319 I 1 vorliegen, hat die Part die Wahl, ob sie anfechten od gem § 319 I 1 vorgehen will (RG DR **43**, 296). Ist die Bestimmg von mehreren Dr getroffen worden u liegt nur bei einem ein AnfGrd vor, hat die Anf gleichwohl Gesamtwirkg (RG SeuffA **97**, 15).

319 *Unwirksamkeit der Bestimmung; Ersetzung.* [I] Soll der Dritte die Leistung nach billigem Ermessen bestimmen, so ist die getroffene Bestimmung für die Vertragschließenden nicht verbindlich, wenn sie offenbar unbillig ist. Die Bestimmung erfolgt in diesem Falle durch Urteil; das gleiche gilt, wenn der Dritte die Bestimmung nicht treffen kann oder will oder wenn er sie verzögert.

[II] Soll der Dritte die Bestimmung nach freiem Belieben treffen, so ist der Vertrag unwirksam, wenn der Dritte die Bestimmung nicht treffen kann oder will oder wenn er sie verzögert.

1) Allgemeines. – a) § 319 I entspr im wesentl § 315 III. Er unterscheidet sich von dieser Vorschr dadch, **1** daß die Leistgsbestimmg nicht schon bei einfacher, sond nur bei offenbarer Unbilligk unverbindl ist. Der Unterschied beruht darauf, daß der Bestimmg des Dr eine größere **Richtigkeitsgewähr** beizumessen ist als der einer Part. Um Streitigk nach Möglichk zu vermeiden, soll die Bestimmg des Dr kleinl Beanstandgen entzogen w u nur aus wirkl wicht Grd angreifb sein (OHG **4**, 44). – **b)** Sow der Dr nach freiem Belieben **2** entscheiden kann, unterliegt seine Bestimmg keiner gerichtl InhKontrolle (Rn 9). Das RGesch hat aleatorischen Charakter. – **c) Sonder- und Parallelvorschriften:** Vgl VVG 64, 184.

2) Bei Anwendg des § 319 I ist zw Leistgsbestimmgen u Schiedsgutachten (ieS) zu unterscheiden: – **3 a) Leistungsbestimmungen nach billigem Ermessen** (Schiedsgutachten iwS, § 317 Rn 5) sind bei **offenbarer Unbilligkeit** unverbindl (I 1). Diese liegt vor, wenn die Bestimmg den Grds von Treu u Glauben in grober Weise verletzt u sich ihre Unbillig, wenn auch nicht jedermann, so doch einem sachkund u unbefangenen Beobachter sofort aufdrängt (BGH NJW **58**, 2067, **91**, 2761, **LM** Nr 13). „Offenbar" ist nicht gleichbedeutd mit „offenkundig". Eine Beweiserhebg über die offenb Unbillig ist nicht ausgeschl; sie muß sich aber auf die Frage beschränken, ob die Unbillig für einen Sachkund offensichtl war (RG **96**, 62, **147**, 63). Gleichgült ist, ob den Dr ein Verschulden trifft; es genügt, daß die Unbillig obj vorhanden ist. Offenb Unbillig ist gegeben, wenn der VertrInh außer Betracht gelassen u einseit die Interessen einer Part berücksichtigt w (BGH **62**, 316); wenn trotz Ansteigens der Bezugsgröße (Lebenshaltgsindex) die Leistg (Miete) herabgesetzt w (Ffm OLGZ **81**, 97); wenn sich die Leistgsbestimmg völl über die Entwicklg des betreffden Marktes hinwegsetzt (BGH MDR **77**, 660). Fehlschätzgen auch erhebl Umfangs machen die Bestimmg dagg ohne ein weiteres offenb unbill (BGH **LM** § 317 Nr 8, WM **82**, 768); Abweichgen von 17% können unschädl sein (BGH NJW **91**, 2761). Die Toleranzgrenze liegt bei 20–25% (s BGH NJW **91**, 2762, Ffm NJW-RR **95**, 80, Soergel-Wolf Rn 8).

b) Auf **Schiedsgutachten** ieS (§ 317 Rn 6 u 7) ist I 2 nicht unmittelb, sond entspr anzuwenden. Da das **4** Schiedsgutachten keine rgestalden Festsetzgen, sond kognitive Feststellgen enthält, kann nicht seine Billigk, sond nur seine Richtigk PrüfgsGgst sein. Es ist unverbindl, wenn es **offenbar unrichtig** ist (BGH **43**, 376, **81**, 237, stRspr). Das ist der Fall, wenn sich die Unrichtigk dem sachkund u unbefangenen Beobachter, wenn auch möglicherw erst nach gründl Prüfg, aufdrängt (BGH NJW **79**, 1885, **83**, 2245, NJW-RR **93**, 1034). Bsp: Annahme eines Konstruktionsfehlers, währd es sich in Wahrh um einen Bediengsfehler handelt (BGH **LM** Nr 13); Anwendg unrichtiger Bewertgsmaßstäbe (BGH **9**, 198); Nichtberücksichtigg von VerglPr (BGH DB **91**, 1719).

c) Beurteilungsgegenstand und Zeitpunkt. – aa) Für die Frage, ob die Bestimmung des Dr offenb **5** unbillig od unrichtig ist, kommt es grdsl allein auf das **Ergebnis** an, nicht die Art des Zustandekommens (BGH **6**, 341, **9**, 198, **LM** § 157 (Ge) Nr 16 Bl 3 R). Ein im Ergebn nicht angreifb Schiedsgutachten ist auch dann unverbindl, wenn ein möglw befangener Gutachter mitgewirkt hat (RG **69**, 167) oder wenn den Beteiligten kein rechtl Gehör gewährt worden ist (§ 317 Rn 8) oder wenn der Gutachter einen wesentl Teil der Ermittlgen einer HilfsPers übertragen hat (LG Köln HuW **49**, 316). Dagg ist das Gutachten bei schwerwiegden **Mängeln in der Begründung** als offenb unricht anzusehen (BGH NJW **75**, 1556, **77**, 801, **79**, 1885, NJW-RR **88**, 506), so wenn das Gutachten keine nachprüfb Begründg enthält (BGH aaO), wenn die Erwäggen so lückenhaft sind, daß eine Nachprüfg unmögl ist (BGH NJW-RR **91**, 228), wenn bei einer GrdstBewertg keine

VerglPreise angegeben w (BGH WM **85**, 174) od Preise für vergleichb Grdst unberücksichtigt bleiben (BGH NJW **91**, 2698), ferner wenn ein schlechthin ungeeignetes BewertgsVerf angewandt w (BGH BB **87**, 710). Offenb Unbilligk liegt auch vor, wenn zwei Gutachten zu so stark unterschiedl Ergebnissen kommen, daß entweder eines von ihnen od beide unricht sein müssen, da diese Unrichtigk sich auch auf den gem **6** § 317 II maßgebden Mittelwert auswirkt (BGH NJW **64**, 2401). – **bb)** Bei der Prüfg des Schiedsgutachtens ist von der im **Zeitpunkt** der Gutachtenerstattg bestehden Sachlage u den damaligen Erkenntnismitteln auszugehen (RG **69**, 168, **96**, 62). BeurteilgsGrdl ist der Sach- u Streitstand, den die Part den Gutachtern unterbreitet haben (BGH NJW **79**, 1885, NJW-RR **87**, 21). Ist die Part zur Prüfg der offenb Unrichtigk auf Informationen der GgPart angewiesen, kann ihr gem § 242 ein AuskAnspr zustehen (OGH NJW **50**, 781). – **7** **cc)** Die **Beweislast** für die offenb Unbilligk od Unrichtigk trägt die Part, die sie behauptet. Die RLage ist insow and als iF des § 315 (dort Rn 19) eindeut (MüKo/Gottwald Rn 2, allgM). Erforderl ist im substantiierter u schlüssiger TatsVortrag, aus dem sich die Unbilligk od Unrichtigk ergibt (BGH NJW **84**, 43).

8 **3) Ersetzung der Bestimmung durch Urteil. – a)** Die unverbindl Bestimmg od das unverbindl Schiedsgutachten werden dch eine gerichtl Entscheidg ersetzt (I 2 1. Halbs). Eine Bestimmg dch Urt hat ferner zu erfolgen, wenn der Dr die Bestimmg **nicht** treffen **kann** od **will** od sie **verzögert** (I 2 2. Halbs). Fälle des „Nichtkönnens" sind der Wegfall des Dr (BGH **57**, 47) od seiner Eigng (BGH NJW-RR **94**, 1314) u die Nichteinigg bei mehreren Dr (BAG BB **69**, 579). „Nichtwollen" liegt vor, wenn der Dr sich weigert, den zwingd vorgesehenen Sühneversuch zu unternehmen (BGH NJW **78**, 631). Verzögerg iSv I 2 2. Halbs ist obj zu verstehen u erfordert keinen Verzug (BGH **74**, 345, NJW **90**, 1232). Sie kann auch auf Nichter-nenng des Dr dch eine Part beruhen (BGH **74**, 345, NJW **71**, 1455, **79**, 1544) od darauf, daß die Part den VerfFortgang nicht fördern (BGH NJW **90**, 1232). – **b)** Für die Klage u Entscheidg gelten die Ausführgen in § 315 Rn 17 f entspr.

9 **4)** Hat der Dr die Bestimmg nach **freiem Belieben** zu treffen (II), ist seine Festsetzg auch dann verbindl, wenn sie offenb unbill ist. Sie ist nur unwirks, wenn sie gg § 134 od § 138 verstößt (OGH **4**, 45, Alsdorf AnwBl **81**, 83). Kann od will der Dr die Bestimmg nicht treffen od verzögert er sie, sieht das Ges keine ersatzw gerichtl Leistgsbestimmg vor; der Vertr w vielm unwirks, wie wenn eine für seine Wirksamk gesetzte Bdgg ausgefallen wäre. Konstruktiv ist dieser Fall u der Fall der nichtigen Bestimmg ebso zu behandeln wie der des Ausfalls einer rgeschäftl aufschiebden Bdgg (str). Auch § 162 ist anwendb.

10 **5)** § 319 ist **abdingbar.** Die Part können eine Anf der Bestimmg wg offenb Unbilligk od Unrichtigk ausschließen (RG **67**, 75, BGH NJW **72**, 827, Zweibr OLGZ **71**, 399). Ein solcher Verzicht kann aber iZw nur angenommen w, wenn sich die Part in Kenntn der gesetzl AnfMöglichk auch einer offenb unbilligen Bestimmg unterwerfen wollten (RG **150**, 8). Die Part können auch vereinbaren, daß die Entscheidg gem I 2 statt des StaatsGer ein SchiedsGer treffen soll (RG **153**, 195, BGH **6**, 339, str).

Zweiter Titel. Gegenseitiger Vertrag

Einführung

1 **1) Begriff und Abgrenzung.** SchuVertr (Einf 6 v § 305) lassen sich wie folgt unterteilen:

2 **a)** Der **einseitig verpflichtende** Vertr begründet nur für eine VertrPart eine LeistgsPfl, die and ist nicht zu einer Leistg verpflichtet; sie schuldet aber wie jeder Partner einer Sonderverbindg Rücksichtn u Loyalität (Einf 7 v § 241). Bsp sind das SchenkgsVerspr (§ 518), idR die Bürgsch (§ 765) u das DarlVerspr (§ 610).

3 **b)** Beim **unvollkommen zweiseitigen** Vertr trifft eine Part die den VertrTyp bestimmde LeistgsPfl. UU kann auch der and Teil zu einer Leistg verpflichtet sein; die beiderseitigen Verpflichtgen stehen jedoch nicht im Verhältn von Leistg u GgLeistg. Es handelt sich daher, zur AusnFällen (Rn 7) abgesehen, um unentgeltl Vertr. Bsp sind Leihe (§§ 598 ff), Auftr (§§ 662 ff, BGH **15**, 105), das unverzinsl Darl (§ 607) u die unentgeltl Verwahrg (§ 690).

4 **c)** Beim **vollkommen zweiseitigen (gegenseitigen)** Vertr stehen die beiderseit Verpflichtgen in einem AbhängigkVerhältn zueinand. Jeder VertrPartner verspricht seine Leistg um der GgLeistg willen; die Leistg des einen ist Entgelt für die and (BGH **15**, 105, **77**, 363). Ggs Vertr sind daher wie entgeltl Vertr u können nie abstrakt sein (Übbl 19 v § 104). Kennzeichnend für sie ist die **synallagmatische Verknüpfung** der beiderseit Leistgspflichten (Rn 12 ff), dh eine auf dem Grds *„do ut des"* beruhde ggs Zweckbindg.

5 **d)** Die ggs Vertr sind typischerw **Austauschverträge.** Gleichgült ist, **an wen** die Leistg zu erbringen ist. Auch Vertr zGDr können ggs Vertr sein (RG **65**, 48, **150**, 133). Mögl ist auch ein mehrseitiger ggs Vertr über einen ringförmigen LeistgsAustausch (Pfister JZ **71**, 284, Larenz § 15 II). Die Begriffe ggs Vertr u **6** AustauschVertr sind aber nur zT deckgsgleich: – **aa)** Ggs Vertr ist auch der **Gesellschaftsvertrag,** obwohl bei ihm keine Leistgen ausgetauscht, sond zur Erreichg eines gemeins Zweckes vereinigt w (RG **76**, 279, **78**, 305, **147**, 342, BGH NJW **51**, 308, str). Auf den GesellschVertr sind die in erster Linie auf AustauschVertr **7** zugeschnittenen §§ 320 ff aber nur mit erhebl Einschränkungen anwendb (§ 705 Rn 8). – **bb)** Für den AustauschVertr wesentl Verknüpfg von Leistg u GgLeistg braucht nicht notw synallagmatisch iSd §§ 320 ff ausgestaltet zu sein. Mögl ist auch eine konditionelle od kausale Verbindg: Bei der **konditionellen** Ver-knüpfg wird die Erbringg der einen Leistg zur Bedingg (§ 158) für die Verpflichtg zur Erbringg der and gemacht (BGH NJW **82**, 436, Mü JZ **83**, 759). Der konditionellen Verknüpfg ähnl ist die beim MaklVertr bestehde Abhängigk von MaklLeistg u VergütgsAnspr (Einf 6 v § 652). Die **kausale** Verknüpfg hat in § 812 I 2 Alt 2 ihre Grdl: die eine Part verfolgt den Zweck, die and zur Erbringg der an sich nicht geschuldeten Leistg zu veranlassen. Wird diese Erwartg enttäuscht, kann sie ihre Leistg kondizieren.

8 **e)** Die Part des ggs Vertr suchen den GgWert für ihre Leistg in der des and. Sie gehen typischerw davon aus, daß die Leistg des and Teils der eigenen (mindestens) gleichwertig ist (RG **107**, 127, BGH **77**, 363, NJW

62, 251). Die Vorstellg der Part von der **Äquivalenz** der beiderseitigen Leistgen ist daher bei ggs Vertr idR GeschGrdl (§ 242 Rn 135); wird das ÄquivalenzVerhältn dch unvorhersehb Ereign schwerwiegd gestört, ist der Vertr an die veränderten Verhältn anzupassen. Die subj Äquivalenz der beiderseitigen Leistgen ist aber kein notw Merkmal des ggs Vertr. Die Part können wg des Grds der VertrFreih auch Leistgen unterschiedl Werts ggeinand austauschen (Bsp: FreundschKauf u FreundschMiete). Bei einem bes groben Mißverhältn der beiderseitigen Leistgen kann aber uU § 138 anwendb sein.

f) Einzelne Anwendungsfälle. – aa) Hauptbeispiele für ggs Vertr sind Kauf u Tausch, Miete u Pacht **9** sowie Dienst-, Wk-, Reise- u GeschBesorggsVertr. Darüber hinaus sind zahlreiche weitere typische u verkehrstypische Vertr (Einf 11 v § 305) ggs Vertr. Bsp sind das verzinsl Darl (Einf 2 v § 607), auch soweit vor Auszahlg Bereitstellgszinsen zu zahlen sind (Köln WM **89**, 526), der GesellschVertr (Rn 6), der Vergl (BGH **116**, 330), der jedoch je nach Lage des Einzelfalls auch ein nicht ggs Vertr sein kann (RG **106**, 87, BAG DB **70**, 259), der VersVertr (Schünemann JZ **95**, 430), der SponsoringVertr (Weiand NJW **94**, 230), der AlleinvertriebsVertr (BGH NJW **86**, 126), die Vereinbg eines WettbewVerbots gg Zahlg einer KarenzEntsch (BAG DB **82**, 125, **86**, 178), der ein WettbewVerbot enthaltde Vertr über das Ausscheiden eines Gesellschters (BGH WM **83**, 170), der dem Erbverzicht zugrde liegde AbfindgsVertr zw Erblasser u weichden Erben (Stürzebecher NJW **88**, 2717), der Vertr über die Auflösg eines PachtVertr gg Zahlg einer Abfindg (LG Ffm NJW **76**, 572), wobei aber jeweils zu prüfen ist, welche der beiderseit Pflten im GgseitigVerh stehen (Köhler JuS **76**, 785). – **bb)** Da nach dem Grds der VertrFreih der **Parteiwille** über das Vorliegen eines GgseitigkVerh entscheidet, **10** können auch die an sich unter Rn 2 u 3 fallden Vertr als ggs Vertr abgeschl w, so die BürgschLeistg gg Entgelt (RG **66**, 426) u der MaklVertr (Einf 7 v § 652). Auch der idR außerhalb des rgeschäftl Tatbestd stehde mit der Leistg bezweckte Erfolg (§ 812 I S 2) kann zum Inh eines ggs Vertr gemacht w (RG **132**, 242, BGH MDR **52**, 33). **Kein** ggs Vertr ist dagg die Schenkg unter Aufl (RG **60**, 240, **112**, 212). Wenn die Aufl in ihrem Wert der Leistg des Schenkers nahekommt, ist aber, soweit Regelglücken bestehen, eine entspr Anwendg der §§ 323 ff mögl (Staud-Otto Rdn 28). Kein ggs Vertr, sond ein RGesch des PersR ist der Beitritt zu einem Verein (RG **100**, 2). Zw dem VorkaufsBerecht u dem Verkäufer besteht nach Ausübg des Rechts ein ggs VertrVerhältn, nicht aber zw dem Berecht u dem Käufer (BGH **15**, 105). – **cc) Gesetzliche Schuldverhältnisse.** Der **11** Anwendsbereich der §§ 320 ff beschränkt sich grdsl auf vertragl SchuldVerhältn. Einbezogen ist jedoch das RVerhältn zw dem vollmlosen Vertreter u der and VertrPart, sofern ein ggs Vertr abgeschl werden sollte u der and Teil Erf wählt (RG **120**, 129, BGH **15**, 104). Dagg ist das **Rückgewährschuldverhältnis**, das inf Rücktr od Wandlg entsteht, kein ggs VertrVerh (§ 348 Rn 1, str). Auch auf die Rückabwicklg nichtiger Vertr sind die §§ 320 ff unanwendb (RG **94**, 310), jedoch führt die Saldotheorie prakt zur Berücksichtigg des zw Leistg u GgLeistg bestehden Synallagmas (§ 818 Rn 48).

2) Erscheinungsformen des Synallagmas. Die wechselseitige Abhängigk der ggs Verpflichtgen (Rn 4) **12** ist ein wesentl GrdGedanke der gesetzl Regelg iSd AGBG 9 II Nr 1 (BGH **82**, 127, **96**, 109). Sie wirkt sich in dreifacher Beziehg aus: – **a) Genetisches Synallagma.** Die Entstehg der Verpfl des einen Teils ist von der des **13** and abhängig. Zur Nichtigk des gesamten Vertr genügt die Unmöglichk (§ 306), Gesetzwidrigk (§ 134) od Unsittlichk (§ 138) einer Leistg. Eine Teilaufrechterhaltg des Vertr entspr § 139 kommt nicht in Betracht. – **b) Funktionelles Synallagma.** Die Abhängigk der ggs Verpflichtgen wirkt sich auch bei der Dchsetzg der **14** Anspr aus. Der Gläub einer im GgseitigkVerhältn stehden Fdg kann nicht Leistg schlechthin, sond nur Leistg **Zug um Zug** gg Erbringg der GgLeistg verlangen (§ 320). Der Anspr ist inhaltl beschränkt u richtet sich auf DchFührg des LeistgsAustauschs (§ 320 Rn 1, str). – **c) Konditionelles Synallagma.** Treten bei einer ggs **15** LeistgsPfl nachträgl **Störungen** auf, so wirkt sich dies auch auf die Verpflichtg zur GgLeistg aus (§§ 323 ff). Das Synallagma verhindert, daß eine Part leistgspflichtig bleibt, obwohl die GgLeistg ohne ihr Verschulden nicht mehr erbracht werden kann. Das Prinzip der konditionellen Verknüpfg kommt vor allem in § 323 zum Ausdr, liegt aber auch den §§ 324 ff zugrde.

3) Gegenseitigkeitsverhältnis. Die §§ 320 ff gelten nur für die LeistgsPflten, zw denen eine synallagmati- **16** sche Abhängigk besteht. Auf die nicht im GgseitigkVerhältn stehden Verpflichtgen sind dagg die allg Regeln (§§ 273, 280, 286) anwendbar (RG **106**, 24). Das GgseitigkVerhältn erstreckt sich auf alle **Hauptleistungspflichten,** dagg grdsl nicht auf Nebenleistgs- u SchutzPflten. Maßgebd für die Abgrenzg ist der dch Auslegg zu ermittelnde Wille der Part. Handelt es sich nach dem Umst des konkreten Falles um eine wesentl VertrLeistg, sind die §§ 320 ff anzuwenden (RG **101**, 431, BGH NJW **53**, 1347). Das GgseitigkVerhältn bleibt bestehen, wenn an die Stelle der LeistgsPfl sekundäre Anspr treten, etwa die aus §§ 281, 283, 325, 326 (RG **149**, 328, Staud-Otto Rn 30) od der NachbessergsAnspr (BGH **26**, 339, **73**, 144). Es erstreckt sich, nicht auf die bei VertrBeendigg entstehen RückgewPflten, wie zB die RückgPfl des Mieters aus § 556 (RG **108**, 138), wohl aber auf die bei Rückg fäll werdenen Anspr auf Wiederherstellg des fr Zustands od auf Beseitigg von Anlagen (BGH **104**, 10, **107**, 183). Einzelfälle: § 326 Rn 8, § 320 Rn 4.

4) Abdingbarkeit und Konkurrenzen. – a) Die §§ 320 ff können als **dispositives Recht** dch IndVereinb- **17** gen in den Grenzen der §§ 134, 138 abgeändert od abbedungen w. Ändergen dch AGB sind dagg wg AGBG 9 II 1, 10 Nr 2 u 3, 11 Nr 2, 4, 8 u 9 nur ausnw mögl (s bei den einz Vorschr). – **b)** Die §§ 320 ff gehen hinsichtl **18** der synallagmat Verpflichtgen den allg Regeln des ersten Titels vor. Soweit für einz ggs Vertr SonderVorschr bestehen, haben diese vor den §§ 320 ff den **Vorrang** (s bei den einz Vorschr).

320 *Einrede des nichterfüllten Vertrags.* [I] **Wer aus einem gegenseitigen Vertrage verpflichtet ist, kann die ihm obliegende Leistung bis zur Bewirkung der Gegenleistung verweigern, es sei denn, daß er vorzuleisten verpflichtet ist. Hat die Leistung an mehrere zu erfolgen, so kann dem einzelnen der ihm gebührende Teil bis zur Bewirkung der ganzen Gegenleistung verweigert werden. Die Vorschrift des § 273 Abs. 3 findet keine Anwendung.**

[II] **Ist von der einen Seite teilweise geleistet worden, so kann die Gegenleistung insoweit nicht verweigert werden, als die Verweigerung nach den Umständen, insbesondere wegen verhältnismäßiger Geringfügigkeit des rückständigen Teiles, gegen Treu und Glauben verstoßen würde.**

1   **1) Allgemeines. – a)** § 320 gibt jeder Part eines ggs Vertr das Recht, die ihr obliegde Leistg bis zur Bewirkg der GgLeistg zu verweigern, **Einrede** des nicht erfüllten (nicht vollständ od nicht gehörig erfüllten) Vertr. Die Vorschr ist Ausdr des funktionellen Synallagmas (Einf 14). Der aus einem ggs Vertr Berecht kann nicht Leistg schlechthin, sond nur Zug um Zug gegen Empfang der GgLeistg fordern. Die im GgseitigkVerhältn stehdn Anspr sind **inhaltlich beschränkt** u richten sich auf Vollzug des Leistgsaustauschs (BGH **117**, 4, Larenz § 15 I, Roth, Einr des Bürgerl R, 1988, S 173, str). Die Mahng ist daher hins eines synallagmatischen Anspr nur wirks, wenn die GgLeistg angeboten w (§ 284 Rn 13). Die rechtstechnische Ausgestaltg als Einr (Rn 13) beruht nach der Entstehgsgeschichte (Mot II 204) auf prozessualen Überleggen: Der Berecht soll auf Leistg klagen können, ohne ausdrückl eig Erfüllg od die Vereinbg einer VorleistgsPfl behaupten zu müssen. Die Einr ist ein besonders ausgestalteter Fall des allg ZbR (§ 273). Ihr **Zweck** ist ein doppelter: Sie soll den Anspr sichern u auf den Schu Druck ausüben, damit dieser seine Verpflichtg alsbald erfüllt (BGH NJW **81**, 2801, **82**, 2494). Die Einr kann daher (and als das ZbR) nicht dch SicherhLeistg abgewandt werden (§ 320 I 3). Sie gibt kein BefriediggsR, wird aber im Konk dch KO 17
2   geschützt. – **b) Anwendungsbereich.** § 320 ist auf alle ggs Vertr (Einf 4–11) anwendb. Besonderh gelten beim GesellschVertr (§ 705 Rn 8), beim VersorgsVertr (AVB EltV usw 33 u 30) u im GewährleistgsR (Rn 9). Gem § 348 findet § 320 auch auf den Rücktr u die Wandlg Anwendg. Endet der ggs Vertr dch Zeitablauf od Künd, ist § 320 dagg unanwendb (RG **54**, 125, Einf 11). Auch auf die Rückabwicklg nichtiger
3   u angefochtener ggs Vertr ist nicht § 320, sond § 273 anzuwenden (RG **94**, 310). – **c) Abdingbarkeit.** § 320 kann dch IndividualVereinbg abbedungen werden, insb dch Vereinbg einer VorleistgsPfl (Rn 15). Dagg sind Einschränken dch AGB im nichtkaufm Verk unwirks (AGBG 11 Nr 2 a).

4   **2) Voraussetzungen. – a)** Die Fdg, auf die das LeistgVR gestützt wird, muß auf einem ggs Vertr (Einf 1) beruhen u mit der HptFdg in einem **Gegenseitigkeitsverhältnis** stehen. Dieses erstreckt sich auf alle HauptleistgsPflten sowie auf alle sonst vertragl Pflten, die nach dem VertrZweck von wesentl Bedeutg sind (Einf 16). Beim SukzessivliefergsVertr (Einf 26 v § 305) besteht wg der Eins des SchuldVertr Ggseitigk auch hins etwaiger Fdgen aus and Teilleistgen (RG **68**, 22, **120**, 196). Beim ArbVertr fällt auch die FürsorgePfl des ArbG unter das Synallagma (BAG NJW **64**, 883, MüKo/Emmerich Rn 20, str); zw dem LohnAnspr für einen zurückliegdn Zeitraum u der jetzt zu erbringdn ArbLeistg besteht aber wohl kein GgseitigkVerh (Tscherwinka BB **95**, 618). Solange der VertrPart Inhaber des erfüllgshalber gegebenen Wechsels (Schecks) ist, setzt sich § 320 auch ggü der WechselFdg dch (BGH **57**, 300, DB **83**, 762). Auch Abschlagzahlgen können Ggst der Einbehaltg sein (BGH NJW **91**, 566), ebso UnterlPfl; ZuwiderHdlgen sind aber nicht mehr dch § 320 gedeckt, wenn sie den UnterlAnspr endgült vereiteln (RG **152**, 73, BAG NJW **83**, 2896). Das LeistgVR besteht auch, wenn die Leistg vereinbgem nicht an den VertrPart, sond an einen **Dritten** zu erbringen ist (RG **65**, 48). Es wird nicht dadch ausgeschl, daß der Schu die GgFdg abgetreten hat (BGH **55**, 356, **85**, 348, NJW **95**, 187). Zw dem ProvisionsAnspr des Kommissionärs u dem Anspr des Kommittenten auf Abtr von SchadErsFdgen wg Beschädigg des Kommissionsgutes besteht ein GgseitigkVerh (RGRK Rdn 8, offen gelassen v RG **105**, 128), nicht aber zw dem RäumgsAnspr des Vermieters u GgAnspr des Mieters (s RG **108**, 138).

5   **b)** Die GgFdg muß **vollwirksam** u **fällig** sein. Das LeistgVR ist daher idR ausgeschl, wenn der Schu vorleistgspflicht ist (Rn 15). Auch ein bereits **verjährter** Anspr begründet in entspr Anwendg von § 390 S 2 ein LeistgsVR, wenn die Verj bei Entstehg der HptFdg noch nicht vollendet war (RG **149**, 328, BGH **53**, 125). Dagg begründet die dch Ablauf einer AusschlFr erloschene GgFdg kein LeistgsVR (s § 390 Rn 3). Dieses scheidet auch aus, wenn die Erf des GgAnspr unmöglich geworden ist (RG Warn **17** Nr 135). Solange die Unmöglichk nicht feststeht, ist die Einr aus § 320 aber zul. Wandelt sich die GgFdg in einen ErsAnspr od in einen sonst **sekundären Anspruch** um, besteht das LeistgsVR weiter (RG **149**, 328). Bsp sind Anspr auf ErsHerausg (§§ 323 II, 281), Nachbesserg (BGH **61**, 45) od SchadErs (Einf 16 vor § 320). Bei SchadErsAnspr wg NichtErf scheidet ein LeistgVR aber idR aus, da die beiderseit Fdgen zu bloßen Rechngsposten in der Differenzrechng w (§ 325 Rn 10 f).

6   **c) Eigene Vertragstreue. – aa)** Sie ist ungeschriebene Voraussetzg für das LeistgVR. Der Schu kann sich nach dem Zweck der Einr (Rn 1), den eig Anspr dchzusetzen, nur dann auf § 320 berufen, wenn er am **Vertrag festhält** (BGH **50**, 177, NJW **82**, 875, **89**, 3224). Will er sich endgült vom Vertr lösen, muß er die dafür in Frage kommdn RBehelfe (§ 326, pVV) geltd machen. – **bb)** Der Schu darf sich nicht in **Leistungsverzug** befinden. Er kann die Einr aus § 320 nicht auf Tats stützen, die erst nach der eig VertrUntreue eingetreten sind (BGH NJW-RR **95**, 564). – **cc)** **Annahmeverzug** des Schu hins der ihm geschuldeten Leistg schließt das LeistgVR dagg nicht aus (RG **94**, 311, BGH **90**, 358, NJW **92**, 557, Düss NJW **91**, 3040, Seidel JZ **94**, 384); Voraussetzg ist jedoch, daß er am Vertr festhalten will. Die Belange des and Teils werden dch §§ 372, 383, 322 III, 324 II, 274 II gewahrt.

7   **d) Nichterfüllung durch den anderen Teil. – aa)** Die GgLeistg muß noch ausstehen; sie darf nicht bewirkt sein u auch nicht gleichzeitig verwirkt w. Die Grde für die NichtErf sind gleichgült; ein **Verschul-**
8   **den** des and Teils ist nicht erforderl (RG **145**, 282, HRR **32**, 438). – **bb)** Unerhebl ist, in welchem **Umfang** die GgLeistg noch aussteht. Das Ges sieht eine Beschränkg des LeistgVR auf einen dem Wert der noch ausstehdn Teilleistg entspr Betrag nicht vor. Der Schu kann seine Leistg grdsl **voll** zurückhalten, auch wenn die GgLeistg bereits teilweise erbracht worden ist (BGH **54**, 249), jedoch können sich aus II Beschränken ergeben (Rn 9). Sind **mehrere Gläubiger** anteilig fordergsberecht (§ 420), braucht der Schu gem I 2 erst zu leisten, wenn die ganze GgLeistg bewirkt w; es genügt nicht, daß der Gläub, der seine
9   TeilFdg geltd macht, die ihm obliegde Teilleistg erbracht h. – **cc)** Das LeistgVR besteht auch bei einer **nicht gehörigen Leistung** (RG **56**, 153, BGH **55**, 356). Wird eine nicht vertragsgem Leistg angeboten, kann der Schu sie gem § 266 zurückweisen u die Einr aus § 320 wg vollständ NichtErf geltd machen. Der Schu ist aber auch dann zur LeistgV berecht, wenn er die mangelh Leistg angenommen hat, vorausgesetzt der Mangel ist behebb u der ErfAnspr besteht weiter. Für einz VertrTypen gelten aber Besonderh. Beim **Dienstvertrag** begründet eine mangelh Dienstleistg kein MindergsR (Hbg TranspR **89**, 66). Der Dienstberechtigte hat daher bei mangelh Leistg auch kein LeistgVR aus § 320, da dies im Ergebn auf eine Minderg

hinauslaufen würde (BAG **AP** § 611 (Haftg des ArbN) Nr 71, Ullrich NJW **84**, 585). Beim **Kaufvertrag** gilt § 320 uneingeschränkt bis zum Gefahrüberg (§ 459 Rn 5). Danach ist zu unterscheiden: Beim Spezieskauf tritt mit der Übereigng der mangelh Sache Erf ein. Der Käufer ist auf die Rechte aus §§ 459 ff beschränkt; das LeistgVR aus § 320 entfällt (BGH **10**, 248, **113**, 325, Vorbem 5 v § 459). Er kann aber die allg MängelEinr (BGH **113**, 235) od die der Wandlg erheben, auf die gem §§ 467, 348 S 2 die §§ 320, 322 entspr anzuwenden sind. Sofern ein ErfAnspr fortbesteht, ist auch die Einr aus § 320 weiterhin gegeben, so bei Lieferg eines *aliud* (BGH NJW **69**, 787, § 459 Rn 3), bei teilw NichtErf, etwa bei Fehlen von Einzelstükken einer SachGesamth (BGH NJW **92**, 3224) od des Computerhandbuchs (BGH NJW **93**, 462), bei RMängeln (RG **108**, 280), ferner wenn dem Käufer gem § 480 od aufgrd vertragl Abrede ein Anspr auf Nachlieferg od Nachbesserg zusteht (BGH NJW **95**, 187). Beim **Werkvertrag** begründet der NachbessergsAnspr die Einr aus § 320 (BGH **26**, 337, **73**, 144, Vorbem 18 v § 633). Auch beim **Mietvertrag** behält der Mieter neben den Rechten aus § 537 ff den ErfAnspr u damit die Einr aus § 320 (BGH **84**, 45, § 537 Rn 5), jedoch ist § 539 entspr anwendb (BGH NJW **89**, 3224).

e) Das LeistgVR ist **ausgeschlossen**, soweit Treu u Glauben entggstehen. II hebt das für einen wichtigen **10** Sonderfall (Unverhältnismäßigk) zur Klarstellg besonders hervor. Die LeistgV kann treuwidrig sein, wenn die Art des Ggst die Zb verbietet (Bsp § 273 Rn 15) od wenn die Zb den Anspr des Gläub endgült vereiteln würde (BGH BB **74**, 671, BAG NJW **83**, 2896). Ist die Leistg bereits teilw erbracht, besteht trotz II grdsl das Recht, die volle GgLeistg zurückzuhalten (BGH **54**, 249, NJW **58**, 706, **62**, 628). And ist es jedoch, wenn die volle Zb, insb wg der Geringfügigk des noch ausstehden Leistgsteils **unverhältnismäßig** wäre. Das Ges gibt dem Ger insow einen Ermessensspielraum (BGH **56**, 316). Zu berücksichtigen sind alle Umst, so eine bereits geleistete Sicherh (RG JW **15**, 1189), bei Teilklagen die Sicherg (BGH bei nicht eingeklagten FdgTeil (BGH **56**, 316), beim NachbessergsAnspr die Schwierigk bei der Vergabe von Kleinreparaturen (Nürnb OLGZ **65**, 13). Von erhebl prakt Bedeutg ist II bei **Mängeln von Bauleistungen.** Zum Teil wird dem **11** Besteller die Einbehaltg des vollen WkLohnes zugestanden, auch wenn dieser mehr als zehnmal so hoch ist wie die Kosten der Nachbesserg (Hbg MDR **70**, 243), währd and die Zb auf den Wert des ausstehden Leistg beschränken wollen (Brügmann BauR **81**, 128). Dem Ges entspr eine mittlere Lösg: Der Besteller darf idR das Dreifache der zu schätzden Nachbessergskosten zurückbehalten (ähnl BGH NJW **81**, 1449, 2801, **84**, 727: Dreifache; BGH NJW **92**, 1633: Zwei- bis Dreifache; BGH **26**, 337: Vierfache; Ffm BauR **82**, 377: Fünffache). Dabei kann auch ein Teil des vereinbarten Sichergseinbehalts berücksichtigt w; die Vereinbg eines solchen Einbehalts schließt aber die Rechte des Bestellers aus § 320 keinesf aus (BGH NJW **82**, 2494, DNotZ **84**, 478). Auch bei Mängeln der Mietsache kann idR das Dreifache des Beseitiggsaufwandes einbehalten w (LG Hbg MDR **84**, 494, Joachim DB **86**, 2653). EnergieversorggsUntern haben trotz II bei Zahlgsverzug der Kunden grdsl das Recht, die **Stromversorgung** nach vorheriger Androhg einzustellen (§ 33 II AVBEltV, LG Dortm NJW **81**, 764, BVerfG NJW **82**, 1511). Etwas and gilt bei vorübergehden Zahlgsschwierigk, wenn hinr Aussicht besteht, daß die Anspr in übersehb Zeit befriedigt w (§ 33 II AVBEltV). Leistet der Kunde deshalb nicht vollst, weil er **Kernkraftgegner** ist u das VersorggsUntern auch aus Kernenergie gewonnen Strom liefert, steht weder § 320 II noch der Grds der Verhältnismäßigk der Einstellg der Stromversorgg entgg (LG Dortm NJW **81**, 764 mwN, § 242 Rn 9).

3) Rechtsfolgen. – a) Das bloße obj Bestehen des LeistgVR **hindert** den Eintritt des **Schuldnerverzu-** **12** **ges** (BGH **84**, 44, NJW **92**, 557, § 284 Rn 12); einer Geltdmachg der Einr bedarf es dazu – and als iF des ZbR nach § 273 – nicht. Solange das LeistgVR besteht, können weder Prozeß- noch FälligkZinsen gefordert werden, da der Anspr iSd §§ 291, 641 noch nicht fällig ist (BGH **55**, 198, **61**, 46). Der Schu kommt, wenn er nicht vorleistgspflicht ist, nur in Verzug, wenn der Gläub bei der Mahng die GgLeistg anbietet; es genügt nicht, daß der Gläub zur Erbringg der eig Leistg bereit u imstande ist (§ 284 Rn 13, str). – **b)** Konstruktiv hat **13** das Ges das LeistgVR als **aufschiebende Einrede** ausgebildet. Sie hemmt die Verj nicht (§ 202 II) u kann wg ihres Zwecks, den and Teil zur VertrErf anzuhalten, nicht (bei SicherhLeistg abgewandt w (§ 320 I 3). Sie erlischt, wenn die GgPart alles zur Erf Erforderl getan hat, also grdsl mit der Vorn der LeistgsHdlg, nicht erst mit Eintritt des LeistgsErfolgs (Staud-Otto Rn 21). Die in Unkenntn der Einr erbrachte Leistg kann nicht zurückgefordert w, da § 813 nur für dauernde Einr gilt (BGH NJW **63**, 1869). **Prozessuale Wirkungen** s § 322 mit Anm. – **c) Beweislast.** Wer die Einr aus § 320 erhebt, muß beweisen, daß die von ihm **14** gemachte Fdg auf einem ggs Vertr beruht u daß ihm eine unter das GgseitigkVerhältn fallde GgFdg zusteht. Demggü obliegt dem Gläub der Bew, daß er schon erfüllt hat od daß der Schu vorleistgspflicht ist. Ausn gelten gem § 442 bei RMängeln u analog §§ 345, 358 beim GgAnspr auf Unterl. Eine weitere Ausn ergibt sich aus § 363, sofern der Schu die GgLeistg ganz od Teils als Erf angenommen hat (§ 363 Rn 2).

4) Vorleistungspflicht. – a) Allgemeines. Der LeistgsAustausch Zug-um-Zug, der dem Modell des **15** Barkaufs entspricht, stößt in der prakt Dchführg vielf auf Schwierigk (s zum ReiseVertr BGH **100**, 164, zur Mängelbeseitig BGH **90**, 357). Es ist daher aus prakt Grden häufig notw, einer Part eine VorleistgsPfl aufzuerlegen. – **b) Entstehung.** Das Ges selbst sieht eine VorleistgsPfl für den Vermieter (§ 551), den **16** Dienstverpflichteten (§ 614), den WkUntern (§ 641) u den Verwahrer (§ 699) vor. Der Untern ist aber nur hinsichtl der Herstellg der Wk u der Nachbesserg bis zur Abnahme vorleistgspflicht; nach der Abnahme ist die Beseitigg von Mängeln u die Zahlg des restl WkLohns Zug um Zug abzuwickeln (BGH **61**, 45, **90**, 357, Rn 8 u 9). Die VorleistgsPfl kann auch ausdrückl od stillschw vereinbart w. Für entspr formularmäß Klauseln gelten aber die Beschränken des AGBG (AGBG 11 Rn 11 f). **Einzelfälle:** Die Käufer ist vorleistgspflicht bei Vereinbg „Kasse (bereits) gg Faktura" (RG JW **23**, 685, BGH **23**, 131), „Zahlg (Kasse) gg Dokumente" (BGH **41**, 221, **55**, 342), „cash against document" (BGH NJW **87**, 2435), Stellg eines Akkreditivs (RG **102**, 155), Kauf unter Nachnahme (keine Untersuchungsmöglichk vor Zahlg). Dagg ist der Verkäufer bei Vereinbg eines Zahlgsziels u beim Versendgskauf (BGH **74**, 142) vorleistgspflicht. Dem ArbN, dem ein Anspr auf eine KarenzEntsch zusteht, ist mit seiner AuskPfl hins der anzurechnden Einkünfte vorleistgspflicht (BAG NJW **78**, 2215). – **c) Rechtsfolgen.** Für den Vorleistgspflichtigen entfällt das LeistgVR des **17** § 320. Er kann den and Teil nur in Verzug setzen, wenn er bereits geleistet hat od seine Leistg zumindest anbietet (BGH NJW **63**, 1149, **66**, 200, § 284 Rn 13). Soweit auch die Leistg des and Teils inzw fällig

geworden ist, wird die VorleistgsPfl zur Pfl zur Zug-um-Zug-Leistg (BGH NJW **86**, 1164, NJW-RR **89**, 1357). Aus der gesetzl od vertragl Regelg, die die VorleistgsPfl begründet, kann sich aber ergeben, daß die GgLeistg notw erst nach Erbringg der Vorleistg fällig werden, die Umwandlg in eine Pfl zur Zug-um-Zug-Leistg also ausgeschl sein soll, sog **beständige** VorleistgsPfl (MüKo/Emmerich Rn 34). Zur Behandlg der
18 VorleistgsPfl im Proz s § 322 Rn 4. – **d) Schranken** der VorleistgsPfl ergeben sich aus § 321 (s dort), vor allem aber aus § 242. Die VorleistgsPfl entfällt, wenn der and Teil ernsthaft erklärt hat, er könne od wolle den Vertr nicht erfüllen (BGH **88**, 247, NJW **94**, 2026). Entspr gilt, wenn bei einem SukzessivliefergsVertr eine fr Vorleistg noch nicht bezahlt ist (Düss NJW-RR **93**, 1206). And liegt es, wenn der Gegner die Leistg zu Recht verweigert u nur hilfsw unberecht Einwendgen erhebt (BGH DB **95**, 370). Entfällt die VorleistgsPfl gem § 242, kann der Pflichtige auf Leistg klagen, ohne daß ihm der Einwand mangelnder Fälligkeit od die Einr aus § 320 entggehalten werden kann (BGH **50**, 177, NJW **90**, 3009). Er ist auch befugt, die Rechte des § 326 geltd zu machen (BGH NJW **94**, 2026). Wenn der VorleistgsBerecht nach nur vorübergehender Abwendg vom Vertr seine eig Pflten vorbehaltlos wieder anerkennt, entfallen aber die Beschränkgen seiner RStellg (BGH **88**, 96).

321   *Vermögensverschlechterung.*   **Wer aus einem gegenseitigen Vertrage vorzuleisten verpflichtet ist, kann, wenn nach dem Abschlusse des Vertrags in den Vermögensverhältnissen des anderen Teiles eine wesentliche Verschlechterung eintritt, durch die der Anspruch auf die Gegenleistung gefährdet wird, die ihm obliegende Leistung verweigern, bis die Gegenleistung bewirkt oder Sicherheit für sie geleistet wird.**

1   **1) Allgemeines.** § 321 ist eine nach Voraussetzg u Wirkg eng beschränkte Ausprägg der *clausula rebus sic stantibus* od nach heutiger Dogmatik der Lehre vom Wegfall der GeschGrdl (§ 242 Rn 110). Er gibt dem aus einem ggs Vertr Vorleistgspflichtigen ein LeistgVR, wenn sich die Vermögensverhält des and Teils wesentl verschlechtern. Ähnl Regelgen enthalten §§ 610, 775 I Nr 1, 1133; es handelt sich aber um Sondervorschr, denen kein allg RPrinzip entnommen werden kann. § 321 läßt die sich aus and RGrds ergebden Schranken der VorleistgsPfl unberührt (Bsp: § 242, pVV, c. i. c., s § 320 Rn 18). Die Vorschr ist **abdingbar.** Einschränkgen dch AGB sind aber unwirks (AGBG 9 II Nr 1, 11 Nr 2a), Erweitergen können gg AGBG 9 (BGH **112**, 283, NJW **85**, 1220, Oldbg NJW-RR **91**, 633), vor allem aber gg 10 Nr 3 verstoßen (s dort).

2   **2) Voraussetzungen. – a)** § 321 gilt nur für ggs Vertr (Einf 4 ff vor § 320), bei denen die eine Part eine **Vorleistungspflicht** trifft (§ 320 Rn 18). Gleichgült ist, ob sich die VorleistgsPfl aus dem Ges od aus Vertr ergibt. – **b) Wesentliche Vermögensverschlechterung.** Sie muß nach VertrSchluß eingetreten sein. Wenn die den Anspr gefährdde Vermögenslage bereits bei VertrSchl bestanden hat, ist § 321 weder direkt noch analog anwendb (BGH WM **58**, 1546, RGRK Rn 3, hM, aA Flesch BB **94**, 877). Der Vorleistgspflichtige kann aber § 123 od § 119 II (Irrt über Kreditwürdigk) zur Anf berecht sein; ihm kann auch wg Verletzg der AufklPfl im Anspr aus c. i. c. zustehen (§ 276 Rn 78 ff). Außerdem ist mögl, daß sich die von Anfang an schlechten VermögensVerhält weiter verschlechtern u § 321 aus diesem Grd anwendb ist (BGH NJW **64**, 100). Maßgebd ist eine obj wirtschaftl Beurteilg. Bsp für eine Anwendbark des § 321 sind insb: Eröffng des Konk- od VerglVerf (Kornmeier BB **83**, 1312, s aber Rn 3), Einzelvollstreckg (BGH NJW **64**, 100), Ablehng eines wichtigen Kredits (BGH aaO), Hingabe ungedeckter Schecks (BGH WM **61**, 1372), Wechselprotest u Ausfall einer Vormerkg (Celle DB **70**, 581), Einstellg der Ratenzahlg beim LeasingVertr (Ffm NJW **77**, 200). Eine allg Verschlechterg der WirtschLage, etwa dch Inflation oder Krieg, ist für die
3   Anwendg des § 321 nicht ausreichd (RG Warn **16** Nr 5). – **c) Anspruchsgefährdung.** Sie ist eine weitere selbständ Voraussetzg. § 321 ist daher trotz einer erhebl Verschlechterg der VermögensVerhältn unanwendb, wenn eine ausreichde Sicherh vorhanden ist (RG **53**, 246), wenn der KonkVerw gem KO 17 Erf verlangt u die Befriedigg der Masseschulden nicht gefährdet erscheint (Düss MDR **70**, 1009), wenn der and Teil Dienstleistgen od eine Unterl schuldet u die nach Umwandlg des Anspr in eine GeldFdg nicht ernstl zu
4   rechnen ist. – **d) Maßgebder Beurteilungszeitpunkt** ist die Fälligk der VorleistgsPfl. Bei nachträgl Besserg der Vermögenslage entfällt die Einr (Staud-Otto Rn 28). Das gilt auch dann, wenn der Vorleistgspflichtige vom Wegfall der Gefährdg nichts weiß (str). Der Vorleistgspflichtige wird jedoch dch § 285 geschützt, solange er von der Änderg keine Kenntn hat. Eine ErkundigspPfl trifft ihn nicht (RG Gruch **52**, 412). § 321 ist grdsl auch anwendb, wenn der Vorleistgspflichtige bei Eintritt der VermVerschlechterg bereits im Verzug ist (MüKo/Emmerich Rn 27), and aber, wenn der Verzug die Verschlechterg mitverursacht h.

5   **3) Rechtsfolgen.** Der Vorleistgspflichtige erwirbt ein LeistgVR (Einr), bis die Leistg bewirkt od Sicherh für sie geleistet ist. Gem § 232 II ist auch SicherhLeistg dch einen taugl Bürgen zul. Der Vorleistgspflichtige kann die bereits auf dem Transport befindl Ware zurückrufen; ein StoppgsR (s Staud-Otto Rn 34, CISG 71 II). Sein Verzug wird nicht *ipso facto*, sond nur geheilt, wenn er nunmehr seine Leistg gg Bewirkg der GgLeistg anbietet (BGH NJW **68**, 103). Ist auch der Anspr des Vorleistgspflichtigen auf die GgLeistg inzw fällig geworden (sog unbeständ VorleistgsPflten), kann er auf Leistg Zug-um-Zug klagen u gem § 326 vorgehen (§ 320 Rn 17, MüKo/Emmerich Rn 18, str). And liegt es bei dem sog beständ VorleistgsPflten. Hier kann der Vorleistgspflichtige mangels eines fäll Anspr weder Leistgsklage erheben noch die Rechte aus § 326 geltd machen (RG **53**, 62, Oldbg NJW-RR **91**, 633, Staud-Otto Rn 36, aA Kornmeier BB **83**, 1312); ihm steht aber ein TeilvergütgsAnspr zu, wenn er bereits eine Teilleistg erbracht hat (BGH NJW **85**, 2696). Erklärt der and Teil ernsth u endgült, er könne od wolle nicht leisten, ist der Vorleistgspflichtige wg pVV
6   berecht, SchadErs wg NichtErf zu verlangen od vom Vertr zurückzutreten (§ 276 Rn 124). Ein **Rücktrittsrecht** aus § 242 (kein SchadErsAnspr) od bei DauerSchuldVerh ein KündR ist bereits gegeben, wenn der and Teil trotz Aufforderg zur Leistg Zug-um-Zug od zur SicherhLeistg nicht bereit ist (BGH **11**, 85, **112**, 287, hM). Es entfällt aber, wenn der Vorleistgspflichtige bereits vollst geleistet hat (BGH aaO).

322 *Verurteilung zur Leistung Zug-um-Zug.* [I] Erhebt aus einem gegenseitigen Vertrage der eine Teil Klage auf die ihm geschuldete Leistung, so hat die Geltendmachung des dem anderen Teile zustehenden Rechtes, die Leistung bis zur Bewirkung der Gegenleistung zu verweigern, nur die Wirkung, daß der andere Teil zur Erfüllung Zug-um-Zug zu verurteilen ist.

[II] Hat der klagende Teil vorzuleisten, so kann er, wenn der andere Teil im Verzuge der Annahme ist, auf Leistung nach Empfang der Gegenleistung klagen.

[III] Auf die Zwangsvollstreckung findet die Vorschrift des § 274 Abs. 2 Anwendung.

1) Allgemeines. Die Vorschr regelt die verfahrens- u vollstreckgsrechtl Folgen der Einr aus § 320 **1** (I u III). Sie ist dem § 274 nachgebildet u stimmt mit dessen Inh jedenf im prakt Ergebn vollständ überein (Rn 2). § 322 enthält außerdem eine Sonderregelg für die Klage des Vorleistgspflichtigen (II, Rn 4).

2) Einrede des nicht erfüllten Vertrages. – a) Sie wird trotz der ggs Verknüpfg von Leistg u GgLeistg **2** im **Prozeß** nicht vAw berücksichtigt, sond muß vom Schu geltd gemacht w (Hamm MDR **78**, 402, § 320 Rn 1). Ein formeller Antrag des Bekl zur Verurteilg Zug um Zug ist nicht erforderl (Hamm aaO, § 274 Rn 1). Es genügt, wenn sich aus der Gesamth seines Vorbringens ergibt, daß er sein LeistgVR geltd machen will. Hat er die Einr außergerichtl erhoben, ist sie auch dann zu beachten, wenn der Kläger hierauf im RStreit hinweist (§ 274 Rn 1). Die Geltdmachg des LeistgVR führt zur **Verurteilung Zug-umZug.** Vgl näher § 274 Rn 2 f. Die Ausführgen zur verfahrensrechtl Behandlg des ZbR gelten auch für das LeistgVR aus § 320; zur BewLast s aber § 320 Rn 14. – **b)** Hinsichtl der **Zwangsvollstreckung** verweist § 322 III auf **3** § 274 II. § 274 Rn 4 gilt daher entspr.

3) II. Vorleistungspflicht (§ 320 Rn 15). – **a)** Klagt der **Vorleistungsberechtigte,** gelten keine Beson- **4** derh. Der Vorleistgspflichtige ist ohne Einschränkg zur Leistg zu verurteilen. – **b)** Klagt der **Vorleistungspflichtige,** ohne die Vorleistg bereits bewirkt od angeboten zu haben, ist die Klage mangels Fälligk des Anspr abzuweisen (BGH **61**, 44, BAG NJW **78**, 2215). Ist der Berecht im AnnVerzug (§ 298), gibt II dem Pflichtigen das Recht, „auf Leistg nach Empfang der GgLeistg" zu klagen. Mit dieser Einschränkg ist der Klage auch dann stattzugeben, wenn der Vorleistgspflichtige einen unbedingten KlAntr stellt, weil der Antr gem II ggü dem unbedingten kein *aliud,* sond ein *minus* ist (BGH **88**, 94, **117**, 3). Die ZwVollstr aus einem Urt auf „Leistg nach Empfang der GgLeistg" wird ebso bewirkt wie die eines Zug-um-Zug-Urt, da III sich auch auf II bezieht (Karlsr MDR **75**, 938, Köln JurBüro **89**, 873). Handelt es sich um eine sog unbeständ VorleistgsPfl u ist auch der Anspr auf die GgLeistg fällig geworden, kann der Vorleistgspflichtige auch ohne die Beschränkg des II auf Leistg klagen (§ 320 Rn 17).

Nachträgliche Unmöglichkeit bei gegenseitigen Verträgen (§§ 323–325)

Vorbemerkung

1) Bedeutung. Wg der synallagmat Verknüpfg der beiderseit Verpflichtgen (Einf 12 v § 320) muß sich **1** die Unmöglichk der Leistg des Schu beim ggs Vertr auch auf die GgLeistgsPfl des Gläub auswirken. Die §§ 323–325 enthalten daher für die nachträgl Unmöglichk bei ggs Vertr ergänzde, zT aber auch ersetzde Vorschr. Sie gehen ebso wie die allg Bestimmgen (§§ 275, 279, 280–283) davon aus, daß die Unmöglichk als Zentralbegriff des Rechts der LeistgsStörgen sowohl SchuldbefreigsGrd als auch HaftgsTatbestd sein kann (Vorbem 3 v § 275). Die §§ 323 u 324 betreffen die Unmöglichk als SchuldbefreigsGrd. Sie regeln, wie sich der Wegfall der LeistgsPfl des Schu (§ 275) auf die GgLeistgsPfl des Gläub auswirkt. Ist die Unmöglichk vom Schu zu vertreten, gilt § 325, der für Anspr im GgseitigVerhältn § 280 ersetzt.

2) Anwendungsbereich. – a) Die §§ 323–325 gelten nur für die **nachträgliche** Unmöglichk (§ 275 **2** Rn 16), der entspr § 275 II auch hier nachträgl Unvermögen gleichsteht (KG OLG **33**, 221). Bei anfängl Unmöglichk steht dem ggs Vertr § 306 ff anwendb (RG **105**, 351), bei anfängl Unvermögen die in § 306 Rn 9 dargestellten Grds. Bes liegt es jedoch beim KaufVertr: Wie sich aus § 440 I ergibt, haftet der Verkäufer für anfängl Unvermögen gem § 325 (§ 441 Rn 4). – **b)** Die §§ 323 ff gelten für **alle gegenseitigen 3 Verträge** (Einf 4–11 v § 320), soweit keine Sondervorschr eingreifen. Zur Anwendbark auf GesellschVertr s § 705 Rn 8. Wg des unterschiedl Inh u Zwecks der §§ 323–325 kommen als verdrängde od ergänzde Sonderregelg jeweils unterschiedl Vorschr in Frage. Vgl daher bei §§ 323–325. Allg gilt jedoch, daß die Gewährleistg für Sachmängel (WkMängel, Reisemängel) die Anwendg der §§ 323 ff ausschließt (BGH NJW **91**, 1676). Beim MietVertr gelten §§ 323, 275, wenn die vermietete Sache gestohlen w (Köln NJW **93**, 1273) od die Wiederherstellg des zerstörten Obj die Opfergrenze überschreiten würde (BGH NJW-RR **91**, 204).

3) Die von **beiden Teilen zu vertretende Unmöglichkeit** ist im Ges nicht geregelt. Die Rspr u ein Teil **4** der Lit wenden eine alternativer Anwendg der §§ 324, 325 aus. Sie wendet, je nachdem wessen Verschulden überwiegt, ausschließl § 324 od § 325 an, kürzt aber in einem zweiten Schritt den Anspr aus § 324 od § 325 nach Maß des MitVersch des Berecht (RG **71**, 191, **94**, 140, BGH WM **71**, 896). Dieser Lösgsvorschlag versagt bei beiderseits gleichem Verschulden, da § 323 (entgg RG JW **10**, 936) für diesen Fall offensichtl nicht paßt (Staud-Otto § 324 Rn 32). Er läßt auch offen, was gelten soll, wenn der Gläub nicht SchadErs, sond Rücktr od einen and RBehelf des § 325 wählt. Das neuere Schrift tritt daher mit Recht überwiegd für eine kumulative Anwendg der §§ 324, 325 ein, wobei aber über viele Einzelfragen nach wie vor Streit besteht (s Baumann/Hauth JuS **83**, 273, Staud-Otto aaO, MüKo/Emmerich § 324 Rn 38, grdsl zustimmd Ffm NJW-RR **95**, 435). §§ 324 I, 325 sind auf der GrdL der Differenztheorie jeweils insoweit anzuwenden, wie die Verantwortgsanteile von Gläub u Schu reichen (Larenz § 25 III, für eine Lösg auf der GrdL der Surrogationstheorie aber Ffm aaO). **Beispiel:** Der noch nicht gezahlte Kaufpreis beträgt **5** 10 000 DM, der Wert der verkauften aber untergegangenen Sache 15 000 DM (Alt 1), 10 000 DM (Alt 2), 5000 DM (Alt 3). Die Verantwortgsbeiträge beider Part wiegen gleich schwer. In der Alt 1 kann der Käufer

(K) gem § 325 nach der Differenzmethode 2500 DM beanspruchen (½ von 15000 – ½ von 10000), der Verkäufer (V) gem § 324 5000 DM (½ von 10000). In den Alt 2 u 3 läuft der SchadErsAnspr aus § 325 mangels eines Schadens leer; V behält in beiden Fällen gem § 324 den Anspr auf den halben Kaufpreis (5000 DM). Dieser verbleibt V auch dann, wenn K vom Vertr zurücktritt od einen od RBehelf des § 325 geltd macht. Da V in der Alt 3 bei DchFührg des Vertr 5000 DM Gewinn gemacht hätte, ist es nicht unvertretb, ihm neben dem halben Kaufpreis weitere 2500 DM zuzuerkennen. Dann entspr sich die Lösgen der Alt 1 u 3 spiegelbildl. IdR wird V auch ein konkurrierder Anspr aus § 823 zustehen.

6 **4) Terminologie.** Das Ges bezeichnet den Schu der unmögl Leistg als „den einen Teil", den Gläub u Schu der GgLeistg als „den and Teil". Da bei Geldschulden Unmöglichk im RSinne nicht in Betracht kommt, ist Schu der unmögl Leistg dchweg der SachleistgsSchu (Verkäufer, Vermieter, Verpächter, Dienstverpflichtete, Unternehmer, Reiseveranstalter), Gläubiger, abgesehen vom Fall des Tauschs, der zu einer GgLeistg in Geld Verpflichtete (Käufer usw).

323 *Nicht zu vertretendes Unmöglichwerden.* [I] Wird die aus einem gegenseitigen Vertrage dem einen Teile obliegende Leistung infolge eines Umstandes unmöglich, den weder er noch der andere Teil zu vertreten hat, so verliert er den Anspruch auf die Gegenleistung; bei teilweiser Unmöglichkeit mindert sich die Gegenleistung nach Maßgabe der §§ 472, 473.

[II] Verlangt der andere Teil nach § 281 Herausgabe des für den geschuldeten Gegenstand erlangten Ersatzes oder Abtretung des Ersatzanspruchs, so bleibt er zur Gegenleistung verpflichtet; diese mindert sich jedoch nach Maßgabe der §§ 472, 473 insoweit, als der Wert des Ersatzes oder des Ersatzanspruchs hinter dem Werte der geschuldeten Leistung zurückbleibt.

[III] Soweit die nach diesen Vorschriften nicht geschuldete Gegenleistung bewirkt ist, kann das Geleistete nach den Vorschriften über die Herausgabe einer ungerechtfertigten Bereicherung zurückgefordert werden.

1 **1) Allgemeines. – a)** § 323 ist Ausdr des konditionellen Synallagmas (Einf 15 v § 320). Hat der Schu die Unmöglichk nicht zu vertreten, wird er gem § 275 von seiner LeistgsPfl frei; er verliert aber gem § 323 den Anspr auf die GgLeistg, soweit nicht § 324 od and SonderVorschr eingreifen. Der Schu der unmögl gewordenen Leistg trägt damit die **Vergütungsgefahr** (GgLeistgs- od Preisgefahr). Diese schließt das Investitionsrisiko in sich; Aufwendgen, die der Schu zur **Vorbereitung** der unmögl gewordenen Leistg gemacht hat, kann er grdsl nicht ersetzt verlangen (Ausn § 275 Rn 10). Die LeistgsgefahR hat dagg der Gläub 2 der unmögl gewordenen Leistg zu tragen (§ 275 Rn 24). – **b)** Die Gefahrtragg beginnt mit dem VertrSchl u **endet** idR mit vollständ Erfüllg. Das Ges ordnet aber für eine Reihe von Fällen einen **vorzeitigen Gefahrübergang** an, so in § 446, 447 für den Kauf, in §§ 644 u 645 für den WkVertr u in § 324 II für sämtl ggs Vertr bei AnnVerzug des Gläub. Besteht ein gesetzl od vertragl RückktrR an, den der Schu auch nach der Erf 3 weiterhin mit der Vergütgsgefahr belastet (§ 350). – **c) Anwendungsbereich.** Vgl zunächst Vorbem 2. § 323 wird bei einigen ggs Vertr dch **Sonderregelungen** eingeschränkt od modifiziert. Auf den KaufVertr ist § 323 bis zum Gefahrübergang anzuwenden (BGH NJW **95**, 1738). Dagg wird der Mieter gem § 552 von der MietzahlgsPfl nicht frei, wenn er durch in seiner Pers liegden Grd die Ausübg des Mietgebrauchs dch einen in seiner Pers liegden Grd unmögl w. Auf Dienst- u ArbVertr findet § 323 grdsl Anwendg (BGH **10**, 190), Ausn ergeben sich aus §§ 615, 616 u der von der Rspr entwickelten Sphärentheorie (§ 615 Rn 21). Auch auf den WkVertr ist § 323 bis zum Gefahrübergang gem §§ 644, 646 anwendb (BGH **60**, 18), jedoch enthält § 645 eine Sondervorschr. Ihr ist der allg RGedanke zu entnehmen, daß der Besteller (partiell) die Vergütgsgefahr trägt, wenn die Leistg wg Wegfalls des Leistgssubstrats unmögl w (§ 275 Rn 10). Für den Anwendungsbereich der VOB sieht § 7 Nr 1 VOB/B eine von § 323 abweichde Verteilg der Vergütgsgefahr vor (BGH **61**, 146). Beim Reise-Vertr verdrängen die GewLVorschr (§§ 651c ff) die allg Regeln des LeistgsstörgsR (BGH **97**, 258, Vorbem 4 7 ff vor § 651c). – **d)** § 323 ist dch IndVereinbg **abdingbar.** Dagg sind Ändergen dch AGB wg AGBG 9 II Nr 1 grdsl ausgeschlossen (BGH NJW **82**, 181). Zul sind aber die im Handel übl Klauseln über einen vorzeitigen Gefahrübergang, wie cif, fob, „ab Wk" usw, ferner Klauseln, die, wie VOB/B § 7 Nr 1, dch BilligkGesichtspkte gerechtfertigt sind.

5 **2) Voraussetzungen. – a)** Die unmögl gewordene LeistgsPfl muß auf einem ggs Vertr (Einf 4–11 v § 320) beruhen u in einem **Gegenseitigkeitsverhältnis** (Einf 16 v § 320) stehen. – **b)** Die Leistung muß **nachträglich unmöglich** geworden sein (Vorbem 2 v § 323). Erforderl ist dauernde Unmöglichk, jedoch kann vorübergehde Unmöglichk dauernder gleichstehen (§ 275 Rn 17). Dauerverpflichtgen wie die des Vermieters od ArbN haben idR Fixcharakter. Wenn die Leistg nicht nachholb ist, begründen vorübergehde Leistgshindern daher Teilunmöglichk (BGH **10**, 189, BAG NJW **69**, 766). – **c)** Die Unmöglichk muß auf **Zufall** beruhen, weder der Schu noch der Gläub darf sie zu vertreten haben. Vgl zum Vertretenmüssen des Schu § 275 Rn 23, zu dem des Gläub § 324 Rn 3. Über die von beiden Teilen zu vertretde Unmöglichk s Vorbem 4 v § 323.

6 **3) Rechtsfolgen. – a)** Es **erlischt** der Anspr auf die GgLeistg, nicht das SchuldVerh im ganzen. Das gilt entspr § 275 Rn 24 – abweichd vom Normtext – auch, wenn der Schu die Unmöglichk zu vertreten hat (Braun JuS **88**, 215). Für Aufwendgen, die der Schu zur Vorbereitg der unmögl gewordenen Leistg gemacht hat, kann er keinen Ers verlangen; ein Anspr auf eine Teilvergütg kann sich aber aus einer entspr Anwendg 7 des § 645 ergeben (§ 275 Rn 10). – **b)** Der Gläub kann gem § 281 das **Surrogat** der unmögl gewordenen Leistg verlangen, **II**, auch wenn dieses wertvoller ist als der ursprüngl LeistgsGgst. Macht er von dieser Befugn Gebrauch, bleibt er im entspr Wert des Surrogats entspr dem WertVerhältn zw der unmögl 8 gewordenen Leistg u dem Surrogat zur GgLeistg verpflichtet. – **c)** Der Gläub hat einen Anspr auf **Rückgewähr,** soweit er die GgLeistg bereits erbracht hat, **III.** Da das SchuldVerh nicht erlischt, ist III als RFolgen-Verweisg aufzufassen (RG **139**, 22). § 818 III ist anwendb (BGH **64**, 324). Haben beide Part Teilleistgen erbracht, gilt die Saldotheorie (§ 818 Rn 48). Der mit der GgLeistgsgefahr (Rn 1) belastete Schu kann sich

aber nicht darauf berufen, daß er die Anzahlg für die Vorbereitg der unmögl gewordenen Leistg verbraucht hat (BGH **LM** § 818 III Nr 6, MüKo/Emmerich Rn 37). Haben die Part mit dem Eintritt der Unmöglichk gerechnet, gilt für den Umfang der BereichergsHaftg § 820 I (RG **123**, 406, BGH **64**, 324).

4) Teilunmöglichkeit steht auch bei teilb Leistgen nach dem VertrZweck vielf vollständ Unmöglichk 9 gleich (§ 275 Rn 21 f). Die Regelg des I 1 Halbs 2 gilt nur, wenn die mögl gebliebene Teilleistg für den Gläub noch Interesse hat (Scherner JZ **71**, 533). Sie ist insb anwendb, wenn bei DauerschuldVerh die Leistg des SachleistgsSchu vorübergehd od für die Zukunft unmögl w (§ 275 Rn 18), so etwa, wenn der GmbH-GeschFü schuldh der Arbeit fernbleibt (BGH NJW-RR **88**, 420). Das Recht auf die GgLeistg mindert sich im Verhältn des Wertes der vollständ Leistg zum Wert der noch mögl Teilleistg. Maßgebd sind die WertVer-hältn im Ztpkt des VertrSchl. Zur Berechng s RG **92**, 14, Zweibr OLGZ **70**, 310. Schlechtleistg steht der Teilunmöglichk nicht gleich u begründet daher kein MindersR (Jaspersen VersR **92**, 1433, § 320 Rn 9).

324 Vom Gläubiger zu vertretendes Unmöglichwerden. [I] Wird die aus einem gegensei-tigen Vertrage dem einen Teile obliegende Leistung infolge eines Umstandes, den der andere Teil zu vertreten hat, unmöglich, so behält er den Anspruch auf die Gegenleistung. Er muß sich jedoch dasjenige anrechnen lassen, was er infolge der Befreiung von der Leistung erspart oder durch anderweitige Verwendung seiner Arbeitskraft erwirbt oder zu erwerben böswillig unter-läßt.
[II] Das gleiche gilt, wenn die dem einen Teile obliegende Leistung infolge eines von ihm nicht zu vertretenden Umstandes zu einer Zeit unmöglich wird, zu welcher der andere Teil im Verzuge der Annahme ist.

1) Allgemeines. – a) § 324 beruht auf dem Gedanken, daß niemand aus einem rechts- od pflwidr 1 Verhalten Rechte herleiten darf. Er legt daher in Abweichg von § 323 dem **Gläubiger** die **Gegenleistungs-gefahr** auf, wenn er die Unmöglichk zu vertreten hat od die Unmöglichk währd seines AnnVerzugs eintritt. – **b) Anwendungsbereich.** § 324 gilt grdsl für alle ggs Vertr (Vorbem 3 v § 323). Wg der bei einz 2 VertrTypen anzuwendden Sonderregelgen s § 323 Rn 3. – **c)** § 324 ist dch IndVereinbg **abdingbar.** Änder-gen dch AGB sind dagg wg AGBG 9 II Nr 1 grdsl unwirks. Klauseln, die die beiderseit Risikosphären (Rn 6) ggeinand abgrenzen, sind aber zul, sofern sie mit Inh u Zweck des Vertr im Einklang stehen.

2) Voraussetzungen. Eine im GgseitigkVerhältn (Einf 16 v § 320) stehde Verpfl muß nachträgl unmögl 3 geworden sein (Vorbem 2 v § 323). Die Unmöglichk od das Unvermögen muß der **Gläubiger** zu vertreten haben. Das Ges sagt nicht ausdr, wann das der Fall ist. Die für den Schu gelten §§ 276 ff sind aber entspr anzuwenden. Der Gläub muß daher für eig Verschulden einstehen, analog § 278 aber auch für das seiner **Hilfspersonen** (BAG NJW **69**, 766, BGH BB **69**, 601). – **a)** Der Gläub hat die Unmöglichk zu vertreten, 4 wenn er sie dch einen Verstoß gg **vertragliche Pflichten** herbeigeführt hat. Dabei kann es sich um eine Verletzg von HptPflten handeln, so etwa, wenn die verkaufte Sache wg Zahlgsverzugs des Käufers zwangs-versteigert w (RG **66**, 348, Celle WM **88**, 469). Entspr gilt, wenn sich der Gläub unberecht vom Vertr lossagt (BGH NJW **87**, 1693) od er die dem Schu obliegde Hdlg (Ablösg eines R) selbst vornimmt (Stgt NJW-RR **87**, 722). Es genügt aber auch die Verletzg von NebenPflten. Bsp: Vom ArbG verschuldete ArbUnfähigk des ArbN (SchiedsGer NJW **95**, 904); ArbAusfall inf eines vom ArbG verschuldeten Brandes (BAG NJW **69**, 766); Untergang der Mietsache inf eines Verschuldens des Mieters (BGH **66**, 349). Auch bei Verstößen gg MitwirkgsPflten od **Obliegenheiten** (§ 324 I anwendb, so insb wenn der Gläub die Pfl (Obliegenh) verletzt hat, den VertrZweck zu fördern u alles zu unterlassen, was die DchFührg der Vertr gefährden könnte (RG **166**, 147, BGH **38**, 192). – **b)** Der Gläub hat die Unmöglichk zu vertreten, wenn 5 diese Folge einer von ihm begangenen **unerlaubten Handlung** ist. Dieser Fallgruppe kommt aber prakt keine eigenständ Bedeutg zu, da die Zerstörg od Beschädigg des LeistgsGgst dch unerl Hdlg idR zugl den Tatbestd einer VertrVerletzung (§ 242 Rn 27) erfüllt. – **c)** § 324 I ist auch anwendb, wenn der Gläub nach der 6 **vertraglichen Risikoverteilung** die Gefahr für ein best LeistgsHindern übernommen hat (BGH NJW **80**, 700, **LM** Nr 1). Eine stillschw Risikoübern darf aber nur dann bejaht w, wenn dafür ausr Anhaltspkte vorliegen. In den Fällen der Zweckerreichg u des Wegfalls des LeistgssubstratS ist § 324 daher idR nicht anwendb; ein Anspr des Schu auf eine Teilvergütg ergibt sich aber aus dem RGedanken des § 645 (§ 275 Rn 10). Die **Sonderregelung des § 645,** die einen Kompromiß zw §§ 323 u 324 enthält, kann uU auch bei sonst LeistgsHindern aus der Sphäre des Gläub analog angewandt w, ohne daß eine stillschw Risikoübern konstruiert zu werden braucht (§ 275 Rn 10, § 645 Rn 8). Wird eine Reise wg schwerer Erkrankg eines Angeh nicht angetreten, gilt aber nicht § 645, sond § 324 II (LG Ffm NJW-RR **87**, 494). Scheitert die DchFührg des Vertr am finanziellen Unvermögen des Gläub, ist § 324 I anwendb, da der Gläub ebso wie der Schu für seine finanzielle Leistgsfähigk einzustehen hat (BGH **LM** Nr 5, Köln NJW-RR **91**, 1023).

3) Rechtsfolgen. – a) Der Schu wird gem § 275 von seiner **Leistungspflicht frei.** – **b)** Er behält das 7 Recht auf die **Gegenleistung,** kann nicht zusätzl eine Nutzgsentschädigg beanspruchen (BGH NJW-RR **90**, 651) u muß sich dtw gem I 2 die dch den Wegfall der eig LeistgsPfl entstehen Vorteile anrechnen lassen (ähnl §§ 552 S 2, 615 S 2, 649 S 2). Anzurechnen ist auch der etwaige Rest des LeistgsGgst od ein Erlös aus seiner Verwertg. Böswilliges Unterl erfordert keine SchädiggsAbs; es genügt, daß der Schu eine zumutb Erwerbs-möglichk wenn u vorsätzl ausläßt (§ 615 Rn 20). Die Anrechng erfordert keine bes Erkl u ist keine Aufr (§ 387 Rn 2). Sie scheidet aus, wenn der Schu die Erwerbsmöglichk auch bei DchFührg des Vertr hätte wahrnehmen können. – **c)** Ein **Schadensersatzanspruch** kann sich für den Schu aus pVV od § 823 erge-ben. – **d)** Dem Gläub steht der Anspr auf **Ersatzherausgabe** gem § 281 zu (BGH **LM** § 281 Nr 1).

4) Absatz II. – a) Wird die Leistg unmögl, nachdem der Gläub in **Annahmeverzug** (§§ 293 ff) geraten 8 ist, behält der Schu den Anspr auf die GgLeistg, **II.** Mit dem Eintritt des AnnVerzug geht daher die Vergütgsgefahr auf den Gläub über. Hat der Schu mehrfach verkauft u befinden sich alle Käufer im AnnVerzug, haften sie als GesSchu (Braun JuS **88**, 217). Da der Schu währd des AnnVerzugs gem § 300 I

nur Vors u grobe Fahrlässig zu vertreten hat, erstreckt sich der Gefahrübergang auch auf die vom Schu
9 leicht fahrläss verursachte Unmöglichk. – **b)** II gilt auch für **Gattungsschulden.** Voraussetzg ist jedoch eine
Konkretisierg der Leistg, auch wenn diese, wie in den Fällen der §§ 295, 296, für den AnnVerzug nicht
erforderl war (§ 300 Rn 4). Erstreckt sich die Unmöglichk auf die ganze Gattg, ist II dagg anwendb, ohne
daß es auf eine Aussonderg ankommt (RG **103**, 15). Für den Dienst- u den WkVertr enthalten §§ 615, 642,
644 **Sonderregeln.** Bei AnnVerzug des Mieters (Nichtbezug der Wohng) ergibt sich die Pfl zur Zahlg der
Miete nicht aus § 552, sond aus § 324 II (BGH NJW-RR **91**, 689, aA Rädler NJW **93**, 689).

10   **5) Beweislast.** Der Schu muß beweisen, daß die Unmöglichk auf einem Ereign beruht, das aus dem
Organisations- od HerrschBereich des Gläub stammt. Sodann obliegt analog § 282 dem Gläub der Nachw,
daß er die Unmöglichk nicht zu vertreten hat (MüKo/Emmerich Rn 51, Müller NJW **93**, 1678, aA BGH
116, 288). Auch für die AnrechngsVoraussetzgen (I 2) trägt der Gläub die BewLast (BGH NJW **91**, 167).
Steht fest, daß die Mietsache dch den Mietgebrauch zerstört worden ist, muß sich der Mieter schon im
Hinblick auf § 548 entlasten (BGH **126**, 129). Im Fall des § 324 II muß der Schu beweisen, daß die Unmög-
lichk währd des AnnVerzugs eingetreten ist. Sodann muß der Gläub nachweisen, daß der Schu die Unmög-
lichk dch Vors od grobe Fahrlässigk (§ 300 I) herbeigeführt hat (BGH WM **75**, 920, aA Müller aaO).

325 *Vom Schuldner zu vertretendes Unmöglichwerden.* [1] **Wird die aus einem gegensei-
tigen Vertrage dem einen Teile obliegende Leistung infolge eines Umstandes, den er zu
vertreten hat, unmöglich, so kann der andere Teil Schadensersatz wegen Nichterfüllung verlan-
gen oder von dem Vertrage zurücktreten. Bei teilweiser Unmöglichkeit ist er, wenn die teilweise
Erfüllung des Vertrags für ihn kein Interesse hat, berechtigt, Schadensersatz wegen Nichterfül-
lung der ganzen Verbindlichkeit nach Maßgabe des § 280 Abs. 2 zu verlangen oder von dem
ganzen Vertrage zurückzutreten. Statt des Anspruchs auf Schadensersatz und des Rücktrittsrechts
kann er auch die für den Fall des § 323 bestimmten Rechte geltend machen.**

[II] **Das gleiche gilt in dem Falle des § 283, wenn nicht die Leistung bis zum Ablaufe der Frist
bewirkt wird oder wenn sie zu dieser Zeit teilweise nicht bewirkt ist.**

1   **1) Allgemeines. – a)** § 325 regelt die vom Schu zu vertretde nachträgl Unmöglichk. Er tritt für die im
GegenseitigkVerhältn stehden Anspr an die Stelle des § 280. Ziel des § 325 ist es, die Interessen des Gläub
umfassd zu wahren. Die Vorschr räumt dem Gläub dabei in einer komplizierten Regelg ein ganzes Bündel
von Rechten ein (Rn 5), von denen vor allem dem SchadErsAnspr (Rn 9) u dem RücktrR (Rn 24) Bedeutg
2 zukommen. – **b) Anwendungsbereich.** § 325 gilt ebso wie §§ 323, 324 für alle ggs Vertr (Vorbem 3 v
§ 323), soweit keine **Sonderregeln** eingreifen. Auf den KaufVertr sind die §§ 323 ff bis zum Gefahrüber-
gang anzuwenden (BGH NJW **95**, 1738), jedoch mit den sich aus § 440 ergebenden Modifikationen. Auf
Sachmängel ist § 325 auch nach Gefahrübergang anwendb, wenn dem Käufer gem § 480 od aGrd vertragl
Abreden ein Anspr auf NachErf zusteht, ebso bei teilw NichtErf, etwa bei Fehlen von Einzelstücken einer
Sachgesamth (BGH NJW **92**, 3224) od des Computerhandbuchs (BGH NJW **93**, 462) u bei Lieferg eines
aliud (BGH NJW **86**, 659, **94**, 2230), nicht aber auf die Lieferg eines genehmiggsfäh aliud bei einem
beiderseit HandelsGesch (BGH **115**, 294). Auf den MietVertr findet § 325 grdsätzl Anwendg, jedoch wird
das RücktrB ab Überlassg der Mietsache dch das KündR des § 542 verdrängt (BGH **50**, 315). Die Haftg für
Sachmängel richtet sich ab Übergabe ausschließl nach §§ 537, 538 (BGH **63**, 137, NJW **63**, 804), ebso die für
RMängel, sofern diese verhindern, dem Mieter den Gebrauch der Sache zu gewähren (BGH NJW **91**, 3277).
Für den DienstVertr gehen die SonderVorschr der §§ 626–628 dem § 325 vor (RG **158**, 326); an die Stelle des
Rücktr tritt die Künd (BGH DB **90**, 2017). Auf WkVertr ist § 325 nur bis zur Abnahme anwendb (BGH **62**,
86). Beim ReiseVertr verdrängen die GewLVorschr (§§ 651 c ff) das allg LeistgsstörgsR (BGH **97**, 258,
3 Vorbem 8 v § 651 c). Zum GesellschVertr s § 705 Rn 8. – **c)** § 325 kann dch IndVereinbg **abbedungen** w.
Für Änderg en dch AGB gelten aber die Schranken des § 11 Nr 5, 8 u 9 (s dort).

4   **2) Voraussetzungen.** Ebso wie die §§ 323, 324 setzt auch § 325 einen ggs Vertr u den Eintritt nachträgl
Unmöglichk (Unvermögens) bei einer im GgseitigkVerhältn stehden Verpfl voraus (s dazu Einf v § 320 u
Vorbem v § 323). § 325 betrifft im Ggs zu §§ 323, 324 den Fall, daß der **Schuldner** die Unmöglichk **zu
vertreten** hat. Maßgebd sind insow die §§ 276–279 (s dort u § 275 Rn 23). **Eigene Vertragstreue** ist für die
Rechte des Gläub aus § 325 und als bei § 326 (dort Rn 10) keine Voraussetzg (Staud-Otto Rn 19, Erman-
Battes Rn 4, str). Sind Schu u Gläub für den Eintritt der Unmöglichk verantwortl, gelten die in der Vorbem
4 v § 323 dargestellten Grds. Bezieht sich das Mitverschulden des Gläub nur auf den Schaden, ist § 254
anzuwenden. Ausgeschlossen sind die Rechte aus § 325, wenn der Gläub den Anspr auf die Leistg bereits vor
Eintritt der Unmöglichk dch pVV od gem § 326 wg Verzuges verloren hat.

5   **3) Rechte des Gläubigers. – a)** Dem Gläub stehen wahlweise (Rn 7) folgde Rechte zu: – **aa)** Anspr auf
SchadErs wg NichtErf (Rn 9 ff). – **bb)** Recht auf Rücktr vom Vertr (Rn 24). – **cc)** Rechte aus § 323. Dabei
handelt es sich um drei konkurrierde Befugn: Der Gläub kann sich darauf beschränken, den Wegfall der eig
LeistgsPfl geltd zu machen (§ 323 I). Er kann aber auch das stellvertretde commodum fordern (§ 323 II) od
6 seine GgLeistg nach BereichergsR zurückverlangen (§ 323 III). Vgl Rn 29. – **b) Unabhängig von § 325**
kann der Gläub, solange die Unmöglichk (das Unvermögen) nicht feststeht, – **aa)** den ErfAnspr geltd
machen u entweder im ErstProz od nach Erlaß des Urt auf dem Weg des § 283 zum SchadErsAnspr
übergehen (Rn 30), – **bb)** die Einr des nicht erfüllten Vertr (§ 320) erheben, soweit er nicht vorleistgspflich
7 ist. – **c) Wahlrecht.** Die Rechte des Gläub stehen im Fall der §§ 325, 326 zueinander im Verhältn der
elektiven Konkurrenz (§ 262 Rn 6); die Grds der Wahlschuld (§§ 262 ff) sind unanwendb. Schon vor der
Wahl entfällt wg des konditionellen Synallagmas die LeistgsPfl des Gläub (MüKo/Emmerich Rn 30). Die
Wahl hat der Gläub, nicht das Ger vorzunehmen (BGH NJW **71**, 1560). Das Ger darf der Klage nicht aufgrd
eines and RBehelfs des § 325 od § 326 stattgeben. Das WahlR ist unbefristet. Der Schu kann dem Gläub aber
für die Ausübg des RücktrR gem §§ 327 S 1, 355 eine Fr setzen (RG **73**, 62). Mit FrAblauf erlischt das

RücktrR, währd die and RBehelfe weiterbestehen. Hat der Gläub SchadErs verlangt, kann er zum Rücktr **übergehen** (RG **109**, 184, BGH **16**, 393, KG DB **83**, 1354, stRspr). Auch zw dem SchadErs-Anspr u den Rechten aus § 323 kann der Gläub variieren (RG **108**, 187, Rn 29). Erst wenn der von ihm gewählte Anspr dch Erfüllg erloschen ist, endet sein *jus variandi* (RG **85**, 283). And ist es aber beim **Rücktritt.** Wg seiner rechtsgestalten Wirkg ist der Übergang vom Rücktr zum SchadErsAnspr ausge- **8** schlossen (RG **107**, 348, BGH NJW **82**, 1280, **88**, 2878, aA MüKo/Emmerich Rn 34). Die Androhg des Rücktr beseitigt dagg das *jus variandi* des Gläub noch nicht (BGH NJW **79**, 762). Ist die Erkl mehrdeut, ist sie iZw als Wahl des SchadErsAnspr u nicht als Rücktr aufzufassen (BGH NJW **82**, 1280, NJW-RR **88**, 1100, Hamm NJW **87**, 2089). Auch wenn das Wort „Rücktr" verwandt w, kann die Erkl des Gläub uU als Geltdmachg von SchadErs verstanden w (BGH **LM** § 326 (Ea) Nr 5). Dabei ist zu berücksichtigen, daß der Rücktr für den Gläub idR der ungünstigere RBehelf ist (Rn 25). Der Rücktr kann wg Fehlens der GeschGrdl **widerrufen** w, das Geleistete beim Gegner ohne dessen Verschulden untergegangen ist, der Rücktr also dazu führen würde, daß der Berecht nichts erhält, aber seine Leistg zurückgewähren müßte (§ 347 Rn 2).

4) Anspruch auf Schadensersatz wegen Nichterfüllung. – A. Allgemeines. – a) Als Grdl für einen **9** SchadErsAnspr wg NichtErf kommen neben § 325 auch § 326 u die Grds über pVV (§ 276 Rn 124 ff) in Betracht. Der Inh des Anspr u die Methode der Schadensermittlg sind in den drei Fällen grdsätzl gleich (BGH **99**, 189). Die folgden Ausführgen gelten daher auch für den SchadErsAnspr **aus § 326** u aus **positiver Vertragsverletzung** (vgl aber für DauerSchuldVerh § 276 Rn 128).

b) Der SchadErsAnspr wg NichtErf richtet sich auf das **positive Interesse.** Ziel des Anspr ist es, den **10** Gläub so zu stellen, wie er stehen würde, wenn der Schu den Vertr ordngsmäß erfüllt hätte. Dabei kommen für die Schadensermittlg zwei unterschiedl Wege in Betracht: – **aa)** Die **Austausch- oder Surrogations-theorie** stellt bei der Schadensermittlg allein auf die unmögl gewordene od trotz NachFr nicht erfüllte Verpflichtg des Schu ab. Die Verpflichtg des Gläub zur GgLeistg bleibt bestehen. An die Stelle der Leistg des Schu tritt als „Surrogat" ihr Wert. Diesen kann der Gläub im Austausch gg seine GgLeistg verlangen. Schuldet der Gläub als GgLeistg Geld, können beide Part aufrechnen u dadch den Leistgsaustausch hinfällig machen. – **bb)** Nach der **Differenztheorie** ist SchadErs wg NichtErf des ganzen Vertr zu leisten. Die Verpflichtg des Gläub, die GgLeistg zu erbringen, entfällt. Der Schaden besteht in der Differenz zw dem Wert der Leistg des Schu zuzügl etwaiger Folgeschäden (BGH NJW **86**, 1177) u der ersparten GgLeistg des Gläub. Das SchuldVerh wandelt sich in einseit Anspr des Gläub auf SchadErs um. Leistg u GgLeistg sowie die entstandenen Folgeschäden sinken zu bloßen Rechngsposten herab (RG **152**, 112, BGH **87**, 159, WM **83**, 559). Da kein zu versteuernder Umsatz vorliegt, ist MwSt nicht zu entrichten (BGH NJW **87**, 1690). Die für GewährleistgsAnspr geltden VerjFr sind unanwendb (BGH NJW **86**, 1177, krit Peters JZ **86**, 669). Bei der Feststellg der Differenz zG des Gläub handelt es sich um einen Fall der Anrechng (§ 387 Rn 2), nicht um Aufr (RG **141**, 262, BGH NJW **58**, 1915).

c) Der Streit zw Austausch- u Differenztheorie hat heute nur noch dogmengeschichtl Bedeutg. Als ganz **11** hM hat sich in Rspr u Lehre die **abgeschwächte Differenztheorie** dchgesetzt (RG **96**, 22, BGH **20**, 343, **87**, 158, WM **91**, 1739, Larenz § 22 II b). Der SchadErs ist danach grdsl nach der Differenzmethode (Rn 10) zu ermitteln. Der Anspr richtet sich abw von § 249 S 1 auf SchadErs in Geld (RG **127**, 248, BGH **LM** Nr 3), u zwar grdsätzl in dtscher Währg (RG **102**, 62). Von der Differenztheorie gelten aber zwei **Ausnahmen: – aa)** Der **Gläubiger** hat iF des § 325 das vertragl Recht, die ihm obliegde GgLeistg zu erbringen. Er ist daher **12** **berechtigt,** nicht verpflichtet, SchadErs nach der **Austauschmethode** zu fordern. Er kann dem Schu die GgLeistg anbieten u Ers wg der weggefallenen Verbindlichk (zuzügl etwaiger Folgeschäden) verlangen (RG **96**, 22, BGH **20**, 343, **87**, 158). Das gilt aber nicht iF des § 326, weil mit Ablauf der NachFr der ErfAnspr erlischt (BGH NJW **94**, 3351). Wenn der Gläub ein berecht Interesse hat, kann er statt SchadErs in Geld auch Naturalrestitution wählen (Staud-Otto Rn 43). – **bb)** Hat der **Gläubiger die Gegenleistung** bereits **er- 13 bracht,** führt der Gedanke der endgült Liquidation des SchuldVerh u der Beschrkg des Gläub auf einen GeldAnspr dazu, daß er dem Schu die GgLeistg zu belassen hat u entspr der Austauschmethode Ers für die weggefallene Verbindlichk fordern kann (BGH **87**, 159). Will der Gläub seine GgLeistg zurück haben, muß er vom Vertr zurücktreten od gem § 325 I 3 iVm § 323 vorgehen. Etwas and gilt aber, wenn der Gläub noch Eigtümer der gelieferten Sache ist, etwa im Fall der Lieferg unter EigtVorbeh od der Übergabe des Grdst vor Umschreibg im Grdbuch. Hier kann der Gläub die Sache mit dem Anspr aus § 985 herausverlangen u im übrigen SchadErs wg NichtErf nach der Differenzmethode fordern (RG **141**, 261, BGH **87**, 159, **126**, 136, NJW **81**, 1834). Ist für den Schu eine AuflVormerkg eingetragen, kann der Gläub sowohl SchadErs als auch Löschg der Vormerkg verlangen (BGH **87**, 159, WM **66**, 576, Paschke DB **83**, 1587). Hat der Gläub (Käufer) seine in Geld bestehde GgLeistg bereits erbracht, scheidet eine RückFdg aus § 985 aus; er kann das Entgelt aber als Mindestschaden zurückverlangen (BGH **62**, 120, Rn 15).

B. Berechnung des Schadens. – a) Zu ersetzen ist das positive Interesse. Der Schaden besteht in der **14** Differenz zw der VermLage, die eingetreten wäre, wenn der Schu ordngsmäß erfüllt hätte, u der dch die NichtErf tatsächl entstandenen VermLage (Vorbem 16 v § 249). Im Rahmen des SchadErsAnspr kann auch, ohne anteilige Verpflichtg zur GgLeistg, aber unter Anrechng auf den Schaden, das vom Schu erlangte **Surrogat** herausverlangt werden (RG **108**, 186). Grdsätzl ist der Schaden **konkret** zu ermitteln, dh entspr den im Einzelfall wirkl erlittnen VermEinbußen (Rn 20 ff). Bei einer konkreten Schadensermittlg muß der Gläub aber GeschInterna (Kalkulation, Abnehmer, Lieferanten) offenlegen; überdies können sich trotz ZPO 287 BewSchwierigk ergeben. Die Rspr gestattet dem Gläub daher, den Schaden auch **abstrakt** zu berechnen (Rn 16 ff). Zw beiden Berechngmethoden hat der Gläub die **Wahl** (BGH **2**, 313). Er kann – auch noch im Proz – von der einen zur Berechngsweise übergehen (RG Warn **20**, 153, KG OLG **40**, 210). Ein einheitl Schaden kann aber stets nur nach der einen od anderen Methode berechnet w (BGH **2**, 313). Nur wenn der Schaden aus mehreren selbstd Positionen besteht, dürfen beide Berechngsarten nebeneinand angewandt werden (BGH **2**, 313). – **b) Mindestschaden.** Zugunsten des Gläub gilt die Vermutg, daß die vom Schu **15** nicht erbrachte Leistg der GgLeistg des Gläub gleichwertig war. Der Gläub kann daher zwar nicht die

GgLeistg zurückfordern, wohl aber einen Geldbetrag in gleicher Höhe als Mindestbetrag seines Schadens (BGH **62**, 120, NJW **82**, 1280, NJW-RR **88**, 420). Zusätzl kann der Gläub die für den Vertr gemachten u jetzt nutzlos gewordenen **Aufwendungen** ersetzt verlangen, da vermutet w, daß er diese bei ordngsmäß Erfüllg des Vertr wieder eingebracht hätte (BGH **57**, 80, **71**, 238, **114**, 196, NJW **91**, 2708, Vorbem 32 v § 249). Die **Rentabilitätsvermutung** gilt aber nur für Aufwendgen, die der Geschädigte zu erwerbswirtschaftl Zwecken gemacht hat, nicht für solche zu ideelen Zwecken (BGH **71**, 239, **99**, 198, aA Köln NJW-RR **94**, 687). Sie betrifft das AustauschVerhältn von Leistg u GgLeistg u erfaßt auch Maklerkosten (BGH **123**, 96), nicht aber Aufwendgen für weitere Gesch, die der Gläub im Hinbl auf den ErstVertr geschl hat (BGH **114**, 196, Wiedemann/Müller JZ **92**, 467). Sie ist widerlegl u entfällt bei einem RücktrR des and Teils (BGH NJW **93**, 2527); der Schu kann den GgBeweis erbringen, daß der Gläub bei ordngsmäß VertrAbwicklg Verlust gemacht hätte u mit den str Kosten ganz od teilw belastet geblieben wäre (RG u BGH aaO), so etwa, wenn es sich um einen aus Grden der WirtschLenkg geschlossenen Vertr ohne GewinnErwartg handelt (BGH NJW **86**, 659).

16 **C. Abstrakte Schadensberechnung. – a)** Vgl zunächst Rn 14. Die abstrakte Schadensberechng ist, jedenf im Anwendgsbereich der §§ 325, 326, ledigl eine Beweiserleichterg (Larenz § 29 III). Sie hat in § 252 S 2 ihre rechtl Grdl (dort Rn 7) u beruht auf der **Vermutung,** daß der Gläub aus dem nicht dchgeführten Vertr den in seiner Branche übl Gewinn gemacht hätte. Sie gilt für Kaufleute u Gewerbetreibde, nicht aber für Private od den Fiskus (RG **105**, 285, BGH WM **80**, 467). Hauptanwendgsfall ist der KaufVertr; die abstrakte Berechng ist auch bei and Vertr zul (§ 252 Rn 7), idR aber nicht bei Vertr über Grdst od EigtWo (BGH NJW **95**, 587). Der Gläub kann den entgangenen Gewinn in seinen AGB pauschalieren, muß aber die Grenzen des AGBG 11 Nr 5 beachten (s dort). Bei Vereinbg einer circa-Menge ist diese der Schadensberechng zugrde zu legen, mögl Abweichgn nach unten oder oben bleiben 17 außer Betracht (Düss NJW-RR **91**, 679, aA Mü NJW-RR **94**, 887). – **b)** Der nicht belieferte **Käufer** kann als Schaden die Differenz zw VertrPreis u Marktpreis od die zw VertrPreis u Weiterverkaufspreis verlangen (RG **68**, 165, BGH **2**, 313). Bei einer marktgäng Gattgsware beschränkt sich die ErsPfl aber auf die Differenz zw dem VertrPreis u dem Markteinkaufspreis (Düss NJW-RR **88**, 1383). Ein Abzug für allg GeschUnkosten erfolgt nicht, dagg sind ersparte spezielle Kosten (Transportkosten, Provisionen) abzuziehen (BGH **107**, 70). Die Vermutg entfällt, wenn der Käufer die Ware für den eig Verbrauch gekauft hat (aA RG **105**, 294). Entspricht der VertrPreis dem Marktpreis ist eine abstrakte Schadensberechng ausgeschl, sofern es sich um eine Ware handelt, die sich der Käufer anderweit beschaffen konnte (MüKo/ Emmerich Rn 101). Eine Verpflichtg zu einem Deckgskauf besteht nicht schlechthin (Ffm NJW **77**, 1015); sie kann aber im Einzelfall (schwanke Preise, bes günstige Einkaufsmöglichk) eine sachl gebotene 18 u zumutb Maßn der Schadensminderg sein (BGH WM **65**, 102). – **c** Der **Verkäufer** kann als Schaden die Differenz zw seinen Herstellgkosten (Anschaffgspreis) u dem VertrPreis od die zw dem (niedrigeren) Marktpreis u dem VertrPreis geltd machen (BGH **107**, 69, NJW **70**, 32). Vorteile aus dem anderweit Verkauf der Ware braucht er sich nicht anrechnen zu lassen, da anzunehmen ist, daß er den Zweitabnehmer bei Dchführg des ErstVertr mit and Waren beliefert hätte (BGH **126**, 309, Ausn s Rn 22). – 19 **d) Zeitpunkt** (Stichtag) der abstrakten Schadensberechng ist für den Anspr aus § 325 der Eintritt der Unmöglichk od, falls der Schu vorher im Verzug war, nach Wahl des Gläub der des Verzugseintritts (RG **96**, 159, **149**, 137, Lent DJ **41**, 770). Ist § 326 AnsprGrdl, kann der Gläub zw dem Verzugseintritt u dem Ablauf der Nachfrist wählen (RG **90**, 424, **91**, 31, **149**, 137); im Fall der endgült ErfVerweigerg tritt an die Stelle des Ablaufs der Nachfrist der Ztpkt, in dem der Gläub vom Erfüllgs- zum SchadErsAnspr übergeht (RG **91**, 31, **103**, 293, BGH **2**, 313).

20 **D. Konkrete Schadensberechnung.** Vgl zunächst Rn 14. Zur konkreten Schadensberechte ist ein Gesamtvermögensvergleich dchzuführen, bei dem sämtl Vor- u Nachteile des nicht erfüllten Vertr zu saldieren sind (BGH NJW **81**, 1834, **82**, 326). Der Gläub ist so zu stellen, wie er gestanden hätte, wenn der Schu im Ztpkt der Fälligk ordngsmäß geleistet hätte (BGH **126**, 131). Den Verlust aus einem DeckgsGesch kann er if des § 326 auch dann ersetzt verlangen, wenn er vor Ablauf der NachFr abgeschlossen hat (BGH aaO). Bei **Dauerschuldverhältnissen** ist das ErfInteresse nur bis zum nächsten mögl KündTermin geschützt, so beim MietVertr (BGH **82**, 130, NJW **85**, 2255), Darl (BGH **104**, 343, NJW-RR **90**, 433) u gem § 628 II beim DienstVertr. Hauptanwendgsfall ist aber auch hier der KaufVertr. – **a)** Der nicht belieferte **Käufer** kann konkret darlegen, daß wg der Nichtlieferg der geplante Weiterverkauf nicht habe dchgeführt werden können (BGH NJW **79**, 812, **80**, 1742, Köln NJW-RR **93**, 949). Entgangener Gewinn ist auch dann zu ersetzen, wenn er das 29-Fache des EinkaufsPr ausmacht (BGH NJW **93**, 2104). Als Schaden kommt neben dem entgangenen Gewinn auch die Belastg mit SchadErsPflten ggü dem Abnehmer in Frage. Der Käufer kann seinen Schaden auf der Grdl eines konkreten DeckgsGesch berechnen od an Stelle der zu liefernden Ware früher von ihm erworbene verwenden (RG **98**, 272). Eine Pfl zum Deckgskauf besteht, wenn sie zur Schadensminderg sachl geboten u zumutb ist (BGH NJW **89**, 291, Karlsr NJW **71**, 1809). Beim DeckgsGesch muß der Käufer mit der erforderl Sorgf vorgehen (RG **50**, 268, BGH NJW **68**, 985). Er muß es baldmöglichst abschließen u darf es nicht in spekulativer Absicht hinauszögern (RG **101**, 91). Den Gewinn aus dem Weiterverkauf braucht der Käufer sich nicht anrechnen zu lassen, da dieser auch bei 21 ordngsmäß Erfüllg erzielt worden wäre (RG **52**, 150, **90**, 161). – **b) Verkäufer. – aa)** Er kann in konkreter Berechng den dch einen **Deckungsverkauf** entstandenen Schaden geltd machen (Mindererlös, zusätzl Kosten). Die ErsPfl erstreckt sich auch auf den mit dem Deckgsverkauf verbundenen Kursverlust (BGH WM **76**, 352). Auch hier gilt, daß eine Verpflichtg zu einem DeckgsGesch besteht, wenn dieses zur Schadensminderg sachl geboten u zumutbar ist (Köln VersR **92**, 191). Der Verkäufer haftet gem § 254 für jede Fahrlässigk (BGH NJW **68**, 985). Der Selbsthilfeverkauf des HGB 373 unterscheidet sich dadch vom Deckgsverkauf, daß er auf Rechng des Käufers geht (RG **110**, 159). Wenn der Verkäufer den Selbsthilfeverkauf mit der erforderl Sorgf dchgeführt hat, kann er aber auch diesen der Schadensberechng zugrde legen (RG **61**, 281). Hat der Verkäufer die Ware selbst ersteigert, muß er sich die Differenz zw ihrem Wert u dem 22 von ihm gezahlten Entgelt anrechnen lassen (RG **110**, 156). – **bb)** Der Verkäufer kann als Schaden die Differenz zw seinen **Selbstkosten** u dem VertrPreis geltd machen; Skonto ist nicht abzuziehen, da es nur iF

rechtzeit Zahlg zu gewähren ist (Karlsr NJW-RR **94**, 347). Behält er die Ware, od verkauft er sie anderweit mit Gewinn, so berührt das seinen SchadErsAnspr grdsätzl nicht; denn es ist zu vermuten, daß er bei Bedarf Waren gleicher Art u Güte zu gleichen Kosten hätte beschaffen können (BGH **126**, 309). Trifft die Vermutg, etwa bei einem Grdst, nicht zu, muß sich der Verkäufer den Mehrerlös aus dem Zweitverkauf jedenf insoweit anrechnen lassen, als der Erlös den VerkWert nicht übersteigt (BGH NJW **81**, 1834). Behält der Verkäufer den nicht reproduzierb KaufGgst, mindert sich sein SchadErsAnspr um die Differenz zw Anschaffgspreis u VerkWert (s RG **89**, 282). – **cc) Andere Verträge.** DarlVertr s § 246 Rn 14, Miet- u LeasVertr s § 276 Rn 128. – **c)** Wird aufgrd eines konkreten DeckgsGesch abgerechnet, so ist für die 23 Schadensbemessg der **Zeitpunkt** der Vorn dieses Gesch maßgebd (Karlsr NJW **71**, 1809, Lent DJ **41**, 770). Wird die Differenz zw Selbstkosten u VertrPreis geltd gemacht, ist für die Selbstkosten auf den Ztpkt der Anschaffg (Herstellg) abzustellen. Zu berücksichtigen sind alle in der letzten TatsVhdlg erkennb Umst (RG **149**, 137). Der Ztpkt der letzten mdl Vhdlg hat aber auch hier nur verfahrensrechtl Bedeutg (Vorbem 174 v § 249).

5) Rücktritt. – a) Auf das gesetzl RücktrR finden gem § 327 die Vorschr über das vertragl RücktrR, 24 wenn auch mit Modifikationen, Anwendg (s daher bei § 327 u §§ 346ff). Das RücktrR kann dch AGB nicht ausgeschl w (AGBG 11 Nr 8a). Es wird dch Erkl ggü dem Schu ausgeübt (§ 349). Der Rücktr ist grdsl unwiderrufl (Ausn: § 347 Rn 2). – **b)** Währd der Gläub vom SchadErsAnspr zum Rücktr übergehen 25 kann, ist der umgekehrte Übergang vom Rücktr zum SchadErs wg der GestaltgsWirkg des Rücktr ausgeschlossen (Rn 8). Dch den Rücktr **verliert** der Gläub endgült die Möglichk, **Schadensersatz wegen Nichterfüllung** zu verlangen. SchadErsAnspr aus c. i. c., pVV u unerl Hdlg bleiben bestehen, umfassen aber nicht den Nichterfüllsschaden (Einf 2 v § 346). Der Rücktr ist daher idR im Vergl zum SchadErsAnspr der **ungünstigere Rechtsbehelf.** Unklare Erkl des Gläub sind demgem iZw nicht als Rücktr aufzufassen (Rn 8). Der Anwalt, der zum Rücktr rät, läuft Gefahr, sich regreßpflicht zu machen (BGH NJW **95**, 451). Nur wenn die GgLeistg des Gläub einen höheren Wert hat als die Leistg des Schu zuzügl etwaiger Folgeschäden, kann der Rücktr der richtige Weg sein. Auch in diesem Fall ist es aber uU günstiger, SchadErs zu fordern u die GgLeistg aufgrd Eigtums (Rn 13) od als Mindestschaden (Rn 15) zurückzuverlangen.

6) Teilunmöglichkeit, I Satz 2. Sie steht der Vollunmöglichk gleich, wenn die Leistg unteilb ist. Die 26 Unteilbark kann sich aus obj Kriterien od dem ausdr od konkludent erklärten PartWillen ergeben (BGH NJW **90**, 3012, NJW-RR **90**, 1464). Trifft das nicht zu, ist zu unterscheiden: – **a)** Die TeilErf hat für den Gläub **Interesse.** Der Vertr zerfällt in zwei rechtl selbstd Teile (BGH **36**, 318). Die mögl Teilleistg wird mit einer entspr verminderten GgLeistg ausgetauscht. So liegt es idR, wenn bei einem DauerSchuldVerh die dem einen Teil obliegde Leistg zeitweil unmögl w (BAG NJW **86**, 1192: WettbewVerbot gg Zahlg einer KarenzEntsch). Hinsichtl des unmögl Teils hat der Gläub die Rechte des § 325 (RG **73**, 61). Wählt er den SchadErsAnspr, kann er mit diesem gg den TeilvergütgsAnspr des Schu aufrechnen (BGH **36**, 218). Ein TeilRücktr ist nur zul, wenn er mit Inh u Zweck des Vertr vereinbar ist (RG **79**, 311, BGH **LM** § 634 Nr 7 Bl 2). Ist der Vertr nicht in selbstd Teile zerlegb, erstreckt sich der Rücktr auf den Vertr im ganzen (RG **67**, 104, BGH NJW **90**, 3012). – **b)** Die TeilErf hat für den Gläub **kein Interesse, I 2.** Diese Voraus- 27 setzg ist gegeben, wenn der Gläub an dem eingeschränkten Leistgsaustausch nicht interessiert ist, etwa weil es für ihn günstiger ist, im ganzen neu abzuschließen (BGH NJW **90**, 2550). And als bei § 280 II ist nicht erforderl, daß die Teilleistg selbst für ihn ohne Interesse ist (RG **50**, 143; **67**, 104, s auch RG **126**, 67). Der Gläub hat die **Rechte** des § 325 hinsichtl des ganzen Vertr. Auf den SchadErsAnspr finden §§ 325 I 2, 280 II die Vorschr über den Rücktr entspr Anwendg. Wenn der Schu dem Gläub gem § 355 eine Frist setzt (Rn 7), kann diese auch die Wahl des SchadErsAnspr einbeziehen. Die Rechte des Gläub aus § 325 I 2 können dch AGB nicht abbedungen w (AGBG 11 Nr 9). – **c)** Beim **Sukzessivlieferungsvertrag** 28 kann der Ausfall einer Teilliefrg das Interesse des Gläub an weiterer Dchführg des Vertr beseitigen. Der Anspr auf SchadErs wg NichtErf u der Rücktr erfassen aber nur die noch ausstehden Raten; der bereits abgewickelte Teil des Vertr bleibt unberührt (RG **58**, 421, BGH **LM** § 326 (Ed) Nr 3, NJW **91**, 2699, Einf 31 v § 305).

7) Rechte aus § 323. Nach § 325 I 3 kann der Gläub die RBehelfe des § 323 geltd machen. Voraussetzg 29 ist, daß der Gläub sich auf den Standpunkt des § 323 stellt, dh dem Schu keinen SchuldVorwurf macht (BGH NJW **71**, 1560). Der Gläub kann nachträgl noch zum SchadErs wg NichtErf od Rücktr übergehen (RG **108**, 187, and evtl BGH aaO). Er kann gem §§ 325 I 3, 323 nach seiner Wahl, (1) den beiderseits noch nicht erfüllten Vertr für **erledigt** erklären, (2) das **Surrogat** der unmögl gewordenen Leistg gg eine evtl entspr herabgesetzte GgLeistg verlangen, (3) die **Rückgewähr** des Geleisteten nach BereicherungsR fordern (§ 323 Rn 6ff). Der Weg (2) ist idR unzweckmäß, weil der Gläub das stellvertretde commodum auch bei Geldmachg von SchadErs verlangen kann, u zwar dann unter Wegfall seiner GgLeistgsPfl (RG **108**, 186); iZw ist anzunehmen, daß der Gläub diese für ihn günstigere Lösg will (RG aaO). Ggü dem Weg (3) ist der Rücktr wg der strengeren Haftg (§§ 346ff) idR der günstigere, jedoch bleibt dem Gläub im Fall von (3) sein WahlR (Rn 7).

8) II gibt dem Gläub die Rechte aus § 325 I, wenn im Fall des § 283 die Leistg bis zum FrAblauf ganz od 30 teilw nicht bewirkt ist. Der Gläub hat danach abw von § 283 ein RücktrR u einen SchadErsAnspr wg NichtErf des ganzen Vertr (Einzelh s bei § 283, insbes dort Rn 9). Beim Kreditkauf steht dem Verkäufer das RücktrR aus § 325 II nicht zu, wenn er voll erfüllt hat (§ 454).

326 *Verzug; Fristsetzung mit Ablehnungsandrohung.* [1]**Ist bei einem gegenseitigen Vertrage der eine Teil mit der ihm obliegenden Leistung im Verzuge, so kann ihm der andere Teil zur Bewirkung der Leistung eine angemessene Frist mit der Erklärung bestimmen, daß er die Annahme der Leistung nach dem Ablaufe der Frist ablehne. Nach dem Ablaufe der Frist ist er berechtigt, Schadensersatz wegen Nichterfüllung zu verlangen oder von dem Vertra-**

ge zurückzutreten, wenn nicht die Leistung rechtzeitig erfolgt ist; der Anspruch auf Erfüllung ist ausgeschlossen. Wird die Leistung bis zum Ablaufe der Frist teilweise nicht bewirkt, so findet die Vorschrift des § 325 Abs. 1 Satz 2 entsprechende Anwendung.

II Hat die Erfüllung des Vertrags infolge des Verzugs für den anderen Teil kein Interesse, so stehen ihm die im Absatz 1 bezeichneten Rechte zu, ohne daß es der Bestimmung einer Frist bedarf.

1 **1) Allgemeines. – a)** Auf den SchuVerzug beim ggs Vertr finden grdsl die allg Regeln (§§ 284 ff) Anwendg. Es gilt insb § 286 I, wonach der Schu den Verspätgsschaden zu ersetzen hat. Die §§ 284 ff berücksichtigen aber nicht, daß die gestörte Leistgspfl synallagmatisch mit einer GgLeistgsPfl verbunden ist. Dem Gläub ist im Fall des SchuVerzuges nicht zuzumuten, auf unbestimmte Zeit leistgsbereit zu bleiben u auf die Dchführg des Vertr zu warten. § 326 gibt ihm daher die Möglichk, den **Vertrag im ganzen** zu liquidieren. Das kann nach Wahl des Gläub dch Geltdmachg von SchadErs wg NichtErf od Rücktr geschehen. Voraussetzg ist der Ablauf einer Nachfrist (§ 326 I) od (ausnahmsweise) der bloße Wegfall des Interesses (§ 326 II). § 326 ergänzt § 286 I u verdrängt § 286 II. Er ist die **wichtigste Vorschrift des Rechts der Leistungsstörungen.** Auch wenn der Gläub Unmöglichk od Unvermögen vermutet, wird er idR gem § 326 vorgehen, um nicht den Beweis der Unmöglichk führen zu müssen. Bei schweren **positiven Vertragsverletzungen** werden die RFolgen gleichf dem § 326 entnommen (§ 276 Rn 124 ff).

2 **b) Anwendungsbereich.** § 326 gilt grdsl für alle ggs Vertr (Einf 4–10 v § 320), auch für gemischte Vertr (RG **67,** 104, **79,** 310) u für VorVertr (BGH **LM** § 145 Nr 8); abgesehen vom Fall der ErfHaftg des Vertreters ohne Vertretgsmacht findet er aber auf gesetzl SchuldVerhältn wie das der Wandlg keine Anwendg (Einf 11 v § 320). SonderVorschr enthalten zB § 315 III 2 Halbs 2 für den Verzug mit dem LeistgsbestimmgsR (§ 315 Rn 13), VVG 39 für die Folgeprämie u ZPO 1029 für die Schiedsrichterernenng. Besonderheiten bestehen aber auch bei folgden SchuldVerhältn: – **aa)** Beim **Kaufvertrag** schließt § 454 das RücktrR aus, wenn der Verkäufer vollständig erfüllt u dem Käufer den Kaufpreis gestundet hat. Beim Kauf unter EigtVorbeh kann der Verkäufer gem § 455 auch ohne FrSetzg zurücktreten. Für die Abgrenzg zu §§ 459 ff gilt § 325 Rn 2 entspr. – **bb)** Beim **Werkvertrag** ist § 326 bis zur Abnahme anwendb (BGH NJW-RR **88,** 311, Hamm NJW-RR **89,** 601), so etwa im Fall der unbegründeten ArbEinstellg des Untern (Hbg MDR **71,** 135). Die VOB/B enthält in § 5 Nr 4 iVm § 8 Nr 3 eine den § 326 verdrängde Sonderregelg (BGH **LM** VOB/B Nr 28); bei Gefährdg des VertrZweckes, insb dch ErfVerweiger, ist § 326 dagg anzuwenden (BGH **LM** (G) Nr 1). Nach Abnahme des Werks schließen die §§ 633 ff die Anwendg des § 326 aus (BGH **62,** 86). Beim ReiseVertr verdrängen die GewLVorschr (§§ 651c ff) weitgehd die allg Regeln des LeistgsstörgsR (BGH **97,** 258, Vorbem 8 vor § 651c). – **cc)** Auf den **Leibrentenvertrag** ist § 326 unanwendb, wenn nur die Bestellg des StammR geschuldet war; and aber, wenn die laufden Zahlgen Ggst des ggs Vertr ist (BGH NJW-RR **91,** 1035). Beim **Erbbaurechtsvertrag** ist der Rücktr nach dem dingl Vollzug im GrdBuch ausgeschlossen (BGH NJW **69,** 1112); bei **Wohnungseigentum** geht WEG **3** 18, § 326 vor (BGH **59,** 106). – **dd)** Bei vollzogenen **Dauerschuldverhältnissen** tritt an die Stelle des RücktrR das KündR aus wichtigem Grd (BGH NJW **86,** 125, Einl 21 v § 241). Das gilt insb für Miet- u PachtVertr (BGH **50,** 312, Hamm OLGZ **84,** 346), DienstVertr (RG **92,** 158, BAG NJW **67,** 2030), GesellschVertr (§ 705 Rn 8), aber auch für BierliefergsVertr (BGH DB **76,** 1010). Beim SchadErsAnspr ist zu unterscheiden: Der Gläub kann beim Vertr stehen bleiben u SchadErs nur wg der verzögerten od nicht erbrachten Leistg verlangen (BGH NJW **86,** 125). Er kann den Vertr aber auch kündigen u SchadErs wg schuldh Veranlassg der Künd fordern. Dieser Anspr ergibt sich beim DienstVertr aus § 628 II. Er besteht aber auch bei and DauerschuldVerhältn, so bei der Miete (RG **76,** 367, BGH NJW **92,** 3228) u beim GesellschVertr (RG **89,** 400). Zur Bemessg des SchadErs s § 276 Rn 128. Auf **Sukzessivlieferungsverträge** ist § 326 dagg anwendb. Im Ergebn bestehen aber zum DauerschuldVerhältn keine Unterschiede, da die Rspr die Wirkgen von Rücktr u SchadErs auf den nicht abgewickelten Teil des Vertr beschränkt (s Einf 31 ff v § 305).

4 **c) § 326 ist dispositiv.** Die Voraussetzgen eines vertragl RücktrR richten sich nicht nach § 326, sond nach dem Vertr (BGH NJW **82,** 1036, **85,** 268). Die Part können insb auf das Erfordern der FrSetzg u der Ablehngsandrohg verzichten (BGH aaO). Ob § 326 neben einer vertragl RücktrRegelg anwendb ist, ist Ausleggsfrage (Hamm BB **89,** 1438). Der Grds, daß der Gläub nur bei eig VertrTreue zum Rücktr berecht ist, gilt iZw auch für das vertragl RücktrR (Rn 13). Ändergen dch AGB unterliegen den Beschränkgen des AGBG. Nach AGBG 11 Nr 4 kann das Erfordern, den Kunden zu mahnen u ihm eine NachFr zu setzen, nicht abbedungen w. Die Rechte aus § 326 werden dch AGBG 11 Nr 7, 8, 9 u 10 Nr 2 geschützt (s dort).

5 **2) Übersicht.** Ist der Schu bei einem ggs Vertr im Verzug, kann der **Gläubiger** zw folgden Möglichk wählen: – **a)** Er kann die eig Leistg gem § 320 **verweigern** u die weitere Entwicklg abwarten. – **b)** Er kann Erfüllg der Verpflichtg u daneben gem § 286 I **Ersatz des Verspätungsschadens** verlangen. Im RStreit kann der Gläub gem ZPO 264 Nr 3 vom ErfAnspr zum Anspr auf SchadErs wg NichtErf übergehen. Nach Erlaß des ErfüllgsUrt steht ihm der Weg des § 283 offen; er kann aber auch noch in diesem Ztpkt die Rechte des § 326 geltd machen (RG LZ **25,** 258). Beim Übergang zum SchadErsAnspr wg NichtErf bleibt der Anspr auf den vorher entstandenen Verspätgsschaden unberührt (Rn 26); der spätere Verzögergsschaden ist Bestandteil des Anspr aus § 326 (s RG **94,** 206, **105,** 281, HRR **32,** 437). Bleibt der Gläub beim Vertr stehen, kann er die eig Leistg auch dann nicht zurückfordern, wenn er unter EigtVorbeh geliefert hat (BGH **54,** 214, **6** aA § 455 Rn 27). – **c)** Der Gläub kann den Vertr wg des Verzugs des Schu liquidieren u **Schadensersatz wegen Nichterfüllung** verlangen od vom Vertr **zurücktreten.** Diese Rechte bestehen nur, wenn die strengen Voraussetzgen des § 326 erfüllt sind: Der Schu muß sich mit einer HauptleistgsPfl im Verzug befinden (Rn 7 ff); der Gläub muß vertragstreu sein (Rn 10 ff). Voraussetzg ist weiter der fruchtlose Ablauf einer vom Gläub mit Ablehngsandrohg gesetzten NachFr (Rn 14 ff u 23). Eine FrSetzg ist jedoch bei Interessenwegfall sowie bei ernsth u endgültiger ErfVerweigerg entbehrl (Rn 19 ff).

3) Verzug mit einer Hauptleistungspflicht. – a) Die **Voraussetzungen des Schuldnerverzuges** 7
(§§ 284 f) müssen erfüllt sein. Auch ein Teilverzug kann genügen (Rn 28). Ist Zug-um-Zug zu leisten, setzt
eine wirks Mahng voraus, daß der Gläub die eig Leistg anbietet (§ 284 Rn 13). – **b)** Der Schu muß sich mit
einer im GgseitigkVerhältn stehden **Hauptleistungspflicht** im Verzug befinden (Einf 16 v § 320). Das
GgseitigkVerhältn erstreckt sich auf die den VertrTyp bestimmden Pflten. Es erfaßt aber auch alle sonstigen
Pflten, die nach dem Willen der Part für die DchFührg des Vertr von wesentl Bedeutg sind (RG **101**, 431,
BGH NJW **72**, 99). Beim WkVertr ist die AbnPfl des Bestellers (§ 640) HauptPfl (RG **171**, 300). Dagg stellt
die AbnPfl des Käufers (§ 433 II) idR keine HauptPfl dar (RG **53**, 161, **57**, 108); das gilt ebso für die Pfl zum
Abruf (BGH NJW **72**, 99). Aus den Umst des Einzelfalls kann sich aber ergeben, daß die Pfl zur Abn od zum
Abruf als HauptPfl eingeordnet werden muß, so wenn die Ware leicht verderbl ist, ihr Besitz mit Lasten od
Risiken verbunden ist od der Verkäufer sein Lager räumen will. Bsp sind der Verkauf von Massengütern
(RG Recht **05** Nr 1835, **07** Nr 428), von Lagerbeständen (RG Recht **23** Nr 1229), der Verkauf auf Abbruch
(RG Warn **22** Nr 96), aber auch BierliefergsVertr (Mü NJW **68**, 1881). Auch die Entgegn der Aufl kann
HauptPfl sein, vor allem wenn von ihr wichtige RFolgen abhängen (RG **69**, 106). Weitere **Einzelfälle** (ja = 8
HauptPfl; nein = keine): Bestellg eines Akkreditivs ja (Mü NJW **58**, 752); Lieferg des Kfz-Briefs beim Kfz-
Kauf ja (BGH NJW **53**, 1347, Schlechtriem NJW **70**, 1995); Verschaffg der Zulassg u der Gebrauchsmög-
lichk beim Kfz ja (Karlsr OLGZ **69**, 317), Übertragg der Konzession beim Verkauf einer Taxe ja (Mü VersR
80, 95); Anschließen des verkauften Geräts ja (Stgt Justiz **66**, 283); Anleitg u Einarbeitg bei Kauf einer EDV-
Anlage ja (s Stgt BB **86**, 1675); Benutzerhandbuch bei Lieferg von Hard- od Software ja (BGH NJW **93**,
462); Pfl zur Spezifikation gem HGB 375 ja; Ausstellg der zur Bahnkontrolle erforderl Rechng ja (RG **101**,
431); Abn im Rahmen eines Lizenz- u AlleinVertriebsVertr ja (Ffm NJW-RR **92**, 1200); Abn beim Darl wohl
ja (aA Derleder JZ **89**, 169); die vom Mieter geschuldeten **Schönheitsreparaturen** ja (BGH **92**, 367, **104**, 9
10, **108**, 6, s auch Rn 20). Anspr des Verpächters auf Beseitigg von umfangreichen Anlagen ja (BGH **107**,
183); Vorlage eines Mustertextes für die Finanzierg nein (Karlsr NJW-RR **93**, 1368).

4) Ungeschriebene Voraussetzg der RBehelfe des § 326 ist grdsl die **eigene Vertragstreue** des Gläub (RG 10
152, 123, BGH NJW **71**, 1747, **84**, 869, NJW-RR **91**, 898, stRspr, krit die Lit s MüKo/Emmerich Rn 24). An
diesem Erfordern, das auf dem *„tu quoque"* Argument u dem Gesichtspkt der *„clean hands"* beruht, ist trotz
der Kritik die Schrift festzuhalten. Sein Anwendungsbereich ist aber erhebl enger als die von der Rspr
gelegentl verwandten Formuliergen vermuten lassen. – **a)** Die VertrUntreue des Gläub führt vielf dazu, daß 11
kein Schuldnerverzug eintritt (s BGH NJW **87**, 253, Köln VersR **92**, 721). In dieser Fallgruppe liegen
bereits die geschriebenen Voraussetzgen des § 326 nicht vor; das Erfordern der VertrTreue des Gläub hat
keine eigenständ Bedeutg. Beispiele sind: Der Gläub hat seine VorleistgsPfl nicht erf (BGH **LM** (A) Nr 12);
er befindet sich bereits selbst im Verzug (RG **120**, 193); er hat bei seiner Mahng die GgLeistg nicht
angeboten (§ 284 Rn 13); er ist außerstande, die GgLeistg zu erbringen (BGH NJW **74**, 36); der Schu hat wg
einer schweren VertrVerletzg des Gläub bereits seinerseits die Rechte des § 326 geltd gemacht (§ 276
Rn 124 ff). Abgesehen vom Fall des endgült Scheiterns des Vertr steht dem Gläub auch hier der Weg des
§ 326 offen. Er muß aber zunächst seinen eig Verzug heilen (§ 284 Rn 28 ff) u den Schu in Verzug setzen. –
b) Es bleiben die Fälle, in denen **Schuldnerverzug vorliegt,** dem Gläub aber gleichwohl mangelnde 12
VertrTreue vorzuwerfen ist. Beispiele sind: Der nachleistgspflichtige Gläub hat zur GgLeistg nicht bereit
(BGH **50**, 176) od nicht in der Lage (BGH NJW **74**, 36), der Gläub hat dch sein Verhalten den VertrZweck
gefährdet (BGH **LM** § 346 Nr 6 Bl 4) od NebenPfl verletzt. Handelt es sich um eine VertrVerletzg von
einigem Gewicht, sind dem Gläub die Rechte des § 326 im Hinblick auf § 242 (dort Rn 46 ff) verschlossen
(RG **152**, 123, BGH NJW **84**, 869); dabei gelten aber **Einschränkungen.** Die PflVerletzg des Gläub ist
unschädl, wenn sie dch die VertrUntreue des Schu erst hervorgerufen worden ist (RG **109**, 56), wenn sie mit
der Pfl des Schu in keinem inneren ZusHang steht (BGH NJW-RR **94**, 372) u nach Art u Schwere nicht
geeignet ist, den VertrZweck zu gefährden (BGH NJW **87**, 253), wenn der Schu auf die Erf der Pfl offenb
keinen Wert gelegt hat (BGH **LM** (C) Nr 1a, WM **72**, 1056), od er sich unabhängig vom Verhalten des
Gläub vom Vertr losgesagt hat (BGH NJW **77**, 581, Ffm JZ **79**, 529). Kehrt der Gläub zu einem vertrags-
treuen Verhalten zurück, stehen ihm die Rechte des § 326 wieder zu (BGH **LM** (A) Nr 12, § 325 Nr 6, WM
72, 1056). Sein verbales Bekenntn zur DchFührg des Vertr reicht aber nicht aus, wenn tatsächl keine
ErfMöglichk mehr besteht (BGH NJW **74**, 36, WM **78**, 732). Nicht erforderl ist, daß der Schu sich schon
gü der NachFrSetzg auf die VertrUntreue des Gläub berufen hat; es genügt, wenn dies im RStreit geschieht
(RG **152**, 124, KG MDR **74**, 319). Unberührt bleibt der ErfAnspr des Gläub u sein SchadErsAnspr aus
§ 286, der aber gem § 254 gemindert sein kann. Zum KündR aus wichtigem Grd bei DauerSchuldVerhältn s
§ 276 Rn 127. – **c)** Stellt ein **vertragliches Rücktrittsrecht** auf eine VertrVerletzg des u des Teils ab, so gilt 13
das Erfordern eig VertrTreue auch für dieses Rechts (BGH NJW **83**, 990, **85**, 266).

5) Fristsetzung und Ablehnungsandrohung. – a) Allgemeines. Die NachFrSetzg u die Ablehngsan- 14
drohg müssen in derselben Erkl des Gläub enthalten sein (RG **120**, 195, BGH **74**, 203, **LM** § 242 (Be) Nr 24
Bl 3 R). Die Erkl muß wg ihrer Warnfunktion die im Ges festgelegten Förmlichk strikt einhalten. Sie soll
dem Schu eine letzte Chance zur ordngsmäß DchFührg des Vertr eröffnen. Die Erkl ist eine einseitige
empfangsbedürftige **Willenserklärung** (RG **53**, 167, Lindacher JZ **80**, 49). Sie ist wg ihrer Gestaltgswirkg
bedingsfeindl u unwiderrufl (RG aaO, BGH **114**, 366). Die Erkl kann an sich erst **nach Verzugsbeginn**
wirks abgegeben werden (RG **93**, 180). Es ist aber zul, sie mit der den Verzug begründden Mahng zu
verbinden (RG **50**, 262, **93**, 181, BGH NJW-RR **90**, 444, stRspr).

b) Fristsetzung. – aa) Der Gläub muß den Schu **auffordern, die Leistung zu bewirken.** Die Auffor- 15
derg an den Schu zu erklären, daß er zur Leistg bereit sei, genügt nicht (RG **101**, 399). Sie ist aber
ausnahmsweise ausreichd, wenn der Schu sich zuvor zur fristgerechten Leistg außerstande erklärt hat (BGH
LM (Dc) Nr 4). Entspr gilt, wenn bei einem langfristigen Vertr Leistgshindern in der Sphäre des Schu
entstanden sind (BGH **LM** § 242 (Be) Nr 24, NJW **83**, 990), ferner dann, wenn der Gläub wg einer pVV des
Schu die Rechte des § 326 geltd machen will (§ 276 Rn 124 ff). Hat der Besteller das mangelh Wk nicht
abgenommen, genügt für § 326 die Aufforderg zur VertrErf, eine genaue Bezeichng der Mängel ist nicht
erforderl (BGH NJW-RR **88**, 311). Für die **Zuvielforderung** gelten die Ausführgen in § 284 Rn 19 entspr.

Eine ZuvielFdg erhebl Umfangs kann aber unter dem Gesichtspkt eig VertrUntreue die Rechte des § 326
16 ausschließen (BGH **LM** § 346 Nr 6 Bl 4, Celle MDR **94**, 137). – **bb)** Die NachFr muß **angemessen** sein; sie
soll dem Schu eine letzte Gelegenh zur VertrErfüllg eröffnen u braucht daher nicht so bemessen zu werden,
daß der Schu die noch gar nicht begonnene Leistg erst anfangen u fertigstellen kann (BGH NJW **85**, 323,
857, DüssNJW-RR **92**, 951). Der Schu soll vielmehr in die Lage versetzt werden, die bereits in Angriff
genommene Leistg zu vollenden (BGH NJW **82**, 1280). Bei ZahlgsFr ist zu berücksichtigen, daß der Schu
für seine finanzielle Leistgsfähigk verantwortl ist (BGH NJW **85**, 2640). Einzelfälle s Thamm BB **82**, 2018 u
AGBG 10 Rn 11. Eine NachFr von 2 Tagen kann bei bes Eilbedürftigk ausr sein (Köln NJW-RR **93**, 949).
Die Part können über die Dauer der NachFr vertragl Abreden treffen, Festsetzgen in AGB sind aber nur in
17 den Grenzen von AGBG 10 Nr 2 wirks (s dort). – **cc)** Die Bestimmg einer **zu kurzen Nachfrist** setzt idR
eine angem NachFr in Lauf (RG **56**, 234, BGH NJW **85**, 2640). Die FrSetzg ist aber wirkgslos, wenn die zu
kurze Fr dch AGB festgelegt ist, da der Rekurs auf die angem Fr gg das Verbot geltgserhaltder Reduktion
verstoßen würde (Hamm NJW-RR **95**, 503). Gleiches gilt, wenn der Gläub zu erkennen gibt, daß er die
Leistg nach Ablauf der von ihm gesetzten zu kurzen Fr keinesfalls annehmen wolle, auch wenn sie innerhalb
der obj angem Fr erfolgt (RG **91**, 207), od wenn der Gläub, um vom Vertr los zu kommen, arglistig eine zu
kurze Fr setzt (RG JW **11**, 92). Die Aufforderg, in angem Fr od „unverzügl" zu leisten, ist zuläss (RG **75**,
357). Der Gläub kann die Fr bis zu ihrem Ablauf dch einseit Erkl **verlängern.** Nach FrAblauf ist dagg der
Abschluß eines neuen uU formbedürft Vertr erforderl (BGH **20**, 340).

18　　**c)** In der **Ablehnungsandrohung** muß klar u unzweideut zum Ausdr kommen, daß der Gläub nach
FrAblauf die **Annahme der Leistung ablehnen werde.** Die Wiederholg des GesWortlautes ist nicht
erforderl, wg der strengen Anfordergen der Rspr aber ratsam. Aus der Erkl muß unzweifelh hervorgehen,
daß der Gläub nach FrAblauf Erfüllg nicht mehr annehmen werde (BGH NJW **77**, 36, **83**, 1732). Der Gläub
braucht nicht anzugeben, welchen RBehelf er nach FrAblauf geltd machen will. Er kann sich aber insow
bereits festlegen (RG **61**, 131, BGH NJW **82**, 1280); auch wenn er sich für den Rücktr entscheidet, bleibt ihm
jedoch bis zum FrAblauf ein *jus variandi* (BGH NJW **79**, 762, Düss NJW **72**, 1051, Bülow JZ **79**, 430).
Einzelfälle (ja = ausreichde Ablehngsandrohg; nein = nicht ausreichd); Erkl, sich den Rücktr od sonstige
Rechte „vorzubehalten", nein (RG **91**, 164, BGH **LM** (D) Nr 2), jedoch ist im Einzelfall eine abweichde
Beurteilg denkb (Köln NJW **91**, 301). Androhg der übl Schritte od der Übergabe an einen Anwalt nein (RG
Recht **16**, 351, BGH NJW **68**, 103). Androhg einer SchadErsFdg, ja, wenn sich die Androhg eindeut auf den
NichtErfSchaden bezieht (BGH **74**, 202, NJW **91**, 3282), nein, wenn auch der Verzögergsschaden gemeint
sein könnte (RG **120**, 194). Androhg des Rücktr ja (Staud-Otto Rn 89), von Zwangsmaßn nein (BGH WM
85, 391), der anderweitiger Vfg über die Ware nein (RG JW **21**, 1359). Drohg, vom Vertr „abzugehen", ihn
„aufzuheben" od zu „annullieren" ja, aber Frage des Einzelfalls (BGH NJW **83**, 1732).

19　　**6) Entbehrlichkeit der Fristsetzung. – a) Verzicht.** Da § 326 dispositiv ist (Rn 4), kann das Erfordern
der FrSetzg ausdr od konkludent abbedungen werden (s RG **96**, 257, BGH NJW **82**, 1036). Mögl ist auch
die einseit VerzichtsErkl des Schu (s RG **104**, 375). Es muß sich aber um eine IndividualErkl des Schu
handeln; ein formularmäß Verzicht in den AGB des Gläub ist gem AGBG 11 Nr 4 unwirks.

20　　**b) Erfüllungsverweigerung.** Wenn der Schu die Erfüllg bestimmt, ernstl u endgült verweigert, ist die
FrSetzg wg offensichtl Zwecklosigk entbehrl (BGH **2**, 312, **49**, 60, NJW **82**, 2316, **92**, 971, allgM). Dabei ist
konstruktiv zu unterscheiden: Verweigert der Schu die Erf **nach Fälligkeit** u handelt es sich um eine Haupt-
leistgsPfl, ist § 326 unmittelb anwendb (Staud-Otto Rn 128). Der Schu muß sich an der von ihm abgegebe-
nen Erkl festhalten lassen; ein Rückgriff auf die Grds der pVV ist nicht erforderl. Handelt es sich um eine
ErfVerweigerg **vor Fälligkeit** od betrifft sie keine HauptPfl, sind dagg die Grds der pVV anzuwenden
(BGH NJW **86**, 843, § 276 Rn 124ff). An die Bejahg einer endgült ErfVerweigerg sind strenge Anfordergen
zu stellen (BGH **104**, 13, NJW-RR **93**, 883). Die Weigerg des Schu muß als sein letztes Wort aufzufassen sein
(BGH NJW **86**, 661, ZIP **91**, 508). Nicht ausr sind daher: Ausweichen des Schu (RG **67**, 318); Bitte um
Stundg u Erkl, zZ nicht zahlen zu können (RG **66**, 430); Äußerg rechtl Zweifel (BGH DB **71**, 1203);
zweimaliges Nichteinhalten eines verbindl zugesagten Termins (Kblz MDR **92**, 344); Meingsverschiedenh
über den Inh des Vertr (BGH NJW **71**, 798); Ablehng mit der Erkl, zu Verhandlgen über Streitpunkte bereit
zu sein (BGH **LM** (Dc) Nr 2; Weigerg mit der Begründg, die erbrachte Leistg sei ordngsmäß (BGH NJW
86, 661, NJW-RR **93**, 883) od er wisse nicht, wann er die beim Vorlieferanten bestellte Sache liefern könne
(BGH NJW **92**, 235). Eine Fristsetzg ist dagg entbehrl, wenn der Schu ohne Grd endgült erklärt, er trete
vom Vertr zurück (BGH NJW **87**, 253, § 276 Rn 114ff). Entspr gilt, wenn er sein Erkl erst zu einem
Ztpkt leisten kann, der nach Ablauf der angem NachFr liegt (BGH NJW **84**, 49). Auch in der Stellg des
KlAbweisgsAntr kann eine endgült ErfVerweigerg liegen (BGH NJW **84**, 1460). Zieht der Mieter aus, ohne
die ihm obliegden **Schönheitsreparaturen** auszuführen, so stellt das idR eine endgült ErfVerweigerg dar
(BGH **49**, 56, NJW **91**, 2417). Die Umstände können aber eine and Beurteilg rechtfertigen, so etwa im Fall
einer Zwangsräumg nach Beginn der Reparaturarbeiten (BGH NJW **77**, 36, s auch Rn 21) od bei Streit über
die Wirksamk der Künd (BGH **104**, 14). Beim **Sukzessivlieferungsvertrag** kann der Gläub bei schweren
Vertragsverletzgen des Schu die Rechte des § 326 uU ohne NachFrSetzg geltd machen (Einf 31 v § 305); die
insoweit geltden Grds können aber auf rechtl selbstd Vertr, auch wenn sie wirtschaftl zushängen, nicht
angewandt w (BGH NJW-RR **95**, 243).

21　　**c) Interessewegfall (II).** Der Gläub muß infolge des Verzugs das Interesse am Austausch der beiderseit
Leistgen verloren haben. Zwischen dem Verzug u dem Interessewegfall muß daher ein KausalZusHang
bestehen (RG **70**, 129, BGH **LM** Nr 3 Bl 3). Dagg ist nicht erforderl, daß der Schu den Interessewegfall
voraussehen konnte (RG **94**, 326, BGH NJW **71**, 798). Der KausalZusHang fehlt, wenn das Interesse bereits
vor Verzugsbeginn, etwa dch Abschluß eines DeckgsGesch, entfallen ist (RG **96**, 129, BGH WM **71**, 617,
Peters NJW **79**, 688) od wenn unabhäng vom Verzug Absatzschwierigk entstanden sind (BGH NJW **70**,
1502). § 326 II ist auch dann anwendb, wenn das Interesse währd des Laufs der NachFr wegfällt (RG **89**,
124). Um die Regelvoraussetzgen des § 326 I 1 nicht auszuhöhlen, sind an den Interessefortfall aber strenge
Anfordergen zu stellen. Er ist in folgen Fällen zu **bejahen:** Verzug mit der Lieferg von Saisonartikeln

(BGH **LM** (Ed) Nr 3); verzugsbedingte Ablehng der VertrErf dch den Abnehmer des Gläub (Köln NJW-RR **93**, 949); Erhöhg der mit dem Weiterverkauf verbundenen Risiken (RG **104**, 375); wesentl PrErhöhg beim Lieferanten des Gläub (RG JW **25**, 935); Auszug des Mieters ohne die Schönheitsreparaturen dchzuführen, sofern die Zeit bis zum Beginn des neuen MietVerhältn für eine NachFrSetzg nicht ausreicht (BGH WM **81**, 798). Dagg genügen **nicht:** Preisschwankgen auf dem Absatzmarkt des Gläub (Mü NJW **58**, 752); Möglichk des Gläub, die Ware anderweitig zu einem höheren Pr zu verkaufen (BGH NJW **80**, 449); hohe Kosten der weiteren Aufbewahrg, etwa bei Chinchillas (Ffm OLGZ **85**, 93).

d) Rechtsfolgen. In den Fällen zu Rn 19–21 entfällt ledigl das Erfordern der NachFrSetzg. Der Gläub **22** behält zunächst seinen ErfAnspr. Will er den Vertr gem § 326 liquidieren, muß er dch eine gestaltde Erkl die Erfüllg ablehnen u SchadErs wg NichtErf verlangen od zurücktreten (BGH NJW-RR **88**, 1100).

7) Versäumung der Nachfrist. Der Schu muß sich bei FrAblauf weiter im Verzug befinden. Das ist **23** nicht der Fall, wenn der Anspr verjährt ist (BGH **104**, 6) od der Verzug aus einem and Grd (§ 284 Rn 30) geendet hat. Die Frist ist gewahrt, wenn der Schu die LeistgsHdlg innerh der Frist vornimmt; daß der LeistgsErfolg erst nach FrEnde eintritt, ist unschädl (BGH **12**, 269). Beim Versendgskauf genügt daher rechtzeitige Absendg (BGH aaO), bei Geldschulden rechtzeitige Erteilg des Überweisgsauftrags (§ 270 Rn 7). Der Schu kann aber gehalten sein, seine Bank auf beschleunigte DchFührg zu drängen (BGH NJW **59**, 1176). Der Gläub kann die NachFr bei Schickschulden nicht so setzen, daß der Schu vor ihrem Ablauf den LeistgsErfolg herbeizuführen hat (RG **68**, 331, BGH **12**, 269). Die Frist ist auch bei geringer Überschreitg versäumt (BGH NJW **74**, 360), doch kann in besonders liegden AusnFällen § 242 anwendb sein. Der Schu muß vollständ u in der geschuldeten Qualität leisten. Erbringt er statt dessen eine Teilleistg, so kann der Gläub sie nach § 266 zurückweisen. Nimmt er die Teilleistg an, gilt Rn 28.

8) Rechtsfolgen. – a) Mit fruchtlosem Ablauf der NachFr erlischt der ErfAnspr des Gläub (BGH NJW- **24** RR **89**, 201); wg der Verbindg von Leistg u GgLeistg entfällt gleichzeit auch der ErfAnspr des Schu, eine etwa eingetragene AuflVormerkg wird wirkgslos (Muscheler BB **89**, 1440). Das Recht des Käufers zum Besitz der Sache erlischt (BGH **54**, 216, **96**, 187) u das vertragl Austauschverhältn verwandelt sich in ein **Abwicklungsverhältnis.** Bei ErfVerweigerg treten diese RFolgen aber erst ein, wenn der Gläub eines der Rechte aus § 326 geltd macht (Wertenbruch AcP **193**, 191). Zur Wiederherstellg der beiderseitigen LeistgsPflten bedarf es eines neuen Vertr, der die etwa bestehden Formerfordern (zB § 313) wahren muß (RG **107**, 348, BGH **20**, 344).

b) Der Gläub hat die **Wahl** zw SchadErs wg NichtErf u Rücktr. Für dieses WahlR u alle damit zushäng- **25** den Fragen gelten die Ausführgen in § 325 Rn 7 f entspr.

c) Der **Schadensersatzanspruch wegen Nichterfüllung** stimmt nach Inhalt u Umfang mit dem Anspr **26** aus § 325 überein. Die Darstellg in § 325 Rn 9 ff erstreckt sich daher auch auf den Anspr aus § 326; die meisten dort zitierten Entscheidgen betreffen Fälle des § 326. Hinzuzufügen ist ledigl: – **aa)** AnsprGrdl für den bis zum Ablauf der NachFr entstandenen Verspätgsschaden bleibt § 286 (BGH **88**, 49, Düss NJW-RR **93**, 1430). Wenn der Gläub als Stichtag für die abstrakte Schadensberechng den Verzugseintritt wählt (§ 325 Rn 19), wird der Verspätgsschaden aber Teil des NichtErfSchadens (RG **96**, 159, BGH NJW **53**, 337). – **bb)** Wird die Leistg bis zum Ablauf der NachFr **unmöglich,** endet der Verzug (§ 284 Rn 3), an die Stelle des § 326 tritt § 325. Der Gläub kann als Stichtag der Schadensermittlg den Verzugseintritt wählen u dadch den Verspätgsschaden auch hier in den NichtErfSchaden einbeziehen (RG **94**, 206, BGH **LM** § 198 Nr 3).

d) Das **Rücktrittsrecht** des § 326 entspr dem des § 325. Es gelten daher die Ausführgen in § 325 **27** Rn 24 f. Auch im Fall des § 326 ist der Rücktr idR der ungünstigere RBehelf; er ist aber dann der richtige Weg, wenn es dem Gläub ausschließl darum geht, vom Vertr loszukommen.

9) Teilverzug. Seine Probleme treten nur auf, wenn der Gläub eine Teilleistg als Erf angenommen hat. **28** Hat der Gläub die Teilleistg gem § 266 zurückgewiesen, liegt Totalverzug vor, für den die allg Regeln gelten. § 326 I 3 betrifft seinem Wortlaut nach ledigl die Teilleistg nach FrSetzg; er gilt aber entspr für die vor Setzg der NachFr (RG **50**, 141). Unabhäng von I 3 stehen dem Gläub die TotalR zu, wenn die Leistg nach obj Kriterien od nach dem PartWillen unteilb ist (§ 325 Rn 26); im übrigen ist zu unterscheiden: – **a)** Die TeilErf hat für den Gläub **Interesse.** Der Vertr zerfällt in zwei selbstd Teile (BGH **36**, 318). Der **29** Gläub hat für die bewirkte Teilleistg einen entspr Teil der GgLeistg zu erbringen. Das setzt allerdings voraus, daß neben eine GgLeistgspfl steht (RG **50**, 143). Bezügl des ausstehden Teils hat der Gläub die Rechte des § 326. Wählt er den SchadErsAnspr, kann er mit diesem ggf gg den TeilentgeltsAnspr des Schu aufrechnen (BGH **36**, 318). Ist der Vertr nicht in selbstd Teile zerlegb (Bsp: Verkauf einer Sache), erstrecken sich die Rechte des § 326 notw auf den Vertr im ganzen. – **b)** Die TeilErf hat für den Gläub **kein Interesse.** Der Gläub hat die Rechte des § 326 hinsichtl des ganzen Vertr. Die Ausführgen in § 325 Rn 27 gelten entspr. – **c) Sukzessivlieferungsvertrag** s Einf 31 v § 305.

10) Die **Beweislast** für die Voraussetzgen des § 326 trägt grdsl der Gläub. Er ist auch beweispflicht dafür, **30** daß er seine Leistg bereits erbracht od ordngsmäß angeboten hat (s RG HRR **32**, 436, BGH **LM** (H) Nr 8). Hat der Schu sich unberecht vom Vertr losgesagt, muß er aber beweisen, daß der Gläub bis zum Ztpkt der VertrDchFührg nicht hätte leistgsbereit werden können (BGH WM **74**, 327). Verweigert der Vorleistgspflichtige seine Leistg, muß er beweisen, daß der and Teil zur Erbringg der GgLeistg außerstande ist (BGH NJW **65**, 1270).

327 *Regelung des gesetzlichen Rücktrittsrechts.* **Auf das in den §§ 325, 326 bestimmte Rücktrittsrecht finden die für das vertragsmäßige Rücktrittsrecht geltenden Vorschriften der §§ 346 bis 356 entsprechende Anwendung. Erfolgt der Rücktritt wegen eines Umstandes, den der andere Teil nicht zu vertreten hat, so haftet dieser nur nach den Vorschriften über die Herausgabe einer ungerechtfertigten Bereicherung.**

1   **1) Satz 1.** Das Ges verzichtet auf eine eigenständ Regelg des gesetzl RücktrR u verweist statt dessen auf die Vorschr über das vertragl RücktrR. Das ist angesichts der unterschiedl Interessenlagen in beiden Fallgruppen wenig überzeugd. Da die RFolgenverweisg des § 327 Satz 1 eine „entsprechende" Anwendg der §§ 346 ff anordnet, ist es aber mögl, den beim gesetzl RücktrR bestehden besonderen Gegebenh Rechng zu tragen. Dabei geht es vor allem darum, die in §§ 346, 347 vorgesehene strenge Haftg für den RücktrBerecht zu mildern; vgl dazu § 347 Rn 6 ff u unten Rn 2 f. Die Bezugn erstreckt sich auch auf die **Ausschlußgründe** der §§ 351 ff. Wg der Einzelh s die Erläutergen zu den §§ 346 ff.

2   **2) Satz 2** ist eine AusnVorschr zu den §§ 346, 347. Er ersetzt die in § 347 bestimmte strenge Haftg nach den §§ 987 ff dch eine Haftg nach **Bereicherungsrecht;** anwendb ist vor allem § 818 III. Begünstigt wird nach dem GesWortlaut der RücktrGegner, sofern er den RücktrGrd nicht zu vertreten hat. Das ergibt keinen Sinn, denn in den Fällen der §§ 325, 326, auf die sich Satz 2 bezieht, hat der RücktrGegner den Rücktr immer zu vertreten. Nur bei § 636 kann es ausnahmsweise anl liegen. Das ändert aber nichts daran, daß Satz 2 bei wörtl Auslegg leerlaufd ist. Die Auslegg muß sich daher vom Text der Norm lösen u auf die in **3**   ihm zum Ausdr kommde grdsätzl Aussage abstellen. Satz 2 enthält den **allgemeinen Rechtsgedanken,** daß derj, der den Rücktr nicht zu vertreten hat, nur nach BereichergsR haftet, gleichgült, ob er od der and Teil den Rücktr erklärt (RG **130**, 123, BGH **53**, 148, JZ **87**, 676, Köln OLGZ **70**, 455, Staud-Otto Rn 31, RGRK-Ballhaus Rn 3, str). Dieser Grds gilt auch für and als die in § 327 S 1 genannten gesetzl RücktrR (RG JW **28**, 57), so für sondergesetzl RücktrR (RG **116**, 380, BGH **6**, 230) u für die Wandlg (Köln OLGZ **70**, 455, Muscheler AcP **187**, 367, str, s § 347 Rn 6 ff). Die GgAnsicht, die im Anschl an Glaß (Gefahrtragg u Haftg beim gesetzl Rücktr, 1959) für eine wörtl Auslegg des Satzes 2 eintritt (Huber JZ **87**, 650, Kohler Jura **94**, 524, Soergel-Wiedemann Rn 34) kann nicht überzeugen. Sie beruht auf einer 100 Jahre nach Erlaß des BGB unangebrachten Überbewertg der EntstehgsGeschichte, zT auch auf einer unzul Gleichsetzg von Erörtergen in der 2. Kommission (Prot I 652) mit dem klaren Willen des GesGebers (so MüKo/Emmerich Rn 13). Ausgeschlossen ist es aber auch, als „and Teil" den RücktrBerecht anzusehen (so Woopen JZ **91**, 539). Satz 2 kann, wenn der PartWille dafür hinr Anhaltspkte bietet, auch auf vertragl RücktrR anzuwenden sein (Ffm NJW **67**, 984). Er stellt das Höchstmaß der Haftg dar. Wenn die Normalhaftg nach § 347 geringer ist, bleibt es bei dieser (Nürnb MDR **72**, 238, Fuchs NJW **60**, 2177). Einzelheiten s § 347 Rn 6 ff.

Dritter Titel.
Versprechen der Leistung an einen Dritten

Einführung

1   **1)** Das SchuldVerh ist grdsl eine Zweiparteienbeziehg zw Gläub u Schu; es begründet Rechte u Pflten nur für die an ihm unmittelb Beteiligten (Einf 3 v § 241). Diese Beschränkg w aber dch zahlreiche Ausn dchbrochen. Die wichtigste ergibt sich aus §§ 328 ff. Danach können die VertrPart vereinbaren, daß der Schu (Versprechde) die Leistg an einem vom Gläub (VerprEmpf) verschiedenen Dr zu erbringen hat. Die RStellg des Dr kann unterschiedl ausgestaltet sein. Beim **echten** (berechtigden) Vertr zGDr erwirbt er einen eig Anspr gg den Schu. Beim **unechten** (ermächtigden) Vertr zGDr ist der Schu ermächtigt, mit befreider Wirkg an den Dr zu leisten; das Recht, die Leistg an den Dr zu verlangen, steht aber allein dem Gläub zu. Die RFortbildg hat als weitere Art der Drittberechtigg den Vertr mit **Schutzwirkung** zGDr herausgebildet (§ 328 Rn 13 ff). Er unterscheidet sich vom echten Vertr zGDr dadch, daß der Dr keinen eig Anspr auf die Hauptleistg erwirbt; der Dr ist aber in der Weise in die vertragl Schutz- u ObhutsPflten einbezogen, daß er bei deren Verletzg vertragl SchadErsAnspr geltd machen kann. **Regelungsgegenstand** der §§ 328 ff ist der echte Vertr zGDr. Der unechte Vertr zGDr bedarf keiner bes Vorschr. Er wird in den §§ 328 ff nur angesprochen, soweit es um die Abgrenzg zum echten Vertr zGDr geht (s §§ 328 II, 329, 330).

2   **2) Zweck** des Vertr zGDr ist vielf, die Versorgg des Dr sicherzustellen od zu ihr beizutragen. Diese Fallgruppe (Versichergs-, Leibrenten- u HofübergVertr) stand bei den Beratgen des BGB im VorderGrd (Mot II 265). Zweck des Vertr zGDr kann aber auch sein, den Leistgsweg zu verkürzen, dh die doppelte Leistg (Versprechder an VersprEmpf, dieser an Dr) dch eine direkte Leistg des Versprechden an den Dr zu substituieren. Da es sich um ein DreipersonenVerh handelt, sind drei RBeziehgen zu unterscheiden:

3   **a) Das Deckungsverhältnis.** Der Vertr zw Versprechdem (Schu) u VersprEmpf (Gläub) ist das eigentl VertragsschuldVerh. Es best die zu erbringde Leistg u die Pers des Dr u ist damit das die RBeziehgen prägde GrdVerhältn; es wird als DeckgsVerh bezeichnet, weil der Schu aus ihm Deckg, dh den GgWert für seine Leistg, erhält. Der Vertr zGDr ist kein bes VertrTyp. Jeder schuldrechtl VerpflVertr kann als Vertr zGDr abgeschl w (s § 328 Rn 1). Auf **Mängel** des GrdVerh kann sich der Versprechde auch ggü dem Dr berufen (§ 334).

4   **b) Das Zuwendungs- oder Valutaverhältnis** zw VersprEmpf (Gläub) u Dr. Aus dieser RBeziehg ergibt sich der RGrd für die Zuwendg an den Dr; es entscheidet darüber, ob der Dr die Leistg behalten darf (BGH **91**, 290, NJW **75**, 383). IdR handelt es sich um ein vertragl Verh, der Gläub kann aber auch als GeschF oA od in Erf einer gesetzl Verpfl handeln. Als RGrd der Zuwendg kommen vor allem Schuldtilg, aber auch Schenkg in Betracht. Mögl ist, daß das ValutaVerh erst nach dem Tod des VersprEmpf zustande kommt (§ 331 Rn 4). **Mängel** des ZuwendgsVerh lassen die Wirksamk des Vertr zGDr unberührt. Ein etwa erforderl BerAusgl erfolgt grdsl in der Beziehg zw VersprEmpf u Dr (§ 334 Rn 3 f).

5   **c) Das Vollzugs- oder Drittverhältnis** zw Versprechdem (Schu) u Dr ist kein vertragl RVerh (BGH **54**, 147). Für den Dr besteht ledigl ein aus dem Vertr zGDr abgespaltetes FdgR u für den Schu eine korrespondierde Verpfl. Das VollzugsVerh begründet aber ein vertragsähnl VertrauensVerh. Die dem Schu obliegden NebenPflten bestehen auch ggü dem Dr; umgekehrt obliegen dem Dr aGrd seiner RStellg die vertragl NebenPflten eines Gläub (BGH **9**, 318, § 328 Rn 19).

3) Das **Forderungsrecht** des Dr entsteht ohne seine Mitwirkg allein aGrd des Vertr zw Versprechdem u VersprEmpfänger. Eines Beitritts des Dr bedarf es nicht, er hat aber das ZurückweisgsR des § 333. Der Dr erwirbt das FdgsR **originär** in seiner Pers. Der Anspr gehört nicht, auch nicht dchgangsw, zum Vermögen des VersprEmpf (BGH **91**, 291). Er ist daher dem VollstrZugriff der Gläub des VersprEmpf entzogen. Entsteht das Recht erst mit dem Tod des VersprEmpf, gehört es nicht zum Nachl (BGH **41**, 96, § 330 Rn 2). **6**

4) Die **Form** des Vertr zGDr bestimmt sich nach dem GrdVerh (Rn 3), dh nach dem zw Versprechden u VersprEmpf geschlossenen Vertr (RG **106**, 2, BGH **54**, 147). Es gilt daher § 313, wenn sich der Versprechde zur Übereign eines Grdst an den Dr verpfl; § 518 ist anzuwenden, wenn der Versprechde schenkw eine Leistg verspricht. Dagg ist das Zuwendgs- od ValutaVerh (Rn 4) für die vom Vertr zGDr zu wahrde Form ohne Bedeutg. Der Vertr zGDr wird nicht deshalb formbedürft, weil die Zuwendg des FdgsR in der RBeziehg zw VersprEmpf u Dr eine Schenkg darstellt (BGH **54**, 147). Im Fall des § 331 ist die Einhaltg der Formen des ErbR auch dann nicht erforderl, wenn im ValutaVerh eine Schenkg vorliegt, die erst bei od nach dem Tod des Schenkers wirks wird (BGH **41**, 96, **66**, 12, § 331 Rn 1). **7**

5) Nach der systemat Stellg u dem Wortlaut der §§ 328 ff geht das BGB davon aus, daß nur **schuldrechtliche Verpflichtungsverträge** als Vertr zGDr abgeschlossen w können. Daraus ergibt sich: – **a) Schuldrechtliche Verfügungsverträge** (Einf 6 v § 305). Eine direkte Anwendg der § 328 ff scheidet aus (allgM). Auch eine analoge Anwendg der §§ 328 ff ist nicht mögl (BGH **41**, 96, stRspr, str). Es gibt daher keine Abtr zGDr (LAG Düss BB **58**, 1169, Ffm VersR **84**, 755), keine VertrÜbertr zGDr (BGH **68**, 231) u auch keinen Erlaß zGDr (BGH NJW **94**, 2483, KG OLGZ **78**, 71). Nur für die befreide SchuldÜbern gilt im Rahmen der Sonderregelg des § 414 eine Ausn. Die im Schriftt gg diese stRspr erhobenen Einwendgen (s Larenz § 17 IV, Kaduk FS Larenz, 1983 S 309) überzeugen schon desh nicht, weil ein prakt Bedürfn für eine entspr Anwendg der § 328 ff auf Vfgen nicht erkennb ist. Das wirtschaftl Ergebn der Abtr zGDr kann dadch erreicht w, daß die Fdg des „Zedenten" erlassen u zG des nicht beteiligten „Zessionars" (Dr) gem § 328 eine inhaltsgleiche Fdg begründet w. Der Erlaß kann, sow er einen Dr begünstigen soll, als schuldr *pactum de non petendo* zGDr aufgefaßt w (RG **127**, 129, BGH **LM** § 328 Nr 15, zu Teilsgabkommen s § 328 Rn 11). Bes liegt der Fall des **Haftungsausschlusses** zGDr (§ 276 Rn 60). Hier bedarf es weder der Konstruktion eines *pactum de non petendo* zGDr (so aber BGH VersR **60**, 727) noch der eines antizipierten Verzichts zGDr. Die Freizeichng verhindert od begrenzt von vornherein das Entstehen eines SchadErsAnspr (Gernhuber JZ **62**, 553, MüKo/Gottwald § 328 Rn 137, str). **8**

b) Dingliche Verträge. Die §§ 328 ff sind weder unmittelb noch analog anwendb (BGH **41**, 95, NJW **93**, 2617, stRspr, str). Das gilt für die Übereign u die Übertragg beschränkter dingl Rechten (RG **98**, 282, BGH **41**, 95); die §§ 328 ff sind aber auch dann unanwendb, wenn ein dingl Recht auf Leistg aus dem Grdst begründet w soll, wie iF der Hyp (RG **66**, 97, JW **31**, 525), der GrdSch, des MobiliarpfandR (RG **124**, 221) u der Reallast (BGH NJW **93**, 2617). Der Dr erwirbt die Hyp od das sonst Recht erst dch Einig mit dem Eigtümer, die aber formlos (§ 873) u auch stillschw erfolgen kann. Die Lit ist auch hier – ebso wie bei den schuldr VfgsVertr – überwiegd aA. Einige Autoren halten die §§ 328 ff allgemein auf dingl Vertr für entspr anwendb, verlangen aber, daß die Publizitätsakte (BesErwerb, Eintrag) in der Pers des Dr vollzogen w müssen (Larenz § 17 IV, Erman-Westermann Rn 3). And beschränken die analoge Anwendg auf die Begründg von dingl Rechten, aGrd deren Leistgen aus dem Grdst zu erbringen sind (MüKo/Gottwald § 328 Rn 155, Baur § 5 II 2). Für beide Lösgsvorschläge besteht kein Bedürfn. In der Praxis ist es dchweg ein gangb Weg, den „VersprEmpf" als Vertreter ohne Vertretgsmacht für den Dr auftreten zu lassen. **9**

c) Verträge zu Lasten Dritter sind mit dem Grds der Privatautonomie unvereinb u unzul (BGH **54**, 247, **61**, 361, **78**, 374 f, BayObLG **84**, 201). Unwirksam ist demgem eine Nachfolgeregelg, wonach die Mitgliedsch in einer PersonalGesellsch ipso jure auf einen Nachfolger übergehen soll (BGH **68**, 231, Martens AcP **177**, 139). Auch wenn der Dr sich mit seiner Belastg einverstanden erkl hat, ist der Vertr unwirks: Eine VerpflErmächtigg ist mit den Grds des BGB unvereinb (Peters AcP **171**, 243, MüKo/Gottwald § 328 Rn 139, str). Wenn der Handelnde die Drittbezogenh seines Handelns nicht offenlegt, gilt § 164 II; erfolgt eine entspr Klarstellg, ist der Handelnde als Vertreter anzusehen. Dagg kann sich der Schu selbstverständl verpflichten, sich um die Leistg des Dr zu bemühen od für diese zu garantieren. In den Grenzen von § 138 ist es auch zuläss, daß der Vertr einen Dr wirtschaftl benachteiligt (Grziwotz NJW **95**, 1928). **10**

328 *Vertrag zugunsten Dritter.*

[1] **Durch Vertrag kann eine Leistung an einen Dritten mit der Wirkung bedungen werden, daß der Dritte unmittelbar das Recht erwirbt, die Leistung zu fordern.**

[2] **In Ermangelung einer besonderen Bestimmung ist aus den Umständen, insbesondere aus dem Zwecke des Vertrags, zu entnehmen, ob der Dritte das Recht erwerben, ob das Recht des Dritten sofort oder nur unter gewissen Voraussetzungen entstehen und ob den Vertragschließenden die Befugnis vorbehalten sein soll, das Recht des Dritten ohne dessen Zustimmung aufzuheben oder zu ändern.**

1) Echte Verträge zugunsten Dritter. – a) Allgemeines. S zunächst Einf v § 328. – **aa)** Der Vertr zGDr ist **kein besonderer Vertragstyp.** Jeder schuldr VerpflVertr kann dch eine entspr Abrede der VertrSchließden zu einem Vertr zGDr ausgestaltet w (RG **150**, 133), so etwa Kauf-, Miet-, Dienst- u WkVertr, Schenkg, Auftr u VersVertr. Auch der VorVertr kann als Vertr zGDr abgeschl w (LG Bonn NJW **70**, 1083, Schmalzl AcP **164**, 446), ebso die Bürgsch dch Vertr zw HauptSchu u Bü (BGH DB **66**, 1307). Mögl ist auch, daß das FdgR des Dr abstrakt ausgestaltet w (RG **71**, 187). Die an den Dr zu erbringde Leistg kann in einem Tun od einem Unterl bestehen. Ggst des FdgsR des Dr kann jede rechtl zul Leistg sein. – **bb) Öffentlich-rechtliche Verträge** können als Vertr zGDr abgeschlossen w (VwVfG 62). Ausnw können sogar völkerrechtl Vertr Anspr von PrivPers begründen (RG **117**, 284, **121**, 9), idR aber erst nach ihrer Übern als innerstaatl Recht (BGH **17**, 313). Dagg sind die §§ 328 ff auf VerwAkte nicht anwendb. Der dch eine Aufl Begünstigte hat daher gg den Adressaten des VerwAktes keinen Anspr auf Erf der Aufl (BGH **1**

NJW **57**, 668: Aufl bei der Bewilligg öff Mittel). Wenn sich der Veranstalter eines **Motorradrennens** ggü der Behörde verpfl, für Schäden Dr aufzukommen, w aus dieser Vereinbg aber ein geschädigter Teiln u der geschädigte Straßeneigtümer unmittelb berecht (Mü VersR **51**, 21, BGH VersR **63**, 431).

2   **b) Voraussetzungen. – aa)** Erforderl ist ein wirks **Vertragsschluß** zw Versprechdem u VersprEmpf. Etwaige Mängel dieses GrdVerh kann der Versprechde auch dem Dr entgghalten (§ 334), dagg lassen Mängel des ZuwendgsVerh die Wirksamk des Vertr zGDr unberührt. – **bb)** Begünstigter **Dritter** kann jede natürl od jur Pers sein. Es können aber auch Rechte für noch nicht einmal gezeugte natürl od für erst geplante jur Pers bedungen w (RG **65**, 280, BGH NJW **95**, 2030, Hamm VersR **73**, 810). Es genügt, daß der Dr bestimmb ist (RG **106**, 126). Mögl ist daher die Begründg eines AuflAnspr für den jeweil Eigtümer eines and Grdst (RG **128**, 249, krit Liedel DNotZ **91**, 860), eines WettbewVerbots für den jeweil BetrInh (RG **102**, 129), einer Herstellergarantie für den jeweil Endabnehmer (BGH **75**, 78), eines UnterhAnspr für ein Kind, 3 das dch Fremdinsemination gezeugt w soll (LG Duisbg NJW **87**, 1485). – **cc)** Ob der Dr das **Recht erwirbt**, ob also ein echter Vertr zGDr vorliegt, ist dch Auslegg zu ermitteln (**II**). Bes Bedeutg hat der von den VertrSchließden verfolgte Zweck (RG **127**, 222, BGH NJW **91**, 2209). Der RErwerb des Dr kann sich auch aus einer ergänzden VertrAusleg ergeben (BGH NJW **75**, 344). War der VertrSchl ein Akt der Fürsorge für den Dr od ist aus sonst Grden ausschließl im Interesse des Dr kontrahiert worden, wird idR ein 4 RErwerb bejaht w. Eine entspr Vermutg besteht aber nicht. Vgl auch die Ausleggsregeln der §§ 329, 330. – **dd)** Das Recht des Dr muß nicht notw alsbald nach VertrSchl als VollR entstehen. Es kann auch **bedingt** od befristet begründet w (BGH NJW-RR **87**, 114). Mögl ist auch, daß sich die Part eine **Aufhebung** od Änderg des Rechts des Dr vorbehalten (**II**). Der Vorbeh kann sich aus einer ausdr Regelg, aber auch aus den Umst u dem Zweck des VertrSchl ergeben. Eheg können ScheidgsVereinbgen über Zuwendgen an ihre Kinder iZw ohne deren Mitwirkg aufheben (LG Mosbach MDR **71**, 222). Die KaufVertrPart sind iZw berecht, die zG des Maklers getroffene Vereinbg über die Tragg seiner Provision aufzuheben (Celle WM **85**, 1455, Ffm NJW-RR **86**, 1176, aA aber auf den Einzelfall abstelld BGH NJW **86**, 1165).

5   **c) Rechtsfolgen. – aa)** Der **Dritte** erwirbt – ohne Dchgang dch das Vermögen des VersprEmpf – den LeistgsAnspr (Einf 6 v § 328). Er rückt aber nicht in die Stellg der VertrSchließden ein, sond hat nur das FdgR. Bei Leistgsstörgen stehen ihm die Anspr aus §§ 280, 281, 283, 286 u pVV zu, idR aber nicht die Rechte wg NichtErf des Vertr aus §§ 325, 326 (Mü Rpfleger **72**, 32, Gottwald JZ **85**, 576, str, aA Soergel-Hadding Rn 42ff). Die Auslegg des Vertr kann aber ergeben, daß dem Dr die Rechte aus §§ 325f zustehen sollen (s zur Abtr § 398 Rn 18f). Bei Wegfall der GeschGrdl kann der Dr Anpassg an die veränderten 6 Verhältn fordern (BGH NJW **72**, 152/1191). – **bb)** Der **Versprechensempfänger** hat iZw einen Anspruch auf Leistg an den Dr (§ 335, zu SchadErsAnspr s dort). Außerdem stehen ihm die das VertrVerh als ganzes betreffden GestaltgsR zu, wie Anfechtg, Rücktr, Künd (VVG 165, 178), aber auch Wandlg, Minderg u der SchadErsAnspr wg NichtErf (§§ 325, 326). Die Auslegg des Vertr kann jedoch ergeben, daß die den Vertr als ganzes betreffden Rechte dem Dr zustehen sollen; mögl ist auch eine Abtr an den Dr (§ 398 Rn 18f). Ist das Recht des Dr unentziehb, darf der VersprEmpf die GestaltgsR nur mit Zust des Dr ausüben (RG **101**, 276, Lange NJW **65**, 661). Das gilt aber nicht für die Anf, weil hier der Schutz der Willensbildg des 7 VersprEmpf im VorderGrd steht (§ 413 Rn 8, aA Köhler JZ **89**, 267). – **cc)** Dem **Versprechenden** können SchadErsAnspr gg den Dr zustehen, wenn dieser Pflten aus dem vertragsähnl VertrauensVerh verletzt (Einf 5 v § 328). Zugl haftet auch der VersprEmpf, da ihm das Verhalten des Dr gem § 278 zuzurechnen ist (RGRK-Ballhaus Rn 27). Zu den Einwendgen des Versprechden ggü dem Dr s § 334.

8   **2) Einzelfälle** („volle" Vertr zGDr). – **a) Abfindungserklärungen** ggü dem Versicherer wirken als pactum de non petendo zG des Schädigers (Ffm VersR **51**, 147). – Die Beauftragg eines **Anwalts** dch den HaftpflVers ist idR ein Vertr zG des VersN (Köln NJW **78**, 897). Der RSchutzVers tritt dagg bei der AuftrErteilg idR als Vertreter des VersN auf (BGH NJW **78**, 1003). – **Arbeitsrecht:** Vertr, die der ArbGeb zur Altersversorgg mit Betr- od Unterstützgskassen schließt, sind Vertr zG des ArbNeh, uU auch zG der Witwe (BAG NJW **73**, 963, 1947). Bei Leiharbeit kann die Übern der LohnzahlgsPfl dch den Entleiher ein Vertr zG des ArbNeh sein (BAG **AP** § 611 (Lehrer, Dozenten) Nr 1). Der TarifVertr ist in seinem schuldrechtl Teil, insb hins der FriedensPfl, ein Vertr zG der Mitgl der TVPart (BAG **6**, 340). Der gem BetrVG 112 I vereinbarte Sozialplan ist uU ein Vertr zG der leitenden Angestellten (BAG NJW **79**, 1621, krit Spinti DB **86**, 1571). – Die ggü der **Ausländerbehörde** abgegebene SicherstellgsErkl ist iZw kein Unterh- 9 Vertr zGDr (BGH NJW **91**, 2209). – **b) Banken.** Der ScheckVertr zw Aussteller u Bank ist kein Vertr zG des ScheckN (BGH NJW **74**, 456, zur Scheckkarte s Einf 17 v § 765); ebso erwirbt der ÜberweisgsEmpf dch den ÜberweisgsAuftr keinen ZahlgsAnspr gg eine der beteiligten Banken (BGH **LM** Nr 19, Düss WM **87**, 1009). In AusnFällen kann aber aGrd bes Umst ein Vertr zG des Empfängers gegeben sein (Celle OLGZ **71**, 6, LG Köln NJW-RR **93**, 114). Der Vertr über Anderkonten von RAnw u Notaren ist idR kein Vertr zGDr (BGH NJW **54**, 191, Nr 6 der AGB für Anderkonten NJW **79**, 1441). Er begründet keine Pfl zur Überwachg des Notars (LG Bln WM **88**, 1309), kann aber Schutzwirkg zG des Begünstigten haben (Düss WM **86**, 537). Vertr zG des Aktionärs ist dagg der Vertr zw der AG u der Emissionsbank über die Ausg neuer Aktien (BGH **114**, 208, **118**, 97). – **Bank- und Sparkonten.** Die Einrichtg eines Kontos auf den Namen eines and läßt idR für sich allein nicht den Schluß auf einen Vertr zGDr zu (RG **73**, 221, BGH **21**, 150, **28**, 369, WM **90**, 537). Entscheid ist, wer nach der Vereinbg zw Bank u dem das Konto Eröffnden KontenInh werden soll (BGH NJW **94**, 931, Köln BB **95**, 1260). Darüber gibt vielf der Inh des KontoeröffngsAntr Aufschluß (BGH aaO, Kblz u Zweibr NJW **89**, 2545f, Nürnb NJW-RR **90**, 881). Ein wesentl Indiz kann auch sein, wer Besitzer des Sparbuchs ist (BGH NJW **70**, 1181). Maßgebd ist die Willensrichtg bei Errichtg des Kontos (BGH ZIP **94**, 218); zu späteren Ändergen ist eine Abtr erfordl (Mü WM **83**, 1295). Beim GiroVertr wird idR derj Konteninhaber, auf dessen Namen das Konto eröffnet w (BGH ZIP **94**, 218). Legen Eltern od Verwandte ein Sparbuch für das Kind an u behalten dieses in Besitz, wollen sie dagg iZw Gläub des Kreditinstituts bleiben (BGH **46**, 201, Düss NJW-RR **92**, 625); vielf soll dem Benannten der Betr aber mit dem Tod des Einzahlden zugewandt w (BGH **66**, 8, NJW **84**, 480, § 331 Rn 2). Dagg ist beim Sparkassenbrief idR der in 10 der Urk Benannte fordgsberecht (Hamm NJW-RR **92**, 46, Celle WM **94**, 1069). – **c)** Die im KaufVertr

über ein Grdst übernommenen **Baubeschränkungen** wirken uU zG der Nachbarn (BGH NJW **75**, 344, LG Brschw NdsRpfl **75**, 273). – Die beim GrdstErwerb übernommene **Bauunternehmerbindung** ist idR Vertr zG des Untern (LG Bonn NJW **70**, 1083). – Die im PachtVertr übernommene **Bierbezugspflicht** wirkt zG der Brauerei (BGH **54**, 147, DNotZ **70**, 240). – Auch der **Bürgschaftsvertr** kann als Vertr zGDr zw Bü u HauptSchu abgeschl w (BGH NJW-RR **89**, 317). Der AvalVertr (GeschBesorggVertr) zw Bank u HauptSchu begründet aber idR noch keine Rechte für den Gläub (BGH NJW **84**, 2088). – Die vom HauptAktionär gegebene **Dividendengarantie** kann ein Vertr zG der Aktionäre sein (RG **147**, 47). – Der **Frachtvertrag** wirkt gem HGB 435 zG des Empfängers (Konow DB **75**, 137), ebso der CMR-FrachtVertr (BGH **75**, 94) u der LuftfrachtVertr (Ffm BB **77**, 1071). Der FrachtVertr zw Käufer u FrachtFü begründet für den Verkäufer keinen Anspr auf Beibringg von Nachw zur Umsatzsteuerbefreig (LG Düss NJW-RR **88**, 929). – Der **Gesellschaftsvertr** kann LeistgsPflten ggü außenstehden Dr begründen (RG **145**, 294) od Dr ein EintrittsR einräumen (BGH WM **77**, 1324). Die Begründg einer organschaftl RStellg zGDr wird wg der mit ihr verbundenen Pflten erst wirks, wenn der Dr sie annimmt (Hammen WM **94**, 765). – Die **Herstellergarantie** kann als Vertr zG des Endabnehmers ausgestaltet w (BGH **75**, 77). – Das Einverständn des Ehem mit einer **heterologen Insemination** enthält idR stillschw ein UnterhVerspr zG des Kindes (BGH NJW **95**, 2029). – **d) Krankenhaus, ärztliche Behandlung.** Der von der Krankenkasse abgeschl Krankenhaus- **11** Vertr ist Vertr zG des Patienten (BGH **1**, 386, **80**, 368, **89**, 252, NJW **92**, 2962). Entspr gilt, wenn der Sorgeberecht od Eheg einen Vertr zG des Kindes od Partners als PrivPatient abschließt (BGH **89**, 266). Der Kassenpatient hat gem SGB V 27ff (fr RVO 368d IV) gg den Arzt einen privrechtl Anspr auf sorgf Behandlg (BGH **97**, 276, **100**, 367). Der SchiedsgutachtenVertr zw kassenärztl Vereinig u Arzt kann als Vertr zG des Patienten aufzufassen sein (KG NJW **80**, 1342). – **Patronatserklärung** zG einer TochterGesellsch ist zw nur unechter Vertr zGDr (Michalski WM **94**, 1229). – Der **Prozeßvergleich** kann Vertr zGDr sein. Der Dr kann aber nur vollstrecken, wenn er dem Vergl beigetreten ist (Mü NJW **57**, 1367, Celle NJW **66**, 1367, KG NJW **73**, 2032). Regeln die Eltern in einer ScheidgsVereinbg den KindesUnterh, gilt jetzt § 1629 III 2. – Die Vertr zw **Reiseveranstalter** u Leistgsträgern sind iZw Vertr zG der Reisenden (§ 651a Rn 6). Das gilt insb auch für die vom Veranstalter beauftragte FlugGesellsch (BGH **93**, 273, Schmid/Sonnen NJW **92**, 464). – **Teilungsabkommen** u Regreßverzichtsabkommen zw Versicherern sind *pacta de non petendo* zG der VersN (BGH NJW **78**, 2507, NJW-RR **93**, 1111). – Der **Treuhandvertrag**, der dem TrHänder die Sanierg od Liquidation eines Betr überträgt, ist idR Vertr zG der Gläub des BetrInhabers (BGH **55**, 309, **62**, 3, **109**, 52). Auch wenn der GeschNachf dch Vertr die Sanierg übernimmt, kann ein Vertr zG der Gläub vorliegen (Hamm WM **73**, 743). – **e) Versicherungsvertrag.** Die Vers für fremde **12** Rechng (VVG 75 I 1) ist Vertr zG der mitversicherten Pers (RG **130**, 241). Der HaftPflVersVertr begründet für den geschädigten Dr keine Anspr gg den Versicherer, der KrankenVersVertr keinen Anspr für den behandelnden Arzt (Köln VersR **84**, 1165). Zur LebensVers s § 330 Rn 2ff. Geschäftsplanmäß Erkl des Vers ggü der AufsBeh können für den VersNeh entspr § 328 eig Rechte begründen (BGH **105**, 151). – **Werkförderungsvertrag** (Aufbaufinanzierg mit BeleggsR) ist uU Vertr zG der vom Förderer vorgeschlagenen Mieter (BGH **48**, 245, NJW **87**, 2261). – Vereinbg über die Forfaitierg eines **Wechsels** enthält eine Verzicht auf RückgriffsAnspr ggü allen Wechselbeteiligten (BGH **126**, 263). – **Wertpapierdepot:** An den im Depot verwahrten Wertpapieren kann nicht iW eines Vertr zGDr Eigt eines and begründet w (RG **98**, 283, Einf 9 v § 328). Dem Dr kann aber ein Anspr auf Übereigng zugewendet w (BGH **41**, 96).

3) Verträge mit Schutzwirkung zugunsten Dritter. – a) Allgemeines. Neben dem eigentl Vertr **13** zGDr, der für den Dr einen Anspr auf die vereinb (Haupt-)Leistg begründet, h die Rspr als bes Art der Drittberechtigg den Vertr **mit Schutzwirkg** zGDr (Ausdr von Larenz) herausgebildet. **Wesen:** Der Anspr auf die geschuldete (Haupt-)Leistg steht allein dem Gläub zu, der Dr ist jedoch in der Weise in die vertragl Sorgf- u Obhutspflichten einbezogen, daß er bei deren Verletzg vertragl SchadErsAnspr geltd machen kann (BGH **49**, 353, NJW **59**, 1676, Larenz, § 17 II). Der Vertr mit Schutzwirkg zGDr war der Sache nach schon in der Rspr des RG anerkannt (zB RG **91**, 24, **102**, 232, **127**, 222). Die Erkenntn, daß es sich um einen bes, vom eigentl Vertr zGDr zu unterscheidden VertrTyp handelt, h sich jedoch erst später im Anschl an die Untersuchgen von Larenz (NJW **60**, 78) u Gernhuber (FS Nickisch, 1958, 249) dchgesetzt (BGH **49**, 353, NJW **59**, 1676). Grd für die Herausbildg des Vertr mit Schutzwirkg zGDr war die Unzulänglichk des DeliktR, insb die unbefriedigde Regelg der Gehilfenhaftg in § 831 u das Fehlen eines umfassdn Vermögensschutzes. Dch die Einbeziehg in den Vertr w der Dr hinsichtl der Haftg für Hilfspersonen (§ 278 statt § 831), der BewLast (§ 282 Rn 6ff) u der Verj ggü einer bloßen Haftg nach §§ 823ff besser gestellt; soweit es um § 254 geht, wirkt sich der Vertr mit Schutzwirkg zGDr dagg zum Nachteil des Dr aus: er muß sich auch ggü delikt Anspr MitVersch seiner gesetzl Vertreter u Hilfspersonen anrechnen lassen (§ 254 Rn 65), das MitVersch des Gläub allerdings nur in den Grenzen von § 254 Rn 69.

b) Rechtsgrundlage der Schutzwirkg zGDr ist eine ergänzde VertrAuslegg (RG **127**, 222, BGH **56**, 273, **14** NJW **84**, 356, Dahm JZ **92**, 1167). Die Lit nimmt dagg überwiegd an, es handele sich um eine auf § 242 beruhde richterl Fortbildg des dispositiven Rechts (Strauch JuS **82**, 823, MüKo/Gottwald Rn 80). Im prakt Ergebn stimmen beide Ans weitgehd überein (s BGH **56**, 273, NJW **87**, 2074). Die Auffassg der Rspr macht aber mit Recht den (hypoth) PartWillen (§ 157 Rn 2) zur Grdl der Anspr des Dr. Sie ermöglicht dadch, den Besonderh des Einzelfalls Rechng zu tragen (s BGH NJW **84**, 356, NJW-RR **86**, 485).

c) Anwendungsbereich. Schutzwirkgen zGDr können sich aus schuldr VerpflVertr jeder Art ergeben **15** (Rn 20ff). Der Drittschutz erstreckt sich entgg einer fr Ans nicht nur auf Körper-, sond auch auf Vermögensschäden (BGH **49**, 355, Hübner VersR **91**, 497). Er besteht nicht nur bei der Verletzg von Schutz- u VerhaltensPflten (Einl 7 v § 241), sond auch von **Leistungspflichten** (BGH NJW **65**, 1955, **95**, 52: RAnw, BGH **76**, 262, **89**, 104: Arzt, BGH **69**, 85, **96**, 9: Kreditinstitut). Auch bei c. i. c. u einem nichtigen Vertr kann ein Dr nach dem RGedanken des § 328 in den Schutz der geschuldeten Obhut u Sicherg einbezogen sein (BGH **66**, 56). Entspr gilt für öff-rechtl NutzgsVerhältn (BGH NJW **74**, 1817).

d) Geschützter Personenkreis. Damit die Haftg des Schu nicht uferlos ausgedehnt w, sind an die **16** Einbeziehg von Dr in vertragl Schutz strenge Anfordergen zu stellen (BGH **51**, 96, NJW **76**, 1844, Strauch

JuS **82**, 826). Zwar brauchen Namen u Zahl der Geschützten bei VertrSchl nicht bekannt zu sein (BGH NJW **84**, 355); mögl ist auch die Einbeziehg des *nasciturus* in den VertrSchutz (BGH NJW **71**, 242, KG VersR **81**, 682). Es müssen aber folgde Voraussetzgen erf sein: – **aa) Leistungsnähe.** Der Dr muß bestimmgsgem mit der Leistg in Berührg kommen u den Gefahren von SchutzPflVerletzgen ebso ausgesetzt sein wie der Gläub selbst (BGH **49**, 354, **70**, 329, NJW **95**, 1747). Es muß sich daher um ein Leistgsverhalten handeln, das

17 inhaltl (auch) drittbezogen ist. – **bb) Schutzpflicht des Gläubigers** gü dem Dr. Die Rspr hat eine Schutzwirkg zG Dr ursprüngl nur dann bejaht, wenn der Gläub für das **„Wohl u Wehe"** des Dr mitverantwortl ist, wenn er diesem also Schutz u Fürsorge schuldet (BGH **51**, 96, **56**, 273, NJW **70**, 40). Sie hat dementspr verlangt, zw dem Gläub u dem Dr müsse eine RBeziehg mit personenrechtl Einschlag bestehen, etwa eine familienrechtl, arbeitsrechtl od mietvertragl Beziehg (BGH NJW **68**, 1931, **77**, 2208). Inzw ist aber anerkannt, daß ein Drittschutz auch dann zu bejahen ist, wenn die Leistg nach dem VertrInh „bestimmgsgem" dem Dr zugute kommen soll (BGH NJW **76**, 1844, **83**, 1054, **85**, 489), od wenn sich aus dem Umst des Falles sonstige konkrete Anhaltspkte für einen auf den Schutz Dr gerichteten **Parteiwillen** ergeben (BGH NJW **84**, 356, krit Littbarski NJW **84**, 1667). Bsp für diese Fallgruppe sind die Schutzwirkg zG Dr beim Lastschriftverfahren (BGH **69**, 82, Assmann JuS **86**, 889), im GiroVerk (Rn 23), beim Scheckinkasso (BGH **96**, 17), bei der ObhutsPfl über fremde Sachen (BGH **49**, 354, Rn 29 f) u bei der Beauftragg von Sachverständigen od sonst Fachleuten (BGH NJW **95**, 392, Rn 32). Dagg hat der KaufVertr zw Produzenten u Händler keine Schutzwirkg zG der Endverbraucher (BGH **51**, 98, Rn 27). Das Problem der Produkthaftg

18 läßt sich daher nicht mit der RFigur des Vertr mit Schutzwirkg zGDr lösen. – **cc) Erkennbarkeit.** Der Schu haftet nur, wenn die Schutzpfl des Gläub für den Dr u die Drittbezogenh der Leistg für ihn erkennb sind (BGH **49**, 354, **75**, 323, NJW **85**, 489, 2411). Name u Zahl der zu schützden Dr brauchen ihm aber nicht bekannt zu sein (BGH NJW **95**, 392). – **dd)** Der Dr muß **schutzbedürftig** sein (MüKo/Gottwald Rn 92). Deshalb besteht kein zusätzl Drittschutz, wenn der Dr wg des Sachverhalts, aus dem er seinen Anspr herleitet, einen inhaltsgleichen Anspr gg den Gläub hat (BGH **70**, 330, NJW **95**, 1747).

19 **e) Rechtsfolgen. – aa)** Dem Dr steht ein eig vertragl **Schadensersatzanspruch** zu (Rn 13). Die Schutzwirkg kann sich auch auf Sach- u **Vermögensschäden** erstrecken (BGH **49**, 355, **69**, 82, NJW **77**, 2074). Demgem können bei Sachschäden ein eig Anspr des Dr u ein Anspr des Gläub auf Liquidation des Drittinteresses (Fallgruppe „ObhutsPfl über gläubfremde Sachen", Vorbem 116 v § 249) nebeneinand bestehen (Söllner JuS **70**, 163, str; für Vorrang der Drittschadensliquidation Berg NJW **78**, 2018; für Vorrang der

20 Schutzwirkg zG Dr Strauch JuS **82**, 824). – **bb) § 334** ist entspr anwendb. Gesetzl Haftgsbeschränkgen wirken daher zu Lasten des Dr (Köln NJW-RR **88**, 157), ebso vertragl **Freizeichnungen**, sofern sie die sich aus § 138 u dem AGBG ergebden Grenzen einhalten (BGH **56**, 269, Ffm AGBE V § 9 Nr 14, str). Der Dr muß sich grdsl MitVersch des Gläub anrechnen lassen (§ 254 Rn 69). – **cc)** Ist umgekehrt der **Dritte schadensersatzpflichtig,** wirken die zw den Part vereinbarten Haftgsbeschränkgen idR zu seinen Gunsten (§ 276 Rn 60). Ebso kann er sich auf die kurze Verj gem §§ 558, 606 od vertragl Abkürzgen der Verj berufen (BGH **49**, 278, **61**, 232, **71**, 178, NJW **76**, 1844, Celle VersR **93**, 1493).

21 **4) Einzelfälle** (Vertr mit Schutzwirkg zGDr). Ja = Einbeziehg des Dr; nein = Nichteinbeziehg. – **a) Anwaltsvertrag.** Ja: Kinder des Mandanten, wenn ihnen dch eine ScheidgsVereinbg Vermögenswerte übertragen w sollen (BGH NJW **77**, 2073); wenn sie dch Enterbg der Mu begünstigt w sollen (BGH NJW **95**, 52); wenn die Ehelichk eines scheinehel Kindes angefochten w soll (Hamm MDR **86**, 1028); wenn zu ihren Gunsten eine Wohng gekündigt w soll (LG Mü NJW **83**, 1621); nein: bei allg Beratg in ErbschAngelegenh (LG Köln NJW **81**, 351); der Eheg u ProzGegner bei ScheidgsfolgenVereinbgen (Düss NJW-RR **86**, 730); ja: Ehefrau des Mandanten iF einer RuhegehaltsVereinbg (BGH NJW **88**, 201); die vom Mandanten beherrschte jur Pers s BGH **61**, 380); uU ja: die vorgesehene Erbin, zu deren Gunsten ein Testament errichtet w soll (BGH NJW **65**, 1955, krit Zimmermann FamRZ **80**, 99). **Arbeitsvertrag** mit LeihArbN. Ja: Entleiher (Walker AcP **194**, 314); mit Wachmann. Nein: Eigtümer der bewachden Sache (BGH NJW **87**,

22 2511); mit Umschülern. Nein: Kind des Umschülers (Hamm OLGZ **94**, 295). – **b) Ärzte, Krankenhaus.** Ja: zu behandelndes Kind (RG **152**, 176, BGH NJW **84**, 1400); *nasciturus* u Vater bei Vertr über Entbindg (BGH **86**, 253, **106**, 162, Ffm VersR **94**, 942); Eltern des zu behandelnden Kindes (BGH NJW **92**, 2962); Eheg bei Vertr über Sterilisation (BGH **76**, 262, NJW **95**, 2407) od über Behandlg der Schwangeren (BGH **86**, 247, **96**, 368); der dch ein Test Begünstigte, wenn dieses wg eines Organisationsfehlers des Krankenhauses formnichtig ist (BGH NJW **89**, 3241). Nein: Angehöriger als Krankenhausbesucher (BGH **2**, 94), Mutter des bei der Behandlg verstorbenen Patienten (Düss NJW **75**, 596); UnfallVersTräger des Patienten (BGH NJW **94**, 2417); ArbGeb bei Vertr über eine ärztl ArbUnfgkBescheinigg (Weiland BB **79**, 1098). –

23 **c) Banken.** Ja: Interessierter Dr bei Ausk, wenn die Bank wußte, daß die Ausk für den Dr bestimmt war u dieser die Ausk zur Grdl wesentl Vermögensdispositionen machen w (BGH **LM** § 676 Nr 42, NJW-RR **91**, 1265, Breinersdorfer WM **91**, 977). Überweiser u ÜberweisgsEmpf im ÜberweisgsVerk (Düss DB **82**, 749, Mü DNotZ **87**, 694, Ffm WM **95**, 1208, enger Düss NJW-RR **87**, 1327; für Drittschadensliquidation van Gelder WM **95**, 1253), so insbes beim Blitzgiro (LG Köln WM **91**, 895); jedoch obliegen den beteiligten Banken grdsl keine WarnPflten (BGH NJW **87**, 317). Nein: Dr, der ohne RGrd auf ein Girokonto überweist

24 (BGH NJW **83**, 1779). Vgl aber jetzt SGB VI § 118 II. LastschriftVerf u Scheckeinzug s Rn 17. – **d) Beförderungsverträge.** Ja: mitbeförderte BegleitPers, insb Angeh (RG **87**, 65, HRR **30** Nr 1915 u 2061, BGH **24**, 327); Urabsender bei Vertr zw Spediteur/FrachtFü u UnterFrachtFü (Koller VersR **93**, 925); Pkw-Halter bei Vertr zw Polizei u AbschleppUntern (BGH NJW **78**, 2502). Nein: Begleiter des Käufers, der bei Auslieferg der Kaufsache mitfährt (BGH VersR **60**, 153); Käufer bei Vertr zw Verkäufer u FrachtFü iF des Versendgskaufs (BGH NJW **78**, 1374, Mü NJW **58**, 424, aber Drittschadensliquidation Vorbem R 117 v

25 § 249). **Bewachungsvertrag.** Ja: Eigtümer der zu bewachden Sache (Dubischar NJW **89**, 3245). – **e) Dienstvertrag und Dienstverschaffungsvertrag.** Ja: Angeh u ArbN des DienstVerpflichteten nach Maßg des Einzelfalls (BGH **26**, 371, NJW **75**, 868); GmbH & Co KG bei Vertr zw Komplementär-GmbH u GeschFü (BGH **75**, 332, **100**, 190, NJW **95**, 1357); Gesellschter bei Vertr zw Gesellsch u Steuerberater od RAnw (BGH NJW **83**, 1054, **88**, 556); mittelb Beschäftigter beim DienstverschaffgsVertr (RG **164**, 399); ArbNeh bei Vertr zw ArbGeb u Strafanstalt über die Beschäftigg von Strafgefangenen (BGH **LM** § 157 (D)

Nr 5); Hausbewohner bei Vertr zw Eigtümer u Hausverwalter (BGH NJW **68**, 1324). Nein: Bank bei Vertr zw Kunden u Steuerberater (Schlesw VersR **61**, 1148). – **f) Gaststätten, Hotel.** Ja: Gäste bei Vertr zw **26** Reiseveranstalter u Hotelier (§ 651a Rn 6), ebso bei der Zurverfüggstellg von Gaststättenraum für eine Veranstaltg (RG **160**, 155). – **Gesellschaftsrecht:** UU ja: die Gesellschter bei Vertr mit der GmbH (Zweibr WM **84**, 1636); die Kommanditisten bei Vertr zw Gesellsch u BeiratsMitgl (BGH DB **85**, 165) od bei Vertr mit TrHänder über die vertragsgem Verwendg der Einlage (BGH NJW-RR **86**, 1158); s auch Rn 25. – **g) Kinder:** Ja bei Vertr über Beaufsichtigg (Koblenz NJW **65**, 2347), über Heimunterbringg (Schlesw VersR **78**, 237), über Aufenth im Jugendlager (Mü VersR **79**, 747), über PrivSchulbesuch (RG **127**, 223). – **h) Lieferverträge.** Nein: Hersteller hins des zw Käufer u Verkäufer vereinbarten Veräußergsverbotes **27** (Düss WM **86**, 397); Endverbraucher bei Vertr zw Hersteller u Händler (BGH **51**, 96, NJW **74**, 1503, BB **89**, 20, krit Canaris FS Larenz 1983, 100, Steinmeyer DB **88**, 1049). Ja: Angeh des Käufers (Hamm VersR **77**, 842, LG Ffm NJW-RR **91**, 225); ArbN des Käufers, die bestimmgsgem mit der Sache in Berührg kommen (BGH NJW **56**, 1193, betriebsunsichere Dreschmaschine; BGH NJW **59**, 1676, Instruktionsfehler bei Rostschutzmittel); der Abholer der Ware (LG Ffm NJW-RR **86**, 966, aA Strauch JuS **87**, 947); Mieter bei Vertr zw Hauseigtümer u Gemeinde über die Lieferg von Leitgswasser (RG JW **37**, 737). – **i) Mietverträge.** – **28** **aa) Wohnräume.** Ja: die zur HausGemsch des Mieters gehörden Pers, insb seine FamAngeh u Hausangestellte (BGH **61**, 233, **77**, 124, VersR **83**, 442); der Partner einer eheähnl LebensGemsch (Hbg NJW-RR **88**, 1482, aA Hamm FamRZ **77**, 320); die Aufwartefrau (Zunft AcP **153**, 389), die VereinsMitgl bei MietVertr mit Verein (BGH NJW **65**, 1757; ebso bei Gesellsch (BGH DB **72**, 577). Nein: Besucher u Gäste (BGH **2**, 97, Hummel ZMR **71**, 1); Lieferanten (Weimar ZMR **70**, 225); Untermieter, da sie einen eig VertrAnspr gg den Hauptmieter haben (BGH **70**, 327, WM **79**, 307, Krause JZ **82**, 16). – **bb) Geschäftsräume.** Ja: die vom **29** Mieter in diesen Räumen beschäftigten Pers (BGH **61**, 233); Eigtümer von Sachen, die sich berechtigterw in den Räumen befinden (BGH **49**, 355, JZ **68**, 304, **70**, 375, str, s Rn 19), insb Sicherungs- u VorbehEigtümer u Einlagerer von Waren; aber nein, wenn die Einlagerg nicht zum bestimmgsmäß Gebrauch gehört (BGH NJW **85**, 489). Nein: Untermieter (Rn 28). – **cc) Bewegliche Sachen:** Ja: Angeh u HilfsPers des Mieters **30** einschließl selbstd Untern beim bestimmgsmäß Gebrauch (BGH **49**, 281, **61**, 233, NJW **76**, 1843), Kind, das mit dem gemieteten Pony reiten soll (Köln OLGZ **93**, 199). Das gilt entspr beim LeihVertr (Köln NJW-RR **88**, 157). – **dd) Schutzpflicht des Mieters.** Nein: Mitmieter (BGH NJW **69**, 41, DB **74**, 1222, Köln VersR **95**, 801), Angeh des Vermieters (Mü VersR **77**, 654, bedenkl). – **j) Steuerberater:** Ja: Ehefr bei gemeins Veranlagg (Löwe EWiR **85**, 705), od wenn sie Bürgsch übernehmen soll (BGH VersR **94**, 787); Sohn auf den Vermögen übertragen w soll (Mü NJW-RR **91**, 1128), Mitgl der Gemeinsch bei gemeins Feststellg der Einkünfte (Celle NJW-RR **86**, 1315); s auch Rn 25 u 32. **Verwahrungsvertrag** zw Land u Tiersammelstelle ja zG des Tierhalters (KG NJW-RR **94**, 688). – **k) Werkverträge.** – **aa) Schutz- und Obhutspflicht des 31 Unternehmers.** Ja: FamAngeh des Best, wenn sie gerade als Angeh mit der WkLeistg in Berührg kommen (BGH NJW **94**, 2231), od wenn sie Eigtümer der zu bearbeiten Sache sind (Nürnb MDR **74**, 401), u zwar auch in den zw Haupt- u SubUntern bestehden Vertr (Brschw NJW-RR **86**, 1314), nicht aber wenn sie später WoEigt in dem errichteten Haus erwerben (BGH NJW **94**, 2231). Ja: seine ArbN (BGH **33**, 249, **55**, 18); die Aufwartefrau u sonst Pers, denen der Best gem § 618 III Schutz u Fürsorge schuldet (RG **127**, 224); idR seine Mieter u deren Angeh (BGH VersR **59**, 1009) u zwar auch beim KehrVertr (AG Köln VersR **84**, 1179); bei einem vom Mieter abgeschl AufbauVertr uU der Vermieter (BGH NJW **54**, 874, Stgt VersR **83**, 891); der GrdstEigtümer bei Vertr der Stadt über Trümmerbeseitig (KG NJW **58**, 185); ebso bei Vertr einer altrechtl Gemsch über Kultiviergsarbeiten (BGH VersR **72**, 260); die Mieter bei einem vom Vermieter abgeschl HeizVertr (Köln VersR **76**, 1182); der anbaurecht Nachbar bei fehlerh Errichtg einer Kommunmauer (Düss NJW **65**, 539). Nein: and vom Best beauftragte Untern (BGH NJW **70**, 40); ausnw ja, wenn der Besteller einen Untern beauftragt, den and zu unterstützen (BGH BauR **85**, 705); nein: am Bau tät Arbeiter hins des Vertr zw Bauherrn u Architekt (BGH NJW **71**, 753, Köln VersR **69**, 811); künft Mieter hins des Architekten- od BauVertr über die Herstellg des Mietobjekts (BGH NJW-RR **90**, 727, Hamm NJW-RR **87**, 725); dch Stromausfall geschädigter GewBetr bei Vertr der Stadt über Erdarbeiten (BGH NJW **77**, 2208); GrdstEigtümer bei Vertr zw VersorggsUntern u Baufirma über Rohrverlegg (BGH VersR **62**, 86); Gemeinde bei Vertr der Post über KabelVerlegg (Köln VersR **84**, 340). – **bb) Schutzpflichten des Bestellers,** soweit er Räume od ArbGeräte zur Vfg zu stellen hat. Ja: ArbNeh des Untern u SubUntern (BGH **5**, 67, **26**, 371), jedoch kann sich der Best ggü dem SubUntern freizeichnen (BGH **56**, 274). – **cc) Gutachterverträge** u ähnl. Aus dem Vertr zw Eigtümer u Sachverständigen kann ein dch das unrichti- **32** ge Gutachten geschädiger KreditG, Käufer od Versicherer SchadErsAnspr herleiten, wenn sich aus den Umst des Falles hinr Anhaltspkte für einen auf den Schutz Dr gerichteten PartWillen ergeben (BGH NJW **82**, 2431, **84**, 356, **95**, 392, NJW-RR **86**, 485, 1307, LG Bochum NJW-RR **93**, 29, aA Strauch JuS **92**, 899, Hamm NJW-RR **93**, 1497). Das ist idR zu bejahen, wenn das Gutachten erkennb für einen Dr bestimmt ist (BGH NJW **87**, 1759, **95**, 392, NJW-RR **93**, 1497). Dem Drittschutz steht nicht entgg, daß die Interessen des AuftrG u des Dr gggläufig sind (BGH NJW **95**, 392, krit Canaris JZ **95**, 441), insbes dann nicht, wenn der Sachverständige über besondere, dch staatl Anerkenng od einen vergleichb Akt ausgewiesene Sachkunde verfügt (BGH aaO). Auch wenn der AuftrG dem Dr bewußt Mängel verheimlicht, entfällt der Drittschutz nicht (BGH aaO). Entspr Grds gelten für das Testat des Steuerberaters od WirtschPrüfers für einen Jahresabschluß (BGH NJW-RR **89**, 696, krit Ebke/Scheel WM **91**, 391) u den Vertr zw Reeder u KlassifikationsG hins eines neuen Eigtümers (Hbg VersR **91**, 476). Auch der vom Verkäufer beauftragte Tierarzt haftet dem Käufer, wenn er eine erkennb für diesen bestimmte unricht GesundhBescheinig ausstellt (Köln NJW-RR **92**, 49). – **l) Zustimmungsvertrag** mit Gemeinde über Verlegg von Versorggsleitgen. Nein: and Ver- **33** sorggsuntern (BGH NJW-RR **90**, 1173).

329 *Auslegungsregel bei Erfüllungsübernahme.* **Verpflichtet sich in einem Vertrage der eine Teil zur Befriedigung eines Gläubigers des anderen Teiles, ohne die Schuld zu übernehmen, so ist im Zweifel nicht anzunehmen, daß der Gläubiger unmittelbar das Recht erwerben soll, die Befriedigung von ihm zu fordern.**

1   **1) Allgemeines. – a)** Die **Erfüllungsübernahme** ist ein Vertr zw Schu u Übernehmer, dch den sich der Übernehmer verpflichtet, eine Verbindlichk des Schu zu erfüllen. Der Gläub erwirbt aus der Vereinbg keine Rechte; die ErfÜbern ist damit der typ Fall eines unechten Vertr zGDr (Einf 1 v § 328). Eine gesetzl
2 ErfÜbern sieht § 415 III vor. – **b)** Der Schu u der Übernehmer können die Vereinbg auch zu einem echten Vertr zGDr ausgestalten (Rn 5). Ist ein solcher Wille der VertrSchließden gegeben, handelt es sich rechtl um einen **Schuldbeitritt** (Schuldmitübern), dch den der Beitretde als GesSchu neben den bisherigen Schu in das
3 SchuVerh eintritt (Übbl 2f v § 414). – **c)** Auch die in §§ 414ff geregelte **befreiende Schuldübernahme** kann nach § 415 zw Schu u Übernehmer vereinbart w, bedarf aber der Gen des Gläub (§ 415). Sie führt zu einem SchuWechsel; der Übernehmer tritt an die Stelle des Schu, dieser wird frei.

4   **2) Zustandekommen. – a)** Die **Erfüllungsübernahme** ist grdsl **formfrei.** Wird die Erf einer Bürgsch-Verpfl übernommen, ist § 766 unanwendb (BGH NJW **72**, 576). Erfolgt die ErfÜbern schenkweise, gilt aber § 518 II, ebso iF eines abstrakten Verspr, § 780 (RG **58**, 201). Soweit die ErfÜbern keiner Form bedarf, kann sie auch stillschw vereinbart w. In der Ann der Abtr des Anspr aus einem ggs Vertr kann etwa zugl die Übern der korrespondierden Verpfl enthalten sein (RG **130**, 118). Der Vertr zw dem **Kreditkarten**-Herausgeber u seinen Kunden ist als ErfÜbern hinsichtl der Anspr von VertrUntern aufzufassen, für die der Kunde einen Belastgsbeleg ausstellt (Soergel-Hadding Rn 11, vgl aber BGH NJW **90**, 2880, wonach vielfach
5 ein FdgsKauf vorliegt). – **b)** § 329 enthält die **Auslegungsregel,** daß das Verspr, eine Verbindlichk des VertrPart zu erf, iZw als ErfÜbern aufzufassen ist, nicht aber als befreide SchuldÜbern od als Schuldbeitritt. Übernimmt eine Part die Kosten des von der and beauftragten Anw ist iZw § 329 anwendb (BGH NJW **73**, 1373), ebso bei Vereinbgen über die MaklerProv (Schlesw DNotZ **82**, 366, § 652 Rn 59). Letztere können aber auch als echter Vertr zGDr ausgestaltet w (Hamm BB **95**, 1661, Piehler DNotZ **83**, 26) od als Vertr zw Makler u einer der KaufVertrPart aufzufassen sein (BGH VersR **91**, 691). Neben § 329 ist gleichgewichtig auch § 328 II zu beachten; es ist daher jeweils sorgf abzuwägen, ob die Umst des Einzelfalls die Ann eines echten Vertr zGDr rechtf (BGH NJW **80**, 2127). Wird das Verspr, eine Verbindlichk zu erf, nicht ggü dem Schu sond einem außenstehden Dr abgegeben, ist e Frage des Einzelfalls, ob neben dem Dr auch dem Gläub od Schu ein eig FdgsR zusteht (s RG **114**, 301). Die im HGB 25 III geregelte Haftg des Übern eines HandelsGesch ist ein einseit rgeschäftl Schuldbeitritt (MüKo/Gottwald Rn 5), begründet also für die Gläub ein eig FdgR. Übernimmt der vom LeasGeb die „Erf" des vom Lieferanten geschlossenen KaufVertr, kann ein Schuldbeitritt od eine SchuldÜbern vorliegen (BGH NJW-RR **93**, 308).

6   **3) Rechtsfolgen.** Die ErfÜbern begründet für den Schu einen BefreiungsAnspr. Dieser kann nur an den Gläub der zu tilgden Schuld, nicht aber an Dr abgetreten w; dch die Abtr wandelt er sich in einen Zahlgs-Anspr um (§ 257 Rn 1). Ob sich die ErfÜbern auch auf spätere Erweitergen der Schuld erstreckt, ist Ausleggsfrage (RG SeuffA **62**, 204). Der Gläub wird bei Leistgsstörgen an den Schu halten; bei der Verletzg von SchutzPflten hat er aber auch einen Anspr gg den Übernehmer (MüKo/Gottwald Rn 18). Zum BereichergsAusgl bei nichtiger ErfÜbern s § 812 Rn 58ff.

330   *Auslegungsregel bei Lebensversicherungs- oder Leibrentenvertrag.* **Wird in ei-nem Lebensversicherungs- oder einem Leibrentenvertrage die Zahlung der Versiche-rungssumme oder der Leibrente an einen Dritten bedungen, so ist im Zweifel anzunehmen, daß der Dritte unmittelbar das Recht erwerben soll, die Leistung zu fordern. Das gleiche gilt, wenn bei einer unentgeltlichen Zuwendung dem Bedachten eine Leistung an einen Dritten auferlegt oder bei einer Vermögens- oder Gutsübernahme von dem Übernehmer eine Leistung an einen Dritten zum Zwecke der Abfindung versprochen wird.**

1   **1) Allgemeines.** § 330 stellt als Ausleggsregel für 4 Fälle die **Vermutung** auf, daß ein echter Vertr zGDr vorliegt. Ein GgBew ist mögl. Hinsichtlich des Ztpkts des RErwerbs gelten §§ 328 II, 331; auch hinsichtl der Ändergs- u WiderrufsMöglichk folgen die unter § 330 fallden Vertr den allg Regeln (§§ 328 II, 332); s aber Rn 4f.

2   **2) Lebensversicherungsverträge** (VVG 159ff). – **a)** Die Ausleggsregel des § 330 gilt für alle Arten von Lebensversichergen, Kapital- u Rentenversicherg, auf den Todes- od Erlebensfall, auch für die Kapitalun-fallversicherg (VVG 180). Die Anspr aus dem VersVertr stehen grdsl dem VersN zu, iF des Todes seinen Erben u zwar als Teil des Nachl (BGH **32**, 46). Vertr zGDr des VersVertr nur, wenn der Versicherer zur Leistg an den Dr, den **Bezugsberechtigten,** verpfl w. Der Anspr auf die VersSumme entsteht in diesem Fall ohne Dchgang dch das Vermögen des VersN unmittelb in der Pers des Bezugsberecht, fällt also bei einer Versicherg auf den Todesfall **nicht** in den **Nachlaß** (BGH **13**, 232, **32**, 47). Ist Zahlg „an die Erben" ausbedungen, sind nach VVG 167 II iZw anzunehmen, daß diese den Anspr auf die VersSumme nicht kr ErbR, sond als Bezugsberecht erwerben sollen u daß diej bezugsberecht sind, die iF des
3 Todes zu Erben berufen sind, selbst wenn sie die Erbsch ausschlagen. Ist die **Ehefrau** als Bezugsberecht bezeichnet, erlischt ihr BezugsR mit der Scheidg nur dann, wenn der Bestimmg eine hinr deutl auflösde Bdgg beigefügt ist. § 2077 ist nicht analog anwendb; es bedarf vielmehr idR einen Widerr (BGH **79**, 298, NJW **87**, 3131, Köln VersR **93**, 1133). Das gilt auch dann, wenn die Ehefr ohne Zusatz des Namens benannt ist (BGH aaO, Köln VersR **83**, 1182, LG Saarbr NJW **83**, 180); sie darf die VersSumme aber nur behalten, wenn dafür in der Beziehg zum Erbl ein RGrd besteht (BGH NJW **87**, 3131); das ist nicht der Fall, wenn das ValutaVerh wg Wegfalls der GeschGrdl rückabgewickelt werden muß (BGH NJW **95**, 1082). Bei einer LebensVers, die der betriebl Altersversorgg dient, ist iZw die Ehefr begünstigt, die bei Eintritt des VersFalls mit dem VersN verheiratet ist (BGH **79**, 295); entspr gilt für die UnfallVers (Stgt NJW-RR **88**, 1180).

4   **b)** Währd nach § 328 zur Bestimmg u Aufhebg des Rechts des Dr grdsl ein Vertr zw Versprechdem u VersprEmpf erforderl ist, steht bei der KapitallebensVers dem VersN nach VVG 166 iZw das Recht zu, ohne Zustimmg des Versicherers einen Dr als Bezugsberecht zu bezeichnen, an dessen Stelle einen and zu setzen od die Bestimmg zu widerrufen, u zwar auch dann, wenn die Bezeichng im Vertr erfolgt ist. Bei and

als KapitalVers bedarf es zur Begründg eines entspr WiderrR einer bes Vereinbg. **Bestimmung und Widerruf** sind einseit WillErkl u zugl rgestaltde Vfgen (BGH NJW-RR **89**, 22). Das BestimmgsR ist keine höchstpersönl Befugn, sond abtretb u pfändb (BGH **91**, 289). Die Erkl müssen dem Versicherer zugehen, können aber auch in einer Vfg vTw enthalten sein (§ 332). Erkl ggü dem Dr od and Beteil genügen dagg nicht (RG **140**, 34, **153**, 225). Die Abtr u die Verpfändg der Rechte aus dem VersVertr stellt daher keinen Widerr eines bestehden BezugsR dar (RG **127**, 272, **153**, 226); auch die Anzeige der Abtr od Verpfändg ist idR kein Widerruf (s BGH **109**, 70). Der im Zushang mit einer SichgsAbtr formularmäß erklärte Widerruf ist idR dahin zu verstehen, daß das BezugsR nicht erlöschen, sond hinter den vereinbarten Sichergszweck zurücktreten soll (BGH aaO, Saarbr VersR **92**, 1209). Die SichgsAbtr hindert den VersN daher idR auch nicht, einen and BezugsBerecht zu bestimmen (Köln VersR **90**, 1339, Hamm VersR **94**, 1053). Der Widerr der Bezugsberechtigt ist izw bis zum Eintritt des VersFalls mögl (VVG 166 II). Er kann aber auch schon vorher auf Antr des VersN dch schriftl Bestätigg des Versicherers **ausgeschlossen** w (ALB 13 II). Hierdch 5 entsteht abw von § 331 bereits vor dem Tode des VersN ein eig FdgsR des Bezugsberecht (BGH **45**, 165). Dagg wirkt ein mit dem Bezugsberecht vereinbartes WiderrVerbot nur schuldrechtl (BGH WM **75**, 1360). Trotz Ausschl des WiderrR bleibt der VersN VertrPart u kann daher kündigen (RG **154**, 159, BGH **45**, 167). Gläub des VersN können mit dem Anspr aus dem VersVertr gem ZPO 857 II auch das (nicht höchstpersönl) WiderrR pfänden u nach Überweisg ausüben (RG **153**, 225). Auch der KonkVerw kann widerrufen.

c) Die Zuwendg des Bezugsrechts kann wg **Gläubigerbenachteiligung** anfechtb sein. Dabei ist nach 6 hM zu unterscheiden: – **aa)** Ist das BezugsR dem Dr **von Anfang an** eingeräumt worden, unterliegt das BezugsR selbst nicht der Anf, da es nur dem VersN zugestanden hat; zurückzugewähren ist gem AnfG 7, KO 37 nur die Prämienzahl der letzten ein od zwei Jahre (RG **51**, 403, **153**, 220). – **bb)** Wurde das BezugsR erst **nachträglich** eingeräumt, ist die Begründg des BezugsR selbst anfechtb, vorausgesetzt, sie fällt in die krit Zeit (RG **66**, 158, **153**, 220). Herauszugeben ist daher der Anspr auf die VersSumme od die VersSumme selbst. Ist die Einräumg des BezugsR wg Zeitablaufs nicht mehr anfechtb, sind auch hier nur die Prämien der letzten ein od zwei Jahre zurückzugewähren. Die Unterscheidg gilt für den etwaigen BereichergsAusgl im ValutaVerh entspr. Sie gilt auch dann anzuwenden, wenn beim Anspr auf Pflichttergänz die Einräumg eines BezugsR zu berücksichtigen ist (s § 2325 Rn 8, str).

d) § 330 gilt nicht für and VersichergsArten, insbes nicht für die **Versicherung für fremde Rechnung.** 7 Zwar ist diese Vertr zGDr (des Versicherten), es gelten jedoch die Sonderregeln der VVG 74 ff. Wird eine Vers gg Unfälle eines Dr genommen, handelt es sich izw um eine Vers für dessen Rechng (VVG 179 II, s auch III). Der Dr ist Versicherter u hat daher ein eig FdgR; bei seinem Tod fällt der Anspr in seinen Nachl (BGH **32**, 50, BFH NJW-RR **94**, 918).

3) Die Vermutg des § 330 gilt außerdem für folgde **weitere Fälle: – a) Leibrentenverträge** zGDr (der 8 Witwe, Kinder), vgl §§ 759 ff. – **b) Unentgeltliche Zuwendungen.** Der Begriff umfaßt neben der Schenkg auch die Leihe u unverzinsl Darl. Maßgebd ist, ob im GrdVerh zw Versprechdem u VersprEmpf eine unentgeltl Zuwendg vorliegt; auf die ValutaVerh kommt es nicht an, da allein das GrdVerh über die Entstehg des FdgR des Dr entscheidet (Soergel-Hadding Rn 22, str). Ob ein Vertr zGDr od ledigl eine Aufl vorliegt, ist AusleggsFrage (Ffm WM **87**, 1249). – **c) Vermögens- oder Gutsübernahme** (s §§ 311, 312, 9 EG Art 96, Pr AGBGB Art 15). Gut iSd § 330 ist jede landwirtschaftl Besitzg, auch wenn sie kein Hof iSd HöfeR (EG Art 64) ist. Dem Zweck der Abfindg dient die Leistg, wenn der bedachte Dr ein mögl Miterbe ist. Bei Übern eines gewerbl Betr gilt § 330 entspr (RG JW **05**, 717).

331 *Leistung nach Todesfall.* [1] **Soll die Leistung an den Dritten nach dem Tode desjenigen erfolgen, welchem sie versprochen wird, so erwirbt der Dritte das Recht auf die Leistung im Zweifel mit dem Tode des Versprechensempfängers.**

[II] **Stirbt der Versprechensempfänger vor der Geburt des Dritten, so kann das Versprechen, an den Dritten zu leisten, nur dann noch aufgehoben oder geändert werden, wenn die Befugnis dazu vorbehalten worden ist.**

1) Allgemeines. – a) § 331 begründet als AusleggsRegel die **Vermutung** für den Ztpkt des RErwerbs, 1 wenn die Leistg nach dem Tode des VersprEmpf erfolgen soll. Aus § 331 ergibt sich zugl, daß dem Dr dch Vertr zGDr ohne Einhaltg erbrechtl od sonst FormVorschr mit dem Tode des VersprEmpf ein schuldrechtl Anspruch zugewendet w kann, u zwar auch dann, wenn im ValutaVerh eine Schenkg auf den Todesfall vorliegt (BGH **41**, 96, **66**, 12, WM **83**, 1356, stRspr, str, s Einf 7 v § 328). – **b)** § 331 gilt für **alle** Vertr zGDr, die als LeistgsZtpkt den 2 Tod des VersprEmpf festlegen. **Anwendungsfälle:** LebensVersVertr auf den Todesfall, soweit das BezugsR widerrufl ist (RG **51**, 404, § 330 Rn 4); BausparVertr mit Drittbegünstigg auf den Todesfall (BGH NJW **65**, 1913); Witwenversorgg im Rahmen der betriebl Altersversorgg od der UnfallVers (BGH Warn **70** Nr 52); gesellschaftsvertragl Eintritts- od NachfKlauseln (RG **80**, 177); Vereinbg mit Bank, nach dem Tod des KontenInh einen Betrag an einen Dr zu zahlen (BGH **66**, 13, WM **83**, 1356); Vereinbg, daß die bei der Bank deponierten Wertpapiere nach dem Tod des DepotInh einem Dr auszuhändigen sind (BGH **41**, 96); Anlegg eines Sparkontos auf den Namen eines Dr mit dem Vorbeh eig VfgsBefugn bis zum Tode (BGH **46**, 198, Kblz NJW-RR **95**, 1074). Bei Vorversterben des Begünstigten steht das Recht auf die Leistg, soweit keine and Begünstigten benannt sind, dem VersprEmpfänger zu (BGH NJW **93**, 2172).

2) Rechtstellung der Beteiligten. – a) Bis zum Eintritt des Todesfalls. Die Anspr aus dem Vertr 3 gehören zum Vermögen des VersprEmpf (BGH **81**, 97) u sind für dessen Gläub pfändb (§ 330 Rn 5). Die RStellg des Dr ist frei änderb, sei es dch Vertr zw Versprechdem u VersprEmpf, sei es (kr Vorbehalts) dch einseit Akt des VersprEmpf (§ 330 Rn 4). Der Dr hat weder ein Recht noch eine Anwartsch, sond ledigl die „Hoffng" (Chance) auf einen künft RErwerb (RG **51**, 404, **71**, 326, BGH NJW **82**, 1808, Ffm NJW-RR **90**, 968). Etwas and gilt nur dann, wenn die Bezugsberechtigg nach den getroffenen Vereinbgen unwiderrufl ist; auch in diesem Fall ist der VersprEmpf aber zur Künd des Vertr berecht (§ 330 Rn 5). – **b) Zeit nach** 4

Eintritt des Todesfalls. Der Dr erwirbt den LeistgsAnspr gg den Versprechden (Einf 6 v § 328). Die Möglichk zu Ändergen ohne seine Zustimmg entfällt. Auch die vom Erbl vor seinem Ableben abgegebene ÄndBestimmg bleibt wirkglos, wenn sie dem Versicherer erst nach dem Erbfall zugeht (BGH WM **94**, 903). Im Verh zu den Erben des VersprEmpf ist der RErwerb aber nur dann gesichert, wenn die ValutaVerh wirks ist. Der RGrd zum Behalten kann entfallen, wenn die Erben das ValutaVerh, etwa wg Wegfalls der GeschGrdl, rückabwickeln können (BGH NJW **95**, 1082). Ist zu Lebzeiten des VersprEmpf zw diesem u dem Dr formlos eine Schenkg vereinbart worden, w der Formmangel dch den Erwerb des LeistgsAnspr geheilt, § 518 II (BGH **91**, 291). Fehlt eine derart Vereinbg, kann eine **wirksame Schenkung** auch noch **nach dem Tode** des VersprEmpf zustandekommen: In der Übermittlg der DrittbegünstiggsErkl dch den Versprechden liegt ein SchenkgsAngebot des VersprEmpf an den Dr. Dieses Angebot kann der Dr gem §§ 130 II, 153, 151 stillschw annehmen (BGH **91**, 291); die Erben können den VertrSchl aber dch Widerr des Angebots verhindern (BGH **66**, 13, NJW **75**, 383, sehr str, s Muscheler WM **94**, 921, und Lösgsvorschläge s
5 Soergel-Hadding Rn 15). – **c) II.** Ist der Dr beim Tod des VersprEmpf noch **nicht geboren,** kann der in I vorgesehene RErwerb noch nicht stattfinden. II begründet aber für den Ungeborenen od noch nicht Erzeugten eine idR unentziehb Anwartsch, die mit der Geburt zum VollR erstarkt. Für den Dr kann gem §§ 1912, 1913 ein Pfleger bestellt w.

332 **Änderung durch Verfügung von Todes wegen bei Vorbehalt.** Hat sich der Versprechensempfänger die Befugnis vorbehalten, ohne Zustimmung des Versprechenden an die Stelle des in dem Vertrage bezeichneten Dritten einen anderen zu setzen, so kann dies im Zweifel auch in einer Verfügung von Todes wegen geschehen.

1 **1)** Zur Aufhebg des Rechts des Dr bedarf es grdsl eines Vertr zw Versprechdem u VersprEmpf (§ 328 II). Mögl ist aber auch, daß dem VersprEmpf vertragl das Recht eingeräumt w, die Pers des Dr dch einseit Erkl zu ändern. Für diesen Fall best § 332, daß die Auswechselg des Dr auch dch **Verfügung von Todes wegen** (Test od ErbVertr) erfolgen kann. Er schwächt damit die Regel ab, daß für die Ausübg des BestimmgsR eine Erkl ggü dem Versprechden erforderl ist (§ 330 Rn 4). § 332 gilt auch dann, wenn der VersNeh gem VVG 166, 180 die Befugn hat, die Bezugsberechtigg dch einseit Erkl erstmals zu begründen od ohne Benennung eines und zu widerrufen (MüKo/Gottwald Rn 1). Dagg wird der im Test erklärte Schenkgswiderr erst wirks, wenn er dem Beschenkten zugeht (RG **170**, 383). Die Bezeichng od Auswechselg des Dr kann der einz Inh der Vfg vTw sein (MüKo/Gottwald Rn 2). Leistet der Versprechde in Unkenntn der Vfg vTw an den fr Bezugsberecht, gilt § 407 (RG **154**, 109).

2 **2)** Auch der dch Vfg vTw Begünstigte erwirbt **nicht** aus dem **Nachlaß,** sond ohne DchgangsErwerb unmittelb aus dem Vertr (Einf 6 v § 328). Als Auslegungsregel tritt § 332 zurück, soweit dch Vertr od AGB etwas anderes bestimmt ist (BGH **81**, 98). Für LebensVers gilt ALB 13 III, wonach die Begründg od der Widerruf eines DrittR erst mit schriftl Anzeige an den Versicherer wirksam w; die Vorlage des Test beim Versicherer nach dem Tod des Erbl genügt nicht (BGH NJW **93**, 3134).

333 **Zurückweisung des Rechts durch den Dritten.** Weist der Dritte das aus dem Vertrag erworbene Recht dem Versprechenden gegenüber zurück, so gilt das Recht als nicht erworben.

1 **1) Allgemeines. – a)** § 333 beruht auf dem **Gedanken,** daß niemandem gg seinen Willen ein endgült RErwerb aufgezwungen w soll. Er gibt daher dem Dr die Befugn, das ohne sein Zutun erworbene Recht zurückzuweisen. ParallelVorschr enthalten § 516 II (Schenkg) u § 1942 (ErbschAusschlag). Auf Gutschriften im Rahmen des GiroVerhältn ist § 334 nicht anzuwenden; inwieweit der KontenInh Gutschriften zu-
2 rückweisen darf, bestimmt allein der GiroVertr (BGH NJW **95**, 520). – **b)** Die Zurückweisg geschieht dch einseit empfangsbedürft WillErkl ggü dem Versprechden. Sie ist erst ab Anfall des Rechts mögl (str). Der Dr kann sich aber schon vorher verpfl, von dem Recht keinen Gebrauch zu machen (RG **101**, 306). Für das ZurückweisgsR besteht keine AusschlFr. Es fällt aber weg, wenn der Dr das R ausdr od dch schlüssiges Verhalten **angenommen** hat (RG **119**, 3). Zurückweisg mit dem Ziel, die Entsteh einer AufrLage zu verhindern, ist zul (RG aaO).

3 **2)** Die Zurückweisg hat die **Wirkung,** daß das Recht des Dr rückwirkd als niemals erworben gilt. Die RFolgen für das DeckgsVerh zw Versprechdem u VersprEmpf ergeben sich aus einer Auslegg des geschl Vertr. Folgde Möglichk kommen in Betracht: **a)** Das Recht steht nunmehr dem VersprEmpf od seinen
4 Erben zu (so VVG 168, 180). – **b)** Der VersprEmpf kann einen and Berecht best (so VVG 166). – **c)** Die Leistg w dch die Zurückweisg nachträgl **unmöglich** (§ 275). Für den Anspr auf die GgLeistg gilt idR § 323, die Auslegg kann aber auch ergeben, daß zu Lasten des VersprEmpf § 324 anwendb ist. Bei Unterrichts-Vertr sind regelmäß §§ 275, 323 anzuwenden (LG Limbg MDR **79**, 580, aA LG Freibg MDR **81**, 141).

334 **Einwendungen des Schuldners gegenüber dem Dritten.** Einwendungen aus dem Vertrage stehen dem Versprechenden auch gegenüber dem Dritten zu.

1 **1) Allgemeines. – a)** Das Recht des Dr beruht ausschließl auf dem Vertr zw Versprechdem u VersprEmpf (DeckgsVerh, s Einf 3 v § 328). Der Versprechde darf nicht deshalb schlechter gestellt w, weil er statt an den VersprEmpf an den Dr leisten soll. Hieraus zieht § 334 folgericht die Konsequenz, daß dem Schu **alle Einwendungen** aus dem Vertr auch ggü dem Dr zustehen. § 334 gilt auch für den Vertr mit Schutzwirkg zGDr (§ 328 Rn 19) u für die Vers für fremde Rechng (BGH **26**, 287), dort jedoch mit der Be-
2 schränkg des VVG 158i (Johannsen VersR **91**, 500). Er ist eine ParallelVorschr zu § 404. – **b)** § 334 ist

dispositiv. Die Verteidiggsmöglichk des Schu können dch vertragl Abreden erweitert od eingeschränkt w. Beim Vertr zw Reiseveranstalter u FlugGesellsch zG der Reisden kann der VertrInh ergeben, daß die FlugGesellsch das Risiko einer Insolvenz des ReiseVeranstalters zu tragen hat (BGH **93**, 275, einschränkd LG Ffm NJW-RR **86**, 852).

2) **Einwendungen. – a)** Der Schu kann dem Dr alle Einwendgen **aus dem Vertrag** entgthalten. Der 3 Begriff der Einwendg ist im weitesten Sinn zu verstehen; auch Einr u Rechte aus prozessualen Abreden (SchiedsVertr, GerStandVereinbg) sind miterfaßt. Bsp: Nichtzustandekomen des Vertr (§§ 154, 155); Nichtigk (§§ 104, 125, 134, 138) od Anfechtbark (§§ 119ff) des Vertr; Widerr, Rücktr, Wandlg, Mindeg; Verj, Ablauf einer AusschlFr, Wegfall der GeschGrdl (BGH **54**, 145), das ZbR aus § 273 (BGH NJW **80**, 450), die Einr aus §§ 320, 321, die Rechte aus §§ 323, 325 u 326 u aus § 254 (BGH **33**, 250), beim Vertr mit Schutzwirkg zGDr mit den in § 254 Rn 69 dargestellten Einschränkgen. Die Einwendg muß sich aus dem DeckgsVerh ergeben. Es genügt, daß sie im Ztpkt des RErwerbs des Dr im DeckgsVerh „im Keime" angelegt war (s § 404 Rn 4). Auf spätere Vereinbgen mit dem VersprEmpf (Stundg, Erlaß) kann sich der Schu dagg nur berufen, soweit § 328 Rn 4 zutrifft. Wenn sich der Dr (Brauerei) des VersprEmpf (Verpächter) zur Dchsetzg seiner Interessen bedient, ist bei der Beurteilg der Sittenwidrigk auch das Verhältn zw Dr u Schu (Gastwirt) zu berücksichtigen (BGH DNotZ **70**, 240). GestaltgsR sind ggü dem VersprEmpf, nicht ggü dem Dr geltend zu machen. Der Anspr des Schu aus § 346 richtet sich sowohl gg den Dr als auch gg den VersprEmpf (Düss VersR **70**, 739, str, für Anspr gg den Dr Soergel-Hadding Rn 14; für Anspr gg den VersprEmpf Esser-Schmidt § 36 III 2). Zum **Bereicherungsausgleich** bei Nichtigk des Vertr zGDr s § 812 Rn 49ff. – **b) Ausgeschlossen** sind alle Einwendgen aus dem ValutaVerh (BGH **54**, 146, Hbg MDR **78**, 4 403, Rn 4 v § 328). Nur wenn das ValutaVerh GeschGrdl für das DeckgsVerh ist, kann die Nichtigk das ValutaVerh ausnw einen gem § 334 erhebl Einwand begründen (BGH **54**, 156). Der Schu kann sich ggü dem FdgsR des Dr auch nicht auf GgR aus and RBeziehgn zum VersprEmpf berufen. Er kann daher nicht mit Fdgen gg den VersprEmpf aufrechnen (BGH MDR **61**, 481), wohl aber mit Anspr gg den Dr (RG **119**, 3).

335 *Forderungsrecht des Versprechensempfängers.* Der **Versprechensempfänger kann, sofern nicht ein anderer Wille der Vertragschließenden anzunehmen ist, die Leistung an den Dritten auch dann fordern, wenn diesem das Recht auf die Leistung zusteht.**

1) § 335 gibt die **Auslegungsregel,** daß neben dem Dr iZw **auch der Versprechensempfänger** berecht 1 ist, die Leistg an den Dr zu verlangen. Die Befugn des VersprEmpf ist ein selbstd FdgsR, keine bloße Einziehgsermächtigg (hM, aA Hadding AcP **171**, 403); es kann dch eine Vormerkg gesichert w (BGH NJW **83**, 1543, Denck NJW **84**, 1009). Zw dem Dr u dem VersprEmpf besteht keine GesGläubsch, sond eine bes Art der FdgMehrh, die sich nicht in die in §§ 420ff geregelten Fälle einfügen läßt. Das von od gg einen Berecht erstrittene Urt wirkt weder für noch gg den and (BGH **3**, 389, aA Schwab ZZP **77**, 149).

2) Das Recht des VersprEmpf ist vererbl u zumindest an den Dr abtretbar (RG **150**, 133). Es erstreckt sich 2 auch auf FolgeAnspr, insb auf **Schadensersatzansprüche** wg Schlecht- od NichtErf (RG HRR **35**, 342, BGH NJW **67**, 2261, **74**, 502). Ist dem VersprEmpf dch die Leistgsstörg ein eig Schaden entstanden, kann er diesen ersetzt verlangen, u zwar dch Leistg an sich selbst (RG HRR **35**, Nr 342, BGH WM **72**, 488). Die Ausleg des Vertr kann aber ergeben, daß bei Leistgsstörgen nur der Schaden des Dr ersatzfäh sein soll (s BGH **89**, 266, ArztVertr). Zu den dem VersprEmpf zustehden **Gestaltungsrechten** s § 328 Rn 6.

Vierter Titel. Draufgabe. Vertragsstrafe

336 *Auslegung der Draufgabe.* **I Wird bei der Eingehung eines Vertrags etwas als Draufgabe gegeben, so gilt dies als Zeichen des Abschlusses des Vertrags.**
II Die Draufgabe gilt im Zweifel nicht als Reugeld.

337 *Anrechnung oder Rückgabe der Draufgabe.* **I Die Draufgabe ist im Zweifel auf die von dem Geber geschuldete Leistung anzurechnen oder, wenn dies nicht geschehen kann, bei der Erfüllung des Vertrags zurückzugeben.**
II Wird der Vertrag wieder aufgehoben, so ist die Draufgabe zurückzugeben.

338 *Draufgabe bei zu vertretender Unmöglichkeit der Leistung.* **Wird die von dem Geber geschuldete Leistung infolge eines Umstandes, den er zu vertreten hat, unmöglich oder verschuldet der Geber die Wiederaufhebung des Vertrags, so ist der Empfänger berechtigt, die Draufgabe zu behalten. Verlangt der Empfänger Schadensersatz wegen Nichterfüllung, so ist die Draufgabe im Zweifel anzurechnen oder, wenn dies nicht geschehen kann, bei der Leistung des Schadensersatzes zurückzugeben.**

1) **Allgemeines. – a)** Die **Draufgabe** (Angeld, Handgeld), die fr in ländl Verhältn (GesindeVertr, 1 Viehkauf) gebräuchl war, heute aber kaum noch vorkommt, ist Hingabe einer Leistg als BewZeichen für den VertrSchl (§ 336 I). Sie begründet eine widerlegl Vermutg für den VertrSchluß (ZPO 292), ersetzt aber nicht die etwa erforderl Form. Die Draufgabe ist idR eine Geldleistg, kann aber auch in jedem and Ggst (Übbl 2 vor § 90) bestehen. Sie geht idR dch Übereign od Abtr in das Vermögen des Empfängers über, denkb ist aber auch eine Überlassg des Ggst zum Gebrauch. – **b)** Die Draufgabe ist nach der Ausleggsregel 2 des § 336 II iZw kein **Reugeld** (Vorbem 6 vor § 339), dh der Leistde ist nicht berecht, unter Preisgabe des

Geleisteten vom Vertr zurückzutreten. Besteht dieses Recht nach der getroffenen Vereinbg doch, gilt § 359.
3 – **c)** Keine Draufgabe ist die **Anzahlung.** Sie ist nicht Zeichen des VertrSchl, sond TeilErf, evtl auch VorausErf des Anspr des Empfängers (§ 362 Rn 10. – **d)** Für das Verlöbn enthält § 1301 eine Sonderregelg.

4 **2) Rechtsfolgen. – a)** Die Draufgabe ist nach § 337 I iZw keine Zugabe, sond ein **Angeld,** das auf die Leistg anzurechnen, od wenn dies nicht mögl ist, zurückzugewähren ist. Wird der Vertr aufgehoben, besteht gem § 337 II gleichf eine **Rückgewährpflicht.** Diese ist in beiden Fällen VertrPfl. Bei Störgen gelten daher die §§ 275 ff u nicht die §§ 812 ff (Erm-Westermann Rn 1, str), die aber wg § 820 zu ähnl
5 Ergebn führen würden. – **b)** § 338 Satz 1 enthält eine Ausn von § 337. Hat der Geber die Unmöglich der Leistg od die Aufhebg des Vertr zu vertreten, darf der Empfänger die Draufgabe behalten, sog **Verfall** der Draufgabe. Diese ist damit zugl Mindestentschädigg. § 338 Satz 1 gilt für die Fälle der §§ 280, 286, 325, 326, 462; iF des § 346 ist § 338 Satz 1 nur anzuwenden, wenn RückrGrd ein vertragswidr Verhalten des Gebers ist; iF der §§ 360, 361 kommt es darauf an, ob der Geber schuldh Veranlassg zum Rücktr gegeben hat. In
6 allen and Fällen, insb iF des § 323, bleibt es bei § 337. – **c)** Verlangt der Empfänger **Schadensersatz wegen Nichterfüllung** ist die Draufgabe nach § 338 Satz 2 entweder anzurechnen od zurückzugewähren. Diese Regel enthält eine Ausn von § 338 Satz 1 u stellt den Grds des § 337 wieder her. Sie ist folgerichtig, da die SchadErsLeistg an die Stelle der Erf tritt. – **d)** Ist der Vertr **nichtig,** erstreckt sich die Nichtig auch auf die Nebenabrede über die Draufgabe. Diese ist daher gem § 812 zurückzugewähren (RG **53**, 238).

Vertragsstrafe (§§ 339–343)
Vorbemerkung

1 **1) Allgemeines. – a) Begriff:** Die VertrStrafe ist eine meist in Geld bestehde Leistg, die der Schu für den Fall der NichtErf od nicht gehör Erf einer Verbindlichk verspricht. Ihr Zweck ist, die Erf der Hauptverbindlichk als „Druckmittel" zu sichern u dem Gläub den SchadBew zu ersparen (BGH **49**, 89, **63**, 259, **85**, 312, **105**, 27). Dch diese doppelte Zwecksetzg unterscheidet sie sich von der Vereinbg einer Schadenspauschale (s näher § 276 Rn 54 f). Soll die Abrede ein Verhalten in der **Vergangenheit** sichern, handelt es sich um ein garantieähnl Versprechen, nicht um eine VertrStrafe (BGH **105**, 27). Keine Strafe ist die Versagg einer **Belohnung.** Die in Vergl vorkommde Regelg, nach der bis zu einem best Termin ein geringerer Betrag zu zahlen ist, fällt daher nicht unter § 339 (BGH NJW **80**, 1043, **81**, 2686).

2 **b)** VertrStrafe iSd §§ 339 ff ist nur das **unselbständige,** an eine Hauptverbindlichk angelehnte StrafVersprechen, *arg* § 344, hM. Der RGrd u der Inh der HauptVerbindlichk sind gleichgült. Auch gesetzl Pflten können dch Strafversprechen gesichert w (BGH NJW **93**, 1787); die HauptVerbindlichk kann auf ein Tun od Unterl gerichtet sein. Besteht die HauptVerbindlichk nicht, ist sie nichtig, wirks angefochten od erloschen, entfällt der StrafAnspr (Mü BB **84**, 630). Er ist auch dann ausgeschlossen, wenn die VertrErf ohne Verschulden des Schu unmögl w (BGH LM Nr 2). Der StrafAnspr bleibt aber grdsl bestehen, wenn nachträgl die gesicherte Hauptverbindlichk mit Wirkg *ex nunc* wegfällt (KG NJW **95**, 268, aA LG Mü NJW **75**, 784). Kündigt der Gläub wg der PflVerletzg, verliert er den StrafAnspr (BGH NJW **62**, 1341, Düss MDR **71**, 217); die Part können aber vereinbaren, daß die PflVerletzg zugleich zum Verfall der VertrStrafe u zur Auflösg des Vertr berecht soll (BGH LM Nr 2). Der StrafAnspr hat wg seiner **Akzessorietät** den gleichen ErfOrt wie die Hauptverbindlichk (RG **69**, 12). Er ist vor Verwirkg der Strafe nicht selbständ abtretb (s BGH NJW **90**, 832), geht aber bei Abtr der HauptErf mit dieser über (§ 401 Rn 6).

3 **c)** Das StrafVerspr ist eine **vertragliche Abrede,** keine einseit Erkl. Es kann, sow das AGBG nicht entggsteht, auch in AGB enthalten sein (BGH **72**, 223, AGBG 11 Rn 28 ff). Mögl ist auch, daß Strafbestimmgen in VO VertrInh w (BGH MDR **62**, 209, s jetzt AVB Elt/Gas/Fernwärme/WasserV jeweils § 23). Ein StrafVerspr zur Sicherg arbeitsvertragl Pflten ist grdsl zul (BAG NJW **83**, 1575, v Hoyningen-Huene BB **92**, 2142). Es kann auch formularmäß vereinbart w (BAG NJW **85**, 91, DB **86**, 1979). Zur Betriebsbuße s Rn 8. Das StrafVerspr bedarf der Form des HauptVertr (§ 313 Rn 13) u unterliegt den AusleggsGrds der §§ 133, 157 (BGH **33**, 164). Einen allg Grds, daß das Verspr iZw eng auszulegen ist, gibt es nicht (BGH NJW-RR **91**, 1319). Aus der Strafhöhe kann sich aber ergeben, daß bloße VorbereitgsHdlgen nicht erfaßt w sollen (Hamm NJW-RR **93**, 1383). Das Verspr muß die die Strafe auslöse PflVerletzg u die zu leistde Strafe bestimmt od bestimmb bezeichnen (BGH LM Nr 19, Kblz WRP **86**, 694); wird Strafe iF des „Vertragsbruchs" zugesagt, so ist das hinr bestimmt (LAG Bln **AP** Nr 4, aA Düss DB **92**, 86). Die Festsetzg der Strafhöhe kann gem §§ 315 ff dem Gläub od einem Dr überlassen w (§ 339 Rn 5). Die ausdr Bezeichng als VertrStrafe ist unnötig (§ 133). Als VertrStrafen können anzusehen sein: Flaschenpfand (BGH LM Nr 10); WertErs für nicht zurückgegebenes Leergut (§ 276 Rn 56); „Reueprovisionen" in MaklerVertr (Rn 6), strafbewehrte UnterwerfgsErkl im WettbewerbsR (Petersen GRUR **78**, 156), Blockiergshonorar in AGB einer Bildagentur (Hbg NJW-RR **86**, 1178). Überziehgs- u Verzugsgebühren (BGH NJW **94**, 1533 u § 276 Rn 56, s aber auch BGH NJW **92**, 2625). Zu §§ 134, 138 als Grenze für StrafVerspr s § 343 Rn 3. StrafVerspr sind auch in öffr Vertr, etwa in StudienfördergsVertr, zul (BVerwG NJW **86**, 2589).

4 **2) Ähnliche Rechtsgebilde. – a)** Beim **selbständigen Strafversprechen** fehlt eine erzwingb Hauptverbindlichk (BGH **82**, 401). Die Strafe wird für den Fall versprochen, daß eine Hdlg vorgenommen od unterlassen w, ohne daß sich der Versprechde zu der Hdlg od Unterlassg verpflichtet (s § 343 II). Das selbstd Strafgedinge kann Zusagen gesellschaftl Art schützen, doch verspricht man vielfach § 138 entggstehen. Es kann auch auf das Verhalten eines Dr abgestellt w (BGH NJW **67**, 1319, Hamm BauR **95**, 548). Wird für den Fall der Künd eines Dienst- od ArbVertr die **Rückzahlung einer Gratifikation** vereinbart, so gelten die in § 611 Rn 89 dargestellten Grds. Das selbstd Strafgedinge ist dch die §§ 339 ff nicht geregelt. Die §§ 343, 344 sind aber anwendb (s dort), ebso der Grds, daß die Verwirkg der Strafe iZw ein Verschulden voraussetzt (RG **95**, 203), nicht aber § 341 III (BGH **82**, 401).

5 **b) Verfallklauseln** (Verwirkgsklauseln). Währd der Schu beim StrafVerspr eine zur Hauptleistg hinzutretde meist in Geld bestehde Leistg zu erbringen hat, hat die Verfallklausel den Inh, daß der Schu bei

NichtErf od nicht gehör Erf seiner Verbindlichk eig Rechte verliert. Sollen alle Rechte wegfallen, so gilt das gem § 360 iZw als RücktrVorbeh (s dort). Abreden, die den Wegfall od die Beschränkg einz Rechte vorsehen, fallen nicht unter § 360, sind aber zul (BGH NJW-RR **93**, 464). Der RVerlust tritt ipso facto ein. Auf Verfallklauseln sind aber die §§ 339 ff entspr anwendb: der nur formale Unterschied zw zusätzl Leistg u dem Wegfall eig Rechte rechtfertigt sachl keine unterschiedl Behandlg (BGH NJW **60**, 1568, NJW-RR **91**, 1015, **93**, 246). § 343 ist daher analog anzuwenden (BGH NJW **68**, 1625), ebso der aus § 339 S 1 zu entnehmde VerschuldensGrds (RG **95**, 202, **145**, 31, **152**, 258, die aber zT auf § 242 abstellen). Auf Vereinbgen über eine **vorzeitige Fälligkeit** iF eines Zahlgsrückstandes sind die §§ 339 ff dagg nicht anwendb (BGH **95**, 372), sie können aber gem AGBG 9 (dort Rn 144) unwirks sein. Der uU existenzvernichtde Wegfall des VersSchutzes wg der Verletzg einer **Obliegenheit** kann in seiner Wirkg einer VertrStrafe nahestehen (BGH **52**, 90, VersR **77**, 272). Gleichwohl sind die §§ 339 ff, insb § 343, unanwendb (BGH VersR **72**, 363, Hüffer VersR **74**, 617, Zuther VersR **74**, 630, aA Kblz VersR **72**, 921, Düss VersR **73**, 1157, Klein BB **80**, 391). Aus § 242 kann aber der Grds entnommen w, daß keine Leistgsfrei eintritt, wenn diese in einem auffäll Mißverhältn zur Schwere od Bedeutg der ObliegenhVerletzg stehen würde (BGH aaO, § 242 Rn 84).

c) Reugeld (§ 359). Der Anspr auf Reugeld setzt den Rücktr vom Vertr voraus, der StrafAnspr dagg das **6** Weiterbestehen des Vertr (BGH **21**, 372). Die Strafe soll den Schu anhalten zu erfüllen, das Reugeld gibt ihm die Möglichk, sich vom Vertr zu lösen. Die §§ 339 ff, insbes § 343, gelten für das Reugeld nicht (Köln MDR **68**, 48). Die in einem MaklerVertr vereinbarte Reueprovision ist idR eine VertrStrafe (BGH NJW **70**, 1915, Celle NJW **78**, 326).

d) Vereinsstrafe. Sie ist Ausfluß der in der Satzg begründeten Ordngsstrafgewalt des Vereins. Sie ist **7** keine VertrStrafe iSd §§ 339 ff, sond ein eigenständ verbandsrechtl Institut (BGH **21**, 374, § 25 Rn 12 ff). Die in GemschOrdngen von WoEigtGemeinsch vorgesehenen Strafen fallen gleichf nicht unter die §§ 339 ff, sond entspr den Vereinsstrafen (BayObLG **59**, 463).

e) Betriebsbuße. Sie erfordert als RGrdl einen TarifVertr od eine BetrVereinbg. Die BetrBuße ist keine **8** VertrStrafe (BAG **20**, 97, str, aA Staud-Rieble Rn 102), ihre Festsetzg ist aber dch das ArbGer voll nachprüfb (BAG aaO). Zur Abgrenzg von der auch im ArbR mögl echten VertrStrafe (Rn 3) s BAG DB **86**, 1979, Langheid DB **80**, 1219.

f) Zur Abgrenzung der VertrStrafe von Abreden über **pauschalierten Schadensersatz** s § 276 Rn 54 ff. **9**

3) Konkurrenz mit öffentlichen Strafen und Zwangsmitteln. – a) Das die VertrStrafe auslöse **10** Verhalten kann eine mit öff **Strafe** bedrohte Hdlg sein (BGH **21**, 374). Bsp sind die VertrStrafe bei Entzieh von Energie (AVB Elt/Gas/Fernwärme/WasserV jeweils 23) u das erhöhte Fahrgeld für Schwarzfahrer (AGBG 11 Rn 30). Hinw, die dem Ladendieb eine VertrStrafe androhen, w dagg idR nicht VertrInh (MüKo/Gottwald Rn 21, aA AG Schöneberg NJW **74**, 1823). – **b)** Die Sicherg dch ein VertrStrafVerspr **11** schließt ein RSchutzinteresse für eine UnterlKl u den Antr gem **ZPO 890** nicht aus (BGH NJW **80**, 1843, Köln NJW **69**, 756, Stgt NJW **69**, 1305). Hat der Gläub die VertrStrafe angenommen, ist der Antr gem ZPO 890 aber rmißbräuchl u unzul (Celle BB **70**, 11, MüKo/Gottwald Rn 22, die ein RSchutzbedürfn verneinen, aA Saarbr NJW **80**, 461, Köln GRUR **86**, 688). Umgekehrt entfällt der StrafAnspr, wenn das Ordngsmittel rechtskr festgesetzt worden ist (LG Frankenthal MDR **92**, 362).

339 *Verwirkung der Vertragsstrafe.* **Verspricht der Schuldner dem Gläubiger für den Fall, daß er seine Verbindlichkeit nicht oder nicht in gehöriger Weise erfüllt, die Zahlung einer Geldsumme als Strafe, so ist die Strafe verwirkt, wenn er in Verzug kommt. Besteht die geschuldete Leistung in einem Unterlassen, so tritt die Verwirkung mit der Zuwiderhandlung ein.**

1) Allgemeines. Zum Begriff der VertrStrafe, zum StrafVerspr u zur Abgrenzg von ähnl RFiguren s **1** Vorbem. § 339 regelt die Verwirkg der VertrStrafe, dh er legt fest, unter welchen Voraussetzgen der StrafAnspr entsteht. Er unterscheidet dabei, ob der Schu ein Handeln (Rn 2 f) od ein Unterl (Rn 4) schuldet.

2) Satz 1 betrifft den Fall, daß die VertrStrafe für die NichtErf od nichtgehör Erf einer **Handlungspflicht 2** vereinbart ist. Der StrafAnspr entsteht, wenn der Schu in Verzug kommt. Verschuldete Unmöglichk steht dem Verzug gleich (BGH **LM** Nr 2). Geringfügige PflVerletzgen sind nach § 242 unerhebl; dagg begründen UmgehgsHdlgen einen StrafAnspr (§ 157, s RG **96**, 174). Auf die Entsteh eines Schadens kommt es nicht an (§ 343 Rn 5). Der Einwand überholder Kausalität ist daher nur im Rahmen des § 343 von Bedeutg (BGH NJW **69**, 461, **74**, 2089). Der StrafAnspr entfällt, wenn der Schu beweist, daß er die PflVerletzg nicht zu vertreten hat (§ 285). Der Schu muß aber nicht nur für eig **Verschulden**, sond gem § 278 auch für das von **3** HilfsPers einstehen (BGH NJW **86**, 127, **87**, 3253), uU auch für das seiner Handelsvertreter (Hamm MDR **88**, 143), seines Zeitgsverlages (BGH NJW **88**, 1907), seiner Werbeagentur u seiner Druckerei (Karlsr GRUR **92**, 883). Das Verschuldenserfordernis ist nicht zwingd. Die VertrStrafe kann unabhäng von einem Verschulden versprochen w (BGH **72**, 178, **82**, 402, NJW **71**, 883, aA Staud-Rieble Rn 119); sie ähnelt dann einem GarantieVerspr (zur Abgrenzg s BGH NJW **58**, 1483). Erforderl ist hierfür aber grdsl eine IndVereinbg. Entspr formularmäß Klauseln sind nur wirks, wenn für sie wicht Grde vorliegen (BGH **72**, 179, Celle NJW-RR **88**, 947, Hamm OLGZ **89**, 442). Die Verwirkg der Strafe kann vereinbargsgem von einem qualifizierten Verschulden abhäng gemacht w. Der ArbN, der für den Fall des VertrBruchs eine Strafe versprochen hat, verwirkt diese nur bei Vors, nicht aber bei einem entschuldb RIrrt (LAG Bln **AP** Nr 4). Beiderseitige Verstöße gg ein zweiseit StrafVerspr begründen idR für beide Part einen StrafAnspr (RG **96**, 174). Der StrafAnspr entfällt aber, wenn die PflVerletzg des Schu eine Folge des vertragswidr Verhaltens des Gläub ist (BGH NJW **66**, 971, **71**, 1126, NJW-RR **89**, 569).

3) Satz 2 ist anwendb, wenn die geschuldete Leistg, wie etwa bei einer VerschwiegenhPfl (BGH NJW- **4** RR **86**, 1160), in einem **Unterlassen** besteht. Nach dem Wortlaut der Vorschr genügt für die Verwirkg der Strafe (scheinb) die obj ZuwiderHdlg. Auch für Satz 2 gilt aber der VerschuldensGrds: Der Schu w frei,

wenn er beweist, daß er die ZuwiderHdlg nicht zu vertreten hat (BGH NJW 72, 1893/2264 gg Mot II 270 u
die fr Rspr). Die Strafe kann aber ebso wie iF des Satz 1 unabhäng von einem Verschulden versprochen w
(BGH NJW **72**, 1893). Sie entfällt, wenn der Gläub den Schu zu der ZuwiderHdlg verleitet hat (Karlsr
GRUR **84**, 75). Für den Umfang der UnterlVerpfl gilt die sog Kerntheorie (Ffm OLGZ **88**, 351).

5　　**4) Rechtsfolge** der Verwirkg ist die Entstehg des StrafAnspr. – **a)** Inh u **Höhe** der Strafe richten sich
nach der getroffenen Abrede. Die Festsetzg kann dem Gläub, § 315 (BGH NJW **85**, 191), einem Dr, § 317
(BGH WM **71**, 165), einem SchiedsGer (§ 343 Rn 2), nicht aber dem staatl Ger übertragen w (BGH **LM** Nr
21, DB **81**, 533, BAG NJW **81**, 1799). Bei derart Abreden hat die Herabsetzg gem §§ 315 III, 319 vor der
6　nach § 343 den Vorrang (BGH NJW **94**, 45). – **b)** Ob bei **mehrmaligen** Verstößen die Strafe einmal od
mehrf anfällt, ist Frage der Ausleg (RG **112**, 367, BGH NJW **84**, 920). Hat eine Hdlg mehrere Verletzgsfol-
gen od verstößt sie gg zwei UnterlVerspr, verfällt die Strafe nur einmal (Hamm NJW-RR **90**, 1197, Ffm
NJW-RR **92**, 620). Im FortsetzgsZusHang stehde Hdlgen sind grdsl zu einer Hdlg im RSinn zuszufassen, u
zwar auch dann, wenn ein GesVorsatz fehlt u die Strafe für jeden Fall der ZuwiderHdlg versprochen worden
ist (BGH **33**, 163, Köhler WiB **94**, 101). Daran ist festzuhalten, obwohl der BGH (NJW **94**, 1663) den
Begriff der fortgesetzten Hdlg für das StrafR inzw weitgehd aufgegeben hat (Ffm WRP **95**, 647, aA Rieble
WM **95**, 828). Der Verzicht auf die Einr des FortsetzgsZusHangs in formularmäß VertrStrafVerspr ist
unwirks (BGH **121**, 18); er kann aber ausnw dch ein schutzwürd Interesse des Verwenders gerechtfertigt
sein (BGH NJW **93**, 1786, Mü BB **94**, 1105).

340　*Strafversprechen für Nichterfüllung.*　[I]Hat der Schuldner die Strafe für den Fall versprochen, daß er seine Verbindlichkeit nicht erfüllt, so kann der Gläubiger die verwirkte Strafe statt der Erfüllung verlangen. Erklärt der Gläubiger dem Schuldner, daß er die Strafe verlange, so ist der Anspruch auf Erfüllung ausgeschlossen.

[II]Steht dem Gläubiger ein Anspruch auf Schadensersatz wegen Nichterfüllung zu, so kann er die
verwirkte Strafe als Mindestbetrag des Schadens verlangen. Die Geltendmachung eines weiteren
Schadens ist nicht ausgeschlossen.

1　　**1) Allgemeines. – a)** Die §§ 340, 341 (sowie § 342) regeln das **Verhältnis** der verwirkten Strafe zum Erf–
u SchadErsAnspr. Sie bestimmen zum Schutz des Schu, daß der Gläub iF des § 340 nur die Strafe od Erf
2　fordern kann u daß iF eines SchadErsVerlangens die VertrStrafe stets anzurechnen ist. – **b)** § 340 gilt, wenn
die Strafe für den Fall der (gänzl od teilw) **Nichterfüllung** versprochen ist; § 341, wenn das StrafVerspr den
Fall nicht gehöriger Erf betrifft. Bei Zweifeln muß dch Ausleg ermittelt w, ob die Strafe das Interesse an
der Erf als solcher od nur das an der ordngsmäß Erf (zB Unterl einz ZuwiderHdlgen) sichern soll (RG **112**,
366, BAG NJW **71**, 2008). Die Entscheid ist vielf nur aus der Strafhöhe zu gewinnen (s auch Rn 5). Ein
3　StrafVerspr für NichtErf ist iF nicht gehöriger Erf unanwendb (BAG **AP** Nr 3). – **c)** Die §§ 340, 341 sind
nicht zwingend. Die Part können zB vereinbaren, daß der Vertr iF einer VertrVerletzg unter Verfall der
Strafe hinfäll sein soll (BGH **LM** § 339 Nr 2). Die Änderg erfordert aber eine IndVereinbg, eine formular-
mäß Klausel reicht nicht aus (BGH **63**, 256, AGBG 11 Rn 33). – **d)** Für Wettbewerbsverbote von ArbN gilt
die Sonderregel des HGB 75 c.

4　　**2) Konkurrenz mit Erfüllungsanspruch (I). – a)** Der Gläub kann zw Strafe u Erf **wählen.** Es handelt
sich nicht um eine Wahlschuld, sond einen Fall elektiver Konkurrenz (Soergel-Lindacher Rn 6, § 262 Rn 6).
Die Wahl erfolgt dch einseitiges RGesch. Sie kann auch konkludent, etwa dch KlErhebg, vorgenommen w.
Das ErfVerlangen bindet ihn (RG JW **13**, 319), wohl aber die ErfAnn. Dagg schließt das Verlangen
der VertrStrafe, sofern der StrafAnspr begründet ist (RG **77**, 292, BGH **LM** UWG 17 Nr 2), den ErfAnspr
5　aus (Satz 2). – **b)** Das **Erlöschen** des ErfAnspr erstreckt sich beim ggs Vertr iZw auch auf den GgAnspr
(Ausleggsfrage; Anhaltspkt: Strafhöhe). Ein UnterlassgsAnspr erlischt nur für die Zeit, auf die sich die
verwirkte Strafe bezieht (LAG Mannh NJW **73**, 533); für die verbleibde Zeit besteht der ErfAnspr weiter
6　(BAG NJW **73**, 1717). – **c)** Der StrafAnspr wird erst dch die Wahl **erfüllbar** (BAG NJW **70**, 1146, sog
verhaltener Anspr). Solange der Gläub nicht gewählt hat, kann er auch die Erf der HauptVerbindlichk
zurückweisen.

7　　**3) Konkurrenz mit Schadensersatzanspruch.** Als Grdl für einen SchadErsAnspr kommen §§ 280, 286
II, 325, 326 od pVV in Betracht. Der Gläub kann zw Strafe u SchadErs wählen. Der StrafAnspr besteht auch
dann, wenn kein Schaden enstanden ist (RG **103**, 99, BGH **63**, 260). Die Wahl der VertrStrafe, die
Mindestentschädigg ist, schließt es nicht aus, nachträgl weitergehden Schaden geltd zu machen (Satz 2). Im
Einzelfall kann die Ausleg ergeben, daß der Anspr auf höheren SchadensErs ausgeschlossen sein soll (Düss
MDR **95**, 1186).

341　*Strafversprechen für nicht gehörige Erfüllung.*　[I]Hat der Schuldner die Strafe für den Fall versprochen, daß er seine Verbindlichkeit nicht in gehöriger Weise, insbesondere nicht zu der bestimmten Zeit, erfüllt, so kann der Gläubiger die verwirkte Strafe neben der Erfüllung verlangen.

[II]Steht dem Gläubiger ein Anspruch auf Schadensersatz wegen der nicht gehörigen Erfüllung
zu, so finden die Vorschriften des § 340 Abs. 2 Anwendung.

[III]Nimmt der Gläubiger die Erfüllung an, so kann er die Strafe nur verlangen, wenn er sich das
Recht dazu bei der Annahme vorbehält.

1　　**1) I und II. – a)** Der Gläub kann die Strafe wg nicht gehöriger Erf (Verzug, pVV, Schlechtleistg) u Erf –
abweichd von der Regel des § 340 – **nebeneinander** fordern (Kumulation). Entspr gilt, wenn an die Stelle
des ErfAnspr ein SchadErsAnspr wg NichtErf getreten ist (RG **94**, 207). Der Gläub kann neben der

VertrStrafe auch Verzugszinsen auf die Hauptverbindlich für die Zeit ab Strafverwirkg fordern (BGH NJW **63**, 1197). – **b)** Für das Verhältn zw Strafe u SchadErs wg nicht gehöriger Erf gelten die Ausführgen in 2 § 340 Rn 7 entspr. Es besteht ein durch AGB nicht abänderb **Anrechnungszwang** (BGH **63**, 256).

2) Vorbehalt bei Annahme der Erfüllung (III). – a) Währd iF des § 340 der StrafAnspr mit der Erf des 3 HauptAnspr erlischt (§ 340 Rn 4 ff), tritt diese RFolge iF des § 341 nicht ein. Zur Erhaltg des StrafAnspr ist aber ein **Vorbehalt** bei Ann der Erf erforderl. Zum Begriff der Ann der Erf s § 363 Rn 2. Der Vorbeh muß ausdr erklärt w, ein stillschw Vorbeh kann höchstens in AusnFällen angenommen w (BGH **73**, 246). Erforderl ist ein Vorbeh **„bei"** Ann der Erf. Dieses Erforderl ist, and als in §§ 464, 640, streng auszulegen. Ein fr (od späterer) Vorbeh genügt nicht (BGH **33**, 237, **85**, 309, NJW **77**, 898, stRspr). Ein Vorbeh ist auch dann erforderl, wenn der Gläub den StrafAnspr bereits dch Streitverkündg od Aufr geltd gemacht hat (BGH **68**, 368, **85**, 243) od wenn über den StrafAnspr eine vollstreckb Urk errichtet worden ist (BGH **73**, 246). Er ist ausnahmsw entbehrl, wenn der StrafAnspr bereits rhängig ist (BGH **62**, 328). Eine formularmäß Erkl genügt (BGH NJW **87**, 380). Der Vorbeh muß bei Ann der Hauptleistg erfolgen, bei TeillieferngsVertr bei jeder Teilliefrg (BGH **82**, 402). Bei VOB-Vertr ist der Vorbeh gem VOB (B) 12 Nr 4 in das AbnProtokoll aufzunehmen (LG Tüb NJW **73**, 1975); bei einer Abn gem VOB (B) § 12 Nr 5 gilt die in dieser Vorschr festgelegte 6 TagesFr (BGH **33**, 239, NJW **75**, 1702). Bei Abn dch einen vollmlosen Vertreter muß der Vorbeh unverzügl nachgeholt w (BGH BauR **92**, 232). Mit der vorbehaltlosen Ann **erlischt** der Anspr *ex lege;* ein VerzWille ist nicht erforderl (BGH **97**, 227). Der RVerlust tritt auch ein, wenn der Gläub von der Existenz des Anspr u der RFolge des III nichts wußte. Zur BelehrgsPfl des Architekten s BGH **74**, 238 u Vygen BauR **84**, 245. – **b)** III ist **dispositiv.** Eine Vereinbg, wonach die Strafe bei ZuwiderHdlg sofort fäll 4 ist, enthält aber keine Abbedingg des III (BGH NJW **71**, 883). Dch AGB kann III abgeschwächt w, etwa dch die Bestimmg, daß die Strafe bis zur Schlußzahlg geltd gemacht w kann (BGH **72**, 224), aber nicht vollständ abbedungen w (BGH **85**, 310).

342 *Andere als Geldstrafe.* **Wird als Strafe eine andere Leistung als die Zahlung einer Geldsumme versprochen, so finden die Vorschriften der §§ 339 bis 341 Anwendung; der Anspruch auf Schadensersatz ist ausgeschlossen, wenn der Gläubiger die Strafe verlangt.**

Die §§ 339–341 sind nach § 342 auch anzuwenden, wenn die Strafe in einer **anderen Leistung** als einer 1 Geldsumme besteht. Es gilt jedoch eine Modifikation: das Strafverlangen schließt abweichd von §§ 340 II, 341 II den Ers weiteren Schadens aus. Die in § 342 nicht erwähnten §§ 343 ff gelten ohnehin auch für und als Geldstrafen. Ob im Einzelfall eine Strafabrede od eine Verfallklausel vorliegt, kann zweifelh sein, ist aber im Ergebn gleichgült, da die §§ 339 ff auch auf Verfallklauseln anzuwenden sind (Vorbem 5 vor § 339).

343 *Herabsetzung der Strafe.* [I] **Ist eine verwirkte Strafe unverhältnismäßig hoch, so kann sie auf Antrag des Schuldners durch Urteil auf den angemessenen Betrag herabgesetzt werden. Bei der Beurteilung der Angemessenheit ist jedes berechtigte Interesse des Gläubigers, nicht bloß das Vermögensinteresse, in Betracht zu ziehen. Nach der Entrichtung der Strafe ist die Herabsetzung ausgeschlossen.**

[II] **Das gleiche gilt auch außer den Fällen der §§ 339, 342, wenn jemand eine Strafe für den Fall verspricht, daß er eine Handlung vornimmt oder unterläßt.**

1) Allgemeines. – a) Währd die Ger im VertrR idR auf eine RKontrolle beschränkt sind, gibt § 343 dem 1 Ri ausnahmsw eine freiere Stellg: Er kann VertrStrafen aGrd einer **Billigkeitskontrolle** rechtsgestaltd auf den angemessenen Betrag herabsetzen. Eine ähnl Gestaltgsmacht räumen §§ 315 III, 319 I dem Ger ein; dagg hat der Ri bei Anwendg des § 242 die Grenzen der RAusübg nicht zu gestalten, sond ledigl festzustellen (§ 242 Rn 2). – **b) Anwendungsbereich.** § 343 gilt auch für und als Geldstrafen (§ 342) u für Strafen, die auf 2 einer dch VO zum VertrInh gewordenen Vorschr beruhen (BGH **23**, 183). Er ist auf das **selbständige Strafsprechen** gleich anzuwenden, II (Vorbem 4), ebso auf Verfallklauseln, wenn die Art des Nachteils eine Herabsetzg zuläßt, u wohl auch auf Schadenspauschalen (§ 276 Rn 54 f), nicht aber auf die Reugeld, die Vereinsstrafe u die Betriebsbuße (Vorbem 6, 7, 8), für die and Regeln gelten. SonderVorschr enthalten HGB 75 c I 2, 75 d. Auf **Vollkaufleute** ist § 343 nicht anwendb (Rn 9). – **c)** § 343 ist **zwingendes Recht** (BGH **5**, 136, NJW **68**, 1625). Ein nach Verwirkg der Strafe erklärter Verzicht auf Herabsetzg ist aber wirks. Die Entscheidg über die Herabsetzg, aber auch über die Festsetzg selbst kann einem SchiedsGer übertr w (RG ZAkDR **37**, 655, Bötticher ZFA **70**, 32).

2) § 343 setzt ein **wirksames Vertragsstrafversprechen** voraus. Dazu ist die Wirksamk der zu sichern- 3 den Hauptverbindlich erforderl (§ 344). Das StrafVerspr selbst (Vorbem 3) kann nach allg RGrds, insb gem §§ 134, 138 nichtig sein, was über § 139 uU auch die Nichtigk der HauptVerbindlich begründet (RG **158**, 301). Gesetzl Verbote enthalten: § 550 a, § 622 V (BAG DB **72**, 1245), §§ 723 III, 1297 II, BerBiG 5 II (BAG NJW **83**, 1575), FernUSG 3 V Nr 1, WoVermG 4 (Einf 14 v § 652), nicht aber ZPO 888 II (hM, aA Langheid DB **80**, 1219). § 138 ist nicht schon bei unverhältnismäß Höhe anwendb, es müssen vielm bes Umst in bezug auf Inh, BewegGrd od Zweck der Abrede hinzutreten (RG **114**, 307, HRR **32** Nr 1644, BGH **LM** Nr 1 b, WM **71**, 441, 443, Weyer BauR **88**, 29). Bsp: Knebelg u Verpfl dch Ehrenwort (RG **68**, 229); Gefährdg der wirtschaftl Existenz (RG **85**, 100); Ausnutzg wirtschaftl Macht ggü ArbN (RG **90**, 181); Koppelg mit familienrechtl Pflten (RG **158**, 300); Verfallklauseln, die nach ihrer Ausgestaltg mit den Zwecken der VertrStrafe offensichtl unvereinb sind (BGH NJW-RR **93**, 247). Für die Beurteilg der Sittenwidrigk ist, wie auch sonst, der Ztpkt der VersprAbgabe maßgebl (Fg JW **13**, 320, **36**, 179, § 138 Rn 10). Weitere Schranken ergeben sich aus **AGBG** 11 Nr 6 (s dort) u der **Generalklausel** des AGBG 9: Diese kann bereits dann die Unwirksamk der Strafklausel begründen, wenn die Strafe unverhältnismäß hoch ist. Das

4 gilt vor allem für VertrStrafen in **Bauverträgen** für Terminüberschreitgen (Weyer BauR **88**, 30). Stellen sie auf einen Vomhundertsatz pro Tag ab, halten sie der InhKontrolle auch im Rahmen Verk nur bei Festlegg einer Obergrenze stand (BGH NJW-RR **88**, 146). Das gilt auch bei kleineren Auftr (BGH NJW- RR **89**, 527) u bei Vertr mit einem verhältnismäß geringen Vomhundertsatz (BGH NJW-RR **89**, 916). Die Abrede ist unwirks, wenn die Strafe 1,5% der AuftrSumme je ArbTag (BGH NJW **81**, 1509), 0,5% je Kalendertag ohne zeitl Beschränkg (BGH **85**, 312) od 0,5 od 0,2% je Tag mit einer Höchstgrenze bei 40 od 20% der AuftrSumme (Hamm NJW-RR **92**, 1206, Zweibr NJW-RR **94**, 1365) beträgt. Das gilt ebso, wenn bereits für die NichtEinhaltg von ZwFr Strafe verfällt u dadch eine unangem Kumulierg eintreten kann (Brem NJW-RR **87**, 469); wirks ist dagg eine Klausel, wonach 0,1% je Tag höchstens jedoch 10% der Angebotssumme zu zahlen ist (BGH NJW **87**, 380). Weitere Einzelfälle AGBG 11 Rn 32f. Auch wenn das Verspr **5** wirks ist, kann die Geltdmach des StrafAnspr eine gem § 242 **unzulässige Rechtsausübung** sein, so etwa wenn der Gläub selbst vertrbrüch ist (BGH NJW-RR **91**, 569), wenn er sich mit seinem eig Verhalten in Widerspr setzt, od wenn seine Interessen dch die VertrVerletzg des Schu weder beeinträchtigt noch ernsth gefährdet worden sind (aA BGH NJW **84**, 920).

6   **3) Herabsetzung der Strafe. – a)** Sie ist erst **nach Verwirkung** der Strafe mögl, eine vorherige FeststellgsKl ist unzul (RG JW **13**, 604). Entrichtg schließt die Herabsetzg aus (I 3), and aber, wenn ausdr unter Vorbeh geleistet worden ist (str). Bei Verfallklauseln (Vorbem 5) steht der Verfall der Entrichtg nicht gleich. **„Auf Antrag"** schließt eine Herabsetzg vAw aus (BGH NJW-RR **93**, 464), es genügt aber jede Äußerg des Schu, die seinen Willen erkennen läßt, eine Aufhebg od Herabsetzg der Strafe zu erreichen (BGH NJW **68**, 1625), ein bezifferter Antr ist nicht erforderl. Die AntrBefugn des Schu ist weder abtretb **7** noch pfändb (LG Hannover NJW **59**, 1279). – **b)** Für die **Angemessenheit** der Strafe sind vor allem Schwere u Ausmaß der ZuwiderHdlg u das Verschulden des Verletzers entscheidd (BGH NJW **94**, 45, krit Köhler GRUR **94**, 260); das Abstellen auf einen Bruchteil des gerichtl Streitwertes kommt nicht in Betracht (BGH aaO). Zu berücksichtigen sind alle Umst des Einzelfalles (Sieg NJW **51**, 508), insb die Funktion der Strafe als Druck- u Sichergsmittel (BGH NJW **83**, 942) u als pauschalierter SchadErs (BGH NJW **94**, 45), das Interesse des Gläub an der Verhinderg der Hdlg (BGH NJW **84**, 921), die Art des Verstoßes, der VerschGrad u die wirtschaftl Lage des Schu. Das Fehlen eines Schadens rechtf allein eine Herabsetzg nicht (RG **103**, 99); entscheidd ist, welchen Schaden der VertrBruch hätte herbeiführen können (BGH **LM** § 339 Nr 2). Übersteigt die Strafe den entstandenen Schaden nicht, kann sie idR nicht herabgesetzt w (Nürnb MDR **68**, 920). Eine Strafe von 50 DM wg einer Unterschreitg des FahrPr um 0,08 DM kann unverhältnismäß sein (AG Hannover NJW-RR **91**, 883). Wäre der Schaden aGrd einer ReserveUrs auch bei VertrTreue **8** des Schu eingetreten, so ist das bei der AngemessenhPrüfg zu berücksichtigen. – **c)** Unverhältnismäß Höhe ist **Tatfrage;** revisibel ist nur, ob der TatRi von richt rechtl GesichtsPkten ausgegangen ist (BGH **LM** § 339 Nr 2, BAG NJW **71**, 2007). **Beweislast** für die Tats, aus der die Unverhältnismäßigk hergeleitet w soll, hat der Schu (BGH GRUR **53**, 264, LAG BaWü DB **63**, 1224). Maßgebder **Zeitpunkt** für die Beurteilg ist die Geltdmach des StrafAnspr, da es sich um eine Kontrolle der RAusübg handelt (Sieg NJW **51**, 508, Bötticher ZFA **70**, 25, str, RG Recht **12** Nr 1761 stellt auf Verwirkg ab, RG **64**, 293 läßt offen).

9   **4)** § 343 gilt nicht für **Vollkaufleute** (HGB 348, 351). Entscheidd für die KaufmannsEigensch ist die VersprAbgabe (BGH **5**, 136, NJW **54**, 998); zur BewLast s RG HRR **32** Nr 1645. In bes liegden Fällen kann auch bei Nichtkaufleuten, etwa dem AlleinGesellschter u GeschF einer GmbH, der RGedanke des HGB 348 eine Herabsetzg der Strafe ausschließen (BGH **5**, 133). Auch bei Kaufleuten ist aber eine Herabsetzg der Strafe wg Fehlens od Wegfalls der GeschGrdl mögl (BGH NJW **54**, 998). Außerdem ist bei formularmäß Klauseln AGBG 9 anwendb, der bei unverhältnis Höhe der Strafe zur Unwirksamk der Strafklausel im ganzen führt (BGH **85**, 314 u Rn 3).

344 *Unwirksamkeit.* Erklärt das Gesetz das Versprechen einer Leistung für unwirksam, so ist auch die für den Fall der Nichterfüllung des Versprechens getroffene Vereinbarung einer Strafe unwirksam, selbst wenn die Parteien die Unwirksamkeit des Versprechens gekannt haben.

1   **1) Allgemeines.** § 344 ist Ausdr der Akzessorietät der VertrStrafe (Vorbem 2 v § 339). Ist die Hauptverbindlich unwirks, ist auch das StrafVerspr unwirks, selbst wenn die Part die Unwirksamk der Hauptverbindlich kannten. § 344 gilt auch für selbstständ StrafVerspr (Vorbem 4 v § 339), sofern der Zwang zur Erf des Verspr gg §§ 125, 134, 138 od tragde Prinzipien der ROrdng verstoßen würde (BGH NJW **80**, 1623, MüKo/Gottwald Rn 8).

2   **2) Fälle** zB: §§ 134, 138, 306; Nichtig nach Anf od wg Formmangels; daher kein StrafVerspr für die Erf einer formungült Verpfl zur GrdstÜbereign (BGH NJW **70**, 1916, **80**, 1622); Fälle der §§ 762–764; Unverbindlich gem HGB 74ff (Ffm DB **72**, 292) od gem HGB 75f (BGH DB **73**, 428, NJW **74**, 1282).

345 *Beweislast.* Bestreitet der Schuldner die Verwirkung der Strafe, weil er seine Verbindlichkeit erfüllt habe, so hat er die Erfüllung zu beweisen, sofern nicht die geschuldete Leistung in einem Unterlassen besteht.

1   § 345 verteilt die **Beweislast** ebso wie § 358. Er bestätigt den allg geltden Grds, daß bei Verpflichtgten zu einem Tun der Schu die Erf auch dann zu beweisen hat, wenn der Gläub aus der NichtErf Rechte herleitet (§ 363 Rn 1). Bei Unterl hat dagg der Gläub die ZuwiderHdlg zu beweisen. § 345 gilt auch iF nichtgehöriger Erf, jedoch ist § 363 zu beachten.

Fünfter Titel. Rücktritt

Einführung

1) Allgemeines. – a) Begriff. Rücktr ist Rückgängigmachg eines wirks zustande gekommenen Vertr 1 dch einseit Erkl einer Part aGrd einer entspr vertragl od gesetzl Befugn. Das RücktrR ist ein **Gestaltungsrecht**. Es ist daher unverjährb (§ 194 Rn 3). Für seine Ausübg kann aber eine AusschlußFr gesetzt w (§ 355), außerdem unterliegt es der Verwirkg (§ 349 Rn 1). Das RücktrR ist nicht höchstpersönl Natur, sond mit and VertrR übertragb (BGH NJW **73**, 1793, § 413 Rn 7).

b) Der Rücktr wirkt nur schuldrechtl, **nicht dinglich** (RG **108**, 27). Anspr gg Dr begründet er höchstens 2 dann, wenn das ErfGesch auflösd bedingt vorgenommen worden ist u der Dr bösgläub (§ 161 III) war (Rn 4). Dch den Rücktr wird der Vertr in ein **Abwicklungsverhältnis** umgestaltet (BGH **88**, 48), gleichgült, ob das RücktrR auf Vertr od Ges beruht (BGH NJW **90**, 2069). Die fr hM, die im Rücktr einen ErlöschensTatbestd u im AbwicklgsVerhältn ein modifiziertes BereichergsVerhältn sah (RG **50**, 266, **75**, 201), ist überholt. Dch den Rücktr erlöschen die beiderseit ErfAnspr u die mit den ErfAnspr zushängen sekundären Anspr. Der Rücktr hebt den Vertr aber nicht als Ganzes auf, sond verändert seinen Inh. Das dch ihn entstehde AbwicklgsVerhältn ist kein gesetzl SchuldVerhältn, sond das dch einseit RGesch umgestaltete ursprüngl VertrVerhältn (Stoll JW **28**, 58, E. Wolf AcP **153**, 102, MüKo/Janßen Rn 46, wohl auch BGH **86**, 319, WM **81**, 794). Neben dem vom rechtl Bestand des Vertr unabhäng Anspr aus c. i. c. u Delikt bleiben daher auch Anspr aus pVV bestehen, soweit sie sich auf Schäden außerh des ErfInteresses beziehen. Das gilt ebso für den Anspr aus § 286 (BGH **88**, 46, krit Wunner NJW **85**, 825, Huber JZ **84**, 409). Da der RGrd der Leistg nicht entfällt, sind die §§ 812ff nur anwendb, soweit das Ges dies ausdr bestimmt (§ 327 S 2). Konkurrierde Anspr aus § 812 I 2 bestehen nicht. § 988 ist unanwendb (aA BGH NJW **52**, 779). Ob **Sicherheiten** dch den Rücktr frei werden, hängt von der jeweiligen Sichergsabrede ab (BGH **66**, 171, 3 MüKo/Janßen Rn 56). Da der Erf- u der RückgewährAnspr trotz der gemeins vertragl Grdl einen versch Inh haben, wird es vielf dem PartWillen entspr, daß der Sicherh nicht für den RückgewährAnspr haftet (BGH **51**, 73: Wechsel des AbzKäufers).

2) Anwendungsbereich. – a) Die §§ 346ff gelten nur für **schuldrechtliche** (verpflichtde) **Verträge,** 4 nicht für dingl (Vfgen). Eine ähnl Wirkg läßt sich bei dingl Vertr aber dadch erreichen, daß der Rücktr vom GrdGesch zur auflösden Bdgg gemacht wird (RG **54**, 341). Dch eine solche Regelg erlangt der Rücktr auch Wirkg ggü bösgläub Dr (Rn 2). Sie ist aber ausgeschl, soweit § 925 II od ErbbauRVO 11 I 2 entgstehen. – **b)** Die §§ 346ff sind (unmittelb) anzuwenden, wenn das RücktrR auf einer **vertraglichen Vereinbarung** 5 der Part („RücktrVorbeh") beruht; um ein vertragl RücktrR handelt es sich auch, wenn seine Grdl, wie iF des § 455, eine Ausleggsregel ist (BGH NJW **84**, 2937). Auf diesen primären Anwendgsfall sind die Vorschr der §§ 346ff zugeschnitten. Der RücktrVorbeh kann je nach dem verfolgten Zweck unterschiedl ausgestaltet sein. Er kann der ErfSicherg dienen (s §§ 357, 358, 455 VerbrKrG 13) u daher sachl u zeitl beschränkt w. Er kann aber auch allg gefaßt w, um einer noch nicht endgült entschlossenen Part eine Lossagg vom Vertr zu ermöglichen. Einzelfälle s § 346 Rn 1. – **c)** Die Hauptbedeutg der §§ 346ff liegt darin, daß sie aGrd von 6 VerweisgsVorschr auf den **Rücktritt kraft Gesetzes** entspr anzuwenden sind. Das gilt insb für den Rücktr gem §§ 325, 326 (§ 327), aber auch für die Wandlg (§§ 467, 634 IV). Auf die RückgewährPflten im ZusHang mit SchadErsAnspr (§§ 280 II, 286 II, „großer" SchadErs gem §§ 463, 635) sind die §§ 346ff gleichf entspr anwendb. Die entspr Anwendg bedeutet, daß die auf den vertragl RücktrVorbeh zugeschnittenen §§ 346ff nicht schemat auf den Rücktr kr Ges übertragen w können. Modifikationen sind wg der unterschiedl Interessenlage vor allem bei der strengen Haftg des Rückgewährpflichtigen erforderlich (§ 347 Rn 6ff). – **d)** Soweit das Ges RücktrR vorsieht, ohne auf die §§ 346ff zu verweisen, sind die §§ 346ff idR **nicht** 7 **anwendbar** (RG **116**, 377). Das gilt etwa für den Rücktr gem UmstG 20 (BGH **6**, 230) u wg Wegfalls der GeschGrdl (RG **130**, 123). – **e) Sonderregelungen** bestehen beim RücktR wg falscher Werbeangaben (UWG 13a), bei der Wohngsmiete (§ 570a), beim ReiseVertr (§ 651 i), beim Verlöbn (§§ 1298f), beim ErbVertr (§§ 2293ff) u beim VersVertr (VVG 16ff). § 13 VerbrKrG verweist auf die BGB 346ff, enthält aber zugl ergänzde Sonderregelgen (s dort).

3) Ähnliche Gestaltungsrechte. Zu den GestaltgsGesch allg s Übbl 17 v § 104. – **a)** Die **Kündigung** 8 (§ 564 Rn 8ff, Vorbem 28ff v § 620) beendet das SchuldVerh für die Zukunft. Die bereits erbrachten Leistgen sind nicht zurückzugewähren (RG **90**, 330, BGH **73**, 354), die §§ 346ff gelten nicht. Wird der ReiseVertr gem § 651e gekündigt, ist § 346 aber entspr anzuwenden (BGH **85**, 59). Bei DauerschuldVerh (Einl 17ff v § 241) ersetzt die Künd das gesetzl RücktrR. In and Fällen (zB beim Darl) dient sie dazu, die Leistgszeit festzulegen u dadch die Fälligk der Fdg herbeizuführen (BGH VersR **88**, 1013). Eine Rückn der Künd ist nach Zugang der KündErkl nur dch den Vertr mit dem KündEmpfänger mögl. Bei Aufhebg der Künd vor FrAblauf handelt es sich nicht um einen neuen Vertr, sond um die Fortsetzg des bisher (BGH NJW **74**, 1081). Eine TeilKünd ist bei einem einheitl VertrVerhältn grdsl nur bei einer entspr vertragl Abrede zul (BGH NJW **93**, 1320, BAG DB **83**, 1368); sie kann aber ausnw aus wicht Grd statth sein (BGH **96**, 280). – **b)** Der **Widerruf** bedeutet idR, daß die RFolgen einer noch nicht endgült wirks WillErkl *ex tunc* beseitigt w 9 (§§ 109, 130, VerbrKrG 7, HausTG 1, VVG 8, FernUSG 4, AuslInvestmG 11). Die §§ 346ff sind nicht anwendb. Der Widerruf der Schenkg gem §§ 530f führt zur Rückabwicklg nach BereicherungsGrds. Der Widerruf des Auftr (§ 671) u des DarlVorVertr (§ 610) ist der Sache nach eine Künd. – **c)** Die **auflösende** 10 **Bedingung** (§ 158) führt zur Unwirksamk des RGesch, ohne daß es einer entspr WillensErkl der Part bedarf. Die §§ 346ff gelten nicht; die Rückabwicklg erfolgt nach §§ 812ff. Der **Widerrufsvorbehalt im Vergleich** stellt idR eine aufschiebde Bdgg dar; er kann aber auch als RücktrR aufzufassen sein (BGH **46**, 279, NJW **84**, 312). Der Widerr iZw wahlweise ggü dem Ger od dem Gegner erklärt w (Düss OLGZ **87**, 111). – **d)** Die **Anfechtung** (§§ 119ff) betrifft Mängel, die dem RGesch von vornherein anhaften; sie macht das RGesch von Anfang an nichtig (§ 142). Die Rückabwicklg richtet sich nach §§ 812ff, nicht nach

11 §§ 346 ff (RG **101**, 390). – **e)** Auf die **Wandlung** (§§ 462, 634) finden die §§ 346 ff gem § 467 mit Abweichungen entspr Anwendg. Die Wandlg wird jedoch noch nicht dch einseit Erkl wirks sond erst mit Vollziehg
12 (§ 465). – **f)** Der **Umtauschvorbehalt** (Vorbem 2 vor § 494) bedeutet idR kein RücktrVorbeh, sond eine Ersetzgsbefug des Käufers hins der Ware (§ 262 Rn 7 ff). Unter Umst kann aber auch für die ErsWare ein neuer Vertr erforderl sein (BGH **73**, 390). – **g)** Zum **Aufhebungsvertrag** s § 305 Rn 7. Beiderseit Rücktr ist iZw Rücktr, nicht vertragl Aufhebg (RG JW **14**, 865).

346   *Wirkung des Rücktritts.* Hat sich in einem Vertrag ein Teil den Rücktritt vorbehalten, so sind die Parteien, wenn der Rücktritt erfolgt, verpflichtet, einander die empfangenen Leistungen zurückzugewähren. Für geleistete Dienste sowie für die Überlassung der Benutzung einer Sache ist der Wert zu vergüten oder, falls in dem Vertrag eine Gegenleistung in Geld bestimmt ist, diese zu entrichten.

1   **1) Voraussetzungen. – a)** Das **Rücktrittsrecht** kann auf Vertr, aber auch auf Ges beruhen (Einf 6). Das vertragl RücktrR („RücktrVorbeh") erfordert eine schuldrechtl Vereinbg. Sie kann ausdr aber auch stillschw zustande kommen (Ffm NJW-RR **86**, 1229), iZw gelten die allg AuslegsGrds (§§ 133, 157). RücktrR kr Handelsbrauchs sind im Rahmen des HGB 346 zu berücksichtigen (BGH NJW **77**, 386, Ffm NJW-RR **86**, 911). Ein RücktrVorbeh in **AGB** ist im nichtkaufm Verkehr nur wirks, wenn er auf einen sachl gerechtf Grd abstellt u dieser in den AGB angegeben w (AGBG 10 Nr 3, s dort). Ist das vertrwidr Verhalten des and Teils RücktrGrd, setzt das RücktrR grdsl eig VertrTreue des Berecht voraus (BGH **LM** Nr 6, NJW **85**, 266, § 326 Rn 13). **Einzelfälle** (ja = RücktrVorbeh): Klausel „freibleibend" ja (RG **105**, 370); „höhere Gewalt"-Klausel ja (RG **87**, 92); RückverkaufsR in EigenhändlerVertr ja (BGH NJW **72**, 1191); Vertr unter Verwendg eines Formulars, das fälschl auf gesetzl WiderrufsR hinweist, ja (BGH NJW **82**, 2313); RücknGarantie, ja (LG
2 Hbg NJW-RR **91**, 823). – **b)** Erforderl ist weiter eine **Rücktrittserklärung;** s dazu § 349. Der Rücktr ist grdsl auch dann wirks, wenn der Berecht zur Rückgewähr der empfangen Leistg außerstande ist (§ 350). Nur in den Fällen der §§ 351–353 ist der Rücktr ausgeschlossen.

3   **2) Rechtsfolgen. – a)** Der Rücktr gestaltet das VertrVerhältnis in ein Abwicklgs- u RückgewährSchuldVerhältn um (Einf 2). Er erstreckt sich auf den Vertr im ganzen (BGH NJW **76**, 1931), hat aber keine Auswirkg auf Dr. Die Leistgen sind dem VertrPartner zurückzugewähren, bei gekoppelten Vertr ausnw auch an od über Dr (Hbg NJW **58**, 1781). Zum **Erfüllungsort** für die beiderseit RückgewährPflten s § 269 Rn 15. Eine Pfl zur Rückn (Beseitigg) der Leistg besteht beim gesetzl RücktrR jedenfalls dann, wenn der RücktrBerecht ein schutzwürd Interesse an der Rückn hat (BGH **87**, 109 zur Wandlg). § 818 III ist unanwendb; Wegfall der Bereicherg befreit den RückgewährSchu nicht (BGH **77**, 310, 320, **85**, 59); and ist es
4 jedoch beim gesetzl RücktrR für den RücktrBerecht (§ 327 Rn 2). – **b) Einzelne Rückgewährpflichten: – aa) Sachen** u **Rechte** sind in Natur zurückzugewähren. Bei Untergang od Verschlechterg gelten §§ 347, 350, uU aber auch § 351 ff. – **bb)** Bei **Geldleistungen** wird die Rückgewähr des Geldwertes, nicht die Rückgabe der individuellen Geldzeichen geschuldet. Der abgezogene Skonto mindert die RückgewährPfl (AG Freibg MDR **88**, 494). – **cc)** Für Dienstleistgn u die Überlassg von Sachen zum Gebrauch ist **Wertersatz** zu leisten (S 2). Das gilt entspr für sonst Leistgen, die, wie vielf WkLeistgen, ihrer Natur nach nicht zurückgewähr w können. Satz 2 betrifft aber nur vertragl HauptPflten; ist Nutzg Nebenfolge, gilt § 347 S 2 (Köln OLGZ **80**, 211). Satz 2 Halbs 2, der auf die vertragl Entgeltsabrede verweist, zeigt das Fortwirken des Vertr (Einf 2 vor § 346). Fehlt eine Entgeltsabrede, ist der gemeine Wert im Ztpkt der Leistg zu vergüten (MüKo/Janßen Rn 18). § 818 III gilt nicht (Rn 3). Die Part können über die zu entrichtden Vergütgen Vereinbgn treffen, formularmäß Klauseln zG des Verwers sind aber nur in den Grenzen von AGBG 10 Nr
5 7 wirks. – **c) Verjährung** s § 196 Rn 11. – **d)** Die strenge Haftg des RückgewährSchu kann, uU auch stillschw, **abgemildert** w. Daraus, daß der RückgewährSchu die empfangene Leistg an Dr (Subunternehmer) weiterleiten wollte, ergibt sich aber noch nicht, daß ihm die Einr aus § 818 III zustehen soll (Ffm NJW **67**, 984, aA Kblz DRZ **49**, 112).

347   *Haftung bei Rückgewähr.* Der Anspruch auf Schadensersatz wegen Verschlechterung, Unterganges oder einer aus einem anderen Grunde eintretenden Unmöglichkeit der Herausgabe bestimmt sich im Falle des Rücktritts von dem Empfange der Leistung an nach den Vorschriften, welche für das Verhältnis zwischen dem Eigentümer und dem Besitzer von dem Eintritte der Rechtshängigkeit des Eigentumsanspruchs an gelten. Das gleiche gilt von dem Anspruch auf Herausgabe oder Vergütung von Nutzungen und von dem Anspruch auf Ersatz von Verwendungen. Eine Geldsumme ist von der Zeit des Empfanges an zu verzinsen.

1   **1) Allgemeines. – a)** Die im Eigtümer-BesitzerVerhältn ab RHängigk vorgesehene **strenge Haftung** gilt nach § 347 iF des Rücktr bereits vom Ztpkt des Leistgsempfangs an. Diese Regel beruht auf dem Gedanken, daß die Part wg des RücktrVorbeh mit dem Rücktr rechnen mußten u sich auf ihn einrichten konnten (BGH **87**, 300), eine Überlegg, die jedoch auf den Rücktr kr Ges nicht zutrifft (s daher Rn 6 ff). § 347 gilt sowohl für den RücktrGegner als auch für den RücktrBerecht, für diesen jedoch mit der Maßg, daß sein RücktrR bei verschuldetem Untergang od wesentl Verschlechterg vor Ausübung des RücktrR
2 entfällt (§§ 351 ff). – **b)** § 347 schließt die Anwendg **anderer Haftungsvorschriften** nicht aus. Bei Verzug mit der Rückgewähr gilt die Haftg gem §§ 286, 287, bei AnnVerzug mildert sie sich nach § 300 I. Bei Verzug des RücktrBerecht kann der Gegner auch gem § 354 vorgehen. – **c)** Trotz der strengen Haftg des § 347 kann der Rücktr dazu führen, daß der RücktrBerecht nichts erhält, das seinerseits Empfangene aber zurückgewähren muß. Bsp: Rücktr des Verkäufers; die verkaufte Sache ist ohne Verschulden des Käufers abhanden gekommen. In diesem Fall kann der Berecht den Rücktr wg Fehlens der GeschGrdl **widerrufen** (Larenz § 26 Ib). Zum prakt gleichen Ergebn führt es, wenn man die IrrtAnf zuläßt (Esser/Schmidt § 19 II 3, Staud-Kaiser § 349 Rn 35) od § 812 I 2 anwendet (Saarbr DRZ **49**, 280).

2) Vertragliches Rücktrittsrecht. – a) Ein **Schadensersatzanspruch** besteht gem S 1 iVm § 989 bei 3 Unmöglichk der Rückg od Verschlechterg, sofern den RückgewährSchu ein Verschulden trifft; er umfaßt auch entgangenen Gewinn (BGH NJW-RR **93**, 627). Der Begriff des Verschuldens ist iSd § 276 zu verstehen (BGH NJW **84**, 2937, str, für eine Ausdehg entspr § 351 Rn 3 auf jede freie Hdlg Leser, Rücktr, 1975, S 194); auch § 278 ist anwendb, ebso § 282 (BGH NJW-RR **93**, 628). Bsp für Verschulden: sorgfaltswidr od übermäß Gebrauch, Weiterveräußerg, Verbrauch. – **b)** Herauszugeben sind gem S 2 iVm § 987 die tatsächl 4 gezogenen aber auch die schuldh nicht gezogenen **Nutzungen.** Zu vergüten sind auch Gebrauchsvorteile (Rn 9). § 818 III ist nicht anwendb (BGH NJW **80**, 1632). War die Sache zum Gebrauch überlassen, gilt § 346 S 2. – **c)** Zu ersetzen sind gem S 2 iVm §§ 994 II, 995, 998 notw **Verwendungen.** § 996 gilt nicht; bei nützl 5 Verwendgen besteht daher nur ein WegnR (§ 997), aber kein ErsAnspr (BGH **87**, 301, NJW **80**, 1632, **LM** Nr 4, Oldenbg NJW-RR **95**, 150), auch kein Anspr aus § 812 (BGH aaO). Gewöhnl Erhaltskosten (§ 994 I 2) sind nicht zu ersetzen, wenn dem RückgewährSchu die Nutzgen verblieben (BGH **44**, 239). – **d)** Die **Zinspflicht** (S 3) betrifft ausschließl empfangene Geldleistgen, nicht aber Anspr aus § 347 (BGH **115**, 55). – **e)** Für den **Verbraucherkreditvertrag** gilt die Sonderregel des VerbrKrG 13 (s dort).

3) Gesetzliche Rücktrittsrechte. Der der strengen Haftg des § 347 zugrunde liegde Gedanke, daß die 6 Part sich auf den Rücktr hätten einrichten können (Rn 1), trifft auf den Rücktr kr Ges u die Wandlg nicht zu. Bei der entspr Anwendg des § 347 auf die Fälle der §§ 325, 326, 467, 634 IV muß daher unterschieden w: – **a)** Für den **Rücktrittsgegner** gilt seit dem Empfang der Leistg die strenge Haftg gem § 347. Zwar mag es 7 sein, daß der Rücktr auch für ihn nicht voraussehb war. Die volle Anwendg des § 347 ist aber deshalb gerechtfertigt, weil er den Rücktr zu vertreten hat (BGH NJW-RR **93**, 627, Soergel–Hadding Rn 9). Der Verschuldensmaßstab ist unterschiedl: § 276 gilt, wenn der RücktrGegner von den RücktrVoraussetzgen wußte od wissen konnte. Vorher ist das Verschulden ebso wie in § 351 (dort Rn 3) als schuldh Unachtsamk in eig Angelegenh zu verstehen. Für Verwendgen gilt Rn 5. – **b) Rücktrittsberechtigter. – aa)** Bei ihm 8 setzt die strenge Haftg erst mit Kenntn von den RücktrVoraussetzgen ein (BGH **53**, 148, Köln OLGZ **70**, 455, Hbg VersR **81**, 138, Soergel–Hadding Rn 10, str, aA RG **145**, 82, Weitnauer NJW **67**, 2314, Huber JZ **87**, 654). Vorher richtet sich seine Haftg nach BereichergsR, unterliegt also der Beschränkg des § 818 III. Dieses Ergebn rechtfertigt sich aus einer teleologischen Reduktion der in §§ 327, 467, 634 IV bestimmten entspr Anwendg der RücktrVorschr; es entspr zugl dem in § 327 S 2 zum Ausdr kommden RGedanken (s dort Rn 2f). Abw Auffassgen: (1) Für die strenge Haftg genügt Kennenmüssen des RücktrGrdes (MüKo-Janßen Rn 15a). (2) Verschulden ist bereits anzunehmen, wenn der Schaden auf eine freie, das Risiko erhöhde Hdlg des Berecht zurückgeht (Leser wie Rn 3). – **bb) Nutzungen.** Die HerausgPfl richtet sich bis 9 zur Kenntn vom RücktrGrd nach BereichergsR (BGH NJW **92**, 1965). Auch Gebrauchsvorteile sind nur insow zu vergüten, als der RücktrBerecht noch bereichert ist (Köln OLGZ **80**, 211); iF der Wandlg ist ausgehd vom BruttokaufPr auf die dch lineare Abschreibg zu ermittelnde Wertminderg abzustellen (BGH **115**, 54, Köln NJW-RR **94**, 1204), jedoch ist vom Preis der mangelbedingte Minderwert abzuziehen (Köln VersR **93**, 109, Dreher JZ **92**, 159). Für Pkw kann die Nutzgsentschädigg idR gem ZPO 287 für 1000 km auf 0,67% od 1% des AnschaffgsPr geschätzt w (Mü NJW **87**, 3012, Köln NJW-RR **91**, 1341, Hamm NJW-RR **94**, 375); aber auch 0,10 – 0,20 DM/km sind vertretb (Hbg VersR **81**, 138, Zweibr DAR **86**, 89). Bei and Sachen können die Gebrauchsvorteile nach der Gleichg „KaufPr: voraussichtl GesNutzg × Nutzg beim Käufer" ermittelt w (Saarbr NJW-RR **90**, 493). – **cc)** Der ErsAnspr für **Verwendungen** des RücktrBerecht 10 richtet sich bis zur Kenntn vom RücktrGrd nach BereichergsR u erst danach nach § 347 (MüKo/Janßen Rn 28). § 467 S 2 ist weder direkt noch analog anwendb (BGH NJW **85**, 2697, krit Muscheler NJW **85**, 2686); idR ergibt sich aber aus c. i. c. ein ErsAnspr hins der VertrKosten u sonst Aufwendgen (s BGH aaO). – **c)** Die **Zinspflicht** gem S 3 gilt auch für den RücktrBerecht (Thielmann VersR **70**, 1079), zumindest dann, 11 wenn er Kaufm ist (Hbg MDR **74**, 42).

348 *Erfüllung Zug um Zug.* **Die sich aus dem Rücktritt ergebenden Verpflichtungen der Parteien sind Zug um Zug zu erfüllen. Die Vorschriften der §§ 320, 322 finden entsprechende Anwendung.**

Das dch Rücktr entstandene AbwicklgsVerhältn (Einf 2 vor § 346) ist **kein gegenseitiges Vertragsver-** 1 **hältnis** (MüKo/Janßen Rn 2, str). Entspr anwendb sind ledigl die §§ 320, 322, die auch für den Fall des Rücktr nicht dch AGB abbedungen w können, AGBG 11 Nr 2 (BGH **63**, 238, NJW **80**, 1632). An die Stelle des § 323 tritt § 350 (s dort); § 325 wird dch § 347 ersetzt, § 326 dch § 354. § 348 u der Ausschluß der §§ 323ff gelten auch für das gesetzl RücktrR u die Wandlg.

349 *Erklärung des Rücktritts.* **Der Rücktritt erfolgt durch Erklärung gegenüber dem anderen Teile.**

Das RücktrR ist ein **Gestaltungsrecht** (Einf 1 vor § 346). Es wird dch eine einseit empfangsbedürft 1 WillErkl ausgeübt. Sie bedarf keiner Form, kann daher auch konkludent erfolgen. Die Rückn der gelieferten Sache kann eine RücktrErkl darstellen, kann aber auch der Realisierg eines SchadErsAnspr dienen (BGH NJW **88**, 2877). Die Angabe des RücktrGrdes ist nicht erforderl (BGH **99**, 192), ebsowenig ein Angebot zur Rückgewähr der empfangenen Leistg (RG **49**, 40). Als GestaltgsGesch ist der Rücktr grdsl unwiderrufl u bdggsfeindl (Übbl 17 vor § 104). Ein **Widerruf** ist ausnw zul, wenn vom RücktrGegner herauszugebde Sache ohne dessen Verschulden untergegangen ist (§ 347 Rn 2). Eine Bdgg ist unbedenkl, wenn für den RücktrGegner keine unzumutb Ungewißh über die RLage entsteht (BGH **97**, 264). Der Rücktr ist grdsl nicht fristgebunden (BGH NJW-RR **89**, 625, s aber § 355). Bei ungebührl Verzögerg kann der Berecht aber das RücktrR **verwirken** (BGH **25**, 52). Mögl ist auch die Verwirkg der dch den Rücktr entstandenen Anspr (BGH NJW **60**, 2331). Der Rücktr ist wg Verstoßes gg das Verbot widersprüchl Verhaltens unzul, wenn der Zurücktretde die an ihn erbrachte Leistg ganz od teilw behalten will (BGH NJW **72**, 155, s auch § 351 Rn 5).

350 *Zufälliger Untergang.* **Der Rücktritt wird nicht dadurch ausgeschlossen, daß der Gegenstand, welchen der Berechtigte empfangen hat, durch Zufall untergegangen ist.**

1 **1) Allgemeines. – a)** Die §§ 350–353 regeln, wann Verändergen an dem zurückzugewährden Ggst den **Rücktritt ausschließen.** Sie betreffen ausschließl Verändergen vor Erkl des Rücktr, bei der Wandlg vor der Vollziehg dch Einigg od Urt (§ 465). Sie beziehen sich auch nur auf Verändergen des Ggst, den der RücktrBerecht zurückzugewähren u, setzen eine wesentl Veränderg voraus. Nicht §§ 350ff, sond §§ 347, 989 sind einschlägig: (1) bei allen Verändergen an dem vom RücktrGegner zurückzugewährden Ggst; (2) bei Verändergen an dem vom RücktrBerecht zurückzugewährden Ggst, sofern diese unwesentl od 2 nach Ausübg des RücktrR entstanden sind. – **b)** Die §§ 350ff sind **dispositiv.** Sie können auch stillschw abbedungen w; für einen entspr PartWillen müssen aber konkrete Anhaltspunkte vorliegen.

3 **2)** § 350 ist eine **Gefahrtragungsregel.** Der RücktrBerecht (wandlgsberecht Käufer) soll so gestellt w, als wenn er sich auf den Vertr nicht eingelassen hätte (Mot II S 282). Die Gefahr des zufäll Untergangs der vom RücktrBerecht zurückzugewährden Sache wird daher dem RücktrGegner auferlegt. Diese Regelg des § 350 steht in Widerspr zu dem für ggs Vertr maßgebden § 323 u zu der im BereichergsR gelten Saldotheorie (§ 818 Rn 48). Sie ist sicher angem, wenn der Untergang auf einem an bestehden, vom RücktrGegner (Verkäufer) zu vertretden Mangel beruht (BGH **78**, 223); im übrigen ist sie dagg **rechtspolitisch umstritten** (Leser, Rücktr vom Vertr, 1975, S 192, Staud-Kaiser Rn 7). Das ändert aber nichts an der Verbindlichk der Vorschr; nach HausTWG 3 I 2, VerbrKrG 7 IV u UWG 13a besteht das Widerrufs- od RücktrR sogar dann, wenn der Berecht den Untergang od die Verschlechterg der Sache, sei es auch vorsätzl (Düss NJW **89**, 3163), verschuldet hat, eine Regelg, die nach den Vorschlägen der SchuldR-Kommission für das BGB übernommen werden soll (Abschlußbericht S 174ff). Abzulehnen sind die in der Lit wiederholt unternommenen Versuche, den § 350 dch kunstvolle zur Konstruktionen beiseite zu schieben: so etwa dch Anwendg des § 323 (Leser aaO S 215, Wolf AcP **153**, 142), dch den Gedanken einer GefahrÜbern (Wieling JuS **73**, 397) od dch eine Beschränkg auf den Fall, daß der Untergang auf einem bei Überg vorhandenen Mangel beruht (Honsell MDR **70**, 719). Wie hier: MüKo/Janßen Rn 4, Esser/Schmidt § 19 II, Staud-Kaiser Rn 10. Beim vertragl RücktrR kann allerdings im Einzelfall eine stillschw Abbedingg des § 350 anzunehmen sein (Rn 2).

4 **3) Voraussetzungen. – a) Untergang.** Der Begriff steht *pars pro toto.* Er umfaßt alle Fälle der Unmöglichk der Herausg sowie Verschlechtergen (s § 351 Rn 2). – **b) Zufall.** Der Begriff korrespondiert mit den §§ 351ff. Zufall liegt vor, wenn der RücktrBerecht die Veränderg nicht iSd §§ 351–353 zu vertreten hat.

351 *Verschuldeter Untergang.* **Der Rücktritt ist ausgeschlossen, wenn der Berechtigte eine wesentliche Verschlechterung, den Untergang oder die anderweitige Unmöglichkeit der Herausgabe des empfangenen Gegenstandes verschuldet hat. Der Untergang eines erheblichen Teiles steht einer wesentlichen Verschlechterung des Gegenstandes, das von dem Berechtigten nach § 278 zu vertretende Verschulden eines anderen steht dem eigenen Verschulden des Berechtigten gleich.**

1 **1) Allgemeines.** Vgl § 350 Rn 1 f. Der Ausschluß des RücktrR dch § 351 beruht auf dem Verbot des *venire contra factum proprium* (BGH NJW **72**, 155). Er gilt sowohl für vertragl als auch für gesetzl RücktrR, iF der §§ 463, 635 für den großen SchadErsAnspr, nicht aber für die Anf (§ 143 Rn 1) od für das WiderrufsR nach HausTWG 3 I 2 u VerbrKrG 7 IV.

2 **2) Objektiver Tatbestand.** Den im Ges ausdr aufgeführten AusschlGrden – wesentl Verschlechterg, Untergang u sonst Unmöglichk der Herausg – stehen gleich: Unvermögen der Herausg, zumal der RücktrGegner den Rücktr sonst dch FrSetzg (§ 354) hinfäll machen könnte (RG **102**, 315); teilw Untergang (S 2); Belastg mit dem Recht eines Dr (§ 353). Eine bloß unwesentl Verschlechterg schließt das RücktrR nicht aus, kann aber gem § 347 zum SchadErs verpflichten. Die Abgrenzg ist Tatfrage; maßgebld ist eine obj Beurteilg. Weiterveräußerg begründet, abgesehen vom Fall der SichgÜbereigng (Köln BB **93**, 1617), Unvermögen, es sei denn, daß der Berecht zum Rückerwerb in der Lage ist (RG **56**, 261, **128**, 367, stRspr).

3 **3) Verschulden. – a)** Der **Begriff** ist iF des vertragl RücktrR ebso wie im § 347 im techn Sinn des § 276 zu verstehen. Wenn sich der RücktrBerecht die Herausg unmögl macht, verletzt er eine sich aus dem RücktrVorbeh ergebde RPfl (Soergel-Hadding Rn 4, Medicus SchuldR I § 48 I 2a aa, str). Beim **gesetzlichen Rücktrittsrecht** gilt der techn Verschuldensbegriff erst, wenn der Berecht den RücktrGrd kannte od kennen mußte. Die Ans, die entspr § 327 S 2, 819 allein auf die Kenntn abstellen will (Soergel-Hadding Rn 5), übersieht, daß § 327 S 2 für den Anwendgsbereich des § 351 ohne Bedeutg ist. Vor Kenntn od Kennenmüssen des RücktrGrds bedeutet Verschulden beim gesetzl RücktrR ähnl wie in § 254 (dort Rn 1) zurechenb Unachtsamk in eig Angelegenh (MüKo/Janßen Rn 4, Medicus JuS **90**, 692); der Berecht kann sein RücktrR daher auch verlieren, wenn er von ihm weder weiß noch wissen kann (MüKo/Janßen Rn 4, Nierwetberg JuS **84**, 35). Ein Teil des Schriftt nimmt dagg an, jede risikoerhöhde menschl Hdlg, die den Untergang zurechenb bewirkt habe, sei iSd § 351 schuldh (v Caemmerer FS Larenz, 1973, S 623). Damit wird aber das vom Ges festgelegte VerschErfordern prakt aufgegeben. Erfordert ist der RücktrBerecht in der eig Angelegenh gebotene Sorgf. Die Zerstörg des zurückzugewährden Pkw bei einem VerkUnfall führt nur 4 dann zur Anwendg des § 351, wenn der RücktrBerecht den Unfall verschuldet hat. – **b) Verschulden liegt vor,** wenn der Berecht den Ggst in zurechenb Weise einer über das normale Maß hinausgehden Gefahr ausgesetzt hat. Das Verhalten der Pers, deren sich der Berecht zur Erhaltg od Verwahrg bedient, steht gem § 278 eig Versch gleich. Überwiegdes Versch (§ 254) genügt (RG **56**, 270). Versch liegt auch vor, wenn der Berecht die Sache ohne Rückerwerbsmöglichk veräußert (RG **56**, 261), wenn er sie als mangelh wegwirft (Huber ZIP **93**, 896) od er es zur ZwVollstr der Sache kommen läßt (RG **59**, 93). Herausg einer gestohlenen Sache an den Eigtümer ist dagg kein Versch (BGH **5**, 340, vgl zu diesem Urt aber Wolf NJW 5 **53**, 166, **54**, 708, AcP **153**, 130, Boehmer JZ **52**, 521, 588, **53**, 392 u Müller-Laube AcP **183**, 243. – **c)** Bei der

Wandlung ist § 351 auch anwendb, wenn die Sache in der Zeit zw dem Verlangen nach Wandlg u deren Vollzug (§ 465) untergeht (wesentl verschlechtert w). Ob der Käufer nach der WandlgErkl die Sache weiterbenutzen darf, hängt von einer Abwägg der Interessen beider VertrPart ab (BGH NJW **92**, 171, aA RG **145**, 83). IdR ist die Weiterbenutzg im Rahmen des Übl unbedenkl (BGH aaO), vor allem dann, wenn der Verkäufer etwaige Kosten für die AnmietgSache nach § 286 ersetzen müßte (Kblz MDR **86**, 317). Die Verkäuferinteressen werden dch den Anspr auf WertErs für die Gebrauchsvorteile gewahrt (BGH NJW **92**, 171, **94**, 1005). Vielf wird auch § 300 (Haftgsmilderg auf grobe Fahrlässigk) anwendb sein, weil der Verk dch die Zurückweisg der Wandlg in AnnVerzug gerät (s RG **145**, 84). Der Käufer, der den gekauften Pkw 15 Mo mit einer Fahrleistg von 50 000 km weiterbenutzt, verliert aber sein WandlgsR (Ffm NJW-RR **94**, 120). – **d)** Die **Beweislast** für NichtVersch trägt in entspr Anwendg des § 282 der RücktrBerecht (BGH **6** NJW **75**, 44).

352 *Verarbeitung oder Umbildung.* **Der Rücktritt ist ausgeschlossen, wenn der Berechtigte die empfangene Sache durch Verarbeitung oder Umbildung in eine Sache anderer Art umgestaltet hat.**

Nach § 352 genügt für den Ausschluß des Rücktr der obj Tatbestd der Verarbeitg od Umbildg (§ 950); ein **1** Versch ist nicht erforderl. Die Vorschr beruht auf dem Gedanken des *venire contra factum proprium* (Wolf AcP **153**, 137). Sonderregelg für die Wandlg §§ 467, 487.

353 *Veräußerung oder Belastung.* [1] **Hat der Berechtigte den empfangenen Gegenstand oder einen erheblichen Teil des Gegenstandes veräußert oder mit dem Rechte eines Dritten belastet, so ist der Rücktritt ausgeschlossen, wenn bei demjenigen, welcher den Gegenstand infolge der Verfügung erlangt hat, die Voraussetzungen des § 351 oder des § 352 eingetreten sind.**

[II] **Einer Verfügung des Berechtigten steht eine Verfügung gleich, die im Wege der Zwangsvollstreckung oder der Arrestvollziehung oder durch den Konkursverwalter erfolgt.**

§ 353 erweitert den Kreis der Pers, deren Verhalten sich der RücktrBerecht zurechnen lassen muß. Er ist **1** unanwendb, wenn bereits die Veräußerg od Belastg ein Verschulden des Berecht darstellt (§ 351 Rn 4). Das Verhalten des Dr schließt den Rücktr aus, wenn ein entspr Handeln des Berecht zur Anwendg der §§ 351 od 352 führen würde.

354 *Verzug; Fristsetzung für Rückgewähr.* **Kommt der Berechtigte mit der Rückgewähr des empfangenen Gegenstandes oder eines erheblichen Teiles des Gegenstandes in Verzug, so kann ihm der andere Teil eine angemessene Frist mit der Erklärung bestimmen, daß er die Annahme nach dem Ablaufe der Frist ablehne. Der Rücktritt wird unwirksam, wenn nicht die Rückgewähr vor dem Ablaufe der Frist erfolgt.**

1) Die Vorschr ersetzt den auf das RückgewährSchuldVerh nicht anwendb § 326 (RG **93**, 48). Sie gibt **1** dem RücktrGegner die Möglichk, für klare Verhältn zu sorgen, wenn der Berecht nach der RücktrErkl die Rückabwicklg verzögert. **Voraussetzungen:** Bereits erklärter Rücktr; Verzug mit der Rückgewähr (§§ 284, 285), fruchtlose FrSetzg nebst Ablehngsandrohg. Diese ist entbehrl, wenn der Berecht die Rückabwicklg ernstl u endgült verweigert (§ 326 Rn 20). § 354 gilt auch bei Verzug mit der Rückgängigmachg einer wesentl Belastg od mit einer gem §§ 346, 347 geschuldeten ErsLeistg. Er ist dagg auf das gesetzl SchuldVerh zw dem Miterben, der sein VorkaufsR ausgeübt hat, u dem Erwerber des MiterbenAnteils nicht anwendb (Mü ZEV **94**, 43).

2) Rechtsfolgen. Der Rücktr w mit FrAblauf unwirks. Das VertrVerhältn lebt mit dem vor dem Rücktr **2** bestehden Inh, aber ohne den RücktrVorbeh wieder auf (RG **123**, 393). Der RücktrGegner kann statt nach § 354 auch nach §§ 283 od 286 vorgehen (K. Schmidt MDR **73**, 976). Zur Verwirkg s § 349 Rn 1.

355 *Erlöschen des Rücktrittsrechts nach Fristsetzung.* **Ist für die Ausübung des Rücktrittsrechts eine Frist nicht vereinbart, so kann dem Berechtigten von dem anderen Teile für die Ausübung eine angemessene Frist bestimmt werden. Das Rücktrittsrecht erlischt, wenn nicht der Rücktritt vor dem Ablaufe der Frist erklärt wird.**

1) Fristsetzung. Sie gibt dem RücktrGegner die Möglichk, die Ungewißh über die Ausübg des RücktrR **1** zu beenden. **Voraussetzungen:** Fehlen einer vertragl Fr u Eintritt des RücktrGrdes (BGH NJW-RR **89**, 626). Eine formularmäß Beschränk des gesetzl RücktrR auf 1 Wo verstößt gg AGBG 11 Nr 8 (BGH aaO). **Rechtsfolge:** Das RücktrR erlischt mit fruchtlosem FrAblauf.

2) Verzicht. Ebso wie auf and GestaltgsR kann auch auf das RücktrR dch einseit Erkl verzichtet w (BGH **2** LM § 326 (J) Nr 2). Der Verzicht kann auch konkludent erfolgen, etwa dch Ann der GglLeistg od Erbringg der eig Leistg in Kenntn der RücktrVoraussetzgen, ebso dch langes Zuwarten, wenn nach Treu u Glauben eine unverzügl Erkl zu erwarten war (RG **107**, 109). Vgl auch § 144 Rn 2 zum konkludenten Verzicht auf das AnfR. Nach Ablauf der RücktrFr ist ein Verzicht nicht ausgeschl; erforderl ist ein Neuabschluß unter Wahrg der etwa bestehden FormVorschr (RG **66**, 432). Zur Verwirkg s § 349 Rn 1.

356 *Unteilbarkeit des Rücktrittsrechts.* **Sind bei einem Vertrag auf der einen oder der anderen Seite mehrere beteiligt, so kann das Rücktrittsrecht nur von allen und gegen alle**

ausgeübt werden. Erlischt das Rücktrittsrecht für einen der Berechtigten, so erlischt es auch für die übrigen.

1   **1) Allgemeines.** Bei einer Mehrh von Beteiligten kann das RücktrR nach § 356 nur einheitl ausgeübt w, gleichgült ob es sich um eine Mehrh von Berecht od Verpflichteten handelt. Auf die Art der Beteiligg (§§ 420, 427, 428, 709, 747, 2039, 2040) kommt es nicht an, doch gehen etwaige Sonderregeln der betreffenden Gemeinsch vor (RG **151**, 312). Der RücktrGrd braucht nur in der Pers eines Beteiligten vorzuliegen (BGH NJW **76**, 1931). Gemeins Ausübg erfordert nicht, daß die Erkl gleichzeit abgegeben w. § 356 gilt auch bei VertrVerbindgen (BGH aaO). Besteht das RücktrR ggü mehreren, erlischt es bereits dch Verzicht ggü einem (BGH NJW **89**, 2388).

2   **2)** Die Vorschr ist **abdingbar.** Bei einem außergerichtl Vergl kann das RücktrR idR von jedem Berecht selbstd geltd gemacht w (RG **153**, 398, Mü NJW **56**, 1802), ebso uU auch bei einem gerichtl Vergl (BGH **46**, 279, VersR **62**, 155). Die Vorschr gilt nicht für die Anf (RG **56**, 424, **65**, 405) u die Künd (RG **90**, 330), jedoch kann die Künd bei einem MietVertr ebenf nur einheitl erfolgen (BGH NJW **72**, 249). **Satz 2** setzt voraus, daß jedem Beteiligten ein selbstd RücktrR zusteht; er gilt nicht, wenn, wie iF der ErbenGemeinsch, nur ein einheitl RücktrR besteht (RG **153**, 398). ParallelVorschr: §§ 474, 502, 513.

357   *Rücktritt wegen Nichterfüllung.*   Hat sich der eine Teil den Rücktritt für den Fall vorbehalten, daß der andere Teil seine Verbindlichkeit nicht erfüllt, so ist der Rücktritt unwirksam, wenn der andere Teil sich von der Verbindlichkeit durch Aufrechnung befreien konnte und unverzüglich nach dem Rücktritte die Aufrechnung erklärt.

1   **Anwendungsbereich.** § 357 gilt, wenn der Rücktr nur für den Fall der NichtErf vorbehalten worden ist. Er ist auf den RücktrVorbeh wg nicht rechtzeit od nicht gehöriger Erf entspr anzuwenden, ebso auf den Rücktr kr Ges, sofern dieser wg NichtErf od nicht gehöriger Erf erfolgt. Die **Heilungswirkung** der unverzügl (§ 121) abgegebenen AufrErkl beruht auf dem Gedanken, daß wg der bestehden AufrLage ein Rücktr nicht zu erwarten war. Der Vertr lebt mit dem vorher bestehden Inh wieder auf.

358   *Beweislast bei Rücktritt wegen Nichterfüllung.*   Hat sich der eine Teil den Rücktritt für den Fall vorbehalten, daß der andere Teil seine Verbindlichkeit nicht erfüllt, und bestreitet dieser die Zulässigkeit des erklärten Rücktritts, weil er erfüllt habe, so hat er die Erfüllung zu beweisen, sofern nicht die geschuldete Leistung in einem Unterlassen besteht.

1   § 357 Rn 1 gilt hins des Anwendgsbereichs entspr. § 358 ist – ebso wie § 357 – auch iF nicht gehöriger Erf anwendb (BGH NJW **81**, 2404). Die in § 358 angeordnete **Beweislastverteilung** entspr § 345 u allg Grds. Die Vereinbg des RücktrVorbeh hat der Berecht zu beweisen.

359   *Rücktritt gegen Reugeld.*   Ist der Rücktritt gegen Zahlung eines Reugeldes vorbehalten, so ist der Rücktritt unwirksam, wenn das Reugeld nicht vor oder bei der Erklärung entrichtet wird und der andere Teil aus diesem Grunde die Erklärung unverzüglich zurückweist. Die Erklärung ist jedoch wirksam, wenn das Reugeld unverzüglich nach der Zurückweisung entrichtet wird.

1   Die ReugeldVereinbg gibt dem Begünstigten das Recht, sich gg Zahlg einer Abfindg vom Vertr zu lösen. Das Reugeld ist keine VertrStrafe u kann daher nicht gem § 343 herabgesetzt w (Vorbem 6 vor § 339). Der Rücktr ohne Zahlg des Reugeld w nur unwirks, wenn der RücktrGegner die Erkl unverzügl (§ 121) zurückweist. Unterbleibt eine Zurückweisg, hat der RücktrGegner neben dem RückgewährAnspr auch Anspr auf das Reugeld (KG NJW-RR **89**, 1078, aA Mü NJW **69**, 1630). Entsteht für den Berecht ein gesetzl RücktrR, entfällt eine Reugeldzahlg (RG JW **13**, 918, BGH DB **84**, 2293). Die Beweislast für die Reugeldzahlg hat trotz des scheinb entggstehenden Wortlauts der Zurücktrede (Baumgärtel/Strieder Rn 1).

360   *Verwirkungsklausel.*   Ist ein Vertrag mit dem Vorbehalte geschlossen, daß der Schuldner seiner Rechte aus dem Vertrage verlustig sein soll, wenn er seine Verbindlichkeit nicht erfüllt, so ist der Gläubiger bei dem Eintritte dieses Falles zum Rücktritte von dem Vertrage berechtigt.

1   **1) Allgemeines. – a)** § 360 betrifft die (prakt kaum vorkommde) Abrede, daß der Schu bei NichtErf seiner Verbindlichk alle Rechte aus dem Vertr verlieren soll (Verfall- od Verwirkgsklausel). Er bestimmt im Interesse des SchuSchutzes, daß eine solche Klausel entgg ihrem Wortlaut **nur** ein **Rücktrittsrecht** begründet. Das Ges berücksicht dabei, daß die Aufrechterhaltg des Vertr u der ErfAnspr auch im Interesse des Gläub liegen kann. Auf Verwirkgsklauseln für den Fall nicht rechtzeit od nicht gehöriger Erf ist § 360 entspr

2 anwendb (BGH WM **68**, 1300). – **b)** § 360 ist **dispositiv** (BGH NJW **72**, 1894). Sieht die Klausel einen *ipso facto* eintretden RVerlust vor, sind aber die §§ 339 ff, insb § 343, anzuwenden (Vorbem 5 vor § 339).

3 Schranken ergeben sich aus AGBG 10 Nr 3 u 11 Nr. 6. – **c)** Bei Abreden über den Eintritt von **einzelnen Rechtsnachteilen** gilt § 360 nicht. Die Nachteile treten von selbst ein, die §§ 339 ff sind aber entspr anwendb (Vorbem 5 vor § 339).

4   **2) Voraussetzungen.** Die Vereinbg muß vorsehen, daß der Schu bei NichtErf alle seine Rechte verliert (Rn 3). Sie kann neben der NichtErf auch die nicht rechtzeit od nicht gehörige Erf umfassen. Aus § 242 kann sich ergeben, daß geringfüg PflVerstöße, zB unwesentl FrÜberschreitgn, nicht ausr (KG OLG **22**, 162 u RG **117**, 356 zu § 361). Wenn nichts and vereinb ist, setzt das RücktrR voraus, daß der Schu die VertrVer-

letzg zu vertreten hat (RG **145**, 30, BGH **LM** § 273 Nr 6, NJW **81**, 1601). Die BewLast für die ordngsmäß Erf u für das NichtVersch trifft den Schu (§§ 358, 282).

3) Rechtsfolgen. Der Gläub kann zw Rücktr, Erf u SchadErs wg NichtErf wählen (Rn 1). Er verwirkt 5 das RücktrR, wenn er es nicht innerh angem Fr geltd macht (RG Warn **13**, 223, § 349 Rn 1).

361 *Fixgeschäft.* Ist in einem gegenseitigen Vertrage vereinbart, daß die Leistung des einen Teiles genau zu einer festbestimmten Zeit oder innerhalb einer festbestimmten Frist bewirkt werden soll, so ist im Zweifel anzunehmen, daß der andere Teil zum Rücktritte berechtigt sein soll, wenn die Leistung nicht zu der bestimmten Zeit oder innerhalb der bestimmten Frist erfolgt.

1) Allgemeines. – a) Ein **Fixgeschäft** liegt vor, wenn die Einhaltg einer genau bestimmten Leistgszeit 1 (fester Ztpkt od best Fr) wesentl Inh der vertragl LeistgsPfl ist. Dabei ist zu unterscheiden: Beim **absoluten Fixgeschäft** begründet die Nichteinhaltg der Leistgszeit dauernde Unmöglichk; nicht § 361, sond §§ 275 ff, 323 ff sind anwendb (§ 271 Rn 16). Beim **relativen Fixgeschäft** (eigentl FixGesch) tritt bei verspäteter Leistg keine Unmöglichk ein; der Gläub ist aber gem § 361 berecht, vom Vertr zurückzutreten. – **b)** Sondervorschriften enthalten HGB 376 (Fixhandelskauf), BörsenG 50 ff (BörsenterminGesch) u KO 18.

2) Voraussetzungen. – a) § 361 gilt nur für ggs Vertr. Es genügt nicht, daß die Leistgszeit genau best ist. Die 2 Einhaltg der Leistgszeit muß nach dem PartWillen derart wesentl sein, „daß mit der zeitgerechtn Leistg das Gesch **stehen u fallen** soll" (RG **51**, 347, BGH **110**, 96, NJW-RR **89**, 1373). Auf einen solchen Willen können Klauseln wie „fix", „genau", „präzis", „prompt", „spätestens" iVm einer best Leistgszeit hindeuten (BGH DB **83**, 385, Mü DB **75**, 1789), ebso die Abrede „Lieferg zum Verkauf für Weihnachten" (Kassel OLG **43**, 38). FixGesch ist idR der FlugbeförderesVertr (Düss NJW-RR **93**, 823), das Devisen-TerminGesch (RG **108**, 158), das AktienoptionsGesch (BGH **92**, 321), uU das überseeische AbladeGesch (RG **88**, 73, BGH NJW **91**, 1293) u das „Just-in-Time" – Gesch (Nagel DB **91**, 320). Dagg sind die cif-Klausel u die Klausel „ohne NachFr" allein nicht ausr (BGH NJW **59**, 933), auch nicht die Abrede „Liefertermin Ernte" (Hamm NJW-RR **95**, 350). – **b)** Es 3 genügt, daß die Leistg **nicht zeitgerecht** erbracht w. Auf Verzug od Versch kommt es nicht an; Mahng, FrSetzg u Ablehngsandrohg sind daher unnöt (RG **108**, 159). Das Anbieten der eig Leistg ist, vom Fall der VorleistgsPfl abgesehen (BGH **LM** Nr 1), nicht erforderl (RG **108**, 159). Es genügt, daß der Gläub leistgsbereit ist (RG HRR **26**, 1116). Bei geringer FrÜberschreitg ist das RücktrR uU ausgeschlossen (RG **117**, 356). Es entfällt auch dann, wenn die NichtErf vom Gläub zu vertreten ist. Erklärt der Schu ernsth u endgült, er könne nicht fristgerecht leisten, ist der Gläub zum sofort Rücktr berecht (BAG NJW **67**, 415).

3) Rechtsfolgen. Der Gläub kann zw Rücktr (§ 361), Erf u Ers des Verspätgsschadens (§ 286) sowie 4 SchadErs wg NichtErf (§ 326) wählen. Anspr aus §§ 286, 326 kann er jedoch nur dann geltd machen, wenn deren Voraussetzgen vorliegen. Das RücktrR aus § 361 erlischt, wenn es nicht alsbald ausgeübt w, § 242 (RG Recht **30** Nr 1245). Für den Handelskauf gilt die Sondervorschrift des HGB 376.

Dritter Abschnitt. Erlöschen der Schuldverhältnisse

Überblick

1) Begriffe. – a) Erlöschen iS der §§ 362 ff bedeutet, daß das SchuldVerh beendigt w u wegfällt. Es 1 begründet keine bloße Einr, sond ist als rechtsvernichtde Einwendg im Proz vAw zu berücksichtigen. Das Erlöschen kann nicht dch einen vertragl Verz rückgäng gemacht w. Zur Wiederherstellg des SchuldVerh bedarf es vielmehr einer – ggf formbedürft – vertragl Neubegründg (RG **66**, 432, BGH **20**, 340). Sie kann bei formfreien Vertr in der Rückg des Schuldbetrages liegen (BAG DB **72**, 782). Rechte gg Bürgen u Pfänder leben nicht wieder auf. Nach dem Erlöschen wirkt der Anspr als RGrd für die empfangene Leistg fort; er begründet für den Gläub das Recht, die Leistg behalten zu dürfen (BVerwG NVwZ **84**, 168). – **b)** Unter SchuldVerh ist in den §§ 362 ff das **Schuldverhältnis ieS** (Einl 1 v § 241), dh der einz schuldrechtl 2 Anspr, zu verstehen (BGH **10**, 395, **97**, 197). Die in den §§ 362 ff geregelten ErlöschensGrde haben aber zugl für das SchuldVerh iwS mittelb Bedeutg (Rn 5). Die §§ 362 ff gelten für alle LeistgsPflten, auch für (selbstd) UnterlPflten. Dagg fallen Schutz- u ErhaltgsPflten nicht in den Anwendungsbereich der §§ 362 ff (MüKo/Heinrichs Rn 1). Sie erlöschen nicht dch Erf, sond nach den für das SchuldVerh iwS geltdn Grds, können aber als nachwirkde VerhaltensPflten fortbestehen.

2) Erlöschensgründe. – a) RegelsGgst des 3. Abschnitts ist das Erlöschen des SchuldVerh dch **Befriedi-** 3 **gung** des Leistgsinteresses des Gläub. Die §§ 362 ff behandeln zunächst die Erf (einschließl der Leistg an Erf Statt), sodann die Hinterlegg, die Aufr u den Erlaß. – **b)** Das SchuldVerh kann aber auch erlöschen, ohne daß das Leistgsinteresse des Gläub befriedigt w, so etwa dch Unmöglichk (§§ 275, 323), Zeitablauf (§ 163), Eintritt einer auflösdn Bdgg (§ 158), Verwirkg (§ 242 Rn 87 ff), AufhebgsVertr od Novation (§ 305 Rn 7 u 8). – **c)** Das 4 SchuldVerh setzt begriffl voraus, daß Gläub u Schu **verschiedene Personen** sind (BGH **115**, 122). Daraus ergeben sich zwei weitere vom Ges nicht bes geregelte ErlöschensGrde: – **aa)** Das SchuldVerh erlischt dch **Konfusion,** dh wenn sich Fdg u Schuld in einer Pers vereinigen (BGH **48**, 219, WM **80**, 199, Köln NJW-RR **92**, 1337). Ausnw bleibt die Fdg trotz Vereinigg der Gläub- u SchuStellg bestehen, wo dies mit Rücks auf die Interessenlage Dr geboten ist (BGH NJW **95**, 2288), so wenn das ErbR das Vermögen des Erben u den Nachl rechtl als gesonderte Vermögensmassen behandelt (§§ 1976, 1991 II, 2143, 2175, 2377) od wenn der Beschenkte den Schenker beerbt hat u der Sozialhilfeträger den Anspr aus § 528 auf sich überleiten will (BGH aaO). Bei Fdgen aus Wertpapieren bewirkt die Konfusion ledigl ein Ruhen; sie leben mit Neubegebg des Papiers wieder auf (RG **147**, 243). Zugunsten von Nießbrauchern u PfandGläub gilt die Fdg trotz Konfusion als fortbestehd (MüKo/Heinrichs Rn 4). – **bb)** Das SchuldVerh erlischt, wenn der **Schuldner ersatzlos wegfällt**

(RG **148**, 67; **153**, 343). Das ist wg §§ 1922, 1967 nur bei jur Pers vorstellb. Erforderl ist, daß die RPersönlichk endgült erloschen ist; die Löschg im Register genügt wg ihrer nur deklaratorischen Bedeutg nicht (BGH **48**, 307). Sicherh, auch Bürgsch, haften weiter (BGH **82**, 326, Schlesw NJW-RR **93**, 754). Die Fdg gilt bis zur Abwicklg der Sicherh als fortbestehd (MüKo/Heinrichs Rn 5). Auch der ersatzlose Wegfall des Gläub würde zum Erlöschen des SchuldVerh führen; ein solcher Fall ist aber auch bei jur Pers nicht vorstellb (MüKo aaO).

5   **3)** Das **Schuldverhältnis iwS** (Einl 2 v § 241) ist als Rahmenbeziehg mit dem Bestand der aus ihm erwachsenen Anspr verknüpft. Es endet erst, wenn alle LeistgsPflten einschließl etwaiger Ersatz- u AbwicklgsPflten erfüllt od sonst erledigt sind. Die beiderseit SchutzPflten können auch nach Beendigg des SchuldVerh als nachwirkde TreuePflten fortbestehen (§ 276 Rn 121).

Erster Titel. Erfüllung

362 *Erlöschen durch Leistung.* [1]Das Schuldverhältnis erlischt, wenn die geschuldete Leistung an den Gläubiger bewirkt wird.

[II] Wird an einen Dritten zum Zwecke der Erfüllung geleistet, so finden die Vorschriften des § 185 Anwendung.

1   **1) Erfüllung** ist Schuldtilg dch Bewirken der geschuldeten Leistg. – **a)** Unter **Leistung** ist im § 362 nicht die LeistgsHdlg, sond der Leistgserfolg zu verstehen (BGH **12**, 268, **87**, 162, NJW **94**, 2948). Hängt dessen Eintritt von weiteren Voraussetzgen ab, etwa einer Eintr im GrdBuch, ist der Schu ohne uU zur Wiederholg der LeistgsHdlg verpfl (BGH **LM** § 157 (D) Nr 25 Bl 2). Tritt der Leistgserfolg ohne eine Hdlg des Schu ein (Bsp: Überweisg ohne Auftr), liegt keine Erf vor (MüKo/Heinrichs Rn 2). Nicht erforderl ist aber, daß der Leistgserfolg allein auf das Handeln des Schu zurückzuführen ist. Die Schuld erlischt auch
2   dann, wenn der Gläub das zu übertragde Eigtum nur kr guten Glaubens erwirbt. – **b)** Erf tritt nur ein, wenn die **geschuldete** Leistg bewirkt w. Ihr Inh ergibt sich aus dem zu erfüllden SchuldVerh. Für die Leistgszeit gilt § 271, für den Leistgort §§ 269 f. Vom Sonderfall der höchstpersönl Leistg abgesehen, kann die Leistg auch dch einen ErfGehilfen (§ 278) od einen **Dritten** (§§ 267, 268) bewirkt w. Wird eine and, unvollständ od mangelhafte Leistg erbracht – abgesehen vom Sonderfall der mangelhaften Leistg beim Stückkauf (Vorbem 5 v § 459) – keine Erf ein. Nimmt der Gläub gleichwohl an, ist er dafür beweispflichtig, daß die Leistg nicht obligationsgem war (§ 363); nach den §§ 464, 640 II, HGB 377, 378 können auch materiellrechtl Nachteile entstehen. Verweigert der Gläub die nach dem Inh der Schuld erforderl Ann, tritt keine Erf ein, gleichgült, ob die Weigerg berecht war od nicht. Der Gläub gerät dch eine unberecht Weigerg aber in
3   AnnVerzug (§§ 293 ff). – **c)** Die Leistg muß **an den Gläubiger** bewirkt w. Die Leistg an einen Vertreter od eine HilfsPers steht gleich, sofern sie den geschuldeten Leistgserfolg herbeiführt (s Taupitz JuS **92**, 449). Erf tritt aber nur ein, wenn der Gläub zur Ann der Leistg befugt ist. Diese **Empfangszuständigkeit** (Larenz § 18 I) deckt sich, wie die §§ 1812, 1813, 362 II zeigen, mit der VfgsMacht. Die Leistg an den Gläub befreit daher nicht, wenn ihm die VfgsMacht über die Fdg entzogen ist (zB §§ 136, 2211, KO 6, 8, ZPO 829) od wenn er geschäftsunfäh ist. Das gilt ebso für den beschränkt Geschäftsfähigen. Wird die geschuldete Sache an ihn übereignet, erwirbt er zwar Eigt, die Fdg erlischt aber nicht (§ 107 Rn 2, sehr str). Der Leistg an den empfangszuständigen Gläub steht die Leistg an einen Vertreter (Saarbr OLGZ **88**, 47), eine Zahlstelle (Rn 8)
4   od einen Empfangsboten gleich. – **d)** Die Leistg an einen **Dritten** hat befreide Wirkg, wenn er vom Gläub zur Entggn der Leistg ermächtigt ist (II) od wenn ihm an der Fdg ein Nießbr- od PfandR zusteht (§§ 1074, 1282, ZPO 835, 836 I). Die Ermächtigg zur Leistg an den Dr kann widerrufl, aber auch unwiderrufl ausgestaltet sein (Staud-Kaduk Rn 76, Bartsch BB **89**, 510). Die Bank ist bei Zahlg dch Überweisg kein Dr iSd § 362 II (Rn 8); auch auf Zahlgen an den Notar findet § 362 II keine Anwendg (Einf 4 v § 372). Der Gesellschafter wird von seiner Einlageschuld dch Leistg an Dr nur frei, soweit der Schutz der Gesellsch-Gläub nicht beeinträchtigt w (BGH NJW **86**, 989). Die Leistg an einen nichtberecht Dr erlangt gem § 362 II befreide Wirkg, wenn der Gläub sie nachträgl genehmigt od wenn einer der beiden u Fälle des § 185 II eintritt (Empfänger wird Gläub; Gläub beerbt den Empfänger u haftet unbeschränkt für die NachlVerbindlichk). Leistet der Schu an einen Nichtberecht, den er gutgläub für empfangsberecht hält, wird er nur in den gesetzl bes bestimmten Fällen (§§ 370, 407, 408, 893, 2367) frei; iF des HGB 345 a wird der Schu dagg dch Leistg an den Zedenten auch dann frei, wenn er von der Abtr weiß (§ 399 Rn 9).

5   **2) Erfüllungstheorien.** – **a)** Seit den Tagen des Gemeinen Rechts ist str, ob die ErfWirkg kr Ges als obj TatbestdsFolge der Leistg eintritt od ob zum Tatbestd der Erf auch ein subj TatbestandsMerkmal gehört (s MüKo/Heinrichs Rn 5 ff). – **aa)** Nach der **Vertragstheorie,** die kaum noch Anhänger hat, gehört zum Tatbestd der Erf neben der Herbeiführg des Leistgserfolges ein auf Aufhebg des SchuldVerh gerichteter Vertr. Das soll auch dann gelten, wenn die Leistg in einem nicht rechtsgeschäftl Handeln u in einem Unterl besteht. Dagg verlangt die beschränkte VertrTheorie (Enn-Lehmann § 60 II 2) eine vertragl Willenseinig nur für den Fall, daß auch zur Herbeiführg des Leistgserfolges ein Vertr, etwa eine Übereigng, erforderl ist. – **bb)** Die **Zweckvereinbarungstheorie** (Ehmann NJW **69**, 1833, Weitnauer FS v Caemmerer, 1978, 255) fordert neben dem obj Tatbestdsmerkmal, dem Bewirken der Leistg, gleichf eine vertragl Willenseinig. Diese wird aber nicht als schuldaufhebder Vertr, sond als eine Einigg über den Zweck der Leistg (ZuordngsVertr) verstanden. – **cc)** Die **Theorie der realen Leistungsbewirkung** (Larenz § 18 I, Esser-Schmidt § 17, Medicus § 23 IV 3, hM) geht davon aus, daß der Tatbestd der Erf entspr dem Normtext des § 362 I allein in der Herbeiführg des Leistgserfolges besteht. Ein zusätzl subj TatbestdsMerkmal ist grdsl nicht erforderl. – **dd)** Nach der **Theorie der finalen Leistungsbewirkung** (Gernhuber, Die Erf u ihre Surrogate, 1983, § 5 II; Bülow JuS **91**, 531) besteht der Tatbestd der Erf aus dem Bewirken der Leistg u der Zweckbestimmg
6   des Leistden, die als geschäftsähnl Hdlg od als einseit RGesch angesehen w. – **b) Eigene Stellungnahme.** Die vertragl ErfTheorien können nicht überzeugen. Das zeigen insb die Fälle, in denen die geschuldete Leistg in einem Unterl od in einem nicht rechtsgeschäftl Tun besteht. Daß hier für die Erf eine rechtsge-

schäftl Willenseinigg der Part erforderl sein soll, widerspricht dem VerkBedürfn. Darüber hinaus u vor allem ergibt sich aus § 366 I, daß die Erf nicht von einer Einigg der Part abhäng ist. Nach § 366 hat der Schu zu bestimmen, welche von mehreren Schulden getilgt w soll. Die von ihm bezeichnete Schuld erlischt auch dann, wenn der Gläub sie and anrechnen will. Von den danach verbleibden Theorien verdient die Theorie der **realen Leistungsbewirkung** den Vorzug (so auch BGH NJW **91**, 1295, **92**, 2699, BAG NJW **93**, 2398). Zwar setzt die Erf voraus, daß die Leistg einer bestimmten Schuld zugeordnet wird. Diese Zuordnung ergibt sich aber idR bereits daraus, daß die vom Schu bewirkte Leistg die allein geschuldete ist. Richtig ist, daß eine Tilggsbestimmg im Anwendgsbereich des § 366 mögl u in bestimmten Sonderfällen, so etwa bei Drittleistgn (§ 267 Rn 4) od Vorausleistgn (Rn 10), erforderl ist. Außerdem kann der Schu die ErfWirkg dch eine „negative Tilggsbestimmung" od dch das Hinzufügen von Bdggen ausschließen (BGH NJW **72**, 1750, **85**, 377, Düss NJW-RR **87**, 364). Daraus kann aber nicht abgeleitet w, daß zum Tatbestd der Erf allg eine Tilggsbestimmg gehört. Die finale Theorie macht ohne trift Grd Mögliches zu Notwendigem u vermag auch § 366 II nicht schlüssig zu erklären (s näher MüKo/Heinrichs Rn 12). – **c)** Die **Tilgungsbestimmung** des Leistden ist 7 ein einseit RGesch, zumindest aber eine geschäftsähnl Hdlg (BGH **106**, 166, NJW **90**, 3195). Mögl ist auch eine sog doppelte Tilggsbestimmg, etwa die gleichzeit Zahlg auf die persönl u die dingl Schuld (BGH **105**, 157). Nach dem Grds der VertrFreih kann der Schu über die Zuordng der Leistg auch eine **Vereinbarung** mit dem Gläub schließen. Ggü einer solchen Abrede ist eine spätere abw Bestimmg des Schu wirksoslos (RG **66**, 59, BGH **91**, 379).

3) Geldschulden (§ 245 Rn 6) können dch Barzahlg, dh dch Einigg u Überg der erforderl Banknoten u 8 Münzen, erfüllt w. Zur Zahlg dch **Banküberweisung** ist der Schu berecht, wenn der Gläub sein Konto dch Aufdruck auf Briefen, Rechngen od ähnl bekannt gegeben (BGH **98**, 30, LAG Stgt NJW **85**, 2728) od in der Vergangenh Überweisgen widerspruchslos hingenommen hat. Die Tats, daß der Gläub ein Girokonto eröffnet hat, reicht dagg – abgesehen vom kaufm Verk – als Einverständn mit einer Überweisg nicht aus (BGH NJW **53**, 897, str). Teilt der Gläub dem Schu ledigl ein best Girokonto mit, hat die Überweisg auf ein and Konto idR keine TilggsWirkg (BGH **98**, 30), jedoch kann zG des Schu § 242 anwendb sein (BGH NJW **91**, 3209). Erf tritt dch Überweisg auf ein defizitäres Girokonto nicht ein, wenn die Part Zahlg dch Scheck vereinb h (LG Wuppertal NJW-RR **95**, 178). Die Banküberweisg ist **Erfüllung** nicht Leistg an Erf Statt (MüKo/ 9 Heinrichs Rn 22, sehr str, aA BGH NJW **53**, 897, Hamm NJW **88**, 2115). Leistgsempfänger ist der Gläub. Die Bank ist nicht Dr iSd § 362 II, sond Zahlstelle des Gläub (BGH **53**, 142, **72**, 319, NJW **85**, 2700). Erf tritt mit der Gutschrift auf dem Konto des Gläub ein (BGH **6**, 122, **58**, 109), eine Mitteilg an den Gläub ist nicht erforderl (BGH **103**, 146, **LM** HGB 355 Nr 8). Die Buchg muß aber endgült geworden sein; das ist der Fall, wenn die Bank die Daten der Gutschrift zur vorbehaltlosen Bekanntgabe an den Empfänger bereitgestellt hat, also „Abrufpräsens" besteht (BGH **103**, 146, Hadding/Häuser WM **88**, 1149). Die Eingabe in die EDV-Anlage genügt nicht (BGH aaO, Zweibr NJW **85**, 1034), auch nicht bei einer bankinternen Überweisg (Häuser/Welter WM **94**, 775, aA Hamm NJW-RR **93**, 690). Eine Buchg auf dem Konto pro diverse ist keine Erf (BGH NJW **87**, 55), ebsowenig die Buchg auf dem Sparkonto (Hamm NJW **87**, 70). Dagg tritt Schuldtillg ein, wenn das vom Gläub angegebene Konto das eines Dr ist (Köln NJW **90**, 2262). Bei Überweisg auf ein aufgelöstes Konto tritt Erf ein, sobald dch eine entspr Buchg im Anspr des Gläub gg die Bank begründet worden ist (FG Hamm WM **95**, 1020). Wenn der Gläub eine Information über den Verwendgszweck der Zahlg benötigt, tritt bei schlecht od nicht ausgefüllten Überweisgsträger Erf erst ein, wenn die Information nachgeliefert worden ist (AG Fürstenfeldbruck BB **88**, 1352, Feldhahn NJW **84**, 2929). Dch Ausübg seines ZurückweisgsR (Krause JuS **91**, 104) kann der Gläub die Erf nicht verhindern, wenn er sich gem Rn 8 mit der Zahlg dch Überweisg einverstanden erklärt hat, § 242. Bei Zahlg im **Lastschriftverfahren** (§ 675 Rn 13) genügt die Gutschrift auf dem GläubKonto nicht. Voraussetzg ist weiter, daß die SchuBank das Konto des Schu wirks belastet u der GläubBank gutgeschrieben hat (Bauer WM **83**, 198, LG Regensbg NJW-RR **92**, 718). Mögl ist aber auch, daß die SchuBank das Einlösgsrisiko übernimmt. Hier erlischt die Fdg ohne Rücks auf die Wirksamk der Belastg des SchuKontos (BGH **74**, 355, NJW **83**, 220). Besteht, wie beim sog EinzugsermächtiggsVerf, ein WidersprR, tritt Erf erst mit Ablauf der WiderrufsFr ein (MüKo/Heinrichs Rn 26, Häuser WM **91**, 4). Zahlt der Käufer, nachdem er den Scheck als Akzeptantenwechsel mit diskontieren lassen, tritt Erf ein, obwohl der Verkäufer als Wechselaussteller weiter im Risiko ist (BGH **56**, 267, **97**, 201, aA Honsell JZ **86**, 757); s iü zur Zahlg dch **Scheck** u Wechsel § 364 Rn 10.

4) Sonderfälle. – a) Eine Zahlg vor Entstehg des Anspr kann je nach Lage des Falles als SicherhLeistg, Darl 10 od **Vorausleistung** anzusehen sein. Aufgrd der Vorausleistg tritt mit der Entstehg des Anspr sogleich Erf ein (KG MDR **79**, 401, Singer JR **83**, 356). Voraussetzg ist aber eine entspr Anrechngsabrede der Part (BGH **85**, 318, NJW **86**, 248, aA Singer aaO). Bei unabhängig davon können Abreden über eine VorausErf wg GesUmgehg unwirks sein (BGH **58**, 64); entspr gilt für formularmäß VorausErfAbreden bei Börsentermin-Gesch (BGH **101**, 306, Häuser WM **88**, 1288). – **b)** Eine **Leistung unter Vorbehalt** ist eine ordngsmäß Erf, 11 wenn der Schu ledigl die Wirkg des § 814 ausschließen u sich den Anspr aus § 812 für den Fall vorbehalten will, daß er das Nichtbestehen der Fdg beweist (BGH NJW **82**, 2302, **84**, 2826). And reagt es, wenn der Schu unter der Bdgg des Bestehens der Fdg leistet u dem Gläub weiterhin die BewLast für das Bestehen der Fdg aufbürdet (Hamm NJW-RR **87**, 986). Eine Leistg mit einem solchen Vorbeh darf der Gläub zurückweisen (s BGH **86**, 269), nimmt er aber gleichwohl an, so kann darin ein Einverständn mit dem Vorbeh liegen (BGH NJW **89**, 162, Düss NJW-RR **89**, 28). Mögl ist auch, daß der Vorname der LeistgsHdlg mit and Bdggen verknüpft w (BGH NJW **85**, 377). – **c)** Befriedigg iW der **Zwangsvollstreckung** führt zum Erlöschen der Fdg (ZPO 12 §§ 815 III, 819, 897). Ob das Erlöschen aufgrd des § 362 (so Schünemann JZ **85**, 49) od der Vorschr der ZPO eintritt, ist für die prakt RAnwendg gleichgült (BayObLG NJW-RR **89**, 1291). Erfolgt die ZwVollstr aus einem vorläuf vollstreckb Titel, bleibt die Tilgg bis zur RKraft des Titels in der Schwebe (BGH WM **65**, 1022, MDR **76**, 1005). Das gilt ebso, wenn der Schu erkennb zur Abwendg der Vollstreckg aus einem noch nicht rechtskräft Titel geleistet hat (BGH **86**, 269, NJW **90**, 2756, BAG DB **88**, 659). Die Leistg beendigt aber trotz des Weiterbestehens der Fdg den SchuVerzug (BGH NJW **81**, 2244, Karlsr VersR **92**, 370). Bei einer der Höhe nach variablen Fdg (Bsp: Abhängigk vom Valutakurs) entscheiden die Verhältn im Ztpkt der Leistg (Köln NJW-RR **92**, 237).

363 *Beweislast bei Annahme als Erfüllung.* **Hat der Gläubiger eine ihm als Erfüllung angebotene Leistung als Erfüllung angenommen, so trifft ihn die Beweislast, wenn er die Leistung deshalb nicht als Erfüllung gelten lassen will, weil sie eine andere als die geschuldete Leistung oder weil sie unvollständig gewesen sei.**

1　**1)** Der Schu trägt für die Erf die **Beweislast.** Das gilt sowohl für die Tats der Leistg als auch dafür, daß die Leistg obligationsgem war. Auch wenn der Gläub aus der NichtErf od der nicht ordngsmäß Erf Rechte herleitet, ist der Schu beweisbelastet (BGH **69**, 368, **83**, 267, NJW **93**, 1706, Baumgärtel-Strieder § 362 Rn 4, str). Nur bei UnterlPfl hat der Gläub die ZuwiderHdlg zu beweisen (*arg* §§ 345, 358). Außerdem gilt im KaufR für RMängel die Sonderregel des § 442. Eine **Umkehr der Beweislast** tritt ein, wenn der Gläub die Leistg als Erf angenommen hat. § 363 gilt für Leistgen jeder Art, auch für die des Vermieters (BGH NJW **85**, 2328). Bei Beratgs- u **Aufklärungspflichten** ist der Schu beweispflicht, wenn es um die Frage geht, ob er seine Pfl überhaupt nicht od nicht rechtzeit erfüllt hat (BGH **83**, 267, NJW **93**, 1706). Dagg trägt der Gläub die BewLast, wenn str ist, ob er vom Schu richt u vollständ informiert worden ist (BGH NJW **85**, 264, **87**, 1322, NJW-RR **90**, 29, 1423, NJW **92**, 1697); dch den Bew, daß er das insow bestehde PfltenProgramm in vollem Umfang ordngsmäß erfüllt hat, wäre der Schu überfordert u zur Dokumentation in einem Umfang verpflichtet, der nicht zumutb ist (MüKo/Heinrichs Rn 1). Eine Anwendg des § 363 ist weder nöt noch mögl (Laumen JR **87**, 62, aA BGH NJW **86**, 2570).

2　**2)** Eine **Annahme als Erfüllung** liegt vor, wenn das Verhalten des Gläub bei u nach Entggn der Leistg erkennen läßt, daß er sie als eine im wesentl ordngsmäß Erf gelten lassen will (RG **66**, 282, BGH NJW **58**, 1724, Stgt NJW **69**, 611). Die Ann als Erf entspr in ihren tatsächl Voraussetzgen der Abn iSd § 640 (BGH **33**, 238), sie ist aber and als die Abn kein RGesch, sond ein tatsächl Vorgang (MüKo/Heinrichs Rn 3). Ein allg Vorbeh des Gläub schließt die Ann als Erf nicht aus (RG **71**, 23), ebsowenig die Rüge einz Mängel. Sie kann je nach Lage des Falles zu bejahen sein bei längerem Schweigen (RG **86**, 214, Köln NJW-RR **95**, 751), Gebrauchen (BGH **33**, 238) od Weiterveräußern der Sache. Entggn verpackter Ware ist (noch) keine Ann (LG Ffm NJW-RR **86**, 1055), ebsowenig die Entggn zur Prüfg (RG **66**, 284). Bei EDV-Anlagen kann eine Ann idR erst nach Einweisg u Erprobg bejaht w (Düss DB **89**, 520, and Mü DB **90**, 1865), die Ann der Anlage beweist nicht die Mitlieferg der Handbücher (BGH NJW **93**, 463). Wer Geld in gebündelten Scheinen entggnimmt, muß sofort nachzählen u ggf Beanstandgen erheben (Mü OLG **43**, 39, s auch BGH NJW **84**, 722).

3　**3)** Die **Wirkung** des § 363 besteht in einer Umkehr der BewLast. Diese erstreckt sich auch auf Mängel der Leistg (RG **57**, 400, **109**, 296, BGH NJW **85**, 2328, Nierwetberg NJW **93**, 1747) u auf die Mitlieferg von Zubehör, etwa eines Benutzerhandbuchs (BGH NJW **89**, 3222). Sie entfällt aber, wenn wg einer Mängelrüge eine ErsLieferg vereinbart worden ist (Hamm MDR **81**, 756). Materiellrechtl begründet § 363 für den Gläub keine RNachteile. Ihm bleiben alle Rechte, die ihm wg der nicht ordngsmäß Leistg zustehen (OGH **3**, 237). Ein Verlust von GewLAnspr kann sich aber aus §§ 464, 640 II, HGB 377, 378 ergeben.

364 *Annahme an Erfüllungs Statt.* ¹**Das Schuldverhältnis erlischt, wenn der Gläubiger eine andere als die geschuldete Leistung an Erfüllungs Statt annimmt.**

ᴵᴵ**Übernimmt der Schuldner zum Zwecke der Befriedigung des Gläubigers diesem gegenüber eine neue Verbindlichkeit, so ist im Zweifel nicht anzunehmen, daß er die Verbindlichkeit an Erfüllungs Statt übernimmt.**

1　**1) Allgemeines. – a)** Die Part können dem Schu die Befugn einräumen, das SchuldVerh dch eine und als die geschuldete Leistg zum Erlöschen zu bringen. Die Vereinbg über eine solche **Leistung an Erfüllungs Statt** kann (entspr dem Text von I) beim Bewirken der Leistg getroffen w. Sie kann aber auch vorher zustande kommen; sie begründet in diesem Fall eine **Ersetzungsbefugnis** des Schu (§ 262 Rn 7 ff). Leistet der Schu aufgrd einer vertragl Ersetzbefugnis, erlischt das SchuldVerh nicht dch Erf, sond dch Leistg an 2　ErfStatt (BGH **46**, 342, **89**, 128). – **b)** Die Leistg an ErfStatt ist kein entgeltl AustauschVertr (Erlaß der ursprüngl Fdg gg Hingabe der Leistg an ErfStatt), sond eine Vereinbg (HilfsGesch) über die Erf der ursprüngl Schuld (MüKo/Heinrichs Rn 1, wohl auch BGH **89**, 133, aA BGH **46**, 342). **Rechtsgrund** der Leistg bleibt das ursprüngl SchuldVerh, aus ihm ergeben sich die Voraussetzgen für die RBeständigk u 3　Rückforderbark der Leistg. – **c)** Die Leistg an ErfStatt kann **stillschweigend** vereinbart w. Das Verhalten des Gläub muß aber unzweideut den rechtsgeschäftl Willen erkennen lassen, die ErsLeistg als Erf anzunehmen (BAG DB **76**, 60). Bei nicht klagb Ansprüchen können Vereinbg über Leistgen an ErfStatt wg GesUmgehg 4　nichtig sein (Loddenkämper NJW **84**, 160). – **d) Besteht** die zu erfüllde **Forderung nicht**, od fällt sie dch Rücktr od Wandlg weg, hat der Gläub die Leistg an ErfStatt zurückzugewähren u nicht etwa den angerechneten Betrag zu vergüten (BGH **89**, 132, NJW **95**, 518, Rn 5). Bei Leistgsstörgen auf Seiten des Schu gilt § 365.

5　**2) Gegenstand** der Leistg an ErfStatt können Leistgen jeder Art sein, Sachen, Anspr gg Dr, aber auch Dienst- und WkLeistgen. Zum Zwecke der Schuldtilgg kann iW der **Novation** auch eine Fdg zw den VertrPart neu begründet u an die Stelle der alten gesetzt w (§ 305 Rn 8 ff), jedoch ist in diesem Fall iZw gem II eine Leistg erfhalber anzunehmen. Die Schuld erlischt nur, wenn das neue SchuldVerh wirks entstanden ist (BGH LM § 138 (Cf) Nr 11). Die **Inzahlungnahme** eines Gebrauchtwagens ist nach der Rspr als Begründg einer Ersetzbefugnis u als Leistg an ErfStatt aufzufassen (BGH **46**, 340, **89**, 128). Dagg nimmt das Schriftt überwiegd einen typengemischten Vertr mit Tauschelementen an (Mayer-Maly, FS Larenz, 1973, 681, Honsell Jura **83**, 524, so jetzt auch Oldenbg NJW-RR **95**, 689). Bei Wandlg wird dem Käufer nur der in Zahlg genommene Altwagen zurückgegeben od dessen Wert vergütet (BGH **89**, 132), steht dem Käufer ein großer SchadErsAnspr (§ 463) zu, kann er neben dem Barpreis auch den für den Altwagen auf den Kaufpreis angerechneten Geldbetrag verlangen (BGH NJW **95**, 518). Die Inzahlgnahme ist seit 1970 zur

Ersparg von UmsatzSt zunehmd dch die formularmäß Erteilg eines VermittlgsAuftr ersetzt worden (BGH NJW **78**, 1482, **80**, 2191, KG NJW **83**, 2326, Behr AcP **185**, 401). Wg des ab 1. 7. 1990 geltden UStG 25a (Besteuerg nur dr PrDifferenz) ist aber eine Rückkehr zur fr VertrPraxis zu erwarten.

3) Währd bei der Leistg an **Erfüllungs Statt** die Fdg mit dem Bewirken der Leistg erlischt, tritt bei der Leistg **erfüllungshalber** Erf erst ein, wenn sich der Gläub aus dem Geleisteten befriedigt hat (Rn 8f). Ob Leistg an ErfStatt od erfhalber vorliegt, muß dch **Auslegung** ermittelt w. Übernimmt der Schu zur Befriedigg des Gläub eine neue **Verbindlichkeit,** so ist iZw eine Leistg erfhalber anzunehmen (**II**). Unter II fallen vor allem die Hing von Wechseln (RG **158**, 317, BGH **96**, 186), Schecks (BGH **44**, 179, **83**, 101), VorausAbtr von VersichergsAnspr (BGH NJW **93**, 1579) u von Belastgsbelegen im Rahmen eines Kreditkartensystems (Hadding FS Pleyer, 1986, 24). Der Gläub ist grdsl nicht gehalten, sich auf eine Zahlg dch Scheck einzulassen (Ffm NJW **87**, 455). Größere Untern sind aber zur Ann von **garantierten Schecks** verpflichtet, § 157, die VertrUntern von Kreditkartenausgebern zur Ann von Belastgsbelegen (LG Düss NJW-RR **91**, 311), nicht aber solchen von Dritten (LG Düss aaO). Rückg des ursprüngl Wechsels gg Begebg eines Prolongationswechsels ist idR Leistg an ErfStatt (RG **107**, 35), aber nur hinsichtl der fr wechselmäß Verpfl, nicht hinsichtl der Fdg aus dem GrdGesch. Soll nach dem Willen der Part ein Rückgr auf die ursprüngl Fdg ausgeschl sein, ist eine Leistg an ErfStatt zu bejahen (MüKo/Heinrichs Rn 7). Überträgt der Schu einen **Anspruch gegen einen Dritten,** gilt II nicht; auch hier ist aber iZw eine Leistg erfhalber anzunehmen (MüKo/Heinrichs Rn 8). Das gilt auch für die Bestellg eines Akkreditivs (BGH NJW **81**, 1905), die Abtr einer GrdSchuld (Ffm MDR **79**, 313) od die Hingabe eines Wechsels od Schecks eines Dr (BGH NJW **92**, 1380, Bilda NJW **91**, 3251). Mögl auch, daß die Fdg zugl sichergs- u erfhalber abgetreten w (BGH **58**, 369 für das unechte Factoring). Bei Hing von Sachen entscheiden die Umst des Einzelfalls. Will der Gläub die Sache verwerten, so spricht das für eine Leistg erfhalber (Köhler WM **77**, 243). And aber, wenn der Gläub die Sache zu einem best AnrechngsBetr hereinnimmt (BGH **46**, 340, **89**, 128). Werden in einem GrdstKaufVertr Belastgn übernommen, ist vielf der KaufPr zum Rechngsgröße u die SchuldÜbern die wirkl geschuldete Leistg (RG **120**, 169, BGH NJW **58**, 906, WM **64**, 1235). Es kann aber auch and liegen; maßgebd ist der im Einzelfall zu ermittelnde Wille der VertrPart (RG **121**, 38, MüKo/Heinrichs Rn 10). [6] [7]

4) Wirkung der Leistung erfüllungshalber. – a) Dch die Leistg erfhalber erhält der Gläub bei Weiterbestehen der bisherigen Fdg eine zusätzl Befriedigungsmöglich. Welche Rechte er hinsichtl des erfhalber geleisteten Ggst erwirbt, hängt von den im Einzelfall getroffenen Abreden ab. IdR w eine fiduziarische **Vollrechtsübertragung** ähnl einer SichergsÜbereigng od SichergsAbtr anzunehmen sein (MüKo/Heinrichs Rn 11, Köhler WM **77**, 242). Der Gläub ist iZw verpflichtet, aus dem erfhalber angen Ggst mit verkehrsübl Sorgf Befriedigg zu suchen (RG **65**, 81, BGH **96**, 193, Köln VersR **92**, 1364); verliert er den Scheck, muß er das AufgVerf betreiben (AG Köln NJW-RR **92**, 755). Zw den Part besteht ein RVerh eig Art, das einem Auftr ähnelt (RG **160**, 1). Keine Pfl des Gläub, sich aus dem übernommenen Wechsel dch Diskontierg od Verfall zu befriedigen (RG HRR **29** Nr 191) od eine Klage mit zweifelh Erfolgsaussicht zu erheben (Nürnb WM **76**, 967). Hat er ohne Zust des Schu einen Vergl geschl, muß er darlegen, warum die volle Dchsetzg des Anspr nicht mögl war (RG **160**, 1). Die mit der Verwertg verbundenen Kosten gehen, sow nichts and vereinb ist, gem § 670 zu Lasten des Schu (BGH **92**, 127). Entspr gilt, wenn der Gläub von dem Erwerber wg Sach- od RMängel in Anspr genommen w (MüKo/Heinrichs Rn 12). – **b)** Mit der Leistg erfhalber ist nach hM idR eine **Stundung** der ursprüngl Fdg verbunden, die entweder mit der Erf od dadch endet, daß der Versuch der andweit Befriedigg mißlingt (BGH NJW **74**, 1336, **86**, 426, **92**, 684). Es kann aber nicht ow angen w, daß der Gläub auf die Rechte aus einem bereits eingetretenen od drohend Verzug des Schu verzichten will. Die Auslegg w daher vielf ergeben, daß keine Stundg, sond ein vorübergehder Ausschl der Klag- od Vollstreckbark gewollt ist (MüKo/Heinrichs Rn 13). Die Fdg erlischt, wenn u soweit der Gläub die geschuldete Leistg aus dem erfhalber angen Ggst erlangt (BGH NJW **86**, 425). – **c)** Bei Zahlg dch **Scheck** tritt Erf mit dessen Einlösg dch Barzahlg od Gutschrift ein (Häuser WM **88**, 1505). Ist der zugeflossene Erlös, wie bei der Diskontierg eines Wechsels, mit dem Risiko von RegreßAnspr belastet, kann eine vorläuf Befriedigg angenommen w, die mit dem Wegfall der Regreßgefahr rückwirkd endgült w (Köhler WM **77**, 251, s auch LG Kiel WM **84**, 805). [8] [9] [10]

365 Gewährleistung bei Hingabe an Erfüllungs Statt.

Wird eine Sache, eine Forderung gegen einen Dritten oder ein anderes Recht an Erfüllungs Statt gegeben, so hat der Schuldner wegen eines Mangels im Rechte oder wegen eines Mangels der Sache in gleicher Weise wie ein Verkäufer Gewähr zu leisten.

1) Allgemeines. Die Vereinbg einer Leistg an ErfStatt schafft keinen neuen SchuldGrd; *causa* bleibt das ursprüngl SchuldVerh, zu dem § 365 als ergänzde Regel hinzutritt (§ 364 Rn 2). Dabei geht § 365 von dem typ Fall voller Haftg aus. Er ist aber unanwendb, wenn sich aus dem ursprüngl SchuldVerh, wie iF der Schenkg (§§ 523, 524) od von Spiel u Wette (§ 762 II), etwas ergibt (MüKo/Heinrichs Rn 1, sehr str). Auf die Leistg erfhalber findet § 365 keine Anwendg (RG **65**, 81). Übernimmt der Schu an ErfStatt ggü dem Gläub eine neue Verbindlichk, ist für seine Haftg das neue SchuldVerh maßgebd, nicht § 365. [1]

2) Die **Rechte des Gläubigers** ergeben sich aus den Vorschr des KaufR über die Haftg für Rechts- u Sachmängel (§ 440 iVm §§ 325 ff; §§ 459 ff). Der ursprüngl SchuldVerh lebt dann nicht wieder auf (hM). Der Schu ist aber (auch iF des Rücktr od der Wandlg) zur Wiederherstellg der erloschenen Fdg verpflichtet; im Proz kann der Gläub unmittelb auf Erf der wieder zu begründden Fdg klagen (BGH **46**, 342). Haftgserweitergn sind mögl, so etwa dch GewährÜbern für die Bonität einer abgetretenen Fdg (RG JW **07**, 105). Ebso sind Haftgsmildergen zul. Wird ein Gebrauchtwagen in Zahlg genommen (§ 364 Rn 5), kann ein stillschw Haftgsverzicht für nicht erkennb Mängel vorliegen (Köln DAR **73**, 326); außerdem gilt § 460. Hat ein **Dritter** die Leistg an ErfStatt erbracht, so trifft ihn die GewlPfl (MüKo/Heinrichs Rn 4). [2]

366 *Anrechnung der Leistung auf mehrere Forderungen.* [1]Ist der Schuldner dem Gläubiger aus mehreren Schuldverhältnissen zu gleichartigen Leistungen verpflichtet und reicht das von ihm Geleistete nicht zur Tilgung sämtlicher Schulden aus, so wird diejenige Schuld getilgt, welche er bei der Leistung bestimmt.

[II]Trifft der Schuldner keine Bestimmung, so wird zunächst die fällige Schuld, unter mehreren fälligen Schulden diejenige, welche dem Gläubiger geringere Sicherheit bietet, unter mehreren gleich sicheren die dem Schuldner lästigere, unter mehreren gleich lästigen die ältere Schuld und bei gleichem Alter jede Schuld verhältnismäßig getilgt.

1 **1) Allgemeines. – a)** Bestehen mehrere Fdgn u reicht das Geleistete nicht zur Befriedigg aller Fdgen aus, kann Erf nur eintreten, wenn die Leistg einer Schuld zugeordnet w (§ 362 Rn 6). Nach I entscheidet über diese **Zuordnung** in erster Linie der Schu, hilfsw die in II festgelegte Tilggsreihenfolge. Aus § 366 ergibt sich zugl, daß die Theorien, die als subj Merkmal der Erf einen Vertrag fordern, mit dem Ges unvereinb sind. § 366 wäre ersatzlos entbehrl, wenn die Erf eine Einigg zw Gläub u Schu über die Tilgg der Schu voraussetzen würde (§ 362

2 Rn 6). – **b) Schuldverhältnis** iSd § 366 ist das SchuldVerh ieS, dh die einz Fdg. § 366 gilt daher auch bei einer Mehrh von Fdgen aus demselben SchuldVerh, so etwa bei mehreren Mietzinsraten (BGH **91**, 379), mehreren Krediten (BGH WM **82**, 329), aber auch wenn eine GrdSchuld mehrere Fdgen sichert (BGH NJW-RR **89**, 1037). Ist zweifelh, ob auf die GrdSch od die persönl Fdg geleistet worden ist, gilt § 1191 Rn 36. § 366 ist auf das Verhältn von rechtl verselbständ FdgsTeilen zueinand entspr anwendb, so, wenn nur eine TeilFdg dch eine Hyp gesichert ist (BGH NJW **73**, 1689), od wenn die Einräumg eines Vorranges nur den Teil einer GrdSchuld betrifft (BayObLG Rpfleger **85**, 434). – **c)** § 366 gilt

3 auch bei **Forderungen verschiedener Gläubiger**, sofern die Leistg an einen von ihnen ggü den and befreide Wirkg hat (BGH **47**, 170, NJW **91**, 2630). Bsp sind der verlängerte EigtVorbeh u die stille TeilAbtr. Wußte der Schu von der Aufspaltg der Fdg nichts, ist er hier ausnw zu einer nachträgl Bestimmg berecht (MüKo/Heinrichs Rn 3). Zum Rangverhältn zw den TeilFdgen s § 398 Rn 10. Auf das **Kontokorrentverhältnis** ist § 366 nicht anzuwenden, weil die Zahlgen hier nicht EinzelFdgen betreffen, sond Habenposten der künft GesAbrechng w (BGH **77**, 261, NJW-RR **91**, 564).

4 **2) Bestimmungsrecht (I). – a)** Es steht dem Schu od dem für ihn leistden Dr zu. Die Bestimmg erfolgt dch einseit empfangsbedürft WillErkl. Sie muß **bei Leistung** getroffen w, jedoch können die Part dem Schu eine nachträgl Bestimmg vorbehalten (BGH **51**, 161, NJW **91**, 1605). Auch ein einseit vom Schu bei Zahlg erklärter „VerrechngsVorbeh“ ist wirks (Ffm VersR **71**, 186), muß aber in angem Fr ausgeübt w. Geschieht das nicht, geht das BestimmgsR nicht auf den Gläub über (so Blumberg NZV **92**, 257), sondern es gilt § 366. Die Bestimmg ist unter den Voraussetzgen der §§ 119ff anfechtb (BGH **106**, 166, Hamm NJW-RR **89**, 701); sie kann auch stillschw getroffen w, (BGH NJW-RR **91**, 565, **95**, 1258, Hamm FamRZ **93**, 75), zB dch Bezahlg gerade des Betrages einer der Schuldsummen (BGH WM **63**, 940) od des unstr Teils einer Fdg (BGH NJW-RR **91**, 170). Ein Erfahrgssatz, daß der Schu iZw auf die titulierte Fdg zahlen will, besteht nicht (Köln MDR **69**, 482). Ist der zu laufden Zahlgen (Gehalt, Miete, Unterh) verpflichtete Schu im Rückstand, kann nicht ow angenommen w, daß er die zuletzt fällig gewordene Rate bezahlen will; es gilt vielmehr II (BGH NJW **65**, 1373, aA AG Ulm FamRZ **84**, 415). Sonderzahlgen auf AmortisationsDarl iZw nicht auf die monatl Raten anzurechnen, sond dienen der außerplanmäß Tilgg (Köln ZIP **87**, 25). Bestreitet der Kfz-Fahrer ein Verschulden, können Zahlgen nur auf Anspr aus dem StVG u nicht auf das SchmerzG

5 angerechnet w (BGH VersR **58**, 773). – **b)** I ist **nachgiebiges Recht.** Die Vereinbg einer abweichden Tilggsreihenfolge ist auch dann verbindl, wenn der Schu bei Leistg eine abw Bestimmg trifft (RG **66**, 59, BGH **91**, 379, NJW-RR **95**, 1258); sie ist bis zur Grenze der §§ 138, 242 auch ggü Dr (SichgG) wirks (BGH NJW **93**, 2043). Formularmäß Klauseln zG des Gläub sind nur wirks, wenn sie die Interessen des Schu angem berücksichtigen (BGH aaO, bedenkl Hamm WM **92**, 263). Eine Vereinbg, daß das BestimmgsR dem Gläub zustehen soll, ist bei Leistg eines Vorschusses od einer Sicherh (BGH ZIP **85**, 997), aber auch bei

6 Zahlg im LastschriftVerf idR anzunehmen. – **c)** **Widerspricht der Gläubiger** der Bestimmg des Schu u lehnt er die Ann der Leistg ab, so gerät er in AnnVerzug (§ 293); nimmt er gleichwohl an, so ist sein Widerspr unerhebl, es sei denn, daß der Schu nachträgl zustimmt. Der Bürge ist an die Bestimmg des HauptSchu gebunden, jedoch haben abw vertragl Abreden auch hier den Vorrang (RG **136**, 184). Hat der HauptSchu nichts bestimmt, ist der Bürge bestimmgsberechtigt.

7 **3) II. – a)** Die in II festgelegte gesetzl Tilggsreihenfolge beruht auf dem vermuteten, **vernünftigen Parteiwillen;** sie ist daher unanwendbar, wo sie ausnahmsw zu Ergebn führt, die mit den berecht Interessen der Beteiligten offensichtl unvereinb sind (BGH NJW **69**, 1846, LM Nr 8). Bei VersVertr ist idR die dem VersN günstigere Anrechng vorzunehmen, dh diejenige, die zur Begründg od Aufrechterhaltg von VersSchutz führt (BGH NJW **78**, 1524, Kblz VersR **83**, 383). Verrechnet der Gläub Leistgen des Schu in der Reihenfolge des II, so ist das im Verhältn zum Bürgen nicht rmißbräuchl, es sei denn, daß er den Schu argl von einer Tilggsbestimmg zG des Bürgen abgehalten hat (BGH NJW-RR **86**, 519). – **b)** Die einz Tatbestds-

8 merkmale: – **aa) Fälligkeit:** Sie ist entscheidd, wie die Erfüllbark (§ 271 Rn 1). – **bb) Geringere Sicherheit:** Maßgebd ist eine wirtschaftl Beurteilg (MüKo/Heinrichs Rn 13). Die größere Sicherh kann sich aus der Mithaftg eines GesSchu (BGH NJW **93**, 322, 324, Düss NJW **95**, 2568), der von einem Dr bestellten GrdSchuld (BGH **LM** Nr 10), einem KonkursVorR (RAG HRR **29** Nr 1918) od dem Vorliegen eines VollstrTitels (BGH NJW **83**, 1338, Hbg MDR **71**, 758) ergeben. Zw mehreren ungesicherten Fdgen bietet die die geringere Sicherh, die fr verjährt (BGH NJW **57**, 1314, **65**, 1374, WM **86**, 1521) od bei der der Ablauf einer AusschlFr droht (BGH VersR **76**, 138). – **cc) Größere Lästigkeit:** Das ist die höher verzinsl, die dch eine VertrStrafe verschärfte od die bereits rhängige Schuld (RG **66**, 275). Beim VersVertr ist es die, deren NichtErf zum Verlust von Deckgsschutz führt (Kblz VersR **80**, 617, s auch Rn 7). – **dd) Alter:** Entscheidd die Entstehgszeit, nicht die Fälligk (BGH NJW **91**, 2630).

9 **4) Entsprechende Anwendung. – a)** Trotz der Einordng in den Titel Erf kann § 366 auch auf die Hinterlegg angewandt w. Für die Aufr enthält dagg § 396 eine Sonderregelg. § 366 II (nicht I) ist entspr

anwendb: bei ZwVollstr aus demselben Titel (Düss HRR **37**, 792); bei der Verwertg von Sicherh (RG **114**, 211, HRR **32**, 1556); bei Belastg mehrerer Grdst mit TeilzwangsHyp (BGH NJW **91**, 2022); bei der Teilleistg auf eine Schuld, für die ein GesSchu nur zT mithaftet (Düss NJW **95**, 2565); bei Zahlgen auf Geldstrafe u Mehrerlös (Hbg MDR **50**, 757). Für Ausschüttgen dch den KonkVerw gilt § 366 II dagg nicht, soweit die KO die VerteilgsOrdng festlegt (BGH NJW **81**, 762, **85**, 3064). – **b)** Für das SteuerR enthält AO **10** 225 eine dem § 366 vergleichb Vorschr; ü kann § 366 im **öffentlichen Recht** entspr angewandt w. Leistgen auf SozVersBeiträge sind, wenn der Schu keine Bestimmg trifft, idR hälftig auf die ArbG- u ArbNAnteile anzurechnen (BGH VersR **63**, 1034, **75**, 740, Karlsr VersR **81**, 479). Es kann aber auch so liegen, daß die Anrechng wg geringerer Sicherh auf die Rückstände erfolgen muß, für die die GeschFü nicht gem §§ 823 II, RVO 533 haften (BGH NJW **85**, 3064, NJW-RR **89**, 1186). Das gilt aber nicht für Zahlgen des KonkVerw, da insow allein die KO die VerteilgsOrdng festlegt (BGH aaO, Rn 9).

5) Beweislast. Gläub, der die Leistg auf eine and Fdg anrechnen will, muß deren Existenz beweisen; **11** erbringt er diesen Bew, muß der Schu dartun, warum die Leistg auf die str Fdg anzurechnen ist (BGH WM **78**, 1046, NJW-RR **93**, 1015). Wer sich auf eine vom Ges abw AnrechngsVereinbg beruft, ist für diese beweispflicht.

367 Anrechnung auf Zinsen und Kosten. [1]Hat der Schuldner außer der Hauptleistung Zinsen und Kosten zu entrichten, so wird eine zur Tilgung der ganzen Schuld nicht ausreichende Leistung zunächst auf die Kosten, dann auf die Zinsen und zuletzt auf die Hauptleistung angerechnet.

[II]**Bestimmt der Schuldner eine andere Anrechnung, so kann der Gläubiger die Annahme der Leistung ablehnen.**

1) Allgemeines. – a) § 367 schließt, soweit die Anrechng auf die HauptFdg od Kosten u Zinsen in Frage **1** steht, das BestimmgsR des Schu aus u legt selbst die Tilggsreihenfolge fest. Der **Anwendungsbereich** der Vorschr deckt sich mit dem von § 366 (dort Rn 2, 9f). § 367 ist unmittelb od entspr anwendb: bei Leistgen Dr, bei Erlösen aus der ZwVollstr od der Verwertg von Sicherh (BGH NJW **56**, 1595), es sei denn, die ZwVollstr wird ausdr nur wg der HauptFdg betrieben (LG Hbg NJW-RR **86**, 1445), bei freiw Versteigergen (Hbg MDR **68**, 47), bei Leistg von SozVersBeiträgen (BGH MDR **68**, 917). Für **Verbraucherkreditverträge** gilt zum Schutz des KredN zwingd die von § 367 abweichde Tilggsreihenfolge Kosten, HptFdg, Zinsen, VerbrKrG 11 III 1 (s dort). Auch auf das KontokorrentVerh ist § 367 nicht anwendb (BGH **77**, 262). – **b)** § 367 ist **nachgiebiges Recht.** Haben die Part eine and Anrechng vereinbart, gilt diese (RG **143**, **2** 70, 76, BGH **LM** § 366 Nr 8, Hamm NJW **74**, 1952). Trifft der Schu eine von § 367 **abweichende Tilgungsbestimmung,** darf der Gläub die Leistg ablehnen (II). Nimmt er an, so gilt die Bestimmg des Schu, *arg* II (Düss Rpfleger **75**, 355).

2) Tilgungsreihenfolge. – a) Bestehen **mehrere Schulden,** gilt zunächst § 366. Erst nach vollständ **3** Befriedigg der bevorrechtigten Fdg ist die Leistg in der Reihenfolge des § 367 auf die nachrangige Schuld anzurechnen (BGH NJW **69**, 1846). – **b) Kosten** sind Wechsel-, Prozeß- u VollstrKosten sowie alle sonst **4** Aufwendgen, die der Gläub zur Dchsetzg seines Anspr gemacht hat u für die er vom Schu, gleichgült aus welchem RGrd, Ers verlangen kann. – **c) Zinsen:** Es gilt die allg BegrBestimmg (§ 246 Rn 1). Unter sie **5** fallen auch Kreditgebühren, sie w aber nach den getroffenen Abreden idR nicht vorrangig, sond *pro rata* mit dem Kredit getilgt (BGH **91**, 59). Diese Leistgszweckbestimmg gilt, bis der Schu Einwendgen erhebt, auch, wenn der Vertr, etwa gem § 138, nichtig ist (BGH NJW **87**, 830, aA Grunwaldt MDR **95**, 127). Hat der Gläub den Kredit insges fäll gestellt, gilt VerbrKrG 11 III 1 (s dort). Die Anrechng auf verjährte Zinsen ist auch dann ausgeschlossen, wenn der Schu zahlt, ohne die VerjEinr zu erheben (Hamm MDR **81**, 844).

368 Quittung. Der Gläubiger hat gegen Empfang der Leistung auf Verlangen ein schriftliches Empfangsbekenntnis (Quittung) zu erteilen. Hat der Schuldner ein rechtliches Interesse, daß die Quittung in anderer Form erteilt wird, so kann er die Erteilung in dieser Form verlangen.

1) Allgemeines. – a) Da der Schu für die Erf die BewLast trägt, braucht er ein BewMittel, um zuverläss das **1** Erlöschen der Fdg nachweisen zu können. Diesem Bedürfn trägt das Ges dadch Rechng, daß es dem Schu einen Anspr auf Quittg einräumt. – **b) Quittung** ist das Bekenntn des Gläub, daß er die Leistg empfangen habe. Sie ist **2** das Bekenntn einer Tats, eine WissensErkl, **kein Rechtsgeschäft** (RG **108**, 55, Ffm WM **90**, 2037). Das schließt nicht aus, daß mit der Erteilg der Quittg im Einzelfall rechtsgeschäftl Abreden einhergehen können, etwa ein Erlaß (§ 397) od ein Schuldanerkenntn (BGH DB **85**, 2402). Die sog AusglQuittg (§ 397 Rn 10) enthält sogar typw zugl einen rechtsgeschäftl Verz. – **c)** Die Quittg ist **schriftlich,** dh in der Form des § 126, zu erteilen (BGH **3** NJW-RR **88**, 881). Erforderl ist eine eigenhänd Unterschrift; ein Stempel od eine faksimilierte Unterschrift genügen nicht (aA Köhler AcP **182**, 151). Aus der Quittg muß hervorgehen, auf welche Schuld sie sich bezieht (RG **79**, 191). Der Gläub darf in die Quittg einen Vorbeh wg weiterer Anspr aufnehmen (KG JW **18**, 776); behält er sich das Nachzählen des geleisteten Geldes vor, handelt es sich aber nicht um eine ordnngsmäß Quittg (Kiel JW **23**, 616). Die Erteilg in einer **anderen Form** kann der Schu nur bei einem rechtl Interesse fordern (S 2). Hauptanwendgsfall ist die notariell zu beglaubigde „löschgsfäh Quittg" für die Löschg od Umschreibg im GrdBuch, GBO 29 mit §§ 1144, 1167, 1192 (BGH **114**, 334, Bay ObLG NJW-RR **95**, 852). – **d)** Die ordnngsmäß **4** errichtete Quittg hat die formelle **Beweiskraft** des ZPO 416. Hinsichtl der mat BewKraft gilt der Grds freier BewWürdigg (ZPO 286). Aus einer Quittg, insbes einer Bankquittg, ist aber idR der Schluß zu ziehen, daß der Schu auch geleistet hat (BGH NJW-RR **88**, 881, Ffm NJW-RR **91**, 172, Köln ZIP **95**, 1156). Für diesen Bew kann auch eine Quittg ohne eigenhänd Unterschrift ausreichd sein (BGH aaO). Dem Gläub steht aber der GgBew offen. Hierfür genügt, daß die Überzeugg des Ger vom Empfang der Leistg erschüttert w (BGH WM **78**, 849,

Hbg VersR **82**, 1009). Das kann bereits desh anzunehmen sein, weil die Quittg von einem GeschUnfäh
5 stammt (Karlsr MDR **78**, 667). Bei **Vorausquittungen** genügt der Bew der Vorauserteilg; wird er er-
bracht, muß der Schu die spätere Leistg beweisen (RG **108**, 56, BGH WM **79**, 1157). Die vor VertrSchl
erteilte Quittg ist aber nicht notw eine Vorausquittg (Mü NJW-RR **93**, 123). Hat der Gläub dem Schu die
Quittg längere Zeit unbeanstandet belassen, so kann das ein gewicht BewAnzeichen für eine nachträgl
Leistg sein (RG aaO). Macht der Gläub geltd, die Quittg sei nur zum **Schein** erteilt worden, ist der GgBew
nur geführt, wenn der Gläub sein Vorbringen wahrscheinl gemacht hat (Baumgärtel JR **78**, 418). Wird der
Empfang eines Betrages als **Darlehn** quittiert, kann ein abstraktes od kausales Schuldanerkenntn vorliegen,
das zu einer vollen Umkehr der BewLast führt (BGH DB **85**, 2402). Kein Schuldanerkenntn sond eine
Quittg ist dagg das Empfangsbekenntn des LeasN (BGH NJW **88**, 206).

6   **2) Anspruch auf Quittung. – a)** Er besteht nur iF der Erf od der Leistg an ErfStatt, nicht dagg bei
Hinterlegg od Aufr. Er ist auch bei Teilleistgen gegeben, sofern sie der Gläub angenommen hat, ebso bei
Leistgen Dr. § 368 ist grdsl auch bei KleinGesch anwendb (Grimme JR **88**, 179), kann hier aber gem §§ 157,
242 ausgeschl sein (MüKo/Heinrichs Rn 8). Bei Zahlg dch Scheck od Banküberweisg kann der Schu
jedenfalls bei einem berecht Interesse eine Quittg fordern (Düss NJW-RR **92**, 439, Troeltzsch/Carstens BB
7 **94**, 2154). – **b)** Der Gläub braucht die Quittg gem S 1 nur **auf Verlangen** zu erteilen (sog verhaltner
Anspr). Verweigert der Gläub die Quittg, steht dem Schu selbst dann ein ZbR zu, wenn er vorleistgspflich-
tig ist (RG **82**, 27). Dagg steht dem Gläub wg and Fdgen aus dem SchuldVerh kein ZbR zu (RG JW **11**, 808);
er darf die Quittg allenfalls wg seines VorschußAnspr aus § 369 zurückhalten. Der Anspr auf Quittg kann
auch **nach der Leistung** geltd gemacht w, erfdlfalls dch Klage (MüKo/Heinrichs Rn 10). Bestreitet der
Gläub die Erf, ist aber die negative Feststellgsklage (ZPO 256) wg der weitergehdn RKraftWirkg des
FeststellgsUrt der für den Schu günstigere Weg.

369   *Kosten der Quittung.*   [I]Die Kosten der Quittung hat der Schuldner zu tragen und
vorzuschießen, sofern nicht aus dem zwischen ihm und dem Gläubiger bestehenden
Rechtsverhältnisse sich ein anderes ergibt.

[II]Treten infolge einer Übertragung der Forderung oder im Wege der Erbfolge an die Stelle des
ursprünglichen Gläubigers mehrere Gläubiger, so fallen die Mehrkosten den Gläubigern zur Last.

1   Da die Quittg im Interesse des Schu erteilt w, hat er die entstehdn Kosten zu tragen. Die in I vorgesehe
Ausn gilt für RVerhältn, die ausschließl im Interesse des Gläub begründet worden sind, wie die unentgeltl
Verwahrg (§ 690) od der Auftr (§§ 662, 667). Für seine ArbLeistg kann der Gläub keine Vergütg beanspru-
chen (BGH **114**, 333), sein Anspr beschränkt sich auf Kosten der Beglaubigg u ähnl. Mehrko-
sten, die dch eine Vervielfältigg der GläubZahl entstehen, gehen zu Lasten der Gläub (II). Das gilt ebso für
sonst Mehrkosten, die ihre Ursache in der Sphäre des Gläub haben (MüKo/Heinrichs Rn 2, str).

370   *Leistung an den Überbringer der Quittung.*   Der Überbringer einer Quittung gilt
als ermächtigt, die Leistung zu empfangen, sofern nicht die dem Leistenden bekannten
Umstände der Annahme einer solchen Ermächtigung entgegenstehen.

1   **1) Allgemeines.** In der Überg der Quittg an den Überbringer liegt je nach Lage des Falles die Erteilg
einer InkassoVollm, die Bestellg zum Empfangsboten od eine sonst Ermächtigg zum Empfang der Leistg
(§§ 362 II, 185). Aber auch wenn eine solche Ermächtigg (Vollm) ausnw fehlt, hat die Leistg an den
Überbringer der Quittg grdsl schuldbefreiende Wirkg. § 370 schützt das Vertrauen auf den dch die Ausstellg
der Quittg geschaffenen **Rechtsschein** (BGH **40**, 304, MüKo/Heinrichs Rn 2). Geschützt wird dch § 370
aber ledigl der an den Überbringer Leistde; werden Dritte dch eine unricht Ausstellg der Quittg zu nachteil VermDisposi-
tionen veranlaßt, kommen Anspr aus pVV od § 826 in Betracht (Hamm BB **93**, 681).

2   **2) Voraussetzungen. – a)** Es muß sich um eine vom Gläub od seinem Vertreter eigenhänd unterschrie-
bene Quittg handeln. Wer an den Überbringer einer gefälschten od verfälschten Quittg leistet, w nicht frei
(RG **73**, 349, BAG NJW **61**, 622), kann aber uU, etwa bei nachläss Verwahrg der Quittgsformulare, einen
GgAnspr wg pVV haben (RG **160**, 315). Dagg ist § 370 anwendb, wenn ein vom Gläub unterschriebenes
Blankett abredewidr ausgefüllt u als Quittg vorgelegt w (s BGH **40**, 304). Der dch die Quittg begründete
RSchein kann nicht dch Anf beseitigt w (MüKo/Heinrichs Rn 3); Zurechnungsvoraussetzg ist jedoch, daß
3 der Aussteller geschäftsfäh ist (MüKo aaO). – **b)** Befreiende Wirkg hat nur die Leistg an den **Überbringer**
der Quittg, nicht die Leistg an denj, der sich auf eine bereits übermittelte Quittg bezieht (RG **102**, 345, HRR
28 Nr 1404). Die Quittg muß vorgelegt w, ihre Überg ist dagg nicht erforderl (MüKo/Heinrichs Rn 4). Die
nachträgl Übersendg genügt nicht (RG HRR **30** Nr 602). Überbringer kann trotz seiner Amtsstellg auch der
Notar sein (MüKo aaO, str). Der Schu w auch dann frei, wenn eine gestohlene od sonst abhanden gekom-
4 mene Quittg vorgelegt w (Prot I 341, MüKo aaO, RGRK Rn 5, hM). – **c)** Der Schutz des § 370 entfällt bei
Bösgläubigkeit des Leistden (Halbs 2), dh wenn er Umst kannte, die der Ann einer Ermächtigg entgegenste-
hen. Kennenmüssen genügt nicht. Ausr ist Kenntn der entspr Tats, es kommt nicht darauf an, ob der Leistde
die richt Folgergen gezogen hat. Die BewLast für die Voraussetzgen der Bösgläubigk hat der Gläub (MüKo/
5 Heinrichs Rn 6). – **d)** § 370 gilt nur, wenn die **geschuldete Leistung** bewirkt w, nicht bei Leistg an ErfStatt
od and ErfSurrogaten. Geschützt w auch der für den Schu leistde **Dritte;** für den Ausschl der RScheinwirkg
kommt es in diesem Fall allein auf die Kenntn des Dr an (MüKo/Heinrichs Rn 5).

371   *Rückgabe des Schuldscheins.*   Ist über die Forderung ein Schuldschein ausgestellt
worden, so kann der Schuldner neben der Quittung Rückgabe des Schuldscheins verlan-
gen. Behauptet der Gläubiger, zur Rückgabe außerstande zu sein, so kann der Schuldner das
öffentlich beglaubigte Anerkenntnis verlangen, daß die Schuld erloschen sei.

1) Allgemeines. – a) Der **Schuldschein** ist eine die Schuld begründde od bestätigde Urk, die der Schu 1 zum Beweis für das Bestehen der Schu ausgestellt hat (RG **120**, 89, BGH WM **76**, 975). Auch die Bürg- schUrk fällt unter § 371 (LG Kiel WM **84**, 805). Mehrere äußerl getrennte Urk können aus einen Schuld- schein bilden (RG **131**, 6). Das Eigt am Schuldschein steht dem Gläub zu (§ 952); es folgt dem Recht an der Fdg. Dch Tilgg der Fdg geht das Eigt dagg nicht von selbst auf den Schu über (hM). – **b)** Der Schuldschein 2 hat die formelle **Beweiskraft** des ZPO 416; für seine mat BewKraft gilt ZPO 286. Besitzt der Gläub den Schuldschein, so ist das ein Indiz für das Bestehen der Schuld (s BGH WM **76**, 975), umgekehrt ist der Besitz des Schu ein Indiz für das Erlöschen der Schuld (RG JW **10**, 64). Ist in dem Schuldschein zugl ein kausales od abstraktes **Schuldanerkenntnis** enthalten, trägt der Schu die volle BewLast dafür, daß die Verpflichtg nicht entstanden ist (BGH NJW **86**, 2572). – **c)** Der RückgAnspr soll den Schu davor schützen, daß der Schuld- 3 schein nach Erlöschen der Schuld noch gg ihn als BewMittel verwandt w; er hat zugl den **Zweck** im allg VerkInteresse eine mißbräuchl Verwendg von Schuldscheinen zu verhindern.

2) Der **Rückgabeanspruch** besteht in allen Fällen des Erlöschens der Schuld. Er ist auch dann gegeben, 4 wenn die Fdg nicht entstanden od inf Anf weggefallen ist (MüKo/Heinrichs Rn 5). Aktivlegitimiert ist der Schu, dem leistden Dr steht der Anspr nur iF eines gesetzl FdgÜberganges (§ 268) zu. Passivlegitimiert ist der Gläub, nicht dessen ProzBevollm (Köln AnwBl **80**, 505); besitzt ein Dr den Schuldschein, ist dieser zur Herausg verpflichtet (MüKo/Heinrichs Rn 6, hM). Schu kann in entspr Anwend des § 371 auch die Herausg des VollstrTitels verlangen (BGH NJW **94**, 1162, 3225), bei Streit um die Erf aber nur dann, wenn er gleichzeit VollstrGgKl erhebt (MüKo/Heinrichs Rn 8, BGH aaO läßt offen).

3) Der Anspr auf ein öff beglaubigtes **Anerkenntnis** (S 2) besteht bereits dann, wenn der Gläub erklärt, 5 zur Rückg außerstande zu sein. Geschuldet wird ein negatives Schuldanerkenntnis iSd § 397 II. Die Kosten hat der Gläub zu tragen. Der Schu kann auch auf Rückg des Schuldscheins klagen, der Gläub muß dann sein Unvermögen zur Rückg dartun. Nach Entggnahme des Anerkenntn besteht der Anspr aus S 1 aber nur noch bei Darlegg eines bes Interesses.

Zweiter Titel. Hinterlegung

Einführung

1) Allgemeines. Die §§ 372 ff geben dem Schu die Möglichk, sich dch Hinterlegg (erfdlf nach einem 1 Selbsthilfeverkauf) von seiner Verbindlichk zu befreien, wenn er diese wg eines aus der Sphäre des Gläub stammden Grdes nicht od nicht mit Sicherh erfüllen kann. Die Möglichk besteht aber nur, wenn eine bewegl Sache geschuldet w. Sie ist bei Dienst- u WkLeistgen ausgeschlossen. Bei Grdst hat der Schu iF des AnnVerzuges ein Recht zur BesitzAufg (§ 303). Die Hinterlegg iS der §§ 372 ff ist ein **Erfüllungssurrogat.** Sie ist ein Recht des Schu, keine Pfl (RG **61**, 250, BGH NJW **69**, 1662). Der Gläub od iF des Prätendenten- streits die Gesamtheit der Gläub ist nicht berecht, die Hinterlegg zu verlangen. Auf öffrechtl Anspr können die §§ 372 ff entspr angewandt w.

2) Regelungsgegenstand der §§ 372 ff ist ausschließl die Hinterlegg als ErfSurrogat. Daneben kennt das 2 Ges weitere Fälle der Hinterlegg, die sich in ihrem Zweck u ihrer rechtl Ausgestaltg von der Hinterlegg iS der §§ 372 ff unterscheiden: – **a)** In einigen Fällen ist die **Hinterlegung die geschuldete Leistung** (§§ 432 I, 660 II, 1077 I, 1281 I, 2039). Hier ist die Hinterlegg Pfl des Schu (RG **52**, 144), der Anspr setzt aber idR ein entspr Verlangen des Gläub voraus (sog verhaltener Anspr). Die Schuldtilgg beruht auf § 362. Die §§ 372 ff können analog angewandt w. Der Schu ist idR verpflichtet, unter Verzicht auf das RücknR zu hinterlegen. – **b)** In and Fällen dient die Hinterlegg **Sicherungszwecken.** Auf diese Fallgruppe sind die §§ 372 ff weder 3 unmittelb noch entspr anwendb. Es gelten §§ 232 ff u für die Hinterlegg aus prozessualen Grden die ZPO 108 ff. Die Hinterlegg zur Sicherh kann jedoch auf Antr des Schu in eine Hinterlegg gem § 372 ff umge- wandelt w (RG JW **14**, 466). – **c)** Auch die „Hinterlegg" bei einem **Notar** (BNotO 23) ist keine Hinterlegg 4 iS der §§ 372 ff (BGH LM § 766 Nr 8). § 378 ist unanwendb. Zahlg an den Notar ist auch keine Erf gem § 362 II; die Schuld wird iZw erst mit Auszahlg an den Gläub getilgt (BGH **87**, 162, **105**, 64, Köln DNotZ **89**, 261); der Wille der Part aber dahin gehen, daß Erf schon mit Auszahlgsreife eintreten sollt (BGH NJW **94**, 1404). – **d)** Die Part können aGrd der **Vertragsfreiheit** vereinbaren, daß die Hinterlegg beim 4a Notar od die Einzahl auf einem Konto die gleiche Wirkg wie die Hinterlegg gem §§ 372 ff haben soll (BGH **82**, 206, NJW **86**, 1038). Auch ein fehlder HinterleggsGrd (§ 372) kann dch eine PartVereinbg ersetzt werden (BGH NJW **93**, 55).

3) Verfahrensrecht. – a) Die verfahrensrechtl Seite der Hinterlegg ist – auch für die in Rn 2 u 3 ange- 5 führten Hinterleggsfälle – dch die HintO geregelt (Bülow/Mecke/Schmidt HintO 3. Aufl 1993). Die HintO, die entgg der RAns der Länder gem GG 125, 74 Nr 1 insges BundesR geworden ist (Bülow/Mecke/Schmidt Rn 12 ff v § 1), hat das HinterleggsVerh als ein **öffentlich-rechtliches Verhältnis** ausgestaltet. – **b)** Die 6 Aufg der Hinterleggsstelle ist dem AmtsG übertr (HintO 1 II). Das HinterleggsVerh w einer Verwaltgsakt, die AnnVfg (HintO 6) iVm der Überg der zu hinterlegden Sache begründet. Es ist auch dann wirks, wenn die materiell-rechtl Voraussetzgen der Hinterlegg nicht vorliegen. Beteiligte (HintO 13) sind der Hinterleger – es sei denn, er hat auf das RücknR verzichtet (§ 376 II Nr 1) – sowie alle Pers, die dem HinterleggsAntr als EmpfBerecht in Frage kommen. Der Hinterleger kann auch iF des RücknVerz nachträgl weitere mögl EmpfBerecht benennen (BGH NJW **60**, 1003). Dch die Hinterlegg entsteht ein öffr HerausgAnspr gg die Hinterleggsstelle. Inh des Anspr ist der Gläub, bei einer Mehrh von Prätendenten der wahre Berecht. Solange der Schu zur Rückn der hinterlegten Sache befugt ist (§ 376), kann er jedoch den HerausgAnspr des Gläub dch Ausübg seines RücknR die Grdl entziehen. Gläub muß der Hinterleggsstelle seine Berechtigg dch Vorlage von ZustErkl der Beteiligten od rkräft Urt nachweisen (HintO 13). Die Klage gg den **Forderungsprätendenten,** der nicht freiw in die Herausg einwilligt, ist auf Abg einer FreigabeErkl zu richten (BGH **35**, 170, **82**, 286, **109**, 244). AnsprGrdl ist § 812, da der nichtberecht Beteiligte seine RStellg ohne RGrd auf Kosten des wirkl Gläub erlangt hat; der Anspr setzt nicht voraus, daß der Kläger bei der Hinterlegg als Berecht benannt worden ist (BGH NJW-RR **94**, 847). –

7 **c)** Gg Entsch der Hinterleggsstelle ist die Beschw im AufsWeg u anschließd der Antr auf gerichtl Entsch gem EGGVG 23 gegeben, HintO 3 I u II (Düss OLGZ **93**, 444). Ist der Antr auf Herausg dch Entsch des LGPräs (AGPräs) abgelehnt, ist Kl im ord RWeg zul (HintO 3 III). Der Antr gem EGGVG 23 ist in diesem **8** Fall nicht statth (Ffm OLG **74**, 538). – **d)** Das HinterleggsVerh ist ein Fall öffrechtl **Verwahrung.** Soweit seine öffrechtl Natur nicht entggsteht, sind die Grds des VerwahrgsVertr zGDr, vor allem §§ 278, 282, entspr anwendb (BGH NJW **90**, 1231, stRspr), nicht aber §§ 700, 607 I, 245 (BGH WM **66**, 1018). Für SchadErsAnspr aus der Hinterlegg steht gem VerwGO 40 II der ord RWeg offen.

9 **4)** Die **dinglichen Wirkungen** der Hinterlegg sind in den §§ 372ff nicht geregelt. Aus HintO 7, 9 ergibt sich, daß inländ Geld Eigt des Landes w u daß and hinterlegte Sachen unverändert aufbewahrt w. Besteht eine ÜbereignsPfl u handelt es sich nicht um inländ Geld, liegt in der Hinterlegg zugl das Angebot auf EigtÜbertr, ggf an den, den es angeht (§ 164 Rn 8). Dieses Angebot nimmt der Gläub dch die ggü der Hinterleggsstelle erklärte Ann an. Hierdch w der Gläub mittelb Besitzer (RG **135**, 274) u erwirbt gleichzeit das Eigt (MüKo/Heinrichs § 372 Rn 14).

372 *Voraussetzungen.* **Geld, Wertpapiere und sonstige Urkunden sowie Kostbarkeiten kann der Schuldner bei einer dazu bestimmten öffentlichen Stelle für den Gläubiger hinterlegen, wenn der Gläubiger im Verzuge der Annahme ist. Das gleiche gilt, wenn der Schuldner aus einem anderen in der Person des Gläubigers liegenden Grunde oder infolge einer nicht auf Fahrlässigkeit beruhenden Ungewißheit über die Person des Gläubigers seine Verbindlichkeit nicht oder nicht mit Sicherheit erfüllen kann.**

1 **1) Allgemeines.** Vgl zunächst die Einf. Zur Hinterlegg berecht ist der **Schuldner.** Ein Dr kann nur dann hinterlegen, wenn er gem § 268 II od aufgrd einer and Vorschr ablösgsberecht ist (RG **120**, 211, aA KG JW **28**, 2563). Die Fdg muß erfüllb sein (§ 271 Rn 1). Ist der Schu ausnw zur Teilleistg berecht (§ 266 Rn 6ff), ist auch eine Teilhinterlegg statth (BGH **LM** § 378 Nr 6). Die Hinterlegg muß beim **Amtsgericht** erfolgen (Einf 6), jedoch können die Part auch die Hinterlegg bei einer and Stelle vereinbaren (Einf 4). Voraussetzg der Hinterlegg ist, daß der SchuldGgst hinterleggsfäh ist (Rn 2f) u ein HinterleggsGrd vorliegt (Rn 4ff).

2 **2) Hinterlegungsfähige Gegenstände: – a) Geld** sind die gesetzl u gesetzl zugelassenen Zahlungsmittel. Auch ausl Geld kann hinterlegt w (HintO 7 II). – **b) Wertpapiere** sind Urk, bei denen der Besitz des Papiers Voraussetzg für die Ausübg des Rechts ist. Legitimationspapiere (§ 808) sind keine Wertpapiere iSd § 372, sind aber als **Urkunden** hinterleggsfäh. Zu den Urk gehören auch VollmUrk (KG NJW **57**, 755) u Handak- **3** ten (KG OLG **6**, 54). – **c) Kostbarkeiten** sind bewegl Sachen, deren Wert im Vergl zu ihrem Umfang u ihrem Gewicht hes hoch ist (KG Rpfleger **76**, 316). Sie müssen leicht aufzubewahren u unverderbl sein (MüKo/Heinrichs Rn 3). Bsp sind Gold, Edelsteine, Schmuck, Kunstwerke u ähnl, nicht aber ein Pelzmantel (Hbg VersR **82**, 1081 zu § 702) od Videokassetten (Ffm NJW-RR **88**, 444). – **d)** Wird eine **nicht hinterlegungsfähige Sache** geschuldet, kann sie der Schu unter den Voraussetzgen des § 383 öffentl versteigern lassen u den Erlös hinterlegen. Beim Handelskauf darf der Verkäufer iF des AnnVerzugs Waren aller Art hinterlegen (HGB 373).

4 **3) Hinterlegungsgründe** sind: – **a) Annahmeverzug** (§§ 293ff). Er muß wirkl vorliegen, guter Glaube genügt nicht (BGH **7**, 305, Düss ZIP **94**, 960). Das HinterleggsR des Schu ist ausgeschl, wenn er den Gläub dch NichtErf einer AuskPfl daran gehindert hat, die Ordngsmäßigk der Leistg zu überprüfen (BGH **LM** **5** § 2314 Nr 2). – **b)** Der Schu darf hinterlegen, wenn er aus einem and in der **Person des Gläubigers liegenden Grund** an der Erf od an der sicheren Erf gehindert w (S 2 1. Alt). Bsp sind unbekannter Aufenthalt, Verschollenh, GeschUnfgk, beschränkte GeschFgk iVm Fehlen eines gesetzl Vertreters. Dagg ist es kein HinterleggsGrd, wenn der Schu wg der für ihn geltden DevisenVorschr nicht leisten kann (BGH **6** **13**, 332). – **c)** Ein HinterleggsGrd besteht auch dann, wenn der Schu seine Verbindlichk wg einer nicht auf Fahrlk beruhenden **Ungewißheit über die Person des Gläubigers** nicht od nicht mit Sicherh erf kann (S 2 2. Alt). Die Ungewißh kann schon bei Begründg des SchuldVerh entstehen, etwa wenn unklar ist, wer VertrPart geworden ist (BGH WM **65**, 1210) od wem die beschädigte Sache gehört (BGH WM **65**, 1210). IdR geht es aber um eine wirkl eingetretene od behauptete RNachfolge auf seiten des Gläub. Es genügt jedoch nicht, daß mehrere FdgsPrätendenten auftreten (BGH **7**, 307, Rpfleger **85**, 412). Es müssen vielm begründet, obj verständl Zweifel über die Pers des Gläub vorliegen: die Würdigg aller Umst muß ergeben, daß dem Schu nicht zugemutet w kann, den Zweifel auf eig Gefahr zu lösen (BGH **7**, 307, Düss ZIP **94**, 960). Gleichgült ist, ob der Zweifel tatsächl Verh, die Wirksamk oder Auslegg eines RGesch (BGH WM **60**, 112, **65**, 1210, Sundermann WM **89**, 1200) od sonst RFragen betrifft (BGH **7**, 307, **27**, 244). Der Zweifel muß im Ztpkt der Hinterlegg noch bestehen (RG **97**, 174). Er muß sich auf die Pers des Gläub beziehen. Verlangen mehrere Gläub aus versch RGründen vom Schu eine Leistg (der Verkäufer gem §§ 326, 346 Rückg, der angebl bestohlene Eigtümer gem § 985 Herausg), ist § 372 unanwdb (BGH **92**, 385, NJW **86**, 1038, **93**, 55, Mü NJW-RR **88**, 1202). Auch wenn ggü dem Anspr aus einem Akkreditiv der Einwand des RMißbr erhoben w, findet § 372 keine Anwendg (Ffm NJW-RR **88**, 681). Die Ungewißh darf nicht auf Fahrlässigk beruhen. Eine Pfl, auf eig Kosten RRat einzuholen, besteht idR nicht (MüKo/Heinrichs Rn 10). Hat ein RKundiger die RLage als zweifelh bezeichnet, so darf der Schu dieser Ausk grdsl vertrauen. Bes liegt es aber beim Notar. Er muß die RLage umfassd prüfen u darf höchstens in AusnFällen hinterlegen (Hamm DNotZ **83**, **7** 61, **94**, 120). – **d)** Ein Recht zur Hinterlegg besteht auch dann, wenn zG des Schu die Vorschr anwendb sind, die die **gutgläubige Leistung** an einen NichtBerecht schützen (vgl zB §§ 370, 407, 409, 808, 893, WG 16). Das gilt sicher dann, wenn die Anwendg der SchutzVorschr zweifelh ist (vgl RG **53**, 209, **61**, 245, **97**, 175).

Der Schu darf aber auch dann hinterlegen, wenn er eine nochmalige Inanspruchn nicht ernsth zu befürchten h (RG **89**, 403, Hamm VersR **77**, 576, MüKo/Heinrichs Rn 11, aA RG **97**, 173). Die GgAns würde für den Schu mittelb einen Zwang zur Leistg an den ScheinBerecht begründen (s MüKo aaO).

373 Zug-um-Zug-Leistung. **Ist der Schuldner nur gegen eine Leistung des Gläubigers zu leisten verpflichtet, so kann er das Recht des Gläubigers zum Empfange der hinterlegten Sache von der Bewirkung der Gegenleistung abhängig machen.**

Die Vorschr gilt für alle ZbR (§§ 273, 320, HGB 369, 370). Der Vorbeh kann im HinterleggsAntr, aber **1** auch später bis zum Ausschl des RücknR (§ 376) erklärt w. Die HinterleggsStelle hat das Bestehen des ZbR nicht zu überprüfen. Der Schu behält das Recht, den Anspr auf die GgLeistg iW der Klage geltd zu machen. Macht er die Hinterlegg von and Vorbeh abhäng, hat die HinterleggsStelle sie zurückzuweisen.

374 Hinterlegungsort; Anzeigepflicht. [I]**Die Hinterlegung hat bei der Hinterlegungsstelle des Leistungsorts zu erfolgen; hinterlegt der Schuldner bei einer anderen Stelle, so hat er dem Gläubiger den daraus entstehenden Schaden zu ersetzen.**
[II]**Der Schuldner hat dem Gläubiger die Hinterlegung unverzüglich anzuzeigen; im Falle der Unterlassung ist er zum Schadensersatze verpflichtet. Die Anzeige darf unterbleiben, wenn sie untunlich ist.**

1) **Hinterlegungsort** ist der Ort, an dem der Schu die LeistgsHdlg vorzunehmen hat, bei Schickschulden **1** (§ 269 Rn 1) also der Wohns des Schu (MüKo/Heinrichs Rn 1, str). Hinterlegt der Schu an einem and als dem Leistgsort, ist er dem Gläub schaderspflicht, die Hinterlegg ist aber wirks.

2) NichtErf der **Anzeigepflicht** begründet eine SchadErsPfl, läßt aber die Wirksamk der Hinterlegg **2** unberührt. Unverzügl s § 121; untunl ist die Anzeige, wenn die mit der Ermittlg der Anschrift des Gläub verbundenen Schwierigk unverhältnismäß sind. Der HinterleggsSchein braucht nicht beigefügt zu w (RG JW **03** Beil 79 Nr 182). Unter den Voraussetzgen von HintO 11 hat die HinterleggsStelle dem Gläub die Hinterlegg anzuzeigen.

375 Rückwirkung bei Postübersendung. **Ist die hinterlegte Sache der Hinterlegungsstelle durch die Post übersendet worden, so wirkt die Hinterlegung auf die Zeit der Aufgabe der Sache zur Post zurück.**

Die Gefahr, daß die Sache währd des Transports untergeht, trägt der Schu, soweit sich aus §§ 300 II, 324 **1** II nichts and ergibt. Ist die Sache bei der Hinterleggsstelle eingetroffen, wird die schuldbefreide Wirkg der Hinterlegg (§§ 378, 379) aber auf den Ztpkt der Aufg zur Post vorverlegt. Für Verschlechtergen währd des Transports gilt daher § 379 II. Auf die Übersendg dch and Befördergsmittel ist § 375 nicht anwendb.

376 Rücknahmerecht. [I]**Der Schuldner hat das Recht, die hinterlegte Sache zurückzunehmen.**
[II]**Die Rücknahme ist ausgeschlossen:**
1. **wenn der Schuldner der Hinterlegungsstelle erklärt, daß er auf das Recht zur Rücknahme verzichte;**
2. **wenn der Gläubiger der Hinterlegungsstelle die Annahme erklärt;**
3. **wenn der Hinterlegungsstelle ein zwischen dem Gläubiger und dem Schuldner ergangenes rechtskräftiges Urteil vorgelegt wird, das die Hinterlegung für rechtmäßig erklärt.**

1) Das **Rücknahmerecht** des Schu (I) ist ein GestaltgsR (WiderrufsR), kein Anspr (RG HRR **40**, 419). **1** Der Widerr ist ggü der HinterleggsStelle zu erklären. Er wandelt das HinterleggsVerhältn in ein Abwicklgs-Verhältn um. Der Hinterleger erwirbt einen öffrechtl HerausgAnspr gg die HinterleggsStelle, der erfdlfalls im ord RWeg geltd gemacht w kann (Einf 7 v § 372). Solange die Hinterlegg widerrufl ist, hat sie keine befreide Wirkg, gibt dem Schu aber die Befugn des § 379.

2) Ausschluß des Rücknahmerechts (II). – **a)** Der **Verzicht** (Nr 1) ist eine einseit empfangsbedürft **2** WillErkl. Er ist ggü der HinterleggsStelle zu erklären. Dch den Verzicht scheidet der Schu aus dem Kreis der Hinterleggsbeteiligten (HintO 13) aus, behält aber die Befugn, noch weitere mögl Gläub zu benennen (BGH NJW **60**, 1003). Zur Herausg an den Gläub ist eine Einwilligg des Schu nicht mehr erforderl (HintO 13 II Nr 1) u iSd § 380 auch nicht mehr genügd. – **b)** Die **Annahme** dch den Gläub (Nr 2) ist eine einseit **3** empfangsbedürft WillErkl, die ggü der HinterleggsStelle abzugeben ist. Bei einer Hinterlegg zG mehrerer ist das RücknR bereits ausgeschl, wenn einer der mögl Gläub annimmt. – **c)** Es genügt ein **Urteil** (Nr 3), das in einem RStreit mit einem der mögl Gläub ergangen ist. Es kann sich um ein Feststellgs- od ZwFeststellgsUrt handeln, aber auch um ein Urt, das die Klage des Gläub gem § 379 abweist. Dagg genügt das in einem Prätendentenstreit ergangene Urt nicht.

377 Unpfändbarkeit des Rücknahmerechts. [I]**Das Recht zur Rücknahme ist der Pfändung nicht unterworfen.**
[II]**Wird über das Vermögen des Schuldners der Konkurs eröffnet, so kann während des Konkurses das Recht zur Rücknahme auch nicht von dem Schuldner ausgeübt werden.**

1 **1)** I erklärt das RücknR des Schu (§ 376 I) für unpfändb, weil die mit der Hinterlegg begonnene Befriedigg des Gläub dch ZwVollstrMaßn Dr nicht verhindert w soll. Nach §§ 413, 400 ist das RücknR auch unübertragb, nach KO 1 II fällt es nicht in die KonkMasse. Dch **II** wird erreicht, daß das RücknR währd das Konk auch vom Schu nicht ausgeübt w kann. Unberührt bleiben das Recht des Schu, auf die Rückn zu verzichten (§ 376 II Nr 1), das Recht des Gläub, die Hinterlegg anzunehmen (§ 376 II Nr 2) sowie das Recht des KonkVerw od and Gläub, die Hinterlegg anzufechten.

2 **2)** § 377 ist unanwendb, wenn dem Schu aus einem and RGrund ein Anspruch auf die hinterlegte Sache zusteht. Pfändb u übertragb sind daher: das RücknR des § 382; der nach Ausübg des RücknR entstehe HerausgAnspr des Schu (RG HRR **40** Nr 419), der Anspr aus § 812, der dem Schu bei Nichtbestehen der Fdg od bei Fehlen der HinterleggsVoraussetzgen zusteht (§ 378 Rn 2).

378 *Wirkung der Hinterlegung bei ausgeschlossener Rücknahme.* **Ist die Rücknahme der hinterlegten Sache ausgeschlossen, so wird der Schuldner durch die Hinterlegung von seiner Verbindlichkeit in gleicher Weise befreit, wie wenn er zur Zeit der Hinterlegung an den Gläubiger geleistet hätte.**

1 **1) Wirkung der Hinterlegung. – a)** Die **rechtmäßige** Hinterlegg hat schuldbefreie Wirkg, sobald das RücknR des Schu gem § 376 II ausgeschl ist. Der Schu wird auch dann frei, wenn er der Hinterleggsstelle den wahren Gläub erst nachträgl benennt (BGH NJW-RR **89**, 200). Die Schuld erlischt mit Wirkg *ex tunc,* wie wenn der Schu im Ztpkt der Hinterlegg an den Gläub geleistet hätte. Bürgen u Pfänder w frei, Zinsen, VertrStrafen u and Verzugswirkgen fallen rückwirkd weg. Die RFolge des § 363 tritt aber erst ein, wenn die 2 hinterlegte Sache an den Gläub ausgehändigt worden ist (RG HRR **31** Nr 683). – **b)** Eine **unrechtmäßige** Hinterlegg, insb eine Hinterlegg, bei der die Voraussetzgen des § 372 fehlen, führt nur dann zur Schuldtilgg, wenn der Gläub die Hinterlegg annimmt (BGH NJW **93**, 55). Bestand die zu tilgde Fdg nicht, od fällt sie nachträgl dch Anf weg, richtet sich die Rückabwicklg nach § 812 (Ffm NJW-RR **94**, 252, MüKo Rn 9).

3 **2)** Auf die Hinterlegg bei einem **Notar** ist § 378 nur anzuwenden, wenn die Part dies vereinbart haben (Einf 4 v § 372). Zu den **dinglichen Wirkungen** der Hinterlegg s Einf 9 v § 372.

379 *Wirkung der Hinterlegung bei nicht ausgeschlossener Rücknahme.* **[I]Ist die Rücknahme der hinterlegten Sache nicht ausgeschlossen, so kann der Schuldner den Gläubiger auf die hinterlegte Sache verweisen.**

[II]Solange die Sache hinterlegt ist, trägt der Gläubiger die Gefahr und ist der Schuldner nicht verpflichtet, Zinsen zu zahlen oder Ersatz für nicht gezogene Nutzungen zu leisten.

[III]Nimmt der Schuldner die hinterlegte Sache zurück, so gilt die Hinterlegung als nicht erfolgt.

1 **1)** Die Schuld erlischt erst, wenn das RücknR des Schu ausgeschl ist (§ 378). Bis zu diesem Ztpkt hat die Hinterlegg, sofern sie rechtmäß ist (RG **59**, 18), folgde **Wirkungen: – a)** Sie gibt dem Schu das Recht, den Gläub auf die hinterlegte Sache zu verweisen, dh ein **Leistungsverweigerungsrecht**. Dieses ist im Proz dch Einr geltd zu machen; bereits sein Bestehen hindert aber den Eintritt des Verzuges u hemmt gem § 202 I die Verj. Die Einr kann gem §§ 768, 1137, 1211 auch von Bürgen u Verpfändern geltd gemacht w. Sie stellt 2 dagg keinen Verzicht auf das RücknR (§ 376 II Nr 1) dar. – **b)** Währd der Hinterlegg trägt der Gläub die **Gefahr** (II). Hierunter ist die Preisgefahr zu verstehen (MüKo/Heinrichs Rn 3). Der Gläub bleibt daher zur 3 GgLeistg verpflichtet, wenn die Sache währd der Hinterlegg untergeht od verschlechtert w. – **c)** Solange die Sache hinterlegt ist, braucht der Schu weder Zinsen noch Ersatz für nicht gezogene **Nutzungen** zu leisten (II). – **d)** Ist wg **Annahmeverzuges** hinterlegt worden, ist II leerlaufd, da die in ihm bestimmten RFolgen gem §§ 300 II, 324 II, 301, 302 schon mit dem AnnVerzug eintreten.

4 **2)** Mit der **Rücknahme** (III) fallen alle RFolgen der Hinterlegg rückwirkd wg, der fr RZustand entsteht *ex lege* wieder. Wirks bleibt jedoch das die Verj unterbreche Anerkenntn (§ 208), das in der Anz gem § 374 II liegt. Da das RücknR ein GestaltgsR ist (§ 376 Rn 1), ist III bereits anwendb, wenn der Schu das Recht dch Erkl ggü der Hinterleggsstelle ausgeübt hat; die tatsächl Rückg der Sache ist nicht erforderl.

380 *Nachweis der Empfangsberechtigung.* **Soweit nach den für die Hinterlegungsstelle geltenden Bestimmungen zum Nachweise der Empfangsberechtigung des Gläubigers eine diese Berechtigung anerkennende Erklärung des Schuldners erforderlich oder genügend ist, kann der Gläubiger von dem Schuldner die Abgabe der Erklärung unter denselben Voraussetzungen verlangen, unter denen er die Leistung zu fordern berechtigt sein würde, wenn die Hinterlegung nicht erfolgt wäre.**

1 **1)** Wann eine Erkl des Schu zur Dchsetzg des HerausgAnspr des Gläub „erforderl" od „genügd" ist, ergibt sich aus dem **formellen Hinterlegungsrecht,** insb aus HintO 13. Danach ist zu unterscheiden: – **a)** Hat der Schu auf das RücknR **verzichtet** (§ 376 II Nr 1), ist er kein HinterleggsBeteiligter mehr. Seine FreigErkl ist nur erforderl, wenn er gem § 373 ein ZbR geltd gemacht hat. Ein Anspr aus § 380 besteht aber auch dann, wenn er die Fdg nachträgl bestreitet (RG **87**, 382). – **b)** Auch wenn der Schu auf das RücknR **nicht verzichtet** hat, ist seine FreigErkl idR entbehrl, da er sich bereits dch die Hinterlegg mit der Herausg an den von ihm bezeichnete Gläub einverstanden erklärt hat. Erforderl ist eine FreigErkl des Schu nur, wenn Zweifel an der Empfangsberechtig des Gläub bestehen (MüKo/Heinrichs Rn 4).

2 **2)** Der Gläub muß im Streitfall **beweisen,** daß er der wirkl Berecht ist. Er trägt auch dafür die BewLast, daß die Fdg, wg der hinterlegt worden ist, bestanden hat.

381 *Kosten der Hinterlegung.* **Die Kosten der Hinterlegung fallen dem Gläubiger zur Last, sofern nicht der Schuldner die hinterlegte Sache zurücknimmt.**

Die Vorschr regelt die Kostenpflicht nur im Verhältn der Part zueinand. Sie gilt nur für die rechtmäß od **1** vom Gläub anerkannte Hinterlegg. Halbsatz 2 hat neben § 379 III ledigl klarstellde Bedeutg. Die KostenPfl ggü der Hinterleggsstelle regeln die JustizverwaltgskostenGes der Länder.

382 *Erlöschen des Gläubigerrechts.* **Das Recht des Gläubigers auf den hinterlegten Betrag erlischt mit dem Ablaufe von dreißig Jahren nach dem Empfange der Anzeige von der Hinterlegung, wenn nicht der Gläubiger sich vorher bei der Hinterlegungsstelle meldet; der Schuldner ist zur Rücknahme berechtigt, auch wenn er auf das Recht zur Rücknahme verzichtet hat.**

Die Vorschr legt für den HerausgAnspr des Gläub gg die Hinterleggsstelle eine **Ausschlußfrist** von 30 **1** Jahren fest. Die Fr beginnt mit dem Zugang der Anzeige, od, wenn die Anzeige untunl war, mit der Hinterlegg. Mit dem Anspr gg die HinterleggsStelle erlischt auch die **Forderung gegen den Schuldner,** soweit sie nicht bereits vorher gem § 378 erloschen war (MüKo/Heinrichs Rn 3). Der Schu kann nach Ablauf der 30-JahresFr gem Halbsatz 2 auch dann die Herausg verlangen, wenn er auf sein RücknR verzichtet hat. Für seinen Anspr gilt aber gem HintO 19 eine AusschlFr von einem weiteren Jahr.

383 *Versteigerung hinterlegungsunfähiger Sachen.* [1]**Ist die geschuldete bewegliche Sache zur Hinterlegung nicht geeignet, so kann der Schuldner sie im Falle des Verzugs des Gläubigers am Leistungsorte versteigern lassen und den Erlös hinterlegen. Das gleiche gilt in den Fällen des § 372 Satz 2, wenn der Verderb der Sache zu besorgen oder die Aufbewahrung mit unverhältnismäßigen Kosten verbunden ist.**

[II]**Ist von der Versteigerung am Leistungsort ein angemessener Erfolg nicht zu erwarten, so ist die Sache an einem geeigneten anderen Orte zu versteigern.**

[III]**Die Versteigerung hat durch einen für den Versteigerungsort bestellten Gerichtsvollzieher oder zu Versteigerungen befugten anderen Beamten oder öffentlich angestellten Versteigerer öffentlich zu erfolgen (öffentliche Versteigerung). Zeit und Ort der Versteigerung sind unter allgemeiner Bezeichnung der Sache öffentlich bekanntzumachen.**

[IV]**Die Vorschriften der Absätze 1 bis 3 gelten nicht für eingetragene Schiffe und Schiffsbauwerke.**

1) Allgemeines. – a) Schuldtilgg dch Hinterlegg ist nach § 372 nur bei Geld, Wertpapieren, Urk u **1** Kostbark mögl. § 383 gestattet dem Schu daher nicht hinterleggsfäh Sachen versteigern zu lassen u sich dch Hinterleg des Erlöses von seiner Schuld zu befreien. – **b)** Der Selbsthilfeverkauf ist nur bei **beweglichen 2 Sachen** zul. Bei Grdst sowie eingetragenen Schiffen u Schiffbauwerken (IV) hat der Schu ledigl das Recht zur BesitzAufg (§ 303). Gleichgült ist, ob der Schu zur Übereign od nur zur Herausg verpflichtet ist. Rechte Dr richten sich nach den allg Vorschr (§§ 985 ff, 823 ff); die §§ 383 ff betreffen nur das Verhältn zw Schu u Gläub. – **c)** Der Schu ist zum Selbsthilfeverkauf berecht, wenn sich der Gläub in **Annahmeverzug 3** (§§ 293 ff) befindet. Die HinterleggsGrde des § 372 S 2 rechtfertigen einen Selbsthilfeverkauf dagg nur bei drohdem Verderb od unverhältnismäß Aufbewahrgskosten. Beim Handelskauf gilt iF des AnnVerzuges die Sonderregel in HGB 373.

2) Öffentliche Versteigerung. – a) Die in III enthaltene Legaldefinition gilt auch für die Fälle der **4** §§ 489, 966, 1219, 1235 u auch für § 935 II (BGH NJW **90**, 899). Zuständ sind die GerVollz (GVGA 246), Notare (BNotO 20 III) u die gem GewO 34b V bestellten Pers; §§ 156, 456, 458 sind anwendb. Sind wesentl, zum Schutz des Gläub bestimmte Vorschr verletzt worden, ist der Selbsthilfeverkauf unrechtmäß; dagg ist der Verstoß gg bloß instruktionelle Vorschr unschädl (s MüKo/Heinrichs Rn 7). – **b)** Die Versteigerung an einem und als dem **Leistungsort** macht diese trotz des GesWortlautes nicht unrechtmäß. Der Schu ist aber schaderspflicht; er muß beweisen, daß die Versteigerg am gesetzl bestimmten Ort keinen höheren Erlös erbracht hätte (RG **110**, 270).

3) Rechtsfolgen. – a) Dch den **rechtmäßigen** Selbsthilfeverkauf wandelt sich der Anspr des Gläub in **6** eine GeldFdg auf den Erlös um (MüKo/Heinrichs Rn 8, str). Der Schu kann sich dch Hinterlegg des Erlöses befreien (§§ 378, 379); er kann die Schuld aber auch dch Zahlg des Erlöses od Aufr tilgen (RG **64**, 373). – **b)** Der **unrechtmäßige** Selbsthilfeverkauf begründet idR eine SchadErsPfl des Schu gem §§ 280 und 325; die Haftgsmilderg des § 300 I ist nicht anwendb (dort Rn 2). Unabhängig vom Verschulden kann sich aus § 281 ein Anspr auf Herausg des Erlöses ergeben.

384 *Androhung der Versteigerung.* [1]**Die Versteigerung ist erst zulässig, nachdem sie dem Gläubiger angedroht worden ist; die Androhung darf unterbleiben, wenn die Sache dem Verderb ausgesetzt und mit dem Aufschube der Versteigerung Gefahr verbunden ist.**

[II]**Der Schuldner hat den Gläubiger von der Versteigerung unverzüglich zu benachrichtigen; im Falle der Unterlassung ist er zum Schadensersatze verpflichtet.**

[III]**Die Androhung und die Benachrichtigung dürfen unterbleiben, wenn sie untunlich sind.**

Zur „Androhg" u zu „untunlich" s § 303 Rn 3. Die Androhg bedarf keiner Form (RG **94**, 143); sie ist aber **1** – and als die Benachrichtigg – Voraussetzg für die Rechtmäßigk des Selbsthilfeverkaufs.

385 *Freihändiger Verkauf.* **Hat die Sache einen Börsen- oder Marktpreis, so kann der Schuldner den Verkauf aus freier Hand durch einen zu solchen Verkäufen öffentlich ermächtigten Handelsmäkler oder durch eine zur öffentlichen Versteigerung befugte Person zum laufenden Preise bewirken.**

1 Die Vorschr läßt bei Sachen mit einem Börsen- od Marktpreis ausnw einen **freihändigen Verkauf** zu. Sie regelt ledigl die Art des Verkaufs eigenständ; iü gelten §§ 383, 384. Ein Börsen- od Marktpreis ist gegeben, wenn für Sachen der geschuldeten Art am Verkaufsort aus einer größeren Zahl von Verkäufen ein Dchschnittspreis ermittelt w kann (RG **34**, 120, s auch §§ 453). Der erzielte Erlös muß mindestens dem Dchschnittspreis entsprechen. Handelsmakler: HGB 93ff; Kursmakler: BörsenG 34.

386 *Kosten der Versteigerung.* **Die Kosten der Versteigerung oder des nach § 385 erfolgten Verkaufs fallen dem Gläubiger zur Last, sofern nicht der Schuldner den hinterlegten Erlös zurücknimmt.**

1 § 381 Rn 1 gilt entspr. Zu den Versteigergskosten gehört auch die MwSt (BGH WM **80**, 778).

Dritter Titel. Aufrechnung

387 *Voraussetzungen.* **Schulden zwei Personen einander Leistungen, die ihrem Gegenstande nach gleichartig sind, so kann jeder Teil seine Forderung gegen die Forderung des anderen Teiles aufrechnen, sobald er die ihm gebührende Leistung fordern und die ihm obliegende Leistung bewirken kann.**

1 **1) Allgemeines. – a)** Aufr ist die wechselseit Tilgg zweier sich ggüstehder Fdgen dch einseit RGesch. Die Fdg, gg die aufgerechnet w, ist die HauptFdg (PassivFdg), die Fdg, mit der aufgerechnet w, die GgFdg (AktivFdg, AufrFdg). Die Aufr soll ein unwirtschaftl Hin u Her vermeiden. Sie hat eine **doppelte Funktion:** Sie bewirkt die Tilgg der HptFdg u ist damit ein ErfSurrogat. Zugl gibt sie dem Schu die Möglichk, seine GgFdg iW der Selbsthilfe dchzusetzen (RG **80**, 394, BGH NJW **87**, 2998). Das Recht zur Aufr hat damit auch eine Sichergs- u VollstrFunktion (Bötticher FS Schima, 1969, 95), die vor allem bei Vermögensverfall des AufrGegners von Bedeutg ist (BGH NJW **95**, 1967). Aus ihr ergeben sich Schranken für den
2 Anwendgsbereich von vertragl AufrVerboten (Rn 15f). – **b)** Von der Aufr zu unterscheiden ist die **Anrechnung.** Währd sich bei der Aufr zwei selbstd Fdg ggüstehen, handelt es sich bei der Anrechng um Fälle, in denen bei der Ermittlg der AnsprHöhe unselbst Rechngsposten in Abzug zu bringen sind. Das Ges erwähnt die Anrechg in §§ 324 I 2, 552 S 2, 615 S 2, 616 I 2 u 649. Um Anrechg geht es aber auch bei der VortAusgl (Vorbem 123 v § 249), der Schadensermittlg nach der Differenztheorie (§ 325 Rn 10) u der Anwendg der Saldotheorie im BereicherugsR (§ 818 Rn 27), wie sich aus § 348 ergibt, aber nicht bei Rückabwicklg eines Vertr iF des Rücktr (aA BGH NJW **94**, 1790). Die Anrechng findet vAwstatt, ohne daß es einer entspr PartErkl bedarf. AufrVerbote sind weder direkt noch analog anwendb (BGH NJW **62**, 1909, Hamm NJW **70**, 2296). – **c)** Aufr von **öffentlich-rechtlichen Forderungen** s § 395; Aufr im **Prozeß** s § 388 Rn 2ff.

3 **2) Voraussetzungen** der Aufr sind die Ggseitig u Gleichartigk der Fdgen (Rn 6f, 8ff); die GgFdg muß vollwirks u fällig sein, die HptFdg erfüllb (Rn 11, 12). Die Voraussetzgen müssen im Ztpkt der **Abgabe der Aufrechnungserklärung** (§ 388) vorliegen (BAG NJW **68**, 813, s aber Rn 7). Rechtl ZusHang (Konnexität) zw den Fdgen ist nicht erforderl. Auch auf die Liquidität der Anspr kommt es mat-rechtl nicht an (BGH **16**, 129, vgl aber ZPO 302). Die verschiedene Höhe der Anspr steht der Aufr nicht entgg (§ 266 Rn 7), ebsowenig Unterschiede beim Leistgs- od Abliefergsort (§ 391).

4 **3) Gegenseitigkeit.** Der Aufrechnde muß Gläub der GgFdg u Schu der HptFdg sein, der AufrGegner Schu der GgFdg u Gläub der HptFdg. – **a)** Nur der **Schuldner** kann aufrechnen. Der Dr kann erfüllen (§ 267), die Schuld aber nicht dch Aufr zum Erlöschen bringen. Der Bü kann dch Aufr mit einer eig Fdg nicht die Hauptschuld, wohl aber die BürgschSchuld tilgen (RG **53**, 404). Soweit dem Dr ein AblösgsR
5 zusteht, kann er ausnw auch aufrechnen (§§ 268 II, 1142 II, 1150, 1249). – **b)** Die GgFdg muß eine **eigene Forderung** des Schu sein. Der GesSchu kann daher nicht mit der Fdg eines and GesSchu aufrechnen (§ 422 II), der Ehem nicht mit der Fdg der Ehefr (RG **78**, 382), der Nebenintervenient nicht mit einer Fdg der unterstützten Part (BGH **LM** ZPO 67 Nr 8), der Bü nicht mit einer Fdg des HauptSchu (RG **122**, 147, BGH **24**, 98), der GesHänder nicht mit Fdgen der GesHand (§§ 719 I, 2040 I), der Nießbraucher nicht mit einer von ihm einzuziehn Fdg (RG **103**, 29, str). Der Bü, der Gesellschter u die Miterbe haben jedoch in direkter od analoger Anwendg von § 770 II, HGB 129 III ein LeistgVR (s BGH **38**, 124). Mit der Fdg eines Dr kann der Schu auch mit dessen Einwillig nicht aufrechnen (BGH NJW-RR **88**, 1150). And liegt es, wenn der Gläub gleichf einverstanden ist (Rn 21); iü ist jeweils zu prüfen, ob die Einwillig als Abtr aufgefaßt w kann. Der PfandGläub kann mit der ihm verpfändeten Fdg gg eine Fdg des DrittSchu aufrechnen (RG **97**, 39); das gilt ebso für den PfändgspfandGläub hins der ihm zur Einziehg überwiesenen Fdg. –
6 **c)** Die GgFdg muß sich **gegen den Gläubiger** der HauptFdg richten. Ausgeschlossen ist daher die Aufr gg eine GesellschFdg mit einer Fdg gg den Gesellschter (§ 719 II), gg eine NachlFdg mit der Fdg gg einen Miterben (§ 2040 II), gg eine gemeinschaftl Fdg iSd § 432 mit der Fdg gg einen MitGläub (BGH NJW **69**, 839), gg die MietzinsAnspr des ZwVerwalters mit GgAnspr gg den Vermieter (AG Usingen NJW-RR **87**, 10), gg den Anspr des Linienagenten mit Anspr gg den Reeder (Hbg VersR **86**, 1191), gg eine Fdg des WohnEigtümer mit einer Fdg gg den Verwalter (BayObLG MDR **80**, 57) od einz WohnEigtümer (BGH NJW **92**, 435), gg die Fdg des Alleingesellschters mit einer Fdg gg die GmbH (AG) (BGH **17**, 23), gg die PrämienFdg des Versicherers mit einer Fdg gg den VersAgenten (LG Stgt VersR **78**, 174). Dagg besteht zw der Fdg gg den GemeinSchu und der GgFdg der Masse ein GegenseitigkVerh (BGH NJW **87**, 1691). Mit

Fdgen gg den TrHänder kann bei verdeckter TrHand aufgerechnet w, nicht aber bei offener (BGH **61**, 77, ZIP **87**, 971). Zul ist auch die Aufr gg die GesFdg mit einer Fdg gg einen GesGläub (BGH **55**, 33), jedoch sind abw Abreden mögl (BGH NJW **79**, 2038). Der VertrPartner des Kommissionärs kann trotz HGB 392 II gg die KommissionsFdg aufrechnen (BGH NJW **69**, 276, str, s Dressler u Schwarz NJW **69**, 655, 1942). Die bes ausgewiesene MwSt ist Teil der KaufPrFdg, so daß der Käufer auch insow aufrechnen kann (MüKo/v Feldmann Rn 8). Gg die Einforderg der Einlage dch den KonkVerw kann der Kommanditist mit Fdgen gg die KG aufrechnen (BGH **58**, 75, NJW **81**, 233). **– d) Ausnahmen** vom Erfordern der Ggseitigk ergeben **7** sich aus §§ 406, 409, 575, aber auch aus allg RGrds. Bei einer Inkassozession (§ 398 Rn 26ff) kann der Schu ohne die Beschrkgen des § 406 mit Fdgen gg den Zedenten aufrechnen (BGH **25**, 367). Entspr gilt im Rahmen des § 242 für alle TrHandVerh, insbes in Strohmannfällen (BGH aaO, **110**, 81, NJW **89**, 2387). Die AufrBefugn steht aber nur dem Schu, nicht dem TrHänder zu (BGH NJW **89**, 2387). Mögl ist auch eine Aufr mit Anspr gg den TrHänder (str). Gg die Fdg einer GmbH (AG) ist eine Aufr mit einer Fdg gg den AlleinGesellschter nur zul, wenn die Voraussetzgen der DchgriffsHaftg (Einf 12 vor § 21) vorliegen (BGH **26**, 33).

4) Gleichartigkeit des **Gegenstandes der Leistung. – a)** Unterschiede in den Leistgsmodalitäten, etwa **8** hins der Verzinsg od des ErfOrtes (§ 391) hindern die Aufr nicht, ebsowenig eine Ungleichartigk des SchuldGrdes (BGH **16**, 127; BAG NJW **65**, 72). Fdgen des öffR u des PrivR können daher grdsl aufgerechnet w (§ 395 Rn 1f). Auch die für eine Fdg bestehde Zweckbindg begründet keine Ungleichartigk (BGH **54**, 244). Mit dem VorschußAnspr aus § 633 III od VOB/B 13 Nr 5 kann daher aufgerechnet w (BGH **54**, 244, Ffm NJW-RR **93**, 339), auch wenn der Aufrechnde sie dch Abtr erworben hat (BGH NJW-RR **89**, 406), ebso mit dem Anspr auf UrlAbgeltg (BAG NJW **65**, 72). Anspr aus § 667 auf Herausg einer Geldsumme ist mit GeldFdg gleichart (BGH **71**, 382, NJW **93**, 2042, **95**, 1426, str). Daß § 270 auf Anspr aus § 667 unanwendb ist (BGH **28**, 128), betrifft nur eine Leistgsmodalität. Bei Anspr aus § 667 w die Aufr aber dch § 242 beschr (Rn 15). Anspr auf DarlAuszahlg ist nach der KonsensualVertrTheorie (Einf 2 vor § 607) mit GeldFdg gleichart (aA RG **52**, 306 vom Standpkt der RealVertrTheorie), doch ist Aufr für den DarlG vielf dch den VertrZweck ausgeschl (§ 607 Rn 11). Gleichartigk muß im Ztpkt der Aufr gegeben sein (Celle OLGZ **70**, 8). Ausnahmsw kann es genügen, daß sie im Ztpkt der AufrLage bestanden h (BGH **2**, 308, **23**, 396, **35**, 253: nicht umgestellte RM-Fdg gg das Reich u in DM umgestellte RM-Fdg des Reiches). Im Konk kann ggü einer GeldFdg des GemSchu mit einer nicht auf Geld gerichteten GgFdg aufgerechnet w (KO 54 I).

b) Das Erfordern der Gleichartigk beschr die Aufr im wesentl auf beiderseit GeldFdgen; denkb ist sie **9** allerd auch bei Gattgsschulden von vertretb Sachen. GeldFdgen in versch Währg sind ungleichart (RG **106**, 99, KG NJW **88**, 2181); die Aufr ist aber mögl, wenn dem Schu die Ersetzgsbefugn des § 244 I zusteht (RG **106**, 99, **167**, 62, Ffm OLGZ **67**, 17). Ungleichart waren RM- u DM-Fdgen (BGH **23**, 400, vgl aber Rn 8 aE). Geldwert- u Geldsummenschulden (§ 245 Rn 9f) w mit der Aufr gleichart, weil diese die Wertschuld betragsmäß festlegt (Larenz § 18 VI 2 Fn 2, Reinicke NJW **59**, 361, str, s auch § 389 Rn 2). Mit GeldFdgen sind **gleichartig**: Anspr auf Herausg von Geld u auf Einwillig in Auszahlg von hinterlegtem Geld (BGH NJW-RR **89**, 173, Schmitz MDR **89**, 582); titulierter Anspr auf Zahlg an Dr (Hbg MDR **70**, 588); RückgewährAnspr aus KO 37, sow er auf Geld geht (RG **136**, 161); Anspr des ReallastBerecht aus § 1108 (BGH **LM** Nr 60); uU Anspr auf Leistg börsengängiger Wertpapiere (RG **160**, 62, krit Grunsky JuS **63**, 103). Mit GeldFdg **nicht gleichartig** sind: Anspr auf Befriedig aus einem Grdst (RG JW **14**, 402, BGH WM **65**, **10** 479), jedoch gibt § 1142 II dem Eigtümer (nicht dem Gläub) ein AufrR; der Anspr gg ein Kreditinstitut auf Erteilg einer Gutschrift (BGH NJW **78**, 699); der Anspr auf SchuldBefreiung (BGH **12**, 136; **25**, 6, **47**, 166, NJW **83**, 2438, VersR **87**, 905, krit Geißler JuS **88**, 454); geht er auf den Gläub über, w er jedoch zu einem ZahlgsAnspr, mit u ggü dem aufgerechnet w kann (BGH **35**, 325).

5) Die Gegenforderung, mit der der Schu aufrechnet, muß **vollwirksam** u **fällig** sein (BGH **2**, 302, **11** Brem NJW **87**, 847), dh es muß sich um eine Fdg handeln, deren Erf erzwungen w kann u der keine Einr entggsteht (s dazu § 390). Nicht aufrechenb sind daher Anspr aus Spiel od Wette, aufschieb bedingte Anspr, gestundete Anspr (s aber § 271 Rn 15), künft Anspr u dch FrAblauf erloschene Anspr (BAG NJW **68**, 813, § 390 Rn 3). Der AbfindgsAnspr des ausscheidden Gesellschters wird erst mit Beendigg der AuseinandS aufrechenb (RG **118**, 299), der GebührenAnspr des RA u Notars mit Erteilg einer Rechng gem BRAGO 18, KostO 154 (BGH AnwBl **85**, 257, KG AnwBl **82**, 71), der KostenerstattgsAnspr mit Erlaß einer vollstreckb KostenGrdEntsch (BGH WM **76**, 460), mit ihm kann aber nicht in demselben Proz aufgerechnet w (BGH WM **81**, 795), wohl aber außerh des Proz, auch gg die KlagFdg (Karlsr NJW **94**, 593, Schmitz NJW **94**, 567). Hängt der Vollstreckbark von einer SicherhLeistg ab, muß diese erbracht sein (LG Aachen NJW-RR **87**, 1406, aA Hamm FamRZ **87**, 1288, Düss NJW-RR **89**, 503, Karlsr NJW **94**, 593). Eine auflösde Bdgg hindert die Aufr nicht (Celle OLGZ **72**, 275), ebsowenig die Anfechtbark der GgFdg. Wird die Anf erklärt, wird die Aufr aber rückwirkd unwirks (hM). Rechnet der Schu in Kenntn seines AnfR auf, bestätigt er das anfechtb Gesch (§ 144). Im Konk- u VerglVerf kann gem KO 54, VerglO 54 auch mit betagten u bedingten Anspr aufgerechnet w.

6) Die Hauptforderung, gg die der Schu aufrechnet, muß **erfüllbar** (§ 271 Rn 1) sein; nicht erforderl ist **12** dagg, daß sie vollwirks u fällig ist (BGH **17**, 29). Mögl ist daher die Aufr gg Anspr aus Spiel u Wette (§ 762 I 2), aus DifferenzGesch (§ 764), aus BörsenterminGesch (BörsenG 55, 56, s dazu BGH NJW **81**, 1897), gg gestundete, auflösd bedingte, anfechtb sowie einredebehaftete Anspr. Wer in Unkenntn einer dauernden Einr aufrechnet, kann das Geleistete aber gem § 813 zurückfordern. Unzul ist dagg die Aufr gg aufschiebd bedingte u künft Anspr (BGH **103**, 367). Die im Konk angemeldete Fdg wird erst mit der Feststellg zur KonkTabelle für den KonkVerw erfüllb (BGH **100**, 227, krit Eckardt ZIP **95**, 257). Gg WechselFdgen kann wg WG 40 vor Fälligk nicht aufgerechnet w (BGH NJW **70**, 41), gg künft Ruhegehaltsraten od Versorggsrenten nur für einen angem Zeitraum (BGH NJW **72**,154, NJW-RR **90**, 160). Besteht die HauptFdg nicht od fällt sie inf Anf weg, ist die Aufr unwirks.

13 **7) Ausschluß der Aufrechnung. – a)** Er kann auf **Gesetz** beruhen: vgl §§ 390–395, AktG 66, GmbHG 19 II (s dazu BGH **53**, 75, NJW **68**, 399), GenG 22 V (RG **148**, 235), VAG 26 (BGH **16**, 38), BRAGO 96a (Düss JurBüro **93**, 730). Das Truckverbot des GewO 115 I enthält kein AufrVerbot (BGH NJW **75**, 1515). Aus dem Kreditiergsverbot des GewO 115 II können sich aber Beschränkgen der Aufr ergeben (BAG DB **79**, 1848, Denck JuS **81**, 484). Die Verrechng der Miete einer WerkWohng mit ArbLohn verstößt nicht gg GewO 115ff (BAG **AP** Nr 2).

14 **b)** Die Aufr kann, soweit keine gesetzl Vorschr entggstehen, auch dch **Vertrag** ausgeschlossen w. Vertragl AufrVerbote haben verfügde Wirkg (BGH NJW **84**, 357). Sie können ausdr, aber auch stillschw vereinbart w. – **aa) Handels- u Barzahlungsklauseln.** AufrVerbote enthalten die Klauseln „netto Kasse gg Rechng u Verladepapiere" (BGH **14**, 62, **23**, 134); „Kasse gg Verladedokumente" (BGH NJW **76**, 852); „binnen 7 Tagen rein netto Kasse ohne Abzug" (Düss BB **95**, 1712); „cash on delivery" (BGH NJW **85**, 550), iZw auch die Vereinbg Lieferg gg Scheck (Köln NJW **87**, 262). Barzahlgsklauseln begründen ein AufrVerbot, wenn sie in Kenntn einer aufrechenb GgFdg vereinbart w (BGH Warn **71** Nr 125); sie können aber auch sonst als AufrVerbot aufzufassen sein (Nürnb MDR **80**, 228). – **bb) Prozessuale Abreden.** Ist für die GgFdg die ausschließl Zustdgk eines ausl Ger vereinb, kann mit ihr vor einem inl Ger nicht aufgerechnet w (BGH **60**, 89, NJW **81**, 2645). Entspr gilt, wenn für die GgFdg ein SchiedsGer zustdnd ist (BGH **38**, 254, WM **83**, 771, Düss NJW **83**, 2149).

15 **c)** Die Aufr ist (sei es nach § 157, sei es nach § 242) ausgeschlossen, wenn die **Eigenart des Schuldverhältnisses** oder der Zweck der geschuldeten Leistg die Aufr als mit Treu u Glauben unvereinb erscheinen läßt (BGH **95**, 113, **71**, 383, **113**, 93). – **aa) Gegenüber folgenden Ansprüchen** ist die Aufr **unzulässig:** Anspr gg die Hinterleggsstelle auf Rückzahlg des hinterlegten Geldbetrages (BGH **95**, 113); Anspr auf Auszahlg des Betrages, der zur Aussetzg des Vollzugs eines Haftbefehls hinterlegt worden ist (Karlsr VersR **91**, 334); Anspr auf Auszahlg des Mehrerlöses aus dem Verkauf von SichgGut mit ungesicherter Fdg (BGH NJW **94**, 2885); Anspr aus einem Akkreditiv (BGH **60**, 264); Anspr des GrdstErwerbers auf Übertragg der von den Mietern erbrachten Kautionen (Ffm NJW-RR **91**, 1417); Anspr auf Rückzahlg einer überhöhten Mietkaution (LG Brem NJW-RR **93**, 19); Anspr auf AusglZahlg gem HausrVO (Köln OLGZ **94**, 199); Anspr aus einem Vergl, wenn die GgFdg bei VerglSchl bekannt war u kein AufrVorbeh gemacht worden ist (BGH **120**, 394); Anspr aus einem AufbauDarl wg nicht konnexer GgFdgen (BGH **25**, 215); Anspr aus einem TrHandVerh wg nicht konnexer GgFdgen (RG **160**, 60, BGH **14**, 347, BayObLGZ **76**, 166, LG Hbg NJW-RR **92**, 628); and ist es aber, wenn das TrHandVerh den Zweck hatte, das Vermögen des AuftrG dem Zugriff der Gläub zu entziehen (BGH NJW **93**, 2042); Anspr gg den Handelsvertreter auf Herausg von Kundengeldern (Hamm NJW-RR **94**, 158), Anspr gg den Kommanditisten, soweit seine Einlage zur Befriedigg von Gläub der KG benötigt w (s Düss DB **91**, 1274); Anspr des LeasingN gg den LeasingG auf Herausg der zur Reparatur erforderl Leistg des Kaskoversicherers (BGH **93**, 394); Anspr des Kunden gg die Bank od den Versicherer mit GgFdgen, die nicht in branchenübl Weise od nur zu dem Zweck erworben worden sind, dem Zedenten eine Befriediggsmöglichk zu verschaffen (BGH NJW **81**, 1600, VersR **91**, 576, § 157 Rn 15); entscheidgsreife KlFdg, wenn der Bekl über die GgFdg pflwidr keine Abrechng erteilt hat (BGH WM **63**, 509) od er im Fälligwerden seiner GgFdg bereits längere Zeit im Verzug war (Brem NJW **68**, 1139); wenn der Aufrechnde, um sich wg einer GgFdg zu befriedigen, bei seinem Schu Waren bestellt u er weiß, daß für **16** diese Waren ein verlängerter EigtVorbeh besteht (BGH **LM** Nr 48). Ggü einem SchmerzGAnspr wg falscher ärztl Behandlg kann die Aufr mit Pflegekosten (teilw) unzul sein (Brem NJW **87**, 846). – **bb) Zulässig** ist die Aufr dagg ggü folgenden Anspr: aus einer Festgeldanlage (BGH NJW **87**, 2998); Anspr aus einer Zahlgsgarantie auf erstes Anfordern mit nicht konnexen, aber liquiden GgFdgen (BGH **94**, 171); Anspr gg den RA aus § 667 mit HonorarAnspr aus and Auftr (BGH **71**, 382, NJW **95**, 1426); and aber, wenn sich der HonorarAnspr gg ein Elternteil richtet u der herauszugebde Betrag Kindesunterhalt ist (BGH **113**, 94); Anspr auf einen in Verwahrg gegebenen Geldbetrag mit NotariatskostenFdgen (Köln DNotZ **87**, 571, str); Fdg auf Berichtigg des Bargebots (BGH DB **87**, 1677); Anspr des Verletzten gg den VersN auf Auskehrg der UnfallVersSumme mit Anspr aus demselben Unfall (BGH NJW **73**, 1368); VorschußAnspr zur Beseitigg von Mängeln (BGH **54**, 246); Anspr auf UrlAbgeltg (BAG **16**, 235).

d) Schranken für vertragl AufrVerbote ergeben sich aus dem Ges (§ 552a), aber auch aus allg RGrds: – **17 aa)** Mit einer **unbestrittenen,** rkräft festgestellten od entscheidgsreifen GgFdg kann trotz eines formularmäß Verbots aufgerechnet w, AGBG 11 Nr 3. Das gilt auch für das in einer IndVereinbg enthaltene AufrVerbot, soweit es die zügige Dchsetzg der Fdg gewährleisten soll (BGH WM **75**, 616, **78**, 621). – **bb)** Das vertragl AufrVerbot tritt im **Konkurs** idR zurück (BGH NJW **75**, 442, **81**, 762, **84**, 357). Entspr gilt bei sonst VermVerfall od wenn das Verbot aus and Grden die Dchsetzg einer konnexen GgFdg vereiteln od erhebl gefährden würde (s BGH **23**, 26, **35**, 254, NJW-RR **87**, 883, WM **91**, 732). And ist es aber, wenn die Fdg abgetreten ist u der Zessionar aus dem Verbot vertraut hat (BGH **14**, 62, NJW-RR **89**, 124). – **cc)** Die Berufg auf das vertragl AufrVerbot verstößt gg § 242, wenn die GgFdg auf einer **vorsätzlich unerlaubten Handlung** beruht (RG **60**, 296, BGH ZIP **85**, 926). And liegt es, wenn zur Aufklärg der angebl unerl Hdlg eine umfangreiche, in ihrem Ergebn zweifelh BewAufn erforderl ist (RG **142**, 144). Bei GgFdg aus vorsätzl VertrVerletzg hängt es von den Umst des Einzelfalls ab, ob das AufrVerbot zurücktritt (BGH NJW **66**, **18** 1452, Nürnb WM **72**, 264). – **dd)** Das AufrVerbot ggü einer **Mietkaution** entfällt, wenn der Vermieter nach VertrEnde für die Abrechng hinr Zeit gehabt hat (BGH NJW **72**, 721, Celle OLGZ **66**, 7); nach Ablauf dieser Fr, die längstens 6 Mo beträgt, entsteht umgekehrt ein AufrVerbot zum Nachteil des Vermieters (Celle NJW **85**, 1715, aA BGH **101**, 250). – **ee)** Formularmäß Aufrechngsverbote werden auch dch eine entspr Anwendg von **AGBG 11 Nr 2** begrenzt (§ 11 AGBG Rn 17).

19 **8) Aufrechnungsvertrag. – a)** Die Aufr kann statt dch einseit Erkl auch dch **Vertrag** vollzogen w. Der AufrVertr ist kein ggs ErlaßVertr, sond ein ErfErsetzgsVertr. Er hat verfügden Charakter. Seine Zulässigk ist (trotz des angebl *numerus clausus* der schuldrechtl VfgsGesch) allg anerkannt (s bereits Mot II 104). Der AufrVertr kann auch dch schlüss Verhalten abgeschlossen w (RG **104**, 188). Die bloße Übg, ggs Fdgen zu verrechnen, genügt aber nicht (BGH VersR **70**, 368). Ein AufrVertr ist auch der in § 782 erwähnte Abrechngsvertr sowie die sog Skontration, dh die Verrechng von Fdgen einer Vielzahl von Part aufgrd einer allseit Vereinbg. – **b)** Die **Voraussetzungen** der einseit Aufr brauchen nicht vorzuliegen. So ist die Ggsei- 20 tigk der Fdgen nicht erforderl (RG **72**, 378, BGH **94**, 135); es genügt, daß die Part über die von ihnen zur Aufr gestellten Fdgen verfügen können. Auch die übrigen Erfordern einseit Aufr können fehlen, so die Gleichartigk (MüKo/v Feldmann Rn 32, str), die Vollwirksamk u Fälligk der GgFdg (RG **104**, 188, BGH NJW **70**, 42) u die Erfüllbark der HauptFdg. Bezieht sich der Vertr auf künft Fdgen, w diese in ihrer Entstehg getilgt. Bei solchen aufschiebd bedingten AufrVertr kann es zu **Konflikten mit späteren Pfän-dungen** kommen (s dazu § 392 Rn 2). Unverzichtb ist, daß die zu verrechnen Fdgen **rechtsgültig** sind. Besteht eine Fdg nicht, ist der AufrVertr insow unwirks (BGH NJW-RR **91**, 744), es sei denn, daß die Fdg dch den Vertr neu begründet od in zul Weise anerkannt w. AufrVerbote gelten auch für die vertragl Aufr, soweit sie, wie GmbHG 19, AktG 66, Drittinteressen schützen (RG **85**, 354, **141**, 210). Bezweckt das Verbot, wie §§ 393, 394, den Schutz des AufrGegners, ist der nach Fälligk der geschützten Fdg geschlossene AufrVertr wirks, da der Geschützte mit seiner fäll Fdg auch einseit aufrechnen könnte. – **c) Abgrenzung.** – 21 **aa) Im Aufrechnungsvorvertrag** verpflichten sich die Part, künft einen AufrVertr zu schließen. Kein AufrVorvertr, sond ein aufschiebd bedingter AufrVertr ist die Vereinbg, daß künft Fdgen, sobald sie entstehen, dch Verrechng erlöschen sollen. – **bb)** Das **Kontokorrentverhältnis** (HGB 355 ff) enthält einen AufrVertr, der idR dahin geht, daß sich die Verrechng am Ende der Rechngsperiode automat vollzieht (BGH **74**, 255). Seine Darstellg u rechtl Deutg muß dem HandelsR überlassen bleiben. Zum SaldoAner-kenntn s § 305 Rn 10. – **cc) Konzernverrechnungsklauseln** räumen der begünstigten Part die Befugn zur 22 Aufr mit Fdgen and zum Konzern gehörer Gesellsch ein (BGH **LM** Nr 43). Sie werden auch von der öff Hand zG von Fdgen and Körpersch vereinb (BGH WM **77**, 760). Die Klausel ist kein AufrVertr iSv Rn 19; sie beinhalt vielmehr das Erfordern der Ggseitigk ab u ermöglicht damit eine **Drittaufrechnung.** Sie kann in einem IndVertr vereinb w, ist aber auch bei Aufn in AGB wirks (str, s BGH **81**, 17). Die Fassg der Klausel kann ergeben, daß auch der and Teil zur DrittAufr befugt ist (BGH ZIP **85**, 747). Im Konk des AufrGegners ist die Klausel analog KO 55 Nr 2 u 3 wirkgslos (BGH aaO).

388 *Erklärung der Aufrechnung.* **Die Aufrechnung erfolgt durch Erklärung gegenüber dem anderen Teile. Die Erklärung ist unwirksam, wenn sie unter einer Bedingung oder einer Zeitbestimmung abgegeben wird.**

1) Die **Aufrechnungserklärung** ist eine einseit empfangsbedürft WillErkl; sie ist ein GestaltgsGesch 1 (Übbl 17 v § 104) u daher unwiderrufl u bedinggsfeindl (S 2). Unwirks ist die im voraus für den Fall der Entstehg der GgFdg abgegebene AufrErkl (RG JW **03** Beil 124), ebso die Aufr ohne eine erforderl behördl Gen (BGH **11**, 37). Die wg Fehlens der AufrVoraussetzgen od wg Verstoßes gg ein AufrVerbot unwirks Aufr muß nach Wegfall des Verbots wiederholt w (BGH NJW **84**, 357). Die Erkl braucht nicht ausdr abgegeben zu w; es genügt klare Erkennbark des AufrWillens (BGH **26**, 241, BVerfG NJW-RR **93**, 765). Sie kann in der Leistgsverweigerg ggü einer gleichart Schuld enthalten sein (Hamm JurBüro **79**, 745, § 273 Rn 14). Gesetzl Fr bestehen nicht. Sieht der TarVertr für einen Anspr schriftl Geltdmachg innerh einer best Fr vor, gilt dieses Erfordern auch für die AufrErkl (LAG Düss DB **71**, 1015).

2) Aufrechnung im Prozeß. – a) Wird die Aufr im Proz erklärt, ist sie gleichzeit **Prozeßhandlung** 2 (Übbl 5 v § 104) u materielles RGesch (BGH **23**, 23, hM). Scheitert die Aufr aus prozessualen Grden, etwa wg Zurückweisg gem ZPO 296 od 530 II, kann der Aufrechnde die GgFdg anderweit geltd machen (BGH **16**, 140, NJW **94**, 2769; für ZPO 296 aA BGH **33**, 242). Die verfahrensrechtl Nichtbeachtg der Aufr begründet nach dem RGedanken des § 139 auch ihre sachl-rechtl Unwirksamk (Rosenberg-Gottwald § 105 III 2a, für eine stillschw Bdgg Musielak JuS **94**, 821). Dch Rückn wird die Aufrechng auch materiellrechtl unwirks (BGH NJW-RR **91**, 157). – **b)** Die Aufr kann **hilfsweise** für den Fall erklärt w, daß das Ger die 3 HauptFdg als begründet ansieht (Mot II 108, RG **97**, 273, allgM). § 388 S 2 steht nicht entgg, da das Bestehen der HauptFdg keine echte Bdgg, sond RBdgg ist (auch § 209 II 3, ZPO 215 u GVG 19 III, die die Zulässigk der EventualAufr voraussetzen). Im Zw ist jede erst im RStreit erklärte Aufr bloße EventualAufr. Das Ger darf die Aufr erst berücksichtigen, wenn es die HauptFdg für begründet hält. Falls zur Entscheidg über die HauptFdg eine BewAufn erforderl ist, die zur Aufr gestellte GgFdg aber liquide ist, muß das Ger die angebotenen Bew erheben, sog Beweiserhebstheorie (RG **167**, 258, BGH **LM** ZPO 322 Nr 21, Köln NJW-RR **92**, 260). Die insb von Stölzel (ZZP **24**, 50 uö) vertretene KlAbweisgstheorie hat keine Bedeutg mehr. Sofort Abweisg der Kl aufgrd der Aufr ist nur mögl, wenn der Beklagte die ansprbegründden Behaugten nicht mehr bestreitet u seine Verteidigg auf die Aufr beschränkt (RG **167**, 258). – **c)** Klagt der 4 Kläger nur eine **Teilforderung** ein, entspr es dem Willen des Aufrechnden, aber auch der iF des Widerspr (§ 396) maßgebden gesetzl Tilggsreihenfolge (§ 366 II „lästigere Fdg"), daß die KlFdg getilgt w (RG **66**, 275, BGH **56**, 314, WM **75**, 796, stRspr, str). Um der KlAbweisg zu entgehen, muß der Kläger die Kl erweitern (ZPO 264 Nr 2). And liegt es, wenn der Beklagte vor KlErhebg aufgerechnet hatte (RG **129**, 65) od wenn der Kläger die GgFdg in der Kl absetzt u nur den Rest einklagt (RG **57**, 100, BGH **56**, 314); im Hinw auf eine angebl fr erklärte Aufr kann deren Wiederholg liegen (BGH NJW-RR **94**, 1203). Wird eine TeilFdg einge-klagt, die nach einzubehaltnen Sicherh verbleibt, kann mit GgFdgen nur aufgerechnet w, sow sie die Sicherh übersteigen (BGH **56**, 314, NJW **67**, 34). – **d) Unterschiedliche Rechtswegzuständigkeiten.** Sie hindern 5 bei unstr GgFdgen die Berücksichtigg der Aufr nicht (Düss NJW **95**, 1621). Bei str GgFdgen ist zu unter-scheiden: Das ZivilGer kann u muß über die GgFdg auch dann entscheiden, wenn für diese die Ger der freiw Gerbark (BGH **40**, 338: LandwirtschGer; BGH NJW **80**, 2467: WoEigtGer), die FamGer (BGH NJW-RR **89**, 173) od die ArbGer (BGH **26**, 304) zuständ sind. Das gilt ebso umgekehrt für die Ger der freiw Gerichtsbk, die FamGer (Köln NJW-RR **92**, 1287) od das ArbGer (BAG NJW **72**, 2016), wenn die zur Aufr gestellte GgFdg zur Zuständigk der ord Ger gehört. Daß das Verhältn der ordentl Ger zu den ArbGer nunmehr die Zulässigk des RWegs betrifft, hat insow keine Änderg gebracht (Mayerhofer NJW **92**, 1604). And ist es dagg im Verh zw den ZivGer u den Ger der allg u bes VerwGerbark sowie umgekehrt. Hier muß das Ger gem ZPO 148, 302 verfahren u bei Streit über die GgFdg das **Urteil des zuständigen Gerichts abwarten** (BGH **16**, 124, BVerwG NJW **87**, 2530, BFH NVwZ **87**, 263). Die nF des GVG 17 hat insoweit keine Änderg gebracht (BVerwG DVBl **93**, 885, Rupp NJW **92**, 3247, Musielak JuS **94**, 825, aA Hess VGH DVBl **94**, 806, Schenke/Ruthig NJW **93**, 1374). Die Ger der allg u bes VerwGerbark bilden dagg insow eine Einh, können also über str GgFdgen and VerwGerZweige mitentscheiden (BSozG NJW **69**, 1368). Ausgeschlossen ist die Berücksichtigg der Aufr, wenn für die GgFdg ein SchiedsGer od kr Prorogation ein ausl **6** Ger zuständ ist (BGH **38**, 258, **60**, 85, stRspr). – **e)** Die **Rechtskraft** des Urt erfaßt nach ZPO 322 II auch die Entscheid über die zur Aufr gestellte GgFdg, aber nur bis zur Höhe der KlFdg. Das gilt für die im klagstattgebdn Urt enthaltene Entscheidg, die GgFdg bestehe nicht. In RKraft erwächst aber auch der im klagabweisden Urt enthaltene Ausspruch, die an sich begründete GgFdg sei dch die Aufr verbraucht (RG **161**, 172, BGH **36**, 319). Dagg begründet die Aufr keine RHängigk der GgFdg (BGH **57**, 243, aA Teubner JR **88**, 401). Die zur Aufr gestellte Fdg kann daher anderweit eingeklagt w; ebso kann die rhäng Fdg in einem and Proz aufgerechnet w (BGH aaO, str). – **f) Prozeßkosten** s § 389 Rn 2.

389   *Wirkung der Aufrechnung.* Die Aufrechnung bewirkt, daß die Forderungen, soweit sie sich decken, als in dem Zeitpunkt erloschen gelten, in welchem sie zur Aufrechnung geeignet einander gegenübergetreten sind.

1   **1) Wirkung der Aufrechnung. – a)** Die Aufr bewirkt, daß Haupt- u GgFdg, soweit sie sich decken, **erlöschen.** Der AufrGegner kann daher nicht mehr anderweit aufrechnen, es gibt keine „Replik" der Aufr (RG **143**, 388, zT and Pawlowski ZZP **104**, 249). Er hat aber uU das WidersprR des § 396. Das Erlöschen der Fdgen kann nicht dch Widerr der Aufr, sond nur dch vertragl Neubegründg rückgäng gemacht w. –
2 b) Die Aufr tilgt die Fdgen **mit Rückwirkung** auf den Ztpkt, in dem sich Haupt- u GgFdg erstmals aufrechenb ggüstanden. Wer weiß, daß er aufrechnen kann, braucht sich wirtschaftl nicht mehr als Schu zu fühlen, auch wenn er die Aufr nicht sogleich erklärt. VertrStrafe, ZinsAnspr u Verzugsfolgen entfallen *ex tunc* (BGH **80**, 278, NJW-RR **91**, 569); hierauf bereits erbrachte Leistgen können gem § 812 zurückgefordert w. Bei Anspr mit **veränderlicher Höhe** (SchadErs wg Verlustes von Aktien mit schwankdem Kurswert) ist die Höhe im Ztpkt des Eintritts der AufrLage entscheid (BGH **27**, 125); Erhöhungen bis zum Ztpkt des Zugangs der AufrErkl sind aber zu berücksichtigen, wenn allein der Gläub der SchadErsFdg zur Aufr berecht ist (BGH aaO, str, and Lösgsvorschläge bei MüKo/v Feldmann Rn 7 u Dietrich AcP **170**, 551). Wg der Rückwirkg trägt der Kläger die **Prozeßkosten** auch dann, wenn der Beklagte erst im Proz aufrechnet (RG **58**, 417). Dagg hat der Bekl die Kosten zu tragen, wenn seine GgFdg erst nach RHängigk entstanden ist **3** u der Kläger nach Aufr die Hauptsache für erledigt erklärt (RG **57**, 384). – **c)** Auch im **öffentlichen Recht** (§ 395 Rn 1) wirkt die Aufr auf den Eintritt der AufrLage zurück. Die ggü einem Abgabenbescheid nachträgl erklärte Aufr ist aber im gerichtl AnfVerf unerhebl, wenn sich der angefochtene Bescheid auf die Festsetzg der Abgabe beschränkt (BVerwG NVwZ **84**, 168). Nur wenn der Bescheid zugl eine ZahlgsAufforderg enthält, ist die Aufr zu berücksichtigen (BVerwG aaO).

4   **2) Bedeutung der Aufrechnungslage.** Hat der Schu in Unkenntn seines AufrR geleistet, steht ihm kein BereichergsAnspr zu. Er zahlt keine Nichtschuld, da erst die AufrErkl den Anspr zum Erlöschen bringt; auch § 813 ist weder direkt noch analog anwendb (RG **144**, 94, § 813 Rn 4). Die AufrLage hindert den Verzugseintritt nicht; die Verzugsfolgen entfallen aber dch die AufrErkl mit Wirkg ex tunc (BGH **102**, 50). Gleichwohl trifft es nicht zu, daß sich die beidersit Fdgen „obj völlig fremd ggüstehen" (s BGH **2**, 303 gg RG **66**, 273). Das Ges knüpft in §§ 357, 390 S 2, 392, 406, 554 I 3, KO 53–55, VerglO 54 an die AufrLage wichtige RFolgen u begründet für Mithaftde ein LeistgVR, wenn der Gläub dch Aufr befriedigen kann (§§ 770 II, 1137 I 1, 1211 I 1, HGB 129 III). Dieses LeistgVR steht auch den MitErben zu (BGH **38**, 127).

5   **3)** Zur Aufr ggü **Teilklagen** s § 388 Rn 4.

390   *Keine Aufrechnung mit einredebehafteter Forderung.* Eine Forderung, der eine Einrede entgegensteht, kann nicht aufgerechnet werden. Die Verjährung schließt die Aufrechnung nicht aus, wenn die verjährte Forderung zu der Zeit, zu welcher sie gegen die andere Forderung aufgerechnet werden konnte, noch nicht verjährt war.

1   **1) Satz 1. – a)** Die Vorschr ist eine bes Ausprägg des Grds, daß die zur Aufr gestellte **Gegenforderung** vollwirks sein muß (§ 387 Rn 11). Sie betrifft zerstörde u aufschiebde Einr, aber nicht materielle, nicht ProzEinr (RG **123**, 349, Hamm WM **88**, 519, vgl aber zur Einr des SchiedsVertr § 387 Rn 14). Die Aufr ist bereits ausgeschlossen, wenn die Einr besteht; es ist nicht erforderl, daß sie geltd gemacht w. Will der Schu gem § 406 ggü dem NeuGläub mit einer GgFdg gg den AltGläub aufrechnen, schließen auch die dem **2** AltGläub zustehdn Einr die Aufr aus (BGH **35**, 327). – **b) Einzelne Einreden.** S 1 gilt für folgde Einr: ZbR (§ 273), aber nicht, wenn sich der Zurückhalte in AnnVerz befindet (RG **94**, 309, BGH MDR **59**, 386) od das ZbR die Fdg sichert, die dch die Aufr erfüllt w soll (BGH NJW **90**, 3212). Einr gem § 320, es sei denn, daß sie beiden Teilen in gleicher Weise zusteht (RG **119**, 4, Karlsr OLGZ **83**, 465); die Einr aus § 419 II (Celle OLGZ **90**, 95); die Einr fehlder Rechng (BGH AnwBl **85**, 257 zu BRAGO 18); Einr der beschränkten ErbenHaftg (§ 1990) bei Aufr gg Fdg des Erben (BGH **35**, 327), dagg nicht bei Aufr ggü NachlFdgen (§ 1990 Rn 8). Eine Einr iSd S 1 kann auch dch eine VermBeschlagn begründet w (BGH **23**, 399). Auf die Anfechtbark ist S 1 dagg nicht anwendb (§ 387 Rn 11).

3   **2) Satz 2** läßt die Aufr mit einer verjährten GgFdg zu, soweit diese bei Eintritt der AufrLage noch unverjährt war. Er gehört zu den Vorschr, die bereits an die AufrLage RFolgen knüpfen (§ 389 Rn 4), u gilt auch für die Aufr mit verjährten RückzahlgsAnspr aus nichtigen RatenkreditVertr (BGH NJW **87**, 181) u für solche GgFdgen, die rechtskr wg Verj abgewiesen worden sind (BGH DB **71**, 1619). Ist die Fdg inf Ablaufs einer AusschlFr erloschen, ist S 2 weder direkt noch analog anwendb (BAG NJW **68**, 813, **AP** Nr 2 u 3, BGH DB **74**, 586 unter Aufg v BGH **26**, 308). Auch auf den gem § 1613 erloschenen UnterhAnspr findet S 2 keine Anwendg (BGH NJW **84**, 2160). Entspr anzuwenden ist S 2 dagg auf Fdgen, die wg vorbehaltloser

Ann der Schlußzahlg gem VOB (B) 16 Nr 3 II 1 nicht mehr geltd gemacht w können (BGH NJW **82**, 2250, **83**, 817). Er ist auch iF des § 273 analog heranzuziehen (dort Rn 8). Zu beachten sind jedoch die Sonder-Vorschr, die die Aufr mit verjährten Fdgen beschränken (s §§ 479, 639, HGB 414 III, KVO 40 V).

391 *Aufrechnung bei Verschiedenheit der Leistungsorte.* [1]**Die Aufrechnung wird nicht dadurch ausgeschlossen, daß für die Forderungen verschiedene Leistungs- oder Ablieferungsorte bestehen. Der aufrechnende Teil hat jedoch den Schaden zu ersetzen, den der andere Teil dadurch erleidet, daß er infolge der Aufrechnung die Leistung nicht an dem bestimmten Orte erhält oder bewirken kann.**

[II]**Ist vereinbart, daß die Leistung zu einer bestimmten Zeit an einem bestimmten Orte erfolgen soll, so ist im Zweifel anzunehmen, daß die Aufrechnung einer Forderung, für die ein anderer Leistungsort besteht, ausgeschlossen sein soll.**

Die Aufr ist auch dann zul, wenn für die beiderseit Leistgen verschiedene Leistgs- od Ablefergsorte 1 bestehen (I 1), der Aufrechnde ist dem and Teil aber schaderspflicht (I 2). Die ErsPfl erstreckt sich auf den gesamten adäquat verursachten Schaden. Unter den Voraussetzgen von II ist das mit dem GeschZweck unvereinb AufrR ausgeschlossen.

392 *Aufrechnung gegen beschlagnahmte Forderung.* **Durch die Beschlagnahme einer Forderung wird die Aufrechnung einer dem Schuldner gegen den Gläubiger zustehenden Forderung nur dann ausgeschlossen, wenn der Schuldner seine Forderung nach der Beschlagnahme erworben hat oder wenn seine Forderung erst nach der Beschlagnahme und später als die in Beschlag genommene Forderung fällig geworden ist.**

1) § 392 betrifft die Beschlagn der **Hauptforderung,** gg die aufgerechnet w soll. Das in der Beschlagn 1 enthaltene Verbot, die Fdg zu erfüllen (ZPO 829 I 1), erstreckt sich auch auf ErfSurrogate wie die Aufr. Das AufrVerbot gilt aber nicht, wenn im Ztpkt der Beschlagn die AufrLage (§ 389) bereits gegeben war oder begründete Aussicht auf Aufr bestand (ParallelVorschr: § 406). Es genügt, daß im Ztpkt der Beschlagn die GgFdg dem RGrd nach bestand (BGH NJW **80**, 584, Köln OLGZ **78**, 321), sofern sie spätestens gleichzeit mit der HptFdg fäll w (BGH JZ **78**, 799). Zahlt der Schu nach der Beschlagn an den Gläub, so ist die Erf egü dem PfändsGläub unwirks (§§ 135, 136). Der Schu ist daher unter den Voraussetzgen von § 392 berecht, ggü der beschlagnahmten Fdg aufzurechnen (BGH **58**, 25, Denck NJW **79**, 2375, aA LAG Saarbr NJW **78**, 2055, für die nicht dch eine Zwangslage veranlaßte Zahlg). § 392 gilt entspr, wenn ggü einer beschlagnahmten Fdg GgFdgen von SozVersTrägern verrechnet w sollen (BSozG ZIP **91**, 390, **95**, 403). Für die Aufr nach KonkEröffng gilt die Sonderregelg in KO 53–56. Weitere SonderVorschr: §§ 1125, VerglO 54.

2) Der nach der Beschlagn geschlossene **Aufrechnungsvertrag** (§ 387 Rn 20) ist ggü dem PfändsGläub 2 unwirks (BAG **AP** Nr 1 u 2); ein fr geschlossener ist dagg ohne die Beschränkg des § 392 wirks, da die Beschlagn die Fdg nur in dem Zustand ergreifen kann, in dem sie sich befindet (BGH NJW **68**, 835, Hbg NJW **52**, 388, Bötticher FS Schima, 1969, S 106). Der danach maßgebde Grds der Priorität gilt auch für den KleinVerk des tägl Lebens (MüKo/v Feldmann Rdn 3, aA RG **138**, 258). Bei Lohnpfändgen ergibt aber der RGedanke des ZPO 850h, daß der ArbN nach der Pfändg nicht mehr berecht ist, seine Vergütg von den für den ArbG vereinnahmten Beträgen abzuziehen (BAG NJW **66**, 469, str).

393 *Keine Aufrechnung gegen Forderung aus unerlaubter Handlung.* **Gegen eine Forderung aus einer vorsätzlich begangenen unerlaubten Handlung ist die Aufrechnung nicht zulässig.**

1) Allgemeines. – a) § 393 soll dazu beitragen, daß der dch eine vorsätzl unerl Hdlg Geschädigte 1 angem Fr – ohne Erörterg von GgAnspr des Schädigers – zu seinem Recht kommt (BGH NJW **87**, 2998). Er soll zugl eine sanktionslose PrivRache verhindern (Deutsch NJW **81**, 735). Ohne § 393 könnte der Gläub einer nicht beitreibb Fdg dem Schu bis zur Höhe der Schuld vorsätzl Schaden zufügen, ohne zivilrechtl Nachteile befürchten zu müssen. Der Vorschlag von Pielemeier (AufrVerbot des § 393, 1988), § 393 nur ggü Anspr aus unzul Selbsthilfe anzuwenden, überschätzt die Möglichk des StrafR u ist mit dem Wortlaut, aber auch mit dem Zweck der Norm unvereinb. – **b)** Die Vorschr verbietet die Aufr **gegen** eine Fdg aus vorsätzl 2 unerl Hdlg. Sie betrifft also die HptFdg u richtet sich gg den Schädiger. Dagg steht es dem Geschädigten frei, **mit** der DeliktsFdg aufzurechnen. Das Verbot gilt auch für die jur Person, die für die vorsätzl unerl Hdlg ihres Organs haftet (BayObLG **84**, 272), den Schuldübernehmer, den nach HGB 25 haftdn Gesch-Übernehmer (RG **154**, 339) u den Bü. Es w dch den Abschl eines Vergl nicht berührt, sofern keine Schuldumschaffg (§ 779 Rn 11) vorliegt (MüKo/v Feldmann Rn 1). § 393 ist auf das ZbR entspr anzuwenden (BAG NJW **68**, 566), nicht aber auf die Anrechng von Vorteilen iW der VortAusgl (BGH NJW **67**, 2013, Hamm NJW **70**, 2296, § 387 Rn 2). Ggü dem GeldstrafAnspr ist Aufr ohnehin ausgeschl (§ 395 Rn 2), eine entspr Anwendg des § 393 ist daher nicht erforderl. Will der Geschädigte mit seinem ErsAnspr aus vorsätzl Schädigg aufrechnen, ist ein vertragl AufrVerbot idR unbeachtl (§ 387 Rn 17).

2) Voraussetzungen. – a) Unerl Hdlgen iS des § 393 sind die Delikttatbestände des BGB (§§ 823 ff) u 3 der privatrechtl SonderGes. Strafbark ist nicht erforderl. Zum Vors s § 276 Rn 10. ErsAnspr aus vorsätzl VertrVerletzg sind nicht geschützt (BGH NJW **75**, 1120). Konkurrieren ein delikt u ein vertragl Schad-ErsAnspr, ist § 393 dagg anzuwenden (RG **154**, 338, BGH NJW **67**, 2013). Das gilt selbst dann, wenn der delikt Anspr wg Verj nicht mehr geltd gemacht w kann (RG **167**, 259, BGH NJW **77**, 529, Zweibr NJW **91**, 1836). Unter § 393 fällt auch der Anspr des Dienstherrn gg den Beamten wg vorsätzl Verletzg von Dienst-Pflten (VGH BaWü DÖD **80**, 62), nicht aber der Anspr aus ZPO 717 II (RG **76**, 408) od ZPO 600 II, 302 IV

4 (RG JW **34**, 3193). – **b)** Das AufrVerbot erstreckt sich auch auf **Folgeschäden** einschl von Kostenerstattgs-Anspr (Karlsr MDR **69**, 483), auch soweit diese dch eine UnterlKl entstanden sind (Köln NJW-RR **90**, 829), nicht aber auf Anspr auf Ers von PrivKlKosten (s Glötzner MDR **75**, 718), auch nicht auf Fdgen, die in keinem inneren Zushang mit der unerl Hdlg stehen (Celle OLGZ **69**, 319). Stehen sich zwei Fdgen aus vorsätzl unerl Hdlgen ggü, gilt das AufrVerbot für beide Fdgen (RG **123**, 7, Celle NJW **81**, 766, str, differenziert Deutsch NJW **81**, 735). – **c)** § 393 ist AusnTatbestd. Seine Voraussetzgen, auch den Vors, hat derj zu **beweisen,** der sich auf den AufrAusschluß beruft (BGH NJW **94**, 253).

394 **Keine Aufrechnung gegen unpfändbare Forderung.** Soweit eine Forderung der Pfändung nicht unterworfen ist, findet die Aufrechnung gegen die Forderung nicht statt. Gegen die aus Kranken-, Hilfs- oder Sterbekassen, insbesondere aus Knappschaftskassen und Kassen der Knappschaftsvereine, zu beziehenden Hebungen können jedoch geschuldete Beiträge aufgerechnet werden.

1 **1) Allgemeines.** Das AufrVerbot soll im öff Interesse verhindern, daß dem Gläub der unpfändb Fdg die LebensGrdlage gänzl entzogen w (RG **146**, 401), steht aber der Aufr mit der unpfändb Fdg nicht entgg. Sie gilt auch für AufrVereinbg (VGH Kassel NJW **86**, 147), diese ist aber zul, wenn sie nach Fälligk der unpfändb Fdg geschl w (BAG NJW **77**, 1168). Anrechng von Vorschüssen ist keine Aufr u daher statth (RG **133**, 252, § 387 Rn 2). Als Umgeh unzul sind aber Vereinbgen, die best Leistgen entgg der wirkl Sachlage zu Vorschüssen erklären (BAG NJW **56**, 926, LAG Bln DB **90**, 639). § 394 gilt auch für die Zb, wenn diese, wie idR, einen der unzul Aufr gleichkommden Erfolg hat (§ 273 Rn 14). Nach Übergang der Fdg auf einen Dr, insb Träger der SozVers od SozHilfe, entfällt das AufrVerbot (BGH **35**, 327, LG Heilbronn NJW-RR **90**, 197), dagg soll es iF eines FdgÜbergangs gem RVO 182 X od gem SGB X § 115 fortbestehen (BAG DB **79**, 1848, **85**, 499), SonderVorschr für Aufr gg Anspr aus dem SozialR in SGB (AT) 51 (s dazu BVerwG DVBl **80**, 959).

2 **2) Ausnahmen:** Vgl zunächst S 2. Das AufrVerbot tritt zurück, soweit Treu u Glauben dies erfordern. Zul ist daher die Aufr von SchadErsAnspr aus vorsätzl unerl Hdlgen, soweit diese aus demselben Lebens-Verh entstammen; das ergibt sich für das BeamtenR ausdr aus BRRG 51 II 2, BBG 84 II 2, gilt aber auch ggü BeihilfeAnspr (OVG NRW DVBl **95**, 206), Anspr aus ArbVerh (BAG NJW **60**, 1590, **65**, 70), Anspr des Strafgefangenen auf ArbEntgelt (KG JR **85**, 218) u UnterhAnspr (BGH **30**, 39, Düss FamRZ **81**, 970), nicht aber ggü Anspr aus dem BEG (BGH NJW-RR **90**, 1500). Im ArbR ist idR auch die Aufr mit Anspr aus vorsätzl VertrVerletzg zul (BAG NJW **60**, 1590); entspr gilt für die Aufr ggü UnterhAnspr (RGRK Rn 27, aA BGH **30**, 39). Ggü unpfändb RentenAnspr des Erben kann aber nicht mit GgAnspr wg einer vorsätzl Schädig dch den Erbl aufgerechnet w (RAG **11**, 44, BGH NJW-RR **90**, 1499). Die Privilegierg gilt nur für SchadErsAnspr, nicht für den Anspr auf VertrStrafe (Rostock NJW-RR **95**, 172). Wie weit die Aufr dchgreift, hängt von einer Abwägg der Umst des Einzelfalles ab (BAG NJW **65**, 70). ZPO 850f II gilt im Ergebn sinngem. IdR w dem Gläub das Existenzminimum (ZPO 850d) zu belassen sein (BGH **123**, 57, BAG **AP** Nr 8, einschränkd BAG NJW **65**, 70), da andf die Sozialhilfe eintreten müßte, die Aufr also im Ergebn zu Lasten der öff Hand gehen würde. Hat ArbN UrlGratifikation wg bestimmgswidr Verwendg zurückzuerstatten, kann ArbG mit ErstattgsAnspr gg Anspr auf UrlAbgeltg aufrechnen (BAG NJW **63**, 462). Ist Unterh dem mj Berecht zugeflossen u bestimmgsgem verwandt worden, steht § 394 der Aufr mit dem Anspr aus § 812 nach seinem Schutzzweck nicht entgg (Schlesw SchlHA **78**, 66). Entspr gilt für die Aufr mit einem GgAnspr aus ZPO 945 (Schlesw FamRZ **86**, 707).

3 **3) Die Pfändungsverbote** befinden sich in and Ges, insb in ZPO 850ff; s aber auch SGB I § 54. Bedingt pfändb Anspr (ZPO 850b) stehen unpfändb Fdgen gleich, es sei denn, daß das VollstrG die Pfändg zugel h (BGH **31**, 217, **70**, 206, 212, Oldenbg NJW-RR **94**, 479). Nicht anzuwenden ist § 394 auf Miet- u Pachtzinsen, da diese pfändb sind (ZPO 851b), Aufr ist aber gem § 242 unzul, soweit Pfändg gem ZPO 851b aufzuheben wäre (LG Lünebg MDR **68**, 668). Werden Leistgen nach dem SGB auf ein Konto überwiesen, schließt SGB I § 55 für die Dauer von 7 Tagen die Verrechng mit einem Debetsaldo aus (BGH **104**, 311, OVG Münster u Hbg NJW **88**, 156, 157). Verweigert die Kreditinstitut die Auszahlg, ist der FrAblauf unschädl (OVG Lünebg NJW **87**, 91). Dagg besteht bei einer Zahlg auf das Konto des Eheg kein Pfändgs-schutz (BGH NJW **88**, 709). KO 14 ist kein Pfändgsverbot iS des § 394 (BGH NJW **71**, 1563), wohl aber GesO 2 IV (BGH ZIP **95**, 1202) u das VerwertgsVerbot der ZPO 773 (RG **80**, 35). Wer schuldh das Entstehen eines unpfändb Anspr verhindert, kann ggü dem SchadErsAnspr nicht aufrechnen (RG **162**, 197, RAG **12**, 342, LAG Brem BB **56**, 596). Keine Aufr auch ggü vertragl UnterhAnspr, die ohne ges Verpfl übernommen, aber wie gesetzl UnterhAnspr ausgestaltet sind (RG Warn **19**, 69, Hbg OLG **21**, 247).

395 **Aufrechnung gegen Forderungen öffentlich-rechtlicher Körperschaften.** Gegen eine Forderung des *Reichs* oder eines *Bundesstaats* sowie gegen eine Forderung einer Gemeinde oder eines anderen Kommunalverbandes ist die Aufrechnung nur zulässig, wenn die Leistung an dieselbe Kasse zu erfolgen hat, aus der die Forderung des Aufrechnenden zu berichtigen ist.

1 **1) Allgemeines.** Auch **öffentlich-rechtliche Forderungen** sind grdsl ggeinand aufrechenb (BVerwG NJW **83**, 776, **87**, 2531, BFH NVwZ **84**, 199, BSG ZIP **95**, 397). Ebso ist es zul, öffrechtl u privatrechtl Fdgen ggeinand aufzurechnen (BGH **16**, 127, BFH WM **73**, 1006). Auf beide Fallgruppen finden die §§ 387ff entspr Anwendg, soweit nicht SonderVorschr (etwa AO 226) eingreifen od für die RNatur der öffrechtl Fdg entggsteht (allgM). Die Zugehörigk der Fdgen zu verschiedenen Teilen der ROrdng steht ihrer Gleichartigk nicht entgg; die Aufr scheitert auch nicht daran, daß die Fdgen in verschiedenen RWegen geltd zu machen sind (§ 388 Rn 5). Da die Aufr in erster Linie Tilgg der HauptFdg ist (§ 387 Rn 1), entscheiden iZw die für die HauptFdg maßgebden Vorschr über die Zulass der Aufr (s Ffm NJW **67**, 502).

Aufr gg eine **Geldstrafe** ist ausgeschlossen, dagg ist die Aufr mit einer Geldstrafe zul (AG Hann NJW **75**, 2 178), Einschränkgen ergeben sich aber aus BRAGO 96 a (§ 387 Rn 13). Die Aufr mit einer öffrechtl Fdg gg eine öffrechtl Fdg ist eine verwaltgsrechtl WillErkl, kein VerwAkt (BVerwG NJW **83**, 776, BFH NVwZ **87**, 1119). Zur Rückwirkg der Aufr im öffR s § 389 Rn 3.

2) § 395 beschränkt die Aufr gg **Forderungen des Fiskus** dch eine Verschärf des Merkmals der Ggseitigk. Er gilt sowohl für privrechtl als auch für öffrechtl Fdgen. Die Vorschr betrifft nur die Aufr des Schu; die AufrBefugn des Fiskus bleibt unberührt. **Kassen** iSd § 395 sind alle Amtsstellen mit selbstd KassenVerw (RG **82**, 236). Maßgebd ist die Kassenidentität zZ der AufrErkl; es genügt nicht, daß die gemeins Zuständigk bei Eintritt der AufrLage (§ 389) bestanden hat (RG **124**, 159, BGH **LM** Nr 2). Für die Aufr gg **Steueransprüche** gilt AO 226. Danach kann nur mit unbestr od rechtskr festgestellten GgFdgen aufgerechnet w; auf die Identität der für beide Anspr zuständ Kassen kommt es nicht an (BFH BB **90**, 342).

396 *Mehrheit von Forderungen.* [I]Hat der eine oder der andere Teil mehrere zur Aufrechnung geeignete Forderungen, so kann der aufrechnende Teil die Forderungen bestimmen, die gegeneinander aufgerechnet werden sollen. Wird die Aufrechnung ohne eine solche Bestimmung erklärt oder widerspricht der andere Teil unverzüglich, so findet die Vorschrift des § 366 Abs. 2 entsprechende Anwendung.

[II]Schuldet der aufrechnende Teil dem anderen Teile außer der Hauptleistung Zinsen und Kosten, so finden die Vorschriften des § 367 entsprechende Anwendung.

§ 396 überträgt die Regeln der §§ 366, 367 auf die Aufr. Gleichgült ist, ob dem Aufrechnden, dem and Teil 1 od beiden **mehrere aufrechenbare Forderungen** zustehen. Fehlt sie od widerspricht der and unverzügl (§ 121 I 1), so gilt § 366 II. Stehen dem Aufrechnden unverj u verj Fdgen zu, ergreift die Aufr iZw die verj, da diese geringere Sicherh bieten (BGH NJW **87**, 182). Das WidersprR besteht nur, soweit auch der Gegner zur Aufr befugt ist (LG Nürnbg MDR **54**, 100). Es kann daher vom Zessionar nicht für die beim Zedenten verbliebenen Fdgen ausgeübt w. Ist eine der HauptFdgen verjährt, ist iZw anzunehmen, daß sich die Aufr primär gg die nicht verjährten Fdgen richten soll (RG JW **38**, 2041). Schuldet der Aufrechnde neben der HptFdg Zinsen od Kosten, so enthält eine AufrErkl, die die Zinsen u Kosten nicht erwähnt, keine von § 367 abweichde Bestimmg (BGH **80**, 274). § 367 II gilt entspr: Die Aufr mit der Bestimmg, die HauptFdg solle vor Zinsen u Kosten getilgt w, ist unwirks, wenn der Gegner ablehnt (MüKo/v Feldmann Rn 5). Auf AufrVertr ist § 396 nicht anwendb (RG **132**, 221).

Vierter Titel. Erlaß

397 *Erlaßvertrag; negatives Schuldanerkenntnis.* [I]Das Schuldverhältnis erlischt, wenn der Gläubiger dem Schuldner durch Vertrag die Schuld erläßt.

[II]Das gleiche gilt, wenn der Gläubiger durch Vertrag mit dem Schuldner anerkennt, daß das Schuldverhältnis nicht bestehe.

1) Allgemeines. Der Erlaß ist ein Vertr zw Gläub u Schu, dch den der Gläub auf die Fdg verzichtet. – 1 **a)** Der Erlaß erfordert einen **Vertrag**. Einen einseit Verzicht auf schuldrechtl Fdgen sieht das Ges nicht vor (RG **72**, 171, **114**, 158, BGH NJW **87**, 3203). Mögl ist dagg ein einseit Verzicht auf Einr u GestaltgsR (§§ 376 II Nr 1, 671, 768 II), so etwa auf die Einr der Verj nach Ablauf der VerjFr (§ 222 Rn 5) od das RücktrR (BGH **LM** § 326 (J) Nr 2). Im SachenR genügt für den Verzicht idR eine einseit Erkl (§§ 875, 928, 959, 1064, 1255), so auch iF des EigtVorbeh (BGH NJW **58**, 1231). Entspr gilt für das ProzR (ZPO 295, 306, 346, 514) u das öffR (AO 227, 261, BHO 59). Dagg ist zum Verzicht auf ein VorkR ein Vertr erforderl (RG **110**, 418, MüKo/v Feldmann Rn 1, str). – **b)** Der Erlaß ist Verzicht auf eine **Forderung**. Er betrifft das 2 SchuldVerh ieS (Einf 1 v § 241) u unterscheidet sich dadch vom **Aufhebungsvertrag** *(contrarius consensus)*, der das SchuldVerh iwS erlöschen läßt (§ 305 Rn 7). Der Erlaß setzt das Bestehen der Fdg voraus. Es genügt allerdings, daß die Fdg bedingt od befristet entstanden od dem RGrd nach angelegt ist. Ausgeschlossen ist dagg der Erlaß einer **künftigen Forderung** (RG **124**, 326, **148**, 262, aA BGH **40**, 330); ein derart antizipierter Verzicht hat aber die Folge, daß die Fdg gar nicht erst entsteht (BGH BB **56**, 1086). Eine bereits erloschene Fdg kann nicht mehr erlassen w (Übbl 1 v § 362). – **c)** Der Erlaß ist ein **verfügender** Vertr (Einf 3 6 v § 305). Er bewirkt das Erlöschen des SchuldVerh u unterscheidet sich damit vom *pactum de non petendo*, das für den Schu ledigl eine Einr begründet. Haben die Part einen unbefristeten Einfordergsverzicht vereinb, ist iZw ein Erlaß anzunehmen (RG **127**, 129), jedoch ist auch ein unbefristetes *pactum de non petendo* vorstellb (Rn 3a). Für den Erlaß als verfügden Vertr gilt § 185. Wird schenkw erlassen, so ist der Erlaß bereits Vollzug der Schenkg; es gilt daher § 518 II (RG **53**, 296, Hbg NJW **61**, 76). – **d)** Der Erlaß erfordert einen Vertr zw 3a **Gläubiger** u **Schuldner.** Ein Erlaß zG eines Dr ist ausgeschlossen (RG **127**, 128, Einf 8 v § 328, str). Wirtschaftl kann das gleiche Ergebn aber dch ein unbefristetes *pactum de non petendo* erreicht w, das als VerpflGesch unbedenkl zGDr geschlossen w kann (BGH JZ **56**, 119). – **e)** Für den Erlaß od das negative SchuldAnerkenntn trägt der Schu die **Beweislast** (BGH NJW-RR **92**, 1388, Baumgärtel-Strieder Rn 2).

2) Erlaßvertrag. – **a)** Sein Abschluß ist **formfrei** u zwar auch dann, wenn der Erlaß schenkw erfolgt 4 (RG **53**, 296, Hbg NJW **61**, 76). Der ErlaßVertr kann auch dch schlüssige Hdlg zustande kommen, zB dch Rückg des Schuldscheins, Erteilung einer Quittg, Abgabe eines negativen Schuldanerkenntn (II, Rn 9). Wird in einem Proz ein als TFdg gekennzeichneter ZinsAnspr geltd gemacht, so kann das als stillschw Erlaß der etwaigen MehrFdg aufzufassen sein (BGH NJW **79**, 720). Stets muß aber ein rechtsgeschäftl Wille, die Fdg zu erlassen, gegeben sein. An die Feststell eines solchen Willens sind strenge Anfordergen zu stellen. Es ist ein Erfahrgssatz, daß ein **Verzicht nicht zu vermuten** u iZw **eng** auszulegen ist (RG **118**, 66, BGH NJW 5 **84**, 1346, **94**, 379, BAG DB **85**, 1950, stRspr). Das gilt insb, wenn der angebl Verzicht unbekannte Rechte erfassen soll (BGH NJW **94**, 380). Erforderl ist ein unzweideut Verhalten, das vom ErklGegner als Aufg des Rechts verstanden w kann (BGH FamRZ **81**, 763). Eine Erkl des Gläub, daß er die Fdg für uneinbringl halte, ist kein Erlaß. Entspr gilt, wenn der Gläub zum Ausdr bringt, er rechne auf Deckg von dritter Seite (Mü VersR **61**, 568). Da es auf die obj ErklBedeutg ankommt, kann ein Erlaß auch dann zu bejahen sein, wenn der Gläub vom Bestehen des Anspr keine Kenntn hatte (BGH **109**, 177, Mü WM **94**, 21, § 133 Rn 11, mißverständl BGH NJW **94**, 380). Ein konkludentes Verhalten kann aber nur dann als Erlaß gewertet w, wenn der Gläub die mögl Deutg seines Verhaltens als Erlaß bei Anwendg pflgem Sorgf erkennen konnte (s BGH **109**, 177, § 133 Rn 11). Die Wiederheirat geschiedener Eheg enthält nicht ohne weiteres einen Verzicht auf den dch die Scheidg entstandenen Anspr auf ZugewinnAusgl (Nürnbg MDR **80**, 668). Auch die Erteilg od widerspruchslose Ann einer Abrechng ist idR kein Erlaß (BGH NJW **94**, 380). Ein Verzicht auf Abrechng kann gegeben sein, wenn der Mieter trotz Fehlens einer ordngsmäß Abrechng Nebenkosten vorbehaltlos zahlt (Hbg NJW-RR **87**, 1495). Die Rückzahlg der Kaution trotz erkannter od erkennb Mängel kann als Erlaß etwa SchadErsAnspr aufzufassen sein (Mü NJW-RR **90**, 20). IntimVerk zw nichtehel Partnern enthält keinen Erlaß des rkräft ausgeurteilten RäumgsAnspr (LG Oldenbg NJW-RR **90**, 590). Jahrelange Nichtgeltdmachg eines Anspr stellt höchstens in AusnFällen einen Erlaß dar (RG Recht **16**, 1865), kann aber die Verwirkg des Anspr begründen (§ 242 6 Rn 87 ff). – **b)** Das Erlaßangebot bedarf der **Annahme** dch den und Teil. Bei einem Angebot des Gläub liegen idR die Voraussetzgen des § 151 vor, so daß die Ann nicht empfangsbedürft ist. Bei einem Angebot auf 7 unentgeltl Erlaß genügt uU bloßes Schweigen als Ann (RG JW **11**, 87, RAG HRR **32**, 1070). – **c)** Der Erlaß ist unwirks, sow er **unverzichtbare Ansprüche** betrifft. Der Verzicht auf UnterhAnspr w dch die §§ 1360 a, 1614, 1615 eingeschr. Auf den Anspr auf Tariflohn kann nur in den Grenzen des TVG 4 IV verzichtet w (§ 611 Rn 69). Weitere VerzVerbote enthalten BBesG 2 II, EFZG 12, BUrlG 13 (vgl dazu § 134 Rn 15) sowie AktG 50, 66, GmbHG 9, 19, 25, 43 u GenG 34 u KapErhG 19 (BayObLG WM **89**, 1933). Bei einem **formularmäßi-** 8 **gen** Verzicht kann sich die Unwirksamk auch aus AGBG 9 ergeben (Ffm NJW-RR **91**, 112). – **d)** Als Vfg (Rn 3) ist der Erlaß **abstrakt.** Schuldtilgg tritt daher auch ein, wenn das KausalGesch unwirks ist (Übbl 19 v § 104). Fehlt der RGrd od fällt er weg, besteht nach § 812 ein Anspr auf Wiederbegründg der Fdg in gehör Form (RG **76**, 60, **108**, 107). GrdGesch u Erlaß können aber von den Part zu einer Einh iSd § 139 zusgefaßt w (§ 139 Rn 7 ff), mit der Folge, daß sich die Unwirksamk des GrdGesch auch auf den Erlaß erstreckt.

9   **3) II. – a)** Das **negative Schuldanerkenntnis** ist and als das positive (§ 781), aber ebso wie der Erlaß formfrei. Es kann uU in der Gutschrift auf einem Kontenauszug liegen (Düss ZIP **92**, 1462). Die Unterscheidg zw konstitutiven u deklaratorischen Anerkenntn (§ 781 Rn 3) ist auch beim negativen Anerkenntn begriffl mögl, wg der Formfreih auch des konstitutiven Anerkenntn prakt aber nicht sehr bedeuts. Wird das negative SchuldAnerkenntn in Kenntn des Bestehens od des mögl Bestehens der Fdg abgegeben, kann es idR nicht kondiziert w. Der RGrd ergibt sich aus § 518 od § 779; im übrigen gilt § 814. Ein Anspr aus § 812 ist dagg gegeben, wenn dem negativen Schuldanerkenntn ein unwirks KausalGesch zugrde liegt (Bsp: angefochtene Abrede über die Hergabe eines negativen SchuldAnerkenntn gg Zahlg einer Abfindg). Er besteht auch dann, wenn die Part fälschl annahmen, die Fdg sei bereits erloschen, sie das Nichtbestehen also nur feststellen 10 wollten (RG **83**, 116, **108**, 107). Der Gläub muß jedoch das Bestehen der Fdg u seinen Irrt beweisen. – **b)** Die bei Beendigg des ArbVerh übl **Ausgleichsquittung** stellt idR ein negat Schuldanerkenntn dar (Schulte DB **81**, 937, krit Moritz BB **79**, 1610). Sie ist iZw eng auszulegen (BAG NJW **79**, 2267, Plander DB **86**, 1874) u kann uU wg Irrt od argl Täuschg angefochten w (BAG BB **77**, 1401). Nicht erfaßt w idR Anspr auf KündSchutz (BAG NJW **79**, 2267, DB **85**, 2357), auf Lohnfortzahlg (BAG NJW **81**, 1285), auf KarenzEntsch 11 (BAG NJW **82**, 1479), auf Ruhegehalt (BAG DB **90**, 1870) u der ZeugnAnspr (BAG NJW **75**, 407). – **c)** Die **Entlastung** im Vereins- u GesellschR ist ein einseit, keiner Ann bedürft RGesch (BGH NJW **59**, 192, **69**, 131). Sie läßt die dem Beschlußorgan bekannten od erkennb ErsAnspr erlöschen (BGH aaO u NJW **88**, 745). Die Entlastg des Verwalters dch die WoEigtümerGemeinsch hat die gleiche Wirkg (KG NJW-RR **93**, 404). Anspr aus strafb Hdlgen bleiben aber unberührt (Celle NJW-RR **91**, 979). Die Entlastg kann auch wg Verletzg der gesellschaftsrechtl TreuePfl unwirks sein (Hamm ZIP **93**, 119). Für die GmbH gelten die Beschränkgen in GmbHG 9 b I, 43 III. Einen FdgsVerzicht enthält die Entlastg iF der AG (AktG 120 II) u bei öffr Körpersch (BGH **106**, 201: RA- Kammern). Außerh des Vereins- u GesellschR kann die Entlastg ein negatives Schuldanerkenntn iSd § 397 II darstellen (RG **115**, 371, SeuffA **70**, 75).

Vierter Abschnitt. Übertragung der Forderung

398 **Abtretung.** Eine Forderung kann von dem Gläubiger durch Vertrag mit einem anderen auf diesen übertragen werden (Abtretung). Mit dem Abschlusse des Vertrags tritt der neue Gläubiger an die Stelle des bisherigen Gläubigers.

1   **1) Allgemeines. – a)** Nach den §§ 398 ff können grdsl alle Fdgen unter Wahrg ihrer Identität ohne Mitwirkg des Schu übertragen w. Fdgen sind inf dieser Regelg umlauffäh VermBestandt. Sie können vom Gläub in den **Güteraustausch** einbezogen w u fallen wirtschaftl, aber auch verfassgsrechtl unter den Begriff des Eigt (BGH NJW **80**, 2705). Mögl ist auch eine Sukzessivberechtigg, dh eine Regelg in Kombination einer auflösden u aufschiebden Bdgg, dab einem Fdg zunächst einem Berecht u dann einem Abtr einem u zusteht (s 2 BayObLG **95**, 149). – **b)** Die §§ 398 ff betreffen, abgesehen von § 411, nur Fdgen des PrivR. Für die Abtr von öffrechtl Anspr gelten in erster Linie die Vorschr des **öffentlichen Rechts,** vor allem AO 46 (s dazu BFH ZIP **90**, 109) u SGB I 53 (s dazu BSozG FamRZ **81**, 481). Soweit Bestimmgen fehlen, können die §§ 398 ff unter Berücksichtigg der Besonderh des öffR entspr angewandt w (BSozG NJW **59**, 2087, BFH WM **73**, 1007), u zwar, soweit es sich um Fdgen landesrechtl Ursprungs handelt, als LandesR (BVerwG NJW **93**, 1360). Die Übertragg von öffrechtl Anspr mit hoheitl Grdl an PrivPers ist nicht ausgeschlossen (s BGH **75**, 24, aA VerwG Düss NJW **81**, 1283, Stober JuS **82**, 742). Sie wandeln sich dch die Übertragg in privrechtl Fdgen um (s BGH aaO, Walz ZIP **91**, 1410, str).

2) Abtretungsvertrag. – a) Die Abtr ist ein Vertr zw dem bisherigen Gläub (Zedent) u dem neuen 3 (Zessionar), dch den der **Zedent** die Fdg auf den **Zessionar** überträgt. Sie ist ein VfgsGesch (Übbl 16 v § 104) u daher von dem schuldrechtl GrdGesch zu unterscheiden. **Rechtsgrund** der Abtr können Kauf, Schenkg, GeschBesorgg, SichergsVertr od sonst Vereinbgen sein. Mängel des KausalGesch lassen die Wirksamk der Abtr nach dem Abstraktionsprinzip unberührt (RG **87**, 71, **102**, 386). KausalGesch u Abtr können aber von den Part zu einer Einh iSd § 139 mit der Folge zusgefaßt w, daß sich die Unwirksamk des GrdGesch auch auf die Abtr erstreckt (BAG NJW **67**, 751, § 139 Rn 8). Auch in diesem Fall kann sich der Schu aber nicht auf Mängel des GrdGesch berufen, wenn der Zedent dch ein rechtskr Urt mit diesen Einwendgen ausgeschl ist (Nürnbg WM **84**, 607). Die Haftg des Zedenten ggü dem Zessionar richtet sich nach dem KausalGesch; sie betrifft iF des Kaufs nur das Bestehen der Fdg, nicht ihre Güte (§§ 437, 438). Vielfach ist die Abtr im KausalGesch stillschw mitenthalten (RG **126**, 184, BGH NJW **69**, 40). – **b) Parteien** 4 des AbtrVertr sind Zedent u Zessionar. Eine Abtr zGDr ist nicht mögl (Einf 8 v § 328, aA RG **124**, 138). Rechtl zul ist dagg die **Blankozession,** bei der der Empfänger der blanko ausgestellten AbtrUrk ermächtigt w, sich selbst od einen Dr als Zessionar zu bestimmen (RG **90**, 279). Zweifelh ist die Zuordng der Fdg bis zum Ausfüllen des Blanketts. Sie als „subjektloses" Recht anzusehen (so Dölle FS Wolff 1953, S 24), widerspr den Grds unserer ROrdng. Auch der unbekannte Zessionar kann noch nicht FdgInh sein, da der AbtrVertr mit ihm noch nicht zustande gekommen ist. FdgInh ist daher idR als TrHänder die ZwischenPers (MüKo/Roth Rn 31, Dohm WM **73**, 886, 890). Die Interessenlage kann es jedoch rechtf, zunächst den Zedenten weiter als FdgsInh anzusehen (Esser-Schmidt § 37 I 2 d). Der Blankozessionar w frühestens mit Ausfüllg des Blanketts FdgInh, u zwar mit Wirkg *ex nunc* (MüKo/Roth Rn 30, RGRK Rn 33, Esser-Schmidt § 37 I 2 d; für Wirkg *ex tunc:* Enn-Lehmann § 78 II 5). Eine Rückwirkg kommt insb dann nicht in Betr, wenn die Übertr, wie zB bei GrdPfandR, der Schriftform bedarf (RG **63**, 235, **90**, 279, BGH **22**, 132). Hier geht die Fdg unmittelb vom AltGläub auf den Letzterwerber über; der „TrHänder" ist auch zwezeitl nicht FdgInh, da eine formwirks Abtr an ihn fehlt. – **c)** Wird die Fdg **an den Schuldner** abgetreten, erlischt sie inf 5 Konfusion (Übbl 4 v § 362). Das gilt jedoch nicht bei Wechseln (WG 11 III) u InhPapieren (RG **147**, 243). Auch iF einer auflösd bedingten Abtr sowie einer SichgAbtr bleibt die Fdg bestehen (Dörstling NJW **54**, 1429, str). – **d) Inhalt** des AbtrVertr ist die Übertragung der GläubStellg. Zwar kann die Abtr aufschiebd od 6 auflösd bedingt erfolgen (BGH **4**, 163, **20**, 131). Der Vertr muß aber – zumindest für die Zukunft – vorsehen, daß der Zessionar zur Einziehg der Fdg berecht ist. Wird ihm diese Befugn auf Dauer u bedingsglos versagt, ist die Abtr unwirks (RG JW **38**, 1330). Das gilt ebso, wenn der Zessionar nur für den Fall im EinziehgsR haben soll, daß Dr gg den Zedenten VollstrMaßn ergreifen (RG **92**, 107, **160**, 207, BGH **LM** Nr 9). Zul ist dagg eine **stille Zession** (BGH **26**, 192). Sie verschafft dem Zessionar die volle GläubStellg, allerdings mit der schuldrechtl Abrede, von der Zession erst im SichgsFall Gebrauch zu machen (Rn 22); iZw bleibt der Zedent aufgrd einer entspr Ermächtigg (Rn 21) zur Einziehg der Fdg berecht. Soll an einer Fdg eine **Gesamtgläubigerschaft** iSd § 428 gebildet w, ist § 398 weder direkt noch analog anwendb; es handelt sich um ein RGesch eig Art, das der Zust des Schu bedarf (BGH **64**, 67).

3) Form. – a) Der AbtrVertr ist formfrei. Das gilt auch dann, wenn die abgetretene Fdg auf einem 7 formpflicht Gesch beruht (BGH **89**, 46, § 313 Rn 6) od das der Abtr zugrde liegde KausalGesch formbedürft ist. Die Abtr von Anspr auf Rückübertragg von Grdst, Gebäuden u Unternehmen nach dem **VermG** bedürfen seit dem 22. 7. 92 nebst dem zGrde liegden KausalGesch notarieller Beurk, VermG 3 nF (Dornberger DB **92**, 1619, Weimar/Alfes DNotZ **92**, 620, Heckschen DB **94**, 366). Abgesehen von diesem Sonderfall kann die Abtr auch **stillschweigend** erfolgen u im KausalGesch enthalten sein (Rn 3 aE). Wird die dch Abtretg gesicherte Fdg getilgt, kann in der Tilgg zugl die RückAbtr liegen (BGH NJW **86**, 977). Übernimmt der GrdstKäufer eine GrdSch nebst DarlFdg, so liegt darin idR die Abtr des aufschiebd bedingten Anspr auf Rückgewähr der GrdSch (BGH NJW **91**, 1821). Die stillschw Abtr setzt aber das Bewußtsein voraus, daß eine WillErkl wenigstens möglicherw erforderl ist (BGH **LM** Nr 20). Bei Teilzahlgs- od DarlVertr w kleingedruckte und auf der Rückseite der VertrUrk befindl LohnAbtrKlauseln uU nicht VertrInh (AGBG 9 Rn 107). Das gilt ebso für AbtrErkl in VollmUrk (LG Nürnb AnwBl **76**, 166). Für die **Auslegung** des AbtrVertr gelten die §§ 133, 157 (Rn 14). Die Abtr von GehaltsAnspr ist iZw dahin auszulegen, daß sie LohnsteuererstattgsAnspr mitumfaßt (BFH **AP** Nr 4). – **b)** Bei **verbrieften Forderungen** ist zu unterscheiden: – **aa) Inhaberpapiere** werden ausschließl nach sachenrechtl Grds (§§ 929 ff) 8 übertragen. Das Recht aus dem Papier folgt dem Recht am Papier. Eine Abtr ist nicht mögl (Einf 3 v § 793). – **bb) Orderpapiere** (Wechsel, Scheck) können außer dch Indossament auch dch Abtr übertragen w. Zur Einigg über den Übergang der Fdg muß jedoch die Übergabe des Papiers hinzutreten (BGH **104**, 149, krit Muscheler NJW **81**, 658); nur beim präjudizierten Wechsel ist sie entbehrl (BGH **104**, 150). – **cc) Namenspapiere** (Rektapapiere). Bei BriefHyp u BriefGrdSch gilt für die AbtrErkl (nicht für die Ann) Schriftform; außerdem ist Überg des Briefs notw (§§ 1154 I, 1192). Bei and Rektapapieren ist die Abtr dagg idR formfrei. Zur Abtr eines Sparguthabens ist die Überg des Sparbuchs nicht erforderl (RG **89**, 402, BGH NJW **63**, 1631), sie kann aber als stillschw Abtr aufzufassen sein (BGH DB **72**, 1226).

4) Die abzutretende Forderung. – a) Fdgen sind grdsl **abtretbar,** es gibt jedoch zahlr Ausn (s §§ 399, 9 400). Auch Fdgen aus einem ggs Vertr können abgetreten w (RG **127**, 249), die synallagmatische Verbindg mit der GgFdg besteht aber weiter (Rn 19). Übertragb sind auch Fdgen aus natürl Verbindlichk.

b) Die **Teilabtretung** ist zul, wenn die Fdg teilb ist u die Part sie nicht dch Vereinbg gem § 399 10 ausgeschlossen haben (hM). Die TeilFdgen sind selbstd Fdgen u haben gleichen Rang (BGH **46**, 243), jedoch sind abweichde Vereinbgen mögl (BGH NJW **91**, 2630). Diese erfordern aber eine ausdrückl Abrede (BGH aaO), der verlängerte EigtVorbeh begründet nicht ow einen Vorrang (BGH aaO), auch eine fr Zession (RG **149**, 98). Besteht gleicher Rang, entscheidet der Schu bei Zahlg, welche TeilFdg er tilgen will (§ 366 Rn 1). Minderg kann dagg idR nur verhältnismäß geltd gemacht w (BGH **46**, 244, NJW **83**, 1902). Entsteht für den Schu ein SchadErsAnspr aus § 326, w alle TeilFdgen zu bloßen Rechngsposten u fallen daher weg (BGH **LM** § 404 Nr 4). Die Verj der TeilFdgen läuft getrennt u w getrennt unterbrochen (BGH **44**, 388). Soweit die TeilAbtr für den Schu zu unzumutb Erschwernissen führt, ist sie gem § 242 unzul (BGH **23**, 55,

Düss MDR **81**, 669). Der Anspr auf Übereigng eines Grdst kann hins einer realen Teilfläche abgetreten w, es sei denn, daß die Teilg den Erstveräußerer unzumutb belastet (BayObLG DNotZ **72**, 223). Bei **Anspruchs-konkurrenz** (Einf 4 v § 823) würde die Beschränkg der Abtr auf einen Anspr zur Entstehg einer GesGläubi-gersch führen (Arens AcP **170**, 406), die aber nur mit Zust des Schu begründet w kann (BGH **64**, 69). Eine auf eine AnsprGrdl beschränkte Abtr ist daher nur mit Zust des Schu wirks. Zur Abtr des Anspr gg einen der GesSchu s § 425 Rn 6; zur Abtr iF der GesGläubigersch s § 428 Rn 1.

11   c) Mögl ist auch eine Abtr **künftiger** Fdgen (RG **67**, 167, BGH **7**, 367, **88**, 206, **108**, 104, NJW **88**, 3204, allgM). Das ergibt ein *argumentum a fortiori* aus § 185 II. Das RVerhältn od die RGrdl, aus der die Fdg erwachsen soll, braucht noch nicht zu bestehen (RG **55**, 334, BGH NJW **65**, 2197). Auch Ungewißh über die Pers des künft Schu schadet nichts (BAG NJW **67**, 752). Der Erbl kann daher eine erst in der Pers des Erben entstehde Fdg wirks abtreten (BGH **32**, 367). Erforderl ist nur, daß die Entstehg der Fdg zZ der Abtr mögl erscheint (RG **134**, 227) u die abgetretene Fdg bestimmt od jedenf bestimmb bezeichnet ist (Rn 14). Vollen-det ist der RErwerb erst mit der Entstehg der Fdg (BGH **88**, 206, NJW **95**, 1671), jedoch braucht die Willensübereinstimmg der Part in diesem Ztpkt nicht mehr fortzubestehen (Nörr-Scheyhing § 9 III 1). Die Abtr wird ggstlos, wenn die Fdg überhaupt nicht (BGH WM **73**, 489) od nicht in der Pers des Zedenten entsteht (BGH **88**, 207, BB **88**, 2337), so etwa, wenn der abgetretene AuseinandSAnspr wg Übertragg des GesellschAnteils in der Pers des neuen Gters entsteht (BGH aaO, Müller ZIP **94**, 342). Im KonkFall ist sie gem KO 15 ggü den KonkGläub unwirks, es sei denn, daß der RGrd der Fdg bereits bestand, die RStellg des Zessionars also zu einem AnwR erstarkt war (BGH NJW **55**, 544, Medicus JuS **67**, 386, str). Die dch die VorausAbtr geschaffene RPosition ist vererbl u gem §§ 413, 398 auch übertragb. Mögl ist auch die Abtr einer zwar bestehen, aber vom Zedenten erst zuerwerbden Fdg (§ 185). Str ist, ob die abgetretene künft Fdg unmittelb in der Pers des Zessionars entsteht, od ob sie eine „logische Sekunde" zum Verm des
12 Zedenten gehört; für **Direkterwerb** Esser/Schmidt § 37 I 3.1, Hbg MDR **56**, 227; für **Durchgangserwerb** Egert, RBdgg, 1974, S 60. Richt ist zu differenzieren: DirektErw findet statt, wenn die RGrdlage der Fdg bei Abtr schon u bei Entstehg der Fdg noch nicht vorhanden ist (Armbrüster NJW **91**, 607); andf tritt Dchgangs-Erw ein (Larenz § 34 III, Erm-Westermann Rn 12, Serick IV § 47 IV, vgl auch BGH **20**, 88, **49**, 205: DirektErw bei Übertr des AnwR aus bedingter Übereigng). Soweit DirektErw stattfindet, gelten die §§ 399ff entspr (BGH **66**, 385, NJW **69**, 276). Der Schutz der §§ 406, 407 ist auch bei Kenntn von einer VorausAbtr ausgeschlossen (BGH **66**, 385, aA Serick BB **82**, 874). Für einand widersprechde Vfgen gilt
13 auch iF des DchgangsErw der Grds der **Priorität.** Die zeitl spätere Abtr ist unwirks (BGH **32**, 370), es sei denn, daß die ErstAbtr gg § 138 od AGBG 9 verstößt. Eine Pfändg, die erst nach dem Entstehen des RGrdes der Fdg zul ist (BGH **53**, 32, **LM** ZPO 857 Nr 4 Bl 3), ist ggü der zeitl fr Abtr ohne Wirkg (BAG WM **80**, 662). Dagg wird die VorausAbtr einer AuseinandSFdg gegenstandslos, wenn anschließd das StammR (der GesellschAnteil) übertragen od gepfändet w (BGH **88**, 207, **104**, 353, Armbrüster NJW **91**, 607).

14   d) Die abzutretde Fdg muß, wie jeder Ggst einer Vfg, bestimmt od **bestimmbar** sein (BGH **7**, 367, NJW **74**, 1130, **95**, 1669). Dieses Erfordern hat vor allem bei der SichgAbtr künft Fdgen u beim verlängerten EigtVorbeh prakt Bedeutg (Rn 20ff). Die Kautelarjurisprudenz muß bei der Formulierg zwei widerstreitde Risiken berücksichtigen: Eine weite Fassg hat idR keine Schwierigk mit dem BestimmthGrds, kann aber wg **Übersicherung** gg § 138 od AGBG 9 verstoßen (§ 138 Rn 97). Eine enge Fassg vermeidet die Probleme der §§ 138, AGBG 9, kollidiert aber uU mit dem BestimmthErfordern. Unbedenkl ist, daß sich die Abtr auch auf die bes ausgewiesene MwSt bezieht (BGH NJW-RR **88**, 1013). Nicht erforderl ist, daß der Klausel für alle denkb Fälle zweifelsfrei entnommen w kann, auf welche Fdgen sie sich erstreckt; es genügt, wenn im Ztpkt des Entstehens der Fdg bestimmb ist, ob sie von der Abtr erfaßt w (BGH **7**, 369, **26**, 183, stRspr, aA RG **155**, 29). Die Abtr ist auch dann wirks, wenn die Feststellg der abgetretenen Fdg erhebl Arb- u Zeitaufwand erfordert (BGH **70**, 90). Ist wg fehler Aufzeichnungen nicht aufklärb, welche Fdgen die Abtr (verlängerter EigtVorbeh) erfaßt, ist der Zedent schaderspflicht, der Zessionar aber nicht berecht, beliebige KundenFdgen in Anspr zu nehmen (BGH NJW **78**, 1632). Auch hins der Pers des Schu genügt Bestimm-bark; unbedenkl abe die Abtr von GewlAnspr gg die „am Bau Beteiligten" (BGH NJW **78**, 635, Düss
15 BauR **84**, 201). – **aa)** Bei Abtr einer **Forderungsmehrheit** hat der Rspr die Bestimmbark bejaht bei Abtr aller Fdgen aus einem best GeschBetr (RG JW **32**, 3760), aller Fdgen aus einer best Art von RGesch (RG **155**, 30, BGH WM **61**, 350, Stgt NJW **64**, 666), aller Fdgen aus einem best Zeitraum, auch wenn einz Fdgen ausgenommen w (BGH WM **66**, 13), „aller künft Fdgen" (s aber § 138 Rn 77). Unwirks ist die Abtr mehrerer Fdgen in Höhe eines TeilBetr, wenn nicht erkennb ist, auf welche Fdgen od TeilFdgen sie sich beziehen (RG **98**, 202, BGH Warn **68** Nr 165, WM **70**, 848). Entspr gilt für die Abtr aller Fdgen bis zu einem Höchstbetrag, soweit sie künft Fdgen betrifft u unbest ist, welche Fdgen jeweils „nachrücken" sollen (BGH
16 **71**, 78). – **bb)** Wird der Umfang der Abtr von der **jeweiligen Höhe** einer auf Fdg abhäng gemacht, so ist zu unterscheiden: Es genügt nicht, daß der Umfang der Abtr im Verhältn zw Zedent u Zessionar ermittelt w kann (s RG **92**, 238, aA Wolf NJW **66**, 107). Auch der Schu muß sich in zumutb Weise Gewißh darüber verschaffen können, an wen er zu leisten hat; ist das gewährleistet, ist die Abtr wirks (Celle DB **67**, 375), andf nicht (BGH NJW **65**, 2198, aA offenb Karlsr OLGZ **84**, 81). Unbedenkl ist eine GehaltsAbtr in Höhe der jeweils pfändb Bezüge (BAG **AP** Nr 3). Mögl ist auch eine **Mantelzession,** bei der sich der Zedent verpflichtet, Fdgen in best od variabler Höhe abzutreten u ihm zu best Ztpkten Listen der abgetrete-nen Fdgen zu übergeben. Da die Abtr erst mit Übergabe der Listen wirks w, ist dem BestimmbarkErfor-dern genügt (LG Bln WM **84**, 225); der Zessionar hat aber bis zu diesem Ztpkt keinen Schutz gg Pfändgen
17 od Abtr. – **cc)** Bei VorausAbtr dch **verlängerten Eigentumsvorbehalt** (§ 455 Rn 17) muß die Klausel sowohl dem BestimmbarkGrds als auch den Anfordergen der §§ 138, AGBG 9 Rechng tragen (Rn 14). Hinreichd bestimmt ist der Vorsatz „in Höhe des Wertes der VorbehWare" od „entspr dem Wert der Lieferg" (BGH NJW **64**, 150, **68**, 1518, **75**, 1227), ebso die Abtr der Fdg aus der „Verwendg des Materials" (BGH **LM** § 157 (Ga) Nr 18) u der gesamten dch Veräußerg od Verarbeitg entstehden Fdg (BGH **7**, 369, NJW **74**, 1130, NJW-RR **90**, 1526). Letztere ist aber auch bei einer FreigabeRegelg, die hinr auf die Interessen des SichgGeb Rücksicht nimmt (§ 138 Rn 97), idR wg Konkurrenz mit and verlängerten Eigt-Vorbehalten unwirks (LG Bonn ZIP **93**, 692). Nicht hinreichd konkretisiert ist der EigtVorbeh, der auf die

an die Stelle der Kaufsache tredten Fdgen abstellt (BGH **26**, 179, WM **75**, 977). Fehlt eine Konkretisierg, kann wg des Verbots geltgserhalder Reduktion nicht angenommen w, daß die Abtr auf den Rechngswert der VorbehWare beschränkt w soll (s BGH **98**, 311, and noch BGH **79**, 20, ZIP **85**, 752).

5) Rechtsfolgen. – a) Die **Wirkung** der Abtr ist der Übergang der GläubStellg vom Zedenten auf den 18 Zessionar. Grdsl geht die gesamte Fdg über, wg Neben- u SichergsR vgl § 401. Die Zuständigk der ArbGer bleibt bestehen (BAG ZIP **93**, 848), aber auch SchiedsGerKlauseln (BGH **71**, 165, NJW **86**, 2765) u Ger-StandsVereinbgen (Köln VersR **92**, 1152); dagg entfällt der VerbrGerStand des Art 13 EuGVÜ (EuGH ZIP **93**, 827). Bei Leistgsstörgen stehen ihm die Anspr aus §§ 280, 281, 283, 286 u pVV zu; iZw sind auch die GewLAnspr u die SchadErsAnspr wg NichtErf mitabgetreten (s Dörner Dynamische Relativität, 1985, S 304, 312, str). Leistgsbezogene SchutzPflten wirken bei offener Zession zG des Zessionars (Seetzen AcP **169**, 352, MDR **70**, 809). Bei **Leistungsstörungen** nach der Abtr bemißt sich der SchadErsAnspr wg Unmöglichk, Verz od pVV nach der Pers des Zessionars (BGH NJW-RR **92**, 219, Hoffmann WM **94**, 1464). Der Inkassozessionar kann aber iW der Drittschadensliquidation den Schaden des Zedenten geld machen (RG **107**, 135). Das soll auch iF der SichgAbtr gelten, wenn nur beim SichgG ein Schaden entstanden ist (BGH NJW **95**, 1287). Diese Lösg überzeugt nicht. Da Schaden dchaus auch beim SichgN entstehen kann, führt die SichgAbtr nicht notw zu einer Schadensverlagerg, wie sie für eine Drittschadensliquidation erforderl ist (Vorbem 112 v § 249). Auch bei Leistgsstörgen vor Abtr bestimmen vom Ztpkt der Zession ab die Verhältn des Zessionars die Schadenshöhe (Dörner aaO). Der Gedanke, daß sich die RLage des Schu dch die Abtr nicht verschlechtern darf, spricht aber dafür, ErsAnspr des Zessionars auf die Höhe des Schadens zu beschränken, der hypoth auch dem Zedenten entstanden wäre u die BewLast insoweit dem Zessionar aufzuerlegen (Junker AcP **195**, 1 mwNw). Selbstd GestaltgsR, wie das Anf-, Rücktr- od KündR stehen weiterhin dem Zedenten zu, es sei denn, daß sie ausdr od stillschw mitübertragen worden sind (BGH NJW **85**, 2641, § 413 Rn 7). Der Zedent kann die Rechte aber nur mit Zust des Zessionars ausüben (Seetzen AcP **169**, 366, aA Schwenzer AcP **182**, 214); auch sonst Vfgen über den SchuldGrd, die einer bereits entstandenen Fdg die Grdl entziehen, sind nur mit Zust des Zessionars zul (s BGH **111**, 91, Deubner JuS **92**, 19). Der Leistgsort bleibt unverändert, da es gem § 269 I auf die Verhältn zZ der Entstehg des SchuldVerh ankommt (Dörner S 261). – **b)** Wird eine Fdg aus einem **gegenseitigen Vertrag** abgetreten, bleibt die synallagmat 19 Verbindg der beiderseit Anspr bestehen. Die Einr des nichterf Vertr verbleibt dem Zedenten (BGH **55**, 356, **LM** Nr 17, § 320 Rn 3); dagg stehen das Recht zur NachFrSetzg u der SchadErsAnspr wg NichtErf dem Zessionar zu (BGH NJW **85**, 2641, **91**, 2553). Zum Anf-, Rücktr- u KündR s Rn 18, zu Einwendgen u Einr des Schu s § 404.

6) Sicherungsabtretung. – a) Sie wird – ebso wie die SichgÜbereign (§ 930 Rn 11 ff) – dch einen 20 Widerspr zw ihrer rechtl Tragweite u ihrem wirtschaftl Zweck gekennzeichnet. Der SichgN erwirbt rechtl die volle GläubStellg, nach der getroffenen Zweckabrede sollen ihm aber nur Befugn allnd denen eines PfandGläub zustehen. Es muß daher ebso wie bei and **fiduziarischen Rechtsverhältnissen** unterschieden w: – **aa)** Im **Außenverhältnis** zum Schuldner erlangt der SichgN alle GläubR. Er kann die Fdg gerichtl u 21 außergerichtl geltd machen; eine von ihm vorgenommene WeiterAbtr ist auch dann wirks, wenn sie gg Abreden in InnenVerh verstößt (BGH WM **82**, 443). Der Schu hat keine Einwendgen aus der der Abtr zugrde liegden SichgAbrede (RG **102**, 386, BGH NJW **74**, 186). Diese kann jedoch stillschw ein *pactum de non petendo* zG des Schu enthalten (Nürnb OLGZ **83**, 481, Willoweit NJW **74**, 974). Bei offensichtl Mißbrauch ist § 242 anwendb (s Lange DR **39**, 851). Das Erlöschen der gesicherten Fdg kann eine auflösde Bdgg der Abtr darstellen; iZw ist das jedoch nicht anzunehmen (BGH WM **60**, 1407, NJW **84**, 1184). Bei der sog **stillen Zession** ist der SichgG ermächtigt, Leistg an sich zu verlangen u in gewillkürter ProzStandsch zu klagen (MüKo/Roth Rn 101). Ein KlagR auf Leistg an den SichgN steht dem SichgG aber auch iF offener Abtr zu (RG **155**, 52, BGH **32**, 71, WM **83**, 63). – **bb)** Im **Innenverhältnis** darf der SichgN nur nach Maßg 22 des SichgZwecks über die Fdg verfügen. Er ist iZw nur zur Einziehg berecht, wenn der SichgG in Verzug kommt (RG **142**, 141, BFH NVwZ **84**, 469). Bei einer formularmäß Abtr müssen die Voraussetzgen der Einziehgsbefugn bestimmt festgelegt w (BGH **108**, 106); der SichG ist vor Offenlegen der Abtr zu informieren (BGH ZIP **94**, 1350). Bei der Einziehg muß er die Interessen des SichgG wahren u übersteigde Beträge herausgeben. Die RückAbtr kann auch stillschw erfolgen u in der Tilgg der gesicherten Fdg mitenthalten sein (BGH NJW **86**, 977).

b) Vollstreckungsrecht. – aa) Der **Zessionar** (SichgN) kann der Pfändg der Fdg dch Gläub des Zeden- 23 ten (SichgG) gem ZPO 771 widersprechen (Grunsky JuS **84**, 501, s auch RG **124**, 73); dagg hat er im Konk des Zedenten nur ein Absondergs-, kein AussondergsR (BGH **LM** § 157 (Ga) Nr 18). – **bb)** Pfänden Gläub des Zessionars die Fdg, steht dem **Zedenten** die DrittwidersprKl zu (BGH NJW **59**, 1224, MüKo/Roth Rn 108, aA Nörr-Scheyhing § 11 I 9b). Das gilt jedoch dann nicht, wenn hins der Fdg Verwertgsreife eingetreten ist (BGH **72**, 146 zur SichgÜbereign). Im Konk hat der Zedent ein AussondergsR, das aber mit Eintritt der Verwertgsreife entfällt.

c) Die prakt wichtigsten Fälle der SichgAbtr sind die **Globalzession,** das typ SichgMittel des Geldkredit- 24 Geb, u der **verlängerte Eigentumsvorbehalt,** das typ Sichgmittel des WarenkreditG. Beide Arten der SichgAbtr sind nur wirks, wenn sie dem BestimmbarkErfordern genügen (Rn 14). – **aa)** Bei einem **Konflikt** zw Globalzession u verlängertem EigtVorbeh ist vom Grds der **Priorität** auszugehen (BGH **30**, 151, **32**, 363, stRspr zur Begründg krit Henrichs JZ **93**, 225), vorausgesetzt, daß beide Vfgen an sich wirks sind. Zur Globalzession s § 138 Rn 77. Sie kann ebso wie der verlängerte EigtVorbeh wg Übersicherg unwirks sein (§ 138 Rn 97). Der Verstoß gg § 138 kann sich auch daraus ergeben, daß beide Sichgen miteinander verbunden w (BGH NJW **77**, 2261, Lambsdorff/Skora BB **77**, 922). Die zum Verh der beiden SichergsR im fr Schriftt teilw vertretene Ans (s Neubeck NJW **59**, 581 ua), der verlängerte EigtVorbeh habe aGrd Surrogation od wg „größerer Nähe“ zur abgetretenen Fdg den Vorrang vor der Globalzession, findet im Ges keine Stütze (BGH **30**, 152). Beachtl, aber prakt undchführb sind die Versuche, die Fdg nach Wertquoten (Franke JuS **78**, 373) od nach der Kredithöhe (Beuthien BB **71**, 375) zw Geld- u Warenkreditgeber zu teilen (BGH **32**, 364, **51**, 118). – **bb)** Der Grds der Priorität w im Verh zw Globalzession u

25 verlängertem EigtVorbeh aber dch § 138 od AGBG 9 modifiziert: Die **Globalzession** ist wg Verleitg des Zedenten zur Täuschg u zum VertrBruch **nichtig,** soweit sie sich auf Fdgen erstreckt, die von einem verlängerten EigtVorbeh erfaßt w (BGH **30**, 152, **72**, 310, NJW **91**, 2147, **95**, 1669). Das gilt auch dann, wenn Fdg nur mit Zust des Schu abgetreten w kann (BGH **55**, 34), doch ist jeweils auch der subj Tatbestd zu prüfen (BGH **32**, 366, NJW **60**, 1003, **68**, 1517, offengelassen in BGH NJW **69**, 320). § 138 ist daher unanwendb, wenn Globalzessionar einen Konflikt mit verlängertem EigtVorbeh für ausgeschl halten darf (BGH **32**, 366, NJW **95**, 1669), od wenn nach dem Willen der VertrPart der verlängerte EigtVorbeh Vorrang h soll (BGH NJW **74**, 942). Von den in der Bankpraxis übl Klauseln räumt die sog dingl VerzKlausel (Vorrangklausel) den Vorwurf der Sittenwidrigk aus (BGH NJW **74**, 942, **91**, 2147), u zwar auch dann, wenn der Vorrang auf den branchenübl verlängerten EigtVorbeh beschränkt w (BGH **98**, 314). Nicht ausr ist die sog VerpflKlausel, die dem Schu die Verpfl zur Befriedigg des VorbehVerk auferlegt (BGH NJW **69**, 318, **74**, 942). Auch die sog schuldr TeilVerzKlausel (Anspr des VorbehVerk auf teilw Freigabe), genügt nicht, da sie die Dchsetzg der Rechte des VorbehVerk unangem erschwert u ihm das Risiko einer Insolvenz des Globalzessionars aufbürdet (BGH **72**, 308, NJW **95**, 1669). Die Nichtigk erstreckt sich auch auf Klausel, wonach der Globalzessionar Zahlstelle des Zedenten ist (BGH **72**, 316, Ffm ZIP **81**, 492). Der VorbehVerk kann daher den Anspr aus § 816 II gg den Globalzessionar richten (Ffm ZIP **81**, 492). Globalzession bleibt aber iZw insow wirks, als sie nicht geschützte Anspr betrifft (BGH **72**, 315, DB **80**, 683). Diskontierg eines Wechsels verstößt auch dann nicht gg § 138, wenn Kunde die dem Wechsel zGrde liegde Fdg dch verlängerten EigtVorbeh an seinen Lieferanten abgetreten hat (BGH NJW **79**, 1704, krit Muscheler NJW **81**, 657).

26 **7) Inkassozession. – a)** Sie ist ebso wie die SichgAbtr (Rn 20) ein fiduziarisches RVerh. Der Zessionar erlangt im AußenVerh die volle GläubStellg; nach den im InnenVerh getroffenen Abreden (§§ 675, 667) soll er die Fdg dagg ledigl einziehen u den Erlös an den Zedenten abführen (RG **99**, 143). Dch diese Zwecksetzg 27 ähnelt die Inkassozession der Einziehgsermächtig (Rn 29). Währd der Inkassozessionar VollGläub ist, überträgt die Einziehgsermächtig aber nur eine Einziehgsbefugn. Zur Abgrenzg s Rn 30. – **b)** Der Inkassozessionar kann die Fdg ohne Nachw eines Eigeninteresses iW der Klage geltd machen (BGH NJW **80**, 991). Treuwidr Vfgen sind wirks (RG **99**, 143), es sei denn, daß der VfgsBegünstigte kollusiv mit dem Zessionar zuswirkt (RG **153**, 370). Die im Schriftt vertretene Ans, die Grds des VollmMißbr (§ 164 Rn 13) seien bei Mißbr der Rechte eines TrHänders entspr anwendb, hat sich in der Rspr nicht dchgesetzt (BGH NJW **68**, 1471, § 903 Rn 40). Einwendungen aus der der Abtr zugrde liegden ZweckVereinbg kann der Schu nur im Rahmen von Rn 21. Der Schu kann ohne die Beschränkg des § 406 mit Fdgen gg den Zedenten **aufrechnen** (BGH **25**, 367, § 387 Rn 7). Der SchadErs bemißt sich, da der Zessionar idR keinen eig Schaden erleidet, nach der Pers des Zedenten (RG **107**, 134, Vorbem 115 v § 249). Bei VollstrMaßn von Gläub des Zessionars hat der Zedent das KlagR aus ZPO 771 (BGH NJW **59**, 1224), im Konkurs steht ihm ein AussondergsR zu (RG **123**, 381, **153**, 369). Wird die Fdg vom Gläub des Zedenten gepfändet, soll auch der Zessionar gem ZPO 771 widersprechen können (BGH **11**, 41). Der Konk des Zedenten beendet das TrHandVerh (KO 28 23 II). Der Zessionar hat kein Aussondergs- od AbsondergsR (s RG **145**, 256). – **c)** Die geschäftsmäß Inkassozession bedarf einer **Erlaubnis** nach dem RBerG. Fehlt die Erlaubn, ist die Zession nichtig (BGH **47**, 366, **61**, 318, § 134 Rn 21).

29 **8) Einziehungsermächtigung. – a)** Sie ist – and als die Inkassozession – ledigl Übertr eines FdgsAusschnitts. Die Fdg selbst verbleibt beim Gläub; der Ermächtigte kann die Fdg im eig Namen geltd machen u je nach dem Inh der Ermächtigg Leistg an den Gläub od an sich verlangen. Die Zulässigk der Einziehgsermächtigg w aus § 185 hergeleitet (s RG **133**, 241, BGH **4**, 164, **70**, 393). Dagg bestehen schon deshalb Bedenken, weil die Einziehg nur eine Fdg keine Vfg ist. Außerdem vermag die Anwendg des § 185 nicht zu erklären, warum der Schu zur Leistg an den Ermächtigten verpfl sein soll. Die seit vielen Jahrzehnten praktizierte u von den Ger als zul angesehene Einziehgsermächtigg ist aber als Ergebn richterl RFortbildg 30 anzuerkennen (Rüssmann JuS **72**, 170). – **b) Hauptanwendungsfälle** sind das EinziehgsR des Zedenten iF der SichgsAbtr u des verlängerten EigtVorbeh (Rn 21), die Ermächtigg des Bauträgers zur Geltdmachg der an den Bauherrn abgetretenen GewlAnspr gg den BauUntern (Handwerker) (BGH **70**, 393, NJW **78**, 1375), des Verwalters zur Geltdmachg von Anspr der WoEigtGemsch (BGH **74**, 267, **81**, 37), des Fdgsverkäufers zur Dchsetzg der abgetretenen Fdg (BGH NJW **79**, 925), des herrschden Gters zur Geltdmachg von Anspr der Gesellsch (BGH NJW **65**, 1962). Ob eine VollAbtr od eine Einziehgsermächtigg vorliegt, ist dch Auslegg (§§ 133, 157) zu entscheiden. Ein wesentl GesichtsPkt kann sein, ob die Part die mit der VollAbtr verbundene überschießde Außenstellg des Zessionars gewollt haben od nicht (BGH WM **85**, 614). Soll einer Inkassostelle die Einziehg übertragen w, ist – wg der auf die gerichtl Geltdmachg entscheidende Schwie-31 rigk – iZw eine VollAbtr anzunehmen (Köln JMBlNRW **71**, 7). – **c)** Die **Befugnisse des Ermächtigten** richten sich nach dem Inh der Ermächtigg. Neben dem EinziehgsR (Rn 29) steht ihm iZw die Befugn zu, die Erkl abzugeben, die im ZusHang mit der Erf erforderl w, wie Vorbeh, Ann als Erf (§ 363) usw (Nörr-Scheyhing § 11 IV 4d). Zu Vfgen über die Fdg, insb zur Abtr, ist er grdsl nicht berecht. Der VorbehKäufer ist aber iZw befugt, die vom verlängerten EigtVorbeh erfaßte Fdg im Rahmen echten Factorings an den Factor abzutreten (BGH **69**, 258, Rn 36), dagg besteht diese Befugn iF unechten Factorings nicht (BGH **82**, 56). Der SichgG, der die Fdg dch Globalzession abgetreten hat, ist zur nochmaligen Abtr an einen Factor nicht befugt (BGH **75**, 394); er kann aber wirks über die Fdg verfügen, wenn er aufgrund der Abtr den GgWert der Fdg ungeschmälert u endgült erhält (BGH **82**, 283, krit Bülow NJW **82**, 1630). Die Einziehgsermächtigg ist iZw frei widerrufl (BGH **82**, 290), die iF der stillen SichgAbtr dem Zedenten erteilte Ermäch-32 tigg aber nur im Rahmen des SichgZweckes (Mü BB **85**, 2270). – **d)** Der Schu kann dem Ermächtigten alle ihm gg den Gläub zustehden **Einwendungen** entgehalten. Er kann, da der Ermächtigde weiterhin Gläub ist, auch mit Fdgen aufrechnen, die er nach Kenntn von der Einziehgsermächtigg gg den Ermächtigden erworben hat, nicht aber mit Fdgen gg den Ermächtigten (OLG **23**, 19). Auch aus dem InnenVerh zw Gläub u dem Ermächtigten kann er Einwendgen herleiten (RG **53**, 419), nicht aber aus seinen eig RBeziehgen zum Ermächtigten (BGH NJW **83**, 1424). Zugunsten des Schu finden die §§ 170ff entspr Anwendg (§ 182 Rn 3). Die bes verlautbarte od dch Vorlage einer Urk belegte Ermächtigg gilt daher ggü einem gutgl Schu auch

dann, wenn sie inf Widerrufs nicht mehr besteht. – **e)** Zur gerichtl Geltdmachg der Fdg im eig Namen ist 33 der Ermächtigte nur berecht, wenn er hieran ein eig schutzwürd Interesse hat (BGH **4**, 165, **92**, 349, **96**, 153, NJW **89**, 1933, stRspr), sog **gewillkürte Prozeßstandschaft.** Dieses fehlt, wenn der Ermächtigte vermögenslos ist (Boecken- Krause NJW **87**, 420, str), und liegt es jedoch, wenn er erst nachträgl in Vermögensverfall gerät od für die ProzKosten Sicherh leistet (BGH NJW **90**, 1117). Das Urt schafft für u gg den Ermächtigden RKraft (BGH NJW **57**, 1636). Der ProzGegner kann mit seinem KostenerstattgsAnspr gg Anspr des Ermächtigden aufrechnen (KG MDR **83**, 752). – **f)** Ist die Fdg wg ihres höchstpersönl Charakters 34 od wg § 400 **nicht abtretbar,** kann für sie auch keine Einziehgsermächtigg erteilt w (BGH NJW **69**, 1110, **LM** § 847 Nr 3). Bei vertragl Abtretgsverboten ist es Ausleggsfrage, ob auch eine Einziehgsermächtigg ausgeschlossen sein soll (BGH **56**, 236, NJW **92**, 1883). Dagg ist bei unübertragb vermögensrechtl Anspr eine Einziehgsermächtigg idR wirks (BGH **68**, 125, NJW **87**, 3122, Köln ZIP **87**, 868). Sow das AbtrVerbot des § 400 nach dem GesZweck entfällt (§ 400 Rn 3), ist auch eine Einziehgsermächtigg zul (BGH **4**, 166).

9) Beim **Factoring** überträgt ein Unternehmer seine Fdgen gg seine Abnehmer dch Global- od Mantel- 35 zession auf den Factor. Nach Entstehg der Fdg zahlt der Factor deren GgWert, vermindert um seine Provision, an den Unternehmer u zieht die Fdg ein. Die RNatur des FactoringVertr ist str. Er wird von einigen als Kauf eingestuft (Blaurock ZHR **142**, 340, **143**, 71), von and als Darl (Canaris NJW **81**, 250). Im Anschluß an Serick (IV § 52) u in Übereinstimmg mit der BGHRspr muß bei der rechtl Beurteilg zw echtem u unechtem Factoring unterschieden w: – **a)** Beim **echten** Factoring trägt der Factor das Delkredererisiko. 36 Rechtl handelt es sich um einen Fdgskauf (BGH **69**, 257, **72**, 20). Die Globalzession an den Factor ist auch insow wirks, als sie Fdgen betrifft, die von einem verlängerten EigtVorbeh erfaßt w, da der VorbehVerkäufer wirtschaftl u rechtl ebso dasteht, wie wenn der Käufer die Fdg selbst eingezogen hätte (BGH **69**, 258). Auch wenn die Abtr an den Factor der Vereinbg des verlängerten EigtVorbeh zeitl nachfolgt, ist sie wirks, da sie dch die dem VorbehKäufer erteilte Ermächtigg zur Vfg über die Sache u deren Ggwert gedeckt ist (BGH **72**, 20, **82**, 288); and ist es aber, wenn das AbtrVerbot nicht mit demVorlieferanten, sond mit dem Abnehmer vereinb worden ist (BGH WM **91**, 556). Wenn der FactoringErlös nicht an den VorbehKäufer, sond an einen Dr abgeführt w soll, kann sich der Factor nicht auf sein VorR berufen (BGH **100**, 360, Ffm BB **88**, 233). Der VorbehVerkäufer kann sich gg mögl Gefahren dch entspr Klauseln sichern (s Peters/Wiechmann NJW **85**, 2932). Ist das Delkredere des Factors weitgehd ausgehöhlt, gilt Rn 37 (Kblz WM **88**, 45). – **b)** Beim **unechten** Factoring trägt der Factoringkunde das Risiko des Fdgsausfalls. Die Gutschrift des 37 GgWerts der Fdg ist rechtl als KreditGesch aufzufassen (BGH **82**, 61); die Abtr erfolgt zur Sichg des Kredits u zugl erfhalber (BGH **58**, 367, NJW **78**, 1521). Bei einem Konflikt mit dem verlängerten EigtVorbeh ist die Abtr an den Factor entspr der Vertragsbruchtheorie (Rn 25) grdsl unwirks (BGH **82**, 56, Serick NJW **81**, 794, aA Brem BB **80**, 803, MüKo/Roth Rn 173). Sie ist aber wirks, wenn die rückbelasteten od nicht bevorschußten Fdgen dch Vereinbg einer entspr auflösden Bdgg *ipso jure* an den Factoringkunden u damit gem § 185 II Fall 2 an den VorbehVerkäufer zurückfallen; denn bei einer solchen VertrGestaltg stehen echtes u unechtes Factoring, sow es um die Berücksichtigg der Interessen des VorbehVerkäufers geht, im Ergebn einand gleich.

10) Vertragsübernahme. – a) Das BGB regelt die Abtr einz Fdgen u die Übern einz Schulden. Es enthält 38 dagg keine Vorschr über eine rechtsgeschäftl **Übertragung eines Schuldverhältnisses im ganzen,** dh den Eintritt einer VertrPart anstelle der bisherigen. Eine VertrÜbern sieht das Ges nur als Folge and RGesch vor, so in den §§ 571, 581 II, 613a, 1251, VVG 69 (vgl ferner §§ 569a, 651b, VVG 141 II, 177). Rspr u Lehre haben aber iW ihr RFortbildg der nunmehr allg anerkannten Grds herausgebildet, daß die rgeschäftl Übertr eines ganzen SchuldVerh zul ist (BGH **95**, 94, Larenz § 35 III). **Einzelfälle:** PachtVertr (BGH **LM** § 581 Nr 16); MietVertr (BGH NJW **78**, 2504); Eintritt des LeasingG in den vom LeasingN abgeschlossenen KaufVertr (BGH **96**, 307); ArbVertr (BAG DB **73**, 924); ElektroVersorggsVertr (BGH NJW **61**, 454); Sukzessivliefergs-Vertr (BGH WM **73**, 489); BierbezugsVertr (BGH NJW-RR **93**, 562); PersonalGesellsch (BGH **44**, 231). Die VertrÜbern ist ein einheitl RGesch (BGH **LM** § 581 Nr 16, BAG DB **73**, 924, hM), nicht eine Kombination von Abtr u SchuldÜbern (so aber BGH NJW **61**, 454). Sie ist Vfg über das SchuldVerh im ganzen u bedarf der Zust aller Beteiligten. Sie kann als „dreiseitiger Vertr" abgeschl werden; (BGH **96**, 302, aA Dörner NJW **86**, 2916). Mögl u der Interessenlage idR besser entspr ist aber ein Vertr zw der ausscheidden u eintretden Part unter Zust des and Teils (BGH **LM** § 581 Nr 16). Zust kann im voraus erteilt w, in AGB aber nur in den Grenzen von AGBG 11 Nr 13. – **b)** Der Vertr bedarf der **Form** des übernommenen Vertr (BGH **72**, 396, 39 Nörr-Scheyhing § 19 III). Dem Eintretden stehen alle Einwendgen aus dem SchuldVertr zu. Außerdem kann er sich auf Mängel der VertrÜbern berufen, nicht aber auf Mängel des GrdGesch, da die VertrÜbern als Vfg abstrakt ist (Übbl 21 vor § 104). Ist der Vertr anfechtb, muß die Anf ggü den beiden übrigen Beteiligten erklärt w (BGH **96**, 309, krit Dörner NJW **86**, 2916). Das WiderrR gem VerbrKrG 7 u die dadch bedingte schwebde Unwirksamk des Vertr bestehen weiter (BGH ZIP **95**, 997, Mü NJW-RR **86**, 150 zum AbzG). Die §§ 398ff, 414ff sind entspr anwendb, aber mit Einschränkungen. So sind insbes §§ 406–410 leerlaufd, da der verbleibde VertrPartner vom Wechsel seines Gegners idR Kenntn erhält; iF einer im voraus erteilten Zust sind §§ 406ff jedoch entspr heranzuziehen; ebso ist § 418 anwendb (Hamm NJW-RR **91**, 48). In gleicher Weise ist auch ein VertrBeitritt zul, wobei die Art der Mitberechtigg u Mitverpflichtg von dem jeweiligen SchuldVerh abhängen. Beitritt zu MietVertr bedarf ggf der Form des § 566 (BGH **65**, 49, **72**, 397).

11) Der Zessionar trägt die **Beweislast** für die Abtr; für UnwirksamkGrde ist beweispflicht, wer sich auf 40 die Unwirksamk beruft (BGH NJW **83**, 2019). Konnte der Zedent die Fdg nach einem best Ztpkt nicht mehr wirks abtreten, muß der Zessionar beweisen, daß die Abtr vorher erfolgt ist (BGH NJW **86**, 1925).

399 *Ausschluß der Abtretung bei Inhaltsänderung oder Vereinbarung.* Eine Forderung kann nicht abgetreten werden, wenn die Leistung an einen anderen als den ursprünglichen Gläubiger nicht ohne Veränderung ihres Inhalts erfolgen kann oder wenn die Abtretung durch Vereinbarung mit dem Schuldner ausgeschlossen ist.

1 **1) Allgemeines. – a)** Der Grds, daß Fdgen idR abtretb sind (§ 398 Rn 1), wird dch § 399 **eingeschränkt.** Die Vorschr regelt zwei unterschiedl Fälle: Der Ausschluß der Abtretbark kann sich aus dem Inh der Leistg
2 (Rn 4 ff) od aus einer Vereinbg der Part (Rn 8 ff) ergeben. – **b)** Die Regelg des § 399 ist **nicht abschließend.** Das Ges enthält zahlr weitere AbtrVerbote (§§ 400, 1300 II), die zT auf dem gleichen RGedanken wie der 1. Halbs des § 399 beruhen. Schranken ergeben sich auch aus **§ 242** (Baumgärtel AcP **156**, 265). Die Abtr ist eine unzul RAusübg, wenn sie den Schu unzumutb beschwert. Das kann in AusnFällen bei TeilAbtr zu bejahen sein (BGH **146**, 402), die für den ArbGeb der TeilAbtr von LohnFdgen anfallde MehrArb genügt aber nicht (BGH **23**, 56). Anwendb ist § 242 dagg bei Abtr u Aufr mit der Teilbetrag einer Fdg, über die seit vielen Jahren ein RStreit anhäng ist (Düss MDR **81**, 669), in krassen Fällen auch, wenn die Pers des Zessionars unzumutb ist. Die Abtretbark der Fdg kann auch dch TarifVertr u BetrVereinbgen ausgeschl w
3 (BAG **AP** Nr 1 u 4, LAG Ffm DB **72**, 243). – **c)** § 399 gilt auch für den **gesetzlichen Forderungsübergang,** § 412 (RG **97**, 78, Nörr/Scheyhing § 13 II 1). Aus dem Zweck der Norm, die die Legalzession anordnet, kann sich aber ergeben, daß sie auch unabtretb Fdgen erfassen will (Nörr/Scheyhing § 3 IV 1). Hat der SozVersTräger den Unterh des ArbNeh für einen best Zeitraum getragen, geht der entspr Lohn-Anspr trotz einer entggstehden Vereinbg über (BAG NJW **66**, 1727).

4 **2) Unabtretbarkeit kraft Leistungsinhalts.** Sie umfaßt drei ineinand übergehde Fallgruppen: – **a)** Die Fdg ist nicht abtretb, wenn sich dch die Abtr der **Inhalt der Leistung** verändern würde. Fälle: Anspr auf Unterh in Natur (für UnterhRenten s § 400 iVm ZPO 850 b I Nr 2 u 3); VorkaufsR (§ 514); Anspr auf GebrauchsÜberl (RG **134**, 96); Anspr aus einem VorVertr auf VertrSchl; Anspr auf Bestellg einer persönl Dienstbark; Anspr auf Dienstleistgen (§§ 613 I S 2, 664 II), UnterlAnspr aus PrBindgsVertr (Hbg NJW **63**, 2128). **Abtretbar** sind dagg: der Anspr auf Wandlg u Minderg (BGH **95**, 252); der NachbessergsAnspr (BGH **96**, 147); der Anspr aus § 249 S 1 u 2 (aA offenb BGH **81**, 392); der Anspr aus einer Bankgarantie (BGH NJW **84**, 2031, Zeller BB **90**, 363); das Recht, auf einem Golfplatz Entfernungstafeln mit Werbg aufstellen zu lassen (BGH NJW-RR **94**, 558). Der Anspr auf **Schuldbefreiung** kann nur an den Gläub der zu tilgden Schuld (ausnweise auch an den für die Schadensregulierg zuständ Versicherer) abgetreten w u wandelt sich dch die Abtr in einen ZahlgsAnspr um (BGH **12**, 136, NJW **93**, 2232, § 257 Rn 1). Eine Abtr an Dr ist erst mögl, wenn aus dem FreihaltgsAnspr gem § 326 ein SchadErsAnspr geworden ist (BGH aaO). Auch in and Fällen besteht eine AbtrMöglichk nur hinsichtl best Zessionare. Nur an den GeschNachf abtretb ist der Anspr aus einem WettbewVerbot (RG **96**, 172, **102**, 129), das BelegR aus einem Werkför-dergsVertr (BGH NJW **72**, 2036) u der UnterlAnspr wg Verletzg des R am eingerichteten GewBetr (Reuter JuS **86**, 21). Der Anspr des VersprEmpfängers aus einem Vertr zGDr kann an den Dr abgetreten w (RG **150**, 133), das Recht eines WoBauUntern auf Zust zu baul Änd an einen zu diesem Zweck gegründeten eV (BGH NJW **79**, 1707); der BeihilfeAnspr gg den Dienstherrn an den beihilfefäh Gläub der Kosten (BAG DB **70**,
5 1327). Die **Zweckbindung** der Leistg kann die Abtretbark in weiteren Fällen beschränken, so etwa bei AuskAnspr gg die Bank (BGH NJW **89**, 1601), AufbauDarl (s BGH **25**, 211), Anspr aus § 528 (BGH NJW **95**, 323), AusglFdgen gem HausRVO 8 III 2 (Köln NJW-RR **93**, 1031), zweckgebundene Erschließgskosten (Hamm NJW-RR **92**, 22), Leistgen nach dem UnterhSichgG (Wagner Rpfleger **73**, 206), Anspr der TrHandKommanditistin gg die TrGeber (BGH NJW **91**, 2906). Abtretb sind dagg die ArbNSparzulage (BAG DB **76**, 2117), der Anspr aus dem GiroVertr auf den Tagessaldo (BGH **84**, 374), der Anspr auf
6 Auszahlg der DarlValuta (RG **68**, 356, LG Hbg NJW **86**, 998, Wagner JZ **85**, 718, str). – **b)** Nicht abtretb sind **höchstpersönliche Ansprüche,** wobei jedoch vielf zugl die Voraussetzungen von Rn 4 vorliegen. Fälle: §§ 1300 II, 717, Anspr auf Urlaub u auf UrlaubsAbgeltg (BAG **AP** § 611 (UrlaubsR) Nr 3, 7, 17, 42),
7 Anspr auf Unterl von Ehrverletzgen (RG HRR **33**, 919). Weitere Bsp s Rn 4. – **c)** Nicht selbst abtretb sind **Nebenrechte,** soweit sie akzessorisch od als bloße HilfsR rechtl unselbst sind. Der Anwendungsbereich dieses AusschlußGrdes stimmt spiegelbildl mit dem des § 401 überein. Nicht selbst abtretb sind der Anspr aus Bürgsch (BGH **95**, 93, **115**, 181), Hyp u PfandR (§§ 1153 II, 1250 I 2), der Anspr auf Rechngslegg (RG JW **31**, 525) u auf Quittg (Köln OLGZ **71**, 153), akzessor GestaltgsR (BGH NJW **73**, 1794, § 413 Rn 7). Nicht selbst übertragb sind auch der Anspr aus § 894 (dort Rn 14) u aus § 985 (dort Rn 1). Anspr auf Zinsen u VertrStrafen können dagg abgetreten w, auch wenn sie noch nicht fällig sind.

8 **3) Unabtretbarkeit kraft Vereinbarung. – a)** Die Vereinbg kann bei Begründg der Fdg, aber auch später getroffen w. Mögl ist auch ein stillschw Ausschl. Er ist in der Kontokorrentabrede enthalten (BGH **70**, 92), idR auch in der Vereinbg einer vertragl VerschwiegenhPfl (Düss NJW-RR **94**, 438, s zur gesetzl VerschwiegenhPfl § 134 Rn 22), nicht aber in der Abrede über eine Sicherg der Fdg dch eine GrdSch (BGH NJW-RR **91**, 305); er ist auch bei LohnFdgen nicht anzunehmen (BGH **23**, 55). Die Klausel „Abtr w nicht anerkannt" enthält eine AbtrAusschl (BGH WM **68**, 195). § 399 gilt auch dann, wenn die Part die Wirksamk der Abtr von best Erfordern (Zust, AbtrAnzeige) abhäng gemacht h, diese aber nicht eingehalten worden sind (BGH **102**, 300, NJW-RR **89**, 1104, BGH **112**, 389, zu ALB 13 III, NJW-RR **92**, 790, Schnepp VersR **91**, 949). Ist die Abtr formbedürft, ist aber § 125 anzuwenden (BGH NJW **86**, 2107 zu PostG 23 IV 3, aA Wagner NJW **87**, 928). Der AbtrAusschluß kann auch hins zukünft Fdgen vereinbart w (RG **97**, 78); in diesem Fall w die Fdgen auch von einer fr VorausAbtr nicht erfaßt (BGH **27**, 306, **77**, 276, **LM** Nr 8, aA Hennrichs JZ **93**, 230). Unanwendb ist § 399 dagg, wenn die Vereinbg keine dingl, sond ledigl verpflicht-
9 de Wirkg haben soll (BGH NJW **82**, 2769). – **b) Schranken.** Nach **HGB 354a,** iKr seit dem 1. 8. 94, ist die Abtr von GeldFdgen unter beiderseit HandelsGesch trotz eines AbtrVerbots wirks; das AbtrVerbot hat aber die Wirkg, daß der Schu auch bei Kenntn von der Abtr weiter mit befreier Wirkg an den Zedenten leisten kann (Wagner WM **94**, 2093). Der Leistg stehen leistgsersetzde ErfHdlgen (Aufr, Verrechng) gleich (Wagner aaO); und RGesch „in Ansehg der Fdg" sind dagg ggü dem Zessionar nur wirks, wenn die Voraussetzgen des § 407 vorliegen (Henseler BB **95**, 4, Wagner aaO). HGB 354a gilt auch für eingeschränkte AbtrVerbote, wie Form- u Zustimmgserfordernisse (Wagner aaO, Rn 8). Da die Abtr wirks ist, ist allein der Zessionar berecht, die Fdg geltd zu machen u einzuklagen (Wagner aaO). Die Neuregelg gilt entspr EG 170 nur für AbtrVerbote, die nach dem 1. 8. 1994 vereinbart worden sind (Henseler aaO, Grub ZIP **94**, 1649, BGH **44**, 194 zu Art 170 EG, aA BTDrs 12/7912 S 25 f, Wagner aaO).

Neben HGB 354a gelten die von der **Rechtsprechung entwickelten Rechtsgrundsätze** weiter. Das formularmäß AbtrVerbot verstößt wg des berecht Interesses des Schu an einer Vereinfachg der VertrAbwicklg idR weder gg § 138 noch gg AGBG 9 (BGH **51**, 113, **56**, 175, 230, **102**, 300). Bei einem Konflikt mit einem verlängerten EigtVorbeh kann das AbtrVerbot zu einer Haftg aus §§ 823, 990 führen (BGH **77**, 274, **109**, 302). Wirks sind auch das formularmäß Abtr- u Weiterverkaufsverbot in den AGB für das Kfz-NeuwagenGesch (BGH NJW **82**, 180), das AbtrVerbot in ReiseVertr (LG Stgt NJW-RR **93**, 1018) u das AbtrVerbot für GrdSchRückgewährAnspr, zumindest wenn die GrdSch von einem Dr bestellt worden ist (BGH **110**, 243). Die Abtr im Rahmen des Factoring ist trotz eines verlängerten EigtVorbeh unabhäng von HGB 354a zul (BGH **72**, 22, § 398 Rn 36). Unwirks sind der formularmäß Ausschl des FdgÜbergangs gem VVG 67 (BGH **65**, 366) u der Abtr an den TransportVers (BGH **82**, 171), ferner das mit der Beschränkg aller Anspr auf den Anmelder gekoppelte AbtrVerbot in einem ReiseVertr (BGH **108**, 55). Ist die zur Reparatur des Kfz bestimmte Leistg des Kaskoversicherers an den LeasingGeb ausgezahlt worden, kann sich dieser ggü der Abtr des Anspr dch den LeasingNeh an die Reparaturwerkstatt nicht auf ein vertragl AbtrVerbot berufen (BGH **93**, 399). Trotz des AbtrVerbots bleibt die Fdg unter den Voraussetzgen von ZPO 851 II **pfändbar. – c)** Zur Vereinbg eines ÜbertraggAusschl bei beschr dingl Rechten s Einl 14 v § 854, bei sonst **10** Rechten Däubler NJW **68**, 1117.

4) Die **gegen § 399 verstoßende** Abtr ist auch iF des vereinbarten AbtrAusschl **unwirksam** (BGH **40**, **11** 159, **70**, 301, **102**, 301, Bülow NJW **93**, 901, aA Wagner JZ **94**, 227, der zw Ausschluß- u BeschränkgsAbreden unterscheiden will). Die Unwirksamk kann nicht nur vom Schu, sond von jedermann geltd gemacht w, soweit nicht § 242 entggsteht (BGH **56**, 176). Die Fdg gehört weiterhin zum Verm des Zedenten u kann bei diesem gepfändet w (BGH **102**, 301, **108**, 176). Die GgAns (RG **148**, 110, Scholz NJW **60**, 1837), nach der die Abtr idR entspr § 135 nur relativ unwirks sein soll, übersieht, daß § 399 keine das rechtl Dürfen beschränkde Verbotsnorm ist, sond der Fdg die VerkFähigk nimmt (BGH **40**, 160, krit Wagner AcP **194**, 451, § 134 Rn 1). Genehmigt der Schu die Abtr, liegt darin das Angebot zum Abschluß eines ÄndergsVertr (Aufhebg des AbtrAusschl). Eine einseit Zustimmg des Schu genügt nicht (BGH **108**, 176, aA BGH NJW-RR **91**, 764); §§ 185, 184 sind unanwendb; die Abtr wird nur mit Wirkg ex nunc wirks (BGH **70**, 302, **102**, 301, Lüke JuS **92**, 116, str). Das gilt auch dann, wenn die Abtr nicht gänzl ausgeschlossen, sond von der Zustimmg des Schu abhäng gemacht w (BGH **108**, 176). Bei mehreren Abtr kann der Schu wählen, zu wessen Gunsten er das Verbot aufhebt (Kblz WM **92**, 74).

400 *Ausschluß bei unpfändbaren Forderungen.* **Eine Forderung kann nicht abgetreten werden, soweit sie der Pfändung nicht unterworfen ist.**

1) Allgemeines. – a) § 400 ist – ebso wie das AufrVerbot des § 394 – zwingd; er soll im öff Interesse **1** verhindern, daß dem Gläub der unpfändb Fdg die LebensGrdl gänzl entzogen w (RG **146**, 401). Das Verbot erstreckt sich auch auf die EinziehgsErmächtigg (RG **146**, 402, BGH **4**, 165) u auf Vereinbgen über die „Verwaltg" von unpfändb Einkommen (Celle OLGZ **71**, 345). – **b)** Auf den **gesetzlichen Forderungs- 2 übergang** (§ 412) findet § 400 nur Anwendg, soweit der Gedanke des GläubSchutzes dies erfordert (BGH **13**, 370). Er ist daher auf den FdgÜbergang gem SGB X § 116, EFZG 6, BSHG 90 unanwendb. Die Unpfändbark des SteuerAnspr steht dem Übergang auf den Bürgen nicht entgg (RG **135**, 31).

2) Das AbtrVerbot des § 400 ist nach seinem **Zweck unanwendbar,** wenn der Zedent vom Zessionar **3** eine wirtsch gleichwert Leistg erhält (so auch SGB I § 53 II), sei es freiw (BGH **4**, 153), sei es aufgrd gesetzl Verpflichtg (BGH **13**, 360, **59**, 115, **LM** Nr 5). LohnFdgen können daher an die Gewerksch abgetreten w, die Streikunterstützg zahlt (BAG NJW **80**, 1652), rückständ GehaltsAnspr od Kaug an einen DarlGeb, der für den Lebensbedarf des Zedenten aufgekommen ist (Mü ZBR **55**, 87, BSG ZIP **95**, 935, 1053). Dagg ist die Abtr von UnterhAnspr an den behandelnden Arzt ausgeschl (LG Mü NJW **76**, 1796, und LG Frankenthal NJW-RR **89**, 1352, wenn wg der Behandlg ein Anspr wg eines UnterhSonderbedarfs besteht). Unwirks ist auch die Abtr einer unpfändb Fdg (Blindengeld) zum Zweck einer unzul Anrechng (BGH NJW **88**, 819). Nach Übergang der unpfändb Fdg auf einen Dr kann dieser frei über die Fdg verfügen; § 400 ist unanwendb (BGH **35**, 327, Rpfleger **82**, 65).

3) Zu den **Pfändungsverboten** s § 394 Rn 3. Das VollstrVerbot des KO 14 I ist kein Pfändverbot iSd **4** § 400 (BGH **125**, 116). Das für den Proz zw Zessionar u Schu zust Ger darf den pfändgsfreien Betrag nicht gem ZPO 850 f erhöhen (BAG NJW **91**, 2039).

401 *Übergang der Neben- und Vorzugsrechte.* [I]**Mit der abgetretenen Forderung gehen die Hypotheken, Schiffshypotheken oder Pfandrechte, die für sie bestehen, sowie die Rechte aus einer für sie bestellten Bürgschaft auf den neuen Gläubiger über.**

[II]**Ein mit der Forderung für den Fall der Zwangsvollstreckung oder des Konkurses verbundenes Vorzugsrecht kann auch der neue Gläubiger geltend machen.**

1) Allgemeines. – a) § 401 hat den **Zweck,** dem Zessionar mit der Fdg zugl die zu ihr gehörigen Neben- **1** u VorzugsR zu verschaffen, zumal diese nach der Abtr für den Zedenten idR wertlos wären. Die Vorschr ist dispositiv; die Part des AbtrVertr können den Übergang der NebenR ausschließen (BGH **115**, 181). Die NebenR, die gem § 401 I automat mit der Fdg übergehen, können nicht selbstd abgetreten w (§ 399 Rn 7). Das gilt aber nur für die unmittelb unter § 401 fallden Rechte. Die NebenR, auf die § 401 ledigl analog angewandt w, können Ggst eines selbstd AbtrVertr sein (Rn 5 f). – **b)** Auf den **gesetzlichen Forderungs- 2 übergang** (§ 412) ist § 401 entspr anwendb (BGH **46**, 15, NJW **72**, 439). Hat sich ein Angeh für VersorggsAnspr verbürgt, ist der Übergang auf den Träger der gesetzl Insolvenzversicherg nicht ausgeschlossen (BGH NJW **93**, 2935). Zweifel ergeben sich, wenn mehrere Sicherh bestehen u ein SichgG den Gläub befriedigt (s § 426 Rn 2).

3   **2) Nebenrechte (I). – a)** Mit der Fdg gehen wg ihrer Akzessorietät über: Hyp (§ 1153), SchiffsHyp (Fassg der VO v 21. 2. 40, RGBl 1609), PfandR (§§ 1250, 1273), RegisterPfandR an Luftfahrzeugen (LuftfzRG 98 II) u die Bürgsch. Wird ihr Übergang ausgeschl, erlischt sie analog § 1250 II (RG **85**, 364). Die Bürgsch erstreckt sich nicht auf weitere Kredite aus der GeschVerbindg mit dem Zessionar (BGH **26**, 147), jedoch kann es bei einer GesRNachf auf der GläubSeite and liegen (BGH **70**, 170). Eine Mietbürgsch haftet iF einer VertrÜbern auch für die in der Pers des neuen Vermieters entstehdn Anspr (BGH **95**, 97). Der Zessionar erlangt zugl das Recht, die zur Fälligstellg der Bürgsch erforderl Erkl abzugeben (BGH NJW **87**, 2075). – **b)** In entspr Anwendg des § 401 I gehen auf den Zessionar über: – **aa) And unselbständige**
4 **Sicherungsrechte,** wie der Anspr auf Bestellg von akzessor SichgR (RG **126**, 384), der Anspr aus § 648, die Vormerkg (BGH **25**, 23, NJW **94**, 2947), der aus der Hyp entstandene Anspr auf Befriedigg aus dem VersteigergsErlös (RG **65**, 418), der Anspr aus ErfÜbern (RG **65**, 170) od einer sichernden Schuldmitübern (BGH NJW **72**, 437, BAG WM **90**, 737), das kaufm ZbR (str). – **bb) Hilfsrechte,** die zur Dchsetzg der Fdg erforderl sind, wie Anspr auf Ausk u Rechngslegg (Mü VersR **85**, 846, und für den FdgÜbergang gem BSHG 90 BGH NJW **86**, 1688, **91**, 1235, Ffm FamRZ **94**, 1427, für den gem SGB X 116 Hüpers VersR **94**, 653 u den gem § 1615b I Karst JuS **93**, 634), die GenBefugn (§ 185 II) bei einem Anspr aus § 816 (BGH NJW **71**, 1452), GestaltgsR, die sich auf die einz Fdg beziehen, so das FrSetzgs- u LeistgsablehngsR gem §§ 280 II, 283, 286, das Recht zur FrSetzg u Ablehnungsandrohg gem § 326 (BGH **114**, 365, NJW **91**, 2553), das WahlR u die Ersetzungsbefugn des Gläub sowie das Recht zur FälligkKünd (BGH NJW **73**, 1794, § 413 Rn 6). – **cc)** Zum Übergang von **Schiedsklauseln** u GerStandVereinbgen s § 398 Rn 18.

5   **3) Keine Nebenrechte** iSv § 401 sind: – **a) Alle selbständigen Sicherungsrechte,** wie das Sichg- od VorbehEigt (BGH **42**, 56), die SichgGrdSch (RG **135**, 274, BGH NJW **74**, 101) u die zur Sichg abgetretene Fdg (BGH **78**, 143, **LM** Nr 5). Der Zedent ist aber nach dem RGedanken des § 401 iZw schuldrechtl verpfl, die bestehdn SichgR auf den Zessionar zu übertragen, sofern nicht die Abrede mit dem SichgG entggsteht (BGH **80**, 232, **92**, 378, **110**, 43, Köln NJW **90**, 3214). Eine solche AbtrPfl, die iF einer rechtsgeschäftl Abtr auch auf Auslegg (§ 157) gestützt w kann, hat die Rspr bejaht: für eine SichgGrdSch iF eines gesetzl FdgÜbergangs gem § 426 II (BGH **80**, 232, NJW-RR **95**, 589), für das SichEigt im gleichen Fall (LG Darmstadt NJW **77**, 251, 719) u für das VorbehEigt iF des gesetzl FdgÜbergangs auf den Bü (BGH **42**, 56).
6 – **b) Andere Ansprüche und Rechtsstellungen** aus demselben SchuldVerh, wie bereits entstandene SchadErsAnspr (RG **72**, 141), ZinsAnspr (BGH **35**, 173), VertrStrafen, Anspr aus Garantiezusagen (Hadding ZGR **82**, 493), Anspr auf Rückgewähr vorrangig eingetragener GrdSch (BGH **104**, 29), Kautionen (Ffm NJW-RR **89**, 891), GestaltgsR, wie das Rücktr- u KündR, das ganze SchuldVerh betreffen (§ 398 Rn 18); iZw ist aber anzunehmen, daß künft ZinsAnspr mitabgetreten sind (BGH **35**, 173), ebso künft VertrStrafAnspr (RG JW **07**, 171). Auch rückständ Zinsen können stillschw von der Abtr miterfaßt sein (BGH WM **72**, 560), uU auch Rücktr- u KündR (§ 413 Rn 7). Dagg ist das ZbR des § 273 nicht übertragb.

7   **4) Vorzugsrechte (II):** Vgl ZPO 804 II, KO 47 ff, 61, 62. Bei Überleitg des UnterhAnspr gem BSHG 90, 91 geht das VorzugsR aus ZPO 850 d mit über (BAG NJW **71**, 2094, BGH NJW **86**, 1688, aA Bethke FamRZ **91**, 397). Der Bürge od GesSchu, der iW des gesetzl FdgÜbergangs eine Steuer- od ZollFdg erwirbt, kann das KonkVorR des KO 61 in Anspr nehmen (RG **135**, 32, BFH BStBl III **76**, 580, Düss MDR **78**, 853). Dagg gehen die DchgriffsAnspr gem AO 34, 69 nicht mit über (BGH **75**, 24).

---

402   *Auskunftspflicht; Urkundenauslieferung.*   **Der bisherige Gläubiger ist verpflichtet, dem neuen Gläubiger die zur Geltendmachung der Forderung nötige Auskunft zu erteilen und ihm die zum Beweise der Forderung dienenden Urkunden, soweit sie sich in seinem Besitz befinden, auszuliefern.**

1   **1) Allgemeines. – a)** Die Abtr ist ein VerfüggVertr; die Verpfl des Zedenten bestimmen sich nach dem KausalGesch. Gleichwohl knüpft das Ges die Pflten der §§ 402, 403 an die Abtr. Dabei handelt es sich aber um eine Typisierg des Inh des KausalGesch, der auch konkludent abgeändert w kann. Bei Nichtigk des KausalGesch entfallen die Rechte aus §§ 402, 403 (MüKo/Roth Rn 2). ParallelVorschr beim Kauf § 444. – **b)** § 402 gilt auch beim gesetzl FdgÜbergang (§ 412).

2   **2) Die einzelnen Pflichten. – a)** Die Pfl zur **Auskunft** bezieht sich auf alle Umst, die für die Fdg, die mitübergegangenen NebenR u deren Dchsetzg erhebl sind. Die Ausk kann auf Umst erstrecken, die dem Zedenten erst nach der Abtr bekannt geworden sind. Sow zur RDchsetzg erforderl, kann der Zessionar auch
3 Ausk über persönl u wirtschaftl Verhältn des Schu verlangen. – **b)** Die Pfl zur **Auslieferung von Urkunden** erstreckt sich auf alle Urk, aus denen sich etwas BeweisErhebl über die Fdg ergibt. Bei Urk, deren Überg notw Erfordern ist (§ 398 Rn 7), hat § 402 nur iF des FdgÜbergangs (§ 412) Bedeutg. § 402 betrifft ausschließl solche Urk, die sich im mittelb od unmittelb Bes des Zedenten befinden, verpfl also nicht zur Verschaffg aus dritter Hand. Bei TeilAbtr besteht entspr § 444 S 2 Anspr auf eine beglaubigte Abschr. Das gilt ebso, wenn die Urk sich nicht nur auf die abgetretene Fdg bezieht, sond auch noch einen and Inh hat. Der Zedent muß die Urk ausliefern, dh den Besitz übertragen, nicht übereignen. Eine Pfl zur Übereigng ergibt sich aber idR aus § 242 (hM). Bei Abtr von GewlAnspr erstreckt sich AuslielergsPfl auch auf das Leistgsverzeichn, Ausschreibgsunterlagen, Zeichngen, Schlußrechngen u K rrespondenz (BGH NJW-RR **89**, 467, Jagenburg NJW **72**, 1222).

---

403   *Pflicht zur Beurkundung.*   **Der bisherige Gläubiger hat dem neuen Gläubiger auf Verlangen eine öffentlich beglaubigte Urkunde über die Abtretung auszustellen. Die Kosten hat der neue Gläubiger zu tragen und vorzuschießen.**

1   Vgl § 402 Rn 1. § 403 gilt auch beim gesetzl FdgÜbergang, § 412 (RG HRR **32**, 2141). Die Urk gibt dem Zessionar die Möglichk, den Anfordergen des § 410 zu genügen. Der Anspr besteht aber auch dann, wenn der Zedent die Abtr gem § 409 angezeigt hat. Der Zedent hat wg der Kosten ein ZbR (§ 273). Öffentl Beglaubigg: § 129.

404 *Einwendungen des Schuldners.* **Der Schuldner kann dem neuen Gläubiger die Einwendungen entgegensetzen, die zur Zeit der Abtretung der Forderung gegen den bisherigen Gläubiger begründet waren.**

1) Allgemeines. – a) § 404 beruht auf dem Gedanken, daß der GläubWechsel den Inh der Fdg nicht 1
verändert. Er **schützt** zugl die Interessen des Schu, der dch die ohne seine Mitwirkg vollzogene Abtr nicht
benachteiligt w soll (s BGH **19**, 156). Auf guten Glauben kann sich der Zessionar nur im Sonderfall des
§ 405 berufen. Mögl ist aber, daß eine Fdg, deren Ausübg dch den Zedenten mißbräuchl gewesen wäre, in
der Hand des Zessionars wieder inhaltswirks u umgekehrt (Mü NJW **70**, 664). – **b)** Auf den **gesetzlichen Forderungsübergang** (§ 412) ist § 404 entspr anzuwenden (s Rn 5). – **c)** § 404 betrifft Einwendungen 2
aus der RBeziehg zw Zedenten u Schu. Der Schu kann darüberhinaus die **Unwirksamkeit der Abtretung** geltd machen. Einwendgen aus dem der Abtr zugrde liegden KausalVerh sind dagg idR ausgeschl
(§ 398 Rn 3).

2) Einwendungen. Der Begriff ist im weitesten Sinn zu verstehen. Er umfaßt alle rechtshindernden 3
Einwendgen (zB §§ 104, 125, 134, 138) u ebso alle rechtsvernichtden. Bsp: Anf, Widerr, Rücktr, Erf, Aufr
(s aber § 406), unzul RAusübg (§ 242 Rn 41), Ablauf einer AusschlFr (BAG VersR **69**, 337), Bestehen einer
FreihalteVerpfl (BGH NJW **85**, 1768), Erfordern einer spezifizierten Rechg (BAG DB **94**, 2297). Unter
§ 404 fallen auch alle Einr, so die der Verj (Rn 5), die aus §§ 273, 320 (Rn 6) u die aus § 821 (RG **86**, 304).
Auch prozessuale Einr sind miterfaßt. Zu SchiedsVertr u GerStandsVereinbg s § 398 Rn 18.

3) Die Einwendg muß zZ der Abtr **begründet** gewesen sein. – **a)** Dazu ist nicht erforderl, daß alle 4
TatbestdVoraussetzgen der Einwendg im Ztpkt der Abtr bereits vorlagen. Es genügt, daß sie ihrem
Rechtsgrund nach im SchuldVerh angelegt waren (BGH **25**, 29, **93**, 79, NJW **92**, 2222, NJW-RR **94**,
881). Beim ggs Vertr kann der Schu dem Zessionar auch Einwendungen entgehalten, die sich aus der Weiterentwicklg des VertrVerh ergeben (BGH NJW **83**, 1905, NJW-RR **89**, 1208). Will er gem § 326 vorgehen, muß er FrSetzg u Ablehngsandrohg ggü dem Zedenten erklären (Braga MDR **59**, 441). Auch GestaltgsR des Schu (Anf, Rücktr, Widerr) bestehen weiter (BGH NJW **86**, 919). Sie können auf ein Verhalten des Zedenten nach der Abtr gestützt w u sind diesem ggü auszuüben (RG **86**, 310), jedoch gilt für die
Aufr die Sonderregelg des § 406. Aus der RBeziehg zw Schu u Zessionar kann sich die Verpflichtg ergeben, diesen unverzügl über die Ausübg des GestaltgsR zu informieren (BGH NJW-RR **93**, 532). Stehen
der Geltdmachg des GestaltgsR tatsächl Hindern, zB der unbekannte Aufenth des Zedenten, entgeg, hat der
Schu ggü dem Zessionar die Einrede der Anfechtbark usw (Pick AcP **172**, 52, aA Köhler JZ **86**, 517, der
den Schu auf § 132 II u § 242 verweist). Bei Abtr der Anspr aus einem GiroVertr kann die Bank dem
Zessionar Lastschriften aus der Rückbelastg von Wechseln entgehalten (Mü NJW-RR **92**, 1137). Schließen Zedent u Schu einen Vertr, der das zugrde liegde SchuldVerh aufhebt oder zum Nachteil des Zessionars verändert, ist dieser nur unter den Voraussetzgen des § 407 ggü dem Zessionar wirks (§ 407
Rn 4). – **b) Verjährung.** Die VerjFr läuft ohne Rücks auf die Abtr weiter (RG **124**, 114). Der Zessionar 5
muß sich die für den VerjBeginn maßgebde Kenntn (§ 852) des Zedenten anrechnen lassen (BGH NJW
73, 702, **LM** Nr 17). Das gilt grdsl auch für den gesetzl FdgÜbergang gem SGB X § 116 (BGH NJW
82, 1762, VersR **84**, 136), and aber wenn die Fdg sofort mit der Entstehg übergeht (BGH **48**, 181). –
c) Ein **Zurückbehaltungsrecht** (§ 273) kann dem Zessionar entgehalten w, wenn die GgFdg zZ der 6
Abtr fäll war (BGH **19**, 162), so etwa dem Zessionar einer dch GrdSch gesicherten Fdg ein ZbR wg der
Verpfl zur Rückgewähr der GrdSch (BGH NJW **91**, 1821). Wird die GgFdg erst später fäll, gilt § 406
entspr, dh der Schu darf nur zurückhalten, wenn sein GgAnspr spätestens mit der abgetreten Fdg fäll
w (BGH **58**, 331, **64**, 126).

4) § 404 ist **dispositives Recht,** and jedoch im Anwendgsbereich des VerbrKrG, VerbrKrG 10 I (s dort). 7
Der Schu kann dch Vertr mit dem Zedenten (RG **71**, 32) od dem Zessionar (BGH NJW **70**, 321) ganz od
teilw auf den Schutz des § 404 verzichten. Der Vertr mit dem Zessionar ist auch dann wirks, wenn er vor der
Abtr abgeschl w (BGH BB **64**, 1396). IdR handelt es sich darum, daß der Schu die Erkl abgibt, er
anerkenne die Fdg, bestätige die Abtr od nehme sie an. Eine solche Erkl kann je nach Lage des Falles als
schuldbestätigdes Anerkenntn (BGH NJW **70**, 321, **83**, 1904, § 781 Rn 3) od bloße WissensErkl (BGH **69**,
330 zu ZPO 840) aufzufassen sein; eine Deutg als abstr Schuldanerkenntn (§ 781) kommt dagg höchstens
ausnw in Betracht (RG **83**, 187). Die im Schrift (Marburger DB **73**, 2125, Benöhr NJW **76**, 174) vertretene
Ans, die stets eine bloße WissensErkl annimmt u die Haftg daher auf c. i. c. (falsche Ausk) beschränkt,
überzeugt nicht. Ein Verzicht ist aber nur anzunehmen, wenn er unzweideut erklärt worden ist. Er ist iZw
eng auszulegen, insb dann wenn er unter Verwendg eines ErklFormulars des Zessionars abgegeben w (BGH
NJW **73**, 39, AGBG 5). Er betrifft idR nur die dem Schu bekannten od erkennb Einwendgen (BGH DB **71**,
1347, NJW **73**, 2019, DB **77**, 539), kann aber bei einer eindeut Fassg auch weiterreichen (BGH NJW **70**,
321). Betrifft die Erkl die Abtr einer Fdg aus einer Teilliferg, behält der Schu iZw seine Einwendgen hins
der noch ausstehden Lieferg (BGH NJW **83**, 1904).

405 *Abtretung unter Urkundenvorlegung.* **Hat der Schuldner eine Urkunde über die
Schuld ausgestellt, so kann er sich, wenn die Forderung unter Vorlegung der Urkunde
abgetreten wird, dem neuen Gläubiger gegenüber nicht darauf berufen, daß die Eingehung oder
Anerkennung des Schuldverhältnisses nur zum Schein erfolgt oder daß die Abtretung durch
Vereinbarung mit dem ursprünglichen Gläubiger ausgeschlossen sei, es sei denn, daß der neue
Gläubiger bei der Abtretung den Sachverhalt kannte oder kennen mußte.**

1   **1) Allgemeines. – a)** Von dem Grds, daß Fdgen nicht kr **guten Glaubens** erworben w können, macht § 405 eine eng begrenzte Ausn. Er schließt bei verbrieften Fdgen zG des gutgl Zessionars den Einwand des
2   ScheinGesch (§ 117) u der vereinbarten Unabtretbark der Fdg (§ 399) aus. – **b)** Auf den gesetzl FdgÜbergang ist § 405 nicht anzuwenden (§ 412), wohl aber auf die Verpfändg (Weimar JR **73**, 277) u auf die Abtr and Rechte (§ 413), so auf die Abtr eines unübertragb VertrAngebots (RG **111**, 46).

3   **2) Voraussetzungen.** Die Urk muß dazu bestimmt sein, das Bestehen der Fdg zu beweisen. Ein Lagerschein genügt (BGH DB **75**, 831), nicht aber die gelegentl Erwähng in einem Schriftstück. Die Urk muß vom Schu ausgestellt u mit seinem Willen in den Verk gebracht worden sein. Eine abhanden gekommene Urk genügt nicht. Irrt, Drohg od Täuschg schließen die Anwendg des § 405 nicht aus. Die Vorlegg muß im zeitl Zushang mit der Abtr erfolgen; eine fr Vorlage genügt nicht (RG **111**, 47); § 173 Rn 6 gilt entspr. Der Zessionar muß gutgl sein; bereits einf Fahrlässigk schließt den Schutz des § 405 aus (§ 122 II).

4   **3) Die Wirkung** des § 405 besteht im Ausschluß der beiden genannten Einwendgen, alle and bleiben erhalten (RG **74**, 421). Ein ScheinGesch iSd § 405 liegt aber auch vor, wenn die Part eine Konstruktion wählen, die die Fdg von Anbeginn nicht entstehen läßt, etwa die Abtr der Fdg an den Schu (Ffm NJW-RR **92**, 684). Da die Fdg in der Pers des Zessionars entstanden ist, kommt es auf den guten Glauben eines Nacherwerbers nicht an, jedoch führt eine Rückübertragg auf den bösgläub Zedenten zum Wegfall der Fdg. Tritt der Gläub die Fdg mehrfach ab, ist nur der Ersterwerber geschützt (Weimar JR **80**, 406). Ggü der kr RScheins entstandenen Fdg kann der Schu aufrechnen (RG **87**, 420).

5   **4)** Ist eine Abtr zum Schein erfolgt, gilt § 405 **entsprechend**; der Zedent kann daher dem gutgl Zweiterwerber nicht den Einwand des Scheins entgghalten (RG **90**, 279, **115**, 308). Wird dch eine zum Schein über eine Fdg ausgestellte Urk der Eindruck der Kreditwürdigk hervorgerufen, kann ein etwaiger ErsAnspr auf Delikt od Vertr, nicht aber auf § 405 gestützt w (BGH **12**, 110).

406   *Aufrechnung gegenüber dem neuen Gläubiger.* **Der Schuldner kann eine ihm gegen den bisherigen Gläubiger zustehende Forderung auch dem neuen Gläubiger gegenüber aufrechnen, es sei denn, daß er bei dem Erwerbe der Forderung von der Abtretung Kenntnis hatte oder daß die Forderung erst nach der Erlangung der Kenntnis und später als die abgetretene Forderung fällig geworden ist.**

1   **1) Allgemeines. – a)** Der Gedanke, daß sich die RStellg des Schu dch die Abtr nicht verschlechtern soll (§ 404 Rn 1), gilt auch für die Aufr. Das Ges hat ihn für die Aufr in eine unnötig komplizierte Regel umgesetzt: – **aa)** Für die vor der Abtr erklärte Aufr gilt § 404. – **bb)** Für die Aufr, die nach der Abtr aber in Unkenntn von ihr erklärt worden ist, gilt § 407 (BGH NJW-RR **86**, 538). – **cc)** Nur auf die Aufr **in Kenntnis der Abtretung** ist § 406 anwendb. Er legt fest, daß die AufrErkl (and als bei den übr Gestaltgs-Gesch, § 404 Rn 4) nicht ggü dem Zedenten sond ggü dem Zessionar abzugeben ist. Er erhält dem Schu die Vorteile einer bestehen **Aufrechnungslage** u schützt zugl die Aussicht, daß die AufrLage bis zur Fälligk der Fdg eintreten könnte, ist aber gleichwohl enger als § 404. § 406 ist im Anwendungsbereich des VerbrKrG **halbzwingendes Recht,** dh nicht zum Nachteil des Verbrauchers abänderb (VerbrKrG 10 I); hins aller and
2   Vertr enthält er dagg **dispositives Recht. – b)** § 406 gilt auch für den **gesetzlichen Forderungsübergang,** § 412 (BGH **35**, 325). Beruht der AufrVertr auf § 406 anwendb, sond § 404 od § 407. Beruft sich der Schu ggü dem Zessionar auf die Rechte aus §§ 320, 326, gilt § 404 (BGH NJW **58**, 1915, **83**, 1904). Eine § 406 ausschließde SonderVorschr enthält BRAGO 96 a (§ 387 Rn 13). – **c)** Die Anspr des **Zessionars** gg den Zedenten richten sich nach § 816 II analog u dem KausalVerh (§ 437 od pVV).

3   **2) Voraussetzungen. – a)** § 406 erhält dem Schu die AufrBefugn, wenn die AufrLage (§ 389) bereits bestand, als er von der Abtr Kenntn erlangte. Die Vorschr gibt dem Schu aber auch dann eine AufrBefugn, wenn sich aus der RLage, wie sie bei Kenntniserlangg von der Abtr bestand, ohne die Abtr bis zur Fälligk der abgetretenen Fdg eine AufrLage entwickelt hätte (BGH **58**, 329, NJW **90**, 2544). Der Schu darf daher mit GgFdgen aufrechnen, die er vor Kenntn der Abtr erworben hat. Handelt es sich um eine GgFdg, die bei Kenntniserlangg von der Abtr noch nicht fäll war, besteht die AufrBefugn aber nur, wenn die GgFdg spätestens mit der abgetretenen Fdg fäll w. Diese Voraussetzgen w im Ges nicht positiv, sond im Halbs 2 als
4   AusnTatbestde formuliert. Dadch w klargestellt, daß insow der Zessionar die BewLast trägt. – **b) Erwerb vor Kenntnis der Abtretung:** Bei GgFdg aus eig R ist genügd, daß ihre rechtl Grdl im Ztpkt der KenntnErlangg besteht (BGH **58**, 330, **63**, 342, NJW **74**, 2001, **80**, 584, vgl aber LG Nürnbg NJW-RR **89**, 503 für einen Anspr aus Bürgsch). Unbedingth u Gleichartigk brauchen noch nicht vorzuliegen (BGH **12**, 144, **19**, 158, **35**, 326). Der Schu kann daher vorbehaltl rechtzeitiger Fälligk mit SchadErsAnspr aufrechnen, der erst nach Abtr u Kenntn entsteht, aber aus einem vorher geschl Vertr herrührt (BGH JZ **62**, 92). Bei GgFdg aus abgeleitetem R muß Erwerb vor Kenntn der Abtr erfolgt sein (Hamm NJW-RR **89**, 51), fehlde Unbedingth u Gleichartigk in diesem Ztpkt ist auch hier unschädl (RGRK Rn 4). Wird eine BefreigsAnspr an den Gläub des zu tilgden Anspr abgetreten, kann der Befreigspflichtige aber nicht mit ZahlgsAnspr gg den Zedenten (Schu der zu tilgden Fdg) aufrechnen, da ihm hierdch ohne ausr Grd eine vor der Abtr nicht mögl Art der Schuldtilgg eröffnet würde (Olshausen AcP **182**, 255, aA BGH **12**, 144). Hat der Schu die GgFdg nach Entstehg der AufrLage zur Sichg abgetreten u nach KenntnErlangg von der Abtr der HauptFdg wiedererworben, ist er wohl (trotz des scheinb entggstehen Normtextes) zur Aufr berecht (Fricke NJW **74**, 1362, Kornblum BB **81**, 1303). – **c) Kenntnis der Abtretung.** Kenntn von der VorausAbtr steht Kenntn von der Abtr gleich (BGH **66**, 384, ZIP **91**, 1499, mit guten Grden krit Serick BB **82**, 873). Vgl iü § 407
5   Rn 6 f. – **d) Rechtzeitige Fälligkeit.** War die GgFdg zZ der KenntnErlangg fäll, ist die Reihenfolge des Fälligwerdens ohne Bedeutg. In and Fällen kann der Schu nur aufrechnen, wenn die GgFdg spätestens mit der HauptFdg fäll w (BGH **35**, 326, BAG NJW **67**, 752). Eine Fdg, der ein ZbR entggsteht, gilt iSd § 406 als nicht fäll (BGH **58**, 331), NJW-RR **94**, 881). Spätestens mit Fälligk der HauptFdg muß die GgFdg auch gleichart geworden sein (BGH **19**, 158). Stammt die GgFdg aus demselben SchuldVerh, kommt eine Aufr

uU auch bei späterer Fälligk in Betracht (s Kornblum BB **81**, 1306). So kann der Kommanditist ggü dem abgetretenen Anspr auf die Kommanditeinlage mit einem später fäll ErsAnspr gg die KG aufrechnen (BGH **63**, 342, krit Recker DNotZ **76**, 237). Gg die vom KonkVerw abgetretene Fdg ist wg KO 54 auch die Aufr mit später fäll GgFdgen zul (BGH NJW **74**, 2001). – **e)** Der Zessionar kann sich ggü der AufrFdg auf alle 6 **Gegenrechte des Zedenten** berufen (BGH **35**, 327, BFH WM **85**, 430), auch auf ein gesetzl AufrVerbot (BGH **95**, 117) od einen vertragl Ausschl der Aufr (BGH **LM** Nr 12, WM **80**, 215). Bei TeilAbtr kann der Schu wählen, gg welche TeilFdg er aufrechnen will. Bei mehrfacher Zession kann er auch mit Anspr gg ZwGläub aufrechnen. Selbstverständl zul ist auch die Aufr mit GgFdgen gg den Zessionar.

407   *Leistung an den bisherigen Gläubiger.* [1]Der neue Gläubiger muß eine Leistung, die der Schuldner nach der Abtretung an den bisherigen Gläubiger bewirkt, sowie jedes Rechtsgeschäft, das nach der Abtretung zwischen dem Schuldner und dem bisherigen Gläubiger in Ansehung der Forderung vorgenommen wird, gegen sich gelten lassen, es sei denn, daß der Schuldner die Abtretung bei der Leistung oder der Vornahme des Rechtsgeschäfts kennt.

[2]Ist in einem nach der Abtretung zwischen dem Schuldner und dem bisherigen Gläubiger anhängig gewordenen Rechtsstreit ein rechtskräftiges Urteil über die Forderung ergangen, so muß der neue Gläubiger das Urteil gegen sich gelten lassen, es sei denn, daß der Schuldner die Abtretung bei dem Eintritte der Rechtshängigkeit gekannt hat.

1) Allgemeines. – a) § 407 ist **Schutzvorschrift** zG des Schu. Da die Abtr keine Unterrichtg od 1 Mitwirkg des Schu voraussetzt, ist es ein Gebot der Gerechtigk, daß alle RHdlgen, die der Schu in Unkenntn der Abtr ggü dem Zedenten vornimmt, im Verh zum Zessionar wirks sind. – **b)** § 407 gilt gem 2 § 412 auch für den **gesetzlichen Forderungsübergang**, jedoch bestehen für ihn hins der Kenntn des Schu vom RÜbergang Besonderh (Rn 8). Ändert sich die Bezugsberechtig aus einem VersVertr ohne Kenntn des Versicherers, ist § 407 entspr anwendb (BGH RG **154**, 109). Für Anspr aus **Wertpapieren** gilt § 407 nicht, da der Schu nur gg Vorlage des Papiers zu leisten braucht u an dessen Inhaber mit befreiender Wirkg leisten kann, also nicht schutzbedürft ist. Das **Sparbuch** steht einem Wertpapier gleich, wenn die Sparkasse nach ihren Bdggen nur gg Vorlage des Buches leisten durfte (Hamm WM **84**, 801, Düss NJW-RR **91**, 1337). – **c)** Die **Ansprüche** des **Zessionars** gg den Zedenten richten sich nicht nach § 407, sond nach § 816 u dem 3 KausalVerh uU iVm den Grds der pVV (§ 276 Rn 115).

2) Absatz 1. – a) Die Vorschr gilt für: – **aa) Rechtsgeschäfte** in Anseh der Fdg, wie Stundg, Erlaß, 4 Vergl, ZwangsVergl (RG **125**, 410), Aufr (§ 406 Rn 1), AufrVertr (BGH **94**, 137), Künd (Düss WM **80**, 95), aber auch für geschäftsähnl Hdlgen wie Mitteilgen gem § 416 (RG **67**, 414) u das Anbieten der Leistg als Voraussetzg des AnnVerz. Vertr zw Schu u Zedenten, die das der Fdg zugrde liegde SchuldVerh aufheben od zum Nachteil des Zessionars verändern, sind nur unter den Voraussetzgen von § 407 wirks (BGH **111**, 91, Deubner JuS **92**, 19, Hennrichs WM **92**, 85). Die den Beteiligten bekannte Abtr der künft AuseinandSFdg hindert den Gesellschter aber nicht, seinen GesellschAnteil ohne Zust des Zessionars zu übertragen (BGH **88**, 207, § 398 Rn 11), u nach der Rspr des BAG kann der ArbN im KündSchutzProz trotz einer allen Beteiligten bekannten Abtr des LohnAnspr ohne Zust des Zessionars einen AufhebgsVertr schließen (BAG NJW **81**, 1059). – **bb) Leistung.** Hierunter fallen die Erf ggü dem Zedenten (RG **111**, 303) od seiner Bank als Zahlstelle (BGH **72**, 319), Leistg an ErfStatt u Leistg erfhalber, insb die Wechsel- od Scheckhingabe (RG **158**, 137, BGH NJW **79**, 1704), u zwar auch dann, wenn Erf erst nach Bekanntwerden der Abtr eintritt (BGH **102**, 71, BB **90**, 2366). § 407 ist aber unanwendb, wenn der Schu den wirks gesperrten Scheck in Kenntn der Abtr wieder freigibt (BGH NJW **76**, 1842). – **b)** Da § 407 ausschließl den Schu schützen will, hat 5 dieser eine **Wahlmöglichkeit:** Er kann dem Zessionar die Wirksamk der Leistg od Hdlg entgehalten, muß dies aber nicht (BGH **52**, 153, **102**, 71). Er ist daher berecht, die Leistg beim Zedenten zu kondizieren (RG **83**, 188, BGH **LM** Nr 3, aA Dresden MDR **95**, 559), etwa weil er sich ggü dem in Konk gefallenen Zessionar dch Aufr befreien kann. Der Schu ist aber an die einmal getroffene Wahl gebunden. RGesch, die die RStellg des Schu **verschlechtern**, etwa Mahng od FrSetzg des Zedenten, fallen nicht unter § 407, sond sind wg feHlde GläubStellg des Zedenten unwirks (RG **125**, 409, BGH **52**, 153). Der gem § 267 leistde Dr wird dch § 407 nicht geschützt, wohl aber der AblösgsBerecht u der Bürge (MüKo/Roth Rn 8).

3) Kenntnis. Entscheidd ist der Ztpkt der LeistgsHdlg, nicht des Eintritts des Leistgserfolgs (BGH 6 **105**, 360). – **a)** Erforderl, aber auch ausr, ist Kenntn der Tats, die den FdgÜbergang bewirken (RG **102**, 387, BGH **LM** Nr 7, Oldbg WM **86**, 1278). Kennenmüssen genügt nicht. Eine AbtrAnz des Zedenten macht idR bösgläub (RG **102**, 387, Köln VersR **94**, 114), die des Zessionars jedenfalls dann, wenn er vertrauenswürd erscheint (RG **74**, 120, BGH **102**, 74, Hamm VersR **85**, 582), nicht aber ein Aufkleber „wir nehmen am Factoring teil“ (Brem NJW **87**, 912). Nicht jeder mögl, sond nur ein obj begründeter Zweifel schließt die Kenntn aus (RG **88**, 6). Verspricht der Zessionar, Bedenken des Schu dch Übersendg der AbtrUrk auszuräumen, ist der Schu bis zum Eintreffen der Urk idR gutgl (Brschw NdsRpfl **72**, 60). Eine Pfl des Schu, eig Erkundiggen einzuziehen, besteht grdsl nicht (Oldbg VersR **75**, 415). Bei einer VorausAbtr genügt die Kenntn vom AbtrGesch auch dann, wenn die Fdg noch nicht entstanden ist (BGH NJW **82**, 2372). Durfte der Schu annehmen, die ihm bekannte Abtr sei rückgäng gemacht worden, gilt er als gutgl (Ffm NJW-RR **88**, 1270). – **b)** Da es nicht auf den Zugang (§ 130), sond auf Kenntn ankommt, reicht es nicht, daß eine 7 AbtrAnz od Urk in den Bereich des Schu gelangt ist (RG **135**, 251). Die Berufg auf fehlde Kenntn trotz Zugangs kann aber mißbräuchl sein (BAG DB **84**, 2703). Kenntn einer **Hilfsperson** genügt grdsl nur, wenn diese hins der Erf der Fdg Vertretgsmacht hat (BGH NJW **60**, 1805). Der Schu muß sich aber als bösgläub behandeln lassen, wenn er seinen Betr so organisiert, daß die zuständ Mitarbeiter, die für die KenntnErlangg wesentl Informationen nicht erhalten (Kohte BB **88**, 638), so etwa, wenn der Einsatz einer EDV-Anlage dazu führt, daß Vermerke auf Rechngen nicht beachtet (BGH NJW **77**, 581) od Eingänge nicht dem Sachbearbeiter vorgelegt w (LG Göttingen VersR **82**, 1186). – **c)** Beim **gesetzlichen Forderungsüber-** 8 **gang** dürfen an die Kenntn des Schu keine zu hohen Anfordergen gestellt w, da sonst der Schutzzweck des *cessio legis* vereitelt w (BGH NJW **84**, 608). Es genügen daher: iF des SGB X § 116 Kenntn der Tats, die versichergspflicht machen (BGH **19**, 181); ähnl iF des BVG 81a (Ffm VersR **87**, 593); iF eines nachträgl Fdg-Übergangs aufgrd von GesÄnd die Verkündg des Ges im BGBl (BGH NJW **84**, 608); iF von RVO 182 X Mitteilg der Krankenkasse an den ArbG, daß sie Krankengeld zahle (BAG NJW **81**, 1062). Strengere Anfordergen sind dagg beim FdgÜbergang gem § 1615b (LG Bochum FamRZ **80**, 938) u gem LFZG 4 zu stellen (Kblz VersR **80**, 971). Bloße Kenntn der maßgebden Tats genügt nicht, wenn nach dem damaligen

9 Stand der Rspr die Voraussetzgen für einen FdgÜbergang nicht vorlagen (Celle VersR **77**, 549). – **d)** Die **Beweislast** für die Kenntn hat der Zessionar. Ist dem Schu eine AbtrAnz od Urk zugegangen, wird jedoch prima-facie vermutet, daß er Kenntn von der Abtr hatte (BGH VersR **62**, 517, LAG Bln BB **69**, 1353).

10 **4) Absatz 2. – a)** Ist die Fdg erst **nach Rechtshängigkeit** abgetreten worden, ist § 407 II unanwendb, es gelten ausschließl ZPO 265, 325. Der Zedent bleibt aktivlegitimiert (ZPO 265), muß den Antr aber auf Leistg an den Zessionar umstellen (BGH **26**, 37). Das Urt schafft für u gg den Zessionar RKraft (ZPO 325).

11 **– b)** Ist die Fdg schon **vor Rechtshängigkeit** abgetreten worden, wird der Schu, sofern er bei Eintritt der RHängigk gutgl war, dch § 407 II geschützt. Die RKraft des ergehden Urt wirkt zG des Schu, nicht aber zG des Zessionars (BGH **52**, 152, oben Rn 5). Das Urt bindet den Zessionar in dem Umfang, in dem es nach ZPO 322 auch den Zedenten bindet (BGH **35**, 168), dh bei Identität des StreitGgst. Entspr ZPO 322 II wirkt das Urt auch insow gg den Zessionar, als es das Bestehen einer GgFdg des Schu feststellt (Olshausen JZ **76**, 85). Auf das SchiedsVerf zw Zedent u Schu ist § 407 II entspr anzuwenden (MüKo/Roth Rn 24), ebso wie auf die rechtskr Feststellg einer aufrechenb GgFdg im Konk des Zedenten (Hamm ZIP **93**, 447). Hat der Schu über die GgFdg, mit der er aufrechnen will, einen rechtskr Titel gg den Zedenten erlangt, ist § 407 II aber nicht analog anwendb (BGH NJW **94**, 252). Erfährt der Schu währd des RStreits von der Abtr, kann er sich hierauf berufen od nach ZPO 72, 75 vorgehen, er kann den Proz aber auch ohne Bestreiten der Aktivlegiti-mation weiterführen. Wird er verurteilt, darf er nach hM nicht an den Zedenten leisten, da § 407 II insow nicht zutrifft u § 407 I wg Kenntn der Abtr nicht anwendb ist. Da eine VollstrGgKlage an ZPO 767 II scheitert, bleibt nach hM nur die Hinterlegg (RG **84**, 291, BGH **86**, 340), die aber eine Vollstr aus dem Urt nicht hindert. Der Schu, der die ihm bekannt gewordene Abtr im Proz nicht vorträgt, handelt daher für den Fall des Unterliegens auf eig Risiko.

408 Mehrfache Abtretung.

408   **Mehrfache Abtretung.** [1]**Wird eine abgetretene Forderung von dem bisherigen Gläu-biger nochmals an einen Dritten abgetreten, so finden, wenn der Schuldner an den Dritten leistet oder wenn zwischen dem Schuldner und dem Dritten ein Rechtsgeschäft vorge-nommen oder ein Rechtsstreit anhängig wird, zugunsten des Schuldners die Vorschriften des § 407 dem früheren Erwerber gegenüber entsprechende Anwendung.**

[2]**Das gleiche gilt, wenn die bereits abgetretene Forderung durch gerichtlichen Beschluß einem Dritten überwiesen wird oder wenn der bisherige Gläubiger dem Dritten gegenüber anerkennt, daß die bereits abgetretene Forderung kraft Gesetzes auf den Dritten übergegangen sei.**

1 **1) Absatz 1.** Bei mehrf Abtr wird wg des PrioritätsGrds der Erstzessionar der wirkl Gläub, der Zweitzes-sionar („Dritte") ist dagg NichtBerecht. Er steht bei der entspr Anwendg des § 407 als ScheinGläub dem Zedenten gleich. Geschützt w wie iF des § 407 die Unkenntn von der wirks ersten Abtr. Die weitere Zession muß tatsl stattgefunden haben. § 408 gilt auch dann, wenn die 2. Abtr unter der RBedingg erfolgt, daß keine 1. Abtr vorausgegangen ist (BGH NJW **89**, 899). Gleichgült ist, wie der Schu von ihr Kenntn erhalten hat u wie sicher seine Kenntn war (BGH Warn **66** Nr 253). Neben § 407 ist auch § 406 entspr anwendb (RGRK-Weber Rn 8, str). I gilt auch, wenn eine gepfändete Fdg abgetreten w u der Schu von der Pfändg nichts weiß. Nimmt der Schu, etwa wg einer Rückdatierg an, die Abtr sei vor der Pfändg erfolgt, wird er nicht geschützt (BGH **100**, 47).

2 **2) Absatz 2.** Weiß der Schu von der Abtr nichts, wird er dch II auch dann geschützt, wenn die Fdg dch einen (leerlaufden) gerichtl Beschl einem Dr als ScheinBerecht überwiesen w. Die bloße Pfändg od ein ZahlgsVerbot rechtf die Anwendg von II nicht (LG Hildesheim NJW **88**, 1916). II gilt aber entspr, wenn sich nach der Abtr scheinb der Tatbestd eines gesetzl FdgÜbergangs verwirklicht u der Zedent die *cessio legis* anerkennt. Gleichgült ist, ob das Anerkenntn schriftl od mdl abgegeben w (BGH **11**, 302). Dagg wird der Schu nicht geschützt, wenn er in Unkenntn der Abtr ohne ein Anerkenntn des Gläub an den aus einer Legalzession ScheinBerecht leistet (Nörr-Scheyhing § 7 II 5, aA MüKo/Roth Rn 12).

409 Abtretungsanzeige.

409   **Abtretungsanzeige.** [1]**Zeigt der Gläubiger dem Schuldner an, daß er die Forderung abgetreten habe, so muß er dem Schuldner gegenüber die angezeigte Abtretung gegen sich gelten lassen, auch wenn sie nicht erfolgt oder nicht wirksam ist. Der Anzeige steht es gleich, wenn der Gläubiger eine Urkunde über die Abtretung dem in der Urkunde bezeichneten neuen Gläubiger ausgestellt hat und dieser sie dem Schuldner vorlegt.**

[2]**Die Anzeige kann nur mit Zustimmung desjenigen zurückgenommen werden, welcher als der neue Gläubiger bezeichnet worden ist.**

1 **1) Allgemeines.** Währd der Schutz der §§ 407, 408 darauf abstellt, daß der Schu von der Abtr keine Kenntn erhalten hat, geht es in § 409 um den umgekehrten Fall: Der Schu nimmt im **Vertrauen** auf eine Erkl (Anz, AbtrUrk) des Gläub an, daß die Fdg an einen Dr abgetreten sei, währd sie in Wahrh weiter dem Gläub zusteht. § 409 gilt auch für öffentl Anspr, so für Anspr aus der SozialVers (BSozG NJW **59**, 2087), für Versorggsbezüge (BSozG NJW **60**, 264) u Anspr aus dem BEG (BGH MDR **65**, 119). Auch auf den

2 **gesetzlichen Forderungsübergang** ist § 409 anwendb (§ 412). Erforderl ist aber eine anerkennde Erkl des Zedenten (Denck DB **79**, 892), eine Anz des Legalzessionars (ScheinGläub) genügt nicht (aA LAG Düss DB **78**, 1087). § 409 gilt entspr für Erkl über das BezugsR aus einem VersVertr (RG **154**, 109). Der Ausgl zw

dem wahren Berecht u dem ScheinGläub richtet sich nach § 816. Hat der Zessionar den Schu über den Fdgsübergang unricht informiert, haftet er wg pVV (Ffm NJW-RR **89**, 891).

2) Abtretungsanzeige. – a) Die **Anzeige** ist eine rechtsgeschäftähnl Hdlg (BGH **LM** § 399 Nr 17). Sie **3** setzt GeschFgk voraus u ist anfechtb. Sie bedarf keiner Form, kann also auch mdl erfolgen. Für die AbtrUrk (I 2) genügt einf Schriftform. Sie muß vom wahren Gläub ausgestellt (BGH **100**, 46) u mit seinem Willen in den Verk gebracht worden sein. Für die Vorlegg gilt § 173 Rn 6 entspr. – **b) Wirkung.** § 409 gilt nur, wenn **4** die mitgeteilte Abtr nicht od nicht wirks erfolgt ist. In diesem Fall ist zu unterscheiden: – **aa)** Der **Gläubiger** ist weiterhin wirkl FdgInh. Er kann dch KlErhebg die Verj unterbrechen (BGH **64**, 119, NJW **78**, 2025). Dem Schu steht aber ein ZbR zu, das erst entfällt, wenn der Gläub gem **II** die **Zustimmung** des ScheinBerecht vorlegt (BGH aaO). Es ist auch dann ausgeschl, wenn eine Inanspruchn dch den ScheinBerecht mit Sicherh nicht mehr zu erwarten ist (BGH **56**, 349). Zur Zustimmg (II) ist der ScheinBerecht gem § 812 verpflichtet. – **bb)** Der **Scheinberechtigte** hat kein FdgR. Der Schu kann an ihn leisten, braucht es aber **5** nicht (RG **93**, 75, Nürnbg WM **84**, 607). Er kann – allerdings auf sein Risiko – ggü dem Gläub einklagen od hinterlegen (RG **70**, 89, Köln VersR **77**, 576). Auch wenn der Schu positiv weiß, daß die Abtr nicht od nicht wirks erfolgt ist, wird er dch § 409 geschützt (RG **126**, 185, BGH **29**, 82, BB **56**, 639, aA Karollus JZ **92**, 557). Der Schutz entfällt aber, wenn die fehlde Legitimation des ScheinBerecht offen zutage liegt (s BGH DB **55**, 603), wenn die Abtr gg ein gesetzl Verbot verstößt (BGH **56**, 345, BAG DB **87**, 2314, Oldenbg VersR **94**, 846, LG Stade NJW-RR **93**, 672), nicht aber bei einem Verstoß gg § 138, zumal dieser idR nur das KausalGesch betrifft (BAG NJW **91**, 2038).

410   *Aushändigung der Abtretungsurkunde.* [1]**Der Schuldner ist dem neuen Gläubiger gegenüber zur Leistung nur gegen Aushändigung einer von dem bisherigen Gläubiger über die Abtretung ausgestellten Urkunde verpflichtet. Eine Kündigung oder eine Mahnung des neuen Gläubigers ist unwirksam, wenn sie ohne Vorlegung einer solchen Urkunde erfolgt und der Schuldner sie aus diesem Grunde unverzüglich zurückweist.**

[II]**Diese Vorschriften finden keine Anwendung, wenn der bisherige Gläubiger dem Schuldner die Abtretung schriftlich angezeigt hat.**

1) Allgemeines. Die Vorschr soll dem Schu den Schutz des § 409 sichern. Sie begründet keinen Anspr **1** auf Aushändig, nach LeistgVR eig Art, auf das § 274 entspr anzuwenden ist (BGH NJW **69**, 1110, **86**, 977); beim Akkreditiv führt das Fehlen einer AbtrUrk dagg zur KlAbweisg (BGH WM **76**, 115).

2) Die **Urkunde** begründet keine Aktivlegitimation, sond hat quittgsähnl Eigensch (BGH NJW **93**, **2** 1469). Sie muß den Anfordergen des § 126 genügen. Öff Beglaubiggen kann der Schu (and als der Zessionar, § 403) nicht verlangen, hat aber bei begründeten Zweifeln ein HinterleggsR (§ 372). Aushändigg einer Fotokopie soll genügen (BAG NJW **68**, 2078, bedenkl wg des Widerspr zu § 174 Rn 2). Kann (etwa wg des Todes des Zedenten) keine AbtrUrk vorgelegt w, muß der Zessionar eine and Erkl beibringen, die den Schu vor doppelter Inanspruchn sichert (BGH **LM** § 285 Nr 10). Das gilt aber nicht, wenn der Zessionar ledigl Ausk verlangt u sich dch den Besitz des Sparkassenbuchs legitimiert (BGH WM **82**, 706). Beim gesetzl Fdg-Übergang (§ 412) muß die Urk den RÜbergang anerkennen. Ist die Abtr schriftl angezeigt worden, entfällt das LeistgVR **(II)**. Es genügt, wenn der Schu von der in seiner Ggwart protokollierten AbtrErkl eine Abschrift erhält (BGH WM **69**, 1416). I 2 gilt auch für and **Gestaltungsrechte** wie die Aufr (BGH **26**, 246). Unverzügl s § 121. Erhebt der Schu nachträgl die Einr aus § 410 wird der Verzug *ex nunc* geheilt.

411   *Gehaltsabtretung.*   **Tritt eine Militärperson, ein Beamter, ein Geistlicher oder ein Lehrer an einer öffentlichen Unterrichtsanstalt den übertragbaren Teil des Diensteinkommens, des Wartegeldes oder des Ruhegehalts ab, so ist die auszahlende Kasse durch Aushändigung einer von dem bisherigen Gläubiger ausgestellten, öffentlich oder amtlich beglaubigten Urkunde von der Abtretung zu benachrichtigen. Bis zur Benachrichtigung gilt die Abtretung als der Kasse nicht bekannt.**

1) Allgemeines. Die Vorschr privilegiert ohne einleuchtden Grd die öff Hand u ist kaum noch zeitgem. **1** Sie betrifft Dienstbezüge (usw) der Beamten, Soldaten u Richter, wird aber von der hM auch auf die Angestellten u Arbeiter des öff Dienstes angewandt (BAG DB **66**, 1936, MüKo/Roth Rn 6). Zur öff Beglaubigg s § 129, zur amtl s BeurkG 65.

2) Die **Abtretung** ist auch ohne die förml Urk wirks (BGH **11**, 302). Die Kasse hat aber bis zur Vorlage **2** der Urk ein LeistgVR (S 1 mit § 410) u gilt bis zu diesem Ztpkt als gutgl (S 2 mit §§ 407, 406). Wird die Kasse nur von einer unwirks ZweitAbtr benachrichtigt, kann sie an den aus dieser Abtr ScheinBerecht nur unter den Voraussetzgen des § 408 mit befreider Wirkg leisten (BGH **11**, 302).

412   *Gesetzlicher Forderungsübergang.*   **Auf die Übertragung einer Forderung kraft Gesetzes finden die Vorschriften der §§ 399 bis 404, 406 bis 410 entsprechende Anwendung.**

1) Fälle des gesetzl FdgÜbergangs sind vor allem: §§ 268 III, 426 II, 774 I, 1143 I, 1225, 1249, 1607 II, **1** 1615b, BRAGO 130, LFZG 4, VVG 67, SGB X 116 (s Vorbem 148 ff v § 249). Seit dem 27. 6. 93 gehen aGrd der nF des BSHG 91 UnterhAnspr des Hilfebedürftigen kr Ges auf den Sozialhilfeträger über (Einf 21 v § 1601); einer Überleitanzeige (BSHG 90) bedarf es nur noch hinsichtl sonst Anspr. Eine Rückübertragg auf den Hilfebedürftigen ist wirks (Bambg, Hamm, Nürnbg, Stgt NJW-RR **95**, 581, 708, 710, 843, aA Seetzen NJW **94**, 2507 unter Hinweis auf BGH NJW **94**, 1733). Die **Gesamtrechtsnachfolge** unter Lebden fällt unter § 412, so §§ 1416, 613a, AktG 346 III (str), nicht aber die erbrechtl GesNachf (§ 1922). Der

FdgsÜbergang kr **Hoheitsakts** (ZPO 835, BSHG 90, SGB 50) steht dem gesetzl FdgÜbergang gleich (BAG NJW **71**, 2094).

2   **2)** Das Ges best eine **entsprechende Anwendung** u nimmt davon die auf den rgeschäftl Verk abstellden §§ 405, 411 aus. Zu berücksichtigen ist daher jeweils der Zweck der Norm, der die *cessio legis* anordnet. Vgl iü bei den einz Vorschr jeweils Rn 1 od 2.

413 *Übertragung anderer Rechte.* **Die Vorschriften über die Übertragung von Forderungen finden auf die Übertragung anderer Rechte entsprechende Anwendung, soweit nicht das Gesetz ein anderes vorschreibt.**

1   **1) Allgemeines.** Die Vorschr spricht aus, daß auch and Rechte als Fdgen grdsl übertragb sind. Sie legt zugl fest, daß zur Übertragg idR eine formlose Willenseinigg zw dem fr u dem neuen RInh ausr ist. **Andere Rechte** sind alle nicht unter § 398 fallden Rechte, vor allem also SachenR, UrhR u gewerbl SchutzR, Fam- u ErbR, MitgliedschR u GestaltgsR. Ob für Anspr aus Tatbestden des Sachen-, Fam- u ErbR (Bsp: §§ 985, 1360a VI, 2174) § 398 od § 413 gilt, ist str, aber prakt gleichgült, da bei beiden rechtl Einordngen die gleichen Vorschr anwendb sind (s § 399 Rn 4). Die SchutzVorschr zG des Schu (§§ 404ff) sind nur anwendb, wenn das übertragene Recht eine Pers ähnl einem Schu verpflichtet (BGH NJW-RR **93**, 1469); das ist bei UrhR (Rn 3) nicht der Fall (BGH aaO).

2   **2)** Da § 413 ggü spezialgesetzl Vorschr, die die Übertragbark ausschließen od and regeln, **subsidiär** ist, ist seine prakt Bedeutg gering: – **a) Sachenrechte** werden nach den §§ 873, 925, 929 übertragen. Die Übertragg der EigtAnwartsch richtet sich gleichf nicht nach § 413, sond nach den Vorschr für das VollR (BGH
3   **28**, 21, **49**, 202, NJW **70**, 699). – **b)** Das **Urheberrecht** ist unübertragb (UrhRG 29 S 2). Dagg können NutzgsR an UrhR u **gewerbliche Schutzrechte** übertragen w. § 413 wird aber zT dch SonderVorschr verdrängt (PatG 15, GebrMG 13, WZG 8). – **c)** **Familienrechte** sind unübertragb, ebso das **Erbrecht** als
4   solches. Die Vfg des Miterben über seinen Anteil am Nachl ist in § 2033 bes geregelt. – **d) Mitgliedschaftsrechte** an Vereinen u PersonalGesellsch sind grdsl unübertragb (§§ 38, 719). Für die Übertragung von MitgliedschR an KapitalGesellsch gelten Sonderregeln (AktG 68, GmbHG 15). – **e)** Ein **Unternehmen** im ganzen kann nicht gem § 413 übertragen w. Es ist weder Sache noch Recht, sond ein Inbegriff von Ggst. Die Übertr richtet sich nach den für die einz Ggst maßgebden Vorschr (BGH **LM** Nr 2). Das gilt ebso für die Übertr des Nachl dch den Alleinerben (RG **88**, 117, BGH MDR **67**, 913).

5   **3) Gestaltungsrechte: – a) Selbständige** GestaltgsR sind grdsl übertragb, so das AneignsgR u das WiederkaufsR (MüKo/Roth Rn 10), bei einer entspr Vereinb auch das VorkaufsR (RG **148**, 112) u das
6   Recht aus einem VertrAngebot (RG **111**, 47). – **b)** Unter den **unselbständigen** GestaltgsR gibt es **Hilfsrechte,** die der Ausübg od DchSetzg der Fdg selbst dienen u damit dem Gläub als solchem zustehen, zB das Recht auf FälligkKünd, die GläubWahlR, die Ersetzgsbefugn. Diese Rechte gehen zwangs-
7   läuf mit der Fdg auf den neuen Gläub über u sind daher nicht selbstd abtretb (§ 401 Rn 4). – **c)** Andere **unselbständige** GestaltgsR dienen der Umgestaltg des gesamten SchuVerh, so das Recht zur VertrKünd, zum Rücktr u das allerdings als Anspr konstruierte Recht auf Wandlg. Diese GestaltgsR sind nicht wesensmäß mit dem HauptR verbunden; sie können zus mit der Fdg od auch nur einem Teil von ihr abgetreten w, ohne daß auf den AbtrEmpf sämtl Rechte u Pfl aus dem VertrVerh übergehen müssen. Das gilt vor allem für das KündR des Vermieters (Hamm NJW-RR **93**, 273) u das gesetzl u vertragl kücktrR (BGH NJW **73**, 1793, **85**, 2640). Soweit die GestaltgsR **höchstpersönlicher Natur** sind, bleiben sie an die Pers des ursprüngl RechtsInh gebunden u gehen nur auf dessen Erben über. Das gilt vor allem für das AnfR (Larenz § 34 VI, str, aA Steinbeck, Übertragbark von GestaltgsR, 1994, S 44); iF der VertrÜbern (§ 398 Rn 38) geht aber mit dem Vertr im ganzen auch das AnfR auf den RNachfolger über (Coester MDR **74**, 803).

Fünfter Abschnitt. Schuldübernahme

Überblick

1   **1)** Die in den §§ 414ff geregelte **befreiende Schuldübernahme** ist das GgStück zur Abtr. Sie führt unter Wahrg der Identität der Schuld zu einem SchuWechsel. Der Übernehmer („Dritter") tritt an die Stelle des Schu; dieser wird frei. Der ÜbernVertr kann zw Gläub u Übernehmer (§ 414) od zw Schu u Übernehmer unter Zust des Gläub (§ 415) geschlossen w; das Einverständn des Gläub ist zwingdes Erfordern, da die Bonität des Schu für den Wert der Fdg von ausschlaggebder Bedeutg ist. Der ÜbernVertr hat **Verfügungscharakter** u ist daher **abstrakt** (§ 417 Rn 5). Er enthält aber zugl die Übern einer – mit der bisherigen Verpfl inhaltsgleichen – Verbindlichk u ist daher auch ein **Verpflichtungsgeschäft.** Übernommen wird die Schuld, wie sie bei Übern besteht (§§ 416, 417). Gleichwohl liegt keine RNachf iSd ZPO 265, 325, 727 vor (BGH **61**, 140, MüKo/Möschel Rn 6, str). Übernommen w können Schulden jeder Art, auch zukünft, klaglose u rhäng. Eine Ausn gilt für dingl Anspr, bei denen (wie iF des § 985) die Passivlegitimation dch die tatsächl Lage bestimmt w. Einer Einschränkg wie in § 399 bedarf es wg der Mitwirkg des Gläub nicht. Aus der SchuldÜbern kann sich für den Gläub die NebenPfl ergeben, das InnenVerh zw Alt- u NeuSchu zu beachten (BGH NJW-RR **90**, 812). Der ÜbernVertr ist grdsl **formfrei.** Wenn für die Begründg einer Verpfl eine FormVorschr besteht, gilt sie aber auch für die Übern der Verpfl; der ÜbernVertr ist daher in den Fällen der §§ 313 (dort Rn 14), 518 u des VerbrKrG 4 formbedürft.

2   **2) Schuldbeitritt** (Schuldmitübern, kumulative SchuldÜbern). – **a)** Beim Schuldbeitritt tritt der Mitübernehmer zusätzl neben den bisher Schu in das SchuldVerh ein; beide werden GesSchu iSd §§ 421ff. Das

Ges sieht in einer Reihe von Fällen einen solchen Schuldbeitritt vor: §§ 419, 556 III, 2382, HGB 25, 28, 130, WG 28. Dagg ist der **rechtsgeschäftliche** Schuldbeitritt im BGB nicht geregelt; er ist aber als reiner VerpflVertr nach § 305 zul (stRspr seit RG **59**, 233, allgM). Er kann zw Gläub u Beitretdem geschlossen w, jedoch bestehen dann Abgrenzsprobleme zur Bürgsch (Rn 4). Part des SchuldmitübernVertr können auch der Schu u der Beitretde sein. In diesem Fall handelt es sich um einen Vertr zGDr mit dem Inh der bereits vorhandenen Schuld (BGH **72**, 250). Der Bejahg eines Vertr zGDr kann aber die Ausleggsregel des § 329 entggstehen (BGH DB **75**, 2081). Eine Zust des Gläub ist nicht erforderl, da sich seine RStellg nur verbessert; er hat aber das ZurückweisgsR des § 333. Der Schuldbeitritt kann sich auch auf künft Fdgen beziehen (BGH NJW-RR **93**, 308), muß aber den Umfang der übernommenen Verpfl mit hinreichder Deutlichk abgrenzen (Hamm NJW-RR **93**, 113). Er ist grdsl **formfrei**; § 766 ist weder direkt noch analog anwendb, da der Beitretde und als der Bü typw ein eig unmittelb sachl Interesse an der Erf der Verbindlichk hat (stRspr seit RG **59**, 233, allgM). Die für die Begründg einer Verpfl bestehden FormVorschr (zB §§ 313, 518, BRAGO 3) gelten aber auch für den Schuldbeitritt (BGH NJW **91**, 3098), ausgenommen § 781, da er angebl ausschließl BewZwecken dient (BGH **121**, 1, krit Dehn WM **93**, 2115). Seit dem 1. 1. 91 bedarf auch der Schuldbeitritt zu einem **Verbraucherkreditvertrag** der Schriftform, VerbrKrG 4 (Stgt WM **94**, 977, Ulmer/Timmann FS Rowedder S 503). Die vom Sozialamt zG eines Hilfeempfängers gegebene Mietgarantie kann eine öffrechtl Zusage (BVerwG NJW **94**, 2968), aber auch ein privrechtl Schuldbeitritt sein (OVG Bln NJW **84**, 2593). Sie begründet nur dann einen Anspr des Vermieters, wenn der Sozialhilfeträger seinen RBindgsWillen unzweideut zum Ausdr bringt (BVerwG aaO). Sie erstreckt sich iZw nicht auf Renoviergskosten (LG Lünebg NJW **89**, 1288) u wird der Höhe u der Dauer nach dch die Sozial-Hilfebedürftigk des Mieters begrenzt (BVerwG aaO, OVG Brem NJW **90**, 1314). Ob kumulative od befreide SchuldÜbern vorliegt, ist Ausleggsfrage; iZw ist Schuldbeitritt anzunehmen, da er den Gläub nicht belastet (BGH DB **78**, 2216). Bei der Übern einer dch Hyp gesicherten Schuld (§ 416) ist aber iZw eine befreide SchuldÜbern gewollt (§ 415 Rn 2).

   b) Schuldbeitritt u **Bürgschaft** stimmen darin überein, daß sie dem Gläub als zusätzl Sicherh einen **4** Anspr gg einen „Mithaftden" verschaffen. Dogmatisch bestehen allerdings grdlegde Unterschiede: Der Bürge haftet akzessorisch für fremde Schuld (§§ 765, 767), dagg begründet der Schuldbeitritt eine eig Verbindlichk gg den Beitretden, die nach dem Beitritt ihre eig Wege gehen kann (Rn 5 f). Ob Schuldbeitritt od Bürgsch vorliegt, kann im Einzelfall zweifelh sein. Die prakt Bedeutg dieser Abgrenzsfrage ist aber geringer geworden, da nunmehr auch der Beitritt zu einem VerbrKreditVertr der Schriftform bedarf (Rn 3). In der manchmal ideologisch gefärbten Diskussion um die Abgrenzg wird idR übersehen, daß die Einordng als Schuldbeitritt für den Mithafter auch Vorteile bringt, so hins der Haftg für Zinsen u Kosten (§ 425 Rn 2 u § 767 I 2). Entscheidd ist, ob nach dem Willen der VertrPart (§§ 133, 157) eine selbständige od nur eine angelehnte Schuld begründet w soll (BGH NJW **86**, 580, Hamm NJW **93**, 2625, Coester JuS **94**, 370). Bleiben Zw, ist eine Bürgsch anzunehmen (BGH aaO, DB **87**, 1139, Hamm aaO, LG Gießen NJW-RR **95**, 586). Entgg einer älteren Rspr (RG **90**, 417, Mü MDR **65**, 573) ist das beim Schuldbeitritt typw vorliegde eig wirtschaftl Interesse des Übernehmers an der Erf der Verbindlichk für die Bejahg einer Schuldmitübern weder erforderl noch ausr. Auf die Art des Interesses kommt es nicht an, wenn die abgegebene Erkl eindeut den Willen zum Schuldbeitritt od umgekehrt zur Verbürgg erkennen lassen (BGH **LM** § 133 [C] Nr 33 u [B] Nr 7). Sind die Erkl mehrdeut, kann das eig sachl Interesse des Übernehmers ein wicht Indiz für das Vorliegen eines Schuldbeitritts sein (BGH NJW **81**, 47), jedoch ist auch hier bei verbleibden Zweifeln eine Bürgsch anzunehmen (BGH NJW **68**, 2332, BB **76**, 1431). Die Umdeutg einer formunwirks Bürgsch in einen Schuldbeitritt verstößt gg den Schutzzweck des § 766 u ist daher ausgeschlossen.

   c) Rechtsfolgen: Der Schuldmitübernehmer tritt als **Gesamtschuldner** (§§ 421 ff) mit in das Schuld- **5** Verh ein. Für Einwendgen u Einr gilt § 417 entspr. Besteht die mitübernommene Verbindlichk nicht, geht der Schuldbeitritt ins Leere (BGH NJW **87**, 1699), jedoch kann uU eine garantieähnl selbstd HaftgsÜbern vorliegen (BGH WM **71**, 1498). Der Beitretde kann den Unwirksamk des Beitritts einwenden. Ist der Beitritt dch einen Vertr zGDr erfolgt, kann der Beitretde in Abw von § 417 II gem § 334 auch Einwendgen aus dem KausalGesch erheben (BGH WM **59**, 22, **73**, 1291), jedoch können sich aus dem Gedanken des Vertrauensschutzes Einschränkgen ergeben (Oldbg BauR **86**, 586). Der vor dem Beitritt begonnene Lauf der **Verjährung** sowie Hemmgen u Unterbrechgen der Verj wirken auch für u gg den Beitretden (RG **143**, **6** 157, BGH NJW **84**, 794). Die VerjFr der übernommenen Schuld gilt für den Beitretden selbst dann, wenn die für die FrLänge maßgebden Voraussetzgen (GewBetr) in seiner Pers nicht erfüllt sind (BGH **58**, 251, NJW **93**, 1915); liegt gg den Schu ein rkräft Urt vor, gilt § 218 auch ggü dem Beitretden (BGH NJW **87**, 2864). Nach dem Beitritt können die Anspr gg den ursprüngl Schu u den Beitretden eine unterschiedl Entwicklg nehmen (§ 425). Auch der LeistgsOrt kann verschieden sein (Schlesw NJW **52**, 1018). Der Beitretde kann, wenn er die Mithaftg für künft Verbindlichk übernommen hat, den Schuldbeitritt aus wicht Grd mit Wirkg ex nunc kündigen (s BGH NJW **86**, 253, Einf 20 v § 241).

414 *Vertrag zwischen Gläubiger und Übernehmer.* Eine Schuld kann von einem Dritten durch Vertrag mit dem Gläubiger in der Weise übernommen werden, daß der Dritte an die Stelle des bisherigen Schuldners tritt.

   Vgl zunächst Übbl 1. VertrPart sind der Gläub u der Übernehmer. Rechtl handelt es sich um eine ausnw **1** zul Vfg zG eines Dr, des Schu, zugl aber um eine einen VerpflVertr. Die Schuldbefreig tritt ohne Mitwirkg des Schu ein. Der Schu hat auch kein ZurückweisgsR; § 333 ist weder direkt noch analog anwendb (Weimar JR **72**, 285, MüKo/Möschel Rn 5, str). Der ÜbernVertr ist grdsl **formfrei** (Übbl 1). Er kann daher auch konkludent geschlossen w (RG **107**, 216), etwa dch Umschreibg eines Flugscheins (BGH **62**, 76), doch muß der Gläub den Entlassgswillen deutl erklären (RG HRR **28** Nr 8), sonst liegt ein bloßer Schuldbeitritt vor (Übbl 2). Inh u Modalitäten der Schuld w dch die Übern nicht verändert (§ 417 Rn 1 f).

415 *Vertrag zwischen Schuldner und Übernehmer; Genehmigung des Gläubigers.*
[I]Wird die Schuldübernahme von dem Dritten mit dem Schuldner vereinbart, so hängt ihre Wirksamkeit von der Genehmigung des Gläubigers ab. Die Genehmigung kann erst erfolgen, wenn der Schuldner oder der Dritte dem Gläubiger die Schuldübernahme mitgeteilt hat. Bis zur Genehmigung können die Parteien den Vertrag ändern oder aufheben.

[II]Wird die Genehmigung verweigert, so gilt die Schuldübernahme als nicht erfolgt. Fordert der Schuldner oder der Dritte den Gläubiger unter Bestimmung einer Frist zur Erklärung über die Genehmigung auf, so kann die Genehmigung nur bis zum Ablaufe der Frist erklärt werden; wird sie nicht erklärt, so gilt sie als verweigert.

[III]Solange nicht der Gläubiger die Genehmigung erteilt hat, ist im Zweifel der Übernehmer dem Schuldner gegenüber verpflichtet, den Gläubiger rechtzeitig zu befriedigen. Das gleiche gilt, wenn der Gläubiger die Genehmigung verweigert.

1　**1) Allgemeines.** § 415 ermöglicht eine SchuldÜbern dch Vertr zw Schu u Übernehmer, der aber der Gen des Gläub bedarf. Der Vertr hat – ebso wie bei § 414 – einen Doppelcharakter: Schu u Übernehmer verfügen als Nichtberecht über die Fdg u begründen zugl eine mit der ursprüngl Schuld inhaltsgleiche Verpfl des Übernehmers, sog **Verfügungstheorie** (RG **134**, 187, BGH **31**, 325, Larenz § 35 I, hM). Die Angebotstheorie (Heck § 73 ua), die in der Mitteilg (I 2) die Offerte u in der Gen die VertrAnn sehen will, ist mit Wortlaut, Systematik u Entstehgsgeschichte des Ges unvereinb (Mot II 144ff, MüKo/Möschel Rn 2). Genehmigt der Gläub aGrd einer Mitteilg des Übernehmers, kann aber im Einzelfall, wenn kein nach § 415 wirks Vertr zustande kommt, iW der Auslegg od Umdeutg ein ÜbernVertr nach § 414 angenommen w (BGH **31**, 323, § 417 Rn 6). Mögl ist auch ein VertrSchl zw Gläub u Schu unter Zust des Übernehmers u (wie iF der VertrÜbern, § 398 Rn 38) ein „dreiseitiger" VertrSchluß (Nörr-Scheyhing § 26).

2　**2) Voraussetzungen. – a)** Der **Vertrag** ist abstrakt u grdsl formfrei (Übbl 1). Er muß klarstellen, daß eine befreide SchuldÜbern u nicht bloß ein ErfÜbern gewollt ist (Übbl 3). Wird eine durch eine Hyp gesicherte Fdg in Anrechng auf den KaufPr übernommen, ist iZw eine befreide SchuldÜbern
3　zu bejahen (RG **75**, 340, JW **32**, 1043, KG JW **38**, 1916). – **b)** Der Vertr bedarf der **Zustimmung** des Gläub. Obwohl der Normtext nur von Gen (§ 184) spricht, genügt auch eine Einwilligg, § 183 (RG **60**, 415, BGH Warn **76**, 61). Eine Mitteilg (I 2) ist in diesem Fall nicht erforderl. EinwilligsKlauseln in AGB sind nur in den Grenzen von AGBG 11 Nr 13 wirks (s dort). Wird die Einwilligg in einem unter Beteiligg des Gläub geschlossenen notariell beurkundeten Vertr nicht erteilt, so kann das für das Vorliegen einer ErfÜbern sprechen (Köln NJW-RR **94**, 210). Die Zust kann dem einen od and Teil erklärt w (§ 182 I). Die Zust ist nach § 182 II auch dann formfrei, wenn der ÜbernVertr (entspr Übbl 1) ausnw formbedürft ist (and die Ange-
4　botstheorie, Rn 1). – **c)** Der Gen muß eine **Mitteilung** der SchuldÜbern dch einen der VertrPart an den Gläub vorangehen (I 2), sie setzt daher Kennt der ÜbernVereinbg voraus (BGH NJW-RR **91**, 818). Die Mitteilg ist eine geschäftsähnl empfangsbedürft Hdlg. Sie kann auch konkludent erfolgen (RG **125**, 104) u uU in jahrelanger Zinszahlg liegen (RG JW **37**, 1233); iF des ZVG 53 genügt die Mitteilg, daß das Grdst unter Bestehenbleiben der Hyp zugeschlagen worden sei (RG JW **29**, 733). Die Mitteilg eines Vertr, dessen Gültigk gleichzeit bestritten w, ist nicht ausr (RG **119**, 421), ebsowenig eine anderweit KenntnErlangg (RG
5　HRR **28** Nr 825, **37** Nr 500). – Die gem § 182 II formfreie **Genehmigung** kann auch dch schlüssige Hdlg erfolgen, etwa dch KlErhebg gg den Übernehmer (RG **107**, 216, BGH WM **75**, 331) od dch Fortsetzg der Bierabnahme nach Anzeige der Brauereiveräußerg (Nürnbg NJW **65**, 1919). Das Verhalten des Gläub muß aber unzweideut seine Zust des Schu aus der Haftg erkennen lassen (BGH WM **78**, 352). Bloßes Schweigen auf die Anzeige der SchuldÜbern (LAG Hamm DB **85**, 287, LG Ffm NJW-RR **90**, 275) od die Mitteilg von der Umgründg in eine GmbH & Co genügt nicht (BGH NJW **83**, 679), ebsowenig die Ann von Leistgen des Übernehmers, die dieser auch nach § 267 erbringen könnte (RG JW **37**, 1233, LAG Hamm
6　DB **90**, 941). – **e)** Bei einer **Kettenschuldübernahme** genügt Mitteilg u Gen der Übern, aus der der Gläub Rechte herleiten will (RG **121**, 316, stRspr). Eine bes Gen der vorangehden Übern ist nicht erforderl.

7　**3) Rechtsfolgen. – a) Bis zur Genehmigung** besteht ein Schwebezustand. Der Gläub hat auch nach Zugang der Mitteilg ggü dem Übernehmer keine Rechte. Die VertrPart können den ÜbernVertr ändern od aufheben (I 3). Jeder von ihnen kann dem Gläub eine Fr setzen (II 2); bei Schweigen gilt die Gen als verweigert. Bei mehrfacher FrSetzg ist die zuerst gesetzte maßgebd (MüKo/Möschel Rn 10). Im InnenVerh ist der Übernehmer
8　iZw zur rechtzeit Befriedigg des Gläub verpflichtet (III). – **b)** Durch die **Genehmigung** w die SchuldÜbern wirks u zwar gem § 184 I rückwirkd auf den Ztpkt des VertrSchl (RG **134**, 187, and die Angebotstheorie Rn 1). –
9　**c)** Wird die Gen **verweigert** (III 2) od gilt sie als verweigert (II 2), wird die SchuldÜbern endgült unwirks (RG **139**, 127). Die Verweigerg ist RGesch u daher anfechtb (§ 182 Rn 4). Die abgelehnte Gen kann, vom Fall der Anf abgesehen, nicht nachgeholt w. Die verspätete Gen u eine vorherige od nachträgl Zust erklärt w können aber als Vertr nach § 414 aufgefaßt w (Rn 1). Die gescheiterte SchuldÜbern gilt nach § 415 III iZw als **Erfüllungsübernahme** (§ 329); sie kann aber, wenn eine Anrechng auf den KaufPr vorgesehen war, in eine Verpflichtg zur Barzahlg umgedeutet w (BGH NJW **91**, 1822, krit Dinkmann WM **92**, 1257).

416 *Übernahme einer Hypothekenschuld.* [I]Übernimmt der Erwerber eines Grundstücks durch Vertrag mit dem Veräußerer eine Schuld, für die eine Hypothek an dem Grundstücke besteht, so kann der Gläubiger die Schuldübernahme nur genehmigen, wenn der Veräußerer sie ihm mitteilt. Sind seit dem Empfange der Mitteilung sechs Monate verstrichen, so gilt die Genehmigung als erteilt, wenn nicht der Gläubiger sie dem Veräußerer gegenüber vorher verweigert hat; die Vorschrift des § 415 Abs. 2 Satz 2 findet keine Anwendung.

[II]Die Mitteilung des Veräußerers kann erst erfolgen, wenn der Erwerber als Eigentümer im Grundbuch eingetragen ist. Sie muß schriftlich geschehen und den Hinweis enthalten, daß der

Übernehmer an die Stelle des bisherigen Schuldners tritt, wenn nicht der Gläubiger die Verweigerung innerhalb der sechs Monate erklärt.

III Der Veräußerer hat auf Verlangen des Erwerbers dem Gläubiger die Schuldübernahme mitzuteilen. Sobald die Erteilung oder Verweigerung der Genehmigung feststeht, hat der Veräußerer den Erwerber zu benachrichtigen.

1) Allgemeines. – a) In GrdstKaufVertr wird, abweichd von § 439 II, häuf vereinb, daß der Käufer die 1 auf dem Grdst lastde Hyp in Anrechng auf den KaufPr übernehmen soll. Eine solche Vereinbg, bei der die Übern iZw die ursprüngl geschuldete VertrLeistg ist (§ 364 Rn 7), enthält regelmäß zugl die Übern der persönl Schuld (RG JW **32**, 1043, BGH **LM** Nr 1, § 415 Rn 2). Für diese, aber auch für and Fälle gibt § 416 einen Weg, der die Gen erleichtern soll: Schweigen des HypGläub gilt unter den Voraussetzgen des § 416 als Gen (I 2). Das Ges will hierdch die unerwünschte Trenng von dingl u persönl Haftg nach Möglichk verhindern (RG **128**, 71). Es berücksichtigt zugl, daß bei dingl gesicherten Fdgen typw die Pers des Schu u dessen VermögensVerh für den Gläub weniger wichtig sind. – **b)** § 416 **ergänzt** § 415. Die SchuldÜbern 2 kann trotz des mißverständl „nur" in I 1 ohne Beschränkg kann der Voraussetzgen des § 416 nach Maßg der §§ 414, 415 erfolgen (RG **63**, 50, MüKo/Möschel Rn 2, allgM). Soweit § 416 keine Sonderregelg enthält, gilt § 415. § 415 III ist daher anwendb (RG Warn **08** Nr 136), die Gen wirkt *ex tunc* (RG **134**, 187), die Verweiger der Gen kann nicht zurückgenommen w (RG **139**, 127, § 415 Rn 9). – **c)** Die Vorschr setzt voraus, daß der 3 Veräußerer zugl persönl Schu ist (BGH **LM** Nr 1). Sie gilt für vorgemerkte Hyp entspr (hM). Auch auf **Grundschulden,** die zur Sichg einer Fdg eingetragen sind, kann § 416 analog angewandt w (Brschw MDR **62**, 736, MüKo/Möschel Rn 4, str). ZVG 53 verweist ausdr auch für Grd- u Rentenschulden auf § 416. Auf SchiffsHyp ist § 416, der dch die VO v 21. 12. 40 (RGBl 1609) nicht geändert worden ist, unanwendb.

2) Mitteilung. – a) Sie muß vom Veräußerer ausgehen, schriftl sein u den Hinw des II 2 enthalten. 4 Stellvertretg ist mögl, Handeln ohne Vertretgsmacht kann der Veräußerer genehmigen (RG **67**, 416). Sie kann erst nach Eintragg des Erwerbers im GrdBuch erfolgen. Späterer Verlust des Eigt ist unschädl (RG **56**, 203). Für die Hyp ist erforderl aber auch ausr, daß sie im Ztpkt des EigtErwerbs bestanden hat (RG **128**, 72). Alle angeführten Erfordern sind **zwingend,** jedoch bleibt den Beteiligten der Weg der §§ 414, 415 (Rn 2). – **b) Schweigen des Gläubigers** gilt nach Ablauf von 6 Monaten als Gen (I 2); für die GeschFgk u ein 5 etwaiges AnfR des Gläub gilt Einf 12 vor § 116. Die Verweiger der Gen ist nur wirks, wenn sie ggü dem Veräußerer erklärt w u eindeut ist (RG HRR **32** Nr 713). – **c)** Bei Verletzg der Pflten aus **III** ist der Veräußerer schaderspflicht. Will der Gläub nach Verweigerg der Gen die ZwVollstr des Grdst betreiben, muß er den Veräußerer unverzügl benachrichtigen (§ 1166).

417 *Einwendungen des Übernehmers.* **I** Der Übernehmer kann dem Gläubiger die Einwendungen entgegensetzen, welche sich aus dem Rechtsverhältnisse zwischen dem Gläubiger und dem bisherigen Schuldner ergeben. Eine dem bisherigen Schuldner zustehende Forderung kann er nicht aufrechnen.

II Aus dem der Schuldübernahme zugrunde liegenden Rechtsverhältnisse zwischen dem Übernehmer und dem bisherigen Schuldner kann der Übernehmer dem Gläubiger gegenüber Einwendungen nicht herleiten.

1) Allgemeines: § 417 gilt für alle Fälle der Schuldübern. Er ist entspr anwendb, wenn ein Dr dch 1 Begebg eines Schecks od Wechsels eine Leistg erfhalber erbringt (BGH **85**, 349, NJW **86**, 1873, für eine and Begründg Bilda NJW **91**, 3251). – **a)** Die Schuld geht mit gleichbleibdem **Inhalt** u Leistgsmodalitäten (Zeit u Ort der Leistg) auf den Übernehmer über. Ob sich die Übern auch auf NebenVerpfl (Zinsen, VertrStrafe, SchadErsAnspr) erstreckt, ist Ausleggsfrage; § 401 Rn 6 gilt entspr. – **b)** Der Übernehmer hat alle **Einwen-** 2 **dungen** aus dem SchuldVerh, die zZ der Übern „begründet" waren. Der Begriff der Einwendg ist ebso wie bei § 404 im weitesten Sinn zu verstehen (dort Rn 3). Er umfaßt rhindernde u rvernichtete Einwendgen, aufschiebde u dauernde Einr sowie prozessuale Einr. Maßgebder Ztpkt ist auch iF des § 415 wg der Rückwirkg der Gen der VertrSchl (MüKo/Möschel Rn 3). Es genügt, daß die Einwendg im übernommenen SchuldVerh dem RGrd nach angelegt war (§ 404 Rn 4). Teilw Ablauf sowie Hemmgen u Unterbrechgen der Verj wirken fort (RG **135**, 107, **143**, 157). Der Übernehmer kann mit einer eig, nicht aber mit einer Fdg des Schu aufrechnen (I 2), auch eine dem § 770 II entspr Einr hat er nicht. Von den GestaltgsR gehen nur die über, die, wie das WahlR nach § 262, ausschließl die übernommene Verbindlichk betreffen. Alle and GestaltgsR (Anf-, Widerrufs-, Rücktr-, KündR) u das WandlgsR bleiben grdsl beim Schu. Die SchuldÜbern kann aber die Übertragg der GestaltgsR ausdr od stillschw mitumfassen (§ 413 Rn 7). Mögl ist auch, daß der Übernehmer aus dem GrdVerh gg den Schu einen Anspr auf Ausübg der GestaltgsR hat.

2) Der Übernehmer haftet nur bei **Wirksamkeit** der Übern. Er kann daher dem Gläub alle Einwendgen 3 entggsetzen, die die Gültigk des ÜbernVertr betreffen. Fälle: §§ 117, 118, 134, 138, Anf wg Irrt u Dissens (RG **119**, 420). Ist der Übernehmer vom Schu **getäuscht** worden, ist zu unterscheiden: Handelt es sich um einen Vertr gem § 414, ist der Schu Dr; ein AnfR besteht gem § 123 II nur bei Bösgläubigk des Gläub. Ist der ÜbernVertr gem § 415 zw Übernehmer u Schu geschlossen worden, ist der Schu ErklGegner; der Übernehmer kann auch bei Gutgläubigk des Gläub dch Erkl ggü dem Schu anfechten (BGH **31**, 323, **LM** Nr 2). Es ist aber jeweils zu prüfen, ob die Mitteilg der SchuldÜbern u ihre Gen als ein Vertr gem § 414 aufgefaßt w können (§ 415 Rn 1). Ein Teil des Schrifft will auch iF des § 415 die Anf nur bei Bösgläubigk des Gläub zulassen, zT in Anwendg der Angebotstheorie, zT unter Hinw auf den Normzweck des § 417 II, zT in analoger Anwendg des § 123 II 2, zT aus dem GesichtsPkt des Vertrauensschutzes (s Rimmelspacher JR **69**, 201, Esser/Schmidt AT § 37 II 1b). Dieser Ans ist jedoch nicht zu folgen. Gg sie spricht bereits ein Umkehrschluß aus § 417 II; auch unter Wertgesichtspkten verdienen die Interessen des von seinem VertrPart argl getäuschten Übernehmer den Vorrang (im Ergebn ebso Larenz § 35 I b, Nörr-Scheyhing § 26 III,

4 MüKo/Roth Rn 14). Hat der Übernehmer dem Gläub die Übern **mitgeteilt,** haftet er aber analog § 409 (Dörner NJW **86**, 2918); trifft ihn ein Verschulden, ist er dem Gläub auch wg c. i. c. verantwortl.

5   **3) Einwendungen aus dem Grundverhältnis.** Die SchuldÜbern ist abstrakt (Übbl 1 v § 414). Mängel der RGrdBeziehg berühren daher ihre Wirksamk nicht. Im übrigen ist zu unterscheiden: – **a)** Liegt der SchuldÜbern ein RVerhältn zw **Gläubiger und Übernehmer** zugrde, begründen Mängel des GrdGesch die Einr aus § 821. Der Übernehmer kann sich auch auf alle sonst Einwendgen aus seinen RBeziehgen zum 6 Gläub berufen. – **b)** Liegt der SchuldÜbern dagg ein RVerhältn zw **Schuldner und Übernehmer** zugrde, so kann der Übernehmer daraus keine Einwendgen gg den Gläub herleiten **(II).** Mögl ist aber, daß der Mangel, der das KausalGesch nichtig macht, zugl auch die Nichtigk des ÜbernVertr begründet (Übbl 23 v § 104). Außerdem kann der Wille der Part das GrdGesch u die SchuldÜbern zu einer Einh iSd § 139 mit der Folge zusfassen, daß die Unwirksamk des GrdGesch sich auch auf den ÜbernVertr erstreckt (RG **58**, 386, BGH **31**, 323, Hbg NJW **66**, 985, sehr str, aA Rimmelspacher JR **69**, 201). Für einen entspr PartWillen müssen aber konkrete Anhaltspkte vorliegen (§ 139 Rn 8). Außerdem ist ggf zu prüfen, ob die Mitteilg des Übernehmers als VertrAngebot gem § 414 u die Gen des Gläub als Ann aufgefaßt w können (§ 415 Rn 1).

418   ***Erlöschen von Sicherungs- und Vorzugsrechten.*** [I] **Infolge der Schuldübernahme erlöschen die für die Forderung bestellten Bürgschaften und Pfandrechte. Besteht für die Forderung eine Hypothek oder eine Schiffshypothek, so tritt das gleiche ein, wie wenn der Gläubiger auf die Hypothek oder die Schiffshypothek verzichtet. Diese Vorschriften finden keine Anwendung, wenn der Bürge oder derjenige, welchem der verhaftete Gegenstand zur Zeit der Schuldübernahme gehört, in diese einwilligt.**

[II] **Ein mit der Forderung für den Fall des Konkurses verbundenes Vorzugsrecht kann nicht im Konkurs über das Vermögen des Übernehmers geltend gemacht werden.**

1   **1) I.** Die Größe des Risikos, das für die Sicherheiten einer Fdg besteht, wird wesentl dch die Solvenz des Schu bestimmt. I sieht daher vor, daß alle akzessorischen SichgR dch die SchuldÜbern – und als iF der Abtr (§ 401) – erlöschen; er ist auf die VertrÜbern entspr anwendb (Hamm NJW-RR **91**, 48). Die Vorschr gilt auch für SchiffsHyp (Fassg der VO v 21. 12. 40, RGBl 1609) u das RegisterPfandR an Luftfahrzeugen (LuftfzRG 98 II), da sie von „bestellten" Sicherh spricht, aber nicht für gesetzl PfandR (RGRK-Weber Rn 1, str). Dagg ist sie auf die Vormkg (Hoche NJW **60**, 464), die SichgGrdSch (BGH DNotZ **66**, 667, aA Scholz NJW **66**, 1740) u auf alle and selbst SichgR (SÜ u Abtr) entspr anwendb (BGH WM **92**, 1315). I 2 bedeutet, daß das GrdPfandR auf den Eigtümer übergeht, nachgehde Rechte also nicht aufrücken (§ 1168). Bei **Einwilligung** die SichgG bleiben die SichgR bestehen (I 3). Bei Übern einer dch GrdSch gesicherten Fdg genügt die Einwillig des Eigtümers des belasteten Grdst; die Zust des Zessionars, an den der Anspr auf Rückgewähr der GrdSch abgetreten worden ist, ist nicht erforderl (BGH **115**, 243). Die Einwilligg des Bürgen bedarf der Form des § 766 (MüKo/Möschel Rn 6, aA RG **70**, 415). Eine nachträgl Zust (Gen) genügt nicht (RG HRR **33**, 1742, Soergel-Zeiss Rn 4, str); die Sicherh muß neu bestellt w.

2   **2) II** dient dem Schutz der Gläub des Übernehmers. Er soll verhindern, daß der (spätere) GemeinSchu dch SchuldÜbern in die zwingde RangOrdng des KO 61 eingreift (BGH **34**, 298).

419   ***Vermögensübernahme; Haftung des Übernehmers.*** [I] **Übernimmt jemand durch Vertrag das Vermögen eines anderen, so können dessen Gläubiger, unbeschadet der Fortdauer der Haftung des bisherigen Schuldners, von dem Abschlusse des Vertrags an ihre zu dieser Zeit bestehenden Ansprüche auch gegen den Übernehmer geltend machen.**

[II] **Die Haftung des Übernehmers beschränkt sich auf den Bestand des übernommenen Vermögens und die ihm aus dem Vertrage zustehenden Ansprüche. Beruft sich der Übernehmer auf die Beschränkung seiner Haftung, so finden die für die Haftung des Erben geltenden Vorschriften der §§ 1990, 1991 entsprechende Anwendung.**

[III] **Die Haftung des Übernehmers kann nicht durch Vereinbarung zwischen ihm und dem bisherigen Schuldner ausgeschlossen oder beschränkt werden.**

1   **1) Allgemeines. – a)** § 419 tritt im Zuge der Insolvenzrechtsreform mit Ablauf des 31. 12. 1998 **außer Kraft** (EGInsO 33 Nr 16). Der GesetzGeb folgt mit der Aufhebg der im Schrifttum gg die Vorschr vorgebrachten Kritik, vor allem aber einem Wunsch der Banken (Grub ZIP **94**, 1650) u verweist den Gläub, soweit keine SonderVorschr eingreifen (Rn 3), auf den Weg der Anf, eine Lösg die etwa in den Fällen der vorweggenommenen Erbfolge kaum überzeugt. § 419 bleibt auch nach seinem Außerkrafttreten auf VermÜbernahmen aus der Zeit vor dem 1. 1. 1999 weiterhin anwendb (*arg* EG 170). Er wird daher bis auf 2 weiteres im Palandt vollständ kommentiert. – **b)** § 419 beruht auf dem deutschrechtl **Gedanken,** daß Schulden Lasten des Vermögens sind u daher bei dessen Übertragg mit übergehen müssen (BGH **62**, 101, **108**, 323, **122**, 301, vgl auch BVerwG ZIP **94**, 1314, BGH NJW **95**, 1492 zu EinigsV 21 III, 22 I 7). Er berücksichtigt zugl, daß das Vermögen des Schu die natürl Grdl der dem Gläub gewährten Kredite ist u der Gläub demgem ein dringendes Interesse daran hat, daß ihm das SchuVermögen als Zugriffsobjekt erhalten bleibt 3 (BGH **27**, 260, **111**, 15, NJW **93**, 1852). – **c) Sondervorschriften** enthalten HGB 25 für die Übertragg eines HandelsGesch u § 613a für die RNachf in ArbVerh bei Übergang eines Betr. Soweit die Voraussetzgen des § 419 erfüllt sind, tritt die Haftg aus § 419 neben die aus HGB 25 u BGB 613a. Im Nachkriegsjahren hat die Rspr den Gesichtspkt der **Funktionsnachfolge** dazu verwandt, um Anspr gg weggefallene u handlgsunfäh gewordene Körpersch ggü dem neuen Funktionsträger dchzusetzen (BGH **8**, 177, **16**, 187, BAG NJW **58**, 844). Seitdem das AKG die insow offenen Fragen geregelt hat, kommt die FunktionsNachf aber in den alten BLändern als AnsprGrdl nicht mehr in Betracht (s BGH **36**, 245, **40**, 318). Dagg ist in den neuen BLändern bei den im Zuge der **Wiedervereinigung** weggefallenen RTrägern eine Haftg aus dem Gesichts-

punkt der Funktionsnachfolge nicht ausgeschlossen (EG 232 § 1 Rn 8). – **d)** Auf die Übertragg des Vermögens im ganzen beziehen sich auch §§ **311** u **1365**. § 311 verwendet aber einen abw VermBegr (dort Rn 3). Dagg stimmen die AusleggsErgebn bei §§ 419 u 1365 trotz unterschiedl Schutzzwecke (GläubSchutz, Schutz des Eheg) weitgehd überein (BGH **35**, 143).

2) Vermögen. – a) Vermögen iSd § 419 ist das **Aktivvermögen** (BGH **66**, 220, **93**, 138, **111**, 15), dh die **4** Gesamth der dem Schu zustehden VermWerte, aus denen sich der Gläub befriedigen konnte. Gedankl Ausgangspkt der Regelg ist die in der Praxis nur selten vorkommde Übern des Gesamtvermögens. § 419 gilt aber auch dann, wenn der Schu nahezu sein gesamtes Vermögen überträgt (Prot I 428, BGH **66**, 218, stRspr). Unerhebl ist daher der Ausschluß unpfändb Ggst u solcher VermStücke, deren Wert im Verhältn zum Gesamtvermögen unbedeut ist (RG **139**, 203, BGH **66**, 218). Auch die Übertragg eines **einzelnen 5 Gegenstandes** genügt, wenn dieser nahezu das ganze Vermögen des Schu darstellt. Fälle: Grdst (BGH **LM** Nr 14), GmbH-Anteil (BGH NJW **72**, 720); KG-Beteiligg (BGH DB **91**, 1828); BetrEinrichtg (BGH **160**, 13), GrdSch (Stgt NJW **52**, 1019, aA BFH NJW **90**, 2582). Es muß sich aber um einen Ggst handeln, in den der Gläub hätte vollstrecken können (BGH NJW **93**, 921). Wird allein der *„good will"* od die Kundsch eines Untern übertragen, ist § 419 daher unanwendb. And liegt es aber, wenn dch Weiterveräußerg für den *good will* ein Surrogat erzielt worden ist (BGH NJW **91**, 2564). Nach seinem Zweck ist § 419 unanwendb, wenn der Schu sein ggwärt u zukünft ArbEinkommen abtritt (BGH **62**, 101) od er ein überlastetes Grdst (LG Mü NJW-RR **91**, 685) od wirtschaftl unbedeute Güter, wie Kleidg, Möbel, Haustiere, als letzte VermStücke überträgt (BGH DB **71**, 377). Auch die Übertragg eines wechselnden FdgsBestandes im Rahmen eines DauerSchuldVerh (Factoring) stellt keine VermÜbertragg iSd § 419 dar (BGH **71**, 306), ebsowenig die Übertragg der Rechte aus einem Meistgebot dch einen vermögenslosen Schu (BGH **111**, 15).

b) Bei einer Übertragg, die **nahezu das gesamte Vermögen** umfaßt, muß der Wert der übertragenen u **6** der verbliebenen VermStücke verglichen w. Dieser Vergl ist nach wirtschaftl Gesichtspkten dchzuführen (BGH **66**, 219). Die Nichtmitübertragg von unpfändb Ggst steht der Anwendg von § 419 nicht entgg (BGH NJW **93**, 920). Etwaige Belastgen sind sowohl bei den übertragenen als auch bei den verbliebenen Ggst vom Wert abzusetzen (BGH **66**, 220). Zu berücksichtigen ist hier auch der UnternWert (Ffm WM **79**, 1017), nicht aber die **Gegenleistung des Übernehmers** (BGH **66**, 219, **93**, 138, BVerwG NJW **90**, 591, Rn 10). Bewertgsstichtag ist der Ztpkt der VermÜbern (BGH **66**, 223). Auf best **Prozentzahlen** hat sich die Rspr nicht festgelegt. Fälle (ja = VermÜbern; nein = keine): BGH NJW **58**, 668: nein, nicht übertragen 18–20%; BGH DNotZ **83**, 762: ja, nicht übertragen (kurzfristig fällige) 170000 DM von 1,5 Mio DM; BGH **118**, 293: nein, nicht übertragen 400000 DM von 2634000 DM; vgl auch zu der entspr Abgrenzg bei § 1365 dort Rn 5 f. Bei kleinerem Vermögen wird die Grenze bei etwa 15% zu ziehen sein (BGH **77**, 299 zu § 1365, BVerwG NJW **90**, 591), bei größerem bei etwa 10% (s BGH NJW **91**, 1740).

c) Der Übernehmer muß **wissen**, daß ihm das ganze od nahezu das ganze Vermögen des Schu übertragen **7** w. Diese Kenntn ist notw gegeben, wenn die Übertragg dch einen Vertr gem § 311 erfolgt. Sie ist dagg vielfach problemat, wenn nur einzelne VermGgst übernommen w. Es genügt, daß der Übernehmer die Tats kennt, aus denen sich die Übertragg des ganzen od nahezu des ganzen Vermögens ergibt **eingeschränkte subjektive Theorie** (BGH **55**, 107, **LM** Nr 16, stRspr, hM). Die kaum noch vertretene obj Theorie entwertet den Schutz des GrdstErwerbers (§ 892) u ist im Interesse des VerkSchutzes abzulehnen (MüKo/Möschel Rn 9). Fehlbeurteilgen hins des Wertes der übernommenen od der verbliebenen VermStücke gehen zu Lasten des Übernehmers (BGH NJW **70**, 1400). Sie berecht ihn auch nicht zur Anf (BGH **70**, 48). Die Kenntn von HilfsPers, die nicht Vertreter iS von § 166 sind, steht der des Übernehmers nicht gleich (BGH NJW **65**, 1174). Für das „Wissen" kommt es idR auf den Ztpkt des dingl Erwerbs an (BGH **93**, 140). Handelt es sich um die Übereigng eines Grdst, ist jedoch der Ztpkt der Beantragg der AuflVormerkg od der Umschreibg entscheidd (BGH **55**, 105, aA noch BGH NJW **66**, 1748). Die BewLast für die Kenntn des Übernehmers hat der Gläub (BGH WM **72**, 610).

d) Auf die Übertragung von **Sondervermögen** ist § 419 nicht anwendb (BGH **27**, 261, NJW **92**, 113). **8** Die Übernahme des GeschVermögens einer GmbH begründet aber, weil weiteres Vermögen fehlt, eine Haftg aus § 419 (RG **71**, 377). Für die Übernahme einer KG gilt das nur, wenn der Komplementär kein ins Gewicht falldes PrivVermögen besitzt (BGH **27**, 263, DB **91**, 1827). Bei Einbringg des GesamtVerm in eine jur Pers ist § 419 anzuwenden, nicht aber bei Einbringg in eine PersGesellsch, da der Übertragde Inh des Vermögens bleibt (BGH BB **64**, 8). Scheidet ein Gesellschafter aus u übernimmt der and das gesamte GesellschVermögen, gilt § 419, sofern der Ausscheidde kein sonst Vermögen hat (BGH BB **54**, 700). Dagg ist § 419 auf die Übertragg eines VermBruchteils nicht anwendb (MüKo/Möschel Rn 19, aA RG **123**, 54).

3) Übernahme durch Vertrag. – a) Übernahme iSd § 419 ist gleichbedeutd mit RÜbergang dch **9** Übereigng u (od) Abtr (BGH **54**, 103). Die Begründg von Nutzgs- od SichgR genügt nicht. Auf- od Übertragg u die Bestellg eines NutzgsPfandR ist § 419 daher weder direkt noch analog anwendb (BGH aaO), ebsowenig auf die Überlassg der Ausübg des Nießbr (BGH **55**, 111), die Bestellg einer GrdSchuld (BFH BB **89**, 2176) od eines dingl WohnR (BGH NJW-RR **88**, 840). Keine VermÜbern ist das FactoringGesch, da es nicht auf die Übertragg eines GesamtVerm, sond eines wechselnden FdgsBestandes im Rahmen eines DauerSchuldVerh gerichtet ist (BGH **71**, 306). Dagg fällt die **Sicherungsübereignung** des ganzen od nahezu ganzen Vermögens unter § 419 (RG **139**, 200, BGH NJW **93**, 922, str). Das gilt zumindest dann, wenn dem Schu das Vermögen auf Dauer entzogen u dem Übernehmer von vornherein eine Verwertgsbefugn eingeräumt w (BGH **80**, 300, NJW **93**, 922). Aber auch bei einer SichgÜbereign zu normalen Bdggen muß der SichgN neben den Vorteilen der formellen Eigtümerstellg (ZPO 771) auch deren Nachteile (§ 419) hinnehmen. § 419 gilt aber nicht, wenn die SichgÜbereign wg ihrer bes Gestaltg den Zugriff der Gläub des SichgG nicht hindert (BGH NJW **86**, 1985). Auf VermÜbertraggen an einen TrHänder, insbes einen Liquidations-TrHänder, ist er dagg anwendb (BGH **122**, 297).

b) Unter § 419 fällt auch die VermÜbern aufgrd eines **entgeltlichen Vertrages** (BGH **33**, 126, NJW **88**, **10** 1913, NJW-RR **91**, 207). Dagg will das neuere Schrifft § 419 grdsl nur iF einer unentgeltl VermÜbern anwenden (Erm-Westermann Rn 9, Larenz § 35 II). Bei einer VermÜbern ohne gleichwert Entgelt soll der Übernehmer ledigl in Höhe der Wertdifferenz haften. Auf den Übernehmer, der ein angem Entgelt bezahlt h, soll § 419 unanwendb sein: Es sei sachwidr Begünstigg des Gläub, wenn er sowohl in das neue wie in das alte Verm seines Schu vollstrecken könne. Die Rspr ist dieser Ans mit Recht nicht gefolgt (BGH **66**, 219, **93**, 135, BFH NJW **86**, 2729). § 419 ist nach seinem Wortlaut u dem ihm zugrde liegdn Gedanken des GläubSchutzes auch auf entgeltl VermÜbertraggen anwendb. Etwas and mag in dem (in der gerichtl Praxis kaum vorkommdn) Fall gelten, daß das neue Verm die gleiche Sicherh u Befriediggsmöglichk bietet wie das übernommene (offen gelassen vom BGH, zuletzt NJW-RR **91**, 207).

11 **c)** Die Übern muß dch **Vertrag** erfolgen. Das ist aber iwS zu verstehen. Es genügt ein dingl RErwerb, der auf eine irgendwie geartete Abrede der Part beruht; der schuldrechtl Vertr kann unwirks sein od auch fehlen (BGH **93**, 139, NJW **95**, 596). Ein Vertr iSd § 419 kann auch aus einer Mehrh von Vereinbagen bestehen, sofern zw diesen ein zeitl u wirtschaftl ZusHang besteht (BGH **93**, 138, **118**, 287, NJW **93**, 922). Nicht notw ist der gleichzeit Übergang aller VermStücke, wohl aber ein Zushang zw den versch ÜbertrAkten, weil sonst nicht eine „Vermögens"- Übern, sond eine Übern einzelner VermStücke vorliegen würde (vgl BGH **55**, 114). Nicht notw ist die Übern dch nur einen Erwerber. Übertragg an mehrere (zu ideellen Bruchteilen od verteilt) erfüllt § 419, wenn es sich um einen einheitl Vorgang handelt u die Erwerber dies wissen (BGH **93**, 138, BAG NJW **86**, 449). Die Haftg beginnt grdsl mit Abschluß des **schuldrechtlichen Vertrages** (BGH **66**, 225), fehlt dieser od ist er unwirks mit dem **dinglichen Rechtserwerb** (MüKo/Möschel Rn 34). Weiß der Übernehmer bei Abschluß des schuldrechtl Vertr nichts davon, daß er nahezu das ganze Vermögen erwirbt, ist § 419 gleichwohl anwendb, wenn der Übernehmer bei Vorn des dingl Gesch die erforderl Kenntn besitzt (BGH **55**, 108, Rn 7). Auf diesen Ztpkt ist auch dann abzustellen, wenn eine wirks schuldrechtl Vereinbg fehlt (MüKo/Möschel Rn 34) od wenn zu prüfen ist, ob zw einer Mehrh von Vertr ein enger zeitl Zushang besteht (BGH **93**, 135). Unanwendb ist § 419, wenn der Gläub an der VermÜbertragg selbst mitgewirkt hat, ohne für die Sicherg seiner Fdg zu sorgen (BGH **108**, 320).

12 **d)** VermÜbertraggen **ohne vertragliche Grundlage** führen nicht zu einer Haftg aus § 419. Die Vorschr ist daher auf die kr Ges eintretde GesamtRNachf, wie die Erbfolge (§ 1922) od die Begründg einer Güter-Gemsch (§ 1415) unanwendb. Der Übergang der Verbindlichk iF der Verschmelzg u der Spaltg ergibt sich aus UmwG 20 I Nr 1 u 123 I Nr 1, die nach UmwG 176, 177 auch für VermÜbertraggen gelten. Auf VermÜbertraggen im ZusHang mit öffr Vorgängen, wie die Staatensukzession, findet § 419 keine Anwendg (BGH **8**, 169, **14**, 285, **16**, 185, 189, s aber Rn 3). Weder die **neuen Bundesländer** noch die Kreise haften daher für Verbindlichk des fr Rates des Kreises aus den sog KreispachtVertr (BGH DtZ **95**, 89, 96). Auch in folgden Fällen ist § 419 unanwendb: Enteigng, VermÜbergang einer aufgelösten Part auf die BRep (BAG NJW **59**, 1245), Erwerb iW der ZwVollstr (RG **144**, 219, BGH WM **55**, 1231), eigenmächt Aneigng eines Vermögens (RG JW **37**, 1059). Auch der Erwerb der **Konkursmasse** als ganzes fällt unter Wertgesichtspkten nicht unter § 419 (BGH **66**, 228). Das gilt schon im Erwerb vom VerglVerw, jedoch ist § 419 anwendb, wenn dieser das gesamte SchuVerm auf einen LiquidationsTrHänder überträgt (BGH NJW **93**, 1853). Nicht unter § 419 fallen der Verkauf dch den Sequester (Köln ZIP **87**, 178, LG Mö-Gldb NJW **87**, 2092, aA BGH **104**, 153) od den NachlVerw (BGH NJW **87**, 1019), aber auch nicht der Erwerb von einem Schu, gg den keine VollstrMöglichk bestanden (BGH **111**, 19). Die Aufhebg eines Rechts an einem Grdst dch **einseitiges Rechtsgeschäft** (§ 875) kann nur dann eine Haftg aus § 419 begründen, wenn ihr eine vertragl Absprache zugrde liegt (BGH **53**, 177).

13 **4) Rechtsfolgen. – a)** Die VermÜbern hat die Wirkg eines **Schuldbeitritts** (Übbl 2 v § 414). Der Übernehmer tritt mit Abschluß des VerpflVertr, bei dessen Unwirksamk mit dem dingl VollzGesch (Rn 11) als GesSchu in das SchuldVerh ein, jedoch mit der sich aus II ergebden Beschränkg. Der gesetzl Schuldbeitritt erstreckt sich auf Anspr aller Art, nicht nur auf GeldFdgen (BGH **90**, 272). Der Übernehmer kann seine Haftg nicht dch Vereinbg mit dem Schu ausschließen (III), wohl aber dch Vertr mit dem Gläub. Dieser kann auch stillschw zustande kommen, liegt aber nicht notw in einer Zust zum ÜbernVertr (RG **148**, 264). Der Übernehmer ist nicht RNachfolger des Schu (BGH NJW **57**, 420, WM **70**, 1291). Begründet der Schu ein Recht zum Besitz, kann dieses auch dem Übernehmer entgegengehalten w (BGH **90**, 272). Die vor der Übern begonnene Verj sowie Hemmgen u Unterbrechgen der Verj wirken auch für u gg den Übernehmer (Übbl 6 v § 414). Der Übernehmer kann idR beim Schu in voller Höhe **Regreß** nehmen (s Dittmann NJW **79**, 1395), es sei denn, daß der ÜbernVertr dies ausschließt (BGH FamRZ **86**, 987). Grdl des Regresses ist nicht § 434 (s BGH **70**, 51), sond GoA od § 812 (Messer NJW **78**, 1257), zugl aber auch § 426.

14 **b)** Der Übernehmer haftet **für alle Ansprüche**, die im Ztpkt des VertrSchl gg den Veräußerer bestehen. Fallen das VerpflGesch u der dingl ÜbertraggsAkt auseinand, erstreckt sich die Haftg auf alle bis zum dingl Vollzug begründeten Anspr (BGH **66**, 226, NJW **84**, 794). Bei Übertragg eines Grdst ist der Ztpkt entscheidd, in dem der Antr auf Umschreibg od Eintrag einer AuflVormerkg beim GrdBA eingegangen ist (BGH **33**, 128, **55**, 111). Fdgen, die bei einer zeitl gestreckten Übertragg während der Übertraggszeit entstehen, werden nur von der Haftg erfaßt, wenn die ihrer Entstehg nachfolgden ÜbertraggsAkte eine VermÜbern iSd § 419 darstellen (BGH **118**, 289). Die erst dch die Übertragg entstehden Anspr können nicht gg den Übernehmer geltd gemacht w, da für sie das übernommene Vermögen niemals BefriediggsObj war (BGH **39**, 277). Etwas gilt bei einer zeitl gestreckten Übertragg aber dann, wenn bereits der Abschluß des schuldrechtl Vertr eine SchadErsPfl ggü einem Dr begründet (BGH **LM** Nr 16). Es genügt,

15 daß die Anspr im maßgebden Ztpkt **im Keime** entstanden waren (BGH **39**, 277, NJW **81**, 2307). Der Anspr auf Leasingraten entsteht bereits mit dem Abschluß des LeasingVertr (BGH **118**, 290, krit Herrmann JR **94**, 309). Für Ger- u VollstrKosten haftet der Übernehmer, wenn die Klage eingereicht war u die Zustell demnächst erfolgt (BGH NJW **75**, 304). Zu UnterhAnspr s BGH **LM** EheG 60 Nr 1, Mü NJW-RR **89**, 1355, zu Anspr eines erzeugten aber noch nicht geborenen Kindes s Kgb HRR **37**, 1076. Der **Rechtsgrund** des Anspr ist gleichgült. Die Haftg erstreckt sich auch auf öffrechtl Verbindlichk (BGH **72**, 56, BVerwG NJW **90**, 591, BFH BB **89**, 2176, BSozG DVBl **87**, 247), jedoch ist der ordentl RWeg insow nicht zul.

c) Der Übernehmer haftet im Grds unbeschränkt, kann die Haftg aber auf **das übernommene Vermö-** 16
gen u die Anspr aus dem ÜbernVertr beschränken **(II)**. Die Haftg ist dch die Verweisg auf §§ 1990f der
Erbenhaftg nachgebildet, doch gibt es kein der NachlVerw (Konk) entspr LiquidationsVerf. Bei Erwerb mit
Mitteln des übernommenen Vermögens u ErsBeschaffg tritt Surrogation ein (RG **137**, 55, BGH **30**, 270,
WM **57**, 248). Auch etwaige Surrogate eines übernommenen *„good will"* gehören zur Haftgsmasse (Rn 5).
Solange der Übernehmer annehmen darf, daß das Vermögen zur Befriedigg aller Gläub ausreicht, darf er an
die Gläub freiw leisten. Ist das nicht od nicht mehr der Fall, muß er freiw Leistgen verweigern u nach § 1990
das Vermögen iW der ZwVollstreckg herausgeben, dh er hat die **Zwangsvollstreckung zu dulden** (BGH
30, 270). Schuldhafte Vereitelg der GläubBefriedigg verpflichtet den Übernehmer zum SchadErs ohne die
Möglichk einer HaftgsBeschränkg, §§ 419 II 2, 1991, 1978, 662, 276 (BGH NJW **57**, 420, **72**, 720). Da das
Ges keine konkursähnl anteilige Befriedigg vorsieht, sond das Prioritätsprinzip maßgebd sein läßt, hat der
Übernehmer ein Recht auf **Vorwegbefriedigung** (BGH **122**, 306). Der Übernehmer, der sich wg seiner 17
Anspr gg den Schu nicht selbst verklagen kann, steht einem titulierten Gläub nach § 1991 III gleich (RG **139**,
202, BGH VersR **84**, 846). Das VorwegbefriediggsR gilt für Aufwendgen auf das übernommene Vermögen
gem II 2, 1991 I, 1978 III (BGH **122**, 306), für Zahlgen zur Entschuldg des Vermögens (BGH **66**, 225, NJW
95, 596) u für alle im Ztpkt der VermÜbern dem RGrd nach angelegten Anspr des Übernehmers gg den
Schu (RG **139**, 202, BGH **LM** AnfG § 3 Nr 1). Bei einer **Sicherungsübereignung** (Abtr) ist die Haftg aus
§ 419 daher leerlaufd, wenn die Fdgen aus der Zeit vor der VermÜbertrag den Wert des übertragenen
Vermögens ausschöpfen (BGH NJW **86**, 1987, MüKo/Möschel Rn 47). Kein VorwegbefriediggsR besteht
dagg für den Anspr gg den Veräußerer auf Rückzahlg des Entgelts od für sonst dch die VermÜbern
begründete ErsAnspr (BGH **66**, 225). Es ist auch dann ausgeschl, wenn der Gesellschafter das GmbH-
Vermögen in Verletzg von GmbHG 30 übernommen hat (BGH NJW **83**, 120).

d) Prozessuales. Der Gläub kann wahlw **Klage** auf Zahlg od auf Duldg der ZwVollstr in die – näher zu 18
bezeichnden – Ggst des übernommenen Vermögens erheben (BGH NJW **84**, 794). Liegt gg den Schu ein
rkräft Titel vor, kann er diesen gem ZPO 729 auf den Übernehmer umschreiben lassen. Der Übernehmer
kann die Kl dadch abwenden, daß er sich gem ZPO 794 I Nr 5 der ZwVollstr in das übernommene
Vermögen unterwirft (s RG **137**, 53). Er kann auch die Schuldsumme begleichen, hat aber kein AblösgsR
dch Zahlg des Wertes wie in § 1992 (BGH **30**, 267, **66**, 224). Bei der ZahlgsKl muß der Übernehmer den
Vorbeh der HaftgsBeschränkg in das Urt aufnehmen lassen (ZPO 786, 780). Er ist ohne weiteres zu geben
(BGH **122**, 305), erstreckt sich aber nicht auf die ProzKosten (Ffm Rpfleger **77**, 372). Die Kl ist abzuweisen,
wenn das übernommene Vermögen unstr keine VollstrMöglichk bietet (BGH NJW **74**, 943). Besteht
hierüber Streit, kann das Ger Bew erheben, es kann den Einwand aber auch in das VollstrVerf verweisen
(BGH **66**, 222, NJW **95**, 597). Hat der Übernehmer in Höhe der GläubFdg rechtsw Beträge entnommen u
ist das Vermögen verteilt, ist er vorbehaltslos zu verurteilen (BGH **122**, 306). Vollstreckt der Gläub in and
Ggst, muß der Übernehmer VollstrGgKl erheben (ZPO 786). Der Gläub kann ggü dieser Kl ggf einredew
geltd machen, der Übernehmer sei wg schuldh Vereitelg der Befriedigg schaderspflicht (Rn 16) u hafte
daher unbeschränkt (Kiel OLG **29**, 192, Ffm JW **29**, 2899). Hat der Gläub beim Schu sichergsübereignete
Ggst pfänden lassen, kann er der Kl aus der SichgN aus ZPO 771 ggf entgegenhalten, dieser hafte aus § 419 (BGH
80, 302). Wird der Übernehmer für eine öffentl Verbindlichk in Anspr genommen, muß er die HaftgsBe-
schränkg notf dch Klage vor dem VerwG geltdmachen (VGH Mü NJW **84**, 2307).

Sechster Abschnitt. Mehrheit von Schuldnern und Gläubigern

Überblick

1) Eine **Mehrheit von Gläubigern** kann in folgenden RFormen auftreten: – **a) Teilgläubigerschaft:** 1
Sie besteht gem § 420 iZw bei teilb Leistgen. Die Fdg jedes Gläub ist ggü der des and rechtl selbstd (§ 420
Rn 1). Teilb sind idR nur Leistgen von Geld u und vertretb Sachen. Auch wenn die Leistg im natürl Sinne
teilb ist, besteht vielf aGrd des RVerhältn zw den Gläub eine gemeins EmpfangsZustdgk u damit Unteilbark
iS des § 420 (§ 432 Rn 2). Dann liegt keine Teil- sond Mitgläubigersch vor. Teilgläubigersch ist daher prakt
die Ausn. Ihr GgStück ist die Teilschuld.

b) Gesamtgläubigerschaft: Jeder der GesGläub kann die ganze Leistg fordern, der Schu braucht aber 2
nur einmal zu leisten (§§ 428–430). An welchen Gläub er leisten will, steht in seinem Belieben. Auch die
GesGläubigersch ist prakt von geringer Bedeutg (§ 428 Rn 1f). Ihr GgStück ist die GesSchuld.

c) Mitgläubigerschaft (Ausdr von Larenz § 36 I b): Die Fdg steht mehreren in der Weise gemschaftl zu, 3
daß die Gläub nur Leistg an alle verlangen können u der Schu nur an alle leisten kann. Sie ist der prakt
wichtigste Fall der GläubMehrh. Vgl zu ihr bei § 432.

d) Keine Gläubigermehrheit liegt vor, wenn an der Fdg ein Recht eines Dr besteht od die RStellg des 4
Gläub dch ein Einziehgs- od ZustimmgsR eines Dr beschr ist. §§ 420ff sind daher unanwendb auf das
Verhältn zw Gläub u Nießbraucher (§ 1077), zw Gläub u Pfandgläub (§§ 1281, 1282), zw Gläub u Ein-
ziehgsBerecht (§ 398 Rn 29). Eine bes Art der FdgMehrh besteht beim echten Vertr zGDr, wenn sowohl der
Versprechensempfänger als auch der Dr fdgsberecht ist (§ 335 Rn 1).

2) Bei der **Mehrheit von Schuldnern** treten die gleichen RFormen auf wie bei der GläubMehrh: – 5
a) Teilschuldnerschaft: Sie besteht gem § 420 iZw bei teilb Leistgen. Der Gläub h ggü jedem Schu einen
selbstd Anspr auf die von diesem zu erbringde Teilleistg. Die Teilschuld ist trotz § 420 prakt selten; vgl zu
ihr § 420 Rn 2.

b) Gesamtschuldnerschaft: Jeder der Schu ist zur ganzen Leistg verpflichtet, der Gläub kann sie aber 6
nur einmal fordern (§§ 421–427). Sie ist prakt die Regelform der SchuMehrh u gilt (insb aGrd der §§ 427,
840) entgg § 420 meist auch bei teilb Schulden. Zum Begr der GesSchuld vgl § 421 Rn 1ff.

7   **c) Gemeinschaftliche Schuld:** Sie besteht, wenn die Schu in ihrer Verbundenh zu einer GesLeistg verpflichtet sind; die LeistgsPfl des einzelnen Schu beschr sich nicht (wie Rn 5) auf eine selbstd Teilleistg, erstreckt sich aber auch nicht (wie Rn 6) auf die ges Leistg, sond geht dahin, im ZusWirken mit den and Schu den Leistgserfolg herbeizuführen (Schlesw NJW **82**, 2672). Sie kommt als GesHandsschuld u als

8   gemeinschaftl Schuld ieS vor: – **aa) Gesamthandschuld:** Die GesHänder schulden, soweit die Fdg das GesHandVerm als **Sondervermögen** betrifft, in geshänderischer Verbundenh, also gemschaftl (Soergel-Wolf Rn 12). Der Gläub muß ggü allen GesHändern kündigen, er bedarf zur Vollstr in das SonderVerm eines Titels gg alle (ZPO 736, 740 II, 747); der Titel braucht aber nicht einheitl zu sein, getrennte Titel genügen (RG **68**, 223, stRspr), doch müssen GesHänder aus demselben RGrd haften (BGH DB **70**, 1173). Bei GütGemsch u fortges GütGemsch reicht Titel gg den verwalten Eheg aus (ZPO 740 I, 745). Gläub der GesHand kann auch ein GesHänder sein. Daneben **haften** die GesHänder idR **auch persönlich** mit ihrem nicht geshänderisch gebundenen Verm. Die GesHänder sind insow meist GesSchu, vgl bei der Gesellsch §§ 427, 431, bei der GütGemsch § 1437 II, bei der ErbenGemsch § 2058, bei der OHG HGB 128. Gelegentl

9   haften sie aGrd bes Abrede od gem § 420, § 2060 auch als TeilSchu. – **bb) Gemeinschaftliche Schuld ieS:** Sind mehrere, die keine GesHandGemsch bilden, zu einer Leistg verpfl, die sie nur zus erbringen können, ist es Ausleggsfrage, welche RForm der SchuMehrh vorliegt. Vielf ist GesSchuld gegeben, so etwa wenn mehrere Untern sich zur gemeins Herstellg eines Werkes verpflichten (BGH NJW **52**, 217), od wenn mehrere MitEigtümer eine Sache verkaufen (van Venrooy JuS **82**, 95). Daß der einzelne Schu nicht allein leisten kann, schließt die GesSchuld nicht aus (*arg* § 431); da auch ein auf eine subj unmögl Leistg gerichteter Vertr wirks ist (§ 306 Rn 9), kann Schu sich verpflichten, auch für das Verhalten des and miteinzustehen (Reinicke/Tiedtke, GesSchuld u SchuldSichg, 2. Aufl S 18). Bei den Mitgl einer sog Eigengruppe od bei gemschaftl Verpfl mehrerer Musiker in einer Orchesterveranstaltg w dagg iZw keine GesSchuld, sond eine gemschaftl Schuld ieS vorliegen. Sie kann auch kr Ges entstehen, so wenn mehrere MitEigtümer einen Notweg (§ 917) zu dulden haben (BGH **36**, 187) od wenn mehrere MitUntern gem UStG 14 die Ausstellg einer Rechng schulden (BGH NJW **75**, 311). Eine SchadErsPfl besteht nur für eig Verschulden (BAG NJW **74**, 2255). Wenn schuldh SchadVerursachg dch eine Akkordgruppe feststeht, müssen die einz GruppenMitgl sich aber entlasten (BAG aaO, str). Bei vom ArbG zusgestellten sog Betriebsgruppen besteht SchadErsAnspr gg ein KolonnenMitgl dagg nur, wenn ihm eine schuldh Schlechtleistg nachgewiesen w (LAG Brem DB **70**, 1696, Dütz zu BAG **AP** TVG 4 AusschlFr Nr 50). Entspr gilt in sonst Fällen der gemeinschaftl Schuld (Reinicke/Tiedtke aaO S 17).

10   **d) Keine Schuldnermehrheit** bilden: – **aa)** der Schu u der akzessor haftde **Bürge** (Einf 3 v § 765). – **bb)** der ErsPflichtige u die gem § 839 I S 2 nur **subsidiär** haftde Körpersch (BGH **61**, 352, NJW **84**, 2097).

11   **3)** Sind mehrere zur **Unterlassung** verpflichtet, sind idR mehrere rechtl selbstd SchuldVerh anzunehmen, da jeder eine and Leistg schuldet (Kblz WRP **85**, 45, Köhler AcP **190**, 530). Das gilt ebso umgekehrt, wenn mehrere Gläub von einem Schu Unterlassg verlangen können (RGRK Rn 18). Treten mehrere in die UnterlassgsPfl ihres RVorgängers ein, so vervielfältigt sich die Schuld (Enn-Lehmann § 88 I 4). Mögl ist jedoch auch eine gesschuldnerische Verpflichtg idS, daß jeder auch für die Unterlassg des and einzustehen h (Tilmann GRUR **86**, 694, § 425 Rn 8). Auch die DuldgsPfl aus einer GesGrdSch od Hyp kann eine GesSchuld darstellen (BayObLG NJW **73**, 1881).

12   **4)** Stehen auf einer Seite des SchuldVerh mehrere Pers, sind häufig beide **sowohl Schuldner als auch Gläubiger.** Die Art ihrer Gläub- u SchuStellg ist dann vielf verschieden. So schulden mehrere **Käufer oder Mieter** das vertragl Entgelt iZw gem § 427 als GesSchu, sie sind aber idR gem § 432 nur gemeins fdgsberecht (§ 432 Rn 2). Das KündR kann von mehreren Mietern u ggü ihnen nur gemeins ausgeübt w (RG **138**, 186, § 425 Rn 9), wenn mit einem Mieter geschl AufhebgsVertr ist nur dann wirks, wenn die and zugestimmt haben (BayObLG FamRZ **83**, 701). Kenntn eines Mieters ist dem and zuzurechnen (BGH NJW **72**, 249). Der Vermieter kann nach der GesKünd verpflichtet sein, dem vertragstreuen Mieter einen neuen Vertr anzubieten (LG Darmstadt NJW **83**, 52). Mehrere **Verkäufer oder Vermieter** schulden idR gem §§ 427, 431 als GesSchu; die Kaufpr- oder MietzinsFdg steht ihnen aber § 432 meist als MitGläub zu (§ 432 Rn 2), doch sind gem § 420 auch TeilFdgen mögl. Die Vermieter können nur gemschaftl kündigen (RG **138**, 186), grdsätzl kann auch nur ggü allen gekündigt w (BGH **96**, 310, Ffm NJW-RR **91**, 460). Auch beim Gruppen-ArbVerh ist idR nur gemschaftl Künd zul (BAG DB **72**, 244).

420   *Teilbare Leistung.* **Schulden mehrere eine teilbare Leistung oder haben mehrere eine teilbare Leistung zu fordern, so ist im Zweifel jeder Schuldner nur zu einem gleichen Anteile verpflichtet, jeder Gläubiger nur zu einem gleichen Anteile berechtigt.**

1   **1) Allgemeines.** Vgl Übbl 1 u 5. – **a)** Teilb ist eine Leistg, wenn sie ohne Wertminderg u ohne Beeinträchtigg des Leistgszwecks in Teilleistgen zerlegt w kann (s näher § 266 Rn 3). § 420 stellt bei teilb Leistgen zwei **Vermutungen** auf, die der Teilg des SchuldVerh sowie die der Gleichh der Anteile. Beide Vermutgen haben aber nur geringe prakt Bedeutg.

2   **2) Mehrheit von Schuldnern oder Gläubigern. – a)** Bei einer **Schuldnermehrheit** mit vertragl Grdl wird § 420 dch § 427 weitgehd verdrängt. Bei gesetzl Verpfl besteht idR gleichf GesSchuldnersch, §§ 830, 840 (§ 421 Rn 6 ff). Bsp für Teilschulden sind: Verpfl aus BauVertr, wenn künft WoEigtümer die Bauarbeiten gemeins vergeben (BGH **75**, 27, Karlsr BauR **85**, 697) od wenn auf einem Grdst für mehrere AuftrGeb verschiedene Baulichk zu errichten sind (BGH **76**, 90); and aber bei Auftr Erteilg dch eine Bauherrn-Gemeinsch (BGH NJW-RR **89**, 465); KaufPrVerpfl, wenn mehrere ein Grdst zu ideellen Anteilen kaufen (Köln OLGZ **79**, 487), doch w hier häuf gem § 427 eine GesSchuld anzunehmen sein; Verpfl aus § 906 II 2 (BGH NJW **79**, 165). Bsp für Unteilbark: Verpfl von MitEigentümern, aus dem Verkauf der gemeins Sache

3   (RGRK Rn 2) sowie die in § 266 Rn 3 angeführten Fälle. – **b) Gläubigermehrheit:** Steht mehreren eine Fdg in Gemsch zu, ist sie wg der gemeinschaftl Empfangszuständigk im RSinn auch dann unteilb, wenn sie auf Geld od vertretb Sachen gerichtet ist (§ 432 Rn 2). Der Regelfall der GläubMehrh ist daher die MitGläu-

bigersch. § 420 kann anwendb sein, wenn mehreren Eheg ein Anspr aus § 812 zusteht (Hamm NJW-RR **88**, 1006), od wenn der für mehrere Gläub zu leistde Unterh in einer Summe ausgedrückt ist (KG OLGZ **71**, 386). – **c)** Trotz der Teilg besteht zw den TeilSchuldVerh eine **Verbindung:** Die Einr aus § 320 hat 4 GesWirkg (§ 320 I 2), RücktrR (356) u Minderg (474) sind gleichf unteilb.

421 *Gesamtschuldner.* **Schulden mehrere eine Leistung in der Weise, daß jeder die ganze Leistung zu bewirken verpflichtet, der Gläubiger aber die Leistung nur einmal zu fordern berechtigt ist (Gesamtschuldner), so kann der Gläubiger die Leistung nach seinem Belieben von jedem der Schuldner ganz oder zu einem Teile fordern. Bis zur Bewirkung der ganzen Leistung bleiben sämtliche Schuldner verpflichtet.**

1) Allgemeines. Die GesSchuld ist dadch gekennzeichnet, daß der Gläub die Leistg von jedem GesSchu 1 nach seinem Belieben ganz od teilw fordern kann, die Leistg aber nur einmal zu beanspruchen hat. Das GesSchuldVerh bedeutet für den Gläub eine starke Sicherg (Heck: „Paschastellg"). Es besteht aus mehreren Fdgen (Schulden), die zu einem SchuldVerh höherer Ordng zugefaßt sind (BGH **46**, 15). Durch die Leistg des einen GesSchu verliert der Gläub auch die Fdg gg den and (TilggsGemsch). Obwohl über das „Wesen" der GesSchuld weiter heftiger Streit herrscht (Rn 6 f), besteht Einverständn darüber, daß folgde **Mindestvoraussetzungen** erfüllt sein müssen:

a) Der Anspr des Gläub muß sich gg **mehrere** Schu richten. Haupt- u SubUntern sind keine GesSchu, da 2 der Besteller nur Anspr gg den HauptUntern hat (BGH NJW **81**, 1779, NJW-RR **92**, 850). Nicht erforderl ist, daß jeder die Leistg auch tatsänl erbringen kann (BGH NJW **85**, 2644). Auch wenn mehrere Schu eine identische Leistg schulden, liegt keine GesSchuld vor, wenn ein Schu nur ggü einem Gläub verpflichtet ist, und der zweite ggü einem and (BGH NJW **94**, 443).

b) Der Gläub darf die **Leistung** ledigl **einmal** fordern. Keine GesSchuld, sond sog Leistgskumulation 3 liegt vor, wenn der Gläub zur Befriedigg desselben Bedarfs vorsorgl mit mehreren Lieferanten selbstd Vertr abschließt. Besteht bei unterl SchönhReparatur Anspr gg den fr u gg den Neumieter, entscheidet nicht § 421, sond die Ausleg der Vertr, ob AnsprKumulation od GesSchuld vorliegt. Die Ausleg wird idR zur Bejahung einer AnsprKumulation führen (BGH **49**, 61, Hbg OLGZ **84**, 106, aA Kassel NJW **75**, 1842). Der fr u der nachfolgde Schu, etwa beim UrlAnspr der fr BetrInh u der Übernehmer, sind keine GesSchu (Leinemann/Lipke DB **88**, 1217, aA BGH NJW **85**, 2643).

c) Die Pflten der GesSchu müssen sich auf **dasselbe Leistungsinteresse** beziehen. Nebenbürgen, die für 4 versch Teile der Hauptschuld haften, sind daher keine GesSchu (Wolf NJW **87**, 2437). Eine völl Identität von LeistgsInh u -Umfang ist jedoch nicht erforderl; es genügt eine an der Grenze zur inhaltl Gleichh liegde bes enge Verwandtsch (BGH **43**, 233). Die eine Fdg kann daher bedingt od befristet sein, die and nicht (RG Gruch **54**, 149). Auch in NebenBest können Unterschiede bestehen, so im Leistgsort (Schlesw NJW **52**, 1019). Die persönl Schuld u die inhaltl and angelegte GrdSchuld bilden aber keine GesSchuld (BGH DNotZ **89**, 359). Es besteht auch keine GesSchuld, wenn der Architekt dafür verantwortl ist, daß er den gg den Untern bestehden SchadErsAnspr hat verjähren lassen (Zweibr NJW-RR **93**, 1237). Bei versch Umfang ist eine GesSchuld insow gegeben, als sich die Pflten decken (RG **82**, 439, BGH **52**, 45, Düss NJW **95**, 2565). Die eine Schuld kann auf Naturalherstellg od Nachbesserg gehen, die and auf GeldErs (BGH GrZS **43**, 232). Arch u BauUntern sind zwar für die Errichtg des Bauwerkes keine GesSchu (BGH **39**, 264), wohl aber hinsichtl der von ihnen gemeins zu verantworteten Baumängel, u zwar auch dann, wenn der Arch auf SchadErs, der Untern dagg auf Nachbesserg od Wandlg haftet (BGH **43**, 230, **51**, 275, Eberz BauR **95**, 442). Das gilt entspr für die gemeins Verantwortlich von Arch u Statiker (BGH VersR **71**, 667). Muß sich Bauherr gem §§ 254, 278 das Versch des Arch anrechnen lassen, beschr sich die GesSchuld auf die gemeins Haftgsquote von Arch u Untern (BGH WM **79**, 355).

d) Nicht erforderl ist, daß die beiden Fdgen auf **demselben Rechtsgrund** (EntstehgsGrd) beruhen (RG 5 **77**, 323, BGH **19**, 124, **52**, 44). Der eine GesSchu kann aus Vertr, der and (ErfGehilfe) aus Delikt haften (BGH **59**, 101, **LM** § 426 Nr 9, Düss NJW **95**, 2565). Weitere Bsp für GesSchuldVerh ohne gleichart RGrd: Haftg der Straßenbahn aus Vertr, des Kfz-Halters aus Gefährdg (RG **84**, 415), Haftg des VertrPartners gem § 324 auf Erf, des ErfGehilfen auf SchadErs aus Delikt (BGH VersR **69**, 738); Anspr gg Dieb u gg den aus § 816 haftden Abnehmer u Weiterverkäufer (BGH **52**, 43, krit Goette VersR **74**, 526); Anspr gg Verkaufskommissionär aus § 823 u gg die in die Abwicklg eingeschaltete Bank aus pVV (BGH **59**, 101); delikt SchadErsAnspr gg Architekt u AusglAnspr gg Nachbarn (BGH **85**, 386); Anspr auf Herausg der Nutzgen eines Grdst gg den Verkäufer aus Vertr u gg den Besitzer aus § 987 (Köln OLGZ **83**, 446); Haftg des einen aus Auftr, des and aus GoA (BGH NJW **92**, 2810); GesSchuldVerh auch zw Schu der Leibrente u der zu deren Sicherg eingetr Reallast (BGH **58**, 191, **123**, 178). Mögl ist auch, daß ein GesSchu aGrd öffR u der and aGrd PrivR haftet (Düss MDR **78**, 853).

2) Notw ist eine **innere Verbundenheit** der Fdgen, die diese zu einem SchuldVerh höherer Ordng 6 (BGH **46**, 15) u zu einer TilggsGemsch zusfaßt. Das entspr stRspr (RG **77**, 317, BGH **13**, 365, **19**, 123, **43**, 229, BSozG DB **84**, 939) u hL (Larenz § 37 I, Medicus § 35 II 1b, MüKo/Selb Rn 8), ist aber nicht unumstr. Die GgAns (Ehmann GesSchuld 1972, Wernecke, GesSchuld, 1990), die auf das Merkmal des rechtl ZusHangs verzichet u auch die Fälle des gesetzl FdgsÜbergangs (Rn 11) mit in den GesSchuldBegriff einbeziehen will, kann nicht überzeugen: Da der SchadErsAnspr gem SGB X § 116 mit seiner Entstehg auf den SozVersTräger übergeht (Vorbem 148 ff v § 249), ist es einf unricht, daß der Geschädigte sich nach seinem Belieben an den SozVersTräger od den Schädiger halten könne. Auch die §§ 422 ff passen für die Fälle der *cessio legis* nicht (Rn 11).

a) Rspr u hL stimmen nunmehr darin überein, daß die **Gleichstufigkeit** (Gleichrangigk) der Verpfl das 7 für die GesSchu entscheide Strukturelement ist (BGH **106**, 319, **108**, 183, Larenz § 37 I, Medicus § 35 II 1b, MüKo/Selb Rn 8). Seine fr Ans, die GesSchuld setze das Bestehen einer ZweckGemsch voraus (BGH **13**,

365, **19**, 123, **43**, 229 uö), hat der BGH stillschw aufgegeben (krit bereits BGH **52**, 44, **59**, 99), wenn das Wort ZweckGemsch auch noch gelegentl in neueren Entscheidgen auftaucht (s BGH NJW **92**, 2818). Dem ist zuzustimmen. Die Rspr hatte das Merkmal der ZweckGemsch so weit ausgedehnt, daß es prakt mit der Identität des GläubInteresses (Rn 4) zusfiel u daher leerlaufd war (BGH **52**, 44, Reinicke/ Tiedtke, GesSchuld u SchuldSicherg, 2. Aufl S 22). Das Erfordern der Gleichstufigk drückt prägnanter aus, worum es geht: Eine GesSchu liegt nicht vor, wenn es einen endgült zur Leistg Verpflichteten u daneben einen nur zum vorläuf Eintreten Verpflichteten gibt. Zum prakt gleichen Ergebn führt es, wenn man mit Reinicke/ Tiedtke (aaO) auf das Merkmal der Gleichstufigk verzichtet, gleichzeitig aber die Fälle des gesetzl FdgsÜbergangs u die ihnen gleichstehden Fälle aus dem GesSchuldBegriff ausgrenzt.

8   **b)** Gleichstufigk kann **gewollt** sein, so bei Begründg dch einen gemeinschaftl Vertr (§ 427) od iF nachträgl Erstreckg, etwa dch Schuldmitübern (RG **116**, 285). Sie besteht auch bei getrennten RGesch, wenn jeder Schu mit der Schuld des and rechnet (BGH NJW **59**, 2161). Die GesSchuld kann sich aber auch unabhäng vom Willen der Beteiligten aus der Gleichrangigk der Verpflichgten ergeben, so bei der Doppelversicherg (VVG 59), bei der Verbürgg mehrerer (§ 769) u allg bei der Bestellg mehrerer Sicherh (BGH **108**, 183, § 426 Rn 2), vor allem aber in den Fällen der §§ 830, 840. Geht es um den Ausgl eines Schadens, sind 9 alle Beteiligten GesSchu, die den Schaden verantwortl **mitverursacht** haben, gleichgült, ob sie aus Vertr, Delikt, Gefährdg od ungerechtf Ber haften (RG **159**, 89, BGH **43**, 230, **59**, 101, NJW **91**, 1685, Karlsr VersR **90**, 1282, Düss NJW-RR **92**, 914, aA Ffm NJW-RR **92**, 603 für Schädiger, die aGrd verschiedener Vertr ersatzpflicht sind). Wird ein Kind bei einem Unfall verletzt, sind daher der Schädiger u der für den Unfall mitverantwortl aufsichtspflicht Elternteil GesSchu (BGH **73**, 191, **103**, 344). GesSchu sind auch: der wg einer Minusleistg Schadensersatzpflichtige u der wg des entspr Mehrempfangs AusglPflichtige (BGH NJW-RR **91**, 664); der dch eine Zuvielzahlg ungerechtfertigt Bereicherte u der wg dieser Zahlg zum SchadErs Verpflichtete (Düss BauR **92**, 653); mehrere BauUntern, die für einen Mangel verantwortl sind (Weise BauR **92**, 689, str); der KfzHaftPflVers u dritte Unfallbeteiligte (Celle VersR **80**, 563, aA BGH NJW **81**, 681, Karlsr VersR **86**, 156, Denck NJW **82**, 2054); mehrere HaftpflVers, die einem SozVersTräger aGrd von TeilgsAbk für denselben Schaden Ers zu leisten haben (BGH **LM** Nr 10 läßt offen); der KaskoVers u der LeasingNeh, die für einen Schaden des LeasingGeb einzustehen haben (Mü OLGZ **83**, 446). Kein GesSchuVerhältn besteht zw dem Schädiger u dem gem StrEG 7 entschädiggspflicht Land, da die Haftg des Landes nachrang ist (BGH **106**, 319).

10   **3)** Besteht zw den Fdgen **keine Gleichstufigkeit** (Gleichrangigk), ist **keine Gesamtschuld** gegeben (Nachw Rn 6), sog unechte od (besser) scheinb GesSchuld. Bei der scheinb GesSchuld besteht keine wechselseit Tilggswirkg. Die Verpfl im ganzen erlischt zwar, wenn der endgült Verpflichtete (Schädiger) leistet, nicht aber bei Leistg des zur vorläuf Befriedigg Verpflichteten (Dritten). Eine sog scheinb GesSchuld liegt vor, wenn wg eines Schadens neben dem Anspr gg den Schädiger ein nicht auf schadersatzrechtl Grds beruhder Anspr gg einen Versicherer, SozVersTräger, ArbG, Dienstherrn, SozHilfeTräger, UnterhPflichtigen, Mieter (Köhler JuS **77**, 655) od Baulastpflichtigen (RG **82**, 214) besteht (and bei schadersatzrechtl Mitverantwortlichk BGH **6**, 21), ferner iF des § 255. Die §§ 421–425 passen für diese Fälle nicht (s bereits Rn 6), insb wäre es offensichtl verfehlt, AnnVerz ggü dem Schädiger anzunehmen, wenn der Geschädigte die Versicherungs- od Versorggsleistg zurückweist (§ 424). Für den **Regreß** (§ 426) gelten gleichf bes Grds:

11   **a) Gesetzlicher Forderungsübergang:** Hat der Vers, SozVersTräger, ArbG od Dienstherr den Schaden wiedergutgemacht, geht der SchadErsAnspr kr Ges auf ihn über, VVG 67, SGB X 116, EFZG 6, BBG 87 a (Vorbem 132 ff u 148 ff vor § 249). Der SozHilfeTräger kann Fdg gem BSHG 90 auf sich überleiten. Für eine Anwendg des § 426 besteht hier weder eine Grdlage noch ein Bedürfn.

12   **b) Sonstige Fälle:** Ausdr Regreßregelgen fehlen insbes iF des Baulast- u UnterhPflichtigen sowie des Mieters. GoA, auf die RG **82**, 214 u **138**, 2 abstellen, w idR nicht gegeben sein, weil der Leistde nicht den Willen hat, ein Gesch des Schädigers zu besorgen. § 812 scheidet aus, weil dch die Leistg des Dr nicht von seiner SchadErsPfl befreit w (Vorbem 131 u 137 vor § 249). Der Leistde hat aber Anspr auf Abtr der SchadErsFdg; das kann man aus einer entspr Anwendg des § 255, aus § 242 od aus allg RGedanken herleiten (MüKo/Selb Rn 33, Larenz § 32 II). Wird das nachrang haftende Land gem StrEG 7 in Anspr genommen, kann es vom Geschädigten die Abtr aller kongruenten SchadErsAnspr gg Dr verlangen (BGH **106**, 319).

13   **4)** Das **Gesetz** ordnet in einer Reihe von Fällen die **gesamtschuldnerische Haftung** ausdr an, so in §§ 42 II, 53, 54, 86, 88, 89 II, 419 I, 427, 431, 556 III, 651 b II, 769, 830, 840 (Rn 5 u 8), 1108 II, 1357 I 2, 1437 II, 1459 II, 2058, 2382, 2385, PartGG 8 I, VVG 59, HGB 128. Die OHG u ihre **Gesellschafter** sind keine GesSchu (BGH **47**, 378); die §§ 421 ff können aber, auch im Verhältn zum ausgeschiedenen Gesellschter, entspr angewandt w, soweit die Interessenlage übereinstimmt (BGH **36**, 226, **44**, 233, **48**, 204, **104**, 78). Für die Lohnsteuer haften ArbNeh u ArbGeb als GesSchu (BAG **6**, 54). Zum nichtigen Vertr s § 427.

14   **5) Rechtsfolgen. – a)** Der Gläub kann nach Belieben jeden GesSchu ganz od teilw in Anspruch nehmen. Er ist trotz entstehder Mehrkosten berecht, in getrennten Verf zu klagen, der GesSchu haftet aber nur für die Kosten der gg ihn gerichteten RVerfolgg (BGH NJW **90**, 910). Im Konk jedes GesSchu kann der Gläub bis zur vollen Befriedigg die ganze Fdg geltd machen (KO 68). Nachlässig bei der RVerfolgg gg einen GesSchu begründet, abgesehen vom Fall der Argl, keine SchadErsPfl ggü and GesSchu (BGH NJW **83**, 1424, WM **84**, 906). Auch wenn Architekt u BauUntern für einen Mangel als GesSchu haften, kann der Bauherr frei wählen, gg wen er vorgehen will (BGH WM **71**, 101). Zwar gilt auch hier die Grenze des § 242; RMißbrauch kann aber nur in kraß liegden AusnFällen angenommen w (Hamm NJW-RR **91**, 1071), nicht etwa schon dann, wenn im InnenVerh der eine GesSchu allein haftet (BGH NJW **91**, 1289). Haften der ArbGeb u ein Dr (unmittelb Schädiger) als GesSchu, muß sich der ArbNeh uU in erster Linie an den Dr halten (BAG **18**, 199); das gilt ebso umgekehrt bei gesamtschuldnerischer Haftg des ArbNeh u eines Dr. Im öffR tritt an die Stelle des freien Beliebens pflichtmäß Ermessen (BVerwG NJW **93**, 1669). Der Dienstherr muß wg seiner FürsorgePfl prüfen, wer von den als GesSchu haftden Beamten in erster Linie für den

Schaden verantwortl ist (s OVG Münster NVwZ **92**, 597). – **b)** Im **Prozeß** sind die GesSchu idR nur einf 15
Streitgenossen (ZPO 59). Der allein gerichtl in Anspr genommene GesSchu hat keinen Anspr darauf, daß
die sich aus § 422 ergebde Beschränkg seiner Haftg in der UrtFormel zum Ausdr kommt (BGH NJW **90**,
2616). Die Verurteilg von Streitgenossen als GesSchu schafft für ihr Innenverhältn keine RKraft (Düss
NJW-RR **92**, 922).

422 *Wirkung der Erfüllung.* [I]**Die Erfüllung durch einen Gesamtschuldner wirkt auch für die übrigen Schuldner. Das gleiche gilt von der Leistung an Erfüllungs Statt, der Hinterlegung und der Aufrechnung.**

[II]**Eine Forderung, die einem Gesamtschuldner zusteht, kann nicht von den übrigen Schuldnern aufgerechnet werden.**

1) I. Da der Gläub die Leistg nur einmal zu beanspruchen hat, muß die **Erfüllung** nach dem Begr der 1
GesSchuld notw **Gesamtwirkung** haben **(I)**. Das gilt ebso für die Erf dch Dr (§§ 267 f) u die TeilErf
(§ 266), sow sie zul ist od angenommen w. Auch alle ErfSurrogate wirken zugl für die übrigen Schu, so die
Leistg an ErfStatt (§ 364), die Hinterlegg (§ 372 ff) u die Aufr (§§ 387 ff). Sow der Schu, der geleistet hat,
Ausgl von seinem MitSchu verlangen kann, erlischt die Fdg aber nicht, sond geht gem § 426 II über. § 422
ist **zwingendes Recht**. Die Abrede zw Gläub u einem GesSchu, die Leistg solle Einzelwirkg haben, ist
unwirks (BGH VersR **84**, 327), ebso die Vereinbg, die die Leistg zur Benachteiligg der MitSchu als KaufPr
für die abzutretde Fdg deklariert (BGH **17**, 222, NJW **63**, 2067).

2) II. Der GesSchu kann wg fehlder Ggseitigk nicht mit Fdgen and GesSchu **aufrechnen**. Dem als 2
GesSchu in Anspr genommenen Miterben steht aber wg eines GgAnspr der ErbenGemsch analog §§ 770 II,
HGB 129 II ein LeistgVR zu (BGH **38**, 127, § 387 Rn 5).

423 *Wirkung des Erlasses.* **Ein zwischen dem Gläubiger und einem Gesamtschuldner vereinbarter Erlaß wirkt auch für die übrigen Schuldner, wenn die Vertragschließenden das ganze Schuldverhältnis aufheben wollten.**

1) Beim **Erlaß** (§ 397) bestimmt sein erfdlf dch Auslegg (§§ 133, 157) zu ermittelnder Inh, ob er Ges- od 1
Einzelwirkg hat (Wacke AcP **170**, 42). Soweit er GesWirkg hat, ist er eine ausnw zul Vfg zGDr. Rechtl mögl
ist aber auch die Vereinbg eines *pactum de non petendo* zG der übrigen GesSchu. Folgde Ausgestaltgen sind zu
unterscheiden: – **a)** Der Erlaß hat **Gesamtwirkung**. Auch die Anspr gg die and GesSchu erlöschen; 2
AusglPflten (§ 426) entfallen. Erläßt der Geschädigte dem Schädiger den SchadErsAnspr, so wirkt das gem
PflVersG 3 Nr 2 auch zG des HaftPflVers (Köln VersR **69**, 1027). Bei einem Vergl mit dem Schu, der im
InnenVerh für den GesBetrag einstehen muß, kann iZw GesWirkg angenommen w (Hamm MDR **90**, 338,
Köln NJW-RR **92**, 1398, LG Stgt NJW-RR **94**, 504), ebso bei einem TeilgsAbkommen in denen ein
Regreßverzicht vorgesehen ist (BGH NJW-RR **93**, 1113). – **b)** Der Erlaß hat **Einzelwirkung**. Die Anspr 3
gg die and GesSchu bleiben bestehen; diese können dem Part des ErlaßVertr gem § 426 Regreß nehmen
(BGH NJW **86**, 1098). EinzelWirkg hat der im Konk- od VerglVerf geschlossene ZwVergl (KO 193 S 2,
VerglO 82 II). – **c) Beschränkte Gesamtwirkung** (Hamm NJW-RR **88**, 1174): Der Partner des ErlaßVertr 4
wird völlig frei, die and GesSchu hins des FdgsAnteils, den dieser im InnenVerh zu tragen hat. Ein Regreß
gg den begünstigten GesSchu scheidet aus. Eine beschränkte GesWirkg ist idR anzunehmen, wenn der mit
einem GesSchu geschlossene **Vergleich** dessen Verpfl endgült erledigen soll (Oldenbg VersR **92**, 957, Köln
NJW-RR **94**, 1307). Auch ein TeilgsAbk zw SozVersTräger u HaftPflVers ist iZw dahin auszulegen, daß
dem SozVersTräger Anspr gg etwaige Zweitschädiger nur hins der von diesem im InnenVerh zu tragden
Quote verbleiben (BGH **LM** TeilgsAbk Nr 5, Denck NJW **82**, 2052).

2) Erlaß der Fdg ggü der **OHG** bei Fortbestand der Fdg gg den Gesellschter ist unzul (BGH **47**, 379), es 5
sei denn, daß dieser zustimmt (BGH WM **75**, 974). Mögl ist dagg ein Erlaß ggü dem Gesellschter bei Auf-
rechterhaltg der Fdg gg die OHG (BGH BB **71**, 975).

424 *Wirkung des Gläubigerverzugs.* **Der Verzug des Gläubigers gegenüber einem Gesamtschuldner wirkt auch für die übrigen Schuldner.**

Da die Erf GesWirkg hat (§ 422), muß konsequenterw auch der dch einen ErfVersuch begründete **Gläu-** 1
bigerverzug (§§ 293 ff) für alle GesSchu wirken. Erklärt sich der Gläub ggü dem GesSchu zur Ann der
Leistg bereit, der ihn in GläubVerz versetzt hat, so wird der AnnVerz mit GesWirkg geheilt (Erm-Wester-
mann Rn 2, str), BereitErkl ggü einem and GesSchu hat dagg nur EinzWirkg.

425 *Wirkung anderer Tatsachen.* [I]**Andere als die in den §§ 422 bis 424 bezeichneten Tatsachen wirken, soweit sich nicht aus dem Schuldverhältnis ein anderes ergibt, nur für und gegen den Gesamtschuldner, in dessen Person sie eintreten.**

[II]**Dies gilt insbesondere von der Kündigung, dem Verzuge, dem Verschulden, von der Unmög-lichkeit der Leistung in der Person eines Gesamtschuldners, von der Verjährung, deren Unterbre-chung und Hemmung, von der Vereinigung der Forderung mit der Schuld und von dem rechts-kräftigen Urteile.**

1) Allgemeines § 425 I legt den Grds der **Einzelwirkung** fest, soweit nicht §§ 422–424 anwendb sind 1
od sich aus dem SchuldVerh etwas and ergibt (Rn 8 ff). Die Vorschr macht deutl, daß die zu einer GesSchuld
verbundenen Fdgen, abgesehen von der bestehden TilgsGemsch, selbst Fdgen sind. Aus ihr ergibt sich,

daß sich die Fdgen gg die einz GesSchu unterschiedl entwickeln können. Für die GesSchuschaft gem PflVG 3 Nr 2 enthält PflVG 3 Nr 3 eine Sonderregelg (Rn 4).

2 **2) Fälle der Einzelwirkung.** Die Aufzählg in II bringt Bsp, ist aber nicht abschließd. – **a)** Die in II zunächst genannte **Kündigung** ist die FälligkKünd (s BGH NJW **89**, 2383), nicht aber die Künd zur Beendigg eines DauerSchuldVerh (Rn 9 f). – **b) Verzug.** Die Voraussetzgen, insb die Mahng, wirken nur ggü dem einz GesSchu. Die Mahng ggü dem KfzPflVers hat jedoch gem AKB 10 V GesWirkg (Nürnb NJW **74**, 1950). Sind mehrere GesSchu in Verzug, erstreckt sich ihre gesamtschuldnerische Haftg nicht auf die Kosten eines RStreits, der nur gg einen von ihnen geführt w (BGH NJW **90**, 910). Verlangt der Gläub unter Ablehng der Erf gem §§ 286 II od 326 von einem GesSchu SchadErs, bleibt der ursprüngl Inhalt der Schuld ggü den and GesSchu bestehen; das gilt auch dann, wenn der Gläub alle Schu in Verzug gesetzt hat (RG **65**, 28, **140**, 18). Für den Rücktr gelten dagg §§ 356, 327. Er muß ggü allen GesSchu erklärt w; es genügt aber, wenn seine Voraussetzgen ggü einem GesSchu vorliegen (BGH NJW **76**, 1932, Hamm WM **87**, 105). Das für den SchadErsAnspr erfordl Vertretenmüssen ist idR ipso facto bei allen GesSchu gegeben (Düss NJW-

3 RR **87**, 911). – **c) Verschulden.** Anspr wg pVV richten sich grdsl nur gg den GesSchu, der die VertrVerletzg zu vertreten hat (s aber Rn 8). Das **Mitverschulden** eines ErfGeh des Geschädigten wirkt zG aller GesSchu, auch zG derj, die allein aus Delikt haften (BGH **90**, 86, krit Hofmann MDR **86**, 981). – **d) Unmöglichkeit.** Obj nicht zu vertretde Unmöglichk (§ 275 I) hat GesWirkg, Unvermögen (§ 275 II) dagg EinzWirkg. SchadErsAnspr (§§ 280, 325, aber auch § 307) bestehen nur ggü dem GesSchu, der die Unmöglichk zu vertreten hat. Bei zu vertretdem Unvermögen haftet der betroffene GesSchu auf SchadErs, die and

4 dagg weiter auf Erf. – **e)** Ablauf, Hemmg u Unterbrechg der **Verjährung** haben EinzWirkg (RG **116**, 285). Das gilt auch für den rechtsgeschäftl od gesetzl Schuldbeitritt (BGH NJW **77**, 1879, **84**, 794), die vor der SchuldMitÜbern eingetretenen Tats (Beginn, Hemmg, Unterbrechg der Verj) bleiben aber für u gg den Beitretden wirks (BGH aaO, Übbl 6 v § 414). Die Unterbrechg kann nach dem zw den GesSchu bestehdn RVerh auch GesWirkg haben, so bei einem gemeins Kauf von Eheg (Köln NJW **72**, 1899). Die Klage ggü der OHG unterbricht auch gegen die Gesellschtern (BGH **73**, 223), die gg eine aufgelöste OHG auch ggü allen Gesellschtern, die der OHG im Ztpkt der Auflösg angehört haben (HGB 159 IV). Hat der Gläub die Verj gg den Gesellschter rechtzeit unterbrochen, kann sich dieser nicht auf die ggü der OHG eingetretene Verj berufen (BGH **104**, 79, NJW **81**, 2579). Vgl auch die Sonderregelg in PflVersG 3 Nr 3 u dazu BGH **83**, 166. EinzWirkg hat auch das Erlöschen dch Ablauf einer **Ausschlußfrist** (Karlsr Vers **78**, 968). Bei einer tarifl AusschlFr wirkt die Geltdmachg des Anspr beim ArbGeb auch ggü einem Gesellschter (BAG DB **85**, 1536)

5 u ggü dem Schuldmitübernehmer (BAG DB **72**, 396). – **f) Konfusion.** Der GesSchu, der RNachfolger des Gläub geworden ist, muß von der Fdg seinen AusglBetrag (§ 426) abziehen. Die and GesSchu haften ihm zur Vermeidg eines Regreßkarussels (entspr § 426 Rn 6) nur *pro rata* (BAG NJW **86**, 3104, aA Rüßmann JuS **88**, 186). Das gilt vor allem iF gewillkürter Konfusion (Abtretg gg Zahlg, s Stolterfoth Gedächtnisschrift Röding 1978, 240 ff). – **g)** Die Einzelwirkg der **Rechtskraft** w dch HGB 129 zu Lasten von OHG-Gesellschtern dchbrochen (BGH **64**, 156, NJW **80**, 785). HGB 129 gilt aber nicht ggü ausgeschiedenen Gesellschtern (BGH **44**, 233, NJW **81**,176) u auch nicht für and GesSchuldVerhältn (BGH NJW-RR **93**,

6 1266). EinzWirkg hat auch die RHängigk (Celle OLGZ **70**, 360). – **h) Abtretung** der Fdg gg nur einen GesSchu ist mögl (RG JW **05**, 428). Sie bedarf aber der Zust des Schu, da Zedent u Zessionar GesGläub w u eine GesGläubsch nur mit Einverständn des Schu begründet w kann (BGH **64**, 67). – **i)** Der **Schutz des Verbraucherkreditgesetzes** erstreckt sich grdsl auch auf den Schuldmitübernehmer (Stgt NJW **94**, 867, Zahn DB **92**, 1029, zT enger die fr Rspr zum AbzG, s hier 53. Aufl u BGH NJW **94**, 1726). Hat der Verkäufer neben dem Käufer die Mithaftg für den Kredit übernommen, haftet er iF des Widerrufs auf

7 Rückzahlg des Nettokredits u marktübl Zinsen (BGH NJW **93**, 1912). – **k)** **Änderungsvereinbarungen** wirken nur für u ggü den GesSchu, mit dem sie geschlossen worden sind (RG **102**, 399). Auch das **Mieterhöhungsverlangen** gem MHG 2 hat nur Einzelwirkg, jedoch kann ihm im MietVertr GesWirkg beigelegt w (KG NJW-RR **86**, 173); die Klage muß jedoch notw gg alle Mieter gerichtet w (KG NJW-RR **86**, 439). – **l) Konkurs.** Die ErfAblehng (KO 17) hat grdsl EinzWirkg. Dagg wirkt sie im OHG-Konkurs auch ggü bereits ausgeschiedenen Gesellschtern (BGH **48**, 204). Bei einer BGB-Gesellsch (ARGE) ist sie ggü den nicht in Konk gefallenen u weiter erfbereiten Gesellschtern wirkgslos (BGH NJW **79**, 308).

8 **3) Gesamtwirkung** (vgl zunächst Rn 2 ff bei den einz Schlagworten). Sie kann sich aus der Vereinbg, (KG NJW-RR **86**, 174), dem Inhalt od dem Zweck des SchuldVerh ergeben. – **a)** Der Vertr zw Gläub u GesSchu kann stillschw die Abrede enthalten, daß jeder GesSchu für das **Verschulden** des and einstehen soll. Eine solche Mithaftg für das Verschulden der and GesSchu ist anzunehmen, wenn mehrere Untern sich zur gemeins Herstellg eines Werks verpflichten (BGH NJW **52**, 217, Nürnbg NJW-RR **91**, 28), wenn die sich aus dem GastAufnVertr ergebde SchutzPfl von einem MitInhaber der Gaststätte verletzt wird (BGH VersR **69**, 830), wenn der gemietete Pkw von einem Mitmieter ohne Führerschein beschädigt w (BGH **65**, 226, Frage des EinzFalls). Bei Beauftragg einer **Anwaltssozietät** haftet jeder RAnw für das Verschulden seines Partners (BGH NJW **92**, 3038, § 164 Rn 6), u zwar auch dann, wenn ledigl der Anschein des Bestehens einer Sozietät hervorgerufen w (BGH **70**, 247, WM **88**, 986). Entspr gilt für ärztl GemeinschPraxen (BGH NJW **86**, 2364), aber auch in and Fällen für zusarbeitde Freiberufler. Nach PartGG 8 II, BRAO 51 b III kann die Haftg aus fehlerh Berufsausübg dch vorformulierte VertrBdggen auf einz Mitgl einer Sozietät, die das Mandat im Rahmen ihrer eigenen berufl Befugnisse bearbeitet, beschränkt w. Der Mandant muß dieser Beschränkg aber in einer besonders unterschriebenen Erkl zustimmen. Bei VertrSchl mit BGB-Gesellsch kann auch sonst iZw angenommen w, daß jeder Gesellschter für das Verschulden seiner Partner

9 mit einstehen soll (Beuthien DB **75**, 773). – **b)** Bei **Mietverträgen** mit mehreren Mietern u ggü ihnen nur gemeins ausgeübt w (RG **138**, 186, BGH **26**, 104, LM § 425 Nr 6). Der Konk eines Mieters begründet für den Vermieter kein KündR (BGH **26**, 104), wohl aber für den KonkVerw (Celle NJW **74**, 2012). Sow die Künd auf ein vertrwidr Verhalten (zB § 553) gestützt w, genügt es, wenn der KündGrd ggü einem Mieter vorliegt (Düss NJW-RR **87**, 1371), jedoch müssen alle abgemahnt worden sein (s LG Darmstadt NJW **83**, 52). Der Vermieter kann verpflichtet sein, dem vertragstreuen Mieter einen neuen Vertr

anzubieten (LG Darmstadt aaO). Bei sonst **Dauerschuldverhältnissen** ist gleichf idR nur eine einheitl 10
Künd zul, so beim Darl (Karlsr NJW **89**, 2136), beim GruppenArbVerh u bei einem einheitl ArbVerh mit
mehreren ArbGeb (BAG DB **72**, 244, NJW **84**, 1703).

426 **Ausgleichungspflicht der Gesamtschuldner.** [1]Die Gesamtschuldner sind im Verhältnisse zueinander zu gleichen Anteilen verpflichtet, soweit nicht ein anderes bestimmt ist. Kann von einem Gesamtschuldner der auf ihn entfallende Beitrag nicht erlangt werden, so ist der Ausfall von den übrigen zur Ausgleichung verpflichteten Schuldnern zu tragen.
[2]Soweit ein Gesamtschuldner den Gläubiger befriedigt und von den übrigen Schuldnern Ausgleichung verlangen kann, geht die Forderung des Gläubigers gegen die übrigen Schuldner auf ihn über. Der Übergang kann nicht zum Nachteile des Gläubigers geltend gemacht werden.

1) **Allgemeines.** – **a)** § 426 regelt das InnenVerh zw den GesSchu. Er begründet ein gesetzl SchuldVerh 1
(AusglVerh), aus dessen Verletzg sich Anspr wg pVV ergeben können. Das gesetzl AusglVerh wird häufig
dch ein zw den GesSchu bestehdes VertrVerh, etwa Gesellsch, od eine vertragsähnl RBeziehg, etwa GoA
(BGH NJW **63**, 2068), überlagert. In diesen Fällen hat der RegreßAnspr des leistden GesSchu eine dreif
Grdl, (1) die vertragl od vertragsähnl RBeziehg, (2) § 426 I u (3) die gem § 426 II übergegangene GläubFdg.
In welchem Umfang er Ausgl verlangen kann, bestimmt der Vertr od das vertragsähnl Verh (Rn 8). –
b) Grund der AusglPfl ist die zw den GesSchulden bestehde innere Verbundenh (§ 421 Rn 6). Es muß daher 2
ein wirkl GesSchuldVerh vorliegen. Bei der sog **scheinbaren Gesamtschuld** richtet sich der Regreß nicht
nach § 426, sond nach dem in § 421 Rn 11 f dargestellten Grds. Stehen mehrere **Sicherungsgeber** auf
gleicher Stufe u sind §§ 774 II, 1225 nicht einschläg, kann § 426 entspr angewandt w (BGH **108**, 183, NJW-
RR **91**, 171, 682, NJW **92**, 3228, Ehlscheid BB **92**, 1290), so insbes im Verhältn zw Bürgen u GrdSchBestel-
ler (BGH aaO, aA Tiedtke DNotZ **93**, 291), aber auch zw Bürgen u Verpfänder (BGH NJW-RR **91**, 500).
Für den AusglMaßstab gilt § 774 Rn 14 entspr.

2) **Der Ausgleichsanspruch** (I). – **a)** Die AusglPfl entsteht als **selbständige** Verpfl bereits mit der 3
Begründg der GesSchuld, nicht erst mit der Befriedigg des Gläub (BGH **35**, 325, **114**, 122, NJW **81**, 1667).
Sie kann daher als BefreiungsAnspr auf Leistg an den Gläub bereits geltd gemacht w, bevor der ausglberecht
GesSchu seinerseits geleistet hat (Rn 4). Der AusglPfl steht nicht entgg, daß der Anspr des Gläub gg den
AusglPflichtigen inzw verjährt (RG **69**, 426, **146**, 101) od wg Ablauf einer AusschlFr erloschen ist (BGH
NJW **81**, 681). Der AusglAnspr hat seine eig 30jähr **Verjährung**, § 195 (BGH **58**, 218), jedoch kann die für
den Anspr des Gläub maßgebde VerjRegelg ausnw auch den AusglAnspr erfassen, so CMR 32 (BGH NJW-
RR **90**, 1509). Tarifvertragl AusschlFr gelten uU auch für den AusglAnspr (BAG NJW **86**, 3104, Rüßmann
JuS **88**, 185). Rechtskr Urt zw Gläub u einem GesSchu sind für das InnenVerh zw den GesSchu ohne
Bedeutg (RG **69**, 426, BGH VersR **69**, 1039). – **b)** Die Selbständigk des AusglAnspr zeigt sich auch daran, 3a
daß er priv-rechtl Charakter haben kann, obwohl das AußenVerh zw Gläub u GesSchu **öffentlich-recht-**
lich ausgestaltet ist. Priv-rechtl ist die AusglPfl zw öff-rechtl Körpersch, die aus § 839, Art 34 GG haften
(BGH **9**, 65), zw den Schu einer FehlbeleggsAbgabe (BVerwG NJW **93**, 1667), zw den nach § 96 PrWasserG
Unterhaltspflichtigen (BGH NJW **65**, 1595) u zw gesamtschuldner haftenden SteuerSchu (BGH **120**, 55), wie
Eheg bei gemeins Veranlagg zur EinkSteuer (BGH **73**, 38) u ArbG u ArbN hins der Lohnsteuer (BAG **AP**
Nr 3). Dagg ist § 426 auf das Verhältn zw mehreren **Störern iSd Polizeirechts** auch bei Altlasten unan-
wendb (BGH NJW **81**, 2457, Papier DVBl **85**, 879, Schwachheim NVwZ **88**, 225, aA VGH Mü NJW **93**,
81, Pohl NJW **95**, 1648), uU kann aber § 683 anwendb sein (BGH **16**, 12, **110**, 314, NJW **87**, 187). Vielfach
besteht auch nach LandesR (PolG, AbfallG) ein AusglAnspr, der aber wohl idR öffrechtl einzuordnen ist
(Herbert NVwZ **94**, 1061, aA Finkenauer NJW **95**, 432). – **c)** Die GesSchu haben wechselseit die Pfl, zur 4
Befriedigg des Gläub **mitzuwirken**. Der Anspr auf Mitwirkg besteht schon vor der eigenen Leistg (BGH
23, 363). Er setzt die Fälligk der GesSchuld voraus (BGH NJW **81**, 1667, **86**, 979) u geht auf Befreiung von
dem Teil der Schuld, den der MitSchu im InnenVerh zu tragen hat (BGH **47**, 166, NJW **86**, 3132). Er kann
dch Kl u ZwVollstr dchgesetzt w (Celle OLGZ **70**, 359). Bei schuldh NichtErf der MitwirkgsPfl hat der AusglBerecht einen SchadErs-
Anspr (RG **79**, 291, **92**, 151). Dieser Anspr erstreckt sich uU auch auf ProzKosten der AusglBerecht (BGH
NJW **74**, 694, Neust NJW **63**, 494), insb dann, wenn der AusglPflichtige den Schaden im InnenVerh allein
zu tragen hat (BGH VersR **56**, 161, **69**, 1039). – **d)** Nach Befriedigg des Gläub wird aus dem Befreiungs- 5
Anspr ein Anspr auf **Ausgleich** des Geleisteten. War eine Dienst- od WkLeistg geschuldet, ist Wertersatz zu
leisten (BGH **43**, 234). Der AusglAnspr besteht auch dann, wenn der GesSchu den Gläub aus eig Interesse
(Erhaltg von Sicherh) befriedigt hat (BGH NJW **80**, 339). Er setzt aber voraus, daß der GesSchu mehr als
den von ihm im InnenVerh zu tragden Anteil geleistet hat (BGH NJW **86**, 1097). Dabei ist nur auf den
fälligen Teil der Schuld abzustellen (Mü MDR **72**, 239). Mitbürgen können dagg auch jeder Teilleistg Ausgl
verlangen (BGH **23**, 364, NJW **86**, 3132). Ihr AusglAnspr beschränkt sich nur dann auf den ihre Quote
übersteigden Teil der Leistg, wenn der HauptSchu zahlgsunfäh ist (BGH NJW **86**, 1097, Köln NJW **95**,
1686). Die AusglPfl besteht nur zw GesSchu. Die Zahlg eines **Nichtschuldners** (§ 267) löst Anspr aus
§ 812, aber keine AusglPfl aus (RG **163**, 34). Haftet ein GesSchu auf mehr als der andere, so beschränkt sich der
Ausgl auf den Teil der Leistg, für den beide einzustehen haben (BGH **12**, 220, NJW **66**, 1263). **Prozeßko-**
sten aus dem RStreit mit dem Gläub sind nicht ausglfäh (RG **92**, 148, BGH VersR **57**, 800, VRS **54** Nr 144).
Werden die GesSchu gemeins verklagt, tragen sie die Kosten im InnenVerh nicht nach der AusglQuote sond
idR nach Kopfteilen (BGH NJW **74**, 696). And liegt es, wenn ein GesSchu ProzKosten zur Abgeltg der
HauptFdg übernommen hat (BGH NJW **71**, 884). Ein ErsAnspr kann sich auch daraus ergeben, daß der
AusglSchu seine MitwirkgsPfl schuldh verletzt hat (Rn 4). – **e)** Die AusglPfl beschränkt sich auf den vom 6
AusglSchu zu tragden Anteil. Bei **Ausfall eines Gesamtschuldners,** insb wg Zahlgsunfähigk, erhöht sich
der Anteil der verbleibden Schu entspr **(I 2)**, natürl auch der des AusglBerecht (RG **92**, 146). UU ist der
AusglBerecht dem AusglSchu wg säumiger RVerfolgg gg den Ausgefallenen schaderspflichtig (RG **142**, 267).

Mehrere AusglPflichtige haften dem AusglBerecht **nicht gesamtschuldnerisch,** sond entspr ihren Anteilen (RG **92**, 146, BGH **6**, 25). Das gilt auch dann, wenn der AusglBerecht im InnenVerh von jeder Haftg freigestellt ist (MüKo/Selb Rn 12, aA RG **87**, 68, **136**, 287, BGH **17**, 222). Soweit mehrere GesSchu eine **Haftungseinheit** bilden, haften sie aber für ihre gemeins Quote auch im Rahmen des Ausgl gesamtschuldnerisch (BGH **55**, 349, **61**, 220, NJW-RR **89**, 920, Rn 11f).

7   **3) Umfang des Ausgleichs.** Der AusglAnspr kann je nach Lage des Falles auf einen Anteil od vollen Ers gerichtet sein, er kann auch völlig entfallen. – **a)** Die in I 1 als Grundregel vorgesehene **Haftung zu gleichen Teilen** ist nur anzuwenden, wenn jeder and Verteilgsmaßstab fehlt. Sie ist daher prakt die Ausn u nicht mehr als eine bloße Hilfsregel. Aus ihr ergibt sich aber, daß der GesSchu, der eine von I 1 abw Verteilg verlangt, für die Tats **beweispflichtig** ist, die die Abw rechtfertigen sollen (RG **88**, 125). Bsp für gleiche Anteile sind die VorschußPfl von Kläger u Bekl ggü den SchiedsRi (BGH **55**, 349) u das GesSchuldVerh zw dem Schu der Leibrente u dem der sichernden Reallast (BGH **58**, 191, Frage des Einzelfalls).

8   **b)** Eine anderweit Bestimmg kann sich aus dem zw den GesSchu bestehden **Rechtsverhältnis** ergeben, aber auch aus der Natur der Sache (BGH **120**, 59, NJW **92**, 2288). – **aa)** Besteht zw den GesSchu ein **Vertrag** od vertragsähnl RVerhältn, kann ihm idR der AusglMaßstab entnommen w: Gesellschter haften iZw nach dem BeteiliggsVerh (RG **88**, 125, BGH **47**, 165), u zwar auch, wenn sie sich im GesellschInteresse verbürgt haben (BGH **LM** § 774 Nr 9, NJW-RR **89**, 685). Der AusglBerecht muß sich in erster Linie an das GesellschVerm halten (BGH **37**, 303, **108**, 76, Köln VersR **93**, 61), hilfsw die MitGesellsch pro rata entspr ihrer VerlustBeteiligg (BGH aaO, Kblz NJW-RR **95**, 486). Mithaftde NichtGesellschter sind ggü OHG-Gesellschtern nicht ausglpflicht (BGH **LM** § 774 Nr 3). And kann es dagg liegen, wenn Außenstehde neben den Gesellschtern die Mithaftg für eine GmbHSchuld übernommen haben (BGH NJW **86**, 1098). Befindet sich die Gesellsch im Abwicklgsstadium, wird der AusglAnspr zum unselbstd Rechngsposten der Auseinandersetzgsrechng (BGH **103**, 77). Aus dem ArbVerh ergibt sich, daß der ArbN dem ArbG für vorauslagte Lohnsteuer vollen Ausgl schuldet (BAG **AP** Nr 3); bei schadensgeneigter Arb ist beim Ausgl die FreistellgsPfl des ArbG zu berücksichtigen (BAG NJW **69**, 2299). Die GrdErwSt fällt iZw allein dem Erwerber zur Last (Karlsr NJW-RR **88**, 1238). Für WoEigt ergibt sich der VerteilgsMaßstab aus WEG 16 (BayObLG NJW **73**, 1881). Für die Pflichtteilslast gilt die Sonderregel des § 2320. Ist ein GesSchu für den and als Beauftragter od in GoA tät geworden, kann er gem §§ 670, 683 vollen Ausgl beanspruchen (BGH VersR **70**, **9** 621). Zum Ausgl zw Mitbürgen s § 774 Rn 14. – **bb)** Zw gesamtschuldnerisch haftden **Ehegatten** besteht grdsl eine AusglPfl (BGH NJW **88**, 134, NJW-RR **88**, 1154, Kotzur NJW **89**, 817). Verfügt bei intakter Ehe nur ein Eheg über Einkommen, währd der and die Haushaltsführg übernommen hat, entfällt aber idR eine AusglPfl. Sie setzt, vor allem für die Lasten des gemeins Hauses, erst mit dem Scheitern der Ehe, dh der endgült Trenng od der Stellg des ScheidgsAntr, ein (BGH **87**, 269, NJW-RR **91**, 578). Einer Klärg, wer beide die Belastgen nicht mehr allein tragen, bedarf es nicht (BGH NJW **95**, 653). Ausgeschlossen ist die AusglPfl, wenn ein Ehegatte AlleinEigtümer des Hauses ist (Köln NJW-RR **92**, 1286), wenn der Kredit für seinen GewerbeBetr aufgenommen worden ist (Hamm FamRZ **94**, 960) od soweit die Zins- u Tilggsraten bei der UnterhBemessg einkommensmindernd berücksichtigt worden sind (Köln NJW-RR **94**, 899). Betreibt ein Eheg im gemeins Haus ein Gewerbe, od bewohnt er es allein, so kann das seinen AusglAnspr ausschließen od einschränken (BGH **87**, 269), jedoch kann gem § 745 III nach billigem Ermessen eine abweichde Regelg zu treffen sein (Schlesw NJW-RR **93**, 1029). Bei **anderen Verbindlichkeiten** kann der Verwendgszweck u die Relation der beiderseit Einkommen den Umfang der AusglPfl beeinflussen (BGH NJW-RR **89**, 67), jedoch ist auch das etwa vorhandene Vermögen zu berücksichtigen (BGH NJW-RR **88**, 259). Hat nur ein Eheg Einkommen, entfällt die AusglAnspr des Alleinverdieners idR auch für die Zeit nach Scheitern der Ehe (s Hamm NJW-RR **93**, 197, LG Hildesheim NJW-RR **92**, 1285). Bei steuerl ZusVeranlagg richtet sich der Ausgl nach den Steuerbeträgen, die bei getrennter Veranlagg festgesetzt worden wären (BGH **73**, 38, Dostmann FamRZ **91**, 760, aA Düss NJW-RR **92**, 1476: Verteilg nach Maßgabe der geleisteten Zahlgen); beruht die Steuererstattg darauf, daß ein Eheg in seinem Betr Verluste gemacht hat, steht diesem im InnenVerh der Erstattgsbetrag zu (Köln NJW-RR **94**, 902). Hatte ein Eheg keine od nur negative Einkünfte, entfällt ein Ausgl (Liebelt FamRZ **93**, 627 u NJW **93**, 1741, ausführl, LG Köln NJW-RR **91**, 1027). AusglPflten zw Partn einer nichtehel LebensGemsch s Einl 17 vor § 1297.

10   **c)** Das **Gesetz** enthält in §§ 840 II, III 1833, BNotO 46 S 2, VVG 59 II, PflVersG 3 Nr 9 ausdr Regelgen über den Ausgl. Bei **Schadensersatzansprüchen** richtet sich die Verteilg des Schadens auf mehrere ErsPflichtige nach § 254 (BGH **17**, 214, **59**, 103, stRspr) od dem inhaltl übereinstimmenden StVG 17, ProdHaftG 5, LuftVG 41, AMG 93. Entscheidd ist daher in erster Linie das Maß der Verursachg, daneben, aber erst in zweiter Linie, das Verschulden (§ 254 Rn 46f). Dabei kann die Abwägg zu einer Schadensteilg, so zB iF einer gemeinschaftl betrügerischen KreditAufn (Stgt ZIP **94**, 201), aber auch zur alleinigen Belastg eines ErsPflichtigen führen (§ 254 Rn 52f). Beruht die Mithaftg eines GesSchu allein darauf, daß er den and GesSchu nicht ausr beaufsichtigt hat, ist er idR nicht ausglpflicht (BGH NJW **80**, 2348, LG Tübingen NJW-RR **89**, 1504). Zu berücksichtigen ist auch, wenn der eine GesSchu ggü dem and eine bes VertrPfl verletzt hat (BGH VersR **84**, 444). Die Kirchhofsordng kann dem NutzgsBerecht an einer Grabstelle im InnenVerh allein den Schaden aus der Verletzg der VerkSichgPfl auferlegen (KG NJW **74**, 1560). § 254 bleibt auch dann AusglMaßstab, wenn der Gläub einem GesSchu seinen SchadErsAnspr gg einen and abtritt (BAG NJW **90**, 3229). Der Augl nach §§ 426, 254 kann auch nicht dadch **unterlaufen** w, daß ein GesSchu die auf ihn entfallde Quote gem §§ 823 II od 839 als **Passivschaden** gg den and GesSchu geltd macht (BGH **20**, 378, **61**, 356). Etwas and gilt nur dann, wenn ein GesSchu den and vorsätzl in die Mithaftg gedrängt hat (BGH NJW **78**, 817, Fluglotsenstreik). Besteht ledigl eine subsidiäre Haftg, wie beim AufopfergsAnspr (BGH **20**, 81, **28**, 301) od gem § 839 I 2, liegt bereits begriffl keine GesSchuld vor (BGH **61**, 354). Wird ein Beamter dch einen and u zugl dch einen Dr geschädigt, besteht aber zw dem Dienstherrn u dem Dr eine AusglPfl, da der Dienstherr dem geschädigten Beamten auch wg Verletzg der FürsPfl haftet (BGH **43**, 184).

d) Mehrere GesSchu können aus rechtl od tatsächl Grden eine **Haftungseinheit** idS bilden, daß auf sie 11 nur eine gemeins Quote entfällt, sie also für den Ausgl so behandelt w, als wären sie eine Pers. Bsp sind Kfz-Halter u Fahrer (BGH NJW **66**, 1262, VersR **70**, 64), Erf- od VerrichtgsGehilfen u GeschHerr (BGH **6**, 27, DB **70**, 1682) u ebso sonstige Schädiger, sofern sich ihr Verhalten in demselben Verursachgsbeitrag ausgewirkt hat (BGH **61**, 218, NJW **83**, 623, Ffm NJW-RR **89**, 920, § 254 Rn 58). „HaftgsEinh" kommen aber 12 auch **außerhalb des Schadensersatzrechtes** vor. Sie bestehen etwa zw den MitEigtümern einer EigtWo für den Ausgl gem WEG (Rn 8), zw Streitgenossen für die VorschußPfl ggü den SchiedsRi (BGH **55**, 349), bei einer entspr Abrede zw einem Ehepaar, das gemeins mit einem and einen Kredit aufgenommen hat (BGH NJW **86**, 1491, Füllbier NJW **89**, 2801). Die Leistg eines Mitgl der HaftgsEinh bringt die AusglPfl auch für die übr zum Erlöschen. Hat ein und GesSchu erfüllt, haften die Mitgl der HaftgsEinh für seinen AusglAnspr als GesSchu (Rn 6). Auch der Geschädigte kann mit einem ErsPflichtigen eine HaftgsEinh bilden (BGH **61**, 218). Nimmt der Geschädigte in diesem Fall den außerh der HaftgsEinh stehenden ErsPflichtigen in Anspr, kann dieser vom and ErsPflichtigen keinen Ausgl verlangen, weil dessen Tatbeitrag schon bei der Bemessg der vom Geschädigten zu tragden Quote berücksichtigt worden ist. Ist in einem VorProz die HaftgsEinh zw Geschädigten u einem ErsPflicht nicht berücksichtigt u ein Nebentäter daher mit einer zu hohen Quote belastet worden, soll dieser aber gem § 812 Regreß nehmen können (BGH NJW **78**, 2392).

e) Soweit sich aus RGesch, Ges od dem RVerh zw den GesSchu eine and Quotelg als die nach Kopfteilen 13 ergibt, handelt es sich ledigl um eine Ausgestaltg der gesetzl AusglPfl. Der Anspr **bleibt,** auch wenn er mit Anspr aus dem InnenVerh konkurriert, der **gesetzliche Ausgleichsanspruch** aus § 426 I (RG **92**, 147, MüKo/Selb Rn 11).

4) Übergang der Gläubigerforderung (II). Sie erlischt nicht, sond bleibt für den Zweck des Rückgriffs er- 14 halten (BGH NJW **91**, 98). Der Übergang tritt ein, wenn ein GesSchu den Gläub ganz od teilw befriedigt hat, beschränkt sich aber auf den Umfang des AusglAnspr. Über § 412 finden die §§ 399 ff Anwendg, vor allem §§ 404, 406, aber auch § 401, auch soweit es entspr § 401 Rn 5 um selbst SichgR geht (BGH WM **95**, 523). VVG 67 II (AngehPrivileg) ist weder direkt noch entspr anwendb (BGH VersR **84**, 327). Abreden, daß die GläubFdg nicht nur in Höhe des AusglAnspr sond voll übergehen soll, sind unwirks (BGH **17**, 221). Die übergegangene Fdg u der AusglAnspr bestehen nebeneinand (BGH NJW **81**, 681). Der GesSchu kann zw ihnen wählen (s BGH **59**, 102), kann sie aber nur zus abtreten (Larenz § 37 III). Beschränkgen od inhaltl Änd des AusglAnspr erstrecken sich uU auch auf die übergegangene Fdg (BGH **103**, 78); Einwendgen gg die übergegangene Fdg erfassen dagg nur bei einer entspr Vereinbg der GesSchu den AusglAnspr (Köln NJW-RR **93**, 1475). Zu II 2 s § 268 Rn 7.

5) Haftungsfreistellung und Ausgleichspflicht. – a) Vertragliche Haftungsfreistellung. – aa) Dch 15 einen **nach Entstehung** der GesSchuld vereinbarten Erlaß wird die AusglPfl des freigestellten GesSchu nicht berührt (BGH **11**, 174, NJW **92**, 2287, allgM). Etwas and gilt nur dann, wenn der Erlaß ausnweise GesWirkg hat (§ 423 Rn 2). – **bb)** Umstr ist dagg, wie sich die **vor Entstehung** der GesSchuld mit einem 16 GesSchu vereinbarte Haftungsfreistellg auf das GesSchuldVerh auswirkt. **(1)** Die Rspr erkennt der Haftungsfreistellg auch in diesem Fall für das InnenVerh zw den GesSchu keine Wirkg zu, bejaht also eine AusglPfl des haftgsbegünstigten GesSchu (BGH **12**, 213, **35**, 323, **58**, 220, NJW **89**, 2387). **(2)** Die hL löst den Konflikt zw Haftungsfreistellg u AusglPfl dagg zu Lasten des Geschädigten. Sein ErsAnspr gg den Zweitschädiger wird um den Haftanteil des freigestellten GesSchu gekürzt. Dieser dürfe, wenn er gemeins mit einem and hafte, nicht schlechter stehen als bei alleiniger Verantwortg (Larenz § 37 III, Esser/Schmidt § 39 II 2.2, Hager NJW **89**, 1642, Reinicke/Tiedtke GesSchuld 2. Aufl S 77). **(3)** Einhellig abgelehnt wird die fr gelegentl vertretene Ans, der nicht haftgsbegünstigte Zweitschädiger müsse den Schaden voll ersetzen, ohne vom freigestellten Schädiger Ausgl verlangen zu können. Für diese Lösgsmöglichk könnte aber die Argumentation von BGH **103**, 346 (zu § 1664) sprechen. **(4) Eigene Stellungnahme.** Welche Tragweite die Haftungsfreistellg hat, ist 17 dch Auslegg zu ermitteln. IdR handelt es sich um formularmäß Klauseln, die in Anwendg von AGBG 5 u des für Freizeichnen geltden Restriktionsprinzips (§ 276 Rn 58) eng, dh iS des Lösgsvorschlags der Rspr (1) auszulegen sind. Im Einzelfall kann sich aber aus dem Inhalt od dem Zweck der Haftungsfreistellg ergeben, daß die Vereinbg entspr dem Lösgsvorschlag des Schrift (2) als *pactum de non petendo* zG des Zweitschädigers aufzufassen ist u seine ErsPfl um den Haftgsanteil des freigestellten GesSchu gemindert werden soll (im Ergebn ebso BGH **58**, 220, NJW **89**, 2387, Hbg NJW-RR **87**, 915, MüKo/Selb Rn 20). – **cc)** Für sonst 18 vertragl **Haftungsbeschränkungen,** etwa die Abkürzg der VerjFr, gilt Rn 16 entspr. Sie lassen die AusglPfl u die für sie geltde 30jähr VerjFr unberührt (BGH **58**, 216). Änd kann es liegen, wenn der Zweitschädiger gem § 328 in den Schutzbereich der Haftgsbeschränkg einbezogen worden ist.

b) Gesetzliche Haftungsfreistellungen. Auch hier gibt es für den Konflikt mit der AusglPfl die drei zu 19 Rn 15 ff dargestellten Lösgen: (1) Die Haftgsfreistellg ändert an der AusglPfl des haftgsbegünstigten GesSchu nichts. (2) Der ErsAnspr des Geschädigten mindert sich um den Verantwortgsanteil des freigestellten GesSchu. (3) Der nicht freigestellte GesSchu muß den Schaden voll ersetzen, kann aber vom Mitschädiger keinen Ausgl verlangen. Die hL spricht sich auch hier in allen einschläg Fällen für die Lösg zu Lasten des Geschädigten (2) aus (Medicus Rn 933, Hager NJW **89**, 1644, Reinicke/Tiedtke, aaO S 79). Das ist auch in der Mehrzahl der Fälle, aber nicht in allen die richt Lösg: – **aa)** Ist ein **Arbeitsunfall** dch den ArbGeb od 20 einen ArbKollegen u einen nicht dch RVO 636, 637 begünstigten Zweitschädiger verursacht worden, beschränkt sich der ErsAnspr des Geschädigten auf den Verantwortgsanteil des Zweitschädigers (BGH **61**, 53, NJW **81**, 760, Düss NJW-RR **94**, 1310). Das gilt entspr für **Schulunfälle,** sofern die Haftg eines Mitschädigers dch RVO 636, 637 ausgeschlossen w (BGH VRS **73**, 20). Hat der nicht haftgsbegünstigte Zweitschädiger den Schaden weitaus überwiegd verursacht, haftet er voll (BGH NJW **76**, 1975, Düss VersR **89**, 1158). Ist umgekehrt der Haftgsbegünstigte weitaus überwiegd verantwortl, entfällt der Anspr gg den Zweitschädiger (Hamm VersR **88**, 191). Eine vom Erstschädiger übernommene Freihaltgsverpflichtg berührt den Anspr gg den Zweitschädiger nicht (BGH **110**, 117), uU aber Vereinbgen über die VerkSichergsPfl (BGH NJW **87**, 2669). Ist für einen **Dienstunfall** ein Beamter u ein nicht haftgsbegünstigter Zweitschädiger verantwortl, kann der Geschädigte gleichf nur den Schaden ersetzt verlangen, der dem Haftgsanteil des Zweitschädigers entspr (BGH **94**, 176).

21 **bb)** Ist ein Schaden von einem gem VVG 67 II, SGB X 116 VI haftsbegünstigten **Angehörigen** u einem Zweitschädiger verursacht worden, beschränkt sich der ErsAnspr des Versicherers/SozVersTrägers/Arb-Geb/Dienstherrn an dem Verantwortsanteil des Zweitschädigers (BGH **54**, 256, **73**, 195, Hbg NJW-RR **93**, 40). Ebso muß der Kaskoversicherer beim Regreß gg den Zweitschädiger den Haftgsanteil des berecht **Fahrers** abziehen (BGH NJW **86**, 1814). Hat der Versicherer dch eine geschplanmäß Erkl auf Anspr gg einen Mitversicherten verzichtet, kann er ihn nicht in Anspr nehmen, sofern diesen gg den Mitversicherten eine RegreßFdg zusteht (BGH **117**, 153, krit Gärtner BB **93**, 1454).

22 **cc) Beschränkung der Arbeitnehmerhaftung** (§ 611 Rn 156ff). Der SchadErsAnspr des ArbG gg einen neben dem ArbN mitverantwortl Zweitschädiger vermindert sich um die auf den ArbN entfallende Haftgs-quote (Karlsr OLGZ **69**, 158, MüKo/Selb Rn 25).

23 **dd) Haftungsvergünstigungen des bürgerlichen Rechts** (vor allem §§ 708, 1359, 1664). Währd der BGH den hier einschläg Haftgsvergünstiggen fr für das AusglVerhältn keine Wirkg zuerkannt u eine AusglPfl des haftsbegünstigten Mitschädigers bejaht hat (BGH **35**, 317), hat sich die Rspr seit 1989 zu § 1664 für die Lösg zu Lasten des Zweitschädigers entschieden: Dieser haftet voll u kann von den haftsbegünstigten Eltern keinen Ausgl verlangen (BGH **103**, 346, Hamm NJW **93**, 543, aA Sundermann JZ **89**, 927, Schwab JZ **90**, 22, Muschler JR **94**, 441). Diese weitg überzeugde Lösg muß auch wohl auch für § 1359 gelten (Medicus Rn 932). §§ 708, 1359, 1664 sind aber nach stRspr des BGH auf das Verhalten im StraßenVerk nicht anwendb (BGH **46**, 313, **53**, 352, **61**, 104, **63**, 51, and aber Hamm NJW **93**, 543, wonach die Haftgsvergünstiggen nur beim Führen von Kfz unanwendb sein sollen). Bei VerkUnfällen wird das GesSchuldVerh daher dch die §§ 708, 1359, 1664 nicht gestört; es bestehen gg Eltern, Eheg u Gesellschter AusglAnspr nach allg Grds.

427 *Gemeinschaftliche vertragliche Verpflichtung.* **Verpflichten sich mehrere durch Vertrag gemeinschaftlich zu einer teilbaren Leistung, so haften sie im Zweifel als Gesamt-schuldner.**

1 **1)** § 427 enthält eine **Auslegungsregel**. – a) Er ist **Ausnahme** zu § 420 u schränkt dessen Anwendgsbereich wesentl ein. Eine gemeinschaftl Verpfl ist nicht nur bei einem gleichzeit Abschl gegeben, sond auch bei getrennten Vertr, sofern diese subj eine Einh bilden (RG **70**, 410, BGH NJW **59**, 2161). Ein Vertr, der von einem Vertreter für mehrere VollmGeb geschlossen w, genügt (Karlsr Justiz **67**, 313, einschränk BGH NJW **77**, 295), ebso der Verkauf einer Mehrzahl von Sachen dch verschiedene Eigtümer, sofern es sich um eine wirtschaftl Einh handelt (Soergel/Wolf Rn 4), ferner der Übergang einer vertragl Pfl auf mehrere Nachf (BGH NJW **73**, 455). Unter § 427 fällt auch der RealVertr (RG **71**, 117) u die RückgabePfl des § 556 (Düss NJW-RR **87**, 1371). Die Vorschr ist auf einseit SchuldVerspr, wie die Auslobg (§ 657), entspr anwendb, ebso auf die 2 GoA für mehrere GeschHerren (BGH **LM** § 426 Nr 26, BayObLG NJW-RR **87**, 1038). – **b) Einzelfälle.** Verpfl der Eheg aus einem gem § 1357 geschl Vertr (Büdenbender FamRZ **76**, 667); Vergütgsanspr des SchiedsRi, auch wenn er einschläg u nur einer Part ernannt worden ist (BGH **55**, 347); Verpfl aus einem „Oder-Konto" (Nürnbg ZIP **90**, 1559); Vertr, die der Verwalter zur laufden Unterhaltg u Instandhaltg einer WoEigtAnlage abschließt (BGH **67**, 235, NJW **77**, 1964); gemeins Heizöleinkauf von Nachbarn (LG Konstanz NJW **87**, 2521); Bestellg von Fahrausweisen für eine Klassenfahrt (LG Wiesbaden NJW **85**, 1905, aA Ffm NJW **86**, 1942); Sammelbestellg dch einen „Studierendenrat" (Ffm NJW-RR **91**, 283); Übern einer ZahlgsPfl in einem gerichtl Vergl (KG MDR **89**, 77). Aus der **Interessenlage** kann sich aber ergeben, daß Teilschulden gewollt sind, so wenn bes umfangreiche Verpflichtgen kontrahiert worden sind (§ 420 Rn 2) od wenn es um den RegreßAnspr von Gesellschter-Ehefrauen geht, die sich für die Gesellsch verbürgt haben (BGH NJW-RR **93**, 1377).

3 **2)** Ist der Vertr **nichtig**, ist § 427 unanwendb. Jeder Schu haftet gem § 812 nur auf das Erlangte (Hamm NJW **81**, 877, hM, aA Berkenbrock BB **83**, 278). Das gilt auch für den dch Anf nichtig gewordenen Vertr (hM, aA RG **67**, 261). Ist das Erlangte GesHandVerm geworden, ist § 431 anzuwenden. Anspr aus Rücktr, Wandlg u Minderg sind als Nachwirkgen des Vertr GesSchulden (hM). Gesellschter haften für Anspr aus § 812 als GesSchu (Ffm NJW **86**, 3144, einschränk Kowalski NJW **91**, 3183); das gilt insb dann, wenn die Gesellsch aufgelöst u das Vermögen verteilt ist (BGH **61**, 342, NJW **83**, 1908, **85**, 1828). Aus § 427 wird auch hergeleitet, daß die Gesellschter nach Auflösg der Gesellsch u Verteilg des GesellschVermögens als GesSchu für die **Steuerschulden** der Gesellsch haften (BVerwG NJW **94**, 602, krit App NJW **94**, 2878).

428 *Gesamtgläubiger.* **Sind mehrere eine Leistung in der Weise zu fordern berechtigt, daß jeder die ganze Leistung fordern kann, der Schuldner aber die Leistung nur einmal zu bewirken verpflichtet ist (Gesamtgläubiger), so kann der Schuldner nach seinem Belieben an jeden der Gläubiger leisten. Dies gilt auch dann, wenn einer der Gläubiger bereits Klage auf die Leistung erhoben hat.**

1 **1) Allgemeines.** Die GesGläubschaft ist das GgStück zur GesSchuld (§ 421). Jeder Gläub kann die Leistg ganz od teilw fordern. Der Schu kann nach seinem Belieben an einen der Gläub leisten, auch wenn ein and schon Klage erhoben hat od die Vollstr betreibt. Vertragl Abreden, die die RStellg des Gläub stärken, sind zul (BGH NJW **79**, 2038, KG NJW **76**, 807). Ebso wie bei der GesSchuld bestehen mehrere selbstd, allein abtretb Fdgen (BGH **29**, 364, WM **84**, 411, Brem OLGZ **87**, 30), die aber dch die Einheitlichk der Tilggswirkg miteinand verbunden sind. Zum Nachw der Erf genügt die Quittg eines Gläub (KG OLGZ **65**, 95). Etwaige GestaltgsR (WahlR) können die GesGläub idR nur gemeins ausüben (BGH **59**, 187, NJW **73**, 2207); auch die Umwandlg in eine MitGläubigersch bedarf der Zust des Schu u aller GesGläub (BGH NJW **91**, 420, aA Köln OLGZ **90**, 489); sie kann aber aGrd einer formularmäß Ermächtigg ohne Zust der and GesGläub zul sein (BGH aaO, aA Wagner NJW **91**, 1790). Die GesGläubsch kann auf Ges od Vertr beruhen. Für sie besteht – und als für die GesSchuld – keine Vermutg (BGH NJW **84**, 1357). Sie kommt prakt nur selten vor. Die vorherrschde Form der GläubMehrh ist die MitGläubsch (§ 432).

2) Einzelfälle. – a) Bsp für die GesGläubsch **kraft Gesetzes** sind: § 556 I u III; § 2151 III; der Anspr auf **2** Ers des Drittinteresses u der etwaige eig Anspr des tatsächl Geschädigten (BGH NJW **85**, 2412); der AusglAnspr von Mitbürgen gg einen and (RG **117**, 5); der GesSchu zustehde Anspr aus § 812 (Ffm OLGZ **82**, 358, abw BFH NJW **71**, 1288, **76**, 2040); mehrere KostenGläub aus einem KostenfestsetzgsBeschl (BGH Rpfleger **85**, 321, Düss JurBüro **87**, 1824, AG Wiesbaden NJW **86**, 1996); AnsprÜbergang auf mehrere SozVersTräger od Dienstherrn gem SGB X § 116, BBG 87a (BGH **106**, 381). **Keine** GesGläubsch besteht dagg in folgden Fällen: Teilw FdgÜbergang gem VVG 67 (BGH **44**, 383); gleichzeit FdgÜbergang gem VVG 67 u SGB X 116 (BGH VersR **80**, 1072), SteuererstattgsAnspr der zus veranlagten Eheg (LG Düss NJW-RR **86**, 1333, LG Stgt NJW-RR **92**, 647, aA LG Hildesheim NdsRpfl **89**, 106); Anspr von Ehemann u Kind wg der dch Tötg der Ehefr (Mutter) entgehden Betreuungsleistgen (BGH NJW **72**, 1717, VersR **73**, 84, aA Medicus JuS **80**, 701). Auch bei der Verletzg eines „Hauskindes" entsteht keine GesGläubsch; der Anspr des Kindes aus § 842 hat vielmehr den Vorrang vor dem der Eltern aus § 845 (BGH **69**, 385). – **b)** Bei **3** Anspr aus **Vertrag** besteht keine Vermutg für eine GesGläubsch. Eine EinzFdg kann nachträgl nur mit Zust des Schu in eine GesFdg umgewandelt w (BGH **64**, 67). Bsp für vertragl GesGläubsch: GemschKonten („Oder-Konten") mehrerer Inh (BGH **95**, 187, **93**, 320, BFH NJW **90**, 854, Karlsr NJW-RR **90**, 1285, Kblz NJW-RR **90**, 1386), jedoch mit der Besonderh, daß der Schu an den Fordernden leisten muß; die Umwandlg eines „Oder-Kontos" in ein „Und-Konto" bedarf der Zustimmg aller Beteiligten (BGH NJW-RR **93**, 233, Hadding WM **94**, Sonderheft S 6); gemeinschaftl Depot (Hamm NJW-RR **90**, 708; BausparVertr von Eheg (Mü NJW-RR **92**, 498); von Eheg gegebene Mietkautionen (AG Itzehoe FamRZ **91**, 442); GewlAnspr von WoEigtümern hins des GemschEigt (BGH **74**, 265, str, s Vorbem 30 vor § 633). Keine GesGläubsch besteht dagg für die Fdgen eines Gläub-Pools (BGH NJW **91**, 2629). – **c)** GesBerechtigen gem § 428 können auch **4** an **dinglichen Rechten** bestehen (allgM). Sie müssen wg GBO 47 im GB entspr gekennzeichnet w, etwa als „GesBerecht gem § 428" (BGH NJW **81**, 176); sie sind bei prakt allen beschr dingl Rechten zul, so bei Hyp (BGH **29**, 364), GrdSch (BGH NJW **75**, 445), ErbbauR (s LG Hagen DNotZ **50**, 381), Reallast (BayObLG Rpfleger **75**, 300), Nießbr (BGH NJW **81**, 176, BFH NJW **86**, 1634), WohnR (BGH **46**, 253, § 1093 Rn 6), GrdDbK (BayObLG NJW **66**, 56, LG Traunstein Rpfleger **87**, 242). Selbstverständl mögl ist auch eine AuflVormerkg für GesGläub (BayObLG **63**, 128, Kln Rpfleger **75**, 20).

429 **Wirkung von Veränderungen.** [I]**Der Verzug eines Gesamtgläubigers wirkt auch gegen die übrigen Gläubiger.**

[II]**Vereinigen sich Forderung und Schuld in der Person eines Gesamtgläubigers, so erlöschen die Rechte der übrigen Gläubiger gegen den Schuldner.**

[III]**Im übrigen finden die Vorschriften der §§ 422, 423, 425 entsprechende Anwendung. Insbesondere bleiben, wenn ein Gesamtgläubiger seine Forderung auf einen anderen überträgt, die Rechte der übrigen Gläubiger unberührt.**

I entspr § 424. Da die Erf GesWirkg hat, wirkt auch der dch ein ErfVersuch begründete AnnVerzug gg **1** alle Gläub. Nach II hat die Konfusion u als nach § 425 GesWirkg, da der Schu sonst Leistg an sich selbst wählen könnte. Den and Gläub bleibt der Anspr aus § 430. Nach III findet iü die Regelg der GesSchuld (§§ 422, 423, 425) entspr Anwendg (s dort). Verlust der Anspr dch Versäumg der KlFr des Art 12 III NTSAG hat daher EinzWirkg (BGH NJW **79**, 2039), ebso die Verj (BGH NJW **85**, 1552) u ein Urt für od gg einen GesGläub (BGH NJW **84**, 127, **86**, 1047). Der GesGläub kann idR nicht mit GesWirkg erlassen (BGH NJW **86**, 1862, aA Brem OLGZ **87**, 29); mögl ist aber eine eingeschränkte GesWirkg spiegelbildl zu § 423 Rn 4 (BGH aaO, Weber DAR **87**, 166).

430 **Ausgleichungspflicht der Gesamtgläubiger.** **Die Gesamtgläubiger sind im Verhältnisse zueinander zu gleichen Anteilen berechtigt, soweit nicht ein anderes bestimmt ist.**

1) Allgemeines. § 430 entspr § 426 (s dort). Der AusglAnspr besteht nur, sow der Gläub mehr als den **1** ihm zusteDden Anteil erhalten hat (§ 426 Rn 5). Er ist unabhäng hiervon gegeben, wenn die RestFdg nicht beitreibb ist.

2) Die Regel, daß dem Gläub gleiche **Anteile** zustehen, ist ebso wie bei § 426 bloße Hilfsregel. Sie ist iF **2** des § 2151 III 3 unanwendb. Dagg trifft sie beim Oder-Konto im Verhältn zw Eheg grdsl zu (Köln FamRZ **87**, 1139, Karlsr NJW-RR **90**, 1285), ebso auf die Part einer eheähnl LebensGemsch (Celle FamRZ **82**, 63). Die AusglPfl zw Eheg betrifft auch GeschKonten, die als Oder-Konten geführt worden sind. Sie gilt auch für die intakte Ehe (BGH NJW-RR **93**, 2). Die Tats, daß ledigl eine Ehegatte über ArbEinkommen verfügt, reicht zur Widerlegg der Vermutg des § 430 nicht aus (Köln FamRZ **87**, 1139). Nimmt der Gläub eines GesGläub iW der Pfändg mehr als dessen Anteil in Anspr, kann der and GesGläub gem ZPO 771 widersprechen (Kblz NJW-RR **90**, 1386, aA Rendels RProbleme der Konten von Eheg, 1994, S 110ff). Bei einem Oder-Depot richtet sich die AusglPfl nach dem EigtVerh an den hinterlegten Wertpapieren (Hamm NJW-RR **90**, 708). Bei mehreren SozVersTrägern richtet sich die Verteilg nach den für den Verletzten erbrachten Leistgen (BGH NJW **69**, 1901, SGB X § 117).

431 **Mehrere Schuldner einer unteilbaren Leistung.** **Schulden mehrere eine unteilbare Leistung, so haften sie als Gesamtschuldner.**

Über Unteilbark der Leistg s § 266 Rn 3. And als §§ 420, 427 ist § 431 nicht nur eine Vermutg, sond **1** zwingdes Recht. Wg der Unteilbark der Leistg kann eine Behandlg als Teilschuld nicht vereinb w. Sofern die Schu die Leistg nur gemeins erbringen können, ist aber jeweils zu prüfen, ob nicht die in den RFolgen weniger strenge gemschaftl Schuld vorliegt (zur Abgrenzg s Übbl 7 ff v § 420). Auf den RGrd der Leistg kommt es für die Anwendg des § 431 nicht an. Die GesHaftg bleibt auch bei nachträgl Umwandlg in eine teilb Leistg (SchadErs in Geld) bestehen (RG **67**, 275). Die Mithaftg erstreckt sich uU auch auf ErfGehilfen des MitSchu (BGH **LM** § 278 Nr 2/3). UnterlPfl s Übbl 11 v § 420.

432 *Mehrere Gläubiger einer unteilbaren Leistung.* [I]Haben mehrere eine unteilbare Leistung zu fordern, so kann, sofern sie nicht Gesamtgläubiger sind, der Schuldner nur an alle gemeinschaftlich leisten und jeder Gläubiger nur die Leistung an alle fordern. Jeder Gläubiger kann verlangen, daß der Schuldner die geschuldete Sache für alle Gläubiger hinterlegt oder, wenn sie sich nicht zur Hinterlegung eignet, an einen gerichtlich zu bestellenden Verwahrer abliefert.

[II]Im übrigen wirkt eine Tatsache, die nur in der Person eines der Gläubiger eintritt, nicht für und gegen die übrigen Gläubiger.

1 **1) Voraussetzungen.** Haben mehrere eine unteilb Leistg zu fordern, können sie GesGläub (§ 428) od MitGläub (§ 432) sein. GesGläubigersch kommt jedoch prakt nur selten vor (§ 428 Rn 2 ff); die **Mitgläubigerschaft** ist daher die Regel. Zum Begr der unteilb Leistg vgl § 266 Rn 3. Auch wenn die Fdg auf Geld od einen and teilb Ggst gerichtet ist, besteht aGrd des InnenVerh zw den Gläub (BruchteilsGemsch, GesHandsGemsch) vielf eine gemeins Empfangszuständigk. Auch auf diese Fälle ist § 432 grdsl anzuwenden (s Rn 2 f u 4 f, str), jedoch müssen die sich aus der Regelg des GemschVerhältn ergebden Besonderh berücksichtigt w. Für gemeinschaftl Fdgen von **Wohnungseigentümern** enthält WEG 21 I eine § 432 verdrängde Sonderregelg (BGH **115**, 257, **121**, 25, WEG 21 Rn 1). Gemeinschaftl Berechtigen iSd § 432 können auch an dingl Rechten bestehen. Bei Eintragen im GrdB muß aber die konkrete Art der gemeinschaftl Berechtig angegeben w; ein bloßer Verweis auf § 432 genügt nicht (KG OLGZ **86**, 48). Folgde Arten der Mitgläubigersch sind zu unterscheiden:

2 **a) Einfache Forderungsgemeinschaft. – aa)** Steht mehreren Teilh ein Recht in BruchteilsGemsch (§ 741) zu, erstreckt sich die anteilige Berechtigg auch auf die der Gemsch erwachsde Fdgen. Für das InnenVerh zw den Teilh gelten die §§ 741 ff, für das AußenVerh ggü dem Schu ist § 432 maßgebd (BGH **106**, 226, **121**, 25). Der Teilh kann daher auch hinsichtl seines Anteils nicht Leistg an sich sond nur Leistg an die Gemsch fordern. Das gilt auch bei einer im natürl Sinne teilb Leistg, da der gemeinschaftl Verwendgszweck (vgl insb § 748) eine rechtl Unteilbark begründet (BGH NJW **58**, 1723, **92**, 183, stRspr). Daneben ist entspr § 747 S 2 Geltdmachg der Fdg dch alle mögl (§ 747 Rn 6). Abreden, dch die das KlagR den einzelnen Teilh erweitert oder ausgeschl w, sind zul. Bsp einfacher FdgsGemsch: Anspr von Eheg auf Lieferg eines Grdst (BayObLG **92**, 136), auf Abschl eines GrdstKaufVertr (BGH NJW **84**, 796) od auf Rückübertragg einer GrdSchuld (BGH DNotZ **85**, 551); Anspr mehrerer AuftrG auf Vorschuß zur Mängelbeseitig (BGH **94**, 119); MietzinsAnspr mehrerer MitEigtümer (BGH NJW **58**, 1723); MietzinsAnspr mehrerer Mieter gg Untermieter (BGH NJW **69**, 839); Anspr aus § 556, sofern sie einer BruchteilsGemsch zustehen (RG **124**, 199); SchadErsAnspr, soweit sie aus der Verletzg von gemeinschaftl Fdgen od Eigtum hervorgegangen sind (BGH NJW **84**, 796, Kblz NJW-RR **84**, 707). Zw mehreren Mietern kann eine GbR bestehen (BGH NJW **72**, 249), so vor allem, wenn Eheg gemeins einen MietVertr abschließen (Celle OLGZ **82**, 254: Gesellsch-
3 Verh mit familienrechtl Einschlag). – **bb)** Sind gem **§ 1357** I 2 beide Eheg aus einem Vertr berecht, ist idR eine FdgsGemsch auf familienrechtl Grdlage anzunehmen. Jeder Eheg ist gem § 432 klagberecht, die Klage ist jedoch auf beide Eheg zu richten, soweit sich nicht aus den Umst etwas and ergibt (Büdenbender FamRZ **76**, 667, Roth FamRZ **79**, 362, für Anwendg des § 428 Wacke FamRZ **80**, 15, Käppler AcP **179**, 284, Medicus Rn 89). Der Schu kann jedoch an jeden Eheg mit befreider Wirkg leisten, da sie nach dem Sinn des § 1357 insow wechselseit zur Entggn der Leistg ermächtigt sind.

4 **b) Gesamthandsgläubigerschaft:** Sie liegt vor, wenn die Fdg zu einem SonderVerm gehört, das den Gläub **„zur gesamten Hand"** zusteht. Das Ges kennt folgde GesHandsGemsch: Gesellsch §§ 718 ff; nichtrechtsfäh Verein § 54; OHG u KG HGB 105 II, 161 II, ehel GütGemsch §§ 1416 ff; fortgesetzte GüterGemsch §§ 1485 ff; ErbenGemsch §§ 2032 ff; Gemeinsch der Miturheber UrhG 8. Eine vertragl Begründg von GesHandsGemsch außerh dieser Fälle ist nicht mögl (RG **152**, 355), jedoch kann eine derart Abrede als Abschl eines GesellschVertr aufzufassen sein. Die Fdgen der GesHand sind als Bestandt des SonderVerm geshänderisch gebunden. Der einz GesHänder kann über sie weder ganz noch teilw verfügen; der Schu kann nur an die Gemsch leisten, Aufr mit einer Fdg gg einen GesHänder ist unzul (§§ 719, 1419, 2033 II, 2040). Außer der ErbenGemsch (§ 2033 I) kann der einz GesHänder auch nicht über seinen Anteil am ganzen SonderVerm verfügen (§§ 719 I, 1419 I). Da die Fdgen der GesHand w der bestehden rechtl Gebundenh im RSinne unteilb sind, ist auf sie an sich § 432 anwendb (BGH **39**, 15, Soergel-Wolf Rn 5, str, aA Larenz § 36 Ib, Hadding FS Wolf, 1985, S 113). Das **Forderungsrecht** des einz MitGläub **aus § 432** w aber dch die
5 gesetzl Regelg der Verw **weitgehend ausgeschlossen** (vgl dazu Nitschke ZfHK **128**, 48). – **aa)** Bei der **Gesellschaft** ist die FdgEinziehg ein Akt der GeschFührg, für die unter Ausschl des § 432 die Regelg der GeschFührg maßgebd ist (BGH **39**, 15, **102**, 154). Die Fdg kann grdsätzl nur von den Gesellschaftern gemeins geltd gemacht w, wobei für diese die geschführgsberecht Gesellschafter handeln (BGH aaO). § 432 ist auch dann unanwendb, wenn die GeschFührg gem § 709 den Gesellschaftern gemeins zusteht (BGH **12**, 312, str, Nitschke aaO S 71). Ein EinzelklagR eines Gesellschafters besteht nur, wenn die and FdgsEinziehg gesellschwidr verweigern u Schu am gesellschwidr Verhalten beteiligt ist (BGH **39**, 16, **102**, 155). Kein EinzelklagR dagg bei OHG u KG (BGH NJW **73**, 2198). Zul ist dagg die **actio pro socio**, dh der Anspr eines Gesellschafters gg den and auf Leistg an die Gesellsch (BGH **10**, 101, **25**, 49, NJW **60**, 433, **73**, 2198). –
6 **bb)** Bei der **Erbengemeinschaft** ist jeder Miterbe berecht, Leistg an die ErbenGemsch zu verlangen, § 2039, der insow § 432 entspricht. – **cc)** Bei der **ehelichen Gütergemeinschaft** ist allein der Verwalter einziehgs- u klageberecht (§ 1422). Der and Eheg hat nur in den Fällen der §§ 1428–1431, 1433 ein eig KlagR. Das gilt entspr bei der fortges GütGemsch (§ 1487). Nach deren Beendigg (§§ 1494 ff) kann aber jeder Teilh analog §§ 432, 2039 Leistg an die GesHand verlangen (BGH FamRZ **58**, 459).

c) Einfache gemeinschaftliche Berechtigung: § 432 gilt auch dann, wenn mehrere Gläub Anspr auf **7** eine unteilb Leistg haben, ohne daß zw ihnen ein Bruchteils- od GesHandsGemsch besteht. Diese Gestalt hat nur geringe prakt Bedeutg. Sie kann gegeben sein, wenn Besitzer u Eigentümer gemeins dch eine unerl Hdlg geschädigt worden sind (Köhler JuS **77**, 654). Bei den im Schrifft weiter angeführten Bsp (gemeins Bestellg einer Taxe usw) handelt es sich idR um GelegenhGesellsch, also um Fälle, die zu Rn 4 gehören.

2) Rechtsfolgen. – a) I 1: Jeder Gläub hat ein **Forderungsrecht,** aber nur auf Leistg an alle. Aufr mit **8** GgAnspr gg einen der Gläub ist mangels Ggseitigk unzul (BGH NJW **69**, 839). Leistg an den einz Gläub befreit grdsl nicht. Etwas and gilt, wenn der Gläub nach dem bestehden InnenVerh od kr Vollm zur Entggn der Leistg befugt ist. Soweit der Gläub selbstd fdgsberecht ist, kann er auch mahnen. Die Ausübg von GestaltgsR (Anf, Aufr, Künd) richtet sich nach dem zw den Gläub bestehden RVerh, u zwar nach den Vorschr über Vfgen (§§ 719, 747 S 2, 1422, 1487, 2040 I). Zum RücktrR vgl § 356. – **b)** Jeder Gläub kann **9** außerdem **Hinterlegung** für alle fordern. Dieses Recht steht, wenn eine ErbenGemsch Teilhaberin einer MitEigtümerGemsch ist, trotz § 2039 jedem Erben zu (BGH NJW **83**, 2020); über Verwahrerbestellg vgl FGG 165. – Der Anspr geht auf Hinterlegg unter RücknVerzicht (Einf 2 v § 372). Erfolgt sie, dann ist sie Erf u befreit nach § 362. Aus der Interessenlage kann sich aber ergeben, daß der uU wenig prakt Hinterleggs-Anspr stillschw abbedungen ist. – **c) II. Andere** nur in der Pers eines Gläub eintretende **Tatsachen** wirken **10** grdsl nur für u gg diesen. Das gilt auch für die RKraft eines Urt (RG **119**, 169). Argl Verhalten eines MitGläub genügt nicht, um Einwand unzul RAusübg zu begründen (BGH **44**, 367); macht jedoch dieser den Anspr gg den Widerspr der and geltd, ist die Kl als unzul abzuweisen (BGH aaO). Kann ein MitGläub nach dem zw ihnen bestehden RVerh mit Wirkg für die and handeln, h sein Verhalten GesWirkg (BGH **94**, 120). Die für das InnenVerh geltde Sonderregel geht insow § 432 II vor. – Verwandelt sich die Fdg in eine teilb, so entstehen TeilFdgen (§ 420, hM, und bei der unteilb Schuld, § 431 Rn 1). – **d)** Über einen **Ausgleich** zw **11** den Gläub sagt § 432 – und als iF der GesGläubigersch (§ 430) – nichts. Es gelten die für das Innenverhältn zw den Gläub maßgebden Grds, notf die §§ 741 ff (BGH NJW **82**, 928).

Siebenter Abschnitt. Einzelne Schuldverhältnisse

Überblick

1) Schuldverhältnisse als RBeziehg von einer Pers zu einer and Pers, die den einen (Gläubiger) zum **1** Fordern einer Leistg vom and (Schuldner) berecht (vgl Einl 1 vor § 241) gibt es in vielen unterschiedl Formen. Bestimmte typ SchuldVerh sind ges geregelt, der wesentl Teil in den 25 Titeln des 7. Abschn (sog Bes SchuldR), weitere insb im 3.–5. Buch des BGB zB Fund (§ 965 ff), das Eigtümer-BesitzerVerh (§§ 985 ff), ZugewinnAusgl (§§ 1371 ff), Unterh (§§ 1601 ff), Vermächtn (§§ 2147 ff), Pflichtteil (§§ 2303 ff), im HGB zB HandelsvertreterVerh (§§ 84 ff), oHG (§§ 105 ff), KG (§§ 161 ff), KommissionsGesch (§§ 383 ff), SpeditionsGesch (§§ 407 ff), FrachtGesch (§§ 425 ff), ferner in bes G wie VVG, WG, SchG, UrhG, VerlG ua. Daneben gibt es, da im Ggsatz zum SachenR TypenFreih gilt, typ SchuldVerh, die es nicht bes geregelt sind, zB GarantieVertr, Schuldbeitritt, SchiedsrichterVertr u sog atyp SchuldVerh, die keinem bestimmten VertrTyp zugeordnet w können (Einf 11–14 vor § 305).

2) Einteilung. Die einzelnen SchuldVerh werden nach dem RGrund ihrer Entstehg (vgl Einf 2 vor § 305) **2** eingeteilt in: **a) Rechtsgeschäftliche** SchuldVerh: hierzu ist nach § 305 grdsätzl ein Vertr erforderl (zB Kauf, Miete, WerkVertr); nur wenn es das G vorschreibt genügt ein einseit RechtsGesch (zB Auslobg, Vermächtn). **b) Gesetzliche** SchuldVerh: sie entstehen kr G, indem bestimmte tatsächl Voraussetzgen erfüllt w (zB unerlaubte Handlg, ungerechtfertigte Bereicherg, GeschFührg ohne Auftr, Eigtümer-Besitzer-Verh). **c) Sonstige** Entstehgsgründe von SchuldVerh sind daneben entweder umstr (das soztyp Verhalten od fakt, dh ohne WillErkl zustandekommde VertrVerh) od prakt bedeutgslos, näml die dch staatl Hoheits-akt zustandekommden, sog diktierten Vertr, zB ArbVerpfl (§ 10 ArbSichG).

3) Zuordnung eines SchuldVerh zu einem bestimmten Typ geschieht bei ges SchuldVerh (Rn 2) ausschl **3** dch Subsumtion der Tats, bei rechtsgeschäftl, indem der Inhalt der zugrdliegden WillErklen ermittelt u zunächst festgestellt w, zu welcher Leistg (§ 241) sich die am SchuldVerh beteiligten Pers verpfl haben. Entspricht diese einem bestimmten VertrTyp (zB § 433, § 535 od § 631), so ist ihm das SchuldVerh zuzu-ordnen, auch wenn der Vertr and bezeichnet ist. Wenn der rechtsgeschäftl LeistgsInhalt sich nicht od nicht eindeut feststellen läßt, entscheidet grdsätzl die Bezeichng, die dem RGesch im Einzelfall von den vertr-schließden Pers gegeben wurde.

4) Rechtsanwendung. Für jedes einzelne SchuldVerh gilt das allg SchuldR (1.–6. Abschn) u der Allg Teil **4** (1. Buch), soweit sie im Einzelfall anwendb sind. Es wird rechtl beurteilt nach den zwingden ges Vorschr, nach den rechtsgeschäftl getroffenen Bestimmgen u den dispositiven ges Vorschr, soweit sie nicht dch Gläubiger u Schuldner abbedungen sind. Soweit eine ges Regelg des bes SchuldR für das einzelne Schuld-Verh der des allg SchuldR widerspricht, geht sie als spezielleres G vor (zB § 690 dem § 276).

Erster Titel. Kauf. Tausch

Einführung

1) Allgemeines. Neue Literatur: Reinicke/Tiedtke, KaufR, 5. Aufl 1992; Bergerfurth/Menard/Fuchs **1** KaufR 4. Aufl 1992. **a) Begriff:** Kauf ist ein schuldrechtl ggs Vertr (§§ 320 ff). Er ist wg des geltden Abstraktionsprinzips stets vom ErfGesch zu trennen u zu unterscheiden (vgl Rn 4). Er begründet für den Verk die Pfl, dem Käufer den KaufGgst zu verschaffen, dh Sachen zu übergeben u zu übereignen, Rechte zu

übertr; für den Käufer die Pfl zur KaufPrZahlg u Abn. Diese Pfl sind im einz bei § 433 dargestellt. Kauf ist
2 das häuf u wicht UmsatzGesch mit dem Zweck des Austausches v Ggstden gg Geld. **b) Abschluß:** Es
gelten die Regeln für den Vertr (§§ 145 ff). Es haben sich im PrivRVerk, insb im kfm Bereich, zahlr Formen
und typ Inhalte herausgebildet. Stets müssen beim Kauf bestimmte Pers (oder eine Mehrh v Pers) sich als
Verk u Käufer ggüb stehen. Notw ist die Einigg üb KaufGgst u KaufPr als MindErfordern des VertrInhalts.
3 **c) Vertragspartner** sind diejen, in deren Namen der KaufVertr abgeschl w. Grdsätzl kann darin (dch
ausdrückl Vereinbg) den Part vorbehalten w, daß ein Dr an ihrer Stelle in den Vertr (dch entspr WillErkl)
eintritt, auch in einz Re u Pfl (zB im Wege der §§ 398, 414). Im AGBG ist das zwingd eingeschr dch § 11
Nr 13.

4   **2) Abgrenzung** des Kaufs als schuldrechtl Vertr (Rn 1): **a) Zu den Erfüllungsgeschäften** (KaufPrZahlg
u Übertr des KaufGgst). Kauf verschafft nur einen schuldrechtl Anspr auf die Sache od das R. Das ErfGesch
(insb Übereigng der gekauften Sache od des Bargelds, Abtretg des verkauften Rs, Überweisg des KaufPr)
ist vom Kauf rechtl getrennt (hierzu Einl 16 vor § 854); das gilt auch dann, wenn Kauf u ErfGesch in einen
5 einz tats Vorgang zusfallen (sog Handkauf; vgl Rn 7). **b) Zum öffentlichen Recht:** KaufR ist entspr
anwendb auf Liefergen dch öff VersorggsEinrichtgen, insb v Gemeinden für Strom, Wärme, Gas, Wasser
(BGH NJW **72**, 2300); vgl auch § 433 Rn 4. ÜbernVertr der Einfuhr- u Vorratsstellen sind KaufVertr (BGH
WM **65**, 875). Hingg bewirken staatl Beschlagn u Enteigng keinen KaufVertr od kaufähnl RVerh.

6   **3) Arten des Kaufs.** Es besteh in der gesetzl Regelg zahlr Modalitäten je nach KaufGgst u VertrInhalt
(insb Zahlgsw, Bedinggen) mit unterschiedl RFolgen. **a) Stück- und Gattungskauf:** Abgrenzg in § 243
Rn 1, 2. **b) Sach- und Rechtskauf:** Abgrenzg in § 433 Rn 1, 2. **c) Bar- und Kreditkauf.** Beim Barkauf
findet Vorauszahlg oder Zahlg des KaufPr Zug um Zug gg Lieferg statt. Kreditkauf: alle Formen v vertragl
bestimmter Zahlg des KaufPr nach Lieferg od Übertragg des KaufGgst, insb Zahlgsziel u Abzahlg. Fällt der
7 KredKauf in den AnwendgsBereich des VerbrKredG (dort § 1), gilt dieses. **d) Verpflichtungs- und
Handkauf:** Nach dem gesetzl Regelfall sind der schuldrechtl VerpflVertr (Kauf) u das ErfGesch (vgl Rn 4)
auch getrennte RGesch in versch, zeitl getrennten tats Vorgängen. Beim Handkauf fallen KaufVertr u
ErfGesch in einen einz Vorgang zusammen (vgl Rn 4). Für seine rechtl Behandlg ist die Auffassg vorzuzie-
hen, daß VerpflGesch (§ 433) u ErfGesch (Rn 4) hinsichtl der RFolgen zu trennen sind (Fikentscher Rn 656).
8 **e) Bürgerlich-rechtlicher Kauf und Handelskauf.** Für den ein- u beidseit Handelskauf gelten Sond-
Vorschr (§§ 373–382 HGB). Einordng dch den Begr der HandelsGesch (§§ 343–345 HGB). **f) Vorkauf.** Es
gibt das schuldrechtl VorkR (§§ 504 ff) u das dingl (§§ 1094 ff; nur an Grdst). **g) Wieder- und Rückkauf:**
vgl § 497 Rn 1 u 6, auch zur Unterscheidg vom WiederVerkR. **h) Probekauf.** Zu unterscheiden sind: Kauf
nach Probe (§ 494), Kauf auf Probe (§ 495), Kauf auf Umtausch (Vorb § 494). Kauf zur Probe ist ein Kauf,
bei dem die RFolgen des Kaufs nach Probe (§ 494) für spätere, neue KaufVertr über gleiche Waren eintreten
9 (Larenz § 44 I). **i) Versteigerung.** Bei der privat-rechtl Versteigerg (vgl Rn 17) kommt mit dem Ersteher
(Bieter) ein KaufVertr zustande (v. Hoyningen-Huene NJW **73**, 1473), u zwar dch den Zuschlag (§ 156).
Zur GewlBeschränkg: Vorbem 28 vor § 459. Ob Verk der Auktionator od dessen AuftrGeber ist, hängt
davon ab, was der Versteigerer vorher erkl; entw handelt er im eigenen Namen (dann liegt Kommission
vor, Rn 18) od als Vertreter (§ 164) im Namen seines AuftrGebers (Rn 17). Die Erf geschieht wie beim
gewöhnl Kauf. Die privatrechtl Versteigerg gibt es als freiw (Auktion; hierzu Schneider DB **81**, 199) u als
öffentl Versteigerg aGrd des gesetzl Vorschr (§ 156 Rn 2). Davon zu untersch ist die öff Versteigerg iW der
10 ZwVollstr (§§ 814 ff ZPO). **j) Weiterverkauf** liegt vor, wenn der Käufer einer noch nicht übergebenen
Sache mit einem Dr vereinb, daß dieser mit od ohne Aufgeld od mit Abschlag den Vertr mit dem Verk
übernimmt; Abwicklg nach §§ 398 ff, §§ 414 ff bei 2 getrennten KaufVertr (Strack BB **68**, 488). **k) Fixkauf.**
Bei Handelskauf gilt § 376 HGB, sonst § 361. **l) Spezifikationskauf.** Ist ein SondFall des Gattgskaufs
(Rn 6; § 375 HGB). **m) Sukzessivlieferungsvertrag.** Begr: Einf 26 vor § 305. RNatur: Kauf od Werklie-
fergsVertr (Rn 15). Die KaufVorschr finden (getrennt) für den ganzen einheitl Vertr u für die einz Liefergs-
Raten Anwendg. RFolgen bei Verz, Unmöglk u pos VertrVerl: § 326 Rn 3. Sach- u RMängelGewLeistg für
die einz Liefergen beschränkt sich auf diese, zB Wandelg od Minderg einz Liefergen bei Fortbestand des
ganzen Vertr. Auswirkg mangelh Einzelliefergen auf den ganzen (einheitl) Vertr: Einf 33 vor § 305. In *Bay*
11 gelten für den BierliefergsVertr die SoVorschr in *Bay*AGBGB Art 5, 6. **n) Konditionsgeschäft** (aufschiebd
od auflösd bedingter Kauf) liegt insb vor: bei Kauf mit RückgR (§ 158 II; Klausel: „Auswahl bis . . .", Karlsr
BB **72**, 552), Kauf bei vollz Weiterveräußerg (§ 158 I; BGH NJW **75**, 776). GefahrÜberg: § 446 Rn 6. Diese
Gesch, im Sortimentsbuchhandel übl, im Textileinzelhandel vorkommd, werden häuf als Kommission
bezeichnet. Abgrenzg: BGH aaO u Rn 18. **o) Factoringvertrag** (vgl § 398 Rn 35): Er kann nur insof einen
KaufVertr enthalten, als der AuftrG seine KundenFdg verkauft u abtritt u dch Abtretg der Fdg erf kann.
12 Abgrenzg zw echtem u unechtem Factoring: BGH **69**, 257; **72**, 15; **75**, 391. **p) Erwerb vom Bauträger:**
§ 633 Rn 4 u § 675 Rn 20. **q) Streckengeschäft** (Kettenhandel) liegt vor, wenn dieselbe Ware, auch schon
vor der Konkretisierg (§ 243 II), vom Käufer weiterverk w bis zum Letztkäufer, mögl üb mehrere Zwi-
schenkäufer u -verkäufer. Die KaufVertrPfl bestehen nur zw den jeweil VertrPartnern. Die Übereigng
geschieht nach Konkretisierg dch stillschweigde Einigg (§ 929 S 1) mit Abschl des KaufVertr; der Bes wird
auf den Letztkäufer dadch übertragen, daß der Erstverkäufer über die jeweil Käufer angewiesen w, seinen
Bes auf den Letztkäufer zu übertr (BGH NJW **82**, 2371). **r) Testkauf** ist ein vollwirks KaufVertr, bei dem
der Käufer den KaufGgst erwirbt, um ihn einem Test zu unterziehen. Damit ist kein RücktrVorbeh verbun-
13 den (Zweibr JurB **83**, 1874). **s) Sale- and Leaseback-Vertrag** ist der Kauf einer Sache verbunden mit ihrer
Vermietg an den Verk. Ein solcher Vertr ist idR als FinanziersgsLeasVertr ausgestaltet (Einf 30 vor § 535) u
ist ein zusgesetzter Vertr (Einf 16 vor § 305).

14   **4) Unterscheidungsmerkmale zu anderen Vertragstypen. a) Tausch** (§ 515): An Stelle eines KaufPr
(§ 433 Rn 26) w ein VermWert (insb Sache od R) als vertrgem GgLeistg erbracht. **b) Auftrag** (§ 662): Der
alltägl, insb der kfm SprachGebr sagt hierü nichts. Aber der AuftrN für den AuftrG Ggste beschaffen
soll, liegt Auftr vor, wenn Vertretg (Einf 1 vor § 164) od Vermittlg mit noch ungewissem Erfolg stattfindet.
15 Demggü setzt Kauf die unmittelb Verpfl aus § 433 I u II voraus. **c) Werklieferungsvertrag** (§ 651). Der

Vertr über vertretb Sachen (§ 91), sog Liefergskauf (für den sowieso KaufR gilt, § 651 I), setzt die HerstellgsPfl des WerkUntern als VertrGgst voraus (vgl § 651 Rn 1). Der sog Kauf eines FertHauses einschl Aufstellg ist reiner WerkVertr (Graba MDR **74**, 975; vgl auch § 433 Rn 1). **d) Werkvertrag:** Einf 1 vor 16 § 631. Kombination v Kauf (eines Grdst) mit WerkVertr (üb Errichtg eines Bauwerks) kann beim Erwerb vom Bauträger vorliegen (vgl § 675 Rn 20). **e) Pacht:** Einf 2 vor § 581. **f) Darlehen:** Einf 23 vor § 607. **g) Vergleich** (§ 779). Enthält der Vertr Austausch v Sachen od Ren gg Geld, daneben weitere (auch stillschw) Abreden, liegt ein Vergl, kein Kauf vor (OGH NJW **50**, 103); die RFolgen für diesen LeistgsAustausch richten sich nach KaufR (§ 779 Rn 1). **h) Versteigerung.** Zu untersch ist das RVerh des Einlieferers 17 zum Versteigerer (GeschBesorggsVertr, § 675, od Kommission, § 383 HGB, BGH **63**, 369) v dem Vertr, den der Versteigerer mit dem Ersteher abschließt; dieser ist eine bes Art des KaufVertr (vgl Rn 9). Hierzu VO v 1. 6. 76 (BGBl 1345). **i) Kommission:** Der Kommissionär kauft u verk (ggü Dr) im eigenen Namen, 18 aber für Rechng des Kommittenten (bei gewerbsmäß Komm: §§ 383ff HGB). Merkmale eines KommGesch (Verh Kommittent zu Kommissionär) sind: Vereinbg eines bestmögl Pr od MindestPr, Prov, WeisgsR, Auswahl des VertrGgst dch den Lieferanten, VerkAbrechng (Kln MDR **73**, 230). Bei „Auswahl bis . . ." od R zur Weiterveräußerg od Rückg bis zu bestimmtem Ztpkt liegt ein KonditionsGesch vor (Karlsr BB **72**, 552, vgl Rn 11). Vereinbg eines FestPr spricht nicht zwingd gg ein KommGesch (BGH NJW-RR **91**, 994). **j) Lizenzvertrag:** Bei Übertr gewerbl SchutzRe (Patente, GebrMuster ua), liegt ein 19 Kauf nur dann vor, wenn das R voll (od im wesentl Umfang) u endgült übergehen soll; Indiz hierfür ist, wenn das R an Dr mitübertr od zur Benutzg überl w darf (umstr; vgl Soergel/Huber 57). Beim LizenzVertr w dem LizenzN nur die Verwertg od Nutzg gestattet, nicht das R selbst übertr. **k) Transfer** eines Sportlers, 20 insb Fußball- u Eishockey-Spielers (als Spielerkauf bezeichnet), ist ein Vertr eigener Art, jedenfalls kein Kauf (hM; Wertenbruch NJW **93**, 179 [182] mwN). Die RsNatur ist umstr (vgl Reuter NJW **83**, 649 mwN). Begründg u DchFührg des Transfers unterliegen dem SatzgsR der zuständ SportVerb.

5) Internationale Kaufverträge (vgl Art 28 EG Rn 7, 8). Die Anwendbark des BGB sowie sonst 21 deutschen Rs regelt sich nach dtsch IPR u kommt in Betr infolge ausdrückl od stillschw Vereinbg, daß dtsch R anzuwenden sei (Grdsatz der Parteiautonomie; Art 27 EG). Diese DispositionsFreih gilt auch für das UN-Kauf-ÜbK v 1980 (vgl Gaus WiB **95**, 273). Fehlt eine Vereinbg, ist Art 28 EG (dort Rn 1–8) anzuwenden. Für VerbraucherVertr gilt Art 29 EG.

I. Allgemeine Vorschriften

433 *Vertragliche Hauptpflichten.* [I]**Durch den Kaufvertrag wird der Verkäufer einer Sache verpflichtet, dem Käufer die Sache zu übergeben und das Eigentum an der Sache zu verschaffen. Der Verkäufer eines Rechtes ist verpflichtet, dem Käufer das Recht zu verschaffen und, wenn das Recht zum Besitz einer Sache berechtigt, die Sache zu übergeben.**

[II]**Der Käufer ist verpflichtet, dem Verkäufer den vereinbarten Kaufpreis zu zahlen und die gekaufte Sache abzunehmen.**

1) Kaufgegenstand sind Sachen (Rn 1) u Rechte (Rn 2) sowie sonst Ggst wirtschaftl TauschVerk. 1 **a) Sachen. aa) Begriff.** Sachen sind körperl Ggste (§ 90) in jedem AggregatZust; daher insb Wasser, Gas jeder Art. Grdsätzl ist bedeutgslos, worin GebrZweck u Wert der Sache liegt; daher ist Kauf v Druckwerken, insb Zeitg u Zeitschr Sachkauf (BGH NJW **78**, 997); für WertP vgl Rn 2. Ausl Geldscheine u -münzen (als Devisen) u außer Kurs gesetzte (als SammelObj) sind Sachen. Zur Abgrenzg v der Geldschuld vgl Fülbier NJW **90**, 2797. Wechseln v Geld derselben geltdn Währg ist nicht Kauf, sond Tausch (§ 515). **bb) Künftige Sachen,** die noch nicht entstanden sind, können verk w; hier sind folgde VertrGestaltgen mögl: (1) Kauf ist aufschiebd bedingt (§ 158 I) mit Entstehg der Sache; (2) Verk ist zur Herstellg der Sache verpfl (dann gilt § 651); (3) KaufPr ist auch geschuldet, wenn Sache nicht entsteht (Kauf einer Chance, vgl Rn 5 aE; sog Hoffngskauf, MüKo/Westermann 5). Bei Erwerb v Grdst u GrdstT verbunden mit Vertr üb zu errichtde Gebäude u GebäudeT, insb EigtWohng (Baubetreugs- u BauträgerVertr): § 675 Rn 20. **cc) Sachgesamtheit.** Es können mehrere Sachen dch einheitl Vertr als zugehörd verkauft w (vgl § 469 S 2). Soweit einzelne Sachen od Teile der Sachgesamth nicht übeignet od übgeben w, liegt nach SachM (§ 459) vor, auch nicht ein solcher der übgebenen Haupts, sond idR teilweise NichtErf gem §§ 440 I, 325, 326 (BGH NJW **92**, 3224 mwN, grdsätzl zustimmd Tiedtge DB **93**, 3225; bestr). Besondh gelten für Untern (Rn 3). **b) Rechte** 2 im weitesten Sinne: **aa) Begriff:** grdsätzl alle, soweit sie übertragb sind; auch bedingte u künft, dingl Re, Fdgen, AnwartschR, Anteile an Sachen u Ren, Gesellsch, Gemsch, gewerbl SchutzRe (BGH **83**, 285, insb Patente, GeschmMuster, Warenzeichen), VerlagsR, subj öff Re, soweit sie übertragb sind (zB Konzession); WohnBes (Einf 18 vor § 535). Nicht: Besitz (§ 854); höchstpersönl Re, zB NamensR (Ausn für Firma gem § 23 HGB). **bb) Wertpapiere:** in erster Linie RKauf, aber zugl hinsichtl der Papiere Sachkauf, hierzu: § 437 Rn 11–18. **cc) Gesellschaftsanteile:** Grdsätzl RsKauf; das gilt stets auch für das ErfGesch, insb auch für den sog Mantelkauf (Kauf aller Anteile einer vermögensl gewordenen KapGesellsch); Zulässigk umstr (vgl Soergel/Huber 213 vor § 433). Bei Erwerb aller oder beherrschder Anteile kann aber SachkaufR, insb für Gewl eingreifen (Rn 3; Vorbem 16–20 vor § 459). **c) Unternehmen** (Lit: Beisel/Klumpp, Der UnternKauf, 3 2. Aufl 1991) als ZusFassg pers u sachl Mittel (Sach- u RGesamth), einschl aller zugehör Güter, näml Kundsch, Ruf, GeschGeheimnisse, Warenzeichen, Firma, Re aus Wettbewerbsregelg. Ein VorVertr ist hinreichd best, wenn das Untern dch die Firma bezeichnet ist (BGH NJW **90**, 1234). Aus dem UnternKauf folgen Einweisgs-, Mitt- u AufklärgsPfl unmittelb aus dem KaufVertr. Zum Umfang Stangl/Scholderer NJW **94**, 158. Die ErfGesch (zB § 398, § 929) u RFolgen richten sich teils nach Sach-, teils nach RKauf, je nachdem, welcher BestdTeil betroffen ist (§ 437 Rn 4). Für Mängel des Untern als solches gilt SachmängelGewl (Vorbem 16 vor § 459). Der Kauf eines Untern ist jedenf reiner KaufVertr. Zu Sicherh vgl Hadding ZGR **82**, 476. Bei Kauf einer Gaststätte in gemieteten Räumen liegt NichtErf vor, wenn der Verk nicht die Zust gem § 549 beibringt (BGH NJW **86**, 308). UnternKauf liegt auch vor, wenn alle GesellschAnteile (zB alle Aktien, alle GeschAnteile einer GmbH) einheitl verk w (allgM). Bei Kauf einer GmbH & Co KG ist der

Formzwang des § 15 GmbHG zu beachten (vgl Sieveking (MDR **84**, 989). Hingg ist der Kauf v Gesell-
schAnteilen RKauf (§ 437 Rn 10). Bei BestandT des BetrVermögens (Grdst, Warenvorräte, Außenstände)
liegt Sach- od RKauf vor, nicht UnternKauf. Zur Abgrenzg v InvKauf vgl BGH NJW **88**, 1668. Auch der
Kauf einer Praxis ist zul, insb Arzt (BGH NJW **89**, 763; BayObLG NJW-RR **86**, 690; aber nicht mit
Patientenkartei ohne Zust des Patienten (BGH NJW **92**, 737), RA (BGH **43**, 46), Steuerberater (BGH NJW
4 **91**, 1223), RBeistdPraxis (BGH NJW-RR **89**, 306). **d) Strom und Wärme:** (vgl Einf 30 vor § 305). Ihre
Lieferg wird nach der VerkAuffassg wie die Lieferg v Waren behandelt, entspr dem Kauf bewegl Sachen
(hM). VertrInhalt (SukzessivliefergsVertr) wird idR dch AVB gestaltet (vgl §§ 26, 27 AGBG). Bei Dauer-
SchuldVerh kann dabei die ord Künd ohne zeitl Begrenzg ausgeschl w (BGH NJW **75**, 1269). Für BGH-
5 Rspr zum EnergieversorggsVertr vgl Hiddemann WM **76**, 1294. **e) Software** (EDV-Programme). Streit
ist, ob Sachkauf (wohl hM; König NJW **90**, 1584 u **93**, 3121 mwN; vgl auch § 90 Rn 2) oder Kauf eines
Immaterialgutes vorliegt (Junker JZ **89**, 316 [321]). Für WerkVertr: Müller-Hengstenberg NJW **94**, 3128.
Mind sind ohne Einordng unter § 90 die kaufrechtl Vorschr entspr anwendb (Kort DB **94**, 1505). Werden
StandardProgr überlassen, liegt Kauf vor (vgl BGH **102**, 135 = JZ **88**, 461 m Anm v Junker; Köln
VersR **93**, 1532; Henssler MDR **93**, 489 mwN; Hoeren CR **88**, 908 [Sachkauf]; einschränkt Moritz CR **89**,
1049; aA Mehrings NJW **88**, 2438: WerkVertr). Geschieht dies auf best Zt od mit KündR, so dürfte Miete od
Pacht vorliegen (Henssler aaO). StandardProgr sind auch solche für einen best MarktBer (Celle NJW-RR
93, 432; Köln NJW-RR **93**, 1140); nur bei individuell hergestellter Software ist WerkVertr gegeben (vgl
BGH NJW **87**, 1259; König aaO), auch bei Umarbeitg für die Bedürfn des Kunden (vgl Junker NJW **93**, 824
[827] mwN) od Integration v Individualsoftware (Hamm NJW-RR **92**, 953). Bei Verbindg mit Kauf v
Hardware liegt idR ein einheitl KaufVertr vor (BGH **102**, 135; Fritzsche JuS **95**, 497 [503]; einschränkt
Pötzsch CR **89**, 1063). **f) Sonstiges.** KaufGgst können sein: Reklameidee, Gewinnchance, HerstellgsVerf,
know-how, eine Erfindg, auch wenn sie noch nicht geschützt ist; andere Sach- u RGesamth als Untern (Rn
3); Programmträger für EDV im SharewareVertrieb (Heymann CR **91**, 6).

6 **2) Verkäuferpflichten beim Sachkauf** (Abs I S 1). Pfl zur Überg (Rn 7) u zur EigtVerschaffg (Rn 9–12)
bestehen selbstd nebeneinander; außerdem die NebenPfl (Rn 16–25). Der Vertr ist nicht vollst erf, solange
eine der beiden Pfl nicht erf ist; daher ist Unmöglk u Verz hinsichtl der einen Pfl Unmöglk od Verz für den
ganzen Vertr. RFolgen der NichtErf: § 440. Identität des verkauften mit der zu übgebdn u zu übeignen
Sache wird vorausgesetzt (BGH NJW **95**, 957 bei TeilGrdst).

7 **a) Übergabe** der verk Sache (iZw einschließl Zubeh, § 314). **aa) Begriff:** Bedeutet Verschaffg unmittelb
Bes gem § 854 I od II. ÜbergErs, näml Vereinbg eines mittelb BesVerh (§§ 930, 868) zw Verk u Käufer od
Abtretg des HerausgAnspr (§ 931) genügt nur, wenn das im KaufVertr od dch VertrÄnd (§ 305)
vereinb w. Gleiches gilt für kfm TradPap (Konnossement, Ladeschein, Orderlagerschein); hier genügt insb
die Klausel Zahlg gg Dokument. Die ÜbergPfl kann in gleicher Weise inf vereinb Überg an Dr (RG **74**, 354)
od dch Dr (zB Lieferant des Verk) erf w. Beim VersendgsKauf (§ 447) genügt der Verk seiner ÜbergPfl dch
Überg an den Beförderer. Vollzogen u erf ist die Überg aber erst, wenn der Käufer od eine sein BesDiener
(§ 855; dieser ggf als befördernde Pers) den Bes erlangt (Soergel/Huber 54; Jau/Vollkommer 7d, aa).
8 **bb) Ablieferung.** Sie ist von der Überg zu unterscheiden. Sie ist der Vorgang, dch den der Käufer tatsächl
in die Lage versetzt w, sich der Gewahrs üb der Kaufsache zu verschaffen u sie zu untersuchen. Das
geschieht, indem der Verk sie aus seiner VfgsGewalt entläßt (vgl § 477 Rn 12).

9 **b) Eigentumsverschaffung** der verk Sache (iZw einschl Zubeh, § 314) bedeutet Übertr des Eigt auf den
Käufer od auf v ihm benannte Dr (vgl § 328). **aa) Formen:** Übereignet wird gem §§ 929ff, 873, 925 od
Übereigng kfm TradPap (vgl Rn 7; §§ 424, 450, 650 HGB). Hierfür genügt nicht das Frachtbriefduplikat
(BGH NJW **71**, 742). Bei gutgl Erwerb verschafft auch der NichtBer Eigt u erf (§§ 932ff, 892; § 366 HGB).
10 **bb) Umfang:** Der Verk schuldet nicht den EigtÜberg, sond nur die Handlgen, die seinerseits dazu erforderl
sind, insb die rechtsgesch Erkl abzugeben, erforderl Zust Dr (zB des Eigt gem § 185) od die Gen einer Beh
(zB § 19 II Nr 1 BBauG; BGH NJW **69**, 837) zu beschaffen, sow nicht im KaufVertr od später dch VertrÄnd
(§ 305) etwas and vereinb w. Bei Grdst muß der Verk alles tun, um die Umschreibg des Eigt im Grundbuch
zu fördern, insb die notw Erkl ggü dem GBA abzugeben, notw Voreintragg (§ 39 GBO) herbeizuführen
(RG **113**, 405) u EintrHindern zu beseit (RG **118**, 100). Mangels and Vereinbg ist unbelastet Eigt zu
11 verschaffen (§ 434; Ausnahme: § 439). Bloßes BuchEigt (§ 891 I) genügt nicht (RG **132**, 148). **cc) Vorbe-
halte:** BewLast trägt Verk. **(1) Eigentum:** § 455; Erf tritt erst ein, wenn vertrgem der EigtVorbeh erlischt
u Käufer Eigt erwirbt (vgl § 455 Rn 5, 6). **(2) Liefermöglichkeit:** Verk bleibt zur Lieferg verpfl, solange
die Herstellg od Beschaffg der Sache mögl ist, ggf auch unter finanziellen Opfern (BGH NJW **58**, 1628). Der
Verk wird von der LeistgsPfl erst frei, wenn er sich in zumutb Umfang erfolglos bemüht hat. **(3) Selbstbe-
lieferung** (Salger WM **85**, 625): ist Kauf unter auflösder Bedingg (§ 158 II), daß dem Verk die Beschaffg der
Sache von Dr nicht gelingt, mind RücktrVorbeh (§ 346). Ist im kaufmänn Verk üb § 9 AGBG nicht zu
beanstanden (hM; BGH NJW **83**, 1320). Der Verk wird von der LiefergsPfl frei, wenn sein Lieferant nicht
od nicht rechtzeit liefert (BGH **49**, 388); idR kann dann der Käufer auch nicht aus vom Verk abgetretenem R
SchadErs vom sog ErstVerk (Lieferanten des Verk) verlangen (vgl BGH LM § 249 D Nr 11). Nur aus-
nahmsw liegt bei Selbstbeliefergsklausel ledigl Freizeichng von der LiefergsFr vor (BGH **24**, 39). Das
DeckgsGesch muß kongruent sein (BGH **92**, 396), was auch bei einem entspr Vorbeh des Vorlieferanten
gegeben sein kann (Mü NJW-RR **91**, 874). Der Verk darf das Lieferrisiko aber nicht auf den Käufer
abwälzen, wenn er selbst nicht die Sorgfalt eines ordentl Kaufmanns beachtet (BGH aaO). Die NichtBelie-
12 ferg ist dem Käufer unverzügl anzuzeigen. **dd) Sachen des Käufers:** Die EigtVerschaffg ist obj unmögl
(RFolgen § 306 od §§ 323–325); idR ist Umdeutg (§ 140) mögl u angebracht, entw in entgeltl Verzicht des
Verk auf BesR od Aufhebg eines vorangegangenen Kaufs derselben Sache (§ 305).

13 **3) Verkäuferpflichten beim Rechtskauf** (Abs I S 2). Auch beim RKauf besteht das Abstraktionsprinzip
(Einf 4): Der KaufVertr bewirkt noch nicht den Überg des Rs auf den Käufer, auch wenn hierzu ein forml
Vertr genügt (vgl § 398); es ist als ErfGesch noch Überg der RÜbertr notw (Rn 14). Auch für den RKauf gilt iü
14 Rn 6. RFolgen bei NichtErf: §§ 440, 441. **a) Rechtsübertragung.** Sie geschieht in den Formen, die für das

betr R vorgeschrieben sind, näml Fdg u and Re grdsätzl formfrei dch Vertr gem §§ 398, 413. Dieser Vertr w idR zugleich mit dem KaufVertr geschl, wobei die WillErkl, das R zu übertr, meist stillschw erfolgt. Stets müssen die ges FormVorschr eingehalten w: GBEintr (zB § 873), Schriftform (zB § 1154), not Beurk (zB § 15 III GmbHG). Bedinggen (§ 158) sind zul, sow sie bei dem betr R nicht ges verboten sind (Vorbem 12 vor § 158); insb ist zul: die vollst Zahlg des KaufPr (entspr § 455). Bei gutgl Erwerb (zB § 892, Art 16 WG) verschafft auch der NichtBer das R u erf. Für den Umfang der VerkPfl gilt Rn 10 entspr. **b) Übergabe von 15 Sachen** an den Käufer ist HauptPfl des Verk nur, wenn das R zum Bes an der Sache berecht (Abs I S 2). Solche Re sind: ErbbauR (§ 1 ErbbRVO), Nießbr (§§ 1036 I, 1059), WohnR (§ 1093), DauerwohnR (§ 31 WEG), pfandgesicherte Fdg (§§ 401, 1251). Die ÜbergPfl wird erf wie bei Rn 7. Über § 451 sind die §§ 446–450 entspr anwendb. Von dieser ÜbergPfl zu untersch ist die Eigt- u BesLage bei SchuldUrk (vgl § 952), bei WertP (insb Wechsel u Scheck), die zum Zwecke der RÜbertr (Rn 14) übereignet u übergeben w müssen, ferner bei BewUrk (vgl § 444).

4) Nebenpflichten des Verkäufers. Sie folgen unmittelb aus dem Vertr, auch wenn sie darin nicht 16 ausdrückl übernommen sind. Sie stehen aber nicht im GgskVerh der §§ 320 ff u bestehen grdsätzl bei allen KaufGgst (Rn 1–5), je nach deren Art u dem Inhalt des Vertr. RFolgen der Verletzg: bei Unmöglk §§ 275, 280; bei Verzug § 286; bei SchlechtErf (pVV): § 276 Rn 104. Es gelten weder § 477 noch § 377 HGB (BGH **66**, 208 [213]), auch dann nicht, wenn eine NebenPfl verletzt ist u der Käufer deshalb die Sache für mangelh hält (aA Tiedtke NJW **90**, 14). Bsp: **a) Auskunft und Urkundenübergabe.** Für Re gelten §§ 402, 413 17 schon für den KaufVertr; für Sachen: § 444. **b) Rat, Warnung, Belehrung, Offenbarung und Aufklärung.** Hierzu ist der Verk grdsätzl weder bei Abschl noch bei Erf des Vertr verpfl, ausnahmsw aber: wenn v der Sache bestimmte Gefahren ausgehen, die dem Käufer unbekannt sind od wenn der Verk eine derart Pfl vertr übernommen hat, sie nach VerkSitte (§ 157) od nach Handelsbrauch (§ 346 HGB) besteht, ferner wenn der Käufer sich erkennt auf dessen Sachkunde vertraut hat (Giesen NJW **71**, 1798) od die Umst des Falles eine Aufklärg nahelegen, insb wenn der VertrZweck dch bestimmte Umst vereitelt w kann (BGH NJW-RR **88**, 394). Bei Bebaubk eines NachbarGrdst kommt es auf die Umstde des Einzelfalls an (vgl Karlsr NJW **91**, 2494). Bei EDV: Rn 25. Bsp: bei Grdst Hochwassergefahr (BGH NJW-RR **92**, 334); notw Unterweisg für Gebr, Behandlg u Wartg einer Kaufsache, insb einer Maschine (BGH **47**, 312); Hinw auf konkrete GesundhGefährdg bei Körperpflegemittel, insb Gefahr allerg Reaktionen auch in seltenen Fällen (BGH NJW **75**, 824); Beratg wg Risiken bei Verwendg eines Pflanzenschutzmittels (BGH **LM** Nr 49); Einweisg in die GeschFührg bei Verk eines Untern; bei laufder Gesch Verbindg HinwPfl auf veränd Beschaffenh einer mangelfr Ware, wenn sie zur Verarbeitg geliefert w (BGH **107**, 331). Eine bestehde Ausk- od OffenbargsPfl entfällt nicht dadch, daß sich der Käufer v steuerl Erwäggen leiten läßt (BGH NJW-RR **90**, 970). **c) Prü-** 18 **fung** der Kaufsache: wie Rn 17. Es besteht grdsätzl keine Pfl zu prüfen, ob die Sache für den Verwendgszweck beim Käufer geeignet ist, aber zu bejahen für Ablieferginspektion eines fabrikneuen Kfz (BGH NJW **69**, 1708), Untersuchg v gefährdrohden Vorrichtgen, zB Propangasflaschenventil (BGH VersR **72**, 953). Der ZwHändler hat grdsätzl nicht die Pfl, die Ware auf Mängel zu untersuchen (BGH stRspr, zB NJW **81**, 1269), auch nicht, ob die GebrAnweisg richt ist (BGH aaO). **d) Schutz** des KaufGgst, insb Pflege, Obhut, 19 Verwahrg od Lagerg (BGH DB **72**, 34) bis zum Gefahrübergang (§§ 446, 447). **e) Mitwirkung** des Verk bei Hdlgen des Käufers zur Verwendg der Kaufsache (aus § 157). Abg erforderl Erkl für Zulassg des verkauften Kfz; bei Verwertg eines Warenlagers nach Beendigg eines EigenhändlerVertr (BGH **54**, 338); bei Verk eines Gesch in gemieteten Räumen hat der Verk im Rahmen des Zumutb auf den Verm einzuwirken, damit er den MietVertr mit dem Käufer fortsetzt (MüKo/Westermann 65). Nicht unter die NebenPfl, sond unter die HauptPfl fallen alle Hdlgen, die erforderl sind, daß die Sache übereignet u übergeben, das verkaufte R verschafft w. **f) Unterlassung** v Wettbew bei Verk eines Untern od einer Praxis (nur örtl begrenzt) ist 20 nach § 157 dann anzunehmen, wenn der KaufPr überwiegd oder zu einem erhebl Teil für den Fassonwert gezahlt w (RG **163**, 311). **g) Verpackung** dch den Verk für den erforderl Transp zum Käufer ist 21 vorzunehmen, daß Schäden bei normaler Behandlg vermieden w (vgl Zimmer BB **88**, 2192; Bsp: Batterien: BGH **66**, 208 = JR **77**, 65 m Anm v Schneider); Bodenplatten (BGH **87**, 91); Turbo-Verdichter (BGH WM **83**, 1155). Im Einzelfall kann Fehler vorliegen (vgl § 459 Rn 32). Kosten: § 448. **h) Versendung** der Kaufsa- 22 che: **aa)** Sie ist grdsätzl HauptPfl (Rn 2), weil § 433 I die Übergb der Sache an den Käufer am regelm ErfOrt, dem Wohns od der Niederlassg des Verk (§ 269 I, II) vorsieht, keine NebenPfl des Verk. **bb)** Beim Versendgskauf (§ 447) liegt Schickschuld vor. Verk ist verpfl, die Sache zum Transp zu bringen (an Bahn, Post, Frachtf od Spedition anzuliefern); zur Beförderg selbst ist der Verk nicht verpfl. Versch bei Auswahl v Befördergsart u -Pers führt zu pVV (§ 276 Rn 104). Führt der Verk den Transp selbst od dch eigenes Personal aus, so wird dadch zwar keine Pfl zum Transp begründet, jedoch haftet der Verk gem §§ 276, 278 (hM; aA Faust DB **91**, 1556: Haftg nach FrachtR). Für selbstd TranspBeauftragte haftet der Verk nicht gem § 278 (hM; Faust aaO mwN). **cc)** Bringschuld (mit Pfl des Verk zu Transp u Ablieferg beim Käufer) liegt grdsätzl nicht vor, nur bei ausdrückl od stillschw Vereinbg, die schon dann anzunehmen sind wird, wenn der Verk den Transp (auch mit eigenem Personal) übernimmt, weil dann Bringkauf vereinb ist (Jau/ Vollkommer § 447 Anm 2b, aa). **i) Erteilung von Schriftstücken:** Rechngen müssen im kfm Verk wg 23 der MWSt immer erteilt w (vgl Rn 30); auch sonst, wenn es geschübl ist u der KaufPr vom Käufer nicht ohne weiteres errechnet w kann. Gesond ausgewiesen sind die MWSt bei Rechngen gem § 14 I UStG, insb wenn das FinAmt den Vorgang bestdskräft der UmsatzSt unterworfen hat (BGH **103**, 284). Nichterteil berecht gg den KaufPr nicht zur Einr gem § 320, weil NebenPfl, wohl aber gem § 273 jedenf beim Handelskauf (Mü NJW **88**, 270). Streiten die Part üb die Höhe des MWSt-Satzes u ist der Betr aus dem Bruttoentgelt herauszurechnen, dann w der Verk seine Pfl, wenn der MWSt-Satz vertretb ist (BGH NJW **80**, 2710). Bescheiniggen zur Vorlage beim FinAmt müssen erteilt w, wenn der Käufer sie für einen SteuerVort benöt (Hamm MDR **75**, 401). **j) Ersatzteile** bei Kfz, Maschinen und techn Geräten muß der Hersteller 24 (nicht notw der Verk) serienmäß produzierter Sachen auch dann bes Vereinbg, aber nur für eine gewisse Zeit zur Belieferg des Käufers bereithalten (Kühne BB **86**, 1527 mwN). Das ist im Einzelfall nur aus § 242 zu begrden. **k) EDV.** Es bestehen umfangreiche Beratgs- u AufklärgsPfl (Rspr-Übbl Zahrnt NJW **95**, 1785). 25 Bei Kauf v Software Beratg bei der Auswahl unter mehreren geeigneten Programmen (Köln NJW **94**, 1355).

Einweisg (Einarbeitg) zum Gebr v Software: Eine solche Pfl kann im Einzelfall ohne ausdrückl Vereinbg bestehen (Stgt CR **87**, 172; hierzu krit Nauroth CR **88**, 24). **1) Zahlungen.** Abführg der v Käufer gezahlten Umsatzsteuer im Fall des § 75 AO an das FinAmt (BGH NJW-RR **94**, 908).

26 **5) Pflicht zur Kaufpreiszahlung** (Abs II) ist die stets im GgseitkVerh (§§ 320 ff) stehe HauptPfl des Käufers, grdsätzl Zug um Zug (§§ 320 I, 322) gg die Übertr des KaufGgst (Rn 7, 9) zu erf. **a) Kaufpreis. aa) Begriff:** Er ist das vereinb Entgelt für den KaufGgst; muß in Geld (auch in ausl Währg, vgl § 244) bestehen; anderenf liegt Tausch vor (§ 515); umfaßt die MWSt (BGH WM **73**, 677 mwN; vgl Rn 30), aber nicht die Zinsen für den gestundeten od verspätet gezahlten KaufPr (zur Abgrenzg BGH WM **71**, 42). Der 27 KaufPr kann als Rente gestaltet w; bei UnternKauf (Rn 3) häuf (Kiethe MDR **93**, 1034). **bb) Höhe:** Sie unterliegt der Vereinbg der Part u muß in Geld best od bestimmb sein. Auch Schiedsgutachterklausel (§§ 317 ff) ist zul u wirks (§§ 5, 9 AGBG), zB DAT-SchätzPr, auch mit dem Zusatz abzügl 20% (vgl BGH WM **83**, 731). Die Part können hierbei verpfl sein, eine best Höhe zu vereinb od nicht zu überschreiten. 28 **Fehlen ausdrücklicher Vereinbarung** über die Höhe. Es ist mögl: **(1)** Offener PreisbMangel (§ 154 I); **(2)** Börsen- od MarktPr (Begr: § 29 BörsG u § 453 Rn 2) als vereinb anzunehmen. **(3)** Der im GeschBetr des Verk übl Pr (insb Laden- u ListenPr) ist als vereinb anzunehmen. Das gilt bei derart KaufVertr idR. **(4)** Bestimmg dch Verk gem §§ 315, 316. **(5)** Ergänzde VertrAusslegg (Hamm NJW **76**, 1212). Gelten AGB, ist eine Erhöhg bei Lieforg innerh 4 Monaten nach VertrAbschl unwirks, zB TagesPrKlausel (§ 11 Nr 1 29 AGBG; BGH stRspr zur LückenAusfüllg NJW **85**, 621). **Klauseln: (1)** „Börsenpreis": der zur ErfZt an der zum ErfOrt nächstgelegenen Börse amtl bekannt gegebene Pr (Kurs). **(2)** „Brutto für netto": KaufPr wird nach dem Gewicht der Ware zuzügl Verpackg berechnet. **(3)** „Preis freibleibend": Verk ist berecht, bei veränd wirtsch Verh zZt der Liefrg eine entspr Erhöhg des KaufPr einseit festzusetzen, wobei die Lieferg nicht unangem verzögert w darf (vgl OGHZ **4**, 172); od Vereinbg des MarktPr (§ 453 Rn 2) zZ der Lieferg (HK Hbg BB **65**, 956); od Berechtigg des Verk, höheren Pr vorzuschlagen, der bei beiderseit HandelsGesch als vereinb gilt, wenn Käufer nicht unverzügl widerspricht (BGH **1**, 353). **(4)** „Kassenkonto . . . %": Käufer darf den RechngsBetr um den Skontosatz kürzen, wenn er sof bar bezahlt; bei angegebener Fr nur, wenn innerh dieser Fr das Geld beim Verk eingeht. **(5)** „Tagespreis": grdsätzl wie „freibleibd" (vgl 3); jedoch darf der Verk nicht über den Pr hinausgehen, den er von and vergleichb Kunden fordert. **(6)** „Netto Kasse": Zahlg ist ohne jeden Abzug zu leisten. **(7)** „Selbstkostenpreis": Summe der GestehgsKosten, dh Ein-standsPr zuzügl aller Unkosten (Hamm BB **65**, 1369), jedoch ohne einen Anteil an allg, auch ohne diesen 30 Kauf anfallnden GeschUnkosten. **cc) Mehrwertsteuer** (UmsatzSt). Sie ist Teil der KaufPrFdg (vgl Rn 26 u § 157 Rn 13). Ob der KaufPrBetr ohne od einschl MWSt vereinb ist, hängt von der ausdrückl od stillschw Vereinbg im Einzelfall ab. Bei Preisauszeichng ist die MWSt inbegriffen. Wird erkl „Preise sind Nettopreise + MWSt", so ist auszulegen, daß der angegebene Pr der GesPr ist (Mü BB **70**, 512). Auch iW ergänzder VertrAusslegg (§ 157) kann bei einem zum Vorsteuerabzug berecht Käufer die MWSt nicht zusätzl zum vereinb KaufPr verlangt w (BGH WM **73**, 677 u MDR **78**, 834 m Anm v Weiß; Karlsr Justiz **77**, 200; Schaumburg NJW **74**, 1734 mwN), auch nicht nachgefordert w, wenn der Verk seine MWStPfl beim Kauf falsch eingeschätzt hat (BGH aaO). Hingg ist nach einer Umfrage des DIHT ein Handels-brauch dahin zu bejahen, daß zw vorsteuerabzugsberecht Untern, die ohne Erwähng der MWSt genannten KaufPr den NettoPr (ohne MWSt) darstellen (Schaumburg NJW **75**, 1261; RGRK/Mezger 23; aA Düss 31 NJW **76**, 1268). **dd) Fälligkeit. Grundsätze:** Wg § 271 I ist der Kaufpr mit seiner Entstehg (dh Abschl des KaufVertr) fäll; jedoch ist in der Praxis die Ausn (näml spätere Fälligk) die Regel. Es besteht keine ges VorleistgsPfl des Verk. Wenn sich aus dem Vertr (insb aus FälligkKlauseln) u aus den Umst nichts and ergibt (§ 271 I), sind die Leistgn beider VertrPart sof fäll u bei Einr gem § 320 Zug-um-Zug zu erf (§ 322). Der bei Lieferg sof (Rest-)Zahlg verlangde Verk muß wg § 271 I nicht beweisen, daß Barzahlg vereinb war, wenn der Käufer behauptet, es sei ein AbzK vereinb (aA BGH NJW **75**, 206; krit gg BGH 32 MüKo/Westermann 70). **Klauseln: (1)** „Ziel": FälligkEintritt nach Ablauf der dabei genannten Fr, iZw gerechnet ab Datum der Rechng. **(2)** „Valuta 1. 12. Ziel 30 Tage": Fälligk tritt am 31. 12. ein; kfm Fälligk-Zins (§ 353 HGB) bleibt vorbehalten. **(3)** „Kasse gg Lieferschein": SofZahlg (unter Ausschl der Auf-rechng) bei Lieferg mit VorleistgsPfl des Käufers (BGH NJW **65**, 1271). **(4)** „Kasse gg Faktura": Sof Fälligk bei Zugang der Rechng unter Ausschl der Aufrechng (BGH **23**, 131). **(5)** „Kasse gg Dokumente" (TradPap od DispositionsPap) od FrachtbriefDuplikat): Käufer hat die Dokumente bei Vorlage dch KaufPrZahlg einzulösen, grdsätzl ohne vorher Besichtigg der Ware (vgl BGH WM **63**, 844; Ausn bei entspr Handelsbrauch, BGH **41**, 216); bei Zusatz des Ztpkts (zB „. . . bei Ankunft des Schiffs") auch ohne Rücks auf Beschaffenh der Ware (BGH WM **67**, 1215) u stets ohne Aufrechng (BGH **14**, 61). **(6)** „Doku-mente gg Akkreditiv": Zahlg ist bei Vorlage der DispositionsPap (insb FrachbriefDuplikat) von der Bank zu leisten, der der Käufer das vertrgem Akkreditiv gestellt hat. **(7)** „Zahlg nach Belieben": KaufPr ist für eine angem, aus den Umstden des Einzelfalls zu bemessde Zeit gestundet. **(8)** „Lieferung gg Nachnahme": KaufPr ist bei Anlieferg u Vorlage des NachnScheins dch die Post fällig. **(9)** „Tagespreisklausel" bei Kfz-33 Kauf: § 11 AGBG Rn 8. **ee) Kaufpreisersatz:** Eine andersart Leistg des Käufers für den KaufPr anstelle v Geld erfordert stets entspr vertragl Vereinbg; auch später (§ 305). Abgrenzg zum Tausch: Einf 14. Kauf liegt jedenf dann vor, wenn ein in Geld bemessener KaufPr ganz od teilw dch eine and Leistg an ErfStatt (§ 364 I) od erfüllgshalber (§ 364 II) beglichen (erlegt) w soll. Bsp: Inzahlgnehmen eines gebr Kfz (BGH **46**, 338); bei GrdstKauf Übern v Hyp od dch Grdschuld gesicherter Verbindlk, wobei insow eine GeldFdg 34 des Verk nicht ensteht. **b) Zahlung:** Sie hat grdsätzl in bar (dh Übereigng v Geldscheinen u -stücken) zu erfolgen; in inländ Währg. Ist der KaufPr in ausländ Währg bestimmt, gelten §§ 244, 245. Vereinbg od Gestattg bargeldloser Zahlg ist in der Praxis häuf. Gestattg liegt insb in der Angabe der KontoNr auf Rechng od Auftragsbestätigng. Erf (gezahlt) ist erst mit Gutschr auf Kto des Verk, bei Nachn mit Zahlg an die Post. Grdsätzl gilt bei Scheck u Wechsel § 364 II, so daß die (bis dahin gestundete) KaufPrFdg iZw erst mit Einlösg erlischt (§ 364 Rn 10). Dasselbe gilt bei Akkreditiv (Erm/Weitnauer 10). Nur ausnahmsw kann bei vereinb Zahlg dch Scheck bereits mit ScheckÜbergb gezahlt sein; das ist insb bei ordngsgem ausgefülltem Euro-Scheck anzunehmen. Ist Übern v Kundenwechseln des Käufers vereinb, so müssen sie diskontfäh sein.

6) Abnahmepflicht (Abs II) des Käufers besteht nur bei Sachen (Rn 1). **a) Begriff:** Abn ist der tats 35
Vorgang, dch den der Verk vom Bes der Sache befreit w. Sie deckt sich idR mit der Handlg, dch die der
Käufer bei der Überg (Rn 7) mitwirkt. **b) Voraussetzungen:** Der Verk muß zur Überg imstande sein, dh
er od ein herausgabebereiter Dr muß die Sache in Bes haben und sie dem Käufer anbieten; außerdem muß
die Sache vertrgem sein. Bei nur geringfüg Mängeln od Abweichgen ist der Bestand der AbnPfl nach § 242
zu beurteilen. **c) Rechtsnatur:** Sie ist idR NebenPfl (hM; MüKo/Westermann 75 mwN; dagg krit Soergel/ 36
Huber 293), steht daher nur ausnahmsw im GgseitkVerh (§§ 320 ff), wenn sie im Vertr ausdrückl od
stillschw zur Hauptpfl gemacht w. Bsp: Verk einer großen Warenmenge mit dem für Käufer erkennb
Zweck der LagerRäumg (RG **57**, 108); Verk v Holz auf dem Stamm (Erm/Weitnauer 11); Verk v Abfallma-
terial od leicht verderbl Ware. Andseits kann die AbnPfl dch Vertr (auch nachträgl, § 305) ausgeschl w, ohne
daß das RGesch seine Eigensch als KaufVertr verliert. **d) Nichterfüllung** der AbnPfl dch Unterl od 37
Verweiger führt unter den Voraussetzgen der §§ 284, 285 zum SchuVerz u zur SchadErsPfl des § 286;
jedoch ist § 287 unanwendb, weil der Verk dch §§ 324 II, 300 II genügd geschützt ist. Bei GgseitkVerh (vgl
Rn 36) kann § 320 ff eingreifen. AnnVerz (§§ 293 ff) hinsichtl der VerkHauptPfl (Abs I) tritt mangels v
NichtErf der AbnPfl idR gleichzeit mit dem SchuVerz ein. **e) Prozessuales:** Auf Abn kann geklagt w, 38
unabhäng von od verbunden mit einer KaufPrKl; jedoch nie (Zug-um-Zug) gg Zahlg od die Verpfl aus
Abs I. ZwVollstr: § 887 ZPO; vertretb Hdlg, da Einlager idR genügt.

7) Nebenpflichten des Käufers. Es gilt hierfür Rn 16 entspr. **a) Lasten** sind bei bewegl Sachen zu tragen 39
ab Übergabe (§ 446 I S 2), ab Eintr (§ 446 II) bei Grdsten u gleichstehden Ren. **b) Kaufpreisverzinsung** ab
Übergang der Nutzgen (§ 452), dh ab Übergabe bei bewegl Sachen (§ 446 I S 2), ab Eintr bei Grdst u
gleichstehden Ren (§ 446 II). Bei Handelskauf ab Fällig des KaufPr (§ 353 HGB). **c) Versendungs- und
Abnahmekosten:** nach Maßg des § 448. **d) Beurkundungs- und Eintragungskosten:** bei Grdsten, Ren
an Grdst, Schiffen und Luftfz (§ 449). **e) Verwendungsersatz:** nur nach § 450. **f) Aufbewahrung** für 40
Sachen, die der Käufer beanstandet hat, bei Kaufleuten gesetzl (§ 379 HGB), bei Nichtkaufleuten aus § 242
abzuleiten. **g) Verpackungsrückgabe:** Pfl hierzu besteht bei den ggwärt WirtschVerh nur ausnahmsw bei
entspr Vereinbg, die aber bei Behältern u Flaschen als Leihmaterial häuf ist; bei Flaschenpfand vgl BGH
NJW **56**, 298. Kosten der Rücksendg trägt iZw der Käufer. **h) Abruf:** Ist die Lieferg auf Abruf vereinb, ist 41
der Käufer verpfl, innerh angem Fr den Ztpkt der Lieferg zu best. Unterbleibt dies, so kann wg der gem
§ 271 I eintretden Fällig der Verk auf Zahlg u Abn klagen. **i) Untersuchung** der gelieferten Sachen bei
beiderseit HandelsGesch (§§ 377, 378 HGB). **j) Aufklärung:** Hierzu ist der Käufer nur aGrd Vereinbg
verpfl od aGrd bes Umstde (BGH NJW **92**, 1222 mwN), zB bei Kreditkauf (Einf 6), wenn der Käufer weiß,
daß er zur Zahlg nicht imstande sein werde.

8) Beweislast trägt: **a) Verkäufer** für Abschl des Vertr, Einigg über den VertrInh, näml alle vom Verk 42
behaupteten Teile u Pkte des Vertr, soweit sie der Käufer bestreitet. Das gilt auch für die Höhe des KaufPr,
somit auch für das Fehlen v Waren- u ZahlgsSkonti, die beim KaufAbschl eingeräumt worden sein sollen
(BGH NJW **83**, 2944 = BB **83**, 2140 m Anm v Baumgärtl; bestr). Beim Handkauf hat der Verk wg der
Vermutg sof Barzahlg zu beweisen, daß eine Zahlg des KaufPr (wenn sie der Käufer behauptet) unterblieben
sei (diffenziert für AnscheinsBew u zT aA Maier/Reimann Büro **85**, 175). **b) Käufer** für die KaufPrZahlg, 43
für Stundg des KaufPr (umstr; vgl MüKo/Westermann 70) u eine von der VerkSitte abweichde Vereinbg.

434 *Gewährleistung wegen Rechtsmängeln.* **Der Verkäufer ist verpflichtet, dem Käufer den verkauften Gegenstand frei von Rechten zu verschaffen, die von Dritten gegen den Käufer geltend gemacht werden können.**

1) Allgemeines. a) Zweck: Ergänzg des § 433 I u Folge des ErfAnspr. Dem Käufer ist der KaufGgst so 1
zu verschaffen, daß er darüber nach Belieben verfügen kann, ohne dch Re Dr beschr zu sein. **b) Abdingbar-
keit** ist zu bejahen, uneingeschr bis zum völl Verzicht (BGH **11**, 24), zB dch „Übern mit allen Ren u Pfl"
(RG **66**, 316), bei Grdst nur, soweit sie eingetragen sind. Jedoch Nichtigk bei Argl der Verk (§ 443).
c) Anwendungsbereich: Alle KaufGgstde, Sach- u RKauf, insb auch von Wertpapieren (BGH **8**, 222). 2
Entspr anwendb beim VerlagsR (§ 39 VerlG). § 434 gilt nicht bei Veräußerg im Wege der ZwVollstr (§ 806
ZPO, § 56 ZVG). **d) Ausschluß der Gewährleistung:** Außer dch Vertr (Rn 1), insb dch § 439 sowie
dann, wenn der Käufer kr guten Glaubens lastenfrei erwirbt, insb gem §§ 936, 892. **e) Maßgebender** 3
Zeitpunkt für die Freih von Ren Dr ist nicht der des KaufVertrAbschl, sond Übergang: bei bewegl Sachen
der des Eigt (RG **120**, 295), bei EigtVorbeh daher zZ des Eintritts der Bedingg (BGH NJW **61**, 1252), auch
bei Grdst der Ztpkt des EigtÜberg, bei Ren der der Übertragg (insb §§ 398, 413), bei GrdstRen der des
RÜberg (zB § 873). Gleichgült ist, zu welchem Zeitpkt die Re Dr geltd gemacht w können (RG **111**, 86);
entscheidd, daß das RVerh, auf dem das R beruht, zu diesem Ztpkt schon besteht. Verschlechterg der RLage
dch spätere GÄnd hat der Käufer hinzunehmen (Kln NJW-RR **92**, 1099).

2) Rechte Dritter. Sie müssen an dem od in bezug auf den KaufGgst bestehen u auch nur möglw gg den 4
Käufer bei od nach dem Kauf geltd gemacht w können (vgl Rn 3). **a) Dingliche Rechte:** Alle außer dem
Eigt (hierfür gilt § 433 I). Bei bewegl Sachen insb AnwartschR, PfdR, RegPfdR (auch ausländ; BGH NJW
92, 362), Nießbr, soweit sie GrdstZubeh od -Bestandt sind, auch die GrdPfdRe (wg §§ 1121 ff). Bei Grdst
auch alle in Abt II des Grdbuchs eingetr Re, zB GrdDienstbk, insb BauBeschränk (BGH NJW-RR **93**,
396), VorkaufsR (RG **133**, 76); wenn eine Hyp entgg §§ 434, 439 übernommen w u Inhalt od Umfang v der
Zusicherg des Verk abweichen (bestr; vgl Michaelis NJW **67**, 2391). NacherberR (§§ 2113 ff). Nachbar-
rechtl Beschrängen sind kein RMangel, können aber Sachmangel sein (BGH NJW **81**, 1362; § 459 Rn 22,
24). **b) Obligatorische Rechte:** nur soweit sie einem Dr berecht Bes verschaffen, dch ZbR dem Käufer 5
entgegesetzt w können od ihn in seiner VfgsBefugn in der Nutzg des KaufGgst beeinträcht, zB: Miet- u
PachtR wg § 571, insb wenn es zu einem späteren Ztpkt endet, als im KaufVertr vorausgesetzt w (BGH
NJW **91**, 2700 mwN), UnterlassgsGebot, das dem Vertrieb gekaufter Sachen entggsteht (BGH NJW **90**,

1106); bei Grdst u grdstgleichen Ren die dch Vormerkg gesicherten Anspr (RG **149**, 195); rückständ Einlage bei GesAnteil; Unbenutzbk wg entggstehden Patents (RG **163**, 1 [8]), Patentanmeldg (BGH NJW **73**, 1545; vgl § 30 I PatG) od GebrMuster; bei Kauf v Software das UrhR Dr (Voss CR **94**, 449); bei Kauf v UrhR, Patent od GebrMuster erteilte Re, Lizenzen; auf privatrechtl Titeln beruhde BauBeschrkgen (BGH BB **65**, 1291). Nicht: die Haftg aus § 419 (BGH NJW **78**, 370). **c) Öffentliche Rechte.** Bei GrdstKauf gilt für
6　Abgaben u and Lasten § 436. **aa) Rechtsmängel** können öff-rechtl Eingriffe, Bindgen od Beschrkgen darstellen (BGH **67**, 134 u NJW **83**, 275). Die Abgrenzg, ob ein Sachmangel vorliegt, ergibt sich aus der Art der Beschränkg. Solche, die aus Grden des Gemeinwohls bestehen u vom Verk nicht beseit w können, fallen nicht unter § 434, können aber einen Sachmangel (§ 459) darstellen. Als RsMängel werden behandelt: GenehmiggsZwang gem § 6 WoBindG (BGH **67**, 134 u WM **84**, 214); MietPrBindg gem § 8 WoBindG (Kl NJW-RR **92**, 1099); die Pfl, einen GrdstT als Straßengrund an die Gemeinde zu veräußern (BGH NJW **83**, 275); Sicherstellg mit VfgsVerbot (BGH **113**, 106 [Ölvermischg]); behördl Bauverbot bei Bestellg eines ErbbauR (BGH **96**, 385). Baulasten, die best Pfl in der Nutzg bereits errichteter Gbde begrden (Hamm
7　NJW-RR **89**, 524). **bb) Keine Rechtsmängel sind:** Baubeschränkgen (BGH NJW **92**, 1384; § 459 Rn 22, 24); Baulasten, die eine Baubeschränkg zum Inh haben (BGH NJW **78**, 1429; Düss NJW-RR **92**, 87), auch Stellplatzbaulasten (Ziegler BauR **88**, 18); priv-rechtl VfgsBeschränkgen, die den EigtErwerb hindern (Soergel/Huber 13); versagte Steuerbegünstigg (Landsberg JuS **82**, 335 mwN), Beschlagn gem § 94 StPO (LG Bonn NJW **77**, 1822). **d) Sonstige Rechte.** Sie müssen ausschließl sein (vgl § 823 Rn 11), zB das R des Urhebers eines EDV-Programms bei Verkauf einer Raubkopie (Hamm NJW-RR **91**, 953) od an einem Etikett (Hamm NJW-RR **92**, 1201).

8　**3) Rechtsfolgen.** Es ist davon auszugehen, daß der Verk zur Erf seiner HauptPfl aus § 433 I dem Käufer den Ggst frei von Ren Dr verschaffen muß. Solange der Verk diese Re nicht beseitigt, hat der Käufer die Re aus § 440 I: Einr des nichterf Vertr (§§ 320, 321), Befreiung von der GgLeistg (§ 323), SchadErs (unter best Voraussetzgen, §§ 440 II–IV, 441) u Rücktr (§§ 325, 326). Das setzt nicht voraus, daß der Verk sich zur Beseitig des RMangels verpfl hat, zB als Verm, daß der Mieter trotz § 571 räumt (BGH NJW **92**, 905). Der ErfAnspr (auf Beseitigg der entggstehden Re) besteht bis zum Rücktr od bis Ablauf der NachFr (§ 326 I 2). BewLast für RMangel: Käufer (§ 442).

435　*Nichtbestehende Buchbelastungen.* [I]**Der Verkäufer eines Grundstücks oder eines Rechtes an einem Grundstück ist verpflichtet, im Grundbuch eingetragene Rechte, die nicht bestehen, auf seine Kosten zur Löschung zu bringen, wenn sie im Falle ihres Bestehens das dem Käufer zu verschaffende Recht beeinträchtigen würden.**

[II]**Das gleiche gilt beim Verkauf eines eingetragenen Schiffs oder Schiffsbauwerks oder einer Schiffshypothek für die im Schiffsregister eingetragenen Rechte.**

1　**1) Allgemeines.** Erweitert § 434 auf eingetragene, aber mat nicht bestehde Re. **a) Zweck.** Verk schuldet diese sog Buchreinh, insb wg der Möglk gutgläub Erwerbs (§§ 892, 893), aber auch wg der Löschgskosten,
2　der Möglk des Streits mit dem Eingetragenen u der Beeinträchtigg für einen WeiterVerk. **b) Anwendbar** bei Kauf v Grdst, aller GrdstRe, auch inhaltl unzul (RG **88**, 22 [28]), unwirks Vormerkg (RG **149**, 195); für
3　alle im SchiffsReg eingetr Re (Abs II). Entspr anwendb gem § 98 LuftfzRG. **c) Wirkung.** § 435 gibt dem Käufer Anspr auf Löschg u stellt eine HauptLeistgsPfl dar, sodaß die §§ 320 ff gelten, insb auch § 326 u § 320 II nach Eintrag u Überg (RGRK/Mezger 1). Der Käufer kann dech auch bis zur Löschg die Mitwirkg bei der Auflassg verweigern. Sein eigener Anspr auf Löschg steht dem Anspr aus § 435 nicht entgg (allgM). Der Verk kann daher den Käufer nicht darauf verweisen (BGH NJW-RR **86**, 310).

4　**2) Voraussetzungen und Durchführung. a)** Der Anspr setzt voraus: **aa)** Nichtbestehen eines eingetr Rs im AnwendgsBer (Rn 2). Unerhebl ist, ob es von vornherein nicht bestanden hat od später weggefallen ist (Erm/Weitnauer 2). **bb)** Beeinträchtigg des verk Grdst od Rs dch das eingetr R, falls es bestünde. Das
5　trifft auch zu, wenn im Rang (§ 879) vorgeht. **b)** Erfüllt wird, indem der Verk das Grdbuch berichtigen läßt (§ 894). Das kann er im eigenen Namen auch noch nach EigtÜbergang, wenn der Käufer die Löschg v ihm verlangt (stillschw Ermächtigg, RGRK/Mezger 2 mwN).

436　*Öffentliche Lasten bei Grundstücken.* **Der Verkäufer eines Grundstücks haftet nicht für die Freiheit des Grundstücks von öffentlichen Abgaben und von anderen öffentlichen Lasten, die zur Eintragung in das Grundbuch nicht geeignet sind.**

1　**1) Allgemeines. a) Zweck.** Abgrenzg der VerkPfl zu §§ 434, 435. **b) Anwendbar** nur auf Grdst u grdstgleiche Re, insb ErbbauR, WoEigt, DauerWoR (§ 31 WEG); entspr auf Re an Grdst; nicht auf bewegl
2　Sachen (RG **105**, 391) u Schiffe. **c) Abdingbarkeit** ist zu bejahen (BGH NJW **93**, 2796 mwN); insb kann Verk Haftg für Freih v best öff Lasten übernehmen. Ob Zusicherg v LastenFreih sich auch auf öff Lasten bezieht, ist Ausleggsfrage. Ausdrückl vertr Regelg für AnliegerBeitr u ErschließgsKosten ist idR geboten (hierzu Nieder NJW **84**, 2662).

3　**2) Öffentliche Lasten** richten sich nach Bundes- u LandesR. Unerhebl ist, ob sie im GrdB eingetr sind od nicht. Für rückständ öff Lasten gilt § 436 nicht. **a) Begriff:** Leistgen, die kr öff Rs auf dem Grdst
4　ruhen, also aus dem Grdst zu entrichten sind (Staud/Köhler 2 u 3). **b) Einzelheiten. aa)** Öff Lasten sind Grdst- u Gebäudesteuer, kommunale Abgaben, ErschließgsKosten (BGH NJW **93**, 2796 mwN), Straßenanliegerbeiträge u -baukosten, Kirchen- u Schulbaulast (RG **43**, 207). **bb)** Nicht: GrdErwerbsteuer (RG **75**, 208); Müllabfuhrgebühr (LG Bln JR **56**, 185); Räum- u StreuPfl (Schlesw VersR **73**, 677); Bestehen eines Bebauungsplans vor Einleitg eines FlurbereiniggsVerf (Köln MDR **76**, 931); Baubeschränkg (vgl § 434 Rn 6).

437 *Gewährleistung bei Rechtskauf.* [1]Der Verkäufer einer Forderung oder eines sonstigen Rechtes haftet für den rechtlichen Bestand der Forderung oder des Rechtes. [2]Der Verkäufer eines Wertpapiers haftet auch dafür, daß es nicht zum Zwecke der Kraftloserklärung aufgeboten ist.

1) Allgemeines. a) Verhältnis zu § 306: Hierzu stellt § 437 (dch die Gültigk des KaufVertr) eine Ausn 1 dar, aber nur sow das Bestehen des Rs od der Fdg zZ des VertrAbschl obj mögl war. § 306 gilt daher, wenn Bestand od Entstehg des Rs od der Fdg aus rechtl (nicht aber aus tats) Grden unmögl war (RG **90**, 240 [244]). Für die Veräußerg nicht bestehder gewerbl SchutzR kann das nicht allg gesagt w; es kommt auf den Einzelfall an, ob die Schutzfähigk klar ersichtl ausscheidet (vgl Soergel/Huber 61). **b) Zweck:** Der Verk, 2 der den Bestand eines (sinnl nicht wahrnehmb) Rs dch den Verkauf behauptet, soll dafür grdsätzl uneingeschr einstehen müssen. **c) Abdingbarkeit:** ist zu bejahen (allgM), insb dch HaftgsAusschl (zB „ohne 3 Gewähr") u dch Übern weitergehder Haftg. Ist Zweifelhk des Rs dem Käufer bekannt, so kann stillschw HaftgsAusschl vorliegen. **d) Anwendungsbereich:** nur für den Kauf eines (auch künft) Rs; insb einer Fdg 4 od einer Mehrh v Ren (Fdgen), sog Pakete, wie zB beim Kauf v LeasingFdgen (hierzu Schölermann/ Schmid-Burgk WM **92**, 933); aber auch dann, wenn das R zu einer Sach- u Rechtsgesamth (insb zu einem gewerbl Untern) gehört u diese verk w; in diesem Fall wird nach § 437 gehaftet, ggf neben §§ 459ff (BGH NJW **70**, 556 u WM **75**, 1166; vgl § 433 Rn 3), näml soweit der RsMangel für den KaufGgst (Untern als solches) einen (Sach-)Mangel darstellt (Vorbem 15 vor § 459). FdgKauf kommt auch beim RahmenVertr zw Kreditkartenausgeber u VertrUntern in Betr (BGH NJW **90**, 2880). **e) Ausführung.** Es ist stets zu unter- 5 scheiden: der KaufVertr u das ErfGesch, näml die Übertr des Rs (insb nach §§ 398, 413). Beide Vertr können in einem einz Vorgang liegen u sich zeitl decken. Ist ein R verk, das zum Bes berecht, so ist der Bes zu verschaffen (§ 441). **f) Beweislast:** § 442.

2) Haftung. Zu den Besonderh beim Kauf v LeasFdgen vgl Schölermann/Schmid-Burgk WM **92**, 933. 6 **a) Voraussetzungen:** Im Anwendungsbereich (Rn 4) haftet der Verk allein aGrd des KaufVertr, ohne Rücks auf Versch. **b) Umfang.** Es wird für den Bestand gehaftet, gleich ob das R nie entstand, wieder 7 erloschen (insb dch Anf od Aufrechng), mit einer Einr behaftet u aus diesen od and Grden nicht dchsetzb ist; zB inf einer Beschlagn (BGH NJW **63**, 1971). Die Haftg bezieht sich auf den Inhalt u Umf des Rs, wie es im KaufVertr best ist, ohne eine solche Bestimmg auf den gewöhnl, insb gesetzl Inhalt, ferner auf die NebenR des § 401 (RG **90**, 240). Für den Rang eines Rs am Grdst kommt es daher nur auf den Inhalt des KaufVertr an, ob ein best Rang darin angegeben od vorausgesetzt w (Soergel/Huber 16). Der Verk haftet auch für die Übertragbark des Rs (BGH NJW **70**, 556), aber nur wenn sie rechtsgesch ausgeschl ist; denn bei gesetzl Unübertragbk gilt § 437 nicht (vgl Rn 1). Der Verk haftet nicht dafür, daß das R auch brauchb ist u den vertragl vorausgesetzten Wert hat; ohne bes Abrede, insb nicht dafür, daß eine Fdg eingebracht w kann (vgl § 438) u grdsätzl nicht für Mängel der Sache, auf die das R sich bezieht (Larenz § 45 I). Ausschl der Haftg bei Kenntn des Mangels: § 439. **c) Maßgebender Zeitpunkt** ist grdsätzl der des KaufVertrAbschl, nicht der 8 der Übertr des Rs. Es wird gehaftet, wenn der RGrd für das Erlöschen od die Beeinträchtigg zum maßgebden Ztpkt entstanden war. Ist ein künft R verkauft, wird für die Entstehg des Rs zur best Zeit gehaftet. Ist ein bedingtes R verk, wird nur dafür gehaftet, daß zZ des VertrAbschl die auflösde Bedingg noch nicht eingetreten, die aufschiebde Bedingg nicht ausgeschl war. **d) Wirkung.** Der Käufer hat zunächst den 9 ErfAnspr u kann vom Verk die Verschaffg des Rs (§ 434) od ggf die Herstellg des dem KaufVertr entspr Inhalt des Rs verlangen. Davon unabhäng kann er auch über § 440 I die R aus §§ 320–327 geltd machen, insb Leistgsverweigerg, SchadErs od Rücktr. **e) Besonderheiten bei Gesellschaftsanteilen.** Hier wird dafür 10 gehaftet, daß der Anteil in der entspr Größe u der Gesellsch besteht u nicht in Liquidation ist (offengelassen v RG **99**, 218), ferner für die rechtl Eigensch des GesAnteils, zB Höhe der Gewinnbeteiligg, Umfang des StimmRs (U. Huber ZfUG **72**, 395). Für den Wert des Anteils sowie für Mängel des von der Gesellsch betriebenen Untern od der Bestandteile des GesellschVerm wird grdsätzl nicht gehaftet (hM; BGH **65**, 246), auch nicht für eine ÜbSchuldg (BGH NJW **80**, 2408, wohl aber aus c. i. c.), aus § 437 nur dann, wenn hierfür Gewl od Garantie vom Verk vertragl übernommen w (U. Huber aaO mwN). SachmängelGewl kann aber entspr §§ 459ff ohne bes Vereinbg bestehen, wenn der od die verkauften Anteile mehr als eine MinderhBeteiligg darstellen (vgl 15 vor § 459). Entspr gilt für Aktien, insb Pakete (LG Bln WM **93**, 2248).

3) Wertpapiere. Ihr Kauf stellt in erster Linie einen RKauf dar. Da bei WertP aber das R nur dch Vorlage 11 des Papiers, das eine Sache darstellt, ausgeübt w kann, liegt zugleich ein Sachkauf (§ 433) vor, dch den der Verk zur Übereig u Übereigng der WertP verpfl ist (hM; Larenz § 45 I; RG **109**, 295). Davon zu unterscheiden sind die Urk, für die § 952 anwendb ist; bei diesen Urk folgt das R am Papier dem R aus dem Papier kraft G ohne Übereigng (§ 952 Rn 5). § 437 setzt das alles voraus u erweitert ledigl in Abs II die Haftg. **a) Art der** 12 **Gewährleistung:** Haftg für RMängel (§§ 437ff) u Sachmängel (§§ 459ff) sind nebeneinander anwendb (RG aaO), soweit deren Voraussetzgen vorliegen. **aa) Rechtsmängel:** Formungültig eines Wechsels od 13 Schecks, Unwirksamk einer Verpfl aus dem WertP, Künd des verbrieften Rs, Aufgebot zur KraftlosErkl (Abs II; § 947 II ZPO); Zahlgssperre des § 1019 ZPO (RG aaO). **bb) Sachmängel** (§ 459) sind nur solche, 14 die dem WertP als Sache anhaften, zB Abtrenng eines Teils, Fälschg einer notw Unterschr, Fehlen einer notw Stempelg, Zerstörg der Schrift (insb teilw). Bewirkt der Sachmangel zugleich einen Mangel des Rs (zB Verfälschg, Fehlen des notw BestandT eines Wechsels) so herrscht grdsätzl der RMangel vor u dem Käufer stehen allein die Re daraus zu (hM; MüKo/Westermann 14 mwN). **b) Umfang, aa)** Bei RMängeln: 15 Der Verk haftet grdsätzl wie in Rn 6–10 dargestellt. Er haftet insb nicht für den Kurs des WertP, seine Börsenfähigk, wohl ggf dividende. **bb)** Bei Sachmängeln: Wandelg od Minderg (§ 462), ggf SchadErs (§ 463). Nachbesserg od Nachlieferg einer einwandfreien Urk (abgesehen vom Gattgskauf, § 480) nur bei entspr Vereinbg der VertrPart. **c) Besonderheiten** bei **aa) Banknoten:** KaufVertr kann, weil der Kaufpr in Geld 16 bestehen muß (§ 433 Rn 26) nur vorliegen bei Kauf von Geld in and Währg. Sind die Banknoten gefälscht, verfälscht od außer Kurs, so liegt ein RMangel vor (MüKo/Westermann 15; aA Staud/Köhler 20; Soergel/ Huber 57), ein Sachmangel nur, wenn eine Banknote umtauschunfäh beschäd ist. **bb) Inhaberpapiere:** Bei 17

Kauf von Aktienpaketen beachte Rn 10 aE. **cc) Wechsel:** Es ist zu unterscheiden: die Haftg aus dem Wechsel (Art 9, 15, 28 WG) von der GewLeistg aus dem (häuf zugrdeliegden) Verkauf des Wechsels. Hierfür gilt § 437 unmittelb. Der Verk haftet (abdingb, Rn 3) insb für die Formgültigk des Wechsels (aber § 439 beachten) für die Echth der Unterschr, das Fehlen von dch Art 17 WG nicht ausgeschl Einwendgen, für die abredegem Ausfüllg eines Blankowechsels. Beim WechseldiskontGesch (idR RKauf, Einf 23 vor § 607) wird nicht für den unveränd Fortbestd des Devisenkurses gehaftet, so daß Währgsver-
18 luste dch Auf- u Abwertg der Diskontgeber (Käufer) trägt (vgl RG **142**, 23). **dd) Scheck:** Wer einen Scheck verkauft (auch als dessen Aussteller), haftet aus dem KaufVertr nicht für die Einlösg (hierfür nur nach Art 12, 18 ScheckG), sond nur für die Echth u Formgült (hM; Soergel/Huber 55 mwN). Der Verkauf eines Schecks liegt aber nicht vor, wenn er (seinem Zweck entspr) gem § 364 II begeben od weiterbegeben w.

438 *Haftung für Zahlungsfähigkeit.*   **Übernimmt der Verkäufer einer Forderung die Haftung für die Zahlungsfähigkeit des Schuldners, so ist die Haftung im Zweifel nur auf die Zahlungsfähigkeit zur Zeit der Abtretung zu beziehen.**

1   **1) Allgemeines. a) Bedeutung.** § 438 ist eine (abdingb) AusleggsRegel für den Fall, daß der Verk einer Fdg die Gewährleistg über § 437 hinaus auch für die Zahlgsfähk des Schu vertr übernimmt. **b) Anwendbar** bei Kauf einer Fdg (jeder schuldrechtl Anspr, § 398 Rn 1), entspr bei Kauf einer Hyp od GrdSch, ferner iF des § 365. **c) Rechtsnatur:** selbstd kaufrechtl Verbindlk (RGRK/Mezger 3), keine Bürgsch, daher keine Form. **d) Erweiterung** der Haftg auch für den ZtRaum nach Abtretg mögl, zB Übern der Haftg für Eingang od Einbringlk der Fdg.

2   **2) Voraussetzungen** der Haftg: **a) Übernahme** der Haftg dch den Verk im KaufVertr (als Nebenabrede) od in einem gesond Vertr. Zahlgsfähigk od ein einspr Begr (zB Bonität) muß darin enthalten sein.
3 **b) Zahlungsunfähigkeit** des Schu bedeutet, daß er nicht in der Lage ist, die Fdg bei Fälligk zu begleichen, od sie nur in Raten zahlen kann. Grdsätzl ist ein VollstrVersuch notw, wenn die Insolvenz nicht offenliegt, zB OffenbVers (§ 807 ZPO), KonkAblehng mangels Masse. GrdGedanken der §§ 773, 776 gelten entspr.
4 Unerhebl ist, ob Käufer die ZahlgsUnfäh kennt. **c) Zeitpunkt.** Die ZahlgsUnfäh muß auf die Abtretg
5 (§ 398) nicht auf den KaufVertr (§ 433) bezogen w; jedoch geschieht dies meist gleichzeit. **d) Beweislast:** Käufer. Er genügt ihr, wenn er die Zahlungsunfähigk für einen Ztpkt alsbald nach Abtretg beweist; dann trägt Verk die BewLast für ZahlgsFähk zZ der Abtretg.

6   **3) Wirkung.** Der Verk haftet über § 437 nach § 440 auf Erfüllg (§ 438 ist als AusleggsRegel in § 440 nicht erwähnt) auch dann, wenn die ZahlgsUnfäh zw KaufVertr u Abtretg eintritt. Käufer kann dann die Erf (§ 398) ablehnen u sofort nach § 440 vorgehen.

439 *Kenntnis des Käufers vom Rechtsmangel.*   [I] **Der Verkäufer hat einen Mangel im Rechte nicht zu vertreten, wenn der Käufer den Mangel bei dem Abschlusse des Kaufes kennt.**

[II] **Eine Hypothek, eine Grundschuld, eine Rentenschuld, eine Schiffshypothek oder ein Pfandrecht hat der Verkäufer zu beseitigen, auch wenn der Käufer die Belastung kennt. Das gleiche gilt von einer Vormerkung zur Sicherung des Anspruchs auf Bestellung eines dieser Rechte.**

1   **1) Allgemeines.** § 439 entspr dem § 460, der für Sachmängel gilt. Er befreit den Verk v der RMängel-Haftg. **a) Anwendungsbereich:** nur für die gesetzl Haftg, nicht wenn der Verk vertr zusichert, einen vorhandenen RMangel zu beseit (BGH NJW-RR **88**, 79). Abs II gilt entspr für das RegisterPfdR gem § 98
2 LufttzRG. **b) Rechtsmangel:** § 434 Rn 4–7; nicht das Eigt (Knöpfle NJW **91**, 889 mwN). **c) Zeitpunkt.** Maßgebd ist allein der des VertrAbschl, bei formbedürft Vertr Ztpkt, zu dem die Form erf w. Der Verk haftet daher auch, wenn der Käufer später Kenntn erlangt u nur bei Erf die Sache vorbehaltlos annimmt.
3 **d) Beweislast** für die Kenntn hat der Verk. **e) Abdingbarkeit** ist gegeben (BGH NJW-RR **88**, 79), insb für Abs II. Auch stillschw mögl. VertrAbschl in beiderseit Kenntn des Mangels kann bedeuten, daß Verk sich verpfl, den Mangel zu beseit.

4   **2) Kenntnis** (Abs I) ist pos Gewißh. Sie schließt Anspr des § 440 I aus, ebso aus c. i. c. (§ 276 Rn 65) u Wegfall der GeschGrdlage (§ 242 Rn 110; Karlsr WoM **91**, 251). Grob fahrläss Unkenntn genügt nicht. **a) Bestehen** der Kenntn. Die Kenntn der Tats allein reicht nicht aus; der Käufer muß daraus auch die zutreffden Folgergen ziehen u den RMangel (die rechtl Beschränkg od den fehlden Bestand des Rs) als solchen erkennen (BGH **13**, 341). Es genügt aber, wenn der Käufer darauf ausdrückl (wenn auch nicht auf alle RFolgen) hingewiesen w (BGH NJW **94**, 2768), mit dem Vorliegen des RMangels rechnet u dieses Risiko bewußt in Kauf nimmt (BGH NJW **79**, 713), zB Bestehen eines MietVertr üb eine als bewohnt
5 erkannte Wo beim Hauskauf (vgl Köln ZMR **95**, 253). **b) Keine Kenntnis** besteht, wenn der Käufer sich üb den Umfang des Rs irrt (BGH NJW **91**, 2700), zB, wenn er auf die Ankündigg des Verk vertraut, der Mieter werde die verkaufte EigtWo binnen best Fr räumen (BGH NJW-RR **92**, 201). Unkenntn v der Verlängerg eines dem Käufer bekannten MietVertr schließt die Haftg des Verk nicht aus (BGH NJW **92**, 905). Unerhebl ist auch ein Irrt üb die rechtl od wirtsch (BGH NJW **51**, 705) Tragweite des erkannten
6 RMangels. **c) Beweislast.** Ein Käufer der im Vertr erkl, bestimmte RMängel zu kennen, trägt die BewLast dafür, daß er sie nicht gekannt hat (BGH NJW-RR **88**, 79).

7   **3) Pfandrechte,** einschl GrdPfdR (Abs II). Hier besteht in Ausn zu Abs I BeseitigPfl (§§ 434, 435) trotz Kenntn des RMangels. Abs II ist auf and Re auch nicht entspr anwendb, wird aber häuf abbedungen, insb dch Übern der bestehden Belastgen. Gilt auch für bewegl Sachen, zB GrdstZubehör (BGH WM **61**, 484) u RegPfdR, auch ausländ (BGH NJW **92**, 362).

440 *Rechte des Käufers.* [1] Erfüllt der Verkäufer die ihm nach den §§ 433 bis 437, 439 obliegenden Verpflichtungen nicht, so bestimmen sich die Rechte des Käufers nach den Vorschriften der §§ 320 bis 327.

[2] Ist eine bewegliche Sache verkauft und dem Käufer zum Zwecke der Eigentumsübertragung übergeben worden, so kann der Käufer wegen des Rechtes eines Dritten, das zum Besitze der Sache berechtigt, Schadensersatz wegen Nichterfüllung nur verlangen, wenn er die Sache dem Dritten mit Rücksicht auf dessen Recht herausgegeben hat oder sie dem Verkäufer zurückgewährt oder wenn die Sache untergegangen ist.

[3] Der Herausgabe der Sache an den Dritten steht es gleich, wenn der Dritte den Käufer oder dieser den Dritten beerbt oder wenn der Käufer das Recht des Dritten anderweit erwirbt oder den Dritten abfindet.

[4] Steht dem Käufer ein Anspruch auf Herausgabe gegen einen anderen zu, so genügt an Stelle der Rückgewähr die Abtretung des Anspruchs.

441 *Weitere Rechte des Käufers.* Die Vorschriften des § 440 Abs. 2 bis 4 gelten auch dann, wenn ein Recht an einer beweglichen Sache verkauft ist, das zum Besitze der Sache berechtigt.

1) Allgemeines. Nur die NichtErf der in § 440 I bezeichneten Pfl löst die allg Folgen der NichtErf von **1** Vertr aus, u zwar gleicherm bei NichtErf dch Verk od dch Käufer. Wandlg u Minderg (§ 462) sind bei RMangel nicht mögl. Bei teilw Unmöglk gelten § 323 I Hs 2 u II Hs 2, somit die §§ 472, 473. Für Verletzg der VerkPfl hebt § 440 I ausdr hervor, daß jede der in § 433–437, 439 festgestellten Pfl die §§ 320–327 anwendb macht, es sich daher um Teile der HauptVerpfl des Verk handelt. Bei BesVerlust v verkauften bewgl Sachen stellen § 440 II–IV, § 441 zusätzl Erfordern auf. **a) Anwendungsbereich:** Kauf v Sachen u **2** Ren. § 440 II–IV u § 441 nur bewegl Sachen u Re, darunter zB Nießbr (§§ 1036, 1059), PfandR (§ 1251), DauerWohnR (§ 31 WEG), nicht Miete u Pacht. **b) Rechte des Käufers:** ErfAnspr, auch wenn **3** seine GgLeistg dch Versch des Verk unmögl w (§ 324); Einr des nichterf Vertr (§§ 320, 322); SchadErs wg NichtErf (§ 325), bei behebb RMangel, zB Vermietg od Verpachtg nur gem § 326 (BGH stRspr NJW **91**, 2700 u NJW-RR **92**, 201); Rücktr nach §§ 325 od 326. Der Käufer hat diese Re auch dann, wenn der Verk trotz eines ihm zustehden ZbR vorzeit erf hat; auch in diesem Fall hat der Verk dafür einzustehen, daß die Sache im Ztpkt ihrer Überg nicht mit Ren Dr belastet ist, die ihre Benutzg dch den Käufer hindern. Keine Anwendg v § 254, wenn dem Käufer der RMangel schuldh unbekannt geblieben ist (BGH **110**, 196; aA Mittenzwei JuS **94**, 187). Auch wenn die Sache schon zZ des KaufAbschl dem Käufer nicht gehört, gelten die §§ 320ff. **c) Verhältnis zu anderen Vorschriften:** Das RücktrR (§§ 325, 326) richtet sich nach den allg **4** Vorschr, insb §§ 351, 352, 354; § 327 S 1; jedoch ist der Käufer trotz § 351 zum Rücktr berecht, wenn er die Sache dem bestohlenen Eigter zurückgegeben hat (BGH **5**, 337). Bei anfängl Unvermögen des Verk gilt § 325 entspr, nicht § 306, weil der Verk dieses Unvermögen stets zu vertreten hat (BGH **8**, 231; Soergel/ Huber § 440 Rn 15). IrrtAnf wg RMangel ist dch § 440 I grdsätzl nicht ausgeschl; jedoch die aus § 119 II, soweit wg der betreffden Eigensch Haftg aus § 440 in Betr kommt. Eigt ist keine Eigensch iS des § 119 II (BGH **34**, 32).

2) Schadensersatzanspruch (Abs II). Dem Käufer entsteht dch die bloße Behauptg eines zum Bes be- **5** recht Rs dch einen Dr noch kein Schad, solange er nicht herausgibt. Die Unbilligk, die darin liegt, daß der Käufer die Sache behält, dem RückgAnspr des Verk den Einwand aus dem KaufVertr u gleichzeit SchadErs verlangt, (doppelter Vorteil), soll Abs II verhindern. Zur Bedeutg dieser Best: RG **117**, 335 (für Veräußerg) u BGH **5**, 337. **a) Voraussetzungen: aa) Herausgabe an Dritten** (Abs II 1. Fall). Käufer gibt **6** die Sache dem Dr mit Rücks auf dessen R heraus. Er ist nicht verpfl, aber berechtigt, sich mit dem HerausgAnspr erhebenden Dr auf einen RStreit einzulassen u dem Verk den Streit zu verkünden. Gibt Käufer die Sache dem Dr freiw heraus, so trifft ihn hins des RMangels die BewLast, wenn er dann den Verk in Anspr nimmt. Ist die Sache dem früh Besitzer abhanden gekommen, so genügt der Käufer seiner BewPfl mit Nachw dieses Tatbestandes; er braucht nicht zu beweisen, daß der Dr Eigtümer geblieben ist (BGH **16**, 307). Der Herausg steht nach Abs III gleich, wenn durch RNachfolge Identität zw Käufer u dem Dr entsteht; ferner eine Abfindg, dch die der Käufer die Anspr des Dr erwirbt od beseitigt; sie muß jedoch eine endgült sein. Maßgebder Ztpkt für die Berechng des Schad ist der Wert der Sache zZ der Herausg an den Eigtümer. Bei einem Kfz, das der Käufer bis zur Herausg ungestört nutzen kann, tritt der Schad erst mit der Herausg ein (Hamm NJW **75**, 2197). **bb) Rückgabe an Verkäufer** (Abs II 2. Fall), Käufer braucht sich **7** nicht mit dem Dr auseinanderzusetzen, kann vielm die Sache wg des Rs des Dr dem Verk zurückgeben od den HerausgAnspr abtreten (Abs IV); auch dann ist der Weg für SchadErs (Abs I) frei. **cc) Untergang der **8** Kaufsache** (Abs II 3. Fall). Ist die dem Käufer übergebene Sache bei diesem untergegangen, so entfällt auch der Grd, den SchadErsAnspr zu versagen; ebenso, wenn der Käufer dem Dr nach §§ 989, 990 wg verschuldeten Untergangs SchadErs leisten mußte. Bei zufäll Unterg der Sache ist nur der Schaden zu ersetzen, der unmittelb durch den RMangel entstanden ist (umstr; vgl Soergel/Huber 47), zB wenn Käufer seinem weiteren Abkäufer vor Unterg der Sache SchadErs gg Rückgewähr der Sache hatte leisten müssen; denn die Gefahr des zufäll Untergangs geht trotz RMangels mit Übergabe auf den Käufer über (§ 446; RGRK/ Mezger 14). Dem Käufer bleibt auch in diesen Fällen der Rücktr (§§ 323ff). **b) Umfang** des Anspr. Er **9** richtet sich auf SchadErs wg NichtErf (§§ 325, 326) u umfaßt auch den Schad, den der Käufer wegen des RMangels dadch erleidet, daß er seinem Abnehmer den entgangenen Gewinn ersetzen muß (BGH NJW **92**, 905).

442 *Beweislast für Rechtsmängel.* Bestreitet der Verkäufer den vom Käufer geltend gemachten Mangel im Rechte, so hat der Käufer den Mangel zu beweisen.

1 **1) Allgemeines. a) Regelungsinhalt.** Verlangt der Verk den KaufPr (§ 433 II), so muß er nach allg Regeln die vollständ (mangelfreie) Erf beweisen, wenn er Verurteilg ohne Zug-um-Zug-Leistg (§ 322) erreichen will. Davon macht § 442 die Ausn dahin, daß die Käufer die Beweislast dafür trifft, daß ein **2** RMangel vorliegt. **b) Anwendungsbereich:** § 442 gilt für die Verschaffg des Eigtums, für alle Streitfälle des § 434 u für jeden daraus abgeleiteten RBehelf (§ 434 Rn 8), auch für NebenRe (MüKo/Westermann 2), **3** nicht für die Vornahme der Erfüllg (Einigg, Übergabe, Abtretg). **c) Verhalten im Prozeß:** Der Käufer ist bei einem Prozeß mit dem Dr gehalten, dem Verk den Streit zu verkünden (§§ 74, 68 ZPO), um im RegreßProz den RMangel nicht beweisen zu müssen. **d) Abdingbarkeit** ist zu bejahen (vgl § 443).

4 **2) Beweislastregelung.** Der beweisbelastete Käufer muß nicht nur Geltmachg, sond auch Berechtigg der Anspr des Dritten, aus denen der RMangel (§ 434) folgen soll, beweisen. Verteidigt sich Verk damit, daß Käufer den RMangel gekannt habe (§ 439), so hat Käufer trotzdem die Tatsachen darzulegen u zu beweisen, aus denen der RMangel folgt (BGH **40**, 264). Hat der Käufer einem Dr, dem die Sache gestohlen war, diese Sache freiwill herausgegeben, genügt der Nachw des Diebstahls, worauf der Dr sich auf § 1006 I 2 od § 1007 berufen kann (BGH **16**, 307). Entspr gilt, wenn Verk behauptet, die Haftg für diesen Mangel sei vertragl ausgeschl (§ 443). BewLast für diese Verteidigg trägt im übr der Verk, jedoch muß der Käufer die Replik, daß der Verk RMangel argl verschwiegen habe (§ 443), beweisen.

443 *Vertraglicher Ausschluß der Gewährleistung.* **Eine Vereinbarung, durch welche die nach den §§ 433 bis 437, 439 bis 442 wegen eines Mangels im Rechte dem Verkäufer obliegende Verpflichtung zur Gewährleistung erlassen oder beschränkt wird, ist nichtig, wenn der Verkäufer den Mangel arglistig verschweigt.**

1 **1) Allgemeines.** Vertr Vereinb üb den Ausschluß der Haftg für RMängel sind wg der geltden VertrFreih grdsätzl zuläss, ebso wie bei Sachmängeln (Vorbem 4 vor § 459). § 443 hat dieselbe Funktion wie § 476 für Sachmängel. **a) Anwendbarkeit:** Der vorstehde Grdsatz u die Nichtigk bei Argl (§ 443) gilt für alle **2** VerkäuferPfl, die der GText aufführt, bei allen RMängeln (§ 434 Rn 4–6). **b) Abdingbarkeit** § 443 ist zwingd, seine Wirkg kann nur dch wahrhgem Aufkl des Käufers beseit w. **c) Wirkung:** Dogmat ist Nichtigk (§ 139) gegeben. Prakt ist es zutreffder anzunehmen, daß der Verk sich auf den HaftgsAusschl **3** nicht berufen kann (MüKo/Westermann 3; vgl weiter Rn 8). **d) Beweislast** für HaftgsAusschl trägt der Verk, für Argl der Käufer (Baumgärtel mwN).

4 **2) Voraussetzungen. a) Haftungsausschluß:** Vereinbg ausdrückl im KaufVertr, Zusatz od Nachtrag (§ 305), auch stillschweigd mögl, aber ebso wie bei Handelsbrauch, nur eng u zurückhaltd anzuwenden, idR **5** nur bei RisikoGesch (MüKo/Westermann 2 mwN). **b) Unkenntnis** des Käufers hinsichtl des Mangels zZ des KaufAbschl. Später erlangte Kenntn u grobfahrl Unkenntn des Käufers stehen nicht entgg. Der Verk kann dem ArglEinwand, daß der Käufer den Mangel zZ des VetrAbschl kannte (§ 439). **6** **c) Arglist** (grdsätzl wie § 476). **aa) Des Verkäufers:** Kenntn des RMangels bei Abschl der Vereinbg, mind daß er mit seinem Bestehen rechnete. Wissen od damit rechnen, der Käufer kenne den Mangel nicht u würde bei Kenntn den Kauf od den HafgsAusschl nicht vereinb (RG **62**, 300). **bb) Dritter:** Bei Stellvertretg gilt § 166. Der Verk haftet auch, wenn er das Verhalten Dr bewußt ausnützt. Keine Haftg nach § 278, da nicht bei Erf, sond bei Begründg einer Verbindlichk gehandelt w. Hingg ist Haftg nach § 831 denkb, da der **7** Gehilfe zur Verrichtg eines VertrAbschl bestellt sein kann. **d) Verschweigen** des RMangels. Kann aktives Tun zur Verdeckg des Mangels sein (MüKo/Westermann 3) od Unterlassen einer Aufklärg bei bestehder **8** OffenbargsPfl. Bsp: Darstellen eines RMangels, der gewiß besteht, als zweifelh (RG **75**, 437). **e) Umfang:** Nur soweit die Voraussetzgen (Rn 4–7) vorliegen, gilt für diesen Mangel § 443. Auf andere Mängel bezieht sich § 443 deshalb noch nicht, sodaß der HaftgsAusschl für den einen nichtig, für einen and wirks sein kann.

444 *Auskunftspflicht; Urkundenherausgabe.* **Der Verkäufer ist verpflichtet, dem Käufer über die den verkauften Gegenstand betreffenden rechtlichen Verhältnisse, insbesondere im Falle des Verkaufs eines Grundstücks über die Grenzen, Gerechtsame und Lasten, die nötige Auskunft zu erteilen und ihm die zum Beweise des Rechtes dienenden Urkunden, soweit sie sich in seinem Besitze befinden, auszuliefern. Erstreckt sich der Inhalt einer solchen Urkunde auch auf andere Angelegenheiten, so ist der Verkäufer nur zur Erteilung eines öffentlich beglaubigten Auszugs verpflichtet.**

1 **1) Allgemeines.** Entspr der Regelg bei FdgsAbtretg (§ 402) u besteht nicht vor Abschl des KaufVertr. **a) Rechtsnatur** des Anspr: grdsätzl NebenPfl; nur ausnahmsw HauptPfl (§§ 320 ff), insbes der Verk der Kaufsa- **2** che ohne Ausk od Urk unmögl ist (allgM; RGRK/Mezger 3), zB KfzBrief (BGH NJW **53**, 1347). **b) Anwendungsbereich:** nur Ausk u Urk, welche die rechtl Verh des KaufGgst (Sache u R) betr, insb den Bew des Rs, zB Eigt oder Inhsch. Die enge Fassg des § 444 rechtf in der Praxis eine entspr Anwendg (vgl die Bsp zu Rn 17). Bei Kauf v Sachen für Gebr, Behandlg u Wartg besteht die NebenPfl gem § 433 Rn 17. **3** **c) Unmöglichkeit:** bei NebenPfl §§ 275, 280 ff; bei HauptPfl §§ 320 ff. **d) Verzug:** § 286 für VerzSchad, ggf § 326 bei HauptPfl. **e) Abdingbarkeit** ist gegeben (MüKo/Westermann 6). **f) Vollstreckung:** bei Ausk § 888 ZPO, bei Herausg § 883 ZPO.

4 **2) Auskunftsanspruch** (S 1 1. Fall) richtet sich auf Verschaffg der auf die rechtl Verhältn bzgl Unterlagen u ihre Erläuterg, nicht dagg auf eine RBelehrg u auf die mit SachEigensch verbundenen Gefahren. Auch wenn Käufer selbst die Möglichk hat, sich anderweit (zB dch Grdbucheinsicht) die Ausk zu verschaffen, wird Verk von AuskPfl nicht befreit.

5 **3) Urkundenauslieferung** (S 1 2. Fall). Die Urkunden müssen sich auf das R an dem KaufGgstd beziehen. BewUrk sind solche üb Vorgänge u Tats (vgl §§ 415 ff ZPO), üb private u öff-rechtl Verh. Sie müssen in unmittelb od mittelb Bes des Verk sein, wenn vertr nichts anderes vereinb ist (vgl Rn 3); sonst Abtretg des HerausgAnspr. Ausliefern bedeutet Herausg. Im Einzelfall kann Pfl zur Erläuterg der Urk bestehen. Bsp: KfzBrief (vgl Rn 1); Miet- u VersVertr; Unterlagen zur Ermittlg der Kostenmiete (LG Essen NJW **65**, 920); die genehm Baupläne eines HausGrdst (AG Traunst NJW-RR **89**, 598), insb techn u wirtsch Planunterlagen des Bauträgers (MüKo/Westermann 4; umstr).

4) Auszugserteilung (S 2) beschr den UrkAusliefergsAnspr (Rn 5). Voraussetzg ist, daß der Verk die **6** Urk noch für eine and Angelegenh als den KaufGgst benöt kann, weil sie sich auch auf and bezieht. Zu erteilen ist dann ein behördl od notariell begl Auszug auf Kosten des Verk. RFolge: § 810, wenn UrkAuszug erteilt ist. Dem Verk steht es jederzeit frei, eine begl Abschr der ganzen Urk zu erteilen.

445 *Kaufähnliche Verträge.* Die Vorschriften der §§ 433 bis 444 finden auf andere Verträge, die auf Veräußerung oder Belastung eines Gegenstandes gegen Entgelt gerichtet sind, entsprechende Anwendung.

1) Voraussetzungen der Anwendbk v § 445. Es darf kein Kauf (§ 433) vorliegen. **a) Begriffe.** Vertr: **1** Einf 1 vor § 145. Veräußerg ist Übertragg eines Ggst (Sache od R; Übbl 1, 2 vor § 90). Belastg: Begründg eines Rs an einem Ggst. Entgelt: vertragl GgLeistg (Geld, RVerschaffg, Handlg). **b) Entgeltliche Veräu- 2 ßerung:** Einräumg eines ErbbauR gg Erbbauzins; FilmverwertgVertr; Vertr üb Auswertg gewerbl Schutz-Re, wenn sie weder Kauf noch MietVertr sind; Übern von NachlaßGgst dch Miterben gg Entgelt (BGH **LM** § 433 Nr 4); Abgeltg des PflTAnspr gg Übereigng eines NachlaßGgst (BGH NJW **74**, 363 für § 493); Vergleich (§ 779) üb Veräußerg eines Ggst (RG **54**, 167); Kauf eines Vertr als Gesamth von Ren u Pfl (Koller JR **82**, 353); AuseinandersetzgsVertr des ausscheidden Gesellsch, dem ein Ggst zur Abfindg überl w (BGH WM **55**, 224). **c) Entgeltliche Belastung:** DarlGewährg gg SichergsÜbereigng; DarlGewährg gg Bestellg **3** eines GrdPfdR (Ffm NJW **69**, 327 m abl Anm v Schütze).

2) Unanwendbarkeit v § 445 ist gegeben: **a) Kraft ausdrücklicher gesetzlicher Regelung** gelten alt **4** od einzelne Vorschr des KaufR bei: § 365 (Hingabe an Erf Statt), § 515 (Tausch), § 651 (WerklefergsVetr), § 757 (GemeinschTeilg), § 2182 (Vermächtn), §§ 2374ff (ErbschKauf). **b) Wegen der Rechtsnatur** des **5** Vertr, näml bei: **aa)** Unentgeltl Vetr, weil die Schärfe der VerkHaftg hier unangemessen wäre u eine bes Regelg besteht: § 523 (Schenkg), § 1624 (Ausstattg), § 2385 II (ErbschSchenkg). **bb)** Übereign kraft hoheitl Handelns; insb Enteigng, Übereign in der ZwVollstr (§ 806 ZPO, § 56 S 3 ZVG).

446 *Gefahrübergang; Nutzungen; Lasten.* ^I Mit der Übergabe der verkauften Sache geht die Gefahr des zufälligen Unterganges und einer zufälligen Verschlechterung auf den Käufer über. Von der Übergabe an gebühren dem Käufer die Nutzungen und trägt er die Lasten der Sache.
^II Wird der Käufer eines Grundstücks oder eines eingetragenen Schiffs oder Schiffsbauwerks vor der Übergabe als Eigentümer in das Grundbuch, das Schiffsregister oder das Schiffsbauregister eingetragen, so treten diese Wirkungen mit der Eintragung ein.

1) Allgemeines. § 446 regelt unmittelb nur die GgLeistgsGefahr (Rn 5). Außerdem bestimmt er den **1** maßgebden Ztpkt für die SachmängelGewl (§ 459 I). **a) Anwendungsbereich:** Nur Sachen iS des § 90, auch unter EV (§ 455) verkaufte, sowie analog für Re, die zum Bes an einer Sache berecht (§ 451). Gilt nicht bei Lieferg eines aliud, weil dieses nicht die verkaufte Sache ist, sondern aber Sachgesamth u Inbegriff von Sachen u R, bei dem eine der Überg entspr Verschaffg der tatsächl Herrsch in Betracht kommt, ferner für BruchT v Sachen u WoEigt. Sonderregelg für Versendungskauf: § 447; für ErbschKauf: § 2380. **b) Ab- 2 dingbarkeit:** Vorverlegg u Verschiebg des GefahrÜberg ist mögl (BGH NJW **82**, 1278). Die Vereinbg wird bei Grdst vom Formzwang des § 313 erfaßt (BGH WM **71**, 636). **c) Beweislast,** daß Unmöglichk der Leistg nicht auf Zufall beruht, trägt der Käufer (Baumgärtel 1).

2) Gefahrtragung. a) Begriff der Gefahr: Das ist die Lage, bei welcher der Betroffene die Nachteile, für **3** die er die Gefahr trägt, nicht auf einen and (hier den VertrGegner) abwälzen kann. **b) Grundsatz.** Die Gefahr der zufäll (v keinem VetrTeil zu vertretden) Unmöglichk der Leistg trägt beim ggseit Vetr gem § 323 bis zur vollständ Erf der zu dieser Leistg Verpflichteten (§ 323 Rn 1). Davon machen §§ 446, 447 beim Kauf Ausnahmen, aber nur für zufäll (nicht verschuldeten) Untergang, Verlust od Beschädigg der Kaufsache. **c) Zweck** der Vorschr: Dem Käufer wird die mit dem SachBes verbundene Gefahr deshalb auferlegt, weil **4** der Verk sich nach Überg dagg nicht mehr schützen kann. **d) Untergang:** körperl Vernichtg u BesVerlust, insb widerrechtl Entziehg dch einen Dr. **e) Verschlechterung:** jede Qualitätsminderg, insb Beschädigg od Verderb der Sache. **f) Zeitpunkt.** Liegen die Umstde, die Unterg od Verschlechterg bewirken, vor der Überg u haften der Sache an, bleibt die Haftg aus § 323 unberührt.

3) Wirkung des § 446. Die GgLeistgs(Pr- od Vergütgs)Gefahr aus § 323 (für § 324 II vgl Rn 10) geht auf **5** den Käufer üb; er muß den vollen KaufPr zahlen (§ 433 II), auch wenn er die Sache nicht od nur verschlechtert (beschäd) erhält. Dies gilt auch dann, wenn der Verk das Eigt auf den Käufer noch nicht übertragen hat (§ 433 I, § 455) od auf der Sache ruhde Re Dr (§ 434) noch nicht beseit sind. Unabhäng davon verbleiben dem Käufer, wenn der Verk für den RMangel haftet, die Re aus §§ 440, 325, 326 (MüKo/Westermann 3), insb der Rücktr (§ 327; Soergel/Huber 58). Bei Rücktr od Wandelg fällt die Gefahr auf den Verk zurück (§§ 350, 467 S 1).

4) Eintritt des Gefahrübergangs (Abs I S 1). Setzt stets gült, insb auch formgült KaufVertr voraus. **6 a) Zeitpunkt:** Maßgebd ist die Überg der Kaufsache (§ 433 Rn 7); früher ist der Gefahrübg bei Ann-Verz des Käufers (§§ 324 II, 300 II), VersendgsKauf (§ 447) u ErbschKauf (§ 2380) sowie bei Grdst u Schiff (Rn 11). Daß mittelb Bes (§ 868) verschafft w, genügt nur dann, wenn vertrgem nur dieser verschafft w soll.

Abw Vereinbg über den ZtpktdesGefahrÜberg ist zul (Rn 2). Auf den EigtÜberg kommt es nicht an
7 (Rn 5): EigtVorbeh (§ 455) ist daher bedeutgsl. **b) Bedingter Kauf** (sog KonditionsGesch). Auch hier gilt
der Grds, daß nur bei wirks KaufVertr ein GefahrÜberg stattfindet (Rn 6), sofern nichts and vereinb ist (vgl
§ 159; RGRK/Mezger 4). **aa) Auflösend** (§ 158 II): GefahrÜberg mit Überg der Sache. Bei Ausfall der
Bedingg ist der Vertr wie von Anfang an unbedingt zu behandeln; bei Eintritt besteht kein Vetr mehr, der
Verk hat keinen KaufPrAnspr, bei zufäll Unterg od zufäll Verschlechterg der Sache auch keinen ErsAnspr
8 (diesen nur bei Versch des Käufers). **bb) Aufschiebend** (§ 158 I): Wird die Kaufsache schon vor Bedings-
Eintritt übergeben, ist Rückbeziehg (§ 159) als vereinb anzusehen. Tritt die Bedingg nach zufäll Unterg od
Verschlechterg der Sache ein, muß KaufPr bezahlt w. Fällt die Bedingg aus, besteht kein KaufVetr u kein
9 KaufPrAnspr (BGH NJW **75**, 776). **c) Genehmigungsbedürftiger Kauf:** Bei rechtsgeschäftl Gen (§ 182)
gilt Rn 8 entspr. Wenn der Kauf v behördl Gen abhäng gemacht w, liegt sowieso ein aufschiebd bedingter
Kauf vor.

10   **5) Nutzungen und Lasten** (Abs I S 2) gehen zugleich mit der Gefahr über (aber nicht bei § 447).
Nutzgen: § 100. Lasten: § 103; auch die öff (vgl § 436 Rn 3); dazu gehört nicht die GrdErwerbsteuer, die der
Käufer nach § 449 zu tragen hat. Abs I S 2 betrifft nur das InnenVerh zw Verk u Käufer.

11   **6) Grundstücks- und Schiffskauf** (Abs II). Es geht die Gefahr bereits über, wenn Käufer als Eigtümer
ins GB eingetr w; das gilt aber nur, wenn der Käufer dadch auch das Eigt erwirbt (Brox JuS **75**, 1 [5]; bestr),
sei es nur rückwirkd, zB dch Genehmigg (§ 184 I). Wird jedoch Grdst vor Eintr übergeben, so bleibt es bei
446 I. Sonderregel des Gefahrüberg bei ZwVerst: §§ 162, 56 ZVG.

447 *Gefahrübergang bei Versendungskauf.* [I] Versendet der Verkäufer auf Verlangen
des Käufers die verkaufte Sache nach einem anderen Orte als dem Erfüllungsorte, so
geht die Gefahr auf den Käufer über, sobald der Verkäufer die Sache dem Spediteur, dem Fracht-
führer oder der sonst zur Ausführung der Versendung bestimmten Person oder Anstalt ausgelie-
fert hat.

[II] Hat der Käufer eine besondere Anweisung über die Art der Versendung erteilt und weicht der
Verkäufer ohne dringenden Grund von der Anweisung ab, so ist der Verkäufer dem Käufer für
den daraus entstehenden Schaden verantwortlich.

1   **1) Allgemeines.** § 447 ist eine AusnRegel zu § 446 für den VersendgsKauf (Rn 5) mit erhebl rechtl
Auswirkgen (Rn 13). Grdsätzl gelten die Anm zu § 446 (dort insb Rn 1). Die Versendg ist idR HauptPfl
(§ 433 Rn 22). **a) Zweck.** Der Käufer, auf dessen Verlangen die gekaufte Sache nach einem Ort als dem
ErfOrt versandt w, soll das dadch erhöhte Risiko ordnggem Erf tragen, insb das für TranspSchäd u
2 Verluste. **b) Beförderer** (auch BefördergsPers genannt) sind der Spediteur, der Frachtführer, die Bahn od
3 der PostD, sowie sonst Pers, die den Transp dchführen. **c) Anwendungsbereich.** Nur bei Kauf bewegl
Sachen; wg der VersendgsFähigk enger als § 446. § 447 gilt unabhäng davon, ob der Verk die Versendg
selbst ausführt od dch Dr ausführen läßt (Faust DB **91**, 1556). Nicht gilt § 447, wenn die Sache an den
ErfOrt versandt w soll (Bringschuld); dann ist § 446 anzuwenden; ebso im Verh Verk zu DrAbnehmer
(BGH NJW **68**, 1929). Wird eine bereits versandte (rollde) Ware verk, so gilt § 447 nur beschr (BGH **50**, 32).
4 **d) Abdingbarkeit** ist zu bejahen (allgM). **e) Versandhandelskauf** fällt unter § 447, wenn dch die übl AGB
nichts anderes vereinb ist (umstr; aA Schildt JR **95**, 89 mwN: § 495). Nicht selten liegt inf der AGB Kauf auf
Probe vor, so daß mit der Versendg kein GefahrÜbgang stattfindet (§ 495 Rn 7).

5   **2) Versendungskauf. a) Begriff.** Versendgskauf ist ein gewöhnl Kauf, bei dem der Verk für die Ver-
sendg der Ware an einen Ort als den ErfOrt (§ 269) zu sorgen hat (§ 433 Rn 22; Schickschuld, § 269
Rn 1). Dies setzt idR voraus, daß die Versendg v ErfOrt aus vorgenomen wird (hM); dies kann jedoch and
vereinb w (Rn 4; BGH NJW **91**, 915). § 447 ändert nichts an der ÜbergabePfl (§ 433 Rn 7). Der Verk kann
zwar nicht am Ort seiner Niederlass erf; denn der Käufer ist hier nicht anwesd. Der Verk befreit sich jedoch
von der Gefahr von der Beschädigg od zufäll Unterg der Kaufsache dadch, daß er sie dem Beförderer (Rn 2)
übergibt. Warenschulden im kaufm Verkehr sind idR Schickschulden, so daß Versendgskauf vorliegt (BGH
5a NJW **91**, 915 mwN). **b) Pflicht zur Versendung.** Ohne bes Vereinbg einer ÜbersendgsPfl wird eine
solche idR nicht nach § 242 dem Verk aufzuerlegen sein, da er nur Zug um Zug zu leisten hat (§§ 320, 322) u
Übergabe an den Beförderer regelm eine Vorleistg des Verk ist. Hat der Käufer Kaufpr u VersendgsKosten
bezahlt, kann sich der Verk regelm nicht der Versendg entziehen, ohne in SchuVerzug zu geraten. Vielf
besteht der Handelsbrauch, daß Verk bei allen Distanzkäufen (die Versendg erfordern) vor Zahlg die Ware
übersenden u Untersuchg dch Käufer wg § 377 HGB ermögl muß; dies gilt insb bei Verkauf „frei Waggon"
(RG **103**, 129).

6   **3) Voraussetzungen** des § 447 (Abs I). Stets muß ein wirks KaufVertr im AnwendgsBer (Rn 3) vorlie-
gen u die Sache verkauft sein. Ferner: **a) Versendungsverlangen** des Käufers. Es kann noch KaufAbschl
ausgesprochen w. Versendg bei fehldem Einverständn des Käufers genügt nicht. **b) Versendung** nach
einem and Ort als dem ErfOrt (Rn 7). **c) Auslieferung** an Beförderer: Rn 10.

7   **4) Versendung.** Sie muß nach einem and Ort als dem ErfOrt geschehen. **a) Erfüllungsort** ist mangels
abweichder Vereinbg der Wohnsitz od die Niederlass des Schu (§ 269), also des Verk für seine Übereigngs-
u ÜbergabePfl. Daran ändert sich nichts, wenn dem Vertr zufolge BesÜberg u Übereign außerh des
Wohnsitzes (Niederlassg) des Verk vollzogen w soll; denn der Verk hat am ErfOrt diejen Hdlgen vorzuneh-
men, die den Eintritt des Erfolgs am AblifergsOrt bewirken. Versendg nach außerhalb ist also mögl, ohne
daß in der VersendgsPfl od Übern der Kosten dch den Verk (§ 269 III) eine Vereinbg üb den ErfOrt liegt.
8 **b) Umfang.** Auch eine Versendg innerh desselben Ortes (Stadt, Gemeinde), sog Platzkauf, fällt unter
§ 447, weil ErfOrt nur die Wohng od die Niederlassg des Verk ist (§ 269). Zur Versendg gehört auch der
Transp der Ware zur Bahn od Post, u zwar ohne Rücks darauf, ob der Verk sich hierbei eigener od fremder

Gehilfen od Pers bedient. § 447 gilt auch für den GesamtTransp dch Verk u seine ErfGehilfen (bestr; MüKo/ Westermann 15). Auf jeden Fall gelten §§ 276, 278, sodaß der Käufer nur das Zufallsrisiko trägt (§ 433 Rn 22). **c) Durchführung.** Versandt werden muß grdsätzl vom ErfOrt aus; andernf liegt kein Gesch des 9 Käufers vor, sond eine HauptPfl des Verk, sodaß dieser die TranspGefahr trägt (hM; Soergel/Huber 20; LG Kln NJW-RR **89**, 1457). Es gilt jedoch § 447, wenn sich der Käufer mit einer solchen Versendg ab auswärt Lieferwerk (ab auswärt Lager od ab Einfuhrhafen) einverst erkl (BGH **113**, 106). Dabei muß jedoch diese Versendg im Interesse des Käufers liegen, sodaß die Gefahr nicht auf ihn übergeht, wenn nach dem ErfOrt versandt wird.

5) Auslieferung. Erst sie bewirkt den GefahrÜbgang. Sie ist ein tats Vorgang u umfaßt alles, was 10 erforderl ist, um den dch eine Beförderg vermittelten Eingang der Ware beim Käufer zu bewirken. Die Auslieferg erfordert die Übgabe der Sache zur Beförderg zu der v Käufer angegebenen Anschrift. Sie verschafft dem Käufer weder Bes noch Eigt; denn zum BesÜberg (für § 929) bedarf es der tats And er Sache dch den Käufer. Das ist nur dann and, wenn der Beförderer ausnahmsw Vertreter des Käufers ist od SondAbreden der Part über die Einlagerg der Ware bei einem Spediteur getroffen worden sind (BGH NJW **60**, 1952). Die Überg eines kaufmänn Traditionspapiers an den Beförderer genügt nicht, da die Ware der KaufGgst ist. Beim GattgsKauf führt die Ablieferg zur Konkretisierg (§ 243 I; dort Rn 5).

6) Gefahrübergang (§ 446 I S 1). **a) Umfang.** Die Gefahr umfaßt den KaufPr, den Untergang (Verlust) 11 u die Verschlechterg der Sache (wie § 446 Rn 3–5). Wirkg: Rn 13. § 447 bezieht sich nur auf die Befördergs-Gefahr, also auf solche Schäd, für welche die Beförderg ursächl od mitursächl ist, zB Fehler des Beförderers u seiner ErfGehilfen (BGH NJW **65**, 1324). **b) Nicht** gehören zur BefördergsGefahr: behördl Beschlagnah- 12 me der Ware, die nicht dch den Transp verurs wurde (RG **106**, 17); Rückruf der rollden Ware dch den Lieferanten des Verk, weil dieser nicht bezahlt hat (RG **93**, 330); Unterg od Verschlechterg der Ware währd der Beförderg inf eines zZ der Überg zur Versendg bestehden Sachmangels (BGH **LM** Nr 3: Verk haftet nach §§ 459ff); Untergang od Verschlechterg inf nicht ordngsgem Verpackg od Verladg (BGH NJW **68**, 1929: VerkHaftg bei Verschulden aus pVV; vgl hierzu Zimmer BB **88**, 2192).

7) Wirkung des § 447 infolge des GefahrÜbgangs. Sie entspricht grdsätzl § 446 Rn 5. Der Käufer trägt 13 die TranspGefahr. Er muß wg des Übgangs der GgLeistgsGefahr den KaufPr bezahlen, auch wenn die Sache nach Auslieferg verloren- od untergegangen, zerstört od beschäd ist. Der Käufer hat wg TranspSchäd keine GewlAnspr (§ 459 I). Er hat ab Ankunft der Sache am AbliefergsOrt gg den Frachtführer eigene Anspr aus § 435 HGB od § 95 I EVO, insb auf SchadErs (Soergel/Huber 39 vor § 446 mwN). Gg den Verk hat der Käufer den Anspr aus § 281. Dieser ist idR gerichtet auf Abtretg der Anspr aus einer TranspVersicherg od des Anspr gg denjen, der für den TranspSchad haftet, aus § 823 od aus Fracht- od SpeditionsVertr. Gesetzl geregelt sind diese VertrAnspr beim BahnTransp dch §§ 454, 458 HGB, § 89 EVO (vgl Soergel/Huber 65 vor § 446), beim PostD dch § 12 PostG, näml verschuldensunabhäng Haftg bis 1000 DM bei Wertangabe (§ 12 IV PostG), unbeschr nur bei vorsätzl PflVerletzg (§ 12 V PostG), ferner Erstattg des LeistgsEntgelts im PaketD aGrd §§ 15 II, 18 PostDVO v 24. 6. 91 (AmtsBl DBP **91**, 2351).

8) Abweichung von Anweisung des Käufers (Abs II). **a) Bedeutung.** Es bleibt beim GefahrÜberg 14 gem Abs I, wenn der Verk von der Anweisg abweicht. Abs II gewährt jedoch dem Käufer einen SchadErs-Anspr. **b) Voraussetzungen** des SchadErsAnspr: **aa)** Vorliegen eines VersendgsKaufs (Rn 5). **bb)** Dch 15 Käufer (formlos) erteilte bes Anweisg für eine bestimmte Art der Beförderg (Wahl der VersendgsArt, Verpackg, Verladg),; die Anweisg muß dem Verk bekannt sein. **cc)** Abweichg: tats u schuldh (Jau/Voll-kommer 2c, bb) vorgenommene and Art der Beförderg. **dd)** Fehlen eines dringden Grdes; ein solcher liegt dann vor, wenn die Beförderg nach VertrSchluß erfolgt ist u die ungewöhnl Schwierigk, die damit verbun-den sind, es unzumutb ist, sie zu befolgen. **c) Wirkung:** Haftg des Verk für denjen Schad, der gerade dch 16 die abweichde Art der Beförderg entstanden ist u nicht entstanden wäre, wenn der Verk die Anweisg eingehalten hätte. Es gilt § 287 ZPO. Der Verk ist verpfl, den Käufer auf die Unzweckmäßigk von Anweisun-gen aufmerks zu machen (BGH **LM** Nr 2) u (grdsätzl) eine Versendg zur Unzeit zu unterl.

9) Beweislast. Für Vereinbg eines VersendgsKaufs hat sie derjen, der sich darauf beruft (Baumgärtel 1). 17 **a) Käufer.** Für Bringschuld; für Vereinbg über die VersendgsArt; für VersendgsFehler des Verk u seiner ErfGehilfen; Abweichg von Anweisgen gem Rn 15; Kausalität des Schadens; Unzweckmäßigk der Ver-sendgsAnweisg (Rn 14). **b) Verkäufer:** für Übergabe an Beförderer; für fehldes Verschulden bei pVV; Vorliegen eines dringden Grdes (Rn 15); fehlde Kausalität bei Abweichg von der VersendgsArt (Rn 16).

448 **Kosten.** ^I **Die Kosten der Übergabe der verkauften Sache, insbesondere die Kosten des Messens und Wägens, fallen dem Verkäufer, die Kosten der Abnahme und der Versen-dung der Sache nach einem anderen Orte als dem Erfüllungsorte fallen dem Käufer zur Last.**

^{II} **Ist ein Recht verkauft, so fallen die Kosten der Begründung oder Übertragung des Rechtes dem Verkäufer zur Last.**

1) Allgemeines. a) Grundsatz. Der Verk muß den KaufGgst so anbieten, daß der Käufer am ErfOrt zur 1 vertrgem ErfZt nur noch abzunehmen braucht. Dementspr sind die Kosten verteilt. **b) Anwendungsbe-reich:** Bewegl Sachen u Re. Für Grdst u Re an ihnen gilt § 449 als SoRegelg. **c) Abdingbarkeit** wird uneingeschr bejaht. Hierzu Klauseln gem Rn 4.

2) Sachkauf (Abs I) Begr: § 433 Rn 1. **a) Verkäufer** hat zu tragen: Kosten der Lagerg, der Übergabe 2 (§ 433 Rn 7), also des Transp bis zum ErfOrt. Kosten des Messens u Wiegens trägt der Verk nur, wenn es zur Ausscheidg der Kaufsache aus größerem Vorrat erforderl ist od wenn ein TeilGrdst vermessen w (Soergel/Huber 26, meist abbedungen), nicht aber, wenn nur Nachprüfg dch den Käufer bezweckt wird. Kosten der Verpackg bei Versendg zum ErfOrt. Verzollg, die zur Bereitstell der Ware am ErfOrt notw ist (MüKo/Westermann). Die zur Überg erforderl Verpackg (§ 433 Rn 21). **b) Käufer:** Kosten der Abnahme 3

(§ 433 Rn 35). Das sind die dch Übern der Sache in VfgsGewalt des Käufers entstehden Kosten. Hierzu gehören auch Kosten der Untersuchg der Sache auf Mängel u zugesicherte Eigsch. VersendgsKosten ab ErfOrt (§ 447 Rn 7). Dazu gehören auch die dch die Versendg anfallden Abgaben ab Verlassen des ErfOrts, die TranspVergütg, Entgelt für Mehrwegverpackg, die der Verk stellt.

4   3) Klauseln. § 448 wird häuf abbedungen (Rn 1). Insb sind im internationalen HandelsVerk zu beachten die Incoterms u die Tradeterms (Anh 6 in Baumb-Duden-Hopt), Bsp (auch für den deutschen HandelsVerk): „Ab Fabrik", „ab Lager": alle BefördergsKosten trägt der Käufer; „cif": der Verk trägt die Kosten der Abladg u Löschg, der Versicherg u Beförderg; „frei Bahn": der Verk trägt die Kosten bis zur Bahn; „frei Waggon": der Verk trägt die Kosten bis der geladene Waggon od die Ware, falls sie keine volle Waggonladg ergibt, der Eisenbahn ausgehändigt worden ist; „fio" = „free in and out": der Käufer trägt die Kosten der Einladg u Ausladg; ebenso bei „fas" = „free alongside ship"; „frei Haus": der Verk trägt die Kosten bis in das Lager des Käufers; „ab Kai Hamburg": der Verk trägt die Kosten des Aufnehmens, der Käufer die des Absetzens, Kaiumschlagsgebühren daher vom Verk u Käufer je zur Hälfte zu tragen (HK Hbg BB **51**, 685); „frei ab Kai Hamburg": der Verk trägt die Kosten des Aufnehmens u Absetzens u damit die Kaiumschlagsgebühren (HK Hbg aaO).

5   4) Rechtskauf (Abs II). Begriff: § 433 Rn 2. Gesetzl SoRegelg für Re an Grdst: § 449. **a) Verkäufer** trägt grdsätzl die unmittelb anfallden Kosten der Begründg u Übertragg (§§ 398, 413), insb die Kosten einer notw Beurk od notar Beglaubigg, zB für eine RegEintragg des Käufers (§ 30 III 3 PatG; § 8 WZG). Nicht:
6 Börsenumsatzsteuer bei Aktienkauf (aA Hamm DB **79**, 886). **b) Käufer** trägt die Kosten, wenn es so vereinb ist (Rn 1) od wenn er eine nicht notw Beurk od Beglaubigg gem § 403 verlangt.

449 *Grundbuch-, Beurkundungs- und Schiffsregisterkosten.* [I] **Der Käufer eines Grundstücks hat die Kosten der Auflassung und der Eintragung, der Käufer eines Rechtes an einem Grundstücke hat die Kosten der zur Begründung oder Übertragung des Rechtes nötigen Eintragung in das Grundbuch, mit Einschluß der Kosten der zu der Eintragung erforderlichen Erklärungen, zu tragen. Dem Käufer fallen in beiden Fällen auch die Kosten der Beurkundung des Kaufes zur Last.**

[II] **Der Käufer eines eingetragenen Schiffs oder Schiffsbauwerks hat die Kosten der Eintragung des Eigentumsübergangs, der Käufer eines Rechts an einem eingetragenen Schiff oder Schiffsbauwerk hat die Kosten einer zur Begründung oder Übertragung nötigen Eintragung in das Schiffsregister oder das Schiffsbauregister mit Einschluß der Kosten der zur Eintragung erforderlichen Erklärungen zu tragen.**

1   1) Allgemeines. a) Anwendungsbereich: Abs I gilt für Grdst u grdstgleiche Re, Abs II für eingetr Schiffe u Schiffsbauwerke (insb Docks), ferner entspr für Luftfahrz u die an ihnen bestellten RegPfdR (§ 98 LuftfzRG). Gilt nicht für Enteign, auch nicht entspr für kaufähnl Vertr (vgl § 445; bestr; aA Staud/Köhler 1).
2 b) Abdingbarkeit: ist uneingeschränkt zu bejahen; and Vereinbg ist insb auch stillschw mögl. **c) Innen- und Außenverhältnis:** § 449 betr nur das InnenVerh der KaufVertrPart, nicht ihre Schuld od Haftg für die Kosten gg Dr, insb Behörden u Notare.
3   2) Kosten, a) Begriff: Darunter sind nur die dch den VeräußergsAkt (Eintr u Beurkundg) unmittelb verursachten Kosten zu verstehen, näml Gebühren u Auslagen gem KostO, nicht sonstige Aufwendgen der VertrPart; auch nicht sonstige Eintr- u BeurkKosten, die notw sind, um die Voraussetzgen dafür zu schaffen, daß die Übereigng vorgen w kann (zB KaufPrHyp; aA Staud/Köhler 3), erst recht nicht Vermessgskosten, die
4 unter § 448 fallen (dort Rn 2). **b) Voraussetzungen:** Die KostenPfl greift auch ein, wenn die Beurkundg nicht notw war, bei Eintrag im GrdBuch u besteht auch, wenn der KaufVertr später wieder
5 aufgeh w (Karlsr DNotZ **63**, 242). **c) Einzelheiten:** Kosten einer AuflassgsVormkg fallen unter § 449 (Hamm NJW **65**, 303; bestr), ebso die GrdErwerbsteuer (Brem DNotZ **75**, 95 mwN; bestr).

450 *Ersatz von Verwendungen.* [I] **Ist vor der Übergabe der verkauften Sache die Gefahr auf den Käufer übergegangen und macht der Verkäufer vor der Übergabe Verwendungen auf die Sache, die nach dem Übergange der Gefahr notwendig geworden sind, so kann er von dem Käufer Ersatz verlangen, wie wenn der Käufer ihn mit der Verwaltung der Sache beauftragt hätte.**

[II] **Die Verpflichtung des Käufers zum Ersatze sonstiger Verwendungen bestimmt sich nach den Vorschriften über die Geschäftsführung ohne Auftrag.**

1   1) Allgemeines. a) Zweck. GefahrÜberg ist für die Interessenlage der VertrTeile zur Erhaltg der Kaufsache ein Wendepunkt. Daher knüpft das G an dieses Ereign eine Änderg der Anspr des Verk auf Verwendgs-
2 Ers. **b) Anwendungsbereich.** GefahrÜberg vor Übergabe an Käufer kann eintreten nach § 446 II, § 447 od bei vertragl Ersetzg der Überg (§ 433) dch BesitzmittlgsVerh (§§ 868, 930). **c) Abdingbarkeit** ist gegeben (allgM). **d) Wirkung.** Die hier geregelten Anspr auf VerwendgsErs besagen nichts über Verpfl des Verk zu solchen Verwendgen. Anspr aus § 450 begründen für Verk ZbR (§ 273).
3   2) Verwendungen nach Gefahrübergang (Abs I, Rn 2). Notw Verwendgen wie § 994 Rn 1. Die Notwendigk muß nach GefahrÜberg eingetreten, die Verwendg vor der Überg (§ 929 S 1) gemacht worden sein. Der AnsprInhalt richtet sich iü nach den §§ 662ff, daher insb nach § 670.
4   3) Sonstige Verwendungen (Abs II) sind solche vor GefahrÜberg nach KaufAbschl sowie solche Verwendgen (§ 994 Rn 1), die nicht zur Erhaltg der Kaufsache notw sind, zB nützl Verwendgen. Der Anspr richtet sich nach § 683 u zwar auch nach dessen Voraussetzgen u umfaßt nicht die Aufwendgen des Verk, die der Erhaltg der Kaufsache dienen; denn insow erf er eigene Pflichten.

451 *Gefahrübergang und Kosten bei Rechtskauf.* **Ist ein Recht an einer Sache verkauft, das zum Besitze der Sache berechtigt, so finden die Vorschriften der §§ 446 bis 450 entsprechende Anwendung.**

Diese Re sind in § 433 Rn 15 aufgeführt. Entspr anwendb sind auch die §§ 459ff (BGH NJW **86**, 1605). **1**

452 *Verzinsung des Kaufpreises.* **Der Käufer ist verpflichtet, den Kaufpreis von dem Zeitpunkt an zu verzinsen, von welchem an die Nutzungen des gekauften Gegenstandes ihm gebühren, sofern nicht der Kaufpreis gestundet ist.**

1) Allgemeines. § 452 ist anwendb auf alle KaufVertr (hM); bei Handelskauf aber wg § 353 HGB prakt **1** bedeutgslos (vgl Rn 2). **a) Zweck:** Der Käufer soll nicht gleichzeit KaufGgst u KaufPr nutzen dürfen. **b) Abdingbarkeit** ist uneingeschr gegeben (BGH NJW **91**, 843), insb dch vereinb Fällig bei Zug-um-Zug-Leistg (BGH NJW **92**, 2625), bei RechngStellg, nach Überg od bestimmte Zt danach, vereinb Verzinsg der gestundeten KaufPrFdg, schlüss ZinsVerzicht dch SchlußRechng (MüKo/Westermann 3). § 452 gilt nicht für AbzKäufe u kaufähnl Vertr (§ 445). **c) Zinsen** sind die gesetzl in der Höhe v § 246 od § 352 HGB. Es tritt neben FälligkZ (§ 353 HGB) od VerzZ (§ 288) keine Kumulation ein (Soergel/Huber 15; aA offenb **2** Semler NJW **95**, 1727).

2) Voraussetzungen für Verzinsg. **a) Nutzungsrecht** des Käufers. Es genügt die bloße Möglichk, **3** berecht Nutzgen (§ 100) zu ziehen (§ 446 I S 2). **b) Zeitpunkt.** Prakt ab Überg der Sache (§ 433 Rn 7) od Übergang des Rs (§ 398), wenn nichts and vereinb ist (Rn 1). Nicht vor Fälligk (hM; LG Hdlbg NJW **94**, 1225 mwN; Schlesw WM **95**, 1186; Dänekamp NJW **94**, 2271; aA Oldbg DNotZ **88**, 369 m abl Anm v Kanzleiter; Hamm NJW-RR **89**, 333; Semler NJW **95**, 1727) u auch solange nicht, wie der Käufer die Erf verweigern darf (Schlesw aaO). Unerhebl ist, ob der Käufer die Nutzgen tats zieht od ziehen kann. **c) Un-** **4** **terbliebene Stundung** (Begr: § 271 Rn 12). Vereinbg v Zug-um- Zug-Leistg od Vorleistg des Käufers ist keine Stundg; diese muß dem Käufer ein R auf Vorleistg gewähren. Bei gewährter Stundg ist iF einer VermVerschlechterg des Käufers § 321 anwendb, idR mit Folge der Zug-um-Zug-Leistg (§ 322). Nach Ablauf der Stundg beginnt die ZinsPfl von selbst (umstr).

453 *Marktpreis.* **Ist als Kaufpreis der Marktpreis bestimmt, so gilt im Zweifel der für den Erfüllungsort zur Erfüllungszeit maßgebende Marktpreis als vereinbart.**

Rechtsnatur: § 453 ist eine Auslegungsregel. **Voraussetzung:** Vereinbg des MarktPr als KaufPr (§ 433 **1** Rn 26). **Marktpreis** eines Ortes ist der DchschnittsPr, der sich unabhäng v bes zufäll Umst der PrBildg aus **2** dem Vergl einer größeren Anzahl an diesem Orte zur maßg Zeit geschlossener KaufVertr für Waren der betreffden Beschaffh ergibt. Ist am ErfOrt ein MarktPr nicht zu ermitteln, so ist Markt des Ortes maßg, zu dessen WirtschGebiet der ErfOrt gehört. Der ListenPr eines neuen Kfz ist nicht der MarktPr (vgl BGH **90**, 69 [72]). **Wirkung:** IZw gilt der MarktPr des ErfOrts (§ 447 Rn 7) als vereinb. ErfZt ist der Ztpkt, wann **3** vertrgem zu erf ist. **Beweislast** für Vereinbg des MarktPr trägt der Verk, wenn er ihn verlangt, der Käufer, **4** wenn er nicht mehr als den MarktPr bezahlen will.

454 *Ausschluß des Rücktrittsrechts.* **Hat der Verkäufer den Vertrag erfüllt und den Kaufpreis gestundet, so steht ihm das im § 325 Abs. 2 und im § 326 bestimmte Rücktrittsrecht nicht zu.**

1) Allgemeines. a) Zweck: Der Käufer, der die Sache zur Benutzg, Weiterveräußer od zum Verbrauch **1** erworben u dieser Bestimmg zugeführt hat, soll dch die Rückg nicht unbill belastet w. § 454 ist eine eng auszulegde AusnVorschr. **b) Anwendungsbereich.** Dem Wortlaut zufolge bei jedem KaufGgst u auch **2** dann, wenn der Käufer neben dem KaufPr auch noch Pfl übnommen hat (BGH NJW-RR **88**, 630). Gilt nicht bei EigtVorbeh, weil Erf erst mit Restzahlg eintritt u § 455 das RücktrR ausdrückl gewährt; beim Fixhandelskauf (§ 376 HGB) u TauschVertr (BGH **LM** Nr 1); auch keine entspr Anwendg. **c) Abdingbar-** **keit** ist uneingeschr zu bejahen (allgM). **d) Verhältnis zu anderen Vorschriften:** vertr RücktrR (§§ 346, **3** 360), SchadErsAnspr (§§ 325, 326) u Einreden aus §§ 320, 321 (BGH **LM** Nr 4).

2) Voraussetzungen sind kumulativ: **a) Erfüllung** der HauptPfl des KaufVertr dch den Verk gem § 433 **4** (dort Rn 6), mindestens im wesentl (Soergel/Huber 14). Bei Grdst genügt die lastenfreie Auflassg des übergebenen Grdst dch den eingetr Verkäufer noch vor Eintrag im GrdBuch (Soergel/Huber 4). Der Erf steht nicht entgg, daß ein wesentl Teile (zB Zubehör) noch ausstehen. Auch gilt § 454 bei vereinb TLeistg hinsichtl der er, die bereits erbracht sind (MüKo/Westermann 5 mwN); iü steht TLeistg des Verk dem Rücktr nicht entgg (RG **50**, 139). Hat der Verk den noch ausstehden Teil seiner Leistg schuldh nicht erbracht, ist ArglEinwand (§ 242) des Käufers gg RücktrR mögl (vgl RG **118**, 100). **b) Stundung** des **5** KaufPr (§ 271 Rn 12). Es muß also ein Kreditkauf (Einf 6 vor § 433) vorliegen. Vereinb ZahlgsZiel od Zahlg dch Wechsel ist Stundg u kann zur Anwendg v § 454 führen, wenn nicht ein EigtVorbeh vereinb ist (vgl Rn 2). Stundg kann vor od nach KaufAbschl gewährt sein; ihr Widerruf ist für § 454 unerhebl (BGH **LM** Nr 2). Die Stundung muß sich auf den KaufPr beziehen, sodaß Verzug des Käufers mit nicht nebensächl GgLeistgen dem Rücktr des Verk nicht entggsteht (BGH **LM** Nr 1).

3) Wirkung des § 454. Das gesetzl RücktrR aus § 325 II u § 326 ist ausgeschl. Wg der gebotenen engen **6** Auslegg (Rn 1) ebenf den RückFdgsAnspr aus §§ 283, 325 I, 323 III (MüKo/Westermann 8). Unberührt v § 454 bleiben vertr RücktrR (§§ 346, 360), SchadErsAnspr (§§ 325, 326) u Einreden aus §§ 320, 321 (BGH **LM** Nr 4). Bei Insolvenz des Käufers schützt nur der EigtVorbeh.

455 **Eigentumsvorbehalt.** **Hat sich der Verkäufer einer beweglichen Sache das Eigentum bis zur Zahlung des Kaufpreises vorbehalten, so ist im Zweifel anzunehmen, daß die Übertragung des Eigentums unter der aufschiebenden Bedingung vollständiger Zahlung des Kaufpreises erfolgt und daß der Verkäufer zum Rücktritte von dem Vertrage berechtigt ist, wenn der Käufer mit der Zahlung in Verzug kommt.**

1 **1) Allgemeines.** Dch Art 33 Nr 17 EGInsO (G v 5. 10. 94, BGBl 2911) wird ab 1. 1. 99 ein neuer Abs II angefügt. Darin wird ein KonzernVorbeh (Rn 19) für nichtig erkl. Schrifttum: S e r i c k : EV u Sichergsübertragg (6 Bde) 1963/65/70/76/82/86. Zur sachenrechtl Seite des EV § 929 Rn 26. **a) Bedeutung.** § 455 ist eine Ausleggregel. Der EV hat im WarenVerk umfassde Bedeutg. Bei Zwischenhandels-, Fabrikations- u Abz-Gesch w er regelm vereinb. Über § 455 hinausgreifd gibt es versch Formen (vgl Rn 14–22). Der EV ist im 2 WarenVerk das weitaus häufigste u wichtigste Kreditsichergsmittel. **b) Zweck:** Der EV dient dem Sichergsbedürfn des Verk, der den Kaufpr nicht im voraus od Zug um Zug gg Überg der Kaufsache erhält. Dieser Zweck w erf, indem bei EV das Eigt nach aufschiebd bedingter Einigg (§§ 929, 158 I) mit der Zahlg des Kaufpr, ex nunc wirkd, ohne weitere WillErkl des Verk auf den Käufer übergeht. Dch diese Sicherg (in der Praxis dch gutgl Erwerb Dr u Verlust, insb Beseitigg, Verbindg, Verarbeitg u Verbrauch der Sache stark gefährdet) w die Neigg, auf Kredit zu verkaufen, damit der Umsatz gefördert. Zugl w dem Käufer vorzeit Gebr od Weiterverkauf ohne sofortige volle Bezahlg des Substanzwerts ermögl (daher mietrechtl Einschlag). Zweck u Wesen des EV erschöpfen sich nicht im Schutz des Verk vor unberecht Vfgen des Käufers u Schutz vor dessen Gläub (so aber offenb BGH NJW **70**, 1733), sond erstrecken sich neben der Sicherg der KaufprFdg auch auf die Funktion, den dingl RückFdgsAnspr (Rn 27) zu erhalten (Serick I S 77 f). Der Zweck des EV beschr sich nicht auf die Sicherg derjen R des Verk, die diesem bei VertrAuflösg 3 zustehen (vgl BGH **70**, 96). **c) Verhältnis zur Sicherungsübereignung** (§ 930 Rn 11): Zweck u Art der Sicherg (idR dch besitzlose Eigtümerstellg) sind teilw gleich, teilw ähnl; als (teilw gewohnhrechtl) Rechtsin-4 stitute sind sie voneinander unabhäng. **d) Anwendungsbereich:** Nur bei Kauf u beim WerkliefergsVertr in den Fällen des § 651 I. Nur bei bewegl Sachen, auch wenn sie wesentl BestandT (vgl §§ 93ff) od Zubeh (§§ 97, 98) sind, auch wenn sie zu einem GesPr verkauft w (RG **144**, 62). Bei Sachgesamth (insb Warenlager, Untern, Inv) muß sich der EV auf die einzelnen bewegl Sachen beziehen (SpezialitätsGrdsatz des SachenR); daher kann der EV nicht auf ein HandelsGesch im ganzen bezogen w (RG **67**, 383; BGH NJW **68**, 392 für die SichergsÜbertr). Nicht anwendb: auf Grdst (§ 925 II), Fdgen u sonst Re, wesentl Bestandt einer und bewegl 5 Sache (§ 93). **e) Schuldrechtliche Seite:** Der Kauf ist unbedingt geschl. Wird der EV im KaufVertr vereinb, so ist der Verk nur zur bedingten Übereigng (§§ 929, 158 I) verpfl u darf den Eintritt der Bedingg nicht verhindern (§ 160), währd die ÜbergabePfl (§ 433 I) unberührt bleibt. Der KaufVertr ist mit bedingter Übereigng u Überg von Seiten des Verk noch nicht erf, sond erst mit Erwerb des VollEigt dch den Käufer (hM; aA mit guten Grden Fikentscher § 71 V 3 b). Im Falle des Verzugs (§§ 284ff) mit der KaufprZahlg 6 (§ 433 II) ist der Verk zum sof Rücktr berecht (unabhäng von § 326). **f) Sachenrechtliche Seite:** Der Käufer erlangt dch die aufschiebd bedingte Übereignng (§§ 929, 158 I) mit der Überg (od ihrem Ers, §§ 930, 931) zunächst ein (übertragb) AnwR (§ 929 Rn 37; Brox JuS **84**, 657), erst mit Eintr der Bedingg (gem § 455 iZw die vollst Bezahlg des Kaufpr) das volle Eigt. Bis dahin hat der Verk auflösd bedingt (§ 158 II) Eigt, sog VorbehEigt mit HerausgAnspr des § 985 (Rn 27). Er ist bis dahin mittelb Besitzer (hM; dagg krit Wochner 7 BB **81**, 1802), der Käufer (als BesMittler) Fremdbesitzer (vgl § 929 Rn 27). **g) Abdingbarkeit:** Da § 455 ledigl eine Ausleggsregel darstellt, können die VertrPart im Rahmen der VertrFreih (Grenze insb § 138) etwas and vereinb als § 455 vorsieht, insb für die Voraussetzgen des Rücktr, für den Inhalt der Bedingg u 8 weitere Pfl des Käufers. **h) Zusätzliche Sicherung** gg gutgl Erwerb Dr (§§ 932ff) ist bei Kfz dadch mögl u übl, daß der Verk den Kfz-Brief einbehält, weil dadch bei WeiterVerk Gutgläub gehindert w (vgl § 932 9 Rn 13; BGH NJW **65**, 687). Im Einzelfall ist auch unmittelb Kennzeichng der Ware mit EV denkb. **i) Konkurs, Zwangsvollstreckung und Vergleich:** § 929 Rn 51–61. **j) Beweislast** für die Vereinbg des EV trägt derjen, der sich auf ihr sein Eigt beruft (BGH NJW **75**, 1269); für Eintritt des aufschiebd Bedingg 10 trägt sie hingg der Erwerber. **k) Allgemeine Geschäftsbedingungen.** Der EV ist als angemessnes SichergsMittel bei WarenkreditGesch grdsätzl unbedenkl (allgM). Auch die erweiterten Formen des EV (Rn 14) verstoßen grdsätzl nicht gg §§ 3, 5, 9 AGBG (hM; BGH **94**, 105; Thamm BB **78**, 20 u Übersicht für zahlr typ Klauseln in BB **78**, 1038), jedenf nicht im kaufm Verk (BGH **98**, 303). Sie dürfen aber nicht zu einer Übersicherg führen (BGH aaO). **aa)** Unwirks kann der KonzernVorbeh (Rn 19) als überraschde Klausel sein (§ 3 AGBG; v. Westphalen DB **77**, 1639; Ul/Br/He Anh zu § 11 Rn 657). **bb)** Ob der Kontokorrent Vorbeh (Rn 18) im Verh zum Letztverbraucher unwirks sei, ist umstr (Ffm NJW **81**, 130; Braun BB **81**, 633); unter Kaufleuten ist er unbedenkl. Kollisionen v AGB: § 2 Rn 27 AGBG. Speziell für EV 11 Lousanoff NJW **85**, 2921. Bei Globalzession: § 398 Rn 24, 25. **l) Abwehrklauseln.** In AGB für Einkauf wird häuf ein EV des Verk ausgeschl (vgl Rn 18 u BGH NJW **81**, 281). Das ist aber, falls der Käufer die Sache abnimmt, unwirks, sodaß der EV besteht, wenn der Käufer den EV kannte od von ihm zumutb Kenntn nehmen konnte (hM; BGH NJW-RR **86**, 1378 mwN). Kommt bei verlängertem EV (Rn 17) die VorausAbtretg wg der Abwehrklausel nicht zustande, so kann sich der Käufer nicht auf eine Einwilligg zur Weiterveräußerg berufen (BGH aaO). Für Ausdehng auf einf EV: v. Westphalen ZIP **87**, 1361; LG Düss ZIP **87**, 1396.

12 **2) Eigentumsvorbehalt.** Anwendgsbereich: Rn 4. Sachenrechtl wird der EV idR dch aufschiebd bedingte Übereignng (§§ 929–931, 158 I) verwirkl (vgl Rn 23–25). Schuldrechtl muß der (vertrgem) EV Inhalt des KaufVertr sein; das wird meist dch AGB, FormularVertr, Aufdruck auf Briefbogen u Bestätiggsschreiben bewirkt, kann aber auch ohne ausdrückl Erkl dch Auslegg (§ 157) sich ergeben (vgl hierzu Schulte BB **77**, 269). Ist ausdrückl unter EV verkauft, kann angenommen w, daß auch ohne bes Erkl des Verk nur unter EV übereignet w. Wird ohne od entgg einer Vereinbg im KaufVertr nur unter EV geliefert (sog vertrwidr EV; vgl Rn 20), so verletzt der Verk seine VertrPfl (vgl § 433 Rn 6). Der EV muß spätestens bei Überg erkl w (hierzu § 929 Rn 29). Inwieweit dies stillschw oder ausdrückl geschehen muß, ist umstr; für deutl Erkl an Empfänger BGH **64**, 395; für geringere Anfdgen Schulte BB **77**, 269. Zeitl genügt die Erkl des (auch

vertrwidr) EV im Lieferschein, aber nicht in der nach Überg übersandten Rechng (§ 929 Rn 29). Die nach unbedingter Übereign u Überg zugehde Erkl des EV ist unwirks (vgl aber Rn 20). Auch der vertrwidr EV bewirkt sachenrechtl, daß der Verk Eigtümer bleibt. Dch Ann der Sache kann der Käufer ledigl bedingtes Eigt erwerben. **a) Einfacher Eigentumsvorbehalt** erstreckt sich ledigl auf die verkaufte, unter EV über- **13** eignete Sache u erlischt dch: **aa)** Zahlg des KaufPr: hierzu Rn 24. **bb)** Erwerb des Eigt dch Dr über § 185 od §§ 932 ff. Der Verk kann dch Vertr die Vfg über die Sache verbieten. Das ergreift nur, wenn es ausdrückl erwähnt ist, auch die Vfg über das AnwartschR, wirkt dann aber ledigl nach § 137 (BGH NJW **70**, 699). Ist Käufer eine Pers, die die Sache zum Weiterverkauf erwirbt u ist dies für den Verk erkennb, so ist auch ohne ausdr Erkl trotz EV im Verkauf die Einwiligg (§ 185 I) zur Weiterveräußerg im Rahmen eines ordngsgem GeschBetr enthalten, vgl (auch zu § 185 II) § 929 Rn 33. Hierzu ist aber der Käufer grdsätzl nur ermächt, wenn er die Vorausabtretg nicht dch Vereinbg mit dem Abnehmer vereitelt (BGH stRspr NJW **88**, 1210). Der Verk kann sich dch verlängerten EV (Rn 17) sichern, die Einwiligg bis zur Veräußerg auch widerrufen (BGH NJW **69**, 1171). Die Einwiligg erstreckt sich idR nicht darauf, daß der Käufer an einen Dr veräußert u die Sache least (Einl 27 vor § 535), um sie dann unterzuvermieten, sog Sale-and-Lease-back-Vertr (BGH **104**, 128). **cc)** Einseit Verzicht des Verk. Er ist auch konkludent mögl, zB dch Herausg des KfzBriefes an den Käufer (BGH NJW **58**, 1231), nicht aber idR an das FinanziergsUntern (BGH **LM** Nr 15). **dd)** Real- akte, insb Verbindg (§§ 946, 947), Vermischg (§ 948) u Verarbeitg (§ 950). RFolgen u Schutzmöglk für den Verk: Serick BB **73**, 1405. Außerdem erlischt der EV dch Untergang der Sache. **b) Erweiterter Eigen-** **14** **tumsvorbehalt** ist in 6 Formen mögl u weitgehd übl. Sie können zT miteinander verbunden w. Grdsätzl gelten für sie die Regeln des einf EV. **aa) Weitergeleiteter** EV liegt vor, wenn der Käufer sich dem Verk **15** ggü verpfl, die unter EV gekaufte Sache nur in der Weise weiterzuübereignen, daß der Verk VorbehEigtü- mer bleibt. Ist in der Praxis ungebräuchl u verstößt bei vertr vorausgesetztem WeiterVerk gg § 9 I AGBG (BGH NJW **91**, 2286). Es kann geschehen dch Übertr des AnwartschR (§ 929 Rn 45) od dch bedingte Übereign an den Dr mit Einwiligg des VorbehEigtümers (§ 185 I). Veräußert der Käufer, ohne den EV offenzulegen (dann gutgläub Erwerb dch Dr mögl; §§ 932 ff), so ist er seinem Verk nach § 280 schaderspfl. Zur Sicherg des ErstVerk ist für diesen Fall eine vorherige (damit verbundene) Vereinbg eines verlängerten EV (Rn 17) sinnvoll. **bb) Nachgeschalteter** EV (Begr v Serick I S 80 ff) liegt vor, wenn der Käufer ohne **16** den EV offenzulegen, die Sache seiners unter (eigenem) EV weiterverkauft; insb im ZwHandel übl. Das kann mit dem (ersten) Verk vereinb sein (pflgem nachgeschalteter EV) u wird dann regelm mit der Voraus- abtretg (Rn 17) verbunden (eigentl Anwendungsbereich des verlängerten EV als Sicherg des ersten Verk). Ist das nicht vereinb u veräußert der VorbehKäufer (mit Einwiligg des ersten Verk, Rn 13, § 185 I) unter eigenem EV weiter (freiw nachgeschalteter EV), so erwirbt der erste Verk die neue KaufprFdg nur, wenn Vorausabtretg (Rn 17) vereinb ist. Überträgt der erste VorbehKäufer abredewidr das Eigt bedingt od (ohne EV) voll, ist er dem ersten Verk schaderspfl (§ 280), insb dann, wenn der Käufer das Eigt über § 932 ff gutgl erwirbt. Bei nachgeschaltetem (also doppeltem) EV tritt, weil 2 versch Erwerber auftreten, eine Verdoppelg des AnwR ein (§ 929 Rn 33). Der Verk verliert das Eigt erst, wenn eine der beiden KaufprFdgen getilgt w (BGH NJW **71**, 1038). **cc) Verlängerter** EV (vgl § 398 Rn 24) liegt vor, wenn Verk u Käufer **17** vereinb, daß an Stelle des EV, wenn dieser erlischt (insb dch Weiterveräußerg, Verbindg, Verarbeitg, vgl Rn 13) die neue Sache (das ArbProdukt, § 950 Rn 3) od die daraus entstehde Fdg treten soll. Das setzt die Einwiligg zur Weiterveräußerg voraus (vgl Rn 15); sie erstreckt sich aber nicht auf die Veräußerg an einen Dr, der die Abtretg der künft Fdg (sog Vorausabtretg) ist eine Sichergsabtretg. Sie ist unwirks, wenn die Abtretg dch Vertr zw VorbehKäufer u Dr verboten war (hM; § 399 Rn 11; hierzu krit Wagner JZ **88**, 698 [701]). Sie ist wirks, auch wenn die Bestimmbark der einzelnen Fdgen weder zZ ihrer Abtretg noch zZ ihrer Entstehg in jedem Fall gewährleistet ist; es genügt, daß die Fdg individualisierb, dh von and unterscheidb ist (BGH **27**, 306). Ist an § 9 AGBG gemessen grdsätzl unbedenkl, jedenf im kfm Verk (BGH NJW **87**, 487 mwN). Bei Einstellg in ein Kontokorrent ist die Vorausabtretg wg Unabtretbk nur dann wirks, wenn sie sich auf den Schlußsaldo bezieht (BGH NJW **78**, 538). Wird bis zur Höhe des Wertes der VorbehWare od mit ähnl Klausel abgetreten, so ist der KaufPr maßgebd, den der Verk mit dem (vorausabtretden) Käufer vereinb hat (BGH NJW **64**, 149). Darühinaus können Fdg aus Dienst- od Werkleistgen (§§ 611, 631), dch die der EV inf der §§ 946–950 erlischt, od die mit dem KaufGgst zushängen (insb ReparaturkostenFdg), voraus abgetreten w. Das bedarf aber einer ausdr Erkl. Sie liegt nicht in dem verlängerten EV, den die VertrPartner auf die verkaufte Sache beziehen (BGH NJW **68**, 1516), u muß den Umfang der Abtretg erkennen lassen (BGH **26**, 178). Bei mehrf Abtretg gilt allg der Grdsatz zeitl Priorität; es ist nur die erste Abtretg wirks (BGH **32**, 361). Verh zum FactoringVertr: BGH **69**, 257; **72**, 15 u **75**, 391; Peters/Wichmann NJW **85**, 2932. Verh zur Globalzession: § 398 Rn 25. **dd) Kontokorrentvorbehalt** liegt vor, wenn der EV nicht schon dann er- **18** lischt, sobald der Käufer den Kaufpr der VorbehSache bezahlt, sond erst, wenn er alle od einen best Teil der Fdgen aus der GeschVerbindg beglichen, insbes den Saldoausgleich herbeigeführt hat. Der Kontokorrent- Vorbeh ist vor allem aGrd von AGB weitgehd übl, grdsätzl zul (hRspr BGH **42**, 58 u NJW **78**, 632), jedenf unter Kaufleuten, kann aber aGrd unzureicher Freigabeklausel wg § 9 AGBG unwirks sein (BGH NJW **94**, 1154). Er erlischt mit jedem FdgAusgleich u leistet nicht wieder auf (§ 158 II; BGH aaO). Über den ausdr im Einzelfall vereinb Umfang darf der KontokorrentVorbeh nicht ausgedehnt w; er ist auch mögl, wenn kein Kontokor- rentVerh besteht (vgl BGH WM **69**, 1072) u wird dann auch Globalvorbehalt (Braun BB **78**, 22) od GeschVerbindgsKlausel genannt. Zur Wirkg im Konk des Käufers krit Serick BB **78**, 1477. **ee) Konzern-** **19** **vorbehalt** liegt vor, wenn der KontokorrentVorbeh (Rn 18) noch auf die Fdgen and, idR zum selben Konzern des VorbehEigtümers gehörde Gläub erstreckt w. Er ist bis 1. 1. 99 (vgl Rn 1), wenn vertragl genügd bestimmt, im kaufmänn Verk u außerh der Anwendg des AGBG grdsätzl zul (vgl AGBG § 9 Rn 78; Serick, Festgabe f Weitnauer 145 mwN; Mittmann NJW **73**, 1108; bestr). Bei unzureicher Freiga- beklausel ist der KonzernVorbeh wg § 9 AGBG unwirks (BGH NJW **94**, 1154). **ff) Nachträglicher** EV. **20** **(1) Einseitiger** EV ist der bei od nach Übereign u Übergabe einseit bewirkte (vertrwidr) EV, insb dch einen Lieferschein, der auf jeden Fall dem Käufer bei der Lieferg zugehen muß (vgl BGH NJW **79**, 213), um einer bedinggsl Übereign entgegenzustehen (BGH NJW **79**, 2199). Der Verk behält (bei kollidierden AGB) das Eigt auch, wenn der Käufer, der den EV kannte, in seinen Einkaufsbedinggen eine sog Abwehrklausel hatte (BGH NJW **82**, 1749), sogar dann, wenn die Abwehrklausel VertrInhalt geworden ist (BGH NJW **82**, 1751); dies beruht sachenrechtl auf dem fehlden Übereigngswillen (vgl de Lousanoff NJW **82**, 1727).

21 **(2) Vereinbarter.** Der nachträgl vereinb EV kann üb § 140 in eine bedingte Rücküvbereigng umgedeutet w
22 (§ 929 Rn 29) u den KaufVertr entspr abänd. **(3) Anerkannter** EV. Dch Vertr (§ 305) kann zw den Part mit schuldrechtl Wirkg festgelegt w, daß üb das VorbehEigt des Verk nicht gestritten w solle (BGH NJW **86**, 2948).

23 **3) Bedingung** (aufschiebd, § 158 I) für den Erwerb des VollEigt dch den Käufer. **a) Inhalt:** iZw die vollst Bezahlg des Kaufpr, einschl der MWSt. Dazu gehören vereinb Versandkosten u Abgaben, jedoch Zinsen (insb VerzZinsen), Finanziergsspesen u ähnl NebenFdgen nur, wenn es vereinb ist (umstr; vgl MüKo/Westermann 23; aA zT RGRK/Mezger 39). Der KaufPrSchuld steht iZw die erfüllgshalber (§ 364 II) eingegangene WechselVerbindlk gleich (BGH **96**, 182), sodaß Verzug mit ihr grdsätzl zum Rücktr berecht (BGH aaO; vgl Rn 26); iZw erlischt die KaufPrFdg auch dann, wenn der Käufer im sog AkzeptantenwechselVerf zahlen läßt u der Verk noch dem Regreß ausgesetzt ist (BGH **97**, 197 mwN). Der Inhalt der Bedingg kann bis zu ihrem Eintritt dch Vertr (§ 305) geänd w (BGH **42**, 58); jedoch kann nach Übertr des AnwR zw den KaufVertrPart der EV wg § 185 ohne Zust des AnwRInh nicht mehr erweitert w (BGH NJW **80**, 175).
24 **b) Eintritt** (vgl § 158 Rn 2) dch restlose Zahlg des Kaufpr (Rn 23). Bei Überweisg auf Konto erst mit Gutschr, bei Wechsel u Scheck mit Einlösg, bei Aufrechng (selbstverständl nur sowie wirks ist) mit Zugang der Erkl (§§ 388, 130); sonst mit Erlöschen der KaufPrFdg aus ein Grden. Teilzahlg bewirkt auch kein teilw Erlöschen des EV (RGRK/Mezger 39), auch nicht bei einem GesamtPr hinsichtl einzelner Sachen (Serick I S 419); and Vereinb ist mögl (Rn 7). Bei FdgsMehrh ist § 366 anzuwenden, wenn nicht ein
25 KontokorrentVorbeh (Rn 18) vereinb ist. **c) Wirkung.** Wg der sachenrechtl Lage: Rn 6. Solange der Eigt-Erwerb dch den Käufer nicht vollz ist, hat der Verk nicht voll erf (vgl Rn 5), obwohl er seine Leistgshandlg vorgen hat; denn der Leistgserfolg ist noch nicht eingetreten (hM; vgl Rn 6). Ein and Ergebn ist dch entspr Vereinb zu erzielen, insb bei Gestattg der Weiterveräußerg od wenn nur die Übertragg des AnwartschR geschuldet ist.

26 **4) Rücktrittsrecht** (vom KaufVertr) steht dem Verk iZw bei ZahlgsVerz des Käufers zu. Verz muß sich auf den Kaufpr (wie Rn 23) beziehen; grdsätzl genügt der Verzug mit der erfüllgshalber (§ 364) eingegangenen WechselVerpflichtg (BGH **96**, 182). Die Voraussetzgen des § 326 müssen nicht erf sein (hM; BGH NJW-RR **95**, 365 mwN; aA Bydlinski JZ **86**, 1028); denn es handelt sich um einen vertr vorbehaltenen Rücktr, auf den die §§ 346 ff unmittelb anzuwenden sind (BGH NJW **84**, 2937 mwN). Ab Verj der KaufPrFdg ist Rücktr ausgeschl (hM, K. Müller DB **70**, 1209 mwN). Will Verk dagg nicht zurücktreten, sond SchadErs wg NichtErf verlangen, so kann er dies nur gem § 326. NachFr ist nöt. HerausgVerlangen aus Eigt enthält Rücktr nur, wenn ein TZahlgsGesch vorliegt u § 13 VerbrKrG anwendb ist od ein vor dem 1. 1. 91 abgeschl AbzGesch vorlag (§ 5 AbzG).

27 **5) Herausgabeanspruch** des Verk besteht (auch vor Rücktr) aus § 985 u aus Vertr (vgl Einf 3 vor § 985). Demggü hat der Käufer das R zum Bes (§ 986) aus dem KaufVertr. **a) Vertragsverletzung** dch den Käufer kann das R zum Bes (§ 986) beseitigen, insb dch Rücktr des Verk wg ZahlgsVerz; aber auch vorher bei einem nach der Differenztheorie berechneten SchadErsAnspr aus § 326, bei unsachgem Behandlg der Kaufsache od sonst vertrwidr Verhalten des Käufers, insb pflwidr Weitergabe (vgl K. Müller DB **69**, 1493 mwN; aA BGH **54**, 214 mwN: kein RücknR wg Verz vor Rücktr aus § 455 od fruchtlosem Ablauf der Nachfr des § 326). Entspr geht in diesen Fällen das R zum Bes (§ 986) verloren (zu diesen Fragen näher § 929 Rn 40). Der BGH (**54**, 214) berücksicht weder den mietrechtl Einschlag des EV (§ 929 Rn 40) noch die vom Eigt des Verk unabhäng Funktion des EV, den RückFdgsAnspr zu sichern (dazu treffd Serick I S 136 ff). Solche
28 Rücknahmeklauseln sind nicht wg § 9 AGBG unwirks (umstr). **b) Verjährung** der (auch restl) KaufprFdg u Erheben der Einr (zu diesen Fragen Look/Stoltenberg WM **90**, 661) läßt den HerausgAnspr unberührt (hM; BGH **70**, 96), da der Verk mangels BedinggsEintritt (§ 158 I) Eigentümer geblieben ist. Der KaufVertr, aus dem das R zum Bes gibt, bleibt aber mangels Rücktr bestehen. Der Verk kann die Sache jedoch in entspr Anwendg v § 223 herausverlangen (hM; BGH **34**, 197; aA Look/Stoltenberg aaO 666: § 242), auch bei AbzGesch (BGH **70**, 96; zust Tiedtke DB **80**, 1477; dagg Peters JZ **80**, 178). Weitere Abwicklg: Der Käufer darf die Nutzgen vergütgslos behalten, aber den (teilw) bezahlten KaufPr nicht zurückfordern, weil der KaufVertr fortbesteht, solange Rücktr nicht wirks erklärt ist. Nach Serick I S 441 kann bei verjährter KaufPrFdg der Verk die herausverlangte Sache verwerten u sich für den RestKaufPr am Erlös befried, wenn der Käufer endgült die Zahlg verweigert, währd er keinen Anspr auf Rückzahlg der geleisteten Raten erlangt. Der ÜbErlös ist an den Käufer auszuzahlen.

---

456 *Ausgeschlossene Käufer bei Zwangsvollstreckung.* **Bei einem Verkauf im Wege der Zwangsvollstreckung dürfen der mit der Vornahme oder Leitung des Verkaufs Beauftragte und die von ihm zugezogenen Gehilfen, mit Einschluß des Protokollführers, den zum Verkaufe gestellten Gegenstand weder für sich persönlich oder durch einen anderen noch als Vertreter eines anderen kaufen.**

1 **Zweck:** Unparteil Leitg des Verf. **Anwendungsbereich:** Verk (insb öff Verst) bewegl Sachen uRe gem
2 §§ 814–817a, 821, 844, 857 ZPO, sowie ZwVerst v GrdSt u grdstgleichen Ren (§ 866 I ZPO). Weitere Anwendbk: § 457. **Personenkreis:** Das Erwerbsverbot gilt insb für GerVollz (§ 814 ZPO), Versteigerer od VerkBeauftragte (§ 825 ZPO), VerstRichter od -Rpfleger (§ 1 ZVG), alle HilfsPers auch mit untergeordne-
3 ten Aufgaben. **Erwerbsverbot:** Auch in allen Formen der Vertr, insb auch mittelb StellVertr u TrHänder
4 (vgl Einf 6 vor § 164). **Wirkung:** § 458. Erwerb v Ersteher aGrd eines weiteren Kaufs berührt § 456 nicht. § 181 bleibt daneben anwendbar (RG **56**, 105 [108]).

---

457 *Ausgeschlossene Käufer bei Pfandverkauf.* **Die Vorschrift des § 456 gilt auch bei einem Verkauf außerhalb der Zwangsvollstreckung, wenn der Auftrag zu dem Verkauf**

auf Grund einer gesetzlichen Vorschrift erteilt worden ist, die den Auftraggeber ermächtigt, den Gegenstand für Rechnung eines anderen verkaufen zu lassen, insbesondere in den Fällen des Pfandverkaufs und des in den §§ 383, 385 zugelassenen Verkaufs, sowie bei einem Verkaufe durch den Konkursverwalter.

Anwendungsbereich: Folgde Fälle v Verk, insb iW öff Verst: §§ 383, 385, 753, 966, 979, 983, 1003, **1** 1219, 1221, 1228 ff, 2042 (753); weiter §§ 368, 371, 373, 376, 379, 388, 391, 437, 440 HGB sowie §§ 117 ff KO. **Freiwillige Versteigerung:** Hierfür gelten die §§ 456, 457 nicht. Für gewerbsmäß Verst gelten die **2** dem § 456 ähnl Verbote des § 34 b VI GewO mit NichtigkFolge (§ 134) u die VO v 1. 6. 76 (BGBl 1345). Bei Verst dch Notare (§ 20 III BNotO) greift im engeren Umfang § 16 BNotO ein.

458 *Kauf trotz Kaufverbots.* [I] Die Wirksamkeit eines den Vorschriften der §§ 456, 457 zuwider erfolgten Kaufes und der Übertragung des gekauften Gegenstandes hängt von der Zustimmung der bei dem Verkauf als Schuldner, Eigentümer oder Gläubiger Beteiligten ab. Fordert der Käufer einen Beteiligten zur Erklärung über die Genehmigung auf, so finden die Vorschriften des § 177 Abs. 2 entsprechende Anwendung.

[II] Wird infolge der Verweigerung der Genehmigung ein neuer Verkauf vorgenommen, so hat der frühere Käufer für die Kosten des neuen Verkaufs sowie für einen Mindererlös aufzukommen.

Zustimmungsbedürftigkeit: Bei einem Kauf, der gg §§ 456, 457 verstößt, besteht entgg § 134 schweb- **1** de Unwirksk. Zust: Einwilligg (§ 183) u Gen (§ 184). Sie muß v Seiten aller Beteil vorliegen; außer Schu, Gl u Eigtümer auch and PfandGl. **Rechtsfolgen:** Kauf (Verst) u ErfGesch (insb Übereigng) w nichtig, wenn **2** die Zust auch nur v einem der Beteil verweigert w. Erkl über die Gen kann nur der Erwerber über § 177 II herbeiführen (Abs I S 2). **Ersatzansprüche:** Der Anspr aus Abs II ist v Versch unabhäng. Weiter können **3** Anspr aus § 823 II u aus § 839, Art 34 GG bestehen.

II. Gewährleistung wegen Mängeln der Sache

Vorbemerkung

1) Allgemeines. Bei der GewlPfl des Verk von Sachen ist zw RMängeln (§§ 439–443 mit RFolgen der **1** NichtErf gem §§ 320–327) u Sachmängeln (§§ 459–480) zu unterscheiden (vgl zur Abgrenzg Rn 13–20). **a) Abdingbarkeit:** die §§ 459–480 sind größtenteils dispositiv. Grenzen: § 476 u Rn 29. **b) Gewährleistungsansprüche** des Käufers sind (grdsätzl wahlw): Wandelg (§ 462), Minderg (§ 462), SchadErs wg NichtErf (§§ 463, 480), Nachlieferg (§ 480, nur bei Gattgskauf) u Nachbesserg (nur wenn vereinb, § 462 Rn 4–6). **c) Allgemeine Voraussetzungen** der GewlAnspr sind: Sachmängel (§ 459), fehlde Kenntn des Mangels ohne grobe Fahrlk beim Kauf (§ 460) u fehlde Kenntn od Vorbeh bei Ann (§ 464).

2) Verhältnis zu anderen Rechten ist sehr umstr. **Sonderregelung:** Einigk besteht darin, daß die **2** §§ 459–480 eine SoRegelg darstellen, die in ihrem Anwendgsbereich alle allg Vorschr ausschließt. Daraus folgt zunächst unstreit, daß Anspr aus Verletzg von NebenPfl aus dem KaufVertr, die mit Sachmängeln nichts zu tun haben, zB BeratgsPfl (BGH NJW **62**, 1196), AuskPfl (§ 444), dch die §§ 459 ff nicht berührt w (vgl § 433 Rn 16–25). **Gefahrübergang:** Sehr umstr ist, ob der Gefahrüberg (vgl § 459 I) auf die Anwendbk **3** and Anspr einwirkt. Nach hRspr (RG **138**, 356; BGH **34**, 32) sollen bis zum Gefahrüberg die allg Vorschr, insb die IrrtAnf gem § 119 II unbeschr zugelassen w. Nach richt Auffassg (wohl hM; Hamm NJW-RR **93**, 1366; Soergel/Huber 173) ist die Anwendg der allg Vorschr grdsätzl vor u nach dem Gefahrüberg in gleichem Umfang ausgeschl, weil die GewlAnspr auch schon vor Gefahrüberg entstehen können (vgl § 459 Rn 6). **Gewährleistungsausschluß** (Rn 21): Die Anwendbk der wg der SoRegelg ausgeschl Re wird nicht **4** dadch herbeigeführt, daß im Einzelfall Ausschl der Gewl zuläss vereinb ist (hM; Soergel/Huber 177). Eine entspr Anwendg v § 281 ist aber mögl, wenn die Sache vor Übgabe einen Mangel erleidet (Tiedtke NJW **92**, 3213; offengelassen v BGH NJW **91**, 1675).

a) Unmöglichkeit und Verzug. Die §§ 306, 320–327 sind ab Gefahrüberg (vgl § 459 Rn 5) nicht **5** anwendb, weil auch die Überg u Übereign einer mangelh Sache Erf des KaufVertr ist, solange lediglich ein Sachmangel u nicht ein aliud (dh eine and als die verk Sache) vorliegt; das kommt in erster Linie beim GattgsKauf (§ 480) in Betr, beim Stückkauf nur, wenn der Verk die Sache vertauscht od verwechselt. Diese RFolge u ihre Begründg sind sehr umstr; von der wohl hM wird die Unanwendbk auf den Stückkauf beschr, weil bei Gattgskauf wg § 480 I Anspr auf Liefer mangelfreier Sache besteht (Soergel/Huber 170). Die richt Begründg ist, daß die NichtErf der LeistgsPfl u die Gewl für Sachmängel nach Voraussetzg u Wirkg zweierlei sind (Larenz § 41 II e). Die Anwendbk der §§ 320–327 kommt auch dann in Betracht, wenn eine SachGesamth (zB § 433 Rn 2) od mehrere Sachen als zugehörd (§ 469) verkauft sind u nicht alle geliefert w, sog Quantitätsmangel (vgl § 459 Rn 2; BGH NJW **92**, 3225; zust Tiedtke DB **93**, 1071).

b) Positive Vertragsverletzung (vgl § 276 Rn 110) ist neben §§ 459 ff (mit Ausn der SoRegelg des **6** § 463, vgl dort Rn 26) anwendb; denn GewlR enthält Sonderregel nur bzgl der unmittlb Wirkg mangelh Lieferg, schützt jedoch mit dem Regelbehelf der Wandelg u Minderg den Käufer nicht hinreichd vor solchem Schad, der über den mangelh Lieferg begründbaren Nachteil an der verk Sache hinausgeht, sog Begleit- u MangelfolgeSchad (hM; st Rspr des BGH, zB NJW **80**, 1950), insb dch Verarbeitg der mangelh Sache u dch diese Sache (zB Unfall) an and Sachen od RGütern verursachte Schäden (vgl auch § 463 Rn 15). Diese Schäd können aus pVV verlangt werden, wenn der Verk eine über die bloße Lieferg hinausgehde VerhaltensPfl schuldh verletzt, insb Aufklärgs-, Beratgs- u UntersuchgsPfl (hM; vgl § 433 Rn 16–25); Einzelfälle: § 276 Rn 110. Dazu gehört auch das schuldh Herbeiführen eines Mangels zw Kaufabschluß u Gefahrüberg. In allen diesen Fällen kann jedoch im GeltgsBer der §§ 459ff aus pVV immer nur der MangelfolgeSchad (§ 463 Rn 15) verlangt w; für den eigentl Mangel (NichtErf) Schad sind §§ 463, 480 SondRegel (hM; BGH **77**, 215). Die Abgrenzg im Einzelfall ist schwierig.

7   **c) Verschulden bei Vertragsverhandlungen** (c. i. c.; vgl § 276 Rn 80). Anspr daraus sind grdsätzl ausgeschl, soweit sich das Versch des Verk auf die Beschaffenh des KaufGgst (Fehler u zusichergsfäh Eigensch, § 459) bezieht, da die §§ 459ff eine abschließbe Sonderregel darstellen (§ 276 Rn 80 mwN; § 463 Rn 25). Nur soweit das vorvertragl Versch des Verk vorsätzl ist (BGH stRspr NJW **92**, 2564 mwN; Staud/Honsell 33; aA Soergel/Huber 228) od sich (auch fahrläss) nicht auf Fehler od zusichergsfäh Eigensch bezieht (vgl § 463 Rn 25) haftet der Verk aus c. i. c. auf Ers des VertrauensSchad (BGH **60**, 319 u NJW **92**, 2564 mwN), insb bei Verletzg von Offenb-, Aufklärgs- u BeratgsPfl (allgM; vgl § 276 Rn 80–82 mit Einzelh).

8   **d) Anfechtung wegen Täuschung** (§ 123) ist grundsätzl neben GewlAnspr zul, da zu einer Begünstigg des betrüg Verk dch Beschrkg des Käufers auf Gewl kein Anlaß besteht (hM; RG **104**, 3). Daß ArglAnf mögl ist, bewirkt für den Verk keine zusätzl Belastg (Köhler JA **82**, 157). Da bei Anf nur SchadErsAnspr aus §§ 823 II, 826 (idR auf den VertrauensSchad gerichtet, Vorbem 18 vor § 249) od BereichergsAnspr (§§ 812, 818) bestehen, kann es im Einzelfall für den Käufer günst sein, nicht anzufechten u statt dessen SchadErs wg NichtErf (§ 463) zu verlangen (vgl Weitnauer NJW **70**, 637). Eine erfolgl AnfErkl kann in eine Wandelgs-Erkl (§ 462) umgedeutet w. Anf u GewlAnspr (§§ 462, 480) schließen sich aus; jedoch hat der Käufer die Wahl, solange nicht eine der beiden Erkl zum erstrebten Erfolg geführt hat, insb schließt erst die begrdte Anf die Wandelg aus (Giesen zu BGH NJW **71**, 1795). Vgl weiter § 463 Rn 23, 24.

9   **e) Anfechtung wegen Irrtums. aa)** Die aus § 119 I ist zul. **bb)** Ausgeschl ist die des Käufers über verkwesentl Eigensch (§ 119 II), soweit aus gleichem Grd Gewl geltd gemacht w könnte (hM; BGH **34**, 32; Soergel/Huber 175), grdsätzl also ab GefahrÜberg (§ 119 Rn 28); denn die §§ 459ff regeln gerade den Fall, daß die Kaufsache verkwesentl Mängel aufweist u hieran RFolgen knüpfen, die als Sonderregel der allg Vorschr des § 119 II vorgehen. Auch wird dch das GewlR mit seinen kurzen VerjFr (§ 477) eine schnelle, endgült Abwicklg bezweckt, die dch Zulassg der IrrtAnf wg Sachmangels (30 Jahre VerjFr) prakt wieder aufgeh würde. Der Ausschl der IrrtAnf bezieht sich jedoch wiederum nur auf den Bereich des GewlR. **cc)** Eine Anf wg Irrt des Verk ist nur zul, soweit sich der Irrt nicht auf Vorhandensein eines Fehlers od auf zugesicherte Eigensch bezieht, weil er sich sonst der Gewl entziehen könnte (hM; BGH NJW **88**, 2597; 10 hierzu Köhler/Fritzsche JuS **90**, 16). **dd)** Der Käufer darf anfechten, wenn sich sein Irrt auf und verkwesentl Eigensch bezieht, die nicht zugleich GewlMängel darstellen (hM; § 119 Rn 28; BGH **16**, 54 u NJW **79**, 160; hierzu krit Müller JZ **88**, 381 [385]; vgl Hönn JuS **89**, 293 [295]). **ee)** Soweit die Gewl zul vertragl ausgeschl ist, bleibt auch die Anf ausgeschl (Staud/Honsell 23 mwN). **ff)** RFolgen der Anf: Nichtigk (§ 142), Anspr aus §§ 812, 818 u Ers des VertrauensSchad (§ 122).

11   **f) Unerlaubte Handlung** (§§ 823, 826). Anspr daraus werden dch §§ 459ff nicht ausgeschl (hM; BGH **86**, 256, einschränkd Schwark AcP **179**, 58; krit Stoll JZ **83**, 501), selbst wenn die uH gleichzeit das argl Verschweigen eines Mangels enthält (BGH NJW **60**, 237; vgl auch § 463 Rn 23) od wenn nur ein Teil der verk Sache mangelh ist u ein anderer Teil od die Restsache als Mangelfolge später beschädigt od zerstört w (aA LG Karlsr JZ **87**, 828). Bei der EigtVerletzg ist zu beachten, daß sie nur dann relevant ist, wenn die verkaufte Sache nach dem GefahrÜberg weiter beschäd w, weil bei GefahrÜberg bereits eine beschäd Sache (Eigt) erlangt w ist (Ganter JuS **84**, 592 mwN). Der SchadErsAnspr aus §§ 823ff unterliegt trotz § 477 der dreijähr Verj nach § 852 (BGH **66**, 315).

12   **g) Fehlen und Wegfall der Geschäftsgrundlage.** RFolgen daraus sind, soweit es sich um Fehler od Eigensch des KaufGgst handelt, ausgeschl (BGH **117**, 159 mwN; vgl § 242 Rn 118), auch bei vereinb Ausschl der SachmängelGewl (vgl Rn 41; BGH **98**, 103). Das gilt jedenf sow bei Fehlern der VertrZweck nicht u nur eines außerh der Beschaffenh der Sache liegenden Umst (sog Umweltfehler) unerreichb w (vgl Köhler, Unmöglk u GeschGrdlage, 1971, S 176ff). Ferner ist Wegfall der GeschGrdlage anwendb, wenn die Abweichg der Kaufsache von der beiderseits vorgestellten Beschaffenh nur zuungunsten des Verk wirkt.

13   **3) Anwendungsbereich.** Allg Voraussetzg ist, daß ein Kauf (§ 433) od kaufähnl Vertr (§ 493) vorliegt. Erwerb v Bauträger: § 633 Rn 4 u § 675 Rn 20. **a) Sachen** (vgl § 433 Rn 1): alle bewegl u unbewegl (§ 90), einschl ihrer Bestandt u Zubehör (§§ 93–98), auch wenn sie nicht dch Verkauf veräußert w (§ 493) u wenn es sich um MitEigtAnteile handelt (Hamm MDR **85**, 1026), insb gemschaftl Einrichtgen bei EigtWo (BGH WM **71**, 1251). Bei Standard-Software gelten die §§ 459ff mindestens entspr (BGH **102**, 135; vgl § 433 Rn 5; aA Mehrings NJW **88**, 2438: §§ 633ff). Bei Druckschriften keine Anwendg für fehlerh Rat (BGH WM **78**, 14   306 für Anlageempfehlg eines Börsendienstes). **b) Wertpapiere:** nur sow es sich um Mängel der Urk handelt (vgl § 437 Rn 14). **c) Rechte:** grdsätzl nicht; es gilt § 437. Ausnahmsw anwendb in den Fällen des § 451 (BGH NJW **86**, 1605) u der Rn 6. Abzulehnen bei Patent, Erfindg, Verfahren (zT aA RG **163**, 6), 15   know-how-Vertr. **d) Unternehmen.** Die GewL bedarf idR individueller Vereinbg (Merkt BB **95**, 1041 [1044ff]). Grdsätzl gilt: §§ 459ff sind einers für Mängel betrzugehör Sachen anwendb (Gewl für fehlerh Einzelsache), entspr auch für Mängel des Untern als solchem (hM; BGH stRspr zB NJW **79**, 33 mwN; Düss NJW-RR **93**, 377; aA stark einschränkd auf konkrete „Sollfestlegung": Kantenwein, SachmGewl beim UnternK, 1987 S 122ff mit Übersicht zum Meingsstand). Was darunter im Einzelfall zu verstehen ist, muß auf den KaufGgst (das Untern) bezogen w. Einzelne Substanzstücke begrden einen Mangel des Untern nur, wenn sie seine Marktstellg gefährden (Hommelhoff aaO S 38). Für einzelne RMängel vgl § 437 Rn 4; Sachmängel: § 459 Rn 43, 44. Zur Behandlg v SichergsRen vgl Hadding ZGR **82**, 476. Für sog AbschlAngaben (zu Gewinn- u Verlustrechng, Umsatz, Bilanz, Inv) haftet der Verk nur nach § 459 II, ggf § 463 S 2 (Hommelhoff S 59ff; aA BGH NJW **70**, 653 mit abl Anm v Putzo u WM **74**, 51: keine Haftg aus § 459, sond aus c. i. c., vgl Rn 7), auch wenn der Verk am Vertr festhält (BGH NJW **77**, 1538). Über die gesetzl Gewl (§§ 459ff) hinaus besteht ein NachbessergsAnspr, wenn die LeistgsStörg nur dch den Verk beseit w kann 16   (Hommelhoff S 109ff). § 477 gilt, § 377 HGB nicht (Hommelhoff S 117ff). **e) Gesellschaftsanteile** u MitgliedschR: ihr Kauf ist der eines Rs. Gewl grdsätzl nach § 437 (dort Rn 10); jedoch gelten die §§ 459ff (BGH **85**, 367) unter Ausschl der IrrtAnf (BGH NJW **69**, 184) u mit Beschränkg der Wandelg (Mössle BB

83, 2146; umstr), soweit es sich um Mängel des von der Gesellsch betriebenen Untern od einz ihrer VermGgst handelt (vgl die zusfassden Darstellgen: U. Huber ZGR **72**, 395; Mössle BB **83**, 2146). Solche Mängel des Untern können auch sein: nicht ausgewiesene GesellschSchulden, zu hoch bewertete Aktiva od zu hoch angegebene Erträge od Umsätze (Prölss ZIP **81**, 337). In diesen Fällen ist aber Voraussetzg, daß die Part des KaufVertr darin von einer best Beschaffenh des Untern od eines Ggst des GesellschVerm ausgegangen sind (U. Huber aaO [406]). **aa)** Verk aller Anteile. Damit ist nach der VerkAuffassg u dem wirtsch 17 Zweck auch das Untern selbst (zusätzl) verkauft (hM seit RG **120**, 283; BGH NJW **69**, 184 u WM **78**, 59). Das gilt auch, wenn mehrere Verk u Käufer an einheitl Vertr beteiligt sind (RG **122**, 378). **bb)** Verk von 18 beherrschden Anteilsquoten (insb MehrhBeteiligg; aA BGH NJW **80**, 2408), auch bei mehreren VertrPart (wie Rn 17): Kriterium ist, ob dadch unternehmer Leitgsmacht (satzgsändernde Mehrh) verschafft w (hierzu Hommelhoff ZHR **76**, 271 [283]). Die Rspr ist uneinheitl. Bejahd: BGH WM **70**, 819; Mü NJW **67**, 1327. Verneind: für einen GmbHAnteil v 49% BGH **65**, 246 mwN, für 60%, an satzgsändernden Beschlüssen orientiert: BGH NJW **80**, 2408. Die v Käufer bereits gehaltenen Anteile bleiben unberücksicht (Naumb NJW-RR **95**, 799). **cc)** Bei Verk kleinerer Anteile grdsätzl nicht, nur ausnahmsw dann, wenn der Verk eine 19 beherrschde Stellg innehat u der Kaufpr am GesellschVerm orientiert ist (vgl Neumann-Duesberg WM **68**, 494 [502]). **dd)** Haftg aus c. i. c. (Rn 7) kann im Einzelfall gegeben sein (BGH NJW **80**, 2408; Naumb aaO). 20 **ee)** Verj der GewlAnspr nach § 477 I 2. Alt (Mössle BB **83**, 2146 mwN; sehr umstr).

4) Vertragliche Abänderung. Die nachfolgde Darst gilt uneingeschr nur für Vertr außerh des GeltgsBer 21 des AGBG, näml des sachl (§ 1 AGBG), zeitl (§ 30 AGBG) u des persönl (§ 24 AGBG). GewlAnspr können insb dch AGB ausgeschl u beschr (sog Freizeichngsklauseln), aber auch (insb dch EinkaufsBedingg) erweitert w. **a) Allgemeines.** Grdsätzl sind die GewlVorschr der §§ 459ff vertragl abdingb. Auch bei völl 22 Ausschl der GewL bleiben die and Re in gleicher Weise ausgeschl wie dch die ges SoRegelg (Rn 4). Ausn: Argl gem § 476 (vgl dort) u zwingde gesetzl Vorschr (zB § 7 III FuttermittelG; BGH **57**, 292). Grenzen: § 138 u § 242 (vgl § 276 Rn 57–62). Das gilt auch für formularmäß Regelg der GewlAnspr, soweit die Abweichg von dispositiven ges Vorschr nicht gg das ges Leitbild des VertrTyps verstößt (§ 9 AGBG). Für individuell vereinb Vertr sind die Regeln der Inhaltskontrolle (Einf 13–17 vor § 145) zu beachten. Ein Ausschl der GewlAnspr bezieht sich nicht auf Haftg aus c. i. c. (Rn 7). **b) Zweck:** Ausnutzg der VertrFreih u 23 je nach Interessenlage die Auswirkg auf den Kaufpr, der gerade auch in Hinbl auf den Umf der Gewl kalkuliert w, insb bei Beschrkg der Gewl niedr angesetzt w kann. **c) Form und Inhalt:** Notw ist die Form 24 der KaufVertr (insb § 313), nicht nur bei ges, auch bei rechtsgeschäftl vereinb Form. RFolgen bei Verstoß: § 125 gilt nur für den GewlAusschl. Es ist nicht über § 139 der ganze Vertr nichtig. Die GewlBeschrkg muß eindeut sein. Beschr ein Händler ggü seinem Käufer die Gewl des Herstellers der Sache, so liegt darin noch kein GewlAusschl (Hamm NJW **74**, 909). **d) Art der Mängel:** Es kann die Haftg für jeden Mangel in 25 dem unter Rn 26–31) dargelegten Umf erweitert od ausgeschl w. Für zugesicherte Eigensch (§ 459 II) ist jedenf ein formularmäß Ausschl nicht mögl, weil damit die Bedeutg der Zusicherg beseit w (vgl § 11 Nr 11 AGBG; Wagner DB **91**, 2325). Das gilt auch, wenn die gesamte Gewl ausgeschl w kann (zB bei gebrauchtem Kfz, Rn 27) u dann auch für Begleit(Mangelfolge)schäden, die gem § 463 zu ersetzen sind. Für sog Verschleißmängel eines Kfz ist die Gewl des GebrWagenVerk bei Fehlen anderweit vertr Regelg dann stillschweigd ausgeschl, wenn der NeuwagenVerk den GebrWagen auch in gesond KaufVertr in Zahlg nimmt (BGH **83**, 334; dagg krit Schack NJW **83**, 2806). Bei Software wird ein GewlAusschl für unvermeidb Fehler im Rahmen der §§ 9–11 AGBG als unwirks angesehen v Börner CR **89**, 361. **e) Umfang:** Es kann 26 insb SchadErs, Wandelg, Minderg u Nachlieferg ausgeschl, die Gewl auf Nachbesserg (§ 462 Rn 5, 6) beschr w. Mind dieser in den §§ 459ff nicht vorgesehene Anspr muß dem Käufer verbleiben. Es können Fr festgelegt, verlängert u verkürzt, Mängelrügen in best Form u Fr verlangt w (im GeltgsBer des AGBG eingeschr dch § 11 Nr 10e AGBG). Jedenf bei vertretb Sachen kann die Gewl auf Umtausch beschr w (umstr; vgl Muscheler BB **86**, 2279 mwN). Es kann auch das Verbot vereinb w, Kaufpr wg GewlAnspr zurückzuhalten (vgl § 433 Rn 31). Nur in engen Grenzen u nicht in den jew gegner Verantwortgsbereich hinein kann die BewLast umgekehrt w (BGH **41**, 151 [154]). Mögl ist Übern der Haftg des Verk für Mangelfolge- u BegleitSchad ohne Versch. Es ist zul, den Verlust von GewlAnspr daran zu knüpfen, daß die beanstandete Ware nicht auf Verlangen dem Verk zur Untersuchg überl w (BGH **LM** § 138 [Bc] Nr 11). **aa) Gebrauchte Sachen** (insb Kfz, Maschinen u Altbauten; BGH NJW **86**, 2824). Es kann auch der 27 NachbessergsAnspr, damit jede Gewl ausgeschl w (hM; vgl BGH NJW **70**, 29 u WM **83**, 363; einschränkd Hager NJW **75**, 2276), insb dch die Klausel „gebraucht, wie besicht u unter Ausschl jeder Gewl" (BGH **74**, 383). Dies umfaßt auch verborgene Mängel u solche, welche die Verk- u BetrSicherh beeinträcht (hM; Köln NJW **93**, 271 mwN); jedoch immer nur für best Kfz, nicht für Lieferg eines belieb ErsKfz gleichen Typs, weil Besichtigg u Überprüfg vor dem KaufAbschl mögl sein muß. Das ist auch dch Formular zul, bei GebrWagenhändlern u bei priv Verk, die nicht ErstBes sind (BGH st Rspr, zuletzt NJW **84**, 1452). Die Klausel „wie besicht u probegefahren" schließt bei Kfz die Gewl für techn Mängel aus, die Fahrtüchtig u BetrSicherh betreffen (Schlesw VersR **80**, 98); jedoch nur für solche techn Mängel, die auch ohne Hilfe eines SachVerst bei Besichtigg u Probefahrt idR festgestellt w können (Schlesw MDR **83**, 54). Grenzen: Argl (§ 476); Haftg besteht auch trotz allg vereinb HaftgsAusschl für wirks u konkret vereinb zuges Eigensch (BGH stRspr, zB NJW **93**, 1854). **bb) Kunsthandel.** Für den Kunsthändler verbleibt es bei den allg Regeln 28 (Rn 26). Beim kommissar Auktionator (vgl Einf 9 vor § 433) ist die RLage umstr (vgl Braun WM **92**, 893). Weitergehender GewlAusschluß, insb dch Katalog wird zugelassen u fällt dann unter das AGBG, auch wenn der Auktionator auf eigene Rechng versteigert (Düss NJW-RR **93**, 1522). Die ZustdsBeschreibgen werden darin idR ausdrückl als nicht zugesicherte Eigsch bezeichnet. Das ist zuläss (BGH **63**, 369) u verstößt nicht gg § 9 AGBG (wohl hM; Braun aaO mwN). Bestehen bleibt trotz vollem GewlAusschl jedoch die Haftg des Auktionators für falsche EigschBeschreibg im Katalog bei Versch, insb für Prüfg der Echth der Sache (BGH NJW **80**, 1619; Flume JZ **91**, 633 u mind für grobe Fahrlk (Hamm NJW **94**, 1967). Zweckmäß ist eine einschneidde Verkürzg der GewlFr (Braun aaO). Auch im Verh Einlieferer zu Auktionator (vgl 9, 17 vor § 433) werden die §§ 459ff angewendet (vgl Ffm NJW **93**, 1477). **f) Grenzen.** Im übr kann die Gewl nicht 29 ganz ausgeschl w (BGH NJW **71**, 1795). DieBeschr auf Nachliefergg ist aber insb mögl, wenn ledigl Fabrika-

tionsfehler vorliegen od wenn dem Käufer ein RücktrR eingeräumt w, falls der Verk die Beschrkg auf Nach(Ers)Lieferg geltd macht (Schmidt-Salzer aaO). Wird der GewlAnspr, auf den der Käufer beschr ist, insb die Nachbesserg, nicht erf (Unmöglk od Verz) od nicht unter Beseitigg des Mangels od mit neuem Mangel erf, so kann der Käufer grdsätzl auf die ges GewlAnspr zurückgreifen (hM). Dieser Anspr kann wiederum nicht ausgeschl, wohl aber darauf beschr w, daß nur Wandelg, Minderg od Nachlieferg (od nur eins von diesen) verlangt w kann u SchadErs ausgeschl ist (im einzelnen bestr). Bei Nachbesserg sind je nach dem Einzelfall auch mehrere Versuche des Verk zuzulassen, bei Nachlieferg grdsätzl nur einer. Das WahlR zw den jeweils verbleibden GewlAnspr steht grdsätzl dem Käufer zu (BGH NJW **67**, 32). Die Verkürzg v MängelrügeFr darf nicht grob unbill sein (zB 3-Tage-Fr ab Überg bei einer Rechenmaschine, Hbg MDR **74**,
30　577). **g) Abtretung** v GewlAnspr gg Dr als Ers für eigene Gewl. Bei Verkauf einer neu errichteten EigtWohng kann der Verk ggü dem Erwerber seine eigenen GewlPfl dch Abtretg der GewlAnspr gg die BauBeteil ersetzen; jedoch nicht im GeltgsBer des AGBG (dort § 11 Nr 10a). Ist bei einem Kauf jede Gewl ausgeschl (zB gebrauchtes Kfz) u hat der gutgläub Verk als sog Erstkäufer gg seinen Verk Anspr aus § 463, so ist er verpfl, seinen Anspr an den (Zweit-)Käufer abzutreten (Wolter NJW **75**, 623 mwN). Dieser abzutretde SchadErsAnspr ist nicht dch den Vorteil gemindert od ausgeglichen, den dch den günst Weiter-
31　Verk erwächst (Büdenbender JuS **76**, 153). **h) Produzentengarantie** (Herstellergarantie) begrdet idR einen zusätzl, inhaltl freigestellten Vertr zw Käufer u Hersteller (Mischke BB **95**, 1093 [1095]), häuf dch Garantie-scheine, die der Produzent dem dann vom Händler weiterverkauften Produkt (insb Geräte) beigibt. Dieser Vertr schließt GewlAnspr gg den Verk nicht aus (BGH **78**, 369 mwN), wobei der Produzent sich zur Erfüllg
32　der Gewl seiner VertrUntern bedienen kann (BGH aaO). **i) Gebrauchtwagengarantieversicherung.** Im GebrWagenhandel ist es weitgehd übl geworden (Finke/Spieß NJW **95**, 242) als Ers für den regelmäß GewLAusschl (Rn 27) eine v Händler abgeschlossene Vers des Käufers anzubieten. Diese führt nicht zu einem GarantieVerh, sond zu einem ErsAnspr des Käufers für RepKosten (Oldb BB **95**, 897).

459 *Haftung für Sachmängel.* **[1]Der Verkäufer einer Sache haftet dem Käufer dafür, daß sie zu der Zeit, zu welcher die Gefahr auf den Käufer übergeht, nicht mit Fehlern behaftet ist, die den Wert oder die Tauglichkeit zu dem gewöhnlichen oder dem nach dem Vertrage vorausgesetzten Gebrauch aufheben oder mindern. Eine unerhebliche Minderung des Wertes oder der Tauglichkeit kommt nicht in Betracht.**

[II]Der Verkäufer haftet auch dafür, daß die Sache zur Zeit des Überganges der Gefahr die zugesicherten Eigenschaften hat.

1　**1) Allgemeines.** § 459 ist die grdlegde Vorschr für die Sachmängelhaftg des Verk, zugleich Voraussetzg des Anspr aus § 462 u enthält den für § 463 S 2 maßg FehlerBegr. **a) Anwendungsbereich:** Rn 13–20 vor § 459. **b) Abdingbarkeit:** Vorbem 21 vor § 459. **c) Begriff des Sachmangels:** umfaßt Fehler (Rn 8) u Fehler zugesicherter Eigensch (Rn 15, 20). Darühinaus als dritte Kategorie des Sachmangels die Abweich v selbständ BeschaffenhVereinbg anzunehmen, dürfte abzulehnen sein (hM; aA Ramming MDR **94**, 330).
2　**d) Quantitätsmängel:** Ist die Sache zu klein od zu groß, hat sie vom VertrInhalt abw Abmessgn, kann ein Sachm vorliegen. SoRegelg für Grdst: § 468. Sind in Behältn weniger Stücke od geringere Menge als vereinb (zB 45 statt 50 pro Kiste, 80 statt 90 kg pro Faß), liegt NichtErf vor (§ 320 ff). Bei beiderseit
3　Handelskauf unterliegen Fehlmengen der RügePfl (§§ 377, 378 HGB). **e) Falschlieferung** (aliud = and als die gekaufte Sache): vgl Vorbem 5. Sie liegt vor, wenn die gelieferte Sache eine and als die verkaufte ist. Das ist NichtErf u die §§ 320 ff sind grdsätzl anzuwenden, nicht die SachmHaftg. Dies gilt ausnahmsl für den Stückkauf (hM), auch wenn ein beiderseit HandelsGesch zugrdeliegt u ein genehmiggfäh Mangel iS des
4　§ 378 HGB gegeben ist (BGH NJW **79**, 811 mwN). Beim Gattgskauf: § 480 Rn 1, 2. **f) Verschulden** (§§ 276, 278) ist für die Haftg aus § 459 bedeutgsl (auch bei § 463), weil ohne Versch gehaftet w. Versch ist aber Voraussetzg für die Haftg aus Ansprüchen der Vorbem 5–7, 11. **g) Verhältnis zu anderen Rechten:** Vorbem 2–12.
5　**2) Gefahrübergang** ist der maßg Ztpkt für die SachmHaftg aus § 459 (vgl Abs I S 1, II). **a) Begriff.** Es ist der Übergang der Preis(Vergütgs)Gef bei zufäll Unmöglk (§ 323 I), Unterg od Verschlechterg der Kaufsache (§§ 446, 447) gemeint. **b) Zeitpunkt:** frühestens mit AnnVerz (§§ 293 ff) des Käufers, weil dadch VergütgsGef übergeht (§ 324 II). Grdsätzl mit Überg der Kaufsache (§ 446), bei VersendgsKauf nach § 447.
6　**c) Entstehung des Sachmangels:** Seine Urs muß zZ des GefÜberg gesetzt (Staud/Honsell 33) od v Verk nach GefÜbergang schuldh herbeigeführt worden sein (Düss NJW-RR **92**, 87 für Baulast). Der Verk haftet auch für Mängel, die erst nach KaufAbschl aber bis zum GefÜberg entstanden sind; hingg nicht für solche, die bei VertrAbschl vorlagen, aber bis zum GefÜberg beseit sind; insb ist der Verk berecht, nach VertrAbschl bis zur Übergabe den Mangel zu beseit (hM; weitergehd Köhler JZ **84**, 393). Bei § 447 entfällt idR die SachmHaftg, wenn der Mangel nach GefÜberg, aber vor Ankunft beim Käufer entfällt (RG **55**, 201 [207]).
7　**d) Vor Gefahrübergang** kann beim Stückkauf (bei Gattgskauf: § 480 Rn 2), wenn ein Sachm vorliegt, der Käufer die Ann der Sache verweigern u die Re aus den §§ 320 ff geltd machen od SachmHaftg vor Überg verlangen, auch bei behebb Mangel, wenn der Verk dessen Beseitigg endgült verweigert (hM; BGH **34**, 32 u NJW **95**, 1737; aA Larenz § 41 e: § 320 unanwendb). **e) Nach Gefahrübergang** bestehen nur die Re aus SachmHaftg; die aus §§ 320 ff sind ausgeschl (vgl Vorbem 3).
8　**3) Fehler** (Abs I) ist die eine Art eines Sachm (vgl Rn 14). **a) Begriff.** Die Definition ist dem Abs I S 1 zu entnehmen. Ein Fehler liegt vor, wenn der tats Zustd der Kaufsache von dem Zustd abweicht, den die VertrPart bei Abschl des KaufVertr gemeins, ggf auch stillschweigd, vorausgesetzt haben (zB BGH NJW-RR **95**, 364) u diese Abweich den Wert der Kaufsache od ihre Eigng zum vertragl vorausgesetzten od gewöhnl Gebr herabsetzt od beseit. Der Fehler kann in körperl (phys) Eigensch od in solchen (voraussichtl andauernden) tats, rechtl, soz u wirtsch Beziehgn zur Umwelt liegen, die nach der Verkehrsauffassg Wert u Brauchbk der Kaufsache unmittelb beeinflussen (allgM). Grdsätzl ist der jeweils vertragl vorausgesetzte bes Zweck (VertrZweck), Gebr od Zustd (Beschaffenh) der Kaufsache maßg (hM; sog subj od konkr FehlerBe-

gr; hierzu Soergel/Huber 39ff vor § 459). Sind solche Voraussetzgen im Einzelfall nicht festzustellen, kommt es auf die Abweichg vom gewöhnl (normalen) Zustd (Beschaffenh) derart Sachen an (sog obj FehlerBegr; für dessen generelle Anwendg: Knöpfle NJW **87**, 801 mwN u JuS **88**, 767), auch Abweichg von der BeschaffenhAngabe (BGH NJW **91**, 912). Dies ist wohl hRspr u Meing (vgl MüKo/Westermann 11).
b) Wert der Kaufsache (Verkehrs- od Tauschwert). Er wird aus den sog wertbildden Faktoren ermittelt. **9** Das ist nicht der KaufPr selbst, sond sind die Umst, die den KaufPr der Sache beeinflussen (zB Bebaubark eines Grdst, Baujahr u Tachostand des Kfz, Werk eines best Malers). Ein solcher Umst kann (muß aber nicht) zugleich die GebrTauglk (Rn 10) beeinträcht. **c) Gebrauchstauglichkeit.** Auch hierbei ist darauf **10** abzustellen, wie der Käufer es nach Lebenserfahrg u dem Inhalt der VertrVerhandlg erwarten durfte. Gewöhnl Gebr ist die Benutzg gleichart Sachen bei dchschnittl LebensVerh (auch örtl) des konkr Falles (obj Maßstab). Subj Unfähigk des Käufers u dessen pers Anschaug bleiben außer Betr; ebso Häufigkeit od Seltenh des Fehlers. Fehlde techn Zuverlässc (Haltbark) allg u ohne bes AnknüpfgsPkte als Fehler anzusehen (so Gross/Wittmann BB **88**, 1126), ist mind sehr bedenkl. **d) Aufhebung** v Wert od GebrTauglk bedeutet **11** deren völl Beseitigg (Wertlos, GebrUntauglk). Sie ist immer erhebl (vgl Abs I S 2). Alternat Vorliegen genügt (zB betriebsunfäh Maschine trotz Schrottwert). **e) Minderung** v Wert od GebrTauglk bedeutet **12** deren Herabsetzg od Beeinträchtigg ggü dem, was vertragl vorausgesetzt od bei derart Sachen gewöhnl (normal) ist (vgl Rn 8). Es kommt mithin darauf an, „als was" die Sache verkauft ist (BGH NJW **83**, 2242). Die Minderg muß immer erhebl sein (Rn 13). **f) Erheblich** (Abs I S 2) muß Wert od GebrTauglk gemindert **13** sein. Maßg ist hierfür die Verkehrsauffassg, ggf ein Handelsbrauch (§ 346 HGB), bei Mehrh v Fehlern ihre Auswirkg in Gesamth. Stellt Tat- u RFrage dar u ist insow der Rev zugängl (BGH **10**, 242). Unerhebl ist ein Fehler insb, wenn er in Kürze v selbst verschwindet od v Käufer mit nur ganz unerhebl Aufwand selbst schnell beseit w kann (KG NJW-RR **89**, 972 mwN).

4) Fehlen zugesicherter Eigenschaften (Abs II). Das Fehlen einer zuges Eigensch ist neben dem Fehler **14** (Rn 8) die and Art eines Sachm; im Ggsatz zum Fehler (vgl Rn 13) wird auch für das Fehlen einer unerhebl Eigensch gehaftet, selbst wenn Wert od GebrTauglk nicht beeinträcht w, sofern die Eigensch zuges ist. Hingg bleiben bedeutgsl Abweichgen v der Zusicherg außer Betr. **a) Zugesichert** ist eine Eigensch, wenn **15** der Verk dch eine ausdrückl od stillschw Erkl, die VertrInhalt geworden ist, dem Käufer zu erkennen gibt, daß er für den Bestand der betr Eigensch u alle Folgen ihres Fehlens einstehen will. Die Abgrenzg zur unverbindl Beschreibg, Bewertg od Anpreisg der Kaufsache ist im Einzelfall zu treffen. Die neuerdings aufgekommene sog QualitätsSichergsVereinbg enthält idR keine EigschZusicherg (vgl Sina MDR **94**, 332). **aa) Zustandekommen.** Zur vertrgem Vereinbg genügt Willensübereinstimmg der VertrPart ohne aus- **16** drückl Bestätigg. Eine Zusicherg kann insb abgeleitet w aus VerkehrsÜbg u Handelsbrauch, bes Vertrauen des Käufers, bes Bedeutg der Eigensch u Eigng der Kaufsache für bestimmten vertragl Verwendgszweck (vgl Semler NJW **76**, 406), aus Eindringlk, auch Wiederholg der Angabe (BGH NJW **59**, 1489). Es kann auch der Käufer die Eigensch festlegen, deren Zusicherg verlangen u der Verk braucht ledigl zuzustimmen (BGH **LM** § 463 Nr 2). Hierfür genügt idR nicht, daß der KaufVertr aGrd eines mit einer Ausschreibg übereinstimmden Angeb geschl w (BGH NJW **81**, 222). Bei VertrAngebot des Verk muß dieses die zusichernde Erkl enthalten od sie muß bis zum VertrAbschl in den VertrInhalt aufgenommen w, zB muß die Höhe der Mieteingänge eines Grdst ihren Niederschlag im KaufVertr gefunden haben (BGH WM **82**, 696). Sie kann mit subj Einschränkg versehen sein, zB daß der Verk unter best pers Voraussetzgen gibt (BGH **LM** § 436 Nr 6). **bb) Stillschweigende Zusicherung** ist mögl (BGH **87**, 302), nur mit Zurückhaltg **17** anzunehmen, insb wenn sie zugleich dazu dient, die Kaufsache zu beschreiben (BGH NJW **95**, 518) u nur ausnw bei neu hergestellten Sachen (BGH aaO mwN), dabei der Gesamtzusammenhang zu berücks. Dies ist von sog Empfängerhorizont aus vorzunehmen, so daß das Vertrauen des Käufers in die Sachkunde des Verk zu berücksicht ist (BGH NJW-RR **91**, 1401). Eine Zusicherg ist idR nicht gegeben, wenn im KaufVertrFormular in der Spalte Zusicherg „keine" steht (BGH NJW **92**, 170 = JZ **92**, 365 m Anm v Flume; ablehnd Tiedtge DB **92**, 1562). Eine Zusicherg liegt grdsätzl nicht in der Beschreibg eines Auktionskatalogs (BGH NJW **80**, 1619; vgl Vorbem 28), in Angaben einer GebrAnweisg (BGH NJW **81**, 1269), im Titel einer ZeitgsAnz (Schlesw MDR **79**, 935) od in bloßer Warenbezeichng, auch wenn diese einer DIN entspr müßte (BGH stRspr, NJW **81**, 1501); ebsown in der auf AnFdg des Käufers abgegebenen zusichernden Erkl des Verk, die Ware sei bisher noch nie aus diesem Grd beanstandet w (BGH WM **74**, 1204). Hingg kann die Zusicherg darin liegen, daß die Sache für einen VertrInhalt gewordenen od beiden VertrPart bekannten best Verwendgszweck geeignet sei (BGH **59**, 158 [Kunstharz]; hierzu v. Westphalen BB **72**, 1071 u Hüffer JuS **73**, 607); bei Verk v Sachen mit geschütztem Warenzeichen auch dch Bezugn auf bes gestaltete Werbg (Qualitätskontrolle; BGH **48**, 118 [Trevira]) u bei Verwendg eines Gütezeichens dafür, daß die Gütebedingen erf sind (K. Müller DB **87**, 1521). **cc) Form:** Da die Zusicherg VertrInhalt geworden sein muß, bedarf **18** sie der für den Vertr vorgeschriebenen Form (BGH WM **70**, 819); jedoch heilt der Formmangel bei Grdst dch Auflassg u Eintr gem § 313 (RG **161**, 330 [337]). **dd) Genehmigungen,** die ges vorgeschr sind (zB des VormundschG), müssen sich auf die Zusicherg erstrecken. **ee) Mehrere Verkäufer:** Nur wer (auch **19** stillschw) zugesichert hat, haftet. Hat dies nur einer getan, haften die and nur, wenn der Zusichernde für sie VertretgsMacht hatte (§ 164). **ff) Zeitpunkt:** Maßg ist der des GefahrÜberg (Rn 5). Darauf muß sich für § 459 auch die Zusicherg beziehen, nicht ohne weiteres darauf, daß die Eigensch danach auch bestehen bleiben sollen. Hierfür ist die Übern einer unselbst Garantie mögl (vgl § 477 Rn 21; Vorbem 6–9 vor § 633) od ein selbstd GarantieVertr (Vorbem 16 vor § 765). **gg) Kraft Gesetzes** ist dch bloßen KaufAbschl zugesichert: beim Kauf nach Probe (§ 494); bei Futtermittel für handelsübl Reinh u Unverdorbenh (§ 7 III FuttermittelG, BGH **57**, 292); bei Saatgut best MindestAnfdgen (§ 24 SaatgutverkehrsG 1985). **b) Eigen-** **20** **schaft** ist jedes der Kaufsache auf gewisse Dauer anhaftde Merkmal, das für deren Wert, ihren vertragl vorausgesetzten Gebr od aus sonst Grd für den Käufer erhebl ist (allgM; zB BGH **87**, 302). Der Begr umfaßt daher alles, was (dch Vorhandensein od Abwesenh) einen Fehler ausmacht (Rn 8), darühinaus auch jedes der Sache anhaftde Merkmal, das ihren Wert od ihre GebrTauglk nicht beeinflußt, aber für den Käufer v Interesse sein kann (zB Liebhaberinteresse an Herkunft). Auch die Abwesenh eines bestimmten Fehlers ist eine Eigensch; dann folgt bei Zusicherg die SachmHaftg sowohl aus Abs I wie Abs II, ggf neben § 463.

Hingg ist allein Abs II (ggf § 463) anwendb, wenn die Eigensch nicht Wert u GebrTauglk berührt, aber der Käufer sich aus Interesse an der Eigensch diese sich hat zusichern lassen. Eine Eigensch können auch tats, wirtsch od rechtl Bezüge der Sache sein, wenn sie ihren Grd in der Beschaffenh der Sache selbst haben, ihr auch für eine gewisse Dauer anhaften (hM; BGH stRspr **111**, 75 mwN), ihr aber nicht unmittelb innewohnen od von ihr ausgehen müssen (BGH NJW **92**, 2564). Das sind aber nicht Umstde in der Pers des Erwerbers (BGH stRspr zB **114**, 263). Wird ein Umstd zugesichert, der keine Eigsch ist, kommt c. i. c. in Betracht (Vorbem 7). Keine Eigensch ist das Eigt an der Sache (BGH **34**, 32), die Freih v Ren Dr (es gilt § 434) od v öff Lasten (es gilt § 436), der Wert (auch Marktwert) od Preis (auch Fabrik- od GroßhandelsPr) 21 der Kaufsache selbst. **c) Fehlen** bedeutet, daß die Kaufsache die Eigensch nicht aufweist. Nur bedeutslose Abweichgen v der Zusicherg bleiben außer Betr.

5) Einzelheiten

22 **a) Grundstücke. aa) Fehler:** Funktionsmängel der EntwässergsAnlage eines Hauses (BGH **LM** Nr 17); beseitigter Schwammbefall, wenn Verdacht besteht, er könne neu auftreten (BGH NJW-RR **87**, 1415); Unbebaubk od beeinträcht Bebaubark eines Grdst, zB inf einer Baulast (Düss NJW-RR **92**, 87), einer Stellplatzauflage (Karlsr NJW-RR **92**, 1104), vor allem dch öff BauR (BGH stRspr; zB **117**, 159 mwN); beschr Vermietbk v Räumen wg baurechtl (BGH WM **70**, 162) od sonst Vorschr; baurechtswidr Zustd, sofern nicht zZ des GefahrÜbgangs v der BauBeh die künft Duldg zugesagt ist (BGH NJW-RR **87**, 457 mwN); and Lage u Größe eines Grdst als BeschaffenhAngabe, auch and WoFläche (BGH NJW **91**, 912); uU Bebaubk der NachbGrdst, wenn Unbebaubk vertragl vorgesehen ist (BGH NJW **93**, 1323); fehlde BauGen für Teile eines Gebäudes, wenn die vorausgesetzte Vermietbk ausgeschl ist (BGH NJW **87**, 2511), die Nutzg behördl untersagt w kann (BGH NJW **91**, 2138) od beeinträcht ist. Entschuldigter Überbau auf einem zwecks Bebauung gekauften Grdst (BGH NJW **81**, 1362); ungeeignete Bodenbeschaffenh (Karlsr NJW-RR **87**, 1231); Bodenverunreinigg, insb als sog Altlast (Knoche NJW **95**, 1985) u der bloße Verdacht hierauf (Mü NJW **95**, 2566); bestehder Denkmalschutz (Celle DNotZ **88**, 702); abgedeckte Jauchegrube unter einem WoGbde (BGH NJW-RR **89**, 650); frühere Verwendung als wilde Müllkippe bei BauGrdst (BGH NJW **91**, 2900); frühere Benutzg als Werksdeponie (BGH NJW **95**, 1549); bei EigtWo tiefgreifde Streitigk der Eigt- 23 Gemsch (KG NJW **92**, 1901; sehr bedenkl). **bb) Keine Fehler:** öff Lasten (§ 436); Rechte Dr (§ 437). GenZwang gem § 6 WoBindG für EigtWo (BGH **67**, 134 u WM **84**, 214: RMangel); vorübergehde Baufeuchtk; geringerer Mietertrag (BGH NJW **80**, 1457); Entstehg eines EntschädiggsAnspr aus § 951; Haftg aus § 419 (BGH NJW **78**, 370 für ErbbauR m Anm v Messer 1257); fehlder Wille eines Nachb, bestehde Bauten zu ändern od zu erweitern (BGH NJW **93**, 1323 mwN); Fertigbauweise eines Hauses (Düss NJW **89**, 2001); bei Fertighaus die Formaldehydkonzentration der Raumluft bis 0,5 ppm (Düss DWW **92**, 140; aA Nürnbg DWW **92**, 143). Bei einer EigtWohng der fehlde Ausschluß gewerbl Nutzg and Wohngen (Hbg 24 NJW-RR **89**, 1497). **cc) Eigenschaften:** Größe (§ 468); Mietertrag, auch bei preisgebundenem WoRaum (BGH NJW **89**, 1795) u zwar Zahlg der Miete sowie Zulässigk der Vermietg (BGH NJW-RR **90**, 1161), Vorhandensein einer best WoFläche (BGH NJW **91**, 912); Imitation statt Steinverklinker (Köln NJW-RR **95**, 881); Bebaubk (wg RBehelf gg Ablehng vgl Karlsr NJW-RR **86**, 1205) sowohl sof (BGH NJW **87**, 2513) wie spätere zu best Ztpkt, zB GefahrÜbgang (BGH NJW **79**, 2200), nicht aber die künft (BGH **117**, 159); Nichtbebaubk eines NachbGrdst (BGH NJW **93**, 1323 mwN); Höhe des GrdWasserspiegels (BGH NJW **93**, 1643); baurechtl zul Bewohnbk eines GbdeTeils (BGH WM **73**, 612); Möglk erhöhter Abschreibgen gem § 7b EStG (BGH NJW **79**, 183 u NJW-RR **86**, 700); aber nur die in der Sache selbst liegden Voraussetzgen (BGH NJW **91**, 2556) u auch der steuerl Objektverbrauch (BGH NJW-RR **90**, 970). Dauer eines bestehden MietVerh (BGH aaO). Erfolgte Zahlg v ErschließgsBeiträgen (Mü NJW **70**, 664); Baujahr eines Hauses (Schleswig MDR **77**, 929); objektbezogene VersaggsGrde für GaststättenErl (BGH NJW-RR **87**, 908); Ruf einer auf dem Grdst betriebenen Gaststätte (BGH NJW **92**, 2564); Freih v Geruchsbelästiggen (BGH NJW-RR **88**, 10); erhebl Lärmbelästig (Flugschneise) bei WohnGrdst (Köln NJW-RR **95**, 531 [bedenkl]). 25 **dd) Keine Eigenschaft:** ständ Vermietbk u Belegg (RG **148**, 286 [Fremdenheim]); Jahresbierumsatz der Gaststätte (BGH NJW **90**, 1658); GrdErwerbssteuerFreih (Köln NJW-RR **93**, 784); Steuervorteile beim Erwerb (BGH NJW **91**, 2556); abgeschlossene Tilgg v Kosten eines priv Abwasserkanals (BGH NJW **81**, 1600); Käufer sei Ersterwerber (Celle OLGZ **78**, 454). Bestehen u Entstehen v Anlieger- u ErschließgsKo- 26 sten (BGH NJW **93**, 2796 mwN). **ee) Zusicherung:** Angabe eines best Mietertrags (Rn 24) idR (BGH NJW **93**, 1385). Zusicherg kann in der Angabe einer „ca-Größe" bestehen (BGH WM **84**, 941) od in Vereinbg eines bestimmten Umfangs der Bebaubk (BGH NJW-RR **87**, 1158). **ff) Keine Zusicherung:** Künftiges Verhalten der Baubehörde (BGH WM **85**, 662); Bezeichnung als Bauplatz für die Bodenbeschaffenh (BGH NJW **88**, 1202); Bezeichng als BauGrdst für die Bebaubk, wenn nicht stillschweigde Garantie im Einzelfall vereinb (vgl Hamm NJW-RR **95**, 336). Angabe des Mietertrags (Rn 24), wenn der Käufer wg bes Umstde und Vorstellgen v Wert des Grdst hat (vgl BGH NJW **90**, 902); die Erkl des Verk, ihm seien versteckte Mängel nicht bekannt (BGH NJW-RR **92**, 333).

27 **b) Kraftfahrzeuge. aa) Fehler.** Das sind grundsätzl alle techn Mängel des Kfz, die die Zulassg od die TÜV-Plakette hindern. Stets ist zw Neu- u Gebrauchtwagen zu unterscheiden (beachte auch Vorbem 27). Bei ImportKfz ist nicht auf den niedrig Standard des Herstellerlandes abzustellen (Köln NJW-RR **92**, 1147). Bsp: Fehlde Übereinstimmg v KfzBrief u Daten des Kfz (BGH **10**, 242; umstr); fehlder Originalrahmen bei MotorrLiebhKauf (Karlsr NJW-RR **93**, 1138); erhebl höhere tats km-Leistg als die zum Tachostand vertr vorausgesetzte (vgl BGH NJW **75**, 1693); bei Verk fabrikneuen Kfz Herkunft aus früherer Serie u Fehlen techn Veränd (Düss NJW **71**, 622); der dch einen Unfall begrdete merkantile Minderwert (Brem MDR **68**, 1007); Rostflecken u Lackkratzer bei Lieferg zum WeiterVerk als fabriknu (BGH BB **67**, 1268 [Vorführwagen]); dch lange StandZt entstandene gehäufte Mängel an fabriknuem Kfz (LG Bln NJW **76**, 151); mehrjähr Verwendg als Taxi (BGH MDR **76**, 1012) od Fahrschulwagen (Nürnb MDR **85**, 672); erhebl Abweichg des tats Benzinverbrauchs v den Werksangaben (Mü NJW **87**, 3012), aber keinesf im Rahmen v 10% (LG Aach 28 MDR **92**, 231); Zugluft im Wageninnern (Düss NJW-RR **87**, 635). **bb) Keine Fehler:** Austausch- statt Originalmotor (BGH BB **69**, 1412); Fehlen einer einzelnen techn Neuerg der letzten Bauserie (KG NJW **69**,

2145; abl Anm v Weber NJW **70**, 430); Eintragg eines VorEigtümers im Kfz-Brief bei fabrikneuem Kfz, wenn es tats noch nicht gefahren ist (RGRK/Mezger 14; aA Karlsr NJW **71**, 1809); bei fabrikneuem Kfz Herkunft aus Vorratsproduktion, wenn es keine Mängel aufweist (hM; BGH NJW **80**, 1097 mwN); serienbedingte Dröhngeräusche eines Kleinwagens (aA Köln NJW-RR **91**, 1339); Bremsgeräusche (LG Freibg MDR **93**, 119); Einstellg der Produktion eines Kfz-Typs (aA Celle BB **70**, 9). Bei GebrWagenKauf auch solche normalen Verschleißerscheinungen, die die GebrTauglk beeinträcht (Hbg MDR **82**, 406; Kblz MDR **86**, 316); wg Rost vgl Karlsr NJW-RR **88**, 1138. Bei Kauf eines einwandfrei reparierten Unfallwagens die Art des Unfalls (BGH NJW **83**, 2242). **cc) Eigenschaften:** Marke mit Typ (BGH NJW **91**, 1880); Baujahr **29** (BGH NJW **79**, 160 für § 119 II); ErstzulassgsDatum (BGH NJW **92**, 170); Hubraum u PS-Zahl (BGH NJW **81**, 1268); neu, fast neu od neuwert (RGRK/Mezger 26); fabrikneu bedeutet (außer der Überführg) noch nicht benutzt, unveränderter Fortbau des Modells u Fehlen standzeitbedingter Mängel (BGH NJW **80**, 1097 u 2127), nicht notw fehlerfrei (BGH NJW **80**, 2127), zB dürfen produktionsbedingte LackiergsFehler dch überlange Standzeit nicht zu Rost geführt haben (Düss NJW **82**, 1156); km-Leistg, auch des Motors (BGH WM **76**, 614); TreibstoffVerbr u der v Öl (Kblz NJW-RR **90**, 60); Austausch- od Originalmotor (BGH BB **69**, 1412); Ausrüstg mit typengerechtem Motor (BGH NJW **83**, 1424) od ABS (BGH NJW **95**, 518); Bezeichng als werkstattgeprüft (BGH **87**, 302); fahrbereit (BGH NJW **93**, 1854), als schadstoffarm u steuerermäß od -befreit (LG Köln MDR **91**, 55). Zahl der VorBes (Köln VersR **74**, 584, LG Saarbr VersR **85**, 507); Unfallfrei (BGH NJW **78**, 261 u **82**, 435), dh kein eine Blechausbesserg übersteigder Schad (vgl hierzu auch BGH NJW **82**, 1386); Bezeichng als ErsthandFahrz (LG Bln VersR **76**, 396; Fehlen der Eigensch bejaht, da als Mietwagen gelaufen); Einsatzfähk zu Ferntransp (BGH NJW **55**, 1313); Bezeichng als „generalüberholt" od „überholt" (Karlsr OLGZ **79**, 431). Übergabe in techn einwandfr Zustd (BGH NJW **78**, 2241); gebräuchl ZustdsNote für Oldtimer (Ffm NJW **89**, 1095). **dd) Keine Eigenschaft:** Bezeichng eines Motors als **30** „einwandfrei", weil zu allg gehalten (Kln VersR **92**, 1363). **ee) Zusicherung. (1) Neuwagen.** Verkauf als solcher bedeutet fabrikneu (BGH NJW **80**, 2127) mit voller Herstellergarantie (Düss NJW-RR **93**, 57), nach techn neuestem Stand (Köln MDR **90**, 1114), nicht Zusicherg, daß er noch nicht auf eine and Pers zugelassen war (aA Karlsr NJW **71**, 1809 u 2311 m abl Anm v Andres). Verkauf eines Neuwagens dch fabrikneuen Kfz bewirkt die Zusicherg, daß das Kfz (abgesehen v der Überführg) noch nicht gefahren ist u keine nicht ganz unerhebl, wenn auch behobene Schäden aufweist (BGH NJW **80**, 2127). Vorhandensein best techn Einrichtgen (KG NJW **69**, 2145). Verk zum ListenPr mit für Neuwagenkauf typ Hdlgen führt zur Zusicherg der NeuwagenEigensch (LG Bln NJW **76**, 151). **(2) Gebrauchtwagen.** „TÜV neu . . ." (BGH **103**, 275) bedeutet mit der Abrede, das Kfz sei od werde noch einer Hauptuntersuchg unterzogen, nicht nur, daß sie dchgeführt ist, sond dann auch, daß das Kfz den entspr Zustd aufweist (hierzu krit Eggert NJW **90**, 549). Bezeichng des Kfz als „fahrbereit" (vgl Rn 29) bedeutet sofortige, gefahrlose Benutzg im Straßenverkehr (BGH NJW **93**, 1854). Angabe v Marke u Typ bei GebrWagen dch Händler führt zur Zusicherg, daß der v Hersteller vorgesehene typgerechte Motor eingebaut ist (BGH NJW **83**, 217; einschränkd NJW **85**, 967; zweifelh, ob auch bei priv Verk (bejahd Düss NJW-RR **93**, 58), nicht für Fortbestd der BetrErl (BGH NJW **91**, 1880). Anbringen eines Beschriebzettels üb km-Leistg (BGH NJW **75**, 1693), was nicht mit Tacho-Stand ident sein muß (Hamm MDR **80**, 847). Angaben üb Daten auf dem Verkaufsschild eines KfzHändlers für gebr Kfz (BGH NJW **81**, 1268), die der GesFahrleistg in ZeitgsAnz (Köln NJW-RR **90**, 758). **ff) Keine **31** Zusicherung.** Bei einem priv Verk, daß der VerschleißZustd des Kfz der (richt) angegebenen LaufLeistg entspr (BGH NJW **84**, 1454). Bloße Angabe der bisher GesFahrleistg (Tachostand) in vorgesehener Rubrik der KaufUrk (umstr; Ffm NJW-RR **91**, 875; aA Mü NJW-RR **86**, 1181). Ob die Angabe eines bestimmten Schad die Zusich enthält, daß and Schäd nicht vorhanden sind, ist mind zweifelh (vgl Ffm u Oldb NJW-RR **87**, 1268 u 1269; aA Bbg NJW-RR **94**, 1332). „TÜV abgenommen bis . . ." ist keine Zusicherg der VerkSicherh (Köln NJW **93**, 271); bei priv DirektVerk eine falsche TypenBezeichng DB 380 SEL statt 380 SE (Kblz OLGZ **92**, 453), die bloße Herstellerangabe dafür, daß das Motorrad noch den Originalrahmen habe (Karlsr NJW-RR **93**, 1138); Bezeichng als Geländewagen ist keine Zusicherg für funktionsfäh Allradantrieb (Köln VersR **94**, 110).

c) **Verschiedene Sachen. aa) Fehler:** nicht ausräumb Verseuchgsverdacht von Lebensmitteln (BGH **52**, **32** 51 [abl Fabricius JZ **70**, 29] u NJW **72**, 1462). Verpackgsmängel nur, wenn Verderb eintritt od die Verkäuflk hiervon abhängt (Zimmer BB **88**, 2192); überschrittenes MindesthaltbkDatum bei verpackten Lebensmitteln (Michalski/Riemenschneider BB **93**, 2097 mwN), jedenf wenn sie zum WeiterVerk im Einzelhandel best sind; erhebl Formaldehyd-Konzentration in Schlafzimmerschrank (Stgt NJW-RR **92**, 187). **bb) Kein Feh-** **33** **ler:** sonst fehlerfreies Möbel, das als AusstellgsStück benutzt w, auch wenn als fabrikneu verkauft (vgl Rn 35; Düss NJW-RR **91**, 1464); Lieferg einer Ware, die nach EG-AgrarO entgg der KaufVertrBestimmg nicht interventionsfäh ist (BGH NJW **86**, 659: aliud); Leitgswasser mit Kolibakterien, das nicht gesundhgefährdd ist (AG Aach NJW-RR **94**, 50); glykolversetzter Wein statt Auslese (BGH NJW **89**, 219: aliud); Formaldehyd in Einbauküche (aA Ffm WuM **89**, 4); Gefahr behördl Beschlagn v Öl (BGH NJW **91**, 915); Abfüllg des gekauften Normalbenzins in den Superbenzintank (BGH NJW **89**, 2118); geringe Umsatzchancen bei Massenartikel zum weiteren Verk fehlerh Zustd erworbner Stücke (vgl Soergel/Huber 189). **cc) Eigenschaft:** Sterilität v Labormaterial (BGH NJW-RR **91**, 1401); längere Haltbk (BGH **LM** § 480 **34** Nr 2); Dauerklebefestigk (BGH NJW **81**, 1269); ReinhGrad v Edelsteinen (Mü OLG **22**, 224). Originalprodukt eines bestimmten Herstellers (Oldenbg CR **89**, 107 für Computer). **dd) Keine Eigenschaft:** beschränkte Versicherbk eines Tresors (BGH NJW **84**, 2289); zukünft Lieferbk v ErweitergsTeilen einer Einbauküche (Köln NJW-RR **93**, 823); Ursprung u damit verbundene ZollFreih (BGH NJW **94**, 2230). **ee) Zusicherung:** Verwendg v Warenzeichen u Bezug auf best Werbg (BGH **48**, 118 [Trevira]); Mitt eines **35** pos VersuchsErgebn iVm Rat zur Verwendg eines Lacks (BGH **59**, 158). **ff) Keine Zusicherung:** dch Verk einer im Ausland hergestellten, als patentiert bezeichneten Sache für Patentschutz im Inland (BGH NJW **73**, 1545); idR die aus dem Pfandbuch übernommene Bezeichng der Pfandsache bei öff Verst (BGH **96**, 214); MindesthaltbkDatum verpackter Lebensmittel (Michalski/Riemenschneider BB **93**, 2097). Bezeichng als fabrikneu schließt beschädiggsfreie längere Lagerg nicht aus (Thamm BB **71**, 1543). Qualitätsbezeichng Güteklasse A (Schlesw MDR **83**, 1023).

36　　**d) Maschinen, Geräte und Schiffe. aa) Fehler:** Ausstellgsstück statt fabrikneu (Hamm MDR **83**, 576 [Küchenblock]); öff-rechtl Beschränkgen der GebrTauglk (BGH **90**, 198 [Kran]). Abweichgen v SchutzBestimmgen gem § 3 I GeräteSicherhG idR (BGH NJW **85**, 1769) u v DIN- u VDE-Bestimmg bei entspr Vereinbg (Mü NJW-RR **92**, 1523). Beschr Beweglk eines Mobilbaggers (BGH NJW-RR **95**, 364); beschr
37 BenutzgsMöglk einer Segelyacht (Hamm MDR **85**, 1026). **bb) Kein Fehler** ist das Alter (Baujahr) bei gebr gekauften Sachen; fehlde Indikationsbreite eines medizin Geräts (BGH **16**, 54); fehlerh Verpackg (BGH WM
38 **83**, 1155). **cc) Eigenschaft:** fabrikneu, kaum gebraucht, fast neu od neuwert (BGH NJW **59**, 1489); generalüberholt (BGH NJW **95**, 955); das Alter (BGH BB **81**, 12); Originalprodukt eines bestimmten Herstellers (Oldbg CR **89**, 107 für Computer). **dd) Keine Eigenschaft:** ein Umstd, der nicht in der Beschaffenh der Sache selbst, sond in der baul Gegebenh ihres AufstellgsOrts seinen Grd hat (BGH NJW **85**, 2472 [Wäsche-
39 trockner]); SteuerFreih (BGH **111**, 75 [Yacht]). **ee) Zusicherung:** Bezeichng als fabrikneu bedingt, aus neuem Material hergestellt u ungebr, so daß Lagerg nicht enttgsteht (vgl Rn 35) u Baujahr unerhebl ist (Ffm OLGZ **70**, 409). **ff) Keine Zusicherung:** Erkl des Verk, die Maschine könne an einem best Platz aufgestellt w (BGH NJW **62**, 1196; vgl aber § 433 Rn 17). Angebot eines Fernsehgeräts zum normalen Preis (aA LG Gött NJW-RR **89**, 698).

40　　**e) Kunstwerke, Literatur, Antiquitäten und Sammelobjekte.** Lit: Braun WM **92**, 893 mwN; Thomsen, Käuferschutz bei Kunstauktionen, 1989. **aa) Fehler** ist die Unechth (BGH NJW **80**, 1619; Hamm NJW **87**, 1028), zB Urhebersch eines and als desjen Künstlers, der vertragl vorausgesetzt w (BGH **63**, 369), Herkunft aus einer and Manufaktur; StilmöbelNachfertigg aus späterer Zeit(Ffm NJW **82**, 651; statt Originalstanduhr zugesetzte Teile (Hamm aaO). Bei Druckwerken fehlde Teile, falsche Bindg, Verschmutzg; bei Druckfehlern ist zu differenzieren (vgl Röhl JZ **79**, 369). **bb) Kein Fehler:** unerwünschte Tendenz eines
41 Buches idR (BGH NJW **58**, 138). **cc) Eigenschaft:** Echth eines Kunstwerks (BGH NJW **93**, 2103 mwN); Zuordng als Werk eines best Künstlers dch SachVerst (BGH NJW **72**, 1658; Flume JZ **91**, 633); Provenienz eines Orientteppichs (Kblz MDR **87**, 322); Original- u Nachgummierg einer postfrischen Briefmarke (LG Aach MDR **81**, 845); Katalogwert (sog Michelwert) einer Briefmarkensammlg (Stgt NJW **69**, 610 m Anm v Schmidt 1118); inhaltl Richtigk eines Anleitgsbuches (BGH NJW **73**, 843). **dd) Keine Eigenschaft:** Wert
42 eines Kustwerks (Flume aaO mwN). **ee) Zusicherung** kann in EchthZertifikat od dch Hinw auf Signatur iVm KaufPr erfolgen (v. Westerholt/Graupner NJW **78**, 794), insb im Kunsthandel (Flume aaO). Sie kann, muß aber nicht in einer EchthBestätigg liegen (vgl BGH NJW **95**, 1673). Eine Beschreibg im Auktionskatalog ist stillschweigde Zusicherg nur unter ganz bes Umstden (BGH **63**, 369 [Jawlensky]), grdsätzl nicht (BGH NJW **80**, 1619; Düss NJW-RR **93**, 1522; vgl Vorbem 28; aA LG Mü I NJW **90**, 1999).

43　　**f) Unternehmen** (vgl Vorbem 15). **aa) Fehler:** bei Getränkegroßhandel unbekannter LagergsOrt des mitverkauften Leerguts (BGH WM **74**, 312); bei SteuerberatgsPraxis nicht aufgearb Rückstände, für die VergütgsAnspr entfallen sind (Karlsr BB **74**, 1604); Brauchbk u kaufmänn Verwertbk des entwickelten Geräts (BGH WM **78**, 59); beträchtl Fehlbestd v Gerüstbaumaterial bei GerüstbauUntern (BGH NJW **79**, 33; daneben ist Fehlbestd RMangel, v. Friesen NJW **79**, 2288); Nichtbestehen u Unübertragbk v MietRen
44 (BGH NJW **70**, 556). **bb) Kein Fehler:** Ertragsfähk u Umsätze (hM; Düss NJW-RR **93**, 377 mwN; aA Immenga AcP **171**, 1); unricht Bewertg v Sachen (BGH WM **79**, 944). **cc) Eigenschaft:** Ertragsfähk (BGH NJW **95**, 1547 mwN) u Reinerträge (BGH NJW **77**, 1538); zurückliegde Jahresumsätze u Erträge nur, wenn sie sich üb einen längeren, mehrjähr ZtRaum erstrecken (BGH NJW **95**, 1547); sonst Bilanzwert (vgl Düss NJW **93**, 377 mwN; unricht od manipulierte Bilanz (Goltz DB **74**, 1609; aA BGH WM **74**, 51); Höhe der Verbindlk (RG **146**, 120 [124]; BGH WM **79**, 944); CharakterEigsch eines maßgebden MitArb (BGH NJW **91**, 1222).

45　　**g) Wertpapiere und ausländisches Geld** (vgl § 433 Rn 1). Geldscheine, die nicht mehr ZahlgsMittel sind, haben einen Fehler (LG Regbg NJW-RR **93**, 822). Kein Fehler ist der Kurs des WertP; ein best Kurs kann Eigensch sein. Keine Eigensch sind NebenRe einer Aktie (RG **56**, 255); es gilt § 437 I.

46　　**h) Computer** (EDV). Umfaßt die Sachmängel sowohl bei Hardware als auch bei Software (§ 433 Rn 5). **aa) Fehler:** bei Software (hierzu allg Redeker CR **93**, 193; Fritzsche JuS **95**, 497 [499]) gestörter ProgrAblauf (BGH **102**, 135), auch hinsichtl einzelner erhebl Funktionen (Köln NJW-RR **93**, 1140), eingebaute ProgrSperre (Celle NJW-RR **93**, 432; vgl aber Rn 47); Funktionsmängel (vgl Köln NJW **88**, 2477). Bei FinBuchhaltgs-Progr fehlde ÜbEinstimmg mit dem BiRiLiG (Hamm NJW-RR **95**, 541). Zu sog unvermeidb Softwarefehlern: Börner CR **89**, 361; Einteilg in typ Fehlerkategorien: Heussen CR **88**, 894. Bei Hardware unzulängl Mengengerüst für zugleich gelieferte Software (Mü NJW-RR **88**, 436); unzureichde Speicherkapazität eines PC (Köln NJW **91**, 2156); Ann v Falscheingaben des Anwenders (LG Heilbr CR **89**, 603 m Anm v Schnell; sehr
47 bedenkl). **bb) Kein Fehler:** Software konzeptionell veraltet od nicht standardentspr (LG Oldb NJW **92**, 1771); 3–4 Jahre zurückliegdes Baujahr v Teilen grdsätzl (Düss NJW **93**, 3142); hoher Geräuschpegel innerh der Toleranzwerte (Düss NJW **93**, 3143). Fehlen einer schriftl BediengsAnleitg (BGH NJW **93**, 461: teilw NichtErf; bestr); Programmsperre, die vertrgem Nutzg nicht beeinträcht (Celle CR **94**, 217) od nur kurzzeit (unerhebl iS v Abs I S 2; Wuermeling CR **94**, 585); raschere Erschöpfg eines Akkus im NichtBetr wg Abs I S 2
48 (Köln NJW-RR **93**, 950). **cc) Eigenschaft:** Originalprodukt eines bestimmten Herstellers (Oldb CR **89**, 107).
49 **dd) Keine Eigenschaft:** Aufwand für Weiterverarbeitg der Daten (Köln NJW **92**, 1772). **ee) Keine Zusicherung:** die Erkl, Hard- u Software seien aufeinander abgestimmt (Düss WM **89**, 459).

50　　**6) Beweislast. a) Beim Stückkauf.** Bei Kl auf KaufPr od SchadErs wg § 326 muß Verk bis zur Überg beweisen, daß die Sache fehlerfrei ist (hM; Baumgärtel 3 mwN). Nach Überg muß Käufer, der GewlAnspr
51 geltd macht, den Mangel, ggf Zusicherg beweisen (§ 363; hM; Baumgärtel 4). **b) Beim Gattungskauf.** Verk hat grdsätzl zu beweisen, daß die Sache mangelfrei ist, insb, wenn die Ann bei gleichzeit Fdg mangelfreier Lieferg verweigert w (hM; BGH **6**, 224); ferner die Ann der Sache als Erf dch den Käufer (Baumgärtel 6). Nach Ann der Sache hat der Käufer den Mangel zu beweisen (allgM), der Verk nur eine qualitätsmin-
52 dernde Abrede unterh der mittleren Art u Güte gem § 243 I (Nierwetberg NJW **93**, 1748). **c) Beim Versendungskauf** (§ 447) ist entspr der Ann maßgebder Ztpkt die Überg an den Beförderer, sodaß der Verk nur beweisen muß, daß dabei die Sache mangelfrei war (Staud/Honsell 95; RG **106**, 294). Ab Überg

trägt der Käufer die BewLast. **d) Sonstiges.** Der Verk hat die Unerheblichk eines Fehlers zu beweisen (hM; RGRK/Mezger 33).

460 *Kenntnis des Käufers.* **Der Verkäufer hat einen Mangel der verkauften Sache nicht zu vertreten, wenn der Käufer den Mangel bei dem Abschlusse des Kaufes kennt. Ist dem Käufer ein Mangel der im § 459 Abs. 1 bezeichneten Art infolge grober Fahrlässigkeit unbekannt geblieben, so haftet der Verkäufer, sofern er nicht die Abwesenheit des Fehlers zugesichert hat, nur, wenn er den Fehler arglistig verschwiegen hat.**

1) Allgemeines. § 460 bewirkt HaftgsAusschl. **a) Zweck.** Er wird verschieden gedeutet (vgl Köhler JZ **1** 89, 761). Überzeugd ist die Ans, daß für beide Part die Kosten u die Risiken der VertrDchFührg gemindert w sollen (Köhler aaO). **b) Untersuchung** der Kaufsache dch den Käufer ist weder Pfl noch Obliegenh (and **2** § 377 HGB). Er muß nicht mehr tun, als grobe Fahrlk (S 2) vermeiden. **c) Anwendbar** ist § 460 nur beim Stückkauf (Begr: § 480 Rn 1; umstr; vgl BGH NJW **81**, 2640). S 1 für § 459 I u II, S 2 nur für § 459 I, auch für die Fälle des § 463, also nicht für S 2 erfaßt sind (vgl Rn 13). **d) Abdingbarkeit** ist nur dch Vertr (§ 305) **3** mögl u nicht im Rahmen des S 2 für Argl (Jauernig/Vollkommer 1b). Keinesf genügt einseit Vorbeh des Käufers (Staud/Honsell 12). Daran könnte aber der KaufVertr scheitern (§ 150 II) od ein Dissens (§ 155) vorliegen (Koch NJW **89**, 1658). **e) Ausschluß anderer Vorschriften.** Soweit es sich um die RFolgen des **4** Umstds handelt, daß dem Käufer Mängel der Kaufsache unbekannt geblieben sind, ist § 460 abschließde Regelg, insb ggü § 254 I (BGH NJW **78**, 2240; vgl § 463 Rn 22; zT aA Mittenzwei JuS **94**, 187) u c.i.c. (Soergel/Huber 1). **f) Beweislast** trägt der Verk für Kenntn des Käufers v Mangel sowie für grobfahrl **5** Unkenntn (RG **102**, 394), der Käufer für Argl, Zusicherg od Verspr nachträgl Beseitigg.

2) Kenntnis des Mangels (S 1). **a) Kennen** bedeutet pos Wissen des Käufers (od seines Vertreters, § 166) **6** vom Mangel in seiner Gesamth (nicht nur v Teilen), seiner rechtl Bedeutg u Erheblk (vgl BGH NJW **61**, 1860), sowie in seinem Umfang (RG **149**, 402). Dringender Verdacht genügt nicht (RGRK/Mezger 1). **b) Zeitpunkt.** Maßgebd ist der des VertrSchl, bei Grdst also die Beurk (§ 313 S 1). Das gilt auch bei Heilg **7** gem § 313 S 2, sodaß die Kenntn des Mangels bei Eintragg im GrdBuch den S 1 nicht begrdet (Köhler JZ **89**, 761 [767]; einschränkd BGH NJW **89**, 2050), gleich ob der Käufer die FormNichtk des KaufVertr kannte (aA § 313 Rn 56 u Hamm NJW **86**, 136 = DNotZ **86**, 745 m abl Anm v Kanzleiter) od nicht. Ist der Kauf unter einer Bedingg (§ 158) geschl, ist maßgebd der Eintritt der Bedingg; daher bei Kauf auf Besicht (§ 495) die Billigg der Sache dch den Käufer (RG **94**, 287). Dies gilt nicht für Bedinggen, deren Eintritt v Käufer nicht beeinfluß w kann (vgl Köhler JZ **89**, 761 [765]). Erlangt er die Kenntn später, bleibt § 464. **c) Wir-** **8** **kung.** Gewl des Verk für Fehler (§ 459 I) u zugesich Eigensch (§ 459 II) ist ausgeschl, auch bei argl Verschweigen (RG **55**, 214). Haftg des Verk bleibt aber bestehen, wenn er sich verpfl, den v Käufer beim Kauf erkannten Mangel bis zum GefÜberg (§§ 446, 447) zu beseit od eine Eigensch herzustellen (Staud/ Honsell 6 mwN; vgl auch § 462 Rn 6).

3) Grobfahrlässige Unkenntnis (S 2). Sie muß sich auf einen Fehler (§ 459 I) beziehen; auf zuges **9** Eigensch (§ 459 Rn 14, also einschl der Abwesenh v Fehlern) darf sich hingg der Käufer immer verlassen. Bei Kauf dch Vertreter gilt § 166. **a) Zeitpunkt.** Die grobe Fahrlk muß bei VertrSchl od in den ZtRaum bis **10** dahin gegeben sein (RG **131**, 343 [353]). Für die Zt danach ist sie unbeachtl. **b) Grobe Fahrlässigkeit** (§ 277 **11** Rn 2–4) ist bes schwere Vernachlässigg der im konkreten Fall erforderl Sorgf (gebotener MindInformations- Aufwand, Köhler JZ **89**, 761 [767]). Sie liegt idR nicht vor, wenn der Käufer sich auf die Angaben des Verk verläßt u keine Untersuchg der Sache vornimmt (Staud/Honsell 7). Der Käufer muß nicht in Grd- u Bauakten Eins nehmen (BGH NJW-RR **88**, 1291), auch nicht einen Sachkund zur Besichtigg der Sache zuziehen (Köln NJW **73**, 903). Bei einem EDV-Programm kann ein Probelauf geboten sein (Schlesw MDR **82**, 324). **c) Untersuchung** der Kaufsache als Obliegenh des Käufers. Ihr Unterl kann ausnw grobe Fahr- **12** lässk begrden: **aa)** Bei bes Sachkunde des Käufers, falls diese dem Verk fehlt (RG **131**, 343 [354]), zB Kfz- Händler übernimmt gebr Auto von einem Nichtsachkund (Celle NdsRpfl **73**, 83). **bb)** Wg Verkehrssitte bei Kauf v Ggstden, wenn eingehde Besichtigg übl ist, insb Gebde, Kunstwerke, Antiquitäten, Kostbk. **cc)** Konkrete Warng vor Mängeln, entw dch Verk, Dritte od bes Umstde (Staud/Honsell 8). HaltbkDatum bei verpackten Lebensmitteln (Köhler DB **85**, 215; aA Michalski/Riemenschneider BB **93**, 2097 [2101]). **d) Haftung** wegen Argl: § 463 Rn 11–13. **13**

461 *Pfandverkauf.* **Der Verkäufer hat einen Mangel der verkauften Sache nicht zu vertreten, wenn die Sache auf Grund eines Pfandrechts in öffentlicher Versteigerung unter der Bezeichnung als Pfand verkauft wird.**

Bedeutung. Ausn v § 459, weil bei öff Versteiger dem Verk die Haftg nicht zugemutet w kann. **1** **Anwendbar** nur bei § 1235 I, nicht bei SelbsthilfeVerk (§ 383 III) u bei freihänd PfandVerk nach §§ 1235 II, 1221, 1240 II, 1245, 1246. Gleiche Regelg in § 806 ZPO u § 56 ZVG. **Voraussetzungen:** Bestehen des **2** PfandR, Bezeichng der Sache als Pfand, Verk in öff Versteigerg; Beachtg derjen Vorschr der VO üb gewerbsmäß Versteigergen idF v. 1. 6. 76 (BGBl I 1346), die eine angemessene BesichtiggsMöglk dch den Interessenten gewährt. Die Berufg auf § 461 ist nur ausnweise dch § 242 eingeschr (vgl BGH **96**, 214). **Wirkung:** HaftgsAusschl für Fehler (§ 459 I), trotz des Wortlauts (Mangel) nicht für zuges Eigensch (§ 459 **3** II), weil dch Zusicherg § 461 zuläss abbedungen ist (hM). Bei argl Verschweigen des Fehlers gilt § 461 auch nicht (hM; Köhler JZ **89**, 761 [775]). §§ 812, 123 u §§ 823 II, 826 sind sowieso nicht ausgeschl.

462 *Wandelung; Minderung.* **Wegen eines Mangels, den der Verkäufer nach den Vorschriften der §§ 459, 460 zu vertreten hat, kann der Käufer Rückgängigmachung des Kaufes (Wandelung) oder Herabsetzung des Kaufpreises (Minderung) verlangen.**

1 **1) Allgemeines.** § 462 gibt den Anspr auf Wandelg u Minderg (Inhalt: § 465 Rn 1). Gilt bei jedem Kauf. Bei GattgsKauf gilt zusätzl § 480. Vollzogen u dchgeführt werden Wandelg u Minderg nach den §§ 465–
2 474. Grdsätzl nur ggü dem Verk (vgl BGH WM **85**, 917). **a) Gewährleistungsansprüche** sind außer Wandelg u Minderg kraft G nur SchadErs wg NichtErf (§§ 463, 480 II) u Nachlieferg bei § 480 I. Vereinbart werden (Vorbem 21 vor § 459) kann Nachbesserg (Rn 4) u Nachlieferg (Rn 7) auch beim Stückkauf.
3 **b) Wahlrecht** des Käufers. Dem Käufer stehen die Anspr (Rn 2) alternativ zu, sofern sie nicht im Einzelfall ausgeschl sind. Bis das WahlR dch Vollzug (§ 465) od dch Erfüllg des geltdgemachten Anspr erlischt, kann der Käufer von einem zum anderen übergehen, die getroffene Wahl also frei widerrufen. Auch im HilfsVerh (eventual) können die Anspr geltd gemacht w (BGH NJW **90**, 2683). Die erkl Wandelg kann auch nach
4 wiederholten erfolgl Nachbessergsarbeiten weiter verlangt w (Köln NJW-RR **93**, 565). **c) Nachbesserung** kann kraft G u ohne Vereinbg nicht verlangt w (hM; vgl Köhler JZ **84**, 393 mwN), nur ausnw beim
5 UnternKauf (Vorbem 15 vor § 459). **aa) Vereinbart** werden kann der NachbessergsAnspr schon im Kauf-Vertr neben od anstelle von Wandelg u Minderg, auch als einz GewlAnspr vereinb w (in AGB häuf) u nachträgl, insb nach verlangter Gewl. Davon zu untersch ist das NachbessergsR des Verk bis zum Gefahr-
6 Übgang (§ 459 Rn 5). **bb) Ablehnen** kann der Verk die Nachbesserg, wenn sie auf best Art vereinb ist u der Käufer sich nicht daran hält (BGH NJW-RR **91**, 870); der Käufer eines Kfz, wenn ein sog Mängelpaket vorliegt (Kln NJW-RR **92**, 1147). **cc) Fehlschlagen** (Unterbleiben od Mangelhaftigk) der Nachbesserg (§ 11 AGBG Rn 56) führt bei Anwendbark des § 11 Nr 10b AGBG ohne weiteres zum Anspr auf Minderg od Wandelg. Soweit § 11 AGBG nicht anwendb ist, richten sich die RFolgen fehlgeschlagener Nachbesserg primär nach der getroffenen Vereinbg, die auch wiederholte Nachbesserg gestatten kann (Köln NJW **93**, 3143 für Hardware). Fehlt eine solche, bietet sich eine entspr Anwendg v § 634 I 2 (nach Köhler JZ **84**, 393 nur kfm Verkehr) u § 326 an, weil der Verk mit der vereinb Nachbesserg einen bestimmten Erfolg (wie bei § 631) schuldet. Daher muß der Käufer eine Fr setzen (hM; MüKo/Westermann 10 mwN; BGH NJW **76**, 234 für AGB). Bei deren fruchtlosem Ablauf od wg eines schon bei VertrSchluß erkannten, nicht beseitigten Mangels ohne Fr (BGH NJW **90**, 901) kann der Käufer den Mangel mit den Folgen des § 633 III (daher Anspr auf Kostenvorschuß, BGH NJW **92**, 3297) selbst beseit od beseit lassen (BGH NJW **91**, 1883), insb v einem u VertrHändler, ohne dies dem Verk anzeigen zu müssen (BGH aaO). Er kann von der vereinb Nachbesserg (nicht vom KaufVertr) zurücktreten, SchadErs verlangen, aber nur bei Versch (§§ 276, 278) des Verk (hM; BGH aaO mwN). Unabhäng davon muß sich der Käufer nicht auf einen dritten Nachbes-sergsVersuch einlassen (Köln NJW **87**, 2520). Bei wirks Rücktr v der Nachbessergs stehen dem Käufer
7 Wandelg u Minderg offen (allgM), wenn die Wandelg nicht wirks ausgeschl ist. **d) Nachlieferung** (in § 11 Nr 10b AGBG Ersatzlieferg genannt). Hierfür gilt grdsätzl das gleiche wie in Rn 4–6 u § 480 Rn 3–6. **e) Abtretung.** Die Anspr auf Wandelg u Minderg sowie auf Nachlieferg u -besserg sind selbstd (isoliert) abtretb (§ 399 Rn 4 mwN; bestr). Auf jeden Fall sind dies die Anspr aus vollzogener Wandelg u Minderg (§ 465), näml auf Rückzahlg des (zuviel gezahlten) KaufPr; auch Anspr auf SchadErs. Stets wird man die Abtretg der Anspr auf Wandelg u Minderg zusammen mit den zugrdeliegden GewlAnspr od mit allen Anspr aus dem KaufVertr zulassen müssen, insb bei Weiterveräußerung der mangelh Sache (BGH NJW **77**,
8 848; MüKo/Westermann 13 mwN). **f) Bürgschaft.** Wer für den KaufPr bürgt, hat die Einr aus § 768. Auch § 770 I gilt entspr (§ 770 Rn 4). **g) Passivlegitimation:** nur der Verk, nicht und Pers, die aGrd Vertr zur Nachbesserg verpfl sind (BGH NJW **85**, 2819 [Kfz-Marke]).

9 **2) Voraussetzungen** für Wandelg u Minderg, sowie Nachbesserg (Rn 4) u Nachlieferg (Rn 7). Für SchadErsAnspr gilt § 463. **a) Kaufvertrag.** Er muß bei GefahrÜbgang (§ 459 Rn 5) wirks sein. **b) Sach-mangel** (§ 459). Da der KaufVertr zu mangelfreier Lieferg verpfl, können die GewlAnspr schon vor dem GefahrÜbgang muß der Sachmangel (§ 459 Rn 6–7) vorliegen bis zum Vollzug (§ 465). **c) Verlangen** muß der Käufer Wandelg, Min-
10 derg, Nachbesserg od -liefergn. Das geschieht: **aa)** Außerprozessual dch formlose empfangsbedürft WillErkl (§ 130), auch konkludent; § 116 ff gelten (Jau/Vollkommer 2c). **bb)** Prozessual schon dch LeistgsKl auf Rückzahlg des KaufPr (§ 465 Rn 6), aber auch dch Kl auf Einverständn zur Wandelg od Minderg (§ 465
11 Rn 3). Dch Erheben der Einr ggü der KaufPrKl, auch schon vor Verjährg des GewlAnspr (§ 478). **d) Ver-tretenmüssen** des Mangels gem § 460. **e) Kein Erlöschen** des GewlAnspr: **aa)** Vorbehalt iF des § 464. **bb)** Wirksame Mängelrüge ist grdsätzl nur beim Handelskauf notw (§ 377 HGB), sonst nur bei vereinb Fr zur MängelAnz (vgl § 11 Nr 10e AGBG). Eine Verwirkg (§ 242 Rn 87) des GewlAnspr wg unterlassener Mängelrüge kann somit nur in AusnFällen befürwortet w (vgl Staud/Honsell § 464 Rn 12), da § 477 sowieso eine kurze VerjFr setzt. **cc)** Ingebrauchnahme od Weiterbenutzg hindert den Anspr nicht, kann aber wg unzulässe RsAusübg die Wandelg ausschließen (BGH NJW **84**, 1525 mwN; Hamm NJW-RR **88**, 1461).

12 **3) Wandelung.** Legaldefinition des § 462: Rückgängigmach des KaufVertr. Der Anspr (§ 194 I), den § 462 gibt, ist schuldrechtl, gg den Verk gerichtet, kein GestaltgsR (hM; Jau/Vollkommer 2 mwN). Er richtet sich darauf, daß mit Einwilligg des Verk (§ 465) der KaufPr zurückgezahlt w od die offene KaufPr-Schuld erlischt, mit den sonstigen RFolgen, auf die § 467 verweist.

13 **4) Minderung.** Legaldefinition des § 462: Herabsetzg des KaufPr. RNatur u Inhalt wie Rn 12; jedoch mit dem Unterschied, daß der KaufVertr mit allen sonstigen Ren u Pfl auch bestehen bleibt, wenn die Minderg gem §§ 472–474 dchgeführt w. Es entsteht, anders als bei Wandelg, kein RückgewährSchuldVerh (vgl § 465 Rn 12), sond nur die einseit RückzahlgsPfl od das teilw Erlöschen der KaufPrFdg. Kein MindAnspr besteht, wenn der Wertverlust dch Umstde herbeigeführt w, die nicht unter § 459 od die unter § 460 fallen (BGH NJW **90**, 2682).

463 *Schadensersatz wegen Nichterfüllung.* **Fehlt der verkauften Sache zur Zeit des Kaufes eine zugesicherte Eigenschaft, so kann der Käufer statt der Wandelung oder der Minderung Schadensersatz wegen Nichterfüllung verlangen. Das gleiche gilt, wenn der Verkäufer einen Fehler arglistig verschwiegen hat.**

1) Allgemeines. a) Rechtsnatur: Der SchadErsAnspr aus § 463 ist ein vertr GewlAnspr; er setzt daher 1 einen gült KaufVertr voraus (allgM) u ist ausgeschl, wenn der Vertr wg § 123 angefochten ist (vgl Rn 23, 24). **b) Anwendungsbereich:** Nur bei Spezies–(Stück-)Kauf; bei Gattgskauf gilt § 480 II. RGedanke des 2 § 463 ist für entspr anwendb erkl auf LizenzVertr (BGH NJW **70**, 1503). Für Saatgut SoRegelg in § 24 II SaatgutverkehrsG 1985. **c) Abdingbarkeit:** Sie ist für die Tatbestde der Argl, dch § 476 ausgeschl; beim 3 Fehlen einer zugesicherten Eigensch zZ des Kaufs (S 1), also ohne Argl, auch für den Fall, daß die Sache für den vorgesehenen Verwendungszweck ungeeignet ist, wenn die Eigng hierfür zugesichert wurde (BGH **50**, 200); iü kann S 1 abbedungen w (BGH NJW **70**, 2021 [2023]), jedoch nicht im GeltgsBer des AGBG, die Haftg auch nicht eingeschr (§ 11 Nr 11 AGBG). **d) Verhältnis zu § 462 und zum Wahlrecht.** SchadErs 4 aus § 463 kann nur statt Wandelg od Minderg (§ 462) verlangt w, also wahlw (BGH **29**, 148 [151]. Diese drei Anspr können im Proz daher nur im Eventual-Verh geltd gemacht w. § 263 ist unanwendb. Das WahlR (ius variandi) erlischt erst mit der RKraft eines Urt, das auf einen der 3 Anspr gerichtet ist (hM) od mit Vollz v Wandelg od Minderg dch Einverständn des Verk (§ 465), entspr dch Einverständn des Verk mit dem SchadErsAnspr (vgl § 465 Rn 1). Bis zur Bindg kann der Käufer noch v einem zum and Anspr übergehen (vgl § 465 Rn 15). SchadErsAnspr ist nicht ausgeschl, wenn der Käufer gg Rückg der Sache sich KaufPr erstatten läßt, aber SchadErs vorbehält (RG **90**, 332). **e) Verjährung:** Für S 1 gilt § 477, für S 2 u die sonst 5 Fälle v Argl § 195 (30 Jahre). **f) Leistungsort** (§ 269): wie § 465 Rn 10 (Hamm MDR **89**, 63).

2) Allgemeine Voraussetzungen: Für alle aus § 463 abgeleiteten Anspr ist zu beachten: **a) Grundre-** 6 **gel.** Es müssen die Voraussetzgen für Wandelg u Minderg (§ 462) vorliegen, also § 459 u § 460. Daraus folgt, daß der Mangel noch bei GefahrÜberg (§ 459 I) vorliegen muß u daß Gewl trotz Argl u Zusicherg des Verk ausgeschl ist, wenn der Käufer den Mangel kennt (§ 460 S 1). **b) Haftung für Dritte:** Handelt bei 7 VertrAbschl für den Verk ein Vertreter, gilt für Argl, Verschweigen u Vorspiegeln § 166 (dort Rn 3 mwN; hM; BGH **117**, 104 u NJW **92**, 1500 mwN; hierzu grdsätzl Waltermann NJW **93**, 889), auch für den sog WissensVertr (§ 166 Rn 5). Das ist problemat, wenn sich Wissen u weitere Erfordern der Argl nicht auf denselben Vertr beschr (Waltermann aaO). Verk haftet für seine ErfGehilfen (§ 278; dort Rn 7, 8, 32), die bei Abschl des KaufVertr mitwirken. Ein Vertreter u Vermittler selbst kann unmittelb dem Käufer aus c. i. c. haften (sog Eigenhaftg, § 276 Rn 93–98). § 831 ist nur anwendb, wenn § 823 II vorliegt. Ist die argl Vorspiegel v einem Dr begangen, für den § 278 nicht eingreift, haftet der Verk, wenn er diese Vorspiegel ausnutzt. Überh keine Haftg für Boten (allgM). Bei Mehrh v Verkäufern haftet nur derjen nach § 463, der argl handelt (RG **99**, 121). Nur bei Hinzutreten bes Umst liegt bei dem Verk, der selbst nicht arglist handelt, eine Übern der Haftg gem § 463 vor (BGH WM **76**, 324). **c) Zeitpunkt.** Der Mangel muß sowohl bei 8 VertrAbschl wie auch bei GefahrÜberg (vgl Rn 6) vorhanden sein; jeweils derselbe Mangel od ein and Mangel, der aus dem bei VertrAbschl vorhandenen entstanden ist. Die Zusicherg beim Kauf kann auch darauf bezogen w, daß die Eigensch, die zZ des Kaufs noch fehlt, bei Gefahrüberg vorhanden sein w (vgl Rn 10); S 1 gilt dann jedenf entspr (RGRK/Mezger 2). Soll die Sache erst nach VertrAbschl hergestellt w (WerkliefergsVertr üb vertretb Sache, § 651), so liegt eine (beschr) Gattgsschuld vor u es gilt nicht § 463 sond § 480 II. **d) Ursächlichkeit** zw Zusicherg, argl Verschweigen od Vorspiegeln u dem KaufAbschl muß 9 v Käufer nicht dargelegt w; jedoch entfällt Anspr aus § 463, wenn der Verk (bei strengen AnFdgen) beweist, daß Zusicherg, Verschweigen od Vorspiegel für den KaufAbschl bedeutgsl waren (BGH NJW **81**, 45; KG NJW-RR **89**, 972; Staud/Honsell 11 mwN).

3) Besondere Voraussetzungen. Es muß alternativ vorliegen: **a) Fehlen zugesicherter Eigenschaft** 10 schon zZ des Kaufs (S 1). Zusicherg wie § 459 Rn 15. Eigensch wie § 459 Rn 20. Wie bei § 459 kommt es nicht darauf an, ob die Eigensch für Wert u Tauglk der Sache zum vertrgem Gebr erhebl ist od nicht, zB ein kleiner LackSchad am Pkw, wenn zusätzl zu unfallfrei zugesich w, der „Wagen habe noch nicht einmal eine Macke" (Hamm NJW-RR **95**, 48). ZZt des Kaufs: Damit ist das ZustdeKommen des KaufVertr gemeint. Die Zusicherg kann sich auf eine Eigensch beziehen, die zZ des Kaufs nach Kenntn der Part nicht vorliegt, aber bis zu einem späteren bestimmten Ztpkt gem Zusicherg eintreten werde (vgl Rn 8 u BGH WM **76**, 978). Der GewlAnspr setzt kein Versch voraus. Der Verk haftet gem S 1 auch, wenn er das Fehlen der Eigensch nicht kennen konnte u nicht kannte. **b) Arglistige Täuschung.** Maßgebder Ztpkt ist der des 11 VertrSchlusses (BGH NJW **92**, 1500 mwN). Kommt in den folgenden Formen vor: **aa) Verschweigen eines Fehlers** (S 2). **(1) Fehler:** wie § 459 Rn 8, u zwar nur erhebl gem § 459 I 2 (Soergel/Huber 22; aA Staud/Honsell 10; Köln NJW-RR **86**, 988). **(2) Arglist.** Es ist keine betrüg Abs erforderl, sond nur Vors; auch bedingter genügt (BGH NJW **91**, 2900). Es genügt auch, daß der Verk den Fehler kennt od mit seinem Vorhandensein rechnet (BGH **63**, 388), mind für mögl hält (BGH NJW **92**, 1953), auch daß er es weiß od damit rechnet, dem Käufer sei der Fehler unbek u er werde den Kauf nicht od mit and Inh abschließen, wenn er den Fehler kennen würde (BGH stRspr zB NJW **95**, 1549 mwN), od er werde die Sache nicht als Erf annehmen (BGH NJW-RR **92**, 1076 mwN). Es kann genügen, daß der Verk ohne Sachkenntn grdlagenlose Behauptgen aufstellt (Mü NJW **88**, 3271; Celle NJW-RR **87**, 744). Gemeinden stehen als Verk PrivPers in der Weise gleich, daß ihnen Wissen ihrer ges Vertreter zugerechnet w (BGH NJW **90**, 975). Fahrlässigk des Verk genügt nicht. **(3) Verschweigen** liegt vor, wenn Pfl zur Aufklärg bestand (BGH NJW **79**, 2243 u NJW-RR **87**, 436; insb bei Bodenverunreinigg als sog Altlast zu bejahen (Knoche NJW **95**, 1985) od v Käufer nach dem Fehler gefragt w (Köln OLGZ **87**, 439). Setzt nicht ein Unterdrücken voraus u ist nach § 242 zu beurt. Keine AufklPfl besteht bei solchen Fehlern, die ohne weiteres erkennb sind, zB äußerl DchFeuchtg einer Mauer (BGH NJW-RR **94**, 907). Bei Verk eines unfallbeschäd Kfz besteht grdsätzl eine OffenbPfl (BGH stRspr; vgl NJW **82**, 1386 mwN; Kblz NJW-RR **88**, 1137). Im allg genügt der Hinweis des Verk, daß das Kfz einen Unfall erlitten hat (BGH NJW **65**, 35 für Verk an Kfz-Händler); jedoch müssen BagatellSchäd grdsätzl ungefragt offenb werden (BGH NJW **82**, 1386); andseits dürfen UnfallSchäd nicht verharmlost w (vgl Köln NJW-RR **86**, 1380). OffenbargsPfl besteht auch für schwere Mängel (vgl Strutz NJW **68**, 436 mwN) u bei reimportierten Kfz üb den Ztpkt der Erstzulassg (Hamm NJW-RR **91**, 505). Bei GebrFahrz besteht aber keine UntersuchsPfl auf versteckte Mängel (vgl Hamm NJW-RR **86**, 932). **bb) Vortäuschung der Abwesenheit von Fehlern** dch Hdlgen in argl Abs steht dem Verschweigen 12 (Rn 11) gleich (allgM). Es kommt dann nicht auf die Pfl zur Aufklärg an. **cc) Vorspiegelung einer nicht** 13

vorhandenen Eigenschaft in argl Abs, ohne daß die Eigsch zugesichert ist, führt zu entspr Anwendg des S 2 (hM; BGH NJW-RR **92**, 950 u 1076 mwN u NJW **93**, 1643). Die argl Vorspiegelg muß sich auf eine Eigensch der Kaufsache (§ 459 Rn 20) beziehen. Argl: entspr Rn 11. Zurechtmachen u äußere Aufbesserg der Kaufsache kann im Einzelfall Vorspiegeln darstellen.

14 **4) Schadensersatz.** Für Grd u Umfang muß im Einzelfall differenziert w. **a) Grundsätze. aa) Schadensersatz wegen Nichterfüllung** (sog pos Interesse) ist zu leisten (Vorbem 16 vor § 249). Bei Fehlen einer zugesicherten (S 1) od argl Vorspiegelg einer nicht vorhandenen Eigensch ist der Käufer so zu stellen, wie er stehen würde, wenn die Sache diese Eigensch besäße. Bei argl Verschweigen eines Fehlers od argl Vorspiegelg der Abwesenh v Fehlern (Fälle des S 2), ist der Käufer so zu stellen, wie wenn die Kaufsache den Fehler nicht hätte. Der SchadErs ist nicht dadch ausgeschl, daß der Käufer nicht mehr im Bes der Kaufsache
15 ist (vgl Rn 12). Unter § 463 fällt auf jeden Fall der MangelSchad (unmittelb NichtErfSchad). **bb) Mangelfolgeschaden** (insb sog BegleitSchad). Ob er dazugehört, ist im einz bestr (vgl Staud/Honsell 36–41). Er kann ggf aus pos VertrVerletzg geltend werden (Vorbem 6 vor § 459). Zur Abgrenzg vgl Peters NJW **78**, 665. **(1)** Bei Argl (Rn 6) wird das für die pos VertrVerletzg erforderl Versch idR vorliegen, wenn hier die MangelfolgeSchäd nicht schon von vorneherein von § 463 umfaßt w (Larenz § 41 IIc 3), weil er adaequat verurs ist u daher unter Rn 14 fällt (vgl Soergel/Huber 65 mwN). **(2)** Bei Zusicherg von Eigensch fallen die MangelfolgeSchäd unter § 463, wenn sie vom obj Sinn der Zusicherg umfaßt werden, insb wenn die Zusicherg bezweckt, den Käufer vor solchen Schäd zu schützen (BGH **50**, 200 u NJW **73**, 843 mwN). Bsp: Verkehrsunfall inf Vertrauens auf zugesicherte Eigensch (BGH NJW **78**, 2241; jedoch als NichtErfSchad
16 angesehen). **cc) Entgangene Gebrauchsvorteile.** Ers kann nur verlangt w, wenn nach der VerkAuffassg die ständ Verfügbk der Sache einen geldwerten VermVorteil darstellt, zB eine Wohng, die v Käufer genutzt
17 w soll (BGH **117**, 260), ein Auto, nicht ein Pelzmantel (vgl BGH NJW **75**, 733). **dd) Aufwendungen** des Käufers, die inf der Mangelhaftk der Sache nutzlos waren, sind nur zu ers, wenn ihnen im Fall der Mangel-Freih ein GgWert gegüberstanden hätte (BGH **114**, 193). Sind sie für weitere Geschäfte erfolgt, besteht keine Vermutg für einen solchen GgWert (BGH aaO). And Aufwendg sind nur zu ersetzen, wenn sie in ursächl Zushang mit dem Mangel entstehen (BGH NJW **91**, 2900 u **95**, 1549).

18 **b) Berechnung** ist auf zwei Arten zur Wahl des Käufers mögl, näml sog kleiner SchadErs (Rn 18) od großer SchadErs (Rn 19). Übgang v großen zum kleinen SchadErs ist keine KlÄnderg (BGH NJW **92**, 566). **aa) Wertdifferenz.** Der Käufer kann Sache behalten u verlangen, so gestellt zu w, als ob gehör erf wäre, also Ers des Wertunterschieds zw mangelfreier u mangelh Sache (BGH NJW **65**, 34), wobei er gg den KaufPr mit dem SchadErsAnspr aufrechnen kann (vgl § 479). Kein Anspr auf Beseitigg des Mangels od Herstellg zugesicherter od vorgespiegelter Eigensch, sondern Ers in Geld, zB Kosten der Umrüstg eines Kfz auf den typengerechten Motor (vgl BGH NJW **83**, 1424) od Differenz zum niedrigeren Preis, zu dem der Kauf zustdegekommen wäre (Kblz NJW-RR **91**, 847); nach BGH NJW **93**, 2103 (in mehrfacher Hinsicht bedenkl) sogar die Differenz zum höheren Wert bei unechtem Kunstwerk, das bes günst gekauf w. Der Käufer kann Ers der zur Beseit des Mangels erforderl Kosten verlangen (BGH aaO; vgl Rn 17), bei Kauf v WoEigt u Fehler am gemeinsch Eigt nur den BruchT, der dem gekauften SoEigt zugeordnet ist (BGH **108**,
19 156). **bb) Austausch:** Der Käufer kann auch Ann der Sache gänzl ablehnen oder angeb Sache zur Vfg stellen u den dch NichtErf des ganzen Vertr entstandenen Schad verlangen (hM; BGH **29**, 148). Nachw fehlenden Interesses des Käufers an mangelh Leistg ist nicht erforderl (Soergel/Huber 42; BGH aaO; bestr); jedoch kann der Käufer gegen § 242 verstoßen, wenn er wg nur geringfüg Mängel den großen SchadErs verlangt (BGH NJW **86**, 920 mwN). Als SchadErs stets Erstattg des KaufPr (RG **134**, 90) u der VertrKosten, sowie der Untersuchungskosten, ferner Kosten des RStreits, den Käufer gg seinen Abnehmer führen mußte. Ist v Käufer eine Sache (insb GebrKfz) in Zahlg gegeben w, kann er anstatt Rückg Zahlg des angerechneten KaufPrTeils fordern. Bei einem Grdst im Zubeh zur Verk Mitwirkg zur RückAuflassg verlangen (BGH NJW-
20 RR **89**, 650). **cc) Maßgebender Zeitpunkt** für SchadBerechg ist derjenige, zu dem der KaufVertr vertrgem erf w sollte; daher ist eine spätere Werterhöh inf Beseitg des Mangels dch Käufer unerhebl. Ebso, wenn es ihm später gelingt, die Mieteinnahmen zu erzielen, die bei KaufAbschl entgg der Zusicherg des
21 Verk nicht erzielt w konnten (BGH WM **65**, 273). **dd) Weiterverkauf.** Der Verk wird im Verh zum Erstkäufer nicht dadch entlastet, daß dieser die Sache günst weiterverk (hM); es findet also insoweit keine Vorteilsausgleichg statt (vgl Vorbem 119 vor § 249; BGH NJW **81**, 45). Den Gewinn hieraus, den der Käufer ohnehin gemacht hätte, braucht er, wenn er Ers der Kosten des Deckgskaufs verlangt, bei der SchadBerechg nicht abzusetzen. Hat er die mangelh Sache weiterverk u hat der Abnehmer gewandelt (§ 462), so kann er den Gewinn nur verlangen, wenn er keine and Zusichergen als sein Verk gemacht hat (BGH NJW **68**, 2375). Andernf muß der Käufer den Schad berechnen, indem er von Bedeutg des Mangels ausgeht; so können auch die Kosten verlangt w, die er aufgewendet w mußten, um die Sache in den mangelfreien Zust zu versetzen (BGH NJW **65**, 34). Hatte Käufer zwecks Weiterveräußerg gekauft, so besteht für abstr SchadBerechg die Vermutg, daß er zu dem Preise hätte weiterverk können, den andere für gleiche Ware zu derselben Zeit in demselben WirtschGebiet erzielt haben (RG **90**, 306). Adäquat verurs ist auch der Schad, der darin besteht, daß der Verk seinem Abnehmer den von ihm geforderten entgangenen Gewinn ersetzt, der auf dem Mangel beruht (BGH NJW **82**, 435). Wg Haftg für Schad aus § 463 nach günst
22 WeiterVerk dch den Erstkäufer u AbtretgsPfl: Vorbem 30 vor § 459. **ee) Mitverschulden** des Käufers: § 254 ist grdsätzl anwendb; jedoch nicht im AnwendgsBereich des § 460, der eine SondRegelg für Kenntn u grobfahrl Unkenntn v Mängeln auf Seiten des Käufers darstellt (hM; BGH NJW **78**, 1691 u **93**, 1643). Daher kann dem Käufer auch nicht Versch bei VertrSchluß entgegesetzt w, wenn er eine zumutb Prüfg der Kaufsache unterläßt u den Verk nicht über den Mangel belehrt od es unterläßt, den Verk auf solche Zweifel hinzuweisen, die diesen vom VerkEntschl abgehalten hätten.

23 **5) Anspruchskonkurrenzen.** Es kommen in Betr: **a) Unerlaubte Handlung** (§ 823 II wg § 263 StGB; § 826; vgl Vorbem 11 vor § 459). Nicht jede Argl erf schon die Voraussetzgen einer unerl Hdlg. Anf des KaufVertr aus § 123 ist für Anspr aus unerl Hdlg unerhebl. Der SchadErsAnspr geht hier regelm auf das negat Interesse (Vorbem 17 vor § 249), wenn der KaufVertr angefochten w ist. Verk hat also den Käufer so

zu stellen, wie er gestanden haben würde, wenn er nicht getäuscht worden wäre, wobei sich der Käufer den Vorteil anrechnen lassen muß, der ihm aus dem Gebr der Sache erwachsen ist (vgl Einf 119 vor § 249). Ist KaufVertr unangefochten geblieben, kann Käufer auch ErfInteresse (Vorbem 16 vor § 249) verlangen, aber nur, wenn er nachweist, daß der Kauf mit dem Verk bei Angabe der richt Tats zu günstigeren Bdggen zust gekommen wäre (vgl § 123 Rn 26). ErfInteresse kann auch verlangt w, wenn auch wirks Anf wg argl Täuschg der Käufer den SchadErsAnspr auf dieselben Grde stützt wie die Anf, sofern der Verk die Eigensch der Kaufsache vertragl zugesichert (BGH NJW **60**, 237) od eine Eigsch (ohne Zusicherg) argl vorgespiegelt hatte. **b) Ungerechtfertigte Bereicherung** (§ 812 I). Dieser Anspr besteht wie wirks Anf aus § 123 **24** (Vorbem 8 vor § 459). Die Rückabwicklg des KaufVertr ist im Ergebn das gleiche, wie wenn Ers des negativen Interesses (wie bei Rn 23) verlangt w. Auch hier muß sich der Käufer den Wert der von ihm gezogenen Nutzgen anrechnen lassen (§ 818 I, II); ist er höher als der VorteilsAusgl (Vorbem 119 vor § 249), braucht nur diesen ausgeglichen zu w, weil für die Differenz ein SchadErsAnspr besteht (BGH NJW **62**, 1909). **c) Verschulden bei Vertragsschluß** (c. i. c.; Vorbem 7 vor § 459): Obwohl § 463 in Bezug auf **25** Fehler u Eigensch der Kaufsache eine abschließde SondRegelg darstellt, scheidet der Anspr aus c.i.c. dann nicht aus, wenn Vorsatz des Verk vorliegt (BGH stRspr NJW **92**, 2564 mwN; bestr). Er besteht, auf den VertrauensSchad gerichtet, neben dem aus § 463, der auf das ErfInteresse geht (BGH aaO). Auch bei Eigensch, die nicht zusicherungsfäh ist (§ 459 Rn 20), so daß § 463 ausscheidet, ist c.i.c. anwendb (BGH **114**, 263; Vorbem 7 vor § 459). Das ist offenb nicht beachtet v BGH NJW **93**, 1703, wo c.i.c. bei einer zusichergsfäh Eigensch angewendet w. **d) Positive Vertragsverletzung** (Vorbem 6 vor § 459). Auch **26** dieser Anspr scheidet wg der Grde der Rn 25 aus, soweit § 463 gilt. Nur wenn der Verk and Pfl verletzt als diejen, welche sich aus § 463 für den Abschl des KaufVertr ergeben (Verk darf nicht fehlde Eigensch zusichern usw, vgl Rn 10), kommt eine Haftg aus pVV in Betracht u zwar nur für den Schad, der inf eines Fehlers (§ 459 I) entsteht, sog MangelfolgeSchad (Rn 15; hM; Soergel/Huber 66 mwN), also nicht für den eigentl MangelSchad (Rn 14).

6) Beweislast. a) Grundsatz. Für die Gewl kommt es allein auf den Zust der Sache zZ der Überg an. **27** § 363 ist anzuwenden, obwohl die §§ 459 ff SchlechtErf, keinen Fall der NichtErf darstellen (Soergel/Huber 102; bestr). **b) Käufer** trägt die BewLast für den Mangel, einschließl Zusicherg der Eigensch, hinsichtl der **28** Argl für den ges Inhalt der Erkl des Verk, aus der die Argl zu entnehmen ist (BGH **117**, 260 mwN u RG **102**, 394; aA für den Fall, daß der Käufer, der aus der Zuhlg des KaufPr verklagt w, Fehlen einer zugesicherten Eigensch einwendet: Staud/Honsell 53); nicht für den Irrt (BGH NJW **90**, 42) u für die Ursächlk zum Kaufentschluß (allgM; zB BGH **117**, 363). Ob er beim kleinen SchadErs (Rn 18) zu günstigerem Pr gekauft hätte, ist keine Frage der BewL, sond nach § 287 ZPO zu beurt (vgl Baumgärtel 7 mwN). **c) Verkäufer** hat **29** BewLast dafür, daß argl Verschweigen od Vorspiegelg für den KaufAbschl bedeutgslos gewesen sei (BGH NJW **81**, 45).

464   **Vorbehalt bei Annahme.**   Nimmt der Käufer eine mangelhafte Sache an, obschon er den Mangel kennt, so stehen ihm die in den §§ 462, 463 bestimmten Ansprüche nur zu, wenn er sich seine Rechte wegen des Mangels bei der Annahme vorbehält.

1) Allgemeines. § 464 schließt sich in Zweck u Inhalt dem § 460 an. **a) Zweck.** Wer bei Lieferg Mangel **1** entdeckt, pflegt ihn zu beanstanden, wenn er ihm wichtig erscheint. Schweigen in solchem Fall ist argl, weil es idR BewSchwierigk od Schädigg des Verk verursacht (ähnl Köhler JZ **89**, 761 [769]). Deshalb verliert der in Kenntn schweige Käufer die Re auf Gewl. **b) Anwendungsbereich.** Grdsätzl wie Vorbem 13–20 vor § 459. Anspr aus §§ 462, 463 analog für pVV u c.i.c. (Vorbem 6, 7 vor § 459). § 464 gilt auch, wenn der **2** Käufer sich in seinen AGB für Einkauf v MängelRügeFr freizeichnet (BGH WM **78**, 1094). § 464 gilt nicht, wenn Käufer den Mangel erst nach Erkennen muß (BGH NJW **58**, 1724). Entspr Anwendg für RMängel ist ausgeschl; es gilt § 439 (MüKo/Westermann 2). Wg der Bezugn auf § 463 gilt § 464 auch bei Argl des Verk, aber nicht, wenn der Anspr auf §§ 823, 826 od §§ 812, 123 gegründet ist (Köhler JZ **89**, 761 [770]). Fallen Kauf u Überg der Sache zeitl zus, wird § 464 dch den weitergehden § 460 überflüss. **c) Mehrheit von** **3** **Sachen.** Ist sie als zugehörd verkauft (vgl § 469 S 2), muß vorbehaltene Ann alle Sachen betreffen, wenn § 464 für alle eingreifen soll; sonst tritt die Wirkg des § 464 nur hins der einz mangelh Teillieferg ein; jedoch kann die vorbehaltlose Ann einz Sachen in Kenntn des Mangels stillschw Verzicht auf Wandelg wg dieses Mangels auch bezgl der übr Sachen enthalten (RGRK/Mezger 1). **d) Voraussetzung** für Erhaltg des **4** GewlAnspr ist im Falle der Kenntn (Rn 5) u Ann der Sache(n) (Rn 6) der Vorbeh (Rn 8). **e) Wirkung:** Verlust des GewlAnspr bei unterbliebenem Vorbeh trotz Kenntn mit Ann der Sache(n). **f) Beweislast:** Verk für Kenntn des Käufers bei Ann der Sache, Käufer für den Vorbeh bei Ann (Baumgärtel 1 mwN).

2) Kenntnis (vgl § 460 Rn 6) muß posit Bewußtsein vom Mangel umfassen, sowie die Erkenntn der **5** Wert- od BrauchbarkMinderg (MüKo/Westermann 4 mwN). Maßgebder Ztpkt ist der der Ann (Rn 6), auch wenn der Vertr noch nicht wirks geworden ist (Köhler JZ **89**, 761 [769]). Späteres Erkennen des Mangels führt zum Verlust des GewlAnspr nur bei Verzicht (vgl MüKo/Westermann 9). Grobfahrl Unkenntn des Mangels u dringender Verdacht reichen nicht aus (allgM). Mängelrüge nach § 377 HGB ist nur erforderl bei zweiseit HandelsGesch. Inwieweit Käufer auch außerh des § 377 HGB zu alsbaldiger Untersuchg der Sache u MängelAnz verpfl ist, beurteilt sich nach § 242 (RG **104**, 96; Lehmann WM **80**, 1162 [1166]). Kenntn des Vertreters bei Ann steht nach § 166 für Kenntn des Käufers gleich (RG **101**, 73).

3) Annahme. a) Begriff ist der gleiche wie in § 363, nicht der des § 433 II: Entggnahme der Sache als **6** eine dem Vertr in der Hauptsache entspr Erf (BGH NJW **58**, 1724). Die Ann kann auf Teile der Lieferg beschr w (RG **54**, 165). Mit Vorbehalten u Mängelrügen ist Ann dchaus vereinb. **b) Einzelheiten:** Bei **7** Grdst enthält sowohl Überg wie Auflassg eine Ann (BGH **50**, 364). Bei der rein behördl Maßn der Eintr ist Vorbeh selten mögl u nie erforderl (RG **134**, 88). Der bloße Einbau der mangelh Sache nach Mängelrüge stellt noch keine Ann dar (Hamm NJW-RR **92**, 1012). Bei Versendgskauf braucht AnnWille nicht ggü Verk erklärt zu werden (RG **64**, 145). Bei Verk eines Warenlagers liegt Ann u Ztpkt für Vorbeh in Abschl der Inventur dch den Käufer.

8 **4) Vorbehalt. a) Begriff.** Der Vorbeh ist eine einseit empfangsbedürft WillErkl, in der der Käufer dem Verk einen bestimmten Mangel bezeichnet u aus der der Verk erkennen kann, daß der Käufer hierfür auf Gewl nicht verzichten will. Ein allg Vorbeh ohne Angabe einzelner Mängel ist unwirks. Eine MängelAnz
9 muß RVorbeh ergeben, wie er für die Anz nach § 478 und § 377 HGB erforderl ist. **b) Form.** Der Vorbeh ist formlos, auch dch schlüss Verhalten mögl. **c) Zeitpunkt.** Der Vorbeh muß zZ der Ann (Rn 6) erkl w. Es genügt sofortiger schriftl Vorbeh nach Erhalt zugesandter Ware. Ein vorangegangener Vorbeh wirkt auch
10 bei Ann fort (RG **58**, 262). **d) Empfänger.** Der Vorbeh muß ggü dem Verk od dessen StellVertr, nicht bloßem Boten od Überbringer erkl w (vgl Staud/Honsell 5).

465 *Vollzug der Wandelung oder Minderung.* **Die Wandelung oder die Minderung ist vollzogen, wenn sich der Verkäufer auf Verlangen des Käufers mit ihr einverstanden erklärt.**

1 **1) Allgemeines. a) Anwendungsbereich:** Unmittelb auf Wandelg u Minderg; entspr auf Nachlieferg (§ 480), sow es sich um das Erlöschen des Käufer zustehden WahlR (§ 462 Rn 3) zw den GewlAnspr handelt, auch für den SchadErsAnspr (§ 463; MüKo/Westermann 1) u die vereinb Nachbesserg u Nachlieferg (BGH NJW **70**, 1502). **b) Abdingbarkeit** ist uneingeschränkt zu bejahen; insb kann nach vollz Wahl
2 ein and GewlAnspr vereinbart w (§ 305). **c) Bedeutung.** Es bestehen versch Auffassgen, die in Bezug auf das Erlöschen des WahlR übereinstimmen, aber das Zustandekommen der Wandelg u Minderg u den Inhalt der Anspr darauf unterschiedl beurt. § 465 gilt aber (abgesehen v WahlR, vgl Rn 1) nicht für Nachlieferg,
3 Nachbesserg u SchadErs. **aa) Vertragstheorie:** (Leonhard: Bes SchuldR S 67 ff; Oertmann 1 d mwN). Der Käufer hat einen (Wandelgs- od Mindergs-)Anspr gg den Verk auf Abschl eines Vertr (übereinstimmde WillErkl), durch den die Wandelg od Minderg vollz w. Erst mit der Einverständn Erkl u dem dadch herbeigeführten Vertr wird der KaufVertr geänd (§ 305) u entstehen die RFolgen des § 467 (Wegfall der noch nicht erf Pfl aus dem KaufVertr od RückgewährAnspr) u des § 472 (Wegfall der ZahlgsPfl od RückgewährAnspr für den herabgesetzten Teil des Kaufpr). Kommt dieser Vertr nicht freiw zustande, kann der Käufer nur auf Einverständn zur verlangten Wandelg od Minderg klagen. Vollz u VertrAbschl treten erst
4 über § 894 ZPO mit Rechtskr ein. Erst dadch veränd sich die Re u Pfl aus dem KaufVertr u entstehen die Anspr auf Rückgewähr. Verj des Anspr aus dem Vertr: 30 Jahre (§ 195); § 477 nur für Anspr auf Abschl des Vertr. Die VertrTheorie wird heute nicht mehr vertreten. **bb) Herstellungstheorie:** (Esser/Weyers § 5 III 1; Soergel/Huber § 462 Rn 44; Jau/Vollkommer § 462 Anm 2 b). Der Käufer hat von vornherein den Anspr auf Herstellg des Zustands, der der Wandelg od Minderg entspr (§ 467 od § 472), näml Rückzahlg des Kaufpr od Befreiung von der ZahlgsPfl (bei Minderg zum entspr Teil). Die Bedeut des § 465 erschöpft sich danach im Verlust des WahlR zw den GewährleistgsAnspr; denn auch die Herstellgstheorie läßt zu, daß der Verk sich freiw mit dem Anspr des Käufers einverst erkl u die Handlg vornimmt, die dieser RLage entspr. Andernf kann aber der Käufer sof u unmittelb auf Rückzahlg des KaufPr klagen u gg eine KaufPrKl
5 Wandelg od Minderg mit der Wirkg geltd machen, daß die KaufPrFdg insoweit erlischt. Verj: § 477. Aus vollz Wandelg od Minderg: wie Rn 3. **cc) Theorie des richterlichen Gestaltungsakts:** (auch modifizierte VertrTheorie; Bötticher: Die Wandlg als Gestaltgsakt, 1938; Larenz § 41 II a). Wandelg u Minderg wird (wie bei der VertrTheorie) dch Vertr vollz, aus dem dann die Anspr auf Herstellg des entspr Zustands erwachsen. Schließt der Verk den Vertr nicht freiw ab, so kann der Käufer sof auf Leistg klagen od die Einwendg (Erlöschen des KaufprAnspr) unmittelb erheben. Das Urt (über die LeistgsKl) wirkt zugleich dahin, daß Wandelg od Minderg dch entspr Umgestaltg des KaufVertr vollz w, auch wenn die Formel ausdrückl nur über die LeistgsKl befindet. Der Vertr w dch das Urt ersetzt, der KaufVertr entspr umgewandelt. Verj wie
6 bei der VertrTheorie (Rn 3). **dd) Gemischte Theorie:** Vom RG begründet, von BGH **29**, 148 übernommen. Stellt auf das prakt Bedürfn ab u gestattet dem Käufer (wie bei der HerstellgsTheorie) sof die Kl auf die dem Wandelgs- u MindergsR entspr RFolgen, hält aber für die freiw vertragl Regelg der KaufVertrPart den Abschl eines Vertr für erforderl u genügd. In der Wirkg entspr sie (in der Praxis allg befolgt) der Theorie des richterl Gestaltgsakts (Rn 5), da auch die Verj bei der VertrTheorie (Rn 3 aE) behandelt w. Da die umständl, zeitraubden, uU 2 aufeinanderfolgende Klagen erfordernden Folgen der VertrTheorie vermieden w, sind trotz dogmat Bedenken (§ 349 in § 467 ausgelassen) die Theorien zu Rn 5 u 6 vorzuziehen.

7 **2) Geltendmachung** v Wandelg od Minderg gibt es als WillErkl, als Klage (Rn 8) u als Einrede (Rn 9). Aufrechng: § 467 Rn 12. **a) Verlangen. aa) Rechtsnatur:** Einseit empfangsbed WillErkl des Käufers (stets an den Verk), die einen VertrAntr enthält, dementspr auch die Erkl des Verk. **bb) Form:** Keine, auch wenn der Kauf formbedürft war (RG **137**, 294). **cc) Inhalt:** Wird wahlw Wandelg od Minderg begehrt, geht WahlR auf Verk über. **dd) Einigung.** Abw v § 151 muß Einverständn des Verk mind stillschw erkl w, damit der Vertr (vgl Rn 3, 6) zustande kommt. Daher besteht bis zur EinverständnErkl keine Bindg des Käufers; er kann sein Verlangen bis zur Ann zurückziehen. In der Rückn der Kaufsache liegt nicht notw das Einverständn des Verk (RG **91**, 110). **ee) Wirkung:** Berecht Wandelgsbegehren setzt den Verk in AnnVerz
8 (§§ 293 ff), wenn er die entspr angebotene Sache nicht zurücknimmt. **b) Klage** (vgl Rn 3–6). Es kann nur entweder Wandelg od Minderg verlangt w, HilfsVerh ist mögl. Einverständn mit Verlust des WahlR kann dch den Verk im Proz erkl w. Sonst besteht das WahlR des Käufers (Rn 2) bis zur rechtskräft Verurt fort. Bis dahin kann v der Wandelg zur Mind (u umgekehrt) übergegangen w, auch nochmals gewechselt (BGH NJW **90**, 2682). Dies ist grdsätzl eine KlageÄnd (§ 263 ZPO; BGH aaO), auch der Übergang zum SchadErs aus § 463 (BGH NJW **90**, 2683). Bei Übgang v Wandelg zu Minderg im Proz können Zinsen ab RHängk
9 verlangt w (Hamm NJW-RR **89**, 1272). **c) Einrede** der Wandelg od Minderg gg den KaufPrAnspr ist insb
10 im Proz u bei Verj des GewlAnspr (§ 478) v Bedeutg. Wirkg auf Verjährg u WahlR: Rn 14. **d) Leistungsort** (§ 269, auch ErfOrt) ist einheitl der Ort, an dem sich die Sache zZ der Wandelg vertrgem befindet (hM).

3) Vollzug setzt einen Vertr der Part od die rechtskräft Verurt voraus (vgl Rn 8), selbstverständl im Verh 11 zw den Part des KaufVertr (vgl Kblz WM **89**, 222). Vollz der Wandelg od Minderg wirkt nur verpflichtd, nicht dingl. **a) Rückgewährschuldverhältnis** (§ 467). Anspr aus § 433 können nicht mehr erhoben w. 12 §§ 325, 326 sind auf die vollz Wandelg od Minderg nicht anwendb, so daß insb ein Rücktr v der Wandelg ausgeschl ist (RG **93**, 49). **b) Umfang der Rechtskraft.** Die Wandelgs- od MindergsEinr äußert Rechtskr- 13 Wirkg nur im Rahmen der streit Anträge. **c) Verjährung.** Aus Rn 13 folgt: Wird Kl auf RestkaufPr wg 14 WandelgsEinr abgewiesen, so kann der Verk ggü zweiter Kl auf Rückgewähr der Anzahlg Verj einwenden (§ 477; hM; Staud/Honsell 15). Klagt Käufer nur einen Teil des RückzahlgsAnspr aus Wandelg ein u verlangt er nach Obsiegen den Rest, kann der Verk die kurze Verjährg einwenden (§ 477; hM, Staud/Honsell 15 mwN). Hat der Käufer die Vollstreckg der RestKaufPreisKl über § 767 ZPO wg Minderg abgewehrt, kann der Verk ggü einer auf Minderg gestützten Kl auf Rückzahlg des geleisteten KaufPrTeils sich auf § 477 berufen (BGH **85**, 367). **d) Wahlrecht** zw den GewlAnspr (Rn 1) wg desselben Mangels 15 erlischt. Das kann nicht mehr einseit rückgäng gemacht od geänd w (BGH **29**, 151). Macht der Käufer Wandelg od Minderg als Einr geltd, verliert er das WahlR keinesfalls vor Abweisg der Kl auf den vollen od einen entspr Teil des KaufPr (vgl Staud/Honsell 24 mwN). Ist KaufPrKl wg WandelgsEinr abgewiesen, so kann Käufer noch zu SchadErs (§ 463) übergehen: **aa)** Wenn nach Lage des Falles Wandelg u SchadErs sich weitgehd decken, insbes weil Rückg der Kaufsache auch bei Wandelg nicht mögl wäre (RG **147**, 390). **bb)** Wenn Überg zur Kl auf SchadErs nicht gg § 242 verstößt (BGH **29**, 148). Danach bleibt idR der Überg v der WandelgsEinr zum großen SchadErs (§ 463 Rn 19) u v der MindergEinr zum kleinen SchadErs (§ 463 Rn 18) mögl (BGH NJW **90**, 2680; Staud/Honsell 25).

466 *Ausschlußfrist für Wandelung.* **Behauptet der Käufer dem Verkäufer gegenüber einen Mangel der Sache, so kann der Verkäufer ihn unter dem Erbieten zur Wandelung und unter Bestimmung einer angemessenen Frist zur Erklärung darüber auffordern, ob er Wandelung verlange. Die Wandelung kann in diesem Falle nur bis zum Ablaufe der Frist verlangt werden.**

1) Allgemeines. a) Zweck. Das WahlR (§ 465 Rn 15) kann dem Verk lästig sein, weil er sich bis zum 1 Ablauf der Fr (§ 477) bei Wandelg auf die Rückn der Sache einrichten muß u das WahlR erst mit Verzicht od rechtskräft Verurteilg erlischt (§ 465 Rn 15). **b) Anwendungsbereich.** Nur für Wandelg, weil bei Minderg 2 der Verk die Sache nicht zurücknehmen muß u anderweit verwerten kann, auch weil bei SchadErs (§ 463) dem Verk der Vorzug des § 466 nicht eingeräumt w soll.

2) Voraussetzungen. a) Behauptung eines Sachmangels (§ 459) dch den Käufer ggü dem Verk. **b) An-** 3 **gebot der Wandelung** dch den Verk als VertrAngebot (vgl § 465 Rn 7) auf vorbehaltlose Rückabwicklg des KaufVertr (§ 465 Rn 12). **c) Fristsetzung.** Sie muß zur Erkl der Wandelg enthalten. Ist 4 die Fr unangemessen kurz, verwandelt sich ihre Dauer v selbst in eine angemessene (BGH WM **53**, 1421).

3) Wirkung. a) Wandelung kann der Käufer nur bis zum Ablauf der Fr verlangen (S 2). Danach bleibt 5 sie nur mit Einverständn des Verk mögl. Hat sich Verk ohne FrSetzg zur Wandelg erboten u lehnt sie der Käufer ab, ist die Wandelg ebenf ausgeschl (Hbg MDR **69**, 923). **b) Beschränkung des Wahlrechts** (§ 465 6 Rn 15) auf Minderg, SchadErs, ggf Nachbesserg u Nachlieferg. Gg den FrAblauf gibt es keine Wiedereinsetzg analog § 233 ZPO; nur Einwand der Argl od unzul RAusübg ist denkbar (RG **166**, 276).

467 *Durchführung der Wandelung.* **Auf die Wandelung finden die für das vertragsmäßige Rücktrittsrecht geltenden Vorschriften der §§ 346 bis 348, 350 bis 354, 356 entsprechende Anwendung; im Falle des § 352 ist jedoch die Wandelung nicht ausgeschlossen, wenn der Mangel sich erst bei der Umgestaltung der Sache gezeigt hat. Der Verkäufer hat dem Käufer auch die Vertragskosten zu ersetzen.**

1) Allgemeines. Die vollzogene Wandelg hat nur schuldrechtl Wirkg u führt zu einem Rückgewähr- 1 SchuldVerh. **a) Bedeutung.** § 467 behandelt Durchf der nach § 465 bindd gewordenen Wandelg. Auf das RückgewährSchuldVerh finden best Vorschr des vertragsm RücktrittR entspr Anwendg. An Stelle des bisher Vertr tritt die Pfl aus § 346, einander die empfangenen Leistgen zurückzugewähren. Damit kann der Verk schon vor Vollz der Wandelg in SchuVerz geraten (Muscheler JuS **94**, 732 mwN; aA Hamm NJW **93**, 1930 u 53. Aufl). **b) Umfang:** Grdsätzl kann sich die Wandelg nur auf den gesamten einheitl KaufVertr u auf den vollen KaufGgst beziehen, nicht auf einz mangelh Bestdteile (BGH NJW **72**, 155; hierzu krit Jakobs JuS **72**, 377). Ausn: bei einheitl KaufVertr über mehrere Sachen gem § 469. Klage des Käufers aus einem Teilbetrag bewirkt Wandelg des gesamten KaufVertr (MüKo/Westermann § 465 Rn 12). **c) Verhält-** 3 **nis zum Rücktritt:** Für Rücktr genügt einseit Erkl (vgl § 349), um die RFolgen auszulösen; die Wandelg erfordert entweder Einverständn des Verk od an dessen Stelle ein Urt (§ 465 Rn 11). Für die entspr Anwendg der §§ 346 ff ist an Stelle der RücktrErkl (§ 349) nicht das (einseit) Wandelgsbegehren, sond das vollz Wandelg (§ 465 Rn 11) zu setzen, insb für den Ztpkt in den Fällen der Rn 7–11. **d) Erfüllungsort** ist 4 einheitl, sowohl für begehrte wie für vollzogene Wandelg der Ort, wo die Sache sich vertrgm befindet (RGRK/Mezger 12 mwN; bestr; aA: §§ 269, 270 für Pfl des Verk LG Krfld MDR **77**, 1018). Daher hat der Käufer idR nur auf seine Kosten u Gefahr an den Verk zu senden (§ 465 Rn 15); er muß aber zB nicht die mangelh Dachziegel auf eigene Kosten abdecken lassen (BGH NJW **83**, 1479). **e) Mehrheit** v Verk od 5 Käufern: Wandelg nur dch alle u gg alle (allgM); and bei Minderg (§ 474 I). Erlöschen des WandelgsR für einen wirkt gg die übr (§ 356), insb wenn einem der Verk ggü verzichtet wird (BGH NJW **89**, 2388). **f) Beweislast.** Es gilt § 282. Daher hat der Käufer in den Fällen der §§ 351, 353 (Rn 7–9, 10) sein Nicht- 6 Versch zu beweisen, insb bei Untergang der Kaufsache (BGH NJW **75**, 44).

7   **2) Ausschluß** der Wandelg kann eintreten dch **a) Untergang** des KaufGgst, aber nur bei Versch (§ 276) des Käufers od ErfGeh (§§ 278, 351), nicht bei Zufall (§ 350); § 323 gilt nicht (Belling/Grimm JuS **95**, 423 mwN). Umstr bei verzehrtem mangelh Essen in der Gaststätte (Jauch JuS **90**, 706 mwN [Schnecke im Salat]). Die Haftg für Versch kann sich wg § 300 auf grobe Fahrlässigk beschr, wenn der Verk dch berecht

8 Wandelgsbegehren in AnnVerzug (§§ 293 ff) gerät (RG **145**, 79 [84]). **b) Wesentliche Verschlechterung** des KaufGgst (§ 351), nur bei Versch (wie Rn 7), wg Zufall vgl § 350 Rn 4. Ob Verschlechterg wesentl ist, stellt Tatfrage des Einzelfalls dar u ist nicht ohne weiteres dch bloßen WeiterVerk und Gebr gegeben.

9 **c) Unmögliche Herausgabe** (§ 351) nur bei Versch (dort Rn 3 u 5), so daß der Käufer, der die mangelh Sache vorsätzl beseit, nicht mehr wandeln kann (U. Huber ZIP **93**, 896). Subj Unvermögen steht der obj Unmöglk gleich (§ 351 Rn 2). **d) Umgestaltung** des KaufGgst (§ 352) dch Verarbeitg od Umbildg (beides wie § 950), sowie untrennb Vermischg (Soergel/Huber 182); auch dch Dr, wenn der Käufer diesen hierzu beauftragt od angewiesen hat. Versch ist bedeutgslos (vgl § 350). Trotz Umgestaltg ist Wandelg zul, wenn

10 der Mangel sich erst dabei zeigt (S 1 Hs 2) od später (Staud/Honsell 9). **e) Veräußerung und Belastung** (§ 353) des KaufGgst für sich allein schließen nur bei Versch u Unmöglk der Herausg (vgl §§ 350, 351) die Wandelg aus. Fehlt ein Versch bzgl des Käufers, so ist die Wandelg auch ausgeschl, wenn bei dem Dr, an den veräußert od für den belastet ist, die Voraussetzgen der §§ 351, 352 (einschl Versch) erf sind. Auch da gilt dann S 1 Hs 2, weil § 353 auch auf § 352 verweist. § 353 geht davon aus, daß dem bei § 350 schuldlosen

11 Käufer der Rückerwerb der mangelh Sache v Dr grdsätzl mögl ist. **f) Verwirkung** des WandelgsAnspr ist mögl (vgl § 242 Rn 92), dabei auf die Umstde des Einzelfalls abzustellen (vgl BGH NJW **84**, 1525 mwN). Es ist Zurückhaltg angebracht, soweit die Anwendg der §§ 350–353 in Frage steht, wobei auch der ZtAblauf zw Ann u Geltdmachg des GewlAnspr bedeuts ist (vgl RG **104**, 96). Die übl Benutzg bis zum Wandelgsbegehren, selbst wenn sie zu Abnutzg führt, begründet idR keine Verwirkg insb nicht bei einem Kfz (BGH **115**, 47 mwN), gleich nach dem Wandelgsbegehren, wenn der zu versteigd GebrVorteil auch im Interesse des Verk liegen kann (vgl BGH NJW **58**, 1773), wohl aber, wenn dch Verhandlg über SachmängelGewl der Käufer den Verk zu erhebl Aufwendgen veranlaßt u der Käufer danach wg and Mängel Wandelg fordert (ähnl Köln MDR **73**, 314) od dch unangemessene Weiterbenutzg eines Kfz (Ffm NJW-RR **94**, 120).

12   **3) Durchführung.** Verk u Käufer haben sich grdsätzl so zu stellen, als ob der Kauf nicht geschl worden wäre. Rückgewähr Zug um Zug (§ 348), bei Verändergen (insb Verschlechterg, Verwendgen, Nutzgen) im Umfang die § 347. Aufrechng ist nach der VertrTheorie jedenf außerh des Proz ausgeschl (Thielmann VersR **70**, 1069), nach den and Theorien (§ 465 Rn 2–6) zuläss (BGH WM **83**, 1391).

13   **a) Pflichten des Käufers. aa) Rückgabe** der empfangenen Sache frei v Belastgen, die seit Empfang begründet w (§ 346), u zwar in der für Übertragg jeweils vorgeschriebenen Form. **bb) Nutzungen.** Herausg der gezogenen u Ers für nicht gezogene richtet sich nach § 347 S 2 (vgl dort Rn 8), Verzinsg einer Geldsumme nach § 347 S 3 (dort Rn 10). Für den Wert der Nutzgen ist nicht vom übl od fiktiven MietZ auszugehen, sond v der geschätzten WertMinderg, wobei v BruttoKaufPr ausgegangen w kann (BGH NJW **91**, 2484), wenn die Nutzg beeinträcht war, vom mangelbedingten Minderwert (Köln OLGZ **93**, 332).

14 **cc) Schadensersatz** wg schuldh Verschlechterg od Untergang der Sache od Unmöglichk der Herausg nach Erhebg des Wandelgsbegehrens (§§ 347, 989). Es ist umstr, ob die strenge Haftg, die den Besitzer erst mit RHängigk trifft, für den Käufer schon seit Empfang der Leistg besteht (vgl Staud/Honsell 16 mwN). Vertretb ist, die strengere Haftg erst beginnen zu lassen, sobald der Käufer Kenntn von den WandlgsVor-

15 aussetzgen erlangt (vgl § 347 Rn 8). **dd) Verzugsfolgen:** Kommt der Käufer mit Rückgewähr der Sache od sonst Verpfl aus Wandelg in Verz, so kann ihm Verk nach § 354 Fr mit Ablehngsandrohg setzen. Mit fruchtl FrAblauf wird Wandelg unwirks u Käufer verliert GewlAnspr. Daneben bleibt der Weg des § 283.

16   **b) Pflichten des Verkäufers. aa) Rückzahlung** des empfangenen KaufPr, bei verändertem ListenPr nicht der neue (aA falsch gefaßter Leitsatz zu Karlsr NJW **71**, 1809). 4%, bei zweiseit HandelsGesch 5% Zinsen seit Empfang (§ 347 S 3, 246; § 352 HGB). Ist ein Ggst (insb eine gebrauchte Sache) in Zahlg gegeben, ist dieser, nicht sein Wert in Geld, zurückzugeben (BGH NJW **84**, 429; MüKo/Janßen § 346 Rn 11; bestr). Anders bei Doppelkauf u ähnl VertrGestaltgen, insb Inzahlnahme eines gebrauchten Kfz, vgl § 515

17 Rn 2–5. **bb) Verwendungsersatz:** Nur notw Verwendgen auf die Kaufsache sind zu ersetzen (§§ 347, 994 II). Verwendgen sind nur solche Aufwendgen, die der Erhaltg, Wiederherstellg od Verbesserg der Sache dienen (BGH **87**, 104 [106]), nicht die der Finanzierg (Rn 18). Das Erlöschen dieser Ansprüche richtet sich

18 nach § 1002 (BGH **87**, 104). **cc) Vertragskosten** (S 2) nach §§ 448, 449; Telegrammkosten; Maklergebühren; Kosten der erforderl MängelAnz; Fracht, Zölle, auch Einbau-, Montage-, Untersuchgs- u TranspKosten des Käufers (hM; BGH **87**, 104; Staud/Honsell 24); beim StreckenGesch (12 vor § 433) nur jeder für seinen Vertr (Escher-Weingart NJW **91**, 967). Nicht: die RA-Kosten, auch nicht bei schwieriger RLage (Soergel/Huber 113), die Kosten der WandelgsErkl als solche (LG Gießen NJW-RR **92**, 504), die Gutachterkosten zur Feststellg des Mangels (Kblz NJW-RR **89**, 337) u die FinanziergsKosten (LG Bonn NJW-RR **93**,

19 1269). S 2 gilt nicht bei Rücktr gem §§ 440 I, 326 I (hM; BGH NJW **85**, 2697). **dd) Rücknahmepflicht.** Verk muß auch ohne bes Interesse des Käufers Sache zurücknehmen (Staud/Honsell 25); insow § 433 II entspr.

468   *Zusicherung der Grundstücksgröße.*   **Sichert der Verkäufer eines Grundstücks dem Käufer eine bestimmte Größe des Grundstücks zu, so haftet er für die Größe wie für eine zugesicherte Eigenschaft. Der Käufer kann jedoch wegen Mangels der zugesicherten Größe Wandelung nur verlangen, wenn der Mangel so erheblich ist, daß die Erfüllung des Vertrags für den Käufer kein Interesse hat.**

1   **1) Allgemeines.** GrdstGröße ist Mengen- nicht EigenschAngabe. **a) Anwendbar:** als AusnVorschr nur bei Grdst u Teilen v solchen, nicht auf Wohnfläche (BGH NJW **91**, 912) u nicht bei bewegl Sachen, GrdstR u GrdstBestandT. **b) Voraussetzungen:** Der Zusicherg (§ 459 Rn 15) steht wg § 463 das argl Vorspiegeln einer best GrdstGröße gleich (RG **66**, 338); Größenangabe muß wie bei § 459 Rn 15 v der Zusicherg u v

Vertr umfaßt sein. § 468 gibt keine Vermutg (Soergel/Huber 1). Soll das Grdst erst aus einem größeren herausgemessen w, genügt für die Zusicherg die ungefähre Angabe der qm-Zahl dch „ca" (BGH WM **78**, 1291). **c) Wirkung:** Bei Zusicherg wird Größe wie Eigensch (§ 459 Rn 20) behandelt. S 2 schränkt nur das **2** R auf Wandelg ein; Gewl nach §§ 462, 463 bleibt mögl (hM; BGH **96**, 283); nur Wandelg nach S 2 (Rn 4) ist eingeschr. §§ 460, 464, 477–479 gelten. In einer (nicht zugesicherten) Mindergröße kann auch ein Fehler (§ 459 I) liegen (KG MDR **89**, 353). **d) Anfechtung** wg Irrt ist wie bei Vorbem 9 vor § 459 ausgeschl. **3**

2) Wandelungsanspruch ist nach Maßg des S 2 beschr, nicht aber der SchadErsAnspr aus § 463 (BGH **4** **96**, 283). Dies gilt jedoch nur für den Fall, daß die zugesicherte GrdstGröße fehlt. Setzt (üb § 459 hinaus) die Erheblk dieses Mangels voraus (mehr als der Maßstab des § 459 I 2), nicht Minderg des Wertes od der Tauglk. Es kommt auf den Einzelfall an. BewLast für Erheblk u ErfInteresse trägt der Käufer.

469 *Wandelung bei Verkauf mehrerer Sachen.* **Sind von mehreren verkauften Sachen nur einzelne mangelhaft, so kann nur in Ansehung dieser Wandelung verlangt werden, auch wenn ein Gesamtpreis für alle Sachen festgesetzt ist. Sind jedoch die Sachen als zusammengehörend verkauft, so kann jeder Teil verlangen, daß die Wandelung auf alle Sachen erstreckt wird, wenn die mangelhaften Sachen nicht ohne Nachteil für ihn von den übrigen getrennt werden können.**

1) Grundsatz der Einzelwandelg (S 1). Bei einheitl Kauf mehrerer Sachen, auch wenn ein GesamtPr **1** vereinb ist, kann Wandelg nur für die mangelh Sachen verlangt w. In diesem Fall w der GesamtPr nach § 471 herabgesetzt. Die Wandelg wird dadch ausgeschl, daß mangelfreie Sachen weiterveräußert od aus und Grden nicht herausgegeben w können (vgl §§ 350–354), auch wenn der Rest der Sachen, für die gewandelt w kann, für den Verk dadch geringeren Wert hat (Ausn S 2). S 1 ist nicht anwendb auf Minderg od bei mangelh BestandT einer einheitl Sache (Rohlff zu BGH NJW **72**, 575; § 467 Rn 2), zB bei einem teilw defektem PC (Mü CR **92**, 469). Nebensachen: § 470. Teilw NichtErf liegt vor, wenn nicht alle als zusgehörd verkaufte Sachen übeignet u übgeben w (§ 433 Rn 2).

2) Gesamtwandelung (S 2) ist die Ausn von S 1. **a) Anwendungsbereich:** Kauf mehrerer Sachen (wie **2** Rn 1), auch wenn mehrere, äußerl selbstd VertrAbschl vorliegen, die ein einheitl RGesch bilden (Wallerath MDR **70**, 636). Gilt auch, wenn für einen Teil der Sachen die Mängelrüge nach § 377 HGB versäumt ist (RG **138**, 331). Entspr anwendb auf SchadErsAnspr aus §§ 463, 480 II, wenn ein Teil der gekauften Sachen dem Verk zur Vfg gestellt w (RG aaO). Nicht anwendb, wenn ein einheitl Sache mangelh sind (BGH **102**, 135 = JZ **88**, 460 m Anm v Junker); bei Minderg; bei SukzessivliefergsVertr in Bezug auf künft Liefergn, weil hierfür selbstd RücktrR besteht (RG **57**, 115). **b) Voraussetzungen: aa)** Als zusgehörd **3** verkauft: ist nach den Vorstellgn, Abs u Interessen der VertrPart zu beurt; idR zu bejahen, wenn die Part beabsicht, den Kauf nur in der dch gemschaftl Zweck der Sachen hergestellten Verbindg abzuschließen, so daß die Sachen dazu best erscheinen (jedenf bis zur Erf eines best Zwecks) zuzubleiben, zB Hard- u Software bei EDV (BGH **102**, 135 u NJW-RR **89**, 559; Hamm MDR **95**, 245; LG Aach NJW-RR **95**, 49; krit Mehrings NJW **88**, 2438), insb Individualsoftware (Köln NJW-RR **93**, 566) od wenn zwecks umfassder EDV-Lösg zus gekauft (Köln NJW-RR **93**, 1140); aber nicht bei Standardsoftware, wenn Hardware geleast u Software gekauft ist (Köln NJW-RR **91**, 1463); ein aus Serienteilen zusgesetzter PC (Mü NJW-RR **92**, 1269); mehrbänd Werk (Stgt NJW-RR **92**, 888); Tafelgeschirr; Zimmereinrichtg, HandelsGesch mit Grdst, GeschGebäude u -einrichtg, Maschinen für einheitl Fabrikationsanlage; zum WiederVerk best Waren derselben Art, wie der von einem Großhändler gekaufte Inhalt eines Waggons mit Obst. Umstr ist, ob das gemeins bestellte Essen mehrerer Pers in Gaststätte zugehörd verkauft u ohne NachT (Rn 4) zu trennen ist (vgl Jauch JuS **90**, 706 mwN [Schnecke im Salat]). **bb)** Trenng ohne NachT unmögl: u zwar für die **4** VertrPart, die die Gesamtwandelg verlangt. NachT (zB EDV-Drucker u zugehör Papier, Hamm CR **89**, 490), ist weit auszulegen, damit die unwirtsch, wertmindernde Zerteilg von Sachgesamth verhindert w, insb gegeben, wenn die Sachen einzeln erhebl weniger brauchb sind, wenn der Käufer den restl Teil nicht gebrauchen, der Verk den gewandelten Teil allein nicht verkaufen kann, wenn passde ErsStücke nicht od nur schwer zu beschaffen sind, wenn Trenng nur dch kostenaufwendiges Aussortieren mögl ist. Zu verneinen, wenn die fehlerfreie StandSoftware mit and Hardware benutzt w kann (Kblz NJW-RR **94**, 1206). **c) Wirkung:** Jede VertrPart kann verlangen, daß die Wandelg auch auf alle, also auch die mangelfreien **5** Sachen erstreckt w, aber nur auf alle, nicht auf einen Teil des Rests. Es kann also auch der Verk Wandelg verlangen, wenn vorher der Käufer für einen Teil Wandelg begehrt hat. Durchführg: §§ 465, 467. **d) Be- 6 weislast** für Zusgehörk u NachT trägt der, der GesamtWandelg verlangt.

470 *Erstreckung der Wandelung auf Nebensache.* **Die Wandelung wegen eines Mangels der Hauptsache erstreckt sich auch auf die Nebensache. Ist die Nebensache mangelhaft, so kann nur in Ansehung dieser Wandelung verlangt werden.**

Allgemeines. § 470 ist Ausnahmeregel v § 469 S 2. **Haupt- und Nebensache.** Diese Beziehg besteht **1** zw 2 Sachen, wenn die eine KaufS (NebenS) v der and (HauptS) so abhängt, daß sie ohne die HauptS nicht gekauft worden wäre (MüKo/Westermann 2). Dies wird nach Parteiwillen v VertrZweck beurteilt. Zubehör (§ 97) ist idR NebenS. **Wesen:** AuslegsRegel; daher abdingb. **Wirkung.** Liegen eine HauptS u eine od **2** mehrere NebenS vor, so umfaßt krG od ergänzten Parteiwillens die Wandelg wg eines Mangels der HauptS ohne weiteres die NebenS (S 1). Nicht kann wg eines Mangels der NebenS hinsichtl der HauptS gewandelt w (S 2). **Beweislast** hat, wer sich auf das Verh von Haupt- u NebenS beruft. **3**

471 *Wandelung bei Gesamtpreis.* **Findet im Falle des Verkaufs mehrerer Sachen für einen Gesamtpreis die Wandelung nur in Ansehung einzelner Sachen statt, so ist der**

Gesamtpreis in dem Verhältnisse herabzusetzen, in welchem zur Zeit des Verkaufs der Gesamtwert der Sachen in mangelfreiem Zustande zu dem Werte der von der Wandelung nicht betroffenen Sachen gestanden haben würde.

1   **1) Allgemeines.** § 471 ist abdingb. **a) Anwendbar,** wenn ein GesPr im Falle der §§ 469 S 1, 470 S 2 vereinb ist. **b) Zweck:** wie bei Minderg gem § 472 Rn 1. **c) Kaufpreis** (§ 433 II) umfaßt auch Sachleistgen gem § 473 u Dienste, die als Entgelt geleistet w. Sie sind nach § 473 zu behandeln.

2   **2) Errechnung.** Für die Wertermittlg ist maßgebder Ztpkt der des Verkaufs. Im Regelfall ist der Pr u der Wert der verkauften Sachen ident. Dann ist zu berechnen wie bei § 472 Rn 7. Trifft dies nicht zu, ist folgde Rechng aufzumachen: GesWert der Sachen, wenn alle mangelfrei gewesen wären, ist 6000 DM = a. GesWert der von Wandelg unberührten Sachen ist 4000 DM = b. Vertragl GesPr ist 4500 DM = c. Herabgesetzter Pr (Ergebn) ist 3000 DM. Es ist nämlich a mit b zu dividieren u dieser Betrag mit c zu multiplizieren. Im Ergebn ist somit der GesPr um 1500 DM herabgesetzt. Entspricht der Wert dem vereinb KaufPr, wird einfach subtrahiert (Staud/Honsell 2).

472 *Berechnung der Minderung.* [I] **Bei der Minderung ist der Kaufpreis in dem Verhältnisse herabzusetzen, in welchem zur Zeit des Verkaufs der Wert der Sache in mangelfreiem Zustande zu dem wirklichen Werte gestanden haben würde.**

[II] **Findet im Falle des Verkaufs mehrerer Sachen für einen Gesamtpreis die Minderung nur wegen einzelner Sachen statt, so ist bei der Herabsetzung des Preises der Gesamtwert aller Sachen zugrunde zu legen.**

1   **1) Allgemeines. a) Begriff** der Minderg: Herabsetzg des KaufPr, legal definiert in § 462 (dort Rn 13). **b) Zweck:** Minderg dient als ein bes RBehelf dazu, bei FortBestd des KaufVertr die dch eine mangelh

2   Kaufsache hervorgerufene Störg des AequivalenzVerh zwischen vereinb Pr u Wert der Kaufs zu beseit (Jauernig/Vollkommer 1 c, bb). **c) Anwendungsbereich:** Direkt bei Sachkauf (Mangel, § 459); entspr bei § 323 I u II (daher beim RMangel, § 440 I u beim Kauf v Rechten; §§ 440, 441 Rn 2); § 515, § 537 I S 1, § 634 IV; § 651 d I. **d) Wirkung der Minderung.** Sie läßt (and die Wandelg, § 462) den KaufVertr bestehen u

3   setzt (bei Vollzug, § 465) ledigl den KaufPr herab. **e) Verhältnis zu anderen Gewährleistungsansprüchen:** Minderg u SchadErs (§ 463) schließen sich ggseit aus (§ 463 Rn 4). Das WahlR zw Wandelg, Minderg u SchadErs erlischt grdsätzl mit Vollzug gem § 465 (dort Rn 15), RKraft des Urt auf SchadErsAnspr od

4   Einverständn des Verk mit dem SchadErsAnspr (§ 465 Rn 1). **f) Abdingbarkeit.** Die Zulässigk v Vereinbg üb die Dchführg der Minderg ist grdsätzl zu bejahen. **g) Erfüllungsort** ist gem § 269 der (Wohn)Sitz des Verk (§ 269 Rn 15; bestr). Bes Gerichtsstand ist dann § 29 ZPO.

5   **2) Durchführung. a) Voraussetzungen: aa)** Bestehen des KaufVertr. **bb)** Anspr aus § 462 wg Sachmangels (od entspr im AnwendgsBer; Rn 2). **cc)** Kein Verlust des WahlR (Rn 2). **b) Art:** Der Anspr auf Minderg wird geltd gemacht dch WillErkl, Klage auf Herabsetzg des KaufPr (§ 465 Rn 8) od als Einrede gg die Klage des Verk (vgl § 478). **c) Umfang:** Berechng gem Rn 7–10. Keine Schätzg nach § 287 I ZPO.

6   § 287 II ZPO ist anwendb. **d) Teilweise gezahlter Kaufpreis:** Die Minderg trifft nach hM den gezahlten u offenen KaufPrT gleich- u verhältnismäß, auch bei Stundg. Besser erscheint es, dem Käufer die Verteilg zu überlassen (MüKo/Westermann 11 mwN). **e) Teilweise Abtretung** der KaufPrFdg: Der Käufer kann ggü jeder TFdg nur anteil Minderg verlangen (Staud/Honsell 11; BGH **56**, 312 für Werklohn).

7   **3) Berechnung. a) Grundregel.** Es soll die Eigenart der vertr KaufPrBildg erhalten bleiben nach der sog relativen Methode zur Feststellg des geminderten (geschuldeten) KaufPr: Er verhält sich zum vereinb Pr wie der wirkl Wert der Sache zum Sollwert. Bsp: KaufPr 1000 DM – Wert einer beim Kauf mangelfreien Sache

8   1200 DM – der mangelh Sache 600 DM – MindergsBetr = 500 DM. **b) Maßgebender Zeitpunkt:** der des VertrAbschl. Spätere Wert-Verändergen od -erhöhgen bleiben außer Betr. **c) Wert:** Es gibt 3 Ansichten (hierzu krit Peters BB **83**, 1951): **(1)** Die Praxis richtet sich idR nach dem vereinb Pr, ausgehd davon, daß dieser idR dem obj Wert der Sache entspr u die RepKosten für Herstellg mangelfr Sache als Minderg abgezogen w (vielfach sehr bedenkl.). **(2)** Objektiver Wert der Sache (Staud/Honsell 4 mwN). **(3)** Wahrer Wert der Sache: das ist der Käufer nach Abzug des Werts den Mängel verbleibt (Peters aaO).

9   **d) Wirkung:** Es entfällt der letzte Teil der KaufPrFdg, weil sie herabgesetzt w. Daher ist bei einer TKlage des Verk entscheidd, inwieweit nach der Minderg noch eine Fdg in Höhe der Klage übrigbleibt (BGH **56**, 312). Ist die Sache inf des Mangels wertlos, wird der KaufPr auf 0 herabgesetzt, jedoch muß der Käufer die

10   Sache dem Verk zurückgeben (Staud/Honsell 8 mwN). **e) Beweislast** für Verkauf über dem obj VerkWert trägt der Verk, für Vereinbg eines niedrigeren Pr unter dem obj VerkWert trägt der Käufer.

11   **4) Mehrere Sachen** (Abs II). Vgl § 471. Nur bei Verk gg GesamtPr, aber auch, wenn als zugehörd gg getrennte Preise verkauft ist (allgM), weil sonst der Käufer immer zur Wandelg gezwungen wäre. Die eine Sache muß dch die Mangelhaftigk der and entwertet sein (BGH NJW **89**, 2388). Berechng wie Rn 7, 8; anstelle des Pr tritt der GesamtPr, anstelle des Wertes der Gesamtwert der mehreren Sachen.

473 *Sachleistungen als Kaufpreis.* **Sind neben dem in Geld festgesetzten Kaufpreise Leistungen bedungen, die nicht vertretbare Sachen zum Gegenstande haben, so sind diese Leistungen in den Fällen der §§ 471, 472 nach dem Werte zur Zeit des Verkaufs in Geld zu veranschlagen. Die Herabsetzung der Gegenleistung des Käufers erfolgt an dem in Geld festgesetzten Preise; ist dieser geringer als der abzusetzende Betrag, so hat der Verkäufer den überschießenden Betrag dem Käufer zu vergüten.**

Anwendbar bei Wandelg einzelner von mehreren verk Sachen (§ 471) u Minderg (§ 472). Für Wandelg 1
bei Einzelkauf gelten §§ 467, 346. Nicht vertretb Sache: andere als § 91. **Errechnung:** Es werden die nicht 2
vertretb Leistgen dem KaufPr zugerechnet u dann VerhältnRechng nach § 471 od § 472 aufgestellt; der
errechnete wg Gewl geminderte Preis ist v GesamtPr, wie nach § 473 berechnet, zu kürzen. Der Untersch
ergibt den Betr, um den der bar vereinb KaufprT zu mindern ist. Der Verk muß zuzahlen, wenn der bar
vereinb KaufPr geringer ist als diese Minderg (RG **72**, 299). **Tausch:** Es ist statt KaufPr der Wert derj Sache 3
zu setzen, die MindergsBerecht seiners schuldet, dann nach § 472 zu verfahren (RGRK/Mezger 2).

474 **Mehrere Vertragsbeteiligte.** ¹Sind auf der einen oder der anderen Seite mehrere
beteiligt, so kann von jedem und gegen jeden Minderung verlangt werden.
ᴵᴵMit der Vollziehung der von einem der Käufer verlangten Minderung ist die Wandelung
ausgeschlossen.

Minderung. Für diese gilt Abs I. Für Wandelung gilt das EinhPrinzip (§ 467 Rn 3). **Beteiligte:** nur 1
solche Pers, die dem VertrInh zufolge Verk od Käufer sind, gleich ob TeilSchu u -Gl, GesamtSchu u -Gl
(§§ 420–432). Bei einer Gesamthand als Käufer ist § 474 unanwendb (Staud/Honsell 1), wohl aber, wenn
eine Mehrh v Käufer von einer Gesamthand gekauft hat. **Entstehung** der Mehrh ist gleichgült: direkt dch 2
Vertr, VertrÄnd (§ 305), Erbfolge, TeilAbtretg. **Wirkung.** Jeder Käufer kann von jedem Verk unabhäng v 3
anderen Minderg verlangen. Für das InnenVerh gelten die §§ 420–432. Ob bei Mehrh v Verk jeder von
ihnen unabhäng v and zum Einverständn (§ 465) berecht ist, hängt vom InnenVerh auf der VerkSeite ab. Im
Zweifel ist es zu bejahen. Bei Argl nur eines v mehreren Verk besteht der Anspr aus § 463 nur gg den betrüg
Verk, der MindergsAnspr aber nur, wenn ein Fehler vorliegt (RGRK/Mezger; Staud/Honsell 2). **Abding-** 4
barkeit ist für Abs I zu bejahen, zB, daß die Minderg nur gemeins verlangt w kann od die vollzogene
Minderg einzelner VertrPart die Wandelg dch andere nicht ausschließt. **Ausschluß der Wandelung** (Abs II) 5
ist notw wg ihrer Unteilbark. Er tritt erst mit Vollz der Minderg ein (§ 465).

475 **Mehrmalige Gewährleistung.** Durch die wegen eines Mangels erfolgte Minderung
wird das Recht des Käufers, wegen eines anderen Mangels Wandelung oder von neuem
Minderung zu verlangen, nicht ausgeschlossen.

1) Allgemeines. a) Anwendbar. In allen Fällen bewirkter Minderg (§§ 472–474). **b) Zweck.** Das 1
WahlR für eine zweite GewLeistg (§ 462 Rn 3) soll erhalten bleiben, weil sich die GewLeistg stets auf den
einz Mangel bezieht. **c) Voraussetzung.** DchFührg einer Minderg (Rn 1) wg eines Mangels, der zum 2
damal Ztpkt noch nicht entdeckt war; denn in diesem Falle wird idR die GewLeistg für den nicht geltd
gemachten Mangel verwirkt sein (§ 242 Rn 87).

2) Berechnung der zweiten Minderg. AusgangsPkt ist der bereits geminderte KaufPr. Es ist im Verh des 3
Sollwerts (Wert der mit dem ersten Fehler behafteten Sache) zum Istwert (wirkl Wert der Sache mit den
mehreren Fehlern) herabzusetzen (hM; Staud/Honsell 2).

476 **Vertraglicher Gewährleistungsausschluß.** Eine Vereinbarung, durch welche die
Verpflichtung des Verkäufers zur Gewährleistung wegen Mängel der Sache erlassen oder
beschränkt wird, ist nichtig, wenn der Verkäufer den Mangel arglistig verschweigt.

1) Allgemeines. Zur Zulässigk vertragl Abreden üb Ausschl od Beschränkg der Haftg für Sachmängel: 1
Vorbem 21–31 vor § 459; für RMängel: § 434. **a) Zeitpunkt für Argl:** regelm bei VertrAbschl, bei Gattgs-
Kauf auch der GefÜbergang (§§ 446, 447; Soergel/Huber 40). Für Verz auf Gewährleistg nach GefÜber-
gang gilt § 476 nicht; insb nicht für einen nachträgl GewlAusschl auch argl verschwiegener Mängel, die dem
Käufer dabei bekannt waren. War der Mangel dem Käufer unbekannt, gilt § 476 immer. **b) Form:** aus- 2
drückl od stillschweigd; üi wie der KaufVertr (wichtig bei § 313). Der HaftgsAusschl kann sich aus VerkSit-
te (§ 157) od Handelsbrauch (§ 346 HGB) ergeben. **c) Umfang:** Der HaftgsAusschl erstreckt sich nicht auf 3
eine im selben Vertr gewährte Zusicherg (Staud/Honsell 12; umstr). Erstreckg auf NebenPfl, die nicht
Sachmängel betr (§ 433 Rn 16), muß unmißverständl vereinb sein. Ob sich der HaftgsAusschl auch auf pVV
erstreckt, ist AuslegsFrage (Staud/Honsell 13 mwN). **d) Beweislast** für Vereinbg u Voraussetzgen trägt 4
der Verk (Ffm MDR **80**, 140). **e) Verhältnis** zu AGBG. Weitergehd unwirks ist der vertragl GewlAusschl
im GeltgsBereich des AGBG dch dessen § 11 Nr 10, 11.

2) Einzelheiten. Klauseln sind idR auslegsfäh u -bedürft (§§ 133, 157). **a) Arbitrage.** Käufer kann nur 5
Minderg verlangen; wg Höhe soll Schiedsgutachten verbindl sein (RG **73**, 257; vgl hierzu § 317 Rn 4); hingg
ist „Hamburger Arbitrage" od „Hamburger freundschaftl Arbitrage" SchiedsVertr (vgl § 317 Rn 9), beschr
daher Nachprüfg nicht auf Qualitätsmängel (BGH BB **60**, 679). **b) Sache wie sie steht und liegt:** Ausschl 6
jeder Gewährleistg auch für verborgene Fehler, selbst wenn hinzugefügt w, daß der Käufer besicht hat
(Staud/Honsell 5 aE mwN). **c) Tel quel:** Verk kann die geringwertigste Qualität der vereinb Gattg (aber
auch nur dieser) liefern (BGH BB **54**, 116). **d) Wie besichtigt:** nur solche Mängel sind v Gewährleistg 7
ausgeschl, die bei ordngem Besichtigg ohne Zuziehg v Sachverst wahrnehmb waren (Staud/Honsell 5).
Dazu gehört zB die Untersuchg eines 10 Jahre alten Kfz auf Rost- und Schadstellen auch an der Unterseite
(Köln NJW-RR **92**, 49). **e) In Bausch und Bogen** (Briefmarkensammlg, vgl Stgt NJW **69**, 610 u 1118): idR
stillschw Ausschl der Gewl. **f) Grundstückskauf:** Die Klauseln sind hier eher eng auszulegen. Bsp: Zustd, 8
wie es sich zZ befindet, ist kein Gewl-Ausschl (Staud/Honsell 6). Bei neuen od zu errichtden Gebden kann
nicht die gesamte Gewl formularmäß ausgeschl w (BGH **62**, 251), dch IndividualVereinb nur bei vorher

Erörterg (BGH **74**, 204). Bei Altbauten gilt dies nicht (BGH NJW **86**, 2824; Vorbem 27 vor § 459). Bei Ausschl jeder Gewl, kann sich der Käufer auch nicht dann auf den Mangel der Bebaubk berufen, wenn sie vertr vorausgesetzt war (BGH WM **69**, 273).

9   **3) Nichtigkeit** des HaftgsAusschl. Unwirks ist nur der HaftgsAusschl, nicht der ganze Vertr. § 139 ist unanwendb. **a) Mehrere Mängel:** Ist davon ein Teil dem Verk unbekannt, so ist der HaftgsAusschl nur hinsichtl der ihm bekannten Mängel nichtig (RG **62**, 125); jedoch ist der ganze Vertr nach § 123 anfechtb.

10   **b) Mehrheit von Vertragsparteien:** Argl bei einem genügt (Staud/Honsell 9). **c) Arglist:** wie § 463 Rn 11; daher genügt grobe Fahrlk nicht (BGH NJW **77**, 1055). Es genügt aber, daß der Verk mit dem Fehler rechnet, zB der Gebrauchtwagenhändler aGrd seiner Erfahrung im konkreten Fall mit starker DchRostg (BGH NJW **79**, 1707) od wenn er ohne tats Grdlage („ins Blaue hinein") eine obj unricht Erkl üb den Zustd des Kfz („nur kleine Blechschäden") abgibt (BGH NJW **81**, 1441); nicht jedoch, wenn er auf Frage wahrhgem erkl, er wisse nichts v einem Unfall, nachdem er die Untersuchg des verk (Unfall)Kfz unterl hatte

11   (BGH NJW **81**, 928). Auch Ausschl der Haftg für Argl ist nichtig. **d) Verschweigen** von Mängeln (§ 459). Dem steht gleich (vgl § 463 Rn 12, 13): Vorspiegeln v Eigensch (auch dch Zusicherg, BGH NJW **68**, 1622) od der Abwesenh v Fehlern (RG **83**, 242): zB wenn der Autohändler argl verschweigt, daß das Kfz mit einem nicht typengerechtem Motor ausgerüstet ist (BGH NJW **83**, 1424). Es muß eine AufklärgsPfl des Verk bestehen, die ihrerseits Kenntn des Mangels od Kennenmüssen inf eigener UntersuchgsPfl voraussetzt (BGH NJW **79**, 1707). Sie besteht (ohne Frage des Käufers) nicht darüber, daß ein Sachverst einen dem Käufer offenbarten Schad als wirtsch Totalschad eingestuft hat (Düss NJW-RR **91**, 1402).

476a   *Aufwendungen bei Nachbesserung.* **Ist an Stelle des Rechts des Käufers auf Wandelung oder Minderung ein Recht auf Nachbesserung vereinbart, so hat der zur Nachbesserung verpflichtete Verkäufer auch die zum Zwecke der Nachbesserung erforderlichen Aufwendungen, insbesondere Transport-, Wege-, Arbeits- und Materialkosten, zu tragen. Dies gilt nicht, soweit die Aufwendungen sich erhöhen, weil die gekaufte Sache nach der Lieferung an einen anderen Ort als den Wohnsitz oder die gewerbliche Niederlassung des Empfängers verbracht worden ist, es sei denn, das Verbringen entspricht dem bestimmungsgemäßen Gebrauch der Sache.**

1   **1) Allgemeines. a) Zweck:** Der häuf als einz GewlAnspr vereinb NachbessergsAnspr wird bes dch AGB in der Weise beschr, daß der Käufer einen Teil der damit verbundenen Kosten zu tragen hat. Volle

2   KostenPfl des Verk wird für den Kauf in Angleich an den WerkVertr (§ 633 II S 1 u 2) dch § 476a als ges Regelg eingeführt. **b) Anwendungsbereich:** Gilt für alle KaufVertr, auch wenn sie nicht unter den Geltgs-

3   Ber des AGBG fallen. **c) Abdingbarkeit. aa)** Uneingeschr gegeben, wenn AGB bei VertrAbschl nicht verwendet od nicht wirks zugrdegelegt w (Staud/Honsell 1). Grenze: §§ 138, 242 u wenn dch IndividualAbrede vereinb. **bb)** Zwingd bei Verwendg v AGB beim Kauf neu hergestellter Sachen ggü Pers, die den KaufVertr nicht als Kaufmann für den Betr ihres HandelsGew abschl (§ 24 Nr 1 AGBG) u die nicht jur Pers des öffR od ein öff-rechtl SoVerm darstellen (§ 24 Nr 2 AGBG); das folgt aus §§ 1, 11 Nr 10c AGBG. **cc)** Für KaufVertr, die unter AGB mit Kaufleuten für deren HandelsGew, jur Pers d öff R u öff SoVerm abgeschl w, wenn Nachbesserg in AGB vereinb ist, kann die Geltg des § 476a nur abbedungen w, wenn damit nicht gg § 9 AGBG (unangemessene Benachteiligg) verstoßen w (vgl hierzu Nickel NJW **81**, 1490).

4   **2) Voraussetzungen** (S 1). **a) Kaufvertrag,** bei dem die Wirkg des § 476a nicht zul abbedungen ist (vgl Anm 1c). **b) Vereinbartes Nachbesserungsrecht** (§ 462 Rn 4). Es muß an Stelle, nicht wahlw neben Wandelg od Mind (§ 462) vereinb, somit der einz GewlAnspr des Käufers (abgesehen v § 463) sein; auch bei Nachbesserg dch Dr, insb Hersteller. Gilt entspr für Nachliefer (§ 462 Rn 7; BGH NJW **91**, 1604 mwN).

5   **c) Gewährleistungsanspruch** gem § 462 muß gegeb, daher auch § 459 erf sein, so daß der Verk zur Nachbesserg verpfl ist (vgl § 462 Rn 4).

6   **3) Wirkung:** Der Verk muß nicht nur die Nachbesserg selbst kostenlos dchführen, sond auch die Aufwendgen (Rn 7) tragen, entweder unmittelb selbst begleichen od dem Käufer ers. Er darf sie daher dem

7   Käufer nicht in Rechng stellen. Ausn: Rn 8. **a) Aufwendungen:** Begr: § 256 Rn 1; insb die ausdrückl in § 476a genannten, auch die zum Auffinden der SchadUrs (BGH NJW **91**, 1604), ferner Abschleppkosten. Sie müssen erforderl gewesen sein, auch die dem Käufer wirtsch u nicht unzumutb

8   verzögernden Wege zu ermögl. **b) Erhöhte Aufwendungen** (S 2): Sind dem Käufer nicht zu ers u dürfen, soweit vom Verk erbracht, von ihm in Rechng gestellt w. Setzt voraus, daß die gekaufte Sache nach Liefer (BesErlangg dch Käufer od dessen BesDiener od in den Bes eines vertrgem best Empfängers) an einen and Ort verbracht w ist, als an den Wohns od Sitz (§ 269 Rn 16) des Empf (nicht notw des Käufers), auch wenn dies nicht der LiefergsOrt ist. Ist nicht an diesen, sondern an einen anderen Ort geliefert worden, so ist der LiefergsOrt maßg. Ausn: (letzter Hs): bestimmsgem Verbringen an einen and Ort kann insb vorliegen bei Kfz, mobilen Maschinen, Flugzeugen, nicht bei Software, die von vorneherein im Ausl eingesetzt w soll (Düss NJW-RR **92**, 60). Die bloße Absicht, die Sache weiterzuveräußern, genügt nicht (BGH NJW **91**, 1604).

477   *Verjährung der Gewährleistungsansprüche.* [1]**Der Anspruch auf Wandelung oder auf Minderung sowie der Anspruch auf Schadensersatz wegen Mangels einer zugesicherten Eigenschaft verjährt, sofern nicht der Verkäufer den Mangel arglistig verschwiegen hat, bei beweglichen Sachen in sechs Monaten von der Ablieferung, bei Grundstücken in einem Jahre von der Übergabe an. Die Verjährungsfrist kann durch Vertrag verlängert werden.**

[II]**Beantragt der Käufer das selbständige Beweisverfahren, so wird die Verjährung unterbrochen. Die Unterbrechung dauert bis zur Beendigung des Verfahrens fort. Die Vorschriften des § 211 Abs. 2 und des § 212 finden entsprechende Anwendung.**

III Die Hemmung oder Unterbrechung der Verjährung eines der im Absatz 1 bezeichneten Ansprüche bewirkt auch die Hemmung oder Unterbrechung der Verjährung der anderen Ansprüche.

1) Allgemeines. Abs II S 1 ist redaktionell geändert seit 1. 4. 91 dch Art 8 II RPflVereinfG (BGBl 90 I 1 2847). **a) Zweck:** Verk soll nur kurze Zt mit Anspr aus Mängeln rechnen müssen, die ihm möglw selbst unbekannt waren; außerdem BewUnsicherh. Röm-rechtl Ursprungs. **b) Bedeutung:** echte Einr (§ 222), keine AusschlFr. **c) Abdingbarkeit:** Ausschl der Verj. Verkürzg (§ 225) u Verlängerg (Rn 18) ist dch Vertr mögl. **d) Anwendungsbereich. aa) Sachkauf:** wie Vorbem 13 vor § 459. Gilt auch bei Kauf eines Untern 2 (umstr; vgl Vorbem 15 vor § 459). § 477 gilt insb nicht (sond § 638) bei Kauf eines Grdst mit einem v Verk darauf zu errichtdn Bauwerk für Mängel des Bauwerks (Einf 12 vor § 433; BGH NJW **79**, 1406), wohl aber dann, wenn es sich um Mangel des Grdst handelt (Karlsr NJW **91**, 1836). § 477 gilt nicht bei einem selbstd BeratgsVertr (BGH NJW-RR **92**, 1011). **bb) Sachmängel:** nur Anspr aus solchen, also wg Fehler od Fehlen zugesicherter Eigensch (§ 459). Gleichgült ist, ob der Mangel erkennb od verborgen ist. **cc) Falsch-** 3 **lieferung** (falsche Sache, Art od Menge). Grdsätzl nicht erfüllt (§ 440 I), § 477 unanwendb (BGH NJW **84**, 1955 mwN). Das gilt stets für den Stückkauf. Bei Gattgskäufen (vgl § 243 Rn 1) wird § 477 angewendet, sow dch § 378 HGB die Falschlieferg als Sachmangel behandelt w (BGH **LM** Nr 5). Das trifft nur innerh derselben Gattg zu, wenn and Art od Sorte geliefert ist (BGH NJW **68**, 640 mwN). Die Anwendg auch auf 4 Käufe, die nicht HandelsGesch sind, ist zweifelh (dafür: Soergel/Huber 21). **dd) Ansprüche:** nur solche, die sich unmittelb aus Nachteilen wg eines Sachmangels ergeben, gleichgült, ob krG od vertragl modifiziert (BGH NJW **71**, 654 mwN u Anm v Schmidt-Salzer), auch wenn aus § 281 hergeleitet (BGH **114**, 34). **(1)** GewlAnspr: Wandelg u Minderg (§ 462), Nachliefer (§ 480 I 2) od vereinb Nachbesserg (§ 462 Rn 4), 5 auch aus mangelh ausgeführter Nachlieferg u Nachbesserg (Soergel-Huber 11, 17), SchadErs wg Fehlen zugesicherter Eigensch (§§ 463, 480 II), wg NichtErf des Anspr auf mangelfreie Nachlieferg (BGH NJW **73**, 276 mwN), aus § 281 auf das sog Fehlersurrogat (BGH NJW **91**, 1675). **(2)** Sonst Anspr: wg c.i.c. (RG **129**, 6 280) u pos VertrVerletzg, soweit sie auf Sachmängeln beruhen (BGH st Rspr zB **77**, 215; hierzu Köhler JuS **82**, 13, insb bei Verletzg einer NebenPfl (Beratg; vgl aber Rn 2), wenn sie sich auf Eigensch der Kaufsache bezieht (BGH **88**, 130) u wenn sie ausschließl zur Mangelhaftk der Kaufsache führt (BGH **87**, 88 [Verpackg] u NJW **89**, 2118) od wenn bei Aufkl u Beratg über eine Eigensch der Kaufsache, die keinen Mangel darstellt, deren Verwendgsmöglk abhängt (BGH **88**, 130). Das gilt auch, wenn die NebenPfl die Anleitg v Personal des Käufers betrifft (BGH NJW **83**, 392 u **84**, 2938) u wenn der Anspr sich nicht gegen den Verk, sond gg den Kfz-Agentur-Händler richtet (vgl § 276 Rn 98). Abs I gilt nicht, wenn das Versch Umstde betr, die nicht zur Beschaffenh der Kaufsache zählen (BGH NJW **90**, 1658 u 1659). **(3)** Bei SukzessivliefergsVertr 7 (BGH NJW **72**, 246), sofern sich das Versch auf Fehler oder Eigensch bezieht (BGH aaO). **(4)** Auf sog MangelfolgeSchäd (hM; BGH **60**, 9; Schmitz NJW **73**, 2081 mwN). **(5)** Auf GarantieAnspr gg den Warenhersteller, der nicht als Verk auftritt (BGH NJW **81**, 2248). **ee) Nicht** bei Anspr aus vollzogener Wandelg 8 od Minderg u in den sonst Fällen, in denen sich die VertrPart über die Gewl geeinigt u damit neue Anspr begründet haben (vgl § 465 Rn 1), insb aus vereinb Nachlieferg od Nachbesserg (RG **144**,162; Köln BB **95**, 1316), Vergl (§ 779) über Mängelhaftg (RG **90**, 169), insb SchadErsPfl; ausnw gilt dann aber § 477, wenn sich die Part über den Umfang, insb der Nachlieferg nicht geeinigt haben (BGH NJW **61**, 117). Abzulehnen ist die Anwendg des § 477 auf mietrechtl Anspr (hM; BGH NJW **95**, 252 mwN) u Anspr aus § 823, wenn sie im Einzelfall nur GewlAnspr konkurrieren (Vorbem 11 vor § 459): ausnw gilt die Frist des § 852 (BGH **66**, 315) u § 477 nur ausnw dann, wenn sich die enttäuschte VertrErwartg des Käufers mit dem dch § 823 geschützten Integritätsinteresse deckt (BGH NJW-RR **93**, 1112). § 477 gilt auch nicht für Anspr aus Verletzg v NebenPfl (pVV), die mit Mangel der Kaufsache in keinem unmittelb Zushang stehen (BGH **47**, 312 [319], NJW **94**, 1353; Staud/Honsell 19 mwN) od wenn ein Sachmangel nicht vorliegt, zB Normal- u Superbenzin bei Abfüllg verwechselt (BGH **107**, 249 = JZ **90**, 41 m krit Anm v Köhler); hierfür gilt § 195 (prakt unbefriedig u umstr). **e) Arglistiges Verschweigen** eines Fehlers: wie § 463 Rn 11. Dem steht nicht ein 9 Organisationsmangel gleich (aA Oldbg NJW **91**, 1187). Beim Stückkauf bewegl Sachen ist auf den Ztpkt des VertrAbschl abzustellen, beim GattgsKauf (§ 480 I S 2) idR auf den GefahrÜbgang (BGH **107**, 249). BewLast: Käufer (BGH aaO). Es gilt dann § 195.

2) Verjährung. a) Frist. Bei bewegl Sachen 6 Monate, bei Grdst u Saatgut (§ 24 III SaatgutverkehrsG) 10 1 Jahr. Berechg: §§ 187–193 als AusleggsVorschr (BGH WM **89**, 826). Sachen, die in Grdst eingefügt w, sind bewegl, zB Heizstrahler (LG Köln NJW-RR **93**, 1433), auch GrdstZubeh, wenn § 470 S 2 gilt. Bei SachInbegr (zB Untern) gelten für bewegl Sachen u Grdst getrennte Fristen (sehr bestr; aA RG **138**, 354). **b) Beginn** setzt grdsätzl Entstehg des Anspr voraus. Daher kein Beginn vor Wirksk des KaufVertr, insb Erf 11 der Form (RG **134**, 87 für § 313), Eintritt der aufschiebdn Bedingg (§ 158), Erteilg behördl od rechtsgeschäftl Genehmigg trotz Rückwirkg (allgM). Umstr ist der VerjBeginn bei SchadErsAnspr. Der BGH (**77**, 215 u WM **81**, 525 mwN) behandelt den Mangel- u den MangelfolgeSchad insoweit gleich u läßt die Verj stets mit Ablieferg beginnen (dagg Littbarski NJW **81**, 2331: Beginn mit Erkennbark des Schad), neigt dafür zu geringeren Voraussetzgen für Mißbr der VerjEinr. **aa) Bewegliche Sachen.** VerjBeginn erfordert: 12 **(1) Ablieferung.** Sie ist einseit Realakt, von der Überg (§ 433 Rn 7) zu untersch, muß sich daher mit ihr nicht decken. Ist aber übgeben, so ist idR abgeliefert. Die Ablieferg setzt voraus, daß der Verk in Erf des KaufVertr die Sache so zum Käufer gebracht hat, daß dieser sie, wo sie sich befindet, untersuchen kann (BGH stRspr **93**, 338 [345]). Hier ist zw VersendgsKauf (§ 447) u Holschuld (§ 269 Rn 1) zu untersch (Tiedtke NJW **88**, 2578). Bei § 447 ist abgeliefert, wenn die Sache am BestimmgsOrt eintrifft u dem Käufer vertrgem zur Vfg gestellt w (BGH NJW **88**, 2608). Bei der Holschuld ist abgeliefert, wenn der (auch vorleistgspflichte) Käufer die Sache wegnimmt (Tiedtke aaO mwN). Ist der Verk zur Aufstellg od Montage verpfl, ist erst damit abgeliefert (BGH NJW **61**, 730). **(2) EDV-Anlagen.** Hier ist bes zu differenzieren (vgl Zahrat CR **93**, 134 mwN). Bei EDV-System u aufeinanderfolgde Lieferg ist erst dann abgeliefert, wenn die letzte ausstehde Leistg nachgeholt w (BGH NJW **94**, 1720). Für die Untersuchg ist eine kurzfrist EinarbeitgsPhase erforderl, mind ein Probelauf (Köln NJW-RR **93**, 1140), bei einheitl Kauf v Hard- u Software für das gesamte Programm (Brem NJW-RR **92**, 951; Köln VersR **93**, 1532). IdR genügt die Erkl, die Anlage

funktioniere (Köln NJW **92**, 1462). Bei Software genügt idR die Überg mit BediengsAnleitg (Schneider CR
13 **94**, 385). **bb) Grundstücke:** mit Überg; das ist die einverständl BesÜbertr dch den Verk auf den Käufer.
c) Eintritt der Verj: auch bei versteckten Mängeln, ohne Rücks auf die Untersuchgsmöglichk (hM; Köln
OLGZ **78**, 321 mwN).

14   **3) Hemmung und Unterbrechung.** Es gelten grdsätzl §§ 202–217; MängelAnz genügt zur Unter-
brechg also nicht; vgl aber §§ 478, 479. Bei VglVerhandlgen wg der Gewl üb die VerjFr hinaus kann unzul
RAusübg vorliegen (Übbl 10 vor § 194; Hbg VersR **78**, 45). Besonderh: **a) Klageerhebung** (§ 209 I) aGrd
eines Anspr unterbricht auch für alle and Anspr (Abs III; RG **134**, 272), ohne Rücks darauf, ob sie sich ggs
ausschließen (aA RG **93**, 160); für § 209 II Nr 1 wg Anf aus § 123 I für WandelgsAnspr bejaht v BGH NJW
78, 261, obwohl nur wg des best, mit Kl geltd gemachten Sachmangels unterbrochen war, nicht wg and
(BGH **LM** Nr 1). Bei mehreren Sachen (§ 469) unterbricht Wandelg für einen Teil v ihnen nicht für die and
15 Sachen (Kblz VersR **81**, 140). **b) Selbständiges Beweisverfahren** (§ 485 ZPO). Der AntrSteller muß
anspruchsberecht sein (BGH NJW **93**, 1916) od im Laufe des Verf w (BGH aaO), insb dch Abtretg (§ 398);
dann ist von da an unterbrochen (BGH aaO). **aa) Unterbrechung** (Abs II S 1) zusätzl zu den in § 209
genannten Tatbestdn. Es muß sich gg den Schuldner richten (BGH NJW **80**, 1458) u sich auf einen best
Mangel beziehen. Bei mehreren voneinander unabhäng Mängeln bezieht sich die Unterbrechg u ihre Dauer
nur auf diejen, welche v BewVerf erfaßt w u welche das Gutachten des SV betrifft (BGH NJW **93**, 851).
Nicht unterbricht ein BewAntr im laufden Proz (BGH **59**, 323). **bb) Dauer** (Abs II S 2). Haben beide Part
das BewVerf beantragt, kommt es auf das Ende des v Käufer beantragten an (Karlsr MDR **91**, 536). Beendet
ist das BewVerf mit seiner sachl Erledigg (BGH **53**, 43). Das ist der Fall, wenn ein Sachverst mdl sein
Gutachten erstattet oder erläutert, mit der Verlesg od Vorlage des Protokolls (BGH **60**, 212 u NJW **93**, 851);
findet kein Termin statt od wird nicht mdl verhandelt, mit Zugang des schriftl Gutachtens an die Parteien
16 (BGH aaO). **cc) Erneuter Fristenlauf** (Abs II S 3): Mit Abschl des dchgeführten BewVerf beginnt die
VerjFr des Abs I erneut zu laufen (§ 217; hM; BGH **53**, 43 für § 639). Die entspr Anwendg v §§ 211 II, 212
bezieht sich auf Betreiben, Rückn, Zurückweisg od einen neuen BewVerfAntr als unzuläss (vgl § 212 Rn 4).
17 **c) Bei Nachbesserung** wird Verj gehemmt entspr § 639 II (BGH **39**, 293), auch wenn sich der Verk auf
eine Nachbesserg nachträgl einläßt (BGH NJW **84**, 1525). Zur Abgrenzg v VerjUnterbrechg vgl BGH NJW
88, 254 u Thamm BB **88**, 1477.

18   **4) Verlängerte Verjährungsfrist** (Abs I S 2) dch ausdrückl od stillschw Vertr; auch für best Mängel
mögl. **a) Umfang:** Es kann FrBeginn hinausgeschoben, die Fr bis auf 30 Jahre erstreckt, Unterbrechg u
19 Hemmung vereinb w. Zur Auslegg vgl Schmidt NJW **62**, 713. Auch im Rahmen des § 9 AGBG ist eine
maßvolle Verlängerg unbedenkl. **b) Garantiefrist.** Dadch kann, üb den grdsätzl maßgebdn Ztpkt des
GefahrÜbgangs hinaus (vgl § 459 Rn 19), der Verk, insb Händler die Haftg dafür übernehmen, daß innerh
der GarantieFr ein Mangel nicht auftreten werde. Das ist von der bloßen Zusicherg einer Eigensch (§ 463)
20 abzugrenzen u es ist zu untersch (hierzu grdsätzl G. Müller ZIP **81**, 707; Mischke BB **95**, 1093): **aa) Selb-
ständige Garantie:** Bei Kauf entspr Vorbem 9 vor § 633 mögl, aber nur ausnahmsw anzunehmen; führt zu
21 30jähr Fr (§ 195). **bb) Unselbständige Garantie:** Die Fr läuft grdsätzl unabhäng von der VerjFr (RG **128**,
211 [213]). Reicht sie über die VerjFr nicht hinaus, berührt sie die Verj nicht u ist idR nicht zugleich RügeFr
(BGH BB **61**, 228). Ist die GarantieFr länger als die VerjFr, so gilt grdsätzl: Wird innerh der GarantieFr ein
Mangel entdeckt, so beginnt damit die VerjFr für diesen Mangel zu laufen (BGH NJW **79**, 645 mwN). Der
Verk kann vereinb, daß der Käufer einen währd der GarantieZt entdeckten Mangel unverzügl mitt muß
(Mischke BB **94**, 2156). Bei einem Konstruktionsfehler, der einer Vielzahl zu liefernder Ggstde anhaftet,
genügt die Kenntn der Mangelhaftk v nur einigen Stücken (BGH WM **83**, 1391). Nur bei bes Umstd des
Einzelfalls kann auch die VerjFr entspr der GarantieFr verlängert sein (BGH NJW **79**, 645 mwN). Ein
solcher Umstd ist für sich allein noch nicht das wiederholte Auftreten eines Mangels währd der GarantieFr
(KG MDR **81**, 403).

478 *Erhaltung der Mängeleinrede.* [I]Hat der Käufer den Mangel dem Verkäufer ange-
zeigt oder die Anzeige an ihn abgesendet, bevor der Anspruch auf Wandelung oder auf
Minderung verjährt war, so kann er auch nach der Vollendung der Verjährung die Zahlung des
Kaufpreises insoweit verweigern, als er auf Grund der Wandelung oder der Minderung dazu
berechtigt sein würde. Das gleiche gilt, wenn der Käufer vor der Vollendung der Verjährung das
selbständige Beweisverfahren beantragt oder in einem zwischen ihm und einem späteren Erwer-
ber der Sache wegen des Mangels anhängigen Rechtsstreite dem Verkäufer den Streit verkündet
hat.**

[II]**Hat der Verkäufer den Mangel arglistig verschwiegen, so bedarf es der Anzeige oder einer ihr
nach Absatz 1 gleichstehenden Handlung nicht.**

1   **1) Allgemeines.** Abs I S 2 ist redaktionell geändert seit 1. 4. 91 dch Art 8 II RPflVereinfG (BGBl **90** I
2847). § 478 enthält eine Ausn zu § 477, indem er die MängelEinr unter bestimmten Voraussetzgen (Rn 3)
perpetuiert u die kurze Verj des § 477 ausschaltet. Abs II ist wg der 30jähr Fr (§ 477 I S 1) prakt bedeutgsl.
a) Anwendungsbereich: nur bei Wandelg u Minderg (§ 462), entspr bei Nachbessergs- u Nachliefergs-
2 Anspr (Staud/Honsell 16). **b) Abdingbarkeit:** Die Fr für die MängelAnz
kann verkürzt w (Staud/Honsell 6). Für nicht offensichtl Mängel ist dies im GeltgsBereich des AGBG aber
nicht zul (§ 11 Nr 10e AGBG). **c) Rechtskraft** v GewlKlagen, die wg Verj abgewiesen sind, steht nicht
entgg, wenn bei der KaufPrKl die Mängelhaftg eingewendet w (Düss NJW-RR **92**, 113). **d) Beweislast** für
Rechtzeitig der Anz u der gleichgestellten Maßn (Rn 5) trägt der Käufer.

3   **2) Voraussetzungen** für das Fortbestehen der MängelEinr: **a) Anzeige** (Abs I S 1) des Mangels (§ 459)
dch den Käufer. **aa) Rechtsnatur:** geschäftsähnl Hdlg (hM); nicht empfangsbedürft (Soergel/Huber 10; aA
BGH NJW **87**, 2235 mwN = JR **88**, 285 m Anm v Hager). **bb) Form** ist beliebig: mdl, telefon, auch dch

Erhebg der WandelgsKl (RG **59**, 150). **cc) Inhalt:** Die Anz muß den bestimmten Mangel (§ 459) bezeich- 4
nen, der später geltd gemacht w. Sie muß erkennen lassen, daß der Käufer daraus Re herleiten will. Allg
Mißbillig der gekauften Sache genügt nicht. **dd) Zeitpunkt.** Die Anz muß vor Ablauf der nach § 477 zu 5
berechnden VerjFr dem Verk zugegangen od an ihn abgesandt sein. Nicht notw muß die VerjFr laufen
(Staud/Honsell 7 mwN). **ee) Empfänger:** Verk od Zessionar der KaufPrFdg (MüKo/Westermann 4).
b) Streitverkündung und Beweisverfahrensantrag (§§ 72, 485 ZPO) stehen der Anz gleich (Abs I S 2). 6
Sind wegen ihrer die Verj unterbrechden Wirkg (§ 477 II S 1 u § 209 II Nr 4) nur bedeuts, wenn die
GewlAnspr erst nach beendeter VerjUnterbrechg verjähren. Sie müssen sich auf den Mangel beziehen.

3) Wirkung. § 478 gibt dem Käufer keinen Anspr, sond erhält ihm nur dauernd die MängelEinr (5 vor 7
§ 459) gg den fortbestehnden KaufPrAnspr als ZbR iS des § 273 (allgM; BGH **53**, 122). **a) Teilzahlung.** Ist
der KaufPr teilw gezahlt, kann nur der RestKaufPr verweigert w; es besteht kein Anspr auf Rückgewähr der
geleisteten Anzahlg (allgM). Es besteht insoweit auch kein Anspr aus § 813 I (hM; RG **144**, 93). Die
geleistete Anzahlg kann nur dadch zurückerlangt w, daß die WandelgsEinr erhoben u die KaufPrKl abge-
wiesen w, weil dann eine Wandelg nach § 467 dchzuführen ist (Staud/Honsell 13). **b) Rückforderung** der 8
Kaufsache. Selbstverständl kann der Verk nach erhobener WandelgsEinr die Kaufsache zurückfordern u auf
den KaufPr verzichten. **c) Umfang.** Die MindergsEinr steht dem KaufPrAnspr nur insoweit entgg, als 9
Minderg verlangt w kann (§§ 472ff). Aufrechng od Einr gg einen und Anspr als den KaufPrAnspr ist
ausgeschl (BGH WM **83**, 1391), wohl aber bleibt die Einr ggü dem für den KaufPr begebenen Wechsel
erhalten (BGH NJW **86**, 1872; zust Tiedtke ZIP **86**, 953).

479 **Erhaltung des Aufrechnungsrechts.** **Der Anspruch auf Schadensersatz kann nach**
der Vollendung der Verjährung nur aufgerechnet werden, wenn der Käufer vorher eine
der im § 478 bezeichneten Handlungen vorgenommen hat. Diese Beschränkung tritt nicht ein,
wenn der Verkäufer den Mangel arglistig verschwiegen hat.

1) Allgemeines. § 479 schränkt den § 390 S 2 ein, indem die Aufrechnung nur unter den Voraussetzgn 1
des § 478 (dort Rn 3) zugelassen w. **a) Anwendbar** auf die SchadErsAnspr aus §§ 463, 480 II od 639 I,
ferner auf die aus NebenPflVerletzgn (pVV; Vorbem 6 vor § 459) u auf MangelfolgeSchad (§ 463 Rn 14).
Vgl hierzu auch Rn 2. **b) Arglist** (S 2). Die Beschränkg der Aufrechng gilt nicht; dies entspr § 478 Rn 2.

2) Wirkungen. Nur gg den KaufPrAnspr ist bei rechtzeit Mängelanzeige (§ 478) die Aufrechng zul. Das 2
ist eine Einschränkg ggü § 390 S 2. Umfaßt der KaufVertr eine Mehrh v Sachen, so ist der Käufer nicht
darauf beschr, nur gg den Teil des KaufPr aufzurechnen, der sich auf die mangelh Sachen bezieht (BGH
NJW **88**, 1018 = JZ **88**, 252; hierzu Tiedtke 233). Gg Anspr aus and RGesch zw denselben Part ist die
Aufrechng ausgeschl (BGH **88**, 130; bestr), erst recht ggü Dr, zB bei Bürgsch (Hamm NJW-RR **93**, 1236).
In bes gelagerten AusnFällen ist die Aufrechng auch gg solche Fdgen zugelassen worden, die mit der
KaufPrFdg wirtsch eng zusammenhängen (BGH NJW **61**, 1254). R zur Aufrechng bleibt bei einheitl
SchadErsAnspr erhalten, wenn weiterer Schaden erst nach Ablauf der Verj eintritt (BGH **50**, 21 für § 639)
od wenn sich der Käufer nach MängelAnz ggü dem Verk nicht mehr mit allen Ursachen des Mangels befaßt
(BGH NJW-RR **89**, 667 für § 639). Zahlgen, die in Unkenntn der AufrechngsMöglk geleistet w, können
nicht zurückverlangt w (RG **144**, 93).

480 **Gattungskauf.** **[I]Der Käufer einer nur der Gattung nach bestimmten Sache kann statt**
der Wandelung oder der Minderung verlangen, daß ihm an Stelle der mangelhaften
Sache eine mangelfreie geliefert wird. Auf diesen Anspruch finden die für die Wandelung gelten-
den Vorschriften der §§ 464 bis 466, des § 467 Satz 1 und der §§ 469, 470, 474 bis 479 entsprechende
Anwendung.

[II]Fehlt der Sache zu der Zeit, zu welcher die Gefahr auf den Käufer übergeht, eine zugesicherte
Eigenschaft oder hat der Verkäufer einen Fehler arglistig verschwiegen, so kann der Käufer statt
der Wandelung, der Minderung oder der Lieferung einer mangelfreien Sache Schadensersatz we-
gen Nichterfüllung verlangen.

1) Allgemeines. a) Anwendbar nur bei Gattgskauf (§ 243 I), auch bei beschr. Bei Kauf best Sachen 1
(Stückkauf) gilt § 480 nicht (vgl auch § 463 Rn 1). Stückkauf liegt nur dann vor, wenn nach dem VertrIn-
halt die Erf nur dch die best Sache vorgesehen od mögl sein sollte. § 480 ist auch anwendb auf eine
Falschliefer (aliud) beim beiderseit Handelskauf, wie sie iS des § 378 HGB genehmiggsfäh ist (hM;
BGH **115**, 286 mwN u NJW-RR **92**, 1076; für Anwendg auch beim bürgerl Kauf Singer ZIP **92**,
1058). Ist die ganze Gattg mangelh, steht es dem Käufer frei, statt Nachliefer die Re aus §§ 462, 463 od
Abs II geltd zu machen. **b) Verhältnis zur Nichterfüllung:** Der Käufer hat Anspr auf Lieferg einer 2
mangelfreien Sache mittlerer Art u Güte (§ 243 I) u kann eine dem nicht entspr Sache zurückweisen (allgM). Mit
Lieferg der mangelh Sache (zB des gebrauchten Vorführgeräts statt eines fabrikneuen gleichen Typs, Krlsr
NJW-RR **93**, 631) od einer solchen, die nicht mittl Art u Güte ist (§ 243 I), hat der Verk nicht erf; die
Schuld ist nicht konkretisiert (§ 243 II), sond besteht als GattgsSchuld weiter, auch wenn der Käufer die
Sache als VertrErf abgenommen hat (umstr; aA § 243 Rn 6). Konkretisiert gem § 243 II wird bei der
mangelh Sache erst, wenn Minderg gem § 465 vollzogen ist, die VerjEinr (§ 477) dchgreift od beim Han-
delskauf die RügeFr (§§ 377, 378 HGB) versäumt w (Soergel/Huber 12; sehr umstr). Die Re aus § 326 hat
der Käufer nur bei aliud-Lieferg, beim bürgerl-rechtl Kauf auch, wenn die FalschLieferg genehmiggsfäh ist
(vgl Rn 1; hM; BGH **115**, 286 mwN). Der Anspr auf VerzögersSchad (§ 286) bleibt mögl (Rn 6).
c) Vertragliche Abänderung ist zuläss (Vorbem 21 ff v § 459). Insb kann die Gewl auf Wandelg auch 3
dch AGB beschr w (BGH NJW **94**, 1661).

4　　**2) Nachlieferungsanspruch** (Abs I). Der Sachmangel (§ 459) muß als Voraussetzg wie bei § 462 zZ des GefahrÜbgangs vorliegen. **a) Rechtsnatur:** (Nach)ErfAnspr (hM; BGH NJW **58**, 418); wird daher als unechter GewlAnspr angesehen, weil nach hM die Konkretisierg (§ 243 II) ausbleibt, wenn der Käufer bei mangelh Sache nicht Wandelg od Minderg, sond Nachlieferg verlangt (vgl hierzu Rn 2). Kein Anspr auf
5　Nachbesserg (vgl § 462 Rn 4). **b) Wahlrecht:** Endet mit Vollzug v Wandelg Minderg od mit Einigg über Nachlieferg entspr § 465 (hM). WahlR hat Käufer, Verk kann nicht Wahl der ErsLieferg erzwingen (BGH NJW **67**, 33). Ablehng einer dch Verk sof angebotenen ErsLieferg (zweite Andieng) kann jedoch gg Treu u
6　Glauben verstoßen (RG **91**, 112, vgl hierzu auch BGH aaO). **c) Wirkung:** Verlangt der Käufer Nachlieferg, so hat der Verk, wenn er Einverständn erkl (§ 465), Anspr auf Rückg der mangelh Sache Zug um Zug (Abs I S 2; §§ 467, 348). Ist der NachliefergsAnspr berecht, so tritt mit dem NachliefergsVerlangen, in dem eine Mahng zu sehen ist, grdsätzl Verzug (§ 284) ein u es besteht Anspr auf Ers des VerzögergsSchad (BGH NJW **85**, 2526); jedoch ist § 285 zu beachten. Unterbleibt die Nachlieferg, ist § 326 anwendb (hM; Soergel/Huber 19). Ist auch die Nachlieferg mangelh, kann der Käufer wieder (wie bei § 462 Rn 3) auf die and GewlAnspr
7　zurückgreifen (BGH NJW **83**, 1495). **d) Regelung** (Abs I S 2) entspr der Wandelg. Über § 467 gelten auch RücktrVorschr. **e) Verjährung:** grdsätzl § 477 (Abs I S 2); entfällt aber, wenn sich Verk u Käufer auf
8　Nachlieferg u ihren Umfang geeinigt haben (BGH NJW **58**, 418; vgl § 465 Rn 1). **f) Beweislast** für Mängel trägt ab GefahrÜberg der Käufer, bis dahin der Verk für Fehlen v Mängeln.

9　　**3) Schadensersatzanspruch** (Abs II). Voraussetzgn: wie § 463 Rn 6–13; jedoch ist hier maßgebder Ztpkt der Gefahrübergang (§ 446), weil vorher die Sache, die geliefert w, noch nicht feststeht. Berechng u Umfang: § 463 Rn 14–24.

481　*Viehkauf.* **Für den Verkauf von Pferden, Eseln, Mauleseln und Maultieren, von Rindvieh, Schafen und Schweinen gelten die Vorschriften der §§ 459 bis 467, 469 bis 480 nur insoweit, als sich nicht aus den §§ 482 bis 492 ein anderes ergibt.**

1　　**1) Allgemeines. a) Sonderregelungen** ggü den §§ 459–480 (nicht ggü den allg KaufVorschr) mit kurzen GewährFr. Der Verk haftet ges nur bei Hauptmängeln (§ 482), grdsätzl auf Wandelg (§ 487) u nur,
2　wenn sie innerh der GewlFr hervortreten, mit 6-wöch VerjFr (§ 490). **b) Anwendungsbereich:** Nur lebde Tiere, der in § 481 genannten Tiergattgn; daher zB nicht Hunde, Katzen; hierfür gelten die §§ 459ff. Bei and entgeltl Vertr ist § 481 gem § 493 anwendb. Gilt nicht, wenn Tiere als Zubeh eines Grdst mitverk w
3　(RG **192**, 309). **c) Abdingbarkeit:** ist für Verschärfg, Erweiterg (§ 492) u Milderg der Haftg zu bejahen (allgM); auch völl Ausschl mögl. Grenze: § 476. Auch können der §§ 481–492 überh abbedungen w, sodaß
4　die §§ 459ff, 469ff uneingeschr gelten. **d) Sonstiges:** GewohnhR besteht nicht. Zu beachten ist ferner das G üb Verkehr mit Vieh u Fleisch (BGBl **77**, 477).

5　　**2) Wirkung.** § 459 I ist völl unanwendb (allgM; RG **123**, 148), ebso sind es alle Vorschr, die die Minderg betr (§ 487 I). Die Anwendbark der and in § 481 genannten Vorschr ist eingeschr, je nachdem, sind die §§ 482 bis 492 and best. Bei Zusicherg od Argl ist § 463 anwendb (vgl § 492 Rn 5; umstr; aA Soergel/Huber 4 vor § 481 mwN). Wg § 382 HGB gelten §§ 377, 378 HGB auch dann nicht, wenn ein Handelskauf vorliegt (RGRK/Mezger 3).

482　*Hauptmängel und Gewährfristen.* [I]**Der Verkäufer hat nur bestimmte Fehler (Hauptmängel) und diese nur dann zu vertreten, wenn sie sich innerhalb bestimmter Fristen (Gewährfristen) zeigen.**

[II]**Die Hauptmängel und die Gewährfristen werden durch eine *mit Zustimmung des Bundesrats zu erlassende Kaiserliche* Verordnung bestimmt. Die Bestimmung kann auf demselben Wege ergänzt und abgeändert werden.**

1　　**1) Allgemeines.** § 482 beschr die ges Gewl auf die Hauptmängel, die in der VO v 27. 3. 1899 (abgedruckt bis zur 50. Aufl) geregelt sind; auch dch Auslegg nicht erweitergsfäh (Schlesw SchlHA **57**, 72).
2　**a) Abdingbarkeit:** § 481 Rn 3. **b) Andere Ansprüche: aa)** Gewl für and Mängel als Hauptmängel, sog Nebenmängel, zB lahmdes Reitpferd, nur üb § 492 (vgl dort). **bb)** Keine Haftg aus c. i. c. für fahrl unricht Angaben od fahrl Verschw v Fehlern, die nicht Hauptmängel darstellen (BGH NJW **66**, 2353). **cc)** Anspr aus pVV nur für Hauptmängel, die sich innerh der GewlFr gezeigt haben (Soergel/Huber 11 vor § 481). **dd)** Anf aus § 119 II ist auch für Nebenmängel (Anm aa) ausgeschl (allgM). Anf aus § 123 ist zul (BGH NJW-RR **88**, 1010). **ee)** SchadErsAnspr aus §§ 823, 826 sind mögl (BGH aaO). **ff)** HauptPfl iS der §§ 320ff können bei Turnierpferden die AbstammgsPapiere sein (Stgt AgrarR **77**, 232).

3　　**2) Voraussetzungen** für die ges Gewl: **a) Hauptmängel:** Nur die der VO, dch Auslegg nicht erweitergsfäh. Der Verk haftet auch ohne Nachw der Erheblichk od einer Wertminderg. Die VO untersch Nutz-u Zuchttiere (§ 1) sowie Schlachttiere (§ 2). Maßgebl für die ZweckBest ist der Abschl des KaufVertr.
4　BewLast für dem Kauf zugrdgelegten Verwendgszweck: Käufer. IZw ist als Nutztier verk. **b) Gewährfristen:** Sind AusschlFr (keine Hemmg od Unterbrechg) u in der VO festgesetzt. Sie können dch Vertr verkürzt od verlängert w (§ 486). Innerh dieser Fr muß sich der Mangel zeigen, nicht notw am lebden Tier. Er muß von irgend einer Pers, nicht notw vom Käufer wahrgenommen w. Es genügt nicht, daß der nach Ablauf der Fr erkannte Mangel innerh der Fr schon vorhanden war. Auch Argl des Verk hindert Ablauf der Fr nicht (BGH NJW-RR **88**, 1010), begründet aber Einr gem § 242 (offengel v BGH aaO).

5　　**3) Wirkungen. a) Haftung.** Der Käufer kann Wandelg verlangen (§ 487 I), SchadErs gem § 463 bei Zusicherg, daß Hauptmängel nicht vorliegen, od für argl Verschweigen (vgl § 490 I). Für Nebenmängel gilt
6　§ 492. **b) Haftungsausschluß: aa)** Bei Kenntn des Mangels zZ des Kaufs (§ 460 S 1). **bb)** Bei Ann des Tiers in Kenntn des Mangels ohne Vorbeh (§ 464). Ist der Mangel bei Kauf erkennb u erkl Käufer, sich von Beschaffenh des Tieres überzeugt zu haben (od ähnl), besteht HaftgAusschl, wenn der Mangel wg grober

Fahrlässk unerkannt blieb (§ 460 S 2; RGRK/Mezger 9). **cc)** Bei Vereinbg u HaftgsAusschl (vgl § 481 Rn 3) ohne Argl des Verk (§ 476).

483 *Beginn der Gewährfrist.* **Die Gewährfrist beginnt mit dem Ablaufe des Tages, an welchem die Gefahr auf den Käufer übergeht.**

Gewährfrist: vgl § 482 Rn 4; ist vAw zu beachten. Beginn: Gefahrübgang (§§ 446, 447, 300 II); mit **1** Tagesablauf (§ 187). Ende: § 188. Unanwendb ist § 193, da Mangel sich auch an diesen Tagen zeigen kann u keine WillErkl abzugeben ist (RGRK/Mezger mwN).

484 *Mängelvermutung.* **Zeigt sich ein Hauptmangel innerhalb der Gewährfrist, so wird vermutet, daß der Mangel schon zu der Zeit vorhanden gewesen sei, zu welcher die Gefahr auf den Käufer übergegangen ist.**

Anwendbar: Auch für Nebenmängel bei vereinb GewFr (§ 492). **Vermutung** des § 484 ist widerlegb. **1** An einen GgBew dch Verk, daß Mangel zZ des GefahrÜberg noch nicht vorlag, sind bes strenge Anforder- gen angebracht.

485 *Rechtsverlust.* **Der Käufer verliert die ihm wegen des Mangels zustehenden Rechte, wenn er nicht spätestens zwei Tage nach dem Ablaufe der Gewährfrist oder, falls das Tier vor dem Ablaufe der Frist getötet worden oder sonst verendet ist, nach dem Tode des Tieres den Mangel dem Verkäufer anzeigt oder die Anzeige an ihn absendet oder wegen des Mangels Klage gegen den Verkäufer erhebt oder diesem den Streit verkündet oder das selbständige Beweis- verfahren beantragt. Der Rechtsverlust tritt nicht ein, wenn der Verkäufer den Mangel arglistig verschwiegen hat.**

1) Allgemeines. S 1 ist redaktionell geändert seit 1. 4. 91 dch Art 8 II RPflVereinfG (BGBl **90** I 2847). **1 a) Anwendungsbereich:** Hauptmängel (§ 482), Nebenmängel u Fehlen zugesich Eigensch, wenn GewFr vereinb ist (§ 492; RG **123**, 214; iü § 481 Rn 2). **b) Beweislast:** Für Ztpkt des Ablaufs der AusschlFr: Verk. Für Ztpkt der Erstattg od Absendg der Anz u für argl Verschw dch Verk: Käufer.

2) Voraussetzungen für Behalten der GewlAnspr (vAw zu prüfen): **a) Rechtshandlungen** (S 1): **2** Wahlw: MängelAnz (formlos); genaue Bezeichng der Art des Mangels od der Merkmale; als Rüge „krank" genügt nie, KlErhebg (§§ 253, 261b III ZPO) StreitVerkündg (§ 72 ZPO) od BewVerfAntr (§ 485 ZPO). **b) Fristwahrung:** Die 2-TageFr (bis 24 Uhr) schließt sich unmittelb dem Ablauf der GewFr an (§ 483 **3** Rn 1). Im Ggsatz zu § 483 gilt § 193 (vgl dort Rn 2 für Anz). FrBeginn vor Ablauf der GewFr bei Tod des Tieres tritt ein (S 1), um GgBew (§ 484) zu ermögl.

3) Wirkung: Der GewlAnspr erlischt u kann auch nicht als Einr geltd gemacht w. Ausn nur bei argl **4** Verschw des Verk (S 2); Argl: wie § 463 Rn 11.

486 *Änderung der Gewährfrist.* **Die Gewährfrist kann durch Vertrag verlängert oder abgekürzt werden. Die vereinbarte Frist tritt an die Stelle der gesetzlichen Frist.**

Fristveränderung: Der GewFr (§ 482 Rn 4) dch forml Vertr. Wird die Fr so verlängert, daß der GZweck **1** v § 482 vereitelt w, ist die Verlängerg unwirks; ist sie unangemessen kurz (je nach Art der Krankh zu beurt), kann § 138 od § 476 zutreffen. **Ausschluß** jeder GewFr ist unwirks, weil dies keine Abkürzg darstellt (hM; **2** RGRK/Mezger 1; Erm/Weitnauer 1).

487 *Ausschluß der Minderung.* [I]**Der Käufer kann nur Wandelung, nicht Minderung verlangen.**
[II]**Die Wandelung kann auch in den Fällen der §§ 351 bis 353, insbesondere wenn das Tier ge- schlachtet ist, verlangt werden; anstelle der Rückgewähr hat der Käufer den Wert des Tieres zu vergüten. Das gleiche gilt in anderen Fällen, in denen der Käufer infolge eines Umstandes, den er zu vertreten hat, insbesondere einer Verfügung über das Tier, außerstande ist, das Tier zurückzu- gewähren.**
[III]**Ist vor der Vollziehung der Wandelung eine unwesentliche Verschlechterung des Tieres infol- ge eines von dem Käufer zu vertretenden Umstandes eingetreten, so hat der Käufer die Wertmin- derung zu vergüten.**
[IV]**Nutzungen hat der Käufer nur insoweit zu ersetzen, als er sie gezogen hat.**

1) Allgemeines. a) Ausschluß der Minderung bei Viehkauf gem § 481 Rn 2. Es verbleiben Wandelg u **1** SchadErsAnspr (§ 463), auch ErsLieferg (§ 491). Wird bei SchadErs Minderwert abgezogen (§ 463 Rn 18), darf nicht § 472 angewendet w (RG **60**, 234). **b) Abdingbarkeit** ist auch für Abs I zu bejahen. Wird **2** Minderg als GewlAnspr vereinb, gilt diese Abrede, nicht §§ 462, 467 (RG aaO). **c) Prozessuales:** für die **3** unter § 487 fallden Beträge gilt § 287 ZPO.

2) Erweiterte Wandelung (Abs. II) ist wg § 467 u des Auschl der Minderg nöt. **a) Voraussetzungen: 4 aa)** Allg: Hauptmangel (§ 482 Rn 1), Nebenmangel (§ 492) u GewährFr (§ 482 Rn 4), fehlder HaftgsAusschl (§ 482 Rn 6). **bb)** Bes (vgl Abs II): WgAusschl v §§ 351–353 darf die Unmöglk der Rückgewähr schuld sein, insb auf Schlachtg od Weiterveräußerg beruhen, nur dann nicht, wenn die Weiterveräußerg in Kenntn

5 des Mangels zwecks Schlachtg erfolgt (RGRK/Mezger 2). **b) Durchführung:** Rückgewähr Zug-um-Zug (§§ 467, 348). Bei Verk mehrerer Tiere, auch Kuh mit Kalb gilt § 469. Ist Rückgewähr unmögl (Fälle der §§ 351–353) u S 2, muß der Käufer gg Rückgewähr des KaufPr den Wert vergüten (statt SchadErs, § 347). Maßgebd ist obj Wert des Tieres in mangelh Zustd für die Zt des Vollz der Wandelg (Soergel/Huber 4 mwN; bestr). Abs III: Bei unwesentl Verschlechterg vor Vollz der Wandelg, vom Käufer zu vertr (§§ 276, 278), ist Rückg mit Vergüt der WertMind in Geld Zug-um-Zug gg KaufPr vorzunehmen. Bei wesentl Verschlechterg, die vom Käufer zu vertr ist (§§ 276, 278), muß er SchadErs leisten (§§ 467, 347). Ebso bei unwesentl Verschlechterg nach Vollz der Wandelg, weil Abs III diese Verschlechterg nicht umfaßt (allgM).

6 **3) Nutzungen:** Abs IV ändert §§ 467, 347 ab. Begr. § 100. Nutzg kann zur ordngsgem Behandlg erforderl sein. Wird sie unterl, kann die dadch eingetretene WertMinderg (Rn 5) eine ErsPfl nach Abs III begrden.

488 **Ersatz von Nebenkosten.** Der Verkäufer hat im Falle der Wandelung dem Käufer auch die Kosten der Fütterung und Pflege, die Kosten der tierärztlichen Untersuchung und Behandlung sowie die Kosten der notwendig gewordenen Tötung und Wegschaffung des Tieres zu ersetzen.

1 **1) Allgemeines.** § 488 erweitert den Anspr des Käufers über § 467 S 2 (VertrKosten) u notw Verwendgen (§§ 467 S 1, 347, 994, 995) hinaus, ist aber abdingb (RGRK/Mezger 2). Stellt eine von der Wandelg abhäng NebenFdg dar. Der Anspr entsteht mit vollz Wandelg (BGH NJW **95**, 1481) u verjährt mit dem WandelgsAnspr (§§ 224, 490) od mit dem R aus vollz Wandelg in 30 Jahren (§ 195; BGH aaO; Soergel/Huber 2 mwN), aber mit frühzeit Verwirkg (§ 242 Rn 93). § 488 schließt weitergehde Anspr auf Ers v Schad od Aufwendgen nicht aus; mögl aus vertragl HaftgsErweiterg (§ 481 Rn 3), pVV, unerl Hdlg od Geschf oA.

2 **2) Anspruchsumfang.** Als AusnVorschr ist § 488 eng auszulegen, Erweiterg dch entspr Anwendg unzul. Stets sind nur die nach Art u Umfang übl Kosten zu ers. Pflegekosten: auch solche, die wg des Mangels im bes Umfang erforderl sind. Tierarzt: auch wenn die Untersuchg sich auf and Mängel erstreckte. Tötg: sog Notschlachtg, um den Mangel festzustellen; auch bei Schlachtvieh (VO § 2; RGRK/Mezger 1 mwN). Wegschaffg: Damit ist nicht der Rücktransport gemeint, sond Kosten zur Absonderg des Tiers, um An-steckg zu vermeid od Transp zur Schlachtg. Kosten des Hin- u Rücktransp sowie die der MängelAnz fallen unter § 467 (dort Rn 18).

489 **Versteigerung des Tieres.** Ist über den Anspruch auf Wandelung ein Rechtsstreit anhängig, so ist auf Antrag der einen oder der anderen Partei die öffentliche Versteigerung des Tieres und die Hinterlegung des Erlöses durch einstweilige Verfügung anzuordnen, sobald die Besichtigung des Tieres nicht mehr erforderlich ist.

1 **1) Allgemeines.** VerfRegelg als SondVorschr ggü §§ 935, 937 ZPO. Keine Ablehng wg fehler Dringlk zul. Vollz: §§ 936, 929 II ZPO gelten. Zust ist das ProzGer (AG wg § 23 Nr 2c GVG). HauptProz ist der üb die Wandelg. Öff Versteiger: § 383. Der für beide Part zu hinterlegde VerstErlös (in einstw Vfg anzuordnen) tritt an Stelle des Tieres. Das ist bei Dchführg der Wandelg (§ 487 Rn 5) zu beachten.

2 **2) Voraussetzungen: a)** Rechtsstr üb Wandelg (auch WandelgsEinr) muß anhäng (nicht notw rechtshäng, § 261 ZPO) sein. Bei Anspr auf SchadErs od Nachliefer gilt § 489 nicht; nur §§ 935, 940 ZPO gelten. **b)** Besichtigg des Tieres darf nicht mehr erforderl sein; regelm gegeben bei BewSicherg (§ 485 ZPO) od Gutachten eines unpart SachVerst. **c)** Antrag an das ProzGer (Rn 1).

490 **Verjährung der Mängelansprüche.** [I]Der Anspruch auf Wandelung sowie der Anspruch auf Schadensersatz wegen eines Hauptmangels, dessen Nichtvorhandensein der Verkäufer zugesichert hat, verjährt in sechs Wochen von dem Ende der Gewährfrist an. Im übrigen bleiben die Vorschriften des § 477 unberührt.

[II]An die Stelle der in den §§ 210, 212, 215 bestimmten Fristen tritt eine Frist von sechs Wochen.

[III]Der Käufer kann auch nach der Verjährung des Anspruchs auf Wandelung die Zahlung des Kaufpreises verweigern. Die Aufrechnung des Anspruchs auf Schadensersatz unterliegt nicht der im § 479 bestimmten Beschränkung.

1 **1) Allgemeines. a) Anwendungsbereich:** Alle GewlAnspr wg Hauptmängel (§ 482) u Nebenmängel (§ 492). **b) Verhältnis zu § 485:** Die Verj läuft neben der AusschlFr. Daher muß Käufer, wenn er Mängel-Anz erstattet, auch dch geeignete Handlgen die Verj unterbrechen (§ 209; deckt sich mit dem der Anz ersetzden ProzHdlgen) § 485 Rn 2). **c) Abdingbarkeit:** Abkürzg (§ 225) u Verlängerg zul (§ 477 I 2).

2 **2) Dauer.** Beginn: Stets am Tage u unmittelb nach Ablauf der GewFr (Abs I 1, § 483). Sonderregel in § 492 S 2. Berechg: §§ 187 I, 188 II. § 193 gilt. **a) 6 Wochen:** Anspr auf Wandlg (§ 487), SchadErs wg Hauptmangel, dessen Fehlen zugesichert ist (§ 463) u wg der Anspr aus § 492 (dh für Nebenmängel ohne vereinb GewährFr; hM; Hamm NJW **84**, 2298 mwN), auch wg des Schad, der nicht an dem betr Tier
3 entstanden ist. **b) 30 Jahre:** Bei Argl des Verk wg Abs I S 2 (§ 477 I S I) u bei Anspr aus vollz Wandelg (§ 477 Rn 8). **c) Unterbrechung und Hemmung:** nach allg Vorschr u mit gem Abs II verkürzten Fr (§§ 202 ff) Nur für den geltdgemachten Mangel (BGH **LM** § 477 Nr 1).

4 **3) Geltendmachung** der VerjEinr grdsätzl nach § 222 I. Die Einr gg die Zahlg des KaufPr ist üb § 478 hinaus erweitert (Abs III); sie bedarf nicht der Maßn des § 478, weil § 485 diese voraussetzt, um den Gewl-Anspr zu erhalten. Dasselbe gilt für die Aufrechng hins § 479. Für Anspr aus § 492 ohne GewährFr vgl dort Rn 7.

491 *Gattungstierkauf.* **Der Käufer eines nur der Gattung nach bestimmten Tieres kann statt der Wandelung verlangen, daß ihm anstelle des mangelhaften Tieres ein mangelfreies geliefert wird. Auf diesen Anspruch finden die Vorschriften der §§ 488 bis 490 entsprechende Anwendung.**

Anwendbar: Bei Gattgkauf (§ 480 Rn 1). **Voraussetzung:** GewlAnspr gem § 482 Rn 3, § 492 Rn 2. 1
Wirkung: ErsLieferg (S 1) kann an Stelle der Wandelg verlangt w (wie § 480 Rn 3–5), u zwar ein Tier mittlerer Art u Güte der betr Gattg (§ 243). Statt dessen kann auch SchadErs verlangt w, wenn die Voraussetzgen (§ 482 Rn 5, § 492 Rn 2, 5) vorliegen.

492 *Erweiterte Haftung beim Tierkauf.* **Übernimmt der Verkäufer die Gewährleistung wegen eines nicht zu den Hauptmängeln gehörenden Fehlers oder sichert er eine Eigenschaft des Tieres zu, so finden die Vorschriften der §§ 487 bis 491 und, wenn eine Gewährfrist vereinbart wird, auch die Vorschriften der §§ 483 bis 485 entsprechende Anwendung. Die im § 490 bestimmte Verjährung beginnt, wenn eine Gewährfrist nicht vereinbart wird, mit der Ablieferung des Tieres.**

1) Anwendungsbereich: Grdsätzl § 481 Rn 2. Nur die nicht zu den Hauptmängeln zählden Fehler u 1
Eigensch, sog Nebenmängel (§ 482 Rn 2; vgl Hamm NJW **84**, 2298); denn soweit Zusicherg einen Hauptmangel betrifft, folgt Gewl schon aus § 482. Auch § 492 gilt nur für die in § 481 aufgeführten Tiergattgn.

2) Voraussetzungen. Die GewlÜbern u die Zusicherg erfordern ausdrückl rechtsgesch Willen u Erkl des 2
Verk, sich zu verpfl (RG **161**, 337); sie müssen ausdrückl erkl w (für GewlÜbern aA LG Münst MDR **91**, 347), weil § 492 eine AusnVorschr darstellt (Schlesw MDR **78**, 314). **a) Gewährleistungsübernahme:** für 3
alle Nebenmängel mögl, auch insges u allg. Zur Auslegg: RGRK/Mezger 2. **b) Zusicherung** einer Eigsch 4
(wie § 459 II; vgl dort). Sie muß diese best bezeichnen, kann aber auch den Inhalt haben, daß das Tier an keinen gesundheitl Fehlern leide (BGH NJW-RR **88**, 1010). Die Zusicherg kann sich insb auf Abstammg, Fähigk u GebrMöglk beziehen, zB als Turnierpferd (Mü NJW-RR **92**, 1081). „Vollgesund" kann Gewl für alle Krankh begründen. Ob Bezugn auf tierärztl Untersuchg u Überg eines Attests, eine GewlÜbern gem § 492 bedeuten, ist umstr (vgl BGH NJW-RR **86**, 1438 = JZ **86**, 955 m Anm v Kohler u Schlesw VersR **87**, 624 m Anm v Kiel). Angaben in einem Auktionskatalog sind idR als Anpreisg zu bewerten (Celle NJW **76**, 1507; abl Fellmer AgrarR **77**, 226). Trächtk bedeutet nur, daß das Tier trägt; seine Eintrgg ins Zuchtbuch ist Eigensch (Karlsr NJW-RR **87**, 1397).

3) Wirkung. Es ist zu untersch: **a) Wandelung.** GewlÜbern im Rahmen des § 459 I od II führt zum 5
Anspr auf Wandelg (§ 487 I). **b) Schadensersatzanspruch,** wenn die Voraussetzgen des § 463 vorliegen (hM; Mü NJW-RR **92**, 1081 mwN). Gilt auch für argl verschw Nebenmängel (RGRK/Mezger § 482 Rn 7; sehr bestr; vgl § 481 Rn 5). **c) Sonstige Ansprüche:** wie § 482 Rn 2. **d) Gewährfristen** für Hauptmängel 6
eignen sich nicht für vertragl Zusicherg; desh entfällt GewFr hins vertragl Haftg für Nebenmängel u Eigensch, wenn nicht vertragl GewFr vereinb ist (BGH NJW-RR **88**, 1010). § 485 ist bei fehlder GewFr unanwendb. Der Beginn der VerjFr ist bei zugesicherter (Nicht)Trächtk bis zur Kenntn des Mangels, spätest bis zum Ende der längsten TrächtkDauer hinausgeschoben (Fellmer AgrarR **77**, 226).

4) Verjährung. Beginn nach § 490, wenn GewFr (Rn 6) vereinb ist, sonst mit Ablieferg (S 2; § 477 7
Rn 12). Der verjährte Anspr aus § 492 kann als Einr geltd gemacht w, wenn eine Anz nach § 478 od gleichgestellte Maßn erfolgt ist (hM; Erm/Weitnauer 2). TrächtigkZusage schiebt den VerjBeginn (§ 490) stillschweigd bis zur Kenntn des Mangels hinaus (hM; Staud/Honsell 13), äußerstenf bis zum Ablauf der längsten TrächtigkFr (LG Landsh RdL **60**, 49).

493 *Kaufähnliche Verträge.* **Die Vorschriften über die Verpflichtung des Verkäufers zur Gewährleistung wegen Mängel der Sache finden auf andere Verträge, die auf Veräußerung oder Belastung einer Sache gegen Entgelt gerichtet sind, entsprechende Anwendung.**

Allgemeines. Entspr allg RGedanken der Gewl im SchuldR; vgl auch § 445. **Anwendbar** bei: Hingabe 1
an Erf Statt (§ 365); Tausch (§ 515); SachDarl (§ 607; BGH NJW **85**, 2417); Einbringen in eine Gesellsch (§ 705); AuseinandS der Gesellsch od Gemsch (§§ 731 S 2; 757); Vergl (§ 779); insb über einen PflTeilAnspr (BGH NJW **74**, 363); Mischformen dieser VertrTypen; Lieferg von Sachen gg Leistg von Diensten; Zugabe, die wg Kaufs and Ware gewährt w; Bestellg eines Nießbr od ErbbR (BGH NJW **65**, 533). Verpfändg kann im Einzelfall entgeltl sein, **Unanwendbar:** wg fehlden Entgelts bei Schenkg (vgl aber § 524 II); Ausstattg 2
(§ 1624); Vermächtn (vgl aber § 2183). Weil keine Veräußerg od Belastg vorliegt, bei Miete u Pacht. Desh keine Gewl des früh Pächters, wenn neuer Pächter von ihm das dem Verpächter gehörde Inventar übernimmt (KG JW **31**, 3460); und aber, wenn Pächter Eigt am Inventar hat (RG JW **36**, 3232). Grdsätzl nicht auf Re (vgl aber Vorbem 14 vor § 459), insb nicht auf Verpfl, die Re aus Meistgebot zu verschaffen (RG **150**, 397), od bei AusbietgsGarantie (RG **157**, 177). **Entsprechende Anwendung** bedeutet, daß die §§ 459 ff nur 3
so angewendet w dürfen, wie es den Besonderh des jeweil Gesch entspricht.

III. Besondere Arten des Kaufes

Vorbemerkung

1   **1) Kaufarten.** Gewisse Formen des Kaufs sind so eigenartig u häufig, daß sie eine gesonderte gesetzl Regelg erfordern. Das gilt für Kauf nach u auf Probe (§§ 494–496), Wiederkauf (§§ 497–503) u Vorkauf (§§ 504–514). Andere Eigenarten von Kaufverträgen sind selten u müssen daher, wenn sie vorkommen, ausdrückl vertragl geregelt w, zB Kauf unter Vorbeh eines besseren Angebots, durch das Verk vom Vertr frei wird. Der Kauf unter Vorbeh der RVerwirkg durch einen VertrTeil bei VertrStörg. Dieser Kauf steht dem Kauf auf Probe nahe, jedoch erstreckt sich AblehngsBefugn des Käufers nur auf den KaufGgst, nicht auf den KaufVertr.

2   **2) Kauf mit Umtauschvorbehalt. a) Begriff:** Es ist ein unbedingter Kauf, bei dem der Käufer das R hat, den KaufGgst umzutauschen. **b) Rechtsnatur:** Der UmtauschVorbeh ist die vereinb einseit Ersetzgs-Befugn des Käufers hinsichtl des dch das Umtauschbegehren (WillErkl, § 130) veränd KaufGgst (umstr; vgl 3   MüKo/Westermann § 494 Rn 11). Steht § 495 nahe. **c) Inhalt:** Im Zweifel kann zum selben Pr od gg AufPr umgetauscht w, gg RückZahlg des KaufPr nur bei entspr Vereinbg, § 157 ist hierfür anwendb. Das UmtauschR kann nur in vertr bestimmter Fr od, falls eine solche nicht vereinb ist, innerh angemessener Fr 4   ausgeübt w (BGH BB **63**, 1237). **d) Wirkung:** Gg Rückg des unversehrten Ggst kann der Käufer Leistg eines and Ggst verlangen, iZw einen aus dem GesVorrat des Verk, zum gleichen Pr, gg AufPr od eine entspr Gutschrift; zu geringerem Pr mit Rückzahlg nur bei entspr Vereinbg. GefahrÜberg gem §§ 446, 447. 5   AnnVerz des Verk ist mögl. **e) Beweislast:** Käufer für Vereinbg des UmtauschVorbeh u TRückzahlg, Verk für Vereinbg u Ablauf der Fr.

1. Kauf nach Probe. Kauf auf Probe

494   *Kauf nach Probe.*   **Bei einem Kaufe nach Probe oder nach Muster sind die Eigenschaften der Probe oder des Musters als zugesichert anzusehen.**

1   **1) Allgemeines.** Bes Art eines Kaufs (§ 433). **a) Zweck:** Die Beschreibg von Eigensch der Kaufsache, die zugesichert w sollen, ist oft schwier. Daher ist es einfacher u zweckmäß, diese Beschreibg dch eine Probe 2   (Muster) zu ersetzen. **b) Begriff:** Kauf nach Probe ist ein unbedingter Kauf (§ 433), bei dem die Eigensch der Probe (des Musters) als bei der Lieferg der Sache vorhandene Eigensch der Kaufsache zugesichert wird 3   (MüKo/Westermann 2). **c) Abdingbarkeit** ist zu bejahen. Es kann die Wirkg des § 494 auf einzelne Eigensch beschr, es kann die Haftg für heimtück Fehler der Probe ausgeschl w (RG **95**, 45; „nur nach Muster"). Auch kann SchadErs (§ 463) ausgeschl u Gewl auf Wandelg u Minderg beschr w (BGH DB **66**, 4   415). **d) Anwendungsbereich:** IdR bei GattgsKauf (§ 480); aber auch bei Stückkauf (der einer best Sache), wenn der Verkäufer von dieser Sache die Eigensch der Probe (des Musters) behauptet, die er dem Käufer vorgezeigt od zur Prüfg (Besichtigg) übergeben hat.

5   **2) Voraussetzungen. a) Kaufvertrag** (§ 433) über eine od mehrere gleiche Sachen, wie sie die Probe (das Muster) darstellt. Bei Lieferg eines aliud (§ 378 Hs 2 HGB) ist § 494 ausgeschl (BGH MDR **61**, 50). 6   **b) Nach Probe oder Muster.** Daß deren Eigensch zugesichert sein sollen, muß VertrInh geworden sein. Ob dies zutrifft, ist grdsätzl eine AusleggsFrage (§§ 133, 157). Ob zugesichert sein soll, entscheidet sich nach dem Zweck, der mit Vorlegg der Probe od Bezugn darauf verfolgt w. Die ZusichergsHaftg kann auf einzelne Eigensch der Probe beschr w (BGH NJW **88**, 1018). Bei VertrAngebot kann die Vorlage od Überg von Mustern verschiedenen Zwecken dienen, nicht notw der Zusicherg probemäß Eigensch, zB bei Kostproben, bloßen Orientiergs- od Ausfallmustern (RG **94**, 336), auch nur um Kaufinteresse zu wecken, zB Probefahrt mit einem Kfz. Die Probe muß nicht bei VertrSchluß vorliegen, kann sich bei Dr befinden, muß nicht noch vorhanden, kann schon früher an den Käufer geliefert u verbraucht sein. Es genügt, wenn die Probe einem BestätiggsSchreiben beigelegen hat (BGH DB **66**, 415) od wenn eine bei früher gekaufte Ware „wie gehabt" nachbestellt w. Sind Eigensch der Probe zw deren Überg od Vorzeigen u Lieferg der Ware veränderl, wird iZw die Eigensch zugesichert sein, die die Probe bei Überg od Ankunft beim Käufer od beim Vorzeigen hatte. Bei Kauf „nach Typ" gelten nur die typ Eigensch der Probe (des Musters) als 7   zugesichert (BGH NJW **58**, 2108). Ist die Probe nicht ausgehänd worden, spricht dies gg § 494. **c) Andere Eigenschaften** können neben der Probenmäßig zusätzl (gem § 459 II) zugesichert w (BGH DB **59**, 1083).

8   **3) Wirkung. a) Sachmängelgewährleistung.** Die Eigensch der Probe gelten als zugesichert, sodaß 9   § 459 II erf ist, uU § 463, wenn die gelieferte Kaufsache die Eigensch der Probe nicht aufweist. **b) Rechtshindernde Einwendungen.** Es gilt § 460, sodaß insb die Gewl für solche Mängel entfällt, die bereits der Probe (dem Muster) anhaften u v Käufer erkannt od grob fahrläss nicht erkannt w (BGH **LM** Nr 1). Bei Kauf „nur nach Muster" beschr der Verk seine Haftg auf diejen Mängel, welche aus der Probe (dem Muster) nicht zu ersehen waren (BGH DB **57**, 66). Liefert der Verk eine Sache, die ggü der Probe (dem Muster) ein aliud (§ 378 Hs 2 HGB) 10   darstellt, hat der Verk nicht erfüllt (BGH MDR **61**, 50; vgl Rn 5 vor § 459). **c) Untersuchungs- und Rügepflichten** (§§ 377, 378 HGB; § 464) gelten auch beim Kauf auf Probe (nach Muster) uneingeschr.

11   **4) Beweislast** ist prakt erhebl, weil sehr häuf der Bew nur dch Vorlage v Probe od Muster geführt w kann. **a) Verkäufer** für KaufPrKl für Fehlen einer ProbeVereinbg, wenn Käufer Probewidrigk einwendet; auch für eingeschr Bedeutg der Probe (Rn 4, 6); daß die gelieferte Ware der Probe entspr, wenn der Käufer deshalb die Ann als Erfüllg verweigert od die Einr des nichterf Vertr erhebt (Baumgärtel 4 mwN). **b) Käufer** für Vereinbg des Kaufs nach Probe (Muster) u für Probewidrigk, wenn er die Ware als Erf angenommen hat (§ 363) für Identität des vorgelegten Stücks als Probe (Muster); in diesem Fall auch dann, wenn der Verk sie vorlegt (MüKo/Westermann 9; bestr).

495 **Kauf auf Probe.** [1]Bei einem Kaufe auf Probe oder auf Besicht steht die Billigung des gekauften Gegenstandes im Belieben des Käufers. Der Kauf ist im Zweifel unter der aufschiebenden Bedingung der Billigung geschlossen.

[2]Der Verkäufer ist verpflichtet, dem Käufer die Untersuchung des Gegenstandes zu gestatten.

1) Allgemeines. a) Begriff. Kauf auf Probe od auf Besichtigg ist ein KaufVertr (§ 433) unter der **1** aufschiebden od auflösden Bedingg (§ 158), daß der Käufer den Kauf dch eine gesonderte WillErkl billigt od mißbilligt. Ist insb im Versandhandel vielf gebräuchl (vgl Bambg NJW **87**, 1644). **b) Abgrenzungen. 2 aa) Zu § 494:** Dort ist der KaufVertr unbedingt, bei § 495 bedingt. **bb)** Aufschiebd bedingter Kauf, bei dem der Eintritt der Bedingg nicht im Belieben des Käufers steht, zB Ausgang einer best Untersuchg (sog AnkaufsUntersuchg; Köln NJW-RR **95**, 113). **cc)** Zu UmtauschVorbeh (Vorbem 2–5 vor § 494): Dieser ist wie der Kauf nach Probe (§ 494) unbedingt; der Käufer kann nur dch das Umtauschbegehren den KaufGgst verändern. **dd)** Zum Erprobgs(Prüfgs)Kauf od Kauf zur Probe: Der KaufVertr steht unter der auflösden Bedingg (§ 158 II), daß die Kaufsache sich zum vorgesehenen Zweck nicht eignet, zB Kauf einer Maschine „auf Feldprobe" (Mü NJW **68**, 109). Der Verk muß dem Käufer die Erprobg ermögl, der Käufer die Erkl, ob Eigng gegeben ist, so rechtzeit abgeben, als er dazu imstande ist; unterbleibt dies innerh angemessner Fr, wird der Kauf endgült wirks (BGH WM **70**, 877). **ee)** Binddes VertrAngebot des Verk u Übergabe der Sache zum Zweck der Prüfg od Probe (RG **104**, 276); hier ist noch kein Vertr geschlossen, dies hängt v der Ann ab (§ 151). **ff)** Zum WerkVertr: Herstellg eines Portraits ist Kauf auf Pr, wenn Bezahlg u Abnahme v Gefallen abhäng gemacht w (LG Regbg NJW **89**, 399). **c) Beweislast** trägt der Verk für das Zustdekommen **3** des Vertr, daher für die vertragl Einigg, für das Eintreffen der Kaufsache beim Käufer (Bambg NJW **87**, 1644 mwN) u die Billigg gem § 496.

2) Voraussetzungen. a) Kaufvertrag mit den Erfordern der Einf 1–3 vor § 433. **b) Bedingung.** Sie **4** muß aufschiebd od auflösd (Billigg, § 158 I) od aufschiebd (Mißbilligg, § 158 II) sein. Dch Auslegg (§ 157) zu ermitteln. Abs I S 2 bestimmt als AusleggsRegel, daß iZw die aufschiebde Bedingg vorliegt. Für auflösde Bedingg spricht, wenn der Käufer den KaufPr bereits bezahlt hat (RGRK/Mezger 1). **c) Billigung oder Mißbilli- 5 gung** müssen in der Weise VertrInh sein, daß sie im freien Belieben des Käufers stehen (allgM). Umstr ist lediglich, ob die (Miß)Billigg als sog PotestativBedingg (Einf 10 vor § 158) echte Bedingg iS des § 158 sein kann. Nach hM ist das zu bejahen. Die (Miß)Billig ist eine rechtsgestaltde, dem Verk ggü abzugebde WillErkl (RG **137**, 299). Angabe v Grden ist nicht notw (RG **94**, 287). Sie beziehen sich auf den Kauf u sind auch dann wirks, wenn der KaufGgst nicht besicht w. § 162 ist unanwendb.

3) Wirkungen. Sie sind abdingb. Grenzen gem AGBG (Schildt JR **95**, 89). **a) Bindung** besteht währd **6** des Schwebezustds bis zum BedinggsEintritt insofern, als eine einseit Änderg der VertrBedinggen ausgeschl ist. Der Verk ist bereits gem § 433 I verpfl (RG **94**, 285). Vor Entscheid des Käufers darf der Verk die Sache nicht anderweit veräußern. **b) Gewährleistung** richtet sich nach den §§ 459ff. Für § 460 ist maßgebder **7** Ztpkt neben dem KaufAbschl auch der der Billigg (RG **94**, 287). **c) Gefahrübergang** tritt bei aufschiebder Bedingg (Billigg) anders als bei §§ 446, 447 (vgl dort Rn 4) erst mit der Billigg ein, sodaß bis dahin die Gefahr beim Verk verbleibt (RGRK/Mezger 7). **d) Untersuchungsanspruch** (Abs II) soll dem Käufer **8** Entschließg über Billigg des Kaufs ermöglichen. Anspr auf Gestattg der Untersuchg ist selbstd klagb u nach § 888 ZPO vollstreckb. Weigert sich der Verk, kann der Käufer auch üb §§ 283, 326 SchadErs fordern (Erm/Weitnauer 4). Gg Anspr auf Untersuchg kann Verk nicht einwenden, daß der Kauf wg Mangelhaftigk doch nicht gebilligt würde (RG **93**, 254). **e) Kosten** der Besichtig u Aufbewahrg trägt der Käufer. Über **9** Kosten der Rücksendg entscheidet VertrAuslegg, ev Handelsbrauch. Kein Anspr des Verk auf NutzgsVergütg, wenn Käufer nicht billigt (Celle BB **60**, 306). **f) Schadensersatz** wg schuldh Verletzg der Rückg- u **10** ObhutsPfl. Der Anspr kann aus pVV (§ 276 Rn 104) od auf cic (§ 276 Rn 65) beruhen (BGH **119**, 35 mwN) u verjährt einschl der konkurrierden AnsprGrdlagen (vgl § 558 Rn 6) wie die Anspr gem § 558 u § 606 in 6 Monaten nach Rückg (BGH aaO).

496 **Billigungsfrist.** Die Billigung eines auf Probe oder auf Besicht gekauften Gegenstandes kann nur innerhalb der vereinbarten Frist und in Ermangelung einer solchen nur bis zum Ablauf einer dem Käufer von dem Verkäufer bestimmten angemessenen Frist erklärt werden. War die Sache dem Käufer zum Zwecke der Probe oder der Besichtigung übergeben, so gilt sein Schweigen als Billigung.

Frist (S 1): Gilt für Billig wie für Mißbilligg (§ 494 Rn 5). Die FrVereinbg kann ausdrückl od stillschw **1** geschehen u muß sich auf die (Miß)Billig beziehen. VertrVerlängerg ist zuläss. Die WillErkl (§ 495 Rn 5) muß innerh der Fr zugehen. Ist die Billigg verspätet, gilt § 150 I. Bitte um FrVerlängerg ist nach § 150 II zu behandeln. FrSetzg muß sich auf die (Miß)Billigg beziehen. Eine nicht angemessene Fr setzt eine angemessene in Lauf. **Billigungsfiktion** (S 2) führt die aufschiebde Bedingg (§ 495 Rn 1) herbei. Setzt Übergabe der Kaufsache zum Zwecke der Probe (Besichtigg) zwingd voraus, ebso den Ablauf der Fr (S 1). Gilt auch nicht entspr, wenn eine Probe od ein Muster (nicht die Kaufsache selbst) übergeben od übersandt war (RG **137**, 297).

2. Wiederkauf

497 **Zustandekommen des Wiederkaufs.** [1]Hat sich der Verkäufer in dem Kaufvertrage das Recht des Wiederkaufs vorbehalten, so kommt der Wiederkauf mit der Erklärung des Verkäufers gegenüber dem Käufer, daß er das Wiederkaufsrecht ausübe, zustande. Die Erklärung bedarf nicht der für den Kaufvertrag bestimmten Form.

[2]Der Preis, zu welchem verkauft worden ist, gilt im Zweifel auch für den Wiederkauf.

1   **1) Allgemeines. a) Zweck:** Es kann wirtsch dasselbe erreicht w, wie bei einer SichergsÜbereigng od
2   einem FaustPfdR; ferner kann eine Zweckbindg verwirkl w. **b) Anwendbar** nur auf das nichtgewerbsmäß
    eingeräumte WdkR (BGH **110**, 183), weil gewerbsmäß eingeräumtes Rück- od WdkR als PfandleihGewer-
3   be gilt (§§ 34, 38 GewO) u üb Art 94 EGBGB hierfür LandesR anzuwenden ist. **c) Begriff.** Das WdkR ist
    die Vereinbg in einem KaufVertr, dch das der Käufer aufschiebd bedingt verpfl w, den KaufGgst aGrd einer
    Erkl des Verk an diesen gg Zahlg des WdkPr zurückzuübereignen. Damit wird ein aufschiebd bedingter
    Kaufvertr geschaffen (RG **121**, 369; BGH **29**, 107). Das bedingte R entsteht bereits mit Abschl der WdkVer-
    einbg (BGH **38**, 369) u ist übertragb (Rn 8). Dem steht nicht entgg, daß nach aA die Erkl des WdKäufers die
    Ausübg eines GestaltgsRs darstellt (Mayer-Maly FS f Wieacker S 424 [433]). Der Eintritt der Bedingg
    (Ausübg des WdkR) steht grdsätzl im Belieben des Verk (PotestativBedingg, Einf 10 vor § 158), kann aber v
4   and Bedinggen abhäng gemacht w (Rn 6 aE). **d) Abgrenzung. aa) Wiederverkaufsrecht.** Es steht dem
    Käufer das R zu, für gekaufte Ggst den Verk zum Rückkauf zu verpfl (BGH NJW **84**, 2568). Das ist prakt
    bedeuts bei Beendigg eines EigenhändlerVertr od RücknGarantie des Vermittlers od Lieferanten eines
    LeasGgstds sowie bei BauBetreugsVertr (BGH NJW **94**, 1653). Die ErfVerweigerg führt zum SchadEr-
    sAnspr (BGH aaO). Die entspr Anwendg der §§ 497 ff ist grdsätzl zu bejahen (BGH **110**, 183 mwN); für
    § 498 II S 2 verneint v BGH aaO u NJW **72**, 1191. **bb) Optionsvertrag** (Vorbem 13 vor § 504). Es liegt
    kein bedingter Kauf vor; ein Kauf kommt erst dch Ausübg des AnkaufsR zustande. WdkR zugunsten eines
    Dr ist im Rahmen des § 305 mögl. Es gelten außer §§ 328 ff die §§ 497 ff entspr (RGRK/Mezger 5 mwN).
    cc) Rückkauf, in dem keine WdkAbrede zu sehen ist (vgl Rn 6), ist ein Vertr (§ 305), dch den sich jemand
5   verpfl, eine verkaufte Sache zurückzuerwerben (BGH NJW-RR **91**, 526). **e) Beweislast** für Bestehen des
    WdkR trägt der Verk.

6   **2) Voraussetzungen** des WdkR (Abs I). **a) Kaufvertrag** (§ 433) üb einen Ggst (§ 433 Rn 1). **b) Wie-**
    derkaufabrede (Vorbeh des WdkR). Sie muß nicht notw bei Abschl des KaufVertr vereinb w; auch
    nachträgl mögl (RG **126**, 311; BGH **LM** Nr 1). Das Wort WdkR muß nicht ausdrückl verwendet w. Die
    Abrede kann insb in dem Vorbehalt des Rückkaufs gesehen w (BGH NJW-RR **91**, 526). Es muß die für den
    KaufVertr vorgeschr Form erf sein, insb § 313 (allgM; BGH NJW **73**, 37 mwN). Auch weitere Bedinggen
    als die Ausübg sind zuläss, zB daß der Käufer das Grdst an einen Dr veräußert (BGH NJW **94**, 3299). Das
    gilt grdsätzl nicht für die Veräußerg v Anteilen, kann aber bei einer ErbenGemsch auch dch Veräußerg v
7   Erbanteilen geschehen, wenn der WdKaufGgstd den wesentl Nachlaß bildet. **c) Ausübung:** einseit emp-
    fangsbed unwiderrufl WillErkl, die der Verk dem Käufer ggü abgibt u die den WdKauf (Rückkauf) zustan-
    debringt, wenn sie fristgem erfolgt (§ 503). Bedarf der Form des KaufVertr (Abs I S 2; hM aA Wufka
    DNotZ **90**, 339 [353] wg § 313 S 1), auch nicht der Form einer VerpflErkl v Gemeinden (BGH **29**, 107). Der
    WdkPr muß weder angegeben noch angeboten w (BGH **LM** Nr 2). Die Ausübg ist bedinggsfeindl (allgM);
    eine RBedingg (Einf 5 vor § 158) ist aber zul (RG **97**, 269 [273]: EventualErkl für den Fall vorrang erkl
    unwirks Anf des WdkVertr). Die Ausübg kann uU auf einen Teil des KaufGgst beschr w (BGH WM **78**,
    192). Stets ist die Ausübg v dem ÜbereignsAnspr (Rn 9) zu untersch (BayObLG NJW-RR **86**, 1209). Sie
    bringt den RückauflassgsAnspr zustde, der dch Vormerkg gesichert w kann (BGH NJW **94**, 3299).

8   **3) Wirkung. a) Vor Ausübung** besteht ein schuldrechtl bedingter Anspr auf Übereigng. Er kann dch
    Vormerkg gesichert w (RG **125**, 247; BayObLG **61**, 63), ist übertragb (BGH NJW **91**, 526), daher pfändb u
9   verpfändb; dies kann in den Vereinbgen ausgeschl w (RGRK/Mezger 4). **b) Nach Ausübung.** Die Pfl des
    Käufers u WiederVerk sowie des Verk u Wiederkäufers werden schuldrechtl wirks. Wird die Ausübg
    behördl genehm, so wird auch ein wg fehler Gen unwirks begrdetes WdkR wirks (BGH NJW **51**, 517).

10 **4) Wiederkaufpreis** (Abs II). Er ist wie der KaufPr frei vereinb. Es kann auch der SchätzPr vereinb w
    (vgl § 501). Ist eine Vereinbg unterblieben od ist sie unklar, gilt die AusleggsRegel des Abs II. Ist ein and Pr
    bezahlt worden als vereinb, so liegt darin eine PrÄnd, sodaß WdkPr der bezahlte KaufPr ist (RGRK/Mezger
    8). Grdlegde GeldwertVeränd sind zu berücks (allgM).

498 *Haftung des Wiederverkäufers.* [1]Der Wiederverkäufer ist verpflichtet, dem Wie-
    derkäufer den gekauften Gegenstand nebst Zubehör herauszugeben.

[2]Hat der Wiederverkäufer vor der Ausübung des Wiederkaufsrechts eine Verschlechterung, den
Untergang oder eine aus einem anderen Grunde eingetretene Unmöglichkeit der Herausgabe des
gekauften Gegenstandes verschuldet oder den Gegenstand wesentlich verändert, so ist er für den
daraus entstehenden Schaden verantwortlich. Ist der Gegenstand ohne Verschulden des Wieder-
verkäufers verschlechtert oder ist er nur unwesentlich verändert, so kann der Wiederkäufer Min-
derung des Kaufpreises nicht verlangen.

1   **1) Herausgabepflicht** (Abs I). Sie ist nur als eine der dch den Wdk ausgelösten Pfl zu verstehen, die v G
    bes hervorgehoben sind. Die Pfl zur (Rück)Übereigng (vgl § 433 I) besteht im Umfang der HerausgPfl
    (allgM). Sie umfaßt das Zubehör (§§ 97, 98); auch wenn es erst nach WdkAbrede (§ 497 Rn 6) angeschafft
    wurde. Es kommt auf die ZubehörEigensch zZ der Ausübg des WdkR an (hM). Kaufsache u Zubeh sind im
    Zustd des HerausgZtpkts herauszugeben, Zug-um-Zug gg Zahlg des WdkPr. Nicht herauszugeben od zu
    ersetzen sind die gezogenen Nutzgen (allgM). Dementspr ist der KaufPr nicht zu verzinsen.

2   **2) Verschlechterung, Untergang und Veränderung** der Sache (Abs II) ist darin für den ZtRaum zw
    WdkAbrede u Ausübg abschließend auch für Gewl geregelt (RG **126**, 313). Daraus läßt sich eine Pfl zur
3   Erhaltg der Sache entnehmen (MüKo/Westermann 3). **a) Vor Ausübung** des WdkR: **aa)** Vom WdVerk
    versch (§§ 276, 278) Unterg od sonst Unmöglk der Herausg (zB infolge Vermiet) od Verschlechterg führt
    zur SchadErsPfl. Verschlechterg ist an einem ordngsgem Gebr zu messen. Bei zufall Unterg gelten die
    §§ 323, 281 (RGRK/Mezger 4). Bei zufall Verschlechterg besteht keine ErsPfl; der Verk kann den Wdk
    unterl, uU Ausübg als WillErkl gem § 119 II anf. **bb)** Veränderg dch WdVerk: Haftg nur bei wesentl
    Veränderg. In allen Fällen, in denen keine SchadErsPfl besteht, ist nicht nur Minderg (Abs II S 2), sond jede

Gewl ausgeschl. Da Re des WdKäufers währd der Schwebelage gg Vereitelg dch WdVerk geschützt w sollen, ist § 460 auch dann unanwendb, wenn WdKäufer Mängel bei Ausübg des WdkR kennt. **b) Nach** 4 **Ausübung** des WdkR haftet der WdVerk für danach eintretde Beschädigg, Unterg u Unmöglk der Herausg (insb wg Weiterveräußerg), wie bei jedem Kauf, ohne Beschränkgen des Abs II. Auch für Mängel, die vor Überg der Sache dch WdKäufer an WdVerk vorhanden sind, haftet letzterer nicht.

499 *Beseitigung von Rechten Dritter.* **Hat der Wiederverkäufer vor der Ausübung des Wiederkaufsrechts über den gekauften Gegenstand verfügt, so ist er verpflichtet, die dadurch begründeten Rechte Dritter zu beseitigen. Einer Verfügung des Wiederverkäufers steht eine Verfügung gleich, die im Wege der Zwangsvollstreckung oder der Arrestvollziehung oder durch den Konkursverwalter erfolgt.**

Gesetzesänderung: Grund der Vorschr: Das WdkR wirkt nur schuldrechtl, nicht dingl. Wg der Be- 1 dingg besteht ein schuldrechtl SchwebeZustd (§ 497 Rn 8), der den Käufer nicht hindert, üb den KaufGgst wirks zu verfügen. **Anwendbar** ist § 499 für alle Verfügen (insb Belastgen) mit Ausn der Veräußerg; diese 2 fällt unter § 498 II; ebso die Vermietg od Verpachtg. Gleichgestellt sind alle zwangsw Verfügen gem S 2, zB Pfändg, öff Versteigerg, ZwVersteigerg. **Rechtsfolgen:** Der WdKäufer hat gg den WdVerk ab Ausübg 3 des WdkR den endgült Anspr auf Beseitig v Ren Dr (wie § 434 Rn 4). Ist dies unmögl, so besteht bei Versch (idR gegeben) der Anspr aus § 325. Nach Ausübg des WdkR gelten die §§ 323ff direkt. **Ansprüche** 4 **gegen Dritte** bestehen nur, wenn der bedingte Anspr (§ 497 Rn 8) dch Vormerkg gesichert ist, weil dann der WdKäufer nach §§ 883 III, 888 vorgehen kann.

500 *Ersatz von Verwendungen.* **Der Wiederverkäufer kann für Verwendungen, die er auf den gekauften Gegenstand vor dem Wiederkaufe gemacht hat, insoweit Ersatz verlangen, als der Wert des Gegenstandes durch die Verwendungen erhöht ist. Eine Einrichtung, mit der er die herauszugebende Sache versehen hat, kann er wegnehmen.**

Zweck: § 500 regelt die Risikogrenze des WdVerk für den Fall v Verwendgen (MüKo/Westermann 1). 1 Verwendungen (S 1, Vorbem 5 vor § 994) können in der notw Erhaltg, einer wertsteigernden Verbesserg, der Beschaffg von Zubeh od von Einrichtgen bestehen. Verwendgen, die zur Erhaltg notw sind, müssen vom WdVerk geleistet w u sind nicht zu ersetzen. Andere Verwendg vor WdkAusübg sind zu ersetzen, soweit dadurch Werterhöhg eintritt. Wertberechng geschieht dch Vergl des obj Werts bei WdkRAbrede mit obj Wert bei Herausg an den WdKäufer (RGRK/Mezger 3). Gilt nicht bei § 501. **Einrichtungen** (§ 258) 2 können bei Wertsteigerung VergütgsAnspr begrden. Statt dessen kann WdVerk an Stelle des Vergütgs-Anspr die Einrichtg zurückbehalten. Auch Einrichtg, die nach WdkAusübg angebracht w, kann er wegnehmen.

501 *Wiederkauf zum Schätzungswert.* **Ist als Wiederkaufpreis der Schätzungswert vereinbart, den der gekaufte Gegenstand zur Zeit des Wiederkaufs hat, so ist der Wiederverkäufer für eine Verschlechterung, den Untergang oder die aus einem anderen Grunde eingetretene Unmöglichkeit der Herausgabe des Gegenstandes nicht verantwortlich, der Wiederkäufer zum Ersatze von Verwendungen nicht verpflichtet.**

Wirkung: beschr die ggseit Re aus §§ 498, 500. Es bleibt nur die Haftg für wesentl Veründg aus § 499 u 1 das WegnR (§ 500 S 2) bestehen. **Unanwendbarkeit** des § 501 wird bei Argl des WdVerk bejaht (hM).

502 *Gemeinsames Wiederkaufsrecht.* **Steht das Wiederkaufsrecht mehreren gemeinschaftlich zu, so kann es nur im ganzen ausgeübt werden. Ist es für einen der Berechtigten erloschen oder übt einer von ihnen sein Recht nicht aus, so sind die übrigen berechtigt, das Wiederkaufsrecht im ganzen auszuüben.**

Zweck: Schutz des Käufers vor zwangsweisen Eintr in eine bestehde Gemsch v WdkBerecht. **Anwend-** 1 **barkeit** auf Mehrh v WdVerkVerpflichteten ist umstr (vgl MüKo/Westermann 3 mwN). **Gemeinschaft** 2 (S 1) an WdkR liegt stets vor, wenn mehrere Berechtigte vorhanden sind. Gilt für alle Arten gemeins Berechtigg, zB § 741 (BayObLG NJW-RR **86**, 1209) od eine GesHandGemsch (hM; vgl BayObLG NJW-RR **93**, 472 mwN). Die Mehrh v Berechtigten muß nicht schon bei WdkAbrede vorhanden gewesen sein. Die Ausübg (§ 497 Rn 7) muß bei GesHandGemsch gemeinsch sein (Soergel/Huber 5). **Übergang** (S 2) 3 findet statt, wenn einer von mehreren WdKäufern das Recht verliert (§ 503) od zu erkennen gibt, er es nicht ausüben werde. Dann können die übr Berechtigten (gemeinsam; S 1) die Erkl nach § 497 abgeben; sie müssen den ganzen Ggst des WdkR übernehmen. Re u Pfl aus Wdk erwachsen nur zw ausübenden WdKäufern u WdVerk.

503 *Ausschlußfrist.* **Das Wiederkaufsrecht kann bei Grundstücken nur bis zum Ablaufe von dreißig, bei anderen Gegenständen nur bis zum Ablaufe von drei Jahren nach der Vereinbarung des Vorbehalts ausgeübt werden. Ist für die Ausübung eine Frist bestimmt, so tritt diese an die Stelle der gesetzlichen Frist.**

Wesen: AusschlußFr (BGH **47**, 387), daher sind VerjVorschr über Hemmg u Unterbrech auch nicht 1 entspr anwendb. **Anwendungsbereich:** nur WdkR; grdsätzl nicht bei AnkaufsR (vgl Vorbem 13 vor § 504) 2

543

3 u KaufVorvertr (BGH aaO). **Berechnung** der Fr §§ 187 ff. Die Fr gilt nur für die Ausübg des WdkR (§ 497
4 Rn 7), nicht für den ErfAnspr aus § 498 I. **Abweichende Vereinbarungen** sind zul (S 2), insb ist Fr u
Ablauf der Fr dch Eintritt eines best Ereign, auch Beginn dch ein best künft Ereignis (Hbg MDR **82**, 668);
jedoch ist ein unbefristetes WdkR unzuläss (Düss Rpfleger **86**, 255; Soergel/Huber 3). Daher muß bei einer
aufschiebden Bedingg ein fester Endtermin gegeben sein. Ändergen der Fr sind auch nachträgl mögl,
unterliegen nur ausnw nicht der Form des § 313 (vgl BGH NJW **73**, 37).

3. Vorkauf

Vorbemerkungen

1 **1) Allgemeines.** Schrifttum: Schurig, Das VorkR im PrivatR, 1975. **a) Begriff:** Das VorkR ist die
Befugn, einen Ggst dch einen Kauf zu erwerben, wenn der VorkVerpfl diesen Ggst an einen Dr verkauft. Mit
der Ausübg des VorkR kommt dann der KaufVertr zw VorkBer u VorkVerpfl (Verk) mit dem gleichen Inhalt
zustde wie der zw dem VorkVerpfl u dem Dr. Das schuldrechtl VorkR ist in §§ 504 ff ist ein Gestaltgsr (hM).
2 Verh zum dingl VorkR: Rn 5. **b) Anwendungsbereich:** Alles, was Ggst eines Kaufs sein kann (§ 433 Rn 1–
5). Die §§ 504 ff gelten auch für die gesetzl VorkRe, sind grdsätzl entspr anwendb auf Vorpacht u Vormiete
3 (Einf 4 vor § 535). **c) Abdingbarkeit:** ist zu bejahen, insb kann der KaufPr limitiert od die Ausübg in der
4 Weise erleichtert w, daß sie bereits vor Abschl des Kaufs vorgenommen w kann. **d) Gesetzliche Vorkaufs-
rechte:** Währd das VorkR der §§ 504 ff dch Vertr begrdet w (§ 504 Rn 1), gibt es gesetzl VorkRe: Für
Miterben (§ 2034), für Mieter öff geförderter MietWo (§ 2b WoBindG) u v Wohngen, die in WoEigt
umgewandelt w (§ 570 b), für Gemeinden (§§ 24–29 BauGB, § 3 BauGB-MaßnahmenG), für Nutzer im
Beitrittsgebiet (§ 57 SchuldRAnpG), für ArbNErfinder (§ 27 ArbEG); ferner nach LandesR. Für diese gesetzl
VorkRe gelten die §§ 504 ff grdsätzl (Rn 2).

5 **2) Unterschied zum dinglichen Vorkaufsrecht** (§§ 1094 ff). Die §§ 504 ff gelten für das dingl VorkR
ergänzd (§ 1098), die §§ 1094 ff aber nicht für das schuldrechtl VorkR. Währd das dingl VorkR eine unmittelb
Belastg des Grdst mit Wirkg gg jeden Dr darstellt, kann das schuldrechtl VorkR bei Grdst nur dch eine
6 Vormkg dingl gesichert w (RG **72**, 392). **a) Schuldrechtliches Vorkaufsrecht: aa)** Dingl Sicherg nur dch
Vormkg mögl (BayObLG NJW **78**, 700). **bb)** Verpflichtet nur denjen, der das VorkR bestellt hat (VorkVer-
pfl) u gilt nur für einen VorkFall. **cc)** Kann auf einen best KaufPr begrenzt w. **dd)** Ausschl des VorkR bei
7 Verkauf in ZwVollstr u dch KonkVerw (§ 512). **b) Dingliches Vorkaufsrecht: aa)** Dingl Sicherg dch
unmittelb Belastg des Grdst u Eintr ins Grdbuch. **bb)** Verpflichtg für den jeweil Eigt. Bestellt werden kann
für mehrere u alle VerkFälle (§ 1097). **cc)** Kann nicht für fest best KaufPr bestellt w (§ 1098 Rn 2). **dd)** Gilt
auch bei ZwVerst u Verkauf dch KonkVerw (§ 1098 I 2; § 1097 Rn 1).

8 **3) Rechtsverhältnis zum Käufer** (DrKäufer). Die §§ 504 ff regeln nur das Verh zw VorkBer u VorkVer-
pfl, nicht ihr RVerh zum sog DrKäufer. **a) Verkäufer** (VorkVerpfl). Sein KaufVertr mit dem DrKäufer wird
dch die Ausübg des VorkR grdsätzl nicht berührt; der Vertr u die VertrPfl bleiben bestehen (RG **121**, 138).
Gegen den Verk bestehen bei Ausübg des VorkR zwei ErfAnspr (des DrKäufers u des VorkBer). Je nachdem,
wem ggü er erf, ist er dem and aus §§ 325, 326 zum SchadErs verpfl. Er muß selbst Vorsorge treffen, indem er
den Verkauf an den Dr davon abhäng macht (Bedingg, § 158), daß das VorkR nicht ausgeübt w od ihm der
Rücktr vorbehalten bleibt (vgl § 506). Eine Vereinbg, wonach dem VorkBer Gelegenh zur Ausübg des VorkR
zu gewähren sei, ist nicht als Bedingg od RücktrVorbeh auszulegen, sond im Vertr zGDr, dch den der
9 DrKäufer zur Weiterveräußerg an VorkBer verpfl sein kann (RG **163**, 155). **b) Vorkaufsberechtiger:** Es
entstehen auch bei Ausübg grdsätzl keine RBeziehgen zum DrKäufer (RG **121**, 138), insb besteht kein
ErstattgsAnspr des Dr für VertrKosten. Ausn: bei Vertr zGDr (Rn 8) u bei Vormkg (§§ 883, 888).

10 **4) Abgrenzung.** Es gibt zahlreiche Ausgestaltgen von Vertr, die dem VorkR u WdkR ähnl sind. Die
Terminologie ist uneinheitl. Die wicht Formen sind: **a) Vorvertrag.** Begr: Einf 19 vor § 145. Bei einem
11 VorVertr für einen Kauf muß mind der KaufGgst best od bestimmb sein. **b) Vorhand.** Begr.: Einf 24 vor
§ 145. In bezug auf KaufVertr ist zur Abgrenzg ggü dem AnkaufsR (Rn 13) ledigl die Pfl zu verstehen, dem
VorhandBerecht die Angebote and VertrInteressenten mitzuteilen u ihm die Entscheidg vor den and zu
überlassen, den Kauf abzuschließen. IZw ist mit Vorhand ledigl diese Verpfl gemeint. Sie kann sich auch auf
künft Sachen od Re beziehen (RG **79**, 156). Schuldh Verletzg der Pfl aus der Vorhand kann SchadErsAnspr
12 begrden (§ 280). **c) Eintrittsrecht** ist das R eines Dr, in einen bestehden KaufVertr mit dem gleichen od
veränderten Inhalt unter best Voraussetzgen als Käufer einzutreten. Führt zu einer SonderRNachf mit den
13 RFolgen einer FdgsAbtretg (§§ 398 ff) u einer SchuldÜbern (§§ 414 ff). **d) Ankaufsrecht** (OptionsR in bezug
auf einen Kauf, vgl Einf 23 vor § 145). Ein gesetzl AnkaufsR ist in den §§ 61–74 SachenRÄndG geregelt. Ein
AnkaufsR kann vertragl auf verschiedene Weise begrdet w u ist im Einzelfall dch Auslegg zu ermitteln. Der
Anspr aus dem AnkaufsR ist übertragb (§ 398); er unterliegt grdsätzl der 30jähr Verj (BGH **47**, 387); er kann
dch Vormkg als künft Anspr auf EigtÜbertr (§ 883 I 2) gesichert w (BGH JR **74**, 513 m Anm v U. H.
Schneider). Der Inhalt, insb der KaufGgst muß hinreichd bestimmt sein (vgl Düss NJW-RR **95**, 718).
14 **aa) Bindendes Verkaufsangebot** (§ 145), das innerh einer best Fr angenommen w kann, so daß es allein
vom AnkaufsBer abhängt, den KaufVertr zustdezubringen. Das AnkaufsR entsteht in diesem Fall ohne Vertr,
allein dch das bindde Angebot, das aber so best sein muß (dh den notw VertrInhalt umfaßt), daß einf Ann
genügt (§ 145 Rn 1). Das AnkaufsR ist in diesem Fall ein GestaltgsR (§ 145 Rn 5). Sobald das Angebot
abgegeben ist, kann der künft Anspr aus dem erst infolge Ann entstehden KaufVertr dch Vormkg (§ 883)
15 gesichert w. **bb) Aufschiebend bedingter Kaufvertrag** od KaufVorvertr (Rn 10). Die Bedingg kann in den
freien Willen beider VertrPart gestellt w (BGH NJW **67**, 153). Die erforderl WillErkl muß dem VertrPart,
16 nicht einem GrdstErwerber zugehen. **cc) Optionsvertrag,** der dem Berecht das Recht einräumt, dch
WillErkl (§ 130) einen KaufVertr mit festgelegtem Inhalt zustdezubringen. Der OptionsVertr ist nicht mit
dem KaufVertr od VorVertr ident (and als bei Rn 14 u 15). Beim OptionsVertr kommt der KaufVertr erst dch
die Ausübg des AnkaufsR zustande.

504 *Voraussetzung der Ausübung.* **Wer in Ansehung eines Gegenstandes zum Vorkaufe berechtigt ist, kann das Vorkaufsrecht ausüben, sobald der Verpflichtete mit einem Dritten einen Kaufvertrag über den Gegenstand geschlossen hat.**

1) Allgemeines. a) Entstehung des VorkR beruht auf G (Vorbem 4) od auf Vertr (VorkVereinbg) zw 1 VorkVerpfl u VorkBerecht (üb deren RVerh zum sog DrKäufer vgl Vorbem 8). **b) Form:** Vertragl Begründg setzt formgült VorkVertr voraus: not Beurk bei Grdst (§ 313 Rn 11) u bei GmbH-Anteilen (§ 15 IV GmbHG). Auch Vorvertr über Verpflichtg zur Bestellg von VorkR bedarf der Form des KaufVertr (RG **107**, 39). **c) Inhalt:** Die Part können für den Fall, daß das VorkR ausgeübt w, and Bestimmgen für den dch 2 Ausübg des VorkR entstehenden Vertr vereinb (BGH WM **71**, 46). Das VorkR kann auch für einen Dr begrdet w (§ 328). Das VorkR ist iZw nicht übtragb u unvererbl (§ 514). **d) Verjährung** des VorkR ist 3 ausgeschl (RGRK/Mezger 9). **e) Beweislast** für die Voraussetzgen (Rn 4–6): VorkBerecht (BGH NJW **90**, 1473).

2) Vorkaufsfall. Er hat folgde Voraussetzgen: **a) Kaufvertrag** zw VorkVerpfl u DrKäufer. Er kann 4 bedingt sein (§ 506 Rn 1). Das VorkR kann sich nur auf solche KaufVertr beziehen, die nach seinem Entstehen geschl w, auf frühere auch dann nicht, wenn sie erst nach der Begrdg des VorkR behördl genehmigt (BGH **LM** § 1098 Nr 4) od dch einen neuen Vertr ledigl abgeänd w (BGH WM **70**, 283). Das gilt auch dann, wenn es sich um gesetzl VorkRe handelt (BGH **32**, 383). Da ein KaufVertr vorliegen muß, gilt das VorkR grdsätzl nicht bei Einbringg in Gesellsch, Schenkg (BGH WM **71**, 1164), Tausch (BGH NJW **64**, 540; RG **88**, 361) od Ringtausch (BGH NJW **68**, 104); hingg gilt das VorkR bei UmgehgsGesch, die einem Kauf gleichkommen (BGH **115**, 335 mwN; Nürnb NJW-RR **92**, 461). **b) Wirksamkeit** des KaufVertr 5 (Rn 4). Er muß rechtsgült sein (BGH WM **60**, 552). Es dürfen keine NichtigkGrde vorliegen (zB §§ 125, 134, 138). Eine Anfechtg muß trotz § 142, jedenf nach Ausübg des VorkR, diesem nicht entggstehen (vgl BGH NJW **87**, 890). Eine erforderl behördl Genehmigg muß vorliegen (hM; BGH **14**, 1; **23**, 342; aA Dietzel JR **75**, 8). Dch nachträgl Aufhebg des wirks DrKaufs wird jedoch VorkFall nicht beseitigt (RG **118**, 8), insb auch nicht dch Rücktr des Käufers vor Ausübg des VorkR (BGH NJW **77**, 762). Ein vertr RücktrR des DrKäufers steht nicht entgg (BGH **67**, 398); ebsoweinig ein RücktrVorbeh des VorkVerpfl (Jau/Vollkommer 5c). **c) Dritter** muß der Käufer des KaufVertr (Rn 4) sein. Daher ist kein VorkFall gegeben bei 6 ErbTKauf u Miterbenauseinandersetzg (BGH WM **70**, 321), bei Veräußerg an MitEigt bei TeilgsVersteigerg (BGH **13**, 133); vgl aber § 513. In der VertrGestaltg ist der Verk mit dem Dr frei, darf aber keine Bestimmg vereinb, die auf Vereitelg des VorkR abzielt, andfalls ist dies ggü dem VorkBer unwirks (BGH WM **70**, 321; *arg* § 162 I). Abänderg des KaufVertr ist mit Wirkg gg den VorkBerecht nur zul, solange VorkR noch nicht ausgeübt ist (§ 505 II).

3) Ausschluß der Ausübungsbefugnis tritt ein dch: **a) Erlaßvertrag** (§ 397). **aa)** Vor Eintritt des 7 VorkFalls (Rn 4) dch Vertr zw VorkBer u VorkVerpfl; damit entfällt die AusübgsBefugn beim VorkFall, auch ohne Aufhebg gem § 875 (BGH **LM** Nr 1). Der Vertr ist auch dch schlüss Verhalten mögl (BGH **LM** Nr 7). **bb)** Nach Eintritt des VorkFalls (Rn 4) ebfalls dch Vertr zw VorkVerpfl u dem zum Käufer gewordenen VorkBerecht (RGRK/Mezger 9). **b) Nichtausübung** innerh der Fr des § 510 II. **c) Treuwidrigkeit** 8 (§ 242 Rn 85) des VorkBerecht ist gegeben, wenn er dem DrKäufer zusagt, von seinem R keinen Gebr zu machen (BGH **37**, 147). **d) Gesetzlicher Ausschluß** in den Fällen der §§ 507 S 2, 511, 512. **e) Vereinbarter Ausschluß** dch die VertrPart, indem sie das VorkR davon abhäng machen, welches Ergebn ein v VorkVerpfl in Gang gesetztes MittVerfahren hat (vgl BGH NJW **93**, 324).

4) Teilverkauf. Der VorkFall (Rn 4–6) besteht auch bei einem TeilVerk hinsichtl dieses Teils. Wird das 9 VorkR nicht ausgeübt, besteht es für den Rest des Ggst weiter.

505 *Ausübung.* [1]**Die Ausübung des Vorkaufsrechts erfolgt durch Erklärung gegenüber dem Verpflichteten. Die Erklärung bedarf nicht der für den Kaufvertrag bestimmten Form.**

[2]**Mit der Ausübung des Vorkaufsrechts kommt der Kauf zwischen dem Berechtigten und dem Verpflichteten unter den Bestimmungen zustande, welche der Verpflichtete mit dem Dritten vereinbart hat.**

1) Ausübung (Abs I) erfolgt dch einseit empfangsbedürft WillErkl ggü Verpfl od dch Vertr mit ihm 1 (§ 305). **a) Wirksamkeit:** Die Erkl ist ihrem Inhalt nach nicht nur Ausübg eines vertragl od gesetzl R, sond begründet auch Pfl des Erklärden (Rn 4). Sie bedarf daher, soweit VerpflichtgsErkl genbedürft sind (zB nach GemO), der Gen (BGH **32**, 375). Die Erkl des VorkBerechtigten unterscheidet sich daher insow von der Erkl des Wiederkäufers; hierzu § 497 Rn 7. Ausübgsfrist: § 510. AusübgsErkl ist bedinggsfeindl; daher muß auch eine genehmiggsbedürft AusübgsErkl innerh der AusschlFrist des § 510 genehmigt w (BGH **32**, 375). Die AusübgsErkl ist abzugeben ggü Verpfl auch dann, wenn der DrKäufer nach § 510 I VorkFall mitteilt. Die Erkl ist formfrei (Abs I S 2; hM; aA Wufka DNotZ **90**, 339 [353]), weil für die Begründg des VorkR Form schon gewahrt sein muß (§ 504 Rn 5); so daß mit formloser Ausübg des VormietR (vgl Einf 4 vor § 535) der Vertr auf jeden Fall zustdekommt (BGH NJW **71**, 422 für Pacht). **b) Unwirksam** ist die 2 AusübgsErkl, wenn sie gg Treu u Glauben verstößt; zB wenn VorkBerecht offenb nicht in der Lage ist, seine Verpflichtg aus dem KaufVertr zu erfüllen, od deren Erf ablehnt (BGH NJW **62**, 1908); wenn er die Zahlg des Kaufpr von vorheriger gerichtl Prüfg abhäng macht, ob KaufprVereinbg Ausübg des VorkR erschweren od vereiteln sollte (§ 506; BGH **LM** Nr 6). Unwirks ist die Ausübg auch, wenn der VorkBerecht schuldrechtl verpflichtet ist, das VorkR nicht auszuüben (§ 504 Rn 8, BGH **37**, 147 zum dingl VorkR).

2) Wirkung (Abs II). **a) Zweck:** VorkBerecht soll sich nicht schlechtere Bedinggen gefallen lassen müs- 3 sen als der DrKäufer. Ebsowenig soll der VorkVerpfl nicht schlechter gestellt w. Nicht: SchutzVorschr für den DrKäufer. **b) Allgemein:** Dch Ausübg wird neuer selbstd KaufVertr zw den Parteien des Vorkaufs 4 begrdet. Der Ausübende tritt also nicht in den DrKauf ein (allgM; zB BGH **98**, 198), hat jedoch alle Leistgen zu erbringen, die der Erstkäufer nach dem KaufVertr zu erf hätte, sow sich nicht aus dem G (§§ 507–509) od aus dem KaufVertr etwas anderes ergibt (MüKo/Westermann 5 mwN). Er hat auch VorfälligksZ zu zahlen, aber erst, sobald er in den KaufVertr eingetreten ist (BGH NJW **95**, 1827). Vereinbg zw Verk u Erstkäufer, daß dieser einen Teil der KaufPrFdg dch Aufrechng tilgt, berührt AusübgsR nicht. Die Ausübg des VorkR

5 schafft keine vertr Beziehgen zw VorkBer u DrKäufer. **c) Vertragsinhalt:** Entgstehende Erkl des Vorkäufers dahin, daß er zwar sein VorkR ausübe, jedoch bestimmte, hiermit verbundene Pfl ablehne, ist regelm bedeutgslos, wenn VorkVerpfl auf die RWirksamk der AusübgsErkl vertraut (BGH **LM** Nr 5 zur Vormiete). Falls bei Vereinbg des VorkR bes Bedinggen für Vertr zw Vorkäufer u VorkVerpfl festgelegt waren (zB fester VorkPreis, WdkR), so gelten zunächst diese, iü VertrInh des DrKaufs. SonderVereinbgen sind zul, da § 505 die VertrFreih nicht einschr (RG **104**, 123), u zwar bis zur Ausübg des VorkR (RG **118**, 5; BGH NJW **69**, 1959). Ein zugunsten Dr (§ 328) eingeräumtes NutzgsR kann auch gg den wirken der die

6 Sache vom Vorkäufer erwirbt (vgl BGH NJW **87**, 396). **d) Pflichten.** Der Verkäufer u VorkVerpfl ist dem Vorkäufer zur Gewl (§§ 459ff) verpfl (Köln NJW-RR **95**, 1167). Er ist aber nicht gehalten, dem VorkBerecht die Ausübg des VorkR zu ermögl (BGH aaO), insb hat der Vorkäufer keinen Anspr auf and VertrInh u längere Fr wg Schwierigk bei Beschaffg des KaufPr (BGH WM **73**, 1403). Bestimmgen des ErstVertr, die wesensgem nicht zum KaufVertr gehören, verpfl jedoch den Vorkäufer nicht (BGH **77**, 359). Die Vereinbg zw VorkVerpfl u DrKäufer, die Kosten des Vertr zw ihnen seien v DrKäufer zu tragen, geht letztl zu Lasten des Vorkäufers (BGH **LM** Nr 2). MaklerProv des Verk hat der Vorkäufer nicht zu erstatten (RGRK/Mezger

7 5). **e) Verhältnis Verkäufer zu Drittkäufer.** Auf deren VertrVerh ist die Ausübg des VorkR ohne Einfluß. Der VorkVerpfl muß daher als Verk den KaufVertr mit dem DrKäufer so gestalten, daß ihm daraus keine Nachteile erwachsen (RücktrR, auflösde Bedingg od Ausschl v Erf- u SchadErsAnspr); vgl § 506 u

8 Vorbem 8 vor § 504. **f) Prozessuales:** Der DrKäufer kann zul FeststellgsKl gg VorkBerecht erheben, daß die Ausübg des VorkR unwirks war (BGH WM **70**, 933).

506 **Unwirksame Vereinbarungen.** **Eine Vereinbarung des Verpflichteten mit dem Dritten, durch welche der Kauf von der Nichtausübung des Vorkaufsrechts abhängig gemacht oder dem Verpflichteten für den Fall der Ausübung des Vorkaufsrechts der Rücktritt vorbehalten wird, ist dem Vorkaufsberechtigten gegenüber unwirksam.**

1 **1) Allgemeines.** § 506 enthält allg RGedanken (BGH **110**, 230). **a) Grundsatz.** Der VorkVerpfl ist trotz VorkR in der Gestaltg des Vertr mit dem Dr frei. Auch RücktrR od auflösde Bedingg für den Fall der Ausübg des VorkR (od als RBedingg dessen Bestehen, BGH NJW **87**, 890) ist dem DrKäufer ggü gült; sie ist für den VorkVerpfl sogar zweckm, um sich vor SchadErsAnspr des DrKäufers (Vorbem 8 vor § 504) zu

2 schützen. **b) Zweck:** Schutz des VorkBerecht vor UmgehgsGesch (vgl Rn 3–5). **c) Folge.** Die VertrTreue verlangt, daß VorkVerpfl sich einer solchen Vereinbg nicht bedienen darf, um das VorkR zu vereiteln; desh ist sie im Verhältn zum VorkBerecht unwirks. Verpflichteter kann weder den VorkFall leugnen noch enthält der neue selbstd KaufVertr zw d Part des Vork (§ 505 Rn 4) eine solche Bedingg od ein RücktrR. BGH NJW **87**, 890 läßt zu, daß der Verk das Fehlen der GeschGrdl (§ 242 Rn 149 aE) zum KaufVertr auch dem Vorkäufer entgghalten kann (zust Burkert NJW **87**, 3157; dagg Tiedtke NJW **87**, 874). Nach BGH aaO fehlt die GeschGrdl, wenn Verk u DrKäufer irrtüml davon ausgehen, der Vertr unterliege nicht dem VorkR.

3 **2) Verhinderungsgeschäfte.** § 506 ist entspr anzuwenden (RFolge § 138): **a) Aufgehobener Drittkauf.** Enthält dieser Klauseln, die das VorkR vereiteln sollen, kann sich der VorkVerpfl darauf nicht ggü

4 dem VorkBerecht berufen (RG **118**, 8). **b) Umgehungsgeschäfte** (vgl Soergel/Stürner 6–9 vor § 1094): Vereinbg des VorkVerpfl mit einem Dr, wodch ein and, das ausgestaltetes VorkR anstatt eines KaufVertr begrdet w, zB Bestellg eines Nießbr (BGH **34**, 200). Wenn über § 139 der KaufVertr dadch unwirks sein soll, daß für den VorkBerecht ein vollmachtl Vertr einen ErlaßVertr (§ 504 Rn 7) schließt (BGH **110**, 230).

5 BewL für die Umgehg trägt der VorkBerecht (BGH aaO). **c) Vereitelungsgeschäft.** Hierfür reichen Absicht od Bewußts nicht aus. Es müssen verwerfl Motive, Anwendg unlauterer Mittel od Zwecke hinzukommen (BGH NJW **64**, 540 u WM **70**, 321). Bsp: Vereinbg einer Abfindg des DrKäufers, der zugleich Mieter ist (BGH NJW **62**, 1908).

507 **Nebenleistungen.** **Hat sich der Dritte in dem Vertrage zu einer Nebenleistung verpflichtet, die der Vorkaufsberechtigte zu bewirken außerstande ist, so hat der Vorkaufsberechtigte statt der Nebenleistung ihren Wert zu entrichten. Läßt sich die Nebenleistung nicht in Geld schätzen, so ist die Ausübung des Vorkaufsrechts ausgeschlossen; die Vereinbarung der Nebenleistung kommt jedoch nicht in Betracht, wenn der Vertrag mit dem Dritten auch ohne sie geschlossen sein würde.**

1 **Grundsatz:** Vorkäufer muß jede Nebenleistg erbringen, wenn er dazu imstande ist. Ist er dazu außerstande, greift § 507 ein. **Abdingbar** ist S 2 bei Begrdg des VorkR. **Anwendungsfall:** Nebenleistg ist in Geld nicht schätzb, wenn Pflege dch Verwandte vereinbt ist (RG **121**, 140). Anwendb ist § 507 auf Vormiete (Vorpacht) nicht durchweg (RG **125**, 127). **Scheinabreden,** die den VorkBerecht abhalten sollen, den Vork auszuüben, sind wg § 117 I nichtig (Hbg NJW-RR **92**, 1496).

508 **Gesamtpreis.** **Hat der Dritte den Gegenstand, auf den sich das Vorkaufsrecht bezieht, mit anderen Gegenständen zu einem Gesamtpreise gekauft, so hat der Vorkaufsberechtigte einen verhältnismäßigen Teil des Gesamtpreises zu entrichten. Der Verpflichtete kann verlangen, daß der Vorkauf auf alle Sachen erstreckt wird, die nicht ohne Nachteil für ihn getrennt werden können.**

1) Allgemeines. § 508 bewirkt, daß VorkR auch ausgeübt w kann, wenn sein Ggst mit and, v VorkR 1 nicht erfaßten Ggsten zus verk w. **a) Anwendbar** auch, wenn VorkR nur einen als Teilfläche abtrennb Teil eines Grdst betrifft u das ganze Grdst verk w (allgM; BayObLG NJW-RR **92**, 1039 mwN); entspr auf Vormiete u Vorpacht (KG OLG **17**, 26). Dies trifft nicht zu, wenn bei einem gem § 2 b WoBindG bestehenden VorkR das Grst verkauft w, ohne daß EigtWo aufgeteilt w (BayObLG aaO). **b) Abdingbarkeit** ist zu 2 bejahen (RG **97**, 283). **c) Preisberechnung** (S 1) wie nach §§ 472 ff. Bsp: GesWert aller verkauften Ggst (1000.–) verhält sich zu Wert der VorkSache (800.–) wie Kaufpr aller Ggst (900.–) zum Preis der VorkSache (720.–).

2) Ausdehnung des Vorkaufs auf alle Sachen (S 2). **a) Voraussetzungen: aa)** Ausübg des VorkR für 3 einen Ggst, der mit and Ggsten zu einem GesPr verkauft w (S 1 Hs 1). **bb)** Trenng der Sachen v dem Ggst, für den das VorkR ausgeübt w, darf nur mit Nachteil für den Verk mögl sein. BewLast: Verk. **b) Wirkung: 4 aa)** Der Verk hat gem S 2 eine Einr. Diese Einr versagt wg § 242 dann, wenn die wirtsch Einh der mehreren Ggste schon bei Begrdg des VorkR bestand (RGRK/Mezger 3). **bb)** Der Vorkäufer hat nach Ausübg des Vork (§ 505) ein WahlR: Er kann die Ausübg des Vork im ganzen ablehnen (umstr; vgl RGRK/Mezger 4) od es für alle verkauften Ggst gelten lassen (vgl RG **133**, 79).

509 *Stundung des Kaufpreises.* [I]Ist dem Dritten in dem Vertrage der Kaufpreis gestundet worden, so kann der Vorkaufsberechtigte die Stundung nur in Anspruch nehmen, wenn er für den gestundeten Betrag Sicherheit leistet.

[II]Ist ein Grundstück Gegenstand des Vorkaufs, so bedarf es der Sicherheitsleistung insoweit nicht, als für den gestundeten Kaufpreis die Bestellung einer Hypothek an dem Grundstücke vereinbart oder in Anrechnung auf den Kaufpreis eine Schuld, für die eine Hypothek an dem Grundstücke besteht, übernommen worden ist. Entsprechendes gilt, wenn ein eingetragenes Schiff oder Schiffsbauwerk Gegenstand des Vorkaufs ist.

Abs I: Stundg ist Angelegenh persönl Vertrauens. Vorkäufer kann insow nicht Gleichstell mit DrKäufer 1 verlangen; daher bewirkt Abs I Ausn vom Grds der Gleichh des Vorkaufs mit DrKauf. Abs II S 1: Wg HypÜbern in Anrechng auf Kaufpr (§ 416) kann der Verk die Auflassg auch vor Gen der SchuldÜbnahme nicht verweigern. Abs II S 2 ist entspr anwendb auf Luftfahrzeuge (§ 98 LuftfzRG).

510 *Mitteilungspflicht; Frist zur Ausübung.* [I]Der Verpflichtete hat dem Vorkaufsberechtigten den Inhalt des mit dem Dritten geschlossenen Vertrags unverzüglich mitzuteilen. Die Mitteilung des Verpflichteten wird durch die Mitteilung des Dritten ersetzt.

[II]Das Vorkaufsrecht kann bei Grundstücken nur bis zum Ablaufe von zwei Monaten, bei anderen Gegenständen nur bis zum Ablaufe einer Woche nach dem Empfange der Mitteilung ausgeübt werden. Ist für die Ausübung eine Frist bestimmt, so tritt diese an die Stelle der gesetzlichen Frist.

Mitteilung des DrKaufs (Abs I) kann sowohl dch VorkVerpfl (Abs I S 2) wie dch DrKäufer erfolgen. 1 Vorkäufer hat aber nur gg VorkVerpfl Anspr auf Mitteilg. Dieser macht sich bei Unterl der Mitt schaderspflichtig u verhindert FrBeginn nach Abs II. Die Mitt ist auch mdl zul (BGH **LM** Nr 3), muß sich nicht nur auf Tats, sond auf Inhalt des DrKaufs beziehen u den Vorkäufer so vollständ unterrichten, daß ihm Entscheidg über Ausübg seines VorkR innerh der gesetzten Fr mögl ist. Bei Verk einer GrdstTeilfläche genügt Vorlage der not Urk; nicht nöt ist die behördl TeilgsGen (BGH NJW **94**, 315). Mitzuteilen ist auch die Genehmiggsbedürftigk des Vertr u daß Vertr er worden ist (BGH aaO; BGH **23**, 342), auch VertrÄnd (BGH NJW **73**, 1365). Die Mitt ist WirkskVoraussetzg für Ausübg des VorkR. **Fristen** (Abs II). Sie 2 können vertragl verlängert od verkürzt w. Voraussetzg für FrBeginn ist Empfang der vollst u richt Mitt gem Anm 1. Außerdem muß zu dieser Zeit bereits ein rechtswirks DrKauf vorliegen, einschl einer erforderl behördl Gen (BGH WM **66**, 891). Die Fr ist Ausschl-, nicht VerjFr, daher keine Hemmg od Unterbrechg. FrBerechng § 186 ff. Falls AusübgsErkl genehmiggsbedürft ist (zB wg § 177, BGH **32**, 375), muß auch sie innerh der Fr des Abs II genehmigt w. **Anwendbarkeit** (entspr) von Abs I u II auf and Eintritt in Vertr mit 3 Dr wird bejaht (RG **126**, 126), insb bei Vormiete u Vorpacht (BGH NJW **71**, 422).

511 *Verkauf an Erben.* Das Vorkaufsrecht erstreckt sich im Zweifel nicht auf einen Verkauf, der mit Rücksicht auf ein künftiges Erbrecht an einen gesetzlichen Erben erfolgt.

§ 511 ist eine AusleggsRegel. Ges Erbe ist nicht der Test- od VertrErbe, wohl aber der nachberufene ges 1 Erbe, insb der Enkel, wenn dessen Eltern noch leben (RGRK/Mezger II). Käufer darf gemeins mit dem ges Erben auch dessen Ehegatte sein. Die ErbenStellg kann ein Motiv unter and sein (BGH NJW **87**, 890).

512 *Ausschluß bei Zwangsvollstreckung und Konkurs.* Das Vorkaufsrecht ist ausgeschlossen, wenn der Verkauf im Wege der Zwangsvollstreckung oder durch den Konkursverwalter erfolgt.

Zweck: Das VorkR darf als obligator R ZwVollstr u ZwVerk nicht beeinträcht; außerdem ist der 1 VollstrSchu nicht Verk. **Anwendbar** auf jedes VorkR (beim dingl aber eingeschr dch § 1098 I 2); gilt auch iF des § 2034 (BGH NJW **77**, 38). Entspr gilt § 512 für das vertr AnkaufsR (Vorbem 13 vor § 504; RG **154**, 355) u bei Verk dch den PfandGl (§ 1228; RGRK/Mezger I). **Voraussetzungen:** Verk dch KonkVerw. 2 ZwVollstr gem §§ 814, 821, 825 ZPO sowie nach §§ 15 ff ZVG, jeweils in den Grds des VorkR. Nicht bei Aufhebg der Gemsch (§ 753), auch wenn sie dch ZwVerst geschieht (§§ 180 ff ZVG); jedoch ist in diesen

Fällen, obwohl § 512 nicht entggsteht, das VorkR wg § 504 dann ausgeschl, wenn ein MitEigter das Grdst ersteigert, weil er nicht Dr iS v § 504 ist (BGH **13**, 133), jedenf wenn das VorkR nur einen MitEigtAnteil belastet u den Zuschlag ein MitEigter erhält (BGH **48**, 1). ZwVerst gem §§ 175–179 ZVG steht der nach
3 §§ 180ff ZVG gleich (Stöber NJW **88**, 3121). **Wirkung:** Das VorkR kann für diesen Fall nicht wirks vereinb w; § 512 ist zwingd. Der VorkBerecht hat daher grdsätzl auch keinen SchadErsAnspr gg den VorkVerpfl.

513 **Mehrere Vorkaufsberechtigte.** **Steht das Vorkaufsrecht mehreren gemeinschaftlich zu, so kann es nur im ganzen ausgeübt werden. Ist es für einen der Berechtigten erloschen oder übt einer von ihnen sein Recht nicht aus, so sind die übrigen berechtigt, das Vorkaufsrecht im ganzen auszuüben.**

1   Die auf Mehrh von Verpflichteten entspr anwendb Vorschr entspricht der Regelg des WdkR (§ 502). S 2 ist eng auszulegde AusnVorschr. § 513 gilt für ErbenGemsch (BGH NJW **82**, 330). Bei einem zu je ½ eingeräumten VorkR ist der eine Dr iS des § 504, wenn an ihn allein verkauft w (Hamm ZMR **89**, 374).

514 **Unübertragbarkeit.** **Das Vorkaufsrecht ist nicht übertragbar und geht nicht auf die Erben des Berechtigten über, sofern nicht ein anderes bestimmt ist. Ist das Recht auf eine bestimmte Zeit beschränkt, so ist es im Zweifel vererblich.**

1   **1) Allgemeines. a) Grundsatz.** Das VorkR ist unübertragb. Hierdch wird der VorkVerpflichtete vor einem ihm nicht genehmen Wechsel in der Pers des Berecht geschützt. **b) Abdingbarkeit** ist gegeben u folgt aus S 1. **c) Gesetzlicher Übergang** ist bei Tod des VorkBerecht dch Erbfolge vorgesehen, aber nur
2 iZw (S 2). **d) Rechtsnatur.** Das ÜbertrVerbot ist relatives Veräußergsverbot iS des § 135 (RG **163**, 155). Bei formbedürft Vork ist Änderg des Vertr iS der Übertragbark formbedürft; Verpflichteter kann aber dch formfreie Erkl der schwebd unwirks Übertr volle Wirksamk verleihen (RG **148**, 105). Gesetzl VorkR des Miterben ist vererbl (§ 2034 II).

3   **2) Übertragung** liegt vor, wenn an Stelle des VorkBerecht eine and Pers tritt, gleich ob dch Einzel- od GesRechtsNachf. Wird ein Unternehmen nach UmwandlgsG umgewandelt, so wechselt zwar begriffl die RPersönlich, wirtschaftl wird jedoch die Identität gewahrt; daher liegt keine Übertr iS des § 514 vor u VorkR bleibt daher bestehen.

4   **3) Ausgeübtes Vorkaufsrecht.** Hierfür gilt § 514 nicht. Die dch Ausübg des VorkR erwachsenen Rechte sind frei übertragb (RG **163**, 154). Sie sind auch vererbl, wenn nicht der Sachverh ergibt, daß das VorkR nur zur eigenen Ausnutzg gewährt werden sollte. Daher verstößt es nicht gg § 514, wenn sich der Berecht einem Dr ggü zur Ausübg des VorkR u Übertragg der hieraus entstandenen Rechte verpfl (BGH WM **63**, 619). Befristg spricht für Vererblichk, nicht für Übertragbark.

IV. Tausch

515 **Auf den Tausch finden die Vorschriften über den Kauf entsprechende Anwendung.**

1   **1) Allgemeines. a) Begriff.** Ggseit Vertr über den Umsatz eines individuellen Werts gg einen anderen individuellen Wert (Mot II 366) od eine GattgsSache (MüKo/Westermann 1). Wesentl ist Fehlen eines KaufPr in Geld. Zahlt derj, der geringeren Ggst leistet, Wertunterschied in Geld, so wird dadch Tausch nicht ausgeschl, es sei denn, daß Geld die Hauptleistg ist. Vertragl genannter Geldbetrag kann bloße
2 Rechnungssumme sein. **b) Ringtausch** liegt vor, wenn bei einem Tausch ein Dr eingeschaltet w, zB wenn A das Grdst des B entgeltl erwirbt u zugl sein Grdst an C entgeltl veräußert, wobei B sein Grdst dem C für Tausch zur Vfg stellte (RG **161**, 3 zum oesterreich AGBG). Die Alternative zum Ringtausch ist eine Abfolge
3 v KaufVerträgen. **c) Abgrenzungen** von Tausch zu: **aa) Doppelkauf.** Hierbei ist der Wortlaut nicht entscheidd; getrennte Urk stehen nicht entgg; Tausch liegt vor, wenn nach dem VertrInhalt die Leistg jeden
4 Teils im Verschaffen des Ggst besteht (BGH **49**, 7). **bb) Wohnungstausch** ist nur BesWechsel, kein Tausch zw den Mietern, wenn neue Mietverträge mit den Vermietern abgeschl w. Das ist anders zu beurt, wenn die
5 Re aus dem MietVertr zugunsten des und aufgegeben u übertr w. **cc) Inzahlungnahme** eines Ggst beim Kauf. Hierbei ist mögl: Kauf u Ann an Erf Statt (§§ 364 I, 365) mit Ersetzgsbefugn des Käufers (BGH **46**, 338), Doppelkauf mit Aufrechngsabrede od gemischter Vertr aus Kauf u Tausch (vgl Pfister MDR **68**, 361). Beim Kauf eines neuen Kfz (typ Vertr, v RevGer frei nachprüfb, BGH **83**, 334) ist es wg der sonst anfalldn MWSt allg übl, 2 Vertr abzuschließen, näml Kauf des neuen Kfz u Vertr üb das gebr Kfz, als AgenturVertr (§ 675; BGH NJW **78**, 1482) od KommissionsVertr (BGH NJW **80**, 2190) mit MindestPrGarantie u Stundg des KaufPr bis zum Verk des Gebrauchtwagens sowie AufrechnungsAbrede (BGH aaO). Wird der Neuwagenkauf gewandelt, gilt nach BGH aaO aGrd der §§ 467, 346: 1. War zZ der Wandelg der Gebrauchtwagen noch nicht weiterverk, kann nur dieser vom Käufer verlangt w. 2. War er bereits an Dr verk od hat der Kfz-Händler den Selbsteintritt als Kommissionär erkl, kann der GeldBetr gefordert w.

6   **2) Entsprechende Anwendung** der §§ 433ff. Die Verweisg ist zu pauschal (MüKo/Westermann 6). Jedenf ist jede VertrPartei hinsichtl des hingegebenen Ggst Verk, hinsichtl des empfangenen Käufer. **a) Anwendbar** sind alle Vorschr üb Sach- u RMängel wie beim Kauf, wobei GewlAusschl mögl ist, aber beim GebrWagenTausch nicht stillschweigd anzunehmen (Hamm NJW-RR **94**, 884). WandelgsAnspr (§ 462) führt direkt darauf, den Tausch rückgäng zu machen. Bei Minderg ist der vertragl etwa vorgesehene AnnPreis nicht als Kaufpr zu behandeln, vielmehr ist zunächst der obj Wert der Sachen in mangelfreiem Zustande zu ermitteln. Die Minderg (§ 472) berechnet sich aus dem Verhältn des Werts der Sache, wenn sie

fehlerfrei wäre (1000.–), zu dem der mangelh Sache (800.–), das gleich ist dem Verhältn des obj Werts der GgLeistg (900.–) zum entspr GgWert (720.–). Der UnterschiedsBetr zw obj Wert der GgLeistg und den 720.– (180.–) ist der MindergsBerecht zu erstattende Betrag (RG **73**, 152). Uneingeschr passen §§ 446–450. Die Vereinbg eines Vortauschs (§§ 504 ff) ist mögl (MüKo/Westermann 7). **b) Unanwendbar** sind alle 7 Vorschr, die einen KaufPr betreffen, insb §§ 452–458, 461.

Zweiter Titel. Schenkung

516 **Begriff.** [I] Eine Zuwendung, durch die jemand aus seinem Vermögen einen anderen bereichert, ist Schenkung, wenn beide Teile darüber einig sind, daß die Zuwendung unentgeltlich erfolgt.

[II] Ist die Zuwendung ohne den Willen des anderen erfolgt, so kann ihn der Zuwendende unter Bestimmung einer angemessenen Frist zur Erklärung über die Annahme auffordern. Nach dem Ablaufe der Frist gilt die Schenkung als angenommen, wenn nicht der andere sie vorher abgelehnt hat. Im Falle der Ablehnung kann die Herausgabe des Zugewendeten nach den Vorschriften über die Herausgabe einer ungerechtfertigten Bereicherung gefordert werden.

1) Allgemeines. Schenkg ist neben Leihe, Auftrag u unentgeltl Verwahrg eine Art des unentgeltl 1 RGesch. **a) Begriff:** Die Schenkg ist ein Vertr u setzt voraus: **aa) Objektiv:** Bereicherg des Empf (Rn 6, 7) dch Zuwendg (Rn 5) aus dem Verm eines and. **bb) Subjektiv:** Einigg (Rn 11) über Unentgeltlk (Rn 8) der Zuwendg. **b) Form:** Die sof vollz Schenkg (Handschenkg; vgl § 518 Rn 8) ist forml gült. Für das Schenkgs-Verspr gilt § 518. **c) Verträge zugunsten Dritter** (§ 328) kommen häuf im Zushang mit einer Schenkg 2 vor: Mit sof Wirkg uU bei Zahlgen auf Sparguthaben eines Dr (BGH **46**, 198); mit Wirkg ab dem Tode des Zuwendenden, zB LebensVers zGDr (RG **128**, 189); BezugsBerechtigg eines Dr für den Fall, daß der Zuwendende nicht bei der Re aus dem Vertr erwirbt (BGH NJW **65**, 1913 [BausparVertr]). Solche Vertr sind nicht nach ErbR als Vermächtn, sond allein nach den §§ 328 ff zu beurt (BGH NJW **65**, 1913). Ggst der Schenkg (Zuwendg, Rn 5) sind in diesen Fällen die Prämie, Beitr u sonst Zahlgen, die der Zuwendende leistet (BGH WM **76**, 532). **d) Abgrenzung** zu and unentgeltl Zuwendungen unter Lebenden: Stiftg (§§ 81, 3 84), Auslobg (§ 657; vgl Mü JZ **83**, 955), Ausstattg (§ 1624), Leihe (Einf 4 v § 598), vorweggenommene Erbfolge (Einf 6, 7 v § 1922), die im Einzelfall Schenkg sein kann (zu aktuellen Problemen Kollhosser AcP **194**, 231); unbenannte Zuwendg unter Eheg (Rn 10; § 1372 Rn 3), Schenkg v Todes wg (§ 2301). **e) Verfügungsbeschränkungen** hinsichtl einer Schenkg bestehen für Vorerben (§ 2113 II), TestVollstrecker (§ 2205), das Gesamtgut verwaltete Eheg (§ 1425), Eltern (§ 1641) u Vorm (§ 1804). **f) Rechtsstellung** des Beschenkten. Sie ist ggü Gläub des Schenkers schwächer als bei entgeltl Erwerb (vgl §§ 816 I S 2, 822); insb im Konk (§§ 32, 37 II, 63 Nr 4, 226 II Nr 3 KO) u bei GläubAnf (§ 3 Nr 3 u 4, § 7 II AnfG).

2) Zuwendung (Abs I) aus dem Verm ist Hingabe eines VermBestandT v einer Pers zG einer and. Das 5 geschieht meist dch RGesch, insb Übertr od Belastg v Sachen u Ren, Erlaß einer Fdg, konstitutives Schuldanerkenntn (§ 781; BGH NJW **80**, 1158), bei Kommanditanteil (BGH **112**, 40) dch Einbuchg des Anteils an einer PersGesellsch (K. Schmidt DB **90**, 1993); dann ist SchenkgsGgstd idR der GAnteil, kann aber auch die Befreiung v der Einlagenschuld sein (K. Schmidt aaO, vgl BGH aaO; umstr). Begrdg eines Güterstandes dch Eheg kann nur ganz ausnw Schenkg sein (vgl BGH NJW **92**, 558). Dch tats Hdlgen; dch Unterl nur nach Maßg des § 517. Es muß VermVerminderg auf seiten des Zuwendenden eintreten. Das wird für die unentgeltl GebrÜberlassg einer Wohng auf Lebenszeit verneint v BGH **82**, 354. Nicht erforderl ist, daß geschenkter Ggstd zuvor Eigt des Schenkers war. Wenn GeldBetr zur Anschaffg einer Sache gegeben w, so kommt es auf den Einzelfall an, ob das Geld od die Sache geschenkt ist (BGH NJW **72**, 247). Schenkg des Verm im ganzen: § 311; nicht des künft Verm (§ 310).

3) Bereicherung des Beschenkten muß das Ergebn der Zuwendg (Rn 5) sein. Die ist nicht obj zu beurt. 6 **a) Absicht** der Ber ist nicht erforderl. Das Motiv der Zuwendg kann daher selbstsücht sein (RG **95**, 14). **b) Fehlen** einer Bereicherg, wenn der VermGgst nur treuhänder übertragen wird od wenn ihn der Empf bestimmsgem zu wohltät od gemeinnütz Zwecken zu verwenden hat (insb Spenden; allgM). Hingg ist die Zuwendg an eine jur Pers, die satzgsgem solche Zwecke verfolgt, Schenkg (allgM; MüKo/Kollhosser 8 mwN). **c) Sicherheitsbestellung:** Geschieht sie für eigene Schuld, ist es nie Schenkg, weil der Gläubiger 7 nicht bereichert w (allgM). Geschieht sie für fremde Schuld, so kann der Gläubiger bereichert sein, wenn er dadch einen VermWert erlangt, indem beide Part üb die Unentgeltlichk einig sind. Bereichert ist aber auch der Schu, wenn es unter Verzicht auf Rückgriff geschieht (BGH **LM** Nr 2).

4) Unentgeltlichkeit. Sie ist stets nach der obj Sachlage zu beurt, muß aber v den VertrPart (subj) als 8 unentgeltl gewollt sein (Hamm NJW-RR **93**, 1412 mwN; vgl Rn 11). **a) Begriff:** Unentgeltl ist die Zuwendg (Rn 5), wenn sie unabhäng v einer GgLeistg (auch von od an einen Dr) geschieht (BGH NJW **82**, 436). Dies ist dem Inhalt des RGesch zu entnehmen. Unentgeltl bedeutet nicht kostenlos (RG [GZS] **163**, 355). Die GgLeistg muß nicht geldwert od vermögensrechtl sein (MüKo/Kollhosser 21 mwN). Ein bloßes MißVerh zw Zuwendg u GgLeistg genügt auch für eine teilw Schenkg nicht (BGH NJW **61**, 604; vgl aber Rn 13). Entgeltlich (also eine GgLeistg) ist gegeben: **aa)** Beim ggseit Vertr (§§ 320 ff), aber nicht, wenn bei unentgeltl Üblassg eines Grdst dafür dingl Belastgen übnommen w (BGH NJW **89**, 2122). Die im Übgabe-Vertr übnommene Versorgg ist idR nicht Ggleistg (BGH aaO); jedoch ist dabei die „Vorwegnahme der Erbfolge" allein nicht ausreichend für die Unentgeltlk (BGH NJW **95**, 1349 mwN). **bb)** Bei kausaler Verknüpfg, dh wenn die Zuwendg rechtl (nicht nur tats od wirtschl) die GeschGrdlage hat, daß dafür (auch v einem Dr) eine Verpfl eingegangen od Leistg bewirkt w (RG **163**, 348), insb bei der unbenannten od ehebedingten Zuwendg. Davon ist die ZweckSchenkg (§ 525 Rn 11) zu unterscheiden. **cc)** Bei konditionaler Verknüpfg, dh wenn das Eingehen einer Verpfl od das Bewirken einer Leistg die Bedingg (§ 158) der Zuwendg ist (BGH NJW **51**, 268). **b) Beispiele** für Unentgeltlichk: **aa) Bejaht:** bei belohnender (remune- 9

ratorischer) Schenkg (allgM; Düss OLGZ **78**, 323; Bsp in Mü NJW **83**, 759; Hamm NJW-RR **95**, 567); Pfl- u Anstandsschenkg (§ 534); Einräumg einer KommanditistenStellg (BGH **112**, 40), wobei GesellschR der Schenkg eines GesellschAnteils nicht entggsteht (Wiedemann/Heinemann DB **90**, 1649); Prämienzahlg auf Vers- od BausparVertr zGDr (vgl Rn 2) idR (BGH NJW **65**, 1913); finanzielle Zuwendungen im Rahmen eines LiebesVerh auf Dauer (vgl BGH NJW **84**, 797); möglw bei Gewährg zinsloser Darl; bei Abnahme einer für
9a   den Schenker zur Aufbewahrung lästigen Sache (BGH NJW **85**, 794). **bb) Verneint:** Leistg in Erf einer rechtswirks Schuld (wg § 362; RG **105**, 248), auch bei einer sog unvollkommenen Verbindlk. Aufn in eine oHG, auch wenn sie ohne EinlagePfl erfolgt (BGH **7**, 174 [178]; aA Kollhosser AcP **194**, 231 [244]; Brox FS für Bosch S 75), jedenf grdsätzl. Sie kann jedoch im Einzelfall Schenkg sein (K. Schmidt DB **90**, 1992 [1994]), zB bei Vereinbg eines ÜbernahmeR dch den überlebdn Gesellsch bei Ausschl jegl Abfindg (BGH NJW **81**, 1956). Freiwill ZusatzLeistgen des ArbG (insb SoZahlgen, § 611 Rn 76; Mü FamRZ **95**, 1069); das sog Trinkgeld (bestr); Ausstattg im Rahmen des § 1624; unentgeltl Arb- u DLeistgen (BGH FamRZ **87**, 910).

10   **5) Zuwendungen unter Ehegatten** (unbenannte od ehebedingte, vgl § 1372 Rn 3) sind Zuwendgen, die der ehel LebensGemsch dienen. Sie sind keine Schenkgen (daher ist Widerr ausgeschl) u werden, wenn übhaupt, grdsätzl güterrechtl ausgeglichen (hM; BGH **87**, 145; **115**, 132 u **116**, 178 mwN). Die Abgrenzg ist im Einzelfall oft problemat (BGH NJW **92**, 238; Kollhosser NJW **94**, 2313). Jedenf liegt ausnahmsw dann eine Schenkg vor, wenn sich beide Eheg üb die Unentgeltlichk einig sind, diese ausdrückl not vereinb (Ffm FamRZ **86**, 576) od aus steuerl Grden benöt (BGH FamRZ **90**, 600). Eine GgLeistg, die eine Schenkg ausschließt, muß nicht geldwerter od vermögensrechtl Art sein (zB Hamm FamRZ **93**, 1474). Die Wirksk im Verh zu Dr kann od muß jedoch and beurt w, sowohl nach § 3 AnfG als auch bei KonkAnf (Schotten NJW **91**, 2687 mwN; Gernhuber NJW **91**, 2238 [2243] mwN). Jedenf ist es für den Schenker zweckmäß, für den Fall der Scheidg ein RückfdgsR zu vereinb (Langenfeld NJW **86**, 2541). Bsp für ehebedingte Zuwendgen: UnterhVersprr zw Eheg aus Anlaß der Scheidg; Zusage von Zuwendgen aus Anlaß der Vereinbg von Gütertrenng zum Ausgleich der Nichtteilhabe am Zugewinn iZw (BGH FamRZ **77**, 311); Verm-Rücklagen aus dem Verdienst eines Eheg zur gemsch Altersversorgg bei gemsch VfgsBefugn (BGH NJW **72**, 580); Geschenke zw Eheg, wenn sie in Wirklk Unterh darstellen (Bambg FamRZ **73**, 200); gemeins Erwerb eines HausGrdst dch Eheg als FamHeim, auch wenn nur der eine von beiden die GgLeistg erbringt (BGH NJW **82**, 1093).

11   **6) Schenkungsabrede** ist die Einigg der VertrPart (gem §§ 145 ff) üb die Unentgeltlk (Rn 8) der Zuwendg (Rn 5). Sie ist erforderl, auch stillschw mögl (RG **111**, 151). Hierfür ist allein die obj Sachlage maßgebend, so daß eine obj unentgeltl Leistg nicht dch den Parteiwillen zu einer entgeltl gemacht w kann (sog verschleierte Schenkg). Es gilt dann § 117 (MüKo/Kollhosser 25). Es genügt nicht, daß den VertrPart das Fehlen einer GgLeistg bekannt ist (BGH WM **80**, 1286). Irrige Ann einer Partei, es bestehe eine Pfl zur Zuwendg, schließt die erforderl Einigg aus (allgM).

12   **7) Zuwendung vor Schenkungsabrede** (Abs II). Eine Zuwendg (Rn 5) kann auch ohne den Willen des and (der beschenkt w soll) vollz w, zB dch Bezahlg einer Geldschuld. Das ist aber nur das Angebot (§ 145) einer Schenkg, an das der Zuwender gem § 146 gebunden ist. Diesen SchwebeZustd kann er abkürzen dch FrSetzg. Dies ist eine SondRegelg zu §§ 147–149, 151, weil der SchenkgsVertr dann auch ohne AnnErkl dch bloßes Schweigen bis FrEnde zustdekommt (Abs II S 2); denn die Ann w fingiert, wenn das Angebot nicht innerh der Fr dch empfangsbedürft WillErkl (§ 130) abgelehnt w. Selbstverständl kann das Angebot auch schon vor FrAblauf angenommen w. RFolge der Ablehng: §§ 812 ff (Abs II S 3). Unanwendb ist Abs II bei gemischter Schenkg (Rn 13), bei § 525 u wenn zur Ann eine Hdlg (zB Ausstellen einer Urk) notw ist.

13   **8) Gemischte Schenkung. a) Begriff und Abgrenzung.** Ist ein einheitl Vertr, bei dem der Wert der Leistg des einen dem Wert der Leistg des and nur zu einem Teil entspr, die VertrPart dies wissen u übereinstimmd wollen, daß der überschießde Wert unentgeltl gegeben w. Das obj MißVerh allein genügt nicht. Ist die Leistg teilb, liegt keine gem Schenkg vor, sond es bestehen zwei voneinander unabhäng Vertr, zB Kauf od Tausch u Schenkg. Schenkg, nicht gemischte Schenkg, ist die unter Aufl (§ 525) u ein Vertr, der dch seinen Inhalt u seine Form die Unentgeltlich nur verschleiert (Soergel/Mühl 22). HofüberlassgsVertr unter gesetzl Erben ist idR gemischte Schenkg (BGH **30**, 120 u FamRZ **67**, 214); auch mögl bei Gestattg des Eigtümers eines Grst, dieses gg Übertragg von WoEigt zu bebauen (BGH NJW **92**, 2566). Bei RGesch zw Verwandten u Freunden mit Entgelten unter dem übl VerkWert liegt mögl gemischte Schenkg nur dann vor,
14   wenn die Einigg über teilw Unentgeltlk vorlag; das trifft oft nicht zu. **b) Behandlung.** Sie ist umstr. Es werden die Einheits- u TrenngsTheorie vertreten. Der BGH (zB BGH NJW **72**, 247 u **92**, 2566) entscheidet eher pragmat, ohne dogmat Ansatz (vgl MüKo/Kollhosser 27 ff). Prakt brauchb Ergebn sind nur ohne konsequente Dchführg einer dieser Theorien mögl, indem man für den Zweck des jeweil Gesch abgestellt w
15   (ZweckwürdiggsTheorie; MüKo/Kollhosser 31 mwN). **aa) Form.** Das RGesch ist in einen entgeltl u unentgeltl Teil zu zerlegen (MüKo/Kollhosser 32). § 518 trifft unmittelb nur den unentgeltl Teil. Nur wenn ein abtrennb Teil vorliegt, kann § 139 gelten (§ 139 Rn 10). Bei gem Schenkg liegt idR Unteilbk vor. Stets
16   bleibt Heilg nach § 518 II mögl. **bb) Rückforderungsrechte** (§§ 527, 528). Widerruf (§ 530) u Notbedarfs-Einr (§ 519) erstrecken sich grdsätzl nur auf den unentgeltl Teil, auf den ganzen Ggst (unter Rückg der GgLeistg), wenn der SchenkgsCharakter des Geschäfts überwiegt (BGH **30**, 120); bei Grdst vgl insb BGH
17   NJW **72**, 247. **cc) Gewährleistung:** Für den unentgeltl Teil nach §§ 523, 524, 526. Für den entgeltl: nach KaufR, Mindergg (§ 472) nur nach dem entspr Anteil; Wandelg (§§ 467 ff) nur für die ganze Sache; SchadErs (§ 463) nur anteil.

18   **9) Beweislast. a) Herausgabeklagen. aa)** Aus § 985: Behauptet der Bekl Erwerb v Bes u Eigt dch Schenkg, so gilt für ihn § 1006 I (BGH NJW **60**, 1517). Behauptet der Bekl nachträgl Schenkg (zB nach vorangegangener Leihe), so gilt für den Kl § 1006 II (BGH NJW **67**, 2008). Bei Schenkg nach Abs II muß der Bekl nur die Zuwendg u die FrSetzg beweisen. **bb)** Aus Vertr (§ 556): Behauptet der Bekl Schenkg, so
19   muß der Kl den v ihm behaupteten Vertr beweisen (hM). **b) Zahlungsklagen** aus Darl (§ 607) od Kauf (§ 433 II): ggüb dem Einwand des Bekl, es sei geschenkt, muß der Kl den Darl- od KaufVertr beweisen

(hM); entspr gilt für WerkVertr (LG Oldbg MDR **70**, 326). **c) Gemischte Schenkung.** Beweislast trägt 20 derjen, der sich auf gem Schenkg beruft. Eine BewErleichterg dch tats Vermutg ist anzunehmen, wenn ein obj MißVerh v Leistg u GgLeistg üb ein geringes Maß deutl hinausgeht (BGH NJW **87**, 890 mwN).

517 *Unterlassen eines Vermögenserwerbs.* **Eine Schenkung liegt nicht vor, wenn jemand zum Vorteil eines anderen einen Vermögenserwerb unterläßt oder auf ein angefallenes, noch nicht endgültig erworbenes Recht verzichtet oder eine Erbschaft oder ein Vermächtnis ausschlägt.**

1) Allgemeines. a) Zweck: Ergänzg des § 516 I dch Abgrenzg des rechtl SchenkgsBegr v dem des allg 1 SprachGebr, indem die Schenkg auf eine Verminderg des ggwärt Verm beschr w. **b) Inhalt:** § 517 stellt keine bloße Ausleggsregel dar, sond eine Negativdefinition (MüKo/Kollhosser 1).

2) Einzelheiten. a) Unterlassener Vermögenserwerb (1. Alt): Verm ist jeder in Geld bewertb Ggst 2 (Sachen od Re). Erwerb ist mit Dchführg des betr RGesch abgeschl, insb §§ 398, 873, 929. Unterl setzt voraus, daß der Erwerb des Ggst noch nicht stattgefunden hat. Bsp für 1. Alt: NichtAnn eines VertrAngeb; Verweiger der Genehmigg eines RGesch; Unterl einer Anf. **b) Verzicht auf angefallenes Recht** (2. Alt). Der Erwerb (wie Rn 2) darf auch nicht endgült sein. Verzicht: wie § 397 Rn 1, 2. Befristete (künft) Re sind noch nicht angefallen. AnwartschRe (Einf 9 vor § 158) fallen dem Wortlaut nach unter die 2. Alt; jedoch ist die Anwendg des § 517 hierauf umstr. Richt dürfte sein, auf das GrdVerh zw Inh des Rs (insb Eigt) u dem AnwschBerecht abzustellen (MüKo/Kollhosser 3 mwN). **c) Ausschlagung** (3. Alt) einer Erbsch (§ 1953) od eines Vermächtn (§ 2180); entspr anwendb auf die Ausschlag des ErbersatzAnspr (§ 1934b II), nicht aber auf den PflichtTAnspr, weil dieser mit dem Erbfall im Verm des Berecht entsteht (§ 2317 Rn 2; hM).

518 *Form.* **¹ Zur Gültigkeit eines Vertrags, durch den eine Leistung schenkweise versprochen wird, ist die notarielle Beurkundung des Versprechens erforderlich. Das gleiche gilt, wenn ein Schuldversprechen oder ein Schuldanerkenntnis der in den §§ 780, 781 bezeichneten Art schenkweise erteilt wird, von dem Versprechen oder der Anerkennungserklärung.**
II Der Mangel der Form wird durch die Bewirkung der versprochenen Leistung geheilt.

1) Allgemeines. a) Anwendungsbereich: Gilt für SchenkgsVerspr (Rn 2) jeder Art, auch für remunera- 1 torische (belohnde) Schenkg, für HandelsGesch (§ 343 HGB), solche, die sittl od AnstandsPfl entspr (wie § 534) od als Vertr zGDr gestaltet sind; ferner bei gemischter Schenkg (§ 516 Rn 15). Wg Änderg vgl Rn 5. § 518 gilt nicht für die sog Hand- od Realschenkg (vgl Rn 4) u die Schenkg v Todes wg (vgl § 2301; zur Abgrenzg BGH **99**, 97). **b) Zweck:** Nicht nur Verhütg übereilter SchenkgsVerspr, sond auch Klarstellg, ob ein ernstl gemeintes Verspr vorliegt. Dient ferner der Vermeidg von Streitigk über angebl Schenkg Verstorbener u will auch die Umgehg der FormVorschr für letztwill Vfgen vermeiden.

2) Schenkungsversprechen. a) Begriff: Ist ein einseit verpflichteter Vertr, dch den der Schenker einem 2 and eine Leistg (§ 241) verspricht, die unentgeltl (§ 516 Rn 8) erfolgen soll. Der Vertr kommt zustande, indem der Beschenkte erklärt, daß er das Verspr des Schenkers annimmt (§ 151). Der Form des § 518 unterliegt nur die WillErkl des Schenkers (Rn 6). **b) Wirkung:** Ein wirks SchenkgsVerspr stellt bereits die 3 Schenkg dar, weil dadch das R des Beschenkten, die versprochene Leistg zu fordern, begründet w. Ihm ist ein R (Anspr) zugewendet, das dch den Vollz (Leistg des versprochenen Ggst) nur noch erf w (hM; BGH NJW **92**, 2566 mwN). **c) Abgrenzung** von der Hand- od Realschenkg; eine solche liegt vor, wenn ohne ein 4 vorangehdes SchenkgsVerspr der Ggst dem Beschenkten sofort verschafft w, insb dch Übereigng od Abtretg u dabei die Einigg üb die Unentgeltlk (§ 516 I) besteht. Bei der (formfreien) Hand- od Realschenkg liegt der RGrd (causa) zugleich im RGesch od Realakt, dch das der VermGgst auf den Beschenkten übergeht. Die Hand- od Realschenkg ist von der Heilg (Abs II; Rn 8) zu unterscheiden. Die formfreie Handschenkg kann wie der Vollz (Abs II; Rn 9) bedingt od befristet sein (hM). **d) Änderung** eines SchenkgsVerspr 5 dch Vertr (§ 305). Formbedürft ist die Änderg nur insow, als sie den Umfang der unentgeltl Zuwendg erweitert. Eine formgült Abänd heilt das formunwirks ursprüngl SchenkgsVerspr nicht (MüKo/Kollhosser 5).

3) Schuldversprechen und -anerkenntnis (Abs I S 2; §§ 780, 781). Soll der Anspr, der dch einen 6 solchen Vertr (Einf 3 vor § 780) begründet w, den Ggst der Schenkg bilden, so gilt für das Verspr (§ 780) od das Anerkenntn (§ 781 S 1) des Schenkers die notar Form (Abs I; wie für das SchuldgsVerspr (also nicht für die AnnErkl des Beschenkten). Gilt auch, wenn dem schuldbegründden Vertr (§§ 780, 781) ein gesonderter SchenkgsVertr (Rn 2) nicht vorausgeht, sond SchuldVerspr u -anerkenntn sofort unentgeltl abgeschl w, insb bei einem fingierten SchuldGrd (BGH WM **80**, 195). Grd dieser Regelg: Der Formzweck (Rn 1) trifft ebso zu. Abs I 2 wird entspr angewendet auf die Begründg and abstrakter SchuldVerh, insb wenn ein Wechselakzept geschenkt w (hM; RG **71**, 289 [291]) od ein vom Schenker begebener Scheck (BGH NJW **75**, 1881). Heilg dch Vollz: Rn 1.

4) Form für das SchenkgsVerspr (Rn 2) und die unter Abs I 2 fallden Erkl (Rn 6). Ist für den ganzen Vertr 7 Form vorgeschrieben (zB §§ 313, 2033), muß diese Form auch für die AnnErkl des Beschenkten erf w. **a) Beurkundung.** Grdsätzl ist die notar Beurk notw (Abs I S 1; § 1 BeurkG); diese Form w dch Aufn in einen ProzVergl ersetzt (§ 127a). **b) Formmangel** bewirkt Nichtigk der formbedürft WillErkl (§ 125). Heilg nur dch Vollz (Rn 9).

5) Heilung des Formmangels (Rn 7). Nur dieser wird geheilt, nicht werden es and Mängel des Schenkgs- 8 Verspr. Die Heilg tritt allein dch den Vollz (Rn 9) ein, unabhängig davon, ob der Schenker die Unwirksamk des SchenkgsVerspr kennt.

9   **a) Vollzug** der Schenkg, indem der Schenker die versprochene Leistg freiwill bewirkt (erf, § 362 I), dch RGesch u (od) Realakt (vgl § 362 Rn 1); auch in den Fällen § 364 I u § 376 II Nr 2. Für § 518 wird aber nicht der Leistgserfolg verlangt, wenn der Schenker (Schu) alles das getan hat, was er für den Vollz tun muß, so daß ein bedingter od befristeter Vollz (§§ 158, 163) genügt (hM: BGH NJW 70, 941 u NJW-RR 89, 1282). TeilVollz bewirkt Heilg nur zum entspr Teil. Für den Vollz ist stets zu beachten, was SchenkgsGgst ist u nach welchen Vorschr er übertr w, insb beweg Sache (§§ 929 ff), auch dingl Re (§§ 873, 925), Fdg (§§ 398 ff), Geld, bar (über § 929), Überweisg u Gutschr (vgl § 675 Rn 8), Einlös eines Schecks (BGH WM 78, 844). Ein R kann auch dch Vertr zGDr (§ 328) verschafft w (BGH 41, 95 u 46, 198). Stets muß das
10   VollzGesch wirks sein. Einzeln: **aa) Forderungen** dch formlose Abtretg (§ 398), auch bedingte od befristete Fdg; EinziehgsErmächtigg genügt nicht (Erm/Seiler 7); das gilt auch bei Bank- u Spargut haben, wobei Überg des Sparbuchs nicht notw, aber idR genügt ist (vgl § 808 Rn 2); Errichtg eines Oder-Kontos (§ 2301 Rn 12 mwN). Anspr auf Übereign v hinterlegtem Geld od Wertpapieren, insb eines WertpDepots (BGH 41, 95); Anspr auf Auszahlg eines GeldBetr v Konto des Schenkers (vgl BGH NJW 75, 382). Abtretg einer WechselFdg muß nach WG wirks sein; daher insb Überg notw, bei einem Scheck die Einlösg (BGH 64, 340); die Schenkg kann dch BedinggsEintritt mit dem Tode des Schenkers wirks w (BGH WM 76, 1130);
11   auch kann die Leistg nach dem Tode des Schenkers bewirkt w (BGH NJW 86, 2107). **bb) Geld.** Übertr ist vollz: mit Ausführg des Überweisgs- Auftr dch die Bank; bei Zahlg dch Scheck mit Einlös (Rn 9 aE); mit Errichtg eines Bank- od Sparguthabens dch Vertr zGDr auf dessen Namen u entspr Willensrichtg des Schenkers (vgl BGH 46, 198 u WM 66, 1248); entspr mit Einzahlg auf ein solches Konto (vgl BGH 21, 150); mit Zahlg der Prämie od Beiträge bei Vers- u BausparVertr (BGH NJW 65, 1913); mit Auszahlg dch die Bank, wenn der KontoInh zur Vfg über das Bankkonto dch den Beschenkten einwill u gem § 181 befreit
12   (Mü DNotZ 74, 229). **cc) Befreiung** von einer Verbindlichk: dch Bewirken der Leistg an den Gl (§ 267 I);
13   Erlaß einer Fdg gem § 397, auch einer künft (Stgt NJW 87, 782 mwN). **dd) Sachen:** wenn das Eigt geschenkt w, mit Vollendg des Erwerbsvorgangs; jedoch genügt Erwerb des AnwartschR, wenn der EigtErwerb später ohne Zutun des Schenkers eintritt (BGH MDR 60, 1004; aA Herrmann MDR 80, 883). Wird nur Bes od Nutzg unentgeltl überl, liegt Leihe vor, so jedenf bei einer Wohng (BGH NJW 82, 820 u
14   85, 1553; Nehlsen/v. Stryk AcP 187, 553 mwN). **ee) Andere Rechte** dch AbtretgsVertr (§§ 413, 398), bei GesellschAnteil (vgl § 516 Rn 5), die wirks Aufnahme in die G (K. Schmidt BB 90, 1992; Rn 17; § 719 Rn 3).
15   **ff) Wertpapiere:** EigtÜbertr dch (auch bedingte) Abtretg des HerausgAnspr (§§ 929, 931) bei Verwahrg im Depot (BGH WM 74, 450). **gg) Bezugsberechtigung** aus einem LebensVersVertr: wird versprochen, sie unwiderrufl einzuräumen, tritt Vollz erst ein, wenn die Unwiderruflk gem § 13 II AllgLebensVersBed herbeigeführt od bis zum Tode des VN tats nicht widerrufen w (BGH NJW 75, 1360).
16   **b) Kein Vollzug** liegt insb vor, wenn das VollzGesch nicht wirks od perfekt geworden ist od wenn der Vollz nur vorbereitet od gesichert w soll. Einzeln: **aa) Sachen:** Ermächtigg zur Abholg nach dem Tode des Schenkers (RG LZ 19, 692); Einräumg v MitBes, wenn der Schenker weiterhin Bes dch BesDiener ausübt
17   (BGH NJW 79, 714). **bb) Rechte:** Abschl eines VersVertr für einen Dr mit Zusage, für diesen die Prämien zu zahlen (Brschw VersR 62, 701); Gutschr ledigl in den Handelsbüchern des Versprechden (BGH 7, 378 für GesellschAnteil; sehr bestr, vgl Erm/Seiler 9 mwN); Abrede zw Gl u Schu, daß der Gl die Fdg an den Dr überträgt (RG 161, 9).

519   *Notbedarfseinrede.* [I] Der Schenker ist berechtigt, die Erfüllung eines schenkweise erteilten Versprechens zu verweigern, soweit er bei Berücksichtigung seiner sonstigen Verpflichtungen außerstande ist, das Versprechen zu erfüllen, ohne daß sein angemessener Unterhalt oder die Erfüllung der ihm kraft Gesetzes obliegenden Unterhaltspflichten gefährdet wird.

[II] Treffen die Ansprüche mehrerer Beschenkten zusammen, so geht der früher entstandene Anspruch vor.

1   **1) Allgemeines. a) Begriff.** Die (aufschiebe) NotbedarfsEinr (beneficium competentiae) ist eine rechtshemmde Einwendg (Einr) gg den ErfAnspr. **b) Zweck.** § 519 ist eine BilligkRegel; SonderRegel des Wegfalls der GeschGrdlage (§ 242 Rn 10), sodaß im Anwendgsbereich des § 519 dieser die allg Regel des
2   § 242 ausschließt. **c) Vorausverzicht** auf die Einr ist unwirks (allgM). **d) Anwendbar** ist § 519 nur für den Schenker, für den unentgeltl Schuld(mit)übernehmer nur dann, wenn er selbst Notbedarf hat (hM; MüKo/ Kollhosser 5). Für den Bürgen gilt § 519 jedenf, wenn die BürgschVerpfl selbst eine Schenkg darstellt (hM).
3   § 519 gilt nicht für den Erben (vgl § 226 II Nr 3 KO). **e) Prozessuales.** Die Kl gg den Schenker ist abzuweisen, ggf zT („soweit"). Bei Wegfall des Notbedarfs (BewLast: Beschenkter) kann erneut geklagt w. Tritt Notbedarf nachträgl ein: § 767 ZPO.
4   **2) Voraussetzungen** (Abs I). **a) Nichtvollzogene Schenkung:** Vollz wie § 518 Rn 9. Nach Vollz gelten nur §§ 528, 529. **b) Notbedarf.** Unerhebl ist seine (auch verschuldete) Ursache, sein Vorliegen schon zZ der Schenkg, seine Vorhersehbark. Abzustellen ist auf: **aa) Sonstige Verpflichtgen.** Sie sind auf das Verm des Schenkers zu beziehen. **bb) Gefährdg des Unterh.** Eigener angemessener Unterh: wie § 1610 I. Ges UnterhPfl: aus §§ 1360, 1361, 1569, 1601, 1615a. Es genügt, daß für die Zukunft die begründete Besorgn nicht ausreiche Mittel besteht. Nicht zu berücks ist dabei ein UnterhAnspr des Schenkers iF eigener Bedürftigk (MüKo/Kollhosser 3).
5   **3) Mehrere Schenkungsversprechen** (Abs II). Maßgbd ist der Ztpkt, zu dem der SchenkgsAnspr entstanden ist, grdsätzl mit dem SchenkgsVerspr (§ 518 Rn 3); ggf mit Vereinb der Bedingg (§ 158 I) od dem Anfangstermin (§ 163). Das ist hM. Bei Gleichzeitigk ist gleichmäß zu kürzen (hM).

520   *Erlöschen eines Rentenversprechens.* Verspricht der Schenker eine in wiederkehrenden Leistungen bestehende Unterstützung, so erlischt die Verbindlichkeit mit seinem Tode, sofern nicht aus dem Versprechen sich ein anderes ergibt.

Rechtsnatur: § 520 ist AusleggsRegel. Ein and Inhalt des Verspr (§ 518 Rn 2) ist vom Beschenkten zu 1 beweisen. **Anwendbar** nur auf Renten (§ 759). § 520 gilt nicht für fäll u rückständ gewordene Beträge (allgM); sie sind NachlaßVerbindlichk (§ 1967).

521 *Haftung des Schenkers.* **Der Schenker hat nur Vorsatz und grobe Fahrlässigkeit zu vertreten.**

1) Allgemeines. a) Zweck: Wg der Uneigennützigk des Schenkers ist nur beschr Haftg gerechtf. 1 **b) Abdingbarkeit.** Haftg kann (formbedürft, § 518) erweitert u bis auf Vors beschr w (§ 276 II). Aus der Unentgeltlk allein darf auf keine über § 521 hinausgehde HaftgsBeschrkg geschl w (Soergel/Mühl 1). **c) Haftungsmaß.** Vors: § 276 Rn 10. Grobe Fahrlk: § 277 Rn 2–4. Der Schenker haftet auch für ErfGeh 2 (§ 278) nur gem § 521 (RG **65**, 17 [20]).

2) Anwendungsbereich. a) Persönlich: der Schenker, seine RNachfolger (insb Erben), MitSchu u 3 Bürgen. **b) Sachlich:** auch bei sog Handschenkg (allgM), für: Unmöglk der Erf (§§ 279, 280, 307), Eintritt 4 des Verzugs (§ 285), RHängigkHaftg (§ 292), pos VertrVerletzg (§ 276 Rn 104), c.i.c. (§ 122; § 276 Rn 65), verbotswidr Schenkg (§ 309). **c) Nicht:** für R- u Sachmängelhaftg, soweit §§ 523, 524 Spezialregln darstellen; für Haftg aus eingetretenem Verzug (§ 287; hM); im Bereich des gesetzl SchutzVerh (§ 276 Rn 71) nur dann nicht, wenn die Verletzg der SchutzPfl nicht im Zushang mit dem SchenkgsGgst steht (BGH **93**, 23 mwN = JZ **85**, 383 m Anm v Stoll = BB **85**, 1355 m Anm v Schlechtriem = JR **85**, 232 m Anm v Schubert; umstr); nicht entspr für and unentgeltl R- od GefälligkVerh (MüKo/Kollhosser 8).

522 *Verzugszinsen.* **Zur Entrichtung von Verzugszinsen ist der Schenker nicht verpflichtet.**

Anwendbar: nur für § 288; nicht für § 291 (hM), § 286 u § 292 (allgM). **Wirkung:** auch bei Vors od 1 grober Fahrlk (§ 521) schuldet der Schenker keine Verzugszinsen.

523 *Haftung für Rechtsmängel.* **¹ Verschweigt der Schenker arglistig einen Mangel im Rechte, so ist er verpflichtet, dem Beschenkten den daraus entstehenden Schaden zu ersetzen.**

¹¹ Hatte der Schenker die Leistung eines Gegenstandes versprochen, den er erst erwerben sollte, so kann der Beschenkte wegen eines Mangels im Rechte Schadensersatz wegen Nichterfüllung verlangen, wenn der Mangel dem Schenker bei dem Erwerbe der Sache bekannt gewesen oder infolge grober Fahrlässigkeit unbekannt geblieben ist. Die für die Gewährleistungspflicht des Verkäufers geltenden Vorschriften des § 433 Abs. 1, der §§ 434 bis 437, des § 440 Abs. 2 bis 4 und der §§ 441 bis 444 finden entsprechende Anwendung.

1) Allgemeines. Zweck u Abdingbk wie § 524 Rn 1, 2. Anwendgsbereich: Sachen u Re (Ggstde, vgl 1 § 90). RsMängel: wie §§ 434–437. Bei gemischter Schenkg nur für den unentgeltl Teil. Abs I gilt nur, wenn der Ggst im Verm (bei Sachen EigenBes) des Schenkers ist, Abs II, wenn er sich das Eigt od die Inhabersch zZ des SchenkgsVerspr erst verschaffen muß.

2) Grundsätzliche Haftung (Abs I). **a) Voraussetzungen:** der RMangel muß zZ des SchenkgsVollzugs 2 vorliegen. Argl Verschweigen: wie § 463 Rn 11. **b) Wirkung:** nur Ers des VertrauensSchad (Vorbem 17 vor § 249), zB Aufwendgen für den Ggst, Unterl anderw Erwerbs. Kennt der Beschenkte den RMangel, kann die Ursächlk entfallen.

3) Besondere Haftung (Abs II). **a) Voraussetzungen:** Maßgebder Ztpkt: Rn 2. Kenntn u grobfahrl 3 Unkenntn: wie § 460 S 1 u 2. Erwerb der Sache: auch hier ist Ggst gemeint. Gleichgült, ob Stück- od GattgsSchuld vorliegt. **b) Wirkung:** SchadErs wg NichtErf (Vorbem 16 vor § 249). **c) Durchführung** (Abs II S 2): entspr den Pfl u der Gewl des Verk.

524 *Haftung für Sachmängel.* **¹ Verschweigt der Schenker arglistig einen Fehler der verschenkten Sache, so ist er verpflichtet, dem Beschenkten den daraus entstehenden Schaden zu ersetzen.**

¹¹ Hatte der Schenker die Leistung einer nur der Gattung nach bestimmten Sache versprochen, die er erst erwerben sollte, so kann der Beschenkte, wenn die geleistete Sache fehlerhaft und der Mangel dem Schenker bei dem Erwerbe der Sache bekannt gewesen oder infolge grober Fahrlässigkeit unbekannt geblieben ist, verlangen, daß ihm anstelle der fehlerhaften Sache eine fehlerfreie geliefert wird. Hat der Schenker den Fehler arglistig verschwiegen, so kann der Beschenkte statt der Lieferung einer fehlerfreien Sache Schadensersatz wegen Nichterfüllung verlangen. Auf diese Ansprüche finden die für die Gewährleistung wegen Fehler einer verkauften Sache geltenden Vorschriften entsprechende Anwendung.

1) Allgemeines. a) Zweck: Haftg u Gewl des Schenkers wird aus dem gleichen Grd wie für § 521 1 eingeschr; auch weil davon auszugehen ist, daß der Schenker die Sache so verschenkt, wie sie ist. **b) Anwendungsbereich:** Nur bei Sachen. Bei gemischter Schenkg nur für den unentgeltl Teil (vgl § 516 Rn 17). Nur für Fehler (wie § 459 I), nicht für zugesicherte Eigenschaft (§ 459 II; hierzu Rn 3). Abs I gilt bei allen Schenkgen einer bestimmten Sache (Stückschuld), bei Gattgschuld (§ 243) nur dann, wenn sich die Sache zZ der SchenkgsVerspr schon im Vermögen des Schenkers befindet. Abs II gilt nur, wenn bei Gattgschuld

Schenker zZ des SchenkgsVerspr sich die Sache erst noch verschaffen muß, um die Schenkg erfüllen zu
2 können. **c) Abdingbarkeit.** Die Haftg kann (formbedürft, § 518) erweitert, beschr, aber nicht für Vors
3 ausgeschl w (§ 276 II), erst recht nicht für Argl. **d) Zusicherung von Eigenschaften** ist wirks mögl, aber
formbedürft (§ 518). Bei Fehlen der Eigensch hängen die RFolgen vom Inhalt des SchenkgsVertr ab (zur
Auslegg: § 157); Wandelg (entspr § 462), ErsLieferg (entspr Abs II) od SchadErs (VertrauensSchad entspr
4 Abs I) sind denkb. **e) Gefährliche Sachen.** Sind sie fehlerfrei, so gilt § 521 für die Erf von AufklärgsPfl
(c. i. c.; vgl § 521 Rn 2; vgl Raape AcP **147**, 250). Liegt die Gefährlk od Schädlk gerade in dem Fehler, so gilt
allein § 524, insb für die Folgeschäden: zB Sturz von Leiter mit morschen Sprossen (Gerhardt JuS **70**, 597
[600]).

5   **2) Grundsätzliche Haftung** (Abs I). **a) Voraussetzungen:** Fehler: wie § 459 I; er muß zZ des Vollzugs
der Schenkg vorliegen, also idR mit dem Übergang des Eigt (§§ 929 ff) od des AnwartschR. Argl Ver-
6 schweigen: wie § 463 Rn 11. **b) Wirkung:** SchadErsPfl gem §§ 249 ff; aber nur Ers des VertrauensSchad
(Vorbem 17 vor § 249), einschließl des FolgeSchad (hM). Kein Ers für das ErfInteresse, insb nicht für
Aufwendg zur Beseitigg des Fehlers. Auch sonstige GewlAnspr sind ausgeschl.

7   **3) Besondere Haftung** (Abs II). **a) Voraussetzungen:** Fehler u Ztpkt: wie Rn 5. Kenntn u grobfahrl
Unkenntn: § 460; maßgebder Ztpkt hierfür ist der Erwerb des Eigt der Sache. Argl Verschweigen: wie § 463
8 Rn 11. **b) Wirkung:** Im Falle des Abs II S 1 nur Nachlieferg fehlerfreier Sache, bei Abs II S 2 wahlw (wie bei
§ 480 I) auch SchadErs wg NichtErf (wie bei § 463). § 519 (Notbedarfeinrede) bleibt anwendb. § 279 gilt wg
9 § 521 nicht (vgl auch Ballerstedt FS Nipperdey 267). **c) Durchführung** (Abs II S 3) richtet sich nach
VerkGewl, insb gelten notw Vorbeh (§ 464), Verj (§ 477) u für die Nachlieferg die in § 480 I genannten
Vorschr; soweit darin auf Versch abgestellt ist, gilt § 521.

525 *Schenkung unter Auflage.* [I] Wer eine Schenkung unter einer Auflage macht, kann
die Vollziehung der Auflage verlangen, wenn er seinerseits geleistet hat.

[II] **Liegt die Vollziehung der Auflage im öffentlichen Interesse, so kann nach dem Tode des
Schenkers auch die zuständige Behörde die Vollziehung verlangen.**

1   **1) Allgemeines. a) Begriff.** Auflage ist die einer Schenkg hinzugefügte Best, daß der Empf zu einer
Leistg (Tun od Unterl) verpfl sein soll, die aus dem ZuwendgsGgst zu entnehmen ist; auch in der Weise
mögl, daß der Empfänger ledigl in der freien Vfg üb den Ggst beschr w soll. Der Wert des Ggst kann dadch
vermindert sein. Das ändert nichts daran, daß die Zuwendg eine Schenkg ist. Aufl kann Hauptzweck
des RGesch sein u dem Wert der Schenkg entspr (MüKo/Voelskow 29 mwN). Inhalt der Aufl kann jede
Leistg (Tun od Unterl) sein, gleichgült, ob sie VermWert hat od nicht. Die Aufl kann im Interesse des
2 Schenkers, des Beschenkten od eines Dr liegen. **b) Form:** Es gilt § 518; auch für die Aufl. Nichtbeachtg
3 der Form macht die Schenkg in vollem Umfang nichtig. **c) Befreiung von der Auflage** ist mögl inf nachträgl
Unmöglk gem § 275; bei Entwertg des geschenkten Ggst kann der Beschenkte entspr § 526 die Erf der Aufl
4 dch Einr verweigern (RG **112**, 210). **d) Nichtigkeit der Auflage,** wenn gg § 134 od § 138 verstoßen w, ferner
ferner bei § 306. Ob die Nichtigk der Aufl auch die Schenkg ergreift, best sich nach § 139. Bei Unsittlichk
5 wird sich häuf die Nichtigk der ganzen Vertr, also auch der Schenkg, schon aus § 138 ergeben. **e) Sonder-
vorschriften** bestehen im ErbR bei letztwill Vfg: §§ 1935, 1940, 1967, 1972 ff, 1980, 1992, 2192 ff, 2322 ff.

6   **2) Abgrenzung** der Aufl v: **a) Wunsch, Rat oder Empfehlung:** Der Vollz kann nicht verlangt w;
unterbleibt er, treten keine RFolgen ein. Bsp: Geldzuwendg für einen ErholgsAufenth. **b) Verwaltungsan-
7 ordnungen** hins des zugewendeten Verm, zB § 1418 II Nr 2. **c) Entgeltlicher Vertrag:** Maßg ist, ob nach
PartWillen Leistg u GgLeistg in dem Verh stehen sollen, daß die Aufl nur Einschränkg der Leistg ist u aus
ihren Erträgn bewirkt w kann (dann liegt Aufl vor, vgl Coing NJW **49**, 260) od ob die Part Leistg u
GgLeistg iS eines Ausgl einander gleichstellen (RG **112**, 211). AnhaltsPkt bietet der v den Part angen ggs
Wert der Leistgen u ihrer Grdlage. Bsp für Schenkg mit Aufl: GrdstÜbereign unter Vorbeh des Nießbr
(Köln FamRZ **94**, 1242); Übertr eines Sparkontos gg verzinsl Darl aus diesem Geld (BayObLG NJW **74**,
8 1142). **d) Gemischte Schenkung:** diese setzt sich aus einem entgeltl u unentgeltl Teil zus (vgl § 516 Rn 13),
währd bei Schenkg unter Aufl der ganze Ggst geschenkt ist. ÜbertrVertr mit Abfindgn an die Geschwister
9 des Übernehmden ist iZw Schenkg unter Aufl (OGH NJW **49**, 260; Köln FamRZ **94**, 1242). **e) Werkver-
trag:** Es gilt im Grds Rn 7. Schenkg eines Kap an Kirchengemeinde mit Verpfl, eine Grabstätte zu pflegen,
10 ist Schenkg mit Aufl (RG **112**, 210). **f) Zuwendung zur Weitergabe** an einen Dr, ohne daß dem Empf
11 etwas verbleiben soll, ist keine Schenkg (RG **105**, 305; § 516 Rn 6), sond Auftr (§ 662). **g) Zweckschen-
kung** liegt vor, wenn nach dem Inhalt des RGesch od dessen GeschGrdlage mit der Zuwendg an den
Beschenkten hinausgehder Zweck verfolgt w, aber kein Anspr auf Vollzehg besteht (MüKo/Kollhosser 4);
Schenkg der Eltern an Kind u Schwiegerkind in Erwartg des FortBestds der Ehe (Köln FamRZ **94**, 1242; aA
Oldbg FamRZ **94**, 1245: Wegfall der GeschGrdLage). RFolgen bei NichtErreichg des Zwecks: § 812 I 2
(BGH NJW **84**, 233).

12   **3) Erfüllungsanspruch.** Er ist aufschiebd bedingt dch die Erf des SchenkgsVerspr (Abs I; § 158 I). Der
Schenker ist demnach vorleistgspfl, jedoch kann etwas aus, insb Zug-um-Zug-Leistg vereinb w. Bei Kl auf
Erf der Aufl muß der Schenker die Vollz der Schenkg beweisen. Der AuflAnspr kann dch einstw Vfg
gesichert w. Vollz der Schenkg (vgl § 518 Rn 9) u Erf des AuflAnspr geschieht nach den allg Regeln
(§§ 362 ff), ist bei formgerechten Schenkgen auch nach § 378 mögl. SchuldAnerkenntn od -Verspr (§§ 780,
781) genügen nicht. RFolgen bei NichtErf: § 527.

13   **4) Gläubigerstellung** hinsichtl der AuflErf: **a) Schenker** od dessen RNachf in erster Linie (Abs I).
b) Begünstigter der Aufl: Ist an ihn auflgem zu leisten, hat er einen unmittelb Anspr gg den Beschenkten
14 auf Erf der Aufl (§ 330 S 2) neben dem Schenker, aber erst nach Vollz der Schenkg (§ 334). **c) Zuständige
Behörde** (Abs II): Kein Anspr auf Erf vor dem Tod des Schenkers. Der Erbe des Schenkers bleibt neben der

Beh ansprberecht, kann aber die Aufl ohne Zust der Beh nicht mehr erlassen (§ 397). Öff Interesse: jede Förderg des Gemeinwohls. Zustdgk der Beh richtet sich nach LandesR, zB *Nds* § 3 AGBGB; *BaWü* § 4 AGBGB; *SchlH* § 1 VO v 9. 9. 75, GVOBl 257. Kl auf Erf nur im ZivProz.

526 *Leistungsverweigerung und Aufwendungsersatz.* **Soweit infolge eines Mangels im Rechte oder eines Mangels der verschenkten Sache der Wert der Zuwendung die Höhe der zur Vollziehung der Auflage erforderlichen Aufwendungen nicht erreicht, ist der Beschenkte berechtigt, die Vollziehung der Auflage zu verweigern, bis der durch den Mangel entstandene Fehlbetrag ausgeglichen wird. Vollzieht der Beschenkte die Auflage ohne Kenntnis des Mangels, so kann er von dem Schenker Ersatz der durch die Vollziehung verursachten Aufwendungen insoweit verlangen, als sie infolge des Mangels den Wert der Zuwendung übersteigen.**

1) Allgemeines. a) Zweck: Der Beschenkte soll inf der Aufl nicht mehr leisten müssen als er erhält. **1** Hierfür stellt § 526 eine (ggü § 242 besondere) BilligkRegel dar. **b) Anwendbar** für AuflSchenkg (§ 525 Rn 1) bei Sach- u RsMangel (§§ 523, 524), insb auch, wenn der Beschenkte für den Mangel haftet (BGH NJW **82**, 818; hierzu krit Herrmann WM **82**, 1158), entspr, wenn aus and Grden der Wert der AuflLeistg den Wert des SchenkgGgst übersteigt (hM; MüKo/Kollhosser 4 mwN), zB inf Inflation (RG **120**, 237). **c) Umfang:** Einr (Rn 3) u AufwendgsErs (Rn 4) kann nur für den konkreten Fehl- oder MehrBetr („so- **2** weit") geltd gemacht w. **d) Beweislast:** für Mangel, FehlBetr u fehlde Kenntn trägt der Beschenkte (hM).

2) Leistungsverweigerungsrecht (S 1) ist eine Einr u besteht ggü jedem VollziehgsBerecht (§ 525 **3** Rn 13, 14). Sie ist auflösd bedingt für die gesamte Aufl bis zum Ausgleich des FehlBetr. Die Einr entfällt, wenn die Schenkg in Kenntn des Mangels (wie §§ 439, 460) angenommen w (hM).

3) Aufwendungsersatzanspruch (S 2). **a) Voraussetzungen: aa)** Vollzug der Aufl (vgl § 525 Rn 12). **4** **bb)** Den Wert des SchenkgsGgst (zZ der Erf, § 518 Rn 9) übersteigde Aufwendgen (§ 256 Rn 1). **cc)** Fehlde Kenntn, auch fahrläss Unkenntn des Mangels (wie §§ 439, 460) bei Vollzug der Aufl. **b) Wirkung.** Der **5** Anspr (§§ 256, 257) richtet sich allein gg den Schenker, nicht gg den Begünstigten der Aufl.

527 *Nichtvollziehung der Auflage.* [I] **Unterbleibt die Vollziehung der Auflage, so kann der Schenker die Herausgabe des Geschenkes unter den für das Rücktrittsrecht bei gegenseitigen Verträgen bestimmten Voraussetzungen nach den Vorschriften über die Herausgabe einer ungerechtfertigten Bereicherung insoweit fordern, als das Geschenk zur Vollziehung der Auflage hätte verwendet werden müssen.**

[II] **Der Anspruch ist ausgeschlossen, wenn ein Dritter berechtigt ist, die Vollziehung der Auflage zu verlangen.**

1) Allgemeines. a) Zweck: Der HerausgAnspr (Rn 4) wird dem Schenker eingeräumt, weil seine son- **1** stigen Re bei unterbliebenem Vollz (vgl Rn 3) meist keinen prakt Wert haben (Soergel/Mühl 1). **b) Ab- dingbar** ist § 527; auch dahin, daß dem Schenker ein vertr RücktrR eingeräumt wird (§ 346). **c) Andere** **2** **Ansprüche** des Schenkers bei nicht vollzogner Aufl sind: ErfAnspr (§ 525 Rn 12); SchadErsAnspr aus §§ 280, 283 od 286, wobei Nachw eines Schad idR scheitert (MüKo/Kollhosser 1). Hingg wird der Beschenkte bei unversch Unmöglk frei (§ 275). Es besteht kein Anspr des Schenkers aus § 812 I S 2 (2. Alt; Larenz § 47 III aE mwN); auch nicht über Widerr (§ 530, vgl § 516 Rn 16 u § 531) oder über Wegfall der GeschGrdLage (§ 242 Rn 115), jedenf soweit der Fall im RegelgsBereich des § 527 liegt (umstr; vgl BGH NJW **72**, 247; Kühne FamRZ **69**, 371 mwN). **d) Anspruchsinhaber** ist der Schenker od sein Erbe (§ 1922). **3**

2) Herausgabeanspruch (Abs I, II). **a) Voraussetzungen: aa)** Vollz der Aufl ist ganz od teilw unter- **4** blieben. **bb)** Die Aufl erfordert zum Vollz einen VermAufwand (vgl Rn 5), der aus dem Geschenk oder seinem Wert erbracht w muß. **cc)** Verschuldete Unmöglk gem § 325 I S 1 u 2, erfolglose FrSetzg nach rechtskr Verurt (§§ 325 II, 283), erfolglose NachFrSetzg im Verz (§ 326 I) od bloßer Verz bei Wegfall des Interesses (§ 326 II). **dd)** Es darf nicht ein Dr sein, den Vollz der Aufl zu verlangen (Abs II; rechtshindernde Einwendg). Dr ist auch die zuständ Behörde bei § 525 II (hM). **b) Umfang.** Die Herausg **5** richtet sich nach §§ 812 I S 1, 818, 819 I. Sie ist beschr („insoweit") auf dasjen (uU ein Teil des Ggst), was zum Vollz der Aufl zu verwenden war, sodaß bei immaterieller AuflVerpfl nichts herauszugeben ist (MüKo/Kollhosser 4 mwN; bestr; aA: § 812 I S 2 [2. Alt]).

528 *Rückforderung wegen Notbedarfs.* [I] **Soweit der Schenker nach der Vollziehung der Schenkung außerstande ist, seinen angemessenen Unterhalt zu bestreiten und die ihm seinen Verwandten, seinem Ehegatten oder seinem früheren Ehegatten gegenüber gesetzlich obliegende Unterhaltspflicht zu erfüllen, kann er von dem Beschenkten die Herausgabe des Geschenkes nach den Vorschriften über die Herausgabe einer ungerechtfertigten Bereicherung fordern. Der Beschenkte kann die Herausgabe durch Zahlung des für den Unterhalt erforderlichen Betrags abwenden. Auf die Verpflichtung des Beschenkten finden die Vorschriften des § 760 sowie die für die Unterhaltspflicht der Verwandten geltende Vorschrift des § 1613 und im Falle des Todes des Schenkers auch die Vorschriften des § 1615 entsprechende Anwendung.**

[II] **Unter mehreren Beschenkten haftet der früher Beschenkte nur insoweit, als der später Beschenkte nicht verpflichtet ist.**

1) Allgemeines. Regelg für den Notbedarfsfall des Schenkers nach vollzogener (auch gemischter) **1** Schenkg, entspr § 519 (dort vor Vollz der Schenkg). Zweck u Vorausverzicht wie § 519 Rn 1. Pfändbk: § 852 II ZPO. Zur Problematik bei erwarteter Pflegebedürftk des Schenkers Germer BWNotZ **87**, 61. Zur

Bedeutg der SozHilfeVorschr in der not VertrPraxis Kerpen RhNot **88**, 131. **a) Anwendbar** nur auf
2 Schenkgen (§ 516), nicht auf Pfl- u AnstdsSchenkg (§ 534) sowie bei jur Pers als Schenker (allgM). **b) Mehrere Beschenkte** (Abs II). Zu zahlr RFragen eingehd: Heiter JR **95**, 313. Die Nichtverpflichtg kann auf Herausg, Wegfall der Bereicherg od auf § 529 II beruhen. Gleichzeit Beschenkte haften im Rahmen des BereichergsR nicht nur anteil bis zur ObGrenze des Restbedarfs (BGH NJW **91**, 1824). Es kann ein Be-
3 schenkter allein in Anspr genommen w (Ffm NJW-RR **93**, 835). **c) Tod des Beschenkten** vor Verarmg des Schenkers: Anspr richtet sich gg dessen Erben (§ 1967; BGH NJW **91**, 2558).

4 **2) Herausgabeanspruch** (Abs I S 1). Er steht dem Schenker selbst zu (Düss FamRZ **84**, 887), nach ÜbLeitg gem § 90 BSHG dem Sozialhilfeträger (vgl BGH **94**, 141). Umstr ist, ob der Anspr vererbl ist (vgl die RsprNachw in BGH NJW **95**, 2287). Der Anspr erlischt jedenf nicht mit dem Tod des Schenkers, wenn der Anspr vorher gem § 90 BSHG übgeleitet w (BGH **96**, 380), auch nicht, wenn dies nach dem Tod geschieht (BGH NJW **95**, 2287; Brähler/Boyan-Mann NJW **95**, 1870) od jedenf, wenn der Beschenkte den Anspr aus § 528 trotz Auffdg nicht erf hat (BGH **123**, 264). In diesen Fällen erlischt der Anspr auch nicht dch Konfusion (BGH NJW **95**, 2287). Auch ein Verz des Schenkers (§ 397) wäre ausgeschl (BGH aaO). Die Problematik zur Übleitg zur 27. 6. 93 inf ÜbGang krG (§§ 90, 91 BSHG idF des G v 23. 6. 93, BGBl 944 [952]) weitgehend überholt. Abgetreten werden kann der Anspr wg § 399 1. Alt, außer an den in Abs I S 1 genannten PersKreis (BGH NJW-RR **93**, 250; Wüllenkemper JR **88**, 353), jedenf an einen Zessionar, der den Unterh des Schenkers in Höhe des AnsprWerts bestr hat od sicherstellt (BGH NJW **95**, 323; zT A 54. Aufl).
5 Er geht dem UnterhAnspr des Schenkers vor (BGH NJW **91**, 1824). **a) Voraussetzungen** des Anspr (BewL: Schenker, BGH NJW **95**, 1349). **aa)** Vollzogene Schenkg: wie § 518 Rn 9. **bb)** Notbedarf: Er muß bereits vorliegen. Maßgebd ist der eigene angemessene Unterh (wie § 1610 I) u die gesetzl UnterhPfl aus §§ 1360, 1361, 1569, 1601, 1615a. Auf die sonstigen Verpflichtgen kommt es (im Ggsatz zu § 519) nicht an. Zumutb Erwerbsmöglk des Schenkers sind zu berücks (hM), nicht aber ein UnterhAnspr (BGH NJW **91**,
6 1824; wie § 519 Rn 4 aE). Die Schenkg muß nicht Urs des Notbedarfs sein. **b) Umfang.** Der Anspr richtet sich der Höhe nach auf die Deckg des Bedarfs, den Abs I S 1 schützt („soweit"). Es gelten §§ 818, 819 I; bei unentgeltl Weitergabe an Dr: § 822 (hM; BGH **106**, 354; dagg krit Koch JR **93**, 313). **c) Inhalt.** Grdsätzl ist der Ggstd zurückzugeben. Das ist bei Aufnahme in eine PersGes idR der GesAnteil (K. Schmidt BB **90**, 1992). WertErs (§ 818 II) ist zu leisten, wenn der Anspr teilweise (zB bei Unterhalt) auf einen unteilb Ggstd gerichtet ist (allgM; vgl BGH **94**, 141). **d) Einrede des Beschenkten:** § 529.

7 **3) Abwendungsbefugnis** (Abs I S 2, 3; § 262 Rn 7). Sie gilt nicht dafür, daß der Beschenkte sich dch Rückgabe des Geschenks v der ZahlgsPfl befreien könnte (BGH NJW **94**, 1655). Der Unterh ist als Geldrente zu zahlen (§ 760) u erlischt mit dem Tode des Schenkers nach Maßg des § 1615, nicht dem des Beschenkten. S 3 gilt nur im Falle des S 2 (Soergel/Mühl 6; Düss FamRZ **84**, 887).

529 *Ausschluß des Rückforderungsanspruches.* **I** Der Anspruch auf Herausgabe des Geschenkes ist ausgeschlossen, wenn der Schenker seine Bedürftigkeit vorsätzlich oder durch grobe Fahrlässigkeit herbeigeführt hat oder wenn zur Zeit des Eintritts seiner Bedürftigkeit seit der Leistung des geschenkten Gegenstandes zehn Jahre verstrichen sind.

II Das gleiche gilt, soweit der Beschenkte bei Berücksichtigung seiner sonstigen Verpflichtungen außerstande ist, das Geschenk herauszugeben, ohne daß sein standesmäßiger Unterhalt oder die Erfüllung der ihm kraft Gesetzes obliegenden Unterhaltspflichten gefährdet wird.

1 **Rechtsnatur:** § 529 enthält eine Einr, nicht Einwendgen (hM), sodaß es dem Beschenkten überl ist, sie geltd zu machen. **Zweck:** BilligRegelg, die eine Anwendg des § 242 nicht ausschließt (MüKo/Kollhosser
2 5). **Selbstverschulden** (Abs I 1. Alt): Vors (§ 276 Rn 10); grobe Fahrlk (§ 277). Bsp: Verschwendg, leichtsinn Spekulation. Die Bedürftk darf nicht dch die Schenkg herbeigeführt worden sein, zB um später SozHilfe zu erlangen. **Fristablauf** (Abs I 2. Alt): Es ist auf den Eintritt des Notbedarfs abzustellen. Leistg:
3 sie entspr dem Vollzug der Schenkg (§ 518 Rn 9–15; Köln FamRZ **86**, 988). **Notbedarf:** wie § 519 Rn 4. Statt standesmäß ist angemessen zu lesen (v GGeber übersehen).

530 *Widerruf der Schenkung.* **I** Eine Schenkung kann widerrufen werden, wenn sich der Beschenkte durch eine schwere Verfehlung gegen den Schenker oder einen nahen Angehörigen des Schenkers groben Undankes schuldig macht.

II Dem Erben des Schenkers steht das Recht des Widerrufs nur zu, wenn der Beschenkte vorsätzlich und widerrechtlich den Schenker getötet oder am Widerrufe gehindert hat.

1 **1) Allgemeines.** Der Widerr ist in den §§ 530–534 geregelt. **a) Rechtsnatur:** Das R zum Widerr ist höchstpersönl, nicht abtretb, daher unpfändb; nur eingeschr vererbl. **b) Anwendbar:** für SchenkgsVerspr u für vollzogene Schenkg; bei gemischter Schenkg (vgl BGH **30**, 120). Nur wenn der Schenker eine natürl Pers, nicht eine jurP ist (hM; BGH NJW **62**, 955); ebso beim Beschenkten (hM; Düss NJW **66**, 550). § 530 gilt auch bei Schenkg unter Eheg (BGH **87**, 145), wenn also keine ehebedingte Zuwendg vorliegt (vgl § 516
2 Rn 10), u Lebensgefährten (BGH **112**, 259). **c) Vererblichkeit:** ist dch Abs II eingeschränkt; auch die Hinderg am Widerr muß vorsätzl u rechtswidr sein. **d) Nahe Angehörige:** Maßgebd ist das tats pers Verh zum Schenker, nicht der Grad der Verwandtsch oder Schwägersch. Mögl auch bei Pflegekind u -eltern,
3 Lebensgefährten. **e) Folge des Widerrufs:** HerausgAnspr in Natur gem §§ 812ff (hM; BGH NJW-RR **88**, 584 mwN); keine Änd der dingl RLage (BayObLG NJW-RR **92**, 1236). Auch bei gem Schenkg (BGH aaO). Der RückFdgsAnspr ist auch ohne Einr, also vAw zu beachten. Er ist so eingeschr, daß er nur Zug-um-Zug gg WertAusgl des entgeltl Teils geltd gemacht w kann (BGH **107**, 156).
4 **2) Voraussetzungen des Widerrufs,** sofern er nicht, was zuläss ist (fast allgM; Kollhosser AcP **194**, 231 [337]), bei Schenkg vorbehalten wurde; auch bei GesAnteilen mögl (K. Schmidt BB **90**, 1992; Kollhosser aaO 338 mwN; bestr). Fehlen die Voraussetzgen, ist RückFdg wg ZweckVerfehlg aus § 812 I S 2 2. Alt im

Einzelfall mögl (vgl Köln NJW **94**, 1540). **a) Schwere Verfehlung** des Beschenkten. **aa) Allgemeines.** Sie ist auch dch Unterl mögl (vgl BGH **91**, 273) oder dch Mehrh v Handlgen (MüKo/Kollhosser 3 mwN). Obj muß die Verfehlg sich gg den Schenker od Angeh richten, subj eine tadelnswerte, auf Undankbk deutde Gesinng offenb (BGH stRspr, zB NJW **92**, 183 mwN). Die Verfehlg muß vorsätzl sein, nicht auch rechtswidr. § 166 gilt nicht. Schuld ist iS moral Vorwerfbk zu verstehen (hM). Zur Schwere der Verfehlg müssen die damit zushängden tats Umstde gewürd w (BGH NJW aaO). Bei mehreren Schenkern eines unteilb Ggst genügt Verfehlg gg einen (BGH MDR **63**, 575). **bb) Beispiele:** Bedrohg des Lebens; körperl Mißhandlg; grdlose StrafAnz (BGH **112**, 259); belastde Aussagen trotz ZeugnVerweigergsR (BGH **LM** Nr 6); schwere Beleidiggen; sof Verlangen einer Räumg (vgl BGH FamRZ **93**, 1297); hartnäck Weigerg, ein v Schenker vorbehaltenes R zu erf (BGH NJW **93**, 1577 für Nießbr). **cc) Ehewidriges Verhalten.** Es ist auf eine wertde Betrachtg des Gesamtverhaltens v Schenker u Beschenktem abzustellen (wohl hM seit BGH **87**, 145, **91**, 273 [278]). Danach indiziert die Verletzg der ehel TreuePfl (§ 1353 Rn 5), insb ein Ehebruch, nicht allein, wohl aber grdsätzl (BGH FamRZ **85**, 351) eine schwere Verfehlg (BGH aaO mwN; bestr; vgl Seutemann FamRZ **85**, 352). Dasselbe gilt im Verh zum Schwiegerkind (vgl BGH FamRZ **81**, 34 u **82**, 778 m abl Anm v Bosch; aA Karlsr NJW **89**, 2136; Köln NJW-RR **95**, 584). **b) Grober Undank** ggü dem Schenker muß 5 der schweren Verfehlg zu entnehmen sein; dabei kommt einem engen VerwandtschVerh zw Schenker u Beschenktem keine erhöhte Bedeutg zu (BGH NJW **78**, 213). Ein Zushang zw der Schenkg u der Verfehlg ist aber nicht erforderl; jedoch muß der Beschenkte bei der Verfehlg Kenntn v der Schenkg, dem Schenker od der AngehEigensch gehabt haben. Verfehlgen des Schenkers ggü dem Beschenkten können groben Undank ausschl. Undankb Gesinng ggü dem dch Aufl Begünstigten (§ 525) genügt nicht (BGH MDR **51**, 335).

531 *Widerrufserklärung.* [1] Der Widerruf erfolgt durch Erklärung gegenüber dem Beschenkten.

[2] Ist die Schenkung widerrufen, so kann die Herausgabe des Geschenkes nach den Vorschriften über die Herausgabe einer ungerechtfertigten Bereicherung gefordert werden.

Form des Widerr (Abs I): einseit empfangsbedürft WillErkl (§ 130) des Schenkers od dessen Erben (§ 530 1 II); auch im Test mögl (RG **170**, 380). **Wirkung:** Es entfällt der RGrd der Schenkg u entsteht ein Anspr aus unger Ber (§§ 812ff) gg den Beschenkten (BGH **35**, 103 [107]). Geschenk ist das, was dem PartWillen bei der Schenkg entspr; muß nicht vorher im Eigt des Schenkers gestanden haben (RG **167**, 199 [202]). Nachträgl Verzeihg beseit vollz Widerr nicht. RückÜbtragg eines GesAnteils muß gesellschrechtl mögl sein (BGH **112**, 40).

532 *Ausschluß des Widerrufs.* Der Widerruf ist ausgeschlossen, wenn der Schenker dem Beschenkten verziehen hat oder wenn seit dem Zeitpunkt, in welchem der Widerrufsberechtigte von dem Eintritte der Voraussetzungen seines Rechtes Kenntnis erlangt hat, ein Jahr verstrichen ist. Nach dem Tode des Beschenkten ist der Widerruf nicht mehr zulässig.

Allgemeines. Die drei AusschließgsGrde (Verzeihg, ZtAblauf, Tod) greifen nur ein, wenn der Widerr 1 noch nicht vollzogen ist. Verzeihg ist Einrede; ZtAblauf u Tod sind rechtsvernichtde Einwendgen. **Verzei-** 2 **hung:** wie § 2337 (vgl dort). Tats Vorgang, kein RGesch, setzt Einsichtsfähigk voraus. **Fristablauf:** AusschlFr; Berechg: § 187 I, § 188 II. Für jede Verfehlg läuft eine eigene Fr (BGH **31**, 79). Für den Erben des Schenkers beginnt die Fr nicht vor Kenntn seiner ErbenEigensch. **Tod des Beschenkten.** Der vor dessen 3 Tod erkl wirks Widerr begrdet Anspr gg dessen Erben.

533 *Verzicht auf Widerrufsrecht.* Auf das Widerrufsrecht kann erst verzichtet werden, wenn der Undank dem Widerrufsberechtigten bekannt geworden ist.

Anwendbarkeit. § 533 gilt für das WiderrufsR des § 530 u den daraus folgden RückFdgsAnspr, der 1 vertragl modifiziert w kann (BGH MDR **72**, 36). **Verzicht** (einseit empfangsbedürft WillErkl, § 130) ist erst ab Kenntn der den Undank bildden Tatsachen wirks mögl.

534 *Pflicht- und Anstandsschenkungen.* Schenkungen, durch die einer sittlichen Pflicht oder einer auf den Anstand zu nehmenden Rücksicht entsprochen wird, unterliegen nicht der Rückforderung und dem Widerrufe.

Allgemeines. Auch die Pfl- u Anstandsschenkgen sind Schenkg iS der §§ 516ff (RG **125**, 380). Es gelten 1 wg § 534 aber nicht die §§ 528–533, wohl aber § 527 (MüKo/Kollhosser 1; bestr). Fällt die Schenkg nur teilw unter § 534, ist der entspr Teil v Rückfdg u Widerr ausgeschl, bei Unteilbk RückFdg Zug-um-Zug gg eine der sittl oder AnstandsPfl entspr Leistg (BGH **LM** Nr 1). Sonstige Regeln für Pfl- u Anstandsschenkgen: §§ 814, 1425 II, 1641, 1804, 2113 II, 2205, 2207, 2330. **Sittliche Pflicht.** Sie muß aus den bes Umst des 2 Einzelfalles erwachsen. Verm u Lebensstellg der Beteiligten sowie ihre pers Beziehgen sind zu berücks. Bsp: Unterhalt von bedürft Geschwistern, idR der Belohng für Pflege dch nahe Verwandte (vgl BGH NJW **86**, 1926). **Anstandspflicht.** Gebräuchl GelegenhGeschenke, insb Geburtstags-, Weihnachts-, Neujahrs-, 3 Hochzeitsgeschenke. Es ist auf die Ansichten u Gepflogenh soz Gleichgestellter abzustellen, insb darauf, ob die Unterl des Geschenks zu einer Einbuße an Achtg in diesem PersKreis führen würde. Das ist einzelfallbezogen zu prüfen (BGH NJW **81**, 111) u bei ungewöhnl SchenkgsObjekten (zB Grdst) kaum zu bejahen, idR auch nicht bei Ehegatten, wenn SchenkgsGgst der MitEigtAnteil an einem Grdst ist (BGH NJW-RR **86**, 1202; aA Karakatsanes FamRZ **86**, 1049 mwN).

Dritter Titel. Miete. Pacht

I. Miete

Einführung

Übersicht

1 **1) Begriffe und Rechtsnatur. a) Miete** (MietVerh) ist das R(Schuld)Verh zw Verm u Mieter, das dch MietVertr begründet w. DasMietVerh ist ein DauerschuldVerh. Ggst des MietVerh können nur Sachen (§ 90) sein. **b) Mietvertrag** ist ein schuldrechtl, entgeltl GebrauchsüblassgsVertr (wie Pacht u Leihe), ggs Vertr iS der §§ 320ff. Abschl des MietVertr (§ 535 Rn 1) u Beginn des MietVerh (Rn 1) fallen meist nicht auf **2** denselben Ztpkt. **c) Untermiete** ist ein MietVerh zw dem Mieter (dem sog Hauptmieter) u dem Untermieter; ein MietVerh 2. Stufe. Auch eine 3. Stufe ist mögl. Der UntermietVertr ist echter MietVertr (mit allen Rechten u Pflichten) u von der bloßen Überlassg des Gebrauchs der Sache an einen Dritten od der Abtretg **3** des Rechts aus dem MietVertr (§ 398) zu unterscheiden. **d) Mietvorvertrag** ist ein formloser (§ 566 Rn 3) VorVertr (Einf 19 vor § 145), dch den sich die künft Verm u Mieter bindd verpfl, einen MietVertr abzuschließen. VertrInhalt muß bestimmt od bestimmb sein, bei einem gewerbl MietVertr, mindestens aber auch ausreichd: MietGgst, -dauer u -zins (vgl BGH NJW-RR **93**, 139). Könnte der MietVertr sof geschlossen w, so müssen bes Gründe für die Ann vorliegen, daß rechtl Bindg u damit ein VorVertr gewollt war. Auf einen VorVertr kann nicht allein daraus geschl w, daß ein beabsicht MietVertr nicht od nicht wirks zustandegek ist (BGH WM **63**, 173). Aus einem forml MietVorVertr kann wg § 566 auf schriftl Abschl des

MietVertr geklagt w, wenn die Beurk vereinb war. **e) Vormiete** ist das R aus einem Vertr, der dem Berecht 4 ggü dem Verm das R einräumt, in einen vom Verm mit dem Dr geschl MietVertr als Mieter einzutreten. Hierfür gelten die §§ 504–514 (Vorkauf) entspr (allgM), insb § 505 (so daß MietVertr zw Verm u Berecht zu den gleichen Bedinggen wie mit dem Dritten vereinbart, zustandekommt), § 508 (GesamtPr, RG **123,** 265), § 510 (AnzeigePfl, BGH MDR **58,** 234) u AnzFr (Kania ZMR **76,** 1); § 514 (Unübertragbk); § 507 (aber nicht ohne weiteres, RG **125,** 123). Schriftform des § 566 gilt nicht (§ 505 I S 2 entspr; BGH **55,** 71 [76f]; Soergel/ Kummer 11; aA Kania ZMR **76,** 1). Übergang auf GrdstErwerber gem § 571 (BGH NJW **71,** 422; bestr). Vereinb Vormiete kann (falsch bezeichnet) im Einzelfall eine VerlängergsOption (Rn 5) darstellen (Hamm ZMR **95,** 248 für Pacht). **f) Mietoptionsvertrag** (vgl Einf 23 vor § 145) ist ein MietVertr, der unter der 5 aufschiebend Bedingg geschl ist, daß der eine VertrPartner innerh einer best Frist von dem ihm eingeräumten GestaltgsR, diesen MietVertr zustandezubringen od zu verlängern, dch formlose Erkl Gebrauch macht (BGH NJW **68,** 551). IdR ist eine AusübgsFr vereinb (Düss ZMR **91,** 378 u **92,** 52). Mit AusÜbg erlischt die Mietoption, kann aber bei entspr Vereinbg wiederaufleben (BGH NJW-RR **95,** 714). **aa) Begründungsoption.** Es wird ein dem AnkaufsR (Vorbem 13 vor § 504) entspr AnmietR begründet (RG **161,** 267). Schriftform des § 566 (and als bei Rn 7) gilt für eine entspr lange Optionsdauer (Kania ZMR **76,** 1). **bb) Verlängerungsoption.** Es wird kein neues MietVerh begrdet, sond das alte fortges. Eine nicht ausdrückl festgelegte Fr ist dch Auslegg zu ermitteln, wobei an KündFr angeknüpft w kann (Düss NJW **92,** 1674) od nach Künd unverzügl optiert w muß (BGH NJW **85,** 2581). Das OptionsR erlischt grdsätzl spätestens mit Ablauf der um die OptionsZt verlängerten VertrDauer (BGH NJW **82,** 2770). § 571 ist anwendb. **g) Doppel-** 6 **vermietung** liegt vor, wenn dieselbe Sache, die bereits dch wirksamen MietVertr vermietet ist, an eine and Person nochmals vermietet w. Die Vertr sind voll wirks. Es liegt am Verm, wen ggü er erf. Dem and Mieter steht idR nur Anspr auf SchadErs zu (BGH MDR **62,** 398). Der Verm ist nicht schaderspflicht, wenn der frühere Mieter den Anspr aus § 556 I wider Erwarten unangeküd nicht rechtzeit erf (LG Brem ZMR **69,** 282). **h) Anmietrecht** ist der Anspr eines Mietinteressenten gg den Verm, daß dieser ihm die Mietsache zur Miete 7 anbietet (ähnl der MietoptionsVertr, Rn 5) bevor er sie an einen and vermietet. Im Inhalt des VertrAngebots ist der Verm frei. Vereinbg forml wirks. **i) Zwischenmiete** liegt vor, wenn vertrgem Gebr der Miets nicht 8 im EigenGebr (insb Wohnen), sond in der gewerbl od nicht gewerbl Weitervermietg an einen Dr (sog Endmieter) liegt. Die ZwMiete ist eine bes Form der Unterm (Rn 2), kein WoRaumMietVertr (hM; Düss ZMR **95,** 203; Langenberg MDR **93,** 102 mwN). In solcher liegt idR nur zw Verm und Zwischenmieter ein MietVerh vor (Zweibr NJW-RR **95,** 270), so daß zB InstdsetzgsAnspr (§ 536 Rn 10) gg den ZwMieter geltd zu machen sind (Zweibr aaO). Zur Künd des ZwMietVerh: Langenberg aaO. Zu RFragen vgl Gather DWW **88,** 131. Zum KündSchutz bei WoRaum: § 556 Rn 21. Seit 1. 9. 93 ges Regelg bei gewerbl ZwMiete: § 549a.

2) Abgrenzung zu anderen Verträgen. Sie ist nach dem ges Inhalt des Vertr vorzunehmen; die von den 9 Part gewählte Bezeichng des Vertr ist nicht entscheidd (RG **130,** 275). Maßgebl Ztpkt ist der des VertrAbschl; daher ist für die RNatur des Vertr insb unerhebl: späterer Eintritt der (RG **125,** 128); Rückg od Kauf des Inventars dch den Pächter (RG **122,** 274); Änderg des gepachteten Betr. **a) Pacht** (§ 581; Voelskow 10 NJW **83,** 911): Miete bezieht sich nur auf Sachen (§ 90), Pacht auf Ggstände (Sachen u Rechte); Miete gewährt nur den Gebr, Pacht auch den Bezug der Früchte (§ 99). Werden dch einheitl Vertr mehrere Sachen teils nur zum Gebr, teils auch zum Fruchtgenuß, od Sachen u Rechte überlassen, so kommt es auf den HauptGgst u den wesentl VertrZweck an. Werden Grdste oder Räume für einen gewerbl oder freiberufl Betr überlassen, liegt Pacht nur dann vor, wenn Räume (od Grdst) für einen best Betr baul geeignet, auch so eingerichtet u ausgestattet sind, daß sie alsbald für den Betr mit Gewinn benutzt w können (RG stRspr; **109,** 206), auch wenn Inv noch ergänzt w muß. Wenn der stets erfordel Zushang zw Raum- u InvÜblassg besteht, kann das Inv auch von einem Dr überlassen w. Der Umst, daß die (auch leeren) Räume gewerbl oder berufl benutzt w, genügt für Pacht nicht. Es müssen weitere geschuldete Leistgen hinzukommen (BGH NJW-RR **91,** 906). Ob bei Software, die auf Zt üblassen w, Miete od Pacht vorliegt, ist zweifelh, aber wg der gleichen RFolgen bei §§ 537ff weitgehd unerhebl (vgl Köhler CR **87,** 827); zudem ist mein ein Leas-Vertr mit AGB vereinb (Junker NJW **90,** 1575 [1579] mwN). **b) Leihe** (§ 598) ist im Ggsatz zur Miete 11 unentgeltl (vgl § 535 Rn 29). Auch bei WoRaum mögl, wenn zB abgegrenzte Teile einer Wohng ohne Entgelt überlassen w. Ist das Entgelt auch weit unter dem Marktpr (sog GefälligkMiete), liegt Miete vor (BGH **LM** § 535 Nr 45; Karlsr ZMR **88,** 431). **c) Werkvertrag** (§ 631): hier wird statt GebrÜblassg die 12 Herbeiführg eines best Erfolges geschuldet (Einf 1 vor § 631). Bei Miete u WerkVertr sind MischVertr (Rn 21) häuf. WerkVertr mit mietrechtl Einschlag liegt zugrunde bei Besuch von Veranstaltgen (Theater, Konzert, Kino, Sport usw) als Zuschauer od Zuhörer (RG **127,** 313; **133,** 388), auch trotz sog Platzmiete. MietVertr ist der einfache CharterVertr (Rn 20), die Üblassg eines Zelts zur Bausicherg (Hamm NJW-RR **95,** 525), die Überlassg eines Steinbruchs zwecks Auffüllg mit Klärschlamm des Mieters (BGH **86,** 71), die Überlassg einer Sache für eine Veranstaltg gg Entgelt, nicht aber, wenn sie nur mit Rücks auf den Verzehr der Gäste erfolgt (RG **160,** 153). **d) Verwahrungs- und Lagervertrag** (§ 688; § 417 HGB): Es wird nicht 13 GebrÜblassg des Raums, sond die Aufbewahrg geschuldet. Nur für bewegl Sachen mögl. Liegt vor, wenn nicht nur Raum zur Aufbewahrg überlassen (zB Lagerraum Kblz NJW-RR **91,** 1317), sond auch Obhut übernommen w (BGH **3,** 200); prakt wichtig bei Einstellen von Kfz, wo Umst des Einzelfalls entscheiden. VerwahrgsVertr: bewachter Parkplatz (hM), Parkhaus (aA LG Brem NJW **70,** 2064), nicht der Stellplatz in der Sammelgarage eines Hotels (AG Ulm NJW-RR **87,** 1340; umstr). Miete: Einzelgarage; Bankschließfach trotz bestehder BewachgsPfl der Räume (hM; RG **141,** 99 mwN); Kühlhauszellen (BGH **LM** § 535 Nr 2). **e) Gesellschaft** (§ 705) ist ZusSchluß von Personen zu gemeins Zweck; hier kann GebrÜberlassg an Ge- 14 sellsch vereinb Beitrag sein (§ 705), auch bei den gesellschähnl partiar RechtsVerh (§ 705 Rn 50). Nicht Ges, sond Umsatzmiete liegt vor, wenn Verkaufsfläche zur Vfg gestellt u eingehende Umsatzmiete geteilt w (BGH ZMR **88,** 49). **f) Gemeinschaft** ist Gebr einer Sache aus eigenem Recht (§ 743 II). Es ist Miete, wenn 15 alleiniger Gebr gem § 745 I gg Entgelt eingeräumt w (BGH NJW **74,** 364). Bei GesHandGemsch (insb ErbenGemsch) ist entgeltl Gebr dch einen Miterben regelm Miete (BGH **LM** § 535 Nr 42). Miete zur vereinb ist auch bei Gemsch (§ 741) stets mögl (§ 535 Rn 1; vgl auch BGH NJW **74,** 743). **g) Verein und Genos-** 16 **senschaft.** Benutzg ihrer Einrichtgen dch Mitglieder ist als sog DauernutzgsVertr jedenf dann Miete, wenn der Gebr wenigstens für kurze Zeit ausschl u gg bes Entgelt überlassen w, insb eine Wohng (hM; Karlsr ZMR **85**, 122 mwN); nicht die Benutzg eines Fitness-Centers (aA LG Darmst NJW-RR **91**, 1015); Maschinen ohne Bediengspersonal (sonst gemischter Vertr, Rn 23); auch nicht mietähnl Verh, wenn ein Mitglied

17 eine Festlk des Vereins gg Entgelt besucht (Mü VersR **76**, 99). **h) Dingliche Rechte:** WohngsR (§ 1093; zur Abgrenzg vgl dort Rn 2); Dauerwohn- u DauernutzgsR (§ 31 WEG), Nießbr (§ 1030) sind im Ggsatz

18 zur Miete dingl Rechte, an Grdsten u Teilen eintraggsbedürft (§ 873). **i) Öffentlich-rechtliche Nutzungsverhältnisse** unterliegen nicht dem MietR des BGB, so insb DWohngen von Richtern, Beamten u Soldaten (BGH **LM** GVG § 71 Nr 9), TelefonAnschl (BGH **39**, 35), Überlassg von kommunalen Einrichtgen, zB Marktstände, Vieh- u Schlachthofräume (RG **99**, 96), Gräber (Bachof ArchÖffR **78**, 82). MietVertr ist bei SondNutzg öff Sachen (zB dch Verkaufsstand) mögl; stets gegeben, wenn priv Sachen entgeltl für öff

19 Zwecke überl w (vgl Köln WuM **91**, 394). **j) Automatenaufstellungsvertrag** (vgl § 705 Rn 51) kann wohl überh nicht einem best VertrTyp zugeordnet w. Jedenf ist seine RNatur umstr (für Automatenaufstellg bei Gastwirten, vgl Weyland, Automatenaufstellg, 1989). Es entscheiden Vereinbg u Umst des Einzelfalls. Miete eines GrdstTeils liegt vor, wenn ein Raum allein zum Betr eines od mehrerer Automaten od ein Platz für einen Automaten (sog AutomatenAnbringgsVertr) gg festes Entgelt od best Anteil am Umsatz (sog Umsatzmiete) zur Verfügg gestellt w. Partiarisches RVerh, Gesellsch od gemischter Vertr (Rn 21) liegt vor, wenn der Automat in einen GewerbeBetr, insb Gastwirtsch, eingegliedert u Gewinnbeteiligg vereinbart ist (BGH **47**, 202). KündFr in diesen Fällen entgg § 723 I regelm 3. Werktag zum Ende des übernächsten Monats (hM: LG Köln NJW **72**, 2127 mwN). Zur NachfKlausel vgl Düss OLGZ **73**, 11. Stets ist Miete gegeben, wenn der Automat (mit od ohne Aufstellplatz) gg Entgelt an denjenigen überlassen w, der das Gesch damit betreibt. Bei Ausschließlk wird wg §§ 18, 34 GWB Schriftf verlangt (Celle BB **78**, 1488). **k) Reisevertrag.** Die geschuldete Bereitstellg eines Ferienhauses od einer Ferienwohng zu Urlaubszwecken ist eher MietVertr als WerkVertr (vgl BGH NJW **85**, 907); zwar gilt § 651 f II entspr (BGH aaO), aber nicht

20 das übr ReiseVertrR. **l) Duldung von Anlagen,** auch ausdrückl dch sog GrdstEigtümerErkl, zB für KabelverzweiggsAnl ist nicht MietVertr; insb gilt nicht § 571 (LG Ffm NJW **85**, 1228). **m) Chartervertrag** (vgl Einf 10 vor § 631), insb in Bezug auf ein Schiff ist eine frachtrechtl Vereinbg, im Einzelfall v Miete verbunden mit DienstVerschaffg abzugrenzen (BGH WM **86**, 26).

21 **3) Mischverträge** (Einf 16–24 v § 305). **a) Verbundene Verträge** (TypenkombinationsVertr u AustauschVertr mit atypischer GgLeistg; vgl Einf 20, 21 vor § 305). Der einheitl Vertr ist zu einem Teil Miete, iü mind einem and VertrTyp zuzuordnen. Für jeden Teil w das R des zutreffden VertrTyps angewendet.

22 Allg gilt § 139. Die wichtigsten Formen sind: **aa) Mietkauf.** Das ist ein MietVertr, bei dem der Verm dem Mieter das R einräumt, innerh einer best Frist die (idR neue) Sache zu einem vorher best Preis zu kaufen, wobei die bis dahin gezahlte Miete ganz od zT auf den Kaufpreis angerechnet w (BGH WM **90**, 1307). Es genügt zB die Klausel „Bei Übernahme Mietanrechnung 50%" (BGH WM **85**, 634). Es ist also ein MietVertr mit einem KaufoptionsVertr verbunden. Miet- u KaufR w getrennt für jeden Teil angewendet. In der Ausübg der Kaufoption liegt die iZw damit zulässige fristlose Künd des MietVerh. MietPr ist meist überhöht, einers um den Mieter zum Kauf zu veranlassen, andseits weil bei neuer Sache dch Gebr starker Wertverlust eintritt. Verm ist hauptsächl am Kaufvertr interessiert. Anreiz für Mieter zum leichtere Finanzierg als bei sofort Kauf. Der Mietkauf fällt unter § 1 Rn 6 VerbrKrG. Der Unterschied zum LeasingVertr (Rn 28) liegt darin, daß beim Mietkauf Gefahr, Gewährleistg u Instandhaltg gem §§ 536–539 beim Verm liegen.

23 **bb) Hausmeister(verwalter)wohnung:** im Einzelfall verschieden; idR Arb- oder DVerh verbunden mit Überlassg einer Werkmiet- od -dienstwohng (§§ 565 b–e). **cc) Maschinen und Fahrzeuge.** Wird das Bedienungspersonal gestellt, liegt idR Miete verbunden mit DienstverschaffgsVertr (hM; Karlsr NJW **89**, 907), wenn Gebr überlassen (zur Disposition des Mieters), nach Zeit abgerechnet u Obhut (insb Wartg) dch Mieter übernommen w (vgl hierzu BGH **LM** § 535 Nr 40); sonst reiner D- od WerkVertr (Hbg MDR **68**, 1007; Karlsr MDR **72**, 325). Übernimmt der Verm Wartg od Einschulg des Personals

24 zum Bedienen, ist der MietVertr mit WerkVertr verbunden. **dd) Gastwirtschaft mit Bierlieferungsvertrag** ist Miet- (od Pacht)Vertr verbunden mit SukzessivliefergsVertr (BezugsVertr, Einf 21 vor § 581, Einf 27 vor § 305 u § 138 Rn 81). **ee) Filmverleih.** Vertr zw Filmverleih u KinoUntern ist MietVertr, soweit der Film als Sache überlassen w (Celle NJW **65**, 1667), verbunden mit LizenzVertr, dch den urheberrechtl das VorführgsR (§§ 19, 94 UrhG) auf Zeit übertragen w. Davon zu unterscheiden ist der Vertr zw Filmhersteller u Verleiher, der zwar keine mietrechtl Elemente, dafür aber pachtrechtl mit der Folge des § 581 II

25 aufweist (RG **161**, 321; BGH **2**, 331; Einf 9 vor § 581). **ff) Heimpflegevertrag** ist insb in Altenheim, MietVertr verbunden mit DVertr, wobei einheitl KündR u KündFr auf beiden Seiten anzunehmen ist. Der Vetr unterfällt dem HeimG (Wiedemann NJW **90**, 2237). Auf den SchwerPkt (Miet- od DVertr) stellt der BGH in WM **89**, 799 ab. Für außerord Künd gilt § 626, der § 624 nicht (Köln NJW **80**, 1395). Für einseit EntgeltErhöhg (§ 4 c HeimG) wenden Mü NJW **95**, 465 u LG Hbg NJW **95**, 468 das MHG entspr an.

26 **b) Gemischter Vertrag** (TypenverschmelzgsVertr; vgl Einf 23 vor § 305). Der einheitl Vertr weist Merkmale der Miete u mind eines and VertrTyps auf. Der Vertr wird grdsätzl nach MietR behandelt, wenn die wesentl Leistg in entgeltl GebrÜberlassg besteht. Daneben können einzelne Vorschr der and VertrTypen direkt od entspr angewendet w, soweit sie dem MietR nicht widerspr. Im wesentl MietVertr sind: möblierte Zimmer mit Frühstück u Bedieng; BeherbergsVertr (Einf 3 vor § 701, BGH NJW **63**, 1449); GerüstGestellg (Hamm NJW-RR **94**, 1297); Benutzg von Vergnügs- u Sporteinrichtgen (soweit nicht öff-rechtl NutzgsVerh vorliegen, vgl Rn 18, zB Sport- u FitnessCenter (umstr; vgl Hamm NJW-RR **92**, 242 mwN); Autoskooter (BGH NJW **62**, 908); Schiffsschaukel (Köln NJW **64**, 2020); Schwimmbad (BGH VersR **75**, 766); Reklameflächen an Fahrzeugen (daneben WerkVertr); nur Miete bei Hauswänden u freistehden Tafeln.

27 **4) Leasingvertrag.** Diese VertrArt ist seit 1970 als atyp MietVertr (Rn 28) für zahlreiche WirtschGüter gebräuchl geworden. **a) Allgemeines. aa) Begriff.** Ein LeasVertr liegt vor, wenn der LeasGeber eine Sache od Sachgesamth mit dem LeasNehmer gg ein in Raten gezahltes Entgelt zum Gebr überläßt, wobei Gefahr od Haftg für Instandhaltg, Sachmängel, Unterg u Beschädigg der Sache allein den LeasN trifft, der LeasG dafür seine Anspr hieraus gg Dr (insb gg den Lieferanten) dem LeasN überträgt. IdR hat der Vertr eine

feste GrdMietzeit, oft mit VerlängergsOption (Rn 50) des LeasN, die gewöhnl Miete sein kann; jedoch kommt auch Abschl auf unbestimmte Zeit vor. Kaufoption (AnkaufsR, 13 vor § 504) des LeasN ist häuf im Vertr enthalten, jedoch nicht begriffswesentl. **bb) Rechtsnatur.** Die Bezeichng des Vertr u der Part ist im **28** Einzelfall nicht entscheidend (Kblz NJW-RR **89**, 1526), aber wesentl Indiz. Nach hM ist der LeasVertr wg der entgeltl GebrÜberlassg ein atyp MietVertr (BGH stRspr, zB NJW **90**, 1113 mwN; einschränkd Flume DB **91**, 265; aA mit beachtl Grden Canaris NJW **82**, 305, AcP **190**, 410 [446] u ZIP **93**, 401 [404] mwN: Vertr sui generis; gemischt-typ Vertr mit Dominanz von GeschBesorgg u Darl beim FinanziergsLeas; Übbl bei Knebel WM **93**, 1026). Keinesf ist es ein DarlVertr iS des § 56 I Nr 6 GewO (BGH NJW **89**, 460). Für das Operating-Leas (Rn 29) ist diese RNatur allgM, für das FinanziergsLeas (Rn 29) bestr, weil einerseits zum Schutz des LeasN die kaufrechtl Komponente stärker betont wird, andseits der Mischcharakter. Der Leas-Vertr bringt wirtsch Vorteile für den Lieferanten (Hersteller od Händler) dch Umsatz, dem LeasG dch günst KapNutzg u dem LeasN dch erleichterte Finanzierg, indirekte Bilanz- u Steuervorteile (vgl v. Westphalen ZIP **83**, 1024). **cc) Arten. (1) Finanzierungsleasing.** Der Begriff ist in § 3 II Nr 1 VerbrKrG (dort Rn 6) **29** vom GGeber verwendet u daraus abzuleiten (Canaris ZIP **93**, 401): LeasVertr, bei dem der LeasN dazu ein der Amortisation (nicht notw 100%, Canaris aaO) der v LeasG für die Anschaffg der LeasSache gemachten Aufwendgen u Kosten einzustehen hat (BT-Dr 11/8274 S 21). FinanziergsLeas ist die weitaus häufigste Art des Leas. Sie setzt eine längere, Fest(Grund)Mietzeit voraus (meist 3–7 Jahre), oft mit Verlängergs- od Kaufoption (vgl Rn 27, 50), bei der der LeasN dch die Ratenzahlg den KaufPr zuzügl aller Kosten, Zinsen, Kreditrisiko u Gewinn vergütet. Auch hier wählt der LeasN die Sache beim Lieferanten aus, der LeasG schafft sie dch Kauf an. **(2) Operatingleasing.** Die VertrDauer ist unbestimmt od die GrdMietzeit sehr kurz, die Künd erleichtert od jederzeit mögl. Diese Art eignet sich vor allem für solche Sachen, bei denen für den LeasN ungewiß ist, wie lange er sie braucht u ob er sie erwerben will. **(3) Immobilienleasing** ist eine bes Form des FinanziergsLeas mit langer VertrDauer (bis 30 Jahre), bei der der LeasG als Bauherr dem LeasN nach Ablauf der VertrZeit eine vormerkgsgesicherte Kaufoption (Rn 27) einräumt. **(4) Hersteller-leasing** liegt vor, wenn der Lieferant (Hersteller od Händler) selbst LeasG ist. Es fehlt das für den LeasVertr typ DreiecksVerh (vgl Rn 27). IdR liegt ein Miet- oder TeilZahlgsKauf vor od reine Miete, wenn jedes OptionsR fehlt **(5) Null-Leasing** (im Kfz-Handel u bei Fernsehgeräten gebräuchl geworden) liegt vor, wenn dem LeasN die Sache für einen best ZtRaum gg period fäll werdde Raten ohne Zins zum Gebr überlassen u nach Ablauf des Vertr von ihm für einen bei VertrSchluß festgesetzten Pr bindd zum Erwerb des Eigt angeboten w (hierzu Paschke BB **87**, 1193). **(6) Sale-and-lease-back.** Eigtümer des LeasGuts ist idR der LeasN, der es an den LeasG verkauft u übereignet, um es von ihm zu leasen. Zur Haftg bei Gewl: v. Westphalen BB **91**, 150. **b) Abgrenzung** des LeasVertr. **aa) Zu ähnlichen Geschäften: (1) Zum** **30** **Kauf:** Statt der Pfl aus § 433 liegt ein DauerschuldVerh vor, bei dem die Übereigng entfällt oder ungewiß ist. **(2) Zum Mietkauf** (Rn 22): Es entfallen beim LeasVertr die §§ 536–539; er enthält nicht notw die Kaufoption (Rn 27). Der LeasVertr ist auf die teilw od volle Amortisation ausgerichtet. **(3) Zum finan-zierten Kauf** (§ 9 Rn 1 VerbrKredG). Es liegt zwar auch ein DreiecksVerh vor (Verk – DarlG – Käufer u DarlN sowie Lieferant – LeasG – LeasN); jedoch bindet der Kauf zw Lieferanten u Käufer statt u die Finanzierg ist im LeasVertr enthalten. Gleich ist, daß Käufer u LeasN die Sache wählen, an der sie (zunächst) unmittelb Besitz erlangen. **bb) Umgehungsgeschäfte.** Soweit das AbzG noch anwendb ist (vgl Art 9 **31** VerbrKrG) liegt eine Umgehg iS des § 6 AbzG vor, wenn dem LeasN das R eingeräumt w, nach Ablauf der MietZt ein Käufer (auch sich selbst) vorzuschlagen, der die Sache zum VerkWert erwirbt (BGH NJW **95**, 518). Dch das VerbrKrG wird der LeasVertr unmittelb erfaßt (§ 1 Rn 7 VerbrKredG), so daß Umgehgs-Gesch, die nach § 18 S 2 VerbrKrG verboten u nichtig sind, dch LeasVertr idR nicht vorkommen.

c) Vertrag. Der LeasVertr muß vom KaufVertr zw Lieferanten u LeasG (BeschaffgsVorgang) untersch **32** w (vgl Lieb WM **92**, Beil 6; v. Westphalen DB **93**, 921). Hat der LeasN dem LeasG KaufAuftr erteilt, so ist nicht Bedingg des KaufVertr, daß der LeasN die ÜbnahmeBestätigg unterzeichnet, auch wenn der LeasG erkl, bis dahin frei bleiben zu wollen (BGH NJW **93**, 1381). Handelt der Lieferant mit Wissen u Willen des LeasG, so ist er nicht Dr iS des § 123 II (BGH NJW **89**, 287). **aa) Form.** Bei Grdst gilt § 566; iü formfrei, soweit bei Grdst im Vertr nicht Pfl übnommen w, die unter § 313 fallen. IdR werden FormlVertr benutzt. Oft verwendet der Lieferant als Verk die Forml des LeasG, sodaß dieser den VertrAntr (§ 148) stellt. Untervermietg kann formlmäß ohne Verstoß gg § 9 AGB ausgeschl w (BGH **112**, 65). **bb) Beginn.** Die **33** VertrZt beginnt grdsätzl mit der (iZw vollständ, BGH **98**, 204) GebrÜberlassg, wenn nicht im Vertr der Beginn dch Datum best ist, od mit Unterzeichg der ÜbernahmeBestätigg dch den LeasN (vgl Eckert ZIP **87**, 1510); diese fällt nicht unter § 781, sond kehrt nur die BewL um (BGH aaO). **cc) Inhalt.** Es gilt **34** grdsätzl MietR (BGH stRspr, zB NJW **90**, 1113 mwN). Abschl auf unbest Zt verstößt weder gg § 3 noch § 9 AGBG (Köln NJW-RR **92**, 121 = JZ **93**, 740 m abl Anm v Tiedtke). Der LeasG hat als HauptPfl dem LeasN den Gebr der Sache für die VertrZt zu verschaffen (BGH NJW **88**, 204 stRspr) u hat die Vorfinanzierg zu leisten. Er ist dem Verk ggü VertrPartner mit Ren u Pfl aus den §§ 320ff (BGH NJW-RR **90**, 1462). Nach Überg ist der LeasG nur noch verpfl, den LeasN im Bes nicht zu stören u bei Störg dch ihn zu unterstützen (BGH NJW **88**, 198). Die LeasRaten sind betagte, nicht aufschiebd befristete Fdgen (BGH **109**, 368). Vorfällk (entgg § 551) ist bedenkenfrei (BGH NJW **95**, 1541). Eine NebenPfl ggü dem LeasN zur Aufklärg u Beratg wird nur sehr beschr angenommen (vgl Beckmann CR **94**, 600). **dd) Anfechtung** des **35** LeasVertr wird in der Praxis häuf vom LeasN ggü dem LeasG erkl. Dabei wird meist übersehen, daß der Lieferant (Verk), dem die Täuschg angelastet wird, grundsätzl Dr iS des § 123 II ist, wenn er nicht als Vertreter des LeasG aufgetreten ist (Canaris NJW **82**, 305 [311]). Andseits muß der LeasG, der dch mehrseit VertrÜbern anstelle des LeasN dessen Re u Pfl übernimmt, sowohl ggü dem LeasN als auch ggü den Lieferanten anfechten (BGH **96**, 302). **ee) Änderung.** Die beiderseit Re u Pflen können im Einzelfall u im **36** Rahmen der VertrFreih üb § 305 geänd sein, soweit nicht das AGBG od die §§ 134, 138 entggstehen. Eine Abkürzg od Aufhebg des LeasVertr muß der Zessionar, an den die LeasRaten abgetreten sind, wg §§ 398, 407 nicht gg sich gelten lassen (BGH **111**, 84). Auch im kaufmänn Verkehr ist eine AGB-Klausel mit Ausschluß jeder Haftg für Dr unwirks (BGH **95**, 170). **ff) Instandhaltungspflicht** (§ 536). Zuläss nach **37** AGBG u für den LeasVertr charakterist ist, daß diese und die Gewl (§§ 537–539) ausgeschl w u dies dch

Abtretg der Anspr des LeasG gg den Lieferanten (Verk od WerkUntern, § 651) aus §§ 459 ff od §§ 633 ff ersetzt (BGH **68**, 118), soweit nicht § 540 entggsteht. Hierfür ist aber erforderl, daß der LeasG dem LeasN diese Anspr ausdrückl u vorbehaltslos abtritt od ihn ermächt, sie geltd zu machen (BGH stRspr NJW **87**, 1072 mwN); denn dies wäre der RNatur des LeasVertr allein nicht zu entnehmen. Die KreditiergsPfl des LeasG umfaßt nicht die dch nachträgl Maßn angefallene MWSt (BGH WM **79**, 1040 u mit Anm v Ernst
38 1314). **gg) Erfüllungsgehilfen.** Im Verh zum Verk ist der LeasN ErfGehilfe des LeasG für die AbnPfl (§ 433 II), wenn direkt an den LeasN geliefert w (BGH **90**, 303; dagg Knops JuS **94**, 106 [109]). Andseits ist der Lieferant ErfGehilfe (§ 278) des LeasG idR bis zum Abschl des LeasVertr (BGH NJW-RR **89**, 1140) od bis zur Überg der Sache an den LeasN (BGH NJW **88**, 198), insb dann, wenn der Lieferant mit Wissen u Willen des LeasG mit dem LeasN die Vorverhandlgen über den LeasVertr führt u Aufklärgs- od HinweisPfl verletzt (BGH **95**, 170). Überläßt der LeasN die Sache einem Dr, wird dieser ErfGehilfe des LeasN (Hamm NJW-RR **87**, 1142). UmtauschVereinbg zw Lieferanten u LeasN verpfl nicht den LeasG (Ffm NJW **86**, 2509).

39   **d) Nichterfüllung** inf Nichtliefer u das Risiko verspäteter Lieferg. Die Haftg trägt grdsätzl der LeasG (hM). Trifft den LeasG keine Schuld, so steht dem LeasN kein SchadErsAnspr zu (BGH **96**, 103). RMängel kommen infolge Entzugs des Dr, insb dch Lieferanten u SichergsEigt vor. Es gelten § 541 u § 542. Empfängt der LeasN nur einen Teil des LeasGgstds u bescheinigt er den Vollempfang, kann er dem LeasG ggü schaderspfl w (vgl BGH NJW **88**, 204). Ein HaftgsAusschl ist im Rahmen der §§ 9, 11 Nr 7, 8 AGBG zuläss u wirks. Abtretg der Re an den LeasN führt dazu, daß dieser, wenn er den Proz gg den Lieferanten rechtskräft verliert, die Re aus NichtErf (§§ 320 ff) nicht dem LeasG entgghalten kann (Mü NJW-RR **93**, 123).

40   **e) Sachmängel** (§§ 537–539). **aa) Haftung** des LeasG besteht bei dem regelmäß vereinb GewlAusschl jedenf dann nicht, wenn er seine GewlAnspr aus den §§ 459 ff (od §§ 633 ff) an den LeasN abgetreten hat (Rn 27; BGH stRspr **94**, 44; bestr; aA Canaris AcP **190**, 410 [417]). Das gilt auch für Grdst u Gbde (BGH
41 NJW **89**, 1280); insb wenn der LeasN die Herstellg des Gbdes selbst übernommen hat (BGH aaO). **bb) Geltendmachen** muß der LeasN die GewlAnspr zunächst gg den Lieferanten, sofern die Dchsetzg der GewlAnspr nicht unmögl od unzumutb ist (BGH **82**, 121). Zur Rüge (Obliegenh der §§ 377, 378 HGB) ist der nichtkaufmänn LeasN dem LeasG ggü ohne bes Abrede nicht verpflichtet (BGH NJW **90**, 1290; aA Canaris aaO 428; Tiedtke JZ **91**, 907). Vertragl Überbürdg ist auf den LeasN soll an § 9 II Nr 1 AGBG scheitern (v. Westphalen BB **90**, Beil Nr 19, S 16). Kann die vom LeasN beabsicht u berecht Wandelg wg Vermlosk des Lieferanten nicht realisiert w, wird der LeasN im Verh zum LeasG so gestellt, wie wenn der KaufVertr rückgäng gemacht würde, so daß der entstehden Ausfall zu tragen hat (BGH NJW **90**, 314 mwN). Dieses Risiko kann auch im kaufmänn Verkehr dem LeasN nicht dch FormularVertr wirks überbürdet w
42 (BGH NJW **91**, 1746 mwN). **cc) Rechtsfolgen. (1)** Kommt es zum Vollzug der Wandelg (§ 465), wobei der LeasN auf Rückg an den LeasG klagen muß, fehlt dem LeasVertr die GeschGrdlage von Anfang an (BGH stRspr **109**, 139 mwN). Dasselbe gilt bei Konk des Lieferanten zum Feststellg zur KonkTabelle (BGH NJW **94**, 576). Nach BGH **97**, 135 kann der LeasG auch nicht vorläuf Zahlg der Raten verlangen, wenn die WandelgsKl erhoben ist. Auch wenn wg dieses Mangels der LeasN die Sache nur zeitweil od nur zT nicht in Gebr nehmen konnte, fehlt dem LeasVertr die GeschGrdlage u der LeasN wird von der ZahlgsPfl frei (BGH NJW **85**, 1535 mwN; aA Canaris NJW **82**, 305: Abwicklg nach § 347). **(2)** Der Ausgleich soll nach den Regeln der §§ 812 ff stattfinden (BGH **109**, 139 u NJW **85**, 796; hierzu krit Schröder JZ **89**, 717). In den BereichsAusgl sind die Nutzgen einzubeziehen, nicht die VertrKosten. **(3)** Bei Wandelg, an die der LeasG gebunden ist (BGH **114**, 57), obliegt dem LeasN ggü dem LeasG eine Sorgf- u NachrichtsPfl (BGH **94**, 44). **(4)** Bei Abtretg der Anspr des LeasG gg den LeasN (LeasRaten) an den Lieferanten kann der LeasN die GewlAnspr aus §§ 459 ff auch einredeweise geltd machen (BGH NJW **85**, 796); jedoch nicht, wenn dem LeasG ein SchadErsAnspr aus § 545 II zusteht (BGH NJW **87**, 1072). **(5)** Unterliegt der LeasN gg den Lieferanten im Wandelgs- od SchadErsProz, kann er dem LeasG Re aus Sachmängeln nicht entgghalten (Mü NJW-RR **93**, 123 mwN), auch nicht, wenn er den WandelgsProz nur wg Verj verloren hat. **(6)** ProzFührg des LeasN gg den Lieferanten aGrd unwirks HaftgsFreizeichg ist GoA (BGH NJW **94**, 576 mwN) u gibt dem LeasN Anspr auf Erstattg der ProzKosten (BGH aaO). **(7)** Besteht ein (vertragl) NachbessergsR (§ 462 Rn 5), kann der LeasG dem KaufPrAnspr des Lieferanten die Einrede aus § 320 auch dann entgghalten, wenn er die GewlAnspr gg den LeasN abgetreten hat (BGH NJW **95**, 187).

43   **f) Sach-, Preis- und Gegenleistungsgefahr.** Sie betrifft die Frage, ob der LeasN auch bei einer von ihm nicht zu vertreten (§§ 276, 278) insb zufäll WertMinderg, Verschlechter od Vernichtg der Sache zur Zahlg der LeasRaten verpfl bleibt u ob die §§ 320, 323, 542 ausgeschl sind. Die hM bejaht es (BGH **71**, 196 u NJW **88**, 198 mwN). Üblweise wird diese Gefahr (abweichd v der ges Regel des MietVertr) im Vertr ausdrückl dem LeasN überbürdet, wohl auch die der teilw NichtErf (and BGH NJW **93**, 122). Er trägt sie dann, solange Vertr besteht (BGH NJW **95**, 1541 [1545]). Dies gilt nicht, wenn die Sache vertrgem dem Lieferanten zur Nachbesserg übergeben w u dort untergeht (BGH **94**, 44). Das alles verstößt jedenf bei kaufähnl Ausgestaltg nicht gg § 9 ABGB (Ul-Br-He Anh § 11 Rn 464), wenn näml dafür alle ErsAnspr gg den Verk an den LeasN abgetreten w (Düss ZIP **83**, 1092), wohl aber bei einem rein mietrechtl Inhalt (BGH NJW **77**, 195) od wenn der LeasN bei Verlust der Sache zur sofort Zahlg aller ausstehden LeasRaten verpfl sein soll (BGH NJW **88**, 198).

44   **g) Kündigung. aa) Gründe.** Während der befristeten GrdMietzeit (§ 564 I) kann nur außerord gekünd werden. Bei unbest VertrDauer ist ord Künd mögl (vgl BGH NJW **90**, 247). Bei Konk vgl Rn 55. Die Grde sind idR vertragl festgelegt, wobei der KündGrd, daß ZwVollstr in das Verm des LeasN betrieben werde, nicht gg § 9 AGBG verstößt (BGH NJW **84**, 871), wohl aber bei „sonstigen Umständen" (BGH **112**, 279) u bei KfzLeas, wenn ein kurzfrist KündR auch für den Fall ausgeschl ist, daß das Fahrz gestohlen w (Köln NJW **93**, 1273), untergeht od erhebl beschäd w (BGH NJW **87**, 377 m krit Anm v Berger DB **87**, 367). Außerdem gelten § 542 (BGH NJW **88**, 204 u **93**, 122), §§ 553, 554 (BGH NJW **84**, 2687 für § 554), insb § 554 I Nr 1 (BGH **95**, 39 u NJW **95**, 1541). Wg der kaufähnl verteilten Sach- u PrGefahr (Rn 43) gilt § 542

nur, solange diese noch den LeasG trifft. Keinesf ist § 626 entspr anwendb, insb nicht bei ZahlgsSchwierigk, Aufgabe, Verlegg od Änd des Betriebs (§§ 552, 570). **bb) Fristen.** Bei unbestimmter VertrDauer (vgl **45** Eckstein BB **86**, 2144) gelten die vertr vereinb Fr für ord Künd, sonst § 565 I od IV. **cc) Tod** des LeasN: **46** § 569 gilt, sofern nicht abbedungen (LG Gießen NJW **86**, 2116), was insb dch AGB zuläss ist (v. Westphalen EWiR **86**, 1 zu § 569). **dd) Ausgleichszahlung** (vgl Rn 53) für den Fall der außerord Künd kann auch in **47** AGB unbedenkl vereinb w (BGH **95**, 39 [49], **97**, 65 [74]). **ee) Schadensersatz:** Rn 52.

h) Vertragsende tritt ein außer dch Kündig (Rn 44) dch ZtAblauf (§ 564 I) od VertrAufhebg (§ 305), **48** nach Tiedtke (JZ **93**, 742) auch mit Eintritt der Vollamortisation. **aa) Rechtsfolgen.** Es gelten §§ 556, 557, **49** insb auch bei FinanziersgsLeas (BGH stRspr, zB **107**, 123; aA Tiedtke ZIP **89**, 1437; Canaris JZ **93**, 742; einschränkd für § 557 Köln NJW-RR **93**, 121; vgl § 557 Rn 5). Regelmäß wird ein sog AusgleichsAnspr vereinb (vgl BGH **97**, 65). Eine solche dch AGB vereinb AbschlußZahlg (Rn 53) bei vertrgem Künd vor Ablauf der kalkulierten AmortisationsZt kann unangemessen sein (vgl BGH NJW **86**, 1746). **bb) Verlän-** **50** **gerung** ist einseit mögl bei Option (Rn 5); diese erfordert Vereinbg im LeasVertr oder in einem selbständ Vertr (§ 305). **cc) Rücknahme** des LeasGuts dch den LeasG vor Beendigg (Rn 48) od dch den Vertr **51** (Rn 44), insb wg ZahlgsVerzugs zur Sicherstellg der Anspr des LeasG führt grdsätzl zum Verlust des Anspr auf LeasRaten (BGH **82**, 121). Das folgt aus § 320. **dd) Schadensersatz** bei Kündigg. Der Anspr des LeasG **52** richtet sich auf die abgezinsten restl Raten u den kalkulierten Restwert (auch bei Unmöglk der Rückg, BGH NJW **95**, 1541). Der Anspr entsteht mit Zugang (§ 130; BGH NJW **92**, 2150) wg ZahlgsVerzugs (§ 554) als NichtErfSchad (BGH **82**, 121), begrenzt dch das ErfInteresse bei vertrmäß Beendigg (BGH **95**, 39), auch dch den entgangenen Gewinn (BGH NJW **91**, 221). Eine NachFr gem § 326 ist nicht notw, wenn der Vertr wg Verletzg einer and Pfl fristl gekünd w (BGH NJW **84**, 2687). Der LeasG kann nicht die restl LeasRaten ohne Abzinsg sofort fäll stellen u zugleich die Rückg der LeasSache verlangen (BGH aaO u NJW **85**, 796). Der Schad muß konkr berechnet werden (BGH **95**, 39). Zum Modus: BGH NJW **85**, 1539 [1544], Hamm **53** NJW-RR **87**, 1140 u Köln NJW-RR **93**, 1016. Der Vorteil, daß die vorzeit zurückgegebene Sache höherwert ist als bei VertrEnde, ist anzurechnen (BGH NJW **95**, 1541). MWSt zum SchadErsAnspr darf nicht verlangt w (BGH NJW **87**, 1690). Für eine zuläss Schadenspauschalierg ist § 11 Nr 5a AGBG zu beachten (Gerth/ Panner BB **84**, 813), auch im kaufmänn Verkehr wg § 9 II Nr 1, § 24 S 2 AGBG. Die häuf vereinb sog Abschluß- od AusgleichsZahlg nach fristl Künd od Aufhebg des LeasVertr kann wg Kumulierg v Ren des LeasG gg §§ 9, 10 Nr 7a AGBG verstoßen (BGH NJW **82**, 1747) u umfaßt die sog VorfälligkEntschädig (BGH **111**, 237). **ee) Verfallklausel** für die restl künft LeasRaten bei fristl Künd wg ZahlgsVerzugs **54** verbunden mit Rückn des LeasGuts ist unangemessen u nach § 9 AGBG unwirks (BGH **82**, 121), erst recht nach § 10 Nr 7a AGBG (BGH NJW **82**, 1747). Der LeasG kann wg § 9 AGBG nicht Weiterzahlg der Raten u (nach Kündigg) Rückg der Sache verlangen (BGH aaO u **71**, 204).

i) Insolvenzrisiken. Lieferant: Hier wird darauf abzustellen sein, ob der LeasN od der LeasG ihn ausge- **55** wählt hat (vgl Rn 27). LeasN: Es gilt § 19 KO (BGH **71**, 189; hierzu v. Westphalen BB **88**, 218). Über § 242 ist eine Einschränkg geboten: der LeasG darf nicht fristl bei solchen Ggständen künd, die für die KonkAb- wicklg benöt w, zB EDV-Anlagen. Die nach KonkEröffng anfallden Raten sind Masseschulden (§ 59 I Nr 2 KO). LeasG: § 21 KO.

j) Verjährung richtet sich nach allg mietrechtl Vorschr; insb gilt § 558 (BGH stRspr NJW-RR **91**, **56** 281 mwN). § 558 ist aber nicht anwendb für den Entgelt-(nicht SchadErs)Anspr auf Restwertausgleich od -absicherg. Das ist der Anspr auf Zahlg der Differenz zw dem bei VertrAbschl angenommenen Rest- wert u dem tats VerkWert bei VertrEnde. Das gilt, selbst bei Beschädigg des LeasGgstds sowohl bei vorzeit Beendigg des LeasVertr (hM; BGH **97**, 65) wie bei vertrgem Beendigg (Godefroid/Salm S 21, Beil 1 zu Heft 5 Der Steuerberater **95** mwN; aA Kblz WM **91**, 2003; Mü NJW-RR **94**, 738 u 54. Aufl). Anzuwenden ist einheitl § 196 I Nr 6. Im Verh zum Lieferanten gilt § 477 auch bei Verletzg der Be- ratgsPfl (BGH NJW **84**, 2938).

k) Sonstige Rechtsfolgen: Beim Kfz-Leas, das auf längere Zt vereinb ist, wird der LeasN Halter des Kfz **57** (BGH **87**, 133). Der LeasN ist nicht verpfl, für diejen Zeit die Raten zu zahlen, in der ihm der Gebr des LeasGgst gem § 541 entzogen oder (noch) nicht gewährt wird (§ 320); and bei vereinb Nachlieferg eines Teils (BGH NJW **91**, 2135). VersichergsLeistgn bei TeilSchad stehen im InnenVerh dem LeasN zu (BGH **93**, 391).

5) Inhalt des Mietverhältnisses. In den §§ 535–580a ist das MietVerh so geregelt, daß ein Teil der **58** Vorschr für MietVerh über alle Arten von Sachen gilt; daneben gibt es Vorschr, die für MietVerh über bestimmte Arten von Sachen gelten. Danach ist zu unterscheiden: MietVerh über bewegl Sachen (Rn 75), WoRäume (Rn 70), sonstige Räume (Rn 68) u Grdst (Rn 65), denen eingetr Schiffe u Luftfahrzeuge gleich- stehen (§ 580a; § 98 LuftfzRG). Alle MietVerh unterstehen als DauerschuldVerh im verstärkten Maße Treu u Glauben (Einl § 1 vor § 241); sie ist aber insb im WoMietR dch zahlr Vorschr einge- schränkt. **a) Dauer.** Begründet w das MietVerh immer dch MietVertr (Rn 1; § 535 Rn 1), grdsätzl formfrei **59** (Ausn: § 566 u § 125 S 2); beendet dch Zeitablauf (§ 564 I), dch jederzeit mögl Vertr zw Verm u Mieter (§ 305 Rn 7), dch außerord Künd (§§ 542, 544, 553–554a), dch ord Künd, wenn MietVerh auf unbest Zeit eingegangen ist (§ 564 II). Ist bei Beendigg des MietVerh die gemietete Sache noch nicht gem § 556 I zurückgegeben, besteht ein sog AbwicklgsVerh (§ 557; Rn 18 vor § 987), Verlängerg des MietVerh ist VertrÄnd (§ 305) mit dessen Fortbestand u Identität. **b) Pflichten und Rechte** aus dem MietVerh. Den Pfl **60** entspr auf Seiten des VertrPartners Anspr. Im GgseitigkVerh stehen die Gebrauchsgewährgs- u ErhaltsgsPfl des Verm zur MietzahlgsPfl des Mieters (allgM). **aa) Pflichten des Vermieters:** den Gebr zu gewähren **61** (§ 535 S 1), die Mietsache zu erhalten (§ 536), für Sach- u Rechtsmängel Gewähr zu leisten (§§ 537–541), Lasten der Mietsache zu tragen (§ 546), Verwendgn des Mieters zu ersetzen (§ 547), Wegnahme von Einrichtgn des Mieters zu dulden (§ 547a); SchutzPfl (§ 535 Rn 21), VerkSichergsPfl (§ 535 Rn 22). Darü- hinaus können sich weitere NebenPfl ergeben (§ 535 Rn 23, 24). **bb) Pflichten des Mieters:** den Mietzins **62** zu zahlen (§ 535 S 2); die SorgfaltsPfl u Pfl zur Einhaltg des vertrgem Gebr (§§ 550, 553), die ObhutsPfl (§ 545); ferner gewisse DuldgsPfl (insb baul Maßn, §§ 541a, 541b, Besichtigg der Mietsache); bei Beendigg

des MietVerh die RückgPfl (§ 556). Darühinaus können sich NebenPfl ergeben (vgl § 535 Rn 36–41), zB
63 Unterlassen von Ruhestörgen, Reinigg. **c) Rechte des Mieters.** Da Miete nur schuldrechtl wirkt, hat
Mieter gg Dr unmittelb nur Anspr aus §§ 859–862, 869, 1007 u §§ 823 I, II, 858, soweit er Bes der Miets ist.
Außerdem kann er bei Störg des vertragsgem Gebr dch Dr vom Verm verlangen, daß dieser gg den Dr
vorgeht. Daß der MietBes an einer Wohng dem Mieter Eigt iS des GG 14 verschaffe (so BVerfG NJW **93**,
64 2035; dagg krit Depenheuer NJW **93**, 2561), dürfte an der zivilrechtl EigtStellg nichts ändern. **d) Rechte
Dritter aus dem Mietverhältnis** (sog Schutzwirkg): § 328 Rn 13, 28–30.

65 **6) Grundstücksmiete. a) Anwendungsbereich:** direkt auf Grdst (Übbl 1 vor § 873), alle unbebauten
Grdst, Teile eines Grdst od Gebäudes, die nicht Räume, insb WoRäume, sind (vgl Rn 68, 69 u § 580), zB
Wandaußen- und Dachflächen (hM), insb zum Anbringen v Warenautomaten (vgl aber Rn 19), Teilfläche
eines Camping-Platzes (Ffm NJW-RR **86**, 108). Entspr auf eingetragene Schiffe und Luftfahrzeuge (§ 580a,
§ 98 LuftfzRG). Subsidiär auf Räume (Rn 69) u WoRäume (Rn 70); vgl § 580.
66 **b) Rechtsgrundlagen:** SondVorschr für die GrdstMiete sind: §§ 551 II, 556 II, 559–563, 565 I, 566, 571–
67 579. Soweit nicht diese SondVorschr eingreifen, gilt das allg MietR (§§ 535 ff) u VertrFreih. **c) Abgren-
zung.** Ob die Miete sich auf WohnR (Rn 70), GeschRaum (Rn 69) od auf sonst Räume (Rn 68) bezieht,
richtet sich primär nach der PartVereinbg (allgM). Fehlt sie, ist aus den obj Umständen der Rückschl auf den
PartWillen zu ziehen.

68 **7) Raummiete.** Umfaßt alle Räume, die nicht Gesch- od WoRäume (Rn 69, 70) sind. Wg der Änderg des
§ 565 I ist seit 1. 1. 94 auch dieser Unterschied (zu den GeschRäumen) notw geworden. **a) Anwendungs-
bereich:** Räume sind alle Gbde u Innenräume von Gbden, die nicht zum Zweck geschäftl Nutzg od zum
Wohnen vermietet sind. Keine Räume sind: Plätze od Stände in Räumen (BGH LM § 581 Nr 31). Diese sind
als R verpachtet. Keine Räume sind bewegl Sachen u deren Innenräume, zB Schiffsräume, Wohncontainer,
Wohn- u Gerätewagen, demontierb Bürohaus (Düss WM **92**, 111); auch wenn sie an festem Platz aufgestellt
sind. **b) Rechtsgrundlagen:** Es gelten die SondVorschr §§ 541a, 541b, 547a II, 554a, 565 I, 557 I u die für
GrdstMiete (Rn 66). Soweit nicht die SondVorschr eingreifen, gilt das allg MietR mit Ausn der Vorschr, die
nur für WoRaum anwendb sind (Rn 70). Im übr gilt VertrFreih.

69 **8) Geschäftsraummiete.** Bislang konnte auf eine Definition verzichtet w, weil nur die Abgrenzg zum
WoRaum wesentl war (Bub/Treier I 96) u im BGB die GeschRäume der RaumM zugeordnet waren. Das ist
inf der Neufassg des § 565 u wg EG 232 § 2 V and, weil die Regelg für GeschRäume and ist als für nicht
geschäftl gemietete Räume, die nicht WoRäume sind. **a) Begriff.** GeschRäume sind solche Räume, die nach
dem Zweck des Vertr zu geschäftl, insb gewerbl od freiberufl Zwecken angemietet w (vgl § 565 Rn 15). Das
kann auch ein ganzes Gebde mit Grdst sein. Bspr: Büro, Laden, Lagerhalle, Werkstätte, Praxisräume.
b) Rechtsgrundlagen: alle Vorschr üb Räume (Rn 69) sowie § 565 I a (statt I) u EG 232 § 2 V.

70 **9) Wohnraummiete** wird als eigenes RGebiet begriffen (Gärtner JZ **91**, 477). Die Zuordng richtet sich
nach dem vereinb VertrZweck, der auf Wohnen dch den Mieter gerichtet sein muß (Düss WuM **95**, 434), nach
der tats Nutzg nur dann, wenn ein VertrZweck nicht vereinb ist. Daher begründet kein WoRaumMietVerh
der MVertr zw dem Eigt u einer Pers, insb eV, die diesen WoRaum als og ZwMieter (Einf 8; § 556 Rn 21)
weitervermietet (hM; Hbg ZMR **93**, 271 mwN). **a) Anwendungsbereich:** WoRaum ist jeder zum Wohnen
(insb Schlafen, Essen, Kochen, dauernder priv Benutzg) bestimmte Raum, der Innenteil eines Gebäudes, nicht
notw ein wesentl Bestandteil eines Grdst ist, daher auch transportable Baracken; nicht aber bewegl Sachen u
deren Innenräume, zB Wohnwagen, Schiffskajüten (hM). Zum WoRaum gehören auch die Nebenräume (zB
Bad, Flur, Abstellraum, Kellerabteil). Unter dem Begriff Wohng versteht man die Gesamth der Räume,
welche die Führg eines Haush ermögl (daher nicht ein einzelnes Zimmer). Nicht WoRaum sind die Räume der
71 Beherbergsbetriebe. **b) Rechtsgrundlagen:** Seit Aufhebg der WoZwangswirtsch gilt für MietVerh über
WoRaum das im 1.–4. MietRÄndG geschaffene soz MietR, dessen bürgerl-rechtl Teil im BGB (der prozessuale
Teil in die ZPO) eingearbeitet ist (Rn 95–99). Es besteht grdsätzl, soweit die §§ 535–580 sie nicht in Einzelh
einschränken, VertrFreih, insb freie Wahl des VertrPartners, mit Ausn bei SozWo (Rn 98) freie Vereinbg des
MietPr u bes Mieterleistgen. KündSch wird dch die verlängerten Fr (§ 565 II, III), die §§ 564b, 564c, die sog
SozKlausel (§ 556a) u die beschränkte MietErhöhg (MHG) gewährt. Die §§ 535–579 gelten grdsätzl alle für das
WoRaummietVerh, soweit sie nicht ausdr nur für Grdst u and Räume (zB § 565 I) od nur für bewegl Sachen (zB
§ 565 IV) anzuwenden sind. Nur für WoRaum gelten die §§ 547a III, 550b, 554b, 556a–c, 557 II–IV, 557a II,
564a, 564c, 565 II, III, 565 a–e, 569a, 569b, 570a u SonderGe. MischmietVerh vgl Rn 72–74.

72 **10) Mischmietverhältnisse** sind MietVerh, die auf einheitl MietVertr (zw den selben Part, LG Hbg WoM
91, 672) beruhen, sich aber auf Sachen erstrecken, für die verschiedene mietrechtl Vorschr gelten; zB
verbundene Wo- u GeschRäume, Wohng u Garage, möblierte WoRäume, WoRäume mit Garten, teils als
Wohng teils als Atelier genutzter Raum. Hierbei können versch gesetzl Vorschr konkurrieren, insb für die
KündFr (§ 565). Grdsätzl gilt für jede der vermieteten Sachen die dafür anwendb Vorschr (Grdst-, Raum-,
73 GeschRaum-, WoRaummiete, Rn 65–71, od für bewegl Sachen). Dch VertrAuslegg kann sich ergeben: **a)
Untrennbar vermietete Sachen:** dazu gehören idR möblierte Zimmer, WoRäume mit Laden. Es kann nicht
zT gekünd w. Es sind die Vorschr anzuwenden, die für den Teil der vermieteten Sache gelten, worauf sich der
vorherrschde, wahre VertrZweck bezieht (hM; BGH ZMR **86**, 278) od welche NutzgsArt überwiegt (Mü
ZMR **95**, 295). Ist die NutzgsArt gleichwert, so wird auf Übergewicht des berechneten Mietzinses abzustellen
74 sein; iZw gelten die längere KündFr gem § 565, § 564b u das MHG. **b) Trennbar vermietete Sachen:** idR
Wo mit Garten od Garage (Ausn mögl, wenn auf dem selben Grdst, Nachw in BayObLG ZMR **91**, 176). Es
kann getrennt mit der jeweils anwendb Fr gekünd w, wenn die Auslegg des Vertr die TeilKünd zuläßt (vgl
§ 564 Rn 11); für jeden Teil gelten getrennt die dafür anwendb Vorschr (vgl LG Duisbg NJW-RR **86**, 1211).

75 **11) Miete beweglicher Sachen** umfaßt den restl Bereich des MietR. **a) Begriff** der bewegl Sache: Übbl
3 vor § 90; daher auch Software (Fitzsche JuS **95**, 497 [502]), Tiere (zB Köln VersR **93**, 116). Für das MietR
76 vgl insb Rn 68. **b) Anwendbare Vorschriften:** §§ 535–569, soweit sich die jeweil Vorschr nicht aus-

schließl auf Grdst-, Raum- od WoRaumMiete beziehen. **c) Formularverträge** fallen unter das AGBG 77
(gem dessen § 1 II). Prakt bedeuts für Kfz-Miete. Danach gelten, soweit anwendb (§ 24 AGBG beachten),
die Kataloge der §§ 10, 11 AGBG. **aa) Unwirksam:** BewLast des Mieters für Nichtvorliegen grober 78
Fahrlässk (BGH **65**, 118); Einschränkens der HaftgsFreistellg, die mit dem Leitbild der Kasko-Vers unver-
einb sind (BGH stRspr NJW **81**, 1211 mwN u WM **83**, 1009), zB Wegfall der HaftgsFreistellg bei Überlassg
der Kfz-Führg an einen zur Führg v Kfz berecht Dr (BGH aaO); Pfl des Mieters, den Verm v allen Anspr Dr
freizustellen (Ffm DB **82**, 948); Begrdg einer schuldunabhäng Haftg (Lö/vW/Tr Rn 50); Pfl zur Fortzahlg
der vollen Miete währd einer RepZt (Ul-Br-He § 11 Rn 513; aA Zweibr VersR **81**, 962). **bb) Wirksam:** 79
Wegfall der HaftgsFreistellg bei Verzicht auf poliz UnfallAufnahme (BGH NJW **82**, 167).

12) Finanzierungsbeiträge und andere Mieterleistungen sind Vermögensaufwendgen, die der Mieter 80
od ein Dritter auf Grd von od iVm MietVertr neben der Mietzahlg zG des Verm od eines ausziehenden
Mieters erbringt. **a) Zulässigkeit** ist im Rahmen der VertrFreih grdsätzl gegeben. Auch in Bln sind ab 1. 1. 81
88 FinanzierungsBeitr u AbstandsZahlgen (Rn 88) bei früher preisgebundenem WoRaum preisrechtl zuläss,
weil auch in Bln das 1. BMietG aufgehoben ist (§ 8 II Nr 1 G v 14. 7. 87, BGBl 1625). Bei SozWo sind
einmalige Leistgen des Mieters nur nach Maßg des § 9 WoBindG zuläss. **b) Arten.** Es haben sich verschie- 82
dene Arten von Mieterleistgen herausgebildet, die entweder einen FinBeitr (Rn 83, 84, 86, 87), ein Über-
lassgsentgelt (Rn 85, 88) od eine SicherhLeistg (Rn 89) darstellen. **aa) Verlorener Baukostenzuschuß.** 83
(1) Begriff: eine Geld- od Sachleistg, die der Mieter (od für ihn ein Dritter) zG des Verm zum Neubau,
Wiederaufbau, Ausbau, zur Erweiterg, Wiederherstellg od Instandsetzg von Räumen, insb Wo Räumen,
erbringt, ohne daß der Verm zur vollen od teilw Rückerstattg dieser Leistg vertragl verpfl ist. Ob eine
solche Vereinbg vorliegt, ist oft Ausleggsfrage (vgl BGH NJW **64**, 37). Sie ist meist Teil des MietVertr.
(2) Zulässigkeit ist grdsätzl gegeben. Die Vereinbg ist nur in folgden Fällen unzuläss: Bei SozWo grdsätzl
immer (§ 9 I WoBindG), ausnahmsw zugelassen nach § 9 IV WoBindG. Bei öff gefördertem WoRaum sind
verlorene BaukZuschüsse grdsätzl verboten, ausnahmsw dann zugel, wenn sie von Dr (zB dem ArbGeber
des Mieters) erbracht w u keine Verbindlichk des Mieters begründet wird (§ 50 I II. WoBauG). **(3) Rechts-
folgen** unzuläss Vereinbg: Nichtigk us § 134, wobei der MietVertr davon nicht erfaßt w (vgl § 139 Rn 14).
RückzahlgsAnspr aus § 812 I. Ist gg § 9 WoBindG verstoßen, besteht ein vertr RückerstattgsAnspr (§ 9 VI
WoBindG). **(4) Rückzahlung** bei zuläss Vereinb: Der Anspr des Mieters od des Dr bei WoRaum ist ges
geregelt durch Art VI des G zur Änd des II. WoBauG ua vom 21. 7. 61 idF des G v 24. 8. 65 (BGBl I 969).
AnsprBerecht ist, wer den BaukZusch geleistet hat (BGH NJW **67**, 561). Bei Untermiete vgl BGH **71**, 243.
Für Anwendg von § 812 auf den nicht abgewohnten BaukZusch: BGH **29**, 289. **bb) Abwohnbarer Bau-** 84
kostenzuschuß unterscheidet sich von Rn 83 ledigl dadch, daß die Leistg des Mieters auf die Miete ange-
rechnet w. Das ist als vorausbezahlter Mietzins zu behandeln (BGH **29**, 289). Daher ist § 557a anzuwenden.
Vereinbg (wie Rn 83) ist grdsätzl zul (insb bei nicht preisgebundenem WoRaum), aber unzul, bei SozWo,
wenn gg § 9 II WoBindG verstoßen w. Einseit Mieterhöhgen sind idR (im Wege der VertrAuslegg)
ausgeschlossen, soweit der BaukZusch abgewohnt w (Ffm ZMR **67**, 120); ebso die ord Künd, wobei aber
§ 566 (Schriftform) zu beachten ist (LG Bochum MDR **70**, 512). **cc) Mietvorauszahlung. (1) Begriff:** Ist 85
vorausbezahlter Mietzins, der nicht vereinbgsgem zu Bau- od Instandsetzgsarbeiten an der vermieteten
Sache geleistet w u dessen Verwendg dem Verm freigestellt ist; darin liegt der Unterschied zum abwohnb
BaukZusch. Eine solche Mietvorauszahlg ist kein FinBeitr. **(2) Zulässigkeit:** grdsätzl gegeben, insb bei
nicht preisgebundenem WoRaum. Sie ist eingeschr nur bei SozWo (§ 9 II–IV WoBindG). Bei öff geförder-
tem WoRaum ist die Ann v FinBeitr als MietvorausZahlg genehmbedürft (§ 50 II S 1 II. WoBauG), wenn sie
nicht v Dr geleistet w (§ 50 V II. WoBauG). **(3) Wirkung:** Rückerstattg zul Mietvorauszahlg nach § 557a.
Bei RNachf auf der VermSeite gelten §§ 573, 574 (vgl dort Rn 2). Daß das Geld nicht für den Aufbau od
Ausbau des MietGrdst best war u nicht hierfür verwendet w, kann dem Erwerber nicht entgegehalten w
(BGH **37**, 346); anders bei Rn 84. Ord Künd ist wie bei Rn 84 ausgeschl. **dd) Mieterdarlehen. (1) Begriff:** 86
Ist ein Darl (§ 607), das der Mieter dem Verm mit Rücks auf den Abschl des MietVertr gewährt. Es ist ein
FinBeitr, wenn es vereinbgsgem zu einem der in Rn 83 aufgeführten Zwecke verwendet w, sonst Über-
lassgsentgelt. **(2) Zulässigkeit** ist bei SozWo u öff gefördert WoRaum eingeschr, wenn es sich um zugel
FinBeitr des Mieters handelt (§ 9 II–IV WoBindG, § 50 II II. WoBauG). **(3) Wirkung:** Die Rückzahlg des
MieterDarl geschieht idR dch vertragl Aufrechng gg die einzelnen Mietzinsfordergen nach Eintritt der
vereinb Fälligk; bei Beendig des MietVerh ist iZw der DarlRest zur Rückzahlg fällig. Handelt es sich um
einen FinBeitr, so trifft über § 571 den Erwerber die Pfl zur Verrechng (BGH **16**, 31) u Rückzahlg (Ffm
NJW **64**, 453). Bei unzuläss Vereinbg besteht ein vertr RückerstattgsAnspr (§ 9 VII WoBindG). **ee) Werk-** 87
förderungsvertrag ist ein Vertr zw dem Verm u einem Geldgeber (idR ein ArbGeber), der einen FinBeitr
(insb ein Darl) gewährt, wofür sich der Verm verpfl, MietVertr zu best Bedingen mit den Pers abzuschlie-
ßen, die der Geldgeber benennt (idR dessen ArbN). Auch bei öff geförderten Wohngen zul gem § 50 V lit a
II. WoBauG. WerkförderungsVertr (uU Vertr zGDr, § 328 Rn 12) u MietVertr sind versch, getrennte Vertr.
Dem Geldgeber steht gg den Verm ein schuldrechtl BeleggsR zu. Dieser Anspr ist gem § 398 abtretb; § 399
steht nicht entgg (BGH NJW **72**, 2036). Das BeleggsR erlischt grdsätzl nicht dadch vor der vereinb Zt, daß
der DarlN das Darl vorzeit zurückzahlt (BGH NJW **75**, 381). § 571 gilt für das BeleggsR nicht (§ 571 Rn 13).
Zur ord Künd ist iZw die Zust des Geldgebers erforderl; aber nur solange das BeleggsR besteht (BGH WM
69, 1454). Der Verm kann jedoch mit stets im MietVertr mit einem bestimmten Mieter festgehalten w
(BGH aaO). Vereinbg der Kostenmiete bedeutet, daß sie nach der II. BerVO zu ermitteln ist (BGH WM **75**,
668). **ff) Mietabstand. (1) Begriff.** Ist ein Entgelt (Geld- od Sachleistg), das von dem neuen Mieter an den 88
weichen Mieter dafür erbracht wird, daß dieser den WoRaum freimacht, damit der Leistende den Wo-
Raum mieten kann (vgl hierzu Wiek ZMR **82**, 356). Ist ein atypisches ggseit Vertr u zu unterscheiden von
der Ablösg. Diese ist eine Zahlg für die Übern v Mobiliar od EinrichtgGgstden dch den neuen Mieter (als
Kauf zu qualifizieren) od für nicht abgewohnte MieterLeistgen (Düss ZMR **82**, 388). Übersteigt die Ablöse-
summe den Wert der abgelösten (verkauften) Sachen, so liegt in einem einheitl Vertr eine verdeckte Ab-
standsZahlg vor (BGH NJW **77**, 532). **(2) Zulässigkeit.** Bei GeschRaum, nicht preisgebundenem WoRaum
ist der Abstand unbedenkl (einschr LG Ffm ZMR **86**, 202). Auch bei SozWohng ist er zul, weil § 9

WoBindG nur Vereinbg zw Verm u Mieter betr (BGH NJW 82, 1040; aA Wiek NJW 83, 2926 mwN). Unwirks ist der Abstand bei der (auch nichtgewerbl) WoVermittlg, auch dann, wenn daran ein Dr beteil ist, jedoch mit Ausn der Umzugskosten, seit 1. 9. 93 (§ 4a I WoVermG; Einf 14 vor § 652). Auch für die Ablösg besteht bei der WoVermittlg eine SoRegelg (§ 4a II WoVermG). Rückabwicklg: § 5 II WoVermG. Im Einzelfall kann § 138 vorliegen (Düss ZMR 92, 388; Bub/Treier V 369; ausführl Peters JR 92, 225). Auch ScheinGesch (§ 117) kommen vor (vgl LG Ffm NJW-RR 92, 715). Keinesf darf der Verm preisgebundenen WoRaums für den Abschl des MietVertr eine einmal Leistg entggnehmen (§ 9 I WoBindG). **(3) Wirkung.** Der Verm wird ohne eine Vereinbg, an der er beteil ist, aus dem AbstandsVertr zw den Mietern nicht verpfl, den neuen MietVertr abzuschließen (vgl § 535 Rn 3). Es ist dann nach §§ 812 ff abzuwickeln. Kommt der beabsicht Vertr mit dem Verm nicht zustande, gilt § 812 I S 2.

89   **13) Mietkaution.** Bei WoRaummiete SoVorschr für Anl v Verzinsg § 550b. Bei GeschRaumM allg: Heintzmann WiB 95, 569. Ebso für Pacht (§ 581 II). **a) Begriff.** Sie ist eine SicherhLeistg des Mieters für künft Anspr des Verm aus dem MietVerh, die in verschiedenen Formen gestellt werden kann (vgl § 232), zB dch Bargeld od Einzahlg auf Konto des Verm, der eine TrHdStellg hat (hM; Heintzmann aaO), mögl u zweckmäß auf Sperrkonto, dch Errichtg eines Sparkontos mit Sperrvermerk zG des Verm (PfdRBestellg, SicherungsAbtretg (auch v Lohn- u GehaltsAnspr, Derleder/Stapelfeld ZMR 87, 123) od schuldrechtl VfgsBeschränkg (BGH NJW 84, 1749). Auch nach AGBG grdsätzl zul. SichergsUmfang: wie § 550b Rn 7.

90   **b) Rechtsfolgen.** Bei WoRaum vgl § 550b. NichtZahlg der Kaution kann bei gewerbl MietVerh die Künd gem § 554a schon vor Beginn des MietVerh begrden (Düss NJW-RR 95, 1100). Der Verm kann die (vertrwidr nicht gezahlte) Kaution auch noch nach Beendigg des MietVerh verlangen, sofern er noch Anspr gg den Mieter hat (BGH NJW 81, 976 für Pacht). RückzahlgsPfl (Rn 94) erst bei Beendigg des MietVerh, soweit alle Anspr des Verm erfüllt sind (BGH NJW 72, 721) od verjährt (LG Wiesb WuM 86, 253). Prakt bedeutet dies einen ZtRaum bis zu 2 od sogar 6 Monaten (Derleder/Stapelfeld aaO mwN). Vorher ist die

91 Kaution nur Sicherh, keine Erf. **c) Aufrechnung.** Der Mieter darf mit der RückzahlgsFdg nicht aufrechnen, solange noch and Anspr des Verm bestehen können, u Zahlg nicht zurückhalten (BGH NJW 72, 721; LG Hbg ZMR 91, 344). Aufrechng dch Verm ist jedenf währd der MietZt nicht mit einer bestr Fdg zul, weil Kautionsabrede iZw entggsteht. Nur bei bes Vereinbg ist Befriedigg des Verm an der Kaution währd der MietZt zul u Anspr auf Auffüllg der Kaution gegeben. Der Verm ist nach Beendigg des MietVerh nicht gehindert, mit SchadErsAnspr aufzurechnen, die gem § 558 verjährt sind, auch wenn er innerh von 6 Mo

92 nach Mietende üb die Kaution nicht abgerechnet hat (BGH NJW 87, 2372; bestr). **d) Veräußerung** des Grdst dch Verm. Es gilt § 572. Der Anspr auf Rückzahlg der Kaution ist im Konk des Verm nicht

93 Masseschuld (§ 59 I Nr 2 KO), sond unf KonkFdg (umstr; wohl hM; vgl Jauch WuM 89, 277). **e) Verzinsung.** Bei WoRaum gilt § 550b. Bei GeschRaum richtet sie sich nach der Vereinbg. Fehlt sie, ist die Mietkaution idR mit dem Satz wie bei § 550b II zu verzinsen (BGH NJW 94, 3287 mwN; ähnl 54. Aufl).

94 **f) Rückzahlung** (vgl Rn 90); entspr Rückg einer BürgschUrk, Hamm NJW-RR 92, 1036. Der Anspr wird fäll nach Ende des VertrVerh u Erf aller Anspr (Düss ZMR 92, 191) od wenn kein Anspr gestellt w, spät 6 Mo nach Mietende (Hamm aaO). Wird er vorbehaltlos erf, so kann darin Anerkenng des Zustds der

95 zurückgegebenen Sache als vertrgem liegen (Mü NJW-RR 90, 20). **g) Prozessuales.** Bei Beendigg des MietVerh besteht oft Ungewißh üb die ggseit Anspr, insb wenn der Verm gg den RückzahlgsAnspr (Rn 90) aufrechnen kann (Rn 91). Daraus ergibt sich ein Kostenrisiko bei der sog KautionsKl des Mieters (hierzu Wiek WuM 89, 549).

96   **14) Soziales Mietrecht** betrifft die WoMiete (70 vor § 535) u ist auf vielfält Weise verwirkl, primär dch Preis- u BestdsSchutz (vgl Gärtner JZ 91, 473). **a) Bestandsschutz.** WoMietVerh können grdsätzl frei (ord od außerord) gekünd w. Der Schutz des Mieters von WoRaum wird gewährt dch §§ 564b, 564c u dch die sog SozKlausel (§§ 556a–c). Ein mittelb Bestandsschutz wird gewährt dch das Verbot der Zweckentfremdg bei

97 SozWo (§ 12 WoBindG) u in sog Ballgsgebieten nach landesrechtl VO (Art 6 MRVerbG). **b) Vertragliche Mieterhöhungen.** Grdsätzl kann die Höhe der Miete frei vereinb w, soweit nicht die MietPrBindg (Rn 98) entggsteht. Eine allg Grenze gg überhöhten Mietzins bilden die dch Art 7, 8 MRVerbG eingefügten § 302a StGB, § 5 WiStG. Währd eines MietVerh kann die Mieterhöhg, wenn der Mieter sie nicht vereinb, grdsätzl

98 nur dch das MHG od dadch herbeigeführt w, indem der Mietzins dch VertrÄnd (§ 305) neu vereinb w. **c) Einseitige Mieterhöhungen** dch schriftl Erkl des Verm sind in bestimmtem Umfang zugelassen, um die Miete an veränd wirtsch Verh (bei MietPrBindg) od einen gesteigerten Mietwert des WoRaums (zur Vermeidg einer ÄndKünd) anzupassen. Einseit MietErhöhgen sind seit 11. 6. 95 in den neuen BLändern grdsätzl mögl (§§ 11–17 MHG). Die Erkl des Verm (Ausübg eines Gestaltungsr) unterliegt grdsätzl der Schriftform (§ 126), ausnw nicht, wenn sie dch automat Einrichtgen gefert w (§ 10 I 5 WoBindG idF des Art 5 MRVerbG). In allen Fällen einseit Mieterhöhg kann der Mieter das MietVerh innerh best Fr künd u damit den Eintritt der Mieterhöhg vermeiden (§ 9 MHG, § 11 WoBindG). Es ist zu unterscheiden: **aa) Sozialwohnungen:** Erhöhg auf die zul Kosten- od VerglMiete (§§ 8–8b WoBindG) ist mögl, soweit die vereinb Miete niedriger ist (§ 10 WoBindG). Zur Wirksk v ErhöhgsErkl vgl Gärtner NJW 80, 153. **bb) Modernisierte Wohnungen:** beschr Erhöhg dch § 3 MHG. **cc) Preisgebundener Wohnraum.** Für AltbauWo (vor dem 31. 12. 49 fertiggestellt) ist in den alten BLändern die allg PrBindg, seit 1. 1. 88 auch in Bln abgeschafft (§ 8 G v 14. 7. 87, BGBl 1625). **dd) Bedienstetenwohnungen** (BeleggsR zG Angeh des öff Di); Erhöhg auf die Kostenmiete, entspr der Regelg des WoBindG (§ 87a II. WoBauG). **ee) Öffentlich geförderte Wohnungen,** die nicht SozWo sind. Solange sie unter § 88 od § 111 II. WoBauG fallen, ist Erhöhg auf die

99 Kostenmiete zul (§§ 88b, 111, 87a II. WoBauG). **d) Mietpreisberechnungen.** Soweit MietPrBindg besteht (Rn 98), sind für die Berechng der Mietentgelte anzuwenden: **aa)** NMV 70 (idF v 12. 10. 90 BGBl 2203) für preisgebunde NeubauWo (bezugsfert nach dem 20. 6. 48), SozWo u öff geförderte Wo (Rn 98). **bb)** II. **BerechnungsVO** (idF v 12. 10. 90 BGBl 2178), soweit die Anwendg des WoBindG u des II. WoBauG für die Bemessg der Kosten- u VerglMiete eine Berechng von Wirtschaftlk od WoFläche erfordert. **cc) HeizkostenVO** (idF v 26. 1. 89, BGBl 115) regelt die KostenVerteilg v zentralen Heiz- u WarmwasserVersorggsAnlagen, Fernwärme u -warmwasser; gilt auch für preisgebundene WoRaum.

535 *Vertragliche Hauptpflichten.* **Durch den Mietvertrag wird der Vermieter verpflichtet, dem Mieter den Gebrauch der vermieteten Sache während der Mietzeit zu gewähren. Der Mieter ist verpflichtet, dem Vermieter den vereinbarten Mietzins zu entrichten.**

1) Mietvertrag. Begr u RNatur: Einf 1 vor § 535. **a) Abschluß** erfolgt gem §§ 145 ff. Erforderl ist 1 Einigg über MietGgst, -zeit u -preis, sowie darüber, daß die Überlassg zum Gebr erfolgt; nicht notw ist idR die Einigg üb den konkr Umfang des Gebr (hM; vgl Leenen MDR **80**, 353). Nur einseit GebrAnmaßg ohne Zust des Verm ist kein MietVertr. Zusage im Rahmen von VertrVerhandlgen kann Haftg aus c. i. c. (vgl § 276 Rn 65) begründen (LG Mannh ZMR **71**, 133), falsche Selbstauskunft des Mieters die Anfechtg (hierzu Hille WuM **84**, 292 mwN; Schmid DWW **85**, 302). Form des MietVertr: Grdsätzl frei; Ausnahme: § 566. Stillschw Abschl eines MietVertr ist mögl, wenn eine Gemsch (§ 741) od eine GesHand einem ihrer Mitgl eine Sache, insb Räume, gg wiederkehrdes Entgelt überläßt (BGH WM **69**, 298; vgl aber Einf 15 vor § 535). Eintritt des Eheg oder and FamAngeh des verstorbenen Mieters in den MietVertr ist nach § 569a mögl. Begründg eines MietVertr dch richterl Gestaltg ist bei Ehescheidg mögl (§ 5 HausratsVO). Besteht zw den VertrPart Einverständn mit vorzeit Einzug des Mieters, so ist ein vereinb vorzeit VertrBeginn (§ 305) mit allen Rechten u Pfl anzunehmen. **b) Gegenstand.** Vgl hierzu Einf 65, 68, 70, 72, 75 vor § 535. Nur Sachen, 2 nicht Rechte. Auch Teile von Sachen, zB Hauswände (für Reklamezwecke), Fenstermiete, Luftraum, Flächen im Innern von öff VerkMitteln. Sache ist auch die Software (Köhler CR **87**, 827). Ein einheitl MietVertr kann sich auf mehrere Sachen beziehen, insb auf Räume u Wohngen in verschiedenen Stockwerken (LG Bambg BlGBW **75**, 75). GebrGewährg öff Anlagen gg Gebühr ist regelm nicht Miete, sond RVerh öffrechtl Natur (Einf 18 vor § 535). Das gilt insb für Telefon (BGH **39**, 36), Rundfunk u Fernsehen. **c) Pflicht zum Abschluß eines Mietvertrags** kann sich aus MietVorvertr (Einf 3 vor § 535) ergeben od 3 aus sog Nachfolgeklausel. Das ist die Verpfl. ggü dem Mieter mit einem v diesem benannten neuen Mieter einen MietVertr abzuschließen (hierzu BGH NJW **66**, 1706); wg „solventen" MietNachf vgl BGH Warn **69**, 334. SchadErsPfl des Verm bei schuldh Verletzg dieser Pfl (BGH WM **67**, 788). Ohne vereinb NachfKlausel ist Verm nicht verpfl, mit einem vom Mieter vorgeschlagenen Nachf abzuschließen (vgl § 552 Rn 8, 9). Bei Mietvorauszahlg vgl § 557a Rn 9.

2) Mehrheit von Vertragspartnern. Einheitl od sukzessiver VertrAbschl mögl, ebso die Beendigg dch 4 AufhebgsVertr (§ 305). Künd: § 564 Rn 13. Erhöhgsverlangen: § 2 MHG Rn 27. **a) Vermieter:** Grdsätzl 5 Gemsch (§ 741), insb bei bloßer Verbindg dch MitEigt, wobei nur derjen MitEigt auch Verm ist, der als VertrPart den MietVertr mit abschließt; nicht aber, wenn er der Vermietg lediglich zustimmt. Gesellsch nur, wenn Voraussetzgen des § 705 vorliegen. Häuf ErbenGemsch (§ 2032). Die Verm sind MitGläub (§ 432); daher kann die Miete nur gem § 432, nicht anteil (§ 420) eingezogen w (BGH NJW **69**, 839). **b) Mieter.** Es 6 liegt grdsätzl Gemsch vor (§ 741; bestr, vgl Schopp ZMR **76**, 321). Gesellsch nur, wenn die Voraussetzgen des § 705 erf sind. Das ist sehr häuf der Fall bei GeschRaummiete, ebso (Schopp aaO) bei Wohngemeinschaften (LG Saarbr ZMR **92**, 60; Schüren JZ **89**, 358 [360]). Eine solche setzt mind 3 Mieter voraus (LG Köln NJW-RR **91**, 1414 mwN; bestr). Bei ErbenGemsch gilt § 2032. Es besteht GesSchuld (§§ 421–427) für alle Pfl aus dem MietVerh, soweit nicht vertragl abgeändert (§ 305). Das gilt für Gemeinsch wie Gesellsch. Für Fdgen (zB auf InstdHaltg, § 536) gilt § 432 (LG Kass WuM **94**, 534 für Gemsch). Bei Eheg kommt es auf den Vertr an, ob beide Mieter sind od welcher von ihnen Mieter ist. Haben beide Eheg den Vertr abgeschl, so ist bei WoRaum Gesellsch (§ 705) anzunehmen (wohl hM; vgl § 432 Rn 2 aE mwN; aA 54. Aufl). Sind im Vertr beide Eheg aufgeführt u hat nur einer unterschrieben, kann Vertretg angenommen w (umstr; aA LG Mannh NJW-RR **94**, 274 mwN). Bei Tod eines Eheg: §§ 569a, 569b. Kein Anspr des Verm auf Beitritt zum MietVertr, wenn der Eheg währd des MietVerh in die Wohng zieht (LG Aach NJW-RR **87**, 1373 mwN). Bei nichtehel LebensGemsch kommt es auf die VertrGestaltg im Einzelfall an. Regelmäß dürfte Gesellsch vorliegen (Mü ZMR **94**, 216).

3) Wechsel der Vertragspartner ist mögl dch: **aa) Vertrag** (§ 305), auch dch Eintritt eines and od 7 weiteren Mieter einer WoGemsch; für einzelne Rechte u Pfl nach §§ 398, 414, 415. Die vertr Zustimmg kann schon im MietVertr erkl w. Zweifelh, ob die des Mieters zum VermWechsel bei WoRaum gg § 9 II Nr 1 AGBG verstößt (vgl Kummer WM **91**, 240). **bb) Erbfolge:** §§ 1922, 1967. Der MietVertr behält grdsätzl seinen bisher Inhalt (BGH NJW **78**, 2504). KündR (§ 569) bei Tod des Mieters mit SoRegelg für FamAngeh bei WoRaum. **cc) Grundstückveräußerung:** §§ 571–576. **dd) Umwandlung** einer PersHandelsGes in eine jurP (vgl Düss DB **92**, 2338). Der Wechsel der VertrPartei bedarf nicht der Zust (Düss aaO).

4) Gebrauchsgewährung (S 1) ist Haupt- u GgseitkPfl des Verm, für den VertrTyp Miete unerläßl. Ihr 8 Inhalt wird ergänzd dch § 536 best. Der Verm muß die Mietsache so bereitstellen, daß der Mieter in der Lage ist, den übl oder vertragl bestimmten Gebr zu machen; dazu gehört das Überl der Mietsache (§ 536 Rn 6) u das Belassen, auch das Unterl eigener Störg. GebrGewährg ist nicht nur bloßes Dulden, sond ggf posit Tun (BGH **19**, 85), insb Schutz gg Störg am Gebr der Miets dch and Mieter u sonst Dr in zumutb Umfang. Die GebrGewährg endet zB, wenn der GerVollz im Auftrag des Verm das Schloß austauscht (Kblz ZMR **93**, 68). **a) Zeitlich.** Erst ab vereinb Beginn des MietVerh. Unterbleibt die Übgabe, wird dem Verm die Leistg dch ZtAblauf nachträgl unmögl (§ 275). **b) Räumlich.** Alle BestandT der Mietsache, iZw 9 auch das Zubehör (§ 314 enspr), insb (mind 2) Schlüssel zur WohngsTüre (Gaisbauer DWW **70**, 43 mwN) u zu GeschRäumen (Glaser DB **73**, 2176), ferner HaushGeräte (zB Öfen, Boiler). Auch ohne bes Abrede sind bei gemieteten Räumen solche Grdst- od Gebäudeteile (zB Hausflur, Hof, Dchfahrt, Treppen, GemschToiletten) mitvermietet, die nur für allein Benutzg des Mieters in Betr kommen od (zur Mitbenutzg) zum Gebr oder Zugang der Mieträume notw sind (BGH NJW **67**, 154). Zu den Besonderh des Lifts: Weimar ZMR **82**, 37. Mitvermietg wird bei Garage u Hausgarten eines MehrFamHauses iZw zu verneinen sein, bei Reklameschaukästen u Warenautomaten an Außenflächen ohne bes Abrede nur nach örtl VerkSitte (vgl BGH **LM** Nr 10). **c) Inhaltlich.** Art u Weise des Gebr muß vertrgem gewährt w. Richtet sich nach dem VertrInh u 10 VertrZweck; Ausslegg gem § 157. Bsp: Schutz vor ÜbHitzg v Büroräumen (Köln MDR **93**, 974). Die

GebrGewährg deckt sich mit dem Umfang der ErhaltgsPfl (§ 536 Rn 8). Daraus ist auch die Pfl abzuleiten, dem Mieter ein bestimmtes Verhalten zu gestatten. Bei RaumM u WohnRM (Einf 68–71 vor § 535) ist

11 Anschl an öff Wasser- u StromVersorgg zu gewähren (hM; vgl BGH NJW-RR **93**, 1159). **d) Hausordnung.** Dch sie wird bei Häusern od Wohnanlagen für mehrere od zahlreiche Mieter der VertrInh zusätzl bestimmt. Zu Begr, Inh v Wirkgen vgl grdlegd Schmid WuM **87**, 71. Die HausO umfaßt alle Regelgen, die den Gebr der gemieteten Räume u die Benutzg gemeinsch Einrichtgen betreffen. Diese HausO kann, muß aber nicht, dch einen Text festgelegt w. Sie bedarf der vertr Grdl (Schmid aaO) u wirkt auch im Verh der Mieter untereinander. Mit einem entspr DuldgsAnspr (Mü NJW **92**, 1097). Der Mieter muß Gelegenh haben, sie in zumutb Weise zur Kenntn zu nehmen (vgl BGH NJW **91**, 1750). Für Mieter einer EigtWo gilt die gem § 21 V Nr 1 WEG erlassene HausO auch ohne bes Vereinb (aA Schmid aaO), weil der Mieter mit dem Bestehen einer solchen HausO vonvorneherein rechnen mußte. Die Regelg im Vertr hat ggü der

12 HausO Vorrang. **e) Einzelheiten.** Auch ohne HausO gilt: **(1) Aufnahme Dritter.** Der Mieter darf in der Wo, soweit sie nicht überbelegt w, Pers, insb FamAngeh u HausPersonal zum dauernden Wohnen aufnehmen. Grenze ist die ÜbBelegg (§ 550 Rn 6). Der Mieter darf Besuche empfangen u für angemessene Dauer mit au Pers zulassen, soweit nicht GebrÜberl vorliegt (§ 549 Rn 3) od Beeinträchtigg des Verm od and

13 Mieter entsteht. **(2) Haushaltsmaschinen,** die gg Wasserauslaufen gesichert sind, dürfen in Küche od Bad verwendet w (vgl Glaser MDR **69**, 539, 577). Im MietVertr enthaltenes ausdrückl Verbot, eine Waschmaschine aufzustellen, ist zul u verbindl (vgl aber § 138 Rn 93). Entspr gilt für Geschirrspülmaschinen, aber

14 nur, wenn nicht in FormularVertr enthalten (§ 3 od § 9 II Nr 1 AGBG; hM). **(3) Fernmeldeanlagen.** Der Verm muß bei WoRaum FernsehEmpf auch von priv Sender ermögl u für die übl Anlagen hat er die erforderl Zust der Post ggü abzugeben. Ein Kabelanschluß erübr grdsätzl die Parabolantenne (umstr; vgl Ffm NJW **92**, 2490 mwN; Naumb DWW **94**, 22). Das gilt grdsätzl auch für ausländ Mieter (BVerfG NJW **94**, 1147). Bei diesen kann ausnw Anspr auf Parabolantenne unter best Voraussetzgen bestehen (Karlsr NJW **93**, 2815). Das InformationsR (Art 5 I S 1 Hs 2 GG) des ausländ Mieters ist gg das EigtInteresse des Vermieters abzuwägen (BVerfG NJW **94**, 2143 u NJW-RR **94**, 1232). Das Anbringen v Einzelantennen, insb Parabolantennen (aktueller Übbl bei Schmittmann NJW **94**, 327; Rspr v LGen u AGen DWW **93**, 366ff; hierzu krit Henninger ZMR **94**, 201) kann v Mieter verlangt w, solange der Verm keine ausreichde GemschAntenne zur Vfg stellt (BVerfG NJW **92**, 493; Ffm aaO; weitergehd Ricker NJW **91**, 602 [605]) od Kabelnetzanschluß besteht (LG Klautern NJW-RR **93**, 272). Das ist für den Regelfall verfassgsrechtl einwandfrei (BVerfG NJW **93**, 1252). Für zusätzl Antenne ist Zust des Verm nöt; sie steht im Ermessen des Verm, das dch § 242 gebunden ist (BVerfG aaO). Der Mieter darf die Einzelantenne nicht eigenmächt anbringen (AG Krefeld DWW **93**, 79 mwN; aA AG Bonn DWW **93**, 82), nach Zustimmg nur fachmänn. Bei Verstoß gilt § 550. Einen Kabelanschluß muß der Verm genehm (umstr; vgl LG Heilbr NJW-RR **92**, 77). Sendeanlagen sind bei Wo an Zust des Verm gebunden (vgl BayObLG NJW **81**, 1275; LG Heilbr NJW-

15 RR **92**, 10). Keinesf muß der Verm für die Kosten aufkommen. **(4) Heizungsart.** Es besteht kein Anspr auf Beibehaltg v Gas od Strom (LG Hann NJW-RR **91**, 1355). Eine Umstellg muß der Verm dulden, soweit

16 damit nur eine geringfüg Beeinträchtigg seines Eigt verbunden ist (BGH NJW **63**, 1539). **(5) Fahrzeuge.** Die Zufahrt zur Haustüre hat der Verm zu dulden (LG Lüb NJW-RR **90**, 1353), das Abstellen v Kfz nur, wenn Abstellplatz vorgesehen ist; in der Wo nur Fahrräder (nicht Motorräder, Kunkel NJW **58**, 123), diese im Keller (Soergel-Kummer 184). Nicht: Fahrzeuge jeder Art in Hausflur, Durchfahrten, Treppenabsätzen

17 u sonst zur gemschaftl Benutzg best Räumen. **(6) Haustierhaltung** ist grdsätzl nicht ohne Zust des Verm zuläss (hM; aA Dillenburger/Pauly ZMR **94**, 249); sie richtet sich primär nach den Best des MietVertr. Nicht dch FormularVertr (BGH NJW **93**, 1061; Ffm NJW-RR **92**, 396), aber dch IndividualVereinb kann sie ganz ausgeschl w (Schmid WuM **88**, 343 [345]). § 90a ist hierfür bedeutgsl (aA Dillenburger/Pauly ZMR **95**, 193). Sie erfordert iZw der Zust des Verm; aA richtet sich aus RMißbr verweigert w darf. Die Praxis der AGe u LGe ist unterschiedl u wird nicht selten v persönl Einstellg bestimmt. Bei sog MusterEntscheidgen ist Vorsicht geboten. Kein RMißbr liegt vor, wenn die Zust verweigert od Unterl verlangt w (§ 550), nachdem der Mieter ohne die ausdrückl im MietVertr vorausgesetzte Zust des Verm Haustiere gehalten hat (LG Brschw ZMR **88**, 140) od es schon früher zu Störgen gekommen ist (LG Hbg ZMR **86**, 440). Es bedarf dann auch keiner Angabe v Grd (LG Bonn ZMR **89**, 179). Einem totalen Verbot der Haustierhaltg steht § 9 I AGBG nicht entgg (vgl Schmid WuM **88**, 343 [346]; bestr). Eine im MietVertr vorbehaltene Zust steht im Ermessen des Verm (Hamm ZMR **81**, 153; LG Hbg MDR **86**, 937; für Einschränkg des Ermessens: LG Mü I NJW **84**, 2368; aA LG Mannh NJW **84**, 59: Versagg der Zust nur bei Vorliegen konkreter Grde). Sie setzt nicht voraus, daß das Tier stört od beläst (hM; aA LG MönchGlad NJW-RR **89**, 145). Für einen Anspr des Mieters bei längerer Zeit hingenommener vertr verbotener Tierhaltg u Gleichbehandlg mit and Mietern: LG Hbg MDR **82**, 146. Widerruf erteilter Zust nur nach bill Erm, da § 315 gilt, soweit nichts vereinb ist (alles sehr umstr, vgl Schmid WuM **88**, 343), aber ebso wie Untersagg bei sog Kampfhunden (Bullterrier) ohne weiteres zuläss (LG Nürnb-Fürth ZMR **91**, 29; LG Mü I WuM **93**, 669; LG Gieß NJW-RR **95**, 12). Kleintierhaltg (zB Wellensittich, Hamster, Zierfische) kann dch den Verm nicht verboten w, wenn Störg Dr ausgeschl ist (hM). Ratte ist kein Haustier (im Erg ebso LG Essen NJW-RR **91**, 908). Für CampingPl gelten

18 and Grds (LG Hdlbg NJW-RR **87**, 658). **(7) Wettbewerbsschutz** bei Raum- u GrstM dch ausdrückl Vereinbg ist häuf (Rspr-Übbl bei Theißen/Misera WiB **95**, 66; LG Kblz NJW-RR **93**, 842), auch bei Pacht (§ 581 II), für Gewerbe (auch freie Berufe, BGH **70**, 79; Hbg ZMR **87**, 94). Grdsätzl hat der Verm (davon zu unterscheid die Pfl des Mieters, vgl Rn 42), ebso bei UnterM (LG Kblz aaO WettbSchutz) auch ohne ausdrückl Regelg im MietVertr zu gewähren (BGH NJW **79**, 1404; sog LeistgsTreuePfl, § 242 Rn 27). Das gilt uU auch außerh des MietGrdst, auf jeden Fall im selben Gebäude (Karlsr ZMR **90**, 214) u auf dem selben Grdst (Ffm NJW-RR **88**, 396), bei unmittelb Nachbarsch in einem Einkaufszentrum (BGH NJW **79**, 1404), aber auch auf angrenzdem Grdst (Celle MDR **64**, 59); allgem, wenn ein Grdst dazw liegt v Hamm NJW-RR **91**, 975. Formularmäß Ausschl verstößt nicht gg § 9 II Nr 1 AGBG (Düss ZMR **92**, 445 u 448 mwN). Der Verm darf nicht selbst konkurr u nicht an KonkurrUntern vermieten (KarlsrZMR **90**, 214 mwN) od nach Abtrenng (zum Zwecke der Umgehg) veräußern (Kblz NJW **60**, 1253). Es besteht aber kein DchgriffsAnspr gg Mitmieter (Vogt MDR **93**, 498). Was Konkurr ist, best sich nach dem Einzelfall (BGH NJW-RR **86**, 9). Bei Einkaufszentrum ist auf das Fachsortiment des EinzelhandelsGesch abzustellen (Celle ZMR **92**,

448). Überschneidg in NebenArt reicht grundsätzl nicht aus (BGH **LM** § 536 Nr 2 u 3). Bsp: Metzgerei u Imbißstand (Hamm NJW-RR **88**, 911; verneint); Cafe u Eisdiele (Ffm DB **70**, 46; bejaht), Apotheke u Drogerie (stets zu bejahen; aA Ffm OLGZ **82**, 339); Arztpraxen ähnl Fachrichtg (Hamm ZMR **91**, 295; bejaht). **(8) Störungsschutz** insbes vor Dr, auch Mitmietern; zB Eintritt Unbefugter (BGH **LM** Nr 2 **19** [Kühlhaus]) u Immissionen (zB Geruch, Geräusch, Rauch). Bei Lärm im WoHaus: Pfeifer, Lärmstörgen, 6. Aufl 1993. Musikausübg kann im MietVertr ausgeschl w (vgl Mü NJW-RR **86**, 638; Gramlich NJW **85**, 2131; Pfeifer ZMR **87**, 361) u in der HausO (Rn 11) geregelt w (Mü NJW-RR **92**, 1097). Bei Lärmstörgen ist Mietminderg mögl: § 537 Rn 16. Gg Dr hat Mieter ggf BesStörgsKl (§§ 862, 865) u SchadErsAnspr (§ 823). **(9) Substanzschäden** halten sich nur dann im Rahmen vertrgem Gebr (§ 548), wenn die vertr vorausge- **20** setzten Abnutzg entspr; zB Dübellöcher in Fliesen nur im allg übl Maß (BGH NJW **93**, 1061).

5) Nebenpflichten des Verm (vgl Einf 62 vor § 535). Ihr Bestand u ihr Umfang richten sich nach dem **21** Inhalt des MietVertr u der Art der Mietsache. **a) Schutzpflichten** (§ 242 Rn 35). Die meisten in Rspr u Lit daraus abgeleiteten EinzelPfl fallen unter die vertrgem GebrGewähr (Rn 7; zB BGH NJW-RR **89**, 76) u die VerkSichgPfl (Rn 22). Im Einzelfall kann Verm verpfl sein, den Mieter zu warnen (BGH NJW **57**, 826; übzogen v Hbg NJW-RR **88**, 1481 in Bezug auf Einbruchgefahr), über wesentl Vorkommnisse zu benach-richt od aufzuklären, zB Hinweis auf Erkrankg eines Pferdes im Mietstall (BGH NJW-RR **90**, 1422). Keine Pfl, die Mieter gleichzubehandeln (hM; stark einschränkd auch Schmid BlGBW **81**, 48 mwN) od bei einem 4stöck Haus einen Lift einzubauen (Karlsr ZMR **84**, 18). **b) Verkehrssicherungspflicht** (allg vgl § 823 **22** Rn 58) nicht nur in Bezug auf die Miets selbst, sond auch auf Zugänge, Treppen, Hausflur, Hofraum, Garten, Lift, insb auch für die StreuPfl bei Glatteis (BGH VersR **65**, 364; wg LandesR vgl Hurst ZMR **67**, 67), die Beleuchtg (vgl Gaisbauer DWW **69**, 278 mwN). Die VerkSichgPfl, insb der sog Winterdienst, kann auch dch FormularVertr v Mieter übnommen w (Ffm WoM **88**, 399). Er wird davon nicht dch Alter od Gebrechlk befreit (LG Kass WuM **91**, 580; bestr). **c) Schutz Dritter.** Der MietVertr gehört zu den RVerh, **23** die den Schutz v Pers umfassen, wenn sie zu dem Mieter in einer Beziehg stehen, welche die Miets betrifft (§ 328 Rn 28, 29). **d) Schadensersatzanspruch** aus pVV (§ 276 Rn 104) bei schuldh Verletzg v NebenPfl. **24** Verj: § 195 (dort Rn 9) u § 558 (dort Rn 6).

6) Nebenleistungen. a) Allgemein. Bei Wo u gewerbl Räumen gehören Wasser- u Strom-, je nach **25** Lage auch GasAnschl, sowie Beheizbk zur GebrGewähr (Rn 8). Nebenleistg sind (neben Diensten wie ReiniggsArb) daher insb die Zufuhr von Strom, Wasser, Gas u Wärme, der Betr einer Sammelheizg (hierzu Lau ZMR **77**, 37), einer GemschAntenne. Vergütg der NebenLeistg: Rn 37. AbrechngsPfl wg § 259 (vgl Rn 37). **b) Heizung.** Bei ZahlgsVerz eines Mieters darf Verm die Beheizg (über § 320) nicht gg and (vertrtreue) Mieter zurückhalten. Umfang der Heizg bei Wohn- u Büroräumen: 20–22° Zimmertemperatur (7 bis 23 Uhr bei WoRaum, für mind NJW-RR **92**, 398); bei Schlafräumen 15°, nur währd der AufenthZt. Andseits darf die Temp nicht zu hoch sein (für gewerbl Räume vgl Hamm NJW-RR **95**, 143). Zur Festlegg im MietVertr vgl BGH NJW **91**, 1750. Für die Verteilg der Kosten bei geliefter Wärme gilt in ihrem AnwendgsBereich die HeizKostenV idF v 26. 1. 89 (BGBl 115); hierzu Pfeifer, Die HeizkostenVO, 4. Aufl 1994. Die Abrechng der Heizkosten erfolgt jährl, wenn VorausZahlgen zu leisten sind. Die Ab-rechngsFr beträgt wie im GeltgsBer der NMV 1970 (§ 20 III S 4) allg 9 Monate. Zum VerteilgsSchlüssel BGH NJW **93**, 1061. Bei Mieterwechsel kann der Verm gem ZwAblesg od nach der sog Gradtagszahlme-thode abrechnen (LG Mannh WuM **88**, 405).

7) Haftung für Dritte kommt nur in Betr für: **a) Erfüllungsgehilfen** (§ 278). Nur sow es sich um **26** VertrPfl des Verm handelt u Versch vorliegt: die im MietGbde tät ArbN des Verm (BGH **LM** § 278 Nr 39); Hausverwalter (Mü NJW **68**, 1323); Hausmeister; vom Verm für BauArb, Rep u Wartg beauftragte Untern (BGH BB **61**, 1302 [Lift]). Grdsätzl nicht: and Mieter (Köln ZMR **95**, 308); ausnahmsw dann, wenn sie vom Verm genutzte Räume, die eine Gefahrenquelle darstellen, mit Willen des Verm mitbenutzen (BGH NJW **64**, 33 [Wasserhahn]) od mit Erf von VermPfl beauftragt sind. **b) Verrichtungsgehilfen** (§ 831). **27** Haftg sow sie für den Verm, aber nicht in Erf von MietVertrPfl handeln. Dafür kommen insb die in Rn 26 aufgeführten Pers in Betracht.

8) Mietzinsentrichtung (S 2) ist Haupt- u GgseitkPfl des Mieters; für den VertrTyp Miete unerläßl; **28/29** andfalls liegt Leihe vor (11 vor § 535), bei einem Theater ein Vertr eigener Art (BGH NJW **92**, 496). **a) Art:** idR, aber nicht notw Zahlg in Geld, mögl auch DLeistg (wg Hausmeister vgl Einf 23 vor § 535), GebrÜber-lassg und Sachen (BGH NJW-RR **94**, 971), Übernahme v Lasten, insb Steuern, auch einmalige (BGH NJW-RR **92**, 779 mwN), nicht notw wiederkehrde, nach ZtAbschn bemessene Leistgen. **b) Höhe.** Sie muß **30** bestimmt od bestimmb sein (zB Umsatzmiete); vgl § 581 Rn 10 u zur Höhe BGH NJW **79**, 2351, unterliegt grdsätzl der VertrFreih, aber insb begrenzt dch MietPrBindg (Rn 32) u Wucherverbot in § 5 WiStGB, § 302a StGB. Gg § 5 WiStGB ist verstoßen, wenn die Miete die ortsübl VglMiete (§ 2 MHG) mehr als nur unwesentl übersteigt (BGH ZMR **84**, 121). Die sog WesentlkGrenze wird v den Ger idR bei 20% angenom-men (LG Bln ZMR **94**, 19). Bei Vorbeh späterer Vereinbg der Miethöhe ist bis dahin der angemessene MietZ zu zahlen (KG NJW **55**, 949). Fehlt eine Vereinbg, gilt § 315. Die Entsch darü obliegt dem Gericht (BGH NJW **68**, 1229). Bei einer ausgeübten VerlängersOption (5 vor § 535) ohne Regelg der Miethöhe ist eine angemessene od ortsübl Miete zu zahlen (BGH NJW-RR **92**, 517). Zur Miete gehören nicht die Entgelte für Nebenleistgen (Rn 25). Wg MWSt vgl § 157 Rn 13. Wg Berücksichtigg der MWSt bei Umsatzmiete: § 581 Rn 10. Bes ErhöhgsVorschr: Einf 98 vor § 535. **c) Erhöhungsanspruch.** Für WoRaum SoRegelg im **31** MHG. Für and Miets kann sich im Anspr aus Wertsicherungsklauseln ergeben (§ 245 Rn 18–30). Bei ausdrückl vertragl Vorbeh einer Neufestsetzg wg Veränd der wirtsch Verh ist Erhöhg ausnahmsw mögl (BGH NJW **64**, 1021), sonst insb wg Geldentwertg od Kostensteigerg grdsätzl ausgeschl (vgl § 242 Rn 136). **d) Miet- 32 preisbindung.** Besteht für einen best Kreis von Wo (Einf 94 vor § 535). Eine die zul Kostenmiete überstei-ge Vereinbg ist soweit u solange unwirks (§ 8 II 1 WoBindG), ebso eine unzuläss überhöhte insel MietEr-höhg (§ 10 WoBindG). Für den RückzahlgsAnspr aus überhöhter Miete gilt einheitl § 8 II WoBindG (Sonnenschein/Weitemeyer NJW **93**, 2201). **e) Fälligkeit:** § 551. **f) Erfüllung:** Ob bar od dch Überweisg **33**

zu zahlen ist, richtet sich nach Vertr. Scheck bedarf stets der Zust des Verm (§ 364). Da § 270 gilt, dürfen Überweisgskosten nicht abgezogen w. ErfOrt: § 269. Bei mehreren MietZFdgen gilt § 366 (BGH NJW **65**, 1373). Keine Pfl des Mieters, eine EinziehgsErmächtigg im LastschriftVerf zu erteilen (LG Mü I WuM **79**,
34 143). **g) Verjährung:** §§ 197, 196 I Nrn 4, 6, § 201 (vgl § 197 Rn 6). **h) Verwirkung:** § 242 Rn 87, 103; Übbl 9 vor § 194. **i) Haftung Dritter** für die Miete. Soweit sie nicht Mitmieter sind (§ 427), ist bes VerpflGrd notw (vgl Einf vor § 765). KrG haften in das MietVerh eingetretene FamAngeh gem § 569a III; darüberhinaus besteht ohne VerpflGrd bei solchen Pers keine Schuld od Haftg für Miete. Wird an
35 Minderj vermietet, ist Haftg des UnterhVerpfl über §§ 683, 679, 681 mögl. **j) Außerordentliche Entgelte.** Zu deren Bezahlg ist der Mieter nur verpfl, wenn es ausdrückl vereinb ist. Das gilt insb für die Mieterleistgen in Einf 75–88 vor § 535. Verj: § 195.

36 **9) Nebenpflichten** (vgl Einf 62 vor § 535). Allg wie Rn 20. **a) Vertragsgemäßer Gebrauch:** Daß der Mieter ihn einzuhalten hat, ergibt sich aus den §§ 550, 553. Inhalt, Umfang u Grenzen: wie Rn 20. RFolgen bei
37 Verstoß: UnterlKl (§ 550); bei Versch SchadErs (§ 550 Rn 3), Künd (§ 553). **b) Nebenentgelte.** Einordng u Umfang sind umstr. Übbl bei Pfeifer, Nebenkosten 4. Aufl 1994. Vorbehaltloser Ausgl des Nebenkostensal-
37a dos kann zum Ausschl v Rück- u NachFdgsAnspr führen (Klas WuM **94**, 595 mwN). **aa) Nebenkosten** als Entgelt für Nebenleistgen des Verm (Rn 25). Ob u in welchem Umfang sie der Mieter zu bezahlen hat, unterliegt der Vereinbg (hM). Sie kann auf §§ 315, 316 bezogen u v Verm für mehrere Häuser zusgelegt w (Kblz ZMR **90**, 297). Fehlt eine ausdrückl Vereinbg, so ist auszulegen. Danach richtet sich auch Umfang u Inhalt der Abrechng, die sich an § 259 zu orientieren hat (BGH NJW **82**, 573). Im allg werden Wärme, Strom u GemschAntenne v Mieter zu zahlen sein, bei Abtretg direkt an den Lieferanten (zB Fernwärme LG Mü I MDR **78**, 494). Wasser, Kanalisation, Schornstein-, Innenhaus- u Straßenreinigg hat iZw der Verm zu tragen (beachte aber § 4 MHG). Es gelten grdsätzl die gleichen Regeln wie für die MietZahlg (Rn 29). Ist vereinb, daß Kosten umgelegt w, so gehören die Aufwendgen für Bedieng, Wartg, Instandhaltg u Reinigg dazu. Verj:
38 § 197 (dort Rn 6), auch für Rückzahlg v Vorschüssen (Hamm ZMR **95**, 294). Beginn: § 198. **bb) Betriebskosten** gem Anl 3 zu § 27 I der II. BV können vom Verm ohne weiteres verlangt w, wenn im MietVertr vereinb ist „BetrKosten gem § 27 II. BV" (BayObLG NJW **84**, 1761). Hierbei muß der Verm den Grdsatz der Wirtschlk beachten (LG Hbg ZMR **95**, 32). Bei WoRaum wird eine LeistgsAbrechng zu erstellen (Blank DWW **92**, 65 mwN). Fällig richtet sich nach Vereinbg. Fehlt diese, tritt sie mit Zugang einer nachprüfb Abrechng beim Mieter ein. Das gilt auch für die NachFdg (BGH **113**, 188) u den VerjBeginn (§ 198; BGH aaO). Vorauszahlgen bedürfen einer Vereinbg (§ 4 MHG Rn 5, 8; Sonnenschein NJW **92**, 265 mwN). Für Wärme u Warmwasser ist bei Umlage, Abrechng u Verteilg auf mehrere Nutzer innerh eines Gebäudes die Heizkosten-VO idF v 26. 1. 89 (BGBl 115) anzuwenden (Rn 25 aE). Danach ist die sog Heizkostenpauschale unzuläss (§ 2; Hamm NJW-RR **87**, 8). Zur Umlagefähk v Fernheizkosten: Haug NJW **79**, 1269. Verj: § 197 (dort Rn 6; Fällk erhebl); RückzahlgsAnspr bei ÜbZahlg: § 195 (bestr). Verwirkg dch ZtAblauf ist mögl (BGH NJW **84**,
39 1684). **c) Duldungspflichten.** Bei Raummiete SoRegelg in §§ 541a, 541b. Daneben u davon unabhäng ist dem Verm nach vorher Ankündigg die Besichtigg der Mietsache (nie zur Unzeit) zu gestatten, auch ohne Grd, wenn u soweit es vereinb ist (vgl Fuchs-Wissemann ZMR **86**, 341). DuldgsPfl ohne Vereinbg: **(1)** Zur Feststellg des Zustds der Räume; bei Wohngen alle 1–2 Jahre. **(2)** Bei Verdacht vertrwidr Gebr oder Vernachlässigg der ObhutsPfl (§ 545). **(3)** Vor Verk od Neuvermietg bei bevorstehder Beendigg des Miet-Verh auch Besichtigg dch Interessenten. **(4)** Dch Sachverst zwecks Begutachtg gem § 2 MHG (Huber
40 DWW **80**, 192). **d) Erhaltungs- und Verkehrssicherungspflichten** (§ 536 Rn 7): nur soweit sie der Mieter (entgg der ges Regelg) vom Verm abgenommen hat (vgl Rn 22 u § 536 Rn 3). **e) Gebrauchspflicht** der Mietsache besteht ohne bes Vereinb nicht (vgl § 550 Rn 6). **f) Betriebspflicht** eines Untern in den gemieteten Räumen besteht ohne bes Vereinbg nicht (hM), auch nicht, wenn ledigl eine Umsatzmiete (Rn 30) vereinb ist (BGH NJW **79**, 2351). Die Vereinbg ist aber stillschweigd mögl (LG Lüb NJW-RR **93**, 78
41 mwN). **g) Obhutspflicht** (§ 545 Rn 1–4). Umfaßt die Pfl, alles zu unterl, was Schad an der u in bezug auf die Miets verurs kann (§ 242 Rn 35; § 276 Rn 116). Schuldh Verletzg verpfl zum SchadErs. Besp: Verlust v
42 Haus- u WoSchlüssel (Walker MDR **87**, 981). **h) Wettbewerb.** Daß der Mieter (Pächter) diesen ggü dem Verm (Verp) währd des Vertr zu unterl habe (and als der Verm, Rn 18), ist ohne bes Vereinbg nicht ohne weiteres anzunehmen. Erlaubt ist ihm währd der LaufZt des Vertr dch Eröffng eines weiteren Gesch sich selbst Wettb zu machen (Kblz ZMR **93**, 72 für zweites Kino).

536 *Überlassungs- und Erhaltungspflicht des Vermieters.* **Der Vermieter hat die vermietete Sache dem Mieter in einem zu dem vertragsmäßigen Gebrauche geeigneten Zustande zu überlassen und sie während der Mietzeit in diesem Zustande zu erhalten.**

1 **1) Allgemeines.** Ergänzt die HauptPfl des Verm (§ 535 S 1), so daß die Pfl aus § 536 zur HauptLeistgsPfl (§§ 320ff) gehören. Gibt dem Mieter klagb Anspr (ggf einstw Vfg) auf Herstellg des vertrgem Zustds; dementspr besteht DuldgsPfl (§ 541 a) u wird dch § 539 nicht ausgeschl (hM; Köln NJW-RR **93**, 466 mwN).
2 **a) Sonstige Rechte** des Mieters, wenn der Verm die Pfl aus § 536 nicht erf (vgl BGH ZMR **87**, 257): Befreiung vom MietZ od Minderg (§ 537); SchadErs (§ 538), Künd (§ 542), Rücktr gem §§ 325, 326 nur bis
3 zur Üblassg der Miets (vgl § 537 Rn 4). ZurückbehaltungsR (§ 320; BGH **84**, 42 für Pacht). **b) Abdingbarkeit** ist zu bejahen (MüKo/Voelskow Rn 2); daher können insb Pfl aus § 536 vom Mieter übernommen w (§ 535 Rn 40). Der Verm kann diese im MietVertr dch eine HausO (aber nicht einseit, Ffm NJW-RR **88**, 783) dem Mieter übbürden (Ffm NJW **89**, 41) od im Turnus mehrerer Mietern (Köln ZMR **95**, 308). Ob die vollständ Übbürdg der Instandsetzgs- u InstandhaltgPfl auf den Mieter gg § 9 II Nr 1 AGBG verstößt, ist umstr, zweifelh auch, inwieweit dies bei WoRaum zul ist (vgl v. Westphalen DB Beil 8/**84** S 3). Bei Miet-AGB kann der Rücktr od SchadErs wg §§ 325, 326 bei verspäteter od ausgebliebener Bezugsfertig nicht wirks ausgeschl w (§ 11 Nr 8 AGBG). Die Pfl zur Instandhaltg umfaßt nicht Instandsetzg oder Neuherstellg eines GbdeT (LG
4 Hbg MDR **78**, 318). **c) Beweislast** für vertrgem Zustd bei Üblassg trägt der Verm (allgM). Bei Miet-AGB ist die BestätiggsKlausel, die Sache in ordngm Zustd übnommen zu haben, wg § 11 Nr 15b AGBG unwirks (v. Westphalen DB Beil 8/**84** S 2). Für SchadErsAnspr, zB Rn 18 u aus pVV vgl § 282 Rn 6–16.

2) Vertragsmäßiger Zustand der Mietsache muß so sein, daß sie zum vertrmäß Gebr geeignet ist. Inhalt 5 u Umfang: § 535 Rn 7–19. Umfaßt also insb auch die Grdst- u GebdeTeile, die zur gemschaftl Benutzg dch die Mieter u zum Zugang zur Mietsache bestimmt sind. Dieser Zustd muß bei Überlassg u während der gesamten MietZt vom Verm gewährleistet w.

3) Überlassung liegt darin, daß der Mieter in die Lage versetzt w, die Sache vertrgem zu gebrauchen. 6 Rein tats Vorgang. Besitzverschaffg (§ 854) idR, aber nicht immer notw. Ist die BesÜbtragg zum vertrgem Gebr nicht erforderl, so kann das Gewähren darin liegen, daß dem Mieter Zugang zur Sache verschafft w (BGH NJW-RR **89**, 589). Wird der Mieter Besitzer, liegt § 868 vor. Ob ausschließl Gebr einzuräumen ist, richtet sich nach dem Inhalt des MietVertr (RG **108**, 204). VorleistgsPfl des Verm; vertragl oft u geregelt (vgl § 551 Rn 1). Anspr auf Überlassg ist ErfAnspr. Er erlischt mit Untergang der Miets, wenn den Verm kein Versch trifft (§ 275); dies ist bei wirtsch TotalSchad eines Kfz nicht der Fall (Düss NJW-RR **92**, 629).

4) Erhaltung im vertrgem Zustd umfaßt alle Maßn, die erforderl sind, um dem Mieter währd der 7 gesamten MietZt den vertrgem Gebr (§ 535 Rn 7–19) zu ermögl. § 537 I S 2 gilt hierfür nicht. Die Pfl kann dch Vertr (§ 305) auf den Mieter übertr w (Rn 3), auch nur bzgl der Kosten; dies gilt auch wenn der verm EigtWo ein Eingriff in das gemeinsch Eigt nöt ist (KG NJW-RR **90**, 1166). Wird die Sache unbrauchb dch eine außerh des MietGebr liegde Ursache, so muß der Verm die Brauchbk wiederherstellen, auch wenn der Mieter die InstandHaltg im Vertr übernommen hatte (BGH ZMR **87**, 257). Völl Zerstörg (zB dch Brand) verpfl nicht zum Wiederaufbau; die Re u Pfl regel sich nach §§ 275, 280, 325 (vgl Karlsr ZMR **95**, 201). Der Verm ist verpfl, zum Zwecke der Erf der ErhaltgsPfl die Mietsache zu überprüfen, zB die Sicherh der elektr Anlage (Saarbr NJW **93**, 3077). Diese Pfl gilt aber nur eingeschr, wenn sich die Sache im ausschließl Bes des Mieters befindet. Zur Erhaltg gehört insb Reparatur u Renovierg (Rn 10–20), daneben: **a) Instandsetzung.** 8 Die Miets muß v Verm verkehrssicher gehalten w. Räume müssen in einem den öffrechtl BauVorschr entspr Zustd, mitvermietete Gebäudeteile u HaushGeräte gebrauchsfäh gehalten w. Besteht für die unverzichtb Instdsetzg auch bei stark beschäd Gbden, deren Abriß nicht unmittelb bevorsteht (BezG Dresd WuM **91**, 143). Die Kosten einer Umstellung von Stadt- auf Erdgas treffen den Verm (Gather DWW **71**, 359), wenn der Mieter diese Kosten nicht übernommen hat (Rn 3). Die Wasserleitg muß Werte ergeben, die der TrinkwasserVO entspr (LG Hbg NJW **91**, 1898). Kfz müssen fahrbereit sein u den Vorschr der StVZO genügen, Maschinen funktionsfäh u ausreichd Unfallschutz ermögl. Vgl § 535 Rn 21, 22. Zur AsbestBelastg dch Speicherheizgeräte, die vor 1977 hergestellt sind: Halstenberg WuM **93**, 155. **b) Reinigung** von Kami- 9 nen, Straße vor dem Haus (auch Schnee u Eis), gemschaftl benutzter Teile des Miethauses, Entleerg v Versitzgruben u Mülltonnen. Auch hierfür gilt Rn 3.

5) Reparaturen oder Renovierung aller nicht vertrgem, insb beschäd, verunstalteten od abgenutzten 10 Teile (auch der Außenfläche) der Mietsache gehören zur Erhaltg (Rn 7). Es sind zu untersch: **Instandhaltungsreparaturen:** dch Abnutzg, Alterg u WittergsEinflüsse entstandene Mängel (für WoRaum § 28 I, II der II. BV). Das umfaßt auch Austausch v Geräten, insb Zählern (AG Überlingen NJW-RR **95**, 268). **Schönheitsreparaturen:** zum Begr Wolf WM **90**, 1769 (Ausführg Rn 11–15). Umfassen streichen od tapezieren v Wänden, Decken, Böden, Heizkörpern einschl Heizrohre, Innentüren, sowie Fenster u Außentüren v innen (für WoRaum gem § 28 IV der II. BV), nicht Teppichboden (Hamm ZMR **91**, 219; Stgt NJW-RR **95**, 1101; bestr). Dies gilt sinngem für GeschRaumMiete. **Sonstige Reparaturen:** Das sind solche, die auf and Ursachen beruhen od and Zwecken dienen. Bsp: LeitgsWasserrohre bei Bleibelastg (LG Hbg NJW **91**, 1898). **a) Ausführungspflicht. (1) Allgemeines.** Sie trifft grdsätzl den Verm. Übern dch den Mieter 11 im MietVertr (auch dch schlüss Verhalten mögl) ist eher eng auszulegen (Kblz ZMR **89**, 464 für Pacht), aber insb bei SchönhRep (Rn 10) allg übl (Bongartz, SchönhRep als MieterPfl, 1991) u verstößt grdsätzl nicht gg § 9 AGBG (hM; BGH **92**, 363 mwN u **101**, 253), auch nicht, wenn der Verm bei VertrAbschl eine renoviergsbedürft, unrenovierte Wohng übgibt u die Renovierg dch den Verm vertr ausgeschl ist, jedenf dann, wenn die RenoviergsFr bei Anfang des MietVerh zu laufen beginnen (BGH **101**, 253). **(2) Schön-** 12 **heitsreparaturen** (für neue BLänder vgl EG Art 232 § 2 Rn 6b). Wirks ist grdsätzl eine Formularklausel, wonach der Mieter bei Ende des MietVertr je nach Ztpkt der letzten länger als ein Jahr zurückliegden SchönhRep einen Teil der Kosten zu tragen hat (hM; BGH **105**, 71). Diese können nach dem Kostenvoranschlag eines Fachgeschäfts errechnet w (BGH aaO). Dieser darf nicht ausdrückl für verbindl erkl sein; die KostenAbgeltg muß an den übl RenoviergsFr ausgerichtet u es darf dem Mieter nicht untersagt w, die SchönhRep vor dem Ende des MietVerh selbst auszuführen (BGH aaO), sodaß die Klausel zwingder Ausführg dch FachHandw unwirks sein soll (Stgt ZMR **93**, 513). Als unwirks werden Formularklauseln angesehen, die eine FrPlan (LG Aach NJW-RR **92**, 1485) zur SchönhRep „nach Bedarf" od nach einem „fingierten Bedarf" verpfl, wenn die Wohng bei Mietbeginn unrenoviert war (Stgt WuM **89**, 121). Wirks ist die allg erkl ÜbNahme dch den Mieter, wenn er die Anfangsrenovierg übernommen u keine Endrenovierg dchzuführen hat (Karlsr NJW-RR **92**, 969 = JZ **92**, 1135 mit krit Anm v Gärtner). **(3) Instandhaltungsrepa-** 13 **raturen.** Bei preisgebundenem WoRaum dürfen nur die kleinen InstandhaltgsRep auf den Mieter überwälzt w (§ 28 III der II. BV), auch dch FormularVertr ohne Verstoß gg § 9 AGBG (Schmid ZMR **87**, 12; Gather DWW **86**, 306 [313] mwN). Auch bei preisfreiem WoRaum dürfen im FormularVertr die Kosten v Bagatell-Rep (bis 100 DM) auf den Mieter überwälzt w, nicht aber die InstdHaltgs- u AusführgsPfl (BGH **118**, 194 wg § 537 III), wenn sie für den Fall mehrerer Rep innerh eines bestimmten ZtRaums an einen angemessen HöchstBetr gebunden sind (BGH NJW **91**, 1750) u Teile der Miets betreffen, die dem häuf Zugriff des Mieters ausgesetzt sind (BGH **108**, 1). Eine fehlde Obergrenze kann die Unwirksk der Klausel begrden (BGH NJW **91**, 1750). **(4) Kostenbeteiligung.** Unwirks sind Klauseln, die eine Beteiligg des Mieters in Höhe v 100 DM 14 an Rep od Neuanschaffgen vorsehen (BGH **108**, 1). **(5) Einzelheiten.** Zuläss ist die Beteiligg pro rata 15 temporis (Stgt NJW **82**, 1294; Hamm NJW **81**, 2362), auch wenn dch AGB vereinb, jedenf bei Kostenmiete (BayObLG NJW-RR **87**, 1298). Die Vereinbg „bezugsfert od vertrgem" führt zur Pfl, die Räume in einen für den Nachmieter zumutb Zustd zu versetzen; das bedeutet, daß bei Rückg nur fäll SchönhRep auszuführen sind (vgl § 556 Rn 3, 5). Bei Umbau wird der Mieter v der Pfl, die SchönhReparaturen auszuführen zu lassen, nicht befreit (hM; BGH **92**, 363 mwN; Schlesw ZMR **83**, 305; vgl Rn 18 aE; bestr). **b) Fälligkeit:** Beschäd Teile 16

571

sofort (§ 271 I). SchönhRep sind idR alle 5–6 Jahre erforderl, bei Küchen uU eher, bei Lackanstrichen (insb Innentüren, Fenster) wesentl später. Der ErfAnspr auf Dchführg der SchönhRep besteht auch während des MietVerh (BGH **111**, 301 = JZ **91**, 565 m Anm v Sonnenschein mwN), sobald sie erforderl sind, ohne Rücks auf das subj WertUrt des Mieters (hM). Sind aber die Räume noch vertrgem, so sind auch die SchönhRep noch nicht fäll, auch nicht anteil zu ersetzen. Re des Verm: Bei Ende des MietVerh hat der Mieter, wenn er die Pfl übernommen hat (Rn 11) diejen SchönhRep auszuführen, die notw sind, die Räume
17 in einen vertrgem Zustd zu versetzen (BGH **49**, 56 mwN). **c) Pflichtverletzung:** Wenn die Rep v dem Verpfl (Rn 11) nicht ausgeführt w, ergeben sich an RFolgen: **(1) Rechte des Mieters** (falls Verm verpfl ist): Rn 1, 2. **(2) Ersatzvornahme** dch den Verm, falls der Mieter verpfl u dies vertragl vorgesehen ist (insb
18 nach dem Auszug des verpfl Mieters) oder nach § 887 ZPO iW der ZwVollstr. **(3) Schadensersatzanspruch** des Verm (Umfang: §§ 249 ff) gg den zur Rep verpfl Mieter ist mögl aGrd der §§ 325, 326, weil die Ausführg der SchönhRep eine HauptLeistgsPfl bleibt, auch wenn sie v Mieter übnommen w (hM; BGH [st Rspr] **105**, 71 [79]; hierzu krit Schildt WuM **94**, 237; vgl § 326 Rn 9). Ob NachFr des § 326 notw ist, hängt v Einzelfall ab. Bei fortbestehden MietVerh ist § 326 unanwendb für den Schad, der in den Kosten der unterbliebenen Rep zu sehen ist (BGH **111**, 301). Der SchadErsAnspr des Verm kann auch dann bestehen, wenn der Mieter bei Auszug in Verz ist (Nürnb ZMR **91**, 217), nach dem Auszug der NachM die Rep ausführt od die Kosten ggü dem Verm übernimmt (BGH **49**, 56 mwN; Hbg ZMR **84**, 342; bestr). Ein SchadErsAnspr wird teilweise verneint, wenn dch Umbau der Miets die SchönhRep sowieso beseit w (Rn 15); üb § 157 kann eine AusgleichsZahlg in Betr kommen (BGH **77**, 301 u **92**, 363; Oldbg NJW-RR **92**, 1036; bestr). Eine Selbstausführgsbefugn des Verm beseit seinen SchadErsAnspr nicht (Hamm WoM **83**,
19 76). Verj: § 558 für Anspr auf DchFührg u SchadErsAnspr bei NichtErf (§ 558 Rn 6). **(4) Ausgleich.** Wenn der Anspr des Verm gg Vor- u Nachmieter besteht, wird versucht üb die 3 Beteil (Verm, Vor- u Nachmieter) dch Ann einer Gesamtschuld (§ 421) einen Ausgl zu erzielen (vgl 50. Aufl mwN). Dagg bestehen erhebl
20 dogmat Bedenken (BubTr V A 183 ff). **(5) Aufwendungsersatz** kann der Verm verlangen, wenn ErsVorn vertragl vorgesehen ist, die Kosten nicht der Nachmieter übernommen (LG Bielef MDR **72**, 1037) od dieser den Anspr aus § 812 (vgl § 267 Rn 8) an den Verm abgetreten hat (hM). **(6) Vorschuß** für Kosten der ErsVornahme kann der Verm bei fortbestehdem MietVerh u Verz (§ 284) des Mieters verlangen (BGH **111**, 301).

21 **6) Wegfall der Erhaltungspflicht** tritt ein dch: **a) Vertragsende.** Damit entfällt § 536 grdsätzl. Einzelne ErhaltgsPfl des Verm bestehen bis zur Rückg (vgl § 557), insb im Rahmen der VerkSichergsPfl (LG Aach
22 MDR **92**, 578). **b) Vertragsänderung** (§ 305), da § 536 abdingb ist (Rn 3). Das kann ausnahmsw angen w,
23 wenn Mieter in Kenntn eines Mangels die Mietsache vorbehaltlos annimmt (vgl § 539 Rn 1). **c) Untergang** (od Zerstörg) der Mietsache ohne Versch des Verm (§§ 323, 324); er wird v der Pfl zur GebrÜberl frei (§ 275) u ist nicht verpfl, die Miets wieder herzustellen (BGH NJW **92**, 1036). Bei teilw Zerstörg ist Pfl zur Wiederherstellg nur zu bejahen, wenn sie währd der Mietzeit mögl ist u die Opfergrenze nicht überschritten
24 w (§ 242; BGH NJW **59**, 2300). **d) Beschädigung** der Mietsache, die auf Versch des Mieters (§§ 276, 278) beruht, weil in diesem Fall SchadErs dch Mieter zu leisten ist.

537 *Haftung für Sachmängel.* [I] Ist die vermietete Sache zur Zeit der Überlassung an den Mieter mit einem Fehler behaftet, der ihre Tauglichkeit zu dem vertragsmäßigen Gebrauch aufhebt oder mindert, oder entsteht im Laufe der Miete ein solcher Fehler, so ist der Mieter für die Zeit, während deren die Tauglichkeit aufgehoben ist, von der Entrichtung des Mietzinses befreit, für die Zeit, während deren die Tauglichkeit gemindert ist, nur zur Entrichtung eines nach den §§ 472, 473 zu bemessenden Teiles des Mietzinses verpflichtet. Eine unerhebliche Minderung der Tauglichkeit kommt nicht in Betracht.

[II] Absatz 1 Satz 1 gilt auch, wenn eine zugesicherte Eigenschaft fehlt oder später wegfällt. Bei der Vermietung eines Grundstücks steht die Zusicherung einer bestimmten Größe der Zusicherung einer Eigenschaft gleich.

[III] Bei einem Mietverhältnis über Wohnraum ist eine zum Nachteil des Mieters abweichende Vereinbarung unwirksam.

1 **1) Allgemeines.** Gilt üb § 581 II auch für Pacht. **a) Rechtsnatur.** Abs 1 gibt dem Mieter keinen Anspr, sond ist rechtsvernichtde Einwendg ggü dem Anspr auf MietZ. Er mindert sich krG (allgM; vgl Rn 21).
2 **b) Abdingbarkeit** (Abs III). Nur bei WoRaum (Einf 70 vor § 535) ist § 537 zG des Mieters zwingd u gestattet insb wg § 9 AGBG keine Überbürdg der InstdHaltgsPfl auf den Mieter (BGH NJW **92**, 1759). Im MietVertr darf die Minderg nicht auf eine befristete AnzPfl abhängig gemacht w (AG Aach NJW **70**, 1923). Bei VorausZahlgsPfl der Miete darf nicht zugleich die Aufrechng ausgeschl w (vgl § 551 Rn 2). Bei GeschRaum u bei Pacht (§ 581 II) kann § 537 auch dch FormularVertr abbedungen w (BGH NJW-RR **93**, 519).
3 § 11 Nr 10 AGBG gilt für MietVertr nicht (§ 11 AGBG Rn 49). **c) Voraussetzung** für § 537 ist stets die Überlassg (Überg) der Miets (vgl Rn 4). Die Gewl erstreckt auf Fehler (Rn 12) u Fehlen zugesich Eigsch (Rn 18). Darühinaus als dritte Kategorie die Abweichg v selbständ BeschaffenhVereinbg anzunehmen,
4 dürfte nicht haltb sein (hM; aA Ramming MDR **94**, 330). **d) Rückgriff** gg denjen, der den Fehler verurs hat, bleibt dem Verm offen. Gg od Mieter kann Anspr aus pVV (zB § 276 Rn 116) gegeben sein, insb bei Belästiggen (Pfeiffer DWW **89**, 38). **e) Beweislast.** Mieter hat Vorliegen des Mangels u Beeinträchtig der Tauglich der Miets zu vertrgem Gebr zu beweisen. Dies umfaßt nicht das Maß der Minderg (BGH NJW-RR **91**, 779 für DarleggsLast). Verm ist bewbelastet für die Unerheblk der TauglkMinderg, ein Versch des Mieters u Verursachg dch diesen.

5 **2) Verhältnis zu anderen Vorschriften. a) Erfüllungsanspruch** (Anspr auf GebrGewährg einer mangelfreien Sache, § 536) wird dch § 537 nicht beseit u gibt dem Mieter das ZurückbehaltgsR des § 320 (hM; BGH **84**, 42 für Pacht; eingeh Joachim DB **86**, 2649), solange er am Vertr festhält (BGH NJW **82**, 874).
6 **b) Unmöglichkeit. aa) §§ 306, 307:** Setzt voraus, daß die Leistg des Verm (GebrGewährg) von Anfang an

obj unmögl ist (vgl §306 Rn 3, 4), insb wenn die Sache nicht existiert. Die §§306, 307 sind vor Üblassg der Miets grdsätzl anwendb (vgl hierzu Oehler JZ **80**, 794), werden aber dch die §§537ff jedenf dann verdrängt, wenn die Miets dem Mieter überlassen w ist (vgl §538 Rn 3), selbst wenn sie für den vertragl vorausgesetzten Gebr völl untaugl ist u dieser Fehler nie behoben w kann (BGH **93**, 142 mwN; Jau/Teichmann 1a). Auch in diesen Fällen verbleibt es bei den Ren des Mieters gem Rn 21–24, vorausgesetzt die Miets ist überl. **bb)** §§323–326: Vor Üblassg der MietS gilt nicht §537 (GWortlaut Abs I S 1, BGH NJW **78**, 103 u **80**, 7 1025), sond es gelten §§323ff, uU pVV (BGH aaO). Nach Üblassg der MietS gilt §537 I, soweit eine GebrUntauglichk od -Verminderg der Miets vorliegt; er geht dem §323 nur vor, wenn dem Verm die Beseitig des SachMangels zugemutet w kann (hM; BGH NJW-RR **91**, 204). Soweit Unmöglk der Verm-Leistg auf and Grd als Sachmangel beruht (zB Untergang der Mietsache), gilt §323. Ist der Fehler vom Mieter zu vertreten, wird §324 I dch §537 I nicht ausgeschl (Diederichsen JZ **64**, 2; Hassold NJW **75**, 1863). §324 II gilt an Stelle des §537 I nur, wenn der Mangel ohne den GläubVerz nicht eingetreten wäre. **cc)** §275 gilt bei nicht zu vertretder Unmöglk der VermLeistg, wenn die Wiederherstellg dem Verm nicht 8 zugemutet w kann (hM; BGH NJW-RR **91**, 204). **c) Anfechtung** (§§119, 123) ist auch nach Üblassg der 9 Miets grdsätzl mögl. **d) Geschäftsgrundlage** (§242 Rn 113). Soweit sich ihre Störg auf Fehler od Eigensch 10 der Miets bezieht, gehen die §§537ff als ausschließde SondRegelg vor (BGH NJW-RR **92**, 267). Iü können die in §242 Rn 125–134, 166 dargestellten Regeln eingreifen. Hierbei ist auf die RisikoVerteilg zw den VertrPart zu achten (BGH NJW **81**, 2405); insb bei gewerbl Miet- u PachtVertr (Joachim BB **88**, 779 mwN). **e) Mieterhöhung** nach §2 MHG. Der §537 ist SoRegelg, sodaß der MietmindergsAnspr nicht durch das 11 ErhöhgsVerlangen gem §2 MHG entgegesetzt w kann (LG Mannh MDR **77**, 140), sond die ggf erhöhte Miete mindert. Bei gewerbl Miete wird von Düss NJW-RR **94**, 399 die Minderg ggü einem ErhöhgsAnspr (§535 Rn 31) zugelassen.

3) Fehler (Abs I). **a) Begriff:** Ist eine für den Mieter nachteil Abweich des tats Zustds der Miets vom 12 vertragl geschuldeten (allgM). Er muß nicht schon nach außen hervorgetreten sein, wenn nur seine Ursachen schon vorhanden sind (vgl Ffm MDR **85**, 1027). Der Fehler kann auch in einem tats bzw rechtl Verhältn bestehen (sog Umweltfehler), das nach den allg VerkAnschaugen für einen Mieter die Sache u deren GebrWert beeinträcht, u zwar unmittelb (BGH NJW **81**, 2405; hierzu krit Koller NJW **82**, 201). Stets muß die Tauglk zu dem von den VertrPart konkret vorausgesetzten vertragm Gebr (§536 Rn 5, 7) ganz aufgeh od (erhebl, Rn 13) gemindert sein. Verh zur Unmöglk: Rn 3–5. **b) Erheblichkeit** (Abs I S 2): Die 13 Tauglk zum vertragm Gebr (damit der GebrWert) muß erhebl gemindert sein. Unerhebl Minderg ist nur bei zugesicherter Eigensch (Rn 18–20) bedeuts (Angleichg an §459). Bei bloßer Gefährdg sind zumutb VorsorgeMaßn unerhebl (LG Hbg NJW **91**, 1898). Daraus, daß der Fehler infolge seltener Benutzg für den Mieter sich nur gelegentl nachteil auswirkt, kann die Unerheblk nicht abgeleitet w. **c) Öffentlich-rechtliche** 14 **Beschränkungen** können (auch bei PachtVerh, BGH **93**, 142) als rechtl Verhältn (vgl Rn 12) einen Fehler darstellen, wenn sie sich auf die Beschaffenh, Benutzbark od Lage der Miets (nicht auf die Person des Mieters, vgl §552) beziehen (BGH stRspr zB NJW **77**, 1285; NJW-RR **92**, 267) u zwar konkret auf die Miets. Sie müssen grdsätzl bestehen, nicht ledigl in ferner Zukunft zu erwarten (BGH WM **68**, 1306), auf ihre Dchsetzg darf nicht verzichtet sein (Düss OLGZ **73**, 311). Es genügt die Ungewißh über den Fortbestand, insb wenn ein RBehelf eingelegt ist (BGH MDR **71**, 294) u nur uU eine zeitweil Beschrkg, insb wenn es dadch für den Mieter unmögl w, den VertrZweck zu erreichen (RG **146**, 60), aber nicht die dch Widerspr Dr verursachte Verzögerg der Überg u das darin liegde zeitweil DchBHindern (BGH NJW **92**, 3226). **Beispiele:** BauBeschrkg (BGH WM **62**, 1380); Gebot, das Gebäude abzubrechen (BGH MDR **71**, 294); 15 dem vertragm Gebr entggstehder Nutzgsplan (Düss OLGZ **73**, 311); erforderl u fehlde behördl Genehmigg zur vertr vorgesehenen Nutzg (BayObLG NJW-RR **86**, 690); EinstellgsAnordg für GewBetr des Mieters wg Geräuschbelästig (Karlsr OLGZ **71**, 18); bei Verpachtg einer Gaststätte die Speisenkonzession, die aber nicht unbeschr sein muß (Oldb ZMR **92**, 103); Unbenutzbk als VerkRaum (BGH NJW **80**, 777) od eines Kfz wg allg Fahrverbots (LG Lüb NJW **81**, 1566). **d) Äußere Einwirkungen:** insb von Lärm (vgl §535 Rn 19), 16 Luftverschmutzg u Geruch begründen einen Fehler, wenn sie nicht vertr vorausgesetzt sind, und zwar unabhäng davon, ob sie vom Verm als Eigt gem §906 geduldet w müssen (BayObLG NJW **87**, 1950; LG Kass NJW-RR **89**, 1292; Mü NJW-RR **94**, 654; aA LG Gött NJW **86**, 1112 mwN). Fehler bejaht: wenn SchallschutzVorschr vom Verm nicht beachtet w (Wiethaup ZMR **75**, 257 mwN); Beeinträchtigg des Lichteinfalls entgg öff-rechtl Vorschr dch NachbarBebauung (Hamm MDR **83**, 579); Großbaustelle in unmittelb Nähe eines für ErholgsUrl gemieteten Zimmers (LG Hbg NJW **73**, 2254). Für Straßenlärm vgl Speier NJW **78**, 19. Auch eine Gefahrenquelle außerh der Mietsache kann einen Fehler begrden (BGH NJW **72**, 944; Hamm NJW-RR **87**, 968; einschränkd Mü WuM **91**, 681) sowie Verletzg v Wettbewerbsschutz (Karlsr ZMR **90**, 214; vgl §535 Rn 18). Schutzlosigk gg Überschwemmg nur dann, wenn sie wg Beschaffenh der Mieträume u bei nicht außergewöhnl WitterVerh besteht (BGH NJW **71**, 424). **e) Einzelheiten:** 17 Reifenmängel eines Kfz (BGH DB **67**, 118); lockerer Lenkradgriff eines Fahrrads (BGH VersR **82**, 1145); Ungeziefer (Schlesw SchlHA **70**, 159); unzulängl Isolierg (BGH WM **62**, 271; aA LG Hbg NJW-RR **88**, 907); Stockflecken infolge Pilzbefalls dch Luftfeuchtk (Celle ZMR **85**, 10; LG Brschw ZMR **88**, 142); fehlde Beheizbk (LG Bln ZMR **92**, 302) od ungenügde Beheizg (§535 Rn 25; Düss NJW-RR **94**, 399); wasserdchläss Zelt (Hamm NJW-RR **95**, 525); übdimensionierte LüftgsAnl (Hamm ZMR **87**, 300); Ausfall des Lifts für hoch gelegene Räume, der Zentralheizg u Warmwasserversorgg (Ffm ZMR **74**, 42). Schadh ZentrHeizgsAnl, die zu BrennstoffmehrVerbr führt (zB 60% Düss MDR **83**, 229). Bei Vermietg an KonkurrUntern (§535 Rn 18) kommt es auf den Einzelfall an (Karlsr ZMR **90**, 214). Baumsturzgefahr auf CampingPlatz (Ffm NJW-RR **86**, 108). Fehlder Rückstauschutz (Hamm ZMR **88**, 138) od Übschwemmung v Kellerräumen (Düss NJW-RR **88**, 906). Absturzbereites Geäst (BGH NJW **75**, 645); Austritt v Perchlorethylen (LG Hann NJW-RR **90**, 972); Ausfall der Lüftg in Restaurant (BGH NJW-RR **91**, 779). Verfehlen des Zwecks für Stand auf einer mangelh organisierten Ausstellg (Köln WuM **76**, 9); uU Beeinträchtigg des Lichteinfalls (Hamm ZMR **83**, 273). GebrUntauglk des Druckers einer EDV-Anl (Hamm NJW-RR **93**, 1527); nicht bloß kurzzeit Programmsperre vor Ablauf der vereinb MietZt (Wuermeling CR **94**, 585 [588]). **Nicht:** bei Ladenlokal geringerer Besuch v kaufinteressiertem Publikum (BGH NJW **81**, 2405); bei EDV-

Anlage die Herstellg unverwendb Unterlagen (BGH NJW **82**, 696). WasserleitgsRohre mit Bleizusatz bei einem der TrinkwasserVO entspr Wasser (LG Ffm ZMR **90**, 17). Übsteigen solcher Grenzwerte ohne GesundhGefährdg (aA Köln NJW **92**, 51), auch bei Büroräumen (Köln ZMR **91**, 154); übhaupt Schadstoffkonzentration, die unterh der behördl empfohlenen od erlaubten Werte liegt (vgl LG Traunst NJW-RR **94**, 1423); Drogenszene im Umfeld ohne Beeinträchtg (LG Düss NJW-RR **95**, 330); Abweichen v der im Vertr angegebenen qm-Wohnfläche (LG Freibg WuM **88**, 263); v Hd zu betätder Rückstauverschluß (LG Mannh ZMR **91**, 386); wärmetechn Beschaffenh mit hohen Heizkosten (LG Hbg ZMR **88**, 63); aA LG Waldsh NJW-RR **91**, 592); Unterbringg Asylsuchder in der Nachbsch (AG Gronau NJW **91**, 2494).

18 **4) Fehlen zugesicherter Eigenschaft** (Abs II) steht auch bei unerhebl Beeinträchtigg der Tauglk dem Fehler gleich, weil nur Abs I S 1, nicht Abs I S 2 entspr anwendb ist. Ob die fehlde Eigensch herbeigeführt w
19 kann, ist gleichgült (Hassold NJW **74**, 1743). **a) Zusicherung** ist eine vertr bindde Erkl, die über die bloße Angabe des Verwendgszwecks im Vertr hinausgehen muß (wie § 459 Rn 15–18). Sie liegt nicht in der bloßen Beschreibg der Sache u idR nicht in der Angabe einer qm-Zahl (Wiese ZMR **90**, 82 mwN; umstr).
20 Eine ca-Angabe spricht dagg (LG Münst DWW **90**, 310 mwN). **b) Eigenschaft** ist jede Beschaffenh der Sache selbst u jedes tatsächl oder rechtl Verh, das für den Gebr der Mietsache von Bedeutg ist (vgl § 459 Rn 17). Fehlt eine Eigensch, die nicht zugesichert ist, kann ein Fehler (Rn 12) vorliegen. Eigensch ist zB: Größe des Grdst (Abs II S 2), einer Wohng (LG MöGladb ZMR **88**, 178; LG Mannh WuM **89**, 11), Tragfähigk einer Decke (BGH **LM** Nr 12/13).

21 **5) Rechte des Mieters. a) Allgemeines:** Der Mieter hat einen ErfAnspr auf den vertrgem Gebr (§§ 535, 536). Wird er ihm dadch nicht gewährt, daß die Mietsache Fehler aufweist od zugesicherte Eigensch fehlen, hat der Mieter die Rechte gem Rn 22–24. Die Rechte aus § 537 bestehen unabhäng vom Versch des Verm. Sie sind nicht Anspr (wie beim Kauf, §§ 462, 465), sond ändern krG die VertrPfl (BGH stRspr, NJW **87**, 432 [433] u NJW-RR **91**, 779), unabhäng davon, ob der Mieter die Sache, wenn er mängelfrei gewesen, verwendet hätte od nicht (BGH NJW **58**, 785). Keine Verjährg, da es sich nicht um Anspr handelt (vgl § 194 I); vorausbezahlter MietZ kann gem § 812 zurückgefordert w. Verj dieses Anspr: § 195 (bestr; aA Sternel III 44: § 197). Ist die Sache außerh des MietGebr zerstört w, so gilt § 537 auch dann, wenn der Mieter die
22 InstdHaltg u InstdSetzg im MietVertr übernommen hat (BGH NJW-RR **87**, 906). **b) Befreiung von Mietzins:** Nur bei völl Beseitigg der GebrFähigk (v LG Saarbr NJW-RR **87**, 1496 wohl falsch unter § 323 eingeordnet, vgl Rn 4), jeweils nur für deren Dauer. Das ist insb für die Zt gegeben, in der der Verm die
23 Sache in Bes nimmt, um den Mangel zu beseit od beseit zu lassen (BGH NJW **87**, 432). **c) Minderung:** Tritt ein, ohne daß der Mieter sich darauf berufen muß, und als § 465. Wirkt dahin, daß der geminderte MietZ als der vereinb gilt. Berechg: §§ 472, 473 entspr; daher maßgebder Ztpkt der des VertrAbschl. Erstreckt sich nicht auf Umlagen und Zuschläge, die vom Mangel nicht betroffen sind (zB Heizg, Lift, Versicherg). Es ist also grdsätzl v der sog Kaltmiete auszugehen (hM; Mutter ZMR **95**, 189 mwN). Die Minderg erfaßt aber den Heizkostenanteil bei ungenügder Beheizg (Düss NJW-RR **94**, 399). Die Part können einen best MindBetr bindd vereinb. Bei gewerbl Räumen ist primär auf die Störg der BetrAusübg abzustellen (Düss BB **89**, 1934) u auf den Einzelfall (Karlsr NJW-RR **90**, 1234). Die Höhe der Minderg hängt
24 v Einzelfall ab. Zum Umfang der Minderg Rspr–Übersicht Mutter ZMR **95**, 189. **d) Sonstige Rechte: aa)** SchadErs nach § 538 ist neben Künd u Minderg mögl; jedoch können die Re aus § 537 daneben nur geltd gemacht w, wenn u soweit der SchadErs den Wert der Miets nicht umfaßt. **bb)** Anspr auf Erf, dh mangelfreie Leistg, also Beseitigg der Mängel (§ 536) bleibt von § 537 unberührt, so daß dem Mieter das ZbR des § 320 zusteht (vgl Rn 2). **cc)** AufwendgsErs (§ 538 II) bei Verz (§ 284) hinsichtl der Mängelbeseitigg. **dd)** Künd gem §§ 542–544. **ee)** Anspr aus § 812 aGrd der trotz Minderg gezahlten Miete (BGH NJW-RR **93**, 519 mwN).

25 **6) Unveränderter Mietzins** trotz Vorliegen eines Sachmangels. **a) Ausschluß der Minderung. aa)** Kenntn od grob fahrl Unkenntn des Mangels (§ 539). Das gilt entspr, wenn der Mieter in Kenntn des nach Überg entstandenen Mangels vorbehaltlos den MietZ zahlt (§ 539 Rn 5). **bb)** Verletzg der AnzPfl (§ 545). **cc)** Verursachg des Mangels dch den Mieter od Versch des Mieters hinsichtl des Mangels, zB inf Änderg der Mietsache auf Verlangen des Mieters (Düss NJW-RR **93**, 976 mwN), ferner Entsteh des Mangels im Risikobereich des Mieters; zB Sperre eines Zugangs, für dessen Aufrechterhaltg der Mieter zu
26 sorgen hatte (BGH **38**, 295). **b) Verlust** der Rs, sich auf die MietZMinderg zu berufen, ist wg entspr Anwendg von § 539 anzunehmen, wenn der Mieter in Kenntn des Mangels üb längere Zt die Miete ungekürzt vorbehaltlos zahlt (BGH NJW **74**, 2233; Düss ZMR **87**, 263). Dies wg § 558 an 6 Monaten zu orientieren (so AG Ffm NJW-RR **92**, 971), ist nicht bedenkenfrei.

538 *Schadensersatzpflicht des Vermieters.* [I] Ist ein Mangel der im § 537 bezeichneten Art bei dem Abschluß des Vertrages vorhanden oder entsteht ein solcher Mangel später infolge eines Umstandes, den der Vermieter zu vertreten hat, oder kommt der Vermieter mit der Beseitigung eines Mangels in Verzug, so kann der Mieter unbeschadet der im § 537 bestimmten Rechte Schadensersatz wegen Nichterfüllung verlangen.

[II] Im Falle des Verzugs des Vermieters kann der Mieter den Mangel selbst beseitigen und Ersatz der erforderlichen Aufwendungen verlangen.

1 **1) Allgemeines.** Der SchadErsAnspr kann v Mieter neben den Ren aus § 537 (Minderg) gefordert w. Dieser ist daher berecht, neben der Mietminderg weitergehen Schaden od Anspr auf AufwendgsErs nach Abs II geltd zu machen, wobei selbstverständl Vorteil aus Mietminderg bei Bemessg des Schad zu berücks
2 ist. **a) Rechtsnatur** des Anspr. Er ist wg § 536 nicht auf Gewl gerichtet, sond ist ein Anspr wg NichtErf (hM). **b) Wegfall** des Anspr wie bei § 537 (dort Rn 25, 26). **c) Verhältnis zu anderen Vorschriften:**
3 **aa)** Wg der Verweisg auf § 537 gilt § 538 grdsätzl erst ab Üblassg der Miets (vgl § 537 Rn 3; Oehler JZ **80**, 794 [797]). Indessen verdrängt § 538 I 1. Fall die §§ 306, 307 schon vor Überg (BGH **93**, 142 mwN), weil

VertrAbschluß idR vor Übgabe stattfindet. Soweit es sich um die GebrTauglk handelt, verdrängt Abs I 2. Fall den § 325 (Hassold NJW **75**, 1863) u Abs I 3. Fall den § 326 (vgl Diederichsen JZ **64**, 25; BGH NJW **63**, 804). § 324 gilt wie bei § 537 (dort Rn 7). § 323 gilt, soweit § 538 reicht, überh nicht, weil Abs I 1. Fall eine anfängl Unmöglk verlangt, währd Abs I 2. u 3. Fall Versch oder Verzug des Verm voraussetzen. **bb)** KündR aus **4** § 542 bleibt unberührt, besteht daneben, nicht alternativ (BGH NJW **95**, 570). Der Mieter ist nicht zur Künd verpfl, auch nicht aus § 254 I (BGH aaO). Unterläßt der Mieter die Künd, besteht sein SchadErsAnspr bis zu Ende des MietVerh, insb bis der Verm wirks das MietVerh kündigt (BGH aaO). **cc)** Anspr aus pos **5** VertrVerletzg sind allein od neben § 538 mögl bei VertrVerletzg, die nicht unmittelb die Beschaffenh der Mietsache betreffen (BGH NJW **57**, 826); zB Schutz- u FürsPfl (vgl § 535 Rn 21–24). **dd)** C. i. c. (§ 276 Rn 68) **6** ist wg der SoRegelg in § 538 unanwendb (BGH NJW **80**, 777; dagg Evans-v. Krbek NJW **80**, 2792: Vorrang des § 307 I bei anfängl Unmöglk). **ee)** Anspr aus unerl Hdlg können mit § 538 konkurrieren. **d) Abdingbar- 7 keit.** Vertragl Ausschl der Haftg ist grdsätzl zul (BGH **29**, 295) auch dch AGB (BGH NJW-RR **93**, 519 mwN für Pacht); and bei WoRaum (§ 537 III). Er darf nicht gg § 11 Nr 7 AGBG (BayObLG ZMR **85**, 93) od allg RGrdsätze verstoßen (für § 9 AGBG wohl zu weitgehd Düss ZMR **92**, 446). Zuläss ist nach AGB der HaftgsAusschl für nicht vorsätzl od grob fahrläss FeuchtigkSchäd an Sachen des Mieters (Stgt NJW **84**, 2226). Der Ausschl vertragl SchadErsAnspr erstreckt sich auch auf außervertragl, die denselben Sachverhalt betr. Unabdingb ist das R des Mieters aus Abs II bei AGB-Vertr wg § 9 II Nr 1 AGBG u bei WoRaum das R zur Aufrechng sowie das ZbR (§ 552a). **e) Anwendungsbereich:** auch Pacht (§§ 581 II, 586 II); Abs II auch auf **8** NutzgsVerh, insb bei Bauträger (BGH **56**, 136). **f) Verjährung:** Anspr aus Abs I: § 195; aus Abs II: § 558 (BGH NJW **74**, 743).

2) Vorhandensein des Mangels bei Vertragsabschluß (Abs I 1. Fall). Haftg beruht auf gesetzl Garantie **9** des Verm, auch ohne Verschulden. **a) Voraussetzungen:** Mangel muß bei VertrAbschl ledigl vorh sein; daß er damals bereits hervorgetreten war u seine schädigende Wirkgen zeigt, ist nicht erforderl; ausreichd, wenn nur die Gefahrenquelle schon vorh war od die Ursache vorlag, zB eine Betonplatte im verpachteten Acker (Mü NJW-RR **90**, 1099); wenn eine Behörde verpfl war, eine erforderl Erlaubn (§ 537 Rn 14) zu widerr od zu versagen (BGH NJW **77**, 1285). Der Mangel muß bei Überlassg der Mietsache noch vorliegen, weil § 538 den § 537 voraussetzt. Verm trägt die Gefahr aller geheimen Mängel (BGH NJW **63**, 805). Auf Kenntn vom Mangel od dessen Erkennbk kommt es nicht an (BGH **49**, 350), ebsowenig wie auf Möglk der Beseitigg (Hassold NJW **74**, 1743) u auf Versch des Verm (BGH NJW **75**, 645). **b) Zeitpunkt:** Maßgebd ist der des **10** formlosen Vertr, wenn er später schriftl festgelegt w (vgl BGH NJW **68**, 885). § 538 gilt entspr, wenn die Mietsache erst nach Abschl des Vertr hergestellt w soll; Garantie bezieht sich hier auf Ztpkt der Fertigstellg u Überg der Sache (BGH NJW **53**, 1180).

3) Verschulden des Vermieters nach Vertragsschluß (Abs I 2. Fall). Für Mängel, die nach VertrSchl **11** auftreten, haftet Verm auf SchadErs nur dann, wenn ihn ein Versch trifft, dh bei vorsätzl od fahrl Verhalten (§§ 276, 278). BewLast: Mieter für alle Voraussetzgen außer Versch (vgl BGH NJW **64**, 33). Der Mieter ist trotz § 545 nicht ErfGeh des Verm (BGH VersR **69**, 754). Dies ist jede Pers, die v Verm für Verrichtgen bei, in od an der Miets bestellt w (Karlsr ZMR **88**, 52).

4) Verzug des Vermieters mit Mängelbeseitigung (Abs I 3. Fall) bedeutet SchuVerz (§ 284) des Verm **12** mit der aus § 536 folgden Pfl setzt eine auf Mängelbeseitigg gerichtete Mahng voraus (§ 284 I), Anzeige gem § 545 genügt nicht. Bei vereinb Mängelbeseitigg ist auch KalTagFälligk (§ 284 II 1) mögl. Fehldes Versch des Verm schließt Verz aus (§ 285). BeseitiggsPfl entfällt bei unzumutb hohen Kosten (Opfergrenze, vgl Erm/ Jendrek 14). Der Mangel muß behebb sein; sonst läge kein Verz vor, sond Unmöglk (Hassold NJW **74**, 1743). Der zur MängelBeseitig berecht Mieter hat gg den Verm einen Anspr auf Vorschuß (KG ZMR **88**, 219).

5) Schadensersatzanspruch. Bei MitVersch (zB üb § 545) ist § 254 anwendb (insb für den 1. Fall, Rn 9; **13** BGH **68**, 281 [287]), auch wenn sich der Mangel dch die Fahrlässigk erst od bes schwer auswirkt (BGH NJW-RR **91**, 970). **a) Ersatzberechtigt** sind auch die in den Schutzbereich des MietVertr einbezogenen Pers; vgl § 328 Rn 13, 28, 29. **b) Umfang:** Nach allgM ist jedenf der eigentl NichtErfSchad zu ersetzen. Das ist der **14** Nachteil, der darin besteht, daß der Mieter die Leistg mangelh erhält: insb der Minderwert, die Mangelbeseitiggskosten, VertrKosten u entgangener Gewinn (§ 252). Aber alles nur für die Zeit, in der Verm zur Leistg verpfl ist u am Vertr auch gg seinen Willen festgehalten w kann (BGH WM **72**, 335). Einzeln: MehrBetr des Mietzinses für neu gemietete Wo; MietvorausZahlg; Kosten einstw Unterbringg (auch der Sachen), Verdienstgang. Auch für MangelfolgeSchad u sonstige Begleitschäden (hM; BGH NJW **71**, 424; Peters NJW **78**, 665); das sind alle Nachteile des Mieters, die dch den Sachmangel verursacht sind u über das reine ErfInteresse hinausgehen (Todt BB **71**, 680 mwN), insb Schäden an and Sachen, am Körper (Verdienstausfall, BGH NJW-RR **91**, 970 mwN), zusätzl u nutzlose Aufwendgen (Düss ZMR **92**, 446), wie zB die Maklerprovision (LG Köln NJW-RR **93**, 524). Der BegleitSchad ist nach aA (Todt BB **71**, 680 mwN) nur dann zu ersetzen, wenn vertragl eine entspr Gewl übernommen w (insb aGrd von Zusicherg od bei Versch aus pos VertrVerletzg).

6) Mängelbeseitigung durch den Mieter (Abs II). **a) Voraussetzungen:** Verz des Verm: wie Rn 12. **15** Fehlt es daran, muß der Mieter die Kosten der von ihm vorgenommenen MängelBeseitigg selbst tragen. **b) Wirkung.** Abs II schließt SchadErsAnspr nicht aus. Stellt keine GoA (§ 677) dar, sond selbstd R aus dem MietVerh. Erstreckt sich auf die ganze gemietete Sache einschl Zubeh. Aber nur die Mängelbeseitigg fällt unter Abs II u schließt § 547 I aus (BGH NJW **84**, 1552), aber nicht § 547 II (Düss NJW-RR **92**, 716). Für Verwendgen gilt ausschließl § 547. Der Mieter ist zur Mängelbeseitigg nicht verpfl; Unterl kann aber bei Schad für Verm MitVersch (§ 254) begrden (RG **100**, 42). Von Beseitigg des Mangels an entfällt auch der Anspr aus § 537. Anspr aus ungerechtf Ber wg Mängelbeseitigg bei fehlden Verz sind nicht ausgeschl (BGH NJW **74**, 743 [üb § 684]). **c) Inhalt und Umfang:** Es gelten die §§ 256, 257. Der ErsAnspr des Abs II umfaßt **16** nur die erforderl Aufwendgen, dh solche, die ggf nach fachmänn Rat geeignet u notw sind, die Sache in vertrgem Zustd zu versetzen. VorschußPfl des Verm besteht idR aGrd des § 242 (BGH **56**, 136; KG NJW-RR **88**, 1039). Beseit der Mieter den Mangel selbst, kann er auch Ers für Aufwendgen verlangen.

17   **7) Beweislast.** Der Mieter hat die Voraussetzgen des SchadErsAnspr zu beweisen, auch die Ursächlk. Hat Verm seine Pfl verletzt u liegt der Mangel in seinem Gefahrenbereich, muß er beweisen, daß er die Mängelbeseitigg vorgenommen (Hamm NJW-RR **95**, 525) od versucht hat u ihn kein Vorwurf trifft (BGH NJW **64**, 33; Hbg ZMR **91**, 262) od daß die Ursächlk fehlt (Saarbr NJW **93**, 3077 mwN).

539   *Kenntnis des Mieters.* **Kennt der Mieter bei dem Abschlusse des Vertrags den Mangel der gemieteten Sache, so stehen ihm die in den §§ 537, 538 bestimmten Rechte nicht zu. Ist dem Mieter ein Mangel der im § 537 Abs. 1 bezeichneten Art infolge grober Fahrlässigkeit unbekannt geblieben oder nimmt er eine mangelhafte Sache an, obschon er den Mangel kennt, so kann er diese Rechte nur unter den Voraussetzungen geltend machen, unter welchen dem Käufer einer mangelhaften Sache nach den §§ 460, 464 Gewähr zu leisten ist.**

1   **1) Allgemeines. a) Zweck** des § 539. Er wird unterschiedl gedeutet (vgl Köhler JZ **89**, 761 [770]). Überzeugd erscheint die Ans, daß unnöt Kosten u Risiken vermieden w sollen (Köhler aaO). **b) Anwendungsbereich:** nur vertragl Anspr aus §§ 537, 538 (einschl § 538 II, BGH MDR **76**, 571), nicht § 536 (hM; Köln NJW-RR **93**, 467 mwN) u Anspr aus unerl Hdlg (RG **165**, 159). Diese bleiben bestehen (BGH VersR **61**, 886). Auch der ErfAnspr aus § 536 wird durch § 539 nicht berührt (hM: Köhler aaO mwN). § 539 gilt auch bei Verlängerg des MietVertr dch eine Option des Mieters (BGH NJW **70**, 1740) u entspr für Künd gem § 542 (§ 543). **c) Beweislast.** Verm für Kenntn od grobfahrl Unkenntn bei VertrAbschl (Rn 2, 3) od Kenntn bei Ann (Rn 4; BGH WM **62**, 1379). Mieter für argl Verschweigen, Zusicherg der Beseitigg des Mangels u Vorbeh bei Ann (Rn 4).

2   **2) Kenntnis des Mangels** bei VertrAbschl (nicht währd der MietZt, vgl aber Rn 5 u § 537 Rn 25) od bei VertrVerlängerg (BGH NJW **70**, 1740 [1742] Option) beseit Anspr des Mieters aus §§ 537, 538 auch dann, wenn Verm den Mangel argl verschwiegen hatte (BGH NJW **72**, 249), nicht aber wenn der Verm auf Verlangen des Mieters Abhilfe zugesagt hat (RGRK/Gelhaar 2 mwN). Kenntn ist auch gegeben, wenn der Mieter tats Umstde kennt, aus denen sich künft Beeinträchtigg ergibt (Mü NJW-RR **94**, 654 mwN). Ob für sog typ Neubaumängel Kenntn angenommen w kann, wenn der Mieter weiß, daß er eine NeubauWo mietet, ist umstr (vgl LG Hbg BlGWB **76**, 215). Abzustellen ist auf § 537 I 2; häuf ist die Tauglk unerhebl gemindert od vertrgem. KündR trotz Kenntn besteht nur bei erhebl GesundhGefährdg (§ 544). Bei Mehrh von Mietern genügt die Kenntn von einem (BGH NJW **72**, 249).

3   **3) Grobfahrlässige Unkenntnis.** Anspr des Mieters besteht nur, wenn Verm Abwesenh des Fehlers ausdr zugesichert od den Fehler argl verschwiegen hat (§ 460). Das gilt nur für Mängel gem § 537 I, also nicht für zuges Eigsch; bei diesen schadet grobfahrl Unkenntn dem Mieter nicht. Grobe Fahrl liegt vor, wenn dasjen unbeachtet gelassen w, was jedem hätte einleuchten müssen (BGH NJW **80**, 777) od ins Auge fällt (Düss ZMR **94**, 403). Das liegt auch vor, wenn eine Beeinträchtigg (§ 557 Rn 16) im Laufe der MietZt eintritt, der Mieter damit aber bei VertrSchluß rechnen mußte (Mü NJW-RR **94**, 654). Grobe Fahrlk liegt nicht bereits darin, daß der Mieter die Mietsache nicht auf ihre Eignng untersucht hat (BGH ZMR **62**, 82 [86]).

4   **4) Annahme mangelhafter Sache.** Entspr § 464 Rn 6. **a) Ohne Vorbehalt.** Der Mieter verliert im Falle der Kenntn (Rn 2) seine Re, weil er zu erkennen gibt, daß der dch den Mangel beeinträcht Gebr vertrgem ist, auch bei argl Verschweigen des Mangels (BGH WM **78**, 227). **b) Mit Vorbehalt:** Entspr § 464 Rn 8–10. Dem Mieter verbleiben alle Re, auch das des § 542.

5   **5) Nachträgliche Kenntnis** des Mieters fällt an sich nicht unter § 539 (vgl Rn 2); setzt aber Mieter trotz Kenntn das VertrVerhältn ohne jeden Widerspr fort (Hamm MDR **88**, 410), bezahlt er insb den Mietzins vorbehaltlos, so ist § 539 analog anwendb (BGH NJW-RR **92**, 267; Mü ZMR **93**, 466 mwN; aA Riesenhuber ZMR **94**, 393: § 545 ist abschließde SoRegelg), aber nicht ggü einem MietErhöhgsAnspr (Düss NJW-RR **94**, 399). Der Mieter darf dann nicht mehr nachträgl Abzüge vornehmen od künd (Düss ZMR **87**, 263). Er behält nur den HerstellgsAnspr (BGH WM **67**, 850). Das gilt aber nicht, wenn der Mieter in der erkennb od mitgeteilten Erwartg zahlt, daß der Mangel demnächst beseit od die Mietzahlg dch eine Versicherg ersetzt w (BGH LM Nr 6), ferner wenn gedroht w, zu künd od Miete zu kürzen, wenn der Verm die Mängel nicht beseit, u der Mieter noch einige Zt Miete weiter zahlt (BGH NJW **74**, 2233). Auch keine entspr Anwendg des § 539, wenn der Verm die Mängelbeseitigg hinausschiebt u der Mieter nicht widerspr (RG **90**, 65).

540   *Vertraglicher Gewährleistungsausschluß.* **Eine Vereinbarung, durch welche die Verpflichtung des Vermieters zur Vertretung von Mängeln der vermieteten Sache erlassen oder beschränkt wird, ist nichtig, wenn der Vermieter den Mangel arglistig verschweigt.**

1   **Vereinbarung:** Vertr gem § 305. **Anwendbar** auf Sachmängel (§§ 537–539) u RMängel (§ 541). **Voraussetzungen.** Verschw: Verm gibt Mängel dem Mieter nicht bek, obwohl er gem § 242 sie offenb müßte. Argl: Verm handelt bei Abschl der Vereinb in dem Bewußtsein, Mieter kenne den Mangel nicht u **2** würde bei Kenntn des Mangels die Vereinbg nicht abschl. **Wirkung:** Vereinbg ist Teil des MietVertr. Inwieweit § 139 gilt, ist zweifelh. Soweit § 537 III für WoRäume GewlAusschl nicht verbietet, ist er grdsätzl **3** für die Sach- u RMängel zul, wenn nicht § 540 eingreift. **Beweislast** für Argl trägt der Mieter; der Verm muß Mitt des Mangels od Kenntn des Mieters beweisen.

541   *Haftung für Rechtsmängel.* **Wird durch das Recht eines Dritten dem Mieter der vertragsmäßige Gebrauch der gemieteten Sache ganz oder zum Teil entzogen, so finden die Vorschriften der §§ 537, 538, des § 539 Satz 1 und des § 540 entsprechende Anwendung.**

1) Voraussetzungen für RsMängelGewl. **a) Allgemein:** Das Bestehen des R eines Dr ist unbeachtl, da 1
Verm nicht Eigtümer zu sein braucht. Daher ist das SichEigt eines Dr an der Miets unerhebl (Düss BB **91**,
2331). Erst wenn der Dr sein R geltd macht und hierdch dem Mieter der vertrgem Gebr ganz od teilw 2
entzogen od von vornherein nicht gewährt w, liegt ein RMangel vor. **aa) Dritter** ist insb der HauptVerm, der
Rückg bzw Räumg verlangt, im Verh zum UnterM (BGH **63**, 132). Dies trifft auch für die gewerbl ZwMiete
zu (LG Ulm WuM **89**, 285). Dr sind auch and WoEigt, die gg den Mieter eines SoEigt unmittelb Re geltd
machen, zB aus § 1004 (BGH NJW-RR **95**, 715). **bb) Zeitpunkt.** § 541 gilt auch für solche RMängel, die erst 3
nach Überlassg der Mietsache an den Mieter entstehen (hM: BGH aaO; aA Hilger ZMR **88**, 41: § 325).
cc) Unanwendbar ist § 541 bei Eingriffen einer Behörde (vgl § 537 Rn 14) u nicht für Re, die sich ausschließl 4
gg den Verm richten, zB ein von diesem mit einem Dr vereinb Konkurrenzverbot (BGH **LM** § 537 Nr 3).
§ 541 gilt überh nicht, wenn ein Dr ohne R die Miets in Bes hat, insb unterbliebene od verspätete Räumg nach
Ablauf des MietVertr (Köln WuM **77**, 70) oder der Unterm nur beanstandet, daß der Verm ledigl Hauptmieter
ist u mit Erlaubn (§ 549 I) unterverm hat (Köln MDR **81**, 406). **b) Unmöglichkeit,** insb Doppelvermietg 5
(für die ein bloßer VorVertr genügt, KG Köln NJW-RR **92**, 77). Die Verweisg auf § 538 verdrängt die §§ 306,
307 u 325 (BGH NJW **91**, 3277). Der nichtbesitzde Mieter ist auf den SchadErsAnspr aus §§ 541, 538 u das
KündR nach § 542 beschränkt, wenn der and Mieter rechtm besitzt; kein Anspr auf BesEinräumg nach § 536;
vgl § 536 Rn 6. Nach Üblassg der Miets ist § 326 unanwendb (Düss ZMR **88**, 22; § 537 Rn 4).

2) Rechte des Mieters (§§ 537–540). Bei § 538 I muß der Verm den Mangel zu vertreten haben (BGH **63**, 6
132; MüKo/Voelskow 2 mwN); hierfür genügt § 279, wenn der HauptMietVertr wg ZahlgsVerz des
HauptMieters beendet w u der Unterm daher vor Ablauf des UntermVertr zurückgeben muß (BGH aaO) od
v sich aus das HauptMVerh künd (Düss ZMR **89**, 417). § 539 S 2 gilt nicht. Grobfahrl Unkenntn des Mangels
beseit die Re des Mieters nicht (BGH **LM** § 539 Nr 1), ebsowen wie RIrrtum. Statt dessen kann der Mieter
nach §§ 535, 536 VertrErf verlangen, dh Beseitig enttgstehder Re Dr, zB HerausgabeAnspr des HauptVerm
gg den Unterm wg Erlöschen des HauptmietVertr (BGH **63**, 132).

541a Maßnahmen zur Erhaltung der Mietsache. Der Mieter von Räumen hat Einwirkungen auf die Mietsache zu dulden, die zur Erhaltung der Mieträume oder des Gebäudes erforderlich sind.

1) Allgemeines. Der frühere Abs II ist aufgeh u ersetzt dch § 541b (Art 1 Nr 1 u 2 EAMWoG; BGBl **82**, 1
1912). Der bisher Abs I ist geblieben. **a) Zweck:** Es soll dem Verm ermögl w, seine GewlPfl aus § 536 zu erf u 2
sein Gbde zu erhalten. **b) Anwendungsbereich:** nur MietVerh über Räume, insb Gesch- u WoRäume (Einf
68–70 v § 535). Umfaßt auch den Untermieter. Die Maßn zur Erhaltg des Gebäudes müssen sich, wenn sie nur
am Grdst vorgenommen werden, auf das Gebäude beziehen. § 541a gilt nicht bei völl Umgestaltg der
Mietsache od erhebl Vergrößerg, insb dch Anbau (LG Gött ZMR **90**, 59). **c) Abdingbarkeit** ist auch 3
zuungunsten des Mieters gegeben (vgl Rn 8). Grenze: §§ 138, 157, 242, bis zur Zumutbk (Frost WuM **76**, 1).
d) Rechte des Mieters: Anspr aus § 537, soweit dch die Einwirkg der getroffenen Maßn dessen Voraussetzg 4
erfüllt sind. **e) Prozessuales:** Klagb Anspr auf Duldg (einschl Unterl von Hinderg), uU auf Mitwirkg (Rn 7).
Zustdgk des § 29a ZPO, § 23 Nr 2a GVG. Einstw Vfg (§ 940 ZPO) ist mögl.

2) Erhaltungsarbeiten sind insb Ausbesserg od Erneuerg schadh Teile; SchönhRep; auch Arb vorbeugder 5
Art u notw VorbereitgsMaßn (§ 536 Rn 10). **a) Duldungspflicht** des Mieters ist uneingeschränkt, da Verm 6
zur Erhaltg der Mietsache ebenf uneingeschränkt verpfl ist (vgl § 536 Rn 7). Geht bis zur vorübergehden
Räumg; auf jeden Fall zum Zugang zur Mietsache für Plang u Ausführg der Arb zu gewähren, soweit es erforderl
ist. Der Mieter darf die Vornahme der Arb nicht davon abhäng machen, daß der Verm erkl, er werde für mögl
Schäd aufkommen od die Kosten der Wiederherstell übernehmen (AG Neuß NJW-RR **86**, 891). Umfaßt das
Unterl jeder Hinderg. Die Arb sind so auszuführen, daß unnöt Beeinträchtigg des Mieters vermieden w.
b) Mitwirkungspflicht des Mieters beschr sich darauf, daß er innerh der Mieträume dch Wegräumen od 7
Entfernen seiner Sachen den notw Platz schafft u die Mietsache insow frei macht (hM; vgl Schläger ZMR **85**,
193 u **86**, 348). Überläßt er die Arb dem Verm, besteht Anspr auf AufwendgsErs aus GoA (Hummel ZMR **70**,
66) od § 286 II. **c) Ausführungspflicht** trifft den Mieter nur, wenn er sie vertragl übnommen hat (vgl Rn 3; 8
§ 536 Rn 11 ff).

541b Maßnahmen zur Verbesserung, zur Einsparung und zur Schaffung neuen Wohnraums. I Maßnahmen zur Verbesserung der gemieteten Räume oder sonstiger Teile des Gebäudes, zur Einsparung von Heizenergie oder Wasser oder zur Schaffung neuen Wohnraums hat der Mieter zu dulden, es sei denn, daß die Maßnahme für ihn oder seine Familie eine Härte bedeuten würde, die auch unter Würdigung der berechtigten Interessen des Vermieters und anderer Mieter in dem Gebäude nicht zu rechtfertigen ist. Dabei sind insbesondere die vorzunehmenden Arbeiten, die baulichen Folgen, vorausgegangene Verwendungen des Mieters und die zu erwartende Erhöhung des Mietzinses zu berücksichtigen. Die Erhöhung des Mietzinses bleibt außer Betracht, wenn die gemieteten Räume oder sonstigen Teile des Gebäudes lediglich in einen Zustand versetzt werden, wie er allgemein üblich ist.

II Der Vermieter hat dem Mieter zwei Monate vor dem Beginn der Maßnahme deren Art, Umfang, Beginn und voraussichtliche Dauer sowie die zu erwartende Erhöhung des Mietzinses schriftlich mitzuteilen. Der Mieter ist berechtigt, bis zum Ablauf des Monats, der auf den Zugang der Mitteilung folgt, für den Ablauf des nächsten Monats zu kündigen. Hat der Mieter gekündigt, ist die Maßnahme bis zum Ablauf der Mietzeit zu unterlassen. Diese Vorschriften gelten nicht bei Maßnahmen, die mit keiner oder nur mit einer unerheblichen Einwirkung auf die vermieteten Räume verbunden sind und zu keiner oder nur zu einer unerheblichen Erhöhung des Mietzinses führen.

III Aufwendungen, die der Mieter infolge der Maßnahme machen mußte, hat der Vermieter in einem den Umständen nach angemessenen Umfang zu ersetzen; auf Verlangen hat der Vermieter Vorschuß zu leisten.

IV Bei einem Mietverhältnis über Wohnraum ist eine zum Nachteil des Mieters abweichende Vereinbarung unwirksam.

1 **1) Allgemeines.** § 541 b ist seit 1. 1. 83 eingefügt dch Art 1 Nr 2 EAMWoG. Abs I ist geändert dch
2 Art 4 Nr 1 des 4. MietRÄndG vom 21. 7. 93 (BGBl 1257); iKr seit 1. 9. 93. **a) Zweck.** Es sollen einerseits Verbesserg u Modernisierg von WoRaum ermögl u gefördert, andseits die Mieter vor dem sog Hinausmodernisieren geschützt werden. Zugleich wird die DuldgsPfl klarstelld darauf erstreckt, daß der Mieter
3 auch die Herstellg neuen WoRaums dulden muß. **b) Anwendungsbereich.** MietVerh über alle Arten von Räumen (Einl 68–70 v § 535). **c) Abdingbarkeit.** § 541 b ist nur bei WoRaum zwingd, soweit die v Abs I–III abweichde Vereinbg für den Mieter nachteil ist (Abs IV). **d) Erhöhung der Miete** erfolgt bei Wo-
4 Raum über § 2 od § 3 MHG, sofern die VertrParteien sich nicht einigen, iü nach § 305. **e) Beweislast** für die Tats von zu rechtfert Härte (Rn 12) trägt der Mieter (Röder NJW **83**, 2665), für Abs I Hs 2 der Verm. **f) Modernisierung durch den Mieter** (Sternel WuM **84**, 287) bedarf der Vereinbg mit dem
5 Verm. Muster in ZMR **84**, 5. **g) Verjährung** des Anspr aus Abs III: § 195, nicht § 558 (dort Rn 9). Für DuldgsAnspr bedeutgslos.

6 **2) Voraussetzungen der Duldungspflicht** (Abs I). Sie besteht grdsätzl, wenn Rn 7, 8 od 9 erf sind; sie entfällt, wenn die Interessenabwägg (Rn 10) zugunsten des Mieters ausfällt od der Mieter künd (Rn 23).
7 **a) Verbesserungsmaßnahme** ist jede baul Veränd der gemieteten Räume od des Gbdes, in dem sie sich befinden, die im Rahmen ihres Zwecks den GebrWert erhöht u eine bessere Benutzg ermöglicht. Die Maßn muß vom Verm ausgehen. Dabei darf die Miets nicht so veränd werden, daß etwas Neues entsteht (BGH NJW **72**, 723 für § 541 a aF) od der Inhalt des MietVertr veränd w. Baul Maßn zum Denkmalschutz können darunterfallen (Goliasch ZMR **92**, 129). Die Abgrenzg zu ErhaltgsMaßn ergibt sie § 541 a. Beispiele für mögl VerbessergsMaßn (vgl Scholz WuM **95**, 12): Einbau von Toiletten u Badezimmer, Zentralheizg (LG Fulda ZMR **92**, 393), Steckdosen, Rolläden, GemschAntenne, Antennensteckdose; Anschluß an Kabelfernsehen (hM; BGH NJW **91**, 1750; Übbl bei Pfeifer, Kabelfernsehen 3. Aufl, 1993); SatellitenEmpfAnlage (Engelhard ZMR **88**, 281); bessere Fußbodenart; Türschließanlage (AG Schöneb NJW **86**, 2059), eine solche mit GgSprechAnl u Lautsprecher aber nur dann, wenn ab- u mithörsicher (AG Schöneb aaO). Bau von Garagen für Mieter; Arb außerh der Wohng an der Brandmauer (LG Bln MDR **84**, 669). Auch Austausch fehlerfreier Installationen ist denkb (vgl Pfeifer DWW **94**, 10). Nicht: Abge-
8 schlossenh (LG Stgt WM **84**, 2); Umstellg auf Nah- od Fernwärme (Seitz ZMR **93**, 1). **b) Maßnahme zur Ersparnis** ist eine baul Maßn, die nachhalt Wasser (seit 1. 9. 93; vgl Rn 1) u Heizenergie (gleich
9 welcher Art) einsparen kann. Darunter fällt insb eine Verbesserg der Wärmedämmg. **c) Neuer Wohnraum.** Diese GÄnd (vgl Rn 1) hat klarstellde Wirkg (BT-Dr 12/3254 S 17). Geschaffen wird jeder WoRaum, der vorher nicht vorhanden war. Umfaßt wird nun bei wei bish (als VerbessergsMaßn) den Ausbau u die Aufstockg, sond jede Ausbau- u AnbauMaßn, auch das Schließen v Baulücken (BT-Dr aaO).

10 **3) Interessenabwägung** (Abs I). Sie muß zugunsten des Vermieters ausfallen, um die DuldgsPfl zu begrden. Dies kann dch FormularVertr nicht ausgeschl w (BGH NJW **91**, 1750 [1754]) u hat zu erfolgen zw dem Verm u den and Mietern desselben Gebäudes einers, sowie dem betroffenen Mieter anderers. Der Wortlaut ist angelehnt an § 556a. **a) Vermieter.** Seine berecht Interessen sind: Pflege u WertErhöhg seines Eigtums; Mögl, mehr Miete od höheren VerkPr zu erzielen; Gelegenh, die Arbeiten preisgünst auszuführen zu lassen; umfangreichere u bessere Vermietbk wg Breitbandkabelanschluß (umstr; vgl Rn 7). Eine
11 unangemessene LuxusModernisierg ist keinesf berecht. **b) Andere Mieter.** Ihr Interesse kann insb sein, einen erwünschten höheren Wohnkomfort zu erlangen. Hierbei muß auf das konkrete Interesse des jeweil
12 and Mieters abzustellen. **c) Mieter.** Die nicht zu rechtfertige Härte (vom G wörtl gefordert) muß für den betroffenen Mieter aus den konkreten Umstden abgeleitet werden; zu Lebensgefahr vgl BVerfG NJW **92**, 1378. Familie: Eheg, Kinder, Eltern. Der GZweck (Rn 2), der auf wicht volkswirtschaftl Interessen abstellt, erfordert, daß im Einzelfall diese Voraussetzg streng geprüft wird. Die Aufzählg der Ge-
13 sichtsPkte in Abs I S 2 ist nicht erschöpft: **aa) Vorzunehmende Arbeiten.** Es kommt darauf an, inwieweit (zeitl u räuml) die Wohng für den Mieter u seine Fam vorübergehd unbenutzb wird, ferner auf das
14 Ausmaß der Belästigg, insb dch Zutritt v arbeitden Pers. **bb) Bauliche Folgen.** Hier kommt es auf Art u Weise der dch die Verbesserg insges bewirkte Veränd sowohl der gemieteten Räume wie des ganzen
15 Gebdes an, insb ob u inwieweit der Mietzweck beeinträchtigt wird. **cc) Vorausgegangene Verwendungen:** wie Vorbem 5 vor § 994. Sie können sich außer auf die gemieteten Räume auch auf das Gebde beziehen. Dadch soll der Mieter, der selbst (insb mit Zust des Verm) die Mieträume verbessert hat, mehr geschützt werden. Es ist auch erhebl, ob die Verwendgen mit od ohne Wissen des Verm ausgeführt w (Röder NJW **83**, 2665). Bsp: Kurzzeitig vorher v Mieter eingebauter Nachtspeicherofen ggü eine v Verm
16 beabsicht Fernheizanlage m Radiatoren (LG Hbg MDR **83**, 1026). **dd) Mietzinserhöhung** einschließl der Nebenentgelte. Dies ist der wesentl Gesichtspkt zugunsten des Mieters, wobei die Höhe des Einkommens zu berücksicht ist. Es ist grdsätzl jeder Betrag anzusetzen, den der Verm gem Abs II S 1 mitgeteilt hat. Daß ein höherer Betr letzten Endes zu erwarten sei, muß der Mieter darlegen u beweisen (Rn 4). Soweit das MHG anzuwenden ist, gilt dessen § 3. Bei Kostenmiete (vgl Einl 98 vor § 535) ist § 11 VI der II. BV
17 anzuwenden (hierzu Hemming ZMR **89**, 4). **d) Zwingende Abwägungsregel** (Abs I S 3). Eine Modernisierg muß der Mieter hinsichtl des Mietzinses immer dulden, wenn sie zu alb übl Standard herbeiführt. Die örtl od regionalen Verh sind dabei zu berücksicht. Es kommt auf die konkr Verh an; allgemein übl bedeutet mind ⅔ in Gebden gleichen Alters (BGH **117**, 217 mwN = JZ **93**, 623 m Anm v Sonnenschein/Weitemeyer). Die MietzinsErhöhg, die sich aus einer solchen Modernisierg ergibt, ist bei der Interessenabwägg nicht zu berücksicht. Zur Problematik vgl Röchling WuM **84**, 203. Die (unerwünschten) Luxusmodernisiergen werden davon nicht umfaßt, sodaß hierbei der Mieter im Rahmen der Interessenab-

wägg stets geschützt bleibt. Es soll aber dem Verm mögl bleiben, Bausubstanz u Ausstattg seines Gebdes in allen Bereichen auf den übl Standard zu heben.

4) Mitteilungspflicht des Verm (Abs II S 1): bei mehreren Maßn für jede einzeln (LG Bln ZMR **92,** 18 546), aber nicht notw getrennt. Sie entfällt bei unerhebl Einwirkg u unterbliebener od nur unerhebl Erhöhg des Mietzinses, wobei unerhebl keinesf mehr als 5% sein dürfte (Abs II S 4; Bagatellklausel), zB Auswechslg v Heizkörperventilen (LG Bln ZMR **86,** 444); KabelAnschl (AG Karlsr DWW **87,** 164); Heizkostenerhöhg bis 5% der Monatsmiete (LG Bln NJW-RR **92,** 144). Die Mitt setzt die ÜberleggsFr in Lauf (vgl Rn 23). **a) Zeitpunkt:** Die 2-MonatsFr (AnkündiggsFr) ist eine MindestFr (Blümmel/Kinne DWW 19 **88,** 302 [304]) u wird nach §§ 187, 188 berechnet. Als Beginn der Maßn ist auf die AusführgsArb abzustellen, nicht auf die bloße Vorbereitg, soweit sie keine Auswirkg auf den Gebr der gemieteten Räume od des Gebdes herbeiführt. Trotz Abs IV kann auch der Mieter v WoRaum auf die Einhaltg der Fr verzichten; jedoch nicht voraus im MietVertr. **b) Form:** die des § 126, weil eine geschähnl Hdlg vorliegt (vgl Übbl 20 6–8 vor § 104). Kopie genügt nicht (Kummer WuM **83,** 227). **c) Inhalt:** Der Beginn muß nicht nach 21 Datum bezeichnet sein, Anfang, Mitte od Ende eines Monats genügt, weil der Mieter rückfragen kann; „kurzfristig" genügt nicht (LG Bln ZMR **86,** 441). Die geplanten Maßn müssen konkret bezeichnet w (hM; Blümmel/Kinne DWW **88,** 302 [304] mwN). Der zu erhöhde Mietzins ist in einem bestimmten DM-Betrag anzugeben, nicht notw Kosten u VerteilgsSchlüssel (LG Fulda ZMR **92,** 393). Prozentsätze allein genügen nicht. Der angegebene ErhöhgsBetrag dient nur zur Feststellg der DuldgsPfl. Die tats Erhöhg erfolgt bei WoRaum sowieso aus § 2 od § 3 MHG, bei GeschRäumen nach § 305. Die vorgesehene Maßn muß kurz, aber konkr beschrieben sein. Bei schuldh falschen Angaben kann pVV vorliegen u SchadErsPfl bestehen.

5) Wirkungen. Es ist zu untersch. **a) Duldungspflicht.** Sie tritt nur ein, wenn alle Voraussetzgen der 22 Rn 6 erf sind, insb die Mitt gem Rn 18 vorgenommen ist. Sie trifft auch den Unterm. Umfang: wie § 541a Rn 6. Zwar hängt in den Fällen des Abs II S 4 die DuldgsPfl auch an den Voraussetzgen der Rn 6–17, weil sich Abs II S 4 nicht auf Abs I bezieht; jedoch wird sie dann in aller Regel gegeben sein (Verletzg der DuldgsPfl kann pVV begrden). Besteht keine DuldgsPfl, muß der Verm die Maßn unterl od die Plang (mit neuer MittPfl, Rn 13) anpassen. Prozessuales: wie § 541a Rn 4. § 940 ZPO ist nur unter ganz bes Umstden anwendb, § 935 ZPO überhaupt nicht (vgl AG Neuß NJW-RR **86,** 314). **b) Kündigungsrecht** 23 des Mieters (Abs II S 2) besteht nur bei MittPfl des Verm (vgl Rn 18). Es ist dem § 9 I MHG (mit and Fr) nachgebildet. Das SonderkündR ist außerord, befristet, aber unabhängig v der allg KündPfl. Die ÜberleggsFr wird dch die Mitt (Rn 21) in Lauf gesetzt u beträgt mindestens einen Monat. Für die Künd gelten die allg Vorschr: § 564 Rn 8–16. Sie muß spätestens am letzten Tag des Monats, in dem die ÜberleggsFr endet, dem Verm zugehen (§ 130). Sie kann nur zum Ende des nächsten Monats erkl[1] werden. **c) Unter-** 24 **lassungspflicht** des Verm (Abs II S 3) besteht nur, wenn der Mieter gekünd hat (Rn 23), u zwar fristgerecht sowie wirks. Andernf muß der Mieter die Maßn dulden. Die UnterlassgsPfl besteht nur hinsichtl der Räume des Mieters u des Gebdes, soweit der Mieter davon betroffen ist. Sie endet mit dem fristgerecht gekünd MietVerh, nicht notw mit Räumg. **d) Mitwirkungspflicht** des Mieters: wie § 541a Rn 7. 25

6) Aufwendungsersatz (Abs III). **a) Begriff:** wie § 256. Die Maßn muß kausal, die Aufwendg in Erf 26 der DuldgsPfl geschehen sein. **b) Umfang.** Er muß den konkreten Umständen nach angemessen sein, wobei Lebensweise oder GeschTätigk des Mieters zu berücks sind. Die ges Beschränkg auf „angemessen" bedeutet, daß nicht generell alle Aufwendgen zu ersetzen sind, sond auf den Einzelfall abzustellen ist. **c) Vorschußpflicht** (Abs III Hs 2). Das Verlangen des Mieters ist formlos; es müssen Art u Umfang der 27 voraussichtl Aufwendgen dargelegt, die Höhe muß aufgeschlüsselt werden.

542 *Fristlose Kündigung wegen Nichtgewährung des Gebrauchs.* [I] **Wird dem Mieter der vertragsmäßige Gebrauch der gemieteten Sache ganz oder zum Teil nicht rechtzeitig gewährt oder wieder entzogen, so kann der Mieter ohne Einhaltung einer Kündigungsfrist das Mietverhältnis kündigen. Die Kündigung ist erst zulässig, wenn der Vermieter eine ihm von dem Mieter bestimmte angemessene Frist hat verstreichen lassen, ohne Abhilfe zu schaffen. Der Bestimmung einer Frist bedarf es nicht, wenn die Erfüllung des Vertrags infolge des die Kündigung rechtfertigenden Umstandes für den Mieter kein Interesse hat.**

[II] **Wegen einer unerheblichen Hinderung oder Vorenthaltung des Gebrauchs ist die Kündigung nur zulässig, wenn sie durch ein besonderes Interesse des Mieters gerechtfertigt wird.**

[III] **Bestreitet der Vermieter die Zulässigkeit der erfolgten Kündigung, weil er den Gebrauch der Sache rechtzeitig gewährt oder vor dem Ablaufe der Frist die Abhilfe bewirkt habe, so trifft ihn die Beweislast.**

1) Allgemeines. § 542 gewährt dem Mieter ein außerord KündR. § 544 geht vor. Daneben bleibt für 1 Räume § 554a anwendb. MietVerh über and Sachen können ohne die Voraussetzgen des § 542 aus wicht Grd gekünd w (§ 554a Rn 5, 6). Fehlen für diesen Grd aber die formalen Voraussetzgen des § 542, müssen bes vertrgefährdde Umst hinzutreten (BGH NJW **88,** 204 = CR **88,** 111 m Anm v Bokelmann). Die Anspr aus §§ 537, 538 können neben § 542 bestehen, insb auch für LeasVertr (44 vor § 535). **a) Anwen-** 2 **dungsbereich:** alle Arten von Miet- u PachtVerh (§§ 581 II, 594e I) auf bestimmte od unbest Zeit. Schon vor Beginn des MietVerh, wenn der Verm die Überg verweigert od der Mangel nicht behoben w kann. Die bloße Ungewißh rechtzeit GebrGewährg reicht nicht aus (LG Hbg MDR **74,** 583). Nach Beginn des MietVerh wird jedenf Rücktr aus § 325 I v § 542 verdrängt (Hassold NJW **75,** 1863). **b) Abdingbarkeit:** 3 nur bei WoRaum ausgeschl (§ 543 S 2). **c) Verhältnis zu Unmöglichkeit und Verzug,** wenn die Miets 4 nicht überlassen w: Bei anfängl Unmöglk (zZ des VertrAbschl) gelten §§ 305, 306 (§ 537 Rn 3). Soweit es sich um die Gebrtauglk der Miets handelt, verdrängen die §§ 537, 538 auch schon vor Überlassg die §§ 306, 307 (BGH **93,** 142; Teichmann JZ **86,** 760; vgl § 537 Rn 3), sodaß § 542 anwendb ist. Das gilt insb auch, wenn die Miets von vorneherein völl ungeeignet ist u nicht in vertrgem Zust versetzt w kann. Bei nachträgl Unmöglk gelten bis zu Überlassg die §§ 323, 325, 326 neben § 542, währd § 324 den § 542 ausschließt.

5 **2) Vorenthaltung vertragsmäßigen Gebrauchs** dch Nichtgewähren od Wiederentziehen (Abs I S 1). **a) Vertragsgemäßer Gebrauch:** nur dieser Gebr ist geschützt, nicht der vertrwidr. Verschulden (§§ 276, 278) des Verm ist nicht erforderl. Auf Behebbk des Mangels kommt es nicht an. Vorenthalten kann sein: ein Sachmangel (§ 537 Rn 12, 18), ein RsMangel (§ 541), ErfVerweigerg (vgl § 535 Rn 7), eine nur teilw erbrachte Leistg, zB bei einem LeasVertr üb Hard- u Software die unterbliebene Übergabe der Software (BGH NJW **88**, 204 = CR **88**, 111 m Anm v Bokelmann; das Fehlen v Teilen der Hardware (BGH NJW **93**, 122). Nicht: schlechte Ertragslage bei GeschRaum (Düss BB **91**, 159); die vorprogrammierte period Sperre 6 eines Computer-Programms, die dem Schutz vor unbefugter Nutzg dient (BGH NJW **81**, 2684). **b) Erheblichkeit** der Behinderg des Gebr (Abs II). Damit soll unlauterem Mißbr des KündR begegnet w; zB, wenn für die Künd ein and BewegGrd vorliegt. Ausn gilt aber für den Fall, daß trotz Vorliegens obj unerhebl Behinderg ein bes Interesse des Mieters die Künd rechtfert; insbes, wenn er bei VertrAbschl eine bes Eigensch der Miets ausbedungen hat. Bsp: Änd der Miets u Störgen im Gebr; ungenügde Heizg (uU § 544); unangenehme Gerüche; Aufn v Prostituierten (LG Kass WuM **87**, 122); Fluglärm bei FerienWo; erhebl Zugangserschwerg für Straßenkiosk inf mehrjähr Bauarbeiten (Köln NJW **72**, 1814); dauernde Behinderg v Ein- u Ausfahrt bei einem Kfz-Einstellplatz (LG Köln BlGBW **76**, 238); baurechtl unzul Benutzg der Miets (LG Ffm NJW **77**, 1885). Verweigerg der Schankerlaubn wg bauordngwidr Zustds der Miets (Düss NJW-RR **88**, 1424); Formaldehydkonzentration (LG Mü I NJW-RR **91**, 975).

7 **3) Außerordentliche Kündigung** hat grdsätzl als weitere Voraussetzg (neben Rn 5, 6), daß Verm eine vom Mieter gesetzte angemessene Fr fruchtl hat verstreichen lassen (Abs I S 2). Gilt auch bei Män-8 geln der Mietsache. **a) Kündigung.** Es gilt § 130. Schriftform bei Künd v WoRaum, der nicht nur vorübergehd überlassen worden ist, u auch nicht für solchen nach §§ 565 III, 564a III; iü nur, wenn vereinb. 9 Wirkg ab Zugang der Erkl (ex nunc), nicht rückw (§ 564 Rn 8). **b) Länge der Frist** richtet sich nach den Umst des Einzelfalles. Genaue Bestimmg nach Tag oder Stunde ist nicht erforderl. Verlangen „unverzüglicher" Abhilfe genügt (RG **75**, 354). Zu kurze Fr verwandelt sich in eine angemessene, vom Richter zu best Fr (RG HRR **34**, 1444). Zur FrSetzg genügt die Bezugn auf eine behördl Vfg, die ihrer-10 seits eine Fr zur Beseitigg des Mangels setzt (BGH WM **83**, 660). Bestimmg im Urt: § 265 ZPO. **c) Ausschluß** des KündR, wenn der Mieter die FertStellg der Miets verzögert (Düss ZMR **93**, 522), wenn er nicht nach Kenntn des KündGrd in angem Zt künd (RG WM **67**, 515) od nach FrAblauf die Künd unangemessen lange verzögert (RG **82**, 363; Celle ZMR **95**, 298). Wenn der Mangel nach FrAblauf, aber vor Künd beseit w, hängt das KündR v den Umstden des Einzelfalls ab (umstr; vgl Emmerich/Sonnenschein 33; Sternel IV 467). Bloßer Beginn der BeseitiggsArb bei FrAblauf schließt das KündR nicht aus 11 (Düss ZMR **95**, 351). **d) Keine Fristsetzung** ist erforderl: **aa)** Wenn Verm die Abhilfe ernstl u endgült verweigert (BGH NJW **76**, 796). **bb)** Wenn die Beseitigg des Mangels binnen angemessener Fr unmögl erscheint (Karlsr ZMR **88**, 224) od mit unzumutb Belastgen für den Mieter verbunden ist, zB unverhältnism Zt in Anspr nimmt (vgl Düss ZMR **91**, 299), insb bei Zerstörg, behördl Verboten, wenn Abhilfe unmögl ist. **cc)** Wenn die Erf inf des die Künd rechtfert Umst für den Mieter kein Interesse mehr hat (Abs I S 3). **dd)** Bei § 361.

12 **4) Ausschluß des Kündigungsrechts** bei unerhebl Hinderg od Vorenthaltg (Abs II; vgl Rn 6); ferner: wenn die GebrUnmöglk auf Versch des Mieters (od MitVersch) zurückzuführen ist (RG **98**, 286); dann § 324. Vereitelg der Maßn des Verm dch Mieter. Unzul RAusüb wg einer für den betreffden Mieter vorgen Umgestaltg der Miets (BGH **LM** Nr 3) u wenn unter FrSetzg nur ErsVornahme angedroht ist (Hamm NJW-RR **91**, 1035). Wg § 543 im Fall des § 539.

13 **5) Beweislast. a) Mieter** für Künd u FrSetzg; Mängel (BGH NJW **85**, 2328); Störgen; zB Lärm; evtl für bes Interesse nach Abs II; bei Zerstörg der Miets dch den MietGebr für fehldes Versch (BGH NJW **76**, 1315). **b) Vermieter** für rechtzeit GebrGewährg od Abhilfe vor FrAblauf (Abs III), ferner im Fall des Abs II die Unerheblichk der GebrBehinderg, schließl für das Versch od die Kenntn des Mieters (Rn 12).

543 Durchführung der Kündigung.
Auf das dem Mieter nach § 542 zustehende Kündigungsrecht finden die Vorschriften der §§ 539 bis 541 sowie die für die Wandelung bei dem Kaufe geltenden Vorschriften der §§ 469 bis 471 entsprechende Anwendung. Bei einem Mietverhältnis über Wohnraum ist eine Vereinbarung, durch die das Kündigungsrecht ausgeschlossen oder eingeschränkt wird, unwirksam.

1 **Ausschluß der Kündigung** (S 1, 1. Alt): Der Mieter kann (trotz Vorliegen des § 542 wg des Mangels nicht künd, wenn bei einem Sachmangel seine Re dch § 539 ausgeschl sind u bei einem RMangel dch § 541. Ein vereinb GewlAusschl schließt die Künd nicht aus, wenn der Verm den Mangel argl verschweigt (§ 540). 2 **Mehrere Mietsachen** (S 1, 2. Alt): Nur die mangelh Sachen können gekünd w (§ 469; Ausn dessen S 2), wobei der Mietzins nach § 471 berechnet w. Bei Haupt- u Nebensache gilt § 470. **Unabdingbarkeit** des KündR aus § 542 gilt aGrd des S 2 nur bei WoRaum (Einf 70 vor § 535).

544 Fristlose Kündigung wegen Gesundheitsgefährdung.
Ist eine Wohnung oder ein anderer zum Aufenthalte von Menschen bestimmter Raum so beschaffen, daß die Benutzung mit einer erheblichen Gefährdung der Gesundheit verbunden ist, so kann der Mieter das Mietverhältnis ohne Einhaltung einer Kündigungsfrist kündigen, auch wenn er die gefahrbringende Beschaffenheit bei dem Abschlusse des Vertrags gekannt oder auf die Geltendmachung der ihm wegen dieser Beschaffenheit zustehenden Rechte verzichtet hat.

Allgemeines. Dient aus öff Interesse der Volksgesundh, daher zwingd (allgM). Gibt fristlose, außerord 1
Künd. Ist nicht an AbhilfeFr (§ 542) od Anz (§ 545) gebunden. Schriftform des § 564a sollte nicht verlangt w
(MüKo/Voelskow 10). Das KündR entfällt, wenn der Mieter den gesundhgefährdden Zust gem §§ 276, 278
herbeigeführt hat (RG **51**, 210; MüKo/Voelskow 3; bestr; aA Harsch WuM **89**, 162 mwN). Außer dem
KündR bestehen Re aus §§ 537, 538, 557a. Dem SchadErsAnspr (aus § 538) kann aber uU wg § 254 Versch
des Mieters entggstehen, wenn er die Künd unterläßt (RGRK/Gelhaar 12). **Anwendungsbereich:** alle 2
WoRäume (Einf 70 vor § 535), ferner alle für den (auch nur zeitweil) Aufenth von Menschen best Räume
(Einf 68 vor § 535), zB Laden, Büro, Werkstatt, Gaststätte, uU Räume zur Tierhaltg (Kblz NJW-RR **92**,
1228). Bei Pacht gilt § 544 über § 581 II. TeilKünd kann zul sein, Künd der ganzen Pachtsache nur, wenn
ihre Bewirtschaftg ohne die betreffden Räume wesentl erschwert w würde (Celle MDR **64**, 924). **Erhebli-** 3
che Gesundheitsgefährdg ist erforderl. Eine Anscheinsgefahr genügt nicht. Eine GesundhSchädig muß
noch nicht eingetreten sein, aber auch nicht nur vorübergehd (RG **51**, 210) naheliegen (RG **88**, 168). Die
Gefährdg muß auf einer dauernden Eigsch der Räume beruhen (Kblz ZMR **89**, 376); ist sie leicht behebb,
kann vor Künd eine FrSetzg erforderl sein (vgl Kblz NJW-RR **92**, 1228). Maßstab ist die obj allg Wohngs-
Hygiene. Versch des Verm ist unerhebl. Ist nur ein Teil der Wohng gesundhgefährdd, besteht ein KündR
nur, wenn dadch die Benutzbk der Wohng im ganzen erhebl beeinträchtigt ist (MüKo/Voelskow 6). Bsp:
Einsturzgefahr (Kblz aaO); dauerndes Eindringen unerträgl Gerüche (RG **88**, 168); unerträgl Lärm (BGH
29, 289); Feuchtk u unzureichde Beheizbk (LG Mannh ZMR **77**, 155); übmäß Formaldehyd-Konzentration
(LG Mü I NJW-RR **91**, 975).

545 *Obhutspflicht und Mängelanzeige.* [I] Zeigt sich im Laufe der Miete ein Mangel der
gemieteten Sache oder wird eine Vorkehrung zum Schutze der Sache gegen eine nicht
vorhergesehene Gefahr erforderlich, so hat der Mieter dem Vermieter unverzüglich Anzeige zu
machen. Das gleiche gilt, wenn sich ein Dritter ein Recht an der Sache anmaßt.

[II] Unterläßt der Mieter die Anzeige, so ist er zum Ersatze des daraus entstehenden Schadens
verpflichtet; er ist, soweit der Vermieter infolge der Unterlassung der Anzeige Abhilfe zu schaf-
fen außerstande war, nicht berechtigt, die im § 537 bestimmten Rechte geltend zu machen oder
nach § 542 Abs. 1 Satz 3 ohne Bestimmung einer Frist zu kündigen oder Schadensersatz wegen
Nichterfüllung zu verlangen.

1) Allgemeines. Eine ObhutsPfl wird vom G als selbstverständl vorausgesetzt. Die AnzPfl des § 545 ist 1
Folge der ObhutsPfl. **a) Anwendungsbereich:** auch Pacht (§ 581 II); § 545 gilt nicht für solche Mängel, die
der Verm kennt od beim BeherbergsVertr alsbald selbst feststellen kann (MüKo/Voelskow 10 mwN).
b) Zeitraum: beginnt, sobald die Mietsache überlassen ist; bis zur Rückg, ohne Rücks auf Ende des 2
MietVerh (BGH **LM** § 556 Nr 2). **c) Umfang:** so weit sich die GebrGewähr dch den Verm räuml erstreckt 3
(vgl § 535 Rn 9). Eine üb § 545 hinausgehde, dem Mieter auferlegte ObhutsPfl verstößt gg § 9 II Nr 1
AGBG (Erm/Jendrek 1). **d) Inhalt** der ObhutsPfl: allg, die Mietsache so pflegd zu behandeln, daß sie nicht 4
beschäd u nicht mehr als vertrgem abgenutzt w (vgl § 548). Bsp: Vorsichtsmaßregeln gg Schäden dch
Unwetter (LG Bln MDR **81**, 584) u Frost; Abg der Schlüssel bei längeren Reisen (LG Düss NJW **60**, 2101);
Aufsicht bei Waschmaschinen in Räumen ohne Fußbodenentwässer (LG Bln WuM **71**, 9). **e) Rechtsfol-** 5
gen: aa) Den Mieter trifft grdsätzl nicht die Pfl, den Mangel zu beseit; er darf jedoch nichts unterlassen, was
eine weitere Beschädigg od Gefährdg der Mietsache verhindert. **bb)** Bei schuldh Verletzg der ObhutsPfl:
SchadErs; zum Umfang vgl § 548 Rn 6; verstärktes BesichtiggsR (§ 535 Rn 39); außerord Künd unter den
Voraussetzgen des § 553. Verj des SchadErsAnspr: § 558 (dort Rn 6).

2) Anzeigepflicht (Abs I). Folgt aus der ObhutsPfl (Rn 1) u entsteht neu, wenn der Verm den Mangel 6
nur unzureichd beseit (Düss ZMR **91**, 24). **a) Anzeige.** Sie ist formlos (Schriftform kann vereinb w), keine
WillErkl, daher v GeschFähigk unabhäng. Sie ist an den Verm zu richten u muß ihm zugehen (entspr § 130).
Unverzügl: § 121. Wird die Anz verspätet, steht das dem Unterl gleich. **b) Voraussetzungen** sind (alterna- 7
tiv), sofern der Mieter die zugrdeliegdn Tats kennt od kennen muß, dh inf grober Fahrlk nicht kennt (BGH
68, 281), jedenf nicht schuldlos (vgl Ffm NJW-RR **92**, 396 [401]). **aa)** Auftreten eines Mangels. Das ist
weiter als § 537 jeder schlechte Zustd der Miets, ohne Rücks darauf, ob ihre Brauchbk dadch beeinträchtigt
w (BGH **68**, 281), aber nur an der Mietsache od an den mitbenutzten Teilen (zB Hof, Treppen; RG **106**,
133). **bb)** Unvorhergesehene Gefahr: Das Erfordern v SchutzMaßn muß für den Mieter erkennb sein.
cc) Geltendmachen von Ren dch Dr: gleichgült ist die Art des Rs u ob es den Mieter berührt. **c) Entfallen** 8
der AnzPfl: wenn der Verm auf and Weise (auch dch Dr) Kenntn erlangt hat (Düss ZMR **91**, 24), der
Mangel außerh v Macht- u Einflußbereich des Mieters liegt (BGH WM **76**, 537), der Verm od sein
ErfGehilfe den Mangel kennt (Karlsr ZMR **88**, 52), außerdem wenn die Beseitigg eines Mangels od die
Abwendg der Gefahr unmögl ist. **d) Beweislast** für die TatsKenntn des Mieters u deren Ztpkt: der Verm. 9
Rechtzeit Absendg der Anz u für TatsKenntn (einschl Ztpkt) des Verm: der Mieter.

3) Rechtsfolgen verletzter AnzPfl (Abs II): **a) Schadensersatz:** Setzt Versch (§§ 276, 278) bei Verletzg 10
der AnzPfl u Verursachg des Schad dadch voraus (allgM). Dies gilt auch, wenn dch FormVertr die Schad-
ErsPfl wie in Abs II vereinb w (BGH NJW **93**, 1061). Der SchadErsAnspr ist auf Herstellg des Zustd
gerichtet, der bei rechtzeit Anz hätte hergestellt w können (BGH WM **87**, 349). Verj: § 558 (dort Rn 6).
b) Rechtsverlust des Mieters: Minderg (§ 537), SchadErs (§ 538) u KündR aus § 542 I S 3 entfallen. Das 11
setzt bei Darleggs- u BewLast des Verm voraus, daß er gerade wg Unterl od Verspätg der Anz außerstande
war, eine ursprüngl mögl Abhilfe zu schaffen (BGH WM **87**, 349), ggf für den betr ZtRaum. And SchadErs-
Anspr, insb aus § 823, auch solche des Mieters bleiben unberührt (MüKo/Voelskow 13), Verletzg der
AnzPfl begründet MitVerurs (§ 254).

546   *Lasten der Mietsache.*   **Die auf der vermieteten Sache ruhenden Lasten hat der Vermieter zu tragen.**

1   **Begriff** der Lasten: grdsätzl wie Anm zu § 103; insb: Straßenanlieger-, Kanalisations-, Müllabfuhr-, Kaminkehrer- (Schornsteinfeger)gebühren(beiträge), Brandversicherg, Grundsteuer (Hamm ZMR **86**, 2   198). Die an die Pers gebundenen Abgaben fallen nicht darunter, zB VermSteuer. **Abdingbarkeit** ist zu bejahen; wird auch häuf praktiziert, wirkt aber nur im InnenVerh zw Verm (Verp) u Mieter (Pächter). Wenn ÜbNahme der Lasten vereinb w, betrifft dies nur die Lasten iS des § 546. Das sind nur solche, die nach den Regeln ordngsgem Wirtsch, nicht aus der Substanz bestr w (Celle MDR **83**, 402 mwN). Bei WoRaum wird eine Abwälzg der gesamten Lasten auf den Mieter dch FormularVertr wg § 9 II Nr 1 AGBG für unwirks gehalten (Emmerich/Sonnenschein 14); and bei BetrKosten iS v § 27 der II. BerVO (vgl § 4 II MHG).

547   *Ersatz von Verwendungen.*   **I Der Vermieter ist verpflichtet, dem Mieter die auf die Sache gemachten notwendigen Verwendungen zu ersetzen. Der Mieter eines Tieres hat jedoch die Fütterungskosten zu tragen.**

II Die Verpflichtung des Vermieters zum Ersatze sonstiger Verwendungen bestimmt sich nach den Vorschriften über die Geschäftsführung ohne Auftrag.

1   **1) Allgemeines.** Für Landpacht SondVorschr in §§ 590b, 591. **a) Anwendbar** ist § 547 bei allen Mietsachen, aber nur, wenn die Verwendg v Mieter als solchem dchgeführt w, nicht, wenn er als MitEigt handelt; 2   dann gelten §§ 744 II, 748 (BGH NJW **74**, 743). **b) Zeitraum:** Nur für Verwendgen währd der Laufzeit des 3   MietVertr (allgM). **c) Abdingbarkeit** ist gegeben (allgM; BGH NJW **59**, 2163), zB Anrechng auf künft Miete (dann § 557a). **d) Verhältnis zu anderen Ansprüchen:** Bei Mängelbeseitigg dch den Mieter ist Abs I ggü § 538 II nicht anwendb (BGH NJW **84**, 1552), wohl aber Abs II (Düss NJW-RR **92**, 716 mwN). 4   Die §§ 987ff sind unanwendb, weil der Mieter besitzberecht ist. **e) Entstehung** des ErsAnspr: zum Ztpkt der Verwendg (BGH **5**, 197). Die Fällk kann hinausgeschoben w (vgl BGH NJW **88**, 705). **f) Verjährung:** § 558, auch für konkurrierde Anspr, sofern sie mit dem MietVerh in Zushang stehen (vgl § 194 Rn 9; § 558 Rn 6); auch bei vertragl Vereinb (BGH NJW **86**, 254). **g) Verwirkung** ist mögl (BGH NJW **59**, 1629).

5   **2) Notwendige Verwendungen** (Abs I). **a) Begriff** der Verwendg: er entspr dem des SachenR (§ 994; hM). Notw: wie § 994 Rn 1. Das sind Leistgen, die zur Erhaltg od Wiederherstellg der Miets erforderl sind (BGH NJW-RR **93**, 523 mwN), nicht solche Aufwendgen, die dazu dienen, den vertrgem Zustd der Sache 6   herzustellen; diese fallen unter § 538 II (BGH NJW **84**, 1552; vgl Rn 3). **b) Einzelheiten.** Für FüttergsKosten eines Tiers SondRegelg in Abs I S 2. Notw Verwendgen sind: Bei Kfz-Pannen u –Unfällen die Erhaltg der Fahrbereitsch u die Sicherg des Kfz. Bei Räumen ihre Wiederherstellg od die der GebrFähigk nur in Ausnahmefällen (MüKo/Voelskow 16). Ein solcher Fall kann bejaht w, wenn der Mieter ein Haus renoviert, das sich vertrgem in einem Zustd befand, der zum Wohnen nicht geeignet war (BGH NJW-RR **93**, 523). 7   **c) Wirkung.** Der Verm ist zum WertErs verpfl (nicht §§ 249ff); nur dann nicht, wenn der Mieter den Umstd, der die Verwendg notw macht, selbst zu vertreten hat. Umfang u Inhalt des Anspr: §§ 256, 257. Nur ausnw im Rahmen seiner ObhutsPfl (§ 545 Rn 1) ist der Mieter zu den Verwendgen verpfl; sonst steht es ihm frei, sie vorzunehmen.

8   **3) Sonstige Verwendungen** (Abs II). **a) Begriff** der Verwendg: wie Rn 5. Sonstige Verwendgen sind 9   alle, die nicht notw (Rn 5) sind. **b) Ersatzfähig** (mit Wirkg wie Rn 7) sind nur solche Verwendgen, für die auch nach den Regeln der GoA (§§ 677–687) Ers verlangt w kann (RGrdVerweisg; hM), sodaß FremdGeschFührgsWille erforderl ist. Das setzt (alternativ) voraus: **aa)** Dem Interesse u wirkl od mutmaßl Willen des Verm entspr (§ 683). **bb)** Genehmigg des Verm (§ 684 S 2); **cc)** Erf einer Pfl im öff Interesse (§ 679). 10   **c) Einzelheiten:** Keine Verwendg ist insb die Bebauung eines unbebauten Grdst (BGH **41**, 157 [160]), wohl aber uU ein Umbau (offengebl in BGH NJW **67**, 2255) od Ausbau (LG Bielef MDR **68**, 672). 11   **d) Sonstige Ansprüche:** Bei Einrichtgen geht § 547a als SondRegelg vor. Sind die Voraussetzgen des § 547 nicht erf, verbleiben Anspr aus § 951 I u § 684 S 1, die auf ungerechtf Bereicherg (§§ 812ff) verweisen. Sie können abbedungen w (vgl Karlsr NJW-RR **86**, 1394 mwN).

547a   *Wegnahmerecht des Mieters.*   **I Der Mieter ist berechtigt, eine Einrichtung, mit der er die Sache versehen hat, wegzunehmen.**

II Der Vermieter von Räumen kann die Ausübung des Wegnahmerechts des Mieters durch Zahlung einer angemessenen Entschädigung abwenden, es sei denn, daß der Mieter ein berechtigtes Interesse an der Wegnahme hat.

III Eine Vereinbarung, durch die das Wegnahmerecht des Mieters von Wohnraum ausgeschlossen wird, ist nur wirksam, wenn ein angemessener Ausgleich vorgesehen ist.

1   **1) Allgemeines. a) Einrichtung** ist eine Sache, die mit der Mietsache verbunden u dazu best ist, dem Zweck der Mietsache zu dienen (vgl BGH **101**, 37 [41]), zB Maschinen, Lichtanlagen, Badeeinrichtg, Wandschrank, Waschbecken, umpflanzb Sträucher u Bäume im Garten (Köln ZMR **94**, 509); Heizöl im Tank eines EinFamHauses fällt nicht darunter. Die Einrichtg kann dch die Verbindg wesentl BestandT der 2   Miets w (§§ 93, 94, 946, 947). Der Zweck vorübgehder Verbindg (§ 95) kann nicht als Regelfall unterstellt w (MüKo/Voelskow 4). **b) Wegnahmepflicht** kann sich aus des Vereinbg od aus § 556 (dort Rn 3) ergeben. **c) Verhältnis zum Wegnahmerecht des Besitzers** aus §§ 951 II, 997 I; diese sind nur beim unrechtm 3   Bes anwendb; § 547a u die vertr Regelg der MietPart gehen vor. **d) Verjährung.** § 558 (vgl dort Rn 6), auch bei Verstoß gg die Verpfl, eine Einrichtg zurückzulassen (BGH NJW **54**, 37), nicht aber der Anspr auf Auszahlg einer vom Verm eingezogenen VersSumme (BGH NJW **91**, 3031).

2) Wegnahmerecht (Abs I). Es setzt kein Angebot einer Abwendg dch ÜbNahme (Rn 5) voraus (Köln 4 ZMR **94**, 509). Der Mieter darf u muß die Sache auf seine eigenen Kosten wegnehmen. Kein HerausgAnspr, aber nach Rückg der Mietsache ein Anspr auf Duldg der Wegn (vgl § 258 S 2). Das WegnR erstreckt sich auch auf Einrichtgen, die wesentl BestandT geworden sind (vgl Rn 1) u besteht auch dann, wenn die Sache im Eigt des Verm od Dr steht (BGH NJW **91**, 3031). Der Mieter hat dann außer dem TrenngsR auch ein dingl AneigngsR (§ 258 Rn 2). Abs I ist abdingb (Erm/Jendrek 4). Der Anspr ist abtretb (§§ 413, 398), insb vom Vormieter an den Nachmieter (BGH aaO). Die Abtretg liegt idR in der entgeltl Veräußerg (BGH NJW **69**, 40). Nach Wegn hat der Mieter die Mietsache auf seine Kosten in den früh Zustd zu versetzen (§ 258 S 1). Das WegnR entfällt, wenn der Mieter sich dem Verm ggü zur Vorn der Einrichtg verpfl u das WegnR gem Rn 7 od 8 (auch stillschw) ausgeschl hat (MüKo/Voelskow 9).

3) Abwendungsbefugnis (Abs II) besteht nur bei Einrichtgen u Räumen (Köln ZMR **94**, 509). **a) Zeit-** 5 **punkt:** Die Abwendungsbefugn ist bereits ausgeschl, wenn die Einrichtg ausgebaut u der frühere Zustand wiederhergestellt ist, auch wenn sie sich noch in den Mieträumen befindet (Burkhardt BB **64**, 772; bestr). Die Ausüb des WegnR braucht nicht vorher angezeigt zu w (hM; MüKo/Voelskow 11). Den MietPart ist vorherige Verständigg über Wegn od Entschädigg anzuraten. Berecht Interesse: auch Liebhaberinteresse. **b) Entschädigung:** Entspr ggwärt VerkWert der Einrichtg, wobei Kosten u Wertverlust dch Ausbau u 6 Aufwendgen für Wiederherstellg des früh Zustd zu berücks sind. Höhe: Einigg der Part, anderenf § 316 dch Mieter als Gläub; im Proz § 287 ZPO. Entsteh des Anspr: sobald Verm erkl, daß er die Wegnahme abwenden will (BGH NJW **88**, 705).

4) Ausschluß des Wegnahmerechts (Abs III) dch das VermPfandR (§ 559; Stellwaag DWW **90**, 166), 7 auch dch abweichde Vereinbg im MietVertr od später (§ 305). **a) Bei Wohnraum** (Einf 70 vor § 535): Zul nur bei angem Ausgl, nicht notw in Geld. Bei Verstoß: Nichtigkeit der Klausel gem § 134 (vgl § 139 Rn 14). Abs III ist zwingd. **b) Bei sonstigen Sachen:** Grdsätzl zul, auch entschädiggl (Karlsr NJW-RR **86**, 1394). 8 Bei langjähr MietVertr, in dem das WegnR entschädiggl ausgeschl ist, kann BerAnspr (§ 812) des Mieters gegeben sein, wenn der Vertr vorzeit endet (Hbg MDR **74**, 584). Ausschl des EntschädiggAnspr dch Verfallklausel ist wie eine VertrStrafe zu behandeln (BGH WM **68**, 799).

548 *Abnutzung durch vertragsmäßigen Gebrauch.* Veränderungen oder Verschlechterungen der gemieteten Sache, die durch den vertragsmäßigen Gebrauch herbeigeführt werden, hat der Mieter nicht zu vertreten.

1) Allgemeines. Gilt auch im PachtR (§ 581 II). **a) Bedeutung.** Es obliegt grdsätzl dem Verm, die 1 Mietsache im vertragsmäß Zustd zu erhalten (§ 536). Die Abnutzg der Mietsache dch Gebr fällt dem Verm zur Last; dafür stellt der Mietzins zT einen Ausgl dar; daraus folgt wiederum, daß der Mieter für die dch den vertragsgem Gebr bewirkte Abnutzg, die jede Veränderg u Verschlechterg der Mietsache darstellt, nicht aufzukommen hat, weder dch Instandhaltg od Ausbesserg noch dch SchadErs. **b) Abdingbarkeit** ist zu 2 bejahen (allgM). Grenze: § 138, nur ausnahmsw gegeben wie bei Freizeichnungsklauseln (§ 276 Rn 58; BGH **LM** § 138 Bb Nr 1). **aa) Allgemein.** Die Klausel „Rückg der Sache in demselben Zustand wie übernommen" begründet nicht Haftg des Mieters für Zufall, sond bedeutet keine Abweichg von § 548, also daß die Sache in dem einen vertragsgem Gebr entspr Zustand zurückzugeben ist (allgM). Auch den FormularVertr dürfen dem Mieter v gewerbl Räumen sämtl RepVerpflichtgen auferlegt w, wenn die Schäd dem MietGebr u dem Risikobereich des Mieters zuzuordnen sind (Düss DWW **92**, 241). **bb) Räume.** Unbeschr Pfl des 3 Mieters zur Instdhaltg der Rolläden in FormularVertr kann gg § 9 AGBG verstoßen (LG Wiesb NJW **85**, 1562); ebso versch"uldensunabhäng Haftg für Schäden (Celle WuM **90**, 103 [106]). Häuf werden auch „kleine Instandhaltgen" (BagatellSchäd bis etwa 100 DM) auf den Mieter abgewälzt (vgl MüKo/Voelskow 7). Enge Auslegg zugunsten des Mieters ist geboten. SchönhRep w davon nicht erfaßt (hM; LG Mü II WuM **85**, 62 mwN). **cc) Kraftfahrzeuge.** Für FormularVertr Einl 77 vor § 535. **c) Beweislast:** nur für den Fall, daß die 4 Miets dch MietGebr beschäd w (BGH NJW **94**, 2019 mwN). Steht dies nicht fest, muß der Verm beweisen, daß die SchadUrs dem Obhutsbereich des Mieters entstammt (BGH aaO). Bei Schäd im Rahmen des MietGebr gilt: Verm trägt die BewL für MangelFreih bei Überg der Sache (BGH NJW **94**, 1880); Mieter dafür, daß die eingetretene Veränd od Verschlechterg nur auf vertragsgem Gebr zurückzuführen (RGRK/ Gelhaar 13; aA Saarbr NJW-RR **88**, 652: Verm muß vertrwidr Gebr beweisen) od von ihm nicht zu vertreten ist (analog § 282; hM; BGH **66**, 349 [Brand] u NJW **94**, 2019; Baumgärtel; aA für Anspr auf Fortzahlg des MietZ [§ 324] Schweer ZMR **89**, 287). Für die BewLastVerteilg dch AGB u Form des Vertr ist § 11 Nr 15 AGBG zu beachten.

2) Vertragsmäßiger Gebrauch der Mietsache. **a) Voraussetzungen:** Umfang u Grenzen ergeben sich 5 aus § 535 Rn 7–20. Vertragsmäß ist auch eine (bewußte) Veränd der Mietsache od ihres Zustd, die der Mieter mit Zust des Verm vornimmt (vgl Weimar ZMR **70**, 4). **b) Rechtsfolgen:** Der Mieter haftet nicht 6 für die Veränd od Verschlechter; er hat weder eine Renoviergs- od Instandsetzgs- noch eine SchadErsPfl (vgl aber § 536 Rn 11, 18), selbst wenn die Mietsache unbrauchb w od wenn Dr, die die Sache im Rahmen des zuläss Gebr mitbenutzt haben (vgl § 549 Rn 3, 4), sie dadch veränd od verschlechtern.

3) Vertragswidriger Gebrauch der Mietsache. **a) Voraussetzungen:** Begr des vertragswidr Gebr: 7 § 550 Rn 6. Für Haftg ist Versch (§ 276) erforderl. ErfGehilfen (§ 278) sind FamAngeh, Untermieter (§ 549 Rn 18), Gäste, bei gewerbl genützten Räumen auch ArbN, Hauspersonal. **b) Rechtsfolgen** (vgl auch § 550 8 Rn 1–3): Anspr des Verm aus pos VertrVerletzg (§ 276 Rn 114), soweit der schuldh vertragswidr Gebr für einen Schad ursächl ist. Liegt eine Veränderg, keine Verschlechterg vor, darf Vorteilsausgleich (Vorbem 119 vor § 249) nicht übersehen w. Verj: § 558 (BGH NJW **68**, 2241). **c) Einzelheiten.** Bei Kfz: Schad ist auch 9 der Verlust des SchadFreihRabatts (Schwerdtner NJW **71**, 1673). Bei BeherbergsVertr: Tod u Erkrankg des Gastes sind nur bei Selbstm od Kenntn v Infektionskrankh vertrwidr Gebr (RGRK/Gelhaar 7).

549 *Gebrauchsüberlassung an Dritte, Untermiete.* [I] Der Mieter ist ohne die Erlaubnis des Vermieters nicht berechtigt, den Gebrauch der gemieteten Sache einem Dritten zu überlassen, insbesondere die Sache weiter zu vermieten. Verweigert der Vermieter die Erlaubnis, so kann der Mieter das Mietverhältnis unter Einhaltung der gesetzlichen Frist kündigen, sofern nicht in der Person des Dritten ein wichtiger Grund vorliegt.

[II] Entsteht für den Mieter von Wohnraum nach dem Abschluß des Mietvertrages ein berechtigtes Interesse, einen Teil des Wohnraums einem Dritten zum Gebrauch zu überlassen, so kann er von dem Vermieter die Erlaubnis hierzu verlangen; dies gilt nicht, wenn in der Person des Dritten ein wichtiger Grund vorliegt, der Wohnraum übermäßig belegt würde oder sonst dem Vermieter die Überlassung nicht zugemutet werden kann. Ist dem Vermieter die Überlassung nur bei einer angemessenen Erhöhung des Mietzinses zuzumuten, so kann er die Erlaubnis davon abhängig machen, daß der Mieter sich mit einer solchen Erhöhung einverstanden erklärt. Eine zum Nachteil des Mieters abweichende Vereinbarung ist unwirksam.

[III] Überläßt der Mieter den Gebrauch einem Dritten, so hat er ein dem Dritten bei dem Gebrauche zur Last fallendes Verschulden zu vertreten, auch wenn der Vermieter die Erlaubnis zur Überlassung erteilt hat.

1 **1) Allgemeines. a) Inhalt.** § 549 umfaßt die (auch unentgeltl) umfassde od teilw GebrÜblassg an Dr (Rn 3) u als deren bes (auch häufigste) Form, die Unterm (Begriff: Einf 2 v § 535). ZwMiete ist eine bes Form der UnterM (8 vor § 535). **b) Abdingbarkeit** § 549 Abs II ist zG des Mieters von Wohnraum zwingd (Abs II S 3). § 549 ist im übr und bei anderen MietVerh als solchen über Wohnraum allg abdingb, zB dch Ausschl jeder UnterVermiet (BGH NJW **90**, 3016). Dch AGB kann bei GeschRäumen die UnterVermiet ganz ausgeschl w (offengelasssen v BGH NJW **95**, 2034). Ist sie das nicht, kann dch AGB das SoKündR des Abs I S 2 nicht ausgeschl w (hM; BGH aaO mwN; aA 54. Aufl; vgl § 9 AGBG Rn 113). Im FormularVertr ist bei WoRaum unwirks: (1) Ausschl des unselbständ MitGebr (Rn 4). (2) Ausschl der Untervermiet an Dr ohne ausdrückl schriftl Zust des Verm wg § 9 II Nr 1 AGBG (BGH NJW **91**, 1750). (3) Ausschl des **2** KündR gem Abs I S 2 wg § 9 II Nr 1 AGBG (hM; LG Hbg ZMR **92**, 452 mwN). **c) Mehrheit von Mietern.** Haben sie die gemschaftl gemietete Sache untervermietet, so gilt, da Gemsch (§ 741) vorliegt, für den UntermietZ nicht § 420, sond § 432 (BGH NJW **69**, 839).

3 **2) Gebrauchsüberlassung an Dritte** (Abs I S 1). Die Vorschrift ist kein ges Verbot iS v § 134 (allgM). **a) Begriff:** tats (auch unentgeltl) Einräumg des ganzen MietBes od eines Teils zum selbständ (Mit-) Gebrauch (hM; aA Hamm NJW **82**, 2876: jeder auf gewisse Dauer angelegte MitGebr), zB auch dch weitgehde GebrÜblassg inf Freimachens zuG eines nahen FamAngeh (LG Cottb ZMR **95**, 30). Gg eine Differenziry zw selbstd u unselbstd Gebr: Wangard ZMR **86**, 73). Unterm (Rn 1) ist eine der mögl Formen. Zu den hierfür gebräuchl VertrKlauseln bei Unterm, die nicht WoRaum betrifft, insb gewerbl Miete: Heintzmann NJW **94**, **4** 1177. **aa) Unselbständiger Mitgebrauch.** § 549 bezieht sich nicht auf Pers, die einen zul, unselbstd MitGebr haben (umstr; MüKo/Voelskow 7), wobei auf die Eingliederg in den Haushalt abzustellen ist (Meyer ZMR **90**, 444). Bsp: Eheg, FamMitgl (nicht der Bruder, BayObLG MDR **84**, 316), Hauspersonal, Gäste, nichtehel LebensGemsch (vgl Bunn ZMR **88**, 9 u Battes JZ **88**, 957), solange sie besteht (LG Bln WuM **95**, 38). Bei Aufn solcher Pers auf Dauer besteht AnzPfl ggü Verm (Hummel ZMR **75**, 291). Vertragl Ausschl ist mögl, soweit nicht Abs II 3 entggsteht. Zweifelh ist, wie weit die vollständ Aufn v bisher getrennt lebden FamMitgl noch **5** unter den vertrgem Gebr der Mietsache fällt. **bb) Identität.** Änderg der RPersönlk des Mieters (zB Umwandlg v BGB-Gesellsch in oHG) ist unschädl (BGH NJW **67**, 821). Hingg begründet Veräußerg des EinzelhandelsUntern, auch wenn Firma fortgeführt w darf, Inh- u damit Mieterwechsel; ist folgl unzul GebrÜberlassg, wenn der Verm nicht zustimmt. Zul GebrÜberlassg od SelbstGebr ist gegeben, wenn Mieter die Räume für den gleichen Gebr einer jur Pers überlassen hat, deren Inh u ges Vertr er ist (BGH NJW **55**, **6** 1066). **b) Erlaubnis** ist einseit empfangsbedürft WillErkl (§ 130), keine Einwilligg iS der § 182 ff. **aa) Erteilung.** Die Erlaubn ist forml gült u kann stillschw erteilt w, zB wo Weitervermiet ortsübl ist. Schriftform kann vereinb w; im FormularVertr verstößt sie gg §§ 9 AGBG (BGH NJW **91**, 1750). Sie kann allg erteilt sein u bezieht sich auf die tats GebrÜberlassg, nicht notw auf einen best UntermietVertr. Sie erstreckt sich iZw auch auf eine weitere UnterVermietg (sog UnterUnterM; hierzu Heintzmann NJW **94**, 1177). Längere Duldg kann als Erlaubn ausgelegt w. Die allg erteilte Erlaubn für GewRäume berecht nicht zur Untervermietg für solche Gewerbe, die dem Mieter vertrgem nicht gestattet sind (BGH aaO). Bei Wettbewerbslage vgl Traumann BB **7** **85**, 628. **bb) Verweigerung** der Erlaubn steht dem Verm wg Abs II nur bei bewegl Sachen, Grdst u solchen Räumen frei, die nicht WoRaum sind. Die unberecht Verweigerg kann pos VertrVerletzg sein (RG **138**, 359), insb wenn sie dem Vertr widerspr. Der Mieter ist wg Rn 15 verpfl, die Pers des Dr dem Verm zu benennen u Fragen zu beantworten, wie sie üblweise bei Begrdg eines MietVerh gestellt w, aber nicht nach dem **8** Einkommen (vgl Rn 20; LG Hbg NJW-RR **92**, 13). **cc) Widerruf.** Die erteilte Erlaubn kann nur bei Vorbeh (MüKo/Voelskow 16) od aus wicht Grd widerrufen w (BGH **89**, 308 [315]). Im FormularVertr ist der uneingeschr WiderrVorbeh wg § 9 II Nr 1 AGBG unwirks (BGH NJW **87**, 1692).

9 **3) Kündigungsrecht** des Mieters (Abs I S 2). **a) Voraussetzung.** Die Erlaubn (Rn 6) muß verweigert w, ausdrückl, dch Nichterteil od Erteilg unter Einschränkgn, die der MietVertr nicht vorsieht (BGH **59**, 3). Außerdem, wenn bei erlaubter TeilUntervermietg nur eine weitergehde Untervermietg wirtsch angem ist, diese Erlaubn aber vom Verm verweigert w (BGH WM **73**, 383). Das KündR entfällt, wenn die Untervermitg die NutzgsArt (WoRaum statt gewerbl Nutzg) ändert (Kblz NJW-RR **86**, 1343). Es braucht nicht auf den ersten zul Termin gekündigt zu w, aber in zumutb Frist, sonst Verwirkg. KündFrist: § 565 V. Ist die Erlaubn nicht wg der Pers des Untermieters verweigert, geht das KündR nach dadch verloren, daß der Unterm räumt (BGH **59**, 3). Unberecht Verweigerg ohne ausreichen Grd im Einzelfall kann bei allg **10** erteilter Erlaubn für den Mieter Grd zur außerord Künd nach § 542 sein (BGH NJW **84**, 1031). **b) Entfallen** des KündR ist zu bejahen, wenn in der Pers des Dr ein wicht Grd vorliegt. Die Tats hierfür muß der Verm beweisen. Der wicht Grd muß in den persönl Verhältn des UnterM begrdet sein. RücksNahme auf die HausGemsch u auf die berecht Interessen des Verm sind maßgebd. ZahlgsUnfgk des UnterM allein ist nicht entsch, da Mieter für MietZ haftet. Auf Verlangen muß Verm dem Mieter den Grd angeben (RG **74**, 176). Nachschieben von Grden nach der Künd des Mieters ist nur zul, wenn der Verm zur Zeit der Verweigerg die neuen Grde entschuldb nicht gekannt hat (RG **92**, 118).

4) Unbefugte Gebrauchsüberlassung (vgl Rn 3). Das ist die ohne die erforderl Erl (Rn 6). Sie ist eine **11** VertrVerletzg (BayObLG ZMR **95**, 301 mwN) u führt zu nachstehden RFolgen: **a)** Der Mieter ist für jeden Schad haftb, der dch den Gebr des Dr entsteht, u zwar auch für Zufall, es sei denn, daß der Schaden auch ohne die GebrÜberlassg an den Dr eingetreten sein würde. Herausg des Übschießden Untermietzinses kann nicht, insb nicht aus § 812 (vgl dort Rn 34) od § 816 (hM; BGH NJW **64**, 1853; Mutter MDR **93**, 303 mwN) verlangt w. **b)** Klage auf Unterlassg (§ 550). **c)** Außerord KündR des Verm (§ 553), aber nicht, wenn der Mieter zZ der Künd einen Anspr auf ErlErteilg (Rn 12) hat (BayObLG ZMR **91**, 64). Dann bleibt bei WoRaum ord Künd gem § 564b II Nr 1 mögl (BayObLG ZMR **95**, 301; vgl § 564b Rn 38). **d)** Erteilg der Erlaubn kann nachträgl nach Abs II erzwungen w.

5) Anspruch auf Erlaubniserteilung (Abs II). Steht (nur bei WoRaum) dem Mieter neben der Künd **12** (Abs I S 2) zur Wahl. Der Anspr gibt noch nicht die Befugn zur GebrÜblassg od Aufnahme zum unselbstd MitGebr (Rn 4; BayObLG ZMR **91**, 64 mwN; bestr). Er ist klagb, ist aber nicht auf eine generelle Erl, sond auf einen best UnterM gerichtet (KG ZMR **92**, 382 mwN). Daß Untervermiet von vornherein vertragl ausgeschl war, steht nicht entgg. Die Vermiet an eine WohnGemsch begrdet keine Pfl des Verm, bei Wechsel eines GemschMitgl vertränd zuzustimmen (umstr; vgl Köln NJW-RR **91**, 1414). Vorausgesetzt wird: **a) Wohnraum.** Es darf nicht die GebrÜberlassg des gesamten Wohnraums, sond nur die eines Teiles **13** hiervon begehrt w. Soll der ges Wohnraum untervermietet w, steht dem Mieter gg die Versagg der Erlaubn nur Künd zu (Abs I S 2), kein Anspr auf Erteilg der Erlaubn. **b) Berechtigtes Interesse** des Mieters an **14** GebrÜberlassg (BewL: Mieter). Es muß erst nach Abschl des MietVertr entstehen; anfängl Interesse genügt nicht. Es kann auf Veränderg der wirtschl od fam Verh des Mieters, bei §§ 569a–b auch seines Nachf beruhen, insb Verringerg der Fam (umstr) dch Tod, Auszug, Heirat; gesunkenes Eink. IdR wird, wenn anderer, den verändertem Umst des Mieters entspr Wohnraum zu zumutb Bedingg zur Vfg steht, berecht Interesse des Mieters zu verneinen sein. Nicht genügt der Auszug eines Mitmieters (LG Bln MDR **82**, 850), die Abs wirtsch Verwertg der Wohng bei längerer Abwesenh (LG Bln MDR **93**, 45; aA NJW-RR **94**, 1289). Der Mieter hat die tats Grde darzulegen. Es hängt hiervon im Einzelfall ab, ob der Wunsch des Mieters, eine WohnGemsch mit Dr zu bilden, für ein berecht Interesse ausreicht (BGH **92**, 213), v Hamm NJW **82**, 2876 generell bejaht (bestr). Dies soll für nichtehel LebensGemsch auch gelten, wenn Verm eine kirchl jurP ist (Hamm NJW **92**, 513; einschränkd LG Aach NJW **92**, 2897). **c) Zumutbarkeit der Erlaubniserteilung 15** (Abs II S 1 Hs 2 u S 2). Die Belange des Verm sind nur unter diesem GesichtsPkt zu berücksicht (BGH **92**, 213) BewL: Verm. Es gibt 3 Fallgruppen: **aa)** Wicht Grd in der Pers des Dr: wie Rn 10. **bb)** Übermäß Belegg des v Mieter behaltenen od zu überlassden Teils des WoRaums. **cc)** Sonst Grde: zB wenn das MietVerh sowieso demnächst endet (Burkhardt BB **64**, 773); Änderg des VerwendgsZwecks. **d) Ange- 16 messene Mieterhöhung.** Der Verm muß sie verlangen, der Mieter zustimmen (§ 305). Verweigert sie der Mieter, liegt ein sonst Grd vor (Rn 15). Im Streitfall entscheidet das ProzGericht, wenn der Verm auf Zahlg od Feststellg, der Mieter auf ErlaubnErteilg klagt. Angemessen ist bei preisgebundenem WoRaum der zuläss UntermZuschlag (§ 26 III NMV 1970), sonst die ortsübl VglMiete (§ 2 I S 1 Nr 2 MHG). Die Erlaubn kann von angemessener Erhöhg abhäng gemacht w (§ 158 I). **e) Verjährung:** § 195. **17**

6) Haftung des Mieters für den Dritten (Abs III). Nur für Versch (§ 276) des Dr, insb Unterm. **18** Erstreckt sich auf alle Hdlgen im Rahmen des MietVerh, zB wenn der UnterP einer Gaststätte vors eine Explosion herbeiführt (BGH NJW **91**, 489), der UnterM unterschlägt (Mü NJW-RR **87**, 727). Abs III (Folge des Grdsatzes aus § 278) gilt auch, wenn Verm die Untervermietg erlaubt hat. Auf das Versch des Mieters kommt es nicht an (RG **157**, 368). Hat der Mieter dem Dr den Gebr unerlaubt überlassen, so haftet er auch für Schäd, die der Dr unverschuldet verurs hat (allgM).

7) Verhältnis Vermieter und Untermieter. Es besteht keine unmittelb vertragl Beziehg. **a) Unter- 19 mieter** ist in den Schutzbereich des MietVertr (vgl § 328 Rn 28 u 29 aE) grdsätzl nicht einbezogen (BGH **70**, 327). Jedenf hat er keine Anspr gg den Verm aus § 538 (BGH aaO u WM **79**, 307; sehr umstr; vgl Krause JZ **82**, 16 mwN u differenzierder Lösg). Auch § 556a u § 564b gelten nicht (allgRspr; BGH **84**, 90; dagg krit Crzelius JZ **84**, 70). Der Unterm hat, sobald er aGrd des § 556 III herausgeben muß, gg den Verm, auch wenn dieser verbotene Eigenmacht begangen hat, keinen Anspr aus §§ 823 II, 858 wg der Beeinträchtigg des Gebr (BGH **73**, 355 u **79**, 232). **b) Vermieter** hat gg UnterM keinen Anspr auf Zahlg der Miete, kein PfdR **20** an dessen eingebrachten Sachen, keinen vertragl Anspr auf SchadErs im Falle der Beschädigg von Sachen des Verm. Dagg hat Verm bei Beendigg der Hauptmiete auch gg UnterM unmittelb KlageR auf Räumg gem § 556 III (vgl dort Rn 18–23) u ggf aus § 985. Dem kann der UnterM einer Wohng nur den Einwand des RMißbrauchs (§ 242) entggsetzen, wenn er sich bei Abschluß des UnterMVertr gutgläub für den HauptM gehalten hat u dem HauptM ggü § 556a, 564b hätte ScutzRe gehabt (allgRspr); auch bei WerkWo wenn der UnterM (ArbN) nicht wußte, daß der ArbG nur HauptM ist (Karlsr Just **83**, 381). Nimmt der Verm nach Auszug des HauptM Mietzahlgen des UnterM an, so entsteht dadch kein neuer MietVertr mit dem UnterM (Düss NJW-RR **88**, 202).

8) Verhältnis Hauptmieter und Untermieter (vgl Einf 2 vor § 535). Hierauf finden alle Vorschr über **21** die Miete Anwendg, auch § 566 (BGH **81**, 46). HauptM hat als Verm für die GebrÜberlassg einzustehen. SchadErs wg Verletzg dieser Pflicht nach § 325 od § 326 nur üb § 541 I, § 538 I (BGH **63**, 132). Ist der UntermVertr ausdr od stillschw von der ErlaubnErteilg abhäng gemacht, liegt Bedingg (§ 158) vor u UntermVertr entfällt, falls Erlaubn verweigert w. Kennt d UnterM davon, daß Erlaubn des HauptVerm erforderl ist, genügt für eine Bedingg aber nicht. Dch Beendigg des HauptmietVertr entfällt Untermiet-Vertr nicht ohne weiteres; jedoch kann in der Mitteilg hiervon eine Künd liegen. Berechng des UnterMZinses bei preisgebundenem WoRaum: § 31 NMV 1970. Eintritt in MietVertr bei Tod des UnterM: § 569a.

9) Abtretung der Mieterrechte und Eintritt eines neuen Mieters. Es ist zu differenzieren: **a) Abtre- 22 tung** der Re des Mieters gem § 398, insb des Anspr auf GebrÜblassg, von der rein tatsächl GebrÜblassg zu unterscheiden, ist wg § 399 (hM) u wg Abs I S 1 nur mit Zust (Erlaubn) des Verm zul. Verweiger der Zust kann KündGrd gem Abs I S 2 sein. Anspr auf ErlaubnErteilg kann bei WoRaum gegeben sein (Abs II).

23 Pfändg ist wg § 851 ZPO nur zul, sow abgetreten w kann. **b) Eintritt eines neuen Mieters** in den alten MietVertr anstelle des alten Mieters (ErsatzM) erfordert Vertr zw Verm u den Mietern od Vertr zw den Mietern u Zust (§ 182) des Verm (§ 535 Rn 7) od auch Vertr des Verm mit neuem Mieter unter Zust des alten Mieters. Der neue Mieter ist RNachf des alten. Die Auswechslg eines Mieters kann bei WohnGemsch (vgl Rn 12) vonvorneherein vereinb sein (LG Köln NJW-RR **91**, 1414 mwN); dies ergibt sich aber nicht allein daraus, daß an eine student WoGemsch vermietet w (aA LG Gött NJW-RR **93**, 783). Grdsätzl gilt der Inhalt des alten Vertr auch für u gg den neuen Mieter (BGH WM **78**, 1017). Verweigert der Verm die Zust, so besteht KündR wie bei Rn 22. Der Verm kann zur Zust vertragl verpfl sein, jedoch ist Unzuverlässigk des neuen Mieters Grd, die Zust zu verweigern od von Weiterhaftg des alten Mieters für den Mietzins abhängig zu machen. Nach Zust darf der Verm den Abschluß mit dem ErsM nicht vereiteln (Düss NJW-RR **92**, 657).

24 Für FamAngeh gilt § 569a als Sonderregelg. **c) Abschluß eines neuen Mietvertrags** mit neuem Mieter anstelle eines gleichzeit aufgehobenen Vertr. Ob dies vorliegt, ist Ausleggsfrage; jedenf müssen Verm, früherer u neuer Mieter mitwirken (§ 305).

549a *Gewerbliche Zwischenmiete.* **I Soll der Mieter nach dem Inhalt des Mietvertrages den gemieteten Wohnraum gewerblich einem Dritten weitervermieten, so tritt der Vermieter bei der Beendigung des Mietverhältnisses in die Rechte und Pflichten aus dem Mietverhältnis zwischen dem Mieter und dem Dritten ein. Schließt der Vermieter erneut einen Mietvertrag zum Zwecke der gewerblichen Weitervermietung ab, so tritt der Mieter anstelle des bisherigen Vertragspartners in die Rechte und Pflichten aus dem Mietverhältnis mit dem Dritten ein.**

II Die §§ 572 bis 576 gelten entsprechend.

III Eine zum Nachteil des Dritten abweichende Vereinbarung ist unwirksam.

Eingefügt dch Art 4 Nr 2 des 4. MRÄndG v 21. 7. 93 (BGBl 1257); iKr seit 1. 9. 93.

1 **1) Allgemeines. a) Zweck.** Klärg der rechtl Beziehgen zw Verm u Endmieter (Schilling/Meyer ZMR **94**, 497 [502]) sowie Bestandsschutz der Endmiete (hierzu Gärtner JZ **94**, 440), die rechtl ein SoFall des Unterm ist. Der EndM hat ein VertrVerh nur mit dem ZwischenM (§ 556 Rn 21). Er kann dem Rückg verlangden Verm (Eigt) nur den KündSchutz entgghalten (§ 556 Rn 21), auch dann, wenn das MietVerh zw Eigt u ZwischenM beendet ist. Der GGeber will daraus sich ergebde Unsicherh ausräumen (BR-Dr 396/93 S 14). **b) Anwendungsbereich:** MietVertr üb WoRaum (70 vor § 535), auch mit Garage od Abstellplatz (72 vor § 535), also nicht bei Miete v gewerbl zu nutzden Räumen, auch wenn sie dann als WoRaum weitervermietet w (BVerfG ZMR **93**, 500); nur bei ZwischenM (8 vor § 535), die gewerbl ist (hM; Schilling/Meyer ZMR **94**, 497 [502] mwN; aA AG Ffm WuM **94**, 276 m Anm v Eisenhardt: auch nichtgewerbl ZwMiete), also zum Zweck dauernder GewinnErzielg aus der ZwischenVermietg, zB bei ImmobilienUntern, Haus- 3 Verwaltgen, BauträgerUntern. **c) Unabdingbarkeit** (Abs III) zuG des Dr (EndM) bedeutet, daß jede vertragl Abänderg der RWirkg des Abs I u II, die zu NachT des Dr führt, unwirks ist (§ 134), zB jede Abänderg des Inhalts der §§ 572–576, die Beschränkg des Eintritts in Re des EndM oder Pfl des Verm.

4 **2) Eintritt des Vermieters** in den MietVertr zw Mieter u EndM (Abs I S 1). **a) Voraussetzungen: aa)** Nach dem Inhalt des MVertr (Einf 58–62 vor § 535) muß ausdrückl od stillschweigd vorausgesetzt sein, daß der ZwMieter den WoRaum mit Gewinn (wenn auch nur zur Deckg seines Aufwands) im eigenen Namen an den Dr (EndM) weitervermietet. Der BewegGrd des Verm ist gleichgült. **bb)** Das MietVerh v Verm (Eigt) u ZwMieter muß beendet sein. Hierfür kommt jeder BeendiggsGrd in Betr (§ 564 Rn 1–4). **cc)** Im Verh ZwMieter zu EndM muß ein wirks MietVertr bestehen. Im Ggsatz zu § 571 I erfordert § 549a 5 keine Überlassg der Miets. **b) Wirkung:** Eintritt des Verm in alle bis dahin entstandenen gesetzl u vertr Re u Pfl aus dem MietVerh zw ZwMieter u Dr (EndM), krG u sofort. Der Verm (Eigt) ist von da an Verm des Dr (EndM).

6 **3) Eintritt des Zwischenmieters** (Abs I S 2). Dadch soll dem Verm ermögl w, einen neuen ZwMieter einzuschalten. **a) Voraussetzungen. aa)** Beendigg des MietVerh zw Verm (Eigt) u ZwMieter (wie Rn 4 bb). **bb)** Wirks MietVertr im Verh ZwMieter zum Dr (EndM; wie Rn 4 cc). **cc)** Abschluß eines neuen gewerbl ZwMietVertr (wie Rn 4 aa). Es kann auch derselbe ZwMieter sein, der nach Beendigg seines Vertr 7 erneut abschließt. **b) Wirkung.** Eintritt des (neuen) ZwMieters in den MietVertr mit dem Dr (EndM); wie Rn 5. Der Eintritt des neuen ZwMieters kann zeitl unmittelb (nahtlos) der Beendigg des vorangegangenen MietVertr (Rn 4 bb) folgen od, wenn der neue MietVertr erst später abgeschl od wirks w, erst nachdem der Verm (Eigt) unmittelbar Verm des Dr (EndM) war (vgl Rn 5).

8 **4) Sicherheitsleistung und Rechtsgeschäfte über den Mietzins** (Abs II). Die entspr Anwendg der §§ 572–576 gilt sowohl für den Eintritt des Verm gem Rn 4 wie den eines neuen ZwMieters (Rn 6). Dem in den §§ 572–576 vorausgesetzten EigtÜbgang steht für Abs I S 1 die Beendigg des MietVerh Verm/ZwMieter gleich, für Abs I S 2 der Abschl des neuen ZwMietVertr. Die Anwendbk des § 572 S 2 wird abgelehnt (Mutter DZWiR **94**, 168).

550 *Vertragswidriger Gebrauch.* **Macht der Mieter von der gemieteten Sache einen vertragswidrigen Gebrauch und setzt er den Gebrauch ungeachtet einer Abmahnung des Vermieters fort, so kann der Vermieter auf Unterlassung klagen.**

1 **1) Allgemeines.** Bei vertrwidr Gebr ist zu untersch: **a) Unterlassungsanspruch:** Grdlage ist unmittelb § 550. Der Anspr kann währd der gesamten Dauer des MietVerh geltd gemacht w. Ist ErfAnspr, gg den 2 Mieter gerichtet, nicht gg Unterm (§ 549 Rn 19, 20; aber ggf § 1004). **b) Kündigung:** Grdlage kann § 553 u

ohne Abmahng § 554a sein, ferner § 564b II Nr 1. **c) Schadensersatzanspruch:** Grdlagen sind § 823 I od **3** pVV (vgl § 548 Rn 8). Setzt Versch voraus, das bei baul Veränderg ohne Zust des Verm idR gegeben ist; der Anspr richtet sich auf Beseitigg u Wiederherstellg des früh Zust (BGH NJW **74**, 1463). **d) Verjährung:** **4** § 195, § 198 S 2 (Staud/Emmerich § 558 Rn 14). Nicht § 558 (vgl dort Rn 9). **e) Prozessuales.** Liegen die **5** Voraussetzgen (Rn 6–9) vor, so sind einstw Vfg u Kl auch ohne Wiederholgsgefahr zul u begründet. Daher keine HauptsErledigg, wenn der Mieter vor od währd des RStreits den vertrwidr Gebr einstellt.

2) Voraussetzungen: a) Vertragswidriger Gebrauch (ZusStellg Gather DWW **95**, 234). Muß nur obj **6** vorliegen. Versch des Mieters nicht erforderl (wohl aber des Dr, § 549 III). Irrt ist bedeutgsl. Muß dch den Mieter od dch Dr ausgeübt w, denen der Mieter die Mietsache (auch mit Einwillig des Verm) überlassen hat (insb Unterm). Allg ist die VertrWidrk aus VertrInhalt u -zweck zu bestimmen (vgl § 535 Rn 7–20), kann auch im vertrwidr NichtGebr liegen (allgM; vgl § 535 Rn 40). Was nicht vertrgem ist, ist vertrwidr. Bsp: Unbefugte GebrÜblassg (§ 549 Rn 11), auch an nahe Verwandte (vgl LG Ffm NJW-RR **93**, 143); unerlaubte Haustierhaltg (vgl § 535 Rn 17); ruhestörder Lärm; Lagern od Benutzen hausgefährdder Ggstände; erhebl Geruchsbelästig; unerl Beseitigg od Beschädigen der Mietsache; Anbringen v Deckenplatten, sofern davon eine Gefährdg ausgeht (LG Brschw NJW **86**, 322); HeimArb nur, wenn mit unzumutb Belästigg, Gefährdg der Wohng od Änd ihrer Beschaffenh verbunden (LG Bln WuM **74**, 258); Benutzg einer Wo, die gewerbl Nutzg gleichkommt, uU Kindertagesstätte (LG Bln NJW-RR **93**, 907); Verwendg v WohngsFenstern zur Wahlwerbg (BVerfG NJW **58**, 259; LG Essen NJW **73**, 2291 m abl Anm v Bucher; MüKo/Voelskow 13 mwN) od polit MeingsÄußergen (vgl LG Darmst NJW **83**, 1201; LG Tüb NJW **86**, 320; aA LG Hbg NJW **86**, 320); Änd des Zwecks einer Gastwirtsch; BetrErweiterg od -umwandlg, wenn es für den Verm od Verp unzumutb ist (§ 242; BGH **LM** Nr 1 u 2); Vermietg eines gepachteten Hotels zur Unterbringg v Asylanten (Hamm NJW **92**, 916); mangelh GeschFührg, wenn Miete an Umsatz od Gewinn orientiert ist u BetrPfl besteht (vgl § 536 Rn 40); baul Veränderg der Mietsache (Fassade, BGH NJW **74**, 1463); anordngswidr Benutzg des Lifts (Weimar DB **74**, 2292). **Nicht:** Aufn v FamAngeh (insb Eheg) zu **7** dauerndem Wohnen, soweit nicht Überbelegg entsteht (hM; Karlsr ZMR **87**, 263 mwN). Das gleiche gilt idR bei Aufn zum nichtehel ZusLeben auch gleichgeschlechtl Pers (LG Mü I NJW-RR **91**, 1112); dies ist zunächst im Rahmen des § 549 II S 1 zu würd (BGH **92**, 213, vgl § 549 Rn 15). Übernachtenlassen v Freunden u Bekannten, soweit nicht GebrÜberlassg (§ 549 I) vorliegt (LG Aach ZMR **73**, 330). Anbringen einer Parabolantenne im Einzelfall (LG Karlsr NJW-RR **91**, 1163; vgl § 535 Rn 14). **b) Abmahnung** (bei **8** WoRaum, Schläger ZMR **91**, 41). Entspr der Mahng (§ 284 Rn 15–21), daher gelten die Vorschr über RGesch entspr, zB § 174 S 1 (Celle NdsRpfl **82**, 60). Muß v Verm ausgehen, dem Mieter (nicht einem Dr) zugehen. Inhalt: Die VertrWidrk muß konkret bezeichnet, sie zu unterl aufgefordert w. Fr od Androhg von Folgen ist nicht notw. Entbehrl ist sie bei WoRaum idR nicht (Schläger aaO), nur ausnahmsw bei Argl des Mieters (BGH WM **68**, 252), bei endgült u ernsth ErfVerweiger (BGH WM **75**, 365) od Wiederholg bei früher beanstandeter Untervermietg (LG Mü I ZMR **85**, 384). **c) Fortsetzung** des vertrwidr Gebr nach **9** Zugang der Abmahng (Rn 8). Der Mieter muß ihn (ohne Rücks auf Versch) sof einstellen, wenn Handeln notw ist (zB Entferng Dr, insb Unterm). Er muß sof in mögl u zumutb Umfang tät w. Ungeachtet: bedeutet, daß Mieter von Abmahng Kenntn haben muß.

550 a Unzulässige Vertragsstrafe.

Eine Vereinbarung, durch die sich der Vermieter von Wohnraum eine Vertragsstrafe vom Mieter versprechen läßt, ist unwirksam.

Anwendbar: nur bei WoRaum (Einf 70 vor § 535), für alle Verpflichtgen, insb auch Räumg (allgM). **1** **Vertragsstrafe:** § § 339ff, auch VertrStrVerspr Dr (MüKo/Voelskow 2); fingierte Gebühren für Mahng u Bearbeitg od übermäß Verzugszinsen. Auch eine Verfallklausel kann einer VertrStrafe gleichzusetzen sein (BGH NJW **60**, 1568). SchadErsPauschalen fallen nur ausnw unter § 550a (MüKo/Voelskow Rn 2 mwN), zB die PauschalAbgeltg in Höhe v einer Monatsmiete bei vorzeit Mietaufhebg, auch im FormularVertr, jedenf, wenn darin der MietVertr auf Wunsch des Mieters aufgehoben w (Hbg ZMR **90**, 270 mwN; umstr). **Wirkung:** Nichtigk der VertrStrafe (§ 134); der MietVertr wird davon nicht berührt. **2**

550 b Mietsicherheiten.

[I] Hat bei einem Mietverhältnis über Wohnraum der Mieter dem Vermieter für die Erfüllung seiner Verpflichtungen Sicherheit zu leisten, so darf diese das Dreifache des auf einen Monat entfallenden Mietzinses vorbehaltlich der Regelung in Absatz 2 Satz 3 nicht übersteigen. Nebenkosten, über die gesondert abzurechnen ist, bleiben unberücksichtigt. Ist eine Geldsumme bereitzustellen, so ist der Mieter zu drei gleichen monatlichen Teilleistungen berechtigt; die erste Teilleistung ist zu Beginn des Mietverhältnisses fällig.

[II] Ist bei einem Mietverhältnis über Wohnraum eine als Sicherheit bereitzustellende Geldsumme dem Vermieter zu überlassen, so hat er sie von seinem Vermögen getrennt bei einem Kreditinstitut zu dem für Spareinlagen mit dreimonatiger Kündigungsfrist üblichen Zinssatz anzulegen. Die Zinsen stehen dem Mieter zu. Sie erhöhen die Sicherheit.

[III] Eine zum Nachteil des Mieters abweichende Vereinbarung ist unwirksam.

[IV] Bei Wohnraum, der Teil eines Studenten- oder Jugendwohnheims ist, besteht für den Vermieter keine Verpflichtung, die Sicherheitsleistung zu verzinsen.

1) Allgemeines. Abs II ist geändert dch Art 4 Nr 3 des 4. MietRÄndG v 21. 7. 93 (BGBl 1257); iKr seit **1** 1. 9. 93. Zur Mietkaution allg: Einf 89–95 vor § 535. **a) Zweck.** Ausgleich zw SichergsBedürfn des Verm u Schutzbedürfn des Mieters. Zugleich sollte die umstr RLage bei der Mietkaution bereinigt u gesichert werden. **b) Anwendungsbereich.** Nur MietVerh üb WoRaum (Einf 70 vor § 535) bei vertr vereinb **2** SicherhLeistg (Kautionsabrede). Wg Mietkaution bei GeschRäumen u bewegl Sachen vgl Einf 89–95 vor § 535. Für WoRaum, der unter das WoBindG fällt, gilt § 550b üb § 9 V WoBindG nur für Schäd wg unterl

SchönhRep. Für MietVerh üb WoRaum mit einer vor dem Inkrafttr des G (1. 1. 83) vereinb Kaution gilt nur der Abs II, aber nicht rückwirkd u wenn eine Verzinsg ausdrückl ausgeschl ist (MüKo/Voelskow 4).

3 c) **Inhalt:** mit § 572 abgestimmt, so daß alle Arten v Sicherheitsleistgen erfaßt w, zB Kautionskonto des Mieters, Hinterlegg, Bürgschaft (BGH **107**, 210; vgl Rn 8), die auch 3 Monatsmieten nicht übsteigen darf; jedoch ist eine Bürgsch von § 550b unberührt, wenn sie der Bürge (als Dr) unaufgefordert unter der Bedingg (§ 158 I) eingeht, daß der WoRaumMietVertr zustdekommt (BGH **111**, 361; aA Tiedtke ZMR **90**, 399) od wenn sie an Stelle des § 554 II Nr 2 eingegangen wird, damit der Verm die Künd zurücknimmt (LG Kiel NJW-RR **91**, 1291). Nicht darunter fällt eine AufwendgsErsPauschale bei Aufhebg eines WoMietVertr
4 (Hbg WuM **90**, 244). **d) Unabdingbarkeit** (Abs III). Sie schützt den Mieter. Sie umfaßt den gesamten Inh der Abs I u II, insb Höhe der Raten u der Sicherh, Art der Anlage, ZinsAnspr u ihre Verwendg (Hirte MDR **93**, 500). Gg den BerAnspr aus überzahlter Kaution findet daher keine Aufrechg mit ErsAnspr des Verm aus dem MietVerh statt (LG Brem NJW-RR **93**, 19). Im Rahmen des § 550b verstößt die Kautionsabrede
5 nicht gg § 9 AGBG. **e) Nichterfüllung.** Erfüllt der Mieter die vereinb SicherhPfl nicht, kann auf Erf geklagt w. Kein Anspr auf Verzugszinsen (LG NbgFürth NJW-RR **92**, 335). Verj: § 195. Fristl Künd des MietVerh dch den Verm ist ausgeschl (vgl §§ 554–554b), nicht eine ord Künd gem § 564b II Nr 1. Rücktr (vgl § 564 Rn 2) ist nur vor Übgabe der Miets mögl aus § 326, außerdem Zurückhaltg gem § 273 (LG
6 Mannh WuM **90**, 293), aber nicht v Mieter wg Mietmangel (LG NbgFürth aaO). **f) Verjährung** des RückzahlgsAnspr einschließl Zinsen: § 195 (Sternel III 231). § 558 gilt nicht (Staud/Emmerich § 558 Rn 15; LG Köln WuM **89**, 290).

7   **2) Sicherheitsleistung** (Abs I). Begriff: vgl Rn 3. Sie muß im MietVertr od in einem Nachtrag (§ 305) vereinb sein. **a) Gesicherte Verpflichtungen.** Die Sichergs(Kautions)abrede kann sich auf alle Verpflichtgen des Mieters aus dem MietVerh beziehen. Für den Umfang kommt es auf die Abrede im Einzelfall an. Fehlt eine solche, sind auch Fdgen aus NebenLeistgen aus dem MietVerh (§ 535 Rn 25) umfaßt, selbst wenn
8 sie noch nicht fäll sind (LG Regbg NJW-RR **95**, 907 mwN). **b) Art.** Sie umfaßt alle Sicherh, insb die des § 232, vor allem aber die Barkaution (das an den Verm zur Sicherh geleistete Bargeld) sowie das Kautionskonto, das auf den Namen des Mieters angelegt ist, wobei er zur Vfg darüber aber der Zust des Verm bedarf. Die SichergsAbtretg, insb die Gehalts- od LohnAbtretg (Derleder/Stapelfeld ZMR **87**, 123) u die
9 SichergsÜbereignung wird mit R kritisiert v Valentin ZMR **92**, 1. **c) Zulässige Höhe** ist das Dreifache des reinen monatl Mietzinses (zZ der Kautionsabrede) ohne Nebenentgelte (§ 535 Rn 37), über die wg wechselnder Höhe gesondert abzurechnen ist (Abs I S 2). Eine Mietnebenkostenpauschale, üb die nicht gesond abzurechnen ist, gehört zum Mietzins (AG Wuppert MDR **89**, 162 mwN). Der zul Betr wird nur dch die Zinsen erhöht (Abs II S 3). Eine sog DoppelSicherg (zB Barkaution u GehaltsAbtretg od Bürgsch) über die 3 Monatsmieten hinaus ist unzuläss (BGH **107**, 210). Folge: TeilNichtigk (vgl § 134 Rn 9). Ein geringerer Kautionsbetrag kann vereinb werden. Bei erhöhtem Mietzins kann keine Erhöhg der Kaution verlangt w.
10 **d) Teilleistung** (Abs I S 3). Diese Regelg gilt nur für Hinterlegg, Barkaution u Kautionskonto (vgl Rn 8). Ohne abweichde Vereinbg ist die erste Rate in Höhe v einem Drittel der vereinb Kaution (nicht notw eine Monatsmiete, vgl Rn 9) zu Beginn des MietVerh fäll; dies ist der vertrgem Ztpkt der Überlassg (LG Mannh ZMR **90**, 18). Bei unterbliebener Zahlg kann Verm zurückhalten. Wird die Kaution währd des MietVerh vereinb, ist die erste Rate sofort fäll; es gilt § 271. Die beiden weiteren Raten in Höhe je eines Drittels werden einen u zwei Monate später fäll, wenn die Fällk nicht für spätere Termine vereinb ist.

11   **3) Anlagepflicht** des Verm (Abs II). Sie bezweckt, den RückzahlgsAnspr des Mieters im Falle einer ZahlgsUnfähigk des Verm vor dem Zugriff v Gläub des Verm zu schützen. **a) Anwendbar** nur bei der dem
12 Verm überlassenen (eigentlichen) Barkaution (der in der Praxis häufigste Fall). **b) Anlage** des Geldes dch den Verm bei einem KredInstitut iS des KWG im gesamten EU-Bereich (Bub NJW **93**, 2897 [2902]). Die vorgeschriebene Trenng vom Vermögen des Verm hat am besten dch offene Bezeichng als Treuhandkonto zu erfolgen (vgl § 27 IV WEG). Dann ist die Kaution vom Konk des Verm nicht erfaßt, berecht zur Aussonderg (Düss NJW-RR **88**, 782) u ist vor der EinzelZwVollstr gg den Verm geschützt, auch wenn das Treuhandkonto erst später errichtet w (BayObLG NJW **88**, 1796). Unterbleibt die Trenng, steht dem Mieter nur eine einf KonkFdg zu (Hbg ZMR **90**, 103; bestr). Die Anlage muß nicht notw als Sparguthaben erfolgen. Entscheidd ist, daß der ZSatz dem bei 3 Mon KündFr entspr. Es können mehrere Kautionen in einem Konto zusgefaßt werden. Für den übl Zinssatz ist auf den Ztpkt der Anlage abzustellen. Diese Anlage ist vertr NebenPfl des Verm, die einklagb ist (allgM; LG Köln NJW-RR **91**, 80 mwN) u gem § 571 übergeht. Es dürfte keine gg Abs III verstoßde Vereinbg darstellen, wenn der Verm statt der Anlage als Treuhand-Sparkonto eine die Zinsen umfassde Bürgsch eines geeigneten Kreditinstituts stellt (MüKo/ Voelskow 16). Greift ein Gläub des Verm auf das Konto zu, ist § 771 ZPO gegeben. Verletzt der Verm seine
13 Pfl, kann ein SchadErsAnspr entstehen (Ffm ZMR **90**, 9). **c) Zinsen.** Sie stehen zwingend dem Mieter zu (Hirte MDR **93**, 500), auch gem § 248 II gutgeschriebene Zinseszinsen u die Zinsen aus einem vom Verm ausgehandelten höheren Zinssatz (bestr; aA AG Köln NJW-RR **94**, 275). Die Zinsen müssen auf dem Kautionskonto stehen bleiben (Abs II S 2). Sie dienen in vollem Umfang der Erhöhg der Sicherh (Rn 7;
14 Abs II S 3), auch wenn sie die zuläss Kautionshöhe überschreiten (vgl Abs I S 1). **d) Studenten- und Jugendwohnheime** (Abs IV). Die Ausn bezieht sich nur auf die Verzinsg, nicht auf die v Vermögen des Verm getrennte AnlagePfl. Im Einzelfall entscheidet die Vereinbg. Fehlt sie, ist der Verm weder verpfl, Zins zu zahlen, noch verzinsl zG des Mieters anzulegen.

551 *Fälligkeit des Mietzinses.* [I] **Der Mietzins ist am Ende der Mietzeit zu entrichten. Ist der Mietzins nach Zeitabschnitten bemessen, so ist er nach dem Ablaufe der einzelnen Zeitabschnitte zu entrichten.**

[II] **Der Mietzins für ein Grundstück ist, sofern er nicht nach kürzeren Zeitabschnitten bemessen ist, nach dem Ablaufe je eines Kalendervierteljahrs am ersten Werktage des folgenden Monats zu entrichten.**

Allgemeines. VorleistgsPfl des Verm u Fälligk des Mietzinses aE des jeweils vereinb ZtAbschnitts (Abs I 1 S 2), sonst aE der MietZt (Abs I S 1). Mietzins ist Schickschuld (§ 270). **Abdingbarkeit** besteht im Rahmen des AGBG u § 242. In der Praxis wird idR Vorauszahlg des Mietzinses vereinb. Das ist kein Verstoß gg § 9 AGBG (hM; BGH NJW **95**, 254 mwN). Die Klausel ist jedoch unwirks, wenn sie mit einem Ausschluß der Aufrechenbk einer Fdg aus § 537 (dort Rn 24 ee) od § 538 (dort Rn 14) verbunden ist (BGH aaO; aA 54. Aufl). Die Folge ist, daß sowohl die Vorausfälligk als auch das AufrechngsVerbot unwirks ist (BGH aaO). **Verjährung:** §§ 197, 196 I Nr 6. **Verwirkung:** nach allg Grdsätzen (BGH LM § 242 [Cc] Nr 22; 2 hierzu § 242 Rn 87, 103). **Zahlungsverzug.** IdR gilt § 284 II. Verfallklauseln sind bei WoRaum unwirks 3 (§ 9 II Nr 1 AGBG). **Grundstücke.** Mietzins ist nach Ablauf je eines Quartals zu zahlen. Wg § 193 gilt der 4 Samstag (Sonnabend) nicht als Werktag. Bei Bemessg des Mietzinses nach kürzeren ZtAbschnitten gilt Abs I S 2 (Abs II; beachte § 580). Meist wird Vorauszahlg vereinb (Rn 1); dies geht vor.

552 *Persönliche Verhinderung des Mieters.* **Der Mieter wird von der Entrichtung des Mietzinses nicht dadurch befreit, daß er durch einen in seiner Person liegenden Grund an der Ausübung des ihm zustehenden Gebrauchsrechts verhindert wird. Der Vermieter muß sich jedoch den Wert der ersparten Aufwendungen sowie derjenigen Vorteile anrechnen lassen, welche er aus einer anderweitigen Verwertung des Gebrauchs erlangt. Solange der Vermieter infolge der Überlassung des Gebrauchs an einen Dritten außerstande ist, dem Mieter den Gebrauch zu gewähren, ist der Mieter zur Entrichtung des Mietzinses nicht verpflichtet.**

1) Allgemeines. § 552 stellt Ausn von den allg Vorschr §§ 323, 324 dar (umstr; vgl Rädler NJW **93**, 689 1 mwN). **a) Anwendbar** ist § 552, sobald MietVetr abgeschl, noch bevor die Miets überlassen ist (hM); Rädler aaO. Bes bedeuts bei befr MietVerh (vgl § 564 Rn 5). § 552 gilt insb auch beim BeherberggsVertr (vgl Einf 26 vor § 535; Nettesheim BB **86**, 547 u **89**, 1136), sofern er bereits abgeschlossen ist. Bei Unmögl der GebrÜblassg aus and Grden als S 3 gelten die §§ 323–325 (vgl Düss ZMR **92**, 536). **b) Beweislast:** 2 Verm für ErfBereitsch, insbes für Bereithalten der Miets, Mieter für alle Tats, die ihn v der Entrichtg des Mietzinses befreien sollen (MüKo/Voelskow 15; Oldb OLGZ **81**, 202), insb für ersparte Aufwendgn, wenn es sich nicht um tats Einzelh im Vermögensbereich des Verm handelt (Düss ZMR **85**, 382 mwN). **c) Abdingbarkeit** ist grdsätzl zu bejahen; jedoch verstößt ein Ausschluß v S 2 u 3 gg § 9 II S 1 AGBG. 3

2) Mietzahlungspflicht (S 1) besteht allein aGrd des Vertr (§ 535 Rn 29) für die GebrÜberlassg, ohne 4 Rücks darauf, ob der Mieter den Gebr ausübt, ausüben kann od nicht; er trägt als SachLeistgsGläub das VerwendgsRisiko. **a) Bestehen:** auch unversch persönl Verhinderg befreit den Mieter nicht, zB Tod, Krankh, WohnortÄnd (Ausn § 570); beruf Veränd (LG Gieß NJW-RR **95**, 395), überh alles, was in seinen RisikoBer fällt (BGH NJW-RR **91**, 267), ohne Rücks darauf, ob vor Üblassg der Miets (BGH aaO; zust Rädler NJW **93**, 689) od ob er die Umstde beeinflussen kann, zB Zugangsverhinderg (BGH **38**, 298); LehrgTeiln; bei Miete eines Messestands unterbliebene Zuteilg eines passden Messeplatzes (Ffm MDR **81**, 231). Das gilt erst recht, wenn er Gebr machen könnte, es aber freiw unterläßt (hM; Düss NJW-RR **91**, 1143). Daher gilt § 552 insb, wenn der Mieter vorzeit auszieht. **b) Ausnahmen.** Die ZahlgsPfl entfällt bei 5 S 3. Nicht dazu gehören die Fälle, in denen die Grde im RisikoBer des Verm od in obj Umstd liegen, zB bei allg Unzugänglk; hier entfällt die Verpfl des Mieters zur Mietzinszahlg (vgl §§ 323, 536, 537).

3) Verrechnungspflicht (S 2). **a) Zweck:** Verm soll dch die pers Verhinderg des Mieters keinen Vorteil 6 haben. **b) Ersparte Aufwendungen:** zB Wegfall einer Instandhaltgs- u WartgsPfl (Düss ZMR **85**, 382); verminderte BetrKosten (bei Hotelzimmer idR 20%, Düss NJW-RR **91**, 1143). **c) Anderweitige Verwer-** 7 **tung:** hierzu ist der Verm nicht verpfl. § 254 ist, weil es sich um einen ErfAnspr handelt, keinesf anwendb.

4) Ersatzmiete (NachM; hierzu Heile ZMR **90**, 249) kann dch Eintritt eines neuen Mieters od Abschluß 8 eines neuen MietVertr verwirkl w (§ 549 Rn 23, 24; § 564 Rn 1). Der Verm ist grdsätzl nicht verpfl, den MietVertr auf Verlangen des Mieters aufzuheben, auch wenn dieser einen zumutb, die VertrBedinggen uneingeschr übernehmden Ersatzmieter stellt, gg den keine pers Einwendgen bestehen; denn dem Verm muß es grdsätzl freistehen, nach Beendigg des MietVerh einen neuen Mieter frei auszuwählen u neue VertrBedinggen auszuhandeln (Oldbg OLGZ **81**, 315; Hbg NJW-RR **87**, 657). Das Verhalten des Verm darf aber nicht gg § 242 verstoßen (allgM; zB Mü ZMR **95**, 156). Eine ErsMKlausel, auch mit dem Inhalt, einen ErsM zu stellen, kann vereinb w (Ffm ZMR **91**, 383). **a) Wohnraum.** Hierbei ist eine Interessenabwägg 9 vorzunehmen (hM), wobei dem Verm das alleinige Festhalten am Vertr nicht angelastet w darf (Karlsr NJW **81**, 1741), schon gar nicht, wenn der Mieter aus vorhersehb Grden vorzeit auszieht (Oldbg aaO). Allg muß das Festhalten am Vertr für den Mieter eine gewisse Härte darstellen u der VertrAbschl mit dem gestellten Nachmieter annehmb sein (Heile ZMR **90**, 249 mwN). Für nichtehel LebensGemsch als ErsMieter vgl Hamm NJW **83**, 1564. **b) Andere Räume** (68 vor § 535), insb gewerbl gemietete. Es gelten diese Grdsätze 10 trotz § 549 II S 1 in gleicher Weise; jedoch sind an die Eigng des Nachmieters höhere Anfdgen zu stellen (Heile aaO).

5) Gebrauchsüberlassung an einen Dritten (S 3) geschieht, um die Miets währd der pers Verhinderg 11 des Mieters zu nutzen. **a) Voraussetzungen.** Die GebrÜberlassg an Dr muß den Verm außerstande setzen, dem Mieter den Gebr zu gewähren, insb bei endgült od vorübergehd Weitervermietg. Das gilt entspr, wenn der Verm die Sache selbst benutzt (hM), auch im Fall einer Instandsetzg die übl AusbessergsArb überschreitet (LG Düss WuM **75**, 226) od bei einem Umbau. **b) Wirkung.** Der Mieter ist von der MietZahlg befreit. 12 Er hat grdsätzl nicht eine Mietdifferenz zu zahlen (umstr; vgl BGH NJW **93**, 1645). Der Mieter kann sich aber nicht auf S 3 berufen, wenn dies RMißbr (§ 242 Rn 40) darstellt (BGH aaO), insb wenn der Mieter endgült ausgezogen ist u keine Miete mehr zahlt (Düss WuM **94**, 469), auch wenn der Verm nach Anz an den Mieter zur erzielb MarktM weitervermietet (BGH aaO), zB den Messestand an einen Dr vergibt, der an einem and, freien Stand teilgenommen hätte (Köln NJW-RR **90**, 1232) od dem neuen Mieter die Räume vor Mietbeginn zur Renovierg u Umbau überläßt (Kbl NJW-RR **95**, 394). Bei vorzeit Auszug des Mieters ist

13 Vereinb mit Verm angebracht. **c) Kündigung.** Der Mieter darf idR nicht nach § 542 künd, weil die Entziehg des vertrgem Gebr der Mietsache auf in seiner Pers liegden Grden beruht, nicht aber vom Verm zu vertreten ist. Der Mieter darf nach § 542 künd, wenn der Verm wg der Weitervermietg ihm den vertrgem Gebr der Mietsache nicht einräumen kann, sobald die persönl Verhinderg des Mieters entfällt (BGH **38**, 295 [301]).

552 a *Aufrechnungs- und Zurückbehaltungsrecht.* **Der Mieter von Wohnraum kann entgegen einer vertraglichen Bestimmung gegen eine Mietzinsforderung mit einer Forderung auf Grund des § 538 aufrechnen oder wegen einer solchen Forderung ein Zurückbehaltungsrecht ausüben, wenn er seine Absicht dem Vermieter mindestens einen Monat vor der Fälligkeit des Mietzinses schriftlich angezeigt hat.**

1   **1) Allgemeines. a) Zweck:** Die Beschrkg des Verbots auf den Anspr aus § 538 beruht darauf, daß auch der Verm schutzbedürft ist. Wg der Fremdfinanzierg, die den WoBau erst ermögl, ist idR der Verm auf pktl Eingang der Miete angewiesen, um seine Verpfl abzudecken (vgl BT-Drucks IV/2195 S 4). Das würde dch 2 langwier RStreit wg Aufr u ZbR gefährdet w. **b) Anwendungsbereich:** Nur MietVerh üb WoRaum (Einf 70 vor § 535); daher ist der Ausschl v Aufr (§ 387) u ZbR (§§ 273, 320) bei and MietVerh u bei Pacht grdsätzl unbeschr zul. **c) Analoge Anwendung** des § 552a auf Anspr als die aus § 538 ist wg des Zwecks (Rn 1) 3 u wg des Umkehrschlusses nicht vertretb. **d) Abdingbarkeit:** § 552a ist insof zwingd als Aufrechng u ZbR bei Anspr aus § 538 nicht wirks ausgeschl w können. Die Aufrechng mit and Anspr darf an die fristgem Anz auch im FormularVertr gebunden w (LG Bln ZMR **86**, 313). Bei Miet-AGB können Aufrechnverbote od -beschränkgen wg § 11 Nr 3 AGBG unwirks sein (Celle WuM **90**, 103 [111] mwN). Einer vorher Anz 4 bedarf es dann nicht. **e) Beweislast:** Verm für Vereinbg des Verbots, Mieter für wirks Anzeige (Rn 7).

5   **2) Aufrechnung und Zurückbehaltung** sind auch im MietVerh grdsätzl zuläss, soweit die allg Voraussetzgen der §§ 387ff od der §§ 273, 320 vorliegen; insb auch für Anspr, die nicht aus dem MietVerh stammen. § 552a beschr nur den im FormularVertr häuf Ausschl der Aufrechng (§ 387 Rn 14) u des ZbR (§ 273 Rn 13) für die Anspr des § 538 (Rn 6). Für and Anspr des WoRaumMieters gilt § 552a nicht (vgl Rn 2), so daß bei allen sonst Anspr aus dem MietVerh Aufr u ZbR wirks ausgeschl w können.

6   **3) Verbot der Aufrechnung und Zurückbehaltung** im Vertr ist in den Grenzen des § 552a zuläss (vgl Rn 3). Das Verbot wirkt üb VertrBeendigg u Rückgabe der Miets fort (Hamm NJW-RR **94**, 711 mwN; sehr bestr). Ausübg trotz Verbots ist zuläss bei: **a)** trotz § 538: jede darauf beruhde Fdg, näml auf SchadErs wg einer der 3 Fälle des § 538I (dort Rn 9, 11. 12) od AufwendgsErs aus § 538II (dort Rn 16). 7 **b) Absichtsanzeige:** Empfangsbed WillErkl (§ 130). Schriftform § 126. Frist: 1 Monat (zu berechnen gem §§ 187 I, 188 II, III) vor der idR vertr festgesetzten Fälligk (§ 551) derjen MietZRate, od der folgden, gg die aufgerechnet w soll. Verspätete AbsichtsAnz ist wirks, gilt aber für die nächste MietZRate, vor der ab fristgem wäre. Inhalt: Ankünd der Aufr od des ZbR, Grd u Höhe der GgFdg. Angabe der §§ ist nicht nöt. Überflüss ist die Anz, wenn das MietVerh beendet od aufgehoben ist, die Räume herausgegeben u nur noch wechselseit Anspr abzurechnen sind (BGH NJW-RR **88**, 329 für gewerbl Miete).

553 *Fristlose Kündigung bei vertragswidrigem Gebrauch.* **Der Vermieter kann ohne Einhaltung einer Kündigungsfrist das Mietverhältnis kündigen, wenn der Mieter oder derjenige, welchem der Mieter den Gebrauch der gemieteten Sache überlassen hat, ungeachtet einer Abmahnung des Vermieters einen vertragswidrigen Gebrauch der Sache fortsetzt, der die Rechte des Vermieters in erheblichem Maße verletzt, insbesondere einem Dritten den ihm unbefugt überlassenen Gebrauch beläßt, oder die Sache durch Vernachlässigung der dem Mieter obliegenden Sorgfalt erheblich gefährdet.**

1   **1) Allgemeines. a) Anwendungsbereich:** Miete (einschließl Leasing) u Pacht, nicht Leihe (BGH NJW **92**, 496); alle Miets. Die Vorschr ist anwendb neben § 554a (umstr; aA § 554a subsidiär), der nur für Räume 2 gilt, keine Abmahng, aber Versch voraussetzt (vgl § 554a Rn 3). **b) Abdingbarkeit** ist grdsätzl zu bejahen; bei WoRaum ist sie aber eingeschr u es darf nicht zuungunsten des Mieters abbedungen w (§ 554b). Davon 3 abgesehen können weitere Grde für die fristl Künd vereinb w. **c) Rücktritt** aus § 326 ist nach Überlassg der Miets ausgeschl, wenn der Verm außerord künd kann (BGH **50**, 312), wohl aber mögl vor Überlassg, wenn der Mieter and Pfl verletzt als das Unterl vertrwidr Gebr, zB Verz mit MieterLeistgen (80 vor § 535). 4 **d) Schadensersatz** kann der Verm nur bei Versch (§§ 276, 278) des Mieters verlangen (vgl § 550 Rn 3). Umfaßt auch den dch die Künd entstandenen Schad, aber nur für die Dauer vertragl Bindg (allgM). 5 **e) Mehrheit von Mietern.** Es gnügt, wenn einer von ihnen die Vertrwidrk begeht (Düss ZMR **87**, 423).

6   **2) Voraussetzungen.** Versch (§§ 276, 278) muß weder beim Mieter noch beim Dr vorliegen. Vorausgesetzt wird: **a) Vertragsverletzung** dch vertrwidr Gebr (1. Alt) od Vernachlässigg der Sorgfalt (2. Alt). Sie muß vom Mieter od einem ErfGehilfen (§ 278) ausgehen. Vertrwidr Gebr: § 550 Rn 6. Vernachlässigg der Sorgfalt: kann dch Verletzg der Obhuts- u AnzPfl (§ 545 Rn 4 u 6) erfolg od dch NichtErf einer 7 InstdsetzgHs- u InstdhaltgsPfl (§ 536), die v Mieter übnommen ist. **b) Erheblichkeit.** Beim vertrwidr Gebr muß in dessen Fortsetzg die den Verm treffde RVerletzg erhebl sein, bei der Vernachlässigg die Gefährdg der Miets. Den gesetzl BspFall, bei dem immer die RVerletzg erhebl ist (BGH NJW **85**, 2527), stellt das Belassen des unbefugt einem Dr überlassenen Gebr dar (§ 549 Rn 3, 6). Das liegt auch vor, wenn der Mieter nicht verhindert, daß der Unterm unbefugt weitervermietet (Hamm NJW-RR **92**, 783), ebenso bei unbefugter UnterVermietg u Aufn zum MitGebr der Wohng (BayObLG ZMR **91**, 64). Nicht Dr sind die FamAngeh des Mieters, insb seine Kinder (BGH NJW **93**, 2528). Auch eine erhebl Übbelegg einer Wo ist KündGrd nur dann, wenn dadch im Einzelfall die VermRe erhebl beeinträcht w (BVerfG NJW **94**, 41; BGH aaO). VorlageBeschl v Hamm ZMR **93**, 109); Wohnen in Räumen, die nur gewerbl gemietet sind (Düss ZMR **87**,

423); Übergang von priv zu gewerbl Nutzg (Karlsr Just **88**, 358); Benutzg einer Wo zu bordellart Betr (AG MönchenGl ZMR **93**, 171) od Prostitution in bürgerl WoHaus (LG Lüb NJW-RR **93**, 525). **c) Abmah-** 8 **nung:** wie § 550 Rn 8. Sie muß sich immer an den Mieter richten, auch wenn der vertrwidr Gebr von einem Dr ausgeht (hM). Künd muß nicht angedroht w. Entbehrl ist die Abmahng, wenn sie ungeeignet ist, künft VertrVerletzgen zu unterbinden (Düss JR **91**, 379: Fahren ohne Führerschein bei Kfz-Miete).

3) Kündigung. Es gilt grdsätzl § 564 Rn 8–16, bei WoRaum außerdem § 564a. Die Künd ist außerord, 9 sie ist unheilb nichtig, wenn eine der Voraussetzgen (Rn 6–8) fehlt (vgl auch § 554 Rn 2). Sie muß nach Abmahng, aber nicht vor Beendigg des vertrwidr Gebr erfolgen od gar zugehen (aA LG Duisbg NJW-RR **86**, 1345 mwN), kann aber, wenn sie nicht innerh angem Fr ausgeübt wird, verwirkt w (§ 242 Rn 103 aE). Inf unzuläss RAusübg kann die erkl Künd unwirks sein, wenn der Mieter im Ztpkt der Künd einen Anspr auf ErlaubnErteilg gem § 549 II (vgl dort Rn 12) hatte (hM; BayObLG ZMR **91**, 64 mwN). SchadErsPfl des Verm bei unwirks fristl Künd wie § 564 Rn 15.

554 *Fristlose Kündigung bei Zahlungsverzug.* [1] **Der Vermieter kann das Mietverhältnis ohne Einhaltung einer Kündigungsfrist kündigen, wenn der Mieter**

1. für zwei aufeinanderfolgende Termine mit der Entrichtung des Mietzinses oder eines nicht unerheblichen Teils des Mietzinses im Verzug ist, oder

2. in einem Zeitraum, der sich über mehr als zwei Termine erstreckt, mit der Entrichtung des Mietzinses in Höhe eines Betrages in Verzug gekommen ist, der den Mietzins für zwei Monate erreicht.

Die Kündigung ist ausgeschlossen, wenn der Vermieter vorher befriedigt wird. Sie wird unwirksam, wenn sich der Mieter von seiner Schuld durch Aufrechnung befreien konnte und unverzüglich nach der Kündigung die Aufrechnung erklärt.

[II] **Ist Wohnraum vermietet, so gelten ergänzend die folgenden Vorschriften:**

1. Im Falle des Absatzes 1 Satz 1 Nr. 1 ist der rückständige Teil des Mietzinses nur dann als nicht unerheblich anzusehen, wenn er den Mietzins für einen Monat übersteigt; dies gilt jedoch nicht, wenn der Wohnraum zu nur vorübergehendem Gebrauch vermietet ist.

2. Die Kündigung wird auch dann unwirksam, wenn bis zum Ablauf eines Monats nach Eintritt der Rechtshängigkeit des Räumungsanspruchs hinsichtlich des fälligen Mietzinses und der fälligen Entschädigung nach § 557 Abs. 1 Satz 1 der Vermieter befriedigt wird oder eine öffentliche Stelle sich zur Befriedigung verpflichtet. Dies gilt nicht, wenn der Kündigung vor nicht länger als zwei Jahren bereits eine nach Satz 1 unwirksame Kündigung vorausgegangen ist.

3. Eine zum Nachteil des Mieters abweichende Vereinbarung ist unwirksam.

1) Allgemeines. a) Anwendungsbereich. Abs I gilt für alle MietVerh, Abs II nur für WoRaum. **b) Ab-** 1 **dingbarkeit:** Abs II ist zwingd, soweit die Vereinbg den Mieter rechtl od wirtsch benachteil. Das gilt nur bei WoRaum (Einf 70 vor § 535) u folgt unmittelb aus Abs II Nr 3. Bei MietVerh, die nicht WoRaum betreffen, sind Abänd zuungunsten des Mieters häuf u zuläss, erst recht zugunsten des Mieters (BGH NJW-RR **87**, 903). Eine Abweichg zuungunsten des Mieters verstößt idR gg § 9 AGBG (hM; BGH NJW **87**, 2506); dies trifft schon zu, wenn die Heilg gem Abs II Nr 2 ausgeschl w (BGH NJW **89**, 1673). **c) Allge-** 2 **meine Voraussetzungen** der außerord Künd: zunächst § 564 Rn 8–16. Außerdem ist zu beachten: Abtretg der MietzinsFdg berührt das KündR nicht. Das KündR u dessen auch nur teilw erf Voraussetzgen gehen auf den Erwerber nur nach § 571 über (umstr; vgl Sonnenschein ZMR **92**, 417 [425]). Eine vertragl vorgeschr schriftl ZahlgsAuffdg muß eindeut sein (BGH **LM** Nr 10). Fehlt eine Voraussetzg der Künd, ist sie unheilb nichtig (wie § 553 Rn 7) u kann nicht in ein Angebot zur Aufhebg des MietVerh (§ 305) umgedeutet w (BGH NJW **84**, 1030 mwN). Bei einverständl Auszug (od Rückg der Miets) ist stillschw VertrAufhebg gem § 305 denkb. Der Künd steht nicht entgg, daß ein Mietausfallbürge noch nicht in Anspr genommen ist (BGH WM **72**, 335). Dem Verm darf der RäumgsAnspr nicht aus dem Grd versagt w, er müsse erst gesondert den ZahlgsAnspr einklagen (BVerfG NJW **89**, 1917). **d) Erlöschen** des KündR (ohne Einfluß auf 3 SchadErsAnspr wg ZahlgsVerz). Verzicht kann in vorbehaltloser Ann v Teilzahlgen liegen (vgl § 266). Nimmt der Verm mehrmals eine die Künd begründde verspätete Zahlg an, muß er, um das KündR nicht über § 242 Rn 103 aE zu verlieren, den Mieter vorher darauf hinweisen, daß er in Zukunft sein KündR ausüben werde, oder er muß abmahnen (BGH NJW **59**, 766). Die Abmahng (formlos, Hamm ZMR **94**, 560) kann in einer Räumgs(Herausg)Kl od in einer (unwirks) RücktrErkl liegen (BGH WM **71**, 1439). Der Verm muß aber nicht RäumgsKl erheben (BGH WM **88**, 62). Für Bew v Abmahng od Hinw empfiehlt sich schriftl Bestätig des Mieters (§ 416 ZPO) od Einschreiben mit Rückschein. **e) Schadensersatzanspruch.** 4 **aa)** VerzSchad aus der verspäteten Zahlg (insb Zins) kann aus § 286 verlangt w. **bb)** Sonstiger Schad kann ohne FrSetzg u Androhg (BGH stRspr NJW **84**, 2687 mwN) verlangt w wohl aus pVV (§ 276 Rn 128), insb entgangener MietZ bis zur WeiterVermietg (Ffm ZMR **93**, 64) od eine MietZDifferenz (Düss DWW **91**, 19), aber nur für die Dauer der vertragl Bindg (allgM). **f) Ordentliche Kündigung,** auch wg fortlaufd unpünktl Zahlg bleibt mögl (§ 564b Rn 35, 36).

2) Kündigungsgründe (Abs I S 1 Nr 1 u 2). Sie sind alternat u setzen voraus: **a) Mietrückstand** betr die 5 MietzinsZahlg (§ 535 Rn 29) mit Einschl der laufden Nebenentgelte (§ 535 Rn 37; hM; Ffm NJW-RR **89**, 973), zB Heizkostenvorschüsse (LG Bln NJW-RR **86**, 236). Maßgebder Ztpkt ist Zugang (§ 130) der Künd (LG Köln NJW-RR **91**, 208). Es genügt, wenn neben einem Rückstd vom einem Monat der Mieter erkl, er könne in Zukunft nicht mehr zahlen (Düss NJW-RR **91**, 1353). Ein einmaliger NebenentgeltsRückstd genügt nicht (Kblz NJW **84**, 2369 mwN; LG Hbg NJW-RR **92**, 1429: es bleibt § 564b od § 554a). Der MRückstd darf auch nicht verjährt sein (LG Bln MDR **83**, 843). Die sog RechtzeitKlausel (maßgebd ist Eingang auf VermKonto) ist zuläss (hM; LG Bln NJW-RR **93**, 144 mwN). Mit Termin ist die Fälligk gem

§ 551 II u die vertr gemeint. Rückstd aus einer rückwirkd erhöhten Miete ist nicht geeignet (LG Köln WuM **93**, 191). Fehlgeschätzte MietZMinderg (§ 537) ist grdsätzl geeignet (vgl LG Hann NJW-RR **95**, 330). Bei
6 MieterhöhgsBetr ist § 9 II MHG zu beachten. Der Umfang des Rückstands muß betragen: **aa) Aufeinanderfolgende Termine** (Abs I Nr 1). Ob der nicht bezahlte Teil unerhebl ist, muß im Verh zur vollen Mietzinsrate mit Rücks auf die Umst des Einzelfalles (insb Kreditwürdk des Mieters) beurt w. MindBetr bei WoRaum: Abs II Nr 1; auch dabei sind Nebenentgelte einzurechnen (§ 535 Rn 37). Vermietg zu vorübgehdem Gebr: wie § 556a Rn 5. Da Abs II Nr 1 eine SchutzVorschr für den bes schutzbedürft WoRaummieter darstellt, ist ein MietRückst v einem Monat bei and MietVerh erst recht erhebl (Both NJW **70**, 2197). Maßgebd ist immer der GesamtRückstd, bezogen auf die Summe der beiden Termine, nicht der Rückstd für
7 den einzelnen Termin (BGH ZMR **87**, 289). **bb) Mehrere Termine** (Abs I Nr 2): Hier muß der Zahlgs-Rückstd nicht wie bei Nr 1 in 2 aufeinanderfolgen Terminen, sond kann in einem längeren ZtRaum eintreten. Gekünd werden kann, sobald der GesamtRückstd 2 Monatsmieten erreicht; denn die Dauer des Verz ist unerhebl. Er muß sich nicht in Höhe von 2 Monatsmieten üb 2 Monate erstrecken (LG Bln ZMR **92**, 24; Nierwetberg NJW **91**, 1804 mwN). Entspr anwendb bei wöchentl MietZahlg (Schmidt-Futterer/
8 Blank B 169), nicht bei längeren ZahlgsAbschnitten (MüKo/Voelskow 8). **b) Verzug** gem § 284. Da die Fällig kalendermäß bestimmt w (vgl § 551 Rn 1), bedarf es keiner Mahng (§ 284 Rn 22). Eine KarenzZt zG des Mieters besteht nicht (Mezger NJW **72**, 2071; aA LG Bln NJW **72**, 1324). Zahlgsunfähk schließt den Verz nicht aus (§§ 279, 285). Der Verz kann aber unverschuldet ausgeschl sein (§ 285), zB rechtzeit abgesandtes Geld kommt verspätet an; Mieter hält sich irrtüml ohne Fahrlässk zur Aufrechng (§ 387) od Zurückbehaltg (§§ 273, 322) für berecht od auch zur Minderg gem § 537 (hierzu Fischer ZMR **94**, 309 mwN). Auch der Rat des RAs darf dann wg § 278 nicht schuldh falsch sein (Fischer aaO; aA LG Karlsr WuM **90**, 294).

9   **3) Heilung der Verzugsfolgen** hinsichtl der Künd. **a) Vor der Kündigung** (Abs I S 2). Ausgeschl ist sie bei allen MietVerh, wenn der Verm vor dem Zugang der Künd (§ 130) befried w, vollständ für den ges Rückstd, nicht nur dch eine Teilleistg (BGH ZMR **71**, 27). Befriedigg kann auch dch ErfSurrogate, insb Aufrechng geschehen (Soergel/Kummer 10), soweit nicht eine Vereinbg entggsteht od § 552a eingreift, u zwar für alle bis Ablauf der SchonFr fäll gewordenen Beträge (MüKo/Voelskow 20; nicht nur derjen, auf die die Künd gestützt war). Bei Geldüberweisg kommt es auf die sog ZtGefahr an (vgl § 270 Rn 6, 7). Bei Einzahlg auf Bankkonto od Post am ErfOrt genügt immer die Einzahlg od Absendg der Übweisg vor dem Zugang der Künd (hM; LG Bln NJW-RR **93**, 144 mwN; LG Hdlbg WuM **95**, 485; Staud/Emmerich 27b mwN). BewLast: Mieter, daß vor Künd gezahlt od nach Zahlg gekünd ist (hM; Bender ZMR **94**, 251
10 mwN). Verm für den Bestand der Fdgen, auf die er sich für die nicht vollständ Erf beruft. **b) Nach der Kündigung** (Abs I S 3, II Nr 2), dh nach ihrem Zugang (§ 130). Sie wird unwirks, gleichbedeutd mit nichtig (vgl Übbl 26 vor § 104). Das alte MietVerh lebt wieder auf (aA: fingierter Fortbestd des alten
11 MietVerh). **aa) Bei allen Mietverhältnissen** (Abs I S 3) dch Bestehen einer AufrLage (§ 387) zZt der Künd u unverzügl (wie § 121) AufrErkl (§ 388). Die Aufr muß den ges Rückstd decken u zul sein (LG Ffm WuM
12 **74**, 28). **bb) Bei Wohnraummietverhältnissen** (Abs II Nr 2; Einf 70 vor § 535). Für Rückstd aus MietErhöhg SoRegelg in § 9 II MHG. **(1) Anwendbar** nur, wenn nicht innerh v 2 Jahren vor der KündErkl eine an sich gem Abs I S 1 begründete Künd erkl w u allein dch Abs II Nr 2 S 1 unwirks gew ist (Abs II Nr 2 S 2). Der Ausschluß des sog NachholgsRs müßte erst recht gelten, wenn die Künd wg ZahlgsVerz wirks war u der Verm aus Nachsicht od Entggkommen dann trotzdem das MietVerh fortges hat (aA LG Bln MDR **92**,
13 479 mwN). **(2) Voraussetzungen:** Befriedigg (wie Rn 9) bis 1 Monat nach Eintritt der RHängk (§ 261 ZPO) des RäumgsAnspr (§ 556). Es genügt, wenn der Verm schon zw Künd u Rechtshängk der RäumgsKl befried w (hM; KG ZMR **85**, 52 mwN). Die Aufrechng ist dch § 552a entscheidd beschr (Oske WuM **84**,
14 178). **(3) Umfang:** gesamter MietRückst u die fäll Anspr aus § 557 I S 1, oder die darü hinausgehde Schad (einschließl ProzKosten) u VerzZinsen (LG Bln MDR **89**, 357). Der Verm kann, wenn Kosten u Zinsen nicht bezahlt w, über § 367 II die Heilg nicht verhindern (Weber ZMR **92**, 41). Bei Fdgen, die der Verm
15 bisher nicht geltd gemacht hat, kann zuG des Mieters § 242 eingreifen (Scholz WuM **87**, 135). **(4) Öffentliche Stelle:** insb die SozHilfeBeh; sie muß sich auch innerh der SchonFr bindd verpfl, nicht nur bedingt (Karl NJW **91**, 2124); im selben Umfang den Verm zu befried. Die Erkl muß dem Verm innerh der Fr zugehen (§ 130; BayObLG NJW **95**, 338).

554a   *Fristlose Kündigung wegen Pflichtverletzung.* **Ein Mietverhältnis über Räume kann ohne Einhaltung einer Kündigungsfrist gekündigt werden, wenn ein Vertragsteil schuldhaft in solchem Maße seine Verpflichtungen verletzt, insbesondere den Hausfrieden so nachhaltig stört, daß dem anderen Teil die Fortsetzung des Mietverhältnisses nicht zugemutet werden kann. Eine entgegenstehende Vereinbarung ist unwirksam.**

1   **1) Allgemeines.** § 554a ist neben § 553 anwendb u nicht subsidiär (vgl dort Rn 1; umstr). Die Vorschr ist unabdingb (BGH NJW **92**, 2628). Rücktr aus §§ 325, 326 ist nach Überlassg der Mietsache ausgeschl, wenn Künd mögl ist (vgl § 553 Rn 2). Eine Künd vor Beginn des MietVerh läßt Düss NJW-RR **95**, 1100 zu. Ausgeschl ist Wegfall der GeschGrdlage, soweit daraus ein RücktrR abgeleitet w soll (Stötter NJW **71**, 2281 mwN). Eine Künd aus diesem RGrd ist jedenfalls bei WoRaum ausgeschl (LG Bln WuM **86**, 251; für gewerbl Räume zugelassen v BGH WM **73**, 694), weil insow aus wicht Grd gekünd w kann (Rn 5, 6).

2   **2) Voraussetzungen** der außerord Künd gem § 554a sind nicht FrSetzg zur Abhilfe u Abmahng (BGH NJW **92**, 496; Schläger ZMR **91**, 41). Sie sind aber mögl u können Unzumutbk im Einzelfall begrden. Voraussetzgen sind: **a) Kündigungserklärung:** § 553 Rn 9. Sie ist an keine Fr gebunden; jedoch kann
3 langes Zuwarten Indiz für Zumutbk sein (BGH WM **83**, 660). **b) Vertragsverletzung** (auch einmalige): wg § 553 nur solche, die keinen vertrwidr Gebr der Mietsache darstellen u wg des Wortlauts nicht unter §§ 542, 554 fallen (bestr). Gilt für Mieter u Verm. **c) Verschulden:** §§ 276, 278. **d) Unzumutbarkeit** der
4 Fortsetzg des MietVerh. Maßstab wie Rn 5. **e) Beispiele:** Verstöße gg die HausO (§ 535 Rn 11) od bei gewerbl vermieteten Räumen gg die Gebr- u BetrPfl (vgl § 550 Rn 6), zB dch Stillegg des Einzelhandels (LG

Hann ZMR **93**, 280); fortwährde Belästigg der Hausinwohner; Beleidigg od Mißhandlg des Verm; trotz Mahng unterbliebene Abrechng u Zahlg von Nebenkosten (Düss DWW **91**, 79 für Pacht); öff Anprangerg des Verm dch Aushängen eines Transparents (LG Mü I WuM **83**, 263); bewußt wahrhwidr Behauptg der Zweckentfremdg v WoRaum dch den Verm (LG Ffm NJW-RR **94**, 142); Aufgabe der Milcherzeugg auf Pachtland (BGH **118**, 351). Nicht die Mitgliedsch in einer Vereinigg gg die Umwandlg von Mietwohngen in EigtWohngen (LG Kassel WuM **81**, 211).

3) Außerordentliche Kündigung aus wichtigem Grund bleibt, auch wenn § 554a nicht erf ist, mögl. 5 **a) Allgemeines.** § 554a ersetzt den allg RGrds, daß ein DauerschuldVerh entspr § 626 u aGrd des § 242 fristlos gekündigt w kann, nicht völlig, denn er bezieht sich nur auf schuldh VertrVerletzg. Das ist für MietVerh, die nicht WoRaum betreffen, allgM, gilt aber trotz § 554b auch für MietVerh über WoRaum (vgl § 554b Rn 1; MüKo/Voelskow 3). Zwar werden idR Grde nur als wicht anzusehen sein, wenn sie verschuldet sind; jedoch können auch unverschuldete Umst so bedeuts sein (vgl Rn 6), daß dem anderen Teil nicht zuzumuten ist, am Vertr festzuhalten (hM), auch wenn der Kündigde selbst einen wicht Grd erf hat (MüKo/Voelskow 7). **b) Wichtiger Grund** ist insb gegeben, wenn das VertrauensVerh zw Verm u Mieter endgült 6 zerstört ist (vgl BGH NJW **69**, 1845), auch dch Umst, die vor Beginn des VertrVerh liegen, wie Verletzg vorvertragl Pfl und Versch bei VertrSchluß. Alsbaldige KündErkl ist geboten (LG Heilbr ZMR **91**, 388 mwN). Bsp: Verletzg einer vereinb gewerbl BetrPfl (BGH NJW-RR **92**, 1032); wiederholte u nachhalt Störg des Hausfriedens dch unverschuldete, insb krankhbedingte Hdlgen, wenn fortgesetzt höchstpersönl Rechtsgüter verletzt od gefährdet w (LG Köln MDR **74**, 232; für entspr Anwendg des § 553: LG Bielefeld ZMR **68**, 172), wiederh grobe (LG Köln WM **93**, 349) od öff formal Beleidiggen (LG Köln DWW **88**, 325); unberecht Anzapfen einer Stromleitg (LG Köln NJW-RR **94**, 909). Fortdauernde unpünktl Zahlg kann wicht Grd sein (BGH NJW-RR **88**, 77; bestr); jedenf bei gewerbl Miete od Pacht (Kblz NJW-RR **93**, 583) u bei alsbald Künd (LG Heilbr NJW-RR **92**, 77). Abmahng mit Androhg der Künd ist dafür nicht zwingende Voraussetzg (Oldbg NJW-RR **92**, 79; aA LG Ffm WM **92**, 370), berecht dann aber umso eher (vgl LG Bln MDR **88**, 55; LG Hbg NJW-RR **86**, 11). Eine darauf gestützte fristl Künd wird dch § 554 nicht ausgeschl (BGH **LM** § 554b Nr 1), eine ordentl gem § 564b II Nr 1 (dort Rn 35, 36) bleibt mögl (Langenberg WuM **90**, 3); keine Heilg gem § 554 II Nr 2 (BGH NJW-RR **88**, 77). Kein wicht Grd für Künd des Mieters ist die notw Einstellg od Umstellg eines GewerbeBetr in den hierfür gemieteten Räumen; ebensowen das verschwiegene SichEigt Dr an der Miets (Düss DWW **91**, 16); auch nicht allein eine Vielzahl v Prozessen zw Verm u Mieter (Hamm NJW-RR **93**, 17). **c) Beweislast** trägt für den wicht Grd idR derjen, der künd. 7 Ausn: Bei falscher Verdächtigg u übler Nachrede trägt sie der Behauptde (Reichert/Leininger ZMR **85**, 402).

4) Sonstige Rechtsfolgen der Künd gem § 554a. **a) Schadensersatzansprüche. aa)** Aus pos VertrVer- 8 letzg bei Versch sind mögl: **(1)** Bei beiderseit schuldh Zerrüttg des VertrauensVerh auch für den VertrGegner, der nicht kündigt, über § 254 I (BGH NJW **69**, 1845). **(2)** Bei grdloser, daher unwirks Künd mit Entziehg od Verweigerg des Gebr u Versch des Verm: wie § 564 Rn 15. **bb)** Die Kosten für Umzug u ErsRäume gehören nur dann zum Schad, der zu ersetzen ist, wenn gerade die VertrVerletzg zur Künd berecht (BGH MDR **74**, 838). **b) Unterlassungsanspruch,** näml Anspr auf vertrgem Verhalten, steht dem 9 Verm nach § 550 zu, dem Mieter nach § 536 (dort Rn 17).

554b *Vereinbarung über fristlose Kündigung.* **Eine Vereinbarung, nach welcher der Vermieter von Wohnraum zur Kündigung ohne Einhaltung einer Kündigungsfrist aus anderen als den im Gesetz genannten Gründen berechtigt sein soll, ist unwirksam.**

Anwendungsbereich: nur bei MietVerh über WoRaum (vgl Einf 70 vor § 535) u nur für die Künd des 1 Verm. Im übr können best Gründe als Voraussetzg einer fristlosen Künd frei vereinb w, ohne Rücks darauf, ob der vereinb Grd ein wicht Grd ist, der sowieso zur fristlosen Künd berecht (vgl § 554a Rn 5, 6). § 554b bezieht sich nur auf vereinb, nicht auf die gesetzl KündGrde. **Wirkung:** die dem § 554b entggstehde 2 Vereinbg ist unwirks, führt aber nicht zur Unwirksk des ganzen Vertr. § 139 ist nicht anwendb, da § 554b, dessen Zweck auf den SozSchutz des Mieters gerichtet ist, die RFolge speziell regelt.

555 *(aufgehoben)*

556 *Rückgabe der Mietsache.* **I Der Mieter ist verpflichtet, die gemietete Sache nach der Beendigung des Mietverhältnisses zurückzugeben.**

II Dem Mieter eines Grundstücks steht wegen seiner Ansprüche gegen den Vermieter ein Zurückbehaltungsrecht nicht zu.

III Hat der Mieter den Gebrauch der Sache einem Dritten überlassen, so kann der Vermieter die Sache nach der Beendigung des Mietverhältnisses auch von dem Dritten zurückfordern.

1) Rückgabepflicht des Mieters (Abs I), auch des Unterm ggü dem Zw- od Hauptm (Mü NJW-RR **89**, 1 524 für Pacht). Abweichde Vereinbg sind zul (allgM). Der RückgAnspr änd sich nicht dch Konk des Mieters (BGH NJW **94**, 3232). **a) Voraussetzung** ist allein die Beendigg des MietVerh, gleich auf welche Weise (vgl § 564 Rn 1–4), nicht daß der Mieter Bes hat (vgl Rn 2). **b) Rückgabe** geschieht grdsätzl dadch, daß 2 dem Verm der unmittelb Bes (§ 854) eingeräumt w. Das gilt auch, wenn der Mieter weder mittelb noch unmittelb Bes hat (BGH **56**, 308). Erfüllt wird auch bei ZwRäumg dch den GerVollz (BayObLG NJW-RR **89**, 1291). Der Anspr kann gem § 128 HGB auch gg den ggf ausgeschiedenen Gesellsch geltd gemacht w (BGH NJW **87**, 2367). Abtretg des HerausgAnspr gg einen Dr genügt nicht (BGH aaO); diesen Anspr hat der Verm sowieso (Abs III). Ebensowenig genügt die Erkl, ein R auf Bes od Nutzg nicht mehr in Anspr zu

nehmen (Brem OLGZ **72**, 417). Zurücklassen einzelner Sachen steht der Rückg nicht entgg (Düss ZMR **87**, 215 u **88**, 175). Bei Räumen sind grdsätzl alle (auch selbst angefert) Schlüssel abzugeben (Mü DWW **87**, 124; für Ausn: Hbg ZMR **95**, 18). Eingebrachte Sachen sind fortzuschaffen. Heizöl im Tank eines EinFamHauses fällt darunter (LG Mannh WuM **75**, 244); jedoch kann wg § 226 der Verm idR die Entferng nicht verlangen; bei fehlder Einigg wird über § 812 ausgeglichen. Namensschilder sind zu entfernen; aber bei Gew u freiem Beruf HinwSchilder auf neue Gesch- od Praxisräume für angem Zeit zu gestatten (Düss NJW **88**, 2545). Für
3 zurückbleibde Sachen trifft den Verm die verkübl SorgfaltsPfl (MüKo/Voelskow 10 mwN). **c) Zustand der Mietsache** muß ordngsgem sein. Trifft dies nicht zu u nimmt der Verm die Sache an, so ist die Rückg gleichwohl wirks. Der Verm gerät aber nicht in AnnVerz, wenn die Miets sich nicht in vertrgem Zustand
4 befindet (aA BGH **86**, 204 = JR **83**, 362 m abl Anm v Haase). **aa)** Der Mieter ist verpfl, Einrichtgen, mit denen er die Mietsache versehen hat, zu entfernen (BGH NJW **81**, 2564 mwN), auch wenn mit Zust des Verm geschehen (Düss ZMR **90**, 218) u in dessen Eigt stehd (BGH NJW-RR **94**, 847 mwN) od vom VorM eingebaut (Hbg ZMR **90**, 341). Daher sind auch, wenn vertragl nichts and bestimmt ist, bei Grdst vom Mieter errichtete Gebäude u Bauten zu beseit (BGH **96**, 141 [144] u NJW-RR **94**, 847; MüKo/Voelskow 9 mwN) u ist bei baul Veränderung der ursprüngl Zustd wiederherzustellen (vgl § 547 a). Hat der Mieter diese Pfl bei Abschl des Vertr übernommen u ist ihre Erf mit erhebl Kosten verbunden, kann sie HauptleistgsPfl
5 sein (vgl BGH **104**, 6 [11] u NJW **77**, 36). **bb)** Fällig sind diese Anspr am Tage der Beendigg des MietVerh
6 (BGH NJW **89**, 451 mwN; bestr). Verjährg: § 588 (dort Rn 2; BGH NJW **95**, 232). **cc)** NichtErf begründ
7 SchadErsAnspr (vgl BGH **49**, 56 [59] u NJW aaO; vgl auch § 548 Rn 6). **dd)** Ist bei einem gewerbl MietVertr die Wiederherstellung des früh Zustds vertr vereinb u übnimmt der MietNachf Um- u Einbauten, so hat er den früh Zustd auch dann herzustellen, wenn dies im Einvernehmen mit dem Verm geschieht (Hbg ZMR **90**, 341). Beabsicht der Verm den Umbau der Räume derart, daß die WiederherstellungsArb des Mieters beseit w, entfällt der WiederherstellgsAnspr u dem Verm steht auch keine AusgleichsZahlg zu
8 (BGH **96**, 141). **ee)** Abnutzg u Wertminderg dch vertragsm Gebr gehen zu Lasten des Verm (§ 548).
9 **d) Fälligkeit:** sofort nach Mietbeendigg (Rn 1). Wird bei WoRaum RäumgsFr vom Gericht gewährt (§§ 721, 794 a ZPO), so ist wg § 557 III SchadErs, nicht aber Verz ausgeschl (umstr). Das MietVerh bleibt beendet. Bei Miete v gewerbl Räumen ist die gerichtl RäumgsFr ohne mat-rechtl Wirkg (BGH NJW-RR **87**, 907). Bewilligt der Verm eine RäumgsFr, so muß ausgelegt w, ob die Herausg gestundet ist od nur auf zwangsw Räumg verzichtet w (BGH aaO). Ob Rückg von bewegl Sachen Bringschuld ist, erscheint
10 zweifelh (vgl § 269 Rn 13). **e) Folgen verspäteter Rückgabe:** § 557. Mieter ist auch in der Zeit nach Beendigg des MietVerh bis zur Rückg der Mietsache obhutspflichtig (vgl § 545 Rn 1; BGH **LM** Nr 2). Verwirkg (§ 242 Rn 87) im Falle unterlassener UrtVollstr wird v Hamm MDR **82**, 147 im Einzelfall
11 angenommen. **f) Mehrheit von Mietern.** Es gilt § 431. Kann die Rückg nur dch einen v mehreren Mietern vertrgem erfolgen, so haften die and für die Verletzg der RückgPfl als GesSchu (BGH NJW **76**, 287 [Mietwagen]; Düss ZMR **87**, 423 [GewRäume]). Bei unbewegl Sachen bringt der Auszug eines Mitmieters den Anspr aus § 556 mangels Rückg auch dieses Mieters nicht zum Erlöschen (Rn 2; Scholz WuM **90**, 99
12 mwN; aA MüKo/Voelskow 13 mwN; Schlesw NJW **82**, 2672). **g) Mitbesitz:** vgl § 866. Solange der mitbesitzde Eheg des zur Räumg verpfl Mieters das BesR nicht abgeleitet, ist ein RäumgsTitel (vgl
13 § 885 ZPO) gg ihn nicht notw (LG Kiel WuM **82**, 304). **h) Verfrühte Rückgabe** (bzw Auszug) der Miets dch den Mieter verpfl den Verm grdsätzl nicht zur anderweit Vermietg (BGH WM **84**, 171 für Pacht).
14 **i) Verjährung.** RückgAnspr: § 195 (einschl Zubehör; § 195 Rn 5); § 558 gilt nicht (dort Rn 9). SchadErs-Anspr wg Veränd od Verschlechterg: § 558 (auch für konkurr Anspr; § 194 Rn 6). § 558 gilt auch für den BeseitiggsAnspr (Rn 4; Düss DWW **93**, 138). **j) Beweislast** für Rückg trägt der Mieter (LG Köln VersR **94**, 690).

15   **2) Ausschluß des Zurückbehaltungsrechts** (Abs II). **a) Zweck:** In diesen Fällen stehen die GgAnspr des Mieters in keinem Verh zum Wert der Miets; zudem besteht die Gefahr hohen Schadens. **b) Anwendbar:** Nur bei Miete eines Grdst, einer Wohng od sonst Raums (§ 580), auch iF des Abs III (allgM). Nicht bei WerkDWo (§ 565 e; RGRK/Gelhaar 14). Bei bewegl Sachen gelten §§ 273, 274, bei Fortsetzg des MietVerh
16 auch § 557 (BGH NJW **75**, 1773). **c) Abdingbarkeit** ist zu bejahen (RG **139**, 17). **d) Anspruch des Vermieters** muß der RückgAnspr aus Abs I sein, so daß Abs II nicht gilt, wenn der MietVertr nichtig, insb wirks angefochten ist (hM; BGH **41**, 341), weil dann der HerausgAnspr nur auf § 985 od § 812 gestützt w kann, wofür Abs II unanwendb ist. Bei AnsprKonkurrenz zw Abs I u § 985 gilt Abs II selbstverständl, weil
17 der Eigtümer als Verm nicht schlechter gestellt sein darf als der vermietde NichtEigt. **e) Ansprüche des Mieters.** Es fallen grdsätzl alle unter Abs II. Bei vorsätzl unerl Hdlg kann auch unzuläss RAusübg (§ 242 Rn 38) entggstehen (RG **160**, 88 [91]). Dies ist auch mögl, wenn mit dem Mieter ein wirks VorVertr (3 vor § 535) besteht (Köln NJW-RR **92**, 1162).

18   **3) Herausgabeanspruch gegen Dritte** (Abs III). **a) Zweck:** soll dem Verm den RückgAnspr auch für den Fall geben, daß er nicht Eigtümer ist. Abs III ergänzt daher § 549. **b) Anwendbar** auf alle Miet- u PachtVerh (§ 581 II), insbes auf and GebrÜberlassgsVerh mögl (Soergel/Kummer 31). **c) Rechtsnatur:** schuldrechtl Anspr ggf neben § 985 (BGH **79**, 232 [235]), auch gg den mittelb Besitzer (§ 868) gerichtet (Hamm NJW-RR **92**, 784) u solche Dr, die nicht Mieter geworden sind, zB der Ehegatte (Schlesw ZMR **93**,
19 69). **d) Voraussetzungen: aa)** Wirks zustandegekommener (Haupt)MietVertr (RG **136**, 33). Ohne diesen besteht ggf nur Anspr aus § 985. **bb)** GebrÜberlassg an Dr (§ 549 Rn 3) dch den (Haupt)Mieter od einen v mehreren (AG Stgt ZMR **75**, 305). Auch bei Einverständn des Verm. **cc)** Rechtl, nicht nur tats Beendigg des (Haupt)MietVerh. **dd)** Auffdg des (Haupt)Verm an den Dr, die Miets zurückzugeben (RG **156**, 150).
20 Dies kann schon vor Ende des (Haupt)MietVerh geschehen (MüKo/Voelskow 26; bestr). **e) Wirkung. aa) Hauptmiete.** Der Anspr tritt neben den des (Haupt)Mieters aus Abs I. Für diesen gilt § 428, sodaß der Dr dch die Leistg an einen v beiden befreit w (RGRK/Gelhaar 21). (Haupt)Mieter u Dr sind dem (Haupt)Verm ggü GesSchuldner (§ 431; allgM). Dem Eigt ggü kann der Unterm gem § 986 I S 1 die Einwendgen des Hauptm entggsetzen. Ist das UntermietVerh noch nicht beendet, hat der Dr gg den Hauptmieter Anspr aus § 541 (Jau/Teichmann 4). Gehindert ist der Anspr aus § 242, wenn der Hauptmiet-

Vertr einvernehml aufgeh wird, um den KündSchutz des Unterm zu umgehen (hM). Das gilt nicht bei gewerbl Räumen (KG ZMR 88, 137). **bb) Zwischenmiete** (Einf 8 vor § 535, § 549a). Im Verh zum Verm 21 steht der Mieter des ZwVerm dem UnterM (vgl § 549) grdsätzl gleich. Insbes tritt auch der Anspr des Verm aus Abs III neben den Anspr des ZwVerm aus § 556 I (Mü NJW-RR **89**, 524 für Pacht). Der ZwVerm kann auch Herausg an den Verm verlangen (Mü aaO). Bei WoRaum kann der Mieter grdsätzl den KündSchutz (§ 556a u 564b) nicht nur dem ZwVerm uneingeschr entgghalten, sond auch dem Verm (Eigtümer). Das ist seit BVerfG NJW **91**, 2272 wohl allgM, gilt aber nicht, wenn der Zweck des HauptMVertr nicht in der WeiterVermietg zu WoZwecken besteht (BVerfG NJW **93**, 2601; LG Kiel NJW-RR **93**, 1162). Im Streitfall ist es interessengerecht, auf den Inhalt des MietVertr von ZwVerm u Mieter zurückzugreifen (Hornick ZMR **92**, 224). Der Grdsatz gilt daher nicht, wenn der ZwVerm ein WoHeim betreibt (LG Bln NJW-RR **92**, 1485) od wenn die Weitervermietg nicht im Interesse des HauptVerm liegt (Hbg NJW **93**, 2322 mwN [Hafenstraße] sowie LG Hbg NJW-RR **92**, 842 [Verwendg für MitArb des ZwVerm]). **f) Nichterfüllung** 22 der RückgPfl des Dr ist nach §§ 284ff u §§ 275, 280 zu behandeln. § 557 gilt nicht; auch nicht bei ZwMiete (aA LG Stgt NJW-RR **90**, 654: Abs III entspr). **g) Prozessuales.** Der Titel gg den (Haupt)Mieter wirkt 23 nicht gg den Dr (Ausn: § 325 ZPO). Daher ist Klage gg beide zugleich geboten, insb gg den Ehegatten des WoMieters (Schlesw ZMR **93**, 69). Bei Titel gg den (Haupt)Mieter ist auch Überweisg des HerausgAnspr mögl (§ 886 ZPO).

556a Sozialklausel.

556a *Sozialklausel.* [I] **Der Mieter kann der Kündigung eines Mietverhältnisses über Wohnraum widersprechen und vom Vermieter die Fortsetzung des Mietverhältnisses verlangen, wenn die vertragsmäßige Beendigung des Mietverhältnisses für den Mieter oder seine Familie eine Härte bedeuten würde, die auch unter Würdigung der berechtigten Interessen des Vermieters nicht zu rechtfertigen ist. Eine Härte liegt auch vor, wenn angemessener Ersatzwohnraum zu zumutbaren Bedingungen nicht beschafft werden kann. Bei der Würdigung der berechtigten Interessen des Vermieters werden nur die in dem Kündigungsschreiben nach § 564a Abs. 1 Satz 2 angegebenen Gründe berücksichtigt, soweit nicht die Gründe nachträglich entstanden sind.**

[II] **Im Falle des Absatzes 1 kann der Mieter verlangen, daß das Mietverhältnis so lange fortgesetzt wird, wie dies unter Berücksichtigung aller Umstände angemessen ist. Ist dem Vermieter nicht zuzumuten, das Mietverhältnis nach den bisher geltenden Vertragsbedingungen fortzusetzen, so kann der Mieter nur verlangen, daß es unter einer angemessenen Änderung der Bedingungen fortgesetzt wird.**

[III] **Kommt keine Einigung zustande, so wird über eine Fortsetzung des Mietverhältnisses und über deren Dauer sowie über die Bedingungen, nach denen es fortgesetzt wird, durch Urteil Bestimmung getroffen. Ist ungewiß, wann voraussichtlich die Umstände wegfallen, auf Grund deren die Beendigung des Mietverhältnisses für den Mieter oder seine Familie eine Härte bedeutet, so kann bestimmt werden, daß das Mietverhältnis auf unbestimmte Zeit fortgesetzt wird.**

[IV] **Der Mieter kann eine Fortsetzung des Mietverhältnisses nicht verlangen,**

1. **wenn er das Mietverhältnis gekündigt hat;**

2. **wenn ein Grund vorliegt, aus dem der Vermieter zur Kündigung ohne Einhaltung einer Kündigungsfrist berechtigt ist.**

[V] **Die Erklärung des Mieters, mit der er der Kündigung widerspricht und die Fortsetzung des Mietverhältnisses verlangt, bedarf der schriftlichen Form. Auf Verlangen des Vermieters soll der Mieter über die Gründe des Widerspruchs unverzüglich Auskunft erteilen.**

[VI] **Der Vermieter kann die Fortsetzung des Mietverhältnisses ablehnen, wenn der Mieter den Widerspruch nicht spätestens zwei Monate vor der Beendigung des Mietverhältnisses dem Vermieter gegenüber erklärt hat. Hat der Vermieter nicht rechtzeitig vor Ablauf der Widerspruchsfrist den in § 564a Abs. 2 bezeichneten Hinweis erteilt, so kann der Mieter den Widerspruch noch im ersten Termin des Räumungsrechtsstreits erklären.**

[VII] **Eine entgegenstehende Vereinbarung ist unwirksam.**

[VIII] **Diese Vorschriften gelten nicht für Mietverhältnisse der in § 564b Abs. 7 Nr. 1, 2, 4 und 5 genannten Art.**

1) Allgemeines. Abs VIII ist neu gefaßt dch Art 3 Nr 1 WoBauErlG vom 17. 5. 90 (BGBl 926); iKr seit 1 1. 6. 90. **Neue Bundesländer.** Für die sog AltVertr (vor dem 3. 10. 90 abgeschl) ist § 556a unanwendb, soweit die InteressenAbwägg schon aGrd des KündSchutzes stattfindet (EG Art 232 § 2 Rn 20). Iü ist § 556a anwendb. Die prakt Bedeutg des sog SozWiderspr ist dch § 564b weitgehd verringert. § 556a bleibt aber nachrang anwendb für die Fälle, in denen der KündSchutz des § 564b nicht zG des Mieters eingreift (hierzu allg Franke ZMR **93**, 93). Für die Interessenabwägg (Rn 14–18) sind die Belange von Verm u Mieter als von vornherein gleichwertig anzusehen. **a) Wirkung.** Mieter kann gg eine ord Künd Widerspr (Rn 9–11) erhe- 2 ben u hat Anspr auf (auch wiederholte, § 556c) Fortsetzg des (ggf geänderten, Abs II S 2) MietVerh, wenn dessen Beendigg für ihn eine ungerechtf Härte darstellen würde (Abs I). Das MietVerh wird auf bestimmte, in Ausnahmefällen auf unbestimmte Zeit fortges (Abs III; vgl Rn 20). Wird das MietVerh nicht verlängert, ist bis zur Herausg die vereinb od ortsübl Miete zu zahlen (§ 557 I), SchadErs nur nach § 557 II. Versagt § 556a, bleibt im RäumgsProz noch § 721 ZPO anwendb, darf aber nicht dch ungeb die Verm bei InteressenAbwägg berücks w (Rn 13). Der Schutz des Mieters dch die öfftl ObdachlosenFürs (Wiedereinweisg) besteht unabhäng daneben ohne Bindg der Beh an die RKr des ZivUrt (Ewer/v. Detten NJW **95**, 353). **b) Unabdingbarkeit** (Abs VII). § 556a ist zwingd. Der Gesetzeszweck (Rn 1) führt aber dazu, daß eine 3 Vereinbg, die für den Mieter günstiger ist, wirks sein kann. Unwirks bedeutet unheilb nichtig (wie § 134). Gg die ausnahmsl Unabdingbk zutreffd Adomeit NJW **81**, 2168.

4   **2) Anwendungsbereich. a) Mietverhältnisse:** auch UntermietVerh, sow nicht Abs VIII entggsteht (vgl Rn 5), nur im Verh der VertrPart (Mieter u Unterm), grdsätzl nicht im Verh Unterm zu HauptVerm ggü dem Anspr aus § 556 III, wenn der Unterm gewußt hat, daß er vom HauptM mietet (BGH **84**, 90; Karlsr NJW **84**, 313). Bei ZwMiete (vgl § 556 Rn 21) ist aber § 556a anwendb (BGH NJW **91**, 2272). § 556a gilt für unbefr (auf unbestimmte Zeit eingegangene), für befr mit Verlängergsklausel (§ 565a I, dort Rn 6), auflösd bedingte (§ 565a II). Auch für MietVerh, die gem § 5 HausratVO begründet w. Ferner entspr aGrd

5   v § 556b. **b) Wohnraum:** Jeder Art (Einf 70 vor § 535), für Werkwohngen mit Sonderregeln in § 565d. Bei MischmietVerh (Einf 72–74 vor § 535) ist § 556a nur anwendb, wenn die WoRäume überwiegen (Schmidt-Futterer NJW **66**, 583). Unanwendb ist § 556a nach Abs VIII bei vorübgehd vermietetem WoRaum (Nr 1), möbliertem (Nr 2), FerienWo (Nr 4) u WoRaum, der v JPöffR zu best Zwecken angemietet u weiterüblas-

6   sen ist (Nr 5); vgl § 564b Rn 9–21. **c) Kündigung** (Rn 8): Nur bei ord Künd des Verm (§ 565). Bei befristeten MietVerh gilt § 556b, bei auflösder Bedingg § 565a II. Bei außerord Künd nach §§ 553, 554, 554a ist, auch wenn nicht fristl gekünd w, § 556a unanwendb (allgM). Bei außerord Künd, die krG befristet sind (zB § 569 I, § 57a ZVG), ist § 556a anwendb wie § 564b (hM; BGH **84**, 90 für § 57a ZVG). **d) Wiederholung:** § 556c.

7   **3) Verhältnis zur Vertragsfreiheit.** Für die Beendigg von MietVerh über WoRaum gilt grdsätzl VertrFreih, soweit nicht zwingde ges Vorschr sie einschr, insb §§ 554b, 556a VII, 564b, 565 II S 3 u 4, 565a III. Die dem Verm grdsätzl freigestellte ord Künd gem § 565 kann, unabhäng von § 556a dch § 564b eingeschr sein. Vertragl Vereinbgen zw Verm u Mieter über die Fortsetzg des gekünd MietVerh gehen der gerichtl Entsch vor (vgl Abs III).

8   **4) Kündigung** (Rn 6 u § 564 Rn 8–16). **a) Form:** Schriftform gem § 564a I 1, andfalls Nichtigk (§ 125 S 1). **b) Frist:** § 565. **c) Inhalt.** Für die Angabe von Grden gilt § 564a I 2 (Abs I S 3). Der Hinw gem § 564a II kann, muß aber nicht im KündSchreiben enthalten sein. **d) Wirkung:** Die Künd löst das MietVerh auch, wenn die Voraussetzgen des Abs I erfüllt sind, gem § 565 auf, wenn der Mieter den Widerspr (Rn 9) unterläßt od der Verm geltd macht, daß die WidersprFr versäumt ist (Rn 11).

9   **5) Widerspruch und Fortsetzungsverlangen** des Mieters (sog KündWiderspruch) ist eine einheitl u einseit empfangsbedürft WillensErkl (§ 130). **a) Form:** Schriftform des § 126 I, III (Abs V), andfalls Nichtigk (§ 125 S 1); deshalb muß der Mieter unterzeichnen (Karlsr NJW **73**, 1001). Sind es mehrere gemeins, müssen alle, da der MietVertr nur einheitl verlängert od umgestaltet w kann. Telegraf Übermittlg genügt

10   der Schriftform nicht (Karlsr aaO). **b) Vertretung:** zuläss, aber § 174 zu beachten. **c) Inhalt:** Es genügt der erkennb Wille, der Beendigg des MietVerh zu widersprechen. Das Wort Widerspr od ein bestimmtes

11   Verlangen sind nicht nötig. Gründe sollten angegeben w (vgl Rn 13). **d) Frist:** ist keine AusschlußFr, sond wie eine VerjährgsFr nur auf Einr des Verm zu beachten (hM; MüKo/Voelskow 10). **aa) Normale Dauer** (Abs VI S 1): Die Fr läuft ohne Rücks auf die unterschiedl KündFristen des § 565 einheitl bis 2 Monate vor Ablauf des MietVerh. Spätestens an diesem Tag (Bsp: Ablauf am 31. 8., Fristende 30. 6. 24 Uhr) muß das Schreiben dem Verm zugehen (§ 130). **bb) Verlängerte Frist** (Abs VI S 2): setzt voraus, daß der Verm den Hinweis auf Widerspr (§ 564a II) nicht rechtzeit erteilt hat, dh noch vor Ablauf der Fr des Abs VI S 1 u soviele Tage vorher, daß der Mieter noch angem Zeit überlegen, einen Widerspr abfassen u gem § 130 I fristgerecht zuleiten kann. Wird nicht, falsch od verspätet hingewiesen, so kann Widerspr bis zum Schluß

12   des ersten Termins (§ 220 ZPO) im Räumgsrechtsstreit erkl w. **e) Wirkung:** Wirks Widerspr ist Voraussetzg für Anspr auf Fortsetzg (Rn 14) u verhindert die Beendigg des MietVerh, wenn es dch Vertr (Rn 23) od Urt (Rn 24) fortges w. Bis dahin ist die Künd schwebend unwirks; wird das MietVerh nicht fortges, beendet

13   sie es aber zum vertragsgem Ztpkt. **f) Auskunft über Gründe** ist auf Verlangen des Verm eine Obliegenh (keine Pflicht) des Mieters (Abs V S 2), deren Verletzg zu ungünstiger KostenEntsch führen kann (§ 93b II ZPO), Angabe der Gründe im WidersprSchreiben ist wg § 93b ZPO stets zu empfehlen.

14   **6) Anspruch auf Fortsetzung** (Abs I). **a) Voraussetzung** ist, außer dem wirks, nicht notw rechtzeit Widerspr (Rn 11), daß die vertragsgemäß Beendigg des MietVerh (dh die dch Zeitablauf, §§ 564 I, 556b od zu dem aus der Künd gem § 565 sich ergebden Ztpkt) für den Mieter od seine Fam (Angeh die mit dem Mieter zus wohnen; kein bestimmter Grad von Verwandtsch od Schwägersch erforderl) eine nicht zu rechtf Härte bedeutet; dabei sind die berecht Interessen des Verm zu würd. Für die notw **Interessenabwägung** sind die Interessen von Verm u Mieter gleichwertig (vgl Rn 1) zu berücks; SondRegelg in §§ 556b, 565a, 565d zu beachten. Das Gericht darf dabei nicht unzuläss in die Lebensplang der Part eingreifen (BVerfG NJW-RR **93**, 1358). Die Interessen Dr bleiben außer Betr (BayObLG NJW **72**, 685), sofern diese nicht HaushAngehör des Mieters sind (LG Kblz NJW-RR **91**, 1165). Die Grde müssen stets dch Angabe konkreter Tats dargelegt (Hamm WuM **92**, 230 mwN) u können auch gebündelt geltd gemacht w. Einzelfälle: Wetekamp DWW **90**,

15   102. **aa) Für den Mieter:** In erster Linie zu berücksicht ist, dch Abs I S 2 herausgestellt, das Fehlen von angem ErsWoRaum zu (wirtsch u persönl) zumutb Bedinggen, insb: notf höherer Mietzins bis zum ortsübl, tragb im Rahmen des GesamtEink der Fam, einschl WoGeld; Lage zum ständ ArbPlatz, Schule u Wohng and Pers, sofern dch bes Umst erforderl (zB Pflege, Aufs von Kindern Berufstät). Ab Künd ist der Mieter verpfl, sich um derart ErsWohng zu bemühen (hM; Gather DWW **95**, 5). Diese Bemühgen beschr sich aber auf eine angem ErsWo. Ferner ist zu berücks: Notw Umschulg von Kindern in ungünst Ztpkt (zB vor Schulabschluß); größere Kinderzahl; fortgeschrittene Schwangersch; SchwBehEigensch; hohes Alter (LG Bonn NJW-RR **90**, 973), verbunden mit nachhalt Erkrankg (AG Landau NJW **93**, 2249). Keinesf muß sich der Mieter auf Unterbringg in einem Altenheim verweisen lassen (Karlsr NJW **70**, 1746). Verwurzelg insb alter Leute in Haus u Wohngegend (LG Hbg DWW **91**, 189 mwN). Einverständl erbrachte, erhebl Aufwendgen für die unrenoviert übernomme Wo bei Künd nach kurzer Zt (LG Kiel WuM **92**, 690 mwN); gewährtes MieterDarl (Graba WuM **70**, 129); notw doppelter Umzug (auch sog ZwUmzug) innerh kurzer

16   Zeit (Gather DWW **95**, 5 [8]). **Nicht** zu berücks: Instandsetzgsaufwendgen u ähnl Mieterleistgen, wenn sie schon abgewohnt sind (LG Düss WuM **71**, 98). Die notw mit Umzug verbundenen Nachteile (LG Bln ZMR **89**, 425); Mitgliedsch in örtl Vereinen; ansäss Freundes- u Bekanntenkreis (LG Mannh DWW **93**, 610); Einnahmequelle dch Untervermietg (BayObLG NJW **70**, 1749); Examensbelastg bei StudentenWohnh (AG

Gieß NJW-RR **90**, 653); sportl Ambitionen (LG Bonn WuM **92**, 610); Schulwechsel des Kindes (LG Hbg NJW-RR **91**, 1355). **bb) Für den Vermieter:** Eigenbedarf, auch für nahe Verwandte u ArbN; Erf öff **17** Interessen dch Gemeinde, die den WoRaum anderweit benöt (BayObLG NJW **72**, 685); unverschuldete persönl Spanngen, insb Streit mit dem Mieter od einem seiner FamAngeh; Zerrüttg des MietVerh im wie bei § 564b IV selbst bewohnten ZweiFamHaus (AG Alsfeld NJW-RR **92**, 339); wiederh unpünktl Mietzahlg; Möglichk, höheren MietPr zu erlangen (dann aber Forts mit and MietPr mögl, Rn 21); Verbesserg der Verhandlgsposition bei VerkVerhandlgen, die dch bestehende MietVertr beeinträcht w (Karlsr ZMR **71**, 221). **Nicht** zu berücks: daß RäumgsFr (§ 721 ZPO) mögl u gewährt ist (Stgt NJW **69**, 240; Oldbg ZMR **70**, **18** 329), weil Abs I allein auf die vertragsgem Beendigg abstellt; daß Verm einem and Mieter die Wo (ohne rechtl Bindg) zugesagt hat u der widerspr Mieter selbst WoWechsel erstrebt (Karlsr NJW **70**, 1746). **cc) Ausge- 19 schlossene Gründe:** (Abs I S 3). Der Mieter (Rn 15) kann alle für ihn günst Umst im Proz bis zum Schluß der mdl Vhdlg vorbringen (§ 296a ZPO; LG Wiesb WuM **88**, 269), der Verm nur solche, die er im KündSchreiben benannt hat (§ 564a I 2) od solche, die erst danach entstanden (dh tats eingetreten) sind. Dies gilt auch bei einer Künd, die gem § 564b IV S 1 Nr 1 erkl w (hM; Hamm WuM **92**, 230 mwN). Bei mehraktigen od zushängden Umst kommt es idR auf den abschließden Vorgang an. BewLast für nachträgl Entstehen: Verm.Kenntn od schuldl Unkenntn der tats Umst ist unerhebl; hierin läßt der GWortlaut keine and Auslegg zu. Erfährt der Verm solche Grde später, muß er ggf erneut künd. **b) Dauer.** Grdsätzl ist das MietVerh auf **20** best Zeit zu verlängern (Abs III S 1), entw dch Vertr (Rn 23) od dch Urt (Rn 27). Das MietVerh darf nur für den ZtRaum verlängert w, für den (zunächst voraussichtl) die härtebegründden Umst bestehen. Da es ÜbergRegelg sein soll, ist im allg nicht um mehr als 3 Jahre zu verlängern; MindZeit nicht vorgeschrieben, aber idR unter 6 Monaten kaum sinnvoll. Mögl RäumgsFr (§ 721 ZPO) bleibt unberücks (Rn 17). Ausnahmsw Fortsetzg des MietVerh auf unbestimmte Zeit (nicht auf Lebenszeit des Mieters, LG Lübeck WuM **94**, 22 mwN), wenn ungewiß ist, wann die Härtegründe wegfallen; insb wenn ErsWoRaum fehlt (Stgt NJW **69**, 1070); aber nicht dann, wenn der Mieter selbst WoWechsel anstrebt (Karlsr NJW **70**, 1746). Gg die zum nächsten u zu späteren Terminen gem § 565 mögl Künd ist der Mieter dch § 556c II geschützt. **c) Vertrags- 21 änderung** (Abs II S 2) oder Einigg (Rn 23) oder Urt (Rn 27). Betrifft sind die Höhe der Miete, gestattet eine Erhöhg u geht insoweit als SpezVorschr dem MHG vor (hM; MüKo/Voelskow 35). Unzumutb ist für den Verm ein erhebl (nicht ein ein nur geringfügiger) Unterschied zur ortsübl Miete. Die VertrÄnd kann jeden VertrPunkt betr (Gather DWW **95**, 5 [10]). **d) Ausschluß des Fortsetzungsanspruchs** (Abs IV): **aa)** Bei **22** Künd des Mieters (Abs IV Nr 1); an sich selbstverständl (vgl Rn 6), aber auch für den Fall gedacht, daß Künd des Mieters mit der des Verm zustrifft. **bb)** Wenn obj ein Grund vorliegt, der eine außerord Künd rechtf (Abs IV Nr 2; §§ 553, 554, 554a), der Verm aber ord u nicht fristlos gekünd hat. Bei außerord Künd ist § 556a sowieso unanwendb (Rn 6). **cc)** Auf Einr (vgl Rn 11) des Verm, wenn der Mieter die WidersprFr versäumt hat (Abs VI). **e) Einigung** (Vertr) der VertrParteien (Abs I) über Fortsetzg des MietVerh auf best oder unbest **23** Dauer u über VertrÄndg (Rn 21) geht zu jedem Ztpkt der gerichtl Entsch (Rn 24) vor. Es handelt sich dabei um eine gem § 305 dch Vertr geschehde Inhaltsänderg des alten MietVertr, dessen Identität gewahrt bleibt; es wird also kein neuer MietVertr geschlossen.

7) Prozessuales. Über RäumgsAnspr (§ 556) u über FortsetzgsAnspr (§§ 556a–c) wird im UrtVerf **24** entschieden; einstw Verfügg ist für Räumg von WoRaum nur bei verbotener Eigenmacht zul (§ 940a ZPO). Zust ist sachl u örtl ausschließl das AG, in dessen Bezirk der WoRaum liegt (§ 29a ZPO, § 23 Nr 2a GVG). **a) Klage.** Der Verm kann ggf auf künft Räumg (§ 259 ZPO) klagen (Karst ZMR **88**, 453). Das ist schon vor **25** Ablauf der WidersprFr zul, wenn der Mieter zu erkennen gegeben hat, er werde die RäumgsPfl nicht od nicht rechtzeit erf (Henssler NJW **89**, 138), insbes der Künd widerspr hat (Karlsr NJW **84**, 2953; umstr). Mieter muß, um Anspr auf Fortsetzg (Rn 14) geltd zu machen, nur Tats hierfür vortragen. Widerkl (od GgAntrag) wg § 308a ZPO nicht notw, auch wenn auf unbest Zeit verlängert w soll; denn § 308a ZPO deckt seinem Zweck nach auch die unbest Dauer, ist auch da erst sinnvoll, weil best Dauer weniger iS des § 308 ZPO darstellen würde. Der Mieter kann stets von sich aus auf Fortsetzg des MietVerh klagen (GestaltgsKl); Verm kann dagg WiderKl auf Räumg erheben. **b) Beweislast.** Verm: für KündGründe bei Abs IV Nr 2, für seine **26** Interessen (Rn 17); Mieter: für seine Interessen (Rn 15). **c) Urteil.** Maßg sind die tats Verhältnisse zZ der **27** letzten mdl Verhandlg. Wird auf Räumg erkannt u hat der Mieter nicht WiderKl erhoben, wird der FortsetzgsAnspr nur in den EntschGründen verneint. Wird die RäumgsKl abgewiesen, so wird in demselben Urt Fortsetzg des MietVerh, ggf Umfang u Ztpkt der VertrÄnderg in der UrtFormel, auch ohne WiderKl (§ 308a ZPO) ausgespr (GestaltgsUrt; hM). Im RäumgsUrt kann RäumgsFr (§ 721 ZPO) von 1 Jahr gewährt w. Wg VersäumnUrt vgl Hoffmann MDR **65**, 170. **d) Kosten.** Speziell in § 93b ZPO geregelt; rechtzeit **28** Angabe der Gründe (Abs V S 2), ggf sof Anerkenntn führt uU zu günst, unterlassene od verspätete Angabe zu nachteil KostenEntsch. **e) Rechtsmittel.** In der Haupts: Berufg, §§ 511, 308a II ZPO. Bei RäumgsFr: Selbst mit sof Beschw anfechtb (§ 721 VI ZPO). Gg Kosten: Selbst nur bei AnerkUrt (§§ 99 II, 93b III ZPO). BerufgUrt u BeschwEntsch des LG sind unanfechtb (§§ 545 I, 721 VI ZPO). **f) Rechtsentscheid.** Bei der Berufg muß das LG ggf dch VorlageBeschl einen REntsch des OLG herbeiführen (§ 541 ZPO). Bei der InteressenAbwägg (Rn 14) ist wg der Einzelfalls ein REntsch idR unzuläss (BayObLG WuM **84**, 9). **g) Rechtskraft.** Gestaltgswirkg des Urt (Fortsetzg u VertrÄnderg, Rn 20, 21) erst mit formeller RKraft **29** (§ 705 ZPO), aber rückwirkd auf den best Ztpkt der VertrÄnderg. **h) Zwangsvollstreckung.** Bei Räumgs- **30** Urt nicht vor Ablauf der RäumgsFr (§§ 721, 751 I ZPO). VollstrSchutz: § 765a ZPO mögl.

556 b *Sozialklausel bei befristetem Mietverhältnis.* **I** Ist ein Mietverhältnis über Wohnraum auf bestimmte Zeit eingegangen, so kann der Mieter die Fortsetzung des Mietverhältnisses verlangen, wenn sie auf Grund des § 556a im Falle einer Kündigung verlangt werden könnte. Im übrigen gilt § 556a sinngemäß.

II Hat der Mieter die Umstände, welche das Interesse des Vermieters an der fristgemäßen Rückgabe des Wohnraums begründen, bei Abschluß des Mietvertrages gekannt, so sind zugunsten des Mieters nur Umstände zu berücksichtigen, die nachträglich eingetreten sind.

1   **1) Allgemeines. a) Zweck:** Ausdehng des Schutzes der SozKlausel (§ 556a) auf befristete MietVerh.
2 **b) Anwendungsbereich:** Befristete MietVerh: wie § 564c Rn 2; ü wie § 556a Rn 4, 5. Bei Verlängergs-Klausel gilt § 556a unmittelb (§ 556a Rn 4); Abs II bleibt anwendb. Auch MietVerh, die gem § 5 II Hausrat-VO befristet begründet worden sind (BayObLG NJW **73**, 2295). Bei außerord befristeten Künd gilt § 556a.

3   **2) Wirkung. a) Anwendung von § 556a.** Sinngem (Abs I 2) bedeutet: Der Künd (§ 556a Rn 8) entspr der Zeitablauf (§ 564 I). Widerspr u FortsetzgsVerlangen: wie § 556a Rn 9–13. Es gilt auch § 556a VI S 2
4 (hM; Hamm ZMR **91**, 375 mwN). Anspr auf Fortsetzg: wie § 556a Rn 14. **b) Besonderheit für Interessenabwägung** (Abs II; vgl § 556a Rn 14–19). Voraussetzg: Pos Kenntn des Mieters v den Tats, die das Interesse des Verm an rechtzeit Rückg zum Ztpkt des FrAblaufs begründen (vgl die Bsp bei § 556a Rn 17). Kenntn muß zu der Zeit bestanden haben, als die Befristg vereinb w. Wirkg: Der Mieter ist bei seinen Grden (§ 556a Rn 15) beschränkt. Nachträgl eingetreten: bezieht sich nur auf Tats. Bei einer VerlängergsKlausel (vgl § 565a Rn 4) gilt Abs II nur für die erste KündMöglk.

556 c   *Wiederholte Anwendung der Sozialklausel.* [I] Ist auf Grund der §§ 556a, 556b durch Einigung oder Urteil bestimmt worden, daß das Mietverhältnis auf bestimmte Zeit fortgesetzt wird, so kann der Mieter dessen weitere Fortsetzung nach diesen Vorschriften nur verlangen, wenn dies durch eine wesentliche Änderung der Umstände gerechtfertigt ist oder wenn Umstände nicht eingetreten sind, deren vorgesehener Eintritt für die Zeitdauer der Fortsetzung bestimmend gewesen war.

[II] **Kündigt der Vermieter ein Mietverhältnis, dessen Fortsetzung auf unbestimmte Zeit durch Urteil bestimmt worden ist, so kann der Mieter der Kündigung widersprechen und vom Vermieter verlangen, das Mietverhältnis auf unbestimmte Zeit fortzusetzen. Haben sich Umstände, die für die Fortsetzung bestimmend gewesen waren, verändert, so kann der Mieter eine Fortsetzung des Mietverhältnisses nur nach § 556a verlangen; unerhebliche Veränderungen bleiben außer Betracht.**

1   **1) Allgemeines. a) Zweck:** ergänzt § 556a dahin, daß die Zulässk (auch mehrmals) wiederholter Fortsetzg des MietVerh wg veränd od unerwartet gleichgebliebener Umstände klargestellt w u die Voraussetzg hierfür geregelt w. Als Ergänzg des § 556a ist § 556c wg § 556a VII zwingd (Emmerich/Sonnenschein 35).
2 **b) Anwendungsbereich:** wie § 556a Rn 4–6; für Abs I (Rn 4), wenn dch Einigg (§ 556a Rn 23) od dch Urt
3 (§ 556a Rn 27) das MietVerh fortges worden ist. Fortsetzg kann mehrmals wiederholt w. **c) Einschränkung:** Umst, die wie bei § 162 gg Treu u Glauben verhindert od herbeigeführt w, bleiben unberücks.

4   **2) Bestimmte Dauer** des fortges MietVerh (Abs I). **a) Voraussetzungen: aa)** Ablauf des MietVerh dch Eintritt des best Endtermins. Kein erneuter Widerspr (and bei Abs II, vgl Rn 6). **bb)** Wesentl Änderg der Umst, die für die Verlängerg od ihre Dauer bestimmend waren. Es genügt, wenn sie vorlagen, aber nicht ausdrückl berücks w, wie insb bei einer Einigg. Eine unwesentl Änderg reicht nicht aus. Bei der erforderl neuen Interessenabwägg (§ 556a Rn 14–18) sind die gesamten neuen tats Verhältnisse (zZ der Einigg od beim Urt wie § 556a Rn 27), also auch die Umst, die für den Verm wirken, zu berücks. **cc)** Nichteintritt best Umst (alternativ zu bb): ihr Eintritt mußte erwartet w u für die Dauer der Verlängerg bestimmt sein.
5 Hier werden nur diese, keine and Umst berücks. **b) Wirkung:** Verlängg (ggf unter VertrÄnd, § 556a Rn 21) grdsätzl auf best Zeit, ausnahmsw nach § 556a III S 2 auch auf unbest Dauer.

6   **3) Unbestimmte Dauer** des fortges MietVerh (Abs II). Es kann vom Verm jederzeit erneut fristgem nach § 565 gekünd w. Es gilt dann § 564b. War auf Grund Einigg (§ 556a Rn 26) fortges, so gilt für die neue Künd § 556a. Nur wenn dch Urt fortges w, gilt § 556a Rn 9) ist stets notw, im
7 Falle des Abs II S 1 aber form- u fristfrei, weil nicht auf § 556a verwiesen ist. **a) Unveränderte Umstände** (S 1): unerhebl Veränderg steht gleich (S 2 letzter Halbs). Es kommt nur auf die (aber auch alle) Umst an, die für die Fortsetzg des MietVerh bestimmend waren. Mieter muß nur behaupten, daß Umst unveränd sind. Es findet keine neue Interessenabwägg statt. Fortsetzg des MietVerh stets auf unbest Zeit, wenn Verm nicht
8 Veränderg der Umst beweist. **b) Veränderte Umstände** (S 2): nur bei erhebl Veränderg (letzter Halbs) der Umst (vgl Rn 7). Beweislast trägt Verm, auch für Umst auf Seiten des Mieters (Pergande NJW **68**, 130). Völlig neue Interessenabwägg gem § 556a Rn 14–18. Fortsetzg auf best od unbest Zeit, uU mit VertrÄnd mögl, ebenso daß Fortsetzg abgelehnt w.

557   *Ansprüche bei verspäteter Rückgabe.* [I] **Gibt der Mieter die gemietete Sache nach der Beendigung des Mietverhältnisses nicht zurück, so kann der Vermieter für die Dauer der Vorenthaltung als Entschädigung den vereinbarten Mietzins verlangen; bei einem Mietverhältnis über Räume kann er anstelle dessen als Entschädigung den Mietzins verlangen, der für vergleichbare Räume ortsüblich ist. Die Geltendmachung eines weiteren Schadens ist nicht ausgeschlossen.**

[II] **Der Vermieter von Wohnraum kann jedoch einen weiteren Schaden nur geltend machen, wenn die Rückgabe infolge von Umständen unterblieben ist, die der Mieter zu vertreten hat; der Schaden ist nur insoweit zu ersetzen, als den Umständen nach die Billigkeit eine Schadloshaltung erfordert. Dies gilt nicht, wenn der Mieter gekündigt hat.**

[III] **Wird dem Mieter von Wohnraum nach § 721 oder § 794a der Zivilprozeßordnung eine Räumungsfrist gewährt, so ist er für die Zeit von der Beendigung des Mietverhältnisses bis zum Ablauf der Räumungsfrist zum Ersatz eines weiteren Schadens nicht verpflichtet.**

[IV] **Eine Vereinbarung, die zum Nachteil des Mieters von den Absätzen 2 oder 3 abweicht, ist unwirksam.**

1) Allgemeines. a) Zweck: § 557 regelt die Anspr des Verm für die Zeit nach Beendigg des MietVerh **1** bis die Mietsache gem § 556 I zurückgegeben w. Der Mieter, der dem Verm die Sache vorenthält, soll nicht besser stehen, als er stünde, wenn der MietVertr fortdauern würde. SchadErsAnspr des Verm schränke die Abs II–IV bei Wohnraum aus soz Gründen ein, sollen aber dem Mieter nicht ungerechtf Vorteile verschaffen; hierfür Abs 1 S 1 Hs 2. **b) Unabdingbarkeit** (Abs IV): bezieht sich nur auf Vereinbg gg Abs II–IV. **2** **c) Verjährung** der Anspr: bei bewegl Sachen § 196 I Nr 6, sonst § 197 (dort Rn 6), also 4 Jahre (hM). Diese Fr gilt auch für den konkurrierenden Anspr gem Rn 17 u SchadErsAnspr aus Verz gem § 286 (BGH **68**, 309). **d) Fälligkeit** der NutzgsEntschädigg: grdsätzl wie für den Mietzins (BGH NJW **74**, 556; vgl § 551). **3** Kl auf künft Leistg (§ 259 ZPO) ist zul (Henssler NJW **89**, 138). **e) Übergang** des MietVerh (§ 571) gibt **4** dem Erwerber den Anspr (BGH NJW **78**, 2148). **f) Abtretbarkeit** des Anspr aus § 557 ohne den aus § 985 wird vom BGH NJW **83**, 112 offengelassen. **g) Aufrechnungsverbot** gg den Mietzins gilt auch für die Anspr aus § 557 u entfällt nicht mit Rückg (hM; Düss NJW-RR **95**, 850 mwN).

2) Anwendungsbereich. a) Mietverhältnisse: § 557 gilt allg nur, wenn ein MietVerh (auch Unterm) **5** beendet ist u RückgabePfl (§ 556 I) nicht erfüllt w, zB auch bei RäumgsFr gem § 721 ZPO. § 557 gilt nicht im Verh Verm zu Unterm (dafür §§ 987 ff), auch nicht bei ZwMiete (§ 556 Rn 21; zur RsLage vgl LG Köln NJW-RR **90**, 1231), Verm zu Eheg des Mieters (Hoffmann NJW **68**, 2327) u bei Einweisg dch Obdachlosenbehörde (hM; Adler NJW **63**, 717). Bei Landpacht gilt § 597. Die Anwendbk auf FinanziergsLeasVertr ist hM (BGH **107**, 123; aA Tiedtke ZIP **89**, 1437). **b) Wohnraum** jeder Art (auch möblierter, nur vorübergehd **6** überlassener). Es gelten Abs I S 1, Abs II–IV; Abs II gilt nicht, wenn der Mieter gekünd hat (Abs II S 2). **c) Sonstige Räume,** insb GeschRäume u Garagen (Einf 68 vor § 535). Es gilt nur Abs I, aber in vollem Umfang. **d) Grundstücke und bewegliche Sachen:** Es gilt nur Abs I S 1, 1. Hs u S 2. Zu Besonderh bei Video-Kassetten Salje DB **83**, 2452 u Rn 10.

3) Nutzungsentschädigung (Abs I S 1). Darauf hat Verm immer Anspr, solange ihm die Mietsache **7** vorenthalten w, ab Beendigg des MietVerh dch Zeitablauf, Künd od Aufhebg. Es ist ein vertr Anspr, kein SchadErsAnspr (hM; BGH **104**, 285), so daß § 254 nicht anwendb ist. **a) Voraussetzungen.** Vorenthaltg **8** ist, daß der Mieter die Miets entg § 556 I (dort Rn 2) nicht (od verspätet) zurückgibt u das Unterl der Rückg dem Willen des Verm widerspr (BGH NJW **83**, 112). Vorenthalten wird auch, wenn RäumgsFr (§§ 721, 794a ZPO) gewährt w. Nur darauf, nicht auf eine Überg an den Verm kommt es an. Daß ein AnnVerz des Verm den Anspr ausschließe (so offenb Köln ZMR **93**, 77), ist den §§ 300–304 nicht zu entnehmen. Eine geschehene Rückg schließt den Anspr aus, auch wenn der Mieter die Wo wieder übnimmt, um SchönhRep auszuführen (Wiek WuM **88**, 384; umstr). Ein (auch teilw) Vorenthalten kann darin liegen, daß der Mieter v ihm zu beseitigde Einrichtgen nicht entfernt (BGH **104**, 285). Ein ZbR (§ 273) schließt den Anspr des Verm nicht aus, wenn der Mieter die Sache wie bisher weitergebraucht (BGH NJW **75**, 1773). Fälligk: als vertr Anspr wie für die Miete im Vertr, sonst nach § 551 (BGH NJW **74**, 556; bestr). Kein Vorenthalten, wenn der Verm sein PfandR gem § 561 ausübt u der Mieter desh beim Auszug seine Sachen in den Mieträumen läßt (Hbg ZMR **90**, 141; Bub/Treier V A 72). Versch des Mieters ist nicht erforderl (BGH NJW **66**, 248), auch nicht Schad des Verm. Vorenthalten wird auch, wenn die Rückg dem Mieter unmögl ist, weil er den Bes aufgegeben hat, insb dch UnterVermiet (BGH **90**, 145; umstr); and wenn (ausnw) der Verm vertrgem selbst für den Rückerhalt der Miets sorgen muß (Köln ZMR **93**, 376). Ausgeschl ist der Anspr, wenn die Rückg schon vor der Beendigg des MietVerh obj unmögl gew ist; zB Untergang der Miets (Bub/Treier V A 74 mwN). **b) Umfang.** Der obj Mietwert, mind zZ der Beendigg des MietVerh **9** vereinb, ggf gem § 537 gemind MietZ (BGH NJW-RR **90**, 884) samt NebenEntg (MüKo/Voelskow 10), nicht ein darühinaus erlangter UnterMZins (Düss ZMR **94**, 215). VertrPartner können and Höhe vereinb. Bei Räumen (Wohn-, Geschäftsraum usw) kann Verm wahlw statt vereinb MietZ den ortsübl verlangen (Abs I S 1, Hs 2), auch wenn die Voraussetzg der Abs II u III vorliegen, also auch bei RäumgsFr, aber nur für die Zukunft, wenn er Zahlg in Höhe der bisher Miete vorbehaltl angen hat. § 2 MHG gilt nicht (allgM). Zeitraum: grdsätzl bis zum Tag der Rückg; geschieht sie zur Unzeit bis zum Schluß der MietZBerechngsperiode (Schmidt-Futterer ZMR **68**, 161). Bei SozWo darf der Verm nicht mehr verlangen, als die nach dem WoBindG zuläss gebundene Miete. UmsatzsteuerPfl wie beim MietZAnspr (BGH **104**, 285). **c) Dauer.** **10** Grdsätzl bis zur Rückg gem § 556. Bei Videokassetten soll wg § 254 die Dauer auf 2 Monate beschr sein (Hamm NJW-RR **88**, 661; aA LG Köln NJW-RR **88**, 1248: unbeschr). **d) Erlöschen** des Anspr: Außer nach **11** allg Grds (insb Erfüllg, § 362) mit Rückg gem § 556 I, auch wenn die Miets veränd, insb mit Einrichtgen versehen od beschäd ist (BGH NJW **83**, 112 oder zur Rückg vgl Rn 8). Als Erfüllg gilt auch, wenn der bisher Mieter die dem Verm vorenthaltene Sache an einen Dr untervermietet u übergibt, an den der Verm die Sache weitervermietet hat (BGH **85**, 267). Es schuldet dann der neue Mieter die Miete, der bisher Mieter keine NutzgsEntschädigg (BGH aaO). Der Anspr erlischt ferner dch Unmöglichk der Rückg, die nach VertrEnde eintritt, inf Untergangs der Miets od BesVerlusts (RG **99**, 230). RFolgen: §§ 275, 280. BewLast trägt der Mieter (Schopp ZMR **77**, 354). **e) Mitmieter** sind GesSchuldner (Düss NJW-RR **87**, 911). Der **12** ausgezogene Mitmieter schuldet daher bis zur Rückg dch die od den Mieter (RGRK/Gelhaar Rn 10). **f) Sicherung:** VermPfdR mit der Beschrkg des § 559 S 2 (BGH NJW **72**, 721). **g) Konkurs** des Mieters. Der Anspr auf SchadErs begrdet Masseschuld gem § 59 I Nr 2 KO (BGH **90**, 145), aber nur, wenn das Miet(Leas)Verh nach Eröffng des KonkVerf beendet w ist u der KonkVerw die Miets nicht zur KonkMasse gezogen hat (Hamm ZIP **92**, 1563).

4) Weitergehender Schadensersatz (Abs I S 2, II) setzt als AnsprGrdlage idR § 286 voraus; aber auch **13** pos VertrVerletzg ist mögl (Schmidt-Futterer NJW **62**, 472); daher stets Versch (§§ 276, 278) erforderl (§ 285: § 276 Rn 105). § 557 hat vor den Schad der dch Vorenthaltg der Mietsache entsteht. AnsprKonkurrenz Rn 17, 18. **a) Unbeschränkt** (es gelten §§ 249–252) bei bewegl Sachen, Grdstücken u sonstigen **14** Räumen (Rn 6), bei Wohnraum nur, wenn der Mieter gekünd hat (Abs II S 2). Schaden: insb, daß der Verm bei and Vermietg höheren MietZ erlangen könnte; der Mietausfall, wenn Verm wg verspäteter Rückg nicht sof einen neuen Mieter findet (KG NJW **70**, 951). Der Schad, den der Verm dem Nachf wg NichtErf ers muß (Düss MDR **90**, 725); bei Eigenbedarf die Mehrkosten u sonst Aufwendgen. Dieser SchadErsAnspr kann üb

15 § 254 ausgeschl sein, wenn der Verm an den NachM ab einem Ztpkt vermietet, von dem er weiß, daß der Mieter nicht rechtzeit räumen kann (Mü ZMR **89**, 224). **b) Beschränkt** (Abs II) bei WoRaum, wenn nicht der Mieter gekünd hat (S 2) u nicht Abs III (Rn 16) eingreift, aber nur bei Versch (§§ 276, 278) des Mieters (S 1, Hs 1); das kann auch nur für einen Teil der Zeit vorliegen; im übr setzen die AnsprGrdlagen sowieso Versch voraus (nicht aber bei Rn 17). Unversch unterbl die Rückg insb, wenn der Mieter ErsWoRaum nicht zu zumutb Bedingg bekommen kann, auch bei Erkrankg, die Umzug unmögl macht. Versuch, die Fortsetzg (§ 556 c) zu erlangen, ist nicht erforderl. Umfang: S 1 Hs 2; für Billigk sind alle Umst zu berücks; wg Abs I S 1, Hs 2 kaum noch denn Ablauf der Rn 15. Abs III gilt auch, wenn der Mieter gekünd hat. Bei **16** ist. **c) Ausgeschlossen** bei WoRaum, wenn Mieter unversch nicht zurückgibt (Abs II S 1; Rn 15) u bei RäumgsFr (Abs III); dann für den gesamten Zeitraum von Beendigg des MietVerh bis zum Ablauf der ggf verlängerten RäumgsFr; nach deren Ablauf gilt Rn 15. Abs III gilt auch, wenn der Mieter gekünd hat. Bei VollstrSchutz (§ 765 a ZPO) gilt Abs III nicht, sond nur Abs II (Rn 15). Wg RäumgsFr § 556 Rn 9.

17 **5) Anspruchskonkurrenz,** soweit Anspr aus unterbliebener Rückg der Mietsache erwachsen (vgl Rüber NJW **68**, 1611). **a) Ungerechtfertigte Bereicherung** ist nicht ausgeschl (BGH **44**, 241 für aF); auch nicht dch Abs II, III, weil kein SchadErsAnspr. Der Anspr kann im Einzelfall weiter reichen als die aus Abs I od II, zB bei gewinnbringder Untervermietg. Der Fall des § 816 II liegt insb vor, wenn der bisherige Mieter v **18** seinem Unterm die dem Verm geschuldete NutzgsEntschädigg erhält (BGH NJW **83**, 446). **b) Eigentümer-Besitzer-Verhältnis:** Die Anwendbark der §§ 987 ff ist umstr (vgl Vorbem 8 vor § 987); bejaht von BGH WM **74**, 260 [ab RHängk über § 292 II]; LG Saarbr NJW **65**, 1966; Knappmann NJW **66**, 252; verneint von Raiser JZ **61**, 531 mwN; Roquette NJW **65**, 1967. Richtig wird sein, die §§ 987 ff nicht anzuwenden, weil § 557 ggü §§ 987 ff eine auf VertrVerh beruhde Sonderregel trifft, soweit es sich um Anspr weg verspäteter Rückg handelt. Für WoRaumMietVerh wird dieses Ergebn aus Abs IV abgeleitet.

557 a   **Rückerstattung vorausbezahlter Miete.** [I] **Ist der Mietzins für eine Zeit nach der Beendigung des Mietverhältnisses im voraus entrichtet, so hat ihn der Vermieter nach Maßgabe des § 347 oder, wenn die Beendigung wegen eines Umstandes erfolgt, den er nicht zu vertreten hat, nach den Vorschriften über die Herausgabe einer ungerechtfertigten Bereicherung zurückzuerstatten.**

[II] **Bei einem Mietverhältnis über Wohnraum ist eine zum Nachteil des Mieters abweichende Vereinbarung unwirksam.**

1 **1) Allgemeines. a) Abdingbarkeit:** Bei MietVerh über WoRaum (Einf 70 v § 535) ist Abs I zwingd (Abs II); auch ggü einem künft Ersteher in der ZwVerst (BGH **53**, 35). Bei allen und MietVerh kann Abs I **2** abbedungen w. **b) Andere Ansprüche:** Der von der Vorausentrichtg nicht erfaßte Teil des Mietzinses bis zur Beendigg des MietVerh bleibt unberührt. Dem Mieter kann gg den Verm ein SchadErsAnspr (insb aus § 280) zustehen, wenn eine vereinb Vorauszahlg (vgl §§ 573, 574), insb wg Veräußerg, unwirks w (BGH **3** NJW **66**, 1703). **c) Fälligkeit:** grdsätzl bei Beendigg des MietVerh. Kann nicht hinausgeschoben w, wenn ein MieterDarl nicht od nur niedr verzinst w (BGH NJW **71**, 1658; LG Kassel WuM **75**, 172).

4 **2) Anwendungsbereich.** Gilt auch bei Pacht (Celle MDR **78**, 492). **a) Beendigung** des MietVerh gleich welcher Art (vgl § 564), insb auch vertragl Aufhebg (Celle aaO), Künd des KonkVerw (§ 19 KO), des **5** Erstehers in der ZwVerst (§ 57 a ZVG). **b) Vorausentrichtung:** Mietvorauszahlg (Einf 85 vor § 535), abwohnb BaukZusch (Einf 84 vor § 535) u MieterDarl (Einf 86 vor § 535; BGH NJW **71**, 1658), insb, wenn die Tilgg dch den Verm erfolgt, indem die Rückzahlgsraten mit der Miete verrechnet w (BGH NJW **70**, 1124); ferner für FinanziergskostenBeitr bei Pacht (Mü NJW-RR **93**, 655) u VerwendgsErsAnspr, wenn er vertrgem wie eine Mietvorauszahlg behandelt w (BGH **54**, 347; Düss ZMR **92**, 110).

6 **3) Rückerstattungsanspruch** (zufassd Schopp ZMR **69**, 161). **a) Rechtsnatur:** stets ein vertragl Anspr, kein BereichergsAnspr (§ 812), weil Abs I letzter Hs keine RGrdVerweisg, sond eine RFolgeverweisg **7** darstellt (BGH **54**, 347; Wunner NJW **66**, 2285). **b) Rücktrittshaftung:** gem § 347 (insb auch Verzinsg) besteht grdsätzl, wenn der Verm die Beendigg zu vertreten hat (§§ 276, 278); sie ist strenger als die nach **8** Rn 8. **c) Bereicherungshaftung:** Sie besteht nur, wenn Verm die Beendigg nicht zu vertreten hat. Versch des Mieters beseit den Anspr nicht. Umfang: §§ 818, 819; entscheidd ist, ob die empfangene Vorauszahlg wirtsch noch im Vermögen des Verm ist (BGH **54**, 347). Der Betr ist auf einmal, nicht in Raten zu zahlen **9** (Ffm ZMR **70**, 181). **d) Mietnachfolger:** Zahlt er bei sog Nachfolgeklausel den nicht abgewohnten Teil an den Vormieter, so kann er seiners bei vorzeit Beendigg des MietVerh den noch nicht verbrauchten Teil vom **10** Verm fordern (BGH NJW **66**, 1705). **e) Verjährung:** nach allg Vorschr (§§ 195, 198), nicht nach § 558 (BGH **54**, 347; § 558 Rn 9).

558   **Verjährung von Ersatzansprüchen.** [I] **Die Ersatzansprüche des Vermieters wegen Veränderungen oder Verschlechterungen der vermieteten Sache sowie die Ansprüche des Mieters auf Ersatz von Verwendungen oder auf Gestattung der Wegnahme einer Einrichtung verjähren in sechs Monaten.**

[II] **Die Verjährung der Ersatzansprüche des Vermieters beginnt mit dem Zeitpunkt, in welchem er die Sache zurückerhält, die Verjährung der Ansprüche des Mieters beginnt mit der Beendigung des Mietverhältnisses.**

[III] **Mit der Verjährung des Anspruchs des Vermieters auf Rückgabe der Sache verjähren auch die Ersatzansprüche des Vermieters.**

1 **1) Allgemeines.** Übbl bei Finger ZMR **88**, 1. **a) Zweck:** Es soll die rasche Abwicklg von NebenAnspr aus dem MietVerh ermögl w, die vom Zustd der Miets zZ der Rückg abhängen (BGH **98**, 235 mwN). **2** **b) Verjährungsvorschriften** des Allg Teils (§§ 194–225) gelten auch für die Verj aller (auch nicht unter

§ 558 fallder) Anspr aus dem MietVerh, soweit § 558 nicht für die Dauer (Abs I), den Beginn (Abs II) u den Ablauf (Abs III) Sonderregeln enthält. Auch für diese Verj, die dem § 558 unterliegt, gelten iü die §§ 194 ff. FrBerechng: § 187 I, 188 II, 193. Hingg ist § 477 II nicht anwendb (hM; BGH NJW **95**, 252 mwN; aA Schleicher DWW **94**, 6; Michalski WuM **93**, 439). Geltendmachg des VermPfandR hemmt die Verj nicht (hM; § 202 II analog; BGH **101**, 37). Es ist § 852 II entspr anzuwenden, auch wenn der Anspr ausschließl auf Vertr beruht (BGH **93**, 64), daneben nicht der Einwand unzuläss RAusübg (BGH aaO). Das gilt auch dann, wenn die Veränd od Verschlechterg auf vertrgem Gebr zurückzuführen ist, sofern der Mieter die ErsPfl vertr übonmmen hat (BGH NJW **87**, 2072). **c) Abdingbarkeit.** Es gilt § 225; daher ist eine FrVerlängerg **3** nichtig, zB dch vereinb VerjBeginn bestimmte Zt nach dem Auszug od bei Kfz-Miete ab Beginn der Möglk, in ErmittlgsAkten Einsicht zu nehmen (BGH NJW **84**, 289). Jedoch kann der Beginn der Verj dch Vertr auf einen späteren Ztpkt gelegt w, indem Entstehen des Anspr od die Fällig hinausgeschoben w (BGH aaO). Eine Verkürzg ist mögl u zuläss, kann bei AGB aber gg § 9 II Nr 1 AGBG verstoßen, wenn sich nicht eine angemessene zeitl Obergrenze ergibt (BGH BB **94**, 1038). **d) Aufrechnung** mit verj Fdgen **4** bleibt gem §§ 387, 390 mögl (BGH **101**, 244). **e) Unzulässige Rechtsausübung** (10 vor § 194) ist auch bei § 558 mögl (Hamm NJW-RR **91**, 1033; vgl auch Rn 2).

2) Anwendungsbereich. Miet-, Pacht- (§ 581 II) u LeihVerh (§ 606). Es muß grdsätzl beendet sein (vgl **5** Rn 8). Bei fortbestehdem MietVerh entspr anwendb für VermAnspr (BGH NJW **86**, 2103; weitergehd Düss MDR **94**, 57). Auch Kauf auf Probe (§ 495 Rn 10). Für LandP gilt § 591 b. Für LeasVertr vgl 56 vor § 535. **a) Personenkreis:** dem GWortlaut zufolge nur die VertrPart. Daher grdsätzl nicht für Anspr des Eigt, der nicht Verm ist, ausnw aber dann, wenn zw Eigt u Verm eine enge wirtsch Verflechtg besteht (BGH **116**, 293 [TochterGes]), wenn ihm im Vertr unmittelb Re gg den Mieter eingeräumt w (Düss MDR **88**, 1056 für Pacht). Anwendb im Verh Verm zu Unterm, jedenf bei VerwendgsErs (BGH NJW **86**, 254); auch die HilfsPers des Mieters, wenn sie in den Schutzbereich des MietVertr (§ 328 Rn 13, 28) einbezogen sind (BGH **49**, 278), insb wenn ihnen entspr dem MietVertr der MitGebr übertr ist (Hamm ZMR **82**, 113), ohne Rücks darauf, ob ihnen für Schäd ein FreistellgsAnspr (vgl § 611 Rn 169) zusteht (BGH **61**, 227), auch wenn der Mieter übereinstimmd mit dem MietVertr einem WerkUntern die Miets zur Benutzg überl hat (BGH NJW **76**, 1843). Nicht aber zugunsten des Obdachlosen, der in das von der Behörde gemietete Hotelzimmer eingewiesen ist (aA Köln NJW-RR **91**, 1293). **b) Anspruchsarten. aa) Miete und Pacht.** Abs I umfaßt die **6** SchadErsAnspr des Verm aus vertrwidr Gebr (§ 548 Rn 7–9); aus übernommener InstandhaltgsPfl (vgl § 536 Rn 10; BGH NJW **65**, 151), auch abhandengekommene Teile der Miets (Hamm NJW-RR **94**, 1297); wg unterl SchönhRep (Mü ZMR **95**, 20); aus Verletzg der Obhuts- u AnzPfl (§ 545 Rn 5, 10), aber nur, wenn der Schad hinreichden Bezug zum Mietobjekt hat (BGH NJW **94**, 251); allg aus pVV (§ 276 Rn 113), insb von NebenPfl (BGH aaO), zB vertrwidr unterl BrandVers (BGH NJW **64**, 545); Anspr auf Wiederherstellg des ursprüngl Zustds der Miet- od Pachts (vgl § 556 Rn 2), auch Beseitigg gem § 556 Rn 4 (Düss DWW **93**, 138), insb wenn vertragl übernommen (BGH NJW **80**, 389 mwN), auf SchadErs wg Verz mit dieser Verpflichtg (BGH aaO), auf Renovierg, auch wenn statt dessen die Zahlg eines GeldBetr vereinb ist (Düss ZMR **90**, 340), aus bestimmgsgem Gebr, wenn eine ErsPfl hierfür vereinb ist (BGH **86**, 71). Anspr des Verp aus §§ 582, 582 a III S 3, 583, 586, 588, 589 II; ebso Anspr auf einen herzustellden Zustd (BGH aaO). Anspr des Mieters aus § 538 II (BGH NJW **74**, 743) u §§ 547, 547 a (BGH **81**, 146), des Pächters außerdem aus §§ 592 u 593 II. **bb) Konkurrierende Ansprüche:** alle mit den vertr Ansprüchen konkurrierenden Anspr aus **7** demselben SachVerh, weil es sich dabei um solche handelt, die dem Ausgl der Beteiligten für den Fall dienen, daß eine vertr Regelg fehlt (allgM), auch für weitere Sachschäden, die nicht an der Miets selbst, aber dch den Schad an ihr entstanden sind (BGH **61**, 227 [nicht gemieteter GbdeT] u NJW **92**, 687). Es muß aber der Anspr aus Miet- (Pacht-) Vertr bestehen, damit § 558 auch für diese Anspr gilt. Außerdem darf die Schädigg nicht vorsätzl sein (umstr; aA BGH NJW **93**, 2797 mwN) mit Ausn des § 826. In diesem Rahmen gilt § 558 entspr für Anspr aus Eigt, unger Ber (vgl aber Rn 10), Auftr, Geschfg oA (BGH **71**, 175), unerl Hdlg (BGH stRspr; zB NJW **93**, 2797 mwN), auch wenn der Anspr auf die unerl Hdlg eines Dr gestützt w, der in den SchutzBereich des MietVertr einbezogen ist (BGH NJW-RR **88**, 1358); Kfz-Halter-Haftg (BGH **61**, 227); weitergehd Celle NJW-RR **93**, 1242 für das berecht Führen eines geleasten Kfz; § 22 WHG (BGH **98**, 235); PensionsVertr eines Gastwirts (BGH **71**, 175). Ebso, wenn der Anspr abgetreten ist (BGH NJW **70**, 1736). Ferner grdsätzl für Anspr aus GebrÜberlassg im Rahmen sich anbahnder Vertr (vgl § 276 Rn 91), zB Probefahrt eines Kfz (BGH NJW **68**, 1472), nichtiger MietVertr wg Minderjährigk des Mieters (BGH **47**, 53). **c) Entstehungszeit.** Entstanden sein kann der Anspr des Verm auch nach Beendigg des MietVerh, **8** weil die Verj erst mit Rückg beginnt (BGH NJW **70**, 1182; Mü OLGZ **68**, 134). Bei Anspr des Mieters gilt § 558 nur für Anspr, die vor Beendigg des MietVerh entstanden sind (hM; BGH aaO u NJW **91**, 3031 mwN), weil hier die Verj schon mit Beendigg des MietVerh beginnt u vor AnsprEntsteng die Verj nicht beginnen kann. **d) Gegenstand:** alle BestandT u Zubeh der gemieteten Sache, einschl des Grdst selbst, bei **9** Pacht insb das Inventar. Auch BestandT, an denen der Mieter nur MitbenutzgsR hatte (zB Treppen, Hausflur), bei HausGrdst auch solche nicht in dicht Ggst des MietVertr sind, selbst wenn die Schäd daran überwiegen (BGH **61**, 227). Auch Schäd, die zugleich an einer fremden Sache entstanden sind (Düss ZMR **88**, 256). Unter Veränd u Verschlechterg fällt nicht das Fehlen von Zubeh und InvStücken (BGH NJW **75**, 2103). **e) Unanwendbar** ist § 558 auf ErfAnspr (RG **152**, 100); auf SchadErsAnspr aus Versch bei Vertr- **10** Schluß; wg nutzloser Aufwendgen in Hinblick auf den unwirks Vertr (Hamm NJW-RR **88**, 784); im Falle der völl Vernichtg der Mietsache (allgM; BGH NJW **81**, 2406); auf Anspr des Verm aus § 550 (zB vorsätzl FeuerSchad, Braun VersR **85**, 1119), aus §§ 556, 557; Anspr des Mieters aus §§ 538 I, 541 b III, ferner aus § 557 a (BGH **54**, 347), aus § 812, wenn der Anspr v den mietrechtl Beziehgen der Part unabhäng ist (BGH **108**, 256 [267]). Anspr aus §§ 744 II, 748, auch wenn der MitEigt Mieter ist (BGH NJW **74**, 743); Rückzahlg einer unter Vorbeh herausgegebenen Mietsicherh.

3) Verjährungsbeginn (Abs II). Die Fr läuft für jede Verschlechterg u Veränderg gesond (Düss ZMR **88**, **11** 57). **a) Ansprüche des Vermieters:** sobald er die Sache zurückerhält (nicht notw endgült). Dies setzt grdsätzl die unmittelb Sachherrsch (§ 854) u eine BesVeränderg zuG des Verm voraus (BGH NJW **91**, 2416;

Düss ZMR **93**, 519). Er muß die Sache auf Veränder u Verschlechtergen ungestört untersuchen können (BGH aaO u **98**, 59 mwN). Wenn dies gewährleistet ist, kann freier Zutritt hierfür im Einzelfall genügen (BGH NJW **87**, 2072), nicht aber gestatteter Zutritt bei unveränd Bes des Mieters (BGH NJW **91**, 2416), zB zur Untersuchg u Rep einer HeizgsAnl (aA Düss DWW **93**, 139). Die Fr beginnt nicht vor Entstehen u Fällk des Anspr (BGH NJW **91**, 2416) u grdsätzl nicht vor dem Ende des MietVerh (hM; vgl BGH **98**, 59), jedoch beginnt die Verj auch dann, wenn der Verm die Sache zur Instdsetzg zurückerhält u das MietVerh danach fortgesetzt w (BGH aaO). Der einvernehml Wechsel des HauptM führt für den ausgeschiedenen zum VerjBeginn (BGH NJW **92**, 687), auch wenn der Verm die Miets einvernehml nicht vorübgehd zurückerhält (Karlsr ZMR **94**, 161). Ist die Beseitigg von Anl HauptLeistgsPfl geworden (vgl § 556 Rn 4), so beginnt die Fr für diesen Anspr wg § 198 nicht, bevor der ErfAnspr in eine SchadErsFdg übgeht (BGH **107**, 179). Der Fall des § 571 beendet das MietVerh nicht. Auch wenn der Verm vorher von der Veränd od Verschlechterg erfährt, beginnt die VerjFr nicht vor dem Zurückerhalten zu laufen. Die tats Rückg kann auch in der DchFührg der ZwVollstr liegen. Besteht die Mietsache aus mehreren Teilen od einer Sachgesamth beginnt die Verj erst mit Rückg des letzten Teils (Düss MDR **72**, 694; aA MDR **94**, 57 für ÜbNahme eines abgrenzb Teils). Bei Kfz-MietVertr ist im Falle der Beschädigg des Fahrz idR der SchadErsAnspr bis zur HaftgsFreistellg gestundet, sodaß die VerjFr später zu laufen beginnt (vgl Rn 3). Dem steht § 9 AGBG dann nicht entgg, wenn der Mieter vom Ende der Stundg zuverläss Kenntn erlangen kann (vgl BGH NJW **86**, 1608), wohl aber dann, wenn ohne angemessene zeitl Begrenzg der Beginn der VerjFr an die Einsichtnahme des
12 Verm in die ErmittlgsAkten geknüpft w (BGH **94**, 1788). **b) Ansprüche des Mieters:** mit der rechtl (nicht tats) Beendigg des MietVerh od UnterMVerh (BGH NJW **86**, 254), bei Veräußerg des MietGrdst also trotz § 571 mit dem Eintritt des neuen Verm, da die Anspr, die schon vorher entstanden sind, sich nur gg den Veräußerer richten (vgl § 571 Rn 17; BGH NJW **65**, 1225), aber nicht, bevor der Mieter v der Veräußerg Kenntn erlangt. Bei vereinb Fortsetzg des MietVerh beginnt die Verj nicht (RG **128**, 191), ebsowenig bei seiner Verlängerg nach §§ 556a, 556b. Verj währd der MietZt ist ausgeschl, da § 558 Spezialnorm ggü § 195 ist (hM; Krämer NJW **62**, 2301; RGRK/Gelhaar 13; aA Celle NJW **62**, 1918).

13   **4) Verjährungseintritt. a) Berechnung** der 6-Monats-Fr: § 187, nach dessen Abs I für Anspr des Verm wie des Mieters, weil der Rückerhalt wie die Beendigg ein Ereign darstellen; ferner gelten §§ 188 II, 193.
14 **b) Wirkung:** § 222. Auch wenn es sich um einen HauptLeistgsAnspr handelt, kann er sich nicht mehr in einen SchadErsAnspr aus § 326 umwandeln (BGH **104**, 6). Dch Abs III wird der VerjEintritt wie für NebenAnspr (§ 224) an die Verj des RückgAnspr (§ 556) gebunden.

559   *Vermieterpfandrecht.* **Der Vermieter eines Grundstücks hat für seine Forderungen aus dem Mietverhältnis ein Pfandrecht an den eingebrachten Sachen des Mieters. Für künftige Entschädigungsforderungen und für den Mietzins für eine spätere Zeit als das laufende und das folgende Mietjahr kann das Pfandrecht nicht geltend gemacht werden. Es erstreckt sich nicht auf die der Pfändung nicht unterworfenen Sachen.**

1   **1) Allgemeines. a) Begriff.** Das VermPfdR ist ein besitzloses gesetzl PfdR, das dem Verm eines Grdst (vgl § 580) gewährt w. Es gelten die allg Bestimmgen über rechtsgeschäftl PfdRe (§ 1257) mit Ausn der Bestimmgen, die einen unmittelb Bes des PfdGläub voraussetzen. Es ist deshalb ein gutgläub Erwerb des VermPfdR an Sachen, die nicht dem Mieter gehören, ausgeschl (§§ 1257, 1207). Das VermPfdR ist bei WoRaum kaum noch praktikabel (vgl Derleder/Stapelfeld ZMR **87**, 123), wohl aber bedeuts bei Gewerbe-
2 räumen, insb bei Leas (Weber/Rauscher NJW **88**, 1571). **b) Andere Pfandrechte.** Rechtsgeschäftl PfdR kann daneben bestellt w. Verm kann auch eingebrachte Sachen des Mieters gem § 808 ZPO pfänden (PfändgsPfdR). VermPfdR u PfändgsPfdR bestehen dann nebeneinander u der Verm hat die Wahl, was er verwertet (Ffm MDR **75**, 228). Über Zutreffen mit PfändgsPfdR Dr vgl § 563, mit SichEigt Rn 10.
3 **c) Schutz.** Strafrechtl: § 289 StGB. Zivilrechtl: § 823 I. Im Konkurs des Mieters AbsondergsR gem § 49 I Nr 2 KO (allg zum VermPfdR im Konkurs Eckert ZIP **84**, 663). **d) Lastenfreier Erwerb** der mit dem VermPfdR belasteten Sache dch Dr ist mögl: § 936; jedoch strenge Anfdgen an Gutgläubk (Emmerich/
4 Sonnenschein 32 mwN). **e) Abdingbarkeit.** Ist für S 1 und 2 gegeben (RG **141**, 99); S 3 ist zwingd (Rn 16).

5   **2) Entstehung** des PfdR setzt voraus: **a) Einbringen** (Rn 6) einer **b) Sache** (Rn 7), die im **c) Eigentum des Mieters** (Rn 8) steht; jedoch nur bei **d) Grundstücksmiete:** wie Rn 1. Daher nicht Tresor od Schrankfach (RGRK/Gelhaar 1), Schiff (BGH WM **86**, 26). **e) Pfändbarkeit** der Sache (S 3; Rn 16). **f) Forderungen** aus dem Mietverhältnis (Rn 11, 12).

6   **3) Einbringen** erfordert ein vom Mieter währd der MietZt (dh vor deren Beendigg) gewolltes Hineinschaffen in die Mieträume (allgM; RG **132**, 116). Insoweit liegt ein Willensakt vor, ohne daß es jedoch auf den Willen der Entstehg des PfdR ankommt. Daher sind Willensmängel unbeachtl; Anfechtg ist ausgeschl. Ob GeschFähk notw ist, wird bestr (vgl Emmerich/Sonnenschein 10 mwN). Auch Sachen, die auf dem gemieteten Grdst erst erzeugt worden sind, wie zB Ziegel, sind in diesem Sinne eingebracht (RG **132**, 116). Nicht eingebracht sind vorübergehd eingestellte Sachen. Ein Kfz ist aber nicht vorübergehd eingestellt, wenn es regelm in (mit)vermieteter Garage (auch Einstellplatz) steht (Bronsch ZMR **70**, 1). Ebsowenig sind vorübgehd eingestellt solche Sachen, die bestimmgsgem zu vorübgehden Zwecken in den Räumen verbleiben sollen, wie Warenlager des Kaufmanns, sodaß daran das VermPfdR entstehen kann (allgM; dagg krit Eckert ZIP **84**, 663). Die Tageskasse gehört jedoch nicht dazu (Brschw OLGZ **80**, 239). Sind mehrere Räume getrennt an denselben Mieter vermietet (zB GeschRaum u Wohng), kommt es darauf an, worin die betreffden Sachen eingebracht sind (Emmerich/Sonnenschein 13 mwN).

7   **4) Sachen des Mieters** (S 1). **a) Sachen:** § 90. Darunter sind auch InhPapiere zu verstehen, ebso Geld, auch indossable Papiere (str), dagg nicht bloße Legitimationspapiere, wie zB Sparbücher, auch nicht Schuld-Urk, die nicht Träger des FdgsR sind, ebenso nicht Sachen ohne Vermögenswert, wie Briefe, FamBilder. Grdsätzl ist AlleinEigt des Mieters erforderl. Bei MitEigt unterliegt der MitEigtAnteil dem PfdR (RG **146**,

334). Dem VermPfdR unterliegen auch die Sachen des Vorerben (Ffm OLG **33**, 151), sowie Sachen, an denen der Mieter ein auflösd bedingtes Eigt hat; nach Eintritt der Bedingg bleibt das PfdR bestehen (str). Dem PfdR unterliegen nicht: Sachen, die einer GesHand gehören, wenn nicht alle GesHänder Mieter sind od der Mieter für sie verfüggsberecht ist; dann auch nicht der pfändb Anteil (S 3; § 859 ZPO). **b) Mieter:** Das **8** PfdR besteht aber fort, wenn der MietVertr auch nur von einem Teil der Erben fortgesetzt w. Ebsowenig sind Sachen des Mieters die eines Dr, auch nicht Sachen des Unterm, da kein VertrVerh zw HauptVerm u Unterm besteht; ferner Sachen der Ehefr od der Kinder des Mieters, es sei denn, daß die Ehefr den MietVertr mitabgeschl hat od daß die Sachen zum ehel GesGut gehören (§§ 1416ff); über EigtVermut vgl § 1362. **c) Anwartschaftsrechte** des Mieters an Sachen eines Dr, insb alle unter EigtVorbehalt gekauften **9** (§ 455). Das VermPfdR erstreckt sich hierauf (hM) u entsteht voll mit dem Eintritt der Bedingg (§ 455 Rn 24) an der Sache selbst (BGH **35**, 85 u NJW **65**, 1475). Das RückterR des EigtVorbehVerk bleibt unberührt. Ein RückFdgsAnspr (§ 929 Rn 40) berührt das PfandR am AnwartschR nicht. Befriedigt der Mieter den bisher Eigt mit Mitteln eines Dr, dem die Sache zur Sicherg übereignet wir, tritt die gleiche Wirkg ein (BGH NJW **65**, 1475). **d) Sicherungsübereignung.** Geschah sie vor Einbringen, erwirbt der **10** Verm kein PfdR (vgl Rn 8), auch wenn der Verm von der SichÜbereigng nichts wußte (vgl Rn 1). Eine nach Einbringen vorgenommene SichÜbereign ändert nichts mehr am entstandenen VermPfdR. Bei einem RaumSichergsVertr (§ 930 Rn 3) behält bei den nach SichÜbereign eingebrachten Sachen das VermPfdR den Vorrang (BGH **117**, 200; dagg krit Gnamm NJW **92**, 2806; aA auch Fischer JuS **93**, 542; Weber/ Rauscher NJW **88**, 157).

    5) Forderungen. Ob aus dem Verbot des Geltendmachens das Bestehen od Nichtentstehen des PfdR zu **11** folgern sei, ist umstr. **a) Aus dem Mietverhältnis.** Das PfdR besteht für alle diese Fdgen. Das sind diejen, **12** die sich aus dem Wesen der entgeltl GebrÜblassg ergeben (BGH **60**, 22); Mietzins- u EntschädiggsFdgen, aus Verletzg der RückgPfl (§ 556), des § 545; Beschädigg der Miets, Kosten der RVerfolgg gg den Mieter (RäumgsProz, VersteigergsKosten), VertrStrafen, auch für NebenFdgen, zB Verpflegg, Heizg (allgM). Bei Mieterwechsel haften die v u Mieter eingebrachten Sachen für Fdgen gg den jew u Mieter grdsätzl nicht, ausnw dann, wenn eine solche Haftg dreiseit vereinb ist (BGH NJW **95**, 1350). Auch übernommene MietZSchulden des Vorgängers sind Verbindlich aus dem MietVerh (BGH **LM** Nr 3) **Nicht:** für selbst neben der Miete bestehende VertrAnspr, zB RückzahlgsAnspr eines vom Verm den Mieter für einen Umbau gewährten Darl (BGH **60**, 22), Fdg aus BierlieferggsVertr (Emmerich/Sonnenschein 45), Kosten der RVerfolgg gg Bürgen (allgM). **b) Beschränkung bei künftigen Forderungen** (S 2). **aa) Entschädi- 13 gungsforderung:** Dazu gehört insb die wg Vorenthaltg (§ 557) u Mietausfall wg vorzeit Beendigg des MietVertr (BGH NJW **72**, 721). Hierfür darf das VermPfdR nie geltd gemacht w; sond nur für solche Fdgen, die zZ der ersten Geltdmach des PfdR (Rn 15) schon bestehen, insb wenn bereits der Schad nach Grd u Höhe entstanden ist (Hamm NJW-RR **94**, 655). **bb) Mietzinsforderung:** nur für laufdes u folgdes **14** Miet-(nicht Kal-)Jahr, insb auch, wenn MietVerh auf unbest Zeit abgeschl ist (hM). **cc) Zeitpunkt:** Maß- **15** gebd dafür, ob eine zukünft Fdg vorliegt, ist der erste, insb notw gerichtl (BGH NJW **72**, 721) Geltdmachg, insb den Besitznahme (vgl BGH aaO). Für später entstandene Fdgen kann das PfdR erneut geltd gemacht w, jedoch haben zwzeitl entstandene PfdRe Vorrang (Emmerich/Sonnenschein 52).

    6) Unpfändbare Sachen (S 3) werden vom VermPfandR nicht erfaßt. **a) Anwendung:** zwingd u **16** unverzichtb (Emmerich/Sonnenschein 37). VertrPfdR ist mögl, erfordert aber Überg (§ 1205). Vertragl ZurückbehaltungsR ist als Umgeh unzuläss. SondVorschr für Landpacht: § 592 S 3. Maßgebder Ztpkt: Geltdmachg des VermPfdR. **b) Umfang:** Darunter fallen die Sachen des § 811 ZPO (allgM) u die des § 812 **17** ZPO (umstr), weil der gleiche sozpol Zweck vorliegt (Haase JR **71**, 323 mwN), nicht aber die des § 865 ZPO. Auch § 803 I 2 ZPO kommt nicht in Betr (aA Haase aaO), weil es im Ggsatz zur Pfändg des GerVollz an der erforderl Bestimmth fehlt u der Mieter dch § 560 S 3 geschützt ist. **c) Folgen:** Verwertet der Verm **18** unpfändb Sachen, so haftet er bei Versch (zu Einzelh vgl Wasmuth ZMR **89**, 42), auch aus Vertr (Ffm MDR **79**, 316), nicht nur aus § 823. § 811a ZPO ist unanwendb.

    7) Wirkungen. Das VermPfdR gibt dem Verm über §§ 1257, 1228 II zur Verwertg der Sache ein R auf **19** Herausg zur Versteigerg u daraus ein R zum Bes (vgl § 561 Rn 1), auch schon vor einem Auszug des Mieters. Beim Auszug gilt das SelbsthilfeR des § 561 II.

    8) Beweislast: Verm hat das Bestehen des gesetzl PfdR zu beweisen, also auch das Eigt des Mieters sowie **20** den Anspr (BGH NJW **86**, 2426). Wg GrdGedankens des § 1006 hat aber der Mieter darzulegen, aus welchen Grden er nicht Eigtümer ist (vgl RG **146**, 334), sowie daß Anspr od PfandR erloschen sind (BGH aaO). Voraussetzgn von S 3 muß der Mieter beweisen.

560   *Erlöschen des Vermieterpfandrechts.* **Das Pfandrecht des Vermieters erlischt mit der Entfernung der Sachen von dem Grundstück, es sei denn, daß die Entfernung ohne Wissen oder unter Widerspruch des Vermieters erfolgt. Der Vermieter kann der Entfernung nicht widersprechen, wenn sie im regelmäßigen Betriebe des Geschäfts des Mieters oder den gewöhnlichen Lebensverhältnissen entsprechend erfolgt oder wenn die zurückbleibenden Sachen zur Sicherung des Vermieters offenbar ausreichen.**

    1) Allgemeines. a) Bedeutung: § 560 schafft einen bes RGrd für das Erlöschen des VermPfdR u kann **1** nicht abbedungen w. **b) Sonstige Erlöschensgründe** bestehen neben § 560, insb (über § 1257) nach **2** §§ 1242, 1252, 1255, 1256, weiter dch gutgläub rechtsgesch Erwerb (§ 936). **c) Kein Erlöschen:** insb dch **3** Veräußerg des Grdst, Übergang des Eigt auf Dr dch Veräußerg (Ausn § 936) od RNachfolge (zB Erbfall, RG JW **37**, 613), Eintritt einer auflösden Bedingg (§ 559 Rn 7).

    2) Erlöschen des PfdR (S 1, Hs 2) setzt grdsätzl die bloße Entferng der Sache voraus (Ausn: Rn 5, 6). Sie **4** bedeutet das rein tats Herausschaffen der Sachen aus den Mieträumen sowie aus dem Grdst des Verm (hM).

Umstr ist, ob die Entferng endgült sein muß od vorübergehd sein kann (prakt bedeuts bei Fahrt mit Kfz); diese Auffassg, die Erlöschen u nach Rückkehr Wiederentstehen des PfdRs bejaht, dringt vor (MüKo/ Voelskow 4 mwN). Entferng ist auch die Wegnahme dch den GVz (hM); idR werden jedoch die Voraussetzgen der Rn 5, 6 zutreffen mit den Folgen des § 805 ZPO.

5 **3) Fortbestand** des PfdR (S 1, Hs 2) als Ausn zu Rn 4 setzt alternativ voraus (BewLast: Verm): **a) Ohne Wissen** des Verm od seines Vertreters (entspr § 166 I). Muß sich auf die Tats beziehen. Grobfahrl Unkenntn steht Wissen nicht gleich. Die Sache muß nicht notw heiml entfernt w. Jedoch besteht das PfdR nur dann 6 weiter, wenn der Verm nicht zur Duldg verpfl ist (vgl Rn 7–10). **b) Widerspruch** des Verm od seines Vertreters, auch stillschw mögl; ist eine rechtsgeschähnl Handlg (Übbl 6 vor § 104). Muß bei Entferng, nicht notw dem Mieter ggü (hM), kann vorher (bei Pfändg) geschehen; kann nicht allg im voraus erkl w. Der Widerspr kann gem Rn 7–10 unwirks sein. Unterl des Widerspr trotz Kenntn (Rn 5) führt zum Erlöschen des PfdR (Rn 4).

7 **4) Duldungspflicht des Vermieters** (S 2). Sie ist unabhäng v Widerspr (Rn 6). S 2 kann nicht abbedungen w. Das PfdR erlischt bei bestehder DuldgsPfl, auch wenn ohne Wissen des Verm entfernt w (hM; Emmerich/Sonnenschein 15a; aA Werner JR **72**, 235 mwN). Der Verm kann der Entferng, die das Erlö- 8 schen des PfdR bewirkt (Rn 4), nicht widerspr: **a) Regelmäßiger Geschäftsbetrieb** des Mieters. In diesem Rahmen darf der Mieter die Sachen entfernen, insb normaler WarenVerk, Tageskasse eines Pächters (Brschw OLGZ **80**, 239), auch SaisonschlußVerk; nicht TotalAusVerk od tats Räumg, die den GeschBetr zum Erliegen bringt, auch dch Dr, insb Gläub (BGH NJW **63**, 147), dch Sequester nach Erlaß eines allg 9 VeräußergsVerbots (Köln ZIP **84**, 89). **b) Gewöhnliche Lebensverhältnisse** des Mieters; ihnen entspr 10 Mitnahme auf Reise, Weggabe zur Rep, GefälligkLeihe. **c) Ausreichende Sicherung** der zurückbleibenden Sachen. Der Wert der Sachen ist am voraussichtl VerwertgsErlös zu messen. Sachen mit zweifelh EigtLage bleiben außer Betr (hM). Offenb: ohne nähere Untersuch für den Verm ersichtl. Auch der PfdgsGläub kann sich dem ggü wie der Mieter auf die ausreichde Sicherg dch verbleibde Ggstde berufen (BGH **27**, 227). Bei Mehrh von PfdgGläub steht das R aus S 2 allen zu (offengelassen in BGH **27**, 227 [234] mwN). Bei HerausgVollstr (§§ 883, 897 ZPO) bestehen ab Überg an den Gl keine RBehelfe mehr. Bei RäumgsVollstr muß der Gl das VermPfdR währd der DchFührg (gem § 561) geltd machen.

---

561 *Selbsthilfe; Herausgabeanspruch; Erlöschen des Pfandrechts.* **[I] Der Vermieter darf die Entfernung der seinem Pfandrecht unterliegenden Sachen, soweit er ihr zu widersprechen berechtigt ist, auch ohne Anrufen des Gerichts verhindern und, wenn der Mieter auszieht, die Sachen in seinen Besitz nehmen.**

[II] Sind die Sachen ohne Wissen oder unter Widerspruch des Vermieters entfernt worden, so kann er die Herausgabe zum Zwecke der Zurückschaffung in das Grundstück und, wenn der Mieter ausgezogen ist, die Überlassung des Besitzes verlangen. Das Pfandrecht erlischt mit dem Ablauf eines Monats, nachdem der Vermieter von der Entfernung der Sachen Kenntnis erlangt hat, wenn nicht der Vermieter diesen Anspruch vorher gerichtlich geltend gemacht hat.

1 **1) Allgemeines. a) Zweck:** Abs I u Abs II S 1 sind auf die zusätzl Sicherg des VermPfdR gerichtet u berühren nicht seinen Bestand. Abs II S 2 gibt einen zusätzl ErlöschensGrd. **b) Ansprüche** des PfdGläub. Sie entspr aGrd des § 1257 denen eines jeden PfdGläub: **(1)** HerausgAnspr: §§ 1227, 985, 1004; auch gg Dr, der Bes geworden ist (§ 936 beachten). Das R zum Bes besteht auch schon vor dem Auszug des Mieters. **(2)** SchadErsAnspr aus unerl Hdlg: § 823 I, § 823 II üb § 289 StGB, auch auf Rückschaffg gerichtet (§ 249). **(3)** UnterlAnspr aus § 550 gg Entferng der Sachen. **(4)** Vertr SchadErsAnspr bei schuldh Verstoß gg § 550. 2 **(5)** ErlösHerausg bei unberecht Veräußerg (§ 816 I). **c) Rechtsbehelfe:** Klage auf Erf, uU einstw Vfg zur Sicherg der Anspr aus der Rn 1 (Celle NJW-RR **87**, 447). Gg and PfdGläub Klage aus § 805 ZPO. Das SelbsthilfeR (Abs I u II S 1) dient daneben der faktischen Sicherg des Verm. Die Inbesitznahme ist keine 3 verbotene EigMacht (§ 858). **d) Abdingbarkeit.** § 561 ist jedenf insofern zwingd als das SelbsthilfeR (Rn 5) 4 nicht erweitert w kann (RGRK-Gelhaar 1 mwN), die AusschlFr (Abs II S 2) nicht verlängert. **e) Anwendbarkeit** ist zu verneinen, wenn die Sachen aGrd einer Pfändg (§ 808 ZPO) dafür and Gläub weggenommen w. Der Verm hat die Kl aus § 805 ZPO ohne die MonatsFr des Abs II.

5 **2) Selbsthilferecht** (Abs I). Es besteht selbständ neben dem aus § 229 u setzt wesentl weniger voraus. § 230 I gilt entspr (hM; Jauernig/Teichmann 2a mwN). § 231 ist nicht anwendb. **a) Voraussetzungen** sind: **aa)** Bestand des VermPfdR gem § 559. **bb)** Entferng der Sachen (wie § 560 Rn 4), solange sie andauert, nicht vor ihrem Beginn (Düss ZMR **83**, 376; Celle DWW **94**, 117 mwN). Ist die Entferng beendet, bestehen nur die Anspr aus Rn 1; daher kein R zur Nacheile. **cc)** WidersprR des Verm gg die Entferng; dh er darf 6 nicht zur Duldg gem § 560 Rn 7–10 verpfl sein. **b) Wirkung.** Es ist zu unterscheiden: **aa)** Verhindern des Entfernens von (auch einzelnen) Sachen (§ 560 Rn 4), wenn der Mieter im Bes der gemieteten Räume bleibt. Zunächst ist mißf Widerspr geboten. Gewaltanwendg ist bei Mißerfolg, in engen Grenzen nur gg den Mieter (hM; Emmerich/Sonnenschein 16 mwN) zuläss. **bb)** Inbesitznahme, wenn der Mieter auszieht, dh den Auszug unmittelb vorbereitet (LG Hbg MDR **77**, 933). Der Verm kann dann die Übergabe vom Mieter verlangen, die Entferng dch geeignete Mittel verhindern u die Sachen in Bes nehmen (vgl Rn 2), auch einlagern lassen. Es gelten §§ 1215, 1216, da der Verm die Stellg eines FaustPfdGläub (§ 1205) erlangt. 7 Selbstverständl gilt auch § 1223 II. **cc)** Befriedig des Verm erfolgt nach §§ 1228 ff. **c) Erlöschen** des SelbsthilfeR tritt dadch ein, daß die Sachen des Verm entfernt w (wie § 560 Rn 4). Es besteht dann nur noch der RückschaffgsAnspr (Rn 10).

8 **3) Herausgabeanspruch** (Abs II S 1). Dieser Anspr ist der modifizierte Herausgabeanspruch eines PfdGläub (§ 1227). Er tritt an Stelle des SelbsthilfeR (Rn 5), sobald die Sachen entfernt sind (wie § 560 Rn 4). Der Anspr richtet sich auch gg einen Dr, der Besitzer geworden ist (allgM). Sein Inhalt ist verschieden u richtet sich danach, ob der Mieter ausgezogen ist oder nicht; denn es soll ledigl der Zustd vor Entferng

wieder hergestellt w. Zur Vorbereitg besteht ein AuskAnspr (Emmerich/Sonnenschein 28). **a) Vorausset-** 9
zung ist: **aa)** Entferng der Sachen (§ 560 Rn 4). **bb)** Ohne Wissen (Kenntn) des Verm od mit Wissen, aber
unter Widerspr (§ 560 Rn 6) ohne bestehende DuldgsPfl (§ 560 Rn 7). Bei Dr versagt der Anspr, wenn sie die
Sache gutgläub lastenfrei erworben haben (§ 936). **b) Rückschaffung** auf das vermietete Grdst od in die 10
vermieteten Räume darf v Verm verlangt w, wenn der Mieter nicht ausgezogen ist. Das bedeutet die
Wiederherstellg des früheren Zustd. Der Verm darf also vom Besitzer (Mieter od Dr) nicht Herausgabe an
sich selbst verlangen. **c) Herausgabe** an sich kann der Verm nach Auszug des Mieters verlangen; das 11
verschafft ihm die RStellg eines FaustPfdGläub mit VerwahrgsPfl (§ 1215) u der Befugn, die Pfändg dch and
Gläub zu verhindern (§ 809 ZPO).

4) Ausschlußfrist (Abs II S 2). **a) Zweck:** Sicherh des RVerkehrs. **b) Berechnung:** §§ 187 I, 188 II. 12
FrBeginn mit Kenntn des Verm vom Auszug od der Entferng der betreffen Sache. Bei Vertretern gilt § 166
entspr. **c) Verlängerung** der Fr dch Vertr ist unwirks, kann aber in Bestellg eines PfdR (§ 1205) umgedeu-
tet w (§ 140). **d) Fristwahrung** geschieht, indem der Anspr (Rn 8) geltd gemacht w, insb dch Klage 13
(§ 270 III ZPO gilt), Antrag auf Einstw Vfg (zur Rückschaffg od Herausgabe), Widerspr gg eine solche, dch
die das Wegschaffen geduldet w soll; auch Antrag gem § 805 IV ZPO (Emmerich/Sonnenschein 43, 43a
mwN). Für die Kl aus § 805 ZPO gilt Abs II nicht. **e) Wirkung:** Erlöschen des VermPfdRs. Anspr aus 14
Vertr u unerl Hdlg wg schuldh, rechtswidr Verletzg des PfdR bleiben davon unberührt (hM; aA Emmerich/
Sonnenschein 45); jedoch bleibt § 254 wg schuldh FrVersäumg anwendb (RG **119**, 265).

562 *Sicherheitsleistung.* **Der Mieter kann die Geltendmachung des Pfandrechts des Ver-**
mieters durch Sicherheitsleistung abwenden; er kann jede einzelne Sache dadurch von
dem Pfandrechte befreien, daß er in Höhe ihres Wertes Sicherheit leistet.

Anwendbar für Mieter, Pächter u Dr, denen das Eigt an eingebrachten Sachen zusteht (BGH WM **71**, 1
1086), nicht für nachrang PfdGläub (bestr; aA RGRK-Gelhaar 4). **Unabdingbar** (hM). **Art:** §§ 232ff, auch
Leistg dch einen Dr. **Höhe:** die aller Anspr, für die das PfdR (§ 559) besteht, od der Wert der Sachen (bzw 2
der einzelnen Sache), wenn er geringer ist (umstr; vgl Emmerich/Sonnenschein 9 mwN). **Wirkung:** Das
PfdR darf nicht geltd gemacht w, insb nicht gem § 561. Das gilt insb für den Auszug.

563 *Pfändung durch andere Gläubiger.* **Wird eine dem Pfandrechte des Vermieters**
unterliegende Sache für einen anderen Gläubiger gepfändet, so kann diesem gegenüber
das Pfandrecht nicht wegen des Mietzinses für eine frühere Zeit als das letzte Jahr vor der Pfän-
dung geltend gemacht werden.

1) Allgemeines. § 563 regelt die Konkurrenz des VermPfdR mit and PfdR nur für einen bestimmten 1
Fall. **a) Grundsatz:** An den Sachen des Mieters können mehrere PfdRe bestehen mit Gleich-, Vor- od
Nachrang (§§ 1209, 1257 u § 804 III ZPO), wobei der Ztpkt des Entstehens maßgebd ist. Einer Pfändg
kann der Verm, wenn er nicht im Bes der Sache ist (vgl § 561 Rn 8, 11) nicht widerspr (§ 809 ZPO); er
kann nur nach § 805 ZPO klagen. **b) Zweck** des § 563 ist die Beschränkg des Vorrangs für das VermPfdR 2
auf den (rückständ) MietZ für das letzte Jahr vor dem Tag der Pfändg. Unberührt bleibt das PfdR für die
nach Pfändg fäll werdden MietZFdgen. **c) Anwendbar** ist § 563 nur für das PfändgsPfdR, nicht für vertr 3
u gesetzl PfdRe.

2) Einzelheiten. a) Erlöschen des VermPfdR (§ 561 Rn 14) infolge Verwertg dch Dr (§ 817 ZPO, 4
§ 1242 II): Dem Verm bleibt nur noch der Anspr auf Auszahlg des Erlöses aus § 816 gg den PfandGläub (RG
119, 269), bei Vors od Fahrlässigk § 823 (vgl § 561 Rn 14). **b) Beschränkung** des VermPfdR: Es gilt ggü 5
den PfdGläub für die PfdFdg aus dem MietVerh, die spätestens im letzte Jahr vor der Pfändg entstanden
sind. Sonst Beschränkgen bestimmt § 563 nicht (vgl Rn 2), insb können auch SchadErsFdg aus dem Miet-
Verh unbeschr geltd gemacht w. **c) Anwartschaftsrechte** auf das Eigt (vgl § 455): Der Verm erwirbt das 6
VermPfdR bereits am AnwartschR (hM). Er hat daher Vorrang vor nachfolgd begdeten PfändgsPfdRen
(RGRK/Gelhaar 5; str). **d) Konkurs des Mieters.** Das PfdR gibt dem Verm ein AbsondersgsR (§ 49 Nr 2 7
KO), das im wesentl beschränkt ist, wie § 563 bestimmt. Es muß nicht nach § 561 II S 2 gewahrt w.

564 *Ende des Mietverhältnisses.* **I Das Mietverhältnis endigt mit dem Ablaufe der Zeit,**
für die es eingegangen ist.
II Ist die Mietzeit nicht bestimmt, so kann jeder Teil das Mietverhältnis nach den Vorschriften
des § 565 kündigen.

1) Allgemeines. Ein MietVerh kann enden dch: **a) Zeitablauf** (Abs I); nur bei best MietZt (Rn 5). 1
b) Kündigung (Abs II; Rn 8). **c) Aufhebungsvertrag** ist dch Verm v Mieter gem § 305 Rn 7 jederzeit
mögl, auch dch schlüss Verhalten (LG Köln ZMR **93**, 166 mwN), dies aber nur ausnw (Bub/Treier/
Graputin IV 286 mwN). Häufig wird der AufhebgsVertr unter der aufschiebden Bedingg geschl, daß der
Mieter einen geeigneten NachM stellt (§ 552 Rn 8). **d) Bedingungseintritt** (§ 158 II). Ein MietVertr kann 2
unter einer auflösden Bedingg geschl w. Das ist bei WoRaum eingeschr dch § 565a II. **e) Rücktritt** (§ 346)
bei Vorbehalt aus bei Überlassg der Miets mögl, aber nicht bei WoRaum (§ 570a). Gesetzl RücktrRe
(§§ 325, 326) sind nur vor Überlassg der Miets mögl. Danach ist Rücktr dch Künd ersetzt (hM). **f) Un-** 3
möglichkeit der GebrGewährg, sofern sie unverschuldet ist (§§ 275 I, 323 I; 536 Rn 22). Bei verschuld
Unmöglk besteht das MietVerh fort, aber zugleich sind SchadErsAnspr od RücktrR mögl (Emmerich/
Sonnenschein 56). **g) Anfechtung** (§ 142) einer der WillErkl, die den VertrAbschl herbeigeführt haben. Die 4
Rückwirkg tritt auch ein, wenn nach Überlassg der Miets angefochten w (hM).

5 **2) Bestimmte Mietzeit** bedeutet Festlegg der Mietzeit auf eine KalZeit. Form: § 566. Ein für best Dauer festgelegter Mietzins ist nicht so auszulegen, daß damit auch das MietVerh für diese Zt unkündb abgeschl sei (BGH NJW **76**, 1351). Best MietZt liegt aber vor bei zeitl beschr Gebr od bis zum Eintritt eines best Ereign, zB des Todes (BayObLG NJW-RR **93**, 1164). Ist ungewiß, ob das Ereign überh eintritt, so handelt es sich um ein MietVerh unter auflösder Bedingg (Rn 2), das ein MietVerh auf unbest Zt darstellt (§ 565a Rn 7).

6 **a) Verlängerung.** Sie erfordert grdsätzl einen Vertr (§ 305). Bei WoRaum gelten die SoRegeln § 564c, § 565a. **aa) Verlängerungsklausel** ist die Vereinbg, daß das MietVerh sich auf best od unbest Zt verlängert, wenn nicht eine Partei erkl, es nicht verlängern zu wollen. Eine solche Erkl ist keine Künd (Düss ZMR **93**, 521), kann aber in eine Künd umgedeutet w (Rn 14). Wird die Erkl unterl, kommt stillschw die Verlängerg dch inhaltsgleichen MietVertr zustde. Für die Fr, innerh der diese WillErkl abzugeben ist, gilt § 193 entspr (BGH NJW **75**, 40). Wird verlängert, so w das alte MietVerh mit demselben VertrInhalt fortgesetzt, nicht etwa ein neues MietVerh begründet (BGH NJW **74**, 1081). **bb) Verlängerungsoption** liegt vor, wenn eine VertrPart berecht ist, dch einseit Erkl das MietVerh auf best od unbest Zt zu verlängern

7 (Einf 5 vor § 535). **b) Vorzeitige Beendigung** des MietVerh nur: dch AufhebgsVertr (Rn 1); Eintritt auflösder Bedingg (Rn 2); außerord Künd (§§ 542, 544, 549, 553–554a, 567, 569, 569a, 569b, 570, ferner § 19 KO, § 51 II VglO, § 57a ZVG, § 37 III WEG, § 30 ErbbRVO); bei vereinb KündGrd nur für den Mieter (§ 554b); vorbehaltenem Rücktr (Rn 2), bei WoRaum aber nur, soweit nicht § 570a entggsteht.

8 **3) Kündigung** ist einseit empfangsbedürft WillErkl. Sie kann in einer ProzHdlg, insb einer KlErhebg gesehen w (vgl § 564a Rn 6). Das KündR ist als unselbständ GestaltgsR nicht abtretb (§ 413 Rn 7; LG Hbg ZMR **93**, 169 mwN). **a) Wirksamkeit:** ab Zugang (§ 130 Rn 5), ex nunc. Bedarf nicht der Ann; kann nach Zugang nicht widerrufen od einseit zurückgenommen w. Unwirksk kann bei Verstoß gg § 242 gegeben sein

9 (Bsp bei Mü NJW-RR **92**, 1037). **b) Angabe des Grundes** ist nicht erforderl, es sei denn, daß vereinbargsgem die Künd nur aus bestimmten Gründen zul sein soll. Das gilt für die ordentl wie für die außerordentl (fristlose) Künd (für letztere bestr, vgl AG Hbg MDR **85**, 144). Bei Künd v MietVerh üb WoRaum gelten die SondVorschr §§ 564a I 2, 564b III. Sie gelten nicht, wenn aus § 553 od § 554 gekünd w, sodaß in diesen Fällen die Grde im KündSchreiben nicht angegeben w müssen u im Proz nachgeschoben w können (Karlsr

10 ZMR **83**, 133). **c) Form** ist für MietVerh über WoRaum durch § 564a vorgeschrieben (s dort). Sonst keine ges Form, aber vielf vereinb. Dch Ann kann formwidr Künd rechtswirks w, wenn § 144 analog angewendet w kann. Bei Vereinbg eines Künd dch eingeschr Brief genügt gewöhnl Brief, wenn der and Teil rechtzeit von der Künd Kenntn erhalten hat (§ 125 Rn 12). Künd kann auch in schlüss Hdlgen liegen, zB im Auszug

11 des Mieters. **d) Teilkündigung** eines einheitl MietVertr ist, wenn sie nicht im Vertr vorbehalten ist, grdsätzl unzul (hM), zB bei Wohng u Garage (LG Brschw ZMR **86**, 165; AG Dortm NJW-RR **87**, 207), auch wenn die Garage später hinzugemietet ist (Karlsr NJW **83**, 1499; LG Köln ZMR **92**, 251). Davon zu untersch ist das Vorliegen von 2 getrennten Vertr über Wo u Garage mit voneinander unabhäng Künd (LG Hbg DWW **92**, 24). Ges zugelassen ist die TeilKünd für Nebenräume gem § 564b II Nr 4 S 1 (dort Rn 56). Bei MischmietVerh (vgl Einf 72–74 vor § 535) kommt es auf die Auslegg der Vertr im Einzelfall an. Danach ist Künd zul, wenn der restl Teil für den KündEmpf unvermindert Wert behält od erlangt (zu eng LG Mannh MDR **76**, 581). Das ist insb bei einer Garage zu beachten; hier ist bei abweicher VertrDauer u KündFr auf Zulässigk der TKünd zu schließen (LG Bln ZMR **87**, 18). Ausgeschl ist die TeilKünd einz

12 VertrBest od Nebenabreden (zB Erlaubn zum Anbringen von Schildern od Reklame). **e) Bedingte** Künd ist regelm unzul, da die Künd als GestaltgsR Klarh u Gewißh schaffen soll. Eine Bedingg (§ 158), dch die der Empf nicht in eine ungewisse Lage versetzt w, macht die Künd nicht unzul (BGH WM **73**, 694), insb eine Bedingg, deren Eintritt vom bloßen Willen des KündEmpf abhängt (PotestativBedingg). Ferner ist eine

13 bedingte Künd bei Zust des KündEmpfängers wirks. **f) Mehrheit** von Beteiligten. **aa) Erklärung.** Erforderl ist grdsätzl wg der Einheitlk des MietVerh Künd von allen an alle (allgM; vgl § 535 Rn 4–6 u § 564b Rn 13), auch bei Eheg (LG Hann ZMR **87**, 18). Das ist problemat bei Wohngemeinsch (vgl Schüren JZ **89**, 358), insb der nichtehel LebensGemsch (vgl Finger WuM **93**, 581). Im InnenVerh kann sich ein Anspr auf Mitwirkg bei der Künd ergeben (LG Hbg WuM **93**, 343 mwN). Es kann vertragl vereinb w, daß die Künd v od ggü einem genügt. In AusnFällen kann dies auch ohne Vereinbg zutreffen (Ffm ZMR **91**, 103). Häuf ist im Vertr Vollm für Abgabe u Empfang der Künd erteilt; auch formularmäß im MietVertr mögl, im Umfang der Wirksk aber umstr (vgl Celle WuM **90**, 103 [113]; Bub/Treier IV 32). Ist diese Vollm nicht ausdrückl auf Künd bezogen, sond allg auf Erklärg, so wird vertreten, daß dies die Künd nicht erfaßt, weil damit der Vertr beseit w soll. **bb) Kündigungsgrund** in der Pers eines Mieters genügt (§ 564b Rn 32), auch bei WohnGemeinsch (aA offenb LG Lübeck NJW-RR **90**, 1429). Kein Recht des Verm zur Künd nach § 19 KO, wenn nur einer gemeinschaftl Mieter in Konk fällt (BGH **26**, 102; bestr). Hingg kann der KonkVerw gem § 19 S 1 KO für den in Konk gefallenen Mitmieter ohne Rücks auf die and Mieter wirks

14 künd (Celle DB **74**, 1109). **g) Umdeutung** (§ 140) u Auslegg (§ 133). Eine unwirks außerord Künd kann in ein Angebot zur VertrAufhebg umgedeutet w, auch in eine ord Künd (LG Mannh NJW **70**, 328), wenn sich aus den Umstden eindeut ergibt, daß Verm das MietVerh auf jeden Fall beenden will (BGH NJW **81**, 976). Schweigen des KündEmpf gilt idR nicht als Ann (BGH NJW **81**, 43). Angabe eines falschen KündTerm

15 steht der Umdeutg in den nächst zuläss Termin nicht entgg (hM; LG Köln WuM **93**, 542 mwN). **h) Unwirksamkeit** einer Künd des Verm, insb wg Fehlens einer Voraussetzg führt üb GebrVerweigerg wg Verletzg des § 535 bei Versch (§§ 276, 278) des Verm zur SchadErsPfl (BGH NJW **84**, 1029 für gewerbl

16 Räume u NJW **88**, 1268 für GaststPacht). **i) Wiederholung** einer Künd ist ein neues RGesch u kann auf denselben Grd gestützt w, der für die frühere Künd angegeben war.

564a *Schriftform bei Kündigung von Wohnraum.* [I] Die Kündigung eines Mietverhältnisses über Wohnraum bedarf der schriftlichen Form. In dem Kündigungsschreiben sollen die Gründe der Kündigung angegeben werden.

[II] Der Vermieter von Wohnraum soll den Mieter auf die Möglichkeit des Widerspruchs nach § 556a sowie auf die Form und die Frist des Widerspruchs rechtzeitig hinweisen.

III Die Absätze 1 und 2 gelten nicht für Mietverhältnisse der in § 564b Abs. 7 Nr. 1 und 2 genannten Art. Absatz 1 Satz 2 und Absatz 2 gelten nicht für Mietverhältnisse der in § 564b Abs. 7 Nr. 4 und 5 genannten Art.

1) Allgemeines. Abs III ist neugefaßt dch Art 3 Nr 2 WoBauErlG v 17. 5. 90 (BGEl 926); iKr seit 1. 6. **1** 90. **a) Zweck:** dient der Klarstellg u Rechtssicherh sowie der Aufklärg des Mieters, ferner Gleichstellg mit Form des Widerspr (§ 556a V). **b) Anwendungsbereich:** alle MietVerh (auch UntermietVerh) über Wo- **2** Raum (Ausn: Abs III). Abs I gilt für alle ord u außerord Künd von Verm u Mieter; jedoch hat Abs I 2 unmittelb Bedeutg nur für die ord Künd des Verm (vgl § 564b III u § 556a I 3). § 564a gilt nicht für andersart Beendigg des MietVerh (zB Rücktr, AufhebgsVertr). Abs II gilt nur für ord Künd des Verm, weil RFolgen sich nur darauf beziehen, wg § 556b auch bei Beendigg des MietVerh dch ZtAblauf (Rambach WuM **91**, 323 mwN; umstr) u bei vereinb RücktrR (§ 570a). **c) Abdingbarkeit:** ist zu verneinen, für **3** Abs I 2, II u III aus § 564b VI u § 556a VII, VI S 2 zu entnehmen, für Abs I 1 aus dem Grds, daß ges FormVorschr zwingd sind. Auch strengere Form ist wg SozCharakters des WoMietR anzul.

2) Schriftform (Abs I S 1) des § 126. Gilt wg Abs III S 1 nicht bei MietVerh des § 564b VII Nr 1 u 2 (dort **4** Rn 17, 18). Verstoß führt zur Nichtigk (§ 125), nur ausnahmsw nicht im Fall des § 125 Rn 16. **a) Inhalt** des Schreibens: es genügt erkennb Wille, MietVerh zu bestimmtem Ztpkt zu beenden. Dieser Ztpkt muß nicht mit Datum benannt w (hM); es genügt zB „zum nächstzul Termin". Die Angabe eines falschen KündTerm macht die Künd nicht unwirks (hM; LG Köln ZMR **92**, 343 mwN). Das Wort Künd ist nicht notw. KündGründe: Rn 8–10. **b) Zugang.** Zum Nachweis (§ 130 I) ist Einschreiben mit Rückschein empfehlens- **5** wert. **c) Schriftsatz** (insb KlSchrift) in einem RäumgsRStreit genügt der Form (hM; BayObLG NJW **81**, **6** 2197); jedoch muß darin für den bekl Mieter eindeut erkennb sein, daß neben der KlSchrift (ProzHdlg) eine matrechtl WillErkl (Künd) abgegeben w (allgM; BayObLG aaO mwN; Hamm NJW-RR **93**, 273). Unterzeichng der zuzustellnden Exemplare statt Beglaubigg ist zu empfehlen (vgl Spangenberg MDR **83**, 807), aber nicht notw (Hamm NJW **82**, 452). Zusendg eines MietVertr mit and Inhalt erfüllt die Schriftform nicht. **d) Vollmacht.** Sie ist formlos gült (§ 167 II). Es gilt § 174 (Schmid WuM **81**, 171). **e) Formularver- 7 trag.** Es darf keine zusätzl Form verlangt w (§ 11 Nr 16 AGBG).

3) Kündigungsgründe (Abs I S 2). Gilt wg Abs III nicht bei MietVerh des § 564b VII Nr 1, 2, 4 u 5 (dort **8** Rn 17, 18, 21). **a) Wirksamkeit.** Ihre Angabe ist nicht WirksamkVoraussetzg (BGH NJW **87**, 432 [433]), auch nicht bei der außerord Künd v WoRaum, weil § 564b III nicht entspr gilt (Karlsr WuM **82**, 241 mwN; bestr; aA LG Darmst WuM **86**, 339). Eine Künd ohne Grde ist weder nach § 126 noch nach § 134 nichtig (BayObLG NJW **81**, 2197; bestr). Bei der ord Künd ist Angabe der Grde eine Obliegenh („soll") des Verm. Erf er sie nicht, treten die für ihn nachteil RFolgen der §§ 556a I 3 u 564b III ein. Die schriftl Angabe ist nicht entbehrl, wenn der Verm die Grde dem Mieter schon vorher mdl od schriftl mitgeteilt hat (BayObLG aaO). **b) Bezeichnung.** Die KündGrde sind so zu bezeichnen, daß sie (insb in einem nachfolgden Proz) identifi- **9** ziert w können (BayObLG aaO). Eine vollst Angabe der zugrdliegden Tats ist nicht notw; sie können zur Ergänzg u Ausfüll des KündGrdes nachgeschoben w (BayObLG aaO mwN; bestr). Nur wenn die Künd allein auf solche Tats gestützt w kann, die zZ der KündErkl noch nicht vorgelegen haben, ist (auch noch im Proz) eine neue KündErkl nöt (Zweibr MDR **81**, 585). **c) Weiterer Inhalt.** Der Verm ist nicht darauf **10** beschränkt, nur den unmittelb Anlaß der Künd als Grd anzugeben. Er kann, um den Ausschl nach § 556a I 3 zu vermeiden, alle Umst angeben, die bei der Interessenabwägg (§ 556a Rn 14–18) allein od mit and Grden seine Künd rechtf können.

4) Hinweis (Abs II) auf Widerspr, dessen Form u Frist (§ 556a Rn 9, 11). Gilt nicht im Umfang des Abs I **11** S 2 (vgl Rn 8). Der Hinw ist formfrei, kann, muß aber nicht im KündSchreiben enthalten sein. Er muß vollst u rechtzeitig (vgl § 556a Rn 11) geschehen; daher ist zum Nachweis des Zugangs Einschreiben mit Rückschein empfehlenswert. Der Hinw ist keine Pfl, aber Obliegenh des Verm („soll"). Unterlassg od Verspätg berührt Wirksamk der Künd nicht, führt aber zu verlängerter WidersprFr (§ 556a VI S 2).

564b

Kündigungsschutz. **I** Ein Mietverhältnis über Wohnraum kann der Vermieter vorbehaltlich der Regelung in Absatz 4 nur kündigen, wenn er ein berechtigtes Interesse an der Beendigung des Mietverhältnisses hat.

II Als ein berechtigtes Interesse des Vermieters an der Beendigung des Mietverhältnisses ist es insbesondere anzusehen, wenn

1. der Mieter seine vertraglichen Verpflichtungen schuldhaft nicht unerheblich verletzt hat;

2. der Vermieter die Räume als Wohnung für sich, die zu seinem Hausstand gehörenden Personen oder seine Familienangehörigen benötigt. Ist an dem vermieteten Wohnräumen nach der Überlassung an den Mieter Wohnungseigentum begründet und das Wohnungseigentum veräußert worden, so kann sich der Erwerber auf berechtigte Interessen im Sinne des Satzes 1 nicht vor Ablauf von drei Jahren seit der Veräußerung an ihn berufen. Ist die ausreichende Versorgung der Bevölkerung mit Mietwohnungen zu angemessenen Bedingungen in einer Gemeinde oder einem Teil einer Gemeinde besonders gefährdet, so verlängert sich die Frist nach Satz 2 auf fünf Jahre. Diese Gebiete werden durch Rechtsverordnung der Landesregierungen für die Dauer von jeweils höchstens fünf Jahren bestimmt;

3. der Vermieter durch die Fortsetzung des Mietverhältnisses an einer angemessenen wirtschaftlichen Verwertung des Grundstücks gehindert und dadurch erhebliche Nachteile erleiden würde. Die Möglichkeit, im Falle einer anderweitigen Vermietung als Wohnraum eine höhere Miete zu erzielen, bleibt dabei außer Betracht. Der Vermieter kann sich auch nicht darauf berufen, daß er die Miträume im Zusammenhang mit einer beabsichtigten oder nach Überlassung an den Mieter erfolgten Begründung von Wohnungseigentum veräußern will. Ist an den vermieteten Wohnräumen nach der Überlassung an den Mieter Wohnungseigentum begründet und das

Wohnungseigentum veräußert worden, so kann sich der Erwerber in Gebieten, die die Landesregierung nach Nummer 2 Satz 4 bestimmt hat, nicht vor Ablauf von fünf Jahren seit der Veräußerung an ihn darauf berufen, daß er die Mieträume veräußern will;

4. der Vermieter nicht zum Wohnen bestimmte Nebenräume oder Teile eines Grundstücks dazu verwenden will,

a) Wohnraum zum Zwecke der Vermietung zu schaffen oder

b) den neu zu schaffenden und den vorhandenen Wohnraum mit Nebenräumen und Grundstücksteilen auszustatten,

die Kündigung auf diese Räume oder Grundstücksteile beschränkt und sie dem Mieter vor dem 1. Juni 1995 mitteilt. Die Kündigung ist spätestens am dritten Werktag eines Kalendermonats für den Ablauf des übernächsten Monats zulässig. Der Mieter kann eine angemessene Senkung des Mietzinses verlangen. Verzögert sich der Beginn der Bauarbeiten, so kann der Mieter eine Verlängerung des Mietverhältnisses um einen entsprechenden Zeitraum verlangen.

III Als berechtigte Interessen des Vermieters werden nur die Gründe berücksichtigt, die in dem Kündigungsschreiben angegeben sind, soweit sie nicht nachträglich entstanden sind.

IV Ein Mietverhältnis über eine Wohnung in einem vom Vermieter selbst bewohnten Wohngebäude

1. mit nicht mehr als zwei Wohnungen oder

2. mit drei Wohnungen, wenn mindestens eine der Wohnungen durch Ausbau oder Erweiterung eines vom Vermieter selbst bewohnten Wohngebäudes nach dem 31. Mai 1990 und vor dem 1. Juni 1995 fertiggestellt worden ist,

kann der Vermieter kündigen, auch wenn die Voraussetzungen des Absatzes 1 nicht vorliegen, im Falle der Nummer 2 beim Abschluß eines Mietvertrages nach Fertigstellung der Wohnung jedoch nur, wenn er den Mieter bei Vertragsschluß auf diese Kündigungsmöglichkeit hingewiesen hat. Die Kündigungsfrist verlängert sich in diesem Fall um drei Monate. Dies gilt entsprechend für Mietverhältnisse über Wohnraum innerhalb der vom Vermieter selbst bewohnten Wohnung, sofern der Wohnraum nicht nach Absatz 7 von der Anwendung dieser Vorschriften ausgenommen ist. In dem Kündigungsschreiben ist anzugeben, daß die Kündigung nicht auf die Voraussetzungen des Absatzes 1 gestützt wird.

V Weitergehende Schutzrechte des Mieters bleiben unberührt.

VI Eine zum Nachteil des Mieters abweichende Vereinbarung ist unwirksam.

VII Diese Vorschriften gelten nicht für Mietverhältnisse:

1. über Wohnraum, der zu nur vorübergehendem Gebrauch vermietet ist,

2. über Wohnraum, der Teil der vom Vermieter selbst bewohnten Wohnung ist und den der Vermieter ganz oder überwiegend mit Einrichtungsgegenständen auszustatten hat, sofern der Wohnraum nicht zum dauernden Gebrauch für eine Familie überlassen ist,

3. über Wohnraum, der Teil eines Studenten- oder Jugendwohnheims ist,

4. über Wohnraum in Ferienhäusern und Ferienwohnungen in Ferienhausgebieten, der vor dem 1. Juni 1995 dem Mieter überlassen worden ist, wenn der Vermieter den Mieter bei Vertragsschluß auf die Zweckbestimmung des Wohnraums und die Ausnahme von den Absätzen 1 bis 6 hingewiesen hat,

5. über Wohnraum, den eine juristische Person des öffentlichen Rechts im Rahmen der ihr durch Gesetz zugewiesenen Aufgaben angemietet hat, um ihn Personen mit dringendem Wohnungsbedarf oder in Ausbildung befindlichen Personen zu überlassen, wenn sie den Wohnraum dem Mieter vor dem 1. Juni 1995 überlassen und ihn bei Vertragsschluß auf die Zweckbestimmung des Wohnraums und die Ausnahme von den Absätzen 1 bis 6 hingewiesen hat.

1   **1) Allgemeines.** Abs II Nr 4 ist angefügt, Abs IV S 1 neugefaßt, Abs VII Nr 4 u 5 sind angefügt dch Art 3 Nr 3–5 WoBauErlG v 17. 5. 90 (BGBl 926); iKr seit 1. 6. 90. Abs II Nr 2 S 3 u 4 sowie Abs II Nr 3 S 3 sind angefügt dch Art 1 G v 20. 7. 90 (BGBl 1456). Abs II Nr 4 ist geänd dch Art 4 Nr 4 des 4. MRÄndG v 21. 7. 93 (BGBl 1257); in Kr seit 1. 9. 93. **a) Bedeutung.** § 564b ist der grdlegde KündSchutzVorschr zG des WoRaumMieters. Verfassgsrechtl nicht zu beanstanden (BVerfG NJW **85**, 2633; Sonnenschein NJW **93**, 161

2   [167] mwN), wird aber als überzogen kritisiert (Honsell AcP **186**, 116 [133ff]). **b) Kündigung** (§ 564 Rn 8–16). Sie wird dch § 564b beschr, indem weitere Zulässigk- u WirksamkErfordern aufgestellt w. **c) Unab-**

3   **dingbarkeit** (Abs VI): Abs I–V sind zwingd zG des Mieters. Für MietVerh üb WoRaum auf Best Zt gilt § 564c. Abs VI hindert nicht einen MietAufhebgsVertr. **d) Verhältnis zu sonstigem Kündigungsschutz** (Abs V): Die §§ 556a–556c (Sozialklausel) sind in Voraussetzgen u Wirkg anders. Sie bleiben deshalb neben

4   u unabhäng v § 564b anwendb (allgM). § 564b gewährt einen stärkeren Bestandsschutz, jedoch kann § 556a im Rahmen der Interessenabwäg (dort Rn 14–18) prakt bedeuts sein, wenn eine Künd nach § 564b zul ist. **e) Vermieterwechsel** (insb dch Veräußer, § 571) vor Wirksamwerden der Künd: Alle KündGrde, die sich auf die Pers des Verm beziehen (insb EigBedarf) müssen beim Erwerber vorliegen (Sonnenschein ZMR **92**, 417 [424] mwN).

5   **2) Sondervorschriften,** die den § 564b für best Bereiche abändern. **a) Gebiete mit gefährdeter Wohnungsversorgung,** die dch VO der jeweils zuständ LandesReg bestimmt sind. Diese Best kann seit 1. 5. 93 aGrd des G üb eine SozKlausel in Gebieten mit gefährdeter WoVersorgg (Art 14 InvestitionsErleichtergs- u WohnBaulandG v 22. 4. 93, BGBl 466) vorgenommen w. Die Voraussetzgen (S 1) sind die gleichen wie bei § 564b II Nr 2 S 3. Ob die betr Wohng unter den GeltgsBer einer VO fällt, muß dem jeweil LandesR entnommen w. Das G (sog SozKlauselG) lautet:

Die Landesregierungen werden ermächtigt, durch Rechtsverordnungen Gebiete zu bestimmen, in denen die ausreichende Versorgung der Bevölkerung mit Mietwohnungen zu angemessenen Bedingungen in einer Gemeinde oder in einem Teil einer Gemeinde besonders gefährdet ist. Ist an vermieteten Wohnräumen nach der Überlassung an den Mieter Wohnungseigentum begründet und das Wohnungseigentum veräußert worden, so gilt in den so bestimmten Gebieten abweichend von den Bestimmungen des Bürgerlichen Gesetzbuchs:

1. **Bis zum Ablauf von zehn Jahren nach der Veräußerung werden berechtigte Interessen des Vermieters im Sinne des § 564b Abs. 2 Nr. 2 und 3 des Bürgerlichen Gesetzbuchs nicht berücksichtigt.**

2. **Auch danach werden berechtigte Interessen des Vermieters im Sinne des § 564b Abs. 2 Nr. 2 und 3 des Bürgerlichen Gesetzbuchs nicht berücksichtigt, wenn die vertragsmäßige Beendigung des Mietverhältnisses für den Mieter oder ein bei ihm lebendes Mitglied seiner Familie eine nicht zu rechtfertigende Härte bedeuten würde, es sei denn, der Vermieter weist dem Mieter angemessenen Ersatzwohnraum zu zumutbaren Bedingungen nach.**

Eine ÜbLeitgsRegelg enthält das G nicht. Die VOErmächtigg ist nicht ident mit der aus § 564b II Nr 2 S 4, so daß für die Anwendg des G v 22. 4. 93 eine eigene VO nöt ist. Das Verh dieses G zur Verlängerg der SperrFr in § 564b II Nr 2 S 3 u Nr 3 S 4 ist mind problemat u kaum noch dchschaub. Überhaupt wirft die Neuregelg zahlreiche Probleme auf (Börstinghaus/Meyer NJW **93**, 1353 mwN). Nr 1 hat Bezug auf § 564b II Nr 2 u 3, die Nr 2 auf die SozKlausel des § 556a (Schilling ZMR **93**, 441) u sind nur anwendb, soweit § 564b II Nr 2, 3 (für Nr 1) u § 556a (für Nr 2) gelten (Sternel ZMR **95**, 1). Jedenf gilt die fünfjähr SperrFr auch für Künd weiter, die bei Veräußergen vor dem 1. 5. 93, aber erst nach diesem Termin erkl w (LG Ffm NJW-RR **94**, 657). Die Rückwirkg der zehnjähr Fr bei späteren Veräußergen ist zweifelh (vgl Rn 50b). Richt dürfte sein, die Rückwirkg auf Veräußergen von vor dem 1. 8. 90 (Einf der 5jähr SperrFr) umgewandelten WoEigts auszuschließen (Stgt ZMR **95**, 200; vgl Gather DWW **93**, 255; Schilling/Meyer ZMR **94**, 497 [505]; aA Sternel ZMR **95**, 1: seit S. 4 S. 83). Selbstverständl ist, daß das G nicht für Künd gilt, die vor dem 1. 5. 93 wirks erkl w u zugegangen sind (BayObLG ZMR **95**, 304); vgl weiter Rn 50b). **b) Berlin.** Die **5a** in Bln aGrd des Art 6 § 4 G v 3. 8. 82 (BGBl 1106) geltde Fassg des Abs II Nr 2 (vgl 42.–46. Aufl) ist seit 1. 1. 88 aufgehoben (§ 8 II Nr 9 G v 14. 7. 87, BGBl 1625) u ersetzt dch § 4 des G v 14. 7. 87. Dieser lautete: *Kündigungsschutz bei Umwandlungen von Altbaumietwohnungen in Eigentumswohnungen. Ist an einer vermieteten preisgebundenen Altbauwohnung nach Überlassung an den Mieter Wohnungseigentum begründet und das Wohnungseigentum bis zum 31. Dezember 1987 veräußert worden, darf sich der Erwerber gegenüber dem Mieter auf berechtigte Interessen an der Beendigung des Mietverhältnisses im Sinne des § 564b Abs. 2 Nr. 2 des Bürgerlichen Gesetzbuchs vor Ablauf des siebten Kalenderjahres nach dem Jahr der Veräußerung, längstens jedoch bis zum 31. Dezember 1990, nicht berufen. Satz 1 gilt nicht für Wohnraum, über den der auf die Veräußerung gerichtete Vertrag vor dem 1. Januar 1980 abgeschlossen worden ist.* ÜbergRegelg: § 7 I G v 14. 7. 87. Außerkraft getreten am 31. 12. 94. **c) Neue 5b Bundesländer:** § 564b gilt seit 3. 10. 90 nur mit Einschränkgen bis 31. 12. 95, welche Abs II Nr 2 u 3 sowie Abs IV betr (Art 232 § 2 II–IV EG idF des G v 21. 12. 92, BGBl 2117). **d) Geschäftsräume.** KündSchutz nur im Gebiet der neuen BLänder bis 31. 12. 94 (Art 232 § 2 V, VI EG idF des G v 21. 12. 92, BGBl 2116).

3) Anwendungsbereich. a) Kündigung. Nur für die ord Künd des Verm, auch die gem § 565a I; nicht **6** für fristlose, außerord Künd (allgM). Hingg ist § 564b für außerord Künd anwendb, die unter Einhaltg der ges Fr erfolgen können (zB § 569 I, § 1056 II); auch für Künd des Erstehers gem § 57a ZVG (allgM; BGH **84**, 90; Hamm NJW-RR **94**, 1496 mwN). **b) Mietverhältnis:** Anwendb nur auf WoRaumMietVerh (Einf **7** 70 vor § 535), einschließl der Unterm (Einf 2 vor § 535), auch für vom zw HauptM u UnterM (allg Rspr; BGH NJW **82**, 1696; Hbg NJW **93**, 2322). Bei gewerbl ZwMiete: § 549a u § 556 Rn 21. Auch auf MietVerh mit VerlängergsKlausel gem § 565a (hM; LG Kaisersl NJW-RR **86**, 442 mwN). Nicht für WoRaumMietVertr, die unter Abs IV S 1 u VII fallen (Rn 14–21); Pacht u ähnl NutzgsVerh; GrdstMiete, wenn der Mieter darauf WoRaum errichtet (BGH **92**, 70), auch nicht Vertr über Aufn, Betreuung u Fürs (zB Altenpflege- u ResozialisiergsHeime). **c) Wohnraum:** grdsätzl für jeden (Einf 70 vor § 535). Ausn in Rn 14– **8** 21. § 564b gilt auch für WerkmietWo (Vorbem 8 vor § 565b) u WerkDienstWo, soweit MietR entspr gilt (§ 565e); für möblierten WoRaum u Zimmer, die nicht unter Abs VII fallen (Rn 18). **aa) Wohnheime:** nicht **9** für Studenten u JugendWohnh (Abs VII Nr 3; Rn 20). § 564b gilt in Alten- u Arbeiterwohnheimen, wenn die Raumnutzg der Hauptzweck ist u nicht die sonst im Heim erbrachten Leistgen die RaumNutzg überwiegen (vgl BGH NJW **79**, 1288). **bb) Zweitwohnung.** Der Wortlaut des § 564b nimmt sie vom KündSchutz **10** nicht ausdrückl aus (Schmid BlGBW **80**, 205; LG Hanau MDR **80**, 849); jedoch kann vorübgehder Gebr bezweckt sein (Rn 17), insb bei Wochenend- u FerienWo. Vom GZweck sollte nur die Wohng am Erstod Hauptwohnsitz erfaßt sein (vgl Haake NJW **85**, 2935); indessen wird § 564b zunehmd auf ZweitWo angewendet, insb (kaum vertretb) auf langfrist angemietete Ferienhäuser (Hbg ZMR **92**, 530). **cc) Misch- 11 mietverhältnisse** (Einf 72 vor § 535). § 564b gilt nur, wenn der NutzgsAnteil des WoRaums überwiegt (hM; Schlesw NJW **83**, 49). **dd) Zwischenmiete.** Bei MietVerh zum Zwecke der (auch nicht gewerbl) **12** Weitervermietg als WoRaum (ZwMiete) gilt § 564b im Verh Verm zum ZwM nicht (hM; BGH **94**, 11 mwN), zB bei Vermietg dch Verein an seine Mitgl (Ffm ZMR **86**, 360), Benutzg als Wohnheim (LG Mannh ZMR **89**, 426). Hingg besteht KündSch für den Mieter des ZwMvermieters (§ 556 Rn 21); bei diesen KündSchu kann sich der ZwM auch ggü dem Verm berufen (AG Freising NJW-RR **93**, 527). **d) Mehrheit von Mietern.** **13** Zur Künd vgl § 564 Rn 13. Für Abs II Nr 1 genügt die schuldh VertrVerletzg nur eines der Mitmieter (LG Darmst NJW **83**, 52). Bei WohnGemeinsch ist dies nicht unproblemat (vgl Schüren JZ **89**, 358 [362]).

4) Ausnahmen vom Kündigungsschutz (Abs IV, VII). Neue BLänder: zu Abs IV vgl Rn 5. Bestimmte **14** MietVerh sind vom KündSchutz ausgen, so daß sie ohne berecht Interesse (Abs I) gekünd w können. Die Grde für die Ausn sind verschieden: Die aus nahem Beieinanderwohnen folge unzumutb Situation bei persönl Spanngen ohne Vorliegen v KündGrden nach Abs II (Rn 15, 16); die geringere Bindg u größere Beweglk des Mieters (überwiegd vom Verm eingerichteter WoRaum, Rn 17), die geringere Schutzbedürftigk (vorübergehder Wohnzweck, Rn 18); das Interesse an der Funktion eines soz Fluktuationssystems (Rn 20). Bei den MietVerh der Rn 15 u 16 ist neben der mögl Künd aus berecht Interesse (Abs I) eine ord Künd mit verlängerter Fr vorgesehen (Abs IV S 2; Rn 62, 63). Für die and ungeschützten MietVerh (Rn 17, 18, 20) ist der ganze § 564b unanwendb. Beweislast für das Vorliegen der tats Voraussetzgn trägt der

15 Verm, da die Abs IV u VII die Ausnahmen vom Grds des Abs I darstellen. **a) Zwei- und Dreifamilienhaus oder Einliegerwohnung** (in einem Einfamilienhaus, Abs IV S 1; Fassg u Inkrafttr Rn 1; vgl Rn 61–64). Die EigtLage ist bedeutgslos. Hat der Verm des Einliegers das Haus gemietet, kann auch in UntermietVerh vorliegen, für das ein KündR aus Abs IV gilt. Begr der Wo: 70 vor § 535 (vgl LG Bonn WuM 92, 24). Eine einheitl Wo kann auch auf versch Geschoßebenen liegen (LG Memm NJW-RR 92, 523). Das Haus muß übwiegd als WohnGebde genutzt w (hM; Karlsr ZMR 92, 105 mwN); es steht nicht entgg, daß ein Teil dch den Verm gewerbl genutzt w (Karlsr aaO; aA Karl ZMR 93, 361). Der Verm muß selbst in einer der Wohngen wohnen, nicht aber schon bei Abschl des zu kündigden MietVertr (BayObLG NJW-RR 91, 1036 mwN; Karlsr NJW-RR 92, 336; bestr). Dch Tod des Verm kann daher der KündGrd entfallen (Kalrsr NJW-RR 94, 80). Das Wohngebäude muß nicht gemeins Eingang od Treppenhaus haben (wohl hM; Saarbr NJW-RR 93, 20 mwN). Häuf ZusTreffen ist aber nicht Voraussetzg der Ausn v KündSch (aA LG Boch WuM 87, 158). Einzelne WoRäume (insb im Dach- od Kellergeschoß) außerh der 2 od 3 (getrennten) Wohngen stehen der Anwendg von Abs IV S 1 nicht entgg, ebsowen, daß der Verm wg Besitz einer weiteren Wohng die im Zweifamilienhaus nicht dauernd benützt. Abs IV S 1 gilt in zwei Alt: **aa) Nr 1:** wie schon vor dem 1. 6. 90 im ZweiFamHaus. **bb) Nr 2:** Nur für solche DreiFamHäuser, die dies erst dch Ausbau ab dem 1. 6. 90 (bezugsfäh) geworden sind (BT-Drucks 11/5972 S 17). Der Hinweis auf die KündMöglk ohne berecht

16 Interesse ist formfrei, zweckmäß aber schriftl im Vertr. **b) Einlieger in Vermieterwohnungen** (Abs IV S 3): Hier handelt es sich je nachdem, ob der Verm Eigt der Wohng ist, um Miet- oder UntermietVerh. Unter Wohng des Verm ist hier auch (aber selbstverständl nicht nur, LG Bln ZMR 80, 339) ein Einfamilienhaus zu verstehen, (allgM), auch Wohngen in Mehrfamilienhäusern (hM; KG NJW 81, 2470). Nur anwendb, soweit Abs VII (Rn 17, 18) nicht zutrifft; nämlich: In der v Verm bewohnten Wohng (als Lebens-Mittelpunkt, LG Bln NJW-RR 91, 1227) gelegene WoRäume, die leer od nicht überwiegd mit dem Verm zu stellder Einrichtg vermietet sind; WoRäume in der vom Verm bewohnten Wohng, die zwar vom Verm überwiegd mit Einrichtg auszustatten, aber zum dauernden Gebr einer Fam best sind. Diese Mieträume (einer od mehrere) müssen innerh der abgeschl Wohng des Verm liegen. Getrennt zugängl Räume im selben Haus, insb Dachgeschoß u Kellerzimmer, sog Hobby-Räume, liegen nur dann innerh der Wohng, wenn es sich um ein Mehrfamilienhaus handelt, bei dem mehrere Wohngen abgeschl u getrennt sind. Im

17 Einfamilienhaus liegen auch solche Räume stets innerh der Wohng (allgM). **c) Zum vorübergehenden Gebrauch** vermieteter Wohnraum (Abs VII Nr 1): Er kann auch leer vermietet sein. Es muß von vornherein bei Abschl des MietVertr für eine kürzere, absehb Zeit vermietet sein, zB währd einer längeren Reise des Verm; bis Fertigstellg eines Neubaus; für Studenten, wenn sie ihren Wohns an einem and Ort haben u in der erkennb oder erkl Abs nur für die Zt des Studiums (od eines Teils davon) mieten (umstr; vgl MüKo/Voelskow 28 mwN); auch SaisonArb; nicht für GastArb, wenn sie für unbest, nicht von vornherein begrenzte, kürzere Zeit ein ArbVerh aufnehmen. Der ZtRaum ist auf den Einzelfall abzustellen u kann auch ein Jahr übersteigen. Für KettenMietVertr (§ 564c Rn 2) gilt Abs VII Nr 1 nicht; Ffm MDR 91, 253). Auch

18 bei ZweitWo darf nur auf den vorübgehden Gebr abgestellt w (Zimmermann WuM 89, 1). **d) Möblierter Wohnraum** (Abs VII Nr 2). **aa)** Der Grdsatz ist: kein KündSchutz. Der WoRaum muß innerh der Wohng des Verm liegen. Diese muß nicht dauernd bewohnt sein (LG Bln ZMR 80, 145). EigtLage an der Wohng (auch EinFamHaus) u die Lage des WoRaums: wie Rn 16, ob auch hier entscheidd auf den getrennten Eingang abzustellen sei, ist bedenkl (aA LG Detm NJW-RR 91, 77). Die Einrichtg (Möblierg) muß noch nicht vorgen sein; entscheidd ist, daß die Vermietg die entspr Verpfl des Verm zur Einrichtg umfaßt; bei ScheinGesch gilt § 117. Bei der Beurteilg, ob überwiegd möbliert ist, muß Zahl u Bedeutg der zu einer gewöhnl, nicht überfüllten Einrichtg gehörden Ggstände berücks w. Einzelne Ggstde genügen nie (Schopp ZMR 75, 98). **bb)** Ausn ist, daß KündSchutz besteht: bei Vermietg zu dauerndem Gebr (das ist, was nicht als vorübergehd [Rn 17] eingeordnet w) einer Fam (vgl Staud/Sonnenschein § 565 Rn 53, 54); auch kinderloses Ehepaar, ein (Groß-)Elternteil mit Kind, Geschwister mit gemeins Haush; nicht: Alleinstehde; WohnGemsch v Pers, die weder verheiratet noch verwandt sind. Der dauernde Gebr für die Fam muß vertrgem

19 sein. **e) Studenten- oder Jugendwohnheim** (Abs VII Nr 3). Begriff: LG Kstz WuM 95, 539. Zweck: Rn 14. Für die Einordng als derart WoHeim ist die Widmg des Trägers maßgebd. Teil: jeder Raum. Auch anwendb

20 auf MietVerh, die vor dem 1. 1. 83 abgeschl w (Brem ZMR 89, 218). **f) Ferienwohnraum** (Abs VII Nr 4). Der Begriff ist eng begrenzt. Er entspr § 10 IV BauNutzgsVO. Ferienhausgebiete: im BebaugsPlan festgesetzt (§ 1 II, III, § 10 BauNutzgsVO) od im ZusHang bebaute Ortsteile, die Ferienhausgebieten entspr (§ 34 II BauGB, § 10 IV BauNutzgsVO). Solche Wo können bis zum 1. 6. 95 unbefristet als KündFr vermietet w. Die baurechtl Gen zum nicht nur vorübgehden Wohnen muß üb § 4 I BauGB-MaßnG (BGBl 90 I 926) erwirkt w. Hinweis auf den Ferienzweck des WoRaums u auf fehlden KündSchutz: formfrei; spät bei VertrAbschl. BewL: Verm; daher zweckmäß im Vertr. And FerienWo können befristet vermietet w (§ 564c I u II).

21 **g) Öffentliche Aufgaben** (Abs VII Nr 5). Die JPöffR (Otto DWW 90, 162; insb Gemeinden) sind hier ZwischenM (Rn 12). Die Vermietg v WoRaum muß nicht zum satzgsgem AufgKreis gehören (BT-Dr 11/5972 S 18). Hinweis: auf die Erf des öff Zwecks; iü wie bei FerienWoRaum (Rn 20).

22 **5) Kündigungsschreiben** (Abs III). Soll auch für eine SoKünd gem § 57a ZVG gelten (Hamm NJW-RR 94, 1496). **a) Inhalt:** Es gilt § 564a I 2. Die Grde müssen ausreich substantiiert sein; es darf aber nicht zuviel verlangt u die Künd nicht unzumutb erschwert w (BVerfG NJW 92, 1877 mwN u 2411 sowie 94, 310). An den Umfang der anzugebden Tats sollten (entgg der verbreiteten Rspr v Instanzgerichten) keine zu hohen Anfdgen gestellt w (zutreffd MüKo/Voelskow 69). Es genügt, daß der KündGrd dch Angabe der Tats so ausführl bezeichnet w, daß er identifiziert u von and KündGrd (Sachverhalt) untersch w kann (BayObLG ZMR 85, 96). Bei wiederholter Künd genügt Bezugnahme auf die vorangegangene u ihre Begrdg (BVerfG NJW 92, 1877; einschränkd LG Hbg NJW-RR 93, 145). EigBedarf ist dch Tats darzulegen (BVerfG NJW 89, 970); zB Verwandtsch u bisher WoVerh (LG Boch WuM 93, 540), nicht notw der Name

des Angehör u der Pers, die den EigBedarf mitbegrden (LG Gieß ZMR **94**, 565), aber konkret deren derzeit WoVerh (LG Gieß ZMR **95**, 72). Bei EigBedKünd genügt der Wunsch, statt zur Miete mit geringerem Aufwand im eigenen Haus wohnen zu wollen (BVerfG NJW **94**, 311). Der Verm muß aber nicht persönl Daten offenlegen, die für den Widerspr des Mieters unerhebl sind (BVerfG NJW **92**, 1379). Wg der anspruchsvollen Rspr der AGe u LGe empfiehlt sich eine möglichst konkr Begrdg (vgl AG Ffm u LG Gött NJW-RR **90**, 591/592; LG Mannh ZMR **91**, 482 u **94**, 67; LG Hbg NJW-RR **92**, 1364). Bei Künd wg wirtsch Verwertg (Abs II Nr 3) ist keine Kalkulation nöt (LG Düss ZMR **91**, 438); jedoch verlangt LG Stgt ZMR **95**, 259 Angaben üb den (vermietet u unvermietet) erzielb KaufPr. Die AbbruchGen muß nicht erwähnt w (BayObLG NJW-RR **94**, 78). Auch Grde, die dem Mieter vorher schriftl od mdl mitgeteilt worden sind, müssen angegeben w (BayObLG NJW **81**, 2197); Bezugnahme genügt nicht (LG Bln ZMR **93**, 118). Bei dem KündSchreiben sollte § 564a II beachtet w, weil die SozKlausel anwendb bleibt (Rn 4). Wenn aGrd des Abs IV gekünd w, ist auf dieses SoKündR hinzuweisen (Schmidt-Futterer/Blank B 697). Die Künd kann auf Abs II u IV im Haupt-HilfsVerh gestützt w (LG Kiel DWW **92**, 85). **b) Grundlage** für die Künd sind nur diejen Grde, die im KündSchreiben gem § 564a I 2 angegeben sind (Abs III). Alle Tats, die zu dem bezeichneten KündGrd gehören, ihn ausfüllen od mit ihm zushängen, sind zu berücks, soweit sie im Proz eingeführt w; denn § 564a I 2 verlangt nur, daß der KündGrd im KündSchreiben identifiziert w (§ 564a Rn 9). Vor Künd entstandene, dem Verm unbek gebliebene Grde sind auch bei schuldloser Unkenntn ausgeschl u können nur eine neue Künd rechtf. Nachträgl entstandene Grd: Rn 24. **c) Zeitpunkt.** Es entspr 23 einem allg RGrds, daß eine Künd, die dch Grde gerechtf sein muß, nur dch solche Grde gerechtf w kann, die zZ der KündErkl vorlagen, auch wenn sie dem Kündigden erst später bek geworden sind u von ihm zur Rechtfertigg der Künd (insb im Proz) nachgeschoben w können (vgl BVerfG NJW **88**, 2725). Das gilt grdsätzl auch für § 564b, soweit Abs III nichts and best. Der Grdsatz ist auch für Abs IV anzuwenden (Karlsr WuM **93**, 405). Die Grde müssen noch zZt der letzten mdl Vhdlg vorliegen (Karlsr ZMR **93**, 335), nach umstr Ansicht auch noch zZt der Räumg, um die Gültk der Künd nicht zu beeinträcht. Keinesf müssen die Grde über die RKraft hinaus fortbestehen. Fallen die Grde weg, kann dem Mieter ein Anspr zustehen, das MietVerh fortzusetzen (v. Stebut NJW **85**, 296). Das kann insb bei Wegfall des EigBed gegeben sein (vgl Seier NJW **88**, 1617), der eine MittPfl des Verm begrdet (BayObLG NJW **87**, 1654). Verletzg der MittPfl kann SchadErsAnspr begrden (LG Bln ZMR **94**, 18). Für die Beurteilg des zul KündGrd ist der Schluß der letzten mdl Vhdlg (§ 296a ZPO) maßgebd. Welche Grde u Tats zugrdegelegt w dürfen, bestimmt Abs III (vgl Rn 22). **d) Nachträglich entstandene Gründe.** Es ist nicht erkennb, daß der Ggeber von dem in 24 Rn 22 angeführten Grds abweichen wollte. Keinesf könnte eine Künd dch Grde gerechtf w, die erst nach der mit Rücks auf die KündFr (§ 565) feststehenden Beendigg des MietVerh entstanden sind. Ebsowenig sollte eine mit VertrVerletzg (Abs II Nr 1) begrdete Künd dch einen Eigenbedarf (Abs II Nr 2) gerechtf w können, der zwar vor Beendigg des MietVerh, aber im Laufe der KündFr eingetreten ist u nur eine Künd zum späteren Ztpkt rechtf könnte. **aa) Zulassung** nachträglich entstandener Gründe ist iü umstr. Gesichert 25 dürfte sein: **(1)** Der nachträgl entstandene Grd kann die berecht Künd zusätzl stützen (für § 556a I S 3). **(2)** Bei Wegfall des zuerst angegebenen Grdes kann der bislang ungenannte Grd, der rechtzeit vorlag, nunmehr die Künd begrden. **(3)** Anstatt einer unwirks ersten Künd können (auch noch im Proz bis § 296a ZPO) die nachgeschobenen Grde eine neue (formgerechte, § 564a) Künd rechtfert. **bb) Kündigung.** Das 26 Vorbringen nachträgl entstandener Grde im Proz kann eine schlüss erkl neue Künd darstellen, die das MietVerh dann zu dem nach der KündFr zutreffden, späteren Ztpkt auflöst; von § 564a I ist dann zul abgewichen u die vorliegde KlÄnd ist zuzulassen (aA LG Düss WuM **90**, 505).

6) Sonstige Kündigungsgründe (Abs I). Da Abs II Nr 1–4 die Fälle berecht Interesses nicht abschließ 27 aufzählt, kommen weitere Grde in Betr, die denen des Abs II gleichgewicht sind (BVerfG NJW **92**, 105): **a) Wichtiger Grund** für fristlose Künd (§§ 553, 554, 554a), wenn er nicht für eine außerord, sond als Grd für eine ord Künd verwendet w od für eine außerord Künd nicht ausreicht (vgl §§ 553, 554a); schuldl ZahlgsVerz 28 (weil § 285 auf § 279 abstellt, vgl Rn 33). **b) Betriebsbedarf** insb Verwendg als Werkmiet- od DienstWo für einen and ArbN an Stelle eines ArbN, dessen ArbVerh beendet ist (allgM), erst recht, wenn die Wo an eine betrfremde Pers vermietet ist (einschränkt Stgt ZMR **91**, 260; LG Ffm NJW-RR **92**, 1230); jedoch muß die Wo für einen best BetrAngeh benöt w (AG Ffm NJW-RR **93**, 526), wofür ein besserer BetrAblauf genügt (aA LG Stgt WuM **94**, 470). Ferner Umwandlg in GeschRäume (aA LG Bln NJW-RR **92**, 1231 mwN u WuM **93**, 338: Abs III Nr 3). **c) Öffentlicher Bedarf** (wenn nicht Rn 21 gilt) bei einer WoBindG unterliegt 29 u an NichtwohnBerecht verm ist (fehlbelegte SozWo), die Absicht u behördl Auffdg, an WohnBerecht zu verm (MüKo/Voelskow 67; Hamm NJW **82**, 2563; BayObLG ZMR **85**, 335). Bei einer Gemeinde das Benöt v WoRaum zur Erf öff-rechtl Aufgaben (BayObLG NJW **81**, 580; LG Hbg NJW-RR **91**, 649), zB familiengerechten WoRaum bereitzustellen (vgl LG Mü I WuM **92**, 16); Unterbringen v Asylbewerbern (AG Waldshut NJW **90**, 1051). **d) Zweckbindung:** bei HausmeisterWohng, wenn der HausmeisterVertr beendet ist, 30 Notwendigk, Hausmeister unterzubringen (LG Hbg MDR **80**, 315). **e) Wohnungsgenossenschaft** (hierzu allg u umfassd Lützenkirchen WuM **94**, 5). Als Grde kommen in Betr: fehlde Mitgliedsch, insb bei Austritt (vgl Löwe NJW **75**, 9; aA LG Hbg WuM **88**, 430); Fehlbelegg, insb eine krasse Unterbelegg (Stgt NJW-RR **91**, 1226) od eine nur gelegentl Nutzg als StadtWo (LG Mü I NJW-RR **92**, 907); Erf vorrang Interessen (Lützenkirchen aaO 9). **f) Veränderte Umstände:** Überbelegg dch starken FamZuwachs (LG MöGladb 31 NJW-RR **91**, 1113 mwN). **g) Steuernachteile:** Wegfall v erhebl Steuervergünstiggen bei unterbleibder Eigennutzg (BayObLG NJW **84**, 1560 mwN; bestr; abw LG Ffm NJW-RR **87**, 720).

7) Schuldhafte Vertragspflichtverletzung (Abs II Nr 1). **a) Voraussetzungen.** Keine Abmahng 32 (Schläger ZMR **91**, 41), sondern nur: **aa) Verletzungshandlung** dch Tun od Unterl; sie muß sich auf eine der MieterPfl (§ 535 Rn 28) beziehen u vom Mieter od einem ErfGeh (§ 278) ausgehen. Für die ZahlgsPfl sind das nur diejen außer dem Mieter selbst, die die Zahlg neben ihm schulden od dafür haften, für den vertrgem Gebr u die ErhaltgsPfl auch die zum Hausstand gehörden Pers, insb FamAngeh u HausAngest, die nicht nur vorübergehd beschäft w; für Unterm u sonst Dr gem § 549 III. Der Abschl des MietVerh auf Probe rechtfert die Herabsetzg der Anfdgen (aA Stgt NJW **82**, 2673). Bei Mehrh v Mietern genügt die

33 schuldh VertrVerletzg v einem (vgl LG Darmst NJW **83**, 52). **bb) Verschulden:** Vors u jede Fahrl (§ 276), nicht nur grobe (aA LG Aach DWW **91**, 116), auch für ErfGeh (§ 278; wie Rn 32). Da nicht (wie bei § 279) auf Vertretenmüssen, sond auf Versch abgestellt ist, genügt eine schuldl Zahlgsunfähig nicht (vgl aber Rn 35). Bei SchuldUnfäh (insb Geisteskranken) entfällt nicht das Erfordern des Versch; jedoch kann die
34 Künd nach Rn 27 od üb § 554a begdet w. **cc) Erheblichkeit:** sie muß sich auf die PflVerletzg (nicht auf das Versch) beziehen. Unerhebl kann sie insb sein, wenn die Re u Belange des Verm nur ganz geringfüg beeinträcht sind od ein Einzelfall einer Wiederholgsgefahr vorliegt. Auf Zumutbk darf nicht abgestellt w.
35 **b) Einzelfälle. aa) Zahlungsrückstand.** Soweit der KündGrd des § 554 erf w, ist die Künd auf jeden Fall gerechtf. Ein ZahlgsVerz (auch bei Nebenentgelten, § 535 Rn 37) in geringerem Umf als § 554 I Nr 1 u 2, aber wohl nicht geringer als eine Monatsmiete (umstr; vgl Schmidt-Futterer/Blank B 593) u nicht kürzer als ein halber Monat, nur sofern der ZahlgsRückstd dch Vors od Fahrlk (auch darauf beruhde Unkenntn) verurs ist, nicht dch schuldl Geldmangel, der für den Verz wg §§ 279, 285 genügen würde. Weil im Rahmen der Nr 1 (im Ggsatz zu § 554) der § 279 nicht gilt (Rn 33), ist eine analoge Anwendg von § 554 II Nr 2 abzulehnen (Stgt ZMR **91**, 429 mwN; Karlsr NJW-RR **93**, 79; aA Franke ZMR **92**, 81; Scholl WuM **93**, 99). Die leichteren Fälle von vereinzelter fahrl unterl Zahlg, insb aus Irrt od Unkenntn tats Umstde können aber im Einzelfall als unerhebl angesehen w, wenn innerh angem Zeit der Rückstd beglichen od von einer öff
36 Stelle übernommen w. **bb) Verspätung.** Unpünktl Zahlg, die nicht einen KündGrd als ZahlgsRückstd darstellt (Rn 35), kann die Künd idR nur rechtf, wenn sie wiederholt u aus Absicht od Nachlässig vorge-
37 kommen ist. Die Künd erfordert keine vorher Abmahng (Oldb ZMR **91**, 427; bestr). **cc) Vertragswidriger Gebrauch,** auch in schwächerem Maße, als § 553 voraussetzt, auch ohne Abmahng, wenn andauernd od bei Wiederholgsgefahr, Vors od eine grobe Fahrlk zugrde liegt. Es ist nicht erforderl, daß die Re des Verm in erhebl Maße beeinträcht, die Wohng od das Haus beschäd w, weil die Einschränkg „nicht unerhebl" sich auf die PflVerletzg, nicht aber auf ihre Auswirkgn bezieht. Bei ÜbBelegg vgl LG Bonn NJW-
38 RR **91**, 846. **dd) Unbefugte Gebrauchsüberlassung** an Dr zu selbstd Bes dch Verstoß gg § 549 wg PflVerletzg des Mieters (allgM; BayObLG ZMR **95**, 301 mwN); im Ggs zu § 553 genügt hier bereits die Überlassg die Gebr; ein Belassen nach Abmahng ist nicht notw, dafür jedoch ein Versch (Rn 33). Ein Anspr auf Erlaubn zur UnterVermiet (§ 549 II) kann dem berecht Interesse des Verm im Einzelfall entggstehen
39 (vgl BayObLG aaO). **ee) Vernachlässigung** der Wohng od der mit ihr vermieteten Grdst- u Gebäudeteile (§ 535 Rn 9) dch Verletzg der ErhaltgsPfl (§ 535 Rn 39; LG Hbg ZMR **84**, 90 [SchönhRep]) u ObhutsPfl
40 (§ 545 Rn 1), bei möbliertem WoRaum auch der Einrichtg (Schopp ZMR **75**, 97 [99]). **ff) Belästigung** des Verm od and Mieter kann, auch soweit die Voraussetzgn für eine fristl Künd (§ 554) nicht erf sind, als sonst Grd (Rn 27) die Künd rechtf, nach Nr 1 aber nur, wenn Versch (Rn 33) vorliegt, auch dch Verletzg der AufsPfl. Verurs dch SchuldUnfähig (insb Kinder, Geisteskranke) kann nur zur außerord Künd bei Unzumutbark führen (§ 554a Rn 5, 6). Bsp: Störg des Hausfriedens; Verstöße gg die HausO; Beleidiggen u und Straftaten gg Verm, and Mieter u deren Angeh od Gäste; Beeinträchtigg dch Lärm, Geruch od Schmutz; Benutzg der Wohng zu v Verm nicht erlaubtem gewerbl Zweck od zur Prostitution. Unzutreffde Behauptg
41 bestehder Ehe bei Abschl des MietVertr (AG Hann WuM **83**, 142). **c) Beweislast:** Verm für VertrVerletzg u Erheblk; für fehldes Versch je nach Gefahrenkreis (§ 282 Rn 9).

42 **8) Eigenbedarf** (Abs II Nr 2), u zwar als WoRaum. Neue BLänder: Rn 5. Die Praxis wird inzw weitgeh v der ausufernden Rspr des BVerfG bestimmt. Übbl bei Lammel NJW **94**, 3320). Die Vorschr ist mit Art 14 I S 1 GG vereinb (BVerfG stRspr; zB NJW **90**, 309), steht aber dazu in einem gewissen Konflikt (hierzu Henschel NJW **89**, 937; krit Roellecke NJW **92**, 1649). Der Entschluß des Verm, ihm gehörden WoRaum selbst zu nutzen od dch einen eng gezogenen Kreis bestimmter Dr nutzen zu lassen, ist grdsätzl zu akzeptieren u der RFindg zugrdezulegen (BVerfG NJW **89**, 970), nicht ein v Gericht für angemessen erachteter Maßstab (BVerfG NJW **93**, 1637 u ZMR **94**, 61). Das gilt auch, wenn der Verm eine gewerbl genutzte Wo anstelle der vermieteten für den EigBedarf gebr könnte (BVerfG NJW **90**, 309) od den EigBedGrd dch Umbau selbst herbeigeführt hat (BVerfG NJW **92**, 3032). Ausnw kann die Künd unwirks sein, wenn sie RMißbr darstellt (BVerfG stRspr, zB NJW **93**, 1637; Sonnenschein NJW **93**, 161 [167] mwN). Dies wird insb bejaht bei vorhandener and Wo des Verm v BVerfG NJW **91**, 2273, wenn eine im selben Haus freigewordene Wo dem Mieter nicht angeboten w (Karlsr ZMR **93**, 159), aber nur, wenn der Verm beabsicht, sie dem freien WoMarkt zur Vfg zu stellen (BVerfG NJW **94**, 435); ferner wenn der SelbstnutzgsWille nur vorgeschoben ist (BVerfG NJW **89**, 970) od ein voraussehb EigBedarf zur Künd ganz kurze Zt nach Vermietg auf unbest Zt benutzt w (LG Trier NJW-RR **92**, 718; LG Bln NJW-RR **93**, 661; bedenkl). Sehr zweifelh ist, ob bei bestehden EigBed (Rn 46) noch Treuwidrig od RMißbrauch der Künd entggstehen kann (LG Stgt NJW-RR **91**, 77; LG Münst NJW-RR **91**, 846) u ein AuskAnspr üb sog AlternativWoRaum bejaht w darf (so LG Bln NJW-RR **94**, 850). Die aus dem Eigt abgeleiteten Grde dürfen nicht zG eines Verm verwendet w, der nicht Eigt ist, insb nicht bei UnterM (Blank WuM **89**, 157 [162]). Welchem v mehreren Mietern der Verm kündigt, steht ihm frei (hM; BayObLG NJW **82**, 1159). Eine TeilKünd bei EigBedarf für unzuläss zu halten, ist verfassgsgem unbedenkl (BVerfG NJW **94**, 308).

43 **9) Voraussetzungen des Eigenbedarfs** (Abs II Nr 2 S 1). Sie müssen grdsätzl nach Abschl des Miet-Vertr entstanden sein (vom Verm darzulegen) u dürfen nach Künd (ggf bis zur Entsch) nicht wegfallen. Entfällt der EigBed nachträgl bis zum Ablauf der KündFr (vgl Rn 47), so ist der Verm verpfl, dies dem Mieter mitzuteilen (Karlsr NJW **82**, 54; vgl Rn 23). Der EigenNutzgsWunsch des Eigt ist grdsätzl zu beachten (BVerfG stRspr ZMR **95**, 198 mwN). Die Interessen des Mieters bleiben (im Ggs zu §§ 556a–c) demggü unberücks (BGH **103**, 91; aA AG Hbg-Bergedorf NJW-RR **93**, 1292). Der EigBed ist als berecht Interesse nicht abschließd geregelt, so daß Bedarf für Dr aus Interesse des Verm ein sonst Grd sein kann (vgl
44 Rn 28, 29). **a) Vermieter.** Bei Mehrh (zB ErbenGemsch), auch Gesellsch bürgerl Rs (Karlsr NJW **90**, 3278), genügt es, wenn der EigBed für einen besteht (hM; LG Hbg DWW **91**, 189 mwN), jedoch muß diese Pers Part des MietVerh sein. Nicht genügt, daß der MitEigt dem MietVertr ledigl zugestimmt hat (LG Karlsr WuM **89**, 241). JurP, insb HandelsGesellsch, können keinen EigBed haben, da er auf Wohnen
45 gerichtet sein muß (hM); jedoch kann Rn 28, 30 in Betr kommen. **b) Hausstands- und Familienangehörige.** Dazu gehört jedenf die Mutter (LG Kaisersl MDR **82**, 56; LG Bln MDR **89**, 1104), Sohn od Tochter

selbst dann, wenn sie die Wohng für eine nichtehel LebensGemsch nutzen wollen (Karlsr NJW **82**, 889; LG Gieß ZMR **94**, 565); der Bruder (BayObLG MDR **84**, 316); Stiefkind (LG Aschaffbg DWW **89**, 363); Kind der Schwiegertochter (LG Stgt WuM **93**, 352). Es müssen familiäre Bindgen bestehen (Brschw NJW-RR **94**, 598); daher grdsätzl nicht ein Schwager (Oldbg NJW-RR **93**, 526 mwN), nur ausnw (LG Mainz WuM **91**, 554), ebso ein Neffe (LG Münst NJW-RR **91**, 1356), eine Großnichte (LG Wiesb NJW-RR **95**, 782) od eine Cousine (Brschw aaO). Ein best Grad v Verwandtsch od Schwägersch kann jedenf nicht gefordert w; § 8 II. WoBauG ist nicht anwendb (hM); ferner HausAngest u solche Pers, die der Verm schon bisher für dauernd in seinem Haush aufgen hat, nicht solche, die er nunmehr (ohne Notwendigk) aufzunehmen beabsichtigt. **c) Benötigen** muß der Verm für sich als WoInh od für einen FamAngeh (wie Rn 45) als neuen **46** Mieter od unentgeltl NutzgsBer. Der Grd, der zur EigBedLage geführt hat, ist unerhebl (BVerfG NJW **88**, 1075). Es genügt die bloße, aber ernsth Absicht des Verm, im eigenen Haus zu wohnen (BVerfG NJW **90**, 3259), auch die einer Nutzg auf begrenzte Zt (BayObLG ZMR **93**, 327). Auch für eine ZweitWo kann EigBed bestehen (LG Hbg NJW-RR **92**, 1365 mwN). Notfall, Mangel od Zwangslage müssen nicht vorliegen (BVerfG NJW **94**, 309). Welcher Grad des EigBed erfordert ist, muß dem Einzelfall überlassen bleiben. Es genügen vernünft nachvollziehb Grde (BGH **103**, 91; vgl hierzu Wolf WM **91**, 1565); sie sind auch erforderl, so daß der bloße Wunsch des Verm nicht genügt (BVerfG NJW **89**, 3007). Der EigBedarf wird nicht dadch ausgeschl, daß and Wo des Verm frei w; darin muß der Verm auch wunschgem wohnen können (BVerfG NJW **91**, 158 u **94**, 995). Andseits kann das Freiwerden einer and Wo dem Verm dem EigBed entggstehen (vgl BVerfG NJW **91**, 157), auch wenn nur ein RäumgsTitel dafür besteht (LG Bln NJW-RR **92**, 336). Stets wird genügen, daß der Verm selbst nur eine teurere od zum ArbPlatz wesentl ungünst gelegene Wohng hat, ganz allg eine weniger geeignet, od der Verm den Wunsch hat, Wohng u ArbStätte im selben Haus zu haben (BVerfG NJW **94**, 2605). Es genügen auch persönl Veränd, zB Heirat, ArbPlWechsel ohne Rücks darauf, ob der Eheg die Wo mitbeziehen will (aA LG Bln NJW-RR **95**, 783), Ruhestd od Getrenntleben, auch die Absicht in nichtehel LebensGemsch zu wohnen (Battes JZ **88**, 957) u der bloße Wunsch, Kinder zu bekommen (BVerfG NJW **95**, 1480) od die Abs die Wo nur für die Hälfte eines Jahres zu benutzen (aA verfehlt AG Mü WuM **89**, 299), auch der Wunsch nach einer kleineren Wo wg geringeren WoBedarfs (LG Brschw NJW-RR **93**, 400). Es ist nicht erforderl, daß der Verm unzureich untergebracht ist; es genügt bessere Lage u Schnitt (LG Landau NJW-RR **93**, 81). Entspr gilt für die FamAngeh, die die Wohng erhalten sollen, sodaß es für den EigBedarf des Verm genügt (vgl BayObLG WuM **86**, 271), wenn bei dem FamAngeh (Rn 45) der WoRaumBedarf besteht (Hbg NJW **86**, 852), selbst wenn ein Kind bei den Eltern ausreich untergebracht ist (BGH **103**, 91), aber nicht, wenn es nunmehr übzogen großzüg wohnen soll (LG Ffm NJW **90**, 3277; LG Brem WuM **92**, 20). Es genügt, die beabsicht Unterbringg v Kindern in getrennten Zimmern (LG Hbg NJW-RR **91**, 1355), auch der eines au-pair-Mädchens (BVerfG NJW **94**, 994). Auch Aufn von benöt PflegePers begrdet EigBed (BayObLG NJW **82**, 1159), selbst wenn diese Pers noch nicht feststeht (Hamm WuM **86**, 269; LG Hbg NJW-RR **90**, 1295). **d) Zeitpunkt.** Der EigBed muß zZ der KündErkl u noch bei Ablauf der KündFr gegeben sein (hM; Düss **47** NJW-RR **92**, 1489). Er muß daher üb den Ztpkt der Künd hinaus Bestd haben (hM; Hamm ZMR **92**, 438) u kann daher dch den Tod des Verm entfallen (Karlsr NJW-RR **94**, 80). Hingg kann er schon vor EigtErwerb vorgelegen haben u dch den Kauf einer vermieteten Wohng erst geschaffen worden sein, sog selbstverursachter EigBed (hM; BVerfG NJW **89**, 970), od zZt der Vermietg schon vorgelegen haben (LG Münst NJW-RR **90**, 1354; aA LG Hdlb NJW-RR **91**, 1164), auch vorhersehb gewesen sein (aA LG Hbg NJW-RR **93**, 80); jedoch muß der Verm darüb aufklären (LG Hbg NJW-RR **94**, 465); jedenf muß das Ger dem Verm seine LebensPlang überl (BVerfG NJW **93**, 2166 u NJW-RR **93**, 1357). Das Fehlen einer für den Umbau notw BauGen steht nicht entgg (Ffm NJW **92**, 2300). Das Interesse des Verm muß nicht gegwärt sein, wenn vorauszusehen, kann es nach Künd eintreten; jedoch müssen hierfür Tats vorliegen; sog VorratsKünd sind unzul (hM; BVerfG NJW **90**, 3259). Bei Veräußerg gilt § 571 (dort Rn 14); jedoch steht dem Mieter ein FortsetzgsAnspr zu, wenn der EigBedarf bei Ablauf der KündFr nicht mehr besteht (hM). Dies entfällt, wenn derjen Erwerber ist, für den der EigBedarf geltd gemacht war (Hamm NJW-RR **92**, 1164). **e) Beweislast:** grdsätzl der Verm, aber nicht dafür, daß die MietZt unbest ist (aA LG Aach NJW **90**, 1163).

10) Eigenbedarf bei Umwandlung in Wohnungseigentum (Abs II Nr 2 S 2–4). Die Vorschr gewäh- **48** ren einen zusätzl KündSch u beziehen sich nur auf Nr 2, nicht auf Nr 1 u 3 (vgl aber Rn 55a). Der Mieter wird dch SperrFr u nach deren Ablauf dch eine SozKlausel (Rn 5, 51a) geschützt. Selbstverständl muß der § 564 b anwendb sein, so daß die MietVerh des Abs IV u VII (Rn 14–21) nicht geschützt w (aA Börstinghaus/Meyer NJW **93**, 1353). **a) Voraussetzungen.** Es muß eine sog Umwandlg vorliegen, dh das WoEigt **49** muß nach Überlassg (§ 536 Rn 6) an den bereit Mieter begrdet (idR dch § 8 WEG) u danach veräußert w sein. Darunter fällt auch die ZwVerst, wenn danach gem § 57 a ZVG gekünd w (BayObLG NJW-RR **92**, 1166), u die Nießbr Bestellg nach Übereign (LG Bln NJW-RR **92**, 1165). Es fällt nicht darunter: Ersterwerb des WoEigt vor od bei Errichtg des Gebäudes, auch wenn die Wohng vorher wg Unverkäuflk vermietet w; ebensowen, wenn die Wohng nach Errichtg v Bauträger erworben w; bloße Teilg (§ 8 WEG) ohne Weiterveräußerg; ferner die Fälle des § 3 WEG, jeweils wenn eine bestimmte Wohng übnommen w (BGH NJW **94**, 2542 mwN); wenn eine GbR das erworbene Haus zur Nutzg aufteilt (Karlsr NJW **90**, 3278; aA Karl ZMR **91**, 289: entspr anwendb). Wird der Vertr so gestaltet, daß S 2 umgangen w, so muß die SperrFr eingehalten w (LG Hbg NJW **93**, 405). **b) Sperrfristen.** Sie sind unterschiedl lang. Die SperrFr beginnt mit **50** der Vollendg des EigtErwerbs gem § 925. Ende: § 188 II. Bei einer weiteren Veräußerg beginnt sie nicht wieder von neuem zu laufen (BayObLG NJW **82**, 451 mwN; aA AG Spandau NJW-RR **93**, 584). **aa) Normale Dauer.** Die allg gült Dauer der SperrFr ist 3 Jahre (S 2). **bb) Fünfjährige Dauer.** In Gebieten mit **50a** WoRaummangel, die dch VO der LandesReg (sog KündSperrFrVO) bestimmt w (S 4), ist sie, um dem Mieter besser zu ermögl, eine ErsWo zu finden, seit 1. 8. 90 auf 5 Jahre erhöht (S 3; vgl Rn 1). Dies gilt nicht für WoVeräußergsVertr, die vor dem 1. 8. 90 abgeschl w (Art 2 G v 20. 7. 90, BGBl I 1456). Welche Fr gilt, hängt v Ztpkt der Künd ab. Die Verlängerg tritt nicht vor Erlaß der VO ein (S 4). Mit Aufhebg einer VO entfällt die KündSperre ohne Rücks auf den Ablauf der erhöhten SperrFr (BT-Dr 11/6374 S 7). **cc) Zehn-** **50b** **jährige Dauer** (Art 14 S 2 Nr 1 G v 22. 4. 93, BGBl 466; Wortlaut Rn 5). Gilt seit 1. 5. 93. AnwendgsBer:

Rn 5. Vorher erkl Künd w davon nicht erfaßt (BayObLG ZMR **95**, 304; Schilling ZMR **93**, 441 [444]). Die SperrFr läuft ab der ersten Veräußerg (wie Rn 49). Sie hat zur Folge, daß der Verm auch bei berecht Interessen wg EigBedarf währd der SperrFr nicht wirks künd kann (Rn 51). Da es keine ÜbLeitgsVorschr gibt, erfordert eine verfassgsgem Auslegg, daß die WoVeräußerg erst nach dem 1. 8. 90 (vgl Rn 5) stattge-
51 funden haben muß u die 10-JahresFr für frühere WoVeräußergen nicht gilt (sehr umstr). **c) Wirkung.** Der Verm darf erst nach (nicht zum) Ablauf der SperrFr künd, u zwar mit der Fr des § 565 (hM; Hamm NJW **81**, 584). Das gilt nicht, wenn für den Erwerber schon vorher wg EigBed (S 1) gekünd w (Hamm ZMR **92**, 438). Die trotzdem erkl Künd ist unwirks (wohl hM; Sternel ZMR **95**, 1 mwN; bestr; vgl Schilling/Meyer
51a ZMR **94**, 497 [504] mwN). **d) Sozialklausel** (Art 14 S 2 Nr 2 G v 22. 4. 93; BGBl 466; Wortlaut Rn 5). Nach Ablauf der 10-jähr Dauer u bei Fortbestd ihrer Voraussetzgen bleiben auch berecht Interessen des Verm unberücksicht, wenn die vertrmäß Beendigg des MietVerh für den Mieter od ein bei ihm lebdes Mitglied seiner Fam eine ungerechtfert Härte darstellt. Ausn: Nachw angemessenen ErsWoRaums zu zu-mutb Bedinggen dch den Verm. Die ErsWo muß konkret nachgewiesen u für den Mieter zur Anmietg bereit sein (Sternel ZMR **95**, 1 [4]). Die Voraussetzgen ähneln dem § 556a (vgl dort Abs I S 1 u 2) u sind auch für den Nachw danach zu behandeln, so daß die SozKl im Ggsatz zu Art 14 S 2 Nr 1 (Rn 50b, 51), kein KündHindern darstellt (Schilling ZMR **93**, 441 [443]); Sternel ZMR **95**, 1 mwN; bestr).

52 **11) Wirtschaftliche Verwertung** (Abs II Nr 3); sog VerwertgsKünd. Die Vorschr ist verfassgskonform (BVerfG NJW **89**, 972), gilt aber noch nicht in den neuen BLändern (Rn 5b). **a) Voraussetzungen** (S 1). Sie dürfen für den Verm nicht dadch erschwert w, daß eine übtriebene Substantiierg verlangt w (LG Düss NJW-RR **91**, 1166). Ztpkt: wie Rn 47. Für die Künd wg Abbruchs muß weder die Gen für den Neubau vorliegen noch die AbbruchGen im KündSchreiben erwähnt w (BayObLG NJW-RR **94**, 78). **aa) Hinde-rung angemessener Verwertung.** Der Begr Verwertg umfaßt insb den Verk (BVerfG aaO; LG Trier WuM **91**, 273) u die Nutzg dch GebrÜberlassg, vor allem Vermietg als gewerbl od freiberufl Räume (vgl aber Rn 55), Begründg dingl Re (insb ErbbR). Der bloße Umstd, daß die Wo vermietet ist, hindert die angem Verwertg nicht (LG Bln NJW-RR **95**, 332). Bisher erfolglose VerkBemühgen sind ggf anzugeben (LG Stgt WuM **94**, 686). Die VerwertgsAbs muß sich nicht auf das ganze Grdst beziehen (umstr; vgl BVerfG NJW **92**, 105). Angem hierbei sind auch die wirtsch u pers Verh des Verm zu berücks, zG des Verm auch, ob die Art der Verwertg öff Interessen entspr. Insb ist angem: wenn Geldmittel für Unterh, Altersver-sorgg, Tilgg v Verbindlk (LG Mannh ZMR **95**, 315). Herstellg neuen WoRaums od Investitionen verwen-det w sollen, das Grdst nach Beseitigg abbruchreifer Gebäude neu bebaut w soll; überh beabsicht Sanierg (vgl Beuermann ZMR **79**, 97), die nicht üb § 541a erzielt w kann, zB Ausstattg v AltbauWo mit Bad u eigenem WC, wenn dadch die betreffde Wo wegfällt (BayObLG NJW **84**, 372); Aufteilg einer 6-ZiWo in zwei mit 3 Zi (aA LG Hbg NJW **89**, 2699); Verkauf zwecks ErlösVerwendg zum Kauf einer and EigtWo für FamAngeh (LG Mü II NJW-RR **87**, 1165) od geringere Verschuldg bei Neubau eigenen WoRaums (LG Düss NJW-RR **91**, 1166), wohl aber nicht allein die Erwartg höheren Erlöses beim Weiterverkauf (LG Bln
53 NJW-RR **88**, 527). Hohes, dem VerkWert entspr Entgelt steht nicht entgg. **bb) Erleiden erheblicher Nachteile** für den Verm dadch, daß das Grdst über längere Zt keine Nutzgen (§ 100) bringt u überwiegd Kosten verurs od einen wesentl geringeren KaufPr, wenn die Wohng nicht geräumt ist (hM; hierzu Brink-mann ZMR **92**, 520 mwN). Dieses Erfordern darf nicht so weit ausgedehnt w, daß verlangt w, der Verm müsse anfalls in Existenznot geraten (BVerfG NJW **89**, 972) od der Verkauf müsse als zwingd erscheinen (BVerfG NJW **91**, 3271). Es genügt, wenn der Verm den Erlös benöt, um einen verteuerten Kred auf dem selbst bewohnten EigHeim zurückzuführen (LG Düss NJW-RR **92**, 522). Andseits genügt nicht, daß der Verm beim Verkauf in vermietetem Zustd nur einen geringeren Pr erzielen kann (BVerfG NJW **92**, 361), wohl aber, wenn die finanziellen Einbußen erhebl sind (BVerfG NJW **92**, 2752; bedenkl eng: LG Wiesb NJW-RR **93**, 1292). Das sind sie nicht, wenn der erzielb Erlös den Wert übsteigt u üb dem gezahlten KaufPr liegt (LG Gieß NJW-RR **95**, 331). Jedenf sind Angaben üb das Ausmaß der NachT erforderl (LG Stgt WuM **95**, 686). Es steht der Künd grdsätzl nicht entgg, daß der Verm die Wohng bereits in vermietetem Zustd erworben hat (Kblz ZMR **89**, 216; aA LG Mü I NJW-RR **92**, 520). Auch die Zinsverluste u die Vereitelg v geplanten Gesch inf der Vorenthaltg des KaufPr können genügen, ferner der Wegfall erhebl Steuerbefreigen (LG Mü I ZMR **85**, 385). Ein überragdes Interesse des Verm kann darin bestehen, daß er ein behindertenge-
54 rechtes Haus braucht (LG Trier NJW-RR **91**, 1414). **cc) Kausalität:** Die Fortsetzg des MietVerh muß die Verwertg verhindern u die Nachteile verurs. Diese Kausalität w aber keinesf dadch ausgeschl, daß noch and
55 MietVerh, die ebenf gekünd sind od w sollen, weitere Hindernisse darstellen. **b) Ausgeschlossener Grund** (S 2) ist die Abs, eine höhere Miete (S 2) dch neues MietVerh mit and Mieter zu erzielen, aber nur, wenn wieder als WoRaum vermietet w soll, so daß Vermietg zu gewerbl od freiberufl Zwecken ein zul Grd ist. Dem kann aber andseits im Einzelfall das Verbot der Zweckentfremdg entggstehen (Art 6 MRVerbG). Die hierzu erforderl behördl Gen muß zZ der Künd vorliegen (hM; Hbg NJW **81**, 2308). **c) Umwandlung in Wohnungseigentum** (S 3 u 4) nach Üblassg an den Mieter (wie Rn 49). **aa) Veräußerungsabsicht** des Verm ist als Grd für ein berecht Interesse ausgeschl (S 3). Dadch wird vermieden, daß die in S 2 festgelegte Einschränkg umgangen w kann, indem der Veräußerer das MietVerh beendet; iü Rn 49. **bb) Sperrfristen.** AGrd v S 4 gilt seit 1. 8. 90 (Art 1 Nr 1 G v 20. 7. 90, BGBl 1456) die gleiche 5-JahresFr wie für Nr 2 (Rn 50). Seit 1. 5. 93 gilt eine 10-JahresFr aGrd v Art 14 S 2 Nr 1 G v 22. 4. 93, BGBl 466; Wortlaut Rn 5. Es gilt Rn 50 entspr. **cc) Sozialklausel.** Es gilt Rn 51a entspr.

56 **12) Erweiterung des Gebäudes** (Abs II Nr 4). In Kraft seit 1. 6. 90; bereits geänd seit 1. 9. 93 (vgl Rn 1). Verfassgsrechtl unbedenkl (BVerfG NJW **92**, 1498). Auch hier bleibt die SozKlausel des § 556a unberührt (BT-Dr 11/5972 S 17). **a) Voraussetzungen** (S 1) für ein berecht Interesse iS des Abs II: **aa) Verwen-dungsabsicht.** Sie muß sich (alternativ) darauf richten **(1)** Buchst a: WoRaum (Einf 70 vor § 535) zu schaffen, der vermietet w soll, insb dch Aufstockg u Schließen v Baulücken. Dieser Zweck wird nicht erf, wenn die Absicht besteht, die neu geschaffenen Räume selbst zu benutzen (BVerfG NJW **92**, 494; LG Stgt NJW-RR **92**, 206), ausnw aber dann, wenn der Verm die Räume zwar selbst bewohnen, aber dafür seine Wohng im selben Haus vermieten will (LG Marbg ZMR **92**, 304). **(2)** Buchst b: Ausstattg u WoRaum mit

Nebenräumen u GrdstTeilen (wie bb), entw neu von vorneherein od nachträgl. **bb) Räume und Grundstücksteile:** Nebenräume, die nicht zum Wohnen best sind, zB Abstellraum, Speicher- u Kellerabteil, Werkstatt, Atelier. Als GrdstTeile (vgl § 94 I S 1) kommen in Betr: Garagen, Kfz-Abstellplätze, Gartenteile. **cc) Teilkündigung** (vgl § 564 Rn 11). Sie muß sich auf die mitvermieteten Räume od GrdstTeile beschr, die zu den Zwecken der Buchst a) und b) verwendet w sollen. Mitt der Künd bedeutet Zugang iS des § 130. Die KündFr (neu seit 1. 9. 93, vgl Rn 1) des S 2 bedeutet, daß eine Künd zum 30. Nov spät am 3. Sept zugehen muß, wenn dies ein Mittw, Do od Freit ist. Inhalt: Der Grd muß angegeben w, weil Mitt verlangt ist, nicht aber das Angebot der MietPrSenkg (BT-Dr 11/5972 S 17). **b) Mietzinssenkung** (S 3) kann der **57** Mieter verlangen, formlos u unbefristet. Angemessene Herabsetzg: wie § 14 III NMV 1970. Sie ist am Nutzwert zu orientieren. Die GrdSätze des § 537 sind anwendb (Johann NJW **91**, 1100). Einigg gem § 305 sollte angestrebt w. **c) Verlängerung** (S 4) des MietVerh v Nebenraum od GrdstTeil üb den KündTermin hinaus kann der Mieter nur bei Verzögerg des Baubeginns verlangen. **d) Duldung** der Baumaßnahmen: Der Mieter kann hierzu entspr § 541b verpfl sein (Wiese WuM **91**, 371).

13) Wirkung. a) Materiell-rechtlich: Künd, die der Verm ohne berecht Interesse erkl, sind dch Abs I **58** verboten u daher gem § 134 nichtig. Sie beenden das MietVerh nicht. Darauf kann der Mieter wg der Unabdingbk (Abs VI) nicht vorneherein verzichten. Bei Wegfall des KündGrds vgl Rn 23. Verbindl wird die Wirksk od Nichtigk der Künd erst dch RKraft (§ 322 ZPO) od dadch, daß nach erfolgter Künd die Part des MietVerh sich dch Vertr vergleichen (§ 779). Akzeptiert der Mieter die Künd stillschw, indem er rechtzeit räumt, so endet idR das MietVerh dadch, daß die nichtige Künd über § 140 in ein Angebot zur VertrAufhebg (§ 564 Rn 1) umgedeutet w, das der Mieter jederzeit annehmen kann (§ 151; Karlsr OLGZ **77**, 72; einschränkd MüKo/Voelskow 17). **b) Prozessual.** Erst im RStreit über Räumg, Mietzinszahlg od **59** Feststellg (soweit nach § 256 ZPO zul) ist dch das Ger über die Wirksk der Künd zu entscheiden. Die Part können sich im Proz vergleichen, insb einen RäumgsVgl schließen. Ist der Vgl unwirks (vgl ThP § 794 Rn 34–36), zB wegen § 123, ist grdsätzl der alte RStreit fortzusetzen (vgl Pankow NJW **94**, 1182).

14) Unberechtigte Kündigung. Es können SchadErsAnspr (insb Differenzmiete, Umzugskosten, MaklerProv) bestehen wg unberecht, insb vorgetäuschten EigBedarfs. Dem GZweck entspr wird der verantwortgsbewußte Verm nur dann künd, wenn er das Vorliegen von Grden gem Abs I u II geprüft u bejaht hat; hierzu veranlaßt schon § 564a I 2 u das ProzKostenrisiko. Der Anspr kann dch einen RäumgsVgl **60** (insb bei Abstds- od EntschädZahlg dch den Verm) ausgeschl sein (Ffm ZMR **95**, 67; LG Gieß WuM **95**, 183). Es muß unterschieden w: **a) Unerlaubte Handlung.** Sind die als KündGrde geltdgemachten Tats vorgetäuscht, so kann § 823 II, § 263 StGB u § 826 erf sein (allgM; vgl Werle NJW **85**, 2913; Bub/Treier/Grapentin IV 29). Zur BewLast: LG Hbg ZMR **93**, 281. **b) Positive Vertragsverletzung** (§ 276 Rn 115) kommt insb bei unwahren, aber nicht vorgetäuschten Tats (vgl aa) in Betr (LG Hbg aaO). Wird mit der unwirks Künd (Rn 58) eine VertrPfl (zB Rn 43) verletzt, so besteht bei Versch des Verm (§§ 276, 278) ein Anspr aus pVV (hM; Karlsr NJW **82**, 54 mwN; BayObLG NJW **82**, 2004), insb wenn im KündSchreiben als KündGrd Tats angegeben w, die nicht wahr sind od falsch bezeichnet. Liegt ein RIrrtum vor, weil die Künd v Gericht als ungerechtfert angesehen w, aber auf wahre Tats gestützt ist, müßte für pVV der RIrrtum versch, also fahrläss sein (BGH **89**, 296 für gewerbl Miete). Daran dürfen wg der Unberechenbk gerichtl Entscheidgen keine zu hohen Anfdgen gestellt w. **c) Sonstiger Kündigungsgrund.** Besteht ein solcher, zB aus § 554 (LG Gieß WuM **95**, 163), kann er den SchadErsAnspr ausschließen.

15) Kündigung bei Zwei- und Dreifamilienhaus oder Einliegerwohnung (Abs IV) bei MietVerh **61** gem Rn 15, 16. **a) Grundregel:** Der Verm hat ein WahlR: er kann mit der gewöhnl ges Fr des § 565 II künd, wenn er glaubt, ein berecht Interesse (Abs I, II) zu haben, od er kann mit der verlängerten Fr des Abs IV S 2 künd, ohne daß in diesem Fall ein berecht Interesse (Abs I, II) vorliegen muß. Bei der KündErkl muß das WahlR ausgeübt w (LG Landau ZMR **86**, 361). Es kann auch im HilfsVerh gekünd w (Barthelmess Rn 180; bestr). **b) Verlängerte Kündigungsfrist** (Abs IV S 2): Für die Berechng ist zunächst § 565 II S 1 der **62** Tag (3. Werktag eines KalMonats) festzustellen, an dem die ges KündFr für die erklärte od zu erklärde Künd beginnt od begonnen hat. Zum Tag des FrAblaufs (Monatsende) sind 3 Monate hinzuzurechnen. Ist die KündFr zG des Mieters vertragl verlängert, ist entspr zu verfahren. **c) Kündigungserklärung** (Abs IV S 4): **63** Im KündSchreiben (§ 564a I) müssen bei einer Künd mit ges Fr aus berecht Interesse die Grde hierfür angegeben w, wenn sie berücks w sollen. Angabe v Grd gem § 556a I S 2 ist wg § 556a I S 3 (dort Rn 19) geboten, weil § 556a anwendb bleibt (Rn 3; hM; Hamm NJW **92**, 1969). Da die Künd mit verlängerter Fr (Abs IV S 2) keiner Grde bedarf, muß zur Klarstellg angegeben w, daß die Künd nicht auf Abs I gestützt w, sond auf Abs IV (Hamm aaO). Hierfür muß auch genügen, wenn die Künd eindeut mit verlängerter Fr gem Abs IV S 2 oder mit Bezug darauf erkl w; keinesf muß der GWortl des Abs IV S 4 eingehalten w (vgl LG Bln ZMR **80**, 319). Es ist zuzulassen, daß der Verm primär mit gesetzl Fr gem Abs I, II kündigt, hilfsw (für den Fall, daß diese Künd unwirks sein sollte) mit verlängerter Fr gem Abs IV S 2 (BayObLG NJW-RR **91**, 1036 mwN; bestr). Dasselbe gilt umgekehrt (Hbg NJW **83**, 182). Innerh der KündFr kann eine zuerst auf Abs I gestützte Künd, der der Mieter widerspr hat (auch konkludent), zurückgenommen u eine neue, ausdrückl auf Abs IV gestützte Künd erkl werden (Karlsr NJW **82**, 391). Eine Künd zum Zwecke der Mieterhöhg ist auch hier ausgeschl (§ 1 S 1 MHG); BewLast: Mieter. Ergeben sich aus der Wirksamk der Künd Zweifel, empfiehlt es sich, eine neue Künd zu erkl, da eine Wiederholg zul ist. **d) Wirkung:** Dem **64** Mieter bleibt als Verteidigg gg die Künd nur § 556a (Rn 63), in Extremfällen §§ 226, 242 (vgl Korff DWW **78**, 28).

16) Prozeßrechtliches. a) Zuständigkeit: ausschließl das AG, in dessen Bezirk der WoRaum liegt (§ 23 **65** Nr 2a GVG, § 29a ZPO). **b) Klage.** Der Verm kann nur auf Räumg klagen, auf Feststellg, daß die Künd wirks ist, nur gem § 256 II ZPO; Mieter auf Feststellg (§ 256 I ZPO) der Nichtigk der Künd od des Fortbestds des MietVerh, auch dch Widerkl (§ 256 II ZPO). KlVerbindg mit FortsetzgKl (§§ 556a–c) ist zul (§ 260 ZPO), insb auch auf Räumg gerichtete WiderKl dch den Verm. Wird dasselbe MietVerh mehrmals gekünd, ist Vbdg (§ 147 od § 260 ZPO) zul u idR angebracht, wenn nicht die nachfolgde Künd nur als

66 vorgreifl RVerh in den anhäng Proz eingeführt w. Dies ist bei einer RäumgsKl des Verm die einz Möglk, da sonst eine unzul doppelte RHängigk vorläge. **c) Kosten:** Es verbleibt bei §§ 91 ff ZPO; von § 93 b ZPO ist nur Abs III anwendb. **d) Rechtsmittel.** Es verbleibt beim gewöhnl RMittelzug (LG als BerufgsGer). Ein
67 REntsch (§ 541 ZPO) findet statt; wie § 556 a Rn 28. **e) Rechtskraft.** Bei abgewiesener RäumgsKl kann der Verm die dabei geltd gemachten KündGrde bei einer neuen Kl nur unterstützd heranziehen (allgM), nicht allein dieselben wiederholen (Stadie MDR **78**, 798 mwN).

564 c *Mietverträge über Wohnraum auf bestimmte Zeit.* [I] Ist ein Mietverhältnis über Wohnraum auf bestimmte Zeit eingegangen, so kann der Mieter spätestens zwei Monate vor der Beendigung des Mietverhältnisses durch schriftliche Erklärung gegenüber dem Vermieter die Fortsetzung des Mietverhältnisses auf unbestimmte Zeit verlangen, wenn nicht der Vermieter ein berechtigtes Interesse an der Beendigung des Mietverhältnisses hat. § 564 b gilt entsprechend.

[II] Der Mieter kann keine Fortsetzung des Mietverhältnisses nach Absatz 1 oder nach § 556 b verlangen, wenn

1. das Mietverhältnis für nicht mehr als fünf Jahre eingegangen worden ist,
2. der Vermieter nach Ablauf der Mietzeit
   a) die Räume als Wohnung für sich, die zu seinem Hausstand gehörenden Personen oder seine Familienangehörigen nutzen will oder
   b) in zulässiger Weise die Räume beseitigen oder so wesentlich verändern oder instandsetzen will, daß die Maßnahmen durch eine Fortsetzung des Mietverhältnisses erheblich erschwert würden, oder
   c) Räume, die mit Rücksicht auf das Bestehen eines Dienstverhältnisses vermietet worden sind, an einen anderen zur Dienstleistung Verpflichteten vermieten will und
3. der Vermieter dem Mieter diese Absicht bei Vertragsschluß schriftlich mitgeteilt hat.

Verzögert sich die vom Vermieter beabsichtigte Verwendung der Räume ohne sein Verschulden oder teilt der Vermieter nicht drei Monate vor Ablauf der Mietzeit schriftlich mit, daß seine Verwendungsabsicht noch besteht, so kann der Mieter eine Verlängerung des Mietverhältnisses um einen entsprechenden Zeitraum verlangen.

1 **1) Allgemeines.** Eingefügt dch Art 1 Nr 5 EAMWoG; in Kraft getreten am 1. 1. 83 (Art 6 EAMWoG). Abs II ist geänd dch Art 4 Nr 3 des 4. MietRÄndG v 21. 7. 93 (BGBl 1257); iKr seit 1. 9. 93. **a) Zweck.** Abs I soll Umgeh des § 564 b verhindern u gibt im Regelfall dem Mieter Bestandsschutz dch Gewährg des FortsetzgsAnspr. Davon macht Abs II Ausnahmen bei fehldem Schutzbedürfn des Mieters od aus wohngsbaupolit Grden bei schutzwürd Interessen des Verm, der eine Vermietg zur Vermeidg v KündSchutz (wie
2 Mieters unterläßt. **b) Anwendungsbereich.** Nur befristete WoMietVerh (§ 564 Rn 5) ohne auflöse Bedingg, ohne Verlängergsklausel (§ 565 a) u ohne VerlängergsOption (umstr). Umfaßt auch die MietVerh, die zunächst auf unbest Zeit abgeschl u danach über § 305 auf best Zeit umgestellt wurden (BayObLG ZMR **90**, 179), u die mehrmals hintereinander auf best Zt geschlossen MietVerh, sog KettenMVertr (Ffm ZMR **91**, 63). Gilt nicht für MietVerh, die gem § 5 II HausratVO begrdet w (BayObLG NJW **73**, 2295; bestr) od gem §§ 556 a, 556 b auf best Zt fortges w (LG Siegen NJW-RR **91**, 1113). Wg entspr Anwendg des § 564 b gelten auch dessen Abs IV u VII (Schmidt-Futterer/Blank B 768, 784; Röder NJW **83**, 2665 [2668]), so daß auf die unter § 564 b Rn 14–19 fallden MietVerh § 564 c nicht anwendb ist; insoweit sind MietVertr auf
3 bestimmte Zeit unbeschr zuläss. **c) Unabdingbarkeit** zugunsten des Mieters gilt über Abs I S 2. **d) Verhältnis zu sonstigem Mieterschutz.** § 556 b gilt grdsätzl (wie § 564 b Rn 4); nur in den Fällen des Abs II ist
4 § 556 b ausgeschl (Abs II S 1). **e) Außerordentliche Kündigung** des befr MietVerh wird dch § 564 c nicht berührt. Der Verm kann auch noch außerord künd, nachdem der Mieter die Fortsetzung des MietVerh bereits verlangt hat. **f) Hinweispflicht** des Verm entspr § 564 a II besteht nicht (§ 564 a Rn 2).

5 **2) Voraussetzungen des Fortsetzungsanspruchs** (Abs I) sind: **a) Fortsetzungserklärung:** Schriftform (§ 126); ist einseit, empfangsbed WillErkl. Sie enthält zugleich das Angebot (§ 145), den MietVertr zu den selben Bedinggen auf unbestimmte Zeit fortzusetzen. Grde müssen nicht angegeben, das Wort Fort-
6 setzg muß nicht verwendet werden. BewLast: Mieter. **b) Erklärungsfrist.** 2 Monate vor Beendigg des MietVerh, so daß wg § 130 die Erkl dem Verm (seinem Vertreter od Empfangsboten) zB am 31. 7. bis 24 Uhr zugehen muß, wenn das MietVerh am 30. 9. enden würde. Zwingde AusschlFr ohne HinweisPfl des Verm (hM; LG Hildesh WuM **90**, mwN). Wird sie versäumt, kann der FortsetzgsAnspr nicht entstehen;
7 nur § 556 b bleibt mögl. BewLast für FrWahrg: Mieter. **c) Fehlen berechtigten Interesses** auf Seiten des Verm (Abs I S 1; letzter Hs), bezogen auf Beendigg des MietVerh. Auf die Inter des Mieters kommt es nicht an, so daß er den Anspr auch hat, wenn ihm eine ErsWo zur Vfg stünde. Die Inter des Verm sind gem § 564 b II Nr 1–3 (mit gleicher BewLast) wie dort zu beurt (§ 564 b Rn 27–56). Da auch § 564 b IV, VII gelten (Rn 2), muß in diesen Fällen der Verm keine berecht Interesse haben; jedoch verlängert sich das MietVerh um 3 Monate (MüKo/Voelskow 21). Erkl des Verm: sie entspr der Künd; daher gilt Abs I S 2 Schriftform (§ 564 a I S 1) u BegründgsPfl (§ 564 b III). Die Erkl muß vor Ende des MietVerh zugehen (hM).

8 **3) Wirkung.** Stimmt der Verm zu (§ 151), gilt Rn 10. Lehnt er ab und ist die Ablehg rechtmäß, weil er
9 berecht Interessen rechtzeit geltd gemacht hat (Rn 7), endet das MietVerh dch Zeitablauf (§ 564 I). Ist die Ablehg rechtswidr, so gilt: **a) Materiell-rechtlich.** Es ist zu unterscheiden: **aa)** Liegen die Voraussetzgen (Rn 5–7) vor, hat der Mieter einen Anspr auf Abschl eines MietVertr zu gleichen (nicht veränd) Bedingungen, aber nunmehr auf unbest Zeit, mit der Folge, daß dann ord Künd nach §§ 564 II, 564 b, 565 grdsätzl mögl
10 ist. Das MietVerh bleibt ident. **bb)** Der Verm kann das VertrAngebot (vgl Rn 5) jederzeit, auch nach Beendigg des MietVerh (dann mit Rückwirkg) dch ausdrückl WillErkl annehmen od diese RFolge gem § 151 eintreten lassen, aber nicht dch bloßes Schweigen (MüKo/Voelskow 12). Dann ist das ident MietVerh

auf unbest Zeit fortgesetzt. Lehnt der Verm das ab (ausdrückl od gem § 150 II), so bleibt die Möglk, über § 305 das MietVerh mit and Bedingen, auch mit erhöhtem Mietzins fortzusetzen. **cc)** Fortsetzg des Miet-Verh nach § 568 bleibt grdsätzl mögl; jedoch muß der Verm, der dem FortsetzgsVerlangen des Mieters schon vor Beendigg des MietVerh entgegengetreten ist, die Erkl innerh der Fr des § 568 S 2 nicht wiederholen (hM). **b) Prozessual:** Der Anspr (Rn 9) ist dch LeistgsKl auf Abgabe der WillErkl zur Fortsetzg des 11 MietVerh geltd zu machen (hM). Die Wirkg tritt mat-rechtl (rückwirkd auf den Ablauf der MietZt) mit formeller RKraft ein (§ 894 ZPO). WiderKl ist nach den gleichen Grdsätzen wie § 564b Rn 65 zul.

4) Ausschluß des Fortsetzungsanspruchs (Abs II S 1). Auch § 556b ist dann ausgeschl. Die prakt 12 Bedeutg liegt insb darin, daß infolge v Nr 2c bei WerkWohngen (§ 565b) die Fortsetzg befr MietVertr ausgeschl w kann (BT-Dr 12/3254 S 18). **a) Voraussetzungen.** Abs II S 1 Nr 1–3 müssen kumulativ vorliegen. **aa) Nr 1:** Die bestimmte MietZt (§ 564 Rn 5) darf 5 Jahre ab Vereinbarg nicht übersteigen. Ist eine längere MietZt vereinb, besteht der FortsetzgsAnspr immer. Wird ein auf unbest Zt abgeschl Miet-Vertr im Wege des § 305 auf best Zt verlängert (Rn 2), so kommt es allein auf die (Rest)Dauer an (BayObLG ZMR **90**, 179). **bb) Nr 2:** a), b) u c) sind alternativ. Maßgebder Zeitpkt ist die Beendigg des 13 MietVerh. Zu a: Im Ggsatz zu § 564b I Nr 2 genügt bereits der Wille zur EigentumsNutzg. Personenkreis: wie § 564b Rn 44, 45. Zu b: Zulässigk der BauMaßn ist auf öff-rechtl Genehmigg abgestellt. Wirtschaftlk ist unerhebl. Erhebl Erschwerg ist zB gegeben, wenn der Mieter bei Modernisierg zur Duldg nicht verpfl (§ 541a, § 541b) od nicht bereit ist. Beseitigg: vollständ od teilw Abbruch. Zu c: gilt seit 1. 9. 93 (Rn 1); es sind dieselben Voraussetzgen wie § 565b. Der bloße Wille der Vermietg an einen and ArbN genügt. **cc) Nr 3:** Schriftl Mitt bei VertrAbschl, nicht notw im MietVertr. Die VerwendgsAbs muß dch Tats 14 belegt w (wie § 564b Rn 22; LG Hbg NJW-RR **93**, 201). Schriftform des § 126, weil jedenf eine geschäfts-ähnl Hdlg vorliegt (Übbl 6 vor § 104). **b) Wirkung.** Bei Vorliegen aller Voraussetzgen (Rn 12) endet das 15 MietVerh mit dem bestimmten Zeitpkt ohne weiteres. Fehlt eine, kann der Mieter Fortsetzg des MietVerh nach Maßg der Rn 5–7 verlangen.

5) Verlängerungsanspruch (Abs II S 2) des Mieters um bestimmte Zeit („entspr ZtRaum"), näml bis 16 zum geplanten Ztpkt der neuen Nutzg od BauMaßn (Röder NJW **83**, 2665 [2668]). **a) Voraussetzungen** 17 sind alternativ: **aa)** Der Verm kann ohne Versch (§§ 276, 278; BewLast: § 282) die beabsicht Verwendg bei Ablauf der MietZt noch nicht verwirklichen, insb wg Verzögerg der BauGenehmigg od der Finanzierg. **bb)** Unterlassene Mitt der fortbestehden VerwendgsAbsicht. Die 3 Monate sind eine MindestFr. Schrift-form: wie Rn 14. Bezugn ist zuläss. **b) Wirkung** tritt mit Zugang (§ 130) der (formlosen) Erkl des Mie- 18 ters ein. Eine ErklFr sieht das G nicht vor. § 556b bleibt ausgeschl.

6) Prozeßrechtliches. Grdsätzl wie § 564b Rn 65, 66. Der Mieter kann gg die RäumgsKl den Fort- 19 setzgsAnspr nicht als bloße Einwendg geltd machen, sond muß die Fortsetzg des MietVerh herbeiführen, indem er darauf klagt; nur zweckm dch WiderKl (hM; Röder NJW **83**, 2665 [2668] mwN), auch noch in der BerInst (LG Bln ZMR **86**, 442). Da der Bestd des MietVerh für die RäumungsKl vorgreifl ist, muß mind zugleich über den FortsetzgsAnspr entschieden werden. RäumgsFr ist im Fall des Abs II ausgeschl: § 721 VII, § 794a V ZPO.

565 *Kündigungsfristen.* [I] Bei einem Mietverhältnis über Grundstücke, Räume oder im Schiffsregister eingetragene Schiffe ist die Kündigung zulässig,

1. wenn der Mietzins nach Tagen bemessen ist, an jedem Tag für den Ablauf des folgenden Tages;

2. wenn der Mietzins nach Wochen bemessen ist, spätestens am ersten Werktag einer Woche für den Ablauf des folgenden Sonnabends;

3. wenn der Mietzins nach Monaten oder längeren Zeitabschnitten bemessen ist, spätestens am dritten Werktag eines Kalendermonats für den Ablauf des übernächsten Monats, bei einem Mietverhältnis über gewerblich genutzte unbebaute Grundstücke oder im Schiffsregister eingetragene Schiffe jedoch nur für den Ablauf eines Kalendervierteljahres.

[Ia] Bei einem Mietverhältnis über Geschäftsräume ist die Kündigung spätestens am dritten Werktag eines Kalendervierteljahres für den Ablauf des nächsten Kalendervierteljahres zulässig.

[II] Bei einem Mietverhältnis über Wohnraum ist die Kündigung spätestens am dritten Werktag eines Kalendermonats für den Ablauf des übernächsten Monats zulässig. Nach fünf, acht und zehn Jahren seit der Überlassung des Wohnraums verlängert sich die Kündigungsfrist um jeweils drei Monate. Eine Vereinbarung, nach welcher der Vermieter zur Einhaltung einer kürzeren Frist berechtigt sein soll, ist nur wirksam, wenn der Wohnraum zu nur vorübergehendem Gebrauch vermietet ist. Eine Vereinbarung, nach der die Kündigung nur für den Schluß bestimmter Kalendermonate zulässig sein soll, ist unwirksam.

[III] Ist Wohnraum, den der Vermieter ganz oder überwiegend mit Einrichtungsgegenständen auszustatten hat, Teil der vom Vermieter selbst bewohnten Wohnung, jedoch nicht zum dauernden Gebrauch für eine Familie überlassen, so ist die Kündigung zulässig,

1. wenn der Mietzins nach Tagen bemessen ist, an jeden Tag für den Ablauf des folgenden Tages;

2. wenn der Mietzins nach Wochen bemessen ist, spätestens am ersten Werktag einer Woche für den Ablauf des folgenden Sonnabends;

3. wenn der Mietzins nach Monaten oder längeren Zeitabschnitten bemessen ist, spätestens am Fünfzehnten eines Monats für den Ablauf dieses Monats.

[IV] Bei einem Mietverhältnis über bewegliche Sachen ist die Kündigung zulässig,

1. wenn der Mietzins nach Tagen bemessen ist, an jedem Tag für den Ablauf des folgenden Tages;

2. wenn der Mietzins nach längeren Zeitabschnitten bemessen ist, spätestens am dritten Tag vor dem Tag, mit dessen Ablauf das Mietverhältnis endigen soll.

V Absatz 1 Nr. 3, Absatz 2 Satz 1, Absatz 3 Nr. 3, Absatz 4 Nr. 2 sind auch anzuwenden, wenn ein Mietverhältnis unter Einhaltung der gesetzlichen Frist vorzeitig gekündigt werden kann.

1 **1) Allgemeines.** Abs I ist geänd („GeschRäume" gestrichen) u Abs I a eingefügt dch Art 1 G zur Änd des BGB v 29. 10. 93 (BGBl 1838), iKr seit 1. 1. 94. Diese Regelg gilt auch für die neuen BLänder, weil die
2 SoRegelg für Künd nach Abs I Nr 3 in EG 232 § 2 VII dch Art 2 desselben G aufgehoben w ist. **a) Gliederung.** Die Vorschr ist SoRegelg ggü § 580 a u unterscheidet: **(1)** Grundst, Räume, die nicht GeschRäume sind, u eingetr Schiffe (Abs I). **(2)** GeschRäume (Abs I a). **(3)** WoRaum; auch solcher, der möbliert vermietet ist (Abs II). **(4)** Möblierter WoRaum als Teil der vom Verm selbst bewohnten Wohng (Abs III). **(5)** Bewegl Sachen (Abs IV). **b) Anwendbar** ist § 565 nur für ord Künd (§ 564 Rn 8) des Verm u Mieters in gleicher Weise. Nicht: bei außerord Künd (§§ 542, 544, 553–554 a), bei solcher mit ges Fr, soweit nicht Abs V einzelne Vorschr für anwendb erkl. Auch nicht anwendb bei MietVerh, die unter Ausschluß ord Künd auf best Zt abgeschl sind (§ 564 Rn 5) u bei MietVerh, die auf best Zt mit VerlängergsKl (auch best ZtRäume
3 abgeschlossen sind, für die Zt danach (Düss BB **93**, 682). **c) Begriffe.** KündFr ist der ZtRaum zw dem Zugang (§ 130) der erkl Künd (KündTag) u dem KündTermin; das ist der Tag, an dem das MietVerh enden
4 soll. **d) Fristberechnung:** §§ 187–193. Die Fr sind grdsätzl für die VertrPart gleich. Maßgebd ist immer der Zugang (§§ 130–132). Ist der MietVertr abgeschl, kann der KündTag vor dem Beginn des MietVerh liegen (BGH **73**, 350; Staud/Sonnenschein 9). Ob die KündFr sofort zu laufen beginnt, hängt v der Vereinbg der Part ab (BGH aaO). Umstr ist, ob das auch zutrifft, wenn eine PartVereinbg fehlt (bejaht BGH aaO), od ob die KündFr dann erst ab Beginn (Vollzug) des MietVerh läuft (MüKo/Voelskow § 564 Rn 16 mwN).
5 **e) Abdingbarkeit. aa)** Zwingd sind als MindestFr die ges KündFr bei WoRaum zur dauerndem Gebr
6 (Abs II S 1 u 2) aGrd von Abs II S 3. Zwingd ist Abs II S 4 bei sämtl WoRäumen des Abs II. **bb)** Abdingb ist § 565 iü. Das bedeutet: Grdsätzl können längere, kürzere, auch für Verm u Mieter ungleiche Fr vereinb w, auch and KündTage u KündTermine (Staud/Sonnenschein 66), sofern nicht gg Abs II S 4 verstoßen w. Bei WoRaum können kürzere KündFr für die Künd des Verm nur vereinb w, wenn der WoRaum ledigl zu vorübgehdem Gebrauch (Abs II S 3) od unter den weiteren Voraussetzgen des Abs III möbliert vermietet ist (Rn 23). **cc)** Wirksamkeit: Sind für beide VertrPart kürzere KündFr vereinb, so gilt dies nur gg den Verm; ggü dem Mieter gilt die ges Fr wg §§ 134, 139 (vgl LG Köln WuM **88**, 404). Längere Fr bis zu einem Jahr sind nicht wg § 9 AGBG unwirks (Zweibr ZMR **90**, 106), wohl aber ist es der Ausschl der ord Künd für den
7 Mieter jegl Art v Räumen (Celle MDR **90**, 154). **f) Vereinbarte Kündigungsfristen.** § 193 gilt idR nicht (vgl dort Rn 3). Die KarenzZt der Abs I Nr 3 u Abs I a (3. Werktag) wird bei vereinb längeren KündFr in den Fällen v Abs I u I a angewendet (umstr; aA Staud/Sonnenschein 29 mwN). 14 Tage KündFr bedeutet iZw, daß tägl auf den Schluß des 14. dem KündTag folgenden Tages gekünd w kann, monatl KündFr, daß am
8 letzten Tag des vorangehdn Monats zum Schluß des KalMonats gekünd w kann. **g) Verspätete Kündigung** ist als Künd zum genannten Termin nichtig. Sie wirkt zum nächstzuläss Termin (Hamm MDR **94**, 56 für Pacht) od ist gem § 140 umzudeuten (vgl Ffm NJW-RR **90**, 337 für Pacht).

9 **2) Grundstücke, Räume und eingetragene Schiffe** (Abs I). **a) Begriffe. (1)** Grdst: wie Einf 65 vor § 535. Auch anwendb, wenn das Grdst gewerbl od freiberufl genutzt w. Steht auf dem Grdst ein Gebde, das als Wo- od GeschRaum vermietet ist, gilt nicht Abs I, sond Abs II od III. **(2)** Räume: grdsätzl wie Einf 68 vor § 535: Seit 1. 1. 94 (vgl Rn 1) fallen jedoch GeschRäume (Abs II Rn 15) nicht mehr darunter. Räume iS des Abs I sind alle Räume, die nicht Wo- od GeschRaum sind, insb priv genutzte Garagen, Lagerräume u Werkstätten, von Vereinen unmittelb genutzte Sporthallen. **(3)** Schiffe: nur eingetr See- od Binnenschiffe
10 (§ 929 a Rn 5); and Schiffe sind bewegl Sachen (Rn 25). **(4)** MischMietVerh: Einf 71–74 vor § 535. **b) Kündigungsfristen.** Maßgebd ist allein der BemessgsZtRaum (Tages-, Wochen-, Monats- Quartals- od Jahres-
11 miete). Unerhebl sind Fälligk u ZahlgsTerm. **Nr 1:** Da § 193 nicht gilt (Rn 7), kann auch an Sbd (Samstag),
12 Sonn- u Feiertagen gekünd w. **Nr 2:** Die Künd muß spät am Montag zugehen (§ 130), ist dieser ein Feiertag,
13 dann am Dienstag. Das gilt auch bei vereinb Künd für den Schluß der Woche. **Nr 3:** Gilt auch, wenn der MietZ nach Quartalen od Jahren bemessen ist. Für die KarenzZt werden Sbd (Samstag), Sonn- u Feiertage nicht mitgezahl. Ist der 3. Werktag ein Samstag, kann daher noch am nächsten Werktag gekünd w. Ein Samstag, der 1. od 2. Werktag ist, ist aber mitzuzählen (LG Wuppt NJW-RR **93**, 1232 mwN).

14 **3) Geschäftsräume** (Abs I a). **a) Zweck.** Die seit 1. 1. 94 geltde (Rn 1) Verlängerg soll den Mieter von GeschRäumen dch eine prakt auf 6 Monate verlängerte KündFr schützen. Nicht berücks ist, daß der Mieter (vgl Rn 4) seiners dch die längere Bindg (mögl bis zu fast 9 Mon) Nachteile hinnehmen muß (BT-Dr 12/
15 3339 Anl 2). **b) Begriff.** Er ist zwangsläuf enger als (sonstige) Räume (Abs I; Rn 9) u umfaßt alle Räume, die zu geschäftl Zwecken gemietet sind. Umfaßt jede Tätigk, die auf Erwerb gerichtet ist (Staud/Sonnenschein 28), näml gewerbl iS der GewO u freiberufl, insb Ärzte, RAe, Steuerberater, nicht die Tätigk v nicht-
16 wirtschl Vereinen ohne GeschBetr (§ 21). **c) Kündigungsfrist.** Es kann nur zum 31. 3., 30. 6., 30. 9. u 31. 12. gekünd w mit jeweils 6 Monaten Fr abzügl der KarenzZt bis eins des 3. Werktags (wie Rn 13). Zum 31. 3. 94 konnte aGrd des Abs I Nr 3 aF noch bis einschließl Freitag, den 3. 12. 93 gekünd w, zum 30. 6. 94 nur bis Dienstag, den 4. 1. 94, seitdem frühestens zum 30. 9. 94, spätestens am 5. 4. 94 (Dienstag nach Ostern). VertrÄndg zur KündFr ist jederzt mögl (§ 305).

17 **4) Wohnraum** (Abs II). **a) Begriff:** wie Einf 70 vor § 535. Umfaßt grdsätzl auch möbliert vermieteten WoRaum. Zur Abgrenzg von GeschRäumen (Rn 14) kommt es auf den Zweck, zu dem vermietet w, nicht auf den tats Gebr an. Bewegl Sachen (Abs IV; Rn 25) sind Innenräume v Schiffen od Booten, Wohnwägen u
18 -container. **b) Allgemeine Kündigungsfrist** (S 1). Sie beträgt 3 Monate abzügl der KarenzZt. Diese wird
19 wie bei Abs I Nr 3 (Rn 13) behandelt. **c) Verlängerte Kündigungsfrist** (S 2) führt zur KündFr v höchstens 12 Monaten. Die KarenzZt bis zum 3. Werktag bleibt in jedem Fall. Maßg für den ZtRaum der Überlassg (§ 536 Rn 6) ist die rechtl Dauer; fängt nicht vor Beginn des MietVerh an. Unerhebl ist der Abschluß des MietVertr. Der Zugang der Künd (§ 130), nicht der KündTermin ist Stichtag für das Ende der Überlassgs-

dauer (Staud/Sonnenschein 43). Bei Überg v Untermiete zu Hauptmiete u bei Miete einer and Wo desselben Verm beginnt die Überlassgsdauer grdsätzl von neuem (sehr umstr; vgl Müko/Voelskow 14; aA LG Bonn WuM **87,** 322 mwN). Vermieterwechsel läßt wg § 571 die Überlassgsdauer unberührt; hingg beginnt sie beim Mieterwechsel von neuem (Müko/Voelskow 14; sehr bestr); jedoch ist diejen Zeit einzurechnen, die der jetzige Mieter aGrd des MietVertr seines Eheg berecht mitbewohnt hat (Stgt NJW **84,** 875). Das Hinzumieten, Wechseln od die Aufg einzelner Räume einer Wohng steht nicht entgg. **d) Kürzere Kündi-** 20 **gungsfrist** für den Verm (S 3). Sie bedarf einer Vereinbg der VertrPart. Ist nur zuläss u wirks, wenn der WoRaum zum vorübgehden Gebr vermietet ist (wie § 564b VII Nr 1; dort Rn 17). Bei Verstoß ist der MietVertr ü wirks. Für den Mieter können kürzere KündFr vereinb w. And KündTermine sind zuläss, soweit nicht S 4 entggsteht. **e) Bestimmte Kalendermonate** (S 4). Dient nicht dem Bestandsschutz des 21 MietVerh, sond soll die Konzentration von Umzugsterminen verhindern. Unwirks ist nicht nur die Vereinbg von KündTerminen zum Quartalsende, sond zu jedem u best KalMonat.

5) Möblierter Wohnraum. Grdsätzl gilt Abs II (Rn 17–21). **a) Anwendbar** ist Abs III nur, wenn ausnw 22 die 4 Voraussetzgen der Rn 23 vorliegen. **b) Voraussetzungen.** Sie entspr wörtl dem § 564b VII Nr 2. 23 **aa)** Der WoRaum muß mind überwiegd vom Verm zu möblieren sein. Es kommt nur auf die vertragl übernommene Pfl an. Für den Umfang ist auf eine normale Lebensführg des (Unter)Mieters abzustellen (Staud/Sonnenschein 48 mwN). Überwiegd ist mehr als die Hälfte der erforderl vollen Ausstattg, insb (Einbau)Möbel, Betten, Herd, Spüle, Beleuchtgskörper, Teppiche. **bb)** Teil des vom Verm (Eigt, Haupt-mieter) selbst (nicht notw dauernd) bewohnten Wohng (§ 564b Rn 18) muß der dem (Unter-)Mieter überlassene WoRaum (wie Einf 70 vor § 535) sein. Teil: enger räuml Zushang; nicht innerh der abgeschlossenen Wohng, auch innerh eines EinfamHauses gegeben (vgl § 564b Rn 16). **cc)** Vermietg zu vorübergehdem (nicht dauerndem) Gebr: wie § 564b Rn 17. **dd)** Überlassg nicht an eine Fam: wie § 564b Rn 18 (dort Anm 8). **c) Kündigungsfristen.** Sie sind kürzer als in Abs II, um eine schnellere Auflösg des 24 MietVerh zu ermögl u dem Verm den Entschluß zur Vermietg zu erleichtern. Nr 1: wie Rn 11; Nr 2: wie Rn 12. Nr 3: Ist der 15. ein Sbd, Sonn- od Feiertag, ist § 193 unanwendb (Staud/Sonnenschein 11 mwN; bestr).

6) Bewegliche Sachen (Abs IV). Uneingeschr abdingb. **a) Begriff:** Übbl 3 vor § 90; auch nicht eingetr 25 Schiffe u Luftfahrzeuge. Entspr anwendb auf Tiere (§ 90a S 3). **b) Kündigungsfristen.** Es kommt nur auf 26 Bemessg des MietZ an. § 193 gilt nicht (Staud/Sonnenschein 63; bestr). **Nr 1:** wie Abs I Nr 1; wie Rn 11. Die Fr beträgt also mind 24 Stden. **Nr 2:** Es kann an jedem belieb Tag zu jedem belieb Termin gekünd w, nur müssen zw KündTag u KündTermin mind 2 Tage liegen.

7) Sonderkündigungsrechte (Abs V). Das sind insb folgde Fälle: §§ 549 I, 567, 569, 569a V, VI, 569b, 27 570, 1056, 2135; § 30 ErbbRVO, §§ 19, 20 KO, § 57a ZVG. Bedeuts, wenn das MietVerh noch länger andauert u auf best Zt abgeschl ist (§ 564 Rn 5), wenn eine längere KündFr vereinb w (Rn 7) od wenn es auflösd bedingt ist (§ 565a II). Abs I Nr 3 ist mind entspr auf GeschRäume (Abs Ia) anzuwenden (LG Kiel NJW-RR **95,** 586); denn die dch Einfüg des Abs Ia (Rn 1) erforderl Änderg des Abs V (Aufnahme v Abs Ia) ist vom GGeber gewollt, aber offenb vergessen w. Abweichde Vereinbg zur KündFr können nur bei Identität der Part od bei RNachfolge wirks sein (Staud/Sonnenschein 76).

8) Mischmietverhältnisse. Kommen bei SachGesamth vor (Übbl 5 vor § 90) u bei verbundener Miete v 28 Gesch- u WoRaum od WoRaum mit and Räumen (Rd 9), insb mit Garagen. Es gelten die Grdsätze von Einf 72–74 vor § 535. Davon zu untersch sind Typenkombinations- u TypenverschmelzgsVertr (Einf 21–26 vor § 535), bei denen and KündVorschr als § 565 zur Anwendg kommen.

565 a   *Verlängerung befristeter oder bedingter Mietverhältnisse.* ^I Ist ein Mietver-

hältnis über Wohnraum auf bestimmte Zeit eingegangen und ist vereinbart, daß es sich mangels Kündigung verlängert, so tritt die Verlängerung ein, wenn es nicht nach den Vor-schriften des § 565 gekündigt wird.

^{II} Ist ein Mietverhältnis über Wohnraum unter einer auflösenden Bedingung geschlossen, so gilt es nach Eintritt der Bedingung als auf unbestimmte Zeit verlängert. Kündigt der Vermieter nach Eintritt der Bedingung und verlangt der Mieter auf Grund des § 556a die Fortsetzung des Mietver-hältnisses, so sind zu seinen Gunsten nur Umstände zu berücksichtigen, die nach Abschluß des Mietvertrages eingetreten sind.

^{III} Eine zum Nachteil des Mieters abweichende Vereinbarung ist nur wirksam, wenn der Wohn-raum zu nur vorübergehendem Gebrauch vermietet ist oder es sich um ein Mietverhältnis der in § 565 Abs. 3 genannten Art handelt.

1) Allgemeines. a) Zweck: § 565a, erstreckt dch die Notwendk der Künd den WoRaumMieterschutz 1 (§§ 556a, 564b, 565 II; § 1 MHG) auf befristete u auflösd bedingte MietVerh. **b) Anwendungsbereich:** nur MietVerh üb WoRaum (Einf 70 vor § 535); denn nur dafür wird im Ggsatz zu and Miet- u PachtVerh die Künd vorgeschrieben (hM; vgl § 564 Rn 6). And Fälle von Verlängerg eines MietVerh sind: § 568; ferner dch VerwAkt (§ 186 BauGB). **c) Abdingbarkeit:** Abs I u II sind zug des Mieters zwing, so daß die Künd 2 des Verm ausgeschl, die Fr für ihn auch verlängert w kann; Ausn nur für WoRaum, der in Abs III aufgeführt ist. Vermietg zu vorübgehdem Gebr: § 564b Rn 17. WoRaum der Art des § 565 III: § 564b Rn 18. **d) Ket-** 3 **tenmietvertrag** ist der mehrfache Abschluß unmittelb anschließden MietVertr auf best Zt üb die selbe Sache. Das ist auch bei WoRaum grdsätzl zuläss (vgl § 564c Rn 2), soweit nicht der WoRaumKündSchutz des § 564b umgangen w soll (Ffm ZMR **91,** 63 mwN).

2) Befristetes Mietverhältnis (Abs I) ist ein MietVerh auf best Zt (vgl § 564 Rn 5). **a) Voraussetzun-** 4 **gen:** Der MietVertr muß eine VerlängergsKl enthalten (wie § 564 Rn 6); sie kann auch nachträgl als Ver-

5 trErgänzg vereinb w sein (§ 305). **b) Wirkung:** Das MietVerh wird verlängert, u zwar so, wie es vereinb ist, auf best Zt od (das gilt iZw) auf unbest Zt. Ausgeschl wird diese Wirkg nur dch Künd gem Rn 6.

6 **c) Kündigung** (§ 564 Rn 8). Es muß stets die Fr des § 565 II eingehalten w. Zw Künd u Ablehng der VertrVerlängerg begriffl zu untersch (vgl 564 Rn 6), ist bei WoRaum wg § 565 a überflüss; denn wg dessen Zweck (Rn 1) ist diese WillErkl wie eine Künd zu behandeln. Stets gelten §§ 556 a (nicht § 556 b I, dort Rn 2), 564 a, 564 b (LG Köln NJW-RR **90**, 520), 565 II, ebso § 1 MHG, so daß die Künd nichtig ist, wenn sie wg Mieterhöh erfolgt. Für die Interessenabwägg bei der SozKlausel (§ 556 a) gilt § 556 b II (dort Rn 4).

7 **3) Auflösend bedingtes Mietverhältnis** (Abs II) ist ein MietVerh auf unbest Zt, weil Eintritt einer Bedingg ungewiß ist; daher kann es stets ord gekünd w (§ 564 II), sodaß § 564 b gilt (hM) mit den Fr des § 565 II, III. **a) Voraussetzungen:** Der MietVertr muß eine auflösde Bedingg (§ 158 II) enthalten. Die

8 Bedingg muß eingetreten sein (§ 158 Rn 2). **b) Wirkung:** Das MietVerh verändert sich ab Bedinggseintritt in ein solches auf unbest Zt. Abs II S 2 beschr bei der Interessenabwägg (§ 556 a Rn 14–18) die Grde des Mieters.

Werkwohnungen (§§ 565 b–565 e)

Vorbemerkung

1 **1) Allgemeines. a) Anwendungsbereich:** nur ab Beendigg des D(Arb)Verh. Währd dessen Dauer gelten die allg Vorschr, insb §§ 564 b, 565, 565 a (allgM). Dabei ist ein stillschw Ausschl ord Künd mögl, bedarf aber bes AnhaltsPkte. Sachl alle MietVerh, die mit Rücks (maßgebder Einfluß, LG Aach WuM **85**, 149, nicht bei geringfüg Den, LG Aach MDR **91**, 542) auf ein D(insbArb)Verh (Einf 3, 5 vor § 611) abgeschl sind (§ 565 b), gleichgült, ob der DBer (ArbG) der Verm ist od nicht. Auch Wohngen, die an Angest u Arb des öff Dienstes v DHerrn aGrd privrechtl MietVerh vergeben sind (OVG Münst WuM **75**, 154), aber nicht die DWohngen, die im Rahmen der öffrechtl DStellg an öff Bedienstete, insb an Beamte, Richter u Soldaten zugewiesen w (öffrechtl NutzgsVerh, BGH **LM** § 71 GVG Nr 9). Die außerord Künd wird dch die

2 §§ 565 b–565 e nicht berührt. **b) Zweck:** Nach Beendigg des D(Arb)Verh soll dch verkürzte KündFr das MietVerh schneller gelöst w können, da der Anlaß für das MietVerh weggefallen ist u der WoRaum für

3 einen and DVerpfl (ArbN) frei w soll. **c) Abdingbarkeit:** Die §§ 565 c bis 565 e sind zuungunsten des DVerpfl (ArbN) nicht abdingb, da sie die insow zwingend §§ 556 a, 565 II zugunsten des Verm abändern.

4 **d) Verhältnis zum Sozialschutz:** Die SozKlausel (§§ 556 a, 556 b) gilt nach Maßg des § 565 d. Die Verwendg der Vorschr einen u ArbN wird idR für das berecht Interesse (iS des § 564 b) ausreichen (vgl

5 Schmidt-Futterer NJW **72**, 5 u BB **72**, 1058). **e) Mitbestimmung** des BetrR gem § 87 I Nr 9 BetrVG (für Zuweisg u Künd) ist zu beachten. Sie besteht auch für die Höhe des Mietzinses (hM; Röder S 99 mwN: aA Giese BB **73**, 198. Die WillErkl des ArbG als Verm sind grdsätzl nicht wg fehlder Zust des BetrR unwirks; Ausn: Künd (Dietz-Richardi § 87 Rn 489). Stimmt der BetrR der Künd zu od läßt die Einiggstelle sie

6 (§ 76 BetrVG), werden dadch die Re des ArbN auf SozSchutz (Rn 4) nicht berührt. **f) Mieterhöhungen** richten sich jedenf bei WerkmietWo nach MHG (hierzu näher Röder MDR **82**, 276), aber auch bei Werk-DWo (Gassner AcP **186**, 325 [343]); jedoch nicht für solche im Rahmen des öff D. Für diese bestehen SoVorschr. **g) Zuständigkeit:** § 29 a ZPO (BAG NZA **90**, 539); für alle Arten v WerkWo (LG Augsb ZMR **94**, 333).

7 **2) Arten von Werkwohnungen.** Allg fällt darunter jeder WoRaum (Einf 70 vor § 535), der mit Rücks auf ein D(insbArb)Verh vermietet w (vgl Rn 1), nicht notw v DBer (ArbG) selbst u an den DVerpfl (ArbN)

8 allein, insb auch an dessen Ehefr als Mitmieterin (MüKo/Voelskow 1). **a) Werkmietwohnungen** (§§ 565 b– 565 d). Es besteht neben dem D(Arb)Verh ein selbstd MietVertr (ggf UnterMVertr; vgl § 549 Rn 20), wobei Verm der DBer(ArbG) selbst ist od ein zu ihm in Beziehg stehder Dr, insb eine ihm ganz od zT gehörde WerkwohngsGesellsch od ein WoEigtümer, dem ggü ihm ein BeleggsR aGrd eines vom

9 MietVertr zu unterscheidn WerkfördergsVertr zusteht (Einf 87 vor § 535). **b) Werkdienstwohnung** (§ 565 e). Lit: Gassner AcP **186**, 325. Die Überlassg des WoRaums ist Bestandteil des D(Arb)Verh u Teil der Vergütg; es liegt ein aus D(Arb)Verh u Miete (doppeltyp) gemischter Vertr vor (Einf 22 vor § 305). IdR steht die Lage des WoRaums in enger Beziehg zur D(Arb)Leistg (zB Hausmeisterwohng). Zur Abgrenzg v Rn 8 vgl Schmidt-Futterer/Blank BB **76**, 1033. Da kein MietVertr vorliegt, können die MietVorschr nur entspr angewendet w. Eine Pfl des ArbN, die DWohng zu bewohnen, gehört zum ArbVerh u kann als

10 unzul TeilKünd nicht selbstd gekünd w (BAG NZA **90**, 191 mwN). **c) Bergarbeiterwohnungen** sind WoRäume, die aus Mitteln der KohlenAbg aGrd des G v 4. 5. 57 (BGBl III 2330–4) errichtet u an WohnBerecht im Kohlebergbau (§ 4; BGH MDR **71**, 286) dch MietVertr (wie bei Rn 8) überlassen sind. Wenn die WohnBerechtigg (§ 4) dch Ausscheiden aus dem Bergbau erlischt, gelten die §§ 565 b–565 e entspr (§ 7 a).

565 b *Werkmietwohnungen.* **Ist Wohnraum mit Rücksicht auf das Bestehen eines Dienstverhältnisses vermietet, so gelten die besonderen Vorschriften der §§ 565 c und 565 d.**

1 **1) Voraussetzungen.** Es muß sich um eine Werkmietwohng (Vorbem 8) im Rahmen des Anwendgsbereichs (Vorbem 1) handeln. Das Bestehen od der Abschl des D(Arb)Verh muß v maßgebdem Einfluß (LG Aach WuM **85**, 149) für die Begrdg od den Fortbestd des MietVerh gewesen sein, nicht notw der einzige.

2 **2) Wirkung.** § 565 b erklärt die §§ 565 c, 565 d als bes Vorschr für anwendb. Das bedeutet, daß die allg Vorschr über das MietVerh gelten, soweit die §§ 565 c, 565 d nichts Abweichdes bestimmen, näml für § 556 a u § 565 II, jeweils indem das MietVerh nach dem Ende des D(Arb)Verh leichter beendet w kann.

565 c *Kündigung von Werkmietwohnungen.* Ist das Mietverhältnis auf unbestimmte Zeit eingegangen, so ist nach Beendigung des Dienstverhältnisses eine Kündigung des Vermieters zulässig

1. bei Wohnraum, der weniger als zehn Jahre überlassen war, spätestens am dritten Werktag eines Kalendermonats für den Ablauf des
   a) übernächsten Monats, wenn der Wohnraum für einen anderen zur Dienstleistung Verpflichteten benötigt wird;
   b) nächsten Monats, wenn das Mietverhältnis vor dem 1. September 1993 eingegangen worden ist und der Wohnraum für einen anderen zur Dienstleistung Verpflichteten dringend benötigt wird;

2. spätestens am dritten Werktag eines Kalendermonats für den Ablauf dieses Monats, wenn das Dienstverhältnis seiner Art nach die Überlassung des Wohnraums, der in unmittelbarer Beziehung oder Nähe zur Stätte der Dienstleistung steht, erfordert hat und der Wohnraum aus dem gleichen Grunde für einen anderen zur Dienstleistung Verpflichteten benötigt wird.

Im übrigen bleibt § 565 unberührt.

1) Allgemeines. Satz 1 Nr 1 ist geänd dch Art 4 Nr 6 des 4. MietRÄndG v 21. 7. 93 (BGBl 1257); iKr seit **1** 1. 9. 93. **a) Anwendungsbereich.** Nur bei Werkmietwohngen (Vorbem 8) und bei auf unbest Zeit eingegangenen MietVerh. Dazu gehören auch diejenigen, die auflösd befristet sind dch die Beendigg des D(Arb-)Verh; das folgt aus § 565a II 1 (Holtgrave DB **64**, 1101). Ferner gilt § 565c bei MietVerh, die auf best Zeit abgeschl sind (§ 564 I), wenn eine als erforderl vereinb Künd unterblieben ist u sich deshalb das MietVerh auf unbest Zeit verlängert (§ 565a I). § 565c gilt nicht (vgl § 564c II Nr 2c), wenn das MietVerh auf best Zeit eingegangen ist u eine Verlängerg nicht od nur auf eine best Zeit eintritt. In diesen Fällen ist es gleichgült, ob das ArbVerh vorher, gleichzeit od später endet; insb können MietVerh u D(Arb)Verh auf dieselbe best Zeit abgeschl w u enden dann gleichzeit. **b) Kündigung** v MietVerh u D(Arb)Verh sind zu **2** unterscheiden. Die beiden Künd können zugleich, aber auch getrennt erkl w. Sie sind unabhäng voneinander, auch in der rechtl Beurteilg. Daher gilt für die WoRaumKünd der § 564b III, wobei zB Abs I Nr 1 das berecht Interesse begrdet (Celle ZMR **85**, 160). Das KündSchreiben darf sich daher nicht allein darauf berufen, daß die Wohng für einen aktiven Bediensteten benöt w (Stgt ZMR **86**, 236). In der Künd des D(Arb)Verh liegt nicht auch die des MietVerh (LG Itzehoe ZMR **69**, 86). Es kann schon vor Beendigg des ArbVerh das MietVerh gekünd w, aber nicht bevor das ArbVerh gekünd ist. Vorher kann nur mit der Fr des § 565 gekünd w. Stets wird aber die KündFr des § 565c von der Beendigg des ArbVerh an gerechnet, so daß bei Beendigg des ArbVerh zum 31. 8. das MietVerh im Fall der Nr 1 frühestens zum 30. 11. (bei Nr 1a) od 31. 10. (bei Nr 1b), bei Nr 2 frühestens zum 30. 9. gekünd w kann. Unbenommen bleibt es dem DBer (ArbG) wg S 2, vor Beendigg u Künd des ArbVerh sowie beim Fehlen der Voraussetzgen der Nr 1 u 2 mit der Fr des § 565 zu künd. Die Künd gem § 565c ist eine ord, keine außerord Künd. Nach Beendigg des ArbVerh ist die Künd mitbestimmgsfrei (hM; Ffm NJW-RR **92**, 1294 mwN). Die WoRaumKünd gem § 565c muß alsbald nach Ende des ArbVerh ausgesprochen w (hM; aA LG Stgt DWW **91**, 112).

2) Gewöhnliche Werkwohnungen (Nr 1). **a) Begriff:** alle, die nicht unter Nr 2 (Rn 6) fallen, also **3** Wohngen, deren Funktion sich darin erschöpft, daß der DVerpfl (ArbN) darin wohnt. **b) Voraussetzun- 4 gen.** Die verkürzte KündFr (vgl Rn 2) gelten nur, wenn der WoRaum zZ des Zugangs der Künd noch nicht 10 Jahre lang überlassen war. Die Überlassg ist wie bei § 565 II zu beurt. Ist die Wohng länger überlassen, gelten die allg Fr des § 565. Erforderl ist dringer Bedarf für einen and DVerpfl (ArbN). Hierfür genügt idR, daß dadch ein D(Arb)Verh abgeschl od aufrechterhalten w kann, das für den Betr nützl ist. Außerdem muß der betreffde DVerpfl (ArbN) die Wohng benötigen od verlangen. **c) Wirkung:** auf mind 1 Monat **5** verkürzte KündFr im Regelfall (Nr 1a), auf mind 1 Monat verkürzt nur bei MietVerh vor dem 1. 9. 93 u dringdem Bedarf (Nr 1b). Werktag ist auch der Samstag (Sonnabend). § 193 gilt nicht, weil sonst die zum Schutz (Nr 2) des KündEmpf best Fr verkürzt w (vgl § 193 Rn 3).

3) Funktionsgebundene Werkwohnungen (Nr 2). **a) Begriff:** Wohngen, die so gelegen sind, daß sie **6** eine unmittelb Beziehg zur D(Arb)Leistg haben. Bsp: Wohng für Verwalter, Hausmeister, BereitschD- u WachPers, abgelegene BetrStätten oder sonst Wohngelegenh. **b) Voraussetzung:** gerade wg der gleichen **7** Funktion muß für einen and ArbN, nicht notw für den Nachf am ArbPl, die Wohng benötigt w. **c) Wir- 8 kung:** eine nochmals, auf weniger als 1 Monat verkürzte KündFr (vgl Rn 5). Samstag wie Rn 5.

565 d *Sozialklausel bei Werkmietwohnungen.* I Bei Anwendung der §§ 556a, 556b sind auch die Belange des Dienstberechtigten zu berücksichtigen.

II Hat der Vermieter nach § 565c Satz 1 Nr. 1 gekündigt, so gilt § 556a mit der Maßgabe, daß der Vermieter die Einwilligung zur Fortsetzung des Mietverhältnisses verweigern kann, wenn der Mieter den Widerspruch nicht spätestens einen Monat vor der Beendigung des Mietverhältnisses erklärt hat.

III Die §§ 556a, 556b gelten nicht, wenn

1. der Vermieter nach § 565c Satz 1 Nr. 2 gekündigt hat;

2. der Mieter das Dienstverhältnis gelöst hat, ohne daß ihm von dem Dienstberechtigten gesetzlich begründeter Anlaß gegeben war, oder der Mieter durch sein Verhalten dem Dienstberechtigten gesetzlich begründeten Anlaß zur Auflösung des Dienstverhältnisses gegeben hat.

1) Allgemeines. a) Anwendbar ist § 565d nur für Werkmietwohngen (Vorbem 8 vor § 565b). **1** **b) Zweck:** Einschränkg der SozKlausel (§§ 556a, 556b) zugunsten des Verm, um Werkwohngen für die ArbN des betr Untern bereitstellen zu können. **c) Wirkung:** Soweit die SozKlausel gilt (gem Rn 3), sind **2**

abgesehen v der Fr des Widerspr u der Abwägg (vgl Abs I) dieselben Voraussetzgen u Auswirkgen der §§ 556 a, 556 b gegeben.

3   **2) Anwendbarkeit der Sozialklausel** (Abs I, II). **a) Voraussetzungen: aa)** Nur bei gewöhnl Werkmietwohngen (§ 565 c Rn 3). **bb)** Bei allen ord Künd des MietVerh, soweit nicht die Voraussetzgen des Abs
4 III (Rn 5) vorliegen, gleichgült ob mit der Fr des § 565 od der des § 565 c S 1 Nr 1 gekünd w. **b) Wirkung: aa)** Die WidersprFr (§ 556 a Rn 11) ist nur dann auf 1 Monat verkürzt, wenn mit der Fr des § 565 c S 1 Nr 1 gekünd w. **bb)** Bei der Interessenabwägg (§ 556 a Rn 14–18) sind neben den Belangen des Verm im selben Umfange auch die des DBer (ArbG) zu berücks; das ist insb v Bedeutg, wenn Verm u DBer (ArbG) versch Pers sind (vgl Vorbem 8 v § 565 b). Der DBer (ArbG) muß den Bedarf dch TatsVortrag darlegen, idR auch den vorgesehenen MietNachf benennen.

5   **3) Unanwendbarkeit der Sozialklausel** (Abs III). Alternativ: **a)** Bei funktionsgebundenen Werkwohngen (Abs III Nr 1; wie § 565 c Rn 6, 7). **b)** Auflösg des D(Arb)Verh (gem Vorbem 6, 8 vor § 620) dch den Mieter (Abs III Nr 2 1. Alt.), insb dch Künd, gleichgült ob ord (§§ 621, 622) od außerord (§ 626). Ausn: ein v DBer (ArbG) verursachter Anlaß, der für den DVerpfl (ArbN) einen wicht Grd (§ 626) darstellt. **c)** Auflösg des D(Arb)Verh (Vorbem 6, 8, 9, 22 vor § 620) dch den DBer (ArbG), insb dch außerord Künd gem § 626. Der DVerpfl (ArbN) muß den Anlaß verursacht haben. Liegt der wicht Grd (§ 626) vor, kann auch mit den Fr der §§ 621, 622 gekünd w. Nicht genügt, wenn der Anlaß nur einen Grd nach § 1 II S 1 KSchG darstellt.

565 e **Werkdienstwohnungen.** Ist Wohnraum im Rahmen eines Dienstverhältnisses überlassen, so gelten für die Beendigung des Rechtsverhältnisses hinsichtlich des Wohnraums die Vorschriften über die Miete entsprechend, wenn der zur Dienstleistung Verpflichtete den Wohnraum ganz oder überwiegend mit Einrichtungsgegenständen ausgestattet hat oder in dem Wohnraum mit seiner Familie einen eigenen Hausstand führt.

1   **Allgemeines.** Vorbem 9 vor § 565 b. Lit: Gassner AcP **186**, 325. Geltg des MHG: Vorbem 6 vor § 565 b. **Beendigung:** Da ein einheitl gemischter Vertr vorliegt u idR das D(Arb)Verh vorherrscht, endet grdsätzl
2 mit ihm auch der Anspr des DVerpfl (ArbN), die Wohng zu benutzen. Hiervon schafft § 565 e zum SozSchutz eine Ausn. **Voraussetzung** für den MietKündSchutz ist mind überwiegde Ausstattg mit EinrichtgsGgstden dch den DVerpfl (ArbN), nicht notw mit solchen, die in seinem Eigt stehen, od eigener
3 Hausstd mit Familie (auch kinderl Ehepaar). **Wirkung:** Das R des DVerpfl (ArbN) zur Benutzg der DWohng endet unabhäng v D(Arb)Verh nach MietR für WoRaum, also nur v Beendigg des D(Arb)-Verh. Grdsätzl gilt dasselbe wie für Werkmietwohngen (§§ 565 b–565 d). Da DWohngen idR funktionsbunden sind, gelten die entspr Regeln (vgl § 565 c Rn 1, 2, 6–8; § 565 d Rn 5).

566 **Schriftform des Mietvertrags.** Ein Mietvertrag über ein Grundstück, der für längere Zeit als ein Jahr geschlossen wird, bedarf der schriftlichen Form. Wird die Form nicht beobachtet, so gilt der Vertrag als für unbestimmte Zeit geschlossen; die Kündigung ist jedoch nicht für eine frühere Zeit als für den Schluß des ersten Jahres zulässig.

1   **1) Allgemeines. a) Zweck:** In erster Linie soll dem späteren GrdstErwerber im Hinbl auf § 571 ermöglicht w, sich vollst über die auf ihn übergehden R u Pfl des MietVertr zu unterrichten; außerdem sollen zw
2 den Part Unklarh u BewSchwierigk vermieden w. **b) Abdingbarkeit:** ausgeschl, § 566 ist zwingd (allgM).
3 **c) Anwendungsbereich. aa)** Miet- u PachtVertr (§ 581 II) über Grdst (nicht LandP, § 585 a), Teile eines Grdst, Wohng u Räume (§ 580), auch wenn ein schriftl VorVertr abgeschl war u sich der endgült Vertr darauf bezieht (BGH NJW **70**, 1596); für den UntermietVertr (BGH **81**, 46); für MietoptionsVertr (Einf 5 vor § 535; BGH NJW-RR **87**, 1227); für Ändergs- u VerlängergsVertr (Rn 15); für Eintritt eines weiteren Mieters (BGH **65**, 49); für Eintritt eines neuen Mieters an Stelle des bisherigen (Ersatzmieter od Mieter-
4 wechsel; BGH **72**, 394). **bb)** Nicht für MietVorVertr (Einf 3 vor § 535; hM; BGH stRspr NJW **80**, 1577; Heile NJW **91**, 6 mwN); für VormietVertr (Einf 4 vor § 535), für AutomatenAufstellVertr (Einf 19 vor § 535; BGH **47**, 202); für Zust bei Eintritt eines neuen Mieters dch Vertr zw den Mietern wg § 182 II (vgl § 549 Rn 23); für vereinb Rückn der Künd eines der Form des § 566 entspr MietVertr, wenn er im wesentl unveränd bleibt (Mü NJW **43**, 1619); für Eintritt von FamAngeh gem § 569 a; für Vertr zw Verm u GrdstErwerber (also nicht zw den Part des MietVertr), in dem die Verpfl begründet w, dem Mieter innerh einer mehr als einjähr Fr nicht zu künd (RG **103**, 381); aus dem gleichen Grd die Vereinbg zw Verm u einem
5 Dr, den Mietpr für eine best Zt nicht zu erhöhen. **d) Zustandekommen** des Vertr (vgl § 151) ist zu verneinen, wenn die Part einen Vertr auf längere Zt als ein Jahr schriftl abschl wollen u dann die Schriftform nicht einhalten (Düss ZMR **88**, 54).

6   **2) Vereinbarte Dauer.** Sie muß ein Jahr überschreiten. Maßgebd ist der Beginn des MietVerh, nicht der Ztpkt des VertrAbschl. **a)** Vertr mit best MietZt (§ 564 I) sind es idR, insb auch solche, die sich nach Ablauf
7 eines Jahres um best Zt verlängern, wenn nicht gekünd wird, oder die nach Ablauf eines Jahres nur zu best Terminen gekünd w können (Soergel/Kummer 5). **b)** Vertr mit unbest MietZt fallen unter § 566, wenn sie auf LebensZt einer VertrPart (BGH NJW **58**, 2062) od eines Dr geschl sind; ferner, wenn die KündFr so lang ist, daß der Vertr nicht mind jährl aufgelöst w kann (Emmerich/Sonnenschein 13).

8   **3) Schriftform** gem § 126 (vgl dort) mit einheitl VertrUrk (Rn 17; hierzu Schlemminger NJW **92**, 2249). Die Form des § 127 genügt nicht. **a) Notarielle Beurkundung** (§ 128) ersetzt die Schriftform (§ 126 III). Notw ist sie nur, wenn der MietVertr wesentl Bestandt eines unter § 313 fallden GrdstVeräußergsVertr ist
9 (RG **103**, 381); Heilg ist dann mögl. **b) Anspruch auf Einhaltung der Schriftform** ist begründet, wenn die Part im Zushang mit dem mdl Abschl des MietVertr ausdr od stillschw vereinb, daß Pfl zur Einhaltg der

Schriftform besteht (RG **104**, 131; BGH **LM** Nr 11; Schlemminger aaO). Der Zweck des § 566 (Rn 1) wird auch in diesen Fällen erfüllt. **c) Umfang.** Grdsätzl unterliegt der gesamte VertrInh der Form, aber nur 10 mietvertr Regelgen, für die § 571 gilt (vgl Rn 1), nicht sonst Vereinbg (BGH NJW-RR **92**, 654). MindestInh sind die wesentl Bedinggen eines MietVerh (jedenf MietGgst, MietPr, Dauer); sie müssen sich aus dem schriftl Vertr oder aus darin in Bezug gen Urk ergeben (BGH **LM** Nr 6). Nebenabreden unterliegen dann der Schriftform, wenn sie den Inh des MietVerh gestalten u (im Einzelfall) nach dem Willen der Part wesentl Bedeut haben; das ist gegeben bei generell erteilter od verweigerter Erlaubn zur Untervermietg, idR bei Abreden über den Mietzins u den Umfang des GebrR. Auch Nachträge unterliegen der Schrift u müssen v der Unterschr gedeckt sein (vgl Rn 15–17). **Nicht:** einmalige Zahlg an den Verm als Entgelt für den Abschl 11 des MietVertr (BGH WM **64**, 184); Kauf von Inv- od EinrichtgsGgstden; idR alle Abreden, die eine einmalige Leistg betreffen, weil hier der Zweck des § 566 (Rn 1) nicht entggsteht; Vereinbg mit Dr, soweit sie ledigl aus Anlaß des MietVertr getroffen sind od über § 328 nur Re zG der Mieter begründen. Wg nachträgl Nebenabreden: Rn 15–20. **d) Berufung auf Formmangel** ist idR nicht argl (hM), insb dch den 12 Erwerber im Fall des § 571 (Schlemminger NJW **92**, 2249). Unzuläss RAusübg (§ 242 Rn 78) ist aber im Einzelfall mögl, insb gegeben: wenn der Verm (dem Zweck des § 566 entspr) sich mdl verpfl hat, dafür zu sorgen, daß ein etwaiger GrdstErwerber von der bestehden Verpfl dch Eintr einer Dienstbk erfährt (BGH **LM** Nr 15); wenn bei mdl VertrAbschl spätere Einhaltg der Schriftform vereinb w (vgl Rn 9), jedoch gilt dies nicht ggü einem späteren Erwerber (BGH **LM** Nr 7).

4) Folgen des Formmangels. a) Gesetzliche Schriftform (S 1): Voraussetzg ist, daß überh ein wirks 13 mdl Vertr geschl ist; auch iF des Eintritts eines weiteren Mieters (BGH **65**, 49). Besonderh bei VertrÄnd: Rn 18. Keine Nichtigk, da S 2 ggü § 125 lex specialis darstellt, sond: Vertr gilt (Fiktion) als voll wirks auf unbest Zeit geschl u kann (frühestens) zum Ablauf des 1. VertrJahres (unabhäng vom KalJahr) mit der Fr des § 565 gekünd w (BGH **99**, 54). § 139 ist demggü unanwendb, so daß S 2 auch dann gilt, wenn die Part einen Vertr auf 1 Jahr od auf unbest Zeit nicht geschl haben würden (BGH **LM** § 139 Nr 29). Nur bei einem (insb mit Kauf) gemischten Vertr kann sich daraus, daß die vereinb längere Dauer des MietVertr unwirks ist, die Nichtigk des ganzen gemischten Vertr ergeben (BGH aaO). **b) Vereinbarte Schriftform** wird dch § 566 14 nicht ausgeschl u führt über § 125 S 2 iZw zur Nichtigk. Nur wenn der MietVertr trotzdem wirks ist (vgl § 125 Rn 12), treten die RFolgen des § 566 ein. Das kommt aber nur in Betr, wenn der Vertr trotz § 154 II als geschl anzusehen ist (BGH BB **66**, 1081).

5) Änderungen und Verlängerungen des ursprüngl Vertr (insb Nachträge u Zusätze). Darunter fällt 15 nicht die Aufhebg (§ 305) des gesamten MietVertr (allgM), wohl aber: Aufhebg od Beschrkg, Begründg od Erweiterg von Pfl u Ren od des sonst VertrInh (hierzu BGH NJW **92**, 2283). Keine Änd ist der Eintritt eines neuen Mieters gem § 549 Rn 22–24 (vgl Rn 4). **a) Formzwang.** Er ergreift grdsätzl jede Änd u jede 16 Verlängerg des MietVertr; wenn der Vertr (unter Einschluß der Änd) noch länger als ein Jahr laufen soll (hM), nicht aber eine solche Änd, die ihrerseits nur für einen kürzeren Zeitraum gilt (K. Müller JR **70**, 86). Der Formzwang ergreift auch die Aufhebg u Beschrkg von Rechten od Pfl aus dem MietVertr (hM). Formfrei sind ausnahmsw solche Änd, die unwesentl Nebenabreden darstellen (BGH WM **63**, 173; wie Rn 10). **b) Einhaltung der Schriftform:** wie Rn 8–12, insb gilt § 126. Aktueller Übbl zur Rspr: Schlem- 17 minger NJW **92**, 2249. Wird der VertrText nicht völl neu gefaßt, ist zusätzl notw, daß ein unmittelb räuml Zushang (fest Verbindg) mit der ursprüngl VertrUrk hergestellt w (hM), indem entw die Änd auf die ursprüngl Urk gesetzt od die neue Urk im Augenblick der Erf der Schriftform (BGH **50**, 42, nach dem übereinstimmden Willen der Part) so mit der alten verbunden w, daß sie nur unter teilw Substanzverletzg entfernt w kann (BGH **40**, 255); dann genügt auch die Bezug auf eine nicht unterzeichnete Urk über die Änd (BGH aaO; Düss NJW-RR **94**, 1235). Nachträge dürfen der Unterschr grdsätzl nicht räuml nachfolgen (BGH NJW-RR **90**, 518). Die räuml Verbindg ist nicht notw, wenn die neue Urk selbst die wesentl BestandT eines MietVertr enthält u auf die (formgerechte) ursprüngl Urk Bezug gen w (BGH **42**, 333), bei einem VerlängergsVertr, insb auch dann, wenn ohne Bezeichng des MietObj die Verlängerg vereinb u die sonst wesentl Bestandteile des MietVertr aufgeführt sind (BGH **52**, 25) od wenn die NachtragsUrk auf den ursprüngl Vertr Bezug nimmt u ausgedrückt w, es solle id bei dem verbleiben, was (formwirks) vertraglich vereinb war (BGH stRspr zB NJW **92**, 2283 u NJW-RR **92**, 654 mwN; Düss ZMR **94**, 505). **c) Folgen des Formman-** 18 **gels.** Grdsätzl ist der ganze (ursprüngl formgerechte) Vertr als auf unbest Zeit geschl anzusehen (hM), kann daher gekünd w, wobei die MindestLaufZt mit Abschl der ÄndVertrags beginnt (BGH **99**, 54 u NJW-RR **90**, 518). Eine Ausn gilt, wenn der VerlängergsVertr in dem Inhalt des ursprüngl Vertr nicht eingreift, sond nur einen weiteren ZtAbschn hinzufügt, sog reiner VerlängergsVertr. Dann ist nur dieser auf unbest Zt verlängert (BGH NJW **94**, 1649 mwN für § 585a S 2).

567 *Vertrag über mehr als 30 Jahre.* **Wird ein Mietvertrag für eine längere Zeit als dreißig Jahre geschlossen, so kann nach dreißig Jahren jeder Teil das Mietverhältnis unter Einhaltung der gesetzlichen Frist kündigen. Die Kündigung ist unzulässig, wenn der Vertrag für die Lebenszeit des Vermieters oder des Mieters geschlossen ist.**

1) Allgemeines. a) Anwendungsbereich: gilt für Pacht (§ 581 II), auch für VorVertr, entspr auch für 1 miet- od pachtähnl Verh (MüKo/Voelskow 3 mwN), zB Leihe (BGH NJW **94**, 3156); aber nicht beim KausalVerh für eine GrdDienstbk (BGH NJW **74**, 2123). S 1 gilt nicht, wenn ein auf unbest Zt geschl MietVertr länger als 30 Jahre gedauert hat. **b) Abdingbarkeit.** § 567 ist zwingd, weil Erbmiete ausgeschl w 2 soll (hM). **c) Lebenszeitverträge.** S 2 ist nur für natürl Pers anwendb. Auslegg (§ 157) aGrd eines Umstds 3 in der Pers des Mieters ist mögl (vgl LG Stgt NJW-RR **92**, 908). Die ord Künd ist auch bei mehr als 30jähr VertrDauer ausgeschl. Außerord Künd ist immer mögl.

2) Voraussetzungen. Der Vertr muß zZ des VertrAbschl auf mehr als 30 Jahre abgeschl sein. **a) Miet-** 4 **zeit.** Es muß daher eine best MietZt von mehr als 30 Jahren vereinb (§ 564 I) od das Ende des Vertr auf ein

best Ereign gelegt sein, das später als 30 Jahre nach VertrSchluß eintreten kann (BGH **117**, 236 mwN). § 567 gilt daher auch, wenn der Vertr auf unbest Zt geschl, aber die Künd eines VertrT für mehr als 30 Jahre ausgeschl od unzumutb erschwert ist (MüKo/Voelskow 2 mwN; bestr). Das trifft auch zu, wenn der Vertr
5 dch eine VerlängergsOption (5 vor § 535) auf mehr als 30 Jahre verlängert w kann. **b) Kettenverträge.** Greifen mehrere aufeinanderfolge MietVertr so ineinander, daß insges ihre Dauer 30 Jahre übersteigt, darf nicht zusgerechnet w, wenn zum Abschl des spät Vertr kein Zwang bestand (RG **165**, 22).

6   **3) Wirkung.** Der Vertr ist für die abgeschl Zt wirks (RG **130**, 143); unwirks wg § 134 ist hingg der Ausschl der Künd (Finke ZMR **94**, 353). Es besteht nur das KündR mit der Fr des § 565. Dieses kann nicht vor 30 Jahren (Celle NJW-RR **94**, 1473), muß aber nicht zum ersten mögl Termin ausgeübt w (BGH **117**, 236). Die Künd stellt nur in AusnFällen unzul RAusübg dar (vgl § 242 Rn 78; BGH **LM** § 581 Nr 31).

568 *Stillschweigende Verlängerung.* Wird nach dem Ablaufe der Mietzeit der Gebrauch der Sache von dem Mieter fortgesetzt, so gilt das Mietverhältnis als auf unbestimmte Zeit verlängert, sofern nicht der Vermieter oder der Mieter seinen entgegenstehenden Willen binnen einer Frist von zwei Wochen dem anderen Teile gegenüber erklärt. Die Frist beginnt für den Mieter mit der Fortsetzung des Gebrauchs, für den Vermieter mit dem Zeitpunkt, in welchem er von der Fortsetzung Kenntnis erlangt.

1   **1) Allgemeines. a) Zweck.** Soll RKlarh zw den VertrPart üb den Fortbestand des MVerh schaffen (BGH NJW-RR **88**, 76; RGRK/Gelhaar 1). Dient nicht dem Bestandsschutz (hM; aA LG Bochum ZMR **71**, 56 m abl Anm v Schopp), sond soll (statt vertrlosen Zust) Anwendbk des MietR gewährleisten, wenn der Gebr fortgesetzt wird (Schlesw NJW **82**, 449). Die Vorschr ist wg § 564b nicht mehr interessengerecht (Gather
2 DWW **80**, 293). **b) Anwendungsbereich:** alle Arten v MietVerh, Pacht (§ 581 II), insb UnterM, auch Kleing (11 vor § 581; BGH **113**, 290), nur grdsätzl beim LeasVertr (vgl Köln MDR **93**, 142), nicht LandP (vgl § 594). Grdsätzl jede Art der Beendigg des MietVerh (§ 564 Rn 1–4), insb auch bei außerord Künd (BGH NJW **80**, 1577); aber nicht bei vertragl Aufhebg des MietVerh, insb MietaufhebgsVertr u RäumgsVgl (MüKo/ Voelskow 11 mwN; sehr bestr); auch nicht, wenn ein VertrTeil geschunfäh ist, weil wg Rn 8 WillErkl notw
3 ist (hM). **c) Abgrenzung.** Von § 568 ist zu unterscheiden: **aa)** Verlängergsklausel bei MietVerh über WoRaum (§ 565a I). **bb)** Verlängerg des MietVerh dch Vertr (§ 305). **cc)** Gewährg einer RäumgsFr dch den
4 Verm. **d) Abdingbarkeit:** § 568 ist nicht zwingd (BGH ZMR **66**, 241), auch in der Weise, daß die Anwendg des § 568 ganz ausgeschl bleibt. Die Fiktion der Weitergeltg kann auch in FormularMietVertr abbedungen w
5 (hM; BGH NJW **91**, 1751; Schlew NJW **95**, 2859). **e) Verhältnis zur Sozialklausel:** Hat Mieter der Künd nicht nach § 556a widersprochen, so gilt das MietVerh als auf unbest Zeit verlängert, wenn Verm nicht nach § 568 widerspricht. Das WidersprR des Mieters nach § 556a ist dann gegenstandslos. Der Anspr ist gerichtl
6 Feststellg der zeitl Dauer des MietVerh (§ 556c II) entfällt. Bei erneuter Künd ist § 556a anwendb. **f) Beweislast:** Wer sich auf Verlängerg beruft, muß GebrFortsetzg bew. Wer Verlängerg trotz GebrFortsetzg bestreitet, muß rechtzeitigen Widerspr bew. Verspätg des Widerspr wg Kenntn des Verm muß Mieter bew.

7   **2) Voraussetzungen. a) Fortsetzung des Gebrauchs** dch Nutzg auf der bisherigen VertrGrdlage nur dch den Mieter, nicht dch Dr, wohl aber dch weitere Überlassg des HauptM an den UnterM (trotz entggstehden, aber nicht erkl Willens, BGH NJW-RR **86**, 1020; Düss MDR **93**, 45 für Pacht) od an einen Miterben (BGH **LM** § 535 Nr 42). Nur tats Behalten, nicht Gebr ist entscheidd (hM; MüKo/Voelskow 13 mwN; aA Düss MDR **90**, 1115). Keine WillErkl, rein tats Vorgang, wobei Art u Umfang des Gebr, wie zZ der Beendigg des MietVerh, über diesen Ztpkt hinaus fortgesetzt w muß (BGH **LM** § 535 Nr 42), zB bei Asylbewerber im Hotel bis zum Auszug (Hamm ZMR **95**, 206). Kenntn vom Ende des MietVertr ist
8 bedeutgsl. **b) Unterlassung** der Erkl entggstehden Willens. Dieser ist eine formlose, empfangsbedürft (§ 130) WillErkl des Verm od Mieters. Kann schon vor Ablauf der MietZt, auch vor Ablauf der KündFr abgegeben w (hM; BayOblG NJW **81**, 2759); insb schon im Schreiben, das die fristl Künd enthält (hM; Hbg NJW **81**, 2258 mwN), weil „nach dem Ablaufe" sich auf den Gebr der Sache bezieht u jede fristgebundene Erkl auch vor FrBeginn abgegeben w kann; jedoch muß Kl nicht erhoben w (BGH NJW-RR **88**, 77). Wiederhold ist grdsätzl unnöt (BGH **LM** § 535 Nr 42), wenn ein nicht nur loser zeitl Zushang zw WidersprErkl u Ende der MietZeit besteht (BayOblG NJW **81**, 2759), ferner wenn RäumgsUrt ergangen u RäumgsFr abgelaufen ist (bestr). Die Erkl des Verm liegt insb im KlagabweisgsAntr (BGH **113**, 290), im Räumgsverlangen od dem Mieter mitgeteilter RäumgsKl (LG Wuppert ZMR **68**, 268). Die Erkl kann darin liegen, daß fristlos gekünd w, insb gem § 554a (BGH NJW-RR **88**, 76), in der Gewährg einer RäumgsFr (Schlesw NJW **82**, 449), auch in der Erkl, das MietVerh nur für Zahlg einer höheren Miete fortsetzen zu wollen (BGH **LM** § 535 Nr 42). Nicht
9 genügt die bloße Fdg höherer MietZ. **c) Frist:** Berechng §§ 187, 188, 193. Beginn (S 2): nicht vor Ende der MietZt; für Mieter, wenn er gekünd hat, mit dem Termin, zu dem er gekünd hat. § 270 III ZPO gilt nicht, weil die Fr nicht nur dch KlErhebg gewahrt w kann (hM; Stgt ZMR **87**, 179 mwN).

10   **3) Wirkung.** Fiktion der Verlängerg des (alten) MietVerh auf unbest Zt; ohne Rücks auf PartWillen. Daher keine Anf (hM), bei Argl od Drohg kann Einr nach § 242 erhoben w. Eine neue Künd ist nicht ausgeschl, insb kann die Künd auch mit den bereits verwendeten Grden neu erklärt w (§ 564 Rn 16). Da das alte MietVerh fortbesteht, gilt der vereinb Inhalt des MietVertr weiter, mit Ausn der Punkte, die der Fortsetzg auf unbest Zt entggstehen. Insb gelten die gesetzl KündFr.

569 *Kündigung bei Tod des Mieters.* [I] Stirbt der Mieter, so ist sowohl der Erbe als der Vermieter berechtigt, das Mietverhältnis unter Einhaltung der gesetzlichen Frist zu kündigen. Die Kündigung kann nur für den ersten Termin erfolgen, für den sie zulässig ist.

[II] Die Vorschriften des Absatzes 1 gelten nicht, wenn die Voraussetzungen für eine Fortsetzung des Mietverhältnisses nach den §§ 569a oder 569b gegeben sind.

1) Allgemeines. a) Zweck. § 569 berücksicht, daß der Verm idR die Mietsache nur einer best Pers 1 überlassen will u der gem § 1922 als Mieter eintretde Erbe die Mietsache häuf nicht benöt. **b) Anwen-** 2 **dungsbereich:** Grdsätzl alle MietVerh, auch bewegl Sachen. Bei WoRaum wegen §§ 569a, 569b (vgl Abs II) nur dann, wenn der (verstorbene) Mieter den WoRaum nicht mit seinem Ehegatten od mit FamAngehör bewohnt hat u diese nicht in das MietVerh eintreten. § 569 gilt, wenn der Mieter den WoRaum allein od mit Pers gemeins bewohnt hat, die weder Ehegatten noch FamAngehör sind. Bei Pacht gilt § 584a II. **c) Ab-** 3 **dingbar** ist Abs I dch die MietVertrpart, indem er ganz ausgeschl od inhaltl geänd wird (hM; MüKo/ Voelskow 10 mwN). **d) Kündigung vor dem Erbfall** kann bis zur Beendigg des Vertr rückgäng gemacht w, aber nur einvernehml (Sonnenschein ZMR 92, 417).

2) Voraussetzungen. a) Bestehen des Mietverhältnisses (wie Rn 2) insb, wenn es auf best Zeit einge- 4 gangen (§ 564 I) od wenn die ges KündFr verlängert ist. Daß der Erbe die Firma fortführt, steht nicht entgg (RG 130, 52). **b) Tod des Mieters:** nur einer natürl Pers; auch bei Selbstmord (BGH NJW-RR 91, 75). 5 Entspr Anwendg auf jur Pers u HandelsGesellsch ist abzulehnen (hM; MüKo/Voelskow 5). Tod des Verm begrdet kein KündR (Emmerich/Sonnenschein 3). Bei mehreren Mietern ist, wenn nur einer stirbt, zu differenzieren: Das MietVerh kann, wenn überh, nur einheitl für alle Mieter aufgelöst w (allgM). Die übr RFragen sind umstritten (MüKo/Voelskow 6 mwN). Grdsätzl besteht ein KündR der Mieter, wenn es gemeins ausgeübt w (RGRK/Gelhaar 4); iü ist das KündR des Verm u der Erben aus einer Interessenabwägg zu beurt (RG 90, 328); idR ist es aus dem Normzweck (Rn 1) zu bejahen (vgl MüKo/Voelskow 6).

3) Kündigung. Sie ist außerordentl mit ges Frist gem § 565 V. **a) Erklärung:** wie § 564 Rn 8–16; daher 6 muß bei ErbenGemsch die Künd von allen od an alle Miterben erkl w (RGRK/Gelhaar 6; § 2040 Rn 6; aA BGH **LM** § 2038 Nr 1: nur VerwaltgsHandlg, nicht Vfg). Ggf sind der TestamentsVollstr, Nachlaßpfleger, -verwalter u -konkursverwalter befugt. Zur Künd ist ein urkundl Nachweis (nicht notw ein Erbschein) erforderl. **b) Zeitpunkt.** Der erste mögl Termin, zu dem gekünd w kann, ist die einzige KündMöglichk. Er 7 darf nicht abstrakt berechnet w, sond nur nach der konkreten Sachlage (Sonnenschein ZMR 92, 417). Es kommt insb auf Kenntn v Tod.u Erbfolge an (Düss ZMR 94, 114), wobei auf VerschMaßstäbe abzustellen ist (hM; RG 103, 271). Die Künd kann auch schon vorher erkl w (Stellwaag ZMR 89, 407). **c) Kündi-** 8 **gungsschutz:** § 564b ist anwendb (hM; Hbg NJW 84, 60; BayObLG ZMR 85, 97; dagg krit Honsell AcP 186, 116 [134]), auch wenn der Erbe nicht in der Wo gewohnt hat (Karlsr ZMR 90, 108). Auch §§ 556a, 556c gelten (MüKo/Voelskow 9; Sonnenschein aaO mwN).

569a *Eintritt von Familienangehörigen in das Mietverhältnis.* ^I In ein Mietverhält-
nis über Wohnraum, in dem der Mieter mit seinem Ehegatten den gemeinsamen Hausstand führt, tritt mit dem Tode des Mieters der Ehegatte ein. Erklärt der Ehegatte binnen eines Monats, nachdem er von dem Tode des Mieters Kenntnis erlangt hat, dem Vermieter gegenüber, daß das Mietverhältnis nicht fortsetzen will, so gilt sein Eintritt in das Mietverhältnis als nicht erfolgt; § 206 gilt entsprechend.
^{II} Wird in dem Wohnraum ein gemeinsamer Hausstand mit einem oder mehreren anderen Familienangehörigen geführt, so treten diese mit dem Tode des Mieters in das Mietverhältnis ein. Das gleiche gilt, wenn der Mieter einen gemeinsamen Hausstand mit seinem Ehegatten und einem oder mehreren anderen Familienangehörigen geführt hat und der Ehegatte in das Mietverhältnis nicht eintritt. Absatz 1 Satz 2 gilt entsprechend; bei mehreren Familienangehörigen kann jeder die Erklärung für sich abgeben. Sind mehrere Familienangehörige in das Mietverhältnis eingetreten, so können sie die Rechte aus dem Mietverhältnis nur gemeinsam ausüben. Für die Verpflichtungen aus dem Mietverhältnis haften sie als Gesamtschuldner.
^{III} Der Ehegatte oder die Familienangehörigen haften, wenn sie in das Mietverhältnis eingetreten sind, neben dem Erben für die bis zum Tode des Mieters entstandenen Verbindlichkeiten als Gesamtschuldner; im Verhältnis zu dem Ehegatten oder den Familienangehörigen haftet der Erbe allein.
^{IV} Hat der Mieter den Mietzins für einen nach seinem Tode liegenden Zeitraum im voraus entrichtet und treten sein Ehegatte oder Familienangehörige in das Mietverhältnis ein, so sind sie verpflichtet, dem Erben dasjenige herauszugeben, was sie infolge der Vorausentrichtung des Mietzinses ersparen oder erlangen.
^V Der Vermieter kann das Mietverhältnis unter Einhaltung der gesetzlichen Frist kündigen, wenn in der Person des Ehegatten oder Familienangehörigen, der in das Mietverhältnis eingetreten ist, ein wichtiger Grund vorliegt; die Kündigung kann nur für den ersten Termin erfolgen, für den sie zulässig ist. § 556a ist entsprechend anzuwenden.
^{VI} Treten in ein Mietverhältnis über Wohnraum der Ehegatte oder andere Familienangehörige nicht ein, so wird es mit den Erben fortgesetzt. Sowohl der Erbe als der Vermieter sind berechtigt, das Mietverhältnis unter Einhaltung der gesetzlichen Frist zu kündigen; die Kündigung kann nur für den ersten Termin erfolgen, für den sie zulässig ist.
^{VII} Eine von den Absätzen 1, 2 oder 5 abweichende Vereinbarung ist unwirksam.

1) Allgemeines. a) Zweck: BestdsSchutz des MietVerh für Eheg u FamAngeh. **b) Anwendbar:** nur 1 MietVerh üb WoRaum (Einf 70 vor § 535), möbliert od unmöbliert vermietet. § 569a gilt auch für Werk-Wo, in keinem Falle aber bei Pacht (allgM). Entspr Anwendg auf eheähnl Gemsch (Rn 7). **c) Abdingbar-** 2 **keit.** Abs I, II u V sind zwingd (Abs VII); jede vertr Änderg ist ausgeschl. Abs III, IV u VI sind abdingb.

2) Eintritt des Ehegatten (Abs I) setzt voraus: **a) Mietvertrag.** Der verstorbene Eheg muß Alleinmieter 3 gewesen sein. Ist der Überlebde Mitmieter, gilt § 569b (hM). **b) Ehegatte.** Richtet sich nach dem Bestd der 4 Ehe (§§ 1353ff). Die nichtehel LebensGemsch w ihr grdsätzl nicht gleichgestellt (vgl Rn 7 u BGH NJW 93,

5 999). **c) Gemeinsamer Hausstand** der Eheg bedeutet, daß die Wohng MittelPkt der gemeins Lebens- u WirtschFührg war. Das kann bei Getrenntleben in derselben Wohng aufgehoben sein.

6 **3) Eintritt von Familienangehörigen** (Abs II) setzt voraus: **a) Tod** des Alleinmieters. Ist der FamAngeh Mitmieter, so wird dessen MietVerh nicht berührt. Bestimmt der Vertr für den Todesfall die Been-
7 digg, gilt Abs II entspr (Jauernig/Teichmann II 3a). **b) Familienangehöriger:** verwandt od verschwägert nach BGB, ohne bestimmten Grad (hM). Eine entspr Anwendg ist nur für die eheähnl Gemsch zu bejahen (wohl hM seit BGH NJW **93**, 999 m krit Anm v Medicus JZ **93**, 952 zum vorherigen Meingsstand vgl 52. Aufl). Das ist nicht jede so bezeichnete nichtehel LebensGemsch, sond (nach BGH) nur eine solche die folgende Kriterien erf: auf Dauer angelegte LebensGemsch zw Mann u Frau (daher nicht gleichgeschlechtl; aA LG Hann NJW-RR **93**, 1103; AG Bln-Wedding NJW-RR **94**, 524) – keine weitere bestehde Lebens-Gemsch (od Ehe) gleicher Art – innere Bindg mit ggseit Einstehen füreinander. Wicht Indizien: Dauer des ZusLebens, Versorgg v Kindern u (od) and Angehör, VerfüggsBefugn üb Eink u VermGgstde des Part-
8 ners. Darleggs- u BewLast trägt der Eintretde (BGH aaO). **c) Gemeinsamer Hausstand:** wie Rn 5. **d) Kein Ehegatteneintritt** (Abs II S 2) gem Rn 3, indem der Eheg gem Abs I S 2 den Eintritt ablehnt (Rn 10).

9 **4) Wirkung. a) Mieterstellung.** Der Eintritt als Mieter geschieht außerhalb u unabhäng v der Erbfolge
10 aGrd einer SondRNachf krG (hM; aA Wenzel ZMR **93**, 439: SoErbfolge), ohne WillErkl. **b) Ablehnungs-recht** des Eheg (Abs I S 2) u des eingetretenen FamAngehör (Abs II S 3 Hs 1). **aa) Frist:** ein Monat. Berechng: § 188. Beginn: Kenntn des Todes, für FamAngehör zusätzl mit Kenntn der Ablehng des Eheg (hM). **bb) Erklärung:** empfangsbedürft WillErkl (§ 130); formlos (allgM). Bei Mehrh v FamAngehör ist in der Ausübg jeder v and unabhäng. **cc) Rechtsfolge** (Abs I S 2 Hs 1): Mit wirks Ablehng wird der Eintritt als nicht erfolgt fingiert. Hat der Eheg abgelehnt, treten FamAngehör ein (Abs II S 2). Lehnen diese ab, wird
11 das MietVerh mit den Erben fortgesetzt; denn es gilt Abs VI (Rn 16). **c) Mehrheit** v FamAngehör (Abs II S 4 u 5). Sie sind als Mieter GesHandGläub (§ 432) u GesHandSchuldner (§ 421) für bereits entstandene od neu entstehde Verbindlk aus dem MietVerh. Bei Kollision v EintrittsR der nichtehel LebensGemsch ist üb
12 den Vorrang zu entscheiden (hierzu Stintzing JuS **94**, 550). **d) Erbenhaftung** (Abs III). Der Eheg od die FamAngehör haften bei Eintritt neben dem od den Erben (vgl § 1967) als GesSchuldner (§ 421) für alle bis zum Tod entstandenen Verbindlk (nicht nur MietZ) aus dem MietVerh.

13 **5) Ausgleich von Mietvorauszahlungen** (Abs IV). Begriff: wie § 557a. Voraussetzg ist der Eintritt gem Abs I od II. Betr das Verh zu den Erben. Bei Mehrh v FamAngeh besteht GesSchuld (Abs II S 5). Herauszugeben (idR zu bezahlen) ist die ersparte Miete; ggf auch die erlangte bei nicht abgewohnter MietVorauszahlg. Verjährg: § 195.

14 **6) Kündigungsrecht des Vermieters** (Abs V). **a) Voraussetzungen.** Eintritt des Eheg od eines Fam-Angeh. Wicht Grd ist nicht gleichzusetzen mit dem, was zur außerord fristlosen Künd ggü dem Mieter berecht, weil Abs II sonst überflüss wäre u die gesetzl Fr nicht zuläss. Der wicht Grd entspr dem des § 549 I S 2 (hM). Er muß jedenf in der Pers od den damit zushängen Umstden liegen (Bsp bei Lützenkirchen WuM **90**, 413). Bei Eintritt mehrerer Mieter als ausschließl neue VertrPart genügt der Grd in der Pers v einem
15 (hM). **b) Kündigung.** Es gelten die allg Vorschr (§ 564 Rn 8–16). Es ist eine außerord Künd mit gesetzl Fr; es gilt § 565 V, II S 1, somit die um 3 Werktage verkürzte 3-MonatsFr. Die KündErkl zum ersten zul Termin bedeutet, daß sie frühestens nach Ablauf der ErklFr des Abs I S 2 od Abs II S 3 ausgesprochen werden muß (hM; MüKo/Voelskow 18). Die SozKlausel (§§ 556a–c) gilt, nicht § 564b, weil der wicht Grd des Abs V eine üb § 564b hinausgehde SoRegelg darstellt. Es muß daher nicht zugleich ein berecht Interesse iS des § 564b vorliegen (Lützenkirchen aaO mwN; sehr bestr).

16 **7) Fortsetzung des Mietverhältnisses mit Erben** (Abs VI) od MiterbenGemeinsch (§ 2032). Sie kommt dann in Betracht, wenn Eheg od FamAngeh die Fortsetzg ablehnen. Die RFolge entspr den §§ 1922, 1967. Gesetzestechn ist Abs VI insow überflüss u bewirkt nur, daß statt ord Künd ein außerord KündR mit gesetzl Fr gegeben w (Abs VI S 2, § 565 V). § 556a ist nicht anwendb (bestr). Eintrittsberechtig (Abs I od II) u Erbenstellg kann in einer Pers zustreffen. Erster zuläss Termin: wie Rn 9; für den Verm nicht vor Kenntn, daß das EintrR rückwirkd entfallen ist. Ist der EintrBerecht Erbe, muß u kann er nach od zugleich mit der Ablehng künd. Beides kann in einer einz Erkl gesehen werden (§ 133).

569 b *Gemeinsamer Mietvertrag von Ehegatten.* Ein Mietverhältnis über Wohnraum, den Eheleute gemeinschaftlich gemietet haben und in dem sie den gemeinsamen Hausstand führen, wird beim Tode eines Ehegatten mit dem überlebenden Ehegatten fortgesetzt. § 569a Abs. 3, 4 gilt entsprechend. Der überlebende Ehegatte kann das Mietverhältnis unter Einhaltung der gesetzlichen Frist kündigen; die Kündigung kann nur für den ersten Termin erfolgen, für den sie zulässig ist.

1 **Zweck:** wie § 569a Rn 1. **Abdingbarkeit** ist zu bejahen. **Voraussetzung: (1)** Eheg müssen ausschließl gemeinsch Mieter (Mitmieter), dh Parteien des MietVertr sein; es genügt späterer Beitritt (Emmerich/Sonnenschein 6). Auf eheähnl LebensGemsch ist die entspr Anwendg von BGH NJW **93**, 999 (auf § 569a II bezogen) nicht gedeckt, aber folgericht zu bejahen (vgl § 569a Rn 4, 7). **(2)** Gemsch Hausstd: wie
2 § 569a Rn 5. **(3)** WoRaum: wie Einf 70 vor § 535. **(4)** Tod eines Eheg. **Wirkung:** Fortsetzg des MietVerh mit dem überlebden Eheg als SoRNachf außerhalb u unabhäng v der Erbfolge. Der Eheg wird Alleinmieter.
3 **Haftung** neben den Erben u Ausgleich im InnenVerh (S 2) wie § 569a III (dort Rn 12). **Ausgleich** v MietvorausZahlg (S 2): wie § 569a Rn 12. **Kündigungsrecht** (S 3) nur des Ehg, nicht des Verm. KündErkl wie § 564 Rn 8–16. Fr wie § 565 V S 3 1. Hs. Ztpkt wie § 569 Rn 7 (S 3). Der MietVertr wird beendet u fällt nicht in den Nachlaß (Sonnenschein ZMR **92**, 417 [419]).

570 *Versetzung des Mieters.* **Militärpersonen, Beamte, Geistliche und Lehrer an öffentlichen Unterrichtsanstalten können im Falle der Versetzung nach einem anderen Orte das Mietverhältnis in Ansehung der Räume, welche sie für sich oder ihre Familie an dem bisherigen Garnison- oder Wohnorte gemietet haben, unter Einhaltung der gesetzlichen Frist kündigen. Die Kündigung kann nur für den ersten Termin erfolgen, für den sie zulässig ist.**

Zweck der Vorschr ist das öfftl Interesse. **Anwendbar** für alle Räume (Einf 68 vor § 535), nicht nur für 1 WoRaum (Einf 70 vor § 535). Gilt auch, wenn der Eheg Mitmieter ist, sodaß dann beide künd können. Gilt aber nicht für Pacht (§ 584a III). **Familie:** Eheg, Enkel, Kinder, Eltern u Schwiegereltern. **Unabdingbar** ist 2 § 570, sodaß ein Verz auf das KündR nichtig ist. **Personenkreis.** Maßgebd ist der Ztpkt der Künd. Beamte: 3 gemeint ist der staatsrechtl Begr iS der verschiedenen BeamtenGe (allgM), sowie Richter u Angeh des BGrenzSchutzes, nicht Notare (BGH NJW **92**, 1158; bestr). Die Anwendbk auf ArbN im öffD ist zu bejahen (hM; Günther ZMR **93**, 249 mwN), für and ArbN zu verneinen (BayObLG ZMR **85**, 198). MilitärPers: alle Soldaten iS des SoldatenG. Geistliche: alle die hauptberufl für eine ReligionsGemsch tät sind (MüKo/Voelskow 5). Lehrer: auch Hochschullehrer, PrivDozenten, soweit sie nicht schon unter den BeamtenBegr fallen. **Versetzung** (hierzu eingeh Günther ZMR **93**, 249) nach einem and Ort u zwar auf Dauer (hM). Auch 4 wenn sie auf Antr des Beamten erfolgt, nicht aber eine erstmal Berufg ins BeamtenVerh (Hamm ZMR **85**, 267; bestr). Versetzg ist auch gegeben, wenn ein Beamter in derselben Laufbahn bleibt od seinen DHerrn wechselt. Nicht: Übertritt in den Dienst eines aus Staates, Versetzg in den Ruhestand, vorübergehende Abordng. Die Versetzg muß bereits amtl angeordnet u dem Mieter mitgeteilt sein. Anderer Ort bedeutet eine and Gemeinde. **Kündigung.** Außerord mit ges Fr (§ 565 V). Sie muß zum erstmögl Termin nach dem amtl 5 Zugang der VersetzgsAnordng erfolgen u der KündTermin muß nach dem Ztpkt der Versetzg liegen.

570a *Vereinbartes Rücktrittsrecht.* **Bei einem Mietverhältnis über Wohnraum gelten, wenn der Wohnraum an den Mieter überlassen ist, für ein vereinbartes Rücktrittsrecht die Vorschriften dieses Titels über die Kündigung und ihre Folgen entsprechend.**

Allgemeines. Zweck des § 570a ist zu verhindern, daß die zwingden, zum Schutz des Mieters erlassenen 1 KündVorschr umgangen w. **Anwendungsbereich:** WoRaum: Einf 70 vor § 535. Vereinb RücktrR: nur der allg vorbehaltene (§ 346) od an vertragl festgelegte Voraussetzgen gebundene Rücktr; nicht der gesetzl (zB des § 326). Überlassen bedeutet Übertr des unmittelb Bes (§ 854). **Wirkung:** entspr Anwendg aller Vorschr 2 über Künd u ihre Folgen, insb §§ 554a, 554b, 556a, 564a, 564b, 565.

570b *Vorkaufsrecht des Mieters.* [I] **Werden vermietete Wohnräume, an denen nach der Überlassung an den Mieter Wohnungseigentum begründet worden ist oder begründet werden soll, an einen Dritten verkauft, so ist der Mieter zum Vorkauf berechtigt. Dies gilt nicht, wenn der Vermieter die Wohnräume an eine zu seinem Hausstand gehörende Person oder an einen Familienangehörigen verkauft.**

[II] **Die Mitteilung des Verkäufers oder des Dritten über den Inhalt des Kaufvertrages ist mit einer Unterrichtung des Mieters über sein Vorkaufsrecht zu verbinden.**

[III] **Stirbt der Mieter, so geht das Vorkaufsrecht auf denjenigen über, der das Mietverhältnis nach § 569a Abs. 1 oder 2 fortsetzt.**

[IV] **Eine zum Nachteil des Mieters abweichende Vereinbarung ist unwirksam.**

Eingefügt dch Art 4 Nr 7 des 4. MRÄndG v 21. 7. 93 (BGBl 1257), iKr seit 1. 9. 93.

1) Allgemeines. a) Zweck: Schutz des Mieters vor einer Verdrängg im Zushang mit Umwandlg in 1 WoEigt, auch bei freifinanz WoRaum. **b) Anwendungsbereich:** auch WoRaum, der vor dem 1. 9. 93 umgewandelt w (Langhein DNotZ **93**, 650); nur WoRaum (70 vor § 535), der nicht öff gefördert ist u daher nicht unter die Anwendbk des WoBindG fällt; für diese Wohngen gilt die SoRegelg des § 2b WoBindG. § 570b ist nur für den ersten Vorkaufsfall anwendb (str) nicht am Aufteilg anwendb (Langhein mwN in Anm zu AG Ffm Rpfleger **95**, 350 [352]). **c) Unabdingbarkeit** (Abs IV): nachteil für den Mieter ist jede Ver- 2 einbg, die sein VorkR od das des RNachf (Abs III) beeinträch, insb der Verzicht.

2) Voraussetzungen (Abs I). Verm u Verk müssen nicht ident sein. **a) Vermietung.** Der WoRaum muß 3 zZt der Begrdg v WoEigt (sog Umwandlg) od der bestehden, nicht nur subj gebliebenen, sond konkretisierten (Langhein aaO 655; Schilling/Meyer **94**, 497 [503]) Absicht der Umwandlg an den betr Mieter wirks vermietet sowie tats schon u noch überlassen sein (wie § 564b Rn 49). Seit wann die Abs bestand ist unerhebl (Schilling/Meyer aaO; bestr). Bei Gesamt- od BlockVerk vgl Schilling/Meyer aaO. Eine Künd des Mieters steht bis zur Beendigg des MietVerh dem VorkR grdsätzl nicht entgg (Commichau NJW **95**, 1010). **b) Kaufvertrag,** der seit den 1. 9. 93 abgeschl w, u zwar zw Verm (Eigt) üb die betr Wohng mit einem Dr. Zuschlag gem ZVG genügt wg § 512 nicht (AG Ffm Rpfleger **95**, 350 m Anm v Langhein). Das WoGrdBuch muß bereits angelegt sein od die TeilgsErkl (§ 8 WEG) beurkundet, aber bei Üblassg noch nicht im GrdBuch vollzogen (AG Ffm NJW **95**, 1034 = Rpfleger **95**, 350 m Anm v Langhein; Schmidt DWW **94**, 65). **c) Personenkreis.** Der Dr darf nicht zu den Pers gehören, die für der Verm wg EigBed nach § 564b Nr 2 künd könnte (Abs I S 2); wie § 564b Rn 45. Es kommt jedoch nicht darauf an, daß diese Pers darübhinaus EigBed haben (ebso Bub NJW **93**, 2897 [2902]).

3) Wirkung. a) Vorkaufsrecht. Es ist schuldrechtl. Erst ab Ausübg kann eine Vormerkg erzwung w 4 (Langhein in Anm zu AG Ffm Rpfleger **95**, 350). Es gelten die §§ 504–514; insb gilt auch die 2-MonatsFr des § 510 II S 1 (and als § 2b I S 1 WoBindG). Die Anz (§ 510) muß bei mehreren Mietern an alle erfolgen (Schmidt DWW **94**, 65 [69]). Die grdsätzl Unübtragbk (§ 514 S 1) bei Tod des Mieters ist zG v Eheg u

FamAngeh im gemeins Hausstd (wie § 569a Rn 4, 5, 7) abgeänd, wenn sie das MietVerh fortsetzen (Abs III). Übgang des VorkR krG: §§ 413, 412. Ansonsten verbleibt es bei der Unübtragbk des § 514 S 1.
5 **b) Mitteilungspflicht** (Abs II): § 510 I ist dahin erweitert, daß der Verm den Mieter (od den RNachf gem §§ 569a, 569b) auch üb das Bestehen des aus § 570b folgenden VorkR unterrichten muß.

571 **Veräußerung bricht nicht Miete.** [I] Wird das vermietete Grundstück nach der Überlassung an den Mieter von dem Vermieter an einen Dritten veräußert, so tritt der Erwerber an Stelle des Vermieters in die sich während der Dauer seines Eigentums aus dem Mietverhältnis ergebenden Rechte und Verpflichtungen ein.

[II] Erfüllt der Erwerber die Verpflichtungen nicht, so haftet der Vermieter für den von dem Erwerber zu ersetzenden Schaden wie ein Bürge, der auf die Einrede der Vorausklage verzichtet hat. Erlangt der Mieter von dem Übergange des Eigentums durch Mitteilung des Vermieters Kenntnis, so wird der Vermieter von der Haftung befreit, wenn nicht der Mieter das Mietverhältnis für den ersten Termin kündigt, für den die Kündigung zulässig ist.

1 **1) Allgemeines.** § 571 dchbricht den allg Grds, daß Re u Pfl nur zw den am SchuldVerh beteiligten Pers entstehen. Bezweckt Schutz des Mieters u Pächters. § 571 ist davon zu untersch, daß der MietVertr dch dreiseit Vereinb auf einen neuen Verm übtragen w (Sonnenschein ZMR **92**, 417 [421]; LG Hbg WuM **93**, 48). **a) Verträge:** nur Miete u Pacht (§§ 581 II, 593b) mit dem Eigt od mit dessen Zustimmg (LG Bln NJW-RR **94**, 781); DauernutzgsVertr mit einer Baugenossensch (Karlsr ZMR **85**, 122). Nicht: bei Wechsel des Haupt- od ZwM (BGH **107**, 315; hierzu Gather DWW **92**, 37 [44]); UntermVorVertr u SchuldVerh, insb nicht bei Leihe (BGH NJW **94**, 3156), auch nicht für Verh zw VorEigtümer u dingl Berecht (BGH WM
2 **65**, 649), insb nicht bei kaufw bestelltem WohngsR (Haegele Rpfleger **73**, 349 [352]). **b) Grundstücke:** wie Einf 65 vor § 535, daher auch Teile, insb TeilEigtum (§ 1 III WEG); Außenwandflächen (bedeuts für Warenautomaten, Mü NJW **72**, 1995) u Reklameflächen (Hamm MDR **76**, 143 u NJW-RR **92**, 270), über § 580 für Wohngen u and Räume, insb GeschRäume. Bei gemischten Vertr (zB Altenwohnheim) nur, wenn sie überwiegd GrdstMiete sind (hM; BGH NJW **82**, 221). Gilt nicht für bewegl Sachen; diese sind nur
3 Einwendgen gem § 986 II mögl. **c) Entsprechende Anwendung** auf Vermieter dch ErbbauBerecht (§ 11 ErbbRVO; aber nur im Verh zum Mieter, nicht im Verh ErbbBer zum Erwerber des Grdst (BGH NJW **72**, 198 u NJW-RR **92**, 591); auf Jagdpacht (§ 14 BJagdG) u Fischereipacht, auf den Nießbraucher (§ 1056) u den Vorerben (§ 2135), wenn diese Pers über die Dauer ihres Rechts hinaus vermietet od verpachtet haben (RG
4 **81**, 149). AuflassgsVormerkg: Rn 7. **d) Abdingbarkeit** ist im Verh Verm-Mieter zu bejahen (allgM); bei WoRaum, der nach AGB vermietet wird, dürfte § 9 II Nr 1 AGBG entggstehen. Abweichde Vereinbg zw
5 Verm u Erwerber üb das MietVerh ist gg Mieter nur gült, wenn er zustimmt. **e) Übertragung von Rechten** aus dem MietVertr wird schon vor EigtÜbgang auf den Erwerber mögl (Mayer ZMR **90**, 121 [123] mwN). Das gilt insb für das KündR (Fricke ZMR **79**, 65; Mayer aaO). Bei WoRaum ist das umstr (vgl Scholz ZMR **88**, 285 mwN; bejahd Mayer aaO 124).

6 **2) Veräußerung des Grundstücks** (wie Rn 2). Sie muß dch den Verm (od dessen RNachf) an einen Dr erfolgen. Verm u Veräußerer müssen also ident sein. Sie muß das ganze Grdst umfassen, auch wenn das Grdst geteilt u an versch Erwerber veräußert w (BGH NJW **73**, 455); es bleibt dann bei einem einheitl MietVertr mit mehreren Beteil (hM; BayObLG ZMR **91**, 174 mwN). § 571 gilt auch, wenn ein MitEigt, der (mit)vermietet hat, seinen MitEigtAnteil veräußert (Beuermann WuM **95**, 5 mwN; zT aA 54. Aufl). Es genügen nicht: Veräußerg einzelner Re am Grdst, die das MietR schmälern; Veräußerg dch MitEigter-Gemsch, wenn nur einer der MitEigter Verm ist (BGH NJW **74**, 1551), es sei denn die and MitEigtümer
7 haben der Vermietg zugestimmt (Mayer ZMR **90**, 121 mwN). **a) Veräußerungsgeschäfte** (mit EigtÜberg): Nur freiw, insb Kauf, Tausch, Schenkg, Vermächtn, Einbringen in eine Gesellsch, aber nicht der Eintritt eines neuen Gesellsch (Düss NJW-RR **92**, 1291); Aufteilg eines Grdst dch MitEigt nach § 8 WEG für die betr Wohng (BayObLG NJW **82**, 451). EigtÜbergang wird eingetr, also Auflassg u Eintr (§ 925), weil Vollendg des RsErwerbs der maßgebde Ztpkt ist. AuflassgsVormerkg (§ 883) genügt daher nicht, die Wirkg des § 571 herbeizuführen (BGH NJW **89**, 451 mwN; Jauernig § 883 Anm 4e; bestr; aA § 883 Rn 21 mwN). Daraus folgt: Vormerkgswidr Vermietg dch den verkauften Eigt ist wirks, kann aber zum Schad-Ers verpfl; der vormerksgesicherte Käufer kann vor EigtErwerb nicht künd oder dem MietVertr ändern (§ 305). Diese Wirkgen können zT dch Vertr (insb §§ 305, 398, 414) schon vor EigtÜbergang abbedungen w. Auf Enteigng ist § 571 unanwendb; ebso bei öff-rechtl vorläuf BesEinweisg (Bambg NJW **70**, 2109).
8 **b) Zwangsversteigerung.** Maßg § 9 Nr 2, §§ 21, 57, 57a bis 57d ZVG. Entspr Anwendg des § 571 nur nach Maßg dieser Vorschriften. Bei Vermietg dch nur einen MitEigt, wird die Zust der and zur Vermietg verlangt (Karlsr NJW **81**, 1279). Entspr Anwendg auf den Ersteher eines ErbbauR (BGH WM **60**, 1125). KündR des Erstehers nach § 57a ZVG; soweit nicht nach § 57c ZVG eingeschr. Der Mieter hat SchadErs-Anspr (§ 325) ggü Verm, wenn er inf Künd des Erstehers nach § 57a ZVG räumen muß (allgM). ZwVerst zwecks Aufhebg einer Gemsch: § 183 ZVG. **c) Zwangsverwaltung:** Es gilt § 152 II ZVG; der ZwVerw tritt in den MietVertr ein. Eine Mietkaution muß er nur zurückgewähren, wenn er sie erhalten hat, ohne daß es auf die Anwendbark des § 572 S 2 ankäme (LG Köln NJW-RR **91**, 80 mwN; umstr). **d) Konkurs.** Veräußerg dch den KonkVerw wirkt wie eine ZwVerst (§ 21 IV KO; BGH WM **62**, 901). SchadErsAnspr des Mieters nach § 26 KO (KonkFdg, RG **67**, 376).

9 **3) Überlassung des Grundstücks** (wie Rn 2) an den Mieter ist weitere Voraussetzg des § 571. **a) Begriff:** wie § 536 Rn 6. Der Verm muß also seine ÜblassgsPfl aus §§ 535, 536 erf haben (BGH **65**, 137 [140]). Nicht notw ist, daß der Mieter die BesErlangg dch Handlgen kenntl macht, zB Einzäung, Schilder (BGH aaO). BesÜberg auf Dr od vorübgehdes Verlassen des Grdst steht der Anwendg des § 571 nicht entgg, wohl aber völl BesAufg od Rückg an den Verm. Üblassen sein kann auch an den UnterM, wenn sich vereinbgem an den UnterMBesitz ein HauptMBesitz anschließt (BGH NJW-RR **89**, 77). Die Duldg einer Wasserleitg

genügt nicht (Düss MDR **76**, 142). **b) Zeitpunkt:** Die Veräußerg muß nach Überlassg erfolgt sein; bei 10 Veräußerg vor Überlassg des vermieteten Grdst gilt § 578. **c) Bestand** des MietVertr zZ der Überlassg. Es 11 ist jedoch gleichgült, ob der MietZtRaum erst nach dem GrdstErwerb beginnt, zB bei VerlängergsVertr (BGH **42**, 333). Ist der MietVertr nichtig od v allein anfberecht Veräußerer wirks angefochten, bleibt Eintritt ausgeschl (Roquette NJW **62**, 1551). Ebso, wenn Vertr gekünd u KündFr vor dem EigtErwerb abgelaufen ist. Re aus dem MietVertr hat hier nur der Veräußerer; der Erwerber ist auf solche aus seinem Eigt beschr, ausgen den Anspr aus §§ 556 I, 557 (BGH **72**, 147), weil sie laufd neu entstehen. Der Erwerber tritt auch nicht in nachvertragl Pfl des Verm ein, wenn das MietVerh zZ des Erwerbs nicht mehr besteht (Hamm BlGBW **82**, 235).

4) Rechtsverhältnis zwischen Erwerber und Mieter. Erwerber tritt an Stelle des Verm in die sich aus 12 dem MietVerh ergebden Re u Pfl ein, u zwar in alle, die zw dem veräußernden Verm u dem Mieter bestehen u BestandT des MietVertr sind, auch in das AbwicklgVerh nach Künd bis zur Rückgabe gem § 556 I (allgM; Hamm NJW-RR **92**, 1164 mwN). Unabhäng v Eintritt gem § 571 kann der Erwerber schon vor EigtÜbgang dch dreiseit Vertr mit dem Veräußerer u Mieter in den MietVertr eintreten. **a) Eintritt** kr G, 13 unmittelb im Anschl an den dingl VeräußergsAkt, u zwar kr selbstd R, nicht als RNachf des Verm (BGH NJW **62**, 1390); ohne Rücks auf Kenntn u auch, wenn das MVerh bereits gekünd ist. Mehrere Erwerber treten in ihrer Gesamth an die Stelle des Verm (BGH NJW **73**, 455). Das gilt auch bei Veräußerg eines GrdstTeiles, soweit sich das MietVerh darauf bezieht, so daß es ein einheitl MietVerh bleibt (RG **124**, 195). Kein Eintritt des Erwerbers in solche Re u Pfl, die nicht unmittelb im MietVerh begrdet sind, insb nicht in solche, die sich auf anderes als den MietGgst, seine Überlassg u Rückgewähr sowie die GgLeistg beziehen, selbst wenn sie mit dem MietVertr wirtsch zushängen u in einem gemischten Vertr (Einf 26 vor § 535) enthalten sind; zB Re zG Dr (§ 328), ein BeleggsR des ArbG (BGH **48**, 244) od eine aus der Gemeinnützk folgde MietPrBindg (Paschke/Oetker NJW **86**, 3174). Vereinb Veräußerer u Mieter Abfindg des letzteren für vorzeit Beendigg des Vertr, so geht diese Verpflichtg nur dann auf den Erwerber über, wenn sie sich aus dem alten Vertr ergibt; wird sie erst im MietaufhebgsVertr vereinb, so bindet sie den Erwerber nicht (BGH **LM** Nr 4). **b) Rechte.** Alle vor dem EigtWechsel entstandenen u fäll gewordenen Re (insb Anspr) bleiben 14 beim bisher Verm (Veräußerer). Die bis dahin entstandenen Anspr können dem Erwerber abgetreten w (vgl Düss ZMR **93**, 15). Die erst danach fäll werdden u bedingten (allgM; LG Hbg NJW-RR **93**, 18 mwN) Anspr stehen dem Erwerber zu, insb der RückgAnspr aus § 556 I nach Künd dch den bisher Verm (allgM; Hamm NJW-RR **92**, 1164 mwN). Vor EigtErwerb dch GrdbuchEintragg kann der Erwerber nicht wirks künd (LG Hbg NJW-RR **93**, 145 mwN). Ein DauerschuldVerh (zB WettbewSchutz, Celle ZMR **90**, 414) geht üb. Anspr auf Miete, soweit sie seit dem EigtErwerb fäll geworden ist; auch dann, wenn die erst nach Veräußerg fäll werdde Miete zT auf die Zt vor der Veräußerg entfällt. Sonstige Rückstände aus der Zt des Vorbesitzers kann Erwerber nur verlangen, wenn sie ihm abgetreten sind. Über VorausVfgen: §§ 573, 574. Bei Schad-ErsAnspr kommt es darauf an, wann der Schad entstanden ist. Solche Anspr aus der Zt des Vorbesitzers gehen nicht über. Dem Erwerber können die nicht ordnsgem Zustd der Mietsache SchadErsAnspr wg Verletzg des § 556 zustehen. Ihm ist der Schad aus RäumgsVerzug (§ 557 I S 2) seit EigtÜbgang zu ersetzen, auch wenn das MietVerh vorher gekünd u beendet w (BGH **72**, 147). Die ges PfandRe des Veräußerers u Erwerbers wg MietRückstd sind gleichrang. Unkenntn des Mieters v Veräußerg steht dem RsÜberg nicht entgg (vgl aber § 574). VerjFr, auch die des § 558 laufen weiter. **c) Pflichten.** Alle gesetzl u vertragl des 15 Verm. Erwerber muß auch Verpflichtg gg sich gelten lassen, die sich aus der Zusicherg einer nicht vorhandenen Eigensch des Grdst ergeben; Anspr des Mieters aus §§ 547, 547a (BGH NJW **88**, 705); nach dem SchuVerz für den Anspr aus § 538 II (LG Bln NJW-RR **90**, 23); ferner Pfl aus vereinb VertrVerlängerg, Option (Einf 5 vor § 535; RG **103**, 349); aus VormietR (BGH **55**, 71 für Pacht). Eintritt auch in mdl Nebenabreden, soweit sie gült sind u Haftg für Mängel (BGH **49**, 350 für § 538). Der Erwerber muß die Einr, Verm habe die Wahrg der Schriftform des § 566 argl vereitelt, nicht gg sich gelten lassen (BGH NJW **62**, 1390).

5) Stellung des bisherigen Vermieters. Dieser scheidet, nachdem das Eigt auf den Erwerber überge- 16 gangen ist (Rn 6), aus dem MietVerh aus; jedoch dauert seine Haftg fort. Erfüllg (GebrÜblassg) kann der Mieter aber nicht von ihm verlangen (allgM). **a) Haftung:** Es ist zu untersch: **aa) Bisherige Ansprüche.** 17 Das sind solche, die in der Zt vor der Veräußerg fäll geworden sind u in die der Erwerber daher nicht eingetreten ist, weil sie nicht in „die Dauer seines Eigentums" fallen. Hierfür haftet nur der Veräußerer (bisher Verm). Das gilt insb für VerwendgsErsAnspr gem § 547, die sich nur dann gg den Erwerber richten, wenn sie nach dem EigtWechsel entstanden od fäll geworden sind (BGH NJW **88**, 706 mwN; bestr) sowie für SchadErsAnspr wg unterbliebener Endrenovierg od Wiederherstellg des früh Zustds (BGH NJW **89**, 451). Verj dieser Anspr: § 558 Rn 5 (vgl BGH NJW **65**, 1225). **bb) Vermieterpflichten nach Veräuße-** 18 **rung** (Abs II S 1) od Weiterveräußerg (§ 579). Der bisher Verm haftet, wenn Erwerber diese nicht erfüllt. Hier haftet der bish Verm wie ein (selbstschuldner) Bürge, der auf die Vorausklage verzichtet hat (§ 771 Rn 2), aber nur für VertrVerpflichtg (zB unberecht Künd, Thiel ZMR **94**, 307), einschließl Geldleistg (BGH NJW **69**, 417) des Erwerbers, nicht für dessen unerl Hdlgen. Haftg geht auf SchadErs, nicht auf unmittelb Erf der VermPflichten (RG **102**, 177). Verj: grds § 195 (dort Rn 8; vgl auch § 765 Rn 4). **cc) Unmittelbare** 19 **Haftung** des Verm aGrd des mit dem Mieter abgeschl Vertr für Pfl, in die der Erwerber nicht eintritt. Dazu gehört insb die Pfl, dem Mieter das GebrR während der ganzen MietVertrDauer zu verschaffen; daher haftet der Verm aus § 325, wenn der Erwerber dem Mieter den vertrgem Gebr nicht gewährt, zB wenn das Grdst zur ZwVerst kommt u der Erwerber gem § 57a ZVG vorzeit künd, obwohl der MietVertr für einen längeren ZtRaum abgeschl ist. **b) Haftungsbefreiung** (Abs II S 2) kommt nur für die schon aus Rn 18 in 20 Frage. Für den RückzahlgsAnspr aus der Mietkaution gilt § 572 (vgl Ffm NJW-RR **90**, 274). **aa) Voraussetzg: (1)** Kenntn des Mieters von Veräußerg dch eine Mitt des Verm. Geschähnl Hdlg; Hinweis auf RFolgen unnöt. Vertretg mögl (BGH **45**, 11). **(2)** Der Mieter muß eine Künd des MietVertr zum erstzuläss Termin unterl haben. **bb) RFolgen:** Verm wird von der Haftg frei von dem Ztpkt ab, zu dem die erstzuläss Künd das MietVerh beendet hätte. Im Fall der Künd zum erstzuläss Ztpkt besteht die Haftg des Verm auch für die

21 Anspr aus Rn 18 weiter. **c) Rückgriff** des in Anspr genommenen bisher Verm gg den Erwerber ist aGrd v Abs II S 1, § 774 mögl.

572 *Sicherheitsleistung des Mieters.* Hat der Mieter des veräußerten Grundstücks dem Vermieter für die Erfüllung seiner Verpflichtungen Sicherheit geleistet, so tritt der Erwerber in die dadurch begründeten Rechte ein. Zur Rückgewähr der Sicherheit ist er nur verpflichtet, wenn sie ihm ausgehändigt wird oder wenn er dem Vermieter gegenüber die Verpflichtung zur Rückgewähr übernimmt.

1 **Anwendbar:** auf den Fall des § 571 u § 549a; auf alle Formen einer (schon geleisteten) Sicherh, insb auf die Mietkaution (Einf 89 vor § 535) u eine MietBürgsch (BGH **95**, 88). Jagdpacht: § 14 BJagdG. Nicht
2 anwendb auf bloße Guthaben (Düss NJW-RR **94**, 1101). **Eintritt** (S 1). Behält der Verm die Sicherh, richtet sich der RückgewährsAnspr nur gg ihn. Überträgt er die Barkaution auf den Erwerber, haftet er dem Mieter ggü neben dem Erwerber bis zur Beendigg des MietVerh weiter (hM), aber nicht, wenn der Mieter die Herausg der Sicherh an den Erwerber verlangt hat (Karlsr ZMR **89**, 89). Das gleiche gilt, wenn S 2 nicht erf
3 wird (hM; Boecken ZMR **82**, 134 mwN). **Pflicht zur Herausgabe** (Übtragg, Weiterleitg, Auszahlg) der Sicherh an den Erwerber: Anspr darauf hat neben dem Erwerber auch der Mieter (hM; Karlsr ZMR **89**, 89 mwN), aber nur, wenn der Verm gg ihn keine Anspr mehr hat, die gesichert w sollen (Karlsr aaO). Der Erwerber kann vom Mieter keine neue Sicherh verlangen, wenn der Verm diese Pfl nicht erf, zB wg Konk (AG Ffm NJW-RR **91**, 1165). Der Verm darf sich vorrang aus der Mietkaution befried (Ffm NJW-RR **87**,
4 786). **Pflicht zur Rückgewähr** (S 2): besteht für den Erwerber zum vertragl bestimmten Ztpkt, iZw mit Beendigg des MietVerh (§ 564 Rn 1–4), nicht aus Anlaß der Veräußerg. Verj: wie § 557a Rn 10. Einer Aushändigg gleich stehen and Formen der Übertr, insb Überweisg u Aufrechng (Stückmann ZMR **72**, 328). Der Verm haftet auch in diesem Fall neben dem Erwerber weiter (vgl Rn 2). Davon zu untersch ist, ob der Verm ggü dem Erwerber aufrechnen darf (verneint von Ffm ZMR **91**, 340).

573 *Vorausverfügung über den Mietzins.* Hat der Vermieter vor dem Übergang des Eigentums über den Mietzins, der auf die Zeit der Berechtigung des Erwerbers entfällt, verfügt, so ist die Verfügung insoweit wirksam, als sie sich auf den Mietzins für den zur Zeit des Übergangs des Eigentums laufenden Kalendermonat bezieht; geht das Eigentum nach dem fünfzehnten Tage des Monats über, so ist die Verfügung auch insoweit wirksam, als sie sich auf den Mietzins für den folgenden Kalendermonat bezieht. Eine Verfügung über den Mietzins für eine spätere Zeit muß der Erwerber gegen sich gelten lassen, wenn er sie zur Zeit des Überganges des Eigentums kennt.

1 **1) Allgemeines.** Gilt für den Fall des § 571 u des § 549a; stellt eine Ausn v darin enthaltenem Grdsatz her.
a) Zweck: Die §§ 573–575 stellen sicher, daß dem VorausVfg üb den Mietzins der Mieter vor Doppelzahlg u
2 der Erwerber vor dem Verlust des MietzinsAnspr geschützt w. **b) Anwendbar** nur bei einseit Vfg des Verm über den Mietzins od dch Vfg mit Dr, insb dch Abtretg (§ 398) u Aufrechng (§ 387), nicht bei RGesch üb den Mietzins zw Verm u Mieter, für die § 574 gilt. Das ist bestr für Änd des MietZAnspr (vgl Düss NJW-RR **94**, 1234). Entspr anwendb ist § 573 gem § 14 BJagdG, bei Vermietg dch Nießbr (BGH **53**, 174) u Vorerben (§ 2135). Nicht gilt § 573 für BaukostenZusch u ähnl MieterLeistgen (hM; Emmerich-Sonnen-
3 schein 10 mwN). **c) Abdingbarkeit** ist zu bejahen; jedoch ist stets die Zust des Dr notw. Abweichg im FormularVertr ist wg § 9 II AGBG unwirks (Emmerich/Sonnenschein 29).

4 **2) Vorausverfügung** üb den Mietzins. **a) Begriff:** Vfg ist jedes RGesch, das zum völl od teilweisen Erlöschen des Mietzinses führt, sofern es v Verm einseit (zB § 387) od als RGesch mit einem Dr (zB § 398)
5 herbeigeführt w (vgl Rn 2). Dem stehen Pfänden dch Gl des Verm gleich (hM). **b) Zeitpunkt** der Vfg. Sie muß vor der Veräußerg des Grdst (§ 571 Rn 6) wenigstens zT wirks geworden sein. Vfg nach EigtÜbgang
6 fallen unter § 185, wenn nicht § 574 gilt. **c) Wirksamkeit** der VorausVfg ist dch S 1 eingeschränkt. Es ist allein auf den KalMonat, nicht den Mietmonat abzustellen. **d) Kenntnis** des Erwerbers v der VorausVfg zZ der Vollendg des Erwerbs (Eintragg, § 925) führt dazu, daß er sie einschränkgslos gg sich gelten lassen muß
7 (S 2). Fahrläss Unkenntn genügt nicht. BewLast für Kenntn: Mieter od Dr. **e) Ausgleich** zw Erwerber u Verm richtet sich nach dem RVerh, das zw diesen besteht. **f) Haftung** des Verm ggü Mieter auf SchadErs besteht, wenn der Mieter doppelt Mietzins zahlen muß, weil der Verm den Erwerber nicht in Kenntn
8 gesetzt od ihn für den betreffden KalMonat nicht von der Miete freistellt. **g) Vertragsänderungen.** Da nach der hier vertretenen Meing die RGesch zw Verm u Mieter in Bezug auf Mietvorauszahlg unter § 574 fallen, ist für § 573 allein darauf abzustellen, welchen Inhalt der MietVertr zZ des EigtÜbgangs hat; so tritt der Erwerber in den Vertr ein.

9 **3) Zwangsvollstreckung. a) Pfändung:** vgl Rn 4 u § 865 II S 2 ZPO. **b) Zwangsversteigerung:** Es gelten §§ 57, 57b I S 2 ZVG, damit § 573 S 1. **c) Zwangsverwaltung:** Ihre Anordng umfaßt auch die Miet- u Pachtzinsen (§ 21 II ZVG) wg § 148 I ZVG. Es gilt bei GrdPfdGläub § 1124 BGB, für den ZwVerwalter § 57b III ZVG u damit § 573. **d) Konkurs:** Es gilt hins der Wirksamk von MietzinsVfgen des GemeinSchu ggü der KonkMasse § 21 II KO, aber AnfMöglichk nach §§ 29ff KO. Für Vfgen des KonkVerw vor Veräußerg des Grdst gilt § 573 S 1, dagg nicht § 573 S 2 (§ 21 IV KO, § 57 ZVG; BGH WM **62**, 903).

574 *Rechtsgeschäfte über Entrichtung des Mietzinses.* Ein Rechtsgeschäft, das zwischen dem Mieter und dem Vermieter in Ansehung der Mietzinsforderung vorgenommen wird, insbesondere die Entrichtung des Mietzinses, ist dem Erwerber gegenüber wirksam, soweit es sich nicht auf den Mietzins für eine spätere Zeit als den Kalendermonat bezieht, in welchem der Mieter von dem Übergang des Eigentums Kenntnis erlangt; erlangt der Mieter die

Kenntnis nach dem fünfzehnten Tage des Monats, so ist das Rechtsgeschäft auch insoweit wirksam, als es sich auf den Mietzins für den folgenden Kalendermonat bezieht. Ein Rechtsgeschäft, das nach dem Übergange des Eigentums vorgenommen wird, ist jedoch unwirksam, wenn der Mieter bei der Vornahme des Rechtsgeschäfts von dem Übergange des Eigentums Kenntnis hat.

1) Allgemeines. a) Zweck: Grdsätzl wie § 573 Rn 1. § 574 dient ausschließl dem Schutz des Mieters vor 1 Zahlg an den NichtBerecht u der daraus resultierden Pfl zur DoppelZahlg. Er ist dem § 407 nachgebildet. **b) Anwendbar.** Währd § 573 nur für einseit Vfgen des Verm u solche mit Dr gilt, ist § 574 nur für RGesch 2 zw Verm u Mieter anzuwenden (vgl Rn 4). Inhalt: Änd des MietVertr (§ 305), die eine Mietvorauszahlg vertr festlegen, fallen nur unter § 571 (umstr; vgl Düss NJW-RR **94**, 1234). § 574 gilt auch für § 549a. Entspr anwendb ist § 574 iü wie § 573 Rn 2. **c) Abdingbarkeit:** wie § 573 Rn 3. **d) Baukostenzuschüsse** 3 (Einf 84 vor § 535), die als MietVorauszahlg behandelt w, fallen nicht unter § 574 (hM; BGH **37**, 346; Düss ZMR **94**, 505).

2) Rechtsgeschäfte zwischen Vermieter und Mieter über den Mietzins. **a) Voraussetzungen:** 4 **aa)** RGesch zw dem bisher Verm u dem Mieter; nicht mit Dr od dem neuen Verm. **bb)** Das RGesch muß sich auf den Mietzins (nicht auf NebenFdgen; hM) beziehen: Erlaß (§ 397), Stundg, Vorauszahlg (BGH NJW 66, 1704), Ann an ErfStatt (§ 364 I), AufrechngsVertr, Aufrechng (bestr); nicht die Künd (hM). **b) Wirksamkeit** der Vfg. And als bei § 573 (vgl dort Rn 6) stellt § 574 auf den Ztpkt der pos Kenntn des 5 Mieters vom EigtÜberg ab (S 1 Hs 2; S 2); das entspr dem § 407 I. Es ist zu untersch: **aa)** RGesch vor EigtÜberg: Die Wirksamk ist dch S 1 für einen eng begrenzten ZtRaum der Mietzinsperiode begrenzt, Unkenntn des Mieters vorausgesetzt. Die Unwirksamk ist relativ; sie besteht dem Erwerber (neuen Verm, § 571) ggüb. **bb)** RGesch nach EigtÜberg (S 2): Hatte der Mieter v EigtÜberg: Kenntn, ist das RGesch v Anfang an unwirks. Hatte er keine Kenntn, gilt das gleiche wie bei aa (S 1). **c) Beweislast:** für Kenntn des 6 Mieters trifft den Erwerber.

575 *Aufrechnungsbefugnis.* **Soweit die Entrichtung des Mietzinses an den Vermieter nach § 574 dem Erwerber gegenüber wirksam ist, kann der Mieter gegen die Mietzinsforderung des Erwerbers eine ihm gegen den Vermieter zustehende Forderung aufrechnen. Die Aufrechnung ist ausgeschlossen, wenn der Mieter die Gegenforderung erworben hat, nachdem er von dem Übergange des Eigentums Kenntnis erlangt hat, oder wenn die Gegenforderung erst nach der Erlangung der Kenntnis und später als der Mietzins fällig geworden ist.**

Zweck: Schutz des Mieters; dem § 406 nachgebildet. **Anwendbar:** auch für § 549a. § 575 bezieht sich 1 auf § 574 für den Fall der Aufrechng, die der Mieter gg den Verm vornimmt (§ 574 Rn 5); ebso wie § 573 Rn 2. **Zulässige Aufrechnung** (S 1); nur im Rahmen des § 574. Sie wird dem Mieter mit Fdg gestattet, die 2 er gg den bisher Verm vor Kenntn des EigtÜberg erlangt hat. Die Fdg muß nicht aus dem MietVerh stammen. Keine Aufrechng ist die bloße MietZMinderg der §§ 537, 538 (allgM). **Ausgeschlossene Aufrechnung** (S 2). Entspr § 406 (vgl dort). Statt Kenntn der Abtretg ist bei § 575 auf Kenntn des EigtErwerbs abzustellen.

576 *Anzeige des Eigentumsübergangs.* **I Zeigt der Vermieter dem Mieter an, daß er das Eigentum an dem vermieteten Grundstück auf einen Dritten übertragen habe, so muß er in Ansehung der Mietzinsforderung die angezeigte Übertragung dem Mieter gegenüber gegen sich gelten lassen, auch wenn sie nicht erfolgt oder nicht wirksam ist.**
II Die Anzeige kann nur mit Zustimmung desjenigen zurückgenommen werden, welcher als der neue Eigentümer bezeichnet worden ist.

Zweck: Schutz des Mieters entspr § 409. **Anzeige:** ist eine RsHdlg, keine WillErkl (hM), wird aber wie 1 eine empfangsbed formlose WillErkl behandelt; insb gilt § 130. **Anwendbar:** auch bei § 549a: entspr, wenn der Mieter im Vertrauen auf den öff Glauben des GrdBuchs (§ 893) an den eingetragenen Eigt zahlt (hM). **Wirkung** (Abs I) nur für Mietzins. Der Mieter muß sich nicht auf Abs I berufen u kann, wenn das Eigt nicht 2 übergegangen ist, befreiend an den Verm leisten (BGH **64**, 117). **Rücknahme** (Abs II): Die Zust ist 3 WillErkl (§ 130). Pfl zur Zust bei unterbliebenem EigtErwerb folgt aus § 812. Bis zum Nachweis der Zust kann der Mieter befreiend an denjen leisten, der als neuer Eigt bezeichnet w.

577 *Belastung des Mietgrundstücks.* **Wird das vermietete Grundstück nach der Überlassung an den Mieter von dem Vermieter mit dem Rechte eines Dritten belastet, so finden die Vorschriften der §§ 571 bis 576 entsprechende Anwendung, wenn durch die Ausübung des Rechtes dem Mieter der vertragsmäßige Gebrauch entzogen wird. Hat die Ausübung des Rechtes nur eine Beschränkung des Mieters in dem vertragsmäßigen Gebrauche zur Folge, so ist der Dritte dem Mieter gegenüber verpflichtet, die Ausübung zu unterlassen, soweit sie den vertragsmäßigen Gebrauch beeinträchtigen würde.**

Zweck: Schutz des Mieters gg Bestellg v gebrauchsentziehden od -beschränkden Ren in Ergänzg zu 1 § 571. **Abdingbarkeit** ist wg § 9 II Nr 1 AGBG nur dch Individualvereinbg zu bejahen (Emmerich/ Sonnenschein 27). **Anwendbar** bei Bestellg v ErbbR, Nießbr (Ffm ZMR **86**, 358), dingl WohnR (BGH **59**, 51), auch bei GrdDienstbk u pers Dienstbk mögl (vgl S 2). **Voraussetzungen.** Der MietVertr muß vor 2 Bestellg des Rs (Rn 1) abgeschl sein. Das Grdst muß bereits dem Mieter überl sein; sonst gilt § 578. Ein R der in Rn 1 angeführten Art muß v Verm für einen Dr bestellt sein. Der Dr muß dem Mieter den vertrgm Gebr entziehen. **Wirkung.** Der Dr, der das R erworben hat, tritt in die Pfl u Re des Verm ein (§ 571 entspr) 3

u muß dem Mieter den vertrgem Gebr gewähren. Bei VorausVfgen üb den Mietzins gelten §§ 573–576
4 entspr. **Teilbeschränkung** (S 2) ist idR bei Dienstbk gegeben. Die §§ 571–576 gelten dann nicht. Der
Mieter hat einen UnterlAnspr gg den DrBerecht, soweit der Gebr beeinträcht w. Verjährg: wie § 550 Rn 4.

578 *Veräußerung vor Überlassung.* Hat vor der Überlassung des vermieteten Grund-
stücks an den Mieter der Vermieter das Grundstück an einen Dritten veräußert oder mit
einem Rechte belastet, durch dessen Ausübung der vertragsmäßige Gebrauch dem Mieter entzo-
gen oder beschränkt wird, so gilt das gleiche wie in den Fällen des § 571 Abs. 1 und des § 577, wenn
der Erwerber dem Vermieter gegenüber die Erfüllung der sich aus dem Mietverhältnis ergeben-
den Verpflichtungen übernommen hat.

1 **1) Allgemeines. a) Grundsatz.** § 571 I gilt nur, wenn das Grdst (§ 580) vor Veräußerg od Belastg
(§ 577) an den Mieter bereits überlassen war. Demggü geht § 578 davon aus: Veräußerg bricht Miete, indem
die §§ 571 I, 577 nur für den Fall anwendb erkl w, daß der Erwerber u Verm die Erf der Pfl aus dem
MietVerh übernommen hat; dies geschieht im Einzelfall, um den Verm vor den SchadErsAnspr des § 325 I
2 od § 538 I zu schützen. **b) Anwendbar** bei Miete (Pacht, § 581 II) eines Grdst (§ 580). Veräußerg: wie § 571
Rn 6. Vor Überlassg: vgl § 571 Rn 9. Entspr bei § 14 BJagdG, ErbbR, WohnR (§ 1093) u DauerWoR (§ 31
3 WEG). **c) Voraussetzung:** Der veräußernde Eigt muß der Verm sein.

4 **2) Erfüllungsübernahme** ist ein Fall des § 415, wobei jedoch Zust od Kenntn des Mieters nicht notw
sind (allgM). Die ErfÜbern kann noch nach dem EigtÜberg od der Bestellg des belastden Rs vereinb w
5 (RGRK/Gelhaar 2; bestr). **a) Bei Vorliegen:** Es treten ohne weiteres die RFolgen der §§ 571 I, 577 ein (S 1),
6 näml Eintr des Erwerbers in den MietVertr an Stelle des bish Verm (Veräußerer). **b) Bei Fehlen:** Zw
Erwerber u Mieter kommen keine RBeziehgn zustde. SchadErs nur bei § 826. Das MietVerh mit dem
Verm bleibt bestehen u der Mieter hat Anspr aus § 325 od § 538 (iF des § 577 bei GebrBeschränkg).

579 *Weiterveräußerung.* Wird das vermietete Grundstück von dem Erwerber weiterver-
äußert oder belastet, so finden die Vorschriften des § 571 Abs. 1 und der §§ 572 bis 578
entsprechende Anwendung. Erfüllt der neue Erwerber die sich aus dem Mietverhältnis ergeben-
den Verpflichtungen nicht, so haftet der Vermieter dem Mieter nach § 571 Abs. 2.

1 **Weiterveräußerung** od –belastg (S 1) dch den Erwerber: Es gelten die §§ 571 I–578, so daß jeder
nachfolgde Erwerber krG für die Dauer seines Eigt od seiner Berechtigg in die Re u Pfl des MietVertr
2 eintritt. **Haftung des Vermieters** (S 2) gem § 571 II bleibt bestehen; ist sie indessen nach § 571 II S 2
erloschen, so lebt sie nicht wieder auf; sie trifft dann den ZwErwerber (Emmerich/Sonnenschein 7).

580 *Raummiete.* Die Vorschriften über die Miete von Grundstücken gelten, soweit nicht
ein anderes bestimmt ist, auch für die Miete von Wohnräumen und anderen Räumen.

1 Grdst: Einf 65 v § 535. WoRaum, GeschRaum u and Räume: Einf 68–70 v § 535.

580a *Schiffsmiete.* ¹ Die Vorschriften der §§ 571, 572, 576 bis 579 gelten im Fall der
Veräußerung oder Belastung eines im Schiffsregister eingetragenen Schiffs sinnge-
mäß.

II Eine Verfügung, die der Vermieter vor dem Übergang des Eigentums über den auf die Zeit
der Berechtigung des Erwerbers entfallenden Mietzins getroffen hat, ist dem Erwerber gegenüber
wirksam. Das gleiche gilt von einem Rechtsgeschäft, das zwischen dem Mieter und dem Vermie-
ter über die Mietzinsforderung vorgenommen wird, insbesondere von der Entrichtung des Miet-
zinses; ein Rechtsgeschäft, das nach dem Übergang des Eigentums vorgenommen wird, ist jedoch
unwirksam, wenn der Mieter bei der Vornahme des Rechtsgeschäfts von dem Übergang des
Eigentums Kenntnis hat. § 575 gilt sinngemäß.

1 Gilt nur für eingetragene Schiffe. Für Luftfahrz, die gem § 98 LuftfzG eingetr sind, entspr (mit Ausn des
§ 577, Schmid-Burgk/Schölermann WM **90**, 1145). VorausVfg über Mietzins ohne zeitl Beschrkg ist zul;
einzige Grenze ist Kenntn des Mieters von Veräußerg (Belastg); spätere Rechtsgeschäfte zw Mieter u Verm
sind dann unwirks. Gemeint sind RGesch, die sich auf den Mietzins beziehen, der auf die Zeit der Berech-
tigg des Erwerbers entfällt. Sinngem Anwendg des § 575: Der Mieter kann mit einer gg den Verm beste-
den Fdg ggü dem Erwerber aufrechnen, jedoch mit der Beschrkg des § 575 S 2.

II. Pacht

Einführung

1 **1) Begriff und Regelung. a) Pacht** ist ein schuldrechtl ggs Vertr; er verpfl den Verp, die Nutzg (vgl
§ 581 I, § 100) des PachtGgst in bestimmtem Umfang zu gewähren. Pacht ist ein DauerschuldVerh. Vor-
pacht u PachtVorvertr: wie Vormiet- u MietVorvertr; vgl Einf 3, 4 vor § 535. Pachtoption: wie Mietoption;
2 vgl Einf 5 vor § 535. **b) Gesetzesaufbau.** Im 7. Abschn ist der 3. Titel dch das G v 8. 11. 85 (BGBl 2065) in
3 Teile gegliedert: Miete (§§ 535–580); Pacht (§§ 581–584b) u LandP (§§ 585–597). § 581 I enthält die
HauptPfl der Pacht. Die §§ 582–584b regeln die Pacht v Grdst, Betrieben, bewegl Sachen u Ren; hierfür
gelten die MietVorschr subsidiär (§ 581 II). Für die LandP gelten §§ 581 I, 582–583a (vgl § 585 II) und die

§§ 585–597. c) Neue Bundesländer. Auch bei VertrSchluß vor dem 3. 10. 90 gilt von da an BGB (Art 232 § 3 EG), Ausn: Bodenflächen gem § 312 ZBG (sog Datschen-Regelg; Art 232 § 4 EG).

2) Abgrenzung zu and RVerh. **a) Miete:** Einf 10 vor § 535. **b) Kauf:** bei verbrauchb Sachen (zB 3 Wasser, Gas) u Lieferg von Strom regelm Kauf (§ 433 Rn 1, 4). Pacht liegt idR vor: wenn ein R zum Gewinn verbrauchb Sachen VertrGgst ist, zB WassernutzgsR; Überlassg eines Grdst zur Gewinng von Bodenbestand, zB Sand (BGH WM **73**, 386), Kies (BGH WM **83**, 531), Kali (BGH NJW **66**, 105), Bims (BGH NJW **85**, 1025). **c) Werkvertrag:** Maßgebd ist, ob ein best Erfolg, insb die Herstellg eines Werks eigenverant- 4 wortl geschuldet w, od ob nur eine produktionsfäh Einrichtg einem and auf dessen Produktionsrisiko hin überlassen w. WerkVertr ist zB ein Vertr über Herstellg u Auswertg eines Werbefilms (BGH MDR **66**, 496). **d) Dienstvertrag** (insb ArbVertr): Maßgebd ist, ob im Rahmen des für die Tätigk einer Pers überlas- 5 senen Ggst (zB Toilette, Büffet, Softeismaschine), diese Pers der Aufs u Weisg untersteht (dann D- od ArbVertr) od in der BetrGestaltg unabhäng ist (dann PachtVertr). **e) Gesellschaft:** Bei Förderg eines 6 gemeins Zwecks liegt Gesellsch vor (§ 705 Rn 14–16), ebso, wenn eine Verlustbeteilig vereinb ist. Pacht liegt vor, wenn der überlassene Ggst ohne Einfluß des Verp vom Pächter benutzt od bewirtsch w. Gewinnbeteilig schließt Pacht nicht aus (allgM; Erm/Jendrek 13 mwN). **f) Lizenzvertrag** ist ein Vertr, dch den 7 ein gewerbl SchutzR (insb Patent, GebrMuster) einem and (auch beschränkt) zur Benutzg überlassen w (vgl § 9 PatG; § 13 GebrMG); idR ein verkehrstyp, gemischter Vertr (Einf 20 vor § 305). Je nach Ausgestaltg ist PachtVertr mögl, idR aber mit gesellsch- u kaufrechtl Elementen versehen (vgl BGH NJW **70**, 1503). Auch beim LizenzVertr ist zw Verpfl- u ErfGesch zu untersch (Lüdecke NJW **66**, 815). Für Gewl sind idR §§ 537, 538 entspr anwendb (BGH aaO). **g) Know-how-Vertrag** entspr dem LizenzVertr (Rn 7) für Ggstde, insb 8 Fertiggs- u VertriebsVerf, die nicht schutzrechtsfäh sind. Die entgeltl Überlassg des know-how ist grdsätzl als PachtVertr anzusehen (Hamm NJW-RR **93**, 1270, Pfaff BB **74**, 565 mwN). **h) Sonstige Mischverträge** 9 (Einf 21–23 vor § 305) mit Elementen des PachtVertr sind: **(1)** Bühnenaufführungsvertrag: aus Pacht, Werk- u VerlagsVertr sowie Gesellsch zusgesetzt (BGH **13**, 115). **(2)** FilmverwertgsVertr: zw Hersteller u Verleiher ist LizenzVertr mit Kauf (eines Rechts) od Gesellsch verbunden (RG **161**, 324; BGH **2**, 331); Gewl für RMängel nach KaufR (§ 445), für Sachmängel (Beschaffenh des Films) nach PachtR (§§ 537 ff). **(3)** FilmverleihVertr: Miete verbunden mit LizenzVertr (Celle NJW **65**, 1667).

3) Besondere Pachtverhältnisse. Hierbei handelt es sich um gesetzl speziell geregelte PachtVerh. 10

a) Landpacht. Seit 1. 7. 86 gelten für LandPVertr (Pacht v Grdst zur landwirtschaftl Nutzg) die §§ 581– 597 (vgl Rn 2 u 50. Aufl). Die mat-rechtl ÜbergRegelg ist in Art 219 EGBGB enthalten. In den neuen BLändern gelten die §§ 581–597 für die Flächen der früh LPG aGrd des Landwirtsch AnpassgsG v 29. 6. 90 idF v 3. 7. 91 (BGBl I 1418).

b) Kleingartenpacht. Seit 1. 4. 83 gilt das BKleingG (BGBl 210), zuletzt geänd dch G v 8. 4. 94 (BGBl 11 766). Das BKleingG enthält priv- u öffrechtl Vorschr. Es ist privrechtl ein SonderG zum PachtR des BGB (§ 4 I, II BKleingG). **aa) Begriffe.** Kleing ist ein Garten, der dem Nutzer (Kleingärtner) zur nichterwerbs- 12 mäß gärtner Nutzg u zur Erholg dient, u in einer Anlage liegt, in der mehrere Einzelgärten mit gemeinsch Einrichtgen zusgefaßt sind (Kleingartenanlage: § 1). DauerKleing sind nur solche, die auf einer im Bebaugs-Plan für DauerKleing festgesetzten Fläche liegen (§ 1 III). Ihnen sind im ÜberleitgsR die Kleing gleichgestellt, die unter § 16 II, III fallen. Kleing sollen nicht größer als 400 qm sein u dürfen nur Lauben aufweisen, die nicht zum dauernden Wohnen geeignet sind (§ 3 I, II). **bb) Anwendungsbereich.** Wie eine KleingPacht 13 wird auch die ZwPacht behandelt; das ist ein PachtVertr, der mit einer gemeinnütz Kleingärtnerorganisation, der jeweil Gemeinde od dem Stadtstaat Hbg (§ 19) abgeschl ist (§ 4 II). Wird der ZwPVertr mit einer nicht als gemeinnütz anerkannten Organisation abgeschl, so ist er rechtl möglich, hilft jedoch, wenn die Gemeinnützigk später zuerkannt w (BGH **101**, 18). **cc) Vertragsinhalt. (1)** Der Pachtzins ist auf einen HöchstBetr 14 begrenzt (§ 5 I). Dieser war bei priv Verpächtern verfwidr (BVerfG NJW **93**, 2523) u ist dch § 5 I idF des G v 8. 4. 94 angepaßt dch neue Bezugsgrößen. Er kann auf Antr einer Partei auf den HöchstPr herab- od heraufgesetzt w (§ 5 III). Vereinbg, die gg § 5 I verstoßen, sind nichtig (§ 134, BGH **108**, 147) u unwirks seit 1. 4. 83 wenn sie vorher abgeschl w (BGH aaO). Anstelle des vereinb PachtZ gilt der zuläss Höchstbetrag (BGH aaO). Im Streitfall entsch das ord Ger. **(2)** VertrDauer: Sie muß (nur bei DauerKleing) zwingd auf unbest Dauer sein. Befristete Vertr bei DauerKleing (§ 564 Rn 5) gelten als auf unbest Zt geschlossen. **dd) Kündigung.** Zwingd Schriftform dch § 126 (§ 7; vgl BGH NJW-RR **87**, 395). **(1)** Fristlose: bei Zahlgs- 15 Verz od schwerwiegder PflVerletzg. **(2)** Ordentliche: Sie ist nur aus bestimmten Grden zuläss (§ 9), auch bei ZwischenPacht (§ 10), selbst wenn sie mehrf gestuft ist (BGH **119**, 300); jedoch gilt § 10 III (Eintritt des Verp) nicht bei Künd gem § 9 (BGH aaO). Rückg kann üb § 4, § 556 III auch v zweiten ZwPächter verlangt w (BGH aaO), wobei wenn weiterhin nur kleingärtn Nutzg zuläss ist (BGH NJW-RR **94**, 779). **(3)** Entschädigg des Kleingärtners dch den Verpächter ist bei Künd zul, die aus Interessen des Verp erfolgt (§ 11). **ee) Verlängerung.** Es gilt § 568 (BGH **113**, 290). **ff) Beendigung durch Tod:** Fortsetzg nur mit dem 16 Eheg entspr den Regeln des § 569a (§ 12). **gg) Unabdingbarkeit** des Vertr zum Nachteil des Pächters 17 (Kleingärtner), bei ZwPacht der Kleingärtnerorganisation od Gemeinde ist ausdrückl vorgeschrieben (§ 13). **hh) Wohnlauben** auf Kleing, die bisher befugt als solche genutzt w, dürfen nach Maßgabe des § 18 18 weiterbenutzt w. Duldg eines Ausbaus kann zu seiner Rechtmäßigk führen (LG Hann ZMR **87**, 23). Zum angemessenen Entgelt: BGH NJW **92**, 1833. **ii) Neue Bundesländer.** Für KleingNutzgsVerh gilt das BKleingG ab der ÜbleitgsRegelg in den neuen § 20a (Anl I Kap XIV Abschn II Nr 4 EiniggsV). Für sog Datschen (keine KleinG) gilt die SoRegelg in Art 232 § 4 EG.

c) Jagd- und Fischereipacht. Für die JagdP gelten die §§ 11–14 BJagdG mit AusfG der Länder. Ggst des 19 PachtVertr ist das JagdAusübgsR. Schriftform für den Vertr (auch den VorVertr, BGH NJW **73**, 1839) u AnzPfl bei der zust Beh. Kein KündSchutz. Für die FischereiP gelten landesrechtl Vorschr, idR die FischereiG der Länder (vgl EG Art 69). PachtGgst ist das FischereiR, nicht das Gewässer.

d) Apothekenpacht. Ggst des PachtVertr ist die Apotheke als Untern. Die Verpachtg ist grdsätzl 20 verboten, NichtigkFolge (§ 12 ApG). Verpachtg ist ausnahmsw zul, insb wenn der Verp die Apotheke aus einem in seiner Pers liegden wicht Grd nicht selbst betreiben kann od nach dem Tode des Apothekers erbberecht Kinder unter 23 Jahren vorhanden sind od der erbberecht Eheg des Apothekers bis zu seiner Wiederverheiratg verpachtet (§ 9 ApG), ferner bei dingl ApothekenBetrR (§ 27 ApG). Die Verpachtg von Apotheken, die Gebietskörpersch gehören, ist frei (§ 26 I ApG). Verpachtgsverbot w häuf dadch zu umgehen versucht, daß die Räume u Einrichtg vermietet w.

21   **e) Gaststättenpacht** ist PachtVertr über gewerbl genutzte Räume (Einf 69 v § 535), in denen eine Gastst betrieben w soll. Es kann mit od ohne Inv verpachtet w, auch wenn das Inv erst v Dr erworben w (Düss NJW-RR **94**, 399), sind häuf verbunden mit (ausschließl) Bier- u GetränkebezugsPfl (vgl Einf 24 v § 535 u § 138 Rn 81), die regelmäß im GgseitigVerh (§§ 320 ff) steht (BGH **102**, 237). Ist ein VorpachtR (vgl Einf 4 v § 535) eingeräumt, enthält die Vertr nicht von vorneherein ohne ausdrückl vertr Absprache, daß bei Neuverpachtg keine Getr- od BierbezugsPfl des neuen Pächt ggü einem Dr vereinb w kann (BGH aaO). Eine grdlos ausgesprochene außerord Künd kann SchadErsAnspr begrden (vgl § 564 Rn 15), eine ord Künd wg § 242 unwirks sein (§ 564 Rn 8; Mü NJW-RR **92**, 1037). Der Pächter kann das (ihm gehörde) Inv od das Untern verkaufen (vgl § 433 Rn 3 u BGH NJW **88**, 1668). Ist den Pächtern zugleich eine Wohng überlassen, so verbleibt es bei der Anwendg v PachtR, wenn das PachtVerh die Wohng umfaßt u einheitl ist.

22   **4) Franchisevertrag.** Lit: Martinek, Moderne VertrTypen, 1992; Emmerich JuS **95**, 760. **a) Begriff.** Ein FranchV liegt vor, wenn ein Untern (FranchG) einem and Untern (FranchN) für dessen BetrFührg zur Nutzg gg Entgelt u Übern bestimmter Pfl Handelswaren od -marke, Warenzeichen, GeschForm, Vertriebsmethoden u ErfahrgsWissen (know-how) sowie das R überläßt, bestimmte Waren od DLeistgen zu vertreiben. Die damit zushänge Überlassg von GeschRaum ist mögl, aber nicht notw. Der FranchV kommt als verkehrstyp Vertr in versch Formen vor, idR als Vertriebs- od DLeistgFranch. Der FranchV hat in den letzten 20 Jahren
23   zunehmd an Bedeutg gewonnen. **b) Rechtsnatur.** Der FranchV ist ein als DauerschuldVerh (auf bestimmte od unbest Zt) ausgestalteter Vertr (Düss NJW-RR **87**, 631), verktyp gemischter Vertr (Einf 12 v § 305; ähnl Martinek ZIP **86**, 1440 [1448]). Am stärksten ist er mit Elementen der RechtsPacht ausgestattet (Emmerich aaO), daneben mit solchen des Kaufs, der Miete sowie der GeschBesorgg (§ 675). Für LizenzVertr am Untern: Forkel ZHR **89**, 511. Außerdem ist, wenn ein gemeins unternehmer Zweck besteht, ein gesellschaftsrechtl Einschlag zu bejah. Bei weisgsgebundener AbsatzFördPfl des FranchN (Subordinations-Franch) ist HandelsVertrR anwendb; ü nicht (Martinek ZIP **88**, 1362). Der FranchN ist jedenf selbständ GewTreibder, handelt im eigenen Namen u auf eigene Rechng. Um den RSchein einer Vertretg (§§ 170–173
24   Rn 9) des FranchG vorzubeugen, muß der FranchN dies erkennb machen (Wolf/Ungeheuer BB **94**, 1027), nicht ArbN (Schlesw NJW-RR **87**, 220; Skaupy NJW **92**, 1785). **c) Vertragsinhalt.** Bei Abschl des Vertr besteht AufklärgsPfl des FranchG (Rn 26). Es besteht grdsätzl VertrFreih, begrenzt dch §§ 134, 138 (Mü NJW **86**, 1880 [Schneeball-System]) u § 242, dch das AGBG (grdsätzl § 9, Ekkenga, Inhaltskontrolle v Franch-Vertr, 1990), ferner dch § 15 GWB (Böhner NJW **85**, 2811 mwN; LG Mü I NJW **85**, 1906) u Art 85 I EWG-Vertr (EuGH NJW **86**, 1415 [Pronuptia]), wonach zwar Richtpreise zul sind, nicht aber das Verbot, die VertrWaren nur in einem vertr festgelegten GeschLokal zu vertreiben, od vertr Absprachen üb MarktAufteilg. In der Praxis sind die Vertr gekennzeichnet dch eine straffe Einbindg des FranchN in das Vertriebssystem u die DLeistgsOrganisation des FranchG, sind dch AbnahmePfl, VerhaltensPfl u ZustErfordern für Vertrieb und Erzeugnisse sowie nachvertragl WettbVerbote. Bei der VertrAuslegg ist eine angemessene unternehmer Selbstdk des FranchN zu berücks (Böhner aaO). Der FranchV kann in mehreren VertrUrk, die nur inhaltl zushängen, abgeschl w. VertrÄnd ist üb § 305 mögl; einseit Vorbeh ist nach § 10 Nr 4 AGBG zu
25   würd. **d) Abgrenzung.** Der FranchV ist zu unterscheid vom EigenhändlerVertr (BGH **54**, 338, auch VertrHändler), der in ein Vertriebssystem eingliedert; vom LizenzVertr (Rn 7); vom AgenturVertr, den ein Handelsvertreter (§ 84 HGB) abschließt; von der Mitgliedsch bei EinkaufsVereinigg od Genossensch, wobei aber im Einzelf ein FranchV nicht ausgeschl ist. Ein als FranchVertr bezeichneter u als so ausgestalteter Vertr ist nicht als ArbVerh auszulegen (Weltrich DB **88**, 806; Bauder NJW **89**, 78; aA LAG Düss NJW **88**, 725) od es
26   liegt eine FalschBezeichng vor. **e) Vertragsverletzung.** Der FranchG darf die Bestellgn des FranchN nicht willkürl od ohne vernünft Grd ablehnen (Hamm NJW-RR **94**, 243). Bei Unmöglk od Verz mit Haupt-LeistgsPfl: §§ 320–327; VerzögergSchad auch bei Verz mit and Pfl: § 286. Vor VertrAbschl trifft den FranchG eine AufklärgsPfl (hierzu näher Braun NJW **95**, 504), aber nur für die allg Eigng u Rentabilität seines Systems (Mü NJW **94**, 666 m Anm v Böhner S 635). Zur BewL (entspr § 282) krit v. Dorp WiB **95**, 285. SchadErs wg Versch bei VertrSchluß (Mü BB **88**, 865 m Anm v Skaupy) od wg SchlechtErf nur bei Versch (§§ 276, 278). Im Bereich gesellschaftsrechtl Pfl gilt § 708. Bei fehldem Versch bestehen Erf- u UnterlAnspr. Außerordl Künd
27   nach Maßg der Rn 28. **f) Widerruf.** Die Pfl des FranchN, Waren vom FranchG zu beziehen, kann sich auch indirekt aus anders lautdn Pfl ergeben (BGH **97**, 351), Diese Pfl ist wiederkehrder Bezug u fiel unter § 1 c Nr 3 AbzG; umfaßt ledigl den kaufrechtl Teil, sodaß der Widerr nur über § 139 den ganzen Vertr ergreifen kann (BGH aaO u **112**, 288). Hinsichtl der bestimmgsgem weitervertäußerten Waren ist dann nach den §§ 812 ff
28   abzuwickeln (BGH aaO). **g) Haftung** ggü den Kunden ergibt sich aus Vertr nur für den FranchN, delikt aus § 823 auch für den FranchN mögl; im Einzelfall kann § 831 gelten (hierzu Bräutigam, Delikt Außenhaftg im
29   Franchising, 1994 u WM **94**, 1189). **h) Beendigung.** Dch ZtAblauf (§§ 581 II, 564 I) od Künd. Außerord Künd kann als befristete od fristl vereinb w, auch dch Generalklauseln (BGH NJW **85**, 1894). Ohne Vereinbg ist außerord Künd aus wicht Grd (Unzumutbk der Fortsetzg des VertrVerh) zul (analog § 626 I, § 89a I HGB). Bei unbest VertrDauer gilt für die ord Künd § 584 I. Die analoge Anwendg von § 89b HGB (Ausgleichs-Anspr), wg der ähnl Interessenlage vertretb, ist umstr (vgl Köhler NJW **90**, 1689 mwN; bejahd unter best Voraussetzungen: Eckert WM **91**, 1237). Bei nachvertragl WettbAbrede wird § 90a HGB für entspr anwendb gehalten (Weber JA **83**, 347 [353]). Unterbleibt die rechtzeit Rückg der aGrd des Vertr überlassnen Sachen u Re, gilt § 584 b.

581   *Vertragliche Hauptpflichten; Anwendbarkeit des Mietrechts.*   [I] **Durch den Pacht-vertrag wird der Verpächter verpflichtet, dem Pächter den Gebrauch des verpachteten Gegenstandes und den Genuß der Früchte, soweit sie nach den Regeln einer ordnungsmäßigen**

Wirtschaft als Ertrag anzusehen sind, während der Pachtzeit zu gewähren. Der Pächter ist verpflichtet, dem Verpächter den vereinbarten Pachtzins zu entrichten.

II Auf die Pacht mit Ausnahme der Landpacht sind, soweit sich nicht aus den §§ 582 bis 584b etwas anderes ergibt, die Vorschriften über die Miete entsprechend anzuwenden.

1) Allgemeines. Abs II ist geänd dch G v 8. 11. 85 (BGBl 2065); in Kr seit 1. 7. 86. Begriff der Pacht u 1 Abgrenzg: Einf 1–9. **a) Anwendbarkeit:** Abs I gilt für alle PachtVertr (auch LandP, § 585 II) u für gemischte Vertr, soweit PachtR gilt (vgl Einf 7–9). Abs II gilt wie Abs I, aber nicht für die LandP. **b) Gegenstand** des 2 PachtVertr können nicht nur Sachen, sond auch Re sowie Sach- u RGesamth sein, insb gewerbl Untern (zur Einzelproblematik Krause MittRheinNot **90**, 209), auch Teile v diesen (BGH NJW-RR **86**, 1243). Erforderl ist, daß Sache od R noch bestehen u geeignet sind, GebrVorteile u Früchte (vgl §§ 99, 100) herzugeben. Bsp: Ausbeutg v BodenbestandT (BGH NJW **85**, 1025; vgl Einf 3); EinzelhandelsGesch; Anzeigenteil einer Zeitg od Zeitschr, eines Theaterprogramms; Bahnhofsbuchhandlg (BGH **LM** Nr 11); Taxikonzession (Düss NJW-RR **90**, 1078); LinienVerkGen (BGH NJW-RR **86**, 1243); zahlenmäß geregelter Abschuß jagdb Tiere (Düss MDR **75**, 228). Bei Verpachtg v Untern ist die Abgrenzg problemat, ob (echte) UnternPacht (mit Firma, know-how, good-will, Kundenstamm) od ledigl Raum- u EinrichtgsPacht vorliegt. Hier ist Parteiwille u VertrInhalt im Einzelfall zu ermitteln; der überwiege Teil gibt den Ausschlag (BGH NJW **53**, 1391 abw v RG **168**, 44), bestimmt den Inhalt u Umfang der Re u Pfl. **c) Vertragsparteien. aa)** Mehrh v Verp od Pächtern 3 wie bei Miete (vgl § 535 Rn 4–6). **bb)** Wechsel, insb Eintritt in einen PachtVertr: wie bei Miete (vgl § 535 Rn 7); hierzu BGH MDR **58**, 90 m Anm v Bettermann. **d) Abdingbarkeit** der Pfl aus § 581 ist grdsätzl nur in 4 der Weise eingeschr, als der Fruchtbezug nicht ganz ausgeschl w kann, da er für die Pacht wesensnotw ist. Beschrkgen v Gebr u Fruchtbezug nach Art u Umfang sind zul u häuf, können aber aGrd des AGBG unwirks sein. **e) Pachtkaution.** Hierfür gelten die Grdsätze der Mietkaution entspr (Einf 89–95 vor § 535). 5

2) Pflichten des Verpächters. Haupt- u GgseitigkPfl (§§ 320ff) sind die zu Rn 6 u 7. **a) Gebrauchsge-** 6 **währung** wie bei der Miete; vgl §§ 535, 536. Steht selbstd neben der Gewährg der Früchte (Rn 7). Dazu gehört die Abwendg v Beeinträchtig des Gebr u der Fruchtziehg, zB Zufahrtswege, Erf der bau- u feuerpolizeil Vorschr. **b) Fruchtgenuß.** Früchte: § 99, also nur bestimmgsgem Erzeugn u Ausbeute; dch 7 die Einschränkg „soweit ..." nicht solche, die die Substanz der Sache mindern. EigtErwerb nach §§ 956, 957. **c) Nebenpflichten:** je nach VertrInhalt grdsätzl entspr der Miete (vgl § 535 Rn 21–24; insb Wettbew, 8 dort Rn 18, 42). Bei Rückgabe eines gepachteten Gesch ist der Verp nicht verpfl, einen Ausgleich für den sog good-will zu zahlen (BGH NJW **86**, 2306). Verj: wie § 535 Rn 24. 9

3) Pflichten des Pächters. Haupt- u GgseitigkPfl (§§ 320ff) ist die Zahlg des PachtZ. **a) Pachtzins.** 10 Entspr dem Mietzins; vgl § 535 Rn 29. Er kann in einer einmal Zahlg u Übern best Leistgen (Bbg OLGZ **76**, 195), auch in einem Bruchteil od Prozentsatz des Umsatzes (sog Umsatzpacht) od Ertrages bestehen (partiarisches PachtVerh), daher zum Teil od vollk wegfallen. Ob bei Umsatzpacht die MWSt zum Umsatz gehört, hängt vom Inhalt des Vertr ab; ist nichts best, sind die Bruttoeinnahmen einschl MWSt zugrdezulegen (vgl Celle BB **74**, 157). Bei vertrwidr BetrFerien ist uU Pachtausfall zu ersetzen (Hamm BB **74**, 1609). Bei garantierter Mindestpacht ist Verstoß gg § 138 I mögl. Herabsetzg des PachtPr bei Mängeln des PachtGgst: § 537; das setzt voraus, daß die Nutzgen (§ 100) beeinträcht w. WertsichergsKlauseln: § 245 Rn 18–23. Verj: wie § 535 Rn 24; jedoch gilt § 196 I Nr 6 nicht (umstr). **b) Obhutspflicht.** § 545 Rn 1 gilt 11 entspr. **c) Benutzungspflicht:** Besteht grdsätzl nicht (RG **136**, 433); kann aber vereinb sein, auch stillschw, insb dann, wenn Pachtzins nach dem Ertrag bemessen w (OGH MDR **49**, 281) od die Benutzg notw ist, um Wert u GebrFähigk des PachtGgst zu erhalten (MüKo/Voelskow 4), zB bei EinzelhandelsGesch. **d) Treue-** 12 **pflicht** kann sich aus dem pers VertrauensVerh zw Verp u Pächter ergeben. Verstoß hiergg: wenn der Pächter die ZwVerst dch Dr fördert (RG JW **38**, 665); der Pächter den gepachteten Betr aufgibt u (insb in kurzer Entferng) ein KonkurrenzUntern eröffnet od übernimmt (BGH **LM** Nr 8 [Apotheke]). **e) Sonstige** 13 **Nebenpflichten:** entspr der Miete; vgl § 535 Rn 36–42. Verj: wie § 535 Rn 35, 37 aE.

4) Anwendung der Mietvorschriften (Abs II) ist entspr vorzunehmen, also mit den aus dem Wesen des 14 PVertr sich ergebden Ändergen. Es ist zu unterscheid: **a) Bewegliche Sachen.** Es gelten insb die Vorschr über MängelGewl (§§ 537–541), für die Künd vor allem §§ 564 II, 565, 553–554. Lasten des PGgst (§ 546) werden häuf abbedungen. Unterverpachtg (§ 549) ist nur mit Zust des Verp zul; kein Anspr auf Gestattg der UnterP, wenn sie im PVertr nicht vorgesehen ist. Kein KündR gem § 549 I (§ 584a I). Für Rückg gilt § 556, außerdem § 584b. **b) Grundstücke** (auch Teile davon, insb Räume für and Zwecke als Wohnen), Betr mit 15 Grdst od GrdstT mit Ausn der LandP (Rn 17). Es gelten grdsätzl die MietVorschr (Abs II), mit Ausn des hier unanwendb WoMietR. Die SoRegeln der §§ 582–584b gehen vor. Für die RaumP gelten insb die §§ 541, 541b, 544 (MüKo/Voelskow 13, 14). Übergang bei Veräußerg: §§ 571–579 gelten für Grdst- u RaumP, auch für Pacht grdstgleicher Re (zB FischereiR). **c) Rechte** (nur solche, die geeignet sind unmittelb 16 od mittelb Sach- od RFrüchte abzuwerfen (vgl Rn 2). Hierbei ist zu beachten, daß die auf Sachen zugeschnittenen §§ 535–580a auf Re nur beschr entspr angewendet w können. Für die Künd gilt § 584 als SoRegelg. Die §§ 571–579 gelten nicht (vgl BGH MDR **68**, 233), mit Ausn der Pacht v JagdR (§ 14 BJagdG) u FischereiR (KG OLG **38**, 93). **d) Landpacht.** MietVorschr gelten nur aGrd der Verweisgen in den 17 §§ 586 II, 587 II, S 2, 592 S 4, 593b, 594 I.

5) Zwangsvollstreckung. a) Gläubiger des Verpächters: Der Pfändg v Früchten vor ihrer Trenng 18 (§ 810 ZPO) kann Pächter nur widerspr, wenn sie sich in seinem Gewahrs befinden (§ 809 ZPO). Nach der Trenng ist Pächter gem § 956 Eigentümer der Früchte geworden u kann dann der Pfändg in jedem Falle widersprechen (§ 771 ZPO). Die getrennten Früchte unterliegen auch nicht der Beschlag bei ZwVerst u -verwaltg (§ 1120; § 20 II ZVG). Nach § 21 III ZVG wird das FruchtbezugsR des Pächters dch die Beschlagn nicht berührt (auch nicht hins der ungetrennten Früchte). Der PachtVertr ist nach § 152 II ZVG auch dem ZwVerwalter ggü wirks. Ggü dem Ersteher kann Pächter sich auf §§ 571–575 (nicht aber § 573 S 2) berufen (§§ 57, 57a ZVG). **b) Gläubiger des Pächters:** Verp kann der ZwVollstr in die getrennten Früchte nicht 19 widersprechen, hat aber ein Recht auf vorzugsw Befriedigg nach § 805 ZPO (vgl § 592). Der Pfändg von ungetrennten Früchten kann Verp nicht als Eigtümer widersprechen (vgl § 956 Rn 3). Pfändg der Fdg des landwirtschaftl Pächters aus dem Verkauf von landwirtschaftl Erzeugn ist auf Antr aufzuheben, soweit die Einkünfte zum Unterh od zur Aufrechterhaltg einer geordneten WirtschFührg unentbehrl sind (§ 851a ZPO). Zw Vollstr in das PachtR selbst dch Pfändg gem § 857 ZPO ist nach § 851 ZPO grdsätzl unzul, es sei denn, daß der Verp die Überl an den Dr gestattet hat. Bei ZwVollstr in den PachtGgst hat Verp § 771 ZPO.

582 **Erhaltung des Inventars.** [1]Wird ein Grundstück mit Inventar verpachtet, so obliegt dem Pächter die Erhaltung der einzelnen Inventarstücke.

[II]Der Verpächter ist verpflichtet, Inventarstücke zu ersetzen, die infolge eines vom Pächter nicht zu vertretenden Umstandes in Abgang kommen. Der Pächter hat jedoch den gewöhnlichen Abgang der zum Inventar gehörenden Tiere insoweit zu ersetzen, als dies einer ordnungsmäßigen Wirtschaft entspricht.

1   **1) Allgemeines.** § 582 (vgl Einf 10 vor § 581) entspr mit geringen sprachl Veränd dem früheren § 586.
a) Anwendungsbereich: Alle Grdst (Übbl 1 vor § 873), insb die gewerbl, einschl der landw genutzten Grdst (§ 585 II); auch entspr anwendb, wenn das Grdst im Rahmen eines Untern (vgl § 581 Rn 2) verp w.
2 Stets muß das Inv (Rn 2) mitverp sein, so daß § 582 unanwendb ist, wenn das Inv gekauft w (dann Rn 5). Ist es zum Schätzwert übnommen, gilt § 582a. **b) Inventar** ist die Gesamth der bewegl Sachen, die in einem entspr räuml Verh zum Grdst stehen u dazu bestimmt sind, das Grdst entspr seinem wirtschaftl Zweck dch Betrieb zu nutzen (§ 98); Umfaßt das Zubeh (§ 97) u darübhinaus je nach VerkAuffassg weitere Sachen. Für die InvEigensch ist die EigtLage an der betreffden Sache bedeutgsl (Schlesw SchlHA **74**, 111). Nicht Inv ist
3 der FernsprechAnschl (LG Konstanz NJW **71**, 515). Ein InvVerzeichn ist ledigl BewUrk. **c) Arten des Inventars. aa)** Mitverpachtetes Inv: dafür gilt § 582. **bb)** Sog eisernes Inv: dafür gilt § 582a. **cc)** Dem Pächter gehördes Inv: Die VertrPart können vereinb, daß der Pächter das Inv od InvStücke zu Eigt erwirbt (vgl Rn 5) u § 583a. **dd)** ÜberInv ist das v Pächter angeschaffte u üb den eigentl Ers hinausreichde Inv (vgl
4 § 582a Rn 12). **d) Abdingbarkeit** besteht uneingeschr; insb kann der Pächter die gesamte ErhaltgsPfl
5 (Rn 6, 7) übern. **e) Kauf** des Inv liegt vor, wenn vereinb ist, daß das Inv in das Eigt des Pächters übergehen soll, entw endgült od mit WiederkaufsR (§§ 497–503; vgl RG **152**, 100).

6   **2) Erhaltungspflicht** (Abs I, II). **a) Verpächter:** wg §§ 581 II, 536 hat grdsätzl der Verp das Inv in seinem GesamtBestd zu erhalten u daher die Pfl, bei zufäll Untergang od Verlust das InvStück zu ersetzen
7 (Abs II S 1). Ausgenommen ist der TierBestd (Abs II S 2). **b) Pächter:** Abs I ändert den Grds der §§ 581 II, 536 ab: Den Pächter trifft die ErhaltgsPfl, näml Unterhaltg, insb Fütterg, Instandhaltg u Ausbesserg, auch infolge v gewöhnl Verschleiß (Soergel/Kummer 6; aA Loos NJW **63**, 990). Ergänzg dch Neuanschaffg (mit der Folge, daß das InvStück in das Eigt der Verp übergeht, § 930) ist nur im Rahmen einer ordgem Wirtsch vorzunehmen, dch Anschaffg od Eigenproduktion. Wg Abs II S 1 sind abgehde InvStücke v Pächter nur bei Versch (§§ 276, 278) zu ersetzen. Ausn für das sog eiserne Inv (§ 582a I) u Tiere (Abs II S 2). Es besteht keine VersicherungsPfl des Pächters. Verj des ErsAnspr bei Verstoß: § 558 (dort Rn 6).

582a **Inventarübernahme zum Schätzwert.** [1]Übernimmt der Pächter eines Grundstücks das Inventar zum Schätzwert mit der Verpflichtung, es bei Beendigung der Pacht zum Schätzwert zurückzugewähren, so trägt er die Gefahr des zufälligen Untergangs und der zufälligen Verschlechterung des Inventars. Innerhalb der Grenzen einer ordnungsmäßigen Wirtschaft kann er über die einzelnen Inventarstücke verfügen.

[II]Der Pächter hat das Inventar in dem Zustand zu erhalten und in dem Umfang laufend zu ersetzen, der den Regeln einer ordnungsmäßigen Wirtschaft entspricht. Die von ihm angeschafften Stücke werden mit der Einverleibung in das Inventar Eigentum des Verpächters.

[III]Bei Beendigung der Pacht hat der Pächter das vorhandene Inventar dem Verpächter zurückzugewähren. Der Verpächter kann die Übernahme derjenigen von dem Pächter angeschafften Inventarstücke ablehnen, welche nach den Regeln einer ordnungsmäßigen Wirtschaft für das Grundstück überflüssig oder zu wertvoll sind; mit der Ablehnung geht das Eigentum an den abgelehnten Stücken auf den Pächter über. Besteht zwischen dem Gesamtschätzwert des übernommenen und dem des zurückzugewährenden Inventars ein Unterschied, so ist dieser in Geld auszugleichen. Den Schätzwerten sind die Preise im Zeitpunkt der Beendigung der Pacht zugrunde zu legen.

1   **1) Allgemeines.** Die Vorschr ändert die früh §§ 587–589 u faßt sie zus. Zweck der Neuregelg ist die
2 Anpassg an moderne betrwirtsch Erfordernisse, die für den Pächter als selbstdgen Untern gelten. **a) Anwendungsbereich:** wie § 582 Rn 1; jedoch nur für das sog eiserne Inv (Rn 3). **b) Inventar:** Wie § 582 Rn 2.
3   **c) Begriff** des sog eisernen Inv. Das Inv muß bei Pachtbeginn übernommen sein: **(1)** in Pacht, also nicht dch Kauf (vgl § 582 Rn 5); **(2)** zum Schätzwert: Nicht nur bei der LandP ist es für die Schätzg zweckmäß, eine Pachtbeschreibg (§ 585b) vorzunehmen. Der Schätzwert ist dann maßgebd für den Ausgleich (Rn 13).
4   **(3)** RückgewährPfl zum Schätzwert (im PVertr vereinb). **d) Abdingbarkeit** ist im Rahmen des AGBG sowie der §§ 138, 242 zu bejahen. Die Part können vonvornherein v der Vereinbg gem Abs I absehen.

5   **2) Rechtsfolgen** während der Pacht: **a) Gefahrtragung** (Abs I S 1): Abweichd v § 582 II trifft den Pächter auch die Gefahr zufäll Unterg u Verschlechterg. Gilt bis zur Rückg (Abs III S 1). Der PZins bleibt
6 unvermindert. **b) Verfügungsbefugnis des Pächters** (Abs I S 2) besteht währd der ganzen PachtZt üb alle einzelnen InvStücke (nicht üb das Inv als ganzes), obwohl sie im Eigt des Verp stehen; insb Veräußerg zwecks ErsAnschaffg, SichÜbeigng. Da die VerfBefugn v Verp abgeleitet ist, geht sie nicht weiter, als sie dem Verp ggü Dr zusteht. Dem Abs I S 2 liegt eine gesetzl fingierte Einwilligg (§ 185 I) des Verp zugrude.

Die Grenze ist stets die ordngsmäß Wirtsch, die in Bezug auf den konkr Betr zu beurt ist. **c) Erhaltungs-** 7 **pflicht** (Abs II S 1 1. Alt). Inhalt: wie § 582 Rn 6, 7. Abweichd v § 582 II trifft sie voll den Pächter. Ordngsmäß Wirtsch: wie Rn 6. **d) Ersatzpflicht:** Sie ist an der ordngsmäß Wirtsch auszurichten, die der 8 Betr erfordert, damit auch die Modernisierg, die Anpassg an die im jeweils gelten, gehobenen Standard u techn Fortschritt. **e) Eigentumslage** (Abs II S 2). Das gen Inv bleibt od wird Eigt des Verp, auch wenn eine 9 Neuanschaffg nicht den Regeln einer ordngsmäß Wirtsch entspr, vorausgesetzt, daß das Eigt nicht Dr zusteht (insb bei EigtVorbeh od SichergsEigt); denn § 582a regelt nur das Verh Verp-Pächter. EigtErwerb gem Abs II S 2 krG dch Realakt (Übbl 9, 10 vor § 104), indem die Sache dem Inv (insb räuml) einverleibt w; daher gutgl Erwerb ausgeschl. Angeschafft: jede Art v EigtErwerb. Für Abs II S 2 steht dem Eigt die Anwartsch darauf gleich, so daß der Verp das AnwartschR erwirbt. **f) Pflichtverletzung** führt bei Versch 10 (§§ 276, 278) zu SchadErs (§ 280 od pVV), zu außerord Künd (§§ 553, 554a od § 594e) sowie Unterlassg (§ 550 od § 590a). Verj: wie § 582 Rn 7.

3) Beendigung der Pacht (Abs III). **a) Rückgewährpflicht** (Abs III S 1) entspr der Rückg (§ 556 Rn 2). 11 Sie umfaßt das gesamte Inv des Verp (S 2) auch solche Stücke, die dem AblehngsR (Rn 12) unterliegen. **b) Ablehnungsrecht:** GestaltgsR, das dch empfbed WillErkl (§ 130) ausgeübt w. Es bezieht sich auf das 12 sog ÜberInv (§ 582 Rn 3). Ordnmäß Wirtsch: wie Rn 8. Übflüss od zu wertvoll ist nach objektiven, nicht pers Maßstäben zu beurt. BewLast hierfür trägt der Verp. RFolge der Ablehng: EigtÜberg auf Pächter mit Zugang der AblehngsErkl (§ 130). Zugleich scheidet das abgelehnte Stück aus dem Inv aus. **c) Wertaus-** 13 **gleich** (Abs III S 3 u 4). Vertragl Abänd geht vor. Die GesSchätzwerte zZ der Übern u der Rückg des Inv sind ggüzustellen. Die Differenz ist in Geld auszugleichen. Unterschiede im Schätzwert, die nur eine Folge veränd Kaufkraft sind, bleiben unberücks (BT-Drucks 10/509 S 15), sodaß das PrNiveau bei Pachtende maßgebd ist; denn der Verp muß das Inv, wenn nöt, zu den Preisen bei Pachtende wiederbeschaffen (BT-Drucks 10/3830 S 28). Für Schätzg dch Dr gilt § 317 entspr; bei LandP wird regelm die SchätzgsO für das landw PWesen (Beschl des Verbandes der LandwKammern v 10./11. 11. 82) angewendet. Verj des Anspr: § 558 (hM; RG **95**, 302).

583 *Pächterpfandrecht am Inventar.* [1]Dem Pächter eines Grundstücks steht für die Forderungen gegen den Verpächter, die sich auf das mitgepachtete Inventar beziehen, **ein Pfandrecht an den in seinen Besitz gelangten Inventarstücken zu.**

[2]**Der Verpächter kann die Geltendmachung des Pfandrechts des Pächters durch Sicherheitsleistung abwenden. Er kann jedes einzelne Inventarstück dadurch von dem Pfandrecht befreien, daß er in Höhe des Wertes Sicherheit leistet.**

Anwendbar: wie § 582 Rn 1. **Forderungen des Pächters:** § 582 II S 1, § 582a III S 3; ggf Fdg auf Rückg 1 einer für das Inv gestellten Kaution. **Pfandrecht:** an allen InvStücken, deren Bes (§ 854) der Pächter erlangt, 2 auch wenn sie im Eigt Dr stehen, weil gutgläub Erwerb (§ 1207) mögl ist (BGH **34**, 153). Üb § 1257 gelten die §§ 1204ff. **Abwendungsbefugnis** (Abs II). Entspr dem § 562 in umgekehrter Parteistellg; die Anm zu 3 § 562 gilt sinngem.

583a *Vertragspflichten zur Verfügung über Inventar.* **Vertragsbestimmungen, die den Pächter eines Betriebes verpflichten, nicht oder nicht ohne Einwilligung des Verpächters über Inventarstücke zu verfügen oder Inventar an den Verpächter zu veräußern, sind nur wirksam, wenn sich der Verpächter verpflichtet, das Inventar bei der Beendigung des Pachtverhältnisses zum Schätzwert zu erwerben.**

Anwendbar: nur bei P v Betr, also einer organisierten Zusfassg v Sachen u Ren, die es ermögl, eine 1 gewerbl, freiberufl od künstler Tätigk auszuüben. Umfaßt ausdrückl auch landw Betr (§ 585 II). § 583a gilt nur für Inv, das dem Pächter od Dr (nicht dem Verp) gehört. **Zweck.** Vielf w zuläss im PVertr 2 vereinb, daß der Pächter das ganze Inv (od Teile) gg Entgelt zu Eigt erwirbt, auch daß v ihm später angeschaffte InvStücke in sein Eigt fallen (vgl § 582 Rn 3). Zugleich werden oft weitere Pfl in Bezug auf das Inv vereinb (BT-Drucks 10/509 S 16). Zum Schutz des Pächters vor unbill Nachteilen darf seine Vfg üb InvStücke nicht v der Einwillig (§ 185 I) des Verp abhäng gemacht w. **Abdingbarkeit** ist zu verneinen (BT-Drucks aaO). **Voraussetzungen.** Das InvStück kann dem Pächter od einem Dr gehören (vgl 3 Rn 1). Der PVertr muß den Pächter ausdrückl od stillschw verpfl, alternativ: (1) die Veräußerg des Inv (insb auch einzelner Stücke) zu unterl od nur mit Einw (§ 185 I) des Verp vorzunehmen; (2) Inv an den Verp zu veräußern, sodaß es in dessen Belieben stünde, angeschafftes Inv zu übnehmen. **Wirkung.** Die 4 VertrBestimmg ist grdsätzl nichtig (§ 134); führt über § 139 prakt nur zur TeilNichtigk. Ausn: der Verp verpfl sich, das ganze Inv zum Schätzwert (§ 582a Rn 13) zu übernehmen. Bei Nichtigk wg fehlder ÜbernPfl des Verp gelten die allg gesetzl Regeln: die Vfgen des Pächters sind wirks ohne Ausgleichs- od SchadErsPfl; bei PEnde ist das mitverpachtete Inv zurückzugeben; der Pächter kann die ihm gehörden InvStücke mitnehmen.

584 *Kündigungsfrist bei Grundstücken oder Rechten.* [1]**Ist bei der Pacht eines Grundstücks oder eines Rechts die Pachtzeit nicht bestimmt, so ist die Kündigung nur für den Schluß eines Pachtjahres zulässig; sie hat spätestens am dritten Werktag des halben Jahres zu erfolgen, mit dessen Ablauf die Pacht enden soll.**

[2]**Diese Vorschriften gelten bei der Pacht eines Grundstücks oder eines Rechts auch für die Fälle, in denen das Pachtverhältnis unter Einhaltung der gesetzlichen Frist vorzeitig gekündigt werden kann.**

1   **Anwendungsbereich:** Pacht v Grdst (nicht LandP), Räumen (Einf 68 vor § 535) u Ren, insb auch Re an einem Grdst. Ist mit dem Grdst einheitl WoRaum (PächterWohng) mitverp, gilt auch für den WoRaum PachtR und § 584. Nur bei unbestimmter Dauer des PachtVerh unter Einschluß v § 566 S 2 (wg § 581 II).
2   Für bewegl Sachen gilt § 565 IV (§ 581 II), für LandP § 594a. **Abdingbarkeit** ist zu bejahen. **Kündigungsfrist** (Abs I): PJahr ist das im Vertr festgelegte; ist nichts bestimmt, beginnt das PJahr mit dem Beginn des PVerh, sofern nicht GewohnhR (auch innerh der Länder oft unterschiedl) ein and Pachtjahr
3 festlegt. Für verspätete Künd vgl § 565 Rn 5. **Vorzeitige Kündigung** (Abs II): insb die Fälle der §§ 567, 569 (nur für den Erben, vgl § 569 II), § 19 KO, § 57a ZVG (gilt auch bei Pacht auf bestimmte Zt, vgl Celle NJW-RR **88**, 80). Abs II gilt nicht für außerord Künd (üb § 581 II insb gem §§ 542, 544, 553, 554, 554a mögl).

584a   *Kündigung bei Unterpacht, Tod oder Versetzung.*   [1] Dem Pächter steht das in § 549 Abs. 1 bestimmte Kündigungsrecht nicht zu.

[2] Der Verpächter ist nicht berechtigt, das Pachtverhältnis nach § 569 zu kündigen.

[3] Eine Kündigung des Pachtverhältnisses nach § 570 findet nicht statt.

1   **Abdingbarkeit** ist zu bejahen. **Anwendbar** nur auf Grdst u Räume, außer WoRaum (Einf 68, 70 vor § 535); nur Abs I u II auch auf bewegl Sachen; nicht auf die LandP (vgl §§ 585 II, 589, 594d). Abs II ist auch auf RechtsP anwendb. **Wirkung:** § 584a schließt das R zu außerord Künd in bestimmten Fällen aus;
2 eine trotzdem erkl Künd ist wirkgslos. **Unterpacht** (Abs I): Aus dem Ausschl des KündR folgt, daß der Pächter keinen Anspr auf die Erlaubn gem § 549 I S 1 hat (allgM). **Tod des Pächters** (Abs II): Das KündR
3 der Erben des Pächters (§§ 581 II, 569 I) bleibt erhalten. **Versetzung** (Abs III): Grd für den Ausschl des KündR ist, daß der gesetzgeber Zweck des § 570 bei Pacht nicht zutrifft. Es empfiehlt sich für den Pächter, das KündR für den Fall der Versetzg vertragl vorzubeh.

584b   *Entschädigung bei verspäteter Rückgabe.*   Gibt der Pächter den gepachteten Gegenstand nach der Beendigung des Pachtverhältnisses nicht zurück, so kann der Verpächter für die Dauer der Vorenthaltung als Entschädigung den vereinbarten Pachtzins nach dem Verhältnis verlangen, in dem die Nutzungen, die der Pächter während dieser Zeit gezogen hat oder hätte ziehen können, zu den Nutzungen des ganzen Pachtjahres stehen. Die Geltendmachung eines weiteren Schadens ist nicht ausgeschlossen.

1   **Allgemeines.** Der § 584b ist abdingb u eine SondRegelg (vgl §§ 557, 597). **Anwendungsbereich:** Grdst v Räume außer WoRaum (Einf 68, 70 vor § 535), bewegl Sachen, auch RechtsP, soweit eine Rückg in Betr kommt. Nicht: LandP (SoRegelg § 597); wenn PachtVertr gem §§ 568, 581 II verlängert w; wenn
2 der Pächter künd u der Verp Fortsetzg des PachtVerh fordert (vgl BGH NJW **60**, 909). **Verhältnis zu anderen Ansprüchen** (S 2): SchadErs wg Vorenthaltg der PSache kann der Verp neben der Entschädigg aus § 584b verlangen; hierzu KG NJW **70**, 951. Ebsowenig sind AnsprGrdlagen § 557 Rn 13–16; hierzu KG NJW **70**, 951. Ebsowenig sind
3 Anspr aus ungerechtf Ber ausgeschl (BGH NJW **68**, 197; dagg Rüber NJW **68**, 1613). **Voraussetzungen.** Beendigg des PachtVerh, gleich ob aGrd ZtAblaufs, Künd od AufhebgsVertr. Vorenthaltg des PachtGgst gg den Willen des Verp (KG NJW **71**, 432), dh unterbliebene rechtzt Rückg gem § 556, ohne Rücks auf einen NutzgsWillen des Verp (Mü ZMR **93**, 466). Das muß den Pächter verurs sein, insb wenn er od sein UnterP den Bes behält. Unabhäng v Versch (§§ 276, 278) u davon, ob der PGgstd weiter genutzt w.
4 **Entschädigung.** Die Höhe ist nach S 1 zu berechnen; im Proz § 287 ZPO; nicht notw der PZins. Nutzgen: § 100. Grd: unterschiedl Wert der Nutzg währd eines Jahres. Der Verp darf jedenf nicht schlechter stehen als bei Fortdauer d. Pacht. Fälligk: wie die des PZinses. Verj: § 197 (BGH **68**, 307; § 557 Rn 2).

III. Landpacht

585   *Landpachtvertrag.*   [1] Durch den Landpachtvertrag wird ein Grundstück mit den seiner Bewirtschaftung dienenden Wohn- oder Wirtschaftsgebäuden (Betrieb) oder ein Grundstück ohne solche Gebäude überwiegend zur Landwirtschaft verpachtet. Landwirtschaft sind die Bodenbewirtschaftung und die mit der Bodennutzung verbundene Tierhaltung, um pflanzliche oder tierische Erzeugnisse zu gewinnen, sowie die gartenbauliche Erzeugung.

[2] Für Landpachtverträge gelten § 581 Abs. 1 und die §§ 582 bis 583a sowie die nachfolgenden besonderen Vorschriften.

[3] Die Vorschriften über Landpachtverträge gelten auch für die Pacht forstwirtschaftlicher Grundstücke, wenn die Grundstücke zur Nutzung in einem überwiegend landwirtschaftlichen Betrieb verpachtet werden.

1   **1) Begriffe** (Abs I). **a) Landpachtvertrag** (Legaldefinition in S 1) ist ein PachtVertr (§ 581 I), dch den ein landwirtschaftl Betr (Rn 3) od ein unbebautes Grdst überwiegd zur Landwirtsch überlassen w.
2 Die MitÜblassg v WoRaum steht nicht entgg (Köln ZMR **87**, 428). **b) Landwirtschaft** (Abs I S 2) ist die Bodenbewirtschaftg u (nur) die mit der Bodennutzg verbundene Tierhaltg; also nicht solche Betr, die allein auf Zucht, Mast u Erzeugg tierischer Produkte ohne eigene Futtererzeugg ausgerichtet sind. Landwirtsch setzt den Zweck voraus, pflanzl od tier Erzeugn zu gewinnen. Dazu gehört Ackerbau, Wiesen- u WeideWirtsch, Gartenbau, auch bodenunabhäng Erzeugg in Behältern (BT-Drucks 10/3830 S 29), Baumschule (LG Hbg ZMR **93**, 283 mwN), der Wein- u Obstbau, Fischerei in Binnengewässern u Imkerei, Forstwirtsch nur unter den Voraussetzgen des Abs III. Ein Nebenerwerb steht nicht entgg. Nicht dazu
3 gehört der Handel mit landwirtsch Produkten. **c) Landwirtschaftlicher Betrieb** ist ein Grdst, das mit Wohn- od WirtschGebäuden versehen ist, die der Landwirtsch für dieses Grdst dienen. Der Legaldefi-

nition zufolge ist vorhandenes Inventar des Verp nicht notw. Bei MischBetr, insb mit Forstwirtsch (Abs III), muß der landwirtsch Zweck überwiegen.

2) Anzuwendende Vorschriften (Abs II). Für die HauptPfl gilt § 581 I. Für Pacht v Betrieben (Rn 3) **4** mit Inventar gelten die §§ 582–583a. Die §§ 585a–597 gelten als SondVorschr u verweisen wiederholt auf MietR (§§ 586 II, 587 II S 2, 592 S 4, 593b, 594e I). Zu beachten ist die AnzPfl gem § 2 LPVerkG.

3) Forstwirtschaft (Abs III). Die Pacht v ForstGrdst u -Betr fällt grdsätzl unter die §§ 581–584b. Für **5** forstwirtsch genutzte Grdst gilt nur dann LandPR, wenn sie im Wege der Zupacht an einen Betr gelangen, der trotz des od der zugepachteten forstwirtsch Grdst noch übwiegd landwirtsch genutzt w. Überwiegend landwirtsch Betr mit forstwirtsch Anteil, die als ganzes verpachtet w, fallen vonvorneherein unter Abs I.

585 a *Schriftform.* **Ein Landpachtvertrag, der für länger als zwei Jahre geschlossen wird, bedarf der schriftlichen Form. Wird die Form nicht beachtet, so gilt der Vertrag als für unbestimmte Zeit geschlossen.**

Abdingbarkeit ist ausgeschl (vgl § 566 Rn 2). **Anwendbar** nur auf LandP (§ 585 Rn 1); geht dem § 566 **1** vor. **Vertragsdauer:** Die 2 Jahre sind dem § 594 a I S 1 angepaßt; diese Vorschr gilt, wenn Formnichtig gegeben ist. **Formverstoß:** Es gilt S 2. Setzt voraus, daß ein Vertr formlos zustdegekommen ist (BGH NJW **94**, 1649). **Sonstiges:** Die Anm zu § 566 gelten entspr.

585 b *Beschreibung der Pachtsache.* [1]**Der Verpächter und der Pächter sollen bei Beginn des Pachtverhältnisses gemeinsam eine Beschreibung der Pachtsache anfertigen, in der ihr Umfang sowie der Zustand, in dem sie sich bei der Überlassung befindet, festgestellt werden. Dies gilt für die Beendigung des Pachtverhältnisses entsprechend. Die Beschreibung soll mit der Angabe des Tages der Anfertigung versehen werden und ist von beiden Teilen zu unterschreiben.**
[II]**Weigert sich ein Vertragsteil, bei der Anfertigung einer Beschreibung mitzuwirken, oder ergeben sich bei der Anfertigung Meinungsverschiedenheiten tatsächlicher Art, so kann jeder Vertragsteil verlangen, daß eine Beschreibung durch einen Sachverständigen angefertigt wird, es sei denn, daß seit der Überlassung der Pachtsache mehr als neun Monate oder seit der Beendigung des Pachtverhältnisses mehr als drei Monate verstrichen sind; der Sachverständige wird auf Antrag durch das Landwirtschaftsgericht ernannt. Die insoweit entstehenden Kosten trägt jeder Vertragsteil zur Hälfte.**
[III]**Ist eine Beschreibung der genannten Art angefertigt, so wird im Verhältnis der Vertragsteile zueinander vermutet, daß sie richtig ist.**

1) Allgemeines. a) Zweck: Soll Streitig vermeiden, die daraus entstehen, daß bei VertrAbschl od **1** PBeginn der Zustd der PSache nicht od nur ungenau festgestellt w (sog eisernes Inv, Instandsetzg als gewöhnl Ausbesserg od Erhaltg der PSache). **b) Abdingbarkeit** ergibt sich schon daraus, daß es sich um **2** eine Soll-Vorschr handelt. Auch der Inhalt ist freigestellt; in MusterPVertr idR vorgesehen. **c) Anwendbar** **3** auf alle Arten der LPacht (§ 585 Rn 1). **d) Ähnliche Vorschriften** sind die §§ 1034, 1035, 1377, 2121, 2122); jedoch stellt § 585b eine abschließde SoRegelg dar. **e) Besichtigung** der PSache muß der jeweil Bes (Pächter od Verp; BT-Drucks 10/509 S 18) gewähren.

2) Beschreibung durch die Vertragsparteien (Abs I). **a) Pflicht** zur Mitwirkg („sollen") besteht nicht; **4** RFolgen bei Verweigerg: Rn 7–10. **b) Gemeinsame Ausfertigung** bedeutet, daß die Part zuswirken u über den Inhalt der Beschreibg einig sind. **c) Inhalt.** Er soll die ganze PSache umfassen; jedoch ist eine **5** TeilBeschreibg nicht unwirks. Er ist je nach Art der PSache verschieden; soll alle der Pacht unterliegden Ggstde erfassen, zB die InvStücke einzeln od bei Gleichartigk in Zahlen; die Größe nach übl Maßen; den Zustand insb: funktionsunfäh od fehlde Teile, Alter, Schadstellen, Funktionsfähigk. **d) Zeitpunkt:** Die **6** Beschreibg soll bei PBeginn (S 1) u bei PEnde (S 2) erstellt w; sie kann ohne Befristg nachträgl geschehen (vgl aber Abs II), auch einige Tage vorher. **e) Datum:** Soll angegeben w (S 3); fehlt es, ist die PBeschr deshalb nicht unwirks. **f) Unterschrift** beider Part (S 3) ist notw zur Wirksk gem Abs III.

3) Beschreibung durch Sachverständige (Abs II). **a) Voraussetzung** (alternativ): **aa)** Weiger der **7** einen VertrPart, bei der Beschreibg mitzuwirken, vonvorneherein, währd der Aufnahme od dch Verwei gerg der Unterschr. Die Weigerg muß darauf gerichtet sein, eine Beschreibg überhaupt fertigzustellen. **bb)** Tatsächl MeingsVerschh üb einen od mehrere Punkte, auf die sich der VertrPart nicht einigen. **b) Befristung** ist mit Rücks darauf eingeführt, daß die Beschreibg nur innerh eines kürzeren ZtRaums seit dem **8** maßgebden Termin zuverläss erstellt w kann u einem RMißbr vorzubeugen ist (BT-Drucks 10/ 509 S 18). **c) Verlangen** einer VertrPart; auch derjen, die ihre Mitwirkg verweigert hat (BT-Drucks aaO). Verlangt **9** wird dch WillErkl (§ 130) ggü der and VertrPart. Die Part können sich auch danach noch einigen u die Voraussetzgen (Rn 7) dadch beseit. **d) Sachverständigenernennung** dch das LandwGer (AG, § 2 I **10** LwVG) aGrd des § 1 Nr 1 LwVG erfolgt auf Antrag einer der beiden VertrPart. Verf nach § 9 LwVG. **e) Kosten** sowohl der Ernenng wie die der Tätk des SachVerst w gem S 2 verteilt.

4) Richtigkeitsvermutung (Abs III) ist die Folge einer v den Part od vom Sachverst angefert Be- **11** schreibg. Sie gilt nur im Verh der VertrPart zueinander. Die Unrichtigk muß im Streifall v der Part, die sie behauptet, bewiesen w. Im Streitfall zw den VertrPart (Feststellg od Zahlg) ist das AG als LandwGer zuständ (§ 1 Nr 1a LwVG).

586 *Überlassungs- und Erhaltungspflicht; Gewährleistung.* [I]Der Verpächter hat die Pachtsache dem Pächter in einem zu der vertragsmäßigen Nutzung geeigneten Zustand zu überlassen und sie während der Pachtzeit in diesem Zustand zu erhalten. Der Pächter hat jedoch die gewöhnlichen Ausbesserungen der Pachtsache, insbesondere die der Wohn- und Wirtschaftsgebäude, der Wege, Gräben, Dränungen und Einfriedungen, auf seine Kosten durchzuführen. Er ist zur ordnungsmäßigen Bewirtschaftung der Pachtsache verpflichtet.

[II]Für die Haftung des Verpächters für Sach- und Rechtsmängel der Pachtsache sowie für die Rechte und Pflichten des Pächters wegen solcher Mängel gelten die Vorschriften des § 537 Abs. 1 und 2, der §§ 538 bis 541 sowie des § 545 entsprechend.

1　**Anwendbar:** wie § 585b Rn 3. **Abdingbar** im Rahmen des AGBG u der §§ 138, 242. **Pachtsache:** entspr dem § 585 I S 1. Ist es ein Hof (Betr iS des § 585 I S 1), so geht das Milchkontingent auf den Pächter über (BGH **115**, 162). **Überlassungs- und Erhaltungspflicht** (Abs I S 1: entspr dem § 536). Wird ein Gbde zerstört, ist der Verp nicht zum Wiederaufbau verpfl, wenn die Nutzg des Anwesens mögl bleibt (BGH **116**, 334). WiederaufbauPfl kommt in Betracht, wenn Verp die Zerstörg zu vertr hat (§§ 276, 278), entfällt aber, wenn sie der Pächter zu vertr hat (BGH aaO; vgl § 536 Rn 22). **Ausbesserungspflicht** des Pächters (Abs I S 2) umfaßt die laufden Wartgs- u PflegeArb, SchönhRep u Maßn wg laufder WittergsEinflüsse (BGH NJW-RR **93**, 521 mwN). Schränkt die ErhaltgsPfl des Verp ein; jedoch obliegen dem Verp die Ausbessergen, die aGrd außergewöhnl Umstde (zB Naturereign) notw w. Verj des ErsAnspr bei Verstoß: § 591b. 2　**Ordnungsmäßige Bewirtschaftung** (Abs I S 3) währd der ganzen PZt. Das bedeutet eine andauernde BetriebsPfl nach geltden landw Regeln. **Gewährleistung** des Verp (Abs II) entspr den Regeln für die Miete, insb § 538 I (BGH NJW-RR **93**, 521), § 538 II (BGH NJW-RR **91**, 75) u § 541 (BGH NJW **91**, 3277). Die Gewl erstreckt sich auf die ganze PSache einschl mitverpachteten Inventars. Kein R iS des § 541 ist das Milchkontingent; für dieses gilt § 326 (BGH **115**, 162).

586a *Lasten.* Der Verpächter hat die auf der Pachtsache ruhenden Lasten zu tragen.

1　**Anwendbar:** wie § 585b Rn 3. **Abdingbar** wie Anm zu § 586. **Wirkung:** nur im InnenVerh, unabhäng davon, wer Steurschuldner ist. **Lasten:** Öff- u privrechtl; wie Anm zu § 546.

587 *Pachtzins.* [I]Der Pachtzins ist am Ende der Pachtzeit zu entrichten. Ist der Pachtzins nach Zeitabschnitten bemessen, so ist er am ersten Werktag nach dem Ablauf der einzelnen Zeitabschnitte zu entrichten.

[II]Der Pächter wird von der Entrichtung des Pachtzinses nicht dadurch befreit, daß er durch einen in seiner Person liegenden Grund an der Ausübung des ihm zustehenden Nutzungsrechts verhindert wird. Die Vorschriften des § 552 Satz 2 und 3 gelten entsprechend.

1　**Anwendbar und abdingbar:** wie § 586 Rn 1. **Pachtzins** sind der vereinb GeldBetr u die sonst vertr Leistgen des Pächters, die PEntgelt darstellen (BT-Drucks 10/509 S 17). **Fälligkeit** (Abs I): § 551 Rn 1–4 gelten sinngem. **Verhinderte Nutzung** (Abs II). Auch S 1 entspr mit Ausn des Wortes Nutzg statt Gebrauch wörtl dem § 552 S 1. Die Rn 4–11 zu § 552 gelten sinngem.

588 *Duldungspflicht des Pächters; Pachtzinserhöhung.* [I]Der Pächter hat Einwirkungen auf die Pachtsache zu dulden, die zu ihrer Erhaltung erforderlich sind.

[II]Maßnahmen zur Verbesserung der Pachtsache hat der Pächter zu dulden, es sei denn, daß die Maßnahme für ihn eine Härte bedeuten würde, die auch unter Würdigung der berechtigten Interessen des Verpächters nicht zu rechtfertigen ist. Der Verpächter hat dem Pächter die durch die Maßnahme entstandenen Aufwendungen und entgangenen Erträge in einem den Umständen nach angemessenen Umfang zu ersetzen. Auf Verlangen hat der Verpächter Vorschuß zu leisten.

[III]Soweit der Pächter infolge von Maßnahmen nach Absatz 2 Satz 1 höhere Erträge erzielt oder bei ordnungsmäßiger Bewirtschaftung erzielen könnte, kann der Verpächter verlangen, daß der Pächter in eine angemessene Erhöhung des Pachtzinses einwilligt, es sei denn, daß dem Pächter eine Erhöhung des Pachtzinses nach den Verhältnissen des Betriebes nicht zugemutet werden kann.

[IV]Über Streitigkeiten nach den Absätzen 1 und 2 entscheidet auf Antrag das Landwirtschaftsgericht. Verweigert der Pächter in den Fällen des Absatzes 3 seine Einwilligung, so kann sie das Landwirtschaftsgericht auf Antrag des Verpächters ersetzen.

1　**1) Allgemeines. a) Zweck:** Erhaltg u Verbesserg der PSache soll stets ermögl u letztere dch PZinsErhöhg ausgeglichen w, wenn sie den Ertrag steigern. **b) Anwendbar:** wie § 585b Rn 3. **c) Abdingbarkeit:** Für Abs I wie § 541a Rn 3; für Abs II wie § 541b Rn 3, für Abs III in den Grenzen des AGBG u § 242 zu 2　bejahen. **d) Beweislast:** Für Abs I der Verp, auch für Verbesserg in Abs II u Ertragssteigerg in Abs III. Für die Tats zur nicht zu rechtfert Härte (Abs II) u zur Unzumutbk (Abs III) der Pächter.

3　**2) Duldungspflicht** des Pächters. Ein Verstoß kann eine pVV sein (§ 276 Rn 113). **a) Erhaltung** der PSache (Abs I). Da sie grdsätzl dem Verp obliegt (§ 586 I S 1), hat der Pächter alle Einwirkgen in der notw 4　Erhaltg zu dulden. § 541a Rn 4–7 gelten sinngem. **b) Verbesserung** der PSache (Abs II S 1). Stellt eine gekürzte Fassg des § 541b dar; weggeblieben ist, was sich für die Pacht nicht eignet (BT-Drucks 10/3830 S 29), sodaß die aus § 541b nicht übernomme Substanz auch nicht entspr anzuwenden ist. Die DuldgsPfl erstreckt sich auf alle Maßn, nicht nur auf Verwendgen (BT-Drucks 10/509 S 18). Die DuldgsPfl entfällt nur, wenn ausnw eine nicht zu rechtfertge Härte vorliegt; dies erfordert eine Interessenabwägg, bei der auch die den Pächter treffden erhöhten UnterhKosten zu berücks sind. MitwirkgsPfl des Pächters: wie § 541a Rn 7.

3) Aufwendungsersatz (Abs II S 2, 3). **a) Begriff:** wie § 541b Rn 26. Bsp: anderweit Unterbringg v 5 Vieh. **b) Umfang:** wie § 541b Rn 26. **c) Vorschußpflicht:** wie § 541b Rn 27. Gilt insb für einen Ertragsausfall. **d) Verjährung:** § 591b.

4) Pachtzinserhöhung (Abs III). **a) Voraussetzungen** sind: **aa)** Höherer Ertrag u zwar auf die nach 6 laufde Dauer der PZt bezogen. Er muß entw tats gezogen w od bei ordnmäß Bewirtsch erzielb sein. Die ordnmäß Bewirtsch ist an den allg geltden Regeln der Landwsch zu messen. BewLast: Verp. **bb)** Kausalität der VerbessergsMaßn für die Ertragssteigerg. **cc)** PZinsErhöh muß dem Pächter zumutb sein. Bei diesem AusnTatbestd („es sei denn") trifft für die maßgebden Tats die BewLast den Pächter. Entscheidd ist auf die konkreten Verh des PächterBetr abzustellen. **b) Wirkung.** Der Verp hat gg den Pächter einen Anspr auf 7 Einwilligg, die zur VertrÄnd (§ 305) führt. Der Anspr muß auf eine angemessene Erhöhg gerichtet w. Auch dafür gelten die Grdsätze der Rn 6 (vgl BT-Drucks 10/509 S 19). PZinsErhöhgen gem §§ 70 I, 58 I S 2, § 71 FlurbG bleiben unberührt.

5) Prozessuales (Abs IV). Der GGeber geht davon aus, daß die berufsständ PSchlichtgsStellen in der 8 Mehrzahl der Fälle eine gütl Einigg herbeiführen (BT-Drucks 10/509 S 19). Im Streitfall ist das AG als LandwGer zust (§ 1 Nr 1 LwVG). Es kann auf Antrag die erforderl Einwilligg rechtsgestaltd ersetzen, zur Zahlg v Vorschuß od AufwendgsErs verurt. Die Zahlg der erhöhten Pacht fällt unter § 1 Nr 1a u § 48 LwVG.

589 *Unterpacht; Überlassung an Dritte.* [I] Der Pächter ist ohne Erlaubnis des Verpächters nicht berechtigt,
1. die Nutzung der Pachtsache einem Dritten zu überlassen, insbesondere die Sache weiter zu verpachten,
2. die Pachtsache ganz oder teilweise einem landwirtschaftlichen Zusammenschluß zum Zwecke der gemeinsamen Nutzung zu überlassen.
[II] Überläßt der Pächter die Nutzung der Pachtsache einem Dritten, so hat er ein Verschulden, das dem Dritten bei der Nutzung zur Last fällt, zu vertreten, auch wenn der Verpächter die Erlaubnis zur Überlassung erteilt hat.

Anwendbar: Abs I u II wie § 585b Rn 3. Abs II nur bei UnterP. **Abdingbar:** wie Anm zu § 586. 1 **Unterpacht** (Abs I Nr 1, 1). § 549 Rn 3–8, 11. Es besteht kein KündR des Pächters wie bei § 549 I S 2. Eine Ausn zu Abs I Nr 1 ist § 593a. **Gemeinsame Nutzung** (Abs I Nr 2): stellt klar, daß es der Überlassg an Dr 2 gleichsteht, wenn der Pächt die PSache einem landw ZusSchluß (zB BetrGemsch, MaschinenGemsch), dem er selbst angehört, zur gemeins Nutzg überläßt. **Haftung für Dritte** (Abs II): § 549 Rn 18 gilt sinngem. 3

590 *Landwirtschaftliche Bestimmung der Pachtsache.* [I] Der Pächter darf die landwirtschaftliche Bestimmung der Pachtsache nur mit vorheriger Erlaubnis des Verpächters ändern.
[II] Zur Änderung der bisherigen Nutzung der Pachtsache ist die vorherige Erlaubnis des Verpächters nur dann erforderlich, wenn durch die Änderung die Art der Nutzung über die Pachtzeit hinaus beeinflußt wird. Der Pächter darf Gebäude nur mit vorheriger Erlaubnis des Verpächters errichten. Verweigert der Verpächter die Erlaubnis, so kann sie auf Antrag des Pächters durch das Landwirtschaftsgericht ersetzt werden, soweit die Änderung zur Erhaltung oder nachhaltigen Verbesserung der Rentabilität des Betriebes geeignet erscheint und dem Verpächter bei Berücksichtigung seiner berechtigten Interessen zugemutet werden kann. Dies gilt nicht, wenn der Pachtvertrag gekündigt ist oder das Pachtverhältnis in weniger als drei Jahren endet. Das Landwirtschaftsgericht kann die Erlaubnis unter Bedingungen und Auflagen ersetzen, insbesondere eine Sicherheitsleistung anordnen sowie Art und Umfang der Sicherheit bestimmen. Ist die Veranlassung für die Sicherheitsleistung weggefallen, so entscheidet auf Antrag das Landwirtschaftsgericht über die Rückgabe der Sicherheit; § 109 der Zivilprozeßordnung gilt entsprechend.
[III] Hat der Pächter das nach § 582a zum Schätzwert übernommene Inventar im Zusammenhang mit einer Änderung der Nutzung der Pachtsache wesentlich vermindert, so kann der Verpächter schon während der Pachtzeit einen Geldausgleich in entsprechender Anwendung des § 582a Abs. 3 verlangen, es sei denn, daß der Erlös der veräußerten Inventarstücke zu einer zur Höhe des Erlöses in angemessenem Verhältnis stehenden Verbesserung der Pachtsache nach § 591 verwendet worden ist.

1) Allgemeines. Die Vorschr ist rechts- u agrarpolit bedeutsam. **a) Zweck:** Soll einerseits dem Pächter 1 BeweggsFreih für MarktAnpassg u Produktivität geben u andseits das VerpInteresse an gleichbleibdem, belastgsarmen Zustd ohne risikobehaftete Änd der PSache schützen. **b) Anwendbar** wie § 585b Rn 3. **c) Abdingbar:** wie § 586 Rn 1. **d) Wirkung** der erteilten od ersetzten Erlaubn ist, daß der Pächter die 2 PSache im geänd Zustd zurückgeben darf (BT-Drucks 10/509 S 21).

2) Änderung der landwirtschaftlichen Bestimmung der PSache (Abs I). **a) Begriff:** Unter land- 3 wirtsch Bestimmg fällt alles, was in § 585 Rn 2 dargestellt ist. **b) Änderung** ist jedenf die Verwendg als Sport-, Camping- od Lagerplatz, Nutzg der Gebäude für and gewerbl Zwecke. **c) Erlaubnis** ist WillErkl. 4 Sie muß vorher erteilt sein. Sie kann nicht dch das LandwGer ersetzt w. Nachträgl Erlaubn ohne Vorbeh bindet u macht die Änd iZw rückwirkd rechtm. **d) Verstoß** des Pächters gg Abs I begründet Unterl- 5

(590a), Beseitiggs- u SchadErsAnspr, letzteren nur bei (regelm gegebenem) Versch (§§ 276, 278). Verj: § 591b.

6   **3) Änderung der Nutzung** der PSache (Abs II) im Rahmen ihrer landwirtsch Bestimmg (vgl § 585 Rn 2). **a) Erlaubnisfrei** ist die Änd, wenn die NutzgsArt über die PZt hinaus nicht beeinflußt w. Bsp: Wald darf nicht für Ackerland abgeholzt w. Wiese darf als Acker (auch umgekehrt) genutzt w. wenn der alte

7 Zustd bis PAblauf wiederhergestellt w. **b) Erlaubnisbedürftig** (stets vorher) ist die NutzgsÄnd, die nicht unter Rn 7 fällt, zB die Aufgabe der Milcherzeugg (BGH **118**, 351). Immer erlaubnbedürft ist die Errichtg v Gebäuden (S 2), gleich welcher Art. Die Erlaubn kann ersetzt w (Rn 8). Die Änd darf erst nach Ersetzg vorgenommen w. Bei Verstoß gilt Rn 5.

8   **4) Ersetzung der Erlaubnis** (Abs II S 3–6). **a) Voraussetzungen: aa)** Verweigerg der Erlaubn dch den Verp, ausdrückl od stillschweigd dch NichtErteil innerh angemessener Frist. **bb)** Die Änd muß geeignet erscheinen (erwarten lassen), daß die Rentabilität (Verh des Gewinns zum Einsatz v Kap u Arb) des Betr (vgl § 583a Rn 1) erhalten bleibt od nachhalt (für längere Zt anhaltd) verbessert w. **cc)** Zumutbk für den Verp,

9 wobei nur dessen berecht Interessen zu berücks sind. **b) Ausschluß** der ErlaubnErsetzg (S 4) tritt ein ab

10 Künd (ord od außerord) od 3 Jahre vor Ablauf der vertrgem bestimmten PZt. **c) Entscheidung** des AG als LandwGer (§ 1 Nr 1 LwVG) auf Antrag ersetzt ab Wirksw erden (gem FGG, vgl § 9 LwVG) die Erlaubn. Bedingten (wie § 158), Auflagen (wie Einf 4 vor § 158) u Anordng einer SicherhLeistg (§ 232) sind mögl, um im Einzelfall eine passde Regelg zu treffen.

11   **5) Inventarverändergung** (Abs III). **a) Voraussetzungen. aa)** Übnahme des Inv zum Schätzwert (§ 582a). **bb)** NutzgsÄnd (Rn 6, 7). **cc)** Verminderg des Inv (insb dch Veräußerg v InvStücken); sie muß wesentl sein (idR mehr als 10%) u mit der NutzgsÄnd zushängen. **dd)** Der Erlös darf nicht zu einem

12 Mehrwert iS des § 591I geführt haben. BewLast hierfür trägt der Pächter („es sei denn"). **b) Wirkung:** Anspr des Verp auf Zahlg eines Ausgleichs gem § 582a III (dort Rn 13) schon währd der PZt. Fällig ab Eintritt der Voraussetzgen (Rn 11).

590 a   *Vertragswidriger Gebrauch.*   Macht der Pächter von der Pachtsache einen vertragswidrigen Gebrauch und setzt er den Gebrauch ungeachtet einer Abmahnung des Verpächters fort, so kann der Verpächter auf Unterlassung klagen.

1   **Anwendbar:** wie § 585b Rn 3. **Vertragswidriger Gebrauch:** Insb Bestimmgs- od NutzgsÄnd ohne Erlaubn (§ 590 I u II); Überl ohne Erlaubn (§ 589 I Nr 1). § 550 Rn 6 gelten sinngem. **Rechtsfolgen:** UnterlAnspr, außerord Künd (§§ 594e I, 553, 554a) u SchadErs; wie § 550 Rn 1–5. Verj: wie § 550 Rn 4.

590 b   *Notwendige Verwendungen.*   Der Verpächter ist verpflichtet, dem Pächter die notwendigen Verwendungen auf die Pachtsache zu ersetzen.

1   **Allgemeines.** Die Vorschr entspr dem § 547 I S. 1. **Anwendbar:** wie § 585b Rn 3. **Voraussetzungen und Rechtsfolgen** wie § 547 Rn 1–7. Aufwendgen zur Herstellg des vertrgem Zustds gehören nicht dazu (BGH NJW-RR **91**, 75). Verj: § 591b I u II S 2. **Gewöhnliche Ausbesserungen** gehören zu den Verwendgen; die Kosten sind aber wg § 586 I S 2 nicht zu ersetzen.

591   *Verwendungsersatz bei Mehrwert.*   [1]Andere als notwendige Verwendungen, denen der Verpächter zugestimmt hat, hat er dem Pächter bei Beendigung des Pachtverhältnisses zu ersetzen, soweit die Verwendungen den Wert der Pachtsache über die Pachtzeit hinaus erhöhen (Mehrwert).

[2]Weigert sich der Verpächter, den Verwendungen zuzustimmen, so kann die Zustimmung auf Antrag des Pächters durch das Landwirtschaftsgericht ersetzt werden, soweit die Verwendungen zur Erhaltung oder nachhaltigen Verbesserung der Rentabilität des Betriebes geeignet sind und dem Verpächter bei Berücksichtigung seiner berechtigten Interessen zugemutet werden können. Dies gilt nicht, wenn der Pachtvertrag gekündigt ist oder das Pachtverhältnis in weniger als drei Jahren endet. Das Landwirtschaftsgericht kann die Zustimmung unter Bedingungen und Auflagen ersetzen.

[3]Das Landwirtschaftsgericht kann auf Antrag auch über den Mehrwert Bestimmung treffen und ihn festsetzen. Es kann bestimmen, daß der Verpächter den Mehrwert nur in Teilbeträgen zu ersetzen hat, und kann Bedingungen für die Bewilligung solcher Teilzahlungen festsetzen. Ist dem Verpächter ein Ersatz des Mehrwerts bei Beendigung des Pachtverhältnisses auch in Teilbeträgen nicht zuzumuten, so kann der Pächter nur verlangen, daß das Pachtverhältnis zu den bisherigen Bedingungen so lange fortgesetzt wird, bis der Mehrwert der Pachtsache abgegolten ist. Kommt keine Einigung zustande, so entscheidet auf Antrag das Landwirtschaftsgericht über eine Fortsetzung des Pachtverhältnisses.

1   **1) Allgemeines. a) Zweck.** Der Strukturwandel in der Landw zwingt auch den Pächter oft zu Investitionen, die den Wert der PSache erhöhen. Dafür wird ein WertAusgl vorgesehen, der dem Pächter den InvestEntschluß erleichtert. Dem Verp soll jedoch eine zu teure, risikobehaftete Investition nicht aufge-

2 zwungen w. Seine Erlaubn u ihre Ersetzg sollen den Interessenkonflikt ausgleichen. **b) Anwendbar:** wie § 585b Rn 3. **c) Abdingbar:** wie Anm zu § 586. **d) Abgrenzung.** § 590b betrifft die notw Verwendgen, § 591 die werterhöhden.

2) Verwendungsersatz für werterhöhde Verwendgen (Abs I). **a) Voraussetzungen. aa)** Verwendgen 3 (wie Vorbem 5 vor § 994), die der Pächter auf seine Kosten vorgenommen hat. Der Übergang der Milchrefe-renzmenge auf den Verp fällt nicht darunter (BGH **115**, 162). **bb)** WertErhöhg der PSache üb die PZt hinaus muß dch die Verwendg bewirkt w. **cc)** Zustimmg (auch nachträgl, vgl § 184) des Verp muß vorliegen od gem Abs II gerichtl ersetzt sein. **b) Anspruch.** Der (legal definierte) Mehrwert muß dem Pächter ersetzt w. Dabei 4 ist auf die obj Erhöhg des Ertragswerts abzustellen. Obergrenze ist der GesBetrag der Verwendgen zuzügl Verzinsg u abzügl gezogener Nutzgen (Faßbender/Hötzel/Lukanow 44). Falls sich die Part nicht einigen, hat das LandwGer zu entsch (Abs III). Fällig: Mit Erfüllg aller Voraussetzgen gem Rn 3. Verj: § 591 b.

3) Zustimmungsersatz (Abs II). **a) Voraussetzungen. aa)** Verweigerg der Zust (wie die der Erlaubn, 5 § 590 Rn 8). **bb)** Die Verwendgen müssen so geeignet sein, wie bei § 590 Rn 8. **cc)** Zumutbk: wie § 590 Rn 8–10. **b) Ausschluß** der ZustErsetzg: wie § 590 Rn 8. **c) Entscheidung** des LandwGer: wie § 590 Rn 10; aber 6 keine SicherhLeistg.

4) Weitere Entscheidungen (Abs III) des LandwGer (AG gem § 1 Nr 1 LwVG) auf Antrag (§ 14 LwVG). 7 Keine Zuständk des ProzGer (hM; BGH **115**, 162). **a) Mehrwert.** Er kann bereits mit der Entsch gem Abs II festgesetzt w, wenn der Umfang der WertErhöhg schon feststeht (BT-Drucks 10/509 S 22). **b) Teilzah-** 8 **lungen** des Mehrwerts unter Festsetzg von Bedinggen (§ 158); hierbei sind die wirtsch Verh des Verp zu berücksicht. **c) Verlängerung des Pachtvertrags** (zur Abgeltg) darf nur mit rechtsgestalter Wirkg ange- 9 ordnet w, wenn die Teilzahlgen dem Verp nicht zugemutet w können.

591 a
Wegnahmerecht. **Der Pächter ist berechtigt, eine Einrichtung, mit der er die Sache versehen hat, wegzunehmen. Der Verpächter kann die Ausübung des Wegnahmerechts durch Zahlung einer angemessenen Entschädigung abwenden, es sei denn, daß der Pächter ein berechtigtes Interesse an der Wegnahme hat. Eine Vereinbarung, durch die das Wegnahmerecht des Pächters ausgeschlossen wird, ist nur wirksam, wenn ein angemessener Ausgleich vorgesehen ist.**

Anwendbar: wie § 585 b Rn 3. **Abdingbarkeit** ist nur dch S 3 beschr wie bei WoRaum (vgl § 547 a Rn 4). 1 **Wegnahmerecht** (S 1): Grdsätzl wie § 547 a Rn 4. Es besteht nicht für Sachen, die zur Ausbesserg eingefügt w (§ 586 I S 2) od für notw Verwendgen (§ 590 b), weil sie dazu dienen, die PSache zu erhalten. Der Pächter darf auch nicht solche (nützl u werterhöhde) Verwendgen wegnehmen, die der Verp nach § 591 ersetzt od ersetzen muß; der Pächter hat aber nicht die Wahl zw ErsAnspr (§ 591) u Wegn (§ 591 a); vgl BT-Drucks 10/509 S 23. Verj: § 591 b. **Abwendungsbefugnis** (S 2): § 547 a Rn 5, 6 gelten sinngem. **Ausschluß des Wegnahme-** **rechts:** § 547 a Rn 7 gilt sinngem. Ein angemessener Ausgl kann zB dch Herabsetzg des PZinses od dch Verlängerg der PZt erzielt w. Die Art des Ausgl muß in der Vereinbg nicht festgelegt w.

591 b
Verjährung von Ersatzansprüchen. **[1]Die Ersatzansprüche des Verpächters wegen Veränderung oder Verschlechterung der verpachteten Sache sowie die Ansprüche des Pächters auf Ersatz von Verwendungen oder auf Gestattung der Wegnahme einer Einrichtung verjähren in sechs Monaten.**

[2]Die Verjährung der Ersatzansprüche des Verpächters beginnt mit dem Zeitpunkt, in welchem er die Sache zurückerhält. Die Verjährung der Ansprüche des Pächters beginnt mit der Beendigung des Pachtverhältnisses.

[3]Mit der Verjährung des Anspruchs des Verpächters auf Rückgabe der Sache verjähren auch die Ersatzansprüche des Verpächters.

Inhalt: entspr wörtl dem § 558. **Anwendbar:** wie § 585 b Rn 3. **Abdingbar:** § 558 Rn 3 gilt sinngem. 1 **Ersatzansprüche** (Abs I) des Verp, insb gem § 586 I S 2, § 590, des Pächters, insb aus §§ 588 II 2, 590 b, 591, 591 a, 596 a, 596 b. **Verjährungsbeginn** (Abs II): wie § 558 Rn 10–12. Bei sog KreisPVertr war die Verj für 2 SchadErsAnspr gg die LPG bis 31. 1. 95 gehemmt (BGH DtZ **95**, 280). **Verjährungseintritt** (Abs III): wie § 558 Rn 13, 14.

592
Verpächterpfandrecht. **Der Verpächter hat für seine Forderungen aus dem Pachtver-hältnis ein Pfandrecht an den eingebrachten Sachen des Pächters sowie an den Früchten der Pachtsache. Für künftige Entschädigungsforderungen kann das Pfandrecht nicht geltend ge-macht werden. Mit Ausnahme der in § 811 Nr. 4 der Zivilprozeßordnung genannten Sachen er-streckt sich das Pfandrecht nicht auf Sachen, die der Pfändung nicht unterworfen sind. Die Vor-schriften der §§ 560 bis 562 gelten entsprechend.**

Anwendbar: wie § 585 b Rn 3. **Abdingbar** sind S 1, 2 u 4, nicht aber ist es S 3 (vgl § 559 Rn 4). 1 **Forderungen** aus dem PVerh: Fdgen aller Art mit Ausn künft EntschFdgen (S 2; vgl § 559 Rn 12); künft PZinsFdg sind, and als bei § 559 nicht ausgenommen. **Eingebrachte Sachen:** nur solche, die dem Pächter 2 gehören; vgl § 559 Rn 6–10; Früchte: § 99. **Unpfändbare Sachen** (S 3) sind ausgenommen (wie § 559 S 3). Nur das landw Inv (§ 811 Nr 4 ZPO) unterliegt dem PfandR.

593
Anspruch auf Vertragsänderung. **[1]Haben sich nach Abschluß des Pachtvertrages die Verhältnisse, die für die Festsetzung der Vertragsleistungen maßgebend waren, nachhal-tig so geändert, daß die gegenseitigen Verpflichtungen in ein grobes Mißverhältnis zueinander geraten sind, so kann jeder Vertragsteil eine Änderung des Vertrages mit Ausnahme der Pachtzeit verlangen. Verbessert oder verschlechtert sich infolge der Bewirtschaftung der Pachtsache durch den Pächter deren Ertrag, so kann, soweit nichts anderes vereinbart ist, eine Änderung des Pacht-zinses nicht verlangt werden.**

ᴵᴵ Eine Änderung kann frühestens zwei Jahre nach Beginn der Pacht oder nach dem Wirksamwerden der letzten Änderung der Vertragsleistungen verlangt werden. Dies gilt nicht, wenn verwüstende Naturereignisse, gegen die ein Versicherungsschutz nicht üblich ist, das Verhältnis der Vertragsleistungen grundlegend und nachhaltig verändert haben.

ᴵᴵᴵ Die Änderung kann nicht für eine frühere Zeit als für das Pachtjahr verlangt werden, in dem das Änderungsverlangen erklärt wird.

ᴵⱽ Weigert sich ein Vertragsteil, in eine Änderung des Vertrages einzuwilligen, so kann der andere Teil die Entscheidung des Landwirtschaftsgerichts beantragen.

ⱽ Auf das Recht, eine Änderung des Vertrages nach den Absätzen 1 bis 4 zu verlangen, kann nicht verzichtet werden. Eine Vereinbarung, daß einem Vertragsteil besondere Nachteile oder Vorteile erwachsen sollen, wenn er die Rechte nach den Absätzen 1 bis 4 ausübt oder nicht ausübt, ist unwirksam.

1　　**1) Allgemeines.** Die Regelg ist dem (aufgehobenen) § 7 LPachtG entnommen u demggü erweitert sowie abgeändert. **a) Zweck.** Die VertrDauer einer LandP ist oft lang, insb die v Betrieben. Die Anpassg an die sich oft schnell ändernden MarktVerh ist notw, um den FortBestd des PachtVerh üb die VertrDauer zu
2　 angemessenen Bedinggen zu ermögl u um Insolvenzen vorzubeugen. **b) Anwendbar:** wie § 585b Rn 3. **c) Verhältnis zu § 242.** § 593 konkretisiert den Wegfall der Änd der GeschGrdlage (§ 242 Rn 115) u schließt damit die Anwendg v § 242 aus. **d) Mängelgewährleistung** (§ 586 II) geht vor, sodaß § 593 nur
3　 gilt, wenn der Pächter nicht mindern kann. **e) Abdingbarkeit.** Sie ist dch Abs II wg des soz Schutzzwecks dahin ausgeschl, daß die VertrÄnd nicht erschwert w darf. Hingg kann sie erleichtert u dafür in bestimmten
4　 Grenzen konkretisiert w. SoRegelg in Abs I S 2 für ErtragsÄnd. **f) Mehrmalige** Änd ist mögl. **g) Anzeige** der VertrÄnd ist gem § 2 LPachtVG vorzunehmen.

5　　**2) Voraussetzungen** (Abs I S 1, II). **a) Nachhaltige Änderung** der Verh (obj Umstde, nicht persönl), die für Höhe u Umfang der vertr Leistgen maßgebd waren. Die Änd kann auch vor PBeginn eingetreten sein. Nachhaltig: Nicht nur vorübgehd od in ihrer Dauer nicht übschaub (BT-Drucks 10/509 S 23). Maßgebd: BetrKosten, MarktPr der Erzeugn, Wegfall v Subventionen od erhöhte Lasten. Maßgebd ist der erzielb Betr, für den der DeckgsBeitrag den wesentl AnhaltsPkt darstellt. Unerhebl ist die Änd des SchweinePr, wenn die Mast nicht mit den Erzeugn der PFläche betrieben w (Oldb RdL **89**, 301), nach Oldb NJW-
6　 RR **94**, 974 auch die Änd der MilchgarantiemengenVO. **b) Grobes Mißverhältnis** der ggseit VertrPfl als Folge der nachhalt Änd. Muß im Einzelfall abgewogen w. **c) Zeitablauf** (Abs II). Bezieht sich auf den Eintritt der verlangten Änd, nicht auf das ÄndVerlangen (vgl Abs III).

7　　**3) Wirkung** (Abs I). **a) Anspruch.** Liegen die Voraussetzgen (Rn 5, 6) vor, so kann die VertrÄnd (§ 305) verlangt w. Gibt einen Anspr gg den VertrPart auf Abgabe der WillErkl zum VertrAbschl. Setzt daher einen bestimmten od bestimmb Inhalt der schon einem VertrAntrag voraus. Die Voraussetzgen (Rn 5, 6) müssen
8　 konkr dargelegt w (Kblz RdL **90**, 93). Annahme: Ausdrückl od § 151. **b) Ausschluß** der VertragsÄnd besteht in bezug auf die VertrDauer (Abs I S 1) u auf den PZins, wenn sich der Ertrag der PSache geändert hat (Abs I S 2), aber nur dann, wenn dies ausschließl auf der Bewirtsch dch den Pächter, insb der ArbWeise,
9　 nicht auf auf Umstden beruht. **c) Zeitraum** (Abs III). ÄndVerlangen ist eine empfangsbed WillErkl (vgl Rn 7), sodaß es auf den Zugang ankommt (§ 130). Die Änd kann nur auf den Beginn des jeweil PJahres (§ 594a Rn 2) zurückbezogen w.

10　　**4) Gerichtliche Entscheidung** (Abs IV) setzt Weigerg, dh Ablehng des VertrAntrags (Rn 7) voraus. Zuständig des AG als LandwGer (vgl § 1 Nr 1 LwVG). Antrag gem § 14 LwVG. Der Beschluß des LandwGer ersetzt die zur VertrÄnd notw Ann (vgl Rn 7) od weist den Antrag zurück.

593a　*Übergabe bei vorweggenommener Erbfolge.* Wird bei der Übergabe eines Betriebes im Wege der vorweggenommenen Erbfolge ein zugepachtetes Grundstück, das der Landwirtschaft dient, mit übergeben, so tritt der Übernehmer anstelle des Pächters in den Pachtvertrag ein. Der Verpächter ist von der Betriebsübergabe jedoch unverzüglich zu benachrichtigen. Ist die ordnungsmäßige Bewirtschaftung der Pachtsache durch den Übernehmer nicht gewährleistet, so ist der Verpächter berechtigt, das Pachtverhältnis unter Einhaltung der gesetzlichen Kündigungsfrist zu kündigen.

1　**Anwendbar:** Nur bei zugepachteten Grdst im Rahmen einer LandP (§ 585 Rn 1). **Abdingbar:** wie § 571
2　Rn 4; auf die NachrichtsPfl (S 2) kann nicht verzichtet w. **Voraussetzungen:** (1) Übergabe eines landw Betr (§ 585 Rn 3). (2) Vorweggenommene Erbfolge: Übergabe- u AltenteilVertr (Einf 6, 7 vor § 1922). (3) Zu-
3　pacht eines landw Grdst (§ 585 Rn 2): Es muß zus mit dem Betr übergeb w. **Wirkung:** (1) Der Übnehmer wird nicht Unterpächter, sond VertrPart des Verp anstelle des bisher (übgebden) Pächters. VertrEintritt krG, unabhäng v einer Zust des Verp. (2) KündR (§ 594a II) des Verp unter den Voraussetzgen des S 3.
4　BewLast hierfür: Verp. **Mitteilungspflicht** des Pächters od des Übnehmenden (S 2). Sie bezieht sich auf die BetrÜbgabe. Unverzügl: § 121 I S 1.

593b　*Veräußerung und Belastung.* Wird das verpachtete Grundstück veräußert oder mit dem Recht eines Dritten belastet, so gelten die §§ 571 bis 579 entsprechend.

1　**Anwendbar:** wie § 585b Rn 3. **Abdingbar:** nur in dem Rahmen, wie es bei den §§ 571–579 für zuläss erachtet w. **Voraussetzungen und Wirkung:** Die Anm zu §§ 571–579 gelten sinngem.

594　*Ende und Verlängerung der Pacht.* Das Pachtverhältnis endet mit dem Ablauf der Zeit, für die es eingegangen ist. Es verlängert sich bei Pachtverträgen, die auf minde-

stens drei Jahre geschlossen worden sind, auf unbestimmte Zeit, wenn auf die Anfrage eines Vertragsteils, ob der andere Teil zur Fortsetzung des Pachtverhältnisses bereit ist, dieser nicht binnen einer Frist von drei Monaten die Fortsetzung ablehnt. Die Anfrage und die Ablehnung bedürfen der schriftlichen Form. Die Anfrage ist ohne Wirkung, wenn in ihr nicht auf die Folge der Nichtbeachtung ausdrücklich hingewiesen wird und wenn sie nicht innerhalb des drittletzten Pachtjahres gestellt wird.

1) Allgemeines. S 1 entspr fast wörtl dem § 564 I. **a) Zweck:** Soll beide VertrPart davor schützen, bis kurz 1 vor PEnde im Unklaren zu bleiben, ob das PVerh fortgesetzt w. **b) Anwendbar:** wie § 585 b Rn 3; S 2–4 nur bei PVerh mit bestimmter Dauer. **c) Abdingbarkeit** ist bei S 1 prakt dadch gegeben, daß die VertrPart 2 einvernehml jederzt den PVertr verlängern können. Bei S 2 rechtfert der Schutzzweck (Rn 3) die Unabdingbk. **d) Ende** des PVerh (S 1): **§ 564 Rn 1, 5–7** gelten sinngem. 3

2) Verlängerung des PVerh. **a) Voraussetzungen** (S 2): **aa)** PVertr mit einer vereinb Mindestdauer v 3 4 Jahren. **bb)** Anfrage des Verp od Pächters an die and VertrPart. Empfangsbed WillErkl (§ 130) in Schriftform (S 3; § 126 I, III) mit einem Inhalt, der nicht notw wörtl dem S 2 entspr. Sie muß jedoch den in S 4 vorausgesetzten Hinweis enthalten u spätestens am letzten Tag des drittletzten PJahres (also 2 Jahre vor PEnde) zugehen. **cc)** Unterbliebene Ablehng (§ 130) in Schriftform (wie bb). 3-MonatsFr mit Berechng (jeweils ab Empfang) gem §§ 188 II, 187 I. **b) Wirkung.** Fortsetzg des PVerh auf unbestimmte Zeit (S 1) vom 5 Ende der bestimmten PDauer an. Von da an ist ord Künd mögl (§ 594 a).

594 a *Ordentliche Kündigung.* [I] Ist die Pachtzeit nicht bestimmt, so kann jeder Vertragsteil das Pachtverhältnis spätestens am dritten Werktag eines Pachtjahres für den Schluß des nächsten Pachtjahres kündigen. Im Zweifel gilt das Kalenderjahr als Pachtjahr. Die Vereinbarung einer kürzeren Frist bedarf der Schriftform.

[II] Für die Fälle, in denen das Pachtverhältnis unter Einhaltung der gesetzlichen Frist vorzeitig gekündigt werden kann, ist die Kündigung nur für den Schluß eines Pachtjahres zulässig; sie hat spätestens am dritten Werktag des halben Jahres zu erfolgen, mit dessen Ablauf die Pacht enden soll.

Anwendbar: wie § 585 b Rn 3. **Abdingbarkeit:** für Verlängerg der KündFr formlos mögl; für Abkürzg 1 Schriftform des § 126 (Abs I S 3). **Pachtjahr:** Die Vereinbg der Part geht vor. Landesübl beginnt das PJahr 2 ohne ausdrückl Vereinb häuf am 1. Okt od 11. Nov (Martini); iZw das KalJahr (Abs I S 2). **Kündigung:** 3 Schriftform (§ 594 f). § 564 Rn 8–16 gelten iü sinngem. **Frist** der ord Künd (Abs I S 1) beträgt prakt fast 2 Jahre. **Vorzeitige Kündigung** (Abs II) betrifft insb die §§ 593 a, 594 c; hier ist die Fr zur ord Künd prakt auf ein halbes Jahr zum Ende des PJahres verkürzt.

594 b *Landpachtverträge über 30 Jahre und auf Lebenszeit.* Wird ein Pachtvertrag für eine längere Zeit als dreißig Jahre geschlossen, so kann nach dreißig Jahren jeder Vertragsteil das Pachtverhältnis spätestens am dritten Werktag eines Pachtjahres für den Schluß des nächsten Pachtjahres kündigen. Die Kündigung ist nicht zulässig, wenn der Vertrag für die Lebenszeit des Verpächters oder des Pächters geschlossen ist.

Inhalt. Die Vorschr entspr dem § 567. **Anwendbar:** wie § 585 b Rn 2. **Unabdingbar,** weil ErbP ausgeschl 1 sein soll. **Kündigungsfrist:** die der ord Künd (§ 594 a I S 1, 2). **Form:** § 594 f. **Lebenszeitverträge:** § 567 Rn 3 gilt sinngem. **Voraussetzungen und Wirkung:** § 567 Rn 4, 5 gelten sinngem.

594 c *Kündigung bei Berufsunfähigkeit.* Ist der Pächter berufsunfähig im Sinne der Vorschriften der gesetzlichen Rentenversicherung geworden, so kann er das Pachtverhältnis unter Einhaltung der gesetzlichen Kündigungsfrist kündigen, wenn der Verpächter der Überlassung der Pachtsache zur Nutzung an einen Dritten, der eine ordnungsmäßige Bewirtschaftung gewährleistet, widerspricht. Eine abweichende Vereinbarung ist unwirksam.

Anwendbar: Wie § 585 b Rn 3. **Unabdingbar** wg S 2. Soz Schutzzweck. **Voraussetzungen** (BewLast: 1 Pächter): (1) Berufsunfähigk des Pächters iS der gesetzl RentenVers. (2) Widerspr des Verp gg Überlassg an geeigneten Dr ist empfbed WillErkl (§ 130). Formlos; erst mögl, nachdem der Pächter um die Erlaubn gem § 589 I Nr 1 nachgesucht hat. **Kündigung:** Fr gem § 594 a II; Form wie § 594 f. 2

594 d *Tod des Pächters.* [I] Stirbt der Pächter, so sind sowohl seine Erben als auch der Verpächter berechtigt, das Pachtverhältnis mit einer Frist von sechs Monaten zum Ende eines Kalendervierteljahres zu kündigen. Die Kündigung kann nur für den ersten Termin erfolgen, für den sie zulässig ist.

[II] Die Erben können der Kündigung des Verpächters widersprechen und die Fortsetzung des Pachtverhältnisses verlangen, wenn die ordnungsmäßige Bewirtschaftung der Pachtsache durch sie oder durch einen von ihnen beauftragten Miterben oder Dritten gewährleistet erscheint. Der Verpächter kann die Fortsetzung des Pachtverhältnisses ablehnen, wenn die Erben den Widerspruch nicht spätestens drei Monate vor Ablauf des Pachtverhältnisses erklärt und die Umstände mitgeteilt haben, nach denen eine ordnungsmäßige Bewirtschaftung der Pachtsache gewährleistet erscheint. Die Widerspruchserklärung und die Mitteilung bedürfen der schriftlichen Form. Kommt keine Einigung zustande, so entscheidet auf Antrag das Landwirtschaftsgericht.

[III] Gegenüber einer Kündigung des Verpächters nach Absatz 1 ist ein Fortsetzungsverlangen des Erben nach § 595 ausgeschlossen.

1 **1) Allgemeines. a) Zweck:** Das KündR wird auch dem Verp eingeräumt, weil die Erben des Pächters häuf entweder nicht willens od nicht in der Lage sind, das PVerh fortzusetzen. **b) Anwendbar:** Wie § 585 b Rn 3. **c) Unabdingbar** wg der auch ordngspolit ZielRichtg.

2 **2) Kündigungsrecht** (Abs I). **a) Voraussetzungen: aa)** Bestehen des PVerh (vgl § 569 Rn 4). **bb)** Tod
3 des Pächters: § 569 Rn 5 gilt sinngem. **b) Kündigung.** Erkl: § 564 Rn 8, 11–13 gelten sinngem. Angabe des Grdes ist wg der Fr u Abs III geboten. **c) Form:** § 564 f. **d) Frist:** SoRegelg, die den § 594 a ausschließt.
4 Berechng: §§ 187 I, 188 II. **e) Ausschluß** (Abs I S 2): § 569 Rn 7 gilt sinngem. **f) Fortsetzungsverlangen** (Abs III). § 595 ist immer dann ausgeschl, wenn der Verp aGrd des Abs I gekünd hat. Der Erbe od die Erben sind allein u hinreichd dch Abs II geschützt. Erst nach vertrgem Beendigg kommt § 595 in Betracht.

5 **3) Fortsetzungsanspruch** des od der Erben (Abs II). **a) Voraussetzungen: aa)** Wirks Künd des Verp. **bb)** Ordnmäß Bewirtsch der PSache muß gewährleistet erscheinen (zu erwarten sein); gleichgült, ob dch Erben, Miterben od Dr, die aber (vertr) beauftragt sein müssen; UnterP ist dabei ausgeschl. BewLast: Pächter. **cc)** Widerspr des od der Erben: empfangsbed WillErkl (§ 130). Schriftform des § 126 (Abs II S 3). Um das AblehngsR (Rn 7) auszuschl, muß der Widerspr spätestens 3 Monate vor dem dch die Künd bewirkten Ablauf des PVerh dem Verp zugehen u den in Abs II S 2 vorgeschriebenen Inhalt aufweisen.
6 **b) Rechtsfolge.** Es besteht ein schuldrechtl Anspr auf Fortsetzg bis zum vertrgem Ablauf,
7 sofern nicht Rn 7 dchgreift. **c) Ablehnungsrecht** (Abs II S 2). Fehlen obj die Voraussetzgen (Rn 5), so entsteht kein FortsetzgsAnspr. Liegen sie vor, steht dem Verp die Ablehng (empfbed WillErkl) zu, wenn der Widerspr später als 3 Monate vor Ablauf des PVerh erklärt od bis dahin die (tats) Umst zur ordngsmäß
8 Bewirtschaftg nicht mitgeteilt sind. Schriftform des § 126 (Abs II S 3). **d) Gerichtliche Entscheidung** (Abs II S 4) dch das LandwGer (§ 1 Nr 1 LwVG) auf Antrag (§ 14 LwVG). Sie ergeht üb das Bestehen des FortsetzgsAnspr. Ein EiniggsVersuch der Part muß vorangehen.

594 e *Außerordentliche Kündigung.* [I]Ohne Einhaltung einer Kündigungsfrist ist die Kündigung des Pachtverhältnisses in entsprechender Anwendung der §§ 542 bis 544, 553 und 554a zulässig.

[II]Der Verpächter kann das Pachtverhältnis ohne Einhaltung einer Kündigungsfrist auch kündigen, wenn der Pächter mit der Entrichtung des Pachtzinses oder eines nicht unerheblichen Teiles des Pachtzinses länger als drei Monate in Verzug ist. Ist der Pachtzins nach Zeitabschnitten von weniger als einem Jahr bemessen, so ist die Kündigung erst zulässig, wenn der Pächter für zwei aufeinanderfolgende Termine mit der Entrichtung des Pachtzinses oder eines nicht unerheblichen Teiles des Pachtzinses in Verzug ist. Die Kündigung ist ausgeschlossen, wenn der Verpächter vorher befriedigt wird. Sie wird unwirksam, wenn sich der Pächter durch Aufrechnung von seiner Schuld befreien konnte und die Aufrechnung unverzüglich nach der Kündigung erklärt.

1 **Anwendbar:** Wie § 585 b Rn 3. **Abdingbarkeit** ist zu bejahen bei Abs II, in Bezug auf § 542 (vgl § 543 Rn 1) und § 553 (dort Rn 1). Zwingd sind § 544 (dort Rn 1) u § 554 a (dort S 2). **Kündigungserklärung:**
2 § 564 Rn 8–16 gelten sinngem. Schriftform: § 594 f. **Zahlungsverzug** (Abs II): Setzt voraus, daß idR der PZins jährl zu zahlen ist. Daher ist die VerzDauer auf 3 Monate erstreckt. Ansonsten ist die Vorschr dem § 554 I S 1 Nr 1, S 2 angepaßt. Die dort Rn 5, 6, 8, 9–11 gelten sinngem.

594 f *Schriftform der Kündigung.* Die Kündigung bedarf der schriftlichen Form.

1 **Anwendbar:** wie § 585 b Rn 3. Gilt für alle Künd v LandPVertr: §§ 594 a–594 e. **Schriftform:** § 126. **Verstoß:** Nichtig gem § 125. Unabdingb (MüKo/Voelskow; bestr).

595 *Anspruch auf Fortsetzung des Pachtverhältnisses.* [I]Der Pächter kann vom Verpächter die Fortsetzung des Pachtverhältnisses verlangen, wenn
1. bei der Betriebspacht der Betrieb seine wirtschaftliche Lebensgrundlage bildet,
2. bei der Pacht eines Grundstücks der Pächter auf dieses Grundstück zur Aufrechterhaltung seines Betriebes, der seine wirtschaftliche Lebensgrundlage bildet, angewiesen ist

und die vertragsmäßige Beendigung des Pachtverhältnisses für den Pächter oder seine Familie eine Härte bedeuten würde, die auch unter Würdigung der berechtigten Interessen des Verpächters nicht zu rechtfertigen ist. Die Fortsetzung kann unter diesen Voraussetzungen wiederholt verlangt werden.

[II]Im Falle des Absatzes 1 kann der Pächter verlangen, daß das Pachtverhältnis so lange fortgesetzt wird, wie dies unter Berücksichtigung aller Umstände angemessen ist. Ist dem Verpächter nicht zuzumuten, das Pachtverhältnis nach den bisher geltenden Vertragsbedingungen fortzusetzen, so kann der Pächter nur verlangen, daß es unter einer angemessenen Änderung der Bedingungen fortgesetzt wird.

[III]Der Pächter kann die Fortsetzung des Pachtverhältnisses nicht verlangen, wenn
1. er das Pachtverhältnis gekündigt hat;
2. der Verpächter zur Kündigung ohne Einhaltung einer Kündigungsfrist oder im Falle des § 593 zur vorzeitigen Kündigung unter Einhaltung der gesetzlichen Frist berechtigt ist;
3. die Laufzeit des Vertrages bei der Pacht eines Betriebes, der Zupacht von Grundstücken, durch die ein Betrieb entsteht, oder bei der Pacht von Moor- und Ödland, das vom Pächter kultiviert worden ist, auf mindestens achtzehn Jahre, bei der Pacht anderer Grundstücke auf mindestens zwölf Jahre vereinbart ist;

4. der Verpächter die nur vorübergehend verpachtete Sache in eigene Nutzung nehmen oder zur Erfüllung gesetzlicher oder sonstiger öffentlicher Aufgaben verwenden will.

^{IV} Die Erklärung des Pächters, mit der er die Fortsetzung des Pachtverhältnisses verlangt, bedarf der schriftlichen Form. Auf Verlangen des Verpächters soll der Pächter über die Gründe des Fortsetzungsverlangens unverzüglich Auskunft erteilen.

^V Der Verpächter kann die Fortsetzung des Pachtverhältnisses ablehnen, wenn der Pächter die Fortsetzung nicht mindestens ein Jahr vor Beendigung des Pachtverhältnisses vom Verpächter verlangt oder auf eine Anfrage des Verpächters nach § 594 die Fortsetzung abgelehnt hat. Ist eine zwölfmonatige oder kürzere Kündigungsfrist vereinbart, so genügt es, wenn das Verlangen innerhalb eines Monats nach Zugang der Kündigung erklärt wird.

^{VI} Kommt keine Einigung zustande, so entscheidet auf Antrag das Landwirtschaftsgericht über eine Fortsetzung und über die Dauer des Pachtverhältnisses sowie über die Bedingungen, zu denen es fortgesetzt wird. Das Gericht kann die Fortsetzung des Pachtverhältnisses jedoch nur bis zu einem Zeitpunkt anordnen, der die in Absatz 3 Nr. 3 genannten Fristen, ausgehend vom Beginn des laufenden Pachtverhältnisses, nicht übersteigt. Die Fortsetzung kann auch auf einen Teil der Pachtsache beschränkt werden.

^{VII} Der Pächter hat den Antrag auf gerichtliche Entscheidung spätestens neun Monate vor Beendigung des Pachtverhältnisses und im Falle einer zwölfmonatigen oder kürzeren Kündigungsfrist zwei Monate nach Zugang der Kündigung bei dem Landwirtschaftsgericht zu stellen. Das Gericht kann den Antrag nachträglich zulassen, wenn es zur Vermeidung einer unbilligen Härte geboten erscheint und der Pachtvertrag noch nicht abgelaufen ist.

^{VIII} Auf das Recht, die Verlängerung eines Pachtverhältnisses nach den Absätzen 1 bis 7 zu verlangen, kann nur verzichtet werden, wenn der Verzicht zur Beilegung eines Pachtstreits vor Gericht oder vor einer berufsständischen Pachtschlichtungsstelle erklärt wird. Eine Vereinbarung, daß einem Vertragsteil besondere Nachteile oder besondere Vorteile erwachsen sollen, wenn er die Rechte nach den Absätzen 1 bis 7 ausübt oder nicht ausübt, ist unwirksam.

1) Allgemeines. Das Paragraphen-Ungetüm ist aus der SozKlausel des § 8 LandPG entstanden u dem 1 § 556a nachempfunden. **a) Zweck:** Sozpolit Schutz der ExistenzGrdlage landw Pächter. **b) Anwendbar:** LandP (§ 585 Rn 1, 2) v Betr (§ 585 Rn 3) od existenznotw Grdst (vgl Abs I Nr 1 u 2). **c) Abdingbarkeit** 2 (Abs VIII) ist weitgehd eingeschr. Der Verzicht (§ 397) auf den FortsetzgsAnspr kann nur in Zushang u zwecks Beilegg eines RStreits vor dem Ger od einer PSchlichtgsStelle vereinb w. Vorher od gleichzeit abgeschl Vereinbg üb VorT- od NachT für (Nicht)Ausübg aller Re aus Abs I–VII ist nichtig, insb auf FortsetzgsAnspr, AblehngsR u Antrag auf gerichtl Entscheidg. Zul sind Vereinbg, die die Fortsetzg des PVerh erleichtern. § 139 ist unanwendb (Soergel/Kummer 7). **d) Anzeigepflicht** gem § 1 LPachtVG bei 3 Einigg der VertrPart üb die Fortsetzg.

2) Fortsetzungsanspruch (Abs I, II, IV). **a) Rechtsnatur.** Schuldrechtl Anspr auf Abschl eines unter 4 § 305 fallden VerlängergsVertr. **b) Voraussetzungen. aa)** Wirtschaftl LebensGrdlage (nicht notw die 5 alleinige, wohl aber die wesentl, Soergel/Kummer 2 mwN) des Pächters muß der gepachtete Betr (§ 585 Rn 3) sein bei Abs I Nr 1 od der eigene Betr bei Abs I Nr 2 sein. Ist auf NebenerwerbsLandw anwendb (BT-Drucks 10/3830 S 30). **bb)** Angewiesen sein muß der Pächter eines od mehrerer Grdst auf diese, um seinen EigenBetr (Nr 2) aufrechterhalten zu können. Pacht weiterer Grdst von and Verp steht nicht entgg. **cc)** Nicht zu rechtfertigde Härte: Für den Pächter od seine Familie (wie § 556a Rn 14). InteressenAbwägg ggü denen des Verp. Interessen Dr bleiben außer Betracht. Als Grde müssen konkrete Tats angegeben w. Der bloße Umstd der wirtsch LebensGrdlage genügt für sich allein nicht. **dd)** Zeitl BezugsPkt ist der vertrgem Ablauf der PZt. Diese kann auf Ende der PDauer wie auf Künd beruhen. **c) Form** des Fortsetzgs- 6 Verl (Abs IV): Schriftform des § 126 (S 1). Angabe der Grde ist zunächst nicht erforderl, jedoch unverzügl (§ 121 I S 1) Ausk auf Verlangen des Pächters (S 2); beides formlos wirks. **d) Frist:** Nur mittelb, weil eine Verspätg entgg Abs V ledigl zu einem AblehngsR führt (Rn 9–11). **e) Wirkung.** Das PVerh ist fortzusetzen 7 aGrd vertr Einigg der Part od gerichtl Entsch (Rn 12, 13), u zwar auf bestimmte (angemessene) Zt (Abs II S 1), ggf unter angemessener Änd des VertrInhalts (Abs II S 2), insb and PZins. Angemessen ist ein unbest RsBegriff. Auch hier ist InteressenAbwägg erforderl.

3) Ausschluß des Anspruchs (Abs III). Rechtshindernde Einwendg mit BewLast des Verp. Alternativ: 8 **a) Nr 1.** Beendigg des PVerh inf Künd dch den Pächter. **b) Nr 2.** Berechtigg des Verp zur Künd aGrd des § 594e od § 593a; der Grd muß obj vorliegen u die Künd v Verp unterl sein. **c) Nr 3.** Bei den genannten langfrist Vertr soll der Anspr ausgeschl sein, um den Verp nicht übmäß lange zu binden. Für bestehde (vor dem 1. 7. 86 abgeschl) Vertr, wird eine geringere PDauer im Einzelfall dch InteressenAbwägg zu ermitteln sein (vgl § 8 II a LPachtG; BT-Drucks 10/509 S 25). **d) Nr 4.** Soll die VerpachtsBereitsch fördern. Vorübgehd ist die Verpachtg, wenn auf bestimmte Zt verpachtet ist (Soergel/Kummer 3).

4) Ablehnungsrecht des Verp (Abs V). Ist dem § 556a VI nachgebildet. Die Ablehng ist eine empfbed 9 (§ 130), formlose WillErkl. **a) Voraussetzungen** (S 1; alternativ): **aa)** FortsetzgsVerlangen (Abs IV) später 10 als 1 Jahr vor vertrgem Beendigg des PVerh. **bb)** Vorangegangene Ablehng einer FortsetzgsAnfrage (§ 594 S 2). **cc)** Bei einjähr od kürzerer KündFr (S 2) muß das Verlangen später als einen Monat nach Zugang (§ 130) der Künd gestellt w. FrBerechng §§ 187 I, 188 II. **b) Wirkung.** Bei wirks erkl Ablehng entfällt der 11 (bis dahin bestehde) FortsetzgsAnspr. Da die Fortsetzg wg § 305 einen Vertr erfordert, sind die §§ 145 ff anwendb. Danach ist auch zu beurt, ob und wann die Ablehng erfolgt ist (wesentl wg Abs VI). Eine Einigg trotz bestehdem AblehngsR ist nach § 151 zu beurt.

5) Gerichtliche Entscheidung (Abs VI). **a) Zuständig** ist das AG als LandwGer (§ 1 Nr 1 LwVG). 12 **b) Voraussetzungen. aa)** Antr (§ 14 LwVG) einer der beiden VertrPart. **bb)** Fehlde Einigg, entw dch

Vertr (§ 305) od vor der SchlichtgsStelle. **c) Antragsfrist** (Abs VII) gilt nur für den Pächter u gewährt eine
13 ausreichde ÜberleggsZt. Berechng: §§ 187 I, 188 II. **d) Inhalt:** Es wird entw der FortsetzgsAnspr zurückge-
wiesen od rechtsgestaltd die Fortsetzg angeordnet, dann auch die Dauer (Abs VI S 2 zu beachten) u der
VertrInhalt, zu den bisher Bedinggen od abgeändert, auch nur auf einen Teil der PSache beschr mögl.

595a *Vorzeitige Kündigung; Abwicklung; Verfahren.* [1]Soweit die Vertragteile zur
vorzeitigen Kündigung eines Landpachtvertrages berechtigt sind, steht ihnen dieses
Recht auch nach Verlängerung des Landpachtverhältnisses oder Änderung des Landpachtvertra-
ges zu.

[II]Auf Antrag eines Vertragsteiles kann das Landwirtschaftsgericht Anordnungen über die Ab-
wicklung eines vorzeitig beendeten oder eines teilweise beendeten Landpachtvertrages treffen.
Wird die Verlängerung eines Landpachtvertrages auf einen Teil der Pachtsache beschränkt, kann
das Landwirtschaftsgericht den Pachtzins für diesen Teil festsetzen.

[III]Der Inhalt von Anordnungen des Landwirtschaftsgerichts gilt unter den Vertragteilen als
Vertragsinhalt. Über Streitigkeiten, die diesen Vertragsinhalt betreffen, entscheidet auf Antrag
das Landwirtschaftsgericht.

1   **Anwendbar:** wie § 585b Rn 3; Abs I nur bei vorzeit Künd, Abs II u III auch bei teilweiser. **Abdingbar** ist
Abs I nur, soweit auf das KündR verzichtet w kann; das ist für § 594c u § 594d I zu verneinen. Abs II u III
2 sind als VerfVorschr grdsätzl unabänderb. **Vorzeitige Kündigung** (Abs I); das sind die Fälle der §§ 593a S
3, 594c S 1, 594d I. Sie wird dch VertrÄnd (§ 593) od Fortsetzg (§ 595) nicht ausgeschl. Außerord Künd
3 (§ 594e) bleibt sowieso unbeschr mögl. **Abwicklungsanordnungen** (Abs II). Außergerichtl Einigg ist stets
zuläss. Die teilw Beendigg kann auf Vertr (§ 305) od auf § 595 VI S 3 beruhn. Das LandwGer (§ 1 Nr 1
4 LwVG) entscheidet auf Antr (§ 14 LwVG) einer der beiden Part. **Wirkung** (Abs III). Die rechtskräft Entsch
des LandwGer steht einer ParteiVereinbg (VertrInhalt, § 305) gleich. Das gilt für alle in LandPSachen
ergangenen Entsch. Dch S 2 soll klargestellt w, daß eine ergangene Entsch einer neuen nicht entggsteht;
dabei muß jedoch eine Änd der tats Verh gegeben sein (ähnl dem § 323 ZPO). Die Zuständigk des Landw-
Ger erstreckt sich dabei auf den ganzen VertrInhalt, auch auf GgRe u GgAnspr. Antr (§ 14 LwVG) ist stets
erforderl.

596 *Rückgabepflicht.* [1]Der Pächter ist verpflichtet, die Pachtsache nach Beendigung des
Pachtverhältnisses in dem Zustand zurückzugeben, der einer bis zur Rückgabe fortge-
setzten ordnungsmäßigen Bewirtschaftung entspricht.

[II]Dem Pächter steht wegen seiner Ansprüche gegen den Verpächter ein Zurückbehaltungsrecht
am Grundstück nicht zu.

[III]Hat der Pächter die Nutzung der Pachtsache einem Dritten überlassen, so kann der Verpäch-
ter die Sache nach Beendigung des Pachtverhältnisses auch von dem Dritten zurückfordern.

1   **Anwendbar:** wie § 585b Rn 3. **Abdingbar** sind Abs II u Abs I, soweit es den Zustd der PSache betr.
Rückgabe vom Pächter (Abs I): entspr dem früheren § 591 S 1 u inhaltl dem § 556 I (vgl dort Rn 1–14).
Die Bestellg (Bodenbearbeitg, Saat, Pflanzg) gehört zur ordnmäß Bewirtschaftg, bei einer Baumschule die
Entferng v Baumstümpfen (LG Hbg ZMR **93**, 283 mwN); auch der Grenzstein (Kblz NJW-RR **94**, 86).
Verstoß: vgl § 597. **Ausschluß des Zurückbehaltungsrechts** (Abs II): entspr § 556 II; die dort Rn 15–17
gelten sinngem. **Herausgabeanspruch gegen Dritte** (Abs III): entspr § 556 III; die dort Rn 18–23 gelten
sinngem. Bei sog KreisPVertr gilt im Verk Eigt zu LPG Abs III nicht (BGH DtZ **95**, 280). **Zuständig** ist das
AG als LandwGer (§ 1 Nr 1a LwVG) im StreitVerf (§ 48 LwVG). **Verjährung:** wie § 556 Rn 14.

596a *Ersatzpflicht bei vorzeitigem Pachtende.* [1]Endet das Pachtverhältnis im Laufe
eines Pachtjahres, so hat der Verpächter dem Pächter den Wert der noch nicht ge-
trennten, jedoch nach den Regeln einer ordnungsmäßigen Bewirtschaftung vor dem Ende des
Pachtjahres zu trennenden Früchte zu ersetzen. Dabei ist das Ernterisiko angemessen zu berück-
sichtigen.

[II]Läßt sich der in Absatz 1 bezeichnete Wert aus jahreszeitlich bedingten Gründen nicht feststel-
len, so hat der Verpächter dem Pächter die Aufwendungen auf diese Früchte insoweit zu ersetzen,
als sie einer ordnungsmäßigen Bewirtschaftung entsprechen.

[III]Absatz 1 gilt auch für das zum Einschlag vorgesehene, aber noch nicht eingeschlagene Holz.
Hat der Pächter mehr Holz eingeschlagen, als bei ordnungsmäßiger Nutzung zulässig war, so hat
er dem Verpächter den Wert der die normale Nutzung übersteigenden Holzmenge zu ersetzen.
Die Geltendmachung eines weiteren Schadens ist nicht ausgeschlossen.

1   **Anwendbar:** grdsätzl wie § 585b Rn 3; nur bei vorzeit PEnde währd eines PJahres (§ 594a Rn 2), insb wg
VertrAufhebg (§ 305) od § 594d I. **Abdingbar:** wie § 586 Rn 1. **Wertersatz** (Abs I) dch den Verp in Geld
nach der sog Halmtaxe. Im Rahmen der Wertfeststellg sind ersparte Ernteaufwendgen zu berücksicht.
2 **Aufwendungsersatz** (Abs II): wie § 258 nach spezieller Maßg des Abs II. Früchte: § 99. Nur anwendb,
3 wenn Abs I aus jahreszeitl bedingten Grden undurchführb ist: vgl § 591b. **Holzschlag** (Abs III): gleich ob
das gepachtete Grdst ausschließl od teilw Forst umfaßt. S 1 gibt dem Pächter einen Anspr gem Abs I; bei
4 übmäß Einschlag dem Verp WertErs jeweils in Geld. **Weiterer Schaden** (Abs III S 3): Minderg zukünft
Ertrags ist aus pVV (§ 276 Rn 123) zu ersetzen. **Zuständigkeit** bei Streit: wie § 596 Rn 2.

596 b *Rücklassungspflicht; Wertersatz.* [1]Der Pächter eines Betriebes hat von den bei Beendigung des Pachtverhältnisses vorhandenen landwirtschaftlichen Erzeugnissen so viel zurückzulassen, wie zur Fortführung der Wirtschaft bis zur nächsten Ernte nötig ist, auch wenn er bei Antritt der Pacht solche Erzeugnisse nicht übernommen hat.

[II]Soweit der Pächter nach Absatz 1 Erzeugnisse in größerer Menge oder besserer Beschaffenheit zurückzulassen verpflichtet ist, als er bei Antritt der Pacht übernommen hat, kann er vom Verpächter Ersatz des Wertes verlangen.

Anwendbar: nur bei BetrP (§ 585 Rn 3). **Abdingbar:** wie § 586 Rn 1. **Rücklassungspflicht** (Abs I) 1 bezieht sich nur auf die bei PEnde tats noch vorhandenen Erzeugn (nicht Dünger). Übereign: § 929. Den Überschuß darf der Pächter mitnehmen. BewLast für notw Umfang: Verp. **Wertersatz** (Abs II): in Geld. 2 PAntritt ist auch bei Verlängerg der Beginn der ersten PPeriode (BGH **9**, 104). Maßg ist der Verkehrswert zZt der Rücklassg. ZbR aus § 273. BewLast: Pächter. **Zuständigkeit** bei Streit: wie § 596 Rn 2.

597 *Schadensersatz bei Vorenthaltung.* Gibt der Pächter die Pachtsache nach Beendigung des Pachtverhältnisses nicht zurück, so kann der Verpächter für die Dauer der Vorenthaltung als Entschädigung den vereinbarten Pachtzins verlangen. Die Geltendmachung eines weiteren Schadens ist nicht ausgeschlossen.

Inhalt entspr dem § 557 Abs I S 1 Hs 1 u S 2. **Anwendbar:** wie § 585 b Rn 3. **Abdingbar:** wie § 586 1 Rn 1. **Nutzungsentschädigung** (S 1): § 557 Rn 7–12 sinngem. **Schadensersatz** (S 2): § 557 N13–15 sinngem. **Anspruchskonkurrenz:** § 557 Rn 17, 18 sinngem. **Zuständigkeit** bei Streit: wie § 596 Rn 2. **Verjährung:** § 557 Rn 2 sinngem.

Vierter Titel. Leihe

Einführung

1) Grundlagen. a) Begriff. Leihe ist die unentgeltl Überlass einer Sache zum Gebr für best od unbest 1 Zeit. **b) Rechtsnatur.** Leihe ist ein (unvollkommen) zweiseit verpflichtder Vertr (Einf 3 vor § 320), daher ohne GgseitkPfl (allgM). Der Verl ist zunächt (einseit) zur GebrÜberlassg verpfl (§ 598); für den Entl entstehen erst nach Überlassg die Pfl aus §§ 601, 603, 604 ohne GgseitkVerh. Die §§ 320 ff sind unanwendb. **c) Vertragsschluß** geschieht dch die bloße formlose Einigg (Willensübereinstimmg) der VertrPart, auch 2 stillschweigd mögl (BGH **12**, 399), zB üb ein WohnR auf LebensZt (BGH NJW **85**, 1553; Köln NJW-RR **95**, 751); Duldg der Benutzg (Köln NJW-RR **92**, 1497). Die Leihe ist also KonsensualVertr (hM; Larenz § 50 mwN); nicht RealVertr (früher hM), der erst dch Überlassg der Sache zustandekommen. Die Konstruktion eines VorVertr (Einf 19 vor § 145) zur Begründg einer ÜberlassgsPfl ist daher entbehrl, im Einzelfall aber nicht ausgeschl. **d) Arten.** Bei der Handleihe wird die Sache zugleich mit VertrSchluß übergeben (vgl § 598 Rn 6), bei Versprechensleihe folgt die Überg nach (Larenz § 50).

2) Abgrenzung zu ähnl RVerh, insb zu GebrÜberlassgsVertr. **a) Miete** (§ 535): Der Unterschied liegt in 3 der Unentgeltlk der Leihe. In der Umgangssprache w häuf das Wort Leihe verwendet, obwohl Miete vorliegt, zB Leihwagen (Miet-Kfz). **b) Schenkung** (§ 516): Im Ggsatz zu ihr verbleibt bei der Leihe die 4 Sache im Vermögen des Verl (zB eine unentgeltl GebrÜberlassg einer Wohng auf Lebenszeit, BGH **82**, 354 u NJW **85**, 1553; Nehlsen-v. Stryk AcP **187**, 552); sie muß zurückgegeben werden gem §§ 604, 605. **c) Darlehen** (§ 607): Bei der Leihe muß dieselbe Sache zurückgegeben werden; es findet keine EigtÜber- 5 tragg statt (vgl § 607 Rn 5). Zur Abgrenzg bei Verpackgsmaterial, insb Flaschen: Einf 24 vor § 607. **d) Ver-** 6 **wahrung** (§ 688) Die Sache ist nicht zum Gebr überlassen; auch kann die Verwahrg entgeltl sein. **e) Gefäl-** 7 **ligkeitsverhältnis** ohne vertragl Bindg (Einl 10 vor § 241), so daß die zum Gebr überlassene Sache jederzeit zurückgefordert w kann (wie bei dem römrechtl precarium). Es wird idR kein Bes übertragen (§ 854); der Gebrauchde wird dann BesDiener (§ 855). Ob nur ein GefälligkVerh vorliegt, ist im Einzelfall nach Anlaß u Zweck der GebrÜblassg, ihrer wirtsch Bedeutg u nach Interessenlage der Part zu beurt (vgl BGH **21**, 102 [107]; Köln NJW-RR **95**, 751), rechtl bedeuts vor allem bei Überlassg von Kfz, insb zu einzelnen, gelegentl Fahrten, wobei idR keine Leihe vorliegt. Bejaht wurde bei GebrÜblassg eines Ferienhauses an nahen Verwandten nebst Begleitg (Mü NJW-RR **93**, 315). Indiz für Leihe ist ein schutzwürd Interesse daran, daß die GebrMöglk nicht willkürl abgekürzt w kann (Jau/Vollkommer 1c). Abzustellen ist auf den Verpflichtgs-Willen.

598 *Begriff.* Durch den Leihvertrag wird der Verleiher einer Sache verpflichtet, dem Entleiher den Gebrauch der Sache unentgeltlich zu gestatten.

1) Allgemeines. a) Parteien des VertrVerh sind Verl und Entl. **b) Eigentumslage.** Der Verl muß 1 nicht Eigtümer sein. Veräußerg der verliehenen Sache ändert nichts am LeihVertr. § 571 gilt auch nicht entspr. Sie verbleibt ggf bei §§ 275, 280. **c) Besitz.** Der Entl erlangt unmittelb Bes über § 854 u vollen 2 BesSchutz (§§ 858 ff). Verl ist mittelb Bes (§ 868).

2) Voraussetzungen der Leihe. VertrSchluß: Einf 2. **a) Sache:** Nur eine solche (§ 90) kann verliehen w, 3 bewegl wie unbewegl (BGH NJW **85**, 313), Räume (BGH NJW **85**, 1553), Teil eines Grdst (Köln NJW-RR **92**, 1497), auch Sachgesamth (vgl Übbl 5 vor § 90); idR nicht verbrauchb Sachen (§ 92). Wird ein R unentgeltl zur Ausübg überlassen, ist grdsätzl PachtR (§§ 581 ff) entspr anzuwenden; die §§ 598 ff sind es nur, was die Unentgeltlich betrifft, insb §§ 599, 600 (Fikentscher Rn 841; bestr). **b) Unentgeltlich:** 4

649

grdsätzl wie § 516 Rn 8–10; jedoch schließt schon ein ganz geringes Entgelt die Leihe aus u begründet Miete
5 (vgl MüKo/Kollhosser 13). **c) Gebrauch** ist die tatsächl Verwendg u Benutzg der Sache ohne Eingriff in
ihre Substanz. Der Gebr muß vertrgem sein (§ 603). Das ist im Einzelfall verschieden u kann sich darauf
erstrecken, die Sache als Pfand od Kaution zu verwenden (allgM; RG **36**, 161). Wird dem Entl Fruchtziehg
(§ 99 I) gestattet, liegt keine Leihe vor, sond ein mit Schenkg gemischter Vertr (Einf 20 vor § 305). Probe-
fahrt eines Kfz ist nicht Leihe, sond gehört zur VertrAnbahng v Kauf, Tausch od Miete (hM; vgl Jox NZV
90, 53 mwN). Der Entl ist zum Gebr nur verpfl, wenn dieses zur Erhaltg der Sache erforderl ist (zB
Reitpferd; vgl § 601 Rn 1); daher nicht, als Leihgabe empfangene Kunstwerke auszustellen (Düss NJW **90**,
6 2000). **d) Gestatten** des Gebr umfaßt als Holschuld (§ 269 Rn 1) die BesÜbertragg (§ 854) zu Beginn der
vereinb Leihzeit u das Unterl der BesStörg währd dieser. Im Ggsatz zur GebrGewährg bei Miete (§§ 535
S 1, 536) hat der Verl nicht die Pfl, die Sache für den vertrgem Gebr instandzusetzen od instandzuhalten.

599 Haftung.   Der Verleiher hat nur Vorsatz und grobe Fahrlässigkeit zu vertreten.

1   **1) Verleiherhaftung** ist dch § 599 geregelt, abweichd v § 276. **a) Zweck:** wie bei § 521 wg der aus
derUnentgeltlk folgenden Uneigennützigk. Ein Interesse des Verl an der vorübgehden BesEntäußerg steht
2 nicht entgg. **b) Anwendbar** ist § 599 nur für VertrVerletzgen (Unmöglk, Verzug [nur § 285], SchlechtErf,
ferner culpa in contrahendo), die das ErfInteresse des Entl an der GebrGestaltg betr, wobei für RMängel u
Fehler § 600 als SondRegelg noch vorgeht. Bei Verletzg v Schutz- u VerkSichergsPfl, die dem Entl Schäd an
seinen and RGütern (als den des ErfInteresses) zufügen (Mangelfolgeschäden), gilt jedoch § 599 nicht, so daß
schon für leichte Fahrlässigk (§ 276 I) gehaftet w (MüKo/Kollhosser 5). Ob die DeliktsHaftg dch § 599
beschr wird, ist bestr u wird v BGH **46**, 140 [146] offen gelassen, für § 833 v Düss OLGZ **91**, 84 bejaht.
3 Prakt bedeuts ist dies bei Überlassg eines nicht verksicheren Kfz od eines Reitpferds. **c) Erfüllungshilfen.**
Der in Rn 2 dargestellte HaftgsMaßstab gilt auch im Rahmen des § 278. **d) Anspruchskonkurrenz.** Wenn
aus Vertr u unerl Hdlg gehaftet w (vgl Rn 2), gilt der HaftgsMaßstab des § 599 auch für § 823 (hM; Köln
4 NJW-RR **88**, 157 mwN). **e) Abdingbarkeit.** Die Haftg kann erweitert, auch beschränkt, aber nicht für
Vors ausgeschl w (§ 276 II). **f) Beweislast:** § 282 Rn 1–11 u § 285 Rn 1.

5   **2) Entleiherhaftung** für die Pfl aus §§ 601, 603, 604 wird v § 599 nicht berührt. Es verbleibt bei §§ 276,
278 (allgM), ggf § 287. Keine HaftgsBeschr auch für grobe Fahrlk wg Vertrauens auf Vollkasko (aA Hamm
NJW-RR **93**, 672). Für Verschlechterg, Verlust od Untergang der Sache aus Zufall trägt (abgesehen v § 287)
der Verl die Gefahr. BewLast: wie Rn 4.

600 Mängelhaftung.   Verschweigt der Verleiher arglistig einen Mangel im Rechte oder einen Fehler der verliehenen Sache, so ist er verpflichtet, dem Entleiher den daraus entstehenden Schaden zu ersetzen.

1   **Zweck:** Haftgsbeschränkg wie bei Schenkg (§§ 523 I, 524 I) u SondRegelg ggü § 599 (dort Rn 2). **Ab-
dingbar** wie § 599 Rn 4. **Arglistiges Verschweigen:** wie § 463 Rn 11. **Rechtsmangel:** wie § 434 Rn 4–6.
2 **Fehler:** wie § 459 Rn 4–6. **Zeitpunkt:** maßgebd ist VertrAbschl (Einf 2 vor § 598) u BesÜbertragg (§ 598
3 Rn 6) wie bei § 463 Rn 8. **Schadensersatz:** nur VertrauensSchad (Vorbem 17 vor § 249; allgM). Hierfür ist
§ 600 die AnsprGrdlage. **Anspruchskonkurrenz:** Verursacht der Fehler einen Schad an and RGütern des
Entl (Mangelfolgeschaden) haftet der Verl für gewöhnl Versch aus Vertr (§§ 276, 278) u ggf unerl Hdlg wie
bei § 599 Rn 2 (Larenz § 50; bestr).

601 Erhaltungskosten.   [I]Der Entleiher hat die gewöhnlichen Kosten der Erhaltung der geliehenen Sache, bei der Leihe eines Tieres insbesondere die Fütterungskosten, zu tragen.

[II]Die Verpflichtung des Verleihers zum Ersatz anderer Verwendungen bestimmt sich nach den Vorschriften über die Geschäftsführung ohne Auftrag. Der Entleiher ist berechtigt, eine Einrichtung, mit der er die Sache versehen hat, wegzunehmen.

1   **Gewöhnliche Erhaltungskosten** (Abs I): wie § 994 Rn 3: währd der ges Leihzeit. **Erhaltungspflicht**
des Entl ist aus Abs I abzuleiten (allgM); sie umfaßt auch eine ObhutsPfl (vgl § 605 Nr 2), die der eines
Mieters entspr müßte (vgl § 545; RG JW **10**, 706), nicht aber das R, die entliehene Sache zu verbessern (zB
2 Befestigg eines Zufahrtswegs, LG Gieß ZMR **95**, 160). **Verwendungsersatz** (Abs II S 1): Verwendg wie
Vorbem 5 vor § 994. Der ErsAnspr besteht nur für solche, die nicht unter Abs I fallen; er richtet sich nach
3 §§ 677 ff, 670. **Wegnahmerecht:** wie § 547 a Rn 4. WegnPfl kann sich aus § 604 I ergeben. Kein Herausg-
Anspr des Entl (RG **109**, 128). **Abdingbarkeit:** uneingeschr.

602 Abnutzung der Sache.   Veränderungen oder Verschlechterungen der geliehenen Sache, die durch den vertragsmäßigen Gebrauch herbeigeführt werden, hat der Entleiher nicht zu vertreten.

1   **Zweck:** entspr dem § 548. **Abdingbar** wie § 601 Rn 2. **Vertragsmäßiger Gebrauch:** Sein Umfang
richtet sich nach dem VertrInhalt, ü nach Art u ZweckBest der Sache sowie nach der VerkAnschauung.
Rechtsfolge des § 602: Der Entl muß für vertrgem Abnutzg weder instandsetzen noch ausbessern od
2 SchadErs leisten. **Unanwendbar** ist § 602 für die schuldh Verschlechterg der Sache währd vertrmäß Gebr,
die eine pVV (§ 276 Rn 116) darstellt, sowie für Verlust, Zerstörg od Vernichtg der Sache, für die §§ 275,
280 in Bezug auf § 604 I gelten (RG **159**, 65).

603 *Vertragswidriger Gebrauch.* **Der Entleiher darf von der geliehenen Sache keinen anderen als den vertragsmäßigen Gebrauch machen. Er ist ohne die Erlaubnis des Verleihers nicht berechtigt, den Gebrauch der Sache einem Dritten zu überlassen.**

Vertragswidriger Gebrauch ist dch S 1 verboten. Vertrwidr ist jede Art v Gebr, die nicht vertrmäß ist **1** (vgl § 602 Rn 1). **Gebrauchsüberlassung** an Dritte (S 2): wie § 549 Rn 3–11. Sie ist grdsätzl vertrwidr Gebr, ausgenommen bei Erlaubn (wie § 549 Rn 1) des Verl. Ist die GebrÜberl erlaubt, haftet der Entl für den Dr nach § 278 (hM; MüKo/Kollhosser 5). **Rechtsfolgen** vertrwidr Gebr: (1) KündR gem § 605 Nr 2. **2** (2) UnterlAnspr aus § 550 analog. (3) HerausgAnspr gg den Dr aus § 604 IV. (4) SchadErsAnspr aus pVV (§ 276 Rn 109) bei schuldh vertrwidr Gebr (§§ 276, 278); dann auch für zufäll eintretden Schad, wenn dieser ohne vertrwidr Gebr nicht eingetreten wäre (BGH **37**, 310; bestr).

604 *Rückgabepflicht.* [I]**Der Entleiher ist verpflichtet, die geliehene Sache nach dem Ablaufe der für die Leihe bestimmten Zeit zurückzugeben.**

[II]**Ist eine Zeit nicht bestimmt, so ist die Sache zurückzugeben, nachdem der Entleiher den sich aus dem Zwecke der Leihe ergebenden Gebrauch gemacht hat. Der Verleiher kann die Sache schon vorher zurückfordern, wenn so viel Zeit verstrichen ist, daß der Entleiher den Gebrauch hätte machen können.**

[III]**Ist die Dauer der Leihe weder bestimmt noch aus dem Zwecke zu entnehmen, so kann der Verleiher die Sache jederzeit zurückfordern.**

[IV]**Überläßt der Entleiher den Gebrauch der Sache einem Dritten, so kann der Verleiher sie nach der Beendigung der Leihe auch von dem Dritten zurückfordern.**

1) Rückgabepflicht des Entl (Abs I–III). **a) Inhalt.** Es ist dem Verl der unmittelb Bes (§ 854) einzuräu- **1** men. Die Abtretg eines HerausgAnspr genügt nicht. Rückg ist Bringschuld, daher (ggf auf Kosten des Entl) am Wohnsitz des Verl zu erfüllen (allgM). **b) Umfang:** auch das Zubehör (§ 97) u die Früchte (§ 99 I, III) der Sache, falls nicht and vereinb (allgM). **c) Zustand.** Die Sache ist so zurückzugeben, wie es dem **2** vertrmäß Gebr entspr (§ 602 Rn 1), falls erforderl, ausgebessert od repariert. **d) Fälligkeit:** mit Beendigg der Leihe (Rn 4–7). **e) Unmöglichkeit** der Rückg (insb wg Verlust od Untergang der Sache) ist nach §§ 275, 280 zu behandeln (§ 602 Rn 2), wobei das Versch (§§ 276, 278) in Bezug auf vertrwidr Gebr genügt, wenn die Unmöglk der Rückgabe darauf beruht (§ 603 Rn 2). **f) Zurückbehaltungsrecht** des Entl aus § 273 ist nicht ausgeschl (RG **65**, 270 [276]). **g) Eigentumslage:** Dem vertr RückFdgsAnspr des Verl kann **3** der Entl nicht entgghalten, daß ein Dr Eigtümer sei. **h) Beweislast** für Vereinbg einer best Zt u damit Ausschluß v Abs III trägt der Entleiher (LG Gött MDR **94**, 248; Baumgärtel 2 mwN).

2) Beendigung der Leihe bewirkt Fällig des RückgAnspr (Rn 2) u tritt ein mit: **a) Ablauf** der für die **4** Leihe best (vereinb) Zeit (Abs I). Der Entl darf, wenn nicht Interessen des Verl entggstehen, die Sache ohne Künd früher zurückgeben (RGRK/Gelhaar 2). **b) Gebrauchsbeendigung** dch Erf des Zwecks, der mit der **5** Leihe beabs war (Abs II S 1). Bsp: bei Pfandsache der Wegfall des Sichergszwecks (RG **91**, 155); bei Kfz Abschl einer Fahrt od Erlangen eines ErsFahrzeugs; bei Maschinen Fertigstellg des Werks; bei sog Dauerleihgaben v KunstGgstden für Museen od Erf der Ausstellg (Celle NJW-RR **94**, 1473). **c) Rückforderung.** Sie **6** darf (wie die Künd, Rn 7) nicht zur Unzeit erfolgen (Köln NJW-RR **92**, 1497). Sie ist mögl: **aa)** nach Abs II S 2 schon vor tats Gebr od dessen Beendigg (Rn 5), wobei die Möglk des GebrMachens bei Verhinderg des Entl obj zu beurt ist (MüKo/Kollhosser 3), ferner bei unvorhergesehener Verzögerg des Gebr; **bb)** nach Abs III jederzeit, wobei nur § 226 od § 242 entggstehen können. Daß die Rückg dem Entl ungelegen ist, genügt nicht. **d) Kündigung:** § 605. Mit Zugang (§ 130) od zu dem vom Verl darin best Ztpkt wird der Rückg- **7** Anspr fäll (Stundg des RückFdgsAnspr od spätere VertrBeendigg).

3) Rückforderungsanspruch gegen Dritte (Abs IV). Entspr § 556 III. **a) Voraussetzungen: 8 aa)** GebrÜberl an Dr (§ 603 Rn 1), gleich ob mit od ohne Erlaubn. **bb)** Beendigg der Leihe (Rn 4–7). **b) Anspruchskonkurrenz** des vertr Anspr aus Abs IV besteht ggf mit § 985.

605 *Kündigungsrecht.* **Der Verleiher kann die Leihe kündigen:**

1. wenn er infolge eines nicht vorhergesehenen Umstandes der verliehenen Sache bedarf;

2. wenn der Entleiher einen vertragswidrigen Gebrauch von der Sache macht, insbesondere unbefugt den Gebrauch einem Dritten überläßt, oder die Sache durch Vernachlässigung der ihm obliegenden Sorgfalt erheblich gefährdet;

3. wenn der Entleiher stirbt.

1) Allgemeines. Neben dem KündR aus § 605 ist auch außerord Künd aus (and) wicht Grden mögl **1** (BGH **82**, 354 [359] u WM **84**, 1613). **a) Kündigung:** Sie ist nur für den Verl vorgesehen (für Entl vgl § 604 Rn 4). Forml, empfangsbedürft WillErkl (§ 130), nicht notw (aber zweckmäß) mit Angabe des Grdes. **b) Anwendbar:** nur in den Fällen des § 604 I u III S 1; die RückFdg gem § 604 II S 2 u III ist keine Künd. **2 c) Rechtsnatur:** außerord Künd, weil sie einen Grd (Nr 1–3) erfordert. Sie ist iZw fristlos, kann aber mit AuslaufFr erkl w (vgl § 604 Rn 7). **d) Beweislast** für die Voraussetzgen (Rn 3–5) hat der Verl.

2) Voraussetzungen. a) Nr 1. Der wirkl (nicht notw dringde, BGH NJW **94**, 3155) Eigenbedarf muß **3** im Streitfall dch Tats belegt w. Der Verl muß seine Interessen denen des Entl nicht unterordnen (BGH aaO). Auf Vorhersehbark u Vorliegen schon zZ des VertSchlusses kommt es nicht an, auch nicht auf Versch. Die Künd darf nicht für einen Ztpkt vor Eintritt des Eigenbedarfs erkl w. Da Nr 1 bereits ges BilligkRegel ist,

4 kann § 242 nicht entggstehen (allgM). **b) Nr 2.** Vertrwidr Gebr u unbefugte GebrÜberlassg: § 603 Rn 1. ObhutsPfl: § 601 Rn 1. Erhebl Gefährdg: auch eine mögl Beschädigg. Abmahng ist nicht erforderl.
5 **c) Nr. 3:** Das KündR kann zu einem belieb Ztpkt ggü dem Erben ausgeübt w. Bei Tod des Verl ist Künd nach Nr 1 mögl. Die Erben des Entl können nach Maßg v § 604 Rn 4 zurückgeben.

606 *Verjährung.* **Die Ersatzansprüche des Verleihers wegen Veränderungen oder Verschlechterungen der verliehenen Sache sowie die Ansprüche des Entleihers auf Ersatz von Verwendungen oder auf Gestattung der Wegnahme einer Einrichtung verjähren in sechs Monaten. Die Vorschriften des § 558 Abs. 2, 3 finden entsprechende Anwendung.**

1 **1) Allgemeines. a) Zweck.** Es soll die rasche Abwicklg des Vertr dch Klärg des Sachzustands ermögl w; dabei ist § 606 weit auszulegen (BGH NJW **68**, 1472). **b) Verjährungsbeginn** (S 2): Es gilt § 558 Rn 10–
2 12 entspr. **c) Fristberechnung:** §§ 186ff. **d) Sonstige Ansprüche** verjähren nach § 195, näml die auf Rückg (§ 604) u SchadErs, soweit sie auf §§ 599, 600 beruhen.

3 **2) Anwendungsbereich.** S 1 gilt für Anspr v Verl u Entl, die auf §§ 601–603 beruhen, also auch pVV (§ 603 Rn 2) sowie für alle damit konkurrierden Anspr (allgM) aus Eigt (BGH **54**, 264), unerl Hdlg (BGH **47**, 55), GeschFührg ohne Auftr, Kfz-HalterHaftg (BGH NJW **73**, 2059), ungerechtf Bereicherg, analog wenn ein Kfz im Rahmen von KaufVerhdlgen (c. i. c., § 276 Rn 16) für eine Probefahrt (BGH **54**, 264) od einem ArbN auch zum priv Gebr überl u beschäd w (LG Stgt VersR **91**, 667), ferner für HilfsPers des Entl (BGH **49**, 278). Gilt nicht bei völl Zerstörg der Sache (hM; BGH NJW **68**, 694); dies muß bei sog Total-Schad eines Kfz nicht vorliegen, so daß dann die 6-Monats-Fr eingreift (Oldbg MDR **82**, 492).

Fünfter Titel. Darlehen

Einführung

1 **1) Grundlagen. a) Begriff.** Darl ist der schuldrechtl Vertr, der die Übertr vertretb Sachen od ihres Wertes in das Verm des DarlN sowie die Abrede umfaßt, Sachen gleicher Art, Güte u Menge zurückzuer-
2 statten. **b) Rechtsnatur.** Es ist noch umstr, ob das Darl nur dch die Übertr der Sachen (Geld od and vertretb Sachen, § 91) zustde kommt (einseit nur zur Rückzahlg verpfl Realvertrag, gemeinrechtl u aus § 607 I abgeleitet; RG **86**, 324; BGH LM § 607 Nr 11 u NJW **75**, 443; Enn/Lehmann § 142 I; Fikentscher 845) od dch zweiseit (auch zur Übertr) verpfl Vertr schon vor Übertr der Sachen (Konsensualvertrag: Larenz § 51 I; Esser/Weyers § 26 II; Haase JR **75**, 317; im Schrifttt hM geworden). Die Rspr, insb die ältere, geht von der RealVertrTheorie aus. Der Theorienstreit hat bei nicht Handhabg wenig prakt Bedeutg (vgl Neumann-Duesberg NJW **70**, 1403). Vorzuziehen ist die Konsensualtheorie, sie erspart die umständl Konstruktion eines VorVertr u entspr besser der Praxis des modernen KreditVerk. Das Darl ist ein DauerschuldVerh (Larenz § 51 I). Ist es entgeltl (mit Zins), so liegt ein ggs Vertr vor (§§ 320ff; hM); ist es zinslos, ledigl ein zweiseit verpfl Vertr. Im GgseitigkVerh stehen die Verschaffg u Belassg des Kapitals (Geldsumme od best Zahl vertretb Sachen) einers, Zinszahlg, Bestellg vereinb Sicherh, Übern sonstiger Pfl (zB Bierbezug) ands (also nicht die Rückerstattg, insb Tilggsrate). Immer liegt ggs Vertr vor, wenn eine Bank Darl gewährt od
3 wenn als Sicherh eine Sache belastet, insb eine Hyp bestellt w, weil dann ein kaufähnl Vertr (§ 445) vorliegt (Ffm NJW **69**, 327 m abl Anm v Schütz). **c) Auszahlungsanspruch.** Aus dem Darl Vertr kann unmittelb auf Übereigng (insb Auszahlg) des Kapitals geklagt w; das aber auch nach der RealVertrTheorie bei Abschl
4 eines Vorvertr, sog DarlVerspr (BGH NJW **75**, 443). **d) Vorvertrag** über ein Darl ist auch nach der KonsensualVertrTheorie mögl, insb veranlaßt, wenn die VertrBedingg im einz noch festgelegt w sollen. Nach der RealVertrTheorie gibt der VorVertr bereits den AuszahlgsAnspr (Rn 3). Gg VorVertr u für §§ 315 III 2, 319 I 2: K. Schmidt JuS **76**, 709.

5 **2) Zweck.** Die Sachübereigng (od bargeldlose Zahlg) beim Darl geht wirtsch auf Übereign (RG [GZS] **161**, 52) u zeitl, also vorübergehde Nutzg, gg od ohne Entgelt. Insof ist das Darl wirtsch ähnl den GebrÜblassgsVertr (Miete u Leihe). Demgem ist dem DarlG bei Wucher (§ 138 II) die RückFdg der DarlSumme nicht endgült verschlossen (§ 817 Rn 23). Darl u DarlVorvertr gehören wirtsch zu den KreditGesch, dh den Gesch, die eine Vorleistg eines der VertrPart zum Inhalt od zur Folge haben. Zur Behandlg im Konk: K. Schmidt JZ **76**, 756.

6 **3) Arten.** In der Praxis haben sich versch typ Arten von GeldDarl mit folgden Bezeichngen herausgebildet: **a) Personalkredit.** Darl, das allein dch die Pers des DarlN, Bürgen od MitSchu gesichert ist. Hierfür
7 gelten keine gesetzl SondBest. **b) Bodenkredit.** Darl, die dch Hyp, Grd- od Rentenschulden gesichert sind. Hierfür gelten die §§ 1113–1203 (vgl Übbl vor § 1113), mit bes, auf das schuldrechtl Darl bezogenen
8 Vorschr. **c) Lombardkredit.** Darl, die dch PfandR od Sichergsübereign beweglicher Sachen, insb auch Wertpapiere gesichert sind. Wenn ein PfandR bestellt ist, gelten die §§ 1204–1296, mit versch Vorschr, die sich auf die gesicherte (Darl)Fdg beziehen; bei SichergsÜbereign, die von Rspr u Schrifttt erarbeiteten Regeln
9 (vgl § 930). **d) Pachtkredit.** Darl, die dch PfandR an landw Inv gesichert sind. Es gilt das PachtKrG (Einf 2 vor § 1204). **e) Verbraucherkredit** ist ein Darl, das unter die Legaldefinition des § 1 II des VerbrKrKrG fällt u
10 für welches das VerbrKrG anzuwenden ist. **f) Mieterdarlehen.** Einf 86 vor § 535. **g) Baudarlehen.** Darl, deren Zweck vertragsgem auf die Verwendg für Neubau, Ausbau od Umbau eines Gebäudes gerichtet ist (BGH NJW **88**, 263) w Mehrwert schafft (BGH WM **91**, 905). Es gilt das GSB. Der BauDarlVertr begründet ein ggs VertrauensVerh. Die ausbezahlten DarlBetr, insb Raten, dürfen nicht für and Zwecke als für den Bau verwendet w. Grd: Sicherg des gewährten Bodenkredits (Rn 3) u der BauwerkUntern (§ 648). Daher ist Abtretg des Anspr auf Auszahlg des Darl nur zul, wenn die Verwendg der Gelder für den Bau gewährleistet ist od alle Betroffenen (DarlG u BauUntern) zustimmen. Gilt auch für den NachUntern (BGH NJW-RR **90**,

342). Entspr eingeschränkt ist wg § 851 ZPO die Pfändg. Abtretg von Hyp u Veräußerg des Grdst währd des Baus ist nur zul, wenn der jeweil VertrPartner zustimmt. Wg der ZweckBest kann gg den Auszahlgs-Anspr auch nicht aufgerechnet w (vgl § 607 Rn 11). Kein BauDarl ist derjen Kredit, der vereinbgem od auf Veranlassg des DarlG zur Tilgg eines GrdstKaufKredites verwendet w (BGH NJW-RR **89**, 788). All das ist nicht abdingb. **h) Bausparvertrag:** Grdsätzl wie Rn 10 zu behandeln. Die FormularVertr der Bausparkas- **11** sen enthalten dchweg zul VertrBedinggen. Die §§ 320 ff gelten, sow nicht zul abbedungen. Der ZwKredit vor Zuteilg ist echtes Darl, das unabhäng v der Zuteilg gewährt w (BGH WM **76**, 682). Anspr auf BausparDarl besteht nur in Höhe der Differenz zw angespartem Betr u Bausparsumme (BGH aaO). **i) Brauereidarlehen:** Darl, die eine Brauerei einem Gastwirt iVm einer BierbezugsVerpfl gewährt. Darl- **12** Vertr (§ 607) u BierbezugsVertr (§ 433 in Sukzessivlieferg) sind rechtl teils nach Darl, teils nach Kauf zu behandeln (Einf 22 vor § 305). Diese rechtl unbedenkl Verbindg führt grdsätzl nicht dazu, daß vorzeit Rückzahlg des Darl die Bierbezugsverpfl erlöschen läßt. Rückzahlg des Darl dch Verrechng mit best Anteil an Bezahlg der Bierlieferg ist übl u zul. Der Anspr auf das Darl steht mit der BierbezugsVerpfl im Ggseitigk-Verh (vgl Einf 4 vor § 320); §§ 320 ff sind anwendb. Nach Gewährg des Darl wird bei Unmöglk od Verz des zum Bierbezug verpfl DarlN statt Rücktr (§§ 325, 326) fristlose Künd des Darl zuzulassen sein. Iü kann KündR grdsätzl frei vereinb w. Bei übmäß Bindg kann § 138 erf sein (dort Rn 81). Übertr der Pfl an Erwerber (insb Käufer, neuer Pächter) der Gaststätte erfordert wg §§ 414, 415 Zust des DarlG. **j) Beteili-** **13** **gungsdarlehen** (partiarisches Darl) ist ein Darl, für das der DarlG (häuf neben festen Zinsen) einen Ge-winnanteil an dem Gesch erhält, dem das Darl dient. Wg Abgrenzg zur Gesellsch: Rn 22. Das BeteiliggsDarl ist ein ggs Vertr wie das entgeltl Darl (Rn 2). Der DarlN ist zur Rechnungslegg gem § 259 verpfl (vgl BGH **10**, 385). Die Gewinnbeteiligg erstreckt sich iZw nicht auf den Gewinn, der dch den Verk des Untern erzielt w. **k) Krediteröffnungsvertrag** stellt nach der KonsensualVertrTheorie den DarlVertr selbst od den **14** RahmenVertr dar, nach der RealVertrTheorie einen VorVertr in der Form eines KonsensualVertr. Unter-liegt der VertrFreih mit den allg Grenzen; idR gelten die AGB der betr Bank. **l) Akzeptkredit** liegt vor, **15** wenn eine Bank einen Wechsel akzeptiert (Art 25 WG), um ihrem Kunden Kredit in der Weise zu verschaf-fen, daß er den Wechsel von einem Dr diskontieren läßt. Kann im Einzelfall Darl od GeschBesorggsVertr sein (BGH **19**, 282). Der DarlVertr, der dem Wechsel zugrdeliegt, besteht unabhäng von der wechselm Haftg (KG BB **54**, 671, vgl. auch Lehmann BB **55**, 937). Erf des DarlAnspr (§ 607 Rn 5) dch die Bank geschieht hier dch Begebg des Wechsels (§ 364 I). **m) Rembourskredit** liegt vor, wenn eine inländ Bank **16** ihrem Kunden einen Valutakredit dch eine ausländ Bank verschafft. Vgl hierzu BGH **LM** § 675 Nr 25. **n) Bank- und Sparkasseneinlagen** fallen grdsätzl unter § 700 (unregelm Verwahrg), so daß die Darl- **17** Vorschr gelten. Hier gehen aber dch Vereinbg die AGB v Banken od Sparkassen vor. Echte Darl sind die sog aufgen Gelder, insb Fest-, Künd- od Termingelder. Die bloße Duldg einer Kontoüberziehg ist kein Darl (BGH NJW **85**, 1218). Zum BankVertr: § 675 Rn 7–18. **o) Öffentliche Darlehen.** Darunter sind Darl zu **18** verstehen, die aus öff Mitteln, insb aGrd von staatl Kreditprogrammen gewährt w (zB LAG- u WoBau-Darl). Hierzu haben Schrift u Rspr die Zwei-Stufen-Theorie entwickelt, die die hM darstellt (BVerwG **1**, 308; BGH **40**, 206; **52**, 155). Sie gilt auch dann, wenn das Darl nicht unter Einschaltg einer Bank, sond unmittelb dch die öff Hand gewährt w. Die 1. Stufe (DarlBewilligg u -bereitstellg) endet mit dem Bewil-liggsbescheid, dch den der öff-rechtl Anspr auf Abschl eines bürglrechtl DarlVertr begründet w (Hamm WM **66**, 868 mwN). Die 2. Stufe beginnt mit Abschl des DarlVertr, auf den dann nur noch zivilrechtl eingewirkt w kann (BGH **40**, 206 u WM **68**, 916; aA BVerwG stRspr zB **13**, 47: paralleler Fortbestand der öff-rechtl Beziehgn auf der Möglk unmittelb Einwirkg auf das Darl). Wenn die DarlSchuld privrechtl erloschen ist, kann der DarlN auch öff-rechtl daraus keinesf mehr in Anspr gen w (BVerwG **18**, 46). Für die Künd des Darl ist nicht Voraussetzg, daß die öff-rechtl DarlBewilligg zurückgenommen w (BGH BB **73**, 258); aber uU muß Gelegenh zur begünstigten Ablösg gewährt w (BGH WM **77**, 1281). **p) Unfallhilfe-** **19** **kredit.** Darl einer Bank, die dem Unfallgeschäd in ZusArb mit einem Unfallhelfer (§ 675 Rn 6) gewährt w, sind wg Verstoß gg das RBerG nichtig (§ 134), gleich, ob die SchadErsFdg abgetreten (BGH NJW **77**, 38) od ledigl eingezogen w (BGH NJW **77**, 431). **q) Ratenkredit** ist ein Darl, das vereinbgem in gleichblei- **20** benden, im voraus festgelegten (idR monatl) Raten zurückzuzahlen ist, Zinsen u sog Kreditgebühren sind darin eingerechnet. Stellt meist, aber nicht notw einen Verbraucherkredit (Rn 9) dar. **r) Kontokorrentra-** **21** **tenkredit** (Canaris WM-Beil **87** Nr 4) ist eine Verbindg von Kontok- u Ratenkredit, bei dem innerh eines bestimmten Rahmens der DarlN jederzt ganz od teilw den Kredit nehmen kann, Rückzahlgn jederzt mögl sind u eine monatl Mindestrückzahlsrate vereinb ist. Bei Verbrauchern als DarlN gilt das VerbrKrG. Im Einzelfall kann Nichtigk (§ 138 Rn 24–33) u c.i.c. (§ 276 Rn 31, 32, 34) vorliegen.

4) Abgrenzung zu anderen Rechtsgeschäften. a) Gesellschaft. aa) GesellschDarl. Gewährt der Ge- **22** sellschafter einer EinmannGmbH, OHG, KG, einer stillen od sonst Ges Kredit, so kann dieser bei Mißbr als Einlage behandelt w. **bb)** Partiarisches RVerh: ob Gesellsch (§§ 705 ff) od ein BeteiliggsDarl (Rn 13) vor-liegt, ist im Einzelfall schwer zu entscheiden, da Grenzen fließd sind. Gesellsch liegt vor, wenn die VertrPart für den gemeins Zweck gemeins verantwortl auf gemeins Rechng tät w (wobei die KapHing des einen genügen kann); Darl, wenn die Mitwirkg des einen sich in der KapHing erschöpft u ihm nur KontrollR, auch MitspracheR eingeräumt sind. Bei Ausschl von Risiko u Verlustbeteiligg, auch Höhe nach festgelegter, vom Gewinn nicht allein abhäng Entsch für die KapHing ist Darl anzunehmen. **b) Kauf.** Für SachDarl vgl **23** § 493. **aa)** Entgeltl Darl, bei denen Sicherh bestellt w, sind idR kaufähnl ggs Vertr (§ 445; vgl Rn 2); Auf sie sind die §§ 433–440 anwendb. **bb)** Wechseldiskontier ist grdsätzl Kauf einer WechselFdg (hM; BGH **19**, 282 [292]). Ausnw kann Darl vorliegen, wenn die Bank den Wechsel für Rechng des Kunden diskontiert u aus eigenen Mitteln sof Gutschr erteilt. Stets liegt Darl vor, wenn der Wechsel nur zur Sicherg eines Kredits dient (Sichergs-, Depot- od Kautionswechsel). **cc)** Erwerb von InhSchVerschreibg (§ 793), auch bei der Emmision, ist Kauf eines Rs. Davon zu unterscheiden sind die Darl, die dadch gewährt w, daß WertP zur Verwertg übertr w, um die DarlValuta zu gewähren (RG **127**, 86), od wenn vereinb ist, daß WertP gem § 607 I zurückzustatten sind (echtes WertPDarl). **c) Leihe:** Da beim Darl ledigl gleiche, bei Leihe diesel- **24** ben Sachen zurückzustatten sind, ist Abgrenzg im Einzelfall bei wiederverwendb VerpackgsMat, insb von Getränkeflaschen u -kästen zweifelh (vgl Martinek JuS **87**, 514). Bei EinhFlaschen ist idR Darl anzunehmen

(hM; BGH NJW **56**, 298 mwN; Kollhosser/Bork BB **87**, 909), bei Kästen mit GetränkeherstellerBezeichng
25 Leihe (aA Celle BB **67**, 778: Darl). **d) Erfüllung** (§§ 362 ff): Vorschüsse auf noch nicht fäll Anspr sind idR
Vorausleistgen (§ 362 Rn 10). Trotz Bezeichng als Vorschuß kann ausnw Darl vorliegen, wenn später
Verrechng mit and künft ungewissen Leistgen von vorneherein vereinb w.

607 *Vertragsabschluß; Rückerstattungspflicht.* [I]Wer Geld oder andere vertretbare Sachen als Darlehen empfangen hat, ist verpflichtet, dem Darleiher das Empfangene in Sachen von gleicher Art, Güte und Menge zurückzuerstatten.

[II]Wer Geld oder andere vertretbare Sachen aus einem anderen Grunde schuldet, kann mit dem Gläubiger vereinbaren, daß das Geld oder die Sachen als Darlehen geschuldet werden sollen.

1   **1) Darlehensvertrag.** Begr u RNatur: Einf 1, 2. **a) Abschluß.** Nach der herrschden KonsensualVertrTheorie kommt der DarlVertr dch übereinstimmde WillErkl gem §§ 145 ff zustande. **aa)** Der Vertr hat folgenden Inh: (1) Pfl des DarlG, das Kap (Geld od and vertretb Sachen, § 91) zu verschaffen u für best od unbest Zeit zu belassen; (2) Pfl des DarlN, das empfangene Kap zurückzuerstatten, nicht notw
2 dieselben (wie bei Leihe, § 598), sond and, gleiche Sachen, insb Geld. **bb)** Weiterer VertrInh (insb Zinsen, Fälligk, Sicherh) ist übl, aber nicht notw; jedoch kann im Einzelfall § 154 I einem VertrAbschl entggstehen. Hing u Empfang sind ledigl Erf des Darl, nach der RealVertrTheorie aber VertrAbschlTatbestd; danach muß nur noch die rechtsgesch Abrede hinzukommen, daß das Empfangene zurückzuerstatten ist,
3 dh als Darl geschuldet w. **cc)** Das DarlVerspr (vgl § 610) ist nach der RealVertrTheorie nur ein VorVertr (dagg u für eine Anwendg der §§ 315 III 2, 319 I 2: K. Schmidt JuS **76**, 709). Scheitert der Abschl od die Erf des DarlVertr, insb weil der DarlN das Darl nicht abnimmt, stehen dem DarlG Anspr auf SchadErs zu, insb vereinb BereitstellgsProv (Zinsen) u SchadPauschale (BGH WM **78**, 422); er kann aber nicht Abnahme eines dch sog Aufrechngsvalutierg verminderten TeilDarl verlangen (BGH NJW **78**, 883).
4 **b) Gegenstand** eines Darl können nur vertretb Sachen (§ 91), insb Geld (jeder Währg) u börsenfäh WertP sein (sog WertPLeihe; hierzu Kümpel WM **90**, 909 u 949); auch genormte Paletten (Ffm ZIP **82**, 1331), OrangenKonzentrat (BGH WM **85**, 835; Flaschen (vgl Einf 24). Wird eine unvertretb Sache als vereinb Darl gegeben, od ein R abgetreten, so kann, insb bei vorgesehener Verwertg des Ggst, nur ein sog VereinbgDarl (Rn 15) in Betr kommen, bei dem der Erlös od eine and best Summe als Darl geschuldet w soll (dem gemeinrechtl contractus mohatrae entspr). Das ist von dem Fall (Rn 5) zu unterscheiden, daß zur Erf
5 eines in Geld vereinb Darl Sachen od R übertr w. **c) Erfüllung.** Kommt nach der RealVertrTheorie (da einseit verpfl Vertr) nur dch den DarlN in Betr (Rückerstattg, Rn 19, 20; Zinszahlg, § 608). Nach der KonsensualVertrTheorie hat der DarlG seine Pfl zur KapVerschaffg (Rn 1) zu erf und darf nur, wenn eine Sicherh vereinb ist, aus § 320 od § 273 zurückhalten, solange der DarlN die Sicherh nicht bestellt.
6 **aa)** Hing u Empfang bedeuten Übereigng (§§ 929 ff) od gleichbedeut bei Geld bargeldlose Zahlg; auch dch Dr u an Dr (§ 362 II; allgM; BGH WM **83**, 484); insb wenn die Zahlg an den Dr zur Tilgg v Verbindlk des DarlN dient (Oldb WM **88**, 1813). Das setzt voraus, daß der DarlN hierzu die erforderl Weisg od Zust erteilt (vgl BGH NJW **77**, 38 [Unfallhilfegesellsch] u NJW **78**, 2294 [DarlVermittler]) u der DarlBetr dem DarlN tats zufließt, wenn der Dr zur Weiterleitg eingeschaltet ist (BGH NJW **85**, 1831).
7 **bb)** Bei BankDarl genügt die Gutschrift, dch die eine Fdg gg die Bank begrdet w (allgM; BGH WM **87**, 1125 mwN) od der Betrag einem (auch überzogenen) Konto gutgeschrieben w (Ffm WM **88**, 370), auch bei Vfg des Bankkunden üb den Betrag des eingereichten u später nicht gedeckten Schecks (Hamm WM **95**, 1441). IdR fehlt es an der Hingabe des Darl, wenn der Betrag zwecks Sicherg auf das Anderkonto eines Notars überw w (BGH NJW **86**, 2947); and wenn es ohne diesen Zweck abredegem auf das Anderkonto überw w (LG Bln WM **87**, 1099). Eine Bankbuchg an „Konto pro Diverse" genügt grdsätzl nicht
8 (BGH NJW **87**, 55). **cc)** Werden unvertretb Sachen od Re übertr, um das in Geld vereinb Darl zu erf (insb Wechsel, Scheck) kann § 364 anzuwenden sein od ein Auftr (§ 662) zur Verwertg des Ggst mit AufrechngsVertr (ErfAnspr aus Darl u Anspr aus § 667) vorliegen. **dd)** Die Gefahr geht vom DarlG auf den
9 DarlN mit der Übertr des Kap über. Gewl für Sachmängl: § 493. **d) Abtretung und Pfändung. aa)** Nicht abtretb ist der Anspr aus dem VorVertr (allgM). Hingg kann der Anspr auf Erf, insb auf Zahlg des Kap grdsätzl abgetr w (hM). Vereinbg der Unabtretbk ist aber häuf. Auch bei Abtr u Auszahlg an den Zessionar bleibt der Zedent DarlN u Schu des RückerstattgsAnspr. Gepfändet werden kann der Anspr grdsätzl, soweit er abtretb ist (§ 851 ZPO). Problemat u nur beschr wirks ist beim GiroVertr die Pfdg v ÜbZiehgs- u Dispositionskrediten (zusfassd Peckert ZIP **86**, 1232), eine Unterscheidg, die prakt fragwürd ist (Gaul KTS **89**, 3 [7]). Unpfändbar ist wg § 851 ZPO zu bejahen, soweit diese Kredite zweckgebunden sind (allgM). Bei ÜbZiehgsKr gibt die bloß geduldete ÜbZiehg keinen pfändb Anspr (BGH **93**, 315; aA
10 Grunsky JZ **85**, 490). **bb)** Ob ein DispositionsKr gepfändet w kann, ist von DarlN offengelassen (BGH aaO u **86**, 23 [30]), iü umstr (vgl Gaul aaO). Für die Verwertg (üb § 835 ZPO) wird neuerdings der Abruf des Darl dch den Schuldner gefordert (Gaul aaO 18 mwN). Die Pfändbark dürfte nur bejaht w, wenn der DarlVertr schon mit der Einräumg des DispositionsKr abgeschl wurde. Ju kann aus § 399 nur im Einzelfall gefolgert w, daß die Fdg auf Erf des DarlVertr nicht abtretb ist (vgl Gaul aaO 12). Bei BauDarl ist
11 Abtretg u Pfändg dch das GSB weitgehd ausgeschl (Einf 10). **e) Aufrechnung.** Nach der KonsensualVertrTheorie bestehen keine Bedenken wg der notw Gleichartigk der Fdgen. Aufrechng dch den DarlN ist stets zul, dch den DarlG aber idR wg des VertrZwecks u wg § 157 ausgeschl, insb bei BauDarl (Einf
12 10). **f) Rücktritt** beider VertrPart vom DarlVertr ist jedenf nach der KonsensualVertrTheorie bis zur Erf dch den DarlG (Rn 5) mögl; von da an nur Künd (Larenz § 51 I). Rücktr muß entw vorbeh (§ 346) od ges
13 begründet sein (§§ 325, 326; ferner § 242 Rn 132). Rücktr ist vom Widerruf (§ 610) zu untersch. **g) Abnahme** der DarlValuta dch den DarlN steht beim verzinsl Darl als Pfl zwar nicht im GgseitigkVerh; bei NichtErf wird aber § 326 angewendet, wobei Mahng nicht selten entbehrl ist (BGH NJW-RR **90**, 432).
14 **h) Mehrheit** von DarlN. Sie kann gleichzeit od nachträgl vereinb w u begrdet grdsätzl eine GesSchuld (§ 421). Übweisg der DarlValuta an einen der DarlN gilt als Gewährg des Darl (Rn 5) an alle (Hamm WM **92**, 257). MitVerpflichtg v einkommens- u vermögensl Partner: § 138 Rn 37.

2) Umwandlung in Darlehen (Abs II): VereinbgsDarl. Es erfordert einen Vertr (§ 305). Dieser ist 15
unstr kein RealVertr. Voraussetzg für Schuldabänderg u kausale Schuldumschaffg ist, daß die alte Schuld
(zB §§ 433 II, 667, 812) besteht u gült ist (BGH **28**, 164), daher muß sie insb formgült sein. Auch gleich-
zeit begründete u künft Fdgen können in allen Fällen umgewandelt w (RG **152**, 159 [165]); jedoch wirkt
das Darl erst ab Entstehg der Fdg. Part können auch vereinb, daß eine and Verpfl, also auch eine solche
auf Lieferg einer unvertretb Sache, in ein Darl umgewandelt w (BGH WM **63**, 699). Drei Möglichk der
Umwandlg (Ausleggsfrage); iZw sind Schuldabänderg (Rn 16) anzunehmen: **a) Schuldabänderung.** Die 16
frühere Schuld bleibt bestehen u w nur inhaltl abgeänd (§ 305 Rn 2), indem jetzt in allem od im einz
(Verzinsg, Tilgg, Verj usw) DarlGrdsätze gelten. Pfänder u Bürgen haften weiter, soweit die Schuld nicht
erweitert w; Einwdgen aus dem alten SchuldVerh bleiben, soweit nicht die Abänderg entggsteht (RG **120**,
340), zB fallen verzögernde Einr weg. **b) Kausale Schuldumschaffung** (§ 305 Rn 8). Beiderseit Ersetzgs- 17
wille ist notw, da der Vertr sich darauf richtet; § 364 II gilt dann nicht (RG **119**, 21). Die frühere Schuld
erlischt, mit ihr die SichergsR, insb PfdR u Bürgsch. Einwdgen aus dem alten SchuldVerh entfallen, weil
es erlischt (RG **134**, 153). **c) Abstrakte Schuldumschaffung** dch abstraktes SchuldAnerkenntn od 18
-Versprr (§§ 780, 781). Daher Schriftform, wenn nicht § 782 od § 350 HGB eingreift. Die Ersetzgsabrede
bleibt (formfrei) außerh der neuen Vereinb. Besteht die alte Schuld nicht, ist der Gläub um das neuge-
schaffene R ungerechtf bereichert; ggf Anf (§§ 119 II, 123). Die Einwdgen aus dem alten SchuldVerh
entfallen.

3) Rückerstattungsanspruch. Grdlage: Abs I. Pfl des DarlN. Sie steht nie im GgseitigkVerh zum 19
Anspr auf Übertr des Kap. **a) Voraussetzungen:** Gültigk des DarlVertr u Empfang des Darl, dh Erf des
KapVerschaffgsAnspr (Rn 1). Ist der DarlVertr nichtig, besteht nur ein RückerstattgsAnspr aus ungerechtf
Ber. **b) Umfang:** Sachen gleicher Zahl (ggf Gewicht), Art u Güte sind zurückzuerstatten, ohne Rücks 20
darauf, ob der Pr sich geänd hat. Bei Geld hat es in derselben Währg zu geschehen, wie das Darl vertrags-
gem gewährt wurde, ohne Rücks auf Auf- od Abwertg. Abweichde vertragl Regelg ist zul. Iü gilt § 244.
Vorteilsausgleich gilt nicht (hM; vgl Vorbem 124 vor § 249). **c) Wertsicherung:** Das Risiko der Geld-
entwertg geht zu Lasten des Gläub. Daher sind Wertsichergsklauseln (§ 245 Rn 18–23) häuf üblich. **d) Nichter-** 21
füllung bei SchuVerz (§ 284) begrdet SchadErsAnspr aus § 286. Der DarlG ist so zu stellen, wie er bei
rechtzeit Leistg stehen würde. Zur Berechng BGH **104**, 337; Köln WM **89**, 247. **e) Restschuldversiche-**
rung auf den Todesfall. Ist der DarlG VersN, muß er zunächst Befriedigg aus der Vers suchen (BGH
NJW **79**, 974).

4) Beweislast. Der auf Rückzahlg klagde Gläub hat die Auszahlg u die Einigg der Hingabe als Darl zu 22
bew (hM; BGH NJW **86**, 2571). Diese beweist der DarlSchuldschein (Begr § 371 Rn 1), wobei GgBew zul
ist. Schuldschein mit Verpfl zu monatl Zinszahlg aus best Betrag beweist noch nicht, daß der Betrag als
Darl gegeben w (BGH WM **76**, 974). Beweist der Schu, daß entgg dem auf Empfang eines BarDarl
lautden DarlSchuldschein kein BarDarl gegeben w ist, hat er wg Abs II, wenn der Gläub VereinbgDarl
behauptet, ferner zu beweisen, daß auch kein solches abgeschl w ist (RG **57**, 320). Gelingt ihm das, steht
also zB fest, daß er den Schein nur in Erwartg des DarlEmpfangs gegeben hat (vgl RG **127**, 169 [172]), so
hat der Gläub nachträgl Hing zu bew, wobei seiner BewFührg zustatten kommen kann, daß Schu ihm den
Schein längere Zeit hindch widerspruchslos belassen hat. Bestät der Schu schriftl den Empfang des Darl u
die Pfl, den DarlBetr zurückzuzahlen, hat er volle BewLast, daß diese Pfl (auch aus Abs II) nicht entstan-
den ist (hM; BGH NJW **86**, 2571). VereinbgDarl: BewLast für die alte Schuld hat der Gläub. Die Um-
wandlg (Rn 15–18) hat der Behauptede zu bew. Unwirksamk des VereinbgDarl wg Unwirksk alter Schuld,
hat Schu zu beweisen. BewLast für abstr Schuldumschaffg (Rn 18) hat stets der Gläub.

608 *Darlehenszinsen.* **Sind für ein Darlehen Zinsen bedungen, so sind sie, sofern nicht
ein anderes bestimmt ist, nach dem Ablaufe je eines Jahres und, wenn das Darlehen vor
dem Ablauf eines Jahres zurückzuerstatten ist, bei der Rückerstattung zu entrichten.**

1) Zinsanspruch. a) Begriff des Zinses u Abgrenzg insb auch bei Darl: § 246 Rn 1–3. **b) Anspruchs-** 1
grundlage. Nach bürgerl R ist das Darl nur zu verzinsen, wenn dies (auch stillschw) vereinb w. Nur bei
HandelsGesch besteht ZinsPfl ohne Vereinbg (§§ 353, 354 HGB). **c) Rechtsnatur.** Die ZinsPfl ist nicht
NebenPfl, sond steht dem entgeltl Dar im GgseitkVerh der §§ 320 ff (vgl Einf 2 vor § 607). **d) Entste-** 2
hung. IdR beginnt die ZinsZahlgPfl mit der Auszahlg des Darl; jedoch ist abweichde Vereinb mögl u
häuf (vgl BGH NJW **85**, 730). Ist das Darl nichtig, insb wg § 138, besteht kein ZinsAnspr. **e) Ende** der 3
vereinb ZinsPfl tritt ein mit Ablauf des Darl u Fälligk des RückErstattgsAnspr (§ 609). Zur Frage, ob von
da an VerzZins (§ 288) zu zahlen, SchadErs (§ 286) zu leisten od weiter VertrZins zu entrichten ist, vgl
§ 246 Rn 10–12 u Gruber NJW **92**, 2274. **f) Fälligkeit:** § 271. Bei BankDarl wird sie häuf abbedungen. 4
Dabei sind in FormularVertr Verstöße gg § 9 AGBG mögl (dort Rn 62), aber nicht dadch, daß bei gleich-
bleibder JahresLeistg, die Zinsen u Tilgg enthält, die Zinsen vom Vorjahresstand des Darl berechnet u
unterjähr, insb vierteljähr Raten für Zinsen u Tilgg fäll gestellt w (BGH NJW **93**, 3261 mwN; Köln WM
92, 1698). **g) Verjährung:** § 197 (dort Rn 5). Dies gilt auch für die TilggsAnteile, wenn sie mit den
Zinsen als Raten verschmolzen sind (Schwachheim NJW **89**, 2026).

2) Zinshöhe. Kann grdsätzl frei vereinb w. Grenze: Sittenwidrk u Wucher (vgl § 138 Rn 25, 67). Ist die 5
Höhe der Zinsen nicht vereinb, gelten die ges Zinssätze (4% gem § 246, 5% gem § 352 HGB). Zins kann
auch dch feste Summen ausgedrückt, statt Zins Gewinnanteil vereinb sein (Einf 13 vor § 607). Das Disagio
kann verdeckter Zins sein, näml die Spanne zw Nominal- u Effektivzins (vgl § 246 Rn 3). Zinsanpassgs-
Klauseln mit Änd gem § 315 sind auch in AGB grdsätzl zuläss (BGH NJW **86**, 1803; hierzu krit Schwarz
NJW **87**, 626). BewLast für den Inhalt einer ZinsVereinb: DarlG (BGH WM **83**, 447).

609 **Fälligkeit der Rückerstattung.** [1]Ist für die Rückerstattung eines Darlehens eine Zeit nicht bestimmt, so hängt die Fälligkeit davon ab, daß der Gläubiger oder der Schuldner kündigt.

[II]Die Kündigungsfrist beträgt bei Darlehen von mehr als dreihundert Deutsche Mark drei Monate, bei Darlehen von geringerem Betrag einen Monat.

[III]Sind Zinsen nicht bedungen, so ist der Schuldner auch ohne Kündigung zur Rückerstattung berechtigt.

1   **1) Allgemeines. a) Bedeutung:** § 609 regelt die Fälligk des RückerstattgsAnspr (§ 607 Rn 19); § 271 I gilt nicht. Mit dieser Fälligk trifft die Beendigg des DarlVertr als DauerSchVerh zus. Von da an tritt das
2 AbwicklgsVerh ein (Einf 2 vor § 346), das bis zur vollst Erf des RückerstattgsAnspr andauert. Der Anspr steht nicht im GgseitkVerh. **b) Anwendungsbereich:** § 609 gilt grdsätzl für alle Arten von Darl (Einf 19
3 vor § 607); jedoch ist im Einzelfall dch Vertr (vgl Rn 3) die Künd vielf and geregelt. **c) Abdingbarkeit** dch Vertr ist grdsätzl zu bejahen. Vielf wird die Auffassg vertr, daß für den DarlN die Künd nicht dauernd ausgeschl w dürfe; das ist unnöt, wenn eine außerord Künd aus wicht Grd (wie bei jedem DauerschuldVerh)
4 auch ohne bes ges Regelg, bejaht w (vgl Rn 13). **d) Beendigungsgründe:** Der DarlVertr endet dch Zeitablauf (Rn 7), Künd (Rn 10–16), Rücktr (§ 607 Rn 12), Widerruf (§ 610), Rückerstattg ohne Künd (§ 609 III), AufhebgsVertr (§ 305), Eintr einer Bedingg (§ 158) u Anfechtg (§ 610 Rn 5). Die BeendiggsGrde bestehen
5 unabhäng voneinander, haben aber jeweils versch Voraussetzgen. **e) Kündigung:** Steht dem DarlG u DarlN zu (Abs I) u kann nicht vor Abn der Valuta erkl w (Monßen WM **78**, 1394). Sie ist einseit empfangsbedürft WillErkl (§ 130). Nicht widerrufl, ges formfrei, bedingsfeindl (weil GestaltgsR). Das Wort Künd ist nicht nöt (§ 133). Ebsowenig Angabe des Ztpkts (BGH BB **65**, 104); iZw ist es der nächstzul Termin. Künd liegt in Kl auf Rückzahlg, ZwVollstr (BGH WM **65**, 767), Aufrechng mit der RückerstattgsFdg ggü dem DarlN. Nicht genügt Zustellg der VollstrKlausel, Geltdmachen eines ZbR, Anmeldg in Konk.
6 Vorzeit Künd ist auch nach § 609a mögl, ebso eine ÄndergsKünd, zB wg der Zinshöhe. **f) Beweislast:** Der DarlG, der Rückerstattg verlangt, muß Beendigg (Rn 4) beweisen, der DarlN die Tats, die zur Unwirksk führen, ferner die Stundg (§ 271).

7   **2) Zeitbestimmung.** Ggsatz ist der auf unbest Zeit geschl DarlVertr. Jedoch ist auch beim zeitl best Darl Künd unter den gegebenen Voraussetzgen zul, ord Künd idR aber ausgeschl u nur über § 609a mögl. **a) Ausdrückliche** ZtBest geschieht dch Laufzeitdauer oder RückzahlgsTermin, der auch zeitl ungewiß sein kann (zB Beendigg eines ArbVerh). Eine TilggsAbrede legt das Mindestmaß der Tilgg fest, im Einzelfall ist
8 dch Auslegg (§ 157) mögl, daß auch die Zeit zur Rückerstattg best ist (vgl BGH WM **70**, 402). **b) Stillschweigende** ZtBest ist mögl, insb bei best Zweck des Darl, der auch aus den Umst ersichtl sein kann, zB Aufbau eines Gesch, Überbrückg vorübergehender Zahlgsunfähigk, Existenzsicher nur für die Dauer der Ehe bei Darl an Schwiegersohn (BGH WM **73**, 410), ebso bei DarlZweck Verbesserg der wirtsch Lage u Scheitern
9 der Ehe (Düss NJW **89**, 908). **c) Beliebige Rückzahlung.** Es gilt § 315 (§ 271 Rn 6). **d) Nicht verlangte Rückerstattung** bei Ablauf des BeendiggsTermins. Es verlängert sich deshalb das Darl nicht in eines auf unbest Zeit, aber es können für die Zeit darauf VertrZinsen nur bis zur Rückzahlg od bis AnnVerz verlangt w (§ 301 Rn 1). **e) Vorzeitige Rückzahlung** dch den DarlN gem § 271 iZw nur bei unverzinsl Darl (Abs III), bei verzinsl (abgesehen v Fall der Künd gem § 609a) in aller Regel ausgeschl (Hammen DB **91**, 953); auch bei HypDarl v Verbrauchern (Wenzel WM **95**, 1433) nur vereinbar (§ 305), die v DarlG idR v einer Vorfälligk-Entsch (vgl § 609a Rn 3; VerwaltgsAufwand u ZVerlust) abhäng gemacht w (hierzu Reifner NJW **95**, 86).

10   **3) Ordentliche Kündigung. a) Voraussetzungen:** KündErkl (Rn 5). Grdsätzl nur bei Darl mit unbest Dauer zul (Abs I). Auf Grd des § 609a auch bei Darl mit bestimmter LaufZt. Es kann (auch stillschw) vereinb sein, daß bei best LaufZt (Rn 7) die ord Künd zul ist. Ands kann die ord Künd auch bei unbest Dauer (für einen gewissen Zeitraum) ausgeschl w, zB auf Lebenszeit des DarlG. Beschränkt sein kann die ord Künd, wenn ein langfrist HypDarl mit einem LebensVersVertr verbunden ist (BGH NJW-RR **87**, 1184).
11 **b) Frist** (Abs II). Es gilt primär die vertragl Regelg. Es kann fristl Künd vereinb sein. Bei unverzinsl KleinDarl, die aus Gefälligk od Freundsch gewährt w, ist das idR über § 157 anzunehmen. Es gelte Regelg: wg Abs III gilt Fr für den DarlN bei unverzinsl Darl nicht, weil Künd in diesem Fall unnöt ist. 300 DM-Grenze
12 wg Geldentwertg an sich überholt, gilt unveränd. **c) Wirkung.** Es wird der RückerstattgsAnspr (§ 607 Rn 19) fäll; ggf nach Maßgabe der vertr Vereinbg. ZinsAnspr: § 608 Rn 3. Wie das Disagio (Damnum) zu behandeln ist, richtet sich nach Auslegg des Vertr (BGH **81**, 124). IdR ist es laufzeitabhäng Entgelt für einen niedrigeren NominalZ u nicht Vergütg für Bearbeitg u Risiko, so daß es vom DarlN i Zw anteil aus unger Bereicherg (Düss WM **95**, 569) zurückgefordert w kann (BGH **111**, 287; Düss aaO), auch wenn vertragl vorzeit Künd u ZinsAnpassg vorgesehen war (BGH NJW **93**, 3257). Zugdezulegen ist idR nicht die GesLaufZt des Darl, sond die ZinsFestschreibg (BGH NJW **95**, 2778). Ist es and vereinb, so verbleibt das Disagio beim DarlG (vgl Köln NJW-RR **92**, 681). Davon ist bei öfft geförderten Darl auszugehen (BGH NJW **92**, 2285; umstr; aA Koller DB **92**, 1125 mwN).

13   **4) Außerordentliche Kündigung,** dh ohne Bindg an KündFr u bei Darl, die auf best Zt gewährt sind, ist zuläss, wenn bei Vorliegen best Grde vereinb (in der Praxis häuf) od da auch das Darl ein DauerSchVerh ist, in entspr Anwendg von §§ 626, 554a, aus wichtigem Grd (BGH WM **80**, 380; bestr). Hierbei ist eine Gesamtwürdigg aller Umstde des Einzelfalls u InteressenAbwägg vorzunehmen (BGH NJW **86**, 1928).
14 **a) Voraussetzungen:** KündErkl: Rn 5. Vorher Abmahng ist grdsätzl nicht erforderl (BGH WM **78**, 234). Wicht Grde können sein: Verzug bei Zins u Tilggsraten, Gefährdg der Sicherh, schuldh Zerrüttg eines bei VertrAbschl vorhandenen Vertrauensverh, bei GefälligkDarl dringer Eigenbedarf (Stgt WM **87**, 782); Wegfall der GeschGrdlage (BGH WM **80**, 380); falsche Darstellg wesentl Tats nach VertrAbschl u vor Auszahlg (Karlsr BB **72**, 287); nicht: die bloße Verweiger einer fäll Ratenzahlg aus erwägenswerten rechtl Zweifeln (BGH NJW **81**, 1666). Bei betriebsbezogenen Darl vgl BGH NJW **86**, 1928. Dieses R zur außerord
15 Künd, das Unzumutbk der Weiterbelassg des Darl voraussetzt, kann vertragl nicht ausgeschl w. **b) Frist:** Die Künd selbst kann fristlos erkl w. Dies muß nicht innerh einer dem § 626 II entspr Fr ab Kenntn des

KündGrdes geschehen (BGH WM **84**, 1273), unterliegt aber der Verwirkg (§ 242 Rn 93–95). Vor Künd entstandene Grde können nachgeschoben w (BGH stRspr zB NJW **86**, 1928). Die Künd kann iZw fristl geschehen, insb beim Girokonto (Hamm NJW-RR **92**, 686), aber auch vom Kündigden mit Angabe eines belieb Termins zur Rückzahlg versehen w. **c) Wirkung:** Rn 12.   16

609 a *Kündigungsrecht.* [I]Der Schuldner kann ein Darlehen, bei dem für einen bestimmten Zeitraum ein fester Zinssatz vereinbart ist, ganz oder teilweise kündigen,
1. wenn die Zinsbindung vor der für die Rückzahlung bestimmten Zeit endet und keine neue Vereinbarung über den Zinssatz getroffen ist, unter Einhaltung einer Kündigungsfrist von einem Monat frühestens für den Ablauf des Tages, an dem die Zinsbindung endet; ist eine Anpassung des Zinssatzes in bestimmten Zeiträumen bis zu einem Jahr vereinbart, so kann der Schuldner jeweils nur für den Ablauf des Tages, an dem die Zinsbindung endet, kündigen;
2. wenn das Darlehen einer natürlichen Person gewährt und nicht durch ein Grund- oder Schiffspfandrecht gesichert ist, nach Ablauf von sechs Monaten nach dem vollständigen Empfang unter Einhaltung einer Kündigungsfrist von drei Monaten; dies gilt nicht, wenn das Darlehen ganz oder überwiegend für Zwecke einer gewerblichen oder beruflichen Tätigkeit bestimmt war;
3. in jedem Falle nach Ablauf von zehn Jahren nach dem vollständigen Empfang unter Einhaltung einer Kündigungsfrist von sechs Monaten; wird nach dem Empfang des Darlehens eine neue Vereinbarung über die Zeit der Rückzahlung oder den Zinssatz getroffen, so tritt der Zeitpunkt dieser Vereinbarung an die Stelle des Zeitpunkts der Auszahlung.

[II]Der Schuldner kann ein Darlehen mit veränderlichem Zinssatz jederzeit unter Einhaltung einer Kündigungsfrist von drei Monaten kündigen.

[III]Eine Kündigung des Schuldners nach den Absätzen 1 oder 2 gilt als nicht erfolgt, wenn er den geschuldeten Betrag nicht binnen zweier Wochen nach Wirksamwerden der Kündigung zurückzahlt.

[IV]Das Kündigungsrecht des Schuldners nach den Absätzen 1 und 2 kann nicht durch Vertrag ausgeschlossen oder erschwert werden. Dies gilt nicht bei Darlehen an den Bund, ein Sondervermögen des Bundes, ein Land, eine Gemeinde oder einen Gemeindeverband.

1) Allgemeines. Lit: Hopt/Mülbert WM SoBeil 3/**90**. Inkrafttreten des § 609a: 50. Aufl. Abs III ist **1** eingefügt, der bisher Abs III ist Abs IV geworden seit 1. 1. 91 dch Art 2, 10 VerbrKrG. **a) Zweck:** Ausgleich des Interesses v DarlG u DarlN dch Verbraucherschutz. Unter dem Druck des KündR sollen marktgerechte Zinsen vereinb u notw UmschuldgsMaßn erleichtert w (Hopt/Mülbert 4). **b) Anwen- 2 dungsbereich.** § 609a gilt grdsätzl für alle Arten v Darl (Einf 6–21 vor § 607). Abs I nur für solche mit festem Zinssatz, Abs II für solche mit variablem (veränderl) Zinssatz. Umstr ist, ob SchuldVerschreibgn, die Darl verbriefen, darunter fallen (vgl Hopt/Mülbert 5 mwN). **c) Abdingbarkeit** (Abs IV). Abs I u II **3** sind zG des DarlN zwingd (Abs IV S 1). Entggstehde Vereinbgen sind nichtig (§ 134), insb VorfällkEntschäd u VertrStrafen (v. Rottenburg WM **87**, 1 [6]). Ein Disagio (vgl § 609 Rn 12) ist zwar zuläss (v. Heymann BB **87**, 415 [420]), zweifelh aber, inwieweit es behalten w darf (Hopt/Mülbert 18). Eine VorfällkEntschädigg muß auf VerwaltgsAufwand u ähnl Nebenkosten beschr u darf nicht auf den ZVerlust erstreckt w (Melzer BB **95**, 320). Zugunsten des DarlN können kürzere KündFr vereinb w. Ausn: Darl der öff Hand (Abs IV S 2). **d) Kündigung.** § 609a betrifft nur die ord Künd (Hopt/Mülbert 3). Hierfür gilt § 609 Rn 10– **4** 12. Die außerord Künd (§ 609 Rn 13–16) bleibt unberührt. **e) Internationale Kredite.** § 609a gilt, soweit **5** deutsches R anwendb ist. Derogation ist grdsätzl mögl u zuläss. Nur Abs I Nr 2 ist zwingd iS des Art 34 EG. **f) Neue Bundesländer:** § 609a gilt auch für Vertr, die seit 1. 7. 90 abgeschl w (vgl Art 232 § 8 EG).

2) Festverzinsliche Darlehen (Abs I). Begriff: Darl, bei denen für einen bestimmten ZtRaum ein fester **6** Zinssatz (idR dch Angabe in %) vereinb ist. Darunter fallen die zeitl begrenzte ZinsBindg (zB abschnittsweise Finanzierg) u die Zinsvariabilität nach einem vereinb begrenzten ZtRaum (Hopt/Mülbert 5). Grdsätzl können Darl für die Dauer der ZinsBindg nicht ord gekünd w. **a) Voraussetzungen. aa) Nr 1: 7 Kürzere Zinsbindung** als DarlLaufZt. Es ist zu unterscheiden: **(1)** Hs 1: Das Ende der Bindg an einen festen Zinssatz muß vor dem RückzahlgsTermin (§ 609 Rn 7–9) des Darl enden. **(2)** Hs 2: Vereinb ZinsAnpassg (meist an einen vereinb Referenzzinssatz) bis zu höchstens einem Jahr für jeweils im voraus bestimmte ZtRäume (sog roll-over-Kredite). Sind die ZinsPerioden länger, so verbleibt es bei Hs 1. **bb) Nr 2. Ver- 8 braucherkredite** (auch wenn im Einzelfall das VerbrKrG nicht anwendb ist): Nur für Darl an natürl Pers (auch SchuldnerMehrh), ohne (vereinb) Sicherg dch Hypothek od Grdschuld (gleichgült in welchem Stadium des GB-Verf); auf Wert u Höhe der Sicherg kommt es nicht an (v. Heymann BB **87**, 415 [419]). Das Darl darf nicht ganz od übwiegd (v Betrag her zu messen) für gewerbl od berufl Zwecke (Abgrenzg Hopt/Mülbert 10) bestimmt gewesen sein (BewLast für Vorliegen dieses Zwecks: DarlG, Häuser/Welter NJW **87**, 17 [20]). Ist DarlN Kfm, so soll § 344 I HGB gelten (Bülow NJW **90**, 2534). Auf die spätere tats Verwendg kommt es nicht an (Hopt/Mülbert 9). Am besten wird der DarlZweck in die Urk aufgenommen. Fehlt eine vertr ZweckBest, kommt es auf den DarlN allein an (Hopt/Mülbert 9). **cc) Nr 3. Langfristige Kredite. 9** Gilt für alle Darl, insb auch für befristete (Hopt/Mülbert 15). **(1)** Hs 1: Empfang ist selbstverständl auch die vereinb Zahlg an einen Dr. Vollständ: auch bei Disagio, bei TeilZahlgen die letzte Leistg; maßgebd ist Aushändigg od Gutschr. FrBerechng: §§ 187 I, 188 II. **(2)** Hs 2: Regelt die Fälle der ProlongationsVereinbg, v deren Abschl (§ 151) an die 10-Jahres-Fr neu zu laufen beginnt. Auszahlg ist ident mit Empf iS des Hs 1. **b) Wirkungen.** Gemeins ist allen Fällen ein KündR des DarlN, u zwar ord Künd (§ 609 Rn 10–12). Der **10** DarlN kann die Künd belieb länger befristen. Für den nachvertr Zins bis zur Rückzahlg ist der DarlG auf § 286 angewiesen (vgl BGH NJW-RR **86**, 205; sehr umstr; vgl Killmann NJW **87**, 618 mwN). Bei den Fällen der Nr 1–3 ist zu untersch: **aa) Nr 1.** Für den ZtRaum, in dem ZinsBindg dauert, ist Künd ausgeschl **11** („frühestens"), nur für diesen (ZinsBindgsAblaufTerm) od einen (beliebigen) späteren Termin zuläss. Erklärt werden kann die Künd schon vorher. VertrAnpassg der ZinsBedinggen ist jederzt mögl (v. Heymann BB **87**, 415 [418]). Mit einer neuen Vereinbg üb den Zinssatz (unter § 305 einzuordnen) erlischt das KündR u entsteht neu für die vereinb weitere Zinsperiode (v. Rottenburg WM **87**, 1). Kommt keine neue ZinsVereinbg zustde, kann der DarlG gem § 315 bestimmen (Hopt/Mülbert 6). Eine ZinsAnpassg gem § 315 kann vereinb w. Bestimmt der DarlG den Zins neu, so muß dem DarlN eine 2-WoFr für das KündR eingeräumt w (v. Rottenburg aaO 3). KündFr: 1 Monat zum Ende der ZinsBindg (auch zu den AnpassgsTerm des Hs 2 (Hopt/Mülbert 7) od belieb später (Berechng: § 188 II, III; Bsp: Künd zum 31. 3. muß am 28. 2. zugehen). Bei kurzfrist period ZsAnpassg (Hs 2) jeweils nur zum Abschl einer Periode, nicht dazwischen. Die Monats-Fr gilt auch, wenn die Mitt des neuen Zinssatzes kürzer vor dem Abschl der Zinsperiode dem DarlN zugeht

12 (v. Rottenburg aaO 4). **bb) Nr 2.** Unkündb VorlaufZt v 6 Monaten; danach 3 Monate KündFr (Berechng Rn 11). Die Künd ist nicht auf einen bestimmten Ztpkt beschränkt u kann frühestens dch Zugang (§ 130) am 1. Tag nach Ablauf der 6 Monate wirks w. Das bedeutet prakt eine MindestlaufZt des Darl v 9 Monaten

13 (Hopt/Mülbert 15). **cc) Nr 3.** Zur KündErkl: wie Rn 12. Berechng der KündFr: wie Rn 11 (Bsp: Künd zum 30. 7. kann noch am 31. 1. zugehen). Prakt MindestlaufZt langfrist Kredite beträgt 10½ Jahre bei Künd zum frühestmögl Ztpkt.

14 **3) Darlehen mit veränderlichem Zinssatz (Abs II). a) Begriff:** Darl, bei denen die Änderg des ZsSatzes jederzt eintreten kann, gleichgült aus welchem Grd (zB § 315, Bindg an Diskont- od Lombardsatz), auch bei ZinsAnpassgsKlauseln (Hopt/Mülbert 17). Nicht unter Abs II (sond unter Abs I) fallen Darl, bei denen

15 zunächst ein fester Zinssatz für eine bestimmte Zt vereinb u danach eine Änderg vorgesehen ist. **b) Voraussetzungen.** Der veränderl ZsSatz kann auf vereinb Vorbehalt des DarlG od an von ihm nicht beeinflußb

16 ZsSätzen orientiert sein (zB bestimmte Prozentzahl üb dem BBankDiskontsatz). **c) Wirkung.** Das KündR besteht „jederzeit", also ab Vereinbg des Darl, sodaß eine MindestlaufZt v 3 Monaten besteht. FrBerechng: wie Rn 11–13 (Bsp: Künd am 15. 1. wirkt zum Ablauf des 15. 4.). Keine TeilKünd (Hopt/Mülbert 17).

17 **4) Fiktion** der unterbliebenen Künd (Abs III); in Kraft seit 1. 1. 91 (vgl Rn 1). **a) Zweck.** Dadch wurde § 609 a dem § 7 III VerbrKrG angepaßt, indem verhindert w, daß der DarlN, der das Darl für einen VerbrKred nicht gem § 7 III VerbrKrG widerruft, aber gekünd hat, statt der höheren VerzZinsen nur den niedrigeren VerzZins (vgl BGH NJW **88**, 1967 u 1971) bezahlen muß, ohne daß er (wie bei § 7 III VerbrKrG) das Darl

18 zurückzahlt. **b) Anwendbar** auf alle Darl (wie Rn 2). **c) Voraussetzungen** der Fiktion: **aa)** Wirks Künd des DarlN aGrd des gem Abs I od II bestehdn KündR. **bb)** Unterbleiben der DarlRückzahlg (Erf des RückerstattgsAnspr, § 607 Rn 19) innert 2 Wochen (§ 187 I, § 188 II) ab Wirkswerden, also nicht vor Zugang der

19 Künd (§ 609 Rn 5). **d) Rechtsfolgen.** Es wird fingiert, daß die Künd unterblieben ist wie der Widerr des § 7 III VerbrKrG (dort Rn 14), sodaß der DarlVertr voll wirks weiterbesteht.

610   *Widerruf eines Darlehensversprechens.* **Wer die Hingabe eines Darlehens verspricht, kann im Zweifel das Versprechen widerrufen, wenn in den Vermögensverhältnissen des anderen Teiles eine wesentliche Verschlechterung eintritt, durch die der Anspruch auf die Rückerstattung gefährdet wird.**

1 **1) Allgemeines. a) Begriff.** DarlVerspr ist nach der KonsensualVertrTheorie (vgl Einf 2 vor § 607) der
2 Abschl des DarlVertr, nach der RealVertrTheorie der VorVertr eines DarlVertr. **b) Zweck.** Schutz des DarlG. Anwendgsfall der clausula rebus sic stantibus. Daneben bleibt § 242 anwendb. Das kann wg Wegfall der GeschGrdlage im Einzelfall zu bejahen sein (vgl § 242 Rn 114), wenn zB nur eine schlechte Sicherh gestellt w kann (BGH WM **64**, 62). Soweit das betr Darl ggs Vertr ist (Einf 2 vor § 607), gilt § 321 neben
3 § 610, so daß DarlG zw Auflösg des Vertr dch Widerruf u der Einr des § 321 die Wahl hat. **c) Anwendungsbereich:** alle DarlVertr, aber nur, wenn sie nicht valutiert sind (hM; aA Gruber NJW **92**, 419; dagg Beining NJW **92**, 2742); entspr auch Festzusagen, die sich nicht in einer DarlGewährg erschöpfen, zB wenn eine Bank sich verpfl, Wechsel od Scheck einzulösen, insb wenn eine Scheckkarte erteilt ist. § 610 gilt auch wenn die Verlängerg eines Darl zugesagt ist; ferner, wenn sich die bei Abschl des DarlVertr bekannt schlechten VermVerh noch weiter verschlechtern.

4 **2) Widerruf. a) Rechtsnatur** ist einseit empfangsbedürf WillErkl u beseit den DarlVertr. Von Künd (§ 609) u Rücktr (§ 607 Rn 12) zu unterscheiden, der insb bei ggs Vertr (vgl Einf 2 vor § 607) aus §§ 325, 326
5 begründet sein kann, wenn die bedungene Sicherh nicht gestellt w. **b) Voraussetzungen:** Allein die wesentl Verschlechterg der VermVerh (wie § 321 Rn 2) nach VertrAbschl. Lag sie schon vor, ist Anf (§§ 119 II, 123) im Einzelfall mögl. Sie darf nicht allein darauf beruhen, daß das Darl, um das es geht, nicht gewährt w.
6 **c) Wirkung.** Der Widerruf beseit die zum Vertr notw WillErkl des DarlG u damit den DarlVertr.

Sechster Titel. Dienstvertrag

Einführung

Übersicht

1) Grundbegriffe. a) Dienstvertrag ist ein schuldrechl ggs Vertr, dch den der eine Teil zur Leistg der **1** versprochenen Dienste (DVerpfl), der and Teil zur Leistg der vereinb Vergütg verpfl w (DBer). **b) Dienst-** **2** **verhältnis** ist das DauerSchuldVerh zw dem DBer u dem DVerpfl, das dch einen DienstVertr (§ 611 BGB) begründet w. Daher fallen die öffrechtl geregelten DVerh nicht darunter. **c) Arbeitsrecht** ist das SonderR **3** der ArbN. Es ist seit dem späten 19. Jhdt entstanden, seit 1918 rasch u stark entwickelt, im geltenden R in zahlr G verstreut geregelt. Das ArbR w aufgeteilt in das (grdlegd in den §§ 611–630, ferner insb im HGB, GewO, SeemannsG, KSchG usw geregelte) ArbVertrR, das ArbSchutzR (vgl Rn 81–89), das Berufsverbands- u TarifVertrR (insb im TVG geregelt), das BetrVerfassgsR (insb im BetrVG geregelt) u das VerfahrensR der ArbGerichtsbk. Das ges ArbR gehört zum Teil dem priv R, zT dem öff R an. Sein Zweck ist darauf gerichtet, den ArbN zu schützen u zugleich einen gerechten Ausgleich der Interessen von ArbG u ArbN herbeizuführen. **d) Arbeitsvertrag** ist ein DienstVertr, der zw ArbN u ArbG abgeschlossen ist. Der **4** ArbVertr ist daher ein schuldrechtl ggs Vertr u begründet das ArbVerh (Rn 5). Der Inhalt ist grdsätzl frei. **e) Arbeitsverhältnis** ist das DauerschuldVerh zw ArbN u ArbG. **aa) Rechtsnatur.** Daß das ArbVerh ein **5** GemeinschVerh darstelle, wird bestr u auf die Entgeltlk (Ggseitigk ohne persrechtl Bindg u Fürs) abgestellt (vgl Weber RdA **80**, 289 mwN). Das ArbVerh ist eine bes Art des DVerh; das wesentl Unterscheidgsmerkmal ist, daß der DVerpfl ArbN ist, also abhäng Arb zu leisten hat. **bb) Begründet** w das ArbVerh nach hM dch ArbVertr (VertrTheorie), nach der Eingliedergstheorie auch ohne ArbVertr bereits dadch, daß der ArbG den ArbN eingestellt u dieser seine ArbKraft zur Verfügg gestellt hat, Begrdg eines ArbVerh dch einseit Erkl: § 78a BetrVG. Fehlde Zust v Betr- od PersRat steht der Begrdg eines ArbVerh nicht entgg. **cc) Beginn.** Das ArbVerh beginnt mit dem Tag, an dem der ArbN vertrgem die Arb aufzunehmen hat. **dd) Übertragung.** Das ArbVerh kann als Ganzes dch dreiseit Vertr auf einen and ArbG unter Wahrg der Identität des ArbVertr übertr w (BAG NJW **73**, 822). Übergang eines ArbVerh krG: § 613a. **ee) Internationaler Bezug:** Für das anzuwendde R gilt Art 30 EG. Danach ist die RWahl eingeschr.

2) Personen des Arbeitsverhältnisses. a) Arbeitgeber ist, wer einen and in einem ArbVerh als ArbN **6** beschäftigt. ArbG kann eine natürl od jur P sein, für die ihre ges Vertreter die ArbGFunktion ausüben. Unerhebl ist die Art der Arb u ob der ArbG ein Gewerbe betreibt. ArbG können bei einem einheitl ArbVerh auch mehrere jur od natürl Pers sein (BAG NJW **84**, 1703). Dem entspr auf ArbNSeite das GruppenArbVerh (vgl Rn 31–35). **b) Arbeitnehmer** ist, wer in einem ArbVerh steht u verpfl ist, fremdbestimmte, **7** unselbstd Arb zu leisten, eine vom ArbG abhäng, weisgsgebundene Tätigk ausübt (zum Begr Hilger RdA **89**, 1). **aa) Abgrenzung** zu den (ebenf priv-rechtl) DVerpfl: Maßgebl ist der Grad der Abhängigk (vgl Rn 16). Die Tätigk eines ArbN kann auch nebenberufl sein (BAG NZA **94**, 161 mwN). Die Eigensch als Gesellschafter od VereinsMitgl ohne Stellg als Organ schließt ein ArbVerh nicht aus, auch nicht beim sog AlternativBetr (LAG Hamm BB **86**, 391). **bb) Arbeitnehmer** sind Arbeiter, Angestellte, Auszubildde (§ 5 **8** I S 1 ArbGG), nebenberufl Aushilfskräfte an öff Schulen (BAG **AP** Lehrer Nr 10), Fußballizenzspieler (als Angest; hM BAG NJW **80**, 470 mwN; vgl Buchner RdA **82**, 1 u Meyer-Cording RdA **82**, 13), Zeitgsboten (LAG Hamm DB **78**, 798); ArbVerpflichtete (§ 10 ArbSichG); FamAngeh, wenn mit ihnen ein ArbVertr abgeschl ist (zu den Anfdgen vgl Fenn DB **74**, 1062 u 1112). Auf die Bezeichng im Vertr kommt es nicht entsch an, sond auf die tats Gestaltg des DVerh, insb auf den Grad der Abhängk od fremdbestimmter Arb (für Musiker vgl Heinze NJW **85**, 2112). Problemat ist die Einordng bei freien MitArb in Rundfunk u Fernsehen (Rn 10; BVerfG NJW **82**, 1447; BAG NZA **95**, 622). **cc) Arbeitnehmerähnliche Personen** (vgl **9** § 5 I S 2 ArbGG, § 12a TVG). Sie sind nicht pers weisgsgebunden, sond selbst als DVerpfl, aber vom DBer wirtsch abhäng u einem ArbN vergleichb schutzbedürft. Dabei ist nicht auf die GesamtTätigk, sond auf das jeweil BeschäftiggVerh abzustellen (BAG NJW **73**, 1994). HeimArb (§ 5 I S2 ArbGG; hierzu krit Otten NZA **95**, 289). Einfirmen-Handels- u VersVertr, die unter § 92a HGB fallen u dchschnittl weniger als 2000 DM mtl verdienen (§ 5 III ArbGG). Heimdienstfahrer einer Brauerei (LAG BaWü BB **70**, 80); auch familiäre BeschäftiggVerh (BGH NJW **77**, 853). Nicht: Kurzfrist DLeistg außerh des unternehmer Zwecks, zB Auftritt bei BetrFeier (BAG DB **75**, 844). Vereinb die VertrPart freie MitArb u liegt statt dessen ein vollzogenes ArbVerh vor, so fehlt die GeschGrdlage (§ 242 Rn 149). **dd) Freie Mitarbeiter** stehen grdsätzl **10** im DVertr (vgl. BGH NJW **95**, 2629). Die Abgrenzg richtet sich nach dem Grad der pers Abhängk (BAG stRspr NZA **95**, 463 mwN). Unter best Umstden sind sie ArbN gleichgestellt (zur Abgrenzg Kunz/Kunz

DB **93**, 326, mwN), speziell bei Rundfunk (vgl Rn 8 aE; BAG NZA **95**, 160) u Presse (BAG NZA **92**, 385), aber nicht, wenn sie Zt, Dauer u Ort der Arb frei bestimmen können (BAG BB **90**, 779) u nur Weisgen unterliegen, die sich auf das ArbProdukt beziehen (vgl BAG DB **78**, 596); zweifelh bei Honorarlehrkräften (vgl BAG BB **92**, 1356), abzulehnen bei RA in Sozietät (BAG BB **93**, 2163). Zeitl Vorgaben änd daran nichts

11 (BAG BB **91**, 1414). **ee) Keine Arbeitnehmer** sind die in Rn 17, 18, 20, 21 genannten Pers; DRK-Schwestern (BAG NZA **86**, 690); OrdensAngeh (LAG Hamm DB **72**, 295); öff Bedienstete (Rn 26); Pers, die als selbstd Unternehmer u Gewtreibde tät sind, zB Bauernhof, ein Bauernhof, eine Werkstatt, eine Apotheke. Es gibt NebenBetr u BetrTeile (vgl § 4 BetrVG), die für sich selbst einen Betr darstellen können. Ein Betr kann mehreren Untern gehören. Kein Betr ist der Haush. Untern ist die Gesellschafter, Vereinsmitglieder, ges Vertreter jur Pers tätig sind (Rn 23); jedoch schließt Kommanditisten-Stellg die ArbNEigensch nicht aus. Auf GeschF einer GmbH können einzelne SchutzVorschr des ArbR

12 analog angewendet w (vgl Rn 23). **c) Angestellte** sind ArbN, die eine Angestelltentätig ausüben. Dieser Begriff ergibt sich aus dem SGB VI. Die Form der ArbVergüt (Monatsgehalt für Angest, Stunden- od Wochenlohn für Arb) gibt keinen sicheren Hinw. Für ltde Angest (§ 5 III, IV BetrVG) gilt betrverfassgs-

13 rechtl als SoRegelg das SprAuG (zum Begr vgl Hromadka BB **90**, 57). **d) Arbeiter** sind ArbN, die nicht Angest sind. Einer dieser beiden Kategorien (einschl der Auszubildden) muß jeder ArbN angehören (vgl Rn 12 u §§ 128, 133 SGB VI).

14 **3) Betrieb und Unternehmen** müssen untersch w. Der Betr ist eine organisator Einh, innerh der ein Untern allein od in Gemeinsch mit seinen MitArb dch sachl u immaterielle Mittel bestimmte arbtechn Zwecke fortges verfolgt. Betr kann danach zB sein: ein einzelnes Büro, eine Kanzlei, ein Bauernhof, eine Werkstatt, eine Apotheke. Es gibt NebenBetr u BetrTeile (vgl § 4 BetrVG), die für sich selbst einen Betr

15 darstellen können. Ein Betr kann mehreren Untern gehören. Kein Betr ist der Haush. Untern ist die organisator Einh, die best wird dch den wirtschl od ideellen Zweck, dem ein Betr od mehrere organisator verbundene Betr desselben Untern dienen. Dieser Begr ist weiter als der des Betr, deckt sich aber im Einzelfall oft mit ihm. Ein Untern kann mehrere Betr umfassen.

16 **4) Dienstverträge und ihre Abgrenzung. a) Dienstverträge** (Begr Rn 1; Lit: Schiemann JuS **83**, 649) liegen, da unselbstd, abhäng DLeistgen unter die ArbVertr (Rn 4) fallen, insb dann vor, wenn die Dienste in wirtsch u soz Selbstdk u Unabhängk geleistet w. Das trifft insb zu, wenn der DVerpfl selbst Untern ist od einen freien Beruf ausübt. Oft kann dabei ein WerkVertr (Rn 26) vorliegen od ein GeschBesorggsVertr (vgl Rn 24); dabei ist auf die Umst des Einzelfalls abzustellen. Bsp: Kommissionär, Spediteur, Stellen eines Kfz mit Fahrer zur Güterbeförder nach Weisg des AuftragG (BGH BB **75**, 857); WirtschPrüfer, Steuerberater u -bevollmächt (BGH **54**, 106); Dolmetscher; Detektiv (BGH VersR **91**, 102); LehrgangsUntern (Hbg MDR **71**, 216); PartnerschVermittlg (Karlsr NJW **85**, 2035; zum MeingsStand vgl Peters NJW **86**, 2676); Fitneß-center (Celle NJW-RR **95**, 370); hochentgeltl Mitgliedsch in Club zur ZusFührg alleinstehender Menschen (Ffm NJW **84**, 180); Kinderinternat (LG Köln MDR **77**, 313); Sprachkurs (Nbg BB **72**, 61); Verwaltg v EigtWo (Clasen BlGBW **72**, 110). Bücherrevisor, Sachverst, selbstd PrivLehrer; SchiedsRi (bestr; aA: Vertr bes Art); Lotse (jedenf der Rheinlotse, BGH NJW **73**, 101); iü ist ArbVerh im Einzelfall mögl (BGH aaO

17 mwN). Prakt bes bedeuts. **aa) Architekt:** Vertr mit dem Bauherrn ist idR WerkVertr, auch wenn nur Bauleitg od BauAufs übertr ist (BGH **82**, 100: vgl weiter Einf 7 vor § 631. DVertr liegt aber vor, wenn

18 Beratg des Bauherrn wg Baumängel übnommen w (Hamm NJW-RR **95**, 400). **bb) Arzt.** Zu den Pfl eines HeilPrakt: BGH NJW **91**, 1535. **(1)** Im Verh zum Patienten: idR DVertr (hM); auch vertr Grdlage bei honorarfreier Behandlg eines Kollegen (BGH NJW **77**, 2120); uU als Vertr zG Dr (§ 328; RG **152**, 175); kein GeschBesorggsVertr (§ 675). Das gilt auch für Brillenverordng (Narr MedR **86**, 170) u Operationen (BGH NJW **80**, 1452 für Sterilisation; bestr); auch kosmet (Köln MDR **88**, 317); hier spricht vieles dafür, daß gemischter Vertr vorliegt. Auch zahnärztl, insb zahnfrorhd Behandlg ist grdsätzl DVertr (Zweibr NJW **83**, 2094), auch bei sog Brücke (Kblz NJW-RR **94**, 52); nur für die Anfertigg der Prothese richtet sich Gewl nach WerkVertr (BGH NJW **75**, 305; bestr). Zur Abgrenzg näher Könning VersR **89**, 223. **(2)** Im Verh zum Krankenhaus: ArbVertr, auch beim Chefarzt, in AusnFällen DVertr mögl (BAG NJW **61**, 2085). Bei Belegarzt kein DVertr (BGH NJW **72**, 1128). **(3)** Verh von Kassenarzt zu Kassenärztl Vereinigg ist öffrechtl (BGH NJW **64**, 2208); kein direkter Anspr des Arztes gg die Krankenkasse, sond gg die Kassenärztl

19 Vereinigg. Es besteht grdsätzl kein DVertr mit dem Kassenpatienten. **cc) Krankenhaus.** Es haben sich 3 Formen herausgebildet (Uhlenbruck NJW **73**, 1399): Totaler KrankenhausAufnVertr (Vertr des Patienten mit dem Krankenhausträger, gemischter Vertr, vorherrschd DVertr, ärztl Behandl eingeschl); aufgespaltener KrankenhausAufnVertr (DVertr des Patienten mit Krankenhausträger u behandelndem Arzt, BGH **5**, 321; typ für Belegarzt); totaler KrankenhausAufnVertr mit ArztzusatzVertr (wie 1. Alt; zusätzl Vertr des Patienten mit einem Arzt über zusätzl Behandlg). Dies gilt nicht nur für Privat-, sond auch für Kassenpatienten. Im (weiteriohin) GeltgsBer des KrankenhFinanziergsG (v 29. 6. 72, NeuFassg v 23. 12. 85, BGBl **86**, 33; geänd dch Art 22 G v 20. 12. 88, BGBl **88**, 2477) u der BPflegesatzVO (BGBl **85**, 1666, geänd dch Art 23 G v 20. 12. 88) ist der totale KrankenhausAufnVertr der Regelfall; daneben bleiben ArztzusatzVertr bei sog LiquidationsR der (auch angestellten) Ärzte des Krankenhauses mögl u zul (Uhlenbruck aaO). Bei Ambulanz besteht der Vertr idR mit dem zuständ Chefarzt (BGH NJW **105**, 189). Als NebenPfl besteht Verwahrgs- u SichergsPfl für WertGgstde des Patienten (Karlsr NJW **75**, 597). Bei sog geschl Anst

20 für Geistes- u Gemütskranke liegt idR kein DVertr, sond öffrechtl Vertr vor (BGH **38**, 51). **dd) Künstler.** Ob DVertr, ArbVertr od WerkVertr vorliegt, hängt vom Einzelfall ab. Abgrenzg zw D- u WerkVertr: Einf 15 vor § 631. ArbVertr: beim Bühnenengagement, uU bei Artisten (BAG **AP** § 2 BUrlG Nr 1), bei

21 Orchestermusikern, ggf GruppenArbVerh (vgl Rn 31–35), bei Filmschauspieler u -regisseur. **ee) Rechtsanwalt** (entspr RBeistand, BGH **34**, 64). Lit: Borgmann/Haug, AnwHaftg, 3. Aufl 1995; Vollkommer, AnwHaftgsR, 1989. Es kommt auf den Einzelfall an. DVertr liegt vor, wenn Dauerberatgs Vertr abgeschl ist; GeschBesorggsVertr (§ 675) in allen und Fällen; als DVertr bei sog Mandat, dh ProzFührg od Besorgg einer sonst RAngelegenh (BGH **LM** § 675 Nr 28); als WerkVertr bei Gutachtenerstattg od RAuskunft üb Einzelfrage. Bei Anwaltssozietät (Gesellsch, § 705) sind iZw alle RAe VertrPart (BGH **56**, 355; umstr), auch wenn nach außen nicht erkennb, keine echte Sozietät besteht, somit GesSchuld (BGH **70**, 247). Ist ausnw nur ein RA VertrPart, so ist er aber berecht, jeden Sozius als Vertr od Substituten heranzuziehen, für den er nach § 278 haftet. Das gilt nicht im Verh Verkehrs- zu Prozeßanwalt (BGH NJW **88**, 1079). Für GebührenFdg gilt actio pro socio (BGH NJW **63**, 1301). Es besteht zw den VertrPart die NebenPfl zu ausreichder ggseit Information, damit die gerichtl Auflagen erf werden können (BGH NJW **82**, 437), eine Pfl des RAs, den Mandanten üb Verj zu belehren (Düss NJW **86**, 1938). Die Erfolgsaussichten einer Kl od eines RMittels sind zu prüfen; sind sie prakt aussichtsl, so muß der RA dem Mandanten abraten, bei zweifelh RLage aufklären (BGH NJW-RR **86**, 1281 mwN); Term dürfen nicht schuldh versäumt w (BGH NJW **93**, 1323). Wg Haftg vgl § 276 Rn 39–46. Verj: Zugehör NJW **95** Beil Heft 21. **ff) Fernunterricht.** Zur Abgrenzg v 22 Direktunterricht (ebenf DVertr) u Einzelproblematik s Dörner BB **77**, 1739 u NJW **79**, 241. VertrInh ist großenteils zwingd ges geregelt dch das FernUSG (hierzu Dörner aaO u Bartl NJW **76**, 1993). Die §§ 611 ff gelten ledigl subsidiär. Schriftform für den Vertr (§ 3). Schriftl WiderrR für 2 Wochen (§ 4 I). Ord Künd: 6 Wochen zum 1. Halbjahresschluß u dann mit 3 Monaten Fr (§ 5). Außerord Künd nach § 626. Für Rücktr v angekoppeltem Vertr üb Lieferg v Lehrmaterial (Kauf, auch Miete mögl) gilt § 6. **gg) Organmitglieder** 23 **juristischer Personen,** insb Vorstand einer AG, GeschFührer einer GmbH (vgl Rn 11). Der AnstellgsVertr (von der Bestellg zu untersch) ist DVertr, kein ArbVerh (BAG NJW **95**, 675). Zu Grdlagen u Einzelfragen eingehd Hensslel RdA **92**, 289. BGH u BAG wenden ArbR an, soweit es sich um Vorschr handelt, die sich auf das Schutzbedürfn v Pers beziehen, die aus ihrer persönl DLeistg ihren LebensUnterh beziehen (§ 621 Rn 1; BAG NJW **83**, 2405). Hierfür wird eine eindeut begrenzb Doppelstellg als ArbN u Organvertreter vorausgesetzt (BAG NZA **87**, 845), wobei die DLeistg als GesellschBeitrag iZw Vorrang hat (vgl Loritz RdA **92**, 310). Eine solche kann vorliegen, wenn ein ArbN zum GeschFührer berufen w, ohne daß das ArbVerh eindeut aufgelöst w; dieses ist dann iZw suspendiert. Verneint werden muß eine solche Doppelstellg bei einem GeschF, der zugleich Gesellschafter ist (BAG DB **91**, 2595). Anwendg v Anspr aus betr Übg (Rn 75) ist zu verneinen (Nebendahl NZA **92**, 289).

b) Geschäftsbesorgungsvertrag (§ 675). Liegt ihm ein DVertr zugrunde, so handelt es sich um eine bes 24 Art des DVertr, bei dem über § 675 weitgehd AuftrR (§§ 662 ff) angewendet w. Wesentl Unterschied zum reinen DVertr ist, daß Ggst des DVertr eine ursprüngl dem DBer obliegde selbstd wirtsch Tätigk insb die Wahrnehmg best VermInteressen ist (hM). Bsp: ProzVertretg (vgl Rn 21), VermVerw, Ausführg von BankGesch, Baubetreuung (§ 675 Rn 20).

c) Dienstverschaffungsvertrag liegt vor, wenn sich jemand verpfl, einem and die De eines Dr zu 25 verschaffen. Ist ein schuldrechtl Vertr eigener Art, bei Vereinbg eines Entgelts ggs Vertr. Der Verpfl hat idR einen Anspr auf DLeistg gg den Dr, dessen DLeistg er dann seinem VertrPartner überläßt (vgl aber § 613 S 2). Dadch entsteht keine VertrBeziehg zw dem and u dem Dr, der auch nicht ErfGeh ist. Ein DVerschaffgsVertr ist der ArbNÜberlassgsVertr (Rn 38–40). Zur Abgrenzg v DVertr: BAG BB **80**, 1326.

d) Sonstige Verträge: aa) Werkvertrag. Einf 6 vor § 631. **bb) Werkverschaffungsvertrag** (grdlegd 26 Fikentscher AcP **190**, 34) ist ein Vertr, dch den der Untern dem Besteller verspricht, ihm das Werk eines Dr (statt dessen Den, vgl Rn 25) zu verschaffen; ist WerkVertr u im DLeistgsGew übl geworden. **cc) Auftrag** ist im Ggsatz zum DVertr immer unentgeltl. Ist Entgelt vereinb, liegt oft ein GeschBesorggsVertr vor (vgl Rn 24). **dd) Entgeltliche Verwahrung** (§ 689) ist eine gesetzl bes ausgestaltete Form der DLeistg. Die §§ 611 ff gelten nicht. **ee) Schenkung** liegt vor, wenn unentgeltl Dienste geleistet w, sofern es sich nicht um ein vertrloses GefälligkVerh (Einl 10 vor § 241) od um Auftrag handelt. **ff) Öffentlich-rechtliche Dienstverhältnisse** stellen kein DVerh des BGB dar. Angest u Arb des öff Dienstes unterliegen hingg dem ArbR.

5) Allgemeines zu Dienstverhältnissen. a) Entstehung dch Abschl eines DVertr (näher § 611 Rn 2– 27 11). **b) Inhalt:** Es gilt zwar im Grds VertrFreih, jedoch sind zahlr ges Vorschr zwingd. Wesensnotw sind die im GgskVerh stehde DLeistgs- u VergütgsPfl (§ 611), ferner die ggü dem ArbVerh zT eingeschränkte Fürsorge- u TreuePfl (vgl § 611 Rn 96–104, 39–44) u NebenPfl (zB §§ 629, 630). **c) Beendigung:** Grde in Vorbem 2, 4, 6, 8, 9, 22, 23, 28 vor § 620. **d) Internationaler Bezug.** Es gelten Art 27, 28 EG.

6) Arbeitsverhältnisse. Begr: Rn 5. Das ArbVerh ist ein bes ausgestaltetes DVerh. Es wird untersch: 28 **a) Faktisches Arbeitsverhältnis.** Vgl Einf 29 vor § 145; § 611 Rn 22. Es liegt vor, wenn ein ArbN ohne od 29 ohne wirks ArbVertr Arb leistet; das kommt vor, wenn der ArbVertr nichtig ist, die Nichtigk nicht erkannt, bewußt in Kauf genommm w od nicht die Konsequenz gezogen w, nach Erkennen der Nichtigk des ArbVertr die ArbLeistg sof zu beenden. Darunter fällt auch die sog SchwarzArb. Das trifft insb den sog Illegalen zu, näml Ausl, die ohne Aufenthalts- od ArbErl in der BRep wie ArbN beschäft w (hierzu umfassd Mettardy RdA **94**, 93). Währd der Dauer des fakt ArbVerh richten sich Rechte u Pfl von ArbG u ArbN grdsätzl nach den Vorschr, die für ein wirks ArbVerh gelten (hM; stRspr des BAG). Es besteht Anspr auf den angemessenen, übl od den blthen geltden vereinb Lohn (BAG NJW **86**, 2133). Es besteht der arbrechtl Schutznormen, auch das EFZG (allgM; BAG aaO), aber keine Pfl zur weiteren ArbLeistg; es genügt statt einer Künd eine einf form- u fristlose BeendiggsErkl (BAG **AP** § 611 Fakt ArbVerh Nr 1). Ist die ArbLeistg ihrer Art nach ges- od sittenwidr, greift volle Nichtigk dch (BAG NJW **76**, 1958). **b) Mittelbares Arbeits-** 30 **verhältnis** (hierzu krit Waas RdA **93**, 153) liegt vor, wenn ein ArbN in einem ArbVerh zu einem, sog Mittelsmann steht, der seiners ArbN des sog HauptArbG ist und der ArbN die Dienste unmittelb für den HauptArbG mit dessen Wissen leistet (Bsp: Musiker-Kapellmeister-GaststättenUntern; Heimarbeiter-Zwischenmeister-Konfektionsfirma). Das ist vom LeihArbVerh (Rn 38–40) zu unterscheiden. Das mittelb ArbVerh ist vom Bestand des unmittelb ArbVerh (zw ArbN u Mittelsmann) abhäng u endet mit ihm (BAG NJW **57**, 1165). LohnAnspr besteht nur gg den Mittelsmann, wenn nicht ein bes VerpflichtgsGrd des HauptArbG vorliegt (BAG **6**, 232). Dieser kann auch Erfüllgsgehilfe (§ 278) des Mittelsmannes sein. Eine KündSchKlage ist grdsätzl gg den Mittelsmann zu richten (BAG BB **90**, 1064 mwN). Mißbrauch dieser RForm des ArbVerh ist im Verh ArbG – Hausmeister – Putzfrau mögl (BAG NJW **83**, 645). **c) Gruppenar-** 31 **beitsverhältnisse** (Übbl bei Rüthers ZfA **77**, 1) liegt vor, wenn mehrere ArbN zwecks gemeins Ausführg von Arb u gesonderter Entlohng bei demselben ArbG zum selben ZtRaum in einem ArbVerh stehen. Es liegt eine Mehrh von unmittelb ArbVerh vor, die untereinander nur dch die aus der gemeins Arb errechneten Entlohng zushängen. **(1) Eigengruppe** ist der ZusSchl von ArbN zum Zweck eines gemeins VertrAb- 32

schl mit einem ArbG (zB Musikerensemble, Heinze NJW **85**, 2112; Ehepaar als Heimleiter, BAG **AP** GruppenArbVerh Nr 1); RForm: Gesellsch od nichtrechtsfäh Verein (BAG **AP** § 611 Akkordkolonne Nr 2). Eine Künd ist grdsätzl nur für alle ArbVerh gemeins zul, wobei als Grd der für eine Pers genügt (BAG **AP**
33 GruppenArbVerh Nr 1). **(2) Betriebsgruppe** ist ZusFassg von mehreren ArbN dch den ArbG zu gemeinschbedingter Arb (zB die Akkordgruppe). Abgesehen von der Entlohngshöhe sind die ArbVerh voneinander grdsätzl unabhäng (BAG NJW **74**, 2255); daher besteht bei VertrVerletzg grdsätzl nur eine Haftg als Teilschuldner (Rüthers ZfA **77**, 1 [25]). Grdsatz für die Haftg ist, daß das einzelne GruppenMitgl für dch SchlechtLeistg verurs Schäd haftet, wenn es selbst die VertrPfl verletzt hat (BAG aaO). Jedes GruppenMitgl hat die Pfl, Mängel zu beseit, die das GruppenArbErgebn gefährden, u Gefahren abzuwenden (BAG aaO).
BewLast: ArbG für SchadVerursach dch SchlechtLeistg der Gruppe. GruppenMitgl für fehlde Verursach
34 dch seine Pers u fehldes Versch analog § 282 (BAG aaO). **(3) Arbeitsplatzteilung** (job- sharing) ist Aufteilg der Re u Pfl eines ArbVerh auf zwei od mehr Pers in TZtArb (vgl Rn 44). Im InnenVerh grdsätzl wie eine Eigengruppe zu behandeln (BAG **AP** Nr 1 zu § 611 ArbGruppe). Dch § 5 I u II BeschFG ist seit 1. 5. 85 (für bereits bestehde ArbVerh ab 1. 1. 86) die VertretgsPfl u die Künd eines ArbN für den Fall geregelt, daß der od ein ArbN ausscheidet. Die Künd aus einem solchen Grde ist unwirks (nach Löwisch BB **85**, 1200 [1204] eine Konkretisierg des § 1 II KSchG); eine Künd des Partners kann aber aus and Grden zuläss sein (vgl
35 v. Hoyningen-Huene NJW **85**, 1801 [1805]); auch eine ÄndKünd (Vorbem 40 vor § 620) bleibt zul. **(4) Turnus-Arbeit** liegt vor, wenn Gruppen v ArbN sich auf bestimmten ArbPlätzen in festgelegten ZtAbschnitten abwechseln (§ 5 II BeschFG). Gilt für Voll- u TeilZtArb (Löwisch aaO). Die Regeln des § 5 I, II BeschFG sind
36 entspr anwendb. **d) Doppelarbeitsverhältnis** liegt vor, wenn ein ArbN in zwei ArbVerh bei versch ArbG steht. **(1) Vertragsmäßig** u zul ist es, wenn es zeitl nicht kollidiert, auch als sog Nebentätigk. Auch ohne ausdrückl Vereinbg ist es das bei ArbVerh von nicht sozverspfl Geringverdienern. Es dürfen aber nicht Wettbewerbsverbote (§ 611 Rn 42) entgegenstehen. Auch wenn Nebentätigk gem ArbVertr der Gen des ArbG bedarf, ist diese nur notw, wenn die vertr geschuldete ArbLeistg dadch beeinträcht w kann (BAG DB
37 **77**, 545). **(2) Vertragswidrig** ist es bei zeitl Kollision (hierzu Neumann-Duesberg DB **71**, 382). Das spätere ArbVerh ist nicht wg §§ 138, 306 nichtig. Es liegt am ArbN, welches er erfüllt (wg Art 12 GG). Außerdem kann ein Urt auf ArbLeistg nicht vollstreckt w (§ 888 II ZPO). Die RFolgen sind die des ArbVertrBruchs (§ 611 Rn 14). Außerord künd (§ 626) können nur die ArbG; der neue ArbG kann ggf anfechten (§§ 119, 123). SchadErs des alten gg den neuen ArbG aus § 125 GewO od § 826 (bei Verleitg zum VertrBruch), bei
38 Wiederholgsgefahr UnterlKl. **e) Leiharbeitsverhältnis** (ArbNÜberlassg) liegt vor, wenn ein ArbG einen ArbN für eine begrenzte Zeit einem and ArbG zum Zweck der ArbLeistg überläßt u der ArbN in dessen BetrOrganisation eingegliedert w (BAG NZA **95**, 462). Das geschieht idR aGrd eines DVerschaffgsVertr (Rn 25) u erfordert die Zust des ArbN (§ 613 S 2). Das ArbVerh besteht stets zum (verleihden) ArbG. Zu
39 unterscheiden ist (vgl Kadel/Koppert BB **90**, 2331): **(1) Vorübergehendes und gelegentliches Ausleihen** (echtes LeihArbVerh). Der Verleiher haftet nicht für die ordngsgem DLeistg, sond nur für die Auswahl (BGH NJW **71**, 1129), dafür daß der ArbN für die vorgesehene DLeistg taugl u geeignet ist. Den sog Entleiher treffen aber (zusätzl) die FürsPfl u die Pfl aus dem ArbSchutzR. Bei unerlaubter ArbNÜblassg besteht ein AuskAnspr
40 (BAG NZA **84**, 161). **(2) Gewerbsmäßiges Ausleihen** (unechtes LeihArbVerh) ist dch das AÜG (neu bekanntgem BGBl **95** I 158) geregelt. FormVorschr für den ArbVertr in § 11 idF v Art 2 Nr 1 des G v 20. 7. 95 (BGBl 946) u § 12 AÜG. Befristg des ArbVerh ohne sachl Grd ist unwirks (§ 9 Nr 2 AÜG). Das ArbVerh zw ArbG (Verleiher) u dem LeihArbN entspr den allg Regeln mit SondVorschr in §§ 9–11, 13 AÜG. Zw Entleiher u ArbN bestehen keine vertragl Beziehgen. Zur Abgrenzg v ähnl Formen des Personaleinsatzes: Marschner NZA **95**, 668. Das gilt insb für D- u WerkVertr (BAG DB **93**, 2337) sowie GeschBesorggsVertr (Rn 24) u DVerschaffgsVertr (Rn 25). Zur Unterscheidg (vgl Ivens WiB **95**, 694): Bei ArbNÜblassg setzt der ArbG den Üblassenen seine eigenen Kräfte ein. Bei D- oder WerkVertr organisiert der ArbN v. d. Erf notw Hdlgen selbst (BAG DB **93**, 2337). Dabei werden ArbN im fremden Betr als ErfGeh ihres ArbG tät
41 (BAG NZA **87**, 128 mwN). **f) Kettenarbeitsverhältnis** liegt vor, wenn zw demselben ArbG u ArbN
42 mehrere zeitl befr ArbVertr nacheinander u anschließd abgeschl w. Zur Wirksamk: § 620 Rn 4. **g) Probearbeitsverhältnis** ist ein echtes, vollwirks ArbVerh, das aber wg der vereinbt Erprobg des ArbN leichter lösb ist. Das ProbeArbVerh kommt prakt in 2 Formen vor als befr ArbVerh (§ 620 Rn 2) unter Ausschluß der Künd u als ArbVerh mit unbest Dauer, bei dem die ord Künd kurzfrist gem § 622 zuläss ist. Ges Regelg für
43 Probezeit bei AusbildgsVerh: § 13 BerBG. **h) Aushilfsarbeitsverhältnis** ist echtes vollwirks ArbVerh, das im ArbVertr ausdrückl od stillschw erkennb zur vorübergeh Aushilfe abgeschl w (§ 620 I) od unbest Zeit
44 (hM; vgl § 622 V S 1 Nr 1). **i) Teilzeitarbeitsverhältnis** (Arndt NZA Beil 3/**89** S 8; Schaub BB **90**, 1069) ist ein ArbVerh, bei dem die regelmäß WochenArbZt kürzer ist als die regelmäß WochenArbZt vglbarer vollztbesch ArbN des selben Betr. Kommt auch bei ArbPlatzTeilg vor (Rn 34). Bei fehlder Vereinbg regelmäß WochenArbZt kommt es auf den JahresDschchn an (vgl § 2 BeschFG). Zum Verbot unterschiedl Behandlg ggü VollZtBeschäftigten § 611 Rn 116. Kein Verstoß gg § 2 BeschFG, wenn bis zur Dauer der NormalArbZt keine ÜbStdenZuschläge bezahlt w (hM; BAG NZA **92**, 545; aA Schüren NZA **93**, 529; Vorlage am EuGH dch
45 Hamm NZA **93**, 573). **k) Partiarisches Arbeitsverhältnis** liegt vor, wenn das ArbEntgelt in Form einer Beteiligg am Untern des ArbG gewährt w. Neben dem Inhalt als bestimmten VertrTyp sind in
46 begrenztem Umfang NebenPfl gesellschrechtl Inhalts anwendb (Baier MDR **85**, 890). **l) Abrufarbeitsverhältnis** liegt vor, wenn der ArbN zu ArbLeistg innerh bestimmter ZtRäume verpfl ist u dem ArbG vorbehalten bleibt, wann (od auch in welchem Umfang) er die ArbLeistg in Anspr nimmt (§ 611 Rn 31). Ist auf den ArbAnfall abgestellt, so muß die Dauer der ArbZt festgelegt w (§ 4 I BeschFG).

47 **7) Arten von Arbeitnehmern.** Je nachdem, welcher Gruppe der ArbN angehört, unterliegt das ArbVerh einer ges Spezialregelg, neben der die §§ 611ff nur subsidiär gelten. **a) Gewerbliche Arbeiter** sind alle Arb (Rn 13), die in einem GewerbeBetr (iS der GewO) ihres ArbG tät sind: Fabrikarbeiter, Handwerkergehilfen, Bauarbeiter, Raumpflegepersonal, auch alle bei einem Kaufmann tät Arbeiter (vgl § 83 HGB).
48 Für diese ArbN gelten die §§ 121, 124b, 125, 133–139a GewO. **b) Technische Angestellte** sind solche Angest (Rn 12), die in einem GewerbeBetr ihres ArbG tät u nicht kaufm Angest (Rn 49) sind (vgl § 133c GewO); zB Bauingenieur, Techniker, Zeichner, Aufsichtspersonal, Schreibkräfte. Für diese ArbN gelten

die §§ 133e–133g GewO. **c) Kaufmännische Angestellte** sind Angest (Rn 12), deren ArbG Kaufmann iS **49** des HGB ist u die kaufm Dienste leisten, zB Verkäufer, Einkäufer, Buchhalter, Kassierer, Korrespondenten; im Einzelfall auch ein Verkaufsfahrer. Für dieseArbN gelten die §§ 59–75h HGB. Angest eines Kaufmanns, die nicht kaufm Dienste leisten, fallen unter Rn 48. **d) Bergleute und Bergwerksangestellte** (RGRK- **50** Boldt § 630 Anh I). Es gilt das BGB u ein umfangreiches ArbSchutzR aGrd des BBergG u der BergVOen. Die TarVertr werden auch ohne TarBindg allg in den Betr angewendet. **e) Schiffsbesatzung.** Es ist zu **51** unterscheiden: Für alle ArbN der Binnenschiffahrt gilt das BinnSchG, für den Schiffsführer gelten §§ 7, 20 BinnSchG, für die übr Besatzg (Schiffsmannsch) die §§ 21–25 BinnSchG, subsidiär die GewO gem Rn 47, 48. Seeschiffahrt: Es gilt das SeemG für Kapitäne, Schiffsoffiziere, sonst Angest u Schiffsleute. Das ArbVerh heißt HeuerVerh. Der Seelotse ist nicht ArbN, sond Gewerbetreibder. **f) Land- und forstwirtschaftliche** **52** **Arbeitnehmer.** Für Arbeiter u Angest gilt grdsätzl das BGB, nicht die GewO. **g) Hausangestellte** **53** (-gehilfen) sind ArbN, die sozverspfl in priv Haushaltgen hauswirtsch Arb gg Entgelt verrichten. Darunter fällt auch die Beaufsichtg von Kindern; nicht: wenn überw im Gewerbe od Land- u Forstwirtsch des ArbG gearbeitet w; die stundenw Beschäftigg von Haushaltshilfen (Putz- od Aufwartefrauen). Es gilt grdsätzl BGB. Da der Haush kein Betr ist, gelten die betrbezogenen Ge (insb das KSchG) nicht. **h) Arbeitnehmer** **54** **im öffentlichen Dienst;** Angest u Arb des Bundes, der Länder, Gemeinden u sonst jP des öff R werden aGrd privatrechtl ArbVertr beschäftigt. Als grdsätzl Regel für den ArbVertr gilt ledigl das BGB; es gehen jedoch die Regeln der zahlr umfassden TarVertr vor, insb der BAT (BundesAngestTV) u die MantelTV für die Arb des Bundes u der Länder. **i) Arbeitnehmer der ausländischen Streitkräfte:** Für die zivilen ArbN **55** gilt Art 56 des ZusatzAbk zum NTS (BGBl 61 II 1218) u deutsches ArbR (Art IX Abs 4 NTS). Das ArbVerh stellt aber nicht deutschen öff Dienst dar (Art 56 I f ZusatzAbk). **j) Sonstige Arbeitnehmer:** Das sind alle, **56** die nicht in eine der Gruppen Rn 47–54 einzuordnen sind, insb die Angest u Arb, deren ArbG im freien Beruf sind, zB Ärzte, Zahnärzte, Rechtsanwälte, Steuerberater od kein Gewerbe betreiben, zB Vereine, Stiftgen, TheaterBetr, sowie NotariatsAngest, Redakteure, Apothekergehilfen (§ 154 Nr 1 GewO), SpielbankAngest. Es gilt das BGB, soweit nicht TV od einzelvertragl Vereinbgen vorgehen.

8) Ausbildungsverhältnisse sind in den §§ 3–19 BerBG ges geregelt. Das G gilt aber nicht für öff-rechtl **57** DVerh u für die Seeschiffahrt (§ 2 II BerBG). AusbildgsVerh sind bes ausgestaltete ArbVerh (vgl § 3 II BerBG); die Auszubildden sind ArbN (hM). Das BerBG regelt die Begründg, den Beginn u die Beendigg des AusbildgsVerh, die Pfl der VertrPart, die Vergütung u die RFolgen der Weiterbeschäftigg. Die Vorschr sind zG des Auszubildden zwingend (§ 18 BerBG). Die Zulässigk ord Künd kann nicht wirks vereinb w (BAG stRspr seit **4**, 274 [284]). Das gilt auch für ähnl, nicht arbrechtl AusbildgsVerh (zB Flugzeugführer, BAG NJW **73**, 166). Subsidiär sind die für das ArbVerh geltden Regeln anzuwenden (§ 3 II BerBG). Ein AusbildgsVerh w nicht begründet dch berufl Fortbildg od Umschulg (vgl § 1 II–IV BerBG). AusbildgsVerh sind: **a) Lehrverhältnis** ist der Regelfall des AusbildgsVerh. Es ist auf das Erlernen eines Ausbildgsbe- **58** rufs in einem geordneten Ausbildgsgang gerichtet (vgl § 1 II BerBG). **b) Anlernverhältnis.** Es ist aus- **59** schließl auf das Erlernen best berufl Tätigk gerichtet. Nur wenn zu diesem Zweck nicht ein ArbVerh vereinb ist, gelten die §§ 3–18 BerBG nach Maßg des § 19 BerBG. Anlernen im Rahmen eines ArbVerh fällt also nicht darunter. **c) Volontärverhältnis.** Es ist darauf gerichtet, berufl Kenntnise u Erfahrgen zu **60** erwerben od zu erweitern. Die §§ 3–18 gelten nach Maßg des § 19 BerBG. Zusfassde Darstellg E. Schmidt BB **71**, 622. **d) Praktikantenverhältnis** ist eine vertragl geregelte betriebl Tätigk u Ausbildg einer Pers idR **61** gg Entgelt ohne systemat Berufsausbildg mit dem Zweck auf einen bestimmten Beruf vorzubereiten (hierzu Scherer NZA **86**, 280). Wenn ein Praktikant dem Vertr entspr wie ein ArbN beschäft w, liegt ein ArbVerh vor (LAG Rh-Pf NZA **86**, 293). **e) Fortbildungsverhältnis** (E. Schmidt BB **71**, 44). Es ist auf Erhaltg u **62** Erweiterg der berufl Kenntn u Fähigk, sowie auf ihre Anpassg an die techn Entwicklg gerichtet od soll berufl Aufstieg ermögl (§ 1 III BerBG). Es w dch einen FortbildgsVertr begründet u setzt ein bestehdes ArbVerh voraus. Inhalt: Pfl des ArbG, den ArbN zu schulen od schulen zu lassen, Übern der Kosten, ggf (nach Vereinbg) Zahlg eines UnterhBetr; daneben FürsPfl; keine VergütgsPfl (BAG **AP** Art 12 GG Nr 25). Pfl des ArbN ist die vereinb Fortbildg seiner berufl Fähigk, daneben ggf Ausführg prakt Arb; TreuePfl. Wirkg auf ArbVerh: Es besteht weiter; jedoch ruhen Arb- u VergütgsPfl.

9) Arbeitsbedingungen. Darunter versteht man den Umfang u Inhalt der Re u Pfl der ArbN aus dem **63** einzelnen ArbVerh, zB Lohnhöhe, ArbZeit, Urlaub. Sie werden grdsätzl im ArbVertr frei vereinb. Ihre Änderg kann vorbehalten w, aber es kann unter best Voraussetzgen ihre Änderg auch ohne Vorbehalt verlangt w (hierzu allg Hromadka RdA **92**, 234). Die VertrFreih ist aber stark eingeschränkt (hierzu Boemke NZA **93**, 532). Die ArbBedinggen werden in best Rangfolge gestaltet, nämlich dch:

a) Zwingende gesetzliche Vorschriften: Gesetz im materiellen Sinne, also auch RechtsVO. Verstoß **64** bewirkt Nichtigk (§ 134), nach § 139 entweder des betroffenen Teils od des ganzen Vertr (dann ggf faktisches ArbVerh, vgl Rn 29). Vorrang hat die VerfassgR, soweit die umstr Drittwirkg der GrdR bejaht w, prakt bedeuts bei Art 3 GG, der im ArbR nur gesamteitl zustandegekommenen ArbBedinggen bindet, insb für die Lohngleich von Mann u Frau (BAG stRspr seit NJW **55**, 684), in TV, BetrVereinbgen (BAG **11**, 338) u ähnl allg Regelgen von ArbBedinggen (BAG **14**, 61), aber nicht im EinzelArbVertr (vgl § 611 Rn 106). Zwingde ges Vorschr im BGB sind zB §§ 617, 618, 629, weitgehd das BUrlG (vgl § 13), §§ 115, 115a GewO, zahlr Vorschr des ArbSchutzR (vgl Rn 81–89).

b) Tarifverträge sind priv-rechtl Vertr zw tariffäh Parteien (Gewerksch, einzelne ArbG u Vereiniggen **65** von ArbG, ferner Spitzenorganisationen, § 2 TVG). TV haben schuldrechtl u normativen Teil (§ 1 TVG). Schriftform (§ 1 II TVG), auch für den ÄndergsVertr (allg M), aber nicht für den VorVertr (BAG NJW **77**, 318, dagg Mangen RdA **82**, 229), für den AufhebgsVertr nur beim normativen Teil (Mangen aaO). Der Abschl von TV kann dch Schlichtg gefördert w.

aa) Geltungsbereich: Nur im GeltgsBereich besteht die sog TarGebundenh (§ 3 TVG) u kann ein TV **66** für allgverbindl erkl w (§ 5 TVG), grdsätzl nicht rückwirkd (BAG DB **83**, 722). Man hat folgde Geltgsberei- che zu beachten: **(1) Persönlich:** Nur tarifgebundene ArbN (Mitgl einer TarVertrPartei); die ArbG, die **67** Mitgl der Vereinigg sind, die den TarVertr abgeschl hat, die seine Geltg vereinb od die ihn selbst abgeschl

68 haben (vgl aber Rn 71 aE). **(2) Räumlich:** Bund, Land, Bezirk, Ort od einzelne Betriebe. **(3) Zeitlich:** iZw vom Abschl an auf unbest Zeit, aber idR auf best Zeit im Vertr festgelegt; Rückwirkg kann vereinb w u gilt auch für inzw ausgeschiedene ArbN (BAG **AP** Nr 2 zu § 1 TVG Rückwirkg), wenn zZ des Abschlusses des

69 TV noch TarGebundenh besteht (BAG **AP** aaO Nr 6). Nachwirkg besteht aGrd § 4 TVG (Rn 71). **(4) Fachlich:** die Zugehörigk zu der betreffenden ArbNGruppe (zB kfm od techn Angest, VergütgsGruppe).

70 **(5) Betrieblich:** Zugehörigk des Betr zu dem WirtschZweig, für den der TV abgeschl ist. Es gilt der Grds der TarEinh, dh daß für einen Betr grdsätzl nur ein TV gilt, wobei die überwiegde, speziellere BetrTätigk maßgebd ist (BAG stRspr; zustimmd Säcker/Oetker ZfA **93**, 1 mwN; krit Kraft RdA **92**, 161); zu TarKonkurrenz u TarPluralität auch Müller NZA **89**, 449.

71 **bb) Normativer Teil:** Auf Grd der vom GGeber den TVParteien eingeräumten Autonomie können im TV RNormen über Abschl, Inhalt u Beendigg von ArbVerh erlassen, ferner betriebl u betriebsverfassgsrechtl Fragen geordnet w (§ 1 I TVG; § 3 BetrVG). Das ist wie ein LG auszulegen, daher gelten insb die §§ 186ff (BAG **AP** Nr 1 zu § 186). Es wirkt im GeltgsBereich unmittelb auf die ArbVerh in der Weise ein, daß die ArbBedingungen des einzelnen ArbVerh ohne weiteres so gestaltet w, wie es im normativen Teil des TV vereinb w (§ 4 I TVG). Die Wirkg ist zwingd, Rechte daraus können nicht verwirkt w (§ 4 IV S 2 TVG); AusschlFr sind nur im TV zul (§ 4 IV S 3 TVG), ein Verzicht des ArbN nur mit Billigg der TVParteien (§ 4 IV S 1 TVG). Abweichungen von normative Teil sind nur bei ausdrückl Gestattg im TV (sog TarÖffnsKlausel) od zG des ArbN zul, wobei auf den konkr Einzelfall abzustellen ist, zB Verlängerg der ArbZt (Kramer DB **94**, 426). Diese Wirkg u die Nachwirkg (Weitergeltg der TarNormen bis zu einer and Abmachg, § 4 V TVG) erfaßt nur die im Geltgsbereich (Rn 66–70) des TV abgeschl ArbVerh. Im TV darf zw Mitgliedern der vertrschließden Gewerksch u nichtorganisierten ArbN nicht differenziert w; dieses Verbot sog Differenziergsklauseln wird mit dem Fehlen der TarMacht u der Koalitionsfreih begründet (BAG [GS] NJW **68**, 1903).

72 **cc) Schuldrechtlicher Teil:** Umfaßt die Pfl der TarVertrParteien, näml die sog Selbstpflichten (vor allem die FriedensPfl) u die Einwirkgspflichten (auf ein best Verhalten der Mitgl hinzuwirken); in diesem Teil ist der TV ein Vertr zGDr, näml der TVParteien (BAG **6**, 321 u **AP** Nr 4 zu § 1 TVG FriedensPfl). Die Mitgl der TVParteien treffen diese Pfl aber nicht. Über Umfang der FriedensPfl vgl BAG NJW **59**, 356). RFolgen schuldh Verletzg der Pfl sind SchadErsAnspr aus pos VertrVerletzg analog §§ 280, 325; zB wg Ausrufg eines rechtswidr Streiks (LAG Düss BB **76**, 86;. vgl hierzu Vorbem 12 vor § 620). Aber auch R zur fristlosen Künd des TV anstatt des Rücktr aus § 326 (BAG **AP** Nr 4 zu § 1 TVG FriedensPfl).

73 **c) Betriebsvereinbarungen und Dienstvereinbarungen. aa) Betriebsvereinbarung:** ist ein privatrechtl Vertr (hM, VertrTheorie) zw ArbG u BetrRat, der ihre Pfl, Angelegenh des Betr u der BetrVerf zum Ggst haben u sich auf die ArbVerh beziehen kann. Nach der Satzgstheorie ist die BetrV eine autonome Satzg, die dch gleichlautd aufeinander bezogene Beschlüsse von ArbG u BetrRat zustandekommt (§ 77 I, II BetrVG). Die BetrVereinbg regelt das ArbVerh, wenn u soweit sie einem dem TV entspr (vgl Rn 71) normativen Teil hat (hierzu Richardi ZfA **92**, 307). Insow werden die ArbBedingungen dch die BetrV unmittelb u zwingd gestaltet (§ 77 IV BetrVG) im Nachrang ggü zwingend ges Vorschr u TV (§ 77 III BetrVG). Daher ist eine BetrV nichtig (§ 134), wenn sie ArbBedingungen regelt, die üblw dch TV geregelt w u BetrV nicht ausdrückl im TV zugel sind (§ 77 III BetrVG); hM; dagg krit u zT aA Ehmann/Schmidt NZA **95**, 193). Soweit Einzelh zum Lohn u zur ArbZt nicht im TV geregelt sind, wird BetrV zugelassen, insb bei TarÖffngsKlausel (Rn 71) u im Rahmen des § 87 BetrVG. Die BetrV wirkt nur für u gg die ArbN des Betr, nicht auf die ausgeschiedenen u in Ruhestand getretenen (BAG [GS] **3**, 1). Hingg hat die BetrV Nachwirkg im Umfang des § 77 VI BetrVG. Entggstehde od weitergehde einzelvertr Re des ArbN können zu Lasten des ArbN dch BetrV nur geänd w, wenn sie unter dem Vorbeh einer ablösden (dh die vertr AnsprGrdlagen auswechselnde) BetrV stehen, also für eine BetrV offen sind (BAG NJW **83**, 68) od wenn die Neuregelg bei kollektiver Betrachtg für die ArbN insges nicht ungünstiger ist (BAG [GS] NZA **87**, 168; sog GünstkPrinzip). Bei Vereinbg einer LebensArbZt ist darauf abzustellen, wonach der ArbN länger die Wahl hat (BAG [GS] DB **90**, 1725). Die Normen der BetrV treten nicht an die Stelle des ArbVertr, sond verdrängen sie nur für die Dauer der BetrV (BAG NZA **90**, 351 m Anm v Richardi 331).

74 **bb) Dienstvereinbarung** ist ein öffrechtl Vertr (hM; VertrTheorie) zw der DStelle u dem PersRat über best gesetzl zugel soz Angelegenh (§ 73 PersVG). DVereinbg entspr für den öff Dienst der BetrV. Für den öff Dienst des Bundes gilt das PersVG unmittelb (§ 1 PersVG), für den der Länder, Gemeinden u noch dem Bund unterstehden jP des öff R gelten die im wesentl gleichlautden PersVG der Länder. DVereinbgen haben zu Angelegenh der §§ 75, 76 PersVG, wie eine BetrV, zwingde normative Wirkg auf die ArbVerh der Angest u Arbeiter, wobei im Ggsatz zur BetrV eine Nachwirkg bejaht w.

75 **d) Einzelarbeitsvertrag.** Soweit nicht zwingd mit normativer Wirkg geregelt (Rn 64, 65, 71, 73), können die ArbBedingungen frei dch den ArbVertr (Rn 4) geregelt w. **aa) Vertragliche Regelung.** Zum Abschl: § 611 Rn 2–10. Die ausdrückl mündl od schriftl Vereinbg werden (auch dch ÄndergsVertr, Löwisch NZA **88**, 633, [641]) gem § 305 abgeschl u nach § 133 u § 157 ausgelegt. Danach können auch Lücken geschl w. Wird die vertr Regelg einseit dch den ArbG best, findet eine richterl BillkKontrolle statt (vgl §§ 23, 24 AGBG Rn 2).

76 **bb) Betriebliche Übung.** Zur rechtl Einordng Einf 14 vor § 116. Stillschweigend wird Ggstand des ArbVertr der Inhalt einer betriebl Übg, aber nur subsidiär, dh soweit keine sonst vertragl Regelg besteht, auch im öff D mögl (BAG NZA **95**, 419). Es handelt sich um die über einen längeren Zeitraum zw ArbG u den ArbN des Betr ohne ausdrückl Vereinbg wissentl vorgenommene tatsächl Gestaltg von ArbBedinggen, zB von Ruhegehalt, Gratifikation, Jubiläumsgabe; für Freizeitgewährg einschränkd BAG NJW **71**, 363; für tarifl Erhöhgen u sonst tarifl Leistgen verneint BAG DB **72**, 1168. Ebenf verneint für außertarifl Lohnerhöhg v BAG DB **86**, 1627. Erforderl ist stets, daß von Seiten des ArbN die Ann gerechtf ist, der ArbG wolle sich rechtl dahin binden, sich in Zukunft wie bisher zu verhalten. Ein Vorbehalt begrenzter Geltg schließt das aus (BAG NZA **95**, 418). Es genügt, daß der ArbN unter Geltg dieser betriebl Übg gearbeitet hat; er muß nicht schon v ihr

77 betroffen sein. **cc) Bezugnahme auf Tarifvertrag** kann auch zw Nichttarifgebundenen (Rn 67) vertragl vereinb w. Soweit Bezug reicht, richtet sich der ArbVertr nach dem normativen Teil des TV (Rn 71), nicht weiter (LAG Hamm DB **75**, 1515). Zweifelh ist, ob u inwieweit in diesen Fällen TarGebundenh entsteht (hierzu v. Hoyningen-Huene RdA **74**, 138 [146]).

e) Nachgiebige gesetzliche Vorschriften gestalten die ArbBedinggen nur, soweit sie nicht schon dch 78 zwingde ges Vorschr, TarVertr, Betr- od DVereinbg sowie EinzelArbVertr festgesetzt sind.

f) Direktionsrecht des ArbG (§ 611 Rn 45–48); dadch gestaltet der ArbG die ArbBedinggen nur, sow sie 79 nicht gem der Rn 64–78 bestimmt sind (Richter DB **89**, 2382 u 2430). Das DirektionsR kann zT unter MitBest des BetrR stehen (Richter aaO).

10) Betriebliche Altersversorgung erfolgt idR dch Ruhegeld. Das Ruhegeld ist eine Leistg des ArbG, 80 die er wg des ArbVerh an den ArbN od an dessen Hinterbliebene erbringt, um sie für Alter od ArbUnfähk, als Witwe od als Waisen zu versorgen: Beruht formlos auf Einzel- od GesZusage (Vertr), betr Übg (Rn 76), Gleichbehandlg (§ 611 Rn 105), auf TarVertr (Rn 71) od BetrV (Rn 73). Unterliegt grdsätzl der VertrFreih, in der Anpassg wg Geldentwertg aber dem BetrAVG.

11) Arbeitnehmerschutzrecht iwS sind die RNormen, die den Schutz der ArbN bezwecken. Das 81 geschieht auf zweierlei Weise: es werden dch zwingde ges Vorschr die ArbBedinggen in best Weise gestaltet (vgl Rn 64); es werden ArbG u ArbN best öffrechtl Pfl auferlegt (ArbNSchutzR ieS). Die Vorschr sind zwingd, insb unverzichtb; ihre Verletzg führt zur Nichtigk (§ 134), begründet über § 823 II SchadErsPfl, kann ferner Straftat od Ordngswidrigk sein. Nach dem Zweck u Geltgsbereich unterscheidet man. **a) Be-** 82 **triebsschutz.** Es gelten zahlr Vorschr, die in der Textsammlg Nipperdey II aufzufinden sind. **b) Arbeits-** 83 **zeitschutz:** insb die Festsetzg der Höchstdauer, v RuheZten sowie arbfreien Tagen dch das ArbZRG (iKr seit 1. 7. 94 (Übbl: Nebendahl WiB **95**, 145). Das G gilt nicht für ArbN unter 18 Jahren (§ 18 II; vgl Rn 85) u ltd Angest (§ 18 I Nr 1). **c) Frauen-, Mutter- und Elternschutz:** dch Verbot best Arb u weitergehder 84 Schutz bei der ArbZeit in der AZO. Für (auch werdde) Mütter gilt das MutterSchG mit KündSchutz (Vorbem 79 vor § 620), Beschäftiggsverbot (§§ 3, 4, 6, 8b), Verbot von Mehr-, Nacht- u SonntagsArb (§ 8) bei Entgfortzahlg (§ 11). Für ErziehungsUrl u KündSchutz gelten §§ 15 ff BErzGG. **d) Jugendschutz:** im 85 JArbSchG dch Verbot der KinderArb (§§ 5–6), begrenzte ArbZeit (§§ 7–18), verlängerten Url (§ 19), Be-schäftiggsverbote u -beschränkgen (§§ 22–27 ff) u erhöhte FürsPfl (§§ 28–31) mit GesundhSchutz (§§ 32–46). SondRegelg im SeemannsG. **e) Heimarbeiterschutz.** Es gilt das HeimArbG v 14. 3. 51 idF des G v 86 29. 10 74 mit ArbZeitschutz (§§ 10, 11), Gefahrenschutz (§§ 12 ff), Entgeltregelg (§§ 17 ff) u Entgeltschutz (§§ 23 ff) sowie KündSchutz (§§ 29, 29a), ferner ab 1. 1. 95 wirtschl Sicherg im KrankhFall u FeierTEntgelt dch Art 53 PflegeVG, §§ 10, 11 EFZG. Bei der Dchführg nehmen die HeimArbAusschüsse wesentl Aufgaben als SelbstVerwKörper wahr. In den neuen BLändern gilt das G u die DVO seit 1. 7. 91 (Anl I Kap VIII Sachg A Abschn III Nr 8, 9). **f) Schwerbehindertenschutz.** Schwerbehinderte u Gleichgestellte (§§ 1, 2) 87 müssen unter best Voraussetzgen vom ArbG in best Zahl eingestellt u beschäft w (§§ 5 ff), haben Anspr auf fördernde u angem Beschäftigg (§ 14), genießen KündSch (§§ 15 ff; 75–78 vor § 620), sind nicht zu MehrArb verpfl (§ 46) u erhalten ZusatzUrl (§ 47). Renten dürfen auf das ArbEntgelt nicht angerechnet w (§ 45). **g) Arbeitsplatzschutz** ist vorgesehen bei Wehrdienst, Eignsübg u ArbVerpfl im Notstand (Spanngszeiten 88 u Verteidiggsfall). Wird dadch bewirkt, daß das ArbVerh währd dieses Zeitraums ruht od unter KündSch fortbesteht u dem ArbN best Rechte aus dem ArbVerh gewahrt bleiben (§§ 1–6 ArbPlSchG; §§ 1–2, 4, 6 ff EignÜbg; § 15 ArbSichG). Gilt auch für EG-Gastarbeiter (EuGH BB **69**, 1313). **h) Kündigungsschutz:** 89 Darstellg in Vorbem 61–74 v § 620. **i) Belästigungsschutz** besteht seit 1. 9. 94 aGrd des Beschäftigten-SchutzG (Art 10 des 2. GleiBG). Das G gewährt Schutz vor sexuellen Belästiggen am ArbPlatz.

611 *Vertragspflichten.* [I]Durch den Dienstvertrag wird derjenige, welcher Dienste zusagt, zur Leistung der versprochenen Dienste, der andere Teil zur Gewährung der vereinbarten Vergütung verpflichtet.
[II]Gegenstand des Dienstvertrags können Dienste jeder Art sein.

Übersicht

1 **1) Allgemeines. a) Begriffe:** DVertr, DVerh, ArbVertr u ArbVerh siehe Einf 1, 2, 4 u 5 v § 611; zu Abs II u Abgrenzg siehe Einf 16–27 v § 611.

2 **b) Abschluß** von DVertr u ArbVertr. Der ArbG ist darin grdsätzl frei (vgl Buchner NZA **91**, 577). **aa) Form:** Grdsätzl formfrei, auch stillschw Abschl. Schriftform: zwingd in § 3 FernUSG, § 4 BerBG. Gewillkürte Schriftform (§ 127) ist häuf in TV. Sie kann auch den EinzelVertr vereinb w. Nur wenn echte Form u nicht bloßes Beweismittel gewollt ist, gilt § 127. Unterliegen Änd u Ergänzgen der vereinb Schriftf (§ 125), so sind sie auch mdl wirks vereinb, wenn die Part dies übereinstimmd gewollt haben (BAG NJW **89**, 2149; vgl § 125 Rn 14). Verletzgsfolgen: BerufsausbildgsVertr ist trotz Verletzg der FormVorschr wirks (BAG **AP** § 15 BerBG Nr 1); iü tritt über § 125 Nichtigk des Vertr ein, ggf ein fakt ArbVerh (Einf 29 v § 611). **bb) Nachweis**
3 **von Arbeitsbedingungen** ist seit 28. 7. 95 geregelt dch das NachwG (Art 1 des G zur Anpassg arbrechtl Bestimmgen an das EG-R, BGBl 946: Grünberger NJW **95**, 2809). Es schreibt für das ArbVerh keine Schriftform vor (vgl Rn 1), sond gibt dem ArbN einen unabdingb (§ 5) Anspr gg den ArbG, ihm spätestens einen Mo nach vereinb Beginn des ArbVerh in Schriftform die niedergelegten ArbBedinggen (§ 2 S 1) nach Maßg des § 2 I S 2 Nr 1–10 auszuhänd, mit zusätzl Angaben bei Tätigk im Ausland (§ 2 II). Teilw kann auf kollektive Regelgen (insb TV u Betr- od DVereinbg) verwiesen w. Die NachwPfl entfällt, wenn ein ausgehänd schriftl ArbVertr die geforderten Angaben enthält (§ 2 IV). Auch die Änd wesentl VertrBedinggen muß der ArbG schriftl mitteilen, wenn sie nicht auf G od kollektiver Regelg beruht (§ 3). Unanwendb ist das NachwG auf ArbN in Aushilfs- od geringfüg Tätigk sowie auf ArbN in einem FamHaush mit begrenztem Umfang (vgl
4 § 1). **cc) Persönliche Voraussetzungen:** Abschl dch Bevollm ist mögl. Für Mje als ArbG gilt § 112, als ArbN § 113 I 1. Sow §§ 112, 113 nicht erfüllt sind, ist zu einem D- od ArbVertr die Zust des ges Vertr notw. Öffrechtl AbschlVerbote sind zu beachten, vor allem (mit Rechtsfolge des § 134) die Beschäftigungsverbote Ausländ ArbN bedürfen der Erlaubn gem § 19 AFG (hierzu ArbErlaubnVO idF v 21. 12. 90 BGBl 3009); ohne sie abgeschl ArbVertr sind zunächst schwebd unwirks (BAG NJW **69**, 2111; aA Eichenhofer NZA **87**, 732: § 134). Läuft die ArbErl ab, tritt nachträgl rechtl Unmögk gem §§ 275, 323 ff ein u das (nicht etwa nichtig werdde) ArbVerh kann ord od außerord gekünd w (BAG NJW **77**, 1023). Dasselbe gilt, wenn ein unbefristetes ArbVerh ohne
5 ArbErlaubn längere Zt hindch besteht (BAG NJW **77**, 1608). **dd) Auskunft und Offenbarung** (Moritz NZA **87**, 329). Verletzg führt zu Anfechtg (Rn 9) od begrdet VertrSchlVerschulden (§ 276 Rn 118); § 278 gilt auch
6 ohne AbschlVollm (BAG DB **74**, 2060). **(1) Fragen** des ArbG. Sie müssen zuläss sein, damit die Täuschg arglist sein kann. Nur dann besteht Pfl zu wahrhgem Antwort auf zuläss Fragen des ArbG, insb nach früh ArbVerh, GewerkschZugehörk (hM), SchwBehEigensch od eine GleichStellg (BAG NJW **87**, 398), jedenf wenn sie für die auszuübde Tätigk v Bedeutg sind (BAG NJW **94**, 1363); auch für Vorstrafen u schwebde StrafVerf (Raab RdA **95**, 36 mwN; bestr), aber nur, soweit sie für das ArbVerh im Einzelfall wesentl sind. Frage nach Aids-Erkrankg ist zuläss (Richardi NZA **88**, 73; Bruns MDR **88**, 95; einschränkd Lichtenberg/Schücking NZA **90**, 41), nach Infektion nur dann, wenn die Eigng für die vorgesehene Tätigk fehlen w (Richardi aaO). Aids-Test nur mit Einwilligg des Bewerbers. Die Frage nach der Schwangersch ist idR unzuläss (Rn 9 u § 611a Rn 9). Hierzu
7 allg mit HdlgHinweisen: Sowka NZA **94**, 967. **(2) Offenbarung.** Der ArbN darf nichts verschweigen, was die Erf der ArbPfl unmögl macht od für den ArbPlatz v ausschlaggebder Bedeutg ist (BAG NJW **91**, 2727, zB bevorstehder Antritt einer FreihStrafe (LAG Ffm NZA **87**, 352); eine Schwangersch, wenn ein Beschäftiggs-Verbot (§ 8 MuSchG) entggstehen kann (BAG NJW **89**, 929); ansteckde InfektionsKrankh sind stets anzugeben, SchwBehEigsch od eine Gleichstellg, wenn sie für die ArbVerh erhebl sein kann (BAG NJW **87**, 398). Auch der Entschl od der Zwang, die Arb nicht anzutreten, ist dem ArbG unverzügl mitzuteilen, wenn dieser in
8 Erwartg der zugesagten ArbAufn erhebl Aufwendgen tätigt (BAG NJW **85**, 509). **(3) Auskunft.** Der ArbG hat auf Frage Ausk über tats Verh des Betr zu geben, soweit sie die ArbLeistg u die Pers des ArbN betr, außerdem zu
9 offenb, daß Zweifel an der ZahlgsFähigk für ArbEntg bestehen (BAG NJW **75**, 708). **(4) Rechtsfolgen** bei wahrhwidr Ausk: §§ 119, 123 (BAG stRspr zB NJW **94**, 1363), wobei die Anf ausw ausgeschl sein kann, wenn der AnfGrd zZ der Anf seine Bedeutg für das ArbVerh verloren hat (BAG NZA **88**, 731). § 123 ist ausgeschl, wenn auf unzuläss Fragen falsche Ausk gegeben w, wie insb bei Schwangersch (BAG NJW **93**, 1154); jedoch kann die Frage zuläss sein (vgl BAG NJW **94**, 148). Künd gem § 626 (aber nicht bei Schwangersch, § 9 MuSchG), SchadErs (§ 276 Rn 118, 123). Schwangersch begrdet auch bei ArbVerbot (NachtArb) keine
10 Nichtigk (EuGH NJW **94**, 2077). Sie fällt nicht unter § 119 II (BAG NJW **89**, 929). **ee) Zustimmungserfordernis** zur Einstellg v ArbN bestehen für den BetrR (§ 99 BetrVG) u PersR (§§ 75, 77 BPersVG). Einstellg ist nicht schon der Abschl des ArbVertr, sond erst die tatsächl Beschäftigg im Betr (BAG NZA **92**, 1141 mwN); daher auch eine Versetzg (BAG NZA **87**, 424). Ein ArbVertr, der ohne Zust abgeschl w, ist voll wirks (BAG NJW **81**, 703; bestr). Zul ist es, die Verweiger dieser Zust als auflösd Bedingg in den ArbVertr aufzunehmen (BAG **AP** § 620 Nr 79; dagg v. Friesen BB **84**, 677). Eine Beh darf den ArbN, solange die Zust fehlt, jedoch nicht beschäft (BAG aaO). Bei priv ArbG ist vorl Einstellg nach § 100 BetrVG mögl.

ff) Aufwendungsersatz für ein v ArbG veranlaßtes VorstellgsGespräch ist grdsätzl zu leisten, auch wenn 11 der ArbN nicht eingestellt w (BAG NZA **89**, 468).

c) Änderung des DVertr oder ArbVertr erfordert neuen Vertr (§ 305); dafür gilt Rn 2. Stillschw Vertr- 12 Schluß liegt idR im widerspruchslosen Weiterarbeiten, nachdem ArbG ohne ÄndergsKünd VertrÄnderg vorgeschlagen hat, sofern die Änderg sich unmittelb auswirkt (BAG **AP** Nr 2 zu § 305). Änd bei ArbVertr häuf dch TV u BetrVereinbg (vgl Einf 65, 73), auch bei einzelvertr Abreden (BAG BB **82**, 2183). Die Einh des ArbVerh bleibt davon unberührt (BAG DB **76**, 488).

d) Gegenseitigkeit. Der DVertr ist ggs Vertr, der auf Austausch von DLeistg u Vergütg gerichtet ist. 13 Das gilt unbeschadet seines personenrechtl Charakters auch für den ArbVertr (vgl Einf 4). Daher gelten grdsätzl die §§ 320–327, insb die §§ 323 ff. Bei rückständ Lohn gilt § 273, weil die Ggseitk fehlt (Tscherwinka BB **95**, 618). An Stelle des Rücktr (§§ 326, 327) besteht das Recht zur außerord Künd (§§ 626–628). Zu § 323 bilden die §§ 615–617 eine Ausnahmeregelg. Beim ArbVerh kann im Einzelfall ausnahmsw der Anwendg der §§ 320 ff die Treue- od FürsorgePfl entggstehen; wg eines geringfüg LohnRückstds darf die ArbLeistg nicht zurückgehalten w (BAG ZIP **85**, 302).

e) Vertragsverletzungen. aa) Begriff: Verletzg irgendeiner VertrPfl. Nicht jede VertrVerletzg ist 14 ArbVertrBruch. Darunter wird heute verstanden die rechtsw Beendigg der ArbLeistg vor dem Ende des ArbVerh od auch dch Nichtantritt der Arb (Stoffels, Der VertrBruch des ArbN, 1994). VertrVerletzg des ArbG ist Nichtzahlg der Vergütg (Rn 49–75); Verstöße gg Treue- u FürsPfl (Rn 39–44, 96–104), auch Gleichbehandlgs- u BeschäftiggsPfl (Rn 105–117, 118–124). Allg RechtfertiggsGrde (zB § 904) schließen eine VertrVerletzg aus. **bb) Anspruchsgrundlagen:** Es besteht zunächst der ErfüllgsAnspr, ggf auf Unterlassg 15 (§ 241 Rn 5). Bei ArbVertrBruch folgt der SchadErsAnspr bei Versch (§ 276): aus §§ 280, 325 wg Unmöglichk (zB BGH VersR **91**, 104) u aus §§ 286, 326 bei Verzug, aus § 628 II nach Künd, aus pos VertrVerletzg bei schuldh SchlechtErf, insb dch mangelh VertrAusführg (hRspr; BGH NJW **83**, 1188; hierzu krit Ullrich NJW **84**, 585). Ein Anspr auf Unterl v ArbLeistg bei einem and ArbG od in selbstd Stellg besteht grdsätzl nicht, nur ausnahmsw bei bes vertragl Abrede od Wettbew bei bestehdem ArbVerh (hM; LAG Hamm DB **72**, 1074 mwN). **cc) Allgemeine Rechtsfolgen:** Außerord Künd (§ 626) kann begründet, eine ord Künd soz gerecht 16 sein (§ 1 KSchG). Ein DLohnMindergsAnspr ist auch bei DVertr abzulehnen (Ffm MDR **92**, 347; bestr). VertrStrafe (§ 339) ist grdsätzl zul (hM; BAG NZA **84**, 254). Ausn: § 5 II BerBG. BetrBußen als DisziplinarMaßn sind davon zu unterscheiden, nur aGrd TarVertr od BetrVereinbg zul (vgl Vorbem 8 vor § 339). Vor Eintritt dieser RFolgen wird bei Dauerverhalten od WiederholgsGef (nicht nur für eine) Künd vielf eine Abmahng (41 vor § 620) verlangt (Pauly NZA **95**, 454 mwN). Ein LeistgVR hat der ArbG aus § 320 nur bei NichtErf der ArbPfl, nicht (auch nicht teilw) bei Minderleistg od SchlechtErf (allgM); aber ausnahmsw mögl, wenn der VergütgsAnspr insow nicht entstanden ist, wie zB bei Akkordlohn. Bei NichtZahlg des Lohns hat der ArbN mit seiner ArbLeistg ein ZurückbehaltgsR aus § 320 (vgl § 614 Rn 2). Bei freiberufl DVertr (zB Arzt, RA) kann im Einzelfall der SchlechtErf aber die Einr des § 320 I geben (vgl Roth VersR **79**, 600). **dd) Schadensersatz:** §§ 249 ff mit Einschränkgn im innerbetriebl SchadAusgleich (Rn 152–157). Insb gilt: 17 Fälligk des Anspr tritt mit der VertrVerletzg ein, auch bei SchlechtLeistg (BAG NJW **71**, 579); AusschlußFr dch TV ist zul (BAG aaO). Bei ArbVertrBruch gelten die allg Vorschr. Dem bloßen Ausfall der ArbLeistg entspr die ersparte GgLeistg des ArbG, so daß nur Mehrkosten für die ErsKraft Schad sind: höhere Vergütg, Spesen, ÜberstdZuschläge (Knobbe-Keuk VersR **76**, 401 [410]). Minderg des UnternGewinns ist im Einzelfall zu ers, wenn feststellb. Der Schad besteht auch, wenn der ArbG die ausgefallene ArbKraft dch eig ArbLeistg ersetzt (vgl BAG MDR **68**, 80; zur Berechng Knobbe-Keuk aaO). Pauschalierg u VertrStrafe sind zul (Popp NZA **88**, 455). Kosten v Stellenanzeigen sind nur dann zu ersetzen, wenn diese Kosten vermeidb gewesen wären, falls die KündFr eingehalten worden wäre (BAG **35**, 179 u NJW **84**, 2847). **ee) Beweislast:** 18 Grdsätzl trägt sie der AnsprSteller für die obj Voraussetzgn des Anspr (PflVerletzg, Ursächlk, Schaden). Für das Versch (§ 276) trägt sie in entspr Anwendg des § 282 der in Anspr Genommene, wenn die SchadUrs in seinen Gefahrenbereich fällt (BAG **AP** § 282 Nr 7; BGH **AP** § 282 Nr 6; bestr).

f) Zwangsvollstreckung: Für das ArbEinkommen besteht PfändgsSchutz (§§ 850 ff ZPO). Der Anspr 19 auf DLeistg (ArbLeistg) kann nicht vollstreckt w (§ 888 II ZPO). Aus diesem Grde ist bei ArbVertrBruch eine einstw Vfg auf Rückkehr zum ArbPlatz u auf Untersag der DLeistg bei einem Konkurrenzunternehmen unzuläss (sehr bestr, vgl Wenzel DB **66**, 2024 mwN).

2) Mängel des Vertrags. Nichtigk ist insb mögl über §§ 105, 125, 134, 138, 142; auch bei sog Schwarz- 20 Arb (G idF v 29. 1. 82, BGBl 109; geänd dch Art 14 G v 20. 12. 88, BGBl 2330), wenn deren gesetzl Merkmale erf sind (Karlsr NJW **77**, 2076). Ob § 306 zur Nichtigk führt, ist bestr (vgl für höchstpers DLeistg Neumann-Duesberg BB **70**, 1462).

a) Dienstvertrag. Ist er nichtig, so bestehen keinerlei Pfl aus dem DVerh; es bestehen Anspr nur aus 21 §§ 812 ff, uU aus § 823. Bei DVerh, denen eine Anstellg zugrundeliegt (insb VorstdsMitgl einer AG, GeschFührer einer GmbH), wird ein fakt DVerh entspr den für ArbVerh entwickelten Grdsätzen (Einf 29 vor § 611) anerkannt (BGH **41**, 282), iF des § 134 jedenf solange dem DVerpf die GWidrigk nicht bek ist, weil das im Rahmen des Schutzzwecks liegt (BGH **53**, 158).

b) Arbeitsvertrag. Hier gelten die Grdsätze: **aa) Vor Beginn** der ArbLeistg w Nichtigk u Rückwirkg 22 der Anfechtg (§ 142) uneingeschränkt nach allg Regeln zugelassen; im Einzelfall kann Anf wg § 242 ausgeschl sein (zB wg ZtAblauf, BAG NJW **70**, 1565). Nur Teilnichtigk (ohne Rücks auf § 139) wird für einzelne Abreden angenommen: zB bei Lohnwucher; es gilt § 612 II. Bei Verstößen gg Best des ArbSchutzR (Einf 81–89 vor § 611) od Vorschr, die zG des ArbN erlassen sind, gilt die jew ges Regelg (BGH **40**, 235 für § 89 HGB). Bei tarifwidr Abreden (§ 4 III TVG) gilt die tarifl Regelg (BAG **8**, 245). Bei einem voll nichtigen Vertr besteht insb keine Pfl, die Arb aufzunehmen od Lohn zu zahlen.

bb) Nach Beginn der ArbLeistg sind NichtigkFolgen eingeschränkt anzuwenden. Es ist die Anfechtg der 23 den ArbVertr bildden WillErkl (§§ 119, 123) mit Wirkg ex tunc grdsätzl ausgeschlossen (hM; hierzu krit Hönn ZfA **87**, 61), auch für die argl Täuschg (BAG NJW **84**, 446). Ex-tunc-Wirkg kann bei § 123 bejaht w, wenn das ArbVerh zwzeitl außer Funktion gesetzt war (BAG NJW **85**, 646) u unbill Ergebnisse dch Einrede der Argl (§ 242) vermieden w können. Liegen die Voraussetzgen der §§ 119, 123 vor, so wird eine (von Künd streng zu unterscheidde, Picker ZfA **81**, 1) Anfechtg mit ex-nunc-Wirkg zugelassen (hM; vgl BAG aaO mwN). Unverzügl iS des § 121 I bedeutet eine 2-wöch Fr entspr § 626 II (BAG NJW **80**, 1302); sie gilt nicht iF des § 123 (BAG NJW **84**, 446). Für AnfVoraussetzgen vgl Rn 5–8. Die Nichtigk des ArbVertr, insb auch die eines rechtswidr (§§ 134, 138), führt zu einem fakt ArbVerh (Einf 29; bestr); die Nichtigk kann nicht für die Vergangenh geltd gemacht w, sond das ArbVerh w mit allen Rechten u Pfl wie ein fehlerfreies behandelt (hM; BAG **5**, 58), kann aber für die Zukunft dch formlose Erkl fristlos beendet w (BAG NJW **62**, 555). Ausn v Bestehen eines fakt ArbVerh u damit Nichtigk ex tunc sind zuzulassen: wenn die ArbLeistg selbst sittenw od strafb ist. Bei einem ScheinGesch (§ 117) besteht auch kein fakt ArbVerh; es gilt § 817. Ist der ArbG nicht voll geschäftsfäh, so hat der ArbN nur BereichergsAnspr (bestr). Bei Nichtigk einzelner Abreden gilt Rn 22 entspr.

24 **3) Dienstleistungs(Arbeits)pflicht** ist die im GgskVerh stehde HauptPfl des DVerpfl od ArbN; iZw persönl zu leisten, halt übertragb (§ 613) u in den meisten DVerh, insb im ArbVerh meistens als Fixschuld nicht nachholb (hM); davon sind jedenf bei Möglk des Nachholens Ausn zu machen (v. Stebut RdA **85**, 66). Der Inhalt der DLeistgsPfl richtet sich nach den zwingden ges Vorschr, dem DVertr u den nachgieb ges Vorschr. Der Inhalt der ArbPfl wird dch die sog ArbBedinggen insb in den § 63–79 dargestellten Grdsätzen gestaltet. Das gilt insb für Art, Umfang, Zeit u Ort der ArbLeistg. Iü ist der wesentl Unterschied zw DLeistgsPfl u ArbPfl der, daß der DVerpfl bei der Ausführg der Dienste nicht weisgsgebunden ist, sond ihre Art u Weise, insb Zeit u Ort im Rahmen der VertrPfl frei best. Dem ArbG steht üb § 315 ein weitgehdes LeistgsBestimmgsR zu (im einzelnen Hromadka DB **95**, 1609; vgl Rn 45).

25 **a) Art.** Welche Arb der ArbN zu verrichten hat, best sich, soweit nicht vertragl festgelegt, nach der VerkSitte, welche Arb ArbN in vergleichb Stellg üblw verrichten. Stillschw Vereinbg ist von Fall zu Fall mögl dch widerspruchslose Verrichtg. UnterrichtsgsPfl des ArbG vor BeschäftiggsBeginn: § 81 BetrVG. Versetzg an einen and ArbPlatz bedarf grdsätzl einer Änderg des ArbVertr (vgl Rn 32), soweit nicht das DirektionsR (Rn 45) eingreift. Wenn eine Versetzg (§ 95 III BetrVG), eine Ein- od Umgruppierg vorliegt, sind §§ 99, 100 BetrVG zu beachten.

26 **b) Umfang.** Wieviel Arb der ArN innerh der ArbZeit (Rn 27–31) zu verrichten hat, regelt sich wie Rn 25. Der ArbN schuldet diejen ArbLeistg, die er bei angem (dh auf Dauer ohne GesundhGefahr mögl) Anspann seiner Fähigk u Kräfte erbringen kann (Rüthers ZfA **73**, 399). Die ArbLeistg muß bei den ArbN am gleichen ArbPlatz nicht gleich sein, da die LeistgsKapazität individuell verschieden ist. Keinesf darf die angemessene ArbLeistg bewußt zurückgehalten w (BAG **AP** § 123 GewO Nr 27). Das gilt auch für AkkordArb, bei der die ArbLeistg nicht etwa im Belieben des ArbN steht.

27 **c) Zeit.** ArbZt ist der Ztraum der vertragl ArbLeistg. **aa) Grundsätze:** Die ArbZt ist mit AusnRegelgen zwingd festgelegt im ArbZRG (iKr seit 1. 7. 94; Übbl: Nebendahl WiB **95**, 145) mit einer werktägl ArbZt v 8 Std (max 10 Std) u wöchentl 48 Std (max 60 Std, jeweils mit Ausgl innerh best Zt, § 3 ArbZRG; Erasmy NZA **94**, 1105). In diesem Rahmen ist die ArbZt weitgeh dch TV u BetrVereinbg geregelt mit Vorrang des TV (BAG NZA **87**, 779). Sie unterliegt der MitBest (§ 87 I Nr 2 u 3 BetrVG), soweit der TV nicht vorgeht (hierzu Otto NZA **92**, 97). Im üb bedarf die Best der Dauer wöchentl u tägl ArbZt einer vertragl Vereinbg; nur Anfang u Ende der tägl ArbZt, auch die Pausen können in mitbestimmgsfreien Betr dem DirektionsR unterliegen. Die Vereinbg, eine vertr festgelegte ArbZt dch den ArbG einseit reduzieren zu lassen, ist wg Umgehg des KSchG nichtig (BAG NJW **85**, 2151). Die festgelegte ArbLeistg ist grdsätzl eine Fixschuld; sie kann nicht nachgeholt w, wenn eine versäumt w (hM). Das führt zur Unmöglk gem §§ 323– 325. Zur ArbZt gehört bei Beschäftigg außerh des Betr der Weg vom Betr zur ArbStelle (BAG **5**, 86), ggf der Mehraufwand an Zeit, aber nicht der Weg von der Wohng zum Betr, ferner idR die ArbBereitsch, BereitschDienst, auch die Rufbereitsch (Aufenth zu Hause) ist RuheZt iS v § 5 ArbZRG (Erasmy NZA **94**, 1105 [1107]). Pfl, Dauer u Anrechng richtet sich nach dem ArbVertr. Ruhepausen sind ges zwingd vorgeschrieben (§ 4 ArbZRG). Ob Waschen u Umkleiden zur ArbZt gehört, hängt v den Umständen des

28 Einzelfalles ab (BAG BB **95**, 1692; Bosch BB **95** 1690). **bb) Verlängerte Arbeitszeit** ist im Rahmen des ArbZRG zuläss (Einf 83). ÜbStunden werden geleistet, wenn die für den ArbN geltde regelmäß ArbZt überschritten w. MehrArb liegt vor, wenn die gesetzl od tarifl HöchstArbZt überschritten w. Geleistete MehrArb muß bei geforderter Vergütg im Streitfall v ArbN substantiiert w (BAG NZA **94**, 837). Zweifelh ist, ob die Vereinbg v MehrArb gg höhere Bezahlg bei geltd TarVertr gg das GünstkPrinzip verstößt (bejaht v LAG BaWü DB **89**, 2029 m krit Anm v Buchner, verneint v Heinze NZA **91**, 329 mwN). Die vorübgehde Verlängerg der ArbZt bedarf grdsätzl einer Vereinbg (auch im TV) u unterliegt der MitBest (§ 87 I Nr 3 BetrVG). ÜbStunden u MehrArb sind gesondert zu vergüten, aber nicht ohne Vereinbg bei Angest (LAG

29 Köln NZA **90**, 349), insb bei ltd (BAG NJW **67**, 1631). **cc) Kurzarbeit** (Böhm BB **74**, 281; v. Stebut RdA **74**, 333) ist die Herabsetzg der im Betr übl ArbZt, insb wg AuftrMangel. Setzt eine Änd des ArbVertr (Rn 12), daher grdsätzl einen Vertr voraus; entw EinzelArbVertr, TarVertr od BetrVereinbg unter MitBest gem § 87 I Nr 3 BetrVG. Unabhäng davon kann der ArbG KurzArb einseit über eine ÄndKünd od über § 19 KSchG mit Genehmigg des LArbAmts einführen, aber auch dann nicht ohne MitBest gem § 87 I Nr 3

30 BetrVG (v. Stebut aaO [345]). **dd) Nachtarbeit** ist ges bes beschr (§ 6 ArbZRG) u darf 8 Std tägl nicht überschreiten. Einzelh hierzu: Erasmy NZA **94**, 1105 [1108]). **ee) Abrufarbeit,** (angepaßte [variable] ArbZt) ist die je nach ArbAnfall zu leistde, vom ArbG nach Lage u Dauer bestimmte ArbZt (vgl Einf 46); seit 1. 5. 85 (für bereits bestehde ArbVerh seit 1. 1. 86) dch § 4 BeschFG geregelt (vgl hierzu Hanau RdA **87**, 25 [27]). Ist für TeilZtBesch gedacht; jedoch auf VollZtArb entspr anwendb (Hanau aaO mwN). Ihre Vereinbg im ArbVertr erfordert eine best Dauer der ArbZt, auch für best Zahl v Monaten u Jahren mögl (Schwerdtner NZA **85**, 577 [582]). Unterbleibt diese Vereinbg, wird eine wöchentl ArbZt v 10 Stunden als vereinb fingiert; das gilt auch dann, wenn dem ArbG das R eingeräumt ist, im Bedarfsfall eine längere ArbZt zu verlangen (Löwisch BB **85**, 1200 [1203]). Alle Vorschr des § 4 BeschFG sind MindBedingen. Sog Rufbereitsch ist zu vergütde ArbZt. Kann der ArbG den ArbN währd der MindArbZt v 3 Stunden nicht beschäft, gilt § 615. Vereinbg einseit Festsetzg dch den ArbG ist nichtig (v. Hoyningen-Huene NJW **85**, 1801).

d) Ort. Wenn keine bes Vereinbg vorliegt, ist die Arb im Betr des ArbG zu leisten (hM). Aus der Art der **31** Arb kann sich eine stillschw and Vereinbg ergeben (zB bei Bauarbeiten, Außenmonteuren, VerkFahrern); nur unter bes Voraussetzgen besteht die Pfl, eine Entsendg ins Ausland zu befolgen (vgl LAG Hamm DB **74**, 877).

e) Versetzung (v. Hoyningen-Huene NZA **93**, 145) ist die Zuweisg einer and Tätigk (Arb). Sie kann dch **32** ÄndVertr (§ 305), ÄndKünd (§ 2 KSchG) od dch Ausübg des DirektionsR (Rn 45) herbeigeführt w. Betrverfrechtl gelten § 95 III S 1, § 99. Versetzg des ArbN innerh des Betr, in einen and Betr u Verlegg des Betr am selben Ort bei gleicher Art der Arb erfordert keine Änd des ArbVertr; sie unterliegt der MitBest nach §§ 99, 100 u § 111 BetrVG od dem DirektionsR (Rn 45–48), ist auch dch sog Umsetzklauseln häuf vertr vorgesehen (Stege DB **75**, 1506). Darühinaus erfordern Versetzg od BetrVerlegg an einen and Ort ÄndVertr od ÄndKünd u neuen VertrAbschl; bis dahin ist der ArbN nicht verpfl, an dem and Ort zu leisten; es gilt ggf § 324, wenn die ArbLeistg am vereinb Ort unmögl ist.

f) Pflichtverletzung kann dadch geschehen, daß der ArbN od DVerpfl überh od teilw nicht leistet **33** (Unmöglk od Verz) oder schlecht leistet (pos VertrVerletzg). Voraussetzg u RFolgen: Rn 14–18. **aa) Ver-** **34** **säumte Arbeitszeit.** Es besteht grdsätzl keine Pfl, die Arb nachzuholen (Beuthien RdA **72**, 20). And Vereinbg ist aber zul. Ungerechtf Fehlzeiten begründen entspr LohnKürzg (zum Nachw vgl LAG Hamm DB **70**, 161). Keine VertrVerletzg ist die Teiln an einem rechtm (legitimen, gewerkschl) Streik (allgM). Sie begr keine SchadErsPfl, aber den Verlust des VergütgsAnspr (vgl § 323 I). Ein ArbN, der währd seines Url erkrankt, den er vor dem Streik angetreten hat, nimmt am Streik nicht teil (BAG BB **91**, 2427). Die Teiln an einem sog wilden Streik ist, gleichgült welches Ziel verfolgt w, nie rechtm u führt zur VertrVerletzg (Weitnauer DB **70**, 1639; einschränkd Rüthers JZ **70**, 625). **bb) Schlechtleistung** ist insb mögl dch Verur- **35** sachen fehlerh ArbProdukte, Verlust v Geld (BAG NZA **90**, 847) od Sachen des ArbG, Beschädigg von ArbGerät od fremden Sachen; hierbei ist aber die HaftgsBeschränkg (Rn 155, 156, 158) zu beachten (vgl dort). Verstoß gg wirks Rauchverbot (vgl Börgmann RdA **93**, 275). **cc) Minderleistung.** Das ist zu langs od zu **36** geringe Arb. Sie ist auch beim Leistgslohn (Akkord u Prämie) mögl u erhebl (Knevels DB **70**, 1388). Ob bei Minderleistg SchlechtErf od teilw NichtErf vorliegt, ist zweifelh (vgl BAG NJW **71**, 111). Teilversäumn ist jedenf TeilUnmöglk (BGH WM **88**, 298). **dd) Mitverschulden** (§ 254) des ArbG ist ggf zu beachten. **ee)** **37** **Beweislast** trägt grdsätzl der ArbG (vgl Rn 18). **ff) Verjährung** v SchadErsAnspr: Es gelten die allg Regeln. Bei überlassenem Kfz nicht §§ 558, 606 (BAG NJW **85**, 759; bestr).

g) Freistellung v der ArbPfl geschieht idR dch Url (Rn 126), ausnw dch sog Suspendierg (Rn 120). **38** Erfordert grdsätzl das Einverständn des ArbG, wenn nicht unmittelb krG ArbBefreig eintritt, wobei den ArbN idR eine MittPfl ggü dem ArbG trifft. Darunter fallen §§ 7, 20, 37, 38, 43 BetrVG; § 26 IV SchwbG; § 14 ArbPlSchG; §§ 3, 6 I MuSchG. Darühinausgehde vertr Regelgen (§ 305), auch dch BetrVereinbg sind jederzt mögl. Lohnfortzahlg richtet sich nach den ges od vertr Regeln (Dütz DB **76**, 1428 u 1480). Unbezahlte Freistellg (v Url zu untersch) kann v ArbN unter verschiedenart Voraussetzgen verlangt, insb auch nach § 305 vereinb w (vgl v. Hoyningen-Huene NJW **81**, 713). Zu den Auswirkgen vgl Faßhauer NZA **86**, 453. Der ArbG muß wg § 615 S 1 den Lohn fortzahlen, wenn er den ArbN einseit freistellt od suspendiert (Rn 120), auch Naturallohn (Rn 36; BAG NZA **94**, 1128). Der ArbN muß sich anderweit Verdienste anrechnen lassen (§ 615 S 2). Bei einvernehml Freistellg ist das AusleggsFrage (Bauer/Baeck NZA **89**, 784). Ist bei der Freistellg im Vgl keine AnrechngsKlausel vereinb, muß sich der ArbN iZw anderweit Verdienst nicht anrechnen lassen (LAG Hamm DB **91**, 1577).

4) Treuepflicht ist NebenPfl des DVerpfl u ArbN; beruht auf § 242 (umstr) gehört insow zu jedem **39** SchuldVerh, hat aber im ArbVertrR eine bes starke Ausprägg, weil das ArbVerh nach übwiegder Ansicht ein persrechtl GemeinschVerh darstellt (vgl Einf 5), im Zushang mit dessen Ablehng verneint v Weber RdA **81**, 289. Die gleichen Grdsätze gelten auch für solche DVertr, die ein AnstellgsVerh begründen, insb bei VorstdsMitgl u GeschFührern. Die TreuePfl ist umso stärker, je enger das ggs VertrauensVerh gestaltet ist, bes bei Aufn in die häusl Gemeinsch u wenn dem ArbN bes Vertrauensaufgaben übertr sind (zB Prokuristen, HandlgsBevollm). Verletzg der TreuePfl führt bei Versch (§ 276) zu SchadErsAnspr (Rn 14–17; aber § 254 zu beachten, BAG NJW **70**, 1861) u begründet auch ohne Versch einen UnterlAnspr; sie kann außerord Künd (§ 626), erst recht die ord Künd im Falle des § 1 KSchG rechtf. Im einzelnen besteht die TreuePfl des ArbN in folgden EinzelPfl:

a) Interessenwahrung. Der ArbN muß die Interessen des ArbG u des Betr in dem ihm zumutb Umfang **40** wahren. **aa) Zu bejahen:** Sachen des ArbG (insb ArbGeräte, Waren) vor Verlust u Beschädigg schützen, vor drohden Schäden warnen, im Notstand (§ 904) Schad abwenden (Konzen BB **70**, 1310), wesentl Vorkommnisse des Betr dem ArbG melden, insb wenn dch Wiederholgsgefahr weiterer Schaden droht (BAG NJW **70**, 1861), bei Streik NotdienstArb zur Sicherg der BetrEinrichtgen verrichten (LAG Ffm **AP** Art 9 GG ArbKampf Nr 40 mwN); bei Stellenvakanz die anfallden Arb in gewissem Umfang mitübernehmen (BAG NJW **73**, 293; Vergütg vgl § 612 Rn 8); den sog BetrFrieden wahren, um Störgen des Arb-Ablaufs zu vermeiden (hierzu krit W. Blomeyer ZfA **72**, 85); Rauchen am ArbPl zu unterl u sog Tendenzförderg (Buchner ZfA **79**, 335). **bb) Zu verneinen:** Abwerbg and ArbN (LAG Rh-Pf NZA **93**, 265). Der ArbN muß nicht seine eigenen schutzwürd Interessen hinter die des ArbG stellen, insb sich nicht selbst bezicht (BGH DB **89**, 1464). Eine Nebentätk ist nicht grdsätzl verboten, kann aber vertragl v einer Gen abhäng gemacht w (Grunewald NZA **94**, 971).

b) Verschwiegenheit, insb Schutz v GeschGeheimnissen (zusfassd Kunz DB **94**, 2482). Allg hat der **41** ArbN, auch nach Ende des ArbVerh (BAG NJW **88**, 1686; Gaul DB **95**, 874 [877]) über geschäftl u persönl Belange des ArbG zu schweigen, soweit dadch die Interessen des ArbG beeinträchtigt w können (vgl Rn 40; LAG Hamm DB **89**, 783). Ausn sollen bei gewicht innerbetr Mißständen, von denen auch die Öffentl betroffen ist, zuläss sein (BGH NJW **81**, 1089). Darü hinaus ist in § 17 UWG der Verrat von Gesch- u BetrGeheimnissen unter Strafe gestellt. Die Verbindlk, bestimmte BetrGeheimn nicht zu nutzen od nicht weiterzugeben, ist v einer EntschädiggsPfl unabhäng (BAG NJW **83**, 134). Verletzg der VerschwhPfl kann SchadErsPfl begrden (BAG DB **86**, 2289).

42   **c) Wettbewerbsverbote.** Bauer/Diller: Wettbewerbsverbote, 1995. Sie sind mögl für ArbN (auch freie Berufe, insb angestellte RAe, BAG NJW **91**, 518) u freie MitArb. Ist es für die BRep vereinb, erstreckt es sich (dch Auslegg) auf die neuen BLänder (vgl LAG Bln BB **91**, 1197). WettbewVerb sind v der VerschwiegenhPfl (Rn 41) abzugrenzen (hierzu Kunz DB **93**, 2482). Neben dem unmittelb WettbewVerb gibt es in vielfält Formen indirekte, bei denen das freiwill Unterlassen v Wettbew v Vorteilen abhäng gemacht w. Dabei ist eine differenzierte Behandlg geboten (Bauer/Diller DB **95**, 426). **aa) Bei bestehendem Arbeitsverhältnis:** Ges geregelt ist für kaufm Angest (§§ 60, 61 HGB). Für sonst ArbN ergibt sich aus § 242 ohne bes Vereinbg, daß der ArbN seinem ArbG nicht unmittelb Konkurrenz macht: er darf nicht ohne Zust des ArbG in dessen MarktBer in eigenem Namen u Interesse Dr Leistgen anbieten (BAG NJW **77**, 646), auch nicht zT dch selbst verrechnete zusätzl Arbeiten (auch bei angest RAen, Michalski/Römermann ZIP **94**, 433). § 61 HGB gilt aber keinesf entspr. Bei VertrBruch vor DAntritt gilt das nur ausnahmsw (BAG NZA **87**, 814). Unabhäng von der TreuePfl können WettbewVerbote (auch für unselbstd Tätigk) ausdrückl vereinb w. Vorbereitgn für den Aufbau einer selbstd Existenz darf der ArbN auch währd des ArbVerh treffen (BGH **AP** Nr 3 zu § 611 TreuePfl; LAG Düss **AP** Nr 2 zu § 133 c GewO), aber nicht während seines ArbVerh Gesch mit (auch nur mögl) Kunden des ArbG vorbereiten (BAG **AP** § 60 HGB Nr 5) u bereits Abwerbg und ArbN od HandelsVertr seines ArbG betreiben (LAG BaWü BB **69**, 759); jedoch erfordert die Abwerbg eine nachhalt Einwirkg, nicht nur eine bloße Anfrage (LAG BaWü DB **70**, 2325). Das WettbewVerbot dauert, solange das ArbVerh rechtl besteht, ohne Rücks auf tats Beschäftigg u nur, soweit der ArbN als Wettbewerber auftritt (BAG NJW **84**, 886 mwN für § 60 HGB). Es endet nicht schon dch die fristl Künd des ArbG dann, wenn der ArbN die Künd gerichtl angreift (BAG DB **92**, 479). Es kann v der Bedingg abhäng gemacht w, daß das ProbeArbVerh (Einf 42) nicht vor Ablauf der ProbeZt gekünd w (BAG BB **83**, 1347). Der ArbG kann aber auf das WettbewVerb verzichten (BAG NJW **79**, 2166). Bei Verletzg kann ein UnterlAnspr (hM) od SchadErsAnspr bestehen, ferner außerordentl od verhaltensbedingte Künd (vgl § 626 Rn 46) u AuskPfl (BAG NJW **77**, 646); nicht aber gilt § 320 (BGH NJW-RR **88**, 352). StufenKl mögl (§ 254 ZPO). Diese unterbricht die 3monat VerjFr des

43   § 61 I HGB, die für alle konkurrierden Anspr gilt (BAG NZA **87**, 276). **bb) Nach beendetem Arbeitsverhältnis** (vgl Bengelsdorf DB **85**, 1585; Reinfeld AuA **93**, 142). Grdsätzl sind ArbN Wettbewerb in den Grenzen der §§ 823, 826, § 1 UWG frei (BAG DB **94**, 887), selbst wenn der Ruhestd unter erhebl Aufstockg des Ruhegehalts vereinb w (BAG aaO), Verwertg erworbener Kenntn ist, auch im D eines Wettbew frei, soweit nicht die VerschwiegenhPfl (Rn 41) verletzt w (BAG aaO). Die Verwertg ist nur im Rahmen v § 823 II, § 17 UWG verboten (LAG Ffm DB **86**, 2087). Zur Abgrenzg von sog GeheimSchutzklausel vgl LAG Hamm DB **86**, 2087. Jedes WettbewVerbot erfordert eine ParteiVereinbg (allgM), die auch im AufhebgsVertr geschl w kann (BAG NJW **95**, 150) u die jederzt gem § 305 abgeänd w kann (Gaul DB **95**, 874). Ges geregelt ist das nachvertr WettbewVerb in §§ 74 ff HGB u § 133 f GewO; nur in diesem Umf zul. Grdsätzl ist Vereinbg einer KarenzEntschäd erforderl (Reinfeld AuA **93**, 142). Eine solche ist nicht in der Abfindg für den Verlust des ArbPl zu sehen (BAG NJW **95**, 150). Ist die WettbewTätigk v der vorher schriftl Zust des ArbG abhäng gemacht, so ist es unverbindl (BAG BB **86**, 1156). Wettbewerbsklauseln zw GmbH u ihrem GeschF für die Zt nach Beendigg des AnstellgsVerh unterliegen nicht dem § 74 II HGB (BGH **91**, 1; vgl für GesellschOrgane Sina DB **85**, 902). Gilt auch für SperrAbreden, dch die ein Dr sich dem ArbG ggü verpfl, dessen ArbN nach ihrem Ausscheiden nicht als selbstd Untern zu beschäft (BGH NJW **84**, 116). Das WettbVerb kann auch währd des ProbeArbVerh vereinb w. Dabei kann die Wirksk auf einen Ztpkt nach Ablauf der ProbeZt hinausgeschoben u von der Bedingg abhäng gemacht w, daß das ArbVerh nicht vor Ablauf der ProbeZt gekünd wird (BAG NJW **83**, 135). Gilt entspr für alle and ArbVerh, insb für Höchstdauer u KarenzEntsch (BAG st Rspr; ebso BGH NJW **84**, 116), die in der KarenzZt bezahlt werden muß (BAG NJW **82**, 903). Verj: § 196 I Nr 8. Beschr WettbewVerbote, zB Mandantenschutzklauseln bei freien Berufen, sind entspr zu behandeln (BAG st Rspr, zB **AP** § 611 KonkurrenzKl Nr 31). Bei betrbedingten WettbVerb muß der ArbN zu Beginn der KarenzZt erkl, ob er Wettb unterläßt od sich auf Unverbindlk des WettbVerb berufen w (BAG NZA **87**, 592). Vereinbg eines WettbewVerb für RuhestdsVerh ist zul. Es soll sowieso mit Eintritt in den Ruhestd iZw nicht außer Kr treten (BAG NZA **85**, 429). Verstößt der ArbN gg das WettbewVerb, so entfällt die KarenzEntsch; hält er es wieder ein, läuft der Anspr auf Zahlg von da an weiter; jedoch bleiben dem ArbG die Re aus § 325 (BAG NZA **86**, 134). Das WettbVerb kann gem § 305 formlos aufgehoben w (BAG NJW **89**, 2149).

44   **d) Sonstiges. aa) Schmiergeldverbot.** Der ArbN darf sich nicht bestechen lassen. Diese Pfl wirkt weiter als die Strafbk über § 12 UWG. Der ArbN darf auch nicht Prov v Dr für Gesch entggnehmen, die diese mit dem ArbG abschließen. **bb) Außerdienstliches Verhalten** hat der ArbN so einzurichten, daß er seine Pfl aus dem ArbVerh erfüllen kann, zB darf ein Kraftfahrer auch nicht außerh der Arb unter Alkohol-Einwirkg fahren u seine Fahrerlaubn gefährden. **cc) Überwachungspflicht:** Es obliegt leitden Angest (uU auch einf Angest, BAG NJW **70**, 1861), and ArbN zu überwachen u zu kontrollieren, auch wenn sie dazu nicht ausdrückl im Vertr verpfl sind (BAG **6**, 82). **dd) Auskunfts- und Offenbarungspflicht** nur in bes Fällen (vgl LAG Bln NZA **93**, 384). **ee) Anzeigepflicht** besteht, wenn der ArbN eine weitere Beschäftigg aufnimmt (sog DoppelArbVerh; BAG NZA **89**, 389).

45   **5) Direktionsrecht** (WeisgsR). **a) Begriff:** R des ArbG, dch das er einseit die ArbBedingen, insb Art, Zeit (im Rahmen des ArbZRG) u Ort der ArbLeistg sowie das Verhalten im Betr bestimmt (hierzu
46   Hromadka DB **95**, 1609). Allg zum Umfang: Leßmann DB **92**, 1137 mwN u Rn 47. **b) Wirkung.** Der ArbN hat den Weisgen des ArbG Folge zu leisten, soweit dessen DirektionsR reicht (insb § 121 GewO; § 9 BerBG). Das folgt aus der DLeistgsPfl des ArbN. Wg RFolgen bei Verletzg dieser Pfl vgl Rn 16, 17. Reicht das DirektionsR nicht aus, muß der ArbG VertrÄndrg (§ 305) suchen od eine ÄndKünd erkl (vgl Friedho-
47   fen NZA **86**, 145). **c) Umfang:** Der betroffene ArbN hat ein AnhörgsR (§ 82 BetrVG). Das DirektionsR besteht nur, sow die ArbBedingen nicht gem Einf 63–78 gestaltet sind, kann aber dch TarVertr, BetrVer-einbg od ArbVertr erweitert w. Dch die MitBest ist es betrverfechtl weitgehd beschränkt, insb dch §§ 75, 87, 99, 111 BetrVG. Für die Ausüb gilt § 315 (BAG NZA **93**, 1127 mwN). Die Grenzen des DirektionsR ergeben sich aus dem GgseitkVerh der HauptPfl (ArbZt, BAG NZA **85**, 321), den ArbSchutzVorschr (Einf 81–88), im Rahmen des ArbVertr aus §§ 157, 242 (BAG BB **62**, 297), aus dem gesetzl Bestandsschutz, aus dem PersönlkR des ArbN, zB Kleidg, Haarschnitt, außerdienstl Verhalten u aus dem R des ArbN gem

§§ 675, 665 von Weisg abzuweichen (vgl BAG NJW **67**, 414). Der ArbN kann ohne nachteil Folgen eine Arb ablehnen, die ihm unter Überschreitg des DirektionsR zugewiesen w (BAG BB **81**, 1399), zB eine StreikArb (vgl 26 vor § 620) od eine Arb, die einen vermeidb Gewissenskonflikt hervorruft (BAG NJW **86**, 85). **d) Einzelheiten:** Ort der ArbLeistg nur, soweit der ArbVertr dies zuläßt (vgl Rn 32). Zuweisg des **48** ArbPlatzes; die (Um-)Versetzg (hohe Anfdgen v LAG RhPf NZA **88**, 471) auf einen and ArbPlatz bei gleicher Entlohng (LAG Bln DB **88**, 1228; LAG Hamm NZA **89**, 600), nicht geringerer, u bei (Teil)ArbUnfähig inf Erkrankg (LAG Bln DB **89**, 1293); vgl aber Rn 32. Verkleinerg des ArbBereichs (BAG BB **80**, 1267), Entziehg der Moderation einer Sendg (LAG RhPf NZA **90**, 527), geringerwertige Arb auch bei gleicher Entlohng nur in Not- od AusnFällen (BAG **AP** Nr 18, 19 zu § 611 DirektionsR), ebso bei lästigerer Arb; bei LeistgsLohn auch, wenn zunächst der Lohn gemindert w (LAG Düss BB **70**, 1176). Bestellg (u deren Widerruf) in eine best ArbPosition, auch nur probew (BAG **AP** DirektionsR Nr 23). Die Einteilg zu Aufräumsarbeiten; die Festlegg des UrlZtpkts (vgl Rn 138). Unterschiedl Anfordergen an die ArbLeistg, insb an ltde Angest sind zul (BAG NJW **67**, 1631); Benutzg des DWagens (BAG BB **92**, 493); Unterbrechg priv TelefonGespr v ArbN zG dienstl Telefonate (vgl BAG NJW **73**, 1247 = JZ **75**, 258 m Anm v Fenn); gerechtf Rauchverbote (Fuchs BB **77**, 299; vgl auch Rn 40).

6) Vergütung (insb Lohn u Gehalt; Entgelt im engeren Sinne). Die Zahlg der Vergütg ist die HauptPfl **49** des DBer od ArbG aus dem DVertr od ArbVertr u steht zur DLeistg (Arb)Pfl im GgseitigkVerh (Rn 13). Die Vergütg im ArbVerh besteht in erster Linie aus dem Lohn (Gehalt), wobei auch das 13. Monatsgehalt iZw Entgelt darstellt (BAG NZA **91**, 318; vgl Rn 81); daneben bestehen bes Arten der Vergütg (Rn 76–95). Für AusbildgsVerh gilt § 10 BerBG. Die Vergütg gehört zu den ArbBedinggen, unterliegt daher der in Einf 63–78 dargelegten Gestaltg, Ztpkt, Ort u Art der Auszahlg gehören zu den ArbBedinggen u unterliegen der MitBest (§ 87 I Nr 4 BetrVG). Ist die TarVertr bargeldlose Zahlg vereinb, trägt der ArbN die Kosten für das von ihm einzurichtde Konto (BAG BB **77**, 443). Für die Fälligk gilt grdsätzl § 614.

a) Rechtsgrund der VergütgsPfl ist der DVertr od ArbVertr. Der Anspr entsteht auf Grd des Vertr u **50** setzt nicht voraus, daß die Dienste geleistet w. Werden sie nicht geleistet, auch bei NaturalVergütg (Rn 55, BAG NJW **95**, 348) sind §§ 320–326, 615, 616 anwendb. Das gilt auch bei Streik; die ArbLeistg w dch Teilnahme verweigert (BAG stRspr NZA **91**, 604); diese ist nicht dch bloßes Fernbleiben v der Arb verwirkl, wenn der ArbN vorher von der Arb freigestellt (Rn 38) war (BAG NZA **93**, 37).

b) Höhe. aa) Grundsätze. Die Lohnhöhe richtet sich nach der Vereinbg im DVertr od ArbVertr. Soweit **51** ein TarVertr gilt, wird die Lohnhöhe dadch best (Einf 71). Die Vereinbg üb die Höhe kann sich auch aus betriebl Übg (Einf 76) ergeben (BAG DB **86**, 1627). Fehlt eine Vereinbg, gilt § 612. Der vereinb u verdiente Lohn, auf den der ArbN Anspr hat, ist iZw der Bruttolohn, jedoch kann der Nettolohn eingekl w (BAG BB **85**, 197). Lohnabzüge (Rn 65–67) sind vom ArbG vorzunehmen, bei Vollstr ggf über § 775 Nr 4, 5 ZPO zu berücks. Wird Nettolohn vereinb, so ist der ArbG verpfl, Steuern selbst zu zahlen u abzuführen, ebso die SozBeitr. In der sog SchwarzlohnVereinbg (einvernehml Hinterziehg v Lohn u SozVersichergsBeitr) liegt keine NettolohnVereinb (BGH [St] NJW **92**, 2240 mwN). **bb) Erhöhung** des TarLohns beeinflußt den dch **52** EinzelArbVertr vereinb übertarifl Lohn nur in folgder Weise: Der Lohn erhöht sich nur, soweit der neue TarLohn den bisherigen übertarifl Lohn überschreitet od wenn im EinzelVertr vereinb ist, daß ein best Zuschlag zum jew TarLohn zu zahlen ist (BAG stRspr), so daß der übtarifl Lohnzuschlag grdsätzl angerechnet w muß (Bornemann DB **91**, 2185 mwN), insb bei AnrechnngsVorbeh (BAG stRspr). Das liegt in der Disposition der ArbVertrPart; eine langjähr tats Übg erzeugt noch keinen Anspr des ArbN (BAG BB **80**, 1583). In jedem Fall ist der neue TarLohn der Mindestlohn im Rahmen des übertarifl Lohns. In der Praxis w jedoch stillschw (dch Änd des EinzelArbVertr) die Erhöhg dch TarVertr auf den übertarifl Lohn übertragen, er wird dadch nicht TarLohn. Bei der Anrechng ist der Grdsatz der Gleichbehandlg (Rn 112) zu beachten (Schneider DB **93**, 2530 [2531] mwN). **cc) Effektivklauseln:** Dch TarVertr können die übertarifl Löhne u **53** LohnBestdteile nicht zum TarLohn w. Eine Effektivgarantieklausel, dh eine Vereinbg, daß die bisher gezahlten übertarifl LohnBestdteile nicht unwirks (hM), ebso eine begrenzte Effektivklausel, dh eine Vereinbg, daß die bisherigen übertarifl LohnBestdteile unvermindert über den neuen TarLohn hinaus gezahlt w (BAG NJW **68**, 1396 = **AP** § 4 TVG Effektivklausel Nr 7 m abl Anm v Bötticher; bestr; hierzu Wiedemann aaO Nr 8 m Differenziergen). Negat Effektivklauseln (AnrechngsKlauseln), dh eine Vereinbg im TarVertr, wonach übertarifl LohnBestdteile, die in EinzelArbVertr vereinb sind, in die TarLohnErhöhg eingerechnet (von ihr aufgesogen) w, sind wg Verstoß gg das GünstigkPrinzip des § 4 III TVG nichtig (BAG **AP** § 4 TVG Effektivklausel Nr 8 m Anm v Wiedemann). **dd) Kürzung:** Nur dch **54** Vertr für übertarifl LohnBestdteile mögl (§ 305). Sie können aber unter einseit WiderrVorbeh gestellt w, wobei der Widerr wg § 315 nur nach bill Erm ausgeübt w darf (BAG BB **73**, 292).

c) Lohnformen. Ihre Einführg u Änd unterliegt mit Vorrang des TarVertr der MitBest (§ 87 I Nr 10 **55** BetrVG). **aa) Geldlohn** ist der Regelfall (vgl § 115 I GewO). Bei bargeldloser Zahlg die fast ausnahmsl praktiziert w, treffen Kontokosten den ArbG nur, wenn es dch TarVertr festgelegt ist (vgl BAG DB **85**, 130). **bb) Naturallohn** ist jeder Lohn, der nicht Geldlohn ist, zB Bezug von Waren, Kost, Schlafstelle, **56** Überlassen eines Autos zur priv Nutzg (BAG NJW **95**, 348). Eine Wohng ist nur dann Naturallohn, wenn sie im DVertr od ArbVertr ohne bes Entgelt überlassen wird; bei bes berechneter Miete handelt es sich um eine Werkmietwohng (§§ 565b–e). Naturallohn ist bei gewerbl ArbN eingeschränkt zul (§ 115 GewO), ebso bei AusbildgsVerh (§ 10 II BerBG). **cc) Zeitlohn** ist der allein nach ZtAbschn berechnete Lohn. Er **57** kann nach AkkGrdsätzen bemessen w, wenn Erfolg u Intensität der Arb erhebl über das bei Zeitlohn übl Maß hinausgeht. **dd) Akkord- und Prämienlohn** liegt vor, wenn der Lohn nach dem erzielten ArbErg- **58** ebn od nach der bes Leistg des ArbN bemessen w. Zur Abgrenzg: Gaul BB **90**, 1549. Außerdem ist es mögl, zum ZtLohn die Zahlg v Prämien als zusätzl Vergütg zu verein (Rn 77). Geld- u ZeitAkk sind nur unterschiedl Berechngsarten, Akk- u PrämienLohn bedarf bes Vereinbg, ebso der Übergang zum od vom Zeitlohn (§ 305). Die Sätze werden im ArbVertr, TarVertr od dch BetrVereinbg mit zwingder MitBest (§ 87 I Nr 11 BetrVG; vgl Einf 73) festgesetzt; wenn nicht dadch, dann dch den ArbG (es gilt § 315). Änd erfordert wiederum grdsätzl einen Vertr, wenn nicht vereinb ist, daß der ArbG weiterhin einseit festzusetzen hat. Die dem Prämienendlohn zugrdegelegte PrämiendLeistg muß zumutb u erreichb sein. Der tarifl

Lohn des AkkArbeiters ist auch der aGrd seiner bes Leistgsfähigk über den AkkRichtsatz hinaus verdiente Lohn (BAG **6**, 204 u 215). Ein garantierter Mindestverdienst (sog Verdienstsichergsklausel) ist mögl; iü kann der bei schlechtem ArbErgebn erzielte AkkLohn unter dem AkkRichtsatz od dem tarifl Zeitlohn liegen; bei verschuldetem Mißlingen der Arb kann bei entspr vertragl Regelg der LohnAnspr insow ausgeschl sein (BAG **AP** Nr 13 zu § 611 AkkLohn). Hat dies od die Unmöglk der ArbLeistg nicht der ArbN zu vertreten, so gelten §§ 323, 615 od § 324.

59   **d) Lohn- und Gehaltszuschläge** sind Teile der Vergüt, die aus bes Grd gezahlt w: Nacht-, Sonntags-, Feiertags-, ÜberArb-, MehrArb-Zuschläge, Gefahren-, Schmutz-, Erschwern-, LeistgsZulagen, Trenngsentschädiggen, Auslösgen, Kinderzulagen, Treuezuschlag, Jahresleistg (BAG DB **79**, 505). Diese Lohnzuschläge müssen nach Grd u Höhe grdsätzl vertragl vereinb sein; insb dch TarVertr u BetrVereinbg (§ 87 I Nr 10 BetrVG). Im übr gilt § 612 II. Lohnzuschläge können auch unter den Vorbeh eines Widerrufs (Teil-Künd) gestellt w (BAG **AP** Nr 1 zu § 620 Teilkünd); aber nur für die Zukunft, nicht rückwirkd (BAG MDR **73**, 81), u nur sow sie übertarifl sind (BAG BB **73**, 292). Kürzg nur nach bill Erm gem § 315 (BAG NJW **71**, 1149); dabei ist kein Unterschied zw VollZt- u TeilZtArb zul (LAG Düss DB **72**, 242). Widerr einer vorbehaltl LeistgsZulage ist unzul; nur iW einer Änderg des ArbVertr mögl (BAG BB **76**, 1515). Einzeln: NachtArb ist die Arb v mind 2 Stden zw 23 u 6 Uhr (§ 2 III, VI ArbZRG), in TarVertr vielf von 22–6 Uhr. Die Zuschläge für Nacht-, Sonntags-, Feiertags-, Über- u MehrArb sind auch bei AkkLohn zu zahlen, aber nicht wenn ArbN von sich aus länger arbeitet. MehrArb kann auch pauschal abgegolten w (BAG BB **62**, 221). Zur Dauer der BetrZugehörigk gehört auch die AusbildgsZt, wenn der ArbN im Anschl daran im Betr bleibt (BAG DB **81**, 802). RückzahlgsVorbeh sind grdsätzl nicht zul (LAG Düss NJW **67**, 846 mit abl Anm v Koenig). Eine mit der bisher Stelle verbundene Zulage kann nicht dch Versetzg im Rahmen des DirektionsR (Rn 45) beseit w (LAG Düss DB **73**, 875).

60   **e) Feiertagsentgelt.** Es galt für ArbN bis 31. 5. 94 das FeiertagslohnZahlgsG v 2. 8. 51 (irrtüml 54. Aufl bis 31. 12. 94). Dieses G ist dch Art 62 PflegeVG aufgehoben. Zur ÜbLeitg gilt es nur noch für einen am 1. 6. 94 anhäng RStreit (Art 67 I S 2 PflegeVG). Für die ArbVergüt an Feiertagen gilt seitdem das Entgelt-FortzahlgsG (EFZG) aGrd des Art 53 S 2 PflegeVG. Darin ist SpezRegelg für HeimArb enthalten (§ 11).

61   Wesentl Inh ist: **aa) Grundsatz.** Für die wg eines ges Feiertags ausfallde ArbZt erhält der ArbN das Entgelt, das er ohne ArbAusfall erhalten hätte (§ 2 I). Das gilt auch für KurzArb (§ 2 II). **bb) Voraussetzungen.** Der Feiertag muß die allein Ursache des ArbAusfalls sein (BAG st Rspr für FeierTLG, zB NJW **89**, 122 u 123), daher kein Feiertagslohn, wenn der Feiertag in eine Aussperrg od einen Streik fällt (BAG aaO), aber nicht auf den Tag davor od danach (BAG NJW **89**, 122) od wenn er für den Feiertag unterbrochen w (BAG NJW **93**, 2829 für FeierTLG). Der Anspr besteht aber auch, wenn der Feiertag auf einen Sonntag fällt, wenn sonst an diesem Sonntag gearbeitet worden wäre, ferner, wenn die an einem Feiertag ausgefallen Arb an einem sonst arbeitsfreien Wochentag nachgeholt w u wenn der Feiertag in den Url fällt, dann selbst bei einer

62   Aussperrg (BAG NJW **89**, 124 für FeierTLG). **cc) Ausschluß** des Anspr ist die Folge, wenn der ArbN am letzten vor od ersten ArbTag nach dem FeierT unentschuld fehlt. Schuldh: obj vertrverletzd u subj schuldh (§ 276). Gilt auch bei sog BetrRuhe (zB zw Weihn u Neujahr), wenn der ArbN am letzten Tag vor od am

63   ersten Tag nach der BetrRuhe fehlt (BAG NJW **83**, 70 für FeierTLG). **dd) Höhe.** Es ist der Lohn zu zahlen, der für geleistete Arb zu zahlen gewesen wäre. Auch wenn der ArbG zur FortZahlg des ArbEntgelts wg Krankh verpfl ist (§ 3 EFZG), richtet sich die Höhe nach dem Entgelt, das für FeierT zu zahlen ist (§ 4 II). Zu zahlen ist auch der AkkLohn, die Provision u der Lohn für die ganze wg Feiertags ausgefallene Schicht. Bei wechselnder Höhe (zB Akkord) ist auf den Dchschnitt eines angem ZtRaums (etwa 1 Monat) vor dem Feiertag abzustellen. Grdsätzl wird bezahlte MehrArb zugrde gelegt (BAG NZA **86**, 397 für FeierTLG).

64   wenn sie nicht zum Ausgleich des FeierT vorher geleistet w (BAG **10**, 35 für FeierTLG). **ee) Unabdingbarkeit** ist dch § 12 vorgeschrieben. Nur üb TarVertr kann die Höhe und geregelt w.

65   **f) Öffentlich-rechtliche Lohnabzüge** umfassen die Lohnsteuer u den ArbNAnteil der SozVersBeitr (Rn 51). Die darauf bezogenen Unterlagen u Urk müssen v ArbG richt u vollst geführt w; darauf hat der ArbN Anspr (zB Lohnnachweiskarte, LAG Düss DB **75**, 1465). Kommt der ArbG dieser Pfl nicht nach, hat

66   der ArbN auch insow den LohnzahlgsAnspr (ArbG Wetzlar NJW **77**, 125). **aa) Lohnsteuer** wird stets vom Bruttolohn abgezogen u vom ArbG abgeführt. Behält der ArbG zu wenig Lohnsteuer ein u muß er dem FinAmt desh Lohnsteuer nachbezahlen, so kann er entspr § 670 vom ArbN diese Aufwendgen verlangen (BAG stRspr zB BB **74**, 1531). Der Anspr ist aus dem ArbVerh begrdet u unterliegt daher tarifl AusschlFr (Rn 72; BGH aaO). Zur richt Lohnsteuerberechng ist der ArbG aGrd der FürsPfl verpfl; schuldh Verletzg kann SchadErsAnspr des ArbN begründen (BAG stRspr, auch aber idR nur auf unterlassene Inan-

67   spruchn von Steuervergünstiggen gerichtet sein. **bb) Sozialversicherungsbeiträge** werden, sow nicht best Ausn vorliegen, dch den ArbG vom Lohn einbehalten u abgeführt. Die ArbNAnteile dürfen nur vom Lohn abgezogen werden, so daß für Beitr, deren Abzug vom Lohn der ArbG unterlassen hat, dem ArbG kein ErstattgsAnspr gg den ArbN zusteht (BAG NJW **78**, 1766).

68   **7) Verlust des Vergütungsanspruchs. a) Rückzahlung.** Zahlt der ArbG versehentl zuviel Lohn, so besteht Anspr auf Rückzahlg grdsätzl nur über § 812 (hM). § 818 III wird bei geringfüg ÜbZahlg bejaht (BAG DB **87**, 589). Im ArbVertr (insb dch TarVertr) kann ein vertragl RückzahlgsAnspr vereinb w; dann ist § 818 (Wegfall der Bereicherg) ausgeschl (BAG **15**, 270). Ebso ist ausgeschl ein an sich mögl SchadErsAnspr wg Verletzg der FürsPfl, den Lohn richt zu berechnen (BAG aaO). Unterliegt der AusschlFr dem

69   Rn 72 (BAG BB **79**, 987). Zu Brutto- od Nettobezug vgl Groß ZIP **87**, 5. VerjFr für den Anspr: 30 Jahre (BAG **24**, 434). **b) Verzicht** auf LohnAnspr (ErlaßVertr, § 397) ist grdsätzl zul, soweit es sich nicht um TarLohn handelt. Verzicht auf TarLohn (bei untertarifl Bezahlg) ist nur wirks für die zurückliegde Zeit in einem von der Part des TarVertr gebilligten Vergl (§ 4 IV TVG), sonst nichtig (§ 134), auch wenn Verzicht

70   teilw erfolgt (BAG **AP** § 1 TVG Auslegg Nr 114), insb der Verzicht für die Zukunft. **c) Verwirkung:** wg

71   allg Voraussetzgen u RFolgen insb für Lohn: § 242 Rn 98. **d) Verjährung.** Für allg DVertr gilt § 196 Nr 7; für ArbN § 196 Nr 8, 9; für VorstdsMitgl einer AG u GeschF einer GmbH § 197; wg der Einzelh vgl die

72   Anm dort. **e) Ausschlußfrist** (prakt Übbl Plüm MDR **93**, 14). Zweck: KlarstellgsFunktion (BAG NJW **84**, 510; Kiefer NZA **88**, 785). Ihre Versäumg bringt den LohnAnspr zum Erlöschen (Übbl 7 vor § 194; BAG

NJW **68**, 813); daher kann nach Ablauf der Fr auch nicht aufgerechnet w (BAG JZ **74**, 29): Kann für TarLohn nur in TarVertr wirks vereinb w (§ 4 IV S 3 TVG), auch für Abfindg gem § 113 III BetrVG (BAG NJW **84**, 323), iü in ArbVertr (vgl BAG NZA **89**, 101 mwN) u BetrVereinbg. Für die Wahrg der Fr kann mdl Mahng, schriftl Geltdmachg od Klage vorgeschrieben sein, auch zweistuf (erste Fr für schriftl Anfdg, zweite Fr für Klage). Es gilt § 130. Für die Kl genügt wg § 270 III ZPO die Einreichg. Es ist zur Geltdmachg Mitt an den Schu erforderl, in welch ungefährer Höhe u aus welchem Grd der Anspr erhoben w. KündSchKl reicht für die tarifl LohnAnspr regelmäß aus (stRspr, BAG NZA **91**, 226). Es ist unerhebl, ob der ArbN die Fr gekannt hat od nicht. Sie beginnt nicht vor Fälligk des Anspr. Geltdmachg ist übflüss, wenn die Fdg in einer Abrechng des ArbG vorbehaltslos ausgewiesen ist (BAG DB **93**, 1930). **f) Abtretung** 73 desVergütgsAnspr ist nur mögl, soweit er gepfändet w kann (§ 400). ArbEinkommen ist nach den §§ 850a–i ZPO zu einem best Teil unpfändb. Auch VorausAbtr künft LohnAnspr, insb zur Sicherg, ist zul (BGH BB **76**, 227). Stets muß die Höhe der abgetr Fdg best od bestimmb sein (BGH NJW **65**, 2197; BAG **AP** § 398 Nr 3). Diese Abtretg geht späterer Pfändg vor (Börker NJW **70**, 1104). **g) Aufrechnung** gg Lohn u Gehalt 74 ist im gleichen Umfang wie Pfändg (Rn 19) ausgeschlossen (§ 394). Über Ausnahmen vgl dort Rn 2. **h) Teilvergütung:** Ist nur für einen Teil des VergütgsZtRaums der Anspr entstanden, so ist bei Wochen- 75 lohn nach ArbTagen zu teilen, bei Monatsgehalt idR nach Dreißigstel (vgl BAG BB **75**, 702).

8) Sonstige Vergütung. Neben Lohn u Gehalt w häuf weitere bes Vergütgen vereinb (Entgelt im 76 weiteren Sinne), die zur Vergütg iS des § 611 gehören u ArbEink darstellen. Sie werden häuf SonderVergütg od SoZahlg genannt (Gaul BB **94**, 494). Sie können frei vereinb w u werden nach dem jeweil Zweck untersch (Gaul aaO). Es gelten dafür grdsätzl die allg unter Rn 49–75 dargestellten Regeln, insb über RGrd, Höhe, Fälligk, Abzüge, Rückzahlg, Verzicht, Verwirkg, Verjährg, AusschlFr, Abtretg u Aufrechng. Werden diese Vergütgen nach Voraussetzgen u Höhe vom ArbG einseit best, muß er nach bill Erm verfahren (BAG NJW **71**, 1149), insb den GleichbehandlgsGrds (Rn 112) beachten. Sie dürfen nicht an die Bedingg geknüpft w, daß das ArbVerh v keiner Seite gekünd wird (BAG BB **83**, 1347). Die Grdsätze gelten auch für GeschF einer GmbH, die an ihr nicht beteil sind (Mü WM **84**, 896).

a) Prämie (v Prämienlohn zu untersch, Rn 58) ist ein zusätzl zu Lohn od Gehalt gewährtes Entgelt für 77 einen best vom ArbN od DVerpfl beeinflußb Erfolg, zB für ArbErgebnisse, auch Qualität u Materialverbrauch, Anwesenh, VerkMenge, unfallfreies Fahren, Ersparn, Sieg (Berufssport); BetrZugehörigk (Treueprämie). MitBest gem § 87 Nr 11 BetrVG. **aa) Voraussetzung** ist stets der Eintritt des vereinb Erfolgs. Ob eine Prämie neben dem TarLohn zu zahlen ist, hängt von den getroffenen Vereinbgen ab (BAG **18**, 23). Darühinaus können weitere Vorssetzgen vereinb w, zB ein solch best, daß der EigenKünd beendetes ArbVerh (BAG BB **91**, 1045). Dabei u im übertarifl Bereich gilt der Grds der Gleichbehandlg (Rn 112). Allg gilt für Prämien auch die Zulässigk der Bindg dch Rückzahlgsklauseln (vgl Rn 89, 90; BAG BB **81**, 1217), insb wenn sie an eine Künd des ArbG geknüpft ist (BAG stRspr BB **83**, 1347). **bb) Anwesenheitsprämien** dürfen in den Voraussetzgen grdsätzl frei vereinb w (hM). Sie werden zum ArbEntgelt gerechnet u müßten daher grdsätzl auch bei solchen FehlZten bezahlt w, bei denen dch G zwingd Fortzahlg des Entgelts trotz NichtLeistg der Arb vorgeschrieben ist, zB Krankh gem EFZG, Url gem BUrlG. Dies kann aber dahin vertr (auch dch BetrVereinbg) geänd w, daß die Prämie entfällt od gekürzt w (modifizierte AnwesenhPräm), aber nur für die Zukunft (BAG BB **95**, 312). Dann dürfen die jährl errechneten Prämien gekürzt w (BAG DB **90**, 1416), auch solche mit kürzeren Abständen (LAG Bln NZA **92**, 220), aber nicht so, daß sie ganz entfallen, wenn die Arb üb einen wesentl Teil des ZtRaums tats geleistet w (BAG BB **95**, 312).

b) Beteiligung. aa) Am Gewinn (Tantieme), von der Erfolgsbeteiligg mit ProvCharakter zu unter- 78 scheiden, (Rn 79, BAG DB **73**, 1177) ist bei VorstdsMitgl u GeschFührern übl (Felix BB **88**, 277), kommt auch bei ltd Angest vor u ist bei jedem ArbN mögl. Inhalt je nach vertragl Vereinbg; iZw ist die Gewinnbeteiligg vom JahresGeschReingewinn zu zahlen, u zwar zu einem entspr Teil auch dann, wenn der DVerpfl od ArbN im Laufe des GeschJahres ausscheidet (BAG **5**, 317). Der Gewinn ist der, den die Handelsbilanz ausweist, wobei ungerechtfertigte u argl Abschreibgen u Rückstellgen für die Errechng der Gewinnbeteiligg unberücks bleiben. Ausk- u NachprüfgsAnspr dch Einsichtnahme (nach Wahl des ArbG) pers od dch eine zur Berufsverschwiegenh verpfl Pers. Ges Regelg für Berechng besteht bei VorstdsMitgl u AufsR einer AG (§§ 86, 113 III AktG). § 86 AktG kann für Angest analog angewendet w. Bei Vereinbg v Fall zu Fall gelten §§ 315 ff (BGH WM **75**, 761). **bb) Am Verlust.** Ist bei DVertr begrenzt zuläss, bei ArbN aber grdsätzl nicht, nur ausnw bei angemessenem Ausgleich (BAG DB **91**, 659).

c) Provision ist die Vergütg, die in einen best Prozentsatz des Werts eines abgeschlossenen od vermittel- 79 ten Gesch bemessen w (auch Erfolgsbeteiligg genannt). Kommt als Zulage zum Gehalt od mit vereinb Garantiefixum insb bei kaufm Angest vor, die im Verk tät, aber nicht HandelsVertr sind. Für den ProvAnspr gilt iZw HandelsVertrR (§ 65 HGB), bei Krankh od dAnf DVerhinderg aber § 63 HGB (BAG **6**, 23). Ein AusglAnspr (§ 89b HGB) besteht nicht (BAG aaO). Die VertrBedingen können frei geregelt w (auch dch BetrVereinbg, vgl BAG NJW **77**, 1654), sow nicht die Vorschr, auf die § 65 HGB verweist, unabdingb sind (BAG **AP** Nr 2 zu § 65 HGB). Eine Prov darf auch als Zulage zum Gehalt nicht v einer best Dauer der BetrZugehörigk abhäng gemacht w, da sonst eine unzul KündErschwerg vorliegt (BAG DB **73**, 1177).

d) Vermögenswirksame Leistungen des ArbG sind Teil der ArbVergütg. Für Leistgen des ArbG, die 80 nach dem 31. 12. 93 zur VermBildg der ArbN erbracht w, gilt das 5. VermBildG idF v 4. 3. 94 (BGBl 406). Für früher erbrachte Leistgen ist die Weitergeltg v früher ergangenen Vorschr in § 17 des G geregelt.

e) Sonderzahlungen (Gratifikationen) sind eine Vergütg, die ohne od aus bes Anlaß zusätzl zu den 81 sonstigen Bezügen gewährt w. Die Bezeichngen hierfür sind je nach Anlaß unterschiedl: Gratifikation, Weihnachts- u UrlGeld, Abschl-, Jahres- u Treueprämie oder -leistg, AnwesenhPrämie (Rn 77), auch kombiniert mögl (vgl BAG BB **95**, 312); Jubiläumsgabe, Heirats- u Geburtsbeihilfe, Bonus (vgl BAG DB **74**, 1341); Stammarbeiterzulage (BAG DB **81**, 1470); Mietzuschuß (BAG BB **83**, 1413); SoZahlg (BAG NZA **93**, 130); Vereinbg eines 13. Monatsgehalts idR nur dann, wenn dabei ausdrückl als Weihnachtsgratifikation bezeichnet (BAG BB **72**, 317 u NZA **91**, 319). Auch die Erfolgsbeteiligg od JahresAbschlVergütg ist SoZahlg, nicht Tantieme (Rn 78; BAG BB **74**, 695); ebso eine als Darl bezeichnete Zahlg, die nur dann zurückzugewähren ist, wenn der ArbN vor Ablauf einer best Zt künd. Die SoZahlg ist auch bei Freiwillk keine Schenkg, sond stets Entgelt. Ist daher auch iF des § 615 zu zahlen (BAG NJW **63**, 1123). Sie setzt nicht zwingd voraus, daß der ArbN im BezugsZtraum tats gearbeitet hat (BAG NZA **93**, 130). Ist der ArbN aber vom tats ArbVerdienst abhäng, scheidet er aus, wenn das ArbEntgelt wg unterbliebener ArbLeistg nicht fortbezahlt w (BAG NZA **93**, 132). Unpfändbk: § 850a Nr 2, 4, 5 ZPO.

82   **aa) Rechtsgrund.** Es ist von vorneherein zu unterscheiden, ob die SoZahlg freiw (ohne RAnspr) od aus vertragl Verpfl bezahlt wird. **(1) Freiwillig** wird gewährt, wenn der ArbG zu der geleisteten SoZahlg überh nicht od nicht in dieser Höhe verpfl ist, insb sich den Widerruf vorbehält. Der Vorbeh der Freiwilligk hindert dann die Entsteh eines RAnspr für die Zukunft (BAG stRspr, zB AP Gratifikation Nr 86); jedoch kann aus der verbindl Ankündigg, es werde in dem betreffden Jahr unter Vorbeh der Freiwilligk eine Gratifikation bezahlt, in dem best Jahr ein RAnspr entstehn (BAG **11**, 338 u aaO). Außerdem kann ein RAnspr aus dem Grds der Gleichbehandlg entstehen, wenn and vergleichb ArbN Gratifikation (freiw oder
83 aus Verpfl) erhalten (vgl Rn 117). **(2) Pflicht** zur SoZahlg kann beruhen: auf DVertr od ArbVertr (insb über TarVertr u BetrVereinbg), auf dem Grds der Gleichbehandlg (Rn 117) od auf Grd einer BetrÜbg (Einf 76) od stillschw Vereinbg, näml mind 3malige Zahlg ohne den Vorbeh der Freiwilligk (BAG stRspr zB **14**, 174). Es besteht keine Verpfl zur Gratifikation aus GewohnhR oder aus FürsPfl (allgM). UrlGeld für ZusatzUrl gem § 47 SchwbG erfordert Vereinbg (BAG DB **86**, 2684).

84   **bb) Höhe.** Bei freiw SoZahlg best die Höhe der ArbG, der dabei den Grds der Gleichbehandlg befolgen muß (Rn 86). Bei Verpfl ist die Vereinbg (Rn 83) für die Höhe maßg. Sie kann sich aus stillschw Vereinbg u aus BetrÜbg (Einf 76) ergeben. Fehlt es auch daran, best der ArbG die Höhe gem § 315 unter Beachtg des GleichbehandlgsGrds, wobei auf die tats ArbLeistg Bezug genommen w kann (vgl BAG NZA **93**, 130). **(1) Voller Betrag.** Ist eine ganze Wochen- od MonatsVergüt od ein Teil zu zahlen, so ist die zZ des betr Ereignisses für die NormalArbZeit zu zahlende Vergüt maßg (BAG **AP** Nr 53 u § 611 Gratifikation). Sonstige Vergüten (zB FahrtkostenErs, LAG Hamm DB **72**, 828) bleiben unberücksicht. **(2) Kürzung** der SoZahlg dch den ArbG ist mögl: bei unzumutb Belastg (BAG NJW **62**, 173), zum Zweck der Erhaltg and ArbPlätze u im Konk des ArbG zur Zahlg des Lohns an and ArbN (BAG NJW **65**, 1347), wg krankhbedingter Fehlzeiten ohne EntgeltAnspr (BAG NJW **95**, 2806 mwN) bei entspr Vereinbg für jährl gezahlte Zuwendgen, wobei die KürzgsRate idR pro Tag ⅟₆₀ der SoZahlg nicht übsteigen darf (BAG DB **90**, 1416); auch Abzug für die Zt des ErziehgsUrl (BAG BB **95**, 97).

85   **cc) Erlöschen** des SoZahlgsAnspr tritt (außer nach den §§ 362, 364, 397) insb ein: **(1)** Bei Beendigg des ArbVerh vor dem maßg Ztpkt, insb dem AuszahlgsStichtag, auch bei Befristg (BAG NZA **94**, 465). Dann besteht auch kein Anspr auf einen Teil der SoZahlg, ausnw aber dann, wenn ohne weiteres eine zusätzl JahresLeistg zugesagt w (BAG NJW **79**, 1223: Zwölftelg). **(2)** Ausfall der vereinb aufschiebden Bedingg; eine solche ist aber idR nicht die günst wirtsch Lage des ArbG (BAG **4**, 13), wohl aber, daß das ArbVerh am StichT ungekünd ist; dem steht ein AufhebgsVertr nicht gleich (BAG NZA **93**, 948). **(3)** Dch eine Änd-Künd des ArbVerh, mit der bei Neuabschluß des ArbVerh der GratifikationsAnspr ausgenommen w. Dies läßt das BAG BB **83**, 1413 nicht zu, wenn ein WiderrVorbeh (Rn 82) besteht. **(4)** Dch Verstöße des ArbN gg die TreuePfl (Rn 39–44), die zur Verwirkg (§ 242 Rn 87) des Anspr führen können. In AusnFällen aus den Gründen, die zur Kürzg (Rn 84 aE) berecht. **(5)** Dch eine gem TarVertr anrechenb JahresSoZahlg, die anrechngsfäh geleistet w (BAG DB **93**, 1930).

86   **dd) Gleichbehandlungspflicht** (Rn 111–117) ist bei SoZahlgen uneingeschränkt anwendb (allgM), auch wenn die Zahlgen in den vorangegangenen Jahren unter dem erkl Ausschl eines RAnspr erfolgten (BAG stRspr BB **91**, 1715). Das hat hier folgde prakt Auswirkg: Der ArbN, der unter Verstoß gg den GleichbehandlgsGrdsatz von einer Gratifikation dch den ArbG ausgenommen w, hat Anspr auf sie in der Höhe, wie
87 sie den and ArbN in gleicher Stellg bezahlt w. **(1) Kündigung.** Der ArbG darf von der freiwill gewährten Gratifikation ArbN in gekünd Stellg ausnehmen (BAG NJW **93**, 1414 mwN), insb wenn der ArbN gekünd hat (BAG stRspr), selbst bei Künd als § 10 MuSchG (LAG Hamm BB **76**, 1272) u wenn der ArbG gekünd hat, auch iF einer betrbedingten Künd, gleich ob im TarVertr vereinb (BAG NJW **86**, 1063) od im Einzel-Vertr (BAG NJW **93**, 1414); Ablauf der Befristg steht der Künd nicht gleich (BAG NZA **94**, 463). **(2) Zweck.** Bei freiwill Gewähr der Gratifikation kann der ArbG die Angest u Arb in der Höhe der Gratifikation grdsätzl nur ungleich behandeln, wenn der Zweck einer Gratifikation dies erfordert (BAG st Rspr NJW **94**, 3310 mwN), zB Ausgleich höherer tarifl Leistgen (BAG aaO) od ohne weiteres bei Weihn-Gratifikation die Voraussetzg, daß das ArbVerh noch an Weihn besteht (BAG NJW **94**, 2911) od am
88 AuszahlgsTag auch dann, wenn sie als Anerkenng der Leistg gelten soll (BAG NJW **95**, 2181). **(3) Tarif-vertrag.** Bei einer dch TarVertr vereinb Gratifikation ist der ArbG nicht verpfl, auch den Nichttarifgebundenen Gratifikationen zu zahlen. **(4) Sonstige Fälle** vgl Rn 114–116.

89   **ee) Rückzahlungsklauseln** werden bei Gratifikationen häuf in der Weise vereinb, daß sich der ArbN unter der Bedingg (§ 158 I) verpfl, die Gratifikation zurückzuzahlen, wenn er innerh eines best Zeitraums das ArbVerh auflöst. Das kommt insb bei freiw SoZahlg in Betracht, ist aber auch bei einer aGrd RAnspr gezahlten mögl, insb über einen TarVertr. Die SondVergüten stehen nicht ohne weiteres unter dem RückzahlgsVorbeh. Dieser bedarf bes Vereinbg. Rückzahlgsklauseln setzen iZw Künd dch den ArbN voraus (BAG **AP** Gratifikation Nr 84 u 86). Einverständl Aufhebg genügt nicht (LAG Bln DB **68**, 853), auch nicht, wenn im gerichtl Vgl vereinb (LAG Düss BB **75**, 562); eine betrbedingte Künd dch den ArbG nur dann, wenn der Zweck der RückzahlgsKl nicht darin liegt, den ArbN zur BetrTreue anzuhalten (Reiserer NZA **92**, 436 mwN; umstr; vgl hierzu BAG NZA **91**, 765). Ohne Rückzahlgsklausel ist der ArbN, der vorz ausscheidet, nicht zur Rückzahlg verpfl. Rückzahlgsklauseln sind wg VertrFreih grdsätzl zul (BAG stRspr seit **9**, 250), dürfen aber nur für eine unangemessene lange Zeit vereinb w u müssen für den ArbN zumutb u überschaub sein (hM). Verstöße führen nur zur Teilnichtigk der Rückzahlgsklausel, nicht der Gratifikationszahlg, auch nicht über § 139 (BAG **13**, 204; **15**, 17). Mehrere Gratifikationen w nicht zugerechnet (BAG BB **69**, 583). Staffel der Rückzahlg ist zul (BAG **AP** Gratifikation Nr 69). Es liegt auch dann eine RückzahlgsPfl vor, wenn vereinb ist, daß für den Fall des Ausscheidens die Gratifikation als Vorschuß behandelt w soll. Der Ausfall einer Anwartsch auf eine Gratifikation steht der RückzahlgsPfl nicht gleich (BAG aaO). Es ist von der tats gezahlten ggf gekürzten Gratifikation auszugehen (BAG **AP** Gratifikation Nr 70), soweit es auf Monatsverdienste ankommt, vom Bruttoentgelt im Auszahlgsmonat (BAG NJW **74**, 1671). Grdsätzl ist der BruttoBetr zurückzuzahlen (Matthes DB **73**, 331). Das BAG hat Grdsätze aufgestellt, die im Betrag v 200 DM (vgl Rn 90) inzw überholt sind. Sie gelten nicht bei Rückzahlgsklauseln, die im TarVertr vereinb sind (BAG **AP** Gratifikation Nr 54, 57); wohl aber bei solchen dch BetrVereinbg (BAG **AP** Gratifikation Nr 68), wobei der TarVertr Vorrang hat, wenn die BetrVereinbg zusätzl abgeschl ist (BAG aaO). Der maßgebde ZtRaum errechnet sich v Tag der Auszahlg an (LAG Brem BB **75**, 928) u bis zum Tag der vertrgem Beendigg des ArbVerh. **(1)** Bei Gratifikation bis 200 DM (BAG NJW **83**, 67 für 90 1978) u bis etwa 25% darü (vgl BAG **AP** Gratifikation Nr 31–33). Es kann damit keine Rückzahlgsklausel verbunden w (BAG **13**, 129). Diese Summe verbleibt dem ArbN aber bei höherer Gratifikation nicht als Sockelbetrag (BAG **16**, 107). **(2)** Gratifikation bis zu einem Monatsverdienst: Bindg des ArbN bis zum 31. 3. des folgden Jahres (BAG BB **93**, 1809), bei auch schon im Nov ausbezahlter Weihnachtsgratifikation (BAG NJW **73**, 1247), bei and Gratifikationen entspr 4 Monate (BAG aaO), so daß ArbN gem § 622 nF zum 31. 3. künd können ohne die Gratifikation zu verlieren (BAG NJW **93**, 3345). **(3)** Gratifikation von einem Monatsverdienst: bei nur einer KündMöglk bis 31. 3. ist Auslassen dieser zumutb (BAG **13**, 129 für § 622 aF), bei mehreren KündMöglkeiten das Auslassen aller bis einschl 31. 3. (BAG aaO). **(4)** Gratifikation von mehr als einem Monatsverdienst: keine Bindg über den 30. 6. hinaus (BAG **AP** Gratifikation Nr 99). **(5)** Bei 2 Monatsverdiensten ist bei Staffelg bis zu ½ Monatsverdienst Bindg bis 30. 9. zul (BAG **AP** Gratifikation Nr 69).

ff) Auszahlungsbedingungen, aufschiebd od auflösd für die Gewährg von Gratifikationen entspr inso 91 fern den Rückzahlgsklauseln (Rn 89, 90) als eine BetrBindg herbeigeführt w; jedoch sind längere Fr angem, weil eine Rückzahlg den ArbN idR stärker beeinflußt. Die Regeln für Rückzahlgsklauseln sind daher nicht ohne weiteres auf diese Fälle übertragb (vgl BAG **AP** Gratifikation Nr 64, 69).

f) Arbeitgeberdarlehen: sind Darl, die ein ArbG od ein Dr mit Rücks auf ein ArbVerh dem ArbN od 92 einem Dr (zB dessen Eheg) gewährt. Die Rückerstattg geschieht idR in Raten dch Verrechng mit dem Lohn. Zweck: BetrBindg, zusätzl Vergütg u (od) Altersvorsorge. Vereinb Künd od ZtBest zur Rückzahlg mit Beendigg des ArbVerh ist bei unzul langer BetrBindg (vgl § 611 Rn 89, 90) unwirks. Fehlen derart RückzahlgsVereinbg, ist Künd wg Wegfalls der GeschGrdlage (§ 242 Rn 120) inf Beendigg des ArbVerh idR nicht begründet (vgl § 242 Rn 157; BAG NZA **93**, 936), aber zu bejahen, wenn der ArbN eine außerord Künd verschuldet, uU auch im Konk des ArbG (LAG Düss ZIP **86**, 1343).

g) Zuschüsse aus soz Anlaß (insb bei Umzug, Krankh, Notfall) stellen keine Gratifikation dar; eine 93 Rückzahlg im Zushang mit einer Bindg an den Betr (Rn 89, 90) ist nicht ausgeschl (vgl LAG Düss MDR **73**, 1054; LAG SchlH BB **73**, 383), bei Umzugskosten u einem Monatsverdienst BetrBindg bis zu 3 Jahren zul (BAG BB **75**, 702). Das gilt nicht für Umzugskosten, wenn sie als Aufwendg zu ersetzen sind (BAG BB **73**, 983; vgl Rn 125).

h) Aus- und Fortbildungskosten, die der ArbG für den ArbN aufwendet, auch wenn sie als Darl 94 vereinb sind (BAG BB **95**, 569), können als geldwerte Leistg des ArbG längerfrist, aber nicht unangemessen lange BetrBindg od Rückzahlg bei Ausscheiden rechtfert (BAG stRspr seit NJW **77**, 973; LAG Düss DB **89**, 1295; Becker-Schaffner DB **91**, 1016), idR 3 Jahre bei höherwert Ausbildg, 2 Jahre bei halbjähr Sprachaufenthalt (BAG BB **95**, 1191), bei Lehrgangsdauer bis zu 2 Mon längere Bindg als ein Jahr nur bei Erwerb bes hoher Qualifikation u übdchschnittl Vorteilen od bes Kostenintensität (BAG DB **94**, 1040). Eine jährl Staffelg nach BetrZugehörigk ist zuläss (BAG NZA **86**, 741). IdR ist eine monatl Abstufg der RückzahlgsLeistg geboten (vgl BAG DB **94**, 1726); ü kommt es gem § 242 auf die Umstde des Einzelfalls an (vgl BAG NZA **92**, 211 mwN).

i) Werksangehörigenrabatt (insb bei Kfz übl). Umstr ist, ob es sich um ArbVergütg handelt (vgl LAG 95 Brem DB **87**, 2368). Rückzahlgsklauseln mit BetrBindg sind jedenf zuläss.

9) Fürsorgepflicht des DBer u ArbG entspr der TreuePfl des DVerpfl u ArbN. Sie hat ihre allg ges 96 Grdlage in § 242. Sie wird im Zushang mit der Ablehng des GemeinschVerh (Einf 15) verneint (Weber RdA **80**, 289). Für AusbildgsVerh gilt bes § 6 I Nr 5, II BerBG. Sie wirkt sich auf zweierlei Weise aus: sie beeinflußt Umfang, Art u Weise der Pfl aus dem DVerh u ArbVerh u sie begründet EinzelPfl zum Tun od Unterlassen. Die FürsPfl w begrenzt dch das R des DBer u ArbG seine gerechtf Interessen mit den gesetzl zul Mitteln zu wahren. Diese Abgrenzg ist im Einzelfall vorzunehmen. Rspr u Schrifttt haben im wesentl folgde Grdsätze entwickelt: **a) Dauer: aa) Beginn.** Die FürsPfl entsteht (in schwächerem Umfang) schon 97 mit dem Eintritt in VertrVerhandlgen u beeinflußt Anspr aus c. i. c.. Der ArbG muß insb den ArbN über die zu erwartgen Verh aufklären, soweit sie die erkennb Interessen des ArbN berühren, (BAG **2**, 217; **5**, 182, **8**, 132). Er darf nicht unerfüllb Hoffngen auf einen VertrAbschl erwecken (LAG BaWü BB **57**, 510). SchadErsAnspr geht nur auf das negat Interesse (Vertrauensschaden). Die FürsPfl wirkt auch, währd das ArbVerh ruht (BAG **7**, 207), u bei Beendigg des ArbVerh. **bb) Ende.** Nach Beendigg besteht die FürsPfl (stark abgeschwächt BAG **3**, 139) weiter, insb im RuhestandsVerh (Einf 80), kann auch unabhäng davon (BAG DB **73**, 622; vgl Rn 104). Sie kann ausnahmsw einen Anspr auf Wiedereinstellg begründen (vgl BAG NJW **85**, 342; Hambitzer NJW **85**, 2239), aber nicht die Übern aus dem Ausbildgs- in das ArbVerh (BAG DB **74**, 344), nach einem Fortbildgskurs (BAG BB **78**, 257) od bei SaisonArb (LAG Hamm NZA **86**, 751).

b) Schutzpflichten. aa) Leben und Gesundheit: ges geregelt in den §§ 617, 618; vgl dort auch wg der 98 sonstigen hierzu geltden Vorschr; wg Schutzkleidg Brill DB **75**, 1076. Für das ArbNSchutzR (Einf 81–88) ist der ArbG neben seiner öffentl Pfl aus der FürsPfl auch vertragl verpfl, die Bestimmgen zu befolgen, soweit ihr Zweck auf den individuellen Schutz des ArbN gerichtet ist. **bb) Eigentum** des ArbN (zusfassd 99 Monjau DB **72**, 1435). Der ArbG hat dafür zu sorgen, daß die Ggst des ArbN, die er berechtigterw zur Arb mitbringt (persönl unentbehrl u arbeitsdienl Sachen, zB Kleidg, Geräte, Fahrzeuge), so aufbewahrt w können, um vor Verlust u Beschädigg sichergestellt zu sein (allgM). Der ArbG muß aber nur solche AufbewahrgsMöglk bereitstellen, die ihm zugemutet w können (BAG **17**, 229). Er ist nicht verpfl, für die

100 eingebrachten Sachen eine Vers abzuschließen (hM; aA zT Becker-Schaffner VersR **72**, 322). **cc) Parkplätze** muß der ArbG grdsätzl nicht, sond nur in AusnFällen zur Vfg stellen (hM; Kreßel RdA **92**, 169 mwN). Wenn er sie zur Verfügg stellt, muß er sie verkehrssicher anlegen, aber nur soweit erforderl u zumutb (BAG NJW **66**, 1534). Der ArbG haftet für jedes Versch (§ 276), aber nur subsidiär, also nicht, wenn Schädiger mit Erfolg in Anspr genommen w kann (BAG aaO). Keine Haftg ohne Versch für Schäd, die dch Dr verurs w u denen der ArbN im Verk allg ausgesetzt ist, auch wenn für eine Unterstellg Entgelt bezahlt w (BAG JZ **75**, 675). Vertragl

101 HaftgsAusschl ist zul (LAG Hbg DB **68**, 761). **dd) Sonstiges.** Bei Kfz, mit dessen Führg der ArbG den ArbN betraut, hat der ArbG für ausr HaftpflVers zu sorgen (BAG NJW **66**, 2233 mwN), wenn der Versicherer Rückgriff nimmt, den ArbN uU freizustellen (BAG BB **88**, 147). Eine Pfl des ArbG, bei einem langfrist inhaftierten ArbN auf den Freigängerstatus hinzuwirken, wie BAG NZA **95**, 777 annimmt, geht wohl zu weit.

102 **c) Sorgfaltspflichten.** Der ArbG ist verpfl, den Lohn u die Lohnabzüge richt zu berechnen (vgl Rn 66–68). Er hat auch aGrd der FürsPfl bei der SozVers alles rechtzeit zu tun, was erforderl ist, um dem ArbN alle ihm zustehenden Rechte u Vergünstiggen zu erwerben u zu erhalten, insb die Beitr abzuführen, den ArbN anzumelden u das ArbEntgelt richt einzutr (BAG NJW **70**, 1654). Das gilt auch bei freiw WeiterVers u bei Zusatzversorgg (BAG **AP** Nr 6 zu 198 u Nr 76 zu § 611 FürsPfl). Bescheiniggen, Darteilgen uä, die der ArbG erstellt, dürfen keinen unzutreffden, den ArbN benachteiligenden Inh haben (BAG **7**, 267 u **AP** Nr 56 zu § 611 FürsPfl); jedoch kein Anspr auf Erteilg v Bescheinigg mit best Inhalt (LAG Hamm DB **76**, 923).

103 **d) Auskunfts- und Hinweispflichten:** Ggü dem ArbG hat der ArbN einen AuskAnspr über die Berechng des Lohns bei entschuldb Ungewißh (BAG DB **72**, 1780) u über Grdlagen seiner sonstigen Anspr auch bei einvernehml Auflösg des ArbVerh (BAG NJW **89**, 247). Dr ggü kann der ArbG über die ZeugnErteilg (§ 630) hinaus zur Ausk über den ArbN verpfl sein, wenn der ArbN es aus berecht Interessen verlangt. Die erteilte Ausk muß wahrgem sein; ihr Inhalt muß dem ArbN auf Verlangen bekannt gemacht w (BGH NJW **59**, 2011). Einsichtgewährg in PersAkten: im öff Dienst stets; bei priv ArbG gem § 83 BetrVG, darühinaus in AusnFällen aus der FürsPfl (BAG **AP** FürsPfl Nr 78).

104 **e) Sonstiges:** AGrd der FürsPfl kann im Einzelfall bei der Ausübg des DirektionsR (Rn 45–48) der ArbG gehalten sein, eine Versetzg vorzunehmen (BAG **7**, 321 u **AP** Nr 10 zu § 615) od zu unterlassen (BAG **8**, 338), wenn bes, vom ArbN nicht verschuldete Gründe in seiner Pers vorliegen; aber kein Anspr auf Beförderg (BAG BB **69**, 580). PersAkten dürfen keine unzutreffden, nachteil Schriftstücke enthalten (BAG NJW **86**, 1065), zB Abmahng mit nicht voll zutreffden Inhalt (BAG NJW **91**, 2510). Das Suchen eines and ArbPlatzes darf auch nach Beendigg des ArbVerh nicht unnöt erschwert w (BAG DB **73**, 622).

105 **10) Gleichbehandlungspflicht.** Übblick zur aktuellen Rspr: Hunold DB **91**, 1670. Die unmittelb Gleichbehandlg (zum mittelb GleichbehandlgsGebot wg des Geschlechts vgl Kirsten RdA **90**, 282) hat

106 folgde rechtl GrdLagen: **Art 3 GG** hat prakt Bedeutg im ArbR, insb für die Lohngleichh von Mann u Frau; daran sind die TVParteien unmittelb gebunden (BAG stRspr zB NJW **77**, 1742), ebso alle Beteiligten, die ArbBedinggen gesamtheitl regeln (BAG **14**, 61); insb auch in BetrVereinbg (BAG **11**, 338; aber unnöt wg § 75 BetrVG). Im übr bindet für den ArbG keine Bindg an Art 3 GG, insb nicht im EinzelArbVertr u auch nicht für den ArbG im öff Dienst, weil es sich um privatrechtl Beziehgen handelt. Zu einer mittelb Bindg

107 führt die Rspr des BVerfG bei der NachPrüfg gerichtl Entscheidgen (vgl zB NJW **90**, 2093). – **§ 75 BetrVG** u § 67 BPersVG bindet bei allen dem BetrVerfassgsR unterliegden Vorgängen (insb bei BetrVereinbg) den ArbG u den BetrRat; sie dürfen ArbN wg der in § 75 BetrVG aufgeführten Merkmale nicht ungleich behandeln. Auswirkgen auf den ArbVertr hat § 75 BetrVG insofern, als bei Festlegg von ArbBedinggen in

108 Betr- od DVereinbg (vgl Einf 73) über deren normative Wirkg der Inhalt des ArbVertr gestaltet w. – **EU-Recht** schreibt im Entgeltbereich dch Art 119 EWGV für ausländ ArbN Gleichbehandlg mit Inländern vor (Art 9 EWG-VO Nr 38/64, Art 7 EWG-VO Nr 1612/68): Anrechng der WehrDZt (EuGH **AP** Art 177 EWG-Vertr Nr 2); dch Art 119 EWG-Vertr; keine Zurücksetzg bei der betr Altersversorgg (EuGH NJW **86**, 3020); gleiches ArbEntgelt für Mann u Frau (EuGH NJW **76**, 2069, Colneric BB **88**, 968), aber nicht auch gleiche ArbBedinggen (EuGH NJW **78**, 2445). Verbot die Einstellg wg Schwangersch abzulehnen (EuGH NJW **91**, 628). EG-R steht aber einer Entlassg wg Fehlzeiten infolge einer dch Schwangersch verursachten

109 Krankh nicht entgg (EuGH NJW **91**, 629). – **Geschlechtsbezogene Gleichbehandlung.** Hierzu ist der ArbG aGrd der §§ 611a, 611b, 612 III unmittelb verpfl. Diese SoRegelg geht der GleichbehandlgsPfl, diese dem allg arbrechtl Gbg insow vor (dh sie gilt allein), soweit es sich um das Verh Mann u Frau im Betr

110 handelt. – Der **arbeitsrechtliche Gleichbehandlungsgrundsatz.** Er wird im folgden dargestellt:

111 **a) Rechtsgrundlage.** Sie ist umstr. Der Gbg wird aus der FürsPfl (wohl hM), aus dem Wesen des Normenvollzugs od aus dem soz Schutzprinzip abgeleitet (vgl Buchner RdA **70**, 225).

112 **b) Anwendungsbereich.** Der Gbg gilt auch für ausländ ArbN (vgl Bittner NZA **93**, 161). Er ist anwendb auf alle freiw soz Leistgen des ArbG, insb Gratifikationen (Rn 81–91) u VersorggsZusage (BAG BB **89**, 2400), auch für ZusatzVersorgg (BAG NJW **93**, 874), aber nicht bei DVertr (BGH DB **79**, 256). Er gilt weiter für die Ausübg des DirektionsR (Rn 45–48) u die betriebl AltersVersorgg (BAG NZA **94**, 125). Der Gbg wird v BAG auch auf den Lohn u die sonstige Vergüt angewendet, aber nicht im Bereich individuell vereinb Vergütgen (BAG stRspr NJW **93**, 679 mwN), insb auf übertarifl Lohnzuschläge (BAG NJW **82**, 461 u 2838), auf freiwill Lohn- u Gehaltserhöhgen, die nach abstrakten Regeln erfolgen (BAG NJW **87**, 1285; BB **95**, 409), bei Lohnnachzahlgen (BAG WM **74**, 444), Haushaltszulagen (BAG NJW **77**, 1742), übertarifl Leistgen (BAG NJW **83**, 190), SozPlanAbfindgen (BAG NJW **86**, 94 u NZA **94**, 788); einzelvertr Abfindgen (BAG NZA **95**, 675); Streikbruchprämien (BAG NZA **92**, 154); Treueprämie für bloße NichtTeiln am Streik (BAG NJW **93**, 218). Der Gbg gilt nicht für Einstellg u für Wiedereinstellg (umstr; v. Stein RdA **91**, 85 [92]), idR nicht für Beförderg u bessere Einstufg, nach hM u Rspr nicht für die Künd, wohl aber mittelb (vgl BAG NJW **82**, 2687).

113 **c) Voraussetzungen** für die Anwendg des Gbg sind: **aa)** Das Bestehen eines ArbVerh od Ruhestands-Verh (Einf 80); keine Geltg des Gbg bis zum Abschl des ArbVertr im Rahmen der VertrVerhandlgen. **bb)** Zugehörigk zu dem selben Betr; denn der Gbg gilt nur innerhalb eines Betr (vgl BAG NJW **93**, 1813) des selben ArbG (BAG aaO), nur ganz ausnahmsw innerh des Unternehmens (Tschöpe DB **94**, 40), keinesf

innerh des Konzerns (BAG DB **87**, 693). Die Voraussetzg der Zugehörk ist auch erf, wenn das ArbVerh nach § 613a übergegangen ist (LAG Düss BB **76**, 1370). **cc)** Rechtmäßigk der Behandlg, auf die der ArbN Anspr erhebt; denn es gibt keinen Anspr auf Gleichbehandlg im Unrecht od im RIrrtum (BAG DB **81**, 274). **dd)** Benachteiligg ggü allermindestens mehr als einem begünst ArbN. Grdsätzl ist die individual-rechtl Begünstigg auch mehrerer ArbN zuläss (LAG SchlH DB **87**, 442). Daher versagt der Gbg auf jeden Fall, wenn bei zwei beschäft ArbN der eine dch eine Leistg, insb Gratifikation, bevorzugt w (LAG Ffm NZA **85**, 188).

d) Inhalt. Der Gbg ist nicht zwingd; der ArbN kann sich (and als bei §§ 611a, 612 III) mit ungleicher 114 Behandlg einverstanden erkl, insb dch (auch abändernde) Vereinbg im ArbVertr (BAG **13**, 103). Daher geht die getroffene vertragl Vereinbg stets vor u schließt die RFolgen des Gbg (Rn 117) aus. Der Gbg bedeutet, daß der ArbG einzelne ArbN (od Gruppen) nicht ohne billigenswerten Grd unterschiedl, insbes nicht schlechter behandeln darf, als solche in vergleichb Stellg (BAG stRspr NJW **93**, 874 mwN). **aa) Der Arbeitgeber darf:** 115 einzelne ArbN besser stellen u sachgem Unterscheidgen (vgl BAG **5**, 343), insb nach best Merkmalen treffen: zB ArbN in gekünd Stellg (BAG stRspr, zB DB **91**, 1575 u **93**, 688; NZA **95**, 675) od streikde ArbN währd des Streiks von der Gratifikation ausnehmen (BAG **AP** Nr 7 zu § 611 Gratifikation); Ruheständlern weniger Gratifikation zahlen als aktiven ArbN (LAG Düss NZA **87**, 706); Verheirateten höhere Gratifikationen als Ledigen zahlen, aber für Nachw bei verh ArbNinnen nicht höhere Anfdgen stellen als bei verh männl ArbN (BAG BB **77**, 1098); an wissensch MitArb mit abgeschl HochschulAusbild SoZuwendgen zahlen u an student Hilfskräfte nicht (BAG NZA **94**, 257); Lohnzuschläge nur an ArbN mit best Alter oder best Dauer der BetrZugehörigk zahlen od abstufen; Gratifikationen nach Anwesenh im Betr staffeln, Tantiemen nach Beteiligg am GeschErfolg (BAG BB **71**, 523), Erreichen eines best Stichtags im ArbVerh u Meldg v FehlZten (BAG BB **72**, 1230). Ltd ArbN bei Abfindgn im SozPlan ausnehmen (BAG NJW **85**, 94), währd des Streiks nichtstreikden ArbN Zulagen zahlen, wenn nicht ein tarifl MaßregelgsVerbot entggsteht (BAG NJW **94**, 74 mwN; hierzu krit Rolfs BB **94**, 1237). **bb) Der Arbeitgeber darf nicht:** ausgeschiedene ArbN v rückwirk- 116 der Lohnerhöhg ausnehmen (BAG BB **76**, 744); kranke od arbunfähige ArbN v Lohnerhöhg ausschließen (BAG NJW **82**, 461 u 2838); dem weit überwiegdn Teil seiner ArbN mehrere Jahre hindch den Lohn erhöhen u den Rest der ArbN davon ausnehmen (BAG NZA **87**, 156); ArbN allein wg unterbliebener Teilnahme am Streik nach Beendigg des ArbKampf Zulagen zahlen, sog Streikbruchprämie (BAG NJW **93**, 218; zust Schwarze RdA **93**, 264); eine Versorgg v Witwen zusagen, ohne dies auch für Witwer zu tun (BAG BB **89**, 2400); ohne sachl Grd TeilZtBeschäftigte (Einf 44) allein wg der TZtArb unterschiedl zu VollZtBesch behandeln (§ 2 BeschFG; BAG NJW **93**, 874; Richardi NZA **92**, 625), auch wenn es nicht einseit, sond vertr geschieht (Friedhofen/Weber NZA **90**, 714 [716] mwN). Es besteht Vorrang des TarVertr (§ 6 BeschFG), in dem der TeilZtBeschäftigte ggüb VollZtBeschäftigten nicht schlechter gestellt w darf (Richardi aaO).

e) Wirkung. Verletzt der ArbG den Gbg, so hat der ArbN daraus unmittelb Anspr auf dasjenige, was 117 ihm unter Verletzg des Gbg vorenthalten wurde. Das ist Anspr auf Erf, unabhäng v Verschulden (BAG NJW **93**, 874), nicht auf SchadErs gerichtet.

11) Beschäftigungspflicht (entspr BeschäftiggsAnspr). Ruhl/Kassebohm NZA **95**, 497). **a) Begriff.** 118 Darunter ist hier der priv-rechtl auf dem ArbVertr beruhde Anspr des ArbN zu verstehen, die im ArbVertr vereinb Arb (Tätigk) zu verrichten. Aus §§ 611, 613, 242 sowie Art 1, 2 GG abzuleiten (BAG [GS] NJW **85**, 2968). **b) Grundsatz.** Der ArbG ist verpfl, den ArbN währd des ArbVerh (nicht ohne ein solches, BAG 119 NJW **84**, 829) so zu beschäft (arb zu lassen), wie es im ArbVertr vereinb ist. Diese Pfl wird aus unterschiedl Grden abgeleitet. Prakt bes bedeuts bei ArbN, die dch ihre Beschäftigg Leistgsfähigk, Geltg, Publizität uä erhalten, zB Berufssportler, Artisten, Künstler (BAG BB **86**, 1366). Der BeschäftiggsAnspr kann jedenf bei unstreit bestehden ArbVerh grdsätzl abbedungen w (vgl Leßmann RdA **88**, 149). **c) Ausnahmen.** Die 120 Beschäftigg kann vom ArbG dch Einrede (unter Fortzahlg des Entgelts, vgl § 615) verweigert w, wenn ein bes schutzwürd Interesse des ArbG besteht (Ruhl/Kassebohm NZA **95**, 497 [501] mwN); zB bei AuftrMangel, schädl Einflüssen auf and ArbN od auf das ArbErgebn, vorübergehd od bis zur Beendigg des ArbVerh (sog Suspendierg). Dies kann nur unter bes Umstden die Re des ArbN verletzen (vgl Luckey NZA **92**, 873). Vertr Ausschl der BeschäftiggsPfl ist zul (§ 305). **d) Weiterbeschäftigungspflicht** nach Künd (hierzu 121 Pallasch BB **93**, 2225). Es besteht bis zur Beendigg des ArbVerh BeschäftiggsPfl (hM; BAG [GS] NJW **85**, 2968 mwN; Künzl BB **89**, 1261 mwN; sehr bestr; aA Adomeit NJW **86**, 901 mwN; v. Hoyningen-Huene BB **88**, 264 für eine vollstr-rechtl Lösg; Ramrath DB **92**, 92). Freistellg ist nur bei überwiegdm, schutzwürd Interesse des ArbG zul (BAG aaO), insb während des KündSchProz, jedoch bei LohnRisiko des ArbG (§ 615). **aa) Pflicht** des ArbG besteht nicht über den Ztpkt hinaus, zu dem die Künd, um deren Wirksk 122 prozessiert w, wirken würde (BAG NJW **78**, 239). Hiervon macht das BAG (maßgebd GS NJW **85**, 2968) drei Ausn (auch bei Streit um Befristg od auflösde Bedingg, NZA **86**, 562) mit der RFolge, daß BeschäftiggsAnspr besteht (aA oben Rn 121; krit Berkowsky BB **86**, 795; Dütz NZA **86**, 209; Bengelsdorf DB **86**, 168 u 222; zur VerfBeschw Berger-Delhey NZA **88**, 8; zu Einzelfragen Färber/Kappes NZA **86**, 215): **(1)** Unter den Voraussetzgen des § 102 V BetrVG (hierzu LAG Mü NZA **94**, 997) od § 79 II BPersVG. **(2)** Wenn die Künd offenb unwirks, mißbräuchl od willkürl ist u schutzwert Interessen des ArbG nicht entggstehen (InteressenAbwägg), bis zum rechtskräft Abschl des KSchProz (BAG GS aaO u NZA **87**, 809). Ist die Künd offenb unwirks, besteht grdsätzl BeschäftiggsPfl. Ist dies nicht der Fall, besteht grdsätzl keine BeschäftiggsPfl bis zur gerichtl Entscheidg, daß die Künd unwirks sei. **(3)** Ab erstinstanzieller Entsch, in der festgestellt w, daß die Künd unwirks sei. Von da an können schutzwerte Interessen des ArbG der BeschäftiggsPfl nur ausnahmsw entggstehen (BAG GS NJW **85**, 2968), zB bei einer weiteren, auf neuen SachVerh gestützten Künd aus § 626 (BAG NJW **86**, 2965). **bb) Wirkung.** Es besteht bis zum rechtskräft Abschl des 123 KündSchProz ein Anspr auf Weiterbeschäftig, unabhängig v einer allg BeschäftiggsPfl. Davon zu trennen ist der rechtl Fortbestd des ArbVerh, der zu verneinen ist (BAG BB **91**, 1413), auf jeden Fall bei wirks Künd (BAG BB **90**, 1488). Er kann aber zw den Part einvernehml bewirkt w (BAG NZA **87**, 373), insb indem der ArbN weiterarbeitet u der ArbG vorbehaltlos den TarLohn zahlt (BAG NJW **91**, 2589). Arbeitet der ArbN ohne eine solche Einigg weiter, indem er sie dch gerichtl Entscheidg erzwingt (Rn 124), so ist die Abwicklg bereichergsrechtl vorzunehmen, weil kein ArbVerh besteht u der ArbN keinen LohnAnspr hat, sond ledigl

einen Anspr auf Wertersatz für die geleistete Arbeit (wohl hM; BAG NJW **87**, 2251 u **93**, 484; Walker DB **88**, 1596 mwN), der sich nach der übl Vergütg bemißt (BAG NJW **93**, 484); Obergrenze ist der vereinb Lohn (BAG aaO). Dies wird sogar für die Gratifikation bejaht v BAG BB **90**, 1488. Zahlt der zur Weiterbeschäftigg verurteilte ArbG den Lohn, ohne den ArbN weiterzubeschäft, geschieht dies iZw gem § 615 S 1 u der ArbG
124 kann den Lohn gem §§ 812 I S 1, § 818 II zurückfordern (BAG NJW **91**, 2589). **cc) Durchsetzung.** Grdsätzl nur im Klagewege (BAG [GS] NJW **85**, 2968), auch zugleich (§ 260 ZPO) mit der KündSchKl (BAG aaO); Aussetzg (§ 148 ZPO) ist nicht geboten (BAG aaO); § 717 ZPO ist anwendb (Barton/Hönsch NZA **87**, 721 [726]). Mit RegelgsVfg nur ausnahmsw (LAG Ffm NJW **77**, 269 u NZA **88**, 37; LAG BaWü NZA **95**, 683; aA LAG Mü NZA **93**, 1130; Grunsky NJW **79**, 86: grdsätzl). Für Zulässigk v LeistgsVfg (§ 940 ZPO) auch Schaub NJW **81**, 1807 u Feichtinger DB **83**, 939. Zur Bestimmth des Titels: LAG Hamm NZA **90**, 327; Süß NZA **88**, 719 mwN. Vollstreckg: § 888 ZPO (LAG RhPf NZA **87**, 827).

125 **12) Aufwendungsersatz.** § 670 ist bei Besorgg einzelner Gesch im Rahmen des DVerh od ArbVerh anwendb (seit BAG GS **12**, 15 stRspr; hierzu Reichold NZA **94**, 488 u Frieges NZA **95**, 403). Davon werden auch Schäden erfaßt, mit denen nach Art der Arb nicht zu rechnen war; das gilt insb bei SachSchad (BAG NJW **93**, 1028 mwN). **a) Anspruch des Arbeitgebers** od DBer kann sich insb aus der Abführg der Lohnsteuer ergeben (vgl Rn 66, 67), auch aus vereinb Rückzahlg v AusbildgsKosten, ohne Vereinbg nur ausnw (vgl BAG NZA **91**, 178). **b) Anspruch des Arbeitnehmers** od DVerpfl. Es muß sich um Aufwendgen handeln, die dch Vergütg nicht abgegolten sind u die nach dem Vertr den ArbN od DVerpfl nicht treffen sollen (BAG NJW **63**, 1221). Die ErsPfl kann nicht mehr davon abhäng gemacht w, ob die Arb bes gefährl od gefahrgeneigt ist (Frieges NZA **95**, 403); jedoch entfällt die ErsPfl bei vorsätzl od grob fahrläss herbeigeführten Schäd (Frieges aaO mwN). Häuf problemat, wenn ArbN im eigenen Kfz für den ArbG tät w (Übbl bei Schiefer NJW **93**, 966). Einzeln: **aa) Bejaht:** Fahrtkosten im Interesse des ArbG; verfallene Kaution wg Strafverfolg außerhalb der BRep (BAG NJW **89**, 316); unverschuldeter UnfallSchad am Kfz des ArbN, wenn es im BetätiggsBer des ArbG eingesetzt ist u der ArbG sonst ein eigenes Kfz einsetzen müßte (BAG NJW **81**, 702); StrafVerteidKost bei einem in betr Tätk verurs unversch VerkUnfall (BAG NJW **95**, 2372). Umzugskosten bei Versetzg (BAG BB **73**, 983). **bb) Verneint:** Verlust des SchadFreihRabatts bei km-Pauschale (BAG NJW **93**, 1028); Ers des Parkplatzgeldes für die Fahrt zur ArbStelle (BAG **AP** Nr 36 zu § 611 FürsPfl); ProzKosten eines Journalisten, der wg grobfahrläss verbreiteter unwahrer Tats verurteilt wird (BAG NZA **92**, 692).

126 **13) Urlaub.** Darunter ist allg die einem ArbN (DVerpfl) für eine best Zt gewährte Befreig von der Arb(D-) Leistg zu verstehen. Der ErholgsUrl (Rn 127, 128) ist v der unbezahlten Freistellg (Rn 38) zu untersch. Gewährt w der Url dch Freistellg von der Arb od DLeistg; dies setzt eine WillErkl des DBer od ArbG voraus, die der Anf unterliegen kann; nach Antritt des Url aber nur mit ex-nunc-Wirkg; nach Beendigg des Url überh nicht mehr (BAG NJW **60**, 1734). Der Anspr auf Url ist nicht abtretb u nicht vererbl (allgM; BAG NJW **87**, 461). Er kann auch iW einstw Vfg dchgesetzt w (Boewer DB **70**, 632).

127 **a) Rechtsgrund. aa) Gesetzlicher Urlaub:** ArbN, einschl der TeilZtBeschäft (BAG NZA **93**, 991), der zur Berufsausbildg Beschäftigten u arbeitnehmerähnl Pers (hierzu BAG NJW **73**, 1994 u BB **79**, 1349) über 18 Jahre haben Anspr auf ErholgsUrl (MindestUrl) nach dem BUrlG, ab 1. 1. 95 (vgl Rn 132) auf 24 Werktage (alle Kalendertage außer Sonn- u Feiertagen). Jugendl (§ 1 JArbSchG) erhalten MindestUrl gem § 19 JArbSchG, im Bergbau unter Tage 3 Werktage mehr (§ 19 JArbSchG). Die Schiffsbesatzg hat Anspr auf angemessenen Url (§ 54 SeemG), mind den nach § 3 BUrlG. SchwerBeh haben Anspr auf einen zusätzl ErholgsUrl (ZusatzUrl) v 5 Arbeitstagen (§ 47 SchwbG), der nach der ArbZt zu berechnen ist (BAG BB **82**, 992). Zu RFragen des ZusatzUrl: Dörner DB **95**, 1174. ErziehsGeldBerecht haben Anspr auf 24 Monate
128 (§§ 4 I, 15, 20 BErzGG; zu RFragen Sowka NZA **94**, 102). **bb) Vertraglicher Urlaub:** Für ArbN, die nach BUrlG Anspr auf MindUrl haben, besteht ein weitergehder Anspr auf ErholgsUrl nur, wenn es dch Vertr, TV od BetrVereinbg vertragl festgelegt ist. Er kann als TreueUrl für langjähr BetrZugehörk ausgestaltet sein. Soweit aus der FürsPfl Anspr auf ErholgsUrl besteht, ist dies dch das BUrlG konkretisiert (hM). DVerpfl, die nicht unter das BUrlG fallen, haben Anspr auf bezahlten ErholgsUrl aGrd der FürsPfl des DBer, jedenf dann, wenn ihre DLeistgsPfl fortlfd besteht u ihre ArbKraft weitgehd in Anspr nimmt. Die jew vertragl Vereinbg geht vor.

129 **b) Voraussetzungen** des UrlAnspr. Maßgebd sind jeweils die Verh u Ereign im Laufe des Url (Kal)jahres (BAG **AP** § 13 BUrlG Nr 11). **aa) Arbeitsverhältnis:** Nur währd des Zeitraums, in dem das ArbVerh od DVerh besteht, kann Url gewährt w, auch noch in der KündFr (BAG DB **74**, 1023). Danach ist nur noch Abgeltg mögl (Rn 146). Es ist nicht erforderl, daß das ArbVerh die volle ArbKraft od normale ArbZeit des ArbN umfaßt (BAG NJW **66**, 367). Bei zul DoppelArbVerh (Einf 36) besteht der UrlAnspr in jedem der
130 beiden ArbVerh (BAG **8**, 47). **bb) Wartezeit:** Beim ges MindUrl 6 Monate ab Beginn des ArbVerh (§ 4 BUrlG); kann nur dch TarVertr verlängert w (§ 13 I BUrlG), auch ausgeschl bei Ausscheiden vor erfüllter WarteZt (BAG BB **79**, 886). Ist Verkürzg dch TarVertr, BetrVereinbg u ArbVertr mögl; bei DVerpfl freie vertragl Gestaltg. Die Wartezeit ist von Fehlzeiten u KalJahr unabhäng. Fristberechg nach § 188 II. Die Wartezeit ist auch erf, wenn das ArbVerh zugleich mit ihr endet (BAG **AP** Nr 1 zu § 4 BUrlG). Bei
131 fortbestehdem ArbVerh entsteht mit Ablauf der Wartezeit der volle UrlAnspr. **cc) Arbeitsleistung** ist grdsätzl nicht Voraussetzg des UrlAnspr. Wenn der ArbN im UrlJahr nicht od weniger als die UrlDauer gearbeitet hat, kann Geltdmachen des UrlAnspr als RMißbr angesehen w (vgl BAG BB **71**, 744). Nach neuerer Rspr verneint das BAG in BB **83**, 2259 den RMißbrauch jedenf dann, wenn der ArbN krankheitsbedingt nur eine geringe od gar keine ArbLeistg erbracht hat (hierzu krit Kohte BB **84**, 609; zu dieser Frage aA zutreffd Buchner DB **82**, 1823).

132 **c) Dauer.** Die MindDauer bei ArbN ergibt sich aus § 3 BUrlG (24 Werktage seit 1. 1. 95 für die ges BRep, Art 2 Nr 1, Art 20 u 21 S 1 ArbZRG). Das ist dch die TarVertr vielfach übholt. Für Jugendl § 19 JArbSchG (vgl Rn 127). Kann auch dch TarVertr nicht verkürzt w (§ 13 I BUrlG), im übr geht die vertragl Regelg vor; jedoch unterliegt nur der ges MindUrl den zwingden Best des BUrlG (BAG **AP** Nr 1 zu § 9 BUrlG). ZusatzUrl (insb für SchwerBeh, vgl Rn 127) ist zu dem Url hinzuzurechnen, den ein normaler (nichtschwerbeh) ArbN unter den gleichen Voraussetzgen erhält (BAG **2**, 317).

d) Teilurlaub (von UrlTeilg zu untersch, vgl Rn 138). Grdsätzl besteht der gesetzl UrlAnspr für das 133 Url(Kalender)jahr auf die volle UrlDauer, aber nur nach erfüllter WarteZt (Rn 130), wenn das ArbVerh danach weiterbesteht. Besteht dieses nur für einen Teil des Jahres, hat der ArbN unter den Voraussetzungen des § 5 I BUrlG Anspr auf TeilUrl nach dem sog Zwölftelsprinzip (§ 5 BUrlG), wobei Bruchteile, die mind einen halben UrlTag ergeben, auf ganze Tage aufzurunden sind (§ 5 II BUrlG, sog Ganztagsprinzip). Bruchteile von UrlTagen, die nicht einen halben Tag erreichen, sind dch Befreig v der ArbPfl auszugleichen od (gem Rn 144) abzugelten (BAG BB **89**, 2189). Diese Vorschr kann auf den nicht dem BUrlG unterliegden UrlAnspr entspr angewendet w. Abweichde vertragl Regelg ist zul, sow für den ArbN günstiger; ungünstiger auch nicht dch TarVertr (BAG NZA **84**, 160). Der TeilUrlAnspr entsteht unabhängig davon, ob gg den früheren ArbG schon ein voller UrlAnspr erworben war (BAG **18**, 153); jedoch ist § 6 BUrlG anzuwenden, sow der Url gewährt wurde. Anspr auf Übertr des TeilUrl besteht nach § 7 III S 4 BUrlG.

e) Anrechnung des MindUrl. **aa) Auf Kur** (medizin VorsorgeMaßn u Rehabilitation) ist dch § 10 134 BUrlG idF v Art 57 Nr 2 PflegeVG für alle ArbN verboten, soweit ein Anspr auf EntgeltFortZahlg besteht (vgl § 616 Rn 17, 21). **bb) Bei Erkrankung** währd des Url ist eine Anrechng verboten (§ 9 BUrlG), weil 135 für die Zt der Erkrankg der UrlAnspr nicht erf w. Dies gilt ohne Vereinb entspr auch außerh des BUrlG, so daß eine Erkrankg währd des über dem ges MindestUrl hinausgehden MehrUrl diesen unterbricht (BAG BB **73**, 89), ebso bei (zusätzl) unbezahltem ErholgsUrl (BAG DB **74**, 2114). **cc) Andere Ereignisse,** die in den 136 Url fallen u die SondUrl veranlassen würden, sind ohne Einfluß u stehen einer Erkrankg nicht gleich (BAG **AP** Nr 91 zu § 611 UrlR). ArbN, die an einem BetrAusflug nicht teilnehmen, darf der ausfallde ArbTag nicht auf den Url angerechnet w (BAG BB **71**, 220). Keine Anrechng v BetrRuhetagen aus best Anlaß (zB 24. 12., LAG BaWü DB **70**, 2328).

f) Arbeitsplatzwechsel. Ist der Url vom früheren ArbG schon voll für das ganze Jahr gewährt, so kann 137 vom neuen ArbG kein (weiterer) TeilUrl (Rn 133) verlangt w (§ 6 I BUrlG). Ist im neuen ArbVerh der UrlAnspr höher, kann Url für die überschießden Tage nur aus der entspr Dauer des neuen ArbVerh verlangt w (BAG NJW **70**, 678). Der frühere ArbG kann das UrlEntgelt (Rn 140) nicht aus § 812 zurückfordern (§ 5 III BUrlG). Hat der ArbN beim früheren ArbG noch nicht (vollen) Url erhalten, steht ihm (ggf für den TeilUrl, Rn 133) UrlAbgeltg zu (Rn 144). Dieser Anspr wird als Entstehen v UrlAnspr im neuen ArbVerh nicht berührt (BAG BB **91**, 1788 unter Aufgabe fr Rspr, zB NJW **71**, 534). Der ArbG ist in jedem Fall verpfl, den abgegoltenen od gewährten Url bei Ausscheiden zu bescheinigen.

g) Zeitpunkt. Der ArbN hat seit 1. 1. 95 Anspr auf UrlGewährg im Anschluß an eine Kur, medizin 138 VorsorgeMaßn od Rehabilitation (§ 7 I S 2 idF v Art 57 Nr 1 PflegeVG). Iü gilt primär, was die Partner des DVertr od ArbVertr über den Ztpkt des Url vereinb, zB dch normative Wirkg der BetrVereinbg bei einem UrlPlan (§ 87 I Nr 5 BetrVG) od BetrFerien. Besteht keine Vereinbg, so best beim ArbVerh kraft des DirektionsR (aber MitBest, § 87 I Nr 5 BetrVG) der ArbG (BAG NJW **62**, 268), auch bei gekünd ArbVerh (umstr; vgl Gerauer NZA **88**, 154). Das hat nach bill Erm zu erfolgen (§ 315), insb dch UrlGewährg währd der KündFr (BAG NZA **93**, 406) u kann auch nachträgl gewährt w (vgl Lepke DB **90**, 1131). Freistellg v Arb währd des KündSchutzProz erf den UrlAnspr (BAG BB **84**, 1299, vgl Weiler NZA **87**, 337 mwN). Grdsätzl ist der Url zushängd zu gewähren; jedoch ist UrlTeilg als Ausn mögl nach § 7 II BUrlG (zwingd § 13 I BUrlG). Dabei muß einer der UrlTeile mind 12 Werktage innerh v 2 Wochen umfassen (§ 7 II 2 BUrlG); das ist abdingb (§ 13 I 3 BUrlG). Für den über den MindUrl hinausreichden Url, findet UrlTeilg dch UrlGewährg od einseit im Rahmen des § 315 statt. Übertr des Url auf das nächste Url(Kalender)jahr ist im Bereich des BUrlG nur nach § 7 III mögl (bis 31. 3.), § 7 III ist zwingd wg § 13 I BUrlG, erfordert kein RGesch (hM; BAG NZA **88**, 243). Zum ErziehgsUrl vgl § 17 II BErzGG. Ein nicht übertragener Url verfällt (BAG NZA **92**, 423; aA Künzl BB **91**, 1630; vgl Rn 150); ebso ein übertragener, den entspr § 7 III BUrlG genommen wurde. Der Url wird auch übertragen, wenn er im UrlJahr wg langdauernder Erkrankg nicht genommen w (BAG NZA **88**, 243).

h) Erwerbstätigkeit währd des Url muß der ArbN als VertrPfl unterl (§ 8 BUrlG). Ein Verstoß kann 139 die ord Künd rechtfert (hM) u einen UnterlAnspr begrdn; führt aber nicht dazu, daß das pflwidr vereinb ArbVerh nichtig wäre (bestr; aA § 134 Rn 15) u nimmt dem ArbN für die Zt des gesetzl MindestUrl nicht den Anspr auf das UrlEntgelt (BAG DB **88**, 1554).

i) Urlaubsentgelt ist eine währd der Dauer des Url fortbezahlte Vergüt. Es ist vom UrlGeld (Gratifika- 140 tion, Rn 81) u von der UrlAbgeltg (Rn 144) zu unterscheiden u ist nicht Voraussetzg wirks UrlGewährg (BAG NZA **87**, 633). Als Vergüt hat es § 611 zur AnsprGrdlage. **aa) Bemessung:** gem § 11 BUrlG der 141 dchschnittl ArbVerdienst der letzten 13 Wochen vor UrlBeginn. Hierbei ist auf die tats gewährte Vergüt abzustellen, die für einen best ZtAbschn gewährt w, so daß eine nicht nur vorübgehd gewährte Erhöhg berücks w, zB eine einmal tarifl AusgleichsZahlg (BAG NZA **89**, 71), Einsatz- u SpielPrämien bei Lizenzspielern (BAG NZA **93**, 750). Kürzg wg ArbAusfall, KurzArb od unverschuldeter Versäumn (insb Krankh), SonderUrl aus pers Grden (BAG **AP** § 11 BUrlG TeilZtArb Nr 1) bleiben außer Betr; unabhäng v der tats erbrachten ArbLeistg gezahlte Umsatz- u Gewinnbeteiligg w nicht hinzugerechnet (BAG **AP** Nr 3 zu § 11 BUrlG), ebsowenig FremdProv (BAG BB **70**, 581). Auch bei arbnehmerähnl Pers kann ein v Regelfall abw BerechngsZtRaum zugrdegelegt w (BAG BB **75**, 1578). Bei 5-Tage-Woche ist für Einzeltage der Wochenverdienst zu fünfteln (BAG **AP** Nr 1 zu § 7 BUrlG Abgeltg). **bb) Fälligkeit:** Vor UrlAntritt 142 (§ 11 II BUrlG); keine Voraussetzg der UrlErteilg (BAG NZA **84**, 195). **cc) Überzahltes** UrlEntgelt kann grdsätzl nicht zurückgefordert w (Kube BB **75**, 747 [750]). **dd) Schadensersatz** in Höhe des anteil UrlEnt- 143 gelts kann an den ArbG (für Regreß) abgetreten w, soweit dieser für die Zt unfallbedingter ArbUnfähigk bezahlten Url gewährt (BGH **59**, 109).

j) Urlaubsabgeltung ist die Leistg von Geld od geldwerten Ggständen an Stelle eines vom ArbN od 144 DVerpfl nicht genommenen Url, auch TeilUrl (BAG NZA **88**, 245). Der Anspr entsteht mit Ausscheiden des ArbN aus dem ArbVerh, ist vom UrlEntgelt (Rn 140) u vom UrlGeld (Gratifikation, Rn 81) zu unterscheiden. Ist nicht ArbVergüt des § 611, sond WertErs (§ 7 IV BUrlG; BAG st Rspr NJW **95**, 2244). Setzt einen UrlAnspr voraus u daß der ArbN bei Fortdauer des ArbVerh die vertr geschuldete ArbLeistg hätte erbringen können (bei Tod Rn 148). Dem steht die ArbUnfähigk des ArbN u seine fehlde ArbBereitsch

beim Ausscheiden grdsätzl entgg (vgl BAG NZA **90**, 239; dagg krit Schäfer NZA **93**, 204). Ohne eindeut Regelg im TarV kann nicht v GgTeil ausgegangen w (BAG BB **95**, 48). Bei Fortbestd des ArbVerh ist nicht
145 gewährter Url als SchadErs dch Url zu leisten (BAG NZA **86**, 392). **aa) Bemessung** wie UrlEntgelt
146 (Rn 141); es gilt das Ganztagsprinzip des § 5 II BUrlG (BAG DB **69**, 354). **bb) Zulässigkeit.** UrlAbgeltg ist im Bereich des ges MindUrl grdsätzl verboten, ausnahmsw dann zul, wenn der Url wg Beendigg des ArbVerh nicht mehr gewährt w kann (§ 7 IV BUrlG), auch bei befristeten ArbVerh u nicht auf den ges MindestUrl beschr (BAG NJW **95**, 2244 mwN). Dch TarVertr können UrlAbgeltgsRegeln geschaffen w (BAG stRspr NZA **95**, 230), insb für den Fall der Krankh (BAG NZA **93**, 605) u die Gestaltg als Abfindg (BAG BB **95**, 48). Bei DVerh kann UrlAbgeltgsAnspr auch ohne bes Abrede entstehen (BGH WM **75**, 761). Außerh der Geltg des BUrlG wird man UrlAbgeltg insow zulassen müssen, als der MindUrl gewährt bleibt.
147 **cc) Anspruchsinhalt.** Er geht auf Geld. **dd) Ausschluß** kann aus versäumter UrlAusschlFr (Rn 150) folgen (BAG NJW **93**, 2555), nicht aus ArbVertrVerletzgen, ist auch nicht dch TarVertr mögl (BAG DB **80**, 2197). Es können aber AusschlußFr (Rn 72) vereinb w (BAG NZA **93**, 759). Der UrlAbgeltgsAnspr wird nicht dadch ausgeschl, daß der ArbN im UrlJahr nicht in nennenswertem Umfang gearb hat (BAG NJW **82**, 1548
148 mwN; vgl aber LAG Nds NZA **87**, 427 bei ArbUnfähig währd des ganzen UrlJahres). **ee) Fälligkeit:** mit Beendigg des ArbVerh (BAG NJW **95**, 2244). Verz tritt nicht dch KündSchKl ein (BAG aaO). **ff) Übertragbarkeit.** Der UrlAbgeltgsAnspr ist abtretb u pfändb wie ArbEink (hM; LAG Bln NZA **92**, 122 mwN; aA § 399 Rn 6); ist aber unvererbl (BAG NZA **92**, 3317 mwN). Endet das ArbVerh dch Tod, entfällt daher ein UrlAbgeltgsAnspr (BAG aaO, vgl Rn 144) u ist auch dann nicht vererbl, wenn er rechtshäng war (LAG Düss
149 DB **90**, 1926; bestr). **gg) Aufrechnung** gg den UrlAbgeltgsAnspr ist mögl (Tschöpe BB **81**, 1902). **hh) Verzicht.** Der ArbN kann auf den dem BUrlG unterliegden UrlAbgeltgsAnspr wg § 13 I BUrlG nicht verzichten, grdsätzl auch nicht in einem gerichtl GesamtVgl (BAG NJW **79**, 566). Der Anspr erlischt aber, wie der UrlAnspr, wenn das ArbVerh rückwirkd (zB dch Vgl) beendet w (BAG NJW **87**, 798).
150 **k) Erlöschen** des UrlAnspr: IdR nur dch Erf (§ 362 I). Ausnahmen: **(1) Beendigung** des ArbVerh (dann UrlAbgeltgsAnspr, Rn 144). **(2) Verzicht** (§ 397), der auch stillschw mögl ist; er ist aber nur zul, wenn es sich nicht um den gesetzl MindUrl handelt (vgl § 13 I BUrlG; BAG NZA **90**, 935). **(3) Verfall:** dch Ablauf einer VerfallFr, die aber nur dch TarVertr vereinb w kann (BAG NZA **87**, 257); dch Verfallenlassen des Url, wenn er nach Übertragg nicht im Laufe der ersten 3 Monate des folgden Jahres genommen w (§ 7 III S 3 BUrlG; BAG NJW **87**, 798; aA LAG Düss DB **92**, 224). MutterschUrl hindert diesen Verfall nicht (BAG NJW **87**, 2399); ebsowen die Eigsch als SchwBehZusatzUrl (BAG NJW **87**, 1287). Sonst verfällt der Url grdsätzl mit Ablauf des Kalenderjahres, wenn er vorher nicht geltd gemacht w (BAG NJW **69**, 1981). Die KündSchKl stellt keine Geltdmachg des UrlAnspr dar (BAG BB **84**, 1299). **(4) Verwirkung** (§ 242 Rn 87) ist ausnahmsw mögl (BAG BB **70**, 581). **(5) Sonstige Fälle.** Unmöglk (§ 275), wenn der vereinb, festgelegte Url bei späterer Schwangersch in die Zt des Beschäftiggsverbots (§§ 3, 4 MSchuG) fällt (BAG NJW **95**, 1774). Wg unterliebener ArbLeistg vgl Rn 131. IdR kein Erlöschen dch VertrVerletzg des ArbN (BAG NJW **70**, 911).

151 **14) Arbeitnehmererfindungen und technische Verbesserungsvorschläge.** RFolgen sind im ArbEG geregelt. Das Arb- od DErgebn steht grdsätzl dem ArbG oder DBer zu (vgl § 950 Rn 4), eine patent- od gebrauchsmusterfäh Erfindg dem jew Erfinder. Das ArbEG schafft einen Ausgleich zw den Interessen des ArbG u des ArbN. Weiteres Rehbinder WiB **94**, 460.

152 **15) Haftungsmaß und innerbetrieblicher Schadensausgleich.** AGrd des DVerh u ArbVerh haften die VertrPart grdsätzl für Vors u jede Fahrlk (§ 276) mit den allg RFolgen, insb SchadErs (vgl Rn 14–17). Für ArbVerh bestehen aber von diesem Grds wicht Ausn. Prakt Übbl bei Schworbus MDR **94**, 961.

153 **a) Schädigung anderer Arbeitnehmer** desselben Betr dch einen ArbUnfall. Grdsatz: Der schädigde ArbN haftet aus § 823 für Pers- u Sachschäd, nicht aus Vertr, weil ein solcher zw den ArbN nicht besteht.
154 Der ArbG kann aus Vertr nur bei Versch (§§ 276, 278) haften. **aa) Sachschäden,** die ein ArbN erleidet: Es gilt der vorstehde Grdsatz. Hat ein ArbN den Schad fahrläss verurs, so kann ihm ein FreistellgsAnspr gg den
155 ArbG zustehen nach den Grdsätzen der ArbNHaftg (Rn 156). **bb) Personenschäden des Arbeitnehmers.** ArbG u and ArbN haften nur bei Vors. Soweit bei Fahrlässu u betriebl Tätigk die gesetzl UnfallVersicherg eingreift (§§ 636, 637 RVO), haften weder ArbG noch and ArbN. Das setzt einen BetrUnfall voraus, dh ein den ArbN körperl schädigdes Ereign, das in ursächl, innerem Zushang mit der betriebl Tätigk steht (vgl § 548 RVO). Ob ein ArbUnfall vorliegt ist von den SozGer aGrd der RVO bindend festzustellen.

156 **b) Schädigung des Arbeitgebers** dch eine schuld- u fehlerh ArbLeistg des ArbN im Rahmen des ArbVertr. Die grdsätzl ges Regelg ist, daß der ArbN für Vors u jede Fahrlässk haftet. Das ist seit den 30er Jahren für die sog gefahrgeneigte Arb eingeschr u im einzelnen umstr (vgl bis 53. Aufl Rn 159–166). Dch eine Vorlage des BAG (GrSen NJW **93**, 1732) an den GemSenObGH u einen Beschluß des BGH (NJW **94**, 856) ist die Streitfrage zu einem vorläuf Abschluß gelangt (vgl Richardi NZA **94**, 241) u entschieden (BAG NJW **95**,
157 210). **aa) Grundsatz.** Die Haftg des ArbN, der den ArbG bei einer betriebl Tätigk (arbvertragl übtragen od im Interesse des ArbG ausgeführt) fahrläss schädigt, ist bei jeder (nicht nur gefahrgeneigter) Arbeit beschr. In welchem Umfang diese Haftg (bis zum Ausschluß des SchadErsAnspr) beschr ist, hängt von einer Abwägg aller SchadRisiken ab. Hierbei sind auch subj Umstde (zB Unerfahrenh, ÜbMüdgk, Jugendlk) zu berücks, sowie § 254. In diesem Rahmen ist bei der Abwägg als ZurechngsGrd aufzunehmen, ob die zu leistde Arb gefahrgeneigt ist, dh wg ihrer Art eine große Wahrscheinlk in sich birgt, daß Fehler unterlaufen u dadch Schad entstehen, die im unangemessenen Verh zum ArbEntgelt stehen. Ergebn der HaftgsBeschränkg ist: gänzl Entfallen eines SchadErsAnspr, Anspr nur auf einen Teil od volle Haftg, je nach dem Einzelfall; bei Schädigg Dr (Rn 157) FreistellgsAnspr des ArbN (§ 257 Rn 1) ggü dem Anspr des Dr aus § 823 (Rn 153). Zu noch offenen RFragen vgl Schaub WiB **94**, 227; Hanau/Rolfs NJW **94**, 1439). Bsp: vergessener Reisepuß der Flugbegleiterin
158 50% (BAG BB **95**, 1193). **bb) Ausnahmen** sind von der hM von jeher für den Ber der Mankohaftg gemacht w. Das ist die Haftg des ArbN für die Differenz zw Soll- u IstZustd eines anvertrauten Bestds an Ggstden, insb bei einer Kasse. Auch ohne bes Vereinbg (sog Mankoabrede) wird mit Einschränkgen (BewL, MitVersch des ArbG, mögl SchadEintritt trotz erhöhter Sorgfalt) die Haftg des ArbN für jede Fahrlässk bejaht. Richt dürfte sein, auch die Mankohaftg dem Grdsatz (Rn 157) zu unterstellen (Pauly JR **95**, 228).

c) Schädigung Dritter dch den ArbN im Rahmen der Tätigk im ArbVerh. Es gilt die normale Haftg des **159** ArbN aus § 823, die des ArbG aus Vertr od § 831. Die HaftgsBeschränkg des ArbN ggü dem ArbG (Rn 156) gilt für den Dr nicht (BGH **108**, 305 u NJW **94**, 852); jedoch hindert eine zw Dr u ArbG vereinb HaftgsBeschränkg den Anspr des Dr gg den ArbN (BGH aaO). Haftet der ArbN dem Dr, kann er im Rahmen der HaftgsBeschränkg (Rn 156) vom ArbG Freistellg verlangen.

611 a *Geschlechtsbezogenes Benachteiligungsverbot.* [I] Der Arbeitgeber darf einen Arbeitnehmer bei einer Vereinbarung oder einer Maßnahme, insbesondere bei der Begründung des Arbeitsverhältnisses, beim beruflichen Aufstieg, bei einer Weisung oder einer Kündigung, nicht wegen seines Geschlechts benachteiligen. Eine unterschiedliche Behandlung wegen des Geschlechts ist jedoch zulässig, soweit eine Vereinbarung oder eine Maßnahme die Art der vom Arbeitnehmer auszuübenden Tätigkeit zum Gegenstand hat und ein bestimmtes Geschlecht unverzichtbare Voraussetzung für diese Tätigkeit ist. Wenn im Streitfall der Arbeitnehmer Tatsachen glaubhaft macht, die eine Benachteiligung wegen des Geschlechts vermuten lassen, trägt der Arbeitgeber die Beweislast dafür, daß nicht auf das Geschlecht bezogene, sachliche Gründe eine unterschiedliche Behandlung rechtfertigen oder das Geschlecht unverzichtbare Voraussetzungen für die auszuübende Tätigkeit ist.

[II] Hat der Arbeitgeber bei der Begründung eines Arbeitsverhältnisses einen Verstoß gegen das Benachteiligungsverbot des Absatzes 1 zu vertreten, so kann der hierdurch benachteiligte Bewerber eine angemessene Entschädigung in Geld in Höhe von höchstens drei Monatsverdiensten verlangen. Als Monatsverdienst gilt, was dem Bewerber bei regelmäßiger Arbeitszeit in dem Monat, in dem das Arbeitsverhältnis hätte begründet werden sollen, an Geld- und Sachbezügen zugestanden hätte.

[III] Ist ein Arbeitsverhältnis wegen eines vom Arbeitgeber zu vertretenden Verstoßes gegen das Benachteiligungsverbot des Absatzes 1 nicht begründet worden, so besteht kein Anspruch auf Begründung eines Arbeitsverhältnisses.

[IV] Ein Anspruch auf Entschädigung nach Absatz 2 muß innerhalb von zwei Monaten nach Zugang der Ablehnung der Bewerbung schriftlich geltend gemacht werden.

[V] Die Absätze 2 und 4 gelten beim beruflichen Aufstieg entsprechend, wenn auf den Aufstieg kein Anspruch besteht.

1) Allgemeines. Abs II ist geänd, Abs III–V sind neu, der bisher Abs III ist aufgehoben dch Art 7 des 2. **1** GleichberechtiggsG v 24. 6. 94 BGBl 1406. **a) Zweck.** Anpassg an die EG-RiL v 9. 2. 76 (Nr 76/207), sog GleichbehandlgsRiL, die zur Auslegg heranzuziehen ist. Zugleich soll die in Art 3 II, III GG statuierte Gleichberechtigg v Mann u Frau im gesamten ArbR unabhäng v der umstr DrittWirkg der GrdRe für den ArbG bindend verwirkl w. Außerdem soll die arbrechtl GleichbehandlgsPfl (vgl § 611 Rn 106, 108, 109) im Verh Mann u Frau unabdingb gestaltet w. Der GGeber geht erkennb davon aus, daß die Frauen ggü den Männern im ArbLeben allein ihres Geschlechts wegen bislang benachteil seien. Dch Abs II–V soll ein diskriminiergsfreies StellenBesetzgsVerf gewährleistet w (BT-Dr 12/5468 S 44). **b) Anwendungsbereich: 2** alle ArbVerh (Einl 5 vor § 611), daher alle ArbN (Einl 7–11 vor § 611), inf der GleichStellg mit ArbN die arbnehmerähnl Pers, auch im Bereich des BerBG. **aa)** Persönl nur im konkr ArbVerh. Das G wendet sich nicht ausdrückl an die TVPart, für die aber jedenf Art 3 GG gilt (BAG NJW **77**, 1742). **bb)** Zeitl: schon vor Abschl des ArbVertr (Rn 7), somit bei Begründg des ArbVerh bis zur Beendigg. **cc)** Räuml nur innerh eines **3** Betr. **c) Abdingbarkeit** ist zu verneinen. Die Vorschr ist zwingd, vom GGeber auch so gewollt. **d) Nichtigkeit** aus § 134 ist aus dem Verbot abzuleiten. Sie kann aber keinesf das ArbVerh des bevorzugten ArbN betr, weil nur die Benachteiligg verboten ist. § 134 kann sich auch nur auf RGesch beziehen, die das ArbVerh des Benachteiligten betr, zB eine Künd. Eine dch Abs 1 verbotene Maßn ist nicht zu befolgen. **e) Bekannt- 4** **machung** v §§ 611a, 611b, 612 III, 612a sowie des § 61b ArbGG im Betr (Aushang od Auslegen) an geeigneter Stelle schreibt Art 2 des ArbREG-AnpassgsG idF Art 9 des 2. GleiBG (BGBl **94** I 1404) vor.

2) Gleichbehandlungsgebot (Abs I). Es ist dem ArbG ausdrückl verboten, einen ArbN wg seines Ge- **5** schlechts rechtl od tats zu benachteil. Da dies an der Position eines ArbN and Geschlechts gemessen w muß, wird auch die Bevorzugg einz ArbN wg ihres Geschlechts verboten sein, um den GZweck zu erreichen. Weil diese Pfl des ArbG vor VertrAbschl entsteht (Rn 7), führt Abs 1 insow ein vorvertragl Schuld-Verh herbei. Gebunden ist der ArbG, damit alle an seiner Stelle tät Pers, die für ihn im ArbVerh handeln (Rn 17). **a) Grundsatz** (Abs I S 1). Das GleichbehandlgsGebot bedeutet: Bei ArbN versch Geschlechts, die **6** iü unter völl gleichen Bedingen arbeiten u dabei gleiches leisten, muß das ArbVerh ohne Rücks auf das Geschlecht in allen Ren u Pflen gleich gestaltet w. Das gilt auch für VerfahrensHandlgen bei der Einstellg (hM; BVerfG NJW **94**, 647 mwN; hierzu krit Zimmer NJW **94**, 1203). Innerh des Geschlechts kann Gleichbehandlg nur nach den Grds in § 611 Rn 111–116 verlangt w. **aa) Bei einer Vereinbarung:** Das **7** kann nichts and sein als ein Vertr (§§ 145ff), näml der ArbVertr (§ 611 Rn 2) od eine VertrÄnd (§ 305; vgl § 611 Rn 12). Aus Abs 2 folgt, daß der GGeber die Pfl des ArbG zur geschlechtsbezogenen Gleichbehandlg mit den Worten „bei der" auf einen Ztpkt vor VertrAbschl legen wollte. Dieser Ztpkt ist auf den Eingang (nicht die Abg) der Bewerbg um den Abschl eines ArbVertr festzusetzen. Bei bestehend ArbVerh, das der „berufl Aufstieg", aber auch jede VertrÄnd (§ 305) voraussetzt, muß dieser Ztpkt der der konkreten VertrÄnd mit einem ArbN and Geschlechts sein, den der ArbG wg seines Geschlechts bevorzugt haben soll, entweder dch NeuAbschl eines ArbVertr (Begrdg des ArbVerh) od dch VertrÄnd (§ 305). Abs 1 gilt noch nicht, wenn der ArbG zum Angebot (Bewerbg) auffordert; das folgt aus § 611b (vgl dort). **bb) Bei einer 8** **Maßnahme.** Das soll (wie Rn 7) einen weiten Begr darstellen, der bürgerrechtl allerd kaum noch eingegrenzt w kann. Beispiel sind Weisgen (im Rahmen des § 611 Rn 45–48) u Künd (Vorbem 28–45 vor § 620) genannt. Darühinaus ist vorstellb, daß freiw soz Leistgen (§ 611 Rn 112) erfaßt w. Die Maßn muß jedenf irgendeinen konkr Bezug zum ArbVerh haben. Soweit das BetrVG gilt, geht sowieso dessen § 75 vor.

9 **b) Benachteiligung** ist die im Einzelfall bewirkte Schlechterstell des betroffenen ArbN. Das ist auch die Vorenthaltg v Vorteilen, aber dann nicht, wenn sie sachl gerechtfert od in der ROrdng schon angelegt ist (BAG BB **95**, 312 mwN für § 612a), daß ein ArbN and Geschlechts bevorzugt wird. Das kann dch eine Regelg bewirkt w, die für Männer wie Frauen gleichermaßen gilt (sog mittelb Geschlechtsdiskriminierg). Dies setzt voraus, daß der Anteil der nachteil Betroffenen erhebl höher ist u nur mit dem Geschlecht erkl w kann (BAG NJW **93**, 3011). Die Frage nach der Schwangersch ist unzuläss, gleichgült ob sich nur Frauen od auch Männer um den ArbPl bewerben (BAG NJW **93**, 1154 unter Aufgabe früh Rspr; krit Anm v Ehrich DB **93**, 431), aber ausnw dann zuläss, wenn ein BeschäftiggsVerbot besteht od eine Schwangere für den ArbPlatz ungeeignet wäre (BAG NJW **94**, 148 = DB **93**, 1371 u 1378 m Anm v Ehrich). Der ArbG muß iü, wenn er eine Schlechterstell herbeiführt, die Geschlechtszugehörig als BewegGrd aufnehmen. Keinesf 10 dürfen geschlechtsbezogene Lohnzulagen gewährt w. **c) Wegen des Geschlechts.** Hierfür genügt, daß die GeschlZugehörk einen BewegGrd bildet.

11   **3) Ausnahme** (Abs I S 2). Die zuläss unterschiedl Behandlg setzt kumulativ voraus: **a) Art der Tätigkeit,** die der ArbN auszuführen hat. Das ist die Arbeit, die im Einzelfall zu leisten ist. Die Vereinbg (Rn 7) 12 od die Maßn (Rn 8) muß sich darauf beziehn. **b) Unverzichtbare Voraussetzung** des best Geschlechts. Das ist aus der Sicht des zeitgem, sozbewußten ArbG zu beurt, der den (Fort)Bestand u die Leistgsfähigk seines Untern, seiner Beh od Anst anstrebt. Unverzichtb ist allerd fast gar nichts. Aus Abs I S 3 ist zu 13 entnehmen, daß ein sachl Differenziergsgrd genügt (BAG NJW **91**, 2723 [2726]). **c) Beispiele:** Eine Frau als Arzthelferin (BAG aaO), Miederwaren Verk, als Mannequin einer Damenbekleidgsfirma. Der Mann für die Chorsängerstelle eines Tenors od Bassisten.

14   **4) Beweislast** (Abs I S 3). Sie wird dch Abs I S 3 umgekehrt, da diese Tats idR der AnsprSteller bew müßte. **a) Voraussetzungen.** Mit Streitfall ist der RStreit (Proz) gemeint. Darin müssen vom ArbN geeignete Tats glaubh gemacht (§ 294 ZPO), dh insb übwiegd wahrscheinlich gemacht (Lorenz DB **80**, 1745) od vom ArbG unstreit gestellt sein, die eine geschlechtsmotivierte Benachteiligg (Rn 9) vermuten lassen, zB die wesentl größere Zahl der betroffen ArbN and Geschlechts bei undchschaub EntlohngsPraxis (BAG DB **93**, 737). Dies ist aus der Sicht einer obj, verständ Pers zu beurt, die sich in der Position des betroffenen ArbN befindet. BewLast trägt der ArbN für den Zugang der Bewerbg beim bekl ArbG (LAG 15 Hbg DB **88**, 131). **b) Wirkung.** Der ArbG ist beweisbelastet für: **aa)** Tats, aus denen sich Grde ableiten lassen, welche die im konkr Fall bewirkte Benachteilig obj rechtf. Sie dürfen nicht geschlechtsbezogen sein. Das würde bedeuten, daß auch Eigensch der bevorzugten Pers, die notw aus deren Geschlecht abzuleiten sind, nicht berücks w dürften. Mit sachl ist alles gemeint, was aus obj Sicht des ArbG für Betr u ArbVerh sinnvoll ist, in jedem Fall: größere LeistgsFähk, bessere Vorbildg, sinnvolle Ergänzg zu and ArbN, größere Vertrauenswürdk. Der ArbG muß beweisen, daß die unterschiedl Behandlg ausschließl dch nicht geschlechtsbezogene Grde gerechtfert ist (BVerfG NJW **94**, 647) u daß er ohne geschlechtsbezogene BewegGrde gehandelt hat (hierzu krit Zimmer NJW **94**, 1203). **bb)** Bestimmtes Geschlecht als unverzichtb Voraussetzg (Rn 12). Die BewLastregelg ist prakt sinnlos, weil hier regelm nur eine RFrage zu prüfen sein wird u Bew von bestrittenen, subsumtionsfäh Tats kaum erforderl w dürfte; immerhin ist SachverstBew denkb.

16   **5) Verschuldeter Verstoß** (Abs II S 1) gg das BenachteiliggsVerbot des Abs I. **a) Anlaß:** sowohl bei Begründg eines ArbVerh, insb bei den Verhdlgen üb die Einstellg als ArbN (vgl Rn 7) od beim berufl Aufstieg (Abs V), aber nur dann, wenn kein Anspr darauf besteht. **b) Benachteiligung** wie Rn 9. Umfaßt das gesamte EinstellgsVerf. Ein Bewerber darf auch wg seines Geschlechts nicht vorzeit aus dem Auswahl-Verf ausgeschl w. **c) Verschulden.** Der ArbG hat eine Benachteiligg zu vertreten gem §§ 276, 278. Er haftet daher für alle Pers, die bei Besetzg des ArbPlatzes für ihn handeln, nicht nur für solche mit Vertretgs-Macht.

17   **6) Schadensersatzanspruch** ist ausnahmsl die einz RFolge des Verstoßes (Abs I S 1). Ein Anspr auf Einstellg (Begründg eines ArbVerh) besteht nicht (Abs III). Das entspr der bisher RLage u stellt sie klar. Nur beim Aufstieg kann aus ArbVertr od TarVertr ein Anspr bestehen (Abs V). **a) Höhe.** Es ist kein MindestBetr vorgeschrieben; jedoch darf die Höhe nicht an einen fiktiven od tats VertrauensSchad orientiert w, sond soll eine abschreckde Wirkg haben (EuGH NJW **84**, 2021 wg EG-RiL 76/207), somit Sanktion sein. IdR nicht unter einem Monatsverdienst. Dieser ist nach Abs II S 2 zu bemessen. Der Höchstsatz von 3 Monats-verdiensten ist nur bei einem schweren vorsätzl Verstoß angebracht. Beim unterbliebenen berufl Aufstieg (Abs V) ist der Monatsverdienst maßgebd, der Unterschiedsbetrag nur bei Untern mit idR bis zu 400 ArbN 18 (§ 61b V ArbGG). **b) Ausschlußfrist** (Abs IV). Begriff: Übbl 7 vor § 194, § 611 Rn 72; Beginn ab Zugang (wie § 130). FrBerechg: § 187. Form: Die Erkl bedarf der Schriftform des § 126 I. Geltdmachg: Der Bewerber muß den SchadErs u ArbG verlangen. Bezifferg ist im Schreiben nicht notw. **c) Klagefrist.** Sie ist in § 61b I ArbGG enthalten u dauert 3 Monate ab schriftl Geltdmachg des Anspr (Rn 18). Berechg: 19 § 222 ZPO. **d) Mehrere Bewerber als Kläger.** Die Höhe des SchadErs wird begrenzt dch § 61b II und V ArbGG (hierzu Worzalla DB **94**, 2446). ZuständigkKonzentration ist dch § 61b III ArbGG vorgeschrieben.

611b *Arbeitsplatzausschreibung.* Der Arbeitgeber darf einen Arbeitsplatz weder öffentlich noch innerhalb des Betriebs nur für Männer oder nur für Frauen ausschreiben, es sei denn, daß ein Fall des § 611a Abs. 1 Satz 2 vorliegt.

1   **Fassung.** Die Vorschr ist geänd („darf" statt bisher „soll") dch Art 7 Nr 2 des 2. GleiBG vom 24. 6. 94 (BGBl 1406). **Arbeitsplatz:** Kann sich nur auf ein ArbVerh (wie § 611a Rn 2) beziehen, das der ArbG zu begründen beabsicht. **Ausschreibung:** mit öff an einem unbest PersKreis ist die Bek insb dch Zeitgen, 2 AnzBlätter gemeint (sog StellenAnzeige), gleich ob dch den ArbG od v ihm beauftragte Dr. **Verstoß:** § 611b ist eigentl eine öff-rechtl SchutzVorschr. Ein individueller Schad ist kaum vorstellb, weil auch von einer Person des and Geschlechts trotzdem eine Bewerbg eingereicht w kann. Die Nichtbeachtg des § 611b

dch den ArbG wird jedenf ein schwerwiegdes BewIndiz gg ihn sein (§ 611a Rn 14, 15; Worzalla DB **94**, 2446). **Bekanntmachung:** § 611a Rn 4. **3**

612 *Vergütung.* [I] **Eine Vergütung gilt als stillschweigend vereinbart, wenn die Dienstleistung den Umständen nach nur gegen eine Vergütung zu erwarten ist.**

[II] **Ist die Höhe der Vergütung nicht bestimmt, so ist bei dem Bestehen einer Taxe die taxmäßige Vergütung, in Ermangelung einer Taxe die übliche Vergütung als vereinbart anzusehen.**

[III] **Bei einem Arbeitsverhältnis darf für gleiche oder für gleichwertige Arbeit nicht wegen des Geschlechts des Arbeitnehmers eine geringere Vergütung vereinbart werden als bei einem Arbeitnehmer des anderen Geschlechts. Die Vereinbarung einer geringeren Vergütung wird nicht dadurch gerechtfertigt, daß wegen des Geschlechts des Arbeitnehmers besondere Schutzvorschriften gelten. § 611a Abs. 1 Satz 3 ist entsprechend anzuwenden.**

1) Allgemeines: Abs III ist eingefügt dch G v 13. 8. 80 (Arbrechtl EG-AnpassgsG; vgl hierzu § 611a **1** Rn 1). **a) Zweck:** Abs I soll bei DLeistgen D(Arb)Vertr von unentgeltl Auftr u GefälligkVerh abgrenzen. Abs II soll mögl Lücken im ArbVertr schließen. Abs III will das GrdR in Art 3 II, III GG für den ArbG bindd ausgestalten (vgl § 611a Rn 1). **b) Anwendungsbereich:** Alle D(Arb)Verh, einschl GeschBesorggsVertr **2** (§ 675), auch bei Nichtig des Vertr (BAG **AP** § 138 Nr 2) od wenn nur die VergütgsVereinb ungült ist (BAG **AP** Nr 20), ferner entspr bei Verrichtg höherwert Arb dch Vertretg für einen vakanten ArbPlatz (BAG **AP** Nr 31). Abs II, III gelten für alle Arten v Vergütg (§ 611 Rn 49–95), auch für Erfindg des GeschF einer GmbH (BGH DB **90**, 676). Abs III gilt nur bei vereinb Vergütg. Für AusbildgsVerh (Einf 58–62 vor § 611) gilt § 10 BerBG. **c) Mehrwertsteuer.** Soweit ihr die Vergütg unterliegt, ist sie im Entgelt enthalten. **3** Ob sie ohne bes Vereinbg in der vertragl festgelegten Vergütg enthalten ist, dürfte eher zu bejahen sein als bei Kauf- u WerkVertr (vgl § 157 Rn 13).

2) Vergütungspflicht (Abs I). **a) Voraussetzungen:** Es muß obj von seiten dessen, für den die De **4** geleistet w, ohne Rücks auf dessen pers Meing (BAG **AP** Nr 13) die Entgeltlk zu erwarten sein. VerkSitte, Stellg der Beteil zueinander, Umfang u Dauer der De sind maßgebd. Sow die De in den Rahmen des vom DLeistden ausgeübten Hauptberufs gehören, w idR Entgeltlk zu bejahen sein. Bei DLeistg für Verwandte, Freunde u im eheähnl Verh ist ein Indiz für Unentgeltlk, wenn die Vergütg erst später, insb nach Zerwürfn verlangt w; aus der DLeistg allein folgt noch kein Entgeltlk (BAG NJW **74**, 380). Sonderfall: Länger dauernde unentgeltl (od erhebl unterbezahlte) DLeistg in Erwartg künft Zuwendg (insb Erbeinsetzg), Heirat od Adoption, die dann nicht eintreten (sog zweckverfehlte DLeistg). Hier wird v der Rspr § 612 I idR bejaht, auch wenn von Empfängern der De keine sichere Aussicht auf die Zuwendg eröffnet wurde (BAG **AP** Nr 23) od wenn die Zuwendg wg Testierverbots mißlingt (BAG **AP** Nr 27). Bsp: unentgeltl Arb für den Vater des Verlobten in Erwartg, daß dessen Betr übernommen w kann (BAG **AP** Nr 13); unterbezahlte Arb im Betr des Onkels in Erwartg von Erbeinsetzg (BAG **AP** Nr 23); DLeistg in einverständl Erwartg zukünft Vermögenszuwendg unter Lebenden (BGH WM **70**, 90). **b) Wirkung:** Die Vereinbg, daß eine **5** Vergütg zu zahlen ist, wird unwiderlegb vermutet. Die Höhe richtet sich nach Rn 7. Die Fälligk folgt den allg Regeln (vgl § 614). Bei Erwartg v Erbeinsetzg od Vermächtn ist Stundg bis zum Tod des DBer anzunehmen (BAG **AP** Nr 15 u 27); die Zusage ist frei widerrufl (BAG NJW **78**, 444). **c) Beweislast:** Der **6** DLeistde für die Umstde des Abs I, der DBer für die Vereinbg v Unentgeltlk.

3) Höhe (Abs II). Sie wird in dieser Reihenfolge best: Ausdrückl od stillschw Vereinbg (§ 611 Rn 51), **7** taxmäß Vergütg, übl Vergütg (Rn 8), Best dch den DVerpfl (Rn 10); ist diese Best unbillig, dch Urt (§ 315 III). BewLast trägt derjen, der sich auf Abs II als die für ihn günst Vorschr beruft. **a) Taxen:** Das sind nur nach B- od LandesR zugelasse u festgelegte Gebühren (Vergütgssätze), die feste, Höchst- od Mindestsätze darstellen, insb die BRAGO (bestr), die GebO für Ärzte u Zahnärzte, die HOAI. **b) Übliche Vergü- 8 tung** ist die für gleiche od ähnl DLeistg an dem betreffden Ort mit Rücks auf die pers Verh gewöhnl gewährte Vergütg. Es ist auf die Umstde des Einzelfalls abzustellen (BGH NJW-RR **90**, 349), insb bei Mitarbeit v freiberufl tät Pers (zB Zahnarzt, Hamm NJW-RR **93**, 593). **aa) Arbeitnehmer:** Es ist fast allg **9** übl, daß auch bei nichttarifgebundenen ArbN der entspr TarLohn (auch mit im Betr gewährten Zuschlägen) bezahlt w (LAG Düss DB **78**, 165). Dem entspr auch die vielfach kritisierte hM. **bb) Selbständige:** GebO v **9** Verbänden u priv erstellte (zB AllGO für wirtschprüfde, wirtsch- u steuerberatde Berufe, BGH NJW **70**, 699 mwN) können nicht ohne weiteres als übl Vergütg angesehen w; idR wird eine allg Verkehrsgeltg bei den beteil Kreisen verlangt u festgestellt w müssen (vgl § 632 Rn 8). Vergütg für RBeistde: Die BRAGO gilt sinngem (BGBl **80**, I 1506). **c) Einseitige Bestimmung** (§§ 315, 316) dch den DVerpfl ist auch dann **10** vorzunehmen, wenn eine idR Vergütg nicht nur fehlt, sond einen Spielraum läßt.

4) Geschlechtsbezogene Lohngleichheit (Abs III). Ist als Benachteiliggsverbot konzipiert u soll den **11** § 611a I ergänzen, obwohl schon dadch die geschlechtsbezogene Vereinbg geringeren Lohns verboten ist. Die SondRegelg in Abs III kann nur dahin verstanden w, daß and RFolgen als bei § 611a eintreten sollen, obwohl der GGeber nur „ausdrückl gesond normieren" wollte (BT-Drucks 353/79 S 16). Das kann sinnvoller nur der Anspr auf einen höheren Lohn sein (vgl Rn 14). **a) Anwendungsbereich:** wie § 611a Rn 2. **b) Voraussetzungen** (Abs III S 1): **aa)** Die geschuldete ArbLeistg (§ 611 Rn 24–32) muß im Verh zu mind **12** einem ArbN and Geschlechts (u desselben Betr) völl gleich sein (nach Art, Umf u Zt, wie § 611 Rn 25–27) od gleichwert; dies soll (wenn überh mögl: hierzu Eich NJW **80**, 2329) nach Praxis der TVPart u der allg VerkAnschauung geschehen (Lorenz DB **80**, 1745). **bb)** Vereinbg geringer Vergütg im ArbVertr (Einf 4 vor § 611) od bei VertrÄnd (§ 305) im Vergl zu mind einem ArbN and Geschlechts im selben Betr. Es genügt die Vereinbg mit den begünst ArbN u es müssen nicht sämtl ArbN and Geschlechts besser entlohnt w (BAG DB **93**, 737). **cc)** Benachteiligg wg des Geschlechts: Wie § 611a Rn 9. Die Grde der **13** höheren Entlohng dürfen sich nicht auf das Geschlecht beziehen (BAG aaO). **c) Beweislast** (Abs III S 3). Es gilt § 611a Rn 14, 15. Die Anwendg des § 611a I S 3 ist entspr, weil die Voraussetzg unter § 611a Rn **15**

14 (dort bb) hier ggstandsl ist. **d) Wirkung.** Die Vereinbg gleichen Lohns (dh ein entspr VertrAbschl) ist VertrPfl des ArbG. Der ArbN hat einen unmittelb ErfAnspr darauf, daß ihm gleicher Lohn bezahlt w (BAG
15 DB **93**, 737). Der Anspr auf die Lohndifferenz ist kein SchadErsAnspr. **e) Verjährung.** Anzuwenden ist § 196 I Nr 8, 9 (in der Begrdg aA 54. Aufl). **f) Besondere Schutzvorschriften** (Abs III S 2; vgl Adams JZ **91**, 534), die wg des Geschlechts gelten (Einf 84 vor § 611) sind kein Grd (vgl § 611a Rn 11) für geringeren
16 Lohn. **g) Bekanntmachung:** § 611a Rn 4.

612 a *Maßregelungsverbot.* **Der Arbeitgeber darf einen Arbeitnehmer bei einer Vereinbarung oder einer Maßnahme nicht benachteiligen, weil der Arbeitnehmer in zulässiger Weise seine Rechte ausübt.**

1 **Inkrafttreten:** wie § 611a Rn 1. **Vereinbarung:** § 611a Rn 7. **Maßnahme:** § 611a Rn 8. **Benachteiligung:** wie § 611a Rn 9, ohne daß sie geschlechtsbezogen sein muß. **Rechtsausübung:** Grdsätzl darf jeder ein ihm zustehdes R geltd machen; unzuläss ist das nur ausnahmsw (hierzu § 242 Rn 38–41, 61). Bsp: Antr auf Vorruhestandsgeld (BAG NZA **88**, 18); Vollstr eines WeiterbeschäftiggsAnspr (LAG Düss DB **89**, 685);
2 Teilnahme am Streik (BAG NJW **93**, 218). **Verstoß;** auch bei streikbedingten SoZuwendgen (vgl § 611 Rn 115, 116; Schwarze NZA **93**, 967), die nur zuläss sind, wenn sie dazu dienen, bes Erschwernisse nichtstreikder ArbN auszugleichen (Gaul NJW **94**, 1025). RFolge ist Nichtigk (§ 134), sofern dch RGesch benachteilt wird (iü vgl § 611a Rn 3) u Anspr auf die den and ArbN gewährte Leistg (§ 611 Rn 116, 117). Ein SchadErsAnspr ist bei schuldh VertrVerletzg (§ 276 Rn 120) auch über § 823 II gegeben. **Bekanntmachung:** § 611a Rn 4.

613 *Persönliche Pflicht und Berechtigung.* **Der zur Dienstleistung Verpflichtete hat die Dienste im Zweifel in Person zu leisten. Der Anspruch auf die Dienste ist im Zweifel nicht übertragbar.**

1 **1) Dienstleistungspflicht.** S 1 ist Ausleggsregel; daher abdingb. **a) Persönliche Dienstleistungspflicht. aa) Besteht** insb bei sog höchstpers, wenn es auf die bes Fähk der betr Pers ankommt (vgl Neumann-Duesberg BB **70**, 1462), zB Chefarzt bei Operation gg bes Vergütg (LG Fulda MDR **88**, 317). Bei ArbVerh darf der ArbN auch nicht vorübergehd seine Arb dch betriebsfremde Pers leisten lassen (LAG Düss NJW **67**, 2177). Bei DVertr dürfen HilfsPers herangezogen w (Umfang: § 157), zB Delegation einzelner ärztl Aufgaben (insb Blutentnahme, Injektion) auf nichtärztl Assistenten (vgl Hahn NJW **81**, 1977).
2 Nicht v RA auf Bürovorsteher (BGH NJW **81**, 2741). **bb) Rechtsfolgen:** bei Tod des DVerpfl, insb des ArbN endet das DVerh (Vorbem 2 vor § 620); die Pfl geht nicht auf den Erben über. Anfängl Unmögl: Anwendbk der §§ 306, 307 ist umstr (vgl Neumann-Duesberg aaO). Vertrwidr Übertr auf Dr: §§ 325, 326.
3 **b) Dienstleistung durch Dritte:** Zulässig muß vereinb sein od sich aus den Umst ergeben. Bsp: Mandat an AnwSozietät (BGH NJW **63**, 1301); Hausmeisterehepaar (AG Ffm MDR **60**, 676); Oberarzt für verhinderten Chefarzt (umstr; vgl Celle NJW **82**, 2129 mwN u Rn 1).

4 **2) Dienstleistungsanspruch.** S 2 ist Ausleggsregel; daher abdingb. **a) Unübertragbarkeit:** Ausn v § 398; hindert nicht, daß die De ganz od zT zG eines Dr geleistet w. Vererblk ist nicht ausgeschl. Wg
5 Beendigg des DVerh inf Tod des DBer vgl Rn 2 vor § 620. **b) Übertragbarkeit** muß vereinb sein od sich aus den Umst ergeben. Das ist insb bei sog ZeitArbUntern gegeben (vgl Einf 38–40 vor § 611). Mit Zust des DVerpfl kann der Anspr jederzeit übertragb w. Bei ArbGWechsel: § 613a.

613 a *Betriebsübergang.* **[1] Geht ein Betrieb oder Betriebsteil durch Rechtsgeschäft auf einen anderen Inhaber über, so tritt dieser in die Rechte und Pflichten aus den im Zeitpunkt des Übergangs bestehenden Arbeitsverhältnissen ein. Sind diese Rechte und Pflichten durch Rechtsnormen eines Tarifvertrags oder durch eine Betriebsvereinbarung geregelt, so werden sie Inhalt des Arbeitsverhältnisses zwischen dem neuen Inhaber und dem Arbeitnehmer und dürfen nicht vor Ablauf eines Jahres nach dem Zeitpunkt des Übergangs zum Nachteil des Arbeitnehmers geändert werden. Satz 2 gilt nicht, wenn die Rechte und Pflichten bei dem neuen Inhaber durch Rechtsnormen eines anderen Tarifvertrags oder durch eine andere Betriebsvereinbarung geregelt werden. Vor Ablauf der Frist nach Satz 2 können die Rechte und Pflichten geändert werden, wenn der Tarifvertrag oder die Betriebsvereinbarung nicht mehr gilt oder bei fehlender beiderseitiger Tarifgebundenheit im Geltungsbereich eines anderen Tarifvertrags dessen Anwendung zwischen dem neuen Inhaber und dem Arbeitnehmer vereinbart wird.**

[2] Der bisherige Arbeitgeber haftet neben dem neuen Inhaber für Verpflichtungen nach Absatz 1, soweit sie vor dem Zeitpunkt des Übergangs entstanden sind und vor Ablauf von einem Jahr nach diesem Zeitpunkt fällig werden, als Gesamtschuldner. Werden solche Verpflichtungen nach dem Zeitpunkt des Übergangs fällig, so haftet der bisherige Arbeitgeber für sie jedoch nur in dem Umfang, der dem im Zeitpunkt des Übergangs abgelaufenen Teil ihres Bemessungszeitraums entspricht.

[3] Absatz 2 gilt nicht, wenn eine juristische Person oder eine Personenhandelsgesellschaft durch Umwandlung erlischt.

[4] Die Kündigung des Arbeitsverhältnisses eines Arbeitnehmers durch den bisherigen Arbeitgeber oder durch den neuen Inhaber wegen des Übergangs eines Betriebs oder eines Betriebsteils ist unwirksam. Das Recht zur Kündigung des Arbeitsverhältnisses aus anderen Gründen bleibt unberührt.

1) Allgemeines. Abs III ist neugef dch Art 2 des UmwandlgsBereiniggsG v 28. 10. 94 (BGBl 3210), in 1 Kraft seit 1. 1. 95. § 613a steht iZushg mit der EGRiL 77/187, ist nach dieser auszulegen u Urs vieler RProbleme (Henssler NZA **94**, 913). Die Vorschr steht in rechtl Beziehg zu § 111 BetrVG (BetrÄnd; vgl Neef WiB **94**, 97). Zur RStellg des ArbN: Moll NJW **93**, 2016. Die Rspr neigt zu extensiver Anwendg (Willemsen ZIP **86**, 477). **a) Rechtsnatur.** VertrÜbern mit ges SonderRNachfolge (hM; Schreiber RdA **82**, 137). **b) Zweck.** Der ArbN soll dch den BetrÜbergang keine NachT erleiden. **(1)** Schutz der ArbN dch Sicherg des ArbPl; nicht die Erhaltg v ArbPlätzen. **(2)** Schutz der Funktion u Kontinuität des Betr u des BetrRats. **(3)** Regelg der Haftg des bish u des neuen BetrInh (KO geht als lex specialis vor). Das ist unabh v der Möglichk dch dreiseit Vertr das ArbVerh zu übertr (vgl Einf 5 vor § 611). **c) Anwendungsbereich.** Im 2 Beitrittsgebiet SoRegelg dch G v 21. 12. 92 (BGBl 2116) bis 31. 12. 94 für GesVollstr u KündR gem Abs IV S 2: Art 232 § 5 II EGBGB (§ 16 II SpTrUG); hierzu Belling/Collas NJW **91**, 1919. Die entspr Anwendg auf Fälle, die keinen BetrÜbergang darstellen, ist abzulehnen (Schiefer RdA **94**, 83, 85 mwN). **aa) Arbeitsverhältnisse.** Nur bei solchen (Einf 5 vor § 611), einschließl der gekünd, solange die KündFr läuft (BAG BB **78**, 914); auch die v ltd Angest (BAG aaO), Auszubildden (Lepke BB **79**, 526), VersorggsAnwartsch (BAG NJW **79**, 2533 u **80**, 1124). **Nicht:** HeimArbVerh (BAG BB **81**, 1466), RuhestandsVerh (BAG NJW **77**, 1791; NZA **88**, 246); das DVerh des GmbH-GeschFührers (Celle OLGZ **78**, 199), DVertr mit and wirtsch Zweck (BGH NJW **81**, 1364). **bb) Erlöschen** des ArbG dch Umwandlg (Abs III). Bei Verschmelzg, 3 Spaltg, VermögensÜbertrag (§ 1 I Nr 1–3 UmwG) kommt ein Erlöschen des übtragden RTrägers vor (§ 20 I Nr 2, § 131 I Nr 2 UmwG). Bei Formwechsel (§ 1 I Nr 4 UmwG) besteht Identität des ArbG fort (§ 202 I Nr 1 UmwG). Bei Verschmelzg, Spaltg u VermÜbertrag gehen alle Re u Pfl aGrd der §§ 20 I Nr 1 u 131 I Nr 1 UmwG über. Für ArbVerh verbleibt es aber bei der SoRegelg des Abs I u IV (§ 324 UmwG; Wlotzke DB **95**, 40; Kreßel BB **95**, 925; Däubler RdA **95**, 136). **cc) Erbfolge.** § 613a gilt nicht. Dieselben RFolgen 4 wie bei Abs I treten dch § 1922 ein. **dd) Insolvenzen** (hierzu Berscheid AnwBl **95**, 8). Die Fortführg des 5 Betr dch den KonkV ist kein BetrÜberg iS des § 613a. Bei Veräußerg im Konk u LiquidationsVgl gilt aber § 613a für bestehde ArbVerh in Abs I u IV (BAG NJW **84**, 627), auch für VersorggsPfl des ArbG (BAG NJW **92**, 3188), insb auch bei Veräußerg dch den Sequester gem § 106 KO (hM; Göpfert DB **92**, 1727 mwN). Keine Haftg für Verbindlichk, die zZ der KonkEröffng od ihrer Ablehng mangels Masse bereits entstanden waren (sehr umstr; BAG NJW **80**, 1124 mwN u NZA **87**, 548; hiergg krit Loritz RdA **87**, 65 [84]). Diese HaftgsBeschr setzt voraus, daß der Betr nach KonkEröffng erworben w (BAG stRspr NJW **93**, 2259 mwN). Führt der KonkV den Betr fort, so haftet der Erwerber für die dadch entstandenen Massenschulden (BAG NJW **87**, 1966). § 613a gilt auch, wenn der ZwVerwalter eines Grdst den darauf stehden Betr fortführt (BAG NJW **80**, 2148; ebso Richardi RdA **76**, 56; aA Mohrbutter KTS **83**, 8), wenn der BetrInh währd des VglVerf einen BetrT mit Genehmigg des VglVerwalters veräußert (BGH NJW **81**, 1364) od wenn der Erwerber den Betr nur fortführt, um die vorhandenen Roh- u Hilfsstoffe zu verwerten (BAG BB **89**, 558). **ee) Gesellschafter** (Eintritt od Ausscheiden). Hier gilt § 613a nicht, weil die Identität der oHG od KG 6 fortbesteht (BAG NJW **91**, 247). **d) Abdingbarkeit.** Wg des Schutzzweckes (Rn 1) ist § 613a zwingd (allgM; 7 BAG NJW **82**, 1607). Das gilt insb auch für Vereinbg, wonach der Veräußerer ggü dem ArbN allein Schuldner der VersorggsVerpflichtgen bleiben soll (BAG aaO). Vor dem BetrÜbgang können die Wirkgen der Abs I u II nicht dch Vertr v dem bisher ArbG ausgeschl w. Umgehen des § 613a sind unzuläss (BAG **55**, 228) u daher unwirks (Schiefer RdA **94**, 83 [92]). Sie sind wirks nur mögl, wenn eine der Voraussetzgen (Rn 10–16) vermieden w (hierzu Weimar/Alfes NZA **93**, 155). Vereinb aus Anlaß des bevorstehden BetrÜbgs, Aufhebg des ArbVertr u Änd seines Inhalts dch Vertr (§ 305) des neuen (u alten) ArbG u des ArbN sind auch vor BetrÜbergang zuläss (Moll NJW **93**, 2016 [2022] mwN; bestr), insb auch ein Lohnerlaß (BAG NJW **77**, 1168). **e) Verwirkung** der Re des ArbN wg Verzögerg (7 Mon) ihrer Geltdmachg: LAG Köln DB **90**, 1828. 8 **f) Prozessuales.** Bei Anspr, für die § 613a anwendb ist, gelten §§ 265, 325, 727 ZPO (BAG BB **77**, 395). 9

2) Voraussetzungen des Abs I S 1. ZusFassg Henssler NZA **94**, 913. **a) Betrieb oder Betriebsteil** (Abs I 10 S 1). **aa)** Betrieb: Einf 14 vor § 611. Bei ProduktionsBetr ist Überg der wesentl sachl u immateriellen BetrMittel notw (BAG NJW **86**, 451), die im Einzelfall auch das Know-how (BAG DB **94**, 1144). Es müssen nicht alle BetrMittel sein (BAG NJW **86**, 450). Übernahme einzelner Maschinen u v Teilen der ArbNsch ohne organisator Zusfassg genügt nicht. Erst recht nicht die Miete v Maschinen mit BediengsPers (Kania NZA **94**, 871). Bei DLeistgsUntern kann nur begrenzt auf immaterielle Mittel abgestellt w (BAG aaO u NZA **91**, 305). Austausch auch wesentl ProduktionsAnl steht nicht entgg (BAG DB **87**, 991); auch reicht eine große Investition zur Ergänzg des Materiallagers (BAG NJW **95**, 1511). Die Übertr der BetrEinrichtg (BetrMittel) u Entferng vom bisher BetrGrdst kann den Betr darstellen, wenn er auf einem and Grdst fortgeführt w kann (BAG NJW **76**, 535; abw Hess DB **76**, 1154: nicht ohne ArbN). **bb)** BetrT ist ein Anteil von BetrMitteln eines Betr mit Zushang für best arbtechn Zweck; insb BetrAbt (BAG BB **75**, 468), auch NebenBetr (Einf 14 vor § 611), gleichgült welcher Größe; auch der Vertrieb eines Untern (LAG Nds DB **82**, 1174) od eine Abteilg, die nur für den Betr ohne Auftrag Dr arbeitet (BAG NJW **95**, 73). Es wird der Übgang eines BetrSubstrats für erforderl zu halten sein (Voss NZA **95**, 205). Eine bloße BetrFunktion genügt nicht (Voss aaO). Daher ist die Entsch des EuGH unhaltb (NJW **94**, 2343), wenn eine einzelne ArbNin, die ReiniggD leistet, welcher einem and Untern übtragen w, als BetrT anzusehen (mit R abl od krit zB: Buchner DB **94**, 1417; Röder/Baeck NZA **94**, 542). Für die Zuordng zum BetrT ist primär der Wille der Beteiligten (Rn 1 aE) maßgebd. Iü ist das ArbVerh bei Beschäftigg für mehr als einen BetrT nach obj Kriterien zuzuordnen (Kreitner NZA **90**, 429 mwN), insb danach, wo der ArbN überwiegd beschäft war (BAG **39**, 208). **cc)** StileggsAbs steht nicht entgg, wohl aber die tats u vollständ BetrStillegg (BAG DB **87**, 991; vgl Rn 12). 11 Eine solche ist nicht die Veräußerg des Betr (BAG NJW **94**, 75). Daß der Betr zZ des RGesch prakt konkreif ist, steht nicht entgg (BAG BB **79**, 735). **b) Übergang** auf and Inh (auch v od auf jurP öffR) ist jeder 12 Wechsel des BetrInh (auch bei Ges bürgerl Rs mögl, Schleifenbaum BB **91**, 1705), zB von einem Pächter auf neuen (BAG NJW **81**, 2212) od Rückg v Pächter an den Verp (BAG BB **95**, 1800), nicht der Wechsel eines Gesellschafters (Rn 6). Das alles trifft auch auf einen zweiten BetrÜbgang zu (BAG NZA **94**, 1140). Der neue BetrInh muß den Betr als seinen eigenen weiterführen wollen, wofür die bloße Übern v BetrMitteln nicht genügt (Willemsen RdA **91**, 204 [210]). Übergang ist noch nicht das VerpflGesch (Rn 13), sond erst die Erf dch Übertragg der Sachen u Re, die den Betr od BertrTeil darstellen u die auch bloße Möglk der Übernahme der Leitgsmacht des Untern dch den Erwerber (BAG stRspr NJW 93, 2259 mwN), im Einvernehmen mit dem Veräußerer (BAG NJW 92, 3188). Hierfür genügt die Übtragg v NutzgsRen (BAG aaO) od bei sukzessivem Übgang derjen der wesentl BetrMittel (BAG NJW 93, 2259). Vom Überg zu untersch ist die Stillegg (vgl Rn 11). Sie setzt den endgült Entschl voraus, den Betr auf unbest, nicht unerhebl Zt einzustellen.

13 Nach Stillegg ist kein BetrÜbergang iS des § 613a mehr mögl (Moll NJW 93, 2016 [2021]). **c) Rechtsgeschäft.** Es muß dem Übgang zugrdeliegen. Es darf aber unwirks sein (hM; BAG NJW 86, 453). Es kann dem Übgang nachfolgen (BAG ZIP 89, 795 m Anm v Gaul 757) u erfordert nicht unbedingt unmittelb rechtl Beziehgen zw dem früh u dem neuen BetrInh (BAG NJW 95, 73 mwN). Der BegrRGesch ist umfassd lediglich als Abgrenzg zur GesRNachfolge zu verstehen (hM; hierzu krit Loritz RdA 87, 65 [72], auch zur sog AuffangGes). Als RGrd kommen in Betracht: Kauf, Pacht (BAG NJW 79, 2634 u NZA 87, 523; auch Anschlußpacht, BGH NJW 85, 2643), Schenkg, sogar uU Künd des sog Einfirmenvertreters (BAG NZA 88, 838), wobei es auf Motive des Erwerbers (auch StilleggsAbsicht, Rn 10 aE) nicht ankommt (BAG DB 78, 1453). Das RGesch muß sich auf den Betr beziehen; es genügt nicht die Miete der selben GeschRäume (LAG BaWü BB 85, 123) od die Übern der Belegsch (BAG NJW 86, 451). Es können auch mehrere RGesch sein, die dem BetrÜbgang zugrundeliegen (BAG NJW 86, 448). Der bisher BetrInh muß daran nicht beteil sein (BAG aaO; Backhaus DB 85, 1131). Auf Vereinbg der VertrPart, die den § 613a ausschließen sollen, kommt es wg Rn 7 nicht an (BAG NJW 76, 535). **d) Bestehende Arbeitsverhältnisse** aller Art, auch fakt (Einf 29 vor § 611) u zwar zZ des BetrÜb-

14 gangs (BAG NJW 87, 3031). Auch gekünd, wenn sie inf der Fr noch nicht beendet sind. **e) Beweislast** für Übern trägt der auf Vergütg klagde ArbN. Zum Bew des ersten Anscheins: BAG NJW 86, 454.

15 **3) Widerspruch** des ArbN. Zu seiner RStellg: Schlachter NZA 95, 105. Seine Zustimmg ist grdsätzl nicht nöt; jedoch hindert ein Widerspr des ArbN den Übgang seines (mit dem bisher ArbG fortbestehden) ArbVerh (vgl Rn 17, 18; BAG stRspr zB NJW 93, 3156 mwN). Das WidersprR besteht nicht bei UnternhSpaltg (Heinrichs ZIP 95, 794). WidersprR wird dch die EG-Richtlinie 77/187 nicht eingeschr (EuGH DB 93, 230; Ehrich NZA 93, 635 mwN). Es kann auch noch nach BetrÜbg ausgeübt w, wenn ArbN erst danach darü informiert w (BAG NJW 94, 2170). Für den Widerspr kann dann eine ErklFr gesetzt w; idR muß unverzügl widerspr w (vgl BAG aaO). Der Widerspr kann ggü dem BetrVeräußerer wie dem BetrErwerber erkl w (BAG NJW 94, 2245). Das gilt auch, wenn der ges Betr übergeht (BAG NJW 80, 2149); jedoch nicht mehr, wenn sich ArbN u neuer ArbG darü einig waren, daß das ArbVerh übergehe (BAG NZA 84, 32). Ein Widerspr bedarf keines bes Grds (BAG aaO). Fortsetzg des ArbVerh mit neuem ArbG u Schweigen innerh angemessener ÜberleggsFr gelten als Zust (BAG NJW 78, 1653). Ggü dem widerspr ArbN verbleibt dem ArbG das R auf ord betrbedingte Künd gem § 1 KSchG (vgl Rn 30). Umstr ist, ob der ArbN, der widerspricht, bei einer betrbedingten Künd des bisher ArbG in die soziale Auswahl (§ 1 KSchG) einbezogen w darf (vgl Helpertz DB 90, 1563 mwN). Das ist zu bejahen (vgl Rn 18). Nur bei Widerspr aus sachl Grd kann sich der ArbN auf fehlerh SozAuswahl berufen (BAG NJW 93, 3156 mwN; Lunk NZA 95, 711).

16 **4) Wirkung** (Abs I S 1) ist der Übgang des ArbVerh (gilt auch bei Umwandlg, vgl Rn 3) mit der Folge, daß es fortbesteht, einschließl der bestehden VersorggsAnwartsch (hM; Falkenberg BB 87, 328 mwN). Hierauf abzielde rechtsgesch Erkl der Beteil sind unnöt. § 412 gilt. **a) Neuer Arbeitgeber** (Abs I). Diese RStellg erlangt der neue BetrInh mit dem Überg (Rn 12). Er tritt in Rechte anstelle des bisher ArbG, wird Schu aller bisher entstandenen Pfl (zB rückständ Lohn, BAG NJW 77, 1168) u Inh aller auf dem ArbVerh beruhden Re ggü dem ArbN. Das gilt insb für den Anspr auf ArbLeistg (Ausn von § 613). Er wird auch DrSchu der Lohnpfändg (LAG Hamm BB 76, 364). Es trifft ihn der gg den früh Inh begründete AnnVerz für § 615 (BAG DB 91, 1886). Beim unverzbdl Übgang wird er Schuldner eines AbfindgsVertr (BAG NZA 94, 1140). Bei bereits beendetem ArbVerh tritt der neue ArbG hingg nicht in die VergütgsPfl (BAG NJW 87, 3031) od in die RuhegeldAnwartsch u -verbindlichk ein (BAG 29, 94 [98] u NZA 88, 246), dies regelt sich nach § 4 BetrAVG (Schaub ZIP 84, 272 [275]). Bei FirmenÜbernahme gilt aber § 27 HGB (BAG NZA 88, 246). Nicht gehaftet

17 wird für ProvAnspr ausgeschiedener ArbN (BAG NZA 87, 597). **b) Bisheriger Arbeitgeber** (Abs II). Er verliert alle Re aus dem ArbVerh. Für die bis zum Übgang (Rn 12) entstandenen Pfl haftet er dem ArbN weiter, ggf anteil (LAG Düss DB 77, 502). GesSchuld gem §§ 421 ff mit anteil Ausgleich, auch für gewährten Url (BAG NJW 85, 2643). Vereinb AusschlFr laufen ab BetrÜbgang (BAG NZA 95, 742). Für Fälligk (wicht wg S 1) sind §§ 614, 271 zu beachten. Im Verh zum neuen BetrInh richtet sich die AusglPfl (§ 426) nach dem Vertr zw ihnen (Rn 13; vgl Löwisch ZIP 86, 1101). Hierin kann insb vereinb w, daß der neue BetrInh die od bestimmte ArbN weiterbeschäft (vgl BGH NJW 87, 2874). Eine AusleggsRegel, wonach der bisher ArbG bis zum Überg, ggf anteil, die entstandenen u fäll Verbindlichk zu tragen habe, besteht nicht (Schreiber RdA 82,

18 137), zB bei UrlAnspr (Ffm MDR 83, 666). **c) Arbeitnehmer.** Grdsätzl besteht das ArbVerh weiter, auch die ArbPfl ggü dem neuen ArbG (Ausn von § 613) mit gleichem Inhalt, insb LeistgsOrt (vgl BAG NZA 90, 32). Dem ArbN steht es frei, dem Übgang des ArbVerh zu widersprechen, mit der Folge, daß das ArbVerh mit dem bisher ArbG fortbesteht (BAG stRspr NJW 93, 3156; vgl Rn 15). Es kann dann v diesem aus dringden betr Erfordern (§ 1 III KSchG) gekünd w (vgl Rn 15), insb auch wenn nur ein BetrT übertragen ist (LAG Köln NZA 95, 471). Die BetrZugehörigk als Voraussetzg für die verlängerten KündFr (§ 622 II), für KündSchutz (§ 1 KSchG), RuhegeldAnwartsch (Einf 80 vor § 611; BAG NJW 79, 2533) u Gratifikation (§ 611 Rn 82, 83) werden dch den BetrÜberg nicht unterbrochen, jedoch muß bei eigenen VersorggsZusagen des neuen ArbG die frühere BeschäftigsZt nicht angerechnet w (BAG NJW 80, 416). Bei ÜbNahme von 2 Betr gilt der Grds

19 der Gleichbehandlg auch in seinem AnwendgsBereich (§ 611 Rn 112) nicht (BAG BB 77, 145). **d) Rechte und Pflichten.** Nur solche aus dem ArbVertr u zwar alle, zB auch der UrlAnspr (BGH NJW 85, 2643) u die Anspr auf betriebl AltersVersorg (BAG stRspr NJW 92, 708 u NZA 93, 643). Umstr ist, ob auch das nachvertragl WettbVerbot (§ 611 Rn 43) übgeht (Nägele BB 89, 1480; Gaul NZA 89, 697). Nicht dazu gehören rückständ SozBeitr (BayObLG BB 74, 1582) u Lohnsteuer. Auch an selbst VersorggsEinrichten

20 des bisher ArbG erwirbt der neue ArbG keine Re (BAG **AP** Nr 7). **e) Betriebsvereinbarungen** (vgl Rn 21 ff). Ihre Fortgeltg ist üb die Wirkg v Abs I S 2–4 (Rn 21, 22) in der Weise anzunehmen, daß der neue BetrInh in die betrverfrechtl Stellg des BetrVeräußerers eintritt (BAG DB 95, 432 mwN).

5) Einfluß von Tarifverträgen und Betriebsvereinbarungen (Abs I S 2–4). Hierzu Zöllner DB **95**, **21** 1401. Diese Regelg gilt auch bei Umwandlg (§ 324 UmwG; Wlotzke DB **95**, 40). Sie bezweckt ein Verschlechtergsverbot u soll die TarEinh im neuen Betr wahren (BAG NZA **86**, 687). Andseits würden Abs I S 2–4 als SoRegelg ggü dem Grdsatz der TarEinh begriffen u sollen die TarPluralität nicht verhindern können (Kania DB **94**, 529). Abs I S 2–4 gelten nur für diejenigen Fälle, in denen die TarifZustdgk dch den BetrInh-Wechsel veränd w, dh TarVertr u BetrVereinbg nicht sowieso schon weitergelten. Es ist auch grdsätzl v der Kontinuität des BetrR auszugehen (Henssler NZA **94**, 913 [920]). **a) Inhaltsfortsetzung** (S 2, 1. Teil). Daß **22** die Re u Pfl aus dem ArbVerh, auch sofern sie dch die Wirkg eines TV od einer BetrVereinbg gestaltet sind, auch für u gg den ArbG wirken, ergibt an sich schon S 1. Aus S 2 folgt, daß die Wirkg der Kollektivnormen nunmehr individualrechtl (einzelvertragl) weitergilt (aA Zöllner DB **95**, 1401) u zwar zwingd gg den ArbG u zG des ArbN (vgl Rn 23). Betrifft nur die zZ des BetrÜberg geltden TarNormen (BAG NZA **86**, 422). Eine spätere Änd des TV wirkt nicht zurück (BAG NZA **95**, 740). **b) Verschlechterungsverbot** (S 2, **23** 2. Teil). Jede Änderg, die Re u Pfl des ArbVerh betr, fällt grdsätzl unter § 305. Zum Nachteil: Der notw Vergl (§ 611a Rn 9) muß hier zw dem bisher u dem neuen Inhalt des ArbVerh gesucht w. Hierbei kann es vieles geben, bes in BetrVereinbg, was bei der beabsicht Änderg weder als Vorteil noch Nachteil od als gleichwert eingestuft w kann. Die Behandlg solcher Fragen muß der Praxis überlassen w. Frist: Beginn mit Überg (Rn 12). Berechg: §§ 187 ff. Änderg: nicht Abschl des RGesch (§ 305), sond Eintritt der Wirksamk. Ein Verstoß bewirkt Nichtigk (§ 134). **c) Vorrang anderer Kollektivverträge** (S 3). Sie müssen für den **24** neuen ArbG (u BetrInh) gelten; das bedeutet, daß dieser unter eine and TarifZustdgk fällt. Das setzt voraus, daß der neue ArbG (u BetrInh) bereits ein Untern betreibt, dem der übergehde Betr in irgendeiner Form anod eingegliedert w. Die dafür geltden KollektivVertr regeln den Inhalt des ArbVerh zw ArbN u dem neuen ArbG (abweichd v S 1; Rn 22), soweit sie and Regelgen enthalten; iü gilt der Inhalt des (alten) ArbVertr weiter. Diese Wirkg tritt ein, auch wenn die Bindg an den neuen TarVertr erst nach dem BetrÜberg beginnt u ohne Rücks darauf, ob die Normen der KollektivVertr für den ArbN nachteil sind od nicht. **d) Zulässige 25 Änderung** (S 4). Bezieht sich auf S 1 u ist kaum noch zu verstehen. Bezweckt wird die frühere Beendigg des Ändergsverbots (Rn 23) in 2 Fällen: **aa)** wenn der TV od die BetrVereinbg, die schon das frühere ArbVerh normierten, wg FrAblauf od Künd beendet w (1. Alt); **bb)** wenn der neue ArbG u der ArbN vereinb, daß ein anderer TV angewendet w; das darf aber nur der „einschlägige" sein (BT-Drucks 353/79 S 18).

6) Kündigung des ArbVerh (Abs IV). Gilt für alle ArbN auch bei Umwandlg (§ 324 UmwG; Wlotzke DB **26** **95**, 40; vgl Rn 3). Bei GesellschWechsel (Rn 6) auch nicht entspr anwendb (BAG NJW **91**, 247). **a) Voraussetzungen. aa)** Künd: ordentl (§ 622) u außerordentl (§ 626), auch ÄndKünd. Sie muß vom bisher ArbG od v neuen ArbG (dem neuen BetrInh) ausgehen. Die KündKl ist gg denjen ArbG zu richten, der gekünd hat (vgl BAG NJW **84**, 627). **bb)** Der BetrÜberg (Rn 12) muß nicht der allein BewegGrd sein. Es genügt für die **27** Unwirksk, daß der BetrÜberg für die Künd wesentl mitbestimmd ist (Bauer DB **83**, 713 mwN). Für Künd, die unabhäng vom BetrÜberg gerechtfert sind (insb bei § 1 KSchG), gilt Abs IV S 1 nicht. Das sollte nicht auf diejen Fälle erstreckt w, in denen die betreffde Künd nöt ist, um für den Betr bei Veräußerg dch den KonkVerw die Fortführg dch den Erwerber zu erzielen (aA LAG Ffm ZIP **82**, 619 m abl Anm v Westhelle). **cc)** BewLast für Kausalität zw BetrÜberg u Künd trägt der ArbN, der die Unwirksamk der Künd im Proz **28** geltd macht (BAG NJW **86**, 2008). **b) Wirkung.** Es handelt sich um ein eigenständ, v KSchG unabhäng **29** KündVerbot (hM; BAG NJW **86**, 87). Die verbotswidr erkl. Künd ist nichtig (§ 134) u fällt unter § 13 III KSchG, wenn für das ArbVerh das KSchG anwendb wäre (BAG aaO). Die Fr des § 4 KSchG gilt nicht (BAG aaO). Das KündVerbot ist unabhäng davon, ob das KSchG iü anwendb ist od nicht (BAG aaO). Zur Verwirkg des KlBegehrens bei verzögerter Kl des ArbN: BAG DB **88**, 2156. Eine Künd des ArbN kann wg Umgeh des Abs IV nichtig sein (§ 134), wenn sie der ArbG wg bevorstehder BetrVeräußerg veranlaßt (BAG NZA **88**, 198). **c) Andere Kündigungsgründe** (Abs IV S 2). Solche sind nur erforderl für die außerord Künd **30** (§ 626) u für die ordentl Künd, die dem KSchG (§§ 1, 23) unterliegt, so daß aus diesen Grden auch bei BetrÜberg gekünd w kann (BAG NJW **86**, 91), insb wg betriebl Erfordern (§ 1 KSchG). And Künd bedürfen keines Grdes. Bei ArbVerh, für die das KSchG nicht gilt, muß also für die wirks Künd nur der BewegGrd des BetrÜberg fehlen (vgl hierzu Popp DB **86**, 2284; Berscheid AnwBl **95**, 8 [21]). Gilt das KSchG, so ist die Stillegg des Betr nach § 1 II KSchG zu behandeln; eine solche Künd gehört zu denen iS des Abs IV S 2 (BAG NJW **86**, 91). Für eine solche Künd ist auf eine StileggsAbs u auf die Verh zZ der KündErkl abzustellen (BAG NZA **89**, 265). **d) Neue Bundesländer** (vgl Rn 2). Seit 12. 4. 91 bis zum 31. 12. 98 gilt anstelle von Abs IV S 2 **31** die Vorschr des Art 232 § 5 II EG (dort Rn 14). Daraus folgt, daß bei jedem BetrÜbgang vom bisher od neuem ArbG wirks gekünd w kann, wenn wirtsch, techn od organisator Grde vorliegen (vgl Ascheid NZA **91**, 873 [877]). Der BetrÜberg darf daneben mit ursächl sein (Weimar/Altes DB **91**, 1830).

614 *Fälligkeit der Vergütung.* **Die Vergütung ist nach der Leistung der Dienste zu entrichten. Ist die Vergütung nach Zeitabschnitten bemessen, so ist sie nach dem Ablaufe der einzelnen Zeitabschnitte zu entrichten.**

1) Allgemeines. § 614 ist SoRegelg ggü § 271. Prakt geringe Bedeutg, da SoVorschr (§§ 64, 87c HGB, **1** § 11 BerBG) bestehen u im ArbR § 614 dch TV u BetrVereinbg (§ 87 I Nr 4 BetrVG) häuf abbedungen ist.

2) Wirkung: a) Vorleistungspflicht des DVerpfl; daher hat er ein ZbR aus § 320 nur, wenn die fäll gew **2** Vergütg nicht bezahlt ist od der DBer und Pfl nicht erf (vgl § 611 Rn 14). **b) Vorschüsse** u AbschlagsZahlg **3** erfordern grdsätzl ausdrückl od stillschw Vereinbg, idR anzunehmen bei AufwandsEntsch u Spesen (LAG BaWü BB **69**, 875), aus FürsPfl (§ 611 Rn 96) bei Notfällen (hM), Abschlag u Vorschuß mindern ohne Aufrechng od sonst Erkl als vorzeit Erf (§ 362 I) die Vergütg. Die Beendigg des ArbVerh rückt die spätere Fälligk einer Vergütg nicht auf diesen Ztpkt vor (BAG BB **73**, 144).

615 *Vergütung bei Annahmeverzug.* **Kommt der Dienstberechtigte mit der Annahme der Dienste in Verzug, so kann der Verpflichtete für die infolge des Verzugs nicht gelei-**

steten Dienste die vereinbarte Vergütung verlangen, ohne zur Nachleistung verpflichtet zu sein. Er muß sich jedoch den Wert desjenigen anrechnen lassen, was er infolge des Unterbleibens der Dienstleistung erspart oder durch anderweitige Verwendung seiner Dienste erwirbt oder zu erwerben böswillig unterläßt.

1 **1) Allgemeines. a) Grundgedanke.** Der DVerpfl ist idR für seinen LebensUnterh auf die Vergütg angewiesen. Er kann seine ArbLeistg, über die er dch das DVerh disponiert hat, nicht ohne weiteres 2 anderweit verwerten u nicht ohne Schädigg nachholen. **b) Anwendungsbereich:** Alle DVerh, nicht nur ArbVerh, auch kurzzeit u vorübergehde (zB Unterricht, Tagesaushilfen), auch wenn sie noch nicht angetreten sind. Zeitl nur bis zu ihrer Beendigg. Auch BeratsVertr mit RAen (Mü NJW-RR **94**, 507); nicht eingehaltene Behandlungstermine bei Ärzten (LG Kstz NJW **94**, 3015; Wertenbruch MedR **91**, 167 mwN). 3 **c) Rechtsnatur:** § 615 gibt keinen selbstd Anspr, sond bewirkt, daß (abw v Grdsatz „Lohn nur für geleistete Dienste", vgl § 614) der VergütsAnspr (§ 611), also brutto, dem DVerpfl erhalten bleibt. Er ist ein Erf-Anspr, kein SchadErsAnspr (BGH NJW **67**, 250). Daraus folgt: Fällig wie bei tats DLeistg (BAG **AP** Nr 22), ebso der Umfang. Insb sind der vermutl Akkordlohn, Prov, Gratifikation u Zulagen zu zahlen 4 (BAG **AP** Nr 23; Hoppe BB **67**, 1491). **d) Verhältnis zu §§ 323–325** (vgl Neumann-Duesberg JuS **70**, 68). **aa)** Soweit § 615 erf ist, kann § 323 nicht angewendet w. Beim VollzeitDVerh umfaßt § 615 nur die UnterbrechgsFälle, nicht den Abbruch (Rückert ZfA **83**, 1). Bei Dauerstörgen (Abbruch) gilt § 323 (Rückert 5 aaO). **bb)** Wenn die DLeistg inf Versch des DBer unmögl w. gilt § 324 u es treten die gleichen RFolgen wie bei § 615 ein (§ 324 I). **cc)** Für § 615 im Verh zu §§ 323–325 ist allg zu beachten: Eine DLeistg wird trotz ihres Fixschuldcharakters (vgl hierzu Nierwetberg BB **82**, 995) dadch, daß sie für einen best ZtRaum nicht erbracht w, nur unter der Voraussetzg unmögl, daß sie nicht nachholbar w kann. Ist sie nachholb, so tritt Befreiung v der DLeistg nur über § 615 ein, da §§ 323–325 Unmöglk voraussetzen. Mit Ihrem Eintritt endet auch der AnnVerzug (BAG **AP** Nr 20) od tritt gar nicht erst ein. Es gelten dann, je nachdem, ob Versch vorliegt oder nicht, § 325 (bei Versch des DVerpfl), § 324 (bei Versch des DBer) oder § 323 (fehldes Versch; 6 hierzu Rn 21). **e) Abdingbarkeit:** Ist der S 1 wie für S 2 zu bejahen (h.M; BAG NJW **64**, 1243); muß (jedenf für S 2) zweifelsfrei vereinb sein (BAG aaO). Die Klausel, „bezahlt wird nur die Zt der geleisteten Arb" bezieht sich nur auf ArbVersäumn des § 616 u ist für § 615 bedeutslos (BAG **AP** BetrRisiko Nr 14); S 1 ist aber beim ArbVerh des LeihArbN unanwendbar (§ 11 IV AÜG). BewLast für abw Vereinbg trägt derjen, der sich darauf beruft (vgl BAG NJW **64**, 1243).

7 **2) Voraussetzungen** (S 1). **a) Möglichkeit** der DLeistg (tats u rechtl) ist Voraussetzg des S 1. Bei Unmöglk (zB bei Stromsperre, Ausfall v Maschinen) sind die §§ 323–325 anzuwenden (vgl Rn 4, 5). Außerdem tritt wg § 297 kein AnnVerzug ein. Das ArbVerh muß also (fort)bestehen; das trifft zu, wenn eine Künd einvernehml zurückgenommen w (BAG **AP** Nr 40). Für die Wirksk einer v DBer (ArbG) ausgesprochenen Künd trägt dieser die BewLast (BAG ZIP **88**, 905). Unmögl ist die DLeistg zB, wenn der ArbN inf v Hindernissen auf dem Weg zur Arb (Eisglätte) den ArbPlatz nicht erreicht (BAG DB **83**, 396), selbst wenn es an einem Werkbus des ArbG liegt (BAG aaO); ferner, wenn ein BeschäftigungsVerbot entgg-8 steht. Auch Wille u Bereitsch zur ArbLeistg müssen vorliegen (Schaub ZIP **81**, 347). **b) Unterbleiben** der DLeistg für einen best ZtRaum, u zwar nur völl Unterbleiben. Werden die Dienste im Rahmen der zeitl laufden DLeistg nur zT erbracht (zB Fahren ohne EntladeArb), kommt nur SchlechtErf in Betr (§ 611 9 Rn 35). **c) Annahmeverzug.** Hier sind die §§ 293 ff anzuwenden (BAG stSpr: NZA **87**, 377 mwN). Das Angebot u der AnnVerzug entfallen nicht dadch, daß der DVerpfl ein anderes D(Arb)Verh eingeht (das 10 ergibt indirekt S 2). **aa) Angebot** der DLeistg dch den DVerpfl, u zwar am rechten Ort, zur rechten Zt u Weise. Dem steht entgg, wenn ein SchwBeh aus gesundheitl Grden das geschuldete ArbLeistg nicht mehr erbringen kann (BAG NZA **92**, 27), wenn eine Mutter an den ArbPl nur mit ihrem Kind kommen will, um es zu stillen (BAG NJW **86**, 864) od wenn der ArbN arbunfäh alkoholisiert ist (LAG SchlH NZA **89**, 472). 11 **(1) Tatsächlich** (§ 294). Der DVerpfl (ArbN) muß sich zum Ort der DLeistg (§ 611 Rn 32) begeben u versuchen, mit der Arb zu beginnen, u zwar rechtzeit (vgl Schaub ZIP **81**, 347). Das gilt auch für einen Arzt, der mit VorlaufZt arbeitet, in seiner Praxis (LG Kstz NJW **94**, 3015). Das Angebot braucht nicht wiederholt zu werden (BAG **AP** Nr 20), solange nicht der DBer dazu übergeht, zur ArbLeistg aufzufordern. Stets muß bei andauerndem DVerh auch das LeistgsAngebot fortbestehen (BAG aaO), am besten gem Rn 12 dch eine 12 entspr Erkl. **(2) Wörtlich** (§ 295). Diese Erkl muß gem § 130 dem DBer zugehen, auch stillschw mögl u muß den ernsten Willen des DVerpfl zur DLeistg erkennen lassen. Diese sog LeistgsBereitsch muß tats bestehen (BAG NJW **75**, 1336) u kann idR nur für ZtRäume festgestellt w, die vor dem VhdlgsSchl (§ 296a ZPO) liegen (BAG aaO). Auch die LeistgsFähk (§ 297) muß gegeben sein, insb darf der ArbN nicht krank sein (vgl hierzu Bauer/Hahn NZA **91**, 216), auch muß der angestellte Kraftfahrer den Führerschein besitzen (BAG NJW **87**, 2837). Das wörtl Angebot genügt (vgl § 295), wenn der DBer vorher dem DVerpfl erkl hat, er werde die De nicht annehmen (zB Verbot den Betr zu betreten) od wenn MitwirkgsHdlg des DBer erforderl ist (zB Bereitstellg v ArbPlatz, -gerät u -material). In AusnFällen kann schon in bisher Arb-Leistg dieses Angebot gesehen w, jedoch ist idR ein Widerspr des DVerpfl (ArbN) gg die Künd erforderl (BGH NJW **67**, 250; Kblz NJW-RR **94**, 1058), insb KündSchKl (BAG stSpr zB DB **90**, 2073). Ob der bloße Widerspr bei BeratsVertr mit RAen genügt, ist zweifelh (vgl Mü NJW-RR **94**, 507). Die Anz der ArbFähk ist nicht unerläßl Voraussetzg des AnnVerz (BAG aaO). Ein wörtl Angebot genügt nicht, wenn es schon vor der Künd des DBer erkl w (BGH NJW **88**, 1201). Ein AuflösgsAntr gem § 9 KSchG schadet 13 nicht, wenn er dann zurückgenommen wird (BAG **AP** Nr 22). Bei vorangegangener Krankmeldg muß der ArbN im KündSchProz das Ende der Erkrankg grdsätzl mitteilen (vgl Rn 13). **(3) Überflüssig** ist das Angebot in den Fällen des § 296. Das BAG NJW **89**, 935 verneint das Erfordern eines Angebots der Arb-Leistg auch, wenn der ArbG nach unberecht außerord, später für unwirks erkl Künd dem ArbN nicht einen funktionsfäh ArbPl u Arbeit zuweist, damit der ArbN die geschuldete ArbLeistg erbringen kann (ebso BAG NJW **94**, 2846). Ist der ArbN zZ der fristl Künd od später nicht leistgsbereit od -fähig, muß er seine ArbBereitsch dann nicht mitteilen, wenn der ArbG nach der fristl Künd ernsth erkl hat, er verzichte auf die Arb auch für die Zt nach Ende der fehlden ArbBereitsch (BAG aaO). Dies alles gilt nach BAG NJW **85**, 2662

auch bei ord Künd, wenn der ArbG den ArbN, welcher der Künd widerspr od seine LeistgsBereitsch anzeigt, insb KündSchKl erhoben hat, für die Zt nach Ablauf der KündFr nicht zur Arb auffordert. Der wieder genesene ArbN, der seine LeistgsBereitsch erkennb gemacht hat, muß seine Fähigk zur ArbLeistg nicht bes anzeigen (vgl § 296 Rn 2), auch wenn die ArbUnfähk inf Krankh vorher mehrfach aufeinandfolgd befristet festgestellt worden ist (BAG stRspr NJW **92**, 932 u **95**, 2653). Das ist nicht anwendb bei DVerh mit weitgehd freier Gestaltg der Tätk (BGH NJW-RR **86**, 794). **bb) Nichtannahme** dch den DBer (ArbG; **14** § 293; § 622 Rn 120), ausdrückl od stillschw, ohne Rücks auf Versch, insb dch fristlose Künd, Abberufg v VorstdsMitgl einer AG od GeschF einer GmbH, Einf v KurzArb u BetrUrl, Zutrittsverweiger zur Arb-Stelle, Beurlaubg, Suspendierg. Der AnnVerzug tritt nicht ein, wenn dem DBer die Beschäft ausnw unzumutb ist (BAG NZA **88**, 465) u entfällt von dem Ztpkt an, zu dem sich der DBer zur Weiterbeschäftigg bereit erkl, insb zur Aufnahme der Arb auffordert (BAG stRspr NJW **93**, 2637 mwN), zB die Künd zurücknimmt. Es genügt aber nicht, daß sich der ArbG bereit erkl, den ArbN im Rahmen eines fakt ArbVerh (Einf 29 vor § 611) bis zum erstinstanzl Urt weiterzubeschäft (BAG NJW **82**, 121) od vorläuf bis zum ProzEnde (Denck NJW **83**, 255 mwN). **cc) Ende des Annahmeverzugs** nach den §§ 293–299, zB dch Eintritt schuldnerischen Unvermögens (vgl § 297 u Rn 12 aE). Nach BAG NJW **86**, **15** 2846 endet der AnnVerz nicht dadch, daß der ArbG vorsorgl ein für die Dauer des KündRStreits befristetes neues ArbVerh zu den bisher Bedinggen od eine dch die Wirksk der Künd auflösd bedingte Fortsetzg des ArbVerh anbietet. Die Ablehng des Angebots dch den ArbN ohne rechtl erhebl Grd, kann aber unter S 2 (3. Fall) subsumiert w (BAG NJW **82**, 121). **d) Ursächlichkeit** (wie Vorbem 56 vor § 249) des AnnVerzugs **16** (Rn 9) für das Unterbleiben (Rn 8).

3) Rechtsfolgen. a) Wirkung. Der DVerpfl behält den VergütsAnspr (S 1) in Art u Umfang wie unter **17** Rn 3 dargestellt. Macht der ArbN diesen Anspr geltd, so ist er dem ArbG zur Ausk üb andweit Erwerb verpfl (allgM; zB BAG NZA **94**, 116 mwN). Mehraufwendgen können gem § 304 verlangt w. Der Anspr kann nicht dch Mitverursachg (§ 254) herabgesetzt w, weil der Anspr nicht auf SchadErs gerichtet ist (BAG NJW **67**, 250). Der VergütsAnspr geht verloren, wenn der DVerpfl keinen AnnVerz herbeiführt (BGH NJW **88**, 1201). Zu den Risiken des ArbG iF eines KündSchProz: Schäfer NZA **84**, 106. Verj des Anspr: § 196 I Nr 9. Keine Unterbrechg (§ 209) od Hemmg (§ 202) dch KündSchutzKl (BAG stRspr NZA **92**, 1025). **b) Anrechnung** (S 2) beschr entspr § 324 I 2 den Anspr in seiner Entstehg (mit SondRegelg in § 11 **18** KSchG). Sie erfordert keine bes Erkl u ist keine Aufrechng. ÜbZahlg ist üb § 812 auszugleichen (BAG NJW **94**, 2041). Behauptgs- u BewLast trägt der DBer. Anzurechnen sind: **aa) Ersparnis,** soweit sie auf dem Unterbleiben der DLeistg beruht, zB Fahrtkosten. **bb) Anderweitiger Erwerb:** die tats erzielte GesVer- **19** güt (Anrechng jeweils brutto, KG DB **79**, 170); eine nicht fäll u aufschiebd bedingte ProvFdg (LAG Düss DB **70**, 1277), auch öff-rechtl Leistgen; denn § 11 Nr 3 KSchG gilt entspr (allgM). Nur derjen Erwerb, der dch die unterbliebene DLeistg (auch inf v Beurlaubg, BAG **AP** Nr 25) u dch ArbKraft ermögl w (hM; BAG NZA **91**, 221 mwN); daher nicht: der auch sonst mögl Nebenverdienst, die Verwertg der ArbKraft im eig Haush u Verdienst aus GelegenhGesch. Anzurechnen ist auf den ges ZtRaum des AnnVerzugs, nicht nur auf den entspr des anderweit Erwerbs (BAG NJW **94**, 2041 mwN). Pfl zur Ausk entspr § 74c II HGB, wobei der ArbG bis zur Erf die Einr des § 320 I S 1 hat (BAG NJW **74**, 1348 u **79**, 285). Bei unzureichder Ausk gilt § 260 II entspr (BAG NJW **74**, 1344). Der ArbG muß aber beweisen, daß der ArbN anderweit gearbeitet u verdient hat (BAG NJW **79**, 285). **cc) Böswillig unterlassener Erwerb:** Böswill bedeutet, daß **20** der DVerspfl eine zumutb ArbMöglk kennt u vorsätzl ausläßt (BAG **AP** Böswillig Nr 1, 2); das wird währd der Dauer eines KündSchProz idR zu verneinen sein, sow es sich um DauerArbVertr handelt (vgl Gumpert BB **64**, 1300). Unterl v Bemühgen, Arb zu finden, ist nur dann böswill, wenn konkr Aussicht auf Erfolg besteht (LAG Bln NZA **84**, 125). Hdlg des ArbN, die der Sicherg vertragl Re dienen, sind nicht böswill, zB die Künd eines neuen ArbVerh trotz Ablehng des DLeistgsAngebots dch den bisher ArbG (BAG BB **74**, 277). Der ArbN muß auch nicht eine Tätigk ausüben, die der ArbG ihm unter Überschreitg des DirektionsR (§ 611 Rn 45–48) zuweist (BAG BB **81**, 1399).

4) Beiderseits unverschuldete Unmöglichkeit der DLeistg fällt nicht unter § 615 (vgl Rn 4), sond **21** unter § 323, führt zum Verlust des VergütsAnspr u deshalb beim DVertr zu unangem Ergebn, wenn die Unmöglichk auf einer BetrStörg beruht. Zur Lösg dieses Problems haben RG u RAG seit 1923 (RG **106**, 272) die Sphärentheorie entwickelt. Auch das Schriftt hat sich ständ mit dem Problem befaßt (vgl die Nachw bei Rückert ZfA **83**, 1), sich dabei v der Dogmatik des BGB entfernt. Der GGeber ist untät geblieben. Das BAG hat folgende Grdsätze entwickelt: **a) Betriebsrisiko.** Dazu gehört das Untern- u Lohnrisiko. Es trägt **22** grdsätzl der DBer (ArbG); er bleibt damit (ggf nur in Höhe des KurzArbGeldes, BAG NZA **91**, 67) zur Zahlg der Vergütg auch ohne DLeistg verpfl, insb bei AuftrMangel, Ausfall v Betr- u Hilfsstoffen (Strom, Heizg, ArbMaterial, Maschinen), Brand (BAG NJW **73**, 342). Explosionen, Wetterstörgen, behördl Verboten, auch BetrVerbot bei Smog-Alarm (aA Ehmann NJW **87**, 401), jedoch trägt hier das Wege-Risiko selbst bei Verkehrsverbot der ArbN (Ehmann aaO). In diesen Fällen kann nur ausnw die LohnzahlgsPfl ganz od zT entfallen, wenn andfalls der Bestand des Betr gefährdet wäre (hM; Soergel/Kraft 35 mwN). Für eine strikte BGB-Lösg (§§ 323, 615 S 1 Hs 2): Bletz JR **85**, 228. **b) Arbeitskampfrisiko.** Es ist v BetrRisiko zu **23** untersch (BAG NJW **81**, 937). Ist die BetrStörg auf den Streik and ArbN desselben Betr (Teilstreik) zurückzuführen, so kann der ArbG den Betr od BetrT stillegen (BAG NJW **95**, 2869). Er wird damit auch ggü solchen ArbN frei, die ihre Arb anbieten (hM; BAG NJW **95**, 477 u aaO). Es kommt nicht darauf an, ob trotz des Streiks die BeschäftiggsMöglk fortbesteht (BAG aaO; aA 54. Aufl u BAG NJW **94**, 1300). Kommt es bei geltder ArbZt zu Ausfällen, wird, wenn nicht und vereinb (BAG NJW **95**, 613), nicht das GleitZtKonto belastet, sond es entfällt insow die ArbVergütg (BAG aaO). Beruht die BetrStörg auf einem Streik, der nur and Betr außerh des Kampfgebiets berührt (sog Fernwirkg), so tragen nach der Rspr des BAG beide Seiten das ArbKampfrisiko (BAG NJW **81**, 937); von der Sphärentheorie des RG u RAG hat sich das BAG auch insow distanziert u stellt nunmehr darauf ab, ob die Fernwirkg eines Streiks (wie einer Aussperrg, vgl BAG NJW **80**, 1653) geeignet ist, das KräfteVerh der kampfführden Part zu beeinflussen (zB wenn die für die betroffenen Betr zuständ Verbände od Gewerksch ident od organisator verbunden sind, tarifpolit Zushang). Besteht dieser Zushang, entfällt bei einem Streik od einer AbwehrAussperrg, die einen DrittBetr betreffen, der Beschäftiggs- u VergütgsAnspr (BAG NJW **81**, 937; gg diese Einschränkg: Lieb NZA **90**, 289); bei AngriffsAussperrg (Vorbem 19 vor § 620) in DrittBetr bleibt er bestehen. Die ArbZtRegelg (insb KurzArb) unterliegt der MitBest (§ 87 I Nr 2, 3 BetrVG; BAG aaO), wenn nicht Teile der v Betr vertretenen Belegsch selber streiken od ausgesperrt sind (BAG NJW **81**, 942). **c) Leiharbeitsverhältnisse** (Einf 38–40 vor § 611). Hierfür gelten diese Regeln nicht im ArbVerh, das zum Verleiher besteht, wenn der Betr des Entleihers streikbetroffen ist; dieser trägt das volle Lohnrisiko, solange nicht alle vertragl vorgesehenen Beschäftigungsmöglk wegfallen (BAG NJW **73**, 1296 m Anm v Becker NJW **73**, 1629).

616   *Vergütungspflicht trotz vorübergehender Dienstverhinderung.* **Der zur Dienstleistung Verpflichtete wird des Anspruchs auf die Vergütung nicht dadurch verlustig, daß er für eine verhältnismäßig nicht erhebliche Zeit durch einen in seiner Person liegenden Grund ohne sein Verschulden an der Dienstleistung verhindert wird. Er muß sich jedoch den Betrag anrechnen lassen, welcher ihm für die Zeit der Verhinderung aus einer auf Grund gesetzlicher Verpflichtung bestehenden Kranken- oder Unfallversicherung zukommt.**

1   **1) Allgemeines.** Abs II u III sind mit Wirkg seit 1. 6. 94 (54. Aufl irrtüml 1. 1. 95) aufgehoben u ersetzt dch das EntgeltFortzahlgsG (EFZG; Art 56, 68 IV PflegeVG, BGBl **94**, 1014). ÜbLeitg (Art 67 PflegeVG): War der ArbN am 1. 6. 94 auf Kur od ist ein RStreit anhäg, der die Abs II, III od das LohnFZG (dessen dch Art 60 PflegeVG aufgehobenen §§ 1–9) betrifft, bleiben diese maßgebl u sind anzuwenden (hierzu bis 53.

2   Aufl). **a) Anwendungsbereich:** § 616 gilt für alle, nicht nur dauernde DVerh (Einf 2, 12 vor § 611). Für ArbVerh (Einf 5 vor § 611 sowie für AusbildgsVerh (Einf 57 vor § 611) ist im KrankhFall das EFZG anzuwenden (vgl Rn 1). Für alle ArbN mit Ausn der zur Berufsbildg Beschäftigten (Einf 57 v § 611), für welche die SoRegelg des § 12 BerBG gilt, bleibt § 616 anwendb, wenn die Verhinderg nicht auf Krankheit iS des § 3 EFZG beruht, mit Ausn der EntgeltZahlg an Feiertagen, für die nunmehr § 2 EFZG gilt (Art 62

3   PflegeVG). **b) Verhältnis zu allgemeinen Vorschriften:** Die §§ 323–325 gelten bei Unmöglk der DLeistg grdsätzl (BGH **10**, 187), auch für ArbVerh. **aa)** Von § 323 (beiderseits nicht zu vertretde Unmöglk) bildet § 616 eine Ausn (BAG NJW **65**, 1397); soweit § 616 gilt, ist § 323 nicht anwendb. **bb)** § 324 (die vom DBer od ArbG zu vertretde Unmöglichk) wird v § 616 nicht berührt u führt dazu, daß der DVerpfl den Anspr auf die Vergütg behält (BAG NJW **69**, 766; Neumann-Duesberg DB **69**, 305), insb wenn die ArbUnfähigk vom ArbG schuldh verursacht ist. **cc)** § 325 (vom DVerpfl od ArbN zu vertretde Unmöglk) wird von § 616 nicht berührt. Das Versch für § 325 muß sich auf die VertrPfl beziehen. Es ist insb gegeben, wenn der DVerpfl die Verhinderg zur DLeist schuldh herbeiführt. RFolgen: § 325 Rn 5. Es gibt jedoch nach Beginn des DVerh keinen Rücktr, sond Künd. **c) Abdingbarkeit.** § 616 ist abdingb (BAG NJW **80**, 903), dch EinzelVertr (BAG [GS], **8**, 285 [292]) u TarVertr (BAG stRspr NJW **83**, 1078 mwN), auch für den Fall

4   des § 629 (BAG **4**, 189). **d) Sonstige Verhinderungsgründe** mit Anspr auf EntgeltFortzahlg (zB § 9 BUrlG) sind grdsätzl voneinander unabhäg u gehen dem § 616 vor. ArbN behalten Anspr auf das ArbEnt-

5   gelt gem §§ 11, 14 ArbPlSchG. **e) Einfluß von Streik.** War ein ArbN vor Beginn von der ArbPfl für best Zt befreit, behält er den Anspr (§ 611 Rn 50), solange er am Streik nicht teilnimmt (BAG BB **91**, 1195).

6   **2) Verhinderung ohne Krankheit.** Der AnwendgsBer erstreckt sich auch auf ArbN (vgl Rn 2).
7   **a) Voraussetzungen.** Die Behauptgs- u BewLast hierfür trägt grdsätzl der DVerpfl od ArbN (Ausn
8   Rn 10), da § 616 ggü § 323 eine rechtserhaltde Einwendg darstellt. **aa) Verhinderungsgrund.** Er muß in der Pers des DVerpfl od ArbN liegen, sich speziell auf ihn beziehen. Der Grd darf sich nicht auf einen größeren PersKreis erstrecken od objektiv gegeben sein, wie zB bei allg Straßenverkehrsstörgen (LAG Hamm DB **80**, 311), Eisglätte, Schneeverwehgen od and VerkStörgen (BAG NJW **83**, 1078 u 1079); Verkehrsverbote wg Smogalarm (Ehmann NJW **87**, 401 [403]). Die DLeistg muß dem DVerpfl od ArbN unmögl od unzumutb sein. Bsp: schwere Erkrankg od Tod eines nahen Angeh; notw Pflege eines erkrankten Kindes (BAG NJW **80**, 903; hierzu genauer Sowka RdA **93**, 34: 5 Tage u Kind bis 8 Jahre); Eheschließg u Erf religiöser Pfl (BAG NJW **83**, 2600). Niederkunft der Ehefr, Teiln an seltener Familienfeier (BAG NJW **74**, 663); uU Umzug (vgl BAG **9**, 179); unschuld erlittene UHaft; TätkVerbot aGrd BSeuchenG (BGH NJW **79**, 422). Wg Spielsperre eines Fußballspielers vgl BAG NJW **80**, 470. Nicht: Teilnahme an Sportver-

9   anstaltg. **bb) Verhinderungsdauer:** nur eine verhmäß nicht erhebl Zeit. Maßg ist das Verh von VerhindergsZt zur ges, auch voraussichtl Dauer des D(Arb)Verh. Auch bei dauerndem DVerh werden idR nur wenige Tage von § 616 gedeckt sein (BAG VersR **77**, 1115). Bei längerer Dauer besteht kein Anspr, auch

10   nicht für einen Teil od wenige Tage. **cc) Schuldlosigkeit:** in bezug auf den VerhindergsGrd. Dabei ist nicht nur auf vertragl PflVerletzg abzustellen (hM), sond auf das Versch gg sich selbst. Nur eine leichtsinn, unverantwortl Selbstgefährdg od ein grober Verstoß gg das von einem verständ Menschen im eigenen Interesse zu erwartde Verhalten ist verschuldet. Der Umstd, daß die Verhinderg ihre Ursache in einer and vom ArbN ausgeübten erwerbsorientierten Tätigk hat, begrdet für sich allein kein Versch (umstr). Be-

11   hauptgs- u BewLast für Versch des ArbN trägt der ArbG (hM). **b) Wirkung.** Der VergütgsAnspr (§ 611 Rn 49–95) bleibt entgg § 323 bestehen. Dazu gehört auch die UmsatzProv. Bei längerer Verhinderg besteht auch kein Anspr auf Vergütg für eine verhältnism unerhebl Zeit (hM; vgl Rn 9). Der Anspr endet mit dem DVerh od ArbVerh (vgl Rn 16).

12   **3) Verhinderung infolge Krankheit.** § 616 gilt für DVerpfl, die nicht ArbN od zu ihrer Berufsbildg Beschäftigte sind (vgl Rn 2). **a) Voraussetzungen.** Die Behauptgs- u BewLast hierfür, insb daß die Krankh auf Versch des DVerpfl beruht, trifft den DBer (hM). Von rechtzeit Mitt der Erkrankg ist der Anspr nicht

13   abhäg (vgl § 611 Rn 44); ebswo v der Vorlage eines ärztl Attests. **aa) Krankheit** bedeutet arbunfäh krank, dh wenn der DVerpfl außerstande ist, die vertrgem De zu verrichten od die De nur fortsetzen kann in der Gefahr, seinen Gesundh- od KrankhZustd zu verschlechtern. Alkoholismus ist Krankh (BAG NJW **83**, 2659; zur DarleggsLast BAG BB **91**, 2225). Normale Schwangersch ist keine Krankh (BAG NJW **85**, 1419), auch nicht die gesundheitl Beeinträchtigg des SchwBeh (BAG BB **92**, 211). Die Krankh muß als Ursache die

DUnfähig herbeiführen (BAG stRspr, zB NJW **80**, 470). **bb) Dauer:** wie Rn 9. Dieser ZtRaum ist für 14
angestellte DVerpfl (VorstdMitgl, GeschF) zu kurz (vgl Schaub WiB **94**, 637). Das EFZG ist nicht entspr
anwendb (Schaub aaO). Vereinbg der DVertrPart ist geboten. **cc) Schuldlosigkeit:** wie Rn 10 bei Teiln an 15
bes gefährl FreiZtTätk, auch wenn sie als Sport deklariert w, zB Bungee-Springen (Gerauer NZA **94**, 496
für ArbN) Versch ist insb gegeben bei grobem Verstoß gg UnfallverhütgsVorschr; bei VerkUnfall inf grob
verkehrswidr Verhaltens, wofür geringfügig GeschwindkÜberschreitg nicht genügt, aber Nichtanlegen des
Gurts (BAG NJW **82**, 1013 für § 1 LFZG). Rauschgift- u DrogenMißbr (Giese BB **72**, 360; einschränkd
LAG Stgt NJW **82**, 1348), wobei auf den Ztpkt des Beginns abzustellen ist (BAG NJW **73**, 1430). Bei
Alkoholismus ist auf den Einzelfall abzustellen (BAG NJW **83**, 2659). Rückfall nach EntziehgsKur dürfte
idR schuldh sein (vgl BAG NJW **88**, 1546). Ein Sportunfall ist grdsätzl unversch, wenn es sich um eine nicht
bes gefährl Sportart handelt, die die Leistgsfähigk des einzelnen nicht wesentl übersteigt (BAG NJW **58**,
1204). Bes gefährl Sportarten werden in der Praxis kaum noch als solche anerkannt (vgl MüKo/Schaub 69).
Im Einzelfall können Unfälle jedoch versch sein. Ein mißlungener Selbstmordversuch wird wg fehlder
Zurechngsfähigk als unverschuldet angesehen (vgl BAG NJW **79**, 2326 für LFZG). **b) Wirkung.** Der 16
VergütgsAnspr bleibt bei DVerpfl wie bei Rn 11 bestehen, aber grdsätzl nur solange das DVerh dauert, weil
der VergütgsAnspr dies vorausssetzt. Daher endet mit dem Ende des DVerh auch der FortzahlgsAnspr.

4) Verhinderung infolge Krankheit bei Arbeitnehmern (Einf 7 v § 611) u zur BerBildg Beschäftigten 17
(Einf 57 v § 611) sowie bei einer Kur. Dafür gilt § 616 nicht, sond seit 1. 6. 94 das EntgeltFortzahlgsG
(EFZG; Art 53 PflegeVG v 26. 5. 94; BGBl 1014; vgl Rn 1). Dadch werden die §§ 1–9 LFZG ersetzt (bis 53.
Aufl Rn 18ff). ÜbleitgsRegelg: Rn 1. FeiertagsEntgelt: § 611 Rn 60–64. **a) Anwendungsbereich:** alle 18
ArbN (einheitl Angest u Arbeiter) sowie die zur Berufsbildg Beschäft (Einf 57 v § 611), auch für kurzfrist u
geringfüg beschäft ArbN. Das G gilt auch für die neuen BLänder u löst zugleich die dch Art 54 PflegeVG
aufgeh §§ 115a–115e ArbGB-DDR ab. Auch hierfür gilt die ÜbleitgsRegelg des Art 67 PflegeVG (vgl
Rn 1). Für HeimArb gilt die SoRegelg des § 10, für Seeleute die der §§ 48ff SeemannsG (Art 61 PflegeVG).
b) Zweck. Im Rahmen der dch das PflegeVG geregelten Materie sollten die EntgFortZahlg für Arbeiter u 19
Angestellte in der gesamten BRep vereinheitl, für die HeimArb neu geregelt u für die Seeschiffahrt übnom-
men w. Die Anz- u NachweisPfl sind insb für Angest verschärft. Die beabsicht Einführg sog Karenztage ist
unterblieben. **c) Unabdingbarkeit.** Das G ist grdsätzl unabdingb. Nur zG des ArbN kann davon abgewi- 20
chen w (§ 12). Auch zuungunsten des ArbN darf abgewichen w dch TarVertr (dann auch dch EinzelVertr)
von der BemessgsGrdlage der Höhe des Entgelts währd einer Krankh (§§ 12, 4 IV). **d) Voraussetzungen** 21
der EntgFortZahlg (§ 3): **aa) Arbeitsunfähigkeit** inf unverschuldeter Krankh (§ 3 I). Dem steht gleich die
rechtmäß Sterilisation od SchwangerschAbbruch (§ 3 II) sowie eine Kur (§ 9). Krankh: wie Rn 13. Schuld-
losigk wie Rn 15. **bb) Zeitraum.** Der Eintritt der ArbUnfähk muß nicht mehr (wie nach LFZG) nach 22
Beginn des ArbVerh u tats Aufnahme der Arb liegen. Der EntgeltFortzahlgsAnspr beginnt zus mit dem
vereinb Beginn des ArbVerh, wenn die ArbUnfähk schon vorher eingetreten ist (Schmitt WiB **95**, 101).
cc) Ursache der ArbUnfähk muß allein die Krankh sein. Daher entfällt EntgFortzahlg, wenn die ArbUn- 23
fähk auf einen Tag fällt, der dch ArbZtVerlegg frei geworden ist (BAG BB **89**, 1777). **dd) Einheitlichkeit** 24
der Verhinderg dch Krankh ist in § 3 I S 2 ausdrückl geregelt. Wg derselben Krankh behält der ArbN den
Anspr auf das ArbEntgelt für höchstens 6 Wochen grdsätzl nur einmal. Ausn: wenn er vor der erneuten
ArbUnfähk mind 6 Monate nicht wg derselben Krankh arbunfäh war (§ 3 I S 2 Nr 1) od seit Beginn der
ersten ArbUnfähk inf derselben Krankh eine Fr v 12 Monaten abgelaufen ist (§ 3 I S 2 Nr 2). Für Übgangs-
fälle bei Angest: Schmitt WiB **95**, 101. **ee) Arbeitsplatzwechsel** zu einem and ArbG. Es kommt nur auf 25
das laufde ArbVerh an (BAG NJW **84**, 994 für LFZG). **e) Höhe** des KrankhEntgelts ist die des aufrechter- 26
haltenen Anspr nach der für das betr ArbVerh maßg regelmäß ArbZt, bei KurzArb entspr verkürzt (§ 4 III),
bei regelmäß geleisteter MehrArb dieses Entgelt (BAG NZA **89**, 885 für LFZG). Zulagen, die tats geleistete
Arb voraussetzen, entfallen. Dch TarVertr sind Abänd mögl (§ 4 IV EFZG). **f) Mitteilungs- und Nach-** 27
weispflicht (§ 5) besteht für alle ArbN einheitl, nicht nur gg den ArbG für jede ArbUnfähk, sond auch
ggü der gesetzl Krankenkasse, wenn die ArbUnfähk länger als 3 KalTage dauert (§ 5 I S 5) od im Ausland
eintritt (§ 5 II S 3). Auch wenn die ArbUnfähk kürzer als 3 Tage ist, muß sie dem ArbG unverzügl (wie
§ 121) mitgeteilt w. Dauert sie länger als 3 KalTage, muß das ärztl Attest spätestens am darauffolgden
ArbTag vorgelegt w (§ 4 I S 2). Dauert die ArbUnfähk länger als vorausgesehen, lebt die AnzPfl wieder auf
(Hanau/Kramer DB **95**, 94). Der ArbG kann die Vorlage ohne Grde früher verlangen (§ 5 I S 3; hierzu
Schaub BB **94**, 1629; Hanau/Kramer aaO), dh erst am 4. Tag (Hanau/Kramer aaO mwN; bestr). Für eine
kürzere Erkrankg entfällt eine NachwPfl (Hanau/Kramer aaO; bestr). Tritt die ArbUnfähk im Ausland auf,
muß der erkrankte ArbN der ArbUnfähk nebst ggwärt Adresse am AufenthOrt dem ArbG auf schnellst-
mögl Weg (idR Telefon, Telegramm od Telefax) mitteilen (hierzu Berenz DB **95**, 1462). Bei einer Kur gilt
die SoRegelg des § 9 II. BewL für Erkrankg trifft den ArbN, der ihr idR mit dem ärztl Attest genügt. Dem
kann der ArbG dch Indizien entggtreten (hierzu Hanau/Kramer aaO). **g) Entgeltfortzahlung.** Der ArbG 28
ist hierzu für die Dauer v 6 Wochen verpfl, solange das ArbVerh fortbesteht (§ 8 II) od wenn es aus Anlaß
der ArbUnfähk gekünd w (§ 8 I). Bei schuldh Verletzg der Nachweis- od AuskPfl (§ 5 I S 2, § 6 II), nicht der
AnzPfl, kann der ArbG die EntgFortzahlg verweigern (§ 7). Dieses R entfällt rückwirkd mit nachträgl
Vorlage (Hanau/Kramer aaO). Das ArbVerh kann aus Anlaß der ArbUnfähk einverständl aufgeh werden
(Vorbem 5–7 zu § 620); jedoch wird davon die 6wöch ZahlgsPfl nicht berührt. Erst nach Beendigg des
ArbVerh kann der ArbN auf diesen Anspr wirks verzichten (§ 397). Die Ausgleichsquittg (§ 397 Rn 10)
enthält einen solchen Verzicht idR nicht (vgl BAG NJW **81**, 1285). **h) Sonstige Wirkungen:** FdgsÜbgang 29
gg Dr auf den ArbG, wenn der ArbN aGrd ges Vorschr von einem Dr SchadErs wg der ArbUnfähk
verlangen kann (§ 6 I) und inf AuskPfl des ArbN zur Geltdmachg des Anspr (§ 6 II). Prakt bedeuts insb für
§ 823 u § 7 StVG. Verh v SchadErsAnspr zur EntgFortzahlg: Rn 30–33. Der Ausgleich für ArbGAufwend-
gen u der ErstattgsAnspr für ArbG mit KleinBetr (bis 20 ArbN) richtet sich weiterhin nach den aufrechter-
haltenen §§ 10–19 LFZG.

5) Verhältnis von Entgeltfortzahlung zum Schadensersatzanspruch. Ist die D- od ArbUnfähigk 30
dch einen Dr verurs u hat der DVerpfl od ArbN daraus einen SchadErsAnspr wg Verdienstausfall (insb aus

31   § 823 od § 7 StVG), so gilt folgdes: **a) Ausschluß.** Der Schädiger kann sich nicht darauf berufen, es sei
     dem DVerpfl (ArbN) wg des Anspr auf Fortzahlg der Vergütg kein Schaden entstanden (vgl Vorbem 136
32   v § 249). **b) Umfang** der Anspr: Bruttoentgelt zuzügl ArbGAnteile der SozVersBeitr (BGH **49**, 378).
33   **c) Übergang** des Anspr auf den DBer od ArbG inf der Fortzahlg: bei ArbN krG dch § 6 EFZG, bei
     DVerpfl nur aGrd einer Abtretg (§ 398), zu der sie in entspr Anwendg des § 255 verpfl sind. Mind müssen
     sie den Anspr gg den Dr selbst geltd machen, beitreiben u sich anrechnen lassen (BGH **7**, 30, 49 u NJW
     54, 1153). Sow der Anspr auf SozVersTräger übgeht, kann der ArbG nur hinsichtl des verbleibdn Teils
     den Anspr geltd machen (BGH NJW **65**, 1592), Übgang auf den SozVersTräger: Vorbem 148–158 vor
     § 249.

617   *Pflicht zur Krankenfürsorge.* [I] Ist bei einem dauernden Dienstverhältnisse, welches
          die Erwerbstätigkeit des Verpflichteten vollständig oder hauptsächlich in Anspruch
nimmt, der Verpflichtete in die häusliche Gemeinschaft aufgenommen, so hat der Dienstberech-
tigte ihm im Falle der Erkrankung die erforderliche Verpflegung und ärztliche Behandlung bis
zur Dauer von sechs Wochen, jedoch nicht über die Beendigung des Dienstverhältnisses hinaus, zu
gewähren, sofern nicht die Erkrankung von dem Verpflichteten vorsätzlich oder durch grobe
Fahrlässigkeit herbeigeführt worden ist. Die Verpflegung und ärztliche Behandlung kann durch
Aufnahme des Verpflichteten in eine Krankenanstalt gewährt werden. Die Kosten können auf die
für die Zeit der Erkrankung geschuldete Vergütung angerechnet werden. Wird das Dienstverhält-
nis wegen der Erkrankung von dem Dienstberechtigten nach § 626 gekündigt, so bleibt die da-
durch herbeigeführte Beendigung des Dienstverhältnisses außer Betracht.

[II] Die Verpflichtung des Dienstberechtigten tritt nicht ein, wenn für die Verpflegung und ärztli-
che Behandlung durch eine Versicherung oder durch eine Einrichtung der öffentlichen Kranken-
pflege Vorsorge getroffen ist.

1   **Allgemeines.** § 617 konkretisiert ges die FürsPfl (§ 611 Rn 96–104). AnwendgsBer: Alle DVerh; nicht
    nur ArbVerh, sofern sie gem Vertr od nach den Umstden auf Dauer angelegt sind. SondVorschr: für
2   Seeleute §§ 42–52 SeemG, für Jugdl § 30 I S 2 JArbSchG. § 617 ist zwingd (vgl § 619). **Voraussetzungen.**
    Häusl Gemsch: muß nicht die pers des DBer (ArbG) sein. Aufn in einen v ArbG eingerichteten gemsch
    Haush für ArbN (insb Wohnheim) genügt (BAG **AP** § 618 Nr 1). Erkrankg: § 616 Rn 13. Vors: § 276.
3   Grobe Fahrlk: § 277; vgl auch § 616 Rn 15. **Wirkung.** Der Anspr entsteht nicht, wenn u soweit Abs II
    zutrifft (auch priv KrankenVers). Iü gilt: Pfl zur Krankenpflege u Auftr an Arzt mit ErsetzgsBefugn des
    Abs I S 2. Dauer: kürzer als 6 Wochen nur, wenn das ArbVerh vorher aus u Grden als § 626 endet (Abs I
    S 4). Kosten: Trägt der DBer (ArbG). Anrechngsbefugn auf die Vergütg od VergütgsFortzahlg nach § 315.
    Abs I S 3 ist prakt ggstlos.

618   *Pflicht zu Schutzmaßnahmen.* [I] Der Dienstberechtigte hat Räume, Vorrichtungen
          oder Gerätschaften, die er zur Verrichtung der Dienste zu beschaffen hat, so einzurichten
und zu unterhalten und Dienstleistungen, die unter seiner Anordnung oder seiner Leitung vorzu-
nehmen sind, so zu regeln, daß der Verpflichtete gegen Gefahr für Leben und Gesundheit soweit
geschützt ist, als die Natur der Dienstleistung es gestattet.

[II] Ist der Verpflichtete in die häusliche Gemeinschaft aufgenommen, so hat der Dienstberechtig-
te in Ansehung des Wohn- und Schlafraums, der Verpflegung sowie der Arbeits- und Erholungs-
zeit diejenigen Einrichtungen und Anordnungen zu treffen, welche mit Rücksicht auf die Ge-
sundheit, die Sittlichkeit und die Religion des Verpflichteten erforderlich sind.

[III] Erfüllt der Dienstberechtigte die ihm in Ansehung des Lebens und der Gesundheit des Ver-
pflichteten obliegenden Verpflichtungen nicht, so finden auf seine Verpflichtung zum Schadens-
ersatze die für unerlaubte Handlungen geltenden Vorschriften der §§ 842 bis 846 entsprechende
Anwendung.

1   **1) Allgemeines.** Wie § 617 ges konkretisierte FürsPfl (§ 611 Rn 96–104). **a) Anwendungsbereich:** Alle
    DVerh insb ArbVerh, auch wenn sie nur kurzzeit u vorübergehd sind (zB LotsenVertr, BGH VersR **74**,
    565). Abs I u III entspr auf Vertr, die Tätigk des Verpfl unter ähnl Verh verlangen, zB WerkVertr (BGH **56**,
    269 u NJW **84**, 1904; dagg krit Lewer JZ **83**, 336), Auftr (BGH **16**, 265), unter Einschl der zugezogenen
    ErfGehilfen (vgl BGH **33**, 247). SondVorschr: § 80 SeemG; §§ 120a–c GewO (hierzu die ArbStättVO v
2   20. 3. 75, BGBl 729); § 62 HGB; §§ 28, 29 JArbSchG; § 12 HeimArbG. **b) Abdingbarkeit:** § 618 ist
    zwingd (§ 619), auch bei Auftr od WerkVertr, soweit es sich um den Schutz abhäng ArbN handelt (BGH
    26, 365), nicht für den WerkUntern u dessen SubUntern (BGH **56**, 269).

3   **2) Inhalt der Pflicht.** Neben der priv-rechtl Pfl des § 618 bestehen zahlreiche öff-rechtl ArbSchutz-
    Vorschr. **a) Arbeitsplatzgestaltung** (Abs I Hs 1) umfaßt nicht nur den ArbRaum selbst (zB Asbestge-
    fährdg, BAG NZA **94**, 610), sond alle Räume u Flächen des BetrGeländes, die der ArbN im ZusHang mit
    seiner ArbLeistg aufsucht, soweit ihm der Zutritt nicht untersagt ist, auch Treppen u Zugänge (hM, vgl
    Neumann-Duesberg VersR **68**, 1); gilt auch für ArbPlätze im Freien, zB Baustellen, Gärten (BGH **26**, 371),
4   Gerätschaften, Vorrichtgen: Maschinen, Werkzeuge, Kraftfahrzeuge, das zu verarbeitde Material. Unter-
    haltg: auch ausreichde Heizg (Weimar JR **74**, 101), Beleuchtg (BGH VersR **74**, 565). **b) Arbeitsregelung**
    (Abs I Hs 2). Gilt auch bei Arbeit in fremdem Bereich, wenn der ArbG sie in eigener Regie ausführt. Verlangt
    insb Einhaltg v UnfallVerhütgsVorschr, Vermeiden gesundhschädigender Überanstrengg (BAG **AP**
    Nr 15), Verwendg u Bereitstellg v Schutzkleidg (BAG NZA **86**, 324), einschl der Kosten (BAG **40**, 50;
    eingeschr bei zusätzl vereinb Leistgen); Vermeiden v Ansteckgsgefahr. Wg Aids-Infektion vgl Richardi
5   NZA **88**, 73 [78]. **c) Häusliche Gemeinschaft** (Abs II) wie § 617 Rn 2. Begrdet FürsPfl auch außerhalb der

DLeistg. Erstreckt sich auch auf die Zugänge zu den Räumen. Gilt nur für die ausdrückl genannten RGüter. EigtSchutz: § 611 Rn 100.

3) Rechtsfolgen. Eine Verletzg der Pfl (Rn 3) gibt dem DVerpfl folgde Re: **a) Erfüllungsanspruch** auf 6 Tun od Unterl jedfalls dann, wenn er tats beschäft w (allgM). Prakt kann sich der ArbN an den BetrR wenden (§ 89 BetrVG). **b) Leistungsverweigerung** über § 273 (nicht § 320), da keine GgseitigkPfl. Spez 7 normiert in § 21 VI GefahrstoffVO (BAG NZA **94**, 610). Das ZbR führt zu AnnVerzug (vgl § 295) u beläßt dem DVerpfl den VergütgsAnspr (§ 615). **c) Schadensersatzanspruch** wg NichtErf beruht auf pos 8 VertrVerl (§ 276 Rn 104) u wird in Abs III, der den Umfang regelt, dem RGrd nach vorausgesetzt. Ist trotz Verweisg auf §§ 842 ff ein vertragl Anspr. Setzt stets Versch (§ 276), ggf von ErfGeh (§ 278) voraus. Bei fehldem Versch kann Anspr aus § 670 gegeben sein (§ 611 Rn 125). AnsprUmfang: §§ 842–846. SchmerzG (§ 847) nur, wenn zugleich unerl Hdlg vorliegt (hM). Umstr ist, ob § 618 ein SchutzG iS des § 823 II ist. BewLast: DVerpfl für ordnungswidr Zustd, DBer für fehldes Versch (§ 282 Rn 16; BGH NJW **95**, 2629) u für Umstde, die innerh der Sphäre des ArbN ihre Ursache od Mitursache ausschließen (BAG **AP** Nr 1; BGH **27**, 79). **d) Haftungsausschluß** bei ArbUnfällen tritt ein, soweit die UnfallVers der RVO eingreift (hierzu 9 § 611 Rn 155). Das gilt insb auch für den auf § 618 beruhden SchadErsAnspr (Rn 8).

619 *Unabdingbarkeit der Fürsorgepflichten.* **Die dem Dienstberechtigten nach den §§ 617, 618 obliegenden Verpflichtungen können nicht im voraus durch Vertrag aufgehoben oder beschränkt werden.**

Gilt nur für § 617, 618, insb für die Kosten (BAG stRspr, zuletzt NZA **86**, 324), nicht für and FürsPfl 1 (§ 611 Rn 96–104; vgl. BAG NJW **59**, 1555). Nach Eintritt der PflVerletzg od des Schad kann auch bei fortbestehden DVerh auf Erf od SchadErs verzichtet w (§ 397). Grenze: § 138.

Beendigung des Dienstverhältnisses (§§ 620–628)

Vorbemerkungen

1) Beendigung des Dienstverhältnisses bedeutet das Ende des DauerschuldVerh mit den Haupt- 1 Pfl(DLeistg u Vergütg). Davon zu unterscheiden ist das Ruhen des DVerh, insb eines ArbVerh bei WehrD (§ 1 ArbPlSchuG), ziv ErsD (§ 78 ZErsDG), EigngsÜbg (§ 15 EignÜbgG), ArbVerpflichtg (§ 15 ArbSichG), ferner (ohne ges Regelg) beim rechtm Streik (Rn 18) u bei der suspendierden Aussperrg (Rn 21), sowie bei SchlechtwettergeldZahlg (Waldeyer DB **72**, 679; aA BAG DB **71**, 2266) u Abordng eines ArbN zu einer Arge, an der sein ArbG beteil ist (BAG **AP** § 1 LFZG Nr 10). Als BeendiggsGrde kommen neben dem ZtAblauf (§ 620 I) in Betr:

a) Eintritt von Ereignissen. Zur Zweckerreichg vgl § 620 Rn 8. **aa) Erreichen einer Altersgrenze.** 2 Das ArbVerh endet mit Vollendg eines best Lebensalters nicht v selbst. Seit 1. 1. 92 mußten für alle ArbVerh wg § 41 IV S 3 SGB VI die Altersgrenzen mind 3 Jahre vor Erreichen einzelvertr vereinb od v ArbN bestät sein (BAG NJW **94**, 538 u 1490). Diese (verfehlte) Auffassg hat der GGeber korrigiert. Seit 1. 8. 94 ist § 41 IV S 3 SGB VI dch Art 1 SGB VI ÄndG v 26. 7. 94 (BGBl 1797) iKr. Die Auswirkg ist umstritten. Altersgrenzen dch TarVertr oder BetrVereinbg sind jedenf mögl (Lehmann NJW **94**, 3054). Eine Vereinbg, welche die Beendigg des ArbVerh ohne Künd zu einem Ztpkt vorsieht, an dem der ArbN vor Vollendg des 65. Lebensjahres Rente beantragen kann, gilt als auf Vollendg des 65. Lebensjahres abgeschl, wenn die Vereinbg nicht innerh der letzten 3 Jahre davor abgeschl od v ArbN bestät ist. ÜbgangsRegelg in Art 2: Ist das ArbVerh wg § 41 IV S 3 SGB VI aF über das 65. Lebensjahr hinaus fortgesetzt worden, endet es 3 Monate nach dem 31. 8. 94 (also 30. 11. 94). Diese Regelg ist v BVerfG dch einstwAO v 8. 11. 94 (NJW **95**, 41) zunächst u dann wiederholt ausgesetzt (hierzu Boerner NJW **95**, 568). Zweifelh ist der FortBestd der bis zum 1. 8. 94 geswidr AltersgrenzenVereinbg (vgl Boecken NZA **95**, 145; dagg Baeck/Diller NZA **95**, 360). **bb) Tod** des DVerpfl (ArbN) beendet (§ 613 S 1), der des DBer od ArbG grdsätzl nicht, ausnahmsw dann, wenn die Voraussetzgen des § 620 Rn 2 vorliegen (zB Krankenpflege). **cc) Unmöglichkeit** der DLeistg beendet das DVerh nicht (bestr). RFolgen: §§ 275, 323–325, 626. **dd) Wegfall der Geschäfts-** 3 **grundlage** (§ 242 Rn 110 ff) beendet das DVerh nur in AusnFällen (BAG **AP** § 242 GeschGrdlage Nr 5, 6); grdsätzl Künd notw. **ee) Konkurs** des DBer führt nur bei GeschBesorggsVertr (§ 675) zur Beendigg des DVertr (§ 23 II KO). Nur KündR (§ 22 KO). **ff) Auflösende Bedingung** (§ 158 II) des D(Arb)Verh fällt 4 nicht unter § 620 I u ist zu untersch v aufschieb bedingtem AufhebgsVertr (Rn 6) u der Befristg (§ 620 Rn 2). Die Abgrenzg ist oft schwier (vgl Bauschke BB **93**, 2522). Bsp: Vermeiden einer Doppelbesetzg (Felix NZA **94**, 1111 [1116]); Aufhebg einer Beurlaubg (BAG BB **92**, 709); NichtAufn der Arb nach einem best Zpkt; Abschluß eines DVerh als GmbH-GeschF nach Ablauf eines ProbeArbVerh, das der EigngsFeststellg als GeschF diente (BAG NZA **94**, 212), gesundhl Eigng (LAG Bln DB **90**, 222). Eine auflösde Bedingg ist bei ArbVerh nur wirks, wenn ein sachl gerechtfert Grd vorliegt u wenn sie nicht den ges Bestds- u KündSchutz vereitelt (BAG stRspr zB BB **92**, 709; Felix NZA **94**, 1111; bestr; aA Ehrich DB **92**, 1186: grdsätzl unwirks); insb darf sie nicht dazu dienen, das BeschäftiggsRisiko einseit auf den ArbN abzuwälzen (BAG BB **82**, 368 m krit Anm v Böhm) od den KündSchutz zu umgehen (LAG Mü DB **88**, 506). Das auflösd bedingte ArbVerh kann gekünd w (Felix aaO 1118).

b) Aufhebungsvertrag (§ 305). Bauer, Arbrechtl AufhebgsVertr, 4. Aufl 1995 sowie AnwBl **93**, 58 u 5 149; F. Ernst, AufhebgsVertr zur Beendigg v ArbVertr, 1993. Checkliste für solche Vertr, auch als ProzVgl: Bauer NZA **89**, 256. **aa) Allgemeines.** Im Rahmen der VertrFreih (Bengelsdorff NZA **94**, 193) jederzeit (vgl § 305 Rn 7), auch stillschw mögl; insb nicht verfrechtl eingeengt (hM; Bengelsdorf BB **95**, 978 mwN). Dabei sind jedoch gewisse Anfdgen angebracht. Für weitgehde Erleichterg zutreffd: Schiefer/Köster WiB

95, 489. Formlos mögl, wenn nicht Form vereinb ist (§ 125 S 2). Der Vertr liegt nicht in widerspruchsl Entggnahme einer Künd. KündBeschrkgen sind grdsätzl bedeutgsl; daher auch bei ges KündSchutz mögl; auch keine ZustBedürftk bei SchwBeh; denn § 22 SchwbG gilt nicht (aA 54. Aufl). Keine MitBest dch BetrR (vgl §§ 99, 102 BetrVG). HinwPfl des ArbG auf RFolgen nur in engen Grenzen (Bauer AnwBl **93**, 58 [61] mwN). Gg Einengg der Zulässk v AufhebgsVertr mit R: Wisskirchen/Worzalla DB **94**, 577. Anstelle eines AufhebgsVertr wird im Hinblick auf das AFG ein AbwicklgsVertr (Beendigg dch Künd u vertr Vereinbg von KlVerzicht mit Abfindgen) für zweckmäß gehalten (Hümmerich NZA **94**, 200; ähnl Grune-
6 wald NZA **94**, 441). **bb) Einzelheiten.** Vereinb Abfindgen sind iZw mit Ende des ArbVerh fäll. Auf-schieb bedingter AufhebgsVertr mit ausländ ArbN liegt in der Vereinbg, das ArbVerh ende für den Fall, daß er nach UrlEnde nicht rechtzeit an den ArbPl zurückkehrt (LAG Mannh NJW **74**, 1919). Eine solche Vereinbg ist unwirks, wenn dadch der ges Bestds- u KündSchutz vereitelt w (BAG NJW **75**, 1531), näml das KSchG od § 626 umgangen w, zB dch Zusage einer Wiedereinstell innerh bestimmter Fr nach UrlEnde (BAG NJW **85**, 1918) od auflösde Bedingg, daß ArbN weniger als eine bestimmte Zahl v Fehltagen inf Krankh innerh einer Frist aufweist (LAG BaWü BB **91**, 209). Unwirks Künd kann in Angebot zum AufhebgsVertr umgedeutet w (§ 140); jedoch gilt dies nicht bei Erkl einer wirks Künd, weil dann § 140 unanwendb ist (aA LAG Bln BB **75**, 1388). Verlangen v ArbPapieren u Zeugnis kann eine Ann bedeuten. Herbeiführen eines AufhebgsVertr dch Drohg mit obj erwägenswerter außerord Künd od StrafAnz ist rechtm (BAG NZA **87**, 91). Rückwirkg kann nach Beginn des ArbVerh nicht wirks vereinb w. Auch
7 Rückwirkg auf einen Ztpkt vor Künd ist ausgeschl (LAG Nds DB **76**, 1385). **cc) Beseitigung** eines AufhebgsVertr: Rücktr od Widerr nur bei Vereinbg. Auch bei TV ist Verzicht auf Widerr zuläss (BAG DB **94**, 279; Bauer AnwBl **93**, 58 [61]). § 119 ist grdsätzl ausgeschl. Anf ist üb § 123 mögl (vgl Bauer NZA **92**, 1015 mwN), sogar bei Drohg mit Künd (BAG NZA **92**, 1023); dieses ist idR aber nicht widerrechtl (BAG NJW **94**, 1021 m Anm v Bauer 980; zust auch Ehrich NZA **94**, 438).

8 **c) Gestaltungsrechte: aa) Kündigung:** Rn 28–60. **bb) Anfechtung** der WillErkl (§§ 119, 123), die zum Abschl des DVertr geführt haben. Hierzu § 611 Rn 9. **cc) Rücktritt** vom D(Arb)Vertr kann bis zum Beginn des D(Arb)Verh vorbeh w (§ 346); bis dahin ist auch das ges RücktrR des § 325 mögl. Bei in Vollzug gesetzten DVerh ist § 326 ausgeschl (§ 326 Rn 3). Nach Beginn des DVerh ist Rücktr stets ausgeschl u dch
9 KündR ersetzt. **dd) Beendigungserklärung** eines arbnähnl DauerRVerh (insb freie MitArb); von seiten des Beschäftiggsgebers nur mit 2wöch AnkündiggsFr mögl (BAG stRspr **AP** § 611 Abhängk Nr 8). **ee) Verweigerung** der Weiterbeschäftigg dch unwirks gekünd ArbN (§§ 12, 16 KSchG). **ff) Auflösung** dch das ArbGer nach sozwidr Künd wg Unzumutbk (§ 9 KSchG; vgl Rn 68) od gem § 78a BetrVG bei Beendigg des AusbildungsVerh (BAG BB **95**, 1418).

10 **2) Arbeitskampf.** ArbKampfR ist dch den GGeber nur punktuell geregelt u weitestgehd RichterR des BAG (vgl Rüthers NJW **84**, 201; Kalb RdA **94**, 385). Das ist verfrechtl zuläss (BVerfG NJW **91**, 2549).

11 **a) Streik. aa) Begriff:** ist die gemeins u planmäß dchgeführte, auf ein best Ziel gerichtete ArbEinstell einer verhmäß großen Zahl von ArbN, auch in Form kurzer Warnstreiks (BAG stRspr, zuletzt NJW **89**, 57; hierzu krit Lieb ZfA **90**, 357). Zur Abgrenzg von kollektiv ausgeübter ArbNiederleg: Walker NZA **93**, 769. Der Streik suspendiert die ArbVerh für die v der Gewerksch dem ArbG mitgeteilte Zeit (BAG NJW **89**, 122). Ein StreikR haben nur ArbN, auch im öffD. Auszubildde (Einf 58–62 vor § 611) dürfen sich einem rechtmäß Streik der ArbN ihres Betr anschließen, jedenf einem Warnstreik, wenn es auch um AusbildgsBedingen geht (BAG NJW **85**, 85 [90]), aber nicht selbständ streiken (Loritz ZfA **85**, 185 [209]; umstr, vgl Wohlgemuth BB **83**, 1103). Das StreikR deckt nicht die Hinderg arbwill ArbN am Zugang sowie des Zu- u Abgangs v Kunden
12 od Waren (BAG NJW **89**, 61). **bb) Rechtswidrig** ist ein Streik nur dann, wenn er tarifwidr (Verstoß gg FriedensPfl), betrverfwidr (vgl § 74 II BetrVG), amtswidr (von Beamten, Köln NJW **76**, 295, Richtern u Soldaten) od aus and Grd widerrechtl ist. Er ist dann nicht widerrechtl (sozialadäquat), wenn er: (1) Von tariffäh Part dchgeführt w (sonst liegt sog wilder Streik vor; hierzu krit Säcker BB **71**, 963), auch bei sog ad-
13 hoc-Koalitionen nicht rechtm (BAG NJW **79**, 236). (2) Auf zul Kampfziel gerichtet ist; das ist nur das, was in TV geregelt w kann u darf (BAG DB **72**, 143). Dazu gehört nicht: die Erf eines gekünd TV (Walker NZA **93**, 769); ein nach GewerkschZugehörigk differenziertes UrlGeld (BAG [GS] **AP** Art 9 GG Nr 13); Wiederein-stellg v ArbN, denen aus betrbedingten Grd gekünd w (BAG NJW **79**, 236); zur Dchsetzg betrverfassgsrechtl Streitfragen (BAG NJW **77**, 918) od zw Rückn des Antr auf Ersetzg der Zustimmg des BetrR zu einer Künd (BAG NJW **89**, 63). Ein Sympathie- od Solidaritätsstreik ist idR rechtswidr (BAG NJW **85**, 2545 mwN u NJW **88**, 2061; v. Hoyningen-Huene JuS **87**, 505 [510]; bestr), ebso ein polit motivierter Streik (hM; Franke/
14 Geraats DB **86**, 965 mwN). (3) Verhältnismäß Mittel [ultima ratio] darstellt: setzt insb voraus, daß die VerhandlgsMöglk vorher ausgeschöpft u mildere Kampfmittel nicht angem sind (BAG stRspr NJW **85**, 85 mwN). Dies gilt auch für den Warnstreik im Rahmen der „neuen Beweglk" (BAG NJW **89**, 57 = JZ **89**, 85 m Anm v Löwisch/Rieble sowie Hirschberg RdA **89**, 212, insoweit BAG unter Aufgabe von NJW **85**, 85). Das ultima-ratio-Prinzip ist auch dabei zu beachten (wohl hM; Rüthers/Bakker ZfA **92**, 199 mwN u zutreffder
15 Kritik an der Rspr des BAG). Die Länge des Streiks allein macht ihn nicht rechtswidr (BAG DB **72**, 143). (4) Fair geführt w, insb ohne Gewaltanwendg; nur insow hierzu im Rahmen der beschlossenen Streikmaßn
16 verstoßen w, ist der Streik im Bereich dieser Maßn rechtsw (vgl BAG NJW **89**, 57). (5) Abwehr eines sozialinadäquaten Angriffs (prakt bedeutgsl); dies gilt alternativ für die kumulativen RechtmäßkErfordernisse
17 unter (1)–(4). Das alles entspr der hM u Rspr des BAG. RFolgen: Der ArbN, der sich an einem rechtswidr Streik beteiligt (bei oben 4 nur an den betr Maßn), verletzt den ArbVertr, ist schaderspfl (vgl § 611 Rn 33), begeht uU eine unerl Hdlg (§ 823 I) u gibt wicht Grd zur außerord Künd (§ 626 Rn 43). Das gilt auch dann, wenn der ArbN sich aus Solidarität am Streik beteil (BAG **AP** Art 9 GG ArbKampf Nr 41). Auch derjen ArbN handelt rechtswidr, der üb die beschlossenen Streikmaßn hinaus unerlaubt handelt, insb Gewalt anwendet (BAG NJW **89**, 57). RFolgen für die Gewerksch wg Verletzg ihrer Pfl aus dem TarifVertr: Einf 72
18 vor § 611. **cc) Rechtmäßig** ist jeder nicht unter Rn 12–17 fallde Streik. Die Teiln ist keine Verletzg des ArbVertr, suspendiert das ArbVerh (vgl Rn 1), berecht nicht zur außerord Künd (§ 626), rechtf auch nicht eine ord Künd gem § 1 KSchG (alles hM seit BAG [GS] **1**, 291 = NJW **55**, 882). Die Rechtmäßigk w vermutet, wenn eine Gewerksch den Streik um Arb- od WirtschBedingen führt (BAG NJW **73**, 1994).

b) Aussperrung ist die auf ein best Ziel gerichtete planmäß Ausschließ einer verhmäß größeren Zahl 19 von ArbN. Sie ist eine empfbed WillErkl, keine Künd (daher stets von ihr zu unterscheiden), zul Mittel des ArbKampfs gg streikde u nichtstreikde ArbN (hM; BAG NJW **80**, 1642 mwN), als AbwehrAussp grdsätzl (BAG NJW **89**, 186), auch gg Kurzstreik; muß aber verhältnmäß sein (Rn 20; BAG NJW **93**, 218). Angriffs-Aussp liegt vor, wenn ArbG ohne vorangegangenen Streik ArbN aussp. **aa) Grundsätze.** Der ArbG soll 20 zw GewerkschMitgl u Außenseitern nicht differenzieren dürfen (BAG NJW **80**, 1653). Auch erkrankte u schwerbeh ArbN dürfen ausgesp w (BAG NJW **89**, 315). WarnAussp müßte zul sein, wenn WarnStreik zul ist. Die Aussp (jedenf die suspend) ist auch in Hessen zul (BAG NJW **89**, 186 = JZ **89**, 750 m Anm v Konzen). Die Aussp kann nur aus gleichem Grd wie ein Streik rechtsw sein (vgl Rn 12–17); insb muß sie den Grdsatz der Verhältnmäßigk wahren (BVerfG NJW **91**, 2549; BAG NJW **85**, 2548). Nur die rechtsw Aussp ist Verletzg des ArbVertr. **bb) Suspendierende** Aussp ist zul u entspr den allg Voraussetzgen rechtm 21 ArbKampfs (BAG stRspr; zB NJW **89**, 123; vgl Rn 19; v BVerfG NJW **91**, 2549 bestät). Wirkg: das ArbVerh besteht weiter; die HauptPfl (Arb u Vergütg) entfallen für den best Zeitraum; nach Beendigg ist eine Wiedereinstellg überflüss. Wird die Aussp vom ArbG erkl, so ist sie iZw suspendierend. Der ArbG kann von der suspendierden zu lösden Aussp übergehen. Die suspend Aussp ist auch gg BetrRMitgl zul (BAG stRspr, zB NZA **89**, 353). **cc) Lösende** Aussp (wenn gewollt, als solche ausdrückl zu erkl, um Zw 22 auszuschließen) beendet das ArbVerh mit Verlust der betriebl AnwartschRe, ohne Rücks auf den allg KündSchutz. Auch (statt Künd, Rn 23) bei rechtsw Streik u nach vorangegangener suspendierder Aussp mögl, aber nur in ganz engen Grenzen zul (umstr; vgl Richardi NJW **78**, 2057). Stets unzul bei Betr- u PersRat (verfassgsgem, BVerfG NJW **75**, 968), ArbNAufsRat, SchwBeh u MuSchBerecht; bei and ArbN nur zul, wenn die VerhMäßk gewahrt ist. Das trifft insb zu: bei nicht nur geringfüg, eindeut rechtsw Streik; bei bes intensiven, insb längerdauernden Streik; endgült Wegfall des (inf Streiks) eingesparten ArbPlatzes. Wiedereinstellg ausgesp ArbN: dazu ist der ArbG auch ohne bes Vereinbg grdsätzl verpfl, ausnahmsw nicht, wenn der ArbPlatz endgült weggefallen od anderweit besetzt ist; wenn bei rechtsw Streik der ArbN die RWidrigk erkannt hat oder erkennen mußte.

c) Kündigung. Eine außerord Künd ist nur bei rechtswidr Streik zul (Rn 17). Sie kann sog KampfKünd 23 sein, steht außer AnhörgsPfl (§ 102 BetrVG; BAG NJW **79**, 236) u beendet das ArbVerh. Einen Anspr auf Wiedereinstellg haben stets SchwBeh (§ 21 VI SchwbG), and ArbN nur aGrd bes Vereinbg. Auch die MassenKünd wird als zul ArbKampfmittel angesehen (Brox/Dudenbostel DB **79**, 1893).

d) Sonstiges. aa) Erhaltungsarbeiten (od Notdienst) sind solche, die notw sind, um Anlagen u Be- 24 trRMittel zu erhalten, daß die Arb nach Beendigg des ArbKampfes fortgesetzt w kann. Sie sind auch währd des Streiks zu verrichten (allgM). Gestaltg u Auswahl des ArbN (dch NotDvereinb) ist zunächst gemeins Aufg v ArbG u Gewerksch (BAG NJW **95**, 2869). **bb) Übergriffe.** Betriebsbesetzg dch ArbN als Arb- 25 Kampfmittel ist rechtswidr (Hellenthal NZA **87**, 52 mwN; v. Hoyningen-Huene JuS **87**, 503 [513]). Dasselbe gilt für BetrBlockaden (BAG NJW **89**, 61 u 1882). Sie können Unterl- u SchadErsAnspr begrden (Käppler JuS **90**, 618). **cc) Streikarbeit** ist diejen Arb, die ohne Streik v streikden ArbN zu verrichten wäre 26 u währd des Streiks statt dessen v nichtstreikden ArbN dchgeführt wird od w soll (Überstunden od sog Umsetzg). AGrd des DirektionsRs darf sie nicht verlangt w (§ 611 Rn 47). Der nichtstreikde ArbN darf sie verweigern (BAG **AP** § 615 BetrRisiko Nr 3). Eine zw ArbG u ArbN vereinb StreikArb ist selbstverständl zuläss. Dafür darf der ArbG als zuläss Kampfmittel Streikbruchprämien bezahlen (v. Hoyningen-Huene DB **89**, 1466; offengeblieben bei BAG NZA **92**, 164; Einschränkgen dch § 612a; vgl dort Rn 2). Zum Untersch v direkter u indirekter StreikArb vgl Büchner DB **88**, 393). **dd) Schadensersatz** aus § 823 I ist wg 27 rechtswidr Streik stets (BAG NJW **89**, 63) u beim rechtmäß Streik für solche Eingriffe im dn GewBetr zu leisten, die v Streik nicht gedeckt sind (BAG NJW **89**, 57 [60]). Zur SchadErmittlg Wendeling-Schröder NZA **93**, 49. **ee) Vergütung:** § 611 Rn 50: § 615 Rn 23.

3) Allgemeines zur Kündigung. Checkliste für Künd des ArbG: Wagner NZA **89**, 384. Sie kann dch 28 jeden Vertreter erkl w; der PersonalAbtLeiter muß ggü einem ArbN keine Vollm gem § 174 vorlegen (BAG NJW **93**, 1286). **a) Begriff:** Künd ist eine, empfangsbedürft unwiderrufl WillErkl.Ges Grdlagen: §§ 620 II, 621, 622, 626, 627. Verh zum Rücktr: Einf 8 vor § 346. Wg KündFr vgl §§ 621, 622. **b) Zeit- 29 punkt:** Die Künd kann schon vor Beginn des ArbVerh erkl w (Berger-Delhay DB **89**, 380 mwN), eine außerord Künd auch schon wirks w. Für die ord Künd ist das zu bejahen, wenn die kürzestmögl KündFr vereinb ist u der Wille, das MindestRealisierg des ArbVerh herbeizuführen, ausgeschl w kann (BAG NJW **87**, 148). Die KündFr beginnt iZw mit Zugang der Künd (Caesar NZA **89**, 251). Der Ausschl einer solchen Künd muß eindeut vereinb sein (BAG NJW **80**, 1015). Die Künd kann im (KündSchutz)Proz erkl w (sog SchriftsatzKünd). Sie ist keine Wiederholg, sond eine weitere Künd (BAG NJW **30** **57**, 438). **c) Form:** keine ges Form (BAG NJW **57**, 438). Ausn: Schriftf in § 62 SeemannsG, § 15 III BerBG, § 5 II FernUSG. Bei vereinb Form, insb in TarVertr gilt § 125 S 2 (vgl dort Rn 6). Dieser Formzwang kann jederzt formlos aufgehoben w (hM; § 125 Rn 14). Das liegt nicht allein in der widersprlosen Hinnahme einer formwidr Künd (umstr; Kliemt DB **93**, 1874 mwN). Ist Künd dch eingeschriebenen Brief vereinb, so genügt die iellgl Schriftform gemeint, Einschreiben soll nur Zugang (§ 130) sichern (BAG BB **80**, 369). **d) Zugang:** § 130 Rn 5ff. Verweigert ein als Empfangsbote 31 anzusehder FamAngeh (§ 130 Rn 9) die Ann, so ist die Künd nur dann zugegangen, wenn der ArbN die AnnVerweigerg beeinflußt hat (BAG NJW **93**, 1093). Der ProzBev ist wg § 81 ZPO zum Empf berecht für weitere (sog Schriftsatz)Kündgen, die das ArbVerh betreffen, das neben der KüSchutzKl (§ 4 KSchG) Ggst einer FeststellgsKl (§ 256 ZPO) üb den Fortbestd ist (BAG NJW **88**, 2691; vgl Weidemann NZA **89**, 246). Fr am betr Tag bis 24 Uhr, auch bei Aushändigg an den ZimmerVerm (BAG BB **76**, 696) u wenn der kündigde ArbG weiß, daß der ArbN infolge Url verreist ist (BAG NJW **89**, 606; bestr wg Zweck des Url; aA Nippe JuS **91**, 285 mwN) u auch dann, wenn der ArbN im Ausl inhaft ist (BAG NJW **89**, 2213). Wurde der Zugang der Künd dch das Verhalten des KündEmpf verzögert, kann § 242 einer Berücksichtig der Verspät entggstehen (BAG DB **77**, 1194). Der Zugang am 24. 12. macht die Künd nicht als „ungehörig" unwirks (BAG NZA **86**, 97; vgl Rn 49). **e) Inhalt.** Wille, das DVerh zu best oder bestimmb Ztpkt zu 32 beenden, muß erkennb sein (vgl § 133). Das Wort Künd ist entbehrl (BAG **AP** § 620 KündErkl Nr 1). Die Mitt, ein befristetes ArbVerh solle nicht verlängert w, ist keine vorsorgl Künd, wenn die Wirksk der

33 Befristg noch nicht streit ist (BAG BB **79**, 1557). **f) Bedingung** ist grdsätzl unzul; zul nur solche, deren Eintritt ausschließl vom Willen des KündEmpf abhängt; das trifft für die bedingte ÄndKünd zu (vgl Rn 40).
34 **g) Teilkündigung** ist Künd eines Teils od einz Abreden des ArbVerh; TKünd ist generell unzuläss (BAG BB **83**, 1791); Ausn nur bei vertragl Vereinbg (G. Hueck RdA **68**, 201) od bei Vorbeh (Gumpert BB **69**, 409).
35 **h) Begründung. (1) Ursprüngliche:** Die ord Künd braucht nicht begründet zu w. Angabe der Grde ist auf Verlangen des ArbN bei § 1 III KSchG notw. Ist Begründg im TarVertr vorgeschrieben, so ist Künd ohne
36 solche nichtig (LAG Brem **AP** § 125 Nr 1). Bei außerord Künd vgl § 626 Rn 32. **(2) Nachgeschobene** Künd-Grde (bei ord Künd für § 1 KSchG, bei außerord Künd für § 626) sind grdsätzl, noch im RStreit zu berücks bis zum Schluß der mdl Vhdlg (§ 296a ZPO). Die Grde können aber nach § 56 II ArbGG od nach § 528 II ZPO, § 64 VI ArbGG zurückgewiesen w (BAG NJW **80**, 2486, wo § 529 offenb einen Druckfehler darstellt). Die Grde müssen aber zZ der Künd schon vorgelegen haben, u dürfen grdsätzl dem Kündigden damals bekannt gewesen sein (hM; BAG NJW **86**, 3159 mwN). Sie dürfen nicht ausgeschl sein (vgl § 626 Rn 30) u müssen obj zZ der Künd diese rechtf. Für den GeltgsBer des § 102 BetrVG vgl Rn 50–57 u § 626 Rn 11. Nach der Künd entstandene Grde können neue Künd rechtf; diese kann im Nachschieben dch schlüss Verhalten erkl sein.
37 Hierbei ist § 102 BetrVG zu beachten. **i) Frist und Termin.** Die Künd kann fristlos sein od das DVerh nach
38 Ablauf einer best Fr od zu einem best Termin beenden (§§ 621, 622). **j) Rücknahme** der KündErkl ist nach Zugang (§ 130) bis zur Beendigg des DVerh (KündTermin) nur dch Vertr (§ 305) mit dem KündEmpf mögl, danach nur dch NeuAbschl des DVerh. In der Rückn einer KündErkl liegt das Angeb, die KündWirkg zu beseit
39 u das ArbVerh fortzusetzen (BAG NJW **83**, 1628). **k) Zustimmung** des BetrR als WirksKErfordern kann v ArbG u BetrR vereinb w (§ 102 VI BetrVG). Gilt auch für außerordl Künd, wenn vereinb w, daß die Zust dch
40 die Einiggsstelle ersetzt w kann. **l) Änderungskündigung** (Hromadka RdA **92**, 251) ist legal definiert in § 2 S 1 KSchG u kann auch als außerord Künd erkl w (Becker-Schaffner BB **91**, 129). Die ÄndKünd hat meist das Ziel, eine geringere Vergütg zu vereinb (hierzu Krause DB **95**, 574). Sie erfordert bei bestehdem KündSchutz vorher Angebot zumutb Weiterbeschäftigg auf einem freien ArbPl zu geänderten Bedinggen (BAG NJW **85**, 1797); von TeilKünd (Rn 34) zu unterscheiden, weil bei ÄndKünd das ganze ArbVerh gekünd w. **aa)** Sie kommt in 2 Formen vor: **(1)** Künd wird unter der zul aufschiebden Bedingg (Rn 33) erkl, daß der KündEmpf die vorgeschlagene Änd des ArbVertr ablehnt. **(2)** Unbedingt Künd verbunden mit dem Angebot, das ArbVerh zu geänd ArbBedinggen fortzusetzen (§ 2 S 1 KSchG). **bb)** Die ÄndKünd unterliegt dem KündSchutz (Rn 61), der AnhörgsPfl (Rn 50; BAG NJW **82**, 2839) u der Mitbest. Sie führt bei Ann des ÄndAngebots zur InhaltsÄnd des ArbVertr (Einf 75 vor § 611). Die Ann liegt nicht allein in sof widersprloser WeiterArb (BAG NZA **88**, 737). Die ÄndKünd ist unwirks, wenn zZ ihres Zugangs ein KündVerbot besteht (BAG NJW **82**, 2859) od bei
41 außerord Künd die neuen ArbBedinggen unzumutb sind. **m) Abmahnung** (Schaub NJW **90**, 872; v. Hoyningen-Huene RdA **90**, 193; Pauly NZA **95**, 449; Walker NZA **95**, 601) ggü einem vertrwidr Verhalten kann für § 626 (dort Rn 18), für eine verhaltensbedingte Künd (§ 1 KSchG) od best Nachteile (§ 611 Rn 16; v. Hoyningen-Huene 205) erforderl sein. Die Abmahng muß in Bezug auf den KündGrd ein gleichart Verhalten betreffen (wohl hM; dagg krit u aA Sibben NZA **93**, 583; Walker NZA **95**, 601) u in Bezug auf die Vertrwidrk verhältnmäß sein (umstr; krit Walker NZA aaO 604), erfordert keine WiederholgsGefahr (Walker aaO 606; aA BAG NZA **95**, 225). Es liegt in der Entscheidg des ArbG, ob er sie vornimmt (BAG NZA **92**, 690). Sie ist nicht an eine Frist gebunden (BAG BB **87**, 1253), hat Warnfunktion, wirkt nicht unbegrenzt, sond für eine gewisse Dauer (Walker aaO 607) u ist idR Voraussetzg einer späteren Künd (BAG NJW **89**, 2493 u NZA **94**, 656). Sie muß dem Empfänger zur Kenntn gelangen (§ 130 gilt (BAG st Rspr NZA **94**, 656 mwN). Sie kann hinreichd bestimmt, kann auch bloße Sanktion sein. Stets darf das zugrdeliegde Verhalten nicht als KündGrd herangezogen w (BAG NJW **89**, 2493), wohl jedoch der Umstd, daß abgemahnt w. Anspr auf Entfernng aus der PersAkte nach Beendigg des ArbVerh nur dann, wenn Gefahr eines Schad besteht (BAG NJW **95**, 1236). Bei rechtswidr Abmahng stets Anspr auf Beseitigung (hM; Pauly NZA **95**, 449 [453]).

42 **4) Ordentliche Kündigung** kommt nur in Betracht bei D(Arb)Verh, die auf unbest Zeit eingegangen sind. **a) Begriff.** Ord Künd bedeutet Wahrnehmg einer vertragl od ges, bei regelm Verlauf des DVerh vorgesehenen Beendigsmöglichk. Sie ist idR befristete Künd. Ges Regelg der ord Künd: §§ 620 II, 621,
43 622; §§ 62ff SeemannsG. **b) Verbot.** Ausgeschl ist aGrd § 15 KSchG die ord Künd des Mitgl v Betr(See)-Rat, Personal-, Jugend- oder Bordvertretg, des BetrRWahlVorstd u v Wahlbewerbern (aber nicht v Wahlbewerbern zum WahlVorst, LAG Mannh NJW **75**, 232) sowie Vertrauensmänner der SchwBeh (§ 26 III SchwbG). Für ErsMitgl nur, wenn sie nachgerückt sind od währd der VertretgsDauer (BAG BB **79**, 888). In diesen Fällen ist nur außerord Künd zul (§ 15 KSchG). Entspr gilt bei Mitgl v BetrR u WahlVorst, die HeimArb sind (§ 29a HeimArbG). § 15 KSchG gilt nicht für ArbNVertr im AufsR (BAG NJW **74**,
44 1399). **c) Vertragliche Kündigungsbeschränkungen** sind grdsätzl zuläss, auf Seiten des ArbN aber nur, wenn sie im Einzelfall nach § 242 ihm zuzumuten sind u einem begründeten, zu billigden Interesse des ArbG entspr (hM). Das gilt insb für Rückzahlg von Ausbildgskosten, die der ArbG für den ArbN getragen hat (BAG BB **73**, 292), vom ArbG freiw übernommene Umzugskosten (vgl § 611 Rn 93), ferner für Rückzahlg v Gratifikation (vgl § 611 Rn 89, 90) u VertrStrafe, sowie Verfall einer Kaution (idR unzul; BAG **AP** § 622 Nr 9), Fälligk eines ArbGDarl (§ 611 Rn 92), Auszahlg v Treueprämien (BAG MDR **73**, 81). Die Part können die Künd auch für den ZtRaum nach VertrAbschl u vor DAntritt vereinb (hM; Berger-Delhey DB **89**, 380 mwN), jedoch nicht einseit für den ArbN (LAG Hamm DB **89**, 1191).

45 **5) Außerordentliche Kündigung** ist sowohl bei DVerh auf bestimmte als auch auf unbestimmte Zeit mögl. Sie ist nur zul, wenn die bes gesetzl ausgesprochen (od vereinb) Voraussetzgen (KündGründe) vorliegen auch als ÄndergsKünd. Sie ist meistens fristlose Künd, kann aber befristet sein (sog soz AuslaufFr). Gesetzl Fälle: §§ 624, 627 u insb 626 (Künd aus wichtigem Grund), ferner §§ 64ff SeemannsG.

46 **6) Unwirksamkeit einer Kündigung** kann in den Fällen der §§ 105, 111, 125, 134, 138, 142, 242 gegeben sein. Abgesehen von den Fällen des KündSchutzes (Rn 61) kann die Unwirks insb folgen aus:
47 **a) Verbotswidrigkeit** (§ 134) bewirkt Nichtigk. Gilt insb für alle Künd ggü Müttern (Rn 79), ord Künd
48 ggü BetrRMitgl u ähnl Pers (Rn 43), SchwerBeh (Rn 75) u Einberufenen (Rn 89). **b) Sittenwidrigkeit** (§ 138) bewirkt Nichtigk. Sie kann von allen ArbN, auch den unter das KSchG fallden geltd gemacht w,

unabhäng von den Vorschr des KSchG (vgl § 13 II KSchG). Für die Sittenwidrigk gelten die allg Grds des § 138, insb muß die Künd auf einem verwerfl Motiv beruhen (BAG **AP** § 138 Nr 22). Die Sittenwidrigk kann nicht auf solche Umst gestützt w, die sich auf die in § 1 KSchG normierte SozWidrigk beziehen; denn insow ist das KSchG eine Spezialregelg u der ArbN, die nicht dem KSchG unterliegen, soll nach dem Willen des GGebers die Künd wg SozWidrigk nicht unwirks sein (dagg krit Schwerdtner in Anm zu BAG JZ 73, 375). Eine Künd verstößt auch nie gg § 138, wenn sie auf Tats gestützt w, die an sich geeignet sind, eine Künd gem § 626 zu begrdn, es sei denn, daß damit ein verwerfl Grd verdeckt w soll (BAG JZ 75, 738 m Anm v Säcker). Auch kein Verstoß gg § 138 bei Künd v Aids-Erkranktem od -Infiziertem (BAG NZA 89, 962; LAG Düss NJW 88, 2970). c) **Verstoß gegen Treu und Glauben** (§ 242) führt ohne weiteres zur 49 Unwirksk der Künd (hM, zB LAG Düss BB 78, 1266 mwN). Dazu gehört die Künd zur Unzeit od in verletzder Form, auch die Verwirkg (§ 242 Rn 92; vgl BAG NZA 89, 16 mwN). Das Verh zum KSchG entspr dem in Rn 48; denn der RGrds des § 242 ist dch § 1 KSchG konkretisiert (BAG 8, 132 u NJW 73, 77). Das BAG ist der gleichen Ansicht, verneint auch ausdrückl die Geltg der 3-Wochen-Fr des § 4 KSchG (BAG NJW 72, 1878 vgl Rn 55). Es wird die Anwendg des § 242 für die Fälle der sog ungehör Künd für mögl gehalten von Siebert BB 60, 1029 u Röhsler DB 69, 1147, insb bei widersprüchl Verhalten (§ 242 Rn 55–57; BAG NJW 72, 1878). Verwirkg (§ 242 Rn 92) ist bei Aufschub der Künd dch den ArbG inf seiner Nachsicht zu verneinen (LAG SchlH DB 81, 2440). d) **Anhörung des Betriebsrats** (§ 102 I BetrVG; hierzu Griese BB 50 90, 1899; Bayer DB 92, 782), bei ltd Angest des SprecherAussch (Rn 59), im öff D des PersR vor jeder Künd (auch ÄndKünd, BAG BB 90, 704), auch angenommener (Hohmeister BB 94, 1777), ist zwingd vorgeschrieben. Die Anhörg hat grdsätzl währd der ArbZt zu erfolgen (BAG NJW 83, 2835) u ist formfrei (Hohmeister NZA 91, 209). (1) **Anwendbar.** Sobald ein BetrR, SprecherAussch od PersR konstituiert ist 51 (BAG NZA 85, 566). Anhörg ist entbehrl, wenn die Künd auf einem Verlangen des BetrR gem § 104 BetrVG beruht (Dietz/Richardi § 102 Rn 35). Sie entfällt nicht in sog Eilfällen, zB bei BetrStillegg (BAG NJW 77, 727) u gilt auch für ausl ArbN (BAG NJW 78, 1124), aber nicht bei der KampfKünd (vgl Rn 23), wohl aber, wenn währd des ArbKampfs aus and Grd gekünd w (BAG NJW 79, 2635). Es kommt darauf an, ob die obj AnhörgsPfl bestand, nicht auf eine auch übereinstimmde Ansicht v ArbG u BetrR. (2) **Voraus-** 52 **setzungen.** Angabe des ArbN, dem gekünd w soll, Art der Künd (insb ord, außerord Künd, ÄndKünd, BAG BB 90, 2118), KündFr (BAG DB 90, 2124), KündTermin (v BAG aaO offengelassen), die maßgebden KündGrd, näml die Tats, aus denen er seinen KündEntschl herleitet (BAG NJW 79, 1672), u solche, üb die der BetrR Aufschl verlangt (LAG Mü DB 76, 1439). Stich- u Schlagworte genügen nicht (BAG NJW 79, 1677), wenn nicht der BetrR bereits üb den erforderl KenntnStand verfügt (BAG BB 86, 321). Bei wiederh Künd vgl BAG NJW 90, 2489. Die Anfdgen sind für ArbN mit u ohne KündSchutz gleich (BAG BB 94, 1783 mwN). Bei häuf Kurzerkrankten sind die Fehlzeiten, die Art der Erkrankgen u die betriebl Auswirkgen mitzuteilen (BAG NZA 84, 93). Eine VerdachtKünd (Verhalten für § 1 KSchG od § 626 Rn 49) ist als solche zu kennzeichnen (Griese BB 90, 1899 mwN). Auffdg zur Stellgn ist nicht erforderl. Notw ist Angabe der Grde für die soz Auswahl, auch ohne Verlangen des BetrR (BAG NJW 84, 2374). Diese Mitt u Erkl sind dem BetrRVorsitzden, dessen StellVertr od dem PersAusschVors ggü abzugeben. Anhörg des BetrRVorsitzden allein genügt nicht; das Gremium muß Gelegenh zur Stellungnahme haben (BAG DB 74, 1294), mindestens ein Personalausschuß gem § 28 II BetrVG (BAG BB 85, 1599 mwN). Eine mdl Anhörg genügt. Beschlußfähigk des BetrR besteht ggf für den RestBetrR (BAG NJW 83, 2836). (3) **Unterbleibt** sie (auch 53 ohne Versch des ArbG, insb inf Irrtums) od wird die Anhörg nach Abgabe der KündErkl vorgen (nachgeholt), so ist die Künd stets unwirks (§ 102 I 3 BetrVG; BAG BB 76, 227). Dasselbe gilt, wenn die Anhörg nicht ordngsgem war (BAG stRspr NZA 94, 311). Vor Beendigg des AnhörgsVerf darf nicht gekünd w (BAG NJW 76, 1470). (4) **Verhalten des Betriebsrats.** Schweigt er auf die Mitt des ArbG gem § 102 I 54 BetrVG, so kann der ArbG wirks erst nach Ablauf des Fr des § 102 II BetrVG künd; er muß andererseits innerh eines angem ZtRaumes die Künd aussprechen, bei wesentl Änd, insb neuen KündGrd, eine erneute Anhörg dchführen (BAG NJW 78, 603); daher ist eine vorsorgl ausgespr ord Künd grdsätzl unwirks, wenn nur zu einer außerord Künd angehört w (BAG NJW 79, 76), ausnw nicht, wenn der BetrR vorbehaltlos zugestimmt hat u zu ersehen ist, daß er einer ord Künd nicht entggetreten wäre (BAG aaO). Der BetrR kann der beabsicht Künd widerspr (§ 102 V BetrVG). (5) **Kündigungserklärung.** Ausgesprochen ist die schriftl 55 Künd mit Absendg (BAG BB 76, 694). Die KlFr des § 4 KSchG gilt nicht (§ 13 III KSchG; BAG DB 74, 1294). (6) **Fehler** des ArbG beim AnhörgsVerf verurs die Unwirksk der Künd (BAG BB 75, 1435), nicht 56 aber ein Verstoß gg § 102 IV BetrVG, der keine FormVorschr darstellt (Kliemt NZA 93, 921 mwN). Wird ein ArbN irrtüml als ltd Angest angesehen, so ersetzt die Information (§ 105 BetrVG) nicht die Anhörg (§ 102 BetrVG), jedoch kann uU die Erklärg des ArbG dahin ausgelegt w, daß er zugleich ein AnhörgsVerf einleiten will (BAG BB 80, 628). Nachträgl Zust des BetrR bewirkt keine Heilg. Mängel des AnhörgsVerf im Bereich des BetrR berühren die Wirksk der Künd nicht, ohne Rücks auf Kenntn des ArbG (BAG NJW 76, 1519). (7) **Nachschieben** v KündGrden (vgl Rn 36) ist im Proz unzuläss, wenn sie dem BetrR vor Künd 57 nicht mitgeteilt wurden (BAG NJW 81, 2772). Es ist aber grdsätzl für solche Grde zul, die der ArbG zZ der Anhörg noch nicht kannte, wenn er den BetrR hierzu erneut anhört (BAG NJW 86, 3159). Erneute Künd auch mit denselben Grden bleibt mögl. Unzuläss Nachschieben bewirkt nicht Unwirksk der Künd, sond nur Beschränkg des ProzStoffs (BAG NJW 81, 2772). Vom unzuläss Nachschieben zu untersch ist die nachträgl Erläuterg (Konkretisierg u Substantiierg) v KündGrden (BAG NJW 81, 2316 u 86, 3159). (8) **Be-** 58 **weislast** trägt der ArbG für die Tats zur Anhörg, wenn der ArbN sie bestreitet (hM Oetker BB 89, 417; dagg krit Spitzweg/Lücke NZA 95, 406 mwN). Das gilt auch für das Vorliegen einer Ausn v der AnhörgsPfl e) **Anhörung des Sprecherausschusses** ist dch § 31 II SprAuG vorgeschrieben. Verstoß wirkt 59 wie bei Rn 50–57. f) **Beteiligung des Personalrats** bei ArbVerh im öffD ist dch § 79 PersVG vorgeschrie- 60 ben; eine entspr Regelg ist den Ländern für deren PersVGe auferlegt (§ 104 PersVG). Wird eine Künd ohne die vorgeschriebene Beteiligg des PersR erkl, ist sie unwirks (§§ 79 IV, 108 II PersVG; BAG BB 79, 1197).

7) **Allgemeiner Kündigungsschutz bei Arbeitsverhältnissen.** Beschr grdsätzl nur die ord, nicht die 61 außerord Künd des ArbG, auch die ÄndKünd (vgl § 2 KSchG), weil auch sie zur Auflösg des ArbVerh führt, wenn der ArbN der Änd der ArbBedingg nicht zust. Über den ges KündSch hinaus sind vertragl

KündBeschrkgen zul. Alle gesetzl KündSchutzVorschr sind zwingd; ein im voraus erkl Verzicht ist nichtig
62 (vgl Rn 74). Gesetzl Grdlage ist das KSchG. In den neuen BLändern gilt es seit 1. 7. 90 mit Abänd (vgl Art
63 232 § 5 EG). **a) Anwendungsbereich:** Allg für die ord Künd, auch die ÄndKünd (§ 2); für außerord Künd
nur bezügl der KlFrist, die Auflösg u die Abfindg (§ 13 I). Nur bei Betr, in denen (zZ des KündZugangs,
BAG BB **77**, 296) idR mehr als 5 ArbN ausschl der Auszubildden beschäftigt w (§ 23 I S 2), wobei TeilZ-
tArbN nur mitgezählt w, wenn sie wöchentl mehr als 10 od mtl mehr als 45 Std arbeiten (§ 23 I S 3). Nur für
ArbVerh, nicht für AusbildgsVerh (umstr; vgl Sarge DB **89**, 878), auch bei ltd Angest (zB Gesch- u
BetrLeiter, vgl § 14 II), aber nicht für OrganMitgl, insb VorstdsMitgl, GeschFührer einer GmbH (vgl BAG
DB **86**, 2132), geschführde Gesellsch (§ 14 I; einschränkd BAG NJW **83**, 2405). Nicht für Aussperrg u Künd
64 aus Anlaß eines ArbKampfs (§ 25). **b) Voraussetzung:** zZ des Zugangs (§ 130) der Künd muß das Arb-
Verh länger als 6 Monate (für Schiffsbesatzg vgl § 24 II) bestanden haben, ohne Rücks darauf, wie lange der
ArbN tatsächl gearb hat, auch frühere ArbVerh mit demselben ArbG sind bei sachl Zushang einzurechnen
(BAG NJW **77**, 1309 u 1311). Es ist zul, den Eintritt des ges KündSchutzes schon eher, auch ab Beginn des
ArbVerh zu vereinb (BAG NJW **67**, 1152). Der KündSchutz kann aus § 242 gewährt w, wenn vor Ablauf
der 6 Monate ohne sachl Grd gekünd w, um den KündSchutz zu vereiteln (BAG **AP** § 102 BetrVG Nr 19).
65 **c) Wirkungen.** Es ist zu unterscheiden: **(1) Unwirksamkeit** der Künd (auch der ÄndKünd, § 8), wenn sie
66 soz ungerechtf ist (§ 1 I). Soz gerechtf ist sie nur, wenn sie dch Grde in der Pers od im Verhalten des ArbN
od dch dringde betriebl Erfordernisse bedingt ist (§ 1 II). Außerdem ist die Künd soz ungerechtf, wenn bei
Vorliegen best Voraussetzgen der BetrR gem § 102 III BetrVG der Künd widerspr hat (§ 1 II) od wenn die
67 Auswahl des gekünd ArbN unsoz war (§ 1 III). **(2) Heilung** unwirks ord od außerord Künd tritt ein, wenn
68 die KlFrist (Rn 71) versäumt w (§§ 7, 13 I S 2). **(3) Auflösung** des ArbVerh dch GestaltgsUrt auf Antr des
ArbN oder ArbG (§ 9), wenn die Künd gem (Rn 66) wg SozWidrigk das ArbVerh nicht aufgelöst hat. Bei
außerord Künd (§ 13 I S 3) hat der ArbN diese AntrBefugn, wenn ihm vor Gericht der wichtig Grd fehlte u der Fortbestand des
ArbVerh für den ArbN unzumutb ist (§ 626). Der ArbG hat bei außerord Künd keine AntrBefugn (§ 13 I
69 S 3). **(4) Abfindung** hat der ArbG in angemessener Höhe (bis zu 18 Monatsverdiensten, § 10) zu zahlen,
70 wenn das ArbVerh gem Rn 68 aufgelöst w; Abfindg auch bei sittenw Künd mögl (§ 13 II). **(5) Wahlrecht**
des ArbN zw altem u neuen ArbVerh (§ 12), wenn bei KündSchl Erfolg hat u der ArbN ein neues
71 ArbVerh eingegangen ist (hierzu Brill DB **83**, 2519). **d) Klagefrist** von 3 Wochen ab Zugang der Künd
(§ 4, für Schiffsbesatzg vgl § 24 III S 1) gilt auch für außerord Künd (§ 13 I S 2), bei befr ArbVerh nur für die
außerord Künd (BAG NJW **72**, 1878); nur für ArbN, die die Voraussetzgen (Rn 64) erfüllen (BAG stRspr
seit NJW **55**, 1086; bestr). Zulässig verspäteter Klagen ist u.U mögl (§ 5), auch kann die Fr unter best
72 Voraussetzgen verlängert sein (§ 6). **e) Verfahren:** Die sog KündSchKl ist eine FeststellgKl mit dem aus § 4
zu entnehmden KlAntr. StreitGgst ist nicht der Bestand des ArbVerh, sondern daß das ArbVerh dch die im
KlAntr bezeichnete Künd zu dem darin best Ztpkt nicht aufgelöst ist (sog punktuelle StreitGgstdsLehre;
hM; BAG **7**, 51 u NJW **91**, 518) u zwar auch dann, wenn eine außerord Künd in eine ord umgedeutet w
(Hager BB **89**, 693 [696]; vgl § 626 Rn 34–36). Zugleich w rechtskräft festgestellt, zZ des Zugangs dieser
Künd habe ein ArbVerh bestanden. Daraus ist der Umfang der mat RKraft abzuleiten. Verbindg von
KündSch- u ÄndSchKl (§ 2) ist zul (Richardi ZfA **77**, 106). Auch eine allg FeststellgsKl auf Bestehen des
ArbVerh ist unter den Voraussetzgen des § 256 ZPO zul (Schaub NZA **90**, 85) u hat am StreitGgstd als die
KündSchKl (BAG NJW **94**, 2780). Sie muß sich auf eine od mehrere best Künd beziehen, die nicht schon
73 Ggstd der KündSchutzKl sind (BAG aaO; hierzu Diller NZA **94**, 830). **f) Anzeigepflichtige Entlassun-**
gen (§ 17 idF des G v 20. 7. 95 BGBl 946; sog Massenentlass). Entlassg ist das vom ArbG veranlaßte
Ausscheiden des ArbN aus dem Betr, insb dch Künd u AufhebgsVertr (§ 17 I S 2). Sobald der ArbG
Entlassgen beabsicht, muß er dem BetrR rechtzeit die zweckdienl Auskünfte erteilen u ihn nach Maßg des
§ 17 II schriftl unterrichten. Davon ist gleichzeit dem ArbAmt eine Abschrift zuzuleiten (§ 17 III S 1).
Außerdem muß der ArbG dem ArbAmt in der Anz die in § 17 III S 4 vorgeschriebenen Angaben machen.
Diese Pfl gelten auch, wenn die Entlassgen in einem von dem ArbG beherrschten Untern beschlossen w
(§ 17 III a). Verstoß gg § 17 führt zur Unwirks der Künd nur, wenn der ArbN sich dem ArbG ggü darauf
beruft, (BAG stRspr; zB NJW **74**, 1263). Allg KündSch (§ 1) bleibt auch bei Zust gem § 18 unberührt (BAG
6, 1). Es bleiben solche ArbN außer Betracht, denen aus pers- od verhaltensbedingten Grd gekünd w (BAG
74 NJW **84**, 1781). **g) Verzicht** auf KündSch ist nur nach Künd zul (hM). Kann in Erteilg einer Ausgleichs-
quittg liegen (BAG BB **79**, 1197; vgl allg Plander DB **86**, 1873), insb in der Erkl, gg die Künd keine
Einwendgen zu erheben (LAG Hamm NZA **85**, 292). Der Verz muß unmißverständl sein (BAG **AP** § 4
KSchG Nr 5). Er kann auch nach Beginn des KündSchProz erkl, aber angefochten u kondiziert w (BAG BB
77, 1400).

75   **8) Schwerbehinderte.** Geregelt dch SchwbG (neu bekgemacht am 26. 8. 86 [BGBl 1421]) als bes Teil des
SGB (Art II § 1 Nr 3 SGB I). **a) Voraussetzung** ist mind 50% Minderg der Erwerbsfähigk dch körperl,
geist od seel Behinderg (§§ 1, 3). Personenkreis: vgl § 1; auch Auszubildde (BAG NZA **88**, 428). Die
SchwBehEigensch muß im Ztpkt der Künd nicht nur vorliegen, sond dch Bescheid festgestellt od vom
ArbN beantragt sein (BAG stRspr zB DB **91**, 2676). Die Feststellg dch Bescheid ist nicht erforderl, wenn die
SchwBehEigsch offenkund ist (vgl Großmann NZA **92**, 241). Liegt sie obj vor u wird sie nach Künd
behördl festgestellt, so ist sie nur im Rahmen des § 1 KSchG u des § 626 zu berücks (BAG NJW **78**, 1397 u
2568; aA Großmann aaO), insb, wenn das ZustVerf der HauptFürsStelle nicht erforderl ist (BAG aaO).
Ferner können dch das ArbAmt u Pers SchwBeh gleichgestellt w (§ 2). Dauer des Schutzes: § 38.
76 **b) Kenntnis:** Der KündSchutz besteht ohne Rücks darauf, ob dem ArbG die SchwBehEigsch oder die
Antragstellg bekannt war od ist (BAG NJW **79**, 2363). Das gilt auch für die NeuFassg des Gesetzes (BAG
NZA **91**, 669). Die SchwBehEigensch (ohne behördl Feststellg) od die Antragstellg muß der ArbN jedoch
dem ArbG od seinem kündber Vertr (BAG aaO) ggü innerh angem Fr nach der Künd geltd machen: näml
1 Monat für ord (BAG stRspr zB DB **91**, 2675) wie außerord Künd (BAG DB **82**, 1778), auch bei sog
WiederholgsKünd (BAG NJW **84**, 1419). Die Fr darf voll ausgeschöpft w (BAG NZA **86**, 31). Unterläßt der
ArbN dies, ist die Künd nicht weg fehler Zust der HauptFürsStelle unwirks (BAG NZA **91**, 667). Eine
Vorlage des verneinden FeststellgsBescheids ohne Hinweis auf eingelegten Widerspruch genügt nicht (BAG

DB **82**, 2359), wohl aber nachträgl rückwirkde Feststellg (BAG DB **84**, 1047). **c) Zustimmung** der **77** HauptFürsStelle ist notw, u zwar vorher Zust (§ 15), unabhäng davon, wann die KündGrde entstanden sind (BAG NJW **84**, 1419). Ausnw nicht bei einem ArbVerh, das noch nicht länger als 6 Monate besteht (§ 20 I Nr 1), also wie bei § 1 KSchG, od aus and Grden unter § 20 fällt. Die gesetzl KündSperre (§§ 15 ff) entfällt, wenn die HauptFürsStelle dem ArbG auf form- u fristgerechten Antr hin mitt, es bedürfe der Zust nicht, sog Negativattest (BAG BB **84**, 212). Auch die außerord Künd bedarf der Zust, auch wenn die SchwBeh-Eigsch erst beantragt u noch nicht festgestellt ist (BVerwG NZA **89**, 554). Sie soll jedoch erteilt w, wenn sie nicht im ZusHang mit der Behinderg steht (§ 21 IV), schriftl sowie innerh v 2 Wochen, wobei zur FrWahrg die Aufgabe zur Post genügt (BAG BB **94**, 1074). Die ord Künd kann wirks erst nach Zustellg des ZustBescheids erkl w (BAG DB **92**, 844). Hingg muß bei außerord Künd die Zust dem ArbG nicht zugestellt sein, wenn sie getroffen u mdl mitgeteilt ist (BAG DB **91**, 2675). Die ZustimmgsFiktion kann dch formlose (Moll NZA **87**, 550), insb (fern)mdl Mitteilg ausgeschl werden (BAG NJW **82**, 1015). Die Zust zur außerord Künd enthält nicht die zur ord Künd (LAG Ffm NJW **78**, 444), so daß einer Umdeut die fehlde Zust entggsteht (v. Friesen/Reinecke BB **79**, 1561). Die Zust muß v ArbG in einer 2-Wochen-Fr (wie § 626 II) beantragt w (§ 21 II). Erteilg u Verweigerg w im VerwWeg nachgeprüft; jedoch darf das ArbG das AnhörgsVerf (§ 102 BetrVG) vor Abschl des ZustimmgsVerf einleiten (BAG NJW **81**, 2772). Keine aufschiebde Wirkg bei Widerspr gg Erteilg der Zust; die Künd ist zuläss u wirks, wenn die Zust unanfechtb w (Zanker BB **76**, 1181; aA Rewolle DB **75**, 1123; Otto DB **75**, 1554). Der ArbG darf den SchwBeh nicht bis zum Eingang der Zust unbezahlt freistellen. **d) Kündigungsfrist** beträgt mind **78** 4 Wochen ab Zugang der Künd (§ 16) mit Ausn der ArbVerh des § 20, insb solcher bis 6 Mon Dauer u damit prakt aller ProbeArbVerh (Einf 42 vor § 611). Außerdem sind die ges, tarifl u vertr KündFr zu beachten (BAG aaO). Der ArbG kann die ord Künd nur innerh eines Monats ab Zustellg der Zust erkl (§ 18 III), die außerord nur unverzügl nach Erteilg der Zust, wenn die Fr des § 626 II abgelaufen ist (§ 21 V). Der erteilten Zust steht das sog Negativattest gleich (BAG BB **84**, 212). Hat der ArbN Antr auf Feststellg der SchwBeh-Eigsch gestellt, weiß der ArbG das u wird der Antr abgelehnt, kann sich der ArbN nicht auf § 626 II berufen, wenn der ArbG Zust der HauptFürsStelle beantr hat (BAG NZA **88**, 429). **e) Anhörung** des Vertrauensmanns ist (unabhäng v der des BetrRats) vorgeschrieben (§ 25 II). Die Künd ist aber trotz unterbliebener Anhörg wirks (BAG DB **84**, 133).

9) Mütter. KündSch ist geregelt dch MuSchG idF des 1. G zur Änd des MuSchG v 3. 7. 92 (BGBl 1191). **79** **a) Anwendungsbereich:** ArbN, einschl (auch unverheirateter) Auszubildder (§ 3 II BerBG; LAG Bln BB **86**, 62) u HeimArb (§§ 1, 9 IV), auch für außerord Künd, ferner bei ProbeArbVerh (hM). Nicht: Künd der ArbN u AufhebgsVertr. Die Wirksk der sog EigenKünd der werdden Mutter wird dch eine Verletzg der MittPfl des ArbG (§ 9 II) nicht berührt (BAG BB **83**, 1160). Ist ein zuläss befristetes ArbVerh (§ 620 I) ist der ArbG dch die Schwangersch nicht gehindert, sich auf die Beendigg des ArbVerh dch FrAblauf zu berufen (BAG [GS] **10**, 65), aber nicht, wenn er nur wg der Schwangersch die Fortsetzg des ArbVerh ablehnt (BGH NJW **64**, 567). **b) Voraussetzungen: (1) Schwangerschaft** obj bestehd zZ des Zugangs der **80** Künd ist die gesamte Zt u bis max nach Entbindg (§ 9 I) u anschließd für die Dauer des Erziehungs-Url (Rn 83); bei HaushAngest nur bis zum Ablauf des 5. Monats der Schwangersch (§ 9 I S 2). Berechnet wird der Beginn der Schwangersch dch Rückrechng um 280 Tage vom voraussichtl (nicht tats) Tag der Niederkunft (BAG NJW **86**, 2905). Sie endet bei einer Fehlgeburt (od Abbruch), unmittelb auch der Mutterschutz (BAG NJW **73**, 1431 = JZ **74**, 187 m Anm v Richardi). **(2) Kenntnis** des ArbG v Schwangersch bzw Entbindg (§ 9 I S 1 1. Alt) od Mitt v Schwangersch bzw Entbindg dch die Mutter innerh einer AusschlFr von 2 Wochen, die mit KündZugang beginnt (§ 9 I S 1 2. Alt). Wird die Fr versäumt, so gilt die Mitt als rechtzeit, wenn der Grd v der Mutter nicht zu vertreten ist u sie die Mitt nach Wegfall des Grdes unverzügl (wie § 121) nachholt (§ 9 I S 1 nF). Das Verschulden (§ 276) erfordert Vors od einen groben Verstoß gg das im eigenen Interesse zu erwartde Verhalten (so schon BAG NJW **84**, 1418), zB unterlassene Untersuchg trotz bestehder AnhaltsPkte (Zmarzlik NJW **92**, 2678). Die Mitt muß das Bestehen od die Vermutg der Schwangersch zZt des KündZugangs umfassen (BAG NZA **91**, 669). **c) Wirkung.** Der **81** KündSchutz besteht neben dem des § 18 BErzGG (Rn 83; BAG NZA **93**, 647). Liegen die Voraussetzungen (Rn 80) vor, ist die Künd nichtig (§ 134), auch dann, wenn die schwanger gewordene ArbN zur Vertretg einer im ErzUrl stehden ArbN eingestellt w (EuGH NZA **94**, 783). Eine Verletzg der NachwPfl (§ 5 I) beseit den KündSchutz nicht, kann aber zu neuer Verwirkg führen (BAG NJW **75**, 229). Eine von der ArbN in Unkenntn der Schwangersch erkl Künd ist wirks u idR nicht anfechtb (hM; BAG NJW **92**, 2173). Anspr auf Vergütg bei Künd aus § 626, die nur wg MuSchG unwirks ist, kann inf RMißbr ausgeschl sein (LAG BaWü DB **75**, 2330). **d) Umgehung** des § 9 I führt zur Nichtigk (§ 134) der betr Vereinbg, insb die Bedingg, daß **82** das ArbVerh bei Eintritt v Schwangersch zu einem dem § 9 I zuwiderlaufden Ztpkt ende (BAG **AP** Art 6 I GG Nr 3). Anf (§§ 119, 123) im Rahmen v § 611 Rn 22, 23 ist nur ausnw begrdet, wenn die Frage zuläss ist (vgl § 611 Rn 6) u bewußt falsch geantwortet w. AufhebgsVertr (§ 305) ist mögl u wirks; zur Anf vgl BAG NJW **83**, 2958.

10) Erziehungsurlaubsberechtigte (zu RFragen Sowka NZA **94**, 102 u Köster/Schiefer/Überacker DB **83** **94**, 2341). **a) Kündigung des Arbeitgebers** ist ab Zugang des ErzUrlVerlangens u währd des ErzUrl grdsätzl verboten (§ 18 I S 1 BErzGG), sowohl außerord wie ord Künd, auch ÄndKünd (Viethen NZA **86**, 245). Der KündSchutz gilt währd der ganzen Dauer des ErzUrl u besteht neben dem des § 9 MuSchG (BAG NZA **93**, 647). **b) Kündigung des Arbeitnehmers** ist als ord Künd mit gesetzl Fr v 3 Monaten zum Ende **84** des ErzUrl zuläss (§ 19 BErzGG).

11) Wiedereinstellung. Allgemein: Langer NZA Beil 3/**91** S 23. Ein Anspr hierauf kann sich nur ergeben **85** aus Vereinbg (§ 305), betriebl Übg (76 vor § 611), od aus einem im Einzelfall bestehden VertrTatbestd (BAG NZA **87**, 627; hierzu krit v. Stein RdA **91**, 85). Nur unter engen Voraussetzgen zu bejahen. Das gilt auch für die WiederEinstellg nach einer wirks Künd, deren Grd sich nachträgl als ungerechtf herausstellt (Bram/Rühl NZA **90**, 753 mwN).

620 **Beendigung des Dienstverhältnisses.** [I] Das Dienstverhältnis endigt mit dem Ablaufe der Zeit, für die es eingegangen ist.

[II] Ist die Dauer des Dienstverhältnisses weder bestimmt noch aus der Beschaffenheit oder dem Zweck der Dienste zu entnehmen, so kann jeder Teil das Dienstverhältnis nach Maßgabe der §§ 621, 622 kündigen.

1 **1) Allgemeines zur Befristung** von DVerh, auch ZtVertr genannt. Übbl bei Sowka BB **94**, 1001. **a) Zweck.** § 620 geht v der Regel aus, daß jedes DauerSchuldVerh auf bestimmte Zt geschl u gekünd w kann. Für ArbVerh hat der GGeber die wg des KündSchutzes notw SoRegelg nicht getroffen, sond sie (mit
2 Ausn der Rn 19) der Rspr überlassen, die ggü dem ArbG überzogene Anfdgen stellt. **b) Begriff.** Befristet werden kann nur dch Kalenderdaten od genau bestimmte ZtRäume, zB Vollendg des 65. Lebensjahres (vgl Vorbem 2). Höchst- u Mindestdauer fallen nicht darunter, ebsowen die auflösde Bedingg (Vorbem 4). Ein
3 befristeter ArbVertr kann aber zusätzl auflösd bedingt sein (BAG NJW **81**, 246). **c) Anwendungsbereich.** Gilt für alle D- u ArbVertr. Für DVertr ist die Zulässk u Wirksk des ZtVertr grdsätzl nicht beschr. Hingg werden dch die Rspr für die ZtArbVertr zusätzl Erfordernisse aufgestellt (Rn 10), dch die vermieden w soll, daß der ges KündSchutz umgangen w. Daher können befristete ArbVerh, soweit das KSchG nicht gilt, grdsätzl ohne die Beschränkgen der Rn 10–14 abgeschl w: für die Dauer bis zu 6 Monaten (wg § 1 I KSchG; daher nicht als KettenArbVertr, BAG stRspr zB BB **90**, 1418; vgl Rn 4) u bei KleinBetr iS des § 23 KSchG (stRspr des BAG seit **1**, 128), wobei die Absicht, den KündSchutz zu umgehen, nicht erforderl, sond dieser
4 Umstd obj zu beurt ist (BAG [GS] **10**, 65). **d) Kettenarbeitsvertrag** ist der aufeinanderfolgde Abschl mehrerer ZtArbVertr (Einf 41 vor § 611). Er ist uneingeschr nur bei KleinBetr (§ 23 KSchG) erlaubt, sonst nur unter den Voraussetzgen der Rn 10, insb bei SaisonArbVerh (BAG NZA **87**, 627). Für den rechtfertig- den Grd kommt es grdsätzl nur auf den zuletzt abgeschl Vertr an (BAG stRspr, zB NZA **88**, 734), auch wenn darin noch währd der Befristg die Tätk u Vergütg neu vereinb w (BAG BB **90**, 1416); ausnw auf den vorletzten, wenn der letzte nur ein unselbstänt Anhängsel darstellt (BAG NZA **88**, 280; gg diese Rspr:
5 Klevemann/Ziemann DB **89**, 2608). **e) Verhältnis zu Tarifverträgen.** Wg der den TarVertrPart zuge- standenen Disposition wird bei Zulässg v befr ArbVertr in einem TarVertr das Vorliegen des erforderl sachl
6 Grds (Rn 10) vermutet (BAG **AP** Befr ArbVertr Nr 32 m Anm v Richardi). **f) Schwerbehinderte und Mütter.** Bei Befristg des ArbVertr muß in allen Fällen ein sachl gerechtfert Grd (Rn 10) vorliegen, weil sie unabhäng vom KSchG KündSchutz genießen (BAG **14**, 108 u BB **61**, 1237). Für sie gilt jedoch auch die
7 Regelg der Rn 19. **g) Sonderregelungen.** Für Mütter u ErzUrlBerecht in § 21 BErzGG. Für wissensch Personal an Hochschulen u ForschgsEinrichten (Buchner RdA **85**, 258) gelten seit 26. 6. 85 die SoVorschr der §§ 57 a ff HochschulrahmenG u das G üb befr ArbVertr mit wissenschaftl Personal an ForschgsEinricht- gen (BGBl **85**, 1065) sowie für Ärzte in Weiterbildg seit 24. 5. 86 das G v 15. 5. 86 (BGBl 742). Diese Vorschr gestatten zT den Abschl v ZtArbVertr auch ohne sachl gerechtfert Grd (Rn 10).

8 **2) Bestimmbare Dauer infolge Art oder Zweck** der zu leistden De (Abs II). **a) Begriff.** Auch hier handelt es sich um (nicht kalendermäß od zeitl bestimmte) befr D(Arb)Verh, die von selbst enden, wenn die geschuldeten De (Arb) geleistet sind. Die Dauer ist aber bei Abschl des Vertr nach Kalendertag u ZtRaum unbestimmt. Der Wille der Part muß VertrInhalt geworden sein; ein BewegGrd allein reicht nicht. **b) Bei- spiele:** Aushilfe für beurlaubte od kranke ArbN (MüKo/Schwerdtner 40), einmaliger ArbAnfall dch Sond- Verkäufe; SaisonBetr, sofern die Vertr nicht schon kalendermäß befristet sind; Anstellg als GmbH-Gesch-
9 Führer, wenn ein ArbVerh zur Erprobg hierfür abgeschl w (BAG BB **94**, 428). **c) Wirkung.** Beendigg: Rn 8. Der DBer (ArbG) hat dem DVerpfl (ArbN), wenn er das Ende nicht von selbst ausmachen kann, die bevorstehde Beendigg rechtzeit anzuzeigen (hM), sog Auslauf- od AnkündFr. Unterbleibt die Anz, so endet das ArbVerh nach Ablauf der entspr Fr. Schuldh Verletzg kann SchadErsPfl (VertrauensSchad), auch Lohnfortzahlg für begrenzte Zt begrden.

10 **3) Sachlicher Grund** für die Befristg (sog Zweckbefrstg) wird v der hRspr u der hM (dagg krit Weiler BB **85**, 934, auch Adomeit NJW **89**, 1715) gefordert, wenn sonst dch die Befristg der KündSchutz (vgl Rn 3) umgangen w. Andernf ist das ArbVerh unbefr. Ges geregelte Fälle zuläss Befristg sind § 1 BeschFG (Rn 19)
11 u § 21 BErzGG. **a) Allgemein.** Der sachl Grd muß vorliegen, nicht auch im ArbVertr bezeichnet sein, auch nicht im öff D (BAG DB **91**, 2548); dies zu tun ist aber dringd zu empfehlen. Die maßgeblde obj Beurt ist davon auszugehen, ob ein verständ ArbG im konkr Fall ein ArbVerh auf unbestimmte Zt begrdet haben würde (BAG stRspr **AP** Befr ArbVertr Nr 35). Es kommt dabei auch auf die Dauer der Befristg an (BAG NJW **64**, 567). Die Anfordergen an den sachl Grd steigen mit der Dauer der Beschäftigg, insb bei Vertretg (BAG NZA **92**, 883). Maßgebd Ztpkt ist der Abschl des Vertr, bei Änd eines befr Vertr der des ÄndVertr (BAG NZA **90**, 744). Liegt der Grd in der Zukunft, ist auf die Prognose abzustellen. Zusätzl muß der Ztpkt der Zweckerreichg für den ArbN frühzeit erkennb sein, bei VertrAbschl voraussehb od v ArbG rechtzeit
12 angeknünd w (BAG NZA **88**, 201). **b) Einzelheiten.** Sachl Grd wird: **aa) Bejaht:** Vertretg für die Dauer eines BeschäftiggsVerbots wg MuSchutz od bei berecht ErziehgsUrl (§ 21 I BErzGG); Vorübgehde Aushilfe od Vertretg (BAG stRspr, zB DB **91**, 2548 mwN), wobei eine Umverteilg der Aufgaben zuläss ist (BAG NZA **86**, 569). Erprobg (BAG NJW **82**, 1173); vorübgehder ArbAnfall od SaisonArb (BAG **AP** Befr ArbVertr Nr 70); Bühnenkünstler (BAG DB **81**, 2080); Arb neben dem Studium (BAG DB **90**, 1874), aber nur, wenn die Befristg an die Erfordern des Studiums angepaßt w (BAG NJW **95**, 981), zB sog Ferien-Job; voraussehb Zweckerfüllg u überschaub Zt (BAG NJW **83**, 1927); Zuweisg eines ArbN im Rahmen einer ArbBeschaffgsMaßn (BAG NJW **83**, 2158 u NZA **88**, 468; Berger-Delhey NZA **90**, 47); Wunsch des ArbN u ein obj bestimmb, in seiner Pers liegder Grd (BAG BB **85**, 2045); Abschl eines Vergl üb Bestehen des ArbVerh für eine bestimmte (Rest)Zt (BAG BB **81**, 121); Rundfunkmitarbeiter (BVerfG NJW **82**, 1447); bei Lehrern vorübgehder Mehrbedarf an Lehrkräften (BAG NJW **82**, 1475) od vorausberechneter Minderbedarf (BAG NJW **83**, 1444) u Befristg bis zum Bestehen der StaatsPrüfg (BAG aaO); Beschäftigg v Studenten neben dem Studium (BAG NZA **91**, 18); Soz ÜberbrückgsZweck (BAG NZA **88**, 545 mwN; Blechmann NZA **87**, 191); Geschäftseröffng (LAG RhPf DB **89**, 1193). Bei Vereinbg, daß das ArbVerh endet, sobald

eine Altersrente bezahlt w, muß § 41 IV S 3 SGB VI beachtet w. **bb) Verneint:** Die bloße Eigensch als 13
NebenTätk (BAG DB **94**, 2504); der Zweck, den BestdsSchutz des § 613a zu vereiteln (BAG ZIP **95**, 1213);
die Zuweisg bestimmter Haushaltsmittel (BAG NJW **80**, 1766); das Vorhandensein vorübgehd freier Stellen
(BAG NJW **82**, 1475). ArbAnfall auf nicht absehb, wenn auch begrenzte Dauer (BAG **AP** Befr ArbVertr
Nr 56, 57); die Eigensch als Chefarzt eines Krankenhauses (Zuck NZA **94**, 961); ständ Aushilfe od Dauer-
Vertretg (BAG BB **82**, 434, NZA **85**, 90 u 561); mögl od beabsicht Besetzg des ArbPlatzes mit künft
Bewerbern (BAG BB **70**, 1302); Fortführg des Betr im Konk (LAG Saarbr ZIP **88**, 528; wohl verfehlt). Allg
soz- u beschäftpol Erwäggen (BAG NZA **88**, 545 [Lehrer]); idR die DrFinanzierg des ArbPl (Lakies NZA
95, 296 mwN). **cc) Umstritten:** generelle Altersgrenze (vgl die Nachweise bei BAG DB **93**, 443), Zulässk
für 60 Jahre bei Cockpitpersonal in TarVertr bejaht (BAG aaO).

4) Beweislast. Grdsätzl trägt sie derjen, der sich auf die Beendigg dch FrAblauf beruft (hM). Bei Streit 14
um die Dauer der Befristg trägt die BewL, wer sich auf das frähere VertrEnde beruft (BAG DB **95**, 980).
Dafür daß kein sachl Grd vorlag (vgl Rn 10–13), trägt sie der ArbN (BAG **AP** Befr ArbVertr Nr 16, 20;
bestr; aA Kempff DB **76**, 1576 mwN: ArbG für Vorliegen des Grdes).

5) Wirkungen. a) Bei wirksamer Befristung. Das D(Arb)Verh endet mit ZtAblauf von selbst; eine 15
Künd ist unnöt. Soll eine ord Künd währd der Dauer des befr ArbVerh zulüss sein, müssen es die Part eindeut
erkennb vereinb haben (BAG NJW **81**, 246 mwN). Ist das KündR vereinb, steht dies der Befristg nicht entgg
(BGH NJW **93**, 326). Gesetzl zulüss bei vorzeit beendetem ErzUrl (§ 21 III BErzGG). Außerord Künd (§ 626)
ist nie ausgeschl. Für die ord Künd kann KündSchutz eingreifen. Ist die ord Künd beiderseits ausgeschl, kann
auch der ArbN nicht künd. Es gilt jedoch stets § 624. **b) Bei unwirksamer Befristung.** Der D(Arb)Vertr ist 16
wirks; nur die Befristg ist unwirks, sodaß ein D(Arb)Verh auf unbestimmte Dauer besteht (allgM). Es kann
jedoch ein and BefristgsGrd nachgeschoben w. Daraus folgt an sich, daß das D(Arb)Verh gekünd w kann;
jedoch nicht von demjen ArbN, der sich auf das Fehlen des sachl gerechtf Grdes beruft (BAG **18**, 8). Auch der
ArbG kann sich frühestens mit FrAblauf v dem Vertr lösen. Seine Mitt an den ArbN, der Vertr solle nicht
verlängert w, ist keine vorsorgl Künd, solange die Wirksk der Befristg zw den Part nicht streit ist (BAG BB
79, 1557). Ist eine ZweckBefristg vereinb, deren Zweck bereits vor dem ArbN nicht vorausehb ist, so endet das
ArbVerh erst mit Ablauf einer der MindKündFr (§ 622 I, V Nr 2) entspr AuslaufFr (BAG NZA **87**, 238).
c) Kündigung (Abs II) ist bei allen D(Arb)Verh mögl, die nicht auf bestimmte (Rn 2) od bestimmbare Zt 17
(Rn 8) abgeschl sind. **d) Wiedereinstellungsanspruch** bei KettenArbVertr (Rn 4) od FortsetzgsAnspr auf 18
unbest Zt nur dann, wenn ein VertrauensTatbestd geschaffen w (BAG NZA **87**, 627) u ein widersprüchl Verh
des ArbG vorlag (BAG NZA **89**, 719; Friedhofen/ Weber NZA **90**, 714).

6) Befristete Arbeitsverträge nach Beschäftigungsförderungsgesetz v 26. 4. 85 (BGBl 710). In Kraft 19
getreten am 1. 5. 85.

§ 1. *(1) Vom 1. Mai 1985 bis zum 31. Dezember 2000 ist es zulässig, die einmalige Befristung des Arbeitsvertrages bis
zur Dauer von achtzehn Monaten zu vereinbaren, wenn
1. der Arbeitnehmer neu eingestellt wird oder
2. der Arbeitnehmer im unmittelbaren Anschluß an die Berufsausbildung nur vorübergehend weiterbeschäftigt werden
kann, weil kein Arbeitsplatz für einen unbefristet einzustellenden Arbeitnehmer zur Verfügung steht.
Eine Neueinstellung nach Satz 1 Nr. 1 liegt nicht vor, wenn zu einem vorhergehenden befristeten oder unbefristeten
Arbeitsvertrag mit demselben Arbeitgeber ein enger sachlicher Zusammenhang besteht. Ein solcher enger sachlicher
Zusammenhang ist insbesondere anzunehmen, wenn zwischen den Arbeitsverträgen ein Zeitraum von weniger als vier
Monaten liegt.*

*(2) Die Dauer, bis zu der unter den Voraussetzungen des Absatzes 1 ein befristeter Arbeitsvertrag abgeschlossen
werden kann, verlängert sich auf zwei Jahre, wenn
1. der Arbeitgeber seit höchstens sechs Monaten eine Erwerbstätigkeit aufgenommen hat, die nach § 138 der Abgaben-
ordnung dem Finanzamt mitzuteilen ist und
2. bei dem Arbeitgeber zwanzig oder weniger Arbeitnehmer ausschließlich der zu ihrer Berufsbildung Beschäftigten
tätig sind.*

Überblick Otto NJW **85**, 1807; zu Einzelh: Hanau RdA **87**, 25. **a) Geltungsdauer** war aus polit Grd zeitl 20
begrenzt u wurde zunächst verlängert bis 1995 (BGBl **89**, 2406), dch Art 2 BeschäftiggsFördG 1994 v 30. 7.
(BGBl 1737) bis 2000. Die GeltgsDauer bezieht sich auf den VertrAbschl, so daß noch am 31. 12. 2000 auch
auf die zugelassene Dauer ein ArbVertr vereinb w kann, spätestens endend am 30. 6. od 31. 12. 2002.
b) Zweck: § 1 gestattet die Befristg eines ArbVerh ohne den v der hM (Rn 10) geforderten sachl Grd (hM; 21
BAG NJW **89**, 1756). BefristgsFreih im Rahmen der Voraussetzgen. Der Abschl v ArbVertr mit SachGrden
gem Rn 10 bleibt weiter zulüss u wird dch § 1 nicht beschränkt (hM; LAG Ffm NZA **88**, 285 mwN).
c) Sonderregelungen. Die ArbVerh mit wissenschaftl Personal an Hochschulen u ForschgsEinrichtgen so- 22
wie für Ärzte in der Weiterbildg werden speziell dch die in Rn 7 genannten Ge geregelt. Für gewerbl Leih-
ArbVerh gilt ausschließl das AÜG (Rn 40); Befristg nach § 1 ist nicht gestattet (Friedhofen/ Weber NZA **85**,
337). **d) Anwendungsbereich.** Umfaßt alle ArbVertr, für die nicht SoRegeln (Rn 22) bestehen. ArbN sind 23
auch Auszubildde (vgl Abs 1 S 1 Nr 2), Schwangere, SchwerBeh, Wehr- od ZivDLeistde. **e) Verfassungs-
mäßigkeit** ist nicht zu bezweifeln (Löwisch BB **85**, 1200). **f) Voraussetzungen.** Lagen sie bei Abschl des 24
ArbVertr vor, können Grde (Rn 10) nachgeschoben w (Hanau RdA **87**, 25). Es gibt 2 Fälle (Abs I):
aa) Nr 1: Neueinstellung. Das ist die Begründg eines neuen ArbVerh; die Befristg muß bei Abschl des 25
Vertr vereinb w. Es muß kein zusätzl ArbPl geschaffen w (BAG NJW **89**, 1756). Der ArbN kann bisher
LeihArbN gewesen sein (BAG aaO). Der Begr Neueinstellg wird dch Abs I S 2 negativ abgegrenzt. Es darf
zu einem vorhergehden (auch unbefrist) ArbVertr zum demselben ArbG u ArbN kein enger sachl Zushang
bestehen. Dieser wird unwiderlegb vermutet, wenn der ZtRaum zw den ArbVerh weniger als 4 Monate
beträgt (Abs I S 3). Es darf auch ein zweites mal befristet abgeschl w, sofern eine Neueinstellg vorliegt (BAG
NZA **90**, 741). Es kommt nur auf die betreffde Pers an (BAG NJW **89**, 1756), nicht auf den Betr, zB bei
BetrVeräußerg gem § 613a (Löwisch BB **85**, 1200). BewL für Neueinstellg: ArbG (BAG NZA **90**, 741).

26 **bb) Nr 2: Berufsausbildung** umfaßt auch die Anlernlinge, Praktikanten (Löwisch aaO) u Volontäre, weil es nicht auf die Begr des BerBiG ankommt (BAG NZA **95**, 625). Es ist stets auf einen bestimmten ArbPl abzustellen. Die Anwendg scheitert deshalb nicht daran, daß in dem betreffden Betr übhaupt ArbPlätze für unbefristete ArbVerh noch offen sind (umstr; vgl Blechmann NZA **87**, 191 [195]). Ob der ArbPl befristet od unbefristet zur Vfg steht, kann nur der Prognose zZ des VertrAbschl unterliegen (Löwisch BB **85**, 1200).

27 Die BewL für das Fehlen eines geeigneten DauerArbPl: ArbG. **g) Wirkung.** Es gelten grdsätzl Rn 15, 16. Der Abschl des ArbVertr auf bestimmte Zt ist wirks, weil ein gesetzl geschaffener sachl gerechtfert Grd (Rn 10) vorliegt. Die Befristg ist nur einmal zuläss u kann grdsätzl bis zu 18 Monaten (also auch beliebig kürzer) vereinb werden. Die Vereinbg vorheriger ord Künd (ggf unter KündSch) ist mögl (gleiche Fr wg

28 § 622 VI). § 626 bleibt unberührt. **h) Dauer.** Grdsätzl Höchstdauer v 18 Monaten (Abs I S 1). Verlängerg auf 2 Jahre gem Abs II für Pers, die eine selbständ Erwerbstät (wieder) neu aufnehmen u für alle KleinBetr.

29 TZtBeschäft zählen voll. **i) Vorrang des Tarifvertrags** (in dessen GeltgsBereich, vgl Einf 66–70 vor § 611). § 1 verbietet weder vorgesetzl noch nachgesetzl BefristgsVorschr in TarVertr, soweit sie den ArbN günst stellen (hM; BAG NZA **88**, 358 mwN). Sie gehen dem § 1 vor. Günst ist vor allem das Erfordern

30 eines Grdes iS der Rn 10 (BAG NZA **90**, 747), auch die Verkürzg der Fr. **j) Abdingbarkeit** dch EinzelArbVertr (auch nachträgl) wird v BAG NZA **88**, 545 in der Weise bejaht, daß trotz Vorliegen der Voraussetzgen (Rn 24–26) für die Wirksk der Befristg ein sachl gerechtfert Grd (Rn 10) bestehen müsse. Legen die Part einen solchen ausdrückl zugrde, ist § 1 ausgeschl (Friedhofen/Weber NZA **90**, 716).

621 *Ordentliche Kündigung von Dienstverhältnissen.* **Bei einem Dienstverhältnis, das kein Arbeitsverhältnis im Sinne des § 622 ist, ist die Kündigung zulässig,**

1. **wenn die Vergütung nach Tagen bemessen ist, an jedem Tag für den Ablauf des folgenden Tages;**
2. **wenn die Vergütung nach Wochen bemessen ist, spätestens am ersten Werktag einer Woche für den Ablauf des folgenden Sonnabends;**
3. **wenn die Vergütung nach Monaten bemessen ist, spätestens am fünfzehnten eines Monats für den Schluß des Kalendermonats;**
4. **wenn die Vergütung nach Vierteljahren oder längeren Zeitabschnitten bemessen ist, unter Einhaltung einer Kündigungsfrist von sechs Wochen für den Schluß eines Kalendervierteljahres;**
5. **wenn die Vergütung nicht nach Zeitabschnitten bemessen ist, jederzeit; bei einem die Erwerbstätigkeit des Verpflichteten vollständig oder hauptsächlich in Anspruch nehmenden Dienstverhältnis ist jedoch eine Kündigungsfrist von zwei Wochen einzuhalten.**

1 **1) Allgemeines. a) Anwendungsbereich:** Nur DVerh (vgl Einf 2, 16 vor § 611), die nicht ArbVerh sind. Bei VorstdsMitgl einer AG u GeschF einer GmbH ist die Anwendg v § 621 Nr 3 bei ArbNähnl Stellg umstr (vgl § 622 Rn 5; Reiserer DB **94**, 1822; wohl zu recht bejahd: Hümmerich NJW **95**, 1177). § 621 gilt nicht bei ArbVerh, für die § 622, u für HeimArb, für die § 29 HeimarbG gilt. SondVorschr für HandelsVer-

2 treter: § 89 HGB. Bei InternatsVertr ist § 620 zu beachten (BGH NJW **85**, 2585). **b) Abdingbarkeit:** § 621 ist nicht zwingd (BGH NJW **64**, 350). Grenzen: § 11 Nr 12 AGBG. Bei aufwend DirektunterrichtsVertr (BGH **120**, 108 [Tanzlehrer]), kann § 9 AGBG (dort Rn 135) entggstehen (Köln NJW **83**, 1002 [Heilprakti-

3 ker]; KG MDR **94**, 348 [Krankengymnastin]). **c) Einordnung** unter Nr 1–5 hängt allein von der Bemessg

4 der Vergütg ab, nicht davon, wann u wie sie gezahlt w. **d) Kündigung:** nur ord Künd (vgl 42 vor § 620). Maßg ist der Zugang (§§ 130–132). Außerord Künd: §§ 624. 626. 627. Kein KündSch, da dieser nur für ArbVerh gilt. SoRegeln für FernUnterrVertr in § 5 FernUSG.

5 **2) Besonderheiten. a) Nr 1:** Bei Künd zu FrEnde an Sonn-, Feier- od Samstagen vgl § 193 Rn 2.
6 **b) Nr 3:** § 193 gilt nicht (§ 193 Rn 3 mwN). **c) Nr 4:** Berechng der Fr erfolgt gem §§ 187 I, 188 II. Bsp: Künd zum 31. 12 muß am 19. 11 zugehen; § 193 gilt nicht (BAG NJW **70**, 1470 für ArbVerh unter Aufgabe früherer Rspr; ebso für § 89 HGB: BGH **59**, 265). Wird die Künd vor Beginn des ArbVerh erkl, so beginnt u läuft die KündFr nach §§ 187 II, 188 II ab vertr vereinb Beginn des ArbVerh, wenn auf dessen Aktualisierg

7 abgestellt w (BAG NJW **80**, 1015). **d) Nr 5:** Gilt zB bei Provision, Stückvergütg, Gewinnbeteiligg. Berechng der Fr: wie Rn 6.

622 *Ordentliche Kündigung von Arbeitsverhältnissen.* **[I] Das Arbeitsverhältnis eines Arbeiters oder eines Angestellten (Arbeitnehmers) kann mit einer Frist von vier Wochen zum Fünfzehnten oder zum Ende eines Kalendermonats gekündigt werden.**

[II] Für eine Kündigung durch den Arbeitgeber beträgt die Kündigungsfrist, wenn das Arbeitsverhältnis in dem Betrieb oder Unternehmen

1. **zwei Jahre bestanden hat, einen Monat zum Ende eines Kalendermonats,**
2. **fünf Jahre bestanden hat, zwei Monate zum Ende eines Kalendermonats,**
3. **acht Jahre bestanden hat, drei Monate zum Ende eines Kalendermonats,**
4. **zehn Jahre bestanden hat, vier Monate zum Ende eines Kalendermonats,**
5. **zwölf Jahre bestanden hat, fünf Monate zum Ende eines Kalendermonats,**
6. **fünfzehn Jahre bestanden hat, sechs Monate zum Ende eines Kalendermonats,**
7. **zwanzig Jahre bestanden hat, sieben Monate zum Ende eines Kalendermonats.**
Bei der Berechnung der Beschäftigungsdauer werden Zeiten, die vor der Vollendung des fünfundzwanzigsten Lebensjahres des Arbeitnehmers liegen, nicht berücksichtigt.

[III] Während einer vereinbarten Probezeit, längstens für die Dauer von sechs Monaten, kann das Arbeitsverhältnis mit einer Frist von zwei Wochen gekündigt werden.

IV Von den Absätzen 1 bis 3 abweichende Regelungen können durch Tarifvertrag vereinbart werden. Im Geltungsbereich eines solchen Tarifvertrages gelten die abweichenden tarifvertraglichen Bestimmungen zwischen nichttarifgebundenen Arbeitgebern und Arbeitnehmern, wenn ihre Anwendung zwischen ihnen vereinbart ist.

V Einzelvertraglich kann eine kürzere als die in Absatz 1 genannte Kündigungsfrist nur vereinbart werden,

1. wenn ein Arbeitnehmer zur vorübergehenden Aushilfe eingestellt ist; dies gilt nicht, wenn das Arbeitsverhältnis über die Zeit von drei Monaten hinaus fortgesetzt wird;
2. wenn der Arbeitgeber in der Regel nicht mehr als zwanzig Arbeitnehmer ausschließlich der zu ihrer Berufsbildung Beschäftigten beschäftigt und die Kündigungsfrist vier Wochen nicht unterschreitet. Bei der Feststellung der Zahl der beschäftigten Arbeitnehmer sind nur Arbeitnehmer zu berücksichtigen, deren regelmäßige Arbeitszeit wöchentlich zehn Stunden oder monatlich fünfundvierzig Stunden übersteigt.

Die einzelvertragliche Vereinbarung längerer als der in den Absätzen 1 bis 3 genannten Kündigungsfristen bleibt hiervon unberührt.

VI Für die Kündigung des Arbeitsverhältnisses durch den Arbeitnehmer darf keine längere Frist vereinbart werden als für die Kündigung durch den Arbeitgeber.

1) Allgemeines. a) Neufassung des § 622. Zur Geschichte der GÄnd: Wank NZA **93**, 961. Die Vorschr, **1** die wg unterschiedl Dauer der KündFr für Angest u Arb zT verfassgswidr war (BVerfG NJW **90**, 2246; 52. Aufl Rn 3); ist neu gefaßt dch Art 1 KündFG v 7. 10. 93 (BGBl 1668). Dch das G sind die KündFr des § 63 SeemG (Art 3) u des § 29 HeimArbG (Art 4) teils dch Verweisg auf § 622 III–VI u IV–VI angepaßt worden. Das G ist am 15. 10. 93 iKr getreten (Art 7 S 1 KündFG). ÜbgangsRegelg: Art 222 EGBGB (Art 2 KündFG). Die vorliegde Fassg beruht auf einer am 22. 9. 93 zustandegekommen Beschlußempfehlg des VermittlgsAusschusses. Den Einspruch des BRats hat der BTag am 30. 9. 93 zurückgewiesen. Das G ist am 14. 10. 93 verkündet worden (BGBl 1668). **b) Neue Bundesländer.** § 55 DDR-ArbGB, der bislang weiter- **2** gegolten hatte (52. Aufl vor Rn 1), ist seit 15. 10. 93 aufgeh (Art 5 S 1 KündFG); es gilt der neue § 622. Nur für die Künd im öffD ist die (kürzere) Fr des § 55 DDR-ArbGB weiter anzuwenden (Art 5 S 2), weil die Maßg Anl I Kap XIX Sachg A Abschn III Nr 1 Abs IV S 4 EinigsV unberührt bleibt. Unanwendb seit 15. 10. 93 alle and Maßg, welche die Anwendbk v § 55 DDR-ArbGB vorsahen, soweit nunmehr § 622, sowie die Neufassg von § 63 SeemG u § 29 HeimArbG gilt (Art 6 KündFG). **c) Zweck.** Die gesetzl KündFr wurden für **3** alle ArbN (Angest u Arb) bei beschränkter Abdingbk vereinheitl. Damit wurde der GGebgsAuftr des BVerfG (NJW **90**, 2246), der die Neuregelg bis spät 30. 6. 93 forderte, nunmehr rechtzeit erf. Die Neuregelg vereinheitl die Fr auf einem mittleren Niveau mit erweiterter Staffelg bei möglichst großer Flexibilität (BR-Dr 310/93 S 12). Auf QuartalsKündTerm (bisher § 622 I S 1) wird bewußt verzichtet, um den ArbMarkt nicht schubw zu belasten. **d) Sondervorschriften.** Anstatt des § 622 gelten im öffD der neuen BLänder die **4** kürzeren Fr des § 55 DDR-ArbGB weiter (Art 5 S 2 KündFG). Für AusbildgsVerh gilt § 15 BerBG. Im HeuerVerh gelten die Fr der Neufassg des § 63 SeemG, im GeltgsBereich des HeimArbG dessen § 29 idF des Art 4 KündFG (vgl 90 vor § 620). Für ältere Angest gibt es keine SoRegelg mehr, weil das AngKündSchG seit 15. 10. 93 aufgeh ist (Art 7 KündFG, Vorbem 85 vor § 620). **e) Anwendungsbereich:** auf unbest Zt **5** eingegangene ArbVerh aller ArbN (Einf 7, 8 vor § 611), entw Angest (Einf 12 vor § 611) od Arb (Einf 13 vor § 611); nur die ordentl Künd (Vorbem 42 vor § 620), einschl ÄndKünd (BAG BB **94**, 855), nicht die außerord (§ 626). Abs I gilt für Künd des ArbG wie des ArbN; ebso gelten die Abs III–VI. Abs II gilt nur für Künd des ArbG. Ob die entspr Anwendg v Abs I auf VorstandsMitgl einer AG u GeschF einer GmbH (vgl BGH **79**, 291 u **91**, 217) auf Abs I nF fortgeführt w kann (vgl § 621 Rn 1), ist zweifelh u wohl zu verneinen (Hümmerich NJW **95**, 1177; bejahd Bauer BB **94**, 855). **f) Abdingbarkeit.** Sie ist nur beschr mögl u für die Abs I–III dch **6** die Abs IV–VI abschließd geregelt. Ist im Einzelfall unzuläss abbedungen, gelten die gesetzl Fr der Abs I–III. **g) Fristberechnung** erfolgt nach § 187 I, § 188 II S 1 Hs 1. Die Künd ist der ZtRaum, der vom Zugang der **7** Künd (§ 130) bis zum KündTerm reicht (Tag, mit dessen Ablauf die Künd das ArbVerh beendet). Bsp für 4 Wochen: eine Künd, die das ArbVerh am 31. 3. um 24 Uhr beenden soll, muß spätest am 3. 3. zugehen. § 193 gilt nicht (BAG NJW **70**, 1470 für aF).

2) Ausschluß ordentlicher Kündigung ist für den ArbG unbegrenzt mögl, für den ArbN nur für **8** längstens 5 Jahre (§ 624). **a) Durch Gesetz:** bei Mitgl v BetrR, Jugend- u BordVertretg. WahlVorstd u Wahlkandidaten (§ 15 KSchG) sowie PersonalratsMitgl (§ 95 PersVertrG). Außerdem kann die ord Künd inf KündSchutzes unwirks sein (vgl Vorbem 61–90 vor § 620). **b) Durch Vertrag** ist Ausschl ord Künd **9** grdsätzl mögl. Bei Anstellg auf LebensZt gelten §§ 620 I, 624, so daß nur aus wicht Grd od nach § 624 außerord gekünd w kann; jedoch kann dabei geboten sein, eine angemessene Fr einzuhalten (vgl § 626 Rn 55). Bei ArbVerh auf unbest Dauer (§ 620 II) kann vereinb w, daß beide VertrT auf ord Künd von vornherein verzichten (wobei § 624 unberührt bleibt) u nur aus § 626 od aus best vereinb Grden künd dürfen. Das trifft zu, wenn vereinb ist (insb bei Abschl des ArbVerh), daß eine Dauer- od LebensStellg eingeräumt w. Auch stillschw Vereinbg ist mögl. KündBeschrkgen des ArbN: Vorbem 44 vor § 620.

3) Grundkündigungsfrist (Abs I). Sie ist eine MindestFr u gilt grdsätzl für alle ArbVerh, bei TarV u **10** ArbVertr, die sich auf die jeweil ges KündFr beziehen, mit Inkrafttr des G (Hromadka BB **93**, 2372). Die 4 Wochen (Berechng Rn 7) laufen unabhäng vom MoEnde u von der VergütgsPeriode. **a) Arbeitgeber-** **11** **kündigung.** Abs I gilt für alle Künd von ArbVerh, die keine verlängerte KündFr gem Abs II aufweisen (Rn 12), nicht Künd v ProbeArbVerh sind (vgl Abs III, Rn 17) od für die Abs IV, V (Rn 20–24) abweichd vereinb KündFr gilt. **b) Arbeitnehmerkündigung.** Abs I gilt für alle Künd, unabhäng v **12** der Dauer des ArbVerh (Abs II; Rn 14), wenn kein ProbeArbVerh (Abs III; Rn 17) gekünd w od eine abweichde KündFr gem Abs IV, V vereinb ist.

4) Kündigungstermine (Abs I) sind der 15. (MoMitte, vgl § 192) u der letzte Tag eines KalMonats (Mo- **13** Ende, vgl § 192), u zwar eines jeden Mo. Diese KündTerm sind erst auf Empfehlg des VermAusschusses (vgl Rn 1) eingefügt worden. § 193 gilt nicht (vgl dort Rn 3). Für den FrBeginn ist § 187 I anzuwenden. Eine verspätete Künd wirkt zum nächsten KündTerm (BAG NZA **86**, 229 für Abs I S 1 aF). Bsp: Ist KündTerm Montag der 15. Nov, muß die Künd am Montag, den 18. Okt zugehen (§ 130), um das ArbVerh am 15. Nov um 24 Uhr zu beenden. Geht die Künd nach dem 18. Okt zu, wirkt sie erst zum 30. Nov 24 Uhr.

14   **5) Gesetzlich verlängerte Kündigungsfrist** (Abs II). Gilt nur für Künd des ArbG, unabhäng v der Zahl der beschäft ArbN. **a) Voraussetzungen** der Verlängerg für alle betr ArbVerh. **aa) Bestand** des ArbVerh. Es muß rechtl bestehen (vgl Einf 5 vor § 611), unabhäng v der tatsächl ArbLeistg, Krankh od Streik (Wank NZA **93**, 961 [965]). Identität v Betr od Untern (Einf 14, 15 vor § 611) umfaßt auch die Fälle, in denen der ArbN in verschiedenen Betr des Untern tät ist. Auf die Identität des BetrInh kommt es nicht an. Daher berührt Rechtsnachfolge (insb § 613 a) die Bestandsdauer nicht. Bei rechtl Unterbrechg des ArbVerh u
15   Rückkehr des ArbN wird auf den inneren ZusHang abzustellen sein. **bb) Mindestalter** (Abs II S 2). Solange der ArbN das 25. Lebensjahr nicht vollendet hat, werden für die Berechg des Bestehens (Rn 14) Beschäf-tiggsZten auch bei demselben ArbG nicht berücksichtigt. Das führt prakt dazu, daß die erste Verlängerg
16   (Nr 1) nicht vor Vollendg des 27. Lebensjahres eintritt. **b) Wirkung.** Die Verlängerg der KündFr tritt ein, sobald die betr Anzahl der Jahre abgelaufen ist, so daß für eine am letzten Tag der Bestandsdauer zugegange-ne Künd (§ 130) noch die früh KündFr gilt. Da KündTermin das Monatsende ist u die MoFr gilt, sind § 187 I, § 188 II, III anzuwenden, so daß die Künd spätestens am letzten Tag des betr Mo zugehen muß.

17   **6) Probearbeitsverhältnis** (Abs III). Begriff: Einf 42 vor § 611. **a) Zweck.** Es soll innerh eines über-schaub ZtRaums der ArbG die LeistgsFähk des ArbN u dieser die ArbBedinggen erproben können, zugleich
18   der Entschl zur Einstellg dem ArbG erleichtert w. **b) Anwendbar** auf Künd v ArbG wie ArbN; einver-nehml AufhebgsVertr ohne Künd bleibt immer mögl. **c) Kündigungsfrist** ist zwei Wochen, wenn die ProbeZt längstens 6 Mo beträgt. Bei längerer ProbeZt (prakt selten) gilt nach Ablauf der 6 Mo die Grund-KündFr des Abs I (BR-Dr 310/93 S 18), so daß mit 2-WoFr letztmals zum letzten Tag des 6. Mo als
19   KündTerm gekünd w kann. **d) Abdingbarkeit:** Dch TarVertr können die KündFr für die gesamte ProbeZt abgekürzt od verlängert w (Abs IV). Dch EinzelVertr kann sie die Fr nicht abgekürzt, aber verlängert w.

20   **7) Änderung durch Tarifvertrag** (Abs IV) ist mögl bei allen ArbVerh für alle Künd. Fragl ist, ob dabei zw Angest u Arb differenziert w darf. Bestehde TarV änd die Fr ab, soweit sie konstitutive Normen enthalten (vgl Drüll/Schmitte NZA **94**, 398 für das Baugewerbe). **a) Tarifvertrag** (Einf 65 vor § 611). Es können die GrundKündFr u die KündTerm (Abs I), die verlängerte Fr (Abs II) u die ProbeZtFr (Abs III) geändert w, auch für AushilfsArbVerh (ob Abs I). Die Regelg ist also voll tarifdispositiv. Die Fr können bis zur Fristlos abgekürzt, verlängert w, die Länge v und Dauer der BetrZugehörk abhäng gemacht u der Beginn der BestdsDauer auf ein u Lebensalter als 25 bestimmt w. Zw Angest u Arb darf nur unter best Voraussetzgen differenziert w (vgl BAG NZA **94**, 1045; Hromadka BB **93**, 2372 [2376] mwN; Wank NZA
21   **93**, 961 [966]; ablehnd v. Hoyningen-Huene WiB **94**, 51). **b) Übernahme durch Einzelvertrag** (Abs IV S 2). Besteht eine tarifvertr Regelg, so kann sie (aber nur insges, nicht allein die Fr od eine veränd BestdsDau-er) auch dch EinzelVertr von Nichttarifgebundenen übnommen w. Das ArbVerh muß aber im GeltgsBe-reich des TarVertr bestehen (Einf 66–70 vor § 611), auch bei NachWirkg (§ 4 V TVG; Wank NZA **93**, 961 [965]). Die Vereinbg kann dch Bezug auf den TarVertr (Einf 76 vor § 611) geschehen, dch wörtl Wieder-holg des betr TarVertrTeils od dch IndividualVereinbg, die üb die Abweichg hinausgeht, welche der TarVertr vornimmt. **c) Verstoß.** Insb bei VerfWidrk einer TarÖffngsKlausel gilt die gesetzl KündFr (BAG NZA **94**, 799).

22   **8) Änderung durch Einzelvertrag** (Abs V). Damit ist die VertrGestaltg gem 75 vor § 611 gemeint. Der GWortlaut umfaßt nur die KündFr (Rn 10), nicht den KündTerm (Rn 13). Offenb ist aber vom GGeber gewollt, daß der KündTerm entfalln od variabel gestaltet w kann. Es ist zu untersch: **a) Aushilfsarbeits-verhältnis** (S 1 Nr 1). Begr: Einf 43 vor § 611. Es gilt grdsätzl die 4-WoFr des Abs I od eine dch TarVertr vereinb kürzere Fr (Abs IV; Rn 6). Gilt die Fr des Abs I, so kann auch eine kürzere Fr (bis zur Fristlos) dch EinzelVertr vereinb w (Abs V S 1 Hs 1). Sind die Fr für ArbN u ArbG unterschiedl vereinb, so muß die Fr für den ArbG länger sein, weil Abs VI gilt (Rn 26). Wird das AushilfsArbVerh üb 3 Mo hinaus fortgesetzt, so gilt für eine Künd, die am ersten Tag nach Ablauf des 3. Mo zugeht, zwingd die Fr des Abs I, es sei denn
23   ein TarVertr sieht eine and Fr vor (Abs IV Rn 20). **b) Kleinbetriebsklausel** (S 1 Nr 2). ArbN: 7 vor § 611 mit der regelmäß MindArbZt des S 2; es müssen weniger als 21 sein. Es wird auf das Untern, nicht auf den Betr (15 vor § 611) abgestellt. Zur Ausbildg Beschäft: 57–62 vor § 611; nicht wie § 23 I S 2 KSchG. IdR: wie § 17 I KSchG. KündFr: Sie darf für den betr Arb 4 Wo nicht unterschreiten. Das kann iVm Abs I nur so verstanden w, daß die KündTerm (15. u MoEnde) abbedungen w können, alo zB am Montag, den 11. Okt zum Montag, den 8. Nov gekünd w kann. Von der verlängerten Fr des Abs II darf nicht abgewichen
24   w (Adomeit/Thau NJW **94**, 11 [14]). **c) Verlängerung** (S 2) der Fr in Abs I–III (also für alle und ArbVerh, wird dch Abs V S 1 Nr 1 u 2 nicht berührt u bleibt daher unbeschr zuläss. Entgg dem GWortlaut gilt dies auch für die KündTerm (die zB auf Quartalsende gelegt w können) u dem GWortlaut zufolge auch für die Künd des ArbN mit gleich längerer KündF wie der ArbG. Ob das gewollt war, ist mind zweifelh. Jedenf
25   sind KündFr v mind einem Jahr zuläss (Preis/Kramer DB **93**, 2125). **d) Verstoß** gg Abs V: Als RFolge tritt Nichtigk der KündVereinbg u TeilNichtigk des ArbVertr ein (§§ 134, 139) mit Geltg der gesetzl od tarvertr Fr u Term (vgl Rn 21 aE).

26   **9) Verbot längerer Kündigungsfristen** (Abs VI). Dies gilt nur für die ArbNKünd. Der GesG geht davon aus, daß für den Kündigenden eine längere Fr ungünst ist, weil seine DispositionsFreih abgekürzt w. Längere KündFr können für die Künd des ArbN vereinb w (Rn 24). Es kann dann die gleiche KündFr für die Künd des ArbN vereinb w (Preis/Kramer aaO). Sind und KündTerm vereinb, so dürfen es für die Künd des ArbN nicht längere od weniger sein als für die des ArbG. Das Verbot des Abs VI (Folge eines Verstoßes: wie Rn 25) gilt nicht nur für EinzelVertr, sond auch für TarVertr. Bei Verstoß gilt beiders die längere vereinb Fr (Adomeit/Thau NJW **94**, 11 [14] mwN: Analogie zu § 89b II S 2 HGB).

623 *(aufgehoben)*

624 *Kündigungsfrist bei Verträgen über mehr als 5 Jahre.* **Ist das Dienstverhältnis für die Lebenszeit einer Person oder für längere Zeit als fünf Jahre eingegangen, so kann es von dem Verpflichteten nach dem Ablaufe von fünf Jahren gekündigt werden. Die Kündigungsfrist beträgt sechs Monate.**

1) Allgemeines. Ist außerord Künd. **a) Zweck:** Schutz des DVerpfl, insb ArbN vor übermäß Be- 1 schränkg seiner pers Freih. **b) Abdingbarkeit:** S 1 ist zwingd (allgM). S 2 ist nur insow abdingb, als die KündFr kürzer sein darf. **c) Anwendungsbereich. aa)** Alle auf best Zeit (§ 620 I) abgeschl DVerh, nicht 2 nur ArbVerh (MüKo/Schwerdtner 3). Auch für Handelsvertreter, da die SondRegelg der §§ 89ff HGB den Zweck des § 624 nicht berührt (Rittner NJW **64**, 2255); jedoch muß im konkreten VertrVerh das dienstvertragl Element vorherrschen (Hamm BB **78**, 1335). **bb)** Bei gemischten Vertr kann § 624 nur dann angewen- 3 det w, wenn im Einzelfall die pers DLeistg vorherrscht, insb wenn das VertrVerh mehr personenbezogen, weniger unternehmensbezogen ist (Rittner aaO; Brüggemann ZHR **131**, 27). Aus ähnl Grden verneint der BGH (**83**, 313 u NJW **69**, 1662) die Anwendg auf TankstellenstationärVertr (TankstellenInh stellt Grdst zur Vfg). Das darf aber nicht zu einem völl Ausschluß des KündR führen (BGH **83**, 313).

2) Besonderheiten des § 624. **a) Voraussetzungen.** Das DVerh muß für länger als 5 Jahre od auf 4 LebensZt (des DBer, DVerpfl od Dr) fest abgeschl sein. Es genügt, wenn es das DVerh mit einem Ereign enden soll, das nach 5 Jahren noch nicht eingetreten ist. Erforderl ist, daß von vornherein auf länger als 5 Jahre abgeschl ist; das ist nicht erf, wenn ein nachfolgder 5-Jahres-Vertr für den Fall abgeschl ist, daß zum Ablauf des ersten 5-JahresVertr noch nicht gekünd w (BAG BB **92**, 639). **b) Wirkung:** Keine Nichtigk des Vertr, 5 weil § 624 den Abschl solcher Vertr nicht verbietet (§ 134), sond nur außerord Künd zuläßt. § 138 kann nur aus and Grd erf sein. Verlängerg des DVerh ist zul, aber auch kürzere Zeit vor Ablauf (RG **80**, 277). Ablauf von 5 Jahren: maßgebd ist Dauer des DVerh, nicht der Ztpkt des VertrAbschl. Die Künd kann nicht zum Ablauf, sond erst nach Ablauf der 5 Jahre erkl w. **c) Kündigungsfrist** (S 2). Die Anwendg der langen 6 KündFr ist auch bei ArbVerh unbedenkl (BAG DB **70**, 497).

625 *Stillschweigende Verlängerung.* **Wird das Dienstverhältnis nach dem Ablaufe der Dienstzeit von dem Verpflichteten mit Wissen des anderen Teiles fortgesetzt, so gilt es als auf unbestimmte Zeit verlängert, sofern nicht der andere Teil unverzüglich widerspricht.**

1) Allgemeines. a) Anwendungsbereich: Jede Beendigg des D(Arb)Verh mit Ausn der Zweckerreichg 1 (Vorbem 2 vor § 620), auch bei ProbeArbVerh (LAG Düss BB **66**, 741). SonderVorschr: § 17 BerBG. **b) Abdingbarkeit** ist zu bejahen (hM; BGH NJW **64**, 350), insb dch Vereinbg vor Ablauf des D(Arb)Verh über Verlängerg auf best Zt od Ausschluß der Verlängerg; auch dch FormularVertr mögl (Kramer NZA **93**, 1118 mwN).

2) Voraussetzungen. a) Fortsetzung des DVerh dch bewußte Fortführg der bisher De, auch an einem 2 and ArbPlatz für denselben ArbG (BAG **AP** § 242 Ruhegehalt Nr 117). **b) Wissen** des DBer, daß die De tats weiter geleistet w. Falsche rechtl Beurteilg, insb in bezug auf det D(Arb)Verh ist unerhebl. **c) Widerspruch** (einseit, empfangsbed WillErkl, § 130) schließt die Wirkg (Rn 3) nur aus, wenn er kurz vor 3 (BAG stRspr; **AP** § 620 Befr ArbVertr Nr 22) od unverzügl (§ 121) nach Ablauf des DVerh erklärt w.

3) Wirkung. Das D(Arb)Verh w aGrd einer Fiktion (daher Anf ausgeschl) verlängert, stets auf unbest Zt, 4 mit dem alten VertrInhalt, aber das ges KündFr (hM; abgelehnt, aber offengelassen v BAG NZA **89**, 595), wenn nicht die Fortgeltg der vertragl KündFr vereinb w (BAG aaO mwN).

626 *Außerordentliche Kündigung.* **[I] Das Dienstverhältnis kann von jedem Vertragsteil aus wichtigem Grund ohne Einhaltung einer Kündigungsfrist gekündigt werden, wenn Tatsachen vorliegen, auf Grund derer dem Kündigenden unter Berücksichtigung aller Umstände des Einzelfalles und unter Abwägung der Interessen beider Vertragsteile die Fortsetzung des Dienstverhältnisses bis zum Ablauf der Kündigungsfrist oder bis zu der vereinbarten Beendigung des Dienstverhältnisses nicht zugemutet werden kann.**

[II] Die Kündigung kann nur innerhalb von zwei Wochen erfolgen. Die Frist beginnt mit dem Zeitpunkt, in dem der Kündigungsberechtigte von den für die Kündigung maßgebenden Tatsachen Kenntnis erlangt. Der Kündigende muß dem anderen Teil auf Verlangen den Kündigungsgrund unverzüglich schriftlich mitteilen.

1) Allgemeines. Neue BLänder: § 626 gilt mit SoRegeln für den öff D u bei bes KündSch (Art 232 § 5 1 EG Rn 10), aber nicht für das SoKündR wg Stasi-Tätk aus Kap XIX Sachg A Abschn III Nr 1 Abs V EinigsV (BAG BB **92**, 2361). **a) Anwendungsbereich:** alle DVerh u ArbVerh auf best u unbest Zeit; aber nicht für die Schiffsbesatzg (§§ 64–68, 78 I SeemG), HandelsVertr (§ 89a HGB), AusbildgsVerh (Einf 58–62 v § 611), für die § 15 BerBG gilt. § 626 ist entspr anwendb für GeschBesorggsVertr (zB Schiedsgutachter-Vertr, BGH DB **80**, 967), HeimArbVerh (§ 29 IV HeimarbG); nur beschr anwendb auf das DVerh des WoEigtVerw (vgl § 26 WEG; Ffm MDR **75**, 319). Ferner ist der in § 626 u § 723 I S 1, III enthaltene RGrds auf DauerschuldVerh, insb solche, die pers ZusArb erfordern, entspr anwendb (BGH NJW **72**, 1128; vgl aber Rn 9), zB HeimpflegeVertr (Hbg MDR **73**, 758), auch auf Miete (§ 554a Rn 5). § 626 gilt für alle außerord Künd, auch wenn sie aus vereinb Grden u befristet erfolgen od als ÄndKünd erkl w (40 vor § 620). **b) Abdingbarkeit:** § 626 ist zwingd (allgM); insb ist Abs II nicht abdingb, auch nicht dch TarVertr (BAG 2 **AP** AusschlFr Nr 13). Das R zur Künd aus § 626 darf nicht beseit oder beschr w, weil § 626 die Unzumutbk

der Fortsetzg des DVerh voraussetzt. Eine unzul Beschrkg liegt vor, wenn die Wirksk der Künd an die Zust des BetrRats geknüpft w (BAG **6**, 109) oder ZahlgsPfl für den Fall vereinb w, daß der BetrRat nicht zust (BAG **AP** KündErschwerg Nr 1). Das BAG (NJW **63**, 2341) hält eine zumutb Beschrkg für wirks. Bei ArbVerh ist es unzul, dch EinzelVertr best Gründe als wicht über das ges Maß des § 626 hinaus od minder wicht Gründe als Voraussetzg einer fristl Künd zu vereinb, weil sonst der zwingde Schutz des KSchG u die weitgehd zwingd Fr des § 622 für ord Künd umgangen w könnten (BAG NJW **74**, 1155 mwN). Bei sonstigen DVerh ist es zul (wohl hM), insb desh, weil § 621 abdingb ist. Für DVerh v GmbH-GeschFührern u AG-Vorstandsmitglie-
3 dern läßt der BGH in solchen Fällen den zwingden § 622 gelten (dort Rn 5; BGH **91**, 217). **c) Verhältnis zu §§ 325, 326:** Rücktr ist dch § 626 als SondRegelg ausgeschl; denn Künd kann auch vor Beginn des DVerh erkl
4 u wirks w (29 vor § 620). Für SchadErsAnspr gilt § 628 II, der ebenf den §§ 325, 326 vorgeht. **d) Verhältnis zum Kündigungsschutz:** Künd aus § 626 w nur dch § 9 MuSchG ausschl od dch ZustErfordern des § 15 SchwbG beschr; ü bleibt R zur fristl Künd unberührt, auch bei Mitgl v BetrR, Personal-, Jugend- u Bordvertretg, Wahlvorstd u Wahlbewerbern; jedoch ist Zust des BetrR od der Personalvertretg notw (§ 103 BetrVG); vgl § 15 KSchG. Entspr gilt für Vertrauensmänner der SchwBeh (§§ 23 III, 24 VI SchwbG; hierzu Oetker BB **83**, 1671). Auch soweit für das ArbVerh das KSchG gilt (vgl 62, 63 vor § 620), wird das KündR aus § 626 nicht eingeschränkt, weil die soz RFertigg (§ 1 KSchG) nur für ord Künd vorliegen muß. Über § 13 I KSchG ist ledigl die 3-Wochen-Fr (auch bei befr ArbVerh, BAG NJW **72**, 1878) sowie die Auflösg u Abfindg anzuwenden, aber nur soweit auf den betr ArbN das KSchG anzuwenden ist; denn für ArbN, die keinen KündSchutz gem KSchG genießen, gilt die 3-Wochen-Fr nicht (BAG stRspr seit **1**, 272; auch BB **73**, 1396;
5 hM). **e) Schadensersatzpflicht** des Kündigden bei unwirks außerord Künd wg VertrVerletzg besteht nur bei Versch (§§ 276, 278; BAG **AP** § 9 KSchG Nr 2); dieses ist nur zu bejahen, wenn der Kündigde die Unwirksk der Künd od ggf ihre ungehör BegleitUmstde kannte od hätte kennen müssen (BAG BB **74**, 1640).
6 Auch Schaden (§§ 249 ff) muß konkret vorliegen. **f) Beweislast** für die Tats, die den wicht Grd darstellen, trägt derjen, der gekünd hat u sich auf die Wirksamk der Künd beruft, auch für Tats im Rahmen der Interessenabwägg (BAG NJW **79**, 332), ferner dann, wenn es sich um die Einwendg gg einen Anspr aus ArbVertrBruch handelt (BAG JZ **73**, 58). Der Kündigde muß auch die Tats beweisen, die einen vom VertrPart behaupteten RfertiggsGrd ausschließen (BAG NJW **88**, 438). Der ArbG muß auch, wenn er wg vorgetäuschter ArbUnfähigk künd, beweisen, daß die ArbUnfähigkBescheinigg zu Unrecht erteilt w (LAG Hamm DB **75**, 841). Wer gekünd hat, trägt die Behauptgs- u BewLast dafür, daß er erst innerh der Fr des
7 Abs II Kenntn erlangt hat (BAG JZ **73**, 58 u BB **75**, 1017; aA Schleifenbaum BB **72**, 879). **g) Sondervorschriften.** Neue BLänder: Rn 1. Das FernUSG läßt § 626 unberührt (§ 5 I S 2) u gibt in § 7 ein bes R zur außerord Künd.

8   **2) Voraussetzungen der Kündigung.** Nur eine Künd, die die Voraussetzgen der Rn 9 und 12 erfüllt u der Rn 10 nicht entggsteht, beendet das ArbVerh. Beweisliegt unwirks Künd ist über §§ 13 I, 4, 7 KSchG
9 mögl, vgl aber Rn 16, 18. **a) Wirksame Kündigungserklärung:** Rn 19–21. **b) Wichtiger Grund** (Rn 37–40). Fehlt er, so ist die Künd unwirks, wenn sie nicht im Anwendgsbereich des KSchG dch Versäumg der 3-
10 Wochen-Fr geheilt w (vgl Vorbem 67 vor § 620). **c) Erlöschen des Kündigungsrechts:** Kann außer dch FrAblauf (Rn 22) eintreten: dch Verzicht auf das KündR; das ist einseit mögl, da es sich um ein GestaltgsR handelt (§ 397 Rn 1). Verwirkg (§ 242 Rn 93) dch Zeitablauf scheidet wg Abs I S 1 u 2 aus (BAG NZA **86**,
11 467). **d) Anhörung** des BetrR, bei ltd Angest des SprecherAussch, im öff D des PersR vor der Künd unter Mitt der KündGrde ist zwingd vorgeschrieben (§ 102 I BetrVG; § 31 II SprAuG; § 79 III PersVG). Verstöße führen zur Unwirksk (BAG NZA **95**, 678). **aa) Entbehrlich** ist sie: bei KampfKünd wg rechtswidr Streiks (BAG NJW **79**, 236); wenn der BetrR funktionsunfäh ist, zB BetrUrl, ArbKampf (Meisel DB **74**, 138 mwN; bestr), auch wenn die Künd auf einem Verlangen des BetrR gem § 104 BetrVG beruht (Dietz/Richardi § 102 Rn 35). Zum Fall der Verhinderg des ersatzmannlosen BetrObmanns vgl Barwasser DB **76**,
12 914. **bb) Wirksamkeit** der Anhörg. Sie wird nicht dadch in Frage gestellt, daß die Künd erst nach Durchf Verf wg notw Zust der HauptFürsStelle erkl w (BAG NZA **95**, 65). Sind jedoch die nachfolgden Voraussetzgen nicht erf, ist die Künd unwirks (BAG NJW **76**, 1766); keine Heilg dch nachträgl Zust des BetrR (bestr). **(1)** Mitt, daß außerord Künd beabsicht ist, auch bei einem sog unkündb ArbN (BAG NZA **92**, 416). **(2)** Angabe best Tats, die im wesentl den KündGrd darstellen (BAG stRspr NZA **95**, 363). Nicht notw ist die Vorlage der BewMittel (BAG NZA **95**, 672). **(3)** Unterbleiben bewußter Irreführg dch falsche od unvollständ Information mit BewL des ArbG (BAG aaO). **(4)** Kenntn v der Äußerg, die der BetrR aGrd der Anhörg abgibt. Dies BetrRBeschl machen die Anhörg nur wirks, wenn er dem ArbG offenkund war (Eich DB **75**, 1603). **(5)** Abgabe der KündErkl erst nach Kenntn v der StellgN des BetrR od nach Ablauf der 3-Tage-Fr des § 102 II BetrVG, wobei die Zust als erteilt gilt, wenn der BetrR innerh der 3 Tage sich nicht äußert. Eine ausreichd Stellgnahme des BetrR kann in der Erkl liegen, er wolle sich zu der Künd nicht
13 äußern (BAG NZA **88**, 137). **cc) Widerspruch** des BetrR hindert die Künd nicht; auch ist der fehlde
14 Anhörg ohne Einfluß auf das Vorliegen eines wicht Grdes (BAG NJW **77**, 1413). **dd) Nachschieben** v KündGrden (Vorbem 57 vor § 620) bleibt zul auch nach Ablauf der Fr des Abs II (BAG NJW **80**, 2486),
15 jedoch ist der BetrR zu diesen Grden noch anzuhören (BAG NZA **86**, 674 mwN). **ee) Ungenügend** ist die
16 Anhörg zu einer beabsicht ord Künd, wenn danach außerord gekünd w (BAG NJW **76**, 2367). **e) Zustimmung des Betriebsrats** (ggf des PersR) od ihre Ersetzg dch das ArbG ist notw bei Mitgl (auch amtierden ErsMitgl, BAG NJW **78**, 909) v BetrR, Personal-, Jugend- u Bordvertretg, sowie Vertrauensleuten der SchwBeh (§ 26 III SchwbG), ferner WahlVorstd u Wahlbewerbern (§ 103 BetrVG), ab Bestellg eines Wahlvorstds u Vorliegen des Wahlvorschlags: bei den Letztgenannten auch im (noch) betriebsratslosen Betr (BAG NJW **77**, 267 u NJW **80**, 80), so daß die Zust des ArbGer eingeholt w muß, auch bei ÄndKünd (BAG aaO). Das gilt bis zur Bek des WahlErgebnisses (BAG NJW **80**, 80); von da an gilt § 102 I BetrVG (BAG NJW **77**, 267). Der KündSchutz gilt nicht für einen aus nichtiger Wahl hervorgegangenen BetrR (BAG NJW **76**, 2230). Die Zust ist auch erforderl, wenn allen Mitgl des BetrR gekünd w soll (BAG NJW **76**, 2180). Die Künd darf erst nach endgült Erteilg der Zust ausgespr w (BAG NJW **78**, 661); ist WirkskVoraussetzg der Künd (BAG NJW **76**, 1766). Sie kann (dann unverzügl, § 121 I) erneut ausgesprochen w, wenn der BetrR nachträgl zustimmt (BAG NJW **82**, 2891). Die Künd ist ohne vorher Zust unheilb nichtig (BAG NJW **76**,

1368). Schweigt der BetrR auf die Auffdg des ArbG, die Zust zu erteilen, gilt sie nach 3 Tagen als verweigert (LAG Ffm BB **76**, 1559). Währd des ArbKampfes muß der ArbG den BetrR nicht zur Zust auffordern (BAG NJW **78**, 2054); denn sie kann in allen Fällen dch das ArbGer ersetzt w. Sie muß ersetzt w, wenn die Voraussetzgen des § 626 (wicht Grd) vorliegen (BAG **AP** § 103 BetrVG Nr 1). Auch im ZustVerf können Grde nachgeschoben w, wenn der ArbG zuvor vergebl versucht hat wg dieser Grde die Zust des BetrR zu erlangen (BAG aaO). Eine vor RKraft des zustimmgersetzden Beschlusses ausgesprochene Künd ist nichtig (BAG NJW **78**, 72). Die Ersetzg der Zust muß auch eingeholt w, wenn der BetrR nicht funktionsfäh ist (LAG Düss DB **75**, 745). Mit der ZustErsetzg ist für den nachfolgden KündSchutzProz im Grdsatz die Künd gerechtfert (BAG BB **75**, 1014). **f) Anhörung des Arbeitnehmers** vor der Künd ist nicht WirkskVoraus- 17 setzg der Künd. Nur bei einer VerdachtKünd (Rn 49) ist sie geboten, nicht bei einer DruckKünd (Rn 52; BAG DB **91**, 2599). Unterbleibt die Anhörg dch den ArbG schuldh, ist die Künd unwirks (BAG NZA **87**, 699). Anhörg des ArbN dch den BetrR ist uU geboten (§ 102 II S 4 BetrVG). **g) Abmahnung** (vgl Vorbem 18 41 vor § 620) ist idR erforderl bei Dauerverhalten, in Anlehng an § 326 I bei Störg im sog LeistgsBereich (§ 611 Rn 24) od bei Wiederholgsgefahr des pflichtwidr Verhaltens (BAG st Rspr NJW **94**, 3032). Die Abmahng erfordert keinen KündGrd (BAG NJW **89**, 545). Sie ist ausnwise entbehrl, wenn sie keinen Erfolg verspricht (stRspr des BAG, zB NZA **95**, 65), wenn das notw VertrauensVerh gestört (hM) od wenn sie unzumutb ist (Schaub NJW **90**, 872 [875] mwN; v. Hoyningen-Huene RdA **90**, 193 [201]); insb bei groben PflVerletzgen im LeistgsBereich (BAG BB **94**, 142 m Anm v Hunold: Vortäuschen einer Krankh).

3) Kündigungserklärung. Sie ist nöt; das bloße Vorliegen eines wicht Grds genügt nicht. Eine neue 19 KündErkl ist nöt für einen neuen KündGrd, der mit dem zunächst angegebenen in keinem inneren ZusHang steht (BGH NJW **61**, 307). Allg zur KündErkl: Vorbem 28–41 vor § 620. Sie ist grdsätzl formlos. Ausn: bei AusbildgsVerh dch § 15 III BerBG; ferner, wenn, insb dch TarVertr, rechtsgeschäftl Schriftform vereinb ist (§ 127). Insb ist zu beachten: **a) Inhalt.** Die Künd muß als außerord erkl w. Aus der Erkl muß hervorgehen, 20 daß aus wicht Grd ohne Bindg an die Fr der §§ 621, 622 gekünd w. Das geschieht dch Angabe des wicht Grdes, dch ausdrückl od stillschw Bezugn auf einen wicht Grd, dch Angabe des Ztpkt, dch den bewußt von der Fr der §§ 621, 622 abgewichen w, insb dch fristl Künd (BAG NJW **83**, 303). Das alles ist unabhäng davon zu würd, ob ein wicht Grd wirkl vorliegt (BAG **1**, 237). Auch ÄndKünd ist mögl (Vorbem 40 vor § 620); nach Zugang muß ein ArbN als Empfänger unverzügl erkl, ob er das ÄndAngebot annimmt, mit od ohne den Vorbehalt des § 2 KSchG (BAG NZA **88**, 737).

b) Erklärungsfrist (Abs II S 1 u 2). **aa) Anwendbar** bei allen außerord Künd v DVerh, nicht nur 21 ArbVerh (hM; Köln NJW-RR **92**, 1400 mwN). Gilt auch, wenn ein DVertr aus vertr vereinb Grden gekünd w, die für einen wicht Grd iS des Abs 1 nicht ausreichen (BGH NJW **81**, 2748 für Vorstd einer AG). Auch in den Fällen des § 15 KSchG (hM; BAG NJW **78**, 661 mwN) trotz des Erfordern vorher Zust. Bei SchwBeh gilt die Fr grdsätzl, doch kann sie bei ZustErteilg nach FrAblauf noch unverzügl danach erkl w (§ 21 V SchwbG). Entspr anwendb bei der Anf (§ 119 II) für unverzügl iS des § 121 I (BAG NJW **80**, 1302). Die Anwendg auf andere DauerschuldVerh, für die § 626 entspr angewendet w, ist zumindest bedenkl, bei verbundenem MusikVerlagsVertr jedenf zu verneinen (BGH NJW **82**, 641), ebso beim EigenhändlerVertr (vgl BGH NJW **81**, 2823) u beim Handelsvertreter (vgl Rn 1) wg § 89a HGB (BGH NJW **87**, 57; Börner/Hubert BB **89**, 1633 mwN; bestr). Das rechtfert aber nicht, die Anwendg auf DVerh, die nicht ArbVerh sind, zu verneinen (aA LG Hbg NJW-RR **87**, 687). **bb) Ausschlußfrist:** keine Wiedereinsetzg. FrVersäu- 22 mung führt zur Unwirksk der Künd (vgl Rn 30). Auch die Genehmigg gem §§ 177, 180 S 2 muß innerh der Fr erkl w (BAG NJW **87**, 1038). **cc) Beginn. (1) Kenntnis** des Tats, die den wicht Grd ausmachen. Sie 23 muß sicher sein. Nicht nöt ist Kenntn aller mit dem KündGrd zushänder tats Umst. Daher w die Fr dch ein Geständn des KündGrd in Lauf gesetzt u dch weitere Ermittlgen nicht gehemmt (BGH NJW **76**, 797). Sind zur Aufklärg Maßn erforderl, müssen sie mit gebotener Eile tats dchgeführt w (BAG NJW **94**, 1675) u können die Fr hemmen, wenn dem ArbN Gelegenh zur StellgN gegeben w (BAG NJW **94**, 3117). Unerhebl ist die Beurteilg u rechtl Schlußfolgerg des Kündigden (BAG JZ **73**, 60). **(2) Person.** Es kommt auf die 24 Kenntn derjen Pers an, der im konkreten Fall das R zur Künd zusteht (BAG NJW **72**, 463). Bei jur Pers kommt es auf die Kenntn des für die Künd zur Vertretg zuständ Organs an (hM; aA Lüders BB **90**, 790 [793]: auf die jur Pers selbst), für die Künd des GeschF der GmbH allein auf die Kenntn der GterVers (BGH NJW **93**, 464) od die aller Gter (BGH NJW **80**, 2411) denen die Kenntn eines MitGeschF nicht zuzurechnen ist (BGH aaO), beim Verein die eines VorstdMitgl, auch bei GesamtVertretg (BAG DB **85**, 237; aA Densch/Kahlo DB **87**, 581: Kenntn des GesVorstds od zumutb Möglk der KenntnNahme). Ist das gesetzl VertrOrgan zuständ, genügt die Kenntn eines einzelnen Mitgl (BGH NJW-RR **90**, 1330; BAG aaO mwN; Wiesner BB **81**, 1533 mwN). Bei sog Innenorganen ist das and zu beurt (auch hier aA Lüders aaO): Die Kenntn eines AufsRMitgl genügt bei Künd eines VorstdsMitgl idR nicht (BAG NJW **78**, 723), insb nicht bei einer Genossenschaft die Kenntn einer Minderh (BGH NJW **84**, 2689). Hier kommt es auf die Kenntn der GenVersammlg an (Köln DB **94**, 471), die allerd bei Kenntn des AufsRats in angem kurzer Fr einberufen w muß (BGH aaO). Ausreichd ist auch Vortrag des Sachverhalts in einer AufsRSitzg (BGH NJW **81**, 166) od wenn diese Unterrichtg der and Mitgl v dem Mitglied, das den Sachverhalt kennt, hätte vorgenommen werden können u müssen (BGH NJW-RR **90**, 1330). **(3) Kennenmüssen** genügt keinesf (BAG **AP** Aus- 25 schlFr Nr 1). Presseveröffentlichg genügt für Kenntn idR nicht (LAG Düss DB **72**, 1539). **(4) Verdacht-** 26 **kündigung** (Rn 49). Auch hierfür gilt die Fr (vgl BAG NJW **72**, 1486 u NJW **94**, 1675). Sie beginnt mit sicherer Kenntn der Tats, die für die Künd maßgebd sind (BAG aaO). Fehlt bei strafb Hdlgen (Rn 48) die sichere Kenntn, kann grdsätzl bis zur RKraft des StrafUrt zugewartet w u wg erwiesener Straftat gekünd w (BAG NJW **94**, 1675 mwN). **(5) Dauerverhalten**, zB eigenmächt Fernbleiben, fortgesetzte Beleidiggen 27 (BGH NJW-RR **92**, 992). Die Fr beginnt nicht vor Beendigg dieses Zustds (hM; BAG BB **83**, 1922; LAG Hamm BB **83**, 1473 mwN; aA verfehlt Gerauer BB **88**, 2032; dagg zutreffd Kapischke BB **89**, 1061). Bei zusfaßb Gesamtverhalten genügt es, wenn ein dazugehöriger Vorfall in die 2-Wochen-Fr fällt (BAG JZ **73**, 60; BGH WM **76**, 379); bei zunächst versäumter Fr u desh unwirks Künd kann die spätere Künd auf das Gesamtverhalten nur gestützt w, wenn es fortgesetzt w u ein Zushang besteht (BGH aaO). Es kann auch das frühere Verhalten unterstützd herangezogen w, wenn ein erhebl Vorfall in die Fr fällt (BGH NJW-RR **92**,

28 992). **(6) Zustimmungserfordernis** des § 103 BetrVG (od nach PersVG) hindert den FrBeginn nicht (BAG
29 NJW **78**, 661). **dd) Dauer.** Die 3täg AnhörgsFr des § 102 II BetrVG verlängert od hemmt die 2-Wochen-Fr
nicht (hM; BAG aaO). Bei ZustErfordern (§ 103 BetrVG od PersVG) muß daher der ArbG rechtzeit die
Zust des BetrR (od PersR) einholen, bei ausdrückl od wg FrAblauf (§ 102 BetrVG) vermuteter ZustVerwei-
gerg innerh der Fr die Zust beim ArbGer beantragen (hM; BAG aaO). Unverzügl Künd ist nöt, wenn der
BetrR nach verweigerter Zustimmg diese nachträgl erteilt (BAG NJW **82**, 2892). Notw Ermittlgen sind mit
gebotener Eile dchzuführen (BAG NJW **89**, 733). Sie u eine Anhörg des ArbN, dem gekünd w soll, können
den FrLauf hemmen (BAG aaO u NJW **73**, 214), so daß bei einer innerh einer Woche dchgeführten,
wiederholten Anhörg die Fr erst mit dieser beginnt (BAG aaO). Ist eine BedenkZt eingeräumt, kann der
FrVersäumg § 242 entggstehen (BGH NJW **75**, 1698). Nach Erteilg der Zust ist entspr § 21 V SchwbG die
30 Künd des ArbG unverzügl auszusprechen (BAG BB **75**, 1014 u DB **84**, 1250). **ee) Versäumung** der Fr steht
dem Fehlen eines wicht Grdes gleich; daher kein „and Grd" (§ 7 KSchG) u Heilg über §§ 13 I, 4, 7 KSchG
mögl, wenn die KlageFr versäumt w (BAG NJW **72**, 1878; LAG Hamm NJW **70**, 2229). Gewahrt wird die
Fr nur dch Zugang gem § 130 (BAG NJW **78**, 2168). Wird aus mehreren Grden gekünd, genügt, daß für
einen der Grde die Fr gewahrt ist; die versäumten KündGrde können zur Rechtfertigg der Künd herangezo-
gen u nachgeschoben w, sofern sie dem Kündigden innen 2 Wochen vor der Künd bekannt geworden sind
31 (BAG **AP** Nr 65; BGH NJW **78**, 2093). Behauptgs- u BewLast: Rn 6. **ff) Wirkung.** Neben den Folgen der
Rn 30 besteht für eine Verwirkg (§ 242) des Rs zur außerord Künd kein Raum, weil Abs II einen ges
konkretisierten KündTatbestd darstellt (hM; BAG NZA **86**, 467; dagg Popp NZA **87**, 366).

32   **c) Angabe des Grundes** ist nicht zur Wirksk der Künd notw (vgl Rn 20; BAG **AP** Nr 65). Bei Aus-
bildgsVerh führt aber Nichtangabe des Grdes im KündSchreiben wg § 15 III BerBG zur Nichtigk der Künd
gem § 125 S 1 (BAG **AP** § 15 BerBG Nr 1). Ist dch Vertr die schriftl Angabe der Grde bei der Künd
vorgeschrieben, gilt § 125 S 2. Pfl zur schriftl Mitteilg des KündGrdes (dh die konkr Tats) gem Abs II S 3;
unverzügl: ohne schuldh Zögern (§ 121 I). Schriftl bedeutet nicht ges Schriftform. Abs II S 3 begründet
klagb schuldrechtl Ansp; bei Verletzg nur SchadErs (§ 280), nicht Unwirksk der Künd (BGH NJW **84**,
2689). SchadErs kann auf ProzKostenErs gerichtet sein, nicht auf Wiederherstellg des ArbVerh. Analoge
Anwendg von § 93b ZPO ist nicht mögl (aA Knütel NJW **70**, 121). Angabe der Grde ist auch nicht
erforderl, wenn v diesen best Anspr abhängen (BAG NJW-RR **95**, 416). Das Nachschieben v Grden (vgl
Rn 14) ist zul u muß nicht innerh der ErklFr (Rn 21) erfolgen (BAG NJW **80**, 2486).

33   **d) Kündigungsfrist:** fristlos zul, aber nicht vorgeschrieben. Es kann daher auf Grd des § 626 auch
außerord aus erkennb wicht Grd unter Einhaltg der Fr der §§ 621, 622 od einer beliebigen and Fr (sog soz
AuslaufFr) gekünd w (BAG **AP** Nr 31; BGH WM **75**, 761); darauf besteht aber kein Anspr (BAG **4**, 313).
Bei fristl Künd endet das DVerh od ArbVerh mit Zugang der Künd (§§ 130–132).

34   **e) Umdeutung** einer unwirks außerord Künd in eine ord (§§ 621, 622) ist grdsätzl zul. Statt dessen kann
sie auch so ausgelegt w (Hager BB **89**, 693). Die Umdeutg, auf die sich der Kündigde nicht berufen muß
(Hager aaO), hängt an den Voraussetzgen des § 140 u erfordert (allgM; BAG NJW **88**, 581 mwN), daß (für
den ErklEmpfänger erkennb) für den Fall der Unwirksk eine ord Künd gewollt war u ausgespr worden
wäre (hM; BAG aaO mwN). Sie ist nicht mehr mögl, wenn ub die außerord Künd schon rechtsk entsch ist.
35 **aa) Anhörung** des BetrR (§ 102 BetrVG). Hierbei muß der ArbG den BetrR grdsätzl darauf hinweisen, daß
die außerord Künd für den Fall ihrer Unwirksk als ord Künd gelten solle (BAG BB **79**, 371), Ausn: wenn
BetrR der außerord Künd vorbehaltlos zust u nicht zu ersehen ist, daß er für den Fall der Unwirksk als
außerord Künd dem od entggträte (BAG aaO). Es genügt nicht, daß zu einer ord Künd angehört w, wenn
36 danach außerord gekünd w (BAG NJW **76**, 2367). **bb) Durchführung** der Umdeutg (für den Proz vgl
Schmidt NZA **89**, 661). Es ist der mutmaßl Wille des Kündigden für den Fall zu erforschen, daß er die
Unwirksk seiner Künd gekannt hätte. Danach ist zu unterscheiden: Erweisen sich die vom Kündigenden für
den wicht Grd angenommen Tats als wahr, reichen sie aber aus rechtl Grden nicht aus, so wird Lösg des
ArbVerh idR auf alle Fälle gewollt, Umdeutg zu bejahen sein. Das gleiche wird anzunehmen sein, wenn die
Tats einen wicht Grd darstellen aber nicht bewiesen sind. Erweisen sich die angenommenen Tats als unwahr
(zB eine strafb Handlg, ein PflVerstoß), so wird idR Umdeutg zu verneinen sein. Ist der Wille, das ArbVerh
auf jeden Fall zu lösen, in der Künd selbst zum Ausdr gekommen, so ist Umdeutg zu bejahen. Die Umdeutg
einer unwirks ord Künd in eine (entspr befristete) außerord Künd ist mögl, aber nur ausnw u nur unter bes
Umstden (BAG DB **75**, 214). Mögl ist auch Umdeutg in das Angebot eines AufhebgsVertr (BAG BB **72**,
1095).

37   **4) Begriff des wichtigen Grundes.** Er unterliegt als RBegriff weitestgehend der Nachprüfg dch das
RevGer (vgl BAG JZ **75**, 737 m Anm v Säcker u BGH NJW **93**, 463). Es sind folgde Grds zu beachten:
a) Vorliegen von Tatsachen: Bedeutet, daß alle tats Umst, die den wicht Grd ausfüllen, unbestr od
bewiesen sein müssen. Auch Tats, die vor Beginn des DVerh liegen, sind geeignet (BAG **AP** Nr 65).
BewLast: der Kündigde. Maßg Ztpkt: Stand der Tats zZ der Abgabe der KündErkl, ohne Rücks darauf, ob
38 sie dem Kündgden zZ der Künd bekannt waren od nicht (BAG NJW **95**, 1110). **b) Berücksichtigung aller
Umstände des Einzelfalls:** Damit sind alle tats Umst gemeint, die für den wicht Grd bedeuts sein können;
zB die bish Dauer des DVerh (BAG NJW **85**, 1853), Leistg u Führg des DVerpfl, frühere Verfehlgen,
voraussichtl künft Verhalten u WiederhGefahr von VertrVerletzgen, Höhe des Entgelts, Auswirkg auf and
bestehe DVerh desselben DBer, Grad der wirtsch Abhängigk, Vorliegen eines ProbeArbVerh (LAG Bln
39 DB **75**, 2328). **c) Interessenabwägung:** zw den beiden VertrTeilen vollständ u widersprfrei (BAG NJW
79, 239 mwN). Interessen Dr kommen nur ausnw in Betr. Insb ist dabei zu berücks: auf Seiten des DBer, die
Möglk, sich rechtzeit eine gleichwert ErsKraft zu beschaffen, auf Seiten des DVerpfl das allg Interesse an der
Erhaltg des ArbPlatzes, der Verdienstausfall bis zur eines neuen DVerh u die Aussicht einen neuen
gleichwert ArbPlatz zu finden, schuldloser RIrrt als Ursache des Verhaltens u Solidarität (BAG NJW **79**, 236
u 239). Einzubeziehen ist die Möglk der Versetzg auf einen and ArbPl (BAG NJW **79**, 332 = **AP** Nr 70 m
Anm v Hueck). Auf beiden Seiten ist abzuwägen, inwieweit die tats Umst, die den wicht Grd ausmachen,
40 verschuldet sind, insb auch verurs wurden (BAG JZ **75**, 737 m Anm v Säcker). **d) Unzumutbarkeit.** Sie

muß daran gemessen w, ob die Fortsetzg des DVerh bis zu dem Ztpkt, zu dem ord gekünd w kann (§§ 621, 622) od bis zum ZtAblauf (§ 620 I) dem Kündigden zugemutet w darf (BAG stRspr zB NZA **94**, 74). Hierbei sind umfassd alle tats Umstde (Rn 38) zu berücks (BGH NJW **93**, 463). Ist die ord Künd ausgeschl, muß auf die tats künft VertrBindg abgestellt w (BAG NJW **85**, 1851). Hier ist auf die subj Lage u Einstellg des Kündigden Rücks zu nehmen, insb inwieweit sein Vertrauen in eine ordngsgem restl VertrErfüllg dch den and Teil verloren gegangen od erschüttert ist u ob bei notw pers Kontakt noch ein gedeihl ZusArbeiten zu erwarten ist, auch ob dch mildere Maßn dies für die Zukunft wiederhergestellt w kann (BAG aaO). Maßstab kann sein, ob der DBer bei gleicher Sachlage and ArbN nicht kündigt (vgl BAG **2**, 138). Liegt eine ÄndKünd vor, so ist nicht auf die Beendigg des ArbVerh, sond auf die ArbBedinggen abzustellen, die der ArbG für die Fortsetzg des ArbVerh anbietet (BAG NJW **73**, 1819). **e) Verschulden** ist nicht Voraussetzg. **41** Auch beiderseit unversch Tats können einen wicht Grd darstellen. Versch ist aber bei der Interessenabwägg (Rn 39) zu berücks. **f) Verursachung.** Welcher der VertrTeile den Grd zu verantworten hat, ist gleichgült. Auch Grde, die allein in der Pers des Kündigden liegen, sind geeignet (allgM; BGH NJW **84**, 2091).

5) Wichtige Gründe für Kündigung des Dienstberechtigten, insb des ArbG. **a) Vertragsschluß-** **42** **verschulden:** Vorzeigen falscher oder verfälschter Zeugnisse; IrrtErregg über Bestehen eines and gleichzeit verpflichtden, insb kollidierden D- od ArbVerh, falsche Ausk bei zul Fragen über Vorstrafen best Art, wenn sie für das ArbVerh im Einzelfall wesentl sind (BAG BB **70**, 803 m Anm v Gumpert), nach früh ArbVerh, wenn dieser Umst zZ der Künd noch bedeuts ist (BAG NJW **70**, 1565). Vgl auch § 611 Rn 6. **b) Arbeits-** **43** **pflichtverletzungen:** dch Verweiger od Schlechterfüllg der Arb od DLeistg (§ 611 Rn 34, 35), sofern sie nicht auf einem rechtm Streik beruht. Die Verweiger muß idR beharrl u vorsätzl sein (BAG stRspr, zB NZA **95**, 65). Abmahng od Wiederholg der ArbPflVerletzg ist grdsätzl nicht notw, führt aber erst recht zur Bejahg des wicht Grdes. Unterläßt der ArbN die Arb, ist idR Auffdg notw, die ArbPfl zu erf, aber nicht, wenn der ArbN sie erkennb verweigert (BAG NJW **70**, 486 noch für § 123 GewO). **Beispiele:** eigenmächt **44** UrlAntritt (BAG DB **94**, 1042) od UrlÜbSchreitg (LAG Düss NZA **85**, 779); wenn der ArbN androht, er werde krank, wenn der ArbG ein unberecht Verlangen des ArbN nicht erfülle (BAG NJW **93**, 1544); unbefugtes, auch vorzeit Verlassen des ArbPlatzes (LAG Hamm BB **73**, 141); ungerecht u unentschuldigtes Fernbleiben, etwa wg vorgetäuschter Krankh (BAG DB **93**, 2534); wenn das Krankschreiben dch unredl Mittel beeinflußt w (LAG Düss BB **81**, 1219); bewußtes Zurückhalten der ArbKraft, auch beim Prämien- u Akkordlohn (BAG **AP** § 123 GewO Nr 27); ArbUnfähigk dch Trunkenh währd der ArbZt; nur in schwerwiegden Fällen (vgl v. Hoyningen-Huene DB **95**, 142). Unmögl zur ArbLeistg wg FreihStrafe bei unzumutb betriebl Auswirkg (BAG NJW **86**, 342); Teiln an rechtsw Streik (BAG [GS] NJW **71**, 1668 u stRspr; and wenn die Rwidrigk des Streiks nicht erkennb ist, BAG NJW **84**, 1371), auch einzelner ArbN, die an wildem Streik teilgen haben (aA Kittner BB **74**, 1488); auf jeden Fall dann, wenn der ArbG vor Künd dch ArbAuffforderg abmahnt. Wiederholte Unpünktlk, wenn der BetrAblauf od -Friede dadch gestört w (BAG NJW **89**, 546). Ablehng der ArbLeistg nach Aufforderg dch weisgsbefugte and ArbN (LAG Bln DB **77**, 2384); provozierde parteipolit Betätigg im Betr (BAG NJW **78**, 1872 u 1874). Fehlbestände im VerantwortgsBer einer Verkäuferin, wenn die Verursachg feststeht (BAG BB **74**, 463). Weigerg eines öff Bediensteten entgg BAT § 8 II, dienstl Anordngen zu befolgen (BAG JZ **75**, 738 m Anm v Säcker). Allein auf **45** Unfähigk beruhde Schlechtleistg ist wicht Grd nur ausnw (Becker-Schaffner DB **81**, 1775 mwN), insb bei ProbeArbVerh (LAG Mü DB **75**, 1756). **c) Treuepflichtverletzungen:** vgl § 611 Rn 39–44; sie müssen **46** idR vorsätzl sein. Bsp: VollmMißbr (BAG **AP** Nr 53); Ausführg eines dem ArbG angetragenen Gesch auf eigene Rechng (BGH WM **67**, 679); Verstoß gg Wettbewerbsverbot (vgl § 611 Rn 42, 43; BAG NJW **88**, 438), auch dch angestellten RA (BAG NJW **91**, 518), wobei idR im Falle des § 60 I HGB die Konkurrenztätigk bereits aufgenommen (nicht nur vorbereitet) sein muß (BAG BB **73**, 144); Ann v finanziellen SondZuwendgn für die Vermittlg eines den ArbG betreffden Gesch dch Dr, sog Schmiergelder; ohne Rücks darauf, ob der ArbG dadch geschäd w od nicht (BAG **AP** Nr 65). Verrat (auch Verdacht auf zukünft) von BetrGeheimn (LAG Mü BB **69**, 315); verbotene Nebentätig; GeschAbschl des GeschF einer GmbH mit der eigenen Fa ohne Offenlegg ggü den Gesellsch (Karlsr NJW-RR **88**, 1497); GeldAnn dch Dolmetscher v GesprPart seines ArbG (LAG Bln BB **78**, 1570); Handlg, die Heilg beeinträcht, währd der ArbUnfähigk; verbotswidr priv Benutzg eines BetrKfz (LAG BaWü BB **70**, 534); Veröff eines betrschädigden ZeitgsArtikel, bei berecht Interessen aber nur, wenn unwahre Behauptg aufgestellt w (LAG Saarl DB **70**, 499); Verletzg der SchweigePfl als ArbNVertr im AufsR (BAG DB **74**, 1067). Mißbräuchl Verschaffg u Verwendg einer ArbUnfähigkBescheinig (ArbG Wuppt DB **77**, 121). Grdsätzl ist kein wicht Grd, wenn der ArbN and ArbN seines ArbG abwirbt (LAG RhPf NZA **93**, 265 mwN). **d) Sonstige Pflichtverletzun-** **47** **gen:** Dch vorsätzl Nichtbefolgen berecht Weisgen (vgl § 611 Rn 45–48). Bsp: Verschweigen des Wegfalls der Arb- u AufenthErlaubn; fortlaufde Verstöße gg die BetrO (LAG Hamm DB **72**, 1124). Versuch eines dienstvertragl gebundenen NachUntern, den betr Kunden für sich abzuwerben (BGH WM **76**, 324); Betätigen der Stechuhr für abwesden ArbKollegen (LAG Düss NJW **78**, 774); Widerstd eines Hochschullehrers gg die HochschulVerw dch ArbBehinderg (BAG BB **78**, 1216); Unterl unverzügl Krankmeldg in bedeuts Fällen (BAG **AP** Krankh Nr 2). Bewußt unvollständ Unterrichtg eines zustd Aussschusses dch VorstdsMitgl (Düss DB **83**, 1036). **e) Strafbare Handlungen:** Ihre Begehg muß unstreit oder bewiesen sein (vgl **48** aber Rn 49). Verurteil im StrafVerf ist nicht Voraussetzg (allgM; BAG NJW **85**, 3094) u begründet keine Bindg des ArbGer, wenn der ArbN die Tatbegehg weiter bestreitet. Ob die Verhinderg dch Strafhaft einen wicht Grd darstellt, ist im Einzelfall zu entsch (BAG NJW **86**, 342). Bei längerer Strafhaft ist grdsätzl KündGrd zu bejahen (BAG NZA **95**, 777). Verletzg v LoyalitätsPfl ggü kirchl ArbG im Einzelfall (BVerfG NJW **86**, 367). VermDelikte, insb Diebstahl (uU auch ggü Dr; BAG NJW **85**, 1854), Betrug, Untreue (vgl LAG Hamm DB **86**, 1338), Sachbeschädigg, wenn gg den DBer gerichtet, sind immer wicht Grd, wobei UnterhPfl des ArbN grdsätzl nicht auf zu dessen Gunsten gewürd w dürfen (BAG NJW **89**, 1884). Ausn soll bei Bagatellfall mögl sein (vgl BAG NJW **85**, 284 = SAE **85**, 171 m Anm v Oetker u EZA Nr 91 m Anm v Dütz; krit Tschöpe NZA **85**, 588). Das gilt auch bei glaubh Abs, den Schad wieder zu beseit (LAG Düss DB **76**, 680); sonst nur dann, wenn die im D- od ArbVertr übertragene Tätigk die Zuverlässigk des DVerpfl voraussetzt, insb bei sog Vertrauensstellgen (LAG Nds BB **78**, 1011). Straftaten gg Leben, Gesundh u Freih:

wenn vorsätzl begangen u gg den DBer gerichtet, immer wicht Grd; sonst idR nicht, wohl aber dann, wenn desh angenommen w muß, daß Gefahr für Leib und Leben der MitArb besteht (BAG DB **77**, 1322); Tätlk nicht grdsätzl (vgl Aigner DB **91**, 596). TrunkenhDelikte sind bei einem Berufskraftfahrer auch dann wicht

49 Grd, wenn es sich um eine Privatfahrt handelt (BAG NJW **64**, 74). **f) Verdacht schwerer Verfehlungen,** die nicht erwiesen sind, genügt, wenn der Verdacht das VertrauensVerh zerstört u die Fortsetzg des Arb-Verh unzumutb macht (BAG stRspr: NJW **86**, 3159 mwN u NJW **93**, 83 u **95**, 1110; Übbl Busch MDR **95**, 217). Der Verdacht muß zZ der Künd bestehen. Keine Verdachtkünd liegt vor (sond Rn 48), wenn nicht wg des Verdachts gekünd w, sond wg des Begehens der Tat (BAG NJW **93**, 83). Auch die bloße Bereitsch zur Falschaussage gg den ArbG genügt (BAG **AP** Nr 95). Es kommt auch hier (wie bei Rn 48) auf die Art der strafb Handlg an. Dem ArbG obliegt dabei eine AufklärgsPfl; vor der Künd muß er dem ArbN zwecks Aufklärg Gelegenh zur Äußerg geben (BAG NJW **86**, 3159), darf dies aber unterl, wenn der ArbN keine Bereitsch zeigt, sich zu äußern (BAG BB **87**, 2020). Nicht auf bes Vertrauensstellen begrenzt (LAG Bln DB **90**, 2477; aA Moritz NJW **78**, 402). Wird der Verdacht später ausgeräumt, kann Anspr auf Wiedereinstellg bestehen (BAG **16**, 72). Bei einer wg Abs II verfristeten Künd ist trotz erfolgreicher Klage des ArbN eine

50 Künd wg Begehens der Straftat mögl (BAG NJW **85**, 3094). **g) Ehrverletzungen:** strafb Beleidigg (insb Formalbeleidigg), üble Nachrede u Verleumdg gg den DBer, seine Angeh, seine Vertr (zB Prokuristen) od ltd Angest sind stets wicht Grde. And Ehrverletzg sind es idR (für sog Götz-Zitat nach Umstden verneint vom LAG Düss DB **72**, 51). Richtet sich die Handlg gg and Pers, insb ArbKollegen, so ist wicht Grd zu bejahen, wenn der BetrFriede gestört w (vgl BAG NJW **78**, 1874), zB dch ausländerfeindl Äußergen (LAG

51 Hamm BB **95**, 678). **h) Krankheit.** Bei allg DVerh kann wicht Grd in einer kürzeren Erkrankg des DVerpfl nur dann gesehen w, wenn der VertrZweck dadch gefährdet w. Das trifft nur in AusnFällen zu (BAG NZA **94**, 74). Bei ArbVerh kann kürzere Erkrankg nur ausnahmsw dann ein wicht Grd sein, wenn sie ansteckd ist. Längere Erkrankg (über 6 Wochen) od häuf kann wg FürsPfl des ArbG für außerord Künd nur dann genügen, wenn ord Künd ganz ausgeschlossen ist, ungewöhnl lange vertragl KündFr vereinb ist od der ArbPlatz dringd besetzt w muß. IdR ist bei Möglk ord Künd (hierzu Birkner-Kuschyk/Tschöpe DB **81**, 264) in zumutb ZtRaum eine außerord Künd ganz ausgeschl, auch bei Aids (Lichtenberg/Schücking NZA **90**, 41). Wicht Grd ist gegeben, wenn ein zur Wiederherstellg seiner Gesundh krankgeschriebener ArbN währd-dessen für einen Dr arbeitet (vgl Rn 44). Bei Alkohol- oder Drogensucht vgl Lepke DB **82**, 173. Bei vorgetäuschter Erkrankg od Verwirklichg angedrohter Krankmeldg: Rn 44. Verletzg der Anz- u NachwPfl (§ 3 LFZG) nur bei schwerwiegendem Verstoß u Versch, jedenf nur ausnw (BAG DB **86**, 2443). **i) Tod** des DBer kann ausnahmsw wicht Grd sein, wenn die DLeistg (zB wg BetrEinstellg) nicht mehr angenommen w kann u die Fortzahlg der Vergütg für die Erben unzumutbar ist. Bsp in BAG NJW **58**, 1013. **j) Heirat** des DVerpfl reicht allein niemals aus; dieser Grd kann auch nicht als wicht vereinb w; daher sind sog Zölibatsklau-

52 seln auch als auflöse Bedingg nichtig. **k) Druckkündigung** (hierzu krit Blaese DB **88**, 178). Wird die Entlassg von Dr verlangt (zB von and ArbN, BetrRat, Gewerksch), insb unter Androhg von Künd od Streik, so kann ausnahmsw ein wicht Grd vorliegen, wenn für den DBer kein and Ausweg gegeben ist, um einen unzumutb eigenen Schaden abzuwenden; auch wenn die Fdg auf Entlassg ungerechtf ist, zweifelh bei Aids-Infizierten (Lichtenberg/Schücking NZA **90**, 41). Die vorher Anhörg des ArbN ist keine WirkskVoraussetzg (BAG NJW **91**, 2307). Im allg darf der DBer wg der FürsPfl (vgl § 611 Rn 99) einem ungerechtf Druck nicht nachgeben u muß versuchen, ihn abzuwenden (BAG BB **77**, 1150). Er darf ihn nicht selbst schuldh herbeige-führt haben (BAG **12**, 220 [231]). Die Künd muß das prakt einz in Betracht kommde Mittel sein, den dch Druck drohden Schad abzuwenden. Das KündVerlangen des BetrR (§ 104 BetrVG) stellt für sich keinen

53 KündGrd dar. **l) Verletzung von Betriebsratspflichten** kann für sich allein keine außerord Künd begrün-den, sond nur RFolgen aus dem BetrVG, ggf Amtsenthebg gem § 23 BetrVG unter Fortbestd des ArbVerh (BAG NJW **70**, 827 mwN; Weber NJW **73**, 787). BetrRMitgl stehen gg § 626 grdsätzl gewöhnl ArbN gleich (hM); jedoch muß zugleich ein wicht Grd iS des § 15 KSchG vorliegen (BAG NZA **94**, 74). Bei einer ArbVertrVerletzg, die auf einem Verhalten beruht, das der BetrRatstätigk entspringt, ist aber für die Berechtigg zur außerord Künd ein strengerer Maßstab als bei gewöhnl ArbN anzulegen (BAG stRspr, **AP** § 13 KSchG 1951 Nr 16 u 19, hierzu krit Weber aaO; Säcker RdA **65**, 373). Entspr gilt für Mitgl des PersRats, die im ArbVerh stehen (vgl §§ 47, 100 PersVertrG) u JugVertr (BAG DB **76**, 679). KündGrd ist zu bejahen, wenn ArbN, die nicht demonstrationswill sind, aufgefordert w, ArbPlatz zwecks Demonstration zu verlassen (BAG NJW **70**, 827); bewußt falsche, betrschädigde Information der Presse (BAG aaO); Lügen ggü dem

54 ArbG od seinen Vertretern bei bedeuts Fragen (BAG aaO). **m) Politische Gründe** (entspr religiöse od weltanschaul): Polit Gesinng, gleich welcher Art, ist kein wicht Grd. Polit Betätigg kann (sofern sie nicht verfwidr ist) wicht Grd nur dann sein, wenn sie den BetrFrieden stört od gefährdet (BAG **AP** Nr 58) od die ArbLeistg und ArbN erhebl beeinträchtigt (insb im öff Dienst), nicht notw im Betr u währd der ArbZt. Welcher polit Richtg das Land angehört, ist ohne Belang (vgl hierzu König RdA **69**, 8). Bsp: Wiederholte parteipolit Tätk od Provokation (zB Tragen v Plaketten im Betr, BAG NJW **84**, 1142; hierzu generell v.

55 Hoyningen-Huene/Hofmann BB **84**, 1050). **n) Betriebseinstellung und –umstellung** ist grdsätzl kein wicht Grd, weil das BetrRisiko der DBer trägt. Das gilt auch bei einer BetrStockg dch Brand, selbst wenn der Fortbestd des Betr gefährdet ist (BAG NJW **73**, 342), od bei KonkGefahr (LAG BaWü BB **77**, 296). Der Konk gibt kein R zur fristl Künd (§ 22 KO; BAG NJW **69**, 525). In AusnFällen, insb wenn die ord Künd vertragl ausgeschlossen ist, kann BetrEinstellg einen wicht Grd darstellen (BAG NJW **85**, 2606 bei Ausschluß dch TarVertr, BGH WM **75**, 761 für DVerh). Es gilt dann idR auch diejenige KündFr, die ohne den Ausschluß der ord

56 Künd gelten würde (BAG aaO; vgl auch Rn 40). **o) Sonstiges. aa)** ArbN od DVerpfl: Bei Trunkenh, wobei oft Abmahng erforderl ist, kommt es auf den Einzelfall an (vgl Günther BB **81**, 499 mwN). Bei Lehrgängen, die auf einen Beruf vorbereiten sollen, ist Aufgabe des Berufsziels wicht Grd (Hbg MDR **71**, 216 [EDV-Programmierer]). Schuldh Verurs v Lohnpfändgen nur unter bes Umstd (vgl Lepke RdA **80**, 185 mwN). Ablauf der ArbErlaubnis eines GastArb gem § 19 I AFG (BAG BB **77**, 596). Entzug der Fahrerlaubnis bei als Kraftfahrer beschäft ArbN (BAG NJW **79**, 332) od AußenDMitArb (LAG SchlH NZA **87**, 669). Bei kirchl ArbG wg Verstoßes des ArbN gg LoyalitätsPfl im Einzelfall mögl (Dütz NJW **90**, 2025), zB beim Chefarzt eines kathol Krankenhauses DchFührg kirchenrechtl unzuläss Behandlgsmethode (BAG NJW **94**, 3022). **bb)** DBer: SchlechtErf des PartnerschVermittlgsVertr (Peters NJW **89**, 2793). Ernsth Selbstmordversuch

eines Internatschülers (BGH NJW **84**, 2091; hierzu krit Picker JZ **85**, 641); Nichtversetzg eines solchen nur bei unzumutb Erschwerg der ord Künd (Hbg NJW **84**, 2107).

6) Wichtige Gründe für Kündigung des Dienstverpflichteten, insb des ArbN. **a) Zahlungsverzug:** 57 Zahlt der DBer die fäll Vergüt nicht od wiederholt nur unter Verzug (§ 284), so ist stets ein wicht Grd gegeben. **b) Fürsorgepflichtverletzungen:** Insb die aus §§ 617, 618, jedenf soweit sie vorsätzl u grob fahrl geschehn; ferner ständ u erhebl Überschreitg der gesetzl HöchstArbZt (BAG **AP** Nr 62). **c) Arbeits-** 58 **unfähigkeit:** Dauernde, nicht nur vorübergehde, ist für ArbVerh als wicht Grd anzusehen; jedoch entspr die Künd wg § 616 u wg des LFZG nicht dem Interesse der ArbN. Bei allg DVerh, insb bei vorübergehdn, ist dieser KündGrd auch prakt bedeuts. Ist die ArbFähk des ArbN zeitl oder der Art nach beschr, ist vor Künd dem ArbG Gelegenh zu geben, einen ArbPlatzwechsel herbeizuführen. **d) Gefährdung der Gesund-** 59 **heit,** erst recht des Lebens dch die ArbLeistg, ist wicht Grd, wenn die Gefährdg bei Abschl des D- od ArbVertr nicht zu erkennen war. Führt die Fortsetzg der Arb mit überwiegder Wahrscheinlk zu einer GesundhSchädigg, kann ohne diese Einschränkg fristlos gekündigt w. **e) Straftaten** des DBer, wenn sie gg den DVerpfl od ArbN gerichtet sind, stellen stets einen wicht Grd dar, bei and Delikten kommt es auf den Einzelfall an. **f) Ehrverletzungen:** insb Beleidigg, sexuelle Ansinnen, bewußte Kränkg, vor allem in Ggwart von and Pers, sind idR wicht Grd. **g) Abschluß eines anderen Dienstverhältnisses,** insb Arb- 60 Verh, dch den DVerpfl ist kein wicht Grd, auch wenn das neue DVerh vorteilhafter ist u bes Chancen bietet (BAG **AP** Nr 59). Ggf muß er die RFolgen des VertrBruchs auf sich nehmen (vgl § 611 Rn 14–16), die Einwilligg des DBer od ArbG einholen od darauf klagen. **h) Sonstiges:** Verletzg der BeschäftiggsPfl (§ 611 61 Rn 119) dch unberecht Suspendierg (BAG BB **72**, 1191).

627 *Außerordentliche Kündigung bei Vertrauensstellung.* [I]**Bei einem Dienstverhält- nis, das kein Arbeitsverhältnis im Sinne des § 622 ist, ist die Kündigung auch ohne die im § 626 bezeichnete Voraussetzung zulässig, wenn der zur Dienstleistung Verpflichtete, ohne in einem dauernden Dienstverhältnis mit festen Bezügen zu stehen, Dienste höherer Art zu leisten hat, die auf Grund besonderen Vertrauens übertragen zu werden pflegen.**

[II]**Der Verpflichtete darf nur in der Art kündigen, daß sich der Dienstberechtigte die Dienste anderweit beschaffen kann, es sei denn, daß ein wichtiger Grund für die unzeitige Kündigung vorliegt. Kündigt er ohne solchen Grund zur Unzeit, so hat er dem Dienstberechtigten den daraus entstehenden Schaden zu ersetzen.**

1) Allgemeines. a) Anwendungsbereich: Nur DVerh, nicht ArbVerh (vgl Einf 2, 5 vor § 611), aber 1 nur DVerh, bei denen folgde Voraussetzgn vorliegen: **aa) Art des Dienstverhältnisses.** Es darf kein dauerndes mit festen Bezügen sein; diese dürfen kein regelm Eink darstellen. Ein dauerndes DVerh erfordert nicht, daß der DVerpfl den überwiegdn Teil seiner ArbKraft schuldet od wirtsch vom DBer abhäng ist (BGH **47**, 303 u 98, 20). Ein dauerndes DVerh, für das § 627 nicht gilt, ist zB ein aus fest Zt abgeschlosse- ner InternatsVertr (BGH NJW **85**, 2585) u AusbildgsVertr (BGH **120**, 108 [Tanzlehrer]). Feste Bezüge: müssen auf längere Sicht bestimmte u vonvornehein festgelegte Beträge sein, die wenigstens zu einem nicht unerhebl Teil die GrdLage der wirtsch Existenz bilden können (vgl BGH NJW-RR **93**, 505 mwN). Das sind zB nicht: die vereinb PauschalVergütg eines Steuerberaters (BGH NJW-RR **93**, 374); das von außervertr Entwicklgn abhäng Entgelt eines Managers (BGH NJW-RR **93**, 505). **bb) Dienste höherer** 2 **Art.** Sie müssen üblw aGrd bes Vertrauens übertragen w. Das ist idR der Fall bei: Arzt, Rechtsanwalt u -beistand, Patentanwalt (Düss BB **87**, 2187), Steuerberater u -bevollm (BGH NJW-RR **93**, 374); Wirtsch- Prüfer u -berater (hM; Kblz NJW **90**, 3153), Manager u Promotor (BGH NJW **83**, 1191), Kommissionär (RG **110**, 123), Architekt (vgl aber Einf 17 vor § 611), Werbeberater, Schiedsrichter (vgl ThP 4 vor § 1025); Eheanbahng (BGH NJW **87**, 2808); PartnerschVermittlg od -Anbahng (BGH **106**, 341 mwN); kranken- gymnast Behdlg (AG Andernach NJW-RR **94**, 121). Seminar mit therapeut Übgen; nicht Haarbehandlg (LG Dortm NJW-RR **91**, 1404). **cc) Direktunterricht** (dch Institute od Privatschulen). Hierzu grdsätzl 3 Dörner NJW **79**, 241 u Schlosser NJW **80**, 273. § 5 FernUSG ist nicht entspr anwendb (BGH **90**, 280). Die Anwendg v § 627 wird überwiegd verneint (vgl Nassall NJW **84**, 711 mwN), zB für VerkaufsSchulg in einem Kurzseminar (BGH NJW **86**, 373); Tanzlehrer (BGH **120**, 108); InternatsschulVertr (Karlsr NJW-RR **87**, 118); für tägl Vollzeitunterricht in Privatschule (Ffm NJW **81**, 2760, wo § 9 AGBG für billige Ergebnisse herangezogen wird); einjähr Maschinenschreibkurs v LG Hann NdsRpfl **81**, 276; für Heilpraktikerkurs v Celle NJW **81**, 2762. Es bleibt jedenf § 621. **dd) Sonstiges.** Für BerAusbVertr gilt die SoRegelg des BerBG 4 (Einf 58 vor § 611), für Fernunterricht gilt die des FernUSG (Einf 22 vor § 611). **b) Abdingbarkeit** für 5 Ausschl u Beschränkg ist grdsätzl zu bejahen, da § 626 anwendb bleibt. Für PartnerVermittlgsVertr wg § 138 verneint v Peters NJW **89**, 2793. Erkl muß eindeut, kann aber stillschw sein liegt noch nicht in Vereinbg einer best VertrDauer (BGH NJW-RR **91**, 439). Grdsätzl kann nicht dch AGB od FormularVertr abbedungen w (hM; Kblz NJW **90**, 3153 mwN), keinesf bei Ehe- u PartnerschVermittlg (BGH **106**, 341), wohl aber bei Ärzten mit 24-Stdn-Fr (Wertenbruch MedR **94**, 394).

2) Wirkung. a) Kündigung: Sie ist außerord (vgl Vorbem 45 vor § 620), fristlos mögl, aber befristet 6 zul; beiderseit. Die KündMöglk aus § 626 w dch § 627 nicht berührt. Grdsätzl darf jederzeit gekünd w; für die Künd des DBer gilt das uneingeschränkt; dem DVerpfl ist die Künd zur UnZt nicht gestattet (Abs II S 1): dabei ist grdsätzl darauf abzustellen, ob sich der DBer die Dienste nach Zugang der Künd, sobald u soweit er sie benötigt, beschaffen kann, nicht notw in gleicher Güte u zu gleichen Bedingungen. **b) Rechtsfolgen der** 7 **Kündigung zur Unzeit:** Auch bei Verstoß gg Abs I S 1 keine Unwirksk der Künd (allgM). RFolge ist der SchadErsPfl des Abs II S 2, die sonst überflüss sein würde, wenn die Künd unwirks wäre, weil dann die §§ 325, 326 den SchadErsAnspr gäben. Wicht Grd: Es genügt ein rechtfertigder Grd; Unzumutbk der Fortsetzung des DVerh ist nicht erforderl, weil dann Künd aus § 626 begründet wäre. Unaufschiebb, notw Arbeiten sind noch dchzuführen. SchadErsAnspr: Abs II S 2. Umfang: §§ 249ff.

628 *Teilvergütung und Schadensersatz bei außerordentlicher Kündigung.* [1]Wird nach dem Beginne der Dienstleistung das Dienstverhältnis auf Grund des § 626 oder des § 627 gekündigt, so kann der Verpflichtete einen seinen bisherigen Leistungen entsprechenden Teil der Vergütung verlangen. Kündigt er, ohne durch vertragswidriges Verhalten des anderen Teiles dazu veranlaßt zu sein, oder veranlaßt er durch sein vertragswidriges Verhalten die Kündigung des anderen Teiles, so steht ihm ein Anspruch auf die Vergütung insoweit nicht zu, als seine bisherigen Leistungen infolge der Kündigung für den anderen Teil kein Interesse haben. Ist die Vergütung für eine spätere Zeit im voraus entrichtet, so hat der Verpflichtete sie nach Maßgabe des § 347 oder, wenn die Kündigung wegen eines Umstandes erfolgt, den er nicht zu vertreten hat, nach den Vorschriften über die Herausgabe einer ungerechtfertigten Bereicherung zurückzuerstatten.

[II]Wird die Kündigung durch vertragswidriges Verhalten des anderen Teiles veranlaßt, so ist dieser zum Ersatze des durch die Aufhebung des Dienstverhältnisses entstehenden Schadens verpflichtet.

1 **1) Allgemeines. a) Anwendungsbereich:** Alle D(Arb)Verh, aber nicht bei AusbildgsVerh (§ 16 BerBG), HandelsVertr (§ 89 a II HGB) u bei Seeleuten (für Abs I §§ 66, 70 SeemG). Nur bei wirks außerord Künd gem §§ 626, 627, nicht bei ord Künd; auch nicht bei AufhebgsVertr (BGH NJW **94**, 1070), weil der Wortlaut des Abs II entggsteht u die Part im Vertr die RFolgen regeln können. Abs II wird analog auf and DauerSchuVerh angewendet (§ 276 Rn 127). Für entspr Anwendg auf Unmöglk nach teilw Erf: Roth VersR **70**, 600. 2 **b) Abdingbarkeit** ist zu bejahen; insb können statt Abs I RFolgen gem § 649 vereinb w (BGH **LM** § 611 Nr 3). Grenze: § 242 (BGH NJW **70**, 1596).

3 **2) Vergütung** (Abs I). **a) Teilvergütung** (S 1) ist bei Zt- wie LeistgsLohn quantitativ zu bemessen. Beim Pauschalhonorar eines RAs ist auf einen entspr TBetrag herabzusetzen (BGH NJW **87**, 315). Bei Partnersch-VermittlgsVertr sind Allgemeinkosten pro rata temporis zu berechnen; auch die sog Vorlaufkosten für die Anlaufarbeit sind zu berücksicht (BGH NJW **91**, 2763). Die Vergütg für die PartnerschVorschläge richtet sich 4 nach dem Verh der erstellten zur vereinb Gesamtzahl (Oldb FamRZ **92**, 668). **b) Beschränkung** (S 2) setzt alternativ voraus, daß der Anlaß der Künd des DVerpfl nicht ein schuldh (§§ 276, 278) vertrwidr Verhalten (Handeln od Unterl) des DBer (ArbG) war od dessen Künd dch den DVerpfl schuldh vertrwidr veranlaßt w (bei Sachverst entspr anwendb, wenn er Unverwertbk seines Gutachtens verschuldet, LG Bielef MDR **75**, 238). Vertrwidr Verhalten beim RA-Mandat: U-Haft inf Verdachts der Veruntreug v Mandantengeld (BGH NJW **95**, 1954); mögl auch unterl Aufklärg (BGH NJW **85**, 41). Die BRAGO schließt die Anwendg v S 2 nicht 5 aus (BGH NJW **82**, 437). Bei völl Wertlosigk kann der Anspr ganz entfallen. § 287 II ZPO gilt. **c) Vorauszahlung** (S 3). Zu vertreten: §§ 276, 278. Auch § 818 ist anwendb.

6 **3) Schadensersatz** (Abs II). **a) Voraussetzungen:** Schuldh (§§ 276, 278: allgM) vertrwidr Verhalten (sog AuflösgsVersch) des KündEmpf muß (nicht notw der einz) Anlaß der Künd sein, ggf dch ErfGehilfen (BGH NJW **84**, 2093 [Internatsschule]; hierzu krit Picker JZ **85**, 1650) u das Gewicht eines wicht Grdes iS des § 626 haben (BAG stRspr BB **90**, 425). Die 2-Wo-Fr des § 626 II muß eingehalten sein (BAG aaO). Der Anspr kann dem DBer wie dem DVerpfl zustehen; er entfällt, wenn auch der KündEmpf aus wicht Grd 7 and Teil zu vertreten Grd hätte künd können (BGH **44**, 271; BAG NJW **66**, 1835). **b) Ursächlichkeit:** Da nur der dch die Beendigg des D(Arb)Verh entstandene Schad zu ersetzen ist, muß (arg § 249) darauf abgestellt w, wie der AnsprBerecht bei Fortbestd des DVertr gestanden wäre (BAG **AP** Nr 2 für ArbUnfähigk); aber nur bis zu dem Ztpkt, zu dem das ArbVerh hätte gekünd w können (umstr; vgl Hadding SAE 8 **76**, 219). **c) Umfang:** §§ 249, 252; hierfür ist das volle ErfInteresse mit allen Haupt- u NebenPfl maßg. Für den DBer (ArbG): Kosten für ErsKraft unter Abzug ersparter Vergütg. Mehraufwand für Fortsetzg der unterbrochenen Arb (LAG Bln BB **74**, 278), vorzeit Verlust des Konkurrenzschutzes aus § 60 HGB (BAG NJW **75**, 1987). Für den DVerpfl (ArbN): Die entgangene Vergütg, einschl aller bes Zuwendgen, zB Tantieme. And Schäden können aber in die FolgeZt reichen. Der AbfindgsAnspr aus §§ 9, 10 KSchG darf nicht eingerechnet w, weil die Voraussetzgen für seine Entsteh noch ungewiß sind (LAG Hamm NZA **85**, 159). Keinesf bei Künd wg BetrStillegg (LAG Hamm ZIP **87**, 1267). Stets ist § 254 anwendb (BGH NJW **67**, 9 248), so daß schuldh unterlassener Erwerb auch ohne Böswilligk (and § 615) anzurechnen ist. **d) Durchsetzung:** Für Darlegg u Bew gilt § 287 ZPO (BAG NJW **72**, 1437). Im Fall des Abs I S 2 trägt der DBer die BewLast für das vertrwidr Verhalten des DVerpfl (BGH NJW **82**, 437). Im Konk des ArbG ist der Schad-ErsAnspr des ArbN nur einfache KonkFdg (BAG NJW **81**, 885).

629 *Freizeit zur Stellungssuche.* Nach der Kündigung eines dauernden Dienstverhältnisses hat der Dienstberechtigte dem Verpflichteten auf Verlangen angemessene Zeit zum Aufsuchen eines anderen Dienstverhältnisses zu gewähren.

1 **1) Allgemeines.** Konkretisiert FürsPfl; ist nicht abdingb (allgM). Anwendb: wie § 617 Rn 1; bei jeder Künd; entspr bei DVerh auf best od bestimmb Zt (§ 620 Rn 2, 8).

2 **2) Wirkung. a)** Anspruch auf DBefreiung: angem nach Häufigk, Länge u Ztpkt; Bedeutg u Stellg sind zu berücksicht. **b)** VergütgsPfl besteht fort (§ 616); das kann aber abbedungen w (BAG **AP** Nr 1). **c)** RFolgen bei Verweigerg: Kl; bei Eilbedürftk eVfg auf FreiZtGewährg, aber nicht eigenmächt Verlassen od Fernbleiben (Vogt DB **68**, 264; sehr bestr, aA mit § 320 begrdet). SchadErs pos VertrVerletzg (§ 276 Rn 113), 3 Künd aus § 626 u SchadErs aus § 628 II. **d)** Wird FreiZt insb Url zur StellgsSuche verwendet, besteht kein Anspr auf UrlAbgeltg (LAG Düss DB **73**, 676, vgl § 611 Rn 144).

630 *Zeugniserteilung.* Bei der Beendigung eines dauernden Dienstverhältnisses kann der Verpflichtete von dem anderen Teile ein schriftliches Zeugnis über das Dienstverhältnis

und dessen Dauer fordern. Das Zeugnis ist auf Verlangen auf die Leistungen und die Führung im Dienste zu erstrecken.

1) Allgemeines. Lit: Schlessmann, Das ArbZeugn, 12. Aufl 1992 u BB **88**, 1320. Zur prakt Gestaltg **1** Weuster BB **92**, 58. Der übl Firmenkopfbogen muß verwendet w (BAG NJW **93**, 2197). Grdsätzl Holschuld (§ 269 II; BAG NJW **95**, 2373). **a) Anspruchsverlust.** § 630 ist insofern zwingd, als nicht vor Beendigg des DVerh auf ZeugnErteilg verzichtet w kann, wohl aber nach od aus Anlaß der Beendigg des ArbVerh, insb in einer AusglQuittg (LAG Köln MDR **95**, 613 mwN; bestr; aA 54. Aufl). Verwirkg (§ 242 Rn 87) ist mögl (BAG NJW **88**, 1616; LAG Düss DB **95**, 1135 m Anm v Sibben). Ablauf tarifl AuschlFr schließt den Anspr aus (BAG DB **83**, 2043 für § 70 II BAT). **b) Dauerndes Dienstverhältnis:** § 617 Rn 1. § 630 gilt grdsätzl **2** für alle DVerh, insb auch für GeschFührer einer GmbH, der nicht Gesellsch ist (BGH **49**, 30), nicht für HandelsVertr (Celle BB **67**, 775). Es gelten für kfm Angest § 73 HGB, gewerbl ArbN § 113 GewO, Seeleute § 19 SeemG, Azubi § 8 BerBG.

2) Zeitpunkt. Anspr besteht ab Künd, spätestens mit tats Beendigg des ArbVerh (BAG NZA **87**, 628). **3** Ohne Künd besteht Anspr auf vorläuf sog Zwischenzeugn, wenn es der Suche eines neuen ArbPlatzes dienen soll (Becker-Schaffner BB **89**, 2105 [2108]) od (nach BAT) ein trift Grd vorliegt (vgl BAG DB **93**, 2134). Auch nach Beendigung des D(Arb)Verh kann das Zeugn verlangt w. Das Zeugn muß datiert sein (LAG Brem BB **89**, 1825). Rückdatierg bei Berichtigg (BAG NJW **93**, 2196).

3) Inhalt des Zeugnisses. Das Zeugn hat stets Art u Dauer des DVerh anzugeben; die Art der Tätigk ist **4** vollständ u richt zu bezeichnen, sog einfaches Zeugn (BAG DB **76**, 2211). Nur auf Verlangen auch über Leistg u Führg (sog qualifiziertes Zeugn; zum Anspr hierauf Liedtke NZA **88**, 270), nicht auf nur eines von beiden. Das Zeugn muß auch bei gemischter Tätigk einheitl sein. Es muß obj richt sein u darf keine Auslassgen enthalten, wo eine pos Hervorhebg vom Leser erwartet w (BAG **AP** Nr 6). Bei der Formulierg von WertUrt ist der ArbG frei (BAG DB **76**, 2211), insb in der Wahl der Worte, die nicht einem vorher erteilten ZwZeugn entspr müssen (LAG Düss BB **76**, 1562). Eine verständ Beurteilg ist zugrunde zu legen (BGH **AP** § 826 Nr 10). Bemerkg üb den Grd der Künd od ArbVertrAufhebg sind nur aus sachl Grden zul; sie müssen mit Führg u Leistg zushängen. Daß außerord gekünd w, darf angeführt w (aA LAG Düss NZA **88**, 399). Hinweis auf Prokura mit genauer ZtAngabe (LAG BaWü NZA **93**, 127). Tätigk als BetrR darf grdsätzl nur auf Verlangen des ArbN erwähnt w, ausnw aber im Fall völl Freistellg v der Arb (vgl Brill BB **81**, 616). ArbG ist beweisbelastet mit den der Bewertg zugrunde liegden Tatsachen (BAG **AP** § 73 HGB Nr 1). Im Proz muß der KlageAntr die konkrete Abänderg bezeichnen (LAG Düss DB **73**, 1853). Gerichte sind uU befugt, Zeugn selbst neu zu formulieren (BAG aaO). Unterschr des DBer (ArbG) od seines Vertreters ist notw (LAG Brem BB **89**, 1825).

4) Rechtsfolgen. a) Schadensersatz. aa) Ggü DVerpfl (ArbN) bei schuldh falschem Zeugn oder Schu- **5** Verz (§ 286) ist mögl (allgM). BewLast: Ursächlich für Schad trägt der DVerpfl (BAG NJW **68**, 1350). **bb)** Ggü neuem DBer bei schuldh obj Unrichtk ist mögl (BGH **74**, 281 [290]), auch wenn erst nachträglich erkannt; zudem aus Vertr (BGH **74**, 281). **b) Auskunft** über den DVerpfl (ArbN) an Dr (Schultz NZA **90**, **6** 717), insb an DBer (ArbG) muß der DBer auf Verlangen des (auch früheren) ArbN erteilen (BAG NJW **58**, 1061). Er darf es, falls nicht and vereinb, auch ohne den Willen des ArbN, wenn der Dr berecht Interesse daran hat (BAG NZA **85**, 811). Auf Verlangen ist dem ArbN der Inhalt der Ausk bekannt zu geben (BAG NJW **59**, 2011). Haftg des ArbG: wie Rn 5. Hierzu u zum BewL: v. Hoyningen-Huene/Boemke NJW **94**, 1757 [1761]. **c) Bindung.** Der ArbG ist an vorbehaltlose Beurteilg des ArbN diesem ggü gebunden (BAG **7** NJW **72**, 1214); nicht aber an best Formuliergen des ZwZeugn (LAG Düss BB **76**, 1562). Widerr nur bei schwerwiegder Unrichtigk tats Art (Becker-Schaffner BB **89**, 2105 [2110]). **d) Vollstreckung:** § 888 ZPO **8** (hM; LAG Nürnb BB **93**, 365 mwN). Zu Einzelh vgl Geißler DGVZ **88**, 17.

Siebenter Titel. Werkvertrag und ähnliche Verträge

I. Werkvertrag

Einführung

1) Begriff u Wesen. WkVertr ist entgeltl, ggs Vertr (vgl Einf vor § 320). Der Untern (Herst) verpfl sich **1** zur Herstellg des versprochenen individuellen Wks, dh zur Herbeiführg eines best ArbErgebn (Erfolges) für den Best (Kunden) im Austausch gg die Leistg einer Vergütg (§ 631). Ggst der LeistgsPfl des Untern ist also eine entgeltl WertSchöpfg dadch, daß er dch seine ArbLeistg für den Best das vereinb Wk schafft (BGH NJW **83**, 1489). Dies kann ein körperl ArbProdukt sein, zB Herstellg einer Sache aus Stoffen des Best bzw ihre Veränderg, od die Herbeiführg eines unkörperl ArbErgebn, zB Erstattg eines Gutachtens (BGH BB **95**, 170), Vorn einer Operation. Elektron Datenverarbeitg vgl § 631 Rn 12. Mit der geschuldeten Herbeiführg eines best Erfolges als Wesensmerkmal des WkVertr ist regelm nur das unmittelb dch die Tätigk des Untern herbeizuführde Ergebn, nicht auch der nach dem wirtsch Zweck erhoffte endgült Erfolg zu verstehen, zB ordngsgem Herstellg des BauWks, nicht seine Vermietbk, fachgerechte Operation, nicht Heilg, Lieferg des Drehbuchstoffes, nicht dessen Eigng zur Verfilmg. Allein die Vereinbg eines Erfolgshonorars für best Leistgen macht einen Vertr nicht zum WkVertr (BGH MDR **95**, 573: Projektsteuerg). Kennzeichnd für den WkVertr ist die wirtsch Selbständig des Herst, mag er auch im Einzelfall an gewisse Weisgen gebunden sein (§ 645). Er übt seine Tätigk in eig Verantwortg u unter Einsatz eig ArbMittel od Fachkenntn aus, er trägt das UnternRisiko für das Gelingen des geschuldeten ArbErgebn (§§ 633, 640).

2) Sondermaterien sind entspr der wirtsch sehr unterschiedl Zielsetzg bei TätigkVertr u weil die Regeln **2** des BGB, zB über Abn u Gewl vielf nicht passen, in §§ 651a ff für den ReiseVertr u in zahlr G od in

AGB geregelt. So für BefördergsLeistgen, Fracht, Spedition HGB 407, 425, 556, 664 ff, BinnSchG 26 ff, PostG, TKO, EVO, GüKG, GüterfernVerkG, PersBefG, HaftPflG, LuftVG, ADSp; ferner VerlG. Insow gelten die Regeln des WkVertr nur subsidiär (Larenz SchuldR II § 53 I).

3　　**3)** Der **Bauvertrag. – a)** Als **Werkvertrag** ist er gerichtet auf die Herstell eines körperl ArbErgebn u regelt die RBeziehg zw Bauherrn u BauUntern, gleichgült ob es sich dabei um die Herstell eines Rohbaus, eines fert Neubaus, einzelner Teile davon od um die Erbringg von EinzelLeistgen (Installation, MalerArb), um Anbauten od um RenoviergsArb dch BauUntern od Handw handelt. WkVertr auch dann, wenn BauUntern alle Stoffe liefert (§ 651 Rn 1) od die Vergütg in bes Weise vereinb ist (§ 632 Rn 1). Typ für die Errichtg eines BauWks ist das ZusWirken des einzelnen BauUntern mit dem Bauherrn, Arch od Statiker u an am Bau beteil BauUntern u Handw. Daraus folgt die Notwendigk, die vertragl Pfl der einz zu konkretisieren sowie sie u GefahrTragg u Verantwortlk der versch Beteil ggein-and abzugrenzen. Sicherg des BauUntern für seinen VergütgsAnspr vgl §§ 648, 648a. Der Abschl bedarf not Form, wenn er mit dem GrdstErwerbsVertr eine rechtl Einh gem § 139 bildet (BGH NJW **81**, 274, BB **94**, 462). ErfOrt für die beiderseit Verpfl ist idR der Ort, wo das BauWk errichtet wird (BayObLG **83**, 64). BewLastFragen im BauR Baumgärtel ZfBR **89**, 231. Abgrenzg des BauVertr vom BauBetreuungsVertr u vom Hauskauf vgl § 675 Rn 20–24. Der BauVertr ist **Werklieferungsvertrag,** wenn das zu errichtde Gebäude nur ScheinbestandTl (§ 95) eines fremden, dem Best nicht gehör Grdst werden soll (BGH NJW **76**, 1539).

4　　**b)** Die **Verdingungsordnung für Bauleistungen (VOB)** ist in BauVertr häuf zum VertrBestandt gemacht. Teil A, früh nur interne VerwVorschr (BGH NJW **92**, 827), verpfl in Umsetzg versch EG-Richtl seit 1. 1. 94 aGrd der neuen VergabeBest die öff AuftrG kr Ges zur öff Vergabe von Auftr, ohne allerd dem einz Bewerber einen klagb Anspr einzuräumen (näher: Lötzsch/Bornheim NJW **95**, 2134). In Teil B enthält sie die Allg VertrBdggn, in Teil C die Allg Techn Vorschr für die Ausf von BauLeistgen. Teil B enthält insges einen auf die Besonderh des BauVertr abgestellten einigerm ausgewogenen Ausgl der BeteilInteressen (BGH **86**, 135). Teil C wird VertrBestandt, falls Teil B dem Vertr zugrdeliegt (§ 1 Nr 1 S 2 VOB/B); er ist für die Frage der fachgerechten Herstellg u damit für GewlAnspr bedeuts, weil die Nichtbeachtg der nach DIN-Nrn geordneten Vorschr für die techn Ausf idR den Schluß auf nichtvertrgem od den anerkannten Regeln der Baukunst nicht entspr Herstellg zuläßt. Ihrer **Rechtsnatur** nach ist die VOB/B keine RNorm, auch nicht Niederschlag einer VerkSitte od eines Handelsbrauchs, sondern TypenVertr od AGB, wird also VertrBestandt nur dch Vereinbg (§ 2 AGBG), nicht dch bloßen Hinw auf ihre Geltg ggü einem im Baubereich nicht bewanderten VertrPartner (BGH **109**, 192, NJW **94**, 2547). Bei isolierter Vereinbg nur einz Bestimmgen unterliegen diese der Inhaltskontrolle, was häuf zur Unwirksamk nach Vorschr des AGBG führt (BGH **101**, 357, BGH **111**, 394). So darf die isolierte Vereinbg der VOB-GewlRegelg jedenf nicht zu einer Verkürzg der VerjFr des § 638 bei der Neuherstellg des Gbdes führen (BGH **100**, 391, BB **88**, 2413). Revisibilität vgl § 157 Rn 11. Die beiderseit R u Pfl nach den WkVertr-Vorschr des BGB werden dch die VOB/B vielf präzisiert, abgewandelt od abw ausgestaltet. Hinw darauf finden sich in den Anm zu den folgdn Paragraphen.

5　　**4)** Die **Abgrenzung zu verwandten Verträgen** ist häuf schwier. Richtschnur sind die Kriterien oben Rn 1, ferner der wirtsch Zweck der ArbLeistg u der Wille der VertrPart, wie er in der Ausgestaltg ihrer Rechte u Pfl zum Ausdr kommt (BGH **LM** § 611 Nr 3).

　　a) Dienstvertrag u WkVertr haben gemeins eine entgeltl ArbLeistg zum Inhalt. Desh ist bei freiberufl Tätigk hier die Abgrenzg im Einzelfall bes zweifelh. Nach der Dogmatik des BGB ist das entscheidde u meist auch prakt brauchb Abgrenzgskriterium, daß beim DVertr das bloße Wirken, die ArbLeistg als solche (zB Beratg dch RA, Tätigk als GeschF), beim WkVertr dagg die Herbeiführg des vereinb, gegständl faßb ArbErgebn iS der Rn 1 geschuldet wird. And Abgrenzgskriterien wie GrdLage für die Berechg der Vergütg, Dauer, Spezies- od GattgsArb, sind unsicher, insb kann auch beim DVertr der DVerpfl selbstd sein u bes Fachkenntn nöt haben (RA, Arzt).

　　b) Beim **Kaufvertrag** ist im GgSatz zum WkVertr die Herstellg des Ggst nicht VertrInhalt. Der Kauf ist auf Übereigng des fert Ggst gerichtet, es fehlt, and als beim WkVertr, die Wertschöpfg für den Best (BGH NJW **83**, 1489).

　　c) Der **Werklieferungsvertrag** unterscheidet sich vom WkVertr ledigl dadch, daß der Ggst aus Stoffen des Untern od aus von ihm zu beschaffden Stoffen herzustellen u zu übereignen ist; vgl näher § 651 Rn 1, 2.

　　d) Den **Reisevertrag** bezeichnet das G selbst in der Überschr des 7. Titels als wkverträhnl. Vgl näher §§ 651 a ff.

　　e) Beim **Mietvertrag** ist die Sache nicht herzustellen, sond zum Gebr zu überlassen. So die Überlassg eines Steinbruchs zur Auffüllg mit Klärschlamm, auch wenn die Verfüllg als VertrPfl ausgestaltet ist (BGH NJW **83**, 679).

　　f) Der **Auftrag** unterscheidet sich vom WkVertr dch die Unentgeltlk.

　　g) Der **Geschäftsbesorgungsvertrag** ist je nach dem Ggst der Tätigk D- od WkVertr, folgt aber weitgeh den Regeln des AuftrR.

　　h) Maklervertrag. Abgrenzg vgl Einf 7 vor § 652.

　　i) Der **Dienstverschaffungsvertrag** (Einf Rn 25 vor § 611), **Arbeitnehmerüberlassungsvertrag** (Einf Rn 38–40 vor § 611) unterscheidet sich vom WkVertr dadch, daß er nicht unmittelb auf die Herbeiführg eines Erfolgs gerichtet ist, die der Untern nach eig betriebl Vorstellgen organisiert, sond auf die Überlassg geeigneter ArbKräfte, die der VertrPartner des Untern nach seinen eig betriebl Erfordern einsetzt (BAG DB **79**, 851), denen gegenüber er ein WeisgsR hat u die in seinen Betr voll eingegliedert sind (LAG Nds BB **88**, 1184).

k) Der **Garantievertrag** (Einf 5 vor § 765) ist mit dem WkVertr insofern verwandt, als der Garant für einen best Erfolg einzustehen hat. Er unterscheidet sich vom WkVertr dadch, daß der Garant keine Tätigk zu entfalten, kein Wk herzustellen hat.

l) Der **Verlagsvertrag** ist ein im VerlG geregelter eigenständ Vertr, gekennzeichnet dch die zusätzl Verpfl des Verlegers zur Vervielfältigg u Verbreitg des Wks. WkVertr ist der BestellVertr nach § 47 VerlG.

5) Beispiele für Werkvertrag, Grenzfälle, gemischte Verträge (alphabet). Vgl auch § 675 Rn 6. **6**
Anzeigenvertrag ist WkVertr. Geschuldet ist die Veröffentlichg der bestellten Anz nach Wortlaut, Schriftbild u sonst Ausgestaltg in der jeweil AuflHöhe. Mitwirkg des Best bei der Satzkorrektur. Eine Anz, die vom Muster bei Erteilg des Auftr u von der ständ Aufmachg der Anz dieses Untern abweicht, ist fehlerh, selbst wenn der AuftrG den Korrekturabzug genehmigt hat (Düss NJW-RR **92**, 822). Pfl zur Nachbessergg auch in Form von Berichtigg od fehlerfreier Wiederholg. Der AnzVertr für Telefongespräche sexualbezogenen Inhalts verstößt nicht gg §§ 134, 138 (Stgt NJW **89**, 2899, Behm NJW **90**, 1822). Ebso ist AnnoncenexpeditionsVertr WkVertr (Düss MDR **72**, 688; s auch „Werbg"). – **Architektenvertrag** ist idR WkVertr, **7**
nicht desh unwirks, weil der Arch zur Führg dieser Berufsbezeichng nicht berecht ist (Kln Rspr Bau **§ 1 HOAI Nr 2**). Geschuldet ist das im Bauplan verkörperte geist Wk (BGH **31**, 224), also üblicherw genehmiggsfäh (Mü NJW-RR **92**, 788) Plang, techn u geschäftl Oberleitg u örtl BauAufs (BGH **41**, 318), letztl also ein mangelfreies BauWk (BGH **45**, 373). WkVertr auch, wenn dem Arch nicht VorEntw, Entw u Bauvorlagen, sond nur die sonst ArchLeistgen (BGH **62**, 204) od nur die Bauführg (BGH **82**, 100) od nur die Erstellg eines SaniergsGutachtens zur Beseitigg von Baumängeln (BGH JR **88**, 197) übertragen sind. Dabei steht der Arch zum BauUntern nicht in einem GesSchuldVerh (BGH **43**, 227). – Arch haftet für Plangs- u Organisationsfehler (Celle MDR **69**, 391); PlangsArb muß er grdsätzl zurückstellen, solange Erteilg der BauGen (Hamm NJW-RR **95**, 1230) u Finanzierg nicht gesichert. Führt er sie voreil aus u erweisen sie sich dann als unverwertb, so fällt ihm pVV zur Last, wodch sein VergütgsAnspr entfällt (Düss VersR **73**, 1150). Pfl des Arch, bei der Plang auf den höchsten bekannten GrdWasserstand abzustellen (Düss NJW-RR **92**, 156). Er muß eine Konstruktion wählen, die den verfolgten Zweck erreicht. Dazu gehört auch Prüfg des Materials auf Brauchbark. Bei neuen Baustoffen darf er sich mangels eig SachKenntn mit Äußergen v Pers od Instituten begnügen, die er nach ihrer Qualifikation für sachverständ halten darf (BGH BB **76**, 17). Arch haftet für Fehler u Unklarh in den Vertr mit dem BauHandw, falls er diese vorzubereiten hat (BGH NJW **83**, 871: SchadErsAnspr nach § 635, nicht pVV); ferner für mangelh Beratg hins Beseitigg gefahrdrohden Zust (BGH BB **71**, 415), hins fehlerh Massen- u Kostenermittlg, bei der ihm allerd, außer iF der Garantieübern, ein gewisser Toleranzrahmen zusteht (BGH WM **88**, 1675). Bei Überschreitg einer vorgegebenen Bausumme kommt es auf die Umst im EinzFall an (BGH NJW **94**, 856: 16% hinnehmb). Der Arch muß auch wirtsch-finanzielle Gesichtspunkte seines AuftrG beachten, sow Anlaß dazu besteht. So muß er, wenn er weiß, daß der Bauherr SteuerVort in Anspr nehmen will, seine Plang darauf einrichten. Muß sich dem Arch nach den Umst die Erkenntn aufdrängen, daß der Bauherr steuerl Vergünstiggen erstrebt, so muß er dessen Wünsche klären u sich danach richten (BGH **60**, 1: Wohnflächenhöchstgrenze für GrdErwerbSteuerFreih). Pfl des Arch zur obj Klärg v MängelUrs, NJW-RR **86**, 182) selbst wenn dazu eig Plangs- od AufsFehler gehören (BGH **71**, 144) u zur Aufklärg des Best über sie u die sich daraus ergebde RLage, zur Beratg u Unterstützg des Bauherrn bei der Behebg von Mängeln u beim Vorgehen gg den BauUntern (BGH **92**, 251 u WM **85**, 663). Der Arch haftet ferner für Mängel des BauWks insow, als sie dch obj mangelh Erf der ArchAufg verurs sind (BGH NJW **94**, 2825). Das ist der Fall, wenn die geplante Ausf notw zu einem Mangel des BauWks führen muß (BGH **48**, 310 u NJW **71**, 92), od wenn sie dch fehlerh Erf der BauAufs verurs sind (BGH VersR **74**, 261, Mü NJW-RR **88**, 336). Die Verantwortg für PlangsFehler kann der Arch nicht dadch abwälzen, daß er dem BauUntern zusätzl eine Nachprüfg seiner AusfZeichnungen überträgt (BGH WM **71**, 101). Haftg bei ungenügder Überwachg der BauUntern im Rahmen der Bauleitg (BGH WM **71**, 680) od der örtl BauAufs (BGH VersR **71**, 818: unzureichde BetonZusSetzg). Das Ausmaß der ÜberwachgsPfl bei der örtl BauAufs richtet sich nach dem EinzFall, Bedeutg u Schwierigk des jeweil BauAbschn, Zuverlässigk des BauUntern u seiner Leute (BGH NJW **78**, 322). Nach Verweisg von der Baustelle muß der Arch uU die Frage der BauAufs mit dem Best klären (BGH ZfBR **85**, 120). HinwPfl des Arch, daß vom Bauherrn gewünschte PlanÄnderg eine zusätzl Gebühr des Arch auslöst (Hamm MDR **70**, 761). Verh der Haftg von Arch, Statiker u BauUntern vgl Vorbem 10–12 vor § 633. DeliktHaftg bei Verletzg v VerkSichergsPfl vgl § 823 Rn 65. Kopplgsverbot vgl § 631 Rn 3, 4. Erteilg der Vollm an Arch u ihr Umfang vgl § 167 Rn 8. – **Arztvertrag** ist idR DVertr, vgl Einf 18 vor § 611. WkVertr, wenn sich ein **8**
Röntgenfacharzt verpfl, für einen and Arzt RöntgenAufn anzufertigen u sie ihm zur Auswertg zu überlassen (Düss MDR **85**, 1028). – **Auskunfteivertrag** ist WkVertr, wenn auf Beschaffg best Informationen, DVertr, wenn auf anhaltde Beratg gerichtet, vgl § 676 Rn 3. – **Auswertung** von Bühnenstücken od Filmen vgl Einf 4 vor § 581. Herstellg u Auswertg eines Werbefilms ist gemischter Vertr, die Pfl zur Überlassg des Filmstreifens folgt aus § 651 I 2 Halbs 2 (BGH MDR **66**, 496). – **Bankvertrag** ist idR GeschBesVertr, vgl § 675 **9**
Rn 7–12, AkkreditivAuftr vgl Einf 9–13 vor § 783. – **Bauvertrag** ist WkVertr, vgl Einf 3; ebso Abbruch u EnttrümmergsVertr, ggf gemischter Wk- u KaufVertr (Celle VersR **53**, 309). Zusätzl Beschaffg einer ZwFinanzierg ist GeschBesVertr (BGH BB **77**, 868). – **Baubetreuungs-, Bauträgervertrag** vgl § 675 Rn 20–27. – **Beförderungsvertrag** (Pers u Güter) ist WkVertr; auch Luftbeförderg (BGH **62**, 71); s auch CharterVertr. SonderVorschr vgl Einf 2. Zustandekommen auch dch konkludentes Handeln, zB Einsteigen in Straßenbahn an Haltestelle. Pfl zur Bewachg der Schute ist NebenPfl beim FrachtVertr (Hamb MDR **67**, 771). Im Einzelfall kann TransportVertr DVertr sein, zB wenn bei Überführg eines Kfz auf eig Achse die Tätigk des Kraftfahrers wesentl VertrInh ist (BGH BB **63**, 432). Bloße Zur-Verfügg-Stellg eines Kfz mit Bedieng zum Zwecke des Transports ist Leihe mit Dienstverschaffg (BGH VersR **70**, 934). – **Bergungsvertrag** (HGB 740 ff) ist iZw DVertr, da der Berger idR für den Erfolg nicht einstehen will. – **Bestattungsvertrag** (eingehd Widmann, Monographie 1988) ist gemischter, überwiegd WkVertr. – Beim **Chartervertrag** **10**
kommt es auf den Inhalt an. Schiff: Miete, wenn es sich um einf Überlassg auf Zeit handelt (bareboat-charter). Charter mit Employment-Klausel (Überlassg des Schiffs mit Besatzg) ist Raumfracht; der Charterer ist nicht Ausrüster (BGH **22**, 197). Flugzeug: Kann WkVertr sein, zB SammelBefördergsVertr, „Grup-

penflüge" od Miete, zB „dry lease", Miete von Luftfahrzeug ohne Besatzg od eigentl CharterVertr (vgl Schwenk BB **70**, 282). Für die rechtl Beurteilg gelten die gleichen Grdsätze wie beim Reisebüro (s Einf 3 vor § 651a). Der LuftBeförordergsVertr (s oben) kann zum Inhalt haben, daß der Charterer die Beförderg im eig Namen übernimmt u sich des Vercharterers (FlugUntern) als ErfGeh bedient od daß der Charterer den BeförordergsVertr zw Fluggast u Vercharterer vermittelt od als dessen Vertreter abschließt (BGH NJW **74**, 1046). – **Deckvertrag** (Decken eines Tieres) ist WkVertr. – **Dreschvertrag** ist WkVertr, wenn MaschBe-
11 sitzer verpfl ist, das Getreide auszudreschen (Schlesw SchlHA **55**, 58); sonst Miete, ev mit Dienstverschaffg
12 (Einf 21–26 vor § 535). – **Elektronische Datenverarbeitung, Software, Wartung** (umfassd Köhler/ Fritzsche, RSchutz u Verwertg von Computerprogrammen, 2. Aufl 1993 Rn 135ff). Herstellg eines den ind Bedürfn des Anwenders entspr Programms ist WkVertr (BGH NJW **88**, 406, NJW **90**, 3008); ebso Anpassg von Standardsoftware an die ind Bedürfn des Kunden (Hamm NJW **89**, 1041, Kln NJW-RR **92**, 1328). Herstellg u Einrichtg eines EDV-Terminals mit Standardprogramm, dessen ind Anpassg an die Besonderh des Betr, Einarbeitg des Personals, Erfassg der betriebl Daten ist Wk- od WkLiefergsVertr über unvertretb Sache (Mü CR **88**, 38, Düss CR **89**, 696), auch wenn die Hardware nur mietw überlassen wird (BGH WM **86**, 1255). Bei der Herstellg von Individualsoftware ist es Frage der Auslegg, ob die Verpfl nur auf Überlassg des Maschinenprogramms mit der Benutzerdokumentation od auch des Quellenprogramms einschl der HerstDokumentation gerichtet ist (BGH NJW **87**, 1259; Besprechg Köhler CR **87**, 827: RFragen zum SoftwareVertr). Die Reparatur od Wartg ist WkVertr (Karlsr CR **87**, 232, Düss CR **88**, 31), gerichtet auf Erhaltg od Wiederherstellg des möglichst wen störanfäll Zust (differenziert Heymann CR **91**, 525: Instand-halg Dienst-, Instandsetzg WkVertr). Das gilt auch für Wartg über längere Zeit hinweg, ev auf Abruf u gg feste period Vergütg (offen gelassen Karlsr CR **87**, 232; aA Löwe CR **87**, 219: MietVertrVorschr analog;
13 aber die Dauer eines Vertr ändert nicht seine Rechtsnatur). – **Fahrzeugkauf mit Fahrlehrerverpflichtung** ist Kauf mit untergeordneter WkLeistg. **Fahrzeugkauf mit Inzahlungnahme** des Altwagens ist entw Kauf mit ErsetzgsBefugn des Käufers od Kauf mit Stundg des KaufPr u AgenturVertr über Veräußerg des Altwagens (BGH NJW **78**, 1482; vgl § 675 Rn 6 „Gebrauchtwagenverkauf"). – **Fertighausvertrag** mit Verpfl zur Errichtg ist WkVertr, bloße Verpfl zur Lieferg der Fertigteile ohne Errichtg ist KaufVertr (BGH
14 **87**, 112 u NJW **83**, 1491). – Vertr mit **Friseur** über Wasserwelle ist WkVertr. – Vertr über laufde **Gebäu-
dereinigung,** die nicht pers u in Abwesenh des AuftrGebers zu erbringen ist, ist WkVertr (Hbg MDR **72**, 866). – **Gutachten:** PrivBestellg od solche dch SchiedsG ist WkVertr (BGH **67**, 1, **127**, 378 [384]). Haftg nach VertrGrdsätzen auch ggü Dr kommt für öffentl bestellte u vereidigte Sachverstänt in Betracht, wenn das Gutachten eine erhebl Bedeutg für denjen besitzt, der darauf vertraut u seine VermDispositionen auf das
15 Gutachten gründet u wenn dem Gutachter dies klar war (BGH **127**, 378 [384]). – **Hufbeschlag** ist WkVertr (BGH NJW **68**, 1932). – **Ingenieurvertrag.** Projektierg einz Tle einer BauAnl wie Sanitär-, Heizgs-, ElektroArb für BauVorh ist WkVertr (Mü NJW **74**, 2238, LG Kln BauR **91**, 649). Die Pfl des Bauingenieurs entsprechen, auch bei fehlerh Ermittlg der Kosten, denen des Arch (BGH WM **88**, 1675). – Vertr mit **Krankenhaus** vgl Einf 19 vor § 611. – **Kunstaufführung** (Konzert, Theater, Schaustellg): Vertr zw dem Inh der urheberrechtl AufführgsR u dem Untern der Aufführg ist urheberrechtl NutzgsVertr mit Elementen aus Pacht-, Ges-, Wk- u VerlVertr (BGH **13**, 115). GastspielVertr zw Untern der Aufführg (Konzertagen-tur) u Künstler od Ensemble ist idR WkVertr (Karlsr VersR **91**, 193), näml wenn eine best künstler WertSchöpfg geschuldet wird. Vertr zw Untern u Besucher, auch Abonnent, ist WkVertr mit mietrechtl
16 Einschlag hins des Zuschauerplatzes. AnstellgsVertr mit dem Künstler vgl Einf 20 vor § 611. – **Lieferung mit Montageverpflichtung** ist entw Kauf mit untergeordneter WkLeistg (Kln BB **82**, 1578) od, wenn für die Montage spezielle techn Kenntn erforderl sind, kombinierter Kauf- u WkVertr (Stgt BB **71**, 239) od WkVertr (Karlsr NJW-RR **92**, 1014). – **Löschung** einer Schiffssladg ist WkVertr. – **Partnerschaftsservice** vgl § 656 Rn 1. – Tätigk der **Post** vgl § 839 Rn 141–143. Fernsprech-, Rundfunk- u Fernsehteilnehmer vgl § 535 Rn 1. – Vertr mit **Rechtsanwalt** vgl Einf 21 vor § 611. – Vertr mit **Reisebüro** vgl Einf 2 vor § 651a. – **Reparatur** mit Lieferg benötigter ErsTle ist WkVertr (Karlsr NJW-RR **92**, 1014). – **Rennen:** Vertr zw
17 Veranstalter u Besucher ist WkVertr. RennTeiln ist ErfGeh des Veranstalters. – **Schiedsrichtervertrag** vgl § 675 Rn 6. – **Schleppvertrag** ist idR WkVertr (BGH NJW **58**, 1629). Er kann dch PartVereinbg zum dem DVertr unterstellt werden od, wenn dem Schlepper ein unbemanntes, nicht manövrierfäh Schiff übergeben wird, FrachtVertr sein (BGH NJW **56**, 1065). – **Schornsteinfeger:** WkVertr (BGH VersR **54**, 404), außer den hoheitl Aufgaben der Bezirksschornsteinfegermeister, vgl § 839 Rn 94. – **Software** s elektron Daten-Verarbeitg. – **Sportveranstaltung.** Teiln gg Entgelt als Zuschauer ist WkVertr. – **Strom- oder Wärme-lieferung** ist KaufVertr, vgl § 433 Rn 4. – Vertr des Bauherrn (BGH **48**, 257) od des Arch im eig Namen mit **Statiker** (BGH **58**, 85) ist WkVertr. Für seine Berechngen ist er grdsätzl allein verantwortl (BGH VersR **67**, 1150). Statikfehler ist Mangel des BauWk iS des § 635 (Stgt MDR **69**, 49). Keine Pfl, die Plang des Arch auf ihre allg GebrTauglichk zu prüfen, aber HinwPfl bei offensichtl Fehler u sich aufdrängde Bedenken (Kln NJW-RR **86**, 183). Konkurrenz der Haftg v Arch, Statiker u BauUntern vgl Vorbem 10–12 vor § 633. –
18 **Steuerbevollmächtigter und Steuerberater.** Regelm GeschBesVertr mit DVertrCharakter (BGH **54**, 106 u VersR **80**, 264); so insb bei Dauerberatg, Wahrnehmg aller steuerl Belange. Sind konkrete Einzelleist-gen VertrInhalt, zB Ausk üb best Frage, Erstattg eines Gutachtens, Anfertigg u Prüfg von Bilanz, Gewinn- u VerlustRechng (Saarbr BB **78**, 1434), isolierte Anfertigg einer Jahres Steuer-Erkl (KG NJW **77**, 110: WkVertr). Beratg über steuerl günstigste Form einer BetrEröffng u Entwurf eines GesellschVertr (Kln OLG **80**, 344). Bei Zuziehg als Berater für Beteiligg an einem Unternehmen Pfl des Steuerberaters, seinen AuftrGeber auf Bedenken hinzuweisen u Fehlens eines ordnsgm Buchhaltg von Eigenkapital (BGH DB **84**, 1138). Umfassde BeratgsPfl über die Risiken einer Beteiligg an AbschreibgsGe-sellsch (BGH DB **82**, 1452).– In den Schutzbereich des Vertr können Dritte einbezogen sein (BGH WM **87**,
19 257: Erstellg eines unricht Testats). – **Tierzuchtvertrag** ist WkVertr (BGH NJW **91**, 166). Vgl auch § 675 Rn 6 „Anlageberater". – **TÜV-Abnahme.** Verpfl sich der Verk eines gebrauchten Pkw, sie selbst noch herbeizuführen, handelt es sich insow um wkvertragl LeistgsVerpfl (BGH NJW **72**, 46, Hamm NJW **80**, 2200). – **Verlagsvertrag** ist kein WkVertr, vgl Einf 5. – Vertr mit **Vermessungsingenieur** zur Einmessg u Absteckg eines Hauses auf BauGrdst ist WkVertr (BGH **58**, 225). – **Viehmastvertrag** ist idR WkVertr
20 (BGH MDR **72**, 232). – **Wartung** (Inspektion) eines Kfz: WkVertr. Der Wagen ist für die nächste Zt gebr- u

fahrbereit zu machen; dazu gehört im Herbst auch Kontrolle u Nachfüllen des Frostschutzmittels (Ffm DAR **73**, 296). Pfl zur Diebstahlsicherg des Kfz im Wkstatthof (Köln VersR **73**, 1074). – Gerätewartg ist WkVertr (Düss NJW- RR **88**, 441: Kopierautomat). – **Werbung:** AbgrenzgsKriterium zw Wk- u DVertr ist, ob ein 21 best ArbErfolg, ein individualisierb Wk, meist Werbemittel, Entwurf eines Designers für Firmenlogo (Düss NJW-RR **91**, 120), od ob eine ArbLeistg, eine vielfält Tätigk geschuldet wird (BGH WM **72**, 947). Dabei ist monatl Pauschalhonorar ein Indiz für geschäftl Tätigk als solche, also DVertr mit GeschBesCharakter, zB Vertr mit Werbeagentur, gerichtet auf WerbgsMittlg (Ffm BB **78**, 681). Bindg der Vergütg an best ArbErgebn ist Indiz für WkVertr bei Aushängg von Plakaten in od an öff VerkMitteln od an best Werbeflächen (BGH NJW **84**, 2406), Verteilg von AnzBlättern in einem best Gebiet (Ffm NJW-RR **88**, 945); ebso Annoncenexpedition (Düss MDR **72**, 688), Lichtreklame (KG LZ **17**, 692), Vorführg von Werbefilmen od Diapositiven im Kino (LG Mü I NJW **65**, 1533). RPacht- u MietVertr bei Aufstellg von Plakatsäulen od Anschlag daran (BGH **LM** § 36 MSchG Nr 1). MietVertr bei Benutzg von Gebäudeflächen dch Anschlag od Beschriftg. Anzeigen s oben. – **Wirtschaftsprüfer** wie SteuerBevollm. – Vertr mit **Zahnarzt** auf Heilbe- 22 handlg oder Verschönerg des Gebisses (Zweibr VersR **83**, 1064) ist idR DVertr, auch bei Anfertigg u Einsetzen einer Zahnkrone (Düss VersR **85**, 456) u bei zahnprothetischer Behdlg (Kblz NJW-RR **94**, 52, Kln MedR **94**, 198), auch wenn die Behandlg nur kosmet Zwecken dient (Zweibr NJW **83**, 2094). Soweit es sich um deren techn Anfertigg handelt, gilt, auch im Verh zw Zahnarzt u Zahnlabor (Kblz NJW-RR **95**, 567), GewlR nach WkVertr (BGH **63**, 306; aA Barnikel NJW **75**, 592, Jakobs NJW **75**, 1437).

6) Internationales Privatrecht vgl EG Art 28 Rn 14, Art 29 (BGH NJW **94**, 262). **In der früheren** 23 **DDR** gilt für Pflege- u WartgsVertr die ÜbergangsVorschr in EG Art 232 § 6.

631 *Begriff.* [I] Durch den Werkvertrag wird der Unternehmer zur Herstellung des versprochenen Werkes, der Besteller zur Entrichtung der vereinbarten Vergütung verpflichtet. [II] Gegenstand des Werkvertrags kann sowohl die Herstellung oder Veränderung einer Sache als ein anderer durch Arbeit oder Dienstleistung herbeizuführender Erfolg sein.

1) Allgemeines. a) Begr des WkVertr, Sondermaterien, Bsp u Abgrenzg zu verwandten Vertr vgl Einf. 1

b) Für den **Abschluß** gelten die allg Regeln über Vertr (§§ 104ff, Einf vor § 145, §§ 148 Rn 1ff, 154 Rn 2 1–3). Bei Abschl im Namen einer noch zu gründden BauherrenGemeinsch eines Bauherrenmodells, die dann nicht zustandekommt, gilt § 179 idR auch dann, wenn der Untern wußte, daß die BauherrenGemsch noch nicht gegründet war (Mü BB **84**, 692). Auch § 306 BGB gilt, doch wird ein Vertr, der auf die anfängl obj unmögl Herstellg eines Wk gerichtet ist, prakt kaum vorkommen. Notwendigk not Form vgl Einf 3. – **Koppelungsverbot.** Unwirks ist eine Vereinbg, in der sich der Erwerber eines Grdst im Zushang mit dem 3 (beabsichtigten) Erwerb ausdr od dch schlüss Verhalten der Beteil (BGH DB **79**, 935) verpfl, bei Entwurf (BGH NJW **82**, 2189), Plang u Ausführg eines BauWks auf dem Grdst die Leistgen eines best Ing od Arch in Anspr zu nehmen. Arch ist dabei derjen, der als best ArchLeistgen zu erbringen hat, braucht aber nicht selbst nicht Arch ist (Hamm BB **82**, 764). Die Verpfl zum GrdstErwerb ist nicht allein wg der Kopplg unwirks, Art 10 § 3 MRVerbG, kann aber aus and Grd wg § 139 unwirks sein (BGH **71**, 33). Die Vorschr ist weit gefaßt u richtet sich gg jede den Wettbew von Ing u Arch beeinträchtigde Manipulation. Eine solche Kopplg besteht schon dann, wenn der Veräußerer den Verk des Grdst, sogar dch bloßes Abwarten davon abhäng macht, daß der Erwerber einem best Arch den Auftr zusagt. Gleichgült ist, von wem die Initiative zu dem GrdstErwerb mit ArchBindg ausgeht (Hamm DB **73**, 2514), u ob die Vertr gleichzeit od nacheinand geschlossen werden (KG BauR **86**, 598). Das KopplgsVerbot gilt auch dann, wenn die Gemeinde als Eigtümer eines Baugebiets iR eines ArchWettbew den Preisträgern best Grdst an Hand gibt, interessierte Bauwill an den dafür „zuständ" Arch verweist u der Bauwill zur Klärg der BebauungsMöglkten ihn ledigl mit der Anfertigg eines Entw beauftr (BGH NJW **82**, 2189); auch dann wenn der Käufer sich ggü dem Veräußer, auch wenn dies der Arch selbst ist (BGH **70**, 55), verpfl, den zw Veräußer u Arch geschlossenen ArchVertr zu übernehmen (BGH NJW-RR **92**, 1372) od wenn der Arch das Grdst vorweg veräußert u das BauWk zu einem FestPr auf eig Rechng u eig Risiko errichtet (BGH WM **91**, 22); auch dann, wenn der Käufer sich im Zushang mit dem GrdstErwerb verpfl, ein Gbde nach Plänen zu errichten, die der Verk bereits vor dem GrdstVerkauf für sich hatte erstellen lassen (BGH **71**, 33); auch dann, wenn der Erwerber das Grdst nur unter Auflagen bekommen kann, die ihn dch den von ihnen ausgehden tatsächl Zwang an einen best Arch binden sollen (BGH WM **82**, 158); auch dann, wenn der Erwerber die Bindg außerh des GrdstVertr, aber im Zushang mit dem GrdstErwerb, u nicht mit dem GrdstVerk, sond mit dem Arch selbst eingeht (Düss Rspr Bau Art 10 § 3 MRVerbG Nr 6). In der Verpfl des Erwerbers zur Zahlg eines Abstandsgeldes an den bereits vorher vom Verk beauftr Arch kann eine nichtige Umgeh des BindgsVerbots liegen (BGH **70**, 262), auch wenn die AbstandsZahlg bereits vorher entstandene ArchVergütg abgelten soll (BGH WM **82**, 1325). IF der später beabsichtigten Kopplg ist der zunächst allein geschlossene ArchVertr nichtig, auch wenn es später zum GrdstErwerb nicht mehr kommt (Düss BB **55**, 1552). Unwirks ist auch ein ArchVorVertr, der mit dem Nachw eines BauGrdst an Erwerbsinteressenten gekoppelt ist. Ein ZusWirken zw Veräußerer u Arch ist zur Unwirksk nicht erforderl (BGH **64**, 173). § 3 des genannten G gilt entspr für eine Vereinbg, in der sich der Erwerber eines Grdst im Zushang mit dem Erwerb verpfl, für die Errichtg eines BauWk darauf zusätzl BaubetreuungsLeistgen (§ 675 Rn 20, 21) eines best Arch od Ing od dessen Dienste als Generalübernehmer in Anspr zu nehmen (BGH **70**, 55). Unwirks ist auch ein IngVertr, wenn zur Umgeh des KopplgsVerbots die Pers des GrdstErwerbers und des AuftrG formal getrennt werden (Düss Rspr Bau Art 10 § 3 MRVerbG Nr 15). – Dagg **kein Koppelungsverbot**, weil berufs-, nicht leistgsbezogen, für 4 einen Vertr des Erwerbers mit einem Bauträger od -BetreugsUntern, das sich gewerbsmäß mit Erschließg von Bauland, Veräußerg des Grdst u Baubetreug befaßt (BGH **63**, 302, NJW **93**, 2240). Ebso nicht für als GeneralUntern od Generalübernehmer tät Arch od Ing, die schlüsselfert Bauten auf einem dem Erwerber vorweg übertragenen Grdst errichten (BGH **89**, 240, WM **88**, 1797). Ebso nicht, wenn ein Eigtümer iW der Vorratsteilg WohngsEigtum begründet u der Erwerber sich verpfl, zur Errichtg des Gbdes diejen Plang zu verwenden, die der Bildg des WohngsEigtums zGrde gelegt war, u denjen Ing od Arch mit der Ausf zu beauftragen, der die Plang gefertigt hat (BGH NJW **86**, 1811). Ebso nicht, wenn ein BauBetreugsUntern das Grdst mit ArchBindg erwirbt, u es dem Erwerber gerade darauf ankam, ein Grdst mit vorh Plang zu erwerben (KG BauR **86**, 598). Der Arch kann den Wert seiner Leistgen, die er aGrd des nichtigen Vertr erbracht hat, nach §§ 812ff ersetzt verlangen, sow der Besteller Aufw erspart hat (BGH WM **82**, 97); vgl § 812 Rn 28, § 818 Rn 19. – Die Ausgestaltg des Vertr im einz ist der PartVereinbg zugängl, auch der

5 Vereinbarung von AGB. Von seinen Bestimmgen sind für die Frage, was VertrInhalt wird, die §§ 3, 4, für AusleggsZweifel die §§ 4, 5 u für die Wirksamk einz Klauseln die §§ 9ff von Bedeutg. Von spezieller Bedeutg gerade für den WkVertr, hier insb für Vereinbgen über die Gewl sind § 11 Nrn 1–4, 10, 11 u 15. –

6 WkVertr über verbotene **Schwarzarbeit** ist bei beiderseit Verstoß nichtig u kann desh keine vertragl Anspr begründen (Düss BauR **87**, 562, Köhler JZ **90**, 466 [471]), falls nicht in das AusnFällen die Berufg auf die Nichtigk gg Tr u Gl verstößt (BGH **85**, 39). Trotz der Nichtigk läßt Celle VersR **73**, 1122 SchadErsAnspr wg SchlechtErf, Benöhr NJW **75**, 1970 SchadErs wg Verl v SchutzPfl zu. Verstoß ledigl des Untern gg das Ges zur Bekämpfg der SchwarzArb, ohne daß der Best dies weiß od einen etwa erkannten Verstoß bewußt ausnutzt, führt nicht zur Nichtigk des WkVertr (BGH **89**, 369 u NJW **85**, 2403). Abschl des Vertr mit einem gewerbl Handw ist nicht allein desh nichtig, weil dieser nicht in die HandwRolle eingetragen ist (BGH **88**,

7 240). Mögl bleibt Anspr des Schwarzarb aus ungerechtf Ber; vgl § 817 Rn 20. – Ebso ist Abschl **zugunsten Dritter** mögl (§ 328), zB BauVertr auch zG der Familie des Best (BGH **LM** § 254 E Nr 2). Auch die Grds der Rspr über die Schutzwirkg zG Dr (§ 328 Rn 9, 13, 31, 32) gelten für den WkVertr (BGH NJW **94**, 2231: BauVertr), zB zG der Arbeiter des Untern (BGH VersR **70**, 831), uU auch zG eines SubUntern (BGH **56**, 269). Für die Vergütg enthält § 632 eine ErgRegel.

8 c) Für die **Abwicklung (Durchführung)** gelten ebenf die allg Regeln, etwa Verj § 196, LeistgsOrt u -Zeit §§ 269–271, jedoch ist der Anspr des Bauherrn auf Herstellg des Wk nicht fäll, solange die BauGen nicht erteilt ist (BGH BB **74**, 857). § 618 ist hilfsw anwendb (BGH **5**, 62); ggüb abhäng ArbN dann auch zwingde Haftg nach § 619 (BGH **26**, 365 [372]). WkBeauftragg ist Vertrauenssache, es besteht in bes Maße ein TreueVerhältn zw Best u Untern. Verfrechtl SonderVorschr in KO §§ 17, 23, 26, 27, 49 Nr 2, 4 VerglO §§ 50ff.

9 d) Mehrere Unternehmer. aa) Der **General- oder Hauptunternehmer** verpfl sich im WkVertr mit dem Best zur Erstellg des GesWk. Er ist befugt, im eig Rechng einen Tl der erforderl WkLeistgen an **Nach- oder Subunternehmer** (eingehd Nicklisch NJW **85**, 2361, Schlünder NJW **95**, 1057) zu vergeben. Der **Generalübernehmer** unterscheidet sich dadch, daß er selbst überh keine eig WkLeistg erbringt, meist dafür auch gar keinen eingerichteten Betr unterhält, sond alle WkLeistgen dch NachUntern

10 erbringen läßt (BGH NJW **78**, 1054). – **bb) Außenverhältnis.** In einem VertrVerhältn zum Best stehen nur der GeneralUntern, Generalübernehmer, denen das GesWk bzw die Nebenunternehmer, denen vom Best persönl od in befugter Vertretg entw abgrenzb Tle des GesWks od ein konstrukt einheitl Wk gemschaftl zu unteilb Leistg (ArbGemsch) in Auftr gegeben worden sind; nicht dagg Nach- od Subunternehmer, deren sich der GeneralUntern od -Übernehmer als ErfGeh dch Weitervergabe von Auftr im eig Namen bedient (BGH NJW **81**, 1779), u zwar auch dann nicht, wenn Haupt- u NachUntern aus steuerl Grden vereinb, daß

11 der letztgenannte unmittelb mit dem Best abrechnet (BGH WM **74**, 197). – **cc) Innenverhältnis.** Zw Haupt- u SubUntern besteht ein WkVertr, in dessen Rahmen der HauptUntern Besteller ist. Abgrenzg zum ArbNÜberlassgsVertr vgl Einf 38–40 vor § 611. NebenUntern, die auf Grd gesonderter Vertr an der Herstellg eines Wks mit voneinander abgrenzb Arb beteiligt sind, die unterscheidb, zeitl einander nachgeordnete Abschn des GesWks betreffen, stehen zueinander mangels and Vereinbg auch dann nicht in vertragl Beziehg, wenn erst das GesWk nur vollständ Fertigstellg abgen werden soll (BGH NJW **70**, 38). And, wenn sich mehrere Untern gemeinschaftl zu unteilb Leistgen für die Herstellg eines konstruktiv einheitl Wks verpfl (BGH NJW **52**, 217). Zw den Beteil einer solchen ArbGemsch besteht eine BGB-Ges. Sie erfordert die Abg eines gemschaftl Angebots u eine Vereinbg über die internen RBeziehgen (BGH WM **74**, 754); vgl § 705 Rn 45–49.

12 2) Vertragspflichten des Unternehmers. – a) Hauptpflichten. Vertrgem, mangelfreie, rechtzeit Herstellg des Wks (§§ 631, 633 I, 636). Der Untern trägt im Verh zum Best idR die allein Verantwortg für das Gelingen des Wk (BGH WM **93**, 652). Er hat dafür einzustehen, daß er die anerkannten Regeln seiner Kunst, seines Faches, seines Handwerks beherrscht u sich über techn NeuEntwicklgen in seinem ArbBereich informiert (BGH WM **78**, 1411). Insb sind entspr dem Wesen des WkVertr (Einf 1) das VorhSein der zuges Eigensch u die Mangelfreih Inhalt der LeistgsPfl (§ 633 Rn 1–4). Je nach der Art des Wks u den getroffenen Vereinbgen kann die Herstellg in selbstd TeilAbschn (BGH **1**, 234), zB bei Herstellg ind Computer-Software (Köhler CR **88**, 623), od dch den Herst pers (zB Kunstwerk, Operation) geschuldet sein. Bei künstler Leistgen hat der Herst eine gewisse GestaltgsFreih, die seiner künstler Eigenart entspr u ihm erlaubt, in seinem Wk seiner Schöpferkraft u seinem Schöpferwillen Ausdruck zu verleihen (BGH **19**, 382). Diese GestaltgsFreih geht bei einem Portrait aber nicht so weit, daß die Dargestellten nicht mehr erkenn- u identifizierb sind (Karlsr Just **74**, 123). Je nach Art des Wks ist der Herst auch zur Bes- u EigtÜbertr verpfl, insb § 651. VorleistgsPfl § 641. ErfGehilfen sind nur die mit der Herstellg selbst befaßten Pers; wer darunter fällt, bestimmt sich nach dem Inhalt des Vertr u der VerkSitte. So ist der Lieferant von Rohstoffen od einzubauden Fert- od Einz- od ErsTlen grdsätzl nicht ErfGeh des Untern, denn er liefert in Erf seiner eig Verpfl ggü dem Untern, nicht in Erf von dessen HerstellgsVerpfl ggü dem Best (BGH NJW **78**, 1157). Ebso ist beim WkLiefergsVertr über vertretb Sachen der Bearbeiter, dem der Untern eine VorArb übertr hatte, nicht ErfGeh des Untern (BGH **48**, 118), der allerd als Fachmann solche VorArb auf etwa Mangelhaftigk zu überprüfen hat; vgl auch § 278 Rn 10–14. Der Herst kann, auch stillschw, den ErfGeh zur Heranziehg weiterer ErfGeh ermächtigen (BGH NJW **53**, 217).

13 b) Die **Nebenpflichten** ergeben sich aus dem VertrZweck u den TreuePfl u können betreffen das LeistgsInteresse des Best, seine Aufklärg u Information, Schutz von Eigtm des Best in der Obhut des Untern, Schutz der Pers des Best u nahestehder Dritter. **Beispiele:** Allg AufklärgsPfl über Umst, die der

Best nicht kennt, deren Kenntn aber für seine WillBildg u Entschlüsse von Bedeutg ist (Ffm NJW **80**, 2756, Nürnb NJW-RR **93**, 694), zB über ProvAbsprachen mit dem Baubetreuer (BGH BB **91**, 933), über Risiken u Gef des Wk u für sein Gelingen (BGH NJW-RR **87**, 644), insbes Hinw auf Bedenken gg die Brauchbark bei Anwendg noch unerprobter Technik (BGH DB **93**, 26, DB **93**, 1281), auf die wirtsch Unsinnigk eines erteilten Auftr (Hamm NJW-RR **92**, 1329), Prüfg neuer Materialien auf ihre Geeigneth, Beratg des Best (Kln BauR **90**, 103). Umfassde Aufklärgs- u BeratgsPfl beim Angeb einer techn Anl über Gestaltg u Verwendbark, damit sie den Zwecken u Bedürfn des Best, der über dieses Wissen nicht verfügt, entspricht (BGH BB **87**, 1843). Hinw, daß die Vorgaben für eine zu erstellde ComputerAnl unzureichd sind (Celle CR **91**, 610), Pfl, die Bedürfn des Best zu ermitteln u bei der Formulierg der AufgStellg mitzuwirken (Kln NJW-RR **93**, 1528). Erkundigg vor Abgabe des Angeb, wenn die Angaben im LeistgsVerzeichn lückenh od unklar sind (BGH NJW-RR **87**, 1306). Erteilg von sachkund Rat, auch als vertragl Nachwirkg kurz nach Abn des Wk (BGH BB **71**, 415); Aufklärg ggü unsachgem Anweisgen des Best (Köln NJW-RR **94**, 1045); Hinweis auf Fehler im VertrAngeb, die sich auf nicht mehr vom Untern, sond von einem and Untern od vom AuftrG selbst ausgeführte Arb beziehen (BGH MDR **83**, 392); Hinw dch BauUntern auf erkannten Planfehler des Arch, der mit Sicherh zu einem Mangel des BauWk führt (BGH NJW **73**, 518); HinwPfl des Arch, daß eine von ihm selbst nicht geplante Maßn seines AuftrG zu einer Gefährdg des BauVorh führen kann (BGH NJW **81**, 2243); Fürs für die Sicherh des Best u seiner bereitgestellten Leute entspr § 618 (BGH **5**, 62, WM **89**, 1293); allg SchutzPfl des Untern, mit dem Eigt des Best, das in seinen Gewahrs gelangt od seiner Einwirkg unmittelb ausgesetzt ist, pflegl umzugehen u es vor Schad zu bewahren (BGH NJW **83**, 113, Ffm NJW **89**, 233); dazu gehört auf Kfz-Werkstatthof Abziehen des Zündschlüssels (Kln DB **73**, 615), nachts außerdem Abziehen des Torschlüssels (Nürnb VersR **79**, 361), Verriegeln der Fenster u Türen an den Kfz, die in der verschlossenen Werkstatt abgestellt sind (Düss NJW **75**, 1034); diese ObhutsPfl besteht auch schon vor Abschl des WkVertr u selbst wenn es zum Abschl nicht kommt für Sachen, die zu einer Prüfg od Untersuchg für eine beabsicht Rep dem Untern übergeben sind (BGH NJW **77**, 376); Sicherg der Geräte, um Schad dch sie für das Eigt des Best zu verhüten; Überprüfg der vom Bauherrn gelieferten Baustoffe auf ihre Tauglichk u Hinw auf Bedenken (BGH VersR **61**, 405); Überprüfg von VorArb and Untern, ob sie für seine Zwecke brauchb sind (BGH **95**, 128), nach dem Grds der Zumutbark nach den Umst des Falles (BGH NJW **87**, 643); HinwPfl, wenn solche Vorarb ow erkennb nicht ordngsgem ausgeführt sind (Hamm BauR **90**, 731); HinwPfl, daß die in Auftr gegebene WkLeistg als Grdl für FolgeArb ungeeignet ist (Köln NJW-RR **94**, 1045); Überprüfg der eig Leistg, ob sie geeignet ist, eine darauf aufgebaute WkLeistg eines and (späteren) NebenUntern zu tragen (BGH Rspr Bau Z 2.222 Bl 20); ein Untern, der ein BauWk arbteil herstellen läßt, muß die organisator Vorauss schaffen, um beurt zu können, ob das BauWk bei Abnahme mängelfrei ist (BGH **117**, 318); Überprüfg von Anweisgen des Arch, sow dieser nicht über die handwerkl SpezialKenntn verfügt (BGH NJW **56**, 787); Beachtg der erforderl Sorgf bei Ausf gefährl Arb, wobei BrandVerhütgs-Vorschr nicht nach Gutdünken dch and Vorkehrgen ersetzb sind (BGH VersR **76**, 166); Überlassg eines ungeeigneten ReinigsMittels nach Fliesenverlegg (Schlesw MDR **83**, 315); Hinw auf GefahrenUmst, wenn Untern aGrd Weisg des AuftrG die Arb einstellt (Karls VersR **79**, 61). Ausk u Rechngslegg nur, wenn vereinb od wenn iR des WkVertr eine GeschBesorgg zu erledigen ist (BGH **41**, 318). Pfl des Arch vgl Einf 7 vor § 631.

c) Haftungsausschluß od -beschränkg für Haupt- u NebenPfl ist in den Grenzen des § 138 mögl (RG **14** **103**, 83).

3) Pflichten des Bestellers. – a) Hauptpflichten. Vergütg (§§ 631, 632). Vereinbg im BauVertr, daß **15** Abtretg des VergütgsAnspr ausgeschl, ist grdsätzl nicht sittenwidr (BGH **51**, 113); eine derart od die Abtretbark beschränkde Vereinbg muß auch der KonkVerw gg sich gelten lassen (BGH **56**, 228). Abtretg ohne die im Vertr dafür erforderl gemachte Zustimmg ist auch Dr ggü unwirks (BGH **40**, 156). Der Bauherr kann dem DarlGeber Einwdn aus dem WkVertr wg Mängeln nach den gleichen Grds entgegsetzen wie beim finanzierten AbzahlgsKauf (BGH BB **82**, 1020). Abn (§ 640). HandwSicherg (§§ 647, 648a). Im EinzFall kann auch die Mitwirkg des Best ausdr od konkludent als HauptPfl vereinb sein, wenn es dem Untern nicht so sehr um die Vergütg, sond bes um die VertrDchFührg geht, zB beim IndustrieAnlVertr mit Entwicklgs- od Pilotcharakter zum SelbstkostenPr (Nicklisch BB **79**, 533 [541]).

b) Nebenpflichten. Auch hier ist § 242 Maßstab. Mitwirkg dch rechtzeit Abruf der bestellten WkLeistg **16** (BGH NJW **72**, 99), sonst iS einer Obliegenh, sow erfdl (§§ 642, 643). Der Bauherr muß dem Untern, ebso muß der Haupt- dem SubUntern zuverläss Pläne u Unterlagen zur Vfg stellen (BGH NJW **87**, 644) u die zur reibgslosen Ausf des Baus notw Entsch treffen u Hinw geben (BGH DB **77**, 624, Kln BauR **90**, 729: KoordiniergsPfl), der Arch ist dabei ErfGeh des Best im Verh zum Untern u (über den Best) ErfGeh des HauptUntern im Verh zum SubUntern (BGH NJW **87**, 644); nicht sind ErfGeh des Best Arch u ein Sonderfachmann für Boden- u GrdWasserVerh im Verh des einen zum and (Kln Rspr Bau § 635 Nr 55), ebso nicht der bauüberwachde Arch im Verh des Bauherrn zum planden Arch (BGH NJW-RR **89**, 86). Eine ÜberwachgsPfl ggü dem BauUntern hat der Bauherr grdsätzl nicht (BGH NJW **73**, 518); desh ist der Arch insow auch nicht sein ErfGeh (BGH NJW **72**, 447 u WM **74**, 200). Im Ggs zum Plangs- u Koordiniergs-Versch sind Fehler eines VorUntern od eines zuerst tät Bauhandw dem Best idR nicht zuzurechnen, weil sie nicht seine ErfGeh in seinem Verh zum NachfolgeUntern od einem später tät werdden BauHandw sind (BGH **95**, 128). Fürs für die Sicherg des Untern u seiner Leute, falls beim Best gearb wird, analog § 618 (BGH **5**, 62, Düss NJW-RR **95**, 403) u Fürs für die Gerätsch des Untern, soweit erfdl u zumutb (Celle VersR **77**, 671); diese FürsPfl ist vertragl abdingb, wenn sie den Untern od dessen SubUntern schützen soll (BGH **56**, 269). Der Best einer EDV-Anl muß dem Untern ein PflHeft erstellen (Kln NJW-RR **93**, 1528), die erwarteten Leistgn so eindeut wie mögl nach obj Kriterien mitteilen (Kln NJW-RR **93**, 1529: LeistgsProfil). Bei Unfall des Untern sind §§ 842 bis 846 anwendb; er übernimmt idR nicht schon dch den VertrAbschl die Gef seiner Verl (BGH NJW **68**, 1932). Im Verh zum Arch kann der Statiker ErfGeh des Bauherrn sein (Düss BauR **74**, 357). Ohne bes Anlaß muß der Best Eigng, Befähig u Ausstattg des Untern nicht überprüfen (BGH NJW **93**, 1191).

17   c) Bei **Verletzung** treten die RFolgen des allg SchuldR ein, SchadErs aus pVV (BGH **107**, 258) od c. i. c. (Ffm BauR **90**, 90), MitVersch. Mögl ist auch Vereinbg einer VertrStrafe od pauschalierter SchadErs (Nürnb MDR **72**, 418).

18   4) Die **VOB/B** enthält detaillierte Best über VertrInhalt, -Bestandt, -Ausf u die beiderseit R u Pfl. **§ 1** bestimmt Art u Umfang der Leistg sowie die VertrUnterlagen. **§ 2** befaßt sich mit der Vergütg; vgl § 632 Rn 12. **§ 3** handelt von den AusfUnterlagen, **§ 4** von der Ausf selbst, den beiderseit R u Pfl dabei. Wicht **Nebenpflichten des Unternehmers** nennt **§ 3 Nr 3** (Überprüfg der übergebenen Unterlagen), **§ 4 Nr 1 Abs IV** (Hinw auf Bedenken gg unber u unzweckmäß Anordngen des Best), **§ 4 Nr 3** (Hinw auf Bedenken gg die Art der Ausf, Güte der vom Best gelieferten Stoffe od gg Leistgen and Untern), **§ 4 Nr 5** (SchutzPfl des Untern wähd der Ausf). – **§ 4 Nr 8** Übertr von Arb an and Untern. **§ 6** regelt die beiderseit R u Pfl iF der Behinderg od Unterbrechg der Ausf; vgl auch § 636 Rn 5. **§ 10** Haftg der VertrPartner untereinand, Ausgl im InnenVerh bei Haftg ggü Dr. **§ 11** Vorschr, falls VertrStrafe vereinb ist. **§ 17** Vorschr, falls SicherhLeistg des Untern für vertrgem DchFührg der Leistg vereinb ist.

632 **Vergütung.** [I] **Eine Vergütung gilt als stillschweigend vereinbart, wenn die Herstellung des Werkes den Umständen nach nur gegen eine Vergütung zu erwarten ist.**

[II] **Ist die Höhe der Vergütung nicht bestimmt, so ist bei dem Bestehen einer Taxe die taxmäßige Vergütung, in Ermangelung einer Taxe die übliche Vergütung als vereinbart anzusehen.**

1   1) **Vereinbarte Vergütung.** Sie besteht regelm in einer Geldleistg u kann – im BauVertr die Regel – als EinhPr vereinb sein, dh zu berechnen nach vereinb Maßst (Aufmaß, Material-, Zeitaufwand). Das Risiko einer Erhöhg der Massen bei der Ausf ggü dem Angeb trägt in diesem Fall der Best. Oder die Vergütg kann als PauschalPr vereinb werden, dh der LeistgsUmfang wird pauschaliert, MassenÄndergen, die sich währd der Ausf ergeben, haben keinen Einfluß auf die Vergütg, das Risiko einer Massenmehrg trägt der AuftrNehmer (eingehd Vygen BauR **79**, 375). Bei wesentl (Ffm NJW-RR **86**, 572, Mü NJW-RR **87**, 598: ab 20%) Ändergen des LeistgsInhalts eines PauschalVertr nach oben od u unten ist mangels vertragl Absprachen der PauschalPr an die tats ausgef Leistgen anzupassen (BGH NJW **74**, 1864). Ebso sind bei Vereinbg einer AnpassgsKlausel bei MassenAbweichgen von mehr als 5% für die Bildg der neuen PauschalVergütg sämtl die ursprüngl kalkulierten Werte übersteigden Massen anzusetzen, nicht nur die Massen, die 5% übersteigen (Köln NJW-RR **95**, 274). Bei unwesentl Verringerg des LeistgsUmfangs im nachträgl Vereinbg, daß der Best einen Tl der Arb selbst ausführt, muß sich der Untern anrechnen lassen, was er dch die Leistgsverringerg erspart hat (Ffm NJW-RR **86**, 572). Ist vereinb, daß der Best befugt ist, Leistgen eig ArbKräfte von der vereinb Vergütg abzuziehen, so trägt er die Darleggs- u BewLast für die geleisteten StundenlohnArb (BGH WM **88**, 1135). Im PauschalVertr nicht vorgesehene, später verlangte zusätzl Leistgen sind zusätzl zu vergüten (BGH WM **84**, 774). Bei vereinb Gleitklausel hat Untern den Eintritt der tatsächl Vorauss spezifiziert darzulegen u zu beweisen (Düss DB **82**, 537). Die Vergütg kann auch als FestPr vereinb sein; Einzelh Heiermann BB **75**, 991. Gilt der FestPr bis zu einem best Termin, zu dem die Arb begonnen od beendet sein müssen, so hat der Untern bei verzögerter Mitwirkg dch Best Anspr gem § 642 auf zusätzl angem Entschädigg für die eingetretenen u nachgewiesenen Kostensteigergen (Düss Rspr Bau § 642 Nr 2). FestPrVereinbg kann als selbstd GarantieVerspr ausgelegt werden (BGH BauR **74**, 347). Bei Nichtigk des WkVertr od wenn der Untern im Vertr nicht vorgesehene Leistgen ausführt, können Anspr aus GoA, sonst aus ungerechtf Ber in Frage kommen (BGH WM **91**, 1389 [1392], WM **94**, 74). Die Verpfl zur Übereigng einer Sache od Abtretg eines R od Beteiligg am Gewinn aus der Verwertg des Wk als GgLeistg stehen der Ann eines WkVertr nicht entgg. Bei Künd dch Best aus wicht Grd vor Vollendg hat Untern Anspr auf den TlBetr, der sich aus dem Vertr der erbrachten TlLeistg zum Wert der Arb zur erbringden Gesamtleistg ergibt (BGH Rspr Bau § 632 Nr 8); dazu ist ein Aufmaß erforderl (Düss NJW-RR **92**, 1373). TeilVergütg bei PauschalVereinbg nach Künd vgl § 649 Rn 3. Kostenanschlag § 650. Fälligk § 641. Gemeins Aufmass § 781

2   Rn 10. – Verpfl des Best, den Untern auf einen erkannten **Kalkulationsirrtum** (vgl § 119 Rn 18–21, Heiermann BB **84**, 1836) hinzuweisen (BGH NJW-RR **86**, 569). Beruht die vereinb Vergütg auf einem beiderseit KalkulationsIrrt bei der Berechng der Massen od Flächen, weicht also die tats ArbLeistg des Untern erhebl von der zur GeschGrdlage gemachten Berechng (Kostenanschlag) ab, so kann eine Anpassg des Vertr an die veränderten Verh nach Tr u Gl geboten sein (BGH NJW **81**, 1552). Ebso wenn eine im LeistgsVerz vorgesehene u auch erbrachte Leistg inf eines Rechenfehlers bei der Massenberechng nicht berücksichtigt ist (Köln MDR **59**, 660). Verpfl des Untern, an Erstellg eines gemeins Aufmaßes mitzuwir-

3   ken, kann sich aus Tr u Gl auch ergeben, wenn VOB nicht vereinb ist (Köln NJW **73**, 2111). – Ob Arch u Statiker an ihre **Schlußrechnung,** die sie in Kenntn der für die Bewertg ihrer Leistg maßgebl Umst erstellt haben, gebunden u mit NachFdgen ausgeschl sind (so BGH **62**, 100 u NJW **78**, 319), hängt von der Abwägg der beiderseit Interessen ab (BGH BB **93**, 1241). Keine Bindg des BauUntern iR eines VOB-Vertr (BGH **102**, 392; aA Ffm NJW-RR **93**, 340 für BGB-Vertr). – **Mehrwertsteuer** vgl § 157 Rn 13.

4   2) **Bei Fehlen einer Vergütungsvereinbarung überhaupt** enthält Abs I zur Vermeidg der Dissensfolgen die Fiktion einer stillschw Einigg über die Entgeltlichk, ohne daß es auf einen entspr Willen des Best ankommt. Eine Vereinbg fehlt, wenn weder pos noch negat eine VergütgsRegelg getroffen ist (BGH ZfBR **95**, 16). Die Fiktion erstreckt sich nicht auch auf die kostenl Lieferg der erfdl Materialien von erhebl Wert

5   (Köln NJW-RR **94**, 1239: NachbarschHilfe). – Für **Vorarbeiten** (Entwurf, Modell, Voranschlag) u für werbde Aquisitionstätig um den Auftr zu erhalten, ist bei Unterbleiben der GesamtAusf eine Vergütg nur zu leisten, wenn sie als Einzelleistg in Auftr gegeben wurde od sonst nach §§ 157, 242 die Vergütg dem geäußerten PartWillen entspr; dabei kommt es darauf an, in wessen Interesse die Untern die VorArb vorwiegd erbringt (Hbg MDR **85**, 321, Hamm MDR **92**, 378) u auf deren Umfang (Nürnb NJW-RR **93**, 760: Software-Entwicklg). Für Auftr zur Vorplang, Entwurfsplang gilt mangels and Vereinbg HOAI § 19 (BGH BB **67**, 263 für frühere GOA). VergütgsPfl für VorEntw bei noch nicht erworbenem Bauplatz, wenn er zur Vorbereitg des BauVorh erforderl war u der AuftrG ihn verwertet (Saarbr NJW **67**, 2359). Dem

Arch, der mit der Fertigg v VorEntw, Entw u Bauvorlagen beauftr war, steht neben der Vergütg dafür nach HOAI eine weitere Vergütg für die Verwendg seiner Arb bei der Ausf des BauWk dch den AuftrG nicht zu (BGH **64**, 145). VergütgsPfl für Ausfallmuster, das der Abnehmer nicht billigt (Karlsr DB **71**, 2009). Vergütg des Arch für Mitwirkg bei Finanzierg (BGH NJW **69**, 1855). Solche VorArb fallen häuf iR einer Aufdg zur Abg eines Angeb an. Handelt es sich ledigl um die Ausfüllg eines AngebBlanketts, ist nach den Umst eine Vergütg nicht zu erwarten. Handelt es sich um spezialisiertes Angeb, das bes Aufw erfordert (Entw, Pläne, Zeichngn, Berechngn), so hat es der Untern in der Hand, entw eine VergütgsVereinbg herbeizuführen od kein Angeb abzugeben. Grdsätzl sind Vorarb iR eines spezialisierten Angeb nicht zu vergüten (BGH NJW **79**, 2202, Düss BauR **91**, 613), auch eine kostenintensive Etatpräsentation einer Public-relation-Agentur (Ffm NJW-RR **86**, 931). **– Kein Vergütungsanspruch,** sow er nur inf Verletzg 6 einer vertragl NebenPfl entstehen würde (Köln DB **74**, 377: unterbliebene Aufklärg über Versteuerg wg Vergabe des Auftr als FremdArb); wenn der Untern zusichert, er werde die Rep als Garantieleistg erbringen (BGH NJW **82**, 2235), auch wenn der Kunde einen ReparaturAuftr erteilt hat (Düss MDR **95**, 152), od wenn es sich um eine geschuldete Garantieleistg handelt. Ist der Vertr nichtig, können Anspr aus GoA od, wenn nicht, aus uB in Frage kommen (BGH NJW **93**, 3196), nicht jedoch bei fehlder Schriftform gem § 5 I 1 HOAI (Hamm NJW-RR **93**, 1175).

3) Bei Fehlen einer Vereinbarung nur über die Höhe gibt **Abs II** eine Auslegsregel, nach der sich die 7 Höhe in folgder Reihenfolge bestimmt: – **a) Taxe** ist ein behördl festgesetzter Preis. Vgl § 612 Rn 7. Bei tarifwidr Vereinbg im GüterkraftVerk gilt der Tarif, § 22 GüKG. – **b) Üblichkeit** bedeutet allg VerkGeltg 8 bei den beteil Kreisen (BGH BB **69**, 1413). Sie braucht den konkret Beteil nicht bekannt zu sein. Maßgebd Ztpkt ist der VertrSchluß. Die Gebührensätze der HOAI sind für Arch u Ing übl (BGH NJW **69**, 1855). Bsp vgl § 612 Rn 8, 9. – **c) Angemessene Vergütung.** Läßt sich die übl Vergütg nicht od nur innerh einer übl 9 Spanne feststellen, so kann die – auch ergänzde – VertrAuslegg ergeben, daß nach dem PartWillen der Ri die angem Vergütg festlegen soll, die dann innerh der übl Spanne vom Mittelwert ausgeht u bes Umst des Einzelfalls nach oben od unten berücksichtigt (BGH **94**, 98 für Maklervergütg). – **d) Bestimmung durch** 10 **den Unternehmer** nach §§ 315, 316 kommt erst in Betracht, wenn die Höhe der Vergütg weder vereinb noch nach vorstehden Maßstäben nicht feststellb ist (BGH **94**, 98 für Maklervergütg), zB Best des Gebührensatzes bei einer Rahmengebühr dch den RA nach § 12 BRAGO.

4) Beweislast. Verlangt Untern die (bestr) vereinb Vergütg, muß er die Vereinbg bew. Verlangt Untern 11 die übl Vergütg, hat er zu bew, daß die vom Best behauptete best Vergütg nicht vereinb ist (BGH NJW **83**, 1782). Best ist die Vergütg auch, wenn der Vertr die Maßstäbe angibt (Anm 1), nach denen sie sich berechnen läßt (BGH NJW **80**, 122). Gilt auch bei ggü behaupteter PauschalPrVereinbg nach BGB u VOB (BGH **80**, 257). An diese NegativBewFührg dürfen keine zu strengen Anfdgen gestellt werden; der Best hat die Vereinbg nach Ort, Zeit, Höhe substantiiert darzulegen, der Untern hat dann die Unrichtigk dieser Darlegg zu bew (BGH NJW-RR **92**, 848). Wird jedoch die Höhe der Vergütg dch Handelsbrauch best, so hat Best abw Vereinbg zu bew (BGH BB **57**, 799). Der Untern hat die Umst, nach denen die Leistg nur gg Vergütg zu erwarten ist, zu bew (Köln NJW-RR **94**, 1239), der Best die behauptete Unentgeltlichk als Ausn von der Regel des Abs 1 (BGH NJW **87**, 2742). Kein AnschBew für Erteilg eines umfassden ArchAuftr (BGH NJW **80**, 122). Nach VertrAbschl getroffene ändernde od ZusatzVereinbg hat der zu bew, der sich darauf beruft, zB FestPrVereinbg, nachdem schon wesentl Arb ausgeführt waren (Hamm NJW **86**, 199).

5) VOB/B § 2 Nr 1 beschreibt die dch die Vergütg abgegoltenen Leistgen des Untern. Nach Nr 2 ist die 12 Vergütg zu berechnen nach den vertragl EinhPreisen u den tatsächl ausgeführten Leistgen. Nr 3 regelt den Einfluß von Überschreiten u Unterschreiten der Mengenansätze, Nr 4 die Herabsetzg iF von Eigenleistgen des Best, Nr 5 die Einwirkg von Leistgs- od Plandändergen od AOen des Best. Nr 6 Bemessg der Vergütg für Mehrleistgen außerh des Vertr. Nr 7 regelt die Vergütg bei Vereinbg einer Pauschalsumme auch iF der Abweichg der erbrachten von der vorgesehenen. Nr 8 regelt die Folgen von auftragsl Leistgen des Untern u von eigenmächt VertrAbweichgen. Nr 9 Berechng zusätzl Unterlagen. Nr 10 StundenlohnArb. Rechnungstellg §§ 14, 15.

Verweigerte, verspätete und mangelhafte Leistung des Unternehmers (§§ 633 ff)

Vorbemerkung

Übersicht

1   **1) Verweigert** Untern die Erf des Vertr endgült u ernsth, kann Best SchadErs wg NichtErf ohne den Nachw verlangen, daß die Erf für ihn kein Interesse mehr hat; gilt auch für VOB/B § 8 Nr 3 (BGH MDR **69**, 385). Bei **verspäteter Herstellg** ergeben sich die R aus § 636.

2   **2) Rechtsmängel** können vorkommen bei den vom Untern zu beschaffden Zutaten, bei urh-, patent- od wettbewrechtl Leistgen u im Rahmen des § 651. Die Folgen sind im WkVertrR nicht geregelt. Für die R des Best gelten die §§ 434ff beim WkLiefergsVertr kraft Verweisg in § 651 direkt, sonst entspr.

3   **3) Werkvertragliche Rechte des Bestellers bei Sachmängeln. – a) Bis zur Abnahme** (§ 640) hat Best in erster Linie den **Erfüllungsanspruch,** gerichtet auf Herstellg des versprochenen (§ 631), dh mangelfreien Wk. Er kann desh die Abn des mangelh Wk u Zahlg verweigern u Herstellg eines einwandfreien Wk verlangen (BGH NJW-RR **92**, 1078), er ist nicht etwa auf die Mängelbeseitiggs- u GewlAnspr beschr (BGH NJW-RR **88**, 310). Vgl auch §§ 644, 645 Rn 6–11. Die Herstellg eines mangelfreien Wk kann in solchem Fall nach Wahl des Untern dch Neuherstellg od dch Beseitigg der Mängel am hergest Wk geschehen, wenn letztere mögl u gleichwert ist. Ist sie das nicht, so hat der Best bis zur Abn den urspr ErfAnspr auf NeuHerstellg, außer diese ist dem Untern unzumutb (analog § 633 II 3) od der Best hat bereits eine Fr mit AblAndrohg gem § 634 I 1 gesetzt, was bereits vor Abn mögl ist. Die erstgenannte Einschränkg des NeuherstellgsAnspr ergibt sich daraus, daß er als ErfAnspr die gleiche RNatur hat wie der MängelbeseitiggsAnspr (vgl unten Rn 4) u desh unter den gleichen Vorauss entfallen muß wie dieser. Die zweitgenannte Einschränkg folgt daraus, daß mit Ablauf der Frist der Nachbessergs- u ErfAnspr gem § 634 I letzter Hs erlischt. – Gleiches gilt für den Fall der Herstellg eines and als des vereinb Wk (RG **107**, 339).

4   **b) Nach der Abnahme** kann der Best grdsätzl zunächst nur **Mängelbeseitigung** verlangen. Der MängelbeseitiggsAnspr ist noch kein GewlAnspr, sond ein modifizierter ErfAnspr (BGH NJW **76**, 143). Währd der urspr ErfAnspr allg auf Herstellg des fehlerfreien Wk geht, konkretisiert u beschr er sich von der Abn oder Fristsetzg nach § 634 I 1 an auf das hergest u bereits als Erf angenommene Wk, also auf Beseitigg der Mängel (BGH **26**, 337 u NJW **63**, 805). Das schließt Anspr auf Neuherstellg nicht aus, wenn der Mangel auf and Weise nicht zu beseitigen ist (BGH **96**, 111). Der MängelbeseitiggsAnspr entfällt ausnahmsw, wenn die Mangelbeseitigg dem Untern nicht zumutb ist (§ 633 II 3). Kommt er mit ihr in Verz (§ 634 Rn 4), so kann dieser den Mangel auf Kosten des Herst selbst beseitigg lassen. Gg den VergütgsAnspr des Untern gibt der MängelbeseitiggsAnspr ein ZbR (BGH BauR **80**, 357).

5   **c) Gewährleistungsansprüche** setzen grdsätzl eine Fristsetzg mit AblAndrohg voraus, § 634 I 1. Erst nach ergebnisl Ablauf kann oRücks auf ein Versch des Untern der Best Minderg od Wandlg (§ 634) od, falls der Untern den Mangel zu vertreten hat, SchadErs (§ 635) verlangen. Über das Verh dieser Anspr zueinand vgl § 634 Rn 9.

6   **d)** Die **Übernahme der Garantie** (Gewähr) kann versch Bedeutg haben, die im Einzelfall dch Auslegg zu ermitteln ist. Eine HerstGarantie kann dch VzGDr zw Herst u Großhändler an den Endabnehmer
7   weitergegeben werden (BGH **75**, 75). – **aa)** Es kann sich ledigl um die Zusicherg einer Eigensch od des
8   NichtvorhSeins eines Fehlers handeln. Dann gilt die RLage unter §§ 633ff. – **bb) Unselbständige Garantie.** Darühinaus kann sich der Untern verpfl, für einen best Erfolg iR des WkVertr einzustehen (BGH NJW **69**, 787). So kann die Verpfl dahin gehen, daß das Wk die zuges Eigensch unbdgt hat od unbdgt frei von Fehlern ist; dann gelten §§ 633ff mit der Verschärfg, daß der Untern für das Fehlen zuges Eigensch od für Mängel auch dann gem § 635 einzustehen hat, wenn dies nicht auf einem Umst beruht, den er zu vertreten hat. Ein praktikables AbgrenzgsKriterium zw bloßer Zusicherg (Rn 7) u unselbstd Garantie u damit zw SchadErsPfl nur bei od schon ohne Versch gibt es leider nicht. Die BewLast für schuldh Herbeiführg des Garantiefalles
9   dch den Besteller innerhalb der ges GewlFr trägt der Untern (BGH NJW **95**, 516). – **cc) Selbständige Garantie.** Die Garantie kann darühinaus in der Übern der Gef eines weiteren Schad bestehen. Die Verpfl kann dahin gehen, daß der Untern die Gewähr für einen weiteren, über die vertrgem Herst hinausgehd Erfolg übernimmt, etwa für eine best Leistgsfähigk der gelieferten Maschine, für die Belastgsfähigk des verwendeten Materials od für einen best Mietertrag des gebauten Hauses (BGH WM **73**, 411). Das hat mit GewlR nach WkVertr nichts mehr zu tun, die §§ 633ff gelten dafür nicht, insb auch nicht § 638. Die Rspr ist mit der Auslegg der Garantie in diesem Sinne zurückhaltd (Kblz NJW **86**, 2511), weil sie selten dem erkennb Willen des Herst entspr. Ggf ist die Haftg des Herst nicht dadch ausgeschl, daß der Schad auch ohne DazwTreten der GarantieÜbern eingetreten sein würde, denn ursächl ZusHang zw Schad u UnternTätigk ist nicht erforderl. Verändert die WirtschLage befreit Untern nicht von der Haftg, allerd kann, wenn ihm die Erf der Garantie unzumutb Opfer auferlegt, Best hieran angemessen beteil werden (RG **107**, 140). – Zum Gewähr- u GarantieVertr allg vgl Einf 16 vor § 765; über Verj u Garantiefristen vgl § 638 Rn 4 u § 477 Rn 18–21. – Garantierte Kostenanschläge vgl § 650 Rn 1.

10   **e) Konkurrenz von Gewährleistungsansprüchen gegen Architekten, Statiker und Bauunternehmer. – aa) Außenverhältnis.** Kein GesSchuldVerh hins der vertragl übernommenen Leistgen, da diese nicht ident (BGH GrZS **43**, 230) sind. GesSchuldVerh jedoch im Hinbl auf ihre planmäß rechtl Zweck-Gemsch, näml sow sie wg des selben WkMangels SchadErs in Geld schulden u eine Aufteilg nach Verurs-Beitr nicht mögl ist (BGH ZfBR **95**, 83). Dies auch dann, wenn Arch u BauUntern wechselseit dem Best zu Mängelbeseitigg, Wandlg, Minderg od SchadErs verpfl sind u die Leistg des einen dem and zugute kommen kann (BGH **51**, 275). Ebso sind Arch u Statiker GesSchu, soweit sie wg des näml BauWkMangels aus § 635 auf SchadErs in Geld haften (BGH VersR **71**, 667). Soweit ein Sonderfachmann beauftr ist u die fachspezif Frage nicht zum Wissensbereich des Arch gehört, haftet dieser grdsätzl nicht für Fehler (Köln NJW-RR **94**, 1110), zB im Verh Arch/Statiker (BGH **LM** § 635 Nr 21) u umgekehrt (Köln NJW-RR **86**, 183). AufsPfl über den vom Bauherrn beauftr Statiker hins dessen eigentl Leistgen auch dann nicht, wenn der Arch Oberleitg u örtl BauAufs hat (BGH WM **70**, 129). Der Arch hat jedoch die Einhaltg der vom Statiker gefertigten Unterlagen zu überwachen; er verl diese Pfl, wenn er duldet, daß der Statiker von seinem Plan abweicht, ohne die Gen der BauAufsBeh einzuholen. Ebso Pfl des Arch, die stat Berechngen einzusehen, ob Statiker von den tats gegebenen Verh ausgegangen ist (BGH VersR **71**, 667). Der BauUntern kann dem

Bauherrn, der SubUntern kann dem HauptUntern ggf MitVersch von Arch u Statiker als seinen ErfGeh entgghalten (Ffm BauR **87**, 322), ebso der Arch dem Bauherrn ggf Versch des Statikers, vgl § 635 Rn 8. – **bb) Ausgleich im Innenverhältnis** zw Arch, Statiker u BauUntern richtet sich nach §§ 426, 254, sow sie **11** im AußenVerhältn dem Bauherrn als GesSchu haften (BGH GrZS **43**, 230; eingehd Wussow NJW **74**, 9, Kaiser ZfBR **85**, 101). Bei PlangsFehlern kann Arch im InnenVerh zu BauUntern voll ausgleichspflicht sein, bei fehlerh BauAusf kann BauUntern, der das Wk mangelh erstellt hat, dem Arch überwiegd ausgleichspflicht sein (BGH **58**, 216), sein AusglAnspr kann ganz entfallen (Hamm NJW-RR **86**, 1400). Ausgleich zw Arch u Statiker bei Duldg einer fehlerh Abweichg des Statikers vom Plan d Arch unter Berücksichtigt der beiderseit schuldh Verurs (Karls MDR **71**, 45). Soweit ein BauBeteil den Bauherrn befriedigt u damit zugl die Verpfl eines and BauBeteil erfüllt hat, kommt ein Ausgl auch nach § 812 in Betr (BGH **70**, 389). – **cc) Subsidiaritätsklausel** in § 11 III ArchMusterVertr. Wirks HaftgsBeschrkg bei fehlerh öff BauAufs u **12** bei fehlerh techn Oberleitg; keine HaftgsBeschrkg, wenn mit Sicherh feststeht, daß Anspr gg Bauhandw nicht realisierb (BGH **LM** ArchVertr Nr 2).

f) Mehrere Unternehmer vgl § 631 Rn 9–11. Sind an der Herstellg des Wk mehrere Untern mit **13** voneinand abgrenzb TlArb beteil u liegen die mögl SchadUrs in den Arb- od Gefahrenbereichen mehrerer, kommt weder eine entspr Anwendg des § 830 I 2, noch eine gesamtschuldn Haftg aus ZweckGemsch in Betr. Vielm muß der Best demjen Untern, den er in Anspr nimmt, nachweisen, daß seine Leistg vetrwidr fehlerh u mind für den Schad mitursächl ist (BGH BauR **75**, 130).

g) Vertragliche Einschränkung, Ausschluß der Gewährleistung vgl § 637. **14**

h) Anspruchsberechtigt zur GeltdMachg aller R bei Sachmängeln ist der Best bzw sein RNachf. Der **15** Mängelbeseitiggs- (BGH **96**, 146) u die GewlAnspr, auch der auf Minderg (BGH **95**, 250), sind abtretb. ZbR des Best wg NachbessergsAnspr bei Abtretg der GewlAnspr vgl unten Rn 18. **Prozeßführungsbefugnis:** Hat der Bauträger seine Nachbessergs- u GewlAnspr gg die von ihm beauftr BauUntern an den GrdstErwerber abgetreten, so kann er sie mit Ermächtigg des Erwerbers auch ohne Rückabtretg im eig Namen aGrd ProzFBefugn gg den BauUntern einklagen (BGH **70**, 389).

i) Entsprechend anwendbar ist § 633, auch Abs III (BGH NJW **91**, 1882, NJW **92**, 3297), falls in einem **16** KaufV od WkLiefergsVertr über vertretb Sachen die GewlAnspr des Käufers auf Nachbesserg nicht gerichtet sind. Vor GefÜbergang besteht der Anspr nicht (BGH **34**, 32). Der Ausschl des Ers unmittelb od mittelb Schäd umfaßt idR nicht den Schad, der dch eine schuldh Verl der NachbessergsPfl entstanden ist (BGH DB **75**, 2426).

4) Verhältnis der werkvertraglichen Rechte des Bestellers zu solchen nach den allgemeinen **17** **Vorschriften.** Kriterium für die Abgrenzg ist, daß es sich bei der Mängelbeseitig um einen modifizierten ErfAnspr (oben Rn 4), bei Minderg, Wandlg u SchadErs um GewlAnspr wg bestehder Mängel als solcher handelt. Zusfassd Kohler BauR **88**, 278.

a) Einrede des nichterfüllten Vertrages (§ 320) –. Solange noch der urspr ErfAnspr besteht, also **18** regelm bis zur Abn (oben Rn 3), führt die Einw von Mängeln zur KlAbweisg, weil der Untern mit der Herstellg vorleistgspfl, der VergütgsAnspr vor Abn nicht fäll ist (§ 641 Rn 2). – Hat sich der ErfAnspr inf Abn od Fristsetzg nach § 634 I 1 auf die Mängelbeseitig konzentriert (oben Rn 4), kann Best die Einr nur noch insow erheben, als er damit Beseitigg des Mangels erstrebt. Er kann also bei Geringfügig des Mangels (§ 320 II) od wg einz Mängel im Rahmen eines großen Wk die Vergütg nicht voll zurückhalten. Zum Umfang des ZbR vgl § 320 Rn 11. Das ZbR kann grdsätzl nur dem letztrang Tl einer WkLohnFdg entggesetzt w, iF einer TlWkLohnFdg gibt aber § 320 II dem Ger einen ErmSpielraum (BGH NJW **71**, 1800). Das ZbR entfällt, wenn der Anspr auf Mängelbeseitig nicht besteht (zB wg § 633 II 3, § 640 II) od verj ist (§ 638), od bei rechtzeit MängelAnz (§ 639); gilt auch für VOB/B § 13 Nr 5 (BGH BB **70**, 1027). Die berecht Erhebg der Einr führt in diesem Fall, also regelm ab Abn, gem § 322 I zur Verurteil auf Zahlg Zug um Zug gg Behebg der best zu bezeichnden Mängel (BGH **26**, 337). Das gilt auch iF vereinb AbschlagsZahlgen (BGH **73**, 140). Daß sich die Prüfg der Frage, ob die Mängel ordngsgem beseit sind, damit in das ZwVollstrVerf verlagert, ist zwar bedauerl u unpraktikabel, liegt aber daran, daß der VergütgsAnspr mit der Abn auch des mangelh Wk fäll wird u damit die VorleistgsPfl hins des allg ErfAnspr auf Herstellg des Wk endet (ebso BGH **61**, 42, auch für VOB). Das ZbR kann der Best auch noch nach Abtretg der GewlAnspr geltd machen, denn der MängelbeseitiggsAnspr ist kein GewlAnspr (BGH **55**, 354, WM **78**, 951). Solange der Bauträger, der seine GewlAnspr gg BauHandw an den Erwerber des Hauses abgetreten hat, wg Mängeln einen Tl der Vergütg an den Handw zurückhält, darf auch der betr Erwerber einen entspr Tl der dem Bauträger geschuldeten Vergütg zurückhalten (BGH **70**, 193).

b) Nachfolgende Unmöglichkeit. – aa) Bezieht sie sich auf die **Herstellung,** so gelten die Ausf in **19** §§ 644, 645 Rn 1–12. **bb)** Bezieht sie sich auf die **Mängelbeseitigung nach Abnahme,** so sind die allg schuldr Vorschr dch §§ 633ff grdsätzl ausgeschlt (BGH **62**, 83), wie beim Kauf, vgl Vorbem 5 vor § 459. **cc) Schäden,** die **bis zur Mangelbeseitigung** bzw FrAblauf u für die Vergangenh nicht mehr behebb sind, zB Gewinnentgang, sind nach § 635 zu ersetzen (BGH NJW **78**, 1626; aA Düss OLGZ **78**, 202: teilw nachträgl Unmöglkt).

c) Verzug. Mit der Herstellg vgl § 636 I 2 u dort Rn 2. Mit der Mangelbeseitigg vgl § 633 III u dort **20** Rn 8, 9.

d) Für **Verschulden bei Vertragsschluß** gelten sinngemäß die Ausf zum KaufR in Vorbem 7 vor § 459 **21** (BGH DB **76**, 958). Fahrl unzutreffde Erkl des Untern, die sich auf Eigensch des herzustellen Wks beziehen, begründen demnach keinen SchadErsAnspr aus c.i.c., wohl aber auf Befragen des Best ausdrückl erteilte fahrl unricht Auskunft od Rat, auch wenn sie sich auf Eigensch beziehen (BGH ZIP **84**, 962 [965]). – **Unzulässige Rechtsausübung** ist das GeltdMachen von GewlAnspr, wenn der Best od sein Vertr den Mangel gezielt herbeigeführt hat (BGH VersR **95**, 225: Wertgutachten).

22   **e) Ansprüche aus positiver Vertragsverletzung** (§ 276 Rn 104–129). – **aa) Schäden, die nicht mit Mängeln zusammenhängen,** sind bei gegebenen Vorauss nach den Regeln der pVV zu ersetzen. So, wenn der Herst eine NebenPfl (§ 631 Rn 13) schuldh verl hat, ohne daß dies zu einem Mangel führt, zB die Verl der KoordiniergsPfl des Arch führt zu VerzögergsSchäd (BGH DB 77, 624), mangelh Aufklärg (BGH DB 89, 1406) od wenn der Untern dem Best Schad außerh des von ihm herzustelldn Bautls verursacht (BGH
23   NJW 89, 1922). – **bb) Bei Schäden, die mit Mängeln zusammenhängen (Mangelfolgeschäden),** ist die Abgrenzg der Anspr aus pVV ggü solchen aus §§ 633 ff häuf schwier, dabei aber prakt bes bedeuts, weil für Anspr aus pVV die kurzen VerjFristen des § 638 nicht gelten (vgl dort Rn 3), weil sie – and als SchadErs-Anspr aus § 635 – nicht den Vorauss des § 634 I 1 unterliegen u weil sie – and als GewlAnspr – unter den Schutz der HaftPflVers fallen (BGH 46, 238), auch wenn sie, weil eng mit dem WkMangel zushängd, in die Gewl nach §§ 635, 638 einzubeziehen sind (BGH 80, 284). Die dem BGH folgde hM stellt darauf ab, ob der Schad unmittelb dch den Mangel des Wk verurs ist, eng mit ihm zushängt (BGH 98, 45, 115, 32), weil es unbrauchb, wertl od minderwert ist einschl des dem Best entgangenen Gewinns: dann nur §§ 633 ff. Versuch einer Abgrenzg zw nächsten u entfernteren MangelfolgeSchäd Hehemann NJW 88, 801. Für die Feststellg des engen Zushangs bedarf es näherer Begründg u Wertg aus der Eigenart des Sachverhalts im Einzelfall (BGH 58, 85 [92]). Nur wo eine nach Güter- u InteressenAbwägg angem Verteilg des VerjRisikos das nöt macht, sind nächste FolgeSchäd in den SchadBegr des § 635 einzubeziehen (BGH 67, 1); so, wenn das unkörperl Wk darauf gerichtet ist, in der Hand des Best seine Verkörperg in einem weiteren Wk zu finden, so daß Fehler des ersten Wk, sich erst beim zweiten mehr od weniger zwangsläuf auswirken, wie bei fehlerh Plang des Arch, Statikers, VermessgsIng, Gutachters für weitere Plangs- od BauArb (BGH NJW 93, 923 mwN). Bei körperl Wk besteht ein solcher enger Zushang, wenn Schäden an Ggstden eingetreten sind, auf die die mangelh WkLeistg unmittelb, also lokal u in engem zeitl Zushang eingewirkt hat (BGH aaO). Dagg bestehen SchadErsAnspr wg pVV dann, wenn es sich um einen mittelb, entfernteren FolgeSchad außer entgangenem Gewinn handelt, der außerh der WkLeistg, insb am sonst Verm des Best entstanden ist (BGH 37, 341). Der nur mittelb Zushang kann sich aus dem Zeitablauf ergeben od daraus, daß ein derart Schad nicht zwangsläuf (BGH NJW 93, 923) u gewöhnl bei Verl von ObhutsPfl entsteht (BGH NJW 79, 1651). Ähnl Larenz II § 53 II b, der darauf abstellt, ob ein and RGut wie Gesundh, Eigt u den dadch weiter bdgt VermVerlusten verl ist. Ähnl Grimm NJW 68, 14: Ort des SchadEintr sei entscheidd; Schubert JR 75, 179 stellt auf die Funktionstauglichk ab u ordnet demnach Schäd, die sich im Funktionsbereich des Wk auswirken, unter § 635 ein, Schäd außerh des Funktionsbereichs unter pVV. Peters NJW 78, 665 stellt darauf ab, ob der Ers der Schad nur gerechtf ist, wenn der Best den vollen WkLohn leisten muß (dann § 635) od auch dann noch, wenn er keine Vergütg zu leisten hätte (dann pVV). Michalski NJW 88, 793 hält die Unterscheidg zw Mangel- u MangelfolgeSchad für systemwidr. Ackmann JZ 92, 670 meint ebfalls, man solle diese Unterscheidg, weil kaum praktikabel, aufgeben u alle Anspr der kurzen Verj in § 638 unterwer-
24   fen, FrBeginn aber erst ab Kenntn vom Schad u ErsPfl entspr § 852. – **cc) Beispiele für Haftung nach § 635:** Unricht RAusk über konkrete Frage (BGH NJW 65, 106). Fehlerh Gutachten, welches EDV-System für ein Unternehmen am besten geeignet ist (Ffm CR 90, 585). Datenverlust bei Überspiel eines Programms inf unterbliebener DatenSichg (Köln NJW-RR 94, 1262). Mangelnde Bewohnbark eines Hauses, desh Mietwohng (BGH 46, 238). Kosten eines PrivGutachtens über Mängel (BGH 54, 352). Mangelh Versilberg von Schleifringen, die der Best in Schleifringkörper einbaut, führt zu Mängeln an diesen: MängelAnspr des Erwerbers der Körper, ProzKosten des Best im Proz mit dem Erwerber und der entgangene Gew des Best (Ffm NJW-RR 87, 565). Schäd, die dch fehlerh stat Berechng (BGH 80, 284), dch ungenügde Überwachg des BauUntern seitens des Arch u Statikers (Hamm NJW-RR 90, 915), dch Nicht-Übereinstimmg der Bauausführg mit den Flächenangaben im Vertr inf schuldh Verletzg der PrüfgsPfl dch den Baubetreuer (BGH VersR 91, 430) verurs sind. Ungeeigneth eines hergestellten Leasingobj für den vorgesehen Gebr wg fehlerh Beratg dch den Untern (BGH NJW 84, 2938). MotorSchad inf mangelh Ölwechsels (BGH 98, 45). Getriebe- u und Schäd am Kfz inf Ölmangels im Getriebe wg unterlassener Kontrolle bei Inspektion (Köln NJW-RR 94, 1339). Minderwert des bebauten Grdst wg fehlerh Einmessg u Absteckg des Hauses im Grdst dch VermessgsIng (BGH NJW 72, 901). PlangsFehler des Arch, auch wenn seine Tätigk auf die Plang beschränkt war (BGH BB 92, 950), auch wenn sich der Schad am BauWk nur in merkantilem Minderwert äußert (BGH 58, 225). Verkürzg der Lebensdauer eines Ziegeldaches wg fehlerh angebrachten Schaumes zur Verbesserg der Wärmeisolierg (Düss BauR 90, 610). Ungenügde Beratg u Aufklärg dch den einzelnen Arch über einbruchsichere Schaufenster, folgder Schad des Juweliers dch Einbruch in die nichtsicheren Schaufenster (Mü NJW-RR 88, 85). FeuchtigkSchäd als Folge eines fehlerh SaniergsGutachtens (BGH JR 88, 197). Eindringen von Öl in Grundwasser inf eines Lecks an unterird Ölrohr (Mü BauR 90, 736). Fehler des geolog Baugrundgutachtens (BGH 72, 257). VermSchad inf mangelh geschäftl Oberleitg dch Arch, auch wenn das BauWk selbst desh nicht mangelh ist (BGH NJW 81, 2182). VermSchad dch Fehler od Unklarh in den vom Arch vorzubereitdn Vertr mit den Bauhandwerkern (BGH NJW 83, 871). FeuchtigkSchäd an einer SendeAnl aGrd fehlerh Verpackg (Kln VersR 77, 139). Auslaufen von Flüssigk wg unsorgfält Verschließens von Füllflaschen (Kln DB 74, 185). Mangelh Umrüstg eines gebraucht gekauften LKW (BGH NJW 83, 2440). Fehlder Nachw für Mangelfreih des Wk entgg vertragl
25   übernommener Verpfl (BGH WM 80, 1350). – **dd) Beispiele für Haftung aus pVV:** Erstattg von Reklamegebühren, weil Reklamefläche wg Mangelhaftigk gelieferter Reklamefiguren nicht genutzt werden konnte (BGH 35, 130). BrandSchad an FabrikGbde wg fehlerh ÖlfeuergsAnl 4 Jahre nach Montage (BGH 58, 305). BrandSchäd im Zushang mit SchweißArb (BGH VersR 66, 1154) od wg fehlerh Isolierg eines Rauchgasrohrs (BGH NJW 82, 2244). WasserSchad, weil ein Heizkörper zu dünnwand war (BGH VersR 62, 480). FeuchtigkSchäd an Kassettendecke im Wohnraum wg nicht ordnsgsem hergestellten Flachdaches (Hamm NJW-RR 90, 981). Schad, den ein Untern im Demontage einer Kranbrücke beauftr Untern an Kranbahn u -Brücke verurs (BGH NJW 69, 838). MehrAufw des Best nach Künd aus wicht Grd (BGH NJW 83, 2439). Kosten des VorProz gg einen and Untern, wenn der den Mangel verursache Untern den AuftrG über die MängelUrs falsch beraten hat (KG BauR 88, 229). Mangelh befestigtes Brett beschädigt beim Herunterfallen and Ggste (BGH NJW 79, 1651). Nachteile wg fehlerh GrdstBewertg nach 6 Jahren (BGH 67, 1). Schad inf eines fehlerh tierärztl UntersuchgsBefundes (BGH 87, 239). Schad inf eines fehlerh UntersuchgsBerichts

über Falscheinleitgen von Oberflächenwasser (Hamm NJW-RR **92**, 530). Schad des Bauherrn, weil der umfassd beauftr Arch ihn nach Beendigg seiner eigentl Tätigk nicht gehör bei Untersuchg u Behebg von Baumängeln berät (BGH NJW **85**, 328 u WM **85**, 663). Vereinbarter Wiedereinbau eines Absperrventils iR von Arb zur Beseitigungg einer Verstopfg des Abwasserkanals führt nach Regenfällen zu Rückstau u Überschwemmg im Haus (Stgt NJW-RR **89**, 917). Schäd bei Notlandg eines Flugzeugs inf fehlerh Einbaus eines TankAnzGeräts (BGH NJW **93**, 923). Diebstahl von Ggst inf mangelh ÜberwachgsAnl (BGH **115**, 32; krit Ackmann JZ **92**, 670). – BewLast vgl § 282 Rn 6ff. SchadErsAnspr aus pVV bei mißlungener Nachbesserg vgl § 633 Rn 8.

f) Für **Anfechtung und Wegfall der Geschäftsgrundlage** gelten sinngem die Ausführgen zum KaufR **26** in Vorbem 8–12 vor § 459.

g) Anspr aus **Geschäftsführung ohne Auftrag und ungerechtfertigter Bereicherung** im Zushang **27** mit Mängeln sind dch die SonderVorschr der §§ 633ff ausgeschl (BGH NJW **63**, 806: Ersparn bei den Herstellgskosten wg schlechterer Ausf des Wk; BGH WM **78**, 953: Kosten der MangelBeseitigg dch Dr ohne die Vorauss der §§ 633ff). Gilt auch iF § 13 Nr 5 VOB/B (BGH NJW **66**, 39 u WM **78**, 953).

h) Anspr wg **unerlaubter Handlung** werden dch §§ 633ff nicht ausgeschl. Die fehlerh Ausf des Wk ist **28** jedenf dann zugl EigtVerletzg (§ 823 I), wenn sich der Mangel auf die schon vorh, bis dahin unversehrten Teile des zu behandelnden Ggst ausgewirkt hat u diese dadch beschäd worden sind (BGH **96**, 221), zB späterer MotorSchad, auch beim Nachf im Eigtum, wg nicht dchgeführten Ölwechsels od unterlassenen Zahnriemenwechsels (BGH **98**, 45). Auch VOB/B § 13 Nr 7 II schließt SchadErsAnspr wg Beschädigg von Sachen des Best, die nicht in das vom Untern herzustellde Wk einbezogen sind, nicht aus (BGH NJW **73**, 1752). Die mangelh Errichtg eines BauWk als solche ohne Veränderg bereits vorh Substanz ist keine Beeinträchtigg des Eigt des Best (BGH **39**, 366, **96**, 221; weitere Nachw BGH DB **79**, 1078; aA Freund u Barthelmess NJW **75**, 281 u NJW **77**, 438 mwN, Grunewald JZ **87**, 1098: EigtVerl, wenn dch den Mangel der Wert od die Nutzbark des BauWk beeinträchtigt wird). Sie kann aber delikt ErsAnspr eines Dr auslösen (BGH NJW **87**, 1013, NJW-RR **90**, 726: FeuchtigkSchad beim Mieter wg Mängeln am Wk des Arch od BauUntern). In § 823 II ist § 323 StGB kein SchutzG, dessen Schutzzweck auch auf das Verm des Best gerichtet wäre (BGH NJW **65**, 534).

i) **Abgrenzung zur Produzentenhaftung** vgl ProdHaftG § 3 Rn 1. **29**

5) Bei **Gemeinschaftseigentum** wird die Berechtigg zur GeltdMachg v VertrAnspr, darunter Nachbes- **30** serg u Gewl, unterschiedl beurt. Zusfassd Pause NJW **93**, 553. Den Anspr auf Beseitigg von Mängeln am GemschEigt, auf Ers der Nachbessergskosten u auf Vorschuß dafür kann schon vor der Eintr im GB (Ffm NJW-RR **93**, 339) der einz WohngsEigtümer, auch bei Mängeln außerh des räuml Bereichs seines SonderEigtums, mit dem Verlangen der Leistg an sich geltdmachen nach entspr MehrhBeschl der Verw im eig Namen (BGH **81**, 35). Gilt auch für den ZahlgsAnspr aGrd einer GewlBürgsch (BGH NJW **92**, 1881). Der restl ErfAnspr des Bauherrn (oben Rn 4) hat seine Grdl in dem einz VeräußergsVertr des Veräußerers (Herst) mit dem einz WohngsEigtümer. Das mit den Interessen der WohngsEigtümerGemsch übereinstimmde Verlangen des einz beeinträchtigt die schutzwerten Interessen des Veräußerers nicht unzumutb, schon desh, weil alle Beteil der Gemsch primär nur diesen MängelbeseitiggsAnspr haben (BGH **74**, 259, NJW **85**, 1551). Das gilt auch, wenn Veräußerer die ihm aus der Errichtg des BauWk zustehden GewlAnspr an die Gemsch der WohngsEigtümer abgetreten hat (BGH DB **80**, 204). Dagg steht, wenn Mängelbeseitigg nicht od nicht mehr verlangt werden kann, das WahlR zw den dann noch verbleibden GewlAnspr Minderg u SchadErs grdsätzl nur der Gemsch der WohngsEigtümer zu (§ 21 I, V Nr 2 WEG). Hat sie mit Stimmenmehrh die Entsch getroffen, so kann sie, auch ohne Abtretg, den Verw od einen einz MitEigtümer ermächtigen, den gewählten GewlAnspr im eig Namen mit dem Verlangen der Leistg an den Verw bzw an alle MitEigtümer geltd zu machen (BGH NJW **92**, 1881), auch bei Ineinandergreifen von Mängeln an Gemschu SonderEigt (BGH BauR **86**, 447). Ebso kann sie es dem einz WohngsEigtümer überlassen, ob u in welchem Umfang er Minderg entspr seinem Anteil am GemschEigtum selbst durchsetzen will (BGH NJW **83**, 453). Wirkt sich der Mangel am GemschEigt nur auf das SonderEigt eines einz WohngsEigtümers aus u ist er nicht behebb, so kann der einz den Anspr auf Minderg od Ers des Minderwerts selbständ geltd machen (BGH **110**, 258). Wirkt sich der Mangel am GemschEigt auch auf das Sondereigt aus (Trittschallschutz), kann der betroffene u zur Dchsetzg ermächtigte WohngsEigtümer Zahlg der für die Mangelbeseitigg erforderl Kosten als SchadErs an die Gemsch verlangen, auch wenn die Anspr der übr WohngsEigtümer verj sind; Zahlg an sich allein nur aGrd erweiterter Ermächtigg (BGH **114**, 383). Hat die WohngsEigtümerGemsch mehrheitl beschlossen, Minderg geltd zu machen, kann der übrstimmte Eigtümer nicht mehr Mangelbeseitigg verlangen (Düss NJW-RR **93**, 89). Zur Wandlg ist der einz WohngsEigtümer immer berecht, weil sie das gemsch Eigt nicht betrifft; an die Stelle des Erwerbers tritt wieder der Veräußerer (BGH **74**, 259). Sow der einz WohngsEigtümer Mängelbeseitigg verlangen kann, steht ihm auch Anspr auf Vorschuß (§ 633 Rn 9) zu (BGH **68**, 372 [377]).

6) Auf **Sonderregeln der VOB/B** für Nachbessergs- u GewlAnspr ist jew in den letzten Rn der folgden **31** Paragraphen hingewiesen. Die isolierte Vereinbg nur der GewlVorschr der VOB ohne deren übr Vorschr in Formular- (BGH **96**, 129) od EinzVertr (BGH NJW **87**, 2373) ist unwirks, außer wenn sie auf eine vom AuftrGeber gestellte VertrBdgg zurückgeht (BGH **99**, 160). Gleiches gilt, wenn die VOB zwar ganz vereinb, die Ausgewogenh aber dch vorrang zusätzl od bes VertrBdggen beeinträchtigt wird. Vereinbg der VOB im GeneralUnternVertr gilt nur für die von ihm geschuldeten Bau-, nicht auch für daneben übernommene Arch- u IngLeistgen (BGH NJW **88**, 142).

633 *Nachbesserung; Mängelbeseitigung.* [1] **Der Unternehmer ist verpflichtet, das Werk so herzustellen, daß es die zugesicherten Eigenschaften hat und nicht mit Fehlern behaftet ist, die den Wert oder die Tauglichkeit zu dem gewöhnlichen oder dem nach dem Vertrage vorausgesetzten Gebrauch aufheben oder mindern.**

^{II} **Ist das Werk nicht von dieser Beschaffenheit, so kann der Besteller die Beseitigung des Mangels verlangen. § 476a gilt entsprechend. Der Unternehmer ist berechtigt, die Beseitigung zu verweigern, wenn sie einen unverhältnismäßigen Aufwand erfordert.**

^{III} **Ist der Unternehmer mit der Beseitigung des Mangels im Verzuge, so kann der Besteller den Mangel selbst beseitigen und Ersatz der erforderlichen Aufwendungen verlangen.**

1   **1) Ein Sachmangel** besteht, wenn das Wk im Ztpkt seiner Abn entw nicht die zugesicherten Eigensch hat od mit einem Fehler behaftet ist, der den Wert od die Gebrauchsfähig herabsetzt, auch dann, wenn sich dies erst aus wissenschaftl od techn Erkenntn nach der Abn ergibt (BGH NJW **94**, 1659). Abs I präzisiert den § 631 („Herstellg des versprochenen Wk"). Die FehlerFreih u das Vorhandensein der zugesicherten Eigensch gehört zum Inhalt der LeistgsPfl des Herst.

2   **a)** Für den **Mangel,** der den Wert od die Tauglichk aufhebt od mindert, gilt das in § 459 Rn 1–4, 8–13, 22 ff Gesagte. Der Mangel muß aus dem Bereich des Untern stammen. Ein Verstöß gg anerk Regeln des Fachs, wie sie ua in DIN-Normen, UnfallvhütgsVorschr, VDE-Best niedergelegt sind (Mü BauR **85**, 453 u **93**, 622: Schallschutz, BGH BB **85**, 1561: SicherhBestimmgen), im maßg Ztpkt der Abn (BGH BauR **88**, 567) ist idR ein Mangel, außer wenn der Untern beweist, daß es sich nach den getroffenen Vereinbgen über die WkLeistg nicht um einen solchen handelt (Mü NJW-RR **92**, 1523, Hamm NJW-RR **95**, 17). Auch ohne solchen Verstöß kann die GebrTauglichk gemindert sein (BGH **91**, 206 [212], BB **95**, 589), zB Dchführg einer KfzReparatur abweichd von den WksVorschr des Herst (Karlsr NJW-RR **87**, 889), beißde, modr, stechde Ausdünstgen von Spanplatten (Nürnb VuR **92**, 316). Mangel ist auch techn Minderwert, dh Auswirkg der vertragswidr Beschaffenh auf den Ertrags- od VeräußergsWert (BGH ZfBR **95**, 129). Ebso merkantiler Minderwert (BGH **55**, 198, NJW **86**, 428), fehle baur GenFähigk des ArchPlans aus techn, bauordngs- od bauplngsrechtl Grden (Mü NJW-RR **92**, 788), zu niedr berechnete Kubatur eines zu errichtenden Hauses im ArchPlan (Köln NJW-RR **94**, 981), beschr Benutzbark eines Raumes wg zu geringer lichter Höhe (BGH ZfBR **89**, 58), Nichtübereinstimmg der Fläche mit der Angabe im Prospekt u Vertr (BGH WM **91**, 10), Ungeeigneth der WkLeistg als Grdl für Folgeleistgen and Untern (Köln NJW-RR **94**, 1045). Hat nach der vertragl Vereinb der Herst die Verpfl, die Mangelfreih zu beweisen, so ist das Wk bis zu diesem Nachw als fehlerh anzusehen u der Herst zum Ers des daraus entstehden Schad verpfl (BGH NJW **81**, 112). Gibt es noch keine anerk Regeln des Fachs, so ist das Wk mangelh, wenn Ungewißh über die Risiken des Gebr besteht, wenn die Leistg des Wk dem Vergl mit and Anlagen nicht standhält (Mü BB **84**, 239). Der Fehler muß sich nicht auf eine Sache beziehen, die §§ 633ff gelten ebso für unkörperl Wk (vgl Einf 1 vor § 631), zB unterlassene LärmschutzMaßn bei BauPlan (BGH DB **75**, 1263); unlautere Werbg als Mangel eines WerbeVertr (Wedemayer WRP **79**, 619). Tauglichkmindernde inhaltl Fehler von Computersoftware (BGH NJW **88**, 406), für den vertrgem vorausgesetzten Gebr unzureichde Speicherkapazität einer Festplatte (Kln NJW **91**, 2156). Schwerverständl Programmbeschreibg, fehlerh Dokumentation (Hamm CR **90**, 715), ungenügde Druckgeschwindigk od Speicherkapazität einer EDV-Anl (KG CR **90**, 768, CR **91**, 1263); ungenügde WartgsArb (Mü CR **89**, 283). Abstürzen eines Programms bei geringfüg BediengsFehlern ohne Angaben im Handbuch, wie dies zu vermeiden ist (Kln VersR **89**, 161). Auch bei Mängeln von Standard-Software passen die GewlVorschr des WkVertrR besser als die des KaufR, zumal bei Software zweifelh ist, ob es sich um eine Sache handelt, insbes bei unmittelb Überspielg (BGH NJW **90**, 320: Steckler WiB **95**, 729: im wesentl ja, zust König NJW **90**, 1584, BGH DB **93**, 1871 wohl ja; aA Kort DB **94**, 1505, Müller-Hengstenberg NJW **94**, 3128). Noch nicht geklärt ist die Frage, ob der Untern für techn unvermeidb Mängel zu haften hat (Heussen CR **88**, 986 [991], Bömer CR **89**, 361); wohl ja, außer bei Pilotprojekt, unter Einräumg einer längeren Testphase bei komplexen Systemen (Düss CR **92**, 724), wenn der vertragl vorausgesetzte Gebr gemindert ist (ähnl Müller-Hengstenberg CR **89**, 900). Umfassd Köhler/Fritzsche, RSchutz u Verwertg von Computerprogrammen, 2. Aufl 1993 Rn 135ff. Wg der GestaltgsFreih bei künstler Wk vgl § 631 Rn 12, zu Geschmacksfragen Kln OLGZ **83**, 200. Baumängel, die aur mangelh Erf der ArchPfl beruhen, sind zugl Fehler des ArchWk (BGH **42**, 16 u VersR **74**, 261). Insow schuldet Arch Nachbesserg zwar nicht dch konkr Beseitigg der Baumängel, wohl aber dch Mitwirkg bei ihrer Beseitigg dch Beratg des Bauherrn, Plang u Überwachg der BauUntern bei den NachbessergsArb (Kaiser NJW **73**, 1910). Ebso beim Statiker. Vgl dazu auch Einf 7, 17 vor § 631. – Es spielt keine Rolle, daß der Mangel in der Zeit zw Herstellg u Abn des Wk entstanden ist (BGH VersR **74**, 261).

3   **b) Zugesicherte Eigenschaft.** Vgl zunächst § 459 Rn 14–21 mit folg Abweich: Zusicherg ist das Verspr, das Wk mit einer best Eigensch auszustatten; nicht erfdl ist, daß der Untern zum Ausdr bringt, er werde für alle Folgen einstehen, wenn die Eigensch fehlt (BGH **96**, 111). Dabei ist unerhebl, ob es techn mögl ist, dem VertrGgst die zuges Eigensch zu verleihen u ob der Untern in der Lage ist, bezogene Teile für das Wk auf das VorhSein der Eigensch zu prüfen (BGH aaO). Angaben in WkBeschreibgen sind nur dann Zusicherg, wenn sie gerade der Beschreibg einer Eigensch dienen (BGH aaO: Wärmedurchlaßwerte bei Fenster- u Türrahmen, BGH WM **94**, 1854: Durchmesser der Schäfte von Riegelstangen).

4   **c) Vertrag auf Erwerb eines Grundstücks mit einem darauf vom Verkäufer zu errichtenden Bauwerk** (Haus od EigtumsWohng). Die Rechte des Erwerbers wg Sachmängeln des Grdst sind nach Kauf, wg Sachmängeln des BauWk nach WkVertrR zu beurt (BGH NJW **73**, 1235). Dies auch, wenn das neu errichtete BauWk bei Abschl des ErwerbsVertr bereits ganz (BGH **68**, 372) od teilw errichtet war (BGH **63**, 96), wobei es keinen Unterschied macht, in welchem Umfang das Gbde od die EigtWohng noch nicht fertiggestellt war (BGH **65**, 359 u **74**, 205). Wenn sich, auch ledigl aus den Umst, aus Inhalt, Zweck wirtsch Bedeutg u Interessenlage eine Verpfl des Veräußerers zu mangelfreier Erstellg des Bauwerks ergibt, richtet sich die Gewl nach WkVertrR, auch wenn der Veräußerer das BauWk als Musterhaus od für sich selbst errichtet u sogar einige Monate bewohnt hat u wenn die Part den Vertr als KaufVertr bezeichnet od dem KaufR unterstellt haben (BGH NJW **81**, 2344, NJW **87**, 2373). Ebso ist als WkVertr zu beurteilen ein ErwerbsVertr, wenn ein Altbau in EigtWohngen umgewandelt wird u mit dem Verk der Wohngen eine HerstellgsVerpfl des Veräußerers verbunden ist, oder wenn der Veräußerer in einem früh gewerbl genutzten

GbdeTeil nach entspr Umbauten eine EigtWohng erstellt (BGH **108**, 164). Wird in dem Vertr über den Erwerb eines zu bebauenden Grdst die Pfl des Veräußerers zur Beseitigg von Mängeln von der vorher Feststellg in einem gemeins BesichtiggsProt abhäng gemacht, so steht der Umst, daß es dazu nicht gekommen ist, der GeltdMachg des GewlAnspr nicht entgg, wenn der Mangel offenkund ist (BGH WM **84**, 317). Wirks ist der GewlAusschl in VeräußergsVertr über Grdst mit Altbauten ohne HerstellgsVerpfl (BGH **98**, 100).

2) Der **Mängelbeseitigungsanspruch** (vgl auch Vorbem 3–29) geht auf Behebg der Mängel bzw Her- **5** stellg der zuges Eigensch an dem vom Untern hergestellten Wk (BGH **96**, 221) u kann bis zur Neuherstellg reichen, wenn Mängel nur auf diese Weise zu beseitigen sind (BGH **96**, 111). Er richtet sich gg den WkVertrPartner; wenn es eine oHG ist, auch gg den haftden Gter (BGH **73**, 217). Die Verpfl des Untern beschr sich auf das fehlerh hergest eig Wk, geht nicht auch auf Ers der MängelbeseitiggsKosten, die eine erkennb fehlerh Vorleistg eines and Untern betreffen (Mü NJW-RR **88**, 20). Der NachbessergsAnspr des Erwerbers eines im sog Gartenhofstil errichteten Reihenhauses kann auch auf Beseitigg von Mängeln an den seinen Gartenhof umschließen Außenwänden der von dem selben Herst errichteten NachbHäuser gerichtet sein (BGH **104**, 262). Der Anspr kann schon vor Abliefergg des Wk geltd gemacht werden (§ 634 I 2). Auch bei vorzeit Beendigg des WkVertrs ist der Untern grds verpfl u berecht, Mängel an dem bis dahin von ihm erstellten TlWk zu beseitigen (BGH NJW **88**, 140, Hamm NJW-RR **95**, 724). Der Anspr setzt ledigl einen obj Mangel voraus, der seine Urs nicht im VerantwortgsBereich des Best hat (MüKo/Soergel Rdn 39), gleichgült, worauf er sonst beruht. Unerhebl ist, ob der Untern Fachmann ist (BGH WM **74**, 311), ob der Fehler für den Untern bei Ausf der Arb erkennb war u ob ihn daran ein Versch trifft (BGH WM **86**, 43). Die Erheblichk des Fehlers spielt, and als in § 459 I 2, keine Rolle. Das BeseitiggsVerlangen muß so konkret gefaßt sein, daß der Mangel nach Art u Ort mit Hilfe von Zeugen u Sachverständ feststellb ist (BGH WM **80**, 951), u erkennen lassen, daß Abhilfe erwartet wird (BGH WM **78**, 953). Auch wenn der Best Mangelerscheingen an best Stellen bezeichnet, macht er damit den Mangel selbst in vollem Umfang an allen Stellen seiner Ausbreitg geltd (BGH BB **88**, 2415). Ebso erstreckt sich die Anz des ErscheingsBildes des gerügten Mangels auf alle Mängel, auf die das angezeigte ErscheingsBild zurückgeht (BGH NJW-RR **89**, 667). Der Umfang der MängelbeseitiggsPfl muß sich nicht schon aus dem Verlangen ergeben, er ergibt sich erst aGrd der Prüfg (BGH NJW **87**, 381). Dies gilt auch für ein einheitl geschuldetes Wk, an dem das Eigt inzw geteilt worden ist (BGH Rspr Bau § 633 Nr 63: einheitl hergestelltes Dach über mehrere Häuser, Wasser in einem davon). **Absatz II Satz 2** stellt dch die Verweisg auf § 476a klar, daß der Untern die mit der Nachbesserg **5a** am ursprüngl AbnOrt (BGH **113**, 251) verbundenen Kosten einschl aller Nebenkosten, zB Transport-, Wege-, Arbeits-, Materialkosten (BGH NJW **79**, 2095) zu tragen hat; Reisekosten an einen and Ort nur dann, wenn die Sache ihrer Nat nach zum Ortswechsel best war, wozu Veräußerg nicht genügt (BGH **113**, 251). Sow zur Mängelbeseitigg am Wk des Untern erfdl vorbereite Arb od nach Mängelbeseitigg zur Wiederherstellg des fr Zustands erfdl Arb das sonst Eigt des Best beschädigen, gehört zur NachbessergsPfl des Untern auch die Behebg dieser Schäd. Es handelt sich insow um Erf, nicht um SchadErsAnspr des Best, die Vorauss des § 635 brauchen nicht gegeben zu sein (BGH **96**, 221). Ebso hat der BauUntern dem Bauherrn die ArchVergütg zu ersetzen, die dieser für die Bauleitg währd der MängelbeseitiggsArb zu zahlen hat. Gewinnentgang vor u währd der Mängelbeseitigg ist nicht nach § 633, sond nach § 635 zu ersetzen (BGH **72**, 31). Bei Mängeln des GemschEigt vgl Vorbem 30 vor § 633. Die MängelbeseitiggsPfl endet nicht dch ProduktionsÄnderg beim Untern; bei Unvermögen des Untern zur Nachbesserg muß er entw einen Dr beauftragen od er kann seinen restl WkLohnAnspr nicht mehr geltd machen wg ZbR des Best (Kln BB **71**, 373). Zur Verurt des Untern auf Mängelbeseitigg ist notw u genügd die genaue Bezeichng des Mangels (BGH **61**, 42). Auf welche Weise nachzubessern ist, bestimmt grdsl der Untern (BGH NJW-RR **88**, 208 [210]). – Handelt es sich um **„Sowieso-Kosten"** für Leistgen, die der Untern nach dem Vertr, auch mit **6** pauschaler FestVergütg (Düss NJW-RR **92**, 23), nicht zu erbringen hatte, dann aber, weil zur ordnsgem Ausf nöt, zusätzl doch erbringen muß, od hat der AuftrG selbst od sein Arch als ErfGeh die Entsteh des Mangels mitverurs, so kann der AuftrN vorprozessual die Mängelbeseitigg davon abhäng machen, daß der AuftrG für den auf ihn entfallden Tl der NachbessergsKosten Sicherh leistet; Vorauszahlg od ZahlgsZusage kann er nicht verlangen (BGH **90**, 344). Im Proz ist der Besteller zur WkLohnzahlg Zug um Zug geg Mängelbeseitigg, diese wiederum Zug um Zug gegen Zuschußzahlg zu verurteilen (BGH **90**, 354: „doppelte Zug-um-Zug-Verurteilg"). Ist die Mängelbeseitigg nur dch eine teurere Ausführg mögl als vertragl vorgesehen, so hat der Best die Mehrkosten zu tragen, wenn es sich um „Sowieso"-Kosten handelt, die ihn bei entspr vertragl Vereinbg von Anfang an ohnehin getroffen hätten (BGH **91**, 206: Grds der VortlAusgleichg). Keinen Anspr auf die Mehrkosten hat der Untern, wenn er nach dem Vertr einen best Erfolg zu einem best Pr versprochen hat u sich die vertragl vorgesehene AusfArt später als unzureichd darstellt (BGH BauR **87**, 207). – Schuldh Verl des NachbessergsAnspr dch Untern führt zu SchadErsAnspr des Best, DchSetzg wie § 635 Rn 6, 7. – Der NachbessergsAnspr einschl des Anspr auf Ers der MängelbeseitiggsKosten u auf Vorschuß ist abtretb, auch wenn der Best das Wk nicht gleichzeit an den Zessionar veräußert (BGH **96**, 146).

3) Kein Mängelbeseitiggsanspruch besteht für Mängel, die ihre Ursache im VerantwortgsBereich des **7** Best haben (s oben Rn 5, 6), ferner wenn die Beseitigg des Mangels obj unmögl ist, zB hins der PlangsFehler des Arch od Ing nach Errichtg des Baus (BGH **43**, 227 [232], Hamm BauR **92**, 78), außer der PlangsFehler führt zur rechtl Unmöglk der Nutzg u kann dch Dispens behoben werden (Hamm MDR **78**, 226). Ferner iF der Unzumutbark (II 3), näml wenn der Aufwand des Untern zur Mängelbeseitigg, berechnet nach dem Ztpkt, in dem die vertragsgem Leistg geschuldet war (BGH NJW **95**, 1836), in einem obj MißVerh zum Vorteil für den Best steht (BGH **96**, 111). Außer diesem WertVerh ist bei der Frage der VerhMäßigk auch der Grad des Versch zu berücksichtigen (BGH BB **95**, 1107). So kann die Nachbesserg zumutb bleiben, wenn der Mangel auf grober Fahrlk des Untern beruht (Düss NJW-RR **87**, 1167). Kein MängelbeseitiggsAnspr außerd iF des § 640 II. Unter den Vorauss des § 635 (dort Rn 6) verbleibt dem Best aber der Anspr auf Ers der Aufw, die er dadch gehabt hat, daß er den Mangel selbst beseitigen ließ (BGH **59**, 365). Im EinzFall kann die Berufg auf II 3 treuwidr sein (Hbg MDR **74**, 489). Außerdem kein NachbessergsAnspr – wohl aber ggf SchadErsAnspr aus pVV – für unabhäng von der Mängelbeseitigg entstandene MangelfolgeSchäd an and als den vom Untern hergestellten Gewerken (BGH NJW **86**, 922). Der Anspr auf Mängelbeseitigg erlischt nach ergebnisl Ablauf einer gem § 634 I 1 gesetzten Fr.

8 **4) Ersatzvornahme und Aufwendungsersatz** (III). Kommt Untern mit der Beseitigg in Verz od braucht Best wg Unzuverlässigk des Untern nicht mehr das Vertrauen zu haben, er werde die Mängel ordngsgem beheben, so kann Best sie selbst beseitigen lassen u Erstattg der dazu obj erforderl Aufw verlangen (BGH **46**, 242, Stgt BauR **80**, 363). Erforderl sind die Kosten, die ein wirtsch denkder Bauherr aGrd sachkund Beratg für eine vertretb Maßn der SchadBeseitigg aufwenden konnte u mußte (BGH BB **91**, 651). Dazu gehören auch die Kosten, die zum Auffinden der SchadUrs notw sind (BGH **113**, 251). Je nach der Situation sind dem Untern auch teurere NachbessergsKosten zuzumuten, weil er es zuvor in der Hand hatte, selbst die vorh Mängel zu beseitigen (Ffm NJW-RR **88**, 918). Auch nutzl Aufw können ersäh sein, wenn sie denn erforderl waren (BGH WM **89**, 21 [24]). Die RKraftWirkg eines FeststellgsUrt über die ErsPfl der MängelBeseitiggsKosten hindert den Untern nicht, erst bei der Nachbesserg bekannt gewordene „Sowieso"-Kosten abzuziehen, weil deren Höhe von der Natur der Sache her endgült erst zu beurt ist, wenn das mit der Feststellg verfolgte Ziel wirkl erreicht ist (BGH BauR **88**, 468). Zu den Aufw gehören, and als beim Auftr, auch eig ArbLeistgen des Best, auch unter Heranziehg seiner FamilienAngehör zur Mängelbeseitig. Ihr Wert ist nach § 287 ZPO zu schätzen, Anhaltspkt ist der Lohn, der einem in berufl abhäng Stellg Tätigen zu zahlen wäre (BGH **59**, 328, auch für § 13 Nr 5 VOB/B). Pfl des Best aus § 254, die Nachbessergskosten in angem Grenzen zu halten; demgem trägt der Untern die Darleggs- u BewLast dafür, daß der Best iR der EigNachbesserg übermäß Leistgen hat ausführen lassen (BGH NJW-RR **92**, 1300). Ein RücktrR des Best nach allg Vorschr (§ 326) besteht nach der Abn daneben nicht (BGH WM **74**, 195). Ein SchadErs-Anspr iF verzögerter Mängelbehebg ergibt sich bei vertragl Ausschl der Re nach §§ 634, 635 aus § 286, iF mißlungener Nachbesserg aus pVV; auf den letztgen Fall ist Abs III entspr anwendb (BGH NJW **76**, 234). Läßt Best ohne die Vorauss des Abs III den geschuldete Mängelbeseitigg anderseit vornehmen, so hat er keinen AufwErsAnspr, auch nicht aus GoA, ungerechtf Ber (BGH **92**, 123) od EigtmVerl (BGH NJW **86**, 922); auch keinen WertMindergsAnspr, weil er anders hat nachbessern lassen, wenn der Untern den Minderwert dch seine Nachbesserg möglicherw hätte verhindern können (BGH NJW-RR **88**, 208). Der Best muß aber den Untern nicht in Verz setzen, er kann auch nach § 634 vorgehen. Nach ergebnisl Ablauf einer

9 gem § 634 I 1 gesetzten Fr erlöschen die R aus III. – **Vorschuß.** Der Best hat gg den HauptUntern, dieser gg den SubUntern (BGH **110**, 205) Anspr auf Vorschuß, ggf wiederholt (Mü NJW-RR **94**, 785), auch bei Entziehg des Auftr gemäß VOB 4 Nr 7, 8 Nr 3 (BGH NJW-RR **89**, 849), mit späterer Pfl zur Abrechg, jedenf solange nicht feststeht, daß Best den Mangel gar nicht beseitigen lassen will (BGH **68**, 372). Der HauptUntern darf den vom SubUntern erhaltenen Vorschuß statt zur Nachbesserg auch zu einer vergleichsw, die NachbessergsKosten nicht übersteigden Regelg mit dem Bauherren verwenden. Mit dem Anspr auf Vorschuß kann Best gg WkLohnAnspr aufrechnen (BGH **54**, 244), auch wenn ihm der Vorschuß-Anspr abgetreten ist (BGH BB **89**, 519). Bei WohngsEigtümern hins des GemschEigt vgl Vorbem 30 vor § 633. Auf die Vorschußschuld sind ggf Verz- u ProzZinsen zu zahlen (bestr), Verz tritt erst auf Mahng, nicht schon mit Ablauf einer gesetzten Fr zur Mängelbeseitigg ein (BGH **77**, 60). Auf den Vorschuß bezahlte Verz- u ProzZinsen bleiben bei der Abrechng nach Mängelbeseitigg außer Betracht, soweit nicht der bezahlte Vorschuß die tats Mängelbeseitiggskosten übersteigt (BGH NJW **85**, 2325). Kein Anspr auf Abrechng erhaltenen Vorschusses, wenn dem Best SchadErsAnspr in Höhe des zur Mängelbeseitigg notw Betr in gleicher Höhe zusteht (BGH **99**, 81, WM **89**, 648). Verj des VorschußAnspr nach § 638 (BGH DB **87**, 2092). Ann der VorschußZahlg ändert vor der Mängelbeseitig nichts am Wahlrecht des Best, SchadErs nach § 635 zu verlangen (BGH **105**, 103). Kein Anspr auf Vorschuß, soweit Besteller auf and Weise den für die Mängelbeseitigg erforderl GeldBetr erlangen kann, zB dch ZbR (Oldbg BauR **94**, 371) od Aufr gg VergütgsAnspr (Karlsr OLGZ **83**, 464) od wenn ausreiche Sicherh bereits geleistet od einbehalten ist (BGH **47**, 272). MitVersch des Arch am Mangel dch Plangs- u Koordinationsfehler (vgl § 635 Rn 8) muß sich der Besteller anrechnen lassen (Düss VersR **85**, 246).

10 **5) Beweislast.** Die Zusicherg einer Eigensch hat der Best zu bew. Mangels anderweit Vereinbg hat bis zur Abn Untern FehlerFreih u VorhSein einer zugesicherten Eigensch, von der Abn an Best den Mangel u das Fehlen einer zugesicherten Eigensch zu bew; aA für vorbehaltene Mängel (§ 640 II) Groß BauR **95**, 456. Die Vorauss des Verz u die Aufw (Rn 8) hat der Best zu bew. Stehen die Verletzg von DIN-Normen u im örtl u zeitl Zushang damit Schäden fest, so hat der wg SchadErs in Anspr genommene Bekl darzulegen u zu bew, daß die Schäden nicht auf die Verletzg der DIN- Normen zurückzuführen sind (BGH BB **91**, 1149). Grenzen für die Wirksamk von BewLastVereinbgen vgl § 11 Nr 15 AGBG. Haben die Part ein vertragl RücktrR des Best für den Fall vereinb, daß eine zugesicherte Eigensch fehlt, so hat gem § 358 der Untern die Einhaltg der Zusicherg (= VertrErf) zu bew (BGH NJW **81**, 2403).

11 **6)** Die **VOB/B** regelt die Mängelhaftg des Untern teilw abw von §§ 633 ff. **Während der Ausführung** kann Best nach **§ 4 Nr 7** die Ersetzg mangelh dch mangelfreie Leistgen verlangen. Hat der Untern den Mangel zu vertreten, kann Best den daraus entstehen Schad ersetzt verlangen (S 2). Dafür gilt die Beschrkg hins des Umfangs der ErsPfl gem § 6 Nr 6 (vgl § 636 Rn 5) nicht, sond § 249 (BGH **48**, 78); allerd kann nicht SchadErs wg NichtErf des ganzen Vertr verlangt werden (BGH **50**, 160). Gem § 4 Nr 7 S 3 iVm § 8 Nr 3 kann der Best nach Ablauf einer NachFr zur Mängelbeseitigg mit KündAndrohg dem Untern den Auftr entziehen mit den weiteren in § 8 Nr 3 genannten Konsequenzen. **Nach der Abnahme** gilt § 13. Nr 1 statuiert die ErfPfl des Untern wie § 633 I mit dem Zusatz, daß die Leistg des Untern den anerkannten Regeln der Technik entsprechen muß; wenn nicht, ist seine GebrFähigk nicht gemindert ist (Köln NJW-RR **94**, 1431). Nr 2 enthält Regeln für den Fall der Leistg nach Probe. Nach **Nr 3** wird der **Unternehmer von der Gewährleistung frei** für Mängel, die zurückzuführen sind auf die LeistgsBeschreibg, Anordngen des Best, von diesem gelieferte od vorgeschriebene Stoffe od Bauteile, die Beschaffenh der Vorleistg eines and Untern außer iF unterlassenen Hinw auf Bedenken gem § 4 Nr 3 (vgl § 631 Rn 16). **Nr 5 Abs I** gibt einen **Nachbesserungsanspruch** wie § 633 II 1 auf schriftl Verlangen. **Abs II**

gibt dem Best ein **Selbstbeseitigungsrecht** wie § 633 III, aber erst nach Setzg einer angem Fr zur Mängelbeseitigg, Verz ist nicht erforderl. Wg AufwErs, Vorschuß u Aufrechng vgl vorstehd Anm 4. **Kein Nachbesserungsrecht** besteht nach **Nr 6**, wenn die Mängelbeseitigg unmögl od unzumut ist (wie § 633 II 2). In diesem Falle MindergsR des Best. Vgl auch § 634 Rn 11 u § 635 Rn 10. **§ 17** enthält Vorschr über eine vereinb **Sicherheitsleistung** des Untern für die Erf der GewlPfl.

634 *Gewährleistung: Wandelung, Minderung.* [I] Zur Beseitigung eines Mangels der im § 633 bezeichneten Art kann der Besteller dem Unternehmer eine angemessene Frist mit der Erklärung bestimmen, daß er die Beseitigung des Mangels nach dem Ablaufe der Frist ablehne. Zeigt sich schon vor der Ablieferung des Werkes ein Mangel, so kann der Besteller die Frist sofort bestimmen; die Frist muß so bemessen werden, daß sie nicht vor der für die Ablieferung bestimmten Frist abläuft. Nach dem Ablaufe der Frist kann der Besteller Rückgängigmachung des Vertrags (Wandelung) oder Herabsetzung der Vergütung (Minderung) verlangen, wenn nicht der Mangel rechtzeitig beseitigt worden ist; der Anspruch auf Beseitigung des Mangels ist ausgeschlossen.

[II] Der Bestimmung einer Frist bedarf es nicht, wenn die Beseitigung des Mangels unmöglich ist oder von dem Unternehmer verweigert wird oder wenn die sofortige Geltendmachung des Anspruchs auf Wandelung oder auf Minderung durch ein besonderes Interesse des Bestellers gerechtfertigt wird.

[III] Die Wandelung ist ausgeschlossen, wenn der Mangel den Wert oder die Tauglichkeit des Werkes nur unerheblich mindert.

[IV] Auf die Wandelung und die Minderung finden die für den Kauf geltenden Vorschriften der §§ 465 bis 467, 469 bis 475 entsprechende Anwendung.

1) Allgemeines zu den GewlAnspr, ihrem Verh zum ErfAnspr, zum MängelbeseitiggsAnspr u zu 1 außerwk vertragl R vgl Vorbem 3–29 zu §§ 633 ff. Vertragl Einschränkg od Ausschl von GewlAnspr vgl § 637. Der Anspr auf Minderg ist abtretb (BGH **95**, 250).

2) Voraussetzungen für Wandelung und Minderung. – a) Ein **Werkvertrag** muß wirks zust gek sein 2 u noch bestehen. Das Wk ist mit einem **Mangel** (§ 633 Rn 1–3) behaftet.

b) Fristsetzung zur Mangelbeseitigg mit **Ablehnungsandrohung.** I 1 ist dem § 326 I 1 nachgebildet, die 3 dort Ausf in Rn 14–18 gelten sinngem. Die Ankündigg der ErsVornahme (§ 633 III) ist keine wirks AblehngsAndrohg (BGH NJW **87**, 889). Die Fr ist bei nur Abn (§ 640) zu setzen, mögl aber auch schon vorher (I 2) u nöt auch bei vorzeit Beendigg des WkVertr (BGH NJW **88**, 180, Hamm NJW-RR **95**, 724). Angem ist die Fr, innerh deren der Untern den gerügten Mangel unter normalen GeschVerh beseitigen kann (BGH NJW-RR **93**, 309) –. Eine zu kurz bemessene setzt idR eine angem Fr in Lauf (BGH WM **86**, 1255). Im Fall des Verz kann der Best auch nach § 633 III vorgehen. Die FrSetzg ist unwirks, wenn der Best vor Ablauf der angem Fr endgült die Ann weiterer Leistgn des Untern verweigert u ihn zur Rückn des gelieferten Wks auffordert (BGH WM **86**, 1255). Ob wiederholte FrSetzg wg des näml Mangels dem Best zuzumuten ist, best sich im EinzFall nach der Nat der Sache mit Rücks auf Tr u Gl (BGH NJW **60**, 667). Wurde die erste Änderg aGrd eines neuen Vertr gg Vergütg vorgenommen, so handelt es sich nicht um einen ersten NachbessergsVersuch, sond um ErstErf.

c) Die **Fristsetzung ist entbehrlich** (II), wenn kein Anspr auf Mängelbeseitigg besteht, vgl § 633 Rn 7, 4 wozu genügt, daß sie innerh der angem Fr unmögl ist. Ferner, wenn der Untern die Beseitigg, gleichgült ob berecht od unberecht, ernstl u endgült verweigert u Klage androht (BGH NJW-RR **95**, 939), unzumutb Bdggen stellt, das VorhSein von Mängeln od seine GewlPfl schlechthin bestreitet (BGH NJW **83**, 1731, NJW-RR **95**, 939). Ferner wenn wiederholte Nachbesserg desselben Mangels nicht zumutb ist (Nürnb OLGZ **83**, 78: bei Neuwagen nicht mehr als 2 erfolgl NachbessergsVersuche), schließl wenn sof GeltdMachg von Wandelg od Minderg im bes Interesse des Best gerechtf ist, etwa weil er das Wk sofort benötigt, um es selbst zu verwenden od an seinen Abnehmer weiterzugeben, sofern die mit einer Nachbesserg verbundene Verzögerg nicht nur eine unerhebl Störg darstellt (BGH NJW-RR **93**, 560), od weil sein Vertrauen auf ordngsgem DchFührg der Mängelbeseitigg erschüttert ist (BGH **46**, 242, auch zu VOB/B § 13 Nr 5). Zur MängelAnz bleibt Best aber auch hier verpfl. Erneute Auffdg zur Mängelbeseitigg mit FrSetzg nach der Abn ist nicht erforderl, wenn der Untern bereits vor der Abn die Mängelbeseitigg endgült verweigert hat (BGH WM **78**, 821). An die Stelle der FrSetzg nach Abs I tritt die Mitt des Best an den Untern, daß er nicht Nachbesserg, sond SchadErs verlange (BGH NJW **76**, 143). Erklärt der Best dies nicht u ist der Untern dann doch zur Nachbesserg bereit, so ist von da an FrSetzg mit AblehngsAndrohg nicht mehr entbehrl (BGH BB **90**, 1662).

d) Ergebnisloser Fristablauf (I 3). War die gesetzte Fr zu kurz bemessen, gilt die angem (BGH WM **86**, 5 1255). NachbessergsAnspr u das R zur Selbstbeseitigg des Mangels nach § 633 III erlöschen mit FrAblauf, iF des Abs II mit der GeltdMachg eines GewlAnspr dch den Best (BGH NJW **76**, 143) bzw mit der Verweigerg der Nachbesserg dch den Untern. Best bleibt aber gehalten, einen Schad abzuwenden od zu mindern. Die Vereinbg weiterer Nachbesserg, etwa zur Vermeidg der Wandelg, bleibt mögl (Düss NJW-RR **94**, 15).

e) Der **Anspruch darf nicht ausgeschlossen** sein nach Abs III od § 640 II. Abs III stellt auf die Unerheb- 6 lichk der Wert- od TauglichkMinderg, nicht des erforderl Kostenaufwands für die Mängelbeseitigg ab (BGH NJW-RR **93**, 309), er gilt nicht, wenn eine zugesicherte Eigensch fehlt.

3) Vollziehung von Wandelung und Minderung geschieht nach kaufrechtl Vorschr. – a) **Wandelung**, 7 Rn zu §§ 465–467, 469–471, 473, 475. Auch bei BauWken mögl (vgl aber wg VOB Rn 11), aber nicht häuf, da die Rückgewähr (§§ 467, 346) Schwierigk macht. Best kann zwar dann den fert Teil behalten, hat aber dafür dem Untern WertErs, bemessen nach den vertragl Wertansätzen, zu leisten, womit zugleich der

WkLohnAnspr abgegolten ist (Schlosser JZ **66**, 430 u Peters JR **79**, 265). Außerd hat er GeldErs für die bis zur Wandelg gezogenen Nutzgen zu leisten. Zweckmäß ist es für Best meist – u daher kann verständ VertrAuslegg zum Ausschl der Wandelg in diesen Fällen führen (Kblz NJW **62**, 741) – die WkLohnFdg iW der Minderg entspr zu kürzen od SchadErs iF des § 635 zu verlangen. Wandlg ist mögl auch bei Herstellg ind Computer-Software (BGH NJW **88**, 406, Mehrings NJW **88**, 2438), uU hins der gesamten Anl (Heussen NJW **88**, 2441). Nachträgl Untergang des Wk schließt Wandelg nicht aus, wohl aber vom Best verschuldete Unmöglichk der Rückgewähr, zB bei Weiterveräußer, Der WandelgsAnspr kann gg Tr u Gl verstoßen (BGH WM **91**, 367), zB dch sachl nicht motivierten fortgesetzten Gebr des Wk (vgl § 467 Rn 11). Entferng des mißlungenen Wk kann der Best entw mit Wandelg (Ffm BauR **90**, 473) od nach § 1004 od als SchadErs wg NichtErf nach § 635 (Hamm NJW **78**, 1060) verlangen.

8   **b) Minderung,** Rn zu §§ 472–475. Berechng des Minderpreises: § 472 Rn 7–10. Beim BauVertr ist für die Berechng des Minderwerts nicht der Ztpkt des VertrAbschl, sond der der Fertigstellg od (nach VOB) der Abn maßgebd (BGH **58**, 181). Auf diesen Ztpkt ergibt sich der geminderte Lohn aus der Formel mangelfreier Wert: mangelh Wert = vereinb (übl) WkLohn : x. Kann wirtsch der Wandelg entsprechen, wenn WkLohn wg vollständ Wertlosigk des Wk voll herauszugeben ist (BGH **42**, 232). Bei geringerer Wohnfläche des Hauses als im Vertr vorgesehen, errechnet sich die Minderg nach dem qm-Preis, der aus der vertragl vorgesehenen GesWohnfläche u dem vereinb GesamtPr für das Haus errechnet (Düss BauR **81**, 475). Keine Minderg des ArchHonorars, wenn unvollständ Einzelleistgen des Arch nicht zu einem Mangel des Arch- od BauWk geführt haben (BGH **45**, 372); sind die unvollst EinzLeistgen zudem fehlerh, hat der Bauherr GewlAnspr. – Die Minderg betr die ganze WkLohnFdg. Der MindergsBetr ist desh, und als iF der Aufrechng, nicht von einem eingekl TlBetr, sond von dem letztrang Tl der WkLohnFdg abzurechnen (BGH NJW **71**, 1800). Ist jedoch die WkLohnFdg teilw abgetreten, kann Best die Minderg ggü der TlFdg im Verh ihrer Höhe einwenden (BGH **46**, 242).

9   **4) Verhältnis der Gewährleistungsansprüche zueinander.** Zunächst gibt es nur den Anspr auf Mängelbeseitigg (BGH NJW **81**, 1779), der noch kein GewlAnspr ist (Vorbem 4 vor § 633). Zw ihm u den letztgenannten besteht kein WahlR für den Best (Hamm MDR **77**, 842). Mögl ist, primär Gewl, zB SchadErsAnspr geltd zu machen u hilfsw für den Fall, daß die Vorauss dafür (zB § 634 II) nicht vorliegen, Nachbesserg zu verlangen (BGH NJW **76**, 143). Zw Wandelg, Minderg u, falls die weitere Vorauss des § 635 vorliegt, SchadErs hat Best die Wahl, bis Wandelg bzw Minderg vollzogen, SchadErsAnspr anerkannt od einer der drei GewlAnspr rechtskr zugesprochen ist (BGH NJW **90**, 2680; vgl im einz § 463 Rn 4). Der Wechsel zwischen Wandelgs- u MindergsKl ist KlÄnderg (BGH NJW **90**, 2682). Krit Analyse der Rspr zur Alternativität von Wandelg, Minderg u SchadErs, Jakobs JuS **74**, 341, Schmitz BauR **79**, 195, Peters JZ **77**, 458. Außerdem kann der Best noch zum SchadErs übergehen, wenn die WkLohnKl des Untern auf die WandelgsEinr des Best rechtskr abgewiesen ist, die Wandelg aber nicht in Natur, sond nur dch einen Ausgl der beiderseit Leistgen vollzogen werden kann (RG **147**, 390). Mögl ist auch, wg versch Mängel unterschiedl GewlAnspr geltd zu machen (BGH NJW **91**, 2630); ebso SchadErsAnspr neben der Nachbesserg für solche Schäd, die der Nachbesserg nicht zugängl sind, zB Gewinnentgang vor u währd der Nachbesserg (BGH **72**, 31). Ann der VorschußZahlg u SchadErs vgl § 633 Rn 9.

10   **5) Beweislast.** Für den Mangel vgl § 633 Rn 10. Für FrSetzg mit AblehngsAndrohg od für die Entbehrlichk der FrSetzg hat Best BewLast. Für Unerheblichk des Mangels (Abs III) u seine fristgerechte Behebg: Untern. WirksamkGrenzen für BewLastVereinbgen in AGB vgl § 11 Nr 15 AGBG.

11   **6) VOB/B. Minderung** kann Best verlangen, wenn ein MängelbeseitiggsAnspr nicht besteht (vgl § 633 Rn 11), **§ 13 Nr 6.** Sie kann bei völl Wertlosigk des Wk den VergütgsAnspr bis auf null herabsetzen u damit prakt dem Ergebn der Wandelg gleichkommen. **Ausschluß** der Gewl für Mängel, die auf die LeistgsBeschreibg, auf Anordngen des AuftrG, auf v diesem gelieferten od vorgeschr Stoffen od auf BauTl od auf der Beschaffenh der Vorleistgen eines and Untern beruhen, **§ 13 Nr 3.** Sind sie sowohl darauf wie auch auf fehlerh Arb des Untern zurückzuführen, dann Begrenzg der Gewl entspr §§ 242, 254 (Saarbr OLG **71**, 164). **Wandelung** gibt es bei den der VOB unterstehden BauVertr nicht (Ingenstau-Korbion § 13 RdNr 657; offengelassen BGH **42**, 232).

635

Schadensersatz wegen Nichterfüllung. Beruht der Mangel des Werkes auf einem Umstande, den der Unternehmer zu vertreten hat, so kann der Besteller statt der Wandelung oder der Minderung Schadensersatz wegen Nichterfüllung verlangen.

1   **1) Allgemeines** zu den GewlAnspr, ihrem Verh zum ErfAnspr u zu außerwkvertragl Anspr vgl Vorbem 3–29 vor § 633, Verh der Gewl Anspr zueinand vgl § 634 Rn 9. Vertragl Einschränkg od Ausschl von SchadErsAnspr vgl § 637. Mehrere Untern vgl § 631 Rn 9–11, Konkurrenz von GewlAnspr gg Arch, Statiker u BauUntern vgl Vorbem 10–12 vor § 633. Verpfl des Untern aus § 635 beschr sich auf das fehlerh hergestellte eig Wk, erstreckt sich nicht auf Ers des Schad, den eine erkennb fehlerh VorLeistg eines and Untern verurs hat (Mü NJW-RR **88**, 20, verneint auch Anspr aus pVV). Das SchadErsVerlangen kann im EinzFall treuwidr sein (BGH **127**, 378).

2   **2) Voraussetzungen des Schadensersatzanspruchs. – a)** Da der SchadErsAnspr „statt der Wandelung oder Minderung" entsteht, müssen die sämtl Vorauss für die beiden letztgenannten auch für den SchadErsAnspr erf sein (vgl § 634 Rn 2–6,·9). Neben der Nachbesserg kann Ers derjen Schäd verlangt werden, die dch die Mangelbeseitig nicht mehr behebb sind, zB Gewinnentgang bis zur u währd der Nachbesserg (BGH **72**, 31, BB **91**, 375); außerdem Ers von Mangelfolgeschäd (vgl Vorbem 22–25 vor § 633), wg derer kein NachbessergsAnspr besteht (vgl § 633 Rn 7, BGH **96**, 221). Insoweit ist Fristsetzg mit AblehngsAndrohg nicht Vorauss des ErsAnspr (BGH **92**, 308, NJW-RR **90**, 786; aA Kblz NJW-RR **90**, 30, Joswig NJW **85**, 1323). And als Wandelg kann SchadErs auch bei nur unerhebl Wert- od TauglichkMinderg (§ 634 III) gefordert werden. Grenze jedoch auch hier Treu u Glauben (BGH **27**, 215).

b) Verschulden des Untern im Hinbl auf den Mangel. Über die Pfl des Untern u seine Haftg für Geh vgl 3 § 631 Rn 12–14.

c) Dch den Mangel muß ein **Schaden verursacht** sein (vgl Vorbem 54–107 vor § 249), auch merkantiler 4 Minderwert (BGH NJW **86**, 428). Er kann auch darin bestehen, daß der Best, dem kein NachbessergsAnspr zusteht (§ 633 Rn 7), den Mangel auf eig Kosten beseitigen läßt (BGH **59**, 365); allerd muß der AuftrG die Nachbesserg des Untern hinnehmen, wenn dieser sie in rechter Weise anbietet (Kln Rspr Bau Z 2.414.1 Bl 17). Der Untern kann dem Anspr des Best auf SchadErs nicht entgghalten, daß dessen Abnehmer keine MängelAnspr geltd macht. § 635 umfaßt auch Anspr wg and, der Nachbesserg nicht zugängl Schäd. Über die häuf schwier Abgrenzg zw Mangel- u MangelfolgeSchad vgl Vorbem 22–25 vor § 633.

d) Das Wk muß **abgenommen** (§ 640), iF des § 646 ausgeführt sein; Schäd vorher sind nach den Regeln 5 der pVV zu ersetzen (BGH NJW **69**, 838, Hamm NJW-RR **89**, 468, 601; aA MüKo/Soergel § 635 Rdn 5, Nürnb MDR **85**, 763). Nicht erforderl ist Vorbeh bei Abn, § 640 II (BGH **61**, 369), auch nicht bei BauWk (VOB §§ 12, 13), auch nicht für Ers der MängelbeseitiggsKosten (BGH **77**, 134).

3) Wirkung und Inhalt. a) Konzentration auf Schadensersatz. Das Verlangen nach SchadErs hebt 6 das VertrVerh nicht auf, sond konzentriert es auf SchadErsLeistg. Best kann wie bei § 463 wählen, ob er das Wk behalten u den sich seine Mangelhaftig verurs Schad verlangen („kleiner SchadErsAnspr") od ob er das Wk zurückweisen u den dch NichtErf des ganzen Vertr verurs Schad ersetzt verlangen will („großer SchadErsAnspr"). Im zweiten Fall ist kein Nachw erforderl, daß sein Interesse an der Leistg entfallen ist (BGH **27**, 215 u BB **63**, 995, auch für den SchadErsAnspr aus VOB/B § 13 Nr 7 II). Der in der Mangelhaftigk liegde Schad kann nach der mangelbdgten Wertminderg od nach den für die Beseitigg des Mangels erforderl Aufw bemessen werden (BGH NJW-RR **91**, 1429); auf diesen ZahlgsAnspr ist der RGedanke des § 251 II nur ausnahmsw entspr anwendb, wenn es für den Untern unzumutb wäre, die vom Best in nicht sinnvoller Weise gemachten unverhältnismäß Aufw tragen zu müssen (BGH **59**, 365). – Untern hat nicht nur die MangelbeseitiggsKosten zu ersetzen, sond auch einen trotz Mangelbeseitig verbliebenen merkantilen Minderwert des Wk o Rücks auf VerkAbsicht des Best zu erstatten (BGH NJW-RR **91**, 1429). Bei mehreren nacheinand auftretend Mängeln gilt § 475 (§ 634 IV). – **Durchzusetzen** ist der Anspr je nach Lage des Falles dch ZahlgsVerlangen, Befreiung von der VergütgsFdg des Untern bei voller Zurückweisg des Wk od von der restl VergütgsFdg für ein unbrauchb Wk (BGH **70**, 240), Aufr, auch gg den Anspr des Untern auf Rückzahlg eines Vorschusses zur Mängelbeseitigg (BGH NJW **88**, 2728); Hamm NJW-RR **92**, 448 spricht von Verrechng. – Dch Weiterbenutzg des Wk kann der SchadErsAnspr wie der WandelgsAnspr verwirkt werden, (vgl § 634 Rn 7).

b) Auf **Entschädigung in Geld** ist idR, abw von § 249, der SchadErsAnspr wg NichtErf des ganzen 7 Vertr gerichtet (BGH NJW-RR **89**, 86). Beschränkt sich Best darauf, den in der Mangelhaftigk des Wk liegden Schaden ersetzt zu verlangen, so kann er auch hier regelm nur GeldErs fordern (BGH NJW **87**, 645; krit Köhler JZ **87**, 247), weil das Verlangen nach Naturalrestitution dem auf Erf od Nachbesserg gleichkommen würde, die numehr ausgeschl sind (vgl Vorbem 3, 4 vor § 633). Auch der Arch schuldet nicht Beseitigg der Baumängel, sond SchadErs in Geld (BGH NJW **78**, 1853). Ledigl in AusnFällen kann es geboten sein, daß der Arch unter dem Gesichtspkt der SchadMindergsPfl des Best die Möglk erhält, selbst dafür zu sorgen, daß die von ihm versch Mängel des BauWk behoben werden, statt den dafür anderweit nöt (höheren) GeldBetr zu zahlen (BGH aaO). Der Erfolg dieser BehebgsMaßn muß allerd außer Zw stehen (BGH Rspr Bau Z 3.00 Bl 216). Als NaturalHerstellg kann der Best als SchadErs wg NichtErf vom Untern die Beseitigg des in seinen Bes gelangten mißlungenen Wk verlangen (Hamm NJW **78**, 1060). Wenn Mängel vorh sind, sind zu ersetzen auch die Kosten für ein Gutachten, das die Mängel u Möglichk ihrer Beseitigg klären soll (BGH NJW **85**, 381), die Kosten, die der Best zur Mängelbeseitig im Vertrauen auf die Richtigk eines SachverstGutachtens erfolgt für geboten halten durfte (Ffm NJW-RR **92**, 602), die Zinsen u Kosten aus VorProz mit Abnehmern des mangelh Wk (BGH WM **83**, 1104) u die Kosten eines selbständ BewVerf so wie die weiteren Kosten eines Proz, die dem Best dadch entstanden sind, daß er, nach Sachlage nicht völl ungewöhnl od unsachgem, im Vertrauen auf die Richtigk des SachverstGutachtens nicht den verantwortl BauBeteil verklagt hat (BGH NJW-RR **91**, 1428). Wg des ZahlgsAnspr vor Behebg der Mängel besteht kein Anspr auf Vorschuß. Ob der Best mit dem Geld die Mängel wirkl behebt, ist seine Sache u berührt den Untern nicht (BGH **61**, 28). Desh kann der Best auch noch nach Veräußerg od ZwVerst der mangelh Sache als SchadErs den Betr für die Behebg der Mängel verlangen (BGH NJW **99**, 81, Br NJW-RR **90**, 218; aA Köhler JZ **87**, 247, Schulze NJW **87**, 3097) u nicht nur Wertminderg. Daß der Best Vorschuß für die Beseitigg von Mängeln erhalten muß, steht seinem SchadErsAnspr nicht entgegen; mit ihm kann er gg den Anspr des Untern auf Rückgewähr des Vorschusses aufrechnen (BGH **105**, 103). Die sog „Sowieso-Kosten" (§ 633 Rn 6) sind vom SchadErsAnspr abzuziehen, auch bei Pauschalfestvergütg (Düss NJW-RR **92**, 23). SchadErs bei Beeinträchtigung von Urlaub vgl Vorbem 39, 40 vor § 249 u § 651f. Die Nichtbenutzbark eines Schwimmbads im Hause währd der Mängelbeseitig ist kein VermSchad (BGH NJW **80**, 1386), wohl aber der mangelbdgte NutzgsAusfall des KfzAbstellplatzes in der Tiefgarage für den Erwerber einer Eigtm-Wohng od eines Hauses (BGH **96**, 124), eine bedenkl Ausweitg des VermSchad dch NutzgsAusfall, die die bestehde RUnsicherh vergrößert.

c) Mitverschulden des Best od seines ErfGeh ist nach §§ 254, 278 zu berücks, zB Übertr schwier Arb 8 (Flachdach) ohne ArchPlan an einen Nichtfachmann (BGH WM **74**, 311). Der BauUntern kann entgghalten Versch des Arch bei falscher Plang u Koordinierg (BGH NJW **72**, 447), des Statikers bei fehlerh Gründg (BGH Rspr Bau Z 3.00 Bl 197). Der Arch kann dem Bauherrn Versch des Statikers entgghalten, sofern der Bauherr dem Arch nach dem VertrInhalt eine Statik zur Vfg zu stellen hat u die Erstellg des BauWk eine spezif StatikerLeistg erfordert (Düss NJW **74**, 704). Zur Eigensch des Arch als ErfGeh des Bauherrn u des HauptUntern vgl § 631 Rn 16. Ein Bauherr, der NutzgsAusfall wg Mängeln geltd machen will, muß sich um baldmögl Beseitig der Mängel bemühen (BGH WM **95**, 1543), außer es bleibt ohne Schuld des Bauherrn ungeklärt, welche Maßn zur MängelBeseitig erfdl sind (BGH WM **74**, 200).

9   4) Beweislast. Vgl § 634 Rn 10. Obj PflVerletzg des Untern u ihre Ursächlichk für den entstandenen Schad muß Best bew (BGH **42**, 16). Demggü hat gem den Grds der BewLastVerteilg nach Gefahrenbereichen der Untern sein fehldes Versch zu bew (BGH **48**, 310 u VersR **95**, 805). Ebso hat bei pVV Best deren obj Tatbestd u seine Ursächlichk für den Schad, dagg analog § 282 der Untern seine Schuldlosigk zu bew, jedenf wenn die SchadUrs in seinem Herrsch- u VerantwortgsBereich liegt (BGH **27**, 236, VersR **95**, 805). Zu beachten auch die Regeln des AnscheinsBew.

10   5) VOB/B § 4 Nr 7 gibt dem Best SchadErsAnspr bei verschuldetem Mangel schon währd der BauAusführg, **§ 8 Nr 3 Abs II** bei Künd in den in Abs I genannten Fällen (BGH **50**, 160). Im übr ist die Regelg des § 635 in **§ 13 Nr 7** abgewandelt. Der SchadErsAnspr des Best setzt einen wesentl (Erschwerg ggü § 635), vom Untern zu vertreten Mangel voraus, der die GebrFähigk erhebl (Erschwerg ggü § 635) beeinträchtigt. Zur GebrFähigk gehört auch Beleihbark u Verkäuflichk (BGH NJW **71**, 615), merkantiler Minderwert (BGH **55**, 198). Zu ersetzen ist der Schad an dem BauWk, darüberhinausgehder Schad nur bei Vorliegen der weiteren Voraussetzgn des § 13 Nr 7 Abs II. SchadErsAnspr aus uH wg Beschädig von Sachen des Best, **11** die nicht in das vom Untern zu erstellde Wk einbezogen sind, bestehen daneben (BGH BB **73**, 1094). – Die HaftgsBeschrkg in **§ 12 Nr 1 MusterArchVertrag** bezieht sich nur auf SchadErsAnspr aus § 635, nicht auf solche aus pVV (KG MDR **70**, 844).

636 *Verspätete Herstellung.* **¹ Wird das Werk ganz oder zum Teil nicht rechtzeitig hergestellt, so finden die für die Wandelung geltenden Vorschriften des § 634 Abs. 1 bis 3 entsprechende Anwendung; an die Stelle des Anspruchs auf Wandelung tritt das Recht des Bestellers, nach § 327 vom dem Vertrage zurückzutreten. Die im Falle des Verzugs des Unternehmers dem Besteller zustehenden Rechte bleiben unberührt.**

II Bestreitet der Unternehmer die Zulässigkeit des erklärten Rücktritts, weil er das Werk rechtzeitig hergestellt habe, so trifft ihn die Beweislast.

1   1) Nicht rechtzeitig hergestellt ist das Wk, wenn vertragl vereinb Termine od Fr überschritten sind, andernf die angemessene Fr. Versch des Untern ist nicht erforderl. Der Rücktr ist auch schon vor Ablauf der HerstellgsFr zuläss, wenn die nicht rechtzeit Herstellg droht (BGH NJW-RR **92**, 1141). Das RücktrR entfällt, wenn die FrÜberschreitg nicht in den VerantwortgsBereich des Untern fällt, insbes auf den Best zurückzuführen ist (BGH NJW-RR **92**, 1141). Bei unerhebl Verzögerg kann seine Ausübg gg Tr u Gl verstoßen. Grdsätzl ist FrSetzg mit AblehngsAndrohg nöt (§ 634 I 1; vgl sinngem dort Rn 3–5). Auf § 634 IV ist nicht verwiesen. Rücktr aus § 361 bei FixGesch bleibt unberührt. Best muß nicht zurücktreten, **2** er kann auch auf Erf bestehen. – **Teilweise Verzögerung.** Ob sich das RücktrR auf das ganze Wk od nur auf die betr Teile bezieht, ist entspr der RLage bei TeilVerz zu entsch (BGH DB **73**, 568); vgl § 326 Rn 7. Ist das TeilWk wertl, kann Untern iF seines Verz bei Rückgewähr seine Aufw nicht abziehen; es handelt sich um Ab-, nicht um Aufrechng, der Teillohn ist nur RechngsPosten (RG **83**, 279). Haftet der Untern für die Rückgewähr der empfangenen Teilvergütg nur nach BerGrds (§ 327 I, 2), kann er seine Aufw abziehen, sow **3** zw ihnen u der Zahlg des Best ein ursächl Zushang besteht (BGH WM **70**, 1421). – **Anderweitige Vereinbarung,** auch Pauschalierg u Schematisierg der ggs Anspr bei vorzeit Beendigg des Vertr zur Einsparg umfangreicher AbrechngsArb ist wirks, soweit sie die Interessen beider Seiten ausr berücks, zB Vergütg nur für bei VertrBeendigg bereits erbrachte u abgerechnete WkLeistgen (BGH WM **77**, 1171). – **Beweislast** vgl Abs II.

4   2) Bei Verzug des Untern mit der Herstellg bleiben dem Best die R nach allg Vorschr (I 2). Die Mahng kann entbehrl sein, wenn sich aus den bes Umst des Einzelfalles ergibt, daß das Zeitmoment nach dem erkennb PartWillen entscheidd ist, § 284 Rn 24 (BGH NJW **63**, 1823).

5   3) VOB/B § 5 enthält Bestimmgen über die AusführgsFr, **Nr 4** gibt dem Best das R auf FrSetzg mit KündAndrohg, wenn der Untern den Beginn der Ausführg verzögert od mit der Vollendg in Verz gerät; die weiteren R nach der Künd ergeben sich aus § 8 Nr 3. Für den Fall der Verhinderg od Unterbrechg der Arb u dadch eintretder Verzögerg enthält § 6 eine Spezialregelg für die R beider VertrSeiten; **Nr 6** gibt in diesen Fällen Anspr auf Ers des Gewinnentgangs nur bei Vors u grober Fahrlk, wobei auch der SchuVerz ein „hindernder Umst" iS dieser Vorschr ist (BGH **48**, 78).

637 *Vertraglicher Ausschluß der Haftung.* **Eine Vereinbarung, durch welche die Verpflichtung des Unternehmers, einen Mangel des Werkes zu vertreten, erlassen oder beschränkt wird, ist nichtig, wenn der Unternehmer den Mangel arglistig verschweigt.**

1   1) Haftungsausschluß. – a) Grundsatz. Die Haftg für WkMängel kann vertragl anderweit vereinb werden. Die Grenzen liegen in § 637, § 138 u im AGBG. Von seinen Best sind für Klauseln über Nachbessergs- u GewlAnspr § 11 Nr 10, über SchadErs bei Fehlen einer zugesicherten Eigensch § 11 Nr 11 u für Klauseln über die BewLast § 11 Nr 15 von bes Bedeutg (vgl dort Rn 46 ff, 73–75, 90–93). Soweit bei Verwendg von AGB das AGBG od persönl nicht anwendb ist, gelten die von der Rspr entwickelten Grds über die Inhaltskontrolle von AGB u FormularVertr. Ein Klauselverwender kann sich auch ggü einem Kaufm in AGB nicht von solchen Pfl freizeichnen, deren Erf die ordngsgem Durchf des Vertr erst ermöglicht u auf deren Erf der and Teil vertraut u vertrauen darf (BGH NJW-RR **93**, 560). Wollen AGB u FormularVertr mit Tr u Gl übereinstimmen, so muß dem Best mind ein unbdgter, um Versch unabhäng u alle Nebenkosten deckender NachbessergsAnspr (BGH **62**, 323 u NJW **81**, 1510) u ein RücktrR od SchadErsAnspr iF verzögerter, unterlassener, unmögl oder mißlungener Nachbesserg verbleiben (BGH **62**, 83, NJW-RR **93**, 560). Ob eine unwirks Klausel bei der Inhaltskontrolle dch ergänze Ausleg einen mit § 242 in Einklang zu bringen Inhalt bekommen kann, hängt davon ab, ob bei versch rechtl Gestaltgsmöglichken feststellb ist, welche die Part gewählt haben würden. Wenn nicht, tritt an die Stelle der weggefallenen die gesetzl Regelg (BGH **62**, 83 [89]). In AGB kann nicht wirks ein Vertr über die Veräußerg des Grdst mit darauf zu errichtdem BauWk den Regeln des KaufR unterstellt werden (BGH NJW **81**, 2344). Im übr gelten grdsätzl die Ausf in Vorbem 21 ff vor § 459 u zu § 476. Auch für MangelfolgeSchäd kann die Haftg in AGB im allg ausgeschl werden (BGH WM **74**, 219). Ebso ist es grdsätzl mögl, auch in AGB, Anspr auszuschließen, wenn sie nicht innerh einer best Fr geltd gemacht sind (Mü VersR **75**, 1108). Unwirks ist ein solcher Ausschl in AGB, wenn er das, was der Untern individuell versprochen hat, prakt bedeutgsl machen würde (BGH **65**, 107 u BB **85**, 546: Ausschl der Haftg bei Fehlen zugesicherter Eigensch). Unwirks ist in AGB ein HaftgsAusschl für MangelfolgeSchäd auch, wenn der Untern in hohem Maße das Vertrauen des Best in seine Fachkenntn in Anspr genommen hat (BGH BB **85**, 884). – Auch im IndividualVertr ist ein formell Ausschl der Gewl für Sachmängel beim Erwerb neuerrichteter od noch zu errichtder Häuser od EigtWohngen ohne ausführl Belehrg u eingehde Erörterg seiner einschneidden RFolgen dch den Not unwirks (BGH **101**, 350, NJW **89**, 2748), auch wenn der GewlAusschl im „KaufAngeb“ des Erwerbers enthalten ist u der Veräußerer es annimmt (BGH NJW **84**, 2094) u wenn die Freizeichng „alle erkennb Mängel“ betrifft (BGH NJW-RR **86**, 1026) od „alle sichtb Mängel“ (BGH **101**, 350); dies auch bei Erwerb einer EigtWohng, die dch Umwandlg eines Altbaus geschaffen worden ist (BGH NJW **88**, 1972). Diese Grds gelten nicht für die Veräußerg von Grdst mit Altbauten ohne HerstellgsVerpfl (BGH **98**, 100). Der allg gehaltene GewlAusschl in einem BestätiggsSchreiben erstreckt sich nicht auf vorangegangene EigschZusicherg (BGH **93**, 338).

b) Einzelheiten: Bei vereinb **Beschränkung auf die Nachbesserung** in IndividualVertr ist der Best, 2 wenn die Nachbesserg fehlgeschlagen ist, beschr auf die SchadErsAnspr aus schuldh Verletzg der NachbessergsPfl od aus pVV. Beschränkg auf Nachbesserg u Ausschl v Anspr auf SchadErs umfaßt idR nicht den Schad, der dch schuldh Verl der NachbessergsPfl entstanden ist (BGH NJW **76**, 234). Der Ausschl auch des SchadErsAnspr aus Verletzg der NachbessergsPfl ist nach BGH **48**, 264 wirks, wenn dafür ein RücktrR gegeben ist – and für AGB (BGH NJW **91**, 2630). Das ist eine bedenkl Rechtlosstellg des Best. BGH BB **80**, 13 schränkt dahin ein, daß eine derart Regelg unwirks ist, wenn für den Best ein GebrMachen von dem RücktrR nach den Umst (unübersehb Schwierigk bei der Rückabwicklg) prakt nicht in Frage kommt. Beschränkg in AGB u FormularVertr vgl AGBG § 11 Nr 10b. – **Freizeichnung.** Ausschl der Wandelg 3 nach fehlgeschlagener Nachbesserg (BGH NJW **93**, 2436) sowie der endgült u gleichzeit Ausschl von Wandlg u Minderg in AGB ist auch im kaufmänn GeschVerk unwirks, selbst wenn dem Best statt dessen ein RücktrR eingeräumt ist (BGH NJW **91**, 2630). Unwirks ist formularmäß FreizeichngsKlausel, in der der Untern ohne Abtr seiner GewlAnspr gg BauBeteil seine eig GewlPfl ggü dem Erwerber einer neu errichteten od noch zu errichtd EigtWohng auf den Umfang beschr, in dem er von Dr, insbes BauHandw, Ers od Erf von GewlAnspr verlangen kann. Eine solche Vereinb ist auch in IndividualVertr unwirks, wenn sie nicht mit dem Erwerber unter ausf Belehrg über die einschneidden RFolgen eingehd erörtert worden ist (BGH NJW-RR **87**, 1035). Ist die GewlPfl des Veräußerers eines Grdst mit darauf zu errichtdem Haus od einer zu errichtd EigtWohng formularmäß ausgeschl u sind dem Erwerber die GewlAnspr gg die BauBeteil abgetreten (bdgte, subsidiäre Gewl), so ist dies dahin auszulegen, daß die EigHaftg des Veräußerers nicht ausgeschl ist, sow Mängel in seinem eig VerantwortgsBereich liegen od sow der Erwerber sich bei den aus den abgetretenen Anspr zunächst verantwortl BauBeteil tatsächl nicht schadlos halten kann (BGH **70**, 389, NJW **85**, 1551), was auch dann der Fall ist, wenn der Veräußerer, ohne daß es auf Versch ankäme, die zunächst Verantwortl nicht benennt od benennen kann (BGH NJW **80**, 282). Zur Dchsetzg der abgetretenen GewlAnspr hat der Veräußerer auch ohne bes Interesse des Erwerbers die mit den Handw abgeschlossenen WkVertr und die AbnProt herauszugeben (BGH NJW-RR **89**, 467). Der Schadloshaltg der Erwerber schlägt auch dann fehl, wenn der beteil BauUntern keine Gewähr mehr leisten muß, weil der Mangel erst nach Ablauf der für ihn geltden zweijähr VerjFr des § 13 Nr 4 VOB/B aufgetreten ist, währd der veräußernde Bauträger 5 Jahre lang haftet (BGH NJW **82**, 169). Sind iF der formularmäß Freizeichng u Abtr der GewlAnspr dem Erwerber bei dem Versuch, diese Anspr gg BauBeteil dchzusetzen, Kosten entstanden, die er von dem in erster Linie zur Gewl Verpflichteten später nicht ersetzt bekommt, so hat ihm der Veräußerer (Bauträger) diese Kosten gem § 670 zu ersetzen (BGH **92**, 123). Tritt ein Bauträger unter Ausschl der eig Haftg die Anspr gg Drittfirmen u Handw ab, so fallen darunter nicht Arch- u IngLeistgen (BGH NJW **80**, 2800). Die subsidiäre Haftg des Veräußerers entfällt, wenn die InansprN des BauUntern aus Grden scheitert, die der Erwerber zu vertreten hat, zB wenn er die abgetretenen GewlAnspr verjähren läßt (BGH DB **91**, 277). Soweit AGBG anwendb, vgl dort § 11 Nr 10a. Im Ggs zu FormularVertr entfällt die Wirkg der Freizeichng in IndividualVertr nicht ow, wenn der Versuch der SchadlHaltg aus abgetretenen GewlAnspr fehlschlägt (BGH BauR **76**, 432). Der Bauträger kann sich auf den HaftgsAusschl dann nicht berufen, wenn er es versäumt hat, in den Vertr mit den Untern die Interessen der Erwerber angem zu berücksichtigen, insb eine SicherhLeistg zu vereinb (Köln MDR **74**, 931). – **Kündigung, Zurückbehaltungsrecht.** Die Ver- 4 einbg, daß Vertr nur aus wicht Grd fristl gekünd werden kann, schließt Wandelg, nicht Minderg aus (BGH Betr **72**, 431). Das ZbR wg WkMangels kann individualvertragl wirks ausgeschl werden. Jedoch kann sich der Untern darauf nicht berufen, wenn der GgAnspr des Best unbestr od bewiesen ist u das ZbR der Höhe nach in einem angem Verh zum Gewicht des Mangels steht, dessen Beseitigg mögl, zumutb u gefordert ist (BGH WM **78**, 790). – Gewl Bürgsch vgl Einf 13, 14 vor § 765.

c) Arglistiges Verschweigen vgl § 123 Rn 2, 5–9, 11. Hat Untern nur einen od mehrere Mängel argl 5 verschwiegen, so bleibt der HaftgsAusschl hins der and Mängel wirks (RG **62**, 122).

d) Deliktshaftung ist bei der gebotenen engen Auslegg vertragl HaftgsBeschrkg grdsätzl nicht beschr od 6 ausgeschl. So haftet der Arch bei vertragl Beschrkg der Haftg auf Ers des unmittelb Schad am BauWk aus uH für die Beschädigg v Sachen des Bauherrn, die im Gebäude lagern (BGH BB **75**, 855). Soll auch die delikt Haftg iR des Zuläss ausgeschl sein, so muß sich dies ausdr od jedenf hinreichd deutl aus den Vereinbgen bzw AGB ergeben (BGH WM **79**, 435).

7   **2)** Die **VOB/B** enthält SonderVorschr in **§ 13 Nr 3**; vgl § 634 Rn 11. Die **Allgemeinen Vertragsbestimmungen zum Architektenvertrag** schließen in § 7 S 2 ErsAnspr für FolgeSchäd v Baumängeln aus, die auf fehlerh Leistg des Arch beruhen, nicht aber SchadErsAnspr wg Verl von Pfl, die nicht zu Mängeln am BauWk geführt haben, zB v NebenPfl, der KoordiniergsPfl (BGH BB **77**, 516).

638   *Kurze Verjährung.* [I] **Der Anspruch des Bestellers auf Beseitigung eines Mangels des Werkes sowie die wegen des Mangels dem Besteller zustehenden Ansprüche auf Wandelung, Minderung oder Schadensersatz verjähren, sofern nicht der Unternehmer den Mangel arglistig verschwiegen hat, in sechs Monaten, bei Arbeiten an einem Grundstück in einem Jahre, bei Bauwerken in fünf Jahren. Die Verjährung beginnt mit der Abnahme des Werkes.**
[II] **Die Verjährungsfrist kann durch Vertrag verlängert werden.**

1   **1) Die kurze Verjährungsfrist** beginnt mit Abn (§ 640), ersatzw mit Vollendg des Wk (§ 646), hilfsw mit endgült Verweigerg der Abn (BGH WM **74**, 200); bei bdgter, subsidiärer Gewl (vgl § 637 Rn 3) mit Eintr der Bdgg, dh sobald Ausfall des primär Haftden feststeht (BGH NJW **81**, 2343, NJW **87**, 2743). Die Abn des ArchWk fällt nicht ow mit Abn des BauWk zus, sond setzt grdsätzl Vollendg des ArchWk voraus (BGH **125**, 111). Dazu gehört idR auch Prüfg aller Rechngn, uU sogar Mitwirkg bei Mangelbeseitigg (BGH VersR **78**, 565).

2   **a) Sie gilt** für alle Anspr des Best nach §§ 633–635, also für den Anspr auf Nachbesserg einschl des AufwendgsErsAnspr aus § 633 III (BGH **19**, 319, NJW **87**, 3254) u für die GewlAnspr auf Wandelg, Minderg u SchadErs. Ebso für den SchadErsAnspr wg NichtErf von GewlPfl inf Konkurseröffng (BGH **95**, 375) u aus c.i.c., sow er sich mit dem Anspr aus § 635 deckt (BGH NJW **69**, 1710) od auf falscher Beratg beruht, die sich auf einen Mangel od auf eine Eigensch bezieht, von der die vertragsmäß VerwendgsFähigk des Wk abhängt (BGH MDR **85**, 316). Es macht keinen Unterschied, ob der Vertr die Herstellg eines körperl od unkörperl Wk (vgl Einf 1 vor § 631) zum Inhalt hat (Stgt NJW-RR **87**, 913).

3   **b) Sie gilt nicht** für das RücktrR nach § 636. Ferner nicht, wenn Untern den Mangel od das Fehlen einer zugesicherten Eigensch spätestens bei Abn, ersatzw bei Vollendg des Wk (BGH **62**, 63) argl verschwiegen hat (§ 123 Rn 5–9); gilt auch für VOB (Kln BauR **91**, 468); dann gelten §§ 195, 852. Arglistig verschweigt, wer sich bewußt ist, daß ein best Umst für die Entschließg des VertrPartners erhebl, er nach Treu u Gl diesen Umst mitzuteilen verpfl ist u ihn trotzdem nicht offenbart. Nicht erfdl sind, daß der Untern die Folgen der vertrwidr Ausf bewußt in Kauf nimmt, SchädiggsAbs u Streben nach eig Vortl (BGH NJW **86**, 980). Inwiew sich der Untern argl Verschweigen dch seine Leute zurechnen lassen muß, hängt davon ab, ob sie seine ErfGeh bei der OffenbargsPfl sind, vgl § 278 Rn 16, 17. Das ist jedenf, wer bei der Abn des Wk mitwirkt, zB der Bauleiter; ein untergeordneter Prüfer dann, wenn der Mangel schwer u nur kurzfrist in seinem ArbAbschn feststellb ist (BGH **62**, 63). Außerd hat der HauptUntern, der die WkLeistg einem SubUntern zur eigverantwortl Ausf überläßt, ohne diese selbst zu überwachen u zu prüfen, dem Best ggü das argl Verschweigen eines Mangels dch den SubUntern gem § 278 zu vertreten (BGH **66**, 43). Dem argl Verschweigen steht gleich, wenn der Untern, der ein BauWk arbeitsteil herstellen läßt, nicht die organisator Vorauss schafft, um sachgerecht beurteilen zu können, ob das Wk mängelfrei ist u wenn der Mangel bei richt Organisation entdeckt worden wäre (BGH **117**, 318; abl Rutkowsky NJW **93**, 1748, zust Kniffka ZfBR **93**, 255). Die kurze VerjFr gilt mit Ausn der vorstehd Rn 2 genannten Fälle ferner nicht für SchadErsAnspr wg MangelfolgeSchäd aus pVV (vgl Vorbem 23, 25 vor § 633; BGH **46**, 238, NJW **76**, 1502, NJW **83**, 2439; MehrAufw des Best nach Künd aus wicht Grd, BGH **87**, 239, BGH WM **85**, 663); dafür gilt § 195 (aA Ganten VersR **70**, 1080 u VersR **72**, 540, Todt BB **71**, 680, Laufs/Schwenger NJW **70**, 1817, Schmitz NJW **73**, 2081, Michalski NJW **88**, 793, Ackmann JZ **92**, 670). Für solche SchadErsAnspr aus pVV, die mit Mängeln nichts zu tun haben, sond der Verletzg von NebenPfl beruhen, gilt § 638 keinesf (BGH DB **74**, 232); zur VOB vgl unten Rn 17. Bremen OLGZ **79**, 226 wendet § 638 bei Vorliegen eines Mangels auf alle SchadErsAnspr an ohne Unterscheid nach der AnsprGdl, FrBeginn aber erst ab frühest mögl Erkennbk des Schad. Nicht § 638, sond § 195 gilt für Anspr aus selbstd Garantie Übern (vgl Vorbem 9 vor § 633). Schließl ist für Anspr aGrd vollzogener Wandelg, da nur der Anspr auf, nicht aber der aus Wandelg der kurzen Verj unterliegt (BGH NJW **58**, 418); ebso u aus den gleichen Grden bei Anspr aGrd eines Vergl über Mängelhaftg.

4   **c) Vertragliche Verkürzung oder Verlängerung,** letzteres in Ausn zu § 225, ist mögl. Geschieht häuf bei unselbstd **Garantie** (vgl Vorbem 6–8 vor § 633), deren Übern für eine best Fr versch Bedeutg haben kann; vgl § 477 Rn 21 u BGH **75**, 75. Verkürzg in AGB ist bei BauWk auch ggü Kaufleuten als Bestellern unwirks (BGH **90**, 273). Auch mittelb Verkürzg in AGB ist unwirks (BGH **122**, 241: KfzRep, Beschrkg der Gewl auf Fahrleistg). Bei unwirks Aussch der Verj gilt die ges Regelg (BGH NJW **88**, 1259).

5   **d)** Sie wird **gehemmt** u **unterbrochen** nach den allg Vorschr (§§ 202 ff), zusätzl nach § 639 iVm § 477 II, III u nach § 639 II. Vgl § 639 Rn 4–6 dort u § 477 Rn 14–17.

6   **e)** § 852 gilt unabhäng von § 638, falls wg des Mangels neben dem SchadErsAnspr aus § 635 auch ein solcher aus §§ 823 ff besteht (BGH **55**, 392 u WM **77**, 763).

7   **2) Die Dauer der Frist** ist unterschiedl je nach dem Ggst der WkLeistg. – **a) Bei beweglichen Gegenständen** beträgt sie 6 Monate. Darunter fallen SachWk u unkörperl Wk (Einf 1 vor § 631), sow sie nicht Grdstücke od BauWk betreffen. MangelfolgeSchäd aus fehlerh Gutachten unterliegen nach hM den Verj-Vorschr der pVV, aA Schubert BB **75**, 585.

8   **b) Bei Grundstücken** ein Jahr. Arb ist tats zu verstehen, zB Ausschachtg, Aufschüttg, Drainage, Sprengg u die Plang hierfür (BGH **121**, 94), Grdst auch als RBegr. Darunter fallen also in Abgrenzg zu vorstehd Rn 7 als Unterfall auch Arb an einem auf dem Grdst errichteten Gbde, sofern das Wk eng mit dem Gbde verbunden wird u auf Dauer verbunden bleiben soll (BGH NJW **70**, 942, WM **91**, 1804). Bsp: Erneuerg eines Hausanstrichs zur Verschönerg der Fassade (Köln NJW-RR **89**, 1181), nachträgl Herstellg eines Dachgartens auf der Dachterrasse eines fert Wohnhauses (Mü NJW-RR **90**, 917), Umbau einer Be-

leuchtgsAnl in Hühnerställen unter weitgehder Verwendg bisheriger Tle (BGH NJW **77**, 2361), Wiederherstellg des StrKörpers nach Einbau einer VersorggsLeitg (BGH WM **94**, 1577); uU nachträgl Einbau einer AlarmAnl in ein Wohnhaus, grds auch dch den Mieter (BGH WM **91**, 1804).

c) Bei **Bauwerken** 5 Jahre. Der Begr ist weiter als Gbde, umfaßt Neu-, Auf-, Um-, An-, Einbau, Hoch- 9 u Tiefbau, andrers muß die Arb nicht gebäude-, sie muß aber grdstbezogen sein. BauWk ist demnach eine unbewegl dch Verwendg v Arb u Material iVm dem Erdboden hergest Sache (BGH **57**, 60). Der Grd für die längere Fr liegt darin, daß Mängel hier oft später u schwerer erkennb u für die Substanz bes nachteil sind. **Kein Bauwerk:** Heizöltank, der ledigl in das Erdreich eingebettet u an die vorh Ölzufuhrleitg angeschlos- 10 sen wurde (BGH NJW **86**, 1927), Kanalisation, Markise über bewegl aufstellb Wintergarten (Kln VersR **90**, 436), Herstellg eines Gartens auf einer Dachterasse (Mü MDR **90**, 629), Einbau einer AlarmAnl in ein Wohnh (Ffm NJW **88**, 2546), Anbringg einer Lichtreklame an einem GeschHaus (Hamm NJW-RR **90**, 789, Mü BauR **92**, 631; aA Hamm NJW-RR **95**, 213), Rep einer mit dem Gbde nicht fest verbundenen Markise (Hamm NJW-RR **92**, 1272), Reparatur der Wärmepumpe einer HeizgsAnl (Köln NJW-RR **95**, 337), Anbringg von Reklameschildern am Gbde (Mü BauR **92**, 631). – **Bauwerk:** Rohrbrunnen (BGH **57**, 60), 11 GleisAnl der BBahn (BGH MDR **72**, 410), Gasrohrnetz (BGH **121**, 94), Splittdecke auf Tankstellengelände (BGH MDR **64**, 742). Als Zufahrt diende Hofpflasterg, bestehd aus Betonformsteinen auf einem Schotterbett (BGH NJW-RR **92**, 849) od auf einer Kiestragschicht (BGH NJW-RR **93**, 592) od aus Verbundsteinen (Kln NJW-RR **93**, 593), Ausschachtg der Baugrube (BGH **68**, 208); Einbau eines Kachelofens (Kblz NJW-RR **95**, 655) von ZentralHeizgen, Aufzügen; Einbau einer PapierentsorggsAnl mit all ihren Tlen in VerwGbde (BGH NJW **87**, 837). UU in die Erde eingelassenes Schwimmbecken aus genormten Fertigteln (BGH NJW **83**, 567); als Ladengeschäft genutzte Containerkombination (BGH **117**, 121). Der Untern braucht den Einbau nicht selbst vorzunehmen. Liefergen von FertBautlen sind Arb an einem BauWk nur, wenn der Untern stat Berechngen anstellt u individuellen VerleggsPlan mitliefert (BGH NJW **68**, 1087), sonst nicht (KG OLGZ **80**, 462). Auch Herstellg einz Tle genügt (BGH **19**, 319). Ebso Erneuergs- u UmbauArb an einem bereits errichteten BauWk, wenn sie für Konstruktion, Bestand, Erhaltg od Benutzbark des Gbdes von wesentl Bedeutg sind u wenn die eingebauten Tle mit dem Gbde fest verbunden werden. Bsp: DachRep (BGH **19**, 319); Isolierg der Kelleraußenwände v Verlegg von Drainageröhren (BGH NJW **84**, 168); Spezialfußbodenbelag (BGH **53**, 43); Nachträgl Verlegg eines Teppichbodens mittels Klebers in eine Wohng (BGH NJW **91**, 2486); Einbau einer, auch nicht tragden Decke (Kln NJW-RR **89**, 209), einer KlimaAnl (BGH NJW **74**, 136), einer serienmäß hergestellten Einbauküche unter Anpassg an die bes Wünsche des Best (BGH NJW-RR **90**, 787, Kln NJW-RR **95**, 818); Einbau einer AlarmAnl in ein Kaufhaus (Hamm NJW **76**, 1269; offen gelassen bei Wohnhaus, BGH WM **91**, 1804); uU fester Einbau einer BeschallgsAnl mit Dolmetscherkabine in einen Hotelballsaal (Schlesw NJW-RR **88**, 1106); Umbau eines Hühnerstalls, Einbau serienmäß hergestellter Legebatterien (BGH NJW **77**, 2361); Umbau einer Scheune in ein Schweinestall, auch unter Verwndg von FertTln (Hamm NJW-RR **89**, 1048); Erneuerg der Elektroinstallation einer WkStätte (BGH NJW **78**, 1522); umfangreiche MalerArb, die iR eines grdlegden Umbau-Vorh der vollständ Renovierg eines Hauses dienen (BGH NJW **93**, 3195); je nach Ausf Errichtg einer HoftorAnl (Kblz NJW-RR **89**, 336). Gilt für Mängel des BauWk auch, wenn der Vertr auf Errichtg eines Grdst mit einem vom Verk darauf zu errichtden Haus gerichtet ist; vgl mehr § 633 Rn 4. – Bearbeitet ein **Subunternehmer** im Auftr des HauptUntern vor dem Einbau einen Ggst für ein best Gbde, so handelt es 12 sich, auch wenn die Arb nicht auf der Baustelle ausgeführt wird, im Verh Haupt/SubUntern um Arb bei einem BauWk (BGH **72**, 206); ebso bei Beauftragg eines SubUntern jedenf dann, wenn dieser die Zweckbest seiner Leistg kennt (BGH BB **90**, 1374) u bei Herstellg unvertretb Sachen aGrd WkLiefergsVertr zur Verwendg in einem best BauWk (BGH NJW **80**, 2081). – **Die Planungsarbeit des Architekten** u and 13 Sonderfachleute ist je nach ihrem Inhalt Arb am Grdst od am BauWk. Anspr gg Arch verjähren daher, falls es sich nicht ausnahmsw um einen DVertr handelt (Einf 7 vor § 631), in 1 Jahr (BGH **121**, 94: Fehler bei Erstellg von Plänen eines im Boden verlegten LeitgsNetzes im Hinbl auf künft UnterhaltgsMaßn), od in 5 Jahren (BGH **37**, 344: Bauplan). Die Fr beginnt, wenn der Arch alles getan hat, was ihm nach dem Vertr obliegt (BGH **125**, 111), beim nur planenden Arch, sobald der Bauherr den Entwurf als vertrgem Leistg entggnimmt (BGH BB **92**, 950). Sonst gehört dazu vielf auch ObjÜberwachg auf abnahmefäh Herstellg (BGH RsprBau **§ 635 Nr 92**), Prüfg u Feststellg der Rechngen, Überwachg der GewlAnspr u -Fr. Das gilt auch, wenn sich die FertStellg des BauWk wider Erwarten auf Jahre hinzieht (Kln NJW-RR **92**, 1173). Die Fr beginnt auch mit Künd dch Arch od Bauherrn (BGH NJW **71**, 1840). Bei subsidiärer Haftg des Arch beginnt, auch wenn im Vertr anal vereinb, die Verj erst, wenn das Unverm der Untern feststeht (BGH NJW **87**, 2743). Auch Anspr des Bauherrn bzw des Arch gg **Statiker** wg eines Fehlers, der zu einem Mangel des BauWk geführt haben, verjährt in 5 Jahren (BGH **48**, 257, **58**, 85). Ebso Anspr des Bauherrn bzw Arch gg den **Ingenieur,** der die Projektierg von Sanitär-, Heizgs- u ElektroArb erstellt hat (Mü NJW **74**, 2238), gg den beratden Ing, der in einem Gutachten einen SaniergsVorschlag macht (BGH JZ **87**, 682), sowie Anspr gg den **Vermessungsingenieur** wg falscher Einmessg u Absteckg des Hauses auf dem Grdst (BGH **58**, 225). In 1 Jahr wg Fehlers bei der Erstellg von Plänen eines im Boden verlegten LeitgNetzes im Hinbl auf künft UnterhaltgsMaßn (BGH **121**, 94). Gleiches gilt für Anspr des Bauherrn gg den Ersteller eines geolog BauGrdGutachtens (BGH **72**, 257). Wg der Abn der vorgenannten Leistgen vgl § 640 Rn 2–4.

3) Ansprüche des Unternehmers verjähren nach §§ 196 I Nr 1, 7, II, 201; auch die eines BauUntern, der 14 nicht selbst Kaufm od Handw ist (BGH **39**, 255). Auch die des Arch (BGH **59**, 163) u die eines gewerbsm Baubetreuers (Nürnb MDR **73**, 48, Kln Rspr Bau Z 7.25 Bl 1). Auch der für Erw des GrdstAntl u Herst einer EigtWohng od für Erwerb von TlEigt an noch herzustellden Praxisräumen einheitl vereinb VergütgsAnspr (BGH **72**, 229 u WM **81**, 588). Beginn mit Schluß des Jhr, in dem die Abn erfolgt ist, auch wenn der Untern noch keine Schlußrechng erteilt hat (BGH **79**, 176). Plang von UnterhaltgsMaßn für ein im Boden verlegtes GasleitgsNetz (BGH DB **93**, 1567).

4) Beweislast beim Untern für die Vorauss der Verj, beim Best wg des AusnCharakters für argl Ver- 15 schweigen (BGH WM **75**, 525), für vereinb Verlängerg.

16   **5) Sonderregelungen** gehen dem § 638 vor. Solche sind enthalten – **a)** für handelsrechtl **Beförderungs-verträge** in §§ 414, 439 HGB, 94 EVO, 40 KVO, 32 CMR (1 Jahr), 64 ADSp (8 Mon).

17   **b)** In der **VOB/B** beträgt die VerjFr nach **§ 13 Nr 4** für Arb an einem Grdst 1 Jahr, beginnend mit der Abn, für in sich abgeschl Teile der Leistg mit der TeilAbn gem § 12 Nr 2a, für BauWk u Holzkrankgen 2 Jahre, wobei aber die GewlRegelg der VOB/B isoliert, dh ohne deren übr Regelgen formularmäß nicht wirks vereinb werden (BGH **96**, 129), jedenf nicht zu einer Verkürzg der VerjFr führen kann (BGH **100**, 391). Nr 4 gilt auch, wenn der AuftrNehmer verbotswidr die Leistg einem u Untern übertr u dieser mangelh geleistet hat (BGH **59**, 323); Nr 4 gilt nicht bei argl Verschweigen eines Mangels, dann 30 Jahre (BGH WM **70**, 964). Bei fristgerechter Rüge verlängert sich die VerjFr ab Zugang des BeseitiggsVerlangens um die in Nr 4 genannten Fristen, auch wenn vertragl eine längere Fr vereinb war (BGH **66**, 142, WM **77**, 823). Nach Abn der MängelbeseitiggsLeistg beginnt mangels abw Vereinb gem § 13 Nr 5 Abs 1 S 3 VOB/B für diese die VerjFr neu, auch dann, wenn sie abw von § 13 Nr 4 vertragl länger vereinb ist (BGH **58**, 7), u zwar die vertragl vereinb (BGH NJW **87**, 381), sonst die RegelFr in Nr 4. – Nr 4 gilt auch für die **Schadens-ersatzansprüche nach § 13 Nr 7**, sow es sich um WkMängel handelt, nach Abn auch für Mängel, die bereits bei BauAusf erkannt wurden, § 4 Nr 7 (BGH **54**, 352). Gilt auch für MangelfolgeSchäd gem § 13 Nr 7 Abs 2 (BGH NJW **72**, 1280). SchadErsAnspr vor Abn (§ 4 Nr 7 S 2) verj in 30 Jahren (BGH MDR **72**, 410). Für SchadErsAnspr aus pVV, die mit WkMängeln nichts zu tun haben, gilt, wie oben Rn 3 auch im Bereich der VOB die 30jähr VerjFr, denn die VOB befaßt sich in § 13 nur mit WkMängeln, nicht mit der allg VertrHaftg des Untern; für eine zu § 638 unterschiedl Beurteilg besteht kein rechtfertigder Grd. So im Ergebn für Schäd, die nicht MangelfolgeSchäd sind, auch BGH VersR **66**, 1154. Für ErsAnspr, die außer aus § 13 Nr 7 VOB auch aus §§ 823ff begründet sind, gilt insow die VerjFr des § 852 (BGH **61**, 203; abl Finger NJW **73**, 2104). Für den **Anspruch des Unternehmers auf Schlußzahlung** beginnt die VerjFr mit dem Ende des Jahres zu laufen (§ 201), in das der nach § 16 Nr 3 (vgl § 641 Rn 6) zu bestimmde FälligkZtpkt fällt (BGH NJW **68**, 1962); dies auch, wenn die SchlußRechng verspätet eingereicht wurde (BGH NJW **71**, 1455, BauR **77**, 354).

639   *Unterbrechung und Hemmung der Verjährung.* [I] **Auf die Verjährung der im § 638 bezeichneten Ansprüche des Bestellers finden die für die Verjährung der Ansprüche des Käufers geltenden Vorschriften des § 477 Abs. 2, 3 und der §§ 478, 479 entsprechende Anwendung.**
[II] **Unterzieht sich der Unternehmer im Einverständnisse mit dem Besteller der Prüfung des Vorhandenseins des Mangels oder der Beseitigung des Mangels, so ist die Verjährung so lange gehemmt, bis der Unternehmer das Ergebnis der Prüfung dem Besteller mitteilt oder ihm gegen-über den Mangel für beseitigt erklärt oder die Fortsetzung der Beseitigung verweigert.**

1   **1) Die Verweisung auf das Kaufrecht** (I) ergänzt die Regelg des § 638 u bedeutet: – **a) Unterbrechung der Verjährung durch selbständiges Beweisverfahren** (§§ 485ff ZPO) für den dort vom ansprberecht (BGH NJW **93**, 1916) Besteller geltd gemachten Mangel (vgl § 477 II). Verf auf Antr des Untern zur Feststellg der Mangelfreih unterbricht nicht (Düss NJW-RR **92**, 1174). Auch wenn der Best Mängelerscheing an best Stellen bezeichnet, macht er damit den Mangel selbst in vollem Umfang an allen Stellen seiner Ausbreitg geltd (BGH BB **88**, 2415). Dabei ist jeder WohngsEigtümer auch ohne bes Ermächtigg befugt, zur Feststellg von Mängeln am gemschaftl Eigt ein BewVerf zu beantragen (BGH WM **79**, 1364). Es unterbricht die Verj seiner GewlAnspr o Rücks darauf, ob sie gemeinschaftl verfolgt werden müssen (BGH NJW **91**, 2480). Mit der Beendigg des Verf (vgl § 477 Rn 15, ThP § 492 Rn 3) beginnt die VerjFr neu zu laufen, § 212 gilt nicht (BGH **53**, 43). Ein BewAntr in einem laufden Proz steht dem selbständ BewAntr nicht gleich (BGH **59**, 323). Auf mietr Anspr nicht entspr anwendb (BGH **128**, 74).

2   **b) Unterbrechung oder Hemmung für einen der Gewährleistungsansprüche** (Wandelg, Minderg, SchadErs, §§ 634, 635) hat Unterbrechg od Hemmg auch für die and auf denselben Sachverhalt gestützten GewlAnspr zur Folge (vgl § 477 III). Das gilt entspr bei Unterbrechg od Hemmg des Mängelbeseitiggs-Anspr gem § 633 II (BGH **39**, 189, 287 [293]) u des AufwErsAnspr für die Mängelbeseitigg gem § 633 III (BGH **58**, 30), ohne daß es darauf ankommt, ob die Mängel iW der Nachbesserg beseitigt werden können (BGH **66**, 367). Dabei unterbricht die Kl auf Ers der vom Best für eine erfolgreiche MängelBeseitigg aufgewendeten Kosten nicht, über den eingeklagten Betr hinaus, die Verj eines Anspr auf Ers v Aufw für weitere Maßn zur Beseitigg desselben Mangels (BGH **66**, 142). Dagg unterbricht die Kl des Best auf Zahlg eines best Betr als Vorschuß zur Behebg eines Mangels (vgl § 633 Rn 9) auch die Verj des späteren mit zweitl Kostensteigergen begründeten Anspr auf Zahlg eines höheren Vorschusses zur Behebg desselben Mangels (BGH **66**, 138).

3   **c) Bei rechtzeitiger Anzeige** vor od nach Beginn der VerjFr (BGH LM Nr 2), rechtzeit Antr auf selbständ BewVerf od Streitverkündg bleiben ggü dem WerklohnAnspr die Einr der Wandelg, Minderg (BGH **121**, 168; vgl § 478) u des ZbR, auch ggü dem Anspr auf Herausg der Urk über die GewlBürgsch (Köln WM **94**, 2277) erhalten. Dabei erstreckt sich die Anz des ErscheinungsBildes des gerügten Mangels auf alle Mängel, auf die das angezeigte ErscheinungsBild zurückgeht (BGH NJW-RR **89**, 667); ebso wenn der Untern best Mangelerscheingen anerkennt (BGH **110**, 99). Unter den gleichen Vorauss u bei argl Verschweigen des Mangels kann der Best mit einem verj SchadErsAnspr aus § 635 u mit einem verj AufwErs-Anspr aus § 633 III ggü dem VergütgsAnspr des Untern aus demselben WkVertr (BGH NJW **87**, 3254) noch aufrechnen (vgl § 479), auch wenn dieser Anspr erst nach Ablauf der VerjFr entstanden ist (BGH **50**, 21). Schriftl NachbessergsVerlangen (§ 13 Nr 5 VOB) unterbricht Verj des Nachbessergs- u der GewlAnspr (BGH DB **72**, 1766), auch wenn im EinzFall Mängelbeseitigg nicht in Betr kommt od nicht zum Erfolg führen kann (BGH NJW **74**, 1188).

4   **2) Prüfung des Mangels (II).** Die VerjHemmg erstreckt sich nicht nur auf die vom Untern nachgebes-serte Mangelerscheing, sond auf alle vorh Mängel, die für dieses MangelerscheingsBild ursächl waren;

dasselbe gilt für die neue VerjFr (BGH **108**, 65, **110**, 99). Gleichgült ist, ob der Untern die Mängel „ohne Anerkenng einer RPfl" untersucht (BGH WM **77**, 823) u ob der Mangel behebb ist (BGH **66**, 367). Prüfg ist auch, wenn der Untern die MangelAnz des Best zur weiteren Veranlassg seiner HaftPflVers zuleitet (BGH NJW **83**, 163) oder wenn ein Sachverst im Auftrag des Untern od im beiderseit Einverständn tät wird (Köln NJW-RR **95**, 692). Solange Untern sein Wk im Einverständn mit dem Best auf gerügte Mängel untersucht od daran Mängel zu beseitigen versucht (BGH **48**, 108), ist Verj mit der Wirkg des § 205 gehemmt. Einverständn ist jedes Verhalten des Best, aus dem zu entnehmen ist, daß er die Prüfg billigt; erfährt er von der Prüfg erst später, so wirkt das Einverständn nicht auf ihren Beginn zurück (BGH DB **83**, 107, Usinger NJW **82**, 1021; dort auch zu Einverständn u Hemmg bei Mängeln am Gemsch- u SonderEigt). Die Verj wird auch dann gehemmt, wenn der Untern zwar das Wk eines Dr prüfen will, die Prüfg aber obj auch das eig Wk betrifft u er damit rechnen muß, daß der Best von ihm auch die Prüfg des eig Wk erwartet (BGH NJW **78**, 2393). Der verjhemmde Umst wirkt idR nur ggü demjen Untern, in dessen Pers er vorliegt; and kann es sein, wenn mehrere Untern gemeins die Herstellg des näml Wks schulden (BGH ZfBR **94**, 17). – **Die Verjährungshemmung endet,** wenn der Untern dem Best beim Beendigg seiner NachbessergsArb **5** das Erg seiner Bemühgen mitteilt, die Mängel als beseitigt erklärt od weitere Mängelbeseitigg ablehnt; BewLast beim Untern (BGH ZfBR **94**, 17). Bei mehrf Prüfgen mag zweifelh sein, wann die Vorauss nach Abs II gegeben sind, die Hemmg also behoben ist; Sache des Tatrichters ist es, zu entsch, ob auch mehrf Prüfgen als einheitl Prüfg zu bewerten sind (BGH NJW **63**, 811). Vereinbaren die Part förml Abn der NachbessergsLeistg bzw Einholg eines Schieds- od SachverstGutachtens über die gerügten Mängel, ist die Verj gehemmt bis zur alsbald Durchf dieser Abn (Düss BauR **93**, 747) bzw bis das Gutachten den VertrPar-teien vorliegt od sie die SchiedsgutachtenVereinbg einvernehml aufheben (Hamm NJW **76**, 717). – **Analoge 6 Geltung** für WkLiefergsVertr über vertretb Sache u KaufVertr, wenn die Part vorrang einen Nachbessergs-Anspr vereinb haben (Ffm DB **82**, 2397) od wenn sich der Verkäufer ohne solche Vereinb im Einverständn des Käufers um die Mängelbeseitigg bemüht (BGH NJW **84**, 1525), u für den AufwErsAnspr nach § 633 III; seine Verj ist also gehemmt, solange der Best berecht den Mangel selbst od dch einen and Untern beseitigt od zu beseitigen versucht. – FrSetzg (§ 634) hemmt nicht. Nicht jede Nachbesserg auf Verlangen des Best ist zugl Anerk iS des § 208 (BGH WM **87**, 1200).

3) VOB/B. Beide Abs des § 639 u die in Rn 2 dargelegten Grds gelten auch für BauVertr, die der VOB **7** unterstellt sind (BGH **121**, 168 für Abs I), weil auch im Hinblick auf die Sonderregel der Verj (vgl § 638 Rn 17) für eine unterschiedl Behandlg kein Grd ersichtl ist. Das schriftl NachbessergsVerlangen gem § 13 Nr 5 unterbricht die Verj des Nachbessergs- u der GewlAnspr nur, wenn es ggü dem Untern, nicht wenn es ggü dem Bü erklärt worden ist (BGH **95**, 375), u zwar o Rücks darauf, ob im EinzFall Mängelbeseitig in Betracht kommt u zum Erfolg führen kann (BGH **62**, 293). Bei gemeins Errichtg eines BauWks dch Eheg unterbricht idR die Klage des einen von ihnen, auch wenn er Leistg an sich allein verlangt (BGH **94**, 117). Wird die gem § 13 Nr 5 erneut in Lauf gesetzte VerjFr dch Anerk unterbrochen, so wird sie dch nochmal schriftl Auffdg zur MängelBeseitigg nicht weiter verlängert (BGH NJW **78**, 537). Die schriftl Auffdg zur Mängelbeseitigg kann auch sonst nur einmal die VerjFr verlängern (BGH VersR **91**, 442).

640 *Abnahme.* [1] **Der Besteller ist verpflichtet, das vertragsmäßig hergestellte Werk abzu-nehmen, sofern nicht nach der Beschaffenheit des Werkes die Abnahme ausgeschlossen ist.**

[2] **Nimmt der Besteller ein mangelhaftes Werk ab, obschon er den Mangel kennt, so stehen ihm die in den §§ 633, 634 bestimmten Ansprüche nur zu, wenn er sich seine Rechte wegen des Mangels bei der Abnahme vorbehält.**

1) Die **Abnahme** ist eine HauptPfl des Best; bei mehreren Untern vgl § 631 Rn 9–11. Bei Verz od **1** NichtErf gelten § 644 I 2 u die allg Vorschr. Berecht Verweiger der Abn vgl Vorbem 3 vor § 633. Bei Streit Kl auf Abn u Vergütg. ZwVollstr der Abn nach ZPO § 888. Ob der Arch zur rgeschäftl Abn bevollm ist, hängt vom Umfang seiner Vollm im EinzFall ab. Jedenf ist er verpfl, auf die Wirkg der vorbehaltl Abn hinzuweisen, wenn er eine VertrStrafVereinbg kennt od kennen muß (BGH BB **79**, 910).

a) Begriff. Unter Abn „des vertrmäß hergestellten Wk" ist desh idR zu verstehen die **körperliche 2 Hinnahme** iW der BesÜbertr, verbunden mit der Billigg des Wks als in der Hauptsache vertrgem Leistg (BGH **48**, 257 [262], BGH NJW **93**, 1972). Best iS des § 640 ist auch hinsichtl des GemschEigt jeder einz Erwerber des WohngsEigt (BGH NJW **85**, 1551). Abn dch einen Dr, zB Kunden des Kunden, genügt nur, wenn der Best die Erkl des Dr aGrd Ermächtigg od aus and Grden gg sich gelten lassen muß (BGH NJW-RR **93**, 1461). Die Anerkenng kann auch dch schlüss Hdlg geschehen, setzt aber bei nichtkörperl Wken eine angem PrüfgsZt voraus (BGH WM **92**, 1579: SachverstGutachten). Bsp: Dem Untern ggü zum Ausdruck gekommene Ingebrauchn des im wesentl funktionstüch Wk (BGH NJW **74**, 95). Ingebrauchn ist nicht die erste feststellb NutzgsHandlg, zB Einzug in eine Wohng, sond die anschließe Nutzg; es ist also von der ersten Aufn der Nutzg an eine gewisse von den Umst des Einzelfalles abhäng NutzgsZeit erfdl, um schlüss Abn bej zu können (BGH NJW **85**, 731), zB nach Abholg eines reparierten Kfz wen Tage od 50 km FahrLeistg (Düss NJW **95**, 142). Auch bei Herstellg einer EDV-Anl als ganzes oder von Software od ihrer Anpassg (Kln NJW-RR **92**, 1327) ist Abn od Vollendg erst anzunehmen, wenn das Benutzerhandbuch, ggf auch Konstruktionszeichngen u weitere Unterlagen (BGH NJW-RR **93**, 1461) ausgehändigt sind (BGH NJW **93**, 1063) u die Anl nach Einweisg des Personals eine gewisse Zt im Betr des Best mangelfrei gearbeitet hat (Düss DB **89**, 520, Hamm NJW **89**, 1041: enttgstehde Vereinbg in AGB ist unwirks, Hamm NJW **90**, 1609) od wenn der Best trotz Kenntn des Mangels die Software eine gewisse Zt lang produkt einsetzt (Mü NJW **91**, 2158). Der Abn dch schlüss Hdlg steht nicht entgg, daß im Vertr förml Abn vorgesehen ist, wenn unzweideut feststellb ist, daß die Part auf vereinbarte förml Abn dch schlüss Verhalten verzichtet haben (BGH NJW **93**, 1063); dabei ist unerhebl, ob die Part die Vereinbg über die förml Abn vergessen hatten (BGH WM **77**, 825). Bestehen auf vereinb formularmäß Abn kann gegen Tr u Gl verstoßen (BGH NJW

90, 43). Allein die Androhg der ErsVorn (Vorbem 8 vor § 633) bereits vor der Abn festgestellter Mängel ist
3 keine schlüss Abn (BGH BauR **94**, 245). – **Bloße Anerkennung.** Ist die körperl Hinnahme nach der
Beschaffenh des Wk ausgeschl, zB Arb am Grdst od Haus des Best, nichtkörperl Leistgen des Arch (BGH
37, 341 [345]), des Statikers (BGH **48**, 257 [263]), des Sachverständ (BGH WM **92**, 1579), des Frachtführers
(BGH NJW-RR **89**, 160), des Gutachters (BGH NJW-RR **92**, 1078: angemessene PrüfgsZeit), so besteht die
Abn nur in der vorstehd erwähnten Anerkenng nach Erbringg aller vertragl geschuldeten Leistgen (BGH
125, 111). Ist der Arch auch die Überprüfg des BauVorh auf Mängel innerh der für die HandwLeistgen
geltdn GewlFristen übertr, so ist seine Leistg erst nach Ablauf dieser Fr vollst erbracht (Kln VersR **93**, 100).
Anspr auf TeilAbn nach einer best LeistgsPhase hat er nur aGrd einer entspr Vereinbg (BGH **125**, 111). Zur
4 TeilAbn einer EigtWohnAnl vgl BGH WM **83**, 1104. – **Vollendung.** Ist auch die Anerkenng nach der
Beschaffenh des unkörperl Wk ausgeschl, zB TheaterAuffführg, Beförderg (Düss NJW-RR **94**, 1122), gilt
§ 646. Die Abn der ledigl planer ArchLeistg, der Statiker-, VermessgsIngLeistg u des geolog BauGrdGut-
achtens eines Sachverst liegt nicht erst in der Abn des BauWk, sond in der Abn ihres jeweil geist Wk (BGH
DB **74**, 40), zB dch Zahlg der Rechng (BGH **72**, 257), dch Verwertg ihrer Arb. Handelt es sich um einen
WkLiefergsVertr auf Herstellg u Übereigng eines BauWk (nur ScheinbestandTl eines dem Best nicht gehör
Grdst), so kann die Abn (Überg od EigtVerschaffg) schlüss, je nach den getroffenen Vereinbgen schon im
sukzessiven Einbau der Materialien liegen, jedenf dann, wenn sich die Partner hinsichtl Bes- u EigtÜber-
gang einig bleiben (BGH NJW **76**, 1539).

5   **b) Wirkung:** Der urspr allg ErfAnspr erlischt u konkretisiert sich auf Mangelbeseitigg (vgl Vorbem 3, 4 vor
§ 633; aA Blaese, vorstehd Rn 2). Beginn der VerjFr (§ 638), Gefahrübergang (§§ 644, 645). Fälligkeit (§ 641),
BewBelastg des Best (§ 633 Rn 10), möglicherw Rügeverzicht (II) u Verz auf VertrStrafe nach § 341 III.

6   **2) Vorbehaltlose Abnahme trotz Mangelkenntnis** (II) führt zum Verlust der Anspr aus §§ 633, 634 u
der Einr des nichterf Vertr. Erhalten bleibt der SchadErsAnspr in Geld einschl der MangelbeseitiggsKosten
aus § 635 u pVV (BGH **77**, 134, **127**, 378 [384f]). Fortges Gebr kann Verz sein, wenn nicht im Interesse des
Untern u nach § 254 II geboten; vgl auch § 634 Rn 7, § 635 Rn 6. Die Kenntn muß sich auf den Mangel u
darauf erstrecken, daß dch ihn der Wert od die Tauglichk des Wk gemindert ist. Kennenmüssen steht der
Kenntn nicht gleich. Die Kenntn hat der Untern, einen Vorbeh bei Abn hat der Best zu bew.

7   **3) § 12 VOB/B** regelt die Abn im einz. **Nr 1** bestimmt eine **Frist** von 12 WkTagen zur Abn ab Verlangen
des Untern nach Vollendg. Nach **Nr 2a** ist Best zur Abn in sich geschlossener, od Teil- **Nr 2b** solcher **Teillei-
stungen** verpfl, die inf der weiteren Ausf nicht mehr prüf- u feststellb sind. Dabei ist Nr 2b ledigl eine techn
Abn ohne die übr Wirkgen gem Rn 5 (BGH **50**, 260). **Nr 3** gibt dem Best das R zur **Abnahmeverweige-
rung** nur wg wesentl (Verschärfg ggü BGB) Mängel. Nach **Nr 4** hat auf Verlangen eines VertrTeils die Abn
förml stattzufinden, auch unter Hinzuziehg von Sachverst. Schriftl Niederlegg des AbnBefundes, Notwen-
digk der Aufn von Vorbeh wg bekannter Mängel, VertrStrafen u Einwendungen des Untern. Voraus für die
förml Abn in Abwesenh des Untern. **Nr 5** stellt eine prakt bedeuts **Abnahmefiktion** auf, falls keine förml
Abn verlangt wurde, mit Ablauf von 12 Werktagen nach schriftl Mitteilg der FertStellg; BewLast insoweit
beim Untern, für AbnVerlangen beim Best (Stgt NJW-RR **86**, 898). Außerdem, wenn der Best das Wk in
Benutzg genommen hat nach Ablauf von 6 Werktagen. Daneben gibt es konkl Abn, zB dch Erstellg einer
GgRechng seitens des Bauherrn (Mü Rspr Bau **Nr 4 zu § 16 Nr 3**). Fristen für die Vorbeh wg bekannter
Mängel u VertrStrafen für diese Fälle. **Nr 6** regelt den **Gefahrübergang** mit der Abn wie § 640. **Vorbe-
haltlose Abnahme** hat auch bei BauVertr nach VOB die Wirkgen des § 640 II (Köln NJW-RR **93**, 211).

641 *Fälligkeit der Vergütung.* ¹Die Vergütung ist bei der Abnahme des Werkes zu ent-
richten. Ist das Werk in Teilen abzunehmen und die Vergütung für die einzelnen Teile
bestimmt, so ist die Vergütung für jeden Teil bei dessen Abnahme zu entrichten.
II Eine in Geld festgesetzte Vergütung hat der Besteller von der Abnahme des Werkes an zu
verzinsen, sofern nicht die Vergütung gestundet ist.

1   **1) Fälligkeit der Vergütung. – a)** Primär gilt die getroffene **Vereinbarung.** Die Fällig kann bis zur
Nachbesserg hinausgeschoben sein, zB dch die Klausel: „Zahlg nach tadelloser Inbetriebsetzg". Häuf wird
für einen best Restprozentsatz die Fällig der Vergütg hinausgeschoben dch Vereinbg eines zeitl befristeten
Garantieeinbehalts im Hinblick auf etw Mängel. Auf 5 Jahre nach FertStellg ohne Verzinsg kann die
RestVergütg in FormularVertr wirks nicht hinausgeschoben werden (Hamm BB **88**, 868). Weiter kann
vereinb sein, daß der Untern berecht ist, den Einbehalt dch Stellg einer GewlBürgsch einer Bank (vgl Einf
13, 14 vor § 765) abzulösen. Mit ihr wird die RestVergütg fäll. Abreden wie „nach Abn" od „nach Voll-
endg" haben die gleiche Bedeutg wie „bei Abn" in Abs I. Mangels Fällig ist die VergütgsKl als zZ
unbegründet abzuweisen (BGH **127**, 254).

2   **b) Absatz I** gilt, wenn keine Vereinbg besteht. Danach bezieht sich die VorleistgsPfl des Untern auf die
Herstellg. Sein VergütgsAnspr wird fäll Zug um Zug gg Abn des Werks, zu der der Best iF vertrgem,
mangelfreier Herstellg gem § 640 I verpfl ist. Im Sinne der VerjVorschr, nach Celle NJW **86**, 327 auch für
den VergütgsAnspr, ist für den Eintritt der Fällig nicht erfdl, daß eine die Höhe der VergütgsFdg fixierde
Schlußrechng erteilt ist (BGH **79**, 176); anders nach VOB. Bei berecht Ablehng der Abn wg Mangels wird
die Vergütg auch nicht teilw fäll (Karlsr MDR **67**, 669), die Kl auf Vergütg ist abzuweisen (Nürnb OLGZ
67, 405). Verlangt in diesem Fall der Best nicht mehr Mangelbeseitigg, sond SchadErs, so kommt Abn nicht
mehr in Betr, es hat eine Abrechng über die BauLeistg des Untern u den SchadErsAnspr des Best stattzufin-
den (BGH NJW **79**, 549); ebso, wenn Best Nachbesserg nicht (mehr) verlangen kann (vgl § 633 Rn 7) u nur
noch Minderg verlangt (Hamm NJW-RR **89**, 1365, Düss NJW-RR **94**, 342). Vor Abn u mangelfreier
FertStellg des Wk kann Untern die Vergütg verlangen, wenn Best die Erf des Vertr od Mitwirkg bei der
Herstellg des Wks od bei der Mangelbeseitigg grdlos u endgült verweigert (BGH NJW **90**, 3008), er ist nicht
auf die R aus §§ 642, 643, 645 beschr (BGH **50**, 175, WM **86**, 73). Außerd kann der Untern bei Verschlech-
terg der VermVerh des Best unter gewissen Voraus gem § 242 eine gewisse Teilvergütg verlangen (BGH

NJW **85**, 2696). Ist eine Abn nach der Beschaffenh des Wk ausgeschl, wird die Vergütg, wenn sie der Höhe nach feststeht, mit seiner Vollendg fäll, § 646 (BGH NJW-RR **89**, 160). Bei vorzeit VertrBeendigg ist für die Fälligk des Anspr des Untern aus §§ 631, 645, 649, 650 eine Abn erbrachter teilw Leistgen nicht erforderl (Düss BauR **78**, 404, Kln Rspr Bau § 648 Nr 1).

c) Abschlagszahlungen währd der Herst des Wk, auch bei nachträgl AuftrÄnderg (Hamm NJW-RR **93**, 3
313), kann der Untern nur bei entspr Vereinbg od bestehder VerkSitte verlangen. Sie sind Anzahlgen auf die Vergütg für das GesWk, desh iR der Schlußrechng auszugleichen (BGH ZIP **86**, 702 [706]). Um Teilzahlgen handelt es sich bei fest vereinb RatenZahlgen auf einen PauschalPr. Im Falle von Mängeln der TlLeistg besteht ggü einer fäll AbschlagsZahlg ein ZbR bis zur Beseitigg (BGH **73**, 140), u zwar o Rücks auf einen vereinb SichergsEinbehalt (BGH NJW **81**, 2801). Dieses ZbR kann jedenf wg Mängeln am SonderEigt der Erwerber einer EigtWohng ggü dem Bauträger in angem Verhältn zum voraussichtl BeseitiggsAufwand geltd machen (BGH DB **84**, 450: dreifachen Betrag). Nach vorzeit Künd kann der Untern Abschlagszahlg nicht mehr verlangen (BGH NJW-RR **87**, 724, Düss NJW-RR **92**, 1373).

d) Für die **Teilabnahme** enth iF vereinb TeilVergütg I S 2 eine Ausn von der Regel des S 1. Wer sich auf 4
sie beruft, hat ihre Vorauss zu beweisen.

2) Eine **Zinspflicht** begr II ab Abn, auch für den Fall der TeilVergütg nach I S 2, aber nicht, wenn 5
mangels betragsmäß Bestimmth die Vergütg noch nicht mit Abn fäll ist (vorstehd Rn 2). Gilt nicht für Abschlagszahlen. Zinssatz wie § 246 bzw HGB 352. Stundg vgl § 271 Rn 12 ff. Steht dem VergütgsAnspr ein ZbR des Best entgg, gibt es weder Fälligk- noch ProzZinsen (Düss NJW **71**, 2310).

3) VOB/B. Nach § 16 Nr 1 hat der Untern, auch bei Pauschalvergütg (BGH NJW **91**, 564), Anspr auf 6
Abschlagszahlungen entspr den tatsächl erbrachten Leistgen aGrd prüfgsfäh Aufstellgen. Fälligk 18 Werktage nach Einreichg der Aufstellg. Abschlagszahlg gilt nicht als TeilAbn. Mit Erteilg der SchlußRechng (Celle OLGZ **75**, 320) od mit vorzeit Künd (BGH NJW-RR **87**, 724) erlischt der Anspr auf vereinb AbschlagsZahlgen. **Nr 2** enthält Regeln für den Fall vereinb Vorauszahlgen. Nach **Nr 3** ist die **Schlußzahlung** alsbald nach Prüfg u Feststellg der Schlußrechng, spätestens 2 Mo nach deren Zugang fäll (BGH BB **90**, 2072); bei Verzögerg ihrer Prüfg Abschlagszahlgen in Höhe des unbestr Betr. Weitere FälligkVorauss ist auch hier Abn wie in § 641 (BGH **79**, 180; bestr), außer bei vorzeit Beendigg des Vertr; Schlußrechng ist auch in diesem Falle nöt (BGH NJW **87**, 382), auch bei PauschalPrVereinbg (BGH **105**, 290). Sie muß nicht ausdr als solche bezeichnet sein, wenn sie alle erbrachten Leistgen enthält (BGH NJW **77**, 1701). Daß dies nach vorzeit Beendigg des Vertr auch für mehrere TlRechngen gilt, die alle erbrachten Leistgen enthalten (so Kln NJW-RR **92**, 1375), trifft nur dann zu, wenn man die letzte TlRechng als Schlußrechng ansieht, weil der Beginn der VerjFr für den VergütgsAnspr nur einheitl auf einen Tag fallen kann. VerjBeginn auch bei verspäteter RechngStellg erst nach ihrer Einreichg, AuftrG kann von sich aus dch Aufstellg der Schlußrechng nach § 14 Nr 3, 4 Fälligk u damit VerjBeginn herbeiführen (BGH NJW **71**, 1455, BauR **77**, 354). Nach Erteilg der Schlußrechng (BGH NJW **75**, 1833) schließt die vorbehaltl Ann der Schlußzahlg Nachfdgen aus, wenn der AuftrN über die Schlußzahlg schriftl unterrichtet u auf die AusschlWirkg hingewiesen wurde (Nr 3 II). Der Vorbeh der Nachfdg ist binnen 24 Wktagen ab Zugang der Mitteilg zu erklären (Nr 3 V). BewLast beim Untern (BGH NJW **72**, 2267); das auf die MehrFdg Geleistete kann der AGeber nicht zurückfordern (BGH **62**, 15). **Nr 4** Zahlg abgen **Teilleistungen** o Rücks auf Vollendg der übr Leistgen. **Nr 5** Regelg für **Skontoabzüge; Abs III Zinsen** gilt abschließd für alle Zinsen aus BauFdgen, § 641 II gilt daneben nicht (BGH NJW **64**, 1223). **Nr 6** regelt die Vorauss für das R des Best zu **Zahlungen an Gläubiger** des Untern. – Wg KündgR des Untern bei ZahlgsVerz des Best vgl § 643 Rn 3.

642 *Mitwirkung des Bestellers.* [1] **Ist bei der Herstellung des Werkes eine Handlung des Bestellers erforderlich, so kann der Unternehmer, wenn der Besteller durch das Unterlassen der Handlung in Verzug der Annahme kommt, eine angemessene Entschädigung verlangen.**
[2] **Die Höhe der Entschädigung bestimmt sich einerseits nach der Dauer des Verzugs und der Höhe der vereinbarten Vergütung, andererseits nach demjenigen, was der Unternehmer infolge des Verzugs an Aufwendungen erspart oder durch anderweitige Verwendung seiner Arbeitskraft erwerben kann.**

1) Mitwirkung des Best kann nach der Beschaffenh des herzustellden Wk erforderl sein, zB Lieferg der 1
Pläne u Koordination beim BauVertr, Aufgaben- u Materialstellg für die Herstellg von Software (BGH CR **89**, 102), Bereitstellen von Raum, persönl Erscheinen für Operation, Anprobe, Porträt. Sie ist idR keine SchuVerpfl des Best, sond eine Obliegenh (vgl Einl 16 vor § 241, BGH **11**, 80 [83], **50**, 175). Ihre Unterl, nachdem der Untern seine LeistgsBereitsch erklärt u den Best zur Mitwirkg aufgefordert hat (Stgt BauR **73**, 385), führt zu Ann (Gl)-Verz nach §§ 293 ff. Da die Mitwirkg des Best im weiteren Sinne VertrPfl ist, kann ihre Verweigerg, wenn sie den VertrZweck gefährdet, schuldh LeistgsStörg sein, die für den Untern Anspr aus pVV auslöst, soweit dch § 642 ff nicht ausgeschl sind (BGH **11**, 80 [83]). Lehnt der Best grdlos u endgült die Erf des Vertr ab, so ist der Untern nicht auf die R aus §§ 642 ff beschr, sond kann vor FertStellg des Wk o Rücks auf seine VorleistgsPfl hins der Herstellg Erf, dh volle Vergütg verlangen (BGH **50**, 175); richtiger wohl: SchadErs wg pVV. – Der rechtzeit Abruf der bestellten WkLeistg dürfte keine Mitwirkg „bei der", sond „zur" Herstellg sein, §§ 642, 643 sind allenf analog anwendb (BGH NJW **72**, 99). – Vertrag kann die Mitwirkg auch zur NebenPfl des Best ausgestaltet sein, deren Verl die RFolgen der §§ 276 ff (nicht §§ 323 ff) auslöst. Eine derart konkludente Vereinbg ist iW der VertrAusleg anzunehmen bei Bau- u IndustrieAnl-Vertr über Großprojekte, bei denen der ZusArb zw Untern u Best währd einer längerdauernden HerstellgsZt bes Bedeutg zukommt (Nicklisch BB **79**, 533). Mitwirkg als HauptPfl vgl § 631 Rn 15.

2) Der Entschädigungsanspruch geht über den AufwErs nach § 304 hinaus u soll den Untern dafür 2
entschädigen, daß er ArbKraft u Kapital bereithält u daß seine zeitl Disposition durchkreuzt wird. Zusätzl

Anspr, der die R nach allg Vorschr nicht einschränkt. Der Anspr besteht neben dem auf Vergütg, wenn das Wk doch noch hergestellt wird, u für die VerzZeit vor Künd neben den Anspr auf TeilVergütg für das bisher Geleistete (§ 645 I 2), auf weitergehden SchadErs (§ 645 II) od auf volle Vergütg, falls der Best kündigt (§ 649). – Verj nach §§ 196 I Nr 1, 198, also mit Entstehg des Anspr (ebso Kapellmann BauR **85**, 123; ähnl Jochem BauR **76**, 392: § 196 I Nr 7: beginnd mit Schluß des Jahres, in das die Beendigg des AnnVerz fällt).

3   **3)** Die **VOB/B** regelt in § 4 eingehd die Ausf des Baus u grenzt die beiderseit Zuständigk ab. **§ 4 Nr 1 III, IV** gibt dem Best das R zu Anordngen u verpfl den Untern, auf Bedenken gg deren Berechtigg od Zweckmäßigk hinzuweisen. Wg EntschAnspr u KündR des Untern bei unterlassner Mitwirkg vgl § 643 Rn 3.

643   *Fristsetzung zur Mitwirkung; Kündigungsandrohung.* **Der Unternehmer ist im Falle des § 642 berechtigt, dem Besteller zur Nachholung der Handlung eine angemessene Frist mit der Erklärung zu bestimmen, daß er den Vertrag kündige, wenn die Handlung nicht bis zum Ablaufe der Frist vorgenommen werde. Der Vertrag gilt als aufgehoben, wenn nicht die Nachholung bis zum Ablaufe der Frist erfolgt.**

1   **1) Allgemeines.** Das G gewährt dem Untern nicht, wie § 626, allg das R zur fristl Künd des Vertr aus wicht Grd. Jedoch kann pVV seitens des Best fristl Künd rechtfertigen, wenn das VertrVerh so gestört ist, daß dem Untern dessen Fortsetzg nicht mehr zuzumuten ist, zB wenn der Best die ArbN des Untern währd der regulären ArbZeit zu SchwarzArb für sich heranzieht (Köln NJW **93**, 73). Liegt die pVV in der Verweigerg der Mitwirkg, so ist FrSetzg hierfür erforderl (BGH BB **63**, 160). Der Abruf der bestellten WkLeistg ist als NebenVerpfl einklagb. Bei Vorliegen der Vorauss kann der Untern, wenn der Best mit dem Abruf in Verz gerät, den Ers des daraus entstandenen Schad nach § 286 verlangen (BGH BauR **76**, 207).

2   **2) Fristsetzung und Kündigung.** Die Vorschr ergänzt § 642. Die FrSetzg erübrigt sich, wenn die Mitwirkg nach VerzEintritt unmögl wird. Die Erkl muß eine angem Fr setzen u erkennen lassen, daß bei Untätigbleiben des Best die Aufhebg des Vertr für die Zukunft nur noch vom Ablauf der Fr abhängt. Die FrSetzg ist rücknehmb. TeilVergütg nach ergebnisl FrAblauf vgl § 645 I 2; sie kann der Untern neben der Entschädigg nach § 642 für die VerzZeit bis zur Künd beanspruchen.

3   **3) VOB/B.** § 9 Nr 1, 2 gibt dem Untern nach Ablauf einer gesetzten angem Fr unter KündAndrohg ein KündgR, wenn der Best eine ihm obliegde Hdlg (vgl § 642) unterläßt u dadch den Untern außerstande setzt, die Leistg auszuführen od wenn der Best eine fäll Zahlg nicht leistet od sonst in SchuVerz gerät. **Nr 3** sieht wie § 645 I 2 einen VergütgsAnspr des Untern für die bisher Leistg vor u verweist wg der zusätzl EntschAnspr auf § 642.

644   *Gefahrtragung.* [I] **Der Unternehmer trägt die Gefahr bis zur Abnahme des Werkes. Kommt der Besteller in Verzug der Annahme, so geht die Gefahr auf ihn über. Für den zufälligen Untergang und eine zufällige Verschlechterung des von dem Besteller gelieferten Stoffes ist der Unternehmer nicht verantwortlich.**

[II] **Versendet der Unternehmer das Werk auf Verlangen des Bestellers nach einem anderen Orte als dem Erfüllungsorte, so finden die für den Kauf geltenden Vorschriften des § 447 entsprechende Anwendung.**

645   *Haftung des Bestellers.* [I] **Ist das Werk vor der Abnahme infolge eines Mangels des von dem Besteller gelieferten Stoffes oder infolge einer von dem Besteller für die Ausführung erteilten Anweisung untergegangen, verschlechtert oder unausführbar geworden, ohne daß ein Umstand mitgewirkt hat, den der Unternehmer zu vertreten hat, so kann der Unternehmer einen der geleisteten Arbeit entsprechenden Teil der Vergütung und Ersatz der in der Vergütung nicht inbegriffenen Auslagen verlangen. Das gleiche gilt, wenn der Vertrag in Gemäßheit des § 643 aufgehoben wird.**

[II] **Eine weitergehende Haftung des Bestellers wegen Verschuldens bleibt unberührt.**

1   **1) Allgemeines, Abgrenzung.** Eine LeistgStörg kann dadch eintreten, daß der für die Herstellg des Wk vorgesehene Stoff od daß das begonnene, teilw od ganz fertgestellte Wk untergeht, verschlechtert, od sonst unausführb wird. Es ist **zu unterscheiden** zw der **Leistungsgefahr**, dh ob der Untern zur (Neu)-Herstellg verpfl bleibt, u der **Vergütungsgefahr**, dh ob der Untern eine Vergütg verlangen kann od nicht. Nur auf letztgen sind §§ 644, 645 anwendb. Zusfassd Kohler NJW **93**, 417.

2   **2) Leistungsgefahr. – a) Nachträgliche Unmöglichkeit oder Unvermögen** befreien den Untern von der Verpfl zur Herstellg nach § 275, wenn er die Leistgstörg nicht zu vertr hat. Bei Gattgsschuld gilt § 279.

3   **b) Bleibt (Neu)Herstellung möglich** (Bsp: Das begonnene Porträt verbrennt beim Maler), so bleibt der Untern gem § 631 I zur (Neu)Herstellg verpfl. Dies ist Folge der Erfolgsbezogenh des WkVertr. Der Untern wird jedoch von seiner HerstellgsPfl frei, wenn das Wk bereits abgen (§ 640), ersatzw vollendet (§ 646) war, wenn der Best in AnnVerz (§§ 293 ff) geraten od wenn das Wk auf Verlangen des Best versendet worden war, weil da der Best die VergütgsGefahr trägt, die ihm mit der LeistgsGefahr notw zufällt; endl wenn Neuherstellg unzumutb (§ 633 II 3 analog, vgl Vorbem 3 vor § 633).

4   **3) Vergütungsgefahr.** Es gelten grds die §§ 323 ff, denen aber die §§ 644, 645 vorgehen. Sie regeln die
5   Frage, inwiew der Untern für die bisher vergebl geleistete Arb Vergütg fordern kann. – **a) Der Unterneh-**

mer trägt die **Vergütungsgefahr** grdsätzl bis zur Abn (§ 640), ersatzw bis zur Vollendg (§ 646), dh er hat keinen VergütgsAnspr für bisher Arb u Aufw, wenn der Stoff od das Wk verschlechtert wird od untergeht, **§ 644 I 1.** Auch das ist Folge des UnternRisikos u der Erfolgsbezogenh des WkVertr (Einf 1 vor § 631). Die Regelg ist die gleiche wie iF der nachfolgden Unmöglichk in § 323 I 1. Bei zufäll Verschlechterg od Untergang des Stoffes des Best beim Untern (Bsp: Zugeschnittener Stoff wird beim Schneider gestohlen), besteht also kein VergütgsAnspr für die geleistete Arb, ands aber auch keine Pfl des Untern zum SchadErs od zur Neubeschaffg des Stoffes (**§ 644 I 3**). Ihn trifft aber die EntlastgsBew, §§ 282, 278. Der Untern hat auch dann keinen VergütgsAnspr, wenn das Wk vor Abn dch Versch eines Dr verschlecht wird; gg diesen hat er Anspr auf Ers der WiederherstellgsKosten wg Besitzverletzg (vgl § 823 Rn 13). Zu versichern braucht er ihn außer bei Vereinbg nicht, muß aber bei WertGgstden, zB bei Ann von Schmuck zur Reparatur od Umarbeitg, auf die NichtVers hinweisen; andernf iF des Raubes SchadErs bei VertrSchluß (Ffm NJW-RR **86**, 107). Hat der Untern die Verschlechterg od den Untergang zu vertr, so haftet er dem Best auf SchadErs wg pos VertrVerletzg. Hat bei teilw Untergang der WkTeil für den Best einen Wert, so muß er dafür die teilw Vergütg zahlen wie iF der teilw Unmöglichkeit in § 323 I 2.

b) Der **Besteller** trägt die **Vergütungsgefahr** in folgenden Fällen: – **aa) Ab Abnahme** (§ 640), ersatzw Vollendg (§ 646). Beruhen Verschlechterg od Untergang auf einem Mangel des Wk, gelten §§ 633ff. **6**

bb) Vor der Abnahme, ersatzw Vollendg, wenn sich der Best in AnnahmeVerz (§§ 293ff) befindet, **§ 644 I 2;** Ausn: § 287 S 2 u nach § 300 I zu vertretdes Versch des Untern. Ferner bei **Versendung,** sow das Wk bei Auslieferg zum Transport vertragsgem war, **§ 644 II;** vgl § 447 u die Rn dort. **7**

cc) In den Fällen des § 645 I. Sie liegen nicht vor, wenn die Verschlechterg od der Untergang des Wk vor Abn vom Untern zu vertr sind. Ein solches Versch kann liegen in der Verletzg von NebenPfl (vgl § 631 Rn 13), insb in der Hinzufügg mangelh Zutaten (KG OLG **40**, 328), in der unterlassenen Prüfg des vom Best gelieferten Stoffes, unterlassenem Hinw auf Bedenken gg seine Eigng u die Eigng überlassener Informationen u eig Anweisgen (Celle CR **91**, 610), in der blinden Befolgg laienh Anweisgen des Best. Ansonsten gilt Abs I nicht nur für den Fall, daß die Herstellg nachholb ist, sond auch wenn das Leistgs-Hindern die (Neu)Herstellg unmögl macht (Köhler, Unmöglk u GeschGrdlage, 1971, S 35, BGH **60**, 14), zB die begonnene Rep einer Maschine erweist sich wg Materialbrüchigk als undchführb. § 645 I regelt unmittelb nur den Fall, daß LeistgsHindern auf **Mangel** (wie in § 459 I) des vom Best gelieferten Stoffes od auf AusfAnweisg des Best beruht. Der Begr „**Stoff**" umfaßt alle Gegenstände, aus denen od mit deren Hilfe das Wk herzustellen ist (BGH aaO). Um eine **Anweisung** handelt es sich, wenn der Best für eine von ihm gewünschte Modalität der Ausf das Risiko übernimmt, auch indem er trotz Bedenken des Untern auf seinem Wunsch beharrt. Iü sind idR Angaben des Best vor u bei VertrAbschl keine AusfAnw, die das Risiko auf ihn verlagern (BGH NJW **80**, 2189). **8**

dd) Analog ist § 645 anzuwenden, wenn Unmöglichk der Herstellg auf zufäll **Untergang** des Stoffes beruht (Bsp: Einsturz der zu restaurierden Kirche), sofern Stoff (noch) nicht in die Sphäre des Untern übergegangen ist (Sphärengedanke, Köhler S 38ff). Bei Untergang erst nach Lieferg des Stoffes, also in der Sphäre des Untern, gelten § 644 I 1 u 3. Analoge Anwendg des § 645 I ferner im Falle der zufäll **Zweckerreichung.** Bsp: Abzuschleppdes Auto wird noch vor Eintreffen des AbschleppUntern vom Fahrer weggefahren (Köhler S 77; vgl § 275 Rn 9 aE); ferner iF, daß Wk an od mit Hilfe einer **Person** herzustellen ist, diese aber dazu untaugl ist, zB eine gebuchte Pauschalreise wird unausführb, weil nach VertrSchluß verschärfte GesundhBestimmgen in Kraft treten (BGH **60**, 14). Nicht entspr anwendb, also kein VergütgsAnspr des Untern, wenn der teilw hergest Bau dch Auslösg eines Brandes dch and Bauhandwerker untergeht (BGH **78**, 352). **9**

ee) Die **Sphärentheorie** läßt in Anwendg des in § 645 enthaltenen Gedankens dem Best vor Abn alle LeistgsHindern aus seinem GefBereich zur Last fallen. Eine solch weitgehde Risikoverlagerg auf den Best ist jedoch abzulehnen, da sie mit der grdsätzl Risikoverteil des WkVertr unvereinb ist (Hamm BauR **80**, 576, Mü ZfBR **92**, 33), weil auch der Best für zufäll Untergang seines Stoffes in der Sphäre des Untern keinen Ers erhält, iü die §§ 644, 645 dispositiv sind, so daß sich der Untern von best Risiken freizeichnen kann. Auch der BGH hat bish die Sphärentheorie nicht übernommen, ist vielm nur zu einer entspr Anwendg des § 645 I in bes gelagerten EinzFällen bereit, zB wenn Best das Wk in einen Zust od in eine Lage verbracht hat, die eine Gefährdg des Wk mit sich brachte u ursächl für seinen Untergang war, zB Niederbrennen einer noch nicht übergebenen Scheune dch Heu des Bauherrn (BGH **40**, 71); Abbruch- u MaurerArb des Untern werden wertl, weil das BauWk dch SchweißArb der Installationsfirma, die der Best in Auftr gegeben hat, in Brand gesetzt wurde (Kln OLGZ **75**, 323); bei Unmöglichk der Montage wg der polit Verh im Iran der der Untern Anspr auf Bezahlg der gelieferten AnlTeile gg den Best, die dieser seiners vom iran VertrPartner bereits bezahlt erhalten hat (BGH **83**, 197); ebso EntschAnspr des BauUntern gg den GeneralUntern, wenn es diesem aus Grden, die allein in der Pers des Bauherrn liegen, unmögl ist, das BauGrdst zur Verfg zu stellen (Mü ZfBR **92**, 33). Hat Untern das Wk hergestellt u sein Eigt dch Verbindg verloren u wird dieses Wk vor der Abn von einem Dr beschädigt, so hat Untern keinen unmittelb Anspr gg Schädiger, wohl aber kann Best den Schaden des Untern liquidieren („GefEntlastg", vgl Vorbem 117 vor § 249); außerdem kann Untern vom Best insow Abtretg verlangen; RGrdlage hierfür ist entw eine vertragl NebenPfl des Best od § 281; erneute WkLeistg kann Untern von der Abtretg abhäng machen od diese nach der zweiten WkLeistg, die gem § 631 voll zu vergüten ist, verlangen (BGH NJW **70**, 38 [41]). **10**

ff) Beruhen Verschlechterg od Untergang auf einem **Verschulden des Bestellers, § 645 II,** bleiben weitergehde ErsAnspr (§ 324 I bei Unmöglk, sonst pVV) unberührt. **11**

4) Die **Höhe der Vergütung** richtet sich iF des § 644 nach § 632, also volle Vergütg. Für den Fall des § 645 I u seiner entspr Anwendg (Rn 9) ist eine SonderRegelg getroffen. Sie umfaßt die tatsächl Auslagen des Untern voll, die eigentl Vergütg anteilig. Das voll geleistete Wk verhält sich zu der dafür zu zahlden Vergütg wie der geleistete Teil zu der zu zahlden Teilvergütg. Verh zu der Entsch gem § 642 vgl dort Rn 2. Abn erbrachter TlLeistgen ist für die Fälligk nicht erforderl (BGH WM **82**, 586, Düss BauR **78**, 404). **12**

13   **5) Sonderregelungen. – a)** HGB 630, BinnenSchG 64, 69, 71, VerlG 33. – **b) VOB/B § 7** regelt die
Verteilg der VergütgsGefahr teilw für den Untern günstiger. Bei Beschädigg od Zerstörg der Bauleistg vor
Abn dch vom Untern nicht zu vertretde unabwendb Umst Anspr auf Vergütg für die ausgeführten Teile der
Leistg (BGH **61**, 144); iü besteht keine ggseit ErsPfl. **§ 12 Nr 6** wiederholt die Regel des § 644, daß mit der
Abn die VergütgsGefahr auf den Best übergeht, falls sie nicht schon vorher gem § 7 übergegangen war.

646 *Vollendung statt Abnahme.* **Ist nach der Beschaffenheit des Werkes die Abnahme
ausgeschlossen, so tritt in den Fällen der §§ 638, 641, 644, 645 an die Stelle der Abnahme
die Vollendung des Werkes.**

1   **1)** Der **Ausschluß der Abnahme** ergibt sich aus der Beschaffenh des Wk. Über den Begr der Abn vgl
§ 640 Rn 2–4, dort auch Bsp für nichtabnfäh Wk.

2   **2)** Die **Vollendung** des Wk, also seine vollständ FertStellg tritt an die Stelle der Abn. MangelFreih gehört
nicht dazu. Die Wirkg der Vollendg ist die gleiche wie bei der Abn, vgl § 640 Rn 5. Da die AbnFähigk nur
dann verneint werden kann, wenn auch eine Anerkenng als im wesentl vertrgem Leistg nicht in Frage
kommt, ist ein RügeVerz gem § 640 II kaum denkb.

647 *Unternehmerpfandrecht.* **Der Unternehmer hat für seine Forderungen aus dem Ver-
trag ein Pfandrecht an den von ihm hergestellten oder ausgebesserten beweglichen Sa-
chen des Bestellers, wenn sie bei der Herstellung oder zum Zwecke der Ausbesserung in seinen
Besitz gelangt sind.**

1   **1) Allgemeines.** §§ 647–648 a dienen der Sicherg des Untern für seine GeldFdgen aGrd des WkVertr. Sie
ist ein Ausgl dafür, daß der Untern das Risiko für das Gelingen des Wk trägt (Einf 1 vor § 631) u desh mit
der Herstellg vorleistgspfl ist (§ 641 Rn 2). Neben dem ges können die Part dch IndividualVereinbg od AGB
ein vertragl PfandR des Untern begründen (BGH BB **77**, 1417).

2   **2) Unternehmerpfandrecht. – a)** Es besteht **für alle vertraglichen Forderungen.** Das ist in erster
Linie der VergütgsAnspr aus §§ 631, 649, aber auch der EntschAnspr aus § 642, der AufwErsAnspr aus
§ 645 I, der SchadErsAnspr aus § 645 II, wg Verz od pVV. Nicht für Anspr aus WkLiefergsVertr (§ 651 I 2)
u für außervertragl Anspr.

3   **b)** Es ergreift die **beweglichen Sachen** des Best, an denen der Untern zum Zwecke der Herstellg od
Bearbeitg mind mittelb (Kartzke ZfBR **93**, 205) Bes erlangt hat. Der Untern, der ein Kfz repariert, hat ein
ges PfdR auch am übergebenen KfzBrief (Kln MDR **77**, 51; vgl auch § 952 Rn 4). – Ein **gutgläubiger
Erwerb** des PfdR an Sachen, die der Dr gehören u die der Best dem Untern übergeben hat, ist nicht mögl
(BGH NJW **83**, 2140; str; vgl § 1257 Rn 2). Das UnternPfandR entsteht kraft G u das BGB kennt Gut-
glSchutz auch sonst nur bei rechtsgesch, nicht bei Erwerb k G. Der Wortlaut des § 1257 erklärt die Vorschr
über das VertrPfandR u damit auch den § 1207 erst auf ein kr G bereits entstandenes PfandR für anwendb,
nicht aber auf seine Entstehg, obwohl es, um einen Unterschied zw besitzl u besgebundenem PfandR zu
machen. Dem
Umst der BesÜberg zum Zweck der Herstellg od Bearbeitg kommt nicht die gleiche LegitimationsWirkg
zu wie iF der BesÜberg zur Verpfändg, denn diese ist – im Ggs zur BesÜberg nur zur Bearbeitg – eine
Verfügg über das Eigt, die den Schutz dessen, der aGrd des Bes an eben dieses Eigt des Verfügden glaubt,
rechtfertigt. Folgerichtg entsteht das PfandR auch dann nicht, wenn der Eigtümer dem RepAuftr des Best
zustimmt (BGH **34**, 122, Köln NJW **68**, 304), weil die BesÜberg zur Rep keine nach § 185 genehmiggsfäh
Verfügg über das Eigt darstellt u weil der entspr Anwendg des § 185 entggsteht, daß zum RErwerb kraft G
eine Verfügg gerade nicht erforderl ist. Ein vertragl dch einen NichtBerecht, zB SichgGeber, bestelltes PfdR
kann nach § 185 od § 1207 wirks sein (BGH **68**, 323; zweifelnd Müller VersR **81**, 499), erstreckt sich aber
nur auf die Fdg aus der jeweil Rep, nicht auf früher entstandene Fdgen (BGH NJW **83**, 2140). – Übergibt der
4 Best dem Untern eine unter EigtVorbeh gekaufte Sache, so entsteht das UnternPfandR am **Eigentumsan-
wartschaftsrecht** des Best (vgl § 929 Rn 40–42; BGH NJW **65**, 1475 für VermieterPfandR). Es erlischt
allerd mit Erlöschen des AnwR bei Rücktr des VorbehVerk.

5   **c)** Für **Verwertung** u **Erlöschen** des PfdR gelten die Regeln über das VertrPfandR. Vgl § 1257
Rn 5, 7.

6   **3) Zurückbehaltungsrecht und Verwendungsersatzanspruch** des Untern hat mangels Entstehg eines
ges PfdR Bedeutg, wenn die ihm übergebene Sache nicht dem Best gehört. – **a) Gegenüber dem
Besteller** hat der Untern den VergütgsAnspr aus § 631, fäll bei Abn (§ 641). Bezahlt der Best da nicht, hat
Untern ZbR gem § 273.

7   **b) Gegenüber dem Eigentümer. – aa)** Solange der Best ggü dem Eigtümer **zum Besitz berechtigt**
ist, braucht auch der Untern die Sache nicht herauszugeben (§ 986 I 1), hat anderes mangels einer Vindika-
tionslage aber auch keinen VerwendgsErsAnspr nach § 994 (BGH **27**, 317; aA für einen bes gelagerten
8 Sachverh Zweibr JZ **86**, 341). – **bb) Unrechtmäßiger Besitzer** wird der Untern, sobald das BesR des Best
ggü dem Eigtümer endet, zB bei Rücktr des VorbehVerk. Der Untern hat desh gg den Eigtümer den Anspr
aus § 994 u damit das ZbR aus § 1000 u zwar auch für diejen Verwendg, die er auf die Sache in einer Zeit
gemacht hat, in der er noch zum Bes berecht war (BGH **34**, 122 [132], Köln NJW **68**, 304; vgl auch
Vorbem 4 vor § 994). Ein früheres, erloschenes ZbR lebt nicht wieder auf, wenn der Untern aGrd eines
weiteren RepAuftr erneut in den Bes der Sache kommt (BGH NJW **83**, 2140).

9   **4) Sondervorschriften der VOB/B** gibt es zu den SichergR des Untern nicht. Dagg enthält § 17
detaillierte Regelgen für den Fall, daß eine SicherhLeistg des Untern für die DchFührg der übertr Leistgen u
für die Erf der Gewl vereinb ist.

648 *Sicherungshypothek des Bauunternehmers.* [1]Der Unternehmer eines Bauwerkes oder eines einzelnen Teiles eines Bauwerkes kann für seine Forderungen aus dem Vertrage die Einräumung einer Sicherungshypothek an dem Baugrundstücke des Bestellers verlangen. Ist das Werk noch nicht vollendet, so kann er die Einräumung der Sicherungshypothek für einen der geleisteten Arbeit entsprechenden Teil der Vergütung und für die in der Vergütung nicht inbegriffenen Auslagen verlangen.

[II] Der Inhaber einer Schiffswerft kann für seine Forderungen aus dem Bau oder der Ausbesserung eines Schiffs die Einräumung einer Schiffshypothek an dem Schiffsbauwerk oder dem Schiff des Bestellers verlangen; Absatz 1 Satz 2 gilt sinngemäß. § 647 findet keine Anwendung.

1) Anspruch auf Sicherungshypothek. Vgl zunächst § 647 Rn 1. Das G gewährt keine Hyp, sond nur **1** den schuldrechtl Anspr auf ihre Bestellg u zwar erst nach Baubeginn u im Umfang der geleisteten Arb, im Hinbl auf vorrang Hyp wenig Sicherh für den Untern. Der Anspr ist dch IndVereinbg abdingb, Ausschl in AGB ohne Einräumg einer and Sicherh ist wg mißbräuchl Verfolgg einseit Interessen auf Kosten des BauUntern unwirks (BGH **91**, 139). **Kein Anspruch** auf Einräumg einer SichgHyp, wenn der Untern Sicherh gem § 648a I, II erlangt hat (dort Abs IV). Ferner, wenn der Best den WkLohn zur Abwendg der ZwVollstr unter Vorbeh bezahlt hat (Hbg NJW-RR **86**, 1467), wenn er erloschen ist od ihm eine dauernde Einr entggsteht.

2) Berechtigte. – Bauwerkunternehmer. BauWk vgl § 638 Rn 9. Für das Merkmal Untern ist nicht **2** entscheidd die techn od wirtsch Beteiligg an der BauAusführg, sond die rechtl Beziehg zum Best (BGH **LM** Nr 1). Darunter fallen also alle, die wkvertragl dem Best ggü zur Herstellg od Arb am Bau od eines Teils davon verpfl sind, nicht dagg SubUntern od bloße Lieferanten. Vorauss für den Anspr ist die mind teilw Vollendg (vgl I 2) des konkret geschuldeten Wk, das häuf nicht mit dem ganzen BauWk ident ist, zB Einbau der Installationen. – BauWkUntern ist auch der iR eines WkVertr (Einf 7 vor § 631) tät **Architekt** (BGH **51**, 190). Vorauss ist auch hier, daß die WkLeistg des Arch in eine so enge Beziehg zu dem Grdst getreten ist, daß sich hierdch sein Wert vergrößert hat (Düss NJW **72**, 1863). Desh kein Anspr auf SichgHyp, sow der Arch Vergütg für Neben-DLeistgen verlangen kann, zB für nicht ausgeführten zweiten Entw, FinanzBeratg, GeldBeschaffg (Mü NJW **73**, 289). Auch vor Baubeginn u für den nur planden Arch besteht kein Anspr (ebso Barnikel DB **77**, 1084; aA LG Traunstein NJW **71**, 1460, Durchlaub BB **82**, 1392). Ebso, wenn es sich ausnahmsw um DVertr handelt. – Gleiches gilt für den **Statiker**, wenn er unmittelb mit dem Best u GrdstEigtümer einen WkVertr hat (ebso Ffm OLGZ **79**, 437; falsch Mü OLGZ **65**, 143). – Gleiches gilt für den **Baubetreuer** (§ 675 Rn 20), falls er aGrd WkVertr das BauWk zu erstellen u nicht ledigl aGrd GeschBesVertr eine kaufm-finanzielle Tätigk auszuüben hat (Stgt BB **62**, 543, Ffm BauR **88**, 343). – Im **Erbfall** sind als Berecht die Erben im GB einzutragen, nicht der NachlVerw (Hamm DB **88**, 1693).

3) Pfandgegenstand ist das **Baugrundstück des Bestellers,** nicht dessen and u nicht fremde Grdst, u **3** zwar das ganze Grdst, wie es zu Beginn der AuftrArb im GB ausgewiesen ist, nicht nur der zu bebauende Teil (Kln JMBl NRW **76**, 211). Errichtet der Untern auf mehreren Grdst desselben Best jeweils ein BauWk, so kann er wg der jeweil WkLohnFdg eine SichgHyp nur an dem betr Grdst verlangen (Ffm OLGZ **85**, 193), eine GesHyp nur, wenn er ein einheitl BauWk über mehrere seiner benachbarten Grdste errichtet (Köln BauR **95**, 110). Die erforderl **Identität zwischen Besteller und Grundstückseigentümer** ist formaljur zu beurt, sodaß der Untern die Einräumg einer SichgHyp nur verlangen kann, wenn Best u GrdstEigtümer rechtl dieselbe Pers sind, währd Übereinstimm nach wirtsch Betrachtgsweise idR nicht genügt. Allerd muß sich der GrdstEigtümer im Einzelfall nach Tr u Gl wie ein Best behandeln lassen, soweit der Untern wg eines ihm zustehden WkLohns Befriedigg aus dem Grdst sucht (BGH **102**, 95). So, wenn der zahlgsunfäh Mieter als Best für umfangreiche RepArb vom GrdstEigtümer vorgeschoben ist (Düss NJW-RR **93**, 851) od wenn der GrdstEigtümer die beherrschde Position innehat u die tats Vortle aus der WkLeistg des Untern zieht (BGH aaO, Hamm NJW-RR **89**, 1105). Falls der BauBetr (§ 675 Rn 20) die Vertr im eig Namen schließt u nicht GrdstEigtümer ist, erwerben die BauWkUntern keinen Anspr auf Sichg. Ist das BauWk zT auch auf fremdem Grd errichtet, so ist die Hyp auf dem Grdst des Best in voller Höhe einzuräumen, falls die Vergütg für das BauWk einheitl zu berechnen ist (Ffm NJW-RR **94**, 1432). Mit der Veräußerg des Grdst erlischt der SichgsAnspr, wenn keine Vormkg eingetr war (Düss BauR **77**, 361). Mit Abtretg, Verpfändg, Pfändg der UnternFdg geht der Anspr auf Einräumg bzw die bestellte Hyp über, § 401. PfandGgst kann auch in **Erbbaurecht** des Best sein. Eine Vereinbg zw Eigtümer u ErbbauBerecht (Best) nach § 5 II ErbbRVO steht der Eintr einer Vormkg aGrd einstw Vfg nicht entgg (Köln NJW **68**, 505). Bildet der Eigtümer später **Wohnungseigentum,** so kann der BauUntern hins der im Eigt des Best verbliebenen EigtWohngen eine GesHyp in voller Höhe seiner Fdg verlangen, nicht nur Hypen in Höhe des Betr, der dem auf die einz Wohng entfallden LeistgsAntl entspricht (Mü NJW **75**, 220, Ffm OLGZ **85**, 193 u BauR **95**, 737). Ebso kann der Untern Eintr einer GesHyp verlangen, wenn der Best nach Entsteh des SichgAnspr das Grdst in mehrere selbst, in seinem Eigt verbleibde Grdst od MitEigtmAnt aufteilt (Düss BauR **83**, 376, Ffm OLGZ **85**, 193).

4) Sicherbar sind alle aus dem Vertr herrührden Fdgen des Untern gg den Best (vgl § 647 Rn 2), auch die **4** Kosten der Erwirkg der Hyp od der Vormkg (MüKo/Soergel Rdn 15) u aus dem Vertr hervorgegangene SchadErsAnspr (BGH NJW **88**, 255). Auf welche sicherb Fdgen sich die Hyp bzw Vormkg im EinzFall erstreckt, beurt sich nach der bei der Eintr in Bezug gen EintrBewilligg bzw einstw Vfg (BGH NJW **74**, 1761). Die Fdg muß noch nicht fäll sein.

5) Durchführung. Entw dingl Einigg (§ 873) od ihr Ers dch ein rechtskr Urt (ZPO 894) u Eintr. **5** Vertragl Ausschl steht bei Argl od VermVerschlechterg nicht entgg. – Ges SichgHyp (§§ 1184, 1185) in Höhe der wirkl Fdg. ZPO 866 III gilt nicht, weil es sich nicht um ZwVollstr wg GeldFdg, sond um Anspr auf Abg einer WillErkl handelt (Th-P § 866 Rn 4). Wg der GeldFdg ist bei Gefährdg ArrestAntr mögl. Löschg der Hyp Zug um Zug gg Zahlg. – Sichg des Anspr auf Bestellg der Hyp dch **Vormerkung** aGrd

Bewilligg od einstw Vfg (§ 885 I; umfassd Siegburg BauR **90**, 290); im letztgen Fall müssen zur Eintr sowohl die EintrVorauss der GBO wie die VollziehgsErfordern der ZPO vorliegen (Düss Rpfleger **78**, 216). Umschreibg der Vormkg in Hyp nur aGrd Bewilligg od eines ie ersetzden Urt. HauptsacheKl iS § 926 ZPO ist nur die auf Einräumg der Hyp, nicht die Kl auf Zahlg des WkLohns (Ffm NJW **83**, 1129, Düss NJW-RR **86**, 322). Die Höhe der Fdg kann im einstw VfgsVerf glaubh gemacht werden dch prüfgsfäh SchlußRechng mit den dazugehör Vertr- u AbrechngsUnterlagen sowie eidesst Vers ihrer Richtigk. Inwieweit dies dadch entkräftet wird, daß der Bauherr eine GgRechng unter eidesst Vers ihr Richtigk vorlegt, ist Frage der BewWürdigg (Kln JMBl NRW **75**, 264). Bei Mängeln des Wk, glaubh zu machen dch PrivGutachten, kann der Untern, auch wenn er nur subsidiär für sie einzustehen hat (Celle BauR **86**, 588), die Eintr einer Hyp od Vormkg, egal ob vor od nach Abn des Wk, nicht verlangen, soweit u solange das Wk mangelh ist (BGH **68**, 180, Kblz NJW-RR **94**, 786). Bei Erlaß der einstw VfgsVerf zu tragen, ohne daß er die EintrBewilligg vorher abgelehnt haben od in Verz damit gek sein müßte (Celle BauR **76**, 365; aA Hamm NJW **76**, 1459), außer wenn er vorher die Eintr einer SichgsHyp angeboten hat (Stgt BauR **95**, 116).

6 **6) Sondervorschriften.** Das **Gesetz zur Sicherung von Bauforderungen** v 1. 6. 09 (RGBl 449) ist neben § 648 anwendb, hat aber keine prakt Bedeutg, weil die dazu nöt DVO nicht erlassen, insb die sog Bauschöffenämter nicht errichtet wurden. SchutzG (vgl § 823 Rn 145 ff). – Zur **VOB/B** vgl § 647 Rn 9.

648a *Sicherheitsleistung des Bestellers.* **I** Der Unternehmer eines Bauwerks, einer Außenanlage oder eines Teils davon kann vom Besteller Sicherheit für die von ihm zu erbringenden Vorleistungen in der Weise verlangen, daß er dem Besteller zur Leistung der Sicherheit eine angemessene Frist mit der Erklärung bestimmt, daß er nach dem Ablauf der Frist seine Leistung verweigere. Sicherheit kann bis zur Höhe des voraussichtlichen Vergütungsanspruchs verlangt werden, wie er sich aus dem Vertrag oder einem nachträglichen Zusatzauftrag ergibt. Sie ist auch dann als ausreichend anzusehen, wenn sich der Sicherungsgeber das Recht vorbehält, sein Versprechen im Falle einer wesentlichen Verschlechterung der Vermögensverhältnisse des Bestellers mit Wirkung für Vergütungsansprüche aus Bauleistungen zu widerrufen, die der Unternehmer bei Zugang der Widerrufserklärung noch nicht erbracht hat.

II Die Sicherheit kann auch durch eine Garantie oder ein sonstiges Zahlungsversprechen eines im Geltungsbereich dieses Gesetzes zum Geschäftsbetrieb befugten Kreditinstituts oder Kreditversicherers geleistet werden. Das Kreditinstitut oder der Kreditversicherer darf Zahlungen an den Unternehmer nur leisten, soweit der Besteller den Vergütungsanspruch des Unternehmers anerkennt oder durch vorläufig vollstreckbares Urteil zur Zahlung der Vergütung verurteilt worden ist und die Voraussetzungen vorliegen, unter denen die Zwangsvollstreckung begonnen werden darf.

III Der Unternehmer hat dem Besteller die üblichen Kosten der Sicherheitsleistung bis zu einem Höchstsatz von 2 vom Hundert für das Jahr zu erstatten. Dies gilt nicht, soweit eine Sicherheit wegen Einwendungen des Bestellers gegen den Vergütungsanspruch des Unternehmers aufrechterhalten werden muß und die Einwendungen sich als unbegründet erweisen.

IV Soweit der Unternehmer für seinen Vergütungsanspruch eine Sicherheit nach den Absätzen 1 oder 2 erlangt hat, ist der Anspruch auf Einräumung einer Sicherungshypothek nach § 648 Abs. 1 ausgeschlossen.

V Leistet der Besteller die Sicherheit nicht fristgemäß, so bestimmen sich die Rechte des Unternehmers nach den §§ 643 und 645 Abs. 1. Gilt der Vertrag danach als aufgehoben, kann der Unternehmer auch Ersatz des Schadens verlangen, den er dadurch erleidet, daß er auf die Gültigkeit des Vertrags vertraut hat.

VI Die Vorschriften der Absätze 1 bis 5 finden keine Anwendung, wenn der Besteller

1. eine juristische Person des öffentlichen Rechts oder ein öffentlich-rechtliches Sondervermögen ist oder

2. eine natürliche Person ist und die Bauarbeiten zur Herstellung oder Instandsetzung eines Einfamilienhauses mit oder ohne Einliegerwohnung ausführen läßt; dies gilt nicht bei Betreuung des Bauvorhabens durch einen zur Verfügung über die Finanzierungsmittel des Bestellers ermächtigten Baubetreuer.

VII Eine von den Vorschriften der Absätze 1 bis 5 abweichende Vereinbarung ist unwirksam.

Neu eingefügt dch Art 1 Nr 1 des G zur Änderg des BGB (Bauhandwerkersichg) u and Ges vom 27. 4. 93 (BGBl I 509), in Kraft seit 1. 5. 93. Lit: Hofmann/Koppmann, Die neue Bauhandwerkersichg, 2. Aufl 1994, Slapnicar/Wiegelmann, Neue Sicherh für den BauHandw, NJW **93**, 2903, Leinemann/Klaft NJW **95**, 2521.

1 **1) Zweck, Anwendbarkeit.** Die BauHandwSichgHyp gibt dem Untern aus den in § 648 Rn 1 genannten Grden u wg der notw Identität zw Best iR des WkVertr u GrdstEigtümer (§ 648 Rn 3) nur unzureiche Sicherh. Zur Verbesserg der RStellg des BauHandw dienen in § 648a als Grdl der Sichg die zum Bauen best Finanzmittel des Best, der nicht zugl GrdstEigtümer sein muß. Der vorleistgspfl BauHandw erhält ein unabding (Abs VII) LeistVR, wenn der Best dem Verlangen nach SicherhLeistg innerh angem Fr nicht nachkommt. Nicht anwendb auf WkLiefergsVertr, § 651 I S 2.

2 **2) Anspruch auf Sicherheitsleistung. – a) Inhalt.** Der WkUntern hat keinen dchsetzb Anspr auf SicherhLeistg, sond („in der Weise") ein unabding (Abs VII) **Leistungsverweigerungsrecht** hins der von **3** ihm zu erbringden Vorleistgen, wenn der Best die verlangte Sicherh nicht leistet. – **b) Voraussetzungen.** Verlangen der SicherhLeistg in best Höhe mit angem FrSetzg u gleichzeit Erkl des Untern, daß er nach ergebnisl FrAblauf seine Leistg verweigere. Für die FrSetzg gelten sinngem die Ausf in § 326 Rn 15–17. Die zur Beschaffg der Sicherh angem Fr hängt vom EinzFall ab, die amtl Begründg (BT-Drucks 12/1836 S 9) meint idR 7–10 Tage. Für die Androhg der LeistgsVerweiger gelten sinngem die Ausf in § 326 Rn 18. – **c) Widerrufsvorbehalt.** Abs I S 3, nachgebildet dem § 610, hat den Fall im Auge, daß SG nicht der Best 4 selbst, sondern ein Dr ist, häuf eine Bank als Bürge. Er kann sich für den Fall einer wesentl Verschlechterg der VermVerh (vgl §321 Rn 2) des Best nach Abschl des BauVertr den Widerruf seines Verspr zur Sicherh-Leistg für die Zukunft ggü dem Untern vorbehalten. Der Widerruf bezieht sich nur auf die SicherhLeistg für den VergütgsAnspr des Untern für solche BauLeistgen, die er im Ztpkt des Zugangs der WiderrufsErklärg noch nicht erbracht hat. Die BewLast für diesen Ztpkt liegt beim SG, für die bis dahin erbrachten Leistgen beim Untern. Dieser hat dann ein sofort LeistgVR hins der noch ausstehden BauLeistgen gem § 321.

3) Berechtigt zum Verlangen nach SicherhLeistg ist der **Unternehmer eines Bauwerks** (vgl § 648 5 Rn 2, § 638 Rn 9–13) od eines Tls davon od einer **Außenanlage.** Damit sind grdstbezogene Arb gemeint wie Erd-, Pflanz-, Rasen-, SaatArb, landschgärtner Entwässergs- u vegetationstechn Arb dch Untern des Garten-, Landsch- u Sportplatzbaues (BT-Drucks 12/4526 S 10), weil auch sie zur Wertsteigerg des Grdst beitragen. And als in § 648 ist berecht hier auch der Nach- od SubUntern, weil für ihn der HauptUntern Best u dessen Identität mit dem GrdstEigtümer nicht erforderl ist. Der bloße Baustofflieferant fällt nicht darunter.

4) Verpflichtet zur SicherhLeistg ist der **Besteller** als WkVertrPartner. Das ist im Verhältn zum Nach- 6 od SubUntern der Haupt- od GeneralUntern o Rücks auf das Eigtum am BauGrdst. Best u SG müssen nicht persgleich sein (vgl Rn 4). – **Ausnahmen** (Abs VI). JP des öffV u öffr SonderVerm. Bei ihnen nimmt man 7 ZahlgsFähigk u -willigk an, also kein Insolvenzrisiko. Ferner natürl Pers, die die BauArb einschl der Aussenanlagen zur Herstellg od Instandsetzg eines EinfamHauses mit oder ohne Einliegerwohng ausführen lassen, falls nicht ein BauBetr zur Vfg über die Finanzmittel des Best ermächtigt ist. Die amtl Begründg (BT-Drucks 12/1836 S 11 u 12/4526 S 11) hält solche BauVorh idR für solide finanziert u die lebenslängl Haftg des Best für genügd sicher.

5) Gesicherte Ansprüche, Höhe. – **a) Gegenstand der Sicherung** ist der VergütgsAnspr des Untern 8 für die von ihm zu erbringden Vorleistgen (Abs I S 1). Das sind alle vertragl geschuldeten vor Beginn einer Arb od die noch ausstehden bei nachträgl SicherhVerlangen, auch aGrd ZusatzAuftr (Abs I S 2). – **b) Nicht 9 sicherbar** – anders § 648 – ist der VergütgsAnspr für bereits erbrachte Leistgen (ebso Gutbrod DB **93**, 1559, Weber WM **94**, 725; aA Hofmann/Koppmann BauR **94**, 305, Sturmberg BauR **94**, 57, Leinemann/Klaft NJW **95**, 2521) u für noch zu erbringde Leistgen, soweit der Untern kraft Vereinbg, zB § 16 Nr 2 VOB/B, eine Vorauszahlg erhalten hat. In beiden Fällen würde es sich nicht mehr um zu erbringende Vorleistgen handeln. – **c) Höhe.** „Bis" zur Höhe des voraussichtl VergütgsAnspr (Abs I S 2) stellt klar, daß der Untern 10 die SicherhLeistg nicht schon vor Beginn seiner Arb in voller Höhe verlangen muß, sondern sie auch teilw u erst im Verlauf seiner Arb verlangen kann, wenn er dies, auch mit Rücks auf die Kosten der SicherhLeistg, für angebracht hält. Bei PauschalVereinbg ergibt sich die Höhe direkt aus dem Vertr. Bei Vereinbg von EinhPr (vgl § 632 Rn 1) steht sie zwar erst nach Beendigg der Arb fest, kann aber anhand des LeistgsVerz mit einer ev AngebSumme geschätzt werden. Ebso bei vereinb StundenPr. Abzuziehen sind von dem auf diese Weise ermittelten voraussichtl VergütgsAnspr die etwa geleisteten Voraus- u AbschlagsZahlgen. Nach aA (Hofmann/Koppmann BauR **94**, 305) bestimmt der Untern die Sicherh nach Ermessen in Höhe des „VorleistgsRisikos"; dagg Sturmberg BauR **95**, 169.

6) Sicherungsmittel sind die allg gem §§ 232ff, außerdem die in Abs II S 1 genannten. Darunter fallen 11 alle HaftgsKredite iS des § 19 I Nr 4 KWG. – **Zahlung** dürfen Kreditinstitut bzw -versicherer nur unter den 12 Vorauss in Abs II S 2 leisten. Dies schützt den Best davor, daß der SG trotz bestehder Mängel od nicht erbrachter Leistgen bezahlt u der Best dadch prakt sein ZbR verliert. Außerdem soll der SG vor Ausreiß mit dem Untern bewahrt werden. Aus S 2 folgt, daß das Kreditinstitut keine SicherhLeistg in Form der Zahlg auf erstes Anfordern (vgl Einf 14 vor § 765, Einf 14 vor § 783) übernehmen wird. Bei Verurteilg des Best zur Zahlg gg SicherhLeistg liegen die Vorauss der ZwVollstr vor, wenn der Untern die Sicherh geleistet, bei Verurteilg Zug um Zug (Mängelbeseitig), wenn er die GgLeistg bewirkt hat. Erweisen sich die Einw des Best als unbegr, hat er KostenNachtle gem Abs III S 2.

7) Kostenerstattung. Die Kosten der SicherhLeistg trägt im InnenVerh zum SG der Best. Er hat 13 seinerseits Anspr auf ihre Erstattg, soweit sie übl sind, bis maximal 2% pa, gg den Untern (Abs III S 1), weil die Sicherh in seinem Interesse zu leisten ist. – **Nicht zu erstatten** sind gem S 2 diejen Kosten, die dadch 14 entstehen, daß wg unbegr Einw des Best gg den VergütgsAnspr des Untern = gg eine Zahlg des SG die SicherhLeistg länger aufrecht erhalten werden muß (vgl Rn 12 aE).

8) Verhältnis zu § 648 (Abs IV). Soweit der Untern Sicherh gem Abs I, II erlangt hat, entfällt der Anspr 15 auf Einräumg einer SichgHyp. Ledigl für einen noch ungesicherten RestvergütgsAnspr bleibt sie mögl. Da der Untern keinen Anspr auf Übersich hat, entfällt sein Anspr auf SicherhLeistg, wenn eine SichgHyp bestellt ist, die den Anfdgen des Abs I S 1 entspricht, dh wenn sie mündelsicher ist (§§ 238 I, 1807 I Nr 1).

9) Folgen nicht fristgerechter Sicherheitsleistung, Abs V. – **a) Leistungsverweigerungsrecht** des 16 Untern, dh er braucht die Arb nicht zu beginnen bzw fortzusetzen. – **b) Nachfristandrohung** zur Sicherh- 17 Leistg, verbunden mit **Kündigungsandrohung** (S 1, § 643 S 1, dort Rn 2). Nach ergebnisl FrAblauf gilt der BauVertr als aufgehoben, § 643 S 2. Aus der Formulierg in Abs V S 1 u aus § 643 S 1 folgt, daß der Untern berecht, aber nicht verpfl ist zur Nachfristsetzg mit KündAndrohg (Hofmann/Koppmann Nr 30; aA Sturmberg BauR **95**, 169). – **c) Anspruch auf anteilige Vergütung** entspr den bis zur VertrAufhebg 18 erbrachten Leistgen (vgl § 645 Rn 12) u der **Ersatz der Auslagen,** soweit sie nicht in der TlVergütg bereits enthalten sind. – **d) Ersatz des Vertrauensschadens** (S 2). Zum Begr vgl Vorbem 17 vor § 249. Darunter 19 fällt zB der Gewinn, der dem Untern deshalb ausfällt, weil er im Hinbl auf diesen BauVertr die Übern eines anderw BauAuftr abgelehnt hat. – **e) Ohne Nachfristsetzung** mit KündAndrohg bleibt der Vertr mit 20 LeistgVR des Untern bestehen. Der Best befindet wg der nicht geleisteten Sicherh (ObliegenhVerl) in

AnnVerz (§ 642) u kann seiners nach § 649 künd. Sieht man die SicherhLeistg als MitwirkgsPfl (Hofmann/ Koppmann BauR **94**, 305), kann ihre Verweigerg zu SchadErsAnspr aus pVV führen (§ 642 Rn 1).

649 *Kündigungsrecht des Bestellers.* **Der Besteller kann bis zur Vollendung des Werkes jederzeit den Vertrag kündigen. Kündigt der Besteller, so ist der Unternehmer berechtigt, die vereinbarte Vergütung zu verlangen; er muß sich jedoch dasjenige anrechnen lassen, was er infolge der Aufhebung des Vertrags an Aufwendungen erspart oder durch anderweitige Verwendung seiner Arbeitskraft erwirbt oder zu erwerben böswillig unterläßt.**

1   **1)** Das **Kündigungsrecht** des Best besteht bis zur Vollendg des Wk (§ 646) jederzeit ohne FrSetzg u ohne Angabe von Grden. Es folgt aus dem Wesen des WkVertr (Einf 1 vor § 631), da an der Herstellg des Wk idR nur der Best ein Interesse hat, währd es dem Untern nur um die Vergüt geht. Die Künd schädigt ihn nicht, denn der Reinertrag bleibt ihm. Sie hebt den Vertr für die Zukunft auf, läßt ihn aber als Rechtsgrd für in der Vergangenh erbrachte Leistgn bestehen (BGH NJW **82**, 2553, NJW **93**, 1972: Auch bei Künd aus wicht Grd; BewLast für MangelFreih der erbrachten Leistgn beim Untern). Umdeutg des Rücktr in Künd u umgekehrt ist wg der verschiedenen RFolgen regelm nicht angängig. KündErkl kann auch darin liegen, daß Best nach vorher Ankündigg die ausstehden Leistgen selbst ausführt (BGH WM **72**, 1025). Abdingb (BGH **62**, 208), auch konkludent, zB wenn sich aus dem VertrZweck ergibt, daß auch der Untern ein R auf DchFührg des Vertr hat (Celle MDR **61**, 318; vgl § 631 Rn 15). § 649 ist bei Vereinbg auch auf DVertr anwendb (BGH **LM** § 611 Nr 3). Nicht anwendb auf den bauvertragl Tl eines BauträgerVertr wg dessen Einheitlk, Künd nur aus wicht Grd (BGH **96**, 275).

2   **2)** Der **Vergütungsanspruch** besteht vor vorneherein nur abzügl der inf der VertrAufhebg eingesparten Aufw (BGH NJW **92**, 2427), der dch anderweit Einsatz der ArbKraft erzielten od böswill nicht erzielten Erlöse. Es handelt sich also nicht um eine Einr (BGH NJW-RR **92**, 1077). Abn erbrachter TlLeistgn ist nicht FälligkVorauss (BGH NJW **93**, 1972), wohl aber prüfgsfäh Schlußrechng des Arch über die bereits erbrachten u die nicht erbrachten Leistgen (BGH NJW-RR **94**, 1238). Bei vereinb PauschalVergütg ist die Höhe für die erbrachten TlLeistgn nach deren WertVerh zu der geschuldeten GesLeistg zu errechnen (BGH NJW **95**, 2712). Sind die TeilLeistgn mangelh, hat der Best ein ZbR (Hamm NJW-RR **95**, 657). Wird das Wk nicht (BGH NJW-RR **86**, 1026) od bei einer teilb Leistg nur teilw ausgeführt, so handelt es sich nicht um ein umsatzsteuerpfl Gesch (BGH **101**, 130). Der Anspr des Untern umfaßt auch die an einen HandelsVertr 3   für die Vermittlg des WkVertr geschuldete Prov (BGH NJW **84**, 1155). – **Vereinbarung einer pauschalierten Abfindung** des Untern ist wirks, in FormularVertr an AGB §§ 10 Nr 7 (BGH DB **83**, 525 u 527) u 4   11 Nr 5b (BGH DB **85**, 1286) zu messen. – **Kein Vergütungsanspruch** für noch nicht erbrachte Leistgen, wenn Best künd, weil Untern ihm einen wicht Grd dafür gegeben hat – BewLast beim AuftrG (BGH WM **90**, 1756) –, zB endgült u ernsth ErfVerweigerg (BGH NJW-RR **89**, 1248), gröbl Gefährdg des Vertr-Zwecks (BGH **45**, 372 [375]), etwa dch grobe Mängel der bisher erbrachten TlLeistgn (BGH NJW **93**, 1972: BewLast für MangelFreih beim Untern), dch groben Vertrauensbruch, zB wenn Arch von den Handw, die er im Namen des AuftrG beauftragt, „Prov" annimmt (BGH NJW **77**, 1915). Dabei kommt es nur auf die obj KündLage im Ztpkt der Künd an, nicht darauf, ob der Best den wicht Grd schon kannte. Gleiches gilt iF einvernehml VertrAufhebg, wenn dabei keine anderweit Vereinbg über die Vergütg getroffen wurde (BGH NJW **76**, 518).

5   **3) Ersparte Aufwendungen** sind ausschl solche, die der Untern inf, also nach der VertrAufhebg nicht mehr erbringen muß, sie können desh auch nur von dem Tl der Vergütg abgezogen werden, der sich auf den noch nicht vollendeten Tl der Leistg bezieht; andseits können Aufw, die der Untern in Erf seiner Verpfl bis zur VertrAufhebg erbracht hat, nicht als nicht erspart berücks werden (BGH NJW-RR **88**, 1295). Behauptet der Best höhere Ersparn, trifft ihn die Darleggs- u BewLast (BGH NJW-RR **92**, 1077), jedoch ist eingehder Vortrag über die KalkulationsGrdl des Untern nicht zu erwarten (BGH WM **77**, 1307); iF teilw Abtretg vorweg von der Vergütg abzusetzen. BerechngsMethode u -Bsp, auch bei VerlustGesch des Untern vgl van Gelder NJW **75**, 189. Für die böswill Unterl anderweit Erwerbs genügt, daß der AuftrG einen zumutb ErsAuftr nachweist u der AuftrN diesen gleichwohl ausschlägt (BGH BauR **92**, 379). S 2 Halbs 2 ist entspr anwendb, wenn der Untern das Ergebn seiner Arb anderweit ausnutzt, zB Verk des teilw fertiggestellten Wk (BGH NJW **69**, 237). Sow das Wk hergestellt, ist es dem Best zu überlassen. Bereits angeschafftes, nicht mehr verwendetes Material gehört zu den ersparten Aufw nur, wenn es der Untern in absehb, zumutb Zeit anderweit verwenden kann (Hamm NJW-RR **88**, 1296). Auf seine Übereigng hat der Best keinen Anspr, der Untern kann es ihm aber zur Verfügg stellen.

6   **4)** Um ein **Dauerschuldverhältnis** (Einl 17 vor § 241) handelt es sich bei WkVertr nur selten, eher bei Sukzessiv-WkLiefergsVertr. Bei Künd aus wicht Grd gilt S 2 nicht, vielmehr werden beide VertrPartner von ihrer LeistgsPfl für die noch nicht erbrachten Leistgen frei (BGH NJW **93**, 1972). Im Falle ord Künd gilt § 621 entspr (Hbg MDR **72**, 866). Da Best jederzeit kündigen darf u § 649 den Untern so stellt, als ob erf wäre, hat er daneben od darüberhinaus keinen SchadErsAnspr nach allg Vorschr (Düss BauR **73**, 114; teilw aA Schmidt NJW **95**, 1313).

7   **5) Verhältnis zu anderen Rechten.** Bis zur Künd stehen beiden VertrSeiten die allg R (etwa §§ 119, 280, 323ff) zu, dem Untern auch die R aus §§ 642ff zu; vgl §§ 642, 643 je Rn 2, §§ 644, 645.

8   **6) Sonderregelungen. – a) In allgemeinen Geschäftsbedingungen,** die entgg S 2 stets Anspr auf volle Vergütg o Rücks auf die tatsächl erbrachten Leistgn gewähren, sind nichtig (BGH NJW **73**, 1190 für § 18 I GOI). Ebso eine Klausel, die jeden EntschädiggsAnspr des Untern ausschließt (BGH **92**, 244). Zuläss ist in AGB eine pauschale Abgeltg der bis zur Künd erbrachten Leistgn u Aufw, die sich iR des § 10 Nr 7 AGBG hält (BGH **87**, 112 [120]: 5% der AuftrSumme bei Künd vor Beginn der BauAusführg) u die nicht den GgBeweis tats geringerer Leistgn u Aufw (§ 11 Nr 5b AGBG) ausschließt (BGH WM **85**, 93).

b) Die **VOB/B** enthält in **§ 8 Nr 1** grdsätzl eine mit § 649 übereinstimmde Regelg, die Künd bedarf aber **9** der Schriftform (Nr 5). Darüberhinaus gibt **§ 8 Nr 2 bis 4** ein KündR für bes Fälle mit darauf abgestellter Regelg der Vergütg u weitergehder beiderseit R. – **§ 9** sieht ein KündR des Untern nach FrSetzg vor, falls der Best MitwirkgsHandlgen unterläßt od fäll Zahlgen nicht leistet (vgl § 643 Rn 3).

650 *Kostenanschlag.* [I] Ist dem Vertrag ein Kostenanschlag zugrunde gelegt worden, ohne daß der Unternehmer die Gewähr für die Richtigkeit des Anschlags übernommen hat, und ergibt sich, daß das Werk nicht ohne eine wesentliche Überschreitung des Anschlags ausführbar ist, so steht dem Unternehmer, wenn der Besteller den Vertrag aus diesem Grunde kündigt, nur der im § 645 Abs. 1 bestimmte Anspruch zu.

[II] Ist eine solche Überschreitung des Anschlags zu erwarten, so hat der Unternehmer dem Besteller unverzüglich Anzeige zu machen.

1) Der **Kostenanschlag** kann versch Bedeutg haben. Das G geht davon aus, daß er ledigl eine unverbindl **1** fachmänn Berechng der voraussichtl Kosten u damit für beide Seiten bloß GeschGrdlage, nicht VertrBestandtl ist (Ffm NJW-RR **89**, 209). **Garantiert** der Untern die Preisansätze des Voranschlags, so wird er VertrBestandtl, der Untern kann dann nur die Anschlagsumme verlangen, § 650 gilt in diesem Fall nicht (BGH NJW-RR **87**, 337). KalkulationsIrrt bei vereinb Höhe der Vergütg vgl § 119 Rn 18–21.

2) Das **Kündigungsrecht** des Best ist die Folge einer wesentl Überschreitg des Voranschlags u der darin **2** liegden Veränderg der GeschGrdlage. SonderRegelg zu § 649 zug des Best, weil die wesentl Überschreitg des Kostenanschlags für das eig Wk aus dem Risikobereich des Untern stammt. Desh nicht entspr anwendb gg den Arch, wenn die zur Grdlage des ArchVertr gemachte Bausumme wesentl überschritten wird (BGH **59**, 339). Maßg ist, ob der veranschlagte EndPr überschritten ist, EinzPositionen sind ohne Belang (Honig BB **75**, 447). Wann die Überschreitg wesentl ist, läßt sich nicht mit einer in allen Fällen gült Prozentzahl sagen, es kommt auf den EinzFall an. Daß 27,7% noch innerh der Toleranzgrenze liegen können (so BGH VersR **57**, 298 in einem Sonderfall, wie BGH NJW-RR **87**, 337 selbst einschränkt), ist nicht zu billigen. Als Richtschnur sollten je nach Lage des Falles 15 bis 20, in bes AusnFällen bis maximal 25% gelten. Pahlmann DRiZ **78**, 367 meint, es sei an 10% zu denken. Köhler NJW **83**, 1633 hält eine Überschreitg dann für wesentl, wenn sie einen redl Best zur Änderg seiner Dispositionen, insb zur Künd veranlassen kann u gibt dafür Kriterien an. Das KündR besteht nur bis zur Abn (§ 640). Vergütgsanspr des Untern nur nach § 645 I. Statt der Künd kann der Best bei schuldh Überschreitg SchadErs wg Verschuldens bei VertrSchluß verlangen (Ffm NJW-RR **89**, 209). Ein Schad besteht aber insoweit nicht, als die Mehrkosten zu einem Wertzuwachs des Wk geführt haben (BGH NJW **70**, 2018).

3) Die **Anzeigepflicht** (II) soll den Best vor Übervorteilg schützen u die Ausübg seines KündR sichern. **3** Unterlassg der Anz ist schuldh VertrVerletzg, die den Untern zum SchadErs verpfl (Ffm NJW-RR **89**, 209). Zu ersetzen ist das negat Interesse. Der Best ist also so zu stellen, wie er bei rechtzeit Anz u daraufhin ausgesprochener Künd stehen würde (Ffm OLGZ **84**, 198), dh der Untern hat nur die Anspr aus I mit § 645 I, bezogen auf den fiktiven Ztpkt der Künd ohne Berücksichtigg bereichergsrechtl Grdsätze, weil der Untern die Materialeinbauten ohne rechtl Grd vorgenommen hat (Ffm Rspr Bau Nr 1), u muß etwaige weitere Schäd des Best wg der unterlassenen Anz ersetzen. Diese Folgen entfallen, wenn der Best die Überschreitg des Voranschlags kannte od wenn sie auf seinen Weisgen od Wünschen beruht; § 254 ist anwendb.

651 *Werklieferungsvertrag.* [I] Verpflichtet sich der Unternehmer, das Werk aus einem von ihm zu beschaffenden Stoffe herzustellen, so hat er dem Besteller die hergestellte Sache zu übergeben und das Eigentum an der Sache zu verschaffen. Auf einen solchen Vertrag finden die Vorschriften über den Kauf Anwendung; ist eine nicht vertretbare Sache herzustellen, so treten an die Stelle des § 433, des § 446 Abs. 1 Satz 1 und der §§ 447, 459, 460, 462 bis 464, 477 bis 479 die Vorschriften über den Werkvertrag mit Ausnahme der §§ 647 bis 648a.

[II] Verpflichtet sich der Unternehmer nur zur Beschaffung von Zutaten oder sonstigen Nebensachen, so finden ausschließlich die Vorschriften über den Werkvertrag Anwendung.

1) Begriff, Abgrenzung. Allg vgl Einf 1, 4 vor § 631. – **a)** Der **Werklieferungsvertrag** hat zum Inhalt **1** die Herstellg aus Stoffen des Untern u Übereigng des fert Wk an den Best (BGH DB **69**, 346). Er hat mit dem WkVertr gemeins die Herstellg eines körperl ArbErfolges für den Best. Er unterscheidet sich vom reinen **Werkvertrag** dadch, daß der Untern die Stoffe zur Herstellg zu beschaffen u das Wk dem Best zu übergeben u zu übereignen hat; letzteres hat er mit dem KaufVertr gemeins. Beim WkVertr steht die Schöpfg des Wertes gerade für den Best, beim WkLiefergsVertr mit dem Warenumsatz verbundene Übertr v Eigt u Bes im VorderGrd (BGH WM **77**, 79). **Kaufvertrag** liegt vor, wenn es sich ledigl um die Beschaffg der fert Sache, sei es auch mit kleineren Ändergen (zB Konfektionskleidg) handelt, also die Herstellg nicht VertrGgst ist. – In **Abs II** kommt es auf die Unterscheidg, ob eine vertretb od unvertretb Sache herzustellen ist, nicht an (BGH WM **92**, 916). Ist die Herstellg VertrInhalt u beschafft der Untern ledigl Zutaten od Nebensachen, so handelt es sich um reinen WkVertr; das ist immer dann der Fall, wenn die StoffLieferg ggü der ArbLeistg u sonst Aufw an Bedeutg zurücktritt, zB Operation, Gutachten, Porträt u vor allem beim BauVertr (Einf 3, 4 vor § 631, Kln BauR **86**, 441), weil da das Grdst des Best Hauptsache ist (BayObLG **33**, 199; vgl auch BauBetreuungsVertr § 675 Rn 20, 24); dies auch bei Lieferg u Montage von Fertigteilgaragen (Düss BauR **82**, 164).

b) Das G unterscheidet **zwei Typen:** WkLiefergsVertr über **vertretbare Sachen,** sog LiefergsKauf (Rn 3) **2** u über **nicht vertretbare Sachen,** eigentl WkLiefergsVertr (Rn 4). Beim ersteren überwiegt beim Best das Interesse an der Beschaffg des fert Produkts, beim Herst das Interesse am Absatz; er steht den UmsatzGesch, insb dem Kauf näher, wobei der Verk zugl Herst ist. Beim letzteren überwiegt das beiders Interesse an der ArbLeistg u Herbeiführg des Erfolges, das HerstellgsInteresse, er steht dem WkVertr näher.

3 **2) Bei vertretbaren Sachen** (§ 91) gilt ausschließl KaufR. Da es sich meist um beschr GattgsSchuld handelt (Serienware aus der Produktion des Verk), gilt insb auch § 480. Dem Untern steht es frei, die Sache für den Best neu herzustellen od eine von ihm bereits hergestellte zu liefern, zB nach Katalog. And als beim eigentl WkLiefergsVertr besteht keine Verpfl – wohl aber das R – zur Neuherstellg, denn sie ist ersetzb dch Lieferg einer bereits hergestellten Sache. ZwVollstr nach ZPO 883 I, 884. §§ 633ff gelten nicht, außer die GewlAnspr des Best sind vertragl auf Nachbesserg beschr (BGH DB **71**, 1467). Versucht der Lieferant im Einverständn des Best die Nachbesserg, so gilt § 639 entspr (BGH **LM** § 639 Nr 1). Wg der Haftg des WkLieferers vertretb Sachen für Vorlieferanten vgl § 631 Rn 12. Hins der OffenbargsPfl wg Mängeln ist nicht jede im Betr des WkLieferers tät Pers sein ErfGeh (BGH DB **68**, 1119: von HilfsPers verursachter, aber verheimlichter Mangel). – Aus dem WkVertrR können ledigl die §§ 642, 643, 645 bei Mitwirkg, Zutaten, Anweisgen des Best entspr anwendb sein, wodch der Unterschied zum reinen KaufVertr ersichtl wird.

4 **3) Nicht vertretbare Sachen** (eigentl WkLiefergsVertr) sind solche, die dch die Art ihrer Herstellg den BestWünschen angepaßt sind u desh individuelle Merkmale besitzen, nicht austauschb (Hamm BB **86**, 555) u für den Untern schwer od garnicht anderweit absetzb sind, zB Reiseprospekte (BGH NJW **66**, 2307), Maßanzug, Werbefilm (BGH MDR **66**, 496), Bauarbeiten (vgl Rn 1), Errichtg einer EigtWohng mit Mitteln des Best (BGH WM **78**, 1351), nachträgl Einbau einer serienmäß hergestellten Einbauküche in eine selbstgenutzte EigtmWohng nach den bes Wünschen des Best (BGH BB **90**, 1093), ebso eines Schlafzimmers (Hamm NJW-RR **92**, 889), nachträgl Verlegg eines Teppichbodens mittels Klebers in einer Wohng (BGH NJW **91**, 2486). ZwVollstr nach ZPO 887, 888 auf Herstellg u Übereigng. Es gelten primär die Vorschr über den Kauf, sie sind aber teilw ersetzt dch die über den WkVertr.

Im einzelnen:

5 **a) Nach Kaufrecht** hat Untern das Wk zu übertr u zu übereignen u für RMängel zu haften. Anwendb sind §§ 434, 435, 436, 439, 440, 442, 443, 444, 446 I 2, II, 447 über § 644 II, §§ 448 I, 449 mit §§ 313, 450, 452–455, 465–467, 469–476 über § 634 IV, §§ 477 II, III, 478, 479 über § 639 I, §§ 480, 494–496, 497–515. Im HandelsVerk gelten HGB 377, 381 II.

6 **b) Nach Werkvertragsrecht** richtet sich die Herstellgs- u AbnPfl, für GrdstAntl u Herstellg der Eigt-Wohng einheitl vereinb Vergütg einschl der Verj des Anspr (BGH WM **78**, 1351), Haftg für WkMängel (BGH MDR **66**, 496), Verzögerg, Gefahrübergang (bei bewegl Sachen), Rücktr, Künd. Es gelten also: §§ 633–640, 642–643, ferner §§ 631 I, 632, 641, 644–645 mit 646 II, 649–650.

7 **c) Unanwendbar:** §§ 433 II, 446 I 1, 459, 460, 462–464, 477 I, sowie §§ 647–648a; kein PfdR, da Untern bis zur Überg Eigtümer; wird auf BestGrdst gebaut, liegt § 651 ohnehin nicht vor (vgl Rn 1). § 646 kaum prakt, da für Übermittlg stets Abn (Überg, Übereigng) erforderl.

II. Reisevertrag

Einführung

1 **1) Gesetzliche Regelung.** Lit: Eckert, Das neue ReiseR (DB **94**, 1069, Führich, Das neue ReiseR NJW **94**, 2446). Die §§ 651a–k sind dch das ReiseVertrG v 4. 5. 79 (BGBl 509) eingefügt und in Ausf der Richtl über Pauschalreisen des Rates der Europ Gemschen (90/314/EWG) v 13. 6. 90 dch das G zur Durchf dieser Richtl vom 24. 6. 94 (BGBl 1322) geändert worden. Die NeuRegelg gilt seit 1. 11. 94. Die wesentl Änderergen sind: Beschrkg des R des Veranstalters zur PrErhöhg u LeistgsÄnderg, RücktrR des Kunden für diesen Fall (§ 651a III, IV), ErsetzgsBefugn des Teiln (§ 651b), BewLastRegelg beim SchadErsAnspr (§ 651f I), Sicherstellg des Kunden iF der ZahlgsUnfähigk od des Konk des Reiseveranstalters für Rückzahlg des bezahlten ReisePr u für Ers der Aufw für die Rückreise (§ 651k I–V mit der Ausn in Abs VI). Von der ges Regelg zu Lasten des Reisden abw Vereinbgen sind unwirks (§ 651l). Soweit eine abschließde Regelg im ReiseVertrR fehlt, gilt WkVertrR (BGH NJW **87**, 1931 [1933]). Die vom BMJ in Ausübg der Ermächtigg gem § 651a V erlassene VO über die InformationsPfl von Reiseveranstaltern ist abgedr u erläutert im Anh nach § 651l.

2 **2) Begriff und Wesen.** Der ReiseVertr ist auf die Herbeiführg eines Erfolges, näml eine best Gestaltg der Reise (BGH NJW **95**, 2629), in eig Verantwortg – dies in Abgrenzg zur Reisevermittlg (BGH NJW **85**, 906) – dch die Tätigk des Reiseveranstalters gg Vergütg gerichtet. Im Unterschied zum eigentl WkVertr wählt der Reiseveranstalter eine Anzahl von EinzLeistgen (zB Flug-, Schiffs-, Bahnreise, Transfer ins Hotel, Unterkunft, Verpflegg, Reiseleitg) im vorhinein aus, stimmt sie aufeinand ab, verbindet sie zu einer Einh u bietet sie nach einem vorher festgelegten Programm zu einem einheitl Pr an. Diese Mehrh zusgefaßter EinzLeistgen erbringt er innerh eines best Zeitraums in eig Verantwortg. Meist bedient er sich dazu zumindest teilw versch Leistgsträger (§ 651a Rn 6). Unter den ReiseVertr fällt auch ein zusätzl am Urlaubsort gebuchter Ausflug, den ein dort Untern gg Bezahlg als Vertr des Reiseveranstalters dchführt (Düss NJW-RR **91**, 55). Zusfassde Bsp für Reiseveranstalter Führich VersR **95**, 1138).

3 **3) Anwendungsbereich.** Die §§ 651a ff regeln bei einem auf eine Gesamth von Reiseleistgen gerichteten ReiseVertr, wie vorstehd charakterisiert, die RBeziehgen zw dem Reiseveranstalter u dem Reisden. Das G definiert den Begr des Reiseveranstalters nicht. Gewerbl Tätigk u Gewinnstreben sind nicht erforderl, es genügt jede Tätigk, wie vorstehd Rn 2 beschrieben (ebso MüKo/Tonner vor § 651a Rdn 7), zB Leserreise eines ZeitgsVerlages, einer Volkshochschule, im Ggs etwa zur selbst organisierten Betr- od Vereinsreise für Mitgl. Hauptfall ist die Pauschalreise, der Reisezweck spielt keine Rolle (LG Ffm NJW-RR **94**, 634). Es genügen aber auch zwei zu einer GesLeistg zusgefaßte Leistgen, von denen nicht die eine ganz untergeordnete Bedeutg hat. Bsp: Beförderg u Unterkunft in einer Ferienwohng (BGH **61**, 276). Entspr anwendb ist das ReisevertrR, wenn ein Reisebüro als Veranstalter mit Verantwortg für den Erfolg als Einzelleistg ein

Ferienhaus od eine Ferienwohng zu Urlaubszwecken anbietet (BGH NJW **95**, 2629). Je nach den Umst handelt das Reisebüro als Veranstalter od als Vermittler bei der Buchg eines Hotelzimmers mit Voll- od Halbpension (Mü NJW **84**, 132, LG Hann NdsRPfl **84**, 140; ähnl MüKo/Tonner § 651a Rdn 7; aA Erm-Seiler § 651a Rdn 4). Getrennt berechnete fakultat ZusatzLeistgen währd einer Pauschalreise vgl § 651a Rn 5. – **Nicht anwendbar** sind die Vorschr dieses Titels, wenn das Reisebüro weder eine GesLeistg zu 4 einheitl Pr noch eine Einzelleistg als Veranstalter iS der Rn 2, 3 zu erbringen hat (BGH NJW **95**, 2629: Bootscharter nur zur Vermietg als Transportmittel ohne Gestaltg der Reise). Auch handeln Reisebüros beim Verk von Fahr-, Schiffs- od Flugkarten erkennb als VerkStellen, Vermittler od Agenten des VerkUnternehmens (BGH **61**, 276). Ebso bei Vermittlg einz zeitl nicht aufeinand abgestimmter Teilleistgen, die der Reisde in eig Verantwortg zusgestellt hat, ohne die verbindden Transportleistgen (Oldbg NJW-RR **91**, 1017; ähnl Ffm NJW-RR **91**, 1018). Als Vermittler od HandelsVertr handelt ein Reisebüro, das erkennb für einen and Reiseveranstalter dessen Pauschalreise anbietet (BGH **62**, 71, NJW **74**, 1242, Schleswig VuR **94**, 341). Gg das nur vermittelnde Reisebüro bestehen keine GewlAnspr wg Mängeln der vermittelten Leistg (Mü MDR **84**, 492), denkb ist ein SchadErsAnspr wg SchlechtErf des GeschBesVertr, zB dch Weiterleitg der Zahlg des Kunden an den später illiquiden Reiseveranstalter ohne Sicherh (LG Traunstein NJW-RR **93**, 1531). Haftg des Veranstalters nach § 278 u des and Reisebüros wg SchlechtErf eines GeschBesVertr schließen sich nicht aus (BGH **82**, 219). Für die rechtl Beurt kommt es auf die Sicht des Kunden an (§ 651a II).

4) Internationales Privatrecht vgl Art 29 EG. Auf die Bereitstellg von ausländ Ferienunterkünften 5 gerichtete Vertr eines inländ Veranstalters mit einem inländ Kunden unterliegen mangels einer RWahl dtschem Recht (BGH **119**, 152).

651a Reisevertrag.
[I] Durch den Reisevertrag wird der Reiseveranstalter verpflichtet, dem Reisenden eine Gesamtheit von Reiseleistungen (Reise) zu erbringen. Der Reisende ist verpflichtet, dem Reiseveranstalter den vereinbarten Reisepreis zu zahlen.

[II] Die Erklärung, nur Verträge mit den Personen zu vermitteln, welche die einzelnen Reiseleistungen ausführen sollen (Leistungsträger), bleibt unberücksichtigt, wenn nach den sonstigen Umständen der Anschein begründet wird, daß der Erklärende vertraglich vorgesehene Reiseleistungen in eigener Verantwortung erbringt.

[III] Der Reiseveranstalter kann den Reisepreis nur erhöhen, wenn dies mit genauen Angaben zur Berechnung des neuen Preises im Vertrag vorgesehen ist und damit einer Erhöhung der Beförderungskosten, der Abgaben für bestimmte Leistungen, wie Hafen- oder Flughafengebühren, oder einer Änderung der für die betreffende Reise geltenden Wechselkurse Rechnung getragen wird. Eine Preiserhöhung, die ab dem zwanzigsten Tag vor dem vereinbarten Abreisetermin verlangt wird, ist unwirksam. § 11 Nr. 1 des Gesetzes zur Regelung des Rechts der Allgemeinen Geschäftsbedingungen bleibt unberührt.

[IV] Der Reiseveranstalter hat eine Änderung des Reisepreises nach Absatz 3, eine zulässige Änderung einer wesentlichen Reiseleistung oder eine zulässige Absage der Reise dem Reisenden unverzüglich nach Kenntnis von dem Änderungs- oder Absagegrund zu erklären. Im Falle einer Erhöhung des Reisepreises um mehr als fünf vom Hundert oder einer erheblichen Änderung einer wesentlichen Reiseleistung kann der Reisende vom Vertrag zurücktreten. Er kann statt dessen, ebenso wie bei einer Absage der Reise durch den Reiseveranstalter, die Teilnahme an einer mindestens gleichwertigen anderen Reise verlangen, wenn der Reiseveranstalter in der Lage ist, eine solche Reise ohne Mehrpreis für den Reisenden aus seinem Angebot anzubieten. Der Reisende hat diese Rechte unverzüglich nach der Erklärung durch den Reiseveranstalter diesem gegenüber geltend zu machen.

[V] Das Bundesministerium der Justiz wird ermächtigt, im Einvernehmen mit dem Bundesministerium für Wirtschaft durch Rechtsverordnung zum Schutz der Verbraucher bei Reisen Festsetzungen zu treffen, durch die sichergestellt wird, daß die Beschreibungen von Reisen keine irreführenden, sondern klare und genaue Angaben enthalten und daß der Reiseveranstalter dem Verbraucher die notwendigen Informationen erteilt. Zu diesem Zweck kann insbesondere bestimmt werden, welche Angaben in einem vom Veranstalter herausgegebenen Prospekt und in dem Reisevertrag enthalten sein müssen sowie welche Informationen der Reiseveranstalter dem Reisenden vor dem Vertragsabschluß und vor dem Antritt der Reise geben muß.

Abs III–V neu eingefügt, vgl Einf 1 vor § 651a.

1) Allgemeines, Begr und Wesen, AnwendgsBereich vgl Einf. Für den Abschl des Vertr gelten die allg 1 Vorschr, auch §§ 164ff, 328. Bucht der Anmelder eine Reise für sich u and Pers, so handelt er entw nur im eig Namen – dann ist nur er „Reisder", aber Vertr mit Schutzwirkg für die übr – od er tritt zugleich als Vertr der übr auf (BGH NJW **89**, 2750). Die Buchg des Reisden ist VertrAngeb, Ann formfrei, ausdr od konkludent mit der Verpfl, bei od unverzügl nach VertrAbschl dem Reisden eine Reisebestätig gem § 3 der InformationsVO (abgedr hinter § 651l) auszuhändigen. Auch für die Ann mit Abweichg gelten die allg Regeln. Die Wirksamk von Änderngs-, Ersetzgs- od RücktrVorbeh beurteilt sich neben Abs III, IV nach AGBG 10 Nr 3, 11 Nr 1.

2) Vertragspflichten (Abs I). – a) des Reiseveranstalters. Plang, organisierte Durchf der Reise entspr 2 dem ausgeschriebenen Programm (vgl Einf 2). InformationsPfl gem §§ 1–4 der InfVO (abgedr hinter § 651l), auch Hinw auf unmittelb bevorstehde Gef am Urlaubsort (LG Ffm NJW-RR **91**, 313: Hurrican). Pfl zur Sicherstellg des Kunden gg Risiko der Illiquidität gem § 651k. Pfl zum Rücktransport des Reisden nach ao Künd vgl § 651j II. Außerdem Pfl zu sorgf Auswahl der LeistgsTräger im Hinbl auf deren Eigng u Zuverlässigk (BGH **100**, 185 [189] u Pfl zu deren den Umst entspr regelmäß Überwachg, auch hins des

749

SicherhStandards nach den örtl Vorschr (Nürnb OLGZ **93**, 197, Ffm NJW-RR **94**, 560) u Komforts der baul Anl (BGH **103**, 297).

3   **b) des Reisenden.** Bezahlg der vereinb Vergütg. Für ihre Fälligk gilt § 646, also mit Beendigg der Reise. Eine für den Reisden ungünstigere Vereinbg ist nur (§ 651l) nach Maßg des § 651k IV, V wirks, also Zahlg vor Beendigg der Reise nur nach Überg eines SichgsScheins außer einer Anzahlg von 10% des ReisePr, höchstens 500 DM. Vereinbg der Fälligk einer Anzahlg vor ZustKommen des ReiseVertr verstößt auch gg § 9 II Nr 1 AGBG (KG NJW **85**, 151). Außerdem muß der Reisde das seiners Erforderl zur Vorbereitg u planmäß Durchf der Reise tun.

4   **c) Verletzung von Vertragspflichten,** sow es sich nicht um Mängel handelt, beurt sich nach den Vorschr des allg SchuldR (LG Heidelberg NJW **84**, 133); auch Künd währd der Reise dch den Veranstalter aus wicht Grd, grdsätzl nach Abmahng (LG Ffm NJW-RR **94**, 375).

5   **3) Abweichende Erklärung. Abs II** konkretisiert die allg RechtsGrds der §§ 133, 157 und 164 u gilt desh entspr auch für die Buchg einer einzelnen Reiseleistg, die das Reisebüro selbst als Veranstalter anbietet (BGH NJW **85**, 906: Ferienwohng für Urlaub). Ergibt sich bei objekt Würdigg der ges Umst aus der Sicht des Reisden, daß der Reiseveranstalter vertragl vorgesehene Reiseleistgs (Einf 2) in eig Verantwortg anbietet, so muß er sich daran festhalten lassen u kann sich nicht auf die Rolle des Vertr für den Reiseveranstalter od des bloßen Vermittlers der EinzLeistgen zw dem Kunden u dem jeweil LeistgsTräger (zB Hotelier, BusUntern) zurückziehen. Solche Umst sind die eig Werbg des Reiseveranstalters, insbes in eig Reisekatalogen (Köln NJW-RR **95**, 314), Reiseprospekten, deren Angaben bindd sind (§ 1 I S 2 InfVO), das Angeb der gebündelten Leistgen zu einem einheitl Pr für das GesArrangement (BGH **77**, 310) bzw der Einzelleistg (BGH NJW **85**, 906), auch das Verlangen des „Vermittlers", MängelAnz innerh best Fr zwecks Abhilfe an ihn zu richten (BGH WM **92**, 1948). Will der Reiseveranstalter für eine im PauschalPr enthaltene EinzLeistg, auch Linienflug, nur als Vermittler auftreten, so muß er darauf in der Reisebeschreibg, den BuchgsUnterlagen u der Reisebestätigg ausdr hinweisen (Ffm NJW-RR **88**, 1328). Darü hinaus kann der Reiseveranstalter EinzLeistgen vermitteln, wenn er dies unmißverständl klarstellt, zB Besuch einer Sportveranstaltg od Theateraufführg am UrlOrt od Ausflüge von dort aus gg dafür gesondert ausgewiesenen Pr. Diese Erkl ist gem Abs II unwirks, wenn es sich um eine EinzLeistg handelt, die der Pauschalreise das Gepräge gibt, zB Sprachkurs bei einer als Sprachreise, Sportkurs bei einer als Sportreise, Eintrittskarten bei einer als Theaterreise angebotenen Reise (Tonner IPrax **94**, 468).

6   **4) Die Leistungsträger** (Abs II) sind ErfGeh. Bsp § 278 Rn 15, FlugGesellsch (Düss NJW-RR **92**, 1330). Auf ihre Überwachg u Anleitg hat der Veranstalter nur geringen Einfl. Sie erbringen entw eine best Art von Leistg (zB Unterkunft, Verpflegg) od eine einmal EinzLeistg (zB Transfer Flughafen-Hotel), die iR des ReiseVertr eine TlLeistg des Reiseveranstalters sind. Inwiew RBez zw dem Reisden u dem jeweil LeistgsTräger bestehen, hängt vom EinzFall ab. Denkb ist, daß der Reiseveranstalter auch od nur im Namen u mit Vollm des Kunden die jeweil Vertr mit den LeistgsTrägern abschließt (zB auf Beförderg, Vollpension), die zur Erf des ReiseVertr im ganzen nöt sind. Näherliegt ist, daß der Veranstalter diese Vertr im eig Namen zG des Reisden abschließt (ebso MüKo/Tonner Vor § 651a Rdn 11, BGH **93**, 271 für CharterVertr zw Reiseveranstalter u FlugGesellsch), sodaß neben dem Veranstalter auch der Kunde, ohne selbst VertrPartner des LeistgsTrägers zu sein, diesen neben seinem Anspr gg dem Veranstalter aus dem ReiseVertr einen eig ErfAnspr (Einf 5 vor § 328) u bei Leistgsstörgen den nach der einschläg ROrdng in Betr kommden SchadErs- od GewlAnspr hat. Die FlugGesellsch kann ggü dem BefördergsAnspr des Reisden nicht einwenden, der Reiseveranstalter habe den Pr für den Charterflug nicht bezahlt, weil § 334 nach den Umst beim ReiseVertr idR als abbedungen anzusehen ist (BGH **93**, 271). – Keine ErfGeh sind die Pers, die keine vom Reiseveranstalter organisierb Leistgen zu erbringen haben. Bsp § 278 Rn 15, ausländ Konsulat bei Ausk über EinreiseBest (Düss NJW-RR **95**, 694) u Botsch bei der Visabeschaffg (LG Mü I NJW-RR **93**, 742). – Verrichtgsgeh (§ 831) des Reiseveranstalters sind die LeistgsTräger idR nicht, weil es an der dazu nöt Abhängigk u WeisgsGebundenh fehlt (BGH **45**, 311, **103**, 298).

7   **5) Erhöhung des Reisepreises (Abs III). – a) Zulässigkeit** (S 1). Das Recht zur PrErhöhg muß im Vertr mit genauen Angaben zur Berechng des neuen Pr ausdr vorgesehen, außerdem muß ersichtl sein, wie sich eine den Reiseveranstalter treffde Kostenmehrbelastg auf den ReisePr ursächl auswirkt. Nur in diesem Umfang ist die Erhöhg zul. Grd für die anteil Erhöhg des PauschalPr kann nur sein eine Erhöhg der darin enthaltenen BefördergsKosten, Abgaben für best Leistgen wie Hafen- od Flughafengebühren od Änderg der Wechselkurse. Die Darleggs- u BewLast hierfür trifft den Veranstalter, HinwPfl in der Reisebestätigg
8   (InfVO § 3 II d). – **b) Geltendmachung** (Abs IV S 1) dch Zugang der einseit, rgestaltden ErhöhgsErkl des Veranstalters in Ausübg seines vertragl BestimmgsR an den Reisden, u zwar unverzügl (§ 121 I) nach
9   Kenntn des angegeben ErhöhgsGrdes. – **c) Zeitliche Grenzen** (Abs III S 2, 3). Die Erkl muß dem Reisden spätestens mit Ablauf des 21. Tages vor dem vereinb AbreiseTerm zugegangen sein, andernf ist sie unwirks. Ist das Recht des Veranstalters zur PrErhöhg in AGB od FormularVertr enthalten, so ist die Klausel unwirks, wenn zw VertrAbschl u Reisebeginn nicht mehr als 4 Mo liegen (Abs III S 3 mit § 11 Nr 1 AGBG).

10   **6) Änderung einer Reiseleistung, Absage der Reise (Abs IV). – a) Zulässigkeit.** Das Recht des Veranstalters zur Absage od wesentl LeistgsÄnderg nach VertrAbschl muß im Vertr ausdr vorgesehen sein. Außerdem muß im Prospekt od in der Reisebestätigg angegeben sein etwa erforderl MindestTeilnZahl u bis zu welchem Ztpkt vor dem vereinb Reisebeginn die AbsageErkl wg Nichterreichens dieser Zahl dem Reisden zugegangen sein muß (InfVO §§ 1 I g, 3 II); auch and AbsageGrde können ind mit angem Zeitspanne vereinb werden. Ein in AGB od FormularVertr enthaltener ÄndergsVorbeh muß dem Reisden zumutb
11   sein (§ 10 Nr 4 AGBG), zB unerhebl Änderg einer nicht wesentl Leistg. – **b) Geltendmachung** (S 1) dch Zugang der einseit, rgestaltden Absage- bzw ÄndergsErkl des Veranstalters an den Reisden, u zwar unver-
12   zügl (§ 121 I) nach Kenntn des Absage- bzw ÄndergsGrdes. – **c) Zeitliche Grenze.** Die AbsageErkl muß dem Reisden innerh der im Vertr vereinb Fr vor Reisebeginn zugegangen sein. Andernf SchadErsAnspr wg pVV, wenn dch die Nichteinhaltg der Fr ein Schad entstanden ist.

7) Rechtsfolgen der Preiserhöhung, Leistungsänderung, Absage der Reise. – a) Weitergeltung des 13 **Vertrages mit den Änderungen,** wenn der Reisde ohne Rücks auf das Ausmaß der PrErhöhg od die Erheblichk der LeistgsÄnderg zu den geänderten Bdggen an der Reise teilnehmen will. Außerdem, wenn die PrErhöhg nicht mehr als 5% des vereinb ReisePr beträgt bzw wenn die LeistgsÄnderg unerhebl ist od eine nicht wesentl Leistg betrifft. – **b) Rücktrittsrecht des Reisenden** (S 2) vor Reisebeginn bei PrErhöhg über 14 5% od bei erhebl Änderg einer wesentl Reiseleistg (nicht nöt: der ganzen Reise). Es muß also unter Berücksichtigg der Art der Reise kumulativ die Änderg als solche erhebl sein u eine wesentl Leistg betreffen. Verdrängt nicht das KündR gem § 651e. – **c) Teilnahme an einer mindestens gleichwertigen anderen** 15 **Reise.** Bei Absage der Reise und wahlw statt des Rücktritts bei PrErhöhg über 5% u bei LeistgsÄnderg (vorstehd Rn 7–12). Dies gilt nur mit der Einschränkg (S 3), daß der Veranstalter eine solche Reise aus seinem Angeb ohne MehrPr anbieten kann. – **d) Geltendmachung** (S 4). Der Reisde muß eines seiner Rechte gem 16 Rn 13–15 unverzügl (§ 121 I) nach Zugang der Erkl des Veranstalters über PrErhöhg, LeistgsÄnderg od Absage der Reise diesem ggü geltd machen. Eine Form dafür ist nicht vorgeschrieben, Schriftform aber zu empfehlen. Im Falle des Rücktr beurteilen sich die beiderseit Rechte u Pfl nach §§ 346 ff. Ein verspätet erklärter Rücktr ist unwirks, der alte Vertr mit den zuläss erklärten Ändergen gilt weiter. – Nimmt der Reisde das Angeb der ErsReise an, kommt ein neuer ReiseVertr zustande u ersetzt den bisherigen, eine geleistete Anzahlg ist anzurechnen. Trotz des Verlangens nach einer ErsReise besteht kein AnnZwang. Lehnt der Reisde das Angeb ab, so bleibt es bei der Absage dch den Veranstalter, iF der PrErhöhg od LeistgsÄnderg bleibt wg des WahlR das RücktrR bestehen, der Rücktr ist nunmehr unverzügl zu erklären. – **e)** Die **Absage der Reise** steht 17 einem Rücktr dch den Veranstalter gleich, sie beseitigt rgestaltd den ReiseVertr, bereits geleistete Zahlgen sind entspr § 346 zurückzugewähren.

8) Absatz V. Die VO des BMJ über die InformationsPfl von Reiseveranstaltern ist hinter § 651l abgedr. 18 Wegen sonstiger Pfl der VertrPartner vgl Rn 2, 3.

651b *Vertragsübertragung.* [I] **Bis zum Reisebeginn kann der Reisende verlangen, daß statt seiner ein Dritter in die Rechte und Pflichten aus dem Reisevertrag eintritt. Der Reiseveranstalter kann dem Eintritt des Dritten widersprechen, wenn dieser den besonderen Reiseerfordernissen nicht genügt oder seiner Teilnahme gesetzliche Vorschriften oder behördliche Anordnungen entgegenstehen.**

[II] **Tritt ein Dritter in den Vertrag ein, so haften er und der Reisende dem Reiseveranstalter als Gesamtschuldner für den Reisepreis und die durch den Eintritt des Dritten entstehenden Mehrkosten.**

Geändert, vgl Einf 1 vor § 651a.

1) Vertragsübertragung (Abs I S 1). Die Befugn dazu beruht auf der Überlegg, daß idR die Pers des 1 ReiseTeiln für den Reiseveranstalter keine Bedeutg hat. Sie besteht unabdingb (§ 651l) neben dem RücktrR in § 651i bis zum Beginn der Reise ohne Angabe eines VerhindgsGrdes. Nöt ist eine rgeschäftl Übertr des ReiseVertr im ganzen (vgl § 398 Rn 38) der Art, daß der Dr sich der Vereinbg mit dem Reisdn an dessen Stelle vollständ in alle Rechte u Pfl aus dem ReiseVertr eintritt. Der Reiseveranstalter ist hiervon so rechtzeit zu verständigen, daß er ggf sein WidersprR (Rn 2) noch ausüben kann. Seine Zust ist nicht erforderl. Der Dr ist idR vom Reisdn zu benennen, kann aber bei entspr Absprache auch vom Veranstalter benannt sein. Der neue Teiln hat sich gelten zu lassen, wenn der Veranstalter seine Pflen, zB aus § 651k, InformationsPfl (§§ 1–3 InfVO, abgedr hinter § 651l), ggü dem ursprüngl Teiln bereits erfüllt hat.

2) Widerspruchsrecht des Veranstalters. In den 3 in Abs I S 2 genannten Fällen ist ihm die Ersetzg des 2 ReiseTeiln aus nicht in seinem Einflußbereich liegdn Grden nicht zumutb. Bes ReiseErfordern in der Pers des Teiln können sich aus der Art, dem Ziel od dem Programm der Reise ergeben, zB TropenTauglk, Bergsteiger-Erfahrg, naut Kenntn. Ges Vorschr od behördl AOen können der Teiln einer and als der angemeldeten Pers zB bei einem Sammelvisum od früh Paßeintraggen entggstehen. Vertragl Vereinbgen mit einz LeistgsTrägern (§ 651a Rn 6), die die Ersetzg eines Teiln ausschließen od beschr, geben dem Reiseveranstalter kein WidersprR. Die BewLast für die Vorauss des WidersprR trägt der Veranstalter. Berecht Widerspr führt zur Unwirksk der VertrÜbern, der bisher ReiseVertr gilt weiter.

3) Haftung, Mehrkosten (Abs II). Die Verpfl des neuen Teiln zur Zahlg des ReisePr, soweit nicht bereits 3 entrichtet, folgt aus der VertrÜbern. Daneben bleibt die Haftg des alten bestehen, beide haften als GesSchu. Gleiches gilt für die dch die VertrÜbern verurs Mehrkosten wie VerwUnkosten, Tel- u Portospesen. Pauschalierg ist, and als in § 651i III nicht vorgesehen, aber in den Grenzen des § 651l u der §§ 10 Nr 7, 11 Nr 5 AGBG zuläss.

Vorbemerkung vor §§ 651c bis g

1) Gewährleistung. Die §§ 651c bis g enthalten eine in sich geschlossene, abschließde Regelg iR des 1 ReiseVertr. Ein Zurückgreifen auf das GewlR des WkVertr ist ausgeschl. Die Regelg ist der im WkVertr nachgebildet, unterscheidet sich in einig Punkten aber von ihr. Der Ausschl der Abtretbark von Anspr aus dem ReiseVertr in AGB ist grds wirks, kann aber im Zushang mit and Klauseln unwirks sein (BGH 108, 52).

a) Abhilfeverlangen, § 651c, ist der nächstliegde GewlAnspr des Reisdn; nach ergebnl Ablauf einer 2 gesetzten Fr das R des Reisdn auf Selbsthilfe.

b) Minderung, § 651d, setzt ebfalls nur einen obj Mangel der ReiseLeistg u MangelAnz voraus. Tritt 3 abweichd von § 634 kraft G ein, FrSetzg zur Abhilfe u AblehngsAndrohg sind nicht erforderl. Auch neben der Abhilfe bis zu ihrer Vorn mögl. Wandelg gibt es nicht.

4   **c) Das Kündigungsrecht,** § 651e, setzt eine erhebl Beeinträchtigg der Reise dch den Mangel od Unzu-
mutbk ihrer Fortsetzg für den Reisden wg eines wicht, dem Reiseveranstalter erkennb Grd voraus, außerd
grdsätzl den ergebnl Ablauf einer Fr zur Abhilfe. Die Bestimmg regelt außerd den EntschAnspr des Reise-
veranstalters u das R des Kunden auf RückBeförderg.

5   **d) Schadensersatz,** § 651f, kann der Reisde neben Minderg od Künd verlangen, außer wenn sich der
Reiseveranstalter entlasten kann, daß er den Mangel nicht zu vertreten hat (§ 651f Rn 4). Der Anspr schließt
bei erhebl Beeinträchtigg der Reise eine angem Entsch in Geld für nutzl aufgewendete UrlZeit ein.

6   **e)** Eine **Ausschlußfrist** für die GeltdMachg der GewlAnspr enthält § 651g. Dort ist auch die **Verjäh-
rung** eigens geregelt.

7   **2) Vertraglicher Ausschluß oder Einschränkung der Gewährleistungsansprüche** ist nur iR des
§ 651h wirks. Eine darühinaus gehde Beschrkg der Rechte des Reisden ist unwirks, § 651l.

8   **3) Verhältnis zu anderen Ansprüchen.** Schwierig bietet die Abgrenzg zw (teilw) Nichterfüllg (Folge:
§§ 323ff) und Gewl (Folge §§ 651cff).

9   **a) Sonderregelung.** Soweit es um Anspr gg den Reiseveranstalter als solchen wg einer Beeinträchtigg
der Reise dch einen Mangel aus dem GefBereich des Veranstalters heraus geht, schließen ab VertrSchluß
§§ 651cff die allg Vorschr weitgehd aus. Wird bei einer Reiseveranstaltg (Einf 2, 3 v § 651a) eine nach dem
Vertr geschuldete Leistg aus Grden, die nicht allein in der Pers des Reisden liegen, ganz od teilw nicht
erbracht, so handelt es sich grdsätzl um einen Reisefehler, für den der Reiseveranstalter nach §§ 651cff auch
dann haftet, wenn bereits die erste Reiseleistg ausfällt u damit die ganze Reise vereitelt wird (BGH **97**, 255
im Anschl an BGH **85**, 300 für unberecht Abbruch der Flugreise zum Urlaubsort; teilw aA Brender, Das
reisevertragl GewlR als iun Verh zum allg R der LeistgsStörgen, 1985, Tempel NJW **86**, 547, Meyer VersR
87, 339, Schmitt JR **87**, 265). Dieser Rspr ist im Interesse der RKlarh u RSicherh u wg des sachgerechten
Ergebn zuzustimmen.

10   **b)** Sow der **Reiseveranstalter selbst Leistungsträger** (§ 651a Rn 6) ist, schließen §§ 651cff and vertragl
od ges Anspr nicht aus. Befördert also der Veranstalter einer Pauschalreise die Reisden in seinem eig
BefördergsMittel u bringt er sie in seinem eig Hotel unter, so haftet er für Pers- u SachSchäd währd des
Transports bzw der Unterbringg nach den einschläg vertragl od ges Best (weitergehd Tempel JuS **84**, 81
[90], LG Ffm NJW **83**, 2263). HaftgsBeschrkg in diesen Fällen vgl § 651h Rn 1. Charter s Einf 10 vor § 631.

11   **c) Deliktansprüche,** inbes wg Verl von VerkSichgsPfl bleiben unberührt (BGH **103**, 298). Die SorgfPfl
für den Zustand von VertrHotels darf nicht überspannt werden (Düss VersR **94**, 1439).

12   **d) Schadensersatzansprüche nach dem Warschauer Abkommen** schließen Anspr aus § 651f, nicht
solche aus § 651d aus (LG Ffm NJW-RR **86**, 216: verspätete Aushändigg des Fluggepäcks am Urlaubsort).

651c   *Abhilfe.* [I] Der Reiseveranstalter ist verpflichtet, die Reise so zu erbringen, daß sie
die zugesicherten Eigenschaften hat und nicht mit Fehlern behaftet ist, die den Wert
oder die Tauglichkeit zu dem gewöhnlichen oder nach dem Vertrage vorausgesetzten Nutzen
aufheben oder mindern.

[II] Ist die Reise nicht von dieser Beschaffenheit, so kann der Reisende Abhilfe verlangen. Der
Reiseveranstalter kann die Abhilfe verweigern, wenn sie einen unverhältnismäßigen Aufwand
erfordert.

[III] Leistet der Reiseveranstalter nicht innerhalb einer vom Reisenden bestimmten angemessenen
Frist Abhilfe, so kann der Reisende selbst Abhilfe schaffen und Ersatz der erforderlichen Aufwen-
dungen verlangen. Der Bestimmung einer Frist bedarf es nicht, wenn die Abhilfe von dem Reise-
veranstalter verweigert wird oder wenn die sofortige Abhilfe durch ein besonderes Interesse des
Reisenden geboten wird.

1   **1) Allgemeines** zu den GewlAnspr vgl Vorbem. Die Bestimmg ist in allen drei Abs dem § 633 nachge-
bildet, sie enth im wesentl and, auf die Besonderh des ReiseVertr abgestellte Formuliergen. Eine sachl
Abweichg enth ledigl Abs III.

2   **2)** Für den **Fehler** aus dem GefBereich des Veranstalters (Ffm NJW-RR **88**, 1328, LG Hann NJW-RR **89**,
820) einschl dem Fehlen einer zugesicherten Eigensch gelten die Ausf in § 633 Rn 3 u Vorbem Rn 9. Ledigl
sprachl besteht eine Abweichg insow, als für den Begr Gebr hier der Begr Nutzen gesetzt ist. AnknüpfgsPkt
für den Fehler ist die „Reise", also das, was § 651a als eine Gesamth von ReiseLeistgen bezeichnet (Einf 2 vor
§ 651a). Es ist im EinzFall nach Art u Zweck der Reise aGrd des Vertr – zB Expeditions- (Karlsr Just **84**,
198, Mü OLGZ **84**, 234), Trekking- (Düss VersR **95**, 592), Sprachreise (LG Ffm VuR **90**, 205) – festzustel-
len, ob die Störg bei einer ReiseLeistg bereits die Reise als solche als in ihrem Nutzen beeinträchtigt
erscheinen läßt od ob es sich ledigl um eine Unannehmlk handelt, die im Zeitalter des Massentourismus
hinzunehmen ist (Hamm DB **73**, 2296, Düss NJW-RR **92**, 1330). Dafür spielt, insb im Ausland mit and
Maßst, die OrtsÜblk eine gewisse Rolle. Bei der vorzunehmden GesWürdigg kommt für den Inhalt der
LeistgsPfl entsch Bedeutg den bindden (§ 1 I S 2 InfVO) Prospektangaben u sonstigen Informationen des
Reiseveranstalters (§§ 1–3 InfVO) im AllgVerständn des nicht auslandserfahrenen Reisden zu (BGH **100**,
157 [176]). Diese Angaben können zuges Eigensch darstellen, eine neg Abweichg der Wirklk von diesen
Angaben wird idR ein Mangel mit den daraus resultierden R sein. Weitere RFolgen sind an das Fehlen einer
zuges Eigensch nicht geknüpft. Umweltbeeinträchtigg auf Reisen vgl Peter/Tonner NJW **92**, 1794. –

3   **Beispiele:** Zu kurz bemessene Umsteigezeit bei ZusStell der Flugverbindg innern einer Pauschalreise (LG
Bln NJW-RR **89**, 1020); mehr als 4stünd Abflugverspätg bei Charterflugreise (LG Münster MDR **92**, 450;
zweifelh; aA Düss NJW-RR **92**, 1330 für 8 stünd Ankunftsverspätg bei Transatlantikflug); eintäg verspäteter
Abflug zur Rückreise (LG Ffm NJW-RR **91**, 630; Kln NJW-RR **93**, 1019); vorzeit Abbruch der Reise wg

eines in Räumen des Kreuzfahrtschiffs ausgebrochenen Brandes (BGH WM **87**, 630); ein interessanter ZielPkt einer Kreuzfahrt kann nicht angelaufen werden (BGH **77**, 320); ein wesentl Teil des Programms einer Studienreise fällt aus (Mü OLGZ **83**, 83); der mehrtäg Aufenthalt auf einer Insel iR einer Drei-Insel-Reise fällt aus (LG Hann NJW-RR **90**, 571); erhebl Routenabweichg der dchgeführten Expeditions- od Trekkingreise ggü der Prospektbeschreibg (Karlsr VersR **85**, 1073, Düss VersR **95**, 592); fehle Jagdmöglichk auf einer Safarireise (BGH **77**, 310); ungenügd befähigter Reiseleiter (LG Ffm MDR **85**, 141); Unterbringg in einem Hotel schlechterer Kategorie od bei versprochener ruhiger Lage an einer lärmden Baustelle od verksreichen Str; der gebuchten Hotelkategorie nicht entspr Zimmergröße u -Ausstattg (LG Ffm NJW-RR **92**, 380); Fehlen eines zugesicherten Zusatzbettes für ein Kind (Ffm NJW-RR **94**, 310); Unterbringg entgg der Buchg nicht in nebeneinand liegden Zimmern (Düss NJW-RR **92**, 1273); Lärm- u Staub-Belästigg (Düss VuR **95**, 214); BauArb im Hotel; Buffet zur Selbstbedieng mit Wartezeit ½ Std bei Vollpension (Ffm VersR **89**, 51); Unterbringg in einem Zimmer nicht in der obersten Etage entgg ausdr Zusicherg (BGH **82**, 219); fehlde Heizbark eines Zimmers in einem als erstklass bezeichneten Hotel bei 10° Außentemperatur (LG Hann NJW-RR **86**, 146); Salmonellenvergiftg dch Speisen im gebuchten Hotel (Düss NJW-RR **90**, 187). Zugesicherter Swimmingpool ist nicht benutzb (Kln VersR **89**, 52). Kakerlaken im Hotelbungalow auf Gran Canaria (LG Ffm NJW-RR **88**, 245). Belegg eines für ein 17-jähr Mädchen gebuchten halben Doppelzimmers mit einem jungen Mann (LG Ffm NJW **84**, 806). Hinter der Katalogausschreibg zurückbleibde KundenBetreug am UrlOrt (LG Kln MDR **91**, 839). Unberecht Verweisg aus dem Flugzeug auf dem Weg zum Urlaubsort (BGH **85**, 301). Fehlen des Reisegepäcks währd der gesamten Reise (Ffm MDR **84**, 667) od verspätete Auslieferg zu Reisebeginn (Ffm NJW-RR **94**, 309). Verspätete Zusendg zugesagter Reiseliteratur zur Vorbereit (LG Hildesheim NJW-RR **88**, 1333). Keine Vorsorge, daß erkennb verspätet ankommde Reisde die gebuchte Unterkunft noch beziehen können (LG Han NJW-RR **89**, 820). Sexuelle Belästigg in aufdringl Weise im Hotel dch Angestellte u/od einheim Besucher (LG Ffm NJW **84**, 1762). Konkrete Störgen dch geist Behinderte, nicht deren bloßer Anblick, können ein Mangel der Reise sein (LG Ffm NJW **80**, 1169, Brox NJW **80**, 1939). Bes Überfallgefährdg einer Villa, die als Luxusbungalow mit einzigart Standard in geradezu paradies Umgebg angeboten wurde (Ffm NJW **82**, 1521). Alphabet ZusStellg der Mangelkasuistik bei Eberle, Der ReiseVeranstaltgsVertr, S 31–42, Tonner, Der ReiseVertr, Mängeltabelle Anh § 651 c. – **Kein Mangel** ist Störg der Nachtruhe dch eine im Hotel betriebene Diskothek bei Buchg einer sog Fortuna-Reise (LG Essen MDR **91**, 1132).

3) Der Anspruch auf Abhilfe (Abs II) einschl der Ausn in S 2, 3 entspr voll dem NachbessergsAnspr **4** in § 633 II, vgl dort Rn 5. Das Abhilfeverlangen ist an die gem § 4 I c InfVO anzugebde Stelle, sonst an die örtl Reiseleitg, ersatzw an den gewerbl LeistgsTräger zu richten (Tempel NJW **86**, 547). Pfl des Reiseveranstalters zum Hinw auf die Obliegenh des Reisdn zur MängelAnz gem § 3 II g InfVO. Der Veranstalter hat dafür Sorge zu tragen, daß kurzfrist ein Ansprechpartner dafür zur Vfg steht (LG Ffm NJW-RR **91**, 631). Eine AGB-Klausel, nach der das Abhilfeverlangen bei Nichterreichbark der örtl Reiseleitg od einer Kontaktadresse an die Zentrale des Reiseveranstalters gerichtet werden müsse, ist unwirks (BGH **108**, 52). Die Abhilfe kann in einer dem Reisden subj zumutb, obj in etwa gleichwert, mangelfreien ErsLeistg mit gleichem Nutzen liegen (KG NJW-RR **93**, 1209). Es kann aber auch Fälle geben, in denen es dem Kunden gerade auf die gebuchte Unterkunft ankommt, sodaß anderweit, auch gleichwert Unterbringg eine erhebl Beeinträchtigg sein kann (Ffm FVE **7**, 275 [280], LG Ffm NJW **90**, 158). Auch hier hat der Reiseveranstalter die mit der Abhilfe verbundenen Kosten (zB Tel-, TelegrSpesen, Taxikosten für Hotelumzug) zu tragen. Bis zur Abhilfe kann der Kunde daneben Minderg u unter den Vorauss des § 651 f SchadErs verlangen. Hat er eine zumutb ErsLeistg abgelehnt, so kann er bis zu der Höhe weiterhin mindern, wie er dies bei Ann des ErsAngeb hätte tun dürfen (LG Ffm NJW **85**, 1474).

4) Das Recht auf Selbstabhilfe und Aufwendungsersatz (Abs III) entspr dem SelbstbeseitiggsR in **5** § 633 III mit der Abweichg, daß Vorauss hier nicht Verz (dh auch Versch), sonder Ablauf einer angem Fr zur Abhilfe dch den Reiseveranstalter ist. Die Angemessenh der Fr richtet sich nach den Umst, insbes nach Art u Schwere der Mängel u kann ggf sehr kurz sein. Auch nach FrAblauf kann der Reisde nach Tr u Gl verpfl sein, eine angebotene Nachbesserg anzunehmen, solange er noch keine and Rechte geltd gemacht hat (LG Ffm NJW **85**, 1473). Die Fälle, in denen es einer FrSetzg für die Abhilfe dch den Veranstalter nicht bedarf, entspr der 2. u 3. Alternative in § 634 Abs II; vgl dort Rn 4. Dch ein bes Interesse des Reisdn ist die sofort Abhilfe geboten, wenn er den Reiseveranstalter mangels eines örtl Beauftr schwer erreichen kann u dessen Abhilfe zu spät käme, zB das Gepäck des Reisdn fehlt (Ffm FVE **9**, 101 [105]). Erforderl sind die Aufw für eine gleichwert ErsLeistg. Ist eine solche nicht erreichb, auch eine höherwert, solange nicht deren Mehrkosten unverhältnismäß sind (Kln NJW-RR **93**, 252, KG NJW-RR **93**, 1209).

5) Beweislast. Der Reisde, weil ansprbegründd (BGH **92**, 177), für den Mangel, das Fehlen einer **6** zugesich Eigensch, die MängelAnz, die Setzg einer angem Fr zur Abhilfe bzw ihre Verweigerg dch den Veranstalter od das bes Interesse an sofort Abhilfe, ferner für die Aufw u ihre Erforderlk. Der Reiseveranstalter für die Unzumutbk der Abhilfe wg unverhältnismäß Aufwandes.

651 d

Minderung. [I] Ist die Reise im Sinne des § 651 c Abs. 1 mangelhaft, so mindert sich für die Dauer des Mangels der Reisepreis nach Maßgabe des § 472.

[II] Die Minderung tritt nicht ein, soweit es der Reisende schuldhaft unterläßt, den Mangel anzuzeigen.

1) Allgemeines zu den GewlAnspr beim ReiseVertr vgl Vorbem vor § 651 c. **1**

2) Voraussetzungen für Minderung (Abs I). Die Reiseleistg muß mit einem obj **Mangel** (§ 651 c) **2** behaftet sein. Nicht erforderl ist in der MängelAnz FrSetzg für die Abhilfe u AblAndrohg. Zeitlich kann die Minderg für die Dauer der mangelh Leistg verlangt werden; also ggf für die ganze Reise, sonst ab

Beginn des Mangels für die restl Reisezeit (LG Ffm NJW-RR **93**, 1330) bzw bis zur Abhilfe dch den Reiseveranstalter (§ 651 c II) od bis zur Selbstabhilfe (§ 651 c III). Neben der Minderg ggf SchadErs nach § 651 f.

3 **3) Keine Minderung. – a)** Von dem Ztpkt einer wirks **Kündigung** des ReiseVertr nach § 651 e an, weil
4 der Reiseveranstalter den VergütgsAnspr verliert. – **b) Bei schuldhafter Unterlassung der Mängelanzeige (Abs II).** Der Reisde hat gem § 3 II g InfVO die Obliegenh, den Mangel der gem § 4 I c InfVO anzugebden Stelle, sonst dem örtl Reiseleiter, Vertr od Reiseveranstalter anzuzeigen, um ihm Abhilfe zu ermöglichen. Versch ist zu verneinen, wenn u solange eine Möglk zur Anz nicht besteht od wenn der Reiseveranstalter tatsächl den Mangel nicht hätte beseitigen können, zB weil eine gleichwert ErsUnterkunft nicht zur Vfg stand, weil eine örtl Reiseleitg nicht vorhanden u Abhilfe aus Dtschld nicht durchführb war, insb kurz vor Ende der Reise.

5 **4) Vollziehung der Minderung.** Sie tritt kr Ges ein, also bei vorausbez ReisePr RückerstattgsAnspr (MüKo/Wolter Rdn 12). Herabzusetzen ist, wie die Verweisg auf § 472 zeigt, der ReisePr, also die Pauschalvergütg (Düss VersR **95**, 349, LG Ffm NJW-RR **92**, 115), nicht der – meist gar nicht ermittelb – Wert der mangelh Einzelleistg (so LG Han NJW **84**, 2417, wenn der Mangel nicht auf die Reiseleistg im ganzen dchschlägt). Berechng nach § 472 Rn 5, 6 nach der Formel: mangelfreier Wert der Reise: mangelh Wert = vereinb Vergütg: × (= geminderte Vergütg). Da mangelfreier Wert der Reiseleistg u vereinb Vergütg sich idR decken, ist die Minderg prakt dch einen prozentualen Abschlag von der Pauschalvergütg zu bestimmen, bei auch vergütgsmäß trennb ReiseTln, wie Rundreise u BadeAufenth, dch prozentualen Abschlag von der auf den mangelh ReiseTl u den Transport entfallden TlVergütg (Düss NJW-RR **91**, 1202). LG Ffm hat dazu eine Tabelle entwickelt (NJW **85**, 113 mit Erläutergen Tempel aaO 97; krit AG St. Blasien MDR **86**, 757, Müller-Langguth aaO, Isermann NJW **88**, 873). Bei völl fehlgeschlagenem PauschalUrl kann die Minderg den GesPr der Reise abzügl ersparter eig VerpfleggsKosten erreichen (Hamm NJW **75**, 123; vgl auch Vorbem 39, 40 vor § 249).

6 **5) Beweislast.** Der Reisde für obj Mängel der ReiseLeistg. Der Reiseveranstalter für schuldh Unterl der MängelAnz, weil AusschlTatbestd; Bartl, ReiseR RdNr 62 gibt trotzdem dem Reisden die BewLast für fehldes Versch an der Unterl der Anz; differenzierd LG Ffm NJW-RR **86**, 540.

651 e   ***Kündigung wegen Mangels.***   [I] **Wird die Reise infolge eines Mangels der in § 651 c bezeichneten Art erheblich beeinträchtigt, so kann der Reisende den Vertrag kündigen. Dasselbe gilt, wenn ihm die Reise infolge eines solchen Mangels aus wichtigem, dem Reiseveranstalter erkennbaren Grund nicht zuzumuten ist.**

[II] **Die Kündigung ist erst zulässig, wenn der Reiseveranstalter eine ihm vom Reisenden bestimmte angemessene Frist hat verstreichen lassen, ohne Abhilfe zu leisten. Der Bestimmung einer Frist bedarf es nicht, wenn die Abhilfe unmöglich ist oder vom Reiseveranstalter verweigert wird oder wenn die sofortige Kündigung des Vertrages durch ein besonderes Interesse des Reisenden gerechtfertigt wird.**

[III] **Wird der Vertrag gekündigt, so verliert der Reiseveranstalter den Anspruch auf den vereinbarten Reisepreis. Er kann jedoch für die bereits erbrachten oder zur Beendigung der Reise noch zu erbringenden Reiseleistungen eine nach § 471 zu bemessende Entschädigung verlangen. Dies gilt nicht, soweit diese Leistungen infolge der Aufhebung des Vertrags für den Reisenden kein Interesse haben.**

[IV] **Der Reiseveranstalter ist verpflichtet, die infolge der Aufhebung des Vertrags notwendigen Maßnahmen zu treffen, insbesondere, falls der Vertrag die Rückbeförderung umfaßte, den Reisenden zurückzubefördern. Die Mehrkosten fallen dem Reiseveranstalter zur Last.**

1 **1) Allgemeines** zu den GewlAnspr vgl Vorbem vor § 651 c. § 651 e gibt bei mangelh ReiseLeistg dem Kunden ein außerordentl KündR vor (MüKo/Wolter Rdn 3, BGH **77**, 310; aA LG Ffm NJW **86**, 1616) u währd der Reise. RücktrR des Kunden bis zu ihrem Beginn in § 651 a IV 2 u ohne weitere Vorauss in § 651 i. KündR iF erhebl Beeinträchtigg inf höherer Gew ausschl gem § 651 j (dort Rn 1).

2 **2) Voraussetzungen des Kündigungsrechts. a) Mangel.** Die ReiseLeistg ist mit einem obj Mangel behaftet (vgl § 651 c Rn 2), der die Reise als Ganzes **erheblich beeinträchtigt.** Diese Vorauss, für die auch der bes Zweck der Reise von Bedeutg sein kann (zB Tauch-, Sprachkurs), ist eine Erschwerg ggü Abhilfe u Minderg. Erhebl ist die Beeinträchtigg jedenf dann, wenn der Gesamtwert der Reise betroffen ist u eine zeitanteil Minderg von wenigstens 50% gerechtfertigt wäre (LG Köln MDR **91**, 840, LG Hann NJW-RR **92**, 50). LG Ffm läßt 20%, bezogen auf den Grad der Mängel für die Zukunft, genügen (NJW-RR **92**, 1083). Im EinzFall kann sich der Mangel auch schon vor Antritt der Reise zeigen (BGH NJW **80**, 2192), zB Verschiebg um einen Tag (LG Hanau NJW-RR **94**, 1264).

3 **b) Oder Unzumutbarkeit** der Reise für den Reisden wg eines Mangels aus wicht Grd, der dem Veranstalter erkennb ist. Hier ist nicht auf obj erhebl Beeinträchtigg, sond darauf abgestellt, daß gerade dem betreffden Reisden wg eines in seiner Pers liegden erkennb Umst (zB Gehbehinderg) inf eines obj Mangels Antritt od Fortsetzg der Reise unzumutb sind (ebso MüKo/Wolter Rdn 10).

4 **c) Angemessene Frist zur Abhilfe** muß der Reisde gesetzt haben, die ergebnl verstrichen ist. HinwPfl für den Veranstalter auf diese Obliegenh des Kunden gem § 3 II g InfVO. Eine AblAndrohg wie in § 634 ist nicht erforderl. Die FrSetzg ist entbehrl in den drei in Abs II S 2 genannten Fällen. FrSetzg u ihre Entbehrlk entspr der Regelg in § 651 c (vgl dort Rn 5), zB zahlr Mängel, deren Behebg bis UrlEnde aussichtsl erscheint (Kln FVE **7**, 299 [305]), Nichterreichbark des örtl Reiseleiters (LG Kln NJW-RR **89**, 565).

3) Wirkungen der Kündigung. a) Entschädigungsanspruch des Reiseveranstalters für die bereits 5
erbrachten u die zur Beendigg der Reise noch zu erbringden Leistgen. Er tritt an die Stelle des Anspr auf den
vereinb ReisePr. Diese Reiseleistgen müssen auf dem Vertr zw dem Reiseveranstalter und dem Kunden
beruhen. Leistgen im Verh zw Reiseveranstalter u seinen LeistgsTrägern genügen nicht (BGH NJW **90**, 572:
Stornokosten für gebuchte Hotelunterkunft). Bemessg nach § 471 wie nach Wandlg bei vereinb GesPr (aA
LG Ffm MDR **85**, 1028). Der EntschAnspr entfällt, sow diese Leistgen inf der VertrAufhebg für den
Reisden kein Interesse haben. Das kann bei völl Wertlk der bisher erbrachten Leistgen (zB unzumutb
Unterkunft) der Fall sein. Der Reisde, der bereits mehr bez hat, als was der Veranstalter nach der Künd
beanspr kann, hat einen RückfdgsAnspr unmittelb aus § 651e, der ähnl § 346 das bish VertrVerhältn in ein
ges RückabwicklgsVerhältn umgestaltet (BGH **85**, 50).

b) Die **Verpflichtung zur Rückbeförderung,** falls sie zum Inh des Vertr gehört, u zu sonstigen inf der 6
VertrAufhebg notw Maßn bleibt bestehen. Die Rückbeförderg hat unverzügl, ggf mit Linienflug zu erfol-
gen (LG Ffm NJW **85**, 143). Die Mehrkosten dafür treffen den Veranstalter.

4) Beweislast. Der Reisde für den obj Mangel, die erhebl Beeinträchtigg bzw die Unzumutbk u die 7
FrSetzg, ggf für das fehlde Interesse an den Leistgen des Veranstalters.

651 f *Schadensersatz.* [I] **Der Reisende kann unbeschadet der Minderung oder der Kündi-
gung Schadensersatz wegen Nichterfüllung verlangen, es sei denn, der Mangel der
Reise beruht auf einem Umstand, den der Reiseveranstalter nicht zu vertreten hat.**
[II] **Wird die Reise vereitelt oder erheblich beeinträchtigt, so kann der Reisende auch wegen
nutzlos aufgewendeter Urlaubszeit eine angemessene Entschädigung in Geld verlangen.**

Abs I geändert, vgl Einf 1 vor § 651a.

1) Allgemeines zu den GewlAnspr vgl Vorbem vor § 651c. Betrifft nur die vertragl Haftg des Reisever- 1
anstalters als solchen, nicht seine Haftg, sow er selbst LeistgsTräger ist (Vorbem 10 vor § 651c). Daneben ist
Haftg des Reiseveranstalters aus Delikt, insbes Verl von VerkSichgPfl (BGH **103**, 298) u eines and Reisebü-
ros als Vermittler od HandelsVertr nicht ausgeschl, vgl Einf 4 vor § 651a. Abs II ist entspr anwendb auf ein
Reisebüro, das nur eine Einzelleistg als Veranstalter in eig Verantwortg zu erbringen hat (BGH NJW **85**,
906). Art 24 I Warschauer Abk schließt Anspr aus Abs II aus (Ffm NJW-RR **93**, 1147).

2) Voraussetzungen für den Schadensersatzanspruch. a) Mangel. Die Leistg des Reiseveranstalters 2
als ganze ist mit einem obj Mangel (§ 651c Rn 2) behaftet. Seine Erheblk spielt nur in Abs II eine Rolle.

b) Mangelanzeige oder Abhilfeverlangen am Reiseort sind wie in §§ 651c bis e ebenf Vorauss. Die Fassg 3
„unbeschadet . . ." betrifft den Umfang des Anspr, meint aber keine unterschiedl Vorauss (BGH **92**, 177).

3) Entlastungsbeweis. Ggü dem vermuteten Versch kann der Reiseveranstalter sich entlasten, indem er 4
darlegt u beweist, daß der Mangel der Reise auf einem Umst beruht, den weder ihn (§ 276) noch einen seiner
ErfGeh (§ 278), insbes LeistgsTräger (§ 651a Rn 6) u deren ErfGeh bei der gehör Informierg des Reisden u der sorgf Vorbereitg, Organisation u Durchf der Reise ein Versch an
den aus seinem GefBereich stammden schädigden Umst trifft (BGH **100**, 185). Nicht zu vertreten hat der
Veranstalter außerdem die außerh seines GefBereichs liegden, von ihm nicht beeinflußb Umst in der Sphäre
des Reisden u Dr, die nicht seine ErfGeh sind, sowie höhere Gew. Bsp für Vertretenmüssen: Täusche
Prospektangaben (LG Stgt MDR **78**, 1022), Überbuchg (Düss NJW-RR **86**, 1175). Kein Hinw auf Truppen-
ÜbgsPlatz in Nähe des Hotels (KG FVE **10**, 186 [190]), nicht rechtzeit Besorgg des notw Einreisevisums
(LG Ffm NJW **80**, 1286), unterlassene Beschaffg v Informationen über Umst, die zu beträchtl Reisestörgen
führen können, zB Impfnachweis bei der Einreise (Ffm OLGZ **84**, 85), unterlassener Hinw auf voraussehb
rmäß Streik im Zielland (LG Ffm NJW **80**, 1696), auf Hurrican (LG Ffm NJW-RR **91**, 313).

4) Umfang des Anspruchs. Zu ersetzen ist der NichtErfSchad einschl des MangelfolgeSchad (BGH **100**, 5
157 [180], MüKo/Tonner Rdn 6). Dazu gehört gem Abs II bei vereitelter od erhebl beeinträchtigter Reise
(§ 651e Rn 2), auch eines selbständ Tls (LG Hann NJW-RR **90**, 1019), eine angem Entsch in Geld für nutzl
aufgewendete UrlZeit. Die Entschädigg dient dem Ers immat Schad (Vorbem 39 vor § 249, Müller,
SchadErs aGrd verdorbenen Urlaubs, Diss 1986, S 162ff). Für die Vereitelg od erhebl Beeinträchtigg ist
abzustellen auf die bes Umst in der Pers des Reisden (BGH NJW **85**, 906), auch auf die Möglichk, den
Urlaub zu verschieben (BGH **82**, 219 [227]). Vereitelt ist die Reise auch, wenn der Reisde wg Überbchg des
gebuchten Hotels kündigt und zurückreist (Düss NJW-RR **89**, 1078). Die Möglk, den Urlaub zuhause zu
verbringen, steht der Ann einer erhebl Beeinträchtigg je nach den Umst nicht entgg (BGH **77**, 117), maßg
sind die Verh, unter denen im EinzFall der Urlaub zuhause zu gestalten ist (Mü NJW **84**, 132). Nutzl
aufgewendete UrlZeit kann auch die Verzögerg des Rückflugs um einige Tage wg Überbuchg der Maschine
sein (Düss NJW-RR **88**, 636). UrlZeit ist nicht aufgewendet, wenn ein ArbN den Url wg Mängeln nicht
antritt u zurückgibt (Düss NJW-RR **90**, 573; aA LG Ffm NJW-RR **91**, 315). BemessgsMaßstab (Müller
NJW **87**, 882) sind alle Umst des EinzFalls, unter ihnen die Höhe des ReisePr, die unter bes Umst allein
maßgebd sein mag (Düss NJW-RR **94**, 950), die EinkVerh des Reisden, die Schwere der Beeinträchtigg, der
für die Finanzierg eines gleichwert ErsUrl erforderl GeldBetr (BGH **63**, 98 u NJW **83**, 35), Schwere des
Versch beim Veranstalter (Düss NJW-RR **86**, 1175). LG Hann (NJW-RR **89**, 633) u LG Ffm (VuR **92**, 235)
halten Tagesmindestsatz von 50 DM für angem. Unbezifferter KlAntr ist zul (LG Han NJW **89**, 1936). Zu
den AnsprBerecht gehören auch die im Haush tät Ehefr (BGH **77**, 117) u nicht erwerbstät Pers, weil auch sie
nutzl Urlaubszeit aufgewendet haben, zB Schüler (BGH **85**, 168). Die Best ist außerh des ReiseVertrR u
seiner entspr Anwendbark nicht anwendb (BGH **86**, 212), im ReiseVertrR aber auch, wenn iF vereitelter od
erhebl beeinträchtigter Reise Ers nicht wg eines Mangels aus Gewl, sond aGrd einer und auf Vertretenmüs-
sen abstellden AnsprGrdl geschuldet wird (ebso BT-Drucks 8/2343 S 11), zB Hundebiß (KG NJW **70**, 474),
VerkUnf (Br VersR **69**, 929; aA Karlsr VersR **81**, 755). Ob der Reisde einen ErsUrlaub verbracht hat od

verbringen will od ob er zuhause bleibt (LG Ffm NJW **80**, 1286), ist für den Anspr, wie in § 635 ob der Best den Schad beseit hat od beseit will (BGH **61**, 28), ohne rechtl Bedeutg (aA Bartl NJW **79**, 1385 [1388]). Vertragl HaftgsBeschrkgen vgl § 651h. Abs II ist auf KlinikAufenth mit gleichzeit ErholgsZweck nicht entspr anwendb (BGH **80**, 366). – Ggf ist § 254 anwendb (BGH WM **82**, 92, LG Ffm NJW **86**, 1616: ErsatzAngeb).

6 **5) Beweislast.** Entspr der BewLastVerteilg beim WkVertr (§ 635 Rn 9) hat der Reisde den Fehler (§ 651c Rn 6) od die sonst PflWidrigk des Veranstalters, MangelAnz od Abhilfeverlangen u seinen Schad zu beweisen. Dem Reiseveranstalter steht der EntlastgsBew (Rn 4) offen.

651g *Ausschlußfrist; Verjährung.* [I] **Ansprüche nach den §§ 651c bis 651f hat der Reisende innerhalb eines Monats nach der vertraglich vorgesehenen Beendigung der Reise gegenüber dem Reiseveranstalter geltend zu machen. Nach Ablauf der Frist kann der Reisende Ansprüche nur geltend machen, wenn er ohne Verschulden an der Einhaltung der Frist verhindert worden ist.**

[II] **Ansprüche des Reisenden nach den §§ 651c bis 651f verjähren in sechs Monaten. Die Verjährung beginnt mit dem Tage, an dem die Reise dem Vertrage nach enden sollte. Hat der Reisende solche Ansprüche geltend gemacht, so ist die Verjährung bis zu dem Tage gehemmt, an dem der Reiseveranstalter die Ansprüche schriftlich zurückweist.**

1 **1) Die Ausschlußfrist (Abs I S 1).** HinwPfl des Veranstalters gem § 3 II h InfVO (abgedr hinter § 651l). – **a) Sie gilt** für alle GewlAnspr des Reisden nach §§ 651c–f einschl des RückzahlgsAnspr iF der Künd nach § 651e (dort Rn 5, LG Ffm NJW **85**, 146). Sie hat ihren Grd darin, daß der Veranstalter idR nach FrAblauf Schwierigken hat, die Berechtig von Mängelrügen festzustellen u RegreßAnspr gg seine LeistgsTräger dchzusetzen. Ob im EinzFall Ermittlgen dazu nöt sind, ist unerhebl (aA LG Ffm NJW **94**, 376: Gilt nicht bei Nichtantritt der Reise; dagg auch Isermann MDR **95**, 224). Für die GeltdMachg, auf die § 174 nicht anwendb ist (Karlsruhe NJW-RR **91**, 54; aA LG Kleve NJW-RR **95**, 316), ist keine best Form, auch nicht schon die Erhebg der Kl vorgeschrieben. Schriftformklausel in AGB ist wg § 651l unwirks (BGH NJW **84**, 1752). Inhaltl muß ersichtl sein, daß der Reisde wg bestimmt zu bezeichnder Mängel einen Anspr geltd macht. Bloße Bitte um StellgN zum Mängelschreiben läßt Düss (VuR **91**, 287) nicht genügen, eine zu enge Auslegg (ebso LG Ffm NJW-RR **92**, 504). Allein die mündl MängelAnz an die örtl Reiseleitg währd der Reise genügt dem Erfordern nicht (Mü DB **75**, 494); sie dient einem and Zweck, näml der Abhilfe. Best Mängelrüge währd der Reise ggü einem Vertr des Reiseveranstalters u fristgerechte GeltdMachg von Anspr unter BezugN auf die früh Rüge genügt (BGH **90**, 363). Hat der Reisde bereits währd der Reise unter Hinw auf best Mängel eindeut u vorbehaltl Gewl (im Ggs zum Abhilfeverlangen) geltd gemacht u sogar deswegen gerichtl Vorgehen angedroht, so braucht er dies nicht binnen eines Monats nach Beendigg der Reise zu wiederholen (BGH **102**, 80). Eine nach den Bdggen des Reiseveranstalters mit dem örtl Reiseleiter aufgenommene u zur Entscheidg weiterzuleitle Niederschr über nicht behebb Mängel ersetzt die ausdrückl GeltdMachg von GewlAnspr (LG Ffm MDR **84**, 757). Bezifferg ist, insb in Fällen gerichtl od sachverständ Schätzg, noch nicht erforderl. Das Verlangen – nicht zu verwechseln mit dem Abhilfeverlangen am UrlOrt – ist zu richten an die vom Reiseveranstalter gem § 3 II h InfVO anzugebde Stelle, andernf an ihn selbst, seine Agenturen od an das selbstd Reisebüro, das mit der Vermittlg von ReiseVertr ständ betraut ist (HandelsVertr) u bei dem der Reisde gebucht hat (BGH **102**, 80). – **Die Ausschlußfrist gilt nicht** wg ihres AusnCharakters für SchadErsAnspr and Art (vgl Vorbem 9 vor § 651c; Mü OLGZ **82**, 460, DüssVersR **92**, 892, Kln NJW-RR **92**, 1185).

2 **b) Berechnung.** Der Tag, an dem nach dem Vertr die Reise enden sollte, wird gem § 187 I nicht mitgezählt (Karlsr NJW-RR **91**, 54). Dies auch dann, wenn der Kunde die Reise gar nicht angetreten, vorzeit od erst nach dem vorgesehenen Endtermin (hier aA Tempel NJW **87**, 2841) beendet hat. Die GeltdMachg eines GewlAnspr wahrt die Fr auch für alle and GewlAnspr (wie § 477 III u § 639 Rn 2). Ende der Fr: § 188 II 1. Alternative. Unterbrechg u Hemmg ist nicht vorgesehen. Vertragl Verkürzg der Fr ist unwirks (§ 651l). Ist die Reise bei mehreren sukzessiv tät Reiseveranstaltern gebucht, beginnt die Fr am Ende des jeweil ReiseAbschn (Düss VuR **91**, 245).

3 **c) Ausnahme (Abs I S 2).** Die Versäumg der MonatsFr schließt GewlAnspr nicht aus, wenn der Reisde an der Einhaltg der Fr unverschuldet verhindert war, zB wg Erkrankg am UrlOrt, FlugzeugEntführg, Poststreiks. Daß in diesem Falle überh keine Fr gelten solle, ist nach dem gesgeberisch Zweck der AusschlFr nicht anzunehmen (ebso LG Ffm NJW **87**, 132). Vielm wird man unverzügl (§ 121) GeltdMachg von GewlAnspr nach Beendigg der Verhinderg verlangen müssen.

4 **2) Verjährung der Gewährleistungsansprüche (Abs II). a) Die Frist gilt** im gleichen Umfang wie die AusschlFr oben Rn 1. Hat der Reiseveranstalter den Mangel argl verschwiegen, gilt die Fr nicht, wie in § 638 I, der insow einen allg RGedanken enthält; hierfür gilt § 195, für SchadErsAnspr aus unerl Hdlg § 852 (BGH WM **83**, 1061, BGH NJW **88**, 1380).

5 **b) Berechnung.** Der Tag der vertragl vorgesehenen Reisebeendigg zählt, wie im Abs I, nicht mit (LG Ffm NJW **86**, 594, LG Hamm NJW-RR **90**, 572). Die Fr endet gem § 188 II 1. Alternative. Da es sich hier um eine VerjFr handelt, gelten die allg Best über Unterbrechg u Hemmg in §§ 202ff. Vertragl Verkürzg ist unwirks (§ 651l).

6 **c) Für die Hemmung** enthält **Abs II S 3** einen bes Grd in Abwandlg des § 639 II. Beginn der Hemmg mit Zugang der Geltdmachg von GewlAnspr, zu verstehen wie in Abs I, ggf also schon vor vertragl vorgesehener Beendigg der Reise (BGH **102**, 80; aA Düss NJW **85**, 148). Eine PrüfgsZusage dch den Veranstalter ist nicht erforderl. Ende mit Zugang der schriftl Ablehng von GewlAnspr (Düss NJW-RR **90**, 825), auch konkludent für weitergehde Anspr in einem VerglAngeb (Düss NJW-RR **93**, 635), auch bei gleichzeit Inaussichtstellen einer KulanzZahlg (LG Ffm NJW **85**, 147), aber nicht, wenn der Reiseveranstalter gleich-

zeit mitteilt, er habe den Vorgang seiner HaftPflVers übermittelt (LG Ffm NJW-RR **94**, 179). Zurückweisg ist auch der Widerspr gg Mahnbescheid (BGH **88**, 174).

3) Beweislast. Der Reisde für die Wahrg der AusschlFr bzw für die unversch Verhinderg an der **7** FrWahrg. Der Reiseveranstalter für die Vorauss der Verj. Der Reisde für Unterbrechg u Hemmg der VerjFr.

651 h *Zulässige Haftungsbeschränkung.* **^I Der Reiseveranstalter kann durch Vereinbarung mit dem Reisenden seine Haftung für Schäden, die nicht Körperschäden sind, auf den dreifachen Reisepreis beschränken,**

1. soweit ein Schaden des Reisenden weder vorsätzlich noch grob fahrlässig herbeigeführt wird, oder

2. soweit der Reiseveranstalter für einen dem Reisenden entstehenden Schaden allein wegen eines Verschuldens eines Leistungsträgers verantwortlich ist.

^{II} Gelten für eine von einem Leistungsträger zu erbringende Reiseleistung internationale Übereinkommen oder auf solchen beruhende gesetzliche Vorschriften, nach denen ein Anspruch auf Schadensersatz nur unter bestimmten Voraussetzungen oder Beschränkungen entsteht oder geltend gemacht werden kann oder unter bestimmten Voraussetzungen ausgeschlossen ist, so kann sich auch der Reiseveranstalter gegenüber dem Reisenden hierauf berufen.

Geändert, vgl Einf 1 vor § 651 a.

1) Haftungsbeschränkung. Das R des Reisden auf Abhilfe, Minderg, Künd (§§ 651 c bis e) u Anspr aus **1** §§ 323, 812 fallen nicht unter § 651 h (ebso BGH **100**, 157 [180]). Unter den Vorauss des § 651 f haftet der Reiseveranstalter auf vollen SchadErs. Abs I regelt die Zulässigk vertragl HaftgsBeschrkg. Sie ist zum Nachtl des Reisden nur (§ 651 l) wirks im Umfang des Abs I, dh kein völl HaftgsAusschl (BGH NJW **83**, 1612). Zuläss ist HaftgsBeschrkg nur für nichtkörperl Schäd auf einen HöchstBetr des Dreifachen der vereinb Vergütg u nur in den in Rn 2, 3 genannten Fällen. Ist der Vertr zw dem Veranstalter u einer Mehrh von Pers (Reisegruppe, Verein, Sportmannsch) zu einem GesPr geschl, so gelten sinngem die in § 702 Rn 4 dargestellten Grds. Abs II läßt ggü SchadErsAnspr eines Reisden eine Berufg des Reiseveranstalters auf HaftgsBeschrkg zu, die im Verh zu einem LeistgsTräger gelten (Rn 4). Eine vereinb HaftgsBeschrkg bezieht sich nicht nur auf SchadErsAnspr aus § 651 f, sondern auf alle vertragl SchadErsAnspr gg den Veranstalter als solchen, aber nicht auf außervertragl SchadErsAnspr; eine Klausel, die dies beachtet, ist auch in AGB wirks (BGH **100**, 157 [184]).

2) Zulässige Fälle vertraglicher Haftungsbeschränkung. a) Abs I Nr 1: Im Falle der SchadVerurs **2** dch bloß einf Fahrlk des Reiseveranstalters od eines ErfGehilfen, angelehnt an § 11 Nr 7 AGBG. Weitergehde HaftgsBeschrkg bei Versch von solchen ErfGehilfen, die LeistgsTräger (§ 651 a Rn 6) sind, in Abs II.

b) Abs I Nr 2: Falls der Veranstalter für einen Schad allein wg Versch eines LeistgsTrägers verantwortl **3** ist, also gem § 278. Eig Versch des Veranstalters darf für den Schad nicht mitursächl sein. Ein Anspr des Reisden gg den LeistgsTräger aus Vertr od Ges, sow ein solcher besteht, bleibt unberührt (§ 651 a Rn 6).

3) Berufung auf Beschränkung oder Ausschluß der Haftung des Leistungsträgers (Abs II). Sow **4** ein LeistgsTräger (§ 651 a Rn 6) einen Schad verurs hat, für den er unter best Vorauss überh nicht od nur beschr haftet, kann sich der Reiseveranstalter ggü ErsAnspr des Reisden darauf nur dann berufen, wenn HaftgsAusschl bzw Beschrkg entw auf unmittelb anwendb internat Übk od auf darauf beruhen, die ein derart Übk in nationales Recht umsetzt (Eckert DB **94**, 1069 [1074]). Der Grd für die Zulässigk dieser Einwdg aus dem DrVerhältn liegt darin, daß es unbill wäre, den Reiseveranstalter schärfer haften zu lassen als den LeistgsTräger, wenn der Schad ausschließl in dessen Bereich entstanden ist. Bsp: Art 24 Warschauer Abk (Ffm NJW-RR **93**, 1147), §§ 701 ff. – **Gilt nicht,** wenn u sow der Reiseveranstalter selbst für den Schad **5** verantwortl ist, zB inf Organisations- od AuswahlVersch, u nicht für HaftgsAusschl od Beschrkgen, die der Reiseveranstalter mit dem LeistgsTräger vertragl vereinb hat.

651 i *Rücktritt vor Reisebeginn.* **^I Vor Reisebeginn kann der Reisende jederzeit vom Vertrag zurücktreten.**

^{II} Tritt der Reisende vom Vertrag zurück, so verliert der Reiseveranstalter den Anspruch auf den vereinbarten Reisepreis. Er kann jedoch eine angemessene Entschädigung verlangen. Die Höhe der Entschädigung bestimmt sich nach dem Reisepreis unter Abzug des Wertes der vom Reiseveranstalter ersparten Aufwendungen sowie dessen, was er durch anderweitige Verwendung der Reiseleistungen erwerben kann.

^{III} Im Vertrage kann für jede Reiseart unter Berücksichtigung der gewöhnlich ersparten Aufwendungen und des durch anderweitige Verwendung der Reiseleistungen gewöhnlich möglichen Erwerbs ein Vomhundertsatz des Reisepreises als Entschädigung festgesetzt werden.

1) Rücktritt. Abs I gewährt dem Reisden vor Reisebeginn ohne weitere Vorauss ein ges RücktrR. Keine **1** entspr Anwendg nach Reisebeginn (LG Ffm NJW-RR **86**, 214). Erkl formfrei ggü dem Reiseveranstalter (§ 349 analog). Der Rücktr beseitigt rgestaltnd den ReiseVertr. Der VergütgsAnspr des Reiseveranstalters (Abs II S 1) u der Anspr des Kunden auf die ReiseLeistg entfallen. Bereits geleistete Zahlgen, sow sie den EntschAnspr des Veranstalters nach Abs II übersteigen, sind zurückzugewähren (§ 346 analog). § 651 i schließt etwa nach u Best bestehde weitergehde Rechte des Kunden, zB nach § 651 e nicht aus (ebso MüKo/Wolter Rdn 2; aA LG Ffm NJW **91**, 498).

2   **2) Entschädigung.** Der Anspr des Reiseveranstalters auf angem Entsch tritt an die Stelle des weggefalle-
nen VergütgsAnspr. Für eine konkr Bemessg, falls nicht im Vertr Pauschaliertg vereinb ist (Rn 4), ist
Ausgangspkt der vereinb ReisePr. Von ihm sind abzuziehen die ersparten Aufw u die anderweit Erwerbs-
Möglk, also der Betr der Aufw, die sich der Reiseveranstalter dadch erspart, daß er dem zurücktretden
Kunden keine Leistg mehr zu erbringen hat, u der Betr, den der Veranstalter dch anderweit Verwertg der
freigewordenen ReiseLeistgen erlösen kann (nicht wie in § 649: tats erlöst od böswill zu erwerben unterläßt).
Die Darleggs- u BewLast für die Angemessenh trägt nach allg Grds der Reiseveranstalter, also auch für die
2   neg Tats, daß keine höheren Aufw erspart od keine and Verwertg mögl waren. Der Unterschied zur
BewLastVerteilg in § 649 (dort Rn 2–5) ist darin begründet, daß dort der Untern den VergütgsAnspr behält,
auf den er sich ersparte Aufw anrechnen lassen muß, währd hier der Anspr von vorneherein nur auf angem
3   Entsch nach den ges festgelegten BerechngsRichtlinien geht. – **Kein Entschädigungsanspruch** wie iF des
3   § 649 (dort Rn 2–5), wenn der Reiseveranstalter den Rücktr in einer den Vertr gefährdden Weise herbeige-
führt hat (LG Ffm NJW **86**, 1616).

4   **3) Pauschalierung** der angem Entsch kann vertragl vereinb werden. Je nach der getroffenen Vereinbg kann
es sich um eine die konkr höhere Berechng nach Abs II ausschließde Entschädigg od um ein WahlR für den
Reiseveranstalter zw pauschalierter u konkr Berechng handeln. Die Pauschaliertg kann wirks nur in einem
Prozentsatz des ReisePr vereinb werden. Der Prozentsatz muß für die infrage stehde Reiseart unter Berücksich-
tigg der gewöhnl ersparten Aufw u des dch anderweit Verwendg der Reiseleistgen gewöhnl mögl Erwerbs
festgesetzt sein (BGH NJW-RR **90**, 114). Ist er höher, so ist die Vereinbg unwirks (§ 651l), dh der den ges
Richtlinien entspr Prozentsatz gilt als vereinb. Da auf den gewöhnl anderweit mögl Erwerb abzustellen ist, ist
auch ein gestaffelter Prozentsatz je nach der Zeitspanne zw RücktrErkl u Reisebeginn zuläss u empfehlenswert
(BGH aaO), sow er dem Grds des Abs II entspricht (Ffm NJW **82**, 2198). Eine nach Abs III getroffene Vereinbg
4   ist an den Normen des AGBG überprüfb (Hbg WM **82**, 139). BewLast wie Rn 2.

651j   *Kündigung wegen höherer Gewalt.*   [I] **Wird die Reise infolge bei Vertragsabschluß**
5   **nicht voraussehbarer höherer Gewalt erheblich erschwert, gefährdet oder beeinträch-**
tigt, so können sowohl der Reiseveranstalter als auch der Reisende den Vertrag allein nach Maßga-
be dieser Vorschrift kündigen.

   [II] **Wird der Vertrag nach Absatz 1 gekündigt, so finden die Vorschriften des § 651e Abs. 3 Sätze 1**
6   **und 2, Abs. 4 Satz 1 Anwendung. Die Mehrkosten für die Rückbeförderung sind von den Parteien**
je zur Hälfte zu tragen. Im übrigen fallen die Mehrkosten dem Reisenden zur Last.

Abs I geändert, vgl Einf 1 vor § 651a.

1   **1) Abgrenzung.** Abs I gibt unter den dort bezeichneten Vorauss beiden VertrPart vor od nach Reisebe-
ginn ein unabdingb (§ 651l) KündR, eine auf den Wegfall der GeschGrdl zugeschnittene AbwicklgsRegelg
(BGH DAR **90**, 385). Neben dieser SpezialVorschr ist iF höherer Gew die Anwendg and Vorschr, insbes
§ 651e ausgeschl. Erkl der Künd forml ggü dem and Tl. Angabe von Grden ist zur Wirksamk nicht
vorgeschrieben, aber zweckmäß.

2   **2) Voraussetzungen. – a) Erhebliche Erschwerung, Gefährdung oder Beeinträchtigung** der Reise.
Das ist dann der Fall, wenn der vertragl vorgesehene Nutzen der Reise als ganzes in Frage gestellt ist.
Unmöglichk ist nicht erfordrl.

3   **b) Höhere Gewalt.** Ein von außen kommdes, nicht voraussehb, keinen betriebl Zushang aufweisdes,
auch dch äußerste vernünftigerw zu erwartde Sorgf nicht abwendb Ereign (BGH **100**, 185) muß Urs für
diese Beeinträchtigg sein. In Frage kommen Krieg od KriegsGef, innere Unruhen, unstabile polit Verh (LG
Ffm NJW-RR **91**, 1205); Naturkatastrophen (LG Ffm VuR **90**, 160: Algenpest), Reaktorunfall (BGH **109**,
224), Epidemien, Nichtausführbark der Reise, weil das Einreiseland die GesundhBest nach VertrAbschl
verschärft u Kunde sie schuldl nicht erf kann. Streik eig Personals u im Bereich der LeistgsTräger (§ 651a
Rn 6) fällt nicht darunter (Eberle DB **79**, 341, Bartl NJW **79**, 1386; vgl § 278 Rn 7, 8), außer in solchen
Bereichen, für deren Funktionieren der Reiseveranstalter vertragl nicht einzustehen hat wie Flughafenperso-
nal, Fluglotsen, Zoll- u Paßbeamte des Ziellandes (ähnl MüKo/Wolter Rdn 11). Absage der Reise wg
Unrentabilität inf ungenügder TeilnZahl (§ 651a Rn 10) ist kein Fall höherer Gew (Mü OLGZ **82**, 460). Der
Tod eines Mitreisden währd der Reise ist zwar nicht höhere Gew, aber ebenf ein wicht KündGrd; VertrAb-
wicklg analog § 649 S 2 (LG Ffm NJW **91**, 498; aA Claussen NJW **91**, 2813: § 651i analog).

4   **c) Nicht voraussehbar** (§ 276 Rn 20) bei VertrAbschl darf das außergewöhnl Ereign sein. Das gehört an
sich schon zum Begr der höheren Gewalt. Damit ist klargestellt, daß die Ausgestaltg des KündR sich anlehnt
an eine Vorauss, die die Rspr zum Wegfall der GeschGrdl aufgestellt hat (vgl BGH **85**, 50).

5   **3) Rechtsfolgen,** unabhäng davon, wer die Künd erklärt hat (Düss NJW-RR **90**, 252). – **a) Entschä-**
digungsanspruch des Reiseveranstalters anstelle der vereinb Vergütg wie in § 651e Abs III S 1, 2, in Ab-
weichg von dort S 3 auch, sow bereits erbrachte Leistgen kein Interesse mehr für den Reisden haben. Vgl iü
§ 651e Rn 5. Der Reisde, der bereits mehr bez hat, als was der Veranstalter nach der Künd beanspr kann, hat
6   einen RückfdgsAnspr direkt aus § 651j (vgl § 651e Rn 5). – **b) Verpflichtung zur Rückbeförderung** u
sonst notw Maßn wie in § 651e IV S 1 mit der Abweich, daß die dch die Rückbeförder entstandenen
Kosten je zur Hälfte von beiden Part zu tragen sind. Entspr anwendb auf Stornokosten aGrd Künd wg
höherer Gewalt für die vom Reiseveranstalter bereits vorgenommenen u auch notw HotelReserviergen
7   (BGH **109**, 224; abl Tempel NJW **90**, 821). – **c) Die übrigen Mehrkosten** hat der Reisde zu tragen, zB
verlängerter Aufenth im Zielort.

651k   *Sicherstellung, Zahlung.*   [I] **Der Reiseveranstalter hat sicherzustellen, daß dem**
Reisenden erstattet werden

1. der gezahlte Reisepreis, soweit Reiseleistungen infolge Zahlungsunfähigkeit oder Konkurses des Reiseveranstalters ausfallen, und
2. notwendige Aufwendungen, die dem Reisenden infolge Zahlungsunfähigkeit oder Konkurses des Reiseveranstalters für die Rückreise entstehen.

Die Verpflichtungen nach Satz 1 kann der Reiseveranstalter nur erfüllen

1. durch eine Versicherung bei einem im Geltungsbereich dieses Gesetzes zum Geschäftsbetrieb befugten Versicherungsunternehmen oder
2. durch ein Zahlungsversprechen eines im Geltungsbereich dieses Gesetzes zum Geschäftsbetrieb befugten Kreditinstituts.

II Der Versicherer oder das Kreditinstitut kann seine Haftung für die von ihm in einem Jahr insgesamt nach diesem Gesetz zu erstattenden Beträge jeweils für das erste Jahr nach dem 31. Oktober 1994 auf siebzig, für das zweite Jahr auf einhundert, für das dritte Jahr auf einhundertfünfzig und für die darauffolgende Zeit auf zweihundert Millionen Deutsche Mark begrenzen. Übersteigen die in einem Jahr von einem Versicherer oder einem Kreditinstitut insgesamt nach diesem Gesetz zu erstattenden Beträge die in Satz 1 genannten Höchstbeträge, so verringern sich die einzelnen Erstattungsansprüche in dem Verhältnis, in dem ihr Gesamtbetrag zum Höchstbetrag steht.

III Zur Erfüllung seiner Verpflichtung nach Absatz 1 hat der Reiseveranstalter dem Reisenden einen unmittelbaren Anspruch gegen den Versicherer oder das Kreditinstitut zu verschaffen und durch Übergabe einer von diesem Unternehmen ausgestellten Bestätigung (Sicherungsschein) nachzuweisen.

IV Der Reiseveranstalter darf Zahlungen des Reisenden auf den Reisepreis außer einer Anzahlung bis zur Höhe von zehn vom Hundert des Reisepreises, höchstens jedoch fünfhundert Deutsche Mark vor der Beendigung der Reise nur fordern oder annehmen, wenn er dem Reisenden einen Sicherungsschein übergeben hat.

V Hat im Zeitpunkt des Vertragsschlusses der Reiseveranstalter seine Hauptniederlassung in einem anderen Mitgliedstaat der Europäischen Gemeinschaften oder in einem anderen Vertragsstaat des Abkommens über den Europäischen Wirtschaftsraum, so genügt der Reiseveranstalter seiner Verpflichtung nach Absatz 1 auch dann, wenn er dem Reisenden Sicherheit in Übereinstimmung mit den Vorschriften des anderen Staates leistet und diese den Anforderungen nach Absatz 1 Satz 1 entspricht; Absatz 4 gilt mit der Maßgabe, daß dem Reisenden die Sicherheitsleistung nachgewiesen werden muß.

VI Die Absätze 1 bis 5 gelten nicht, wenn

1. der Reiseveranstalter nur gelegentlich und außerhalb seiner gewerblichen Tätigkeit Reisen veranstaltet,
2. die Reise nicht länger als 24 Stunden dauert, keine Übernachtung einschließt und der Reisepreis einhundertfünfzig Deutsche Mark nicht übersteigt,
3. der Reiseveranstalter eine juristische Person des öffentlichen Rechts ist.

Eingefügt, vgl Einf 1 vor § 651a.

1) Sicherungspflicht des Reiseveranstalters (Abs I). Ausn in Abs VI. – **a) Insolvenzrisiko.** Der **1** Reisde muß gg Schad inf Zahlungsunfähig od Konk des Veranstalters abgesichert werden. Dies geschieht dadch, daß bei Ausfall von ReiseLeistgn aus diesen Grden die Erstattg des bezahlten ReisePr u der notw Aufw für die Rückreise sicherzustellen sind. Weitergehde Anspr, etwa aus Gewl, bleiben unberührt. **b) Sicherungsmittel** gemäß Abs I S 2 sind nach Wahl des Veranstalters entw eine Vers od das Zahlgs- **2** Verspr eines Kreditinstituts. Als solches kommt in erster Linie eine Bankgarantie (sinngem Einf 14 ff vor § 783) in Betracht. DirektAnspr des Reisdn u Nachw der Sicherg vgl Rn 4, 5. Die Vorauss des Erstattgs-Anspr gem Abs I S 1 Nr 1, 2 hat der Reisde darzulegen u zu beweisen. – **c) Leistungsbegrenzung.** Abs II **3** läßt eine Begrenzg der EinstandsPfl der Vers bzw Bank auf einen JahreshöchstBetr zu u will damit verhindern, daß iF der Insolvenz eines Touristik-GroßUntern od gar mehrerer, eine unerreichb u nicht mehr rückversichergsb DeckgsVorsorge ges vorgeschrieben wird. Das Erreichen des HöchstBetr von 200 Mio DM in 4 jährl Stufen erleichtert den Aufbau des notw SichgsSystems. Der JahreshöchstBetr gilt „jeweils" für die einz Vers, VersGemsch, Bank. Sollte der JahreshöchstBetr der Gesamtleistg einmal überschritten sein, kann der Garant den ErstattgsBetr an die einz Reisden in dem Verhältn kürzen, in dem der Gesamt-Betr zum HöchstBetr steht. Die Konsequenz ist, daß der Garant die endgült Abwicklg der einz Insolvenz-schäden erst nach Jahresende vorzulegen braucht, eine für den Reisden unbefriedige Regelg.

2) Erfüllung der Sicherungspflicht. – a) Unmittelbarer Anspruch. Gem Abs III S 1 muß der Veran- **4** stalter dem Reisdn einen unmittelb ZahlgsAnspr gegen die Vers bzw Bank für den Fall verschaffen, daß die Vorauss des Abs I S 1 Nr 1, 2 eintreten. Das geschieht dadch, daß der Veranstalter den SichergsVertr als echten Vertr zG der Reisdn mit Begründg eines eig Anspr gegen den Garanten abschließt (§ 328 Rn 3, 5). Die namentl Benenng des Reisdn gegenüber dem Garanten kann mit Abschl des ReiseVertr geschehen, möglicherw auch dch Übersendg einer Namensliste aller Reisdn für eine best Reise. – **b) Sicherungs-** **5** **schein.** Außerdem hat der Veranstalter die vorgeschriebene Sicherg dem Reisdn dch Überg einer entspr Bestätigg der Vers od Bank nachzuweisen. Folge der Unterl vgl Abs IV (Rn 7). – **c) Einwendungen.** Eine **6** vom BRat vorgeschlagene, dem § 158 c nachgebildete Vorschr ist nicht Ges geworden. Es verbleibt also bei der Regel des § 334, vgl dort Rn 3.

3) Zahlung des Reisepreises. Abs IV ändert nichts an der Fällig mit Beendigg der Reise (§ 651a Rn 2). **7** Vereinbg einer Vorauszahlg vor Abschl des ReiseVertr verstöß gg § 9 II Nr 1 AGBG (KG NJW **85**, 151). Eine Anzahlg in Höhe von 10% des ReisePr, höchstens 500 DM, vor Beendigg der Reise kann der Veranstalter bei entspr Vereinbg verlangen. Eine darüberhinausgehde Zahlg vor Beendigg der Reise darf er nur fordern od annehmen, wenn er dem Reisden einen SichgsSchein (Rn 5) übergeben hat. Eine entggstehde Vereinbg ist unwirks (§ 651l), außerdem in § 147b GewO mit Geldbuße sanktioniert. Ausn in Abs VI.

8   **4) Ausländische Reiseveranstalter, Abs V.** In den MitglStaaten der EU u des Abk über den Europ WirtschRaum ist das nationale ReiseVertrR aGrd der Richtlinie 90/314 EWG angeglichen worden. Desh genügt ein Reiseveranstalter mit Hauptsitz in einem dieser Staaten, der in Deutschland Pauschalreise-Vertr abschließt, seiner SichgsPfl, indem er dem Reisden eine Sichg in Übereinstimmg mit den Vorschr seines Staates nachweist, die den dtschen Anfordergen nach Abs I S 1 entspricht.

9   **5) Keine Sicherungspflicht** besteht, wenn §§ 651a ff von vorneherein mangels eines Reiseveranstal-ters nicht anwendb sind wie bei selbstorganisierten Betr- od Vereinsreisen für Mitgl. Außerdem nicht **10** für Reiseveranstalter (Einf 2, 3 vor § 651a) ausnahmsw unter den Vorauss des Abs VI. – **a) Nr 1.** Die beiden Merkmale nur gelegentl u außerh der gewerbl Tätigk müssen kumulativ erf sein. **Nur gelegent-lich** bedeutet in sehr geringer Zahl – die amtl Begründg BT-Drucks 12/5354 S 19 meint 1–2 – u bei Gelegenh, also nicht im voraus nach einem Jahresprogramm geplant, zB Pfarrer, der eine Pilgerreise **11** organisiert. – **Außerhalb des Gewerbebetriebs** bedeutet, der Reiseveranstalter betreibt überhaupt kein Gewerbe, zB Volkshochschule, Pfarrer. **Nicht** darunter fallen Betreiber irgend eines Gewerbes, zB Le-serreise eines ZeitgsVerlags, ein TouristikUntern, das regelmäß Reisen and Veranstalter vermittelt, bei **12** nur gelegentl Durchf eig Reisen. – **b) Nr 2.** Veranstalter von Tagesreisen fallen unter §§ 651a ff überh nur, wenn sie mind 2 aufeinand abgestellte Reiseleistgn zu einem PauschalPr anbieten. Tun sie dies, so **13** sind sie von der SichgsPfl unter den 3 im Ges genannten kumulat Vorauss frei. – **c) Nr 3.** Jur Pers des öff R vgl Einf 3 vor § 21. Bei ihr besteht kein Insolvenzrisiko. Hauptfälle sind Reisen kommunaler Volkshochschulen.

651l   *Abweichende Vereinbarungen.*   **Von den Vorschriften der §§ 651a bis 651k kann nicht zum Nachteil des Reisenden abgewichen werden.**

1   Die Vorschr der §§ 651a–k sind zwingdes R. Die Part können zum Nachtl des Reisden abweichde Ver-einbgn wirks nicht treffen, auch nicht Erlaß von GewlAnspr gg Zahlg einer Abfindg (Düss NJW-RR **92**, 245) od im Zushang mit einer Umquartierg am Urlaubsort (LG Kleve NJW-RR **92**, 1525). Zuläss HaftgsBeschrkgen vgl § 651h. Verstoß hat Nichtigk der abweichden Vereinbg zur Folge. Ob damit der ganze Vertr nichtig ist, beurt sich nach § 139. Die Interessenlage beider VertrSeiten, insb das SchutzBe-dürfn des Reisden wird, ähnl dem § 6 AGBG, vielf zum WirksBleiben des übr VertrInhalts führen. An die Stelle der unwirks Vereinbg tritt dann die ges Regel (ebso MüKo/Tonner Rdn 8). Sow § 651l nicht eingreift, bleiben die in AGB enth Vereinbgen auf ihre Wirksamk nach dem AGBG zu prüfen.

Anhang zu §§ 651a–l

Verordnung über die Informationspflichten von Reiseveranstaltern

vom 14. 11. 94 (BGBl 3436), in Kraft seit 23. 11. 94

Einführung

Die EG-Richtlinie über Pauschalreisen vom 13. 6. 1990 verpflichtet die MitglStaaten, den Veranstal-tern von Pauschalreisen eine Reihe von InformationsPfl aufzuerlegen. Wg ihres Umfangs ist diese ges Regelg nicht in das BGB aufgenommen, sondern einer RechtsVO überlassen, zu deren Erlaß § 651a V das BMJ ermächtigt.

1 *Prospektangaben.* [1] Stellt der Reiseveranstalter über die von ihm veranstalteten Reisen einen Prospekt zur Verfügung, so muß dieser deutlich lesbare, klare und genaue Angaben enthalten über den Reisepreis, die Höhe einer zu leistenden Anzahlung, die Fälligkeit des Rest-betrages und außerdem, soweit für die Reise von Bedeutung, über folgende Merkmale der Rei-se:

a) Bestimmungsort;
b) Transportmittel (Merkmale und Klasse);
c) Unterbringung (Art, Lage, Kategorie oder Komfort und Hauptmerkmale sowie – soweit vorhanden – ihre Zulassung und touristische Einstufung);
d) Mahlzeiten;
e) Reiseroute;
f) Paß- und Visumerfordernisse für Angehörige des Mitgliedstaates, in dem die Reise angebo-ten wird, sowie über gesundheitspolizeiliche Formalitäten, die für die Reise und den Aufent-halt erforderlich sind;
g) eine für die Durchführung der Reise erforderliche Mindestteilnehmerzahl sowie die Angabe, bis zu welchem Zeitpunkt vor dem vertraglich vereinbarten Reisebeginn dem Reisenden die Erklärung spätestens zugegangen sein muß, daß die Teilnehmerzahl nicht erreicht und die Reise nicht durchgeführt wird.
Die in dem Prospekt enthaltenen Angaben sind für den Reiseveranstalter bindend. Er kann je-doch vor Vertragsschluß eine Änderung erklären, soweit er dies in dem Prospekt vorbehalten hat. Der Reiseveranstalter und der Reisende können vom Prospekt abweichende Leistungen vereinbaren.

^{II} **Absatz 1 gilt entsprechend, soweit Angaben über die veranstalteten Reisen in einem von dem Reiseveranstalter zur Verfügung gestellten Bild- und Tonträger enthalten sind.**

1) Prospektinhalt. Der Veranstalter ist nicht verpflichtet, einen Prospekt herauszugeben. Wenn er dies **1** tut, sind für seinen Inhalt best deutl lesb, klare u genaue Angaben zur Information des Reisdns vorgeschrieben. Das sind in jedem Fall solche über ReisePr, Höhe der Anzahlg u Fälligk des RestBetr (vgl dazu § 651 k IV); darühinaus auf die Merkmale der Reise gemäß Abs I S 1 a bis g, soweit für die konkr Reise von Bedeutg. Bei sog Abenteuer-, Fortuna- od Jokerreisen mögen einz Angaben entbehrl sein. Gleiches gilt für Bild- u Tonträger (Abs II). Weitere InformationsPfl in §§ 2, 3 II, III, 4 I. Ausn in § 5.

2) Bindung. Abs I S 2 stellt klar, daß die Prospektangaben VertrInhalt werden, also die vertragl **2** LeistgsPfl des Veranstalters bestimmen. Das kann er dch einseit ÄndergsVorbeh im Prospekt für konkr zu bezeichde Merkmale der Reise verhindern, indem er vor Abschl des ReiseVertr diese LeistgsÄnderg erklärt. Für die Zeit nach VertrAbschl gelten § 651 a IV u § 10 Nr 4 AGBG. Vor od nach VertrAbschl können Reiseveranstalter u Reisdr – das muß nicht der ursprüngl VertrPartner sein, § 651 b – vom Prospekt abw Leistgen vertragl vereinbaren (Abs I S 4). Gilt auch für Bild- u Tonträger (Abs II).

3) Abweichung. Weicht die erbrachte Leistg nachteil von der nach dem Prospektinhalt geschuldeten ab, **3** so handelt es sich um einen Reisemangel, der gem §§ 651 c ff zu GewlAnspr des Reisdns führt. Fehlt im Prospekt eine vorgeschriebene Information od erweist sie sich als unricht, ohne daß dies zu einem Mangel der Reise führt, so können dem Reisdn daraus SchadErsAnspr aus pVV erwachsen.

2 *Unterrichtung vor Vertragsschluß.* **Der Reiseveranstalter ist verpflichtet, den Reisenden, bevor dieser seine auf den Vertragsschluß gerichtete Willenserklärung (Buchung) abgibt, zu unterrichten über**

1. Paß- und Visumerfordernisse, insbesondere über die Fristen zur Erlangung dieser Dokumente. Diese Verpflichtung bezieht sich auf die Erfordernisse für Angehörige des Mitgliedstaates, in dem die Reise angeboten wird,
2. gesundheitspolizeiliche Formalitäten,

soweit diese Angaben nicht bereits in einem von dem Reiseveranstalter herausgegebenen und dem Reisenden zur Verfügung gestellten Prospekt enthalten und inzwischen keine Änderungen eingetreten sind.

Die **Unterrichtungspflicht** vor VertrAbschl betrifft 2 für die Einreise in ein and Land wicht Erfordern. **1** Sie deckt sich inhaltl weitgehnd mit den Prospektangaben gemäß § 1 I S 1 f u entfällt desh, wenn der Veranstalter dem Reisdn einen Prospekt od einen Bild- u Tonträger mit diesen Angaben zur Vfg gestellt u zweitl nicht geändert hat. Weitere Ausn in § 5. Unterl od unricht Information führt zu den Folgen wie § 1 Rn 3.

3 *Reisebestätigung, Allgemeine Reisebedingungen.* ^I **Der Reiseveranstalter hat dem Reisenden bei oder unverzüglich nach Vertragsschluß eine Urkunde über den Reisevertrag (Reisebestätigung) auszuhändigen.**

^{II} **Die Reisebestätigung muß, sofern nach der Art der Reise von Bedeutung, außer den in § 1 Abs. 1 genannten Angaben über Reisepreis und Zahlungsmodalitäten sowie über die Merkmale der Reise nach § 1 Abs. 1 Buchstabe b, c, d, e und g folgende Angaben enthalten:**
a) endgültiger Bestimmungsort oder, wenn die Reise mehrere Aufenthalte umfaßt, die einzelnen Bestimmungsorte sowie die einzelnen Zeiträume und deren Termine;
b) Tag, voraussichtliche Zeit und Ort der Abreise und Rückkehr;
c) Besuche, Ausflüge und sonstige im Reisepreis inbegriffene Leistungen;
d) Hinweise auf etwa vorbehaltene Preisänderungen sowie deren Bestimmungsfaktoren (§ 651 a Abs. 3 des Bürgerlichen Gesetzbuchs) und auf nicht im Reisepreis enthaltene Abgaben;
e) vereinbarte Sonderwünsche des Reisenden;
f) Name und Anschrift des Reiseveranstalters;
g) über die Obliegenheit des Reisenden, dem Reiseveranstalter einen aufgetretenen Mangel anzuzeigen, sowie darüber, daß vor der Kündigung des Reisevertrages (§ 651 e des Bürgerlichen Gesetzbuchs) dem Reiseveranstalter eine angemessene Frist zur Abhilfeleistung zu setzen ist, wenn nicht die Abhilfe unmöglich ist oder vom Reiseveranstalter verweigert wird oder wenn die sofortige Kündigung des Vertrages durch ein besonderes Interesse des Reisenden gerechtfertigt wird;
h) über die nach § 651 g des Bürgerlichen Gesetzbuchs einzuhaltenden Fristen, unter namentlicher Angabe der Stelle, gegenüber der Ansprüche geltend zu machen sind;
i) über den möglichen Abschluß einer Reiserücktrittskostenversicherung oder einer Versicherung zur Deckung der Rückführungskosten bei Unfall oder Krankheit unter Angabe von Namen und Anschrift des Versicherers.

^{III} **Legt der Reiseveranstalter dem Vertrag Allgemeine Geschäftsbedingungen zugrunde, müssen diese dem Reisenden vor Vertragsschluß vollständig übermittelt werden.**

^{IV} **Der Reiseveranstalter kann seine Verpflichtungen nach den Absätzen 2 und 3 auch dadurch erfüllen, daß er auf die in einem von ihm herausgegebenen und dem Reisenden zur Verfügung gestellten Prospekt enthaltenen Angaben verweist, die den Anforderungen nach den Absätzen 2 und 3 entsprechen. In jedem Fall hat die Reisebestätigung den Reisepreis und die Zahlungsmodalitäten anzugeben.**

761

^V Die Absätze 1 bis 4 gelten nicht, wenn die Buchungserklärung des Reisenden weniger als 7 Werktage vor Reisebeginn abgegeben wird. Der Reisende ist jedoch spätestens bei Antritt der Reise über die in Absatz 2 Buchstabe g bezeichnete Obliegenheit und die in Absatz 2 Buchstabe h bezeichneten Angaben zu unterrichten.

1   **1) Reisebestätigung** (Abs I). Ihre Notwendigk bedeutet nicht ges Schriftform gem § 126. Ihre Funktion besteht vielm in der zuverläss Information des Reisden, außerd ist sie BewUrk für den Inhalt des ReiseVertr. Dieser kann bereits vorher mdl od dch Telekommunikation abgeschl sein. Er kann aber auch erst mit Zugang der Reisebestätig zustande kommen, insbes bei entspr Vereinbg. Unverzügl vgl § 121 I S 1. Ausn in Abs V u in § 5.

2   **2) Inhalt** (Abs II, IV). In jedem Fall sind ReisePr u ZahlgsModalitäten anzugeben (Abs IV S 2), iü kann der Veranstalter auf einen von ihm herausgegebenen u dem Reisden zur Vfg gestellten Prospekt verweisen, dessen Angaben den Anfdgen in Abs II entsprechen.

3   **3) Allgemeine Geschäftsbedingungen** (Abs III), die dem Vertr zGrde liegen, müssen dem Reisden vor VertrAbschl vollständ übermittelt sein, um die Möglk der KenntnisN (§ 2 I Nr 2 AGBGB) sicherzustellen. Sind sie im ausgehändigten Prospekt abgedruckt, genügt ein Hinw darauf in der Reisebestätigg. Ausn in Abs V u in § 5.

4   **4) Ausnahmen** (Abs V). Aushändigg einer Reisebestätig u Übermittlg der zGrde gelegten AGB sind entbehrl, wenn der Reisde die Buchg erst weniger als 7 Werktage vor Beginn der Reise vornimmt. In diesem Fall ist er spätestens bei Reisebeginn über seine Obliegenh im Zushang mit der MängelAnz u FrSetzg zur Abhilfe (Abs II g) sowie mit der GeltdMachg von GewlAnspr (Abs II h) zu unterrichten. Ausn in § 5.

4 **Unterrichtung vor Beginn der Reise.** ^I Der Reiseveranstalter hat den Reisenden rechtzeitig vor Beginn der Reise zu unterrichten
a) über Abfahrts- und Ankunftszeiten, Orte von Zwischenstationen und die dort zu erreichenden Anschlußverbindungen;
b) wenn der Reisende bei der Beförderung einen bestimmten Platz einzunehmen hat, über diesen Platz;
c) über Name, Anschrift und Telefonnummer der örtlichen Vertretung des Reiseveranstalters oder – wenn nicht vorhanden – der örtlichen Stellen, die dem Reisenden bei Schwierigkeiten Hilfe leisten können; wenn auch solche Stellen nicht bestehen, sind dem Reisenden eine Notrufnummer und sonstige Angaben mitzuteilen, mit deren Hilfe er mit dem Veranstalter Verbindung aufnehmen kann.
Bei Auslandsreisen Minderjähriger ist die bei der Buchung angegebene Person darüber zu unterrichten, wie eine unmittelbare Verbindung zu dem Kind oder dem an dessen Aufenthaltsort Verantwortlichen hergestellt werden kann.

^{II} Eine besondere Mitteilung nach Absatz 1 ist nicht erforderlich, soweit die jeweilige Angabe bereits in einem dem Reisenden zur Verfügung gestellten Prospekt oder der Reisebestätigung enthalten ist und inzwischen keine Änderungen eingetreten sind.

1   **1) Die Pflicht zur Unterrichtung** des Reisden rechtzeit vor Reisebeginn überschneidet sich teilw mit den InformationsPflen im Prospekt nach § 1 I u in der Reisebestätig nach § 3 II u präzisiert diese Pflen. Abs I S 1c schreibt eine genaue Unterrichtg über Ansprechstellen währd der Reise in best Reihenfolge vor, die bei irgendwelchen Schwierigk Hilfe leisten können. S 2 stellt sicher, daß Verbindg zu einem mdj Auslandreisden hergestellt werden kann. Unterl od unricht Unterrichtg führt zu den Folgen wie § 1 Rn 3.

2   **2) Ausnahmen** (Abs II). Mehrf Unterrichtg ist überfl. Desh kann sie unterbleiben, soweit der Reisde sie bereits im Prospekt od in der Reisebestätigg erhalten hat. Weitere Ausn in § 5.

5 **Gelegenheitsreiseveranstalter.** Diese Verordnung gilt nicht für Reiseveranstalter, die nur gelegentlich und außerhalb ihrer gewerblichen Tätigkeit Pauschalreisen veranstalten.

Die Vorschr entspricht § 651k VI Nr 1. Vgl dort Rn 10.

Achter Titel. Mäklervertrag

Einführung

Übersicht

1) Allgemeines. MProz spielen in der Praxis eine große Rolle. Die Unzulänglichk der gesetzl Regelg hat **1** zu einer umfangreichen Kasuistik geführt. Große Bedeutg kommt AGB zu. Daneben sind des Gebräuche sowie die VerkSitte gebührd zu berücksicht. Für die Wirksamk von AGB u Formularvereinbgen setzt in seinem zeitl u pers AnwendgsBereich das AGBG (vgl dort Einf 10 vor § 1) Grenzen. Außerh seines WirkgsBereichs gelten die vor Inkrafttr des AGBG von der Rspr entwickelten Grds über die Inhaltskontrolle (Rn 9). – Für die meisten VermittlgsTätigen bedarf der gewerbsm M gem **§ 34c GewO** einer Erlaubn. Ihr Fehlen läßt die zivilr Wirksamk des MVertr unberührt (BGH **78**, 269). In der VO über die Pfl der M, Darl- u AnlageVermittler, Bauträger u Baubetreuer (**Makler- und BauträgerVO,** MaBV, BGBl 90, 2479, sind die Verpfl zur SicherhLeistg u Vers, ZweckBindg des anvertrauten Verm, getrennte VermVerw, Ausku RechngsLeggsPfl, AufbewahrgsPfl für die GeschUnterlagen, Anlegg einer InseratenSammlg vorgeschrieben. Unterlassene SicherhLeistg dch Untern ist pVV (Br BB **77**, 316). Wer gewerbsm im eig Namen u für eig Rechng auf dem Grdst seines AuftrG für diesen einen Bau errichtet, ist weder Bauherr (Bauträger) noch Baubetreuer iS von § 34c I 1 Nr 2 GewO, § 3 MaBV (BGH NJW **78**, 1054). Zivrechtl ist ein Verstoß gg OrdnsgVorschr der VO für die Wirksamk des Vertr ohne Bedeutg (Ffm NJW **79**, 878, Celle NdsRpfl **79**, 101). – Zu Sonderregeln für best MGesch vgl Rn 14, 15.

2) Anwendungsbereich der §§ 652ff. a) Zivilmakler und andere Vermittler. Die §§ 652ff gelten für **2** ZivM, auf HandelsM (§§ 93ff HGB) finden sie nur subsidiär Anwendg. Der Unterschied liegt in der Art der zu vermittelnden Gesch. Beim ZivM sind es solche bürgerlrechtl Art wie Gesch des GrdstVerk, HypGesch, DarlVertr, GeschVerkäufe, Miet- u PachtVertr, Eheschließgen, mit Einschränkg auch DVertr (zu den letzten Rn 3, 15), beim HandelsM die gewerbsm HandelsGesch des § 93 I HGB. KursM: §§ 30ff BörsenG. Der nicht gewerbsm VersM ist ZivM (BGH NJW **85**, 2595). Auch der ZivM kann aber Kaufm sein (§ 2 HGB). Wicht für § 354 HGB, dazu Rn 7 u § 652 Rn 8. Auf and Vermittler (Kommissionär, §§ 383ff HGB; HandelsVertr, §§ 84ff HGB; VersVertr, § 92 HGB) ist MRecht nicht anwendb, ebso umgekehrt.

b) Gesetzliche Vermittlungsverbote, die sich gg beide Part richten, machen den MVertr idR nichtig **3** (BGH **78**, 263). **Berufsberatung** und **Vermittlung in berufliche Ausbildungsstellen** ist grdsätzl der BAnst für Arbeit vorb (§ 4 AFG), iü ist priv ArbVermittlg (dazu Rn 15) mit Gen der BAnst zuläss (§§ 23, 24a Nr 1 AFG, vgl § 134 Rn 14). **Notaren** ist die Vermittlg von Darl u GrdstGesch verboten, § 14 IV BNotO, Verstoß führt zur Nichtigk, jedenf wenn der Notar, der das Gesch vermittelt hat, es auch beurkundet (BGH NJW-RR **90**, 948). **Rechtsanwalt** fällt nicht darunter; unzulässig ist die ständ Ausüb des MBerufs, gelegentl einz MGesch kann er wirks vereinb (BGH NJW **92**, 681). Für die rechtl Einordng als RA-Dienst- od als MVertr ist allein entscheidd die Vereinbg über den Inhalt der übertragenen Aufg; ist sie in nicht unwesentl Umfang rberatder Art, so handelt es sich um einen RA-DVertr (BGH WM **77**, 551). Vermittlg von **Adoptionen** vgl Einf 5 vor § 1741. Grdsätzl Nichtigk auch bei Verstoß gg **RBerG** (so für GeschBesVertr BGH **37**, 258; zur BeratgsTätigk bei Vermittlg v Berufssportlern Wertenbruch NJW **95**, 223). Jedoch dürfen GrdstM ihre Kunden in GBAngelegenh beraten, GaststättenM dürfen Antr auf Schank-Erlaubn stellen, nicht aber dürfen VersM den VersN bei der Geltdmachg von SchadErsAnspr gg den Schädiger beraten od vertreten (BGH Warn **67** Nr 108). VertrAbschl im Reisegewerbe unter Verstoß gg **§§ 56 I GewO,** vgl § 134 Rn 10. – IdR keine Nichtigk bei Verstoß gg ges Verbot, das sich nur gg eine Partei richtet (BGH **78**, 263: MTätigk eines Steuerberaters entgg § 57 IV Nr 1 StBerG), gelegentl MTätigk eines Beamten ohne Gen seiner DienstBeh (Schlesw SchlHA **74**, 205).

c) Ein **behördliches Verbot** der VermittlgsTätigk läßt die zivilr Gültigk des MVertr unberührt (Köln **4** MDR **55**, 414). Ebso kommt es auf **Wettbewerbswidrigkeit** (Abjagen von Kunden; Lockvogelangeb) nicht an (dazu Düss BB **66**, 1366).

d) Bei der **Wohnungsvermittlung** ist unwirks die Koppelg mit einer Verpfl zum Bezug von Waren, **5** Dienst- od WkLeistgen, der MVertr selbst bleibt wirks, § 3 IV WoVermG (Rn 14). Dabei ist es gleichgült, von wem die Initiative zu dem MVertr mit KoppelgsGesch ausgeht (Hamm DB **73**, 2514). Ein Verstoß gg das nur für gewerbsm WohngsVermittler geltde Verbot der Vermittlg ohne Auftr des Vermieters (§§ 6, 7 WoVermG) führt nicht zur Nichtigk des MVertr (Karlsr NJW **76**, 1408, Ffm NJW **79**, 878), wohl aber zu Geldbuße (§ 8 WoVermG).

3) Rechtsnatur des Maklervertrags. – a) Wesen. Nach dem gesetzl Leitbild des MVertr (BGH NJW **66**, **6** 1405; **67**, 1225) verpfl sich der AuftrG unter der Vorauss des ZustKommens eines Vertr, dem M für den Nachw der AbschlGelegenh od für die VertrVermittlg eine Vergütg zu bezahlen. Der MVertr ist damit ein Vertr eig Art. Er ist kein ggs Vertr iS der §§ 320ff (MüKo/Schwerdtner § 652 Rdn 9, 10, Soergel/Mormann Rn 1), einen GeschleistgsPfl stehen nicht gg, keinem Ztpkt ggü. Einers ist der M zur Entfaltg von MTätigk nicht verpfl (vgl aber Rn 7 u § 652 Rn 63). Umgekehrt wird der AuftrG dch die Einschaltg des M in seiner **Entschließungs- und Abschlußfreiheit** nicht beschr. Er bleibt Herr des Gesch u kann den Auftr jederzeit widerrufen, kündigen; er kann auch die Dienste weiterer M in Anspr nehmen u sich selbst um den Abschl bemühen (BGH NJW **61**, 307). Er braucht keine Rücks darauf zu nehmen, daß der M bei ZustKommen des Gesch Lohn verdient (BGH NJW **66**, 1404, **67**, 198 u 1225) u kann auch Angeb, die seinem Auftr genau entsprechen, u sogar noch günstigere Angeb ablehnen (BGH NJW **67**, 1225). Er hat ggü dem M keine Pfl, einen formungült GrdstKauf zur Wirksk zu bringen (BGH WM **77**, 1049). Auch ein VorVertr bindet nur seine Partner, nicht einen von ihnen ggü dem M auf Abschl des HauptVertr (BGH NJW **75**, 647). Eine ProvPfl besteht nur dann, wenn die MTätigk erfolgreich war, dh zum VertrSchluß geführt hat (BGH NJW **67**, 1365). – Andrers erzeugt der MVertr als echter Vertr ein **besonderes Treueverhältnis** zw AuftrG u M, das für beide VertrT zu einer Reihe von NebenPfl führt, deren Verletzg schadersfl macht, § 654 Rn 3 (Makler) u Rn 9 (AuftrG).

b) Abgrenzung zu anderen Verträgen. Der MVertr unterscheidet sich vom **Auftrag** (§§ 662ff; Bsp: **7** AgenturVertr üb gebr Kfz bei Kauf eines neuen, § 364 Rn 5) dch seine Entgeltlichk; ferner kann der Beauftr Ers seiner Aufw verlangen (§ 670), der M dagg nicht (§ 652 II). Solange es nicht zum vermittelten VertrSchluß kommt, ist die MTätigk nicht für den AuftrG besorgt u der M nur für sich selbst tät gew (Brem

OLGZ **65**, 20). Desh keine Anwendg von § 354 HGB bei erfolgl Tätigk (§ 652 Rn 8). – Im Ggs zum **Dienstvertrag** (§§ 611 ff) begründet der MVertr keine Pfl zum Tätigw; VersM vgl § 652 Rn 14. Begründen die Part eine solche Pfl, dann **Maklerdienstvertrag.** Hauptfall ist der AlleinAuftr (§ 652 Rn 60–74). Die Part können in IndividualVertr, nicht in AGB (BGH NJW **85**, 2477), auch eine Vergüt für die Tätigk als solche, also unabhäng vom Erfolg vereinbaren (BGH **87**, 309, NJW **88**, 967). – Im Ggs zum **Werkvertrag** verpfl sich der M nicht, einen best Erfolg herbeizuführen u für ihn einzustehen. Ist dies gewollt, so handelt es sich um einen **Maklerwerkvertrag,** Hauptfall ist die Beschaffg einer best Finanzierg (BGH NJW-RR **91**, 627). Entstehg des VergütgsAnspr u wkvertragl GewlAnspr vgl § 652 Rn 19, 20. – Die **Finanzierungsvermittlung im Rahmen eines Bauherrnmodells** unterliegt nicht dem MRecht, sondern ist GeschBes mit WkVertrCharakter, wenn der BauBetr zur Herbeiführg des VermittlgsErfolgs, der AuftrG zur Abnahme der FinanziergsMittel verpfl ist, insb wenn sich die Vergütg nicht nach Prozenten des vermittelten Kredits richtet (BGH BB **91**, 2331). Die Abgrenzg zw Finanziergsvermittlg (MVertr) und Finanzierungsgarantie iR eines Bauherrnmodells kann im EinzFall schwier sein, weil zivil- u steuerrechtl Interessen ggeinand stehen (BGH BB **84**, 564). Da kein DVertr über eine GeschBes, auch keine entspr Anw von § 87a III HGB (§ 652 Rn 58). – Auftr gerade an einen **Rechtsanwalt** auf Vermittlg eines GrdstKauf- od DarlVertr hat mangels eindeut entggstehder AnhaltsPkte die Betreug rechtl Interessen zum Inhalt u ist desh DVertr (BGH NJW **85**, 2642); MVertr nur, wenn es dem AuftrG nicht um rechtl Beistand geht (Hamm NJW-RR **95**, 951). – Der **Handelsvertreter** ist im Ggs zum M verpfl, sich ständ um Vermittlg od Abschl von Gesch zu bemühen, entscheid ist die beiderseit, auf Dauer berechnete Bindg, währd die MTätigk auf das best Obj bezogen ist (BGH BB **72**, 11, NJW **92**, 2818). – Verpflichtet sich der Käufer ggü dem Verk zur Zahlg einer **Verkaufsgebühr** an den vom Verk eingeschalteten alleinbeauftr M, so kann darin ein Vertr zGDr liegen, der den Käufer zur Zahlg verpfl, ohne daß ihm der M Dienste erbracht hat (BGH NJW **77**, 582). – Ein **vermittlungsunabhängiges Provisionsversprechen** kann ein verschleiertet KaufPrTl od Vergütg für und, nicht unter § 652 fallde DLeistgen od, wenn es an jeder GgLeistg fehlt, SchenkgsVerspr sein (BGH NJW-RR **87**, 1075). Es kommt in Betracht, wenn der AuftrG trotz klarer Kenntn von der engen wirtsch Verflechtg zw MFirma u VertrPartner zur Zahlg bereit (BGH NJW-RR **87**, 1075; RNatur des Vertr ist im EinzFall zu prüfen) od vor die Alternative gestellt ist, entw eine Prov ohne VermittlgsLeistg des M zuzusagen (AbschlGebühr, Einstiegsgeld) od vom Gesch Abstand zu nehmen (Kln WM **82**, 804). Vgl auch § 652 Rn 52.

8 **c) Stellung zur Gegenpartei.** Zum VertrPartner seines AuftrG steht der M grdsätzl in keiner VertrBeziehg. Zur Zulässigk von DoppelTätigk § 654 Rn 8, zum stillschw VertrSchluß mit dem Interessenten § 652 Rn 2. Haftg des M bei unerl Handlg. Als bloßer Vermittler hat der M keine Vertretungsmacht u ist „Dritter" iS des § 123 II (BGH **33**, 309). Erkl des M binden daher den AuftrG grdsätzl nicht, sind ihm aber analog §§ 278, 831 zuzurechnen, falls sie von ihm veranlaßt sind od der AuftrG dem M freie Hand (zB die Auswahl des Kunden) überlassen hatte.

9 **4) Maklerrecht ist dispositiv** innerh der Grenzen des redl Verk u der guten Sitten (vgl § 652 Rn 50 ff; sittenw Vertr § 652 Rn 7). Dies gilt uneingeschränkt für **Einzelvereinbarungen** (BGH WM **70**, 392: nur individuell ausgehandelte Abweichgen vom gesetzl Leitbild des M sind gült). Für **AGB** und FormularVertr gilt das AGBG. Von seinen Best sind für die Frage, was VertrInhalt wird, die §§ 3, 4, für AuslegsZweifel die §§ 4, 5 von Bedeutg. Für die Wirksamk einz Klauseln (vgl dazu § 652 Rn 51–57) sind gerade in Makler-AGB neben der Generalklausel in § 9 (vgl AGBG 9 Rn 109) erfahrgsgem von Bedeutg § 10 Nr 5 u 6 im Zushang mit VorkenntnKlauseln, § 10 Nr 7 im Zushang mit dem NichtzustKommen des vermittelten Gesch, § 11 Nr 5, 6 im letztgenannten Zushang und § 11 Nr 15 im Zushang mit der kausalen Tätigk des M als Vorauss für die Entstehg des VergütgsAnspr.

10 **5) Zusammenarbeit mehrerer Makler.** Lit: Knütel, Die ProvTeilg bei Mitwirkg mehrerer M, ZHR **80**, 289. Der M kann sich zur Dchführg des Auftr der MitArb von Hilfskräften bedienen. M kann auch **jur Person** od **OHG** sein. Kommt es auf die Kenntn bestimmter Umst an, so ist bei der M-OHG die Kenntn des Gters maßgebd, der den Auftr bearbeitet. Diesem kann das Wissen und Gter, die ihm unverschuldet keine Mitteilg machen, nicht zugerechnet werden (BGH JZ **68**, 69). Bei der ZusArb mehrerer M kommt es auf die im EinzFall getroffenen Vereinbgen an (BGH NJW-RR **87**, 171).

11 **a) Untermaklervertrag.** Er ist ein ges nicht geregelter HilfsVertr zum MVertr, dch den ein HauptM sich mit einem UnterM zur gemeinschaftl Dchführg einz MGesch verbindet mit der Abrede, den UnterM an den aus dem einz Gesch anfallden Prov zu beteiligen, ein partiar RechtsVerh bes Art, keine BGB-Ges (BGH BB **66**, 1367). In vertragl Beziehgen zum AuftrG steht allein der HauptM (Hbg MDR **64**, 595). Der UnterM ist ErfGeh des HauptM (Mü JR **61**, 95). Der HauptM bleibt der Bestimmde; er kann oRücks darauf, ob der UnterM zu seiner Prov kommt, eine Entschließg frei treffen (BGH BB **68**, 729) u kann auf seinen MLohn od dann verzichten, wenn der UnterM einen Teil davon zu verlangen hätte. Grenze: Arglist (Hbg BB **54**, 173). TreuPfl des UnterM: § 654 Rn 11.

12 **b)** Ein **Gemeinschaftsgeschäft** liegt vor, wenn zwei od mehrere M auf entgg gesetzter VertrSeite tät werden u eine ProvTeilgsAbsprache miteinand treffen (BGH NJW-RR **94**, 636). Das Angeb muß mind so ausführl sein, daß der zweite M beurt kann, ob sich seine Ann lohnt; bloße KenntnGabe vom Obj genügt nicht (Hbg MDR **73**, 225). Jeder M hat Anspr auf Prov nur gg seinen AuftrG, im InnenVerh der M untereinand ist die GesProv vereinbargsgem zu teilen, auch wenn sie nur auf einer Seite anfällt (BGH BB **63**, 835). Ob sich eine ProvTeilgsVereinbg für ein Gesch auch auf ein FolgeGesch erstreckt, ist AuslegsFrage (BGH WM **82**, 16). Der M, der sich mit seinem AuftrG auf einen niedrigeren ProvSatz einläßt als zw den M abgesprochen, kann sich dem and ggü schadersrsatzpflichtig machen (BGH NJW-RR **87**, 171).

13 **c)** Beim **Zubringergeschäft** fehlt es an einer ZusArbVereinbg iSv Rn 12; es beschr sich auf die gelegentl Mitteilg einzelner VertrMöglichk. Der idR nicht gewerbsm tät ZubringerM hat nur Anspr auf einen geringeren Anteil an der Prov (BGH BB **63**, 835). Die ProvVereinbg des Kreditsachbearb einer Bank mit einem M für die Benenng von GrdstKaufInteressenten ist sittenw, wenn der Angest sein Wissen dienstl

erworben hat (BGH AIZ **C 304** Bl 3). HauptM ist dem Zubringer nicht zum Tätigw verpfl (BGH BB **68**, 729).

6) Sonderregelungen gelten für MGesch, die den Abschl von MietVertr über Wohnraum u von Kredit- **14** Vertr sowie die Begr von ArbVerh betreffen. Die Vorschr sind bei den einschläg Anm zu §§ 652–656 eingearb u unter dem jeweil Stichwort erläutert. Zu ges Beschrkgen der VermittlgsTätigk in diesen Berei- chen vgl Rn 3–5. – **a)** Das **Gesetz zur Regelung der Wohnungsvermittlung** (WoVermG – Art 9 des G v 4. 11. 71, BGBl 1745, zuletzt geänd dch Viertes MietRÄndG v 21. 7. 93, BGBl 1257 u WoBauFördG v 6. 6. 94, BGBl 1184) gilt für die Vermittlg od den Nachw der Gelegenh zum Abschl von MietVertr (nicht and Vertr wie Kauf) über Wohnräume (§ 1). Das sind Wohngn od Einzelräume, möbliert od unmöbliert, ausgen Wohnräume im Fremdenverkehr (zu diesem Begriff vgl § 5 BeherberggsStatistikG v 14. 7. 80 BGBl 953). – **b)** Für die **private Arbeitsvermittlung,** dh jede Tätigk, die darauf gerichtet ist, ArbSuchende mit **15** ArbG z Begr von ArbVerh zuzuführen (vgl § 13 AFG, dort auch zu HeimArbVerh; zur Zulässigk Rn 3, zur Abgrenzg von der ArbNÜberlassg 1 II AÜG) gelten §§ 13, 18, 20–24 c AFG sowie die Arbeitsvermittlerver- ordnung (AVermV) v 11. 3. 94, BGBl 563, geänd dch VO vom 1. 8. 94, BGBl 1946. Wer sie betreibt, ist ZivM (Rieble DB **94**, 1776). – **c)** Für die **Kreditvermittlung** gilt das VerbrKrG (Anwendgsbereich §§ 1 u 3, Sonderregelgen zu Form u Vergütg §§ 15–18; vgl dort).

652 *Begriff.* [I] Wer für den Nachweis der Gelegenheit zum Abschluß eines Vertrags oder für die Vermittlung eines Vertrags einen Mäklerlohn verspricht, ist zur Entrichtung des Lohnes nur verpflichtet, wenn der Vertrag infolge des Nachweises oder infolge der Vermittlung des Mäklers zustande kommt. Wird der Vertrag unter einer aufschiebenden Bedingung geschlos- sen, so kann der Mäklerlohn erst verlangt werden, wenn die Bedingung eintritt.

[II] Aufwendungen sind dem Mäkler nur zu ersetzen, wenn es vereinbart ist. Dies gilt auch dann, wenn ein Vertrag nicht zustande kommt.

Übersicht

1) Voraussetzungen für die Entstehung des Vergütungsanspruchs. Der Anspr des M auf Vergütg **1** entsteht nur unter folgden Vorauss: ZustKommen eines gült MVertr (Rn 2–9), Erbringg der MLeistg (Rn 10–14), rechtsgült ZustKommen des gewünschten Vertr (Rn 15–33) aGrd (ursächl ZusHang, Rn 34–38) der dem AuftrG bekannten (Rn 39) MTätigk. Der Abschl des HauptVertr muß sich zumind auch als Ergebn einer für den Erwerb wesentl MLeistg darstellen, es genügt nicht, daß die MTätigk auf and Weg für den Erfolg adäquat kausal geworden ist. Der M wird nicht für den Erfolg schlechth, sondern für seinen ArbEr- folg belohnt (BGH BB **88**, 1623; krit Schwerdtner NJW **89**, 2987). Fehlt es an den Merkmalen der Rn 10–39, so können bei schuldh VertrVerletzg des AuftrG SchadErsAnspr des M in Frage kommen (§ 654 Rn 9, 10), beim Fehlen eines gült MVertr (Rn 2–9) uU sonst Anspr (Rn 8). Jedes der Erfordern der Rn 10–39 kann dch PartVereinbg abbedungen werden. Soweit dies nicht iW der Einzelvereinbg geschieht, sond dch Verwendg von AGB, bestehen jedoch Schranken (Einf v § 652). Die Abweichgen können sich auf die einz Merk- male beschränken (Rn 51–59), mögl ist aber auch ein abw VertrTyp (AlleinAuftr), der dch bes Vereinbgen näher ausgestaltet werden kann (Rn 60–74). Auch der SchadErsAnspr des M unterliegt abw Vereinbg (vgl zB Rn 69–73). Am VerglVerf des AuftrG ist der M mit seiner ProvFdg nur dann beteil, wenn er ihm das Ergebn seiner Tätigk noch vor Eröffng des VerglVerf mitgeteilt hat. Ebso ist der ProvAnspr des in Konk gegangenen M nicht KonkFdg, wenn seine Tätigk nach KonkEröffng liegt (BGH **63**, 74).

2) Rechtsgültiges Zustandekommen und Bestand des Maklervertrags

A) Vertragsabschluß. – a) Auch **konkludent** außer bei nicht gewerbsm M (BGH NJW **70**, 700: **2** Vermittlg dch Arch). Dafür ist ein Verhalten erforderl, das den auf Abschl eines MVertr gerichteten Willen eindeut erkennen läßt. Kein Angeb sind ZeitgsAnz u Aushang im GeschLokal des M, denn sie sind notw unbestimmt u dienen ledigl der Interessentensuche (Br OLGZ **65**, 20, Hamm NJW-RR **95**, 819). Kein Antr liegt auch in der unverbindl Nachfrage des Interessenten beim M (KG NJW **58**, 63, **61**, 511). And, wenn der Interessent den M beauftragt, nach außen für ihn suchd tät zu werden (Hamm NJW-RR **94**, 1540: Such- Auftr). Nicht jedes Sichgefallenlassen von MDiensten führt zum Abschl eines MVertr (BGH NJW **84**, 232). Erforderl ist vielmehr mindestens, daß jemand **Maklerdienste entgegennimmt** u dabei weiß od wissen muß, daß der M hierfür von ihm eine Vergüt verlangt, wenn es zum VertrSchluß kommt (Köln WM **89**, 693). Sache des M ist es, klare Verhältn zu schaffen (BGH NJW-RR **87**, 173), jede Unklarh über einen stillschw VertrSchl geht zu seinen Lasten (BGH NJW **67**, 199, WM **83**, 865). Steht der Makler bereits mit einem AuftrG in einem VertrVerh oder tritt er nach außen so auf (erster MVertr), so erfolgt die Entfaltg von MDiensten iR dieses Auftr u stellt nicht ow ein schlüss erkl Angeb zum Abschl eines zweiten MVertr mit dem Interessenten dar. Ein MVertr kommt vielmehr erst zustande, wenn der Interessent nach Zugang eines ausdr, an ihn gerichteten (Hamm MDR **94**, 887) ProvVerlangens weitere MDienste in Anspr nimmt (BGH NJW-RR **91**, 371), gleichgült, ob die Initiative von ihm (BGH NJW **84**, 232) od vom Kaufinteressenten (Hamm NJW-RR **89**, 1210) ausgeht. Wirbt der M im geschäftl Verkehr mit VerkAngeb, so darf der Interessent mangels ggteil Kenntn davon ausgehen, daß der M das Obj vom Verk an die Hand bekommen hat u mit der Weitergabe von Informationen eine Leistg für den Anbieter, nicht für den Interessenten erbringt. Ein ErklWert als ProvVerspr kommt dessen Verhalten nur zu, wenn es sich darstellt als Entsch zw den Alternativen, die ihm gg Entgelt angebotenen Dienste in Anspr zu nehmen od zurückzuweisen (BGH **95**, 393). – Entspr Grdsätze gelten, wenn

3 der M vom Käufer beauftr ist, für den Anspr gg den Verk (BGH BB **60**, 918). – **Beispiele. Vertragsschluß verneint.** Bloße Ausnutzg der M-Tätigk, wenn der Interessent annehmen darf, der M erbringe sie für die and Seite (BGH NJW-RR **87**, 173); dadch, daß sich auf ein Inserat des VerkM ein Interessent meldet (BGH WM **71**, 1098); ledigl dadch, daß der Empf das MAngeb entgg- u Kenntn davon nimmt (BGH NJW **84**, 232); wenn ein Kaufinteressent nach einem ProvVerlangen des vom Verk beauftragten M eine ProvPfl ablehnt, selbst wenn er in der Folgezeit mit dem M verhandelt u sich dessen VermittlgsBemühen gefallen läßt (BGH NJW-RR **86**, 1496); dadch, daß der M dem VerkWilligen best Kaufinteressenten nachw soll, mit denen er bereits einen MVertr abgeschlossen hat (BGH NJW **81**, 279). Die bloße Beifügung der Geschäftsbedgngen reicht nicht aus für ein wirks VertrAngeb des M, da sie nur im Falle des ZustKommens eines MVertr von Bedeutg sind (Brem OLGZ **65**, 20), ebsowenig die Zusendg einer ObjBeschreibg mit der Angabe Courtage 3,42% (Hamm

4 NJW-RR **94**, 1078). **Vertragsschluß bejaht,** wenn ein Arch einem kaufm BestätSchr des M über einen telefon ErwerbsNachw mit VergütgsAbrede nicht widerspricht (Düss NJW-RR **95**, 501); wenn der Arch die Fremdmittel für das BauVorh des AuftrG beschafft (BGH BB **69**, 935); wenn der M das Grdst vertraul unter Hinw auf die Käufermaklergebühr anbietet u sich der Interessent daraufhin die ObjAngaben machen läßt (BGH NJW **67**, 1365); wenn der Interessent sich mit der Bitte um einen Nachw an den M, dessen Beruf ihm bekannt ist, wendet u den darauf folgden Nachw entgegnimmt (Kln NJW-RR **87**, 1529; aA Hamm NJW-RR **94**, 1540). Zusendg eines Exposés mit ausdr ProvVerlangen, wenn der Kunde daraufhin weitere MDienste in Anspr nimmt (BGH VersR **91**, 774). In der Antwort auf einen unverlangt gegebenen Nachw kann uU das Angeb auf Abschl eines VermittlgsMVertr liegen (BGH WM **86**, 50).

5 **b)** Ob **Nachweis- oder Vermittlungsmaklervertrag** (vgl unten Rn 10–13), ist ggf dch Auslegg zu ermitteln. Zw dem vom Verkäufer beauftr gewerbsm GrdstM u Kaufinteressent kommt, wenn überh, im Zw NachweisMVertr zustande (BGH NJW **67**, 1365). Bei der Würdigg entfalteter Vermittlgtätigk (Einwirkg auf den VertrGegner) nach erbrachtem Nachw ist zu berücksicht, daß der NachwM am ZustKommen des VertrSchl ein eig Interesse hat (BGH aaO). Wg stillschw Änderg des MVertr vgl Rn 32.

6 **B) Wirksamkeit. – a)** Einer **Form** bedarf der MVertr zu seiner Wirksk grdsätzl nicht. § 313 ist idR nicht anwendb, denn eine Verpfl zum GrdstVerk od -Kauf an den vom M benannten VertrPartner entsteht für den AuftrG nicht (Einf 6). And, wenn sich der AuftrG verpfl, ein Grdst zu festgelegten Bdgngen an jeden vom M zugeführten Interessenten zu verk, sofern man einen solch Vertr im Hinbl auf die AbschlFreih (Einf 6, 9) überh für wirks hält (vgl BGH NJW **70**, 1915); ebso ein VertrStrafVerspr für den Fall des NichtVerk (BGH NJW **71**, 557, abl Schwerdtner JR **71**, 199). Auch eine mit der GrdstKäufer als AuftrG vereinb auch ausdr AnkaufsVerpfl oRücks auf die Höhe der für den Fall der NichtErf vereinb Entschädigg (BGH WM **90**, 77) od die Vereinbg einer VertrStrafe in Höhe der MVergüt für den Fall des Nichtkaufs (BGH NJW **79**, 307), auch eine ReserviergsVereinbg, wenn dch sie ein unangem Druck zum Erwerb des Grdst ausgeübt wird (BGH **103**, 235, VersR **92**, 958), bedarf der Form des § 313. Ebso die Verpfl des Kunden, bei Nichtzust-Kommen des HauptVertr ein BemühgsGeld in einer Höhe zu zahlen, das seine EntschlußFreih beeinträchtigt. Das ist der Fall bei 10–15% der vereinb Vergütg, im EinzFall auch schon weniger (BGH NJW **87**, 54, BB **89**, 1015). Der Formmangel heilt bereits mit not Beurk des vermittelten KaufVertr (BGH NJW **87**, 1628). **Schriftform** ist erforderl für MVertr mit Gemeinde (BGH MDR **66**, 753 für *hess* GemO), für den AlleinAuftr, wenn M u AuftrG Unternehmen sind (§ 34 GWB, Karlsr NJW-RR **95**, 237), u für den KreditVermittlgsVertr (§ 15, Ausn in § 3 VerbrKrG). Auch der ArbVermittler muß eine Vergüt mit dem ArbN schriftl vereinb (§ 11 I AVermV, vgl Einf 15 u Rn 42), Nichtbeachtg führt nicht zur Unwirksamk (Rieble DB **94**, 1776).

7 **b) Unwirksamkeit** des MVertr kann sich aus den allg Grden ergeben, zB wg fehler Form (Rn 6), aus seinem Inhalt (§§ 134, 138, § 15 I 2 VerbrKrG), wg nicht behebb anfängl Unmöglichk (§§ 306, 308 I; BGH WM **92**, 745). Verstoß gg ges Verbote: Einf 3 vor § 652. Über § 139, wenn eine Vereinbg gg das RBerG verstößt. Dies ist nicht der Fall, wenn der mit der Vermittlg eines Vertr beauftr M iR dieser Tätigk Interessenten einen von ihm ausgearb VertrEntw zur Verfügg stellt (BGH BB **74**, 815). Sittenw, wenn sich der M bereits für die Zuführg eines and M Prov verspr läßt (Nürnb OLGZ **65**, 6) od wenn die vereinb Vergütg in auffäll MißVerhältn zu der für die erbrachten Leistgen übl steht (BGH **125**, 135: Übererlösklausel; aA Martinek JZ **94**, 1048; vgl auch § 138 Rn 68, 94). Unwirks ist auch ein Vertr zw einem Interessenten u einem Vermittler, dessen hauptsächl Aufg darin besteht, eine Schmiergeldvereinbg mit einem ausländ Beamten zwecks Erteilg eines StaatsAuftr herbeizuführen (BGH **94**, 271) od Schmiergelder weiterzuleiten, die in der dem Vermittler versprochenen Prov enthalten sind (BGH NJW-RR **86**, 346). Sittenwidr ist ProvVereinbg eines RA, der für seinen Mandanten eine Hausverwaltg führt, mit einem Handw für die Vergabe von RenoviergsArb (Ffm NJW **90**, 2131). Ebso ein Vertr zw einem Untern u einem Steuerberater, der seinen Mandanten KapitalAnl bei dem Untern empfehlen soll u dabei die mit dem Untern getroffene ProvVereinbg verschweigt, falls der Untern bei der ProvAbrede dies billigd in Kauf nimmt (BGH **95**, 81). Unbefristeter AlleinAuftr vgl Rn 62.

c) Andere Anspruchsgrundlagen. MDienste aGrd unwirks od nicht zustgekommenen MVertr können **8** Anspr aus § 354 HGB auslösen, falls der M Kaufm ist, befugterw für den Interessenten tät wird u diesem erkennb ist, daß der M seine Dienste gerade für ihn leistet (BGH WM **85**, 1344; aA Reuter NJW **90**, 1321 [1324]); außerd muß die MTätigk zum Erfolg geführt haben (BGH NJW **67**, 199, Einf 7). Für Anspr aus §§ 812, 818 II ist Vorauss, daß es sich bei der Tätigk des M aus der Sicht des Interessenten um eine Leistg an diesen (EmpfHorizont, vgl § 812 Rn 41–43) handelt, was beim Angeb eines Obj zum Verk ohne vorher ProvVerlangen vom Kaufinteressenten idR nicht der Fall ist (BGH WM **85**, 1234; Rn 2–4). Der Wert des Erlangten wird der übl Prov (§ 653 II) entsprechen (Rust MDR **59**, 449; aA Reuter NJW **90**, 1321 [1324], weil die Information keinen VermWert habe).

C) Dauer. Der MVertr ist von unbest Dauer. Rgeschäftl VertrBeendigg ist mögl entweder dch Aufhebgs- **9** Vereinbg od dch Künd (Widerruf) od Anfechtg. Hat der M seinem AuftrG ein Grdst zum Kauf nachgewiesen u erklärt er ihm dann, er sei selbst an dem Erwerb des Grdst interessiert, so liegt darin, weil der M die Interessen seines AuftrG nicht mehr wahrnehmen kann, das – konkludent annehmb – Angeb auf rückwirkde Aufhebg des MVertr. Erwirbt dann der AuftrG, so schuldet er dem M Vergütg nur, wenn das für diesen Fall ausdr vereinb wurde (BGH NJW **83**, 1847). Ferner endet MVertr dch den Tod des M (BGH NJW **65**, 964). Stirbt der AuftrG, so können seine Erben kündigen. Konk des M beendigt den MVertr nicht, wohl aber der des AuftrG, § 23 II KO. – Der AuftrG kann den MVertr grdsätzl jederzeit kündigen (widerrufen; Einf 6), der M gem § 626. Die Beendigg des MVertr hat ledigl für künft MDienste Bedeutg. Hat der M bereits währd der VertrDauer seine Leistg erbracht, so kann sich der AuftrG dch eine Kündg der VergütgsPfl bei Inspruchn nicht entziehen (Rn 33).

3) Die Leistung des Maklers. Der M ist Nachw- od VermittlgsM od beides (Kblz NJW-RR **94**, 824). Zur **10** Auslegg stillschw geschl Vertr vgl Rn 5. Eine und als Nachw- od VermittlgsTätigk, mag sie auch nützl sein u den VertrSchl gefördert haben, zB sachkund Beratg, Beschaffg von Unterlagen, bringt den ProvAnspr nicht zur Entstehg (vgl Rn 13). Erwerb in der ZwVerst: Rn 15.

a) Der Nachweis besteht darin, daß der M dem AuftrG eine bish unbekannte Möglichk zum VertrAbschl, **11** auch wenn das Obj als solches bereits bekannt war, nachweist (BGH NJW **87**, 1628). Inhaltl muß der Nachw hinsichtl der Pers u des Obj (zB Lage u grdbuchmäß Bezeichng des Grdst) so hinreichd best sein, daß es dem AuftrG möglich ist, von sich aus die VertrVerh aufzunehmen. Dazu ist idR, auch ohne Verlangen, Angabe v Name u Anschr des wahren Eigtümers bzw VfgsBerecht nöt (BGH NJW **87**, 1628, Ffm NJW-RR **86**, 352). Jedoch ProvAnspr des M bei späterem ZustKommen des Gesch bei bloßer Bekanntgabe der Lage des Obj, wenn es dem AuftrG auf die Pers des Eigtümers noch nicht ankommt, weil er sich zunächst einmal über die Geeigneth des Obj schlüss werden, od gar am M vorbei später direkt abschließen will (BGH WM **87**, 511), od weil sich die Adresse des Eigtümers mit der angegebenen ObjAdresse deckt (BGH NJW **87**, 1628) od ohne jede Schwierigk dch Nachfrage zu ermitteln ist (Bamb AIZ **A 110** Bl 30). Vorkenntn vgl Rn 51. Als mitursächl MTätigk genügt eine für den Erwerb wesentl MLeistg, dch die der Kunde den Anstoß bekommen hat, sich konkret um den VertrAbschl über das – auch bereits bekannte – Obj zu bemühen (BGH NJW **83**, 1849). Als Nachw genügt auch die Benenng eines Verk, der das Obj erst noch erwerben muß, jedoch hierzu u zur Weiterveräußerg bereit ist (BGH NJW-RR **91**, 371). Der Nachw kann auch auf Erwerb in der ZwVerst unter Bek des Termins sowie der GrdstUnterlagen gerichtet sein, auch wenn diese Kenntn anderweit zu erlangen sind (Kln NJW-RR **89**, 247; vgl aber Rn 15). – **Kein Nachweis** ist die Benennung eines im NachweisZtpkt nicht zum Kauf bzw Verk stehden Obj (BGH NJW-RR **92**, 687), auch wenn sich der Eigtümer später zum Verk entschließt und der Interessent kauft. Ebso für den VerkM der Nachw eines Käufers ggü einer erst später an die Stelle des Verk tretden Pers (BGH NJW-RR **92**, 687). Ebso wenn der Eigtümer nach Benenng des Obj die VerkAbs aufgibt u der Interessent später kauft, weil der Eigtümer unter veränderten Umst sich erneut zum Verk entschlossen hat (BGH VersR **91**, 774). Um bloße ErmittlgsMöglichk, nicht um Nachw handelt es sich, wenn der M dem AuftrG eine Liste mit einer Vielzahl von allg Interessenten zusendet, aus der Hand deren er erst die konkr Interessenten für sein Obj ermitteln müßte (Mü BB **73**, 1551). – Verflechtg Rn 16, 17.

Indirekter Nachweis (M führt anderen M zu, der dann vermittelt) genügt nicht. Prov an den ersten M ist **12** in diesem Fall grdsätzl nicht zu zahlen; anders bei entspr Vereinbg (BGH WM **91**, 818).

b) Vermittlung ist bewußte, finale Herbeiführg der AbschlBereitsch des VertrPartners (BGH NJW **76**, **13** 1844). Auch der Auftr, einen Vertr mit einem Dr „herbeizuführen" kann als MVermittlgsVertr aufgefaßt werden (BGH DB **81**, 210). Mit dem AuftrG ist eine weitere Verh als die zur Begründg des MVertr nicht erforderl, ebso nicht eine gleichzeit Verh mit beiden VertrTlen od eine Mitwirkg beim VertrAbschl zw ihnen (BGH WM **74**, 257). Vermitteln heißt also vorhandeln mit dem VertrPartner des AuftrG. Dazu genügt nicht, daß der Notar abschließt, der in amtl Eigensch v der AbschlMögl erfährt (BGH NJW **76**, 1844). Es ist kein Vermitteln für den Mieter, wenn der vom Eigtümer zum Abschl bevollm M ohne weitere Tätigk einen MietVertr abschl; er kann daher vom Mieter keine Prov verlangen (LG Hbg MDR **74**, 490, LG Mü I BB **74**, 1319). Zur WohngsVermittlg dch den Verw vgl Rn 43. – Wg Verflechtg vgl Rn 16, 17.

c) Der Versicherungsmakler ist HandelsM (HGB 93 I). Er wird im Ggsatz zum VersVertr od -Agenten **14** idR vom VersN beauftr, ist dessen Interessen- u meist AbschlVertr, üblicherw zum TätigW verpfl (BGH WM **71**, 966), näml kurzfrist Beschaffg eines individuellen VersSchutzes u in diesem Rahmen Beratg u Betreuung seines AuftrGebers. Er ist für die vertragsgerechte Erf seiner Aufklärungs- u BeratgsPfl bewbelastet (BGH NJW **85**, 2595). Sein ProvAnspr entsteht nicht bereits mit Abschl des gewünschten VersVertr, sondern erst mit seiner Ausf, also der Prämienzahlg dch den VersN (Hamm NJW-RR **94**, 1306).

4) Rechtsgültiges Zustandekommen des gewünschten Vertrags mit dem Dritten. Gem I 1 steht der **15** ProvAnspr dem M nur zu, wenn zw AuftrG und Dr ein Vertr zustkommt (ähnl für die WohngsVermittlg § 2 I WoVermG u die ArbVermittlg § 11 II AVermV, vgl Einf 14, 15). Erwerb dch ZwVerst genügt nicht, kann aber dch Vereinbg dem Erwerb dch KaufVertr gleichgestellt werden (BGH **112**, 59), allerd nicht in AGB (BGH **119**, 32; einschränkd Hbg NJW-RR **93**, 125). Die Gef des Nichtzustandekommens od der Unvollkommenh des HauptVertr trägt der M. Der gewünschte HauptVertr muß schuldrechtl mögl sein, auch ein GeschBes- od BauBetrVertr (BGH BB **77**, 1672).

16 **A) Zwischen Auftraggeber und einem Dritten,** nicht mit dem M selbst (BGH **112**, 240, MDR **92**, 562) muß der HauptVertr aGrd der Nachw- od VermittlgsTätigk des M wirks zustandegek sein. Dr ist der VertrPartner nur, wenn er vom M verschieden ist, wobei nicht auf die formelle rechtl Stellg, sond auf die zGrde liegden wirtsch Verhältn abzustellen ist. Dabei ist entscheidd, ob der M und der Dr die Fähigk zur selbständ unabhäng WillBildg haben (BGH NJW **85**, 2473). M kann demzufolge nicht sein, wer mit einer der Part des HauptVertr wirtsch ident ist (echte Verflechtg) od wer zum VertrPartner seines Kunden in einer Beziehg steht (unechte Verflechtg), auf Grd deren er sich, unabhäng vom Verhalten im Einzelfall, wg eines institutionalisierten Interessenkonflikts im Streitfall bei regelmäß Verlauf auf die Seite des VertrPartners seines AuftrG stellen wird (BGH **112**, 240, MDR **92**, 562; aA Dehner NJW **93**, 2225: § 654 analog). Die Vereinbg einer von den Vorauss des § 652 unabhäng Vergüt kann allenf bej werden, wenn der AuftrG die bestehde wirtsch Verflechtg zw dem M u dem Dr (BGH NJW-RR **87**, 1075) kennt, die eine MTätigk
17 ausschließt (BGH DB **90**, 2518). – Deshalb **keine Vergütung,** wenn der M selbst (BGH WM **76**, 1158; dies grdsätzl auch dann, wenn sich der M die Leistg v einem Dr besorgt) od wenn derj Gter, der für die M-Gesellsch aufgetreten ist, den Vertr mit dem AuftrG abschließt (KG NJW **68**, 1782); ebso wenn die vom Käufer beauftragte M-Firma inf ihrer beherrschden Beteiligg die Hdlgen der VerkFirma ausschlaggebd best (BGH NJW **71**, 1839); ebso kein Anspr auf MVergütg vom Käufer, wenn eine natürl Pers der die Tätigk sowohl der M- wie der VerkFirma entscheidd steuern u beeinflussen kann (Stgt NJW **73**, 1975, Hbg MDR **74**, 228: Identität der GeschF v Wohngsbau- u MGmbH, BGH WM **78**, 711: Identität v Verk u GeschF der MFirma, kein MVergütsAnspr des BauBetr gg den Käufer einer EigtWohng, wenn deren Eigtümer nur mit Zust des BauBetr verk darf). Der Verw einer WohngsEigtAnl, von dessen Zustimmg die Gültigk eines Wohngs-Verk abhängt, kann nicht M des Käufers sein (BGH **112**, 240). Kein Anspr auf MVergütg, wenn der VertrPartner von einer mit der MGesellsch wirtsch ident Gesellsch vertreten wird (BGH NJW **85**, 2473, Ffm NJW-RR **87**, 174). Eine MaklerKG kann dem Käufer keine MDienste leisten, wenn ihr pers haftder Gter zugl GeschF der verkaufden GmbH ist (BGH DB **75**, 2319). Ebso kein ProvAnspr eine M-GmbH, deren GeschF u Gter gleichzeit nicht unerhebl an der vermietden GmbH beteil ist (Mü MDR **86**, 317). Ebso kein VergütgsAnspr bei wirtsch Verflechtg der Gter von Vermittlgs- u BauBetrGesellsch beim Erwerb einer EigtWohng nach dem Kölner Modell (BGH WM **80**, 1431 u NJW **81**, 277). Kein VergütgsAnspr für Vermittlg eines TreuhandVertr iR eines Bauherrnmodells, wenn der VermittlgsM mit dem Trhänder wirtsch ident ist; seine wirtsch Verflechtg mit dem BauBetr od FinanziergsVermittler steht nicht entgg (Mü WM **84**, 374). Kein VergütgsAnspr, wenn der AuftrG den KaufVertr mit einer KG abschließt, in deren pers haftder Gterin (GmbH) der M GeschF ist (Ffm NJW **75**, 543). Wenn der M GeschF der verkaufden GmbH ist, kann er dem Käufer keine MDienste leisten; eine VergütgsVereinbg ist nur wirks, wenn der M seine Beziehg zur GmbH vorher klar u eindeut aufgedeckt (BGH NJW **75**, 1215 u WM **76**, 1158) u erkl hat, daß gesetzl der Käufer keine Vergütg schuldet (Ffm MDR **82**, 407); wenn eine OberGesellsch (KG) den beherrschden Einfluß sowohl auf die M-Firma (GmbH) wie auf die VerkFirma (weitere GmbH, VertrPartner des AuftrG) ausübt (BGH NJW **74**, 1130); wenn der mit 75% beteil Gter u GeschF der M-KG, die einen TrHdVertr vermitteln soll, gleichzeit MehrhAktionär u AufsRatVors der TrHd-AG ist (BGH WM **78**, 708); od wenn sonst der M an dem vermittelten Gesch auf Seiten des VertrPartners des AuftrG in einem wirtsch erhebl Maße mitbeteil (BGH NJW **73**, 1649) od wenn er an einer Gesellsch – außer ganz unbedeutd – beteil ist, die VertrGegner seines AuftrG ist (BGH DB **76**, 2203). Ebenf keine MVergüt bei 25%iger Beteiligg der MFirma an der VerkFirma bei enger personeller, räuml u funktioneller Verflechtg (BGH DB **76**, 2203). Kein ProvAnspr des NachwM gg den Erwerber eines BauGrdst, wenn der vom Veräußerer Bevollm mit dem Erwerber einen BauBetr- u VerwVertr abschließt u diese Gesch eine Einh bilden (BGH WM **79**, 58). Auch der HandelsVertr einer Part kann bei Vermittlg od Abschl eines Gesch nicht zugl eine MLeistg für den Kunden erbringen, weil er rechtl nicht in der Lage ist, dessen Interessen gg den Untern zu wahren (BGH NJW **74**, 137). Endl kann der M wg pers Beziehgen zu einer Part u daraus resultierder Interessenkollision ungeeignet sein, der and Part sachgem MDienste zu leisten (BGH NJW **81**, 2293 u BB **85**, 1221), insb wenn der M das beabsichtigte Gesch mit seinem eig Eheg als VertrPartner des AuftrG zust bringt (BGH NJW **87**, 1008: ProvAnspr nur bei bes Absprache). Jedoch reicht allein der Umst, daß der M mit dem Partner des vermittelten Vertr verheiratet ist, ohne konkr AnhaltsPkte für eine Interessenkollision nicht für den Ausschl des ProvAnspr aus (BVerfG NJW **87**, 2733), zumal wenn der AuftrG Kenntn von dieser Ehe hat (BVerfG
18 NJW **88**, 2663). WohngsVermittlg vgl Rn 43–45. – Nicht steht dem VergütgsAnspr des M entgg, daß er mit seinem AuftrG (Ggs: mit dessen VertrGegner) wirtsch verflochten ist (BGH WM **76**, 1334).

19 **B) Zustandekommen.** Der **schuldrechtliche Vertrag** zw AuftrG u Dr muß auf Vermittlg bzw Nachw des M abgeschl sein, ggf in der erfdl Form. Desh keine VergütgsPfl vor not Ann, mag auch das Grdst bereits überlassen sein, od – mangels anderw Vereinbg (BGH WM **91**, 819) – bei Abschl ledigl eines VorVertr od bloßer Leistg einer Anzahlg (BGH NJW **75**, 647), außer wenn der VermittlgsAuftr nur diesen Inhalt hatte (BGH NJW-RR **91**, 1073), od bei Abschl eines not KaufanwartschVertr über ein Grdst (BGH WM **76**, 28) od mangels ausdr Vereinbg bei Abschl eines VermarktgsVertr zw Arch u GrdstEigtümer ohne nachfolgde KaufVertr (Ffm MDR **81**, 1017). Bei RealVertr muß auch der erfdl Realakt hinzukommen. Bei der Kreditvermittlg entsteht idR der ProvAnspr des M erst mit Auszahlg des Darl aGrd ursächl Nachw- od VermittlgsTätigk des M; entggstehde Vereinb ist unwirks (§§ 16, 18 VerbrKrG, Kln BB **93**, 2117). Soweit diese Vorschr gem § 3 VerbrKrG nicht anwendb sind, kann wirks vereinb werden, daß der ProvAnspr des M bei Abschl des DarlVertr (Einf 2 vor § 607) mit genau vereinb Bdggen entsteht, sodaß der DarlN klagb Anspr auf Auszahlg gg Erbringg der von ihm vertragl ausbedungenen Nachw u Leistgen hat (BGH NJW **82**, 2662; aA Karlsr NJW-RR **89**, 1069). AuslggsFrage im EinzFall ist es, ob der M darüberhinaus verpfl ist, die Auszahlg des Darl real, ggf unter Beschaffg auch der nöt Sicherh zustande zu bringen; dann MWkVertr (vgl Einf 7), VergütgsAnspr erst bei DarlAuszahlg GewlAnspr des AuftrG nach WkVertrR (BGH NJW **88**, 967). Kein Anspr des Kreditvermittlers bzw Bauträgers auf Vergütg od BearbGebühren, wenn iR eines BauVorh der Bauwill das FinanziergsAngeb nicht annimmt, sond sich das Darl selbst besorgt (BGH NJW **83**, 985). NebenPfl des FinanzM vgl § 654 Rn 3–7. – Für den ProvAnspr ist dagg grdsätzl ohne Bedeutg, ob auch das
20 **dingliche Erfüllungsgeschäft** zust gekommen ist (BGH NJW-RR **93**, 248), zB die Part beantragen die

dazu erfdl behördl Gen nicht (BGH DB **76**, 2252); vgl aber wg AuflassgsGen Rn 23. Abw Vereinbgen: Rn 58.

C) Der Vertr muß **gültig zustandegekommen** u darf nicht nachträgl wg einer im VertrSchl selbst 21 liegden Unvollkommenh wieder beseitigt worden sein (eingehd Kempen, Der ProvAnspr des ZivM bei fehlerh HauptVertr, 1984). VermittlgsVerbote vgl Einf 3.

a) Nichtigkeit. Bei fehlder **Form** kommt es nicht darauf an, ob der AuftrG den Grd hierfür selbst 22 veranlaßt hat (Bsp: Unterverbriefg des Kaufpr); in diesem Fall auch kein SchadErsAnspr (BGH WM **77**, 1049). Jedoch entsteht der ProvAnspr bei nachträgl Heilg des Formmangels. AuftrG kann sich ggü MLohn-Anspr auf FormNichtigk berufen, selbst wenn der and Teil zur DchFührg des formnicht Vertr bereit ist (Celle OLGZ **69**, 417). – Verstößt der vermittelte Vertr gg ein **gesetzliches Verbot,** so hat der M ebenf keinen Anspr auf Prov (Hamm MDR **86**, 756). So bei Vermittlg eines ArchVertr, der wg Koppelg von GrdstErwerb u ArchAuftr nichtig ist (§ 631 Rn 3–7); auch dann nicht, wenn der GrdstErwerber die Arch-Leistgen entgegengenommen hat (BGH WM **80**, 17). – Über **§ 139** kann der vermittelte ErbbaurechtsVertr unwirks sein, wenn der im Zushang damit zw Erwerber u BauUntern abgeschl WkVertr nicht ebenf not beurkundet ist (Hamm RsprBau **A 121** Bl 9).

b) Beim **genehmigungsbedürftigen Vertrag** ist für den ProvAnspr die Erteilg der Gen für den Ver- 23 pflVertr erfdl (BGH WM **91**, 819). Wird sie nicht erteilt, erhält der M keinen Lohn (BGH **60**, 385 für vormschgerechtl Gen; BGH WM **70**, 905 allg; für ArbVermittlg ins Ausl § 11 II 2 AVermV, vgl Einf 15). Wg der im GrdstVerk erfdl Gen vgl § 313 Rn 57 u Übbl 18 ff vor § 873. Negativattest, auch wenn zu Unrecht erteilt, steht der Erteilg der Gen gleich; trotzdem kein VergütgsAnspr, wenn die Vergüt für den Nachw v Bauland versprochen wurde u das Grdst tats nicht bebaub ist (BGH aaO).

c) Wirks **Anfechtung** des vermittelten Vertr läßt ProvAnspr entfallen (BGH DB **80**, 2076) u zwar nicht 24 nur bei Irrt (Getäuschtw) des AuftrG, sond auch dann, wenn der VertrGegner wg argl Täuschg dch AuftrG wirks angefochten hat (BGH DB **76**, 2252), denn bei ordngsgem Verhalten des AuftrG wäre überh kein Vertr zustande gek. Das gilt trotz fehlder Rückwirkg auch bei Anfechtg, dh fristl Künd des Beitritts zu einer PublikumsGesellsch (BGH NJW **79**, 975).

d) Bei **aufschiebender Bedingung, Abs I S 2,** entsteht LohnAnspr, außer bei ausdr anderweit Ver- 25 einbg, erst mit BdggsEintritt; zu seiner HerbeiFührg ist AuftrG wg der AbschlFreih nicht verpfl (BGH WM **71**, 905). Auch der Fall des § 308 I ist als aufschiebde Bdgg aufzufassen (BGH WM **92**, 746). – Bei VertrSchluß unter **auflösender Bedingung,** gilt Umkehrschluß, dh Prov fällt sofort an. Verliert der HauptVertr inf BdggEintritts der auflösden Bdgg seine Wirksamk, so berührt das den VergütgsAnspr des M grdsätzl nicht; und nur, wenn im MVertr vereinb od wenn es dem AuftrG erkennb gerade auf den unbdgten VertrAbschl ankam (BGH WM **77**, 21).

e) Bei nachträglicher Unmöglichk, Künd, vertragl vereinb **Wiederaufhebung** des abgeschl Gesch bleibt 26 der LohnAnspr erhalten (BGH DB **76**, 2252, NJW-RR **93**, 248, für die ArbVermittlg §§ 11 VI AVermV, vgl Einf 15), ebso bei Ausübg eines **gesetzlichen Rücktrittsrechts** (BGH NJW **74**, 694) od Erkl der **Wandelung** (Hbg OLG **39**, 208) od **Minderung** – außer bei anderw Vereinbg im MVertr (BGH WM **77**, 21) –, denn in diesen Fällen erfolgt die Rückgängigmach bzw Preisherabsetzg nicht wg einer Unvollkom-menh des VertrSchl, sond aGrd and Umst. Dagg kein LohnAnspr, wenn die Aufhebg des Vertr wg eines bestehden AnfGrd vereinb wurde (Brschw NJW **54**, 1083, Hamm NJW-RR **91**, 249). – Bei Ausübg eines **vertraglichen Rücktrittsrechts** ist Bestehenbleiben od Wegfall des VergütgsAnspr AusleggsFrage (BGH 27 DB **73**, 226). Entscheidd dafür ist, ob nach BewegGrd, Zweck u Inhalt der RücktrKlausel der HauptVertr iS einer anfängl Unvollkommenh in der Schwebe bleiben – Hauptfall: Unsicherh, deren Behebg außerh der Macht der VertrPartner liegt – od ob er sofort voll wirks werden soll (KG MDR **73**, 1018). Demnach ist ein ledigl dem ges RücktrR nachgebildetes vertragl dem ges gleichzustellen, währd iF der Vereinbg eines vertragl RücktrR ohne weitere Vorauss innerh best Fr der LohnAnspr des M erst nach ungenutztem Ablauf der Fr vereinb (BGH NJW-RR **93**, 248) od vorher, sobald feststeht, daß das RücktrR nicht mehr ausgeübt wird (BGH NJW **74**, 694); ebso bei RücktrR für den Fall der Nichtbebaubark od der Nicht-Sicherstellg des KaufPr bis zu einem best Ztpkt, wenn es einer aufschiebden Bdgg gleichsteht (BGH WM **77**, 21, Zweibr NJW-RR **89**, 54). Ist der ProvAnspr des M als des begünstigten Dr gg den Käufer in dessen KaufVertr mit dem Verk vereinb, so erlischt er mit Aufhebg des KaufVertr (Celle WM **85**, 1455); ebso mit Ausübg eines vertragl vereinb RücktrR dch den Verk ggü dem Käufer (Ffm Betr **86**, 2594).

f) Wird **Vorkaufsrecht** ausgeübt, so entfällt ggü dem GrdstM, nicht ggü dem KreditM (BGH NJW **82**, 28 2662), ProvPfl des Erstkäufers, da ihm wirtschaftl Vorteil nicht zufließt; ob dann Zweitkäufer provpfl ist, hängt von der Auslegg des KaufVertr ab, insb davon, ob Erstkäufer sein ZahlgsVerspr dem Verkäufer als VersprEmpf zG des M abgegeben hat (BGH **LM** § 505 Nr 4). ProvPfl des Verk bleibt, wenn VorkaufsR ausgeübt w, sofern er M beauftr hatte.

D) Kongruenz. Der aGrd Nachw od Vermittlg geschlossene Vertr darf von dem nach dem MAuftr 29 beabsicht in inhaltl u pers Hins nicht wesentl abweichen. Beim NachwM muß zusätzl die nachgewiesene Gelegenh mit der tats wahrgen ident sein (BGH BB **90**, 1225).

a) Die **inhaltliche Identität** der beiden Gesch ist nach wirtsch Gesichtspunkten zu beurt. Dafür ist maßg, 30 daß der abgeschlossene HauptVertr sich inhaltl mit dem deckt, den der M nachweisen od vermitteln sollte od daß iF inhaltl Abweichg der AuftrG mit ihm wirtsch den gleichen Erfolg erzielt (BGH NJW **88**, 967); unerhebl Abweichgen schaden nicht (BGH WM **78**, 983 u NJW **82**, 2662: um 4% geringere DarlSumme als vorgesehen). Keine wirtsch Gleichwertigk bei Tausch statt Kauf, Verpachtg statt Verk, Erwerb eines GrdstHälfteAnt statt des AlleinEigt (BGH WM **73**, 814), GrdstKaufVertr mit einem nicht dch AuflVormkg gesicherten Verkäufer, der seiners das Grdst erst noch erwerben muß, statt mit dem Eigtümer (Karlsr NJW-RR **94**, 508), MietVertr über die Hälfte des nachgewiesenen Ladenlokals (Hamm NJW-RR **91**, 1206), monatl Belastg der vermittelten EigtumWohng mit 612 statt, wie angegeben, mit 340 DM, ZwKredit statt Hyp, Vermittlg nur des Darl, wenn Auftr auf Beschaffg einer erstrang DarlHyp lautet u M den RangRücktr der bestehden ersten Hyp nicht erreicht (Schlesw SchlHA **69**, 63), Vermittlg nur eines KonsensualDarlVertr statt realer DarlAuszahlg (BGH NJW **88**, 967); auch nicht bei lästigerer od ungünstigerer Ausgestaltg des beabsicht Gesch, zB Parzellen- statt Gesamtverk (KG HRR **32**, 115). Erwerb in der ZwVerst vgl Rn 15. – Ob Erwerb eines Tls aus einem nachgewiesenen GesAngeb wirtsch gleichwert ist, hängt vom Einzelfall ab (BGH VersR **90**, 88). Dies gilt auch bei PrDifferenz zw dem mit dem MVertr beabsichtigten u dem dann abgeschlossenen Geschäft (Breiholdt MDR **90**, 973). So sind ein GrdstKaufVertr zum Pr von 350000 DM u ein 2 Jahre zuvor erbrachter Nachw für den Kauf des näml Grdst zum Pr von 450000 DM nicht ident (Düss NJW-RR **93**, 1272). – Ist individuell vereinb, daß MVergütg auch zu zahlen ist, wenn ein and als der angeb Vertr mit dem vom M beigebrachten Interessenten zustkommt, so muß die wirtsch Gleichwertigk zw angebotenem u abgeschl Vertr nicht unbdgt iS der Rspr von der wirtsch Identität iR der Auslegg des § 652 verstanden werden (BGH WM **85**, 1422). In AGB ist eine derart Klausel unwirks (Hbg MDR **92**, 27).

31   **b) Persönliche Kongruenz.** Der MVertr kann auf Vermittlg (Nachw) eines Vertr zw Dritten gehen. Sonst ist Prov regelm nicht verdient, wenn der Vertr mit einer and Pers als dem AuftrG des M (BGH NJW-RR **92**, 687) od mit einer and als der vom M nachgew Pers zustandekommt. Davon kann es unter bes Umst Ausn geben, zB wenn zw dem Erstinteressenten, den der VerkM nachgewiesen u der nicht gekauft hat, u dem Zweitinteressenten, den er nicht nachgewiesen u der später gekauft hat, bereits im Zeitpkt, in dem der M für den Verk vermittelnd tät wurde (hier aA Karlsr NJW-RR **95**, 1136), eine feste, auf Dauer angelegte Bindg, idR familien- od gesellschrechtl Art, bestand (BGH NJW **84**, 358, NJW **91**, 490: Lebensgefährtin, Karlsr NJW-RR **95**, 1136: Gter-Identität zweier GmbH) u bei Abschl des HauptVertr noch besteht (Hamm WM **84**, 906; zweifelnd Kblz NJW-RR **94**, 180). Ebso, wenn der erste Kaufinteressent, den der M nachgewiesen hat, einen Dr zum Kauf mit dem Ziel veranlaßt, daß dieser an ihn, den Erstinteressenten weiter veräußert (Hamm NJW-RR **95**, 820). Ebso besteht Kongruenz, wenn nicht der AuftrG pers, sond eine GmbH, deren GeschF u HauptGter er ist, den vermittelten MietVertr über gewerbl Räume abschließt (Kblz DB **92**, 2390); ferner wenn der mit dem EinzRechtsNachf des Verk abgeschlossene Vertr nicht wesentl von den ursprüngl Bdggen abweicht, dafür vereinbgsgem keine MVergüt zu zahlen ist u die Pers des Verk nicht von wesentl Bedeutg ist (BGH WM **76**, 28). In jed Fall ist für den ProvAnspr des M erfdl, daß seine Nachw- od VermittlgTätigk zumind mitursächl ist für den Abschl des HauptVertr dch eine and Pers als den AuftrG od mit einer and Pers als dem vom M nachgewiesenen Interessenten (BGH DB **88**, 1798). Zum indirekten Nachw vgl Rn 12. Kommt das Gesch anstelle des AuftrG mit einem Dr, der dch ihn von der AbschlMöglichk erfahren hat, zustande, so kann ProvPfl unter dem Gesichtspunkt der verbotenen Weitergabe entstehen (§ 654 Rn 9). Schließt der Eheg des AuftrG den vermittelten Vertr ab, so schuldet der AuftrG die Prov, wenn der Eheg die AbschlMöglk durch ihn erfahren hat (Hamm NJW-RR **88**, 685). Pers Kongruenz besteht auch, wenn der Kunde u seine Lebensgefährtin den MVertr unterzeichnet haben, letztere allein aber das nachgewiesene Obj erwirbt (BGH WM **91**, 78).

32   **c)** Bei **nachträglicher Änderung** des MVertr kann ProvAnspr trotz erhebl Abweichg entstehen, zB wenn sich der AuftrG nach dem Scheitern der zunächst nachgew Gelegenh eine weitere Tätigk des M ausdr od stillschw gefallen läßt u diese zum Abschl eines andersart Gesch führt (Düss JR **68**, 25).

33   **E)** Eine **zeitliche Begrenzung für den Abschluß besteht nicht.** Das ZustKommen des Haupt Vertr ist die RBdgg, von deren Eintritt die Entstehg des ProvAnspr abhängt. Für den ProvAnspr ist nicht erforderl, daß der Erfolg der MTätigk währd der Dauer des MVertr eintritt (BGH NJW **66**, 2008). Ist die MLeistg vor VertrBeendigg erbracht, so ist der AuftrG provpfl, wenn er sich den Nachw nach AuftrEnde zunutze macht (BGH WM **69**, 884); ferner, wenn er das vom M vermittelte Gesch erst nach Künd (Widerruf) des MVertr (Karlsr MDR **63**, 411) od nach dem Tod des M abschließt (BGH NJW **65**, 964).

34   **5) Kausalzusammenhang zwischen Maklerleistung und Vertragsschluß.** Die vom M entfaltete Vermittlgs- od NachwTätigk (Rn 10–13) muß für den VertrSchl (Rn 15–33) ursächl gew, dh gerade auf den Abschl dieses VertrSchl gerichtet sein (BGH WM **85**, 1422). Dazu genügt beim NachwM der Nachw der Gelegenh u der in angem Zt folge VertrAbschl (BGH NJW **80**, 123), außer der Interessent weist bes Umst nach, aus denen sich ausnahmsw die fehlde Kausalität ergibt od außer der M weiß, daß der Verk seinen Auftr widerrufen u einem and M AlleinAuftr erteilt hat, weil er nicht davon ausgehen kann, daß der Käufer 2 × KäuferProv zahlt (BGH WM **83**, 865). Beim VermittlgsM, wenn aGrd des MVertr dem AuftrG ein Angeb zugegangen ist u er einen dementspr Vertr abgeschl hat (BGH NJW **71**, 1133). Es kann sein, daß erst das Angeb einen M den Anstoß gegeben hat, sich mit dem Obj zu befassen (Mü OLGZ **78**, 444). Die Tätigk eines NachwM für den Käufer ist auch dann ursächl, wenn er eine vermittelnde Tätigk nicht entfalten kann, weil der Verk dafür einem and M AlleinAuftr erteilt hat u der Käufer zum VertrAbschl deshalb dessen Dienste beanspruchen muß (BGH NJW **77**, 41). Abschl mit einem Dr vgl Rn 31. Mehrere M vgl Einf 10–13. Die Tätigk des M muß nicht die alleinige od hauptsächl Ursache des späteren Abschl sein. **Mitverursachung genügt,** dh der Abschl des HauptVertr muß sich zumind auch als Erg einer für den Erwerb wesentl MLeistg darstellen (BGH BB **88**, 1623). Nöt ist eine für das ZustKommen des Vertr wesentl MLeistg, dch die der MKunde den Anstoß bekommen hat, sich konkr um den VertrAbschl über das in Rede stehde – auch bereits bekannte (BGH BB **90**, 1225) – Obj zu bemühen (BGH NJW **83**, 1849). So, wenn die Parteien abgebrochene DirektVerh auf Veranlassg des M wiederaufnehmen u zum Erfolg führen (BGH BB **55**, 490); wenn die Verh des AuftrG aGrd des Nachw dch den ersten M zunächst nicht zum Erfolg führen, nach Einschaltg eines zweiten NachwM dann aber doch (BGH NJW **80**, 123); wenn der NachwM den Kunden über Einzelh unterrichtet hat, die für diesen interessant u keineswegs belanglos waren (BGH WM **85**, 359: Unterlagen, die der Kunde seiner Bank vorlegte); wenn der VermittlgsM die AbschlBereitsch des VertrPartners irgendwie gefördert, dh der M beim VertrPartner des AuftrG ein nicht völl unbedeutdes Motiv für den Abschl gesetzt hat (BGH WM **74**, 257); wenn Tätigk des zweiten beauftr M auf der des ersten aufbaut od Tätigk des ersten M bei Beauftragg noch nicht beendet war (Hamm AIZ **72**, 8). Die Ursächlichk entfällt nicht schon deshalb, weil die vom M vermittelten Verh zunächst gescheitert sind, aber innerh angem Zt wieder aufgen werden u zum Abschl führen (Zweibr AIZ **A 110** Bl 13), auch nicht dch Ausschaltg des M, wenn der VertrAbschl auf der vom M angebahnten u fortwirkden Grdlage zustkommt (BGH WM **74**, 257). Die MLeistg kann je nach den Umst des Falles sogar noch mitursächl sein, wenn zw dem Nachw u dem

ZustKommen des Vertr 4 Jhre liegen (Bamb AIZ **A 110** Bl 28). – Eine **Unterbrechung** des Kausal Zus- 35
hangs kommt nur bei völl neuen Verh, die unabhäng von der Tätigk des M aufgenommen wurden, in Frage
(BGH MDR **60**, 283, Karlsr NJW-RR **95**, 753). Wg neuer Verh aGrd verbotener Weitergabe vgl § 654 Rn 9.
– Bei **Vorkenntnis,** auch wenn sie erlangt ist, bevor Interesse am Abschl des HauptVertr bestand (BGH 36
VersR **90**, 974), ist der Nachw nicht ursächl (Karlsr NJW-RR **94**, 509), eine darühinausgehde Vermittlg
kann ursächl sein. Keine Pfl des AuftrG, den M über bestehde Vorkenntn zu unterrichten (BGH WM **84**,
62). Eingehen auf das Angeb ohne Hinw auf die Vorkenntn ist grdsl kein Verz auf fehlde Ursächlichk
(Karlsr aaO; aA Hbg NJW-RR **87**, 175, Kblz WM **89**, 1658), kann aber gg Tr u Gl verstoßen (Kblz NJW-RR
91, 249; iErg ähnl Celle NJW-RR **95**, 501). – **Keine Ursächlichkeit,** wenn ein bereizt sogleich ausgeschie- 37
denes Angeb keine Nachwirkgen hatte (Düss MDR **59**, 1010); bei Abschl eines MietVertr über eine dem
AuftrG gelegentl der Besichtigg einer nachgewiesenen Wohng bekannt gew and freie Wohng, die dem M
nicht bekannt war (LG Heidelbg MDR **65**, 132); bei Abschl des HauptVertr nicht mit dem vom M
benannten Verk, sond mit einem nicht nachgewiesenen ZwErwerber (BGH WM **88**, 725). – **Beweislast:** M 38
für Zugang des Angeb u seine Tätigk sowie dementspr VertrSchluß. AuftrG, daß ihm die Möglichk zum
VertrAbschl bereits bekannt war. M, daß seine Tätigk gleichwohl mitursächl war (BGH NJW **71**, 1133),
wofür nach Sachlage eine tatsächl Vermutg bestehen kann, die der AuftrG zu widerlegen hat (BGH WM **78**,
885: Abschl 2 Tage nach Zugang des zweiten, erhebl günstigeren M-Angeb). Bei gleichzeit Zugang der
Angeb mehrerer M für das selbe Obj trifft den M, der Vergüt verlangt, die BewLast, daß gerade sein
Angeb mitursächl für den VertrAbschl war (BGH NJW **79**, 869). – Der M hat gg den AuftrG einen Anspr
auf **Auskunft** über die für Entstehg u Berechg seines ProvAnspr maßg Tats, aber keinen Anspr auf
ProvAbrechg (BGH WM **90**, 710); ebso keinen Anspr auf Vorlegg des Vertr, weil die Vorauss des § 810
nicht vorliegen (vgl § 810 Rn 6–8).

6) Kenntnis von der Maklertätigkeit. Der AuftrG muß grdsätzl von der entfalteten MTätigk vor od 39
spätestens bei Abschl des HauptVertr Kenntn erlangt haben, damit die ProvFdg bei der PrGestaltg berück-
sicht werden kann. Selbstverschuldete Unkenntn steht der Kenntn gleich (Mü NJW **68**, 894). Eine Verpfl,
vom M angebotene Obj zur Kenntn zu nehmen, besteht für den AuftrG nicht. Der Zugang eines ObjAngeb
ist ein Indiz für die KenntnErlangg dch den AuftrG außer bei Hinzutreten weiterer Umst, zB längerer ZtAb-
lauf (KG AIZ **70**, 374). Bei ZustKommen des Gesch nach Abschl des MVertr hat der M Anspr auf Prov auch
bei Unkenntn des Kunden von der MTätigk jedenf dann, wenn feststeht, daß er auch mit Kenntn nicht und
abgeschlossen hätte (BGH NJW-RR **94**, 1260).

7) Provisionsanspruch. Er kann auch im Vertr zw Verk u Käufer zG des M als Dr gg Verk u Käufer je 40
zur Hälfte (Hbg NJW-RR **88**, 1202) od gg den Käufer begründet werden (BGH NJW **77**, 582 „VerkGe-
bühr") u sich je nach Ausleg gg den VorkBerecht nach Ausübg seines VorkR erstrecken (Mü BB **77**, 1627).
Seine Entstehg kann beim Vertrieb eines Bauherrenmodells, die mit mehreren Bauherren dchführb ist,
auch ohne ausdr Absprache davon abhäng sein, daß der Gesamtvertrieb innerh einer Zeitspanne vollendet
ist, in der die geplanten Preise zu halten sind (BGH WM **85**, 482). – Umstr ist die Zulässigk von ProvTeilgs-
Vereinbgen zw VersM u VersN (verneind AG Hbg NJW-RR **93**, 1372, Schwarz NJW **95**, 491). – **Sonder-
vorschriften** für die Kreditvermittlg in §§ 3, 15–18 VerbrKrG; zur ArbVermittlg Rn 42, zur Wohngver-
mittlg Rn 43. – Ist die Vereinbg wg Verstoßes gg § 138 nichtig (Rn 7), so ist Aufrechterhaltg des MVertr mit
übl Lohn nicht mögl (§ 138 Rn 19, 75); einem BerAnspr (Rn 8) steht idR § 817 entgg. – **Verjährung:** § 196 I
Nr 1, 7, II (Ffm BB **81**, 1546). – **Mehrwertsteuer:** § 157 Rn 13.

a) Höhe. Maßg ist die Vereinbg, andernf § 653. Die nachträgl Unterzeichg von AGB des M, die eine 41
höhere Prov als übl vorsehen, genügt nur bei entspr Hinw des M (KG NJW-RR **94**, 1265). Die Höhe wird
regelm nach dem Kaufpr berechnet; hierzu gehören auf Seiten des KäuferM auch solche Leistgn des
Käufers, die als Teil des Kaufpr zu gelten haben, nicht jedoch Steuern u sonst öff Abg, zB AnlBeitr (BGH
NJW **65**, 1755). Auf seiten des KäuferM ist unter VerkPr eines Unternehmens idR dessen Verkehrswert zu
verstehen, also die Differenz zw den in der Bilanz ausgewiesenen Aktiva u Passiva ohne Hinzurechng der
vom Käufer übernommenen Unternehmensschulden (BGH NJW **95**, 1738). Kein Anspr des M auf ProvAb-
rechng, nur allg AuskAnspr (§ 261 Rn 8 ff) über die für die Abrechng maßg Tats (BGH NJW-RR **90**, 1370).
Gelingt dem Verk eine Erhöhg des vom vermittlgsM niedriger ausgehandelten KaufPr, so errechnet sich
die %uale Vergütg des M aus dem letztgen KaufPr (Nürnb OLGZ **77**, 219). Wirks auch Vereinbg, daß die
Prov in dem Teil des Kaufpr besteht, der einen best Betr übersteigt (BGH NJW **69**, 1628). Die Höhe der
Vergütg muß nicht ausdr vereinb sein, es genügt, daß sie sich dch, auch ergänzde, VertrAuslegg ergibt
(BGH **94**, 98), auch unter Berücksichtigg von Handelsbräuchen (Mü NJW-RR **91**, 1019: 3-MonMiete bei
vereinb Staffelmiete). Es genügt auch, daß sich die Part auf eine best Methode für die Berechg geeinigt
haben (BGH WM **85**, 1422). Bei der Vermittlg des Kaufs eines ErbbauR richtet sich die MProv ledigl nach
dem dem ErbbauBerecht gezahlten Kaufpr; außer Betr bleibt der vom Erwerber an den GrdstEigtümer zu
zahlde jährl ErbbauZins (LG Mü I AIZ **67**, 279). Für Vermittlg eines ErbbauRVertr ist der Erbbauzinswert
analog § 24 KostO maßg (Nürnb bei Glaser-Warncke S 210); bei der ZwFinanzierg eines BausparVertr nur
die ZwKreditsumme, nicht hinzuzurechnen ist die VertrSumme des BausparVertr (LG Düss BB **61**, 464).
Die Herabsetzg eines unverhältnism hoch vereinb Lohns dch UrtSpruch ist grdsätzl nicht mögl; Ausn:
§ 655. Zur Verwirkg eines RückzahlgsAnspr vgl BGH WM **76**, 1194.

b) Für die Arbeitsvermittlung enthält die AVermV (Einf 15) zwingde (§ 24a Nr 2 u 3 AFG) Sonder- 42
Vorschr. Danach darf der Vermittler mit dem ArbG die Vergütg iR der allg Grds frei verinb (§ 9 S 2).
Soweit vom ArbN eine Vergütg verl werden kann (nur für die Vermittlg, Rn 13, nicht für den Nachw, § 11
II 1, in best Tätigk, § 10), dürfen nach dem ArbEntgelt (§ 11 III) zu berechnde Höchstsätze nicht überschrit-
ten werden (§ 12; dort auch zu den Ausn u zur Doppeltätigk). Vorschüsse dürfen nicht verl werden (§ 11 II
3). Weitere Leistgn des ArbN sowie die Erstattg v Aufw können nur in engen Grenzen vereinb werden
(§ 11 IV, V, § 13). Überschreit führt zur Reduzierg auf die zul Höhe (§ 134 Rn 27, Rieble DB **94**, 1777).

c) Für die Wohnungsvermittlung enthält das WoVermG (Einf 14) SonderVorschr. § 2 I macht den 43
Provisionsanspruch in jedem Fall vom Erfolg inf ursächl MTätigk abhäng. § 2 II versagt den ProvAnspr

ganz in Fällen, in denen wirtsch gesehen eine echte MTätigk überh nicht vorliegt, näml wenn dch die Tätigk des M ledigl das bisher MietVerh fortgesetzt, verlängert od erneuert wird od wenn Eigtümer, Verwalter bzw Vermieter einers und Makler andrers persgleich od wirtsch bzw rechtl eng verflochten sind. Der Verw einer WohngsEigtAnl als solcher ist zwar nicht Verw der einz EigtWohng iS des § 2 II (LG Mü I NJW 74, 2287), er fällt jedoch jedenf dann unter diese Vorschr, wenn er den MietVertr im Auftr des WohngsEigtümers abschließt (Hoyningen-Huene NJW 74, 2287; str, weitergehd LG Aurich NJW 75, 544, enger Mü MDR 75, 931). Allein der Umst, daß die Maklerin mit dem Eigtümer, Verw od Verm der vermittelten Wohng verh ist, rechtfertigt ohne konkr Anhaltspunkte für ihre Parteilichk od für fehlde Aufw bei der Beschaffg der Kenntn von der vermittelten Wohng nicht den Ausschl der Prov nach § 2 WoVermG (BVerfG NJW 87, 2733). § 2 III versagt jeden ProvAnspr gg den WohngsSuchden, wenn es sich um öffentl gefördertes od sonst preisgebundenen Wohnraum handelt. Hier ist die Tätigk des M überflüss u unerwünscht, weil der Wohngssuchde bei den öffentl Dienststellen, die solche Wohnräume (1. u 2. WoBauG) verteilen, die Nachw bekommen kann. Nach Beendigg der Eigensch einer Wohng als öff gefördert (§§ 15 ff WoBindG) gilt § 2 III nicht mehr. – § 2 IV verbietet die Vereinbg u Annahme von Vorschüssen. – Jede Vereinbg entgg den vorstehd aufgeführten
44 Beschrkgen ist unwirks, § 2 V. – Die **Höhe** der Vergütg ist von gewerbsm M (§ 7) in einem BruchTl od Vielfachen der Monatsmiete anzugeben, § 3 I. Gemeint ist die im MietVertr übliche angegebene Nettomiete, also ohne die übl Nebenkosten, weil es sich bei ihnen um umlagefäh BetrKosten handelt (§ 20 I NMW). Die Bruttomiete ist gemeint, wenn die Part es so vereinb, zB wenn allein sie im MietVertr bestimmt ist (Ffm NJW-RR 92, 1462). Höchstsatz ggü dem Wohngssuchden: 2 MonMieten, auch wenn dieser das vom Verm geschuldete Vermittlgsengelt übernimmt (§ 3 II). – Da das Entgelt erfolgsbed u auf der Grdlage der Monats-
45 miete zu berechnen ist, kann jedwede **Nebenvergütung** nur in den engen Grenzen des § 3 III vereinb werden. – Vereinbg von Entgelten u Vergütgen, die dem M nach dem WoVermG nicht zustehen, führt zur Reduzierg auf das zul Maß (§ 134 Rn 27); Überzahlgen kann der AuftrG nach den allg Vorschr zurückverlangen, wobei § 817 S 2 nicht gilt (§ 5 I); ebso Vergütgen an Dr für die Freimachg od den Erwerb der Wohng (§§ 4a, 5 II). VerjFr für den RückfdgsAnspr bis 31. 12. 90 ein Jahr ab Leistg, seit 1. 1. 91 4 Jahre (Inkrafttreten der Änderung des § 5 I S 2 WoVermG dch Art 7, 10 I VerbrKrG).

46 **d) Fällig** ist der ProvAnspr mit seiner Entstehg, also erst mit Vollwirksamw des HauptVertr (§§ 158, 184 usw, vgl Rn 21 ff). Abweichende Vereinbgen sind häuf (vgl Rn 54 u 58). Ist der M, der eine für das ZustKommen des Gesch ursächl Tätigk entfaltet hat, vor dem endgült GeschAbschl gestorben, so geht die Anw auf den ProvAnspr auf die Erben über. Bei Eintritt des Erfolges können sie die Prov verlangen (BGH WM 76, 503). Für die Kreditvermittlg SonderVorschr in §§ 15–18 VerbrKrG.

47 **e) Im Konkurs- und Vergleichsverfahren** ist die Frage, ob die VergütgsFdg des M aktiv od passiv zur Masse gehört, danach zu entsch, ob der M das Ergebn seiner Tätigk dem AuftrG noch vor der Eröffng des Verf mitgeteilt hat (BGH BB 74, 1456).

48 **f) Verwirkung und Schadensersatzanspruch** wg pVV vgl § 654.

49 **8) Aufwendungen (II).** Der M hat keinen Anspr auf Ers seiner Aufw u zwar weder neben der Vergütg, noch wenn diese nicht zur Entstehg kommt (II 2). Seine Auslagen u Unkosten kann der M nur aGrd bes Vereinbg auch für den Fall erfolgloser Tätigk verlangen. Beschrkgen bei WohngsVermittlg vgl Rn 43–45, bei ArbVermittlg Rn 42, bei KreditVermittlg § 17 VerbrKrG. Pauschalierte Spesenklauseln in MVertr sind als **Reuegeld,** häufiger als **Vertragsstrafe** zu werten (Mü DB 67, 504) u dann gem § 343 herabsetzb, sofern man sie überh als wirks ansieht. S auch Rn 69 u Einf 7. – Beim AlleinAuftr vgl Rn 74.

50 **9) Abweichende Vereinbarungen (Allgemeines).** Die Part des MVertr können den ProvAnspr abw von § 652 regeln. Mögl ist sowohl eine vertragl Abänderg zG des M, indem ges Merkmale abbedungen (A), wie auch eine zG des AuftrG, indem zusätzl Erfordern gesch affen werden (B). Die vertragl Regelg kann sich auch auf NebenAnspr, zB SchadErsAnspr, u auf die RStellg der Part überh beziehen. Insow hat sich ein bes, von der ges Regelg abweichder, selbstd VertrTyp herausgebildet (AlleinAuftr; Rn 60–74). Dabei setzen in seinem AnwBereich das AGBG (vgl dort Einf 10 vor § 1) u, wo es nicht einschläg ist, die Rspr der Wirksamk abw Vereinbgen in AGB u FormularVertr Grenzen; vgl dazu Einf 9 vor § 652.

51 **A) Abweichende Vereinbarungen zugunsten des Maklers.** Vgl allg Einf 9. Beim KreditvermittlgsVertr nichtig, §§ 15 II, 18 VerbrKrG, weitgehd auch bei ArbVermittlgsVertr mit dem ArbN (s dazu § 24 a AFG u Rn 42) sowie WohngsVermittlg (s dazu Rn 43).

a) Zahlung unabhängig von den Voraussetzungen des Abs I S 1 kann wirks nur in IndividualVereinbg (BGH NJW-RR 86, 346: KausalitätsErfordern abbedungen), nicht in AGB (§ 9 II Nr 1 AGBG) od FormularVertr vereinb werden. Vermittlgsunabhäng ProvVerspr vgl Einf 7. VergütgsVereinb bei **Zustandekommen eines anderen Vertrages** als des angeb ist dahin auszulegen, daß beide wirtsch gleichwert sein müssen (BGH WM 85, 1422; vgl auch Rn 15– 18). **Vorkenntnisklausel,** dh eine vertragl Pfl des AuftrG zu Anz od Widerspr innerh best Fr, andernf die Möglichk zum VertrAbschluss als bish unbek gilt, kann (AusleggsFrage) die Wirkg einer UrsächlichkFiktion desh nur in einer IndividualVereinbg haben (BGH DB 76, 1711). In AGB od FormularVertr ist solche VorkenntnKlausel ledigl eine Vereinbg über die BewLast, wie sie für den gesetzl Typus des MVertr ohnedies besteht (BGH NJW 71, 1133). Der schriftl Mitteilg des AuftrG steht es gleich, wenn der M die Vorkenntn von dritter Seite erfährt (Köln MDR 70, 844). Unterlassg der MitteilgsPfl kann zu Anspr des M auf Ers weiterer Unkosten aus pVV führen. – Auch kann der AuftrG die vertragl Pfl zur Rückfrage übernehmen, wenn er mit einem Interessenten währd der Laufzeit des MVertr ohne Mitwirkg des M abschließen will **(Rückfrageklausel).** Die Folgen unterl Rückfrage beurteilen sich wie bei der VorkenntnKlausel (weitergehd Karlsr OLGZ 67, 134). Zum Ausschl der Ursächlichk vgl auch Rn 69–73.

52 **b) Provision unabhängig vom Erfolg** (vgl auch Einf 7). Entspr Abreden müssen, da mit dem Wesen des MVertr unvereinb, eindeut u klar iW der Einzelvereinbg getroffen sein (BGH DB 76, 89). Entspr Klauseln in AGB sind wg Verstoßes gg § 9 II Nr 1 nichtig, auch iR eines sog MDienstVertr mit gewisser GarantieÜbern (BGH BB 85, 1151). Außerh des AnwendgsBereichs des AGBG gelten sie nur bei ausdr

Hinw u Erläuterg der Klausel dch den M (BGH WM **70**, 392). Bei Doppeltätigk (Rn 56, § 654 Rn 8) ist die Abbedgg des Erfolges als Vorauss für Prov von einer Seite unwirks (BGH **61**, 17). Die Vereinbg in FormularVertr, daß der Bauherr dem BauBetr für Vermietg u Übern der Mietgarantie Vergüt auch zu zahlen hat, wenn der Bauherr diese Leistgen einverständl nicht in Anspr nimmt, ist unwirks (BGH NJW **84**, 2162). Ebso bei Vereinbg einer Vergüt für Nachw od Vermittlg der Fremdfinanzierg, wenn der Bauherr sie nicht in Anspr nimmt, auch iR eines Bauherrnmqdehls (BGH NJW **85**, 2478) u auch wenn der M eine Pfl zur Tätigk u eine gewisse Garantie übernommen hat (BGH DB **85**, 1525). Abdingb ist das Erfordern der **Wirksamkeit** des HauptVertr, zB Lohn trotz wirks Anf des HauptVertr (Karlsr NJW **58**, 1495) od trotz verweigerter vormschgerichtl Gen (BGH NJW **73**, 1276) od BodenVerkGen (Hbg MDR **75**, 663); regelm aber nicht der Fall bei der Klausel: „MProv zahlb bei not KaufAbschl", die ledigl eine Vorverlegg der Fälligk betrifft (KG NJW **61**, 512); ferner IndividualVereinbg mögl, daß bereits der Abschl eines **Vorvertrages** genügen soll; in AGB kann eine solche Vereinbg wirks nicht getroffen werden (BGH NJW **75**, 647). Bei § 313 (GrdstVorvertr) ggf aber auch Nichtigk des ProvVerspr (Rn 6). Vorvertr ist auch bei KreditVertr mögl, meist aber KonsensualDarl, vgl Rn 19. Bei völl Abbedgg des Erfolgs handelt es sich um LohnVerspr für DLeistg od DBereitsch. Klauseln sind häuf unwirks (vgl für die Kreditvermittlg § 16 VerbrKrG und BGH NJW **65**, 246, für ArbVermittlg Rn 42, für WohngsVermittlg Rn 43).

c) Provision für Folgegeschäfte. Ob der M für weitere Gesch, die sich aus dem vermittelten Ge- **53** schAbschl ergeben, Prov verlangen kann, hängt davon ab, ob der dem M erteilte Auftr nur auf die Herbeiführg des ersten od auch indirekt weiterer Vertr gerichtet ist; Ausl Frage, auch unter Berücksichtigg etwa bestehder Handelsbräuche (BGH NJW **86**, 1036: VersM, VersR **90**, 1355: Vermittlg von TransportVertr). Die Vereinbg in AGB oder FormularVertr kann nach §§ 3, 9 II Nr 1 AGBG, außerh seines AnwendgsBereichs (vgl dort Einf 10 vor § 1) nach den Grds in Einf 9 nichtig sein, zB in einem MVertr über ein Mietobj, daß eine „Differenzgebühr" zu zahlen ist, falls der Mieter das Obj innerh von 5 Jahren ohne weiteres Zutun des M kauft (BGH **60**, 243).

d) Vorverlegung der Fälligkeit des ProvAnspr ist zuläss (KG NJW **61**, 512); vgl auch Rn 52. **54**

e) Provision bei Weitergabe der AbschlMöglk an einen Dr, der dann abschließt, kann auch in AGB **55** wirks vereinb werden (BGH NJW **87**, 2431). Erleichtert den in diesem Fall an sich bestehden ges SchadErsAnspr (§ 654 Rn 10).

f) Freizeichnungsklauseln des Maklers. Der M unterliegt bei **Doppeltätigkeit** gewissen Beschrkgen **56** (§ 654 Rn 8). Häuf läßt er sich dch entspr Klausel Tätigk für den und Teil ausdr gestatten. Die Rspr schränkt die Bedeutg dieser Klausel stark ein. Sie enth keine Einwillg in eine TreuPflVerletzg des M (BGH NJW **64**, 1467). Der VertrauensM (Rn 62) kann sich nur nach bes Aufklärg des AuftrG auf die Klausel berufen (BGH Warn **67** Nr 40).

g) Allein- und Festauftrag vgl Rn 60–74. **57**

B) Abweichende Vereinbarungen zu Gunsten des Auftraggebers **58**

a) Hinausschieben der Provisionszahlung. Zur Entstehg des ProvAnspr genügt der Abschl des schuldrechtl Vertr. Abw davon können die Part den LohnAnspr an die **Ausführung** des HauptVertr knüpfen (Bsp: Prov zahlb nach Aufl u Eintr; auch Baubeginn od -Dchführg u dgl). Dann ist es Auslegesfrage, ob nur die Fälligk des ProvAnspr hinausgeschoben od eine zusätzl Bdg für seine Entstehg begründet werden soll (BGH NJW **66**, 1404). Kommt bei FälligkAbrede das Gesch nicht zur Ausf, ist die Lücke dch Auslegg zu schließen, das Ger bestimmt die Fälligk nach § 242, idR nach Ablauf einer Zeitspanne, innerh derer die Ausf des Gesch erwartet werden konnte (BGH Warn **85**, 67). Bei echter EntstehgsBedgg gilt nur § 162, dagg ist § 87a III HGB nicht entspr anwendb (BGH NJW **66**, 1404 u WM **85**, 775). Das Risiko der NichtAusf trägt dann der M. Der AbschlFreih des AuftrG (Einf 6 vor § 652) entspricht seine AusfFreih. In KreditvermittlgsVertr (Rn 19) kann die Klausel „Prov fällig bei Auszahlg der Valuta" iVm einer Vorverlegg der Entstehg des LohnAnspr bei Abschl des DarlVorvertr (Rn 52) die Bedeutg einer StundgsAbrede haben (BGH WM **62**, 1264).

b) Abwälzung der Provisionszahlung. Die ProvZahlgsPfl obliegt dem AuftrG. Häuf findet sich in **59** MAuftr von GrdstVerk die Klausel: **„Provision trägt Käufer".** Inhalt nicht eindeut. Wg mögl Ausleggen vgl BGH MDR **67**, 836. Eine Haftg des AuftrG aus einer derart ihn begünstigten Klausel kommt nur dann in Frage, wenn überh die Vorauss für einen ProvAnspr vorliegen (BGH aaO) u die Prov vom Käufer nicht zu erlangen ist (Hamb MDR **69**, 665). Vereinbgen über die MProv zw den VertrPart des HauptVertr können grdsätzl ohne den M aufgeh u geändert werden (Hamm NJW **60**, 1864). Sie sind regelm kein Vertr zG des M.

10) Fortsetzung. Alleinauftrag

A) Sein **Wesen** besteht in einer Einschränkg der WiderrufsFreih für den AuftrG u in einer Erhöhg des **60** PflKreises für den M. Da dieser zum Tätigw verpfl ist u sich von dieser Verpfl nicht einseit lösen kann, handelt es sich um einen auf best Dienstleistgen gerichteten sog MaklerDVertr (BGH NJW-RR **87**, 944), der aber kein ggs Vertr ist (vgl Einf 7 vor § 652).

B) Inhalt. Dch den AlleinAuftr werden versch Rechte des AuftrG, die ihm nach dem ges VertrTyp **61** zustehen (Einf 6 vor § 652), eingeschränkt od ausgeschlossen.

a) Verbot der Beauftragung eines weiteren Maklers, dh der AuftrG verzichtet auf sein Recht, die Dienste mehrerer M zugl in Anspr zu nehmen. Dagg bleibt iZw – die Umst können im EinzFall etwas and ergeben – das R des AuftrG, sich selbst um den Abschl zu bemühen, unberührt, kein Verbot von EigenGesch od DirektAbschl (BGH NJW **61**, 307, Celle BB **68**, 149). – **Hinzuziehungs- oder Verweisungsklauseln** (erweiterter AlleinAuftr) bedürfen einer bes, eindeut Vereinbg im IndividualVertr, in AGB sind sie unwirks (BGH NJW **91**, 1679). Sie verbieten dem AuftrG den DirektAbschl u verpfl ihn, Interessenten, die sich an ihn wenden, an den M zu verweisen. Diese Bindg muß zeitl angem befristet sein (BGH MDR **94**,

444). Dch die ProvVereinbg auch iF des DirektAbschl ist das KausalitätsErfordern abbedungen (BGH NJW-RR **94**, 511). Ebso kann ein FinanziergsM seinem Kunden nicht dch AGB wirks die Verpfl auferlegen, eig Verhandlgen mit DarlGebern nur unter seiner Zuziehg zu führen (BGH **88**, 368). Gleiches gilt, wenn statt AlleinAuftr die Bezeichng AlleinVerkR verwendet wird (BGH WM **76**, 533). An dieser rechtl Beurteilg ändert sich auch nichts dch eine Kombination von Allein- u FestAuftr (Düss MDR **73**, 582).

62   **b) Ausschluß des Widerrufsrechts, „Festanhandgabe",** dh der AuftrG verzichtet meist auf sein Recht, den MVertr jederzeit zu widerrufen, Festauftrag (BGH NJW **64**, 1468). Regelm ist das WiderrufsR des AuftrG auf eine im AlleinAuftr genau best Fr ausgeschlossen; bei Fehlen von Vereinbg gilt angem Fr. Nach Ablauf der BindgsFr besteht KündMöglk. Je länger die Fr, desto stärker die Bindg des AuftrG an den M, dieser wird bei langer Fr (zB 15 Monate) zum **Vertrauensmakler** (BGH NJW **64**, 1467). Widerruf entgg der Zusage ist dem M ggü wirksgl (BGH NJW **67**, 1225). Er kann seine Tätigk fortsetzen. Eine zeitl unbegrenzte Bindg ist unwirks, führt aber nicht zur Nichtigk des MVertr, sond zur Bindg für angem Zeit, zB 5 Jahre (BGH WM **74**, 257). Ausnahmsw besteht ein WiderrufsR des AuftrG vor Ablauf der BindgsFr bei wicht Grd, § 626, zB bei Untätigk des M (BGH NJW **69**, 1626), uU auch bei Zuführg eines unseriösen Interessenten (BGH WM **70**, 1457). Stillschw Beendigg des AlleinAuftr ist anzunehmen, wenn der M seine Tätigk endgült eingestellt hat; den AuftrG am AlleinAuftr festhalten, wäre dann RMißbr dch den M (BGH NJW **66**, 1405 u WM **77**, 871).

63   **c) Eine Pflichtenvermehrung auf Seiten des Maklers** begründet der AlleinAuftr, vor allem die, im Interesse des AuftrG tätig zu werden (BGH NJW **66**, 1406, **67**, 199, Mü MDR **67**, 212). Auch ein derart MDienst- oder MWerkVertr bleibt im Kern MVertrag, selbst wenn der M zusätzl noch eine gewisse Garantie übernimmt (BGH DB **85**, 1525: kein erfolgsunabhäng VergütgsAnspr in AGB). Der M hat deshalb alles in seinen Kräften Stehde zu tun, um ihm seinem AuftrG vorteilh Abschl zu erreichen, vor allem einen möglichst günst Kaufpr zu erzielen; in diesem Rahmen trifft ihn auch die Pfl zu sachkund Beratg des AuftrG (BGH WM **73**, 1382). Er darf sein TätW nicht davon abhäng machen, daß auch der nicht von ihm beigebrachte Interessent sich zu einer ProvZahlg verpfl (BGH AIZ **69**, 220).

64   **d) Die Abschlußfreiheit des Auftraggebers** bleibt dagg unberührt (BGH WM **72**, 444; vgl Einf 6). Gleiches gilt für alle übr Merkmale des MVertr u das **Zustandekommen des Hauptvertrags** (Rn 67). Mit dem Verz auf sein WiderrufsR hat der AuftrG noch keine Verpfl zum Abschl übernommen. Es steht ihm auch beim AlleinAuftr völl frei, ob er das vermittelte (nachgew) Gesch abschl will od nicht (BGH NJW **67**, 1225 u WM **70**, 1457), die Vereinbg einer Prov auch für den Fall, daß der AuftrG nicht abschließt, kann, wenn man sie überh für wirks hält, nicht in AGB od FormularVertr getroffen werden (Stgt BB **71**, 1341).

65   **e) Weitergehende Verpflichtungen** kann der M im EinzFall über den eigentl MVertr hinaus übernehmen, zB Beratg u Mithilfe bei Plang, Kalkulation, Finanzierg eines BauVorh auf dem vermittelten Grdst (BGH WM **73**, 1382). Insow handelt es sich um GeschBesVertr mit DVertrCharakter (BGH aaO spricht insow unsauber von M-DVertr). Er kann bei Nichtentstehg eines VergütgsAnspr zu einem Anspr auf AufwErs führen (Hamm AIZ **74**, 59).

66   **C) Zustandekommen.** In aller Regel dch ausdr Vereinbg, aber auch stillschw, wenn deutl Anhaltspunkte für entspr Willen vorliegen. Nicht ausreichd ist der Auftr, ein best Gesch mit einem best Interessenten zu fördern, auch nicht bei VerschwiegenhAbrede (BGH NJW **67**, 198). Zur Formbedürftigk Rn 6.

67   **D) Provisionsanspruch.** Für seine Entstehg beim AlleinAuftr müssen mangels anderweit Vereinbgen sämtl Merkmale der Rn 2–39 vorliegen. Die AlleinAuftrKlausel als solche bedeutet noch nicht, daß der AuftrG auch ohne Ursächlichk der MLeistg u ohne ZustKommen des HauptGesch (BGH NJW **67**, 1225) Prov zu zahlen hätte. Abschl währd der Laufzeit des AlleinAuftr ist nicht erforderl (BGH NJW **66**, 2008, Hamm MDR **59**, 841). Nicht ausreichd zur Begr eines ProvAnspr ist die Verletzg der AlleinAuftrKlausel dch den AuftrG, zB Abschl währd der Laufzeit unter Zuziehg eines and u Ausschaltg des ersten M, vorzeit Widerruf. Dch AGB (§§ 3, 9 II Nr 1 AGBG) kann auch ein ausdr ProvAnspr für den Fall der Verletzg der Zuziehgs- od HinwPfl nicht begründet werden (BGH NJW **73**, 1194). Bei Fehlen bes IndividualVereinbgen kommen insow nur SchadErsAnspr in Frage, sow dafür nach allg Regeln die Vorauss erf sind.

68   **E) Anspruch auf Schadensersatz.** Verletzt der AuftrG seine VertrPfl, so macht er sich wg pVV schaderspfl. Der Schad des M besteht regelm in der entgangenen VerdienstMöglk, § 252 (Prov, auch die von Seiten des VertrGegners). Bewpfl ist der M. Erforderl ist ein schuldh vertrwidr Abschl des AuftrG, ferner der Nachw, daß der M innerh der Fr einen zum Ankauf unter den vertragsm Bdggen bereiten u fäh Käufer gestellt hätte (BGH NJW **67**, 1225). Verlangt der M SchadErs in Höhe beider Prov, hat er außerdem zu beweisen, daß auch dieser Käufer ihm Prov bezahlt hätte (BGH AIZ **69**, 220). NichtAbschl des Gesch ist keine VertrVerletzg (Rn 64). Die mit dem SchadErsAnspr verbundene BewSchwierigk wird häuf dch bes Klauseln beseit (Rn 69–73). Kein Anspr des M, wenn dieser den AuftrG auf Frage über Bedeutg des AlleinAuftr unzutr aufgeklärt hat u dies für Abschl des MVertr ursächl war (BGH BB **69**, 813). Die Berufg auf SchadErsAnspr kann mißbräuchl sein, wenn der AuftrG auch ohne formalen Widerruf des AlleinAuftr seine Bindg daran als überholt ansehen konnte, zB wg 8-monat Untätigk des M (BGH WM **77**, 871). SchadErsAnspr des AuftrG bei schuldh Verl der Pfl des M zum TätWerden (BGH NJW-RR **87**, 944).

69   **F) Erweitertes Provisionsversprechen, pauschalierter Schadensersatzanspruch, Vertragsstrafe, Reugeld.** Hier verpfl sich der AuftrG bei näher bezeichneten VertrVerl zur Zahlg der vollen Vergütg. Dch Auslegg ist zu ermitteln, ob es sich um ein erweitertes ProvVerspr (ProvPfl auch für vom M nicht verursachtes Gesch), einen pauschalierten SchadErsAnspr (kein SchadNachw seitens des M; zur Abgrenzg vgl § 276 Rn 54–56) od um die Verspr einer herabsetzb VertrStrafe gem § 343 handelt (BGH **49**, 84, NJW **64**, 1467). Derart Klauseln sind in IndividualVereinbgen solange unbedenkl, als die ZahlgsPfl an einen – vertrwidr – zustgek HauptVertr anknüpft; insow handelt es sich noch um eine nähere Ausgestaltg der ges Regelg. Bei Verwendg von AGB vgl § 11 Nr 5, 6 AGBG. Klauseln in AGB, die in die AbschlFreih des AuftrG eingreifen od ZahlgsPfl unabhäng vom ZustKommen eines Vertr oder bei DirektAbschl iF eines

AlleinAuftr vorsehen, verändern den ges VertrTyp u sind nichtig (BGH DB **81**, 1280, NJW-RR **94**, 510). So auch Vereinbg einer VertrStrafe bei AlleinAuftr schon für den Fall, daß AuftrG den Vertr währd der Laufzeit künd u Abschl mit jedem beigebrachten Interessenten ablehnt, weil er nicht mehr verkaufen will (BGH DB **70**, 1825). – Bei der **Wohnungsvermittlung** darf die VertrStrafe die Grenze des § 4 WoVermG (Einf 14) nicht überschreiten, eine überhöhte Strafe kann zurückgefordert werden (§ 5).

Einzelfälle: – a) Verweisungs- od **Hinzuziehungsklauseln** haben den Zweck, die Mitwirkg des 70 alleinbeauftr M am VertrSchl dadch sicherzustellen, daß sich der AuftrG verpfl, sämtl Interessenten, auch „eigene", an ihn zu verweisen. In AGB ist eine solche Klausel unwirks, ebso für den Fall der Verl das Versprvon Vergüt od Ers des entgangenen Gew od einer VertrStrafe (BGH **60**, 377, NJW **87**, 1634).

b) Widerrufsklauseln verfolgen den gleichen Zweck wie Rn 70. M will sich vor Ausschaltg währd der 71 Laufzeit des AlleinAuftr schützen. Klauseln, wonach ProvPfl schon bei vorzeit Widerruf (Künd, Zurückziehg) des Auftr bestehen soll, sind dahin zu ergänzen, daß ProvPfl nur besteht, wenn der Widerruf zu einem vertrwidr Abschl geführt hat, sonst kein Anspr aus der Widerrufsklausel (BGH NJW **67**, 1225). Mü NJW **69**, 1630 legt derart Klausel iZw als vereinb Rücktr gg Reuegeld (§ 359) aus.

c) Sonstige Verletzungsklauseln, die über Rn 70 u 71 hinausgehen (zB ProvPfl bei „Verstoß gg Vertr 72 od AGB", bei „Behinder der Verkaufsbemühgen des M" u dgl) sind nicht für den AlleinAuftr typ u können auch in and MVertr vorkommen. Soweit gült (HauptVertr muß zustkommen), handelt es sich im Zw um VertrStrafVerspr (BGH **49**, 84).

d) Nichtabschlußklausel. Bei NichtAbschl des AuftrG kann sich der M auch beim AlleinAuftr einen 73 ProvAnspr nicht sichern (Rn 64). Klauseln, in denen sich der AuftrG verpfl, bei NichtAbschl mit Kaufwilligen die GesamtProv zu zahlen, beseitigen die AbschlFreih u sind idR unwirks (BGH NJW **67**, 1225). Auch die Vereinbg von **Reuegeld** für diesen Fall ist unwirks. Keinsf darf es der Prov gleichkommen u fällt auch nicht an, wenn der AuftrG aus Grden, die er nicht zu vertreten hat, vom Abschl absieht (Mü DB **67**, 504). Die Vereinbg eines Reuegelds, auch wenn es als AufwErs (BGH WM **73**, 816) od Unkostenpauschale bezeichnet ist, für den Fall, daß der AuftrG sein Grdst nicht an einen nachgewiesenen Interessenten verk od es nicht kauft, bedarf, wenn man sie überh für wirks hält, der Form des § 313, weil damit ein mittelb Zwang zum Abschl eines not GrdstVeräußergsVertr ausgeübt wird (BGH NJW **71**, 93, 557).

G) Für **Aufwendungen** gilt auch beim AlleinAuftr Abs II. Er steht jedoch einem ErstattgsAnspr des M 74 iF des DirektAbschl dch den AuftrG (Rn 63) insow nicht entgg, als der M Aufw hatte zur Erf konkr LeistgsVerpfl, die üblicherw nicht in den Rahmen eines MVertr fallen (Hamm NJW **73**, 1976). Außerdem kann die Erstattg der in Erf des Auftr entstandenen ergebnisl konkr Aufw wie Annoncen (Hbg MDR **74**, 580, ähnl BGH BB **73**, 1141) od in AGB ein mäß HöchstBetr vereinb werden; nicht zuläss ist die Vereinbg eines Prozentanteils des Preises od GgstWertes als Pauschale (BGH **99**, 374).

653   *Mäklerlohn.*   [I] **Ein Mäklerlohn gilt als stillschweigend vereinbart, wenn die dem Mäkler übertragene Leistung den Umständen nach nur gegen eine Vergütung zu erwarten ist.**

[II] **Ist die Höhe der Vergütung nicht bestimmt, so ist bei dem Bestehen einer Taxe der taxmäßige Lohn, in Ermangelung einer Taxe der übliche Lohn als vereinbart anzusehen.**

1) In erster Linie gilt die **vereinbarte Vergütung.** Vgl dazu § 652 Rn 40–48, §§ 15, 16 VerbrKrG.   1

2) Bei Fehlen einer Vergütungsvereinbarung überhaupt enthält **Abs I** zur Vermeidg der Dissensfol- 2 gen die Vermutg einer stillschw Einigg über die Entgeltlichk. Dabei kommt es nicht auf einen entspr Willen des AuftrG an, sond auf die obj Beurteilg. Voraus ist aber, daß der M eine „übertragene Leistg" erbracht hat (BGH NJW **81**, 279). Notw ist also Abschl eines MVertr (§ 652 Rn 2–5). Die BewLast für die tats Vorauss der Vermutg, dh für die „Umstände" u daß sie ein Tätigw des M nur gg Vergüt erwarten ließen, trifft den M (BGH NJW **81**, 1444). Solche Umst sind etwa bestehde Übg, Art, Umfang, Dauer der M-Tätigk, Berufs- u ErwerbsVerh des M, Bez der Beteil zueinand. Nur gg Vergüt zu erwarten ist die MLeistg dann, wenn die Umst zu der Ann zwingen, die MLeistg werde unterbleiben, wenn dem M angesonnen würde, ohne Prov (dort: auch vom Verkäufer) tät zu werden. Ist nach den Umst die MLeistg nur gg Vergüt zu erwarten, so trifft den AuftrG die BewLast für behauptete Unentgeltlk (BGH aaO). Wird der M für Mehrere tät, muß er klarstellen, wer sein AuftrG ist. Leistg ohne Vertr vgl § 652 Rn 8.

3) Bei Fehlen einer Vereinbarung nur über die Höhe gibt **Abs II** eine AusleggsRegel. Sie gilt, wenn 3 zwar eine Vergüt (ausdr od stillschw, Abs I), nicht aber ihre Höhe vereinb ist. Sie ist in folgender Reihenfolge zu bemessen:

a) Taxe ist ein behördl festgesetzter Pr, vgl § 612 Rn 7. Taxen bestehen nicht.   4

b) Üblichkeit bedeutet allg VerkGeltg bei den beteil Kreisen (BGH BB **69**, 1413). Sie braucht den 5 konkret Beteil nicht bekannt zu sein. Maßg Ztpkt ist der VertrSchluß. Die übl Prov ist nach Gegend u Art der Tätigk versch. Maßstab können sein die Gebührensätze der MVerbände (Ffm BB **55**, 490), die bei den IHK zu erfahren sind. Die Prov des **Gelegenheitsmaklers** ist regelm niedriger als die des hauptberufl tät M. – Bei Feststellg der Höhe kann die vom und Tl bezahlte Prov berücksichtigt werden.

c) Angemessene Provision. Läßt sich die übl Vergüt nicht od nur innerh einer übl Spanne feststellen, 6 so kann die – auch ergänzde – VertrAusleg ergeben, daß nach dem PartWillen der Richter die angem Vergüt festlegen soll, die dann innerh der übl Spanne vom Mittelwert ausgeht u bes Umst des Einzelfalls nach oben od unten berücksichtigt (BGH **94**, 98).

d) Bestimmung durch den Makler. §§ 315, 316 kommen erst in Betracht, wenn die Höhe der Vergüt 7 weder vereinb noch nach vorstehden Maßstäben nicht feststellb ist (BGH **94**, 98).

8　　**e) Beweislast** für Vereinbg, Taxe od Üblichk trägt der M. Beruft sich ggü der verlangten übl Vergütg der AuftrG auf eine vereinb niedrigere, so hat M deren Fehlen zu bew (Br BB **69**, 109); behauptet AuftrG ggü der verlangten übl Vergütg die nachträgl Vereinbg einer niedrigeren Vergütg, trifft ihn die BewLast dafür (BGH NJW **82**, 1523). Vgl auch oben Rn 2.

654 *Verwirkung des Lohnanspruchs.* **Der Anspruch auf den Mäklerlohn und den Ersatz von Aufwendungen ist ausgeschlossen, wenn der Mäkler dem Inhalte des Vertrags zuwider auch für den anderen Teil tätig gewesen ist.**

Übersicht

1　　**1) Einwendungen gegen den Provisionsanspruch.** Trotz Vorliegens sämtl Merkmale des § 652 kann ausnahmsw ein ProvAnspr wg **Treupflichtverletzung durch den Makler** entfallen. – **a) Verwirkung.** Sie setzt ein schweres Versch des M voraus (Rn 6), nicht aber den Eintritt eines Schad, (BGH **36**, 326, VersR **90**, 266). Im Falle der Verwirkg entsteht der LohnAnspr als solcher nicht el erlischt, vAw zu berücksichtigen. Dabei betrifft § 654 nicht nur den Fall der Doppeltätig, sond die Verwirkg des LohnAnspr beim Einz- wie bei DoppelM immer dann, wenn er dch vorsätzl od grob leichtfert Verletzg wesentl VertrPfl den Interessen seines AuftrG in erhebl Weise zuwider gehandelt hat (BGH MDR **85**, 741). Nach Abschl des HauptVertr u Zahlg der MVergütg gibt es keine Verwirkg des Anspr mehr, uU aber eine SchadErsPfl des M (BGH **92**, 184). Auf den RA ist der RGedanke in § 654 nur bei vorsätzl PartVerrat anwendb (BGH NJW **81**, 1211).

2　　**b) Positive Vertragsverletzung.** Für sie genügt jedes Versch, sie muß aber zu einem Schad für den AuftrG geführt haben. Sie berührt den Bestand des LohnAnspr als solchen nicht, führt aber zu einem SchadErsAnspr des AuftrG (Rn 4), begründet ein LeistgVR (§ 273) u die Möglk der Aufr (§ 387).

3　　**2) Schadensersatzpflicht des Maklers. a) Treupflicht.** Zw dem M u dem AuftrG besteht ein bes TreueVerh, wonach der M verpfl ist, iR des Zumutb das Interesse des AuftrG zu wahren (BGH JZ **68**, 69). Diese TreuPfl ist umso strenger, je enger das VertrauensVerh ist. Sie hängt auch von der wirtsch Bedeutg des Gesch u der (Un-)Erfahrenh des AuftrG ab (Karlsr NJW-RR **95**, 500). Wird der M tät, so hat er bei der Ausf des Auftr alles zu unterlassen, was die AuftrGInteressen gefährden könnte. So schuldet der M seinem AuftrG **Aufklärung und Beratung.** Alle ihm bekannten tats u rechtl Umst, die sich auf den GeschAbschl beziehen u für die WillEntschließg des AuftrG wesentl sein können, hat er ihm mitzuteilen (BGH WM **70**, 1270). Auch wenn er zur Beratg nicht verpfl ist, dürfen seine Erkl dem AuftrG keine falschen Vorstellgen vermitteln (BGH NJW-RR **91**, 627). Das gilt grdsätzl bei Tats, die sich auf die Bdggen des konkr Gesch u den VertrPartner beziehen auch dann, wenn dadch der GeschAbschl in Frage gestellt wird. Wenn der M einen über den Kaufpr hinausgehden Übererlös als Prov vereinb, muß er dessen Höhe dem AuftrG mitteilen (BGH MDR **70**, 28). Darf der M wg VerschwiegenhPfl über bedenkl FinLage des VertrPartners nicht aufklären, so muß er von MTätigk absehen (BGH WM **69**, 880). Inwieweit der M darühinaus aufklärgspflicht ist, bestimmt sich nach § 242 im konkr EinzFall. Eine HinwPfl besteht, wenn die Bedeutg, die der fragl Umst für den Entschluß des AuftrG hat, dem M erkennb ist u wenn der AuftrG gerade hins dieses Umst offenb belehrgsbedürft ist (BGH NJW **81**, 2685). – Zu **eigenen Nachforschungen** ist er jedoch nur dann verpfl, wenn dies vereinb war od sich aus der VerkSitte ergibt. Ebso obliegt ihm eine ErkundiggsPflicht nur, wenn u soweit vereinb (BGH WM **82**, 13). – Eine **Prüfungspflicht** kann bei entspr Ankündigg bestehen („geprüfte Objekte“), od wenn der M sich erhaltene Mitteilgen zu eig macht, sich für deren Richtigk pers einsetzt (BGH BB **56**, 733). Für allg Anpreisungen haftet er nicht. – Gibt der M eine für den KaufAbschl wesentl **Auskunft,** so muß sie richt sein (BGH WM **91**, 246: Finanzierbark) od der M muß deutl machen, daß er für die Richtigk nicht einsteht (BGH AIZ **75**, 257). Eine eingeholte BehAusk muß er richt u vollständ weitergeben (BGH NJW **82**, 1147). – Versch seiner **Gehilfen** muß sich der M wie eig anrechnen lassen, der AuftrG sich sein eig **Mitverschulden** (BGH **36**, 328).

4　　**b) Schadensersatz.** Bei schuldh, für den Abschl des HauptVertr ursächl pVV des M hat der AuftrG Anspr auf NatRest nach § 249. So kann er Freistellg von der Verpfl verlangen. Hätte ohne pVV des M der AuftrG das Gesch nicht abgeschl, hat der M ihn so zu stellen, als hätte er es nicht abgeschl (BGH NJW **82**, 1145).

5　　**c) Einzelfälle:** Zweifeln an der **Leistungsfähigkeit des Vertragspartners** od der **Güte der Ware** braucht der M idR zwar nicht nachzugehen, muß sie aber dem AuftrG mitteilen (BGH BB **56**, 733). Über die ihm bekannten wirtsch Verh des VertrPartners hat der M seinen AuftrG auch dann aufzuklären, wenn er zugl von jenem mit der Vermittlg des Gesch beauftr ist (BGH Warn **67**, Nr 40). – Vermittelt der M **noch nicht gebaute Räume,** so trifft ihn eine ErkundiggsPfl bzgl des Eigt u der Finanzierg des Bauvorh (Mü NJW **56**, 1760). Versichert der M dem AuftrG, daß alle Vorauss für den Baubeginn vorliegen u das Haus zu einem best Termin fertgestellt wird u war diese Ausk für den AuftrG mitbestimmd, währd in Wahrh eine BauGen noch nicht vorlag u das Haus erst erhebl später (dort 17 Mon) fertgestellt ist, so liegt darin eine schuldh falsche Aufklärg (Köln AIZ **72**, 398). – Weiß der M, daß noch kein **Bebauungsplan** vorliegt, muß er dies dem AuftrG mitteilen (BGH WM **78**, 1069). Keine Pfl des M, eine ihm vom Verk mitgeteilte **Wohnfläche** eines Hauses bei Weitergabe an den Kaufinteressenten nachzurechnen (Köln DB **71**, 1713). – Auf **fehlende Sicherung** des RestKaufPr muß – sehr weitgehd – nach Düss VersR **77**, 1108 der M selbst dann hinweisen, wenn er zum Abschl des KaufVertr nicht zugezogen ist. – Ein M, der Obj zur **Kapitalanlage** nachweist od vermittelt, hat alle Informationen, die für den AnlEntschl wesentl Bedeutg haben können, wahrhgem, sorgf u vollst nach dem ErwartgsHorizont des Empf zu geben, uU sogar Nachforschgen anzustellen (BGH **72**, 382, **74**, 103, NJW **83**, 1730). Es gelten die Grdsätze der Rspr für die Prospekthaftg (BGH NJW **84**, 2524; vgl § 276 Rn 22 „AnlVermittlg u Prospekthaftg"). – Der **Kreditmakler** muß die auftrgebde Bank darauf hinweisen, daß die Anl, zu deren Bezahlg der Kredit gewährt werden soll, noch nicht fertgestellt ist, daß er den Kredit entgg dem Antr nicht an den Verk, sond an den Käufer ausbezahlt, daß dieser in einen finanziellen Engpaß geraten ist u den Kredit desh als GeschKredit verwenden will; die Sicherh für den Kredit hat der FinanzM nicht zu prüfen (BGH WM **70**, 1270). – Bei der Vermittlg von AnlDarl kann der M verpfl sein, über die **Kreditwürdigkeit** des DarlN Ausk u Erkundiggen einzuziehen (Köln MDR **59**, 210). Dem KreditG muß er alle für den Kredit wesentl Umst des auftrgebden KreditN mitteilen, deren Aufklärg redlicherw zu erwarten ist, außer wenn der KreditG sämtl wertbildnen Faktoren kennt (BGH WM **88**, 41). Bei der Vermittlg eines archgebundenen BauGrdst muß er den AuftrG über die **Unzuverlässigkeit** des bauleitnen Arch aufklären (BGH JZ **68**, 69), bei der Vermittlg von EigtWohngen kann ihn die Pfl treffen, sich über einschläg **Steuern** (GrdErwerbssteuerfreih) u die Praxis der Finanzämter zu erkundigen (Mü NJW **61**, 1534). Übernimmt der M zusätzl Aufgaben, so schuldet er entspr Sorgfalt. – Bei der Vermittlg von **Abzahlungskredit** u Übern der Weiterleitg des Kredits an den Verk ist er dem KreditN (AuftrG) dafür verantwortl, daß die Kreditvaluta nicht vor Lieferg der Kaufsache an den AbzVerk ausbezahlt wird (BGH **LM** § 652 Nr 10). Ebso Haftg des FinanzM, der ggü der kreditdienen Bank wahrhwidr die Richtigk der Angaben des DarlN im KreditAntr bestätigt (Bambg OLGZ **76**, 447). – Der **Arbeitsvermittler** muß seine Tätigk unpart ausüben (§ 20 AFG) u darf pers Daten des AuftrG nur iR der konkr VermittlgsTätigk erheben u nutzen (§ 23c AFG). – Wg der maßg Kenntn bei ZusArb **mehrerer Makler** vgl Einf 10–13.

3) Verwirkung des Provisionsanspruchs. – a) Voraussetzung ist eine schwerwiegde VertrVerl des M 6 (Rn 1). Das bestimmt sich in erster Linie nach dem subj Tatbestd der dem M zur Last gelegten TreuPflVerl (BGH NJW **81**, 2297, VersR **91**, 1372). Der M muß vorsätzl od in einer dem Vors nahekommden leichtfert Weise den Interessen des AuftrG in so schwerwiegder Weise zuwidergehandelt haben, daß er eines Lohnes unwürd erscheint (BGH **36**, 323, NJW-RR **92**, 817). Bei zugezogenen Hilfskräften gilt § 278. § 254 ist auf die Verwirkg nicht anwendb (BGH **36**, 326).

b) Einzelfälle: Mitteilungspflicht. Verwirkg bei Nichtweitergabe von Informationen, die für den 7 Abschl des beabsichtigten Vertr (Ffm NJW-RR **86**, 601) od für die Kalkulation (Mü NJW-RR **88**, 1201: Gef der Doppelzahlg) ersichtl von Bedeutg sind. Unzutr Angabe im Exposé, das Grdst sei an die öff Wasserversorgg angeschl (Hamm NJW-RR **93**, 506). Keine Verwirkg bei bloß fahrl Verstoß, zB bei Nichtaufklärg über die Modalitäten einer Honorarvereinbg mit der GegenPart (BGH **36**, 323). – **Täuschung.** Veranlassg des rechtsunkund AuftrG zur Unterzeichng einer formnichtigen KaufVerpfl od Unterzeichng einer ReserviergsVereinbg (BGH VersR **92**, 958), selbst bei späterem wirks Abschl des KaufVertr (Hamm NJW **91**, 360). Ausnutzg der Unterlegenh des Kunden an Kenntn u Erfahrg (BGH NJW-RR **92**, 817). Der für beide Seiten tät NachwM verliert seinen VergütgsAnspr bei Täuschung des Kaufinteressenten über den vom Verk verlangten KaufPr (BGH WM **85**, 1276); Verschweigen, daß er von der and Seite ebenf Prov erhält (Ffm NJW-RR **88**, 1199, Karlsr NJW-RR **95**, 500). Grob leichtfert Verschweigen des Mangels jeder **Kreditwürdigkeit** der Ggseite (BGH DB **67**, 505). Ferner, wenn er dch unricht Angaben den AuftrG zur **Übernahme der Provision** des and Tl bestimmt (Düss DB **63**, 548). Bei **Verheimlichung** von Umst, die für den Kaufentschluß des AuftrG von ausschlaggebder Bedeutg sind, zB Kapazität eines vermittelten Hotels (BGH WM **81**, 590); verschweigen, daß sich das Grdst in der ZwVerst befindet (Karlsr NJW-RR **93**, 1273); wenn M dem AuftrG gewisse SonderVereinbgen verheimlicht, die er als dessen Vertreter bei Abschl des KaufVertr mit dem Erwerber getroffen hat (BGH NJW **69**, 1628). – **Schmiergeld** vgl § 652 Rn 7. – **Eigenes vertragsuntreues Verhalten** des M. So, wenn er seine weitere Tätigk von der Zahlg einer wesentl höheren Vergütg abhäng macht (BGH WM **85**, 1276) u er eine in günst Angeb nicht an seine Kunden weitergibt, sondern für einen eig ZwGewinn ausnützt (Brdbg NJW-RR **95**, 695). Bedient sich der M iR eines Gemsch-Gesch eines and M, so verliert er den ProvAnspr, wenn dieser, um die Prov allein zu erhalten, seine eig Kunden bevorzugt u den AuftrG benachteiligt (Mü JR **61**, 95). Festhalten des Kunden am Vertr als RMißbr vgl § 652 Rn 62 aE. Verwirkg, wenn ein ErfGeh des M versucht, den bereits vereinb mit VertrAbschl zu hintertreiben (BGH WM **78**, 245). Ebso, wenn der M zu seinem u des Verk Vorteil grob leichtfert seinen AuftrG unterzeichnen läßt, um bei ihm den Eindruck einer Verpfl zum Kauf od Verk u zur Zahlg eines erfolgsunabhäng MLohns zu erwecken (BGH NJW **81**, 280). Der M verwirkt seinen Anspr, wenn er nachträgl mit dem Verk eine höhere Vergütg vereinb, nachdem er erfahren hat, daß im KaufVertr der Käufer die VerkProv übernommen hat (Hamm NJW-RR **88**, 689). Ebso wenn der M dem Kunden den Kauf einer EigtWohng als dchführb darstellt, obwohl er erkennen muß, daß die Finanzierg bei dem Eink des Kunden ausgeschl ist (KG NJW-RR **88**, 686). Erlangt der M eine ihm günst **Änderung des Maklervertrages** dadch, daß er gg seine in diesem Vertr begründeten Pfl grob verstößt, so liegt eine entspr Anwendg der VerwirkgsVorschr des § 654 idR nahe (BGH NJW **86**, 2573).

4) Fortsetzung. Verwirkung bei treuwidriger Doppeltätigkeit. Grdsätzl ist dem M Doppeltätigk 8 erlaubt (BGH **61**, 17). Übl ist sie zB bei GrdstM (Hamm NJW-RR **94**, 125) u bei Versteigergern von Sammlgen. Der M kann dann von beiden Teilen volle Prov fordern. Unzuläss ist Doppeltätigk nur dann, wenn sie zu **vertragswidrigen Interessenkollisionen** führt. Dies ist idR nicht der Fall, wenn der M für den einen Teil VermittlgsM, für den and NachwM ist. Entscheid hierfür ist die entfaltete Tätigk, nicht der geschl Vertr (BGH NJW **64**, 1467). Der M, der für den Verk als VermittlgsM u für den Käufer als NachwM tät ist, braucht dem Käufer, der diese Doppeltätigk kennt, nicht mitzuteilen, daß er sich vom Verk den über einen best Kaufpr hinaus erzielten Übererlös als Prov hat versprechen lassen (BGH NJW **70**, 1075). Beim **beiderseitigen Vermittlungsauftrag** ist Interessenwiderstreit naheliegd, Doppeltätigk aber nicht notw vertrwidr, insb dann nicht, wenn vertragl gestattet. Zur Bedeutg dahingehder Klauseln vgl § 652 Rn 56. Die Doppeltätigk verpfl den M zu **strenger Unparteilichkeit** (BGH **48**, 344, WM **92**, 279), u zwar auch bei der Ausgestaltg des Vertr mit dem jeweil AuftrG. Unwirks ist desh die Kombination von Doppeltätigk u erfolgsunabh Prov von einer Seite, die Vereinbg einer vom ZustKommen des KaufVertr unabh Prov nur mit dem Kaufinteressenten (BGH **61**, 17). Seiner AufklärgsPfl muß er gleichm ggü beiden Part nachkommen u jeder Part von den Verhältn der and soviel mitteilen wie nöt ist, um sie vor Schad zu bewahren (BGH Warn **67** Nr 40). Dazu gehört idR, daß der M auch bei vertragl Gestattg den DoppelAuftr beiden Seiten offenlegt. In die **Preisverhandlungen** der Part darf der M ohne entspr Erlaubn nicht eingreifen. Er verwirkt die Prov, wenn er dem Käufer erklärt, der vom Verk geforderte Pr sei zu hoch (BGH **48**, 344). **„Parteiverrat",** wenn der mit der Erziel eines möglichst hohen Pr beauftr M sich dem Gegner ggü verpfl, ihm das Obj so günst wie mögl zu verschaffen, es ihm wieder abzukaufen, oder wenn er sich insgeheim beim Gegner am Gesch beteiligt, oder seinen AuftrG veranlaßt, den Pr zu senken, obwohl der Gegner zu jedem Pr erwerben wollte. Der M verwirkt seinen ProvAnspr ggü dem Käufer, wenn er dem Verkäufer zusagt, das Grdst selbst zu einem best Pr zu kaufen, falls er keinen Käufer beibringt (Hamm VersR **91**, 545). Hier verwirkt der M nicht nur die Prov, sond macht sich auch schaderspfl; ebso, wenn der M als Tätigk für die GegenPart vertragserhebl Umst erfahren hat, hierüber zur Verschwiegenh verpfl ist u dennoch den Vertr vermittelt (BGH MDR **70**, 28). Der **Vertrauensmakler** (§ 652 Rn 62) ist zur ausschließl Interessenwahrnehmg für seinen AuftrG verpfl u handelt desh idR treuwidr, wenn er auch für den and Teil als VermittlgsM (BGH NJW **64**, 1467); nicht treuwidr, wenn er als NachwM tät wird (Ffm MDR **73**, 407). Bei vertragl Gestattg muß er dem AuftrG ggü unmißverständl zum Ausdr bringen, daß er auch für die and Seite tät wird (BGH NJW **64**, 1469). – Hat der M den vereinb od übl Lohn verwirkt, so kann ihm auch nicht ganz od teilw WertErs für geleistete Dienste nach § 812 zugesprochen werden. Das verbietet der Zweck des § 654 (unklar Köln NJW **71**, 1943).

9   **5) Die Treupflicht des Auftraggebers.** Er schuldet dem M in gleicher Weise Sorgf, Wahrg der Vertraulichk, Aufklärg u dgl. Auch darf er den M nicht um seine Prov prellen. Bei Verstoß gg seine TreuPfl ist der AuftrG dem M aus pVV schaderspfl. Doch begründet das treuwidr Verhalten des AuftrG als solches keinen ProvAnspr; es gibt zu Lasten des AuftrG kein Gegenstück zu § 654 (BGH MDR **68**, 405).

10   **Einzelfälle:** Der AuftrG muß den Nachw des M auch ohne bes Abrede **vertraulich** behandeln, wenn er ihn nicht ausnutzen will. Bei der Weitergabe an einen Interessenten, der dann abschließt, kann er sich schaderspfl machen (Kblz NJW-RR **94**, 180), bei eig wirtsch Interesse am ZustKommen des Gesch mit dem Dr sogar provpfl (BGH MDR **60**, 283, Stgt MDR **64**, 758). Im Falle des SchadErs ist der M so zu stellen, wie er ohne die Weitergabe des Nachw stehen würde (BGH NJW **87**, 2431). **Rückfragepflicht.** Der AuftrG kann verpfl sein, sich beim M zu vergewissern, ob dieser ihm einen Interessenten zugeführt hat, der dies ableugnet (Mü NJW **68**, 894). Gibt der AuftrG die Verwirklichg des beabsicht Gesch auf, so muß er dem M dch Unterrichtg weitere unnöt Kosten ersparen (BGH WM **72**, 444). Dagg ist die **Beauftragung mehrerer Makler,** außer beim AlleinAuftr, keine VertrVerletzg (BGH aaO). Hat der AuftrG mehrere M beauftr, so muß er allen die VermittlgsMöglk geben. Auch muß er darauf achten, ob eine ihm **bekannte Vertragsmöglichkeit** schon von einem und beauftr M nachgewiesen war. – Verpfl des AuftrG zu **Auskunft** u **Rechnungslegung:** § 652 Rn 38.

11   **6) Für entsprechende Anwendung** auf and RVerh ist Zurückhaltg geboten. Der RA verwirkt seinen GebührenAnspr nicht schon dadch, daß er pflwidr handelt, sondern nur bei Parteiverrat (BGH MDR **81**, 734). Notare haben zwar keinen Anspr auf Gebühren, die bei nicht SachBehdlg nicht entstanden wären, insow besteht aber Sonderregelg, §§ 16 I, 141 KostO. Auch keine entspr Anwendg des § 654 auf BeteiliggsAnspr des UnterM gg den HauptM (BGH BB **66**, 1367).

655   *Herabsetzung des Mäklerlohns.*   Ist für den Nachweis der Gelegenheit zum Abschluß eines Dienstvertrages oder für die Vermittelung eines solchen Vertrags ein unverhältnismäßig hoher Mäklerlohn vereinbart worden, so kann er auf Antrag des Schuldners durch Urteil auf den angemessenen Betrag herabgesetzt werden. Nach der Entrichtung des Lohnes ist die Herabsetzung ausgeschlossen.

1   Der **Anwendungsbereich** der Vorschr umfaßt nur den Nachw u die Vermittlg von DVertr; nach hM keine analoge Anwendg. Sie ist § 343 nachgebildet, die zu dieser Vorschr entwickelten Grds können herangezogen werden. Die rgestalte richterl Herabsetzg setzt einen Antr voraus, der auch darin liegen kann, daß sich der AuftrG im VergütgsProz einredew auf § 655 beruft (vgl zu § 343 BGH NJW **68**, 1625). Ferner muß ein ProvAnspr überh u in zul Höhe entstanden sein (vgl § 652 Rn 7 u 42 zu § 138 u zur AVertrV; Folgen des Verstoßes gg ges Vermittlgsverbot: Einf 3). Die Angemessenh ist anhand des Aufwands des M (Mühe u Kosten) u des Umfangs seiner ArbLeistg zu bestimmen (Rieble DB **94**, 1780). Für die ArbVermittlg (vgl Einf 15; zur Zulässigk Einf 3) kann der bish bedeutgsl § 655 wieder Bedeutung gewinnen. Dabei ist die Veröff des Stellenmarkts in der Presse keine VermittlgsTätigk iSd § 655, denn die Anz dienen der Selbstsuche; Einschränkgen der Veröff von StellenAngeb, auch von ausl, verstoßen gg die Pressefreih (BVerfG NJW **67**, 976).

656   *Heiratsvermittlung.*   [I]Durch das Versprechen eines Lohnes für den Nachweis der Gelegenheit zur Eingehung einer Ehe oder für die Vermittelung des Zustandekommens einer Ehe wird eine Verbindlichkeit nicht begründet. Das auf Grund des Versprechens Geleistete kann nicht deshalb zurückgefordert werden, weil eine Verbindlichkeit nicht bestanden hat.

[II] Diese Vorschriften gelten auch für eine Vereinbarung, durch die der andere Teil zum Zwecke der Erfüllung des Versprechens dem Mäkler gegenüber eine Verbindlichkeit eingeht, insbesondere für ein Schuldanerkenntnis.

1   **1)** Der **Ehemaklervertrag** ist seinem Inhalt nach ein Unterfall des MVertr, gerichtet auf den Nachw od die Vermittlg eines Ehepartners gg Vergütg. Auch der EheM ist zum TätWerden nicht verpfl, der AuftrG

hat desh keinen SchadErsAnspr wg NichtErf (BGH **25**, 124). Der Vertr kann aber auch die Verpfl des Vermittlers zum Nachw od zur Vermittlg, die vom VertrPartner o Rücks auf den Erfolg zu honorieren ist, enthalten, dann DVertr (BGH **87**, 309 u NJW **84**, 2407). § 656 gilt entspr für DVertr, die auf Eheanbahng gerichtet sind (BGH **87**, 309 u NJW **86**, 927). Unbeschadet der bes Vorschr über die VergütgsVereinbg ist der Vertr rechtswirks mit der Folge, daß der EheM dem AuftrG auf SchadErs wg c. i. c. od pVV haftet (BGH **25**, 124: Zuführg eines verschuldeten u vorbestraften Partners; Stgt NJW-RR **86**, 605: Anhaltspkte, daß der vermittelte Partner ein Heiratsschwindler ist) u daß der M SchadErs wg schuldh Verl von mit Dr abgeschl NebenVereinbgen ersetzt verlangen kann (BGH NJW **64**, 546: Schädigg dch Filialleiter). Ausschl des WiderrufsR bis zum erfolgr Nachw ist unwirks (Karlsr OLGZ **79**, 67). Zu den Grenzen der Regelg dch AGB vgl AGBG § 9 Rn 77.

2) Die **Vergütungsvereinbarung, Abs I,** begründet keine Verbindlichk. Sie schafft also eine bloße **2** Naturalobligation, die erf, aber nicht eingeklagt werden kann (BGH **87**, 309), wird aber rechtl als ErwGrd anerkannt mit der Folge, daß der AuftrG Vorschuß od Vergütg nicht mit der Begr zurückfordern kann, es habe keine Verbindlichk bestanden (BGH WM **89**, 759). Das gleiche gilt für den Anspr des EheM auf AufErs (AG Hann NdsRpfl **67**, 254). I 2 kann dch die Bezeichg des Vertr als DVertr nicht umgangen werden (Ffm OLGZ **82**, 204). Vereinbg einer erfolgsunabhäng Vergütg in AGB, ferner Ausschl des KündR dch AuftrG od Verfall der Vergütg auch für diesen Fall sind nichtig (Karlsr OLGZ **82**, 236). – Nach **Abs I S 2** kann der EheM das zur Erf der LohnVereinbg Geleistete behalten. Dabei spielt weder der Ggst der Leistg noch ihre Bezeichg eine Rolle. Auch Anzahlgen u Vorschüsse gehören dazu. Nicht ausgeschl ist die Rückfdg aus und Grd, zB § 812 I 1 bei Nichtigk des Vertr (BGH **87**, 309), § 812 I 2 bei vorzeitiger Kündigg (Düss NJW-RR **93**, 507), od wenn der AuftrG in Erwartg der Leistg des M bereits erf hat u der M überh nicht tät wird (Hbg WM **78**, 1358, Karlsr OLGZ **79**, 67). Nicht rückforderb ist gem Abs II auch die erf Verbindlichk, die der AuftrG zZw der Erf seines LohnVerspr eingegangen ist, zB an den M gegebener eingelöster Wechsel. Nach **Abs II** muß der AuftrG eine Verbindlichk nicht erf, die er zZw der Erf des LohnVerspr eingegangen ist, zB Einlösg eines Akzepts ggü dem M (BGH ZIP **90**, 1002: Herausg nicht eingelöster Wechsel) od Umwandlg des VergütgsAnspr in ein ratenw rückzahlb Darl. Ob die Abtr von Lohn- u GehaltsAnspr an Zahlgs statt als UmgehgsGesch unwirks od als ErfSurrogat wirks ist, ist bestr (vgl Kln NJW **85**, 2956 mit Hinw in der Anm der Schriftleitg). § 656 ist mit dem GG vereinb (BVerfG NJW **66**, 1211).

3) Der **finanzierte Ehemaklervertrag** spielt in der Praxis eine erhebl Rolle u ist in seiner rechtl Beurteilg **3** umstr.

a) Ein **Darlehensvertrag** ist **nicht** allein desh **sittenwidrig,** weil das Darl der Erf eines LohnVerspr dient. Hier gilt das gleiche wie für ein zu Spielzwecken gegebenes Darl, vgl § 762 Rn 8. Auch die Tats der Koppelg des Darl- mit dem MVertr macht jenen nicht ow sittenwidr. VertrAbschl unter Verstoß gg § 56 I Nr 6 GewO vgl § 134 Rn 10.

b) Entsprechende Anwendbarkeit. Handelt es sich, wie regelmäß, bei dem EheM- u dem DarlVertr **4** um ein verbundenes Gesch iS des § 9 I VerbrKrG, so kann der DarlN ggü dem DarlG die Rückzahlg des Darl als bloße Naturalobligation analog § 656 I od II verweigern. Das ergibt sich aus einer dem Zweck des § 9 III S 1, IV VerbrKrG gerecht werdden Auslegg, den DarlN so zu stellen, wie er stehen würde, wenn er es nur mit dem EheM als VertrPartner zu tun hätte. Zwar könnte er von ihm die geleistete Vergütg nicht zurückverlangen, er könnte aber iF der Kreditierg dch den EheM die Zahlg der noch nicht geleisteten Raten verweigern. Ebso ist er dem DarlG ggü zu stellen (Compensis u Reiserer BB **91**, 2457), der sich seiners dch Vereinbgen mit dem EheM absichern kann.

c) Andere Einwendungen. Dem DarlN können iR des EheMVertr Einw zustehen, die ihm ggü dem **5** EheM ein LeistgVR geben würden, insbes wg Nicht-, SchlechtErf, pVV. Bei einem – wie regelm – verbundenen Gesch iS des § 9 I VerbrKrG hat der DarlN dieses LeistgVR auch ggü dem DarlG wg des noch offenen DarlRückzahlgsAnspr (§ 9 III S 1, IV VerbrKrG, BGH **47**, 207, 233 schon für die früh RLage). Verneint man die Anwendbark des § 656 I auf den DarlVertr, so muß die kreditgebe Bank den DarlN auf mögl NachTle der Aufspaltg des verbundenen Gesch in rechtl 2 Vertr hinweisen (Schlesw NJW **74**, 648). Bedient sich das KreditInstitut des EheM od seiner MitArb als ErfGeh bei Abschl des DarlVertr, so haftet es dem DarlN auf SchadErs wg Verl dieser AufklärgsPfl. Das aufrechenb Interesse des DarlN entspricht der Höhe des Darl.

4) Partnervermittlung (BekanntschVermittlg, Partnerservice). Sie hat die Eheanbahng weitgeh abge- **6** löst. In der Praxis tritt sie in 3 ErscheingsFormen auf, deren rechtl Einordg streit ist, insbes die Anwend- bark des § 656 und des KündR. Bloße Mitgliedsch in einem Club für Freizeitgestaltg ohne Verpfl zur PartnerschAnbahng ist reiner DVertr, § 656 nicht entspr anwendb (LG Ffm NJW-RR **92**, 312). Zu den Grenzen der Regelg dch AGB vgl AGBG § 9 Rn 77. Zur Zulässigk der ZwVollstr aus einem VollstrBe- scheid § 826 Rn 48, 48a.

a) Mitgliedschaft gg Entgelt in einem Partnerkreis, Singleclub, Club für Wochenend-Aktivitäten oä mit **7** Verpfl zur VermittlgsTätigk ist DienstVertr, gerichtet auf Dienste höherer Art (BGH NJW **87**, 2808). § 656 ist entspr anwendb (BGH NJW **90**, 2550, Bamb OLGZ **90**, 197), das ordentl KündR kann nicht dch AGB ausgeschl werden (Ffm NJW **84**, 180).

b) Partneranschriftendepot. Besteht die Leistg darin, daß der Untern ohne TätWerden für ein unmit- **8** telb ZusFühren von Interessenten nach den Wünschen des AuftrG ein elektron Abrufdepot mit einer best Anzahl von individuell abgestimmten Partneradressen zum einmal od sukzess Abruf innerh einer best ZtSpanne bildet und bereitstellt, so handelt es sich um DVertr, gerichtet auf Dienste höherer Art (Mü NJW-RR **92**, 1205). Die entspr Anwendbark des § 656 ist umstr (nein: Karlsr NJW **85**, 2035, Düss NJW-RR **87**, 691, Beckmann FamRZ **85**, 19; Kln NJW-RR **87**, 441: Adressendepot ohne Computer, Abruf 1 Jhr lang, nicht kündb nach § 627; ja: BGH **112**, 122). Nach aA WkVertr, KündR des AuftrG nach § 649 (Bamb NJW **84**, 1466; aA Hbg NJW **86**, 325: maklerähnl Vertr). Nach aA WkVertr, auf den § 627 entspr anwendb ist

(LG Rottweil NJW **83**, 2824, LG Aachen FamRZ **83**, 910, Peters NJW **86**, 2676), nach aA auf unmögl Leistg gerichteter nichtiger Vertr (Micklitz NJW **85**, 2005).

9   **c) Andere Tätigkeit.** Ein Vertr, der auf den Nachw eines geeigneten Partners od auf die Vermittlg einer dauerh Partnersch dch eine and Tätigk als die vorstteh genannten abzielt, zB Erstellg eines Kundenpersönlk- u eines Wunschpartnerprofils, Auswahl von Partnervorschlägen durch PersönlkVergl wird teilw als dem EheMVertr ähnl mit Anwendbark des § 656, teilw als DVertr eingeordnet, wobei das KündR nach § 627 teilw bej, teilw verneint wird (ZusStellg der Nachw Peters NJW **86**, 2676 Fußnoten 2, 62a, 63). Die Ausgestaltg als DVertr mit Verpfl zur VermittlgsTätigk gg erfolgsunabhäng VergütgsPfl ist wirks (BGH **87**, 313 für EheVermittlgsVertr), § 656 ist entspr anwendb (BGH NJW **90**, 2550), § 627 dch AGB nicht ausschließb (BGH **106**, 341, Stgt NJW-RR **88**, 1514). Wer sich zur Vermittlg einer ehewill Partnerin mit Erfolgsgarantie verpfl, hat die Vergütg zurückzuzahlen, wenn der Erfolg nicht eintritt (Kblz NJW-RR **93**, 888).

10   **d) Für den finanzierten Partnervermittlungsvertrag** gelten sinngem Rn 3–5.

Neunter Titel. Auslobung

657   *Begriff.*   **Wer durch öffentliche Bekanntmachung eine Belohnung für die Vornahme einer Handlung, insbesondere für die Herbeiführung eines Erfolges, aussetzt, ist verpflichtet, die Belohnung demjenigen zu entrichten, welcher die Handlung vorgenommen hat, auch wenn dieser nicht mit Rücksicht auf die Auslobung gehandelt hat.**

1   **1) Begriff, Abgrenzung – a)** Ausl ist ein einseit RGesch (vgl Rn 11 vor § 104) u zwar eine schuldrechtl Verpfl, zu deren Entsteh weder ihre Ann noch auch nur ihr Zugang erforderl ist. Sie ist ein Verspr im Wege öff Bek (Rn 2). Versprochen wird eine Belohng für die Vornahme einer Handl (Rn 7). Es gelten die allg Vorschr über WillErkl. Im EinzFall kann die Ernstlichk fehlen, etwa wenn bei Prahlerei od marktschreier Reklame den Umst für jeden verständ Menschen klar ist, daß es sich nur um einen Scherz handelt. Zur Widerruflichk SonderVorschr in § 658. Eine Art der Ausl ist das PrAusschr, § 661. Die Ausl kann einem eigennütz od einem selbstl Zweck dienen. Auslobder kann eine JP, ebso kann eine JP Bewerber sein. Bei Tod des Auslobden geht die Verpfl auf die Erben über.

2   **b) Abgrenzung.** Mit Auftr-, D- od WkVertr hat die Ausl gemeins, daß sie zu einer Tätigk veranlassen soll, vorwiegd zur Herbeiführg eines Erfolges. Sie unterscheidet sich von ihnen dch ihre Einseitigk, dh es gibt keinen VertrPartner, der zu irgdetwas verpfl wäre. Das SchenkgsVerspr ist im GgSatz zur Ausl ein VertrAngeb, das der Ann bedarf, nicht öff abgegeben wird u idR nicht zu einer best Tätigk veranlassen will. Die Ausl ist von Spiel u Wette rechtl abzugrenzen dch deren VertrCharakter, tats hat der Wettde kein Interesse an der Vornahme einer Handlg, sond will dch die Wette nur die Richtigk einer von ihm aufgestellten TatsBehauptg unterstreichen.

3   **2) Öffentliche Bekanntmachung** bedeutet Kundgabe nicht unbdgt ggü jedermann, wohl aber ggü einem individuell unbest PersKreis, zB in der Presse, auf Anschlagsäulen, dch Postwurfsendg an Angeh einer Berufsgruppe, so daß ungewiß ist, welche u wieviele Pers die Möglichk der KenntnNahme haben. Bei BekGabe an einen individuell abgegrenzten Kreis handelt es sich um ein annbedürft VertrAntr, für eine best Handl einen best Lohn zu zahlen; auf die vertragl Beziehgn ist § 661 entspr anwendb (BGH **17**, 366); es kann sich auch um ein formbedürft belohndes SchenkgsVerspr handeln (Mü NJW **83**, 759).

4   **3) Belohnung** bedeutet die Zusage irgdeines Vort. Er muß nicht vermrechtl Art sein (BGH WM **83**, 1266). Belohnt wird die Vornahme einer Hdlg, auch Unterlassg, meist Herbeiführg eines Erfolges, an dem der Auslobde interessiert ist. Sie ist kein RGesch, sond Realakt, Eintritt der Bdgg, von dem der Anspr auf Belohng abhäng gemacht ist. Die Belohng kann also auch ein GeschUnfäh verdienen.

5   **a) Herbeiführung eines Erfolges,** zB Aufdeckg einer strafb Handlg, Wiedererlangg einer verlorenen Sache, Erbringg einer wissenschaftl, künstler, sportl Leistg. Zu Reklame- od ähnl Zwecken, ferner zur Bekräftigg einer These verspricht der Auslobde die Belohng mitunter für den Fall der Widerleg seiner Behauptg od These in dem Wunsch od der Erwartg, daß dieser Versuch mißlingt. Auch dabei handelt es sich, gemessen am ErklInhalt, wie ihn die angesprochene Öffkt auffassen darf, nicht um ein Wettangebot, weil der Anbietde nichts verdienen will, sond um eine wirks Ausl, selbst wenn der Auslobde von der Unmöglk der Widerlegg überzeugt ist (Larenz SchR II § 55, Soergel-Mormann Rdn 4, Erman-Hauß Rdn 5).

6   **b) Vornahme einer Handlung** ist auf Tätigk als solche, nicht auf einen best Erfolg gerichtet, zB 10jähr Dienste bei demselben DHerrn, falls nicht individuell vertragl vereinb (vgl § 611 Rn 77, 81–91). Die Hdlg kann auch in einem Unterlassen bestehen.

7   **4) Ob der Handelnde die Bedingung erfüllt,** also die Belohng verdient hat, ist im Streitfall dch das Ger zu entscheiden. Bei mehrf Vornahme u der Mitwirkg Mehrerer enthalten §§ 659, 660 ergänzde Regeln. Kenntn von der Ausl braucht der Handelnde bei Vornahme der Handlg nicht zu haben (letzter Halbs). Ob auch eine Handlg vor Bek der Ausl die Bdgg erf, ist AusleggsFrage.

658   *Widerruf.*   **I Die Auslobung kann bis zur Vornahme der Handlung widerrufen werden. Der Widerruf ist nur wirksam, wenn er in derselben Weise wie die Auslobung bekannt gemacht wird oder wenn er durch besondere Mitteilung erfolgt.**

II Auf die Widerruflichkeit kann in der Auslobung verzichtet werden; ein Verzicht liegt im Zweifel in der Bestimmung einer Frist für die Vornahme der Handlung.

1) Freie Widerruflichkeit der Ausl bis zur Vornahme der Hdlg folgt aus der Einseitigk der VerpflErkl. 1
Der Widerruf ist rgeschäftl WillErkl vorzunehmen entw dch nicht empfbedürft öff Bek der gleichen Art, in
der die Ausl erfolgte, od dch empfbedürft bes Mitt an diejen, denen ggü widerrufen werden soll. Mögl auch
dch den Erben. Bei wirks Widerruf kein Aufw- od SchadErsAnspr des Bewerbers für VorbereitgsHdlgn.
Widerruf entgg Verzicht (Abs II) od nach Vornahme der Hdlg ist unwirks. Anfechtg wg Irrtums, Täuschg,
Drohg nach allg Regeln bleibt mögl, zu erkl in den Formen des Widerrufs.

2) Verzicht auf Widerruf (II) ist ebenf rgeschäftl WillErkl, zu erkl in der Ausl od best Bewerbern ggü 2
dch Zugang. In einer FrBestimmg für die Vornahme der Hdlg, notw iF des PrAusschr (§ 661 I), liegt iZw
der Verzicht auf Widerruf.

659 *Mehrfache Vornahme.* ᴵ **Ist die Handlung, für welche die Belohnung ausgesetzt ist, mehrmals vorgenommen worden, so gebührt die Belohnung demjenigen, welcher die Handlung zuerst vorgenommen hat.**

ᴵᴵ **Ist die Handlung von mehreren gleichzeitig vorgenommen worden, so gebührt jedem ein gleicher Teil der Belohnung. Läßt sich die Belohnung wegen ihrer Beschaffenheit nicht teilen oder soll nach dem Inhalte der Auslobung nur einer die Belohnung erhalten, so entscheidet das Los.**

Regelt den Fall, daß Mehrere, u zwar jeder für sich allein, die ganze Hdlg vornehmen, den ganzen Erfolg 1
herbeiführen (anders § 660). Ist nach dem ErklInhalt der Ausl anzunehmen, daß die Belohng nur einmal
bezahlt werden soll, gebührt sie bei zeitl Nacheinand der Vornahme demjen, der sie zuerst vorgenommen
hat, **Prioritätsgrundsatz** (I). Bei gleichzeit Vornahme gilt nach Abs II bei Teilbark der Belohng der
Teilungsgrundsatz, sonst entsch das Los. Der Auslobde kann eine anderweit Regelg in der Ausl treffen,
zB Bestimmg dch ihn selbst nach § 315 (RG **167**, 225 [235]). SonderVorschr für PrAusschr in § 661. Bei
Streit: Kl des vermeintl Berecht gg den Auslobden, HinterleggsR nach § 372. Verzichtet ein Berecht, so
treten and nicht an seine Stelle.

660 *Mitwirkung mehrerer.* ᴵ **Haben mehrere zu dem Erfolge mitgewirkt, für den die Belohnung ausgesetzt ist, so hat der Auslobende die Belohnung unter Berücksichtigung des Anteils eines jeden an dem Erfolge nach billigem Ermessen unter sie zu verteilen. Die Verteilung ist nicht verbindlich, wenn sie offenbar unbillig ist; sie erfolgt in einem solchen Falle durch Urteil.**

ᴵᴵ **Wird die Verteilung des Auslobenden von einem der Beteiligten nicht als verbindlich anerkannt, so ist der Auslobende berechtigt, die Erfüllung zu verweigern, bis die Beteiligten den Streit über ihre Berechtigung unter sich ausgetragen haben; jeder von ihnen kann verlangen, daß die Belohnung für alle hinterlegt wird.**

ᴵᴵᴵ **Die Vorschrift des § 659 Abs. 2 Satz 2 findet Anwendung.**

1) Regelt den Fall, daß zu der Herbeiführg des Erfolges Mehrere, gewollt od ungewollt, jeder zu einem 1
Teil (anders § 659) mitgewirkt haben. Es gilt der **Teilungsgrundsatz.** Über offenb Unbilligk § 319 Rn 3–7.
Bei Unteilbark entsch das Los.

2) Streit der Beteiligten ist unter diesen ohne den Auslobden auszutragen. Er darf (§ 372) u muß auf 2
Verlangen eines Beteil die Belohng für alle hinterlegen.

661 *Preisausschreiben.* ᴵ **Eine Auslobung, die eine Preisbewerbung zum Gegenstande hat, ist nur gültig, wenn in der Bekanntmachung eine Frist für die Bewerbung bestimmt wird.**

ᴵᴵ **Die Entscheidung darüber, ob eine innerhalb der Frist erfolgte Bewerbung der Auslobung entspricht oder welche von mehreren Bewerbungen den Vorzug verdient, ist durch die in der Auslobung bezeichnete Person, in Ermangelung einer solchen durch den Auslobenden zu treffen. Die Entscheidung ist für die Beteiligten verbindlich.**

ᴵᴵᴵ **Bei Bewerbungen von gleicher Würdigkeit finden auf die Zuerteilung des Preises die Vorschriften des § 659 Abs. 2 Anwendung.**

ᴵⱽ **Die Übertragung des Eigentums an dem Werke kann der Auslobende nur verlangen, wenn er in der Auslobung bestimmt hat, daß die Übertragung erfolgen soll.**

1) Preisausschreiben ist eine Art der Ausl, gekennzeichnet dadch, daß nicht bereits die Leistg den Anspr 1
auf die ausgesetzte Belohng begründet, sond daß ein od mehrere PrRichter entsch, ob eine Leistg der Ausl
entspricht u welcher Bewerber den Pr erhalten soll. Mögl ist, daß keine Lösg die gestellte Aufgabe erf. Je
nach den AuslBdggen genügt zur Verwirklichg nicht erst die Erf der Aufgabe in jeder Hins, sond schon,
daß die angebotene Lösg den Vorstellgn des Auslobers so nahe kommt, daß er od das PrGer sie für preiswürd
hält (LG Dortm BauR **75**, 143). Vielf läßt die gestellte Aufgabe mehrere Lösgen zu u es beteiligen sich
Mehrere um den ausgesetzten Pr. Die zur Wirksamk notw, auch nachträgl zuläss FrBestimmg hat ihren Grd
darin, Verzögergen dch den Auslobden u die PrRichter zu vermeiden u hat Unwiderruflichk zur Folge
(§ 658 II). Anfechtg bleibt mögl. – Die Pfl zur Übertr des Eigt an dem prämierten Wk (IV) kann sich auch
aus der Sachlage ergeben. Sie umfaßt auch die Pfl zur Übertr des UrhR. Die nicht prämierten Bewerber
haben keine ErsAnspr. **Beispiele:** PrAusschr für wissenschaftl, künstler, sportl (BGH **LM** Nr 2) usw
Leistgen, Arch Wettbew (BGH BlGBW **68**, 37; bes Regeln hierfür BAnz **77**, Sonderbeilage), auch Werbe-

Ausschr in Zeitgen. Sind dessen Bdggen von jedermann ow zu erfüllen u erfordern sie keine wirkl Leistg, so begründet die richt Lösg keinen ZahlgsAnspr, vielmehr handelt es sich um Spiel, § 762, od, bei WarenPr, um genehmiggsbedürft Ausspielg, § 763 (Stgt MDR **86**, 756).

2   2) Entscheidung durch Preisrichter, anders §§ 659, 660.

a) Der **Preisrichter** ist in der Ausl zu bestimmen, auch eine PersMehrh, bei fehler Bestimmg der Auslobde selbst. Die Stellg des PrRichters ist der des Schiedsrichters ähnl (BGH **17**, 366). Ggf entsch also StimmenMehrh. HaftgsBeschrkg wie bei Staatsrichtern (Th-P Rn 10 vor § 1025).

3   b) Die **Entscheidung** ist für die Beteil **bindend.** §§ 317 bis 319 gelten also nicht. Die Entsch über die Zuerkenng des Pr ist gerichtl auf ihre sachl Richtigk nicht überprüfb (BGH MDR **66**, 572: Disqualifizierg bei Galopprennen). Grobe VerfFehler können geltd gemacht werden, als Rahmen der Nachprüfg kann § 1041 ZPO verwendet werden (BGH **17**, 366, BGH NJW **83**, 442: unberecht Ausschl von der Teilnahme wg vermeintl FrÜberschreitg). Anfechtg bleibt mögl. Die Unverbindlichk kann Ggst einer FeststellgsKl sein (BGH NJW **84**, 1118).

4   3) Weitere Rechtsbeziehungen. Enthalten die AusschreibgsBdggen zu einem ArchWettbew die Formulierg, der Auslober sei gewillt, einem der PrTräger die weitere Bearbeitg zu übertr, so ist das so auszulegen, daß der Auslober verpfl ist, einem PrTräger den Auftr zu erteilen; davon kann er nur aus wicht Grund absehen (BGH NJW **84**, 1533). Ergibt sich aus den AusschreibgsUnterlagen, daß nicht der Auslober selbst, sondern ein Dr das BauWk ausführen soll, so beschränkt sich die Verpfl des Auslobers auf das ernsth Bemühen, den Dr zur AuftrErteilg an den PrTräger zu bewegen (BGH NJW **87**, 2370). Schuldh unberecht Ausschl vom ArchWettbew verpfl zu SchadErs (BGH NJW **83**, 442).

5   4) Unlauterer Wettbewerb ist ein PrAusschreiben, wenn die angesprochenen Pers dazu verleitet werden können, ihre Entschließg nicht im Hinbl auf Eigensch u Pr der Ware zu treffen, sond im Hinbl auf sachfremde Mot, insb in der Hoffng, einen Pr zu gewinnen (BGH BB **76**, 435). Dazu genügt noch nicht, daß die Lösg jedermann ohne Mühe mögl ist (GratisVerlosg). Unlauter ist ein mühel zu lösdes PrAusschreiben mit hochwert Pr, wenn mit der Aushändigg eines TeilnScheins die Hingabe eines Vordrucks für warenbestellgen gekoppelt ist (BGH **73**, 621); wenn ein beigefügtes vorgedrucktes Bestellformular auch als TeilnSchein verwendet werden kann (BGH BB **76**, 435), od wenn dch zusätzl Umst über das Gratislos hinaus ein übertriebener Anlockeffekt erzielt wird (Hbg NJW-RR **86**, 132).

Zehnter Titel. Auftrag

Einführung

1   1) Begriff. – a) Auftr (richtiger: AVertr) ist ein **unvollkommen zweiseitiger Vertrag** (vgl Einf 3 vor § 320). Notw entstehen nur Pfl des Beauftr, solche des AuftrG nur uU u nicht als GgLeistg. Der Beauftr verpfl sich ggü dem AGeber vertragl (§ 662 Rn 2–4), für diesen unentgeltl (§ 662 Rn 8) ein Gesch zu besorgen (§ 662 Rn 5–7). Wg der Unentgeltlichk ist der A **Gefälligkeitsvertrag**, dh gerichtet auf fremdnütz Handeln. Die Tätigk des Beauftr im Interesse des AGebers setzt regelm ein bes VertrauensVerh zw beiden voraus.

2   b) Sprachgebrauch. Das BGB verwendet vereinzelt (§§ 662, 663) das Wort A iS des VertrAngebots von seiten des AGebers. Der allg SprachGebr verwendet den Begr A in einem viel weiteren Sinn als §§ 662 ff, näml als Antr auf Abschl und Verträge, zB eines D-, Wk-, Makler-, KommissionsVertr. Auch die Bestellg iR eines Kauf- od Wk-LifergsVertr heißt vielf A, ferner die Anweisg (§ 783). Man spricht auch von Auftr bei Erteilg einseit Weisgen iR eines bestehden Vertr od sonst RVerh, zB zur Ausführg bes Tätigken innerh eines DVertr; der Bankkunde erteilt einen ÜberweisgsA innerh des GeschBesVertr; Eltern erteilen ihren Kindern einen A zu einer Besorgg. Die ZPO spricht in §§ 166, 753 vom A der Part bzw des Gläub an den GVz. §§ 60, 70 BörsenG sprechen von A. All dies sind rechtl keine A iS der §§ 662 ff.

3   2) Abgrenzung. – a) Mit dem **bloßen Gefälligkeitsverhältnis** hat der A als GefälligkVertr gemeins die Fremdnützigk u die Unentgeltlichk. Er unterscheidet sich von ihm dch den RBindgsWillen, der bei bloß gesellschaftl, konventionellen od FreundschZusagen u bei den bloßen Gefälligken des tägl Lebens fehlt. Daß von Bitte od Gefälligk die Rede ist, spricht nicht notw gg das Vorliegen eines RBindgsWillens. Ob er besteht, ist nach den Umst des EinzFalles zu beurteilen (BGH **21**, 102). Einzelnen u Beisp vgl Einl 9 ff vor § 241. Bei Übern einer polit Tätigk ist ein RBindgsWille in aller Regel zu verneinen (BGH **56**, 204). Stehen, für den ANehmer erkennb, wirtsch Interessen des AGeber auf dem Spiel, so läßt dies regelm auf rechtl BindgsWillen schließen (Larenz SchR II § 56 I).

4   b) Andere Gefälligkeitsverträge haben mit dem A ebfalls Fremdnützigk u Unentgeltlichk gemeins, jedoch ist im Ggsatz zu ihnen (vgl §§ 521, 599, 690) das HaftgsMaß des Gefälligen nicht gemindert (BGH BB **64**, 100). **Leihe** erschöpft sich in unentgeltl GebrÜberlassg, **Verwahrung** in Raumgewährg u Übernahme der Obhut über bewegl Sachen. Der A hat Besorgg eines Gesch für einen und zum Inhalt, er verlangt also darüberhinaus eine Tätigk (§ 662 Rn 6). Ebsowen wie die gen Verträge ist der A **Schenkung.** Dafür fehlt es an der Verpfl zur VermMinderg, denn die unentgeltl zugewendete ArbKraft des Beauftr gehört als solche nicht zum Verm.

5   c) Von **entgeltlichen Verträgen,** die ebe GeschBes zum Ggst haben, unterscheidet sich der A dch seine Unentgeltlichk. Wird für die GeschBes eine Vergütg vereinb, so handelt es sich um einen **Geschäftsbesorgungsvertrag** je nach dem Inhalt mit **Dienst- oder Werkvertragscharakter,** für den § 675 weitgeh auf das AuftrR verweist. Je nach der Art des zu besorgden Gesch kann es sich um einen **speziellen Vertragstyp** handeln, zB Kommissions-, Speditions-, HandelsvertrVertr. Unterschied zum **Maklervertrag** vgl Einf 7 vor § 652.

3) Auftrag und Vollmacht. Die rgeschäftl Vollm, zu erteilen dch einseit, empfbedürft WillErkl, 6 (§§ 164 ff) ist von dem ihr zugrde liegden RVerh, das vielf A od GeschBes ist, streng zu unterscheiden. Der A betrifft das InnenVerh zw AGeber u ANehmer, er verpfl diesen schuldr zu einer Tätigk. Die Vollm betrifft das AußenVerh zu einem Dr, sie berecht den Beauftr zum Handeln im Namen des AGebers. Die Bevollmächtigg enthält, falls ihr kein spezielleres RVerh zugrde liegt, regelm bei Unentgeltlich einen A, bei Entgeltlich einen GeschBesVertr. Dagg ist mit dem Abschl eines AVertr nicht ow die Erteilg einer Vollm verbunden. Hat der Beauftr namens des AGebers, auch für den, den es angeht (§ 164 Rn 1–3) gehandelt, so erwirkt dieser, falls Vollm besteht, unmittelb u wird Dr ggü unmittelb verpfl; fehlt sie, so gelten §§ 177 ff. Handelt der Beauftr im eig Namen, wenngleich für Rechng des AGebers, so erwirbt er selbst u verpfl sich Dr ggü selbst (§ 667 Rn 5).

4) Entsprechende Anwendung der od einz AVorschr sieht das G in zahlr Fällen vor. Der Schwerpkt in 7 der Praxis liegt bei § 675. Im ähnl gelagerten ges SchuldVerh der GoA verweisen §§ 681 S 2, 683 S 1 auf AuftrR. Ferner überträgt das BGB verschiedentl einem ges Vertr (Vormd, Pfleger), dem Organ einer JP od einer Gesellsch (Vorstand, Liquidator eines eingetr Vereins, geschführder Gter) od einer amtl bestellten Pers (TestVollstr) die Pfl, Gesch für einen and zu besorgen, insb dessen VermInteressen wahrzunehmen. Die R u Pfl sind in diesen Fällen häuf dch Verweisg auf §§ 662 ff geregelt, zB §§ 27 III, 48 II, 712 II, 713, 1691 I, 1835 I, 1915 I, 2218 I. In and Fällen dieser Art (Eltern, Vorstand einer AG, KonkVerw) enthalten die ges Best gleiche od ähnl Regelgn. – Ein aufträhnl RVerh besteht, wenn ein Eheg dem and sein Verm zur Verw überläßt (§ 1413 Rn 1–3).

5) Öffentliches Recht. Ersuchen von PrivPers an Beh, Ersuchen vorgesetzter an nachgeordnete Beh u 8 AOen von Beh an PrivPers (§ 670 Rn 14) sind keine A. Auch bei der AVerw handelt es sich nicht um ein bürgerlrechtl AVerh, sond um ein ör ZuordngsVerh eig Art (BVerwG **12**, 253). – Der Zustellgs- bzw VollstrA der Part bzw des Gläub (§§ 166, 753 ZPO) ist kein bürgerlrechtl A, sond ein Antr, der ein öff RVerh begründet (Th-P § 753 Rn 14). – Bei HilfeLeistg aGrd ör Pfl od im öff Interesse sind AVorschr über § 683 S 2 anwendb (vgl § 670 Rn 15). – Das VerwR kennt AuftrVerh, die auf einer Vereinbg zw der Verw u nichtstaatl Stellen, insb Bürgern beruhen, also ör AVerträge. Sow nicht des R eine Regelg enthält od in der Vereinbg eine solche getroffen ist, können die §§ 662 ff bei gleicher od ähnl Interessenlage entspr herangezogen werden (Schack JZ **66**, 640, Klein DVBl **68**, 129).

6) Internationales Privatrecht vgl EG Art 28 Anm 4 i. **In der früheren DDR** gilt für Auftr mit 9 wiederkehrden pers Leistgn die ÜbergangsVorschr in EG Art 232 § 6.

662 *Begriff.* Durch die Annahme eines Auftrags verpflichtet sich der Beauftragte, ein ihm von dem Auftraggeber übertragenes Geschäft für diesen unentgeltlich zu besorgen.

1) Allgemeines. Begr u Wesen, Abgrenzg zu GefälligkVerh u zu and Vertr, A u Vollm, entspr Anwendg 1 der AVorschr u ihre Anwendbark im öff R vgl Einf. SondRegel für A iF des Konkurses in § 23 I KO.

2) Auftragsvertrag. – a) Abschluß. Er folgt den allg Regeln über Verträge (§§ 104 ff, Einf vor § 145, 2 §§ 148 Rn 1 ff, 154 Rn 1–3). Das VertrAngebot kann vom AGeber (meist) od vom ANehmer ausgehen. Die Ann kann konkludent erklärt werden, zB dch Beginn der Ausführg. Der Vertr ist grdsätzl formfrei. Über Formbedürftigk im Zushang mit GrdstErwerb od -Veräußerg vgl § 313 Rn 18 u § 675 Rn 20–24. Unwiderrufl Auftr zur Verw des späteren Nachl bedarf der Form der letztw Vfg (RG **139**, 41). Die allg NichtigkGrde gelten, z.B. A Auftr zu einem ges verbotenen RGesch (BGH **37**, 258: GeschBesVertr mit nicht zugelassenem RBerater). Ob sich bei Nichtigk des AVertr die RBeziehgn der Beteil nach §§ 677 ff regeln, ist str (vgl § 677 Rn 8–12). SpezialVorschr für die Erteilg von Rat u Empfehlg in § 676.

b) In seinem **Inhalt** kann der Auftr gerichtet sein auf die Besorgg eines best EinzGesch, auf die Erledigg 3 aller Maßn in einer best Angelegenh, auf einen sachl abgegrenzten Kreis von Angelegenh des AGebers. Das BGB kennt keinen typ Verwalter- od TreuhänderVertr (BGH BB **69**, 1154).

c) Für die **Vertragsabwicklung** gelten ebenf die allg Regeln, Haftg für Geh §§ 664, 278. Mehrere 4 Beauftr stehen untereinand mangels and Vereinbg nicht in einem VertrVerh. Für die **Beendigung** gelten neben den allg Regeln die bes Vorschr in §§ 671–674.

3) Besorgung eines Geschäfts für den AGeber bedeutet Tätigk in fremdem Interesse. Dieses in § 662 5 enthaltene Merkmal deckt sich mit der GoA, §§ 677 ff, ist aber nach herrschder Auffassg, was die Art der Tätigk betrifft, weiter als in § 675 (vgl dort Rn 3).

a) Auf eine **Tätigkeit** muß die Verpfl des Beauftr gerichtet sein. Bloßes Unterl, Gewährenlassen, Dul- 6 den, Geben genügt nicht (ebso MüKo/Seiler Rdn 20), zB Mitwohnen- u Einstellenlassen, Mitfahrenlassen. Es liegt dann ein and GefälligkVertr vor (Einf Rn 1) od es handelt sich ledigl um ein GefälligkVerh (Einf Rn 3). Tätigk ist in weitem Sinne zu verstehen. Darunter fallen die Vornahme von RGeschen, rechtsähnl u tats Hdlgen gleich welcher Art, ausgen ledigl rein mechan Handreichgn (Soergel-Mühl Rdn 10, Larenz SchR II § 56 I).

b) In **fremdem Interesse** liegt die Tätigk des Beauftr, wenn sie „an sich der Sorge eines and", wenn auch 7 nicht notw seiner pers Vornahme obliegen würde, also die Interessen des AGebers fördert; sie müssen nicht wirtsch Natur sein (BGH **56**, 204). Daß der Beauftr mit der Tätigk zugl eig Interessen mitverfolgt, steht nicht entgg (BGH **16**, 265 [273]), zB bei Maßn des SichergsZessionars ggü dem Schu (vgl § 398 Rn 20).

4) Unentgeltlich (vgl § 516 Rn 8–10) besorgt der Beauftr das Gesch. Er bekommt für seine Tätigk im 8 Interesse des AGebers, für die ArbLeistg u den ZeitAufw, die damit verbunden sind, als solche keine Vergütg. Vereinb AufwErs stellt die Unentgeltlich nicht in Frage (§ 670). Eine Zuwendg des AGebers an den Beauftr nach VertrAbschl ist im allg (AusleggsFrage) nicht als Schenkg gedacht, sond als nachträgl vereinb Vergütg für die GeschBes (RG **74**, 139). Sie beseitigt also die Unentgeltlich. Die BewLast für die

Unentgeltlk trägt der dienstberecht AGeber, wenn nach den Umst die DLeistg (§ 612 I) nur gg Entgelt zu erwarten ist (BGH MDR **75**, 739).

9 **5) Vertragspflichten. – a) des Beauftragten.** Seine HauptPfl ist die Besorgg des übertragenen Gesch. Dabei muß er mit der im Verk erforderl Sorgf das Interesse des AGebers wahrnehmen. IF des § 663 vorvertragl Pfl, die Ablehng des A anzuzeigen. Wg des pers VertrauensVerh ist weder der Anspr auf Ausführg des A noch diese selbst übertragb (§ 664). Trotz einer gewissen Selbständigk u EigVerantwortlichk bei der Ausführung muß der Beauftr Weisgen des AGebers befolgen u hat iF der Abweichg Anz zu machen (§ 665). Währd der Ausführg muß er Ausk erteilen, nach Ausführg Rechng legen (§ 666) u das Erlangte herausgeben (§ 667). VerzinsgsPfl in § 668. Bes VorsorgePfl bei u nach Beendigg des A enthalten §§ 671 II, 672 u 673 je S 2. – Neben diesen im Ges ausdr erwähnten Pfl bestehen aGrd des dem A eigtüml, häuf persbezogenen VertrauensVerh weitere Pfl, die sich im EinzFall aus dem Inhalt des A u den näheren Umst ergeben. So kann eine Pfl des Beauftr zur **Prüfung, Belehrung,** ggf **Warnung** des AGebers bestehen, insb wenn der Beauftr sachverständ ist. IR des GiroVertr besteht grdsätzl die Pfl der Bank, den Kunden auf rechtl Bedenken aufmerks zu machen, die sie ggü dem erteilten A hat od bei Anwendg der erforderl Sorgf eines ord Kaufmanns haben muß (BGH **23**, 222: BelehrgsPfl der Bank über DevisenVorschr; BGH **33**, 293: BelehrgsPfl der Bank beim finanzierten AbzKauf; BGH NJW **64**, 2058: BelehrgsPfl der Bank über GÄnd beim Abschl steuerbegünstigten SparVertr; BGH WM **67**, 72: Steuerberater hat AGeber auch ungefragt über die Möglichk von SteuerErsparn zu belehren). WarnPfl u Pfl zur Abweichg von Weisgen vgl § 665 Rn 12. – An übergebenen Sachen (vgl § 667) hat der Beauftr eine Pfl zur **Verwahrung** u **Obhut.** – Bei A in der streng priv od Intimsphäre (vgl § 823 Rn 1–8) folgt aus seiner Natur eine weitgehde Pfl zur **Diskretion** (BGH **27**, 241: ÜberweisgsA an Bank). – Bei TrHdVertr kann der TrHänder zu **Sicherungsmaßnahmen** verpfl sein, wenn der TrGeb hierzu außerstande ist (BGH **32**, 67). – Ein **Recht auf Ausführung** hat der Beauftr idR nicht, weil es sich um einen GefälligkVertr allein im Interesse des AGebers handelt (Einf 1).

10 **b) des Auftraggebers.** Für ihn müssen, da der A ein unvollk zweiseit Vertr ist (Einf 1), nicht notw Pfl entstehen. Insb schuldet er keine Vergütg. Er muß dem Beauftr seine Aufw ersetzen (§ 670), auf Verlangen auch bevorschussen (§ 669). FürsPfl für Leben u Gesundh des Beauftr; falls die übernommene Tätigk bei Entgelt dienstvertragl Art wäre, sind §§ 618, 619 analog anwendb (BGH **16**, 265). Ers von Zufallsschäd bei Ausführg des Auftr vgl § 670 Rn 9–13.

11 **c) Pflichtverletzung, Haftungsmaß.** Eine nicht vereinbgem GeschBes kann der AGeber im allg zurückweisen (vgl § 665 Rn 11). Ein beiderseit ZbR regelt sich nach § 273. Der Beauftr haftet bei Nicht- od SchlechtAusführg des A u bei Verletzg and Pfl nach § 276 für Vors u Fahrlk. Das HaftgsMaß ist nicht etwa wie in §§ 521, 599, 690 gemindert (BGH BB **64**, 100, BGH **30**, 40 [47]), außer bei abw Vereinbg, anzunehmen bei einem Auftr zur Abwendg einer dringden Gefahr entspr § 680 (Erman-Hauß Rdn 12 vor § 662). Der ANehmer ist schaderspflichtig, wenn bei Ausf des Auftr die Möglichk ergibt, ohne weiteren finanziellen Einsatz dem AGeber über die Ausf des Auftr hinaus weitere VermVorteile zu verschaffen, die der Beauftr statt dessen einem Dritten zuführt (BGH ZIP **83**, 781). – Ebso haftet der AGeber nach § 276. – Für die GehHaftg gelten §§ 664, 278, für MitVersch des geschäd VertrPartners § 254.

12 **6) Beispiele.** In § 675 Rn 6 sind Beisp für GeschBesVertr aufgeführt. Sow in solchen VertrVerh keine Vergütg vereinb ist, handelt es sich um A, denn Tätigken, die unter den engeren Begr der GeschBes in § 675 fallen, fallen jedenf auch unter den weiteren in § 662 (vgl Rn 6). Ferner spezielle u einfache GeschBesVertr, die auf eine nichtwirtsch Tätigk gerichtet sind, also nicht unter § 675 fallen, wie Tätigk des Arztes, Maklers, Kommissionärs, des Erziehers, Vorlesers, Handwerkers, sow im EinzFall (selten) keine Vergütg vereinb ist. Verh zw HauptSchu u Bü od and SichergsGeber (BGH **LM** § 516 Nr 2, Karlsr WM **91**, 1161: Bestellg dingl Sicherh für fremde Schuld): GefälligkAkzept, EinlösgsPfl des AusSt ggü dem Akzeptanten (v Caemmerer NJW **55**, 41 [46]); InzahlgNahme von Kundenwechseln (Soergel NJW **64**, 1943); KreditA § 778.

663 *Anzeigepflicht bei Ablehnung.* **Wer zur Besorgung gewisser Geschäfte öffentlich bestellt ist oder sich öffentlich erboten hat, ist, wenn er einen auf solche Geschäfte gerichteten Auftrag nicht annimmt, verpflichtet, die Ablehnung dem Auftraggeber unverzüglich anzuzeigen. Das gleiche gilt, wenn sich jemand dem Auftraggeber gegenüber zur Besorgung gewisser Geschäfte erboten hat.**

1 **1) Anwendungsgebiet. Rechtsfolgen.** Die Bedeutg der Vorschr für den A selbst ist gering, sie hat dagg – über § 675 – wesentl Bedeutg für entgeltl GeschBesVertr. Grdsätzl begründet ein A od Antr auf GeschBes weder die Pfl zur Ablehng noch die zur Ann, es besteht also insb kein Kontrahiergszwang (Einf 8, 9 vor § 145); ein solcher besteht auch für Kaufleute in den Fällen des § 362 HGB nicht, doch gilt hier iF bestehder GeschVerbindg od wenn der Kaufmann sich zur GeschBes ggü dem Antragden erboten hat, das Schweigen (die nicht unverzügl Ablehng) auf einen BesorggsAntr als Ann (Fiktion). § 663 geht nicht so weit wie § 362 HGB, begründet aber für die dch ihn geregelten Sonderfälle die Pfl zu unverzügl Erkl der Ablehng. Folge schuldh Schweigens ist SchadErsPfl, allerd nicht Ers des ErfSchad wie in § 362 HGB, sond des Vertrauensschadens, der dem AGeber dadch entsteht, daß er im Vertrauen auf die Ann des A davon absieht, das vorgesehene Gesch anderweit zu erledigen (BGH NJW **84**, 866). § 663 ist einer der gesetzl geregelten Fälle der c. i. c. (§ 276 Rn 65–103). – Wenn auch beim A weder allg noch in den Sonderfällen des § 663 das Schweigen auf den Antr des AGebers als Ann gilt, so kann doch uU auch in den Fällen des § 663 die Ann konkludent erklärt werden (vgl § 662 Rn 2). Die NichtAusf begründet dann die Haftg auf das ErfInteresse.

2 **2) Voraussetzungen der Anzeigepflicht: – a) Öffentliche Bestellung** bedeutet hier, wie aus der Gleichstell mit dem öff Erbieten zu schließen ist, Bestellg im Wege der öff Erkl, also nicht notw dch eine ör Stelle. Geht die Bestellg von einer ör Stelle aus, so wird der Bestellte meist Beamter (so zB GVz), od doch Amtsträger (so Notar) sein, so daß § 663 wg Fehlens eines abzuschließden privrechtl Vertr überh entfällt, vielm Staatshaftg eintritt. – Ör ErlaubnErteilg ist nicht öff Bestellg.

b) Öffentliches Sicherbieten. Öff: zB dch Schild am Haus, öff GeschLokal, ZeitgsAnz. Das Sicherbieten **3** ist Aufforderg zur AErteilg, nicht schon VertrAntr. Hierher gehören ua: Makler des BGB, Rechtsberater, Patentanwälte, Taxatoren, Versteigerer, Banken; dagg bei Erbieten gg Entgelt nicht Ärzte, Hebammen, da sie iS des § 675 nicht „Geschäfte besorgen" (vgl § 675 Rn 3). Für RA gilt die entspr Vorschr des § 44 BRAO. – Für Handelsmakler, Spediteure, Kommissionäre gilt § 362 HGB, wenn die Vorauss von dessen Abs I vorliegen. Fehlen sie, gilt § 663.

c) Erbieten gegenüber dem Auftraggeber, also individuell, nicht öff. **4**

664 *Übertragung, Haftung für Gehilfen.* [I] Der Beauftragte darf im Zweifel die Ausführung des Auftrags nicht einem Dritten übertragen. Ist die Übertragung gestattet, so hat er nur ein ihm bei der Übertragung zur Last fallendes Verschulden zu vertreten. Für das Verschulden eines Gehilfen ist er nach § 278 verantwortlich.

[II] Der Anspruch auf Ausführung des Auftrags ist im Zweifel nicht übertragbar.

1) Übertragung der Ausführung (Substitution) bedeutet, daß der Beauftr die GeschBes vollständ od **1** teilw einem Dr in eig Verantwortg überlassen darf (BGH NJW **93**, 1704). Der Dr unterstützt dann nicht ledigl den Beauftr in allen od einz Verrichtgen (Abgrenzg zur Gehilfensch, Rn 4). Dabei kann der Beauftr die Ausf des A mit Vollm des AGebers in dessen Namen weitergeben; dann ist der AGeber unmittelb ggü dem Substituten berecht u verpfl. Der Beauftr kann auch im eig Namen den A weitergeben; dann ist er selbst ggü dem Substituten berecht u verpfl, kann dabei auch den Schad des AGebers geltd machen (Rn 115 vor § 249). Den ErsAnspr gg den Substituten hat er gem § 667 an den AGeber abzutreten. – Von den Funktionen, die der Beauftr selbst zu erfüllen hat, sind die zu unterscheiden, die er nur zu veranlassen hat, zB ein mit Verw Beauftr läßt dch Handwerker Reparaturen ausführen: hier Haftg nur für eig Versch bei Auswahl, Weisg, ggf bei Überwachg. Das ist weder VollÜbertr noch Gehilfensch.

a) Verbot der Vollübertragung ist nach der AusleggsVorschr in I 1 die Regel. Die Verpfl zur persönl **2** Ausf ergibt sich aus dem bes VertrauensVerh zw den Beteil, das dem A meist zGrde liegt. – **Haftung:** Überträgt der Beauftr ohne Gestattg, so hat er dem AGeber jeden aus der Weitergabe adäquat verurs Schad zu ersetzen, ohne daß es auf dessen Vorhersehbark od auf ein Versch des Substituten ankommt.

b) Gestattung der Vollübertragung (I 2) kann sich bei VertrAuslegg ergeben, zB wenn für die Art der **3** Tätigk das persönl VertrauensVerh keine entscheidde Rolle spielt. Ist die Übertr nicht gestattet, kann sich die Berechtigg zur Abweichg bei Behinderg des Beauftr u Eilbedürftigk aus § 665 ergeben. Die BewLast für die Gestattg trägt der Beauftr. – **Haftung:** Der Beauftr haftet in diesen Fällen nur für eig Versch bei der Übertr, dh bei Auswahl u Einweisg des Substituten. Eine Pfl zu seiner Überwachg besteht regelm nicht, kann sich aber im EinzFall aus der getroffenen Vereinbg ergeben. Für ein Versch des Substituten haftet der Beauftr nicht. – Kein Fall der Gestattg ist die amtl Bestellg eines Vertr für einen RA nach § 53 BRAO, hierfür gilt § 278.

2) Zuziehung von Gehilfen (I 3) geschieht zur Unterstützg des tät bleibd Beauftr u ist zu unterscheiden **4** von der VollÜbertr (Rn 1–3). Sie ist regelm gestattet, sow sich nicht ausdrückl od bei interessengerechter Auslegg aus dem Vertr das GgTeil ergibt, zB wenn die erforderl strenge Diskretion nicht gewahrt werden könnte (vgl § 662 Rn 9). War die Zuziehg nicht gestattet, so kann sich die Berechtigg dazu aus § 665 ergeben. Keine Gehilfensch liegt vor iF der Rn 1. – **Haftung:** Bei gestatteter Zuziehg gilt § 278; ist die Haftg des Beauftr selbst vertragl gemildert, gilt dasselbe auch für die HilfsPers (vgl § 278 Rn 37). In der nicht gestatteten Zuziehg liegt ein eig Versch, das für alle Schäd haftb macht, die der Geh adäquat verurs.

3) Der **Anspruch auf Ausführung** des A ist grdsätzl **unübertragbar** (II). Auch diese AusleggsRegel ist **5** eine Folge des dem A meist eig persönl VertrauensVerh. Das GgTeil kann sich aus der VertrAuslegg ergeben. Da nicht übertragb, ist der Anspr des AGebers nicht pfändb u verpfändb, er kann nicht Ggst eines Nießbr sein u er fällt nicht in die KonkMasse. A u GeschBesVertr erlöschen bei KonkEröffng, § 23 KO. Inf der AAusf bereits entstandene Anspr sind übertragb, zB §§ 666, 667.

4) Entsprechende Anwendung auf den VereinsVorstd u -Liquidator, §§ 27 III, 48 II, den geschführden **6** Gter, § 713, den TestVollstr, § 2218 I. Für den GeschBesVertr ist in § 675 der § 664 nicht genannt. Das schließt aber seine entsprechde Anwendbark, sow es auf ein enges persönl VertrauensVerh ankommt, nicht schlecht aus (BGH NJW **52**, 257, Soergel-Mühl Rdn 4, Larenz SchR II § 56 V, weitgeh ebso, aber mit Einschränkgen bei der Anwendbark des HaftgsPrivilegs in I 2 Koller ZIP **85**, 1243 [1247]; aA Erman-Hauß Rdn 7). Für den DVertr enthält § 613 die gleiche Regelg wie § 664 I 1 u II. Für den WkVertr mit enger persönl Bindg ergibt sich aus § 399 die gleiche Konsequenz wie aus II. Bei GoA gilt § 664 nicht (BGH NJW **77**, 529). – Amtl bestellter RA-Vertr vgl Rn 3.

665 *Abweichung von Weisungen.* **Der Beauftragte ist berechtigt, von den Weisungen des Auftraggebers abzuweichen, wenn er den Umständen nach annehmen darf, daß der Auftraggeber bei Kenntnis der Sachlage die Abweichung billigen würde. Der Beauftragte hat vor der Abweichung dem Auftraggeber Anzeige zu machen und dessen Entschließung abzuwarten, wenn nicht mit dem Aufschube Gefahr verbunden ist.**

1) Bedeutung, Anwendungsbereich. Die Vorschr regelt das SpanngsVerh zw der Selbständigk, die der **1** Beauftr zur Ausf des A benötigt u dem Umst, daß der AGeber, weil es um seine Interessen geht, Herr des Gesch auch währd der Ausf bleiben muß. Sie verlangt vom Beauftr denkden, nicht blinden Gehors, indem sie davon ausgeht, daß er an Weisgen des AGebers grdsätzl gebunden ist (Rn 3), unter gewissen Voraussetzgen aber auch von ihnen abweichen darf (Rn 8–11) od sogar muß (Rn 12). § 665 gilt kraft Verweisg auch für den GeschBesVertr (§ 675), den VereinsVorstd u -Liquidator (§§ 27 III, 48 II) u den geschführden Gter (§ 713).

2   **2) Die Weisung** ist nicht selbst A (Einf 2) iS eines annahmebedürft Angeb auf Abschl eines AVertr, sond einseit Erkl des AGebers, dch die er einz Pfl des Beauftr bei Ausf des A konkretisiert, zB ÜberweisgsA iR eines GiroVertr (BGH **10**, 319), AbbuchgsAuftr iR eines LastschrVerf (BGH Betr **78**, 1826). Sie kann auch nachträgl erteilt werden.

3   **a) Bindung für den Beauftragten.** Dabei ist allerd eine Weisg nicht nach dem Buchstaben aufzufassen, sond ggf nach dem vermutl Willen des AGebers und der VerkSitte auszulegen. Bei Zweifel ist Rückfrage erfdl. So kann ein A zur Aufbewahrg einer größeren Geldsumme auch dch Bankeinzahl erfüllt werden, uU sogar zu erf sein. Im Akkreditiv- u ÜberweisgsVerk muß sich die Bank streng an den A halten bzw mit der Ausf bis zum Eintreffen der Unterlagen warten (BGH NJW **91**, 2139) od, wenn sie das nicht will, seine Ausf ablehnen (BGH NJW **71**, 558); ebso bei Weisgen innerh eines Auftr zum Einkauf von Wertpapieren (BGH WM **76**, 630). Abweichgen sind nur zuläss, wenn einwandfrei unerhebl u unschädl (BGH **LM** Nr 3). – Fühlt sich der Beauftr dch die Weisg beschwert od hält er sie für unzweckmäß, so kann er den A in den Schranken des § 671 jederzeit kündigen.

4   **b) Keine Bindung für den Auftraggeber,** denn er bleibt Herr des Gesch. Der Widerruf wirkt für die Zukunft (BGH **17**, 317 [326]), ist also nach Ausf des A wirkgslos.

5   **c) Überweisungsauftrag im Giroverkehr** ist ledigl Weisg (BGH ZIP **91**, 862). Widerruf (eingeh Häuser NJW **94**, 3121) ist mögl, bis die Weisg erf ist. Das ist, auch bei elektron DatenVerarbeitg der Fall, sobald nach dem in einem entspr Organisatsakt der Bank zum Ausdruck kommden Willen die Daten der Gutschr zur vorbehaltl Bekanntgabe an den ÜberweisgsEmpf zur Vfg gestellt werden, also spätestens mit der Gutschr auf seinem Konto (Köln ZIP **94**, 1257); vor diesem Zeitpunkt nur, wenn der Empf mit dem Willen der Bank unmittelb Zugriff auf Datenbestand erlangt, zB dch Kontoauszugsdrucker (BGH **103**, 143). Den Überweisgs-sA an eine ausländ EmpfBank hat die beauftr Bank dadch erf, daß sie den A an eine ihr zwgeschaltete Bank weiterleitet u die erfordl Deckg bereit stellt, auch wenn die Dchführg der Überweisg aus Grden scheitert, die nicht in der Sphäre der beauftr Bank liegen; die zwgeschalteten Banken sind nicht ErfGeh der erstbeauftr Bank (BGH NJW **91**, 2210). Bei Gutschrift auf ein Konto „pro diverse", zB weil der Empf dort kein Konto besitzt, kommt es darauf an, ob im EinzFall damit bereits der Begünstigte einen AuszahlgsAnspr gg die EmpfBank erworben hat, zB dch Gutschr für einen best Begünstigten (BGH MDR **59**, 188). Lassen die Umst nicht erkennen, daß die Bank zur jederzeit Auszahlg bereit ist, so ist die Weisg noch nicht vollzogen u widerrufb (BGH **27**, 241). Bei der mehrgliedr Überweisg im GiroVerk (vgl § 675 Rn 7–12) bestehen VertrBeziehgen u damit ein WiderrufsR nur zw dem Gl u seiner Bank, außerdem zw den zwgeschalteten Banken, nicht zw Gl u ZwBanken od EmpfBank (BGH **69**, 82). Hat der Empf mehrere Konten, entscheidet die aus dem ÜberweisgsTräger erkennb Zielsetzg (Schlesw WM **84**, 549). Ist das angegebene Konto ein Sperrkonto, so ist Gutschr auf einem freien Konto keine Ausf des Auftr (BGH WM **74**, 274). Ebsowen die Gutschr eines treuhänder von einer and Bank empfangenen DarlBetr auf dem Girokonto eines Kunden, wenn die Bank das dadch entstandene Guth ohne Einverständn des Kunden iR des Kontokorrents mit dem Schuldsaldo verrechnet (BGH NJW **74**, 1802). Stimmen auf dem ÜberweisgsAuftr die angegebene KontoNr und die EmpfBezeichng nicht überein, so sind im beleglosen Datenträgeraustausch zw den beteil Banken die Richtlinien für den Interbank-Verk maßg (BGH **108**, 386), im beleggebundenen Verk die EmpfBezeichng (BGH WM **91**, 1912). Bei Fehlleitg hat die EmpfBank den Betr u einen für die Abwicklg erhaltenen Vorschuß für ihre Aufw zurückzuerstatten, falls nicht die Berufg des AGebers auf die Fehlleitg gg Tr u Glauben verstößt, zB wenn der angestrebte Erfolg trotzdem eingetreten ist (BGH WM **91**, 1912 u 1918). Ein im beleglosen Datenträgeraustausch erteilter ÜberweisgsAuftr ist nicht ordgsgem ausgeführt, wenn die Bank das Konto eines RentenEmpf nach dessen Tod auf seine Ehefrau umschreibt, ohne die KontoNr zu ändern od die überweisde Stelle zu informieren (Karlsr WM **88**, 1330). Der ÜberweisgsAuftr ist ggü der Bank auch dann frei widerrufb, wenn der AGeber das unterzeichnete Formular seinem Gl zur Einreichg bei der Bank des AGebers ausgehändigt hat (Nürnb MDR **77**, 1016). Die Angabe des VerwendgsZweckes auf der Überweisg ist im Verh zw AuftrG einers u seiner (angewiesenen) u der EmpfBank andrers idR unbeachtl u ledigl als weitergeleitete Mitteilg des Zahlden an den ZahlgsEmpf zu betrachten (BGH **50**, 227, Düss NJW-RR **87**, 1328). Diese Weiterleitg ist eine NebenVerpfl der Bank, aus deren NichtErf SchadErsAnspr nach pVV entstehen können (BGH WM **76**, 904). Im EinzelFall kann es sich bei der Ausfüllg der Spalte „VerwendgsZweck" um mehr als um eine Angabe für den Empf handeln; ist dies für die gutschreibde EmpfBank aus außerh des GiroÜberweisgsVerk liegden Umst erkennb, so muß sie solche Angaben beachten (BGH WM **62**, 460). Eine Weisg über die Art u Weise der Ausf des ÜberweisgsAuftr kann wirks auch außerh des ÜberweisgsFormulars erteilt werden (Zweibr BB **84**, 748). Der GeschBesVertr der zwgeschalteten mit der EmpfBank kann Schutzwirkg zG des überweisden Schu haben

6   (Ffm WM **84**, 726). Das **Fälschungsrisiko** bei Ausf des ÜberweisgsAuftr trägt grds die Bank (BGH WM **94**, 2073), außer wenn der Kunde einen VertrauensTatbestd bezügl der Echth des ÜberweisgsAuftr geschaffen hat, auf den die Bank sich verlassen durfte, zB durch Blankounterzeichng od bewußt unvollst Ausfüllg (BGH DB **92**, 2493).

d) Abbuchungsauftrag, Einzugsermächtigung vgl § 675 Rn 15–18.

7   **e) Scheckwiderruf** ist erst nach Ablauf der VorleggsFr wirks (Art 32 I ScheckG), eine Vereinbg zw bezogener Bank u Scheck Ausst, den Widerruf bereits vor Ablauf der VorleggsFr zu beachten, ist wirks (BGH **35**, 217).

8   **3) Abweichung von erteilter Weisung** kann veranlaßt sein, wenn der AGeber irrige Vorstellgen über die Umst hatte od wenn sie sich später geändert haben.

9   **a) Zur Abweichung berechtigt** ist der Beauftr: – **aa)** Unter den **Voraussetzungen in S 1,** nach dem Umst begründete od der Billigg. BewLast beim Beauftr (KG OLGZ **84**, 1). Außer bei Gef bei Aufschub muß der Beauftr gem S 2 Anz machen u die Entschließg abwarten. Auch bei Gef darf er nur abweichen, wenn mit Billigg zu rechnen ist (BGH VersR **77**, 421). Eine Gef ist im ZivProz, den RA führt, regelm zu verneinen (BGH **LM** § 675 Nr 28: BerufsgsRückn im ProzVergl ohne Rückfrage). – **bb) Sonst** nach Anz u Abwarten einer angem Fr (§ 147 II). Nach ihrem Ablauf darf der Beauftr im allg abweichen (str).

b) Pflichten. Bei jeder Abweich muß sich der Beauftr von dem vermuteten Willen od, wenn nicht zu 10 ermitteln, vom erkennb Interesse des AGebers leiten lassen. BewLast beim Beauftr. Außerdem Pfl zur nachträgl Benachrichtigg, § 666. Andernf SchadErs.

c) Bei unberechtigter Abweichung: SchadErs nach §§ 276, 249 ff (BGH BB **56**, 771: Architekt, Ab- 11 weich von BauGen, BGH WM **76**, 380: abredewidr Veräußerg eines nur als Sicherh gegebenen Depotwechsels); vgl HGB § 385. Kein SchadErsAnspr, wenn der AGeber dch die weisgswidr Ausf des Auftr das erhält, was er erhalten wollte (BGH ZIP **83**, 781). Der AGeber braucht das abweichd ausgeführte Gesch nicht als Erf des A gelten zu lassen, falls nicht Tr u Glauben and gebieten, od der Beauftr bereit ist, die Nachteile von sich aus auszugleichen (vgl § 386 II HGB), od der AGeber sich nachträgl die weisgswidr Erf des A zu eigen macht (BGH VersR **68**, 792); der AGeber kann sodann Herausg des Erhaltenen nach § 667 verlangen (BGH WM **76**, 904). Der AGeber verstößt gg Tr u Glauben, wenn er die weisgswidr Ausf nicht gg sich gelten lassen will, obwohl die Abw sein Interesse überh nicht verl (BGH WM **80**, 587), insb der von ihm angestrebte RErfolg i Erg voll eingetreten ist. Einen solchen Verstoß gg Tr u Glauben hat der ANehmer darzutun, nicht umgekehrt der AGeber, daß seine Weisg vernünft u zweckmäß war u desh ihre Nichtbeachtg gg sein Interesse (BGH WM **76**, 630). Der AGeber trägt die BewLast für Inhalt u Umfang des erteilten Auftr, der Weisg, der Beauftr für die weisgsgem Erf (BGH VersR **87**, 663).

4) Ob eine Pflicht zur Abweichung, zumindest eine **Warnpflicht** vor Ausf der Weisg besteht, beurteilt 12 sich nach den Umst des EinzFalles. Der sachkund Beauftr hat bei Bedenken gg erteilte Weisgen den AGeber zu beraten u zu warnen (BGH NJW **85**, 42: RA). HinwPfl der Bank bei rechtl Bedenken im Überweisgs-Verk (vgl § 662 Rn 9). Die Girobank, die einen ÜberweisgsAuftr erhalten hat, darf der endbeauftr Bank des ZahlgsEmpf, wenn sie erkennt, daß deren ZusBruch bevorsteht, daher der Erfolg der Überweisg nicht mehr erreichb ist, keine Gutschrift mehr erteilen (BGH NJW **63**, 1872: Haftg dem Empf ggü aus § 826 bejaht, vgl dort Rn 38). Die Anfdgen an die Belehrgs- u AufklärgsPfl der Bank sind nicht zu überspannen, weil ihr die Beziehgen zw ihrem AGeber u dem Dr im allg unbekannt sind (BGH WM **60**, 1321). Eine RPfl der Bank, ihren Kunden vor risikobehafteten Gesch zu warnen, ist im allg zu verneinen (BGH WM **61**, 510).

666 *Auskunfts- und Rechenschaftspflicht.* **Der Beauftragte ist verpflichtet, dem Auftraggeber die erforderlichen Nachrichten zu geben, auf Verlangen über den Stand des Geschäfts Auskunft zu erteilen und nach der Ausführung des Auftrags Rechenschaft abzulegen.**

1) Allgemeines. Die drei InformationsPfl des Beauftr erklären sich daraus, daß er seine Tätigk im 1 Interesse des AGebers ausübt (§ 662 Rn 6, 7) u dieser Herr des Gesch bleibt (§ 665 Rn 1). – Da die InformationsAnspr der Vorbereit u Erf des HerausgAnspr aus § 667 dienen, sind sie grds **nicht selbständig übertragbar**, sond nur zus mit der Abtretg des HauptAnspr; vgl §§ 259–261 Rn 25, 26. Gleiches gilt für Verpfändg u Pfändg. – Es handelt sich um VorleistgsPfl des Beauftr, also **kein Zurückbehaltungsrecht** wg eig GgAnspr (§ 273 Rn 14). Sie gehen auf den Erben des AuftrN über (BGH NJW **88**, 2729). Die Pfl bestehen auch dann, wenn sich der Beauftr dch ihre Erf einer bei Ausf des Auftr begangenen strafb Handlg bezichtigen müßte (BGH **41**, 318 [322]). – Für **mehrere Auftraggeber** gilt § 432; aA Soergel-Mühl Rdn 10 mwN. **Grenze des Auskunftsanspruchs** vgl §§ 259–261 Rn 24. Außerdem dann, wenn das Interesse des AGeber so unbedeut ist, daß es in keinem Verhältn zu dem Aufwand stehen würde, der dch die Erteilg der Ausk entstehen würde (BGH WM **84**, 1164). – **Entsprechend anwendbar** ist § 666 beim GeschBesVertr § 675, bei GoA § 681 S 2 u angemaßter EigGeschFührg § 687 II, auf den VereinsVorstd u -Liquidator §§ 27 III, 48 II, auf den geschführden Gter § 713, auf den TestVollstr § 2218. Weitere Fälle der Pfl zur RechenschLegg vgl §§ 259–261 Rn 17 ff. – Bei schuldh **Verletzung** der InformationsPfl ist der Beauftr schaderspfl. – **Beweislast** grds beim AGeber (BGH WM **84**, 1449). Er hat darzulegen u zu bew, in welchem Verhalten eine PflVerl zu sehen ist. Sache des Beauftr ist es aber dann, den Bew dafür zu erbringen, daß er die gesch Hdlg überh u rechtzeit vorgen hat (BGH NJW **93**, 1704). § 666 ist **dispositiv**, die Pfl können also vertragl u gestaltet od abbedungen werden; auch konkludent, zB für die Vergangenh dadch, daß währd jahrelanger Verw keine Rechensch verlangt wurde. Allein die Vereinbg, daß der Beauftr nach freiem Ermessen u ohne vorher Einholg von Weisgen od Zustimmg handeln darf, ist nicht als Freistellg von der InformationsPfl auszulegen (BGH NJW **94**, 1861). Die Freistellg ist unwirks, wenn sie gg Tr u Glauben verstößt od wenn sich nachträgl begr Zweifel an der Zuverlässigk des Beauftr ergeben (BGH **LM** § 242 Be Nr 19, Stgt NJW **68**, 2338).

2) Die drei Informationspflichten. a) Die **Benachrichtigungspflicht** besteht auch ohne Verlangen u 2 schon vor Ausf des A. Welche Nachrichten über Ausf u AusfHindern für die ordgsgem Abwicklg des A erforderl sind, richtet sich nach den Umst des EinzFalles. Die BenachrichtiggsPfl steht in engem Zushang mit dem WeisgsR des AGebers (§ 665) u kann sich zur WarnPfl steigern (vgl § 665 Rn 12).

b) Die **Auskunftspflicht** besteht nur auf Verlangen. Sie erstreckt sich, ohne daß eine klare Abgrenzg 3 immer mögl u notw ist, auf den Stand des Gesch in seinem Zushang als Ganzes, währd die BenachrichtiggsPfl mehr die jeweil EinzInformation zum Inhalt hat. Ggst der Ausk vgl §§ 259–261 Rn 20. Sonderfall der AuskPfl in § 260. Über Anspr auf AuskErteilg ohne spez AnsprGrdlage §§ 259–261 Rn 8–16.

c) Die **Rechenschaftspflicht** besteht nur auf Verlangen. Sie geht über die AuskPfl hinaus, weil sie die 4 genauere Information dch Vorlage einer geordneten Aufstellg der Einnahmen u Ausgaben zum Inhalt (vgl §§ 259–261 Rn 23) hat, weshalb nach RechngsLegg keine Pfl zur AuskErteilg über den näml Ggstd mehr besteht (BGH **93**, 327). Darühinaus muß der Beauftr den AuftrG über die Einzelh der AuftrAusf in verkehrsübl Weise informieren u ihm die notw Übersicht über das Besorgte verschaffen, auch soweit eine Pfl zu Herausg nach § 667 nicht besteht (BGH **109**, 260 [266]). Pfl zur Abg der eidesstattl Vers § 259 II. Die Rechensch ist idR nach Ausf des A abzulegen, ebso aber auch nach vorzeit Beendigg ohne seine vollständ Ausf. Bei DauerVerwaltg kann sich aus der Natur der Sache die Pfl zu period Abrechngen ergeben (BGH WM **84**, 1164), zB bei treuhänder Führg eines Unternehmens am Ende eines GeschJhres (BGH WM **76**,

868). Sow über Perioden od Gesch schon abgerechnet ist, braucht nach Beendigg des A Rechensch nur noch über die bisher nicht abgerechneten Perioden bzw Gesch gegeben zu werden. Der Anspr auf Rechensch hindert den AGeber nicht, eine eig Rechng aufzumachen. In jed Falle trifft den Beauftr die Darleggs- u BewLast für die Richtigk seiner Rechng, insb für den Verbleib der Einnahmen u daß er über nicht mehr vorh VermWerte nach Weisgen od im Interesse des AGebers verfügt hat.

667 *Herausgabepflicht des Beauftragten.* **Der Beauftragte ist verpflichtet, dem Auftraggeber alles, was er zur Ausführung des Auftrags erhält und was er aus der Geschäftsbesorgung erlangt, herauszugeben.**

1   **1) Allgemeines.** Der HerausgAnspr ist schuldr Natur, er setzt Wirksamk des AVertr voraus. Andernf gelten ggf §§ 812ff. Nicht zwingd. Übertragb. Die Vererblichk kann vertragl ausgeschl werden (BGH WM **89**, 1813). Zur Vorbereitg seiner Dchsetzg dienen die InformationsAnspr nach § 666, RechngsLegg ist aber nicht Vorauss für den HerausgAnspr. **Entsprechend anwendbar** auf GeschBesVertr § 675, GoA § 681 S 2, VereinsVorstd u -Liquidator §§ 27 III, 48 II, geschführd Gter § 713, TestVollstr § 2218 I, Pfleger (RG **164**, 98). GiroVertr § 675 Rn 8.

2   **2) Zur Ausführung erhalten** kann der Beauftr Ggste vom AGeber od auf dessen Veranlassg von Dr, zB Geld, auch als Vorschuß (BGH WM **88**, 763), Material, Geräte, Urk u sonstige Unterlagen (BGH **109**, 260: RA). Für die VollmUrk gilt § 175. Ob übergebenes Geld in das Eigt des Beauftr übergegangen ist, beurt sich im EinzFall nach sachenr Grds. Die EigtLage spielt für den HerausgAnspr keine Rolle, sein Eigt kann der AGeber auch nach § 985 zurückverlangen, jedoch hat der Beauftr an den zur Ausf benötigten Ggst bis zur Beendigg des AVertr ein R zum Bes. Die vertrgm Verwendg kann im Verbrauch liegen. Die Gefahr zufäll Untergangs trägt der AGeber (BGH WM **69**, 26). RückFdg erhaltenen Vorschusses vgl § 669 Rn 3.

3   **3) Aus der Geschäftsbesorgung erlangt. – a) Dazu gehören** alle Sachen u Rechte, die der Beauftr von Dr inf der GeschBes, also im inneren Zushang mit ihr erhalten hat (BGH NJW **94**, 3346). Auch Zubehör, Akten, die sich der Beauftr über die GeschFg angelegt hat, Schriftverk mit Dr in den Handakten des RA gem § 50 I BRAO (BGH **109**, 260), gezogene Nutzgen, ferner Vorteile wie Prov (BGH NJW-RR **92**, 560), SonderVergütgen, Schmiergelder, die der Beauftr ohne Billig des AGebers (BGH NJW-RR **91**, 483) von dr Seite aus irgdeinem Grd in innerem Zushang mit dem A erhalten hat, wenn solche Vorteile eine Willensbeeinflussg zum Nachteil des AGebers befürchten lassen (BGH MDR **87**, 825); dies auch, wenn die Zuwendgen an einen Strohmann geflossen sind, falls nur der AuftrN wirtsch der Inhaber des empfangenen VermWertes bleibt (BGH DB **87**, 1295) od keine verständl Erkl für die Zahlg an den Strohmann geben kann (BGH NJW **91**, 1224). Dabei spielt es keine Rolle, daß der Zuwendde den Vorteil nur dem Beauftr, nicht dem AGeber zukommen lassen wollte (BGH NJW **82**, 1752, WM **88**, 1320), u ob dem AGeber ein Schad entstanden ist (BGH BB **66**, 99). BAG **11**, 208 kommt über § 687 II zum gleichen Erg wie hier. Erlangt ist auch ein SchadErsAnspr des Beauftr gg Unterbeauftr od Geh (§ 664), zB des Spediteurs gg den Unterspediteur (BGH Betr **58**, 133).

4   **b) Dazu gehören nicht** Ggst, die außerh eines GeschBesVertr erlangt sind, zB die RöntgenAufn, die der Arzt vom Patienten macht (BGH NJW **63**, 389). Ferner nicht, was der Beauftr bei ordngsgem Ausf hätte erlangen od an Nutzgen ziehen müssen, aber nicht erlangt bzw gezogen hat.

5   **c) Die Rechtsverhältnisse an dem Erlangten** (Eigt, RTrägersch, GlStellg) beurt sich nach den allg Regeln. Es gibt im AuftrR keinen ges RÜbergang auf den AGeber. And SurrogationsVorschr können im EinzFall einschläg sein. IdR kommt es darauf an, ob der Beauftr Vollm des AGebers besaß u in dessen Namen od für den, den es angeht, aufgetreten ist (vgl Einf 6 vor § 662). Bei Auftreten im eig Namen ist von Bedeutg, ob zw ihm u dem AGeber ein – ev vorweggenommenes – BesMittlgsVerh (§ 930) besteht, ob er ein In-sich-Gesch (§ 181) abgeschl hat. Ohne RÜbergang besteht kein AussondergsR des AGebers im Konk des Beauftr. Weitergehde SonderVorschr in § 392 II HGB für das KommissionsVerh.

6   **4) Herausgabeanspruch. – a) Umfang.** Das zur Ausf Erhaltene (Rn 2), sow nicht ordngsgem verbraucht u das aus der GeschBes Erlangte (Rn 3–5) oRücks auf die EigtVerh, sow nicht der Beauftr das Erlangte zur ordngsgem Ausf des Auftr wieder verbraucht hat.

7   **b) Inhalt.** Ist der Beauftr ledigl Besitzer, so ist der Bes zu übertr. Ist er RTräger (vgl Rn 5), so ist das Recht nach den dafür geltden Vorschr zu übertr, bewegl Sachen sind also zu übereignen, Grdst aufzulassen; wg der FormBedürftigk des A insow vgl § 313 Rn 18, § 675 Rn 20–27. Fdgen sind abzutreten, auch Schad ErsAnspr gg den UnterBeauftr gem § 664 (BGH DB **58**, 133). Der TrHänder hat das übertr R zurückzuübertr (BGH **11**, 37), der SichergsZessionar den Übererlös herauszugeben. Ist Geld herauszugeben, so trägt der AGeber die VersendgsGefahr, § 270 I gilt nicht (BGH **28**, 123).

8   **c) Zeitpunkt.** Maßgebd ist in erster Linie die getroffene Vereinbg, insb bei Auftr von längerer Dauer. Sonst nach Erf od bei Beendigg; auch schon vorher bei Besorgn, der Beauftr könne im Hinbl auf eig Vort bei weiterer Ausf des Auftr veranlaßt werden, die Interessen des AGebers außer Acht zu lassen (BGH WM **78**, 115).

9   **d) Einwendungen.** Der Beauftr wird von der HerausgPfl frei nach allg Regeln, zB dch **Erfüllung,** wenn er weisgsgem die Sache nach § 362 II an einen Dr herausgegeben hat (BGH **LM** Nr 17), od iF unversch **Unmöglichkeit,** etwa weil der Verbrauch der Sache zur weiteren ordngsgem Ausf des A erforderl war. Die Gefahr zufäll Untergangs trägt der Beauftr nicht (BGH WM **69**, 26). – **Aufrechnung** ist bei Gleichartigk der beiders Anspr grdsätzl zuläss. Der Anspr des AGebers auf Herausg einer Geldsumme u der ZahlgsAnspr des Beauftr auf AufwErs sind gleichart (BGH WM **72**, 53 iF engen wirtsch Zushangs); bestr, vgl § 387 Rn 8. Im EinzFall kann, insb bei TrHandVerh, die Aufr des Beauftr mit AufwErsAnspr wg Verstoßes gg Tr u Glauben unzuläss sein (BGH **14**, 342 [347]). – Ein **Wegfall der Geschäftsgrundlage** für den AuftrVertr führt idR nicht dazu, daß der Beauftr von der Verpfl zur Herausg frei wird (BGH **LM** § 242

[Bb] Nr 13). – Für die **Verjährung** gilt § 195, auch wenn zugl ein Anspr aus unerl Hdlg besteht. – Wg der beiders Anspr aus dem AVerh besteht grdsätzl ein **Zurückbehaltungsrecht** nach § 273. Mit Anspr außerh des AVerh kann der Beauftr gg den Anspr auf Herausg des aus der GeschBes Erlangten nur aufrechnen, wenn die GeschBes Teil eines weitergehden einheitl VertrVerh ist, aus dem für beide Teile Rechte u Pfl entspringen (BGH **LM** § 313 Nr 15). Im EinzFall kann sich aus der Eigenart eines TrHandVerh ergeben, daß der Beauftr gg den HerausgAnspr des AGebers kein ZbR geltd machen kann (BGH WM **68**, 1325 [1328], Düss NJW **77**, 1201).

e) Beweislast. Den Abschl des AVertr, die Hingabe von Ggst od Geld zu seiner Ausf und ihren Wert od 10 Betrag hat der AGeber zu beweisen (BGH WM **84**, 1449). Der Beauftr hat die bestimmungsgem Verwendg des Erhaltenen zur Ausf des Auftr, seinen Verbleib (BGH NJW **91**, 1884) u die Beachtg der bei Durchf des Auftr erforderl Vorsichts- u Sichgsvorkehrgen zu beweisen (BGH NJW-RR **93**, 795). Der AGeber muß beweisen, daß der Beauftr aus der GeschBes etwas erlangt hat (BGH WM **87**, 79). Dabei hilft ihm der AuskAnspr nach § 666. Der Beauftr hat die Ausf des Auftr, auch wenn er RückerstattgsAnspr des AGebers bestreitet (BGH ZIP **95**, 1326), den Verbleib des Erlangten (BGH NJW **86**, 1492), auch Verbrauch, Unmöglichk der Herausg u sein NichtVersch daran (Celle WM **74**, 735) zu beweisen, ebso seine Aufw.

668 *Verzinsung des verwendeten Geldes.* **Verwendet der Beauftragte Geld für sich, das er dem Auftraggeber herauszugeben oder für ihn zu verwenden hat, so ist er verpflichtet, es von der Zeit der Verwendung an zu verzinsen.**

1) Voraussetzung für die Pfl zur Verzinsg ist, daß der Beauftr Geld – nicht bei and Ggsten –, das er an 1 den AGeber herauszugeben hat, für sich verwendet, insb verbraucht. Nicht genügt, daß er ledigl die Herausg od Verwendg für den AGeber verzögert. Die ZinsPfl ist eine Mindestfolge, ähnl beim Verwahrer § 698 u beim Vormd § 1834. Die VerzinsgsPfl tritt auch ein, wenn dem Beauftr die EigVerwendg gestattet ist – dann liegt ev ein DarlVertr vor –, sie setzt kein Versch u keinen Verz voraus, auch nicht den Eintritt eines Schad beim AGeber. Sie beginnt mit dem Gebr des Geldes zu eig Zwecken, iF der Vermischg mit eig Geld des Beauftr mit der Verwendg der vermischten Gelder. – **Höhe** der Zinsen: § 246, § 352 HGB. – **Entsprechende Anwendung** wie § 667 Rn 1.

2) Weitergehende Ansprüche des AGebers wg schuldh VertrVerletzg od unerl Handlg (zB § 823 II 2 iVm §§ 246, 266 StGB) sind nicht ausgeschl u w vielf gegeben sein.

669 *Vorschußpflicht.* **Für die zur Ausführung des Auftrags erforderlichen Aufwendungen hat der Auftraggeber dem Beauftragten auf Verlangen Vorschuß zu leisten.**

1) Der Anspruch auf Vorschuß entsteht nur auf Verlangen u geht stets auf Geldzahlg. Seine Höhe 1 bemißt sich, and als in § 670, nach den obj zur Ausf des A erforderl Aufw (§ 670 Rn 2–7). Ohne Vorschuß kann der Beauftr die Ausf verweigern; eine Pfl, die erforderl Aufw aus eig Mitteln zu verauslagen, trifft den Beauftr nicht. Einklagb ist der Anspr idR nach überwiegder Auffassung nicht, weil der Beauftr auf die Ausf keinen Anspr hat, vgl § 662 Rn 9. And kann es bei entgeltl GeschBes liegen; wie hier Staud- Wittmann Rdn 3, Soergel-Mühl Rdn 3, Erman-Hauß Rdn 1. – **Entsprechende Anwendung** auf GeschBes-Vertr § 675, VereinsVorstd u -Liquidator §§ 27 III, 48 II, geschführden Gter § 713, Beistand § 1691. Vormd u GgVormd § 1835 I u Pfleger § 1915.

2) Kein Anspruch auf Vorschuß besteht, wenn er vertragl ausgeschl od wenn vereinb ist, daß der 2 Beauftr die Aufw zunächst aus eig Mitteln zu bestreiten h. Der Ausschl kann sich auch aus der Natur des A ergeben, zB beim KreditA (vgl § 778 Rn 1) od bei A zur BürgschÜbern, für den § 775 eine die §§ 669 bis 671 ändernde SpezialRegelg enth.

3) Rückforderung des Vorschusses ist nach § 667 berecht, wenn er nicht bestimmgsgem verwendet 3 wird od wurde. Im Streitfall muß der AGeber die Hingabe des Vorschusses beweisen, der Beauftr die vertrgem Verwendg (BGH WM **88**, 763).

670 *Ersatz von Aufwendungen.* **Macht der Beauftragte zum Zwecke der Ausführung des Auftrags Aufwendungen, die er den Umständen nach für erforderlich halten darf, so ist der Auftraggeber zum Ersatze verpflichtet.**

1) Rechtsnatur, Anwendungsbereich. § 670 gibt einen WertErs-, keinen SchadErsAnspr. Pfl zur Ver- 1 zinsg nach § 256, Anspr auf Vorschuß nach § 669. Entspr anwendb bei GeschBes, § 675 (vgl dort Rn 29), GoA § 683, auf VereinsVorstd, -Liquidator und Stiftg §§ 27 III, 48 II, 86, auf den Verk iF des § 450 II, Mieter § 547 II, Entleiher § 601 II, geschführden Gter § 713, PfandGl § 1216, Beistand § 1691, Vormd u GgVormd § 1835 I, Pfleger § 1915, Erben §§ 1959 I, 1978, uU auch auf die Abwicklg schuldr Sonderbeziehgen (BGH NJW **89**, 1920: Freistellg von Verbindlk nach gescheiterter Ehe). Die Aufforderg des Untern an einen ArbSuchden zur Vorstellg kann man als A auffassen; die Fahrtkosten sind dann gem § 670 zu ersetzen (Hohn BB **58**, 844, Soergel-Mühl Rdn 2). SonderRegeln für A zur BürgschÜbern in § 775 (dort Rn 1), für RA in §§ 25–30 BRAGO, HandelsVertr, OHG-Gter, Kommissionär §§ 87 d, 110, 396 II HGB. Über Ers der Aufw im Rahmen eines D- od ArbVertr vgl § 611 Rn 125. – **Entsprechend anwendbar** auf Anspr des ArbN auf Ers der Umzugskosten bei Versetzg an entfernten Ort aus dienstl Grden (BAG MDR **73**, 792).

2) Ersatz von Aufwendungen. – a) Aufwendungen sind VermOpfer (vgl § 256 Rn 1), die der Be- 2 auftr zum Zwecke der Ausf des A freiwill od auf Weisg des AGebers (RG **95**, 51) macht, ferner solche, die sich als notw Folge der Ausf ergeben (BGH 8, 222 [229]), zB Steuern, Kosten eines RStreits. Auch die

Eingehg einer Verbindlichk zur Ausf des A ist Aufw; der BefreigsAnspr nach § 257 verjährt nicht innerh der kurzen Fr des § 196 I Nr 1 (BGH NJW **83**, 1729). Als Aufw werden ferner gewisse Schäd angesehen, die der Beauftr bei Ausf des Auftr erleidet, vgl Rn 8–15.

3   **b) Keine Aufwendung** ist die eig ArbKraft u Tätigk, die der Beauftr zur Ausf des A verwendet, der dadch vielleicht entgangene Verdienst u die normale Abnützg von Sachen des Beauftr inf der Ausf. Dies folgt aus der Unentgeltlichk des A. Daran ändert sich bei vereinb Unentgeltlichk auch dadch nichts, daß die zur Ausf zu entwickelnde Tätigk zu dem Beruf od Gewerbe des Beauftr gehört. Aufw ist eine solche Tätigk nur, wenn sie zur Ausf des A zunächst nicht erforderl erschien, sond erst später notw wurde (ähnl Köhler JZ **85**, 359). Ist Unentgeltlk nicht vereinb, so handelt es sich, wenn berufl od gewerbl Tätigk zur Ausf der GeschBes erforderl ist, idR um entgeltl D- od WkVertr (vgl §§ 612, 632), evtl mit GeschBesCharakter (§ 675). Weitergehder AufwBegr vgl § 633 Rn 8, § 683 Rn 8.

4   **c) Umfang des Ersatzes.** Weiter als beim Vorschuß (§ 669 Rn 1), die Aufw, die der Beauftr zur Ausf nach den Umst für erforderl halten durfte. Also nicht alle, aber auch nicht nur die nutzbringden Aufw (BGH NJW-RR **94**, 87). Maßgebd ist ein obj Maßstab mit subj Einschlag: Der Beauftr hat nach seinem verständ Ermessen aGrd sorgfält Prüfg bei Berücksichtigg aller Umst über die Notwendigk der Aufw zu entscheiden. Dabei hat er sich am Interesse des AGebers u daran zu orientieren, ob u inwieweit die Aufw angemessen sind u in einem vernünft Verh zur Bedeutg des Gesch u zum angestrebten Erfolg stehen. Die Beurteilg des Beauftr, seine Aufw sei notw, ist bei obj fehlder Notwendigk nur dann gerechtf, wenn er seine Entsch nach sorgf, den Umst des Falles gebotener Prüfg trifft (BGH **95**, 375: BüZahlg auf verj Hauptschuld). Kein AufwErsAnspr der Garantiebank gg ihren Kunden im DeckgsVerh, wenn sie an den Gläub bei gegebenen Vorauss des formellen Garantiefalls zahlt, obwohl der mat Garantiefall im ValutaVerh offensichtl od liquide beweisb nicht eingetreten (vgl. Einf 17 vor § 783), die InansprN der Garantie desh rechtsmißbräuchl ist (Kln WM **91**, 1751). Abzustellen ist auf den Ztpkt, in dem der Beauftr seine Disposition getroffen hat. Der Anspr kann auch auf Befreig einer zur Ausf des A eingegangenen Verbindlichk gehen, unter Eheg allerd eingeschränkt dch die Rücks auf die Nachwirkg der Ehe (BGH WM **89**, 861).

5   **d) Kein Ersatz** für Aufw, die die ROrdng mißbilligt (§§ 134, 138). So für BestechgsGelder, selbst wenn der AGeber dem Beauftr Weisg dazu erteilt hat; für Schmiergeld, selbst wenn es im EinzFall einen günstigeren Abschl herbeigeführt hat (BGH NJW **65**, 293); für Aufw, die in einer vom Ges verbotenen Tätigk bestehen (BGH **118**, 142 [150]). UU kann bei AuslandsBeteiligg je nach der Landessitte eine and Beurt angebracht sein (Esser-Weyers § 35 III 2). Ferner keine Erstattg, wenn die Aufw darauf zurückzuführen ist, daß der Beauftr mit der GeschBes ein eig Gesch verbunden hat (BGH NJW **60**, 1568). Ebso keine Erstattg einer steuerl Belastg des Beauftr, die mit der Ausf des Auftr nicht in untrennb Zushang steht (BGH WM **78**, 115).

6   **e) Einwendungen.** Nicht anwendb, weil es sich nicht um einen SchadErsAnspr handelt, ist § 254 (BGH **8**, 222 [235]). Sow gleichart, können AGeber u Beauftr mit ihren Fdgen aus § 667 bzw § 670 aufrechnen u ein ZbR geltd machen, vgl auch § 667 Rn 8, aber auch § 666 Rn 1. Der AufwErsAnspr verj bei entgeltl GeschBesVertr wie der VergütgsAnspr (BGH WM **77**, 553).

7   **f) Beweislast.** Der Beauftr hat die Aufw zu beweisen, ferner die Tats, aGrd deren er sie für erforderl hielt. Vorschuß vgl § 669 Rn 3.

8   **3) Ersatz von Schäden.** In erster Linie ist eine etwa getroffene vertragl Vereinbg maßgebl (BGH VersR **84**, 1149). Sonst gilt folgdes:

    a) Trifft den AGeber ein **Verschulden** an der Entstehg des Schad, den der Beauftr bei Ausf des A erleidet, so haftet er nach allg Vorschr. Versch ist auch der unterbliebene Hinw auf eine dem AGeber bekannte Gefahr. Bei Versch seiner ErfGeh gilt § 278, bei MitVersch des Beauftr § 254. Würde es sich bei dem Auftr iF der Entgeltlichk um einen DVertr handeln, sind §§ 618, 619 entspr anzuwenden, vgl § 662 Rn 10.

9   **b)** Der Ers von **Zufallschäden** des Beauftr ist ges nicht geregelt. Im Erg herrscht weitgehd Übereinstimmg, daß die Ablehng von ErsAnspr in vielen Fällen unbefriedig wäre. Die rechtl Konstruktion des **10** ErsAnspr ist unterschiedl. – **aa) Garantievertrag,** stillsch geschl, nahm die ältere Rspr u Lehre (ZusStellg bei Staud-Wittmann Rdn 10 ff) an od stellte iW ergänzder Auslegg als VertrInhalt eine Vereinbg fest, wonach der AGeber das Risiko der GeschBes zu tragen habe. Diese Lösg tut dem PartWill vielf Gewalt an, **11** führt kaum zu einer praktikablen Abgrenzg der ersatzfäh Schäd u versagt bei der GoA. – **bb) § 670.** Die herrschde Meing mit BGH **38**, 270 [277] (zur GoA) dehnt den AufwBegr als u wendet § 670 unmittelb od entspr an. Dabei wird die freiwill Erbringg eines VermOpfers (vgl oben Rn 2) dem Fall gleichgesetzt, daß der Beauftr ein mit der Ausf des A verbundenes SchadRisiko freiwill auf sich nimmt. Das ist dann der Fall, wenn mit der Ausf des A seiner Natur nach od aGrd bes Umst eine beiden Beteil erkennb Gefahr für den Beauftr verbunden ist, zB unversch GesundhSchad (BGH **38**, 270), Belastg mit SchadErsPfl aus GefährdgsHaftg (BGH NJW **63**, 251), außer wenn es sich bei der Tätigk des Beauftr um seine gewerbl Tätigk handelt, bei der die GefährdgsHaftg zu seinem BetrRisiko gehört (BGH NJW **85**, 269). Verwirklicht sich diese Gefahr bei Ausf des A, so hat der Beauftr grdsätzl Anspr auf Ers des daraus entstandenen Schad, der einer Aufw gleichgestellt ist. Unter dieser Vorauss wird auch den Angeh ein ErsAnspr entspr §§ 844, 845 **12** zugebilligt (RG **167**, 85 [89]). Dies und die Anw der §§ 254, 846 ist method unsauber, weil es sich bei dieser Konstruktion nicht um einen SchadEres-, sond um AufwErsAnspr handelt, außerdem weil es an der Freiwilligk fehlt, wenn dem Beauftr die Gefährlichk seit Verhalt unbewußt geworden ist. – **cc) Risikozurechnung.** Eine und Meing (Canaris RdA **66**, 41, Larenz SchuR II § 56 III, Genius AcP **173**, 481 [512 ff], MüKo/Seiler Rdn 14, LAG Düss VersR **77**, 923) wendet den Grds der Risikozurechng bei Tätigk in fremdem Interesse an, wie er sich im iR eines ArbVerh (§ 611 Rn 152 ff) entwickelt hat u auch in § 110 I HGB zum Ausdruck kommt. Danach hat der AuftrG das spezif SchadRisiko zu tragen, also dem Beauftr den Schad zu ersetzen, den er bei Ausf des Auftr dch Verwirklichg einer damit verbundenen eigtüml, erhöhten Gef erleidet, zB Brandwunden, KleiderSchad bei LöschArb. Ebso hat ein Verein ein ehrenamtl Mitgl von ErsAnspr freizustellen, die bei schadgeneigter Tätigk dieses Mitgl im Interesse der Mitgl u des Vereins selbst entstanden sind (BGH **89**, 153). Nicht genügd ist das allg Lebensrisiko. Ebso kein ErsAnspr des Wahlvorstands od BetrRats gg ArbG für Schäd inf unversch VerkUnfalls währd einer Besorggsfahrt (LAG Hamm DB **80**, 214). Da es sich bei dieser Konstruktion um SchadErsAnspr handelt, sind §§ 254, 844–846 unbedenkl anwendb. – **dd) Umfang der Ersatzpflicht** nach allg Regeln. Da dieser Anspr stark von BilligkErwäggen **13** beeinflußt ist, scheint in bes gelagerten Fällen eine vorsicht Modifizierung des Alles-od-Nichts-Grds in §§ 249 ff zG einer angem Entschädigg nach AufopfergsGrds vertretb (vgl Erman-Hauß Rdn 14). Kein Anspr auf Ers immateriellen Schad in Geld (BGH **52**, 115).

c) Öffentliches Recht. Die Heranziehg von PrivPers zu **Dienstleistungen auf Grund gesetzlicher** **14** **Vorschriften,** zB Verwaltg der UmstellgsGrdSch dch Bankinstitute (BGH **43**, 269), u dch **Verwaltungsakte,** zB zu NothilfeLeistgen gem § 323 c StGB begründet öffrechtl Beziehgen. § 670 ist nicht anwendb. Bei polizeil NotstandsAnordngen kommt ein EntschädiggsAnspr nach den Polizeigesetzen der Länder in Betracht. Bei Rettg aus Lebensgefahr und sonst HilfeLeistg, iF der HilfeLeistg bei AmtsHandlg, bei persönl Einsatz zu vorläuf Festnahme gewährt § 539 I Ziff 9a–c RVO UnfVersSchutz, vgl § 683 Rn 10; in diesem Fall kein ges FdgsÜbergang auf den SozVersTräger (BGH NJW **85**, 492). Iü kann Grdlage einer Entschädigg ein AufopfergsAnspr sein, vgl Übbl vor § 903. Verletzt der Amtsträger bei der Zuziehg einer PrivPers seine öffrechtl Pfl, so greift die Staatshaftg ein.

d) Bei Hilfeleistung ohne Auftrag ist § 670 anzuwenden; vgl § 683 Rn 9, 10, § 677 Rn 3–10. Danach **15** sind Schäd des GeschF, die inf der Gefährlichk der GeschFührg eingetreten sind, zu ersetzen. Eine typ Gefährlichk kann sich auch aus der zur GefAbwendg erforderl Eile ergeben (BGH DB **72**, 721). Das Bestehen einer öffrechtl Pfl, zB aus StGB § 323 c, schließt Anspr gg den GeschHerrn nach §§ 683, 670 nicht aus, § 677 Rn 11. Konkurrenz zu and AnsprGrdl vgl Einf 8–12 vor § 677. Über SchadErsAnspr aus § 823 gg den, der für das die Hilfeleistg auslösende Ereign verantwortl ist, vgl Einf 14 vor § 823. Kein Anspr auf SchmerzG (BGH **52**, 115).

671 **Widerruf; Kündigung.** [I] Der Auftrag kann von dem Auftraggeber jederzeit widerrufen, von dem Beauftragten jederzeit gekündigt werden.

[II] Der Beauftragte darf nur in der Art kündigen, daß der Auftraggeber für die Besorgung des Geschäfts anderweit Fürsorge treffen kann, es sei denn, daß ein wichtiger Grund für die unzeitige Kündigung vorliegt. Kündigt er ohne solchen Grund zur Unzeit, so hat er dem Auftraggeber den daraus entstehenden Schaden zu ersetzen.

[III] Liegt ein wichtiger Grund vor, so ist der Beauftragte zur Kündigung auch dann berechtigt, wenn er auf das Kündigungsrecht verzichtet hat.

1) Die **Beendigung durch einseitiges Rechtsgeschäft** nennt das G von seiten des AGebers Widerruf, **1** von seiten des Beauftr Kündigg. Es handelt sich um rgestalte WillErkl, die mit Zugang das VertrVerh für die Zukunft aufheben, bereits entstandene Anspr aber unberührt lassen. Zur Kündigg vgl auch Vorbem 28 ff vor § 620. Der Auftr ist bis zu seiner Ausf einseit jederzeit lösb, weil er beim AGeber ein bes Vertrauen voraussetzt, für den Beauftr unentgeltl u fremdnütz ist. Das R kann auch dch schlüss Handlg ausgeübt w. Die Wirksamk kann von einer Bedingg abhäng sein, weil der VertrPartner eine ihm läst Ungewißh seinerseits dch einseit VertrAufhebg beenden kann. Bei mehreren AGebern od Beauftr kann jeder widerrufen bzw kündigen, es sei denn, daß sich aus der getroffenen Vereinbg od aus den Umst des Falles (Unteilbark des Auftr, GemeinschVerh) etwas and ergibt (BGH BB **64**, 699). Die einseit Beendigg ist nicht mehr mögl, wenn der AVertr bereits aus and Gründen beendet ist, zB dch vollständ Ausf (BGH ZIP **91**, 862). – **Entsprechend anwendbar** ist Abs II, nicht aber I auf den GeschBesVertr § 675; Abs II, III für den geschführden Gter § 712 II. Ähnl Regelg beim VereinsVorst u -Liquidator §§ 27 II, 48 II. – **Vollmacht** erlischt mit dem zGrde liegden A, § 168 S 1.

2) Widerruf (Abs I) dch AGeber ist jederzeit mögl. Verz auf das WiderrufsR ist unwirks, wenn der A **2** ausschließl den Interessen des AGebers dient, weil er sich sonst ganz dem Beauftr ausliefern würde. Dagg kann auf das WiderrufsR wirks verzichtet werden, wenn der A auch im Interesse des Beauftr erteilt u sein Interesse dem des AGebers mind gleichwert ist (BGH WM **71**, 956). In diesem Fall handelt es sich allerd meist nicht um A, sond um ein and KausalVerh. Wird jemand mit der Verw eines künft Nachl ganz od teilw betraut u auf Widerruf auch für die Erben verzichtet, so handelt es sich um die AO einer TestVollstrg, die der Form der letztw Vfg bedarf, andernf ist die Übertr der Verw nichtig (RG **139**, 41). Der Widerruf löst die Anspr aus §§ 667, 670 aus. Auch wenn aGrd des A ein R treuhd übertr ist, beendet der Widerruf nicht die RÜbertr, sond führt zum schuldr Anspr auf RückÜbertr u nicht einmal dazu, falls das R zur Sicherg übertr war u die SichergsAbrede noch entgg steht; vgl auch § 398 Rn 20–28.

3) Kündigung (Abs II, III) dch Beauftr ist jederzeit mögl, muß aber dem AGeber die Möglichk ander- **3** weit Fürs lassen außer bei wicht Grd für die Kündigg zur Unzeit. Auch ohne diesen ist die Kündigg zur Unzeit wirks, verpfl aber zum SchadErs. Wicht Grd vgl § 626 Rn 57–60 sinngem. Verzicht auf das KündiggsR ist in den Grenzen des Abs III wirks, also nicht bei wicht Grd.

4) Andere Beendigungsgründe. – a) Nach **allgemeinen Regeln,** zB Zeitablauf, falls für die Ausf des **4** A eine Zeit vereinb wurde; Erf; sonstige ZweckErreichg (BGH **41**, 23: Amt des TestVollstr endet mit Erledig seiner Aufgaben). Unmöglichk der Ausf § 275; AufhebgsVertr; Eintritt auflösder Bdgg. – **b)** Aus **5** den **besonderen Gründen** der §§ 672–674 u bei Konk des AGebers, außer wenn sich der Auftr nicht auf das zur KonkMasse gehör Verm bezieht, §§ 23 I, 27 KO. KonkEröffng über das Verm des Beauftr sowie Eröffng des VerglVerf beenden den A nicht.

672 **Tod oder Geschäftsunfähigkeit des Auftraggebers.** Der Auftrag erlischt im Zweifel nicht durch den Tod oder den Eintritt der Geschäftsunfähigkeit des Auftraggebers.

Erlischt der Auftrag, so hat der Beauftragte, wenn mit dem Aufschube Gefahr verbunden ist, die Besorgung des übertragenen Geschäfts fortzusetzen, bis der Erbe oder der gesetzliche Vertreter des Auftraggebers anderweit Fürsorge treffen kann; der Auftrag gilt insoweit als fortbestehend.

1　**1) Auslegungsregel in Satz 1.** Der A erlischt nicht mit dem Tod od der GeschUnfähigk des AGebers. Anders beim Tod des Beauftr § 673. Die AusleggsRegel ist widerlegb, Erlöschen mit dem Tod kann sich aus den Umst ergeben. Auch Auftr unter Lebden, die erst nach dem Tode auszuführen sind, sind mögl, die Erben haben aber bis zur Ausf des Auftr dch den Beauftr ein nicht abdingb WiderrufsR (BGH NJW **75**, 382), vgl § 671 Rn 2. § 672 gilt nach § 168 auch für die mit dem A verknüpfte Vollm, diese gilt also weiter für die rgesch Vertretg der Erben. Soweit sich der Beauftr iR des A u der Vollm hält, braucht er bis zum Widerruf dch die Erben zu RGesch nach dem Erbfall keine Zustimmg der Erben u muß sich nicht vergewissern, ob sie mit dem beabsicht Gesch einverst sind; die Schranke sind §§ 138, 242 (BGH NJW **69**, 1245). Auch für den GrdbuchVerk genügt idR die Vermutg des § 672 S 1, falls der Auftr- od GeschBesVertr gem § 29 GBO nachgewiesen ist. Wenn keine entggstehden Umst bekannt sind, geht also das GBAmt vom Fortbestehen der Vollm für die Erben aus, auch wenn die VollmUrk dies nicht ausdrückl erwähnt; bestr, wie hier KG DNotZ **72**, 18, Horber-Demharter GBO § 19 Anm 18b. – Geht A auf Übermittlg einer schenkw zuzuwendden Leistg, so ist, falls die Vollziehg vor dem Tode noch nicht erfolgt ist, die RLage nach den Regeln der Schenkg vTw, § 2301, zu beurt (RG **88**, 223).

2　**2) Eine Notbesorgungspflicht (Satz 2)** trifft den Beauftr, falls der A entgg der AusleggsRegel in S 1 erloschen ist. Gilt auch, wenn mit der Ausf noch nicht begonnen. Der AVertr wird als fortbestehd fingiert, bis der Erbe bzw ges Vertr des AGebers selbst Fürs treffen kann. Schuldh Verletzg der NotbesorggsPfl führt zu SchadErsPfl. Weiß der Beauftr vom Erlöschen nichts, gilt § 674.

3　**3) Entsprechende Anwendung** iF des § 675 u bei Auflösg einer JP (RG **81**, 153). Auch Beschrkg der GeschFähigk sowie Wegfall des gesetzl Vertr führen iZw nicht zum Erlöschen (BayObLG NJW **59**, 2119). S 2 gilt entspr bei Konk des AGebers.

673 *Tod des Beauftragten.* **Der Auftrag erlischt im Zweifel durch den Tod des Beauftragten. Erlischt der Auftrag, so hat der Erbe des Beauftragten den Tod dem Auftraggeber unverzüglich anzuzeigen und, wenn mit dem Aufschube Gefahr verbunden ist, die Besorgung des übertragenen Geschäfts fortzusetzen, bis der Auftraggeber anderweit Fürsorge treffen kann; der Auftrag gilt insoweit als fortbestehend.**

1　**1) Die Auslegungsregel in Satz 1** läßt, umgekehrt wie in § 672, den A beim Tod des Beauftr iZw erlöschen, eine Folge des regelm bestehden pers VertrauensVerh. Gilt nicht, wenn der Beauftr geschunfäh wird; ist der AVertr auf rgeschäftl Handeln gerichtet, so erlischt er wg Unmöglichk, §§ 275, 105; ist er ledigl auf tats Leistgn gerichtet, so ist es eine Frage der Auslegg, ob er fortbestehen soll. Wird der Beauftr beschränkt geschäh, so berührt dies idR den A nicht, eine erteilte Vollm bleibt bestehen, § 165. Auch Konk des Beauftr ist auf den A ohne Einfluß.

2　**2) Eine Anzeige- und Notbesorgungspflicht (Satz 2),** ähnl § 672, trifft iF des Erlöschens die Erben des Beauftr. Gilt auch, wenn mit der Ausf noch nicht begonnen. Die InformationsPfl des § 666 gehen auf die Erben über (BGH WM **88**, 1236). Der AVertr wird, bis der AGeber selbst Fürs treffen kann, als fortbestehd fingiert. Schuldh Verletzg führt zur SchadErsPfl. Erlischt der A entgg der Regel nicht, sind die Erben gem § 666 anzeigepfl.

3　**3) Entsprechende Anwendung** beim GeschBesVertr § 675. Ferner bei Erlöschen einer JP. IF einer Fusion ist allerd, jedenf wenn für den A ein pers VertrauensVerh von Bedeutg ist, Übern des A dch die übernehmde Gesellsch anzunehmen (RG **150**, 289 für Verschmelzg zweier AG ohne Liquidation). S 2 gilt entspr für die Erben des TestVollstr, § 2218 I.

674 *Fiktion des Fortbestehens.* **Erlischt der Auftrag in anderer Weise als durch Widerruf, so gilt er zugunsten des Beauftragten gleichwohl als fortbestehend, bis der Beauftragte von dem Erlöschen Kenntnis erlangt oder das Erlöschen kennen muß.**

1　**1) Dem Schutz des Beauftragten,** der ohne Fahrlk (§ 122 II) vom Erlöschen des A keine Kenntn hat, dient die Vorschr dch die Fiktion, daß der AVertr als fortbestehd gilt, u zwar nur zu seinen Gunsten. Der AGeber od seine RNachf können aus der Vorschr keine R herleiten, etwa SchadErsAnspr wg NichtAusf des A. Gilt für alle ErlöschensGrde außer Widerruf (Rn 2); auch der Umst, daß mit der KonkEröffn nicht nur der Auftr, sond auch die HandelsGesellsch, die ihn erteilt hat, erlischt, steht der Fiktion des Fortbestehens zG des Beauftr nicht entgg (BGH **63**, 87). Für die Ausf gelten die Vorschr des AuftrR, von der Kenntn des Erlöschens an also auch Anz- u NotBesPfl gem §§ 672, 673. Für Vollm vgl §§ 168 S 1, 169. Die BewLast für Kenntn oder Fahrlk bei Unkenntn liegt beim AGeber.

2　**2) Kein Schutz des Beauftragten** bei Erlöschen dch Widerruf (§ 671 I), weil er idR erst mit Zugang an den Beauftr wirks wird. Ist der Widerruf ausnahmsw trotz Unkenntn des Beauftr wirks (zB § 132), so gilt § 674 nicht, es gelten §§ 677 ff. Ferner kein Schutz, wenn der Beauftr inf Fahrlk vom Erlöschen keine Kenntn erlangt.

3　**3) Entsprechende Anwendung** beim GeschBesVertr § 675, also auch auf RAVertr (Saarbr NJW **66**, 2066, Nürnb NJW **64**, 304; bestr), auf den TestVollstr § 2218 I – aber nicht, wenn seine Ernenng von Anfang an ggstdslos ist (BGH **41**, 23). Vorweggen Vfgs- u VerrechngsVereinbgen iR eines Kontokorrent-Verhältn wirken iF des Konk über das Verm des Kunden nicht zum Schutze der Bank fort (BGH **74**, 253). – Ähnl Regelg in §§ 729, 1698a, 1893.

675 *Entgeltliche Geschäftsbesorgung.* **Auf einen Dienstvertrag oder einen Werkvertrag, der eine Geschäftsbesorgung zum Gegenstande hat, finden die Vorschriften der §§ 663, 665 bis 670, 672 bis 674 und, wenn dem Verpflichteten das Recht zusteht, ohne Einhaltung einer Kündigungsfrist zu kündigen, auch die Vorschriften des § 671 Abs. 2 entsprechende Anwendung.**

Übersicht

1) Regelungsgehalt. Die Bestimmg gehört nicht eigentl in das AuftrR, denn sie betrifft im Ggsatz zu **1** ihm bestimmte D- od Wk-, also entgeltl ggs Vertr. Diese stellt sie, sow sie eine GeschBes zum Ggst haben, weitgehd unter AuftrR, weil die Anwendg seiner Bestimmgen bei der selbstd Wahrnehmg fremder Verm-Interessen gerechtf ist. Für VertrAbschl u -Abwicklg gilt sinngem § 662 Rn 2, 4.

2) Anwendungsgebiet. Geschäftsbesorgung bedeutet, insow übereinstimmd mit § 662, Tätigk in **2** fremdem Interesse. Der Begr ist aber hier nach herrschder Auffassg, was die Art der Tätigk betrifft, enger als beim AVertr.

a) Selbständige Tätigkeit wirtschaftlicher Art, die iR eines D- od WkVertr zu leisten ist (BGH **45**, **3** 223 [228], NJW-RR **92**, 560). Bloßes Unterlassen, Gewährenlassen, Dulden genügt (wie § 662 Rn 6) nicht. Die Tätigk ist hier zumeist auf rgeschäftl Handeln gerichtet, es fallen aber auch rähnl u tats Handlgen darunter. Die Tätigk muß, enger als beim A, eine selbstd sein, also Raum für eigverantwortl Überlegg u WillBildg des GeschBesorgers lassen u sie muß wirtsch Art sein, also Beziehg zum Verm haben. – **Gegensätze** u deshalb nicht unter § 675 einzuordnen sind unselbstd Tätigken wie Hausmädchen, Gesellen, Fabrik-Arb. Ferner Tätigken, die keine Beziehg zum Verm haben, wie Arzt, Erzieher, Vorleser. Ggst eines A od einer GoA können diese Tätigken dagg sein.

b) In fremdem Interesse wird die Tätigk ausgeübt (BGH NJW-RR **92**, 560), dh sie ist gerichtet auf **4** solche Gesch, für die ursprüngl der GeschHerr selbst in Wahrnehmg seiner VermInteressen zu sorgen hatte, die ihm aber ein und abnimmt. An solcher Wahrnehmg bereits bestehder Obliegenhen des GeschHerrn fehlt es, wenn der Aufgabenkreis erst mit Hilfe des VertrPartners geschaffen wird (BGH **45**, 223 [229]). – **Gegensatz** u deshalb nicht unter § 675 einzuordnen ist die Führg eig Gesch, zB Überprüfg u Einziehg angekaufter, diskontierter Wechsel dch die Bank (Nürnb BB **69**, 932). Ferner Tätigken, die an einen und, nicht für ihn, zu leisten sind, wie die selbstden Handwerker, BauUntern, planden Arch.

c) Eine **abweichende Auffassung** in der arbger Rspr wendet die in § 675 angezogenen Bestimmgen auf **5** alle D- u WkVertr ohne die oben beschriebene Einengg immer dann entspr an, wenn sie nach der Art der Besorgg passen u zu angem Erg führen (zB BAG NJW **67**, 414 für §§ 670, 665, BAG GrS NJW **62**, 411 [414]). Wenn man (so Esser-Weyers § 35 I 1) als AbgrenzgsKriterium der GeschBes in §§ 662 u 675 ggü unentgeltl LeistgsVertr sowie D- u WkVertr die spezif TreuPfl des Schu im Hinblick auf die Wahrnehmg der Interessen des GeschHerrn als Hauptpfl sieht, besteht im prakt Erg zu der herrschden Auffassg wohl kein nennenswerter Untersch, denn in den Bsp für die Anwendbark od NichtAnwendbark des § 675 besteht weitgehd Einigk.

3) Beispiele (alphabet). Vgl auch Einf 6–22 vor § 631 u nachstehd Rn 7–27. **6**

Im **Abrechnungsverfahren der Bundesbank** bestehen grdsätzl keine SchutzPfl ggü den beteil Kredit-instituten (BGH NJW **78**, 1852). – **Anlageberatung.** GeschBesVertr (Kblz BB **89**, 2001). Pfl des AnlBeraters zu „anlagegerechter" Beratg, dh zur Berücksichtigg des Wissensstandes des Kunden über AnlGesch der vorgesehenen Art u seiner Risikobereitsch, u zu „objektgerechter" Beratg, dh das AnlObjekt muß diesen Kriterien Rechng tragen (BGH **123**, 126). Pfl zu umfassder, wahrhgem, sorgf, vollst Information über alle Tats, die für die jeweil AnlEntsch des Kunden Bedeutg haben od haben können; darühinaus Pfl zu deren fachkund Bewertg u Beurteilg, wenn der Kunde selbst keine ausr wirtsch Kenntn u keinen genügden Übbl über die wirtsch Zushänge hat (BGH NJW-RR **93**, 1114). Bei Empfehlg ausländ WertPap zu vorher eig Prüfg (BGH **123**, 126). Die BeratgsPfl besteht auch ggü einem Mitarbeiter des Vertreibers der Anl, wenn dieser aufklärgsbedürft ist u der Berater einen Wissensvorsprung hat (BGH WM **92**, 432). Erhöhte Auf-klärgsPfl, zB auch über die Wirtschaftlk u steuerr Konzeption des Obj aGrd eig Überprüfg, wenn der Berater bzw Vermittler bes Vertrauen in Anspr genommen hat (BGH NJW-RR **89**, 150). Bei schuldh fehlerh Beratg Ers des Schad, der dch das Vertrauen auf die Richtigk u Vollständigk der Beratg entstanden ist (BGH BB **91**, 1374). – **Anlageempfehlung** in period erscheindem Börsendienst ist gemischter Vertr, Kauf- u Beratg (BGH NJW **78**, 997). – **Anlagenvertrag,** Plang u Errichtg kostspiel, techn bes ansprvoller Industrie- u ForschgsAnl (Soergel-Mühl Rdn 94 vor § 631: Vertr eig Art). SchadErsPfl des Steuerberaters, der seinen Mandanten zu einer AnlEntsch dch VertrSchluß mit einem Dr veranlaßt u ihm dabei nicht offenb, daß er hierfür von dem Dr eine Prov erhalten hat (BGH DB **87**, 1987). – **Anlagevermittlung.** In ihrem Rahmen kann ein AuskVertr mit der Verpfl zu richt u vollständ Information über diejen tats Umst, die für den AnlEntschluß von bes Bedeutg sind, zustande kommen, wenn der Interessent deutl macht, daß er, auf eine best AnlEntsch bezogen, die bes Kenntn u Verbindgen des Vermittlers in Anspr nehmen will u der

Vermittler die gewünschte Tätigk beginnt (BGH NJW-RR **93**, 1114). Besitzt er die nöt Kenntn nicht, muß er dies offenlegen (BGH NJW-RR **93**, 1114). – **Annoncenexpedition** (Stgt BB **54**, 300, Düss MDR **72**, 688); vgl Einf 6 vor § 631. – **Architekt,** idR WkVertr, vgl Einf 7 vor § 631; sow Verh mit Dr zu führen sind, GeschBes (BGH **41**, 318). – **Aufsichtsrat** einer AG od GmbH (RG **146**, 145 [152]). – **Auskunfterteilung** vgl § 676. – **Beirat,** GeschBesVertr mit DVertrCharakter mit der KG (BGH WM **84**, 1640). – **Betriebsführungsvertrag** (vgl Vorbem 3 vor § 709) ist GeschBes mit DVertrCharakter (BGH NJW **82**, 877). – **Chartervertrag** vgl Einf 10 vor § 631. – **Factoringvertrag** vgl § 398 Rn 35–37. – **Gebrauchtwagenverkauf.** Auftr dazu ist GeschBesVertr; ordentl Künd jederzt mögl. Steht die VerkVermittlg im Zushang mit einem Neuwagenkauf beim selben Autohändler, so kann dieser den GeschBesVertr nur kündigen, wenn das Kfz aus Grden unverkäufl ist, die nicht in seinem Risikobereich liegen (BGH NJW **82**, 1699). Fehler des Altwagens iS der GewlVorschr reichen als wicht Grund nicht aus (Hamm MDR **82**, 753). – **Geschäftsführer,** falls mit der selbstd Führg eines GeschBetr beauftragt; auch gerichtl bestellter GeschF einer GmbH (GeschBes-DienstVertr mit dieser, BayObLG BB **75**, 1037). – **Gerichtsvollzieher,** keine GeschBes, sond öffrechtl Verh. – **Handelsvertreter,** spezielle Regeln im HGB §§ 84ff. – **Handlungsagent** (RG **87**, 440). – **Heimvertrag** ist kein GeschBesVertr (BGH NJW **95**, 1222). – **Kommission,** spezielle Regeln im HGB §§ 383ff; Effektenkommissionär (BGH **8**, 222). – **Kreditkarte.** 3 Beteil: KreditkartenAusst, -Inh, VertrUntern des AusSt bei dem der Inh zum Ausgl einer ZahlgsVerpfl einen LeistgsBeleg unterzeichnet. Demgem dreierlei RBeziehgen (Eckert WM **87**, 161). Der Vertr zw dem KreditkartenAusSt u dem KartenInh ist GeschBesVertr, der den AusSt verpfl, aGrd der mit Unterzeichng des LeistgBelegs – nicht dch Zeugen beweisb (KG ZIP **93**, 1303) – erteilten Weisg, die Verbindlk des KartenInh ggü dem VertrUnternehmen zu tilgen, bis zur Bewirkg dieser Leistg widerrufb (Karlsr DB **91**, 34, Ffm WM **94**, 942; aA Schlesw WM **91**, 453, Meder NJW **93**, 3245, NJW **94**, 2597). Zur Erf seines AufwErsAnspr aus dem GeschBesVertr zieht der KartenAusSt den Betr bei der Bank des KartenInh ein. Der KartenAusSt trägt die BewLast für die Echth der Unterschr unter dem LeistgsBeleg, er darf das Risiko von Fälschgen dch die Bediensteten von VertrUnternehmen nicht auf den KartenInh abwälzen (BGH **91**, 221). Eine AGB-Klausel, dch die der Ausgeber das Mißbr- od Verlustrisiko (Bambg BB **93**, 2477) ohne Rücks auf ein Versch des KartenInh auf diesen abwälzt, ist unwirks; ebso eine Klausel, durch die seine Haftg für grobe Fahrlk über den Zeitpkt des Eingangs der VerlustAnz beim KartenAusst hinaus begr wird (BGH **114**, 238). Der RahmenVertr zw KartenAusst u VertrUntern ist FdgsKauf (BGH NJW **90**, 2880; aA Bröcker WM **95**, 468: abstr SchuldVerspr des Ausst, kr Vollm vertreten dch den berecht KartenInh, ggü dem VertrUntern). – **Management- und Promotionsvertrag** mit Künstler ist DVertr mit GeschBesCharakter (BGH NJW **83**, 1191). – **Makler,** falls er sich verpfl, einen best Erfolg herbeizuführen, vgl Einf 7 vor § 652. – **Notar,** keine GeschBes, sond öffrechtl Verh. – **Patentanwalt,** der bei Erlangg u Herbeiführg von WzSchutz mitzuwirken hat (BGH **52**, 359), u bei Erlangg u Überwachg von Patentschutz. – **Postanweisung, Postscheck,** vgl § 839 Rn 141. – **Prüfer** gem § 163 AktG, § 16 I MaBV GeschBes mit WkVertrCharakter (Deschler Betr **81**, 147). – **Rechtsanwalt,** vgl Einf 21 vor § 611; zu den SorgfPfl § 276 Rn 39–45; umfassd Vollkommer, AnwHaftgsR, NJW- Schriften Heft 50. Der Vertr mit dem RA kann im EinzFall SchutzWirkg für Dr haben (BGH NJW **77**, 2073). – **Rechtsberater** (BGH **34**, 64). Bei Verstoß gg RBerG ist der GeschBesVertr nichtig (BGH **37**, 258). – **Reisebüro,** vgl Einf 2,3 vor § 651a. – **Sachwalter** nach Bestätigg eines Vergl u Aufhebg des VerglVerf wird aGrd GeschBesVertr mit dem Schu tät. Da es sich zugl um Vertr zGDr handelt, haben die VerglGläub Anspr auf Ausk (BGH **62**, 1). SachwalterHaftg vgl § 276 Rn 97. – **Schiedsgutachtervertrag,** RNatur wie SchiedsrichterVertr; Einzelhen vgl Th-P Rn 5–7 vor § 1025 ZPO. Haftg nur, soweit die PflVerl dazu führt, daß das Gutachten wg offenb Unrichtig unverbindl ist (BGH **43**, 374), wozu die Part für eine BewErhebg Tats behaupten muß, die schlüssig Mängel in der LeistgsBestimmg ergeben (BGH ZIP **83**, 1342). – Der **Schiedsrichtervertrag,** also zw dem Part u den SchiedsRi wird teils als eig Art (BGH **LM** § 1025 ZPO Nr 5, Strieder, Rechtl Einordg u Behandlg des SchiedsRiVertr, 1984 S 37) teilw als DVertr u zugl ProzVertr (Rosenberg-Schwab § 175 IV 2) od dienstvertr-ähnl (Wieczorek § 1025 Anm C IIIb 1) eingeordnet; iF der Unentgeltlk Auftr. Er kommt stets zw allen Part u jedem SchiedsRi zust, gleichgült welche Part ihn ernannt hat, u zwar auf seiten des SchiedsRi mit der (auch konkludenten) Ann, auf seiten der Part, die ihn nicht ernannt hat, mit Zugang der ErnenngsAnz (§ 1030 ZPO). Seine Wirksamk ist unabhäng von der der Schiedsklausel. Ob ein Verstoß gg § 40 I 2 DRiG ihn unwirks macht, ist str (offen gelassen BGH **55**, 313, bej Breetzke NJW **71**, 1458, Habscheid KTS **72**, 209). Die Haftg des SchiedsRi bestimmt sich nach allg schuldr Grds, doch ist HaftgsBeschrkg wie beim staatl Ri (§ 839 II) als stillschw vereinb anzunehmen (BGH **42**, 313). Der Schiedsrichter hat mit Beendigg der Verf Anspr auf die vereinb, sonst auf übl Vergütg u auf AuslagenErs (§§ 612, 670) gg beide Part als GesSchu, § 427, ebso iZw Anspr auf Vorschuß (Th-P Rn 11 vor § 1025). Im InnenVerh sind die Part je zur Hälfte verpfl. Der VergütgsAnspr ist unabhäng von der RBeständigk des Schiedsspruchs u ggf dch KI gg die Part geltd zu machen; die SchiedsRi selbst können die Vergütg nicht festsetzen, auch wenn dies in die Form der StrWertFestsetzg gekleidet ist (Schwab Kap 33 IV, BGH Betr **77**, 1502). Der SchiedsRiVertr endet mit jederzeit zuläss Kündigg dch beide Part od den SchiedsRi, §§ 626, 627, 671 (aA RG **101**, 393: für SchiedsRi nur Künd aus wicht Grd). Er endet außerdem mit erfolgr Ablehng u mit Erlöschen des SchiedsVertr (§§ 1032, 1033 ZPO). – **Spediteur,** spezielle Regelgen in §§ 407ff HGB. – **Steuerberater, Steuerbevollmächtigter,** vgl Einf 18 vor § 631. – Vertr zw **Transferagent** (Remissier) einer ausländ Bank u Eigtümer der ihm anvertrauten Wertpapiere (BGH WM **75**, 356). – **Treuhandkommanditist** (BGH NJW **80**, 1162, BGH **76**, 127). – **Treuhandvertrag.** Einen eig VertrTyp kennt das BGB nicht, der EinzFall bestimmt die RBeziehgen zw TrGeber u TrHänder, bei Entgeltlichk GeschBes, bei Unentgeltlich Auftr (BGH WM **69**, 935). Im einz vgl Übbl 25 vor § 104, Einf 7 vor § 164; Abgrenzg zum ScheinGesch § 117 Rn 4–6, Form § 313 Rn 18; im SachenR § 903 Rn 33ff. Der TrHänder, dem ein Unternehmen übertr ist, ist nach Widerruf zur WeiterFührg des Unternehmens für Rechng des TrGebers nur noch verpfl, soweit er wg seiner GgAnspr ein ZbR geltd macht. Nach Beendigg des TrHdVerhältn hat er Anspr gg TrGeber auf Abn des Gesch u Befreiung v den GeschVerbindlken (BGH WM **77**, 363). – **Unfallhelferring** ist nichtiger GeschBesVertr (BGH **61**, 318). Die Nichtigk erstreckt sich auf das ganze Unfallhilfesystem, also auf alle iR der wirtsch Entlastg des Geschäd von der SchadAbwicklg geschl Vertr wie DarlVertr der Bank (BGH NJW **77**, 38), BürgschVertr des MietwagenUntern mit der Bank zur DarlSicherg (Ffm WM **78**, 680); dies auch dann, wenn die kreditgebde Bank dem Geschäd die Auswahl unter mehreren RA überläßt (BGH NJW **78**, 2100). – **Vertragshändlervertrag** wird als RahmenVertr mit vorwiegd handelsvertrerrechtl Elementen od als GeschBesVertr, aber auf eig Rechng eingeordnet (vgl Ulmer, Der VertrHänder (1969) §§ 13, 18). – **Verwalter** eines Gutes, Hauses (BGH WM **65**, 1181), Verm (BGH WM **62**, 675: Effektenberater u -Verw). – **Werbemittler** s Annoncenexpedition. – **Wirtschaftsprüfer** wie Steuer-Bevollm.

4) Bankvertrag. Lit: Canaris, BankVertrR, 3. Aufl 1988. Er ist ein auf GeschBes gericht DVertr (BGH **7** NJW **85**, 2699 für GiroVertr). Im einzelnen (alphabet): **Akkreditivauftrag** vgl Einf 9–13 vor § 783. – **Akzept- u Avalkredit.** Der Vertr über die Gewährg kann je nach dem Inhalt der Vereinbg Darl od GeschBes sein. Letztere ist anzunehmen, wenn die Bank Wechsel für Rechng des Kunden gg Prov akzeptiert u ihm so zur Diskontierg behilfl ist; Darl ist anzunehmen, wenn die Bank eig Mittel aufwendet od fremde Mittel im A od zG des Kunden zur Vfg stellt mit der Vereinbg, dadch Gl des Kunden zu werden (BGH **19**, 282 [291]). – **Auskunft.** Der Konflikt zw der Pfl zum Hinw auf Risiken u zur Wahrg des BankGeheimnis ist dch Güterabwägg zu lösen (BGH NJW **91**, 693). Im übr vgl § 676. – **Auszahlungsauftrag.** Kein Anspr auf Ers der Aufw, wenn die Bank an einen and als den individualisierten Empf auszahlt (BGH NJW **95**, 2483). – **Depotvertrag:** Pfl des Kunden zur Anz einer FalschBuchg (Ffm WM **72**, 436). Auch für die Bank jederzeit kündb (BGH NJW **91**, 978). Keine Verpfl der Bank zu laufder Beratg über die Gegebenh auf dem Kapitalmarkt (Karlsr NJW-RR **92**, 1074). – **Effektenberatung.** Vgl § 276 Rn 22. Keine so weitgehde BeratgsPfl bei Effektenerwerb offenkund zu Spekulationszwecken (Ffm WM **95**, 245). – **Garantieauftrag** s Einf 16 vor § 783. – **Geldautomat.** SchadErsAnspr der Bank ggü dem Kunden wg schuldh ermöglichten Mißbr der Geldautomatenkarte (Nürnb WM **89**, 405). – **Girovertrag.** VertrPartner der Bank ist, wer nach dem **8** erkennb Will des die KontoEröffng beantragden Kunden Gläub der Bank werden soll (BGH WM **95**, 20), idR derjen, der als KontoInh bezeichnet ist (Mü u BGH WM **86**, 33 u 35, Düss WM **89**, 91). Die Bank ist verpfl, für den Kunden eingehde Gelder seinem Konto gutzuschreiben u von ihm eingereichte Schecks einzuziehen (Br WM **91**, 1253). – Der **Anspruch auf Gutschrift** (BGH WM **90**, 6) steht bis zur ihrer Vornahme unter der auflösden Bdgg, daß der AuftrG den ÜberweisgsAuftr widerruft (BGH WM **86**, 1409). Die Gutschr einer rgrdlos erfolgten Fehlüberweisg kann der Kund zurückweisen (BGH NJW **90**, 323). Der Anspr auf Gutschrift steht bei einem GemschKonto, über das jeder Beteil allein vfgsberecht ist (Oderkonto), jedem Beteil unabhäng vom and zu (BGH **95**, 185). Der **Anspruch aus der Gutschrift** (Zahlg), entsteht erst mit der Gutschrift auf dem Girokonto (BGH BB **60**, 343). Der Anspr des Bankkunden auf Auszahlg des zw 2 RechngsAbschl entstandenen Guth (Saldo) ist übertragb u pfändb, auch wenn das Girokonto als Kontokorrentkonto geführt wird (BGH **84**, 325, 371). Zur Pfändg des Anspr aus einem Oderkonto (vgl vorstehd) genügt ein Titel gg einen der Beteil (BGH **93**, 315 [321]). Jed Beteil kann die erteilte EinzelVfgsBefugn der and ggü der Bank widerrufen (Karlsr NJW **86**, 63). Besteht kein Girokonto des Empf, so wird ein ZahlgsAnspr gg die Bank nur begründet, wenn die Umst, die der Buchg zGrde liegen, einen VerpflWillen der Bank erkennen lassen (BGH **27**, 241), der aus der Buchg allein als rein banktechn Vorgang allerd nicht ow zu entnehmen ist. Ist der ÜberweisgsA nicht dch Gutschrift auf dem Konto des Empf ausführb, so hat der AGeber einen Anspr auf Herausg des GgWertes (bei Bareinzahlg des BarBetr, bei Überweisg dch Wiedergutschrift), § 667. Ebso, wenn die Bank wg einer schuldh falschen Buchg den Betr einem falschen Kto gutschreibt, wobei ggf im MitVersch des AGebers zu berücks ist (Hamm BB **78**, 1686). Im mehrgliedr ÜberweisgsVerk stehen nur der Überweisde zu seiner Bank u der ÜberweisgsEmpf zu seiner Bank in bankvertragl Beziehgen, die ZwBanken untereinand stehen im Verh AGeber/Beauftr (BGH **69**, 82 u WM **79**, 1272); die Gut- bzw Lastschriften werden von der kontoführden Bank auf dem Konto der and Bank vorgenommen; das schließt nicht aus, den GiroVertr des Kunden mit der Erstbank als Vertr zGDr zu beurteilen mit der Folge, daß ihm gg die ZwBank SchadErsAnspr erwachsen, wenn sie die im Verk erforderl Sorgf außeracht läßt (Düss DB **82**, 749, Ffm BB **84**, 807). Divergenz zw KontoNr u EmpfBezeichng vgl § 665 Rn 5. Wer Kontoführer ist, ist zw den beteil Banken im Einzelfall festgelegt („Loro"-, „Nostro"-Konto), nur die Buchgen hierauf sind konstitutiv, die GgBuchg der and Bank dient nur Bew- u Kontrollzwecken. – VerschwiegenhPfl der Bank (BGH **27**, 241). – Eine Geldschuld ist getilgt mit Gutschrift auf Konto des Gläub (BGH **6**, 121). Über die Frage der Rechtzeitigk der Leistg § 270 Rn 6; über die, wann Gläub Überweisg auf Konto als Erf gelten lassen muß, § 362 Rn 8, 9. Eine irrtüml Gutschrift auf einem Girokonto kann die Bank bis zum nächsten RechngsAbschl stornieren (Düss NJW **85**, 2723); ab ihrem SaldoAnerk (vgl § 781 Rn 8) nur noch Anspr od Einr der Bank aus §§ 812, 821 (BGH **72**, 9). Die Übersendg von Tagesauszügen u period RechngsAbschl schließt einen weitergehden AuskAnspr des Girokunden, ggf gg AufwErs (Hamm WM **92**, 1100) nicht aus, soweit er weitere Unterlagen benötigt, um die Richtigk der Berechngen überprüfen zu können u soweit nicht im EinzFall dieses Verlangen unzumutb ist (BGH NJW **85**, 2699); neben diesem AuskAnspr steht dem Kunden ein umfassder RechngsleggsAnspr nach Beendigg des GiroVertr nicht mehr zu (BGH NJW **85**, 2699). Auch für die Bank jederzeit kündb (BGH NJW **91**, 978). Der **Überweisungsauftrag** des Girokunden ist Weisg (vgl § 665 **9** Rn 5, 12). Der Kunde kann sie auch dch die Erkl erteilen, er sei mit der RückÜberweisg von ohne RechtsGrd überwiesenen RentenBetr einverst (BGH ZIP **83**, 420). Unwirks sind die Vereinbg der Unwiderruflichk in AGB (BGH WM **84**, 986) u die auf ÜberweisgsVordrucken formularmäß eingeräumte Befugn, den eingegangenen Betr auf einem and Konto des Empf gutzuschreiben (BGH **98**, 24). Die Überweisg des Schu auf ein and Konto des Gläub als das angegebene hat grds keine schuldbefreide Wirkg (BGH **98**, 24). Der ÜberweisgsEmpf kann die Gutschr nur dann zurückweisen u von seiner Bank Rücküberweisg auf das Konto des Schu verlangen, wenn die erteilte Gutschr auf einer rgrundl FehlÜberweisg beruht, sodaß er im ValutaVerh einem BerAnspr des Überweisden ausgesetzt wäre (BGH NJW **95**, 520, abl Häuser ZIP **95**, 89). Widerruf vgl § 665 Rn 5. Der ÜberweisgAuftr des Nichtkunden unter Einzahlg eines Betr ist Angeb auf Abschl eines EinzGeschBesVertr. Pfl des Kunden zur Anz einer FalschBuchg (Ffm WM **72**, 436). Pfl der Bank, dem KontoInh unverzügl anzuzeigen, wenn sie einen ÜberweisgsAuftr mangels Deckg nicht ausführt, überwiegdes MitVersch des KontoInh wg fehlder Deckg (Hamm WM **84**, 1222). Grdsätzl keine Warn- u SchutzPfl der am ÜberweisgsVertr beteil Banken ggü dem Überweisden u dem Empf (BGH NJW

87, 317: dort Ausn vom Grds). Das Risiko der Fälschg trägt grdsl die Bank (BGH NJW-RR **92**, 1264). – Das in die **Kreditabwicklung** (Bausparkredit) eingeschaltete Kreditinstitut macht sich schaderspfl, wenn es
10 versäumt, den Kredit zur Einplang in staatl ZinsverbilliggsMittel anzumelden (BGH WM **76**, 79). – **Kreditgewährung.** AufklärgsPfl der Bank, wenn sie einen Kunden (Kommanditist einer MassenKG) auch in ihrem eig Interesse auffordert, einem and Kunden (KG) zu dessen Saniger ein von ihr finanziertes Darl zu gewähren (BGH NJW **78**, 2547). Pfl der Bank, ihren KreditN auf die gravierden Folgen hinzuweisen, wenn sie ihm zu einer Verschlechterg seiner RPosition in ihrem eig Interesse rät (BGH NJW **95**, 2218). Ebso AufklärgsPfl der Bank über Fehlvorstellgen des KreditN bei KreditVerh (BGH NJW **78**, 2145). Sonst keine Pfl der Bank zur Beratg u Aufklärg über die Finanzierbark des von dem Kunden beabsichtigten Gesch, für das er den Kredit benötigt (Hamm BB **92**, 2177: Zinsentwicklg). Keine Pfl der Bank, einen Kunden über die VermVerh eines and Kunden zu unterrichten, nach den Umst des EinzFalles allerd Pfl, auf bestehde Bedenken hinzuweisen (BGH WM **69**, 560 u 654). – **Kontokorrentvertrag** (BGH DB **57**, 162: Pfl zum Hinw auf rechtl Bedenken gg erteilte Weisg). Die jederzeit mögl (BGH BB **87**, 1488) fristl Künd des Kontokorrent-KreditVertr kann im EinzFall rmißbräuchl sein (Kln u BGH WM **85**, 1128 bis 1136). – **Lastschriftverfahren** (AbbuchgsAuftr, EinzugsErmächtig) vgl nachstehd Rn 13–19. **Reisescheck.** Die ersteinlösden Banken haben zu prüfen, ob die vor ihnen zu leistde KontrollUnterschr mit der ErstUnterschr übereinstimmt
11 (Ffm WM **80**, 752). Wenn ja, muß auch die Ausstellerbank einlösen. – **Scheck.** Der ScheckVertr verpfl die Bank zur Einlösg von auf sie gezogenen Kundenschecks, sow sie dch Guth od Kredit gedeckt sind; zum Widerruf vgl § 665 Rn 5. Pfl der Bank zur sorgfält Prüfg, ob der Scheck nach seinem äußeren Gesamtbild den Eindruck der Echth erweckt (BGH NJW **69**, 694, Hamm NJW-RR **86**, 40) u ausreicher Vollm des AusSt (BGH WM **82**, 425), insbes bei Vorlage eines außergewöhnl hohen Barschecks dch Unbekannten u abw von den bisher Gepflogenh (BGH NJW **86**, 988, Kln NJW-RR **87**, 164). Bei Einziehg eines außergewöhnl hohen VerrechngsSchecks Prüfg der mat Berechtigg nur bei Vorliegen ganz bes Verdachtsmomente (BGH NJW **93**, 1583), zB Einziehg eines Schecks, der erkennb kaufmänn Zwecken dient, auf ein Sparkonto (BGH NJW **87**, 1264), eines Schecks, auf dem das Feld für die Angabe des Empf mit einem Adressaufkleber mit Namen u Anschrift des Einreichers überklebt ist (BGH WM **88**, 147). Eine nicht kontoführde Stelle der Bank verletzt idR ihre PrüfgsPfl, wenn sie einen Scheck an den Einreicher bar auszahlt, der sich nicht als Kontoinhaber od sonst VfgsBerecht ausweisen kann (BGH **91**, 229). Üblicherw wird das Konto des AGebers in Höhe des Scheckbetr Ev (Eing vorbeh) erkannt. Diese Gutschrift ist Vorschuß, daher durch eine Rückbelastg storniert, wenn Scheck nicht eingelöst wird. – Wird ein Scheck seitens einer and als der bezogenen Filiale hereingenommen, so nur zur Einziehg, nicht zur Einlösg (BGH MDR **51**, 347, Celle BB **55**, 1112). Zahlt die Inkassobank den ScheckBetr aus, so regelt sich, falls der Scheck nicht gedeckt ist, ihr ErstattgsAnspr gg den AusSt (Kblz WM **84**, 467) auch dann nach § 670, wenn der Einreicher nicht Kunde ist (Ffm WM **78**, 1025). SchadErsAnspr des Einreichers aus pVV gg die Inkassobank wg schuldh verzögerter Weiterleitg des Schecks an die bezogene Bank (BGH **96**, 9 [17]). Scheckkarte u Scheckgarantie vgl Einf 17 vor § 765. – **Verkaufsauftrag über Optionsscheine,** die starken Kursschwankgen unterliegen. Pfl der Bank zur schnellstmögl Weiterleitg, keine HaftgsBeschrkg auf grobe Fahrlk (Oldbg WM **93**, 1879). –
12 **Wechseleinlösung,** sow dch Guth od Kredit des Kunden gedeckt. Grdsätzl keine Pfl der diskontierden Bank, den Diskontnehmer über die VermVerh der übr WechselBeteil aufzuklären. Erweckt jedoch inf unübl Vereinbgen mit dem Akzeptanten die Bank dch die Ann des Wechsels zum Diskont den Anschein, der Akzeptant sei kreditwürd u weiß sie, daß er den Wechsel nicht wird einlösen können, so muß sie entw die Diskontierg ablehnen od den Diskontnehmer auf die Sachlage u seine RückZahlgsPfl beim Rückgr hinweisen (BGH WM **77**, 638).

13 **5) Lastschriftverfahren.** Abk über den LastschriftVerk, gült Fassg abgedruckt bei Baumbach/Hopt, HGB, NebenG (10). Zusfassd Rottnauer WM **95**, 272.

a) Allgemein. Der Ablauf ähnelt dem einer Überweisg, jedoch mit dem Unterschied, daß die Weisg für die bargeldl Zahlg vom Gläub erteilt wird, sog rückläuf Überweisg (BGH **69**, 82). Gläub reicht die Lastschrift bei seiner Bank ein; diese erteilt eine Gutschrift, die trotz ihres vorläuf Charakters bereits ein (wohl aufschiebd) bdgtes abstr SchuldVerspr ist (BGH **70**, 181), u gibt die Lastschrift an die SchuBank weiter; diese belastet das Konto des Schu u löst die Lastschrift ein. Bei Vereinbg des LastschriftVerf hat der Gläub selbst unter Vorlage der Belege für den Einzug der Fdg zu sorgen, die Schuld ist nicht mehr Schick-, sond Holschuld (BGH BB **85**, 1022; Schwarz ZIP **89**, 1442, vor allem zum Verzug des Schu). Für die Rechtzeitigk der Leistg ist grdsl der Gläub verantwortl (BGH **69**, 366). Der Schu hat das seinerseits Erforderl getan, wenn auf seinem Konto Deckg für die Lastschrift vorh ist. Will Gläub vom Einzug im LastschriftVerf Abstand nehmen, muß er dies dem Schu rechtzeit u unzweideut mitteilen (BGH aaO). Das Abk unterscheidet zwei Arten des LastschrVerf, näml Abbuchgs- u EinzugsErmächtiggsVerf (vgl unten Rn 15–18).

14 **b) Vertragliche Beziehungen** bestehen iR eines GeschBesVertr mit DienstVertrCharakter zw dem Gläub u seiner Bank (1. Inkassostelle) sowie zw dem Schu u seiner Bank (Zahlstelle). Löst sie die Lastschrift nicht ein, ist sie verpfl, den KontoInh gleichzeit mit der Rückg der Lastschrift an die GläubBank zu benachrichtigen (BGH NJW **89**, 1671; Besprechg Häuser WM **89**, 841). Keine vertragl Beziehgen bestehen zw dem Gläub u der SchuBank, zw dem Schu u der GläubBank sowie zw Gläub/Schu u etwa zwischengeschalteten Banken. Zw den beteil Kreditinstituten bestehen Rechte u Pfl, deren Verletzg zu SchadErsAnspr gem Abschn IV Nr 2 des Abk über den LastschriftVerk führen kann, zB des Gläub- gg die SchuBank bei verspäteter Rückgabe (Rückbelastg) einer nicht eingelösten Lastschrift (BGH NJW **83**, 220). Außerdem bestehen SchutzPfl der SchuBank ggü dem Gläub u der GläubBank ggü dem Schu (vgl unten Rn 15–18). Die GläubBank ist aber ggü dem Schu nicht verpfl, die Erkl des Gläub über das Bestehen der Einzugsermächtigg zu überprüfen (BGH **69**, 187).

15 **c) Abbuchungsverfahren.** Der Schu erteilt seiner Bank die generelle Weisg (§§ 675, 662), zu Lasten seines Girokontos vom Gläub eingehde Lastschriften einzulösen. Die Vorlage der Lastschrift ist Einzelweisg der GläubBank an die SchuBank (BGH **74**, 352, **79**, 385). Diese (Zahlstelle) ist berecht u verpfl, bei ihr eingehde Lastschriften des im AbbuchgsAuftr bezeichneten Gläub einzulösen, sow auf dem Girokonto des

Schu Deckg vorh ist (BGH aaO). Mit der Einlösg ist die Weisg ausgeführt u der Schu kann sie nicht mehr widerrufen (BGH **72**, 343). Eingelöst ist die Lastschrift mit Gutschrift des Betr auf dem Konto des Gläub bei seiner Bank (Inkassostelle), wenn die Lastschrift auf dem Konto des Schu dch einen AbbuchgsAuftr des Schu an seine Bank (Zahlstelle) od dch seine Einzugsermächtigg an den Gläub (unten Rn 16–18) gedeckt ist; ohne solche Deckg dch nachträgl Zustimmg des Schu zur Lastschrift od wenn die SchuBank mit dem Willen gehandelt hat, die Lastschrift endgült u ggf auf eig Risiko einzulösen (BGH NJW **83**, 220; eingehd: Bauer WM **83**, 198). Der Schu hat kein WiderrufsR, mit der Einlösg erlischt sein WiderrufsR (vgl § 665 Rn 5, BGH **72**, 343), die Verpfl des Schu ist erfüllt (Canaris BankVertrR Rdn 635, MüKo/Heinrichs § 362 Rdn 19). Widerruft der Schu dennoch, so darf seine Bank nicht die Rückbelastg veranlassen. Tut sie dies doch, kann sie sich ggü dem ZahlgsEmpf schaderspflich machen, weil er als Dr mit Schutzwirkg aus dem LastschrAbk der beteil Banken anzusehen ist (BGH **69**, 82, Düss NJW **77**, 1403), ggf auch nach § 826. Dagg keine Haftg der SchuBank ggü dem Gläub, wenn sie nach Einlösg einer Einziehgsermächtigg einen Widerspr des Schu beachtet, obwohl sie diesen wg eines außerdem vorliegden AbbuchgsAuftr des Schu nicht zu berücksichtigen brauchte (BGH **72**, 343, aA Düss NJW **77**, 1368). Im Widerruf des Schu ggü seiner Bank ohne die vertragl erforderl Zustimmg des Gläub kann diesem ggü eine pVV liegen (Düss WM **84**, 724). Ggü der GläubBank hat der Schu mangels vertragl Beziehgen kein WiderrufsR.

d) Einzugsermächtigungsverfahren. Der Schu räumt dem Gläub schriftl die Ermächtigg (§ 185) ein, **16** die zu leistde Zahlg mittels Lastschr bei der SchuBank (Zahlstelle) einzuziehen. Es gibt keine allg SchutzPfl der GläubBank ggü dem Schu zur Prüfg, ob die EinzugsErmächtigg wirkl erteilt wurde (BGH **69**, 186) od gar, ob ein Anspr des Gläub gg den Schu in Höhe der einzulösden Lastschrift besteht. Es gibt auch keine SchutzPfl der SchuBank ggü dem Gläub, den Widerspr des Schu unbeachtet zu lassen (BGH **72**, 343). – **Einlösung.** Wenn der Schu seiner Bank keinen AbbuchgsAuftr erteilt u die Belastg seines Kontos auch **17** nicht nachträgl gen hat, ist die Lastschr wg der WidersprFr für den Schu nicht schon mit der Belastg des Kontos u der Mitt des Kontoauszugs an den Schu eingelöst. And, wenn die SchuBank ihren endgült EinlösgsWill erkl hat, was vor einer im Verh zum Schu wirks Belastg des Kontos nicht ow anzunehmen ist (BGH **74**, 352). Bereits mit Gutschrift auf dem Konto des Gläub bei seiner Bank ist die Lastschrift endgült (nicht nur aufschiebd bdgt bis Ablauf der WidersprFr) eingelöst, wenn die SchuBank zu erkennen gegeben hat, daß sie aus bes Grd das Risiko einer unwirks Belastg des SchuKontos zu übernehmen bereit ist, insb wenn sie zur Vereinfachg ihres GeschBetr bei Lastschrift bis zu einem best Betrag das Vorliegen eines AbbuchgsAuftr nicht prüft (BGH **79**, 381). – **Widerspruch.** Die Bank muß, weil ihr eine Weisg ihres **18** Kunden (Schu) nicht erteilt war, bis zur Gen des Kunden, die noch nicht in der widerspruchsl Hinnahme des Tagesauszugs liegt (BGH **95**, 103), grdsl dessen unbefristeten (Nürnbg NJW-RR **95**, 1144) Widerspr gg die Lastschr beachten ohne zu prüfen, ob der Kunde im Verh zum ZahlgsEmpf (Gl) widersprberecht ist. Die SchuBank muß iF des Widerspr ohne Prüfg der mat RLage (BGH aaO) die Lastschr auf dem Konto ihres Kunden rückbuchen u hat gg die GläubBank (Inkassostelle) 6 Wo lang Anspr auf WiederVergütg (LastschriftAbk Abschn III Nr 2). Die GläubBank (Inkassostelle) muß der SchuBank die Gutschr zurückgeben u bucht ihrers die Gutschr auf dem Konto ihres Kunden aGrd entspr Abrede im GiroVertr zurück. Der Konstruktion eines SchadErsAnspr (so Düss WM **78**, 769) bedarf es dazu allenf, wenn der Schu die 6-Wo-Fr für den Widerspr versäumt hat (ähnl Hadding WM **78**, 1366 [1378]). Der Widerspr des Schu ist nicht widerrufb (BGH NJW **89**, 1672). Der Schu, der ggü seiner Bank (Zahlstelle) mangels Weisg zum Widerspr berecht ist, kann sich ggü seinem Gläub, weil er diesem den Betr schuldet (Hamm WM **85**, 1139), od ggü der GläubBank (1. Inkassostelle) schaderspflicht machen. Ein Schad ist der GläubBank erst entstanden, wenn der Gläub vor Erhebg des Widerspr über den gutgeschriebenen LastschrBetr und als dch Verrechng mit dem Schuldsaldo auf seinem Girokonto verfügt hat u diesen Betr nicht zurückzahlen kann (BGH NJW **79**, 2146). Der Anspr der SchuBank (Zahlstelle) gg die GläubBank (erste Inkassostelle) auf Wiedervergütg des LastschriftBetr nach Widerspr wird nicht schon dadch ausgeschl, daß der Schu im Verhältn zu seinem Gläub oder zur GläubBank rmißbräuchl von der WidersprMöglk Gebr gemacht hat. Dasselbe gilt, wenn die SchuBank nach Belastg des Kontos des Schu erfährt, daß zw diesem u dem Gläub (ZahlgsEmpf) eine Lastschriftreiterei vorliegt; anders, wenn die SchuBank vor Einreich der Lastschriften die Lastschriftreiterei erkennt u deren laufde Abwicklg unter InkaufN einer Schädigg der GläubBank duldet (BGH **74**, 309). Der KontoInh (Schu) handelt ggü der GläubBank grdsätzl nicht sittenwidr, wenn er der Belastg seines Kontos widerspricht, weil er keine Einzugsermächtigg erteilt hat od den eingezogenen Betr nicht schuldet od weil er ein LeistgsVerweigerngs-, Zb- od AufrR ggü dem Gläub ausüben will, auch wenn die erste Inkassostelle (GläubBank) inf des Widerspr Schad erleidet (BGH **74**, 300 u NJW **85**, 847). Im EinzFall kann der Widerspr sittenwidr sein (§ 826 Rn 33).

e) Ungerechtfertigte Bereicherung vgl § 812 Rn 49–57 „Lastschriftverfahren". **Unerlaubte Hand-** **19** **lung** vgl § 826 Rn 33.

6) Baubetreuungs-, Bauträgervertrag. Lit: Basty, Der BauträgerVertr, 1993; Jagenburg, die Ent- **20** wicklg des BauBetreugs-, Bauträger- u WoEigtR, NJW **95**, 2196; Locher/Koeble, Baubetreugs- u Bauträ- gerR, 4. Aufl 1985; Brych/Pause, Bauträgerkauf u Baumodelle, 1989; Reithmann/Meichssner/v Heymann, Kauf vom Bauträger u Bauherrenmodelle, 6. Aufl 1992. – Der **Baubetreuer** führt im Namen u für Rechng des Bauherrn (BGH NJW **81**, 757), idR auf dessen Grdst (Hamm NJW-RR **92**, 153), die planer, meist organisator, wirtsch u finanzielle Gestaltg, Dchführg, Beaufsichtigg (BGH **70**, 187) u Abrechng des Bauge- schehens aus u erhält dafür Vergütg. Dabei können je nach VertrAusleg bei der Abrechng mit mehreren Bauherren (WohnEigtümern) Anspr aus Überzahlg dem einz Bauherrn gg den BauBetr zustehen, auch wenn and die von ihnen geschuldeten Betr nicht voll bezahlt haben (BGH DB **78**, 2019). Der Vertr kann im EinzFall wg Verstoßes gg das RBerG nichtig sein (BGH **70**, 12). Sow sich der BauBetr eines Arch bedient, ist dieser sein ErfGeh (BGH WM **78**, 239). Der Betreuer kann sich auch zur schlüsselfert Übergabe gg FestPr verpfl od garantieren, daß best, aufgeschlüsselte Kosten nicht überschritten werden (BGH WM **87**, 179). Er hat vielf Vollm des Bauherrn (BGH ZfBR **83**, 220 zum Umfang) u tritt in seinem Namen auf. Bei Handeln des bevollm BauBetr als Vertr ggü dem BauUntern, auch bei einer Vielzahl noch unbekannter od später erst

hinzukommder Bauherrn (WoEigtümer), die zudem noch nicht Eigtümer des BauGrdst sind, werden diese VertrPartner des Untern (BGH **67**, 334, BGH NJW-RR **87**, 1233). Eine FestPrVereinbg steht solcher VollmErteilg u der Wirksk des WkVertr nur zw Bauherrn u BauUntern nicht entgg, wenn sie als PrGarantie des Inhalts aufgefaßt werden kann, daß der BauBetr den AGeber v weitergehdn HandwFdgen freizustellen hat (BGH aaO), auch wenn es sich um ein umfangreiches BauVorh handelt (BGH **76**, 86). Kommt die BauherrenGemsch später nicht zust, haftet der BauBetr u/od der TrHänder nach § 179 (BGH **105**, 283). Ist die techn Betreug übertragen und ist der Betreuer bevollmächtigt, den ArchVertr abzuschließen, so ist er verpfl, die Plang des Arch sorgf zu überprüfen, Haftg wie die des Arch (BGH **126**, 326; vgl Einf 7 vor
21 § 631). – Der **Bauträger** ist Gewerbetreibder, der das BauVorh im eig Namen für eig od fremde Rechng vorbereitet u/od dchführt (BGH NJW **81**, 757). Er kann auch auf eig Grd im eig Namen für eig Rechng Projekte entwickeln, errichten u dann veräußern. Er ist VertrPartner der BauUntern u Bauherr, u baut idR auf eig od von ihm zu beschaffden Grdst (Hamm NJW-RR **92**, 153). Der BauträgerVertr ist ein Vertr eig Art, der neben wk- u wkliefergsvertragl Elementen auch (GrdstErwerb) kaufrechtl Elemente sowie je nach den Umst Bestandtle aus dem Auftr- u GeschBesR enthält (BGH **92**, 123, Jagenburg NJW **87**, 3107), gleichgült, ob u wieweit das BauWk im Ztpkt des VertrAbschl bereits fertgestellt ist od nicht (BGH NJW **81**, 2344). – **Gewährleistung** als Bauträger nach WkVertrR. **Schwarzarbeit** § 631 Rn 6, **Berufspflichten**
21a für Bauträger u Baubetreuer zum Schutze ihrer VertrPartner vgl Einf 1 vor § 652. – Daneben gibt es **andere Baumodelle,** in denen Gewerbetreibde wg der Haftg als Bauträger u als steuerl Grden nur als Initiatoren, Vermittler, AnlBerater mit entspr Haftg auftreten, währd die Erwerber Bauherren u VertrPartner der Planer u BauUntern sowie der Initiatoren sind, wenn diese dann die Rolle des BauBetr übernehmen. Vielfach ist zw die Bauherren u den BauBetr ein TrHänder als Sachwalter der Interessen der Erwerber zwgeschaltet (näher Brych DB **79**, 1589 u **80**, 531, Reithmann WM **86**, 377). Ob er gg seine Pfl verstoßen hat, hängt ab von dem ihm vertragl übertragenen PflKreis, zu entnehmen auch aus den Vorstellgen, die den TrGeber bei der VertrGestaltg dazu veranlaßt haben, dem TrHd die TrHandsch zu übertragen (BGH **102**, 220, NJW-RR **89**, 1102). Pfl des TrHänders zur Aufklärg des Bauherrn über Verflechtg mit dem Baubetreuer (BGH BB **91**, 935), über die Risiken eines von ihm veranlaßten vorzeit Baubeginns (BGH NJW **94**, 1864). Prospekthaftg beim Bauherrenmodell § 276 Rn 23.

22 **a)** Verpfl sich der Beauftr, **auf einem Grundstück des Bauherrn** für dessen Rechng ein Bauwerk zu errichten, so handelt es sich um GeschBesVertr entweder mit WkVertrCharakter (BGH NJW **94**, 2825), wenn der Beauftr verantwortl Plang, Errichtg u Abwicklg des ganzen Baus, also einen best Erfolg schuldet, od mit DienstVertrCharakter, wenn er ledigl organisator u wirtsch Betreuung ohne Plang u techn Leitg schuldet (Hamm NJW **69**, 1438 u MDR **82**, 317). Daran ändert nichts, wenn der BauBetr zusätzl die FinanziergsVermittlg u der AuftrG die Verpfl zur Abn der FinanziergsMittel übernommen hat (BGH WM **91**, 1083). Ob dch Vertrage mit Dr, die der Betreuer zur Errichtg des Baus abschl, er selbst od der Bauherr verpfl wird, hängt davon ab, ob er Vollm hat u in eig od fremdem Namen auftritt; dafür sind mangels ausdr Erkl die Umst maßg (Düss DB **78**, 583). Ebso ist es AusleggsFrage, ob die erteilte Vollm zur Beschaffg der Finanzierg für die Bestellg eines GrdPfdR ausreicht (BGH WM **77**, 78) u ob sie den in Vorlage gegangenen BauBetr ermächtigt, für sich selbst eine GrdSch zu bestellen (BGH DB **77**, 398). Verpfl sich in diesem Fall (Grdst gehört dem AuftrG) der BauBetr zur Errichtg des BauWk (selbst od dch Dr) zu einem FestPr, in dem seine Vergütg enth ist, so handelt es sich um Wk- od WkLiefergsVertr über unvertretb Sache, nicht um GeschBesVertr (BGH NJW **75**, 869). Anspr auf BauWkSichgsHyp vgl § 648 Rn 2. Errichtet der BauBetr eine WohnAnl auf einem Grdst, das im MitEigt auch WohngsEigtümer steht, so kann jeder einz Bauherr Abrechng der ihn treffden anteil Baukosten u der von ihm erbrachten Leistgen u Auszahlg seines sich daraus ergebden Guth verlangen (BGH WM **78**, 758, AusleggsFrage).

23 **b)** Steht das **Grundstück im Eigentum des Baubetreuers,** ist zu unterscheiden: Baut der Beauftr auf seinem Grdst für Rechng des Bauherrn u verpfl sich zur Übereign, so handelt es sich um GeschBesVertr eig Art (BGH DB **68**, 305), vorwiegd mit WkVertrCharakter; im einzelnen str. Die Verpfl zur Übereign folgt nicht aus § 667, sond bedarf der Form des § 313 (BGH WM **69**, 917, **LM** § 313 Nr 48). Errichtet der Bauträger auf seinem Grdst den Bau für eigene Rechng zur Weiterveräußerg, so handelt es sich um einen einheitl Vertr wie in Rn 21 erläutert. Besorgt der Bauträger zusätzl gg gesonderte Vergütg die ZwFinanzierg, so besteht insofern zusätzl ein GeschBesVertr (BGH NJW **78**, 39). Auch der Vorvertrag **(Kaufanwärtervertrag)** bedarf der Form des § 313, gleichgült ob der HauptVertr als Kauf- od WerkLiefergsVertr über eine nicht vertretb Sache ausgestaltet ist (BGH JZ **71**, 556). Im ZwStadium der Nutzg bis zur Eigt-Übertr ist iF ursprüngl vorhand Mängel § 538 entspr anwendb (BGH NJW **71**, 1450).

24 **c)** Steht das **Grundstück im Eigentum eines Dritten,** ist ebenf zu unterscheiden: Verpfl sich der Betreuer, für Rechng des Bauherrn auf einem von dritter Seite erst zu erwerbden, möglicherw erst zu erschließden Grdst ein Haus zu errichten, so handelt es sich um GeschBesVertr (BGH WM **69**, 96) mit WkVertrCharakter. Für Vertretg gelten die Ausf oben Rn 22. Formbedürftig vgl § 313 Rn 15, 16, idR auch des TrHandVertr beim Bauherrnmodell (BGH **101**, 393). Der Betreuer ist dem AGeber zur Rechngslegg verpfl, wenn das BauVorh im wesentl abgeschlossen u er dazu in der Lage ist (BGH LM § 666 Nr 8). Verzögert sich die Endabrechng u ist ein Teil des Pr bereits bezahlt, so schuldet der BauBetr uU die Auflassg gem § 242 schon gg SicherhLeistg (BGH WM **68**, 1012 u 1014). Auch wenn der Bauträger das Grdst im Namen des AuftrG erwerben soll, bedarf der BauträgerVertr der Form des § 313 (BGH DB **85**, 1224). Erschließt u/od bebaut der Bauträger das im Eigt eines Dr stehde Grdst auf eigene Rechng, so gelten die Ausf zu Rn 23.

25 **d)** Der **Träger-Siedler-Vertrag** ist GeschBesVertr eig Art mit überwiegdm WkVertrCharakter (BGH Rspr Bau **Z 7.21** Bl 2) unter Zugrundelegg öffrechtl KleinsiedlgsBestimmgen; die Begründg der Kaufanwartsch des Siedlers, das ist die Verpfl des Siedlgsträgers zum Abschl eines KaufVertr, bedarf als VorVertr grdsätzl der Form des § 313 (BGH **16**, 334 u **20**, 172).

26 **e)** Grdsätzl besteht **kein Koppelungsverbot** zw der Verpfl zum GrdstErwerb u derjen zur InAnsprNahme eines best Baubetreuers, vgl § 631 Rn 4.

f) Einwendungsdurchgriff. Der DarlNehmer/EigtumsErwerber kann der Bank, die dem Bauträger 27 global u ihm selbst Kredit gewährt hat, Einwdgen entggsetzen, die ihm aus seinem RechtsVerh zum Bauträger bzw zum TrHänder zustehen unter der Vorauss, daß sich die kreditgebde Bank nicht auf ihre Rolle als Kreditgeberin beschr, sond sich in einer darüberhinausgehden Weise als finanzierten Gesch beteiligt, also insb Aufgaben u Funktionen des Bauträgers im ZusWirken mit diesem wahrgen hat (BGH NJW **80**, 41, Düss WM **84**, 1333).

7) Entsprechende Anwendung von Auftragsvorschriften. – a) Für die **Vergütung** des GeschBesor- 28 gers gelten, da der Auftr unentgeltl ist, primär die getroffenen Vereinbgen, sonst entw § 612 od § 632 (Hamm NJW-RR **95**, 1010), für spez geregelte GeschBesVerh (vgl Einf 5 vor § 662) dort enthaltene SpezRegelgen. Die BewLast für die Unentgeltlk trägt der dienstberecht GeschHerr, wenn nach den Umst des Falles die DLeistg nur gg Entgelt zu erwarten ist (BGH MDR **75**, 739).

b) Im übrigen gelten primär etwa getroffene vertragl EinzVereinbgen, sekundär SpezVorschr für bes 29 geregelte GeschBesVerh (vgl vorstehd Rn 28), sonst der größte Teil des AuftrRs, das insow den Bestimmgen über D- od WkVertr vorgeht; diese gelten, sow das AuftrR keine Regelg enthält. Zur Anwendbark des in § 675 nicht genannten § 664 vgl dort Rn 6. § 670 gilt nur, sow AufwErs nicht schon in der Vergütg enthalten ist.

c) Im Konkurs wird der GeschBesVertr dem A gleich behandelt, §§ 23 II, 27 KO. 30

d) Nicht anwendbar ist § 671 (Widerruf u Kündigg jederzeit) mit der für seinen Abs II in § 675 gemach- 31 ten Ausn. Für die Kündigg gelten die einschläg Bestimmgen des D- bzw WkVertr (BGH DB **82**, 2346).

8) In der früheren DDR gilt für GeschBes mit wiederkehrden pers Leistgen die ÜbergangsVorschr in 32 EG Art 232 § 6, für Konto- u SparkontoVertr EG Art 232 § 7.

---

676 ***Keine Haftung für Rat oder Empfehlung.*** **Wer einem anderen einen Rat oder eine Empfehlung erteilt, ist, unbeschadet der sich aus einem Vertragsverhältnis oder einer unerlaubten Handlung ergebenden Verantwortlichkeit, zum Ersatze des aus der Befolgung des Rates oder der Empfehlung entstehenden Schadens nicht verpflichtet.**

1) Regel: Keine Haftung. Die Vorschr stellt klar, daß die Erteilg von Ausk, Rat od Empfehlg von den 1 Ausn (Rn 2–13) abgesehen mangels RBindgswillens (Einl 9, 10 vor § 241) grdsätzl keine Haftg erzeugt, sie ist weder WillErkl noch RGesch. Die Raterteilg ist also insb nicht ow ein „Geschäft", das der Erteilde für den Empf als den AGeber besorgt (§ 662), wie auch umgekehrt dem Empf dch den Rat nicht etwa ein „Auftrag" zur Ausf des Rates erteilt wird, da die Ausf ausschl eine eig Angelegenh des Beauftr betrifft, zB Winkzeichen zum Weiterfahren im Kfz-Verk (Ffm NJW **65**, 1334). – Aus der Raterteilg entsteht nicht ow eine Verpfl, nach Erteilg des Rats Ändergen der Sachlage mitzuteilen – And rechtl Beurteilg vgl Rn 2.

2) Ausnahme: Haftung kann sich ergeben: aus speziellem Rat- od AuskErteilgsVertr (Rn 3–10), aus 2 einem and Vertr (Rn 11), aus vertragsähnl Verh (Rn 12), aus unerl Hdlg (Rn 13) od sonst aus dem G, so § 1685 (Beistandsch). Umfassd: Musielak, Haftg für Rat, Ausk u Gutachten, 1974, Müssig NJW **89**, 1697. Eine Pfl zum Ers des aus der Befolgg eines Rats entstehden Schad kann sich auch aus einem unmittelb auf solchen Ers gerichteten GewährVertr (Einf 22 vor § 765) ergeben. Zu ersetzen ist der Schad, der dch die Befolgg des unricht od unvollständ Rates bzw der Ausk adäquat verurs worden ist; näher vgl Rn 3–10, zum MitVersch Rn 9. Bei Fehlern von Geh ist entw § 278 od § 831 anwendb.

3) Spezieller Rat- od Auskunftserteilungsvertrag. – a) Rechtsnatur, Inhalt. Der Vertr ist gerichtet 3 auf Beratg od AuskErteilg als HauptLeistg. Bei Unentgeltlich handelt es sich um A, bei Entgeltlich um DVertr, meist mit GeschBesCharakter, wenn die BeratgsTätigk als solche, wie beim WkVertr, seine einz Erteilg von Rat od Ausk VertrGgst ist. Rat u Ausk sind gewissenh u vollst zu erteilen. Jedoch begründet der AuskVertr allein nicht ow Ermittlgs- u BeratgsPfl (BGH WM **64**, 118). Fehlen hinreichde ErkenntnQuellen, so muß das bei der RatErteilg gesagt werden (BGH WM **62**, 923). Ist der Beratde für die Erteilg der Ausk auf Information dch den Dr angewiesen, so hat für seine NachforschgsPfl über die Verläßlichk dieser Information darauf abzustellen, wieweit im konkr Fall das schutzwürd Vertrauen des Beratenen auf die Richtigk der Information reicht u welche Nachforschgen er daher redlicherw von dem Berater verlangen kann (BGH DB **74**, 2392). Auch der Vertr mit einem Arzt kann ausschl auf Beratg gerichtet sein. Ist der leitde Arzt eines Universitätsinstituts zur genet Beratg ermächtigt u führt er sie bei einem Kassenpatienten ambulant durch, so ist er VertrPartner u iF eines BeratgsFehlers HaftgsSchu (BGH **124**, 128).

b) Konkludenter Abschluß ist mögl, auch ohne daß sonst vertragl Beziehgen zw den Part bestehen 4 (BGH WM **65**, 287). Jedoch ist aus der Tats der Rat- od AuskErteilg allein ein solcher rgeschäftl Wille noch nicht ow zu entnehmen. Vereinbg einer Vergütg ist idR Indiz für rgeschäftl Willen. – Die Antwort des Schu auf Anfrage einer Bank über den Stand der Fdg ihres Zedenten ist im EinzFall auszulegen, ob sie eine bloße WissensErkl od nach der erkennb Interessenlage darüberhinaus eine rgeschäftl WillErkl enthält (BGH WM **85**, 1446). Daß die Ausk „aus Gefälligk" unentgeltl erbeten u gegeben wird, steht, wenn die folgden Vorauss erf sind, der Ann rgeschl BindgsWill nicht ow entgg (BGH WM **74**, 685). – **Konkludenter Abschluß ist** 5 **anzunehmen,** wenn die GesamtUmst unter Berücks der VerkAuffassg u des VerkBedürfn den Rückschluß zulassen – so kaum aus Anlaß einer gesellschaftl Zuskunft (BGH NJW **91**, 352) –, daß beide Tle nach dem obj Inhalt ihrer Erkl die Ausk zum Ggst vertragl R u Pfl gemacht haben (BGH NJW **91**, 32). Ein wicht Indiz dafür ist, daß die Ausk für den Empf erkennb von erhebl Bedeutg ist u er sie zur Grdlage wesentl Entschlüsse machen will, insb wenn AuskGeber für die Erteilg der Ausk bes sachkund od selbst wirtsch interessiert ist. Konkludenter Ausk- u BeratgsVertr, wenn ein AnlInteressent einer Spark ggü deutl macht, daß er deren Kenntn u Verbindgen für seine AnlEntsch in Anspr nehmen will, u die Spark darauf eingeht (BGH **100**, 117). Weiter, insb auf and Pers als den Empf, kann die Ann eines konkludenten VertrAbschl grdsätzl nicht ausgedehnt werden (BGH **12**, 105 u WM **58**, 1080). Ausnahmsw kommt vertragl Haftg ggü dem auf die

Ausk Vertrauenden dann in Betr, wenn sie einem and erteilt aber – auch (Kln WM **85**, 598) – für jenen bestimmt war u der AuskGeber pos gewußt hat, daß sie für weitere Kreise in der oben genannten Weise bedeuts und uU als Grdl entscheidder VermDispositionen dienen werde (BGH BB **76**, 855). Ausk von Bank zu Bank erfolgen idR aGrd von Vertr zw den Banken im eig Namen auch dann, wenn sie ausdr auf Anfragen im Kundeninteresse beruhen (BGH WM **91**, 1629; aA Breinersdorfer WM **92**, 1557). Unricht BaufortschrittsAnz des Arch an Bauherrn od dessen Kreditgeber (Hamm NJW-RR **87**, 209, Kln NJW-RR **88**, 335). Ein AuskVertr kann konkludent auch dadch zust kommen, daß die kreditiende Bank an and Banken Ausk über ihren Schu gibt, damit die and Banken ihre Kunden als DarlGeber werben (BGH NJW **79**, 1595: AuskVertr zw kreditierder Bank u DarlGeber). Im EinzFall kann die Bank als Vertreter ihres Kunden handeln bei Anfrage an and Bank über die Kreditwürdig von deren Kunden (BGH WM **80**, 527). Die Haftg des AuskG ggü Dr reicht idR nicht weiter, als er nach dem Wortlaut seiner Ausk die Verantwortg für deren Richtig übernommen hat (BGH NJW **91**, 32). Aus den Vereinbgen kann sich im EinzFall auch die Einbezieg eines Dritten in den Schutzbereich des Vertr ergeben (BGH NJW **82**, 2431, DB **85**, 1464, WM **87**, 257: Unricht Testat eines Steuerberaters, Karlsr NJW-RR **90**, 861: Unricht Schätzg des GrdstWerts). Der Ann eines konkludenten AuskVertr mit einer Bank steht unter ob Vorauss nicht entgg, daß ein Nichtkundiger die Ausk erteilt hat. Die Bank kann sich auf fehlde Zustdk od VertrBefugn ihres Angest nicht berufen, wenn er mit ihrem Wissen Tätigken ausübt, die die Erteilg von Ausk umfassen (BGH WM **89**, 1836). Vorstehe Grds gelten auch für unricht Ausk einer Versicherg über das Bestehen von Ausk Sicherh geeigneten LebensVersVertr zum Schad von DarlG (BGH NJW **83**, 276) u für die SelbstAusk (Mü
6 DB **74**, 866). – **Kein konkludenter Abschluß.** Fehlen diese Vorauss u kann auch nicht von einer Ausk an einen überschaubaren Kreis von Interessenten (BGH VersR **86**, 35) gesprochen werden, so scheidet Vertr od vertragsähnl Haftg aus (BGH NJW **73**, 321: keine Haftg eines WirtschPrüfers für JahresAbschl eines Kfm ggü dessen Kreditgebern). Daher regelm keine vertragl Beziehgen zw dem Gutachter einer ProzPart u deren Gegner (BGH WM **62**, 933), nur unter bes Umst zw dem zu VertrVhdlgen zugezogenen Berater einer Part u der GgPart (BGH NJW **92**, 2080). Haftg für Angaben in Prospekten über VermAnl vgl § 276 Rn 22, 86. AuskVertr mit Vermittler von KapitalAnl vgl § 654 Rn 5. – Dch Herausg einer GebrAnw kommt im EinzFall Hinzutritt zusätzl Umst kein AuskVertr zw dem Herst und dem Endabnehmer der Ware zustande (BGH NJW **89**, 1029).

7   **c) Haftung** aus AuskVertr tritt ggf neben diejen aGrd and vertragl od vorvertragl Bez zw den Beteil aus pVV od c.i.c. (BGH DB **74**, 2392, WM **79**, 771). Bei der AuskErteilg können vertragl SchutzWirkgen für Dr (vgl § 328 Rn 13) bestehen. Der Konflikt zw der Pfl eines Kreditinstituts, den Kunden auf Risiken hinzuweisen, u der Pfl zur Wahrg des Bankgeheimn ist im Einzelfall dch Güterabwägg zu lösen (BGH NJW **91**, 693). Die BewLast für die Unrichtig od Unvollständig der Ausk liegt beim Geschäd; falls er als Außenstehder die Vorgänge nicht kennt, muß der AuskG Tats für die Richtig der Ausk vortragen, der Geschäd hat ihre Unrichtig zu beweisen (BGH WM **85**, 381). Für Vors genügt Kenntn der Unrichtig der Ausk, er braucht sich auf die Schädigg zu erstrecken (BGH WM **70**, 633); vgl dagg Rn 13. Ein Vermittler von KapAnl handelt fahrl, wenn er Angaben Dr ungeprüft weitergibt, aber den Eindr der Prüfg erweckt (BGH WM **79**, 530). Der als Vertr Auftretde haftet selbst, wenn er einen zusätzl Vertrauenstatbestd, zB dch den Eindr bes Sachkunde u bes pers Zuverlässig, geschaffen hat, zB ein Vermittler von KapAnl; vgl § 654 Rn 5, § 276 Rn 22. Geringere SorgfAnfdgen (§ 276) bei Beratg über Effektenerwerb zu Spekulationszwecken seitens einer Bank (Karlsr NJW-RR **88**, 1263). Zu ersetzen ist der Schad, der dch das Vertrauen auf die Richtig u Vollständig der Ausk entstanden ist (BGH NJW-RR **95**, 619). Betraf die Ausk nur einen Einzelpkt iR eines Vorhabens, ist nur der daraus entstandene abgrenzb Schad zu ersetzen (BGH **116**, 209). Der Empf der Ausk ist so zu stellen, wie er bei pflichtgem Verhalten stehen würde (BGH NJW-RR **95**, 619), also so, als ob er keine od eine richt Ausk erhalten hätte (BGH DB **66**, 2021). Der Zurechngs-Zushang fehlt für einen Schad, der dch eine vertrwidr, bei AuskErteilg nicht in Rechng zu stellde Verwendg der Information für einen und als den angegebenen Zweck entstanden ist (BGH WM **91**, 1629). – Bei fehlerh genet Beratg, die zur Geburt eines genet behinderten Kindes geführt hat, können die Eltern von dem beratden Arzt den vollen UnterhBedarf verlangen, wenn sie bei richt u vollst Beratg von der Zeugg des
7a Kindes abgesehen hätten (BGH **124**, 128). – **Die Beweislast für den Ursachenzusammenhang** zw der VertrVerl u dem Schad trägt grdsl der Geschäd. Dabei gilt in Vertr mit rechtl Beratern zug des Geschäd die tatsVermutg (AnscheinsBew), daß er sich bei vertrgerechter Beratg beratsgem verhalten hätte (BGH NJW **92**, 240, 1159). Vorauss dafür ist, daß es aus der Sicht eines vernünft Urteilden nur eine best tatsächl Reaktion iS der erteilten Ausk gab, ein EntscheidsKonflikt also nicht bestand (BGH **123**, 311, **124**, 151, NJW **94**, 2541). Sonst, insbes wenn die Aufklärgs-, Hinw- u BeratgsPfl gerade dazu dienen, dem VertrPartner ein best Risiko bewußt zu machen u ihm Klarh über die ihm dieses Auge winklige Maßn zu verschaffen, trägt der AuskG das Risiko der Unaufklärbark. Ihn trifft also die BewLast dafür, daß der Geschäd sich iF vertrgerechter Beratg nicht beratsgem verhalten hätte (BGH **123**, 311), die Verl seiner AufklärgsPfl also nicht schadurs-sächl war (BGH **124**, 151). Ebso für einen dch die unricht Ausk verursachten schadmindernden Vorteil (BGH NJW-RR **92**, 1397). Ein auf den Schad dch Beteilig an einer MassenGesellsch anrechenb SteuerVortl wird grdsätzl dch die den Geschäd hins der SchadErsLeistg treffde SteuerPfl aufgewogen, ohne daß
7b Beträge im EinzFall festgestellt zu werden brauchen (BGH NJW **79**, 1449). – **Freizeichnung.** „Ohne obligo", „ohne Verbindlichk" kann HaftgsAusschl bis zur Grenze des § 276 II bedeuten. In AGB vgl § 11 Nr 7 AGBG. Banken können sich auf die Freizeichng in Ziff 10 AGB auch dann berufen, wenn sie bei Erteilg der Ausk eig wirtsch Interessen verfolgen (BGH **13**, 198, BGH BB **70**, 984). Einer FreizeichngsKlausel kann im EinzFall die Einw des RMißbr enggstehen, zB bei vorsätzl falsch erteilter Ausk im wirtsch Interesse der Bank (BGH WM **74**, 272). Die Freizeichng ist unwirks, falls verfassgsm Organ od leitder Angest od ein Angest, dessen Handeln aGrd seiner Stellg in dem Untern dem eines ges Vertr gleichsteht
8 (BGH NJW **84**, 921), vorsätzl od grob fahrl handelt (BGH WM **73**, 164). – **Verpflichtung zur Richtig-stellung,** sobald die Unrichtig der erteilten, vertragl geschuldeten Ausk erkannt wird (BGH WM **62**, 932). Wird die Ausk nach Erteilg wg Veränderg der Umst unricht, so besteht nur ausnahmsw unter ganz bes Umst eine BenachrichtiggsPfl (BGH **61**, 176 u WM **80**, 505). Unricht gewordenes Zeugn über ArbN vgl

§ 826 Rn 27. – Für **Mitverschulden** des Anfragden an der falschen Ausk od ihrer unterbliebenen Berich- 9 tigg, wenn Anlaß zur Rückfr bestand, gilt § 254. MitVersch, wenn Empf, auch inf mangelnder Sorgf, auf Ausk vertraut nur unter bes Umst (BGH NJW **82**, 1095, NJW **84**, 921). Wer sich mit einer erkennb unvollst KreditAusk begnügt u von dem Angeb weiterer Unterrichtg keinen Gebr macht, muß die Folgen einer darauf aufgebauten FehlEntsch selbst tragen (BGH NJW **89**, 2882). – Die **Verjährungsfrist** beträgt 30 Jahre, auch wenn sich die Ausk auf eine SachEigensch bezieht (BGH WM **92**, 1246).

d) Beispiele. Vorstehe Grds sind nicht beschr auf best Berufe (BGH WM **64**, 118). Erkl des RA über 10 Kreditwürdigk seines Mandanten ggü dessen Gl sind Ausk nur, wenn ausnahmsw konkr festgestellte Umst für VerpflWillen des RA sprechen (BGH NJW **72**, 678 u WM **78**, 576); PatentAnw; Arzt im Verh zur LebensVers (Karlsr VersR **72**, 203); AuskBüro im Verh zum Anfragden (WkVertr); AusSt einer Urk braucht bei Anfrage, ob die Urk in Ordng gehe, nicht zu antworten; tut er es, so hat er die Pfl zur Gewissenhaftigk; WirtschTrHänder (BGH WM **7**, 371); Steuerberater (BGH WM **60**, 1353); ggü VerhPartner des Mandanten, wenn zur Ausk über Kreditwürdigk zugezogen (BGH NJW **62**, 1500); bei Beratg über Fragen nach EStG (BGH WM **62**, 932); kein AuskVertr zw WirtschPrüfer u einem BeteiligssInteressenten, wenn die geprüfte Gesellsch ihm ArbErgebn des WirtschPrüfers ohne dessen Zust zugängl macht (Saarbr BB **78**, 1434); beratdr Volkswirt (BGH WM **65**, 287: unricht Status; Bank (auch Rn 11, 12); BauSpark (BGH NJW **90**, 513: Ausk an Bank über vorrang Verfügg); Vermittler von KapAnl vgl § 654 Rn 5, § 276 Rn 22; Herausgeber eines period erscheinden Börsendienstes mit AnlageEmpfehlg im Verh zum Abonnenten (BGH **70**, 356; abl Schröder NJW **80**, 2279). Über Schiedsrichter u Schiedsgutachter § 675 Rn 6. – **Keine Haftung** der Vers außerh des VersVerh für Ausk eines VersAgenten an Dr, der weder versichert ist, noch sich versichern will (BGH NJW **68**, 299). Keine Verpfl einer Bank, eine and Bank über die VermVerh eines Kreditnehmers aufzuklären, dessen Kredit sie ablösen möchte (BGH NJW **89**, 2882).

4) Die Beratgs-, AuskPfl kann **Nebenverpflichtung im Rahmen eines anderen Vertrages** sein. Ebso 11 kann sich aus solchem Vertr, wenn die Beratg nebenher freiw übernommen wird, die Pfl zur Gewissenhaftigk ergeben. Die Haftg richtet sich hier in erster Linie nach dem Vertr, im übr gilt das in Rn 3 ff Gesagte. **Beispiele:** RA als ProzBevollm; Beratg dch Verk unabhäng von der Zusicherg von Eigensch (BGH DB **71**, 38); dch Arch od sachkund Untern beim WkVertr, vgl § 631 Rn 13; dch Makler, vgl § 654 Rn 5; der Bank bei AnlBeratg vgl § 276 Rn 22: bei der Empfehlg, einem ihrer Kunden Kredit zu gewähren (BGH **13**, 198, VersR **90**, 203), bei unricht KreditAusk (BGH WM **85**, 381); Autohändler bei unricht Ausk über die wirtsch Verh des Kunden ggü der kreditierden Bank (Bambg OLGZ **76**, 447); bei der unricht Ausk, ein Scheck gehe in Ordng (BGH **49**, 167); Pfl zur Mitteilg von Bedenken, insb bei AnlBeratg (BGH NJW **73**, 456).

5) Dauernde Geschäftsverbindung. Auch wenn ein VertrVerh auf od mit Rat- od AuskErteilg 12 (Rn 3–11) nicht, auch nicht stillschw abgeschl anzunehmen ist, besteht, falls Rat, insb Ausk gegeben wird, eine Verpfl zu gewissenh Erteilg dann, wenn zw Erteildem u Empf eine dauernde, od doch auf Dauer angelegte GeschVerbindg besteht, aus der sich ein Vertrauensverhältn ergibt (BGH BB **56**, 770, WM **70**, 632: BankAusk an einen Kund über einen Dr; BGH WM **69**, 247: Ausk unter Lieferanten über Kunden; Stgt WM **69**, 278: ScheckAusk unter Banken). Die AuskErteilg muß jedoch in einem inneren Zushang zu der GeschVerbindg stehen. Ist der, über den die Ausk eingeholt wird, selbst Kunde der Bank, so bedarf die Bank zur AuskErteilg seiner Einwilligg, sonst Verletzg des BankGeheimn (BGH **27**, 241). Auch Kollision eig Interessen mit denen des Anfragden entbindet die Bank nicht von der Pfl zur wahrheitsgem Ausk.

6) Unerlaubte Handlung. Sind die Voraussetzgen der Rn 3–12 nicht gegeben, so haftet Ratgeber nur 13 nach §§ 823 ff, vor allem bei wissentl falscher Rat- od AuskErteilg (BGH DB **66**, 2020), BörsenG §§ 88 ff. Zum Vors vgl § 826 Rn 10. Aber auch bei nicht wissentl falscher, aber leichtfert Raterteilg (BGH WM **62**, 935); vgl § 826 Rn 25–28; od bei Nichtbeantwortg der Anfrage, ob Unterschr des Namensträgers gefälscht ist (§ 826 Rn 57, 58). Staatshaftg für unricht Ausk in Ausübg hoheitl Gewalt. Für Angest Haftg nach § 831. Jur Personen haften für Vertreter nach § 31; ebso handelsrechtl PersGesellsch (BGH WM **74**, 153).

Elfter Titel. Geschäftsführung ohne Auftrag

Einführung

Übersicht

1) Begriff, Wesen. – a) Begriff. Nach der Definition in § 677 handelt es sich um GoA, wenn jemand 1 (GeschF) ein Gesch für einen and (GeschHerr) führt, ohne von ihm beauftr od sonst dazu berecht zu sein. Das kann auch der Fall sein, wenn das Gesch aGrd eines Vertr geführt worden ist, der sich später als nichtig erweist (BGH DB **93**, 96, WM **94**, 74). Da vor Übern dieser Tätigk zw den Beteil keine auf GeschBes gerichtete RBez bestand, ist die Bezeichng GoA zu eng.

b) Rechtsnatur. Die bloße Tats der GoA begründet ein ges SchuldVerh, eine auf seine Begr gerichtete 2 rgeschäftl WillErkl ist nicht erforderl. Die GeschÜbern ist RHdlg (vgl Übbl 4–10 vor § 104), nach bestr Ans in der Unterart der rechtsgeschähnl RHdlg (vgl 6–8), weil der natürl Wille zur GeschÜbern erforderl ist (bej Erman-Hauß Rdn 17 vor § 677, Fikentscher § 83 I 5; zweifelnd MüKo/Seiler Rdn 5 vor § 677). Jedenf sind die Regeln über die RGesch grdsätzl nicht anwendb, weil die Fälle der GoA sehr unterschiedl u in der Mehrzahl rein tats Art sind, weil die Übern der GoA im Verh zum GeschHerrn stets ein tats, rein geschähnl Verhalten ist u die Vorschr über RGesch deshalb auf sie nicht passen. Die GoA ist ein Auffangtatbestd, dessen Regeln für GeschFgen u ähnl Tatbestd gelten, die nicht anderweit im Ges geregelt sind. Häuf handelt es sich um altruist Tätigwerden iR tät Menschenhilfe (Larenz II § 57 Ia). Im GeschÜbernWillen liegt die Abgrenzg zu reinen GefälligkHdlgen aus freundschaftl oder gesellschaftl Motiven (Einl 9, 10 vor § 241). Obwohl ges SchuldVerh hat die GoA ihren Standort im Ges nicht bei diesen (§§ 812, 823 ff), sond wg der inhaltl Nähe beim Auftr, der ebenf eine GeschBes zum Ggst hat. Wie er ist die GoA ein unvollk zweiseit RVerh (vgl Einf 4 vor § 320), weil Pfl notw nur in der Pers des GeschF entstehen (§§ 667, 681); in der Pers des GeschHerrn nur uU u nicht als GgLeistg (§ 683, 684).

3   **c) Regelungsgehalt.** Die ungebetene Wahrnehmg fremder Interessen erfordert eine Regelg nach zwei Richtgen: Als Äußerg des GemschSinnes nötigt sie zur Sicherg des GeschF, §§ 683–686, insbes dch Anspr auf AufwErs. Der GeschHerr ist vor aufdringl od eigennütz Eingr zu schützen, §§ 677–681, insbes dch Anspr auf SchadErs. Die Vorschr der GoA betreffen nur das InnenVerh zw GeschF u GeschHerr u regeln zw ihnen den interessengerechten schuldr Ausgl. Daß die §§ 679, 680, 683 eine berecht GeschFg zu Grde legen, rechtfertigt nicht den Schluß, der GeschF könne dch sein Handeln RBez zw dem GeschHerrn u einem Dr entstehen lassen. Das würde die unserer ROrdng eig Unterscheidg zw GeschFg (InnenVerh) u Vertretgsmacht (AußenVerh) zu Lasten der RKlarh unnötigerw verwischen (Erman-Hauß Rdn 19 vor § 677, Prütting/Gielen NZV **89**, 329; teilw aA Heinrichs § 178 Rn 4).

4   **2) Die gesetzliche Regelung. – a) Arten.** Die GoA ist kein einheitl Tatbestd. Das Ges unterscheidet die berecht u die unberecht GoA. – **Berechtigt** ist die Übern einer fremden GeschBes ohne Auftr, wenn sie dem Interesse u dem wirkl od mutmaßl Willen des GeschH entspricht od der Erf einer im öff Interesse liegden Pfl od einer ges UnterhPfl des GeschHerrn dient (§§ 677, 679, 683); bei Fehlen dieser Kennzeichen kann der GeschHerr sie dch Gen (§ 684 S 2) rückwirkd zur berecht machen. – **Unberechtigt** ist die Übern der FremdGeschBes, wenn sie nicht dem Interesse und/oder dem Willen des GeschHerrn entspricht; der GeschF hat sie als rechtswidr Eingr in die Belange des GeschHerrn zu unterlassen. Übernimmt er sie trotzdem, so gilt § 683 nicht, die RFolgen ergeben sich aus §§ 678, 684 S 1, 812 ff, 823 ff; für die Pfl des GeschF gelten auch in diesem Fall §§ 677, 681, weil der unberecht GeschF oA nicht besser gestellt sein soll als der berecht (i Erg ebso MüKo/Seiler Rdn 16; aA Larenz II § 57, Staud-Wittmann Rdn 1, Soergel-Mühl Rdn 2, RGRK/Steffen Rdn 1). Die Haftgsmildergen bei Abwendg drohder Gefahr u fehler od beschr GeschFgk (§§ 680, 682) gelten bei berecht u unberecht GoA. – Die **Eigengeschäftsführung** ist keine GoA, denn es fehlt der Wille des GeschF, ein obj fremdes Gesch zu besorgen. Er besorgt es vielm als eig iS (§ 687 I), die Regeln über die GoA gelten nicht. Oder er besorgt es **angemaßt** als eig; dann kann der GeschHerr neben and in Frage kommden Anspr auch die aus GoA geltd machen (§ 687 II).

5   **b) Stellung des Geschäftsführers.** Bei berecht GeschFg (oben Rn 4) hat er dem GeschHerrn die Übern anzuzeigen u grdsätzl dessen Entschließg abzuwarten (§ 681 S 1) u nach dessen Interesse u wirkl od mutmaßl Willen zu handeln (§ 677). Iü hat er die R u Pfl eines Beauftr (§§ 683, 681 S 2). Er handelt nicht rechtswidr iS der §§ 823 ff (Larenz II § 57 Ib, Staud-Wittmann Rdn 8 vor § 677 mwN; aA MüKo/Seiler Rdn 16 vor § 677) u nicht ohne rechtl Grd iS der §§ 812 ff vgl Einf 1. Vertretgsmacht ggü Dritten besitzt er nicht. Unberecht GeschFg hat er zu unterlassen, Übern u Ausführg sind als ungewünschter Eingr in die Rechte des GeschHerrn rechtswidr u geschehen ohne rechtl Grd. HaftgsErleichtergen in §§ 680, 682.

6   **c) Stellung des Geschäftsherrn.** Bei berecht GeschFg, auch iF nachträgl Gen (oben Rn 4), hat er die Rechte u Pfl eines AuftrG (§§ 681 S 2, 683, 684 S 2). Bei unberecht GeschFg hat er Anspr auf Unterlassg, ggf Anspr aus §§ 678, 987 ff, 812 ff, 823 ff. Bei angemaßter EigGeschFg (oben Rn 4) stehen ihm die in § 687 II 1 in Bezug genommen Anspr aus GoA zu; macht er sie geltd, schuldet er AufwErs nach BerGrdsätzen (§§ 687 II 2, 684 S 1).

7   **3) Entsprechende Anwendbarkeit.** Kraft gesetzl Verweisg gelten die Regeln der GoA für die Rechte u Pfl der Beteil in §§ 1959 I, 1978 I 2, II, 1991 u für den Anspr auf Aufw- od VerwendgsErs in §§ 450 II, 547 II, 581 II, 601 I 1, 994 II, 1049 I, 1216 S 1, 2125 I. Ein FremdGeschFgsWille ist außer in den Fällen der §§ 547 II, 581 II (vgl § 547 Rn 9) nicht erforderl, es handelt sich insow um RFolgeVerweisen. Für AufwErs sind stets die Vorauss des § 683 nöt.

8   **4) Verhältnis zu anderen Schuldverhältnissen. – a) Gesetzliche Sonderregelungen** schließen die Anwendbk der § 677 ff aus. So §§ 965 ff für das RVerh zw Finder verlorener Sachen u Eigtümer, §§ 4 ff StrandgsOrdng 1874/1913, § 93 ff BinnSchG für Bergg u HilfeLeistg, § 89 ZPO. §§ 740 ff HGB schließen AufwErsAnspr des Lebensretters aus Seenot nicht aus (BGH **67**, 368, Hbg NJW **75**, 316). Keine ausschließden Sonderregeln sind §§ 539 I Nr 9, 636 ff RVO (BGH **38**, 270 [280], **33**, 251 [257], **52**, 115); vgl dazu auch § 683 Rn 10. Auch Anspr aus GoA u aus § 179 können nebeneinand bestehen (BGH WM **89**, 801).

9   **b) Im Werkvertragsrecht** können MangelbeseitiggsKosten bei fehler Vorauss des § 633 III nicht auf GoA gestützt werden (§ 633 Rn 8).

10   **c) Ungerechtfertigte Bereicherung** scheidet neben berecht GoA (vgl oben Rn 4) als AnsprGrdlge aus, weil die berecht GoA, solange sich der GeschF in ihrem Rahmen hält, den rechtl Grd für Leistgen und Eingr darstellt (vgl oben Rn 5). Wg einer Ausn bei der Rückabwicklg nichtiger VertragsVerh vgl § 677 Rn 11. §§ 812 ff sind neben GoA anwendb iF unberecht GeschFg (vgl oben Rn 4) u EigGeschFg (§ 687). Sie sind unter Ausschl der GoA anwendb iF des § 682.

11   **d) Unerlaubte Handlung** scheidet als AnsprGrdl neben berecht GoA aus, weil diese nicht rechtswidr ist (vgl oben Rn 4, 5). Sonst sind §§ 823 ff daneben anwendb.

e) Die Eigentümer/Besitzervorschriften (§§ 987 ff) sind, solange sich der GeschF iR berecht GoA (vgl **12** oben Rn 4) hält, nicht einschläg, weil die §§ 677 ff ein R zum Bes jedenf dann geben, wenn die InbesitzN mit der Übernahme der GeschFg zusfällt (BGH **31**, 129, Vorbem 2 vor § 987, Erman-Hefermehl Rdn 8 vor § 994). Das ist die log Folge davon, daß der GeschF insow rechtmäß handelt (vgl oben Rn 5). Im Verh des Eigtümers zum unrechtmäß Besitzer hält die Rspr die §§ 987 ff für eine Sonderregelg (Vorbem 11–16 vor § 987), die iF unberecht FremdGeschFg die Anwendg der §§ 677 ff ausschließt (aA MüKo/Seiler Rdn 18 vor § 677 mwN). Bei bewußter EigGeschFg ist § 687 II neben §§ 987 ff anwendb.

5) Im öffentlichen Recht sind folge Fälle denkb: – **a)** Eine JP des öffR besorgt für eine and JP des öffR **13** ein privrechtl Gesch, zB die Gem erfüllt für das verksichgspfl Land die StreuPfl. §§ 677 ff sind direkt anwendb, der ZivRWeg ist zuläss (BGH NJW **71**, 1218).

b) Eine JP des öff R besorgt auch für eine and solche ein öffrechtl Gesch, zB das straßenbaupfl Land läßt **14** zur Beseitigg einer Überschwemmgsgefahr eine Ufermauer reparieren, die zur WasserlaufUnterhaltgsPfl eines öffrechtl Verbandes gehört. Häuf bestehen Spezialregeln wie §§ 1501 ff RVO od ein allg öffrechtl ErstattgsAnspr. Dadch hat die entspr Anwendg der §§ 677 ff an Bedeutg weitgehd verloren (MüKo/Seiler Rdn 23 vor § 677). Hilfsw sind sie grdsätzl entspr anwendb, im Bereich der SozVers jedenf dann, wenn der GeschF kein LeistgsTräger iS des § 102 X SGB ist (BSG NJW **91**, 2373, Köln NJW-RR **95**, 570); ausnahmsw zur Abwendg einer dringd Gefahr sogar, wenn die and JP ausschl zust ist (OVG Münster NJW **76**, 1956, VerwRWeg).

c) Ein Privater besorgt für eine JP des öff R ein öffrechtl Gesch, zB Ausf einer ErschließgsAnl, Verbringg **15** eines pflichtvers Kranken ins Krankenhaus od der StrNachb errichtet selbst anstelle des StrBauLastträgers eine nach dem BFStrG notw nachbarschützde Anl. §§ 677 ff sind mit Einschränkgen entspr anwendb, wobei nach allm Umst des EinzFalles zu beurt ist, ob die Erf der Pfl im öff Interesse liegt (BVerwG BB **89**, 585: VerwRWeg; BGH **33**, 251 u NJW **78**, 1258, Mü BB **84**, 2018: ZivRWeg).

d) Eine JP des öff R erf eine eig öffrechtl Verpfl u besorgt damit zugl das Gesch eines Priv, insbes erfüllt **16** dadch zugl eine privrechtl Verpfl eines ZweitSchu. Meist ist in solchen Fällen ges FdgsÜberg best, zB § 87a BBG. Wo nicht, kann entspr Anw der §§ 677 ff in Betr kommen (BGH NJW **75**, 47 [49 rechte Spalte] mwN). Bsp: GemFeuerwehr löscht Brand (BGH **40**, 28), Gem besorgt bei Bergg eines umgestürzten Tankwagens neben ihrer eig Pfl zur Gefahrenabwehr im allg Interesse zugl Gesch des KfzHalters (BGH **63**, 167); StrVerkBeh besorgt dch Beseitigg verkgefährdeter StrVerschmutzg zugl Gesch der Firma, die dch Ausbeutg einer Bimsgrube die Verschmutzg verurs hat (BGH **65**, 354); Entferng eines verlorenen Ankers u and Geräts dch Wasserpolizei aus der WasserStr ist zugl Erf der privatrechtl VerkSichgsPfl des Schiffeigners od -Ausrüsters (BGH **65**, 384); Vers od VersorggsTräger gewährt Leistgen an UnterhBerecht eines vermeintl Verschollenen (BGH NJW **63**, 2315).

e) Eine JP des öff R erf eine öffrechtl Verpfl eines Priv, meist zur GefAbwehr iW der ErsVornahme. Häuf **17** bestehen im Polizei- u VollstrR Spezialregelgen, die teilw den ZivRWeg eröffnen u auf die GoA verweisen. Wo nicht, ist der ZivRWeg unzul (BGH NJW **75**, 47) u sind §§ 677 ff nicht entspr anwendb (Staud-Wittmann Rdn 62, MüKo/Seiler Rdn 24 je vor § 677).

677 *Pflichten des Geschäftsführers.* **Wer ein Geschäft für einen anderen besorgt, ohne von ihm beauftragt oder ihm gegenüber sonst dazu berechtigt zu sein, hat das Geschäft so zu führen, wie das Interesse des Geschäftsherrn mit Rücksicht auf dessen wirklichen oder mutmaßlichen Willen es erfordert.**

1) Allgemeines über Begr u Wesen der GoA, Inhalt der ges Regelg, entspr Anwendbkt, Verh zu and **1** SchuldVerh, GoA im öff R vgl Einf. § 677 bezeichnet als TatbestdMerkmale der GoA die GeschBes (Rn 2) für einen and (Rn 3–10) ohne Auftr od sonstige Berecht (Rn 11) u bestimmt die Pfl des GeschF (Rn 12 ff) iF berecht u unberecht GoA (vgl Einf 4).

2) Geschäftsbesorgung hat dieselbe Bedeutg wie beim AuftrVertr (§ 662 Rn 5–7). Der Kreis der Gesch **2** ist auch hier weit zu ziehen. Nöt ist auch hier eine Tätigk, wie in § 662 Rn 5 beschrieben. Dazu gehören zB Anhalten eines Kfz, um auf dessen verkgefährl Zust aufmerks zu machen (BGH **43**, 188), Abwehr widr Einwirkg auf fremdes Eigt (BGH NJW **66**, 1360), ärztl Behandlg eines Bewußtlosen od Bemüh, einen Verl der notw ärztl Behandlg zuzuführen (BGH **33**, 251). Es kann sich um eine einz Angelegenh od um eine Tätigk von gewisser Dauer handeln. Das Gesch kann öffrechtl Bezug haben (Einf 13–17). Der GeschF braucht nicht in eig Pers tät zu werden, er kann sich seiner Leute od sonstiger Dr bedienen (BGH **67**, 368). – Keine GoA ist entgg BGH die wettbewrechtl Abmahng (vgl § 683 Rn 4), außerdem weil keine Tätigk, das bloße Unterl, Dulden, Gewährenlassen, Geben.

3) Für einen anderen wird tät, wer ein Gesch nicht nur als eig, sond zumind auch als fremdes besorgt, **3** also mit dem Bewußtsein, der Erkenntn u dem Willen (BGH **16**, 12), im Interesse eines and (vgl § 662 Rn 7) zu handeln. Das ausgeführte Gesch muß zum RKreis des and gehören, eine bloß mittelb Bez dazu reicht nicht aus. So ist die Beseitigg ausgelaufenen Öls im KfzUnfalls bzw bei Füllg eines Tanks kein Gesch der KfzHaftPflVers (BGH **54**, 157, **72**, 151), die Herbeiholg erster Hilfe für verl ArbKollegen kein Gesch der Berufsgenossensch, sond des ArbG (BGH **55**, 207). Ebso ist die gem § 124 I BauGB ggü einer Gem übernommene Erschließg von Baugelände kein Gesch der zum Erschließgsgebiet gehörden GrdstEigtümer (BGH **61**, 359), die auf Gründg einer BauherrenGemsch u Vorbereitg des Bauvorh zielde Tätigk des Initiators eines Bauherrenmodells, der dann entgg seiner Erwartg nicht Funktionsträger wird, kein Gesch der späteren Bauherren (Nürnbg NJW-RR **87**, 405). Str ist, ob willentl Besorgg eines fremden Gesch anzunehmen ist, wenn ein Kraftfahrer seinen Wagen in einer obj Gefahrenlage (Ffm MDR **76**, 1021) zu Bruch fährt, um Verletzg eines VerkTeiln zu verhüten. Hat dieser Fahrer den EntlastgsBew nach § 7 II StVG geführt, so ist GoA zu bejahen u ihm ein angem AufwErs (§ 683 Rn 8) zuzubilligen (BGH **38**, 270).

4   **a)** Das **objektiv fremde Geschäft** fällt schon seiner Natur, seinem Inhalt, seinem äußeren ErscheingsBild nach in einen and Rechts- u Interessenkreis als den des Handelnden. Bei ihm besteht allein auf Grd der Vornahme eine tatsächl Vermutg für Bewußtsein u Willen der FremdGeschFg (BGH **40**, 28 [31]). **Beispiele:** Warng vor Gefahr (BGH **43**, 188), Hilfe für Verl (BGH **33**, 251), Bezahlg fremder Schulden (BGH BB **69**, 194), Führg des WandelgsProz gg den Lieferanten des Leasingguts dch den LeasingN bei unwirks Freizeichng im LeasingVertr (BGH NJW **94**, 576). Der Verm, der nach dem Auszug des zahlgsunfäh Mieters die Räume zum Zwecke der Weitervermietg umbauen läßt, besorgt nicht zugl ein Gesch des Bürgen des ausgezogenen Mieters, sond nur ein obj eig Gesch (BGH **82**, 323). Ebso der Träger einer JustVollzAnst bei Aufw zur Wiederherstellg der Gesundh eines Gefangenen nach dessen Selbstmordversuch (BGH **109**, 354).

5   **b) Objektiv eigene und neutrale Geschäfte** erhalten ihren Fremdcharakter erst dch den Willen zur FremdGeschFg (subj fremde Gesch). Hierfür besteht keine Vermutg, der Wille, ein obj eig Gesch auch für einen and zu führen, muß irgdwie nach außen erkennb sein (BGH NJW **82**, 875), die BewLast trägt der GeschF (BGH **40**, 28 [31]). Der Wille fehlt, sow das Gesch nur im eig Interesse liegt (BGH NJW **63**, 2068).

6   **c)** Ein **zugleich eigenes und fremdes Geschäft** (auch-fremdes Gesch) besorgt der Handelnde, wenn die Übern zugl im eig u im Interesse eines and liegt, also wenn er ein obj fremdes Gesch mit besorgt. Die Wahrg auch eig Interessen schließt FremdGeschFgWillen nicht aus (BGH **63**, 167, **110**, 313). Der Wille, ein fremdes Gesch mitzubesorgen, wird vermutet, wenn es sich um ein auch-fremdes Gesch handelt (BGH **98**, 235). **Beispiele:** Ehemann, der die Kosten für Besuche nächster Angehör bei seiner unfallverl Frau trägt – eig UnterhPfl –, erfüllt damit zugl die Verpfl des Schädigers, die notw HeilgsKosten zu tragen (BGH NJW **79**, 598). Altenheim nimmt einen pflegebedürft Rentner, dem ein Anspr auf Übern der Pflegekosten gg den SozHilfeträger zusteht, nach AntrStellg auf Gewährg von SozHilfe auf (Köln VersR **95**, 784). 2 Handwerker schulden selbständ Nachbesserg wg des näml Mangels, einer lehnt die Mängelbeseitigg ab, der and führt sie aus (Hamm NJW-RR **91**, 730, NJW-RR **92**, 849). Abschleppenlassen eines Kfz dch PrivPers vom PrivPark-platz od zur Räumg einer versperrten Ein- od Ausfahrt (Janssen NJW **95**, 624). Der Ann von GoA steht nicht entgg, daß das eig od das fremde Gesch dem öff Recht zugehören; vgl Einf 13–15 mit Bsp. Das Schrifttum spricht sich teilw gg die Ausdehng der Vermutg für FremdGeschFgWillen auf die zugl eig (auch-fremden) Gesch aus (Schwark JuS **84**, 321 mwN).

7   **d)** Auch wenn **der Geschäftsführer einem Dritten zur Besorgung verpflichtet** ist od dies irrtüml annimmt, liegt GoA für einen and vor, wenn der GeschF nicht ledigl im eig Interesse, näml in Erf seiner eig Verpfl, sond auch willentl im Interesse des and handelt (BGH **101**, 393 [399], NJW-RR **89**, 970; aA Kblz NJW **92**, 2367). Dies ist ein Unterfall von vorstehd Rn 6 insofern, als das eig Interesse des GeschF in der Erf einer eig Verpfl ggü einem Dr besteht. Die Verpfl ggü dem Dr kann öff- od privrechtl Natur sein.

8   **e)** Die **Person des Geschäftsherrn** braucht dem GeschF nicht bekannt zu sein. Er kann handeln für den, den es obj angeht, es genügt, daß er das Gesch eines and zu führen will. Auch ein Irrt über die Pers des GeschHerrn berecht u verpflichtet (nur) den wirkl, § 686. Die GeschFg kann **mehrere Geschäftsherren** betreffen, zB bei Unfällen Gesch des Verl, des für den Unfall Verantwortl, des dem Verl UnterhPfl (Köln NJW **65**, 350). Daher führt der Arzt, der eine bewußtl Ehefr betreut, auch die Gesch des unterhaltspfl Mannes u der Krankenkasse (BGH **33**, 251). Birgt der Kapitän eines Schiffs ein in Seenot befindl Besatzgs-Mitgl eines and Schiffs, so ist auch dessen Reeder, neben dem Geretteten, GeschHerr (BGH **67**, 368). Bei Unfall, den ein Kind verurs hat, können auch die Eltern wg § 832 in Betr kommen. Für die Verpfl mehrerer GeschHerren zum AufwErs gilt § 427 (Staud-Wittmann Rdn 58 vor § 677). Erschließg von Baugelände (§ 123 BauGB) ist Aufg nur der Gemeinde, nicht auch der begünst Nachb (BGH **61**, 359).

9   **f) Unerheblich** ist, **in welchem Namen**, ob im eig od in dem des GeschHerrn, der GeschF das Gesch abgeschl hat. Auch das obj fremde Gesch wird nicht etwa dch Abschl im eig Namen zum eig. Bei Abschl im fremden Namen gelten für das Verh des GeschF zum Dr die §§ 177ff. Bei subj fremdem Gesch ist der Abschl in fremdem Namen eine Äußerg der GeschFgsAbs, doch kann diese auch beim Abschl im eig Namen erkennb werden, zB durch Aux.

10   **g) Eigengeschäftsführung.** Ist bei Führg eines fremden Gesch der GeschF sich ausnahmsw nicht be-wußt, daß er das Gesch eines and führt, glaubt er also, ein eig zu führen, so liegt keine GoA vor, § 687. Ist er sich der Fremdh zwar bewußt, hat er aber trotzdem nicht den Willen, ein fremdes Gesch zu führen, so liegt ebenf GoA nicht vor, der GeschHerr hat aber kr der AusdehngsVorschr des § 687 II gleichwohl das Recht, die Anspr aus der GoA geltd zu machen. Umgekehrt wird ein obj eig, ledigl den GeschF angehdes Gesch, zB Einkassieren eig Fdgen, ledigl durch den irrige Ann, es sei ein fremdes, u den Willen, es als fremdes zu führen, nicht zu einem subj fremden.

11   **4) Ohne Auftrag oder sonstige Berechtigung** ggü dem GeschHerrn – auf and kommt es nicht an – muß der GeschF handeln, sollen §§ 677ff erf sein. Die Berechtigg kann sich ergeben (also GoA unanwendb) aus RGesch, auch BenutzgsVerh wie famrechtl RBez, aus Amts- od Organstellg. So ergibt sich die Berecht einer Gemeinde zur Beseitig umweltgefährdden Abfalls von einer gemeindl Müllkippe aus dem mit dem deponierden IndustrieUntern bestehden privrechtl BenutzgsVerh (BGH **63**, 119). Die Berecht kann sich auch aus einem fakt VertragsVerh ergeben (sow man ein solches anerkennt (vgl Einf 25ff vor § 145) ergeben, weil es vertragl Bez begründet (i Erg ebso RGRK/Steffen Rdn 52, Erman-Hauß Rdn 6 je vor § 677). – Keine Berecht zur GeschFg ergibt sich (also GoA anwendb) aus der Pfl zur Hilfeleistg gem § 323c StGB (allg M). Die Berecht zur GeschFg fehlt auch, wenn der GeschF bei nichtigem Vertr tät wird. Die Anwendbark der §§ 677ff ist trotzdem str. BGH **39**, 87, BGH **101**, 393 [399], NJW-RR **89**, 970 (nichtiger GeschBesVertr), BGH NJW **71**, 609 [612] (Flugreise, nichtiger BefördergsVertr) wendet mit teilw Zustimmg des Schrifttums (zB Soergel-Mühl Rdn 10) GoA an, die irrige Ann, aGrd Vertr zur Erf einer eig Verpfl tät zu werden, schließe nicht den Willen aus, auch ein Gesch des VertrPartners mitzubesorgen (vgl oben Rn 6, 7). Das Schrifttum hält teilw §§ 677ff mit Recht nicht für anwendb, weil das vorrangige ges RückabwicklgsVerh der §§ 812ff, insbes die Einschränkgen in §§ 814, 817 S 2, 818 III umgangen würden (MüKo/Seiler § 677 Rdn 41, Erman-Hauß Rdn 9 je vor § 677, Fikentscher § 83 I 4a cc bbb, Jauernig-Vollkommer Anm 2e aa).

Ebso ist GoA nicht anwendb, sow ein GeschF seine Befug überschritten hat, weil er nicht ohne Auftr handelt, sondern seine Verpfl verletzt, die gesellschvertragl gezogene Grenze der GeschFgsBefugn zu beachten u die vertrwidr Hdlg zu unterlassen (BGH DB **89**, 1762: Haftg wg pos Verl des GeschFVertr). – Handeln auch in Erf einer Verpfl ggü einem Dr oben Rn 7.

5) Pflichten des Geschäftsführers. – a) Die Hauptpflicht bei der Ausführung der GeschFg wird 12 konkretisiert dch die NebenPfl in § 681. Gilt auch iF unberecht GeschFg (vgl Einf 4). Nach dem Wortlaut ist für die Pfl bei der Ausf vorrangig maßgebl das obj Interesse des GeschHerrn (unten Rn 13), in zweiter Linie sein Wille (unten Rn 14). Für den AufwErsAnspr in § 683 sind beide gleichrang. Mit der Übern der GeschFg befaßt sich die Norm nicht, für sie ist grdsätzl der Wille des GeschHerrn vorrangig (§ 678).

b) Das **Interesse** des GeschHerrn bestimmt in erster Linie die Pfl des GeschF bei Art u Weise der Ausf des 13 Gesch. Für das Interesse, hier auf die Ausf bezogen, vgl § 683 Rn 4. IF der Gen (§ 684 S 2) spielt das Interesse keine Rolle. Stehen Interesse u Wille im Widerspr, so hat der GeschF, wenn er sich im Interesse des GeschHerrn nicht der (weiteren) GeschFg enthalten darf (unten 16), bei der Ausf dem wahren Interesse, nicht dem Willen zu folgen (überwiegd Meing; aA Staud-Wittmann Rdn 3).

c) Der **Wille** des GeschHerrn ist bei der Ausf grdsätzl zu berücksichtigen. Ausn iF des § 679 auch bei der 14 Ausf, nicht nur bei Übern. IF der Gen (§ 684 S 2) spielt der Wille keine Rolle. Vgl iü § 683 Rn 5.

d) Verstoß gg die AusfPfl führt bei Versch zu SchadErsAnspr des GeschHerrn wg pos FdgsVerl (§§ 276, 15 278). HaftgsVerschärfg bei unberecht Übern der GeschFg in § 678. HaftgsMilderg iF der §§ 680 ff (BGH NJW **72**, 475, 808). Der Anspr entfällt, wenn sich eine erteilte Gen des GeschHerrn auch auf die Ausf erstreckt (vgl § 684 Rn 2).

e) Eine **Pflicht zur Weiterführung** des Gesch besteht grdsätzl nicht. And nur, wenn der Abbruch überh 16 od doch im jeweil Ztpkt ein AusfVersch (vorstehd Rn 15) wäre; dann auch SchadErsPfl (RGRK/Steffen Rdn 4). Bei Tod des GeschF ist wohl § 673 analog anzuwenden (MüKo/Seiler Rdn 47).

6) Für **Verjährung** der Anspr aus GoA gilt grdsätzl § 195, auch dann, wenn für das geführte Gesch an 17 sich eine kürzere VerjFr gilt (BGH WM **92**, 38: Aufw für Tilgg einer kurzfrist verjährden Schuld). Verj von Anspr aus GoA wg Leistgen, die unter §§ 196, 197 fallen, vgl § 195 Rn 3, 7. § 21 UWG gilt für Anspr auf Ersatz wettbewrechtl Abmahnkosten (BGH **115**, 210; vgl § 683 Rn 4).

678 *Geschäftsführung gegen den Willen des Geschäftsherrn.* **Steht die Übernahme der Geschäftsführung mit dem wirklichen oder dem mutmaßlichen Willen des Geschäftsherrn in Widerspruch und mußte der Geschäftsführer dies erkennen, so ist er dem Geschäftsherrn zum Ersatze des aus der Geschäftsführung entstehenden Schadens auch dann verpflichtet, wenn ihm ein sonstiges Verschulden nicht zur Last fällt.**

1) Anwendungsbereich. Die Bestimmg betrifft die unberecht Übernahme, nicht die Ausf (dafür § 677) 1 einer FremdGeschFg (vgl Rn 4). Sie gilt nicht iF der §§ 679, 684 S 2 u bei irrtüml EigGeschFg (§ 687 I), ist aber iF angemaßter EigGeschFg nach Wahl des GeschHerrn entspr anwendb (§ 687 II). HaftgsEinschränkg iF der §§ 680 u 682.

2) Voraussetzungen. – a) Objektiv muß die Übern der GeschFg dem wirkl, dh äußerl erkennb, hilfsw 2 dem mutmaßl Willen des GeschHerrn (vgl § 683 Rn 7) widersprechen. Der Widerspr kann sich auf die Übern als solche, Ztpkt, Umfang, Art u Weise, Pers des GeschF beziehen (MüKo/Seiler Rdn 4). Es kommt nur auf den entggstehenden Willen, nicht auf das übereinstimmde od entggstehde Interesse des GeschHerrn (§ 683 Rn 4) an. Der Wille des GeschHerrn ist unbeachtl, § 678 also nicht anwendb iF des § 679 u bei Ges- od Sittenverstoß (Staud-Wittmann Rdn 3).

b) Subjektiv ist Vorauss, daß der GeschF den entggstehenden Willen des GeschHerrn erkannt od inf Fahrlk 3 nicht erkannt hat, also bei Anw gehör Sorgf (§ 276) erkennen mußte (§ 122 II), sog **Übernahmeverschulden.** Entscheidder Gesichtspkt für die Erkennbark des Willens ist das obj Interesse des GeschHerrn (§ 683 Rn 4). Ein sonstiges Versch, etwa bei Ausf der GeschBes, die von der Übern zu unterscheiden ist (BGH NJW **72**, 475), oder an der Entstehg eines Schad verlangt § 678 nicht.

3) Schadensersatz. Gg die unberecht Übern, solange sie andauert, kann sich der GeschHerr mit der 4 UnterlKl wehren. Der GeschF hat dem GeschHerrn den Schad zu ersetzen, der adäquat dch die ungewollte Übern der GeschBes entstanden ist. Er hat ihn also so zu stellen, wie er ohne sein Tätigwerden stehen würde (§§ 249 ff). Dies selbst dann, wenn trotz interessengerechter Übern Versch zu bejahen ist (oben Rn 3), u auch bei hilerfreier Ausf der GeschBes (BGH NJW **72**, 475), wenn dennoch ein Schad dch die bloße Übern entstanden ist. Neben § 678 sind ggf die allg Vorschr, zB § 823 anwendb. Für AusfVersch gilt nicht § 678, sond § 677 (dort Rn 15). HaftgsAusschl iF der §§ 679, 683 S 2 (BGH WM **95**, 442), HaftgsMilderg iF der §§ 680 (BGH NJW **72**, 475) u 682. Die BewLast für alle AnsprVorauss trägt der GeschHerr; jedoch ist der GeschF aufklärgs- u rechenschpflichtig über den Verbleib dessen, was er aus der unberecht übernommenen GeschFg erlangt hat, falls der GeschHerr darü nicht unterrichtet ist (BGH NJW **84**, 1462).

679 *Unbeachtlichkeit des entgegenstehenden Willens des Geschäftsherrn.* **Ein der Geschäftsführung entgegenstehender Wille des Geschäftsherrn kommt nicht in Betracht, wenn ohne die Geschäftsführung eine Pflicht des Geschäftsherrn, deren Erfüllung im öffentlichen Interesse liegt, oder eine gesetzliche Unterhaltspflicht des Geschäftsherrn nicht rechtzeitig erfüllt werden würde.**

1) Bedeutung. Die Vorschr erklärt unter den genannten Voraussetzgen den Willen des GeschHerrn für 1 unbeachtl. Dadch wird die sonst unberecht Übernahme der GeschFg in Ausn zu § 678 zur berecht (vgl Einf

4). Außerdem verl der GeschF in Ausn zu § 677 seine Pfl bei Ausführung der GeschBes nicht dadch, daß er den entggstehden Willen des GeschHerrn unberücks läßt. Daran, daß Übern u Ausf dem obj Interesse des GeschHerrn (vgl § 683 Rn 4) entsprechen müssen, ändert sich nichts (BGH **16**, 12), jedoch liegt das Eingreifen des GeschF iF des § 679 idR auch im Interesse des GeschHerrn.

2   **2) Voraussetzungen.** Die BewLast trägt der GeschF. – **a) Pflicht des Geschäftsherrn.** Sie kann priv- od öffrechtl (BGH **16**, 12) dch Ges, HohAkt od Vertr begr sein. Es muß sich um eine RPfl ggü einem Dr handeln (BGH **16**, 12), eine bloß sittl Pfl genügt nicht (hM; aA Larenz II § 57 I a).

3   **b) Im öffentlichen Interesse** müssen die Erf der Pfl u das Eingreifen des GeschF liegen (ebso Staud-Wittmann Rdn 7, Soergel-Mühl Rdn 2, BGH NJW **78**, 1258). Dazu genügt nicht das abstrakte Interesse der Gemsch an der Erf jeder Verpfl, nöt ist vielm, daß ohne die Erf gerade der in Frage stehden Verpfl dch das Eingreifen des GeschF dringd, konkrete dtsche (LG Hbg VersR **89**, 865 öff Interessen gefährdet od beeinträchtigt würden. Meist geht es um Gefahr für Leben, Gesundh, Sachgüter. **Beispiele:** Erf von Verk-SichgPfl zum Schutz vor akuter Gefahr wie Bergg verlorenen Schiffsgeräts in WasserStr (BGH **65**, 384), Beseitigg verkgefährdder StrVerschmutzg (BGH **65**, 354), Bergg eines umgestürzten Tankwagens (BGH **63**, 167); Beseitigg einer einsturzgefährdeten Kommunalmauer (BGH **16**, 12); Hilfe u Transport für Verletzte (BGH **33**, 251); EntgiftgsBehandlg Drogenkranker dch Krhaus-Zweckverband (BSG NJW **91**, 2373); Beseitigg verdorbenen Milchpulvers (BGH **110**, 313); Brandbekämpfg (BGH **40**, 28); Hilfeleistg an Hinterbliebene anstelle der öff Hand (BGH **4**, 153 [161]); Bezahlg der Beerdiggskosten (Staud-Wittmann Rdn 4); Rücktransport mittelloser Urlauber aus dem Ausland dch Linienfluggesellsch, weil Vercharterer wg Konkurs des Charterers den Rücktransport verweigert (LG Ffm NJW **83**, 52). Erf von Steuerschulden (so BGH **7**, 346 [355], Mü WM **91**, 1415, Peters WM **92**, 597) fällt kaum darunter, weil ohne sie keine dringden Belange der Allgemeinh gefährdet werden (MüKo/ Seiler Rdn 9). Aufw des Trägers einer JustVollzAnst zur Wiederherstellg der Gesundh eines UntersuchungsGefangenen nach Selbstmordversuch fallen nicht darunter (BGH **109**, 354). – Bei ErmessensMaßn einer Behörde wird das Eingreifen des GeschF selten auch im öff Interesse liegen (BGH NJW **78**, 1258: Nachb errichtet SchutzAnl gg Beeinträchtigg dch Str).

4   **c) Gesetzliche Unterhaltspflicht** beruht auf ehe- od familienrechtl Vorschr. Dch vertragl Anerk od Ausgestaltg verliert sie ihren Charakter nicht. Begründg der Verpfl dch Vertr od unerl Hdlg fällt nicht darunter. Die Erf muß nicht im öff Interesse liegen. Kein ErstattgsAnspr Dr, die dem Kind Unterh gewährt haben, wenn die Eltern sich für NaturalUnterh bei sich entschieden haben (Hamm FamRZ **83**, 416). Zur ges UnterhPfl gehört Gewährg von ärztl u Heilbehandlg. Sow dies unter Eheg iR der SchlüssGew geschieht (vgl § 1357 Rn 10–17), wird ein vertragl Anspr begr.

5   **d) Nicht rechtzeitig erfüllt** bedeutet, daß die Pfl des GeschHerrn im Ztpkt der Erf dch den GeschF fäll sein muß (BGH NJW **78**, 1258). Verzug ist nicht Vorauss.

6   **3) Entsprechende Anwendbarkeit.** Ob der entggstehde Wille des GeschHerrn auch unbeachtl bleibt, wenn er gg §§ 134, 138 verstößt, ist str. Davon hängt ab, ob der ungewollte Retter iF eines Selbstmordversuchs Anspr aus GoA hat. Bei nachträgl Gen hilft § 684 S 2. Sonst wird zT der entggstehde Wille ggf gem §§ 104 Nr 2, 105 (MüKo/Seiler Rdn 13) od gem §§ 134, 138 direkt, ohne die Notwendigk entspr Anwendg des § 679 (Staud-Wittmann Rdn 10) für unbeachtl gehalten. Nach and Auffassung ist § 679 entspr anwendb (Soergel-Mühl Rdn 8, Erman-Hauß Rdn 4, Jauernig-Vollkommer Anm 2a).

680   *Geschäftsführung zur Gefahrenabwehr.* **Bezweckt die Geschäftsführung die Abwendung einer dem Geschäftsherrn drohenden dringenden Gefahr, so hat der Geschäftsführer nur Vorsatz und grobe Fahrlässigkeit zu vertreten.**

1   **1) Anwendungsbereich.** Die Haftgsmilderg gilt im Verh zw GeschF u GeschHerr sowohl bei unberecht Übern der GeschFg, § 678, als hierbei Ausf, § 677 (BGH NJW **72**, 475, Hbg VersR **84**, 758). Insow gilt sie auch für konkurrierde Anspr des GeschHerrn, zB aus § 823 (BGH aaO: Führen eines Kfz dch Angetrunkenen, um zu verhindern, daß der wesentl stärker betrunkene Eigtümer steuert) od aus pVV (Stein ZfBR **88**, 252). Darühinaus begrenzt die Vorschr auch das Risiko eig Verluste des GeschF. Desh ist ihm auch iR eig Mitverschuldens (§ 254) an einem ihm selbst inf der GeschFg entstandenen Schad nur Vors u grobe Fahrlk zuzurechnen (BGH **43**, 188 [194] u Betr **72**, 721). Unanwendb ist § 680 auf Schäd, die ein Dr inf der GeschFg erleidet (BGH NJW **72**, 475).

2   **2) Voraussetzung.** Dringde, dh aktuelle, unmittelb drohde Gefahr für Pers od Verm (BGH VersR **70**, 620) des GeschHerrn od eines Angehör (allgM). Es genügt, daß der GeschF eine solche Gefahr ohne grobe Fahrlk irrtüml annimmt („bezweckt"; aA Dietrich JZ **74**, 535 [539] mwN; MeingsÜbers Stein ZfBR **88**, 252). Nicht Vorauss ist, daß das Eingreifen des GeschF Erfolg hat (BGH **43**, 188 [192]). Ob die GeschFg dem öff Interesse entspricht (vgl § 679), ist für § 680 belanglos (RG **101**, 19).

3   **3) Rechtsfolge.** Im Anwendgsbereich der Norm (oben Rn 1) haftet der GeschF nur für grobe Fahrlk (vgl § 277 Rn 5, 6). Für ihre Beurteilg darf nicht (nochmal) berücks werden, daß der GeschF in einer Gefahrenlage handelt, denn das ist bereits der Grd für die HaftgsPrivilegierg. Dagg kann eine über § 680 hinausgehde Situation bei der Beurteilg grober Fahrlk eine Rolle spielen, so wenn der GeschF überraschd sofort eine Entsch zu treffen hat, für deren Überlegg ihm keinerlei Zt bleibt (BGH NJW **72**, 475).

681   *Nebenpflichten des Geschäftsführers.* **Der Geschäftsführer hat die Übernahme der Geschäftsführung, sobald es tunlich ist, dem Geschäftsherrn anzuzeigen und, wenn nicht mit dem Aufschube Gefahr verbunden ist, dessen Entschließung abzuwarten. Im übrigen finden auf die Verpflichtungen des Geschäftsführers die für einen Beauftragten geltenden Vorschriften der §§ 666 bis 668 entsprechende Anwendung.**

1) Allgemeines. Anwendb bei berecht u unberecht GeschFg (vgl Einf 4) u nach Wahl des GeschHerrn bei 1
angemaßter EigGeschFg (§ 687 II). Ergänzt die HauptPfl des GeschF gem § 677 dch Konkretisierg von
NebenPfl u stellt ihn weitgehd einem Beauftr gleich.

2) Pflichten des Geschäftsführers. – a) Anzeige der Übernahme (S 1), sobald tunl, dh sobald es die 2
Verh erlauben. Anschließd **Abwarten** der Entschließg des GeschHerrn außer bei Gefahr im Verz. Die Anz
läßt idR den Schluß auf FremdGeschFgWillen bei Übern zu, ihre Unterl nicht ow den Schluß nur auf
EigGeschFgWillen (BGH **65**, 354).

b) Informations- u Herausgabepflichten (S 2) bei u nach Ausf wie ein Beauftr gem §§ 666–668; vgl 3
dort.

c) Verstoß verpfl bei Versch den GeschF zu SchadErs. HaftgsMilderg in §§ 680, 682. Der GeschHerr ist 4
so zu stellen, als habe der GeschF rechtzeit angezeigt bzw abgewartet bzw informiert (BGH **65**, 354). Der
Anspr entfällt, wenn sich eine erteilte Gen des GeschHerrn auch auf die Ausf erstreckt (vgl § 684 Rn 2).

682 **Fehlende Geschäftsfähigkeit des Geschäftsführers. Ist der Geschäftsführer ge-
schäftsunfähig oder in der Geschäftsfähigkeit beschränkt, so ist er nur nach den Vor-
schriften über den Schadensersatz wegen unerlaubter Handlungen und über die Herausgabe einer
ungerechtfertigten Bereicherung verantwortlich.**

1) Anwendungsbereich. Unmittelb regelt die Vorschr nur die Haftg des geschunf u des in der Geschfgk 1
beschränkten (§§ 104, 106) GeschF bei berecht u unberecht GoA (vgl Einf 4) im Verh zum GeschHerrn in
der Weise, daß er nur nach den Best der unerl Hdlg u der ungerechtf Ber verantwortl ist, Anspr des
GeschHerrn gg ihn also nicht auf §§ 677, 678, 681 S 2 gestützt werden können. Beim geschunf GeschF ist
das unstr. Im Hinbl auf die Schutzfunktion der Norm u je nach StellgNahme zu der streit Frage, ob die GoA
rechtsgeschähnl Hdlg ist od nicht (vgl Einf 2), besteht Streit darü, ob auf den beschr geschfäh GeschF § 682
stets od nur bei GeschBes tats Art u solchen rechtsgeschäftl Art, denen der ges Vertr nicht zugestimmt hat
(§§ 107, 108), anzuwenden ist; bei Zustimmg wäre nicht § 682, es wären vielm §§ 677, 678, 681 S 2
anwendb. Zum MeingsStreit vgl MüKo/Seiler Rdn 2–4, Staud-Wittmann Rdn 2. Nach der hier vertretenen
Auffassg (vgl Einf 2) sind §§ 104 ff nicht entspr anwendb mit der Folge, daß für die Übern der GoA
GeschFgk nicht erforderl ist, daß der Geschunf od beschr GeschF stets nur nach § 682 haftet u den AufwErs-
Anspr nach § 683 hat.

2) Die **Haftung** des geschunf od -beschr GeschF ergibt sich aus §§ 823 ff, insb §§ 827 bis 829, falls in der 2
PflVerl zugl eine uH liegt; sonst aus §§ 812 ff. Es handelt sich um eine RGrdVerweisg (Hassold JR **89**, 358).

3) Die **Geschäftsfähigkeit des Geschäftsherrn** ist auf Entstehg des ges SchuldVerh der GoA u seiner 3
Rechte u Pfl daraus ohne Einfluß. Sow es auf seinen Willen ankommt (§§ 677–679, 681 S 1, 683, 684 S 2),
tritt der ges Vertr an seine Stelle. Beim bewußtl geschfäh GeschHerrn ist sein mutmaßl Wille maßgebd (vgl
§ 683 Rn 7).

683 **Ersatz von Aufwendungen. Entspricht die Übernahme der Geschäftsführung dem
Interesse und dem wirklichen oder dem mutmaßlichen Willen des Geschäftsherrn, so
kann der Geschäftsführer wie ein Beauftragter Ersatz seiner Aufwendungen verlangen. In den
Fällen des § 679 steht dieser Anspruch dem Geschäftsführer zu, auch wenn die Übernahme der
Geschäftsführung mit dem Willen des Geschäftsherrn in Widerspruch steht.**

1) Allgemeines. – a) Zweck. Die Vorschr ist Tl des interessengerechten schuldr Ausgl zw GeschF u 1
GeschHerr (vgl Einf 3).

b) Anwendungsbereich ist die Übernahme der GeschFg. Ihre Ausführung ist in §§ 677, 681 geregelt; 2
PflVerstöße dabei führen zu SchadErsAnspr gg den GeschF (vgl § 677 Rn 15, § 681 Rn 4), lassen aber seinen
Anspr auf Ers der Aufw (vgl Rn 8) unberührt. – Anwendb nur iF berecht GoA (vgl Einf 4) u bei angemaßter
EigGeschFg (§ 687 II S 2). Ausn in § 685. Fehlt eine Vorauss nach § 683, so gilt § 684.

c) Voraussetzungen. Die Übern der FremdGeschBes ohne Legitimation (vgl § 677 Rn 2–11) muß – 3
ausgen iF des § 684 S 2 – dem Interesse (Rn 4) sowie – ausgen iF der § 679, 684 S 2 – dem Willen (Rn 5–7)
des GeschHerrn entsprechen. Daß der bezweckte Erfolg eintritt, ist nicht Vorauss.

2) Interesse des GeschHerrn an der Übern besteht, wenn sie ihm nützl ist. Maßg ist grdsätzl der Ztpkt der 4
Übern; existiert die und Pers da noch nicht, der Ztpkt ihrer Entstehg (Nürnb NJW-RR **87**, 405: Bauherren-
Gemsch). Das ist an Hand der konkreten Sachlage im EinzFall nach der objektiven Nützlichk, subj bezogen
auf die Verh seiner Pers festzustellen (Mü NJW-RR **88**, 1013). Irrige Ann des GeschF, dass er wem schuldl,
genügt nicht. Das Interesse muß nicht vermrechtl sein (BGH **33**, 251: Hilfe für Verl). Ein daneben bestehdes
EigInteresse des GeschF schadet nicht (vgl § 677 Rn 6, 7). – **Beispiele:** Bezahlg einer Schuld des GeschHerrn
(BGH **47**, 370), außer bei Bestehen einer Einw; Abriß einer baufäll Kommunmauer (BGH **16**, 12). Die
unberecht Abmahng des Störers bei WettbewVerstoß ist keine GoA (BGH NJW **95**, 715). Aber auch die
berecht Abmahng, auch dch Verein zur Bekämpfg unlaut Wettbew, falls er sich außer der ProzFührg tats
mit Aufklärg u Beratg befaßt, ist entgg BGH **52**, 393, BGH NJW **72**, 1988 u NJW **81**, 224 kein Gesch auch
im Interesse des Störers (Prelinger NJW **82**, 211 u AnwBl **84**, 533, Glaede WRP **84**, 246), sond nur im
Interesse des Verletzten od des Vereins. Andernf müßten auch die Kosten eines anwaltschaftl Mahnschrei-
bens nach GoA ersetzb sein, wofür aber einhell bereits eingetretener Verzug Vorauss ist. Die dch InansprN
eines RA veranlaßten Kosten kann ein derart Verein nicht ersetzt verlangen, weil er dadch nur eig Belange
wahrnimmt u die Kosten zur Wahrg der Interessen des Störers nicht notw sind (BGH NJW **84**, 2525). Darin
liegt ein Abrücken des BGH von seiner bisher Rspr (Schulz WRP **90**, 658), die er allerd in BGH **115**, 210

erneut bestätigt hat. Nicht mehr nützl ist die GeschBes, wenn ein damit verbundenes Risiko od die Kosten nicht mehr im Verh zum erstrebten Erfolg stehen (Karlsr VersR **77**, 936: Abwehr eines Bankräubers, Düss VersR **73**, 826: Bergg eines Modellflugzeugs aus einer Baumkrone, Hamm MDR **90**, 152: Unterbringg eines Mj in einem teuren Heim). Die Grenzabfertigg mit Vorlage der MWSt dch den Grenzspediteur entspricht nicht dem Interesse des Empf, wenn er noch keine VfgsBefugn über das Transportgut erlangt hat (BGH **114**, 248). – Ohne Bedeutg ist das Interesse iF des § 684 S 2.

5   **3) Der Wille des Geschäftsherrn** muß darauf gerichtet sein, daß der GeschF die Besorgg gerade für ihn übernimmt, wirkl od mutmaßl Einverständn mit dem zu erlangden Vorteil genügt nicht (BGH BB **82**, 331). Der GeschF hat die Übern der GeschFg, sobald dies mögl ist, dem GeschHerrn anzuzeigen u, wenn nicht mit dem Aufschub Gefahr verbunden ist, dessen Entschließg abzuwarten. Vor ihrem Eingang darf er zu dessen Lasten nur unaufschieb Hdlgen vornehmen (BGH WM **83**, 679).

6   **a)** In erster Linie ist der **wirkliche geäußerte Wille** (Kblz NJW-RR **95**, 15), ausdr od konkludent, maßg. Ausn in §§ 684 S 2, 679 u den Fällen seiner entspr Anwendbk (§ 679 Rn 6). Die Äußerg muß nicht ggü dem GeschF erfolgen, er braucht von ihr keine Kenntn zu haben (allg M). Der geäußerte Wille ist selbst dann maßg, wenn er unvernünft od interessewidr ist, zB idR Bezahlg von Schulden gg Widerspr (MüKo/Seiler Rdn 9), Auszahlg von Kredit ohne Weisg (Ffm VersR **76**, 172).

7   **b)** Sonst entscheidet der **mutmaßliche Wille.** Das ist nicht der, den der GeschF subj, sei es auch schuldl irrtüml annimmt, sond derjen, den der GeschHerr bei obj Beurteilg aller Umst im Ztpkt der Übern geäußert haben würde (Mü NJW-RR **88**, 1013). Mangels and Anhaltspkte ist als mutmaßl der dem Interesse des GeschHerrn (Rn 4) entspr Wille anzunehmen (BGH **47**, 370 [374] u NJW-RR **89**, 970).

8   **4) Rechtsfolgen.** Verh zu and AnsprGrdl vgl Einf 4. Verj vgl § 677 Rn 17. – **a) Aufwendungsersatz** wie ein Beauftragter; vgl § 670 Rn 1–7. Abweich ist hier, weil an der Vereinbg der Unentgeltlichk fehlt, eine Tätigk, die zum Beruf od Gewerbe des GeschF gehört, übl zu vergüten (BGH **65**, 384 [390], WM **89**, 801, Köhler JZ **85**, 359; weitergeh MüKo/Seiler Rn 25). Mehrere GeschF vgl § 677 Rn 8. – Im Falle des § 1613 I gelten die dort Schranken auch für den Anspr aus § 683 (BGH NJW **84**, 2158).

9   **b) Schadensersatz.** Hierher gehört insbes die Selbstgefährdg des GeschF bei Hilfeleistg, auch im StrVerk; vgl auch Einf 14 v § 823, § 670 Rn 9 ff.

10   **c) Umfang des Anspruchs.** Für die **Aufwendungen** gelten die Ausf in § 670 Rn 4. Bei ZusTreffen von Fremd- u EigGeschFg (vgl § 677 Rn 6, 7) gelten folgde Grds: Lassen sich die Aufw ggstdl abgrenzen, hat der GeschF Anspr auf Ers der auf die FremdGeschFg entfalldenen anteil Aufw. Sonst sind Aufw nach dem Gewicht der Verantwortlichk, Interessen u Vorteile zw GeschF u GeschHerrn aufzuteilen (BGH **98**, 235), zB hälftig bei Abriß einer baufäll Kommunmauer (BGH **16**, 12 [16]). Liegt der unmittelb, wesentl Vorteil beim GeschHerrn, hat er die Aufw voll zu ersetzen (MüKo/Seiler Rdn 26). Überh kein Anspr auf AufwErs besteht, wenn bes Vorschr des bürgerl R das Verhältn zw GeschF u GeschHerrn abweichd regeln (BGH **98**, 235). Verzinsg der Aufw § 256. – Für **Schäden** inf Selbstgefährdg (vorstehd Rn 9) ist nicht voller Ers sond uU angem Entschädigg zu leisten (BGH **38**, 277; weitergeh Frank JZ **82**, 737 [741]). Sow in den Fällen der §§ 538, 539 I Nr 9 a–c RVO (Hilfeleistg bei ArbUnfall, in Gefahr, bei amtl DienstHdlg, gg Straftat) der Hilfeleistde Anspr gg SozVers hat, verringert sich sein privatrechtl Anspr als GeschF.

684   *Herausgabe der Bereicherung.* **Liegen die Voraussetzungen des § 683 nicht vor, so ist der Geschäftsherr verpflichtet, dem Geschäftsführer alles, was er durch die Geschäftsführung erlangt, nach den Vorschriften über die Herausgabe einer ungerechtfertigten Bereicherung herauszugeben. Genehmigt der Geschäftsherr die Geschäftsführung, so steht dem Geschäftsführer der im § 683 bestimmte Anspruch zu.**

1   **1) Bei unberechtigter Übernahme der GoA, S 1** (vgl Einf 4) hat der GeschF Anspr auf AufwErs nur nach den Vorschr der §§ 812 ff, dh er kann vom GeschHerrn herausverlangen, was dieser dch die GoA erlangt, sow sein Verm dadch noch vermehrt ist. Es handelt sich nur um eine RFolgenVerweisg (BGH WM **76**, 1056 [1060]); die Vorauss für den RGrund enthält S 1 selbst. Der Anspr ist abdingb (BGH NJW **59**, 2163). Er entfällt iF des § 685 (BGH WM **84**, 1613). – Anspr des GeschHerrn (§ 677 Rn 14, §§ 678, 681) bleiben unberührt.

2   **2) Genehmigung (S 2)** ersetzt die Vorauss des § 683 (BGH WM **95**, 442) u macht die Übernahme der GoA gg das Interesse und/oder den Willen des GeschHerrn (§ 683 Rn 4–7) diesem ggü im InnenVerh rückwirkd (§ 184) zur berecht (vgl Einf 4), ohne daß dadch ein AuftrVertr (§ 667) entsteht. Anspr aus § 678 entfallen. Sie hat als solche keine Außenwirkg (vgl Einf 3); diese beurt sich nach §§ 177, 185 II, doch fällt prakt vielf beides zus. Erkl ggü dem GeschF, ausdr od konkludent, meistens dch das Verlangen nach Herausg gem § 681 S 2. Für die Gen gelten sinngem §§ 182, 184 (BGH DB **89**, 875) u die Ausf in Einf vor § 182. Für beide Seiten handelt es sich um eine RFolgenVerweisg auf §§ 683, 677; abdingb (BGH NJW **59**, 2163). Eine irrtüml EigGeschFg (§ 687 I) kann nicht gen werden. Auf die Ausführung der GoA bezieht sich die Gen nicht notw, so daß vorher entstandene SchadErsAnspr wg AusfFehlern (vgl § 677 Rn 15, § 681 Rn 4) erhalten bleiben können. Anspr auf Gen hat der GeschF nicht (BGH LM § 177 Nr 1).

685   *Schenkungsabsicht.* **[I] Dem Geschäftsführer steht ein Anspruch nicht zu, wenn er nicht die Absicht hatte, von dem Geschäftsherrn Ersatz zu verlangen.**

[II] Gewähren Eltern oder Voreltern ihren Abkömmlingen oder diese jenen Unterhalt, so ist im Zweifel anzunehmen, daß die Absicht fehlt, von dem Empfänger Ersatz zu verlangen.

1) Bedeutung. AusnVorschr zu §§ 683, 684 S 1, also weder Anspr auf AufwErs noch aus ungerechtf Ber 1 (BGH WM **84**, 1613). Geltd zu machen dch rechtshindernde Einw des GeschHerrn. Dessen Anspr aus GoA bleiben unberührt.

2) Abs I. Die einseit Abs im Ztpkt der Übern der GeschFg, keinen Ers zu verlangen, läßt den AufwErs- 2 Anspr nicht entstehen. Sie muß nach außen erkennb sein, ausdr od den Umst nach, zB ein Sohn schützt den Vater gg körperl Mißhandlg dch and Sohn u wird dabei verl (BGH **38**, 302; keine Verallgemeinerg, daß bei Verwandtenhilfe stets ErsAbs fehlt). Schwiegersohn baut im Haus der Schwiegermutter für sich u seine Familie eine Wohng aus (BGH WM **84**, 1613). Da VerzWille, ist Geschfgk, iF des § 107 Einwilligg des ges Vertr erforderl. – BewLast GeschHerr für fehlde Abs, AufwErs zu verlangen. – Irrt über den wirkl Gesch-Herrn vgl § 686 Rn 2.

3) Abs II enthält RVermutg (BGH **38**, 302 [305]). Gilt nur zw Verwandten in gerader Linie, nur sow zu 3 der UnterhLeistg keine Verpfl besteht u nur im Verh des Leistden zum Empf, nicht zu einem vorrang UnterhPflichtigen, zB bei Leistg des Großvaters an den Enkel im Verh zum Vater; insow gilt Abs I, sow nicht ges FdgsÜbergang stattfindet, zB § 1615b. BewLast umgekehrt wie in Abs I beim GeschF für bestehde Absicht, AufwErs zu verlangen.

686 *Irrtum über Person des Geschäftsherrn.* **Ist der Geschäftsführer über die Person des Geschäftsherrn im Irrtume, so wird der wirkliche Geschäftsherr aus der Geschäftsführung berechtigt und verpflichtet.**

1) Anwendungsbereich. Bewußtsein u Wille, für einen and tät zu werden (§ 677 Rn 3–10) müssen sich 1 nicht auf eine best Pers beziehen. PersVerwechslg, fehlde od irr Vorstellg über Identität od Existenz dessen, den es angeht, sind unerhebl. Gilt auch für subj fremde Gesch (§ 677 Rn 5; aA RGRK/Steffen Rn 3). Irr Ann der Berechtigg od Verpfl zur GeschFg ggü dem GeschHerrn vgl § 677 Rn 11, ggü einem Dr vgl § 677 Rn 7.

2) Wirkung. Berecht u verpfl aus der GeschFg ist oRücks auf die Vorstellg des GeschF nur der wirkl 2 GeschHerr, also derjen, in dessen R- u Interessenkreis das Gesch fällt. Ledigl in § 685 befreit die Vorstellg, von einem best vermeintl GeschHerrn keinen Ers zu verlangen, nicht ow den wirkl GeschHerrn. Gleiches gilt bei mehreren GeschHerrn.

687 *Vermeintliche Geschäftsführung; unechte Geschäftsführung.* [1] **Die Vorschriften der §§ 677 bis 686 finden keine Anwendung, wenn jemand ein fremdes Geschäft in der Meinung besorgt, daß es sein eigenes sei.**

[2] **Behandelt jemand ein fremdes Geschäft als sein eigenes, obwohl er weiß, daß er nicht dazu berechtigt ist, so kann der Geschäftsherr die sich aus den §§ 677, 678, 681, 682 ergebenden Ansprüche geltend machen. Macht er sie geltend, so ist er dem Geschäftsführer nach § 684 Satz 1 verpflichtet.**

1) Irrtümliche Eigengeschäftsführung (Abs I) hat ein obj fremdes Gesch (vgl § 677 Rn 4) zum Ggst, 1 es fehlt aber das Bewußtsein, es als fremdes, dh für einen and (vgl § 677 Rn 3–10) zu besorgen. Desh handelt es sich nicht um GoA, §§ 677ff gelten nicht, es gibt auch keine Gen nach § 684 S 2. Unerhebl ist, ob der Irrt auf Fahrlk beruht od nicht; vgl aber unten Rn 5, 6. Anspr eines od beider Teile aus and RGrden bleiben unberührt.

2) Angemaßte Eigengeschäftsführung (Abs II). a) Begriff, Voraussetzungen. Auch sie hat ein obj 2 fremdes Gesch (vgl § 677 Rn 4) zum Ggst (BGH DB **89**, 1762), der GeschF weiß dies auch, hat aber trotz dieses Bewußtseins nicht die Abs, das Gesch als fremdes zu führen (vgl § 677 Rn 3–10), sond führt es vorsätzl in seinem eig Interesse. Daß er das fremde Gesch im eig Namen abschließt, steht der Anwendg des Abs II nicht entg. Gleichgült ist, ob der GeschHerr selbst das Gesch vorgen hätte od nicht. Wg fehlden FremdGeschFgWillens handelt es sich wie vorstehd Rn 1 auch hier nicht um GoA, Abs II gibt aber dem GeschHerrn zur Verbesserg seiner RStellg zusätzl zu and in Frage kommden Anspr diejen aus GoA. Die GeltdMachg geschieht noch nicht dch Verlangen nach Ausk u Rechensch, weil es erst der Vorbereitg dient, sond erst mit dem Verlangen nach Herausg od SchadErs (RGRK/Steffen Rdn 32). Eine Gen iS des unanwendb § 684 S 2 liegt darin nicht. Der wirtsch Alleingesellschafter (Hintermann) einer Strohmann-GmbH haftet ggü der GmbH grdsätzl nicht gem Abs II aus Gesch, die er währd seiner Alleinstellg für die GmbH geschlossen hat, weil er nicht unberecht, abweichd vom Willen der GmbH gehandelt hat (BGH **119**, 257).

b) Rechtsfolgen. – aa) Der **Geschäftsherr** hat die Erf-, Informations- u SchadErsAnspr aus §§ 677, 3 678 ohne die Beschrkgen in §§ 679, 680, 681, der seiners auf §§ 666 bis 668 verweist. Dabei sind der Schad-ErsAnspr wg AusfVersch (vgl § 677 Rn 15) im Hinbl auf § 678 u die Anspr aus § 681 S 1 ohne prakt Bedeutg. Der HerausgAnspr (vgl § 667 Rn 3, 4) erstreckt sich auch auf den über den Wert hinausgehden Veräußergsgewinn. Für beschrgeschäf u geschunfäh GeschF gilt § 682. – **bb)** Der **Geschäftsführer** hat, 4 aber nur dann, wenn der GeschHerr seiners Anspr aus GoA geltd macht (BGH **39**, 186), Anspr aus § 684 S 1. Ggü dem Anspr des GeschHerrn auf Herausg des Erlangten kann er wertsteigernde Aufw ersetzt verlangen, sow der GeschHerr auf seine Kosten um sie bereichert ist.

c) Verletzung fremder Ausschließlichkeitsrechte (ImmaterialgüterR, UrhR, gewerbl SchutzR). 5 **aa)** Geschieht sie **schuldlos,** hat der Verl Anspr auf Beseitig der widerrechtl Beeinträchtigg, bei Wiederholgsgefahr auf Unterl (§§ 97 I 1 UrhRG, 139 I PatG, 15 I GebrMG, 14a I 1 GeschmMG, 14 V, 128 I MarkenG; vgl Vorbem 16–35 vor § 823) u auf Herausg der ungerechtf Ber (vgl Einf 18 vor § 812). – **bb)** Geschieht sie **schuldhaft,** hat der Verl Anspr auf Ers des VermSchad, für den es, von AusnSituationen abgesehen (BGH NJW **95**, 1420), gewohnrechtl u teilw nach den SpezialGes eine dreifache BerechngsMethode gibt (BGH NJW **92**, 2753; vgl § 823 Rn 161): Entweder konkret nach §§ 249 ff einschl des Gewinns, den der Verl erwarten konnte (§ 252). Oder abstrakt auf Zahlg einer Lizenzgebühr, wie sie der Verletzer üblicherw bei Abschl eines (fingierten) LizenzVertr hätte bezahlen müssen (BGH **44**, 372 [379], BAG DB **86**, 2289). Oder drittens Herausg des dch den Eingr erzielten Gewinns oRücks darauf, ob auch der Verl ihn erzielt haben würde mit den HilfsAnspr auf AuskErteilg u RechngsLegg. Das ist eine Ausweitg der §§ 687 II, 666, 667 auf den Fall fahrl EigGeschFg. Vorstehde rechtl Beurteilg ist anerk für die Verl von UrhR (§ 97 I 2 UrhRG, BGH GRUR **59**, 379 [383]; in § 97 II sogar Ers des NichtVermSchad in Geld), PatR (§ 139 II PatG, BGH NJW **62**, 1507), Gebr- u GeschmacksmusterR (§§ 15 II GebrMG, 14a I GeschmMG, BGH GRUR **63**, 255 u 640), §§ 14 VI, 128 II MarkenG (fr WZG, BGH **99**, 244), Firmen- u NamensR (BGH **60**, 206), bei WettbewVerstößen (BGH **57**, 116, **60**, 168, **122**, 262: Nachahmg, BGH GRUR **77**, 539: Verl eines BetrGeheimn, BGH **52**, 393 u NJW **81**, 224: Kosten der vorprozessualen Abmahng dch einen Verein zur Bekämpfg unlauteren Wettbew; vgl aber § 683 Rn 4), bei Verl des R am eig Bild, falls überh Zust des Berecht zur Verwertg in Betr kam (BGH **20**, 345 [353]), sonst nur Ers des immat Schad (BGH **26**, 349

7 [352]). MitVersch des Verl ist zu berücksichtigen. – **cc) Nicht anwendbar** ist § 687 II auf Eingr in GewBetr (BGH **7**, 208 [218]) u in vertragl begr ausschl RPosition wie Verl einer AlleinVerkAbrede (BGH NJW **66**, 1117 [1119] u NJW **84**, 2411: Eigenhändler), Verl eines vertragl WettbewVerbots (BGH NJW **88**, 3018), unberecht Untervermietg (BGH NJW **64**, 1853).

Zwölfter Titel. Verwahrung

Einführung

1 **1) Wesen.** Begriff: § 688. Personen: Hinterleger u Verwahrer. Der VerwVertr ist wie das Darl (Einf 1, 2 vor § 607) nach überwiegder Auffassg KonsensualVertr, der mit der Einigg zustandekommt u mit der Überg der Sache in Vollzug gesetzt wird (Larenz II § 58, BGH **46**, 48 für den LagerVertr). Formfrei. – Mögl auch ein Vorvertr, der aber meist einen Anspr nur für den Hinterleger begründet. – Der VerwVertr kann entgeltl oder unentgeltl sein, Ausleggsfrage, § 689. Der unentgeltl Vertr begründet stets Verpfl des Verwahrers, dagg nur uU auch solche des Hinterlegers, §§ 693, 694, er ist also unvollk zweiseit Vertr (Einf 3 vor § 320) u GefälligkVertr (Einf 1, 4 vor § 662). Im EinzFall kann es sich auch um reines GefälligkVerh ohne RBindg (vgl Einl 9, 10 vor § 241) handeln (Köln OLGZ **72**, 213). Der VerwVertr ist entgeltl Vertr, wenn das Entgelt GgLeistg u nicht nur Zusage der Erstattg von Aufw ist; er ist, wenn entgeltl, ggs Vertr. Das Entgelt ist die GgLeistg für die Aufbewahrg u die damit verbundene Mühewaltg.

2 **2) Inhalt** des VerwVertr ist Gewährg von Raum u Übern der Obhut, mögl nur an **beweglichen Sachen**, bei Grdst liegt DienstVertr od Auftr vor. Bei bloßer Raumgewährg handelt es sich um Raummiete od Raumleihe (BGH **3**, 200). StahlschrankVertr ist daher Miete. Bloßes Dulden des Ein- od Abstellens ist nicht Verw, sond ein GefälligkVertr nicht geregelter Art. Der Verwahrer hat kein Recht, die hinterlegte Sache zu gebrauchen; wird es ausbedungen, so liegt, falls nicht bloß Nebenabrede, Miete od Leihe vor. Ihn kann aber als NebenVerpfl eine GebrPfl treffen, falls zur Erhaltg des Sache nöt, zB Bewegen des Pferdes. Auch and NebenPfl sind mögl. Der VerwVertr erstreckt sich auf die dem Verwahrer in Obhut gegebene Sache in ihrer tatsächl Gesamth, also auch auf den Inhalt eines Kfz (Kln VersR **94**, 693) einschl des Kofferraums (BGH NJW **69**, 789: Parkgarage, Kln NJW-RR **94**, 25: bewachter Parkplatz). – Als Verwahrer haftet die Eisenbahn für Reise- u Handgepäck, das in Aufbewahrgsstellen von Bahnhöfen verwahrt wird, HGB §§ 454, 456, 458, 459,

3 EVO § 36. – Als **Nebenverpflichtung eines anderen Vertrages**, besteht häuf eine VerwPfl, so beim Kauf, Auftr, Dienst-, Werk-, GeschBesorggs-, beim Kommissions-, Speditions-, FrachtVertr; hierzu § 611 Rn 101 u § 631 Rn 13; vgl ferner HGB §§ 362 II, 379 I; bei AnnVerzug des Gläub nach § 304; wenn Anwalt Urk treuhänderisch vom Gegner entgg nimmt oder Beh Sachen in öffrechtl Verw nimmt (BGH NJW **52**, 658). Es gilt dann das Recht des betr Vertr, die §§ 688 ff können nur uU ergänz herangezogen werden, § 690 hat grdsätzl auszuscheiden. Unter Umst wird aber in solchen Fällen keine VerwahrgsPfl nebenher übernommen, sond nur Gelegenh zum Abstellen der Sachen (vgl oben), insb zum Ablegen von Überkleidg, geboten, so vom Arzt, RA, Wirt, ggü den Klienten, Gästen usw, selbst dann, wenn ein bes Raum zur Vfg gestellt wird. Doch kann auch eine Pfl zur Aufbewahrg der Überkleider als NebenVerpfl bestehen, so aGrd der Vereinsmitgliedsch beim Besuch der Vereinsräume (RG **103**, 265), beim Theaterbesuch auch ohne bes Entgelt aus dem durch Verk der Theaterkarten geschl Vertr, vor allem dann, wenn Notwendigk od Zwang zum Ablegen der Kleider besteht, zB bei abhäng DVerpfl § 611 Rn 101, bei Badeanstaltsbesuchern, bei Besuchern von Gaststätten mit Zwang zum Ablegen außerh der Gaststube (KG MDR **84**, 846); kein VerwVertr dadch, daß der Kellner die am Tisch abgelegte Garderobe entgg dem Wunsch des Gastes an einen Garderobehaken hängt

4 (BGH NJW **80**, 1096). – **Haftungsausschluß** od -Beschränkg iR des § 276 ist mögl, muß aber deutl, zB durch augenfäll Aushänge, geschehen, Aufdruck auf den Kleidermarken reicht nicht aus (RG **113**, 425). Auch Verpachtg der Ablage muß bekanntgemacht werden, um den Gastwirt usw von der eig Haftg freizustellen.

5 **3) Besondere Arten der Verwahrung.** Die §§ 688 ff gelten, soweit die Sonderregelgn nicht entggstehen. – **a) Sequestration** (GemeinschVerwahrg): Hingabe einer Sache an einen Verwahrer zur gemeinschaftl Verw für mehrere, mit Abrede über Rückg an alle od einen, vgl §§ 432, 1217, 1281, 2039, FGG § 165. Die §§ 688 ff gelten nur bei bewegl Sachen, u soweit dem Sequester nicht andere Befugn übertr sind. Für Grdst: Auftr od DienstVertr ZPO §§ 848, 855. – **b) Lagergeschäft,** HGB §§ 416–424 und das OrderlagerGesch, VO v 16. 12. 31. – **c)** Vertr über **Verwahrung von Wertpapieren** nach DepotG dch einen Kaufmann (§ 1 II DepotG). Das G kennt die SonderVerw als Grdform, ferner die DrittVerw, die SammelVerw (hier entsteht MitEigt der mehreren Eigtümer, u zwar mit Ztpkt des Eingangs beim Sammelverwahrer), die TauschVerw. Für die zwei letztgenannten VerwArten ist grdsätzl ausdrückl Einzelermächtig nötig. – Das G gilt nicht für verschlossen übergebene WertP sowie für die unregelm Verw von Wertpapieren (§ 700, dort Rn 4), die aber auch der Form bedarf, § 15 DepotG.

4) Verwahrung im eigentl Sinn ist **nicht: – a)** Die **unregelmäßige (Summen-)Verwahrung** des § 700, **6** vgl dort. – **b)** Das aGrd einer **Hinterlegung** entstehende öffrechtl VerwVerh. Die §§ 688 ff gelten hier uU als RGedanken auch des öff Rechts. Vgl näher Einf 5 vor § 372 u § 700 Rn 5. – **c)** Für die **öffentlichrechtli- 7 che Verwahrung,** zB bei Beschlagnahme, Überreich zur Akte gelten die §§ 688 ff rechtsähnl, und zwar auch dann, wenn die Beh zur Veräusserg der verwahrten Sachen befugt ist (BGH NJW **52**, 658). Nicht jede behördl Beschlagn od öffrechtl Verstrickg, sondern nur solche, die mit einer Besitzergreifg durch die Beh unter Ausschluß des Berecht von eig Obhuts-, Sichergs- u FürsorgeMaßn verbunden ist, begründet öff- rechtl Verw (BGH WM **75**, 81). Keine öffrechtl Verw an Rechtsinbegriff (GeschVermögen, BGH aaO), auch nicht an Fdgen u Bankguth (BGH WM **62**, 1033). Anspr aus öffrechtl Verw gehören vor die Zivilge- richte, § 40 II VwGO. – **d)** Die **„besondere amtliche Verwahrung"** der Testamente gem §§ 2258 a, b.

5) Internationales Privatrecht vgl EG Art 28 Rn 17. **8**

688 *Begriff.* **Durch den Verwahrungsvertrag wird der Verwahrer verpflichtet, eine ihm von dem Hinterleger übergebene bewegliche Sache aufzubewahren.**

Einf 1–4 vor § 688. **1**

689 *Vergütung.* **Eine Vergütung für die Aufbewahrung gilt als stillschweigend verein- bart, wenn die Aufbewahrung den Umständen nach nur gegen eine Vergütung zu er- warten ist.**

Einf 1 vor § 688. Über die Höhe der Vergütg entscheidet Taxe od Üblichk, die §§ 612, 632 gelten entspr; **1** bei Fehlen gilt § 316. Für die Sequestration (Einf 5) vgl FGG § 165. Vgl auch HGB §§ 354, 420 (Lagergeld).

690 *Haftung bei unentgeltlicher Verwahrung.* **Wird die Aufbewahrung unentgeltlich übernommen, so hat der Verwahrer nur für diejenige Sorgfalt einzustehen, welche er in eigenen Angelegenheiten anzuwenden pflegt.**

Einf 1 vor § 688. Es gilt § 277. Unentgeltl Verw liegt nicht vor, wenn ein Entgelt als mittelb ausbedungen **1** zu gelten hat, ferner nicht, wenn Verw eine, wenn auch nicht mit bes Entgelt bedachte, NebenVerpfl eines anderen entgeltl Vertr ist, ebso nicht in den Fällen öffrechtl Verw (BGH **4**, 192); vgl auch Einf 6, 7.

691 *Hinterlegung bei Dritten.* **Der Verwahrer ist im Zweifel nicht berechtigt, die hinter- legte Sache bei einem Dritten zu hinterlegen. Ist die Hinterlegung bei einem Dritten gestattet, so hat der Verwahrer nur ein ihm bei dieser Hinterlegung zur Last fallendes Verschulden zu vertreten. Für das Verschulden eines Gehilfen ist er nach § 278 verantwortlich.**

Grund: Das VertrauensVerh; ebso beim Auftr, § 664. – „Drittverwahrg" ist gestattet nach § 3 DepotG **1** (mit abw Regelg), Sammelverwahrg nach dort § 5. – Auch bei Gestattg wird Anz nöt sein, da VerwÄnderg, § 692. Zwischen dem Hinterleger u dem Drittverwahrer entsteht kein VerwVerh, jedoch wird dem Hinter- leger der vertragl HerausgAnspr, entspr §§ 556 III, 604 IV, auch ggü dem Dr zu geben sein. – Über die Folgen der befugten u der unbefugten Weitergabe an den Dr u der Zuziehg von Geh § 664 Rn 1–4.

692 *Änderung der Aufbewahrung.* **Der Verwahrer ist berechtigt, die vereinbarte Art der Aufbewahrung zu ändern, wenn er den Umständen nach annehmen darf, daß der Hinterleger bei Kenntnis der Sachlage die Änderung billigen würde. Der Verwahrer hat vor der Änderung dem Hinterleger Anzeige zu machen und dessen Entschließung abzuwarten, wenn nicht mit dem Aufschube Gefahr verbunden ist.**

Bei unberechtigter Änderg SchadErs. An einseit Weisgen des Hinterlegers ist Verwahrer nicht gebunden, **1** anders beim Auftr, § 665. – Unter Umst besteht Pfl zu Änderg.

693 *Ersatz von Aufwendungen.* **Macht der Verwahrer zum Zwecke der Aufbewahrung Aufwendungen, die er den Umständen nach für erforderlich halten darf, so ist der Hin- terleger zum Ersatze verpflichtet.**

Subjektiver Maßstab, wie beim Auftr, § 670. § 693 gilt nicht für Aufw, die Verwahrer schon nach dem **1** Inhalt des VerwVertr zu übernehmen verpfl ist, insb im allg für die Raumgewährg. Verwahrer hat ein ZbR (§ 273); macht er es geltd, so kann für die Folgezeit nicht das vereinb Entgelt gefordert werden, es bestehen nur Anspr nach §§ 987 ff (Celle NJW **67**, 1967), uU ein AufrechngsR, aber kein gesetzl PfdR (anders Lagerhalter HGB § 421).

694 *Schadensersatzpflicht des Hinterlegers.* **Der Hinterleger hat den durch die Beschaf- fenheit der hinterlegten Sache dem Verwahrer entstehenden Schaden zu ersetzen, es sei denn, daß er die gefahrdrohende Beschaffenheit der Sache bei der Hinterlegung weder kennt noch kennen muß oder daß er sie dem Verwahrer angezeigt oder dieser sie ohne Anzeige gekannt hat.**

Anspr aus c. i. c.; falls Verstoß erst nach VertrSchl, aus pVV. Haftg des Hinterlegers für vermutetes **1** Versch. Er kann sich dch Bew seiner Schuldlosigk, der AnzErstattg, od der Kenntn des Verwahrers befreien; fahrl Unkenntn des Verwahrers befreit den Hinterleger nicht; Verwahrer braucht sich also um Beschaffenh nicht zu kümmern; im übr gilt § 254.

695 *Rückforderungsrecht des Hinterlegers.* **Der Hinterleger kann die hinterlegte Sache jederzeit zurückfordern, auch wenn für die Aufbewahrung eine Zeit bestimmt ist.**

1 Folgt aus dem Wesen des VerwVertr, bei Abdingg liegt daher kein VerwVertr vor. – Nicht zu unangem Zeit, uU angem RückgFrist, § 242. VertrEnde erst mit Rückg. Im Konkurse hat Hinterleger ein AussondergsR, KO § 43. – Über GgRechte § 693 Rn 1. – Eigt eines Dritten entbindet nicht von der RückgabePfl, eig Eigt des Verw nur, wenn er seiners sofort Rückg fordern dürfte, § 242. – BewLast des Verw, wenn zur Herausg außerstande (BGH NJW **52**, 1170) od VerwGut beschädigt (BGH **3**, 162).

696 *Rücknahmeanspruch des Verwahrers.* **Der Verwahrer kann, wenn eine Zeit für die Aufbewahrung nicht bestimmt ist, jederzeit die Rücknahme der hinterlegten Sache verlangen. Ist eine Zeit bestimmt, so kann er die vorzeitige Rücknahme nur verlangen, wenn ein wichtiger Grund vorliegt.**

1 Abdingb. Zeitbestimmg kann sich auch aus VertrZweck ergeben. – Nicht zu unangemessener Zeit, § 695 Rn 1. – Nichtrückn ist Ann- u Leistgsverzug, daher uU SchadErsPfl, § 286, od BereichergsAnspr bis zur Höhe des Wertes der verwahrten Sache (Karlsr MDR **69**, 219); bei entgeltl Verw gilt, falls ggs Vertr (Einf 1 vor § 688), § 326. – Sonderregelg in HGB § 422.

697 *Rückgabeort.* **Die Rückgabe der hinterlegten Sache hat an dem Orte zu erfolgen, an welchem die Sache aufzubewahren war; der Verwahrer ist nicht verpflichtet, die Sache dem Hinterleger zu bringen.**

1 RückgOrt ist der vertragl VerwOrt. RückgPfl ist daher Holschuld, für Geldschulden (§ 700 I 3) gilt daher § 270 nicht. Über GgRechte: § 693 Rn 1.

698 *Verzinsung des verwendeten Geldes.* **Verwendet der Verwahrer hinterlegtes Geld für sich, so ist er verpflichtet, es von der Zeit der Verwendung an zu verzinsen.**

1 Grund: Verw hat kein GebrR, Einf 2 vor § 688. Bei gestatteter Geldverwendg gilt § 700 I 2.

699 *Fälligkeit der Vergütung.* **[I] Der Hinterleger hat die vereinbarte Vergütung bei der Beendigung der Aufbewahrung zu entrichten. Ist die Vergütung nach Zeitabschnitten bemessen, so ist sie nach dem Ablaufe der einzelnen Zeitabschnitte zu entrichten.**

[II] Endigt die Aufbewahrung vor dem Ablaufe der für sie bestimmten Zeit, so kann der Verwahrer einen seinen bisherigen Leistungen entsprechenden Teil der Vergütung verlangen, sofern nicht aus der Vereinbarung über die Vergütung sich ein anderes ergibt.

1 Über Sichergsrechte § 693 Rn 1.

700 *Unregelmäßiger Verwahrungsvertrag.* **[I] Werden vertretbare Sachen in der Art hinterlegt, daß das Eigentum auf den Verwahrer übergehen und dieser verpflichtet sein soll, Sachen von gleicher Art, Güte und Menge zurückzugewähren, so finden die Vorschriften über das Darlehen Anwendung. Gestattet der Hinterleger dem Verwahrer, hinterlegte vertretbare Sachen zu verbrauchen, so finden die Vorschriften über das Darlehen von dem Zeitpunkt an Anwendung, in welchem der Verwahrer sich die Sachen aneignet. In beiden Fällen bestimmen sich jedoch Zeit und Ort der Rückgabe im Zweifel nach den Vorschriften über den Verwahrungsvertrag.**

[II] Bei der Hinterlegung von Wertpapieren ist eine Vereinbarung der im Absatz 1 bezeichneten Art nur gültig, wenn sie ausdrücklich getroffen wird.

1 **1) Wesen.** Der unregelm (uneigentl) VerwVertr ist weder Darl noch Verw, sond begründet ein Schuld-Verh bes Art, das sich von der Verw durch den Übergang des Eigt auf den Verwahrer, vom Darl dadurch unterscheidet, daß es nicht überwiegd dem Interesse des Empf, sond dem des Hinterlegers dient; daher meist niedrigerer Zinsfuß als beim Darl. – Mögl nur an vertretb Sachen. – **Hauptfälle:** Bank-, Postscheck- u SparkEinlagen, vgl Einf 17 vor § 607.

2 **2) Abschluß.** KonsensualVertr (Einf 1 vor § 688), jedoch Übereign der Sachen, mit Abrede der Rückerstattg von Sachen gleicher Art usw, I 1. Begründg eines unregelm VerwVertr auch dch Schuldumwandlg wie nach § 607 II. Im Gestattg des Verbr gem I 2 bei od nach VertrAbschl liegt VertrAngebot auf Übereign, im Verbrauch die Ann. Umwandlg des VerwVerh in die unregelm Verw u dingl Wirkg des EigtÜbergangs treten dann vom Ztpkt der Aneigng ab ein, bis dahin hat Hinterleger also noch das AussondergsR des § 43 KO.

3 **3) Rechtswirkung.** Es gelten die DarlVorschr, abgesehen von Zeit u Ort der Rückg; hierfür gilt iZw VerwahrgsR (§§ 695–697). Insbes also Recht jederzeitiger RückFdg des Hinterlegers, jedoch hier, anders als nach § 695, abdingb („iZw"). § 694 gilt nicht. Aufr- u ZbR des Verwahrers bestehen.

4) Abs II. Für die unregelm Verw von **Wertpapieren** gilt I nur bei ausdrückl Abrede. Weitergehende 4
FormVorschr bestehen hierfür, soweit DepotG in Frage kommt (Einf 5 vor § 688).

5) Für die Hinterlegg von Geld bei den **Hinterlegungsstellen** gilt § 700 nicht, Einf 5–7 vor § 372. Nach 5
§ 7 HintO geht das hinterlegte Geld in das Eigt des Staates über.

Dreizehnter Titel. Einbringung von Sachen bei Gastwirten

Einführung

1) Entstehung, Rechtsnatur. – a) Das G beruht auf dem von der BRep ratifizierten Übk v 17. 12. 62 1
über die Haftg der Gastw für die von ihren Gästen eingebrachten Sachen (BGBl II **66**, 270; iKr getr 15. 2. 67,
BGBl II **67**, 1210). Es erstrebt Erleichterg des internat ReiseVerk u Mindestschutz des Reisenden. Von der
zuläss Besserstellg der Gäste hat die BRep bei Festsetzg der Höchstbeträge (§ 702 I) Gebrauch gemacht.

b) Erfolgshaftung des Gastw für Schäden an eingebrachten Sachen des Gastes oRücks darauf, ob ihn od 2
seine Leute ein Versch trifft, mit der Einschränkg, daß Kfz u die in diesen belassenen Sachen nicht zu den
eingebrachten Sachen gehören (§ 701 IV). Bei dieser Erfolgshaftg handelt es sich um einen Fall der gesetzl
Haftg für Betriebsgef (BGH **32**, 149). – Der Gastw haftet der Höhe nach beschr, aber unabding.

2) Beherbergungsvertrag. Die im wesentl als Erfolgshaftg ausgestaltete Haftg des Gastw für eingebr 3
Sachen tritt meist (aber nicht notw, § 701 Rn 3) innerh eines bestehenden SchuldVerh (§ 276 Anm 10b), des
sog BeherberggsVertr (BGH NJW **63**, 1449, Brschw NJW **76**, 570) ein. Sie gilt nicht iR des GastAufnVertr
mit dem Schank- u Speisewirt; auch dann nicht, wenn dieser entgg dem Wunsch des Gastes die am Tisch
abgelegte Garderobe an einen Garderobehaken verbringen läßt (BGH NJW **80**, 1096). Außerdem nicht für
die Bereitstellg von Taggs-, Besprechgs-, ArbRäumen in einem Hotel (Liecke NJW **82**, 1800). Wg der
VerwahrgsPfl u Haftg für abgelegte KleidgsStücke vgl Einf 2 vor § 688. Der BeherberggsVertr ist ein im
BGB, abgesehen von der Regelg der Einbringg von Sachen, nicht bes geregelter gemischter Vertr (§ 305 Rn
21, Einf 26 vor § 535). Wesentl Bestandt ist Zimmermiete; daher besteht insb SchadHaftg ohne Versch gem
§§ 537, 538 (BGH aaO u NJW **75**, 645), doch gelten auch die Vorschr über Dienst-, WkVertr, uU Kauf, da
nicht nur Miete, sond „Beherbergg" (Beleuchtg, Heizg usw, ggf auch Beköstigg) gewährt werden. Umkehr
der BewLast vgl § 282 Rn 6ff. Grund der verschärften Haftg aus §§ 701 ff ist der vom Wirt zu eig Nutzen
geführte Betrieb, dem der Gast wg des häuf PersWechsels Gefahr bringt, deine wg der BewNotstand
des Gastes. Verj der GastAnspr nach § 195 (über Verwirkg der ErsatzAnspr nach §§ 701 ff vgl § 703), der
WirtsAnspr nach § 558 (BGH WPM **78**, 733), od, sow sie nicht darunter fallen, nach § 196 I Nr 4. –
Zuständigk für beide AnsprArten: AmtsG, GVG § 23 Ziff 2b. – §§ 701 ff gelten nur für Sach-, nicht für
PersSchäden, uU durch Benutzg der Räume; Haftg dafür aus dem BeherberggsVertr, auch wenn Schad
bereits bei Anbahng erlitten, u aus unerl Hdlg. – Über die Haftg der Eisenbahnen HGB §§ 454, 456, 458
iVm EVO, der Bundespost § 276 Rn 133.

3) Internationales Privatrecht vgl EG Art 28 Rn 18. 4

701 *Haftung des Gastwirtes.* **[I] Ein Gastwirt, der gewerbsmäßig Fremde zur Beherber-
gung aufnimmt, hat den Schaden zu ersetzen, der durch den Verlust, die Zerstörung
oder die Beschädigung von Sachen entsteht, die ein im Betrieb dieses Gewerbes aufgenommener
Gast eingebracht hat.**

[II] Als eingebracht gelten
**1. Sachen, welche in der Zeit, in der der Gast zur Beherbergung aufgenommen ist, in die Gast-
wirtschaft oder an einen von dem Gastwirt oder dessen Leuten angewiesenen oder von dem
Gastwirt allgemein hierzu bestimmten Ort außerhalb der Gastwirtschaft gebracht oder sonst
außerhalb der Gastwirtschaft von dem Gastwirt oder dessen Leuten in Obhut genommen sind;**
**2. Sachen, welche innerhalb einer angemessenen Frist vor oder nach der Zeit, in der der Gast zur
Beherbergung aufgenommen war, von dem Gastwirt oder seinen Leuten in Obhut genommen
sind.**
**Im Falle einer Anweisung oder einer Übernahme der Obhut durch Leute des Gastwirts gilt dies
jedoch nur, wenn sie dazu bestellt oder nach den Umständen als dazu bestellt anzusehen waren.**

**[III] Die Ersatzpflicht tritt nicht ein, wenn der Verlust, die Zerstörung oder die Beschädigung von
dem Gast, einem Begleiter des Gastes oder einer Person, die der Gast bei sich aufgenommen hat,
oder durch die Beschaffenheit der Sachen oder durch höhere Gewalt verursacht wird.**

**[IV] Die Ersatzpflicht erstreckt sich nicht auf Fahrzeuge, auf Sachen, die in einem Fahrzeug belas-
sen worden sind, und auf lebende Tiere.**

1) Regelungsgehalt. Vgl zunächst Einf v § 701. **Abs I** enthält den Grds der ErfolgsHaftg u stellt klar, 1
daß der Gast Anspr auch dann hat, wenn er nicht Eigtümer der eingebr Sache ist. Es handelt sich dann um
einen ges Fall der DrSchadLiquidation; der Eigtümer hat daneben keinen Anspr aus § 701 (hM, zB MüKo/
Hüffer Rdn 27). – **Abs II** definiert den Begr der eingebrachten Sache u den Haftgszeitraum. – **Abs III**
schließt die Haftg unter best Voraussetzgn allg aus, **Abs IV** speziell für Kfz mit Inhalt u für lebde Tiere aus.
Umfang der Haftg, Freizeichng vgl §§ 702, 702a.

2) Gastwirt, I. Es haftet nur der Gastw, der gewerbsm Fremde zur Beherbergg aufnimmt, nicht der 2
Schank- od Speisewirt; vgl Einf 3 vor § 701. Dazu gehören auch die Inhaber od Pächter von FamPensionen,
wenn sie Gäste auch zu kürzerem Aufenthalt aufnehmen, Verpfleggsgewährg ist unerhebl (RG **103**, 9).
Nicht dagg die Zimmervermieterin, da sie nicht „beherbergt", sond nur vermietet, zum Gebr überläßt.

Nicht nach §§ 701 ff haften die Persschiffahrts- u SchlafwagenGesellsch, da Beherbergg nur Nebenleistg der Beförderg, mag auch bei letzteren der BefördergsVertr mit einem anderen (der Bahn) geschl sein; nicht die Sanatorien, da nur Nebenleistg des ArztVertr. Nicht die Hütten der Alpenvereinssektionen, soweit nicht gewerbsm betrieben; bei Verpachtg haftet Pächter nach §§ 701 ff. Regelmäß nicht der Inhaber eines Campingplatzes (Kblz NJW **66**, 2017); auch nicht der Reiseveranstalter als solcher (LG Bln NJW **85**, 144, LG Ffm NJW–RR **94**, 1477; aA LG Ffm NJW **83**, 2263, Tempel JuS **84**, 81 [90]).

3 **3) Gastaufnahme, Abs I. – a)** Der Gast muß im Betr des Wirts **aufgenommen** sein. Aufn ist einseit tatsächl Akt des Wirtes, von Gültigk des BeherberggsVertr unabhäng. GeschFgk beiders daher unnötig. Aufgen ist auch der nicht zahlende Gast, zB der Reiseleiter, ebenso der unselbständ Begleiter, nicht aber der PrivBesuch des Wirtes, selbst wenn ihm ein Gastzimmer zugewiesen ist; auch nicht die Wirtsangestellten od dort arbeitende Handwerker, desgl nicht Besucher des Gastes. – Ist dem Gast nur eine Unterkunft angeboten, ist es jedoch nicht zu seiner Aufn gekommen, so haftet der Gastw nur nach den Grdsätzen des Versch bei VertrSchl.

4 **b) Zur Beherbergung** muß der Gast aufgen sein, sei es auch nur tagsüber; bloßes Einkehren zu Mahlzeiten genügt nicht.

5 **4) Eingebrachte Sachen. Abs II** enthält die BegrBestimmg. Zu unterscheiden ist einmal **zeitlich** zw dem Schaden währd u dem vor od nach der Beherbergg (Ziff 1 u 2) u zum and **örtlich** zw dem Schaden in u dem außerh der Gaststätte (Ziff 1). Die Verantwortlichk für die Leute des Gastw ist für alle Fälle näher geregelt.

6 **a) Schaden an Sachen während der Beherberggszeit, Ziff 1.** Diese beginnt mit Aufn des Gastes in das Hotel, sie endet, wenn er es verläßt. Für die Zeit vorher u nachher Haftg nur unter den Vorauss der Ziff 2. –
7 **aa)** Sachen, die **in die Gastwirtschaft** gebracht werden, sind auch solche, die der Gast bei sich führt, zB Kleider, Uhr, Brieftasche, Schmuck (Kblz VersR **53**, 484). Zur Gastwirtsch gehören auch die dem Betr unmittelb zugeordneten Räume, Gbde u Anl wie TaggsRäume, FreizeitEinrichtgen (LG Kblz NJW **83**, 760).
8 – **bb)** Sachen, die an einen Ort **außerhalb der Gastwirtschaft** gebracht werden, wenn dieser von dem Gastw od seinen Leuten **angewiesen** worden ist; zB Kofferabstellplätze in Nebengebäuden od Schuppen. Entspr gilt, ohne daß es insow einer besonderen Anweisg bedarf, von Orten, die der Gastw hierzu allg bestimmt hat; diese Bestimmg muß also irgendwie, zB durch Anschlag, ersichtl sein. – Haftg ferner für Sachen, die der Gastw od seine Leute **in Obhut genommen** haben; insow ist wenigstens konkludente Einigg hierü erforderl.

9 **b) Schaden an Sachen vor oder nach der Beherbergungszeit, Ziff 2.** Über diesen Zeitraum vgl vorstehd Rn 6–8; nur angemessene Ausweitg dieser Zeit. Vorauss auch hier, daß die Sachen **in Obhut** genommen worden sind. – Beisp: Übern des vorausgesandten Gepäcks od des Gepäcks am Bahnhof, Empfangn des Gepäckscheins (Hbg OLG **40**, 304), od des hierauf ausgehändigten Gepäcks (Düss JW **31**, 1977), Transport des Gepäcks zum u dessen Aushändigg am Parkpl od Bahnhof. Versehentl zurückgelassenes Gepäck wird nicht ow in Obhut gen, Haftg hierfür nur nach allg Grdsätzen (unerl Hdlg, GoA).

10 **Zu a und b. Leute des Gastwirts** sind FamAngeh, Angest u Arbeiter des Gastw, die im Zushg mit dem GastwBetr, wenn auch nicht gerade in Erfüllg des BeherberggsVertr, u vielleicht auch nur vorübergehd (Aushilfsarbeiter) tätig werden. Begr also weiter als der des ErfGeh (§ 278); vgl auch §§ 431, 607 I HGB. – Die Leute müssen vom Gastw bestellt od den Umst nach als bestellt anzusehen sein. Beisp: Fahrer am Bahnh od Parkpl, die Gepäck od Gepäckschein in Obhut nehmen; Hauspersonal hinsichtl der Anweisg von Abstellplätzen außerh des Hauses. Einzelfall entscheidet, ob Bestellg den Umst nach anzunehmen ist.

11 **5) Haftungsausschluß, Abs III.** Gastw haftet nicht, wenn der Schad **durch den Gast,** seinen Begleiter usw allein **verursacht** worden ist; Versch unerhebl. Bei schuldh Mitverursachg od Unterlassg der Abwendg durch den Gast gilt § 254 (BGH **32**, 150); vgl auch § 702 Rn 8. – **Die Beschaffenheit** eingebr Sachen führt zum HaftgsAusschl, auch wenn durch sie andere eingebr Sachen des Gastes beschädigt worden sind. – Über **höhere Gewalt** vgl § 203 Rn 4: Äußeres, betriebsfremdes, bei aller Vorsicht nicht voraussehb u abwendb Ereign, daher regelm nicht Diebstähle (Kblz VersR **55**, 439), Brandschäden im Gebäudeinnern.

12 **6) Keine Haftung für Fahrzeuge usw, Abs IV,** nach §§ 701 ff, auch soweit in Hotelgarage od fremder Sammelgarage untergebracht. Ausschl bezieht sich auf alle Fahrzeuge, also auch auf Motorräder, Fahrräder, mitgeführte Boote (LG Bückeborg NJW **70**, 1853), nicht jedoch auf Kinderwagen u Krankenfahrstühle (Weimar NJW **66**, 1156). Grd für HaftgsAusschl: Haftg besteht auch in vergleichb Fällen nicht; Gast kann sich gg diese Risiken versichern (BTDrucks V/147). – Entspr gilt für die **in diesen Fahrzeugen belassenen**
13 **Sachen;** auch für außen aufgeschnalle (BTDruckS V/147). – Auch für **lebende Tiere** haftet Gastw nicht, gleichviel ob sie in Obhut genommen od am dritten Ort aufbewahrt worden sind. – Der HaftgsAusschl bezieht sich nur auf die Haftg für eingebr Sachen nach § 701 ff. Haftg aus unerl Hdlg od aGrd eines iR des BeherberggsVertr geschl Miet- od VerwahrgsVertr bleibt unberührt, zB Haftg für Diebstahl bei entgeltl Einstellg des Kfz in Garage, auch für Diebstahl aus dem Kofferraum gem §§ 688, 282, 254 (BGH NJW **69**, 789); Haftg für Beschädigg des auf dem zugewiesenen Hotelparkplatz abgestellten Pkw des Gastes inf mangelh Zustands der Abstellfläche nach § 538, auch wenn ein bes Entgelt dafür nicht berechnet wird (BGH **63**, 333: abbrechder Ast beschädigt Pkw; diese Haftg ist dch ein Schild „Parken auf eig Gefahr" nicht ausgeschl).

14 **7) Für sein Bedienungspersonal** haftet der Gastw nach § 278. Mangelh Bedieng, zu messen am Rang des Hotels (BGH NJW **69**, 789), kann ein wicht Grd zur fristlosen Künd (§ 626) des GastaufnVertr sein (AG Garmisch NJW **69**, 608).

15 **8) Beweislast.** Der Gast muß das Einbringen u den Verlust währd der EinbringgsZeit bew (KG VersR **71**, 571).

702 *Beschränkung der Haftung; Wertsachen.* [1] Der Gastwirt haftet auf Grund des § 701 nur bis zu einem Betrage, der dem Hundertfachen des Beherbergungspreises für einen Tag entspricht, jedoch mindestens bis zu dem Betrage von eintausend Deutsche Mark und höchstens bis zu dem Betrage von sechstausend Deutsche Mark; für Geld, Wertpapiere und Kostbarkeiten tritt an die Stelle von sechstausend Deutsche Mark der Betrag von eintausendfünfhundert Deutsche Mark.

[II] Die Haftung des Gastwirts ist unbeschränkt,
1. wenn der Verlust, die Zerstörung oder die Beschädigung von ihm oder seinen Leuten verschuldet ist;
2. wenn es sich um eingebrachte Sachen handelt, die er zur Aufbewahrung übernommen oder deren Übernahme zur Aufbewahrung er entgegen der Vorschrift des Absatzes 3 abgelehnt hat.

[III] Der Gastwirt ist verpflichtet, Geld, Wertpapiere, Kostbarkeiten und andere Wertsachen zur Aufbewahrung zu übernehmen, es sei denn, daß sie im Hinblick auf die Größe oder den Rang der Gastwirtschaft von übermäßigem Wert oder Umfang oder daß sie gefährlich sind. Er kann verlangen, daß sie in einem verschlossenen oder versiegelten Behältnis übergeben werden.

1) Regelungsgehalt. Vgl zunächst Einf vor § 701. **Abs I:** Grdsatz der summenmäß beschr Haftg für 1 eingebr Sachen; sie ist zwingd, § 702a. – **Abs II:** Ausn von diesem Grdsatz bei VerschHaftg (Ziff 1) od bei Schäden an zur Aufbewahrg übern od zu Unrecht nicht übern Sachen (Ziff 2); diese Haftg ist zT zwingd, § 702a. – **Abs III:** AufbewahrgsPfl.

2) Summenmäßig beschränkte Haftung, Abs I. Für eingebr Sachen haftet Gastw nur summenmäß 2 beschr. Beschränkg errechnet sich aus Kombination des tägl BeherberggsPr mit Mindest- u Höchstsätzen.

a) Regelfall. Die Haftg ist begrenzt auf das Hundertfache der tägl BeherberggsPr; maßgebd der NettoPr ohne Zuschläge für Bedieng, Heizg, Frühst usw. Hierdch wird der Rang des Hotels u die Art des dem Gast zur Verfügg gestellten Zimmers gewertet. Dieser Betrag ist weiter begrenzt nach oben auf DM 6000 u nach unten auf 1000 DM. Gehaftet wird also oRücks auf den BeherberggsPr für Schäden bis zu DM 1000 u auch bei BeherberggsPr über 60 DM nicht über 6000 DM.

b) Für **Geld, Wertpapiere und Kostbarkeiten** gilt statt des HöchstBetr von 6000 DM der von 1500 3 DM. Haftg also auch hier oRücks auf den BeherberggsPr bis 1500 DM; jedoch auch bei BeherberggsPr über 15 DM keine Haftg über 1500 DM. – **Begriff:** Geld, Wertpap u Kostbark vgl § 372 Rn 2, 3 u § 1818. Zu den Kostbark gehören nicht als KleidgsStück getragene Pelze (Hamm VersR **82**, 1081); für diese kann jedoch der Gastw unbeschr haften, wenn er sie zur Aufbewahrg übern hat, II Ziff 2, § 702a.

c) Beherbergung Mehrerer. Belegen zwei od mehrere Pers ein Doppel- od Mehrbettzimmer, so erhält 4 der Gastwirt den BeherberggsPr für jede einz Pers (jedes Bett), nicht für das Zimmer. Er haftet desh jeder Pers bis zum 100-fachen des auf sie treffden tägl Beherbergs-(Betten)Pr, mind jed bis 1000 DM u höchstens bis zu den in Abs I genannten HöchstBetr. Dabei spielt es keine Rolle, ob die Aufn einheitl od getrennt erfolgte u ob jeder Gast od einer – zB der Ehemann – den BeherberggsVertr geschl hat (BGH **63**, 65). Gleiches gilt für die geschl Aufn einer PersGruppe (ReiseGesellsch, Sportmannsch) zu einem Ges-(Pauschal)Pr, wobei sich der BeherberggsPr für den Einz aus der Dividierg des GesPr dch die Anzahl der Teiln ergibt.

3) Unbeschränkte Haftung, Abs II, wenn – **a)** der Schad von dem Gastw od seinen Leuten **verschuldet** ist, 5 Ziff 1. Über den Begr „Leute" vgl § 701 Rn 10 „Zu a und b"; auch leichte Fahrlk genügt. Beisp: unterlassener Hinw auf unmittelb voran gegangenen Diebstahl (Mü VersR **90**, 1245). Keine EntlastgsMöglichk.

b) der Schad eintritt an zur **Aufbewahrung** übernommenen eingebr Sachen od an solchen, deren **Aufbe-** 6 **wahrung zu Unrecht abgelehnt worden** ist, Ziff 2 iVm III. – **aa) Aufbewahrung** eingebr Sachen dch den Gastw selbst od den dazu bestellten Vertreter, zB Chefportier; nicht jedoch Nachtportier bzgl größerer GeldBetr (RG **99**, 71). Ist mehr als Übern der Obhut, wie §§ 701 II Ziff 1, 702 II Ziff 2 zeigen. Sie ist echte Nebenabrede mit Einigg der Part wie beim VerwahrgsVertr (ebso MüKo/Hüffer Rdn 11). Auch eingebr Sachen, die nicht zu den Wertsachen nach III gehören, können, wenn sich der Gastw hierzu bereit findet, zur Aufbewahrg übern werden. Für Fahrz wird nicht wie für eingebr Sachen nach § 701ff gehaftet, § 701 IV; über Haftg für sie nach allg Vorschriften vgl § 701 Rn 12, 13. – **bb) Ablehnung der Aufbewahrung** von 7 eingebr Wertsachen begründet Pfl zum Ers vollen Schad, wenn Gastw zu deren Aufbewahrg nach III verpflichtet ist. Begr der Wertsachen weiter als der der Kostbark. Die Verpfl ist nach den Umst des Einzelfalles, insbes im Hinbl auf Größe u Rang der Gastwirtsch zu beurteilen. Lehnt Gastw zu Recht, weil AufbewahrgsPfl fehlt, Aufbewahrg der eingebr Sache ab, so haftet er nur iR des Abs I, also bei Geld, Wertpap u Kostbark nach I, 2. Halbs u bei and Wertsachen nach I, 1. Halbs.

4) Mitverschulden des Gastes. Alleinige Verursachg des Schad durch den Gast u MitVersch vgl § 701 III 8 u Rn 11. – Soweit für den SchadErs die Begrenzg nach I zu beachten ist, ist der Schad zunächst entspr § 254 zu teilen, der auf den Gastw fallende Teil ist sodann auf den HöchstBetr des Abs I zurückzuführen (BGH **32**, 149 zu § 702 aF).

702a *Erlaß der Haftung.* [1] Die Haftung des Gastwirts kann im voraus nur erlassen werden, soweit sie den nach § 702 Abs. 1 maßgeblichen Höchstbetrag übersteigt. Auch insoweit kann sie nicht erlassen werden für den Fall, daß der Verlust, die Zerstörung oder die Beschädigung von dem Gastwirt oder von Leuten des Gastwirts vorsätzlich oder grob fahrlässig verursacht wird oder daß es sich um Sachen handelt, deren Übernahme zur Aufbewahrung der Gastwirt entgegen der Vorschrift des § 702 Abs. 3 abgelehnt hat.

[II] Der Erlaß ist nur wirksam, wenn die Erklärung des Gastes schriftlich erteilt ist und wenn sie keine anderen Bestimmungen enthält.

1   **1) Summenmäßig begrenzte Haftung (§ 702 I) ist zwingend,** I S 1, u zwar oRücks darauf, ob der Schad ow unter § 702 I fällt, od der Gastw für ihn nach § 702 II an sich unbeschr haftet. Auch in letzterem Fall ist er zumindest iR der Haftgsgrenzen des § 702 I zu ersetzen.

2   **2) Haftung auch über die summenmäßige Begrenzung hinaus (§ 702 II),** also der Höhe nach unbeschr, ist **zwingend,** I S 2: – **im Fall des § 702 II Ziff 1,** wenn SachSchad dch Gastw od seine Leute vorsätzl od grob fahrl verurs wird – und **im Fall des § 702 II Ziff 2,** wenn Gastw entgg seiner Verpfl (§ 702 III) Aufbewahrg der Sache abgelehnt hat.

3   **3) Freizeichnung** des Gastw ist danach **nur zulässig,** soweit es sich um den Ers des über die summenmäß Begrenzg hinausgehden Schad (§ 702 I) handelt u auch da nur für die Schäden, die entw auf nur **leichter Fahrlässigkeit** des Gastw od seiner Leute beruhen (§ 702 II Ziff 1) od die an Sachen entstehen, die der Gastw **zur Aufbewahrung übernommen** hat (§ 702 II Ziff 2). Auch hier jedoch keine Freizeichng von Vorsatz od grober Fahrlk des Gastw od seiner Leute.

4   **4) Form der Freizeichnung, Abs II.** Schriftl, § 126. Die Erklärg muß sich auf den Erlaß der Haftg beschränken, eine SchutzVorschr zG des Gastes. Formverstoß führt zur Nichtigk, § 125.

703   *Erlöschen des Schadensersatzanspruchs.* **Der dem Gast auf Grund der §§ 701, 702 zustehende Anspruch erlischt, wenn nicht der Gast unverzüglich, nachdem er von dem Verlust, der Zerstörung oder der Beschädigung Kenntnis erlangt hat, dem Gastwirt Anzeige macht. Dies gilt nicht, wenn die Sachen von dem Gastwirt zur Aufbewahrung übernommen waren oder wenn der Verlust, die Zerstörung oder die Beschädigung von ihm oder seinen Leuten verschuldet ist.**

1   **1) Regel, Satz 1.** Zum Erhalt des SchadErsAnspr ist **Schadensanzeige** erforderl. Sie soll dem Gastw ermöglichen, Ermittlgen nach SchadGrd u -Höhe aufzunehmen. Gast muß dem Gastw Schad unverzügl nach KenntnErlangg anzeigen. Die Anz muß konkrete Angaben über den Schad enthalten, da andernf Nachprüfg unmögl. Empfangsbedürft WillErkl. Unverzüglichk vgl § 121 Rn 3.

2   **2) Ausnahme, Satz 2.** Die SchadAnz ist entbehrl bei Schäden an vom Gastw **zur Aufbewahrung** übern Sachen (vgl § 702 II Ziff 2 u dort Rn 6 sowie bei Schäden **infolge Verschuldens** des Gastw od seiner Leute (vgl § 702 II Ziff 1 u dort Rn 5; über „Leute" vgl § 701 Rn 10 „Zu a und b"). Anders als beim zul Haftgs-Ausschl (§ 702a I 2) schließt auch schon leichte Fahrlk Erlöschen des SchadErsAnspr aus.

704   *Pfandrecht des Gastwirtes.* **Der Gastwirt hat für seine Forderungen für Wohnung und andere dem Gaste zur Befriedigung seiner Bedürfnisse gewährten Leistungen, mit Einschluß der Auslagen, ein Pfandrecht an den eingebrachten Sachen des Gastes. Die für das Pfandrecht des Vermieters geltenden Vorschriften des § 559 Satz 3 und der §§ 560 bis 563 finden entsprechende Anwendung.**

1   **1) Gesetzliches Pfandrecht des Gastwirts.** Ein VermieterPfdR besteht daneben nicht. Das PfdR besteht nur an Sachen, die dem Gast, nicht Dr, gehören. Es besteht für alle Fdgen aus dem BeherberggsVertr (Einf 3 vor § 701), bei dessen Ungültigk für den BereicherungsAnspr des Gastw (ebso MüKo/Hüffer Rdn 3). An Sachen, die aufgenommenen Begleitern gehören, besteht PfdR nur, soweit der Wirt Fdgen gg sie hat, also grdsätzl nicht, wenn BeherberggsVertr gültig mit dem Hauptgast geschl. – Unter die Fdgen fallen auch solche aus Beschädigg. Bei schuld Raumbeschädigg durch eine Begleitperson haftet auch der Hauptgast, daher PfdR an Sachen beider. – Das PfdR besteht nicht an den nicht der Pfändg unterworfenen Sachen, S 2 u § 559 S 3. – Zu § 560 S 2: Der Gastw darf der vorübergehden Entferng einz Sachen, zB für Ausflug, nicht widersprechen. Mitnahme des ganzen Gepäcks bei Abreise entspricht zwar den „gewöhnl Lebensverhältn", hindert aber den Widerspr des Wirtes nicht.

Vierzehnter Titel. Gesellschaft

705   *Begriff.* **Durch den Gesellschaftsvertrag verpflichten sich die Gesellschafter gegenseitig, die Erreichung eines gemeinsamen Zweckes in der durch den Vertrag bestimmten Weise zu fördern, insbesondere die vereinbarten Beiträge zu leisten.**

Übersicht

1) Rechtsformen der Verwirklichung von Gemeinschaftsinteressen.

a) Gesellschaft und Gemeinschaft. Mehrere können im RVerkehr Leistgen austauschen, insb dch 1 Abschl eines ggs Vertr. Sie können sich aber auch zur Verfolgg gemeins Interessen zusammentun od dch and Umst zu einer InteressenGemsch kommen. Das BGB regelt die Bez mehrerer in einer Interessen-Gemsch, die zu gemschaftl Berechtigg geführt hat, in §§ 741 ff unabhäng von EntstehgsGrd. Brucht-Gemsch können mit od ohne Vertr entstehen. Die §§ 741 ff treten zurück ggü den Sonderregelgen der drei GesHandsGemschaften im BGB: des vertragl ZusSchlusses zur ZweckGemsch, §§ 705 ff, der ehel Güt-Gemsch, §§ 1415 ff, u der ErbenGemsch, §§ 2032 ff. Auch die §§ 1008 ff, die einz Regeln für die Bucht-Gemsch mehrerer Eigtümer (Miteigentum) geben, gehen §§ 741 ff vor. – **Partnerschaftsgesetz** vgl Rn 50. – **EWIV** vgl Rn 52.

b) Gesellschaft und nichtrechtsfähiger Verein. Die G des BGB schafft zwar zw den Gtern eine enge, 2 dch die Bildg des GesHandvermögens (Rn 17) über den Rahmen des SchuldR hinausgehde Verbindg, ist aber keine neben den Gtern bestehde jP (BGH NJW **81**, 1213, BAG NJW **89**, 3034). Die zur GesHand gehörden R u Pfl stehen den GesHändern (Gtern) in ihrer Verbundenh zu. Das unterscheidet sie von der rechtsfäh Körpersch, insb dem rechtsfäh Verein des BGB, u den KapitalG des HandelsR. Die G unterscheidet sich auch vom nichtrechtsfäh Verein. Dieser ist keine G, obwohl auf ihn gem § 54 die §§ 705 ff grdsätzl anzuwenden sind. Demzufolge mußte die Praxis zahlr Abwandlgen inf der Verschiedenh des nichtrechtsfäh Vereins von der G zulassen. Der nichtrechtsfäh Verein unterscheidet sich von der G insb dch den Dauer-zweck, die körperschaftl Organisation, niedergelegt in der Satzg, dch den Gesamtnamen u dch seine Ein-richtg auf wechselnden MitglBestand. Vgl auch § 54 Rn 1–5. Vgl auch Rn 17.

2) Gesellschaft. Begriff: Ein auf die Erreichg eines gemeins Zwecks gerichteter Vertr läßt eine BGB- 3 Gesellsch entstehen, soweit nicht Sonderregeln, zB HGB §§ 105, 161 ff, eingreifen od der ZusSchluß kör-perschaftl Charakter (Rn 2) hat. Über die Organisation braucht der Vertr nichts zu enthalten, es greift dann die gesetzl Regelg der §§ 709–715 ein. Der Name der G wird gebildet aus den Namen aller od mehrer Gter. Zuläss ist ein Zusatz, der das GesellschVerh od ggf den GeschBetr bezeichnet, jedoch darf keine Ver-wechslgsGef mit einer kaufmänn Firma entstehen (Soergel/Hadding Rn 68). Als GesHandGemsch ihrer Gter kann die GbR als Teiln am RVerk grdsätzl, soweit nicht spezielle rechtl GesPkte entggstehen, jede RPosition einnehmen, zB Gter sein, sich als Gründerin od als spätere Aktionärin an einer AG beteiligen, einen GmbH-Antl erwerben u als GründgsMitgl einen StammAntl übernehmen, Mitgl einer Genossensch werden (BGH **116**, 86; vgl auch Rn 17).

3) Vertrag. – a) Abschluß dch einand entspr WillErkl mehrerer. Ggs: Entstehg kr G, so meist Gemsch 4 des § 741. Die GGründg ist echte Einigg, nicht Gesamtakt (wie die Künd dch mehrere Mieter: bei ihr liegen gleichgerichtete Erkl vor). Sie ist nicht nur schuldr Vertr, fällt vielm auch in das Pers- u GemschR. Die in erster Linie auf den schuldbegründen Vertr zugeschnittenen §§ 145 ff passen daher auf den GVertr, jedenf den von mehr als zwei Gtern, nicht ow. – Auch jurP können VertrPartner sein. Beteiligt sich an einer GbR eine and GbR od eine OHG, so sind die Mitgl der letzteren auch Gter der ersteren, jedoch nicht einz, sond in ihrer Verbundenh als geshänder RTräger. Eine GbR kann nicht Gterin einer handelsr PersGesellsch sein (BGH NJW-RR **90**, 798). Der TrHänder od Strohmann, nicht der Hintermann ist Gter (BGH WM **62**, 1354), er verliert diese Stellg erst mit seinem Ausscheiden od Übertr seiner Beteiligg auf den TrGeber (BGH BB **71**, 368). Der TrHdVertr kann bei übermäß Bindg des TreuG nichtig sein (BGH **44**, 158). – **Abschluß-form:** grdsätzl formfrei, and in den Fällen der §§ 311, 313; vgl § 313 Rn 9). Formfrei ist die Verpfl, MitgliedschR zu erwerben od zu übertr, auch wenn das GVerm im wesentl aus GrdBes besteht (BGH NJW **83**, 1110). Formfrei, wenn Grdst nur zur Benutzg überlassen, BGH WM **67**, 610). And in den Fällen des § 518 (BGH WM **67**, 685: unentgeltl Beteiligg an einer InnenG). **Vormundschaftsgerichtliche Genehmi-gung** ist nöt gem § 1822 Nr 3. Über **Vorvertrag** Einf 19–22 vor § 145. Über **Abschlußmängel** u ihre Folgen Rn 10–12.

b) Die **Abänderung** des GVertr bedarf der Einstimmigk u der vorhergehden Aufklärg erkennb lebens- u 5 geschunerfahrener Gter über nachteil Folgen für sie (BGH NJW **92**, 300). Der GVertr kann MehrEntsch vorsehen (umfassd Göbel, MehrhEntschen in PersGesellsch, 1992). Sieht der GVertr allgem Entscheidg dch Stimmenmehrheit vor, so bezieht sich eine derart allg VertrBest nur auf Akte iR der GeschFg (BGH **8**, 41, NJW **85**, 2830); jedoch ist auch hier stets zu prüfen, ob der GVertr auch die beabsichtigte konkr Maßregel der MehrhEntsch überlassen will (BGH WM **66**, 707). Das ist idR zu verneinen, wenn es sich handelt um Ändergen von wesentl Rechten od Pfl der Gter, insbes Bestand od Organisation der G, also der sog **Gesellschaftsgrundlagen,** wie Zweck, Mitgliedsch (BGH WM **61**, 301, § 717 Rn 1, § 736 Rn 1–9), Aus- 6 schluß, § 737 (anders Kündigg, 723; einzelig mögl), GeschFg u Vertretg (vgl aber dazu Vorbem 7 or § 709), Übertr des ganzen GVerm an einen Dr (WiB **95**, 333 für KG), Vereinbg der Auflösg (Hamm DB **89**, 815), AuseinandS, Erhöhg der Beitr (BGH **8**, 41), rückwirkde Berechg der Höhe des GewinnAntls zum Nachtl der einz Gter (BGH NJW-RR **87**, 285), Verz auf SchadErsAnspr gg geschführden Gter wg VertrVerl (BGH NJW **85**, 2830). Hält man die Abänderg der GGrdl dch MehrhBeschl für zul, so jedenf nur dann, wenn aus dem GVertr ersichtl ist, daß gerade für die in Frage stehde Abänderg, insb für die Erhöhg der BeitrPfl bis zu einer best Höchstgrenze (BGH WM **76**, 1053) od für die Veränderg der MehrhVerh selbst (BGH NJW **88**, 411), das Prinzip der Einstimmigk nicht gelten solle, sog BestimmthGrds (zusfassd Marbur-ger NJW **84**, 2252, Schiessl DB **86**, 735). Dieser Grds gilt nicht für PublikumsG. Hier sind verträndernde MehrhBeschl auch dann zul, wenn der GVertr das vorsieht, ohne die BeschlGgst näher zu bezeichnen (BGH **71**, 53 u **85**, 350). – **Vertragsändernde Mehrheitsentscheidungen** sind ohne Zust des betroffenen Gters 7 grdsätzl nicht zul, soweit sie in seine individuelle RStellg eingreifen, weil jedem Gter ein unverfügb Kernbe-reich von Rechten zusteht. Dazu gehören, auch außerh des BestimmthGrds (vgl Rn 6), insbes das Stimm-, Gewinn-, GeschFgs-, InformationsR u das Recht auf Beteil am LiquiErlös (BGH NJW **95**, 194). Zul sind sie nur, wenn der betroffene Gter iR der TrPfl zur Zust verpfl ist (BGH NJW **85**, 972, 974). Eine solche Verpfl besteht dann, wenn die beeinträchtigde VertrÄnderg im GInteresse, auch im Hinbl auf den Grds der

VerhältnMäßigk geboten u dem Gter unter Berücksichtigg seiner eig schutzwerten Belange zumutb ist (BGH **64**, 253, NJW **95**, 194). Dies gilt, wenn auch in engen Grenzen, auch in einer PublikumsG (BGH NJW **85**, 972). Bei ihr ist idR zur Wirksamk einer VertrÄnderg für die Zukunft deren Einfügg in den schriftl GVertr erforderl, währd dies sonst idR dch widersprlose Hinnahme einer von der schriftl Vereinbg abweichen prakt Handhabg geschehen kann (BGH NJW **90**, 2684). Keine Verpfl zur Zust, wenn die Umst, die nach der Meing der Mehrh eine solche VertrÄnd erfordern, bei VertrSchluß bereits vorhersehb waren od gar im Vertr berücksicht sind (BGH Betr **73**, 1545). Die Verpfl, einem MehrhBeschl zuzustimmen, ist idR mit LeistgsKl dchzusetzen (BGH NJW-RR **87**, 285).

8   **c) Gegenseitiger Vertrag.** Nach stRspr ist der GVertr ggs Vertr, obwohl nicht auf Austausch, sond auf Vereinigg von Leistgen gerichtet (näher Einf 6 vor § 320). Jedoch sind §§ 320 ff, insb auf die mehr als zweigliedr G, nur mit Einschränken anwendb (Hueck, GRecht § 6 II 3). Meist DauerschuldVerh. – Das **Leistgsverweigerungsrecht nach § 320,** weil ein und Gter nicht leistet, ist nur in der ZweimannG od bei Säumn aller MitGter anzuerkennen. Bei der mehrgliedr G würde es prakt zu einer Lähmg der G überh führen, wenn alle Gter im Hinbl auf die Säumn des einen Gters ihre Leistg verweigern könnten (BGH **LM** § 105 HGB Nr 11). LeistgVR des Gters iF argl Täuschg vgl § 706 Rn 2. Die **§§ 323, 324** werden, mit Abweichgn im einz, für anwendb gehalten (RG **158**, 326; aA bzgl § 323 RGRK/v Gamm Rdn 9); fristl Künd aus § 723 I dürfte aber ausreichen, falls nicht sogar, so im allg bei der ZweimannG, § 726 eingreift. – Das **Rücktrittsrecht aus §§ 325, 326** ist ab Beginn der Tätigk der G nach außen dch das Recht zur fristl Künd nach § 723 I ersetzt, da eine Rückaufrollg des GVerh zur Verwirrg führen würde (BGH WM **67**, 420).

9   – Dasselbe gilt für den **Wegfall der Geschäftsgrundlage** (BGH NJW **67**, 1082). Aus demselben Grde kommt der SchadErsAnspr wg NichtErfüllg des ganzen Vertr nach **§§ 325, 326** nicht in Frage; statt dessen allg SchadErsAnspr wg schuldh Herbeiführg der Auflösg durch Veranlassg der Künd (vgl § 628 II u dort Rn 4–7).

10   **d) Abschlußmängel.** Der GVertr kann aus den allg Grden nichtig sein, auch wg versteckten Einiggsmangels (BGH **3**, 285). Nicht jedoch wg offenen Einiggsmangels, wenn G nach dem Willen aller Gter in Vollzug gesetzt war; die Ausleggsregel des § 154 S 1 gilt hier nicht (BGH NJW **60**, 430). Nach §§ 134, 138 nichtig ist der GVertr idR nur, wenn der vertrmäß verfolgte GZweck selbst verboten, zB als Umgehgs-Gesch, um eine konzessionswidr Eintr in die HandwRolle zu erreichen (Kblz NJW-RR **94**, 493), od sittenwidr ist. Eine einz verbotene od sittenwidr Betätigg, zB Hinterziehg v GrdErwerbsteuer, berührt die Wirksamk des GVertr als solchen nicht (BGH WM **76**, 1026). Sind einz Teile der gesvertragl Vereinbgen nichtig, so hängt es v EinzFall ab, ob sich dies nach § 139 auf den GVertr auswirkt od ob zB der Vertr unter den Nichtbetroffenen fortbesteht (BGH WM **62**, 463). Wirkt sich der nichtige Teil auf den ganzen Vertr aus, so führt dies wie bei and AbschlMängeln nicht zur Nichtigk, sond gibt dem Betroffenen das R zur außerordentl Künd (s unten). Ist im Vertr vereinb, bei TeilNichtigk einz Vereinbgen bleibe der Vertr bestehen, die ungült Teile seien abzuändern od umzudeuten, so steht dies einer Künd aus wicht Grd wg Nichtigk des ganzen Vertr nicht entgg, wenn die Ausleg ergibt, daß sich die den § 139 ausschließde Vereinbg nicht auf einen schwerwiegden Sittenverstoß in einem wesentl Teil des GVertr bezieht (BGH WM **76**, 1026). § 181 ist

11 auf den Abschl des GVertr u auf seine Änderg anwendb (BGH NJW **61**, 724). – **Fehlerhafte Gesellschaft, Innenverhältnis.** Eine G ist fehlerh, wenn die Beteil auf den Abschl eines GVertr gerichtete tatsächl WillErkl abgegeben haben, die aber rechtl fehlerh sind (vorstehd Rn 10), auch bei verstecktem Dissens, wenn die tats Einigg sich zwar nicht auf alle Punkte des Vertr, wohl aber auf die Regelg ihrer RBeziehgen nach GRecht erstreckt (BGH NJW **92**, 1501). Ist eine derart fehlerh G in Vollzug gesetzt, so ist sie idR nicht von Anfang an unwirks, sondern wg des Nichtigk- oder AnfGrdes, grds auch bei Täuschg (BGH NJW-RR **88**, 1379), mit Wirkg für die Zukunft vernichtb (BGH **55**, 8). In Vollzug gesetzt ist sie, sobald die Beteil Beitr geleistet od gesellschaftsvertragl R ausgeübt od den GeschF für die G unwidersprochen handeln lassen (BGH NJW **92**, 1501). Die Gter sind wie bei einem gült GVertr schuldr einand verbunden, auch verpfl, einand die Treue zu halten (BGH **17**, 167). Der fehlerh GVertr bleibt maßg außer den nichtigen Klauseln, an deren Stelle eine den gegebenen Verh entspr angem Regelg tritt (BGH WM **76**, 1027). Ist ein Gter geschunfäh, so bleibt es für ihn im Verh zueinand bei den Regeln der fehlerh G (BGH NJW **83**, 748), währd der ges Schutz des GeschUnfäh, auch gem § 105 II (BGH NJW **92**, 1503), seiner Einbeziehg in eine fehlerh G entggsteht; vertragl Anspr der Beteil gg ihn sind daher ausgeschl (BGH **17**, 167, K. Schmidt JuS **90**, 517 [520]). Jeder Gter kann nach § 723 kündigen, die Mangelhaftigk des Vertr reicht idR als wicht Grd hierfür aus (BGH **3**, 285, WM **67**, 420). Diese Grds gelten auch für den vollzogenen Beitritt des Gters zu einer schon bestehden G (BGH NJW **88**, 1321, NJW **92**, 1501) u für die fehlerh Übertr eines GAnteils mit Zustimmg der übr Gter (BGH NJW **88**, 1324). – **Diese Grundsätze gelten nicht,** dh keine rechtl Anerkenng der fehlerh G, wenn gewicht Interessen der Allgemeinh oder best bes schutzwürd Pers entggstehen. Das ist regelm der Fall, wenn der GVertr wg § 134 nichtig ist, zB wg Verstoßes gg ges ZusschlußVerbot des ZusSchlusses (BGH **97**, 243), gg das RBerG (BGH **62**, 234), das ApothekenG (BGH **75**, 214), gg § 1 GWB (Hamm NJW-RR **88**, 1487), od wenn er sittl verwerfl Zwecke verfolgt (BGH NJW **67**, 39). Hier bestehen, wenn überh, nur außervertragl Anspr zw den Beteil. Die Grds der fehlerh G sind nicht ow anwendb auf nichtige od anfechtb Ändergen des GVertr, die der Nachfolge regeln (BGH **62**, 20, NJW **92**, 300). Fehlerh Ausscheiden eines Gters vgl § 736 Rn 1. – Von einer fehlerh G kann nicht gesprochen werden, wenn es an einem – wenn auch nichtigen oder vernichtb – VertrSchl, an einem rgeschäftl Handeln aller Gter überh fehlt (BGH NJW **88**, 1321); dann besteht nur eine tatsächl Gemsch zw den Beteiligten, die nach GemschR zu beenden ist (BGH **11**, 190). Beruht allerd der Mangel darauf, daß beim Beitritt des weiteren Gters ein Tl der Gter nicht mitgewirkt od daß ein Gter die ihm erteilte Vollm zum Abschl von BeitrittsVertr überschritten hat, so gelten trotzdem die Grds über die fehlerh G, wenn der Beitretde u die für den Beitritt stimmden Gter in Unkenntn des Mangels den Beitritt für wirks gehalten u vollzogen haben (BGH NJW **88**,

12 1321). – **Außenverhältnis.** Die vorstehen Grds für die Haftg der Gter einer in Vollzug gesetzten fehlerh G nach GRecht samt den dargestellten Ausn gelten auch im Verh zu Dr (BGH **14**, 235 für oHG). – Auch auf eine in Vollzug gesetzte **Innengesellschaft** sind die Grdsätze über die fehlerh G im allg anwendb, also auch auf eine stille G (§ 230 HGB) oRücks darauf, wie der EinzFall gestaltet ist u ob die Abweichg v den bürgerlrechtl Regeln jew mehr od weniger dringl geboten erscheint (BGH **55**, 5 u NJW-RR **91**, 613). So zB wenn es sich nicht um die verhältnmäß lockere Bindg zw den Partnern einer typ stillen G, sond um ein auf akt ZusArb gerichtetes GVerh handelt (BGH WM **76**, 1030).

e) Die **Klagbarkeit** für gesellschrechtl Streitigk kann im GVertr von einem vorher SchlichtgsVersuch **13** dch den Beirat abhäng gemacht werden. Eine vorher erhobene Kl ist grdsätzl zZt unzul. Das gilt auch für MassenG u nach Ausscheiden des klagden Gters (BGH WM **77**, 997).

4) Zweck. – a) Zweckarten. Der Zweck der G kann dauernd od vorübergehd sein. Er braucht nicht auf **14** dem Gebiete der VermInteressen zu liegen, muß aber irgdwie auf Förderg dch vermögenswerte Leistgen gerichtet sein. Er braucht nicht ein eigennütziger der Gter zu sein, auch Förderg der Interessen eines von ihnen od and ist mögl, zB Übern der KonzessionsTrägersch für einen HandwBetr (BAG ZIP **94**, 1019). Ist der Zweck eigennütz, so kann er auf Erwerb, u zwar auf gemeins GewerbeBetr, aber auch auf Förderg eines gemschaftl Einzelinteresses gerichtet sein (GelegenhG). Fälle: Rn 36–44. Nicht ausreichd ist als Zweck die bloße gleichart Beteiligg Mehrerer an einem Ggst ohne verabredete Förderg eines weiteren Zwecks; dann handelt es sich um bloße InteressenGemsch (§§ 741 ff). Eheähnl LebensGemsch vgl Rn 32. Die bloße Erhaltg u Verwaltg eines gemeinschaftl Ggst (zB Grdst) kann nach den Umst als Zweck für eine BGB-G ausreichen, jedenf wenn damit eine Nutzg verbunden ist (mißverständl Düss BB **73**, 1325, dazu abl Petzold aaO 1332; Bedenken: K. Schmidt AcP **182**, 482). Übernehmen Gter einer BGB-Gesellsch gemschaftl eine Stammeinlage (näher: K. Schmidt BB **83**, 1697), haften sie als GesSchu ohne die Möglk einer HaftgsBeschrkg auf ihr GesellschVerm (BGH BB **81**, 450). Gemeins Teiln an einer Sportveranstaltg beruht auf kameradschaftl Grdlage u ist keine G (BGH **39**, 156; aA für Seilsch beim Klettern Schünemann VersR **82**, 825). – **Nichtig** ist der GVertr, wenn der GZweck gg ein ges Verbot od die guten Sitten verstößt (vgl oben Rn 10–12).

b) Gemeinsam muß der Zweck sein derart, daß jeder Gter dessen Förderg von dem and beanspr kann **15** (BGH WM **65**, 795). Keine G, sond Schenkg od GewährVertr ist daher die „societas leonina", die nur den Vorteil einzelner bezweckt (§ 722 Rn 1). Ebso keine G, wenn die Vertr zwar bestimmte, teils wechselseit Verpfl der Part zu aufeinand abgestimmten Leistgen begründet, dabei aber jeder seine eig Zwecke verfolgt (BGH WM **76**, 1307; Eier-PartnerschVertr). Nicht G, wenn auch gesellschaftsähnl, ist danach der sog partiarische Vertr (Rn 51).

c) Dch **Zusammenwirken aller Gesellschafter,** regelm dch Beiträge, muß der Zweck erreicht werden. **16**

5) Gesamthandvermögen, keine Rechtsfähigkeit. Die Übertr der für den GZweck best Ggstde in Erf **17** der BeitrPfl führt idR zu GesHandVerm der Gter, § 718, GVerm, „Die G" bedeutet dabei nichts and als die Gter in ihrer geshänder Verbundenh. Eig RPersönlich erlangt die G nicht (vgl Rn 2, 3). Sie kann desh als solche nicht ins GB eingetragen werden (BayObLG JZ **86**, 108; eingehd Eickmann Rpfleger **85**, 85) u nicht Gter einer PersHandelsG sein (BGH ZIP **90**, 505). Sie ist nicht wechselrechtsfäh. Desh zwar Haftg des Gters, der unterschrieben hat (Düss WM **92**, 181), aber keine Haftg der G od der übr Gter für einen Wechsel, den ein Gter für eine mangels Eintr nicht existente KG – in Wahrh BGB-G – akzeptiert hat (BGH **59**, 179; aA Schmidt JuS **73**, 83). Ebso dagg, wenn die Gter dem Auftreten als KG od der von der Eintr zugestimmt haben. Dann haften sie kr RScheins einem gutgl Gläub bis zur Höhe der vereinb Einlage, der zeichnde Gter haftet nicht zusätzl nach § 179 (BGH WM **73**, 896). Eine neuere Auffassg sieht in der G zwar ebenf keine jP, aber doch eine bes WirkgsEinh, ein bes ZuordngsObj. Danach soll die PersGruppe als solche, nicht die Gter in ihrer geshänder Bindg in einer Art TeilRfähigk am RVerk teilnehmen können (MüKo/Ulmer Rn 131ff; abl Heller, Der ZivProz der GbR, 1989, krit Zöllner FS Gernhuber S 563, Lüke ZGR **94**, 266). Schmidt JZ **85**, 909 hält die fehlde RTrägersch der unternehmenstragden GbR für untragb; ähnl Wiedemann WM **94**, Sonderbeil 4. In Streitgk über Grunderwerbsteuer ist die GbR partiell rechts- u partfäh (BFH NJW **87**, 1719 u 1720). Die geshänder Berechtigg tritt bereits bei dem mit VertrSchl entstehden Fdgen u der Beitragsleistg ein: sie sind bereits GVerm (RG **76**, 277). Dasselbe gilt für and später den Gtern aus irgdeinem Anlaß gg Dr od einen der Gter erwachsde Fdgen. Besitz vgl § 854 Rn 14, 15. – Der einz Gter kann über einen Ggst des GVerm nicht allein verfügen (vgl näher §§ 718, 719). Den Normaltyp der G des BGB mit GesHandVerm u gemschaftl Vertretg bezeichnet man als GesHandAußenG; über atyp GFormen Rn 26.

6) Die **Verwaltung** der G, insbes des GVerm, unterliegt mangels abw Vereinbg einer ges Regelg und **18** zwar im Innenverhältn der Gter untereinand (GeschFg, §§ 709 ff) u nach außen (Vertretg, §§ 714, 715).

7) Schuldrechtliche Beziehungen zwischen den Gesellschaftern entstehen, wobei die Tats, daß die **19** Rechte u Verpflichtgen der Gter geshänder gebunden sind, von entscheiddr Bedeutg ist. Die Beziehungen sind als VertrauensVerh bes beherrscht von den Gedanken der gesellschaftl Treue. Daher zB Stimmenthaltg bei Interessenkollision (Vorbem 15 vor § 709, RG **136**, 245). So ist die Hintergeh der MitGter in gewinnsücht Abs KündGrd (BGH MDR **60**, 204), die heiml eigennütz Anfertigg von Abschriften verboten (RG **107**, 171), Pfl zur Verschwiegenh, zur Zust zu Geschäften, wenn Versagg treuwidr wäre (Vorbem 7 vor § 709). Ein Konkurrenzverbot, wie in HGB § 112, besteht nicht. Auch bei MassenG kann der GVertr vorsehen, daß bei Streitigk aus dem Vertr der RWeg erst beschritten werden darf, nachdem der Beirat der G einen SchlichtgsVersuch unternommen hat (BGH NJW **77**, 2263). Die TreuPfl überdauert auch das GVerh, daher ist auch der ausgeschiedene Gter verpflichtet, alles zu unterlassen, was den GZweck beeinträchtigen könnte (BGH NJW **60**, 718; vgl auch § 738 Rn 2–7). – Es gilt ferner der Grds der **gleichmäßigen Behandlung** der Gter, §§ 706 I, 722, 734, der auch bei Geltg des MehrGrdsatzes, § 709 II, Bedeutg gewinnt (RG **151**, 326).

Zu unterscheiden sind: – a) Ansprüche der Gesamthand der Gesellschafter gegenüber einzelnen 20 Gesellschaftern aus dem GVertr (SozialAnspr). Berecht ist die GesHand der übrigen, verpfl der einz Gter als solcher, bei ZahlgsAnspr sein Erbe (BGH DB **74**, 1519). Insbes: Anspr auf Leistg der Beiträge, §§ 705–707, auf Nachschuß bei GEnde, § 735, auf Rückzahlg zuviel entnommenen Gewinns. Anspr gg einen Gter aus dessen GeschFg, so auf RechngsLegg u Herausg nach Beendigg der GeschFg, §§ 713, 666, 667, Schad-

ErsAnspr aus VertrVerletzg, zB unbefugter GeschFg, treuwidr Verweigerg der Mitwirkg bei ihr od sonstiger schuldh Schädigg (vgl Vorbem 8 vor § 709, § 713 Rn 9). Bei der ZweimannG sind die Anspr dch den and Gter geltd zu machen. Die geshänder Gebundenh des Anspr zeigt sich darin, daß der verpflichtete Gter in das GVerm zu leisten hat, an dem auch er Anteil hat (BGH NJW **60**, 433). So hat auch der Klageantrag zu lauten.

Aus §§ 705, 717 könnte gefolgert werden, daß die Anspr der GesHand auch den einz Gtern ggeinand zustehen, daß also jeder Gter sie gg den verpfl Gter erheben könne. Dem steht jedoch im Regelfall der GesHandAußenG die gesamthänder vermrechtl Verbindg der Gter entgg, die die Erhebg solcher Anspr als Verw dieses Vermögens der GeschFg „der Gesellschaft" (§ 709) zuweist. Das Interesse der GesHand fordert indessen, u zwar oRücks darauf, ob die GeschFg allen Gtern gemschaftl zusteht (§ 709 I) od aber abw geregelt ist (Vorbem 1–4 vor § 709), daß unter gewissen Vorauss jeder Gter berecht ist, auch allein im eig Namen, aber gesellschaftl gebunden, dh auf Leistg an die G zu klagen (vgl § 709 Rn 2). Diese ProzFührgsBefugn endet, wenn die nicht verklagten Gter nicht zustimmen, mit dem Ausscheiden des klagden Gters aus der Gesellsch (Karlsr NJW **95**, 1296; aA Hörstel aaO 1271).

21   **Nicht hierher gehören** Anspr der GesHand gg einz Gter aus einem DrittVerh wie Kauf, Darl, Miete, unerl Hdlg und Anspr der GesHand gg Dritte, NichtGter.

22   **b) Ansprüche des einzelnen Gesellschafters gegen die Gesamthand** aus dem GVertr (SozialVerpfl). Berecht ist der einz Gter als solcher, verpfl ist die GesHand der übrigen.

So: Anspr auf Feststellg u Auszahlg des Gewinnanteils, § 721; auf AufwErs od vereinb Sondervergütg bei GeschFg, §§ 713, 670, 675; auf AuseinandS u Zahlg des AuseinandSGuthabens, §§ 733, 734; auf Abfindg, § 738; SchadErsAnspr des einz wg ihm ggü begangener Verletzgen des GVertr dch die GesHand, insb dch die geschführden Gter, zB dch schuldh Herbeiführg eines Unfalls, dch Beschädigg nur zum Gebr eingebrachter Sachen. Über Geltdmachg gg die G (Befriedigg aus dem GVerm), ggf gg die einz Gter pers, u Beschrkgen dabei vgl § 718 Rn 12 u § 713 Rn 11. Steht bei ZusSchluß mehrerer GrdstEigtümer zu einer Interessengemsch ggü einem Erdölbohrunternehmen der Anspr auf anteil Förderzins dem einz Eigtümer zu, so kann er die Zahlg seines Anteils gg den geschführden Gter aus der GesellschKasse geltd machen (BGH WM **70**, 1223). – Diese Anspr sind, als individuelle, zT übertragb, vgl § 717.

23   **Nicht hierher gehören** entspr oben Rn 21 Verpfl der GesHand ggü Dritten, ferner solche ggü einem Gter aus einem von ihm mit der G eingegangenen Drittverhältn. Über beide § 718 Rn 9.

24   **c) Verwaltungsrechte** der einz Gter ggü der GesHand: auf Mitwirkg in der G bei der GeschFg, auch bei Erteilg der GeschFgsBefugn u ihrer Entziehg, §§ 709, 710, 711, 712, insb das StimmR bei BeschlFassg, § 709, das Recht zur Vertretg, § 714, zur Künd, § 723, auf Mitwirkg bei der AuseinandS, §§ 730ff, auf Unterrichtg u Nachprüfg, § 716, auch das oben zu Rn 20 Abs 2 genannte Recht des Gters, uU Ansprüche der G gg einen MitGter auf die Leistg an die Gemsch zu erheben. Stets unübertragb, vgl zu § 717, da sozialrechtl Inhalts. Daher auch nicht beschränkb dch NachlVerwaltg; denn diese erfaßt nur die rein vermögensrechtl Anspr, wie die auf Gewinn u Abfindgsguthaben (BGH **47**, 293). Zuläss u unentziehb jedoch Ausübg der VerwR dch den gesetzl Vertreter des Gters od seinen Betreuer (BGH **44**, 101). Zuziehg von Sachverst u Beratern vgl § 716 Rn 1, bei der Ausübg des StimmR Vorbem 14 vor § 709. – Die übr Gter sind verpfl, die Ausübg der Rechte zu dulden. – Sind die Rechte gleichzeit Pfl der Gter, zB zur GeschFg, gilt insoweit das zu Rn 20, 21 Gesagte.

25   **d) Einzelansprüche eines Gesellschafters gegen einen anderen Gesellschafter** wg Verletzg des GVertr durch diesen. So, wenn nicht die G, sond unmittelb der einz Gter als solcher dch einen and Gter als solchen geschädigt ist, zB bei Beschädigg einer nur zur Benutzg eingebrachten Sache od bei Schädigg dch einen nicht geschführden Gter (BGH NJW **62**, 859, WM **67**, 276). Diese Anspr haben mit dem gesamthänder gebundenen GVermögen nichts zu tun, sie können daher jederzeit eingeklagt werden o Rücks darauf, ob die G noch besteht od bereits aufgelöst ist (BGH WM **67**, 276). – Über die Möglichk ihrer Einbeziehg in die AuseinandS § 733 Rn 3. Meist wird aber dch die Hdlg die G (das GVerm) selbst geschädigt sein, dann liegt der Fall der Rn 20 vor (RG **123**, 26).

26   **8) Außen- u Innengesellschaft. – a) Allgemeines.** Die §§ 705 ff sind, abgesehen von §§ 712 I, II, 716 II, 719 I, 723 III, 724 S 1, 725 I, 728, abdingb. Daher sind **atypische Gesellschaftsverträge** mögl. Insb sind die Leistg von Beitr, die Bildg eines GesHandVerm, die GeschFg für die G und deren Vertretg keine notw Erfordern (BGH NJW **62**, 1086). Um eine InnenG handelt es sich, wenn die Partner sich vertragl zur Erreichg eines gemeins Zweckes verpflichtet haben, jedoch nach außen die VertretgsMacht fehlt u nur ein Partner im eig Namen auftritt, zB TippGemsch (Karlsr u Mü NJW-RR **88**, 1266 u 1268), intern gleichberecht Bewirtschaftg einer Gaststätte, die nach außen einer allein betreibt (Düss NJW-RR **95**, 1246). Eine solche Beteiligg Mehrerer an einem nicht kaufmänn Untern – sonst stille G – begründet unabhäng voneinand je eine BGB-InnenG zw dem Untern u dem jeweil Beteil, keine G zw diesen untereinand (BGH NJW **82**, 99). Die mehreren Beteil können aber auch eine BGB-G untereinand gründen u in ihrer geshänder Bindg Beteil an einer stillen G od an einer anderen zweigliedr InnenG mit dem Untern sein (BGH **127**, 176, WM **94**, 2246). Der InnenGter ist nicht dingl MitBerecht am Verm des GVertrPartners (BGH NJW **92**, 830), hat aber einen schuldr Anspr gg ihn, iR des rechtl Mögl so gestellt zu werden, als ob er gesamthänder an dem zum Ggst der InnenG gehörden Verm des VertrPartners beteil wäre (BGH WM **73**, 296). Daraus ergibt sich eine TrHderstellg des Tätigen ggü den InnenGtern (Düss DB **82**, 536). Gleichgült ist, ob die interne Bindg der Partner bekannt, ob der „stille" Partner mit GeschFgs- u VertrMacht ausgestattet ist; entscheidd ist, daß er auch bei solcher Ausgestaltg nicht im Namen der G, sond allein im Namen des tätigen Gters auftreten u diesen allein verpfl kann (BGH WM **61**, 574). Wer AußenG behauptet, hat sie zu beweisen (BGH WM **66**, 32). Treten die Tätige u der Stille bei einem RGesch mit einem Dr, das den Kern des GZweckes betrifft, gemeins auf, so wird die Auslegg idR ergeben, daß sie in Abänderg des stillen GVertr für alle Gter auftreten (AußenG) u alle verpfl wollen (Köln DB **73**, 1065). KontrollR des InnenGters, auch Ausk u EinsichtsR, ggf dch einen zur Verschwiegenh verpfl Sachverst (BGH WM **82**, 1403). § 723 III (dort Rn 7) gilt auch für InnenG. Zur Geltg des § 313 für die InnenG vgl dort Rn 9. – Fehlerh InnenG vgl Rn 10–12. TrHänder als Gter vgl Rn 4. – Bei der InnenG gibt es nach Auflösg, die dort zugl VollBeendigg ist, mangels GesHandVerm keine AuseinandS gem §§ 730ff, sond nur einen Anspr der InnenBeteil auf Abrechng u Zahlg des AbfindgsGuth (BGH NJW **82**, 99 u NJW **90**, 573). Für die Vereinbgen darüber gelten die Ausf in § 738 Rn 7 sinngem (BGH WM **94**, 1523). Kein Anspr des Gters, der berechtigterw die Abrechng vorgenommen hat, gg die and auf Zustimmg dazu (BGH NJW-RR **86**, 1419).

b) Zwischen Eheleuten od and **Familienmitgliedern** können die vermrechtl Beziehgen ebenf ge- **27** sellschr Natur (InnenG) sein, näml wenn konkret feststellb ist, daß die Beteil abredegem dch beiderseit Leistgen einen gemschaftl Zweck verfolgen, zB Erwerb u Haltg eines FamHeims unter ausdr Vereinbg einer BGB-Ges (BGH NJW **82**, 170). Ohne Abschl eines GVertr ist, falls nicht eine ausdrückl und vertragl Regelg entggsteht (BGH WM **95**, 1365), zur Ann einer konkludenten InnenG erforderl, daß die Eheg einen über den typ Rahmen der ehel Lebens- bzw FamGemsch hinausgehden Zweck vereinb, daß nach den Umst des einz Falles eine schuldr Sonderverbindg besteht, die über das hinausgeht, wozu die Eheg nach familienr Regeln verpfl sind (BGH NJW **74**, 2278). – **aa) Innengesellschaft verneint:** Ledigl gemschaftl finanzierte **28** Errichtg eines FamWohnheims (BGH NJW **74**, 1554); ZusArb von Mutter u Sohn im gemeins errichteten Haus (BGH DB **72**, 2459); von den Eheleuten betriebenes ErwerbsGesch, das zum Gesamtgut der vereinb GüterGemsch gehört (BGH FamRZ **94**, 295); bei GüterGemsch Mitfinanzierg des Erwerbs eines Grdst dch den and Eheg u ArbLeistgen zum Ausbau eines FamWohnheims (BGH **84**, 361); GeldZuwendgen u Mithilfe einer Ehefr zur Errichtg einer Arztpraxis des Ehem (BGH NJW **74**, 2045), dingl Sichg eines Bankkredits zur wirtsch Verselbständigg des Ehem (BGH NJW-RR **88**, 260). Nach Scheitern der Ehe kann bei Gütertrenng ein AusglAnspr wg Wegfalls der GeschGrdl iR eines famrechtl Vertr bes Art bestehen (BGH **84**, 361). – **bb) Innengesellschaft bejaht:** In etwa gleichgeordnete Mitarb eines Eheg im Gesch des and, Beteilig am **29** Gewinn u Verlust (BGH **31**, 202). Dies sogar dann, wenn ein Eheg in Erf der ihm nach § 1360 obliegden Verpfl VermWerte für die Gründg eines Untern hergibt u der erstrebte Erfolg nicht über die Sicherg des FamUnterh (BGH **47**, 163) od die Schaffg einer FamHeimstätte (BGH MDR **69**, 128) hinausgeht. Gemeins Betr einer Berlitzschule (Karlsr FamRZ **73**, 649). Errichtg von Eigt- u Mietwohngen zur Schaffg einer Erwerbsquelle, wenn ein Eheg ohne eig Kapital die Haftg für FinanziergsKredite übernommen hat (BGH NJW **74**, 2278). Bei gegebenen Vorauss ist InnenG bei jedem Güterstd mögl, der AusglAnspr beim ges Güterstd steht nicht entgg, auch Gütertrenng schließt die Begründg einer EhegInnenG nicht aus (BGH WM **73**, 1242). – **cc) Auftrag.** Fehlen die Vorauss für die Ann einer InnenG, so kann es sich je nach dem Inhalt **30** der Vereinbgen um ein AuftrVerh handeln (BGH WM **72**, 661), zB wenn ein Eheg dem and Mittel zum Erwerb eines EigHeimes zur Vfg stellt u dieser als AlleinEigtümer eingetr wird oder wenn er ihm Mittel zur Einzahlg auf ein Sparkonto auf seinen Namen aushändigt. – **dd) Unter Verlobten** beruht MitArb idR stets **31** auf einem GVertr (BGH BB **58**, 5). BerAnspr bei Lösg der Verlobg vgl § 812 Rn 89–92, § 818 Rn 22 DLeistg. Verlobte können zumindest bis zur Ehe eine G zur Unterhaltg einer Familienheimstatt gründen (Düss DNotZ **74**, 169). Nach Auflösg der Verlobg können auch Anspr wg Wegfalls der GeschGrdl in Frage kommen (Hamm FamRZ **83**, 494).

c) Nichteheliche Lebensgemeinschaft vgl Einf 8ff vor § 1297. Gesrechtl Grds sind mangels vertragl **32** Vereinbg nur anwendb unter der Mindestvorauss, daß die Partner im Innenverhältn über die LebensGemsch hinaus die Abs verfolgt haben, einen wirtsch gemschaftl Wert zu schaffen, den sie für die Dauer ihrer Partnersch gemeins nutzen oder der ihnen nach ihrer Vorstellg gemeins gehören soll (BGH **77**, 55), zB ein gewerbl Unternehmen (BGH **84**, 388), ein RenditeObj (BGH NJW **86**, 51). Die Abs, einen gemschaftl Wert zu schaffen, folgt einers nicht in jedem Fall schon daraus, daß ein Partner ein Grdst erwirbt u der and zu den Erwerbskosten beiträgt (BGH NJW **83**, 2375), scheitert anderers aber nicht unbedgt daran, daß ein Partner unter Verwendg wesentl Beitr des and AlleinEigt an dem gemschaftl Grdst (EigtWohng) erwirbt (BGH NJW **92**, 906) od nach außen das Untern allein führen soll (BGH NJW **85**, 1841: Arztpraxis). Es kommt im EinzFall nicht entscheidd auf die formal-dingl Zuordng, sond darauf an, ob die Beteil die Abs einer wirtsch gemschaftl Wertschöpfg hatten; sie kann sich aus den getroffenen Absprachen, aus Äußergen des dingl allein berecht Partners ggü Dr od aus einer GesWürdigg (Art u wirtsch Bedeutg des Obj, wesentl Beitr des Partners, finanzielle Verh der Partner) ergeben (BGH NJW-RR **93**, 774). Ohne Ann einer InnenG gibt es grdsätzl nach Beendigg der LebensGemsch keine ggs Abrechng (Hamm NJW-RR **90**, 1223), auch nicht für Zahlgen, die der eine od and im Interesse des ZusLebens od nach der Trenng auf Verbindlichkten geleistet hat, die währd des ZusLebens entstanden sind (BGH NJW **83**, 1055). In AusnFällen kann für ggständl best u dominierde Zuwendgen ein BerAnspr wg ZweckVerfehlg bestehen (Stgt NJW-RR **93**, 1475, Karlsr NJW **94**, 948, Köln NJW **95**, 2232). Hat ein Partner ein Darl aufgenommen, für das sich der and verbürgt hat, so hängt es von den Umst ab, ob der Bü nach geleisteter Zahlg den RückgrAnspr gegen den HauptSchu hat (einers Hamm NJW-RR **89**, 624; andrers LG Bamb NJW **88**, 1219). Eine als GesellschVertr bezeichnete Vereinbg, wonach der die Gemsch auflösde Partner eine als VertrStrafe einzuordnende Entschädigg zu zahlen hat, ist nichtig (Hamm NJW **88**, 2474). Kein Ausgl, wenn ein Partner mit Hilfe gemeins Leistgen ein Verm gebildet hat (BGH NJW **83**, 2375, Ffm NJW **82**, 1885). SchadErsAnspr aus § 826, wenn ein Teil vom and Zuwendgen machen läßt, obwohl er bereits entschlossen ist, ihn zu verlassen (Celle NJW **83**, 1065). Auflösg einer LebensGemsch zw Gleichgeschlechtl kann zu gesrechtl AusglAnspr führen (KG NJW **82**, 1886). Die Beteil brauchen sich dessen nicht bewußt zu sein, daß ihre Beziehgen rechtl als InnenG beurt werden (BGH DB **72**, 2201).

d) Unterbeteiligung (Lit: Paulick, Die Unterbeteiligg in gesellschrechtl u steuerrechtl Sicht, ZGR **74**, **33** 253) ist ebenf InnenG. Sie bezieht sich – Abgrenzg zur stillen G – nicht auf einen GewerbeBetr, man versteht darunter die teilw (BGH NJW **94**, 2886) schuldr Innenbeteilig an dem Antl, den ein Gter an einer Kapital- oder handelsr PersGesellsch besitzt od am „Antl" eines stillen Gters. RBeziehgen des UnterBeteil bestehen nur zum Gter, nicht zur G (Hamm DB **74**, 424). Anspr des UnterBeteil gg Gter analog § 233 I HGB auf Information über Stand u Erträgn des HauptAntls; auf Vorlage der Bilanzen der HauptG nur, wenn diese ihrem Gter die Bekanntg gestattet u der UnterBeteilVertr ein entspr R einräumt (BGH **50**, 316). Bezieht sich die Unterbeteiligg auf den ganzen Antl, handelt es sich idR um ein TrHdVerh, beide schließen sich ggs nicht aus (BGH NJW **94**, 2886). Dann hat iF der Künd der TrGeber (UnterBeteil) Anspr gg den TrNehmer auf

Vorlage einer AuseinandSBilanz (Hamm DB **94**, 1233). Abtr des Antls führt idR zur Auflösg der InnenG (Hamm WiB **94**, 558).

34 **e) Stille Gesellschaft** ist die Beteil an dem Handelsgewerbe eines and mit einer VermEinlage. Für sie gelten §§ 230ff HGB, hilfsw §§ 705ff. Beim Ausscheiden kann der typ stille Gter die Auszahlg seiner GewinnBeteiligg aGrd einer GewinnErmittlgsBilanz verlangen, der atyp stille Gter einer PublikumsG mit TrHänder die Auszahlg seines schuldr AntlsWertes aGrd einer AuseinandSBilanz (BGH NJW-RR **94**, 1185: vgl § 738 Rn 4–6). Bei bestimmgswidr Verwendg der Einlage hat der Stille Anspr auf SchadErs, näml so gestellt zu werden, als sei die schädigde Hdlg nicht vorgenommen worden (BGH NJW **88**, 413). Über A-Meta-Geschäft Rn 44.

35 **9) Anwendungsgebiet. – a) Hilfsweise** gelten §§ 705ff für die OHG, HGB § 105 II, die KG, § 161 II, die stille G, §§ 230ff.

36 **b)** Im **täglichen Leben** gibt es vielf Gesellsch, ohne daß das den Teilh immer bewußt ist, stets sind aber zur G vermrechtl Beziehgen der Beteil nöt. Die G des BGB hat **im Wirtschaftsleben** steigde Bedeutg erlangt.

37 **aa) Bei Rechtsanwaltssozietät,** wenn es sich nicht um eine im PartnerschReg eingetragene Partnersch (§ 7 PartGG) handelt (vgl Rn 50), kommt der MandatsVertr mit allen Gtern zustande, idR auch, wenn einer der RAe beauftr wird (BGH **56**, 355, **124**, 47); ebso bei Erteilg eines steuerrechtl Mandats an einen Beteil einer Sozietät von Steuerberatern (BGH NJW **90**, 827) od von RAen mit Steuerberatern u/od WirtschPrüfern (§ 56 StBerG, BGH **83**, 328). Das einer Sozietät erteilte Mandat erstreckt sich iZw auch auf später eintrede Mitgl (BGH NJW **94**, 253). Bei Gründg der Sozietät erstrecken sich die bereits vorher den einz RAen erteilten Mandate nur bei zumind konkludenter Einbeziehg auf die Sozien (BGH NJW **88**, 1973). Zur Haftg vgl § 425 Rn 8; die dort Grds gelten auch, wenn die RA nur nach außen hin den Anschein einer Sozietät erweckt haben (BGH **70**, 247). Der ausgeschiedene Sozius haftet neuen Mandanten, wenn sein Name weiterhin auf dem Briefbögen der Kanzlei erscheint u er nicht alle ihm zumutb Maßn zur Beseitig des RScheins ergriffen hat (BGH NJW **91**, 1225). Vergütgen, die ein Sozius vor dem ZusSchluß erarbeitet hat, die aber erst nachher eingehen, stehen der G nur bei bes Vereinbg zu (BGH NJW-

38 RR **87**, 1137). – Auch bei der **ärztlichen Gemeinschaftspraxis,** wenn es sich nicht um eine im PartnerschReg eingetragene Partnersch (§ 7 PartGG) handelt (vgl Rn 50), kommt der Vertr mit allen beteil Ärzten zustande, demgem deren samtverbindl VertrHaftg (BGH **97**, 273, Narr, Ärztl BerufsR RdNr

39 1141). – **Bauherrengemeinschaft** ist idR –, so beim Kölner Modell, InnenG, gerichtet auf Errichtg des BauWks u Bildg von WoEigt zG der einz Bauherrn (BGH NJW-RR **88**, 220), im AußenVerhBruchtls-Gemsch (BGH NJW **92**, 1881). Auch bei ZwSchaltg eines TrHänders haben die Gter einen Anspr ggeinand auf Leistg des EigKapitals an den TrHänder, iF von dessen Liqui an sich selbst (BGH NJW-RR **86**, 1419,

40 WM **87**, 1515). Gemeinschaftl **Gewerbebetrieb durch Minderkaufleute** sowie dch Gewerbetreibde, deren Verbindg erst dch die Eintr zum Handelsgewerbe wird, HGB §§4 II, 3 II, zB GrdstMakler so Eröffng eines nicht unter HGB § 1 fallden GeschBetr im Namen einer GmbH u Co KG vor Eintr der Komplementär-GmbH u der KG (BGH **69**, 95); umgekehrt dann, wenn die eingetragene OHG, ohne sich aufzulösen, nur mehr ein Kleingewerbe betreibt od das Handelsgewerbe nicht nur vorübergehd aufgibt (zB durch Verpachtg). Sie wandelt sich von selbst in eine GbR (BGH NJW **67**, 821), wie sich anderers GbR dch Aufn eines vollkaufm Betr od nach WiederÜbern des verpachteten Betr od dch Übern aller Antle einer HandelsG (BGH NJW-RR **90**, 798) in eine HandelsG verwandelt, ohne daß ihre Identität hierdch berührt wird. Die GbR bei gemschaftl GewerbeBetr dch Nicht- od Minderkaufleute verwirklicht einen bes Typus der MitUntern-GbR, auf die mit einiger Vorsicht auch Grds die R der HandelsG anwendb sind (zu Schmidt DB **71**, 2346, JuS **73**, 83, im Erg auch BGH **32**, 307). Wird sie dch entspr Gestaltg der GeschFgs- u VertretgsVerh der KG angenähert, entsteht eine atyp Form, die Schmidt „KG bürgerl R“ nennt (DB **73**, 653 u 703; vgl auch § 714 Rn 4 u Vorbem 4 vor § 709). Unter dem GesPkt des Vertrauensschutzes müssen sich die Gter nach den Grds der Haftg für gesetzten RSchein wie Teilh einer bereits bestehenden HandelsG behandeln lassen (BGH WM **73**, 896). – Wird im Namen einer GmbH u Co KG ein unter § 1 HGB fallder

41 **vollkaufmännischer Gewerbebetrieb** eröffnet, bevor GmbH u KG eingetr sind, so besteht schon vor

42 Eintr der GmbH eine PersG des HandelsR (BGH NJW **78**, 636). – **Sanierungsgesellschaft.** Beim Zus-Schluß von Pers, um eine Berag über die wirtsch Voraus u rechtl GestaltungsMöglichk für die Gründg einer AuffangGesellsch in Anspr zu nehmen, handelt es sich um eine GbR (Karlsr NJW-RR **87**, 671). Ebso beim ZusSchluß von Kommanditisten einer illiquiden PublikumsKG zur Ersteigerg eines BetrGrdst (Hamm NJW-RR **88**, 1119). Der SaniergsVergl begründet keine GbR zw den beteil Gläub (BGH NJW **92**,

43 967). – Die **Kapitalgesellschaft in Gründung** (Vor-G), also zw Abschl des GründsVertr u Entstehg dch Eintr im HReg, ist keine GbR, sie untersteht vielm dem Recht der zu gründen G, soweit es mit ihrem Zweck vereinb ist u nicht die Eintr voraussetzt (BGH **20**, 285: Genossensch; BGH **51**, 30: GmbH). Sie ist damit völlig einheitl als jP bereits angenähert (BGH **120**, 103: GmbH, Firmenschutz) u parteifäh. Das gilt auch für das InnenR der G, für Austritt u Ausschließg aus wicht Grd (BGH DB **94**, 1232). Über die Haftg dessen, der im Namen der in Gründg befindl G handelt: § 41 I 2 AktG, § 11 II GmbHG u entspr für die Genossensch (Riedel u Rage NJW **66**, 1004); ebso für GmbH u Co KG (BGH NJW **72**, 1660). Bei Gesch, die der GeschF vor Eintr der künft GmbH im deren Namen abschließt, ergibt, aus der Fortführg des übernommenen Betr, die Auslegg iZw, daß sie auch die Gter der VorG bis zur Höhe ihrer Einlagen verpfl, sow die Gründer den GeschF ausdr od konkludent zu solchen Gesch ermächtigt haben (BGH **72**, 45); diese Haftg erlischt mit Ende der VorG, das ist mit Eintr der GmbH (BGH **82**, 129). Haftg des Gters der GrdgsG, der nicht unter § 11 II fällt vgl BGH JZ **77**, 56.

44 **bb) Gelegenheitsgesellschaften** verfolgen einen beschr EinzZweck. So bei **Metageschäft** Vereinbg der Gewinnteil bei einem od mehreren Gesch, bei denen jed einz nach außen allein, im InnenVerh aber für gemeins Rechng der Part handelt (BGH NJW **90**, 573). Desgl **Konsortien,** insb die Bankkonsortien wie Begebgs-, Kursreguliergs-, Kreditkonsortium (BGH **LM** Nr. 14), die Bindgs-, Sperr-, Stimmrechts-Konsortien – auch SchutzGemsch genannt (eingehd Schrötter NJW **79**, 2592), Konsortien von Gtern rechtsfäh

Kapital- od PersonalG (BGH NJW **51**, 268). **Gewinn-, Interessengemeinschaften** (BFH WM **64**, 800: Schiffahrtspool), HoldingsG. Ferner **Konzerne.** Das ist iwS der ZusSchluß mehrerer rechtl selbstd kaufm Unternehmen aGrd eines UnternehmensVertr; ieS der ZusSchluß unter einheitl Leitg u zwar als Unterordngs-, Gleichordngskonzern (§ 18 I, II AktG) od in der Form der verbundenen Unternehmen (§ 16 AktG). Eingehd Schneider, Die PersGesellsch als herrschdes Unternehmen im Konzern (ZHR **79**, 485). Haftg des herrschden Untern – das kann auch eine natürl Pers sein (BGH NJW **94**, 446, BAG NJW **94**, 3244) – für Verbindlken des beherrschten Untern auch ohne Abschl eines Beherrschgs- od GewAbführgsVertr bei Vorliegen eines qualifiziert fakt Konzerns, also wenn das herrschde die Gesch des beherrschten Untern dauernd u umfassd geführt hat (BGH **95**, 330, **107**, 7, BAG NJW **93**, 954). Der eine GmbH beherrschde UnternGter haftet entspr §§ 302, 303 AktG, wenn er iR der Konzernleitgsmacht keine angem Rücks auf die Belange der abhäng Gesellsch nimmt (BGH **122**, 123, NJW **94**, 446; Bespr Schmidt ZIP **93**, 549, Westermann aaO 554, Ebenroth/Wilken aaO 558, Altmeppen DB **94**, 1912). Auch **Kartelle,** Verbindgen des PrivR, die die Marktverhältn dch Beschrkg des Wettbew zu beeinflussen suchen, sind vielf G. Sie können jedoch auch als rechtsfäh od nichtrechtsfäh Verein, od als DoppelG (bürgerlrechtl G mit zB einer GmbH als Ausführgsorgan RG **151**, 321), auftreten. Zu beachten insow das GWB. Vgl auch § 826 Rn 41. – Das GRecht des BGB ist in diesen Fällen zumeist, vertragl abgewandlt, insb vielf Ausschl des GesHandvermögens u einer gemschaftl Vertretg.

c) Die **Arbeitsgemeinschaft in der Bauwirtschaft (Arge)** als BGB-G (BGH NJW-RR **93**, 1443) ist ein **45** vorübergehder ZusSchluß von selbstd Untern zur gemeins Ausf eines best BauAuftr, eine GelegenhG mit GesHdVerm. Häuf Abwandlgen der typ Arge sind die Los-Arge (der einheitl erteilte Auftr wird von der Arge in einz LeistgsTle/Lose aufgeteilt, diese werden an die ArgeGter dch selbstd NachUnternVertr vergeben) u die BeihilfeGemsch (InnenG ohne GesHdVerm). Motiv für die erhebl Verbreitg der Arge ist für den AuftrG die Beteiligg mehrerer Untern an einem einz BauVorh, wodch sich das Risiko des Ausfalls eines Untern verringert, ferner die Möglk, bei mehreren AuftrN mehrere GgGesch zu machen; für die öff Hand breitere Streuung zur Konjunkturbelebg, insb Teiln kleinerer, örtl Untern. Auf Seiten der AuftrN steht im VorderGrd, einseit SchwerPkte zu vermeiden, um gleichzeit an versch Orten tät sein zu können; ZusFührg von BetrKapazitäten, um vorh Lücken zu füllen od um bessere Risikostreuung bei techn schwer Aufg od in Zten kaum auskömml Pr zu erreichen. In langjähr Übg aGrd period NeuFassgen bes MusterVertr hat sich eine weitverbreitete Typisierg in Abwandlg der §§ 705ff entwickelt. Einzelheiten des Arge-MusterVertrages u Besonderh der Los-Arge sowie der BeihilfeGemsch s Fahrenschon-Burchard u. a., Arge-Komm, Jur u BetrWirtsch Erläut zum ArbGemeinschVertr, Bauverlag Wiesbaden, 2. Aufl, 1982. – **aa) Organe** (nicht im **46** RSinn, sond als Ausdr der körperschaftl Struktur) der Arge sind „AufsStelle", „techn u kaufm GeschFg" u „BauLeitg". Die AufsStelle ist die GterVers, die trotz gesvertragl eingesetzter GeschFg nicht nur über gesvertragl Grdl entsch, sond auch über laufde GeschFgMaßn in KompetenzAbstufg zu den GeschF. Unabh von der BeteiliggsQuote wird idR nach Köpfen abgestimmt; grdsätzl EinstimmigkErfordern, aber zahlr Ausn für MehrhEntsch. Die Aufteilg in techn u kaufm GeschFg ist nicht nur GeschVerteilg, sond rechtl Beschrkg der GeschFgsBefugn auf einen techn u einen kaufm Sachbereich. Wg des Ausschl vom Sachgebiet des MitGeschF besteht kein WidersprR nach § 711. § 710 ist dch die vorrang GeschFgsKompetenz der AufsStelle modifiziert. Die VertretgsBefugn des kaufm GeschF deckt sich mit seiner GeschFgsBefugn; in Abwandlg von § 714 hat der techn GeschF dagg idR umfassde VertrMacht. Die geschf Unternehmg hat ohne vertragl Vereinbg keinen Anspr auf GeschFVergütg (Kblz NJW-RR **87**, 24). Die Bauleitg besteht aus Bauleiter u BauKaufm. Beide haben keine GeschFStellg, sie wirken als weisgsabhäng VollmN der AufsStelle u der GeschF. – **bb)** Die **Beiträge** der Gter bestehen in Geldmitteln, Gestellg von Bürgsch, Personal, **47** Stoffen u Geräten, Leistg zugehör Transportkosten. Der ArgeVertr legt idR die BeitrPfl nur dem Beteiligs-Verh, nicht der Höhe nach fest. Diese ergibt sich aus dem GZweck, sodaß es sich bei der EinFdg von Beitr um eine Konkretisierg der urspr BeitrPfl handelt; § 707 ist dadch ausgeschl. Die BeitrLeistg für Personal, Stoffe und Geräte wird auf der Grdl bes RVerhältnisse geleistet, die im ArgeMusterVertr ausdr u erschöpfd geregelt sind, so etwa Mietverträge für Geräte, Kaufverträge für Stoffe. – **cc)** Für die **Haftung** ist § 708 dch **48** § 276 ersetzt, jedoch ein objektiviertes HaftgsPrivileg dch Ausschl der Haftg für leichte Fahrlk eingeführt. – **dd)** Die **Dauer** der Arge ergibt sich aus dem ZtBedarf für die FertStellg des BauWk (Beginn: Erteilg des **49** BauAuftr; Ende: Ablauf der Gewl). Während der Arge-Dauer ist ord Künd ausgeschl. Es bleibt beim Grds des § 721 I. Regelm besteht eine umfassde FortsetzgsAbrede; die §§ 738ff werden erhebl abgewandlt; §§ 740 I, 738 I 2, 3 sind dch eine Regelg ersetzt, bei der der Ausscheidde nur am Gewinn u Verlust der bis zu seinem Ausscheiden ausgef BauArb teilnimmt, zu Lasten seines AuseinandSGuth für künft Verbindlich eine Rückstellg gebildet u das sich ergebde AusscheidgsGuth zurückbehalten k kann, bis sämtl ArgeVerbindlichk erf sind. Für den Fall des Ausscheidens eines Mitgl dch KonkEröffng vor Ablauf der GewlFr, auch nach FertStellg des Bauvorhabens, können die Mitgl einen verringerten VergütgsAnspr nach den ARGE-Sätzen für die erbrachten Leistgen unter Ausschl des RestVerteilgsAnspr für dieses Mitgl vereinbaren (BGH ZIP **91**, 1220).

10) **Partnerschaftsgesellschaft.** Das PartGG vom 25. 7. 94 (BGBl 1744; dazu Henssler NJW **93**, 2137, **50** Krieger MedR **95**, 95, Lenz MDR **94**, 741, WiB **95**, 529, Stuber WiB **94**, 705, Seibert DB **94**, 2381, K. Schmidt NJW **95**, 1), in Kraft seit 1. 7. 95, stellt neben and GFormen, auch der GbR, als weitere GesellschForm für natürl Pers zur Ausübg best freier Berufe ohne Ausübg eines Handelsgewerbes die Partnerschaft zur Vfg. Die G entsteht dch Eintr in das PartnerschReg, ist im ZivProz partfäh u folgt auch sonst im wesentl dem Recht der OHG, gestechn weitgehd dch Verweisen auf HGB 104ff geregelt.

11) **Gesellschaftsähnliche Verträge.** Im **partiarischen Rechtsverhältnis** verfolgen die VertrPartner **51** im Ggs zur VerfolgG gemschaftl Interessen in der G, auch InnenG (Düss NJW-RR **95**, 1246), ausschl unterschiedl eig Interessen (BGH **127**, 176). Das Entgelt, das der eine ohne VerlustBeteil (Hamm NJW-RR **94**, 1382) zu erhalten hat, besteht zwar ganz od zT in einem gewissen Antl am Gewinn des and, die Erzielg dieses Gewinns dch den and ist aber allein dessen Engagement u nicht – gemschaftl – Zweck des Vertr (BGH NJW **90**, 573, NJW **92**, 2696). Das Verh ist weder G noch gesellschartig (RG **149**, 89), jedoch den

gesellschsähnl Verh zuzurechnen. Beispiele: Umsatzmiete (BGH BB **88**, 12), Verpachtg des BetriebsGrdst, erfolgsabhäng Bezüge leitder Angest (BFH BB **88**, 186), VerlagsVertr (RG **115**, 358), Überlassg einer Patentlizenz (RG **142**, 213), ErfindgsverwertgsVertr (RG SeuffA **85**, 3). Auch gemischte Vertr kommen vor (MüKo/Ulmer Rdn 80 ff vor § 705), zB gesellschaftsähnl Filmherstellgs- u VerwertgsVertr mit gesellschaftl u zT partiar, auch werkvertragl Elementen (BGH **2**, 331). Vertr über Nutzg eines Bühnenstücks (BGH **13**, 115), über die gemeins Errichtg eines gemeins zu bewohnden Hauses auf dem Grdst eines Partners (BGH WM **62**, 1086). – Ebso können **Interessengemeinschaften** bei gewollter Interessenverknüpfg gesellschaftsähnlich sein; Vorschr der GbR finden auf sie nur insoweit entspr Anwendg, als sich dies mit dem bes Charakter dieser RVerhältn verträgt (BGH ZIP **92**, 191: VerglGläub eines außergerichtl Vergl); idR nicht bei ZusArb zw Gemeinde u WohnbauUntern (BGH WM **83**, 1157). – Der **Automatenaufstellungsvertrag** ist in seiner RNatur nicht einheitl zu beurt. Maßgebd ist die Ausgestaltg im Einzelfall. Es kann sich um partiar Darlehn, G od gemischten Vertr handeln (vgl Einf 19 vor § 535). – Die Abgrenzg, um welches RVerh es sich handelt, ist oft schwierig, weil die Regeln der §§ 705 ff zumeist abdingb sind (vgl Rn 26–34). Soweit es keine G ist, können die ähnl Interessen die rechtsähnl Heranziehg einz Vorschriften der §§ 705 ff rechtfertigen, maßg ist stets der Einzelfall (BGH LM § 723 Nr 6). Anwendg des Grdsatzes der §§ 723, 626 auf Vertr mit längerer Interessenverknüpfg vgl § 626 Rn 1, Unterbeteiligg oben Rn 26–34. Nicht anwendb ist § 728 (RG JW **38**, 1025). – **Gesellschaftsreisen** u ReiseG sind idR keine Gesellschaften (vgl §§ 651 a ff). – Der **Belegarztvertrag** ist idR weder GVertr noch gesähnl Verh, §§ 553, 626, 723 sind aber entspr anwendb (BGH NJW **72**, 1128).

52   **12) Internationales Privatrecht** vgl EG Art 28 Rn 19. Bei Mehrstaatlichk der VertrPartner innerh der EG stellt die **Europäische Wirtschaftliche Interessenvereinigung** (EWIV, BGBl **88**, 514) für die grenzüberschreitde UnternKooperation eine neue Form einer PersGes zur Vfg. Ihr Zweck ist Erleichterg u Entwicklg der wirtsch Tätigk der Mitgl, nicht eig Gewinnerzielg. Sie ist selbst Träger von Rechten u Pfl ohne eig RPersönlk. Lit: Bach BB **90**, 1432, Gloria u Karbowski WM **90**, 1313, Klein/Blenkers DB **94**, 2224, Knoll u Schuppen WiB **94**, 889, 936, Lentner, Das Recht der EWIV, 1994, Müller-Guggenberger NJW **89**, 1449.

706   **Beiträge der Gesellschafter.** [I] Die Gesellschafter haben in Ermangelung einer anderen Vereinbarung gleiche Beiträge zu leisten.

[II] Sind vertretbare oder verbrauchbare Sachen beizutragen, so ist im Zweifel anzunehmen, daß sie gemeinschaftliches Eigentum der Gesellschafter werden sollen. Das gleiche gilt von nicht vertretbaren und nicht verbrauchbaren Sachen, wenn sie nach einer Schätzung beizutragen sind, die nicht bloß für die Gewinnverteilung bestimmt ist.

[III] Der Beitrag eines Gesellschafters kann auch in der Leistung von Diensten bestehen.

1   **1) Beitragspflicht. Beitragsarten. – a) Beiträge** heißen die zu bewirkden Leistgn von Gtern, **Einlagen** die bewirkten. Ob bei PersGleichh von Gtern u MitEigtümern eines von der G genutzten Grdst UmbauAufw, die im Interesse der G liegen, vereinbgsgem als GEinlage od als Leistgn zG der GrdstEigtümerGemsch behandelt werden sollen, hängt von den jeweil GesUmst ab. Sieht ein GVertr Geldeinlagen eines Gters nicht vor, so bedarf es einer nachträgl, den GVertr abändernden Vereinbg der Gter, um Aufw eines Gters für das gemschftl GeschGrdst den Charakter einer Geldeinlage zu geben (BGH WM **75**, 196).

2   **b)** Die **Beitragspflicht** jedes Gters ergibt sich schon aus § 705, kann aber bei einz abbedungen sein. Die TreuPfl, Schädigungen zu unterlassen, besteht als VertrFolge auch für sie. BeitrPfl nach Ausscheiden vgl § 739 Rn 1. – Kein LeistgsVR des Gters, der dch argl Täuschg zum Abschl des GVertr bestr worden ist, wenn die Leistg nicht ausschließl u auch nicht im wesentl dem Täuschden zugute kommt (BGH **26**, 335).

3   **c)** Im Zw **gleiche Höhe,** Grds der gleichm Behandlg der Gter. Gilt nicht, wenn die Gter die Best der Höhe im Vertr vorbeh haben, auch wenn sich dies nur aus der VertrAusleg ergibt (BGH BB **82**, 1327). In der **Bewertung** sind die Gter grdsätzl frei. Ein bes grobes MißVerh zw dem tats Wert der Sacheinlage u dem Betr, der dem Gter dafür in der EröffngsBilanz gutgebracht wird, kann aber ein sittenwidr, zum SchadErs verpflichtendes Handeln der begünstigten Gter darstellen (BGH WM **75**, 325).

4   **d) Arten:** Die Beitr können in einmal od wiederholten Leistgn, in Geld od in der Übertr od GebrÜberlassg von Sachwerten bestehen. Abs II enthält dazu zwei AusleggsRegeln; eine Vermutg, daß nicht vertretod verbrauchb Sachen zum Gebr überlassen werden sollen, enthält II nur (RG **109**, 381). Auch Dienst- (III) u WkLeistgen (BGH DB **80**, 731). Wird die DLeistg einem Gter unmögl, bleibt aber die Erreichg des GZweckes dennoch mögl, so kann die VertrAusleg ergeben, daß an die Stelle der ausfallden DLeistg eine entspr GeldLeistg zu treten hat (BGH DB **72**, 2201). Beitr können auch sein Bekanntgabe von Bezugsquellen (RG **95**, 150) od Vorteilen, auch bloße Unterlassgen.

5   **2)** Die **Leistung** der Beitr setzt GterPfl. Sie geschieht dch Zahlg, Übereignig, Überg, Dienstleistg usw. Für die Haftg gelten die §§ 445, 493 nur entspr, da LeistgsGrd keine Austausch-, sond Vereiniggsabrede ist (vgl § 705 Rn 8, 9), insb gelten auch die §§ 446, 447, 459 ff entspr. Für GebrÜberlassg gelten die §§ 535 ff entspr; über Gefahrtragg § 707 Rn 2. Für Dienstleistgen gelten die §§ 611 ff entspr, iF der SchlechtErf SchadErs wg pVV (BGH NJW **83**, 1188; vgl § 276 Rn 109). Erfindg eines Gters steht, auch wenn sie in Ausf von Diensten für die G gemacht worden ist, dem Gter als dem Erfinder zu, § 6 PatG; kein unmittelb Erwerb der G. Jedoch kann sich der Gter verpfl, künft Erfindg der G zu übertragen; od er kann auch – bei hinreichder Konkretisierg – VorausVfg treffen, dann erwirbt G unmittelb (BGH NJW **55**, 541). Das ArbnEG steht einer solchen Vereinbg nicht entgg; vgl auch § 611 Rn 151. – Mögl, im GVertr ein bes Entgelt auszubedingen (BGH **44**, 40), auch für Dienste. Dann echter AustauschVertr, also DienstVertr, KaufVertr, Miete usw. Über die Tätigk des besoldeten od unbesoldeten GeschFührers § 713 Rn 1. – Die Einlagen fallen in das GVerm, auch schon der Anspr auf sie; über Geltdmachg § 705 Rn 20, 21. Den Bes an einer der G zur Benutzg überlassenen bewegl Sache üben alle Gter gemschftl aus, sofern die Sachbeherrsch nicht tats nur einz Gtern überlassen ist (BGH **86**, 300). Nach GEnde Einziehg rückständ Beitr nur, soweit zur Liquidation erforderl, § 730 Rn 1.

707 *Erhöhung des vereinbarten Beitrags.* **Zur Erhöhung des vereinbarten Beitrags oder zur Ergänzung der durch Verlust verminderten Einlage ist ein Gesellschafter nicht verpflichtet.**

1) Allgemeines. Schützt den Gter vor unübersehb Risiken. Gilt, sow die Höhe der Beitr vereinb ist. Eine **1** abweichde Vereinbg, also Verpfl des Gters zum VerlustAusgl, muß aus dem GVertr in verständl, nicht nur versteckter Weise hervorgehen (BGH NJW **83**, 164). Gilt nicht, also NachschußPfl, sow die Höhe der Beitr nicht festgelegt ist u die Gter sich ausdr od stillschw verpfl haben, entspr ihrer Beteiligg an der G das zur Erreichg des GZwecks Erforderl beizutragen (BGH WM **79**, 1282). Sonst besteht ohne GterBeschl keine Verpfl der Mitgl, zG der notleidd gew G neue Verpfl zu übernehmen (BGH NJW-RR **89**, 993). – Mittelb Erhöhg der BeitrPfl ist auch, wenn ein Gter währd Bestehens der G einschl AuseinandS (BGH ZIP **89**, 852) auf Erf einer SozialVerpfl, zB TätigkVergütg für den geschf Gter (BGH BB **80**, 855) in Anspr gen wird, außer beim Verlangen auf anteilsmäß Ers einer getilgten GSchuld (BGH **37**, 299). Die Best im GVertr einer PublikumsG, die zur Erhöhg der Einl verpfl, ist iZw dahin auszulegen, daß die Erhöhg nur gefordert w kann, solange das zusätzl Kap dem GZweck zu dienen best ist (BGH JZ **79**, 190). Erhöhg der BeitrPfl auch dch MehrhBeschl, falls der Vertr solchen gerade auch hierfür vorsieht u die Grenzen festlegt. Die allg Geltg des MehrhGrdsatzes laut GVertr rechtfertigt dagg solchen Beschl noch nicht, da § 707 zu den GGrdlagen gehört (BGH WM **76**, 1053, § 705 Rn 5–7). § 707 gilt, mag auch der GZweck daran scheitern, § 726 (BGH WM **61**, 32). – Auch freiw einseit Erhöhg ist nicht mögl.

2) Geltung, Inhalt. – Die **Gefahr** der Einlage trifft die G; bei GebrÜberlassg allerd nur die Benutzgsgefahr, § 732 S 2, daher keine Pfl des Gters zur Erneuerg einer GebrEinlage. – § 707 gilt nur für die **Innenverhältnis der Gesellschafter** u nur währd Bestehens der G; nach Ende besteht NachschußPfl im Rahmen des § 735. Folge für Anspr des geschführenden Gters aus §§ 713, 670: währd Bestehens der G grdsätzl nur Haftg des GVermögens, nicht persönl Haftg der Gter (§ 705 Rn 22, 23). – **Den Gläubigern der Gesellschaft gegenüber,** auch dem Gesellschafter-Gläub bei Ansprüchen aus Drittverhältn, hat § 707 keine Bedeutg, § 718 Rn 8–11.

708 *Haftung der Gesellschafter.* **Ein Gesellschafter hat bei der Erfüllung der ihm obliegenden Verpflichtungen nur für diejenige Sorgfalt einzustehen, welche er in eigenen Angelegenheiten anzuwenden pflegt.**

1) Allgemeines. Grd: Die Gter wollen sich aGrd des pers VertrauensVerh so nehmen, wie sie sind (RG **1** **143**, 215). Abdingbar. BewLast: § 277 Anm 3a. Geltdmachg von SchadErsAnspr: § 705 Rn 20, 21.

2) Gilt nur für GterPflichten, wozu auch die befugte GeschFg gehört, selbst bei Sonderentgelt dafür; beim **2** Unf eines Gters in dem GFlugzeug bei einem Flug in Ausübg des GZweckes; zu dieser Auffassg neigt auch BGH MDR **71**, 918. Entspr anwendb auf die Partner einer nichtehel LebensGemsch (Oldbg NJW **86**, 2259).

3) Gilt nicht wg fehlenden VertrauensVerh beim nichtrechtsfäh Verein mit größerer MitglZahl trotz § 54 **3** (RG **143**, 215); iR einer PublikumsKG (BGH **69**, 207 u **75**, 321 für Mitgl des VerwRates u GeschF der Komplementär-GmbH); ferner nicht, wenn der Gter der G als Dritter ggütritt, was auch der Fall ist, wenn er als geschführder Gter in Überschreitg seiner GeschFgsBefugn eine gesellschfremde Hdlg vornimmt u der G deswg aus § 677 ff haftet (RG **158**, 312; aA Hueck, GRecht § 8 I 7). Gilt ferner nicht, soweit es zu den Pfl des Gters gehört, ein Kfz zu lenken; hier bleibt es bei den allg Vorschriften (BGH **46**, 313). Gilt nicht analog für die Gemsch, weil diese lose, oft zufäll Verbindg mit der selbstgewählten bei Gtern nicht vergleichb ist (BGH **62**, 243); ferner nicht für partiar Umsatzmiete (BGH BB **88**, 12).

Geschäftsführung, Vertretung (§§ 709–715)

Vorbemerkung

1) Geschäftsführungsbefugnis. – a) **Alle Gesellschafter gemschaftl** ist die ges Regelg in § 709 I (Ein- **1** stimmigkGrds). – Daneben regelt das G 3 Typenfälle, die dch G- od AbändergsVertr eingeführt werden können:

b) Stimmenmehrheit, dh Entschg zwar dch alle, aber nicht notw einstimm, § 709 II. **2**

c) Übertragung an einen oder an mehrere Gter. Folge: Ausschl der übr, § 710. Als **Unterart:** Übertragg an alle od mehrere derart, daß **jeder allein** zu handeln befugt ist, § 711.

d) Andere Regelungen sind mögl, zB BetrFührgsVertr, ManagementVertr, d h einen Dr in weitem **3** Umfang mit GeschFgAufg zu betrauen u ihn mit einer umfassden Vollm auszustatten (BGH **36**, 292), sofern sie nur selbst die organschaftl GeschFgs- u VertrBefugn behalten (BGH NJW-RR **94**, 98). Der RGrds der Selbstorgansch verbietet nur, sämtl Gter von der GeschFg u Vertretg auszuschließen u diese auf Dr zu übertr (BGH NJW **82**, 877, 1817). Der von den Gtern zur GeschFg u Vertretg bestellte Dr ist aus wicht Grd dch einf MehrhBeschl abberufb, auch wenn der GVertr dafür eine qualifizierte Mehrh vorsieht (BGH NJW **82**, 2495).

e) Bei Umwandlung einer OHG (KG) in bürgerlrechtl G inf Änderg des GZwecks (§ 4 II HGB) od inf **4** Löschg im HReg gelten die bisher GeschFg- u VertretgsBefugn iZw im Rahmen der neuen ZweckBest weiter (BGH NJW **71**, 1698; differenzierd Beyerle NJW **72**, 229, ebenf differenzierd u zur Haftg des bisher Kommanditisten Schmidt BB **73**, 1612); der Gesch Partner kann also mangels eines Hinw auf eine abw Vereinbg darauf vertrauen, daß die bisher Regelg weiter gilt, der GeschF also die BGB-Gter im früheren Rahmen als Komplementäre bzw Kommanditisten auch pers verpfl kann (BGH DB **87**, 1246). Ebso gilt die für KG gewollte GeschFgs- u VertretgsRegelg, falls eine KG gegründet, aber kr Ges ledigl als bürgerlrechtl G entstanden ist (BGH NJW **82**, 2495).

5   **2) Wesen der Geschäftsführung.** Sie ist Verwirklichg der GZwecke. Ihr **Umfang** wird begrenzt dch den vertragl GZweck; keine Beschrkg auf Hdlgen, die der „gewöhnliche Betrieb des Handelsgewerbes mit sich bringt" (wie in § 116 I HGB für die OHG), da die G des BGB keinen gewöhnl Betrieb kennt. Daher gehören auch Hdlgen ungewöhnl Art zur GeschFg, falls nicht zweck-, gesellschaftsfremd (RG **158**, 308). Die GeschFg kann rechtl u tatsächl Maßn umfassen. Über Interessenkollision unten Rn 15. Ändergen des Bestandes od der Organisation, also der Grdlagen der G (vgl § 705 Rn 5–7), gehen über den Umfang der GeschFg hinaus, sie sind VertrÄnderg, bedürfen daher der Zust aller; von Bedeutg, falls die GeschFg abw von oben Rn 1 geregelt ist. Die Eingeh eines gesellschfremden Gesch im Einzelfalle (§ 708 Rn 3) ist Überschreitg der GeschFg u bedarf daher stets der Zust aller; bei allg Geltg des MehrhGrdsatzes ist sie aber durch MehrhBeschl mögl, falls darin keine Umgestaltg der vertragl GGrdlagen liegt. GeschFg ist auch die Einziehg von Beiträgen, ebso die von Nachschüssen nach GEnde, § 735, § 705 Rn 17, 20, 21. – Über Anspr gg noch amtierende geschäftsführde Gter § 713 Rn 4–9.

6   **3) Mitwirkung bei der Geschäftsführung. – a)** Die **Befugnis** der Gter ist in allen Fällen (oben Rn 1–3) Ausfluß ihrer pers Mitgliedsch (BayObLG DB **91**, 33), ein dch den GVertr begründetes Sonderrecht (Kblz WM **86**, 590), daher nicht insges auf einen Dritten übertragb (vgl vorstehd Rn 3, auch § 705 Rn 24). GeschFg begründet auch in den Fällen oben Rn 2, 3 kein Auftr- oder DienstVerh. Die GeschFgBefugn ist dazu best, dem Interesse der G zu dienen, es handelt sich nicht um ein eigennütz R zur Wahrg individueller Belange (BGH NJW **72**, 862).

7   **Änderung der Mitwirkung an der Geschäftsführung** ist Änderg der GesellschGrundlagen (vgl § 705 Rn 5–7). Das gilt auch für die Entziehg der GeschFgsBefugn, u zwar unbdgt für die kr der ergänzden gesetzl Regelg bestehde GeschFg durch alle gemschaftl, § 709 I, sowie für die dch alle unter Geltg des MehrhGrdsatzes, § 709 II. Entziehg ist hier also insb nicht ohne Zust des Betroffenen mögl. Dagg ist die Entziehg der übertr GeschFg, §§ 710, 711, nach zwei Richtgen erleichtert: entziehgsberecht sind die „übrigen" Gter, u zwar auch die von der GeschFg ausgeschl, § 710, denn die Entziehg ist nicht Akt der GeschFg; daß der Betroffene dabei nicht mitwirkt, folgt aus dem Gedanken der Interessenkollision, Rn 15. Ferner genügt hier, anders als sonst bei Grdlagenänderg, schon die allg im GVertr bedungene Geltg des MehrhGrds, um der Mehrh dieses Recht zu geben, § 712. – Der Beschl ist dem Betroffenen bekannt zu geben; vgl auch die Regelg § 737 S 3.

8   **b) Mitwirkungspflicht** besteht für alle von der GeschFg nicht ausgeschl Gter, nicht allerd ist Pfl die Übern einer bes GeschFg. MitwirkgsPfl bedeutet, daß ein Gter nicht beharrl den GterVersammlgen fernbleiben u Beschlüsse dch bloße Passivität verhindern darf. Sie bedeutet nicht, daß er gewünschten GeschFgMaßn zustimmen muß, allerd muß er seine AblehngsGrde offenlegen, so daß ein MeingsAustausch über die Zweckmäßigk der Maßn stattfinden kann. Allerd kann das R, die Zustimmg aus eig Erm aus ZweckmäßigkGrden zu verweigern, dch beharrl Blockierg von GterBeschlüssen verwirkt werden (BGH NJW **72**, 862). Ledigl bei einstimm GeschFg besteht ausnahmsw eine Pfl zur Zust, sow es sich um notw Maßn iS des § 744 II handelt od wenn der Gter keinen vertretb Grd für die Ablehng angibt, obwohl GZweck u GInteresse die Maßn erfordern
9   (BGH aaO). **Bei Verfehlungen:** Grdsätzl Klage auf Zustimmg zu best Maßn hat keinen Erfolg (BGH WM **86**, 1556), sow die Zust reine ZweckmäßigkFrage ist; sie hat Erfolg nur, sow eine Pfl zur Zust besteht od sow die Weigerg ein Treueverstoß ist (BGH **44**, 41). Ferner sind mögl Entziehg der Befugn, sowie Künd des GVertr, § 723, ferner Ausschl, § 737, Pfl zum SchadErs, § 713 Rn 9. – Die Künd der GeschFg dch den geschführden Gter ist, anders als nach § 671, nur beschr mögl, § 712 II (nicht in den Fällen des § 709 I, II).

10   **4) Geschäftsführung und Vertretung. – a) Geschäftsführung** (§§ 709–713) betrifft nur das **Innenver-hältnis** der Gter als solcher zueinand. Die Geltdmach von Anspr der GesHand gg den einz Gter, auch auf Leistg der Beitr, gehört zur GeschFg (vgl § 705 Rn 20, 21). Soweit ein Gter Anspr der Geshand gg Gter (§ 705 Rn 21) od gg Dritte (§ 709 Rn 1, 2), die an sich Sache der GeschFg sind, allein im eigenen Namen erhebt u erheben kann, wird er iR der ihm zustehden Mitwirkg an der Verw (§ 705 Rn 24) tätig. Hierauf sind die Regeln der GeschFg entspr anwendb.

11   **b) Vertretung.** Ob u wieweit der geschführde Gter **nach außen**, im rgeschäftl Verk mit Dr, mit unmittelb Wirkg für die Gter handeln kann, ist eine Frage der Vollm, geregelt im GVertr u in §§ 714, 715. Vertretg liegt auch vor, wenn der GeschF namens der GesHand in ein DrittVerh zu einem Gter tritt, zB bei Kauf, Darl.

12   **5) Gesellschafterbeschlüsse. – a)** Ihre **Herbeiführung** ist Aufgabe der GeschFg. Lädt sie nicht zur GterVersammlg ein, so kann der einz Gter dies wirks tun, jedenf wenn er die Einberufg berecht verlangen konnte (BGH **102**, 172). Sie können innerhalb des Rahmens der Geschäftsführung vorkommen, aber auch darüber hinaus; so in Bezug auf die GGrdlagen (§ 705 Rn 5–7), ferner bei Einzelüberschreitg des GZwecks (oben Rn 2). § 32 I 2 ist jedenf dann nicht anwendb, wenn das EinstimmigkPrinzip nicht abbedung ist (BGH ZIP **94**, 1523). Falls nichts and im GVertr vereinb ist, ist Einstimmigk nötig. Das ist für Beschl bei der GeschFg in § 709 I ausgesprochen, für and folgt es aus § 705. Stimmenmehr genügt nur, wenn vereinb. Geltgsumfang solcher Vereinb vgl § 705 Rn 5–7. Sowohl bei Geltg des Einstimmigk- als auch des MehrhGrds können Beschl, wenn sie sich gg einen best Gter zu richten haben, iF der Interessenkollision Sache nur der „übrigen" sein, §§ 712, 737 (vgl unten Rn 15).

13   **b) Rechtsnatur des Beschlusses.** SozAkt der körperschaftl Willensbildg dch einstimm od MehrhEntsch, bei dem jeder Gter sein R auf Mitgestaltg u MitVerw der GAngelegenh wahrnimmt. Vertretg des einen Gters dch einen and bei Beschl über Maßn der GeschFg u sonst gemeins GAngelegenh im Rahmen des bestehden GVertr fällt desh nicht unter § 181 (BGH BB **75**, 1452). – Der Beschl gestaltet im allg nur innere RVerhältn der G, zum rechtsgeschäftl Verk mit Dritten bedarf es meist bes AusführgsRGesch. Der Beschl bedarf, wenn er von den „übrigen" (vgl oben Rn 12) gefaßt wird, der Bekanntgabe an den Betroffenen, § 737 S 3.

14   **c) Stimmrecht** ist Recht zur Mitwirkg an der Verw (vgl § 705 Rn 24). Ausfluß des MitgliedschR, daher nicht übertragb auf Dritte (BGH **36**, 293). Stellvertretg dch einen and Gter od einen Dr bei der Ausübg ist

grdsätzl unzuläss, Ausn bei trift Verhinderg sind mögl. Die Grenzen für die Zuziehg von sachverst Beratern sollten nicht so eng gezogen werden (eingehd mit Nachw Saenger NJW **92**, 348). Stimmabgabe ist WillErkl, daher anfechtb. – Die Vereinbg, das StimmR in best Weise auszuüben, ist iR der allg Normen zul (BGH NJW **51**, 268); sie ist schuldrechtl bindd. Auch Klage auf Erfüllg u Vollstreckbark des LeistgsUrt nach § 894 ZPO (BGH **48**, 163). Da Schad häuf schwer nachweisb, empfiehlt sich Vereinbg einer VertrStrafe. Ohne bestehde Vereinbg ist Einwirkg auf Beschlußfassg in der GterVersammlg selbst dch einstw Vfg grds unzuläss (Ffm BB **82**, 274; krit Gerkan ZHR **85**, 167); ebso Untersagg der StimmRAusübg (Kblz NJW **91**, 1119). And zur Dchsetzg von StimmbindgsVertr (Kblz NJW **86**, 1693, Stgt NJW **87**, 2424) u bei Verpfl zur Ausübg in best Weise aGrd GVertr od gesellschrechtl TreuePfl (Hbg NJW **92**, 186). Der GVertr kann vorsehen, daß die Stimmabgabe eines FamStammes einheitl zu geschehen hat. Dann ist jedes Mitgl des Stammes zur MitWirkg verpfl und hat iF einer MehrhEntsch innerh des Stammes darzulegen, aus welchen konkr sachl Grden diese Entsch nicht haltb sei (Düss NJW-RR **95**, 171). – Die Stimmabgabe hat zu entfallen (Abgabe wäre unwirks) bei **Interessenkollision** (BGH **102**, 172). Wann diese vorliegt, bestimmt sich nach **15** § 181 u §§ 157, 242. Da bes Vorschr fehlen, sind die Vorschr des Rechts der rechtsfäh Körpersch (§ 34, AktG § 136 I, GmbHG § 47 IV, GenG § 43 VI) entspr anzuwenden (RG **162**, 373). Beispiele: BeschlFassg über Prozeßführg gg einen Gter; dagg hat der Gter StimmR, wenn ihm die GeschFg (vgl § 710) übertr werden soll (RG **104**, 186); and bei ihrer Entziehg (BGH NJW **69**, 1483, BGH **102**, 172). – Eine gesetzl Auswirkg des Gedankens der Interessenkollision ist das Stimm- u ErklärgsR nur der „übrigen" in den Fällen §§ 712, 737. Die gesellschrechtl TreuePfl kann bei notw einstimm od MehrhBeschl, wenn ein wicht Grd zur Abberufg des GeschF besteht, zu der Verpfl führen, in diesem Sinne zu stimmen (BGH **102**, 172). Der Gedanke der Interessenkollision hat Wirkg über die BeschlFassg im eigentl Sinne hinaus: bei der Geltend-machg eines Anspr der GesHand gg einen Gter, insb der Prozeßführg, braucht dieser nicht auf der Seite der AnsprErhebden zu stehen u kann sie gar nicht, die GesHand wird hier vielm durch die „übrigen" darge-stellt. Daß der Anspr aber ein solcher der GesHand ist, zeigt sich darin, daß er auf Leistg an alle geht, also in das GVerm, an dem auch der Pflichtige teilhat (BGH NJW **60**, 433; vgl auch § 713 Rn 8, anderers dort Rn 5). Ebso muß bei Anspr eines Gters gg die Gesamthand zur Vollstr in das GVerm trotz ZPO § 736 ein Titel gg die übr genügen.

d) Wirksamkeit. Der Beschl ist nichtig bei Unsittlichk od wenn bei Geltg des MehrhGrds die Minderh **16** dch Nichtanhörg vergewaltigt wird (RG **151**, 326). War zur GterVersammlg ein Gter versehentl nicht eingeladen, so ist ein Beschl nur dann unwirks, wenn das Fehlen des Gters das AbstimmgsErgebn beeinflußt haben kann, od wenn der Gter aGrd seiner gesellschrechtl TreuPfl anzuhören gewesen wäre. Bei Streit über die Wirksamk ist FeststellgsKl zul (BGH WM **92**, 57). Wer sich auf die Nichtigk beruft, muß in einz alle konkr Umst darlegen, aus denen sich die Nichtgk od zumind ein begründeter Zweifel an der Wirksamk des Beschl ergibt; die übr müssen dann beweisen, daß diese Umst nicht vorgelegen haben (BGH NJW **87**, 1262).

709 **Gemeinschaftliche Geschäftsführung.** [I] **Die Führung der Geschäfte der Gesellschaft steht den Gesellschaftern gemeinschaftlich zu; für jedes Geschäft ist die Zustimmung aller Gesellschafter erforderlich.**

[II] **Hat nach dem Gesellschaftsvertrage die Mehrheit der Stimmen zu entscheiden, so ist die Mehrheit im Zweifel nach der Zahl der Gesellschafter zu berechnen.**

1) Vgl zunächst Vorbem 1–16 vor § 709. – **a) Regelfall des Abs I** betrifft die gemschaftl GeschFg dch alle **1** Gter, Grds der **Einstimmigkeit.** Daß der Grds auch über die GeschFg hinaus gilt, folgt aus § 705 (vgl dort Rn 5–7). – Anders HGB § 115 I: jeder Gter hat allein GeschFgsBefugn, Erleichterg für den Handelsverkehr. – Einstimmigk od Handeln des einen unter stillschw Billigg der anderen. SonderAuftr kann an einen Gter od an Dr sind mögl. Bei Notfällen gilt § 744 II entspr (BGH **17**, 181). Der Handelnde ist dann weder GeschF noch Vertreter, sond handelt kr VerwR im eig Namen u hat Anspr auf AufwErs, § 748 (vgl Vorbem 11 vor § 709).

b) Grundsatz: Liegt kein Notfall des § 744 II vor, können die Gter nur **gemeinsam** tätig werden, also **2** auch nur gemeins gg einen GSchuldner vorgehen (BGH DB **79**, 979), notw Streitgenossensch § 62 I 2. Fall ZPO (BGH WM **64**, 1086). Ausnahmsw EinzKlBefugn eines Gters mit dem Verlangen der Leistg an die GesHand, wenn die and Gter ihre Mitwirkg aus gesellschwidr Grden verweigern u zudem ggf der verklagte GSchu an diesem Verhalten beteiligt ist (BGH **39**, 14, NJW **73**, 2198, NJW **85**, 2830, WM **88**, 12; ähnl MüKo/Ulmer Rdn 169ff, RGRK/v Gamm Rdn 23, Soergel–Hadding Rdn 48–50). Die übr Gter haben ein rechtl Interesse daran, in einem RStreit feststellen zu lassen, ob die GFdg geltd gemacht werden soll. Auch das Interesse des GSchuldners verlangt, daß er nur von allen Gtern herangezogen wird, da er in aller Regel nicht prüfen kann, ob der klagde Gter auch im Interesse der G handelt; außerd kann für ihn nachteil sein, daß die and Gter das Urt nicht gg sich gelten zu lassen brauchen. Mit Ermächtigg der übr Gter kann einer von ihnen allein im eig Namen u auf eig Rechng einen Anspr der GesHand in ProzGeschFührg geltd machen, wenn er daran ein eig schutzwürd Interesse hat; dies auch, wenn er aGrd seiner GeschFührgsBefugn den Anspr als Vertr der übr einklagen könnte (BGH NJW **88**, 1585). In einer PublikumsG genügt die Verklagg des TrHänders in ProzFührgsBefugn für die Gter, deren Rechte u Pfl er wahrnimmt; das Urt wirkt für u gg sie (Kln NJW-RR **94**, 491, Tho–Pu § 325 Rn 4). Vorstehde Grds gelten auch im Stadium der AuseinandS (Zweibr OLGZ **73**, 316).

2) Abs II. Mehrheitsgrundsatz gilt, wenn vertragl ausbedungen. Eine derart allg VertrBestimmg **3** bezieht sich nur auf Beschl über die GeschFg u über laufde Angelegenh (BGH NJW **85**, 2830; vgl § 705 Rn 5, 6). Überschreitg des GZwecks dch die Mehrh im Einzelfalle vgl Vorbem 5 vor § 709. – Berechng der Mehrh iZw nach Köpfen, nicht nach Einlagehöhe. – Die gesellschvertragl Bestimmg einer Sperrminorität unter-liegt bei PublikumsG der richterl Inhaltskontrolle (BGH WM **83**, 1407). Die versehentl Nichteinladg eines

PublikumsGters führt nicht zur Unwirkskt eines Beschl der Gter Versammlg, wenn sicher feststeht, daß er nicht auf diesem Mangel beruht (BGH aaO).

710 *Übertragung der Geschäftsführung.* Ist in dem Gesellschaftsvertrage die Führung der Geschäfte einem Gesellschafter oder mehreren Gesellschaftern übertragen, so sind die übrigen Gesellschafter von der Geschäftsführung ausgeschlossen. Ist die Geschäftsführung mehreren Gesellschaftern übertragen, so finden die Vorschriften des § 709 entsprechende Anwendung.

1   Allg zur GeschFg vgl Vorbem 1–16 vor § 709. – **Übertragung** der GeschFg, auch nach TätigkBereichen, an einen od mehrere Gter ist in Abweichg von § 709 mögl. – **Folge:** Ausschl der and. Die übr Mitwirkgs-Rechte an der Verw bleiben ihnen, insb aus §§ 712 I, 716, 723. – Erlöschen der übertr GeschFg mit Auflösg der G, § 730 II, alle Gter sind dann gemschaftl geschführgs- u vertretgsberecht (§ 730 Rn 2). – Übertr (Auftr) an Dr gehört nicht hierher (vgl Vorbem 6, 7 vor § 709). – Satz 2: vgl § 709.

711 *Widerspruchsrecht.* Steht nach dem Gesellschaftsvertrage die Führung der Geschäfte allen oder mehreren Gesellschaftern in der Art zu, daß jeder allein zu handeln berechtigt ist, so kann jeder der Vornahme eines Geschäfts durch den anderen widersprechen. Im Falle des Widerspruchs muß das Geschäft unterbleiben.

1   Allg zur GeschFg vgl Vorbem 1–16 vor § 709. Ist von allen (§ 709) od mehreren (§ 710) GeschF jeder allein handlgsberecht, so kann jeder zur GeschFg berufene Gter der Vornahme eines Gesch widersprechen. Der Widerspr muß vor Vornahme erkl werden, er ist unwirks bei Treuverstoß. Er hat wg § 714 im Hinbl auf den Vertrauensschutz für Dritte **keine Außenwirkung,** ihnen kann der Widerspr nur nach den Grds des VollmMißbr entgg gehalten werden (BGH **16,** 394, MüKo/Ulmer Rdn. 14). – § 711 ist nicht zwingd.

712 *Entziehung und Kündigung der Geschäftsführung.* ᴵ Die einem Gesellschafter durch den Gesellschaftsvertrag übertragene Befugnis zur Geschäftsführung kann ihm durch einstimmigen Beschluß oder, falls nach dem Gesellschaftsvertrage die Mehrheit der Stimmen entscheidet, durch Mehrheitsbeschluß der übrigen Gesellschafter entzogen werden, wenn ein wichtiger Grund vorliegt; ein solcher Grund ist insbesondere grobe Pflichtverletzung oder Unfähigkeit zur ordnungsmäßigen Geschäftsführung.

ᴵᴵ Der Gesellschafter kann auch seinerseits die Geschäftsführung kündigen, wenn ein wichtiger Grund vorliegt; die für den Auftrag geltenden Vorschriften des § 671 Abs. 2, 3 finden entsprechende Anwendung.

1   **1)** Allg zur GeschFg vgl Vorbem 1–16 vor § 709.

2   **2) Entziehung** dch Beschl (vgl Vorbem 12–16 vor § 709). Auch bei der ZweimannG ist Entziehg dch den and mögl (RG **162,** 83), anders iF des Ausschl aus der G, § 737. Wichtiger Grd vgl § 723. Bei langjähr Beziehgen ist bes sorgfält Abwägg nöt (BGH WM **67,** 417 zu §§ 117, 127 HGB). – **Folge:** wird auch nur einem die Befugn entzogen, so tritt mangels vertragl Vereinbg die Regelg des § 709 ein (Mü DRZ **50,** 280, Soergel-Hadding Rdn 4; aA MüKo/Ulmer Rdn 17). – Versagen Gter treuwidr ihre Mitwirkg zu der Entziehg, so können sie sich schadersatzpfl machen (RG **162,** 397). – Verzicht auf EntziehgsR unwirks. – Entziehg der Vertretg: § 715.

3   **3) Kündigung** der GeschFg (aA K. Schmidt Betr **88,** 2241: Der Verpfl zur GeschFg) dch GeschF nur aus wicht Grd, § 671 I gilt nicht. Wirkg: Mit dem Zugang enden GeschFgsR, -Pfl u VertrBefugn (§ 714).

713 *Rechte und Pflichten der geschäftsführenden Gesellschafter.* Die Rechte und Verpflichtungen der geschäftsführenden Gesellschafter bestimmen sich nach den für den Auftrag geltenden Vorschriften der §§ 664 bis 670, soweit sich nicht aus dem Gesellschaftsverhältnis ein anderes ergibt.

1   **1) Allgemeines.** Die GeschFg der Gter ist Ausfluß ihrer pers Mitgliedsch (näher: Vorbem 6, 7 vor § 709). Auch Vereinbg einer festen Vergütg begründet keinen DVertr (MüKo/Ulmer § 709 Rdn 32), allenf entspr Anwendg der dafür geltden RRegeln (BGH WM **63,** 460). § 708 anwendb. Erhöhg der Vergütg ist Änderg des GVertr (BGH BB **67,** 143). Pfl eines Gters, einer solchen Erhöhg zuzustimmen, nur ausnahmsw (BGH **44,** 40). Ohne Vereinbg kein Vergütg für GeschFührer (BGH BB **58,** 654). – Nach § 713 gilt ergänzd AuftrR, abgesehen von der Dauer, § 712 statt § 671. – Überschreitet der geschführde Gter seine GeschFgs-Befugn zum Nachtl der G, so liegt darin eine pVV (BGH NJW-RR **89,** 1255), § 708 gilt nicht, da er insow nicht in Erf einer gesellschaftl Verpflichtg gehandelt hat (RG **158,** 312). – Auch echte Drittverhältn zw GesHand u Gtern sind mögl (§ 718 Rn 8–11). Sow es sich hierbei um GeschBesorggen handelt, sind die §§ 662 ff, 675 unmittelb anzuwenden, allerd mit den Besonderh, die sich aus der gesellschsrechtl Verbundenh der Partner ergeben (vgl Rn 2–14).

2   **2) Die anwendbaren Vorschriften. – a) § 664. Keine Übertragung** der GeschFg auf Dritte außer bei Gestattg.

3   **b) § 665. Weisungen.** Da Mitwirkg an GeschFg SonderR ist, sind nur Weisgen im GVertr, solche bei Übertr der GeschFg u in einer GterVers wirks beschlossene (MüKo/Ulmer Rdn 6) bindd.

4   **c) § 666. Informationspflichten** des GeschF. Nachricht, Ausk über Stand, sowie RechenschAblegg, letztere erst nach Ende der GeschFg des Gters od bei GEnde, bei DauerGten iZw auch am Ende jedes

GeschJahres (vgl § 721 I, II, unten dd). Die AuskPfl besteht auch über Gesch, die mit Billigg der and Gter nicht od nicht richt verbucht worden sind (BGH WM **72**, 1121). – **aa) Anspruch der Gesamthand der 5 Gesellschafter** (§ 705 Rn 20, 21), geltd zu machen von der Gesamth der übrigen auf Leistg an diese. Auch der einz Gter ist berechtigt, diese Anspr allein, gerichtet auf Leistg an sich u die and Gter, geltd zu machen (§ 705 Rn 20; RGRK/v Gamm Rdn 5). Bei der ZweimannG also Klage des zweiten auf Leistg an sich selbst, denn der GeschF bedarf der Unterrichtg nicht. Sind außer dem Verpflichteten noch einer od mehrere zur GeschFg vorh – für die Zeit nach GEnde vgl dazu aber § 730 II, 2 –, so haben diese den Anspr kr ihrer GeschFgsBefug für die übr geltd zu machen. – **bb)** Für den **Inhalt der Rechenschaftsable- 6 gung** gilt § 259: Mitteilg einer geordneten Rechng u Vorlegg von Belegen. Für ihre Herausg gilt unten d. Bei größerem Umfang der Gesch muß aber nach § 242 Bezug auf die GeschBücher u -papiere u ihre Vorlegg genügen (RGRK/v Gamm Rdn 3 unter Hinw auf § 716). Genereller vertragl Ausschl ist bei Gesellsch mit erhebl VermWert unwirks (BGH WM **65**, 710). – Ob den GeschF eine BuchführgsPfl trifft, bestimmt sich nach den Umst. – Über Rechngslegg in bezug auf die schwebden Geschäfte vgl § 740 Rn 1. – **cc) Unabhängig von §§ 713, 666** kann der einz Gter im eig Namen bei GEnde, bei DauerGten auch zum 7 Schlusse jedes GeschJahres, nicht also bei bloßem Ende der GeschFührertätigk, ggü allen übr, auch den von der GeschFg ausgeschl Gtern, auf RechngsAbschl dringen u dessen Mitteilg an ihn selber von diesen verlangen, §§ 721 I, II, 730, 738. Der Anspr schließt den auf Rechngslegg selbst in sich (BGH WM **65**, 710). Soweit die Bekl nicht selbst Gesch geführt haben, haben sie die Legg der Rechng durch die geschführenden Gter zu veranlassen u ggf einschließl des Fordernden dafür einzustehen. Der Anspr geht hier nicht auch auf Nachricht u Ausk, wie nach §§ 713, 666, dafür besteht der Schutz des § 716. Der RechngsleggsAnspr ist hier Hilfs-(Vorbereitgs-)Anspr der EinzelAnspr auf Gewinnverteilg, AuseinandS, Abfindg u Zahlg der Gutha-ben; er muß als solcher deren Schicksal teilen. – Außerdem besteht unabhäng von §§ 713, 666 das Unter-richtgs- u NachprüfgsR jedes Gters nach § 716, gerichtet auf bloßes Gewährenlassen gg die übr.

d) §§ 667, 668. Herausgabepflicht, Verzinsung. Für die AnsprBerechtigg gilt Rn 5–7, jedoch mit dem 8 Unterschied, daß die Leistg nicht an die übrigen (Rn 5), sond nur an die GesHand einschl des Pflichtigen gefordert werden kann; auch er hat Teil an der dadch erfolgten Vermehrg des GVermögens. Das gilt übrigens auch für die Herausg der Belege beim Verlangen der Rechngslegg (Rn 5). Der Unterschied ist von bes Bedeutg bei der ZweimannG.

e) Anspruch gegen den geschäftsführenden Gesellschafter aus Verschulden bei Geschäftsfüh- 9 **rung,** zB schuldh Schädigg der G, Säumnisse, Verweigerg der Mitwirkg. Ergibt sich nicht aus § 713 (§ 662 ist nicht genannt), sond folgt aus §§ 705, 276 iVm 708 (Köln NJW-RR **95**, 547). Es sind Anspr der GesHand auf Leistg an diese (BGH NJW **60**, 433), geltd zu machen grdsätzl von den übr, wie zu Rn 8, aber auch von einem einz Gter (§ 705 Rn 20, 21), auch noch im LiquidationsVerf (§ 730 Rn 6). Der klagde MitGter braucht nur zu beweisen, daß der G dch eine Hdlg od Unterl des geschführden Gters ein Schad entstanden ist; dieser hat seiners nachzuweisen, daß er seine Pfl als GeschF getan hat od daß der Schaden auch sonst eingetreten wäre (RGRK/v Gamm Rdn 5).

f) § 669. Vorschußanspruch. Es gilt unten Rn 11. Der Anspr richtet sich mangels anderweit Vereinbg 10 bis zur Auflösg der G gg die GesHand, nicht anteil gg die Gter pers.

g) § 670. Anspr auf **Ersatz der Aufwendungen,** auch der Schäd (vgl § 670 Rn 8–13). Verpfl ist die 11 GesHand der Gter (BGH **37**, 301 zu § 110 HGB). Erstattgsfäh jedoch nur solche Aufw, die der GeschF für erfdl halten durfte. Er darf desh nur Aufw machen, für die des GVerm aufkommen kann; bei Überschreitg Anspr allenf aus ungerechtf Ber (BGH NJW **80**, 339). Die ArbLeistg des GeschF ist keine Aufw (Kblz WM **86**, 590). – **aa) Befriedigung aus dem Gesellschaftsvermögen** ist alsbald mögl, Titel gg die übr genügt 12 (Vorbem 14, 15 vor § 709). Zum GVerm gehört auch der Anspr auf rückständ Beitr. – Nach GEnde kann der GterGläub dagg Befriedig aus dem GVerm nur im Wege der AuseinandS suchen, dagg nicht gesondert vorgehen (§ 733 Rn 2 und BGH **37**, 304); anders der GterGläub aus DrittVerh (§ 718 Rn 10). – **bb) Ein** 13 **Anspruch gegen jeden der übrigen Gesellschafter persönlich** auf anteil (§ 735) Leistg aus dem eig Verm ist währd Bestehens der G einschl AuseinandS (BGH ZIP **89**, 852) grdsätzl nicht gegeben. Das folgt aus dem Zweck des GVermögens sowie der Begrenzg der BeitragsPfl im GVertr, § 707 (BGH **37**, 301; vgl auch §§ 721, I, II, 735 VerlustDeckgsPfl erst nach GEnde). Anders bei Vereinbg, die auch stillschw getrof-fen od aus dem GZweck zu entnehmen sein kann (RG **151**, 328). Zahlt ein Gter aus eig Mitteln eine Schuld der G, zB um der Klage od Vollstr gg sich zu entgehen, so hat er, außer bei andweit Vereinbg, wenn der G liquide Mittel hat zur Verfügg stehen, od nach seinem Ausscheiden aus der G einen anteil AusglAnspr aus § 426 I (BGH NJW **80**, 339), auch gg inzw dch AnteilsÜbertr ausgeschiedene Gter, sow nicht der Anteilser-werber mit befreiender Wirkg die Verbindlk des Ausgeschiedenen übernommen hat (BGH NJW **81**, 1095). § 707 steht nicht entgg, da der Zahlde dessen Geltg auch für sich selbst ins Feld führen kann. – **cc) Für** 14 **sonstige Einzelansprüche** von Gtern gg die GesHand (vgl § 705 Rn 22, 23) gelten ebenf die Regelgen oben Rn 12, 13.

714 **Vertretungsmacht.** Soweit einem Gesellschafter nach dem Gesellschaftsvertrage die Befugnis zur Geschäftsführung zusteht, ist er im Zweifel auch ermächtigt, die anderen Gesellschafter Dritten gegenüber zu vertreten.

1) Allgemeines. Gemschaftl Handeln aller Gter im RVerkehr mit Dr ist Selbsthandeln der GesHand, 1 keine Vertretg. Das Ges sieht eine gesetzl Vertretg der übr Gter dch einen von ihnen nicht vor. Mögl ist, rgeschäftl Vertretgsmacht **(Vollmacht)** zu schaffen (BGH **74**, 240). Eine solche knüpft das G mangels abw Regelg, meist im GVertr, generell an die einem Gter übertragene GeschFgsBefug, § 714 (RA-Sozietät, ärztl GemschPraxis vgl § 705 Rn 38). Soweit seine Vollm reicht, berecht u verpfl der vertretgsberecht Gter die GesHand der Gter, in der er auch steht. Soweit die Vollm fehlt, gelten §§ 177, 179 u die Grdsätze der RScheinsVollm. Mögl ist auch bes Vollm an Gter od Dr für best Gesch oder Arten von Gesch (BGH NJW **83**, 2498), nicht aber globale Übertr der Vertretgsbefugn auf einen Dr (BGH **36**, 293). Dch rgeschäftl Vollm befugte GesamtVertr können einzelne von ihnen zur Vornahme best Gesch od best Arten von Gesch ermächtigen; die Ermächtigg eines GesamtVertr zur Alleinvertretg darf aber nicht einen derart Umfang haben, daß sie tatsächl einer allg Ermächtigg gleichkommt (BGH ZIP **86**, 501). VertretgsBefugn bei OHG (KG), die sich in bürgerechtl G umgewandelt hat, vgl Vorbem 4 vor § 709.

2   **2) Bestand und Umfang der Vollmacht** ist iZw an die GeschFgsBefugn geknüpft, § 714 (vgl Vorbem 10, 11 vor § 709). Danach braucht ein geschführder Gter nicht notw Vollm zu haben, ein bevollm Gter nicht notw GeschF zu sein. Zum Umfang der Vollm vgl Rn 1. Tritt eine G, die kein Handelsgewerbe betreibt, im RVerk als HandelsG auf, obwohl sie als solche mangels Eintr im HandelsReg noch nicht entstanden ist, müssen sich die Gter, die dem zugestimmt haben, ggü einem auf den RSchein vertrauden GeschPartner so behandeln lassen, wie wenn sie Gter einer HandelsG wären (BGH **61**, 59 u NJW **80**, 784). Zur GeschFg u daher zur Vertretg gehört im allg auch die Prozeßführg. Der vertretgsberecht Gter hat daher ProzeßVollm für Prozesse namens der GesHänder (RGRK/v Gamm Rdn 10). Keine Außenwirkg des Widerspruchs (§ 711 Rn 1). Überschreiten der Vollm ist ggü den Gtern ohne Wirkg, vgl aber unten Rn 5. Ein Überschreiten ist auch der Mißbr der Vollm, so bei ZusSpiel mit dem Dr, auch schon bei dessen fahrl Unkenntn (RG **145**, 314). Bei Interessenkollision (Vorbem 15 vor § 709) entfällt die Vertretgsmacht des betroffenen Gters. Nöt ist dann GesHandeln aller übr Gter (RGRK/v Gamm Rn 1), bei der 2 MannG des and Gters (einschränkd BGH NJW-RR **91**, 1441). PassVertretg vgl § 167 Rn 14. Genehmigg vollmachtl Handelns nach § 177 ist iF der folgden Abtretg des Anteils dch den RNachfolger (BGH **79**, 374) mögl.

3   **3) Wirkung. – a) Umfang.** Der bevollm Gter berechtigt od verpflichtet die GesHänder nach §§ 420, 431, 427, also bei Vertr iZw als GesamtSchu, auch mit ihrem eig Verm (vgl § 718 Rn 8ff), wenn er erkennb in ihrem Namen auftritt od es sich um ein Gesch „für wen es angeht" (§ 164 Rn 8, 9) handelt. Wenn nicht, verpfl u ber er sich selbst, zur Berechtigg der G sind dann OffertAkte nötig (vgl § 718 Rn 3).

4   **b) Vertragliche Haftungsbeschränkung.** Eingehd Hadding FS Rittner S 133, Gummert ZIP **93**, 1063, Wellkamp NJW **93**, 2715. Die Haftg der vertretenen Gter kann dch Abrede mit dem Dr auf das GVerm beschr werden (GesHandsschuld). Die G ist dann der KG angenähert. Ist die Beschrkg der Haftg auf das GVerm im GVertr vereinb, so beschr sie die VertretgsBefugn des geschführden Gter, auch bei InsichGesch (BGH BB **90**, 1085). Im Verh zu Dr ist diese Beschrkg nur wirks, wenn sie bei Prüfg – etwa dch Vorlegg des GVertr – erkennb ist (BGH NJW **85**, 619, NJW-RR **94**, 98). Für die Erkennbark reicht nicht aus, daß eine GbR von RAen, WirtschPrüfern u Steuerberatern – fragl, ob es bei einer ErwerbsG ausreicht – sich im Briefbogen als „GbR mit beschr GterHaftg" od „GbR mit beschr Haftg" bezeichnet (BGH NJW **92**, 3037); für eingetragene PartnerschG gilt § 8 PartGG. Geht der RSchein auf das Bestehen einer KG, so haften die Gter, die der GeschAufn unter dieser Bezeichn zugestimmt haben, als ob die KG bereits dch Eintr wirks geworden wäre, dh wie Kommanditisten bis zur Höhe ihrer Einlagen, sow sie ihre Haftg im GVertr beschr haben (BGH **61**, 59; abl Beyerle BB **75**, 944). Aus der vertragl Vereinbg kann sich ergeben, daß für die Vergüt des GeschF die Gter nur mit dem GesHandVerm haften (BGH NJW **87**, 2666).

5   **c) Für Schädigungen Dritter** haften die handelnden Gter nach allg Regeln. § 31 gilt nicht (BGH **45**, 311; teilw aA K. Schmidt GesR § 60 II 4, MüKo/Ulmer Rn 44, Wiedemann WM **94**, Sonderbeil 4). Denkb ist Haftg der Gter mit dem GVerm nach § 278 od § 831 so, wenn sie ggü dem GeschF weisgsberecht sind u dch Ausübg dieses WeisgsR den Schad hätten abwenden können (BGH **45**, 311).

6   **4) Prozeßrecht.** Partei sind in Akt- u PassProzessen die namentl zu bezeichnenden (BGH BB **90**, 1085) Gter. Zur Vollstr in das GVermögen ist Titel gg alle Gter, bei Klage eines Gters gg die übr Titel gg diese nötig, ZPO § 736. Der Titel kann in versch Prozessen erwirkt sein. Die verklagten Gter sind als Gesamt-Schu nicht notw Streitgenossen; als GesHandSchu (ThP § 62 Rn 14) beschr auf GVerm, u auf der Aktivseite (BGH WM **64**, 1086) sind sie es. Der ausscheidde Gter bleibt trotz Anwachsg (§ 738) Partei, ZPO § 265 II (BGH aaO). ProzeßVollm des GeschF vgl oben Rn 2

715   Entziehung der Vertretungsmacht.

Ist im Gesellschaftsvertrag ein Gesellschafter ermächtigt, die anderen Gesellschafter Dritten gegenüber zu vertreten, so kann die Vertretungsmacht nur nach Maßgabe des § 712 Abs. 1 und, wenn sie in Verbindung mit der Befugnis zur Geschäftsführung erteilt worden ist, nur mit dieser entzogen werden.

1   Grund des Halbs 1: Die generelle Vertretgsmacht des Gters ist mitgliedschaftl SonderR. Grund des Halbs 2: der Zushang zw GeschFg u Vertretg. Andere Regelg in HGB § 127. – § 715 gilt nicht für die bes Vollm (vgl § 714 Rn 1). Bei Künd der GeschFg nach § 712 II Erlöschen der Vollm, §§ 714, 168 S 1.

716   Kontrollrecht der Gesellschafter.

I Ein Gesellschafter kann, auch wenn er von der Geschäftsführung ausgeschlossen ist, sich von den Angelegenheiten der Gesellschaft persönlich unterrichten, die Geschäftsbücher und die Papiere der Gesellschaft einsehen und sich aus ihnen eine Übersicht über den Stand des Gesellschaftsvermögens anfertigen.

II Eine dieses Recht ausschließende oder beschränkende Vereinbarung steht der Geltendmachung des Rechtes nicht entgegen, wenn Grund zu der Annahme unredlicher Geschäftsführung besteht.

1   Das **Kontrollrecht** des einz Gters ist eine verwaltgsrechtl Befugn (§ 705 Rn 24), geltd zu machen gg die übr. NachprüfgR des Unterbeteiligten s § 705 Rn 33. Das Recht geht auf Gewährenlassen, grdsätzl nicht auf AuskErteilg; ein AuskR ist dem einz Gter dann zuzubilligen, wenn die erforderl Angaben aus den Büchern u Papieren der G nicht ersichtl sind, der Berecht sich also ohne Ausk keine Klarh über die Angelegenh der G verschaffen kann (BGH MDR **84**, 27). Das EinsichtsR ist zu unterscheiden von den Rechten der GesHand ggü dem geschführden Gter nach §§ 713, 666 (vgl § 713 Rn 5). Es besteht also auch, wenn der geschführde

Gter bereits Rechng gelegt hat, es gilt auch noch währd der AuseinandS. Als VerwR ist es nicht übertragb, § 717, doch kann der gesetzl Vertr des nicht voll GeschFähigen das Recht ausüben (BGH **44**, 101; vgl § 705 Rn 24). Zuziehg eines Sachverst od Beraters ist grdsätzl zuläss, Ausübg der Einsichtn dch einen bevollm BuchSachverst ist ggf zuzulassen (BGH WM **62**, 883, Hirte BB **85**, 2208, Saenger NJW **92**, 348), ggf ist das Recht sogar dahin zu beschränken. Ein bes Interesse braucht nicht dargelegt zu werden, § 242 kann aber uU der Ausübg entggstehen. Die Einsicht in die Bücher u Papiere setzt das Vorhsein solcher voraus; ob BuchführgsPfl besteht, ist eine and Frage. – Abs I ist gem Abs II beschr zwingd.

717 *Nichtübertragbarkeit der Gesellschafterrechte.* **Die Ansprüche, die den Gesellschaftern aus dem Gesellschaftsverhältnisse gegeneinander zustehen, sind nicht übertragbar. Ausgenommen sind die einem Gesellschafter aus seiner Geschäftsführung zustehenden Ansprüche, soweit deren Befriedigung vor der Auseinandersetzung verlangt werden kann, sowie die Ansprüche auf einen Gewinnanteil oder auf dasjenige, was dem Gesellschafter bei der Auseinandersetzung zukommt.**

1) Grundsatz: Nichtübertragbarkeit, Satz 1. – a) Mitgliedschaft bezeichnet die Stellg im ganzen des 1 einz Gters in der Gesellsch, den Inbegr all seiner pers, vermrechtl, korporat Rechte u Pfl. Sie kann nur einheitl ausgestaltet sein (Steinbeck DB **95**, 761) u ist nicht übertragb, ebsowen wie sonst die Stellg eines VertrPartner frei übertragb ist (§ 398 Rn 38, 39). Ein MitgliedschWechsel dch Übertr od sonstigen Übergang (vgl § 727) unter Aufrechterhaltg der Identität der G ist jedoch mögl, falls der GVertr ihn zuläßt od alle Gter zust (§ 719 Rn 3, § 736 Rn 8). In solchen Fällen ist auch gleichzeit Auswechslg aller Gter unter Fortbestand der G mögl (BGH **44**, 229, Hamm OLGZ **86**, 316). – Unterbeteiligg (§ 705 Rn 33) ist mögl.

b) Der Anteil des Gesellschafters am Gesellschaftsvermögen ist die vermögensrechtl Seite der 2 Mitgliedsch u von dieser nicht trennb (BGH NJW-RR **87**, 989). Er ist unübertragb, § 719 I; mit der Übertr der Mitgliedsch (Rn 1) geht er über. Pfändb, § 859 ZPO.

c) Der Anteil des Gesellschafters an den einzelnen Gegenständen des GVermögens, also seine dingl 3 MitBerechtigg, ist als solcher ebenf unübertragb (§ 719 Rn 5). Der GVertr kann hieran nichts ändern. Die Übertr ist nichtig nach § 134. Natürl können sämtl Gter über den EinzGgst im ganzen wirks verfügen, womit über alle Anteile zugl verfügt wird. Außerdem geht der Anteil des Gters am EinzGgst auf den RNachf über, wenn der Gter seine Mitgliedsch (Rn 1) wirks überträgt. Wg An- u Abwachsg in diesen Fällen vgl § 736 Rn 6.

d) Die Einzelrechte der Gesellschafter aGrd ihrer GterStellg sind ebenf grdsätzl unübertragb, § 717 4 S 1. Grund: das VertrauensVerh der Gter. Es gilt vor allem für die in § 705 Rn 24 aufgeführten VerwR der Gter, insb das Recht auf Mitwirkg bei der GeschFg u das VertretgsR, sow es sich um Übertr des Rechtes insges u nicht um die Wahrnehmg best, wenn auch weitgehder, Aufgaben handelt (BGH **36**, 293). Ebso für das Informations- u NachprüfgsR nach § 716 (BGH WM **62**, 883), das auf Rechngslegg (§ 713 Rn 6, 7) u das auf AuseinandS. Es gilt ferner für die Anspr der GesHand, soweit sie ein Gter allein gg einen and Gter geltd machen kann, zB auf Entrichtg von Beiträgen. Die GesHand selbst kann natürl über solche Anspr verfügen, auch können Dr sie mit Titel gg alle Gter pfänden.

2) Ausnahme: Übertragbarkeit, Satz 2. Grund: Die Lösg der EinzAnspr aus der Verbundenh steht 5 dem GZweck nicht entgg. Der GVertr kann die Übertr einschränken od ausschließen, § 399 (BGH WM **78**, 514).

a) Ansprüche eines Gesellschafters aus Geschäftsführung, soweit ein BefriedigsAnspr bereits vor AuseinandS besteht (§ 713 Rn 12). – Auch soweit ausnahmsw Anspr schon alsbald gg die einz Gter persönl bestehen, sind diese übertragb (§ 713 Rn 13). – Nach GEnde gibt es keine übertragb EinzelAnspr gg die G mehr, sie sind dann in dem AuseinandSAnspr (unten Rn 7) aufgegangen.

b) Anspruch auf Gewinnanteil – rückständ od erst der Höhe nach zu bestimmen § 721 I, II; der 6 VertrAnspr auf feste Entnahmen (vgl HGB § 122 I) dagg nur, soweit durch Gewinn gedeckt (RG **67**, 19). – Es ist ein schuldrechtl Anspr auf Zahlg, abstr von der Gewinnfeststellg. Der Neugläub hat Anspr auf Mitteilg der Höhe des errechneten GewinnAnteils dch die G (BGH BB **76**, 11); dagg nicht das Recht, RechngsAbschl u -legg zu verlangen, noch kann er gg die GesHand auf die Gewinnfeststellg selbst klagen, noch hat er Anspr, bei dieser mitzuwirken; alle diese Rechte bleiben beim Altgläub. Der Neugläub hat insow nur Rechte gegen diesen. Entnahmefäh u abtretb sind idR auch Zinsen, die ein Gter – gewinnmindernd – auf seinem GterKonto abgeschrieben bekommt (BGH WM **85**, 1343).

c) Anspruch auf das Auseinandersetzungsguthaben, näml schuldr Anspr auf Wertrückerstattg der 7 Einlagen, soweit nicht aufgezehrt (§ 733), u dem auf Zahlg des Überschusses (§ 734). Dagg gehören im allg nicht dazu (Ausleggsfrage) die Anspr aus § 732 sowie die auf Berichtigg bes Fdgen aus dem GVerh, zB auf rückständ GewinnAntl oder AufwErs. – Er fließt aus dem Antl des Abtretden am GVerm (Rn 2), ist im Kern bereits seit Beginn der Mitgliedsch des Gters vorh u desh übertragb, entsteht aber erst mit Auflösg der G od Ausscheiden des Gters (BGH **88**, 205, NJW **89**, 453), vorher kann mit ihm nicht aufgerechnet werden. VorausAbtr des Anspr u spätere Pfdg od Übertr des Antls vgl § 719 Rn 3, ist nur der Höhe nach noch unbest und von Ermittlg durch die Gter bei AuseinandS, §§ 730–734, od Abfindg, §§ 738–740, abhäng. Der Neugläub kann die G nicht kündigen, er hat nicht das Recht, AuseinandS zu fordern, an dieser mitzuwirken od Rechngslegg zu verlangen, er kann sich nur an den Altgläub halten.

d) Verpfändung, Pfändung. Soweit abtretb, ist der Anspr auch verpfändbar (§§ 1274 II, 1280). Auch 8 Pfändg u Überweisg nach ZPO §§ 829, 835 sind mögl, vertragl Ausschl würde die Pfändg nicht hindern, ZPO § 851 II. Der Pfandgläub hat in den Fällen Rn 6, 7 die dortigen Rechte; er hat kein KündR nach § 725 I. – **Nießbrauch** am GAnteil vgl § 1068 Rn 5.

718 *Gesellschaftsvermögen.* ¹ Die Beiträge der Gesellschafter und die durch die Geschäftsführung für die Gesellschaft erworbenen Gegenstände werden gemeinschaftliches Vermögen der Gesellschafter (Gesellschaftsvermögen).

ᴵᴵ Zu dem Gesellschaftsvermögen gehört auch, was auf Grund eines zu dem Gesellschaftsvermögen gehörenden Rechtes oder als Ersatz für die Zerstörung, Beschädigung oder Entziehung eines zu dem Gesellschaftsvermögen gehörenden Gegenstandes erworben wird.

1   **1) Grundsatz.** Vgl zunächst § 705 Rn 17, 26–34. Im ges Regelfall steht das dem GZweck gewidmete Verm den Gtern (Teilh) zur ges Hand zu, die G als solche ist nicht rechtsfäh. Träger der GesHandsrechte u der samtverbindl Pfl sind unmittelb die Gter. Ihre MitBerechtigg bezieht sich auf die einz Ggstde, dh die Sachen des GVerm stehen im GesHandEigt, die Fdgen sind GesHandFdgen. Das GVerm stellt ein dingl gebundenes SonderVerm dar, das vom sonst Verm der Teilh rechtl zu unterscheiden ist, aber auch v einem etw weiteren SonderVerm derselben Pers, selbst bei gleicher Beteiligg. Die Einbringg v Ggsten, soweit nicht ledigl zur Benutzg (BGH WM **65**, 744), geschieht dch Übereigng bzw Übertr, Grdst sind aufzulassen. Das bedeutet aber nicht, daß der Einbringde seine vermrechtl Stellg verliert, vielm bleibt er RInh, wenn auch jetzt in geshänder Bindg mit den and Gtern (BGH BB **64**, 8).

2   **2) Gesellschaftsvermögen sind: – a) Die Beiträge der Gesellschafter,** §§ 705, 706. GVermögen ist schon der Anspr auf Leistg der Beiträge (vgl § 705 Rn 17, 20, 21).

3   **b) Die für die Gesellschaft erworbenen Gegenstände** (Sachen u Rechte, insb Fdgen). Das gilt für den rechtsgeschäftl u originären (§§ 946 ff) Erwerb dch alle Gter gemschaftl u für den Erwerb dch einen vertretgsberecht Gter, insbes den GeschF, im RVerkehr mit Dritten im Namen der G (vgl § 714 Rn 1–5). Der in eig Namen für die G handelnde GeschF hat ggü den Gtern die gesellschrechtl (schuldrechtl) ÜbertrPfl. Auch der Anspr hierauf gehört bereits zum GVerm. Besitz vgl § 854 Rn 14, 15 – Schutz des Schu vgl § 720.

4   **c) Surrogationserwerb.** Abs II bestimmt ihn in 2 Fällen: **Erwerb auf Grund eines zum Gesellschaftsvermögen gehörenden Rechts.** Bei dingl Rechten tritt dingl Surrogation ein. Hierunter fallen alle Arten von Sach- u Rechtsfrüchten, Erträgen, § 99. **Erwerb als Ersatz** für die Zerstörg, Beschädigg od Entzieh eines zum GVerm gehörden Ggst (Sache od Recht). Entspricht § 281. Hierunter fallen Anspr auf SchadErs, Entschädig, VersichergsLeistg, aus ungerechtf Ber.

5   **d)** Der **Geschäftswert** (good will) gehört ebenf zum GVermögen. Bedeuts in aller Regel für HandelsG, kann aber auch für BGB-G prakt werden (BGH BB **67**, 95: Rechtsanwaltssozietät). Methoden zur Ermittlg dieses Wertes vgl § 738 Rn 4–6.

6   **3) Gesellschaftsschulden. – a) Dritten Gläubigern** ggü ist es gleichgült, ob ihnen die Gter als solche haften od ob sie aus und nicht mit der G zushängden Grden einen Anspr gg jeden der Gter haben (krit Brehm, Die Haftg des Verm einer G bürgerl R für priv Schulden der Gter, KTS **83**, 21). Sie können, wenn sie einen Titel gg alle Gter haben, ZPO § 736, in das GVerm vollstrecken. Die eigentl GGläub haben auch keinen Anspr auf Vorwegbefriedigg aus dem GVerm vor den zufäll Gläub aller Gter (krit Winter KTS **83**, 349). – Vertragl HaftgsBeschrkg auf das GVerm vgl § 714 Rn 4. – Bei ungerechtf Ber des GVerm vgl Rn 8.

7   **b) Im Innenverhältnis der Gesellschafter** hat die Frage a größere Bedeutg: nur GSchulden sind bei der Gewinn- u Verlustberechng, § 721, einzustellen u bei der AuseinandS, § 733 („gemeinsch Schulden"), aus dem GVerm zu decken.

8   **4) Persönliche Haftung der Gesellschafter. – a) Gegenüber Dritten** haften die Gter für GSchulden persönl (GesSchuld) mit ihrem ganzen Verm nach den allg Vorschr der persönl Verpflichtg mehrerer, §§ 420 ff (ebso MüKo/Ulmer § 714 Rdn 28, Soergel-Hadding § 714 Rdn 29, i Erg auch K. Schmidt, GesellschR § 60 III). So haften sie insb als GesSchu aus den von allen gemschaftl od dch berecht Vertreter (§ 714) geschl RechtsGesch, §§ 427, 431; aus gemschaftl begangenen unerl Hdlgen, aus solchen von Verrichtgsgeh iR des § 831 (BGH NJW **75**, 533). Ebso Haftg aller Gter auf den vollen Betr (aA MüKo/Ulmer § 714 Rdn 40), wenn die GesHand inf rechtsgrundl Leistg eines Dr bereichert ist; eine einheitl Meing hat sich in dieser Frage des ZusTreffens von Bereicher u GesHand noch nicht gebildet (zusfassd Kowalski NJW **91**, 3183). BGH NJW **85**, 1828 bejaht volle Haftg jedes Gters, wenn alle od einer für alle die zur Rückzahlg verpflichtde Leistg entgg genommen haben, Ffm NJW **86**, 3144, wenn der Gläub rechtsgrundl eine Leistg in das GVerm erbringt, differenziert K. Schmidt, GesellschR § 60 III 5. BGH **61**, 338 u NJW **83**, 1905 (Kritik: Meincke DB **74**, 1001; zust Reinhardt JZ **74**, 768 u BB **83**, 1118) bejahen volle Haftg jedes Gters nach Auflösg u Verteilg des GVerm, wenn die Leistgen im Zushang mit einem VertragsVerh od in Erwartg eines später zustkommden Vertr erbracht worden sind, u zwar auch dann, wenn die Leistg nur einem Gter dch dessen Manipulation zugeflossen ist (Hbg BB **84**, 14). Jedoch kann jeder den Wegfall der Ber schon bei der GesHand, bei seinen MitGtern od bei sich einwenden. Kann ein Gter die allen obliegde Leistg nicht mehr erfüllen, so kann der Gl nicht Rückzahlg des an ihn geleisteten Vorschusses verlangen, so lange ein and Gter zur Leistg noch in der Lage u willens ist (BGH **72**, 267). Die persönl Haftg entsteht sofort u primär, kein Recht, den Dritten auf das GVerm zu verweisen. Vertragl HaftgsBeschrkg auf das GVerm § 714 Rn 4. – Auch nach GEnde, währd der AuseinandS, kann der Gläub sowohl aus dem GVerm gesondert Befriedig verlangen als auch gg die einz Gter persönl vorgehen. Keine zeitl Begrenzg der Nachhaftg. Verj Vorbem 3 vor § 723. Ein neu eintretder Gter haftet für die vorher begründete Verbindlichk der GesHand nur kr bes Vereinbg mit dem Gläub (BGH **74**, 240). Pers Haftg für Steuerschulden vgl Gummert WiB **95**, 185.

9   **b)** Einem **Gesellschafter-Gläubiger aus einem Drittverhältnis,** dh wegen vom GVerhältnis verschiedenen RVerh, das ebsogut zw der GesHand u einem Dritten bestehen könnte, haften die übr Gter ebenf als GesamtSchu (BGH NJW **83**, 749; differenzierd Walter JZ **83**, 260), zB aus Kauf, Darl, DienstVertr, unerl Hdlg eines zu einer Verrichtg Bestellten, Anspr des GeschF, die er aus der Führg gesellschfremder Gesch

10   nach §§ 683 ff (RG **158**, 312) gg die G erlangt hat. – **aa) Geltendmachung der Ansprüche gegen das Gesellschaftsvermögen** ist alsbald ohne Beschrkg zul; Titel (ZPO § 736) ist hier nur gg die übr erforderl.

Nach GEnde kann der GterGläub Einstellg der Fdg bei der AuseinandS verlangen, kann aber auch aus dem GVerm von sich aus Befriedigg suchen. – **bb) Die persönliche Haftung der übrigen Gesellschafter** 11 entsteht hier unter den Vorauss oben Rn 8 ebenf sofort u primär, sie haben kein Recht, den GterGläub auf das GVerm zu verweisen. Der GterGläub kann einen MitGter aber nur auf den seinen Verlustanteil übersteigden Überschuß seiner Fdg in Anspr nehmen; gilt auch für den Zessionar, der nicht MitGter ist (BGH NJW **83**, 749, differenzierd Walter JZ **83**, 260). Die Haftg der übr Gter ist auch hier samtverbindl. Eine Ausn besteht, wenn ein Gter einen GGläub befriedigt hat u bei den übr Gtern Regreß nimmt (vgl § 713 Rn 11–14). Jeder von ihnen haftet nur entspr seinem Verlustanteil, wobei der Ausfall eines Gters auf die zahlgsfäh umzulegen ist (BGH **37**, 299 [302], MüKo/Ulmer § 705 Rdn 178).

c) Ansprüche des Gesellschafters aus dem Gesellschaftsverhältnis selbst. Über Abgrenzg zu Rn 12 9–11 vgl dort. Die gewöhnl vertragl Anspr auf Zahlg des Gewinnanteils, des AuseinandS- od des Abfindsguth unterliegen eig Regelg, §§ 730 ff, 736 ff. Anspr bes Art aus dem GVerh, zB aus Schädigg des Gters durch die GeschF (anderers s dazu oben Rn 9–11), auf AufwErs § 713 Rn 1, 11–14, auf rückständ Gewinnantl können alsbald gg das GVermögen mit Titel gg die übr, ZPO § 736, geltd gemacht werden. Die Geltdmachg gg die Gter persönl währd Bestehens der G einschließl der AuseinandS (BGH ZIP **89**, 852) ist dagg beschr (vgl § 713 Rn 11–14, § 733 Rn 2).

719 *Gesamthänderische Bindung.* [I] Ein Gesellschafter kann nicht über seinen Anteil an dem Gesellschaftsvermögen und an den einzelnen dazu gehörenden Gegenständen verfügen; er ist nicht berechtigt, Teilung zu verlangen.

[II] Gegen eine Forderung, die zum Gesellschaftsvermögen gehört, kann der Schuldner nicht eine ihm gegen einen einzelnen Gesellschafter zustehende Forderung aufrechnen.

1) Gesamthand. Die Gter sind am GVermögen als solchem u an den einz dazu gehör Ggsten beteiligt 1 (vgl § 718 Rn 1). Dabei stellt der Anteil am GVerm als einem Inbegr v Sachen u Rechten kein dingl Recht dar, da ein solches an Inbegr nicht bestehen kann. Die Gesamtberechtigg aller ist ungeteilt. Keiner hat ein selbständ, vom Recht der and Gter am GesHandVerm (GAnteil) unabhäng TeilR an dem Inbegriff. Erst recht hat keiner ein solches TeilR (QuotenR) an den einz Ggst des GVermögens. An den Sachen besteht GesHandsEigt, Rechte, insbes Fdgen sind solche der GesHand. Verfüggsberecht sind nur alle gemschaftl, § 709, od die für die Gesamth der Gter VertretgsBerecht, § 714.

2) Auswirkungen. – a) Kein Recht des Gesellschafters, Teilung zu verlangen. Zwingd. Über 2 KündR §§ 723–725. Bei GEnde kann er die AuseinandS fordern, §§ 730 ff.

b) Der Gesellschafter kann nicht über seinen Anteil am Gesellschaftsvermögen verfügen. Der 3 Anteil am GVerm verkörpert die vermrechtl Seite der umfassenderen Mitgliedsch (vgl § 717 Rn 1, 2) u ist von ihr nicht trennb (BGH NJW-RR **87**, 989, Wiedemann WM **75**, Sonderbeilage 4 S 32, Hueck, GRecht § 10 III 2). – Das ÜbertrVerbot ist kein gesetzl Veräußergsverbot zum Schutz der Gter (§ 135); daher keine relat, sond schwebde Unwirksamk der gleichwohl vorgenommenen Vfg (BGH **13**, 179). Die unwirks Vfg kann als Übertr der gem § 717 S 2 abtretb EinzelAnspr u damit insow aufrechtzuerhalten sein (OGH MDR **48**, 394). Dasselbe gilt für die Verpfänd. Übertragb ist bei entspr Vereinbg die Mitgliedsch, die Übertragbark kann auf einen best PersKreis beschr sein (BGH NJW-RR **89**, 1259). Grdsätzl ist dafür Einstimmigk der Gter erforderl (vgl § 705 Rn 5–7). Wenn MehrhBeschl ausreichen soll, muß GVertr das zweifelsfrei bestimmen (BGH WM **61**, 303). Die Zust der übr Gter kann auch bereits im GVertr erkl sein, widerrufb nur aus wicht Grd (BGH aaO). Mit der Übertr der Mitgliedsch geht diese iW der GesamtRNachfolge auf den bzw die Erwerber ohne EinzelÜbertr über, auch iF der Übertr aller MitglschRechte auf mehrere od einen Erwerber; im letztgen Fall erlischt die Ges ohne Liqu (Hamm OLGZ **86**, 316). Das gleiche gilt, wenn alle Gter einer Antle gleichzeit uf then and, auch im wesentl persgleiche GbR übertragen (BGH NJW-RR **90**, 798). Die Verpfl zur Übertr od zum Erwerb der Mitgliedsch bedarf idR auch dann nicht der not Form, wenn das GVerm im wesentl aus GrdBes besteht (BGH **86**, 367). Maßgebl Ztpkt für die Zust ist die Übertr (bzw Verpfändg), nicht schon der Abschl des KausalGesch (BGH BB **58**, 57). Ebso ist bei Einverständn der Gter Belastg des Anteils, zB dch Verpfändg od NießbrBestellg mögl (Hamm Betr **77**, 579). Ist Verpfändg zul, so gilt § 1280 nicht, da der GAnteil keine Fdg ist (RG **57**, 415). Über Rangfragen § 725 Rn 5. – **Pfändung** ist mögl, ZPO § 859 I, 1, Wirkgen: § 725. Die GesHandBerech- 4 tigg bleibt v der Pfändg unberührt. Die Pfdg des Antls od Übertr der Mitgliedsch geht einer davor liegden Abtr der Anspr auf künft Gewinn u AuseinandsGuth (vgl § 717 Rn 6, 7) grdsl vor, so daß diese mit dem PfdgsPfdR belastet entstehen (BGH NJW-RR **87**, 989, BGH **88**, 205, BGH ZIP **88**, 1546 für GmbH-Antl mit Besprechg Marotzke ZIP **88**, 1509).

c) Der Gesellschafter kann nicht über seinen Anteil am Einzelgegenstand des Gesellschaftsver- 5 **mögens verfügen.** Darin zeigt sich die gesamthänder Bindg. Eine Vfg wäre nichtig, § 134. Auch keine Verpfänd. Ebsowenig mögl, ZPO § 859 I, 2. – Bei Übertr der Mitgliedsch geht die MitBerechtigg an den einz Ggsten des GVerm auf den RNachf über. Mögl ist, daß alle Gter zus über den Ggst verfügen. – Die Vfg eines Gters über einen EinzelGgst kann nach §§ 932 ff zu gutgläub Erwerb Dritter führen, auch kann § 185 in Frage kommen.

d) Keine Aufrechnung gg Anspr der GesHand mit Anspr an einz Gter. Grd: Fehlde Ggseitigk (vgl § 387 6 Rn 4–7). Die Aufr im Proz der GesHand gg den Gter unterbricht aber die Verj der zur Aufr gestellten Fdg (BGH **80**, 222). – Wird ein Gter von einem GGläub wg einer GSchuld persönl in Anspr genommen, so kann er mit einem Anspr der GesHand gg diesen Gläub aufrechnen, wenn er für die G vertretgsbefugt, § 714, ist. Andernf steht ihm in entspr Anwendg von § 129 III HGB ein LeistgVR zu (BGH **38**, 126 für Erbengemeinsch); nach BGH **42**, 396 ist Vorauss des LeistgVR nach § 129 III HGB, daß die G mit ihrer Fdg aufrechnen kann (vgl § 770 Rn 3).

720 *Schutz des gutgläubigen Schuldners.* **Die Zugehörigkeit einer nach § 718 Abs. 1 erworbenen Forderung zum Gesellschaftsvermögen hat der Schuldner erst dann gegen sich gelten zu lassen, wenn er von der Zugehörigkeit Kenntnis erlangt; die Vorschriften der §§ 406 bis 408 finden entsprechende Anwendung.**

1   **Voraussetzung:** Erwerb für die G nach § 718 I (vgl dort Rn 2, 3), auch bei zunächst nur mittelb Erwerb u erst späterer Übertr. Auszudehnen wie in §§ 1473, 2041 auch auf den Surrogationserwerb nach § 718 II (MüKo/Ulmer Rdn 3, Soergel-Hadding Rdn 3); nicht aber auf die Fdg aus unerl Hdlg; hier ist der Schu nur nach § 851 geschützt.

721 *Gewinn- und Verlustverteilung.* ¹ **Ein Gesellschafter kann den Rechnungsabschluß und die Verteilung des Gewinns und Verlustes erst nach der Auflösung der Gesellschaft verlangen.**

ᴵᴵ **Ist die Gesellschaft von längerer Dauer, so hat der Rechnungsabschluß und die Gewinnverteilung im Zweifel am Schlusse jedes Geschäftsjahrs zu erfolgen.**

1   **Gewinn** ist der Überschuß des Verm über die GSchulden u Einlagen am Stichtag; **Verlust** das Umgekehrte. – Nicht zwingd, Abänderg aber nur dch Vertr aller, da GGrdlage (§ 705 Rn 5–7). Dem Anspr steht eine Verpfl der GesHand (§ 705 Rn 22, 23) ggü. RechngsAbschl vgl § 713 Rn 6. Bei GEnde ist das Verlangen auf RechngsAbschl Vorbereig der AuseinandS, der Anspr auf Gewinnfeststellg ist dann Mitinhalt des Anspr auf AuseinandS, der festgestellte Gewinn deckt sich dann mit dem Überschuß des § 734. Ist Gewinnverteilg vor GEnde vereinb, so besteht, wenn die vereinb Vorauss eingetreten sind, nach II am Schlusse jedes GeschJahres (iZw = KalJ), ein selbständ Anspr auf Feststellg u Auszahlg des Gewinns. Verj nicht nach § 197 (BGH **80**, 357). Stets Zahlg nur aus dem GVerm, §§ 707, 734. Selbständ EntnahmeR nur bei entspr
2   Vereinbg (BGH NJW-RR **94**, 996). – **Nichtabgehobener Gewinn** wird bei Fortbestehen der G, falls nicht AuszahlgsAnspr bestand, GSchuld (vgl § 733 Rn 2), er erhöht dagg, falls der GVertr nichts and bestimmt, nicht die Einlage; anders HGB § 120 II. – Verlust ist, auch wenn period Gewinnverteilg gilt (so bei II od sonst bei Abrede), erst bei GEnde auszugleichen, wenn nichts and vereinb ist, §§ 707, 735; anders HGB §§ 120, 121. – Verteilg des Überschusses vgl § 734.

722 *Anteile am Gewinn und Verlust.* ¹ **Sind die Anteile der Gesellschafter am Gewinn und Verluste nicht bestimmt, so hat jeder Gesellschafter ohne Rücksicht auf die Art und die Größe seines Beitrags einen gleichen Anteil am Gewinn und Verluste.**

ᴵᴵ **Ist nur der Anteil am Gewinn oder am Verluste bestimmt, so gilt die Bestimmung im Zweifel für Gewinn und Verlust.**

1   **1) Drei Möglichkeiten,** außer, wenn die G keinen Gewinnzweck hat. – **a) Bestimmung durch Gesellschaftsvertrag,** auch dch konkludente Vereinbg u ergänzde Auslegg (BGH NJW-RR **90**, 736: gravierd ungleiche Einlagen als Indiz). Wer sie behauptet, hat sie zu beweisen. Spätere Änderg vgl § 705 Rn 5–7, auch stillsch denkb dch langjähr vom GVertr abweichd Übg (BGH NJW **66**, 826). Ungleich Beteiligg, auch nach Gewinn u Verlust verschieden, ist mögl. GewinnAnspr eines Gters u Verlustbeteiligg, auch für einen AuseinandSVerlust (BGH WM **67**, 346) können ganz ausgeschl werden (MüKo/Ulmer Rdn 4).
2   **b) Bei unvollständiger Vertragsregelung** gilt die AusleggsRegel des Abs II.
3   **c) Bei Fehlen anderweiter Vertragsregelung** gilt Beteiligg am Gewinn u Verlust nach Köpfen; ergänzder Rechtssatz. Auspräg des Grds der gleichm Behandlg der Gter, Beitragshöhe u -art sind unerhebl. Gilt nicht, wenn der GVertr die Höhe der Beteilig bewußt für eine spätere Vereinbg, die dann nicht zustkommt, offen läßt, auch wenn sich dies nur aus der VertrAuslegg ergibt (BGH NJW **82**, 2816).

Auflösung (§§ 723–729) und Auseinandersetzung (§§ 730–735)

Vorbemerkung

1   **1) Die allgemeinen Auflösungsgründe** gelten neben den in §§ 723 ff genannten, nämlich: Zeitablauf; Eintritt auflösder Bdgg; AufhebgsVertr od -Beschl; uU genügt MehrhBeschl (vgl § 705 Rn 5–7); Vereinigg der GterStellg in einer Hand, insb durch Beerbg; es gibt bei der G des BGB keine EinmannG (vgl § 736 Rn 3). Über Rücktr § 705 Rn 8, 9.

2   **2) Bedeutung der Auflösung.** Soweit GVerm vorh (Regelfall), ist sie noch keine Vollbeendigg der G. Die gesamthänd Verbundenh der Gter entfällt nicht kr G. Sie bedarf der Lösg, die den Ant der einz Gter entspr VermWerte sind ihnen durch EinzÜbertr zuzuführen. Beides ist Aufgabe u Inhalt der AuseinandS, §§ 730–735. Bis zu deren Beendigg besteht die G fort, § 730 II. Ihr gemeins Zweck ist nunmehr die AuseinandS. Die VertrVerpfl der Gter entfallen, soweit ihre Erf nicht zu diesem Zweck noch erforderl ist (BGH NJW **60**, 433). – Auch die AuseinandSG kann sich durch Beschl der Gter unter Aufrechterhaltg ihrer Identität, in eine werbde G zurückverwandeln, auch konkludent, wozu aber die unveränderte Fortsetzg nicht ow ausreicht (BGH BB **95**, 1761). Das ist mögl auch unter Änderg der Pers ihrer Mitglieder; grdsätzl müssen aber alle, auch ein etwa nicht mehr Teilnehmender, zustimmen (BGH WM **63**, 730). Nach Beendigg der AuseinandS ist nur Neugründg mögl.

3   **3) Verjährung der Ansprüche gegen die Gesellschafter.** HGB 159 I gilt entspr, falls der Anspr nicht einer kürzeren VerjFr unterliegt. FrBeginn mit Kenntn des Gläub von der Auflösg (BGH **117**, 168 für den Fall des Ausscheidens). Die Begrenzg der Nachhaftg in § 736 II gilt nicht bei Auflösg der G (Seibert DB **94**, 461).

4) Ausscheiden eines Gters, ist keine Auflösg. Verbunden damit ist auch Neueintritt eines Gters mögl **4** (vgl § 736 Rn 6–9). Begrenzg der Nachhaftg vgl § 736 II.

723 *Kündigung durch Gesellschafter.* [I] Ist die Gesellschaft nicht für eine bestimmte Zeit eingegangen, so kann jeder Gesellschafter sie jederzeit kündigen. Ist eine Zeitdauer bestimmt, so ist die Kündigung vor dem Ablaufe der Zeit zulässig, wenn ein wichtiger Grund vorliegt; ein solcher Grund ist insbesondere vorhanden, wenn ein anderer Gesellschafter eine ihm nach dem Gesellschaftsvertrag obliegende wesentliche Verpflichtung vorsätzlich oder aus grober Fahrlässigkeit verletzt oder wenn die Erfüllung einer solchen Verpflichtung unmöglich wird. Unter der gleichen Voraussetzung ist, wenn eine Kündigungsfrist bestimmt ist, die Kündigung ohne Einhaltung der Frist zulässig.

[II] Die Kündigung darf nicht zur Unzeit geschehen, es sei denn, daß ein wichtiger Grund für die unzeitige Kündigung vorliegt. Kündigt ein Gesellschafter ohne solchen Grund zur Unzeit, so hat er den übrigen Gesellschaftern den daraus entstehenden Schaden zu ersetzen.

[III] Eine Vereinbarung, durch welche das Kündigungsrecht ausgeschlossen oder diesen Vorschriften zuwider beschränkt wird, ist nichtig.

1) Kündigung (vgl Einf 8 vor § 346) ist eine Verwaltgsbefugn (§ 705 Rn 24) jedes Gters. Ausübg, auch **1** schon vor Invollzugsetzg der G (BGH WM **95**, 1277), durch einseit Erkl ggü allen and. Wirkg: alsbaldige Auflösg, es besteht jetzt die AuseinanderSG. Bei Bestehen einer KündFrist AuflösgsWirkg erst bei Fristablauf. Sie tritt nicht ein, wenn die Gter dch Vereinbg (FortsetzgsBeschl, vgl Vorbem 2) die Künd rückgängig machen; kein einseit Widerruf der Künd. Bei der in Vollzug gesetzten G tritt das Recht zur fristl Künd an die Stelle des RücktrR (§ 705 Rn 24). Abs I regelt 2 Fälle:

a) Bei Gesellschaften auf unbestimmte Zeit ist Künd jederzeit mögl. Abgrenzg zur G auf best Zt vgl **2** unten b. Die Gter können eine KündFrist vereinbaren (S 3). Für fristl Künd ist dann ein wicht Grd nötig. Auch kann Künd für best Zeit ausgeschl od erst zu einem best Termin zugel sein (BGH **10**, 98). In allen 3 Fällen gilt für den fragl Zeitraum unten b. Eine solche Begrenzg des KündR kann auch konkludent vereinb sein (BGH WM **67**, 316). Eine für die Dauer der G vereinb Unterbeteilig (§ 705 Rn 33) kann nach I 1 gekünd werden, wenn die Dauer der G weder zeitl noch dch ihren Zweck begrenzt ist (BGH **50**, 316). Nicht mögl ist es bei G, auch InnenG u Unterbeteilig (BGH DB **68**, 1529) auf unbest Zeit, die Künd in and Weise, auch nicht auf wicht Gründe zu beschränken, III. – S 1 gilt auch in den Fällen des § 724.

b) Bei Gesellschaften auf bestimmte Zeit ist stets u unbeschränkb (III) Künd bei wicht Grund mögl. **3** Angemessene Bedenkzeit ist zu respektieren (BGH WM **65**, 976). Best Zt heißt, daß irgendwie die Dauer der G beschr ist (RG **136**, 241). Mögl dch Best einer Zeitdauer nach dem Kal, durch Knüpfen an ein best Ereign, auch die Erreichg eines best GZiels. Die Dauer kann sich aber auch allein aus den Umst, insb dem GZweck ergeben, sei es auch nur dahin, daß bei einer sonst auf unbest Zeit eingegangenen G währd best Zeit nach Tr u Gl ohne wicht Grd nicht gekündigt werden kann (BGH WM **67**, 316). I, 1 wird dadch prakt sehr eingeschränkt. Bei unmäß Dauer ist nach § 242 der Fall des I, 1 anzunehmen, ggf § 138. – **Wichtiger 4 Grund:** wenn Fortsetzg dem Kündigenden nach Tr u Gl nicht zuzumuten ist, zB wenn geschführder Gter seine Vollm mißbraucht (BGH WM **85**, 997), wenn Gter die G schädigt, erhebl gefährd od sonst das gesellschaftl VertrauensVerh nachhalt zerstört (BGH WM **66**, 31). Ferner bei Umgestaltg des GZweckes dch MehrhBeschl (BGH WM **80**, 868); Auflösg der PersGes der HandelsR, die GeschInhaberin der stillen G ist, kann wicht Grd sein (BGH **84**, 379). Die Zerstörg des VertrauensVerh muß nicht stets ein wicht Grd sein, es kommt auf die GesWürdigg im EinzFall an. Wesentl Änderg des GVertr ohne Zust des stillen Gters ist wicht Grd (BGH BB **80**, 958). Der wicht Grd (vgl auch § 626 Rn 37–56) setzt nicht Versch des MitGters voraus (BGH WM **75**, 329). Auch Zerwürfn allein genügt, wenn gedeihl ZusWirken nicht mehr zu erwarten (RG **162**, 392). Wer allein, verschuldet od auch nur obj vertragswidr, den Streit veranlaßt hat, kann idR nicht kündigen. Nachschieben v KündGrden ist, wie sonst, zul (vgl § 626 Rn 14, 32). Auch hier ist Künd in noch zumutb Frist auszusprechen, da andernf Wegfall des KündGrd zu vermuten ist; BewLast in diesem Fall für Nichtwegfall beim KündBerecht (BGH NJW **66**, 2160). Vereinbg eines jederzeit KündR ohne wicht Grd u ohne Anknüpfg an ein festes TatbestdMerkmal ist sittenwidr (BGH **105**, 213, **125**, 74 für atyp stille PublikumsG). Über die Anwendbark der §§ 323ff vgl § 705 Rn 8, 9. – **Entsprechende Anwendung** auf **5** gesellschähnl Vertr vgl § 705 Rn 51, auf and Vertr § 626 Rn 2.

2) Kündigung zur Unzeit (Abs II) ist in beiden Fällen der Rn 2, 3 wirks, verpfl aber zum SchadErs. Unzei- **6** tig ist die Künd, wenn ihr Ztpkt die gemschaftl Interessen der Gter verletzt (MüKo/Ulmer Rdn 35, Staud/ Keßler Rdn 36). Zu ersetzen ist der Schad, der dch die Wahl gerade dieses Ztpkt der Künd den einz MitGtern entsteht. Die unzeitgem Künd kann im EinzFall als rechtsmißbräuchl unwirks sein, eine Unterscheidg zw diesem u dem Normalfall der zwar unzeitgem, aber wirks Künd ist prakt nur schwer mögl (BGH NJW **54**, 106). – Keine SchadErsPfl, wenn für den Ztpkt der KündErkl ein wicht Grd besteht. Wer eine vorzeitige Künd schuldh veranlaßt hat, ist der GesHand od einz Gtern zum SchadErs verpflichtet (RG **162**, 395).

3) Abs III, entspr anwendb auf stille G (BGH **23**, 10), OHG u KG (BGH **116**, 359), ist zwingd, weil das **7** KündR unverzichtb ist. Die unwirks Beschrkg kann liegen in Belastg mit Austritts-, Abfindgsgeld, VertrStrafen, Möglk unbegrenzter Verlängerg dch MehrhBeschl (BGH NJW **73**, 1602), in schwerwiegder od gar unvertretb Einengg der Freih, sich zur Künd zu entschließen dch wirtsch nachteil Folgen, zB dch Buchwertklausel bei erhebl MißVerh zw Buchwert u wirkl Wert (BGH **116**, 359, NJW **93**, 2101, ZIP **94**, 1173), dch das Recht der übr Gter, entw den Antl des Kündigden zu einem dch Sachverständ zu bestimmten Pr zu übernehmen od den Ausscheiden auf eine Veräußerg des Antls außerh der G mit ihrer Zustimmg zu verweisen (Hbg OLGZ **94**, 165). Enthält ein Vertr, dch den der Gter einer KapitalG eine SchutzGemsch in Form einer GbR ohne GesHdVerm eingehen, eine Regelg, nach der ein Mitgl, das seine der VertrBindg unterliegden KapitalGAntle an einen Dr veräußern möchte, diese zuvor allen übr Mitgl der Gemsch anzubieten hat,

835

liegt darin keine gesetzwidr Beschrkg des KündR (BGH NJW **94**, 2536). Ebso nicht, wenn der stille Gter nach Künd das Recht hat, bis zum Ablauf der KündFr die Umwandlg in eine Kommanditbeteilgg zu verlangen, wenn diese selbst mit einer Fr von 6 Mo zum Ende des GeschJahres kündb ist (BGH WM **83**, 170). – Fortsetzg unter den übrigen bei Künd vgl § 736.

724 **Kündigung bei Gesellschaft auf Lebenszeit oder fortgesetzter Gesellschaft. Ist eine Gesellschaft für die Lebenszeit eines Gesellschafters eingegangen, so kann sie in gleicher Weise gekündigt werden wie eine für unbestimmte Zeit eingegangene Gesellschaft. Dasselbe gilt, wenn eine Gesellschaft nach dem Ablaufe der bestimmten Zeit stillschweigend fortgesetzt wird.**

1   Satz 1. Wg übermäß Bindg ist die G jederzt kündb, wie § 723 I 1. Zwingd. – Satz 2: nicht zwingd. Ähnl § 625. Die Identität der G bleibt. – Über Fortsetzg in sonstigen Fällen Vorbem 2 vor § 723.

725 **Kündigung durch Pfändungspfandgläubiger.** [I] **Hat ein Gläubiger eines Gesellschafters die Pfändung des Anteils des Gesellschafters an dem Gesellschaftsvermögen erwirkt, so kann er die Gesellschaft ohne Einhaltung einer Kündigungsfrist kündigen, sofern der Schuldtitel nicht bloß vorläufig vollstreckbar ist.**

[II] **Solange die Gesellschaft besteht, kann der Gläubiger die sich aus dem Gesellschaftsverhältnis ergebenden Rechte des Gesellschafters, mit Ausnahme des Anspruchs auf einen Gewinnanteil, nicht geltend machen.**

1   **1) Pfändung (Abs I).** Unpfändb ist der Antl eines Gters an einz Ggsten des GVerm, ZPO § 859 I 2. Dagg ist der Antl am GVerm als Ganzem der Pfändg unterworfen, ZPO § 859 I, 1. Die Pfändg verschafft dem Gläub kein dingl R an den Ggsten des GVerm, die Gter bleiben gemschaftl verfügsbefugt über sie (Hamm DB **87**, 574), sond berecht ihn zur GeldMachg des GewinnAntls nach Abs II u zur Künd der G nach Abs I. Die Pfdg des Antls betrifft die vermrechtl Beteiligg des Gters am GesHandVerm, denn der Gläub verdrängt ihn aus wicht Rechten wie Gewinnausschütt u Auszahlg des EndGuth (Wiedemann WM **75**, Sonderbeilage 4 S 32). Sie betrifft nicht das aus der Mitgliedsch fließenden korporat Rechte, insb die Verw- u InformationsR des Gters. Vorn der Pfändg nach ZPO §§ 857, 829 (BGH WM **86**, 719). Für die Wirksamk der AntlsPfdg reicht Zustell des PfdgsBeschl an die geschführden – statt an alle – Gter aus, weil die Pfdg des Antls nicht die GGrdl, sondern die GeschFg betrifft (BGH **97**, 392; aA MüKo/Ulmer Rdn 10, RGRK/ v Gamm Rdn 2). – Vgl § 135 HGB für die entspr, in Einzelh allerd abweichde Regelg bei der OHG. Wie dort bezieht sich auch § 725 nur auf die Pfdg dch einen PrivatGl des Gters, nicht auf die dch einen GGläub (MüKo/Ulmer Rdn 1).

2   **2) Wirkungen. – a) Während Bestehens** der G (Abs II) kann der Gläub nur den schuldrl Anspr auf den Gewinnantl geltd machen, nach Überweisg des Antls nach ZPO § 857 oder des GewinnAnspr nach § 829 kann er Zahlg fordern. Die VerwRechte des Schu erhält der Gläub nicht (näher § 717 Rn 6). Die G ist nicht gehindert, über Ggstände des GVermögens zu verfügen.

3   **b) Ein Recht zu fristloser Kündigung** der G erlangt der Gläub dch die Pfändg des Antls; Überweisg ist dazu nicht nöt. Die Pfdg muß wirks, der Titel rechtskräft sein. – Zwingd. Grd: das GläubInteresse, wie in § 728. – Das PfdR am Antl verwandelt sich dch die Künd in ein solches an dem Anspr des Gters, AuseinandS zu verlangen, § 1273. Auch hier erhält der Gläub die VerwRechte des Gters nicht (BGH **116**, 222). Nach Überweisg kann er, jedenf wenn die G nur über einen einz VermGgst verfügt, die AuseinandS unmittelb herbeiführen, dh von den übr Gtern Duldg der öff Veräußerg u Auszahlg des AuseinandSGuth verlangen (BGH **116**, 222). Ein dingl R an den Ggsten des GVerm erwirbt er auch hier nicht. Die an die G zu Händen der geschführden Gter gerichtete Künd wird wirks, sobald alle Gter von ihr Kenntn erlangt haben (BGH NJW **93**, 1002). Die Künd führt zur Auflösg der G. Bei entspr Vereinbg im GVertr besteht sie unter Ausscheiden des GterSchuldners fort, sein Gläub hat Anspr auf Auszahlg des AbfindgsGuth (MüKo/Ulmer Rdn 16). Entsprechdes gilt bei der 2-Mann-G für ein vereinb ÜbernRecht (RGRK/v Gamm Rdn 6; vgl § 736 Rn 1–4).

4   **c) Ablösungsrecht der Mitgesellschafter.** Sie dürfen den PrivatGläub des GterSchuldn befriedigen mit der Folge, daß dessen Anspr samt PfdR auf sie übergeht, § 268. Die Gter sind nach Befriedigg des Gläub auch ohne seine Zust nicht gehindert, die Fortsetzg der G mit dem Gter-Schu zu vereinb od ihn wieder aufzunehmen. Im EinzFall kann ihm sogar ein Anspr darauf zustehen (BGH **30**, 195).

5   **d) Rangfragen.** Da der Anspr auf Zahlg des AuseindSGuth erst mit Auflösg od Ausscheiden entsteht (§ 717 Rn 7), hindert eine früh Übertr des Antls bzw des ZahlgsAnspr die Entstehg des PfdR nicht.

726 **Auflösung wegen Erreichens oder Unmöglichwerdens des Zwecks.** Die Gesellschaft endigt, wenn der vereinbarte Zweck erreicht oder dessen Erreichung unmöglich geworden ist.

1   **1) Zwingend** (BGH WM **63**, 730); jedoch können die Gter die Fortsetzg der G – einstimm – beschließen; vgl hierzu auch Vorbem 2 vor § 723. Gilt auch für den nichtrechtsfäh Verein.

2   **2) Die Unmöglichkeit** muß offenbar, also nicht nur vorübergehd sein (BGH NJW **82**, 2821). Nichtausreichen der GMittel schafft die Unmöglichk erst, wenn endgült feststeht, daß die Gter zu den nötigen weiteren Einlagen, zu denen sie nach § 707 nicht verpfl sind, nicht bereit sind (RG JW **38**, 1522). Bei der BauherrenGemsch (vgl § 705 Rn 39) ist der Zweck, selbst wenn dies im GVertr so vereinb ist, mit der BezugsFertigk noch nicht erreicht, solange noch nicht alle Gter das geschuldete Kapital erbracht haben

(BGH WM **88**, 661). – Feststellg der Unmöglichk vielf prakt schwierig. Jedenf stets Künd nach § 723 mögl. Fehlen der Rentabilitätsaussicht ist noch nicht Unmöglichk.

727 *Auflösung durch Tod eines Gesellschafters.* [I] **Die Gesellschaft wird durch den Tod eines der Gesellschafter aufgelöst, sofern nicht aus dem Gesellschaftsvertrage sich ein anderes ergibt.**

[II] **Im Falle der Auflösung hat der Erbe des verstorbenen Gesellschafters den übrigen Gesellschaftern den Tod unverzüglich anzuzeigen und, wenn mit dem Aufschube Gefahr verbunden ist, die seinem Erblasser durch den Gesellschaftsvertrag übertragenen Geschäfte fortzuführen, bis die übrigen Gesellschafter in Gemeinschaft mit ihm anderweit Fürsorge treffen können. Die übrigen Gesellschafter sind in gleicher Weise zur einstweiligen Fortführung der ihnen übertragenen Geschäfte verpflichtet. Die Gesellschaft gilt insoweit als fortbestehend.**

1) Gesetzliche Regelung. Tod eines Gters löst die G auf. Bei jur Pers u PersGesellsch des HandelsR als 1 Gtern steht Vollbeendigg, nicht schon Auflösg gleich (BGH **84**, 379). Die Erben treten an die Stelle des verstorbenen Gters in der LiquidationsG; zum Nachw der Unrichtigk des GB ist grds auch der GVertr vorzulegen, weil sich aus ihm eine abw Vereinbg ergeben kann (BayObLG Rpfleger **92**, 19). Verschollenh od Eintr der GeschUnfgk eines Gters lösen nicht auf. – Bis zur Beendigg enthält Abs II Übergangsregelgen, näml die Pfl zu Anz, Fortsetzg der GeschFg u die Fiktion des Weiterbestehens der G.

2) Abweichende Vereinbarung ist mögl. – **a) Eintritt des Erben.** Wenn der GVertr dies vorsieht (einf 2 NachfKlausel), wird die G nicht aufgelöst. Der Alleinerbe wird mit dem Tod des Erbl Gter, der GAnteil gehört zum Nachlaß (BGH **98**, 48). Vormschgerichtl Gen für mdj Erben ist nicht erforderl (BGH **55**, 269). Eine abw von §§ 709, 714 getroffene Regelg der GeschFgs- u VertrBefugn gilt für u gg den Erben, außer sie war auf die bes Fähigk od Eigensch des Erbl abgestellt (RGRK/v Gamm Rdn 8). Eine angeordnete Test-Vollstr od NachlVerwaltg hat nicht zur Folge, daß der TestVollstr od NachlVerw in die inneren Angelegenh der G eingreifen dürfte od könnte, verhindert aber, daß der Gter-Erbe über den ererbten GAnteil verfügen kann u daß seine EigenGläub in den Antl u die daraus erwachsden VermRechte eingreifen können (BGH **98**, 48). – Mögl ist auch – als minus – bloßes EintrittsR, gesvertragl od dch Vermächtn (BGH NJW-RR **89**, 989), od auch Eintritt, aber AblehngsR der Erben, vgl auch § 736 Rn 8. – Ohne Vereinbg keine GewinnBeteilig der Witwe eines Sozius einer RA-Sozietät bis Ende des GeschJahres (BGH WM **74**, 1025).

b) Eintritt aller Miterben. Falls so vereinb, geht die Mitgliedsch mit dem Tod des Gters als Nachlaß 3 unmittelb auf seine Erben über. Gter wird in Abw von § 1922, weil die MiterbenGemsch als solche nicht Mitgl einer BGB-Gesellsch sein kann, jeder Miterbe einzeln, wobei der Antl des Verstorbenen am GVerm sofort geteilt entspr der Miterbenquote auf die einz Miterben übergeht (BGH **22**, 186 [192] u WM **83**, 672). Der Nachlaßverwalter ist nicht befugt, pers MitgliedschRechte des Gter-Erben geltend zu machen u hat nicht an der Verfügg über ein zum GVermögen gehördes Grdst mitzuwirken (Hamm DB **93**, 158). Dies gilt auch, wenn die G durch den Tod eines Gters aufgelöst wird (BayObLG NJW-RR **91**, 361). Im übr gilt grds oben Rn 2.

c) Eintritt eines oder einzelner Miterben. Der GVertr kann eine qualifizierte NachfKlausel auch nur 4 für einen od mehrere der Miterben vorsehen. Die Pers kann im GVertr bereits best od ihre letztwill Best dem Erbl-Gter überlassen sein, der Benannte muß zu den Erben gehören, um Nachfolger zu werden. Der Nachf-Erbe erwirbt die Mitgliedsch unmittelb, wobei der Antl des Verstorbenen am GVerm als Nachlaß im ganzen, nicht nur entspr der Miterbenquote auf den Nachf übergeht (BGH **68**, 225 u WM **83**, 672). Dieser hat die übr Miterben abzufinden, soweit der Wert des GAntls den Wert seiner Erbquote übersteigt, falls nicht der Erbl einen solchen Ausgl letztwill ausgeschl hat, was bis zur Grenze des PflichtTlsR zuläss ist (MüKo/Ulmer Rdn 31, 32, Kohl MDR **95**, 865; teilw BGH **22**, 186). Im übr gilt oben Rn 2, 3.

d) Eintritt eines Nichterben. Der GVertr kann auch eine derart NachfKlausel vorsehen. Die rechtl 5 Konstruktion geht dann nur außerh des ErbR dch RGesch unter Lebden. An ihm muß der Nachf beteil sein, weil es weder Vfgen zG noch Vertr zu Lasten Dritter gibt (BGH **68**, 225). Nöt ist also Übertr der Mitgliedsch dch Vertr zw Gter und Nachfolger, aufschieb bdgt dch den Tod des Gters. Auch Zuwendg eines bloßen EintrittsR, gesvertragl od dch Vermächtn (BGH NJW-RR **87**, 989) ist mögl. Die Zust der übr Gter liegt in der Nachf- bzw EintrittsKlausel des GVertr, kann – bei Fehlen – aber auch nachträgl erteilt werden.

e) Fortsetzung unter den übrigen Gesellschaftern, § 736. Dann Abfindg der Erben, §§ 738–740. 6

728 *Auflösung durch Konkurs eines Gesellschafters.* **Die Gesellschaft wird durch die Eröffnung des Konkurses über das Vermögen eines Gesellschafters aufgelöst. Die Vorschriften des § 727 Abs. 2 Satz 2, 3 finden Anwendung.**

1) Satz 1: Wirkg mit Eröffng. Gilt nach hM auch für atyp G ohne GesHandVerm (aA Wernicke WM **81**, 1 862). Bei entspr Vereinbg im GVertr (Hamm BauR **86**, 462) ist Fortsetzg unter den übr ohne, sonst nur mit Zust des KonkVerw mögl. Fortsetzg auch mit GemeinSchu ist nicht mögl. – Der Antl des GemeinSchu an der G, bei Forts sein AbfindgsAnspr, fällt in die Masse. AuseinandS außerh des KonkVerf, KO § 16 I. Folge: AbsondergsR der MitGter, KO § 51. Die Masse hat Anspr auf den Überschuß. – **Es gibt keinen Gesellschaftskonkurs,** abw Regel in § 1 I GesVollstrOrdng u im RegEntw eines EGInsO u Auflösg der G im RegEntw § 728 I. Die KonkEröffng über das Verm eines im HandelsReg als KG eingetragenen GbR ist aber wirks (BGH **113**, 216). Bei Konk steht dem Nachf ein GVertr der abw unterfällt das GesHandsVerm der KonkBeschlagn (BGH **23**, 307, 313, MüKo/Ulmer Rdn 3; aA Oehlerking KTS **80**, 14).

2) Satz 2 regelt dch Verweis für die Übergangszeit GeschFg u Fiktion des Fortbestands. Vgl KO § 28. – 2 Zur GeschFg ist jetzt Mitwirkg des KonkVerw nötig, § 730 II, 2.

729 *Fortdauer der Geschäftsführungsbefugnis.* Wird die Gesellschaft in anderer Weise als durch Kündigung aufgelöst, so gilt die einem Gesellschafter durch den Gesellschaftsvertrag übertragene Befugnis zur Geschäftsführung zu seinen Gunsten gleichwohl als fortbestehend, bis er von der Auflösung Kenntnis erlangt oder die Auflösung kennen muß.

1 § 729 gilt für alle Auflösgsfälle, auch die allg (vgl Vorbem 1 vor § 723), außer den dch Künd. – Erläuterg: § 674 Rn 1–13. – Folge: Die Vollm gilt als weiterbestehd, § 714, außer ggü Bösgläub, § 169. BewLast für Bösgläubk, wer sie behauptet.

730 *Auseinandersetzung; Geschäftsführung.* [1] Nach der Auflösung der Gesellschaft findet in Ansehung des Gesellschaftsvermögens die Auseinandersetzung unter den Gesellschaftern statt.

[2] Für die Beendigung der schwebenden Geschäfte, für die dazu erforderliche Eingehung neuer Geschäfte sowie für die Erhaltung und Verwaltung des Gesellschaftsvermögens gilt die Gesellschaft als fortbestehend, soweit der Zweck der Auseinandersetzung es erfordert. Die einem Gesellschafter nach dem Gesellschaftsvertrage zustehende Befugnis zur Geschäftsführung erlischt jedoch, wenn nicht aus dem Vertrage sich ein anderes ergibt, mit der Auflösung der Gesellschaft; die Geschäftsführung steht von der Auflösung an allen Gesellschaftern gemeinschaftlich zu.

1 **1) Aufgabe der Auseinandersetzung** ist, die Vollbeendigg der G herbeizuführen, die dch die Auflösg noch nicht herbeigeführt wird. Die geshänder Verbundenh des GVermögens ist zu lösen, die den Antlen der Gter entspr Werte sind ihnen zuzuführen. Daher keine AuseinandS, auch keine -Bilanz (BGH ZIP **93**, 1307), wenn kein GVerm vorh ist. Beendigg der InnenG vgl § 705 Rn 26. Die G besteht bis zur Beendigg der AuseinandS als LiquidationsG fort. BeitragsPfl, auch hins rückständ Beitr ist nur noch zu erfüllen, soweit zur AuseinandS erfdl (BGH NJW **60**, 433); BewLast bei den Gtern, die Beitr verlangen. SchadErs aus schlechter GeschFg kann der geschf Gter nicht mehr verlangen, wenn nicht zur Befriedigg der GGläub erfdl u der Gter auch unter Berücksichtigg seiner ErsVerpfl noch etwas aus der Liquidationsmasse beanspruchen kann (BGH NJW **60**, 433). – Die AuseinandSRegeln des Ges betreffen nur das InnenVerh der Gter; sie sind nicht zwingd (§ 731 S 1). Die GGläub haben in keinem Falle ein Recht auf Vornahme der AuseinandS nach Vertr od Gesetz od überh, da sie dch die meist gesschuldnerische pers Haftg der Gter gesichert sind.

2 **2) Vornahme. – a) Durch alle Gesellschafter** als GeschF (Abs II S 2), auch wenn die GeschFg zuvor u geregelt war (vgl aber § 729); ihnen steht nunmehr die GeschFg u die Vertretg gemschaftl zu (BGH WM **63**, 249). Anspr gg Dr kann also grdsätzl nicht der einz Gter allein geltd machen (Zweibr OLGZ **73**, 316; vgl auch § 709 Rn 2). Keine bes Liquidatoren. And Regelg aber mögl. VergütgsAnspr für GeschFTätigk gibt es auch hier (vgl § 713 Rn 1) nur, wenn vereinb (BGH WM **67**, 684). Das MitwirkgsR eines GemSchuldners (§ 728) wird dch den KonkVerw ausgeübt; das der Erben kann iF des § 727 I zu den Befugn des TestVollstr gehören, iF einer Nachfolgeklausel steht es den Erben zu (BGH NJW **81**, 749).

3 **b) Anspruch auf Vornahme der Auseinandersetzung** hat jeder Gter, u zwar mangels and Abrede in der Reihenfolge der §§ 732–735. Der Anspr ist unübertragb (§ 717 Rn 4), er besteht gg alle übr. Von ihm zu unterscheiden ist der Anspr auf Auszahlg des AuseinandSGuth (vgl unten Rn 5).

4 **c) Mitwirkungspflicht.** Die Vornahme der AuseinanderS u Mitwirkg bei ihr ist Pfl jedes zu ihr berufenen Gters (oben Rn 2), daher ist Austritt aus der AbwicklgsG durch Künd ausgeschl (BGH WM **63**, 728); ebso ZbR gg Anspr auf eine zur Abrechng erforderl Ausk (BGH WM **69**, 591). Bei Weigerg Klage auf AuseinandS gg die Widerstrebenden. Nöt ist ein vollstrfäh KlAntr auf Vornahme best AuseinandSHdlgen od auf Mitwirkg dabei (Hamm BB **83**, 1304). Zur Vornahme der AuseinandS ist der RechngsAbschl erforderl, der wieder die Rechngslegg voraussetzt (vgl näher § 721 Rn 1, § 713 Rn 4). Das Urt spricht nur die Verpflichtg zur Mitwirkg an best AuseinandSHdlgen aus, nimmt diese selbst aber nicht vor. Ist der Kl dazu in der Lage, war er zB geschf Gter, so kann er auf Zust zu einem best AuseinandSPlan, weitergehd auch auf Mitwirkg bei den etwa erforderl AuseinandSHdlgen klagen; Vollstr dann nach ZPO § 894. Aber auch sonst wird die Klage Anlaß geben, die Pflichten u Anspr der einz Gter ggü der G, auch SchadErsAnspr, klarzustellen. Im Streitfall hat Kl das VorhSein von GVerm darzulegen u nachzuweisen. Über EinzelAnspr eines Gters gg einen anderen vgl § 733.

5 **d) Zahlung des Auseinandersetzungsguthabens.** Anspr darauf erst nach Erstellg der AuseinandSBilanz hins des abschließden Saldos (BGH NJW **95**, 188), außer wenn sich das Guth jedes Gters ohne bes AbrechngsVerf alsbald ermitteln läßt (BGH WM **65**, 794) od wenn dch die Kl das Ergebn der AuseinandS in zul Weise vorweggen u dadch ein weiteres AuseinandSVerf vermieden wird, zB wenn kein GVerbindlichk mehr vorh ist u es sich nur noch um die Verteilg des letzten VermGgst der G od den Ausgl für Aufw (BGH NJW- RR **90**, 736) handelt. Anders insb auch, wenn die Gter über eine best Art der AuseinandS einig sind, insb dahin, daß der eine das GVerm übernimmt u der and abgefunden wird. Ebso, wenn sich ein Gter den wesentl Tl der immat Güter des GUnternehmens ohne GgLeistg zunutze macht (BGH ZIP **95**, 1085).

6 **e) Inhalt der Auseinandersetzung** ist, die einz Verpfl der Gter zum GVerm u ihre Anspr gg die GesHand in einheitl Verf klarzustellen. Dies gilt auch für den AbfindgsAnspr bei InnenG (BGH WM **76**, 789) u nach Ausscheiden eines Gters aus einer 2-MannG (BGH NJW **92**, 2757). Daher sind EinzelAnspr eines Gters, die im GVerh ihre Grdlage haben, grdsätzl nur Rechngsposten u daher bedeuts allein für die Feststellg seines AuseinandSGuth (BGH **37**, 304). Ebso können SchadErsAnspr gg einen Gter nicht mehr geltd gemacht werden, wenn die Leistg zur Befriedigg der Gl nicht mehr benötigt wird u der erspfl Gter selbst unter Berücksichtigg der ihn treffden Verbindlichk noch etwas aus der Liquidationsmasse (BGH WM **77**, 617) bzw als Abfindg nach Ausscheiden (BGH NJW-RR **92**, 543) zu erhalten hat. Konkr bezeichnete, bestr Anspr u EinzPosten können zur KlarStellg der AbrechngsGrdlagen Ggst einer pos od negat FeststellgsKl sein (BGH NJW **85**, 1898, NJW **95**, 188). ZahlgsKl kann nur insow erhoben werden, als schon vor

Beendigg der AuseinandS feststeht, daß der fdgsberecht Gter einen best MindestBetr aus dem GVerm verlangen kann. Dazu muß der klagde Gter eine vorläuf AuseinandSRechng vorlegen, Streitpkte hat das Ger zu klären u das Guth des klagden Gters festzustellen (BGH NJW-RR **91**, 549). Ist das Bestehen einer G streit u das Bestehen der KlFdg in irgdeiner Höhe wahrscheinl, kann GrundUrt ergehen (BGH NJW-RR **91**, 613). Aufw für die G kann ein Gter, wenn GVerm zu ihrer Erstatt nicht vorh ist, nach dem VerlustVerteilgs-Schlüssel von den and ersetzt verlangen; auch dieser Anspr gehört in die AuseinandSRechng (BGH WM **76**, 789). In sie gehören auch Anspr eines Gters auf Ausgl nach § 426 I u übergegangene Anspr des Gläub der G (BGH **103**, 72; Besprechg Hadding u Häuser WM **88**, 1585), sowie Anspr eines Gters aus einem DrittVerh (vgl § 733 Rn 3, BGH NJW-RR **86**, 456 für Gter-Darl), weil auf and Weise ein EndErgebn – ob der Gter-Gl od die G noch etwas zu fordern hat – nicht zu gewinnen ist; das gleiche gilt bei Ausscheiden eines Gters (BGH WM **78**, 89). – Einzelposten können ausnahmsw isoliert geltd gemacht werden, wenn feststeht, daß der auf diese Weise erlangte Betr keinesf zurückbezahlt werden muß; dabei müssen Grd u Höhe des Anspr nicht unbestr sein od schon feststehen (BGH NJW-RR **88**, 1249). Unabhäng von der AuseinandSRechng sind selbstd Posten zB Herausg von GeschUnterlagen (Hbg BB **72**, 417). Über die Inanspruchn der MitGter vgl § 733 Rn 4. – Soweit ein Gter gg einen MitGter auf Leistg an die Gesamth antragen kann (§ 705 Rn 21, § 713 Rn 2–14), ist er hierzu auch im Liquidationsstadium der G befugt (BGH NJW **60**, 433). Eine wg des AuseinandSStadiums unbegr Zahlgs-, auch StufenKl, kann ausgelegt werden als Kl auf Feststellg, daß der Betr als unselbständ Posten in die AuseinandSRechng einzustellen ist (BGH NJW **84**, 1455, NJW **95**, 188).

3) Beendigung der Auseinandersetzung erst nach Abschl des Verf gem §§ 731 ff. Ergibt sich nachträgl 7 GVerm, so steht dieses den Gtern als GesHändern zu, AuseinandS ist nachzuholen, soweit erfdl.

731 *Verfahren bei Auseinandersetzung.* **Die Auseinandersetzung erfolgt in Ermange-lung einer anderen Vereinbarung in Gemäßheit der §§ 732 bis 735. Im übrigen gelten für die Teilung die Vorschriften über die Gemeinschaft.**

1) Vereinbarung der Gter hat Vorrang. Ob u wie die AuseinandS vorzunehmen ist, entscheidet der 1 GesellschVertr od ein späterer, auch erst nach Auflösg gefaßter GterBeschl (BGH WM **60**, 1121), grdsätzl einstimmig (§ 705 Rn 5–7). Danach kann von einer AuseinandS überh abgesehen, es können auch andere Arten vereinb werden, so Veräußerg des Verm im ganzen an einen Dr od auch an einen Gter („Übernah-me", § 736 Rn 5) od Einbringg in eine KapitalG. Teilg der Einrichtg einer GemschPraxis zw Ärzten od RAen u Berechtigg, Patienten bzw Mandanten allein weiter zu betreuen (BGH NJW **94**, 796). Auch können die Gter beschließen, nunmehr in BruchteilsGemsch zus zu bleiben. – Der VeräußergsVertr bedarf im allg nicht der Form des § 311, auch § 419 nicht, wohl aber § 313, auch für den GVertr, wenn bereits er die Veräußerg vorsieht. Für die Haftg gelten die §§ 445, 493. Zur Übertr der einz VermGgstände sind Einzel-akte nötig, insb Auflassg. – Fortsetzg vgl Vorbem 2 vor § 723.

2) Die gesetzliche Regelung gibt in §§ 732–735 das Verf u die Reihenfolge an: Rückg nach § 732, 2 Berichtigg der GSchulden, Rückerstattg der Einlagen, § 733, Verteilg von Überschuß, § 734, od Aufkom-men für Verlust, § 735. Subsidiär gelten nach S 2 die §§ 752–754, 756–758. § 755 ist durch § 733 ersetzt.

3) Nur Innenverhältnis. Die vertragl u gesetzl AuseinandSRegeln schaffen nur Pflichten der Gter 3 ggeinander. Dritte können sich auf sie nicht berufen (vgl § 730 Rn 1).

732 *Rückgabe von Gegenständen.* **Gegenstände, die ein Gesellschafter der Gesellschaft zur Benutzung überlassen hat, sind ihm zurückzugeben. Für einen durch Zufall in Ab-gang gekommenen oder verschlechterten Gegenstand kann er nicht Ersatz verlangen.**

1) Rückgabe ist der 1. Schritt der AuseinandS. Zurückzugeben sind die Ggst (Sachen u Rechte), die ein 1 Gter der G nur zur Benutzg überlassen hat (vgl § 706). Die Rückg kann sofort u außerh der AuseinandS verlangt werden, außer die Ggst ist für sie noch nicht entbehrl, zB bei Überlassg eines Raumes. Doch kann ZbR aus § 273 entggstehen, zB weil mit hoher Wahrscheinlk ein AusglAnspr gg den Gter besteht, zu dessen Berechng noch AbschichtgsBilanz nötig ist (BGH NJW **81**, 2802). Sind nur zur Benutzg überlassene Ggstände „ihrem Wert nach" eingebracht worden, findet AuseinandS in Geld statt (BGH WM **65**, 744, 746). – Auch andere fremde VermBestandteile sind auszusondern.

2) Haftung. Die Gef zufäll Untergangs od zufäll Verschlechterg, zu der auch die Abnutzg dch be- 2 stimmtsgem Gebr gehört (Staud-Keßler Rdn 8), trägt der Gter. Bei Versch eines geschf Gters haften dieser u die GesHand privilegiert gem §§ 708, 278 auf SchadErs. Bei Versch Angestellter haftet die GesHand gem § 278. Vorstehdes gilt entspr iF einer Vereinbg, daß ein zu Eigt od dem Werte nach überlassener Ggst zurückzugeben ist (RGRK/v Gamm Rdn 5).

733 *Berichtigung der Gesellschaftsschulden; Erstattung der Einlagen.* **[I] Aus dem Gesellschaftsvermögen sind zunächst die gemeinschaftlichen Schulden mit Einschluß derjenigen zu berichtigen, welche den Gläubigern gegenüber unter den Gesellschaftern geteilt sind oder für welche einem Gesellschafter die übrigen Gesellschafter als Schuldner haften. Ist eine Schuld noch nicht fällig oder ist sie streitig, so ist das zur Berichtigung Erforderliche zurückzube-halten.**

[II] Aus dem nach der Berichtigung der Schulden übrig bleibenden Gesellschaftsvermögen sind die Einlagen zurückzuerstatten. Für Einlagen, die nicht in Geld bestanden haben, ist der Wert zu ersetzen, den sie zur Zeit der Einbringung gehabt haben. Für Einlagen, die in der Leistung von Diensten oder in der Überlassung der Benutzung eines Gegenstandes bestanden haben, kann nicht Ersatz verlangt werden.

III **Zur Berichtigung der Schulden und zur Rückerstattung der Einlagen ist das Gesellschaftsvermögen, soweit erforderlich, in Geld umzusetzen.**

1 **1) Berichtigung der gemeinschaftlichen Schulden** (= GSchulden, § 718 Rn 6–12), Abs I, ist nach § 732 der nächste Schritt der AuseinandS, vor Rückerstattg der Einlagen (Abs II). § 733 schafft nur Verpflichtg unter den Gtern, ist kein SchutzG (§ 823 II) zG der GGläub (KG JR **51**, 22). Nicht zwingd, § 731 Rn 1–3. RStellg der Gläub bei HaftgsBeschrkg auf das GVerm vgl § 735 Rn 3.

2 **a) Schulden gegenüber Dritten.** Das sind Schulden aller Gter, die ihren Grd in der Betätigg der G haben, ggü einem Gläub, der nicht Gter ist, auch sow ihm die Gter nicht samtverbindl, sond geteilt haften, § 420. Schulden, die zwar alle Gter treffen, die aber nicht GSchulden sind (vgl § 718 Rn 6, 7) haben im Verh der Gter zueinand nichts mit der AuseinandS zu tun. Die Drittgläub können dagg auch noch währd der AuseinandS aus dem GVerm Befriedigg suchen od auch gg jeden Gter persönl vorgehen (vgl § 718 Rn 8).

3 **b) Schulden gegenüber einem Gesellschafter.** Es ist zu unterscheiden. **aa) Schulden aus einem Drittverhältnis**, zB Kauf, Darl des Gters, auch unerl Hdlg eines zu einer Verrichtg Bestellten, zB GeschF (vgl § 718 Rn 9–11). Sie sind aus dem auseinanderzusetzden Verm zu berichtigen. Der GterGläub hat Anspr auf die volle Fdg, kein Abzug eines seiner Verlustbeteiligg entspr Antls, denn die dch die Tilgg bewirkte Verminderg des GVermögens trifft auch ihn; Einsetzg in die AuseinandSRechng vgl § 730 Rn 6. Kann sich der GterGläub aus dem GVerm nicht befriedigen, so ist sein Anspr gg den and Gter grdsätzl nur unselbständ 4 RechngsPosten iR der AuseinandS (BGH WM **71**, 931). – **bb) Schulden, die im Gesellschaftsverhältnis selbst ihren Grund haben** (vgl § 718 Rn 12); so insb Anspr des Gters auf AufwErs (vgl § 713 Rn 11–14), auf rückständ GewinnAntl, Anspr aus schuldh Schädigg durch die GeschF (vgl aber oben Rn 3), Anspr auf die vereinb Vergütg (vgl § 713 Rn 1). Jeder Gter, insb der GterGläub, hat Anspr auf Berichtigg aus dem GVerm bei der AuseinandS. Auch hier kein Abzug der Verlustquote (vgl § 730 Rn 6). Geltdmachg dieser Anspr gg den MitGter ist grdsätzl ausgeschl (BGH WM **68**, 697), es sei denn, daß schon vor Beendigg der AuseinandS feststeht, daß GterGläub aus dem GVerm jedenf einen best Betr verlangen kann (BGH **37**, 299 [305], WM **67**, 277).

5 **c) Für nicht fällige und streitige Gesellschaftsschulden** sind die zur Begleich erforderl GeldBetr zurückzustellen (Abs I S 2), mangels abw Vereinbg dch Hinterlegg, § 372 (MüKo/Ulmer Rdn 8). Insow besteht die AbwicklgsG fort.

6 **d) Einzelansprüche eines Gesellschafters gegen einen anderen Gesellschafter** (vgl § 705 Rn 25) gehen die GesHand als Gläub od Schu nichts an, sind daher nicht Ggst der AuseinandS. Nach §§ 731 S 2, 756 hat der Gter aber Anspr auf Berichtig aus dem AuseinandSGuth des and, zu dem hier (anders als sonst, § 717) auch die Anspr des andern aus Rn 4, ferner der Anspr auf Rückerstattg der Einlage, gehören. Der Gter hat sogar ein AbsondergsR, KO § 51. Da die Begleichg des Guth an den and ein Teil der AuseinandS ist, kann er insow auch die Berücksichtig seiner Fdg bei der AuseinandS, wenn auch nicht aus dem GVerm, verlangen. – Zahlg einer GSchuld dch einen Gter an einen Dr gibt dem Gter eine Fdg gg die G, gehört also nicht hierher, der Zahlde hat für die ErsFdg die bessere Stellg gem Rn 4.

7 **2) Rückerstattung der Einlagen** (Abs II). Vgl § 706 Rn 1–4. – **a) Nur zur Benutzung überlassene Gegenstände** sind grdsätzl sofort zurückzugeben. Kein WertErs (S 3). Vgl § 732.

8 **b) Geldeinlagen** sind in Geld zurückzuerstatten. Grdsätzl erst nach Berichtigg der GSchulden gem Abs I, wenn nicht Verlustbeteiligg ausgeschl (§ 722) u Gter Rückzahlg seiner Einlage unabhäng von einem Verlust beanspruchen kann (BGH WM **67**, 346). Bei Fehlen flüss Mittel ist das GVerm vorher in Geld umzusetzen (Abs III).

9 **c) Für andere Einlagen** ist WertErs in Geld zu leisten, falls nichts and vereinb ist. Auf Rückerstattg in Natur besteht kein Anspr, zur Rückn keine Pfl. Wertstichtag ist der Ztpkt der Einbringg, einen Wertverlust danach trägt also die G, eine Wertsteigerg kommt ihr zugute. Mangels anderweit Vereinbg ist auch bei – meist steuerl bdgter – Einbringg zum Buchwert der wirkl wirtsch Wert maßgebd (BGH WM **67**, 682, MüKo/Ulmer Rdn 12; aA anscheind BGH WM **72**, 213). Hat der Einleger an seinem Grdst für die Dauer der G ein beschr dingl R bestellt, liegt die Ann einer stillschw Vereinbg der RückÜbertr in Natur gem § 732 nahe (RGRK/v Gamm Rdn 9).

10 **d) Für Dienst- und Werkleistungen**, die ein Gter als Einlage erbracht hat, gibt es WertErs iF entspr Vereinbg (BGH WM **62**, 1086), sonst nur, wenn sie sich als bleibder Wert im GVerm niedergeschlagen haben (BGH NJW **86**, 51), zB ArchPlang (BGH NJW **80**, 1744). Maßgebl ist der tatsächl Wert, zB bei mangelh Leistg. IdR anwendb auch auf den stillen Gter (AusnFall BGH NJW **66**, 501).

11 **3) Umsetzung in Geld** ist erforderl, wenn nicht genügd flüss Mittel zur Berichtigg der GSchulden (Abs I) und Rückzahlg der Einlagen bzw WertErs für sie in Geld (Abs II) vorh sind. Dies geschieht, falls nichts and vereinb gem §§ 731 S 2, 753, 754 (ebso MüKo/Ulmer Rdn 16; wohl auch BGH NJW **92**, 831; aA RGRK/v Gamm Rdn 12, Staud-Keßler Rdn 19: nach Verkehrssitte). Fdgen der G sind in erster Linie einzuziehen, § 754, auch Fdgen gg Gter, zB auf rückständ Beiträge od SchadErs (vgl § 730 Rn 1). Soweit sie aus dem GVerh fließen, sind sie iR des AuseinandSVerf einzuziehen, soweit sie aus DrittVerh, zB auch aus unerl Hdlg oder GeschFg oA (Vorname gesellschfremder Gesch dch den geschf Gter, § 713 Rn 1), stammen, können sie auch noch währd der AuseinandS außerh dieser eingeklagt werden (Hbg BB **51**, 316). Die Abwicklg kann im GVertr abweichd dahin vereinb sein, daß nicht das GVerm zu versilbern u der Erlös zu teilen ist, sond daß ein Gter das GVerm übernimmt u daß der and einen AbfindgsAnspr in Geld in Höhe des Wertes seiner Beteiligg amGVerm erhält (BGH WM **74**, 1162). Bei der InnenG ist dies idR anzunehmen (BGH NJW **83**, 2375), weil der InnenGter am Verm nicht dingl beteil ist (BGH NJW **92**, 831).

734 *Verteilung des Überschusses.* **Verbleibt nach der Berichtigung der gemeinschaftlichen Schulden und der Rückerstattung der Einlagen ein Überschuß, so gebührt er den Gesellschaftern nach dem Verhältnis ihrer Anteile am Gewinne.**

1) Feststellung des Überschusses. Das ist der Bestand, um den das Aktivvermögen einschl der Auf- 1 deckg stiller Reserven die GSchulden u die Einlagen (§ 733 Rn 1–10) übersteigt. Sind vorher keine Gewinne verteilt worden, dann deckt sich der Überschuß mit dem Gewinn der G überh; iF früherer Gewinnverteilg (zB § 721 II) ist Überschuß der Schlußgewinn der G bei GEnde. Ist Gewinn währd Bestehens der G unter Begründg eines AuszahlgsAnspr, also nicht bloß rechnerisch festgestellt, aber nicht abgehoben worden, so ist der Anspr auf ihn GSchuld (§ 733 Rn 4), also als solche nach § 733 vorweg, auch vor den Einlagen, zu berichtigen. Erforderlichenf müssen die Gter als Abwickler eine Schlußabrechng od AuseinandSBilanz erstellen. Geschieht dies einvernehml, so liegt darin die binddе Feststellg der maßgebl Zahlen, andernf können streit Posten mittels FeststellgsKl geklärt werden. Damit ist der AuszahlgsAnspr fällig.

2) Verteilung des Überschusses. Sie geschieht nach §§ 731 S 2, 752–754 dch Naturalteilg des zunächst 2 noch im GesHandEigt stehenden Überschusses u Übertr der geteilten Ggstände an die einz Gter; Auflassg nötig; Haftg § 757. Eine Versilberg hat also zwecks Überschußverteilg nicht ow stattzufinden, § 733 III, wohl aber zwecks Rückerstattg der Einlagen (§ 733 Rn 7–10). Anders HGB §§ 149, 155. Prakt führen aber auch die §§ 752–754 vielf zur Versilberg, falls sie nicht schon anläßl der Schuldenberichtigg u Einlageerstattg erfolgt war. Vorwegbefriedigg eines Gters wg seiner EinzelAnspr gg einen and aus dessen GewinnAntl, vgl § 733 Rn 6. Nicht zwingend.

735 *Nachschußpflicht bei Verlust.* **Reicht das Gesellschaftsvermögen zur Berichtigung der gemeinschaftlichen Schulden und zur Rückerstattung der Einlagen nicht aus, so haben die Gesellschafter für den Fehlbetrag nach dem Verhältnis aufzukommen, nach welchem sie den Verlust zu tragen haben. Kann von einem Gesellschafter der auf ihn entfallende Beitrag nicht erlangt werden, so haben die übrigen Gesellschafter den Ausfall nach dem gleichen Verhältnisse zu tragen.**

1) Bedeutung. § 735 begründet für die GGläub keine Rechte, vgl aber Rn 3. Er begründet nur Rechte u 1 Pfl im InnenVerh der Gter, ist aber auch insow nicht zwingd (vgl § 730 Rn 1, § 731 Rn 1). Daher auch keine NachschußPfl des Gters, dessen Verlustbeteiligg vertragl ausgeschl ist (vgl § 722 Rn 1, BGH WM **67**, 346). § 735 gilt nicht für stille G (BGH WM **77**, 973).

2) Inhalt. NachschußPfl besteht zur Deckg der GSchulden ggü Dr u ggü Gtern (vgl § 733 Rn 2–4), sowie 2 zur Deckg der Rückzahlg der Einlagen. Den FehlBetr haben die Gter entspr der vereinb Quote ihrer Beteiligg am Verlust zu decken, iZw zu gleichen Quoten, S 1 mit § 722. Verpfl sind also primär nur solche Gter, die ihrers zum Ausgl verpfl sind, nicht solche, denen selbst noch ein Guth zusteht (BGH WM **75**, 286). Den wg rückständ Einlage in Anspr genommenen Gter trifft die Darleggs- u BewLast, daß der geforderte Betr zur DchFührg der Abwicklg nicht benötigt wird, jedoch hat der Liquidator die insoweit bedeuts Verh der G darzulegen (BGH WM **78**, 898). Der Anspr auf Nachschuß steht der G zu (vgl § 705 Rn 20, 21). Dient der Nachschuß aber nur der Rückerstattg von Einlagen, so wird man bei einfachen Verh den Umweg sparen u unmittelb Anspr von Gter zu Gter geben können; ebso wenn es sich um die Befriedigg des GterGläub (§ 733 Rn 3, 4) handelt. Ist von einem ausgleichspfl Gter der auf ihn treffde Betr nicht zu erlangen, so haben ihn die übr quotenmäß (wie vorstehd) abzudecken, S 2.

3) Gläubiger können sich auf § 735 nicht berufen. Sie sind dch die persönl Haftg der Gter gedeckt. Ist 3 aber das GVerm verteilt worden, ohne solche GSchulden zuvor zu tilgen, für die die Gter nicht persönl, sond nur unter Beschränkg auf das GVerm haften (§ 714 Rn 4), so muß nach § 242 jeder Gter, der die Einlage zurück- od einen Überschuß erhalten hat, mit dem Erhaltenen den Gläubigern haften (vgl Hamm NJW **85**, 1846). – Der GterGläub (§ 733 Rn 3, 4) hat dann uU sogar SchadErsAnspr wg Verletzg der Reihenfolge des § 733 (§§ 708, 276).

736 *Ausscheiden eines Gesellschafters, Nachhaftung.* [1]**Ist im Gesellschaftsvertrage bestimmt, daß, wenn ein Gesellschafter kündigt oder stirbt oder wenn der Konkurs über sein Vermögen eröffnet wird, die Gesellschaft unter den übrigen Gesellschaftern fortbestehen soll, so scheidet bei dem Eintritt eines solchen Ereignisses der Gesellschafter, in dessen Person es eintritt, aus der Gesellschaft aus.**

[II] **Die für Personenhandelsgesellschaften geltenden Regelungen über die Begrenzung der Nachhaftung gelten sinngemäß.**

Abs II neu eingefügt dch Art 4 Nr 2 des NachhBG v 18. 3. 94 (BGBl I 560), in Kraft seit 26. 3. 94.

1) Ausscheiden eines Gesellschafters, Abs I. Fortsetzungsvereinbarung. – a) Voraussetzungen. 1 Der GterBestand ist eine Grdl der G (vgl § 705 Rn 5–7). Kündigt od stirbt ein Gter od fällt er in Konk, so ist die Auflösg die ges Folge gem §§ 723ff. Aus prakt Grden läßt das Ges aber in diesen Fällen zu, daß die G unter den übr Gtern unter Wahrg ihrer Identität fortbesteht, falls alle Gter dies vor der Auflösg, od die übr währd des Laufs einer KündFr (vgl § 723 Rn 1) od noch im AbwicklgsStadium (BGH WM **64**, 1086) vereinb haben, nötigenf mit Zust des KonkVerw (vgl § 728 Rn 1). Gleiches gilt bei automat Ausscheiden eines Gters mit Ablauf einer dafür vereinb Fr (BayObLG DB **90**, 168). Für die fehlerh Vereinbg über das Ausscheiden gelten die Grdsätze über die fehlerh GesGründg (§ 705 Rn 10–12, BGH NJW **92**, 1503: geschunfäh Gter, BGH NJW **69**, 1483: Anf wg argl Täuschg). – Ob ein Vertr, der bei Künd durch einen Gter das Fortbestehen der G unter den übr vorsieht, auch für den Fall gelten soll, daß der Kündigde einen wicht Grd zur Künd hat, weiter sogar für den Fall, daß die übr die Künd dch schuldh gesellschwidr Verhalten veranlaßt haben, ist Ausleggsfrage; das Verhalten der übr kann, wenn sie daraufhin von ihrem ÜbernR Gebr machen u daraus Vort ziehen wollen, unzul RAusübg sein (RG **162**, 392). Desgl, wenn bei Fortsetzgsvereinbg iF der Künd dch einen PfdgsPfdGläub (§ 725) dieser vor Abschichtg des Gters befriedigt wird (BGH **30**, 201 zur OHG).

2   **b) Wirkung.** Der betr Gter scheidet mit Eintritt des Ereign unmittelb aus. Sein Antl am GVerm wächst den übr an, § 738. Eine ÜbertrHdlg ist weder nöt noch mögl, auch keine Auflassg (Köln NJW **95**, 2232). Der Ausscheidde hat der Berichtigg des GB zuzustimmen, § 894. Die FortsetzgsAbrede bedarf desh nicht der Form des § 313 (RG **82**, 161). Schuldrechtl Folgen: §§ 738 I 2, 3 bis 740. Begrenzg der Nachhaftg Abs II.

3   **c) Zweigliedrige Gesellschaft.** Fortsetzg setzt voraus, daß noch mind zwei Gter übr bleiben, es gibt keine EinmannG des BGB. Die gesellschvertragl Vereinbg eines ÜbernR unter best Vorauss in einer ZweimannG ist wirks. Außerdem gibt ein in einer mehrgliedr G vereinb FortsetzgsR, wenn nur noch zwei Gter vorh sind, ein entspr ÜbernR. Falls nicht die ÜbernVereinbg einen automat Übergang bei Eintr eines best Ereign, zB Tod eines der beiden Gter (MüKo/Ulmer § 730 Rdn 54) herbeiführt, ist das ÜbernR auszuüben dch Zugang der rgestaltden ÜbernErkl. Sie beendet die G ohne Abwicklg, der gemschaftl Ggst wächst dem Übernehmden ohne EinzÜbertr gem § 738 an, der Ausscheidde ist abzufinden (BGH NJW-RR **93**, 1443). Ein ges ÜbernR in Analogie zu § 142 HGB ist jedenf dann zu bej, wenn der GVertr der urspr mehrgliedr G ein FortsetzgsR für die übr enthält u in der Pers des and Gters ein AusschließgsGrd vorliegt, auch wenn es sich nicht um die Ausübg eines GewBetr handelt (BGH **32**, 307 u NJW **66**, 827, Rimmelspacher AcP **173**, 1 ff; aA Soergel-Hadding § 730 Rdn 20 im Hinbl auf den Bestandsschutz für Unternehmen). Abw von § 142 HGB ist auch das ges ÜbernR dch rgestaltde WillErkl auszuüben.

4   **d) Massenaustritt aus einer Publikumsgesellschaft** führt trotz FortsetzgsKlausel zur Auflösg, § 736 I gilt nicht (Stgt JZ **82**, 766: gleichzeit Austritt von mehr als 93% der Gter aus demselben Grd; i Erg zust Schneider aaO).

5   **2) Entsprechende Geltung** des Abs I: – **a)** Bei Künd durch den Gläub (§ 725) gilt er zumind entspr (MüKo/Ulmer Rdn 12, RGRK/v Gamm Rdn 2). – **b)** Im Fall des § 50 VerglO wird Abs I entspr gelten müssen. Grd: gleiche Interessenlage wie in § 728. – **c)** Bei Eintritt and, allg AuflösgsGrde (vgl Vorbem 1 vor § 723) od eines and best Ereign wie Erreichen einer Altersgrenze (MüKo/Ulmer Rdn 12) kann bei entspr Vereinbg Abs I ebenf analog anwendb sein. – **d)** Bei § 726 kommt eine entspr Anwendg nicht in Frage.

6   **3) Eintritt neuer Gesellschafter. – a) Anwachsung, Abwachsung, Schuldenhaftung.** Daß ein neuer Gter eintreten kann unter Fortsetzg der bisher G bei Aufrechterhaltg ihrer Identität, ergibt sich schuldrechtl aus dem Grds der VertrFreih u aus dem Hinw in § 727 I. Dingl folgt dies aus der entspr Anwendg des § 738. Ihr entspricht iF des Eintritts die „Abwachsung" bei den schon vorh Gtern od bei dem Ausscheidden, falls gleichzeit ein neuer eintritt. Die RÄnderg in der Beteiligg am GesHandVerm u an den einz Ggst tritt automat ein, also ohne ÜbertrHdlg, auch ohne Auflassg (BayObLG **91**, 2106). Für den Vertr gilt nicht § 313. Der neue Gter haftet für die bisherigen GSchulden nur bei bes Vereinbg mit dem Gläub (BGH **74**, 240). Eine dahingehde Abrede zw ihm u den alten Gtern gibt dem Gläub iZw keinen Anspr gg den Eintretden, § 329.

7   **b)** Ein **Vertrag** zw den bisher Gtern u dem neuen ist zum Eintritt nöt, denn es handelt sich um eine Änderg der GGrdlagen (vgl § 705 Rn 4–13). Es gibt 2 Möglichkeiten:

aa) Bloßer Eintritt. Er erfordert einen AufnVertr zw allen Gtern u dem neuen. Zu seinem Abschl im Namen aller kann ein Gter von den übr bevollm sein. Die GeschFBefugn als solche ermächtigt nicht dazu. Ebso kann ein Gter den AufnVertr ies ig Namen mit Zustimmg der übr, insb im GVertr od dch nachträgl GterBeschl, abschließen. Die Gter können sich auch bereits im GVertr od dch nachträgl Gter-Beschl (vgl § 705 Rn 5–7) intern verpfl, einen best Dr od einen Dr, der von einem Gter vorzuschlagen ist, zB Sohn, aufzunehmen. Ein derart VerpflVertr ist auch zG eines Dr mögl. – Mit VertrAbschl erwirbt der neue Gter die Mitgliedsch u den entspr GAntl (vgl § 717 Rn 1, 2) iW der Abwachsg bei den übr (vgl vorstehd Rn 33). Der neu eintretde Gter haftet nicht für die vorher begründeten Verbindlichk der GesHand (BGH **74**, 240). – Über Unterbeteiligg § 705 Rn 33.

8   **bb) Eintritt unter Ausscheiden eines anderen** (GterWechsel). Daß das Ges ihn zuläßt, ergibt schon der einschränkde Hinw des § 727 für die GesamtRNachfolge im Erbfall. Die SonderRNachfolge unter Lebden ist auf zweierlei Weise mögl: **Entweder** kann der Ausscheidde mit Zust der verbleibden Gter seine Mitgliedsch in der G als Ganzes iW Abtr übertr mit der Folge, daß der Erwerber unmittelb in die GRechte des Veräußerers eintritt. Der GterWechsel (Ausscheiden u Neueintritt) vollzieht sich in einem RAkt, näml dem ÜbertrVertr des Ausscheidden mit dem Eintretden. Die notw Zust der übr kann bereits im GVertr od dch nachträgl GterBeschl (vgl § 705 Rn 4) erteilt werden. – **Oder** ein Gter scheidet dch Vereinbg mit den übr aus, gleichzeit kann der neue dch Abschl eines AufnVertr mit den übr Gtern in die G eintreten. Hier sind zwei Vertr nöt, auch wenn in einem einheitl RGesch zusgefaßt, näml ein Vertr des Ausscheidden u des Eintretden je mit den übr. Der Antl des Ausscheidden wächst den übr an (vorstehd Rn 2) u zG des neuen wieder ab (vorstehd Rn 6). Der neue ist nicht RNachfolger des alten, zw ihnen bestehen keine vertragl Beziehgen, er erwirbt einen neuen GAntl. – In beiden Fällen entstehen zw dem Ausscheidden u dem Eintretden keinerlei RBeziehgen zw Gtern, insb ist § 738 weder direkt noch entspr anwendb (BGH NJW **81**, 1095). Einen Anspr auf Freistellg v der Haftg für bestehde GSchulden hat der Ausscheidde gg den Eintretden nur, wenn dies zw ihnen vereinb ist (BGH NJW **75**, 166). – Der GVertr kann aber auch nur die Verpfl der übr festlegen, einen von einem Gter Vorzuschlagden an seiner Stelle aufzunehmen. Auch schon binddes Angeb im GVertr ist mögl.

9   **cc)** Für die **zweigliedrige Gesellschaft** gilt vorstehd Rn 8 nur im ersten Falle. Im zweitgenannten Falle dagg führt das Ausscheiden eines Gters zur Beendigg der G (vgl oben Rn 3). Zur Aufn eines neuen ist desh Neugründg einer G nöt, die Identität der früheren G bleibt nicht gewahrt (RGRK/v Gamm Rdn 5). Die Bildg neuen GVerm erfordert EinzÜbertrAkte des alten Gters auf die neue GesHand (aA BGH **32**, 307).

4) Nachhaftung des ausgeschiedenen Gesellschafters, Abs II. Bedürfn der zeitl HaftgsBegrenzg, insb 10 für G, die Unternehmensträger für freiberufl Sozietäten u minderkaufm ZusSchlüsse sind (Seibert DB **94**, 461, BTDrucks 12/6569 S 13) u für DauerschuldVerh. Gestechn verweist Abs II sinngem auf die Regelg für die OHG, insb § 160 HGB.

5) Regelungsgehalt. – a) Nachhaftung des ausgeschiedenen Gesellschafters, gleichgült ob damit ein 11 GterWechsel verbunden ist, auch bei zweigliedr G. Zeitl Begrenzg der Haftg für ab dem 26. 3. 94 bis zum Tag des Ausscheidens begründete Verbindlichk der GesHand ggü Gläub aus jedem RGrd. Das können DrittGläub (§ 718 Rn 6–8) od MitGter aus einem DrVerh (§ 718 Rn 9–11) sein. Im InnenVerh hat der Ausscheidde einen BefreigsAnspr gg die übr, § 738 I 2. – Gilt nicht bei Auflösg der G (Vorbem 3 vor § 723). ÜbergangsRegelg unten Rn 18ff. – **b) Nachhaftung bei gegenständlicher Haftungsbeschränkung.** 12 Zeitl Begrenzg der vollen pers Haftg bei Umwandlg einer GbR in eine KG für den nunmehr Kommanditisten, HGB 160 III. Die geshänder volle pers Haftg des BGB-Gters kann ohne Umwandlg in eine KG dch Vereinbg auch im Verh zu Gläub auf das GVerm beschr werden (§ 714 Rn 4). Auch dann gilt entspr HGB 160 III, wenn der Gter ab dem 26. 3. 94 eine gegenständl HaftgsBeschrkg vereinb, für die unbeschr Weiter-Haftg eine zeitl Grenze, ab der er nur noch beschr haftet.

6) Enthaftungsfrist. – a) Bedeutung. Gem Abs II, HGB 160 haftet der ausgeschiedene Gter für eine in 13 Rn 11 beschriebene GesHandVerbindlichk nur noch, wenn sie vor Ablauf von 5 Jahren ab seinem Ausscheiden fäll u wenn der Anspr gg ihn innerh der EnthaftgsFr gerichtl geltd gemacht – dafür gilt § 209 (Waldner WiB **94**, 297), ggf dch FeststellgsKl (Schmidt ZIP **94**, 244, Ulmer/Timmann ZIP **92**, 1 [9]) – od schriftl anerkannt ist. Für öffrechtl Anspr steht der gerichtl GeltdMachg die Erl eines VA gleich, mit dem der ausgeschiedene Gter in Anspr genommen wird. Innerh von 5 Jahren ab Ausscheiden des Gters fäll Anspr erlöschen, vAw zu beachten (Übbl 7 vor § 194), mit Ablauf der EnthaftgsFr (Reichold NJW **94**, 1619), wenn nicht eine der vorgenannten Vorauss erfüllt ist, später fäll werdde mit dem Ausscheiden des Gters (Seibert DB **94**, 461, Hornung RPfleger **94**, 488; mißverständl Waldner WiB **94**, 297). Aufr ist dann ausgeschl, § 390 S 2 ist nicht entspr anwendb (dort Rn 3). Akzessor Sicherh, die der Ausgeschiedene für eine GesHdVerbindlichk bestellt hat, bleiben bestehen, soweit der Anspr gg die verbliebenen Gter fortbesteht. – **b) Fristbeginn** 14 in HGB 160 I 2, III 1 mit dem Ende des Tages der Eintr in das HReg. Dabei verbleibt es iF der Umwandlg der GbR in eine KG. Sonst entspricht diesem Publizitätsakt bei der GbR sinngem das Ende des Tages, an dem der Gläub von dem Ausscheiden des Gters bzw seiner gegenständl vertragl HaftgsBeschrkg Kenntn erlangt (BGH **117**, 168, Nitsche ZIP **94**, 1919). Der FrBeginn kann also für verschiedene Gläub auseinand fallen, der betr Gter hat aber früh- u gleichzeit FrBeginn dch Information der Gläub in der Hand. Bei Kenntn zB im Laufe des 7. 6. beginnt die Fr am 8. 6. um 0 Uhr, § 187 I. – **c) Fristende** gem § 188 II 1. Alternative, 15 im BspFall 7. 6., 24 Uhr, 5 Jahre später. – **d) Hemmung, Unterbrechung der Frist.** Dafür gelten entspr ist 16 die in HGB 160 I 3 genannten VerjVorschr in §§ 203, 206, 207, 210, 212–216 u 220. – **e) Fristverlängerung** 17 **durch Vereinbarung** ist mögl, § 305, weil der sinngem anwendb HGB 160 I 3 nicht auf § 225 verweist, der eine Verlängerg der VerjFr ausschließt. – **f)** Auf **Verjährung** (vgl Vorbem 3 vor § 723) kann sich der Gter 18 unabhäng von der AusschlFr weiterhin berufen.

7) Übergangsregelung für vor dem 26. 3. 94 entstandene Gesamthandsverbindlichkeiten in Art 3 19 NachhBG, der die Art 35, 36 neu in das EGHGB einführt. Auch sie gilt kraft der GlobalVerweisg in Abs II für die GbR.

EGHGB 35 *Übergangsvorschrift.* § 160 des Handelsgesetzbuches in der ab dem 26. März 1994 geltenden Fassung ist auf vor diesem Datum entstandene Verbindlichkeiten anzuwenden, wenn
1. das Ausscheiden des Gesellschafters oder sein Wechsel in die Rechtsstellung eines Kommanditisten nach dem 26. März 1994 in das Handelsregister eingetragen wird und
2. die Verbindlichkeiten nicht später als vier Jahre nach der Eintragung fällig werden.
Auf später fällig werdende Verbindlichkeiten im Sinne des Satzes 1 ist das bisher geltende Recht mit der Maßgabe anwendbar, daß die Verjährungsfrist ein Jahr beträgt.

EGHGB 36 *Übergangsvorschrift.* [I] Abweichend von Artikel 35 gilt § 160 Abs. 3 Satz 2 des Handelsgesetzbuches auch für Verbindlichkeiten im Sinne des Artikels 35 Satz 2, wenn diese aus fortbestehenden Arbeitsverhältnissen entstanden sind. Dies gilt auch dann, wenn der Wechsel in der Rechtsstellung des Gesellschafters bereits vor dem 26. März 1994 stattgefunden hat, mit der Maßgabe, daß dieser Wechsel mit dem 26. März 1994 als in das Handelsregister eingetragen gilt.
[II] Die Enthaftung nach Absatz 1 gilt nicht für Ansprüche auf Arbeitsentgelt, für die der Arbeitnehmer bei Zahlungsunfähigkeit der Gesellschaft keinen Anspruch auf Konkursausfallgeld hat. Insoweit bleibt es bei dem bisher anwendbaren Recht.

Daraus ergibt sich sinngem für vor dem 26. 3. 94 entstandene G-Verbindlichk: – **a) Bei Fälligkeit nicht** 20 **später als 4 Jahre,** nachdem der Gläub ab dem 26. 3. 94 vom Ausscheiden des Gters bzw seiner ggenständl HaftgsBeschrkg Kenntn erlangt, gilt die 5-jähr EnthaftgsFr, dh dem Gläub bleibt mind noch 1 Jahr zur GeltdMachg seines Anspr. Hat er die Kenntn vor dem 26. 3. 94 erlangt, gilt die EnthaftgsFr nicht, für die Verj des Anspr ist HGB 159 entspr anwendb. – **b) Bei Fälligkeit später als 4 Jahre,** nachdem der Gläub ab 21 dem 26. 3. 94 vom Ausscheiden des Gters od seiner ggständl HaftgsBeschrkg Kenntn erlangt hat, tritt keine Enthaftg ein. Auf die Verj des Anspr ist HGB 159 entspr anwendb, die VerjFr beträgt aber nur 1 Jahr. Dadch wird eine GleichBehandlg der AltGläub erreicht. – **c) Sonderregelung für fortbestehende Arbeitsver-** 22 **hältnisse** in EGHGB 36, abw von EGHGB 35, für Anspr aus fortbestehdn ArbVerh. Die EnthaftgsFr gilt, beginnt aber oRücks auf die Kenntn des Gläub vom Ausscheiden des Gters bzw seiner ggständl HaftgsBeschränkg mit dem 26. 3. 94 zu laufen, gleichgült ob der Anspr spätestens 4 Jahre danach od später fäll ist u gleichgült, ob die Änderg des HaftgsStatus des Gters vor oder nach dem 26. 3. 94 eingetreten ist (Seibert DB **94**, 461). Ausgenommen sind Anspr auf ArbEntgelt, für die der ArbN bei ZahlgsUnfähigk der GesHand keinen Anspr auf Konkursausfallgeld hat. Für sie tritt keine Enthaftg ein.

737 *Ausschluß eines Gesellschafters.* **Ist im Gesellschaftsvertrage bestimmt, daß, wenn ein Gesellschafter kündigt, die Gesellschaft unter den übrigen Gesellschaftern fortbestehen soll, so kann ein Gesellschafter, in dessen Person ein die übrigen Gesellschafter nach § 723 Abs. 1 Satz 2 zur Kündigung berechtigender Umstand eintritt, aus der Gesellschaft ausgeschlossen werden. Das Ausschließungsrecht steht den übrigen Gesellschaftern gemeinschaftlich zu. Die Ausschließung erfolgt durch Erklärung gegenüber dem auszuschließenden Gesellschafter.**

1   **1) Ausschluß. – a) Anwendungsbereich.** Alle G mit FortsetzgsKlausel, § 736. Auch noch im Abwicklgs Stadium, aber unter Berücksichtigg des Umst, daß die G ohnehin zu Ende geht (BGH **1**, 331 u WM **61**, 32). Bei zweigliedr G Besonderheiten (vgl § 736 Rn 3, 9). Gilt nicht für InnenG, weil sie kein GesHand-Verm besitzt (vgl § 705 Rn 26).

2   **b) Voraussetzungen. – aa) Fortsetzungsklausel,** § 736, entw im GVertr od nachträgl dch GterBeschl, auch noch im AbwicklgsStadium. – **bb) Wichtiger Grund** zur Kündigg in der Pers eines Gters für die übr. An die Stelle der Künd mit AuflösgsFolge tritt also der Ausschl des Störers bei Fortsetzg dch die übr. Der wicht Grd (vgl § 723 Rn 4) muß in der Pers des auszuschließden Gters liegen, a ihn wird strengste Anfdgen zu stellen, weil Ausschluß das äußerste Mittel ist, wenn Abhilfe dch mildere nicht zu erreichen ist (BGH **4**, 108 u WM **66**, 31). Nöt ist umfassde Würdigg der gesamten gesellschrechtl Beziehgen (BGH WM **65**, 1038) u der wirtsch Auswirkgen (BGH DB **59**, 110). – **cc) Noch Mitglied** der G muß der Auszuschließde sein.

3   **c) Ausübung.** Das AusschließgsR betrifft die GGrdlagen (vgl § 705 Rn 5–7). Ggü dem bzw den Auszuschließden steht es nach ausdr Vorschr in S 2 allen übr Gtern gemschaftl zu. Abw Vereinbg s unten Rn 5. Sind nicht alle nicht auszuschließden Gter beteil, so ist der Beschl unwirks, außer wenn die ferngebliebenen Gter die BeschlFassg der übr für sich verbindl erklärt haben (Baumbach/Hopt § 140 Rn 12, Mayer BB **92**, 1497). Dem auszuschließden ist nach hM rechtl Gehör zu gewähren. Mit Zugang der rgestalten AusschlErkl an den auszuschließden Gter wird der Ausschl wirks, im Streitfall mit RKraft des FeststellgsUrt. Im Proz sind die Vorauss für den Ausschl, auch der wicht Grd voll nachprüfb (BGH **13**, 10). Bei der BeschlFassg in der GterVersammlg sind die auszuschließden nicht stimmberecht (vgl Rn 14 vor § 709, Mayer BB **92**, 1497). Die Stimmabgabe mit ja od nein ein IndividualR jedes einz Gters. Er ist desh grds nicht verpfl, mit ja zu stimmen, weil der Ausschl die GGrdl verändert; Ausn gem § 242 sind denkb; dann ist der sich weigernde Gter auf Zust zum Ausschl zu verklagen (BGH **64**, 253 u NJW **77**, 1013). IdR besteht desh auch kein SchadErsAnspr der übr Gter aus pVV gg den, der mit nein gestimmt u damit den Ausschl verhindert hat (Düss DB **84**, 1087).

4   **d) Wirkung.** Der ausgeschl Gter scheidet unmittelb aus, § 736, die übr setzen die G unter Wahrg der Identität fort. Anwachsg, AbfindgsAnspr gem § 738. Der Ausschl ist wirks auch, wenn der GVertr eine unangem niedr Abfindg vorsieht, diese ist zu korrigieren (BGH NJW **73**, 651 u 1606). Streit über die Wirksamk vgl Vorbem 16 vor 709.

5   **2) Abweichende Vereinbarungen.** Der GesVertr kann auch Ausschl ohne wicht Grd vorsehen. Dies muß aber unzweideut vereinb sein u es müssen im EinzFall außergewöhnl Grde vorliegen, die dem AusschließgsR eine sachl Rechtfertigg geben (BGH **81**, 263 u NJW **85**, 2421; krit Bunte ZIP **85**, 915, Flume DB **86**, 629). Ein ins freie Erm gestelltes AusschließgsR ist grds nichtig, kann aber wirks sein, wenn seine Ausübg binnen kurzer Frist nach Eintritt eines vertragl best TatbestMerkmals anknüpft (BGH **107**, 351; krit Behr ZGR **90**, 370). Dem ausgeschl Gter muß ein angem AbfindgsAnspr zugebilligt sein (BGH NJW **79**, 104; krit Hennerkes u Binz NJW **83**, 73; abl Bunte ZIP **83**, 8). Der GVertr kann nach Meing des BGH (**31**, 295 für OHG) Ausschl dch MehrhBeschl od dch ein Organ zulassen. Hat die Mehrh den Ausschl rechtswidr beschlossen, so kann daraus ein Schad ErsAnspr nur gg diejen Gter hergeleitet werden, die dafür gestimmt haben (Düss DB **84**, 1087).

738 *Auseinandersetzung beim Ausscheiden.* **¹ Scheidet ein Gesellschafter aus der Gesellschaft aus, so wächst sein Anteil am Gesellschaftsvermögen den übrigen Gesellschaftern zu. Diese sind verpflichtet, dem Ausscheidenden die Gegenstände, die er der Gesellschaft zur Benutzung überlassen hat, nach Maßgabe des § 732 zurückzugeben, ihn von den gemeinschaftlichen Schulden zu befreien und ihm dasjenige zu zahlen, was er bei der Auseinandersetzung erhalten würde, wenn die Gesellschaft zur Zeit seines Ausscheidens aufgelöst worden wäre. Sind gemeinschaftliche Schulden noch nicht fällig, so können die übrigen Gesellschafter dem Ausscheidenden, statt ihn zu befreien, Sicherheit leisten.**

ᴵᴵ Der Wert des Gesellschaftsvermögens ist, soweit erforderlich, im Wege der Schätzung zu ermitteln.

1   **1) Anwachsung.** Die §§ 738–740 regeln die Folgen des Ausscheidens eines Gters. Sie gelten für alle Fälle des Ausscheidens, auch die der Rn 5 des § 736, nicht aber die der Übertr der Mitgliedsch (BGH NJW **81**, 1095). § 738 gilt auch bei Übernahme in zweigliedr G (BGH **32**, 307), gilt nicht beim nichtrechtsf Verein. Anwachsg bedeutet unmittelb Übergang des GAnteils auf die übr. Einzelübertragen sind weder nöt noch mögl (BGH **32**, 317, **50**, 309), ebso vormschgerichtl Gen dazu. Abs I S 1 ist wg seiner essentiellen Bedeutg für die GesHand u seiner dingl Wirkg zwingd (Kln BB **94**, 455, Hbg OLGZ **94**, 165, MüKo/Ulmer Rdn 8, RGRK/v Gamm Rdn 1). Im übr ist § 738 dispositiv, weil schuldr. – Hins der Haftg des Ausgeschiedenen

ggü den GGläub ändert sich nichts, die Berufg des Gläub auf die Weiterhaftg kann im Einzfall gg Tr u Gl verstoßen (BGH WM **76**, 809). Abs I ist nicht entspr anwenb auf einen isolierten MitEigtAntl (BGH **109**, 179).

2) Schuldrechtliche Wirkungen. Der Ausgeschiedene ist auf schuldrechtl Anspr gg die Gter als Ges- 2 Schu beschr. Sie haften mit ihrem GVerm u nach hM (aA MüKo/Ulmer Rdn 12) auch mit ihrem pers Verm. Die AuseinandS geht hier nicht auf Aufteilg des GVermögens, sond nur auf Abrechng u Abfindg. Dieser Anspr ist wie der auf Auseinds zwar im Kern bereits mit Abschl des GVertr vorh, entsteht aber erst mit Ausscheiden des Gters oder Auflösg der G (BGH NJW **89**, 453). In die Abrechng sind alle beiderseit Fdgen aus dem GVerh u aus einem DrittVerh als RechngsPosten einzustellen. EinzFdgen können, um die Beendigg der G (vgl § 730 Rn 6), grdsl nicht isoliert geltd gemacht werden (BGH WM **78**, 89 u WM **81**, 487). Der ausgeschiedene Gter ist weiterhin treupflichtig (vgl § 705 Rn 19–25). Bei Treuwidrigk kann die Geltdmachg seines AbfindgsAnspr unzul RAusübg sein, ohne daß die verbleibden Gter die Höhe ihres Schad nachweisen müßten (BGH NJW **60**, 718).

3) Ansprüche des Ausgeschiedenen. – a) Rückgabe u mögl ZbR vgl § 732 Rn 1. 3

b) Befreiung von den Gesellschaftsschulden (vgl § 733 Rn 1–6). Für sie haftet der Ausgeschiedene zeitl begrenzt gem § 736 II weiter als GesSchu. Ein gg die übr Gter später ergehdes Urt wirkt nicht gg den ausgeschiedenen Gter, wenn er schon vor Klagerhebg ausgeschieden war (BGH **44**, 233). – Befreiung dch Zahlg oder SchuldÜbern. Den Anspr hat er auch, wenn er nichts erhält od zuzahlen muß (§ 739). § 738 gibt in entspr Anwendg dem Ausgeschiedenen gg die verbleibden Gter bzw den Übernehmer bei 2-Mann-G einen Anspr auf Ablösg der Sicherh, die er aus seinem PrivVerm einem Gläub für GesVerbindlichken eingeräumt hat, zB Anspr auf Aufhebg von GrdPfdR (BGH NJW **74**, 899), Anspr auf Befreiung von übernommener Bürgsch für GesSchuld (vgl § 775 Rn 1). Ggü diesem BefreiungsAnspr haben die übr Gter ein ZbR, sow, ggf nach Aufstellg der AbschichtgsBilanz, feststehen, daß der Ausgeschiedene keine Abfindg zu erhalten hat, vielm wg Verlustbeteiligg seinerseits einen Ausgl schuldet (BGH NJW **74**, 899). Bei nicht fäll u bei streit GSchulden genügt statt der Befreiung SicherhLeistg, I 3; das gilt nicht für streit Schulden, falls der Ausgeschiedene Nicht-Bestehen nachweist (RG **60**, 157). Im Verh zw ausscheiddem u neu eintretdem Gter ist § 738 nicht anwendb (vgl § 736 Rn 8).

c) Abfindungsguthaben. Nur WertAnspr auf Geldabfindg gem der AuseinandSBilanz. Er tritt an die 4 Stelle der Fdg auf Einlagerückerstattg (§ 733) u Überschußzahlg (§ 734), ohne daß eine Aufteilg stattfindet. Gilt auch für den atyp stillen Gter (BGH NJW-RR **94**, 1185). – **aa) Feststellung.** Wertschätzg aGrd 5 konkreter Unterlagen, was im allg ein SachverstGutachten erforderl macht (BGH NJW **85**, 192). Stichtag: Ausscheiden, sow GVertr nichts and bestimmt (BGH WM **65**, 748); das schließt Rückschlüsse auf den Wert am Stichtag aus nachträgl Erkenntn nicht aus (BGH WM **81**, 452). Die Berechng folgt der indiv Methode der AntlsBewertg. Nach ihr wird zuerst der Wert des GUnternehmens als ganzes ermittelt u dieser Wert dann nach dem GewinnverteilgsSchlüssel auf die Gter verteilt (BGH WM **79**, 432). Für den Gesamtwert sind die wirkl Werte des lebden Unternehmens einschl stiller Reserven u good will maßg, also im allg der Wert, der sich bei einem Verk des lebensfäh Unternehmens als Einh ergeben würde (BGH **17**, 136, BGH NJW **74**, 312). Für die Methode seiner Ermittlg gibt es keine allg gült Meing, sie ist sachverhaltsspez auszuwählen (BGH NJW **91**, 1547, **93**, 2101). Gebräuchl ist Ermittlg nach dem Ertragswert (BGH **116**, 359, NJW **93**, 2101), nach and Auffassg nach dem Zukunftserfolgswert, errechnet aus der Summe der zw der Unternehmg u den Eignern künft fließden ZahlgsStröme plus den Liquidations- Nettoerlösbarwerten am BewertgsStichtag (BGH WM **79**, 432, Wagner u Nonnenmacher ZGR **81**, 674). Schwebde Gesch werden nicht bewertet, dafür § 740. Abw Vereinbg vgl Rn 7. Bei der Aufstellg von Abrechng u Bilanz ist der Ausgeschiedene mitwirkgsberecht, er hat im einz anzugeben, welche Ansätze er für unricht hält (BGH DB **65**, 1438). Kontroll- u InformationsR stehen ihm, wenn nicht noch nach § 716, so jedenf nach § 810 zu. –

bb) Zahlung. Entstehg des Anspr vgl § 717 Rn 7. Ob er mangels Vereinbg gem § 271 I zu diesem Ztpkt od 6 erst mit Feststellg der AbschichtgsBilanz fäll wird, ist str. Richtig wohl mit Ausscheiden, weil § 738 keine von § 271 I abw Regel enthält, die Bilanz keine FälligkVorauss u der Anspr bereits mit Ausscheiden bestimmt ist (Stötter BB **77**, 1219, MüKo/ Ulmer Rdn 15; aA Hörstel NJW **94**, 2268). Der Ausscheidde kann iW der StufenKl Vorlage der AbschichtgsBilanz u Zahlg des Guth verlangen (Karlsr BB **77**, 1475), nach Eintritt der Fälligk u wenn er in der Lage ist, die Höhe seines Anspr schlüss zu begründen, kann er auf Zahlg klagen u iR der ZahlgsKlage den Streit über die Berechtig od Höhe einz Posten austragen (BGH DB **87**, 2303). Eine allseits anerk AuseinandSBilanz kann als Vergl od deklarator SchuldAnerk angesehen werden (Schwung BB **85**, 1374). Wg seines fäll AbfindgsAnspr hat der Ausgeschiedene ein ZbR gg den Anspr des verbleibden Gters auf Einwilligg in die GBBerichtigg (BGH NJW **90**, 1171).

d) Abweichende Vereinbarungen. Zul ist eine Teilg der Sachwerte, auch die Vereinbg, daß der aus der 7 G ausscheidde RA (Arzt) seine Mandanten (Patienten) mitnimmt. Ist zusätzl eine GeldAbfindg vereinb, so ist zunächst der volle Marktwert der Praxis zu ermitteln u der Wert der mitgenommenen Mandate (Patienten) auf den AbfindgsAnspr des Ausscheidden voll anzurechnen (BGH NJW **95**, 1551). Ausschl od Beschrkg des AbfindgsAnspr (vgl auch § 727 Rn 4) unterliegen richterl Kontrolle iR des § 138 u der §§ 133 III HGB, 723 III BGB (ges garantiertes KündR; vgl § 723 Rn 7). Außerachtlassg des Firmenwerts u der stillen Reserven ist grdsl zuläss, ebso Beschrkg des AbfindgsAnspr auf Buchwerte nach der letzten Jahresbilanz; in diesem Fall ist keine AbschichtgsBilanz erforderl (BGH WM **80**, 1362). Unwirks ist die Vereinbg einer Abfindg nach Buchwerten nur, wenn sie schon bei ihrem Abschl den später ausscheidden Gter in sittenwidr od aus sonst Grden ges mißbilligter Weise benachteiligt (BGH NJW **89**, 2685: halber Buchwert, Zahlg in 15 Jahresraten). An ihre Stelle tritt die ges Regelg. Eine zunächst wirks vereinb AbfindgsKlausel wird nicht dadch unwirks, daß sie wg eines inzw eingetretenen groben Mißverhältn zw dem AbfindgsBetr u dem wirkl AntlsWert geeignet ist, das KündR des Gters nach § 723 in tatsächl Hins zu beeinträchtigen (BGH NJW **94**, 2536). Vielm ist der Inhalt der AbfindgsRegelg dch ergänzde VertrAuslegg nach Tr u Gl unter angem Abwägg der Interessen der G u des ausscheidden Gters u unter Berücksichtigg aller Umst des konkr Falls wie MißVerhältn, Zumutbark, Dauer der Mitgliedsch, Antl am Aufbau u Erfolg des Untern, Anlaß des Ausscheidens entspr den veränderten Verhältn neu zu ermitteln, meist wohl auf einen Betr zw dem

Buch- u dem VerkWert (BGH NJW **93**, 2101, BGH **123**, 281). Gilt auch für eine mehr kapitalist organisierte PersG (BGH NJW **85**, 192, BGH NJW **79**, 104; zust Ulmer aaO S 81, Hirtz BB **81**, 761; abl Flume NJW **79**, 902; Rasner NJW **83**, 2905). Erst wenn die ergänzde VertrAusslegg zu keinem Ergebn führt, kann die Anwendg der Grds über den Wegfall der GeschGrdl in Betracht kommen (BGH **123**, 281).

739 *Haftung für Fehlbetrag.* **Reicht der Wert des Gesellschaftsvermögens zur Deckung der gemeinschaftlichen Schulden und der Einlagen nicht aus, so hat der Ausscheidende den übrigen Gesellschaftern für den Fehlbetrag nach dem Verhältnisse seines Anteils am Verlust aufzukommen.**

1　　Entspricht § 735 iF der Auflösg der G. Die Feststellg des FehlBetr ist eine rein rechnerische: „Deckung". Gemschaftl Schulden vgl § 733 Rn 1–6, Einlagen dort Rn 7–10. VerlustAntl: § 722. Ansprberecht ist die GesHand der übr Gter (vgl § 705 Rn 20, 21). Verpfl ist der ausgeschiedene Gter, wie bei der AuseinandS aller Gter, auch dann, wenn er seine Einlage geleistet hat (BGH WM **65**, 975). Zur Leistg des Beitr ist er nicht mehr verpfl, sond nurmehr zur Zahlg des Ausgl, sow die G in der Zeit seiner Mitglsch im EndErgebn Verluste erlitten hat u diese anteil auf ihn entfalln. Den VerlustAntl hat die G dch eine auf den Tag des Ausscheidens bezogene AbschichtgsBilanz nachzuweisen (BGH WM **78**, 299). Wegen der Anspr aus § 738 I und § 739 besteht wechselseit ZbR aus § 273. Scheiden mehrere aus, haftet jeder nur für seinen Antl. Anspr aus §§ 739 u 740 bestehen unabhäng voneinand (BGH WM **69**, 494). – Gilt entspr bei zweigliedr G iF der Übern (vgl § 736 Rn 3).

740 *Beteiligung am Ergebnis schwebender Geschäfte.* **¹ Der Ausgeschiedene nimmt an dem Gewinn und dem Verluste teil, welcher sich aus den zur Zeit seines Ausscheidens schwebenden Geschäften ergibt. Die übrigen Gesellschafter sind berechtigt, diese Geschäfte so zu beendigen, wie es ihnen am vorteilhaftesten erscheint.**

ᴵᴵ Der Ausgeschiedene kann am Schlusse jedes Geschäftsjahrs Rechenschaft über die inzwischen beendigten Geschäfte, Auszahlung des ihm gebührenden Betrags und Auskunft über den Stand der noch schwebenden Geschäfte verlangen.

1　　**1) Schwebende Geschäfte** sind unternehmensbezogene RechtsGesch, an die im Ztpkt des Ausscheidens eines Gters die G schon gebunden war, die aber beide VertrTle bis dahin noch nicht voll erf haben (BGH NJW **93**, 1194), ausgen DauerschuldVerhältn wie Vertr über Ausbeute von Bodenbestandteilen (BGH NJW-RR **86**, 454), langfrist MietVertr (BGH WM **86**, 967). Der Ausgeschiedene ist am Ergebn schwebder Gesch (Gew u Verlust) noch beteil, obwohl er nicht mehr Gter ist. Der Anspr besteht selbständ, er kann ihn desh unabhäng von den Anspr aus § 738 nach Beendigg des schwebden Gesch (BGH WM **80**, 212) geltd machen. Schwebde Gesch sind daher nicht bei der Wertermittlg nach § 738 II einzustellen; Gewinn aus schwebden Gesch muß die G auszahlen, auch wenn ihr später kU ein Anspr auf Ausgl von KapKontos (§ 739) zusteht u umgekehrt. Der Ausgeschiedene haftet den Gläub nicht aus AbwicklgsHdlgen. Er hat kein Recht auf Mitwirkg (Abs I S 2), doch haften die Gter für Versch, § 708. § 716 gilt für ihn nicht mehr, er hat aber Anspr auf Ausk u Rechensch (BGH WM **61**, 173) gg alle Gter. DauerschuldVerhältn sind keine schwebden Gesch (BGH NJW-RR **86**, 1160). AbwVereinbg ist zuläss. Die BewLast trägt, wer Gew bzw Verlust aus schwebden Gesch behauptet (BGH WM **79**, 1064).

2　　**2) Entsprechende Anwendung** auf die zweigliedr G, wenn einer das Gesch übernimmt (BGH NJW **93**, 1194; vgl § 736 Rn 3).

Fünfzehnter Titel. Gemeinschaft

741 *Begriff.* **Steht ein Recht mehreren gemeinschaftlich zu, so finden, sofern sich nicht aus dem Gesetz ein anderes ergibt, die Vorschriften der §§ 742 bis 758 Anwendung (Gemeinschaft nach Bruchteilen).**

1　　**1) Abgrenzung.** Vgl zunächst § 705 Rn 1. Ein Recht kann geteilt mehreren derart zustehen, daß mehrere voneinand unabhäng Teilrechte bestehen, so iZw bei der teilb Fdg (vgl Übbl 1 vor § 420). Es kann aber auch mehreren gemschaftl zustehen, zB die verschied Fälle gemschaftl Fdgsberechtigg (vgl Übbl 2, 3 vor § 420). Die Interessenverbindg der mehreren ist bei den GesHandBerecht, zB Gesellsch, ehel GüterGemsch, Erben-Gemsch, MitUrhGemsch § 8 UrhG, enger, weniger eng bei der BruchtGemsch des § 741. Sie ist **Interessengemeinschaft ohne Zweckgemeinschaft:** die Interessen der Teilh laufen inf der Mitberechtig am selben Ggst bis zu einem best Grade gleich, ihre Ziele, Zwecke können verschieden sein. Hierin liegt der wesentl Unterschied zur Gesellsch. **Keine Gemeinschaft** iS der §§ 741 ff, wenn an demselben Ggst Rechte mehrerer mit unterschiedl Inhalt bestehen. Fälle vgl Übbl 4 vor § 420.

2　　**2) Entstehungsgrund** können sein Ges, RGesch od TatHdlgen (vgl Übbl 9, 10 vor § 104). Bei Vertr wird allerd meist ein gemeins Zweck bestehen; dann Gesellsch. Zur Entstehg der Gemsch genügt die Tats gemschaftl RZustdgk ohne einen auf ihre Entstehg gerichteten Willen der Beteil. Sie kann entstehen dch Verbindg, Vermischg, §§ 947, 948, Verarbeitg dch mehrere, § 950, Vereinigg v Bienenschwärmen, § 963, Schatzfund, § 984, bei gemeins Erfindg (RG **118**, 46), beim Sammellager, HGB § 419, bei SammelVerwahrg, §§ 5ff DepotG. Auch Ehel können hins einz Ggst in Gemsch nach § 741 stehen. Gemsch der WohngsEigtümer vgl WEG §§ 10ff.

3　　**3) Gegenstand** einer Gemsch können Rechte aller Art sein, die eine Mehrh von Berecht zulassen, nicht nur VermRechte. Für Miteigentum gelten außer den §§ 742ff die §§ 1008–1011 (vgl auch §§ 1066, 1258).

Nach hM ist iS von § 741 auch der Besitz ein Recht (BGH **62**, 243; aA MüKo/Schmidt Rdn 17). Gemschaftl Grenzeinrichtg, Grenzbaum vgl §§ 921–923. Gemschaftl Fdgen vgl Übbl 1–4 vor § 420. Gemschaftl Nutzg einer zentralen Heizgs- od AntennenAnl (Karlsr DB **92**, 886). Können die aus einem Vertr gemschaftl Berecht gem § 326 SchadErs wg NichtErf verlangen, so steht ihnen dieser Anspr nicht als TeilGläub gem § 420, sond gemschaftl zu (BGH NJW **84**, 795).

4) Anwendungsgebiet. – a) Zwingend. Die bloße Tats, daß ein Recht mehreren gemschaftl zusteht, **4** führt zwingd zur BruchtGemsch, „sofern sich nicht aus dem Ges ein and ergibt". Daraus folgt, daß der Kreis der and Gemsch, insb der GesHandsfälle, nicht frei erweiterb ist. Die vertragl Vereinbg einer GesHand-Gemsch kann ggf als GesellschVertr auszulegen sein. – Aus § 741 ist nicht der zwingde Charakter aller Regeln des Titels zu entnehmen, entscheidd hierfür ist vielm die Einzelauslegg jeder Bestg, die vielf dazu führt, Abdingbark anzunehmen. – **b) Hilfsweise.** Aus § 741 folgt, daß die §§ 742 ff nur hilfsw Anwendg **5** finden. Es ist zu unterscheiden: Ungeteilt ist der gemschaftl Ggst als solcher. Vfgsberecht über ihn im ganzen sind nur alle Teilh zus. Geteilt ist die RechtsZustdgk an gemschaftl Ggst. Die Bruchtle daran sind ideell, rein rechner, nicht real quotenmäß zu verstehen. Das gemeins Recht mehrerer an dem einz Ggst ist als TeilR jedes Teilh anzusehen, soweit teilw Ausüb der Befugn am Antl mögl ist, zB Anspr auf Brucht der Früchte; jeder einz MitBerecht kann über seinen Antl frei verfügen, ihn ohne Zust der übr Teilh veräußern, belasten, hat auf die Antle der übr Teilh keinen Einfluß. Jeder Teilh hat ein Recht an dem ganzen, ungeteilten Ggst, das dch gleiche Rechte der übr MitBerecht beschr ist. Sein Recht kann jeder einz Teilh nur insow ausüben, als dadch die Interessen der übr nicht verletzt werden.

6) Wirkungen. Die Gemsch selbst ist **kein Schuldverhältnis** (BGH **62**, 243), kann nicht Träger von R u **8** Pfl sein. Unanwendb sind desh auf sie die Grdsätze über die fehlerh Gesellsch (vgl § 705 Rn 10), weil sie stets eine, wenn auch unvollk, vertragl Grdlage voraussetzt (BGH **34**, 367). – **a)** Die Gemsch ist **Grundlage 9 gesetzlicher Schuldverhältnisse** zw den Teilh, geregelt in §§ 742 ff. Ihre schuldh Verl führt zu SchadErs-Anspr gem §§ 276, 278 (RGRK/v Gamm Rdn 12, Schubert JR **75**, 363). Der HaftgsMaßstab des § 708 gilt nicht (BGH NJW **74**, 1189). Ansätze zur Verdinglichg der Gemsch in den §§ 746, 751 S 1, 755 II, 756. – **b) Verhältnis zu Dritten. – aa) Außenwirkung** haben zTl die organisationsrechtl Normen in §§ 742 ff, **10** so die §§ 744 II, 745 I (vgl § 744 Rn 2). – **bb) Im übrigen** gelten im Verhältn zu Dr die allg Grds. Die Teilh werden ggü Dr teils nur anteil, § 420, zumeist aber gesamtschuldner, insb nach §§ 427, 431, 769, 830, verpfl. Handelt ein Teilh, wenn auch für die Gemsch, im eig Namen, so haftet nur er dem Dr. Das gemeins Recht kann ggü Dr grdsätzl nur gemschaftl geltd gemacht werden, § 747 S 2; abw Regelg in §§ 744 II, 1011 u 432, der auch für die Gemsch gilt (BGH **121**, 22). Auch Gestaltgsrechte hins des gemeins Rechts sind grdsätzl nur gemschaftl – u auch nur gegen alle – ausübb. – **c) Individualistische Ausgestaltung.** Entgg **11** der Gesellsch ist die Gemsch individualist ausgestaltet. Jeder hat einen rechner Anteil an dem gemeins Recht, über den er frei verfügen kann, § 747 S 1. Jeder kann grdsätzl Aufhebg verlangen, §§ 749 ff. Jeder kann sein TeilR allein ausüben, §§ 743, 745 III S 2. Ansätze zu sozialerer Ausgestaltg enthalten die verdinglichden Best (vgl oben Rn 9) sowie §§ 744, 745. Der Grds der gleichmäß Behandlg der Teilh besteht auch bei der Gemsch (vgl §§ 742, 743, 744 I, 745 III S 2, 748, 752).

7) Sonderregelungen. Vgl bereits oben Rn 1–3. Ferner Reallastverteilg bei Teilg des herrschden Grdst; **12** §§ 1172, 2047 II. Landesrechtl Vorbeh EG 66: Deich- u SielR; 119: GrdstTeilgs- u VeräußergsBeschrkgen; 120 II Nr 1, 121: Reallastverteilg bei Teilg des belasteten Grdst; § 1109: EG 131: StockwerksEigt.

8) In der früheren DDR gilt für die BruchtGemsch die ÜbergangsVorschr in EG Art 232 § 9.   **13**

742 *Gleiche Anteile.* **Im Zweifel ist anzunehmen, daß den Teilhabern gleiche Anteile zustehen.**

Bedeutung. Anteil vgl § 741 Rn 7. Für die rechtsgeschäftl begründete Gemsch enthält die Best eine **1** AusleggsRegel, für die auf and Weise entstandene Gemsch eine Vermutg. Sie gilt, falls sich nicht aus dem PartWillen, aus speziellen Vorschr od aus bes Umst ein and Verteilgsschlüssel ergibt. Beispiele: §§ 947, 948, 1172 II, 1109 I, DepotG § 6 I S 2, MitEigtQuoten an einer halbscheid Giebelmauer (vgl BGH **36**, 46 [54]). Ebso ist die Regel in § 742 nicht anwendb, wenn sie inf bes Umst der Sachlage nicht gerecht wird; dann Schätzg des AnteilsVerh nach Billigk (RG **169**, 239). – Den guten Gl an gleiche Bruchtle schützt § 742 nicht (BGH **13**, 133, MüKo/Schmidt Rdn 1). Der Grdbuchrichter darf auf § 742 allein eine Eintr nicht stützen (RG **54**, 86); deswg besteht die Vorschr GBO § 47.

743 *Früchteanteil; Gebrauchsbefugnis.* [I] **Jedem Teilhaber gebührt ein seinem Anteil entsprechender Bruchteil der Früchte.** [II] **Jeder Teilhaber ist zum Gebrauche des gemeinschaftlichen Gegenstandes insoweit befugt, als nicht der Mitgebrauch der übrigen Teilhaber beeinträchtigt wird.**

1) Anwendungsbereich. Die Vorschr betrifft das InnenVerh zw den Teilh. Abs I gibt einen schuldr **1** IndividualAnspr gg die übr, der ohne ihre Zust nicht geschmält werden kann, § 745 III S 2. Gilt für Brucht- u ErbenGemsch, § 2038 II. Früchte eines Grenzbaums vgl § 923 I. Abw Vereinbg mit Zust aller ist zuläss, zB alleinige Fruchtziehg dch einen gg Abfindg der übr (BGH NJW **53**, 1427).

2) Anspruch auf die Früchte, Abs I. Darunter fallen natürl Früchte u Früchte eines Rechts (vgl § 99).

2 **a) Natürliche Früchte.** Der einz Teilh hat keinen Anspr, die Früchte ganz od zu seinem Antl selbst zu ernten. Dies ist vielm VerwHdlg, geregelt in §§ 744, 745 (BGH NJW **58**, 1723). Nach der Ernte hat jeder Teilh Anspr auf Teilg in Natur, § 752, entspr seinem Brucht (iZw § 742). Jeder hat dabei anteilsmäß die
3 Kosten der Fruchtziehg zu tragen, §§ 748, 756. EigtErwerb mit der Ernte gem §§ 953 ff. – **b) Rechtsfrüchte.** Es gelten grds die Ausf oben Rn 2. Wem im AußenVerh der Anspr auf die Früchte u Erträge zusteht, regelt sich nur nach dem zGrde liegden RechtsVerh. Haben zB alle Teilh, auch vertr dch einen von ihnen, den MietVertr über das gemschaftl Haus abgeschl, steht ihnen gemeins der Anspr auf die Mietzahlg zu. Hat einer von ihnen dies im eig Namen getan, ist er allein nach außen Träger des Anspr. Kein Anspr des einz Teilh auf teilw Zahlg des Mietzinses gg den Mieter, § 420 ist nicht anwendb (BGH NJW **69**, 839); gilt auch nach Verk des gemschaftl Grdst, es besteht dann Gemsch am Erlös (BGH WM **83**, 604). Im InnenVerh ist die Fruchtziehg dch VerwVereinbg gem §§ 744, 745 zu regeln. Haben zB alle Teilh die Miete gemschaftl einzuziehen, so hat jeder Teilh gg die übr nicht Anspr auf den seiner Quote entspr TeilBetr der einz Einnahmen, sond nur auf seinen rechner Antl am Ergebn nach Abzug der ihn antlsmäß treffden Lasten, §§ 748, 756 (BGH **40**, 330), also auf den Reinertrag (BGH BB **72**, 1245). Nur dieser Anspr ist abtretb u pfändb. Dasselbe gilt, wenn einer der Teilh die Mieten einzuziehen hat; dabei trifft ihn die Darleggs- u BewLast für den Verbleib der Einnahmen (BGH BB **72**, 1245). – Gilt entspr für GebrauchsVortle, § 100 (BGH NJW **66**, 1708).

4 **3) Gebrauchsrecht.** Auch Abs II regelt nur das Maß, nicht die Art u Weise des Gebr. Sie unterliegt der VerwRegelg gem §§ 744, 745, nur in ihrem Rahmen kann der einz Teilh sein GebrRecht ausüben. Hierin kann er, und als beim Anspr auf Früchte in Abs I eingeschränkt werden, § 745 III gilt hier nicht (BGH NJW **53**, 1427). IR der beschlossenen BenutzgsArt hat jeder Teilh gg die übr Anspr auf Gebr, dh Duldg auch gg den Widerspr eines and, der nicht erst dch Klage zu brechen ist (BGH NJW **78**, 2157). Dieses GebrRecht besteht, soweit nicht der tatsächl – Ggs: der rechtl mögl – MitGebr der and entgegsteht (BGH NJW **66**, 1707). Grenze § 242; insow UnterlassgsAnspr der übr. BesSchutz besteht jedoch nicht im InnenVerh hins der GebrGrenzen, § 866. Übt ein Teilh sein R zum Gebr nicht aus, so ist der and nicht verpfl, seinen Gebr einzuschränken od ohne entspr Vereinbg einen Ausgl zu zahlen (BGH WM **93**, 849). Macht dagg ein Teilh ohne od gg den Willen der übr von der gemschaftl zur Nutzg best Sache allein unentgeltl Gebr, so ist er wg Verl des Gemsch- bzw GesellschVerh schaderspfl (KG OLGZ **69**, 311: Nutzg einer Wohng im gemschaftl Miethaus). Dch Vertr, Beschl od Urt kann eine and Benutzgsart bestimmt, § 745 I, II, sogar der unmittelb Gebr (Benutzg, evtl gg Vergütg, BGH aaO) dch die Teilh od einzelne von ihnen, gem Abs I, § 745 III 2 aber nicht das Recht auf Antl an den GebrVorteilen ausgeschl werden (BGH NJW **53**, 1427, DB **95**, 317). Überläßt die Gemsch Räume auf ihrem Grdst gg Entgelt einem Teilh, so kommt zw ihnen regelm ein MietVertr zustande (BGH MDR **69**, 658). Die Höhe des Mietzinses regelt sich bei fehlder Vereinbg nach § 745 II (BGH NJW **74**, 364). Eine abw von Abs II getroffene GebrRegelg verpfl jeden Teilh, den bezweckten Erfolg herbeizuführen; dafür haftet er auch ohne Versch (BGH **40**, 326).

744 **Gemeinschaftliche Verwaltung.** ¹ **Die Verwaltung des gemeinschaftlichen Gegenstandes steht den Teilhabern gemeinschaftlich zu.**
ᴵᴵ **Jeder Teilhaber ist berechtigt, die zur Erhaltung des Gegenstandes notwendigen Maßregeln ohne Zustimmung der anderen Teilhaber zu treffen; er kann verlangen, daß diese ihre Einwilligung zu einer solchen Maßregel im voraus erteilen.**

1 **1) Überblick, Abgrenzung.** §§ 744–746 regeln die Verw des gemschaftl Ggst. Sie steht den Teilh gemschaftl zu. Die VerwRegelg kann dch Vereinbg (Abs I), MehrhBeschl (ersatzw dch Urt (§ 745 II) getroffen werden. Der Grds gemschaftl Verw ist dchbrochen dch das Recht jedes einz Teilh, notw ErhaltgsMaßregeln allein zu treffen (Abs II) u eine dem Interesse aller Teilh entspr Verw u Benutzg zu verlangen (§ 745 II). Von vorneherein als IndividualR des einz Teilh ausgestaltet ist sein Anspr auf die anteil Früchte u auf das Maß des Gebr des gemschaftl Ggst aGrd der getroffenen VerwRegelg (vgl § 743 Rn 2–4). – Wirkg für u gg den SonderrechtsnachfolgerSonderrechtsnachfolger gilt § 746. – Vfgen vgl unten Rn 3 u § 747.

2 **2) Gemeinschaftliche Verwaltung, Abs I,** bedeutet GeschFg im Interesse aller Teilh, die über die bloße Erhaltg (Abs II) hinausgeht. In diesem Rahmen können auch Vfgen Ggst einer VerwEntscheidg sein (MüKo/Schmidt Rdn 4). Die Teilh können auch einem von ihnen od einem Dr die Verw übertr (BGH **34**, 367 und NJW **83**, 449, vgl § 745 Rn 1–4). Darin liegt iZw die Bevollmächtigg zum Handeln auch im Namen der übr (MüKo/Schmidt Rdn 11). Die Teilh können auch die VerwRegelg korporationsähnl in einer Satzg treffen (BGH **25**, 311). Einstimm können sie die Verw u BenutzgsRegelg in den Grenzen des § 138 belieb abändern, § 745 II gilt nicht, Anspr auf Änderg besteht nur bei Veränderg der Sachlage (RGRK/v Gamm Rdn 3).

3 **3) Notwendige Erhaltungsmaßregeln, Abs II,** sind solche, die im Interesse der Gemsch – nicht genügd: allein im Interesse eines einz (BGH **39**, 20) – zur Erhaltg der Substanz od des wirtsch Wertes iR ordngsgem Verw (BGH **6**, 81 u WM **75**, 196) obj erforderl sind. Im EinzFall kann auch eine Vfg darunter fallen, zB Veräußerg des gemeins Ggst zur Vermeidg ihres Verderbs (MüKo/Schmidt Rdn 38, Staud-Vogel Rdn 3), Belastg zur Abwendg der ZwVollstr in den gemeins Ggst (BGH WM **87**, 984). Abs II ist nicht abdingb. Er gibt im InnenVerh dem Teilh ein IndividualR zum Handeln auf Einwilligg der übr, auf AufwErs, § 748 u auf Vorschuß (Soergel-Hadding Rdn 6). Bei Streit kann der Handelnde auf Feststellg, daß er zu der betr ErhaltgsMaßn befugt ist, od auf Einwilligg zu ihr gg die Teilh klagen. Dies muß er nicht, denn Abs II hat, wie der MehrhBeschl in § 745 I Außenwirkg, dh er verleiht dem Handelnden VertretgsMacht für notw ErhaltgsMaßn, die keine Vfgen sind (BGH **56**, 47 für § 745 I; aA MüKo/Schmidt Rdn 38). Für Vfgen gibt Abs II in seinem Rahmen dem Handelnden nach außen die AlleinVfgsBefugn über den gemeins Ggst (ebso MüKo/Schmidt Rdn 35, RGRK/v Gamm Rdn 13) einschl der ProzFührgsBefugn im eig Namen

(BGH **51**, 125 [128]) mit dem Antr auf Leistg an ihn allein (BGH JZ **85**, 888; aA Tiedtke 890). – Fehlen die Voraussetzgen des Abs II, kann Anspr aus GoA in Frage kommen. Verstoß gg Abs II kann zu SchadErsAnspr führen (§§ 276, 278; nicht § 708). – Die hM wendet Abs II auf die BGB-Gesellsch analog an (MüKo/Schmidt Rdn 41 mit Nachw).

745 *Verwaltung und Benutzung durch Beschluß.* [I] Durch Stimmenmehrheit kann eine der Beschaffenheit des gemeinschaftlichen Gegenstandes entsprechende ordnungsmäßige Verwaltung und Benutzung beschlossen werden. Die Stimmenmehrheit ist nach der Größe der Anteile zu berechnen.

[II] Jeder Teilhaber kann, sofern nicht die Verwaltung und Benutzung durch Vereinbarung oder durch Mehrheitsbeschluß geregelt ist, eine dem Interesse aller Teilhaber nach billigem Ermessen entsprechende Verwaltung und Benutzung verlangen.

[III] Eine wesentliche Veränderung des Gegenstandes kann nicht beschlossen oder verlangt werden. Das Recht des einzelnen Teilhabers auf einen seinem Anteil entsprechenden Bruchteil der Nutzungen kann nicht ohne seine Zustimmung beeinträchtigt werden.

1) Mehrheitsbeschluß, Abs I, III. Überbl u Abgrenzg vgl § 744 Rn 1, Vorbem 13 vor § 709. Entspr **1** anwendb auf ErbenGemsch, § 2038 II S 1. Bei Streit über die Wirksamk ist FeststellgsKl mögl (BGH WM **92**, 57, BayObLG NJW-RR **95**, 588).

a) Verfahren forml, auch schriftl im Umlauf. Jedem Teilh, insb der Minderh ist rechtl Gehör zu gewähren; seine Versagg führt grdsätzl nicht zur Unwirksamk, kann aber SchadErsAnspr begründen (BGH **56**, 47 [56]). Die Stimmenmehr berechnet sich nach der Größe der BruchTle. Bei 2 Teilh mit gleichen BruchTlen gibt es keinen MehrhBeschl, mit versch großen BruchTlen verfügt einer von vorneherein über die Mehrh.

b) Gegenstand der MehrhEntsch kann nur eine ordngsmäß Verw u Benutzg (Art der Nutzg vgl § 743 **2** Rn 2, 3) sein. Die Zustdgk ist also enger als iF der Einstimmigk, § 744 I, und weiter als bei notw Erhaltgs-Maßn, § 744 II. Einschränkgen, vgl unten Rn 3. Bsp: Verpachtg (BGH **56**, 47), Übertr der Verw auf einen Teilh od Dr. Die Beteil können aGrd eines Mehrh- od einstimm gefaßten Beschl den mit einem Dr geschl VerwalterVertr kündigen (BGH NJW **85**, 2943) od dem Mitgl der Gemsch, dem die Verw übertr war, aus wicht Grd kündigen (BGH **34**, 367 u NJW **83**, 449). Auch Vfgen können in den Rahmen ordngsgem Verw fallen, wenn die begehrte Regelg sich bill Erm dem Interesse der Teilh entspricht u die Grenze des Abs III wahrt, zB Künd eines PachtVertr (BGH **LM** § 2038 Nr 1), die Widmg einer Straße (BGH **101**, 24). Eine rechtl NutzgsRegelg kann auch konkludent dch langjähr Übg zustkommen; Änderg auch in diesem Fall nur dch MehrhBeschl der Teilh auf Verlangen eines von ihnen (Stgt NJW-RR **87**, 1098). Ein Beschl, der nicht den Rahmen des Abs I einhält od Abs III verletzt, ist unwirks (Düss NJW-RR **87**, 1256).

c) Beschränkungen, Abs III. – aa) Eine **wesentliche Veränderung** des gemeins Ggst kann die Mehrh **3** nicht beschließen, dh eine für die Teilh einschneidde Veränderg der Gestalt od der ZweckBest, zB Errichtg von Garagen auf einer als Kfz-Abstellplatz genutzten Fläche (Hbg OLGZ **90**, 141), wobei die Aufbringg der Mittel eine entscheidde Rolle spielt (BGH NJW **53**, 1427). Umgestaltg einer größeren Wohng in 3 kleinere kann unter bes Umst keine wesentl Veränderg sein (BGH NJW **83**, 932). Gg die einseit wesentl Veränderg der ZweckBest können sich die übr Teilh mit der UnterlKl wehren (Hamm NJW-RR **92**, 329). – **bb)** Das **Recht auf Nutzungen** des einz Teilh entspr seinem Bruchteil kann die Mehrh in seinem Maß nicht beschränken (vgl § 743 Rn 2, 3).

d) Wirkung. Nach innen verpfl ein wirks, iR ordngsgem Verw ergangener (Düss MDR **87**, 759) Beschl **4** auch die überstimmte Minderh zur Mitwirkg, im WeigergsFall dch Kl u Urt gem § 894 ZPO dchzusetzen. Unberecht Weigerg kann schaderspfl machen, Kostentragg § 748. Die Überstimmten können sich dch Künd nach § 749 wehren, ohne Kl (BGH **34**, 367). Die Außenwirkg ist streitig. BGH **17**, 181 verneint sie für § 744 II. In Not- u EilfFällen kann der MehrhBeschl ausgeführt werden, wenn sonst vollendete Tats entstünden, weil Urt zu spät käme (BGH **49**, 183, Soergel/Hadding Rdn 5). Nach BGH **56**, 47 kann eine wirks MehrhEntsch, die keine Vfg ist, mit Außenwirkg ausgeführt werden; danach vertritt bei VerpflGesch die Mehrh befugt die Minderh (ebso Ermann/Schulze/Wenck Rdn 3; im wesentl ebso, aber unter Ausn primärer Geldschulden MüKo/Schmidt Rdn 26). Für Vfgen gilt das in § 744 Rn 3 Gesagte.

2) Bei fehlender Regelung der Verw u Benutzg des gemeins Ggst **(Abs II),** sei es einstimm (§ 744 I) od **5** dch MehrhBeschl (Abs I), hat der einz Teilh gg die Widersprechdn Anspr auf Zust zu einer best, konkret zu formulierden Verw- u BenutzgsRegelg, auch Vfg, dem die Interesse aller Teilh nach bill Erm entspricht. Ggf dchzusetzen mit LeistgsKl, die Bekl sind notw Streitgenossen. Widerkl mit and konkreten GgAntr ist mögl. Entspricht die verlangte Regelg nicht bill Erm, hat das Ger nicht zu prüfen, ob eine and Regelg interessengerecht wäre (BGH NJW **93**, 3326). Ist der gemschaftl Ggst einem Teilh gg Entgelt zur Benutzg überlassen, eine Vereinbg über dessen Höhe nicht zustandegekommen, so kann die Kl direkt auf Zahlg eines Entgelts gerichtet werden, das nach bill Erm dem gemschaftl Interesse an sachgerechter Verw entspricht (BGH NJW **74**, 364, Celle NJW-RR **90**, 265). Dem Fehlen einer Vereinbg steht gleich, wenn nach einer Regelg tats Veränderg eingetreten sind, insb zur Vermeidg einer sonst erforderl Künd nach § 749. Anwendb auch bei endgült Auszug eines Eheg aus der gemschaftl EigtWohng. Bsp: Zahlg eines angem Entgelts, Vergl-, ggf Kostenmiete (BGH NJW **94**, 1721) ab dem Ztpkt des Verlangens, bei Geltdmachg als Einwdg gg den Anspr auf Beteiligg an den GrdstLasten auch rückwirkd (Celle NJW-RR **90**, 265, Schlesw NJW-RR **93**, 1029); od alleinige Übern der Kosten des GrdBes dch den Eheg, der ihn jetzt allein nutzt (BGH NJW **82**, 1753, BGH **87**, 265, Kln NJW-RR **92**, 1348), soweit nicht dieser Vort schon in and Weise berücksicht ist (BGH NJW **86**, 1339 u 1340); NutzgsVergütg für ein der G unentgeltl zur Nutzg überlassenes Grdst, wenn ein Teilh aGrd Vereinbg das Untern allein weiterführt (BGH NJW **89**, 1030 für OHG). Überläßt eine ErbenGemsch einer aus den Miterben bestehden OHG den Gebr des ihr gehör BetriebsGrdst unentgeltl u scheidet ein Miterbe aus der OHG aus, dann kann er von den übr Miterben Vergütg für die

GebrÜberlassg nach seinem Ausscheiden verlangen (BGH NJW **84**, 45). Bei Änderg der Lage neue Klage mögl. Eine Maßn, die der ordentl Verw des gemschaftl Ggst dient, kann zugl eine wesentl Veränderg desselben (Abs III) sein. Dann ist der Teilh, der dies nicht wünscht, nicht gehalten, trotzdem zuzustimmen (BGH WM **83**, 314).

746 *Wirkung gegen Sondernachfolger.* **Haben die Teilhaber die Verwaltung und Benutzung des gemeinschaftlichen Gegenstandes geregelt, so wirkt die getroffene Bestimmung auch für und gegen die Sondernachfolger.**

1 **1) Anwendungsbereich.** Jede Verw-, Gebr- u Benutzgsregel, einstimm (§ 744 I), dch MehrhBeschl (§ 745 I) od Urt (§ 745 II) wirkt außer gg Gesamt- auch gg SonderRNachf oRücks auf dessen Kenntn Das. Das ist der Erwerber des Brucht od eines Teils davon, PfandGläub (§ 1258), PfdgsGläub (Ausn in § 751 S 2) od eines and beschr dingl Rechts am Brucht, wie Nießbr (MüKo/Schmidt Rdn 4). Gilt nicht für Gesellsch (vgl § 725 II).

2 **2) Bei Miteigentum an Grundstück** Wirkg gegen SonderRNachf nur, wenn die Verw- u BenutzgsRegelg, Ausschl des Rechts auf Aufhebg der Gemsch od Vereinbg einer Fr zur Erhebg des AufhebgsAnspr als Belastg im GB eingetragen ist (vgl § 1010 Rn 2–4).

747 *Verfügung über Anteil und gemeinschaftliche Gegenstände.* **Jeder Teilhaber kann über seinen Anteil verfügen. Über den gemeinschaftlichen Gegenstand im ganzen können die Teilhaber nur gemeinschaftlich verfügen.**

1 **1) Allgemeines.** Bei der Gemsch gibt es kein vom Verm der Teilh getrenntes SonderVerm wie bei der Gesellsch, § 705 Rn 17, § 718, desh auch keine geshänder Bindg, § 719, u keine An- u Abwachsg, § 738. An dem gemeins Ggst bestehen nur AnteilsR der Teilh, die zu deren Verm gehören. – Satz 1 u 2 haben auch Wirkg gg Dritte.

2 **2) Verfügung über den Anteil, S 1.** Das freie VfgsR jedes Teilh über seinen Antl entspricht dem aus der fehlden ZweckVereinbg folgden individualrechtl Charakter der Gemsch. Ebso bei der ErbenGemsch, § 2033 I. And bei der Gesellsch, der ein neuer Gter nicht ow aufgedrängt werden kann (vgl § 717 Rn 1, § 719 Rn 3). Auswüchse werden dch die Wirkg gewisser Abreden, Beschl, Verpfl u Rechte für und/oder gg die SonderNachf vermieden, §§ 746, 751 S 1, 755 II, 756. Die übr Teilh haben keine Rechte in bezug auf den Antl. Vertragl VfgsBeschrkgen sind nur schuldrechtl mögl, § 137 (BGH NJW **62**, 1613: MitUrh). Begr der Vfg vgl § 185 Rn 2, Beisp § 1008 Rn 3–6. VerpflGesch über den Antl sind ebenf mögl. Ist danach BesÜbertr nöt, so genügt hier Verschaffg des MitBes. Quotenänderg ist Vfg (Bay OblG DNotZ **83**, 752), wirks ohne Zust der nichtbetroffenen Teilh; es gibt keine Anwachsg u keinen Schutz des guten Gl hinsichtl zu Unrecht gelöschter Belastgen des Grdst (vgl § 892 Rn 11). Für die gemsch eines FdgsBrucht gilt § 1280. – Verzicht auf MiteigtmAntl ist unwirks (BGH **115**, 1). – Gesetzl PfdR des Verm am MitEigtAntl des Mieters an den von ihm eingebrachten Sachen (RG **146**, 334). – Aus der VfgsFreih folgt das Recht des Gläub des Teilh zur ZwVollstr in den Antl, § 751 S 2, Pfänd u Überweisg nach ZPO §§ 857, 828ff (ThP § 857 Rn 2), 864 II, 866, vgl ZVG § 181 II S 1 Halbs 2. – Gerichtl Geltdmachg des Antls nur dch den Teilh. Der Teilh kann auch über einen schuldrechtl Anspr verfügen, sie können auch gepfändet werden.

3 **3) Verfügung über den gemeinschaftlichen Gegenstand, S 2. – a) Begriff** wie Rn 2; auch Anfechtg,
4 Künd, Aufr mit einer gemsch Fdg (MüKo/Schmidt Rdn 2). Vermietg, Verpachtg ist keine Vfg. – **b) Regel.** Vfgsberecht über den gemeis Ggst sind nur alle Teilh gemschaftl. Sie können einen zur Vfg bevollmächtigen, od ihr zustimmen, § 185. Die Vfg über den gemschaftl Ggst ist schwebd unwirks, wenn die Mitwirkg eines Teilh unwirks ist, § 139 ist nicht anwendb (BGH NJW **94**, 1470). Zur ZwVollstr in den gemschaftl
5 Ggst ist mangels abw Best in der ZPO Titel gg alle nöt. 7- **c) Ausnahmen.** Unbeschadet von § 747 als der allg Vorschrift gibt § 745 I in seinem Rahmen bei wirks Beschl der Mehrh u § 744 II in seinem Rahmen dem
6 einz Teilh VfgsBefugn, da beiden für ihren Bereich spezielleren Vorschr Außenwirkg zukommt (vgl § 745 Rn 4, § 744 Rn 3). – **d) Gerichtliche Geltendmachung** des gemschaftl Rechts im AktProz grdsätzl nur dch alle. Ebso im Proz gg die Teilh auf eine Vfg (BGH **36**, 187, BGH WM **84**, 1030). ProzFührgsBefugn des einz Teilh im eig Namen auf Leistg an alle bei notw ErhaltgsMaßn (vgl § 744 Rn 3), u bei Anspr auf unteilb Leistg, zu der auch eine GeldFdg gehört, § 432 (vgl dort Rn 2) u des einz MitEigtümers, § 1011; nicht aber iR einer WohngsEigtümerGemsch (BGH **121**, 22).

748 *Lasten- und Kostentragung.* **Jeder Teilhaber ist den anderen Teilhabern gegenüber verpflichtet, die Lasten des gemeinschaftlichen Gegenstandes sowie die Kosten der Erhaltung, der Verwaltung und einer gemeinschaftlichen Benutzung nach dem Verhältnisse seines Anteils zu tragen.**

1 **1) Anwendungsbereich.** Die Vorschr betrifft nur das InnenVerh der Teilh. Wer nach außen verpfl ist, ob nur ein Teilh od die Teilh anteil od als GesSchu, bestimmt sich nach allg, insb schuldrechtl Vorschr. § 748 ist die Kehrseite des § 743. Lasten vgl § 103, Kosten der Erhaltg vgl § 744 Rn 3, der Verw vgl § 744 Rn 2, der Benutzg, wenn sie gemschaftl ist. Die kostenverursachde Maßn muß von allen, § 744 I, od wirks von der Mehrh, § 745 I, beschlossen bzw bewilligt od berecht von einem einz Teilh ausgeführt sein bzw werden. Macht ein Teilh wert- od nutzgssteigernde, an sich nicht unter § 748 fallde Aufw auf den gemschaftl Ggst im Einverständn mit den and Teilh, so ist iZw anzunehmen, daß er ein ErstattgsAnspr wie iF des § 748 haben soll (BGH DB **92**, 83). Köln OLGZ **69**, 332 hält § 748 für entspr anwendb auf AusglAnspr des benachteiligten Eheg iF der gemeins Veranlagg zur EinkSteuer. – Ausn in § 753 II. –

2) Anspruch. Jeder Teilh muß sich entspr seinem Brucht an den Lasten u Kosten beteil. Je nach Außen- **2** Verpfl u Umst geht der Anspr des Teilh, der nach außen höher verpfl ist od mehr geleistet hat als seinem Brucht entspricht, gg die übr auf anteil Schuldbefreiung (vgl § 257) bzw auf anteil AufwErs. Der Anspr ist sofort, nicht erst bei Auflösg der Gemsch fäll (BGH WM **75**, 196), Anspr auf Vorschuß iF des § 744 II (vgl dort Rn 3), sonst nach den Umst (vgl § 257 Rn 2, 3). Der Anspr gibt ggü einem and Teilh ein ZbR, außer gg den AufhebgsAnspr (BGH **63**, 348), u ein AufrR. Schuldh Verl des Anspr kann schaderspfl machen u wicht Grd zur Aufhebg geben, § 749 II. – Der nach § 748 Berecht ist auf Anspr aus §§ 677 ff, 812 beschr, diese u die Regeln über den Wegfall der GeschGrdl können in Betr kommen, sow § 748 nicht eingreift (BGH NJW **87**, 3001, NJW **92**, 2282). Ist der MitEigtümer zugl Mieter der gemschftl Sache, so kommt es für den Anspr auf VerwendgsErs darauf an, auf welchem der beiden RVerh die Aufw beruhen. Für Anspr des Teilh aus §§ 744 II, 748 gilt die VerjFr des § 558 auch dann nicht, wenn er zugl Mieter ist (BGH NJW **74**, 743). Der Anspr aus § 748 besteht auch nach Beendigg der Gemsch. Über seine Geltdmachg bei der Teilg vgl §§ 755, 756.

Lösung der Gemeinschaft (§§ 749–758)

Vorbemerkung

1) Die Beendigung der Gemeinschaft vollzieht sich nicht, wie die der Gesellsch in einem umfassden **1** AuseinandSVerf. Die wohl überwiegde Meing unterscheidet 2 Stufen: die Herbeiführg der Aufhebg an sich ohne best Inhalt, also das Ob der Beendigg u ihre DchFührg iW der konkreten Teilg, also das Wie der Beendigg. Die erste sei dch einstimm Beschl, notf dch Kl auf Zustimmg zur Aufhebg schlechthin, die zweite dch Vereinbg einer konkreten Teilg und ihre Ausf, notf dch LeistgsKl herbeizuführen. Diese Unterscheid ist im Ges nicht vorgesehen, dogmat nicht erforderl, weil es kein AuseinandSVerf gibt, und prakt überflüss, weil sie die Beendigg unnöt erschwert, und weil in der Praxis die beiden Stufen ohnehin meist zusfallen. Der Vorzug ist desh einer neueren Auffassg zu geben (Schmidt JR **79**, 317, MüKo/Schmidt § 749 Rdn 19, Larenz II § 61 III, Staud-Huber § 749 Rdn 7, 13, 19 ff; offengelassen BGH **90**, 207 [214]. Danach ist die nach Vereinbg oder Ges geschuldete konkrete Teilg Ggst und Inhalt der Aufhebg, sobald die Vorauss für den Anspr auf Aufhebg vorliegen (ebso Hamm NJW-RR **92**, 665). Die Gemsch kann ohne Aufhebg u Teilg enden, zB mit ersatzl Untergang des gemschftl Ggst, mit Vereinigg aller Brucht in einer Hand im Erbfall.

2) Die Aufhebung (§§ 749–751) erfordert einen auf Beendigg der Gemsch zielnden einstimm Beschl od **2** eine Vereinbg aller Teilh, womit die Fälligk des Anspr auf Teilg mit dem vorstehd in Rn 1 beschriebenen Inhalt herbeigeführt od klargestellt ist. Zum AufhebgsAnspr vgl § 749. Einseit Künd ist iF des § 749 II Vorauss für die Aufhebg, führt sie aber nicht herbei. – Dch **Verzicht** kann ein Beteil seinen MitEigtAntl an einem Grdst nicht aufgeben (BGH DB **91**, 2481).

3) Die Teilung entspr getroffener Vereinbg, sonst gem §§ 752–754 ist Vollziehg der Aufhebg u beendet **3** die Gemsch. Auch sie bedarf, weil Vfg über den gemschftl Ggst, der Zust aller Teilh, § 747 S 2. In der bloßen TeilgsVereinbg ist die über die Aufhebg enthalten. Sie verpfl zur Mitwirkg bei der Teilg.

749 *Aufhebungsanspruch.* [1] **Jeder Teilhaber kann jederzeit die Aufhebung der Gemein-schaft verlangen.**

[II] **Wird das Recht, die Aufhebung zu verlangen, durch Vereinbarung für immer oder auf Zeit ausgeschlossen, so kann die Aufhebung gleichwohl verlangt werden, wenn ein wichtiger Grund vorliegt. Unter der gleichen Voraussetzung kann, wenn eine Kündigungsfrist bestimmt wird, die Aufhebung ohne Einhaltung der Frist verlangt werden.**

[III] **Eine Vereinbarung, durch welche das Recht, die Aufhebung zu verlangen, diesen Vorschriften zuwider ausgeschlossen oder beschränkt wird, ist nichtig.**

1) Der Anspruch auf Aufhebung, Abs I. – a) Rechtsnatur. Es handelt sich um einen schuldrechtl **1** Anspr, nicht um ein GestaltgsR (MüKo/Schmidt Rdn 18, Larenz II § 61 III; offengelassen BGH **63**, 348). Jeder einz Teilh hat, soweit nicht ges (unten Rn 4) od rgeschäftl Beschr (unten Rn 5–7) bestehen, jederzeit einen unverjährb (§ 758) Anspr auf Aufhebg iW der Teilg entspr den Ausf in Vorbem 1–3 einschl der Schuldenberichtigg nach §§ 755, 756. IF des Abs II ist Künd aus wicht Grd Vorauss für den AufhebgsAnspr. Aus dem R jedes Teilh, jederzeit u ohne weitere Vorauss die Aufhebg zu verlangen, folgt, daß kein Teilh dem AufhebgsVerlangen eines and ein GegenR entgghalten kann, das nicht in der Gemsch wurzelt (BGH NJW-RR **90**, 133). Denkb ist allerd, daß das Verlangen im EinzFall wg ganz bes Umst gg Tr u Gl verstößt (BGH **63**, 348).

b) Durchsetzung. AufhebgsVereinbg aller Teilh u Ausf der Teilg wie vereinb od gem §§ 752ff. Sonst **2** LeistgsKl mit dem Antr auf Vornahme bzw Duldg der konkreten Hdlgen, die zur Durchführg der rgeschäftl, sonst der ges vorgesehenen Teilgsart erforderl sind; ZwVollstr ggf nach ZPO § 887. Ein daneben gestellter Antr auf Zust zur Aufhebg ist überflüss, schadet aber nicht. Der AufhebgsAnspr kann nach hM (aA MüKo/Schmidt Rdn 23 mwN) gepfändet u dem Gläub überwiesen werden (Hamm NJW-RR **92**, 665), dieser kann die R des MitEigtümers aus § 180 II ZVG ausüben (Köln OLGZ **69**, 338). – Kein Titel auf Aufhebg od Teilg ist nöt zur ZwVerst eines Grdst, falls der AntrSt als MitEigtümer im GB eingetr ist, ZVG § 181 I, II.

c) Auf teilweise Aufhebung und Teilung besteht kein Anspr, alle Teilh können sie aber vereinb (RG **3** **91**, 418). Das gilt grdsätzl auch für Aufhebg der Gemsch für einen von mehreren gemschaftl Ggst; hier kann aber Anspr auf ggständl Teilaufhebg nach den für die ErbenGemsch geltden Grdsätzen bestehen (vgl § 2042 Rn 17–20). – Wollen die and unter sich in Gemsch bleiben, so kann der die Aufhebg u Teilg Verlangde uU nur sein Ausscheiden u seine Abfind fordern, jedoch sind die §§ 752 S 2, 753 zu beachten (MüKo/Schmidt Rdn 25, RGRK/v Gamm Rdn 3). Bei der Gemsch gibt es keine Anwachsg. Ist ein Teilh nicht zur Teilg zugezogen worden, so ist diese unwirks, § 747 S 2; sind Ggstände versehentl ungeteilt geblieben, so ist Teilg nachzuholen.

4   **d) Gesetzliche Beschränkungen** des Rechts auf Aufhebg u Teilg finden sich verschiedentl, zB in §§ 922 S 3, 2047 II, EG Art 119 Nr 2, 131, WEG § 11 I, AktG § 8 III.

5   **2) Rechtsgeschäftliche Beschränkung** des AufhebgsAnspr. – **a) Rechtsgrundlage** kann sein Vereinbg (nicht MehrhBeschl) od letzw Vfg (§ 2044 I). Die Beschrkg kann generell (Ausschl), ggständl (best von mehreren gemschaftl Ggst), persönl (für einz Teilh), zeitl (Termin, KündFr) sein od eine best Art der Teilg ausschließen; auch konkludent. Für die Tats, aus denen sich der Ausschl des AufhebgsR ergibt, trägt die BewLast, wer sie behauptet (BGH NJW-RR **91**, 946). Wirkg für u gg Sondernachfolger § 751 S 1. –

6   **b) Grenze: Wichtiger Grund.** Bei seinem Vorliegen besteht zwingd (Abs III) ein Anspr auf Aufhebg. Da es sich um die ultima ratio handelt, ist ein strenger Maßstab anzulegen (BGH DB **95**, 317). Unzumutb ist die Fortsetzg nicht schon bei Uneinigk, Feindsch od ggseit Schikanen, erfdl ist, daß eine ordngsgem gemschaftl Nutzg u Verw unter Abwägg aller den EinzFall prägden Umst unmögl ist u daß der Beteil, der die Aufhebg begehrt, den wicht Grd nicht allein od überwiegd herbeigeführt hat (BGH ZIP **95**, 113). Beispiele: Wenn einem Teilh der ihm zustehde Gebr des gemeins Ggstdes unmögl gemacht wird (BGH WM **62**, 465), wenn sich der gemschaftl Ggstd wg Zerstörg des Vertrauensverh nicht mehr verwalten u nutzen läßt, auch nicht dch ZwSchalten eines Dr; Versch eines Beteil ist nicht erfordel (BGH WM **84**, 873). Verweigerg interessengerechter Verw- u BenutzgsRegelg gem § 745 II od des rechtl Gehörs bei MehrhBeschl gem § 745 I; wesentl Veränderg der Umst; Tod eines Teilh (vgl § 750). – Mit KündFr ist gemeint Fr zur Erhebg des Aufhebgs-

7   Anspr. – Eine dem § 723 II entspr Vorschr fehlt. – **c)** Zu **Absatz III** vgl § 723 Rn 7. Vereinbgen, die nur die Durchführg der Teilg regeln, sind zul.

750   *Ausschluß der Aufhebung im Todesfall.* **Haben die Teilhaber das Recht, die Aufhebung der Gemeinschaft zu verlangen, auf Zeit ausgeschlossen, so tritt die Vereinbarung im Zweifel mit dem Tode eines Teilhabers außer Kraft.**

1   **Auslegungsregel.** Grd: dahingehder Wille ist zu vermuten, da Ausschl der Aufhebg dann bes drückd wäre. Auch bei ggteil Willen, ferner bei Ausschl für immer, kann Tod einen wicht Grd zur Aufhebg bilden.

751   *Ausschluß der Aufhebung und Sondernachfolger.* **Haben die Teilhaber das Recht, die Aufhebung der Gemeinschaft zu verlangen, für immer oder auf Zeit ausgeschlossen oder eine Kündigungsfrist bestimmt, so wirkt die Vereinbarung auch für und gegen die Sondernachfolger. Hat ein Gläubiger die Pfändung des Anteils eines Teilhabers erwirkt, so kann er ohne Rücksicht auf die Vereinbarung die Aufhebung der Gemeinschaft verlangen, sofern der Schuldtitel nicht bloß vorläufig vollstreckbar ist.**

1   **1) Regel.** Rechtsgeschäftl Ausschl des AufhebgsAnspr od Best einer Fr für seine Geltdmachg (vgl § 749 Rn 5) wirken für u gg Sondernachfolger (vgl § 746 Rn 1). Kein GutGlSchutz. Wirkg gg SonderNachf im MitEigt bei Grdst nur, wenn eingetr, § 1010 I. TeilgsAbreden fallen nicht unter § 751 (Köln OLG **70**, 276).

2   **2) Ausnahmen, S 2.** Keine Wirkg gg den Gläub mit rkräft Titel, der den Bruch und/od den Aufhebgs-Anspr eines Teilh gepfändet hat (§ 749 Rn 2). Ebso nicht gg den VertrPfdGläub, §§ 1258 II, 1273 II. Nicht gg den KonkVerw über das Verm eines Teilh, KO § 16 II, selbst iF des § 1010 I. – AblöseR der Teilh gem § 268.

752   *Teilung in Natur.* **Die Aufhebung der Gemeinschaft erfolgt durch Teilung in Natur, wenn der gemeinschaftliche Gegenstand oder, falls mehrere Gegenstände gemeinschaftlich sind, diese sich ohne Verminderung des Wertes in gleichartige, den Anteilen der Teilhaber entsprechende Teile zerlegen lassen. Die Verteilung gleicher Teile unter die Teilhaber geschieht durch das Los.**

1   **1) Teilung.** Zur Beendigg der Gemsch vgl Vorbem 1–3 vor § 749. Für die Teilg gilt vorrang eine zw allen Teilh getroffene Vereinbg od die Anordng in einer letztw Vfg (§ 2048). Die TeilgsVereinbg bedarf ggf der vom Ges vorgeschriebenen Form, zB § 313, sow sie von der ges Regelg in § 752 ff abweicht. Sie wirkt nicht für u gg SonderNachfolger (§§ 746, 751 S 1). Gewl vgl § 757. Wer TeilgsVereinbg behauptet, hat sie zu bew. – Der bei od nach Aufhebg geschlossene TeilgsVertr enthält vielf bereits die TeilgsMaßn selbst. Durch s unten Rn 4. Bei Konk eines Teilh erfolgt die Teilg außerh des KonkVerf, KO §§ 16 I, 51. Ist keine rgeschäftl TeilgsBestimmg getroffen, hat jeder Teilh Anspr auf Teilg nach den ges Regeln in §§ 752–754.

2   **2) Teilung in Natur** ist in der Praxis die Ausn, weil die Mehrzahl der GemschGgst unteilb ist; dann § 753. Dch die Teilg in Natur werden aus den ideellen Antlen reale Teile.

   a) Voraussetzung. Der gemschaftl Ggst muß in der Weise real teilb sein, daß sich ohne Wertminderg gleichart, den Antlen der Teilh entspr Teile bilden lassen. Gleichartigk ist wirtsch aufzufassen. Ist nur ein Teil der gemschaftl Ggstände in Natur teilb, sind sie real zu teilen. Naturalrückgabe wie in § 732 ist nicht vorgesehen.

3   **b) Beispiele. Teilbar:** Geld u and vertretb Sachen stets. WertP meist, falls Stückelg mögl. Unbebaubare Grdst, außer wenn Gesamtwert der EinzTeile nicht den Wert des GesGrdst erreicht oder wenn EinzTeile wertmäßig erhebl verschieden sind (Nürnb RdL **60**, 22). BauGrdst mit vorstehden Einschränkgen u wenn die EinzelGrdst bebaub bleiben. BriefHyp u GrdSch gem § 1152. Fdgen auf Geld; auf auf Leistg, sow diese teilb ist (vgl § 266 Rn 3, 4). – **Unteilbar:** IdR bebaute Grdst, da sich gleichwert, den Antlen der Teilh entspr Tle idR nicht bilden lassen (Mü NJW **52**, 1297, Hamm NJW-RR **92**, 665). Unauflöslichk der Gemsch der

WohngsEigtümer vgl WEG § 11. Landwirtsch Grdst meist. Aktie (§ 8 III AktG). Unternehmen (MüKo/ Schmidt Rdn 29). Gewerbl SchutzR.

c) Durchführung. Die Erf der TeilgsVerpfl geschieht nach allg Regeln dch VfgsGesch. Es kommt auf **4** den zu teilden Ggst an, etwa Abtr, Einigg u Übergabe, Aufl u Eintr, Zerlegg in Brucht (BGH NJW **63**, 1610 für ErbenGemsch). Notf LeistgsKl.

d) Losentscheid gilt nach S 2, wenn die Anteile der Teilh gleich groß, gleichwert u gleichart sind. Notf **5** Kl auf Mitvornahme der Verlosg. Vollstr nach ZPO § 887.

753 **Teilung durch Verkauf.** [1] **Ist die Teilung in Natur ausgeschlossen, so erfolgt die Aufhebung der Gemeinschaft durch Verkauf des gemeinschaftlichen Gegenstandes nach den Vorschriften über den Pfandverkauf, bei Grundstücken durch Zwangsversteigerung, und durch Teilung des Erlöses. Ist die Veräußerung an einen Dritten unstatthaft, so ist der Gegenstand unter den Teilhabern zu versteigern.**

[2] **Hat der Versuch, den Gegenstand zu verkaufen, keinen Erfolg, so kann jeder Teilhaber die Wiederholung verlangen; er hat jedoch die Kosten zu tragen, wenn der wiederholte Versuch mißlingt.**

1) Anwendungsbereich. § 753 ist prakt die Regel, nicht zwingd. Gilt, wenn Teilg in Natur rgeschftl **1** ausgeschl (§ 751), od wenn der gemschftl Ggst unteilb (sonst: § 752) u veräußerl ist. Bei Unveräußerlk vgl Rn 8. Ausschl der Teilg in Natur vgl § 752 Rn 2–5.

2) Teilung durch Veräußerung, Abs I. – a) Pfandverkauf. Ist der gemschftl Ggst eine bewegl Sache **2** od ein Recht – Ausn in § 754 –, so ist er nach den Vorschr über den PfdVerk, §§ 1233 ff, zu veräußern. Auch § 1246 gilt, die abw Art des Verk muß dem Interesse mind eines Teilh entsprechen u darf die übr nicht benachteiligen. Entsch nach FGG § 166.

b) Teilungsversteigerung. Ist der gemschftl Ggst ein Grdst, so ist es auf Antr eines als MitEigtr im **3** GB eingetr Teilh gem §§ 180 ff ZVG zu versteigern. Ein Titel ist dazu nicht erforderl, § 181 I ZVG. Grdstgleiche Rechte, Schiffe, Schiffsbauwerke u Luftfahrz stehen gleich. Ersteigert ein Teilh das Grdst, so gehört eine in das geringste Gebot aufgen, nur den MitEigtAntl des Ersteigerers belastde EigtümerGrdSch zu dem zu teilden Erlös, sie ist bei der Teilg auf den ErlösAntl des Ersteigerers anzurechnen (BGH NJW **84**, 2527).

c) Versteigerung unter den Teilhabern, Abs I S 2, falls die Veräußerg des gemschftl Ggst unstatth ist. **4** Das kann auf Vereinbg, §§ 749 II, 751 od letztw Vfg, § 2048, beruhen.

d) Der Erlös aus PfdVerk bzw TeilgsVerst tritt iW dingl Surrogation an die Stelle des gemschftl Ggst **5** (BGH **52**, 99). Nach anteilsmäß Abzug der Kosten (vgl § 748) u Berichtig einer Gesamtschuld (vgl § 755) ist der Reinerlös unter die Teilh entspr ihren Anteilen (vgl § 742) zu verteilen. Bei TeilgsVerst geschieht dies außerh des ZwVerstVerf (BGH **4**, 84 u NJW **52**, 263), das VerstGer hat aber die Pfl, den Beteil dabei behilfl zu sein u eine Einigg herbeizuführen (Hamm OLGZ **70**, 491 [496]). Mit der Erlösverteilg ist die Gemsch beendet. Ist der VersteigergsErlös hinterlegt u sind daraus keine Verbindlich mehr zu berichtigen, so steht die AuszahlgsFdg gg die HinterleggsStelle jed Teilh anteil gem seiner BeteiliggsQuote an der GrdstGemsch zu (BGH **90**, 194).

e) Entgegenstehende Rechte Dritter sind, obwohl es sich nicht um ZwVollstr handelt, mit Klage aus **6** § 771 ZPO geltd zu machen (BGH WM **84**, 538).

3) Erfolgloser Veräußerungsversuch. – a) Wiederholung, Abs II, auch der ZwVerst, kann jeder **7** Teilh verlangen. Bei abermal Mißlingen trägt er die Kosten allein. Gilt nur, falls der erste Versuch iR des § 753 stattfand u nicht an zusätzl, von den Teilh gesetzten Bdggen scheiterte (RGRK/v Gamm Rdn 4, MüKo/Schmidt Rdn 32).

b) Bei Unveräußerlichkeit muß die Gemsch grdsätzl bestehen bleiben. Ausnahmsw kann das ProzGer **8** dch LeistgsUrt gem § 242 in diesem u in and Fällen eine BilligkLösg treffen. So, wenn das GemschInteresse die Erhaltg des Ggst in der Hand eines der Teilh erfordert, zB bei einem FamErbstück mit erhebl Erinnergs-wert od wenn in bes AusnFällen nach Scheidg der Ehe die ZwVerst von MitEigt einem Eheg schlechth unzumutb ist (BGH **68**, 299). Mögl ist Zuweisg an einen der Teilh, der, falls wirkl keiner sich als näher berecht erweisen sollte, notf durch das Los zu finden sein wird in Anwendg des RGedankens des § 752 S 2 auf den GesamtGgst iVm dem Zusprechen einer Entschädigg an die übr Teilh. Unter bes Umst kann auch Realteilg eines bebauten Grdst in Frage kommen (BGH **58**, 146).

754 **Verkauf gemeinschaftlicher Forderungen.** **Der Verkauf einer gemeinschaftlichen Forderung ist nur zulässig, wenn sie noch nicht eingezogen werden kann. Ist die Einziehung möglich, so kann jeder Teilhaber gemeinschaftliche Einziehung verlangen.**

1) Anwendungsbereich. IdF des § 420 ist die Fdg bereits real geteilt, so daß § 754 nicht anwendb ist. **1** Seine Hauptbedeutg liegt in seiner Anwendg auf Fälle der GesHandsGemsch, §§ 731 S 2, 1477 Abs 1, 2042 Abs 2.

2) Reihenfolge. In erster Linie gilt Naturalteilg, § 752, dh Zerlegg in Brucht. In zweiter Linie gilt S 2, dh **2** Einziehg fäll Fdgen; sie geht dem Verk vor. Zur Mitwirkg an der Einziehg ist jeder Teilh verpfl. Die eingezogene Fdg ist gem §§ 752, 753 zu verwerten. In letzter Linie, wenn Einziehg nicht mögl, ist die Fdg zu verkaufen, S 1. – Kostenteilg nach § 748.

755 *Berichtigung einer Gesamtschuld.* [I] Haften die Teilhaber als Gesamtschuldner für eine Verbindlichkeit, die sie in Gemäßheit des § 748 nach dem Verhältnis ihrer Anteile zu erfüllen haben oder die sie zum Zwecke der Erfüllung einer solchen Verbindlichkeit eingegangen sind, so kann jeder Teilhaber bei der Aufhebung der Gemeinschaft verlangen, daß die Schuld aus dem gemeinschaftlichen Gegenstande berichtigt wird.

[II] Der Anspruch kann auch gegen die Sondernachfolger geltend gemacht werden.

[III] Soweit zur Berichtigung der Schuld der Verkauf des gemeinschaftlichen Gegenstandes erforderlich ist, hat der Verkauf nach § 753 zu erfolgen.

1   **1) Vorbemerkung zu §§ 755, 756.** Allg zur Beendigg der Gemsch vgl Vorbem 1–3 vor § 749. Im Ggsatz zur Gesellsch (§§ 733–735, 738–740) bedeutet die Teilg bei der Gemsch keine volle AuseinandS der Teilh. Das G regelt vielm in §§ 755, 756 nur zwei prakt wicht Einzelpunkte. Im übr hat die Regelg außerh der Teilg zu erfolgen, falls sie nicht dch Abrede der Teilh in diese hineingenommen wird. Die §§ 755, 756 betreffen nur das Verh zw den Teilh. Den Gläub der Gemsch ggü gelten die allg Vorschr (vgl § 741 Rn 11 u § 748 Rn 1). Die Gläub haben kein Recht auf abgesonderte Befriedigg aus dem GemschGgst, ebso bei der Gesellsch.

2   **2) Schuldberichtigung gegenüber Drittgläubigern.** Es bestehen zwei Möglichkeiten: – **a) Die Teilhaber haften dem Gläubiger nur anteilig** (vgl § 420, selten). Mangels Bedürfn nicht in § 755 geregelt, da sich Verbindlichk nach außen u Beteiligg im InnenVerh zw den Teilh decken. Ebenf nicht in § 755 geregelt
3   ist die Schuldenberichtigg zw den Teilh, dafür § 756. – **b) Die Teilhaber haften dem Gläubiger als Gesamtschuldner.** Hier besteht ein Bedürfn der Regelg bei der Teilg wg der Gef der Nachbeanspruch über die Quote hinaus, falls die Schuld offen bleibt. § 755 gibt den Anspr aber nur für GesSchulden, die in den Rahmen des § 748 (vgl dort Rn 1) fallen, od zum Zwecke der Berichtigg solcher Schulden eingegangen sind, zB gesschuldner DarlAufn bzw. Gilt auch, falls nur einige Teilh als GesamtSchu, ferner, wenn sie als Bürgen haften. – Ist die GesVerbindlichk streit od noch nicht fäll, kann jeder Teilh analog § 733 I S 2 verlangen, daß das zur Berichtigg Erforderl zurückbehalten (MüKo/Schmidt Rdn 8, Soergel-Hadding Rdn 2), nach aA (Erman-Schulze-Wenck Rdn 2) hinterlegt wird.

4   **3) Rechtsnachfolge, Abs II.** Der Anspr besteht außer gg den Gesamt- auch gg den SonderNachf eines Teilh (vgl § 746 Rn 1, auch § 751), iF des MitEigt an Grdst aber nur, wenn der Anspr des Gläub auf allen Antlen im GB eingetr ist, § 1010 II; eine persönl Verpfl bleibt von der Eintr unabhäng (BGH WM **66**, 579). Im **Konkurs** eines Teilh haben die übr bei der Teilg ein Recht auf abgesonderte Befriedigg des Gläub aus dem GemschGgst, § 51 KO.

5   **4) Durchführung.** Abs III schließt Realteilg, § 752, nicht aus. Ledigl soweit zur Befriedigg des Gläub erforderl, hat jeder Teilh Anspr auf (teilw) Verk des gemeinschftl Ggst gem § 753 u Zahlg an den Gläub aus dem Erlös, der Rest bzw der überschießde Erlös ist real unter den Teilh zu teilen. Reicht der Erlös aus dem Verk zur Befriedigg des Gläub nicht aus, verbleibt es wg des RestAnspr der Teilh bei § 748.

756 *Berichtigung einer Teilhaberschuld.* Hat ein Teilhaber gegen einen anderen Teilhaber eine Forderung, die sich auf die Gemeinschaft gründet, so kann er bei der Aufhebung der Gemeinschaft die Berichtigung seiner Forderung aus dem auf den Schuldner entfallenden Teile des gemeinschaftlichen Gegenstandes verlangen. Die Vorschriften des § 755 Abs. 2, 3 finden Anwendung.

1   **1) Allgemeines** zur Beendigg der Gemsch vgl Vorbem 1–3 vor § 749, zur Schuldenberichtigg bei der Teilg u zum RegelgsGehalt vgl § 755 Rn 1.

2   **2) Schuldenberichtigung gegenüber einem Teilhaber-Gläubiger.** § 756 gibt den Anspr, gewisse Fdgen eines Teilh gg einen and in die Teilg hineinzunehmen, allerd nur dch Berichtigg aus dem Antl des TeilhSchuldners. Die Fdg muß dem Teilh als solchem aGrd der Zugehörigk zur Gemsch, nicht unabhäng von ihr zustehen. Haupt-, aber nicht einziger Anwendgsfall sind Anspr aus § 748 (dort Rn 1). Ferner Anspr wg Teilgskosten (MüKo/Schmidt Rdn 13), anteil AufwErsAnspr für TilggsRaten auf ein Darl, das ein Teilh einvernehml mit den übr zur Finanzierg des gemsch Ggst aufgen hat (BGH WM **93**, 849 [853]), auch Anspr aGrd bes Abreden, zB wer bei der Veräußerg eines ideellen MitEigtAntls des bish GrdstAlleinEigtümers im InnenVerh die Belastg zu tragen hat (BGH WM **66**, 579). Nicht hierher gehören Anspr, die die Teilh iR der TeilgsVereinbg für die Zukunft begründen (Stgt OLGZ **1**, 251) sowie Anspr, die einem Teilh gg einen and persönl, also nicht in seiner Eigensch als Teilh zustehen (MüKo/Schmidt Rdn 13). Der Anspr gilt auf Befreiung von der Verbindlichk ggü einem Dr gem § 257 (BGH DB **92**, 83), od auf vorzugsw Befriedigg aus dem Erlösantl des TeilhSchuldners bei Aufhebg der Gemsch. Kein Anspr auf Erhöhg des Antls des TeilhGläub zu Lasten des TeilhSchu am GemschGgst, dieser besteht selbst in Geld (BGH DB **92**, 83). Etwaige sonst Rechte des TeilhGläub bleiben durch § 756 unberührt, so das ZbR aus § 273, jedoch nicht ggü dem Anspr auf Aufhebg der Gemsch (BGH **63**, 348); ferner – vor u nach der Teilg – der Anspr aus § 748 od etwaige Anspr gg den TeilhSchu aus §§ 677 ff, 812, 823 ff. – Für die Durchführg gelten sinngem die Ausf in § 755 Rn 5.

3   **3) Rechtsnachfolge, S 2.** Es gelten sinngem die Ausf in § 755 Rn 4, auch zum Konkurs.

757 *Gewährleistung bei Zuteilung an einen Teilhaber.* Wird bei der Aufhebung der Gemeinschaft ein gemeinschaftlicher Gegenstand einem der Teilhaber zugeteilt, so hat wegen eines Mangels im Rechte oder wegen eines Mangels der Sache jeder der übrigen Teilhaber zu seinem Anteil in gleicher Weise wie ein Verkäufer Gewähr zu leisten.

1) Geltungsbereich. Gilt bei Zuteilg des gemschaftl Ggst an einen Teilh iR der Aufhebg der Gemsch dch 1 Vereinbg (vgl § 752 Rn 1) od RiSpruch (vgl § 753 Rn 8). Gilt nicht bei Veräusserg eines Antls dch einen Teilh an einen and außerh der Aufhebg; dafür gilt das zGrde liegde RVerh. Bei wirkl Verk an einen Teilh iR des § 753 ist § 757 überfl. Gilt auch für Gesellsch, § 731 S 2, u ErbenGemsch, § 2042 II.

2) Rechtsfolge. Obwohl die Zuteilg an einen Teilh kein Verk ist, gelten die kaufr GewlVorschr, 2 §§ 434ff, 459ff, u zwar für jeden Teilh nach dem Verh seines Antls. Keine Gewl, wenn gleichart gemschaftl Ggste an alle Teilh anteil verteilt werden u alle Teile gleich mangelh sind.

758 *Unverjährbarkeit des Aufhebungsanspruchs.* **Der Anspruch auf Aufhebung der Gemeinschaft unterliegt nicht der Verjährung.**

Geltungsbereich. Der Anspr auf Aufhebg der Gemsch u Teilg, §§ 749ff, nach hM auch der auf Teilg der 1 Früchte nach § 743. Grd: Er entsteht fortges neu. Gilt auch für ErbenGemsch, § 2042 II. Ähnl § 924. Gilt nicht für and sich auf die Gemsch gründde Anspr, zB aus § 748.

Sechzehnter Titel. Leibrente

759 *Dauer und Betrag der Rente.* [I] **Wer zur Gewährung einer Leibrente verpflichtet ist, hat die Rente im Zweifel für die Lebensdauer des Gläubigers zu entrichten.** [II] **Der für die Rente bestimmte Betrag ist im Zweifel der Jahresbetrag der Rente.**

1) Allgemeines. Die Regelg ist lückenh, eine ges BegrBestimmung fehlt, SprachGebr u VerkAuffassg 1 entscheiden. – **a) Begriff.** Leibrente ist ein einheitl nutzb Recht **(Grund- od Stammrecht),** eingeräumt auf die Lebenszeit des Berecht od eines and, dessen Erträge aus regelm wiederkehrden gleichm Leistgen von Geld od and vertretb Sachen bestehen (BGH BB **66,** 305). Einzeln vgl unten Rn 7–10. Die folgde Darstellg folgt entgg Kritik im Schrifttum (MüKo/Pecher Rdn 3) der hM, die zw der Verpfl zur Bestellg der Leibrente u dieser Bestellg selbst sowie zw der Bestellg des GrdR u der Verpfl zu den einz Rentenleistgen (BGH FamRZ **91,** 918) unterscheidet.

b) Die Verpflichtung zur Bestellung der Leibrente kann dch Auslobg, Vermächtn od dch abstr od 2 (meist) kausalen entgeltl od unentgeltl Vertr, zB GrdstVerk, zur Sichg lebenslängl Versorgg, Schenkgs-Verspr, u auch neben and vom RentenSchu vertragl übernommenen Leistgen begründet werden (BGH BB **66,** 305). GgLeistg kann auch die Veräußerg eines Unternehmens sein (BGH WM **80,** 593). Bereits die Verpfl (nicht deren Ann) bedarf, wenn vertragl eingegangen, der Schriftform. § 761, der nur von der Bestellg selbst handelt, gilt entspr auch für die Verpfl dazu (RG **67,** 211). Ist aus and Grden strengere Form vorgeschrieben, so gilt diese, zB §§ 313, 518.

c) Bestellung der Leibrente. Die Verpfl zur Bestellg wird erfüllt dch die Bestellg des Grdrechts selbst. 3 Sie kann ebenf dch Auslobg, letztw Vfg u insb Vertr erfolgen **(Leibrentenvertrag).** Für diesen ist nach § 761 schriftl Erteilg der Verspr, nicht der Ann, erforderl, soweit nicht anderweit strengere Form vorgeschrieben ist. Vormschgerichtl Gen nöt gem § 1822 Nr 5. Mögl auch Bestellg zG eines Dr, § 330. Verpfl zur Bestellg u Bestellg selbst werden meist in einem Vertr verbunden, daher die Nichterwähng der Verpfl in § 761. Erst das dch die Bestellg geschaffene LbRentengrundR gibt dem Berecht das Recht auf den Erwerb der einz Rentenleistgen; diesem ErwerbsR entspricht ein GesamtAnspr, der nach § 195 in 30 Jahren verj, währd die Anspr auf die einz Rentenleistgen nach § 197 in 4 Jahren verj.

d) Leistungsstörungen. Da bereits die Bestellg des GrdR Erf der BestellgsVerpfl ist (vgl oben Rn 2, 3), 4 gewähren Verz od die Nichtleistg einz Renten kein Recht zum Rücktr vom GrdGesch aus §§ 325, 326 od aus pVV (RG **106,** 93, Hbg MDR **64,** 414; aA MüKo/Pecher Rdn 24); es gelten §§ 279, 280, 286, ggf auch Rückabwicklg wg Verfehlg des bezweckten Erfolges (Hbg MDR **64,** 414).

e) Konkurs des Verpflichteten. Das GrdRecht ist als solches anmeldb, der LbRentenAnspr gilt nach 5 §§ 65 I, 66, 69 KO als fäll u ist nach der Lebenserwartg des Berecht zu kapitalisieren. Mit ihm kann der Gläub gg eine MasseFdg aufrechnen (RG **68,** 340).

f) Veränderung der Geschäftsgrundlage. Auch für das LbRentenR gilt der Grds, daß Veränderg der 6 GeschGrdl zur Anpassg führen kann (vgl § 242 Rn 110ff). Bei der Prüfg, ob sich die GeschGrdl verändert hat, ist auf die Entstehg der LbRentenverpflg u auf ihren Zweck (UnterhSicherg, LeistgsAustausch) zurückzugehen. Bei einer entgeltl übernommenen sind strengere Anfordergen zu stellen als bei einer unentgeltl eingegangenen. Die Veränderg der GeschGrdl hat der zu bew, der sich auf sie beruft. Steht sie fest, so hat der AnsprBerechtn zu bew, in welch Umfang sein LeibrentenAnspr weiter besteht (BGH WM **73,** 1176). **Wertsicherungsklausel** vgl § 245 Rn 22–30.

2) Das Leibrentenversprechen im einzelnen. Begr im allg u rechtl Möglichk zur Bestellg vgl oben 7 Rn 1–3. Die Erfordern ie sind:

a) Als einheitliches Stammrecht muß die LbRente bestellt sein. Es muß den HauptGgst der Verpfl, insb des LbRentenVertr bilden, aus dem nur vermöge seines Bestehens aus sich selbst heraus die einz RentenAnspr fließen, EinhTheorie (RG **67,** 210, **80,** 208, **89,** 259). Die RentenAnspr müssen sich dadch von den GgLeistgen des zugrde liegden VerpflVertr lösen. Auch die GrdR selbst muß von den GgLeistgen derart gelöst sein, daß nicht diese das Wesen der Vertr ausmachen, sond das GrdR selber. Es handelt sich um einen Vertr eig Art, über dessen Charakter als LbRentenVertr letztl die VerkAuffassg nach dem Sinn u Zweck des Vertr entscheidet (BGH WM **66,** 248). – Das GrdR ist iZw nicht übertragb, § 399. – **Kein** 8 **Leibrentenversprechen,** also auch nicht nach § 761 formbedürft sind der DienstVertr mit Gehaltsabrede, der RuhegehaltsVertr, selbst wenn erst nach Beendigg des DienstVerh geschl, da Zushang mit diesem Verh besteht (BAG NJW **59**, 1746; vgl auch Einf 80 vor § 611). Keine LbRente iS dieses Titels, wenn nach dem Willen der VertrSchließden nicht nur das RentenVerspr als solches, sond auch die Verpfl zur Zahlg der laufden Rente Bestandtl eines ggs Vertr sein sollte (BGH FamRZ **91**, 918). Ferner nicht die Vereinbg von Nebenleistgen neben einer Hauptschuld, von Rentenleistgen in einem Vergl über SchadErs-, gesellschrechtl Abfindgs- (BGH WM **66**, 248) od ErbAnspr, falls nicht der SchuldGrd umgeschaffen wird, was aber nur ausnahmsw u bei Vorliegen bes Anhaltspkte anzunehmen ist (RG **166**, 378). LbRente iS dieses Titels sind danach auch nicht die aGrd gesetzl SchadErsPfl (zB §§ 843, 844, RVO) sowie die aGrd ges od vertragl UnterhVerpfl geschuldeten Renten, weil sie von der Bedürftig des Gläub u der LeistgsFähigk des Schu abhängen (Kblz OLGZ **78**, 245), ebso nicht ein vertragl AltenteilsR (RG **104**, 272), das ist ein Inbegriff von dingl gesicherten Nutzgen sowie Sach- u Dleistgen, die aus od auf einem Grdst zum Zwecke der Versorgg des Berecht zu gewähren sind (RG **162**, 57, vgl EG 96). IdR auch nicht das AusstattgsVerspr nach § 1624 in Form einer Versorgg (RG **111**, 286).

9   **b) Dauer.** Zu einer Lb(= Lebens)Rente gehört begriffl, daß sie auf Lebenszeit zu zahlen ist, meist des Berecht (dann Lebensversorgg), aber auch des Verpfl od eines Dr. Das schließt eine aufschiebd bdgte Bestellg des GrdR (nicht aber der einz RentenLeistgen) nicht aus (BGH **106**, 93). Ebso mögl ist Bestellg grdsl auf Lebensdauer, unter best Vorauss aber frühere Beendigg (BGH WM **80**, 593). Auch eine zeitl Begrenzg ist mögl, solange sie nicht einem auf das Leben eines Menschen gestellten Endtermin im EinzFall ihre Bedeutg nimmt, zB Lebensrente für einen sehr alten Menschen höchstens auf 10 Jahre (RGRK/v Gamm Rdn 4). Auch wenn das GrdR auf die Lebensdauer eines und als des Berecht gestellt ist, endet es doch iZw mit dem (früh) Tode des Berecht, § 759 I. – Bei mehreren Berecht gilt iZw § 420. – Verschuldet der Verpflichte den Tod des Berecht, so haftet er den Erben für die Zeit der vermutl Rentendauer, §§ 242, 162.

10   **c) Regelmäßig wiederkehrend und gleichmässig** müssen die Leistgen sein, was nicht heißt, daß die Höhe der wiederkehrden Leistgen währd der gesamten LaufZt unverändert bleiben muß (BGH WM **80**, 593). Sie bestehen in Geld od and vertretb Sachen. Also nicht WohnR, da Dauerleistg.

760   *Vorauszahlung.*   [1] **Die Leibrente ist im voraus zu entrichten.**

[II] **Eine Geldrente ist für drei Monate vorauszuzahlen; bei einer anderen Rente bestimmt sich der Zeitabschnitt, für den sie im voraus zu entrichten ist, nach der Beschaffenheit und dem Zwecke der Rente.**

[III] **Hat der Gläubiger den Beginn des Zeitabschnitts erlebt, für den die Rente im voraus zu entrichten ist, so gebührt ihm der volle auf den Zeitabschnitt entfallende Betrag.**

1   Ergänzde RSätze, daher nicht zwingd. Anderweit Vereinbg od Verlangen des Gläub für kürzere Zt im voraus sind mögl. Verj vgl § 759 Rn 3.

761   *Form des Leibrentenversprechens.*   **Zur Gültigkeit eines Vertrags, durch den eine Leibrente versprochen wird, ist, soweit nicht eine andere Form vorgeschrieben ist, schriftliche Erteilung des Versprechens erforderlich.**

1   **Schriftform.** Betrifft nur die Begr dch Vertr, nicht dch Auslobg od letztw Vfg. Gilt sowohl für den VerpflVertr wie für die Bestellg (vgl § 759 Rn 2, 3), aber nur für den eigentl LbRentenVertr, nicht also für Vertr, die keine LbRentenVertr sind (vgl § 759 Rn 8). Schriftform ist vorgeschr nur für das Verspr, nicht für die Ann. „Schriftl Erteilg" vgl § 766 Rn 1, Schriftform § 126; Erteilg in Brief ist wirks (RG **67**, 213). Verstoß führt zur Nichtigk, § 125. Not Beurk des LbRentenVertr od sein Abschl in einem gerichtl Vergl ersetzen die schriftl Erteilg, §§ 126 III, 127 a. Keine Heilg des Formmangels dch Entrichtg der Renten (RG **91**, 8). Eine and Form verlangen zB §§ 311, 312 II, 313, für den ganzen VerpflVertr, § 518 I für das SchenkgsVerspr. Ein LbRentenVerspr, das iR eines unvollst beurk GrdstKaufVertr mündl erteilt wurde, wird zus mit dem übr VertrInhalt nach § 313 S 2 wirks (BGH NJW **78**, 1577).

Siebzehnter Titel. Spiel. Wette

762   *Unvollkommene Verbindlichkeit.*   [1] **Durch Spiel oder durch Wette wird eine Verbindlichkeit nicht begründet. Das auf Grund des Spieles oder der Wette Geleistete kann nicht deshalb zurückgefordert werden, weil eine Verbindlichkeit nicht bestanden hat.**

[II] **Diese Vorschriften gelten auch für eine Vereinbarung, durch die der verlierende Teil zum Zwecke der Erfüllung einer Spiel- oder einer Wettschuld dem gewinnenden Teile gegenüber eine Verbindlichkeit eingeht, insbesondere für ein Schuldanerkenntnis.**

1   **1) Begriffe.** Spiel- u Wettverträge unterscheiden sich dch ihre bes VertrZwecke von and Vertr. Gemeins ist beiden, daß sie den GeschErfolg nach der einen od and Seite von einer Ungewißh, meist sogar ganz od teilw vom Zufall abhäng machen (aleatorischer Bestandteil). Die darin liegde Gefährlichk, nicht etwa Unsittlichk führt die ROrdng dazu, beiden Vertr nur gemindert Wirksamk beizulegen. Das BGB setzt die Begriffe voraus. Auch die Regelg selbst ist nicht vollst. Das Ges erklärt Spiel- u WettVertr für unverbindl, läßt sie aber als RechtsGrd für ErfüllgsLeistgen gelten (KG WM **89**, 669). Die Unterscheidg zw beiden ist nur insofern von Bedeutg als gewisse Spiele (nicht Wetten) verboten, Vertr über sie nichtig sind (vgl Rn 9, 10).

2   **a) Spiel.** Es geht es um ein Wagn, sein Zweck ist Unterhaltg u/od Gewinn, ein ernster sittl od wirtsch GeschZweck fehlt. Die VertrPartner sagen sich für den Fall des Spielgewinns, der von der Geschicklichk u/ od vom Zufall abhängt (KG WM **89**, 669), ggs eine Leistg, meist Geld zu. Unterarten des Spiels sind der

Lotterie- u der AusspielVertr, § 763; als Spiel angesehen wird das DifferenzGesch, § 764. Zu unterscheiden sind zwei unter § 762 fallde Hauptarten des Spiels: – Beim **Glücksspiel** hängen Gewinn od Verlust ganz od doch hauptsächl vom Zufall ab (BGHSt **2**, 276). Der Ggsatz zum Zufall ist die Einwirkg der Beteil. Für Glücksspiele gelten strafrechtl Verbote mit der Folge der Nichtigk des Vertr (vgl Rn 9, 10). – Beim **Geschicklichkeitsspiel** hängen Gewinn od Verlust vorwiegd, uU ganz, von den persönl Fähigk der Beteil ab; ein von Unkundigen gespieltes GeschicklichkSpiel kann zum Glücksspiel werden (RGSt **43**, 23, 155).

    b) Wette. Die VertrPartner versprechen einand zur Bekräftigg best widerstreitder Behauptgen, daß dem, **3** dessen Behauptg sich als richt erweist, ein Gewinn zufallen soll. Wette ist auch die sog einseit Wette, bei der nur der eine einen Einsatz macht, also nur er etwas verlieren kann (RG **61**, 153). Die Wette unterscheidet sich vom Spiel durch den VertrZweck: Bekräftigg ernsth Meingsstreits. Bei Behauptgen, die der Zukunft angehören, handelt es sich idR um Spiel, nicht Wette, weil nicht die Bekräftigg des Rechthabens, sond Unterhaltg u Gewinn der vorwiegde Zweck ist; so bei der sog Spielwette, zB BGH **5**, 111; vgl § 763 Rn 4. Unterschied zur Auslobg vgl § 657 Rn 5.

    c) Abgrenzung zu anderen Verträgen. Es handelt sich nicht um Spiel od Wette, wenn keiner der zu **4** Rn 2, 3 genannten VertrZwecke vorh ist – so beim FluchthilfeVertr (BGH **69**, 295 u NJW **80**, 1574, KG NJW **76**, 197 u 1211) –, mag auch die verabredete VermVerschiebg von einer Ungewißh abhäng sein. Spielmotiv nur eines Teils macht § 762 nicht anwendb, vgl aber § 764 S 2. Der spekulat od gewagte Charakter macht ein RGesch noch nicht zu Spiel od Wette, sofern die Part darühinaus noch wirtsch od sonst anerkennenswerte Zwecke verfolgen. Das gilt insb für UmsatzGesch mit Waren od Wertpap, es sei denn, nicht der Umsatz, sond nur der später festzustellde PrUnterschied ist VertrGgst (vgl § 764); ferner Vers- u GewährVertr, Auslobg (§ 657 Rn 5), PrämienVerspr für Leistgen, zB im Sport, PrAusschreiben (§ 661), Warenvertrieb mit Gewinnverlosg (MüKo/Pecher Rdn 10), Vergnüggs-Tombola, Verlosgen zu wohltät Zwecken. – Spiel od Wette ist dagg das amerikan Roulette (vom Veranstalter überwachte Kettenbriefaktion mit Geldeinsatz u -Gewinnchance, Karlsr NJW **72**, 1963). Streitig bei Warenabsatz nach dem Hydra- od Schneeballsystem (BGHSt NJW **52**, 392, MüKo/Pecher Rdn 11: ja; aA Hbg NJW **54**, 394; offenge lassen BGH **15**, 356: Verstoß gg § 1 UWG); zur Sittenwidrigk vgl § 138 Rn 87.

    2) Rechtsfolgen. Spiel- u WettVertr begründen keine Verbindlichk, gelten aber als RGrd für ErfLei- **5** stgen, sog unvollk Verbindlichk (vgl Einl 15, 16 vor § 241). Gilt auch für zwecks Erf eingegangene Verbindlichk.

    a) Keine Verbindlichkeit begründen Spiel u Wette (Abs I S 1), der Gläub hat keinen Anspr auf Erf. Von Amts wg, nicht erst auf Einr, zu berücksichtigen. Bei Streit hat der die Spiel- oder Wettbehauptg zu beweisen, der sie aufstellt. Auch Pfandbestellg (RG **47**, 52), BürgschLeistg (RG **52**, 39), SicherhBestellg, fiduziarische RÜbertragg u VertrStrafe sind unverbindl; die bestellte Hyp steht dem Eigtümer zu. Der Gläub der Spiel- oder Wettschuld kann nicht einseit aufrechnen.

    b) Keine Rückforderung dessen, was der Schu zur Erf geleistet hat (Abs I S 2). Der Gläub darf es **6** behalten, §§ 812, 814 sind nicht anzuwenden. Dagg RückFdg bei Anfechtg wg argl Täuschg (KG NJW **80**, 2314). Die Leistg muß wirkl Tilgg, nicht bloße Sichg sein, sonst gilt oben Rn 5. Leistg ist aber nicht bloß die Erf, sond auch ein ErfErs, so die Hingabe an Erf Statt, falls nicht nur verdeckte Pfandbestellg (RG **47**, 48), ferner die Aufr dch den Schu. Wirks ist auch die vertragl Aufr (vgl § 387 Rn 19–21), nicht jedoch der in der vertragl Anerkenng des Saldos im KontokorrentVerh liegde AufrVertr, da nur Mittel der Anerkenng (BGH NJW **80**, 390). Nicht rückforderb ist nach vorlorenem Spiel auch die im voraus erbrachte Leistg, so der Einsatz bei der Lotterie od Ausspiel (vgl aber § 763 Rn 4), ebso nicht die bei einem Dr hinterlegte Summe, soweit sie wirkl Leistg, nicht bloß Sichg ist; für die gilt oben Rn 5 (BGH WM **82**, 751). – Ist das Spiel verboten, vgl unten Rn 9, 10.

    c) Eine zwecks Erfüllung eingegangene Verbindlichkeit ist ebenf unvollk (Abs II), also unverbindl, **7** aber erfüllb. Auch für sie gelten oben Rn 5, 6. Das G nennt insb das Schuldanerkenntn, § 781; ebso SchuldVerspr, § 780. Der Schu kann die SchuldUrk zurückfordern. Auch die Gutschr von Gewinnen aus Spiel, Wette, DifferenzGesch auf einem Giro- od Festgeldkonto u die Anerkenng des Saldos ist keine endgült Erf u schafft keine klagb Fdg auf Auszahlg, sow in dem Saldo solche Gewinne enth sind (BGH NJW **80**, 390). Dasselbe gilt für die Umwandlg der Spielschuld in ein Darl nach § 607 II, die Schuldumschaffg (§ 305 Rn 8–10), den Wechsel. Ist dieser an einen GutGläub weitergegeben, so hat der Schu gg den Gläub Anspr auf Herausg des Erlangten nach § 818 II (RG **77**, 280) u, falls die Weitergabe geschehen ist, um dem Schu die Einwdg der Unverbindlichk abzuschneiden, SchadErsAnspr aus § 826. Unverbindl ist auch ein ScheckAnspr; EinlösePfl der Bank bei Euroscheck vgl Einf 17 vor § 765 „Scheckkarte". Ein Vergl, auch ProzVergl, ist wirks, wenn er die ernsth Ungewißh beseitigen soll, ob eine Schuld nach § 762 od eine und vollgültige vorliegt; dagg ist er unverbindl, wenn er die Spiel(Wett)schuld als solche festlegt, zB der Höhe nach oder zur Beseitigg von Zweifeln über den VertrSchl (RG **144**, 243).

    3) Nebenverträge. Der Schutzzweck des § 762 (oben Rn 1) verlangt, ihn auf Neben- u HilfsVertr **8** auszudehnen, die mit Spiel u Wette in engem Zushang stehen (einschränkd bei BörsenterminGesch Kümpel WM **85**, 1121), außer bei erlaubtem Spiel, bei staatl gen Ausspielgen od Lotterien (BGH NJW **74**, 1821). Desh sind unverbindl, aber erfüllb auch Anspr aus Auftr, Dienst- od WkVertr gegen den GeschHerrn, der einen und für sich spielen usw läßt, zB auf Ers der Auslagen od auf Vergütg (BGH WM **85**, 563), ebso umgekehrt Anspr des GeschHerrn auf Ausf oder SchadErs wg Nichtausführg (RG **40**, 256). Dagg hat der AGeber nach § 667 Anspr auf Herausg des zur Ausf Erhaltenen, wenn der Vermittler den Auftr nicht od völl und als erteilt ausgeführt hat (Düss NJW **80**, 1966, Ffm WM **84**, 1369; vgl § 665 Rn 5) u Anspr auf Abführg erzielten Gewinns unter Abzug der Aufw (MüKo/Pecher Rdn 31, RGRK/Seibert Rdn 9, i Erg LG Ffm WM **89**, 365; aA LG Paderborn WM **79**, 1110). – Auch ein GesellschVertr, die Beteiligg am Spiel zum Ggst hat, ist unverbindl; daher kein Anspr auf BeitrZahlg u Mittragg von Verlusten, auf Rückerstattg geleisteter Beitr od Erstattg von Gew, die der mit der Durchf des Spiels von der SpielGemsch Beauftr wg Versäumn od abredewidr Verhalten nicht erzielt hat (Hamm NJW-RR **88**, 870), wohl aber auf Herausg des Gewinnantls u auf Rückerstattg der Einl, die zum Zweck der Beteilig an einem Spielclub als solchem geleistet wurde (Düss WM **87**, 767). – Ein zu Spielzwecken gegebenes Darl ist nichtig nach § 134 iF verbotenen Spiels (Rn 10, Celle NJW-RR **87**, 1190), nach § 138, wenn der DarlGeber (Spieler od Dr) aus eigensücht BewegGrden handelt (BGH DB **74**, 1621). Gibt ein Mitspieler od der Veranstalter das Darl, so ist es nicht zurückzuzahlen, wenn der DarlN verliert. Im übr ist ein DarlVertr unverbindl, sow er gg den Schutzzweck des § 762 verstößt u der DarlBetrag im Spiel verloren geht (Einzelh vgl MüKo/Pecher Rdn 34ff, Düss MDR **84**, 757). Unverbindl ist auch Anerk eines Kontokorrentsaldos, in das unverbindl Anspr eingestellt sind, u eine dem Anerk zu Grde liegde Verrechng (BGH **93**, 307, zust Piper ZIP **85**, 725; aA Canaris ZIP **85**, 592). – Eine zu einem SpielVertr geschl Schiedsabrede ist als UmgehgsGesch jedenf dann unverbindl, wenn dem Schieds-Ger die Anwendg des § 762 freigestellt od untersagt ist (ähnl MüKo/Pecher Rdn 41); ebso, wenn sie zus mit der Rechtswahl zur Nichtbeachtg des Differenzeinwands dch das SchiedsGer bei einem BörsenterminGesch führt (BGH WM **87**, 1153).

9   **4) Nichtige Spiel- und Wettverträge. – a) Fälle: Sittenwidrigkeit, Verbot.** Darunter fallen die strafb Spiele, näml Falschspiel, § 263 StGB, öffentl od gewohnheitsmäß Glücksspiel u öffentl Lotterie od Ausspielg ohne behördl Gen, §§ 284–286 StGB, ferner einz Spielverbote bei behördl zugelassenen Spielbanken (BGH **37**, 363). Zivrechtl unerhebl sind Verstöße gg die mit der staatl Gen verbundenen Aufl (BGH **47**, 393) u gg gewerberechtl OrdngsVorschr.

10   **b) Rechtsfolge.** Vgl Übbl 27–29 vor § 104. § 762 gilt nicht. Das Geleistete ist gem §§ 812ff rückforderb, scheitert aber bei Glücksspielen – nicht bei Lotterie, § 286 StGB – idR an § 817 S 2. Bei Falschspiel außerd SchadErsAnspr aus §§ 823, 826.

763   *Lotterie- und Ausspielvertrag.* **Ein Lotterievertrag oder ein Ausspielvertrag ist verbindlich, wenn die Lotterie oder die Ausspielung staatlich genehmigt ist. Anderenfalls finden die Vorschriften des § 762 Anwendung.**

1   **1) Begriff.** Der Lotterie- u der AusspielVertr sind Unterarten des Spiels, u zw des Glücksspiels (vgl § 762 Rn 2). Gesetzl BegrBest fehlen. Beim LotterieVertr iwS, der auch den AusspielVertr umfaßt, schließt der Untern mit einer Mehrh von Spielern Vertr, in denen er versprich, gg Einsätze, die meist in Geld bestehen, nach Maßg eines Spielplans Gewinne an die spielplanm ermittelten Gewinner zu leisten (RG **60**, 381). Die spielplanm Ermittlg geschieht ganz od doch wesentl dch Zufall, zB durch Verlosung, Würfeln, aber auch unter Mitwirkg der Spieler, zB Sieg im Preiskegeln od Skatturnier. Bestehen die Gewinne in Geld, so handelt es sich um Lotterie, sonst um Ausspielg. Das G behandelt beide Fälle gleich. Unter sich stehen die Spieler nicht im VertrVerh; doch kann eine Lotteriegesellsch od LosGemsch zw einz bestehen. Der Einsatz kann auch in einem WarenkaufPr, Eintrittsgeld, Clubbeitrag versteckt sein (BGHSt BB **52**, 992). Hierher gehören auch das amerikan Roulette sowie Warenabsatz über Hydra- u Schneeballsystem (vgl § 762 Rn 4). Für die rechtl Beurteilg ist zu unterscheiden, ob eine staatl Gen erteilt ist od nicht.

2   **2) Bei staatlicher Genehmigung. – a) Lotterie- und Ausspielungsvertrag ist verbindlich,** S 1. § 762 gilt nicht. Auch NebenVertr (vgl § 762 Rn 8) sind vollgült (BGH NJW **74**, 1705). Der Untern ist zur rechtzeit Gewinnermittlg u -Verteilg verpfl, auch wenn er nicht alle Lose abgesetzt hat, falls der Vertr nichts and besagt. Die auf die nichtabgesetzen Lose entfalden Gewinne verbleiben ihm. – Der Vertr zw dem Lotterie- bzw WettUntern u dem Spieler ist zivilrechtl Natur, es gelten die Regeln, sow nicht die WettBdggen iS von AGB (BVerwG **2**, 273) etw enthalten. VertrPartner des Spielers, Wetters ist der Veranstalter (Celle NdsRpfl **60**, 270), AnnStellen sind als HandelsVertr od Vermittler tät. Erwerb des Loses ist meist Kauf. Ist dieses InhPapier, so gelten die §§ 793ff. Da Loskauf Hoffngskauf ist, kann ein KaufAngeb im allg nicht mehr angenommen werden, wenn das Los bereits der Ziehung (bzw dem Zugang der AnnErkl gezogen ist (RG **59**, 298); von Bedeutg insb bei Unterlassg der rechtzeit Erneuerg eines Klassenloses. Doch kann sich aus dem Angeb od aus der längeren GeschVerbind zw Veranstalter u Spieler, aus der zw ihnen ständ beobachteten Übg, etwas and ergeben.

3   **b) Genehmigung.** Zu genehmigen hat die zust LandesBeh nach den LandesGes. Gen dch die Beh eines Landes macht auch die in and dtschen Ländern abgeschl Vertr gültig. Kein weiteres Formerfordern, auch wenn Grdst ausgesetzt ist (Nürnb OLGZ **66**, 278).

4   **c) Hauptfälle. – Staatliche Lotterien** bedürfen naturgem keiner bes Gen. Ihr Betr ist Sache der Länder. Auch der mit ihnen geschl LotterieVertr ist privatrechtl (BayVerfGH BB **64**, 326). – **Fußballtoto, Zahlenlotto.** Häuf sind hier SpielGemsch als BGB- Gesellsch, u zwar idR als InnenG ohne GesHdVerm (vgl § 705 Rn 26–34). Der nach außen in Erscheing Tretde hat die Stellg eines TrHänders mit der Folge, daß er gg den AbfindgsAnspr nicht mit Fdgen aufrechnen kann, die mit der SpielGemsch nicht in ZusHang stehen (Düss DB **82**, 538). Keine SchadErsPfl, wenn ein Beteil es versäumt, einen Wettschein auszufüllen u einzureichen (BGH NJW **74**, 1705). – **Spielbanken** vgl § 762 Rn 9. – **Rennwetten** sind nach dem Rennwett- u LotterieG mit Ausgabe der Wettscheins od Eintr in das Wettbuch für den Buchmacher verbindl, für den Wetter gilt § 762. Der Eins kann von dem Gewinn auf die jeweil Wette abgezogen werden (RG JW **26**, 2283). – Der Betr v **Spielgeräten** bedarf gewerberechtl Gen.

5   **3) Bei fehlender staatlicher Genehmigung** ist zu unterscheiden: – **a) Besteht ein Verbot,** so ist der abgeschl EinzelVertr nach § 134 nichtig mit den RFolgen wie § 762 Rn 10. Für Spielen in außerdtschen Lotterien gilt ausländ Recht (RG **58**, 277). – **b) Besteht kein Verbot,** so gilt gem S 2 der § 762, falls es sich um Spiel od Wette handelt (vgl § 762 Rn 1). Beispiel: Nichtöffentl, nicht gewohnheitsm Glücksspiel, nicht öffentl Lotterie od Ausspielg. Veranstaltg zu WettbewZwecken kann gg § 1 UWG verstoßen (BGH **15**, 356).

764 Differenzgeschäft.

764 **Differenzgeschäft.** Wird ein auf Lieferung von Waren oder Wertpapieren lautender Vertrag in der Absicht geschlossen, daß der Unterschied zwischen dem vereinbarten Preise und dem Börsen- oder Marktpreise der Lieferungszeit von dem verlierenden Teile an den gewinnenden gezahlt werden soll, so ist der Vertrag als Spiel anzusehen. Dies gilt auch dann, wenn nur die Absicht des einen Teiles auf die Zahlung des Unterschieds gerichtet ist, der andere Teil aber diese Absicht kennt oder kennen muß.

1) Begriff, Bedeutung. Das DifferenzGesch ist ein SpekulationsGesch, das nur äußerl auf Lieferg von 1 Waren od WertP gerichtet ist, das aber in Wahrh keinen Güterumsatz zum Inhalt hat. Vielm soll die Ware nicht geliefert u bezogen werden, sond der verliernde Teil soll die Differenz zw dem Pr bei VertrSchluß und dem Markt- od BörsenPr zu einem best späteren Ztpkt an den gewinnden Teil zahlen. Zweck des Gesch ist, unter bloßer Verwendg kaufmänn Formen spekulativen Gewinn aus Marktschwankgen zu ziehen (RG **117**, 267). Die Bedeutg des § 764 liegt darin, solchen nicht schutzwürd Gesch den RSchutz zu versagen u den erfahrgsgem nicht so versierten Verlierer gg den versierteren Gewinner zu schützen.

2) Arten des Differenzgeschäfts. – a) Beim **offenen Differenzgeschäft** treffen die VertrPart die 2 Vereinbg gem Rn 1 ausdr, auch hilfs- od bedingungsw. Prakt selten. Ein derart Vertr fällt uw unter § 762.

b) Beim **verdeckten Differenzgeschäft** treffen die Part die Vereinbg gem Rn 1 nicht ausdr, die Abs 3 besteht aber unausgesprochen. S 1 ordnet ein derart Gesch als Spiel ein u wiederholt damit § 117 II.

c) Satz 2 dehnt die vorstehde rechtl Einordng auf den Fall aus, daß nur ein VertrTl die Abs hat, daß nicht zu 4 liefern, sond nur die Differenz zu zahlen ist, währd der and Tl diese Abs kennt od, über § 117 II hinausgeht, fahrl nicht kennt. Beruht die Unkenntn nicht auf Fahrlk, gilt § 116 S 1. Kenntn u fahrl Unkenntn der Abs eines VermittlgsAgenten muß der GeschHerr gg sich gelten lassen. – **Absicht, Kenntnis** od **Kennenmüssen** sind aus den Umst zu entnehmen. Prüfg vAw, jedoch hat bei Streit (Erhebg des Differenzeinwands) die Behauptde die BewLast. Von Bedeutg sind die VermVerh im Verh zu der Umsatzhöhe, Beruf u wirtsch Interessen der VertrSchließden, früh GeschGebaren, insb WertP.

d) Gegengeschäft. Um ein DifferenzGesch gem vorstehd Rn 2–4 handelt es sich – der prakt häufigste 5 Fall – auch, wenn der eine VertrT die dem u bekannte od fahrl unbekannte Abs hat, sich bis zum LiefersZtpkt dch ein GgGesch, zB Verkauf, wenn das erste Gesch des Spielnden ein Kauf war, u umgekehrt, zu decken u die Differenz zw dem vereinb Preis des ersten Gesch u dem des GgGesch (nicht dem des vereinb LiefergsZtpkts) zu empfangen bzw zu zahlen. Auch in diesem Falle geht die Abs nicht auf wirkl Lieferg, sond spekulativ nur auf Zahlg eines UnterschiedsBetr (BGH **58**, 1).

3) Abgrenzung. Es gibt keinen best VertrTyp für das DifferenzGesch. Entscheid ist die Vereinbg einer 6 späteren Lieferzeit, weil sie die Grdlage der PrDifferenz ist. Der LieferZtpkt muß nicht best, aber bestimmb sein. Bestimmg dch einen VertrPartner (RGRK/Seibert Rdn 3) u Abrede über Verschiebg sind mögl. Der Vertr kann Kauf, Tausch, Kommission, Auftr sein. Auch GesellschVertr fällt unter § 764. – Kein Differenz-Gesch ist demnach das Kassa- od TagesGesch, weil bei ihm keine spätere Lieferzeit vereinb ist. And nur, wenn das KassaGesch ledigl der Deckmantel ist, die Part aber in Wahrh keine Lieferg, sond wechselseit dch Gutschr aus gleichart Gesch auch ohne zeitl Versetzg Spekulationsgewinne erzielen wollen (MüKo/Pecher Rdn 20, RGRK/Seibert Rdn 5). Der Kauf eines OptionsR auf WertP ist kein DifferenzGesch (Kln ZIP **83**, 924, Schwark WM **88**, 921; aA KG WM **89**, 173).

4) Wirkung. Es gilt über § 764 oder unmittelb § 762. Der Gläub hat den Tatbestd eines LieferVertr (vgl 7 Rn 6) darzulegen, der Schu erhebt demgü den Differenzeinwand, dessen Tatbestd er dazulegen u zu beweisen hat mit den Erleichtergen gem oben Rn 4. Die Erhebg des Differenzeinwandes verstößt idR auch dann nicht gg Treu u Glauben, wenn die Abs dazu bereits bei VertrSchl bestanden hat (RG **146**, 194, BGH **58**, 1). Nur unter bes Umst kann der Differenzeinwand gg Treu u Glauben verstoßen (RG **144**, 242, **148**, 357, Ffm WM **81**, 499).

5) Börsentermingeschäfte. – a) Schrifttum seit Neufassg des BörsenG s Rn 9. 8

b) Begriff. BörsenterminGesch sind Vertr über Ersterwerb (PrimärGesch) u über WeiterVeräußerg od 9 Rückkauf (SekundärGesch) von unverbrieften Aktien- od Devisenoptionen od vertretb Sachen nach gleichart Bdggen, die von beiden Seiten erst zu einem best späteren ZtPunkt zu erf sind u die in einer Beziehg zu einem Terminmarkt stehen, der es ermöglicht, jederzt ein GgGesch abzuschließen (BGH **92**, 317, BGH NJW **92**, 1630); außerd Gesch dieser Art über selbständ Optionsscheine, wenn sich der gehandelte Optionsschein im wesentl nur dch die wertpaprechtl Verbriefg von einer entspr unverbrieften Option unterscheidet (BGH NJW **95**, 321). Solche Gesch werden zu Anlage-, Kurssichgs- od Handelszwecken abgeschl od aber ledigl zum Zweck der Spekulation, um allein aus den Schwankgen der Börsenkurse ohne GüterUms Gewinn zu erzielen (Häuser/Welter WM Beilage 8/**85** S 4); vgl im einz BörsenG §§ 50–70, 95, seit 1. 8. 89 idF des G zur Änderg des BörsenG vom 11. 7. 89 (BGBl I 1412; eingehd Kümpel WM **89**, 1485, Schwark NJW **89**, 2675, Seeberg ZIP **92**, 600). Die genannten Best schränken den AnwBereich des § 764 sehr ein, weil derjen, für den das Gesch nach den Best des BörsenG, insbes § 53, verbindl ist, keinen Einwand aus §§ 762, 764 erheben kann, § 58 BörsenG. – **Kein Börsentermingeschäft** sondern KassaGesch ist der Erwerb von abgetrennten Aktienoptionsscheinen aus Wandelschuldverschreibgen (BGH **114**, 177, NJW **95**, 321). Er kann dem Spieleinwand nur unterliegen, wenn beide Part darü einig sind, daß nicht geliefert u ein Preis nicht gezahlt od geschuldet werde, sond irgendein Umst entscheiden solle, was man zu zahlen sei (BGH **103**, 84).

c) Der Differenzeinwand kommt nur in Frage bei Unverbindlk des BörsenterminGesch nach §§ 53, 58 10 BörsenG, seit 1. 8. 89 idF vom 11. 7. 89 (BGBl I 1412; LitHinw Rn 9), bei nicht zugelassenen Werten oder bei inoffiziellen Gesch (BGH NJW **81**, 1897), sowie bei BörsenterminGesch, die ein nicht börsentermin-geschäfäh Inländer im Ausland schließt bzw bei Auftr zu solchen Gesch (BGH **58**, 1), auch wenn an der ausländ Börse gleiche od ähnl Best für die Zulassg von Waren zum Börsenminhandel gelten, wie sie § 50 BörsenG vorschreibt (BGH NJW **81**, 1897). Der ordre public (§ 328 I Nr 4 ZPO, Art 6 EG) steht der

Anerkenng eines ausländ Urt zw börsentermgeschfäh Partnern ggü einem verbindl BörsenTermGesch nicht mehr entgg (BGH WM **91**, 576). Der Differenzeinwand greift ggü einem verdeckten DevisenterminGesch auch, wenn es dem wirtsch berecht Zweck der Kurssichg eines wirkl gewollten ExportGesch dient (BGH **105**, 263: HedgeGesch). Für ein DifferenzGesch, das nicht zu einem Terminmarkt in Bez steht, gelten §§ 762, 764 direkt (BGH NJW **80**, 390). Der Einwand besteht ggü dem aus der Ausf erlangten Gewinn (BGH NJW **80**, 1957), aber nicht ggü dem Anspr auf Rückg des Empfangenen bei nicht ausgeführtem Gesch (Düss NJW **80**, 1966, Ffm WM **84**, 1369) u ggü SchadErsAnspr wg schuldh Schädigg des AuftrG (BGH WM **87**, 581), zB bei weisgswidr Vfg über erhaltene Gelder (BAG NJW **86**, 2663). Zur BörsenterminGesch-Fähigk des pers haftden Gters einer OHG, KG, KGaA vgl Hadding u Häuser WM **80**, 1278.

11　　**d) Aufklärungspflicht** des gewerbl Anbieters od Vermittlers von Warentermin-, Aktien-, Aktienindex-optionen (BGH NJW **91**, 1106), Warentermindirekt- (BGH WM **91**, 1410, **92**, 770), Börsentermin- (BGH **124**, 151) u Stillhalter-OptionsGesch (BGH NJW **93**, 257), unaufgefordert, grds schriftl (BGH **105**, 108) u vor der AuftrErteilg für das erste Gesch zu erfüllen (BGH NJW **93**, 2434), gleichgült ob er das Gesch als Kommissionär od EigHändler abwickelt (BGH VersR **86**, 1242), ggü Kunden, die mit solchen Gesch nicht vertraut sind, über deren wesentl Grdl, die wirtsch Zushänge, die damit verbundenen Risiken, die Vermin-derg der GewChancen dch höhere als die übl Prov (BGB NJW **92**, 1879), dch Aufschläge auf die Börsenop-tionsprämie (BGH **124**, 151), dch häuf Positionswechsel im eig ProvInteresse des Vermittlers (BGH ZIP **94**, 1765), ferner über Höhe u Bedeutg der Londoner Prämie (BGH **80**, 80 u WM **85**, 81). Die Aufklärg muß zutr, vollständ, unmißverständl auch für den flücht Leser (BGH NJW **94**, 997), gedankl geordnet u auch von der Gestaltg her geeignet sein, um optionsunerfahrenen Lesern einen realist Eindruck von den Eigenarten u Risiken solcher Gesch zu vermitteln (BGH NJW **92**, 1879). Die AufklärgsPfl kann in AusnFällen bei geringfüg Aufschlägen auf die Prämie entfallen; 11% liegt über dieser Grenze (BGH WM **91**, 127). Ihre Notwendigk u ihr Umfang richtet sich nach der Sachkunde u Erfahrenh des AnlInteressenten u nach dem Risiko des AnlGgst (Köln WM **95**, 381). Der Hinw auf die Möglk zum Abschl von AktienOptionsGesch ist keine Verl der BeratgsPfl (BGH **107**, 192). – Die Verbindlk des BörsenterminGesch für einen NichtKaufm ist von einer weitgehden schriftl Unterrichtg über Umst u Risiken innerh best zeitl Grenzen abhäg, § 53 II BörsenG idF vom 11. 7. 89 (BGBl I 1412), ausgen WarenterminGesch außer Edelmetallen, § 53 III BörsenG. Die dort aufgezählten Informationen müssen in der Informationsschrift auch einem unterdurchschnittl

12　erfahrenen u auffassgsbegabten Anleger einsicht gemacht werden (Koller BB **90**, 2202). – **Schuldhafte Verletzung der Aufklärungspflicht** kann zu SchadErsAnspr des Kunden gg den Anbieter od Vermittler der in Rn 11 genannten Gesch führen (BGH **80**, 80, **105**, 108), aus § 823 II iVm § 263 StGB (BGH ZIP **90**, 365) od § 89 BörsenG (Düss WM **89**, 175), aus § 826 uU auch gg den GeschF u/od Telefonverkäufer (NJW **95**, 404) einer GmbH, der BörsenTerm- od WarendirektGesch vornimmt, veranlaßt od bewußt nicht verhindert (BGH NJW **93**, 257, BGH **124**, 151) od gg den V, der die Erf der AufklärgsPfl im ZusWirken mit dem Vermittler verhindert hat, insbes bei vorsätzl Täuschg über die Höhe u wirtsch Bedeutg der Londoner Optionsprämie (BGH WM **83**, 1309, WM **86**, 734), auch gg den ausländ Broker, der den deutschen Kunden an eine nicht überprüfte unseriöse Vermittlerfirma verweist (Düss WM **89**, 45). Vorstehde Grdsätze gelten auch für die in den USA u anderswo gehandelten „modernen" Warenoptionen (Düss WM **92**, 776).

13　　**e) Ansprüche.** Gg den Vermittler eines BörsenterminGesch hat wg des gezahlten Einschusses der Nicht-börsentermingeschäftsfäh keinen BerAnspr, falls er die künft Schuld aus einem best Gesch voraus erfüllt hat, so daß es endgült ganz od zum Tl erledigt ist, §§ 764, 762 I 2, BörsenG § 55 (BGH **101**, 296). Er hat einen BerAnspr, falls er den Einschuß als pauschale VorausErf (Düss WM **88**, 566) od ledigl zur Sicherg einer künft Schuld bezahlt hat; letzteres ist zu vermuten (BGH WM **84**, 421, Düss WM **89**, 50 [55]). Der OptionsInh, der die Unklagbark der gg ihn gerichteten PrämienFdg geltd macht, hat seiners auch keinen klagb Anspr auf Herausg des Gew aus Options- u AktienVerk (Düss ZIP **88**, 1034, Kümpel WM **89**, 81). Im Falle einer Bankgarantie kann ein nicht BörsenterminGeschFäh vom Begünstigten verlangen, daß er es unterläßt, die Bankgarantie in Anspr zu nehmen (BGH NJW **84**, 2037). Ein Vertr über die Erstattg bereits entstandener Verluste aus unverbindl BörsenTerm- u DifferenzGesch kann zw dem verlierden Tl u einem Dr wirks abgeschlossen werden (BGH **101**, 296). Ebso ist ein SchuldAnerk über einen derart Anspr wirks, das der VertrPartner dem verlierden Tl gibt (BGH WM **88**, 1086). – SchadErsAnspr bei Eingehgsbetrug

14　(BGH ZIP **90**, 365). – NebenVertr vgl § 762 Rn 8, eingehd Kümpel WM **85**, 1121. – Die **Beweislast** für die Verbindlichk des BörsenterminGesch trägt nach dem RegelAusnGrdsatz im Erf- wie im SchadErsProz derjen, der sich auf die Verbindlichk beruft (BGH DB **92**, 1405). Die dch einen AufklärgsMangel vor Abschl des ersten BörsenTermGesch begründete Vermutg, daß der Kunde von diesem Gesch bei ordngsgsm Aufklärg abgesehen hätte, kann Auswirkg auch auf FolgeGesch haben (BGH NJW **93**, 2434, Stgt u Zweibr WM **95**, 1270 u 1272).

Achtzehnter Titel. Bürgschaft

Einführung

1　**1) Wesen der Bürgschaft. – a) Begriff:** Einstehen für die Erf der Verbindlichk eines and, § 765. – **b) Zweck.** Sicherg einer and pers Fdg durch Übern einer Hilfsschuld. §§ 765 ff sind auf and Fälle der Interzession nicht entspr anzuwenden; daher gilt § 774 nicht, wenn jemand zahlt, ohne Bü zu sein, vgl

2　§§ 267, 268. – Über Bürgsch zwecks SicherhLeistg § 232 II, ZPO § 108. – **c) Entstehung.** Das Bürgsch-Verh wird dch **Vertrag zwischen Bürgen und Gläubiger** begründet, auch noch bei Zahlg der Schuld-summe durch den Bü. Zu diesem Ztpkt kann auch noch vereinb werden, daß die für eine Fdg des Gl bestehde Bürgsch nunmehr für die jetzt beglichene gelten soll (BGH WM **64**, 849). Mitwirkg des Haupt-Schu zum Vertr ist unnöt. Auch ein Vertr kann für die eig Schuld namens des Vertretenen einen Bürgsch-Vertr mit dem Gl abschl, zB wenn der HauptSchu mit Billigg u Vollm des Bü dessen Erkl dem Gl übergibt (BGH WM **78**, 1065). Bdgg u ZeitBest sind zul (BGH WM **77**, 238). Das Wort Bürgsch muß nicht verwendet werden, nöt ist aber der VerbürggsWille des Erklärden, festzustellen unabhäng vom Schriftform Erfordern iW der Auslegg (BGH NJW **95**, 43 u 1886), u die genügde Bestimmth (§ 765 Rn 2). Denkb ist Begr einer Bürgsch dch Vertr zw dem Schu u dem Bü zG des Gl, zB ProzBürgsch zur Abwendg der ZwVollstr aus einem Urt, das ein ProzStandschafter erwirkt hat, zG des Gl der titulierten Fdg (BGH NJW-RR **89**, 315). AvalkreditVertr vgl Rn 23. Der Vertr eines Dr mit dem Schu, für dessen Schuld aufkommen zu wollen, ist keine Bürgsch, kann Schuldmitübern nach § 415 od GewährVertr (Rn 16) sein. Die BürgschErkl bei Abgabe außerh der GeschRäume eines KreditInst ist kein DarlGesch im Reisegewerbe, fällt deshalb nicht unter § 56 I Nr 6 GewO (BGH **105**, 362); vgl auch § 134 Rn 10. – Die **Wirksamkeit** des 2a BürgschVertr richtet sich nach den allg Best. Der Bü kann seine Erkl wg Irrt über deren BürgschCharakter anf (BGH NJW **95**, 190), nicht aber wg Irrt über die Kreditwürdigk des Schu od über den Wert einer und für die HauptSchu bestehden Sicherg (BGH WM **66**, 94). Unwirksamk nach § 139 ist denkb, zB wenn von 2 in der BürgschErkl aufgeführten HauptSchu nur einer es wirkl ist (Celle WM **90**, 1866). In FormularVertr bleibt allerd bei Unwirksamk einer Klausel (vgl dazu AGBG § 3 Rn 8, § 9 Rn 72 ff) der Rest gem § 6 I AGBG grds wirks, außer er verlöre seinen Sinn od würde eine völl VertrUmgestaltg bedeuten (BGH NJW **92**, 896). Der BürgschVertr unterliegt der Inhaltskontrolle daraufhin, ob die in Art 2 I GG geschützte PrivAutonomie (SelbstBestimmgsR) gewahrt ist. Eine solche Prüfg ist im Hinbl auf § 138 stets erfdl, wenn es sich um eine typ FallGestaltg handelt, die eine strukturelle Unterlegenh des einen VertrTls erkennen läßt u bei der die Folgen für den unterlegenen VertrTl ungewöhnl belastd sind. In diesem Fall kommt es darauf an, wie der Vertr zust gekommen ist u wie sich insb der überlegene VertrTl verhalten hat (BVerfG NJW **94**, 36 mit krit Anm Loritz DNotZ **94**, 523). Verpfl sich der Bü in einem Umfang, der seine gegenwärt u künft zu erwartden VermögensVerh weit übersteigt, so führt dies allein nur in den krassen AusnFällen zur Unwirksamk (BGH NJW **95**, 1886). Im übr müssen zu dem MißVerh zw Verpfl und Leistsfgk des Bü weitere dem Gl zurechenb Umst hinzutreten, die den Bü in seinen berecht Interessen erhebl beeinträchtigen und so ein unerträgl Ungleichgewicht zw den VertrPartnern entstehen lassen, etwa wenn der Gl die GeschUnerfahrenh od eine seel ZwLage des Bü ausnutzt od ihn auf and Weise in seiner EntschFreih unzul beeinträchtigt (BGH **125**, 206, NJW **95**, 1886); entsch ist eine Abwägg aller Umst des EinzFalls (zufassd Pape NJW **95**, 1006). Ausr zB das Ansinnen von Eltern an ihre geschunerfahrenen Ki, allein aus fam Hilfsbereitsch eine Bürgsch zu leisten, wenn dies dem Gl bekannt ist (BGH aaO) od er die Bürgsch selbst fordert (BVerfG NJW **94**, 2749) od das damit verbundene Risiko verharmlost (BGH NJW **94**, 1341 mit Anm Grün NJW **94**, 2935); das Drängen des Gl auf selbstschuldner Bürgsch eines eink- u vermlosen Eheg od Lebensgefährten (Zweibr NJW-RR **95**, 433; auch bei Gewährg öff Mittel, Celle Report **94**, 249), insbes wenn dieser aus GeschUnerfahrenh u ohne wesentl eig Interesse handelt (BGH NJW **95**, 592; zur BewLast NJW **94**, 1726). Gg Sittenwidrigk spricht es, wenn der Gl die Mithaftg aus berecht Eigeninteresse anstrebt (EhegBürgsch bei Gef von VermVerlagergen vom HauptSchu auf den Eheg, BGH NJW **95**, 592, zum Wegfall der GeschGrdl in diesem Fall § 765 Rn 1) od wenn der Bü ein eig Interesse an der Kreditgewährg hat, zB wenn die bürgde gescherfahrene Ehefr im Betr des HauptSchu mitarbeitet (Karlsr NJW-RR **95**, 434) od GeschF ist (LG Zweibr NJW-RR **95**, 311); allein die Möglk künft Erbsch genügt nicht (BGH **125**, 206). Ohne wesentl Bedeutg ist es, ob die Höhe der HauptSchu betragsm auch ausdr begrenzt ist od einz abtrennb VertrKlauseln unwirks sind (BGH NJW **95**, 1886). Hat der Bü GrundVerm, das zur Tilgg der BürgschSchuld ausreicht, kommt Sittenwidrigk wg wirtschaftl Überfdg grdsätzl nicht in Betr (BGH WM **93**, 1504). Auch die außerord belastde Bürgsch eines Kaufm kann sittenw sein (Köln NJW **94**, 2533). Es widerspricht nicht dem Schutzzweck des § 550 b, wenn ein Dr dem Vermieter unaufgefordert eine Bürgsch unter der Bdgg gibt, daß der WohnraummietVertr zustkommt u wenn der Mieter dadch nicht erkennb belastet wird (BGH **111**, 361).

d) Verpflichtung des Bürgen. Der BürgschVertr begründet eine LeistgsPfl des Bü, nicht eine bloße 3 Haftg (vgl Einl 13 vor § 241). Der leistde Bü erfüllt seine eig Schuld, die HauptFdg geht dadch nach § 774 I S 1 auf ihn über. Bü und HauptSchu sind nicht GesamtSchu, auch nicht bei selbstschuldner Bürgsch (BGH WM **68**, 916). – Näher § 765 Rn 1–5.

e) Akzessorietät. Die BürgschSchuld ist von Bestehen u Umfang der Hauptschuld dauernd abhäng 4 (BGH DB **76**, 766), sie ist bloße Hilfsschuld. Näher § 765 Rn 8–11. Ist and vereinb, so liegt nicht Bürgsch, sond Schuldmitübern od GewährVertr (Rn 16) vor (BGH WM **66**, 124; dazu Übbl 4 vor § 414). Gewl-Bürgsch vgl unten Rn 13.

f) Kein gegenseitiger Vertrag. Die Bürgsch ist eine von der Verbindlk des HauptSchu verschiedene, 5 eigene, einseit übern Verbindlich des Bü. Anwendbk des HausTWG vgl dort Einl 6 vor § 1.

g) Sorgfaltspflichten als NebenPfl bestehen iR des einseit verpflichtden BürgschVertr grdsätzl nicht 6 (BGH ZIP **87**, 564). – **aa)** Der **Gläubiger** ist nicht verpfl, bei Eingeh der Bürgsch den Bü über dessen Risiko i e (BGH NJW **88**, 3205) od über die Verh des HauptSchu aufzuklären (Kln WM **90**, 1616), selbst wenn seine Lage hoffnungsl ist (Mü WM **84**, 469). Ausnahmsw besteht eine AufklärgsPfl des Gl, wenn er dch sein Verhalten erkennb einen Irrt des Bü über sein (erhöhtes) Risiko veranlaßt hat (BGH NJW **83**, 1850, WM **86**, 11) od wenn dem Gl bekannt ist, daß der Schu wg Scheckbetrügereien völl kreditunwürd ist; ein Kreditinstitut kann sich insow nicht auf die Wahrg des BankGeheimn berufen (Hamm ZIP **82**, 1061; BGH BB **91**, 155 für DarlVertr). Die Angaben des Gl, insbes auf Befragen, müssen wahr sein; er darf auch hierbei nichts Wesentl verschweigen, er darf den Bü nicht täuschen über die RNatur der zu sichernden Fdg u damit über den Umfang seines BürgschRisikos (Düss WM **84**, 82), sonst BefreigsAnspr des Bü wg Versch bei VertrAbschl (BGH NJW **68**, 986). Unter den gleichen Vorauss kann die Bank nicht den Bü in Anspr nehmen, wenn sie dessen Risiko leichtfert dch Zulassg beträchtl Überschreitg des Kreditlimits erhöht hat (KG NJW-RR **88**, 109). Aufklärg über die Höhe der Nebenkosten, auf die sich die Bürgsch für eine KreditFdg erstreckt (Düss DB **73**, 1236). Nimmt auf Wunsch des Bü der Gl weitere Sicherh entgg, so wird er allein dadch ggü dem Bü nicht verpfl, dafür zu sorgen, daß diese Sicherh wirks bestellt werden (BGH NJW **94**, 2146). HauptSchu u Notar sind bei Abschl des BürgschVertr u seiner Vorbereitg nicht ErfGeh des Gl (BGH WM **74**, 8). Es ist kein Sittenverstoß, wenn der Gl die Bonität des Bü vor Abgabe der BürgschErkl nicht prüft (BGH **106**, 269; abl Wochner BB **89**, 1354). Bei Durchf des VertrVerh mit dem HauptSchu hat

7 der Gl dem Bü ggü Tr u Gl zu wahren (vgl § 768 Rn 1, § 776 Rn 1). – **bb)** Der **Bürge** ist bei Übern einer aufschiebd bdgten Bürgsch nicht verpfl, den Gläub darauf hinzuweisen, daß die von seinem Belieben abhäng Bdgg noch nicht eingetreten ist (BGH NJW **87**, 1631). Im EinzFall können ihn Tr- u MitwirkgsPfl ähnl denen des Hauptschu treffen (BGH NJW-RR **89**, 1393).

8   **h) Verhältnis zwischen Bürgen und Hauptschuldner.** RechtsGrd zw Bü u HauptSchu für die Eingehg der Bürgsch kann Auftr, GeschBesVertr, GoA, Schenkg (BGH LM § 516 Nr 2) sein. Im Verh zum Gl ist das unerhebl, ihm ggü kann der Bü daraus keine Einwdg ableiten (BGH WM **75**, 348).

9   **2) Besondere Arten der Bürgschaft.** §§ 765 ff gelten. – **a) Nachbürgschaft.** Der NachBü steht dem Gl dafür ein, daß der VorBü die ihm obliegde Verpfl erf. Hat der NachBü den Gl befriedigt, so gehen dessen BürgschAnspr gg den VorBü u dessen Fdg gg den HauptSchu gem § 774 I 1 auf den NachBü über, dieser hat gg den VorBü ggf aus dem InnenVerh Anspr auf AufwErs gem §§ 675, 670 (Köln WM **95**, 1224). Bei den Einwdgen ist zu unterscheiden zw denen des HauptSchu u die auf den NachBü übergegangene HauptFdg u denjen aus dem InnenVerh des HauptSchu zum NachBü; Einwdgen aus dem InnenVerh zum VorBü kann der HauptSchu dem NachBü idR nicht entgghalten (Dörner MDR **76**, 708). Für § 774 I S 1, 2 steht er dem VorBü gleich; ob auch für § 774 I S 3, ist str (Hamm MDR **61**, 503 ja, Köln MDR **75**, 932 nein; differenzierd Tiedtke WM **76**, 174).

10   **b) Rückbürgschaft.** Der RückBü steht dem Bü für dessen RückgrFdg gg den HauptSchu od dem NachBü für dessen RückgrFdg gg den VorBü (BGH **73**, 94, NJW **89**, 1484) ein. Der RückBü ist iS der BürgschRegeln Bü, der erste Bü ist Gl, verbürgte Hauptschuld ist der RückgrAnspr, den der 1. Bü gg den HauptSchu dch die Erf seiner Bürgsch erwerben wird (BGH **95**, 375). Befriedigt der RückBü seinen Gl, den Bü, so geht damit noch nicht die Fdg des Gl gg den HauptSchu, die kr § 774 auf den Bü dch dessen Leistg übergegangen war, auf ihn über, da die RückBürgsch in keiner unmittelb Beziehg zur Bürgsch steht, vielm ist Abtretg durch den Bü nötig (RG **146**, 70; aA Oldenbg NJW **65**, 253, Larenz SchR II § 64 III); auch ein BerAnspr gg den Gl steht ihm nicht zu, wenn dessen Ford gg den Bü nicht bestand (Karlsr WM **95**, 445). Befriedigt ein NachBü den Gl, so kann er seinen RückBü aus dessen Bürgsch auch dann in Anspr nehmen, wenn ein RückgrAnspr gg den VorBü wg eines VerglVerf über dessen Verm nicht mehr geltd gemacht werden kann (BGH **73**, 94).

11   **c) Der Ausfall-(Schadlos-)Bürge** haftet, wenn der Gl trotz ZwVollstr beim Schu u ggf beim Bü u inf Versagens sonst Sicherh einen Ausfall gehabt hat (BGH NJW **89**, 1484). Der Einrede der VorausKl bedarf es daher nicht erst. Haftet der Bü für einen Ausfall an Kapital u Zinsen einer grundpfandr gesicherten DarlFdg, so hat er mangels and Vereinbg die vorrang Befriedigg des Gl wg eines Vorschusses gem § 161 III ZVG hinzunehmen (BGH NJW **92**, 2629). Die Haftg des AusfallBü entfällt, wenn Gl selbst den Ausfall dch Verl von SorgfPfl versch hat (BGH NJW **79**, 646). Ausfallbürgsch kann auch für den Fall vereinb sein, daß Gl nicht aus einer best Sicherh od dch einen and EinstandsPfl (BGH ZIP **93**, 903) Befriedigg erlangt. Der BürgschGl ist nicht verpfl, die mat Berechtigg des verbürgten Anspr zu prüfen (BGH NJW **89**, 1480). Ausgleichg vgl § 769 Rn 1, 2.

12   **d)** Bürgschaften sind auch: die **selbstschuldnerische Bürgschaft** (vgl § 773 Rn 1), die **Mitbürgschaft,** § 769, die **Kredit- und Höchstbetragsbürgschaft,** (vgl § 765 Rn 2, 7), die **Zeitbürgschaft,** § 777, die **Prozeßbürgschaft,** deren Inh wesentl davon abhängt, zu welchem Zweck sie bestellt wurde (BGH NJW **75**, 1119). So sichert die ProzBürgsch für ein ZahlgsUrt der 1. Instanz gg die NachTle aus seiner Abänderg im BerufgsUrt (Kln VersR **92**, 708) u idR die Fdg aus einem in der BerufsInstanz geschl ProzVergl (Kln WM **87**, 421). Gerichtl AO vgl Th-P § 108 Rn 9 ff. Wird sie zur Abwendg der ZwVollstr aus einem WechselVorbehUrt geleistet, so kann der Gl den Bü bei Eintr der äußeren RKraft währd des noch laufden NachVerf in Anspr nehmen (BGH **69**, 270), ebenso wenn nach Erlaß eines VersUrt die Fdg in die KonkTab eingetragen wird (Kblz NJW-RR **92**, 107). – **Kontokorrentbürgschaft** vgl § 765 Rn 2.

13   **e) Gewährleistungsbürgschaft** (vgl § 641 Rn 1, zusfassd Clemm BauR **87**, 123). Verpflichtet sich der Bü auf Anfdg des Bestellers zu zahlen, so kann es sich um Garantie (vgl Einf 14–18 vor § 783) od um angen Anw §§ 783, 784 (so Düss BauR **78**, 228) handeln. Soll die BüVerpfl von der Hauptschuld abhäng sein, so **14** handelt es sich um Bürgsch. Übern der Bürgsch mit der Verpfl zur **Zahlung auf erstes Anfordern** in AGB ist den Kreditinstituten u VersGesellsch vorbehalten (BGH NJW **90**, 1410, ZIP **92**, 466; aA Bydlinski WM **92**, 1301 u für Bürgsch v PrivPers mit Wohns im Ausl LG Mü I WM **95**, 386), in einer IndividualVereinbg außerh dieses Bereichs als einf Bürgsch auszulegen (BGH NJW **92**, 1446). Bei Verpfl zur Zahlg auf erstes Anfordern muß der Bü sofort zahlen (BGH **95**, 375), der Gl hat ledigl das zu erklären, was in der Bürgsch als Vorauss der Zahlg auf erstes Anfordern niedergelegt ist. Nur in bezug auf die vertragem Anfdg der BüLeistg, nicht in Bezug auf die verbürgte HauptFdg hat er schlüss darzulegen (BGH NJW **94**, 380). Dies wird mangels abw Vereinbg iF der GewlBürgsch idR die Darlegg konkr Mängel erfordern (Mü NJW-RR **95**, 498). Die Vereinbg des Bü mit dem Gläub, dieser habe dafür zu sorgen, daß die vorrang Sicherh rwirks bestellt werden, verpfl den Gl, sich darum mit der im Verk erfdl Sorgf zu bemühen, kann im EinzFall aber darühinaus eine unbdgte EinstandsPfl des Gl für den Fall der Unwirksamk vorrang Sicherh begründen (BGH NJW **89**, 1855). Der Bü ist grdsätzl berecht, ohne Rücksprache mit dem Kunden an den Gl zu zahlen (KG NJW **87**, 1774). Er kann nicht mit eig Fdgen gg den Begünstigten aufrechnen, die nicht mit dem GrdGesch zushängen, Einwdgen aus dem HauptschuldVerh grdsätzl erst in einem folgden RückfdgsProz gem § 812 geltd machen (BGH **74**, 244); so auch, wenn der Bü einwendet, HauptFdg sei verj, § 222 II gilt nicht (Hamm NJW-RR **94**, 1073), od die Bürgsch sei zeitl begrenzt u der Gl dies bestreitet (BGH NJW **85**, 1694) od die Gl des HauptSchu u des Bü bei Begründg der Bürgsch seien nicht persgleich (Düss WM **94**, 588). Die Aufr mit eig GgFdg ist mögl, wenn der Begünstigte zahlgsunfäh ist u die Bank und ihre Fdg nicht realisieren könnte (Ffm WM **84**, 1021). Für den Fall der mißbräuchl InansprN aus der Bürgsch gilt das zur Garantie Gesagte, vgl Einf 17 vor § 783 (BGH NJW **89**, 1480), also wenn die mat Berechtigg des Gl offensichtl, für jedermann klar erkennb fehlt u der Beantwortg sich nicht von selbst ergibt, gehören in einen RückFdgsProz (BGH NJW **88**, 2610). Sie können nicht im NachVerf nach VorbehUrt im UrkProz geltd gemacht werden (BGH NJW **94**, 380). Im RückFdgsProz hat der Gl

Entsteh u Fälligk der dch die Bürgsch gesicherten HauptFdg, der Bü die Leistgen des HauptSchu zu bew, aus denen er Befreig von der Bürgsch herleitet (BGH NJW **88**, 906, NJW **89**, 1606). Dies gilt auch in and als GewlFällen, in denen Zahlg auf erste Anfdg vereinb ist (BGH NJW **84**, 923). Eine „AusführgsErfüllgs-Bürgsch" sichert nicht nur Anspr bis zur abnahmefäh Herstellg, sond dient auch der Sicherg von GewlAnspr nach der Abn (Hbg VersR **84**, 48). – GewlBürgsch ggü WohngsEigtümerGemsch vgl Vorbem 30 vor § 633. – Wenn der Bauträger seine GewlAnspr gg den Untern an den Erwerber abgetreten hat und die GeltdMachg gg den Untern fehlschlägt, so daß der Bauträger dem Erwerber Gewähr zu leisten hat (vgl § 637 Rn 3 aE), dann haftet der Bü dem Bauträger trotz der Abtretg (BGH NJW **82**, 1808). Nach dem verfolgten SichgsZweck kann die GewlBürgsch auch den Anspr des Best auf Vorschußleistg für die voraussichtl MangelbeseitigsKosten u den Anspr auf Ausf von RestArb (Hamm NJW-RR **87**, 686) umfassen (BGH NJW **84**, 2456). Die Bürgsch erstreckt sich auf Mängel, die bereits vor der Abn aufgetreten sind (Ffm NJW-RR **87**, 82) und auf ein VertrStrafVerspr, das der Untern für den Fall nicht eingehaltener fester Termine abgegeben hat (BGH NJW **82**, 2305). Der Best darf von der Bürgsch erst Gebr machen, wenn er den SichgsEinbehalt bezahlt hat, Aufr mit einer bestr GgFdg steht der Zahlg nicht gleich (KG BauR **82**, 386). Bei Abtr der gesicherten HauptFdg geht mit der Bürgsch (§ 401, Steinbach/Becker NJW **88**, 809) auch das Recht, die zur Fälligstellg der Bürgsch erfdl Erkl abgeben zu können, auf den neuen Gl über (BGH NJW **87**, 2075).

3) Keine Bürgschaften, aber der Bürgsch verwandt (vgl Rn 1) sind: – **a) der Kreditauftrag,** § 778; – **15 b) die Schuldmitübernahme.** Kriterien für die Abgrenzg vgl Übbl 4 vor § 414. Dem Wortlaut der Erkl kommt hier bes Bedeutg zu, regelm keine Umdeutg einer formunwirks BürgschErkl in eine Schuldmitübern (BGH DB **76**, 2349, Hamm WM **88**, 899) od Umdeutg eines Schuldbeitritts in eine Bürgsch (BGH JR **72**, 61). Keine Bürgsch ist ferner die **Erfüllungsübernahme** (§ 329) ggü dem Bü (BGH NJW **72**, 576).

c) der Gewähr-(Garantie-)Vertrag ist dadch gekennzeichnet, daß der Garant eine Verpfl zur Schadlos- **16** haltg übernimmt, falls der garantierte Erfolg nicht eintritt, wobei er auch für alle nichttyp Zufälle haftet. Dabei ist der garantierte Erfolg ein and u weitergehd als die bloße VertrLeistg. Der Umfang der Verpfl zur Schadloshaltg bestimmt sich nach den Grds des SchadErsR (BGH NJW **85**, 2941). Bsp: Ein BauBetr übernimmt ggü dem Verm die Garantie für die Vermietg eines Neubaus (BGH WM **76**, 977) od iR eines Bauherrenmodells ggü einem Bauherrn die Garantie, daß näher aufgeschlüsselte Gesamtkosten nicht überschritten werden (BGH WM **87**, 179). Der Verk einer EigtWohng verpfl sich ggü dem Käufer, diesem nach Ablauf einer best Ztspanne auf dessen Verlangen einen Dr zu benennen, der gg Zahlg von 130% des eingesetzten Barkapitals die Wohng übernimmt (BGH NJW **85**, 2941). Verpfl des Vermittlers eines WaренterminGesch, für Verluste gerade zu stehen (Hamm WM **91**, 521). – Der GarantieVertr ist von der Bürgsch verschieden, die §§ 765 ff gelten auch nicht entspr, daher keine Form nöt (BGH WM **64**, 62). Betrifft die Fdg eine Fdg, so kann die Grenze zweifelh sein. Der grdsätzl Unterschied besteht darin, daß die Schuld des Gewährleistden vom Fortbestand, manchmal sogar von der Entsteh der gesicherten Schuld unabhäng ist (BGH NJW **67**, 1020). Dch Auslegg ist desh zu ermitteln, ob eine selbständ (dann Garantie, Schuldbeitritt) od eine abhäng (dann Bürgsch) Schuld begründet werden wollte; führt die Auslegg zu keinem klaren Erg, ist iZw Bürgsch anzunehmen (BGH WM **85**, 1417). Der Wortlaut entscheidet nicht unbdgt. Sprechen aber geschgewandte Leute von Bürgsch, können nur bes gewicht Umst eine dem Wortlaut nicht entspr Auslegg rechtfertigen (BGH WM **75**, 348). Anhaltspkt für GewährVertr, aber keinesf begriffl Vorauss ist EigInteresse des Garanten an der Erf der HauptVerpfl (BGH WM **82**, 632). Die garantierte Bank hat idR kein eig Interesse, weil sie iR des GeschBesVertr mit ihrem Kunden handelt (BGH WM **82**, 1324). Bürgsch- u GarantieVertr können auch gekoppelt sein, zB bei Abreden, daß sich der Bü auf best, die Hauptschuld vermindernde Umst nicht soll berufen dürfen (Ffm DB **74**, 2245). Im Hinbl auf die Selbständigk der eingegangenen Verpfl berührt sich die Gewähr mit der Schuldmitübern u, sow sie vom Schu selbst übernommen worden ist, mit der VertrStrafe (BGH NJW **58**, 1483). Der Anspr aus der Gewähr ist ErfAnspr; er geht auf Schadloshaltg, also bei der FdgsGarantie auf Ers des Schad, der dem Gl aus der Nicht- od der nicht rechtzeit Erf seiner Fdg erwächst (BGH NJW **61**, 204). Auch eine nach dem Garantiefall eingetretene Ermäßigg der GarantieVerpfl ist zG des Garanten zu berücksichtigen (BGH WM **84**, 631). – **Bankgarantie, 17** Zahlg „auf erstes Anfordern" vgl Rn 14 u Einf 14–18 vor § 783. – **Euroscheck.** Nach den Bdggen für ec-Karten (abgedr WM **95**, 636) garantiert das Kreditinstitut die Zahlg des ScheckBetr eines auf seinen ec-Vordrucken ausgestellten Schecks jedem Nehmer in Europa u in den an das Mittelmeer angrenzden Ländern bis zur Höhe von 400,– DM bzw des in dem jeweil Land maßgebl GarantieHöchstBetr. Der GarantieVertr zw dem Schecknehmer u dem bezogenen Kreditinstitut kommt dch Vermittlg des ScheckAusst (Bankkunden) zustande. Dabei hat die Frage, ob dieser als Vertr od als ÜbermittlgsBote der Bank ggü dem Schecknehmer auftritt, zivrechtl keine große Bedeutg, etwa iF der GeschUnfgk des Ausst. Hamm NJW **72**, 298 nimmt mit eingehder Begr zutr Vertretg an, ebso Düss WM **75**, 504. Die GarantieHaftg des Kreditinstituts bis zur gen Höhe entsteht für den Schecknehmer mit der Aushändigg eines formgült Euroschecks (BGH **122**, 156) dch den legitimierten AusSt unter folgden Vorauss: Unterschr, Name des Kreditinstituts u KontoNr auf dem Scheck u auf der ec-Karte müssen übereinstimmen, die Nr der Scheckkarte muß auf der Rücks des Schecks vermerkt sein, das AusstellgsDatum des Schecks muß innerh der GeltgsDauer der ec-Karte liegen, VorDatierg schadet nicht (BGH **64**, 82). Ein im Inland ausgestellter Scheck muß binnen 8, ein im Ausland ausgestellter binnen 20 Tagen ab AusstellgsDatum zur Einlösg vorgelegt werden. Vorlage der ec-Karte an Schecknehmer ist idR nicht erforderl (BGH **83**, 28). Sind den Bankkunden Scheckvordruck u -Karte abhgek u füllt ein Unbefugter den Scheckvordruck unter Fälschg der Unterschr aus, so haftet die Bank bei formeller Übereinstimmg der Unterschr u der ScheckkartenNr (Ffm NJW **90**, 1184) auf Scheck u Scheckkarte ggü einem gutgl Schecknehmer zwar nicht direkt aus GarantieVertr, wohl aber aGrd des RScheins, den er bei der Aushändigg der Scheckkarte gesetzt hat (Baumb-Hefermehl SchG Art 4 Rn 13). Ggü dem Schecknehmer kann die Bank keine **Einwendungen** erheben, die ihren Grd haben im DeckgsVerh zu ihrem Kunden (Ausst), zB fehlde Deckg, Widerruf od Sperre des Schecks innerh der VorleggsFr od im ValutaVerh zw diesem u dem Schecknehmer, zB fehler od unvollk Schuldgrund (Nürnb NJW **78**, 2513: Spielschuld). Dagg kann die Bank ggü dem Schecknehmer solche Einwdgen erheben, die Entsteh oder Bestand ihrer GarantieVerpfl betreffen (Nürnb NJW **78**, 2513), zB NichtÜbereinstimmg der

Unterschr auf Scheck u Scheckkarte, fehlde od unricht Angabe der ScheckkartenNr auf der Rücks des Schecks, AusstellgsDatum nach Ablauf der GeltgsDauer der Scheckkarte, Vorlegg des Schecks nach Ablauf der GarantieFr v 8 bzw 20 Tagen, formelle Ungültigk des Schecks. Außerdem kann die Bank im EinzFall ggü dem GarantieAnspr des ersten Schecknehmers einwenden, er habe wg Sittenwidrk des zGrunde liegdn DarlVertr kein Eigt an dem Scheck erlangt (BGH WM **89**, 1673). Unzuläss RAusübg kann die Bank bei funktionsgerechter Verwendg des Schecks nur einwenden, wenn dem Schecknehmer bekannt war, daß der AusSt den Scheck mangels Deckg nicht ausstellen durfte (BGH **122**, 156); bei atyp Verwendg, zB bei Schecks, die zweckwidr der Sicherg eines Kredits dienten, daß der Nehmer fehlde Deckg grobfahrl nicht kannte (BGH **64**, 79), ebso bei Schecks, die der DarlRückzahlg (BGH **83**, 28) dienen. Jedoch muß sich die Bank an ihrem GarantieVerspr teilw festhalten lassen, wenn sie ihrerseits SichergsMaßn zur Verhinderg des ihr bekannten bevorstehden ScheckkartenMißbr nachläss unterlassen hat (Hamm WM **76**, 139). Nicht funktionswidr ist die Hingabe einer größeren Anzahl von Euroschecks zur Bargeldbeschaffg (BGH **122**, 156, Hadding/Häuser WM **93**, 1357). Liegt die SchadUrs ausschl im GefBereich des KartenInh, so obliegen ihm Darlegg u Bew, keine PflVerl begangen zu haben. Bei Abhebg aus Automaten besteht ein AnschBew dafür, daß sie unter Verwendg der OriginalCode-Karte u der pers Geheimnummer, nicht auch dafür, daß sie vom Berecht vorgenommen wurde (Zweibr NJW-RR **91**, 241). Späteren Inh des Schecks nach Indossierg dch den ersten Nehmer haftet die bezogene Bank jedenf dann, wenn der erste Nehmer u die weiteren Vorbesitzer ihren Anspr aus dem GarantieVertr abgetreten haben, es iZw bei WeiterÜbertr des Schecks anzunehmen ist. Nach Zahlg hat die Bank im Verh zu ihrem Kunden aGrd des GiroVertr Anspr auf AufwErs (§§ 675, 670) u ggf auf SchadErs wg pVV. Eurochèque u IPR vgl Stöcklin JZ **76**, 310. – Bei Verwendg der **ec-Karte an einer elektronischen Kasse** (POS-System) mittels Angabe der Geheimzahl des ec-KartenInh kommt mit der AutorisiergsAntwort der kartenausstellden Bank (vgl Einf 1 v § 116) ein
18 abstr SchuldVersprVertr zw Bank u Händler zustande (Bröcker WM **95**, 468). – **Einlösungszusage.** Die auf Anfrage einer Bank erteilte Antwort der bezogenen Bank, sie garantiere die Einlösg des Schecks, enthält üblicherw die Zusage, unter allen Umst für die Zahlg des ScheckBetr einstehen zu wollen (BGH WM **78**, 873). Die Antwort auf Anfrage des ScheckInh, sie werde den Scheck einlösen, enthält eine selbstd GarantieErkl der bezogenen Bank zur Einlösg innerh einer nach dem übl Inkassoweg angem Fr, auch über die VorlageFr des Art 29 ScheckG hinaus (BGH **77**, 50) nur dann, wenn eine solche Erkl, für die Bank erkennb, vom Anfragden gewollt war (BGH **110**, 262). Im EinzFall kann die Bank geltd machen, Tr u Gl stehe dem Anspr entgg (BGH WM **84**, 1445). Dagg bedeutet die bankübl Bestätigg der bezogenen Bank auf Anfr einer and Bank, der Scheck gehe in Ordng, nur, daß der Scheck eingelöst würde, wenn er in diesem Ztpkt bei der bezogenen Bank vorläge (Kln ZIP **83**, 1437). Die bei einem ScheckinkassoAuftr an eine US-Bank geforderte Garantie bezieht sich idR darauf, daß die Unterschr auf dem Scheck echt od mit Vollm geleistet und der
19 Scheck nicht wesentl verändert worden ist (BGH NJW **95**, 1482). – **Patronatserklärung.** Zufassd, auch zur RNatur des PatronatsVertr u zur Abgrenzg ggü and Vertr, Michalski WM **94**, 1229. In ihr verspricht meist, aber nicht nur iR eines Konzerns, die MutterG ggü dem Gl einer Tochter- od EnkelG ein best Verhalten, das die Aussicht auf die VertrErf dch den Schu, zB Rückzahlg eines Kredits verbessert. Der Inhalt kann von einer unverbindl good-will-Erklärung bis zu einer rechtl Verpfl garantieähnl Art (Düss NJW-RR **89**, 1116, Schneider ZIP **89**, 619) od zur SchadErsLeistg wg NichtErf der gesicherten Fdg reichen. IF einer solchen „harten" PatronatsErkl haftet bei Konk des Schu der Patron neben diesem als GesSchu, nicht hinter ihm (BGH **117**, 127). Aus einer „weichen" PatronatsErkl, also erkennb ohne RBindgsWillen, lassen sich vertragl od verträhnl Erf- od SchadErsAnspr nicht herleiten (Karlsr WM **92**, 2088). – Die sog
20 **Ausbietungsgarantie** (Einstehen dafür, daß Gläub bei ZwVerst ohne Verlust bleibt) ist Gewähr, uU Ausfallbürgsch. Gewähr ist auch das Einstehen für die Güte einer Hyp. – Gewähr als **Nebenverpflichtung** aus Kauf-, WerkVertr vgl § 477 Rn 19, Vorbem 8, 9 vor § 633. Keine solche NebenVerpfl ist es, wenn der Arch sich dem Bauherrn ggü zur Einhaltg einer best Bausumme verpflichtet (BGH NJW **60**, 1567, Locher NJW **65**, 1696). – **Herstellergarantie** vgl ProdHaftG § 15 Rn 5.

21 **d) Die Delkrederehaftung** des Kommissionärs u des Handelsvertreters, HGB §§ 394, 86b, ist bürgschähnl.

22 **e) Die Wechselbürgschaft** ist keine Bürgsch iS des BGB, sond selbständ Verpfl eig Art ohne strenge Akzessorietät (Art 30ff WG u BGH **35**, 19). Dabei gilt die bloße Unterzeichng auf der Vorderseite iR des WG 31 III als BürgsErkl, außer wenn sie nach der VerkAuffassg wg des einheitl Gesamtbildes als Tl der Firmenbezeichg des Bezogenen od des Ausst erscheint (BGH WM **85**, 1506). Eine ausdr für eine Wechselverbindlichk eingegangene Bürgsch erstreckt sich ohne Anhaltspkt in der BürgschUrk nicht auf die zu Grde liegde KausalVerpfl (BGH WM **84**, 1423). Befriedigt der WechselBü den Gl, so gehen auf ihn die Rechte des Gl gg den über, für den er sich verbürgt hat, u gg alle, die diesem wechselm haften, Art 32 III WG. Die RückgrAnspr des Gl gg die dazw liegdn Nachmänner erlöschen. Dasselbe gilt, wenn es sich um eine Bürgsch nach BGB handelt; auch hier erlöschen die Rechte des Gl gg die Zwischenmänner mit der Zahlg durch den Bü; auch hier steht diese Zahlg einer solchen dch den WechselSchu gleich, für den sich der Bü verbürgt hat (BGH **35**, 19).

23 **f) Der Avalkreditvertrag,** in dem sich die Bank ggü ihrem Kunden verpfl, sich zG ihres Kunden ggü dessen Gl zu verbürgen, ist GeschBesVertr, aber keine BürschÜbernahme zG des Gl (BGH NJW **84**, 2088).

24 **4) Internationales Privatrecht.** Art 11 u 28 Rn 20 EG. Zur Wechselbürgsch: BGH NJW **63**, 252. Die InAnsprN des Bü kann unter bes Umst gg den ordre public verstoßen (BGH **104**, 240: Enteigng im Iran).

765 *Begriff.* [I] Durch den Bürgschaftsvertrag verpflichtet sich der Bürge gegenüber dem Gläubiger eines Dritten, für die Erfüllung der Verbindlichkeit des Dritten einzustehen.

[II] Die Bürgschaft kann auch für eine künftige oder eine bedingte Verbindlichkeit übernommen werden.

1) Allgemeines vgl Einf. – **Bürgschaftsfähig** ist, wer rfäh ist, jedoch fordert RG **140**, 135 Börsenter- **1** minGeschFgk für eine Bürgsch für Verbindlichk aus BörsenterminGesch. Vormschgerichtl Gen nötig, § 1822 Z 10. – Fehlen od Wegfall der **Geschäftsgrundlage** (vgl § 242 Rn 156) kommt nicht in Frage, wenn dem Bü and RBehelfe (zB Künd) offenstehen (BGH WM **59**, 855), idR auch nicht, wenn es um Umst geht, die das Risiko der LeistgsFähigk des HauptSchu betr. Dieses Risiko kann nur dch vertragl Abrede auf best Urs der ZahlgsUnfähigk beschr werden (BGH WM **87**, 1420). Soll dch die Bürgsch das Risiko der Verm- Verlagerg zw HauptSchu u Bü vermieden werden (zB bei Bürgsch des vermlosen Eheg, vgl Einf 2a), kann der Gl uU wg Wegfalls der GeschGrdl ganz od teilw an der GeltdMachg der BürgschAnspr gehindert sein, wenn sich diese Gef nicht mehr realisieren kann (BGH NJW **95**, 592); dagg ist der Fortbestand and, gleichrang Sicherh idR nicht GeschGrdl einer Bürgsch (BGH NJW **94**, 2146; krit zu beiden Entsch Reinicke/ Tiedtke NJW **95**, 1449). AufklärgsPfl des Gl u seine Haftg aus Versch bei VertrSchl vgl Einf 6, 7. Ob die GeschGrdl gestört ist, wenn es bei einem von mehreren MitBü nicht zu einer wirks BürgschErkl kommt, ist nach den Umst des Falls zu beurt (Ffm NJW- RR **88**, 496). Über sonstige Einr u Einwdgen des Bü gg den Gläub § 768 Rn 1, § 776 Rn 1. – **Der Bürge muß vom Hauptschuldner verschieden** sein. Hat sich der AlleinGter der Komplementär-GmbH u der Schuld der GmbH & Co KG verbürgt u erwirbt er dann alle Anteile der KG, so führt dies nicht zur Einh zw Bü u HauptSchu (BGH WM **77**, 812). – **Bestimmtheit.** **2** Neben dem erfdl VerbürggsWillen muß die BürgschErkl die Pers des Gl u des HauptSchu sowie die fremde Schuld, für die gebürgt werden soll, in einer wenigstens id bestimmb Weise, ggf iW der Auslegg, bezeich- nen (BGH NJW **95**, 959 u 1886; vgl § 766 Rn 4). Die formularmäß Ausdehng der Bürgsch über das Kreditlimit hinaus ohne ausdr betragsmäß Beschrkg verstößt gg AGBG §§ 3, 9, wenn die Bürgsch aus Anlaß eines best Gesch übernommen wird wie Sichg eines TilggsDarl, eines limitierten KtoKorrentkredits od seiner Erhöhg um einen best Betr (BGH **126**, 174, NJW **94**, 1656, 2145, NJW **95**, 2553, Rostock WM **95**, 1533). Ausr auch Verbürgg für alle Anspr aus einem LeasingVertr (BGH NJW **95**, 1886). Im EinzFall kann aus der Angabe der Pers von Gl u Schu auf die in der Urk nicht genannte Hauptschuld zu schließen sein u umgekehrt (BGH NJW **93**, 724). Unwirks wg inhaltl Unbestimmth ist eine Bürgsch für Verbindlichk des HauptSchu aus Bürgsch ohne jede sachl Begrenzg (BGH NJW **90**, 1909, **92**, 896). Auf eine vom HauptSchu ggü der Bank abgegebene BürgschErkl für die Schuld eines Dr erstreckt sich ohne ausdr Erwähng in der BürgschUrk die Bürgsch für die bankm Verbindlkten des HauptSchu nicht, weil dies für die bankm GeschVerbindg weder typ noch zu erwarten ist (Brem NJW-RR **86**, 851). Eine für einen best Ratenkredit- Vertr gegebene Bürgsch erstreckt sich grdsl nicht auf Fdgen aus einem späteren neuen RatenkreditVertr (Hamm WM **85**, 1221); ebso nicht die Bürgsch für Anspr aus einer GeschVerbindg auf Fdgen, die erst nach deren Künd od Aufhebg begründet worden sind (BGH NJW **89**, 27). Eine AbschlagszahlgsBürgsch er- streckt sich auf den RückzahlgsAnspr des Best, weil er wg LeistgsStörgen die schon bezahlten BauTle nicht erwirbt, nicht auf RückzahlgsAnspr aus einem and u Grd (BGH NJW-RR **92**, 1044). Eine AnzahlgsBürgsch erfaßt den Anspr des Best aus § 26 S 2 KO, sow er auf Rückzahlg der Anzahlg gerichtet ist (Ffm WM **95**, 749). Die MietBürgsch erfaßt nicht den Mietzins für die Zeit einer vertragl nicht vorgesehenen Verlängerg des MietVerh (Gießen NJW-RR **95**, 586). Auch die Pers des HauptSchu (EinzKfm od GmbH) kann im Auslegg zu ermitteln sein (BGH BB **93**, 1035). Über die Bürgsch für den GrdstVerk vgl § 313 Rn 14. Umfang der BüVerpfl ist iZw aus dem Zweck der SicherhLeistg zu ermitteln (BGH NJW **67**, 824: Bürgsch zur Einstellg der ZwVollstr). Formularmäß Klauseln vgl AGBG § 3 Rn 8, § 9 Rn 72. Wechselbürgsch vgl Einf 22. – Ob die Bürgsch für die einem **Kontokorrentverhältnis** unterliegende Fdg eingegangen ist, ist AuslggsFrage. Die Bürgsch für eine Kontokorrentschuld nebst Zinsen erstreckt sich auch auf anfallde Zinseszinsen (BGH **77**, 256). Maßg ist der in period bzw endgült RechngsAbschl festgestellte Saldo (BGH WM **85**, 969), wobei sich die Haftg des Bü ggf auf die Höhe des SchuldSaldos am Tage des KündZugangs beschr (Mü DB **83**, 1540). – Ob sie sich auf vor Bürgsch begründete **vertragliche Nebenforde- rungen** erstreckt, ist AuslggsFrage. Auf VertrZinsen idR ja (Schweizer MDR **94**, 753). Bej für VertrStraf- Verspr, das der BauUntern für den Fall der Nichteinhaltg fester Termine abgegeben hat (BGH NJW **82**, 2305; BGH WM **90**, 841 VertrStrafVerspr für den Fall nicht gehör Erf). – Die Bürgsch kann auch für einen **Teil der Hauptschuld**, u zwar unter Beschrkg auf einen best Betrag, den künft Verbindlichk auf einen **Höchstbetrag**, bestellt werden. Welchen Einfluß in diesem Falle die Verwertg und Sicherh auf die Bürgsch- Verpfl hat, ist eine Frage der VertrAuslegg (BGH WM **77**, 334). – Bürgsch für **Gesamtschuldner** od für einen von ihnen vgl § 774. – **Gläubiger** der Haupt- u der BürgschFdg muß ein u dieselbe Pers sein (BGH **115**, 177). Die Pers des Gl muß bei Unterzeichng der Urk noch nicht feststehen, der Bü kann sie dem Schu blank᷉ erteilen (§ 766 Rn 2), damit er sich einen Gl sucht, die Urk abredegemäß vervollständigt u dem Gl übergibt (BGH NJW **92**, 1448; zweifelnd im Hinbl auf den Formzwang Bydlinski WM **92**, 1301). Mögl ist auch Erteilg der Urk an einen Dr entw als TrHänder zG (§ 328) der künft Gl, zB Bauherren, als vollmachtl Vertr (§ 177) für sie (BGH NJW **92**, 1448). – **Die Bürgschaft endet** bei Untergang (vgl Rn 9- **3** 11) u bei Abtr der Hauptschuld ohne die Rechte aus der Bürgsch (BGH NJW **91**, 3025), u wenn die Hauptschuld, zu deren Sichg sie vorweg bestellt war, nicht zur Entstehg gelangt; für eine andere Schuld des HauptSchu kann der Gl sie nicht behalten (BGH NJW-RR **92**, 1005). Ferner bei befreiender SchuldÜbern, § 418 I 1, u analog bei VertrÜbern auf der SchuSeite (Hamm WM **90**, 1152). Sie kann auch selbstd enden dch Erf od ErfSurrogat, zB Hinterlegg bei Vorliegen der ges od vertragl vereinb Vorauss (BGH NJW **86**, 1038), dch Vereinigg von Bü- u Hauptschuld; vgl Übbl 4 vor § 362, 1 vor § 1942); ferner dch Ablauf einer vereinb Befristg, dch Erlaß, der mit Rückgabe der BürgschUrk nur dann zu bej ist, wenn darin das Angeb auf Abschl eines ErlVertr liegt (Hbg NJW **86**, 1691: nicht bei erkennb irrtüml Rückgabe). In diesen Fällen kein Übergang der Hauptschuld auf den Bü (Ffm WM **76**, 1283). ProzBürgsch vgl § 109 ZPO (Nürnb MDR **86**, 241, Pecher WM **86**, 1513). **Kündigungsrecht** des Bü ggü dem Gl, falls vereinb. Außerdem bei Kreditbürgsch mit Wirkg für künft Fdgen bei Eintritt wicht Umst wie erhebl Verschlechterg der VermLage des HauptSchu (BGH BB **59**, 866), bei auf unbest Zeit eingegangener Bürgsch auch nach Ablauf eines gewissen Zeitraums (BGH NJW-RR **93**, 944). – **Verjährung.** Die BürgschSchuld verjährt selbstd nach **4** 30 Jahren, auch wenn die Hauptschuld früher verj (Düss MDR **75**, 1019); aber auf die Verj der Hauptschuld kann sich der Bü nach § 768 trotz § 222 II berufen, vgl ands Rn 8. Unterbrechg der Verj ggü HauptSchu unterbricht auch ggü Bü (Düss MDR **69**, 665). – Die Bürgsch hat einen eig selbstd **Erfüllungsort** u **5**

demgem Gerichtsstand. – Das auf die BürgschSchuld **anzuwendende Recht** bestimmt sich nach EG Art 28 Rn 20. Das Recht der Hauptschuld kommt nur in Betr, soweit es dadch, daß es deren Umfang bestimmt, mittelb auch für den Umfang der BürgschSchuld gilt. – **Abtretung der Bürgschaftsforderung** allein ist nicht mögl, vgl § 399 Rn 7. – Schicksal der Bürgsch bei **Rechtsnachfolge in die Hauptforderung** vgl § 401 Rn 1, 3, bei Übern der Hauptschuld § 418. Bei VertrÜbern (vgl § 398 Rn 38) erlangt der neue Vermieter die R aus einer dem bisher Verm gegebenen MietBürgsch (BGH **95**, 88). Hat der Bü sich für Verbindlk einer KG verbürgt u geht das bisher von ihr betriebene Unternehmen inf Ausscheidens der übr auf einen einz Gter über, so haftet der Bü nicht für neue Verbindlk, die der nunmehr EinzKaufm neu begründet (BGH NJW **93**, 1917). – **Die Verpflichtung des Bürgen zur Leistung einer Sicherheit** vor Fälligk der Bürgsch in AGB des Gläub ist unwirks (BGH **92**, 295, NJW **91**, 100). – **Zivilrechtsweg** für Klage gg Bü, auch wenn die Bürgsch eine öffrechtl Fdg sichert (BGH **90**, 187, Ffm WM **84**, 1048).

6 **2) Künftige und bedingte Verbindlichkeiten,** Abs II. Ob sich die Bürgsch auch auf künft Verbindlichk erstrecken soll, ist notf durch Auslegg zu ermitteln (BGH WM **87**, 876). Die künft Verbindlichk muß bestimmb sein (Rn 2 u § 398 Rn 14), zB die aus einer best GeschVerbindg entstehen Verbindlichk (BGH **25**, 318). So kann sich bei einer ggü einer Bank übern Bürgsch aus den Umst ergeben, daß diese für alle künft aus der bankm GeschVerbindg zum HauptSchu erwachsden Fdgen gelten soll. Einer so zur Kredit-Sichg gegebenen Bürgsch unterfallen mangels ausdr Vereinbg nicht Fdgen gg den HauptSchu, die die Bank erst nach Eröffng des Konk über das Verm des HauptSchu von Dr erwirbt (BGH WM **79**, 884). – Hauptfall 7 von II ist die **Kreditbürgschaft,** meist der Höhe nach beschränkt. Die **Höchstbetragsbürgschaft** bezeichnet die betragsm Grenze, bis zu der der Bü dem Gläub äußerstenf haften will (BGH NJW **89**, 1484). Soll der Bü unter Überschreitg des Höchstbetrages für darauf anfallde Zinsen, Prov, Kosten jeder Art einstehen, so bedarf es dazu einer eindeut, klaren Vereinbg (Nürnb WM **91**, 985). Ist sie für einen Bankkredit gewährt, so erfaßt sie iZw über den HöchstBetr hinaus diejen Zinsrückstände, die auf die jew maßg BürgschSumme entfallen, nicht die, die aus der darüinausgehde Kreditsumme entfallen (BGH DB **78**, 629). Zerlegg des Kreditkontos in ein Haupt- u ein Zinsunterkonto hat als rein buchgstechn Vorgang auf den Bestand der verbürgten Fdg keinen Einfluß (Hamm WM **85**, 159). Ausscheiden eines Gters allein führt nicht zu seiner Befreiung von der HöchstBetrBürgsch für neue Verbindlichk, gibt ihm aber ein KündR für die Zukunft (BGH u Zweibr NJW **86**, 252 u 258; aA Stolzenburg ZIP **85**, 118: Mitt vom Ausscheiden an Gl führt zur Enthaftg); ebso bei Eintritt des Bü als pers haftder Gter in die Gesellsch, für deren Kreditschulden er sich verbürgt hatte (BGH NJW **86**, 2308).

8 **3) Dauernde Abhängigkeit** der BürgschSchuld von der Hauptschuld (vgl Einf 4). – **a) Die Hauptschuld muß wirksam entstanden** sein (Stgt NJW **85**, 498, zust Lindacher aaO: Keine BürgschSchuld für sittenw Darl). Der Bü haftet auch nicht für den Vertrauensschad bei der IrrtAnf. Wird der die Hauptschuld betr Formmangel geheilt, so entstet die Bürgsch – ohne Rückwirkg – verbindl (RG **134**, 243); ebso, wenn eine zunächst vorh Einr später wegfällt (RG **68**, 304), s aber § 768 II. Wird eine Bürgsch für eine unvollk Verbindlichk übern, ist auch die BürgschVerpfl unvollk (KG NJW **56**, 1481, Düss ZIP **83**, 1188); anders bei Übern der Bürgsch für eine bereits verjährte Fdg kr des § 222 II. Ist die Bürgsch für eine nichtige DarlFdg bestellt u das Darl ausbezahlt, so ist es AusleggsFrage, ob sie sich auf den RückgewährAnspr aus ungerechtf Ber erstreckt (BGH NJW **87**, 2076, Stgt NJW **85**, 498); kann bei Übern der Bürgsch im eig Interesse bej werden (Düss WM **88**, 1407). Entstehg des RückgewährAnspr u damit der BürgschVerpfl dafür bei einer GBR vgl § 718 Rn 8.

9 **b) Die Bürgschaft erlischt mit Erlöschen der Hauptschuld,** so durch Erf, ErfSurrogate, dch vom Schu nicht zu vertretde Unmöglichk od Unvermögen, durch Rücktr, Erlaß od Umschaffg der Hauptschuld (Hamm NJW-RR **92**, 815; Ausn in HGB § 356), Nichterhebg der Klage gg HauptSchu innerh vorgeschriebener AusschlußFr, selbst wenn die Klage gg den Bü vorher erhoben war (Hamm NJW **85**, 567). Ferner wenn die (jur) RPersönlichk des HauptSchu durch völl Untergang erlischt; nicht jedoch, wenn dieser Untergang allein auf der Vermögenslosigk des HauptSchu beruht, denn dem steht der Zweck der Bürgsch, Sichg des Gl gg Vermögensverfall des HauptSchu, entgg; in diesem Fall bleibt die BürgschFdg selbst bestehen u ist als solche abtretb (BGH **82**, 323). Beschlagn der HauptFdg dch einen fremden Staat berührt Anspr des Gl gg den inländ Bü nicht, weil diese Maßn keine Wirkg im Inland auslösen können (BGH **32**, 97). – Die Bürgsch erlischt auch, wenn ein HauptSchu mißbräuchl wird, da Unzulässigk der RAusübg InhaltsBeschrkg ist (vgl § 242 Rn 41). Die Bürgsch erlischt ferner bei Vergl des Gläub mit HauptSchu, soweit darin ein Erlaß enthalten ist (RG **153**, 345), EinfordergsVerz genügt nicht (Hamm WM **95**, 153); Ausn beim Zwangsvergleich, gem §§ 193 S 2 KO, 82 II VerglO. Die **Beweislast** für rvernichtde Einwdgen gg die Hauptschuld trägt der Bü (BGH NJW **95**, 2161).

10 **c) Erlischt die Hauptschuld durch Verschulden des Bürgen,** so erlischt zwar die BürgschSchuld als solche. An ihre Stelle tritt aber eine ErsVerpfl des Bü aus dem BürgschVertr gem § 242, denn im Einstehen des Bü liegt auch eine UnterlassgsPfl. Soweit HauptSchu ErsAnspr gg den Bü erwirbt, bedarf es nicht der Abtr dieses Anspr an den Gl, denn die Bürgsch erstreckt sich ow auf diesen Anspr (vgl § 281 Rn 8).

11 **d) Abweichende Vereinbarungen** des Inhalts, daß die Bürgsch nicht von Entstehen, Bestand u Höhe der Hauptschuld abhäng sein soll, sind in FormularVertr unwirks (BGH ZIP **85**, 1257), als Individualabrede iR der VertrFreih als zusätzl GarantieÜbern (vgl Einf 16–20) od Schuldbeitritt mögl u wirks (BGH WM **66**, 124, Stgt WM **86**, 736), AusleggsFrage im EinzFall (Ffm DB **74**, 2245: Abrede, daß der Bü sich nicht auf einen vom HauptSchu geschl Vergl berufen kann). Darleggs- u BewLast für Bestehen der Hauptschuld trägt der Gl, Vereinbg über Vereinfach dieser Last ist mögl (BGH NJW **80**, 1098).

766 *Schriftform der Bürgschaftserklärung.* **Zur Gültigkeit des Bürgschaftsvertrags ist schriftliche Erteilung der Bürgschaftserklärung erforderlich. Soweit der Bürge die Hauptverbindlichkeit erfüllt, wird der Mangel der Form geheilt.**

1) Schriftliche Erteilung. ErklBewußtsein vgl Einf 17 vor § 116. Die Schriftform hat Warnfunktion wg 1 der Gefährlk der Bürgsch (BGH NJW **93**, 1261, NJW **95**, 1886). Der Vertr kommt zustande u der Umfang der Bürgsch wird best dch Erteilg der schriftl Erkl seitens des Bü u ihre forml, auch stillschw Ann dch den Gl (BGH WM **78**, 266). Erteilg ist Entäußerg ggü dem Gl (BGH **121**, 224); bis dahin Zurückziehg od Widerruf (Ffm NJW **91**, 2154). Mögl ist, daß sich der Schu in einer einz Urk ggü zahlr Gl jeweils für mehrere versch zukünft Verbindlichk verbürgt. Die Berechtigg der Gl kann in solchen Fällen ua dch bestimmgsgem erteilte Abschr der BürgschUrk nachgewiesen werden (BGH NJW **92**, 1448). Sonst genügen Erteilg einer bloßen Abschr, Telegramm u Telefax mangels eigenhänd Unterschr u mangels „Erteilg" der Erkl nicht, weil sich der Absender der VfgsMacht über die OriginalUrk zG des Gl nicht begibt (BGH **121**, 224, Ffm NJW **91**, 2154). BezugN auf die bereits in Händen des Gl befindl Urk genügt. Der Fortbestand der einmal zustandegek BürgschVertr hängt nicht von Verbleib der Urk beim Gl ab (BGH DB **76**, 766, Hbg NJW **86**, 1691). § 766 gilt nicht für die bürgschaftsähnl Vertr (vgl Einf 15–23). Internat PrivR vgl Art 11 EG. – Genügt auch Überg einer **Blanketturkunde** (wg Bestimmbark des Gl vgl § 765 Rn 2) mit Ermächtigg zum Ausfüllen von Teilen, bei 2 Überg an Schu od Dritten (Notar) mit Ermächtigg zur Weitergabe der Urk an den Gl. Füllt der Schu oder ein Dr die Urk abredewidr mit höherem Betr aus und gibt sie an redl Gl weiter, muß der Bü die Erkl gg sich gelten lassen (Hamm NJW-RR **95**, 47); dagg kommt bei abredewidr Ausfüllg dch Gl kein BürgschVertr über den vereinb niedrigeren Betr zustande (BGH NJW **84**, 798). Ebso genügt Ermächtigg dch Bü an Gl, auf der bereits in seiner Hand befindl Urk den Namen des vorgesehenen Schu dch den neuen zu ersetzen (BGH NJW **68**, 1131).

2) Gesetzliche Schriftform vgl § 126. Ers der Schriftform gem § 127a. Bezeichng als Bürgsch unmittelb 3 unterh der Unterschr des Bü genügt (BGH NJW **95**, 43; abl Tiedtke ZIP **95**, 525). Ist in der BürgschUrk die zu sichernde Fdg genau bezeichnet, so genügt eine allg Verweisg auf AGB nicht der Schriftform für die dort enthaltene Ausdehng der Bürgsch auf Fdgen (Stgt BB **77**, 415). – Ergänzde **Bezugnahme** auf and Schriftstücke, auch wenn sie erst noch ausgestellt werden müssen, ist zuläss, sol nicht eine in der schriftl BürgschErkl fehlde wesentl Angabe ausschl anhand von Umst außerh der BürgschUrk ermittelt werden müßte (BGH NJW **92**, 1448). – Gg **Treu und Glauben** kann die Berufg auf Formmangel ausnahmsw verstoßen (BGH WM **91**, 536), zB wenn Bürgsch jahrelang als bestehd behandelt wurde u der Bü längere Zt wirtsch Vorteil aus dem Gesch gezogen hat (BGH **26**, 142), od wenn der AlleinGter u GeschF einer GmbH bei seiner mündl BürgschErkl erkannt hat, daß der VertrPartner sich nur wg dieser zum VertrSchluß bereitfand, u er selbst mittelb Vorteile aus dem Vertr erlangt hat (BGH NJW-RR **87**, 42). Die Vereinbg im BauVertr, daß Sicherh dch schriftl BürgschErkl nach bes Vordruck zu leisten sei, stellt für den am BauVertr unbeteil Bü keine rgeschäftl FormVorschr iS der §§ 125 S 2, 127 dar (BGH NJW **86**, 1681).

3) Umfang der Schriftform. Die schriftl BürgschErkl muß die wesentl Teile eines BürgschVertr (vgl 4 Einf 2 u § 765 Rn 2) wenigstens in hinlängl klaren Umrissen enthalten, selbst wenn sich die Part darüber einig sind (BGH NJW **89**, 1484). Unklarh sind dch Auslegg zu beseitigen, zB hins der Pers des Schu (BGH NJW **95**, 959). Dabei ist zunächst unabhäng vom SchriftformErfordern gem §§ 133, 157 der Inh des Vertr zu ermitteln u dann zu prüfen, ob die BürgschErkl dieses Inh die nach § 766 erfdl Form wahrt (BGH NJW **95**, 43 u 1886). Umst außerh der Urk sind zu berücksichtigen, sofern für den festgestellten PartWillen irgdein AnhaltsPkt in der Urk zu finden ist (BGH **76**, 187, NJW **93**, 1261). Die Erkl ist auch wirks, wenn sich die Hauptschuld ausschl aus Umst außerh der Urk ergibt (BGH NJW **93**, 724); ebsowenig schadet eine von den Part unbewußt gebrauchte Falschbezeichng (BGH NJW **95**, 1886). Bleibde Unklarh über den Umfang der BüVerpfl gehen zu Lasten des Gl (BGH NJW **80**, 1459, WM **90**, 1410). AusleggsFrage ist, ob die Bürgsch für Erf sich auf ein VertrStrafVerspr für den Fall nichtgehör Erf (BGH WM **90**, 841), ob Bürgsch für WechselverbindlK sich auf die zugrdeliegde Schuld erstreckt (BGH NJW **68**, 987). Ebso, ob sich die Bürgsch für eine GVerbindlK auf eine daraus erwachsene Verbindlich aus GoA (Mü WM **91**, 1415), auf eine interne AusglFdg des einen Gters gg den and erstreckt (Kblz NJW-RR **88**, 1250); ebso, ob sich die Bürgsch für einen nichtigen Ratenkredit auf den RückzahlgsAnspr der Bank aus ungerechtf Ber erstreckt (BGH WM **88**, 1721 [1725], NJW **92**, 1234: Vereinbg auch in AGB wirks); dabei läßt sich unterscheiden nach den Grden für die Übernahme der Bürgsch (BGH WM **87**, 616; ähnl Hamm NJW **87**, 2521). Pers des Gl vgl § 765 Rn 2, BlankettUrk vorstehd Rn 2. Bloße Mitunterzeichng einer Urk, die eine eig Erkl des Mitunterzeichnden nicht enthält, reicht nicht aus. Mitunterzeichng der Erklärg, für die Erf eines Vertr als GesSchu zu haften (Schuldbeitritt), kann nicht ohne als Bürgsch ausgelegt werden (BGH JR **72**, 61). – Nebenabreden u spätere ÄndergsVereinbgen sind forml gült, wenn sie die Verpfl des Bü ledigl einschränken (BGH NJW **86**, 3131). Die Erweiterg der Verpfl des Bü u seine Zustimmg zur rechtsgeschäftl Erweiterg der Hauptschuld bedürfen der Form; ebso die nachträgl Erstreckg der Bürgsch auf neue Kredite des Zessionars nach Abtretg der Fdg (BGH **26**, 142). Im Fall der GesamtRNachf bei JP erstreckt sich die eingegangene BürgschVerpfl auch auf Kredite, die die nunmehr die GeschVerbindg fortsetzde JP gewährt (BGH WM **80**, 770). – Eine zur Sicherg eingegangene Wechselverbindlich ist keine Bürgsch, da der Verbürggswille aus der Urkunde (Wechsel) nicht erhellt, daher gilt § 774 nicht, auch nicht §§ 766, 771 (BGH **45**, 210). Wechselverbürg vgl Einf 22.

4) Formfrei wirksam sind Auftr u Vollm zur BürgschErkl (Köln WM **95**, 1224), Bürgsch des Vollkaufm 5 als HandelsGesch, HGB §§ 350, 351, 344 I, 343 I; das gilt auch für BankBürgsch zur Abwendg der ZwVollstr (BGH NJW **67**, 823). Vereinb Schriftform dient hier nur BewZwecken. Über die Form des § 313 vgl dort Rn 14.

5) Heilung, S 2, soweit, der Bü erfüllt. ErfSurrogate genügen; nicht Hinterleg ohne Aufg des Anspr auf 6 Rückfdg als Sicherh für den Fall, daß es zu einer BüVerpfl kommen würde (BGH **LM** Nr 8).

---

767 *Umfang der Bürgschaftsschuld.* [1] Für die Verpflichtung des Bürgen ist der jeweilige Bestand der Hauptverbindlichkeit maßgebend. Dies gilt insbesondere auch, wenn die Hauptverbindlichkeit durch Verschulden oder Verzug des Hauptschuldners geändert wird. Durch ein Rechtsgeschäft, das der Hauptschuldner nach der Übernahme der Bürgschaft vornimmt, wird die Verpflichtung des Bürgen nicht erweitert.

^{II} **Der Bürge haftet für die dem Gläubiger von dem Hauptschuldner zu ersetzenden Kosten der Kündigung und der Rechtsverfolgung.**

1   **1) Die dauernde Abhängigkeit** der BürgschSchuld von der Hauptschuld (vgl Einf 4 u § 765 Rn 8–11) hins des Schuldinhalts u -umfangs stellt § 767 nochmals klar, indem er den Bü für den „jeweiligen Bestand" der Hauptschuld haften läßt, somit auch für Ändergen u Erweitergen. Über den Rahmen der Hauptschuld hinaus kann die Bürgsch nicht übernommen werden, das wäre GewährVertr (vgl Einf 16), wohl aber kr Abrede für weniger (vgl § 765 Rn 1–5). Spätere Verringergen der Hauptschuld u Verbessergen der Stellg des HauptSchu kommen dem Bü wg der Abhängigk seiner Schuld ow zugute (BGH WM **84**, 633). Vgl auch § 768 Rn 6.

2   **2) Einzelheiten. – a) Haftung für vertragliche Nebenforderungen** vgl § 765 Rn 2. – **b)** Für die **Kosten der Kündigung,** die dem Gl der HauptFdg erwachsen, zB ProzKosten (MüKo/Pecher Rn 9) haftet der Bü nach Abs II. – **c)** Für **Veränderungen der Hauptschuld,** dch nicht rechtsgeschäftl Verhalten des HauptSchu nach BürgschAbschl haftet der Bü nach Abs I S 2 (BGH NJW **89**, 27), zB Versch, Verzug, auch nach KonkEröffng über das Verm des HauptSchu entstandene VerzZinsen (Nürnb NJW-RR **92**, 47), auch für Folgen einer zu vertretden Zufallshaftg. Daher Haftg auch auf SchadErs, zB nach § 326; dagg nicht auf Rückgewähr, wenn Gl aGrdv § 326 zurücktritt, dann erlischt die Bürgsch (Hbg MDR **64**, 324, § 765 Rn 9).

3   **d) Rechtsgeschäfte des Hauptschuldners,** die die Hauptschuld ändern, kommen dem Bü ow zugute, sow sie seine Stellg verbessern, zB vorzeit DarlRückzahlg bei Disagio (BGH NJW **94**, 1790; vgl § 812 Rn 81). Dagg können sie nicht seine Verpfl erweitern, seine Stellg verschlechtern. Die Identität zw Hauptschuld u verbürgter Schuld muß gewahrt bleiben. An dieser Identität fehlt es, wenn die Hauptschuld dch eine and ersetzt od inhaltl so geändert wird, daß dies einer Ersetzg der Fdg dch eine and gleichkommt (BGH NJW **80**, 2412). Soweit solche Ändergen die Stellg des Bü verschlechtern, haftet er nicht. Unwesentl Ändergen sind bedeutgsl, entsch ist, ob dem Bü nach Tr u Gl zuzumuten ist, sich an seiner Verpfl festhalten zu lassen (BGH WM **62**, 701). So sind im Verhältn zum Bü unwirks SchuldAnerk dch HauptSchu (Düss MDR **75**, 1019), Vergl, soweit er die Hauptschuld erweitert, Verkürzg der Fälligk. Hat der Bü für Anspr des Gl (Bank) aus einer best GeschVerbindg zum HauptSchu einzustehen, so haftet er nicht ow für Verbindlichk, die erst nach Künd od Aufhebg dieser GeschVerbindg begründet worden sind (BGH WM **88**, 1301). Bei der GewlBürgsch kann die Veränderg der AbnModalität im WkVertr die Stellg des Bü verschlechtern, ihm ggü also unwirks sein (Hbg WM **92**, 349). Verz des HauptSchu auf Einr § 768 II, Einwdgen des HauptSchu § 768 Rn 2, Ausübg von Gestaltgsrechten dch den HauptSchu § 770. Ein ihm zustehdes Wahlrecht kann der HauptSchu ausüben, ebso kann er die Fälligk der Hauptschuld dch Künd aus zu Lasten des Bü herbeiführen, wenn sich das KündR bereits aus dem Vertr ergibt. Hat sich der AlleinGter einer Komplementär-GmbH für die Verbindlken einer GmbH & Co KG in einem best Umfang verbürgt, so erweitert sich der Umfang seiner BüVerpfl nicht dadch, daß er später dch Übern sämtl GesellschAnteile AlleinGter wird (BGH WM **77**, 812). – Die Verpfl des Bü erweitert sich, wenn er zustimmt. Für seine Erkl gilt § 766.

4   **e) Urteilswirkung.** Das Urt zw Gl u HauptSchu hat RechtskrWirkg für den Bü, soweit es die Kl abweist (BGH NJW **70**, 279). Es handelt sich um einen Fall der RkrErstreckg für einen Dr, der nicht ProzPart war, wg matrechtl Abhängigk. Die RechtskrWirkg ist zu berücksicht, auch ohne daß sich der Bü darauf beruft od wenn er im späteren Proz säum ist. Ein gg den HauptSchu ergangenes Urt hat keine RechtskrWirkg gg den Bü (BGH **76**, 222 [230], **107**, 92). Der ProzBü erkennt jedoch den der ProzBürgsch regeln den Ausgang des Proz als auch für sich verbindl an, weil bei and Auslegg der SichergsZweck der ProzBürgsch nicht zu erreichen wäre (BGH NJW **75**, 1119, Kln NJW-RR **89**, 1396). Ein Urt im Proz des Gl gg den (selbstschuldner) Bü hat keine RechtskrWirkg im Verh Gl – HauptSchu.

768   *Einreden des Bürgen.*   ^I **Der Bürge kann die dem Hauptschuldner zustehenden Einreden geltend machen. Stirbt der Hauptschuldner, so kann sich der Bürge nicht darauf berufen, daß der Erbe für die Verbindlichkeit nur beschränkt haftet.**

^{II} **Der Bürge verliert eine Einrede nicht dadurch, daß der Hauptschuldner auf sie verzichtet.**

1   **1) Betrifft nicht: – a) Unmittelbare Einwendungen und Einreden,** die der Bü gg den Gl aus dem BürgschVertr oder aus and Grden hat. Diese sind ow zul, zB Aufrechng mit eig Fdgen gg den Gl (BGH WM **65**, 579), Einr des ZbR aus § 273 wg eig Fdgen gg den Gl, die mit dem BürgschVertr zushängen, Verwirkg, wenn Gl den BürgschFall treuwidr herbeigeführt hat, weil der Schu best hat, nicht zu zahlen (BGH WM **63**, 25) od weil er dessen Zusbruch herbeiführt u jeden Rückgr des Bü vereitelt hat (BGH WM **84**, 586; zu Unrecht weitergehd KG WM **87**, 1091 mit abl Anm Rutke). Auch wenn der Gl bei VertrVerl des HauptSchu nicht die im eig Interesse zur SchadMinderg erfdl Schritte ergriffen hat, kann ihm dies der Bü entgghalten (BGH NJW **95**, 1886 bei Bürgsch für Anspr aus LeasingVertr). Ferner Einr der Verj der BürgschFdg. Nicht ow kann sich der Bü auf Wegfall der GeschGrdl bei dem BürgschVertr berufen (vgl § 765 Rn 1). – Ist der SichgsZweck entfallen, kann der HauptSchu vom Gl Rückg der Bürgsch u, wenn deren Bestand davon abhäng gemacht ist, Herausg der BürgschUrk an den Bü verlangen (BGH NJW **89**, 1482).

2   **b) Einwendungen des Hauptschuldners, die keine Einreden sind** (vgl Th-P Rn 42–44, 48, 49 vor § 253), hat auch der Bü. Bsp: ErfLeistgen des HauptSchu, BewLast der Bü (BGH NJW **95**, 2161), außer bei verbürgter Kontokorrentschuld, deren Fortbestand der Gl zu bew hat (BGH NJW **88**, 906; abl Reinicke/ Tiedtke ZIP **88**, 545); vom HauptSchu bereits vollzogene Anf, Aufr, erklärte Wandlg, Rücktr; dem Haupt-Schu zustehder Einwand unzul RAusübg (BGH WM **91**, 1294). Berufg auf dem HauptSchu günst Urteile vgl § 767 Rn 4. Dem WechselBü stehen nicht kr Ges die Einwdgen zu, die der HauptSchu aus dem GrdVerhältn hat (BGH WM **76**, 562). Auf Wegfall der GeschGrdl im Vertr des HauptSchu mit dem Gl kann

sich der Bü nicht berufen, wenn VermVerfall der Grd ist (RG **163**, 91). Die formularmäß Vereinbg des Verzichts des Bü auf die ihm nach dem Ges zustehden Einr umfaßt nicht die fehlde Fälligk der Hauptschuld, weil sie keine Einr ist (Düss WM **84**, 1185).

c) Für Einwendungen auf Grund von Gestaltungsrechten, die dem HauptSchu zustehen, die er 3 aber (noch) nicht ausgeübt hat, gilt § 770. Ein WahlR hat der Bü nicht.

d) Dem **Zahlungsverlangen nur zum Zweck der Sicherheitsleistung** entspr vertragl Vereinbg 4 kann der Bü Einwdgen gg die Hauptverbindlichk überh nicht entgghalten. Sie gehören in ein späteres Verf (Zweibr WM **85**, 1291).

2) § 768 gilt für Einreden, die dem HauptSchu ggü dem Gl zustehen. Die Vorschr ist notw, da Einr 5 nur kr Vorbringens wirken, u es zweifelh sein kann, ob sie bereits aGrd der allg Akzessorietät (vgl § 765 Rn 8–11) dem Bü zustehen würden, wenn der HauptSchu sich nicht auf sie beruft.

a) Grundsätzlich stehen alle Einreden des Hauptschuldners dem Bürgen zu. So das ZbR aus 6 § 273 (BGH WM **65**, 579), die Einr aus § 320. Die Einr der ungerechtf Ber (BGH NJW **89**, 1853), aus Verj der Hauptschuld auch dann, wenn diese erst nach Erhebg der BürgschKl eingetreten ist (BGH **76**, 222), aus Stundg (§ 271 Rn 12–15); das gilt selbst wenn nur dem HauptSchu bewilligt (RG **153**, 125, 345). Rechtskr-Wirkg des Urt im Proz Gl – HauptSchu für u gg den Bü vgl § 767 Rn 4. Verzicht des HauptSchu auf eine Einr wirkt nicht ggü Bü (Abs II).

b) Ausnahmen. Der Bü kann Einr des HauptSchu nicht erheben, wenn dies dem vereinb SichgsZweck 7 der Bürgsch widerspricht; so nicht die Einr der Verj von GewlAnspr, wenn sich die Bürgsch auch auf verj Anspr erstreckt (BGH **121**, 173). – **Abs I Satz 2.** Daß sich der Bü auf die beschr Erbenhaftg des Haupt-Schu nicht berufen kann, folgt aus dem Wesen der Bürgsch.

c) Einzelheiten. Bringt der Bü Einr nicht vor od leistet er in fahrl Mißachtg eines WahlR des Schu, so 8 kann das Folgen für seinen Rückgr haben (vgl § 774 Rn 7, 8, 11). Bü kann auf die Rechte aus § 768 verzichten bis zur Grenze des RMißbr (BGH WM **63**, 1303), einschränkd für die Einr der Verj im Hinbl auf § 225 u AGBG § 9 Walther NJW **94**, 2337. Einr aus §§ 768, 770 können dem Bü verwehrt sein, wenn in seiner Pers die Interventionswirkg (§ 68 ZPO) besteht (BGH NJW **69**, 1480). Ob ein StillhalteAbk zw Gl u HauptSchu auch dem selbstschuldner Bü zugute kommen soll, ist AusleggsFrage (Hamm WM **95**, 153). – Über das Recht des Bü, unter mehreren Fdgen diejenige, die er tilgen will, zu bestimmen, vgl § 366 Rn 1.

3) Absatz II stellt klar, daß Verzicht des HauptSchu auf Einr die Haftg des Bü nicht verschärfen kann. 9 In entspr Anw verliert der Bü die berecht VerjEinr nicht, wenn danach gg den HauptSchu ein Versäumn-Urt ergeht, das eine neue 30-jähr VerjFr eröffnet (BGH **76**, 222).

769 *Mitbürgschaft.* **Verbürgen sich mehrere für dieselbe Verbindlichkeit, so haften sie als Gesamtschuldner, auch wenn sie die Bürgschaft nicht gemeinschaftlich übernehmen.**

1) Gesetzliche Regel. Die gesschuldner Haftg ergibt sich sowohl für den Fall gemschaftl Übern wie 1 für den der Übern unabhäng u ohne Wissen voneinand bereits aus der Einh der Verbindlichk, überdies aus § 427 (vgl dort Rn 1, 2). – **a) Verhältnis der Mitbürgen zum Gläubiger:** §§ 421–425. Bei gem-schaftl Übern gilt § 139; mit Rücks auf die Natur der gesschuldner Haftg wird aber regelm die Nichtigk einer BürgschÜbern die Gültigk der and unberührt lassen (RG **138**, 270; aA RGRK/Mormann Rn 3). Der MitBü kann die Wirksamk der übr MitBürgsch zur Bdgg seiner Verpfl machen. Der AusfallBü (vgl Einf 11) haftet nur subsidiär. Keine ungerechtf Ber des Gl um die VorBürgsch, falls die AusfallBürgsch weg-fällt (vgl § 812 Rn 86). Haben die MitBü sich für die ganze Schuld unter Beschrkg auf best Höchstbetr verbürgt, besteht GesSchu in der geringeren Höhe, der Gl kann wählen, in welcher Reihenfolge er die MitBü in Anspr nimmt (Hamm WM **84**, 829, Stgt ZIP **90**, 445). Verbürgg für verschiedene Tle der Fdg nach Betr od Bruchtl ist Teil-, nicht MitBürgsch. – **b) Innenverhältnis:** § 774 II (426). AusgleichsAnspr 2 idR auch dann, wenn MitBü nur Teilzahlg leistet (BGH **23**, 361). Der VorBü, der den Gl befriedigt hat, erwirbt keinen AusglAnspr gg den AusfallBü, denn die AusfallBürgsch verringert das Risiko des Kredit-gebers, nicht das des VorBü (BGH NJW **79**, 646). And, wenn die gewöhnl Bürgsch erst nach der Übern der Bürgsch dch einen and auf den Ausfall beschr wird; eine solche Vereinbg kann mit Wirkg gg den gewöhnl Bü nur mit dessen Zust getroffen werden (Schuler NJW **53**, 1689).

2) Abweichende Vereinbarung ist mögl. Ist in einer BürgschUrk formularmäß das Bestehen einer 3 GesSchuldnersch unter mehreren Bü vom Gl ausgeschl, so entfällt damit idR nicht auch ein Ausgl zw den mehreren MitBü im InnenVerh (BGH **88**, 185, NJW **87**, 3126; i Erg zust Reinicke u Tiedtke JZ **83**, 896, Knütel JR **85**, 6, Weitzel JZ **85**, 824; krit Wolf NJW **87**, 2472).

770 *Einreden der Anfechtbarkeit und der Aufrechenbarkeit.* [I] **Der Bürge kann die Befriedigung des Gläubigers verweigern, solange dem Hauptschuldner das Recht zu-steht, das seiner Verbindlichkeit zugrunde liegende Rechtsgeschäft anzufechten.**

[II] **Die gleiche Befugnis hat der Bürge, solange sich der Gläubiger durch Aufrechnung gegen eine fällige Forderung des Hauptschuldners befriedigen kann.**

1) Leistungsverweigerungsrecht. Die Ausübg bestehder GestaltgsR ist wg ihrer Einwirkg auf den 1 Bestand der Hauptschuld dem Bü nicht überlassen, sond bleibt dem Entschließg des HauptSchu (Abs I) bzw Gläub (Abs II) vorbehalten. Das G gibt dem Bü aber, solange solche Rechte noch bestehen, in 2 Fäl-len (I u II, vgl ferner Rn 4) eine verzögerl Einr. Ist bereits angefochten oder aufgerechnet, so gilt § 765 (vgl dort Rn 8, 9). Ist die AufrErkl des Schu sachl wirkgslos, weil sie erst nach seiner Verurteilg abgegeben ist (§ 767 I ZPO), so verbleibt es bei dem LeistgVR des Bü nach § 770, sofern der Gl auch in diesen Fällen aufrechnen kann (BGH **24**, 97).

2   **2) Anfechtungsrecht des Hauptschuldners,** Abs I. Es muß noch bestehen. IrrtAnf wg § 121 kaum prakt. Verzicht des Schu, auch im FormularVertr, ist wirks (BGH NJW **95**, 1886), weil § 770 nur eine verzögerl Einr gibt, nimmt ihm aber nicht die Einwdg aus § 853 iF unerl Hdlg des Gl (BGH **95**, 350). – Hat der Bü gezahlt, kann er seine Leistg nach AnfErkl des Schu gem §§ 142, 812 (nicht § 813) zurückfordern, falls nicht § 814 entggsteht.

3   **3) Aufrechnungsrecht des Gläubigers,** Abs II trifft nicht die Fälle, in denen das AufrR nur dem Schu, nicht dem Gl zusteht, zB §§ 393, 394 (aA Zimmermann JR **79**, 495, RGRK/Mormann Rn 4). Nach hM (RG **137**, 36, MüKo/Pecher Rn 9, unentschieden BGH **42**, 398), hat daher der Bü in diesen Fällen kein LeistgVR, falls ein solches nicht wg eines zugl vorliegden ZbR des HauptSchu, § 273, nach § 768 I gegeben ist. Das LeistgVR des Bü reicht nur sow, als sich Gl durch Aufr befreien kann, also nicht, sow dessen Fdg die GgFdg des HauptSchu übersteigt (BGH **38**, 127). Abs II hindert den Gl ohne entggstehde Abreden im Bürgsch-Vertr nicht, mit einer nicht verbürgten Fdg gg einen Anspr des HauptSchu aufzurechnen, außer er handelt damit nur zum Schad des Bü (BGH WM **84**, 425). Ist die Fdg des Gl noch nicht fällig, fehlt es daher für ihn an der AufrBefugn, so kann der Bü das LeistgVR nach II gleichwohl geltd machen, wenn Gl auf künft Leistg zu klagen befugt ist (§§ 257 ff ZPO), da andernf Bü hier schlechter stünde, als bei fälliger HauptFdg (BGH **38**, 128). – Auch Berufg auf LeistgVR nach II darf nicht gg Tr u Gl verstoßen (BGH NJW **66**, 2009). – Bei Verzicht des HauptSchu auf die GgFdg entfällt die Einr aus § 770 II ebso wie in Rn 2 (RG **122**, 147). Der Verz auf die Einr aus § 770 II in FormularVertr (BGH NJW **95**, 1886) umfaßt nicht den Einwand unzuläss RAusübg (BGH NJW **91**, 2908). Er ist unwirks, wenn die Fdg des HauptSchu gg den Gl rechtskräft festgestellt, unbestr od entscheidgsreif ist (BGH NJW **81**, 761). Bei Zahlg in Unkenntn des AufrR hat Bü kein RückfdgsR (vgl § 389 Rn 4).

4   **4)** Für **andere Gestaltungsrechte des Hauptschuldners** gilt § 770 entspr, sow der Bü nicht auf die Einr gem § 770 verz hat (Ffm WM **95**, 794). Der Bü hat also ein LeistgVR, solange der HauptSchu das GestaltgsR noch nicht verloren hat (teilw aA MüKo/Pecher Rn 5). Einr, die nicht rechtsgestaltd sind, stehen dem Bü nach § 768 zu. Im einz str; vgl hierzu Schlosser JZ **66**, 433: dilator Einr der Bü nur für eine angem Zeit. Bei Verjährg des Wandelgs- od MindergsR hat der Bü die Einr aus § 478, die nicht rgestaltd ist.

771 *Einrede der Vorausklage.* **Der Bürge kann die Befriedigung des Gläubigers verweigern, solange nicht der Gläubiger eine Zwangsvollstreckung gegen den Hauptschuldner ohne Erfolg versucht hat (Einrede der Vorausklage).**

1   **1) Bedeutung.** Der Bü haftet nur hilfsw, also nicht als GesSchu mit dem HauptSchu. Die verzögerl Einr ist nur zu beachten, wenn der Bü sie geltd macht. Gl hat dann die Vorauss des § 771 od das Vorliegen eines AusnFalles (Rn 2) darzulegen. Die Bezeichng Vorausklage ist ungenau, nötig ist VollstrVersuch gg den HauptSchu wg der Hauptschuld aGrd Urt od and Titels. Jeder zul VollstrVersuch genügt, für Bürgsch wg GeldFdgen vgl aber § 772. Ein einziger VollstrVersuch genügt, mag Schu auch inzw wieder Zugriffsobjekte in die Hand bekommen haben. Bei Verbürgg für eine Schuld der OHG ist vergebl VollstrVersuch auch gg die pers haftden Gter nicht erforderl (MüKo/Pecher Rn 4, RGRK/Mormann Rn 1; aA Soergel-Mühl Rn 1). Anspr gg den NachBü (vgl Einf 9) setzt vergebl VollstrVersuch gg den HauptSchu u den Bü voraus. – Die Einr hemmt die Verj nicht, § 202 II.

2   **2) Ausnahmen.** Der Einr bedarf es nicht, vielmehr muß Gl mehr darlegen ggü dem AusfallBü (vgl Einf 11). – Sie ist ausgeschl in den Fällen des § 773, bes selbstschuldner Verbürgg. Solche ist stets anzunehmen bei Bürgsch eines Vollkaufm, wenn diese für ihn ein HandelsGesch ist, HGB §§ 349, 351. – Ausschl ferner in den Fällen der gesetzl BüHaftg (vgl Einf 2). – SicherhLeistg dch Bürgsch vgl § 239 II.

772 *Vollstreckungs- und Verwertungspflicht des Gläubigers.* **[1] Besteht die Bürgschaft für eine Geldforderung, so muß die Zwangsvollstreckung in die beweglichen Sachen des Hauptschuldners an seinem Wohnsitz und, wenn der Hauptschuldner an einem anderen Orte eine gewerbliche Niederlassung hat, auch an diesem Orte, in Ermangelung eines Wohnsitzes und einer gewerblichen Niederlassung an seinem Aufenthaltsorte versucht werden.**

[2] Steht dem Gläubiger ein Pfandrecht oder ein Zurückbehaltungsrecht an einer beweglichen Sache des Hauptschuldners zu, so muß er auch aus dieser Sache Befriedigung suchen. Steht dem Gläubiger ein solches Recht an der Sache auch für eine andere Forderung zu, so gilt dies nur, wenn beide Forderungen durch den Wert der Sache gedeckt werden.

1   **1) Bürgschaft für Geldforderung.** Abs I regelt den durch § 771 geforderten VollstrVersuch bei Bürgsch wg GeldFdgen näher. Nur VollstrVersuch in die bewegl Sachen des HauptSchu an den in Abs I genannten Orten (vgl dazu § 773 Nr 2) ist erforderl, nicht in Grdst, Fdgen od and VermRechte. BewLast: Gl.

2   **2) Andere Sicherheiten.** Abs II bezieht sich ebenf nur auf die Bürgsch wg GeldFdgen u läßt die Sachhaftg der BüHaftg vorgehen. Dazu gehören vertragl u ges Pfd- u ZbR an bewegl Sachen, auch InhPapieren (§ 1293), nicht an Grdst, Fdgen u VermR. Auch PfdgsPfdR, Sichgs- u VorbehEigt, außer im AnwBereich des § 13 III VerbrKrG. – Keine vorgehde VerwertgsPfl des Gl, wenn sein BefriediggsR zugl für eine weitere Fdg als die dch Bürgsch gesicherte an ders Sache besteht u nicht beide Fdgen gedeckt sind, außer das BefriediggsR wg der dch Bürgsch gesicherten Fdg hat Vorrang vor dem BefriediggsR wg der and Fdg (MüKo/Pecher Rn 5, RGRK/Mormann Rn 3). – BewLast: Bürge.

773 *Ausschluß der Einrede der Vorausklage.* ^I Die Einrede der Vorausklage ist ausgeschlossen:

1. wenn der Bürge auf die Einrede verzichtet, insbesondere wenn er sich als Selbstschuldner verbürgt hat;
2. wenn die Rechtsverfolgung gegen den Hauptschuldner infolge einer nach der Übernahme der Bürgschaft eingetretenen Änderung des Wohnsitzes, der gewerblichen Niederlassung oder des Aufenthaltsorts des Hauptschuldners wesentlich erschwert ist;
3. wenn über das Vermögen des Hauptschuldners der Konkurs eröffnet ist;
4. wenn anzunehmen ist, daß die Zwangsvollstreckung in das Vermögen des Hauptschuldners nicht zur Befriedigung des Gläubigers führen wird.

^{II} In den Fällen der Nummern 3, 4 ist die Einrede insoweit zulässig, als sich der Gläubiger aus einer beweglichen Sache des Hauptschuldners befriedigen kann, an der er ein Pfandrecht oder ein Zurückbehaltungsrecht hat; die Vorschrift des § 772 Abs. 2 Satz 2 findet Anwendung.

1) Allgemeines. Die Vorschr schließt die Einr der VorausKl (§ 771) in den genannten Fällen aus. Weitere Fälle sind §§ 349, 351 HGB. **1**

2) Ausschlußfälle, Abs I. BewLast beim Gl. – **a) Nr 1.** Der Verzicht bei Abschl des BürgschVertr od **2** nachträgl bedarf der Form des § 766 (BGH NJW **68**, 2332). Auf den Wortlaut kommt es nicht an. Verz liegt in der Verbürgg als SelbstSchu, idR auch bei Verpfl zur sof Zahlg zu einem best Ztpkt od wenn sich der Bü der sof ZwVollstr (§ 794 I Nr 5 ZPO) unterwirft. Aufgehoben ist nur die Subsidiarität, nicht die Akzessorietät der BüHaftg. HauptSchu u selbstschuldner Bü haften nicht als GesSchu (BGH WM **84**, 131). – **b) Nr 2.** Maßg Ztpkt ist InAnsprN des Bü. Die Erschwerg muß nach Abschl des BüVertr eingetreten sein. Bei jP steht Sitzverlegg gleich (RG **137**, 1 [13]). – **c) Nr 3.** Maßg Ztpkt ist InAnsprN des Bü, im Proz Schluß der letzten TatsVhlg. Die Einr der VorausKl lebt nach Beendigg des KonkVerf nicht wieder auf (Kln DB **83**, 104; bestr, Nachw vgl RGRK/Mormann Rn 4). Vgl auch Abs II. – **d) Nr 4.** Die Erfolgsaussicht ist gering nach ergebnisl ZwVollstrVersuch in and Sache, bei Ablehng der KonkEröffng mangels Masse, nach Eröffng des VerglVerf über das Verm des HauptSchu. Vgl auch Abs II.

3) Absatz II stellt klar, daß in den Fällen des Abs I Nr 3, 4 dem Bü das Recht verbleibt, den Gl vorweg **3** auf die Befriedigg aus einem VerwertgsR an bewegl Sachen gem § 772 II S 1 mit der Einschränkg gem dort S 2 zu verweisen.

774 *Gesetzlicher Forderungsübergang.* ^I Soweit der Bürge den Gläubiger befriedigt, geht die Forderung des Gläubigers gegen den Hauptschuldner auf ihn über. Der Übergang kann nicht zum Nachteile des Gläubigers geltend gemacht werden. Einwendungen des Hauptschuldners aus einem zwischen ihm und dem Bürgen bestehenden Rechtsverhältnisse bleiben unberührt.

^{II} Mitbürgen haften einander nur nach § 426.

1) Abgrenzung: Kann der Zuwendde die Leistg entw als Bü od als Dr bewirken, so kommt es auf seine **1** Zweckbestimmg an (vgl § 267 Rn 4). Leistet er ohne Zweckbestimmg, so kommt es wie iF des § 812 (vgl dort Rn 42) darauf an, als wessen Leistg sich die Zuwendg bei obj Betrachtungweise aus der Sicht des Empf darstellt (BGH NJW **86**, 251). Dem Bü, der den Gl befriedigt, kann ein RückgrAnspr gg den HauptSchu unter zwei unterschiedl rechtl Gesichtspunkten zustehen (BGH **95**, 375).

a) Innenverhältnis. Zw dem Bü u dem HauptSchu besteht meist ein RVerhältn. Der Bü kann sich aber **2** auch aGrd einer Beziehg zum Gläub verbürgt haben. RechtsGrd im Verh zum Schu kann Auftr, GeschBesVertr (BankBürgsch), Schenkg, im Falle der Nichtigk GoA sein (BGH NJW-RR **93**, 200, Stgt ZIP **94**, 200). Der RückgrAnspr folgt dann aus §§ 675, 683, 684, 670. Diesen Anspr betrifft § 774 nicht.

b) Übergegangene Gläubigerforderung. Nur sie ist in § 774 geregelt. Hat der Bü in Unkenntn dessen **3** bezahlt, daß die Schuld bereits erfüllt war, scheidet der ges FdgsÜbergang aus.

c) Verhältnis der Ansprüche zueinander. Nach überw Meing handelt es sich um zwei Anspr, zw **4** denen der Bü die Wahl hat (Kln NJW-RR **89**, 1266, Soergel/Mühl Rn 1, RGRK/Mormann Rdn 5, wohl auch BGH WM **64**, 849; aA Larenz II § 64 III, MüKo/Pecher Rn 13: ein StreitGgst, AnsprKonkurrenz). Das ist von Bedeutg für die Einwdgen des Schu. Dem RückgrAnspr des Bü aus dem InnenVerh kann er nach überwiegdr Meing alle, aber auch nur die Einwdgen aus diesem, nicht dagg solche aus dem übergegangenen RVerhältn des Schu zum Gl entgghalten. Auch ob er dem Bü entgghalten kann, daß dieser nicht ow hätte zahlen dürfen od im RStreit gg den Gl verabsäumt habe, Einwdgen oder Einr vorzubringen, bestimmt sich nach dem InnenVerh des Schu zum Bü. Auch ein SchadErsAnspr des Bü kann sich aus dem InnenVerh ergeben. Umgekehrt kann der Schu dem Bü gem Abs I S 3 gg die übergegangene Fdg alle Einwdgen aus dem InnenVerh entggsetzen.

2) Rückgriffsanspruch. § 774 regelt nur den Anspr gem Rn 3, nicht den aus dem InnenVerh (Rn 2). **5** Abdingbar (BGH **92**, 374). Er entsteht aufschieb bdgt bereits mit Übern der Bürgsch, Bdgg ist die Befriedigg des Gl dch den Bü (BGH NJW **74**, 2000 [2001], Mü WM **88**, 1896).

a) Gesetzlicher Forderungsübergang. Da regelmäß der Bü ein RückgrR gg den HauptSchu hat, **6** erlischt die HauptFdg nicht dch Tilgg der BürgschSchuld, sond geht unabhäng vom Vorliegen eines RückgrR aus dem InnenVerh kr G auf den Bü über. Leistet der Bü auf eine wg GeschUnfgk nichtige DarlSchuld, so geht der RückgewährAnspr des Gl gg den GeschUnfäh aus ungerechtf Ber auf den Bü über (Kln MDR **76**, 398). War sonst die gesicherte Fdg nicht entstanden od erloschen, kann sie nicht übergehen. Der Bü erwirbt mit der Zahlg ohne RGrd einen BereicherungsAnspr gg den Gl, da er seine eig (nicht bestehende)

Verbindlichk erf wollte. Ebso bei Unwirksamk des BürgschVertr; jedoch können Bü u Gl noch bei Zahlg einen BürgschVertr u Leistg zu seiner Erf vereinb (BGH BB **64**, 907). Nach- u Rückbürgsch vgl Einf 9, 10; Wechselbürgsch u BGB-Bürgsch für eine Wechselverbindlichk vgl Einf 22. Nach BGH NJW **73**, 1077 (abl André NJW **73**, 1495) soll eine öffrechtl Fdg dch diesen Übergang zu einer privaten Fdg werden: ord RWeg, wenn ZollBü nach Zahlg im Konk FeststellgsKl über Höhe u VorR der übergegangenen ZollFdg erhebt. Wodch die Fdg dch den ges Übergang ihre RNatur verlieren soll u welches dann ihre privatr neue AnsprGrdl sein soll, sagt der BGH allerd nicht. – **Kein gesetzlicher Forderungsübergang** wg fehlenden Schutzbedürfn für den Bü, dem der Gl die BürgschSchuld erläßt; die HauptFdg kann in diesem Fall nur dch – auch konkludente – Abtr auf den Bü übergehen (BGH DB **90**, 368; aA RGRK/Mormann Rn 1). Kein Übergang bei bloßer Sicherstellg od noch nicht endgült Befriedigg des Gl, zB bei Leistg des Bü aGrd nur vorl vollstreckb Urt od aGrd (selbst rkräft) VorbehUrt (BGH **86**, 267) od bei der Vereinbg, daß bei nicht ausreichden Zahlgen des Bü die Fdg des Gl erst dann übergehen soll, wenn sie voll befriedigt ist u die Zahlgen bis dahin nur als Sicherh gelten (BGH **92**, 374); in diesem Fall mangels abw Vereinbg auch kein RückgrAnspr aus dem InnenVerh zum Gl (Reinicke/Tiedtke JZ **90**, 327; aA Kln JZ **90**, 343). Dagg hat der Bü den RückgrAnspr, wenn der Gl zu erkennen gibt, daß er sich aus der gezahlten BürgschSumme befriedigt hat, die Leistg des Bü also nicht mehr bloß als Sicherh betrachtet (BGH NJW **87**, 374; Reinicke/Tiedtke JZ **90**, 327).

7   **b) Befriedigung des Gläubigers** in erster Linie dch Zahlg. Auch ErfSurrogate genügen, zB Freistellg des HauptSchu von Verpfl (BGH WM **69**, 1103), Aufr mit eig Fdgen, Hinterlegg unter Verz auf Rückn (BGH DB **90**, 368). Vergleichen sich Gl u Bü auf einen geringeren Betr, so geht die Fdg kr Ges in ermäßigter Höhe auf den Bü über. Hat der Bü iF des VerglVerf den Gl über die VerglQuote hinaus befriedigt, so hat er insow keinen RückgrAnspr gg den HauptSchu (BGH **54**, 117). – Hat sich Bü für alle 8 **Gesamtschuldner** verbürgt, so gilt nichts Besonderes; die GesSchu sind nunmehr seine Schu; Ausgl unter ihnen nach § 426 II (BGH **46**, 14). Hat sich der Bü nur für einen von ihnen verbürgt, so geht, wenn er den Gl befriedigt, die Fdg nur gg diesen auf ihn über, zugleich aber auch dessen AusglAnspr gg die übr GesSchu nach § 426 II, sow er Ausgl verlangen kann (BGH aaO), was sich nach der ZweckBestimmg, den Vereinbgen u der Interessenlage aller Beteil beurt. Hat der Bü im InnenVerh nur für den Anteil eines v mehreren GesSchu gebürgt u ist er nur hierfür in Anspr gen worden, dann kann er gg die übr im InnenVerh nicht ausglpfl GesSchu nicht Rückgr nehmen (BGH Warn **76**, 98).

9   **c) Abhängige Nebenrechte** gehen gem §§ 412, 401 mit der HauptFdg auf den Bü über, auch wenn von Dr bestellt (unten Rn 13). An Zinsen kann der Bü nicht nur die gesetzl, sond auch die höheren zw DarlG u DarlN vereinb verlangen, da die Fdg mit allen akzessor NebenR auf ihn übergeht (BGH **35**, 172). Ebso steht dem Bü, der das Darl vorzeit zurückbezahlt hat, der Anspr auf Rückerstattg des nicht verbrauchten Teils vorausbezahlter Zinsen zu. Der NachBü, der den Gl befriedigt, erwirbt mit der Fdg gg den HauptSchu die gg den VorBü bestehen SichgR (BGH NJW **79**, 415). – **Selbständige Sicherungsrechte** (§ 401 Rn 5, 6) gehen nicht kr Ges über, sie hat der Gl mangels anderweit Vereinbg an den Bü abzutreten (BGH NJW **90**, 903, NJW **95**, 2635). ErfOrt ist der Sitz des Gl (BGH NJW **95**, 1546). NichtErf führt zu SchadErsAnspr des Bü (BGH aaO). Auch auf den Garanten (Einf 14 v § 765, Einf 14–18 v § 783) geht die HauptFdg nicht kr Ges über (aA Castellin WM **95**, 868 mwN), zumal das gewünschte Erg auch dch aufschiebd bdgte VorausAbtr der HauptFdg erreicht werden kann.

10   **d) Einwendungen gegen die Hauptforderung** verbleiben dem Schu nach dem Übergang auch gg den Bü, §§ 412, 404, selbst wenn Bü aGrd Verurteilg geleistet hat; das Urt hat keine Rechtskr gg den Haupt-Schu. Dieser kann ferner auch jetzt noch mit Fdgen gg den Gl iR der §§ 412, 406 dem Bü ggü aufrechnen (RG **59**, 209). Die GgMeing (vgl Tiedtke DB **70**, 1721) ist mit dem Ges nicht vereinb; allerd kann die Aufr im EinzFall gg Tr u Gl verstoßen. Der HauptSchu kann ferner die vom Bü dem Gl ggü verabsäumte Einr der Verj nach §§ 412, 404 dem Bü ggü erheben. Hat der HauptSchu inzw an den Gl in Unkenntn der Zahlg des Bü gezahlt, so ist er ggü dem Bü dch §§ 412, 407 geschützt.

11   **e) Einwendungen aus dem Innenverhältnis, Abs 1 S 3** (vgl Rn 2) kann der HauptSchu dem Bü auch gg die übergegangene HauptFdg entggsetzen. Der HauptSchu ist also, auch wenn der Bü den Anspr aus § 774 geltd macht, nur iR des InnenVerh verpfl (BGH WM **76**, 687, WM **92**, 908). So kann der HauptSchu zB einwenden, die Hauptschuld sei im Interesse des Bü aufgenommen od die Bürgsch sei eine Schenkg an den HauptSchu od der Bü sei ihm ggü ausglpfl (Stgt ZIP **94**, 200). BewLast: HauptSchu. Über entspr Anwendg im Verh zum NachBü vgl Einf 9.

12   **f) Keine Benachteiligung des Gläubigers, Abs 1 S 2.** Befriedigt der Bü den Gl nur teilw, so geht die HauptFdg samt abhäng NebenR teilw auf ihn über. Dch diese Konkurrenz mit dem Bü darf die RStellg des Gl, zu deren Verstärkg die Bürgsch diente, nicht beeinträchtigt werden. Desh hat der Gl mit der ihm verbliebenen TlFdg samt NebenR Vorrang vor dem Bü, sow dieser MitInh von HauptFdg u NebenR geworden ist, gleichgült ob das NebenR nur die verbürgte od daneben auch eine und nicht verbürgte Fdg des Gl sichert (BGH **92**, 374 u **110**, 41; aA Reinicke/Tiedtke DB **90**, 1953). – Zahlt Bü teilw währd des Konkurses, so steht er dem Gl nach, solange dieser nicht wg der RestFdg voll befriedigt ist, KO § 68 (BGH **27**, 51). Hat er bereits vor Eröffng teilw gezahlt, so steht er ihm zwar im KonkVerf gleich, der Gl kann aber von ihm den Betr herausverlangen, um den seine KonkQuote ohne die Teiln des Bü höher ausgefallen wäre (RG **83**, 401, RGRK/Mormann Rn 4; offengelassen BGH **92**, 374).

13   **g) Zusammentreffen von Bürgschaft und dinglicher Sicherung.** WahlR des Gl, welche Sicherh er zuerst in Anspr nimmt (Mü WM **88**, 1846). – Sämtl SichgsG stehen auf gleicher Stufe außer bei Bestehen einer bes Vereinbg zw ihnen od zw einem von ihnen u dem SichgN (BGH WM **90**, 1956). Mangels abw Vereinbg bestehen daher, auch wenn sie nicht GesSchu sind, anteil AusglAnspr der SichgsGeber unterein-and entspr § 426, soweit einer von ihnen den Gl befriedigt. Dies gilt für akzessor u nichtakzessor Sicherh in gleicher Weise (BGH **108**, 179, NJW **92**, 3228: Bürgsch u GrdSch). Ggteil Auffassgen führen zu nicht gewollten u sachl ungerecht Zufallsergebn, je nachdem welchen SichgsG der Gl zuerst in Anspr nimmt. Übers über den MeingsStand Tiedtke WM **90**, 1270, Sitzmann BB **91**, 1809.

3) Mitbürgen, Abs II, sind nach § 769 GesSchu. Gleichstuf Bü für dieselbe HauptVerbindlkt (BGH WM **14** **86**, 961) sind mangels abw Vereinbg einand ab Entstehg des GesSchuldVerh nach § 426 I zu gleichen Anteilen zum Ausgl verpfl (BGH WM **91**, 399), sow sich nichts and aus der Natur der Sache ergibt (BGH NJW **86**, 3131), was derjen zu beweisen hat, der sich darauf beruft (BGH **88**, 185, NJW **84**, 482). Verbürgen sich Gter für eine Schuld der G, so haften sie untereinand, sow nichts and vereinb ist, im Verh ihrer Beteiligg an der G, auch wenn sich die Antle zwzeitl geändert haben (Köln NJW **95**, 1685). Haben sich mehrere MitBü für dieselbe Fdg mit unterschiedl HöchstBetr verbürgt, so richten sich die AusglAnspr nach dem Verh, in dem die Höchstbetr zueinand stehen (Hamm NJW **91**, 297, Kln NJW **91**, 298: Quotenmodell; aA Bayer ZIP **90**, 1523: Haftg innerh der sich deckden HöchstBetr nach Kopfteln). Überträgt der eine von 2 Gtern einer GmbH, die sich beide für eine GSchuld verbürgt haben, seinen Antl auf den and, so ist idR als andweit Bestimmg iS des § 426 I 1 anzunehmen, daß im InnenVerh nunmehr der AlleinGter für die Erf der BürgschSchuld allein einzustehen hat (BGH DB **73**, 1543). Bei Teilbefriedigg dch einen MitBü AusglAnspr gg die übrigen MitBü auch dann, wenn die endgült Höhe der InAnsprN der Bü noch nicht feststeht (BGH NJW **86**, 3131) u die Teilzahlg unter der vom MitBü intern zu tragden Quote bei voller Insanspr aus der Bürgsch liegt (BGH **23**, 361, NJW **82**, 2306). Steht allerd in solchem Fall die ZahlgsUnfähigk des Haupt-Schu fest, so beschränkt sich der AusglAnspr des MitBü, der geleistet hat, auf den seine Quote übersteigen Tl der Leistg (BGH **83**, 206). Entlassg eines MitBü aus der BürgschFdg u Rückwirkg auf die AusglPfl vgl § 423 Rn 1ff. Abs II gilt entspr für den AusglAnspr zw dem Bü eines GesSchu u einem weiteren GesSchu, der sich nur sichergshalber mitverpfl hat (Celle NJW **86**, 1761), zB dch Schuldbeitritt (Hamm OLGZ **90**, 336). – Abw Vereinbg im BürgschVertr vgl § 769 Rn 3.

775 *Anspruch des Bürgen auf Befreiung.* [1] **Hat sich der Bürge im Auftrage des Hauptschuldners verbürgt oder stehen ihm nach den Vorschriften über die Geschäftsführung ohne Auftrag wegen der Übernahme der Bürgschaft die Rechte eines Beauftragten gegen den Hauptschuldner zu, so kann er von diesem Befreiung von der Bürgschaft verlangen:**

1. wenn sich die Vermögensverhältnisse des Hauptschuldners wesentlich verschlechtert haben;

2. wenn die Rechtsverfolgung gegen den Hauptschuldner infolge einer nach der Übernahme der Bürgschaft eingetretenen Änderung des Wohnsitzes, der gewerblichen Niederlassung oder des Aufenthaltsorts des Hauptschuldners wesentlich erschwert ist;

3. wenn der Hauptschuldner mit der Erfüllung seiner Verbindlichkeit im Verzug ist;

4. wenn der Gläubiger gegen den Bürgen ein vollstreckbares Urteil auf Erfüllung erwirkt hat.

[II] **Ist die Hauptverbindlichkeit noch nicht fällig, so kann der Hauptschuldner dem Bürgen, statt ihn zu befreien, Sicherheit leisten.**

1) Befreiungsanspruch. Nach Befriedigg des Gl hat der Bü den Rückgr aus § 774. Schon zuvor gibt ihm **1** § 775 bei gewissen InnenVerh (Auftr, GoA oder GeschBesVertr) uU einen BefreiungsAnspr gg den Haupt-Schu. § 775 ändert damit insb die ges Regelg der §§ 669 (Recht auf Vorschuß), 670 (Ersatz für Aufw vor Befriedigg) u 671 (KündR). Hat der Schu im VerglVerf den Gl mit der Quote befriedigt, erlischt wg der weitergehden Fdg der BefreiungsAnspr des Bü (BGH **55**, 117). – § 775 ist disposit; das vom Bü übernommene Risiko kann weiter eingeschränkt werden (BGH NJW **95**, 2635), auch ist (formloser) Verzicht des Bü zul; ein solcher mit dem Gl vereinb Verz kann auch als Vertr zG des HauptSchu gewertet und einredew von ihm geltd gemacht werden, wenn der Bü gleichwohl nach § 775 vorgeht (BGH **LM** Nr 1). § 775 gilt auch für den selbstschuldner Bü. Der Übern der Bürgsch im Auftr des HauptSchu steht gleich, wenn sich ein Gter für eine GesSchuld verbürgt. Nach seinem Ausscheiden kann er grdsätzl Befreiung von der Bürgsch dch die G verlangen, jedenf sobald eine weitere Vorauss des Abs I Nr 1–4 vorliegt (BGH WM **74**, 214); ebso bei Kaduzierg eines GmbHAntls (Hbg ZIP **84**, 707). – Vollstr geschieht nach ZPO § 887. – Der Befreiungs-Anspr verwandelt sich nicht uw in einen ZahlgsAnspr, sobald die ZahlgsUnfgk des HauptSchu u die InAnsprN des Bü feststehen; uU aber anders (RG **143**, 194; krit Kretschmer NJW **62**, 141). – Tritt der Bü seinen FreistellgsAnspr gg den HauptSchu an den Gl der HauptFdg ab, so verwandelt er sich in einen Anspr auf Erf der Fdg, v der zu befreien ist (BGH DB **75**, 445), also auf Zahlg. An and Pers als den Gl der HauptFdg ist der FreistellgsAnspr nicht abtretb (vgl § 399 Rn 4).

2) Die einzelnen Fälle. Nr. 1. Nachträgl wesentl Verschlechterg der VermVerh wie in §§ 321, 610 (vgl **2** § 321 Rn 2). – **Nr. 2.** Entspricht § 773 Nr 2. – **Nr. 3.** BefreiungsAnspr verbleibt dem Bü, wenn Gl u HauptSchu sich nach Eintritt des Verzugs ohne Zust des Bü über Stundg einigen (BGH WM **74**, 214); er erlischt, wenn HauptSchu nach VerzEintritt zahlt. Bei TeilVerz hat Bü nur entspr TeilbefreiungsAnspr (BGH JZ **68**, 230). **Nr. 4.** Vorl vollstreckb Urt genügt, ebso VollstrBescheid, Schiedsspruch. Nicht genügen Titel, an deren ZustKommen der Bü mitgewirkt hat, zB ProzVergl, vollstreckb Urk.

3) Sicherheitsleistung des Hauptschuldners. Abs II kommt nur in den Fällen des Abs I Nr 1 und 2 in **3** Frage. – **Kündigungsrecht** des Bü ggü dem Gl vgl § 765.

776 *Aufgabe einer Sicherheit durch den Gläubiger.* **Gibt der Gläubiger ein mit der Forderung verbundenes Vorzugsrecht, eine für sie bestehende Hypothek oder Schiffshypothek, ein für sie bestehendes Pfandrecht oder das Recht gegen einen Mitbürgen auf, so wird der Bürge insoweit frei, als er aus dem aufgegebenen Rechte nach § 774 hätte Ersatz erlangen können. Dies gilt auch dann, wenn das aufgegebene Recht erst nach der Übernahme der Bürgschaft entstanden ist.**

1) Allgemeines. Bei ZusTreffen von Bürgsch u dingl Sich vgl § 774 Rn 13. Keine allg SorgfPfl des Gl **1** ggü dem Bü (vgl Einf 6). Daher keine Pfl, die Hauptschuld zu kündigen, einzuklagen, zu vollstrecken, den

Bü irgendwie zu benachrichtigen, Stundg anzuzeigen; auch § 1166 gilt nicht entspr. And bei der Ausfall-bürgsch (vgl Einf 11). Der kreditgebde Gl darf sich bei der Frage weiterer KreditGewährg grdsätzl von seinen eig Interessen leiten lassen, desh strenge Anfdgen an SchadErsAnspr des Bü od Einwdg des RMißbr (BGH WM **68**, 1391). Jedoch hat auch der Gl dem Bü ggü Tr u Gl zu wahren u wird diesem schaderspfl, wenn er argl handelt od in bes schwerer Weise gg die Interessen des Bü verstößt (BGH WM **63**, 25, **67**, 367). Verwirkg des BürgschAnspr vgl § 768 Rn 1. – Bü ist dadch geschützt, daß er selbst alsbald zahlen u nach § 774 gg den HauptSchu vorgehen kann; auch schützt ihn § 775, wenn dessen Vorauss vorliegen.

2   **2) Aufgabe von Sicherheiten** dch den Gl befreit den Bü von seiner Verpfl wg des ges FdgsÜbergangs samt Nebenrechten, §§ 774, 412, 401, sow der Bü aus dem aufgegebenen R Ers hätte erlangen können.

3   **a) Aufgeben** verlangt vorsätzl Handeln. Fahrl Verschlechterg od Vernichtg der Sicherh durch den Gl berührt BüVerpflichtg nicht (BGH BB **60**, 70; NJW **66**, 2009: verspätete od unzureichde Verwertg); desgl nicht bloße Untätigk des Gl. Es genügt, daß das Recht erst nach Abschl des BürgschVertr entstanden ist, S 2. Aufgeben bedeutet rechtl Beseitigg od tatsächl Verlust der VerwertgsMöglichk, zB Verzicht, Rück-Übertr, RangRücktr (Kln NJW **90**, 3214), Verrechng des Erlöses auf eine and, nicht dch Bürgsch gesicherte Fdg (BGH WM **60**, 371). Entlassg eines GesSchu.

4   **b) Rechte,** wie in S 1 genannt; vgl auch § 401. Außerdem SichergsEigt, GrdSch (BGH WM **94**, 1161), EigtVorbeh (BGH **42**, 53), Rentenschuld (Kln NJW **90**, 3214), zur Sichg abgetretene Fdg (Mü MDR **57**, 356). BewLast für alles hat Bü. – Bei Zahlg in Unkenntn der Aufgabe kann Bü das Geleistete als ungerechtf Ber zurückfordern.

5   **c) Verzicht.** Bü kann auf die Rechte aus § 776 auch in FormularVertr wirks verzichten (BGH **78**, 137, **95**, 350, NJW **95**, 1886), ohne daß die Bürgsch zum GewährVertr wird (RG **153**, 345). Der Verz bezieht sich iZw auf alle unter § 776 fallenden Sichergen (BGH WM **60**, 371), außer der Gl gibt sie willkürl auf (BGH NJW- RR **86**, 518, WM **94**, 1161).

6   **d) Keine entsprechende Anwendung** auf and Fälle der RisikoÜbern wie Schuldbeitritt (BGH BB **62**, 1346), GarantieVertr, Aufr des Gl mit einer nicht verbürgten Fdg gg einen Anspr des HauptSchu (BGH NJW **84**, 2455). Ebso keine entspr Anwendg, wenn der Gl einen TeilBetr des dch Bürgsch gesicherten Darl vor Bestellg vereinb dingl Sicherh an den Schu ausbezahlt (Mü WM **88**, 1846). Keine entspr Anwendg auf das Verh des PfdgsPfdGl zum Verpfänder (BGH WM **91**, 399).

777   *Bürgschaft auf Zeit.* **[1] Hat sich der Bürge für eine bestehende Verbindlichkeit auf bestimmte Zeit verbürgt, so wird er nach dem Ablaufe der bestimmten Zeit frei, wenn nicht der Gläubiger die Einziehung der Forderung unverzüglich nach Maßgabe des § 772 betreibt, das Verfahren ohne wesentliche Verzögerung fortsetzt und unverzüglich nach der Beendigung des Verfahrens dem Bürgen anzeigt, daß er ihn in Anspruch nehme. Steht dem Bürgen die Einrede der Vorausklage nicht zu, so wird er nach dem Ablaufe der bestimmten Zeit frei, wenn nicht der Gläubiger ihm unverzüglich diese Anzeige macht.**

[II] Erfolgt die Anzeige rechtzeitig, so beschränkt sich die Haftung des Bürgen im Falle des Absatzes 1 Satz 1 auf den Umfang, den die Hauptverbindlichkeit zur Zeit der Beendigung des Verfahrens hat, im Falle des Absatzes 1 Satz 2 auf den Umfang, den die Hauptverbindlichkeit bei dem Ablaufe der bestimmten Zeit hat.

1   **1) Anwendungsbereich.** Die nicht notw kalenderm ZeitBest im BürgschVertr kann einen unterschiedl Sinn haben, der dch Auslegg zu ermitteln ist.

   a) Anwendbar ist § 777, wenn die ZeitBest bedeutet, daß der Gl den Bü innerh der best Fr in Anspr nehmen muß, andernf der Bü frei wird. Das wird bei Bürgsch für eine bereits bestehde Verbindlk fast stets gemeint sein (BGH WM **74**, 478). AusleggsRegel zG des Gl, da andernf der Bü mit Ablauf der Fr ow frei würde, §§ 163, 158 II (BGH WM **66**, 276). Erlöschen „3 Mo nach Beendigg des MietVertr" kann iW der Auslegg bedeuten 3 Mo nach Räumg (Ffm WM **79**, 1318). Ist vereinb, daß die Bürgsch an einem kalenderm best Tag erlischt u fällt dieser auf einen Sonntag, so gilt mangels ausdr anderw Vereinbg § 193 (BGH **99**, 288).

2   **b) Nicht anwendbar** ist § 777, wenn die Bürgsch ggstdl beschr ist auf Fdgen, die innerh einer best Zeitspanne entstanden sind (Zweibr WM **94**, 788). Diesen Sinn hat die ZeitBest im allg bei der Bürgsch für künft od in der Entwicklg begriffene Verbindlk (§ 765 II), insb bei der KreditBürgsch (§ 765 Rn 6, 7; BGH WM **69**, 35), bei der der WirtschFörderg diendn öff Bürgsch für BetrMittelKredite mit verlängerb Fr (KG NJW-RR **95**, 1199), bei der HöchstBetrBürgsch für einen Kontokorrentkredit (BGH NJW **88**, 908), bei der GewlBürgsch (Kln NJW-RR **86**, 510). Hier begrenzt die Zeitabrede in Wahrh ggständl den Umfang der BüPfl. Das gleiche gilt mangels einer klaren und lautden Vereinbg für die ProzBürgsch (BGH NJW **79**, 417). Ebenf nicht anwendb, wenn die Part vereinb haben, daß der Gl die Erkl, daß er den Bü in Anspr nehme, bis zu einem best Termin abgegeben haben muß, andernf die Bürgsch entspannt (BGH NJW **82**, 172); unbezifferte Anz genügt in diesem Fall (Karlsr WM **85**, 770). Künd macht die unbefristete Kreditbürgsch nicht zu einer ZtBürgsch (BGH NJW **85**, 3007). Keine Zt-, sond eine auflösd bdgte Bürgsch ist deren übergangsw Übern bis zur Bestellg einer anderw Sicherh (BGH WM **79**, 833). Die Fälligk der Hauptschuld zu einem best Termin ergibt nicht die Vereinbg einer ZtBürgsch (Mü WM **84**, 469).

3   **2) Wirkungen.** Hält der Gläub das nach § 777 einzuschlagde Verf der Inanspruchn ein, so haftet der Zeitbürge im Umfang des II, andernf wird er frei. Steht dem Bü die Einr der VorausKl zu, gilt Abs I S 1, anderf S 2. Die – auch unbezifferte (Karlsr MDR **85**, 585) – Anz des Gl an den Bü auf InAnsprNahme muß unverzügl nach ZtAblauf, kann aber auch schon vorher erfolgen (BGH **76**, 81). Hat sich der selbstschuldner Bü für eine bestehde, aber noch nicht fäll Verbindlk nur auf best Zeit verbürgt, so erhält die fristgerechte Anz dem Gl die Rechte aus der Bürgsch grdsätzl nur, wenn die Fälligk der Hauptschuld innerh der BürgschZeit (BGH **91**, 349), sei es auch gleichzeit mit dieser (BGH NJW **89**, 1856) eintritt; dies auch dann, wenn im Ztpkt der Anz die Fälligk der Hauptschuld u der Ablauf der BürgschZt unmittelb bevorstehen u die NichtErf dch den HauptSchu abzusehen ist (BGH WM **87**, 1357). Unverzügl KlErhebg gg den Bü ist nicht nöt, § 270 III ZPO gilt nicht (BGH NJW **82**, 172). Gibt nach rechtzeit Anz der Bü im Anschl an die erste ZeitBürgsch eine weitere solche, so liegt darin rechtl eine Stundg der fäll Fdg aus der ersten Zeit-Bürgsch, sie erlischt nicht (BGH NJW **83**, 750). – Die Pfl zur Anz ist abdingb, aber nicht wirks in FormularVertr (Tiedtke DB **90**, 411, Kln WM **86**, 14; aA Hamm NJW **90**, 54, Schröter WM **86**, 14). Die Berufg des Bü auf fehlde Fälligk der HauptFdg bei Ablauf der Frist kann im EinzFall treuwidr sein (Ffm WM **88**, 1304).

778 *Kreditauftrag.* **Wer einen anderen beauftragt, im eigenen Namen und auf eigene Rechnung einem Dritten Kredit zu geben, haftet dem Beauftragten für die aus der Kreditgewährung entstehende Verbindlichkeit des Dritten als Bürge.**

1) Begriff. Der KreditAuftr ist ein AuftrVertr mit dem Inhalt, daß der Beauftr einem Dr Kredit gewährt. **1** In § 778 ist ledigl eine RFolge geregelt. Die Abgrenzg von der Bürgsch für künft Schuld, insb der Kredit-bürgsch (vgl § 765 Rn 7), ist oft schwier. Maßgebd für den KreditAuftr ist das nach dem übereinstimmden Willen der VertrParteien bestehde **eigene Interesse des Auftraggebers** an der Gewährg von Geld- od Warenkredit (BGH DB **56**, 890, Ffm NJW **67**, 2360: Architekt).

2) Merkmale. – a) Auftragsvertrag mit dem in Rn 1 beschriebenen Inhalt. Wesentl ist, daß der antrag- **2** de AuftrG einen Anspr gg den Beauftr auf Kreditgewährg an einen Dr erwerben will u in diesem Zushg seinen rechtsgeschäftl VerpflWillen (im Ggs zu Empfehlg, Anregg) erkennb zum Ausdr bringt (BGH WM **60**, 880) u daß ands der Beauftr sich zur Ausf des Auftr verpfl (BGH DB **56**, 890). Hierin liegt der Unterschied zur Kreditbürgsch. Ohne solche Verpfl kann es sich nur um Bürgsch oder GewährVertr (Einf 16–20) handeln. Die Beauftragg bedarf nicht der Form des § 766. Unter § 778 fällt auch die entgeltl Beauftragg (Vertr nach § 675), zB unter ProvZusage.

b) Auf **Kreditgewährung im eigenen Namen und für eigene Rechnung** an einen Dr muß die Verpfl **3** des Beauftr gerichtet sein. Es kann sich um Geld- od Warenkredit handeln, Geldkredit auch an einen Akzeptanten zur Einlös eines Wechsels (BGH WM **84**, 422). Verlängerg eines schon gewährten Kredits genügt. Soll dagg der Beauftr im Namen od für Rechng des AuftrG leisten, so liegt gewöhnl Auftr vor. Ebso ist kein KreditAuftr das Akkreditiv (vgl Einf 11 vor § 783).

3) Rechtswirkungen. – a) Bis zur Kreditgewährung od verbindl Zusage gilt AuftrR. Daraus folgt ua: **4** Der AuftrG kann frei widerrufen, § 671 I, der Beauftr iR des § 670 kündigen, iF entgeltl Kreditgewährg (GeschBesVertr) analog § 610 (MüKo/Pecher Rn 7). Der Beauftr hat – anders als der Gl bei der Bürgsch – ggü dem AuftrG vertragl SorgfPfl. – Der Beauftr hat kein Recht auf Vorschuß nach § 669, da das dem Wesen des KreditAuftr widersprechen würde.

b) Nach der Kreditgewährung haftet der AuftrG dem Beauftr für die Verbindlich des Dr als Bü. Es **5** gelten alle BürgschRegeln.

Neunzehnter Titel. Vergleich

Einführung

Der 19. Titel enthält nur eine BegriffsBest u die Regelg für den Fall eines beiderseit Irrt über einen Umst, **1** der außerh des Streites der Part lag. – **Prozeßvergleich** § 779 Rn 29–33 u ZPO §§ 81, 83, 98, 160 III Nr 1, 279, 794 I Nr 1, 1044a (SchiedsVergl). Der **Zwangsvergleich** im Konk u nach der VerglO sind Sonderfor-men des bürgerlrechtl Vergl; sie sind in den genannten G geregelt. – Auch bei **öffentlichrechtlichen Verhältnissen** ist Vergl mögl, wenn keine öffrechtl zwingen Vorschr entggstehen. Nöt ist auch hier Einigg der Part, daher nicht, wenn Leistg auf behördl Bescheid beruht (BGH NJW **63**, 2326). – Vergleichsw Verzicht auf erdienten Tariflohn vgl § 611 Rn 69.

779 *Begriff; Irrtum über die Vergleichsgrundlage.* ^I **Ein Vertrag, durch den der Streit oder die Ungewißheit der Parteien über ein Rechtsverhältnis im Wege gegenseitigen Nachgebens beseitigt wird (Vergleich), ist unwirksam, wenn der nach dem Inhalte des Vertrags als feststehend zugrunde gelegte Sachverhalt der Wirklichkeit nicht entspricht und der Streit oder die Ungewißheit bei Kenntnis der Sachlage nicht entstanden sein würde.**

^{II} **Der Ungewißheit über ein Rechtsverhältnis steht es gleich, wenn die Verwirklichung eines Anspruchs unsicher ist.**

1) Bürgerlichrechtlicher Vergleich. – a) Rechtsnatur. Der Vergl ist, wie sich aus der Stellg im Ges **1** ergibt, ein schuldr Vertr. Er stellt zw den Part fest, was rechtens ist (MüKo/Pecher Rdn 21), verändert meist das ursprüngl AusgangsRVerh u kann eine bisher nicht od in geringerer Höhe bestehde Schuld neu begrün-den. Er wirkt nur zw den Part, die ihn abgeschlossen haben; auch der außergerichtl SaniergsVergl des Schu mit einer Mehrzahl von Gl wirkt nicht für u gg die Gl, die ihm nicht zugestimmt haben (BGH NJW **92**, 967). Sehr häuf enthält er zugl die ErfGesch, zB Aufl, Abtr, od and Vfgen wie Verzicht, Stundg. Aus der schuldr Natur des Vergl folgt ua, daß sich die Sach- und RMängelhaftg hins einer vergleichsw gegebenen Sache nach KaufR bestimmen (BGH NJW **74**, 363), es sei denn, daß die Part sich gerade über die RWirkgen eines Mangels verglichen haben (RG **90**, 169). RFolge der schuldr Natur des Vergl ist auch, daß dch ihn nicht mit dingl Wirkg ein nicht bestehdes ErbR begründet werden kann (BayObLG **66**, 236). Weitere Folge: die Nichtigk des Vergl ergreift nicht ow die dingl VfgsAkte; der Ausgl findet in diesem Falle durch

BereichergsAnspr nach §§ 812 ff statt. – Die hM (zB Staud-Brändl Rdn 9) hält den Vgl stets für einen ggs Vertr, weil beide Part im AbhängigkVerhältn voneinand nachgeben. Das trifft nicht zu, denn beiderseit Nachgeben ist TatbestdsMerkmal, nicht aber Inhalt einer LeistgsPfl im Austausch (vgl Einf 7 vor § 320). Vielm ist der Vgl nur dann – allerd häuf, nach BGH WM **74**, 369 sogar idR – ggs Vertr, wenn er ggs Verpfl, abhäng voneinand, begründet od festlegt (MüKo/Pecher Rdn 22, Esser-Weyers § 42 III 2 c).

2   **b) Form.** Der Vergl ist regelm formlos wirks. Enthält er aber formbedürft Verpfl- od ErfGesch, so gilt Formzwang auch, soweit diese Gesch vergleichshalber vorgenommen werden. So zB bei Eingeh einer Bürgsch (§ 766), bei GrdstGesch (vgl § 313 Rn 14, 39–44) od Verpfl zur VermÜbertr (§ 311). **Prozeßvergleich** ersetzt jede nach BGB erforderl Form, § 127a (BGH **35**, 310). Das gilt auch für die in § 794 I Nr 1 ZPO genannten Titel, nicht für den AnwaltsVergl gem § 1044b ZPO.

3   **c) Vertretung.** Grdsätzl gelten §§ 164 ff. Vergl des Vormds, Pflegers u über Unterh für die Zukunft bedarf der vormundschgerichtl Gen, §§ 1822 Nr 12, 1915 I, 1615e II (and teilw bei den Inhabern der elterl Sorge, § 1643 I). VertrBefugn des Prokuristen HGB § 49, HandlgsBevollm HGB § 54, Handelsvertreters HGB § 55, KonkVerw KO § 133 Nr 2, ProzBevollm ZPO §§ 81, 83, der Versicherg §§ 5 Nr 7 AHB, 10 Nr 5 AKB.

4   **2) Streit oder Ungewißheit über ein Rechtsverhältnis** (AusgangsRVerh). – **a) Streit oder Ungewissheit** können auf tatsächl od rechtl Gebiet liegen. Sie beruhen auf Zweifeln beider Part über das AusgangsRVerh od auf Zweifeln einer Part, die der and bekannt sind. Nicht erforderl ist, daß ein geltd gemachter Anspr wirkl besteht, es genügen Streit oder Ungewißh der Part darü, subj Zweifel, die den Bestand des AusgangsRVerh betreffen (BGH NJW-RR **92**, 363). Ungewißh kann auch vorh sein, ohne daß ein Streit besteht, zB bei Ungewißh der künft Gestaltg von bdgten Anspr, bei Unsicherh der Verwirklichg eines Anspr, § 779 II. Auch Ungewißh über die künft REntwicklg. Es genügt auch, wenn Ungewißh od Streit sich nur auf EinzelPkte des im über unstreit RVerh bezieht, zB auf Fällig, Verzinsg, ErfOrt, eine Einr.

5   **b) Rechtsverhältnis** ist weit zu fassen (BGH NJW-RR **92**, 363), erfordert aber, daß sich die RBeziehg zw den VerglPartnern schon so verdichtet u konkretisiert haben, daß der eine Tl auf die EntschließgsFreih des and einwirken kann. Dies ist im EinzFall nach den für das RVerhältn geltden ges Vorschr zu beurt (BGH NJW **80**, 889). Das RVerh muß zw den Part bestehen u ihrer VfgsBefugn unterliegen (BGH **14**, 381 [387]); vgl unten Rn 6. Wirks ist daher ein Vergl über Gültigk u Auslegg eines Testaments (vgl jedoch auch oben Rn 1). Vergl über Stationiergsschaden zw Geschädigten u der zust Beh (BGH **39**, 60), über EnteignsEntschädigg im EnteignsVerf (BGH NJW **72**, 157), Einigg zw StrBaulastträger u GrdstEigtümer über Entgelt für Grdst nach Abschl des PlanfeststellsVerf (BGH NJW **72**, 2264). Dagg liegt im Verk eines Grdst für Straßenbauzwecke vor Einleitg des PlanfeststellsVerf kein Vergl, weil zw den Part noch kein RVerhältn besteht (BGH **59**, 69). Der ungewisse Anspr kann künft, bdgt od betagt sein.

6   **c) Dispositionsbefugnis der Parteien über das Rechtsverhältnis.** Der Vergl ist nur wirks, wenn das RVerh der DispositionsBefugn der Part unterliegt. – **aa) Nichtigkeit.** Unwirks sind Vergl, wenn zwingde RSätze entgegstehen, zB über StatusVerh wie Ehe (BGH **15**, 190), Abstammg (RG **164**, 62), über Begr eines ErbR (BayObLG **66**, 233), über den Nachl eines noch leb Dritten (§ 312), über den gesetzl UnterhAnspr der Verwandten für die Zukunft, § 1614; anders bei Vergl über den UnterhAnspr für die Zt nach der Scheidg, § 1585c. Ebso können unabdingb arbrechtl Anspr nicht Ggst eines Vergl sein, zB §§ 9 LFG, 13 BUrlG, Tariflohn (vgl § 611 Rn 69). Der Vergl kann im EinzFall wg Verstoßes gg kartellr VorschrV nichtig sein (näher Schmidt JuS **78**, 736). Ein Vergl über einen UnterlAnspr verstößt nicht gg § 1 GWB, wenn ein ernsth, obj begründeter Anlaß zur Bejahg des geltd gemachten Anspr besteht u die wettbewbeschränkden Abreden sich innerh der Grenzen desjen halten, was bei obj Beurteil ernstl zweifelh sein kann (BGH **65**, 147). Ferner schränken KlagVergl die §§ 50, 53, 93 IV, 309 III) u die GmbHG (§ 9b I) die VerglBefugn

7 ein. – **bb) Rechtskräftiges Urteil.** Ist das RVerh durch rechtskr Urt festgestellt, so ist eine anderweit Vereinbg der Part über dasselbe RVerh kein Vergl, sond Begr eines neuen RVerh. And nur dann, wenn über den UrtInhalt (Auslegg) od über die Durchsetzg des Urt Streit od Ungewißh herrscht. Dann ist Vergl mögl, der aber nicht das Urt beseitigen kann, sond nur über die VollstrGegenklage geltd zu machde Einr gibt.

8 – **cc)** Vergl zur **Abwendung eines Strafverfahrens** ist, soweit es sich um AntrDelikte handelt, zul, sofern nicht im Einzelfall sittenwidr. Aus einem Vergl auf Rückn des StrafAntr kann auch auf Erf geklagt werden (BGH NJW **74**, 900).

9   **3) Gegenseitiges Nachgeben** sind Zuständn irgdwelcher Art, um zu einer Einigg zu kommen (BGH NJW **70**, 1122 [1124]). „Ggs" bedeutet dabei, daß jeder Teil nachgibt, weil auch der and dies tut (Mü NJW **69**, 1306).

    a) Nachgeben: Es genügt, daß die Part sich ohne längere AuseinandS od ggs Feilschen auf eine best Geldsumme einigen (BGH **39**, 60). Der Ausdr „ggs Nachgeben" ist nicht im jurtechn Sinne, sond nach dem SprachGebr des Lebens aufzufassen (BGH **39**, 60). Es genügt daher jedes Opfer, das eine Part auf sich nimmt, mag es auch ganz geringfüg sein (BGH **39**, 63), od mag obj ein Opfer gar nicht vorliegen; also auch Verz auf vermeintl Anspr (BGH **1**, 57). Es genügt auch, wenn eine Seite den Anspr ganz befriedigt od aufgibt u die and eine GgLeistg irg Art übernimmt. Es ist ferner nicht erforderl, daß Nachgeben sich gerade auf das streit od ungewisse RVerh bezieht (Warn **30** Nr 89). Nachgeben liegt auch vor bei Stundg od Einräumg von Teilzahlung (vgl aber unten Rn 10) au bei Übern der Kosten od Herabsetzg des Zinsfußes. Kein Nachgeben ist dagg die bloße „Abrechng" des vom Schädiger für obj gerechtf gehaltenen Betr unter Abstrichen von MehrFdgen des Geschädigten, deren Einklagg sie ihm überläßt (BGH NJW **70**, 1122). Liegt tatsächl ein Nachgeben vor, so ist unerhebl, daß die eine Part ihre Leistg als freiw Zuwendg bezeichnet.

10   **b) Kein Vergleich, wenn nur eine Partei nachgibt,** also bei bloßem Anerkenntn od Verzicht od bei bloßer Stundg, Teilzahlgsgewährg ohne jede GgLeistg (RG **146**, 358). Doch kann es sich um ggs Zugeständn handeln, wenn der Schu ein schriftl Anerk erteilt u der Gläub dafür auf die Erwirkg eines Titels verzichtet (BGH **39**, 60).

4) Die Wirkung des Vergleichs liegt darin, daß der Streit od die Ungewißh beseitigt wird. – **a) Regel- 11 mäßig keine Umschaffung.** Der Vgl läßt das ursprüngl RVerhältn idR weiterbestehen (BGH NJW-RR **87**, 1426), von Bedeutg insbes für gegebene Sicherh und Lauf der VerjFrist. Für die im Vergl selbst eingegangenen LeistgsPfl schafft er eine neue RGrdl, die für diese LeistgsPfl ein Zurückgreifen auf den alten Vertr nicht mehr erlaubt (BGH WM **79**, 205 für Einr der Verj). Aus den Umst kann sich der PartWille ergeben, daß Vergl umschaffd wirken u ein neues SchuldVerh an Stelle des alten treten soll, zB dch Begr eines neuen selbständ SchuldVerspr (§§ 780, 781), dch echte (§ 607 Rn 15–18) Umwandlg in ein Darl (§ 607 II) oder wenn der urspr Anspr bereits verj war. In diesem Fall erlöschen die früher gegebenen Sicherh.

b) Wirkung über das streitige Rechtsverhältnis hinaus. Der Vergl braucht sich nicht auf das streit 12 RVerh zu beschränken, sond kann sich auch auf and RBeziehgen der Part erstrecken. Ein Vergl über alle ggs Anspr erstreckt sich bei interessengerechter Auslegg idR nicht auf zur Zt des VerglAbschl unbekannte Anspr, im EinzFall kann der erkennb erklärte PartWille aber dahin gehen. Prakt bedeuts vor allem für den **Abfindungsvergleich.** In ihm übernimmt der Berecht das Risiko, daß die für die Berechng der Kapitalabfindg maßg Faktoren auf Schätzen u unsicheren Prognosen beruhen (BGH NJW **84**, 115). Zunächst ist dch Auslegg die Tragweite des Verzichts auf künft Anspr, insbes wg Spätfolgen zu ermitteln (BGH **LM** Nr 11, 16). Der klare Wortlaut solcher AbfindgsVergl läßt eine einschränkde Auslegg idR nicht zu, sodaß idR jede NachFdg für unvorhergesehene Schäd ausgeschl ist. Wg unzul RAusübg vgl unten Rn 24. Ein RA darf einen bindden AbfindgsVergl mit nicht unerhebl Tragweite idR nur schließen, wenn sein Mandant hierüber belehrt ist u zugestimmt hat (BGH NJW **94**, 2085). – Der **Sanierungsvergleich** ist bindd nur für die Gläub, die ihn geschl haben, die and können ihren Anspr weiter verfolgen (BGH **116**, 319).

5) Unwirksamkeit des Vergleichs nach § 779 ist ein ges geregelter Sonderfall des Fehlens der Gesch- 13 Grdlage, deren Grdsätze anwendb bleiben, wenn die Vorauss des § 779 nicht od nicht voll erfüllt sind (BGH WM **94**, 604). Keine Unwirksk des Vergl, wenn die Partner die RFolgen eines derart Falles im Vergl ausdr geregelt haben (BGH WM **71**, 1120). Der Vergl ist unwirks unter zwei Vorauss, näml wenn der nach dem Inhalt des Vergl als feststehd zugrunde gelegte Sachverhalt der Wirklichk nicht entspricht, u wenn außerdem der Streit oder die Ungewißh bei Kenntn der Sachlage nicht entstanden sein würde.

a) Als feststehend zugrunde gelegt ist der Sachverhalt, der sich außerh des Streits od der Ungewißh 14 befindet (BGH DB **76**, 141). Er darf der Wirklichk nicht entsprechen. Im Ggsatz hierzu steht es, wenn der rechtl oder tatsächl Irrt sich auf einen Umst bezieht, der vor dem Vergl als streitig oder ungewiß angesehen wurde und den der Vergl gerade zu einem gewissen machen wollte (BGH NJW **59**, 2109). In diesem Falle ist der Vergl weder unwirks noch wg Irrt anfechtb. Ebso die Fälle, in denen der Irrt den Inhalt des Vergl selbst betrifft. Dann liegt gewöhnl GeschIrrt vor, der den allg AnfVorschr nach §§ 119 ff unterliegt (vgl Rn 26– 28).

b) „Sachverhalt" ist nicht wörtl zu verstehen. Daher nicht nur reine Tats, sond auch das Bestehen eines 15 VersVerh (RG **112**, 215) u gängige RBegriffe wie Eigt. Das gilt aber nur für RIrrt, der Tats mit umschließt, die für den VerglAbschl erhebl Bedeutg hatten, nicht dagg für einen reinen RIrrt in bezug auf die streit RLage (BGH **25**, 394). Die Abgrenzg des reinen RIrrt vom TatsIrrt in weitem Verständn ist prakt oft schwier od gar nicht zu treffen. Diese Unterscheid sollte desh aufgegeben, statt Sachverhalt sollten alle Verh iats u rechtl Art gerechnet werden, die die Part dem Vergl als feststehd zugrunde gelegt haben (MüKo/ Pecher Rdn 40, Soergel-Lorentz Rdn 20, Erman-Seiler Rdn 24. Der Irrt muß das gegenwärt Bestehen des Sachverh betreffen, nicht die zukünft Entwicklg (BGH WM **85**, 32), wie etwa den Fortbestand einer best Rspr (BGH **58**, 355 [362]). – Ist ein Vergl geschl, obwohl ein inzw erlassenes **rechtskräftiges Urteil** den 16 Streit entsch, so gilt: Waren die Part übereinstimmd von der unricht Sachlage ausgegangen, daß der Proz noch schwebe, so ist Vergl unwirks; haben sie dagg an die Möglichk der UrtExistenz gar nicht gedacht od haben sie zwar daran gedacht, wollten aber den Streit in jedem Fall durch Vergl beendigen, so ist der Vergl wirks (RGRK/Steffen Rdn 43). – Kein Irrt über den Sachverhalt, wenn die Part von Formwirksamk eines GrdstVertr ausgehen, dessen Nichtigk rückwirkd geheilt ist (BGH NJW **81**, 2803).

c) Außerhalb des Streites oder der Ungewißheit muß sich der Sachverhalt befunden haben. Maßg ist 17 danach die übereinstimmde Auffassg beider Part über den Sachverhalt (BGH WM **64**, 545). Nicht erforderl ist Wissen der einen Part, daß die and denselben Sachverhalt zugrunde gelegt hat, wenn dies auch meist der Fall sein wird.

d) Unrichtig ist der zugrundegelegte Sachverhalt, wenn die Vorstellg der Part von der Wirklichk ab- 18 weicht. Dafür genügt obj Unrichtigk, nicht erforderl ist, daß Parteien die Unrichtigk der VerglGrdlage später anerkannt haben (RG **112**, 215).

e) Der Streit oder die Ungewißheit, die bei Kenntnis der Sachlage nicht entstanden sein würden. 19 Der beiderseit Irrt über den dem Vergl zugrundegelegten Sachverhalt muß sich auf einen streitausschließen Umst beziehen. Dabei kommt es nicht darauf an, daß überh kein Streit od keine Ungewißh entstanden sein würde, vielm ist entscheid, ob ohne den Irrt gerade der Streit od die Ungewißh, die die Part beseitigen wollten, nicht entstanden sein würde (RG **122**, 203). Anderers genügt nicht die Feststellg, daß es bei Kenntn der Sachlage zu einem Vergl and Inhalts gekommen sein würde (RG **149**, 140). Es ist vielm erforderl, aber auch genügd, daß bei Kenntn des wirkl Sachverhalts der Streit od die Ungewißh, die der Vergl beseitigen wollte, nicht entstanden sein würde, die Parteien deshalb zu dem Abschl gerade des geschl Vergl keinen Anlaß hatten. Bezog sich Irrt nicht auf streitausschließe Umst, so ist § 779 grdsätzl unanwendb (BGH **LM** Nr 2); vgl jedoch hierzu auch Rn 26.

Beispiele. Vergl über Erb- oder NachlaßAnspr unter der unricht Ann der Gültigk eines Test; über Eigt 20 an einer Sache, die in Wirklichk einem Dritten gehört; über die Löschg einer Hyp, wenn sich herausstellt, daß sie einem Dritten zustand (RG **114**, 120). Irrtüml Ann, es bestehe VersSchutz (RG **112**, 217). Vergl über die Höhe einer GeldFdg, wenn der übereinstimmd vorausgesetzte Grd des Anspr nicht besteht (Ffm WM **87**, 188). – Das **Auffinden neuer Beweismittel** für die Richtigk einer od der and Behauptg, welche Ungewißh od Streit verurs haben, führt im allg nicht zur Unwirksamk des Vergl (BGH WM **75**, 566), da die Part idR nicht die obj Nichtexistenz der BewMittel, sond die Tats, daß ihnen kein BewMittel zur Vfg stand, als gegeben vorausgesetzt haben; anders nur, wenn sie die obj Nichtexistenz zur VerglGrdl gemacht haben.

21　**6) Rechtsfolge der Unwirksamkeit.** Bei Teilwirksamk gilt § 139 (Kln OLGZ **72**, 42 [49]). Die Unwirksamk beschr sich grdsätzl auf den Vergl selbst als schuldr Vertr, erfaßt nicht die abstr ErfGeschäfte, gleichgült, ob sie nachträgl vorgenommen wurden od im Vergl mitenthalten sind (vgl § 139 Rn 7–9). Erf heilt die Unwirksamk des Vergl nicht (RG **79**, 240).

22　**7) Unwirksamkeit des Vergleichs aus anderen Gründen. – a)** Die **allgemeinen Nichtigkeitsgründe** gelten auch für den Vergl. Die Nichtig des AusgangsRVerh macht den Vergl nicht ow nichtig. Er ist wirks, wenn er ernstl Streit od verständ Zweifel über die Wirksamk des AusgangsRVerh beseitigen soll (BGH NJW **63**, 1197, BGH **65**, 147). Er ist unwirks, wenn er einer Part die Vortle aus einem verbotenen od sittenwidr Gesch erhalten oder verschaffen soll (BGH WM **89**, 1478) od wenn er selbst gg §§ 134, 138 verstößt. Sow es dabei auf ein auffäll MißVerh ankommt, ist nicht auf die beiders übernommenen LeistgsPfl, sond auf das Maß des beiderseit Nachgebens abzustellen (BGH NJW **64**, 1787 u BB **66**, 1323).

23　**b) Fehlende Dispositionsbefugnis** der Part über das RVerh vgl oben Rn 6–8.

24　**c) Unzulässige Rechtsausübung, Wegfall der Geschäftsgrundlage** vgl § 242 Rn 38 ff, 169. Auch GeldwertSchwund, so daß der Vergl seinen VersorggsZweck nicht mehr erfüllt, kann eine Anpassg erforderl machen (BGH **105**, 243).

25　**d) Bedingung.** Der Vergl ist unwirks bei NichtEintr einer aufschiebden u bei Eintr einer auflösden Bdgg. Ohne Eintr einer derart Bdgg ist ein mit GroßGläub vereinb SaniergsVergl wirks, auch wenn weitere KleinGläub nicht zustimmen u nachträgl befriedigt werden sollen (BGH WM **85**, 1151). Treuwidr Einwirkg auf Eintr bzw NichtEintr der Bdgg kann die Wirksamk des Vergl nicht verhindern (BGH WM **89**, 868).

26　**8) Anfechtbarkeit des Vergleichs.** ZusTreffen von Anfechtbark mit Nichtigk vgl Übbl 33–35 vor § 104. – **a) Geschäftsirrtum.** Die allg Best über Anf (§§ 119 ff) bleiben dch § 779 unberührt. Bei Irrt in der ErklHdlg (Versprechen, Verschreiben, BerechngsIrrt) finden die allg Vorschr Anwendg. Das gleiche gilt bei Irrt über verkehrswesentl Eigensch einer Pers od Sache. Anfechtg erfordert unmißverständl Erkl, daß der Vergl gerade wg des Irrt vernichtet werden soll (BGH WM **65**, 234). Ausgeschl von der Anfechtg ist in jedem Fall ein Irrt, der sich auf einen dch den Vergl erledigten umstrittenen oder ungewissen Punkt bezieht (RG **162**, 201). Doch bleibt in diesen Fällen zu prüfen, ob nicht unzul RAusübg vorliegt (vgl Rn 24).

27　**b) Bei arglistiger Täuschung** ist der Anf nach § 123 auch dann zul, wenn es sich um eine Unsicherh od einen Streitpkt handelt, die dch den Vergl beseitigt werden sollten. Der UrsZushang zw Täuschg u VerglAbschl ist schon zu bejahen, wenn die getäuschte Part nur mit einer Täuschg in geringerem Umfang gerechnet hat als sich später tats herausstellt. Er ist zu verneinen, wenn die Part den Vergl ohne Rücks auf den Umfang der Täuschg abgeschlossen od wenn sie den Umfang der Täuschg gekannt u sich trotzdem zum Abschl entschlossen hat (BGH DB **76**, 141).

28　**c) Drohung.** Für die Frage der Widerrechtlichk der Drohg (vgl § 123 Rn 19–22) kommt es nicht darauf an, ob Anspr auf VerglAbschl bestand, sond ob die Fdg, über die der Vergl geschl werden sollte, bestand oder mind gutgläub als bestehd angesehen wurde. Die Drohg kann auch von einem Dritten ausgehen, nicht aber von einem Ger dch die Ankündigg, es werde ein bereits beschlossenes, der Part ungünst Urt verkünden, wenn sie sich nicht vergleiche (so aber BGH NJW **66**, 2399; abl MüKo/Pecher Rdn 37 Fußn 145, RGRK/Steffen Rdn 52 mwN, Soergel-Lorentz Rdn 26).

29　**9)** Auch der **Prozeßvergleich** fällt unter § 779, weil es sich sowohl um eine ProzHdlg wie um ein matrechtl RGesch handelt (BGH **28**, 171, eingehd Häsemeyer ZZP **108**, 289). Im RAProz braucht der ledigl einem ProzVergl beitretde Dritte nicht dch einen RA vertreten zu sein (BGH **86**, 160). Ein aus prozeßrechtl Gründen unwirks Vergl kann als außergerichtl Vergl aufrechterhalten werden, wenn dies dem mutmaßl PartWillen entspricht (BGH NJW **85**, 1962). Keine Unwirksamk des Vergl, wenn Gericht nicht ordngsgem besetzt war (BGH **35**, 309). WiderrufsVorbeh innerh best Frist als aufschiebde Bdgg (BGH **88**, 364) ist mögl. Adressat u Form des Widerrufs richten sich nach der Vereinbg im ProzVergl (BGH NJW-RR **89**, 1214). Die NichtAusnutzg einer WiderrufsMöglk ist keine WillErkl, also nicht anfechtb (Celle VersR **69**, 930).

30　**a) Form.** Der ProzVergl ersetzt jede im BGB vorgeschriebne Form (vgl Rn 2); Form des ProzVergl selbst vgl Th-P § 794 Rn 11, VwGO 106.

31　**b) Streit über die Wirksamkeit** aus verfrechtl Grden ist dch Fortsetzg des alten Verf auszutragen, indem die Part, die den Vergl für unwirks hält, TerminsAntr mit dieser Begr stellt. Das Gleiche gilt bei Streit über den rechtl Bestand des Vergl aus matrechtl Grden, so über seine anfängl matrechtl Unwirksamk, zB Nichtigk, Anfechtg (BGH **28**, 171), über den (Nicht)Eintr einer Bdgg, zB Wirksamk eines vorbehaltenen Widerrufs (BGH **46**, 278 BGH NJW **72**, 159). Dagg ist der Streit in einem neuen Verf auszutragen, wenn er nur einen Punkt betrifft, der überh nicht StreitGgst des Proz war (BGH **87**, 227, Ffm FamRZ **90**, 178); ebso nicht der rechtl Bestand des Vergl in Frage gestellt, sond wenn gg seinen Fortbestand Einwndgen aus nachträgl Ereign hergeleitet werden, so iF des Rücktr aus § 326 (aA Hbg NJW **75**, 225), der Aufhebg (BGH **41**, 310; aA BAG NJW **83**, 2212), des Fehlens (BGH NJW **86**, 1348), Wegfalls (BGH NJW **66**, 1658) od der Veränderg der GeschGrdlage (BGH WM **72**, 1442); ebso nicht der unterschiedl VerfArt bei Streit über Wirksamk eines Vergl in Verf nach §§ 620 ff ZPO (Köln MDR **71**, 671) u in Arrest- u einstw VfgVerf (Hamm MDR **80**, 1019 für den Fall, daß der Vergl mehr als das EilVerf erledigt). Die Frage, ob das alte Verf fortzusetzen ist od nicht, unterliegt nicht der PartVereinbg (BGH **41**, 310; aA BAG NJW **83**, 2212). Bringt die Forts des alten Verf das Erg, daß der Vergl wirks ist, so ist im Urt auszusprechen, daß der RStreit dch den Vergl erledigt ist (BGH DB **71**, 2406). IF dieser rechtskräft Feststellg ist, weil der ProzVergl trotz seiner Doppelnatur eine untrennb Einh bildet, auch die in ihm enthaltene matrechtl Regelg unangreifb, auch sow sie über den StreitGgst hinausgeht; dh die Part kann nicht in einem späteren Proz mit dem näml Vortrag die matrechtl Unwirksamk des Vergl geltd machen (BGH **79**, 71; aA Pecher ZZP **84**, 139). Die (Un)Wirksamk kann auch Ggst einer ZwFeststellgs(Wider)Kl sein. Für sie besteht, solange die Hauptsache noch nicht vollst erledigt ist, ein RSchutzBedürfn oRücks darauf, ob es in der Hauptsache noch besteht, jedenf dann, wenn mit ihr der Vergl als VollstrTitel beseitigt werden soll (BGH MDR **74**, 567). Bei MitErledigg eines and Verf in einem ProzVergl kann die Wirksamk des Vergl, der Ggst nur des and Verf war, auch in and Verf geklärt werden (BGH **87**, 227). Betrifft der Streit nur einen Ggst, der auch in einem and Verf noch nicht rechtshäng war, kann die Wirksamk auch in einem neuen Verf geklärt werden, in dem eine Part Rechte aus dem Vergl geltd macht; dort kann auch ZwFeststellgsKl auf Unwirksamk des GesamtVergl erhoben werden (BAG DB **82**, 500). – Gg die Zulässigk der ZwVollstr aus dem Vergl ist VollstrGgKl nach § 767 ZPO zu erheben, zB wenn nachträgl Wegfall der ZahlgsVerpfl behauptet wird (BGH BB **67**, 981); dies auch dann, wenn als Vorfrage dafür eine Auslegg des ProzVergl erforderl ist (BGH NJW **77**, 583). RSchutzBedürfn für VollstrGgKl fehlt aber, soweit sie auf Unwirksamk des ProzVergl gestützt ist u diese dch Fortsetzg des alten Verf geklärt werden kann (BGH NJW **71**, 467). Diejen Part, die den Vergl für wirks hält, hat weder für einen TerminsAntr noch für eine selbstd FeststellgsKl (hier aA Ffm MDR **75**, 584) ein RSchutzBedürfn, denn sie kann aus dem ProzVergl vollstr u abwarten, daß die and Part ihn zu beseitigen sucht. – **Streit über die** 32 **Auslegung** eines ProzVergl ist nicht dch Fortsetzg des alten, sond in einem neuen Proz mit Feststellgs- od, wenn es sich dort um eine Vorfrage handelt, mit Leistgs- od VollstrGgKl (BGH WM **77**, 204) auszutragen.

c) Abänderbarkeit des ProzVergl nach ZPO §§ 323 IV, für UnterhAnspr auch §§ 641 ff. Für Anpassg 33 gem § 242 gelten die Ausf oben Rn 24.

10) Der Anwaltsvergleich (ZPO 1044 b) fällt ebenf unter § 779, weil er ein matrechtl RGesch ist. 34

Zwanzigster Titel. Schuldversprechen. Schuldanerkenntnis

Einführung

1) Rechtsnatur. Die Unterscheidg zw selbständ SchuldVerspr (§ 780) u -Anerk (§ 781) ist nur äußerer 1 Natur, inhaltl u in der Praxis fließen sie ineinand. – **a) Vertrag.** Selbständ SchuldVerspr u -Anerk sind einseit 2 verpflichtde, abstr Vertr (vgl Einf 2 vor § 320 u Übbl 21 vor § 104). Nur eine VertrSeite geht in dem Vertr eine selbständ, von dem zugrde liegden KausalVerh losgelöste Verpfl ein. Erforderl ist also Einigg der Part auch über die selbständ Natur des Verspr od Anerk. Die Erkl des Schu bedarf grdsätzl der Schriftform. Ein einseit, vom Gläub nicht angenommenes SchuldVerspr (-Anerk) begründet keine selbständ Verpfl, ist desh nicht kondizierb, kann aber als BewMittel für das Bestehen der anerkannten Verpfl od zur Unterbrechg der Verj (§ 208) Bedeutg haben. SchuldbestätiggsVertr vgl § 781 Rn 3. – **b) Bedeutung.** Selbständ SchuldVerspr u 3 -Anerk bieten dem Gläub größere Sicherh wg ihrer Unabhängigk von dem zugrde liegden KausalVerh, erleichtern im Proz KlageBegr u Bew u damit die Durchsetzbark des Anspr. Der PartWille kann auch dahin gehen, eine rechtl od tats zweifelh Fdg festzustellen u gg Einwdgen zu sichern wie der Vergl.

2) Verhältnis zum Grundgeschäft. – a) Erfüllungshalber. Dem selbständ SchuldVerspr u -Anerk 4 kann eine LeistgsVerpfl aus jed privatr SchuldVerh, auch eine verj Fdg (BGH FamRZ **73**, 542) zugrde liegen. Wird es zur Sichg einer bestehden Schuld erteilt, so geschieht dies iZw erfhalber (§ 364 II), es wirkt also nicht schuldumschaffd (Mü NJW-RR **88**, 950), sond tritt neben die alte Verpfl. Es kann im EinzFall auch an Erf Statt gegeben werden, die Part können auch Schuldumschaffg wollen (vgl § 780 Rn 7). – **b) Ungerechtfertigte** 5 **Bereicherung.** Die Abstrakth des selbständ SchuldVerspr u -Anerk haben zur Folge, daß der Gläub oRücks auf Einwdgen aus dem GrdGesch Erf verlangen kann. Fehlt jedoch ein gült GrdGesch od ist Zweckerreichg unmögl od die Zweckvereinbg ungült, so ist Empf um das SchuldVerspr ungerechtf bereichert (vgl § 780 Rn 11–13). Der Schu kann dann entweder Befreig von der Schuld verlangen od Erf einredew verweigern, §§ 812, 821, wobei der Schu die BewLast hat. Inwieweit Gläub auf das GrdGesch zurückgreifen kann, vgl § 780 Rn 7 u § 781 Rn 13. – **c) Öffentliches Recht.** Betrifft das Anerk ein zugrde liegde öffentl Fdg, so ist 6 Zurückhaltg bei der Auslegg als abstr privrechtl SchuldAnerk geboten. Ist ein solches Anerk an die Stelle eines sonst mögl VA, zB ErstattgsBescheid, getreten, sind für die ZahlgsKl des Gläub u die VollstrAbwehrKl des Schu die VerwGer zust (BGH **102**, 343, WM **94**, 1351).

3) Für Verjährung gilt § 195, auch wenn für GrdGesch kürzere Verj. And bei dem nur deklarator Anerk 7 (vgl § 781 Rn 3–5). Angabe des SchuldGrdes in der Urk kann auf die Vereinbg der kürzeren VerjFrist auch für das selbständ SchuldVerspr schließen lassen (RG **75**, 4). Die Verj des Anspr aus dem GrdVerh wird dch die in dem SchuldVerspr od -Anerk liegde Anerkeng unterbrochen. Ist der Anspr aus dem GrdGesch bereits verj war, bleibt auf SchuldVerspr u selbständ SchuldAnerk ohne Einfluß, selbst wenn die Verj unbekannt war (BGH WM **86**, 429).

780 *Schuldversprechen.* **Zur Gültigkeit eines Vertrags, durch den eine Leistung in der Weise versprochen wird, daß das Versprechen die Verpflichtung selbständig begründen soll (Schuldversprechen), ist, soweit nicht eine andere Form vorgeschrieben ist, schriftliche Erteilung des Versprechens erforderlich.**

1) Vertragsgegenstand kann jede belieb Leistg sein; meist Leistg einer best Geldsumme. Bei unvertretb 1 Sachen ist selbständ SchuldVerspr nur selten anzunehmen. Bdgg od Befristg ist mögl, auch AbhängMachen des SchuldVerspr von GgLeistg des Gläub. Es kann aber wg seiner Abstrakth nicht auf eine Zug um Zug zu erbringde Leistg iR eines ggs Vertr gerichtet sein. Über SchuldAnerk als Bestandt eines ggs Vertr vgl § 812 Rn 5. Unwirks ist ein abstraktes SchuldVerspr, das ein Dritter formularmäß zur pers Haftg für eine GrdSch übernimmt (Oldbg NJW **85**, 152).

2   **2) Selbständige Begründung der Verpflichtung** ist wesentl Merkmal des abstr SchuldVerspr. Über kausale u abstrakte RGesch allg vgl Übbl 19–22 vor § 104. Ob im Einzelfall selbständ SchuldVerspr vorliegt, ist Ausleggsfrage. Es kommt darauf an, daß das Verspr die Verpfl v ihren wirtsch u rechtl Zushängen loslösen u rein auf den Leistgswillen des Schu abstellen soll, so daß der Gl sich zur Begr seines Anspr nur auf das Verspr zu berufen braucht (BGH NJW **76**, 567). Entsch ist der aus dem Wortlaut, dem wirtschl Zweck des Vertr, der beiderseit Interessenlage u den sonstigen, auch außerh der Urk liegden Umst des Falles zu ermittelnde PartWille (BGH WM **73**, 840). Dieser darf nicht nur auf Schaffg einer BewUrk, sond muß auf Begr einer vom GrdGesch losgelösten Verpfl wenigstens dem Grde nach gerichtet sein. Vermutg besteht weder für noch gg Vorhsein eines selbständ SchuldVerspr. Einzelh vgl auch § 781 Rn 2–10.

3   **a) Inhalt der Urkunde.** Nennt sie den VerpflGrd nicht, so rechtfertigt dies bis zum Bew des Ggteils den Schluß auf selbständ SchuldVerspr. Ist der VerpflGrd erwähnt, so zwingt dies nicht schlechthin zur ggteiligen Ann, wenn sich aus sonstigen Umst ergibt, daß nicht nur BewUrk, sond ein selbständ SchuldVerspr gewollt ist (BGH BB **62**, 1222: „Darlehen"); das gilt insbes dann, wenn der VerpflGrd nur ganz allg angegeben ist. Ist er dagg best u genau bezeichnet, so bedarf es bes, vom Gläub zu beweisder Umst, wenn trotzdem ein selbständ SchuldVerspr vorliegen soll (RG **142**, 306). Angabe eines fingierten SchuldVerh, zB Darl, das in Wirklichk nicht geschuldet wurde, deutet auf selbständ SchuldVerspr hin (BGH BB **62**, 1222).

4   **b) Der Zweck des Schuldversprechens** bietet häuf reinen wicht Anhaltspkt. So wenn er ersichtl auf Erleichterg der KlageBegr gerichtet ist. HilfsGesch, die ledigl der Sicherg einer bestehden Verbindlichk dienen, enthalten idR kein selbständ Verspr. – Das SchuldVerspr kann auch zG eines Dritten erteilt werden (Mü OLGZ **66**, 386).

5   **c) Umdeutung, Einzelfälle.** Aufrechterhaltg formnicht Urk als selbständ SchuldVerspr od -Anerk vgl § 781 Rn 11, 12. Bestätigg eines Akkreditivs vgl Einf 12 vor § 783; akkreditivähnl bankbestätigte Zahlgs-Anw (Schlesw WM **80**, 48); VerpflErkl des StrAnliegers zur Übern von Straßenbaukosten (RG **154**, 389) u Geländeauflassgen in BaudispensVertr (KG NJW **62**, 965); Übern der pers Haftg für die Zahlg des GrdSchBetr bei Bestellg der GrdSch in einer vollstreckb Urk (BGH **98**, 256, DB **90**, 2418). VerpflErkl im Anschl an Kfz-Unfälle u Saldo Anerk vgl § 781 Rn 9. VereinbgsDarl nach § 607 II kann selbständ SchuldVerspr sein (RG **152**, 165). Keine selbständ Verpfl enthält die Erkl, ein Akzept sei in Ordng u werde eingelöst werden; ebso nicht der unzul AnnVermerk auf Scheck.

6   **3) Schriftform** (vgl auch § 781 Rn 11, 12) des Verspr, nicht auch der Ann. Auch Brief u Postkarte, sofern § 126 erfüllt ist. Ann dch schlüss Hdlg ist mögl. Wirks mit Überg od Zugang der Urk an Gläub; bis dahin Widerruf mögl. Angabe des Gläub in der Urk ist erforderl. Ers der Schriftform vgl § 127 a. – Mündl Nebenabreden können nach allg Grdsätzen gült sein. – **Strengere Form.** Wenn für das LeistgsVerspr dch and Vorschr best Form vorgeschrieben ist, gilt dies auch für das selbständ SchuldVerspr, ggf für den ganzen Vertr, zB notarielle Beurkundg in §§ 311, 312 II, 313; § 518 I S 2, wenn das SchuldVerspr schenkw erteilt wird (BGH WM **76**, 1053). Das ist auch der Fall bei einem bewußt wahrheitswidr SchuldVerspr od -Anerk ohne GgLeistg (BGH WM **80**, 195). **Keine Form.** SchuldVerspr aGrd einer Abrechng od iW des Vergl, § 782. Handelsrechtl SchuldVerspr des Vollkaufmanns, HGB §§ 350, 351.

7   **4) Wirkung.** Das selbständ SchuldVerspr begründet konstitutiv eine neue Verpfl u tritt idR schuldverstärkd neben das GrdSchVerhältn, u zwar erfüllgsh zur Erleichterg der RVerfolgg (vgl Einf 3, 4 vor § 780). Dch Befriedigg der einen Schuld wird zugl die and aufgeh. Auch bei der Bestellg einer GrdSch u außerdem Abg eines abstr SchuldVerspr od -Anerk in best Höhe zur Sichg der selben Fdg kann der Gl nur einmal Zahlg verlangen, auch wenn weitergehde Anspr aus der GeschVerbindg bestehen (Düss NJW **87**, 195, BGH ZIP **88**, 80). Verj Einf 7 vor § 780. – Das SchuldVerspr kann aber – nach der Interessenlage der Part selten – schuldumschaffd auch in der Weise erteilt werden, daß es an Erfüllgs Statt gegeben wird (§ 364 I), od daß es in sonstiger Weise das GrdSchuldVerh abändert u anderweit feststellt.

8   **5) Einwendungen gegen das Schuldversprechen selbst.** Es gelten die allg Vorschr wie §§ 104ff, 119ff, 126, 133, 134, 157, 242. Auch kann ein SchuldVerspr gem § 138 nichtig sein, vgl Einf 2a vor § 765 u § 138 Rn 36–38. Formnichtig bei schenkw Erteilg § 518 I S 2.

9   **6) Einwendungen aus dem Grundgeschäft** können dem selbständ SchuldVerspr u -Anerk wg ihrer Abstrakth nur begrenzt entggesetzt werden. – **a) Nichtigkeit des Grundgeschäfts** berührt grdsätzl die Gültigk des selbständ SchuldVerspr od SchuldAnerk nicht. Es wird in seinem rechtl Bestand grdsätzl nicht davon berührt, daß die zeitl vor der Abg von den Part getroffenen Vereinbgn wg GesVerstoßes od Sittenwidrigk nichtig sind (RGRK/Steffen Rdn 41; aA Staud-Müller Rdn 30, Esser- Weyers § 41 III 1b, MüKo/Hüffer Rdn 49). Wg ungerechtf Ber in diesen Fällen vgl Einf 5 vor § 780 und unten Rn 11. – Dagg ist ein dekl SchuldVerspr od -Anerk, das sich auf ein nichtiges RGesch bezieht, ebenf nichtig, wenn bei seiner Abgabe die NichtigkGrde noch bestehen (BGH **104**, 18).

10   **b) Ausnahmen** von dem Grds der Selbständigk des SchuldVerspr enthalten die §§ 518 I S 2, 656 II, 762 II für das schenkw erteilte Verspr, ferner wenn es der Schu zum Zwecke der Erf einer unvollk Verbindlichk aus Ehevermittlg, Spiel, Wette, DifferenzGesch abgibt.

11   **c) Ungerechtfertigte Bereicherung.** § 812 II stellt klar, daß SchuldVerspr u -Anerk, auch das negat, Leistgen sind. Sie können desh zurückverlangt od es kann dem LeistgsVerlangen des Gläub die Einr aus § 821 entgg gesetzt werden (BGH NJW **91**, 2140), sofern nicht der Zweck des Verspr od Anerk bzw
12 bereichergsrechtl Vorschr dem entggstehen. – **aa) Bereicherungsanspruch bzw -Einrede besteht,** wenn das selbständ Verspr od Anerk den Zweck haben, eine Schuld zu sichern (vgl Einf 4 vor § 780), die in Wirklichk nicht entstanden od erloschen ist (BGH WM **70**, 1459). BewLast beim Schuldner. Außerd wenn der mit dem Vertr nach §§ 780, 781 bezweckte Erfolg nicht eintritt (BGH WM **63**, 666). Vgl auch § 812
13 Rn 5. – **bb) Besteht nicht.** Wenn – selten – das ursprüngl SchuldVerh umgeschaffen werden sollte u die Auslegg ergibt, daß die neue Verpfl des Schu unter allen Umst oRücks auf eine früh Schuld begründet werden sollte (BGH WM **74**, 280, BGH NJW **63**, 2317 für Anerk); dann kann der Schu nicht einwenden,

daß das ursprüngl SchuldVerh nicht bestand (BGH **LM** § 157 (D) Nr 5). Ferner, wenn bei rechtl od tats zweifel- od einredebeh Fdg Zweck des Verspr od Anerk war, die Zweifel zu beseitigen u die Fdg festzustellen, wie bei einem vergleichsw (vgl § 779 Rn 4, 5) erteilten Verspr od Anerk. Nicht rückforderb ist das nur deklarat Anerk (vgl § 812 Rn 5). Ferner in den Fällen der §§ 813 II, 814, 817 S 2. Endl, wenn der Schu auf die Einr verzichtet hat, insb wenn das SchuldVerspr in Kenntn der Einr abgegeben ist. Auch kann das Schuld-Verspr wie bei einem Vergl dahin gehen, daß alle bekannten wie unbekannten Einwdgen ausgeschl sind (BGH NJW **63**, 2317 u WM **76**, 907).

7) Beweislast. Kl braucht nur die Eingeh des selbständ SchuldVerspr nachzuweisen, Bekl trägt die **14** BewLast für Einwdgen aus dem GrdGesch (BGH WM **76**, 254). Ist die Selbständigk str, so hat nach allg Grds Kl dann die BewLast für Selbständigk, wenn die Urk Angabe eines SchuldGrdes enthält. Umgekehrt bleibt Beklagtem der Nachw offen, daß es sich trotz Fehlens der SchuldGrdAngabe um kausale Verpfl od nur um eine BewUrk handele. Schenkw Erteilg hat derjen zu beweisen, der sich darauf beruft (BGH WM **76**, 1053).

781 *Schuldanerkenntnis.* **Zur Gültigkeit eines Vertrags, durch den das Bestehen eines Schuldverhältnisses anerkannt wird (Schuldanerkenntnis), ist schriftliche Erteilung der Anerkennungserklärung erforderlich. Ist für die Begründung des Schuldverhältnisses, dessen Bestehen anerkannt wird, eine andere Form vorgeschrieben, so bedarf der Anerkennungsvertrag dieser Form.**

1) Allgemeines. Das selbständ SchuldAnerk unterscheidet sich vom SchuldVerspr nur dch die Formu- **1** lierg der Erkl. Zu RNatur, Verh zum GrdGesch, Verj gelten Einf 1–7 vor § 780. Bei der Verj meint § 222 II S 2 das abstrakte SchuldAnerk des § 781. Zum Ggst des Vertr u zur selbständ Begr gelten § 780 Rn 1–5. – Nicht hierher gehören Vertr, dch die das Nichtbestehen eines SchuldVerh (§ 397 II), u solche, dch die nicht SchuldVerh, sond and RVerh (Eigt, FamRechte) anerkannt werden. Rein tatsächl Anerk vgl § 208 Rn 2. – Auch ein abstr SchuldAnerk verträgt eine Bdgg (BGH WM **77**, 1027).

2) Schuldanerkenntnis. Die Anerkenng einer Schuld kann versch Inhalt haben: nur feststelld (deklara- **2** tor), nur BewErleichterg od schuldbegründd (konstitutiv). Dch Auslegg ist im EinzFall zu ermitteln, was die Part gewollt haben (vgl auch § 780 Rn 3, 4). Dabei sind vor allem der mit dem Anerk verfolgte Zweck, die beiderseit Interessenlage u die allg VerkAuffassg über die Bedeutg eines solchen Anerk maßg. Eine Vermutg für den einen od and Inhalt gibt es nicht. Die Auslegg als deklarator Anerk im Verhältn zur bloßen BewErleichterg setzt voraus, daß wenn im Streit od eine subj Ungewißh der Part über das Bestehen der Schuld od einige rechtserhebl Pkte bestand (BGH NJW **76**, 1259).

a) Das deklaratorische Schuldanerkenntnis soll eine bereits bestehde Schuld ledigl bestätigen. Es setzt **3** voraus, daß die Part mit der Regelg das SchuldVerh insgesamt od in einz Bestimmgen dem Streit od der Ungewißh entziehen wollen (BGH NJW **95**, 960). Für den Abschl eines SchuldbestätiggsVertr ist also ein bes Anlaß notwendig, er kann nicht gleichzeit in dem Abschl des zu bestätigdn Vertr gesehen werden (BGH WM **84**, 62). Andrers setzt das deklarator Schuldanerkenntn nicht notw eine unbestr bestehde Fdg voraus, es kann ein nur möglicherw bestehdes SchuldVerh als tats bestehd bestätigen u damit Zweifel od MeingsVerschiedenh der Part über den AnsprGrd u seine RGrdl beenden; in diesem Maß hat der SchuldBestätiggsVertr eine potentiell konstitutive Wirkg (BGH **66**, 250 u NJW **80**, 1158), iü legt er nur das alte SchuldVerhältn fest. Dieses Anerk bedarf keiner Form u unterliegt nicht der Rückfdg wg ungerechtf Bereicher, wenn sich hinterher herausstellt, daß die als möglicherw bestehd anerk Schuld nicht od daß entgg der Ann eine Einwdg od Einr gg den bestätigten Anspr besteht (Naumb NJW-RR **95**, 154; vgl Rn 13 u § 812 Rn 5). Bei Nichtigkeit der anerk Fdg ist auch das deklarat SchuldAnerk nichtig (BGH **104**, 18). – **Wirkung.** Entspr seinem **4** Zweck (Ausleggsfrage) schließt es alle Einwdgen tats u rechtl Natur für die Zukunft aus, die der Schu bei der Abgabe kannte od mit denen er zum mindesten rechnete (BGH WM **74**, 411, KG NJW **71**, 1219: SchuldAnerk nach VerkUnfall). Verzicht auf unbekannte od erst künft Einwdgen ist regelm nur dann anzunehmen, wenn dies in der Erkl des Schu – auch für diesen unmißverständl – klar zum Ausdruck kommt; das ist dch Auslegg zu ermitteln, wobei es in 1. Linie darauf ankommt, wie der Empfänger die Erkl verstehen muß (BGH NJW **70**, 321, NJW **83**, 1903). Widerspruchsl Hinnahme von Rechngen u Kontoauszügen ist idR kein Anerk, kann aber BewIndiz sein (Ffm WM **87**, 355). IF des Anerk ggü dem NeuGl nach der Abtr einer Fdg ist die beiderseit Interessenlage in wicht Moment der Auslegg, insb inwiew nur der NeuGl ein Interesse an der Erkl des Schu hat od inwiew auch dieser ein eig Interesse am Kredit des Alt- u der Sicherg des NeuGl hat (BGH NJW **73**, 2019, WM **85**, 1446). Bei der formulärmäß Schuldbestätig ggü einer Bank als Zessionarin kommt es für die Auslegg vor allem auf den Wortlaut der Erkl, auf die Interessenlage der 3 Beteil (Schu, Zedent, Zessionar) u die BegleitUmst an; entsch ist, ob die Erkl des Schu Zweifel u Unklarh gerade über das Bestehen der Fdg beseitigen u in dieser Hins dem neuen Gl eine bessere RStellg verschaffen sollte (BGH WM **85**, 1177). Die Erkl des Schu, daß er Fdg u Abtretg anerkenne, daß er sie unwiderrufl bezahle u auf alle Einwdgen gg den rechtl Bestand der Fdg ggü dem NeuGl verzichte, ist kein selbstd SchuldAnerk u idR kein Verz auf Einwdgen, die dem Schu bei Abg der Erkl nicht bekannt waren u mit denen er auch nicht rechnen mußte (BGH WM **76**, 1257). Bei TeilAbtretg einer Fdg bezieht sich die Erkl des Schu nur auf die der abgetretenen Fdg zGrde liegde Teillieferg (BGH NJW **83**, 1903). Die BereitschErkl zur WechselEinlösg kann nicht ohne w als Anerk der zugrdeliegden Schuld ausgelegt werden (BGH WM **76**, 562). – **Vergleich:** § 779. – **Beschränkung.** Das Anerk kann sich auf den Grd des Anspr beschr (BGH NJW **5** **73**, 620: SchmerzG, BGH WM **74**, 836: KaufPr), aber auch auf die Höhe; in diesem Falle ist es unwirks, wenn der übereinstimmd vorausgesetze Anspr schon dem Grde nach nicht besteht (Ffm NJW-RR **87**, 310). – Unterbricht die Verj für den zugrde liegden Anspr (Zweibr OLGZ **66**, 20). – Hierher gehört nicht das prozessuale Anerk, ZPO § 307.

6   **b)** Das Anerk kann aber auch ledigl der **Beweiserleichterung** dienen. Es enthält dann überh keinen rgeschäftl VerpflWillen des Schu, sond hat nur den Zweck, dem Gläub seine ErfBereitsch anzuzeigen, um diesen dadch von Maßn auszuhalten u/od ihm den Bew zu erleichtern. Es handelt sich um ein Zeugn des Anerkennden gg sich selbst, das mind ein Indiz für den Ri bei der BewWürdig darstellt od zu einer Umkehr der BewLast führt (BGH **66**, 250); dh wer eine Fdg bestätigt hat, muß den GgBew führen, daß dem Gläub keine od nur geringere Anspr zustehen (BGH WM **74**, 411); ebso ÜbernBestätigg des Leasingnehmers (BGH NJW **88**, 204). Nach VerkUnfall vgl unten Rn 9.

7   **c)** Das **konstitutive Schuldanerkenntnis** soll unabhäng von dem bestehnden SchuldGrd eine neue selbständ Verpflichtg schaffen, auch für einen wg Anf nicht mehr bestehnden Anspr (BGH NJW **95**, 960). § 781 meint nur das konstitutive SchuldAnerk. Ob ein solches od nur ein SchuldbestätiggsVertr vorliegt, ist Sache der Auslegg (vgl § 780 Rn 3, 4). Auch hier ist nicht schlechth entsch, ob der SchuldGrd genannt ist od nicht. Je genauer u bestimmter er allerd bezeichnet ist, desto weniger liegt selbständ Anerk nahe u umgekehrt (KG NJW **75**, 1326). Enthält das Anerk wahrheitswidr Angaben, zB Anerk eines in Wirklich nicht gegebnen Darl od wird wahrheitswidr eine schuldbegründde Tats anerkannt wie bei der Bestätigg, ein Darl erhalten zu haben, dann handelt es sich um konstitutives Anerk (BGH NJW **80**, 1158). Die bloße Vorausquittg für ein erwartetes Darl ist kein konstitutives Anerk (Schlesw WM **80**, 964). – Aus einem ggs Vertr kann nicht eine EinzBestimmg herausgen u für sich allein als selbständ Anerk angesehen werden (RG **108**, 107). Doch ist mögl, daß über eine der zu einem ggs Vertr gehör Leistgen auch noch ein selbständ SchuldAnerk abgegeben wird (RG aaO; vgl § 780 Rn 1). Ob die bloße MitUnterzeichng einer SchuldUrk der Ehefr dch den Ehem SchuldAnerk- od -Beitritt darstellt, ist Ausleggsfrage (BGH WM **73**, 1046). – Wird das SchuldAnerk ohne GgLeistg erklärt, so ist es schenkw gegeben u bedarf der not Beurk (BGH NJW **80**, 1158). Erkennt der Schu in einer GrSchBestellgsUrk auch seine pers Schuld in Höhe des GrSchBetr an u ist vereinb, daß GrSch u SchuldAnerk der Sichg aller Anspr des Gläub aus der bankmäß GeschVerbindg dienen, so ist dies idR dahin auszulegen, daß der Gläub den angegebnen Betr nur einmal verlangen kann, auch wenn die gesicherte Fdg höher ist (BGH NJW **88**, 707).

8   **d) Einzelfälle: Deckungszusage** der Versicherg ist deklarat SchuldAnerk (Düss VersR **85**, 728). – **Gutschrift** der Bank auf dem Konto des Kunden ist abstr SchuAnerk (BGH NJW **91**, 2140). – **Saldoanerkenntnis** bei lfd Rechng ist idR selbständ Anerk (BGH **72**, 9). Saldofeststellg u damit Ggst eines abstr SchuldAnerk ist idR aber nur der period vereinb RechngsAbschl, nicht der einz Tagessaldo; unterlassener rechtzeit Widerspr gg ihn ist weder Anerk noch rgeschäftl Gen, sond ledigl tatsErkl, die uU zu SchadErsAnspr der kontoführden Bank führen kann (BGH **73**, 207). Unterlassene rechtzeit Einwdg gg RechngsAbschl enthält keine Gen der Ausf eines widerrufnen DauerAuftr (Hamm OLGZ **86**, 362). Die Bank erkennt mit Übersendg des RechngsAbschl auch die Habenposten des Kunden an. Mit dem SaldoAnerk gehen die bisher EinzelFdgen unter, an ihre Stelle tritt das Anerk als neuer, selbständ Schuldgrund (BGH WM **85**, 969). Liegt dem SaldoAnerk eine irrtüml Gutschr zGrde, so kann die Bank das Anerk nach § 812 zurückfordern (Düss NJW **85**, 2723) u muß beweisen, daß sie die Gutschr ohne RGrd vorgen hat (BGH **72**, 9). Ebso hat umgekehrt der Schu Einwdgen gg die Richtigk des letzten anerk Saldos bei Irrt über Lastschrift darzulegen u zu bew (BGH WM **83**, 704). Schweigen auf zugegangnen RechngsAbschl der Bank ist allein noch kein stillschw deklarat SaldoAnerk, kann aber in AGB als solches vereinb sein (BGH WM **73**, 1014). Dch die Anerkenng eines Saldos eines Girokontos entsteht keine klagb Fdg, soweit darin klagl Verbindlich enthalten sind (BGH NJW **85**, 634), zB nur Gewinne aus DifferenzGesch (BGH NJW **80**, 390); insoweit ist auch die dem Anerk zGrde liegde Verrechng unwirks (BGH **93**, 307, zust Piper ZIP **85**, 725; aA Canaris ZIP **85**, 592). –

9   Die Erkl des Kraftfahrers od seiner Vers im Anschl an einen **Verkehrsunfall** ist nach den Umst des EinzFalles auszulegen. IdR ist sie kein konstitutive SchuldAnerk, keine konstitut Befreig von der VerjEinr (BGH NJW **92**, 2228). Wenn die Part nach der konkreten Sachlage Anlaß dazu hatten, kann es sich um ein deklarator (oben Rn 3–5) handeln, eine Vermutg besteht dafür nicht (BGH NJW **82**, 996). Ohne konkreten Anlaß zu einem SchuldbestätiggsVertr – zB Streit über Schuld, Diskussion über HaftPflAnspr – ist die Erkl eines beteil Kraftfahrers, alleinschuld zu sein, weil die Beteil eine polizeil Unfallaufn vermeiden wollen, idR keine rgeschäftl WillErkl; sie hat vielmehr nur die Wirkg, daß der Empf der Erkl die ansprbegründden TatsBehauptgen erst dann beweisen muß, wenn dem Erklärden der Bew der Unrichtigk des Anerkannten gelingt (BGH NJW **84**, 799, BambVersR **87**, 1246). Die Abweisg der DirektKl gg den Vers hindert nach § 3 Nr 8 PflVG nicht die Verurteilg des VersNehmers aus (auch deklarator) Anerk (BGH NJW **82**, 996). – Kein selbständ Anerk ist die Verpfl zur **Unterhaltszahlung** aGrd der Anerk der nichtehel

10   Vatersch (RGRK/Steffen § 780 Rdn 20). – **Gemeinsames Aufmaß** von Bauleistgen gem VOB § 14 Nr 2 stellt der tats Umfang der geleisteten Arb verbindl fest (Kln MDR **68**, 148) u ist deklarat Anerk (Hamm NJW-RR **91**, 1496), dch das jedoch nicht die Einwand abgeschnitten ist, die Leistg sei von einer and Position mit umfaßt, sei nach den Vereinbgen nicht berechenb, bei richt VertrAuslegg anders zu berechnen oder überhaupt nicht vertragl vereinb (BGH BB **92**, 735). Bestätigg des Anspr nach **Abtretung** ggü NeuGläub vgl oben Rn 4. – Die **Drittschuldnererklärung** nach § 840 I Nr 1 ZPO ist nach der zwn PfändgsGl erkennb Interessenlage des DrSchu kein abstr, auch kein deklarator SchuldAnerk (aA Mü NJW **75**, 174), sond ledigl eine WissensErkl, die zur Umkehr der BewLast führt (BGH **69**, 328). IF des Unterbleibens, der Unrichtigk od Unvollständigk der Ausk hat der DrSchu dem PfändgsGl den Schad zu ersetzen, den dieser inf der Unterl der Ausk bzw seines Vertrauens auf die Richtigk u Vollständigk erleidet. Auch sog unvollk Verbindlich kann RGrdlage für selbständ SchuldAnerk abgeben (RG **160**, 138, RestFdg nach ZwangsVergl). – Erklärt der **Ladendieb**, einen best Betr zu zahlen, so dürfte es sich nach der ZweckRichtg um abstr Anerk handeln (Musielak NJW **77**, 561 gg LG Brschw NJW **76**, 1640). – Ebso einvernehml **Bilanzfeststellung**, sow Anspr zw den Gtern u der Gesellsch betroffen sind (Düss NJW-RR **94**, 1455). – Der **Prüfervermerk des Architekten** auf der SchlußRechng ist kein Anerk (Kln MDR **77**, 404). – **Gemeinsame Abrechnung** ist konstitut Anerk, wenn die Festlegg des Ergebn vertragl vereinb ist (BGH WM **86**, 50). – Die **Übernahme der persönlichen Haftung** in einer GrdSchBestellgsUrk zur Sichg eig Verbindlich ist abstr SchuldAnerk (BGH NJW **92**, 971).

3) Schriftform. Ihr Zweck ist RSicherh dch Schaffg klarer BewVerhältn (BGH **121**, 1). Strengere Form **11** u Ausn vgl § 780 Rn 6. Unter den Vorauss des Satzes 2 bedarf nicht nur die AnerkErkl, sondern der AnerkVertr strengerer Form. Nach not GrdstKaufVertr bedarf das not beurk SchuldAnerk des Käufers nicht der not AnnahmeErkl. Zumindest ist die Berufg auf die etwaige FormNichtigk treuwidr (BGH NJW **88**, 130). Ausdrückl Bekenntn der Schuld ist nicht erforderl, jede Erkl, eine vom bisher SchuldGrd gelöste neue Fdg begründen zu wollen, genügt (BGH WM **86**, 50). Der negative SchuldAnerkVertr nach § 397 II ist forml gült. **Umdeutung** unter den Vorauss des § 140 bei FormNichtigk des SchuldAnerk ist **12** mögl. Ebso ist umgekehrt die Umdeutg eines formnicht EigWechsels (BGH NJW **88**, 1468) u der wechselr unwirks Verpfl des Akzeptanten auf einem gezogenen Wechsel in SchuldVerspr od -Anerk mögl (BGH **124**, 263). Anders bei unwirks Erkl des AusSt u Indossanten u bei der AnnErkl auf einem Scheck (vgl § 140 Rn 12). EinlösgsZusage außerh des Schecks u Scheckkarte vgl Einf 18 vor § 765.

4) Wirkung. Wie § 780 Rn 7. Einwdgen vgl § 780 Rn 8. Sollte das Anerk nach dem Willen der Vertr- **13** Teile oRücks auf das Bestehen od Nichtbestehen der Schuld für die Zukunft eine klare RLage schaffen (vgl oben Rn 3–5), dann ist auch Einr aus ungerechtf Bereicherg ausgeschl (BGH NJW **63**, 2317, ZIP **91**, 862; vgl auch § 812 Rn 5).

782 *Formfreiheit.* **Wird ein Schuldversprechen oder ein Schuldanerkenntnis auf Grund einer Abrechnung oder im Wege des Vergleichs erteilt, so ist die Beobachtung der in den §§ 780, 781 vorgeschriebenen schriftlichen Form nicht erforderlich.**

1) Zwei **Ausnahmen von der Formvorschrift** der §§ 780, 781 enthält § 782, weil hier Abrechng u **1** Vergl mit Sicherh erkennen lassen, daß eine bindde Festlegg gewollt ist (BGH ZIP **93**, 100). Weitere Ausn in § 350 HGB. Formerfordern aGrd and Vorschr bleiben bestehen, zB §§ 313, 518 I S 2, 2301.

2) Abrechnung ist jede unter Mitwirkg von Gläub u Schu stattfindde Feststellg eines Rechngsergebn, sei **2** es im lfden RechngsVerh über wechselseit Fdgen iW der Verrechng (§ 355 HGB) od im uneigentl Rechnungs Verh zur Feststellg eines einseit geschuldeten GesBetrages iW der Addition (BGH WM **62**, 346). Hierher gehört zB der Girovertr (vgl § 675 Rn 8). AbrechngsVertr kann auch konkludent geschlossen werden (BGH **49**, 24 [29]), zB dch widerspruchsl Abzahlg auf die Endsumme der Abrechng u Fortsetzg des bish RechngsVerh. Das SaldoAnerk ist abstr SchuldAnerk mit schuldumschaffder Wirkg (BGH **72**, 9 u **50**, 279; vgl § 781 Rn 8; zur Novation aA MüKo/Hüffer § 781 Rdn 12 mwN). Beim Anerk iR eines uneigentl RechngsVerh, wie es insb unter Nichtkaufleuten vorkommt, ist der PartWille vielf auf ein selbständ Schuld-Anerk, aber selten auf Novation gerichtet (MüKo/Hüffer § 781 Rdn 15). Vergl: § 779.

3) Einwendungen. Die Abrechng unterliegt als Vertr den allg Anf- u NichtigkGrden. Bei Rechen- **3** fehler od wenn ein in Wirklichk nicht bestehder Posten in die Abrechng einbezogen od ein bestehder Posten fortgelassen worden ist, kommt Anf wg Täuschg, nicht wg Irrt, weil bloß im Motiv, in Frage. Ausgl unter dem Gesichtspkt ungerechtf Ber (BGH **51**, 348 u WM **72**, 286), außer wenn die Part dch das Anerk oRücks auf das Bestehen der z Grd liegden Fdg für die Zukunft eine klare RLage schaffen wollten (vgl Einf 5 vor § 780 u § 780 Rn 11–13). Dieser Wille ist bei einem Anerk aGrd einer Abrechng iZw nicht anzunehmen (BGH WM **75**, 1233).

4) Beweislast. Wer sich auf forml Anerk stützt, muß beweisen, daß Abrechng od Vergl zugrde liegt. **4** Darlegg der einz Schuldposten ist dagg nicht erforderl. Beklagter hat BewLast für Einwdgen.

Einundzwanzigster Titel. Anweisung

Einführung

1) Anweisung – a) Begriff. Anw iwS ist die Aufforderg u Ermächtigg an einen and, für Rechng des **1** Anweisden an einen Dr zu leisten (Larenz II § 67 I). Sie ist gekennzeichn dch die Beteil, von denen einer (Anweisder) dch einen and (Angew) einem Dr (AnwEmpf) eine Leistg zukommen läßt (Zöllner § 8 I, Brox Handels- u WertPRecht Rdn 689, 690). Das BGB regelt daraus nur einen Sonderfall (BGH **6**, 378), die schriftl Anw auf Leistg von Geld, WertP u vertretb Sachen.

b) Bedeutung. Die wirtsch Bedeutg ist gering. Rechtl bilden §§ 783 ff aber den GrdTypus für ver- **2** schied and Formen der Anw (vgl unten Rn 8), für die sie hilfsw gelten, soweit dort keine Regelg getroffen od iF der Nichtigk Umdeutg mögl ist.

c) Rechtsnatur. Die schriftl Anw ist WertP (Hueck-Canaris § 4 II 2), weil der Angew nur gg Aus- **3** händigg der Urk zu leisten braucht, § 785. Mit ihrer Aushändigg entsteht eine **doppelte Ermächtigung** (BGH WM **71**, 741) zur Verfügg über fremdes Recht in eig Namen, sie begründet keine Verpfl. – **aa) Ermächtigung des Angewiesenen,** für Rechng des Anweisden (AusSt) an den AnwEmpf (Inhaber der Urk) zu leisten. – **bb) Ermächtigung an den Anweisungsempfänger,** die Leistg bei dem Angew im eig Namen zu erheben. Ein Anspr des AnwEmpf gg den Angew auf Leistg gem § 328 entsteht nicht, selbst wenn der Angew aGrd des DeckgsVerh dem Anweisden ggü zur Leistg verpfl ist (Celle OLGZ **71**, 5, Nürnbg MDR **77**, 1016). – **cc) Abstraktion.** Beide Ermächtiggen sind von den zugrde liegden RGeschen u ihrem wirtsch Zweck losgelöst.

d) Abgrenzung. Die Anw unterscheidet sich als Ermächtigg. – **aa) vom Auftrag,** denn sie schafft **4** keine Verpfl des AnwEmpf, die Leistg zu erheben (Inkassomandat) u keine Verpfl des Angew zur Leistg; sie entsteht erst mit der Ann, § 784; – **bb) von der Vollmacht;** denn sie ermächtigt, in eig Namen zu leisten od die Leistg zu erheben; – **cc) von der Abtretung;** denn sie stellt keine vollk Überweisg der Fdg an den Empf dar und ist daher grdsätzl widerrufl, § 790.

5   **e) Keine Anweisung** sind: Überweisgsauftr, Lastschriftverf (vgl § 675 Rn 13–19); PostAnw, PostO § 27: nur RVerh zw zwei Pers, näml dem Einzahler u dem Postfiskus. Empf ist nur Adressat.

6   **2) Die zugrundeliegenden Rechtsverhältnisse.** Die Wirksamk der Anw ist von ihnen unabhäng. – **a) Das Valutaverhältnis** (GgWertVerh) zw Anweisdem u AnwEmpf. Die Anw kann der Tilgg eines zw diesen bestehden SchuldVerh dienen od sie soll ein SchuldVerh (Darl) erst begründen od sie stellt eine bloße
7   Freigebk des Anweisden dar. – **b) Das Deckungsverhältnis** zw Anweisdem u Angew. Der Angew kann Schu des Anweisden sein (Anw auf Schuld, § 787) od er soll Gläub des Anweisden werden (Anw auf Kredit). – **c) Unabhängigkeit.** Für die aus der Anw u ihrer Ann, § 784, sich ergebden Rechte u Pfl sind diese GrdSchuldVerh grdsätzl ohne Bedeutg. Nur die Frage, wem die Leistg im InnenVerh zw Anweisdem u AnwEmpf verbleiben soll, sowie ob der Angew zur Ann verpfl ist u ob er RückgrAnspr gg den Anweisden hat, beantwortet sich aus den betr GrdschuldVerh.

8   **3) Sonderformen der Anweisung. – a) Der gezogene Wechsel.** Sonderregel im WG. Deshalb kann nicht jeder formungült Wechsel in Anw umgedeutet werden (vgl § 781 Rn 11, 12). – **Die kaufmännische Anweisung** ist in HGB §§ 363–365 geregelt, sie kann, und als die Anw nach BGB, auch an eig Order gestellt werden. – **b) Der Scheck.** Wicht Abweichgn vom AnwRecht des BGB: Ann eines Schecks ist schlechthin wirksl, ScheckG Art 4; Widerruf vor Ablauf der VorleggsFr unwirks, Art 32; InhScheck ist zul, Art 5. Die Vorschr des BGB finden ergänzde Anwendg, so insb § 788, nicht jedoch § 787 I (BGH NJW **51**, 598). Scheckkarte vgl Einf 17 vor § 765. – **c) Postscheck.** Geregelt in der PostgiroO § 15. – **d) Der Kreditbrief** ist eine Anw, bei der der AusSt (Anweiser) eine and Pers (AnwEmpf) ermächtigt, bei dem Angew für Rechng des Anweisden unter Vorzeigg des Briefes Geldbetr bis zu einem Höchstbetr zu erheben. Meist als Reisekreditbrief, insb Rund- (Zirkular-) Kreditbrief. – **e) Der Kassalieferschein,** Lieferschein (delivery order) über best Mengen vertretb Sachen ist Anw (BGH **6**, 378). Er wird ausgestellt vom Einlagerer, nicht vom Lagerhalter; dieser wird angewiesen, nur gg Zahlg zu liefern. Näheres Baumb-/Hopt HGB § 424 Rn 5.

9   **4) Akkreditiv.** Neuere Lit: Nielsen, Einheitl Richtl u Gebräuche für Dokumentenakkreditive Revision 1994, Publikation UCP 500 der Internat Handelskammer, WM **94**, Sonderbeilage Nr 2; Koller, die Dokumentenstrenge im Licht von Tr u Gl beim Dokumentenakkreditiv, WM **90**, 293. – Das unwiderrufl Akkreditiv dient der Zahlgsvermittlg, u zwar insb der Zahlg eines vorzuleistden Pr aus Kauf- od and Gesch in der Weise, daß eine best Bank auf Veranlassg des Käufers den Kaufpr an den Verk nach Prüfg u Aushändigg der Dokumente bezahlt. Es ist zu **unterscheiden:**

10   **a) Ein Liefervertrag,** meist Kauf mit Akkreditivklausel, dh mit der Abrede, die Zahlg des Kaufpr habe aus einem eröffneten, unwiderrufl Dokumentenakkreditiv zu erfolgen. In dieser Vereinbg liegt eine Barzahlgsabrede u damit ein konkludenter AufrAusschl, jedenf für die LaufZt des Akkreditivs (BGH **60**, 262).

11   **b) Der Akkreditivauftrag** des Käufers an seine, die akkreditiveröffnde, Bank ist GeschBesVertr mit WkVertrCharakter (BGH WM **58**, 1542). Darin verpfl sich die akkreditiveröffnde Bank ggü ihrem Kunden zur Zahlg des Kaufpr an den Verk gg Vorlage der vereinb Dokumente. Die Bank ist dem Käufer, ihrem Kunden ggü verpfl, mit angem Sorgfalt die OrdngsMäßigk der vereinb Dokumente nach deren äußerer Aufmachg zu prüfen u sich streng an seine Weisgen zu halten, § 665 (BGH WM **84**, 1443). Bei der Abwicklg ist die Bank ErfGeh des Käufers in dessen Vertr mit dem Verk (RG **92**, 210).

12   **c) Das Akkreditiv im eigentlichen Sinn** betrifft das RVerh zw der akkreditiveröffnden Bank u dem Verk als Begünstigtem. Die Bank verpfl sich dadch diesem ggü im eig Namen für Rechng des AuftrG (Koller WM **90**, 293 [296]), Zug um Zug gg Überg der vorgeschr akkreditivgerechten (BGH NJW-RR **87**, 924) Dokumente die im Akkreditiv versprochene Leistg zu erbringen. Hier handelt es sich um ein abstr SchuldVerspr dieser Bank gem § 780 (BGH **60**, 262, Canaris BankVertrR Rdn 984). Daraus folgt, daß die Bank dem begünstigten Verk keine Einwdg entgg setzen kann, die in dem GeschBesVertr mit ihrem Kunden, dem Käufer (Deckgs Verh) od die im KaufVertr (Valuta Verh) begründet sind; dies auch dann nicht, wenn ihr der Käufer seinen Anspr gg den Verk aus dem KaufVertr abgetreten hat (BGH aaO). Ausn sind, wie bei der Bankgarantie (vgl unten Rn 17), nur in Fällen krassen RMißbr denkb, auch wenn es sich um ein Akkreditiv mit hinausgeschobener Zahlg handelt (BGH DB **87**, 1983). Starker Verdacht auf nicht ordngsgem Erf des KaufVertr berechtigt die Bank nicht, dem Begünstigten die Zahlg aus dem Akkreditiv zu verweigern (BGH NJW **89**, 159). Auch die Aufr ist ausgeschl, vgl oben Rn 10. Abtr des ZahlgsAnspr aus dem Akkreditiv dch den Begünstigten (Verk) an die akkreditivöffnde Bank führt wg Konfusion zum Erlöschen des Anspr (Ffm WM **92**, 569).

13   **d)** Die akkreditiveröffnde Bank beauftragt idR eine **weitere Bank** am Sitz des ZahlgsEmpf (Verk), diesen von der Eröffng des Akkreditives in Kenntn zu setzen u ggf als Zahlstelle den AkkreditivBetr auszuzahlen; daraus kann ein AufwErsAnspr entstehen (Ffm WM **81**, 445). Falls diese weitere Bank ggü dem Verk das Akkreditiv ihrerseits bestätigt (Bestätiggsbank), liegt darin ein SchuldVerspr auch dieser Bank ggü dem begünstigten Verk (BGH NJW-RR **87**, 924). Die eröffnde Bank ist verpfl, der auszahlden Bank Abweichgn der Dokumente von den AkkreditivBdggen unverzügl anzuzeigen (BGH NJW **85**, 550).

14   **5) Bankgarantie** vgl auch Einf 17 vor § 765. Sie dient im internat HandelsVerk der Sichg des Käufers gg LeistgsStörgen jeder Art auf der VerkSeite (Stgt WM **81**, 1265) od umgekehrt (BGH WM **85**, 684). Literatur: v. Westphalen, Die Bankgarantie im internat HandelsVerk, 1982, Mülbert ZIP **85**, 1101. Es ist zu **unterscheiden:**

15   **a) Liefervertrag** mit Bankgarantieklausel.

16   **b) Der Garantieauftrag** des Verk (Käufers) an seine Bank ist GeschBesVertr mit WkVertrCharakter. Darin verpfl sich die Bank ggü ihrem Kunden, iF von LeistgsStörgen an den Käufer (Verk) gg Vorlage vereinb Dokumente best Beträge zu bezahlen. Nur in den Fällen des Mißbr (vgl unten Rn 17) ist die Bank ihrem Kunden ggü verpfl, die Garantie nicht einzulösen. Tut sie dies trotzdem, so hat sie wg Verl ihrer TreuPfl aus dem GeschBesVertr keinen RückgrAnspr gg ihren Kunden (GarantieAuftrG); dieser hat Anspr

gg die Bank auf Unterl der Rückbelastg seines Kontos od auf Ausf seiner nachfolgden Vfgen über sein Konto trotz erfolgter Rückbelastg (Stgt NJW **81**, 1913, Ffm NJW **81**, 1914 u WM **88**, 1480). Einen dch einstw Vfg sicherb Anspr gg die Bank auf Unterl der Auszahlg der Garantiesumme an den Begünstigten hat der GarantieAuftrG nicht, weil die Bank zunächst aus eig Verm zahlt u die Interessen des Kunden erst dch seine Rückbelastg gefährdet werden (Ffm WM **88**, 1480, Jedzig aaO 1469; aA Saarbr ua WM **81**, 275 u 288, v Westphalen WM **81**, 293).

c) Garantieerklärung. In ihr verpfl sich die Bank ggü dem Käufer iF von LeistgsStörgen auf der 17 VerkSeite od umgekehrt – meist, aber nicht notw „auf erstes Anfordern" (BGH WM **82**, 1324) – bei Vorliegen best formaler Vorauss, insbes gg Vorlage best Dokumente best Beträge zu bezahlen. Will die Garantiebank die ZahlgsAufforderg aus formalen Grden zurückweisen, muß sie ihre Beanstandgen dem Garantiebegünstigten per Telekommunikationsmittel od ähnl schnell mitteilen, andernf kann sie sich bis zur Höhe der Garantiesumme schadersatzpfl machen (Karlsr WM **92**, 2095). Die GarantieErkl ist abstr SchuldAnerk u grdsätzl unabh von Einwdgen des Schu gg den Gläub aus dem der Garantie zugrde liegden Valuta- u aus dem DeckgsVerh zw dem Kunden u der Garantiebank (BGH **94**, 167). Der ZahlgsAnspr des Begünstigten gg die Bank aus der Garantie scheitert aber trotz Vorliegens der formellen Vorauss (formeller Garantiefall) iF des RMißbr, näml dann, wenn offensichtl od liquide beweisb ist, daß der mat Garantiefall im ValutaVerh nicht eingetreten ist (BGH **90**, 287) u nicht mehr eintreten kann. Der Besteller der Garantie kann in diesem Fall vom Begünstigten verlangen, daß es unterläßt, die Bankgarantie in Anspr zu nehmen – mit diesem Inhalt ist auch eine einstw Vfg zul (Jedzig WM **88**, 1469) –, auf die Rechte aus ihr zu verzichten u die GarantieErkl zurückzugeben (BGH WM **87**, 367); ebso, wer als mit abstraktes Garantiefähiger eine Bankgarantie zur Absicherg seiner Schulden aus ausländ BörsenterminGesch bestellt hat (BGH NJW **84**, 2037). Str ist, ob der Best der Garantie gg die Bank iF rmißbräuchl InansprN einen dch einst Vfg sicherb Anspr auf Unterl der Zahlg an den Begünstigten hat (so Saarbr WM **81**, 275, LG Ffm u Hein NJW **81**, 56, 58). Jedenf hat er einen Anspr gg die Bank nach deren Zahlg, Rückbelastg seines Kontos zu unterlassen (Stgt NJW **81**, 1914 u NJW-RR **87**, 1264, Kln WM **91**, 1751), weil ihr in diesem Fall kein AufwErsAnspr zusteht (vgl § 670 Rn 4). Die Aufr der Garantiebank mit eig, nicht mit dem GrundGesch in Zushang stehden Fdgen gg den Begünstigten ist auf liquide Anspr beschränkt (BGH **94**, 167, zust Pleyer JZ **85**, 1000).

d) Rückgarantie. Die VerkBank beauftr idR eine weitere Bank am Sitz des Käufers zur Abgabe der 18 GarantieErkl. Das ist zw den beteil Banken GeschBesVertr mit WkVertrCharakter, zw Bank u Käufer abstr SchuldAnerk. Die VerkBank übernimmt in diesem Fall ggü der Bank am Sitz des Käufers die Rückgarantie u belastet iF der InansprN das Konto ihres Kunden (Verk).

783

Begriff. **Händigt jemand eine Urkunde, in der er einen anderen anweist, Geld, Wertpapiere oder andere vertretbare Sachen an einen Dritten zu leisten, dem Dritten aus, so ist dieser ermächtigt, die Leistung bei dem Angewiesenen im eigenen Namen zu erheben; der Angewiesene ist ermächtigt, für Rechnung des Anweisenden an den Anweisungsempfänger zu leisten.**

1) Allgemeines. Begr, Bedeutg, RNatur, Abgrenzg, zugrde liegde RVerhältnisse, Sonderformen der 1 Anw vgl Einf 1–8.

2) Form und Inhalt der Urkunde. Die vorgesehene Schriftform schließt nach dem Grds der VertrFreih 2 mdl Anw nicht schlechthin aus (BGH **3**, 238, MüKo/Hüffer Rdn 19). Aus der Fassg der Urk ist zu entnehmen, ob wirkl Anw oder ob nicht ledigl InkassoVollm oder ein nichtabstraktes SchuldVerspr gemeint war. Doch ist ausdr Gebr des Wortes Anw nicht erforderl. – Da wesentl die Verbindg von drei Pers ist (vgl Einf 1 vor § 783), ist Anw auf den Anweisden selbst od an eig Order (hier and § 363 HGB) nicht zul. Anw auf den Inhaber ist unzul (and beim Scheck). – Umdeutg formnicht Scheck- u WechselErkl vgl § 781 Rn 11, 12.

3) Gegenstand der Leistung ist Zahlg, Hingabe von WertP od and vertretb Sachen. Anw auf sonstige 3 Ggst sind aber nach dem Grds der VertrFreih mögl, §§ 783ff dann entspr anwendb (RG **101**, 297). Anw auf Waren: Lieferschein, delivery order (BGH **46**, 43) ist Anw des Einlagerers an den Lagerhalter od Spediteur, an den AnwEmpf auszuliefern; prakt beim sog Durchhandeln verkaufter Ware über mehrere Stationen, auch in Teilmengen (BGH WM **71**, 742). – Die Anw kann bedingt sein, auch von einer GgLeistg abhäng, zB Lieferg vertretb Sachen gg Zahlg; hier wird der Angew ermächtigt, nur gg Zahlg zu liefern (BGH **6**, 378 Kassalieferschein); unabhäng von der GgLeistg ist die kaufmänn Anw, § 363 HGB. Leistgszeit je nach der Urk sofort bei Vorzeigg der Anw („auf Sicht") od nach Ablauf einer Fr od zu einem best Termin.

4) Ermächtigungen. Anw u Ann, § 784, sind abstrakte WillErkl. Die Anw kommt mit Aushändigg der 4 Urk an AnwEmpf zustande. Aushändigg bedeutet, wie bei and WertP BegebgsVertr, für den gutgl Zweiterwerber ersetzb dch zurechenb gesetzten RSchein eines gült BegebgsVertr (aA MüKo/Hüffer Rdn 21). Mit der Aushändigg an den AnwEmpf entsteht die doppelte Ermächtigg gem Einf 3 vor § 783. Beide Ermächtigten sind von dem RVerh zwischen Anweisdem u Angew sowie zw Anweis u AnwEmpf (vgl Einf 6, 7 vor § 783) unabhäng. Ermächtigg bedeutet die Übertr der Verfüggsgewalt, ohne daß der Ermächtigde die seinige aufgibt. Sie gewährt ledigl eine Befug. Der AnwEmpf ist nicht verpfl, die Leistg zu erheben, eine Verpfl des Angew zur Leistg entsteht erst dch **Annahme** der Anw, § 784. Für den AnwEmpf kann eine Verpfl zur Einziehg bestehen, aber nur aus dem GrdVerh zum Anweisden. Zw Anweisdem u AnwEmpf begründet die Aushändigg der Urk kein VertrVerh. – Aus dem Begr der Ermächtigg folgt ferner, daß auch nach Erteilg der Anw der Anweisde seine Anspr aus dem GrundVerh gg Angew geltd machen kann, ebso der AnwEmpf seine Anspr gg den Anweisden. Bis zur Ann der Anw darf auch der Angew statt an den AnwEmpf an den Anweisden leisten. Doch besteht in jedem Fall die AnzPfl des AnwEmpf nach § 789. Die Ermächtigg des Empf geht dahin, die Leistg im eig Namen zu erheben, also nicht als Bevollm des Anweisden. Anderers ist der Angew ermächtigt, für Rechng des Anweisden zu leisten. Das bedeutet, daß die Zahlg auf das GrdVerh zw Anweisdem u Angew einwirken u daß die Leistg des Angew als Leistg des Anweisden angesehen werden soll. Der Angew kann aus dem zugrde liegden RVerh Anspr auf Erstattg des gezahlten Betr (Anweisg auf Kredit) nur gg den Anweisden haben.

784 *Annahme der Anweisung.* ¹ Nimmt der Angewiesene die Anweisung an, so ist er dem Anweisungsempfänger gegenüber zur Leistung verpflichtet; er kann ihm nur solche Einwendungen entgegensetzen, welche die Gültigkeit der Annahme betreffen oder sich aus dem Inhalte der Anweisung oder dem Inhalte der Annahme ergeben oder dem Angewiesenen unmittelbar gegen den Anweisungsempfänger zustehen.

ᴵᴵ Die Annahme erfolgt durch einen schriftlichen Vermerk auf der Anweisung. Ist der Vermerk auf die Anweisung vor der Aushändigung an den Anweisungsempfänger gesetzt worden, so wird die Annahme diesem gegenüber erst mit der Aushändigung wirksam.

1　**1) Annahme. – a) Bedeutung.** Die Anw allein gewährt dem Angew ledigl die Befugn, an den AnwEmpf zu leisten. Eine Verpfl zur Leistg besteht für ihn selbst dann nicht, wenn er Schu des Anweisden ist. Erst dch die Ann der Anw wird der Angew zur Leistg verpfl, entsteht eine selbständ Verpfl des Angew, losgelöst vom GrdGesch (RG **144**, 137). Sie ist auch von der Gültigk der Anw unabhäng, also auch dann wirks, wenn die Anw gefälscht od von GeschUnfähigen ausgestellt ist. – Der AnwEmpf erhält dch die Ann ein unmittelb selbständ FdgsR gg den Angew. Das GrdVerh zw den beiden u Beteil geht den Angew nichts an.

2　**b) Keine Verpflichtung zur Annahme.** Sie wird auch nicht dadch begründet, daß der Angew Schu des Anweisden ist, § 787 II. Doch ist vertragl Verpfl zur Ann mögl.

3　**c) Einseitige Willenserklärung,** kein Vertr ist die Ann. Sie wird wirks, wenn sie dem Empf zugeht (§ 130 I). Ist die Ann, wie nach II zul, vor Aushändigg der Anw an den Empf erkl worden, so wird sie diesem ggü erst mit Aushändigg wirks, auch wenn dies gg den Willen des Angew geschieht. Einschränkgn der Ann, zB auf geringeren Betr od dch Bdggen, sind zul. Schecks können nicht angenommen werden, ScheckG Art 4.

4　**2) Form der Annahme.** Schriftl Vermerk auf der AnwUrk selbst, Abs II. Die bloße Unterschr kann genügen, wenn der AnnWille hieraus klar hervorgeht (vgl WG Art 25 I 3). Nicht genügd sind Vermerke wie „Gesehen“, „Kenntn genommen“ u bloße FinanziergsBestät einer Bank (Schlesw WM **80**, 48). Dch außerh der Urk liegde Umst ist die schriftl AnnErkl nicht ersetzb (BGH WM **82**, 155). Mündl Ann kann als VorVertr iS einer Verpfl, die formgült Ann zu erklären, gewertet werden oder als selbständ SchuldVerspr nach § 780 gelten, soweit formfrei gült. Dies gilt auch für die schriftl, aber nicht auf der Urk selbst erklärte Ann.

5　**3) Einwendungen** (Abs I S 2) sind nur in beschr Umfange zul (entspr WG Art 17), nämlich: – **a) Gegen die Gültigkeit der Annahme,** zB GeschUnfgk zZ der Ann, Anf wg Irrt, Drohg od Täuschg, Fälschg der Ann. – Aus dem **Inhalt der Anweisung oder der Annahme,** zB in der Urk vermerkte Bdggen, Befristgen u sonstige Beschrkgen. – Einwdgen, die dem Angew **unmittelbar gegen den Empfänger** zustehn, zB Tilgg, Erlaß, Stundg, Aufr mit einer GgFdg gg den AnwEmpf, unzul RAusübg, zB wenn die Anw gefälscht ist u der AnwEmpf dies wußte.

6　**b) Ausgeschlossen** sind Einwdgen aus dem DeckgsVerh zw dem Angew u dem Anweisden od aus dem ValutaVerh zw diesem u dem Empf (vgl Einf 6, 7 vor § 783, RG **144**, 137). Auch Anspr auf Einr aus ungerechtf Ber bestehen in diesem Falle regelm nicht; die Anw ist also in noch höherem Maße abstr als das selbständ SchuldVerspr, wo BereicherqsAnspr in weitem Umfange zul sind (vgl § 780 Rn 11–13). Ausn von diesem Grds gelten aber für den Fall, daß beide GrdSchuldVerh fehlerh sind; ferner, wenn das DeckgsVerh fehlerh ist u das ValutaVerh in einer freigeb Zuwendg od in einem EinziehgsAuftr od in einem unsittl od verbotenen Gesch besteht (vgl § 812 Rn 49–57, RGRK/Steffen Rdn 10, Soergel-Häuser Rdn 6).

785 *Aushändigung der Anweisung.* Der Angewiesene ist nur gegen Aushändigung der Anweisung zur Leistung verpflichtet.

1　**Nur Zug um Zug gegen Aushändigung** der Urk ist der Angew zur Leistg verpfl. Damit erlangt er die Möglichk, die Anw dem Anweisden ggü zum Nachw des DeckgsAnspr zu gebrauchen. Entspr Best in WG Art 39 I u ScheckG Art 34 I. Gilt auch bei Leistg vor Ann der Anw. Recht auf Quittg (§ 368) bleibt unberührt. Bei Zirkular-Kreditbriefen gilt § 785 erst bei Leistg der letzten Zahlg, früh Teilleistgen werden auf der Urk vermerkt. – Der Angew ist auch ohne Aushändigg zur Leistg berecht, sein RückgrAnspr gg den Anweisden aus dem DeckgsVerh ist davon nicht abhäng, der Nachw allerd erschwert. – AufgebVerf vgl § 790 Rn 7.

786 *Verjährung.* Der Anspruch des Anweisungsempfängers gegen den Angewiesenen aus der Annahme verjährt in drei Jahren.

1　**Verjährung.** Die Vorschr betrifft nur den Anspr des AnwEmpf gg den Angew aus der AnnErkl. Die Fr beginnt mit Entstehg des Anspr, also mit Aushändigg der angenommenen Anw (§ 784 II, dort Rn 3). Bei Angabe eines späteren Verfalltages Beginn an diesem Tage. Bei Fehlen eines Verfalltages ist daher Datierg der Ann od Vermerk des Tages der Aushändigg empfehlenswert. – Die Regelg entspricht Art 70 WG, aber kein BereicherqsAnspr wie nach WG Art 89, ScheckG Art 58. – Bei Scheck and Frist, ScheckG Art 52.

787 *Anweisung auf Schuld.* ¹ Im Falle einer Anweisung auf Schuld wird der Angewiesene durch die Leistung in deren Höhe von der Schuld befreit.

ᴵᴵ Zur Annahme der Anweisung oder zur Leistung an den Anweisungsempfänger ist der Angewiesene dem Anweisenden gegenüber nicht schon deshalb verpflichtet, weil er Schuldner des Anweisenden ist.

1) Regelungsgehalt. Die Vorschr betrifft das DeckgsVerh zw Anweisdem u Angew (vgl Einf 7 vor 1 § 783), sie regelt die Anw auf Schuld, nicht die auf Kredit. ValutaVerh vgl § 788. Anw auf Schuld bedeutet, daß ein SchuldVerh zw Anweisdem(Gläub) u Angew(Schu) besteht, ferner Einigk dieser beiden darü, daß der Angew zur Erf dieser Schuld an einen Dr leisten soll. Der Auftr dazu braucht in der AnwUrk selbst nicht enthalten zu sein. – Durch die Ann der Anw erhält der Angew zwei Gläub. Die Ann gibt aber, da sie nach § 790 die Anw unwiderrufl macht, dem Angew bis zur Rückg der AnwUrk (§ 785) eine Einr aus § 242, falls Anweisder wg der urspr Schuld gg ihn vorgehen will (RGRK/Steffen Rdn 6).

2) Annahme- und Leistungspflicht des Angewiesenen wird nach II nicht schon dadch begründet, daß 2 er Schu des Anweisden ist. Daher bei Ablehng der Ann kein SchuVerzug. Die Verpfl des Angew zur Ann od Leistg kann sich aber aus dem GrdVerh, zB laufde GeschVerbindg od Auftr zw ihm u dem Anweisdem ergeben.

3) Rechtsfolge der Leistung an den AnwEmpf ist, daß der Angew von seiner Verbindlichk ggü dem 3 Anweisden aus dem DeckgsVerh in Höhe der Leistg frei wird. ErfSurrogate wie Hingabe an ErfStatt, Aufr gg eine Fdg des AnwEmpf gg den Angew, berecht Hinterlegg (§ 378) gelten gleich. Ebso erlischt der Anspr des AnwEmpf gg den Angew aus der AnnErkl, § 784. Diese Folgen treten oRücks darauf ein, ob der Angew neben seiner Schuld an den Anweisden aus dem DeckgsVerh noch zusätzl verpfl war (vgl Rn 2), die Anw anzunehmen u an den AnwEmpf zu leisten (MüKo/Hüffer Rdn 3; aA RGRK/Steffen Rdn 4). – Abs I gilt nicht für den Scheck (BGH NJW **51**, 598).

788 *Valutaverhältnis.* **Erteilt der Anweisende die Anweisung zu dem Zwecke, um seinerseits eine Leistung an den Anweisungsempfänger zu bewirken, so wird die Leistung, auch wenn der Angewiesene die Anweisung annimmt, erst mit der Leistung des Angewiesenen an den Anweisungsempfänger bewirkt.**

1) Regelungsgehalt. Die Vorschr betrifft das ValutaVerh zw Anweisdem u AnwEmpf. DeckgsVerh vgl 1 § 787. Sie gilt nicht nur, wenn die Anw der Tilgg einer Schuld zw diesen beiden dienen, sond auch, wenn sie and Zwecken wie DarlHingabe od Schenkg dienen soll (vgl Einf 6 vor § 783). Gilt auch für Scheck (LG Brschw WM **79**, 735). Wichtigster Inhalt der Best ist, daß Anw keine Zahlg ist. Das entspricht der Regelg in § 364 II.

2) Rechtsfolge der Leistung des Angew an den AnwEmpf ist das Erlöschen bzw die Begrdg der 2 Verbindlichk aus dem ValutaVerh zw Anweisdem u AnwEmpf. Erf Surrogate stehen gleich (wie § 787 Rn 3).

3) Die sonstige Regelung des Valutaverhältnisses bestimmt sich nach dem zugrde liegden RVerh, 3 insb, ob Empf zur Einziehg verpfl ist, ob er bei Nichtzahlg des Angew Rückgr gg den Anweisden hat, ob er zur Abführg der eingezogenen Leistg an den Anweisden verpfl ist. Regelm ist bei zahlgshalber erfolgter Aushändigg u Ann einer Anw anzunehmen, daß Empf seine Befriedigg zunächst aus der Anw beim Angew suchen muß, u daß er erst bei Nichteinlösg der Anw befugt ist, aus dem Valuta-SchuldVerh gg den Anweisden vorzugehen (MüKo/Hüffer Rdn 4, RGRK/Steffen Rdn 2).

789 *Anzeigepflicht des Anweisungsempfängers.* **Verweigert der Angewiesene vor dem Eintritte der Leistungszeit die Annahme der Anweisung oder verweigert er die Leistung, so hat der Anweisungsempfänger dem Anweisenden unverzüglich Anzeige zu machen. Das gleiche gilt, wenn der Anweisungsempfänger die Anweisung nicht geltend machen kann oder will.**

1) Anzeigepflichten. Mit ihnen erschöpfen sich die Pfl, die dem AnwEmpf ggü dem Anweisden aGrd 1 der Anw obliegen. Weitere Pfl können sich aus dem GrdVerh ergeben. Von diesem hängt es auch ab, ob der Empf iF der Zahlgsweigerg des Angew einen RückgrAnspr gg den Anweisden hat. Stillschw Garantie-Übern ist nach der VerkSitte mögl. Bei Verl der AnzPfl SchadErs nach allg Vorschr.

2) Unverzüglich, dh ohne schuldh Zögern, § 121. Unter Leistgszeit ist der Ztpkt der Fälligk zu verste- 2 hen (RG **101**, 316). – Allgem Pfl des Empf, den Angew zur Leistg aufzufordern, ist im G nicht bestimmt. Es kommt auf das GrdSchuldVerh an, ob eine solche Pfl anzunehmen ist.

790 *Widerruf der Anweisung.* **Der Anweisende kann die Anweisung dem Angewiesenen gegenüber widerrufen, solange nicht der Angewiesene sie dem Anweisungsempfänger gegenüber angenommen oder die Leistung bewirkt hat. Dies gilt auch dann, wenn der Anweisende durch den Widerruf einer ihm gegen den Anweisungsempfänger obliegenden Verpflichtung zuwiderhandelt.**

1) Widerruf. – a) Grundsatz. Die Anw ist ggü dem Angew grdsätzl widerrufl, weil sie nur Ermächti- 1 ggen, keine Verpfl schafft (vgl Einf 3 vor § 783). Dies auch, wenn der Anweisde aGrd des ValutaVerh (vgl Einf 6 vor § 783) ggü dem AnwEmpf zur Aufrechterhaltg der Anw verpfl ist, Satz 2. Auf das Akkreditiv ist § 790 nicht anwendb.

b) Verzicht auf das WiderrufsR ggü dem AnwEmpf ist unwirks. Verz ggü dem Angew ist mögl u macht 2 den Widerruf unwirks (MüKo/Hüffer Rdn 6).

c) Ausübung dch einseit, empfbedürft, formfreie Erkl ggü dem Angew. Widerruf ggü dem AnwEmpf 3 ist anwrechtl wirkgslos, seine Benachrichtigg vom erfolgten Widerruf anwrechtl nicht erforderl.

d) Wirkung. Die Anw erlischt. Die trotz Widerrufs erfolgte Ann oder Zahlg gibt dem Angew keinen 4 Rückgr gg den Anweisden u befreit ihn bei Anw auf Schuld (§ 787) nicht von seiner Verbindlichk aus dem

DeckgsVerh. Etwaige Anspr aus GoA od ungerechtf Ber bleiben ihm. Ggü dem AnwEmpf bleibt die Ann trotz Widerrufs wirks, weil sie keine gült Anw voraussetzt (vgl § 784 Rn 1).

5   **e) Unwiderruflichkeit** in zwei Fällen: – **aa)** Sobald der Angew die Anw dem Empf ggü angenommen hat (§ 784 II), denn dadch ist ein selbständ SchuldVerh zw Angew u Empf entstanden, das der Anweisde gg sich gelten lassen muß. – **bb)** Sobald der Angew die Leistg an den AnwEmpf bewirkt hat. Das gilt auch bei Ann u Leistg vor Fälligk.

6   **2) Die Verpflichtung zur Aufrechterhaltung der Anweisung** macht nach S 2 den Widerruf nicht unwirks. Sie kann sich für den Anweisden aus seinem ValutaVerh zum AnwEmpf (vgl Einf 6 vor § 783) ergeben; so idR beim Kreditbrief (vgl Einf 8 vor § 783). Satz 2 gilt aber nur, solange Angew weder angenommen noch geleistet hat. Die Vorschr des S 2 ist im Interesse des Angew gegeben, dem die Nachprüfg erspart bleiben soll, ob Anweisder zum Widerruf berecht war od nicht. Läßt Empf den gült Widerruf unbeachtet, so macht er sich dem Anweisden ggü schaderspfl, ebso umgekehrt der Anweisde ggü dem Empf, wenn er unbefugt widerruft. – Ein **unwiderrufliches Einziehungsrecht** erwirbt der Empf dch Erteil einer EinziehgsVollm od dch Abtretg der Fdg des Anweisden gg den Angew.

7   **3) Sonstige Erlöschensgründe.** Untergang der AnwUrk od Rückgabe an Anweisden vor Vorlegg an den Angew zur Ann od Zahlg , Unmöglk der Leistg. AufgebVerf zur Kraftloserklärg findet nicht statt; and bei der an Order gestellten kaufm Anw, HGB §§ 363, 365 II, u beim Scheck, ScheckG Art 59. Bei Abhandenkommen nach der Ann schützt den Angew § 785.

791   *Tod oder Geschäftsunfähigkeit eines Beteiligten.*   **Die Anweisung erlischt nicht durch den Tod oder den Eintritt der Geschäftsunfähigkeit eines der Beteiligten.**

1   **1) Tod und Verlust der Geschäftsfähigkeit** eines Beteil lassen die Anw nicht erlöschen, wenn keine anderweite Best in der Anw od im AnnVermerk enthalten ist. § 791 ist abdingb. Die Erben können aber ihrers in den Grenzen des § 790 widerrufen.

2   **2) Dch Konkurs** eines Beteil erlischt die Anw nicht. – Bei Konk **des Anweisenden** hat der KonkVerw nach § 790 zu widerrufen. KO § 23 ist nicht anwendb. Der Angew kann nach Kenntn von der KonkEröffng nicht mehr mit Wirkg für die KonkMasse annehmen (RGRK/Steffen Rdn 2). – Bei Konk **des Angewiesenen** ist die Anw dem KonkVerw zur Ann oder Zahlg vorzulegen. Bei Ann entsteht Masseschuld. Der Anspr aus der bereits angenommenen Anw ist KonkFdg. – Bei Konk **des Anweisungsempfängers** hat der KonkVerw die Befugn, die Anw zur Ann u Zahlg vorzulegen, u den Anspr aus der Ann. Das DeckgsVerh schließt idR die Ann aus, wenn der Angew Kenntn von der KonkEröffng hat. Ann od Zahlg in Unkenntn der KonkEröffng muß der Anweisde als für seine Rechng geschehen gelten lassen (Soergel-Häuser Rdn 6).

792   *Übertragung der Anweisung.*   [I] **Der Anweisungsempfänger kann die Anweisung durch Vertrag mit einem Dritten auf diesen übertragen, auch wenn sie noch nicht angenommen worden ist. Die Übertragungserklärung bedarf der schriftlichen Form. Zur Übertragung ist die Aushändigung der Anweisung an den Dritten erforderlich.**

[II] **Der Anweisende kann die Übertragung ausschließen. Die Ausschließung ist dem Angewiesenen gegenüber nur wirksam, wenn sie aus der Anweisung zu entnehmen ist oder wenn sie von dem Anweisenden dem Angewiesenen mitgeteilt wird, bevor dieser die Anweisung annimmt oder die Leistung bewirkt.**

[III] **Nimmt der Angewiesene die Anweisung dem Erwerber gegenüber an, so kann er aus einem zwischen ihm und dem Anweisungsempfänger bestehenden Rechtsverhältnis Einwendungen nicht herleiten. Im übrigen finden auf die Übertragung der Anweisung die für die Abtretung einer Forderung geltenden Vorschriften entsprechende Anwendung.**

1   **1) Übertragung der Anweisung,** Abs I, ist grdsätzl mögl. Bei noch nicht angenommener Anw handelt es sich um Übertr der EinziehgsErmächtigg (vgl Einf 3 vor § 783). Nach der Ann handelt es sich um Abtr des Anspr aus der Ann (vgl § 784 Rn 1). Für beide Fälle gilt § 398 (vgl Abs III S 2). – Zur Durchführg sind erforderl: – **a) Übertragungsvertrag** zw AnwEmpf u Erwerber der Anw. Die ÜbertrErkl bedarf der Schriftform, nicht notw auf der AnwUrk selbst. Die AnnErkl des Erwerbers ist formfrei, auch konkludent dch EntggNahme der Urk. – **b) Aushändigung der Anweisung** an den Erwerber. **c) Kaufmännische Anweisung und Scheck** sind dch Indossament übertragb, HGB § 363, ScheckG Art 14.

2   **2) Ausschließung der Übertragung,** Abs II, ist nur wirks, wenn sie entw aus der Urk zu entnehmen ist od wenn der Anweisde sie dem Angew vor Ann od Leistg mitgeteilt hat. Ungenüg ist, wenn Angew die Kenntn anderweit erlangt od wenn der Anweisde die Mitteilg nur dem AnwEmpf gemacht hat.

3   **3) Einwendungen.** – **a)** Bei **Übertragung nach Annahme** wird nicht nur die Einziehgsermächtigg, sond auch die dch die Ann entstandene selbständ Fdg des AnwEmpf gg den Angew übertragen. Daher ist § 404 entspr anwendb, Abs III. Außerdem § 402 (AuskPfl des Zedenten), § 405 (ScheinFdg), § 406 (Aufrechng). – **b)** Bei **Übertragung vor Annahme** kann der Angew keinerlei Einwdgen aus dem zw ihm zu dem ersten Empf der Anw bestehenden RVerh herleiten. Eine Verpfl des Angew entsteht erst dch die Ann ggü dem Erwerber der Anw (vgl § 784 Rn 1). – **c)** Die **Einwendungen des § 784** (vgl dort Rn 5, 6) bestehen auch dem Erwerber ggü.

4   **4) Rückgriff.** Ob der Erwerber der Anw gg seinen Vormann iF der Nichteinlös der Anw dch den Angew einen RückgrAnspr hat, beurteilt sich nach dem SchuldVerh, das dem Übertr der Anw zugrde liegt.

Zweiundzwanzigster Titel. Schuldverschreibung auf den Inhaber

Einführung

1) Wertpapier ist eine Urk, ohne die ein darin verbrieftes PrivatR nicht geltd gemacht werden kann 1 (Hueck-Canaris § 1 I, Zöllner § 3, insbes III 4b). Nach der Art des verbrieften R unterscheidet man MitgliedschPap, zB Aktien, sachenr WertP, zB GrdSchBrief, u fdgsrechtl WertP, zB SchVerschr auf den Inhaber. Nach der Art, in der der Berecht aus dem WertP best wird, sind zu unterscheiden (Zöllner § 2 II, Brox Rdn 484):

a) Namenspapiere (Rektapapiere), die den Berecht namentl benennen. Nur dieser od sein RNachf ist 2 zur Geltdmachg des Anspr befugt. Die Übertragg geschieht dch Abtr des Anspr. Nach § 404 kann Schu alle Einwdgen erheben, die gg einen RVorgänger des ggwärt Gläub entstanden sind. Beisp: HypBrief, SparBrief (BGH WM **92**, 1522). Anlegg auf den Namen eines and macht diesen zum Gläub, Vertr zG eines Dr (Hamm WM **87**, 1128, Celle WM **94**, 1069).

b) Inhaberpapiere. Bei ihnen verspricht der AusSt die Leistg dem jeweil Inhaber. Die Durchsetzbark des 3 Rechtes ist also an den Bes des Pap geknüpft, die Inhabersch begründet die Vermutg der mat Berechtigg (Hueck-Canaris § 2 III 3, Zöllner § 2 II 1). Die Übertr findet infdessen nach sachenr Grds dch Übereigng des Pap statt. ZusTreffen von Gläub- u Schu in einer Pers führt nicht zum Untergang der Fdg (RG **147**, 243), wohl aber, wenn der AusSt das InhPap einlöst. InhPap verbriefen entw ein Forderungsrecht, zB InhSchVerschr od ein körperschaftl Mitgliedschaftsrecht, zB InhAktien. Die §§ 793–806 betreffen nur die erstgenannten, doch sind sie auf die zweitgenannten entspr anwendb, soweit sich nicht aus der Besonderh dieser MitglRechte and ergibt (Zöllner § 29 II 1, RGRK/Steffen Rdn 20 vor § 793).

c) Orderpapiere nehmen eine ZwStellg zw Namens- u InhPap ein. In ihnen ist ein best Berecht namentl 4 benannt. Die Übertr des verbrieften R geschieht dch Indossament, eine einseit schriftl Erkl, zu der idR ein BegebgsVertr, eine Einigg über den RÜbergang, hinzukommen muß. Einwdgen sind ggü dem in dieser Weise Legitimierten stark beschr (vgl Art 17 WG, § 364 HGB). Es gibt geborene OrderPap, die ohne nähere Best dch den AusSt dch Indossament übertragb sind, zB Wechsel; ferner gekorene OrderPap, die dch posit Orderklausel des AusSt dch Indossament übertragb werden, zB handelsr OrderPap in HGB § 363.

2) Legitimationspapiere stehen im begriffl Ggsatz zu WertP. Es sind Urk, gg deren Vorlage der Schu 5 nicht zur Leistg verpfl ist, sich aber dch Leistg an den Inh befreien kann. Sie dienen also der Ausweiserleichterg u sind an sich nicht Träger von VermRechten. Beispiel: Garderobemarke, Gepäckschein. Die Begr überschneiden sich aber. Denn soweit die LegitimationsPap auch InhPap sind, dh also, wenn der AusSt sich zur Zahlg an den Inh verpfl, ist die Urk gleichzeit auch WertPap; andrers sind InhSchVerschr immer LegitimationsPap (vgl § 793 I, 2). Von LegitimationsPap, die den InhPap ähnl sind, handelt § 808, sog **qualifizierte Legitimationspapiere** od hinkde InhPap, zB Sparbücher, InhVersScheine.

3) Regelungsgehalt. Der 22. Titel regelt das Recht der InhSchVerschr nicht abschließd. Die Vorschr 6 betreffen im wesentl nur die Verbindlichk des AusSt gg den Inh. Für die dingl RVerhältn sind sachenr Best maßg. Der 22. Titel wird daher dch eine Reihe and Best ergänzt, insb § 248 II (Zinssatz), §§ 929, 935 (Übertr), §§ 1081–1084 (Nießbr an InhPap), §§ 1293–1296 (PfdR), § 1195 (InhGrdSchBrief); ferner nach den vormundschaftl Verw dch §§ 1814ff, 1853, der elterl VermVerw dch §§ 1646, 1667, im ehel GüterR dch § 1362, im ErbR dch §§ 2116ff, 2136. – § 807 behandelt den InhSchVerschr gleichgestellte WertP, § 808 die qualifizierten LegitimationsPap. – **Landesgesetzliche Vorbehalte und Übergangsvorschriften:** EG Art 97–102, 174–178.

4) Ergänzende gesetzliche Vorschriften: – a) Wertpapierschutz im Hinbl auf Kriegs- u Nachkriegs- 7 ereignisse vgl 42. Aufl Einf 5. Dort über AffidavitVerf, WertPBereiniggsG, Allg KriegsfolgenG, Auslandsbonds, Dollarbonds. – **b)** Für **Schuldverschreibungen der Bundesrepublik** gelten die reichsrechtl Vorschr über SchVerschr des Reiches entspr, AnleiheG v 29. 3. 51, BGBl 218. Die Beziehgen zw dem Gläub u dem Bund sind privrechtl Natur u handeln sich nach § 793ff. – **c)** Über die SchVerschr (**Hypothekenpfandbriefe** u **Kommunalschuldverschreibungen)** der privrechtl HypBanken vgl das HypBkG; über die der öffrechtl Kreditanstalten das G idF v 8. 5. 63, BGBl 312. Über **Schiffspfandbriefe** der SchiffsPfBriefbanken vgl das SchiffsbankG. – **d) Investmentanteile** vgl das G über KapitalAnlGesellsch. Hueck-Canaris § 29, Zöllner § 30. Über den Vertrieb ausländischer Investmentanteile vgl AuslInvestG; Vertrieb dch öff Anbieten, öff Werbg uä ist nur statth, wenn best Vorauss erfüllt sind.

793 *Begriff.* [1] Hat jemand eine Urkunde ausgestellt, in der er dem Inhaber der Urkunde eine Leistung verspricht (Schuldverschreibung auf den Inhaber), so kann der Inhaber von ihm die Leistung nach Maßgabe des Versprechens verlangen, es sei denn, daß er zur Verfügung über die Urkunde nicht berechtigt ist. Der Aussteller wird jedoch auch durch die Leistung an einen nicht zur Verfügung berechtigten Inhaber befreit.

[2] **Die Gültigkeit der Unterzeichnung kann durch eine in die Urkunde aufgenommene Bestimmung von der Beobachtung einer besonderen Form abhängig gemacht werden. Zur Unterzeichnung genügt eine im Wege der mechanischen Vervielfältigung hergestellte Namensunterschrift.**

1) Begriff. SchVerschr auf den Inh ist eine Urk, in der sich der AusSt zu einer Leistg an den Inh der Urk 1 verpfl. Die Errichtg der Urk hat konstitut Bedeutg, das verbriefte Recht kann außerh der Urk nicht entstehen. Nach ihrem wirtsch Zweck ist die Urk zum Umlauf best.

2) Inhalt der Urkunde. – a) Verbrieftes Recht ist eine Fdg (Bamb NJW-RR **89**, 1449). And Rechte, zB 2 MitgliedschRechte (InhAktien), gehören an sich nicht dazu. Doch ist entspr Anwendbark mögl, Einf 3 vor

§ 793. Welcher Art die versprochene Leistg ist, ist unerhebl; meistens GeldLeistg, doch kommen auch and Leistgen in Frage, zB beim Lagerschein auf den Inh. Angabe best Geldsumme nicht erforderl (Dividendenscheine). Angabe des SchuldGrd ist nicht erforderl. Regelm handelt es sich um selbstständ SchuldVerspr (§ 780), doch ist Angabe eines SchuldGrd, um sich Einwdgen gem § 796 vorzubehalten, nicht ausgeschl.

3   **b) Inhaberklausel** ist nicht ausdr erforderl. Es genügt, wenn aus dem Inhalt der Urk u der VerkSitte mit genügder Deutlichk die Abs hervorgeht, dem Inh verpfl zu sein. StaatsSchVerschr, Zinsscheine sind daher auch ohne ausdr Erwähng auf den Inh gestellt. Nenng eines best Gläub ist zul, wenn trotzdem aus der Urk hervorgeht, daß die ZahlgsVerpfl ggü jedem Inh besteht. Auch der Zusatz „für Inh od Order" macht das Pap nicht zum Orderpap, wenn keine best Pers genannt ist, deren Order maßg sein soll (RG **78**, 149). Inh ist, wer die rein tatsächl Gewalt über das Pap ausübt, mittelb Besitz genügt nicht.

4   **c) Aussteller** kann an sich jeder sein. Doch bestehen Beschrkgen für Banknoten, § 1 EmissionsG. Eltern u Vormd benötigen für die Ausstellg die Gen des VormschGer, §§ 1643 I, 1822 Nr 9.

5   **d) Inhaberschuldverschreibungen sind:** SchVerschr des Bundes, der Länder, der Gem u öffrechtl Körpersch nebst Zinsscheinen; InhSchuldscheine von jur Pers od einz PrivatPers, zB HypPfbriefe; Zerobonds (Ulmer/Ihrig ZIP **85**, 1169); Gewinnantl- od Dividendenscheine der AG; InhGrdSchBriefe § 1195; InhLagerscheine (RG **142**, 150); regelm auch Lotterielose (Hueck-Canaris § 1 II 5); Schecks, die auf Inh gestellt sind, ScheckG Art 5 II, 21; regelm die Investmentzertifikate.

6   **e) Keine Inhaberschuldverschreibungen sind:** Kuxscheine (*Pr* Allg BergG 103 III); Antlscheine der GmbH, da sie ledigl BeweisUrk, nicht selbst Wertträger sind; Zinserneuergsscheine (Talons), die nur Ausweispapiere sind (RG **74**, 339); Anweisgen (§ 783) u Wechsel, da sie nicht auf den Inh gestellt werden können, WG Art 1 Nr 6.

7   **3) Schriftform, Abs II.** Für die Unterschr des AusSt genügt in Abweichg von § 126 ie iW der mechan Vervielfältigg hergestellte Namensunterschr (Faksimile). Ungenügd ist jedoch eine in gewöhnl Druck hergestellte Unterschr. II gilt nicht für die sog kleinen InhPap, § 807. – Die Gültigk der Unterschr kann von der Beobachtg einer bes Form abhäng gemacht werden, zB Unterschr eines Kontrolleurs, Beifügg eines bes Ausfertigsvermerks od Siegels. Diese Einschränkg ist aber nur wirks, wenn in der Urk selbst auf die weitere FormVorschr ausdr hingewiesen ist. Landesr Vorbeh EG Art 100 Nr 1.

8   **4) Entstehung der Verpflichtung.** Die Errichtg der Urk ist dafür notw (vgl Rn 1), aber nicht genügd. Hinzu kommen muß ein BegebgsVertr (Hueck-Canaris § 3 I 2, Zöllner § 6 V 4, BGH NJW **73**, 283). Er hat doppelten Inhalt. Zum einen überträgt der AusSt sachenr das Eigt an der Urk auf den Erwerber nach §§ 929 ff. Zum and sind sich die Part einig über die schuldr Begr der verbrieften Fdg. Auf diesen schuldr Vertr zw AusSt u Ersterwerber finden die Vorschr über NichtigkGrde, Willens- u VertretgsMängel voll Anwendg. Zur Erhaltg der VerkFähigk der zum Umlauf best InhSchVerschr bedarf die VertrTheorie indes einer einschränkden Modifizierg. Nach der RScheintheorie steht ein fehlder od unwirks BegebgsVertr der Entstehg der verbrieften Fdg in der Pers eines gutgl folgden Erwerbers nicht entgeg, wenn der AusSt zurechenb den RSchein eines gült BegebgsVertr gesetzt hat (hM, zB Hueck-Canaris § 3 II).

9   **5) Berechtigter** ist der Träger des in der Urk verbrieften FdgsRechts. – **a) Die materielle Berechtigung** hat der Eigtümer der Urk. Das ist der Ersterwerber, der das Eigt dch BegebgsVertr mit dem AusSt (vgl vorstehd Rn 8) u jeder folgde Inh, der das Eigt vom VorInh zumindest gutgl nach §§ 929 ff, 935 II, HGB § 367 erworben hat. Dieser starke sachenr Einschlag führt auch dazu, daß der RSatz vom Untergang der Fdg durch 10   ZusTreffen von Gläub- u SchuStellg hier nicht gilt (RG **147**, 243. – **b) Berechtigungsvermutung.** Für den Besitzer der Urk gilt die EigtVermutg des § 1006. Aus Abs I S 2 folgt außerdem, daß die mat Berechtigg des 11   Inh der Urk vermutet wird. Vgl auch unten Rn 12. – **c) Besitz der Urkunde** ist Voraussetzg für die Durchsetzbark des verbrieften FdgsRechts, weil der AusSt nur gg Aushändigg zur Leistg verpfl ist, § 797. HerausgAnspr des mat Berecht nach § 985. Bei Verlust KraftlosErkl nach § 799.

12   **6) Schuldner** ist der AusSt der Urk. – **a) Zur Leistung verpflichtet** ist er jedem berecht Inh gg Aushändigg der Urk, § 797. – **b) Zur Leistung berechtigt, Abs I S 2,** ist er an den Inh gg Aushändigg der Urk. Auch Leistg an GeschUnfäh od GeschBeschränkte wirkt befreiend. Der AusSt ist also zur Prüfg der Legitimation des Inh nicht verpfl, wohl aber berecht. Will er nicht leisten, so trifft ihn die Darleggs- u BewLast dafür, daß der Inh zur Verfgg über die Urk nicht berecht ist, dh, daß er weder Eigtümer ist noch ein PfdR od sonstiges VfgsR (Vormd, KonkVerw, TestVollstr usw) hat. Nichtberecht ist insb der Dieb od der Inh, der von einem Nichtberecht bösgl erworben hat; aber auch, wenn er den Bes ohne Befugn zur Veräußerg, zB als 13   Verwahrer, erlangt hat. – **c) Nicht schuldbefreiend** ist in Ausn von Abs I S 2 die Leistg des AusSt, wenn er die ihm pos bekannte Nichtberechtigg des Inh leicht nachweisen kann. Schutz verdient nur der redl Verkehr. Grobfahrl Unkenntn steht der pos Kenntn nicht gleich, auch wenn der AusSt jede Prüfg unterlassen hat, außer er unterdrückt dadch besseres Wissen (BGH **28**, 368 zu § 808, RGRK/Steffen Rdn 23; aA MüKo/Hüffer Rdn 24, Hueck-Canaris § 27 III 3, Zöllner § 27 I 3 in Analogie zu WG Art 40 III). Gleiches gilt bei Leistg in Kenntn der fehlden GeschFgk (BGH WM **71**, 231 zu § 808; aA Hueck-Canaris aaO).

794 *Haftung des Ausstellers.* **I Der Aussteller wird aus einer Schuldverschreibung auf den Inhaber auch dann verpflichtet, wenn sie ihm gestohlen worden oder verlorengegangen oder wenn sie sonst ohne seinen Willen in den Verkehr gelangt ist.**

II Auf die Wirksamkeit einer Schuldverschreibung auf den Inhaber ist es ohne Einfluß, wenn die Urkunde ausgegeben wird, nachdem der Aussteller gestorben oder geschäftsunfähig geworden ist.

1   **1) Fehlender Begebungsvertrag, Abs I.** Zur Entstehg der Verpfl des AusSt vgl § 793 Rn 8. Abs I gilt nicht im Verh des AusSt zum Ersterwerber der Urk. Da es sich um eine SchutzVorschr zG des redl Verkehrs handelt, gilt sie im Verh des AusSt zu folgden Inh nur, wenn diese verfügsbefugt sind, also bei gutgl Erwerb des Inh od eines VorInh (vgl § 793 Rn 9–12).

2) Tod, Wegfall der Geschäftfähigkeit des Ausstellers, Abs II, zw Ausstellg u Ausgabe der Urk 2
berühren deren Gültigk nicht. Zur Entsteh der verbrieften Fdg (vgl § 793 Rn 8) ist aber auch in diesem Fall
ein wirks BegebgsVertr des Ersterwerbers mit dem Vertreter od RNachf des AusSt, bei seinem Fehlen der
zurechenb RSchein eines solchen zG späterer gutgl Inh notw (MüKo/Hüffer Rdn 5, RGRK/Steffen Rdn 6,
Erman-Hense Rdn 2).

3) § 794 gilt nicht für InhAktien. 3

795 *(aufgehoben dch G v 17. 12. 1990, BGBl 2839)*

796 **Einwendungen des Ausstellers.** **Der Aussteller kann dem Inhaber der Schuldver-
schreibung nur solche Einwendungen entgegensetzen, welche die Gültigkeit der Aus-
stellung betreffen oder sich aus der Urkunde ergeben oder dem Aussteller unmittelbar gegen den
Inhaber zustehen.**

1) Einwendungen des AusSt gg die SchVerschr sind, wie bei den kaufmänn Orderpap (HGB § 364 II) im 1
Interesse der Verkehrsfähigk nur in beschr Umfang zul.

2) Einwendungen gegen die Gültigkeit der Ausstellung sind solche, die sich gg die Entsteh der 2
verbrieften Fdg richten u außerh der Urk liegen. Sie haben zum Tl absolute Wirkg, der AusSt kann sie also
jedem Inh entgghalten, zB Fälsch der Unterschr des AusSt oder des Inhalts der Urk; GeschUnfgk oder
beschr GeschFgk des AusSt zZ der Ausstellg. Zum Teil kann der AusSt sie gutgl späteren Inh nicht
entgghalten, näml dann, wenn er den zurechenb RSchein wirks Entsteh der Fdg gesetzt hat (vgl § 793
Rn 8). Hierher gehören zB fehlder, nach §§ 116–118, 138 nichtiger, wirks angefochtener BegebgsVertr,
fehlde Vollm (ie str).

3) Einwendungen aus dem Inhalt der Urkunde kann der AusSt jedem Inh entggsetzen, zB Bdgg, 3
Befristg, ZeitBest, LeistgsModalitäten. Ist der SchuldGrd angegeben, kann der AusSt sich auf Einwdgen
berufen, die sich allg u unmittelb kr Ges aus dem GrdVerh ergeben, nicht auf bes vertragl Absprachen zw
AusSt u Ersterwerber beruhen (RGRK/Steffen Rdn 5; enger MüKo/Hüffer Rdn 6). Der Inhalt der Urk,
auch börsengäng SchVerschr, ist nach den allg Regeln (§§ 133, 157) ausleggfähig; Berücksichtig auch
außerh der Urk liegder Umst mögl (BGH **28**, 259).

4) Einwendungen unmittelbar gegen den Inhaber (persönl Einwdgen) sind solche, die in einem 4
RVerh zw AusSt u diesem Inh begründet sind. Beisp: Stundg, Zahlg, Erlaß, Aufr, Einr aus §§ 816, 821.
Ferner Einr der Argl, insb wenn der Erwerb der Urk in der Abs geschah, dem AusSt seine Einwdgen gg den
Vormann abzuschneiden. Erhält der Inh erst nach dem Erwerb von den Einr gg den Vormann Kenntn, so
hat der AusSt den Einwand unzul RAusübg nur dann, wenn der Inh die Einwdgen lediglich zum Vorteil des
Vormannes (als Strohmann) od ausschließl zum Nachteil des AusSt abschneiden will (§ 826). Dem AusSt
steht ferner der Einwand zu, daß der Inh nicht zur Vfg über die Urk berechtigt sei (vgl § 793 Rn 9–11).
Dabei ist der Erwerb auch dann unredl, wenn der Erwerber die Prüfg des rechtm Bes des Vormannes
unterlassen hat, obwohl nach den Umst (zB Angeb durch Unbekannte) hinreichde Verdachts- und Zwei-
felsgrde vorh waren.

5) Einwendungen gegen den Bestand der verbrieften Forderung sind nicht eig erwähnt. Der AusSt 5
kann sie jedem Inh entggsetzen, zB schuldbefreide Zahlg an früh Inh (vgl § 793 Rn 12), KraftlosErkl (§ 799),
ZahlgsSperre (§ 802), Erlöschen u Verj (§ 801).

797 **Leistungspflicht nur gegen Aushändigung.** **Der Aussteller ist nur gegen Aushändi-
gung der Schuldverschreibung zur Leistung verpflichtet. Mit der Aushändigung erwirbt
er das Eigentum an der Urkunde, auch wenn der Inhaber zur Verfügung über sie nicht berechtigt
ist.**

1) Leistungsverpflichtung nur gg Aushändigg des Pap, das also Präsentations- u EinlösgsPap ist. Die 1
Schuld ist Holschuld; § 270 nicht anwendb. Verpfl des Inh zur Ausstellg einer Quittg bleibt unberührt
(§§ 368, 369). Bei Teilleistg Vermerk auf der Urk. Über Ztpkt der Leistg vgl § 801. Folge der Weigerg der
Aushändigg od Quittgserteilg ist AnnVerzug. – Hat Gläub die Urk nur unter Vorbeh einer MehrFdg
vorgelegt u hat sie der AusSt eingelöst, so kann er sich ggü der späteren NachFdg nicht darauf berufen, daß
der Gläub nicht mehr Inh des Pap sei (RG **152**, 168). Zinsscheine vgl § 803 II.

2) Eigentumserwerb an der Urk auch dann, wenn Inh zur Vfg nicht berecht war. Dies ist Folge der 2
RVermutg des § 793, wonach Inh als Gläub gilt. S 2 soll verhindern, daß der wirkl Eigtümer die Urk
nachträgl mit der EigtKlage herausverlangen kann. Der EigtÜbergang findet kr G statt. **Gilt nicht** zG des
unredl AusSt (hM). Er erwirbt also kein Eigt, wenn er nicht schuldbefreid an den förml berecht Inh bezahlt
hat (vgl § 793 Rn 12). Ferner nicht, wenn ihm die Urk nicht zur Einlösg ausgehändigt wird, sond aus and
Grden, zB Verwahrg, Pfd.

3) Nicht anwendbar ist § 797 auf InhAktien. 3

798 **Ersatzurkunde.** **Ist eine Schuldverschreibung auf den Inhaber infolge einer Beschä-
digung oder einer Verunstaltung zum Umlaufe nicht mehr geeignet, so kann der Inha-
ber, sofern ihr wesentlicher Inhalt und ihre Unterscheidungsmerkmale noch mit Sicherheit er-
kennbar sind, von dem Aussteller die Erteilung einer neuen Schuldverschreibung auf den Inhaber**

gegen Aushändigung der beschädigten oder verunstalteten verlangen. Die Kosten hat er zu tragen und vorzuschießen.

1   **1) Das Umtauschrecht** besteht nur, wenn der wesentl Inhalt der Urk u ihre Unterscheidgsmerkmale (zB Serie u Nummer) noch mit Sicherh zu erkennen sind. Ist dies nicht der Fall od ist die Urk gänzl vernichtet, so kommt nur KraftlosErkl in Frage (§ 799). Der Austausch ist ein rein tats Vorgang u geschieht Zug um Zug. Der AusSt erlangt Eigt an der alten Urk, die ihren Charakter als WertP verliert. Die bisher Rechte setzen sich an der neuen Urk fort. Die Kosten hat der Inh zu tragen u vorzuschießen (S 2). § 798 gilt nicht für Zins- u Gewinnanteilscheine.

2   **2) Sondervorschriften:** Aktien u Zwischenscheine, AktG § 74. InhGrdSchBriefe, GBO §§ 68, 69, Investmentzertifikate, G über KapitalAnlGesellsch § 24 III, Banknoten, BBankG § 14 III.

799   *Kraftloserklärung.* **I Eine abhanden gekommene oder vernichtete Schuldverschreibung auf den Inhaber kann, wenn nicht in der Urkunde das Gegenteil bestimmt ist, im Wege des Aufgebotsverfahrens für kraftlos erklärt werden. Ausgenommen sind Zins-, Renten- und Gewinnanteilscheine sowie die auf Sicht zahlbaren unverzinslichen Schuldverschreibungen.**

II Der Aussteller ist verpflichtet, dem bisherigen Inhaber auf Verlangen die zur Erwirkung des Aufgebots oder der Zahlungssperre erforderliche Auskunft zu erteilen und die erforderlichen Zeugnisse auszustellen. Die Kosten der Zeugnisse hat der bisherige Inhaber zu tragen und vorzuschießen.

1   **1) Zweck der Vorschrift.** Der bisher Inh verliert seine Rechte mit dem Verlust der Urk nicht, kann sie aber wg § 797 nicht ausüben u läuft Gef, sie an einen gutgl Erwerber zu verlieren (vgl § 793 Rn 10, 11). Zu seinem Schutz hat er folgde Möglichk: HerausgAnspr gg den nichtberecht Inh, § 985; Bek des Verlustes im BAnz, HGB § 367; KraftlosErkl, § 799; ZahlgsSperre, § 802.

2   **2) Geltungsbereich. – a) Gilt** für abhgek u vernichtete InhSchVerschr. Ausn vgl nachstehd Rn 2. Ferner für die hinkden InhPap (§ 808 II 2). – **b) Gilt nicht,** wenn in der Urk das Ggteil best ist u für auf Sicht gestellte unverzinsl SchVerschr (Abs I S 1, 2); für Zins-, Renten- u Gewinnanteilscheine (Abs I S 2, § 804), ErneuergsScheine (§ 805); für die kleinen InhPap, weil § 807 nicht auf § 799 verweist. Für den Ausschl der KraftlosErkl genügt nicht der Vermerk auf Lotterielosen, daß der GewinnAnspr in best Frist unter Vorzeigg des Loses geltd zu machen ist (RG JW 12, 861). – **c) Sondervorschriften** für Aktien u Zwischenscheine AktG §§ 72, 73; Hyp-, Grd- u RentenSchBriefe §§ 1162, 1195, 1199; Wechsel WG Art 90; Schecks ScheckG Art 59; kaufmänn OrderPap HGB § 365 II; Investmentzertifikate G über KapitalAnlGesellsch v 14. 1. 70 § 24 II.

3   **3) Kraftloserklärung. – a) Voraussetzungen** alternativ. – **aa) Abhandenkommen.** Begr vgl § 935 Rn 2, 3. Ferner, wenn der Verbleib der Urk bekannt ist, der bisher Inh sie aber nicht zurückverlangen kann (Stgt NJW **55**, 1155). – **bb) Vernichtung** bedeutet nicht nur vollk Substanzverlust, sond auch eine so weitgehde Beschädigg od Zerstörg, daß eine Erneuerg (ErsUrk) nach § 798 nicht mögl ist.

4   **b) Verfahren** nach ZPO §§ 1003 ff. Antragsberecht ist der letzte Inh, auch der nichtberecht (RGRK/Steffen Rn 6). Möglichk der Zahlgssperre bei od vor Einleitg des AufgebVerf.

5   **c) Wirkung.** Das AusschlUrt ersetzt den Bes der Urk, so wie sie war (§ 1018 ZPO). Wer es erwirkt hat, ist so gestellt wie der Inh der Urk vor dem Verlust, außerdem kann er Ausstellg einer neuen Urk verlangen, § 800. Für das Verhältn zu Dr ist das AusschlUrt ohne Bedeutg, es schließt Dr ihren mat Rechten aus der Urk, die sie vor KraftlErkl erworben haben, nicht aus (RG 168, 1 [9]). Das AusschlUrt verschafft nicht eine fehlde mat Berecht dessen, der es erwirkt hat, er hat aus dem Urt nicht mehr Rechte als aus der für kraftl erklärten Urk (Hamm WM 76, 198). Hat der AusSt aGrd der förml Berechtigg dessen, der das AusschlUrt erwirkt, schuldbefreind an diesen bezahlt, so kann der wahre Berecht, wenn er sein besseres mat Recht nachweisen kann, das Bezahlte als ungerechtf Ber herausverlangen. Zum Ausschl des mat Berecht ist ein GlAufgebot (§ 982 ZPO) nöt.

800   *Wirkung der Kraftloserklärung.* **Ist eine Schuldverschreibung auf den Inhaber für kraftlos erklärt, so kann derjenige, welcher das Ausschlußurteil erwirkt hat, von dem Aussteller, unbeschadet der Befugnis, den Anspruch aus der Urkunde geltend zu machen, die Erteilung einer neuen Schuldverschreibung auf den Inhaber anstelle der für kraftlos erklärten verlangen. Die Kosten hat er zu tragen und vorzuschießen.**

1   **1) Wirkungen des Ausschlußurteils. – a) Ersatz des Urkundenbesitzes,** vgl § 799 Rn 5. Die alte Urk verliert ihre Eigensch als WertP (Th-P § 1018 Rn 1). – **b) Anspruch auf Neuausstellung.** Er ist nöt, weil das AusschlUrt nicht die Umlauffähigk der Urk ersetzen kann. Das ist insb von Bedeutg – ohne daß dies aber Vorauss des Anspr wäre –, wenn die Leistg noch nicht fällt ist. Die Form der neuen Urk braucht nicht dieselbe zu sein wie die früh, muß ihr aber wirtsch u rechtl gleichwert sein (RGRK/Steffen Rn 2). Bei InhGrdSch ist die Erteilg des neuen Briefes beim GBA zu beantragen. – Der Anspr ist an keine Frist gebunden. – Keine Befugn des Gläub, die im Laufe des AufgebVerf fäll werdden Leistgn gg SicherhLeistg einzufordern (and WG Art 90). Mit Aushändigg der neuen Urk verliert das AusschlUrt seine besitzersetzde Funktion (Legitimationswirkg), nicht jede AusschlWirkg.

2   **2) Kein Anspruch auf Neuausstellung** besteht, wenn derjen, der das AusschlUrt erwirkt hat, die verbriefte Leistg verlangt, weil er die neue Urk dabei dem AusSt aushändigen müßte, § 797.

801 *Erlöschen; Verjährung.* [I] Der Anspruch aus einer Schuldverschreibung auf den Inhaber erlischt mit dem Ablaufe von dreißig Jahren nach dem Eintritte der für die Leistung bestimmten Zeit, wenn nicht die Urkunde vor dem Ablaufe der dreißig Jahre dem Aussteller zur Einlösung vorgelegt wird. Erfolgt die Vorlegung, so verjährt der Anspruch in zwei Jahren von dem Ende der Vorlegungsfrist an. Der Vorlegung steht die gerichtliche Geltendmachung des Anspruchs aus der Urkunde gleich.

[II] Bei Zins-, Renten- und Gewinnanteilscheinen beträgt die Vorlegungsfrist vier Jahre. Die Frist beginnt mit dem Schlusse des Jahres, in welchem die für die Leistung bestimmte Zeit eintritt.

[III] Die Dauer und der Beginn der Vorlegungsfrist können von dem Aussteller in der Urkunde anders bestimmt werden.

1) Vorlegungsfrist. Der Inh muß die Urk, ersatzw das AusschlUrt (§§ 799, 800) dem AusSt zum Zweck 1 der Einlösg aushändigen (§ 797) od den Anspr einklagen (Abs I S 3). Andernf hat der AusSt ein LeistgsVR. Für die Vorlegg besteht eine AusschlFrist.

a) Beginn. Maßg ist primär der Ztpkt, den der AusSt in der Urk best hat (Abs III), sonst mit Eintritt der 2 Fälligk der Leistg. Ist auch dafür kein Ztpkt best, kann der Inh die Urk jederzt vorlegen, § 271 I. In diesem Fall gibt es nur die VerjFr von 30 Jhren ab BegebgTag (Soergel-Welter Rn 4). Für NebenPap (§ 804) mit Ablauf des Jahres, in dem der Anspr fäll wird (Abs II).

b) Dauer. Maßg ist primär die vom AusSt in der Urk best Frist. Ganz ausschließen kann er sie nicht 3 (RGRK/Steffen Rn 6). Ohne solche Best 30 Jahre, für NebenPap 4 Jahre (Abs II). Hemmg nur dch Zahlgs-Sperre (§ 802), die Vorschr über Hemmg u Unterbrech der VerjFr gelten nicht. Bei Übersendg muß die Urk dem AusSt vor FrAblauf zugehn, bei Klageerhebg FrWahrg gem ZPO § 270 III (BGH NJW **70**, 1002 [1003]).

c) Versäumung führt zum Erlöschen des verbrieften Rechts. Wirkt ggü jedem Inh. Der Einwand unzul 4 RAusübg besteht nur ausnahmsw, wenn die Berufg auf das Erlöschen mit Tr u Gl schlechthin unvereinb ist u der Fortbestand des Rechts den AusSt nicht unbill belastet (RGRK/Steffen Rn 8). Das trotz Erlöschens Geleistete kann der AusSt gem §§ 812 ff zurückfordern, § 222 II gilt nicht.

2) Verjährungsfrist. Beginn nicht schon mit Vorlegg, sondern mit Ende der VorleggsFr. Dauer 2 Jahre. 5 Die allg Hemmgs- u UnterbrechsVorschr gelten, außerdem § 802.

802 *Zahlungssperre.* Der Beginn und der Lauf der Vorlegungsfrist sowie der Verjährung werden durch die Zahlungssperre zugunsten des Antragstellers gehemmt. Die Hemmung beginnt mit der Stellung des Antrags auf Zahlungssperre; sie endigt mit der Erledigung des Aufgebotsverfahrens und, falls die Zahlungssperre vor der Einleitung des Verfahrens verfügt worden ist, auch dann, wenn seit der Beseitigung des der Einleitung entgegenstehenden Hindernisses sechs Monate verstrichen sind und nicht vorher die Einleitung beantragt worden ist. Auf diese Frist finden die Vorschriften der §§ 203, 206, 207 entsprechende Anwendung.

Zahlungssperre. Der AntrSt kann vor od bei Einleitg des AufgebVerf gem ZPO §§ 1019, 1020 eine 1 Zahlgssperre erwirken, dch die an den AusSt sowie an die in dem Pap bezeichneten Zahlstellen ein Verbot erlassen wird, an den Inh des Pap eine Leistg zu bewirken, insb neue Zins-, Renten- u Gewinnantlscheine od einen Erneuergsschein auszugeben. Wirkg: §§ 135, 136. Das Verbot muß neben der öff Bek dem AusSt sowie den im Pap u den vom AntrSt bezeichneten Zahlstellen mitgeteilt werden (ZPO § 329 III). – Damit währd der Dauer des AufgebVerf die Vorleggs- od VerjFr nicht ablaufen, best § 802, daß Beginn u Lauf dieser Fristen gehemmt (nicht unterbrochen) werden, u zwar nach S 2 nicht erst mit dem Erlaß der Zahlgs-sperre, sond schon mit der AntrStellg. Im Falle einer vor Einleitg des Verf verfügten Zahlgssperre endigt nach S 2, 2. Halbs die Hemmg schon dann, wenn seit Beseitigg des der Einleitg entggstehden Hindern 6 Mon verstrichen sind u nicht vorher die Einleitg beantragt war. Diese Bestimmg soll einer unangem Verzögerg der VerfEinleitg vorbeugen.

803 *Zinsscheine.* [I] Werden für eine Schuldverschreibung auf den Inhaber Zinsscheine ausgegeben, so bleiben die Scheine, sofern sie nicht eine gegenteilige Bestimmung enthalten, in Kraft, auch wenn die Hauptforderung erlischt oder die Verpflichtung zur Verzinsung aufgehoben oder geändert wird.

[II] Werden solche Zinsscheine bei der Einlösung der Hauptschuldverschreibung nicht zurückgegeben, so ist der Aussteller berechtigt, den Betrag zurückzubehalten, den er nach Absatz 1 für die Scheine zu zahlen verpflichtet ist.

1) Rechtsnatur. Zinsscheine für verzinsl SchVerschr verbriefen als selbständ Urk die ZinsFdg. Der Inh 1 kann die Fdg gg Aushändigg der Zinsscheine ohne Vorlegg der HauptUrk geltd machen. – **a) Unabhängig (Abs I)** von der HauptUrk sind InhZinsscheine, soweit sie im Verk als Träger der ZinsFdg umlaufen. Sie bleiben daher, vorbehaltl abweichder Best, die in der Urk selbst enthalten sein muß, auch dann in Kraft, wenn die HauptFdg erlischt od die Verpfl zur Verzinsg geändert od aufgeh wird. Ihr Umlauf im Verk ist unabhäng vom dem des Hauptpap; zur Einziehg bedarf es weder der Vorlegg der HauptUrk noch genügt diese. Aber Einr der Argl, falls AusSt widerrechtl die Ausfolgg neuer Zinsscheine verweigert hat (RG **31**, 147).

b) Abhängig (Abs II) von der Haupturk sind die Zinsscheine insofern, als der AusSt bei Einlös der 2 HauptUrk den für die Einlös der Zinsscheine erforderl Betr zurückbehalten kann, falls die noch nicht fäll Zinsscheine nicht mit vorgelegt werden. Er darf also diesen Betr von der Hauptsumme abziehen. § 273 III

(Abwendg durch SicherhLeistg) ist anwendb. Bei späterer Nachlieferg der Zinsscheine ist der zunächst zurückbehaltene Betr nachzuzahlen. Legt der Gläub die vorzeit gekünd SchVerschr erst verspätet zur Einlösg vor, so darf der AusSt entspr Abs II den Betr abziehen, den er auf eingelöste Zinsscheine bezahlt hat, deren FälligkDatum auf einen Ztpkt nach der Künd der Hauptschuld lautet. Die Bank, die dem Gläub, ihrem Kunden, die Zinsscheine einlöst, die dieser in einem bei der Bank gemieteten Schließfach verwahrt, ist nicht zu einer vorsorgl Prüfg verpfl, ob die zu dem Zinsschein gehörde SchVerschr nicht schon gekünd ist (Kln WM **85**, 1414). Für die Verj gilt § 801 II; § 224 ist dch § 803 I ausgeschl; im übr vgl § 801 Rn 1–4.

3　　**c) Entsprechend anwendbar** auf InhRentenscheine (RGRK/Steffen Rn 5, MüKo/Hüffer Rn 3; vgl § 1199). Sie verbriefen ein auf Rentenleistg lautdes FdgsR.

4　　**2) Keine Anwendung auf Gewinnanteil- und Erneuerungsscheine.** Der GewinnAntl-(Dividen-den-) Schein ist an sich InhPapier (RG **77**, 333); er unterscheidet sich vom Zinsschein dadch, daß er nicht auf eine best Geldsumme geht, daß vielm seine Höhe von der Festsetzg des Gewinnantls seitens der GesellschOrgane abhängt. Anspr aus dem Gewinnantschein erlischt mit der HauptUrk (vgl für AG AktG § 72 II). – Erneuergsscheine (Talons) sind keine selbständ InhPapiere, sond ledigl Ausweispap (RG **74**, 339, vgl § 805); sie werden also mit dem Erlöschen des Hauptpap kraftlos.

804 *Verlust von Zins- oder ähnlichen Scheinen.* [I] **Ist ein Zins-, Renten- oder Gewinnanteilschein abhanden gekommen oder vernichtet und hat der bisherige Inhaber den Verlust dem Aussteller vor dem Ablaufe der Vorlegungsfrist angezeigt, so kann der bisherige Inhaber nach dem Ablaufe der Frist die Leistung von dem Aussteller verlangen. Der Anspruch ist ausgeschlossen, wenn der abhanden gekommene Schein dem Aussteller zur Einlösung vorgelegt oder der Anspruch aus dem Scheine gerichtlich geltend gemacht worden ist, es sei denn, daß die Vorlegung oder die gerichtliche Geltendmachung nach dem Ablaufe der Frist erfolgt ist. Der Anspruch verjährt in vier Jahren.**

[II] **In dem Zins-, Renten- oder Gewinnanteilscheine kann der im Absatz 1 bestimmte Anspruch ausgeschlossen werden.**

1　　**1) Zweck der Vorschrift.** KraftlosErkl u Zahlgssperre sind bei verlorengegangenen Zins-, Renten-od Gewinnantscheinen ausgeschl, § 799 I S 2. Der Gläub kann desh grdsätzl seine Rechte ohne Vorlegg der Urk dch VerlustAnz wahren.

2　　**2) Verlustanzeige.** Gläub hat den Verlust dem AusSt anzuzeigen, u zwar vor dem Ablauf der 4jähr Vorleggsfrist (§ 801). Ist dies geschehen, so kann er nach dem Ablauf der Vorleggsfrist die Leistg vom AusSt verlangen. Eine Ausn gilt aber, wenn ein Dritter vor Ablauf der Vorleggsfrist den Schein vorgelegt od gerichtl geltd gemacht hat. In diesem Falle kann Gläub die Einlösg nicht verlangen; er kann sich gg Einlösg des vo dem Dr vorgelegten Scheines dch Erwirkg einer eintsw Vfg schützen. – **Beweislast:** der Anzeigde hat den rechtzeit Zugang der VerlustAnz u Ablauf der VorleggsFr zu beweisen, AusSt die Vorlegg od gerichtl Geltdmachg durch einen Dr; der Anzeigde wiederum, daß die letztgenannten Maßn erst nach Ablauf der VorleggsFrist erfolgt sind.

3　　**3) Die Verjährungsfrist nach Abs I Satz 3** beginnt mit Ablauf der VorleggsFrist (§ 801 II).

4　　**4) Ausschluß des Anspruchs** nach Abs I in der NebenUrk selbst ist mögl (Abs II). Bei Zinsscheinen von SchVerschr ist der Anspr ausgeschl, ohne daß es einer ausdrückl Bestimmg bedarf, § 17 Reichs-schuldenO, AnleiheG. – Fortdauer landesgesetzl Vorschr: EG Art 100 Z 2.

805 *Neue Zins- und Rentenscheine.* **Neue Zins- oder Rentenscheine für eine Schuld-verschreibung auf den Inhaber dürfen an den Inhaber der zum Empfange der Scheine ermächtigenden Urkunde (Erneuerungsschein) nicht ausgegeben werden, wenn der Inhaber der Schuldverschreibung der Ausgabe widersprochen hat. Die Scheine sind in diesem Falle dem Inhaber der Schuldverschreibung auszuhändigen, wenn er die Schuldverschreibung vorlegt.**

1　　**1) Erneuerungsscheine** sind ihrer rechl Natur nach keine Inh-, sond bloße Legitimationspap (vgl Einf 5 vor § 793). Die Vorschr des § 805 soll den Inh der SchVerschr insb für den Fall eines Verlustes der Zinsscheine schützen. – Gilt nicht für Gewinnanteilscheine. Entspr Vorschr im AktG § 75.

2　　**2) Der Widerspruch** hat die Wirkg, daß der AusSt dem Vorleger des Erneuergsscheines neue Zins-od Rentenscheine nicht mehr aushändigen darf; sie dürfen nach S 2 nur dem Inh der SchVerschr gegeben werden. Der Widerspr ist einseit empfangsbedürft WillErkl. Obwohl § 805 dem Inh der SchVerschr vor allem iF des Verlustes einen Schutz gewähren will, ist nach der Fassg der Vorschr das WiderprR nicht auf diesen Fall beschr, sond besteht ganz allg oRücks auf die Gründe. – § 805 ist abdingb.

806 *Umschreibung auf den Namen.* **Die Umschreibung einer auf den Inhaber lauten-den Schuldverschreibung auf den Namen eines bestimmten Berechtigten kann nur durch den Aussteller erfolgen. Der Aussteller ist zur Umschreibung nicht verpflichtet.**

1　　**1) Umschreibung des Inhaberpapiers** in ein NamensPap auf einen best Berecht dient dem Zwecke, die Gef, die mit einem InhPap für den Gläub verbunden sind, zu beseitigen. Diese Umschreibg kann nur der AusSt, u zwar in dem Pap selbst, vornehmen. Durch die Umschreibg wird die Urk Namenspap (vgl Einf 2 vor § 793), kann also nur dch Abtretg u Übergabe, nicht mehr nach den §§ 932, 935 II übertragen werden. Zahlg nur gg Auslieferg des Pap (aA Kümpel WM **81**, Sonderbeilage 1 S 4ff, 37). – AusSt ist zur Umschreibg nicht verpfl, doch kann er sich hierzu in der Urk jedem Inh ggü oder vertragl formfrei einem best Inh ggü verpfl. Landesrechtl ist abw Best mögl (EG Art 97, 101).

2) Sondervorschriften: §§ 1814, 1815, 1667 III, 2116, 2117 AktG § 24.   2

807 *Inhaberkarten und -marken.* Werden Karten, Marken oder ähnliche Urkunden, in denen ein Gläubiger nicht bezeichnet ist, von dem Aussteller unter Umständen ausgegeben, aus welchen sich ergibt, daß er dem Inhaber zu einer Leistung verpflichtet sein will, so finden die Vorschriften des § 793 Abs. 1 und der §§ 794, 796, 797 entsprechende Anwendung.

1) Abgrenzung. Karten, Marken, Gutscheine u ähnl Urk unterscheiden sich von den eigentl InhSch- 1 Verschr dadch, daß sie das RVerh u den Ggst der Leistg nur unvollk angeben, häuf auch den AusSt nicht nennen u meistens ohne Namensunterschr des AusSt sind. Es sind zu **unterscheiden:**

a) Einfache Beweispapiere, zB Quittgen, sonstige Belege, Marken für Akkordarb. Sie sind keine 2 WertP. – **b) Ersatzmittel für Geld,** zB Briefmarken, Stempelmarken. – **c) Legitimationspapiere,** vgl Einf 5 vor § 793, § 808. – **d) Eigentliche Inhaberpapiere,** vgl Einf 3 vor § 793. Entscheid ist, ob sich aus dem an Hand der VerkSitte zu ermittelnden Willen des AusSt ergibt, daß er dem Inh als solchem verpfl sein will (RG **103**, 235). Die Ausleg bereitet oft Schwierigk u die Grenzen zw eigentl InhPap u Legitimationspap sind mitunter flüss. § 807 bezieht sich nur auf diese eigentl InhPap.

2) Kleine Inhaberpapiere iS des § 807. – **a) Dazu gehören:** EinzFahrkarten u Fahrscheine, Eintrittskar- 3 ten, Versichergsmarken. Bei Theaterkarten ist zu beachten, daß für den TheaterUntern ein AbschlZwang grdsätzl nicht besteht; will er also einz Pers den Besuch nicht gestatten, so kann er diesen die Einwdg aus § 796 entgegsetzen; Grenze § 826, wichtig für Theaterkritiker (RG JW **32**, 862). – **b) Dazu gehören nicht** die in Rn 2 aufgezählten Ggstde.

3) Recht der kleinen Inhaberpapiere. – **a) Anwendbar** sind die in § 807 genannten Vorschr des 22. 4 Titels, ferner die Grdsätze über Entstehg der Verpfl (vgl § 793 Rn 6 aE), Übertr des GläubR u Berechtigg aus der Urk (vgl § 793 Rn 7). – **b) Nicht anwendbar** sind die Vorschr über Unterschr od Faksimile des 5 AusSt, § 793 II; über Vorleggs- u VerjFristen, §§ 801, 804; über KraftlosErkl u Zahlgssperre sowie Ausstellg von ErsatzUrk, §§ 798, 799, 800, 802 (doch landesrechtl Vorbehalt EG Art 102 I); über Umschreibg auf den Namen, § 806; doch ist Umschreibg kr bes Vereinbg zul.

808 *Namenspapiere mit Inhaberklausel.* ᴵ Wird eine Urkunde, in welcher der Gläubiger benannt ist, mit der Bestimmung ausgegeben, daß die in der Urkunde versprochene Leistung an jeden Inhaber bewirkt werden kann, so wird der Schuldner durch die Leistung an den Inhaber der Urkunde befreit. Der Inhaber ist nicht berechtigt, die Leistung zu verlangen.

ᴵᴵ Der Schuldner ist nur gegen Aushändigung der Urkunde zur Leistung verpflichtet. Ist die Urkunde abhanden gekommen oder vernichtet, so kann sie, wenn nicht ein anderes bestimmt ist, im Wege des Aufgebotsverfahrens für kraftlos erklärt werden. Die im § 802 für die Verjährung gegebenen Vorschriften finden Anwendung.

1) Qualifizierte Legitimations- oder hinkende Inhaberpapiere nehmen eine ZwStellg ein.   1

a) Begriff. Sie sind WertP, u zwar LegitimationsPap, weil der AusSt sich dch Leistg an den Inh befreien kann (Einf 5 vor § 793) mit der Qualifizierg, daß der Berecht sie zur Ausüb seines Rechts vorlegen muß (vgl Einf 1–4 vor § 793; Zöllner § 28 I). Von den InhPap (vgl Einf 3 vor § 793) unterscheiden sie sich dadch, daß der Berecht namentl benannt u daß der AusSt zur Leistg an den Inh nicht verpfl, sond nur berecht ist. Diese Berechtigg, an den Inh schuldbefreid zu leisten, unterscheidet sie vom Namens(Rekta)Pap (vgl Einf 2 vor § 793).

b) Übertragung. Da sie keine InhPap sind, werden sie nicht nach sachenrechtl Grds übertr u verpfändet, 2 sond nach den für Fdgen geltden Vorschr (§§ 398 ff, 1280). Das Eigt am Pap folgt gem § 952 dem GläubR an der Fdg, also umgekehrt wie bei InhPap (vgl § 793 Rn 9). Die EigtVermut in § 1006 gilt nicht (BGH **LM** § 1006 Nr 13).

c) Beispiele. Leihhausschein, InhVersSchein (RG **145**, 322), regelm SeeTransportVersPolice (BGH NJW 3 **62**, 1437), Depotschein der Bank, Sparbuch (BGH **28**, 368).

d) Sparbuch. Der SparVertr ist unregelm VerwahrgsVertr (§ 700). Rechtl Schwierigk bereitet häuf die 4 Beteiligg von 3 Pers, näml VertrPartner der Spark, im Sparbuch namentl Benannter, Besitzer des Sparbuchs. Anlegg des Sparbuchs auf den Namen eines Dr und zu der Frage, wer Gläub ist, vgl § 328 Rn 9 „Bank- u Sparkonten". In der Überg des Buches liegt regelm die stillschw Abtr der Fdg (BGH WM **65**, 900). Das Urt, das den Bes an dem Sparbuch zuspricht, entsch nicht rechtskr über die Gläubigersch der Fdg (BGH BB **72**, 1343). Ob in dem Ersuchen des Gläub auf Umschreibg des Guth auf einen und eine Abtr der Fdg liegt, ist Tatfrage (BGH WM **62**, 487). – Die **Legitimationswirkung** eines Sparbuchs erstreckt sich 5 nur auf die vom AusSt rechtswirks versprochenen Leistgen. Zwingd ist Beachtg der ges Vorschr über die KündFristen. Abreden im SparVertr, nach denen der AusSt jeden Vorleger des Sparbuchs als berecht ansehen kann, das ungekünd Kapital in Empf zu nehmen, sind nichtig. Der Inh eines Sparbuchs kann für den Gläub des Sparguth nur WillErkl abgeben, die zur Inempfangn der versprochenen Leistg notw sind (BGH **64**, 278; abl wg bloßer Wortinterpretation u einer ges nicht gewollten Erschwerg des SparVerk Düss NJW **87**, 654 mwN, Schraepler NJW **76**, 23); gilt auch für Postsparbuch ohne BerechtiggsAusweis (BGH NJW **86**, 2104). Keine Legitimationswirkg bei Zahlg vor Fälligk (BGH **28**, 368, MüKo/Hüffer Rn 32; aA Hueck/Canaris § 30 III 3) u bei Zahlg über den gesetzl zul MonatshöchstBetr hinaus (BGH **42**, 302, BayObLG NJW **68**, 600, Hamm WM **89**, 562). Ebso ist die Legitimationswirkg für den Inh beschr dch einen im Sparbuch eingetr Sperrvermerk, zB bis zum Eintritt der Volljährigk; Auszahlg an den ges Vertr vor

895

diesem Ztpkt befreit die Spark nicht (BGH NJW **76**, 2211). Die Aufhebg der Sperre kann nur mit dem wahren Gl vereinb werden, auch die Vorlage von dessen Reisepaß legitimiert den Inh des Sparbuches nicht
6   zur Aufhebg der Sperre (BGH NJW **88**, 2100). – Bei **Verpfändung** der Spareinlage ist § 1280 zu beachten (Anz an Spark). Das Sparbuch für sich allein kann, da es keinen VermWert darstellt, nicht verpfändet werden, doch kann vertragl ZbR bestehen. – Legaldefinition für Spareinlage in § 21 IV der VO über die RechngsLegg der Kreditinstitute (BGBl **93**, 924). Landesrechtl Vorbeh für öff Spark EG Art 99.

7   **2) Leistungsbefreiung** dch Leistg nur iR des SparVertr (Hamm NJW **87**, 70) an den Inh, dessen Vfgsberechtigg der AusSt nicht zu prüfen braucht. Dies gilt auch – eine and Frage ist die Wirksamk des dingl GeldÜbereignsgsGesch – bei Leistg an einen geschunfäh Inh od wenn der Inh als Vertr des eingetr geschunfäh Sparers auftritt (Düss WM **71**, 231). Eine Ausn gilt, wenn der AusSt die Nichtberechtigg des Inh kennt, grobfahrl nicht kennt (Düss NJW **87**, 654, Kln VersR **90**, 1338, MüKo/Hüffer Rn 29, Hueck/Canaris § 30 III 3; aA RGRK/Steffen Rn 45 mwN; unentsch BGH **28**, 368) od sonst gg Tr u Gl die Zahlg bewirkt (BGH **28**, 368). „Urk" ist das ganze Sparbuch, nicht ein einzelnes Kontoblatt (Hamm WM **85**, 1290). Das Recht des AusSt, die Legitimation des Gläub zu verlangen u die Leistg bis dahin zu verweigern, ergibt sich aus I S 2. Auszahlg an den wahren Berecht ohne Vorlage des Sparbuches hat keine schuldbefreide Wirkg, wenn sich der Zessionar, dem der Berecht das Sparbuch übergeben hat, nach den SparBdggen darauf verlassen durfte, daß die Bank nur gg Vorlage des Sparbuches leistet (Hamm WM **84**, 801, Düss NJW-RR **91**, 1337). Dch bankinterne Vorgänge kann die Auszahlg der Einlage nicht bewiesen werden (Ffm WM **90**, 496).

8   **3)** Nach **Absatz II** sind von den für die InhSchVerschr geltden Vorschr anwendb: – **a)** AusSt ist nur gg **Aushändigung der Urkunde** zur Leistg verpfl. – **b) Kraftloserklärung** bei abhgek od vernichteten Urk (nachgieb) wie §§ 799, 800. Verfahren: ZPO § 1023 mit landesrechtl Vorbeh, EG Art 102 II. Wirkg: das AusschlUrt ersetzt hier nur die Vorlegg der Urk, AusSt kann also weiteren Nachweis des GläubR verlangen (anders bei § 799). – **c) Verjährungsvorschrift** des § 802: Zahlgssperre hemmt Beginn u Lauf der Verj.

808a   *(aufgehoben dch G v 17. 12. 1990, BGBl 2839)*

Dreiundzwanzigster Titel. Vorlegung von Sachen

Einführung

1   **1) Der Anspruch auf Vorlegung und Besichtigung einer Sache, Einsichtnahme in eine Urkunde** erklärt sich daraus, daß es, auch außerh eines bestehden RVerh, Fälle gibt, in denen jmd erst dann beurt kann, ob er einen dchsetzb Anspr hat od nicht. Die §§ 809–811 bestimmen deshalb zur Förderg, Erhaltg od Verteidigg einer RPosition (BGH NJW **81**, 1733), unter welchen Vorauss ein derart bürgerlrechtl Anspr besteht. Er hat auch für den ZivProz Bedeutg, weil nach ZPO § 422 die Verpfl des Gegners zur Vorlegg einer Urk davon abhängt, ob er nach den Vorschr des bürgerl Rechts zur Herausg od Vorlegg gehalten ist. Ebso nach ZPO § 429, wenn ein Dr im Bes der Urk ist. Neben dem VorleggsAnspr können Herausg (zB §§ 985 ff), Wegnahme – (zB §§ 229 ff u AbholgsAnspr (zB § 867) bestehen. Von Eigt- u BesRechten ist der Anspr unabhäng.

2   **2) Durchsetzung.** Wenn es sich um Vorlegg von Sachen u Urk außerh des Proz handelt, iW der Kl gg den Besitzer; ebso wenn es sich im Proz um Vorlegg von Sachen oder Urk handelt, die sich im Bes eines Dr befinden. Ist die Urk im Bes des ProzGegners, so gelten ZPO §§ 424 ff (Ffm WM **80**, 1246).

3   **3) Sondervorschriften.** Das Ges gibt iR bereits bestehder RVerh in vielen Fällen Informations- u KontrollR unterschiedl Ausgestaltg, zB §§ 79, 716, 1563, 1799 II, 1953 III S 2, 2010, 2081 II, 2146 II, 2228, 2264, HGB §§ 9, 87c IV, 258 ff, ZVG §§ 42, 144, FGG §§ 34, 78, BetrVG §§ 80 II 2, 106 II.

809   *Besichtigung einer Sache.* **Wer gegen den Besitzer einer Sache einen Anspruch in Ansehung der Sache hat oder sich Gewißheit verschaffen will, ob ihm ein solcher Anspruch zusteht, kann, wenn die Besichtigung der Sache aus diesem Grunde für ihn von Interesse ist, verlangen, daß der Besitzer ihm die Sache zur Besichtigung vorlegt oder die Besichtigung gestattet.**

1   **1) Anspruchsvoraussetzungen. – a) Anspruch in Ansehung der Sache** bedeutet, daß er in rechtl Beziehg zu der Sache stehen muß. Er braucht nicht die Sache selbst zum Ggst zu haben, muß nur in irgdeiner Weise von Bestand od Beschaffenh der Sache abhängen (BGH **93**, 191). Welcher Art der Anspr ist, ist unerhebl, also dingl od persönl, bdgt od befristet od AnfR, Anspr aus UrhR u gewerbl SchutzR einschl PatentR (BGH **93**, 191) u für die Rverwirklichg beim Schutz von Software (Brandi-Dohrn CR **87**, 835). Der Anspr muß sich gg den Besitzer der Sache richten. Das ist der unmittelb; der mittelb dann, wenn er die Sache von unmittelb herausverlangen kann od gg ihn einen VorleggsAnspr hat (MüKo/Hüffer Rn 8). Befindet sich die Sache in Händen des gesetzl Vertr einer jur Pers, so richtet sich Anspr gg diese (RG
2   **83**, 250). – **b) Verschaffung von Gewißheit,** ob ein Anspr gemäß vorstehd Rn 1 besteht. Für die Existenz des Anspr muß ein gewisser Grad von Wahrscheinlichk bestehen, so daß nur noch die Besichtigg hinzukommen muß, um die Prüfg der Identität od des Zustands der Sache beurt zu können, ob ein durchsetzb Anspr besteht. In PatentverletzgsFällen strengere Anfdgen (vgl BGH **93**, 191 [207]).

3   **2) Anspruchsberechtigt** ist, wer ein **Interesse** an der Besichtigg hat. Rechtl Interesse ist nicht erforderl, auch nicht unbdgt VermInteresse, immerhin aber ein bes u ernstl Interesse. Allgem künstler, wissenschaftl Interessen genügen nicht. Bei Bestehen widerstreiter Interessen des Besitzers vgl § 810 Rn 2.

3) Inhalt des Anspruchs.

a) Vorlegen bedeutet vorzeigen, aushändigen (BAG WM **85**, 765), so daß in and od sein Bevollm, auch **4** Sachverst (vgl § 810 Rn 2), die Sache unmittelb wahrnehmen kann. Auch nähere Untersuch wie Vermessen, Berühren, Wiegen, Untersuchg mittels Mikroskops od Quarzlampe, InBetrNahme, Abn von Verkleidg, Ein- u Ausbau von Teilen ist in engen Grenzen zul, soweit es sich nicht um SubstanzEingr handelt, zu deren Herbeiführg nicht nöt ist, daß der Eingr voraussichtl zu dauernden Schäd führt (BGH **93**, 191; Stürner JZ **85**, 1101 hält diese Auffassg für zu eng). – **b) Sachen.** Begr vgl § 90. Bewegl u unbewegl **5** (GrdstBesichtigg). Nicht der menschl Körper, seine ungetrennten Teile u fest verbundene künstl Teile (vgl § 90 Rn 3). Daher aus § 809 kein Anspr auf ärztl Untersuch eines and. Körperl Untersuchg u Entnahme von Blutproben nach § 372a ZPO, §§ 81a, c StPO. Der Leichnam ist Sache, die Leichenschau kann für erbod versrechtl Anspr von Bedeutg sein. Die Achtg vor dem Toten ist dabei zu wahren. Kein zivrechtl Anspr auf Exhumierg u Leichenöffng (RGRK/Steffen Rn 3).

4) Durchsetzung des Anspruchs. **6**

Kläger muß Anspr u Interesse beweisen. ZwVollstr nach übereinstimmder ZPO-Literatur (zB Th-P § 883 Rn 3) wie HerausgAnspr, also § 883, nicht § 888 ZPO (aA MüKo/Hüffer § 809 Rn 12).

810 *Einsicht in Urkunden.* **Wer ein rechtliches Interesse daran hat, eine in fremdem Besitze befindliche Urkunde einzusehen, kann von dem Besitzer die Gestattung der Einsicht verlangen, wenn die Urkunde in seinem Interesse errichtet oder in der Urkunde ein zwischen ihm und einem anderen bestehendes Rechtsverhältnis beurkundet ist oder wenn die Urkunde Verhandlungen über ein Rechtsgeschäft enthält, die zwischen ihm und einem anderen oder zwischen einem von beiden und einem gemeinschaftlichen Vermittler gepflogen worden sind.**

1) Urkundeneinsicht. § 810 enthält Erweiterg ggü § 809 u gilt für schriftl Urk, die sich im Bes eines and **1** befinden (vgl § 809 Rn 1) u Aussagen über ein RVerh od über Verhdlgen enthalten, an denen der AnsprSt beteil ist (RG **87**, 15). **Urkunde** ist jede dch bleib Zeichen ausgedrückte, mit den Sinnen wahrnehmb Verkörperg eines Gedankens, soweit sie geschäftl Bedeutg hat. Nur Originalurk (aA Grimme JA **85**, 320). Vorlegg vgl § 809 Rn 4 u § 811 Rn 3. Bedeutg im ZivProz u Durchsetzg des Anspr vgl Einf 1, § 809 Rn 6. Die Voraus des Anspr sind nachstehd Rn 2–9 dargestellt. Die 3 Fälle der VorleggsPfl Rn 3–9 sind alternativ zu verstehen. Analoge Anwendg auf weitere Fälle ist mögl (BGH BB **66**, 99). **Sonderbestimmungen** vgl Einf 3 vor § 809.

2) Rechtliches Interesse besteht, wenn die Einsichtn nöt ist zur Förderg, Erhaltg od Verteidigg rechtl **2** geschützter Interessen. Es müssen Anhaltspkte bestehen, aus denen auf einen Zushang zw UrkInhalt u dem RVerh geschl werden kann (BGH WM **63**, 990). Kein rechtl Interesse, wenn die Vorlegg ohne genügd konkrete Angaben ledigl dazu dienen soll, erstmalig Unterlagen für die RVerfolgg gg den Besitzer der Urk od Sache zu schaffen (BGH **93**, 191, **109**, 260: unzul Ausforschg). Dagg besteht rechtl Interesse, wenn sich der Berecht wg Verlustes seiner VertrUrk über Bestehen u Umfang seines Rechts Gewißh verschaffen will, auch wenn ihm seine Urk nicht ohne sein Versch abhgek ist (BGH NJW-RR **92**, 1072). Die Vorlage der Urk soll vielmehr noch die letzte Klarh über einen wahrscheinl Anspr schaffen (Hamm WM **87**, 1297). Stehen dem rechtl Interesse des Berecht schutzwürd Belange des Verpfl ggü, so sind beide ggeinand, auch nach dem Grds der VerhältnMäßigk (BVerfG **27**, 344) abzuwägen. Das kann zum Ausschl od zur Beschrkg des R auf Einsichtn führen. So bei Urk mit vertraul Inh, deren Vorlegg ein BetrGeheimn offenlegen (Düss Betr **82**, 2030: Einsicht des neutralen, zur Verschwiegenh verpfl Sachverst, Düss MDR **82**, 671) od zur Ausspäh eines Kunst- od GewerbeGeheimn (BGH **93**, 191) führen würde od Vertrauensbruch ggü einem Dr bedeuten od einen Eingr in das PersönlichkR (vgl § 823 Rn 175–200) darstellen würde. BewLast hierfür hat der in Anspr Genommene. UU können einz Teile von Schriftstücken von der Einsichtn ausgeschl werden (RG **69**, 401). Der Sachverständ ist im Verh zum AnsprBer Beauftragter, im Verh zum AnsprVerpfl TrHänder (Mü GRUR **87**, 33). Herstellg von Abschr vgl § 811 Rn 3.

3) Errichtung im eigenen Interesse des AnsprStellers bedeutet, daß die Urk – zumindest auch – dazu **3** best ist, ihm als BewMittel zu dienen od doch seine rechtl Beziehgn zu fördern (BGH WM **71**, 565). Das Interesse muß im Ztpkt der Errichtg vorhanden sein. Maßgebd ist nicht der Inhalt der Urk, sond der Zweck ihrer Errichtg. Interesse setzt nicht voraus, daß der Berecht namentl in der Urk erwähnt ist (BGH LM Nr 2). VorleggsPfl auch dann, wenn es sich um eine vermeintl gefälschte Urk handelt. **Beispiele:** Vollm- **4** Urk sind im Interesse aller errichtet, die mit dem Bevollm in Verk treten; die zG eines Dr errichteten Urk (LebensVers); Niederschr über Verh od späterer Vermerk, um ihren Inh aktenkund zu machen (BGH WM **73**, 644 [649]); GeschUnterlagen auch im Interesse ausgeschiedener Gter einer Gesellsch, soweit sie für die Prüfg der Frage von Bedeutg sind, ob ihnen Fdgen gg die Gesellsch aus der Zeit vor ihrem Ausscheiden zustehen (BGH WM **88**, 1447), ob ein erhebl Mißverhältn zwischen dem von der Gesellsch errechneten AbfindgsGuth u dem wirkl Wert seiner Beteiligg besteht (BGH NJW **89**, 3272). Operations- u Krankenunterlagen des Arztes sind Urk, auch im Interesse des Patienten, nicht als Gedankenstütze des Arztes errichtet (BGH **72**, 132); deshalb Anspr des Patienten auf Vorlage zur Einsicht auch außerh eines RStreits, soweit sie Aufzeichngn über obj phys Befunde u Berichte über BehandlgsMaßn betreffen, ggf dch eine (am besten ärztl) VertrauensPers. Nicht in Aufzeichngn über subj Eindrücke (BGH **85**, 327); in Unterlagen über psychiatr Behandlg nur, wenn dem keine schützenswerts Interessen von Arzt ohne Details näher zu kennzeichnden (BGH **106**, 146) Interessen des Patienten selbst, des Arztes od Dr entggstehen (BGH **85**, 339 u NJW **85**, 674). Die gleichen Grdsätze ohne die Einschränkgn im subj Bereich gelten für das EinsichtsR in tierärztl Unterlagen (LG Hildesheim NJW-RR **92**, 415). Ggü Angehör u Erben besteht VorlagePfl, wenn der (verstorbene) Patient den Arzt von der SchweigePfl entbunden hat; sonst nur, wenn der Arzt nicht darlegen kann, daß sich seine Weigerg auf konkrete od mutmaßl GeheimhaltgsBelange des Verstorbenen stützt (BGH NJW **83**,

2627). Kein Anspr des Patienten auf Einsicht in ein Gutachten für die Entsch zur KostenÜbern auf Anfdg
5 der KrankenVers (Kln NJW **83**, 2641). – **Nicht:** Prot des GlBeirats im Interesse des VerglGaranten (BGH
Betr **71**, 1416); einseit Aufzeichng als ErinnergsStütze für Sachbearbeiter (BGH WM **73**, 644 [649]).

6 **4) Beurkundung eines Rechtsverhältnisses** zw dem, der die Einsicht verlangt, u einem and; das muß
nicht der Besitzer der Urk sein. Ob es auch jetzt noch besteht u ob das RGesch gült war od nicht, ist
unerhebl. Es genügt ferner eine obj u unmittelb Beziehg des Inhalts der Beurk auf das RVerh (BGH **55**, 203),
ohne daß eine Beurk des ganzen RGesch erforderl wäre (BGH **LM** Nr 3). Notw ist jedoch stets, daß der die
7 Einsicht Verlangde an dem RGesch beteiligt ist. – **Dazu gehören** VertrUrk, Schuldscheine, Quittgen,
Rechngen, Kontobücher u Schriftwechsel nach § 127; Handakten des RA (RGRK/Steffen Rn 16). Bei Eintr
in die Handelsbücher eines Vollkaufmanns ist darauf abzustellen, ob sie unmittelb über GeschVorgänge zw
den Beteil Ausk geben (BGH WM **63**, 990: Ermittlg von Anspr gg od zG der Angest). Auch Bilanzberichte
können unter § 810 fallen (BGH aaO). Recht des früh Vorstds einer AG auf Einsichtn in die Bücher, dem
Verletzg aktientrechtl Pfl vorgeworfen wird (RG Warn **08**, 465), des Bürgen auf Vorlegg der Handelsbücher
des Gläub, aus denen sich Zahlg des Hauptschuldn ergibt (RG **56**, 112); des ausgeschiedenen, aber noch
gewinnbeteil Gters auf Vorlegg der Bücher (RG **117**, 332); des ausgeschiedenen GmbH-Gters auf Vorlage v
GeschBüchern u Bilanzen, soweit sie zur Errechng des EinziehgsEntgelts notw sind, für die Zeit bis zum
Ende des Jahres seines Ausscheidens auch noch nach seinem Ausscheiden, falls dies mit dem Interesse der
GmbH u der verbleibden Gter vereinb ist (BGH Betr **77**, 1248); des an den gesamten Einkünften eines
anderen Beteil hins dessen Steuererklärgen, Steuerbescheiden u Prüfgsberichten (BGH BB **66**, 99); des an
dem Gewinn einer Handelsgesellsch Beteil in bezug auf die Bilanzen (BGH **LM** Nr 3); ebso des stillen Gters
(BGH Warn **68**, 453); des an der Provision eines Maklers Beteil bzgl der Provionsabrechng (BGH aaO), des
8 Aktionärs in das Aktienbuch (§ 67 AktG). – **Dazu gehören nicht** Bücher eines Kaufmanns, die nur Eintr
zu innern BetrZwecken enthalten, Akten öffentl Beh, außer sie sind iR rein privrechtl Tätigk angelegt
(RGRK/Steffen Rn 16).

9 **5) Verhandlungen über ein Rechtsgeschäft** zw dem Einsicht Verlangden u einem and od zw einem
von ihnen u einem gemschaftl Vermittler. Hierher gehört der vor od nach GeschAbschl geführte Schrift-
wechsel der Part miteinand od der einen Part mit dem gemeins Vermittler; auch die Briefe, die vom
Vermittler geschrieben sind. Nicht dagg Aufzeichngen u Notizen, die sich ein Teil bei den Verhdlgen für
seine priv Zwecke (RG **152**, 213) od zur Vorbereitg des VerhdlgsProt (KG NJW **89**, 532) gemacht hat.

811 *Vorlegungsort; Gefahr; Kosten.* [I] Die Vorlegung hat in den Fällen der §§ 809, 810 an
dem Orte zu erfolgen, an welchem sich die vorzulegende Sache befindet. Jeder Teil kann
die Vorlegung an einem anderen Orte verlangen, wenn ein wichtiger Grund vorliegt.

[II] Die Gefahr und die Kosten hat derjenige zu tragen, welcher die Vorlegung verlangt. Der
Besitzer kann die Vorlegung verweigern, bis ihm der andere Teil die Kosten vorschießt und
wegen der Gefahr Sicherheit leistet.

1 **1) Vorlegungsort** ist wie in § 269 der geograph, dch landesges Gebietseinteilg best Ortsbezirk, in dem
sich die Sache befindet. An welchen bes Stellen, insb ob in Wohn- u GeschRäumen des Verpfl, best sich nach
Tr u Gl mit Rücks auf die VerkSitte. Aus wicht Grd kann jeder Teil Vorlegg an einem and Ort verlangen,
zB bei Krankh, Feindsch der Parteien od wg der Beschaffenh der Sache. Im Proz nur Vorlegg vor Gericht.

2 **2) Gefahr und Kosten** trägt AnsprBerecht. Bis zur Vorschuß- od SicherhLeistg kann der Verpfl die
Vorlegg verweigern. Kosten u Sicherh aber nur, wenn nach Lage der Sache Unkosten od Gef zu erwarten
sind. Die Kosten eines vom VfgsKl beauftr Sachverständ, den das Ger antragsgem als zur Besichtig der
Sache berecht (vgl § 810 Rn 2) best hat, gehören nicht zu den Proz- od VollstrKosten des einstw VfgsVerf
(Mü GRUR **87**, 33). Gefahrtragg bedeutet, daß AnsprBerecht für Verlust u Beschädigg auch ohne Versch
einzustehen hat. Keine Anwendg auf od Gef, zB dch GebrEntziehg der Sache währd der Vorlegg.

3 **3) Art und Weise.** Ob Besichtigg dch den Berecht selbst od dch Bevollm stattzufinden hat, richtet sich
im einz Fall nach der Vertraulichk des Inhalts der Sache od Urk u der Vertrauenswürdigk. Besichtigg dch
neutralen Sachverst vgl § 810 Rn 2. Anfertigg von Abschr muß Verpfl im allg dulden (Grimme JA **85**, 320),
anders uU bei GeschBüchern (Hbg OLG **20**, 228). ZwVollstr vgl § 809 Rn 6.

Vierundzwanzigster Titel. Ungerechtfertigte Bereicherung

Einführung

Übersicht

1) Regelungsgehalt. Die Vorschr des BGB über die ungerechtf Ber sind in enger Anlehng an die 1 Kondiktionen des röm und des gemeinen Rechts kasuist ausgestaltet. So enth § 812 versch Anspr aus ungerechtf Ber, die weitgehd der früh condictio indebiti, condictio causa data causa non secuta, condictio ob causam finitam sowie der allg condictio sine causa entspr (§ 812 Rn 68–92; Sonderregelg in §§ 813–815), währd § 817 aus der condictio ob turpem vel iniustam causam hervorgegangen ist. Dazu kommen BerAnspr gg den unberecht Verfügen (§ 816 I 1, II) bzw den unentgeltl Erwerbden (§§ 816 I 2, 822). Die näh Ausgestaltg (Inhalt, Umfang) des BerAnspr, der auch im Wege der selbstd Einrede ggü einer ohne rechtl Grd eingegangenen Verbindlichk geltd gemacht werden kann (§ 821), regeln im einz §§ 818–820.

Gibt es somit keinen einheitl Tatbestd der ungerechtf Ber, so ist allen BerAnspr doch der **Grundgedanke** 2 gemeins, einen persönl Anspr auf Rückgängigmachg eines RErwerbs zu gewähren, der nach dem maßgebl Vorschr im Interesse der RSicherh, aus Grden der rechtl Logik, zum Schutz eines gutgl Erwerbs od aus sonst Grden zwar gült vollzogen ist, aber im Verh zu dem Benachteiligten des rechtfertigden Grdes entbehrt. Ziel des BerAnspr ist, allg dort einen gerechten u bill **Ausgleich** dch Herausg des Erlangten bzw WertErs zu schaffen, wo das Recht zunächst einen rechtswirks VermErwerb herbeiführt, obwohl dieser mit den Anfordergen mat Gerechtig nicht in Übereinstimm steht. Es handelt sich bei den BerAnspr u ihrer Ausgestaltg mithin um eine dem BilligkR angehörde AusglOrdng, deren Auslegg im Einzelfall in bes Maße unter dem Grds von Treu u Glauben im RVerkehr steht (BGH **36**, 235, **55**, 128).

2) Hauptfälle eines Anspr aus ungerechtf Ber: – **a) Fehlender Rechtsgrund.** Inf der grdsätzl selbstd, 3 abstrakten Natur des Erf-(Leistgs-)Gesch (Übbl 19– 22 vor § 104) vollz sich die dingl VermVerschiebg (zB Übereign) regelm rechtswirks, obwohl ein ihm zugrdliegdes kausales RGeschäft (zB Kauf) überh fehlt, unwirks ist, nachträgl wieder wegfällt od zwar ein GrdGesch vorh ist, die Part sich aber in Wirklichk über den Zweck der Leistg nicht geeinigt od den vereinb Zweck nicht erreicht haben. Hier verlangt die Billigk die Rückgängigmachg des RErwerbs, also nicht nur die Rückg des Bes, sond auch die Rückübereign (§ 812 I 1, 2).

b) Erlangt jemand eine **formelle Rechtsposition** (zB Eintr im GB, öff Urk ua), die nicht der wahren 4 RLage, also der Inhabersch des Rechts entspr, so verlangt die mat Gerechtigk die Rückgewähr der ledigl formellen RStellg.

c) Nichteintritt bezweckten Erfolges. Der Leistde hat eine VermVerschiebg zur Herbeiführg eines 5 best rechtl Erfolges bewirkt, aber der mit der Leistg nach dem Inhalt des RGesch bezweckte Erfolg tritt nicht ein (§ 812 I 2 2. Halbs).

d) Durch **Eingriff** Außenstehder in die RStellg des Berecht kann ein RVerlust eintreten („in sonst 6 Weise"; § 812 Rn 1, 9), den dieser nach den hierfür maßgebl Vorschr, insb des dingl u des DeliktsR hinzunehmen hat. Hier, zB bei untrennb Verbindg, Vermischg od Verarbeitg, gebietet gleichf oft die Billigk einen Ausgl über die Vorschr der ungerechtf Ber (vgl zB § 951 Rn 2-10).

e) Der gutgläubige Rechtserwerb vom Nichtberecht wird im Interesse der Sicherh des RVerk vielf 7 geschützt. Vom Erwerber kann der betr Ggst daher nicht nach § 812 herausverlangt werden (BGH **36**, 56). Hier ist der nichtberecht Veräußerer dch die GgLeistg, die er von dem gutgl Dr empfängt, bei unentgeltl Veräußerg der Erwerber selbst auf Kosten des wahren Berecht bereichert (§ 816).

f) Gesetzliches Verbot, Sittenverstoß. Schließl schafft § 817 einen SonderTatbestd. Wenn jemand dch 8 die Ann einer Leistg gg ein gesetzl Verbot od gg die guten Sitten verstößt, insb wenn das abstrakte, wertneutrale ErfGesch aus diesem Grd des wirks GrdGesch entbehrt, so hat der Empf das Erlangte dem Leistden herauszugeben, sofern diesem nicht gleichf ein solcher Verstoß zur Last fällt.

3) Als **persönlicher, schuldrechtlicher Anspruch** auf Ausgl einer rechtsgrdlosen VermMehrg des 9 Bereicherten steht er – grdsätzl iR eines – in der Form der Einr – grdsätzl iR eines einheitl RVorgangs nur dem Benachteil unmittelb ggü dem Bereicherten zu (s hierzu § 812 Rn 35–67). Eine gewisse Ausn von diesem Grds enth § 816 I 2 u § 822 bei unentgeltl Vfgen; da dort eine GgLeistg nicht vorh ist, ist in best Grenzen eine Erstreckg der BerHaftg auf einen Dr vorgesehen (s § 822 Rn 1). Auch kann die Einr der Ber bei einer Fdg (zB grdlos gegebenes SchenkgsVerspr) dem RNachf entggehalten werden (§ 404; s § 821 Rn 2).

4) Selbständiger Anspruch. Der Anspr aus ungerechtf Ber ist grdsätzl weder subsidiär noch schließt er 10 and Anspr aus. Er besteht also zB neben dem Anspr aus unerl Hdlg (BGH NJW **62**, 1909) u, wenn nicht nur das GrdGesch, sond auch die Übertr des Eigt (ErfGesch) nichtig ist, neben dem Anspr aus Eigt u ggf aus früh Bes (BGH WM **61**, 274).

5) Ausgeschlossen sind BerAnspr, soweit eine LeistgsVereinbg besteht (BGH NJW **92**, 2690). So hat der 11 Baustofflieferant, der unter verlängertem EigtumVorbeh an die BauUntern geliefert hat, keinen BerAnspr gg den Bauherrn weg EigtumVerlustes dch den Einbau, weil er in Erf seiner LieferVerpfl an den Untern geliefert hat (BGH BB **91**, 159).

a) Neben dem vertraglichen Erfüllungsanspruch mit der oftm kürzeren Verj besteht kein Anspr aus ungerechtf Ber (BGH WM **68**, 776). Vorrang vor den Anspr aus ungerechtf Ber haben auch diejen RFolgen aus VertrVerh, die sich aus der Ausfüllg einer Lücke im Vertr dch ergänzde Auslegg od aus der Anwendg der Grdsätze über Wegfall od Änderg der GeschGrdlage ergeben (BGH WM **72**, 888). Dies auch dann, wenn im EinzFall die Veränderg der GeschGrdlage nicht zu einer Lösg od Anpassg des Vertr an die veränderten Verh führt (BGH NJW **75**, 776, BAG JZ **86**, 1124). Ebso treten §§ 812ff zurück hinter den Anspr auf SchadErs weg LeistgsStörgen nach § 326 (BGH WM **63**, 750) od auf Gewl wg Sachmängeln aGrd des fortbestehdn Vertr (BGH NJW **63**, 806). Die §§ 812ff sind auch ausgeschl, soweit eine vertragl od vertragsähnl Haftg aus and Grd in Betr kommt; s zum fakt Vertr u zur Haftg aus sog sozialtyp Verhalten Einf 25ff vor § 145, zum fakt ArbVerh Einf 29 vor § 611. Da der Anspr aus § 179 gg den vollmachtl Vertr kein vertragl ErfAnspr ist, kann daneben ein BerAnspr gg den Vertretenen bestehen (BGH **36**, 30; krit hierzu Berg NJW **62**, 101; vgl § 812 Rn 46). Auch schließt bei Vorenthaltg der Mietsache § 557 einen weitergehden BerAnspr nicht aus (BGH **44**, 241, KG NJW **71**, 432; desgl BGH NJW **68**, 197 für § 597).

12 **b) Gesetzliche Spezialregelung** ist insb anzunehmen, wenn ein kr Ges eintretder RVerlust gerade zu dem Zweck gewollt ist, im Hinbl auf die Erfordern der VerkSicherh nach gewisser Zeit von einer Ausgleichg abzusehen, wie nach Eintritt der Verj od Wegfall des UnterhAnspr für die Vergangenh gem § 1613 (BGH **43**, 1 [12]), bei AusschlFr, bei § 964 sowie ausdrückl in den in §§ 813 II, 814, 815 u § 817 S 2 geregelten Fällen. Nach Verj des WegnahmeAnspr aus § 547 a sind BereicherngsAnspr des Mieters gg den Verm ausgeschl, auch wenn dieser das Grdst mit den Einrichtgen veräußert (BGH **81**, 146, NJW **87**, 2861). Ebso ist iF der Ersitzg ein BerAnspr ausgeschl (RGRK/Heimann-Trosien vor § 812 Rn 30, Staud-Lorenz Vorbem vor § 812 Rn 20; aA RG **130**, 69: doch BerAnspr, wenn der zur Ersitzg führde EigBes ohne rechtl Grd erlangt ist). Eine Sonderregel enth ferner § 633 III u § 13 Nr 5 VOB (B) für den AufwendgsErs bei eig Mängelbeseitigg dch den Best (BGH NJW **66**, 39, BGH **68**, 43). Die Rückabwicklg von Vertr, die über § 139 von der Wirksamk eines and widerrufenen VertrTls erfaßt werden, erfolgt nach §§ 812 ff (BGH NJW **91**, 105; aA Kblz WM **84**, 1238). Die fehlerh Eintr des Rangs im GB gibt keinen BerAnspr gg den hierdch Begünstigten (§ 879 Anm 3 e); and bei sonst Unrichtigk des GB (§ 812 Rn 20). Verteilg im KonkursVerf vgl § 812 Rn 96–98. Dagg schließt der endgült Erwerb dch Zuschlag in der geswidr dchgeführten ZwVollstr od ZwVerst auch bei Versäumg des Widerspr gg den Teilsplan od der DrWidersprKl nach § 771 ZPO BerAnspr des Berecht gg den VollstrGläub od den im Rang Nachstehden nicht aus (näher § 812 Rn 37–40). Über die Folgen einer untrennb Verbindg od Verarbeitg s § 812 Rn 41–43 u § 951 Rn 2–10. IF unber Vfg u anschließder Verarbeitg hat der Berecht die Wahl zw den Anspr aus §§ 816 u 951 (BGH WM **71**, 821).

13 Soweit die §§ 987–1003 **Ansprüche zwischen Eigentümer und Besitzer** regeln, gehen diese Vorschr einem BerAnspr vor (BGH **41**, 157; Vorbem 11–16 vor § 987, Vorbem 1–4 vor § 994). Dies gilt insb für Anspr des Eigtümers auf Herausg u Ers von Nutzgen (vgl aber § 988 u dort Rn 4, 5) u des Besitzers auf Ers von Verwendgen, nicht aber für BerAnspr wg Veräußerg od Verbrauchs der Sache selbst (BGH **14**, 7, **36**, 56), auf Herausg des Erlöses bei wirks Vfg eines Nichtberecht gem § 816 (RG **163**, 352, BGH **LM** § 812 Nr 15) sowie bei Rückabwicklg eines VertrVerh (BGH NJW **68**, 197: bei Vorenthaltg der Pachtsache). Auch § 951 wird dch §§ 987 ff nicht ausgeschl (BGH **55**, 176; vgl § 951 Rn 3). § 1004 enth dagg keine ausschl Sonderregelg; desh sind zB die Kosten der Selbstbeseitigg einer EigtStörg nach § 812 zu erstatten (BGH **29**, 319). Ausgeschl (wg § 687 II) ist jedoch ein BerAnspr des eigmächt GeschF gg den GeschHerrn (BGH **39**, 188), währd sonst die Vorschr über die GoA Anspr aus ungerechtf Ber grdsätzl nicht verdrängen. Allerd ist **14** die berecht GoA regelm ein rechtl Grd iS von § 812 (s dort Rn 27). – **Ehegatten im gesetzlichen Güterstand** haben im Hinbl auf den ZugewinnAusgl keinen BerAnspr wg der währd der Ehe gemachten ggseit Zuwendgen, sow er auf die Beendigg der Ehe dch Scheidg gestützt wird (BGH **65**, 320); ebso iF gescheiterter, noch nicht geschiedener Ehe (BGH **82**, 227). Vgl § 812 Rn 83. Zum BerAnspr bei GesamtschuldVerh s § 812 Rn 26. Die Rechtskr eines – auch sachl unricht – Urt stellt gleichf grdsätzl einen rechtl Grd für die hierauf gegründete Leistg dar (BGH **LM** § 322 ZPO Nr 10; näher § 812 Rn 96–98, 76); für den Fall des UrtMißbr s aber § 826 Rn 46 ff. Der ges FdgsÜberg nach § 67 VVG schließt, soweit er eintritt, BerAnspr des Versicherers aus (BGH NJW **64**, 101), also nicht, soweit dieser die Fdg des Geschäd gg den VersN nicht erwirbt (Düss NJW **66**, 738). Die Verzichtswirkg der Entlastg gem § 46 Nr 5 GmbHG erstreckt sich auf BerAnspr gg den GeschF, sofern die ZGrde liegde VermVerschiebg auf Maßn der GeschFg beruht; auch zu den Anspr aus § 46 Nr 8 GmbHG können alle aus der GeschFg hergeleiteten BerAnspr gehören (BGH NJW **86**, 2250).

6) Entsprechende Anwendung

15 **a) Kraft ausdrücklicher gesetzlicher Bestimmung** in §§ 323 III, 325 I, 327 S 2, 516 II 3, 527 I, 528 I 1, 531 II, 557 a I, 628 I 3, 682, 684 S 1, 852 III, 951 I 1, 977 S 1, 988, 993 I, 1301 S 1, 1390 I 1, 1434, 1457, 1487, 1973 II 1, 1989, 2021, 2196, 2287 I, 2329 I 1. Ferner enth versch NebenG – oftm mit eig AnsprVoraussetzgen – BerAnspr, zB Art 89 WG, Art 58 ScheckG, § 717 III ZPO, §§ 7, 37 II, 38, 40 III, 147 S 2 KO, §§ 87 I, 104 I **16** VerglO, § 7 II AnfG, § 50 ZVG, § 37 S 2 VerlG, § 141 S 3 PatG, § 15 III 2 GebrMG ua. – **aa) Rechtsfolgenverweisung.** Im allg haben – insb bei Normierg eines eig Tatbestds – die in and gesetzl Best enthaltenen Bezugn auf die allg BerVorschr nur die Bedeutg, daß diese Vorschr nur für Inhalt u Umfang, nicht auch für die Vorauss des BerAnspr maßg sein sollen, zB bei einem Anspr auf Rückerstattg von Mietvorauszahlgen **17** gem § 557 a (BGH **54**, 347), in § 852 III (BGH **71**, 86), in § 48 II S 6 VwVfG. – **bb) Rechtsgrundverweisung.** Für den bes wicht Fall des § 951 I 1 (RFolgen einer untrennb Verbindg od Verarbeitg) verlangt die Rspr jedoch die volle Verwirklichg eines Tatbestds nach § 812 (BGH **40**, 272, **55**, 176; vgl § 951 Rn 2, 3). § 951 stellt also selbst keine AnsprGrdlage dar, sond verweist auf die Vorauss der §§ 812 ff. Ebso § 531 II (Probst JR **90**, 193).

18 **b) Verletzung fremder Ausschließlichkeitsrechte** (ImmaterialgüterR, UrhR, gewerbl RSchutz) führt zu einem BerAnspr des Verletzten, auch wenn mangels Versch des Verletzers eine SchadErsPfl nach § 823 bzw nach den spezialges Best (zB nach § 139 II PatG, § 15 II GebrMG) od ein Anspr aus § 687 II BGB (s dort Rn 5–7) ausscheidet (BGH **68**, 90, **77**, 16). Gilt auch für unbefugten Namensgebrauch zu WettbewZwecken als Verl des PerslktsR, auch wenn er nicht zu einer Beeinträchtigg der Wertschätzg des Betroffenen führt (BGH NJW **81**, 2402) u für unbefugte BildVeröffentlichg zu Werbezwecken (BGH NJW **92**, 2084), wobei AnsprBerecht eine VerwertgsGesellsch ist, der der Abgebildete der Verwertg des Bildes gg Vergütg übertr hat (BGH NJW-RR **87**, 231). Zum Ggst des BerAnspr s § 812 Rn 28–30, zum Umfang § 818 Rn 19–25. Auch bei nur obj Verletzg ist der RechtsInh unmittelb in Höhe der angem Lizenzgebühr (BGH **44**, 380, **99**, 244) entreichert. Entspr muß auch im **Wettbewerbsrecht** gelten; über die hier bes wicht Ausk- u RechngsleggsPfl des Schädigers (§ 260) s § 812 Rn 101–103 u allg § 826 Rn 14.

19 **c) Im Arbeitsrecht** gelten iF eines unwirks DienstVertr die §§ 812 ff nicht (vgl Einf 29 vor § 611). Bei Überzahlg von Lohn u sonst Leistgen (zB Gratifikation) gelten die §§ 812 ff. Allerd steht wg der FürsorgePfl des ArbG sein BerAnspr unter den Grds des § 242 (BAG **15**, 270). So ist die Berufg des ArbN auf den Wegfall der Ber (§ 818 III) grdsätzl mögl (aber § 819 anwendb bei Kenntn des ArbN vom fehlenden RGrd, nicht bei ledigl unterl Nachrechng), soweit nicht – zul – vertragl ein unbdgter RückzahlgsAnspr vereinb ist (s hierzu § 611 Rn 68, 89, 90). In diesem Fall kommt BerR nur bei Unwirksamk der RückzahlgsVereinbg in vollem Umfang zur Anwendg (BAG NJW **64**, 173, 1241). Ungerechtf Ber des ArbG bei Empfang von RentenBetr aus SozVers, wenn die Abtr unwirks ist (BAG DB **87**, 2314).

d) Öffentliches Recht. Die bürgerl-rechtl BerAnspr sind auf öffrechtl RVerh, bei denen der unmittelb 20 LeistgsGrd im öff R liegt, grdsätzl nicht, auch nicht analog anwendb, da die Eigenart des öff R idR eine Lösg nach privatrechtl Grds verbietet. An ihrer Stelle besteht ein öffrechtl **Erstattungsanspruch** gem § 48 II S 5–8 VwVfG u ähnl G der Länder sowie gem § 50 SGB X (BVerwG NJW **93**, 215), wonach iF der Zurücknahme eines VerwAktes die bereits gewährten Leistgen zu erstatten sind. Für den Umfang ist auf die Vorschr der ungerechtf Ber verwiesen, die Berufg auf den Wegfall der Ber ist eigens geregelt. Soweit keine ausdr ges Regelg besteht u auch sonst nicht erkennb ist, daß auf die Abwicklg von Anspr aus einem best öffrechtl RGebiet die rein obj AusglPrinzipien des bürgerl R nicht zur Anwendg kommen sollen, wendet die Rspr iR des allg öffentlrechtl ErstattgsAnspr, was dessen Vorauss betrifft, im Einzelfall die im bürgerl R enth GrdGedanken als Ausdr eines über das bürgerl R hinausgehdn allg RGedankens ergänzd an (BVerwG NJW **85**, 2436). Darü hinaus scheidet die Anwendg der §§ 812 ff stets dann aus, wenn das dem öff R unterliegde RVerh noch nicht abgewickelt ist, insb die öffrechtl Vorauss einer etw LeistgsPfl noch nicht festgestellt sind (BGH **32**, 273). Der **Wegfall der Bereicherung** (§ 818 III) kann dem öffrechtl Erstattgs- 21 Anspr des Bürgers grds nicht (BVerwG NJW **85**, 2436), dem Anspr der Körpersch geg den Bürger dort entggehalten werden, wo dies gesetzl zugel ist (BSG MDR **74**, 965), zB bei überzahlten Gehalts- u Versorggsbezügen eines Beamten nach § 87 II BBG (entspr § 53 II BRRG u die meisten LandesbeamtenG); außerdem dann, wenn das Vertrauen des Bürgers auf die Beständigk des rwidrig gewährten Vort schutzwürd ist, was bei Kenntn u grobfahrl Unkenntn vom Mangel des rechtl Grdes nicht der Fall ist (BVerwG JZ **85**, 792). Eine Berufg auf den Wegfall der Ber ist auch bei der Rückfdg von Abschlagszahlgen ausgeschl, da hier die Endgültigk des rechtl Grd fragl war (BVerwG MDR **61**, 535). S auch § 820 Rn 5. – **Herausgabe von Nutzungen** iR öffr Ber vgl Schön NJW **93**, 3289).

Der **Rechtsweg** für Anspr aus öffrechtl Ber ist grdsätzl zu den VerwG (§ 40 VwGO) bzw zu den SozG 22 (§ 51 SGG) u FinG (§ 33 FGO) eröffnet, sofern auch die Kl auf Gewähr dieser Leistgen dort zu erheben ist (BGH NJW **67**, 156; ähnl Gagel NJW **85**, 1872). Die RückFdg folgt also dem gleichen R wie die Leistg, auch wenn die Kl auf SchadErs wg uH gestützt ist (BGH **103**, 255). Dabei genügt, daß für die Leistg vermeintl ein öffrechtl LeistgsVerh bestand (BGH NJW **78**, 1385). Die ord Ger sind zust, soweit ihnen diese Anspr ausdr zugewiesen sind, zB §§ 23 ff EGGVG (Anfechtg von JustVerwAkten), §§ 62 II, 58 BLG, ferner BerAnspr aus einer Haftg wg AmtsPflVerletzg (§ 839); über die Rückfdg zuviel gezahlter EnteigngsEntschädigg s BGH **32**, 273. Die ZivGer sind ferner zust für die RückFdg von Leistgen, für die zw Leistdem u Empf überh kein (auch kein vermeintl) öffrechtl LeistgsVerh bestand, wie bei fehlgegangenen Zahlgen (BGH NJW **78**, 1385), zB Abholg der Rente dch einen Dr für den verstorbenen Berecht, Zahlg der Rente an die nichtversicherten Erben des verstorbenen Berecht (BGH NJW **79**, 763, Karlsr NJW **88**, 1920). Eine Zustdgk der ord Ger kommt dann in Betr, wenn der unmittelb LeistgsGrd privatrechtl ist u nur eine Vorfrage dem öff R angehört, zB bei vertragl Übern od Ablösg (§ 268) einer öffrechtl Schuld od bei unbefugter Benutzg des Eigt einer öffrechtl Körpersch (BGH **20**, 270).

Einzelfälle: ErstattgsAnspr des Trägers der SozHilfe gg DrVerpfl gem §§ 90, 91 BSHG, gg den Empf 23 gem § 92 ff BSHG u ggü SozHilfeTrägern gem §§ 103 ff BSHG. ErstattgsAnspr der Post gg den nichtberecht Empf einer Auszahlg auf das Postsparbuch (Hess VGH WM **91**, 993). Weg Erstattg überzahlter Steuern §§ 37, 38, 218 AO. Auf RückzahlgsAnspr bei irrtüml LohnsteuerErstattg sind §§ 812 ff nicht entspr anwendb (BFH WM **74**, 933). Erstattg der Kosten bei Erziehgshilfen § 92 KJHG; Anspr des Leistden auf Rückzahlg zu UnR entrichteter Beitr in der SozVers, § 26 SGB IV. RückFdg der an die Erben des verstorbenen Versicherten ausbezahlten Rente (BGH NJW **78**, 1385: ZivRWeg). Bei Subventionen u Fördergen kommt es darauf an, ob der Staat nach der Bewilligg die Zuwendg als VerwAkt (einstuf) od unter Verwendg privatrechtl Mittel (zweistuf) ausgestaltet hat; iZw einstuf, dann eröffnet auch ein SchuldAnerk den ZivRWeg (BVerwG NJW **65**, 1344, BGH NJW **72**, 210 u DB **85**, 1737: VerwRWeg). StudienfördrBeitr (Köln NJW **67**, 735, VGH Mü NJW **74**, 2021). Reise- u Umzugskosten (OVG Münst MDR **60**, 169).

7) Verjährung des BerAnspr, grdsätzl nach der Einr der ungerechtf Ber, tritt, soweit nichts and best ist, 24 in 30 Jahren ein (BGH **32**, 16); zur Einr der Ber ggü einer ohne rechtl Grd eingegangen Verbindlichk s aber § 821 Rn 1. Dies gilt grdsätzl auch dann, wenn die Ber in der Beseitigg eines dch unerl Hdlg entstandenen Schad dch einen Dr (RG **86**, 96: nicht § 852), in Verwendgen, die der Mieter nicht in dieser Eigensch auf die Mietsache gemacht hat (BGH NJW **68**, 888, DB **89**, 2601: nicht § 558), in überzahlten VersLeistgen (BGH **32**, 13: nicht § 12 VVG). Ebso verjährt der RückzahlgsAnspr des DarlN in 30 Jahren, wenn bei einem AnnuitätenDarl RatenBetr zu unrecht auf eine nichtige ZinsFdg statt auf die DarlFdg verrechnet wurden, so daß sich am Ende, auch dch vorzeit Ablösg, eine Überzahlg ergibt (BGH **112**, 352). Ebso verjährt in 30 Jahren der Anspr auf anteil Rückzahlg eines laufzeitabhäng Disagios bei vorzeit DarlRückzahlg (vgl § 812 Rn 81; BGH WM **93**, 2003). Verj von BerAnspr wg Leistgen, die unter §§ 196, 197 fallen, vgl § 195 Rn 3, 7, § 197 Rn 5 ff. Der Anspr auf Rückzahlg zu Unrecht bezahlter regelmäß wiederkehrder Leistgen auf einen nichtigen RatenkreditVertr verj in 4 Jahren (BGH **98**, 174 mwN auch für die GgMeing, Canaris ZIP **86**, 273). Beginn der Verj §§ 198, 201. Über Verj bei AnsprKonkurrenz s § 194 Rn 8, 9.

8) Einzelfragen: – a) Unzulässige Rechtsausübung. Da BerAnspr in bes Maße dem Grds von Treu u 25 Glauben im RVerk unterliegen, ist ihnen ggü die Einwendg mögl, zB wenn der AnsprBerecht die GgLeistg voll ausgenutzt hat (BGH NJW **62**, 1675). Bei BerAnspr, die auf formwidr abgeschl Vertr beruhen, ist insb der Einwand der Argl zu beachten (näher § 125 Rn 16 ff). Hat iR eines finanzierten AbzKaufs der DarlGeber mit der Valuta direkt den KaufPr beglichen, so ist der Käufer bei Nichtigk des DarlVertr von der KaufPr-Schuld ohne RechtsGrd befreit. Dem RückfdgsAnspr kann entgegstehen, daß dem Käufer entspr den Regeln des EinwdgsDurchgr eine InAnsprN des Verk nicht zuzumuten ist (BGH NJW **80**, 2301). Zur Verwirkg des BerAnspr s § 242 Rn 87–109.

b) Verzicht auf BerAnspr ist mögl, u zwar schon bei der Leistg (RG **71**, 316). 26

27 **c) Vorteilsanrechnung.** Der Bereicherte kann sich nicht darauf berufen, daß der Entreicherte dch den BerVorgang auch Vorteile gehabt hat. Die auf SchadErsAnspr beschr Vorteilsausgleichg (Vorbem 119–161 vor § 249) ist auf die ledigl einen obj Ausgl vornehmden BerAnspr nicht anwendb, auch nicht bei der Eingr-Kondiktion (§ 812 Rn 33, 34). Dies schließt jedoch nicht aus, daß bei der Berechng des Umfangs der ungerechtf Ber die GgLeistg (Saldo) sowie sonstige mit dem BerVorgang zurechenb zushängde Nachtle, Aufw uns des Bereicherten zu berücks sind (s hierzu § 818 Rn 27–33).

28 **d) Ein Zurückbehaltungsrecht** kann der Schu ggü dem BerAnspr grdsätzl geltd machen (BGH WM **56**, 1214). Er kann auch selbst ein solches begründen. Kein ZbR ggü BerAnspr aber dort, wo dies dem Zweck einer and Best zuwiderlaufen würde, zB dem Art 39 WG (BGH NJW **58**, 2112, Rückg des Wechsels mangels wirks GrdGesch).

29 **e) Mehrere Bereicherungsschuldner** haften nicht als GesSchu; jeder hat vielm das herauszugeben, was er erlangt hat (BGH NJW **79**, 2205, WM **93**, 251 [257]; ; differenzierd MüKo/Lieb § 812 Rn 323). Dies gilt auch dann, wenn iF der Wirksamk des Vertr gesschuldn Haftg nach § 427 bestanden hätte (Hbg MDR **52**, 548). Dabei spielt es keine Rolle, ob der Vertr von Anfang an nichtig od wirks angefochten ist (RGRK/Heimann-Trosien § 812 Rn 117; aA RG **67**, 263). Bereicherg bei der BGB-Gesellsch vgl § 718 Rn 8 u § 818 Rn 32. – Bei mehreren AansprBerecht gelten die Grds in Übbl 1–4 vor § 420, insb bei Unteilbark des Erlangten § 432.

30 **f)** Der **Gerichtsstand** des § 29 ZPO gilt nicht für BerAnspr aGrd nichtigen KausalGesch. Für den **Leistungsort** gilt § 269 (s dort Rn 15, 18, 19); bei Herausg einer Sache ist dort zu erf, wo sich diese bei Beginn der Rechtshängigk (§ 818 IV) od der verschärften Haftg des § 819 befindet (RG **96**, 345). Verzinsung vgl § 818 Rn 10; §§ 352, 353 HGB gelten nicht.

31 **g) Internationales Privatrecht** vgl Rn 2, 3 vor Art 38 EG.

812 **Grundsatz.** [1]Wer durch die Leistung eines anderen oder in sonstiger Weise auf dessen Kosten etwas ohne rechtlichen Grund erlangt, ist ihm zur Herausgabe verpflichtet. Diese Verpflichtung besteht auch dann, wenn der rechtliche Grund später wegfällt oder der mit einer Leistung nach dem Inhalte des Rechtsgeschäfts bezweckte Erfolg nicht eintritt.

[II] Als Leistung gilt auch die durch Vertrag erfolgte Anerkennung des Bestehens oder des Nichtbestehens eines Schuldverhältnisses.

Übersicht

1 **1) Tatbestände.** Es gibt keinen einheitl Tatbest der ungerechtf Ber. Gemeins GrdGedanke s Einf 1, 2 vor § 812. Abs I S 1 stellt die Ber dch rechtsgrdlose Leistg **(Leistungskondiktion)** der Ber „in sonstiger Weise" **(Eingriffskondiktion)** in den RFolgen gleich, obwohl beide Anspr versch Vorauss haben u nur über das nicht in jedem Fall gleicherm zu beurteilde Fehlen des rechtl Grd (Rn 68–100) u das Erfordern der Einheitlichk des BerVorgangs (Rn 35–67) miteinand verbunden sind. Abs I S 2 regelt zwei weitere Fälle der Leistgskondiktion mit bes TatbestdVorauss (**Wegfall des rechtlichen Grundes** u **Zweckverfehlung**), währd Abs II ausdr klarstellt, daß ein vertragl SchuldAnerk eine Leistg iS des BerR darstellt. Entspr dieser Unter-

scheidg ist der Tatbestd jeder einz AnsprGrdlage gesondert festzustellen, soweit nicht Gemeinsamk für alle Anspr bestehen. Die Unterscheidg zw Leistgskondiktion (Rn 3–8) u Ber in sonst Weise (Rn 10–15) ist insb wicht für die Pers des BerSchu (Rn 35–67) u für die Beurteilg des die VermVerschiebg rechtf Grdes (Rn 68–100).

2) Leistungskondiktion (ungerechtf Ber „dch die Leistg eines and"). Hierunter ist die Rückabwicklg eines **2** LeistgsVerh zu verstehen, bei dem der Leistgszweck nicht erreicht wird od sonst ein rechtl Grd für die dch die Leistg eingetretene VermVerschiebg nicht besteht, wo also die Leistg dem Empf zwar wirks zugewendet worden ist, ihm aber nach den – idR schuldrechtl – Beziehgen zw Leistdem u Empf nicht endgült zusteht (ebso Larenz, SchR II, § 68 I b; s näher Rn 70–92). Soweit ein BerAnspr aGrd einer rgrdlosen Leistg in Betr kommt, hat die Leistgskondiktion grdsätzl **Vorrang** vor der EingrKondiktion (BGH **40**, 272 [278]; enger Huber NJW **68**, 1905 [1910] u JuS **70**, 342; hiergg Ehmann NJW **71**, 612, Picker NJW **74**, 1790, die aber nicht vom Standpkt des Empf (Rn 41–43) ausgehen; abl auch MüKo/Lieb Rn 232ff). Hat der BerEmpf die VermVerschiebg dch die Leistg eines and erlangt, so hat grdsätzl nur dieser einen BerAnspr gg den Empf; ein Anspr aus Ber „in sonst Weise" (Rn 10–15), zB gg einen Dr, muß demggü zurücktreten. Der Vorrang der Leistgskondiktion ist insb von Bedeutg beim Einbau von Materialien in ein Grdst dch einen BauUntern; der ledigl die EingrKondiktion ausgleichde § 951 (Anspr gg GrdstEigtümer) ist idR subsidiär ggü einem BerAnspr aus Leistgskondiktion gg den LeistgsEmpf (s unten Rn 43 u § 951 Rn 2–10). Die Möglichk einer Leistgskondiktion ist daher stets vor einem Anspr aus Ber in sonst Weise zu prüfen.

a) Leistung iS des BerR ist jede auf bewußte u zweckgerichtete VermMehrg gerichtete Zuwendg (BGH **3** **40**, 272 [277], **58**, 184 [188], Esser-Weyers, SchR II, § 48 II, i Erg ebso Staud-Lorenz Rn 4ff, Reuter-Martinek, Ungerechtf Ber, 1983 S 85ff, Schlechtriem, Rezension dazu ZHR **85**, 327, Weitnauer Betr **84**, 2496 u JZ **85**, 555, Stolte JZ **90**, 220; abl MüKo/Lieb Rn 23ff, Canaris, Festschr für Larenz S 799, 857). Die unbewußte Vermehrg fremden Verm kann dagg höchstens einen Anspr aus Ber „in sonst Weise" rechtf. Ist zw den Beteil, wenn auch nur stillschw, der Zweck der Leistg vereinb, so löst dessen Nichterreichg, ebso wie das sonst Fehlen eines rechtl Grd, den BerAnspr aus (BGH **50**, 227, Ehmann NJW **69**, 398). Über die Pers des Leistden u des LeistgsEmpf, insb bei Leistg dch (an) Boten, Bevollm, mittelb StellVertr od dch (an) sonst ZwPers (Leistg auf Anweisg oä) sowie über BerAnspr bei Weitergabe der Leistg (BerKette) s Rn 41– 43; bei Leistg an mehrere Empf s Einf 29 vor § 812.

Die Leistg besteht vielf in einer rgesch Vfg des Leistden, die er aGrd einer zw ihm u dem Empf bestehden od **4** zumind angen Leistgsbeziehg erbringt (Larenz, SchR II, § 68 I a); sie kann aber auch in einem rein tatsächl Handeln bestehen. Eine dingl RÄnderg ist hier zwar häuf, aber nicht begriffsnotw; auch eine VermMehrg aGrd eines nichtigen ErfVertr stellt eine Leistg dar. Die Leistg muß jedoch einen VermWert besitzen; daher ist die Erkl des Widerrufs ehrenrühr Behauptgen als solche nicht kondizierbar (BGH **LM** Nr 6). Im übr kann Ggst einer Leistg jede Verbesserg der VermLage des Empf sein, zB Übertr von Eigt od and Rechten, Auflassg eines Grdst, Anw des DarlN zur Auszahlg der Valuta an einen Dr (BGH NJW-RR **90**, 1521), Eingeh einer Verbindlichk, Erf einer Schuld, Hing an ErfStatt, Verzicht auf RErr-werb, Ersparg von Aufwendgen, insb bei Erbringg von Diensten, Befreiung von einer Verbindlichk (BGH NJW **62**, 1051). Keine Leistg an den VersN ist die abstrakte GefTragg, die RisikoÜbern als solche iR eines VersVertr (Karlsr Just **88**, 92).

b) Anerkennung des Bestehens od Nichtbestehens eines Schuldverhältnisses ist gem Abs II ebenf **5** eine Leistg. Es handelt sich bei II nicht um einen Sonderfall der LeistgsKondiktion, sond ledigl um eine gesetzl Erläuterg des Begr der Leistg im bereichsrechtl Sinn. Auf das prozessuale Anerk nach § 307 ZPO findet Abs II keine Anwendg, weil es sich hier um ein prozessual Anerk, nicht um ein vertragl handelt. Das proz Geständn kann nur iF des Irrt nach § 288 ZPO widerrufen werden (BGH **37**, 154). Es muß sich um einen selbstd, dh von seinem LeistgsGrd losgelösten abstr Vertr iS der §§ 397 II, 780, 781 handeln (Staud-Lorenz Rn 10, 11). Ein SchuldAnerk, das nur Bestandt eines ggs kausalen Vertr ist, insb ein deklarator Anerk (§ 781 Rn 3–5) fällt nicht unter Abs II (BGH NJW **63**, 2317, ZIP **91**, 862), da es sich nicht um eine selbstd Leistg handelt, diese vielm im Zushang mit dem Schicksal der GgLeistg zu beurteilen ist (Oldbg VersR **92**, 197). Doch kann über eine der Leistgen aus dem ggs Vertr zusätzl ein selbst u damit kondizierb SchuldVerspr od Anerk abgegeben werden (RG **108**, 105). Das gleiche kann ausnahmsw für die Rückfdg einer kausalen Verpfl gelten, wenn über den ggs Vertr hinaus ein hiermit verfolgter weit Zweck nicht erreicht wird (Staud-Lorenz Rn 13). Das zur Erf des Vergl erkl SchuldAnerk ist bei Unwirksamk des Vergl kondizierbar.

Rückforderung eines Anerkenntnisses kommt in Frage, wenn der Anerkennde irrig geglaubt hat, zu **6** dem Anerk verpfl zu sein; darauf, ob dem Gläub tats ein dem Anerk zuGrde liegder Anspr zusteht, kommt es insow nicht an, zB Entlastg des Vormd od GeschF dch den sich hierzu irrig für verpfl haltden Mündel (Staud-Lorenz Rn 15, MüKo/Lieb Rn 317); AnerkErkl für StrBaukosten, um in Wirklichk nicht bestehdes Bauverbot abzuwenden (RG **154**, 385). Das Anerk ist aber auch wg Unrichtigk des Anerkannten kondizierbar, falls es nicht nach dem Willen der VertrTeile den Sinn haben sollte, o Rücks auf das wirkl Bestehen der Schuld für die Zukunft eine klare Bew- u RLage zu schaffen (vgl § 781 Rn 3–5). In einem solchen Fall ist ein BerAnspr ausgeschl, auch wenn die Schuld tats nicht besteht (vgl § 781 Rn 8). Welchen Sinn das Anerk gehabt hat, unterliegt zwar der tatrichterl Würdigg des EinzFalls, doch ist oftm anzunehmen, daß ein Anerk nur die im Ztpkt der Abg der Erkl begr Einwdgen gg eine bestehde Schuld ausschl sollte, so daß der Schuldn nicht gehindert ist, bei nicht bestehder Schuld das Anerk zu kondizieren. Dies gilt insb für Anerk, die der Schuldn aGrd einer Abrechng abgegeben hat, wenn einbezogene Schuldposten in Wahrh nicht bestanden haben (BGH NJW **68**, 591 für stillschweigd SaldoAnerk ggü Bank) od nach SaldoAnerk, wenn die Bank irrtüml eine Gutschrift vorgenommen hat (Düss NJW **85**, 2723; vgl § 781 Rn 8). Zur Einr der Ber ggü einem SchuldAnerk s § 821 Rn 1. – Das Bestehen einer unvollk Verbindlk ist genüg RGrd für ein selbstd Anerk (RG **160**, 134; s aber §§ 656 II, 762 II). – Beim **negativen Schuldanerkenntnis** gelten die gleichen Grds (BGH WM **82**, 671); **7** der BerAnspr geht hier auf Wiederherstellg der Schuld (Düss NJW **85**, 2723) u Herausg der Quittg. Zur BewLast bei II, insb beim negat SchuldAnerk s Rn 105. **Keine Rückforderung** des (nicht abstr) Abfindgs- **8** Vertr mit Vers (BGH **LM** Nr 1 zu § 13 AVB für KfzVers). VaterschAnerk ist nicht kondizierb, sond über § 1600f, l zu beseitigen.

9   **c) Weitere Fälle der Leistungskondiktion** enth § 812 I 2 (Rn 75–92), § 813 S 1 u § 817 S 1.

10   **3) „In sonstiger Weise"** ist die Ber erlangt, wenn die VermVerschiebg nicht auf der zweckgerichteten Zuwendg eines Leistden (Rn 2–9) beruht (BGH **40**, 272 [278]), sond – idR – ohne den Willen des Entreicherten eingetreten ist. Hier kommt ein BerAnspr in Betr, wenn der Erwerb nach der für den EinzFall maßgebl rechtl Güterzuordng nicht bei dem Empf verbleiben soll, sond einem and gebührt (Larenz, SchR II, § 68 II; s näher Rn 35–40, 93–100). Die nur für die Leistgskondiktion geltden Vorschr sind auf diesen Fall grdsätzl unanwendb, so zB § 817 S 2; s aber § 816 Rn 5. Eine „Ber in sonst Weise" basiert oftm auf Hdlgen des Bereicherten od eines Dr, die einen von der ROrdng nicht als endgült gebilligten Eingr in die RPosition des Entreicherten darstellen (sog **Eingriffskondiktion**); es sind aber auch and Möglichk denkb. **Hauptfälle:**

11   **a) Handlungen des Bereicherten,** insb unerl Hdlgen, auch wenn der SchadErsAnspr bereits verj ist (s § 852 Rn 21), zB Besitzentziehg, Verbrauch, Nutzg od Gebr einer fremden Sache (BGH NJW-RR **86**, 874: Kiesentnahme über die behördl gesetzte AbbauGen hinaus; Düss NJW-RR **87**, 531: Unberecht Anbau an eine halbscheid Kommunmauer), Nutzg fremden know-hows (Weitnauer DB **84**, 2496) od fremder ArbKräfte (über die Art der Ber s Rn 28), Eingr in ImmaterialgüterR (BGH **82**, 299 u 310, Einf 18 vor § 812) sowie in den eingerichteten u ausgeübten GewerbeBetr od in das PersönlichkR, soweit darin eine vermögensrechtl Benachteiligg, etwa iS einer unberecht Nutzg liegt (BGH **20**, 345 [354], **26**, 349, **81**, 75, BGH NJW-RR **87**, 231 u § 823 Rn 175–200); ferner Weiterbenutzg einer Wohng nach Beendigg des MietVerh (vgl § 557), Ableitg von GrdWasser (BayObLG NJW **65**, 973), Untergrundspeicher von Rohöl auf fremdem Grdst (BGH WM **81**, 129). War ein AuflAnspr im Rang vor einer GrdSch vorgemerkt, so kann der VormkgInhaber, der das GrdEigt erworben hat, von dem GrdSchGläub die Herausg einer FeuerVersSumme verlangen, die dieser nach §§ 1127 I, 1128 III eingezogen hat (BGH VersR **87**, 903). Ebso muß ein inländ Gläub VermWerte, die er nach KonkEröffng dch zuläss ZwVollstr in ausländ Verm des GemSchu erlangt hat, an den KonkVerw herausgeben, wenn sie zur Sollmasse gehören (BGH **88**, 147). Hierher gehören außerdem Vfgen eines Nichtberecht sowie Leistgen, die aGrd gesetzl Vorschr dem Berecht ggü wirks sind (§ 816). Ein Eingr des Bereicherten liegt idR auch dem RErwerb dch Verbindg, Vermischg od Verarbeitg (§ 951 Rn 7–10) od dch Fund (§ 977) zugrde. Sow der jetzt od früh Besitzer Anspr wg seines Eigt aus § 812 ableitet, gilt auch hier für den EigtNachw § 1006 (BGH NJW **77**, 1090). Zum Erwerb dch Ersitzg, nach Verj od Ablauf einer AusschlFr s Einf 12 vor § 812.

12   **b) Handlungen eines Dritten,** zB Verbindg, Vermischg od Verarbeitg, die ein Dr vornimmt, aber nur, soweit nicht dem Entreicherten ein Anspr aus Leistgskondiktion zusteht (Rn 41–43 u § 951 Rn 4–9); zur aufgedrängten Ber in diesem Fall s § 951 Rn 18–21. Gebr od Verbrauch fremder Sachen. Zur Ber dch **13** unentgeltl Zuwendg seitens des urspr Bereicherten s § 822. – **Zwangsvollstreckung.** Unabhäng von einem etw Anspr aus § 839 kommt ein Anspr aus ungerechtf Ber „in sonst Weise" bei fehlern Hdlgen der öff Gew in Betr, zB bei ZwVollstr ohne rwirks Titel od bei Pfändg u Verst schuldnerfremder Sachen sowie Auszahlg des Erlöses an den Gläub (BGH **32**, 240; näher Rn 37–40 u 63–100), unricht Verteilg des VerstErlöses (BGH **4**, 84, **35**, 267; aber BGH **91**, 198), fehlerh ZuschlBeschl (RG **153**, 252). Nichtberücksichtig einer ordngem angemeldeten KonkFdg; unricht Eintr in das GB (RG **139**, 355 u Rn 20), außer es wird ledigl der Rang des betr Rechts falsch eingetr (§ 879 Rn 8, 9). Bei Leistg des DrSchu aGrd Pfdgs- u ÜberweisgsBeschl an PfdgsGl trotz Bestehens einer vorrang Pfdg vgl Rn 37–40. – Kein Fall der EingrKondiktion ist die Vereitelg eines schuldr Herausg- od RückgewährAnspr dch Vfg über den Ggst selbst (BGH NJW **93**, 1919: Löschgs-Bewilligg für herauszugebde GrdSch).

14   **c) Handlungen des Entreicherten,** soweit in ihnen nicht eine fehlgeleitete Leistg zu erblicken ist, zB bei irrtüml Verwendg eig Sachen für fremde Zwecke. Erklärt im ZwVerstVerf der Ersteher eines Grdst als Inhaber einer darauf lastden voll valutierten DarlHyp, diese solle bestehen bleiben (§ 91 II ZVG), obwohl sie bei der Erlösverteilg teilw ausfällt, dann hat der Ersteher gg den DarlSchu jedenf einen BerAnspr auf WertErs in Höhe der dch die Erlöszuteilg nicht befriedigten DarlFdg (BGH Warn **80** Nr 312).

15   **d) Tatsächliche Vorgänge,** zB Landanschwemmg, Wasserzu- od -abfluß, unbeeinfl Verhalten von Tieren (vgl aber § 964) ua.

16   **4) „Etwas erlangt"** bedeutet **Vermögensvorteil** (BGH NJW **95**, 53; aA Köhler AcP **190**, 496 [531]: alles, was nach dem PartWill Ggst des Austausches ist). Durch die Leistg (Rn 2–9) od in sonst Weise (Rn 10–15) muß eine Verbesserg der VermLage des Bereicherten eingetreten sein. Die Ber muß in das Verm des Empf übergegangen sein. Ist iR eines nichtigen KreditVertr die DarlValuta nicht an den DarlN zur eig Vfg od Nutzg ausbez worden, zur Finanzierg eines gleichf nichtigen Vertr an einen Dr, so geht der BerAnspr des DarlG gg den DarlN nicht auf Rückzahlg der Valuta, sondern auf Abtr des RückzahlgsAnspr des DarlN gg den Dr (BGH NJW **78**, 1970, WM **90**, 799). Hat bei Nichtigk des Darl- u des KreditvermittlgsVertr die Bank aus der DarlValuta die Prov direkt an den Vermittler bezahlt, so richtet sich ihr BerAnspr gg diesen, nicht gg den DarlNehmer; hat dieser die DarlValuta zurückbezahlt, kann er von der Bank Rückzahlung der darin enthaltenen VermittlerProv verlangen (BGH NJW **91**, 1810). Ebso keine bereichergsrechtl Rückerstattg der DarlValuta dch den Kommanditisten, wenn sie abredegem an einen Dr, evtl als Einlage, für eine wertl KG- Beteiligg gezahlt worden ist (Kln WM **84**, 401). Ebso hat die Ehefr, die sich in einem nach § 138 I nichtigen DarlVertr mitverpfl hat, nichts erlangt, wenn die Bank den DarlBetr entw in bar an den Ehem ausbezahlt od auf dessen Konto überwiesen hat, über das die Frau nicht verfberecht ist (BGH NJW **82**, 2433). Ferner, wenn der Scheinvater nach erfolg Anf der Ehelichk an den Träger der SozHilfe, der dem Kind Hilfe gewährt u dessen UnterhAnspr gem § 90 BSHG auf sich übergeleitet hat, Zahlgen geleistet hat (BGH **78**, 201: BerAnspr gg den Träger der SozHilfe). Zur Ber bei Einschaltg eines Vertreters od sonst Dr s Rn 44–67. Jeder VermVort, gleich welcher Art, ist herauszugeben. Zur Berechng des VermVort s § 818 Rn 28–33 u 46–49, zur aufgedrängten Ber § 951 Rn 18–21. Die für den späteren Wegfall der Ber entwickelten Grds (insb §§ 818 III, 819) gelten entspr für die Frage, ob überh eine Ber eingetreten ist (BGH **55**, 128: BerHaftg für in Kenntn des RMangels erschlichene Flugreise; hier kann sich BerSchu nicht darauf berufen, er hätte sonst die Reise nicht unternommen; s unten Rn 28–30). Ggst der Ber kann nur eine VermMehrg sein, nicht aber ein ledigl persönl Vort, zB eine schriftl EhrenErkl (BGH **LM** Nr 6, BGH **26**, 353). – Im einz kommen als VermVort in Betr:

a) Erwerb von Rechten. Dingl wie Eigt, PfdR, auch AnwR; ferner Verbesserg od Erweiterg eines R, zB 17 Vorrangeinräumg dch zurücktretden HypGläub. Erwerb eines R an eig Sache, RGrd ist § 868 ZPO (BGH NJW **77**, 48). Persönl Rechte wie Fdgen aller Art, NutzgsR (BGH NJW **85**, 1082), Gutschr auf dem GiroKto (vgl § 675 Rn 16), sobald die Bank sie nicht mehr stornieren kann (BGH **72**, 9), VersSchutz (BGH NJW **83**, 1422), Erwerb der Mitgliedsch in einer Genossensch (BGH NJW **83**, 1420). Goodwill einer Arztpraxis (Karlsr MedR **90**, 94). Kundenstamm eines zurückzuübertragden Unternehmens, das in der Hand des BerSchu als isolierte Einh erhalten geblieben u fortgeführt worden ist (BGH BB **91**, 444). SchuldAnerk (s Rn 5–8; dort auch über VaterschAnerk), Gen eines Vertr (RG **110**, 214), Zustimmg des Eheg nach ehel GüterR (RG **171**, 83) sowie Erf u Hing an ErfStatt (zur Erf dch Dr s Rn 44–67). Anspr des Begünstigten auf Zahlg der Garantiesumme gg die Bank, wenn im ValutaVerh zum Besteller der Bankgarantie der zu sichernde Anspr nicht besteht (BGH NJW **84**, 2037: Anspr des Bestellers gg den Begünstigten auf Unterlassg, die Bankgarantie in Anspr zu nehmen).

b) Erlangung einer vorteilhaften Rechtsstellung ist ebfalls VermVort, auch wenn damit noch kein 18 RErwerb verbunden ist (RG **108**, 329). Ist zB bei einer Leistg nicht nur das kausale GrdGesch, sond auch das dingl ErfGesch unwirks, so ist eine Änd der RZustdgk u damit eine VermVerschiebg an sich nicht gegeben; dennoch kann der Empf bereits eine vermwerte Position erlangt haben. Der trotz anerkannter Fdg im SchlußVerzeichn nicht eingetragne u desh bei der Verteilg übergangene Gläub, der im Schlußtermin keine Einwdg erhoben hat, kann außerh des KonkVerf gg die bei der Verteilg berücksichtigten Gläub keinen Anspr aus ungerechf Ber geltd machen (BGH NJW **84**, 2154).

aa) Besitzerwerb, unmittelb od mittelb (BGH WM **61**, 274), nicht aber der bloßen BesDienersch, auch 19 wenn man den Bes nicht als Recht ansieht (Übbl 1, 2 vor § 854). Dies gilt jedenf, soweit die übr Vorauss des BerAnspr vorliegen, für die LeistgsKondiktion, zB für die Rückfdg der von einem GeschUnfäh übergebenen Sachen. Die EingrKondiktion ist dagg mit Rücks auf die spez BesSchutzVorschr weitgehd eingeschränkt (§ 861 Rn 12, str). Zur Wertberechng s § 818 Rn 19–25.

bb) Unrichtige Grundbucheintragung, sog Buchberechtigg (§ 891 Rn 7–9), verschafft wg des mit ihr 20 verbundenen RScheins ebenf eine vorth RStellg, weil sie die Wirkg hat, daß der eingetr Nichtberecht über das betr Recht verfügen kann. Neben dem mat wahren Berecht (§ 894) kann der Nichtberecht von demjen, der auf seine Kosten ohne RGrd die unricht Eintragg erlangt hat, Bewilligg der (Wieder)Eintragg verlangen, zB wenn ihm ein AnwR auf den Erwerb des Eigt zusteht (BGH NJW **73**, 613, § 894 Rn 18), ferner der GeschUnfäh, der als Eigtümer eines ihm nicht gehör Grdst eingetr war u das Grdst dch nichtigen Vertr aufgelassen hat. Ein solcher BerAnspr des GeschUnfäh auf Wiederherstellg seiner Buchberechtigg entfällt aber, wenn sein eingetr VertrPartner dch Vertr mit dem wirkl Eigtümer das Eigt erlangt (BGH NJW **73**, 613). Kein Anspr des eingetr Berecht, wenn es um den bloßen Rang einer Eintr geht (§ 879 Rn 8, 9). Eine vorth RStellg verschafft wg des in ihnen enth RScheins auch ein unricht ErbSch, TestVollstrZeugn, AbtrAnz (vgl § 409) sowie eine gefälschte Unterschr auf einem Wechsel (KG MDR **68**, 495: Anspr auf Streichg gg WechselInh).

cc) Die **Auflassung** eines Grdst bindet die Beteil u verschafft dem AuflEmpf jedenf bereits eine vermwer- 21 te RPostition (§ 925 Rn 19–21). Der Veräußerer kann sie unter den Vorauss des § 812 I 1 zurückverlangen, sofern nicht, wie bei einem unricht beurk Kaufpr, § 814 entggsteht. Die Vorauss des § 812 I 2 2. Fall sind erf, wenn etwa feststeht, daß die Aufl nicht zur Eintr oder die Eintr nicht zur Heilg des Mangels führt od wenn die Aufl auf ein beiders als unwirks erkanntes AustauschVerspr zu dem Zweck erklärt wurde, die GegLeistg zu erlangen u dieser Zweck nicht erreicht wird. Dieser Zweck kann auch dadch gekennzeichnet sein, daß der Leistde sein Verspr (Aufl) voll erf hat (BGH NJW **76**, 237). Da ein einseit Widerruf der Aufl unzul ist (§ 925 Rn 22), ist der BerAnspr dch AufhebgsVertr (§ 925 Rn 23) od mit Kl (RKraftWirkg des Urt gem § 894 ZPO) dchzusetzen u vorher sicherb iW der einstw Vfg dch das Verbot, von der empf Aufl zwecks Eintr Gebr zu machen. Ein entspr VfgVerbot ist vom GBA zu beachten, auch wenn der EintrAntr schon gestellt ist (KG Rpfleger **62**, 177). – Ebenso ist eine Bewilligg zur Berichtigg des GB kondizierbar, wenn das GB nicht unricht war (RG **146**, 355).

dd) Die Hinterlegung eines GeldBetr für mehrere AnsprSteller verschafft denjen, denen matrechtl der 22 ZahlgsAnspr bzw das vorrang PfdR nicht zusteht, auf Kosten des wirkl Berecht bzw vorrang PfdGl eine günst RStellg. Sie sind ihm ggü zur Einwillig in die Auszahlg bzw FreigabeErklärg verpfl (BGH NJW **72**, 1045, NJW-RR **94**, 847), mehrere mat berecht HinterleggsBeteil untereinand Zug um Zug (BGH ZIP **89**, 736), u zwar auch wenn kein HinterleggsGrd bestand (BGH WM **80**, 1383).

ee) Weitere Fälle: Irrtüml Herausg von NachlGgst aus der Verw des TestVollstr (BGH **12**, 100, **24**, 106). 23 NichtAufn eines Rechngspostens in einen Teilsplan (BGH **4**, 84) od in eine Abrechng (BGH WM **57**, 213). ZuteilgsBeschl im VerteilgsVerf nach §§ 878 ff ZPO (BGH **39**, 242). Verlust einer sicheren Erwerbsaussicht zG des Bereicherten (BGH WM **64**, 83). Letzter GewahrsInh ggü dem wahren Berecht hins einer im Strafverf beschlagnahmten Sache (Ffm NJW-RR **89**, 823). RGrdlose Erlangg der Gen zu einer befreienden SchuldÜbn (BGH WM **90**, 897). RGrdlose erlangte Dienste (BGH **111**, 308), nichtige UnterlVerpfl (Köhler AcP **190**, 496 [530]). Der vermögensr Vortl einer Stellplatzbaulast liegt darin, daß damit der zur baurechtl Zulässigk des BauVorh erforderl Nachw von Stellplätzen erbracht werden kann (BGH NJW **95**, 53).

c) Befreiung und Nichtentstehen von Verpflichtungen und Lasten, zB Beseitig von Störgen, die 24 vom NachbGrdst ausgehen u zu deren Beseitig der Nachb verpfl ist (Düss NJW **86**, 2648); grdloser SchuldErl, insb in der Form des negat SchuldAnerk (Rn 5, BGH WM **82**, 671); Gen zur befreien Schuld-Übn (BGH NJW **90**, 1662); Verz auf dingl Rechte; grdlose Befreiung von einer ErfÜbernVerpfl (BGH NJW **62**, 1051); irrtüml Entlastg eines GeschF; Tilgg von Schulden auf einem im Soll stehden Konto des Gläub, wenn die Bank des Schu den Betr dorthin überweist statt auf ein and vom Schu im ÜberweisgsAuftr angegebenes Treuhandkonto des Gläub (BGH NJW **85**, 2700); Krankentransport dch einen priv Untern

gem Auftr eines Kassenarztes befreit die ges KrankenVers uU von ihrer Verpfl zur SachLeistg (Mü NJW-
25 RR **88**, 1013). – Hierher gehören ferner die Fälle der rwirks **Leistung eines Dritten,** der in der irrigen Ann, dem Schu od dem Gläub hierzu verpfl zu sein, an den Gläub zahlt. Dabei genügt, daß der Dr die Leistg zumind auch für den wahren Schu erbringen wollte (BGH **70**, 389). Zu den Vorauss bei Erf der Schuld eines Dr s Rn 70–92; zur Frage, wer in diesem Fall BerSchuldn ist, Rn 58–62. Weitere Beisp: Befreiung von der gesetzl UnterhPfl des vermeintl Verschollenen dch Zahlg des VersorggsTrägers (BGH NJW **63**, 2315); Aufwendgen des Ehem für die Entbindg seiner erkrank Frau von einem nichtehel Kind (BGH **26**, 217); Anspr des pers Schu, der in der ZwVersteigerg seine dch bestehenbleibde GrdSch gesicherte Schuld nicht angemeldet hat, gg den Ersteher des Grdst iF der Bezahlg der pers Schuld (BGH **56**, 22); dies auch iF der TeilgsVersteigerg (BGH **64**, 170). – Tritt dch die Leistg des Dr keine Schuldbefreiung ein wie iF ges FdgsÜbergangs (vgl § 421 Rn 7, 8) u iF des § 843 IV, so entsteht kein BerAnspr des Dr gg den Schu, weil dieser nichts erlangt hat. So insbes bei UnterhLeistgen an das nichtehel Kind seitens and Pers als des Vaters (§ 1615b) u wenn nach unerl Handlg ein and als der Schädiger dem Verl Unterh gewährt (ebso Staud-Lorenz Rn 68; aA RG **138**, 1). Der Schu hat auch dann nichts erlangt, wenn die Fdg gegen ihn im Ztpkt der Erf oder der TilggsBestimmg bereits verj u er entschlossen war, die Einr der Verj zu erheben (Ffm WM **87**, 602).

26　　Bei einem **unechten Gesamtschuldverhältnis** (mehrere sind aus versch RGründen, also ohne – auch nur obj – ZweckGemsch zur selben Leistg verpfl) gilt für den AusglAnspr des Leistden, dem im InnenVerh zu den and Schu die Leistg nicht (ganz) zur Last fällt, nicht § 426; uU kann ein BerAnspr bestehen, zB der KfzHaftPflVers, die aGrd TeilgsAbk an SozVersTräger gezahlt hat, gg Schädiger, wenn ihr VersNehmer für den Unfall nicht haftet (BGH NJW **69**, 1380; aA Staud-Lorenz Rn 68); BerAnspr der HaftPflVers, die für den Unfallschaden nicht einzustehen hat, aber aGrd TeilgsAbk an den SozVersTräger des Geschäd ihre Quote bez hat, auf Erstattg gg die übr AbkSchu entspr ihrer ges Verantwortlk (BGH VersR **78**, 843). BerAnspr eines Nebentäters, der mit einer zu hohen Quote belastet wurde, gg einen and Nebentäter, wenn die Vorauss des § 426 nicht vorliegen (vgl § 840 Rn 9). Die Tendenz der Rspr geht jedoch dahin, den AnwBereich der GesSchuld auszudehnen, um § 426, der als bes RGrd einen BerAnspr ausschließt, anwenden zu können (so BGH **43**, 227, **51**, 275 für das Verh zw BauUntern u Arch; näher § 421 Rn 6–9); BGH **71**, 389 läßt insow § 426 offen u bej BerAnspr im Verh zw Bauträger u BauUntern. – BerAnspr sind ferner gegeben, wenn der RInh dch SelbstErf od ein Dr Hdlgen für den eigentl Verpfl vornehmen, soweit nicht die
27 berecht **Geschäftsführung ohne Auftrag** einen rechtl Grd für dieses Handeln u deren Vorschr daher vorgehen (vgl BGH **40**, 28); zur Bemessg des BerAnspr auf WertErs s § 818 Rn 19–25. Beisp: Erf einer Kennzeichngs- u RäumgsPfl des Schiffseigners bei einem gesunkenen Schiff dch die WasserstraßenVerw (BGH NJW **64**, 1365); Erfüllg der einem and obliegden VerkSichgPfl (BGH NJW **71**, 1218); Beseitigg von Grenzüberschreitgen (BGH **28**, 110) od einer sonst EigtStörg dch den Eigtümer (BGH BB **62**, 198); Wiederaufbau eines abgebrannten Hauses, BerAnspr gg Brandstifter (RG **82**, 206 [215]). Gursky NJW **71**, 782, der sich demggü für den Vorrang des R der Leistgsstörgen (§§ 275, 324 I) ausspricht, übersieht, daß – abgesehen von der Frage des Vertretenmüssens des Schu (hierzu § 275 Rn 23) – ein ev Freiwerden von der urspr Verpfl nach § 275 zu einem BerAusgl wg rgrdlosen Erlangens dieser Befreiung nach § 812 führt. Der RInh ist auch nicht verpfl, den Weg über § 887 ZPO zu gehen, da in einem etw RStreit aus § 812 die gleichen (Vor-)Fragen geprüft werden müssen. – Schließl fällt hierunter das rechtsgrdlose Nichtentstehen einer Verpfl od Last, die sonst entstanden sein würde, zB eines ProvAnspr, eines anderweit VergütgsAnspr sowie aller sonst Ausgaben, die ohne die nicht berecht Verhinderg angefallen wären.

28　　**d) Ersparung von Aufwendungen.** Wer eine fremde Sache od ein fremdes Recht unbefugt verbraucht, gebraucht od sonst benützt, ist ungerechtf ber, wenn er bei ordngem Vorgehen für die Benutzg Entsch hätte zahlen müssen (BGH NJW **79**, 2205, ZIP **92**, 857: unbefugte Verwertg eines Fotos; BGH **22**, 395: Reklameplakat an öff Straße; BGH **55**, 128: erschlichene Flugreise; LG Bln NJW **82**, 2782 u LG Aachen JuS **85**, 61: Strommehrverbrauch wg Vertauschg der Zuleitgen zum Zähler zweier Mieter; KG NJW-RR **92**, 1362: Benutzg des Aufzugs ohne Zahlg eines ModernisiergsZuschlages zur Miete). In diesen Fällen der EingrKondiktion (nicht § 816; s dort Rn 7) ist das „erlangte Etwas" der GebrVort, herauszugeben ist sein Verkehrswert (BGH **99**, 244). Zur WertBerechng vgl § 818 Rn 19–25. Der Einwand, der Benutzer hätte sich bei Verweigerg der ungerechtf Benutzg anderw beholfen, ist bei tats Nutzg unzul (BGH **20**, 345 [355]; krit Canaris JZ **92**, 1114). Gleiches gilt bei unberecht Nutzg von gewerbl SchutzR (BGH **99**, 244; vgl auch § 687 Rn 5–7) od des PersönlkR, zB des Namens (BGH **81**, 75), des Bildes eines and (BGH JZ **87**, 158), ferner eines Grdst für Kiesabbau unter Einsparg der für die Abräumg erfdl Kosten (BGH NJW **79**, 2036). Unbefugte Ableitg von Grdwasser von fremdem Grdst (BayObLG NJW **65**, 974). Ebso ist der Wert von Dienst- oder WkLeistgen aGrd eines nichtigen Vertr zu ersetzen, soweit der AuftrG entspr Aufw erspart hat (BGH **70**, 12 u NJW **82**, 879 für Arch; BGH NJW **64**, 2343 für Makler; BGH **36**, 321, **37**, 258 für RBeratg). – Im
29 **Arbeitsrecht** sind §§ 812ff nicht anwendb, wenn ein fakt ArbVerh (vgl Einf 29 vor § 611) besteht u zw Verleiher u Entleiher iR eines fakt ArbNÜberlassgsVerh (Hbg NJW-RR **93**, 1524). Ebso nicht bei unwirks DienstVertr mit VorstdMitgl einer AG (BGH **41**, 282). Besteht bei Weiterbeschäftigg nach Künd dch den ArbG bis zur gerichtl Feststellg ihrer Wirksamk kein fakt ArbVerh, so gelten §§ 812ff (vgl § 611 Rn 123). – Vertrlose Benutzg fremder Räume verpfl – auch über die Grenzen des § 557 hinaus (BGH **44**, 241) – zur Zahlg einer Vergütg in Höhe des ersparten Mietzinses, u zwar gleichgült, ob der Eigtümer die Räume
30 anderw hätte vermieten können. Fragl ist jedoch, ob diese Grds auch gelten, wenn ein **infolge Minderjährigkeit unwirksamer Vertrag,** insb ein KfzMietVertr (§ 107 Rn 9), Grdlage der NutzgsÜberlassg war. Unabhäng von einer etw delikt Haftg des Mj (Stgt NJW **69**, 612, Celle NJW **70**, 1850) ist bestr, ob der Mj – über den Bes am Kfz hinaus – um die aus diesem Grd rgrdlose Nutzg des Kfz ungerechtf bereichert ist. Die Spezialität der §§ 987ff (Einf 13 vor § 812) steht hier nicht entgg (vgl § 988 Rn 4, 5). Teilw wird vertr, der Mj habe keine anderw notw Ausgaben erspart u sei desh nicht bereichert (LG Bielefeld NJW **63**, 908, KG FamRZ **64**, 518, ähnl Metzler NJW **71**, 690); od der Mj sei nach Beendigg des Gebr des Kfz nicht mehr bereichert (§ 818 III), weil dann die erlangten GebrVorteile nicht mehr im Verm des Mj vorh seien (Hamm NJW **66**, 2357, Pawlowski JuS **67**, 302). Fast allg wird jedoch ein BerAnspr des KfzVermieters abgelehnt mit der Begr, eine Verpfl des Mj zum Ers des Wertes der GebrVorteile widerspreche dem in §§ 106ff enth

MjSchutz (aA zusfassd Batsch NJW **72**, 611 u NJW **69**, 1743: BerSchuldn könne jeder Rechtsfäh sein; eine verschärfte Haftg nach § 819 stehe hier nicht in Frage). Nach dieser aA würde der Umfang der bereichergsr Haftg viel – wenn auch nicht stets – der vom Ges wg Minderjährig abgelehnten vertragl Haftg gleichkommen (ebso allerd BGH **55**, 128: erschlichene Flugreise); s ferner § 819 Rn 6 zur Frage der verschärften Haftg des Mj. Zur Rückfdg der GgLeistg (Anzahlg) des Mj s § 818 Rn 49.

5) „Auf dessen Kosten". Hierunter ist zunächst zu verstehen, daß dem VermVort des Bereicherten **31** (Rn 16–30) unmittelb ein VermNachteil des Entreicherten ggüstehen muß; insow ist dieses TatbestdsMerkmal insb für BerAnspr aus EingrKondiktion (Rn 10–15) von Bedeutg (unten A). Über das sich hieraus ergebde Erfordern der Einheitlichk des BerVorgangs begrenzt es aber ferner bei der Ber „in sonstiger Weise" Ggst u Umfang des BerAnspr u bestimmt darü hinaus insb die Pers des AnsprGegners; wer BerSchuldn auf Kosten des and ist, spielt vornehml für die Leistgskondiktion (Rn 2–9) bei Einschaltg eines Dr od bei sonst Drittbeziehgen eine Rolle (unten B).

A) Vermögensnachteil. Der VermVort den auf der einen Seite muß zu einem entspr VermNachteil auf der and **32** Seite führen. Dazu genügt jede wirtsch Schlechterstellg.

a) Hauptfälle. Meist kommt hier der rwirks **Übergang** eines VermGgst von dem Benachteil auf den Bereicherten in Betr, zB Übereign, Abtretg einer Fdg, Erf einer Schu (s im einz Rn 16–30). Es ist aber nicht erforderl, daß das Erlangte schon zum Verm des Entreicherten gehörte; es genügt vielm jede den VermStand berührde Beeinträchtigg, wie dch die Wahl der Worte „auf dessen Kosten" statt „aus dessen Verm" zum Ausdruck kommt. Es genügt also die **Beeinträchtigung rechtlicher Anwartschaft** od die **Vereitelung sicherer Erwerbsaussicht,** sofern diese bereits einen RSchutz genießt u nicht nur auf bloßen Ordngs-Vorschr beruht. Beisp: Ausschlagg einer Erbsch zG einer best Pers; Anspr auf Aufl eines Grdst (RG **119**, 332 u Rn 18–22); ferner jeder schuldr Anspr auf eine Sache, eine ArbLeistg od ein R, auch für den Rang eines GrdstR; nicht aber bei versehentl FalschEintr des Rangs (§ 879 Rn 8, 9); Eingr in ein AneigngsR (RG HRR **25** Nr 1047); Hilfestellg zum VermErwerb eines and dch Unterl von KonkurrGeboten (Mü GRUR **51**, 468) sowie die unter Rn 33, 34) genannten Fälle.

b) Zurechnungszusammenhang muß bestehen zw Erlangg des VermVort u dem VermNachteil des **33** Entreicherten (BGH **36**, 332). Entsch ist nicht die Entreichrg des AnsprBerecht, sond allein die auf dessen Kosten eingetretene Ber des BerSchuldn. Der Verlust des einen braucht sich mit dem Gewinn des and weder dem Ggst (Leistg von Geld führt zur Schuldbefreig; Benutzg einer fremden Sache erspart Aufw) noch insb dem Umfang nach zu decken (KG NJW-RR **92**, 1362). Der BerAnspr kann niedriger, aber auch höher sein als der Verlust des Betroffenen (BGH **17**, 236, **36**, 332). Dies ist vor allem von Bedeut für den EingrErwerb dch ungerechtf Benutzg u Verwertg fremder Sachen u Rechte. Gebührt hier die vermr Verwertg nach der maßgebl rechtl Güterzuordng allein dem Berecht, so daß dieser sie nicht unentgeltl zu dulden braucht, so hat er gg den unbefugt Verwertden wg dessen Eingr in die RSphäre des Berecht einen BerAnspr in Höhe der übl Vergütg, zB der Lizenzgebühr für ein gewerbl SchutzR. Unerhebl ist hierfür, ob der Berecht aus tats Grden den gleichen Gewinn gezogen hätte od hätte ziehen können (and aber, wenn er hierzu aus rechtl Grd nicht in der Lage gewesen wäre, RG **105**, 408), ob der Bereichte sich ohne den Eingr anderw beholfen hätte (Rn 28–30) u ob der Berecht dch den BerVorgang auch Vort erlangt hat. Der BerAnspr ist kein SchadErs-Anspr, so daß **keine Vorteilsanrechnung** (Vorbem 119–161 vor § 249; s aber § 818 Rn 19–25) stattfindet. Er umfaßt nur die regelm zu ziehden Nutzgen; ein nur dch bes Umst, in der Sphäre des Verletzers von diesem erzielter Gewinn ist nicht auf Kosten des Berecht erlangt u daher nur unter den Voraussetzgen des § 687 II (dort Rn 5–7) herauszugeben. – **Beispiele:** Unbefugte Verwertg fremder Ausschließlichkeits- u **34** sonst gewerbl ImmaterialgüterR; auch Eingr in PersönlkR, sofern hierin eine wirtschaftl Verwertg zu sehen ist (BGH **20**, 345 [355]); Benutzg einer fremden Sache (BGH **20**, 270), insb dch unberecht Vermietg od Verpachtg (nicht § 816, s dort Rn 7). Bei unbefugter Untervermietg kann Vermieter vom Mieter aber nicht Herausg des Untermietzinses (Gewinn des Mieters), sond nur Ausgl in Höhe angemess Vergütg od ggf SchadErs verlangen (BGH NJW **64**, 1853, Mutter MDR **93**, 303; krit Diederichsen NJW **64**, 2296: entspr Anwendg von § 816 I; hiergg Larenz, SchR II, § 48 III a). Anspr des KonkVerw gg GemSch, der eine zur Masse gehörde Wohng bewohnt, auf NutzgsEntschädigg (Düss KTS **84**, 135).

B) Einheitlichkeit des Bereicherungsvorgangs. Ausgehd von der Erwägg, Ggst u Umfang der Ber zu **35** begrenzen, stellte die früher hM, auch in der Rspr, das Erfordern der Unmittelbark der VermVerschiebg zw dem Benachteil u dem Bereicherten auf (BGH **36**, 30, BGH **46**, 260, Staud-Lorenz Rn 4). Dies bedeutet, daß die VermVerschiebg nicht auf dem rechtl selbstd Umweg über ein fremdes Verm erlangt sein darf, daß vielm ein u derselbe Vorgang auf der einen Seite den Gewinn u auf der and Seite den Verlust unmittelb herbeiführen muß. Zu bedenken ist aber, daß BerGläub u Schuldn nicht mit den Pers ident zu sein brauchen, zw denen sich der VermÜbergang tats vollzogen hat (BGH BB **62**, 691), u daß eine unmittelb VermVerschiebg auch dch mittelb Zuwendg eines Dr bewirkt werden kann (unten Rn 49–57). Deshalb erleichtert bei Beteiligg mehrerer Pers das Erfordern der Einheitlichk des BerVorgangs die Bestimmg desjen, auf dessen Kosten der VermVerschiebg stattgefunden hat (MüKo/Lieb Rn 16–18). Diesem Erfordern trägt im Ergebn auch § 816 I 2 Rechng (unentgeltl, aber wirks Vfg der ZwPers als Nichtberecht). Eine echte Ausn trifft aber § 822 (dort Rn 1). Im einz ist zw den versch Arten des BerAnspr wie auch hins der Form des Zushangs der Beteil (echtes DreiecksVerh od BerKette) zu unterscheiden:

a) Bereicherung „in sonstiger Weise". – aa) Insb bei der **Eingriffskondiktion** (Rn 10–15) ist daher ein **36** BerAnspr nur gegeben, soweit derselbe Vorgang (Eingr) den VermNachteil des Entreicherten u den Vort des Bereicherten bewirkt hat. Dies ist zB der Fall bei rechtsgrdloser Verwendg fremder Sachen, Rechte od ArbKraft auf Kosten des eigentl Berecht (Rn 28–30), bei Anbau an eine Kommun-(Grenz-) Mauer (§ 921 Rn 9–11) sowie in den Fällen des RVerlusts dch Verbindg, Vermischg od Verarbeitg, insb bei Bauten auf fremdem Grdst od Einbau von fremdem Material, soweit nicht eine LeistgsKondiktion in Betr kommt (unten Rn 41–43 u § 951 Rn 2, 7–10). Hier steht der BerAnspr dem Entreicherten (bish Eigtümer) gg den Begünstigten (neuer Eigtümer) zu. Dagg besteht mangels einheitl BerVorgangs kein BerAnspr gg den

Ersteher eines Grdst, wenn der Entreicherte vor der ZwVerst Einbauten vornahm, da auf seine Kosten nicht der Erwerber des Grdst, sondern nur der früh GrdstEigtümer das Eigt an den Einbauten erlangt hat (RG **97**, 65). Ebso kann der Ersteher eines Grdst in der ZwVerst den wg falscher Berechng des Bargebots zu viel an das VollstrG bezahlten Betr nach Verteilg des Erlöses nicht v letztrang befriedigten GrdPfdGl als ungerechtf Ber herausverlangen (BGH **68**, 276). Bei einer unerl Hdlg sind alle an ihr Beteil unmittelb auf Kosten des Verl bereichert, auch wenn sie ihren Anteil an der Beute erst inf Verteilg dch den Haupttäter erlangt haben. Pilger u Preusche NJW **74**, 2308 stellen zur Debatte, inwieweit SchleichWerbg bei Fernseh- Übertraggen Anspr der FernsehAnst gg die werbde Firma aus EingrKondiktion begründen kann (abl MüKo/Lieb Rn 223: BerAnspr gg den Veranstalter). Bei EingrErwerb dch Hdlg eines GeschUnfäh besteht ebenf ein unmittelb BerAnspr gg den Begünstigten, da der Ggst nicht in das Verm des GeschUnfäh übergegangen war (RG **51**, 80). Zum Durchgriff gg den Drittbegünst in sonst Fällen s unten Rn 44–67. Zum Ers von Verwendgen s Vorbem 2 vor § 994; zur aufgedrängten Ber in diesen Fällen § 951 Rn 18–21.

37   **bb) Unberechtigte Eingriffe in das Vermögen Dritter im Wege der Zwangsvollstreckung** gehören ebenf hierher (Einzelh: Lüke AcP **153**, 533). Währd das BGB an Stelle Vfgen auf dem Gebiet der ZwVollstr den rgeschäftl Vfgen gleichstellt (zB §§ 135, 161 je I S 2, 184 II, 883 II S 2 ua), fehlt in § 816 I eine entspr Vorschr. Da der GerVollz keine privrechtl Vfgen trifft, sond das Eigt an der Sache dch Zuschlag bzw am Erlös dch Verteilg kr staatl HohAkts auf den Erwerber bzw PfändgsGläub übergeht (BGH **55**, 20 [25]) u der PfändgsGläub unabhäng davon, ob in diesem Fall ein PfändgsPfdR entsteht (hierzu Th-P § 804 ZPO Rn 4), nicht mit Hilfe des GerVollz als Nichtberecht über das Vermögen des Dr verfügt, ist auf den vorliegden Fall nicht § 816, sond § 812 I 1 (EingrErwerb) anzuwenden (ebso Staud-Lorenz Rn 27, Erm-Westermann Rn 74, Soergel-Mühl Rn 152). Das Gleiche gilt für eine ZwVollstr im Ausland bei inländ Konkurs (BGH **88**, 147: Herausg an KonkVerw; zust Grunsky JZ **83**, 902).

38   **Versteigerungserlös.** Der Dr (DrEigtümer) ist dch Auszahl des VerstErlöses an den VollstrGläub unmittelb entreichert, wenn ein ihm gehörder Ggst iW der ZwVollstr ihm rechtswirks entzogen worden ist. Zwar ist in diesen Fällen der ZuschlBeschl rechtswirks u inf der in der hoheitl Maßn liegden Güterverschiebg auch rechtsbeständ, so daß kein BerAnspr gg den Ersteher gegeben ist (RG **138**, 125); das Recht des Dr setzt sich zunächst am Erlös fort (§ 1247 S 2). Dch denselben einheitl Vorgang (Auszahlg des Erlöses an den Gläub) verliert aber der Dr endgült sein Recht, er kann desh den **Versteigerungserlös vom Gläubiger herausverlangen** (BGH **32**, 240). Hat der VollstrGläub selbst die schufremde Sache ersteigert u ist der VerstErlös mit der titulierten Fdg verrechnet worden, so ist der Gläub rgrdlos von der BarzahlgsPfl unmittelb auf Kosten des Eigtümers der Sache, dem der VerstErlös gebührt hätte, befreit (§ 817 IV 1 ZPO); dieser kann desh vom Gläub gem § 818 II WertErs in Höhe des VerstErlöses unter Abzug der VerstKosten verlangen (BGH **100**, 95). Böhm, Unger, ZwVollstr u mat AusglAnspr, 1971 meint, im Hinbl auf die der RechtskrKraft" u in Übereinstimmg mit der öffrechtl Betrachtgsw der ZwVollstr, dch die ein ger LeistgsBefehl dchgesetzt werde, gebe es keine matrechtl AusglAnspr. Diese Auffassg ist schon desh verfehlt, weil das ZwVollstrR nicht die Aufg einer endgült GüterVerteilg u einer Betätigg staatl HohWillen hat (so zutr Gaul AcP **173**, 323). Dies gilt auch dann, wenn der Dr trotz Kenntn von der ZwVollstr sein Recht nicht währd des VollstrVerf nach § 771 ZPO, § 37 Nr 5 ZVG od nach § 805 ZPO (zB bei einem vorrang PfdR) geltd gemacht hat (RG **119**, 265). Auf den guten Gl des Gläub kommt es nicht an; ist dieser jedoch bösgl, so bestehen daneben ggf Anspr aus §§ 687 II, 823 ff (RG **156**, 395 [400]). Ausgeschl sind solche Ausgl- u SchadErsAnspr im Hinbl auf entggstehde Rechtskr nur, falls eine auf den gleichen Sachverhalt gestützte VollstrGg- od DrWidersprKl rechtskr abgewiesen ist (BGH **LM** § 322 ZPO Nr 27).

39   Da das den BerAnspr auslösde Moment die Auszahlg des Erlöses an den Gläub ist, hat dieser den vollen Erlös herauszugeben, allerd auch soweit er den Wert der Sache übersteigt, allerd **abzüglich der Kosten der Zwangsvollstreckung,** da nur in diesem vermind Umfang eine ungerechtf Ber des Gläub auf Kosten des bish Berecht besteht (BGH **32**, 240). Das gilt auch bei Einzieh einer nicht im Verm des Schu befindl GeldFdg aGrd Pfändgs- u ÜberweisgsBeschl (BGH **66**, 150, **82**, 28). Die aA (Mü WM **75**, 281 mwN) ist unzutr, weil die VollstrKosten keine Aufw ggü einem Dr – sie wären nicht abzugsfäh –, sond Ausgaben im Hinbl auf die betr VollstrGgst sind (Soergel-Mühl Rn 155, s § 818 Rn 42, 43). Soweit der Abzug der VollstrKosten den VollstrGläub von seiner subsidiären Kostenhaftg ggü der Staatskasse befreit, fehlt es an einem einheitl BerVorgang u damit an einer Ber auf Kosten des Dr. – Das gleiche (also Herausg des Nettoerlöses, nicht des Ggst selbst) gilt, wenn der Gläub den gepfändeten Ggst selbst versteigert od nach § 825 ZPO überweisen läßt (Lüke AcP **153**, 544, v Gerkan MDR **62**, 784). Bei nur teilw Verst schuldnerfremder Sachen ist Ggst der Ber der entspr Erlösanteil, der notf entspr § 471 zu bestimmen ist. Dem BerAnspr kann grdsätzl auch nicht der Wegfall der Ber entggehalten werden, da der urspr Anspr des Gläub gg den VollstrSchu trotz § 819 ZPO fortbesteht (Lüke aaO S 538).

40   **Kein Bereicherungsanspruch** besteht jedoch, wenn das Recht des Dr selbst nach AnfG anfechtb war (RG **162**, 218) od wenn die ZwVollstr nicht in schuldnfremdes Verm od ein vorrang Recht eingreift, zB bei Verletzg des § 811 ZPO (StJ Münzberg Rn 22) od bei unricht Berechng des MindGebots nach § 817a ZPO (Mü NJW **59**, 1832).

41   **b) Bei der Leistungskondiktion** (Rn 2–9) besteht ein BerAnspr grdsätzl nur innerh des LeistgsVerh; der Leistde kann sich zum Ausgl einer ungerechtf VermVerschiebg nur an den LeistgsEmpf, nicht an einen Dr halten. Im Rahmen einer mögl Leistgskondiktion reduziert daher das Erfordern der Einheitlichk des BerVorgangs den BerAusgl grdsätzl ausschließl auf die Partner des LeistgsVerh (BGH **40**, 272, **48**, 70, **50**, 227). Die Pers des Leistden u des LeistgsEmpf bestimmen sich danach in erster Linie nach den tatsächl Zweckvorstellgen des LeistgsEmpf u des Zuwendden im Ztpkt der Leistg (BGH NJW **93**, 1578). Zahlt eine Bank ohne Weisg des Kreditnehmers einen DarlBetr an eine UnfallhilfeGesellsch, mit der der Kreditnehmer nicht in vertragl Beziehgen steht, so ist nicht dieser, sond die Gesellsch LeistgsEmpf (BGH JZ **76**, 479). Überweist jmd Geld auf das gemeins Konto zweier 2 Pers unter Hinw auf einen KontoInh bestehde Schuld-Verh, so hat er nur diesem ggü einen BerAnspr (BGH NJW **93**, 1914). Der DrittSchu, der bei mehreren Pfdgs- u ÜberweisgsBeschl an den nachrang VollstrGläub bezahlt u an den vorrang nochmal zahlen muß, kann vom nachrang die Zahlg zurückfordern, weil ihr Zweck erkennb auch die Erledigg seines in Wahrh

nicht bestehdn EinziehgsR war (BGH **82**, 28); ebso bei Zahlg des DrittSchu an VollstrGläub aGrd eines Pfdgs- u ÜberweisgsBeschl, dem zeitl eine Abtr vorausgeht. Leistder u damit AnsprBerecht ist demnach nur der unmittelb od mittelb über einen Dr (zB dch Anweisg, s unten Rn 49–57) Zuwendende. Wer dies ist, unterliegt bei Beteiligg mehrerer Pers zunächst der ZweckbestimmgsVereinbg der Parteien. – Sonst ent- 42 scheidet der sog **Empfängerhorizont,** dh wenn die ZweckVorstellgn der Beteil über Inhalt u Ggst der Leistgsbeziehg nicht übereinstimmen, entscheidet nicht der innere Wille des die Leistg tats Erbringen. Maßg ist vielm, als wessen Leistg – ggf auch der tatsächl Leistde und der Schu (BGH **72**, 246) – sich die Zuwendg bei obj BetrachtgsWeise aus der Sicht des ZuwendgsEmpf unter Berücksichtigg der Gesichts-punkte des Vertrauensschutzes u der Risikoverteilg darstellt (BGH NJW **74**, 1132, NJW **93**, 1578; zust Nicolai JZ **93**, 1118; vgl auch § 951 Rn 4); str, aA zB Flume JZ **62**, 281: BerAnspr des die Leistg tats Erbringdn gg den LeistgsEmpf; auch Weitnauer NJW **79**, 2008, Picker NJW **74**, 1790: Nicht der EmpfHo-rizont sei maßg für die Frage, wer Leistder ist, sond der zum Ausdr gekommene rgeschäftl Wille des Zuwendden bei der Zuwendg, wie er nach allg AusleggsGrds zu verstehen sei; krit auch Kupisch ZIP **83**, 1412 [1416]; differenziert auch Hamm MDR **75**, 53: Bei fehlendem SchutzBedürfn des LeistgsEmpf ent-scheide allein der ZuordngsWille des Leistdn; das ist allenf für einen geäußerten, nicht für den inneren Willen vertretb. Wieling JZ **77**, 291 meint, MißVerständn über die Pers des Leistdn sei als WillErkl zum Nachteil dessen auszulegen, dem der störde Umst zuzurechnen ist, also regelm dem Leistdn. Ist er dem Empf zuzurechnen, gelte die Leistg so, wie sie gemeint war; ist er keinem od beiden zuzurechnen, so sei eine wirks Erkl, um wessen Leistg es sich handle, nicht abgegeben u der tats Leistde könne die ZweckBest nachträgl treffen. Differenzierd auch Lopau JuS **75**, 773. Ein AnhaltsPkt für die obj Erkennbark der Pers des Leistden kann im Einzelfall sein, zw welchen Pers die Abrechng vorgen werden sollte. LeistgsEmpf u damit BerSchu ist derj, dessen Verm dch die Zuwendg zweckgerichtet vermehrt worden ist (BGH NJW **61**, 1461: TrHänder). Zur Leistg an mehrere Empf s Einf 29 vor § 812. Bei Leistg an GesHand vgl unten Rn 66.

Vorrang der Leistungskondiktion. Soweit der Zuwendde die VermVerschieb zur Erf einer bestehdn 43 od angen LeistgsVerpfl erbracht hat, kommt grdsätzl daneben kein Anspr aus Ber in sonst Weise, insb aus EingrKondiktion in Betr. Baut also zB ein Handw Material des Lieferanten aGrd eines WerkVertr auf dem Grdst des Bauherrn ein, so hat der Lieferant, der dch den Einbau sein Eigt verliert, keinen BerAnspr aus EingrKondiktion gg den Bauherrn; er kann sich vielm nur iR seiner Leistgsbeziehg an seinen VertrPartner (Handw) halten (BGH **56**, 228 [240], DB **91**, 21). Entspr gilt, wenn der Handw auf Veranlassg eines BauUntern eig Material einbaut; hier hat er den Einbau nur aGrd seiner RBeziehg zum BauUntern vorgen, als dessen Leistg seiners sich der Einbau vom StandPkt des Bauherrn aus darstellt. Ist hier die Leistgsbeziehg zw Handw u BauUntern fehlerh od hat dieser keine entspr Vollm des Bauherrn, so kann der Handw nur die Leistgskondiktion gg den BauUntern, nicht aber daneben einen BerAnspr aus EingrKondiktion gg den Bauherrn geltd machen (ebso im Erg BGH **36**, 30; näher § 951 Rn 6). Ein unmittelb BerAnspr aus Ein-grKondiktion kommt daher in einem derart Fall nur dann in Frage, wenn die VermVerschiebg nicht eine Leistg des Verlierdn (wenn auch über einen Dr) bezweckte, zB bei widerrechtl Einbau von dessen Eigt, das diesem abhgek war (näher § 951 Rn 6, 8, 9).

c) Drittbeziehungen bei der Leistungskondiktion (eingeh Wilhelm JZ **94**, 585) will Kellmann (JR **44** **88**, 97) sehr einf mit der Feststell lösen, ob der Dr ErfGeh des Schu ist od nicht; wenn ja, kondiziert er beim Schu, wenn nein beim Gläub; irrige Vorstellgn über die Gehilfensch sollen in entspr Anwendg der Vorschr über die Vollm entschieden werden. Nach Lehre u Rspr gilt unter Berücksichtigg der Grds in den vorstehen-den Anm im einz folgendes:

aa) Bereicherungskette. Hat der Empf einer Leistg den VermGgst aGrd selbstd RGesch an einen Dr **45** weitergegeben, so besteht ein BerAnspr grdsätzl nur in dem LeistgsVerh, das des rechtl Grdes für die erbrachte Leistg entbehrt; ein unmittelb Durchgriff des urspr RInh gg den nunmehr Berecht ist regelm ausgeschl (s aber zur Frage des sog Doppelmangels beider KausalVerh unten Rn 63–65). Eine Ausn von diesem Grds enth insb § 822: Entfällt die Ber des LeistgsEmpf inf unentgeltl Weitergabe des VermGgst an einen Dr, so hat der urspr RInh gg ihn unmittelb einen BerAnspr, obwohl der Dr die Leistg mit RGrd u nicht dch den gleichen Vorgang erhalten hat (s dort Rn 1). – **Beispiele:** Vermietet der Besitzer unbefugt eine fremde Sache an einen Dr, so hat der Eigtümer gg diesen keinen BerAnspr; denn die VermVerschiebg vollzog sich unmittelb nur zw dem Besitzer u dem Dr (über Anspr gg den Besitzer s Rn 33). Ein Gastwirt, der fremde Arbeiter verköstigt, kann mangels rechtl Verpfl des ArbGebers nicht von diesem Ers seiner Auf-wendgen verlangen (RG **106**, 386). Auch kein unmittelb BerAnspr des GesellschGläub gg den Gter einer GmbH, auch nach deren Liquidation (RG **92**, 77), gg Ehefr bei Bereicherg des Gesamtguts (BGH NJW **57**, 1635) od des Bauherrn gg Architekt, der vom BauUntern selbstd Auftr erhalten hat (BGH JZ **62**, 404). Wer gem § 124 BauGB aGrd einer Verpfl der Gemeinde ggü die Erschließg von Baugelände übernommen hat, kann vom Eigtümer eines zum ErschließgsGebiet gehör Grdst seinen anteil Ers seiner ErschließgsAufw verlangen, weil die Leistg mit RGrd an die Gemeinde erbracht ist (BGH **61**, 359). – Dagg ist beim finanzier-ten AbzKauf auf Wechsel bei Nichtigk des KaufVertr u des rechtl hiermit zuhängd DarlVertr auch die finanzierde Bank, der der Verk die von ihm ausgestellten u indossierten Wechsel übergeben hat, unmittelb auf Kosten des Käufers u Akzeptanten bereichert (BGH BB **62**, 691). Zur RLage bei Tilgg fremder Schulden s unten Rn 58–62.

bb) Zwischenperson. Ein unmittelb BerAnspr des urspr Berecht gg den nunmehr Inh des VermGgst ist **46** aber gegeben, wenn das Verm der ZwPers, die die Zuwendg vermittelt hat, dch die Leistg nicht berührt worden ist. Hat die ZwPers nur als **Bote** od **unmittelbarer Stellvertreter** eine Leistg erbracht, so ist die Zuwendg als Leistg des Vertretenen anzusehen, dem desh der BerAnspr gg den LeistgsEmpf zusteht (BGH NJW **61**, 1461). Bei Leistg an einen Boten od Vertr ist umgekehrt der wirks (Ffm WM **86**, 99) Vertretene AnsprGegner (RG **79**, 285). Das gleiche gilt für die übl Zahlgsvermittlg im Bank- u PostVerk; desgl bei der Übereign an den, den es angeht, sofern mit diesem auch das KausalGesch abgeschl worden ist (sonst besteht LeistgsVerh mit der ZwPers), da es sich auch hierbei um einen Fall der unmittelb Stellvertretg handelt (§ 929 Rn 23). Voraussetzg ist aber stets, daß der Bote od Vertr nicht (zugleich) im eig Namen gehandelt hat; in diesem Fall ist (auch) er Subj des BerAnspr (BGH WM **65**, 124). Hat der Vertr keine ausr

Vollm, so schließt der Anspr aus § 179 gg den vollmachtl Vertr einen BerAnspr des Leistden gg den Empf grdsätzl nicht aus (Hamm MDR **75**, 488); an einem einheitl BerVorgang auf Kosten der Leistden fehlt es jedoch, wenn der Empf seiners aGrd wirks Vertrags mit dem Vertr einen Anspr auf das Geleistete hat u diesem zur GgLeistg verpfl ist (BGH **36**, 30; krit hierzu Berg NJW **62**, 101, Flume JZ **62**, 280; hiergg BGH **40**, 272).

47   **Kein einheitlicher Bereicherungsvorgang** auch dann, wenn die ZwPers zwar nur im wirtsch Interesse des eigentl GeschHerrn gehandelt u bewußt dessen VermErwerb vermittelt, dabei aber als **mittelbarer Stellvertreter** die Leistg im eig Namen erbracht od empf hat (Köln VersR **95**, 108). Erwirbt deshalb jemand als Kommissionär einen Ggst u überträgt er ihn dch bes Zuwendgsakt an den Empf, so besteht, da diese Übertr das Verm der ZwPers berührt hat, ein BerAnspr bei Fehlen des rechtl Grd nur in dem jeweil LeistgsVerh (Leistder – K, K – Empf), nicht aber unmittelb vom Leistden gg den Empf. Entspr richtet sich der BerAnspr idR nur gg den – selbstd dazwtretenden – **Treuhänder,** nicht unmittelb gg den TreuGeb (BGH NJW **61**, 1461). Ein einheitl BerVorgang fehlt auch in allen idr Fällen, in denen die ZwPers zwar nur als **Strohmann,** aber im eig Namen aufgetreten ist; AnsprBerecht ist hier nicht der wirtschaftl interessierte Hintermann, sond nur der Strohmann (BGH WM **95**, 189). – Hat der Bü trotz nicht bestehder Hauptschuld an den Gläub bezahlt u beim **Rückbürgen** Regreß genommen, so hat dieser keinen BerAnspr gg den Gl

48   (Karlsr WM **95**, 445). – Ebso wie bei der EingrKondiktion besteht **dagegen** bei Leistg an einen **Geschäfts- unfähigen** ein unmittelb BerAnspr des Leistden gg den Empf, wenn der GeschUnfäh diesem den VermGgst weiter übertr hat. Das Verm des GeschUnfäh ist näml zu seinem Schutz – abgesehen vom Bes (hier nur stufenw Kondiktion) – als von der Leistg überh nicht berührt anzusehen. Es liegt desh auch nicht der übl Fall des Doppelmangels (unten Rn 63–65) vor (Staud-Lorenz Rn 51).

49   **cc) Dreipersonenverhältnis.** Hier vermittelt ein Dritter insb mittels **Anweisung, Auftrag, Vertrag zugunsten Dritter,** die Zuwendg des Leistden für dessen Rechng an den Empf. Die mögl Fallgestaltg ist hier nach dem zweckgerichteten Willen u der Vereinbg der Parteien so mannigf, so daß sich eine generelle Typisierg verbietet (BGH NJW **77**, 38); über die Pers des Leistden u des LeistgsEmpf im DreiecksVerh, insb bei Fehlvorstellgen der Beteil s oben Rn 41–43. Allen Fällen der vorliegden Art ist jedoch gemeins, daß zw der angewiesenen ZwPers Z u dem LeistgsEmpf E keine RBez bestehen. Ein notw BerAusgl kann innerh

50   von 2 LeistgsVerh in Frage kommen (BGH ZIP **94**, 1098): Im **Deckungsverhältnis** erbringt die ZwPers Z, meist eine Bank, dch Ausf des Auftr (Überweisg) eine Leistg an den anweisden Schu S (KontoInh). Im

51   **Valutaverhältnis** erbringt S eine geschuldete Leistg an den ÜberweisgsEmpf E. Bei Z gleichen sich beide Wertbeweggen (Übermittlg der Leistg des S an E; ErstattgsAnspr des Z gg S) aus; die Einheitlichk des BerVorgangs dch den ZuwendgsAkt der ZwPers ist, wenn auch dch einen Umweg über deren Verm, gewahrt (BGH **50**, 227). Auch beim echten Vertr zG Dr bestehen diese beiden LeistgsVerh, näml das DeckgsVerh zw dem Versprechden (Z) u dem VersprechensEmpf sowie das ZuwendgsVerh zw dem VersprechensEmpf u dem fdgsberecht Dritten (E). ZusFassg des MeingsStandes Hadding, Der BerAusgleich beim Vertr zu Rechten Dr, 1970; Kupisch, BankAnw u BerAusgl, WM **79**, Sonderbeilage 3; Canaris, BerAusgl im bargeldl ZahlgsVerk, WM **80**, 354. Hassold, Die Leistg im DreipersonenVerh 1981; Reuter/ Martinek, ungerechtf Ber, 1983 S 387 ff; Krumm, Anspr des Kreditinstituts bei fehlerh Ausf von (An)Weisgen des Kunden im ZahlgsVerk, WM **90**, 1609).

52   Fehlt es in einem dieser beiden RVerh an einem die Zuwendg rechtfertigden Grd, so findet der **Bereiche- rungsausgleich grundsätzlich nur zwischen den an diesem Verhältnis beteiligten Personen,** nicht aber zw dem die Leistg tats Erbringden u dem Empf statt (BGH WM **67**, 482). – **Fehlerhaftes Deckungs- verhältnis, Ausgleich zwischen Angewiesenem und Anweisendem.** Vermittelt die ZwPers Z für Rechng des Schu S die Leistg an Empf E in der irr Ann, daß S hierzu aus irgdeinem RGrd verpfl zu sein, so hat Z einen BerAnspr nur gg S, nicht gg E, zu dem ein LeistgsVerh nicht bestand (BGH NJW **62**, 1051). Das gleiche gilt, wenn das DeckgsVerh erst nach der Leistg an E angefochten od sonst aufgeh worden od wenn S dch die VermVerschieb des Z von seiner Verpfl, einen Dr von einer Verbindlichk freizuhalten, befreit worden ist (BGH **5**, 281). Ebso BerAnspr der Bank (Zahlstelle, Angewiesene) nur gg ihren Kunden (Schu, Anweiser), nicht gg den AnweisgsEmpf (Gläub), wenn sie irrtüml den vom Gläub vorgelegten Scheck einlöst, obwohl der AusSt (Kunde, Anweisder) ihn der Bank ggü widerrufen hatte u wenn der Empf (Gläub) vom Widerruf nichts wußte (BGH **61**, 289). Ebso iF des Widerrufs eines ÜberweisgsAuftr, wenn dem Empf (Gläub) die Überweisg zur Erf eines Anspr angekündigt war u er den Widerruf nicht kannte (BGH **87**, 246; krit Lieb JZ **83**, 960, Kupisch ZIP **83**, 1412). BerAnspr der angewiesenen Bank gg ihren Kunden (anweisder Schu) wenn sie aGrd eines widerrufenen DauerAuftr weiterüberweist u der Empf den Widerruf nicht kannte (BGH NJW **84**, 1348); dasselbe gilt bei Änderg des DauerAuftr (BGH **89**, 376). In diesen Fällen erscheint dem Empf die Leistg als solche des Schu, der Fehler liegt im DeckgsVerhältn. Zahlt der Kreditgeber weisgsgem das Darl an den Dr aus, ist iF der Nichtigk des DarlVertr der DarlN zur Rückzahlg verpfl, er muß sich so behandeln lassen, als habe zunächst er die Leistg empfangen u dann selbst an den Dr weitergeleitet (Hamm WM **86**, 1216). BerAnspr nach Widerruf finanzierten AbzahlgsKaufs vgl Einf 12. Löst die Bank (Angewiesener, ZwPers Z) Schecks der UnfallhilfeGesellsch (Anweisder, Schuldner S) ggü ScheckInh (Gl des Kfz-Halters E) ein, so ist bei Nichtigk der zGrde liegden Vertr (Unfallhelferring vgl § 675 Rn 18) die Gesellsch auf Kosten der Bank (DeckgsVerhältn) u der Kfz-Halter E auf Kosten der UnfallhilfeGesellsch (ValutaVerhältn) dch Befreiung v Schulden unger ber (BGH NJW **77**, 38). Eine nicht von beiden Inh eines GemschKontos veranlaßte Überweisg von dem Konto hat für die KontoInh einen Anspr gg die Bank auf Rückgängigmachg der BelastgsBuchg, keinen Anspr auf Rückzahlg gg den Empf zur

52a   Folge (BGH WM **80**, 438). – **Fehlerhaftes Deckungsverhältnis, Ausgleich zwischen Angewiesenem und Empfänger.** Führt die Bank eine wg GeschUnfgk des Anweisders nichtige Anw aus, so handelt es sich nicht um eine Leistg des vorrang zu schützden GeschUnfäh. Der Bank steht nicht gg ihn, sondern gg den LeistgsEmpf ein BerAnspr zu (BGH **111**, 382). Ebso bei Leistg aGrd einer Anw eines Vertr ohne Vertretgs- Macht (Düss WM **93**, 1327). Ebso, wenn die Bank leistet, ohne überh dazu angewiesen zu sein (BGH BB **90**, 1443: gefälschter ÜberweisgsAuftr); bei kollusivem ZusSpiel zw BankAngest u Empf kann zusätzl ein SchadErsAnspr des belasteten KontoInh, aber kein BerAnspr in Frage kommen (BGH ZIP **94**, 1098; § 826

Rn 52). Die Bank (Angewiesener Z), die einen vom Aussteller (Anweiser S) nicht unterschriebenen Scheck einlöst, kann vom Empf (Gläub E), wenn er die fehlde Unterzeichng kannte, die Herausg verlangen (BGH **66**, 362); ebso wenn die angewiesene Bank versehentl den zehnf Betr überweist u der Empf von diesem Versehen überzeugt sein muß (BGH NJW **87**, 185, Anm Canaris JZ **87**, 199, Flume NJW **87**, 635, Meyer-Cording NJW **87**, 940; ebso Hbg WM **82**, 249, Mü NJW- RR **88**, 1391). Die Auszahlg des DarlBetr an eine UnfallhilfeGesellsch ohne Weisg des Kreditnehmers (Kfz- Halter) u ohne daß dieser mit der Gesellsch in vertragl Beziehgen steht, ist eine Leistg der Bank an die Gesellsch, nicht an den Kreditnehmer (BGH NJW **77**, 38). Ebso steht bei Einlösg eines erkennb formungült Schecks (fehlde WährgsAngabe) der bezogenen Bank ein unmittelb BerAnspr gg den Einreicher des Schecks zu (Köln WM **84**, 728). In diesen Fällen erscheint aus der Sicht des Empf die Leistg nicht als solche des Schu. Ebso wenn der Angewiesene (Z) im eig Namen für Rechng des Schu (Anweiser S) einen best GeldBetr in der irr Annahme, er habe die Verbindlichk noch nicht beglichen, ein weiteres Mal überweist (Hbg NJW **83**, 1499). Ebso hat die Bank, die entgg ihr erteilter Anweisg Geld an einen falschen Empf überweist, einen unmittelb BerAnspr gg diesen, wenn er weiß, daß die Anweisg nicht auf ihn lautete (BGH **66**, 372). Endl besteht bei fehlerh DeckgsVerh zw Angewiesenem u Anweisdem ein unmittelb BerAnspr des Angewiesenen gg den Empf, wenn dieser nach der mit dem Anweisdem im ValutaVerh getroffenen Regelg die Leistg unentgeltl erhalten hat u in der Pers des Anweisden die Vorauss der §§ 818 IV, 819 nicht vorliegen (BGH **88**, 232). Ebso hat die Bank, die einen auf ihren Kunden gezogenen, von diesem angen u bei ihr zahlb gestellten Wechsel einlöst, nachdem über das Verm des Kunden das KonkVerf eröffnet worden ist, wie der Empf der Zahlg weiß, gg diesen einen unmittelb BerAnspr (BGH **67**, 75). Ebso hat eine Bank, die aGrd einer ihr erteilten, vom Anweisden wirks widerrufenen Anweisg (Scheck) Geld an den Empf auszahlt od überweist, einen unmittelb BerAnspr gg den Empf, wenn dieser bei Empfang der Zahlg den Widerruf der Anweisg kannte (BGH **87**, 393 krit Lieb JZ **83**, 960, Kupisch ZIP **83**, 1412). Sucht die Bank nach irrtüml Zahlg an den Empf den BerAusgl bei ihrem Kunden (Anweisder), so trifft ihn die BewLast dafür, daß der Empf den Widerruf der Zahlg kannte, und nicht die Bank für das GgTeil (BGH aaO). Zahlt die KaskoVers des Geschädigten auf dessen Anweisg die RepKosten an den WerkstattUntern, obwohl die HaftpflVers des Schädigers dies auf Weisg des Geschädigten bereits getan hatte, u kannte der Untern beide Anweisgen, so ist die Anweisg an die KaskoVers dch Zweckerreichg erloschen u diese kann vom Untern die Rückzahlg verlangen (Celle MDR **86**, 410). – Für die Zahlg mittels **Lastschriftverfahren** (§ 675 Rn 13–19) gelten berrechtl die gleichen Grds wie für den ÜberweisgsVerk **53** (BGH **69**, 186, Canaris, BerAusgl im bargeldl ZahlgsVerk, WM **80**, 354). Die Bank des Schu (Zahlstelle) erbringt mit ihrer Zahlg (Abbuchg, LastSchr) zugl eine Leistg an ihren Kunden aus dem BankVertr (DeckgsVerh) u eine solche des Schu an den Gl (ValutaVerh). War keine Einzugsermächtigg dch den Schu erteilt od erfaßt sie, äußerl erkennb, den ZahlgsVorgang nicht (Hamm WM **91**, 670), so beurt sich die RFolge, wie wenn von vornherein kein ÜberweisgsAuftr erteilt war, dh die Zahlg der SchuBank ist keine Leistg ihres Kunden (des Schu) an den ZahlgsEmpf (ValutaVerh), weil er sie nicht veranlaßt hat; desh ist sie auch keine Leistg der SchuBank an ihren Kunden im DeckgsVerh. Also kann der Kunde (Schu) von seiner Bank verlangen, die Belastg rückgäng zu machen (BGH **69**, 186), die SchuBank kann Rückzahlg verlangen vom Gl (Empf der GutSchr), der weiß, daß die EinzugsErmächtigg fehlt, bzw von der GlBank (1. Inkassostelle), die ihrers das Kto des Gläub belastet. Hat die SchuBank in solchem Falle die GläubBank rückbelastet u macht diese wg unberecht Rückbelastg gg die SchuBank einen Anspr aus ungerechtf Ber geltd, so handelt es sich um Leistgskondiktion; also trägt die GläubBank die BewLast dafür, daß die Lastschrift bereits vor ihrer Rückgabe eingelöst war u nicht mehr hätte zurückgegeben werden dürfen (BGH NJW **83**, 220; vgl § 675 Rn 13ff). – Auch bei **Direktauflassung** eines Grdst nicht an den Käufer, sond an den **54** weiteren Erwerber, findet der BerAusgl nur im DeckgsVerhältn statt (RG HRR **32** Nr. 511: BerAnspr des Verk bei Unwirksamk des KaufVertr nur gg ersten Käufer). – Beim **Vertrag zugunsten Dritter** ist die **55** Zuwendg des Versprechden in ihrer Zweckrichtg häuf sowohl auf eine Leistg des Versprechden (ZwPers) an den VersprEmpf im DeckgsVerh als auch auf eine Leistg des VersprEmpf im fdgsher Dr im ZuwendgsVerh gerichtet, so zB, wenn der Vertr zG Dr der sog abgekürzten Leistg dient. Bei fehlerh DeckgsVerh zw Versprechdem u VersprEmpf hat grdsätzl der Versprechde einen BerAnspr nur gg den VersprEmpf; so die überwiegde Meing (vgl Peters AcP **173**, 71ff). Die Zuwendg des Versprechden an den Dr kann aber in ihrer Zweckrichtg auch nur auf eine Leistg an diesen gerichtet sein u desh allein im DeckgsVerh ihren rechtl Grd haben, so zB in sog VersorggsVertr des § 330 od wenn entgg § 335 das FdgsR gg den Versprechden ausschl dem Dr zustehen soll (BGH **58**, 184 mit krit Anm Canaris NJW **72**, 1196). In diesen Fällen richtet sich der BerAnspr des Versprechden nicht gg den VersprEmpf, der selbst kein FdgsR auf die Leistg hatte, sond gg den Dr.

Fehlerhaftes Valutaverhältnis. Der BerAusgl findet zw AuftrGeber (Schu S) u LeistgsEmpf (E) statt. **56** Vermittelt die ZwPers (Z) für Rechnung des S die Leistg an E, so steht, falls für das KausalGesch zw S u E der rechtl Grd fehlt, ein BerAnspr nur dem S, nicht aber dem die VermVerschiebg tats vornehmden Z zu, dessen Verm im Ergebnis nicht vermind ist. Entsch ist, welchen Zweck die Beteil mit der Leistg verfolgt haben (BGH **50**, 227). So besteht ein unmittelb BerAnspr des die Leistg tats erbringden Z dann, wenn dieser nicht für Rechng des AuftrGebers S, od ohne dessen Weisg od nach dem Empf bekanntem Widerruf der Weisg (s Rn 52) an den LeistgsEmpf E gezahlt hat, wenn die Leistg an den Empf (E) mit einem best, doch die Leistg nicht erreichten Leistgszweck verbunden war (näher Rn 86–92). – Entspr gilt bei Beteiligg von **mehr 57 als 3 Personen:** Übermittelt ZwPers Z für Rechng des Schu S die Leistg an Empf E, ist aber nicht S, sond C zur Leistg verpfl u dessen Schuld nunm erf, so hat S einen BerAnspr gg C (RG **163**, 21 [34]), E ist aus dem ValutaVerh zum Empf der Leistg berecht; Z u C nicht entreichert. Hat ein Versprechder aGrd eines unwirks Vertr mit dem VersprEmpf den Gläub eines Dr befriedigt, so hat er einen BerAnspr weder gg den Gläub des Dr noch gg den Dr selbst, sond nur gg den VersprEmpf (BGH JZ **62**, 671).

dd) Tilgung fremder Schulden. Die unter Rn 49–57 entwickelten Grds gelten entspr für die mittelb **58** Leistg dch Zuwendg an einen Dritten, insb für die Tilgg fremder Schulden. Sie ist wg der andersart Fallgestaltg von den unter Rn 49–57 genannten Beisp der Leistg dch einen Dr zu unterscheiden. Da es sich hier jedoch gleichf um Fälle der LeistgsKondiktion im DreiecksVerh handelt, bedarf es zu ihrer bereichergsrechtl Abwicklg nicht der Konstruktion eines im Ges nicht vorgesehenen Sondertatbestds der sog Rückgriffskondiktion (aA Kunisch, Die Vorausetzgen für BerAnspr in DreiecksVerh, 1968, S 43 ff); auch diese Drittbeziehgen lassen sich vielm mit den allg Grds der Leistgskondiktion lösen.

59 Im einz gilt folgdes: Ein SchuldVerh kann regelm auch dadch erf werden, daß ein Dr die Leistg für den Schu bewirkt (§§ 267, 362 I); auch hier findet neben der tats Zuwendg (Dr – Gläub) die für echte Dreiecks-Verh typ doppelte Wertbewegg zw Schu u Dr (DeckgsVerh) sowie zw Gläub u Schu (ValutaVerh) statt. Ein BerAusgl kommt gleichf grdsätzl nur in dem LeistgsVerh in Betr, dem der rechtl Grd fehlt. – Ist das

60 **Deckungsverhältnis mangelhaft,** leistet insb der Dr in der irr Ann, dem Schu hierzu verpfl zu sein, an den Gläub, dessen Fdg gg den Schu hierdch erlischt, so besteht ein BerAnspr des Dr gü dem Schu (BGH **43**, 1 [11]), sofern aus seinem RVerh zum Schu nicht ein and, dem BerAnspr vorgehder (Einf 12–14 vor § 812) Leistgs- od RückgrAnspr besteht. Insow kommen insb ein ges FdgsÜberg (bei § 267 nicht generell, sond nur dort, wo dies ges vorgesehen ist, zB nach § 1615b od § 67 VVG), ein Anspr aus GoA (BGH **47**, 370 [375]) od ein sonst AusglAnspr (BGH **31**, 329), vor allem aus einem echten GesSchuldVerh zw Schu u Dr nach § 426 in Betr; zum Ausgl bei unechtem GesSchuldVerh s Rn 26. Fälle eines mangelh DeckgsVerh sind vor allem Leistgen des Versicherers an den Geschädigten trotz LeistgsFreih ggü dem VersN = Schu (BGH VersR **64**, 474, Düss NJW **66**, 738, Köln MDR **66**, 847) sowie Erbringg von UnterhLeistgen dch einen Dr anstelle des eigentl Schu (BGH **26**, 217; vgl aber BGH **46**, 319). Nicht erforderl ist, daß der Dr die Fdg des Gläub im Interesse des Schu erf u ihm hierdch etwas zuwenden will; ein BerAnspr (str, ob dann aGrd EingrErwerbs) gg den Schu besteht zB auch dann, wenn der Dr für eine vom Schu auf Abz u unter EV gekaufte Sache, die noch dem Gläub gehört, die letzten Raten an den Gläub bezahlt, um ohne dessen Intervention die ZwVollstr in die Sache durchf zu können (hierzu § 929 Rn 39). Ebso besteht ein BerAnspr des Dr gg den Schu – nicht gg den Gläub (BGH NJW **74**, 1132) –, wenn der Dr an den Gläub Waren in der irr Meing geliefert hat, dem Gläub dazu verpfl zu sein, weil der Schu den KaufVertr als sein Vertreter in seinem Namen abgeschl habe, währd der Gläub bei Empfang der Ware annimmt u nach den Umst annehmen darf, es handle sich um eine Leistg des Schu a Grd im eig Namen geschl KaufVertr, wobei sich der Schu des Dr ledigl zur Erf seiner Verpfl bedient; es handelt sich, aus der Sicht des ZuwendgsEmpf = Gläub (vgl Rn 41–43; aA Weitnauer NJW **74**, 1729, Picker NJW **74**, 1790), um die geschuldete Leistg des Verk, im Verh Dr – Gläub ist der Dr nicht Leistder, wohl aber erfüllt er irrig u ohne RGrd die Liefergs- Schuld des Schu. –

61 Ist das **Valutaverhältnis mangelhaft,** bestand also in Wahrh keine Verpfl des Schu ggü dem Gläub, so ist dieser auf Kosten des leistden Dr bereichert; so wenn die HaftpflVers ohne Bestehen einer eig Verpfl ggü dem Gläub an diesen eine vermeintliche, in Wahrh nicht bestehde Schuld ihres VersN bezahlt (BGH **113**, 62; Besprechg Martinek JZ **91**, 395, Canaris NJW **92**, 868). Dagg ist der Gläub auf Kosten des Schu, nicht des zur Erf der angebl Schuld leistden Dr dann ungerecht bereichert, wenn der Dr inf des dem Gläub Zugewendeten wirks eine eig Schuld ggü dem Schu getilgt od eine entspr Fdg gg ihn begründet hat. Der BerAusgl hat desh in diesem Fall, soweit der Anspr nicht nach § 814 ausgeschl ist, zw Schu u Gläub zu erfolgen (aA Lorenz JuS **68**, 445: BerAnspr des Dr, weil Leistgszweck – SchuldErf – nicht erreicht ist; die dort genannten Entsch betreffen aber meist die Unwirksam beider KausalVerh; s hierzu unten Rn 63). Zur Verj dieses BerAnspr s Einf 24 vor § 812.

62 Vorauss für das Entstehen eines echten DreiecksVerh ist jedoch stets, daß der Dr mit dem **Willen** leistet, die **Verpflichtung des Schuldners zu tilgen** (§ 267 Rn 4). Fehlt gegen ein solcher Wille, leistet der Dr also oRücks auf den wahren Schu, insb in der unzutr Ann, selbst dem Gläub ggü hierzu verpfl zu sein, was iZw vor allem bei der Erf von UnterhVerpfl anzunehmen ist (BGH **46**, 319), so wird der Schu dch diese Zahlg von seiner Schuld nicht befreit; der Dr (PutativSchu) hat daher mangels VermVerschiebg zw ihm u dem Schu keinen BerAnspr gg den Schu (hM, zB Soergel-Mühl Rn 123). Es besteht vielm, sofern nicht auch hier ein anderw Ausgl, zB dch einen ges FdgsÜberg, vorgesehen ist, grdsätzl ein BerAnspr des Dr gg den Gläub, der unmittelb auf Kosten des Dr eine ihm nicht zustehende Leistg erlangt hat. Bsp: Im Falle der Vertauschg der Stromzähler zweier Mieter inf fehlerh Anschlusses besteht nach Zahlg der Stromrechngen kein BereichergsAnspr zw den Mietern (KG NJW **85**, 1714). Dem Dr, der rechtsirrig eine nichtbestehende eig Schuld erfüllen wollte, ist jedoch – jedenf iR des § 242 – das Recht einzuräumen, auch noch nachträgl zu erkl, er wolle seine Leistg für den eigentl Schu erbracht haben. Dch diesen Verz auf einen BerAnspr gg den Gläub wird dessen Fdg ggü dem Schu erfüllt u der BerAnspr des Dr gg den Schu eröffnet (BGH NJW **86**, 2700).

63 **ee) Doppelmangel.** Sowohl bei der Leistgskondiktion (im echten DreiecksVerh u bei der BerKette) wie bei ihrem Zustreffen mit der EingrKondiktion können auch beide KausalVerh fehlerh sein. Baut also der Handwerker H auf Veranlassg des BauUntern U beim GrdstEigtümer E eig Material ein u ist sowohl die RBeziehg H–U wie U–E rechtsunwirks od ist zB bei Leistg an einen Dr weder eine Anweisg vorh (DeckgsVerh) noch der Gläub dem Schu ggü zur EmpfNahme des Geleisteten berecht (ValutaVerh), so ließ die früher hM den unmittelb **Durchgriff** des Handelnden bzw des die Leistg Erbringenden gg den Empf zu

64 (BGH **5**, 281, **36**, 30). Gg diese sog **Einheitskondiktion** wurden jedoch im Schrifttum zunehmd Bedenken geäußert (zB von Caemmerer JZ **62**, 388, Berg NJW **62**, 101 u JuS **64**, 137, Larenz SchR II § 68 III b, Staud-Lorenz Rn 54, Müko/Lieb Rn 37 ff): Die Zulassg des Durchgr widerspreche dem Grds des BerR, wonach die Abwicklg stets nur in dem fehlerh RVerh selbst vorzunehmen sei; die EingrKondiktion sei ggü der Leistgskondiktion subsidiär (Rn 2–9 u 41–43), so daß nur eine Rückabwicklg über die jew, wenn auch fehlerh Leistgsbeziehgen (H–U, U–E) in Betr komme (vgl § 951 Rn 6); insb aber würden bei einem Durchgr sowohl Einwendgen des Empf gg die ZwPers wie deren GgRechte gg den Leistden abgeschnitten (Höhe des jew BerAnspr, Saldo: vgl § 818 Rn 28–33). Der BGH (BGH **48**, 70; hierzu Westermann JuS **68**, 17; Lorenz JZ **68**, 51; Mühl NJW **68**, 1868) hat vor allem die letztgenannte Erwäg für "beachtl" erkl, die Streitfrage jedoch nicht abschließd entsch, weil der letzte der "BerKette" (richtiger: Der LeistgsEmpf im DreiecksVerh) seinem Vormann (ZwPers) aGrd Vertr zur Rückgewähr des vom Dr Zugewendeten verpfl war, mithin ein

65 unmittelb BerAnspr des Dr gg den Empf vor vornherein ausschied. – Die **Doppelkondiktion,** dh der Angewiesene u tats Leistde hat einen BerAnspr nur gg den Angewisen auf Abtretg von dessen BerAnspr gg den LeistgsEmpf (BGH NJW **89**, 2879), kann nicht allein damit verneint werden, der Angewiesene habe bei Unwirksam beider KausalVerh nichts auf Kosten des Anweisden erlangt, wesh hier stets ein Durchgr gg

den Empf in Betr komme. Dies trifft näml nicht zu, wenn dadch dem die Leistg tats Erbringden gg den Empf ein unmittelb BerAnspr zustände, den er andernf (dh ggü der ZwPers) nicht od nicht in diesem Umfang hätte; er ist dann zumind um die „Einrede-"freih (mangelnde Saldierg usw) seines AusglAnspr unmittelb auf Kosten der ZwPers bereichert. In allen and Fällen, in denen eine Beeinträchtigg der Rechte des Empf wie der ZwPers nicht in Frage steht, kann man jedoch aus prakt Erwäggen unter Zurücksetzg dogmat Bedenken den unmittelb Durchgr gg den Empf – ebso wie bei der Einschaltg als ZwPers (s oben Rn 46–48) – zulassen (ähnl Enn-Lehmann, SchR, § 221 III 1 b, auch Soergel-Mühl Rn 89, 90 mwN; offengelassen BGH NJW **89**, 2879). – Die für den Doppelmangel entwickelten Grds gelten entspr, wenn das DeckgsVerh fehlerh u ein ValutaVerh entw überh nicht vorh ist od die Zuwendg in diesem Verh unentgeltl ist (MüKo/Lieb Rn 43).

ff) Ist eine **Gesamthand** ohne RGrd bereichert, erhebt sich die Frage, ob jeder Beteil auf den vollen Betr **66** od nur anteil auf das haftet, was er erhalten hat. Für die oHG gibt § 128 HGB die Antwort, bei der BGB-G ist die Frage umstr; vgl § 718 Rn 8, § 818 Rn 32.

gg) Abtretung, Fremdversicherung. Bei Zahlg auf eine abgetretene, in Wahrh nicht bestehde Fdg **67** richtet sich der RückzahlgsAnspr des PutativSchu, wenn nicht im EinzFall ausnahmsw Grde für eine DurchgrHaftg des AbtrEmpf bestehen, gegen den Zedenten, weil der Schu idR mit der Leistg an den Zessionar auch aus dessen Sicht seine vermeintl Schuld an den Zedenten begleichen will (BGH **105**, 365, **122**, 46, MüKo/Lieb Rn 121, Staud- Lorenz Rn 41, Erm-Westermann Rn 36; aA Soergel-Mühl Rn 129, Dörner NJW **90**, 473, Bayer JuS **90**, 883: Anspr gg den AbtrEmpf). Eine Überzahlg auf eine iü bestehde Fdg kann der Schu dann vom AbtrEmpf zurückverlangen, wenn dieser ohne Zutun des Zedenten auf Zahlung gedrängt hat (BGH NJW **89**, 161). Wer in der irr Annahme, eine Fdg sei dch Abtr od in and Weise übergegangen, an den vermeintl Erwerber der Fdg leistet, kann das Geleistete von diesem zurückverlangen (BGH **113**, 62). Krit u differenzierend zur BerHaftg in Zessionsfällen Kohler WM **89**, 1629). – Ebso richtet sich der BerAnspr der KaskoVers, die in Unkenntnis eines leistgsbefreienden Tatbestd (fingierter Diebstahl) an den fremdversicherten LeasingG bezahlt hat, gg ihren VersN u LeasingN, weil Vers u Fremdversicherter übereinstimmd davon ausgegangen sind, daß der Vers mit der Zahlg ihre Verbindlk aus dem VersVertr ggü ihrem VersN erfüllen wollte (BGH NJW **93**, 1578, zust Nicolai JZ **93**, 1118).

6) „Ohne rechtlichen Grund". Voraus eines jeden Anspr aus ungerechtf Ber ist das Fehlen eines die **68** VermVerschiebg **objektiv** rechtf Grdes (BGH **LM** Nr 33); aA weitgeh das Schrifttum (Nachw MüKo/Lieb Rn 137), das den RGrund im Hinbl auf den mit der Leistg bezweckten Erfolg subj sieht (eingehd Kupisch NJW **85**, 2370, der zw beiden Auffassgen nur einen verbalen Unterschied sieht). Das Ges enth keine ausdr Best, wann eine Ber ungerechtf ist; es stellt ledigl den späteren Wegfall des rechtl Grdes u den Nichteintritt des mit der Leistg nach dem Inh des RGesch bezweckten Erfolges dem urspr Fehlen des rechtl Grdes gleich. Da § 812 keinen einheitl BerTatbestd enth, läßt sich auch keine einheitl Formel für das Vorliegen od Fehlen des die VermVerschiebg rechtf Grdes aufstellen. Aus den Grdgedanken des BerR heraus (vgl Einf 1, 2) ist vielmehr unter Berücksichtigg des grdsätzl Unterschieds zw der Leistgskondiktion u der Ber „in sonst Weise", insb der EingrKondiktion, **in jedem Einzelfall gesondert** zu entsch, ob ein die **69** VermVerschiebg rechtf Grd vorh ist. – Generell ist zu sagen: Obwohl die BerAnspr in ihrer Ausgestaltg als BilligkR bes unter dem Grds von Treu und Gl im RVerkehr stehen, genügen allg BilligkErwäggen allein nicht, um einen RErwerb als nicht gerechtf anzusehen. Abzustellen ist vielm darauf, ob die RÄnderg, auch wenn sie aGrd ges Vorschr zu einer formalen VermVerschiebg führt, vom GesGeber als mat gerechtf gewollt ist, ob das Ges eine endgült Neuordng der Güterlage herbeiführen will, dh mit der ges Vorschr zugl einen RGrd für das Behaltendürfen bereitstellt (BGH NJW **81**, 1601). Ein solcher RGrd besteht, wenn trotz der Unwirksamk des urspr Grdes, aGrd dessen geleistet worden ist, daneben ein and gült VerpflGrd besteht, der die VermVerschiebg rechtf. Daher kann zB der Verkäufer, wenn der Käufer den KaufVertr wirks angefochten hat die vom Käufer gezogenen Nutzgen u sonst GebrVorteile der Sache trotz § 818 I, II insow nicht herausverlangen, als der Verk einen entspr MehrBetr wg seiner SchadErsVerpfl aus unerl Hdlg wieder ersetzen müßte; der Anspr auf SchadErs ist der RGrd für das Behaltendürfen der Differenz zw dem Wert der Ber u dem GgAnspr des Berecht auf SchadErs (BGH NJW **62**, 1909 u WM **76**, 1307 [1310]). § 868 ist der RGrd für den Erwerb des R an eig Sache (BGH NJW **77**, 48). Bei Nichtigk des Vertr kann berecht GoA RGrd sein (Einf 1 vor § 677). § 91 III 2 ZVG ist kein rfertigder Grd für das Erlöschen der DarlFdg, sowie bei der Erlösverteilg ausgefallen wäre, wenn der persgleiche HypGläub u Ersteher die einseit Erkl gem § 91 II ZVG abgibt (BGH NJW **81**, 1601). Einstweil AO einer UnterhZahlg nach § 620 Nr 4, 6 ZPO od Vergl in diesem Verf ist kein RGrund, soweit sie über Bestand u Höhe des matrechtl UnterhAnspr hinausgeht (BGH NJW **84**, 2095, NJW-RR **91**, 1154). Ob der rechtf Grd fehlt, beurt sich allein nach dem Verh zw dem Benachteil u dem Bereicherten, gleichgült ob dieser im Verh zu einem od einen Anspr auf den VermErwerb hat (BGH WM **67**, 484). Eine öffrechtl Baulast zu Lasten des Eigtümers ist als solche kein RGrund für den Begünstigten zur privrechtl Nutzg (BGH **88**, 97 u **94**, 160: Garagenzufahrt). Zur RLage bei Drittbeziehgen, insb zur Frage, wer bei BerAnspr BerAnsprGegner ist, vgl Rn 35. Über Fehlen u Wegfall der GeschGrdlage s unten Rn 86–92 u § 242 Rn 110–170. RGrd kann SchenkgsVerspr sein (vgl § 816 Rn 13–19 u § 822 Rn 6). LeihVertr kann der RGrund sein, wenn der Schwiegersohn im eig Interesse Räume im Hause der Schwiegermutter als Wohng für seine Familie ausbaut (BGH NJW **85**, 313). Welcher der nachfolg erörterten Fälle der Ber vorliegt, ist – abgesehen von der Frage des rechtl Grdes – auch für die Anwendg der Vorschr der §§ 813–815 von Bedeutg.

A) Ungerechtfertigte Bereicherung durch die Leistung eines anderen (Rn 2–9). Hier ist zwar für **70** die VermVerschiebg ein RGrd im obj Sinn vorh, aber in irgdeiner Weise fehlerh. Da die Leistg eine zweckgerichtete Zuwendg ist, kommt als ein die VermVerschiebg rechtf Grd in erster Linie jede ZweckVereinbg zw Leistdem u LeistgsEmpf in Betr. – Die **Nichterreichung des vereinbarten Zwecks** löst daher als Mangel des rechtl Grdes den BerAnspr aus (BGH **50**, 227). Hierfür genügt jeder Zweck, der nach dem Willen der Beteil für die Leistg maßg sein sollte, sofern er nicht gg ein gesetzl Verbot od gg die guten Sitten verstößt (§ 817 Rn 13–25). Handelt es sich um eine vertragl Verpfl, so liegt in ihr regelm der RGrd.

Als solcher genügt auch eine Gefälligk sowie die Erf einer sittl od AnstandsPfl, soweit diese nicht nur BewegGrd (Motiv) der Leistg war. Auch die ehel oder eheähnl LebensGemsch kann RGrd sein (Ffm FamRZ **71**, 646: kein ErstattgsAnspr für Aufw iR eheähnl ZusLebens zw Verlobten, wenn eine Ehe nicht zustkommt; Saarbr NJW **79**, 2050: ebso bei ZusLeben ohne Ehe; Celle FamRZ **91**, 948: nach Ehescheidg). Vgl auch Rn 91, 92. Eine Leistg ist dem Empf immer dann ohne rechtf Grd zugewendet, wenn sie ihm nach den Vorstellgen der Beteil, insb nach den zugrdeliegden schuldrechtl Beziehgen nicht (endgült) zusteht. Regelm handelt es sich darum, die RWirkgen des abstr ErfGesch rückgäng zu machen. Im einz gehören hierher:

71 **a) Fehlen einer gültigen Kausalvereinbarung** (condictio sine causa). Ist das ErfGesch ausnahmsw trotz seiner grdsätzl selbstd, abstr Natur (Übbl 19–22 vor § 104) gleichf unwirks, zB wg Verstoßes gg ein ges Verbot od gg die guten Sitten, so kommt ein BerAnspr nur wg des auf den Empf übergegangenen Bes od einer sonst von ihm erlangten vorteilh RStellg in Betr (Rn 18); im übr bestehen VindikationsAnspr, zB aus dem beim Leistden verbliebenen Eigt. **Bei wirksamem Erfüllungsgeschäft** fehlt ein RGrd für die Leistg, wenn das ihr zugrdeliegde RGesch aus irgdeinem Grd von Anfang an nichtig od sonst unwirks war, zB bei Erf eines formungült Vertr; bei Grdst ist aber die Möglichk einer Heilg nach § 313 S 2 zu beachten (vgl auch Rn 21 über die Kondiktion einer Aufl); Übertr eines Erbteils aGrd nichtigen ErbschKaufs (RG **137**, 177); wirks Leistg, zB nach § 107 an einen nicht voll Geschfäh; Leistg aGrd eines schwebd unwirks Vertr in Unkenntn der Unwirksamk (BGH **65**, 123); Zahlg von Leasingraten, obwohl dem LeasingVertr wg Wandelg des KaufVertr zw LeasingG und Lieferant von Anfang an die GeschGrdl fehlt (BGH **109**, 139). Hierher gehören ferner die Fälle der Nichteinigg der Beteil über die Zweckbestimmg der Leistg: Die eine Part leistet zwecks DarlHingabe, die and nimmt die Leistg als Schenkg an; Abtretg einer Hyp als Kaution an Dr, der SchuldErf annimmt (RG **87**, 41); Leistg auf einen best, vom Leistden irrig unterstellten Vertr zw ihm u dem LeistgsEmpf (RG **98**, 64; s aber zur Pers des Leistden aus der Sicht der ZuwendgsEmpf bei Beteiligg mehrerer Pers BGH **40**, 272 u Rn 41–43). Einen RGrd für die Leistg kann auch ein unanfechtb VA einer Beh darstellen (Nürnb VersR **69**, 454 für AnerkenngsBescheid des Amtes für VerteidiggsLasten). – Liegt eine wirks ZweckVereinbg der Beteil vor, so besteht ein BerAnspr immer dann, wenn die Leistg den vereinb Zweck aus irgdeinem Grd nicht erreicht, zB Rückfdg eines Kredits, den die Bank ohne Anweisg statt an den DarlNehmer unmittelb an die WohngsBauG ausbezahlt hat (BGH **50**, 227; hierzu Ehmann NJW **69**, 398, Lorenz JZ **69**, 148; abl Pfister JR **69**, 47). Erteilt der Schu entspr getroffener Vereinbg seiner Bank ÜberweisgsAuftr auf ein best Treuhandkonto des Gl u überweist die SchuBank auf ein und im Soll stehdes Konto des Gl, so hat die Überweisg ihren TilggsZweck verfehlt u ist ohne RGrd geleistet (BGH NJW **85**, 2700).

72 **b) Leistungen zum Zwecke der Erfüllung einer Verbindlichkeit, die in Wirklichkeit nicht besteht.** Die Beteil müssen darü einig sein, daß zum Zwecke der Erf einer best Schuld geleistet wird, gleichgült, ob sie von Anfang an nicht bestanden hat od zZ der Leistg erloschen war, ob die Verbindlichk gesetzl od vertragl begründet, schuldrechtl od dingl Art ist, sofern die Rückfdg nicht gesetzl ausgeschl ist; üb unvollk Verbindlichk s §§ 656, 762 ff. Der Leistg auf eine Nichtschuld steht gleich, wenn die Schuld zwar bestand, aber in Wahrh nicht der Leistde verpfl od nicht der Empf ansprberecht war. Vorauss für einen direkten BerAnspr des Leistden gg den Empf ist aber stets, daß der Leistde sich selbst irrtüml als Schuldn od den Empf als den berecht Gläub angesehen u daß der Empf die Leistg auch so verstanden hat (BGH NJW **74**, 1132, WeitnauerDB **85**, 2496 [2499]; aA zum Empf-Horizont, Picker NJW **74**, 1790). Erbringt dagg jemand als Dr die Leistg in der irr Ann, dem Schuldn od dem wirkl Gläub hierzu verpfl zu sein, so besteht bei Vorliegen der sonst AnsprVorauss ein BerAnspr nur ggü diesem Pers (näher Rn 58–62); zur wirks Leistg an einen Nichtbercht s § 816 Rn 20. – Der Erf einer Nichtschuld steht die Erf **73** eines Anspr gleich, dem eine **dauernde Einrede** – mit Ausn der Verj – entggsteht, § 813 I. Als Leistg auf eine Nichtschuld gilt ferner die Erf einer aufschiebd bdgten Verbindlichk vor Eintritt der Bdgg; and bei vorzeit Erf einer betagten Schuld, § 813 II. Für die Kondiktion einer Leistg auf eine Nichtschuld ist es unerhebl, ob der Irrt des Leistden entschuldb od unentschuldb, tats od rechtl Natur ist (BGH **37**, 363 [371]). Wird ein and Ggst als der geschuldete geleistet, so liegt gleichf die Erf einer Nichtschuld vor (BGH **7**, 123), dem Gläub steht jedoch ggü dem BerAnspr des Schu regelm ein ZbR nach § 273 zu. Zur Rückfdg eines SchuldAnerk s Rn 5–8. Zur Beweislast bei Erf einer in Wirklichk nicht bestehden Verbindlichk, insb hins Kenntn des Leistden, Leistg unter Vorbeh, s Rn 104 u § 814 Rn 10, 11. Ausschl der Rückfdg iF des § 814.

74 **Beispiele:** Freigabe von Ggst aus der Verwaltg des TestVollstr in der irr Ann, dem Erben ggü hierzu verpfl zu sein (BGH **12**, 100, **24**, 106). Zahlgen aGrd eines in Wirklich nicht zustandegek DarlVertr. Prov-Zahlg des Bauherrn für nicht in Anspr genommene FinanziergsVermittlg (Mü DB **82**, 1003). LöschgsBewilligg, ohne daß Verpfl hierzu bestand. Vorrangeinräumg zur Erf eines nicht bestehden BerichtiggsAnspr. Vereinbg einer höheren Miete als nach WerkfördergsVertr zuläss (BGH NJW **67**, 2260). Zahlg dch KonkVerw an KonkGläub in der irr Ann einer Masseschuld od an MasseGläub bei nicht vorhand Masse. Zahlg dch VerglVerw über die Quote hinaus (BGH **71**, 309). Zahlg des vollen Unterh dch den UmgangsBerecht für das Kind nach geschied Ehe während einer mehrwöch Ferienreise mit ihm (KG FamRZ **79**, 327). Leistg von Unterh aGrd einer matrechtl unricht einstw Anordng (BGH NJW **84**, 2095) od an geschiedenen Eheg für die Zeit nach Wirksamk des VersAusgl, sow der UnterhBerecht aGrd des dchgeführten VersAusgl einen RentenAnspr erlangt hat (BGH **83**, 278). Leistg eines HaftPflVers an den Geschädigten trotz bestehder LeistgsFreih (Hamm NJW-RR **94**, 291) od an SozVersTräger aGrd irrig angen TeilgsAbk (BGH VersR **69**, 1141). Leistg auf eine Verbindlichk, die rechtswirks nicht eingegangen werden konnte. – Nicht hierher gehört versehentl Wechseleinlösg ohne Deckg (BGH JR **70**, 463).

75 **c) Späterer Wegfall des Rechtsgrundes.** Hier war im Ztpkt der Leistg ein RGrd vorh, der mit der Leistg verfolgte Zweck ist jedoch nachträgl endgült weggefallen. Der bloß vorübergehde Wegfall des RGrdes reicht dagg hierfür nicht ebsowenig aus wie die Unübersichtlichk der künft Entwicklg (BGH **LM** § 527 Nr 1). Der Grd des Wegfalls ist grdsätzl unerhebl, soweit nicht für den speziellen Fall eine Sonderregelg vorgesehen ist. Die §§ 814, 815 gelten für diesen BerFall nicht. Hins der Voraussetzgen einer verschärften BerHaftg, wenn der Wegfall des RGrdes als mögl angesehen wird, s § 820 I 2. Im einz kommen in Betr:

aa) Eintritt einer auflösenden Bedingung od eines **Endtermins** (BGH MDR **59**, 658), Vertragsauf- 76 hebg. Ebso bei allen ihrer Natur nach nur **vorläufigen Leistungen,** soweit nicht ein unter Rn 86–92 einzureihder Fall gegeben ist (zB bei Vorschüssen) od das Ges SonderVorschr enthält, zB für die Rückg der Draufgabe (§ 337 II), des Schuldscheins (§ 371) od des HypBriefs (§ 1144) sowie für die Rückfdg einer Vorleistg beim ggs Vertr, bei dem die Unmöglichk der GgLeistg von keiner Seite zu vertreten ist (§ 323 III). Ebso Rückfdg der VersSumme nach Wiedererlangg der gestohlenen Sachen. Hierunter fällt auch der Anspr auf Rückg der Leistg aGrd eines rechtskr, aber im WiederAufnVerf beseit Titels, Gaul JuS **62**, 1 [12]), währd für die ungerechtf ZwVollstr aus einem VorbehUrt od aus einem nur vorl vollstr Urt in §§ 302 IV, 600 II, 717 II ZPO eine bes SchadErsPfl vorgesehen ist. BerAnspr nur bei ZwVollstr aus vorl vollstr Urt des OLG, § 717 III ZPO.

bb) Willenserklärung einer Partei kann der RGrund wegfallen lassen, währd eine nachträgl GesÄnd 77 regelm den RGrd für eine bisher gerechtf Leistg noch nicht wegfallen läßt (RG **126**, 226). **Anfechtung** des Kausal- u ggf auch des ErfGesch (Rn 18–23) werden vielf auch wg der in § 142 I vorgesehenen Rückwirkg als BerAnspr nach Rn 71 angesehen. Abgesehen davon aber, daß die Rückwirkg nicht unbeschr gilt (vgl § 611 Rn 22, 23, § 705 Rn 10–12), hat der RGrd für die Leistg tats bis zur Erkl der Anf bestanden. Beiden Teilen stehen BerAnspr zu (zum Saldo s § 818 Rn 28–33 u 46–49), gleichgült wer die Anf erkl hat; doch sind § 142 II (Kenntn) u § 144 (Bestätigg, zB bei Leistg in Kenntn der Anf) zu beachten (vgl ferner § 813 Rn 4 u § 814 Rn 3, 4). Wer aber selbst die Anf wg argl Täuschg verurs hat, kann wg § 242 idR als Ber nicht mehr verlangen, als ihm aGrd des angefochtenen Vertr zustehen würde (BGH **LM** § 123 Nr 22). Über die ggf konkurrierden Anspr aus unerl Hdlg s Einf 10 vor § 812. – Für den **Rücktritt vom Vertrag** gelten hins des 78 Anspr auf Rückgewähr sowohl beim vertragl vorbeh Rücktr wie beim Rücktr wg einer vom Gegner zu vertr Unmöglichk der Leistg (§ 327 S 1) od inf GewlAnspr (Wandelg) beim Kauf- od WerkVertr (§§ 467, 634, 636) grdsätzl die eine schärfere Haftg anordnden §§ 346 ff. Doch tritt nach § 327 S 2 stets dann BerHaftg ein, wenn der Rückgewährpflichtige den Rücktr nicht zu vertr hat, gleichviel von wem die RücktrErkl ausgeht (BGH **53**, 144; vgl § 327 Rn 2, 3). Gilt entspr für and gesetzl RücktrR. – Desh BerAnspr bei Rücktr aus § 242 wg weggefallener od völl **veränderter Geschäftsgrundlage** (vgl § 242 Rn 110–170), zB bei 79 Überlassg eines Hauses an Genossen, wenn die Mitgliedsch in der GenossenschaftsGeschGrdlage war u der Genosse ausscheidet (RG **147**, 201; vgl aber Ffm NJW **67**, 984). – Entspr (dh § 347 bei Versch des Rückgewährpflichtigen, sonst BerAnspr wg Wegfalls des RGrdes) gilt für die – ggf anteil (Ffm MDR **84**, 230) – Rückzahlg von Vorausleistgen bei **Kündigung von Dauerschuldverhältnissen,** zB § 628 I 3 nach außer- 80 ord Künd eines Dienst- od ArbeitsVertr od § 557 a I für die Rückzahlg vorausbezahlten Mietzinses. Darü hinaus ist ein BerAnspr des Mieters wg spät Wegfalls des RGrdes auch in allen and Fällen der **vorzeitigen Auflösung des Mietvertrages** denkb, insb bei verlorenen od noch nicht abgewohnten BaukZusch (BGH **29**, 289) sowie bei sonst Aufbauleistgen des Mieters (BGH NJW **67**, 2255; vgl hierzu § 557 Rn 4, 5 u insb Einf 80–93 vor § 535; zum Umfang des Anspr § 818 Rn 19–25; zur Verj § 558 Rn 2). Unter Rn 86–88 ist der Fall nur einzuordnen, wenn der Mieter dch die Leistg einen bes Erfolg (zB langfrist MietVertr) bezweckte (BGH **LM** Nr. 41). Auch schließt bei Vorenthaltg der Mietsache dch den Mieter § 557 I einen weitergehden BerAnspr nicht aus (BGH BB **67**, 857 u Einf 11). – Bei der **vorzeitiger Rückzahlung des Restdar-** 81 **lehens** ist iZw das **Disagio** als laufzeitabhäng Ausgl für einen niedrigeren Normalzins anzusehen u deshalb anteil an den DarlN zurückzuerstatten (BGH **111**, 289), wobei dem ErstattgsBetr idR nicht die GesLaufZt des Darl, sond nur die Zt zugrde zu legen ist, für die ein fester Zins vereinb ist (BGH NJW **95**, 2778). Das gilt auch iF der Künd nach § 609 a (aA Köln WM **92**, 1023) u auch dann, wenn der DarlVertr eine vorzeit Künd vorsieht u eine ZinsAnpassgsKlausel zG des DarlG enthält (BGH NJW **93**, 3257). VerjFr 30 Jahre (BGH aaO), auch für den Anspr auf Herausg der aus dem rgrundl einbehaltenen Betr gezogenen Nutzgen (Düss NJW-RR **95**, 313). Ggteil Auslegg (laufzeitunabhäng DarlNebenkosten) bei vorzeit Rückzahlg öff Förderkredite (BGH NJW **94**, 47). – Ferner **Widerruf vollzogener Schenkung** nach §§ 530, 531 II sowie endgült Wegfall des RGrdes bei der Zweckschenkg (BGH **LM** 527 Nr 1), währd sich die Rückfdg bei NichtErf einer Auflage nach § 527 richtet (BGH aaO). – Verweigert der **Konkursverwalter** nach § 17 KO 82 die Erf eines zweiseit, noch nicht erfüllten Vertr, so steht ihm hins des vom GemSchu bereits erbrachten Leistgen ggü der KonkFdg des Gegners aus § 26 S 2 KO ein BerAnspr wg spät Wegfalls des RGrdes insow zu, als der obj Wert der vom GemSchu bereits erbrachten TeilLeistgen den Schad übersteigt, dessen Ers wg ErfVerweigerg der VertrPartner des GemSchu verlangen kann (BGH **68**, 379). Hat der KonkVerw einen MasseGläub voll befriedigt u stellt sich dann heraus, daß der Anspr gem § 60 I Nr 1 KO auf eine Quote beschr ist, muß der Empf das zu viel Erhaltene zur Masse zurückzahlen (aA BAG DB **79**, 847, den vollen Betrag). – In der **Ehescheidung** u im Scheitern einer noch nicht gesch Ehe liegt bei ges Güterstd kein 83 Wegfall des rechtl Grdes für währd der Ehe gemachte Zuwendgen od einen RErwerb nach § 946, die Anspr der eheg untereinand regeln sich nach den Vorschr über den ZugewinnAusgl (BGH **65**, 320, **82**, 227 u FamRZ **82**, 778). UU kommt Wegfall des rechtl Grdes für die Zukunft in Betr, wenn ein Eheg dem and Mittel zum Bau eines FamWohnhauses auf dessen Grdst zugewendet (BGH NJW **68**, 245) od MitEigt an einer Gaststätte als Basis gemeins wirtsch Existenz übertr (BGH WM **72**, 564) od in Erf seiner UnterhPfl für die voraussichtl GesDauer der Ehe und Eheg ein FamWohnhaus errichtet hatte (BGH WM **72**, 661 bei Gütertrenng). Ebso wenn ein Eheg für den Ausbau einer FamWohng im Haus der Schwiegermutter aGrd eines LeihVertr Aufw gemacht hat u der LeihVertr nach seinem Auszug in einen MietVertr abgeändert wird (BGH **111**, 125). Vgl auch unten Rn 91, 92.

cc) Erfolgreiche Anfechtung der Ehelichkeit eines Kindes. BerAnspr des Scheinvaters gg das Kind, sow 84 nicht nach § 818 III entfallen. Falls UnterhAnspr übergeleitet, gg den Träger der SozHilfe (BGH **78**, 201).

dd) Tatsächliche Handlung. Kein Wegfall des rechtl Grdes (LeihVertr) ist es, wenn der Schwiegersohn, 85 der im Hause der Schwiegermutter Räume als Wohng für seine Familie ausgebaut hat, später die ehel Gemsch verläßt u auszieht, seine Familie aber wohnen bleibt (BGH NJW **85**, 313). Persönl Beziehg mit GeschlechtsGemsch können der RGrund für Zuwendgen sein, die nicht nur zum Gebr od Verbr innerh nicht allzu langer Zeit geschehen sind (Stgt Just **85**, 201: hälft WohngsEigt).

86 **d) Nichteintritt des mit einer Leistung bezweckten Erfolgs** (zusfassd Kupisch JZ **85**, 101 u 163; Weber JZ **89**, 25 hält diese Alternative außer in den VeranlassgsFällen (unten Rn 92) für überholt, sucht den Ausgl bei and RInstituten). Erforderl hierfür ist, daß – über den mit jeder Leistg notwendigerw verfolgten Zweck hinaus (Rn 70–92 u 3, 4) – ein bes zukünft eintretder Erfolg rechtl od auch nur tatsächl Natur nach dem Inhalt des RGesch von den Beteil vorausgesetzt, aber nicht eingetreten ist. Für die Leistg ist hier zwar ein RGrd vorh, sie erreicht aber den hiermit bezweckt Erfolg nicht. Über die **Zweckbestimmung** (Erfolg) muß nach dem Willen der Part eine tatsächl **Einigung** erzielt worden sein, die aber nicht den Charakter einer vertragl Bindg haben darf (BGH NJW **92**, 2690). Zw Leistg u erwartetem Erfolg muß eine Verknüpfg bestehen derart, daß die Leistg von der Zweckerreichg abhäng gemacht wird (KG MDR **84**, 492). Es genügt also nicht, daß die Zweckbestimmg ledigl der – wenn auch nur vom and Teil erkannte od erkennb – BewegGrd (Motiv) der Leistg geblieben ist. Andseits darf sie auch nicht als (aufschiebde od auflösde) Bedingg vereinb sein, von deren Eintritt die RWirksamk des RGesch abhängt. Bloß einseit Vorstellgen od Erwartgen des Leistden über den Zweck der Zuwendg reichen nicht aus; vielm muß die and Part die zum Ausdr gebrachte Zweckvorstellg teilen. Für sie besteht keine vertragl Bindg der Beteil –, nöt ist die – auch dch schlüss Verhalten (stillschw) mögl – tats WillÜbereinstimmg zw Leistden u Empf über den mit der Leistg bezweckten Erfolg (BGH **44**, 321, BGH NJW **84**, 233). Eine solche tats WillÜbereinstimmg ist nicht anzunehmen, wenn der Empf zwar den vom Leistden bezweckt Erfolg kennt, aber seines einen and von ihm mit der EntggNahme bezweckten Erfolg angibt (BGH NJW **73**, 612; abl Ehmann NJW **81**, 1035, der offenen Dissens annimmt). Wg des Wesens der AusfallBürgsch (Einf 11 vor § 765) ist schwerl als Zweck der gewöhnl Bürgsch die Erlangg einer AusfallBürgsch anzusehen. Desh keine ungerechtf Ber des KreditGläub um die gewöhnl Bürgsch, wenn die AusfallBürgsch wegfällt (BGH NJW **79**, 646; vgl auch § 769 Rn 1). Ist der bezweckte Erfolg nicht eingetreten, so richten sich die RFolgen primär nach einschläg vertragl Regeln (vgl Einf 11 vor § 812), erst subsidiär nach

87 §§ 812 ff. – Beim **gegenseitigen Vertrag** (Einf 4 vor § 320) bestimmen sich die Anspr der Part bei Ausbleiben der GgLeistg grdsätzl allein nach den speziellen Vorschr, zB Wandelg, Minderg (BGH NJW **63**, 806), sonst nach §§ 320 ff (BGH **44**, 321). BerAnspr können hier regelm nur über § 323 III od § 327 S 2 in Betr kommen. Die Rspr läßt jedoch ausnahmsw einen BerAnspr nach § 812 I 2 2. Fall dann zu, wenn mit der Leistg ein über die GgLeistg hinausgehder Erfolg nach der Einigg der Beteil als zusätzl Zweckvereinbg eintreten sollte, dieser Erfolg aber nicht erreicht wird (BGH MDR **52**, 33).

88 Der **Anspruch entsteht** einheitl erst, wenn endgült feststeht, daß der Erfolg nicht eintritt (BGH NJW **89**, 2745), nicht schon mit Hdlgen des AnsprBerecht (zB Einbauten) zu einer Zeit, in der der Erfolg noch mögl ist. Dient ein Wechsel der Sicherg v Anspr gg den Aussteller u gg den Akzeptanten, so entsteht der HerausgAnspr erst, wenn der SichergsZweck hinsichtl beider Anspr weggefallen ist (BGH WM **76**, 347). Desh ist der Ztpkt des endgült Ausfalls des bezweckten Erfolgs der Wertberechn u dem Zinsbeginn (vorher höchstens NutzgsErs nach § 818 I) zugdezulegen (BGH **35**, 356 u DB **69**, 2271), wobei es sich um einen einheitl Anspr handelt, der Leistgen unterschiedl Zt u Art (Materialeinbau, Arb) zusammenfaßt (BGH NJW **89**, 2745). Ist der bezweckte Erfolg eingetreten, später aber wieder weggefallen, so besteht grdsätzl kein BerAnspr; and aber, wenn der Erfolg nach der Vorstellg der Beteil dauernd vorh sein sollte (RG **169**, 249). Die Rückfdg wg Nichteintritts des mit einer Leistg bezweckten Erfolgs ist nicht schon desh ausgeschl, weil der Leistde gewußt hat, daß er zur Leistg (noch) nicht verpfl ist; § 814 gilt in diesem Fall nicht (s dort Rn 1, 2), wohl aber dann, wenn der Eintritt des Erfolgs von Anfang an unmögl war u der Leistde dies gewußt oder wenn er den Eintritt des Erfolgs wider Treu u Gl verhindert hat (§ 815). Verschärfte Haftg des Empf, wenn der Eintritt des Erfolgs nach dem Inhalt des RGesch als ungewiß angesehen wurde gem § 820 I 1. Im einz kommen hierfür folgde Fälle in Betr:

89 **aa)** Ist die **vereinbarte Zweckbestimmung alleinige Grundlage der Leistung,** so ist diese bei Fehlschlagen des hiermit bezweckt Erfolgs rückforderb. – **Beispiele:** Hingabe einer Quittg in Erwartg der Zahlg, die dann unterbleibt; Hingabe eines Schuldscheins in Erwartg der später nicht erfolgten Auszahlg; Begebg eines Wechsels als Deckg für einen Kauf, der nicht zustande kommt; Vorschuß auf eine künft, dann aber nicht entstehde Verpfl (Hamm FamRZ **94**, 380); Leistg aGrd eines schwebd unwirks Vertr in der Erwartg seiner dann abgelehnten Gen (BGH MDR **76**, 38); zur Rückfdg von Gratifikationen vgl § 611 Rn 89; Vorschuß auf Jahresgewinn einer Gesellsch, wenn das Jahr mit Verlust abschließt (BGH WM **88**, 1494 [1496]; Vorrangeinräumg für BaugeldHyp, wenn Geld später nicht ausbezahlt wird; Rückfdg einer Leistg zur Abwendg einer dann doch, erstatteten StrafAnz (BGH BB **90**, 735); unentgeltl Tätigk im GewerbeBetr in Erwartg der EheSchließg, die dann nicht zustkommt (Stgt NJW **77**, 1779); nach Romasitte bezahltes Brautgeld, wenn es nicht zur Eheschließg kommt (Köln NJW-RR **94**, 1026); Aufw auf ein Grdst in der Erwartg späteren EigtErwerbs vgl § 951 Rn 10; Kondiktion der GrdSch bei Nichtigk des GrdGesch vgl § 1191 Rn 3. Das gleiche gilt, wenn der Empf die Leistg nicht in der bezweckten Weise verwendet, zB Hing einer Aussteuer, wenn Ehe nicht zustkommt; für Schenkg unter Verlobten enth § 1301 Sonderregelg. – § 812 I 2, 2. Fall kann auch anwendb sein, wenn beide Seiten wissen, daß ein AustauschVertr unwirks ist, die eine Seite trotzdem leistet zu dem Zweck, die GgLeistg zu erlangen, diese aber dann nicht erlangt (BGH NJW **76**, 237). Rückfdg von Leistgen nach gescheitert nichtehel LebensGemsch vgl § 705 Rn 32. Zur

90 Kondiktion einer Auflassg s im übr Rn 21. – **Kein Bereicherungsanspruch** iF des § 815. Kein Anspr nach Eröffng des AnschlKonk gg die gleichberecht VerglGläub auf Rückzahlg der an sich ordngem erbrachten Teilleistgen; and jedoch bei Leistg von VerglZahlgen nur an einen Teil der Gläub ohne VorzugsAbk nach § 8 VerglO (BGH **41**, 98). Keinen BerAnspr, weil der vereinb Zweck erreicht ist, hat der Käufer einer Wohng, der dem HausVerw, ohne daß dieser eine Tätigk zu entfalten hätte, die für den Fall des Erwerbs der Wohng vereinb „MaklerProv" bezahlt hat (BGH WM **78**, 247). Kein BerAnspr bei Beendigg einer eheähnl LebensGemsch wg der von beiden Partnern geleisteten übl Beitr zur gemeins Haush- u Lebensführg. Sie ist der erreichte Zweck, eine erwartete Erbeinsetzg nicht geschieht (Ffm FamRZ **81**, 253). Kein BerAnspr wg der Aufw für die Schaffg eines ehel Wohnheims nach Scheidg der Ehe (Celle FamRZ **91**, 948, Köln NJW-RR **95**, 584).

91 **bb)** Tritt die **vereinbarte Zweckbestimmung neben einen anderen Rechtsgrund,** so kann die Leistg gleichf nach Wegfall bzw Nichteintritt des mit ihr bezweckten Erfolgs zurückgefordert werden. So insbes,

wenn jemand dch Leistg versucht, den Empf zu einem best Verhalten (Erbeinsetzg, Vermächtn, Adoption) zu veranlassen. – **Beispiele:** Rückfdg einer Leistg zur Tilgg einer fremden Schuld zu dem erklärten **92** Zweck, damit ZwVollstrMaßn des Gl gg den Schu zu verhindern, wenn Gl dann gleichwohl solche Maßn ergreift (Hamm NJW **71**, 1810); Pächter errichtet Anbau in der dem Verp, seinem Verwandten, bekannten Erwartg, dieser werde ihm das Grdst vererben; die Erwartg erfüllt sich nicht (BGH **44**, 321); Verfehlg des SchenkgsZwecks bei einer ZweckSchenkg (BGH NJW **84**, 233, Kln NJW **94**, 1540). Darf der Lieferant den ihm vom Kreditvermittler übersandten Scheck über die Kaufsume nur einziehen, wenn er das Angeb auf Abschl eines TrHandVertr annimmt, so steht dem Vermittler ein BerAnspr wg Zweckverfehlg zu, wenn der Lieferant nach Ablehng des TrHandVertr den Scheck eingezogen hat (BGH NJW-RR **87**, 937). Zahlg des DrittSchu an den nachrang VollstrGläub vgl Rn 41–43. RückFdg der Zahlg an Leihmutter für heterologe Insemination, Geburt und Freigabe des Kindes zur Adoption, wenn sich später herausstellt, daß das Kind nicht aus dieser Insemination stammt (Hamm NJW **86**, 781). Zusage, den Mietzins zu ermäßigen bei Verlängerg des MietVertrg, wenn der Mieter dann doch vorzeit kündigt (BGH NJW-RR **86**, 944). Wegfall des bezweckten Erfolgs bei einer primär iR familienrechtl Pfl nach § 1619 erbrachten Leistg (BGH WM **65**, 796); regelm aber nicht bei unentgelt Pflege im Hinbl auf eine erwartete Eheschl (Schlesw SchlHA **54**, 14, KG OLG **71**, 22). Der Leistg von Diensten in Erwartg einer späteren Zuwendg des Empf liegt zudem viel ein zumindest fakt schuldr RVerh (Dienst-, Arb-, GesellschVertr) zugrde; der Leistde hat dann die Dienste nicht unentgeltl u grdlos erbracht, vielm bei Ausbleiben der erwarteten Zuwendg einen Anspr gem § 612 II auf die übl Vergüt nach dem Wert der Leistg im Ztpkt ihrer Erbringg (BGH NJW **65**, 1224, BGH MDR **66**, 821). Ein BerAnspr nach § 812 I 2 2. Fall scheidet regelm auch aus, wenn ein Eheg Mittel zum Bau eines Wohnhauses der anderen zur Einrichtg eines GewerbeBetr zur Vfg gestellt hat u die Ehe später gesch wird (BGH NJW **66**, 542); desgl bei Zuwendg vor Eheschließg (BGH WM **83**, 1086). Abgesehen davon, daß für den Ausgl unter Eheg primär familien- u gesellschrechtl Gesichtspkte zu prüfen sind (BGH **47**, 157), ist der mit der Leistg bezweckte Erfolg mit der Errichtg des Hauses usw eingetreten (vgl auch oben Rn 83; aA Joost JZ **85**, 11). Ein ArbN, der einen SparVertr über vermwirks Leistgen vorzeit auflöst, muß die vom ArbG aGrd TarifVertr erhaltenen SparLeistgen nach Abs I 2, 2. Fall dann zurückzahlen, wenn sich aus dem TarifVertr ergibt, daß die Aufrechterhaltg der vermwirks Anl vorausgesetzt war (BAG WM **75**, 1011).

B) Ungerechtfertigte Bereicherung „in sonstiger Weise" (Rn 10–15). And als bei der Leistgskondik- **93** tion ist hier für das Vorliegen od das Fehlen des die VermVerschiebg rechtf Grdes nicht von der Zweckerreichg auszugehen. Der RGrd fehlt hier vielm stets dann, wenn der RErwerb nach der für den Einzelfall maßg **rechtlichen Güterzuordnung** nicht bei dem Empf verbleiben soll, sond dem BerGläub gebührt (BGH WM **87**, 469). Da der BerAnspr auch bei der verschärften Haftg der §§ 818 IV, 819, 820 kein DeliktsAnspr ist, entsch hierfür in erster Linie nicht die beim EingrErwerb meist gegebene, sonst aber nur selten vorliegde Widerrechtlichk desBerVorgangs, sond der Zuweisgsgehalt des verl Rechts (Larenz, SchR II, § 68 II). Ob ein Widerspr zu der rechtl Güterzuordng anzunehmen ist, kann daher nur unter Berücksichtigg des jew Einzelfalls entsch werden. Im einz komm in Betr:

a) Handlungen der Bereicherten: Beisp s Rn 11, 28–30. In diesen Fällen der EingrKondiktion ist ein **94** BerAnspr regelm dann gegeben, wenn der Bereicherte für seine Hdlg kein im Ges begründetes od vom Berecht abgeleitetes (zB Einwilligg) Recht zum Eingr hat. Versch des Bereicherten ist nicht Vorauss; der bereits in 3 Jahren verjährde SchadErsAnspr aus unerl Hdlg ist vom BerAnspr unabhäng, § 852 III (s dort Rn 21). Ein BerAnspr scheidet jedoch aus, wenn das Ges aus best Gründen, vornehml der VerkSicherh, ausdr von einem Ausgl der an sich ungerechtf VermVerschiebg absieht od sonst zu erkennen gibt, daß diese dem Empf endgült verbleiben soll (näher Einf 12–14 vor § 812).

b) Handlungen eines Dritten: Beisp s Rn 12, 13. Auch hier sind rgdlos alle Eingr, zu denen dem **95** Handelnden ein Recht nicht od nicht allein (vgl zB §§ 1434, 1457) zustand. Zum SondFall der Eingr in das Verm des Benachteil im Wege der ZwVollstr ohne rechtf Grd s Rn 37–40.

c) Rechtsveränderungen kraft Gesetzes. Soweit in den oben Rn 94, 95 genannten Fällen die Verm- **96** Verschiebg nicht unmittelb dch die Hdlg des Bereicherten od eines Dr, sond aGrd einer vom Ges an diese Hdlg geknüpften RFolge eintritt, ist nach Sinn u Zweck der einz Vorsch zu beurteilen, ob nur eine formelle RWirkg vorliegt, die im Verh zum Benachteil des rechtf Grdes entbehrt, od ob die RÄndg vom Ges auch als mat gerechtf gewollt war (BGH LM Nr. 25). Wenn zB bei Wegfall der HypFdg dch einen Dr auf den Eigtümer des Grdst als GrdSch übergeht (§§ 1163 I, 1177 I), so liegt hierin kein diese VermVerschiebg rechtf mat Grd; dieser RErwerb kann daher kondiziert werden (BGH aaO). Dagg liegt in § 868 I ZPO der rechtfertigde Grd dafür, daß der GrdstEigtümer die ZwangsHyp als Gläub erwirbt, wenn der Eintr zuGrde liegde Titel aufgeh od wenn die ZwVollstr aus ihm für unzuläss erklärt wird (BGH WM **76**, 719). Auch sow es sich um den Rang eines im GB eingetr Rechts handelt, gibt § 879 die rechtf Norm; daher kein BerAnspr des unter Verletzg des § 45 GBO im Rang Beeinträchtigten gg den dch die RangÄnd Bevorzugten (BGH **21**, 98; vgl § 879 Rn 12), desgl nicht des HypGläub, dessen Recht irrtüml gelöscht u später mit schlechterem Rang wieder eingetr wird, gg den vorrückden Gläub (RG **88**, 278). **Bereicherungsanspruch zu bejahen,** wo das Ges ausdr die Anwendg der BerVorschr vorsieht (Einzelh **97** Einf 15–17 vor § 812), insb in den Fällen der Verbindg, Vermischg u Verarbeitg (§ 951) od des Fundes (§ 977), ebso bei RVerlust inf Anbaus an eine Kommunmauer (näher § 921 Rn 9–11); ferner bei Verletzg von ImmaterialgüterR (Einf 18 vor § 812) u des PersönlichkR (Rn 11, 28–30); bei Eingr von Dr iW der ZwVollstr, auch wenn der Benachteil sein Recht nicht währd des ZwVollstrVerf geltd macht (Rn 37–40); aber kein Anspr gg Erwerber, da Zuschlag rechtsbegründd wirkt. Zur Ersitzg s Einf 12–14 vor § 812. – Dagg **Bereicherungsanspruch zu verneinen,** wo das Ges eine Spezialregelg vorsieht, insb wo ein kr Ges **98** eintretder RVerlust gerade zu dem Zweck gewollt ist, nach gewisser Zeit von einem Ausgl abzusehen (Einzelh Einf 12–14 vor § 812); ferner in allen Fällen eines gutgläub RErwerbs, soweit nicht §§ 816, 822 einen BerAnspr ausdr vorsehen, ebso beim gutgläub Erwerb des Eigt an Früchten (§ 955) od an einem

Bienenschwarm (§ 964), sofern nicht die dem BerR vorgehden §§ 987 ff anzuwenden sind. Auch die ordngsgem Liquidation eines Vereins od einer sonst jur Pers begründet nach Ablauf des Sperrjahrs (zB § 73 GmbHG) einen rechtl Grd für die vorgen Verteilg ggü verspäteten Gläub (BGH **43**, 51 für § 90 GenG). Zum BerAnspr, soweit Leistgskondiktion in Frage steht, Rn 72–85). Ferner bei versehentl NichtAufn eines Rechts in das geringste Gebot (RG **59**, 266); ebso wenn ein aus dem GB nicht ersichtl Recht nicht rechtzeit angemeldet wird (RG HRR **29**, 93). Erhebt ein KonkursGläub, dessen vom KonkVerw anerk Fdg irrtüml nicht in das Schlußverzeichn aufgenommen worden ist, im Schlußtermin keine Einw gg das Schlußverzeichn, so kann er den Betr, den inf des Ausschl von der Verteilg die and KonkGläub mehr erhalten haben, von diesen nicht als unger Ber herausverlangen (BGH **91**, 198). – **Urteile** außer GestaltgsUrt haben zwar keine rbegründde Wirkg, die ihnen innewohnde RKraft trägt jedoch grdsätzl, so lange sie besteht (zur RLage bei WiederAufn des Verf s Rn 75–85), die Rechtfertigg des zuerkannten Anspr in sich, auch wenn es sachl unricht ist (s auch § 814 Rn 8, 9). Soweit nicht im Hinbl auf nach Schluß der letzten mdl Vhdlg entstandene neue Tatsachen dem Urt die materielle Rechtskraftwirkg fehlt (BGH NJW **84**, 126) und nicht ein Fall des UrtMißbr (§ 826 Rn 46–50) od des § 767 ZPO gegeben ist, besteht kein BerAnspr gg den LeistgsEmpf aGrd rechtskr Urt (BGH **LM** § 322 ZPO Nr 10). Eine einstw Vfg ist dagg als nur vorläuf proz RBehelf kein RGrd für eine erbrachte Leistg (vgl § 945 ZPO). Ebso nicht eine einstw Anordng nach § 620 ZPO, soweit sie über den matrechtl UnterhAnspr hinausgeht (BGH NJW **84**, 2095).

99 **d) Handlungen des Entreicherten.** Hier fehlt der RGrd regelm dann, wenn der eingetretene Erfolg vom Handelnden nicht beabsichtigt war. Beim Ausbau von Räumen für eine eig Familienwohng in fremdem Haus ist der Zweck mit Vollendg der BauMaßn erreicht (BGH NJW **85**, 313 [315]).

100 **e) Tatsächliche Vorgänge** werden, wenn sie zu einer VermVerschiebg führen, prakt immer des rechtf Grdes entbehren.

101 **7) Inhalt des Anspruchs.** Der Benachteiligte kann vom Bereicherten **Herausgabe des Erlangten** (vgl Rn 16 ff) verlangen. Inhalt u Umfang dieses Anspr, insb Berücksichtigg einer GgLeistg od von Aufw, sind in §§ 818–820 näher geregelt. Zum Ztpkt der Entstehg des BerAnspr s § 818 Rn 3. Der Anspr geht je nach Sachlage auf Herausg einer Sache, eines Inbegr, zB Unternehmen, falls die Identität noch gewahrt ist (Schwintowski JZ **87**, 588), auf Zahlg, Abtr (BGH WM **90**, 799), Befreiung von einer Schuld (BGH WM **90**, 1324), Einwilligg in Auszahlg od in Umschreibg des GB, Neubestellg eines erloschenen R, Verz auf ein ohne rechtf Grd erlangtes R od eine solche RPosition (näher § 818 Rn 5–7). – Der BerAnspr berechtigt auch **102** zur **Einrede** gem § 821. – Außerdem ist der Bereicherte zur **Auskunftserteilung,** uU zur Rechngslegg verpfl (s §§ 259–261 Rn 6–16), wenn sich der AnsprBerecht unverschuldet in Unkenntn über den Umfang seines Anspr befindet. Über Aktiv- u Passivlegitimation s Rn 35–67. Einzeln zur Geltendmachg des BerAnspr sowie zu den gg ihn in Frage kommden allg Einwendgen, insb Leistgsort, GerStand, Verzinsg, VorhSein mehrerer Bereicherter, internat PrivR, Verj, unzul RAusübg, s Einf 24–31 vor § 812. Über konkurrierde Anspr Einf 10–14 vor § 812.

103 **8) Beweislast.** Die Vorauss des BerAnspr hat der AnsprBerecht zu bew. Da § 812 keinen einheitl Tatbestd der ungerechtf Ber enth, ist auf den jew geltd gemachten Anspr, insb auf die behauptete Art des **104** fehlden rechtl Grdes (Rn 68–100) abzustellen (Saarbr NJW **89**, 1679: PkwDiebstahl). – **a)** Wer **Herausgabe wegen Erfüllung einer Nichtschuld** verlangt, hat zu bew, daß er zur Erf einer best Verbindlichk geleistet u daß die Verbindlichk nicht bestanden hat (BGH NJW-RR **92**, 1214). Keine BewErleichterg für die KaskoVers, die eine wg vorgetäuschten Diebstahls an den VersN bezahlte Entschädigg zurückfordert (BGH **123**, 217). Zur BewLast bei behaupteter Kenntn der Nichtschuld (Irrt, Zweifel), insb bei Leistg unter Vorbeh s § 814 Rn 10, 11. Ist dagg auf eine noch nicht anerkannte, sond erst festzustellde Fdg gezahlt, so **105** muß der AnsprGegner beweisen, daß die Feststellg zu seinen Gunsten erfolgt ist od erfolgen muß (BGH NJW **89**, 161 u 1606). – **b)** Wer ein **positives Schuldanerkenntnis** nach II kondiziert, muß dartun, daß er eine Nichtschuld anerk hat; nicht erforderl ist der Nachw, daß das Anerk irrtüml erfolgt sei (RG **146**, 355 [360]). Ist jedoch ein **negatives Schuldanerkenntnis** Ggst des BerAnspr, so muß Kl nicht nur das Bestehen der Schuld dartun, sond auch beweisen, daß er sich bei Abg des Anerk geirrt hat (RGRK/Heimann-Trosien Rn 116). Der Bekl ist beweispfl, wenn er behauptet, ein Akzept sei ohne RGrd gegeben od der WechselGläub sei sonst wg Wegfalls des GrdGesch um die WechselFdg ungerechtf bereichert. Auch wenn feststeht, daß das Akzept zunächst ohne RGrd gegeben wurde, der Gl aber schlüss vorträgt, er habe sich nachträgl mit dem Schu über einen RGrd geeinigt, trägt der WechselSchu weiterhin die BewLast für das Fehlen dieses **106** RGrdes (BGH NJW **75**, 214). – **c)** Für das **Fehlen eines die Vermögensverschiebung rechtfertigenden Grundes** trifft den BerGläub die Darleggs- u BewLast (BGH NJW **95**, 727). Es genügt jedoch regelm der Bew, daß die vom BerSchu auch hilfsw behaupteten RGrde nicht bestehen (BGH NJW **90**, 392, WM **95**, 20); nicht dagg braucht er zu bew, daß auch kein and RGrd zugrde liegt (Düss NJW-RR **88**, 1536). Das gleiche gilt hins des späteren Wegfalls des rechtl Grdes. Bei BerAnspr wg Nichteintritts des mit einer Leistg bezweckten Erfolges muß derjen, der einen solchen Anspr erhebt, diesen Nichteintritt beweisen, bzw den vom Bekl behaupteten Zweck widerlegen (s § 815 Rn 4). Ist ein Betr ohne RGrd nur als Vorschuß od Sicherh geleistet worden, hat der Empf zu bew, daß dieser Betr dch GgAnsprüche verbraucht ist (BGH WM **107** **85**, 449). – **d)** Bei **Gutschrift** muß der BerSchu bew, daß er den Betr nicht erhalten hat, weil das Konto nur pro forma auf seinen Namen lautet (BGH NJW **83**, 626). BewLast für Kenntn widerrufener Anw vgl oben Rn 49–57. – **e)** BewLast für **Umfang** des BerAnspr s § 818 Rn 55.

813 *Erfüllung trotz Einrede.* **I Das zum Zwecke der Erfüllung einer Verbindlichkeit Geleistete kann auch dann zurückgefordert werden, wenn dem Anspruch eine Einrede entgegenstand, durch welche die Geltendmachung des Anspruchs dauernd ausgeschlossen wurde. Die Vorschrift des § 222 Abs. 2 bleibt unberührt.**

II Wird eine betagte Verbindlichkeit vorzeitig erfüllt, so ist die Rückforderung ausgeschlossen; die Erstattung von Zwischenzinsen kann nicht verlangt werden.

1) Bedeutung, Anwendungsbereich. § 813 enth ergänzde SonderVorschr für den BerAnspr wg Erf 1 einer Nichtschuld (§ 812 Rn 68–100). Auf and BerAnspr, auch der Leistgskondiktion, nicht anwendb. **Absatz I** stellt eine den § 812 I 1 erweiternde AnsprGrdlage dar; das Geleistete kann auch dann zurückgefordert werden, iF der Eingeh einer neuen Verbindlichk Entlassg aus ihr (BGH NJW **95**, 1484), wenn dem Anspr eine dauernde Einr entggsteht. Ausn: Verj, aber nicht bei Zahlg auf erstes Anfordern (Rn 14 vor § 765). Dagg enth **Absatz II** einen AusschlTatbestd. Unerhebl ist, ob es sich handelt um schuldr od dingl Anspr, um die eigentl geschuldete od um Leistg an Erf Statt, um die Erf einer eig od einer fremden Verbindlichk. § 813 ist auch anwendb für Einr ggü Dr bei VzGDr (BGH **LM** Nr. 1, § 812 Rn 49–57). Gleichgült ist auch, ob der Irrt tats od rechtl Natur, verschuldet od unversch ist. § 814 gilt allerd auch hier, dh keine Rückfdg bei Leistg in Kenntn der dauernden Einr. Unanwendb ist § 813 regelm dort, wo BerR nur kr Verweisg gilt (RG **139**, 17 für § 717 III ZPO).

2) Dauernde Einreden (I 1) begründen einen BerAnspr. Keine Rückfdg, wenn dem Anspr ledigl eine 2 vorübergehde Einr entggstand, zB wenn der Mieter Miete bis zur Höhe der Kostenmiete bezahlt aGrd einer MieterhöhgsErkl des Verm, die nicht den FormVorschr des § 10 I WoBindG entsprach (BGH NJW **82**, 1587). Im Falle der **Einwendung**, die schon der Anspr von vornerein entspr beschr od ausgeschl, so daß bei dennoch erfolgter Leistg § 812 I 1 eingreift. Wesentl ist, daß die Einr schon zZ der Leistg dem Anspr entgegesetzt werden konnte.

a) Als dauernde Einreden kommen in Betracht: Erwerb der Fdg ohne rechtl Grd dch ungerechtf Ber 3 (§ 821) od dch unerl Hdlg des Gläub (§ 853); Einr der anfechtb letztw Vfg nach Ablauf der AnfFrist (§§ 2083, 2345) od der beschr Erbenhaftg, wenn Erbe irrtümlicherw trotz unzulängl Nachl od ggü ausgeschl Gläub erf (§§ 1973, 1975, 1990) od wenn er ein Vermächtn in Unkenntn einer bestehden PflTeilLast zu hoch erf hat, § 2083 I (KG FamRZ **77**, 267); Einr des persönl Schu ggü HypGläub, der seiner BenachrichtiggsPfl hins Einleitg der ZwVerst nicht genügt hat (§ 1166); in EinzFällen auch die „Einrede" der Argl bzw aus Treu u Gl, soweit sie dauernd wirkt, obwohl § 242 eigentl eine Einwdg darstellt (BGH **LM** § 242 ([Cd]) Nr. 19); die gg die kreditierde Bank dchgreifde Einwdg des AbzK gg seinen Verk (Stgt WM **77**, 1294).

b) Der **Bereicherungsanspruch** ist dagg **ausgeschlossen** bei freiwill Leistg (Ggs: ZwVollstr, BGH WM 4 **93**, 2041; vgl § 222 Rn 3) auf eine verj Fdg in Unkenntn der Verj (Abs I S 2, § 222 II). Ausn vgl Rdn 1. Auch das dauernde LeistgsverweigergsR des § 478 gibt keinen BerAnspr nach I 1, wenn vor (RG **74**, 292) od nach MängelAnz der Kaufpr gezahlt wird (RG **144**, 93), da nach Verj der GewlAnspr kein VermAusgl mehr stattfinden soll. Wer in Unkenntn einer AufrBefugn zahlt, hat kein RückfdgsR aus I 1, da die AufrBefugn keine Einr, sond ein GestaltgsR darstellt (RG **144**, 93, Staud-Lorenz Rn 11; RGRK/Heimann-Trosien Rn 5; offen gelassen in BGH WM **63**, 965); unbestr Ausschl des RückfdgsR wg § 814, wenn AufrBefugn bekannt war (BGH aaO). Hat dagg der Schu gg eine mit einer dauernden Einr behaftete Fdg des Gläub aufgerechnet, so kann er über I 1 die Wiederherstellg seiner dch die Aufr getilgten Fdg verlangen, soweit nicht I 2 iVm § 222 II od § 814 entggstehen. Bei Anfechtbark greift § 813 I 1 gleichf nicht ein, da trotz § 142 II (Kenntn des AnfR) bis zur Erkl der Anf dch den Empf eine wirks Verpfl bestand (RG **151**, 361 [376]; s § 812 Rn 77 u § 814 Rn 4 für Anf dch den Leistden). Die Rückfdg ist ferner ausgeschl bei Erf von unvollk Verbindlichk, zB §§ 656, 762 ff.

3) Betagte Verbindlichkeit (II) liegt nur vor, wenn die Verbindlichk bereits entstanden, jedoch ihre 5 GeltdMachg (Fälligk) ganz od teilw aufgehoben ist (§ 163 Rn 2), insb bei einer Stundg. Wird diese betagte Verbindlichk vorzeit erf, so ist das keine Erf einer Nichtschuld; die Rückfdg der Leistg (auch SchuldAnerk) ist desh – ebso wie die Erstattg von ZwZinsen (vgl § 272) – ausgeschl. II enth allerd nachgieb Recht. Vorausetzg ist Leistg dch einen voll Geschfäh, soweit dies zur wirks Erf erforderl ist (§ 362 Rn 1–4). Auf „befristete" Schulden, die als solche erst zu einem späteren (Anfangs-)Termin entstehen, ist II dagg ebsowenig anwendb (hM, Staud-Lorenz Rn 15) wie auf die Erf einer aufschiebd bdgten Verbindlichk vor Eintritt der – dem Leistden nicht bekannten – Bdgg (§ 812 Rn 72–74), da § 163 beide Fälle gleich behandelt. Mit Entstehen der Fdg od Eintritt der aufschiebden Bdgg entfällt hier natürl der RückfdgsAnspr. Bei endgült Ausfall der Bdgg kann BerAnspr (hins Vorausleistg) wg Nichteintritts des mit der Leistg bezweckten Erfolgs (§ 812 Rn 86–92) in Betr kommen.

4) Beweislast. Es gelten die allg Grds (§ 812 Rn 103 ff). Der AnsprBerecht hat also Leistg zur Erf einer 6 best Verbindlichk sowie das Vorhandensein einer dauernden Einr zu beweisen.

814 **Kenntnis der Nichtschuld; Anstands- und Sittenpflicht.** Das zum Zwecke der Erfüllung einer Verbindlichkeit Geleistete kann nicht zurückgefordert werden, wenn der Leistende gewußt hat, daß er zur Leistung nicht verpflichtet war, oder wenn die Leistung einer sittlichen Pflicht oder einer auf den Anstand zu nehmenden Rücksicht entsprach.

1) Bedeutung, Anwendungsbereich. § 814 ist eine Ausprägg des allg Grds von Tr u Gl. Er enth – iW 1 der rhindernden Einwdg (Rn 10, 11) – zwei Ausn von dem Grds, daß das zum Zwecke der Erf einer Nichtschuld Geleistete – gleichgült, ob in SchenkgsAbs od aus welchen sonst BewegGrden – nach § 812 I 1 zurückgefordert werden kann (Rn 3–9). – **Gilt** nur für BerAnspr aGrd von Leistgen zum Zwecke der Erfüllg einer Verbindlichk, die im Ztpkt der Leistg in Wirklichk nicht bestand (BGH WM **86**, 1324, § 812 Rn 72–74). Insow für alle Fälle einer endgült freiw u vorbehaltl Erf einer Nichtschuld (näher Rn 5). § 814 umfaßt nicht nur die Fälle realer Leistgen, sond auch die Abg selbst SchuldVerspr od -Anerk (§ 812 Rn 5–7, BGH **1**, 181). Scheidet ein BerAnspr des GemSchu aus, dann kann auch der KonkVerw nichts zurückfordern (BGH **113**, 88). – **Gilt nicht** für and Fälle der Leistgskondiktion, zB nicht für die Rückfdg des bewußt 2 trotz Fehlens des rechtl Grdes von Anfang an zu and Zwecken od sogar gg den Willen des Empf Geleisteten (BGH WM **68**, 1201). Zur aufgedrängten Ber s näher § 951 Rn 18–21). So kann ein Dr, der dch Zahlg an den Gl bewußt eine fremde Schuld ohne RGrd im Verhältn zum Schu tilgt, von diesem die Herausg der dch seine Leistg eingetretene Ber verlangen (BGH DB **75**, 2432). § 814 gilt ferner nicht für BerAnspr wg spät

Wegfalls des RGrdes (BGH **111**, 125 [130]), weil da im Ztpkt der Leistg ein RGrund für die zu erfüllde Verbindlichk bestand, od wg Nichteintritts des mit der Leistg bezweckten Erfolgs; für letztgen Fall gilt § 815 (s aber Rn 6). Gilt auch nicht für Anspr aus § 817 (BGH WM **61**, 530), ferner nicht für Ber „in sonst Weise". Die Anwendg des § 814 als SchutzG zG des LeistgsEmpf ist ferner ausgeschl, wenn seine Anwendg wg bes Umst im EinzFall sich zu seinen Ungunsten auswirken würde (Nürnb NJW-RR **91**, 109) od wenn der Empf der Leistg trotz Kenntn vom Nichtbestehen der Verbindlichk nicht darauf vertrauen darf, das Empfangene behalten zu dürfen, zB der Erbe, der trotz TodesAnz die RentenVers des Verstorbenen weitererhält (BGH **73**, 202) u die Fälle in Rn 6.

2) Leistung in Kenntnis der Nichtschuld schließt BerAnspr (Rückfdg) aus.

3 **a)** Erforderl ist **positive Kenntnis der Rechtslage** im Ztpkt der Leistg. Nicht ausreich ist die Kenntn der Tats, aus denen sich das Fehlen einer rechtl Verpfl ergibt; der Leistde muß vielm auch wissen, daß er nach der RLage nichts schuldet (BGH NJW **91**, 919). Jeder R- od TatsIrrt schließt die Anwendg des § 814 aus (BGH DB **68**, 612). Auch „Kennen müssen" (§ 122 Rn 5) genügt zum Ausschl des RückfdgsR nicht, selbst wenn die Unkenntn auf grober Fahrlk beruht (BGH WM **72**, 283). – **Bloße Zweifel** am Bestehen der Nichtschuld stehen gleichf regelm der pos Kenntn nicht gleich (BGH WM **73**, 294). Sie genügen aber dann zum Ausschl des RückfdgsR des § 814, wenn die Leistg in der erkennb Abs erfolgt ist, sie auch für den Fall der Nichtschuld zu bewirken (Übern des Risikos); in diesem Fall liegt ein Verz auf BerAnspr (od Erl) vor, wenn der Empf aus dem Verhalten des Leistden nach Treu u Gl den Schluß ziehen durfte, der Leistde wolle die Leistg gg sich gelten lassen, einerlei wie der RGrd beschaffen sei (BGH **32**, 273). Ob die Leistg in diesem Sinn erbracht ist, ist Sache der tats Verh im EinzFall. Entsch ist, wie das Verhalten des Leistden obj aufzufassen ist; zB keine Rückfdg bei uneingeschr Vorwegleistgn des Versicherers (Hamm NJW **64**, 406). Unaufklärb Zweifel darü, ob das Verhalten des Leistden iS eines RückfdgsVerz auszulegen ist, gehen zu 4 Lasten des Empf (RG **154**, 385 [397]). Die **Kenntnis von Einwendungen** ggü der Verbindlichk steht der Kenntn der Nichtschuld gleich, aber nur, wenn alle mögl Einwdgen bekannt waren; andernf bleibt Rückfdg mögl, wenn nicht Verz anzunehmen ist. Dasselbe gilt wg § 142 II für die **Kenntnis der Anfechtbarkeit** dch den Leistden; zur Anf dch den Empf s § 813 Rn 4, desgl zur Leistg in Kenntn einer AufrBefugn. Hat der Leistde, obwohl er die Nichtschuld od die Einwdg gekannt hat, in dem irr Gl geleistet, die Einwdg usw nicht bew zu können, so ist eine Rückfdg gem § 814 ausgeschl.

5 **b)** Eine **Leistung,** die ausdr **unter Vorbehalt** erbracht u angen wird (§ 362 Rn 11), schließt trotz Kenntn des Leistden die Rückfdg nicht aus (BGH **83**, 278 [282], WM **88**, 1494 [1496]); zur verschärften Haftg in diesem Falle s § 820 Rn 5. Für eine Leistg unter Vorbeh reicht aber die Zahlg „ohne Anerk einer RPfl" idR nicht aus (Kblz NJW **84**, 134). Dem ausdr Vorbeh steht es gleich, wenn der Schu erkennb nicht freiw, sond zur Vermeidg eines drohnden Nachtls leistet, zB der Bü bei Zahlg auf 1. Anfordern (Einf 14 vor § 765) für eine verj HauptFdg (Hamm BB **94**, 1106) od der Schu unter dem Druck einer ZwVollstr (RG **147**, 17). § 814 gilt schließl auch nicht bei Zahlgen zur Erf der Vorauss einer ZwVollstr, zB Zug um ZugLeistg (RG JW **35**, 3093).

6 **c)** Wird die **Leistung in Erwartung der Heilung** der (zB Form-)Nichtigk trotz Kenntn der Nichtschuld od in der Erwartg erbracht, daß eine wirks Verpfl später entsteht od der VertrPartner die GgLeistg seinerz bewirken wird, so ist § 814 grdsätzl nicht anwendb (BGH JZ **71**, 556 u BGH **73**, 202). Auch kann – bei Vorliegen der entspr Voraussetzgen – ein BerAnspr wg Nichteintritts des mit der Leistg nach dem Inhalt des RGesch bezweckten Erfolgs gegeben sein, auf den § 814 nicht anwendb ist (näher § 812 Rn 86–92).

7 **d)** Bei **Leistung durch Vertreter** kommt es auf dessen Kenntn an (BGH **73**, 202), außer er hat unter Verletzg des § 181 geleistet (BGH WM **80**, 1451). Hat der Vertretene mehrere Vertr (Organe), so entsch die Kenntn des die Leistg tats Erbringnden (BAG JZ **61**, 456), sofern es sich nicht um einen Fall des auch hier anwendb § 166 II 1 (Leistg auf Anweisg) handelt (vgl Herschel in krit Anm zu BAG aaO). Bei Gesamtvertr, die nur gemeins leisten können, gilt die Kenntn auch nur eines von ihnen als Kenntn des Vertretenen (§ 166 Rn 2, 3).

8 **3) Sittliche oder Anstandspflicht.** Begriff § 534 Rn 1–3. § 814 Halbs 2 betr den Fall, daß der Leistde – und als bei der Pfl- u Anstandsschenkg des § 534 – irrtüml glaubte, zur Leistg verpfl zu sein, währd die Verbindlichk nicht bestand. Hier ist ein BerAnspr ausgeschl, wenn die Leistg zwar ohne RGrd erfolgte, aber im Ergebn nach den herrschnden Moralvorstellgen obj einer sittl od AnstandsPfl entsprach. Unerhebl ist, ob sich der Leistde dieses Umst bewußt war; hat der Leistde aber von vornherein in der Abs geleistet, nur eine solche Pfl zu erf, so ist eine Rückfdg schon nach § 814 Halbs 1 ausgeschl. **Beispiele:** Gewährg von Unterh od abstr SchuldVerspr an Verwandte u Verschwägerte, denen ggü keine ges UnterhPfl besteht; Zahlg des angem Unterh trotz Verpfl nur zu beschr UnterhZahlg gem § 1611; Erf einer bestehnden Schuld in Unkenntn eines inzw ergangenen klageabweisnden rechtskr Urt (bei Kenntn ist Rückfdg schon nach Halbs 1 ausgeschl; vgl auch § 812 Rn 96–98); Befriedigg der Gläub dch Gem- od VerglSchu üb die Quote des ZwangsVergl hinaus in der irr Ann, hierzu verpfl zu sein, sofern man den rechtf Grd nicht schon in der Erf der weiter bestehnden unvollk Verbindlichk sieht (Staud-Lorenz Rn 21). UU auch 9 bei Erf formungült letztw Anordngen des Erbl dch den Erben (RG Warn **12**, 189). Dagg **keine Erfüllung einer Anstandspflicht,** wenn jemand in der irr Ann, Erzeuger eines nichtehel Kindes zu sein, Unterh gewährt hat (hierzu § 812 Rn 24–27 u 58–62 sowie § 1615b). Die Berufg auf die Formnichtigk eines Vertr od auf den Ablauf einer gesetzl Frist verstößt grdsätzl nicht gg eine sittl Pfl, wohl aber kann im EinzFall der Einwand der Argl entggstehen (vgl § 125 Rn 16ff). Auch ein ges verbotenes RGesch (zB Börsentermin-Gesch) begr keine sittl od AnstandsPfl zu seiner Erf (Staud-Lorenz Rn 21).

10 **4) Beweislast.** Die Grds in § 812 Rn 103ff gelten auch hier. Der **Leistende** hat also zu bew, daß er zwecks Erf einer best Verbindlichk geleistet u daß diese nicht bestanden hat, daß bei Zahlg beide Seiten die Heilg des nichtigen Vertr nicht erwarteten (Düss NJW-RR **86**, 692). Einen Irrt, der AnsprVorauss ist, braucht er dagg nicht zu bew (RG **146**, 355 [360]). Eine unter schlichtem Vorbeh erbrachte Leistg enthebt den Leistden nicht vom Nachw des Nichtbestehens der Schuld, weil er sich dch den Vorbeh ledigl

gg die Anwendg des § 814 schützen will (BGH NJW-RR **92**, 1214). Auch den Vorbeh muß, da AusnTatbestd, der Leistde bew (Hamm NJW-RR **87**, 985, Müko/Lieb Rn 13). – Der **Leistungsempfänger** hat zu 11 bew, daß der Leistde sich nicht irrte, sond die Leistg freiw in Kenntn der Nichtschuld erbracht hat od daß die Leistg einer sittl od AnstandsPfl entsprach. Er hat ferner zu bew, daß die Leistg zu einem and Zweck erfolgte (RG **133**, 275), u daß bei bloßen Zweifeln des Leistdn aus seinen Erklärgen od aus seinem Verhalten ein Verz auf Rückfdg zu erblicken war (oben Rn 3, 4). Der Vorbeh kann im EinzFall auch die Bedeutg haben, daß der Empf im RückFdgsStreit das Bestehen der Anspr zu bew hat (BGH NJW **84**, 2826, Düss NJW-RR **89**, 27), so bei dem Rückzahlgs Anspr einer auf erstes Anfordern geleisteten Zahlg des Bürgen (BGH NJW **89**, 1606; vgl Einf Rn 14 vor § 765).

815 *Nichteintritt des Erfolges.* **Die Rückforderung wegen Nichteintritts des mit einer Leistung bezweckten Erfolges ist ausgeschlossen, wenn der Eintritt des Erfolges von Anfang an unmöglich war und der Leistende dies gewußt hat oder wenn der Leistende den Eintritt des Erfolges wider Treu und Glauben verhindert hat.**

1) Anwendungsbereich. § 815 betr ausschließl den Fall des BerAnspr wg Nichteintritts des mit einer 1 Leistg bezweckten Erfolgs, der in § 812 I 2 2. Fall geregelt ist (näher § 812 Rn 86–92). Von dem dort gewährten RückfdgsR gelten nach § 815 zwei Ausn (Rn 2, 3). § 815 ist nicht entspr anwendb auf den BerFall wg späteren Wegfalls des bei der Leistg vorhand RGrdes (§ 812 Rn 75–85, Staud-Lorenz Rn 3, BGH **29**, 171, BGH NJW **68**, 245 mit Anm von Lorenz in JZ **68**, 381), da auch bei Vorhersehbark des notw späteren Wegfalls des RGrdes od bei Herbeiführg des Wegfalls wider Treu u Gl ein derart SchwebeZust wie bei dem zu erwartden Erfolg bis zum Eintritt des BerFalles nicht bestanden hat; (str, aA Soergel-Mühl Rn 1). § 815 gilt ferner nicht für BerAnspr wg Erf einer Nichtschuld (§ 812 Rn 72–74); dafür gelten §§ 813, 814.

2) Unmöglichkeit des Erfolgseintritts. Die Rückfdg ist ausgeschl, wenn der Eintritt des Erfolgs aus 2 tats od rechtl Grden von Anfang an dauernd unmögl war u der Leistde dies gewußt hat (RG **116**, 336). Wird in der Ann geleistet, daß die zZ der Leistg bestehde Unmöglichk des Erfolgseintritts später behoben wird, so ist § 815 unanwendb, ebso wenn die Unmöglichk (Unvermeidlichk) erst später eintritt, mag auch der Leistde damit gerechnet haben. Voraussetzg ist pos Kenntn des Leistden; bloße Zweifel an der Möglichk des Erfolgseintritts genügen nicht; doch ist auch hier zu prüfen, ob dann nicht ein Verz des Leistdn auf Rückfdg vorliegt (RG **71**, 31, § 814 Rn 3, 4). Zur verschärften Haftg des Empf bei ungewissem Erfolgseintritt s § 820 I 1.

3) Verhinderung des Erfolgseintritts. Keine Part darf – wie in § 162 – die gemeins Erwartg des 3 Erfolgseintritts unredl zunichte machen (BGH NJW **80**, 451). Nicht erforderl ist die Abs des Leistdn, den Erfolg zu verhindern, es genügt, daß er ohne zwingdn Grd ein Hdlg vornimmt, die bewußterm dazu geeignet ist, den Erfolg zu verhindern. Ob der Leistde jede Einflußn auf den Erfolgseintritt unterl muß, ist Ausleggsfrage. § 815 ist auch ggü dem Anspr auf Rückg der Brautgeschenke anwendb, wenn der schenkde Teil – ggf beide – die Eheschl wider Treu u Gl verhindert hat (BGH **45**, 258, § 1301 Rn 3). RückFdg ist dagg nicht ausgeschl, wenn sich bei ErfBereitsch des Empf der Leistde weigert, einen formnichtigen Vertr in rechtsgült Form abzuschließen od zu erf, sofern er dazu einen hinreichdn Grd hat (BGH JZ **71**, 556), zB argl Täuschg bei Abschl des formnichtigen Vertr (BGH NJW **80**, 451; aA Singer WM **83**, 254); ebso nicht, wenn ein unsittl Erfolg vereitelt wird (RG **78**, 41: Bordellkauf).

4) Beweislast. S zunächst § 812 Rn 104–108. Der Leistde muß Leistg zwecks Erreichg des Erfolges u 4 dessen Nichteintritt als AnsprVorauss bew. Der LeistgsEmpf hat dagg die Tatbestdsmerkmale des § 815 (Einwdg) zu beweisen. Das gilt auch für die Rückfdg eines selbstd (abstr) SchuldVerspr.

816 *Verfügung eines Nichtberechtigten.* [I]**Trifft ein Nichtberechtigter über einen Gegenstand eine Verfügung, die dem Berechtigten gegenüber wirksam ist, so ist er dem Berechtigten zur Herausgabe des durch die Verfügung Erlangten verpflichtet. Erfolgt die Verfügung unentgeltlich, so trifft die gleiche Verpflichtung denjenigen, welcher auf Grund der Verfügung unmittelbar einen rechtlichen Vorteil erlangt.**

[II]**Wird an einen Nichtberechtigten eine Leistung bewirkt, die dem Berechtigten gegenüber wirksam ist, so ist der Nichtberechtigte dem Berechtigten zur Herausgabe des Geleisteten verpflichtet.**

1) Bedeutung. – a) § 816 regelt einen Fall der **Eingriffskondiktion** (§ 812 Rn 10–15), denn er betrifft 1 VermVerschiebgen dch Hdlgen des Bereicherten od eines Dr (§ 812 Rn 35–67; aA MüKo/Lieb Rn 12). In Erweiterg des in § 812 enth allg Grds der Einheitlichk des BerVorgangs (§ 812 Rn 35–67) stellt § 816 klar, daß ein BerAusgl auch in den Fällen stattfinden soll, in denen ein Ggst (Sache, Fdg, Recht) dem Berecht wirks entzogen wird, der Nichtberecht aber dch einen Ers (Surrogat) – wenn auch aGrd eines selbstd RGesch – ungerechtf bereichert ist, ohne daß hierfür § 281 herangezogen zu werden braucht. § 816 ist von großer prakt Bedeutg; er hat in erster Linie die Aufg, überall dort einen gerechten Ausgleich zu schaffen, wo das G im Interesse der VerkSicherh, insb zG des gutgläub Erwerbers, Vfgen von Nichtberecht auch sachlrechtl für endgült wirks erkl u mangels Versch des Nichtberecht ein Ausgl weder über § 823 noch über § 687 II erfolgen kann. – **Absatz I Satz 1** betr den Fall, daß ein Nichtberecht üb einen Ggst eine Vfg trifft, 2 die dem Berecht ggü wirks ist (zB Übereigng einer bewegl Sache dch Nichteigtümer an gutgl Erwerber). Der Ausgl des RVerlusts, den der Berecht (der bish Eigtümer) erleidet, findet hier dadch statt, daß der Nichtberecht das dch die Vfg – wenn auch nur mittelb, zB aGrd eines ihr zugrdeliegdn KaufVertr – Erlangte (Rn 24) an den Berecht herauszugeben hat. – **Absatz I Satz 2** betrifft den Fall, daß der Nichtbe- 3 recht unentgeltl verfügt, also selbst nichts erlangt hat; dann richtet sich der BerAnspr unmittelb gg den Erwerber, der zur Herausg verpfl ist. Der unentgeltl gutgläub Erwerb wird daher im Ergebn nicht ge-

schützt. I 2 enth eine Erweiterg des BerAnspr auf einen Dr; immerhin liegt hier noch – and als bei § 822 (dort
4 Rn 1) – ein einheitl BerVorgang (§ 812 Rn 35–57) zugrde. – **Absatz II** betr den Fall, daß an einen Nichtberecht eine Leistg bewirkt wird, die dem Berecht ggü wirks ist, dch die also der Leistde befreit wird (zB § 407). Der RVerlust des Berecht wird hier dadch ausgeglichen, daß der Nichtberecht diesem die empf Leistg herausg muß.

5   **b) Konkurrierende Ansprüche.** Eine weitergehde Haftg bei Vorliegen der entspr AnsprVoraussetzgen bleibt unberührt, insb bei Versch aus unerl Hdlg (§ 823), aus Vertr (zB Auftr), aus § 681, wenn der Verfügde od Annehmde ein fremdes Gesch als sein eig behandelt, sowie aus § 687 II bei angemaßter EigGeschFg (RG **138**, 45, s § 687 Rn 2). Weitergehde BerAnspr, zB auf den Wert des Ggst (§ 818 II), entfallen dagg (Rn 24). § 816 wird auch dch die SonderVorschr des Eigtümer-BesitzerVerh nicht ausgeschl, sond tritt ergänzd neben §§ 987 ff (RG [GrZS] **163**, 348, BGH **LM** § 812 Nr 15; auch BGH **47**, 128 geht hiervon aus). Wird die Vfg des Nichtberecht erst dch Gen des Berecht wirks (Rn 9), so schließt diese Gen SchadErsAnspr des Berecht nach §§ 987 ff od § 823 idR nicht aus, da der Berecht hierdch nur auf seinen EigtHerausgAnspr gg den Dr verzichtet, der Verfügde aber trotzdem Nichtberecht bleibt (BGH DB **76**, 814, NJW **91**, 695); and jedoch, wenn die Gen bei entspr Auslegg darü hinaus der Vfg des Nichtberecht die Widerrechtlichk nimmt u damit als Verz auf SchadErsAnspr anzusehen ist (BGH NJW **60**, 860). BGH NJW **56**, 338 will den AusschlTatbestd des § 817 S 2 als für alle Kondiktionen geltden Grds auch auf den BerAnspr aus § 816 anwenden, übersieht aber, daß § 817 S 2 nur für die LeistgsKondiktion, nicht die für bei § 816 vorliegde Ber „in sonst Weise" gilt (ebso MüKo/Lieb § 817 Rn 15, Staud-Lorenz Rn 3).

6   **c) Ausgleich.** Zw demjen, der dch fahrl uH den EigtVerlust des Gläub verurs hat, u demjen, der denselben EigtVerlust dch seine nichtberecht Vfg herbeigeführt hat u desh auf Herausg des VeräußergsErlöses haftet, besteht ein GesamtschuldVerh iS der §§ 421 ff (BGH WM **83**, 1189).

    2) Wirksame Verfügung eines Nichtberechtigten (I 1)

7   **a) Rechtsgeschäftliche Verfügungen** (vgl Übbl 16 vor § 104). Nicht fällt hierunter die nur schuldr Verpfl zur Vorn einer RÄnd. Desh läßt sich bei Vermietg od Verpachtg fremder Sachen der Anspr auf Herausg des Mietzinses nicht auf § 816 stützen, es handelt sich hier vielm um einen Anspr aus EingrKondiktion nach § 812 I 1 (§ 812 Rn 28–30, 33, 34; ebso Staud-Lorenz Rn 6, RGRK/Heimann-Trosien Rn 4; aA Larenz, SchR II, § 69 IV a, Esser-Weyers § 50 II 2a: § 816 analog anwendb). Entspr besteht bei Verleih einer fremden Sache kein Anspr aus I 2 gg den Entleiher auf Ers des Werts der hierdurch erlangten GebrVort. – **Verfügungen im Wege der Zwangsvollstreckung** sind diesen in § 816 nicht gleichgestellt. Der BerAusgl bei ungerecht ZwVollstrMaßn, insb bei Vollstr in das Verm eines Dr, hat vielm über die EingrKondiktion nach § 812 zu erfolgen (§ 812 Rn 37–40). Keine Vfg ist auch der Verbrauch einer Sache (BGH **14**, 7). – **Nichtberechtigter** vgl § 185 Rn 5. Wer mit Einwilligg des Berecht verfügt, ist dazu ermächtigt (§ 185 Rn 7), verfügt deshalb nicht als NichtBerecht, § 816 ist nicht anwendb (Hamm ZIP **95**, 50).

8   **b) Von Anfang an wirksam** ist die Vfg des Nichtberecht in den im G best Fällen, insb bei Einwilligg des Berecht (§ 185 I), bei Übertr des Eigt u Bestellg od Übertr sonstiger dingl Rechte dch den sachl-rechtl Nichtberecht, grundbuch aber den legitimierten RInh aGrd der Bestimmgen über den öff Gl des GB (§§ 892, 893, 1138, 1155 ff, 1192, 1200); Übertr od Belastg (Nießbr, PfdR) von bewegl Sachen dch Nichtberecht an gutgl Erwerber (§§ 932 ff, 936, 1032, 1207); Vfg über NachlGgst nach den Vorschr über den öff Gl des ErbSch od and vom NachlG ausgestellter Zeugn (§§ 2366–2368, 1507); ferner §§ 366 ff HGB; Art 16 WG, §§ 325 II, 898 ZPO, § 7 KO ua.

9   **c) Wirksamwerden.** § 816 ist auch anwendb, wenn die Vfg des Nichtberecht dem Berecht ggü zunächst unwirks war, aber nachträgl wirks geworden ist, zB dch Ersitzg, insb aber dch rückw (§ 184 I) **Genehmigung** des im ZtPkt ihrer Erteilg Berecht nach § 185 II 1 1. Fall (BGH **107**, 340). Hierdch werden ledigl die RFolgen der Vfg geändert, der Verfügde bleibt aber nach wie vor Nichtberecht. Dies ist vor allem von Bedeutg bei Vfgen, bei denen der Erwerber bösgl war od es sich um abhgek od gestohlene Sachen handelte. In diesen Fällen hat es der Berecht in der Hand, entweder die Sache von dem Dr mit der EigtKl herauszuverlangen od, zB wenn dieser nicht zu ermitteln ist od die Sache vor Kenntn des RMangels [vgl §§ 990, 993] verbraucht od abgenutzt hat, die in der Veräußerg dch den Nichtberecht liegde Vfg zu gen u den VerkErlös (Rn 24) zu verlangen. Die Gen schließt auch Anspr aus § 823 nicht aus (BGH DB **76**, 814). Die GenFähigk ist unabh von dem späteren rechtl od tats Schicksal des Ggst, kann also auch noch erteilt werden nach Verarbeitg der Sache, über die unber verfügt worden ist; der Berecht hat die Wahl zw dem Anspr aus § 951 gg den Verarbeiter u aus § 816 gg den nichtberecht Vfgden (BGH **56**, 131). Mit der Gen wird die Vfg endgült wirks. Erteilg u Verweigerg der Gen sind unwiderrufl, so daß eine Gen nach endgült Verweigerg unwirks ist (BGH NJW **68**, 1326). Anderers ist aber in dem Umst, daß der Berecht zunächst SchadErs verlangt hat, noch keine endgült Verweiger der Gen zu sehen (BGH aaO). In der uneingeschr KlErhebg des Berecht auf Herausg des dch die Vfg Erlangten liegt häuf die konkl Gen, sofern der Genehmigde die Unwirksamk des Gesch gekannt od zumind mit einer solchen Möglichk gerechnet hat (BGH DB **60**, 1212). And, wenn die Erteilg der Gen erkennb dem Interesse u Will des Berecht widerspricht, zB weil er sich endgült seines EigtHerausgAnspr gg den DrErwerber begeben würde, obwohl in diesem ZtPkt weder der Erfolg der Kl noch die tats Durchsetzbark des BerAnspr nach § 816 feststehen u inzw die Sache selbst wieder auftauchen kann. In der KlErhebg auf den Erlös eine auflösd bdgt erteilte Gen der an sich unwirks Vfg zu sehen (Wilckens AcP **157**, 399), geht wohl nicht an, weil die Gen als gestaltdes RGesch im Interesse der Klarh des RVerk grdsätzl bdggsfeindl ist (vgl Einf 12, 13 vor § 158). Der Berecht braucht aber die Gen nur Zug um Zug gg die Herausg des Erlöses zu erteilen; hierdch sind die Vorauss des § 816 (wirks Vfg) erfüllt (Staud-Lorenz Rn 9 aE; Soergel-Mühl Rn 8; krit Deubner MDR **58**, 197).

10   **d) Gläubiger** ist der **Berechtigte,** dh derj, der an sich zu der fragl Vfg berecht gewesen wäre u dch sie beeinträchtigt wird (RG **119**, 332), nicht jeder nur mittelb, zB ledigl schuldr an dem Ggst Interessierte.

Berecht ist auch der TrHänder, nicht der TrGeb. Sind mehrere Pers betroffen (zB Miteigtümer, Eigtümer u PfdRInh), so steht jedem von ihnen der BerAnspr entspr § 1011 auf Herausg an alle zu (BGH **LM** § 812 Nr 15). Bei wirks Vfg eines von mehreren Mitberecht üb den gemeins Ggst (vgl § 744 Rn 3, § 747 Rn 5, § 2039) sind die übr ansprberecht. – **Schuldner** ist bei Abs I S 1 der **Nichtberechtigte,** der die wirks Vfg 11 vorgen hat, nicht aber ein DrEmpf, mag er auch der Vfg zugestimmt haben (RG **137**, 356). Bei Stellvertretg ist der Vertretene herausverpfl. Bei mittelb Stellvertretg ist dagg der im eig Namen Handelnde, nicht der AuftrGeb der iS des § 816 nichtberecht Verfügde (Wolf JZ **68**, 414; aA Rabe JuS **68**, 211; offen gelassen in BGH **47**, 128); ein BerAnspr wg des VerkErlöses gg den mittelb StellVertr scheidet aber jedenf (wg § 818 III) dann aus, wenn dieser (zB Kommissionär) den Erlös an seinen AuftrGeb (Kommittent) abgeführt hat (BGH aaO; s Rn 25: BerAnspr höchstens hins VerkProv). – Ein **Verschulden** ist für den BerAnspr auf 12 Gläub- (Berecht-) wie auf SchuSeite nicht erforderl (BGH **37**, 363 [371], BGH BB **68**, 690, Gutgläubk des Verfügden); doch kann bei Versch auf Seite des Nichtberecht gem § 819 verschärfte Haftg eintreten, auch können konkurrierde Anspr in Betr kommen (Rn 5).

3) Unentgeltliche Verfügung eines Nichtberechtigten (I 2)

a) Bedeutung. Erfolgt die wirks Vfg des Nichtberecht iS von Rn 7–12 unentgeltl, so ist nicht der 13 Verfügde, der nichts erlangt hat, sond der Dr, der aGrd der Vfg einen rechtl Vort erlangt hat, zur Herausg verpfl. Dies ist ein Ausfluß des allg Gedankens, daß ein unentgeltl, wenn auch gutgläub, Erwerb nicht auf Kosten des Geschädigten aufrechterh werden soll. Verfügt der Eigtümer unentgeltl über ein Grdst u erlischt desh über § 892 ein nicht eingetragenes R eines Dr am Grdst, so schuldet der Erwerber des Grdst die WiederEintr des R gem I 2 (BGH **81**, 395). Ebso ist ein gem § 1412 geschützter Dritter, zu dessen Gunsten ein Eheg über einen zum GesGut gehörden Ggstd als Nichtberecht verfügt hat, zur Herausg des Erlangten verpfl (BGH **91**, 288).

b) Unentgeltlichkeit. Begr, Beisp § 516 Rn 8–10. Der GgWert kann auch in der Vfg selbst liegen, zB bei 14 einer wirks Schuldbefreiung. Entsch für die Frage der Unentgeltlichk ist stets der Standpkt des Erwerbers, da das Entgelt auch einem Dr zugeflossen sein kann (BGH **LM** Nr 4). HofÜbergVertr ist regelm gemischte Schenkg (§ 516 Rn 13–17); BGH WM **64**, 614 nimmt I 2 für die ganze Vfg an, wenn der unentgeltl Charakter überwiegt.

c) Unmittelbarer rechtlicher Vorteil bedeutet, daß dch die näml Vfg, die der Nichtberecht wirks ggü 15 dem Berecht trifft, der Beschenkte einen rechtl Vort erlangt; I 2 ist desh unanwendb, wenn der Nichtberecht den GgWert des für eine wirks Vfg nach I 1 Erlangten zunächst in sein eig Verm bringt u erst hieraus einem Dr unentgeltl etwas zuwendet (BGH NJW **69**, 605); hier ggf nur § 822 gg Dr, sofern ErstEmpf aus RGrden – zB § 818 III, nicht bei § 819 – nicht mehr haftet (s § 822 Rn 1, 3).

d) Rechtsgrundlose Verfügung des Nichtberechtigten. Sehr umstr ist, ob – wie nach hM bei § 988 16 (dort Rn 4, 5) – der unentgeltl Vfg die rechtsgrdlose gleichzustellen ist. „Erlangt" ist an sich nur, was jemandem dch rechtsgült Vertr zugeflossen ist. § 816 ist daher seinem Wortlaut nach grdsätzl unanwendb, wenn die Vfg zwar rechtswirks ist, die VermVerschiebg zG des Erwerbers aber aGrd eines von vornherein nichtigen od nachträgl wieder weggefallenen (Anf, Rücktr, Wandelg) KausalGesch zw ihm u dem Nichtberecht vorgen worden ist. Unzweifelh hat hier der Erwerber die ohne RGrd empf Zuwendg herauszugeben; str ist jedoch, wem der BerAnspr zusteht. Von prakt Bedeutg ist die Unterscheid insb dafür, ob der Erwerber die von ihm an den Nichtberecht erbrachte GgLeistg ggü dem BerAnspr in Anrechng bringen kann (vgl § 818 Rn 42, 43). – Nach der **Einheitskonditionslehre** (vgl Grunsky JZ **62**, 207 mit weit 17 Nachw) steht der BerAnspr dem urspr Eigtümer (E) unmittelb gg den Erwerber, zB den Käufer (K) zu, weil dieser „in sonstiger Weise" ohne RGrd auf Kosten des E bereichert ist. An der Einheitlichk des BerVorgangs (§ 812 Rn 36–67) fehlt es hier nicht, weil dch den gleichen Vorgang (Vfg des nichtberecht Verk V) E sein Recht, das Eigt, verloren u K es erworben hat; daß die Übertr V vorgen hat, steht dem nicht entgg (str). In Analogie zu § 816 I 2 sei in Fällen rgrdloser Erwerb noch weniger schützenswert als ein unentgeltl. Hiergg spricht jedoch, daß die Parteien (V–K) das RGesch als entgeltl gewollt haben u vielf auch bereits K eine GgLeistg an V erbracht hat, die K dem E nicht entgghalten könnte. – Nach der **Doppelkonditionslehre** 18 (vgl Staud-Lorenz Rdz 16ff mit ausf Zusfassg über den Stand der Meinen) ist dagg K unmittelb nur auf Kosten des V bereichert, dem er Zug um Zug gg die Rückg einer evtl GgLeistg das dch die Vfg Erlangte herauszugeben hat. E hat seiners ledigl einen BerAnspr gg V auf Abtretg des BerAnspr, den dieser gg K hat. Hiergg ist aber einzuwenden, daß, da V nicht über eig Verm, sond über ein Recht des E (zB Eigt) wirks verfügt hat, er bei der Kondiktion von K mehr erhalten würde (näml Bes u Eigt), als ihm vor der Vfg zustanden hat. – **Der BGH** hat hierzu bish keine grdsätzl Stellgn bezogen. In BGH **37**, 363 hat er für einen ausdr als Sonderfall bezeichneten SachVerh (Angest V unterschlägt Geld des E u verspielt es in der Spielbank K; der SpielVertr V – K war nach § 134 nichtig) in entspr Anwendg von § 816 I 2 einen unmittelb BerAnspr des E gg K zugelassen, weil K, um die Spielgelder zu erlangen, keine GgLeistg von wirtschaftl Wert erbracht habe, so daß die Interessenlage einer unentgeltl Zuwendg gleichzuachten sei (kein Anspr E – V aus § 816 I 1, da V infolge Verlusts nichts erlangt hat). Auf die Kritik an dieser Entsch (ua Wiethölter JZ **63**, 286, Schlosser JuS **63**, 141) hat BGH **47**, 393 die früh Begr dahingeh erläutert, daß zwar die Gewinnchance des V als Entgelt angesehen werden könne, diese jedoch bei einem nichtigen SpielVertr V – K nicht als GgLeistg zu berücksicht sei. Auch in diesem Fall fehlt jedoch eine grdsätzl Entsch, da hier der SpielVertr gült war u desh weder ein unentgeltl noch ein rgrdloser Erwerb vorlag. – **Eigene Beurteilung.** Da 19 Unentgeltlichk eine freigieb Abs voraussetzt, die bei rgrdlosen, entgeltl gedachten VermVerschiebgn sicher nicht vorliegt, ist § 816 I 2 auf diesen Fall nicht, auch nicht entspr anwendb. Vielmehr kann ausschließl Verk V (rgrdlos Vfgder) unmittelb von Käufer K (Empf) den Ggst, ggf Zug um Zug gg Rückg der von diesem erbrachten GgLeistg, kondizieren (Staud-Lorenz Rn 21 mwN); der Bes geht damit auf V über, ebso das EigtR (vgl § 932 Rn 17). Eigtümer E kann von K erst nach Abtretg des BerAnspr V – K (aGrd des zw ihnen best RVerh od entspr § 816 I 1) RückÜbertrag verlangen, muß sich dann aber die ggü V begründeten Einwendgen des K entgghalten lassen, § 404 (vgl zum rechtsähnl Fall des Durchgr beim Doppelmangel § 812 Rn 63–65).

20 **4) Wirksame Leistungsannahme durch Nichtberechtigten. Abs II** regelt einen weiteren Fall der EingrKondiktion, näml alle Fälle, in denen der Leistde befreit bleibt, obwohl er an einen Nichtberecht geleistet hat (BGH NJW **93**, 1788). Bsp: Leistg des Schu in urspr Gläub in Unkenntn der Abtr der Fdg od eines sonst Rechts gem §§ 407, 408, 413 (BGH **26**, 185 [193], **32**, 357), wobei bei mehreren Abtr (EigtVorbeh, Globalzession) grdsätzl deren Reihenfolge entsch (vgl § 398 Rn 24, 25). Zahlt also iF von 2 Abtretgen der Schu an den Zweitzessionar (Bank), auch wenn dies nur iW einer Umbuchg geschieht, so muß dieser das Erlangte (Geld, dem Buchgeld gleichsteht) an den Erstzessionar herausgeben (BGH NJW **74**, 944), auch bei ges FdgsÜberg gem § 412 (BGH **12**, 220, Karlsr VersR **69**, 564) u bei Überleitg von Anspr dch den SozHilfeträger gem §§ 90, 91 BSHG, auch wenn er vom Arbeitslosengeld des vermeintl UnterhSchu dch das ArbAmt gem § 48 I 1 SGB I Beträge für sich abzweigen ließ, währd sich später herausstellt, daß ein UnterhAnspr nicht bestand (BGH NJW **93**, 1788); Leistg an die in unricht AbtrAnz als Zessionar bezeichnete Pers (§ 409); Leistg des AuseinandSGuth an den Zessionar des Gters, wenn dessen Antl am GVerm nach der Abtretg gepfändet wurde (BGH **105**, 206, Köln NJW-RR **94**, 1517). Zahlg des Miet- od Pachtzinses an den urspr Verm od Verp in Unkenntn der Veräußerg des Grdst od der sonst Beendigg des GläubR (§§ 574, 579, 581, 1056, 2135); der Lieferant eines EinzHändlers, dem aGrd verlängerten EigtVorbeh die KaufPrFdg aus dem Verk eines von ihm gelieferten Ggst zusteht, kann, wenn das zur Tilgg der KaufPrSchuld dem Käufer von einer TZahlgsBank gewährte Darl an einen and Lieferanten ausgezahlt wird, von diesem die Herausg des an ihn Geleisteten verlangen (BGH NJW **72**, 1197); Unkenntn der Beteiligg mehrerer Gläub, zB bei Leistg an einen Gter (§ 710) od im FamR (§ 1473 II); Leistg an die dch ErbSch od TestVollstrZeugn fälschl ausgewiesene Pers (§§ 2367, 2368), desgl an den im GB eingetr NichtBerecht (§ 893) od an den legitimierten Inh des HypBriefs (§ 1155); Leistg an den nichtberecht Inh eines Inh- od LegitimationsPap (§§ 793, 808) od an den besitzlen Nichteigtümer nach Beschädigg der Sache (§ 851); Ann der Leistg dch VersNehmer nach § 76 VVG (BGH **32**, 44 [52]). Der Empf der Leistg kann sich ggü dem BerAnspr des
21 Berecht nicht darauf berufen, daß gg einen and einen Anspr auf die gleiche Leistg habe. – **Genehmigung** seitens des berecht Gläub macht iHe der Ann einer Leistg, die zunächst nicht befreiend wirkte, wirks (BGH NJW **86**, 2430). Der Berecht hat also das WahlR, ob er die Ann wirks werden lassen u das hierdch Erlangte von
22 dem Nichtberecht herausverlangen od ob er gg den nicht befreiten Schu vorgehen will. Für konkl erteilte Gen dch Klageerhebg gilt sinngem das in Rn 9 Gesagte (BGH ZIP **90**, 1126). **Nicht unter Abs II fällt** Überweisg an Bank als bloße Zahlstelle (Konto) des Gläub, weil da die Leistg nicht an die Bank, sond an den Gläub bewirkt wird (BGH **53**, 139). Dies schließt aber nicht aus, daß bei nichtiger Globalzession der KundenFdgen die Berufg der Bank ggü VorbehLieferanten auf ihre bloße Eigensch als Zahlstelle gg Tr u Gl verstößt mit der Folge, daß sich die Bank so behandeln lassen muß, als hätte sie die Zahlgen der Kunden nicht als bloße Zahlstelle des Gläub, sond aGrd der nichtigen Globalzession entgg gen, sodaß sie den VorbehLieferanten analog Abs II herausgeben muß (BGH **72**, 316). Zum Verh zw Vorbeh-Lieferg u Globalzession vgl § 398 Rn 24, 25. Die Factoringbank, an die der VorbehKäufer seine KaufPrAnspr gg Kunden abgetreten hat, ist nicht bloße Zahlstelle (Messer NJW **76**, 925). – Keinen Anspr auf Herausg des Geleisteten nach Abs II hat ferner der VorbehVerk (Lieferant), wenn die Bank zum Diskont einen Kundenwechsel ihres Kreditnehmers (VorbehKäufers) annimmt, obwohl dieser seine zu Grde liegde KaufPrFdg gg seinen Kunden dch verlängerten EigtVorbeh an seinen Lieferanten (VorbehVerk) abgetreten hat. Mit der Einlös des Wechsels ggü der Bank erl näml der Kunde nicht die an den Lieferanten abgetretene KaufPrFdg, sond die an die Bank abgetretene WechselFdg u zahlt damit an den Berecht (BGH JZ **79**, 443); vgl auch § 826 Rn 57. Zahlt der Käufer an seinen Verk, der die Ware unter verlängertem EigtVorbeh erworben hatte, so hat er an den Berecht bezahlt, weil mangels abw Vereinbg Erteilg der EinziehgsErmächtigg dch den Erstverkäufer anzunehmen ist (Hbg ZIP **83**, 46).

23 **5) Gegenstand und Umfang des Bereicherungsanspruchs. – a)** Zur Frage des AnsprBerecht u des BerSchuldn s Rn 10–12, 13, 20–22.

24 **b) Das durch die Verfügung Erlangte** ist herauszugeben. Dies ist bei Abs I S 1 der dem Nichtberecht zugeflossene rgesch GgWert, bei Abs II die angenommene Leistg, bei Abs I S 2 der unentgeltl weggegebene Ggst. Nicht dagg ist der übl VerkWert des betr Ggst zu ersetzen, mag dieser auch höher sein als das tats Erlangte (BGH **LM** § 812 Nr 15). § 818 II ist insow dch die Sonderbestimmg des § 816 ausgeschl (Hamm NJW-RR **95**, 1010); s aber § 818 Rn 17, 18 (WertErs für Erlangtes). Herauszugeben ist auch der anläßl der Vfg erzielte **Gewinn,** auch wenn er allein auf den bes Umst dieses VerfgsFalles, zB auf der Tüchtigk des nichtberecht Verk beruht (BGH **29**, 157 u WM **75**, 1179). Hieran ist trotz vielf Ablehng (Soergel-Mühl Rn 29, Larenz SchR II § 69 IV a; differenziert Staud-Lorenz Rn 23 ff, Plambeck JuS **87**, 793) festzuhalten. Richtig an dieser Kritik ist, daß der Anspr auf Herausg auch des ÜberPr von dem das BerR sonst beherrschden Grds des VermAusgl abweicht u sonst nur in den Fällen der angemaßten EigGeschFg nach § 687 II gegeben ist. Anderers spricht schon der eindeut Wortlaut des § 816 für die Meing der Rspr. Das Recht, den Ggst gewinnbringd zu verwerten, steht grdsätzl nur dem berecht RInh zu. Auch würden sich, wie der BGH aaO zutr hervorhebt, andernf nicht unerhebl BewSchwierigk ergeben. Die GgMeing führt im übr vielf zu dem gleichen Ergebn, da zunächst einmal vermutet wird, daß der Erlös dem wahren Wert entspr. Etw grobe Unbillig müssen über § 242 (BGH aaO), ggf auch nach § 818 III (Unkosten, s Rn 25) ausgeglichen werden. Hat der Dieb (nichtberecht Vfgder) bereits SchadErs geleistet, so wird hierdch auch der Abnehmer des Diebes, der die Sache weiterveräußert hat, von dem BerAnspr des § 816 I 1 befreit, da beide wie GesSchu zu behandeln sind; ein Anspr des Diebs gem § 255 gg den Eigtümer auf Abtretg des BerAnspr gg den Nichtberecht scheidet desh aus (BGH **52**, 39).

25 **c) Der Umfang** des BerAnspr des § 816 richtet sich iübr nach den allg Vorschr der §§ 818, 819. Der AnsprGegner, dh bei Abs I S 1 u Abs II der nichtberecht Vfgde, kann also insb seine **Aufwendungen,** die er ohne die Vfg nicht gehabt hätte, abziehen, nicht aber die einem Dr gewährte GgLeistg, um den Ggst von einem und als dem Berecht zu erhalten, zB den gutgl an den Dieb bezahlten Kaufpr. Näher § 818 Rn 42, 43. Er kann sich ferner, soweit er nicht gem § 819 verschärft haftet, auf den Nichteintritt od Wegfall der Ber (§ 818 III) berufen (BGH **9**, 333), zB nach Abführg des VerkErlöses dch den als Nichtberecht verfügenden

Kommissionär an seinen AuftrGeb (BGH **47**, 128: Ber höchstens noch in Höhe der VerkProv). Der dem SchadErsR angehörde § 255 ist auf den BerAnspr des § 816 auch nicht entspr anwendb; der Nichtberecht kann daher nicht als GgLeistg für die Herausg des dch die wirks Vfg Erlangten die Abtretg von ErsAnspr, zB gg den Dieb des veräußerten Ggst, verlangen (BGH **29**, 157). Zur Anwendbark des § 255 bei SchadErs-Leistg des Diebs s BGH **52**, 39 u Rn 24.

6) Beweislast. Der AnsprBerecht trägt die BewLast für alle Vorauss des BerAnspr (vgl auch § 812 Rn **26** 103ff). So für die Nichtberechtigg des Verfügden od des Empf, unterstützt dch Vermutgen, wie § 1006 (BGH WM **95**, 534), sowie für die Wirksamk der Vfg od der Ann dem Berecht ggü, im Fall des I 2 auch für die Unentgeltlichk der Vfg, ferner für den Umfang des Erlangten.

817 *Verstoß gegen Gesetz oder gute Sitten.* **War der Zweck einer Leistung in der Art bestimmt, daß der Empfänger durch die Annahme gegen ein gesetzliches Verbot oder gegen die guten Sitten verstoßen hat, so ist der Empfänger zur Herausgabe verpflichtet. Die Rückforderung ist ausgeschlossen, wenn dem Leistenden gleichfalls ein solcher Verstoß zur Last fällt, es sei denn, daß die Leistung in der Eingehung einer Verbindlichkeit bestand; das zur Erfüllung einer solchen Verbindlichkeit Geleistete kann nicht zurückgefordert werden.**

1) Allgemeines. – a) Inhalt. § 817 enth im Zushang mit Leistgen, die gg ein ges Verbot od gg die guten **1** Sitten verstoßen, ausdr zwei Sonderregelgen: Nach **Satz 1** hat Leistder ein RückfdgsR, wenn ledigl der Empf der Leistg dch deren Ann gg das G od Sittengebot verstößt. S 1 ist hier zwar ein Sonderfall des vielf gleichzeit gegebenen allg BerAnspr aus § 812 I 1, enth aber einen nach seinen Vorauss selbstd geregelten BerTatbestd. Prakt Bedeutg hat die Vorschr vor allem für die Fälle, in denen die Gültigk des ErfGesch mit Rücks auf dessen selbst, abstr Charakter von der Nichtigk des ges- od sittenw GrdGesch nicht ergriffen wird u ein BerAnspr aus § 812 (wg Erf einer Nichtschuld) nach § 814 (Kenntn der Nichtschuld) ausgeschl wäre; § 814 gilt ggü § 817 S 1 nicht (BGH LM § 762 Nr 1). S 1 gilt auch für die Fälle, in denen das zugrdliegde RGesch trotz Verstoßes des ErfGesch gg das G od die guten Sitten gült bleibt (RG **96**, 343; näher Rn 10). – Nach **Satz 2** ist die Rückfdg aber grdsätzl ausgeschl, wenn dem Leistden gleichf ein solcher Verstoß zur Last fällt, also sowohl Empf wie Leistder verwerfl handeln. Hierdch wird der RSchutz für in vorwerfb Weise erbrachte Leistgen zum Nachteil des sich selbst außerh der ROrdng stellenden Leistden versagt (Rn 13–25). S 2 enthält eine **allgemeine Regel für alle Bereicherungsansprüche** bei LeistgsKondiktion, steht also als Einwdg auch Anspr aus § 812 entgg, wenn nur der Leistd verwerfl gehandelt hat (BGH **50**, 90, NJW-RR **93**, 1457).

b) Anwendungsbereich. § 817 gilt seinem klaren Wortlaut nach **nur für Leistungen,** dh für alle **2** BerAnspr aus Leistgskondiktion (§ 812 Rn 2–9), nicht auch für das „in sonstiger Weise" (§ 812 Rn 10–15) Erlangte. S 2 kann daher einem Anspr aus Ber in sonstiger Weise, auch aus § 816 (EingrKondiktion) nicht entgegehalten werden (BGH WM **67**, 1217; aA BGH NJW **56**, 338: Ausdehnung auf § 816). S 2 gilt ferner nur ggü dem BerAnspr, nicht ggü der Einrede der Ber gem § 821 (BGH JR **58**, 299). – **Keine entsprechende Anwendung** von Satz 2 wg seines AusnCharakters über das Gebiet der BerAnspr hinaus (BGH **44**, 1), also nicht bei Anspr aus Vertr (BGH DB **55**, 1163), aus unerl Hdlg (BGH NJW **92**, 310) aus GoA (BGH **39**, 87), aus Wandelg (RG **105**, 65) od ggü der Künd bzw dem Ausschl eines Gters (BGH **31**, 295), bei Anspr aus dem EigtümerBesitzerVerh (BGH LM Nr 1 u Nr 20; offen gelassen in BGH **31**, 295), ggü dem Anspr auf Herausg v Nutzgen nach § 987 (BGH **63**, 365), sowie ggü dem Anspr auf VerwendgsErs nach § 994 (BGH **41**, 341). And teilw die Literatur, weil nicht einzusehen sei, daß S 2 zwar bei bloßer Nichtigk des GrdGesch einem BerAnspr, nicht aber bei zusätzl Nichtigk auch des ErfGesch dem EigtHerausgAnspr entgegehalten werden könne (näher Einl 13 vor § 854).

c) § 817 ist zwingend (BGH LM § 762 Nr 1). Desh ist auch S 2 als rechtshindernde Einwdg vAw zu **3** beachten; ungenau daher BGH **36**, 232 („vorbehaltl der Einrede des § 817 S 2").

d) Der **Umfang der Herausgabepflicht** aGrd eines BerAnspr nach S 1 ist gem §§ 819 II, 818 IV ver- **4** schärft.

e) Internationales Privatrecht. Die ausländ ROrdng, die einen Ausschl des BerAnspr gem § 817 S 2 **5** nicht kennt, verstößt deswg noch nicht gg den ordre public des Art 6 EGBGB (BGH NJW **66**, 730).

2) Gesetzes- oder Sittenverstoß des Leistungsempfängers (S 1).

a) Allgemeine Voraussetzungen. S 1 enth für einen Sonderfall der Leistgskondiktion einen selbstd **6** geregelten BerTatbestd (Rn 1–5). Es müssen daher, obwohl dies im Wortlaut nicht bes gesagt ist, alle sonst Vorauss eines BerAnspr aus Leistgskondiktion gegeben sein, zB VermVerschiebg zw Benachteil u Bereichertem sowie die Einheitlichk des BerVorgangs (§ 812 Rn 35–67) aGrd einer „Leistg" (§ 812 Rn 2–9), auch iS des § 812 II. Gleichgült ist, ob der Empf die Leistg im Hinbl auf einen künft Erfolg od für vergangene Tätigk angen hat, zB als Belohng für geleistete Dienste, deren Bezahlg verbots- od sittenw ist (unten Rn 12). Erforderl ist aber, daß der unmittelb Zweck der Leistg so bestimmt ist, daß der Empf gerade dch die Ann gg ein G- od Sittenverbot verstößt. Daher genügt zB nicht bloßes Mitwirken von unsittl BewegGrden beim Empf, desgl nicht eine an sich untersagte Leistg, die aber einem erlaubten Zweck dient; vielm ist Vorauss, daß der Hauptzweck der Leistg verboten od sittenw ist (Br WM **91**, 1253). Werden aGrd eines einheitl Vertr mehrere Leistgen erbracht, so ist jede von ihnen hins des mit ihr verfolgten Zwecks gesondert zu würdigen (BGH NJW **62**, 1148 für § 817 S 2).

b) Rechtswirkungen. Bei G- od Sittenverstoß des LeistgsEmpf ist zw der Wirksamk des Grund- **7** (Kausal-) u des Leistgs (Erf-)Geschäfts zu unterscheiden. RGesch, die gg ein ges Verbot od gg die guten Sitten verstoßen, sind nach §§ 134, 138 nichtig. Die Nichtigk kann entw nur das GrdGesch od nur das LeistgsGesch od beide ergreifen (s hierzu Übbl 15–22 vor § 104; Einl 17 vor § 854): – **aa) Grundgeschäft 8 nichtig, Erfüllungsgeschäft gültig.** Vielf ist ledigl das KausalGesch wg Verstoßes gg §§ 134, 138 nichtig.

Inf der abstr Natur des oftmals wertneutralen ErfGesch erstreckt sich die Nichtig des GrdGesch nicht von vornherein auf das ErfGesch, sofern nicht gerade der mit ihm bezweckte Erfolg verboten od sittenw ist; zur Eingeh einer Verbindlichk s Rn 16. Hier ist HerausgAnspr schon aus § 812 I 1 begr. § 817 S 1, der gleichzeit anwendb ist, hat prakt Bedeutg für die Fälle, in denen § 812 dch § 814 ausgeschl ist (Rn 1). –

9 **bb) Grund- und Erfüllungsgeschäft sind nichtig,** wenn nach dem jew G (Ausslegg) auch die VermVerschiebg (Erfolg) verboten ist (§ 134 Rn 13) od – wie gerade bei Verstößen gg die guten Sitten nicht selten – die Sittenwidrigk gerade im LeistgsGesch ggü dem GeschGegner ihren Ausdr findet, zB beim WucherGesch des § 138 II (§ 138 Rn 49). Zur Frage der Nichtig auch des ErfGesch über § 139, insb wenn der mit der Leistg verfolgte Zweck Bdgg des LeistgsGesch ist, s § 139 Rn 7–9. In diesen Fällen ist die Leistg – mit Ausn des Bes (§ 812 Rn 71, 18–22) – nicht in das Verm des LeistgsEmpf übergegangen. Der Leistde kann also entw die Sache nach § 985 (zur Anwendbark von § 817 S 2 s Rn 2) od den Bes bzw WertErs nach §§ 812 I 1, 817 S 1, 818 II herausverlangen; wicht insb, wo Vindikation, zB inf Untergangs der Sache nicht zum Erfolg führt. § 812 ist hierbei ohne Rücks auf die Verbots- od Sittenwidrigk der LeistgsAnn anwendb. –

10 **cc) Grundgeschäft gültig, Leistungsannahme verbots- oder sittenwidrig.** Dieser Fall liegt bei VerbotsG vor, die zwar das GrdGesch unberührt lassen, weil der mit der Leistg verfolgte Zweck als solcher nicht zu beanstanden ist, die aber, zB aus wirtschlenkden Grden, die Mitwirkg einer best Pers beim VertrSchluß verbieten u so die bloße Ann der Leistg als gg ein G od Sittengebot verstoßd erkl. Hier ist, da für den Empfang der Leistg ein rechtf Grd gegeben ist, § 812 nicht anwendb u ein BerAnspr nur nach § 817 S 1 eingeräumt.

11 **c) Positive Kenntnis.** Der Empf muß posit Kenntn von dem GVerstoß bzw das Bewußtsein haben, sittenw zu handeln (BGH NJW 80, 452); wer allerdings leichtfert vor dem Verbot bzw der Sittenwidrigk seines Handelns die Augen verschließt, ist wie ein bewußt Handelnder zu behandeln (BGH NJW **83**, 1420 [1423], NJW **89**, 3217). Nicht erforderl ist das Bewußtsein der VertrNichtigk od ein leichtfert Sichverschließen vor dieser RFolge des Verstoßes (BGH NJW **93**, 2108). Nicht ausreichd ist bloßes Kennenmüssen des Verbots; selbst grobfahrl Handeln gg ein ges Verbot reicht nicht aus (BGH **50**, 90 „Wissen u Wollen"). Die Literatur ist vielf aA mit dem Hinw, ein Versch jegl Art müsse für die Anwendg der hier stets in Betr kommden verschärften Haftg nach § 819 II genügen (zB Soergel-Mühl Rn 31, 35; Larenz, SchR II, § 69 III a; s hierzu unten Rn 19). Danach ist auf Seite des Empf DeliktsFgk erfdl (RG **105**, 270). Bei Handeln eines Vertr entsch dessen Kenntn, § 166 I (§ 814 Rn 7); zum KonkVerw s Rn 21.

12 **d) Einzelfälle.** Beisp von nichtigen RGesch wg ZuwiderHdlg gg ein Verbot finden sich ausführl in § 134 Rn 14 ff, desgl für Verstöße gg die guten Sitten in § 138 Rn 41 ff; dort auch jew zur Frage, ob nur das GrdGesch od auch das ErfGesch nichtig ist. Entsch für § 817 S 1 ist, ob der unmittelb Zweck der Leistg gerade deren Ann verbots- od sittenw macht. Dies ist ua der Fall bei Schenkg einer Gem unter grober Verletzg haushaltsr Bestimmgen (BGH **36**, 395). GeldAnn zur Verschaffg eines Titels, aGrd einer Erpressg od dch einen Beamten für die Vorn einer AmtsHdlg sowie Ann sonst Schmiergelder (hier ist allerd meist S 2 gegeben; s Rn 25). GeldAnn gg das Verspr, eine Straftat nicht anzuzeigen (RG **58**, 204). Zuwendgen eines Verheirateten an seine Geliebte vgl § 138 Rn 50. Bei wg § 138 nichtigem Darl (Ratenkredit) hat der Darl-Empf Anspr auf Rückgewähr aller ohne RechtsGrd geleisteten Zahlgen wie BearbeitgsGebühr, Zinsen, Vermittlgskosten u die Hälfte der Prämien, die er für VersSchutz bezahlt hat; dies auch, wenn der DarlVertr bereits voll abgewickelt war (BGH NJW **83**, 1420 u 2692; Besprechg Bunte NJW **83**, 2674).

13 **3) Gesetz- od Sittenverstoß des Leistenden (S 2).** Die Rückfdg ist trotz Ges- od Sittenverstoßes des Empf ausgeschl, wenn dem Leistden gleichf – od allein (Rn 1) – ein solcher Verstoß zur Last fällt, sofern die Leistg nicht in einer Verbindlichk bestand. Der SatzgsVerstoß ist dem GesVerstoß nicht gleichzusetzen, S 2 gilt dafür also nicht (Köln NJW **71**, 1367: Handgeld an FußballVertrSpieler).

14 **a) Bedeutung.** S 2 versagt die gerichtl Durchsetzbark für die Rückabwicklg eines zweifelh Gesch. Wer sich selbst außerh der Sitten- od ROrdng stellt, soll hierfür keinen RSchutz erhalten (BGH **36**, 395, **44**, 1 [6]). Das hat zur Folge, daß bei zweiseit RGesch der Vorleistde auf eig Risiko handelt, da er wg der Nichtigk des RGesch weder Erf verlangen noch seine eig Leistg zurückfordern kann. Dies kann sicher zu unbill Ergebn führen. Literatur u Rspr halten desh weitgehd die Vorschr für gesetzgeber verfehlt. – **Keine entsprechende Anwendung,** vielmehr ist S 2 als AusnVorschr eng auszulegen, um Unbilligk in der Anwendg dieser Vorschr, die sonst nicht in das Gefüge des BerR paßt u als Einwdg vAw zu beachten ist, möglichst auszuschl (BGH **35**, 103 [109]). Im einz kommen insow in Betr:

15 **aa) Gesetzlicher Ausschluß.** In einer Reihe von Fällen ist bzw war die Anwendg des S 2 gesetzl ausgeschl, so bei Leistgen entgg mietpreisr Vorschr, § 30 I. BMG; Rückfdg unzul FinanziergsBeitr, § 50 IV 2 WohnbauG; Zahlgen an WohngsVermittler, auf die kein Anspr bestand, § 5 S 1 Hs 2 G zur Regelg der WohngsVermittlg (abgedr Einf 14 vor § 652); Schmiergelder des TransportUntern, § 23 II 4 GüKG (hierzu 16 BGH NJW **63**, 102). – Bestand die Leistg in der **Eingehung einer Verbindlichkeit,** so ist nach S 2 aE die Rückfdg gleichf nicht ausgeschl. Der gesgeber Grd für diese Ausn liegt darin, daß ein zwar verbots- od sittenw, aber noch unfert Gesch nicht zwangsw dchgeführt werden soll. Der Versprechde kann sowohl Befreiung von der Verbindlichk als auch deren Erf einredew (§ 821) verweigern. Hat er aber erfüllt, so ist ihm wiederum die Rückfdg kr ausdr ges Vorschr versagt. Eingeh einer Verbindlichk ist auch das abstr Schuldverspr od Anerk (§ 812 Rn 12, 13), ein Wechselakzept (BGH NJW **94**, 187), auch die Bestellg einer Hyp wg ihrer Abhängigk von der Fdg; nicht aber die Bestellg einer GrdSch anstelle einer Zahlg, weil sie bereits einer Erf gleichsteht. Auch der Erl einer Verbindlichk od der Verz hierauf sind Erf, nicht Eingeh einer Verbindlichk; daher insow kein RückfdgsR (RG **100**, 159).

17 **bb) Voraussetzung** einer **Leistung** iS des S 2 ist, daß der **Vermögensvorteil endgültig** in das Verm des LeistgsEmpf **übergegangen** ist u dort auch verbleiben soll (BGH NJW **95**, 1152 u ZIP **95**, 456). Daher ist S 2 unanwendb, wenn die Leistg nur zu einem vorübergehden Zweck erbracht ist u ihrer Natur nach zurückgewährt werden muß, wie bei Bestellg einer GrdSch zu SichgsZwecken (BGH **19**, 205), bei Darl an BordellInh (Mü MDR **77**, 228), bei sittenwidr TlZahlgsKrediten (BGH NJW **83**, 1420) od wenn der Empf wirtsch nicht endgült in dem Genuß der Leistg verbleiben soll, es sich also prakt nur um durchlaufde Posten

handelt, wie bei Kautions- od TrHdZahlgen (BGH **28**, 255, ZIP **94**, 129 [132], BGH ZIP **95**, 456). Zum RückfdgsAnspr des Wucherers s Rn 23.

cc) Maßgebender Zeitpunkt für die Anwendbark des S 2 ist allein der Zeitpkt der Leistg. Weder eine **18** spätere sittenw Abrede (BGH **LM** § 1a KWVO Nr. 4) noch die spätere Verletzg einer Verbotsnorm stehen dem RückfdgsAnspr entgg. S 2 ist auch nicht anwendb auf die Rückfdg einer Anzahlg auf einen noch nicht zustandegekommenen, möglicherw geswidr KaufVertr (BGH NJW **65**, 1432). – **Bei konkurrierenden Beweggründen,** sittenw u sittl einwandfreien, ist ein BerAnspr nicht ausgeschl, wenn die Leistg dch die einwandfreien Motive hinreichd gerechtf ist (BGH **35**, 103 [108]). **Bei mehreren Leistungen,** die in einem Vertr vereinb sind, ist der Ausschl des RückfdgsR nach S 2 für jede Leistg gesondert zu prüfen (BGH NJW **62**, 1148, BGH **50**, 90: § 139 nicht anwendb).

dd) Vorsatz. Der Leistde muß vorsätzl verbots- od sittenwidr – wie bei S 1, vgl Rn 11 – gehandelt **19** haben (BGH **50**, 90), wobei auch hier leichtfert Handeln vorsätzl Ges- bzw Sittenverstoß gleichsteht (BGH NJW **83**, 1420, NJW **89**, 3217; näher Rn 11; die dort genannte gteil Meing zu S 1 läßt sich auf den Ausschl des BerAnspr nach S 2 im Interesse von dessen einschränkder Anwendg keinesf übertr). Diese Voraussetzg fehlt zB vielf bei dem Bewucherten (unten Rn 23). Der Leistde muß daher gleichf deliktsfäh sein (RG **105**, 270).

ee) Weitere Einschränkungen im **Anwendungsbereich** des S 2 werden zur Vermeidg von unbill **20** Ergebn gemacht. Dabei wird darauf abgestellt, ob der Schutzzweck des ges Verbots die Rückabwicklg verbietet od eher fordert (Köhler JZ **90**, 466 bei nichtigem SchwarzArbVertr). So steht S 2 dem Anspr des Verleihers auf Erstattg der an die LeihArbN bezahlten Löhne gg den Entleiher iF unerl ArbNÜberlassg (Art 1 §§ 1, 9, 10 AÜG; vgl Einf 38–40 vor § 611) nicht entgg (BGH **75**, 299); ebso nicht dem Anspr auf Rückerstattg eines Betr, den Eltern eines Auszubildden an den Ausbilder für die Berufsausbildg bezahlt haben (BAG NJW **83**, 783). Eine Umgehung des S 2 (zB Umwandlg eines verbots- od sittenw RGesch in einen DarlVertr) kann seine Anwendg nicht ausschl (BGH **28**, 164). – **Treu und Glauben.** S 2 kann wg § 242 nicht eine VermVerschieb als endgült sanktionieren, die als unbill angesehen werden müßte, weil ein von der ROrdng nicht gebilligter Zustand dch Ausschl eines RückfdgsR nicht legalisiert werden darf (BGH **111**, 308: WertErs bei SchwarzArb; vgl § 818 Rn 22). Dch Anwendg des allg Grds von Treu u Gl im RVerk, der gerade auch für den Ausgleich ungerechtf VermVerschiebgen im BerR gilt (Einf 1, 2, 25 vor § 812), lassen sich die oftm unbill Ergebn der Anwendg des S 2, insb bei einseit Vorleistgen, weitgeh ausschalten (s näher unten Rn 24: Bordellkauf).

b) Hat der Leistde als **Vertreter** gehandelt, so geht sein G- od Sittenverstoß zu Lasten des Vertretenen **21** (BGH **36**, 395). Der **Rechtsnachfolger**, auch Erbe, muß sich den Sittenverstoß seines RVorgängers entgghalten lassen, selbst wenn sich die Sittenwidrigk der Hdlg gerade gg den RNachf (Erben) richtete (RG **111**, 151); auch hier helfen jedoch ggf §§ 242, 826. Auch der **Konkursverwalter** kann wg S 2 nichts zurückfordern, wenn der GemSchu dch seine Leistg gg ein gesetzl Verbot od gg die guten Sitten verstoßen hat (BGH **106**, 169 unter Aufg der fr Rspr).

c) Einzelfälle. – aa) Verstoß gegen Preisvorschriften spielt prakt keine große Rolle. Für das **22** RückfdgsR gilt die spezielle ges Regelg. Wo eine solche fehlt, kommt es auf den EinzFall an, insb darauf, ob bestehde PrVorschr ausschließl od doch in erster Linie den Schutz eines wirtsch Schwächeren bezwecken, so daß der Ausschl des RückfdgsR bei Verstoß od Überzahlg in bes Maße gg Treu u Gl verstoßen würde.

bb) Darlehen. Dem RückfdgsAnspr steht trotz der Nichtigk des DarlVertr S 2 nicht entgg, weil dem **23** DarlN nicht endgült die Substanz, sond nur die zeitweil Nutzg des Kapitals überlassen ist (oben Rn 17). Desh kann sich der DarlN grdsätzl nicht auf den Wegfall der Ber hins der Hauptsache (DarlKapital) berufen, sond nur dann, wenn die ZweckVerfolgg bei einem sittenwidr Darl von vornherein mit einem dem DarlG bekannten Risiko verbunden war, dieses Risiko sich verwirklicht hat u der DarlN deswegen nicht mehr bereichert ist (BGH NJW **95**, 1152). Der Inhalt des nichtigen DarlVertr ist aber nicht ohne jede Bedeutg; vielm ist das Darl in der vertragl vereinb Zeitfolge zurückzuzahlen (BGH **99**, 333 [338], NJW **89**, 3217). Ein ZinsAnspr bis zur Fälligk der einz RückzahlgsRaten besteht weder aGrd des (nichtigen) Darl-Vertr, noch aus BerR, da einem BerAnspr aus § 818 I, II der Ausschl nach § 817 S 2 entggsteht (BGH aaO). Das gilt auch, wenn das Darl nicht wucherisch, sond nach § 138 I (BGH NJW **83**, 1420, NJW **95**, 1152) od gem § 134 (BGH WM **89**, 1083, NJW **93**, 2108) nichtig ist. RückzahlgsAnspr des DarlEmpf vgl oben Rn 12.

cc) Bordellkauf. Die Nichtigk des GrdGesch ergreift hier grdsätzl nicht das wertneutrale ErfGesch, so **24** daß der Käufer dch Aufl u Eintr Eigtümer des Grdst wird. Ist eine RestkaufgeldHyp bestellt, so würde S 2 zu dem unbefriedigden Ergebn führen, daß der Verk weder die persönl Fdg od die Hyp geltd machen, noch Rückg des Grdst verlangen kann, da die Hyp mangels wirks Fdg gem §§ 1163, 1177 zur Eigtümer-GrdSch geworden ist u dem BerAnspr auf Rückg des Grdst § 817 S 2 entggstünde. Hier hat schon RG **71**, 432 den Einwand der Argl ggü der Berufg des Käufers auf S 2 zugelassen, da es gg die guten Sitten verstoße, wenn der Bordellkäufer zwar Befreig von der vertragl Verpfl begehre, das unsittl Erlangte, näml das zu Bordellzwecken gekaufte Grdst, aber gleichwohl behalten wolle. Ähnl, wenn auch zT mit and Begr, BGH **41**, 341 (pachtw Überlassg eines Grdst zu Bordellzwecken; dem Anspr auf sof Rückg steht § 817 S 2 nicht entgg, auch nicht – wie bei einem wucher Darl – Überlassg für die Dauer der vereinb Pachtzeit, da sonst der von der ROrdng nicht gebilligte Bordell-Betr legalisiert würde u da § 138 Vorrang vor § 817 S 2 haben muß) u BGH WM **69**, 1083 (Rückfdg einer Kaution für Bordellpacht nicht ausgeschl).

dd) Sonstiges. RückfdgsAnspr ausgeschl für DarlHingabe in GewinnerzielgsAbs zu verbotenem Spiel **25** (§ 762 Rn 9, BGH **LM** § 762 Nr 1, Nürnb MDR **78**, 669) od zum Abschl einer Scheinehe zwecks Täuschg ausländ Behörden (Düss FamRZ **83**, 1023). Ggf § 817 S 2 auch ggü Rückfdg des Gewinns aus der Spielbank bei nichtigem SpielVertr (BGH **37**, 363), desgl bei Leistgen, die gg ein tarifvertragl Verbot verstoßen (BAG NJW **57**, 726) od die auf einer nach § 59 BetrVG ungült BetrVereinbg (Einf 73, 74 vor § 611)

927

beruhen (BAG BB **63**, 348). Geldentschädigg zwecks Verz auf gesetzl VorkaufsR (RG **120**, 144), zur Verschaffg eines Titels (RG **86**, 98) od eines sonst nicht gerechtf Vort wie Schweige- u Schmiergelder (RG **77**, 96). Nach RBeratgsMißbrG verbotene Beratg begr keinen vertragl ErfAnspr; WertErs hierfür (§ 818 Rn 19–25) u Rückfdg des Geleisteten sind nach S 2 ausgeschl (BGH **50**, 90). Geschenke für die Gewährg des außerehel GeschlechtsVerk, falls zur Förderg u Fortsetzg des ehebrecher Verh gewährt (BGH **35**, 103 u **53**, 369: Würdigg aller Umst, vgl § 138 Rn 66); desgl grdsätzl ggü Anspr auf Rückg einer widerrufenen Schenkg (§ 531), wenn Schenker gleichf gg die guten Sitten verstieß (BGH MDR **60**, 384 für unmittelb Zuwendgen an Geliebte); dies aber noch nicht bei Überlassg eines Grdst an Geliebte, um dort mit ihr zuzuleben (BGH **35**, 103). Rückzahlg von Handgeld dch FußballVertrSpieler, wenn es zu dem angebahnten Vereinswechsel nicht kommt (Köln NJW **71**, 1367). Nicht geswidr ist Zahlg u Ann des vereinb Mehrpreises bei GrdstKauf iF der FalschBeurk (BGH WM **83**, 1340).

26 **4) Beweislast.** Es gelten die allg Regeln (vgl § 812 Rn 103 ff). Der AnsprBerecht hat desh bei S 1 die AnsprVorauss, insb Leistg, G- od Sittenverstoß des Empf u dessen Kenntn hiervon zu beweisen, bei S 2, daß die Leistg in der Eingeh einer Verbindlichk bestand (Staud-Lorenz Rn 26). Der Bereicherte hat zu beweisen, daß dem Leistden gleichf ein derart Verstoß (S 2) zur Last fällt.

818 *Umfang des Bereicherungsanspruchs.* [I] Die Verpflichtung zur Herausgabe erstreckt sich auf die gezogenen Nutzungen sowie auf dasjenige, was der Empfänger auf Grund eines erlangten Rechtes oder als Ersatz für die Zerstörung, Beschädigung oder Entziehung des erlangten Gegenstandes erwirbt.

[II] Ist die Herausgabe wegen der Beschaffenheit des Erlangten nicht möglich oder ist der Empfänger aus einem anderen Grunde zur Herausgabe außerstande, so hat er den Wert zu ersetzen.

[III] Die Verpflichtung zur Herausgabe oder zum Ersatze des Wertes ist ausgeschlossen, soweit der Empfänger nicht mehr bereichert ist.

[IV] Von dem Eintritte der Rechtshängigkeit an haftet der Empfänger nach den allgemeinen Vorschriften.

Übersicht

1 **1) Allgemeines. a)** §§ 818 bis 820 regeln ergänzd den **Umfang der Herausgabepflicht** bei Vorliegen einer ungerechtf Ber. Sie setzen voraus, daß ein BerAnspr aus §§ 812, 816, 817 S 1 auf Herausg des dch die VermVerschiebg Erlangten bereits besteht, was insb bei RVerändergen kr Ges zweifelh sein kann (§ 812 Rn 96–98); bestand dagg zB ein Anspr aus § 985, so kann die wirks Veräußerg einer Sache dch den Nichtberecht nicht zu einem WertErsAnspr nach § 818 II, sond nur zum – hierdch erst ausgelösten – BerAnspr nach § 816 I 1 auf Herausg des Erlöses (§ 816 Rn 24) führen. Entspr dem GrdGedanken des BerR (Einf 1, 2 vor § 812) hat § 818 zum Inhalt, daß – abgesehen von den Sonderfällen der verschärften Haftg nach §§ 818 IV, 819, 820 die RückgPfl des Bereicherten nicht über das obj Maß der Ber hinausgehen darf. Da der Empf dch die ungerechtf VermVerschiebg weder wirtsch Vort noch Schad haben soll, entscheidet für den Umfang des BerAnspr nicht die Entreicherg des AnsprBerecht, sond allein die hiermit nicht zwangsläuf übereinstimmde

2 (§ 812 Rn 33, 34) **Höhe der Bereicherung** (BGH WM **66**, 369, Hbg MDR **70**, 926). Von großer prakt Bedeutg ist hierbei der Grds, daß sich der Ausgl mit den Nachteilen, die dem Bereicherten anläßl des BerVorgangs entstanden sind, nicht nach den Grds der Aufr od des ZbR bemißt, sond daß es von vornherein nur einen einheitl, in sich beschr BerAnspr gibt, der sich nach dem Überschuß des erlangten VermVort über die Aufw berechnet (**Saldo;** näher Rn 48). Dies gilt auch für die Tatbestd der §§ 819, 820, soweit es sich darum handelt, ob überh eine Ber vorliegt (BGH **55**, 128). Für die Bemessg des Umfangs der Herausg-Pfl ist ein obj Maßstab anzulegen; ein Versch des Bereicherten ist unerhebl (BGH **37**, 371). Im EinzFall kann aber § 242 ein and Ergebn bedingen (Einf 25 vor § 812; s auch unten Rn 48).

b) Maßgebender Zeitpunkt ist grdsätzl die Entsteh des BerAnspr auch für dessen Umfang. Das ist **3** regelm der der VermVerschieb, zB bei § 816 der Ztpkt der Vfg ohne RGrd, bei § 812 I 2 Fall 1 der Ztpkt, in dem der RGrd wegfällt (BGH NJW **95**, 53); bei Errichtg eines Bauwerks vgl § 951 Rn 16. Besonders gelten für den BerAnspr wg Nichteintritts des mit der Leistg bezweckten Erfolgs (s § 812 Rn 86–92). Zum maßg Ztpkt für die Berechng des WertErs nach Abs II s Rn 26.

c) Sonstiges. Üb die **Konkurrenz** der BerAnspr mit and ErsAnspr sowie aus Vertr s Einf 10–14 vor **4** § 812 u § 816 Rn 5; darü, daß Anspr aus ungerecht Ber insow ausgeschl ist, als die Leistg in der SchadErsPfl aus unerl Hdlg ihren RGrd findet, s § 812 Rn 68–100 u § 463 Rn 24. Zur Geltg des § 818, im Abs III, im **öffentlichen Recht** s Einf 20–23 vor § 812. Zur Pers des AnsprBerecht u des BerSchu s § 812 Rn 41–43 (Leistgskondiktion), Einf 29 vor § 812 (mehrere Bereicherte u AnsprBerecht) sowie § 816 Rn 10–12, 14 (EingrKondiktion dch Vfg eines Nichtberecht). Üb den Anspr auf AuskErteilg u ggf RechngsLegg bei Herausg eines SachInbegr s § 812 Rn 101–103 u §§ 259–261 Rn 6–16.

2) Herausgabe des Erlangten. – a) Herausgabe in Natur. Primär ist das dch die VermVerschieb **5** Erlangte (§ 812 Rn 16–30 u § 816 Rn 24) herauszugeben. Der BerAnspr geht also in erster Linie auf Herausg des ungerechtf erlangten Ggst selbst. Nur bei dem Anspr aus § 951 scheidet kr ausdr ges Best ein Anspr auf Wiederherstellg des früh Zust aus, der Anspr geht dort nur auf Vergütg in Geld. In den Fällen der §§ 528 I 2, 1973 II 2, 2329 II kann die geschuldete Herausg dch Zahlg des Werts der Ber abgewendet werden. Zur Geltdmachg des BerAnspr dch Einr s § 821.

b) Der **Inhalt der Herausgabepflicht** bestimmt sich nach der Art des Erlangten. Bei EigtÜbertr Rück- **6** Übertr des Eigt, bei Grdst RückAufl u Zust zur GBUmschreibg, ggf Einräumg einer Mitberechtigg (Hbg MDR **59**, 759). Falls Eigt nicht übergegangen, Wiedereinräumg des Bes. Bei bloßer Aufl (§ 812 Rn 18–22) Verz auf die ohne rechtf Grd erlangte vorteilh RPosition (RG **108**, 329 [336]); bei BesÜbertr Wiedereinräumg des unmittelb Bes bzw bei Erwerb des mittelb Bes Abtretg des Anspr gg den unmittelb Besitzer; bei Bestellg eines R an einem Ggst Herausg des R in der jew vorgeschriebnen Form; bei Zuwendg eines GesellschAnt dessen Rückübertr, sofern nicht gesellschrechtl Hindern wie fehlde Zust and Gter entggstehen; sonst WertErs (BGH **90**, 1656); bei Abtr eines R RückÜbertr; bei Aufhebg des R dessen Wiederbestellg mit altem Rang, iF der Unmöglichk WertErs nach Abs II; bei Begr einer Verbindlichk Befreiung von ihr (s ferner § 821 Rn 1); bei Erlaß einer Verbindlichk, auch iW der Gen zur befreien SchuldÜbn, deren Wieder-herstellg, doch kann bei Fälligk sofort auf Erf geklagt bzw aus einem Titel über die Verbindlichk vollstreckt u dem Einwand des Erl der GgEinwand der ungerechtf Ber entggehalten werden (BGH **110**, 319); bei Bankgutschrift Rücküberweisg; bei Hinterlegg eines GeldBetr, auch PfdErlöses, für mehrere AnsprSteller Einwilligg in die Auszahlg an den wirkl Berecht od Freigabe (BGH NJW **72**, 1045). Der Ggst der Zuwendg muß sich vorher im Bes des Entreicherten befunden haben. So entscheidet der PartWille, ob der zur Beschaffg eines Sachwerts od einer GesellschBeteiligg nöt GeldBetr od der Sachwert bzw die Beteiligg selbst zugewendet sein soll (BGH DB **90**, 1656). – **Im Falle dinglicher Belastung** hat der Empf nicht nur die ungerechtf erlangte Sache, sond auch das Entgelt herauszugeben, das er für die Belastg erhalten hat. Besteht die Belastg in einer Hyp, so hat er deren noch valutierten GgWert herauszugeben, kann aber verlangen, daß er von der persönl Haftg befreit wird (BGH **112**, 376, aA Gursky JR **92**, 95). Im Falle verschärfter Haftg gem § 819 ist der Empf zur Freistellg des Grdst von Belastgen verpfl (Hamm OLGZ **94**, 55). Ers seiner Unkosten kann dagg der AnsprBerecht im Ggs zum Bereicherten (Rn 40–45), soweit nicht eine SchadErsPfl (zB üb §§ 819, 818 IV) besteht, aGrd des bloßen BerAnspr nach §§ 812, 818 I nicht verlangen (BGH JZ **62**, 671).

c) War die **Vermögensverschiebung nur teilweise ungerechtfertigt,** so ist nur der entspr Tl heraus- **7** zugeben. Bei Unteilbark ist, wenn der Ggst überwiegd ohne RGrd übertragen war, dieser Ggst Zug um Zug gg Rückgewähr der vom Bereicherten erbrachten GgLeistg herauszugeben, andernf der die GgLeistg überwiegde Gegenwert zu erstatten (BGH DB **90**, 1656). Das gleiche gilt, wenn nur ein Tl der VermVer-schieb auf Kosten des AnsprBerecht erlangt ist. – Ist eine **gemischte Schenkung** gem § 531 II zurück-geben, so kann der Berecht bei überwiegd unentgeltl Charakter den Ggst der Zuwendg nur Zug um Zug gg WertAusgl des entgeltl Tls zurückverlangen (BGH NJW **90**, 2616). – Bei mehreren Bereicherten u AnsprBe-recht s Einf 29 vor § 812 u § 812 Rn 41–43. Über den Fall, daß der Bereicherte mehr Rechte erlangt hat, als seinem GeschPartner vor der VermVerschieb zustanden, s § 816 Rn 14.

3) Nutzungen, Absatz I Halbsatz 1. a) Begriff. Die Pfl zur Herausg des Erlangten (Rn 5–7) erstreckt **8** sich auch auf die vom Bereicherten gezogenen Nutzgen, dh auf die **Sach- und Rechtsfrüchte** sowie **Gebrauchsvorteile** (§§ 99, 100). Vorauss ist ein bereits bestehder BerAnspr (Rn 1–4); die Pfl zur Herausg von Nutzgen kann daher frühestens zus mit dem BerAnspr entstehen, wicht für den BerAnspr wg Nichtein-tritts des mit der Leistg bezweckten Erfolgs (BGH **35**, 356; vgl näher § 812 Rn 86– 92 12–14). Zum grdsätzl Ausschl des Abs I im Eigtümer-BesitzerVerh dch die Sonderregel der §§ 987ff s Einf 12–14 vor § 812, Vorbem 5 vor § 987, aber auch § 988 Rn 4, 5. § 818 I ist regelm auch ausgeschl, soweit ein BerAnspr aus § 951 in Frage kommt (BGH NJW **61**, 452; näher § 951 Rn 3, 14, 15).

b) Nur die tatsächlich gezogenen Nutzungen sind herauszugeben (BGH **35**, 356, **102**, 41). Solange **9** der Empf dem Mangel des rechtl Grdes nicht kannte u der BerAnspr nicht rechtshäng war, §§ 819, 818 IV, ist es unerhebl, ob der Bereicherte es unterl hat, weitere mögl Nutzgen zu ziehen (BGH ZIP **87**, 1457). Umgekehrt sind auch solche Nutzgen, die der AnsprBerecht nicht gezogen hätte, grdsätzl herauszugeben, zB bei Verl eines UrhR od bei Vermietg fremder Sachen (§ 812 Rn 28–30). Soweit jedoch die Nutzg ausschließl auf der persönl Leistg des Bereicherten beruht wie bei dem Gewinn aus einem herauszugebenden Unternehmen, ist der BerAnspr beschr auf den obj GebrWert (BGH **7**, 208 [217], BGH **LM** § 818 II Nr 7).

10   **c)** Ist **Geld** Ggst des BerAnspr, so sind nach Abs I zunächst die tats erlangten **Zinsen** seit Entstehg des BerAnspr (BGH WM **91**, 1983) herauszugeben. Soweit die Nutzgen bei dem Bereicherten zu verbleiben haben, entfällt eine ZinsPfl schlechthin (vgl § 817 Rn 23). Sonst hat der AnsprBerecht grdsätzl nachzuweisen, daß der Bereicherte Nutzgen tats gezogen hat, falls nicht nach der LebensErfahrg best wirtsch Vortle zu vermuten sind (BGH **64**, 322), wie bei einem als BetrMittel eingesetzten Darl (BGH NJW **62**, 1148), bei Herausg von zinstragden WertPap od bei BerAnspr auf eine Geldsumme ggü einer Bank. Bei ungerechtf überlassener Kapitalnutzg hat der Kreditnehmer bereichergsrechtl nicht den vertragl vereinb od gar einen erhöhten StundgsZins zu zahlen; eine Verzinsg mit mehr als 4% kommt allenf nach §§ 292 II, 987 II od wg Verz in Betracht (BGH WM **91**, 1983). Da weder die AusnVorschr des § 452 noch §§ 352, 353 HGB auf den BerAnspr anwendb sind, kommt eine generelle Verzinsg des BerAnspr, insb wenn er auf Herausg von Sachwerten gerichtet ist, vor Eintritt der verschärften Haftg nach §§ 819, 818 IV (vgl Rn 52) nicht in Betr, zB nicht, wenn WertErs für ein vom AnsprBerecht errichtetes Bauwerk zu leisten ist (BGH **35**, 356: hier nur Ers des obj NutzgsWerts). Keine Nutzg sind Aufw, die der BerSchu dch Verwendg des herauszugebden Geldes erspart hat, zB Zinsen auf ein damit zurückbezahltes Darl (Gretter DB **95**, 516).

11   **d) Nutzungen aus Surrogaten.** Herauszugeben sind auch die aus ErsWerten (Rn 14, 15) gezogenen Nutzgen, nicht aber Nutzgen aus einem Ggst, der zB mit dem erlangten Geld angeschafft worden ist, da der Ggst der BerAnspr nur das urspr Erlangte u dessen Nutzgen umfaßt; hier ggf nur WertErs nach Abs II (RG **133**, 283; aA Koppensteiner NJW **71**, 588 [594]), der sich im Interesse eines vollst BerAusgl hier für eine analoge Anwendg des § 818 I ausspricht).

12   **e) § 818 II u III** sind hier gleichf **anwendbar**. Kann der Bereicherte die gezogenen Nutzgen nicht mehr in Natur herausgeben, so hat er WertErs zu leisten (Rn 16–26; vgl auch oben Rn 9). Nach Abs III kann der Bereicherte insb die Gewinngskosten – ohne die Bschrkg des § 102 – abziehen (Rn 41).

13   **f)** Auf **Auskunft u Rechnungslegung** (s § 812 Rn 101–103) ist der Berecht hier bes oft angewiesen.

14   **4) Surrogate, Absatz I Halbsatz 2.** Die HerausgPfl erstreckt sich ferner auf das, was der Empf als Surrogat erworben hat.

    a) Auf Grund eines erlangten Rechts. Hierunter ist – und als zB in § 281 (dort Rn 6) od in §§ 1370, 2019 I – nur zu verstehen, was in bestimmsgem Ausübg des Rechts erlangt ist, zB bei Einzieh einer Fdg der LeistgsGgst, bei Verwertg eines PfdR der erzielte Erlös, der Gewinn eines Loses, das ohne rechtf Grd nach § 812 od dch Vfg eines Nichtberecht nach § 816 erlangt war, **nicht** aber die sog **rechtsgeschäftlichen Surrogate**, also das, was der Bereicherte dch RGesch (Kauf, Tausch ua) anstelle des urspr Ggst erworben hat (BGH **24**, 106), weil hierfür § 818 II (Rn 16–26) eine Sonderregel enthält. Ist also dch RGesch die Herausg des urspr erlangten Ggst unmögl geworden, so ist nicht das rgeschäftl Erlangte herauszugeben, sond WertErs nach Abs II zu leisten; war zB das Los nicht selbst Ggst des BerAnspr, wurde es vielmehr erst mit dem ungerechtf erlangten GeldBetr erworben, so fällt ein Gewinn nicht unter die HerausgPfl. Zum Wegfall der Ber (VerlustGesch) s Rn 37.

15   **b) Als Ersatz für die Zerstörung, Beschädigung od Entziehung des erlangten Gegenstandes** (stellvertr Vort). Der Ers kann zB auf Vertr (BGH VersR **55**, 225: VersSumme), unerl Hdlg (SchadErs-Leistg) od rechtm Eingr (EnteignungsEntsch) beruhen. Der BerAnspr nach I 2 umfaßt auch den Anspr auf diese, uU noch ausstehden Leistgen.

16   **5) Wertersatz, Absatz II,** ist zu leisten, wenn die Herausg des Erlangten (Rn 5–7) samt Nutzgen (Rn 8–13) u Surrogaten (Rn 14, 15) wg deren Beschaffenh unmögl od der Empf aus and Grd zur Herausg außerstande ist.

    a) Die Vorschr umfaßt nach ihrem Wortlaut sowohl die obj **Unmöglichkeit** der Herausg wg der Beschaffenh des Erlangten, zB empf Dienstleistgen, GebrVort, Verbrauch der Sache, als auch das subj **Unvermögen** gerade des Empf, zB bei Veräußerg der Sache. Dabei ist unerhebl, ob die Unmöglichk (Unvermögen) auf Zufall od Versch des Empf beruht; and bei der verschärften Haftg der §§ 818 IV, 819, 820. Der Empf ist daher nicht verpfl, eine veräußerte Sache zum Zwecke der Herausg zurückzuerwerben od eine Verbindg wieder zu beseitigen, wenn er hierdch mehr als den Wert des Erlangten verlieren würde (Grd: § 818 III). Auch für vertretb Sachen ist unter den Voraussetzgen von Abs II ledigl WertErs in Geld (nicht gleichart Sachen) zu leisten. Teilw Unmöglichk, zB bei Beschädigg od Veränderg der Sache, steht der HerausgPfl nicht entgg; ebso grdsätzl nicht ihre Werterhöhg (nachstehd Rn 17 und Rn 40–45); ledigl die Differenz ist hier auszugleichen. Abs II gilt auch, wenn der AnsprBerecht nicht in der Lage ist, eine etw GgLeistg (hierzu Rn 46–49) in Natur zurückzugeben. Ob die Herausg unmögl ist, ist nach obj Maßst zu beurteilen; es besteht kein WahlR des Empf od des AnsprBerecht zw Leistg in Natur u WertErs.

17   **b) Beispiele:** Die Beschaffenh hindert die Rückgewähr insb, wenn es sich um empf Dienstleistgen handelt (BGH **37**, 258, **41**, 282); s aber zum VergütgsAnspr hier ArbVerh Einf 29 vor § 611 sowie § 812 Rn 28–30. Zur Frage, wann hier überh intd zu ersetzde Ber eingetreten ist, s § 812 Rn 16–30 u BGH **55**, 128 (erschlichene Flugreise). Desgl ist WertErs zu leisten bei erlangten GebrVort, Fruchtgenuß, zB Kiesentnahme über die behördl festgesetzten Grenzen hinaus (BGH NJW-RR **86**, 874), unbefugte Stromentnahme (BGH NJW **92**, 1383: Wert wie angebotener Tarif), goodwill einer Arztpraxis (Karlsr MedR **90**, 94). Kundenstamm eines zurückzuübertragden Unternehmens, das in der Hand des Schu nicht als isolierte Einh erhalten geblieben und fortgeführt worden ist (BGH BB **91**, 444). In Betr kommen ferner Verbrauch (Verzehr), Untergang, Veräußerg der Sache sowie untrennb Verbindg, Vermischg od Verarbeitg, insb Errichtg eines Gebäudes auf fremdem Grdst (§ 951 Rn 15; zum Vorrang einer etw Leistgskondiktion § 812 Rn 41–43). Abs II ist auch anwendb, wenn ein rechtsgrdlos erlangtes Grdst inf Bebauung od deren Änderg wirtsch ein and Ggst geworden u Herausg nicht mehr zumutb ist; dabei ist nicht auf die Aufrechterhaltg des allg Funktionszushangs, sond auf das Wertverhältn zw dem Grdst u den errichteten Gbden abzustellen (BGH NJW **81**, 2687, WM **87**, 1533). Bei Nutzg eines fremden ImmaterialgüterR BerAusgl dch Zahlg einer Lizenzgebühr (nicht: Herausg des Verletzergewinns, BGH MDR **87**, 817), wie § 823 Rn 161 (BGH **77**, 16, **82**, 299 u 310). Nutzg einer fremden Sache (BGH **20**, 270), soweit nicht vertragl od verträhnl AusglAnspr in

Betr kommen (BGH **21**, 319, Einf 25–29 vor § 145, Einf 18, 19 vor § 812); unterl VermErwerb zG eines and (Mü GRUR **51**, 468). – IF der **Sonderbestimmung des § 816** ist das dch die Vfg Erlangte herauszugeben, **18** nicht WertErs für den weggegebenen Ggst zu leisten (§ 816 Rn 24); soweit allerd die Herausg des Erlangten unmögl ist, ist nach § 818 II dessen Wert, nicht der Wert des urspr Ggst, zu ersetzen.

c) **Wertersatz in Geld.** Zu ersetzen ist der gemeine Wert, dh der **objektive Verkehrswert,** den die Leistg **19** nach ihrer tats Beschaffenh für jedermann hat (BGH **82**, 299). Nicht zu ersetzen ist dagg das bes Interesse eines Beteil, auch nicht – und als bei § 816 (dort Rn 24) – der bei der Veräußerg erzielte Gewinn des Empf; bei einem Verlust des Empf ist dessen Ber insow nach Abs III weggefallen, s Rn 49). Die Meing, im Hinbl auf Abs III sei auf einen subj WertBegr abzustellen (Koppensteiner NJW **71**, 1769), vermengt Ggst u Höhe der Ber (vgl Goetzke AcP **173**, 289). Bei Veräußerg zus mit and Sachen zu einem GesamtPr verhältnism Berechng entspr § 471. Der Inhalt eines der VermVerschieb zugrde liegden unwirks Vertr ist danach an sich für die Wertberechng regelm bedeutgslos; er kann aber Anhaltspkt für die Bemessg der übl Vergütg (bei Dienstleistgen, s unten Rn 22) sein. Auch kann der, der dch seine argl Täuschg Anlaß zur Anf des Vertr gegeben hat, wg § 242 regelm höchstens die vertragl vereinb Leistg verlangen (BGH **LM** § 123 Nr 22). – **Einzelfälle:** Der **20** Wert eines auf fremdem Grdst errichteten **Gebäudes** od seiner Modernisierg bemißt sich nicht nach den Aufwendgen des Entreicherten (BGH **10**, 171, BGH WM **73**, 71). Maßg ist vielm grdsätzl die obj Erhöhg seines Ertragswerts (vgl § 951 Rn 15). Der darin liegde VermVort ist dch eine Geldrente in Höhe der Mietertragsdifferenz zw der Miete nach u vor dem Ausbau auszugleichen (BGH **111**, 125 [131]). Die Mitgl einer schlichten GrdstGemsch haften für ihn nicht als GesSchu, sond jeder einz u nur in Höhe der Ber des seines Anteils (BGH WM **73**, 71). Zur aufgedrängten Ber s näher § 951 Rn 18–21; über die Wertberechng bei Anbau an eine Kommunmauer s § 921 Rn 9–11. – Hat der Verm nach vorzeit Beendigg des MietVerh einen verlorenen **Baukostenzuschuß** od den Wert von Ein- u Umbauten dch den Mieter nach BerR zurückzuge- **21** ben (§ 812 Rn 80 sowie Einf 80–93 vor § 535), so ist Ggst der Ber nicht der erlangte Zuschuß selbst bzw der Kostenaufwand des Mieters, sond die hierdch dem Verm ermöglichte bessere Verwertg der Mieträume, deren Wert – idR in entspr Raten – zu ersetzen ist (BGH **29**, 289 u NJW **85**, 313 [315]). Bei einer sonst **Mietvorauszahlg** ist dagg, da § 557a nur eine RFolgenVerweisg für einen VertrAnspr enth, entsch, ob die empf Vorauszahlg wirtsch gesehen noch im Verm des Mieters vorh ist (BGH **54**, 347; s § 557a Rn 8). – Bei **Dienstleistungen** bemißt sich der WertErs nach der übl, hilfsw nach der angem, höchstens nach der vereinb **22** (BGH **111**, 308) Vergütg (BGH **37**, 259: RBeratg entgg RBerG; **55**, 128: Erschleichg einer Flugreise; BGH WM **82**, 97: Ing- u ArchLeistgen entgg Art 10 § 3 MRVerbG; BGH NJW **84**, 1456: ArbNÜberlassg bei formnichtigem Vertr; BGH NJW-RR **86**, 155: DLeistg unter Verwandten; bei SchwarzArb bei WkVertr mit Risikoabschlag (BGH **111**, 308; Düss NJW-RR **93**, 884: mind 15%). Ggf WertErs für Dienste nach einer allg Gebührenordng (BGH **36**, 321 Hamm NJW-RR **86**, 449: ArchLeistgen aGrd nichtigen Vertr, Mindestsätze der HOAI; aA Hamm MDR **86**, 410 Nr 57: Einschränkg nach Abs III im EinzFall mögl). Ein Anhaltspkt für die Höhe der übl Vergütg kann, zB bei höheren Diensten, auch die unwirks vereinb GgLeistg sein (BGH **41**, 282). – Im **Arbeitsrecht** bei vereinb od erzwungener Weiterbeschäftigg währd des KündSchProz vgl Rn 29 vor § 611 bzw 611 Rn 123. – Bei SelbstErf dch den RInh ist der Betr zu ersetzen, den der Verpfl hätte aufwenden müssen, jedoch nicht mehr als der RInh tats aufgewandt hat (BGH NJW **64**, 1365). – Bei einer rechtsgrundl **Kreditversicherung** ist als Wert die Hälfte der angem RestschuldVersPrämie zu erstatten **23** (BGH NJW **83**, 1422, Kln ZIP **85**, 22). – Beim Ers von nicht in Natur herausgabefäh **Nutzungen,** zB bei **24** Nutzg fremder Sachen, ImmaterialgüterR od goodwill (Karlsr MedR **90**, 94: Arztpraxis), ist entspr diesen Grds der Verkehrswert des Gebr zu ersetzen, § 812 Rn 28–30 (BGH **99**, 244: angem u übl Lizenzgebühr; BGH NJW-RR **92**, 872: Wertberechng iW der Lizenzanalogie wie beim SchadErs, § 823 Rn 161; Hamm NJW-RR **92**, 113: obj aufzuwendde Miete für Benutzg eines Computerprogramms). Doch ist auch hier, zB bei Nutzg eines Unternehmens, ein Gewinn, der nur auf den persönl Umst beim Empf beruht, nicht herauszugeben (Rn 9). Der Gebrauchsvorteil eines Pkw ist nach § 287 ZPO zu schätzen (Hamm VersR **82**, 248 mit Angabe der Kriterien). – Ist der **Besitz** Ggst des BerAnspr, so ist daneben der Wert der GebrVort zu **25** ersetzen (vgl hierzu § 557 Rn 9), nicht aber, zB bei Veräußerg der Sache, deren Sachwert (BGH **LM** § 812 Nr. 15).

d) **Maßgebender Zeitpunkt der Wertermittlung** ist grdsätzl der Ztpkt des Entstehens des BerAnspr **26** auch für dessen Umfang (Rn 3). Koppensteiner NJW **71**, 588 erkl den Ztpkt der letzten mdl Verhdlg bzw der außergerichtl Inanspruchn für maßg, da der BerGläub bis zu diesem Ztpkt nach Abs III das Risiko des Wegfalls der Ber trage, so daß inzw eingetretene Wertsteigergen ihm voll zugutekommen müßten. Der Empf haftet aber bereits ab RHängigk nach Abs IV verschärft, so daß er sich grdsätzl schon dann nicht mehr auf den Wegfall der Ber berufen kann (Rn 53); auch bestehen Bedenken dagg, den GeldAnspr aGrd einer inzw eingetretenen Wertsteigerg für die ihm zugrdeliegden Sachwerte nachträgl aufzuwerten; and bei Haftg wg Verzugs nach Eintritt der verschärften Haftg (Rn 54). Unerhebl ist jedenf der Ztpkt der Abrechng (BGH NJW **62**, 580). Zu beachten ist aber, daß der BerAnspr, insb bei Nichteintritt des mit einer Leistg bezweckten Erfolgs, verschiedentl erst später entsteht (Rn 3 u § 812 Rn 86–92), so daß dann dieser Ztpkt auch der Wertberechng für Abs II zugrdezulegen ist, zB späterer Wegfall des rechtl Grdes (BGH NJW **95**, 53).

6) Beschränkung der Herausgabepflicht auf die Bereicherung, III

A) **Allgemeines.** Gilt für alle BerAnspr, auch aus § 816; s dort Rn 25. **Unanwendbar** dagg ggü dem **27** selbständig geregelten BerAnspr der Art 89 WG, 58 ScheckG (BGH **3**, 338). Grdsätzl unanwendb ggü dem RückzahlgsAnspr aus nichtigem DarlVertr; vgl § 817 Rn 23. Zur Anwendbark des Abs III im öff R s Einf 20–23 vor § 812. – Der primär auf Herausg des Erlangten samt Nutzgen u Surrogaten od auf WertErs gerichtete BerAnspr ist, soweit nicht verschärfte Haftg des Empf eintritt (hierzu Rn 53; s aber auch § 820 Rn 7–10), dch Abs III auf VorhSein u Fortbestd der Ber beschr. Dieser vielf als der eigtl Grdgedanke des BerR bezeichnete Grds, der für and Anspr nicht gilt, enth eine Begünstigg des gutgl Empf. Vor Eintritt der verschärften Haftg, deren Vorauss der Gläub des BerAnspr zu bew hat (§ 819 Rn 10), darf die HerausgPfl des gutgl Bereicherten nicht zu einer Verminderg seines Verm über den Betr der wirkl Ber hinaus führen (BGH **55**, 128). – Hieraus ergibt sich folgedes:

28　**a) Saldierung.** Währd der KondiktionsAnspr des BerGläub auf Herausg eines best Ggst od auf Ers gerade seines Wertes gerichtet ist, spricht Abs III allg von Wegfall der „Bereicherg". Dieser Begr ist nach wirtsch Betrachtgsweise zu verstehen. Abs III macht den BerAnspr nicht zu einem allg WertErsAnspr, sondern beschr den primären Herausg- bzw WertErsAnspr gg den gutgl Empf auf den Umfang der noch vorh Ber. Um ihn festzustellen, ist der VermStand des Bereicherten zZ der Entsteh des BerAnspr mit dem zZ der Herausg bzw des Eintritts der RHängigk (§ 818 IV) bzw der Kenntn vom Mangel des RGrdes (§ 819) zu vergl. Hierbei sind einers best Nachtle (unten Rn 30) als VermMinderg abzuziehen, anderers dch den BerVorgang erlangte Vort, zB ersparte Aufwendgen (BGH **83**, 278 [283]) als VermMehrg zu berücks.

29　Ergibt dieser Vergl einen **Überschuß der Aktiv- über die Passivposten (Saldo),** so ist in diesem Umfang ein BerAnspr gegeben (BGH NJW **88**, 3011, NJW **95**, 2627: Saldotheorie). Zur Berücks bei ggs Vertr s näher unten Rn 46–49. Hiernach ist der BerAnspr ein von vornherein in sich beschr einheitl Anspr auf Ausgl aller mit der VermVerschiebg zurechenb zushängder Vorgänge u Tats in Höhe des sich dabei ergebden Saldos (BGH **1**, 75). Der BerSchu ist nicht gehalten, sich auf die Grds der Aufr od des ZbR zu berufen (BGH NJW **63**, 1870), bei ungleichart Leistgen hat der BerGläub von sich aus die Rückgewähr der empfangenen Leistg Zug um Zug anzubieten (BGH NJW **88**, 3011). Die für den Wegfall der Ber entwickelten Grds der Anrechng von GgLeistgen, Aufwendgen usw gelten ohne Rücks auf guten od bösen Glauben, also – für die Frage, ob u in welcher Höhe überh eine Ber entstanden ist – auch für die Fälle der verschärften Haftg nach §§ 818 IV, 819, 820 (BGH **55**, 128).

30　**b) Zusammenhang der Vor- und Nachteile.** Für den Wegfall der Ber ist ein adäquater Kausalzushang zw dem Empfang der rgrdlosen Leistg u dem VermVerlust beim BerSchu erforderl (BGH **118**, 383), er dürfte also ohne die rgrdlose Leistg den VermVerlust nicht erlitten haben. Dieses Kriterium ist jedoch nicht immer best genug u verschiedentl zu weit; auch der dem Dieb gezahlte Kaufpr ist ggü dem BerAnspr aus § 816 adäquat kausal (s demggü Rn 42, 43). Den BerAnspr können daher nur auf solche VermNachteile u Aufw beschränken, die der gutgl Bereicherte im Vertrauen auf die Beständigkeit des vermeintl VermZuwachses gemacht hat (Soergel-Mühl Rdr 57, Hamm NJW-RR **95**, 1010; aA MüKo/Lieb Rn 59ff: Risikoverteilg; wohl auch BGH **118**, 383).

31　**c)** Der **Grund für den Wegfall der Bereicherung** ist **unerheblich.** Insb steht der Anwendbark von Abs III nicht entgg, daß der BerSchu die Ber schuldh gemindert od eine Nutzg nicht gezogen hat, zB NichtVerwertg von Plänen aGrd eines nichtigen ArchVertr (BGH BauR **94**, 651; aA Bultmann BauR **95**, 335). Der Bereicherte kann sich auf eine Beschrkg des BerAnspr aber wg § 242 nicht berufen, wenn er die Grdlage der Ber dch eine ausschließl eigenen Interessen dienende Hdlg selbst beseitigt hat (BGH JZ **61**, 699). Vor Eintritt der verschärften Haftg auch keine Haftg wg SchuVerz (näher Rn 54). – Die Ber ist, ohne daß es einer Aufr bedarf, außerdem im Umfang eines GgAnspr auf SchadErs gemindert, weil das, was als Ber herauszugeben wäre, nach SchadErsR sofort wieder zurückerstattet werden müßte (BGH WM **76**, 1307 [1310]).

32　**d)** Ein **BGB-Gesellschafter,** wenn er voll für die ungerecht Ber der GesHand haftet (vgl § 718 Rn 8), kann sich nach Auflösg der G u Verteilg des GVerm auf Wegfall der Ber schon bei der GesHand, bei seinen MitGtern u bei sich berufen (BGH **61**, 338 mit Besprechg Meincke DB **74**, 1001, Reinhardt JZ **74**, 768). Ob dies auch für den bereichergsrechtl als GesSchu haftden **Miterben** nach Verteilg des NachlVerm gilt, läßt BGH WM **82**, 101 offen.

33　**e)** § 818 III ist **dispositiv;** so kann zB für Lohnüberzahlgen eine uneingeschränkte RückzahlgsPfl vertragl vereinb werden (BAG NJW **64**, 1241, s Einf 19 vor § 812).

Im einz ist für die Haftg des gutgl Erwerbers vor RHängigk zu unterscheiden:

34　**B) Das ursprünglich Erlangte ist nicht mehr vorhanden:** Ist der erlangte Ggst weitergegeben od verbraucht worden, so besteht eine Ber nur insow fort, als der Empf sich damit noch vorhandene VermVort geschaffen hat (BGH NJW **84**, 2095), näml ein Surrogat bzw Nutzgen (Abs I) od einen ErsWert (Abs II), auch wirtsch sinnvolle Dienstleistgen (BGH VersR **89**, 943) od als er dch Verwendg des Erlangten Ausgaben erspart hat, die er notwendigerw auch sonst gehabt hätte. Auch hier entsch der Einzelfall unter Berücks der Verh beim Empf:

35　**a) Übermäßige Ausgaben.** Ist das Empfangene für außergewöhnl Dinge verwendet worden (Luxusausgaben usw), die sich der Empf sonst nicht verschafft hätte, so ist die Ber regelm weggefallen (BGH MDR **59**, 109: überzahlte Bezüge, BVerwG MDR **61**, 535; vgl aber auch BGH **55**, 128: erschlichene Flugreise). Kein Wegfall der Ber, wenn der Empfänger einer rgrundl Zahlg den Betr verspielt hat in der Meing, es habe sich um die wirkl geschuldete und auch bewirkte Leistg eines Dr gehandelt (Hamm NJW-RR **91**, 155).

36　**b) Nicht mehr deckendes Aktivvermögen.** Die Ber ist auch weggefallen, wenn das AktivVerm des Empf den BerAnspr nicht mehr deckt, so daß nicht mehr zu prüfen ist, welche Verluste im einz mit der Ber zushängen (BGH **LM** § 818 III Nr 7). So kann sich ein einkommens- u vermögensl Empf einer UnterhZahlg geringer (BAG NJW **94**, 2636, Hamm FamRZ **94**, 1119) Größe idR auf den Wegfall der Ber berufen, insbes das Kind ggü dem Scheinvater (BGH NJW **81**, 2183)..

37　**c) Weggabe von Sachen.** Hat der Empf das Erlangte schenkw weggegeben, so ist er nicht mehr bereichert (zum Anspr gg den Erwerber s § 822). Hat er die Sache veräußert, so hat er nach Abs II den Erlös bis zur Höhe des gemeinen VerkWerts der Sache herauszugeben; ein darü hinausgehder Gewinn verbleibt dem Empf, währd bei Erziel eines Mindererlöses die Ber nach Abs III nur noch in dieser Höhe fortbesteht (s Rn 19–22). Hat dagg ein Nichtberecht wirks über einen Ggst verfügt, so hat er nach § 816 das gesamte Erlangte, aber auch nur dieses herauszugeben, also auch einen erzielten Gewinn (§ 816 Rn 24, 25). Abs III gilt im übr auch ggü einem BerAnspr aus § 816; so kann sich zB der als Nichtberecht verfügde Kommissionär nach Abführg des Erlöses an seinen AuftrGeb auf den Wegfall der Ber berufen (BGH **47**, 128: Ber nur in Höhe der VerkProv). Ebso wirken bereichergsmindernd Verwendgen des nichtberecht Verfgden aus Anlaß der Veräußerg; ferner der Wegfall der VerwendgsErsAnspr des Besitzers gg den Eigtümer inf Veräußerg der herauszugebden Sache (§ 1001); soweit solche bestanden, kann er den Betr von dem herauszugebden Erlös abziehen. Auch Verwendgen als solche, die auf die später veräußerte Sache währd der Vindikationslage gemacht wurden, können nach hM vom Erlös abgezogen werden. Hat ein Vertreter eine Sache ohne RGrd erhalten, so entfällt die Ber des Vertretenen (vgl § 812 Rn 46–48), wenn der Vertr die Sache unterschlägt (Hamm NJW **81**, 993). Zur Anwendbark von Abs III im Rahmen der verschärften BerHaftg s Rn 53, § 819 Rn 8 u § 820 Rn 7–10.

d) Kein Bereicherungswegfall bei Tilgung eigener Schulden mit dem, was der BerSchu erlangt hat. **38** So, wenn eine rgrundl Überweisg auf ein Konto des BereichergsSchu zur Verringerg des Sollstandes führt, weil diese teilw Befreig von einer Verbindlichk des BereichergsSchu ggü seiner Bank eine fortbestehde Bereicherg darstellt (BGH NJW **85**, 2700). Jedoch darf der BerAusgleich nicht zu einem ungerechtf Verm-Verlust für den gutgl BerSchu führen. Das bedeutet bei nichtigem DarlVertr, daß die mit der DarlValuta getilgte KaufPrSchuld nicht isoliert betrachtet werden kann, sond im Rahmen des ges VertrWk zu sehen ist (BGH NJW **79**, 1597). Außerd muß die rgrdlose Leistg für die Schuldentilgg ursächl sein; das ist nicht der Fall, wenn der Empf seine Schuld unter Einschränkg seines Lebensstandards in gleicher Weise auch ohne die rgrdlose Leistg zurückbezahlt hätte (BGH **118**, 383).

e) Kein Bereicherungswegfall bei Anspruchserwerb gegen Dritten. Die Ber ist grdsätzl auch dann **39** nicht weggefallen, wenn der Empf inf Weitergabe des Erlangten (zB als Darl od Zahlg an falschen Gläub) einen Anspr gg Dr erworben hat (BGH WM **93**, 251 [258]). In diesem Fall ist Empf nach Abs II zum WertErs, nicht nur zur Abtretg des Anspr gg Dr verpfl (Ffm WM **89**, 1881). Ist Anspr gg Dr prakt wertlos, so ist die Ber weggefallen (BGH **72**, 9 [13]; aA zu Unr BGH **9**, 333 für eine wg § 817 S 2 nicht realisierb Fdg gg Dr). Ist die Durchsetzbark des Anspr gg Dr zweifelh, so ist deren Wert derzeit nicht bestimmb; hier kann BerGläub nur Abtretg dieser ErsFdg verlangen (BGH **72**, 9 [13]; s auch unten Rn 45). Hat eine Bank eine ihr zur Abdeckg eines Kredits ihres Kunden abgetretene, diesem aber nicht zustehde Fdg wirks eingezogen, so kann sie sich ggü dem BerAnspr des wahren Inh der Fdg aus § 816 II nicht darauf berufen, die Ber sei weggefallen, weil sie den Betr ihrem Kunden gutgeschrieben habe; diese Gutschrift kann jederzeit storniert werden (BGH **26**, 185 [194]). Dagg ist die Ber weggefallen od gemindert, wenn die Bank im Vertrauen auf die Endgültigk der vorgen Abrechng von erfolgversprechen Maßn gg den Kunden, insbes rechtzeit Beitreibg ihrer Anspr, absieht (BGH aaO u NJW **60**, 1712; s auch unten Rn 45). Der geschunfäh od mdj BerSchu kann Wegfall der Ber einwenden, wenn er die aGrd nichtigen DarVertr erlangte Valuta zur Zahlg vermeintl Schulden aus ebenf nichtigen Vertr verwendet hat (Nürnb NJW-RR **89**, 1137: aber Abtr des daraus resultieren BerAnspr).

C) Das ursprünglich Erlangte ist noch vorhanden. Dann ist es herauszugeben, gleichgült in welchem **40** Zust es sich befindet (BGH NJW **62**, 1909; s Rn 16). Gleichwohl kann sich hier die Ber mindern od ganz wegfallen, wenn Empf in seinem Verm sonstige Nachteile erlitten hat, die mit dem BerVorgang in dem unter Rn 30 genannten Zushang stehen, so daß sich der BerAnspr entspr verkürzt. Über den bes wicht Fall der Erbringg einer GgLeistg s unten Rn 46–49; zur Frage der Berechng u Durchsetzg des Anspr, insb bei ungleichart Rechngsposten, s unten Rn 50. Als zu berücks Aufwendgen in diesem Sinne kommen in Betr:

a) Alle Verwendungen auf die erlangte Sache, nicht nur notw u nützl, sond auch wenn sie zu einer **41** Werterhöhg der Sache nicht geführt haben, es sei denn, daß sie auch sonst gemacht worden wären (Gursky JR **71**, 361); einschränkd zur aufgedrängten Ber § 951 Rn 21. Als solche Verwendgen, die der Empf im Vertrauen auf die Beständigk des RErwerbs gemacht hat, sind insb anzusehen RepKosten; die gewöhnl UnterhKosten; Kosten der Nutzgs- u Fruchtziehg, für die die Beschrkgen des § 102 nicht gelten; endgült steuerl Mehrbelastg (RG **170**, 65); auch die Kosten der Herausg des erlangten Ggst, zB die Kosten des Rücktransports. Bebaug eines rgrundl erlangten Grdst vgl vorstehd Rn 17, 18.

b) Kosten des Erwerbs zählen grdsätzl zu den Aufw, zB Frachtkosten, VermittlgsProv u MWSt (BGH **42** NJW **70**, 2059, WM **93**, 251 [257]), Kosten der VertrBeurk, verbleibde steuerl Mehrbelastg (BGH WM **92**, 745 [748]); iF der EingrKondition die Kosten der ZwVollstr (BGH **66**, 150; vgl § 812 Rn 37–40). Der Makler, der seine erlangte Prov als ungerechtf Ber an den AuftrG zurückzahlen muß, ist entreichert um die Prov, die er an seine AußendienstMitarb od Untermakler bezahlt hat, falls zw beiden Zahlgen ein ursächl Zushang besteht (BGH NJW **81**, 277, WM **92**, 745 [748]). Zur Berücks der GgLeistg s unten Rn 46–49. – **Gegenleistungen an Dritte.** Der Bereicherte kann ggü dem HerausgAnspr aus § 812 od § 816 nicht **43** abziehen, was er für den Erwerb der Sache od dessen Vorbereitg an einen Dr geleistet hat (Hamm NJW-RR **93**, 590). Wer infolge Verarbeitg an abgeleg Sachen Eigt erwirbt, kann den an den Dieb gezahlten Kaufpr nicht vom BerAnspr abziehen (BGH **55**, 176). Der Nichtberecht, der den Erlös nach § 816 an den Eigtümer herausgeben muß, kann den an einen Dr bezahlten Pr für den Erwerb nicht abziehen (BGH DB **74**, 1009; aA Hamm WM **82**, 833 im Zushang mit Art 21 ScheckG). Der LeasingG, der dem LeasingN die empf Leasingraten zurückzahlen muß, kann seine an den Lieferanten bezahlten KaufPrRaten abziehen (BGH **109**, 139). Dies ergibt sich insb für den BerAnspr gg den wirks als Nichtberecht Verfügenden aus § 816 daraus, daß dieser Anspr an die Stelle des HerausgAnspr aus § 985 getreten ist, dem ggü sich der Besitzer nicht auf Zahlgen an einen Dr hätte berufen können. Darü hinaus hat der Bereicherte die GgLeistg aGrd des mit dem Dr abgeschl Vertr erbracht, er muß sie desh iR der GewlAnspr allein von diesem zurückfordern. Das gilt auch ggü Anspr aus § 816 II; die Factoring-Bank als Zweitzessionarin kann dem Anspr des VorbehVerk als Erstzessionar auf Herausg des vom Kunden des VorbehKäufers wirks (§§ 404, 407) bezahlten KaufPr nicht Wegfall der Ber entgegenhalten, weil sie den KaufPr aGrd des FactoringVertr dem VorbehKäufer gutgeschrieben habe (Messer NJW **76**, 925). Kein Abzug auch, wenn der Berecht die Sache unter verlängertem EigtVorbeh verk hatte u gem § 407 die Leistg an den Dr gg sich gelten lassen müßte (BGH NJW **70**, 2059).

c) Folgeschäden, die der Bereicherte inf der ungerechtf VermVerschiebg erlitten hat (zB das rgrdlos **44** erlangte kranke Vieh steckt das eig des Empf an), sind als abzugsfäh Posten zu berücks, da sie dch den BerVorgang adäquat kausal verurs sind (RGRK/Heimann-Trosien Rn 26).

d) Darü hinaus sind nach § 818 abzugsfäh alle Aufwendgen, Ausgaben u **Vermögensnachteile,** die Empf **45** **im Vertrauen auf die Unwiderruflichkeit des vermeintlichen Vermögenszuwachses** erlitten hat. Hierzu zählen das Verjährenlassen der Fdg gg den wirkl Schu; Versäumg einer AusschlFr; Rückg von

Sicherh; Investition eines Eheg vor Scheidg in Grdst, das ihm der and Eheg zu MitEigt als Basis wirtsch Existenz übertr hatte (BGH WM **72**, 564); Rückauflassg bzw Herausg einer Immobilie nur Zug um Zug gg Erstattg der zwezitl Aufw für die Bebauung (BGH NJW **80**, 1789, BGH NJW **95**, 2627); Einräumg eines weiteren (verlorenen) Kredits der Bank an ihren Kunden im Vertrauen darauf, daß der Kunde ihr früher Fdgen wirks abgetreten hat, während die Abtr in Wahrh wg verlängerten EigtVorbeh des Warenlieferers des Kunden unwirks war u die Bank desh den eingezogenen Betr wg § 816 nicht behalten darf (BGH **26**, 185 [195]). Dagg kein Wegfall der Ber, wenn die Bank aGrd eines nichtigen GlobalzessionsVertr (§ 138) mit ihrem Kunden dessen unter verlängertem EigtVorbeh stehde Fdgen (unwirks) eingezogen u im Vertrauen darauf weiteren verlorenen Kredit gewährt hat (BGH **56**, 173; krit Olschewski NJW **71**, 2307, Lieb JR **71**, 507). Abzugsfäh Nachteil ferner, wenn inzw der wirkl Schu (zB bei einer fehlerh ZwVollstr, § 812 Rn 37–40) zahlgsunfäh geworden ist od wenn anstelle des grdlos Erlangten nur ein unverwertb Anspr gg Dr besteht (oben Rn 39), sofern diese Wertlosigk dch den BerVorgang in adäquater Weise verurs, zB rechtzeit Beitreibg der Fdg gg den wirkl Schu vor dessen VermVerfall unterlassen worden ist (BGH WM **61**, 273).

46 **D) Berücksichtigung der Gegenleistung,** die der Empf für das Erlangte bewirkt hat. Die GgLeistg gehört zu den Kosten des Erwerbs der Sache u ist daher beim BerAusgl zu berücks. Str ist, wie dies zu geschehen hat:

47 **a)** Nach der **Zweikondiktionenlehre** hat jeder VertrTeil selbstd Anspr auf Herausg des jew Empfangenen od auf WertErs unabhäng vom Schicksal des BerAnspr der GgSeite; ein Ausgl wäre hier nur iW der Widerkl, Aufr od des ZbR mögl. Diese Auffassg führt zwar idR zu befriedigdn Ergebn; sie wird aber dem GrdGedanken der BerR auf Dchführg eines einheitl BerAusgl zur Abwicklg ungerechtf VermVerschiebgn (oben Rn 28–33 u Einf 1, 2 vor § 812) nicht gerecht.

48 **b)** Die **Saldotheorie** ist die log Folge des Synallagmas beim ggs Vertr (Einf 4, 15 vor § 320), denn trotz ihrer RGrdlosigk bleiben die beiderseit Leistgn dch den Austauschzweck unmittelb miteinander verknüpft. In Abwicklg nach den Grds der vorrang LeistgsKondiktion (§ 812 Rn 2–9) besteht von vornherein nur ein einheitl Anspr auf Ausgl der beiderseit VermVerschiebgn, der auf Herausg bzw WertErs des Überschusses der Aktiv- über die Passivposten (Saldo) gerichtet ist (BGH NJW **95**, 2627). Bei Errechng des Saldos ist die GgLeistg wie die sonst Abzüge (oben Rn 40–45), soweit sie sich aus der Rückabwicklg des nichtigen od unausführb gewordenen Vertr ergeben, als Abzugsposten einzusetzen. Daraus folgt, daß BerGläub von vornherein nur derjen Beteil ist, für den sich beim Vergl der sich den BerVorgang hervorgerufenen Vor- u Nachtle ein Überschuß ergibt (BGH NJW **95**, 454; zur Berechng s unten Rn 50). Ist die GgLeistg untergegangen od hat sie an Wert verloren, so ist der Empf zwar nicht mehr bereichert, er kann aber nicht seiners seine noch vorh (Gg-)Leistg vom Gegner zurückverlangen, ohne sich den Wert der an ihn erbrachten, nunmehr – gleichgült vom Empf versch od nicht – entwerteten Leistg entgghalten lassen zu müssen. Die Saldotheorie stimmt damit allerd mit den bei Wandel u Rücktr vom Vertr geltden Regeln, insb mit § 350, nicht überein; sie schafft jedoch im Normalfall der beiderseit BerHaftg einen gerechten Ausgl der VermVerschiebgn, die den Grds des § 323 III u § 327 S 2 entspr (krit hierzu Flume NJW **70**, 1161). – Die Saldotheorie setzt nicht gleichart Leistgn voraus (BGH NJW **95**, 454). So ist iF der Ehescheidg der Anspr eines Eheg auf Rückg eines GrdstAnteils von vornherein inhaltl beschr auf das Verlangen Zug um Zug gg Ausgl der Nachteile (Investitionen), die der and Eheg im Vertrauen auf die Unwiderruflichk der Zuwendg des GrdstAnteils gehabt hat (BGH WM **72**, 564).

49 **c) Notwendige Einschränkungen der Saldotheorie.** Sie gilt von vornherein nur für die Abwicklg von beiderseits bereits erbrachten Leistgn aus einem unwirks ggseit Vertr. Hat eine Seite vorgeleistet u ist der Ggst der Leistg beim Empf untergegangen, so kann der Leistde weder – wg Nichtigk des Vertr – die GgLeistg fordern noch – wg § 818 III – seine eig Leistg zurückverlangen (BGH ZIP **94**, 954). Aus diesem Grd ist auch die einem Dr erbrachte „Gegen"-Leistg, zB zum Erwerb der Sache von einem und als dem Berecht, nicht abzugsfäh (oben Rn 42, 43). Darü hinaus ist die Saldotheorie stets dann nicht anwendb, wenn übergeordnete allg Gesichtspkte aus BilligkGrden (Einf 1, 2 vor § 812) eine abw Entsch verlangen. So behält der argl getäuschte Käufer, bei dem die Sache ohne sein Versch untergegangen od beschädigt worden ist, seinen vollen BerAnspr auf Rückgewähr des Kaufpr, die der argl Täuschde nicht besser gestellt werden darf als der RücktrSchu (BGH **53**, 144; zur Berücks etw sonst GgAnspr des argl Täuschden s unten Rn 50). Ebso behält der argl getäuschte Käufer, bei dem die Sache vor Anfechtg dch sein Versch zerstört worden ist, seinen Anspr auf Rückgewähr des Kaufpr, den der argl Täuschde nach § 242 nur Abwägg der Schwere der Täuschg u des Versch an der Zerstörg mindern kann (BGH **57**, 137 [146 ff]). Wg Abs IV kann der Käufer, bei dem die Sache nach RHängigk der RückzahlgsFdg entwertet worden ist, nach IrrtAnfechtg den vollen KaufPr herausverlangen, weil das Risiko der Entwertg der zurückzugewährden Sache nach RHängigk den Verk trifft (BGH **72**, 252). Ebso kann der Käufer nach erfolgreicher Anf des KaufVertr wg Irrt über eine verkwesentl Eigensch der Sache den vollen KaufPr zurückverlangen, obwohl er die Sache nicht mehr od nicht mehr im urspr Zust zurückgewähren kann, Untergang od Verschlechterg aber auf einem Sachmangel beruht, für den nach dem Vertr der Verk einzustehen hätte (BGH **78**, 216). Ebso kann der Käufer eines Grdst bei bereichergsr Rückabwicklg die Kosten der AuflVormekg u der KaufPrFinanzierg heraus erstattet verlangen, weil sie ausschl in seinem Interesse u seinem Risikobereich entstanden sind (BGH **116**, 251; krit zur Begründg, iErg zust Canaris JZ **92**, 1114). Die Saldotheorie ist auch nicht anwendb auf die RückAbwicklg des Vertr, der wg nicht voller GeschFähigk eines VertrPartners nichtig ist, weil der vorrang Gesichtspkt seines Schutzes gebietet, ihm den BerAnspr auf Herausg seiner GgLeistg in vollem Umfang zu erhalten (BGH **126**, 105).

50 **E) Durchsetzung des Bereicherungsanspruchs.** Aus der grdsätzl anwendb Saldotheorie folgt, daß der BerAnspr in diesen Fällen von vornherein nur einer Seite zusteht u auf Herausg des Überschusses geht (oben Rn 48). Der Berecht muß desh die Ber des Schu darlegen u bereits dabei alle Leistgn berücks, die dieser aus seinem Verm in Erf des Vertr od im Vertrauen auf die Unwiderruflichk des RErwerbs gemacht hat. Sind die beiderseit Leistgn gleichart, so hat dies dch entspr Verrechng zu erfolgen. Bei ungleichart Leistgn (zB Sache u Verwendgn ggü Kaufpr) ist dem Grds, daß die Ber nur in dem Überschuß besteht, in gleicher

Weise Rechng zu tragen. Dem Schu steht also nicht nur ein LeistgsVR bis zur Erstattg seiner GgLeistg od ihres Werts zu, der Berecht hat vielm, ohne daß es einer Einr des Bekl bedarf, von sich aus die ungleichart GgLeistg derart zu berücks, daß er deren Rückgewähr Zug um Zug anbietet (BGH NJW **63**, 1870). Macht der Berecht nur einen Teil der Ber geltd, so kann der Schu – und als bei der Aufr – die die Ber mindernden Posten insow nicht in Anrechng bringen, als der gesamte Anspr des Berecht (Saldo) jedenf den geltd gemachten Teil deckt. Soweit der argl Täuschde nach Anf auf Herausg der Ber in Anspr gen wird, brauchen zwar etw GgAnspr des AnfGegners (vgl hierzu § 463 Rn 14–16) vom BerGläub nicht gem der Saldotheorie bereits im KlAntr berücks zu werden, der argl Täuschde kann sie aber im gleichen RStreit geltd machen (BGH NJW **64**, 39).

7) Haftungsverschärfung bei Rechtshängigkeit, Abs IV

a) Anwendungsbereich. Ab Eintritt der RHängigk (§§ 261 I, II, 253 I ZPO; bei voraus gegangenem **51** MahnVerf § 696 III ZPO) einer LeistgsKlage auf Herausg des Erlangten od WertErs, auch wenn der Anspr nur hilfsw erhoben wurde, weil der Schu jedenf ab diesem Ztpkt mit dem Fehlen des die VermVerschiebg rechtf Grdes rechnen muß. Gilt für alle Arten von BerAnspr. Diese Vorschr über die verschärfte Haftg des BerSchu findet entspr Anwendg, wenn der Empf den Mangel des rechtl Grdes beim Empfang kennt od ihn später erfährt (§ 819 I), sowie in einigen Sonderfällen der Leistgskondiktion (§§ 819 II, 820). Die Erhebg einer FeststellgsKl nach einstw AO, daß ein UnterhAnspr nicht besteht, od eine AbändergsKl gg einen UnterhTitel führt nicht zur verschärften Haftg für den RückzahlgsAnspr (BGH **93**, 183, BGH **118**, 383). Rechtsmißbr Geltdmach eines BerAnspr trotz verschärfter Haftg vgl § 820 Rn 10.

b) Die „allgemeinen Vorschriften", nach denen sich die verschärfte Haftg bestimmt, sind in erster **52** Linie die §§ 291, 292 mit den dort genannten Verweisungen. Dies bedeutet im einz: Eine fäll Geldschuld ist spätestens ab RHängigk mit 4% (§ 246) zu verzinsen (§ 291); eine höhere Verzinsg, zB nach §§ 352, 353 HGB, scheidet auch dann aus, wenn der rgrdlosen VermVerschiebg ein HandelsGesch zugrdeliegt. Währd nach hM dem Empf der Ber bis zur RHängigk ein Versch nicht schadet (Rn 31), ist nunmehr der Empf für den Schaden verantwortl, der dadch entsteht, daß auf eines von ihm zu vertr Umst der Ggst der Ber verschlechtert wird, untergeht od aus einem Grd von ihm nicht mehr herausgegeben werden kann, §§ 292 I, 989. Der Empf hat ferner nicht nur tats gezogene Nutzgen herauszugeben (Rn 8), sond auch schuldh nicht gezogene Nutzgen zu ersetzen, §§ 292 II, 987. Abzugsfäh sind nur notw Verwendgen im Rahmen der GoA, §§ 292 II, 994 II. Entsch für die Abzugsfähigk ist gem §§ 994 II, 683 regelm das Einverständn der GgSeite; sonst nur bei notw Verwendgen. Zu den allg Vorschr gehören auch §§ 279 u 281 (BGH **83**, 293 u WM **85**, 89). Ist der verschärft haftde BerSchu wg Veräußerg zur Herausg nicht in der Lage, so hat er den rechtsgeschäftl VeräußergsErlös herauszugeben (BGH **75**, 203).

c) Auf Wegfall oder Minderung der Bereicherung nach Eintritt der RHängigk kann sich der gem Abs **53** IV nach den allg Vorschr haftde Empf im allg nicht berufen (BGH **55**, 128); dies auch dann nicht, wenn sich die Ber dadch gemindert hat, daß der AnsprBerecht seiners die empfangene GgLeistg nur noch in entwertetem Zust zurückgeben kann (BGH **72**, 252; vgl vorstehd Rn 49). Er kann es nur dann, wenn sich die Befreiung von der LeistgsPfl aus der allg Vorschr ergibt, zB bei unversch Unmöglichk der Herausg nach § 275 (bei WertErsAnspr aber § 279, vgl oben Rn 52), sofern nicht – wie vielf – gleichzeit die Vorauss des Verzugs vorliegn (§ 287 S 2; unten Rn 54). Wegfall der Ber auch dann, wenn die VermMinderg mit dem Tatbestd, der die Grdlage des BerAnspr bildet, unmittelb zushängt, es sich also um allg Grds des Ausgl von Vort u Nacht handelt (s aber Rn 30); zB sind Aufw bei Tilgg der BerSchuld od Erbringg einer GgLeistg im Vertrauen auf die Beständigk des RErwerbs abzugsfähig; s auch § 820 Rn 7–10. Das gleiche (dh Wegfall der Ber) gilt auch bei Verlust des Ggst der Ber anläßl der Herausg, auch wenn es sich um die Übermittlg eines GeldBetr handelt, § 270 ist insow nicht anwendb (hM).

d) Verzugshaftung. Vor Eintritt der RHängigk haftet der BerSchu, soweit nicht § 819 eingreift (dort **54** Rn 8, 9), auch bei Verzug nicht verschärft, sondern selbst die Vorauss der §§ 284 ff bereits vorher vorliegen (Staud-Lorenz Rn 51). Der Schu kommt spätestens mit der KlErhebg in Verz, sofern er sich nicht ausnahmsw in einem von ihm zu beweisdn entschuldb RIrrt üb den Umfang seiner Pfl zur Herausg der Ber befindet, er die Nichtleistg mithin nicht zu vertr hat (§ 285). Zur Beachtlichk eines RIrrt allg s § 285 Rn 4, 5. Im Falle des Verzugs hat der BerSchu eine Geldschuld zu verzinsen (§ 288 I), ferner neben dem VerzSchad des § 286 nach § 288 II auch einen weitergehden Schad zu ersetzen. Gem § 287 S 2 haftet der BerSchu ferner grdsätzl auch für eine dch Zufall eingetretene Unmöglichk der BerHerausg.

8) Beweislast. Allg vgl zunächst § 812 Rn 103 ff. Der BerGläub hat zu bew, daß der Empf etwas erlangt **55** hat, desgl den Umfang der Ber, zB der gezogenen Nutzgen, Rn 9 (BGH **109**, 139 [148]) sowie ggf den Wert des urspr BerGgst im maßg Ztpkt (Rn 19–26). Der Empf hat die Unmöglk der Herausg zu bew. Dazu genügt der Nachw des Veräußergs Vertr; daß er nicht ernstl gemeint sei, hat der Gläub zu bew (BGH NJW **88**, 2597 [2599]). Der Empf hat Wegfall od Minderg der Ber (vgl Rn 28, 29) zu bew (BGH NJW **95**, 2627), weil es sich um eine rechtsvernichte Einwendg handelt (BGH **118**, 383). Es genügt in diesem Zushang, wenn der Empf bew, daß er im ggwärt Ztpkt nicht mehr bereichert ist. Dem BerGläub hat demggü darzutun, daß zZ des Eintritts der RHängigk (Rn 51) die Ber noch bestand, der Bekl also für den Wegfall nach Abs IV verantwortl ist (BGH aaO). Dabei kann bei ArbN, die nicht zu den unteren od mittleren EinkGruppen gehören, nicht davon ausgegangen werden, daß zu unrecht bezogene höhere Einkünfte auch ausgegeben worden sind (BAG ZIP **94**, 726); andernf können die Grds des AnscheinsBew Anwendg finden (BAG ZIP **95**, 941).

819 *Verschärfte Haftung bei Bösgläubigkeit und bei Gesetzes- oder Sittenverstoß.* [1]Kennt der Empfänger den Mangel des rechtlichen Grundes bei dem Empfang oder erfährt er ihn später, so ist er von dem Empfang oder der Erlangung der Kenntnis an zur Herausgabe verpflichtet, wie wenn der Anspruch auf Herausgabe zu dieser Zeit rechtshängig geworden wäre.

^{II} **Verstößt der Empfänger durch die Annahme der Leistung gegen ein gesetzliches Verbot oder gegen die guten Sitten, so ist er von dem Empfange der Leistung an in der gleichen Weise verpflichtet.**

1   **1) Bedeutung, Konkurrenz.** § 819 erweitert die verschärfte Haftg des BerEmpf, die nach § 818 IV (dort Rn 51–54) für die Zeit ab RHängigk eintritt. Die strengere Haftg trifft den Empf danach bereits vor diesem Ztpkt bei Kenntn von der RGrdlosigk (I) u bei Verwerflichk des Empfangs (II); zwei weit Fälle verschärfter Haftg bei der Leistgskondiktion behandelt § 820. § 819 I gilt für alle Arten von BerAnspr. Die Haftg des Empf aus and AnsprGrdlagen, bleibt daneben unberührt (Einf 10 vor § 812). Die Verj des Anspr aus unerl Hdlg erstreckt sich nicht auf den BerAnspr (§ 852 III). Soweit in dem Empfang eine vorsätzl unerl Hdlg liegt, ist eine Aufr auch ggü dem BerAnspr aus §§ 812, 819 nach § 393 ausgeschl.

2   **2) Kenntnis von Rechtsgrundlosigkeit des Empfangs, Abs I. – a) Positive Kenntnis** der Tats, aus denen sich das Fehlen des RGrundes ergibt, ist erforderl. Kennenmüssen, dh fahrl Unkenntn, § 122 II, u Bösgläubigk iS des § 932 II genügen nicht. Auch bloße Zweifel am Fortbestd des RGrdes können die verschärfte Haftg nach § 819 nicht auslösen (Zweibr FamRZ **95**, 175; s aber § 820 Rn 1). – Erfolgte die VermVerschiebg an einen **Vertreter**, so ist – entspr § 166 I – grdsätzl dessen Kenntn maßg u ausr (BGH NJW **82**, 1585). Ebso reicht grdsätzl die Kenntn des ges Vertr aus (BGH MDR **77**, 388). Bei VorhSein mehrerer Vertr genügt die Kenntn eines von ihnen (§ 166 Rn 2). Unabhäng von einem VertretgsVerh genügt die Kenntn dessen, den der Empf mit der Erledigg best Angelegenh im Zushang mit der VermVerschiebg betraut hat (Hamm WM **85**, 1290).

3   **b) Auch die Rechtsfolgen** des fehlden rechtl Grdes muß der Empf posit kennen (BGH **118**, 383). Sie können sich ow aus den Tats ergeben. Entsch ist, ob ein obj Denkder vom RMangel überzeugt sein würde (BGH **26**, 256). Kenntn hat auch, wer sich bewußt den RFolgen verschließt (BGH **32**, 76 [92]). Im Falle eines Darl weiß der Empf, auch wenn er den NichtigkGrd nicht kennt, daß er den KapBetr einmal zurückzahlen muß (BGH **83**, 293, ZIP **95**, 453). Wg § 142 II genügt auch die Kenntn der Anfechtbark eines RGesch u der daraus herzuleitden RFolge; auf Ungewißh, ob AnfR ausgeübt wird od nicht, kommt es dabei nicht an. Wird demnächst angefochten, so tritt rückw (§ 142 I) die verschärfte Haftg von dem Ztpkt an ein, in dem Empf die Anfechtbark u deren RFolgen kannte (BGH WM **73**, 560, Staud-Lorenz Rn 2, 7).

4   **c) Maßgebender Zeitpunkt.** Kennt Empf den Mangel des RGrdes schon im Ztpkt der VermVerschiebg, so tritt die verschärfte Haftg sofort ein. Sonst entsch der Ztpkt der KenntnErlangg vom nicht vorh (§ 812 I 1) od später wieder weggefallenen (§ 812 I 2 1. Fall) RGrd. Bei BerAnspr nach § 812 I 2 2. Fall tritt verschärfte Haftg nach dessen Entstehen (§ 812 Rn 86–92) ein, wenn der Empf erfahren hat, daß der mit der Leistg bezweckte Erfolg nicht eintreten wird (BGH **35**, 356 [361]). Zum ungewissen Erfolgseintritt s § 820 I 1.

5   **d) Kenntnis des Leistenden.** Ein BerAnspr ist regelm ausgeschlossen, wenn der Leistde selbst den Mangel des rechtl Grdes (§ 814) od die Unmöglichk des Erfolgseintritts (§ 815) gekannt hat. Weiß nun der Empf od hat er irrtüml angenommen, der Leistde habe selbst den Mangel des RGrdes gekannt – wofür der Empf allerd beweispfl ist – so haftet er nicht verschärft nach § 819 (Müko/Lieb Rn 5), weil ihm die pos Kenntn der RFolgen (vgl Rn 3) fehlt.

6   **e)** Ob **Kenntnis des beschränkt Geschäftsfähigen,** der beim Empfang des BerGgst nicht vertr war, die verschärfte Haftg auslösen kann, ist str (vgl Erm-Westermann Rn 6, Larenz SchR II § 70 IV). Es ist zu unterscheiden: Bei der Leistgskondiktion verbietet der vorrang Gesichtspkt des Schutzes des Mj od sonst nicht voll Geschäh bei dessen allein Kenntn die Anwend der verschärften Haftg, weil sonst im Ergebn über § 819 oftm die gleiche Haftg wie aus dem – wg der GeschUnfähig unwirks – RGesch eintreten würde (Nürnb NJW-RR **89**, 1137; vgl § 812 Rn 30 zur Kfz-Anmietg dch Mj). Dieser Gesichtspkt gilt jedoch bei der Ber in sonst Weise, vor allem bei der EingrKondiktion nicht. Soweit insb gleichzeit eine unerl Hdlg des Mj vorliegt, besteht kein Anlaß, die dort anwendb §§ 827–829 nicht auch zur Begründg der verschärften Haftg des den RMangel kennden Mj nach § 819 heranzuziehen (ebso BGH **55**, 128: erschlichene Flugreise eines Mj ohne Kenntn des ges Vertr).

7   **3) Verwerflicher Empfang, Abs II.** Vorauss ist ein BerAnspr nach § 817 S 1, dh pos Kenntn des Empf von dem GVerstoß bzw das Bewußtsein, sittenw zu handeln (näher § 817 Rn 11). Die verschärfte Haftg tritt auch ein, wenn beide Seiten verwerfl handeln, § 817 S 2 aber im EinzFall nicht anwendb ist (BGH NJW **58**, 1725 zu § 5 der inzw aufgeh GrdstVerkVO). Die Kenntn des Empf muß im Ztpkt der Anm der Leistg bestehen, spätere Kenntn von den Umst, die die Verbots- od Sittenwidrigk begründen, genügt nicht. Bezieht sich die Kenntn auch auf die RFolgen, dann greift Abs I ein (Staud-Lorenz Rn 13, MüKo/Lieb Rn 14).

8   **4) Umfang der Haftung. – a)** Liegen die Vorauss des § 819 vor, so haftet der Empf ab dem maßg Ztpkt (Rn 4, 7) wie ab RHängigk (vgl § 818 Rn 51–54). Insb kann er sich grdsätzl nicht gem § 818 III auf den Wegfall od die Minderg der Ber nach diesem Ztpkt berufen, sofern nicht die später eintretden Verluste in unmittelb Zushang mit dem BerVorgang stehen od bereits vor dem Eintritt der verschärften Haftg veranlaßt worden waren (näher § 818 Rn 53 u unten Rn 9).

9   **b) Verzugshaftung.** § 819 fingiert nur den Eintritt der RHängigk, nicht aber auch ein Versch des Empf, das allerd hier vielf gleichzeit vorliegen wird (vgl auch § 818 Rn 54). Auch die verschärfte Haftg auf SchadErs nach §§ 819 I, 818 IV, 292 I, 989 setzt ein Versch des BerSchu voraus; soweit es daran fehlen sollte, kann sich daher der Bereicherte auch im Falle des Abs I zunächst noch auf den Wegfall der Ber nach § 818 III berufen (OGH NJW **50**, 642).

10   **5) Beweislast.** Vgl zunächst § 818 Rn 55. Die Vorauss der verschärften Haftg hat der AnsprBerecht darzulegen u zu beweisen (BGH NJW **58**, 1725, Zweibr NJW-RR **95**, 841). Der Bereicherte hat darzutun, daß er von der Vorstellg ausgegangen ist, auch der Leistde habe den Mangel des RGrdes gekannt, wesh eine verschärfte Haftg nicht eintreten könne (Rn 5).

820 *Verschärfte Haftung bei ungewissem Erfolgseintritt.* [1]War mit der Leistung ein Erfolg bezweckt, dessen Eintritt nach dem Inhalte des Rechtsgeschäfts als ungewiß angesehen wurde, so ist der Empfänger, falls der Erfolg nicht eintritt, zur Herausgabe so verpflichtet, wie wenn der Anspruch auf Herausgabe zur Zeit des Empfanges rechtshängig geworden wäre. Das gleiche gilt, wenn die Leistung aus einem Rechtsgrunde, dessen Wegfall nach dem Inhalte des Rechtsgeschäfts als möglich angesehen wurde, erfolgt ist und der Rechtsgrund wegfällt.

[II]Zinsen hat der Empfänger erst von dem Zeitpunkt an zu entrichten, in welchem er erfährt, daß der Erfolg nicht eingetreten oder daß der Rechtsgrund weggefallen ist; zur Herausgabe von Nutzungen ist er insoweit nicht verpflichtet, als er zu dieser Zeit nicht mehr bereichert ist.

1) Bedeutung. § 820 enth für 2 Fälle der Leistgskondiktion eine ggü §§ 819, 818 IV etwas abgewandelte 1 verschärfte Haftg des BerSchu. War nach dem Inhalt des RGesch der mit einer Leistg bezweckte Erfolg (§ 812 Rn 86–92) ungewiß od wurde der Wegfall des RGrdes (§ 812 Rn 75–85) als mögl angesehen, so muß Empf von vornherein mit seiner HerausgPfl rechnen; dies rechtf eine strengere BerHaftg als nach § 818 I–III. Wesentl für die Anwendbark des § 820 ist, daß **beide Teile** bei VertrSchl den Eintritt des Erfolgs als unsicher od den Wegfall des rechtl Grdes als mögl angesehen haben u daß sich dies aus dem Inhalt des RGesch ergab. Hat nur Leistder gewußt, daß der Eintritt des Erfolgs unmögl ist, so hat er wg § 815 überh keinen BerAnspr (and bei späterem Wegfall des RGrdes, § 815 Rn 1 ff); hat allein Empf Kenntn vom Ausfall des Erfolgs od vom Wegfall des RGrdes gehabt, so haftet er nach § 819 I.

2) Voraussetzungen der verschärften Haftung. – a) Ungewißheit. Objektiv muß bei Abschl des 2 RGesch nach dessen Inhalt der Erfolgseintritt ungewiß od der Wegfall des rechtl Grdes mögl gewesen sein. **Subjektiv** müssen die Beteil beim Abschl des RGesch von dieser Unsicherh ausgegangen sein (BGH **118**, 383). Hieran fehlt es, wenn die Beteil den Erfolgseintritt (zB eine behördl Gen nach mdl Zusage) für sicher od den Wegfall des RGrdes für unwahrscheinl gehalten haben (BGH ZIP **87**, 1457 [1460]). Die nur als entfernt angesehene Möglichk einer and Entwicklg als bezweckt u vorhersehb genügt für die Anwendbark des § 820 nicht (BGH **LM** Nr 1). Ebso ist nicht ausreichd, daß die Beteil nur mit der allg nicht ausscheidb Möglichk des Nichteintritts bzw Wegfalls gerechnet od sich aufdrängde Zweifel nicht beachtet haben, zB bei Hing einer Aussteuer vor Eingehg der Ehe, die dann nicht zustandekommt, UnterhZahlg aGrd einstw AO, die sich dann als unberecht erweist (BGH NJW **84**, 2095; aA Schwab FamRZ **94**, 1567). Sonst würde die verschärfte Haftg des § 820 in nahezu allen Fällen eines BerAnspr wg Nichteintritts des mit einer Leistg bezweckten Erfolgs eintreten.

b) Aus dem Inhalt des Rechtsgeschäfts selbst muß sich die Ungewißh der zukünft Entwicklg ergeben, 3 außerh des Vertr liegde Umst können hierfür nicht maßg sein.

c) Unmöglichkeit. § 820 gilt auch für die Pfl zur Rückgewähr einer GgLeist aus einem ggseit Vertr nach 4 § 323 III, wenn die Beteil mit der von keiner Seite zu vertretn Unmöglichk der Leistg gerechnet haben (BGH NJW **75**, 1510).

d) Auf Leistungen, die unter Vorbehalt gemacht od angenommen werden (§ 814 Rn 5), ist § 820 5 entspr anwendb (BGH WM **88**, 1494 [1496]), außer wenn ihnen ein rkräft Titel od eine einstw AO gem ZPO § 620 zuGrde liegt (BGH FamRZ **85**, 368, Zweibr NJW-RR **95**, 841).

e) Beispiele: Vorschuß Entrichtg einer MaklerProv; Leistgen auf einen noch genehmiggsbedürft Vertr; 6 Leistgen auf einen zunächst nur mdl abgeschl GrdstKaufVertr (BGH JZ **61**, 699).

3) Umfang der Haftung. Der Empf haftet so, wie wenn der HerausgAnspr bei Empfang der Leistg 7 rechtshäng geworden wäre (vgl § 818 Rn 51–54). Das bedeutet aber nicht, daß die Ber nicht noch mit befreiender Wirkg wegfallen od sich mindern kann, zB nach dem allg Grds des Ausgl von Vort u Nachtl, die mit dem BerVorgang unmittelb zushängen. Zunächst ist also zu prüfen, ob u inwiew (Saldo, § 818 Rn 28, 29) überh Ber vorliegt (BVerwG MDR **61**, 535). – Die **verschärfte Haftung** ist aber ggü § 818 IV in zweierlei Hins **eingeschränkt:**

a) Nebenleistungen: Nach Abs II hat Empf abw von § 291 Zinsen (Höhe: § 246) erst von dem Ztpkt an 8 zu entrichten, da er den tats Nichteintritt des Erfolges od Wegfall des RGrdes posit kennt. Nutzgen sind nur herauszugeben, soweit Empf noch bereichert ist, dh iR der allg Haftg nach § 818 I–III. Desh auch keine Haftg für Nutzgen, die Empf bis zum Ztpkt der KenntnErlangg hätte ziehen können.

b) Verzugshaftung. And als vielf bei § 819 (dort Rn 9) u bei § 818 IV (dort Rn 54) kommt bei § 820 eine 9 verschärfte Haftg wg Verz nicht in Betr. Wenn der Leistde mit dem Verbleib der Leistg beim Empf trotz der Ungewißh der zukünft Entwicklg einverst war, trifft den Empf kein Versch (§ 285), so daß eine Haftg für Zufallschäden (§ 287 S 2) ausscheidet.

c) Rechtsmißbräuchlich kann das Verlangen auf Herausg der Leistg unter den verschärften Vorauss des 10 § 820 sein, wenn der Leistde den Empfänger veranlaßt hat, das Erlangte seiners an einen zahlungsfäh Dr weiterzugeben (BGH **LM** Nr 1).

4) Beweislast. Der AnsprBerecht hat die obj u subj Vorauss für den Eintritt der verschärften Haftg 11 (Rn 2–6) zu beweisen; desgl hins der Nebenleistgn den Ztpkt der KenntnErlangg (Rn 8), währd der BerSchu den Wegfall der Ber (bei Nutzgen) darzutun hat. Im übr gelten die Grds in § 818 Rn 55.

821 *Einrede der Bereicherung.* Wer ohne rechtlichen Grund eine Verbindlichkeit eingeht, kann die Erfüllung auch dann verweigern, wenn der Anspruch auf Befreiung von der Verbindlichkeit verjährt ist.

1) Bedeutung. Es handelt sich, and als bei der Berechng des BerSaldos (§ 818 Rn 28, 29, 46–49), um eine 1 echte **Einrede,** nicht vAw zu beachten (BGH NJW **91**, 2140). Eine Leistg iS des BerR ist auch die Eingehg einer Verbindlichk (§ 812 Rn 2–9). Ist dies ohne rechtf Grd geschehen, so hat der Schu neben dem Anspr auf Herausg des Erlangten, dh hier auf Befreiung von der Verbindlichk (§ 818 Rn 6), ein LeistgsVR. Wer ohne rechtl Grd ein SchuldAnerk (§ 812 Rn 5–8) eingegangen ist, kann Erf einredew verweigern (BGH NJW **91**, 2140). Der Anspr auf Befreiung von der Verbindlichk verj nach den allg Grds für BerAnspr (Einf 24 vor § 812). § 821 bestimmt darü hinaus, daß die Einr selbständ fortbesteht, auch wenn der Anspr auf Befreiung bereits verj ist, zB wenn der Bereicherte sich aus einem trotz der Verj der Fdg weiter haftden PfdR od einer Hyp (§ 223 I) befriedigen will.

2 **2) Folgen.** Da es sich um eine dauernde Einr handelt, kann das dennoch Geleistete zurückverlangt werden (§ 813 Rn 3); ebso Rückfdg einer Vorleistg, wenn Gegner Erbringg seiner Leistg nach § 821 verweigert. Ein für die Fdg bestelltes PfdR ist herauszugeben (§ 1254), auf eine Hyp ist zu verzichten (§ 1169). Die Einr kann auch dem Zessionar entgegehalten werden (§§ 404, 405); ebso dem Sequester, Konk-, InsolvenzVerw ggü einem einrbehafteten Guth, auch wenn er es auf ein und neu eröffnetes Konto bei derselben Bank überwiesen hat (BGH NJW **95**, 1484). Anderers kann sie auch jeri erheben, der sich auf die Einr des Schu berufen kann, zB SchuldÜbern, Bürge, HypSchu, Verpfänder, unmittelb Besitzer (§§ 417, 768, 1137, 1211, 986 I). Die Einr entfällt, soweit die Ber weggefallen ist (§ 818 III), sofern nicht verschärfte BerHaftg, zB nach § 819, eingreift. Auch schließt § 821 die allg „Einrede" der Argl ggü dem Verlangen des Gläub nicht aus.

822 *Herausgabepflicht Dritter.* **Wendet der Empfänger das Erlangte unentgeltlich einem Dritten zu, so ist, soweit infolgedessen die Verpflichtung des Empfängers zur Herausgabe der Bereicherung ausgeschlossen ist, der Dritte zur Herausgabe verpflichtet, wie wenn er die Zuwendung von dem Gläubiger ohne rechtlichen Grund erhalten hätte.**

1 **1) Anwendungsbereich, Abgrenzung.** Die Norm hat mit § 816 I 2 gemeins, daß der unentgeltl Erwerbde den dingl wirks RErwerb bereichergsrechtl nicht behalten darf, sein Schutz muß ggü dem Interesse des Benachteil zurücktreten. Im übr bestehen aber erhebl Unterschiede: § 816 I 2 regelt die RFolge bei wirks Vfg dch einen Nichtberecht, § 822 bei wirks Vfg dch den Berecht. In § 816 I 2 bewirkt die Vfg des Nichtberecht zugl die Entreicherg des Benachteiligten u die Ber des Beschenkten (Einheitlichk des BerVorgangs, § 812 Rn 35–40), welcher deshalb primär auf Herausg haftet. § 822 enth eine Ausn von diesem Grds der Einheitlichk, weil der RVerlust des Entreicherten bereits vor der berecht Vfg des Ersterwerbers eingetreten ist, der Beschenkte haftet nur subsidiär auf Herausg. Seine bereichergsrechtl Haftg tritt hier ein, indem der bish BerSchu als dingl Berecht das Erlangte mit rechtl Grd unentgeltl dch einen weiteren Zuwendgsakt an den Dr übertr; sofern hierdch die Verpfl des ersten Empf zur Herausg der Ber ausgeschl ist, ist der beschenkte Dr zur Herausg verpfl, wie wenn er die Leistg unmittelb vom Benachteil ohne rechtl Grd erworben hätte. Auf ähnl RGedanken beruhen §§ 2287, 2329. Abgesehen von der Dchbrechg des Erfordern der Einheitlichk des BerVorgangs enth § 822 somit nur eine Aushilfshaftg bei Wegfall der Haftg des urspr KondiktionsSchu, kann aber auch iF der RFolgenverweisg, wenn der ursprüngl Schu kein BerSchu ist, anwendb sein (BGH **106**, 354 für § 528).

2 **2) Unentgeltliche Zuwendung des Erlangten an Dritten. – a)** Ein **Bereicherungsanspruch gegen den ursprünglichen Empfänger** muß bestanden haben, unerhebl aGrd welcher Bestimmg. § 822 ist in gleicher Weise anwendb, wenn der Empf das nach § 812 Erlangte od wenn der wirks als Nichtberecht Verfügde den nach § 816 I 1 herauszugebden Erlös unentgeltl einem Dr zuwendet od wenn der von einem Nichtberecht unentgeltl Erwerbde (§ 816 I 2) das Erlangte seiners unentgeltl weitergibt (BGH NJW **69**, 605). Der urspr BerAnspr kann schließl auch auf § 822 selbst beruhen; gibt der Dr das unentgeltl Erlangte an einen Vierten weiter, so ist auch dieser herausgpfl, soweit hierdch die BerHaftg aller Vormänner ausgeschl ist (Rn 7– 9).

3 **b) Erlangt** vom urspr Empf ist zunächst der Ggst selbst (§ 812 Rn 16–30), ferner bei § 816 I 1 der Erlös samt Gewinn (§ 816 Rn 24). Erlangt sind ferner die Nutzgen u ErsWerte, die unter § 818 I, II fallen (zum Wegfall der Ber nach § 818 III s unten Rn 7). Darü hinaus muß es nach dem GrdGedanken des § 822 für die Begr einer BerHaftg des Dr genügen, wenn das für den urspr Ggst dch RGesch Erworbene, zB eine von dem erlangten Geld gekaufte Sache, dem Dr unentgeltl zugewendet worden ist. And als bei § 816 I 2 (dort Rn 13) steht der bei § 822 nicht anwendb Grds der Einheitlichk des BerVorgangs nicht entgg. Da aber der urspr Empf nach dem Verk gem § 818 II nur auf WertErs gehaftet hätte, ist in diesem Fall auch die Haftg des Dr auf den Wert des urspr Erlangten zu beschr. Anderers kann sich der Dr dch Herausg des ihm zugewendeten Ggst, um den er allein bereichert ist (§ 818 III), befreien.

4 **c) Einem Dritten** muß das Erlangte zugewendet worden sein (zum Begr des Dr s § 123 Rn 13, 14). § 822 ist daher zB nicht anwendb, wenn der ErstEmpf schon beim Erwerb als Vertr des Dr aufgetreten ist.

5 **d) Zuwendung,** vgl hierzu § 812 Rn 3, 4. § 822 betr also einen Fall der Leistgskondiktion. Mangels Zuwendg, insb dch RGesch, genügt ein Erwerb des Dr dch Ersitzg, Fund (soweit Anspr des Empf gg Dr besteht, hat er ihn an BerGläub abzutreten) od als Nacherbe nicht, weil dieser seinen Erwerb nicht vom Vorerben, sond vom Erbl ableitet; die Verpfl des Nachl aus Ber ist vielm NachlVerbindlichk.

6 **e) Unentgeltlich** sind insb Schenkg u Vermächtn, gleichgült ob sofort vollz Schenkg od in Erf eines SchenkgsVerspr. Zum Begr der Unentgeltlichk s näher § 516 Rn 8–10 u § 816 Rn 13. Bei sog gemischter Schenkg (§ 516 Rn 13–17) besteht demnach die Haftg des Dr hins des Teils der Zuwendg, der als unentgeltl Erwerb anzusehen ist. Wie § 816 I 2 (dort Rn 16–19) ist auch § 822 auf den Fall einer entgeltl, aber rgrdlosen Vfg nicht entspr anwendb.

7 **3) Subsidiarität der Haftung.** Die Verpflichtg des ursprüngl Empfängers zur Herausg der Ber muß ausgeschl sein. Die Aushilfshaftg des Dr tritt nur ein, wenn inf der unentgeltl Zuwendg des Erlangten an ihn (Rn 2–6) die Verpfl des urspr Empf zur Herausg der Ber ausgeschl ist.

a) Diese Voraussetzung ist erfüllt im regelm Anwendgsfall des § 822, näml wenn die Verpfl des urspr BerSchu (auch des Erwerbers nach § 816 I 2) inf Weitergabe des Ggst der Ber an den Dr gem § 818 III erloschen ist. Erforderl ist, daß der Anspr gg urspr Empf inf der Zuwendg an Dr aus Rechtsgründen erlischt. Mangelnde Dchsetzbark des Anspr aus nur tats Gründen (Zahlgsunfähigk, Abwesenh des urspr BerSchu) genügt also nicht, um die Aushilfshaftg des Dr nach § 822 zu begründen (BGH NJW **69**, 605; aA Schilken JR **89**, 363).

b) Diese Voraussetzung ist nicht erfüllt, – aa) soweit die **Verpflichtung** des urspr Empf schon **vor 8 der Zuwendung weggefallen** war. Hat zB der Empf im Vertrauen auf Unwiderruflichk des RErwerbs Aufwendgen gemacht, die bei der Saldierg zu berücks sind (§ 818 Rn 28–30), so ist bereits insow die Ber nach § 818 III weggefallen; eine BerHaftg des Dr lebt dann auch üb § 822 nicht wieder auf. Das gleiche gilt, wenn der BerAnspr gg den urspr BerSchu schon verj war. – **bb)** wenn die **Verpflichtung des Erstemp- 9 fängers fortbesteht,** zB weil er die Zuwendg an den Dr erst bewirkt hat, nachdem der BerAnspr ihm ggü rhäng geworden ist (§ 818 IV) od wenn die Vorauss der verschärften Haftg des Ersterwerbers nach §§ 819, 820 (Kenntn vom RMangel, verwerfl Empfang, ungewisser Erfolgseintritt) vorliegen; in diesem Fall entsteht eine Haftg des Dr nach § 822 nicht. Kauft zB Dieb mit gestohlenem Geld einen Ggst u schenkt ihn einem gutgl Dr, so haftet dieser nicht nach § 822 (bei Bösgläubigk ggf § 826). Dieses Ergebn mag unbefriedigd sein, weil nicht einzusehen ist, warum derjen besser steht, der ein Geschenk statt vom gutgl BerSchu vom bösgl (u damit nach § 819 I weiter haftend) Dieb erhält; es läßt sich aber angesichts des klaren Wortlauts des § 822 nicht vermeiden (Staud-Lorenz Rn 10).

4) Inhalt des Bereicherungsanspruchs. – a) Herausgabe. Dr haftet, wie wenn er unmittelb vom Ber- 10 Gläub ohne rechtl Grd empfangen hätte. Der Umfang der Herausgabepfl bestimmt sich daher nach §§ 818–820. Der Dr kann sich auf Wegfall od Minderg der Ber, die in der Pers des urspr Empf schon vor der unentgeltl Weitergabe entstanden war, gem § 818 III berufen (oben Rn 8, 9). Anderers gilt § 819 (Kenntn der HerausgPfl inf rgrdlosen Erwerbs des urspr Empf u unentgeltl Weitergabe) auch ggü dem Dr. – **b)** Die **Verjährung** des BerAnspr gg Dr (Berechng Einf 24 vor § 812) beginnt gem § 198 erst mit der Zuwendg an ihn.

5) Beweislast. Aus dem Wortlaut des § 822 folgt, daß der BerGläub nicht nur Unentgeltlich der 11 Zuwendg an Dr, sond auch Ausschl der Haftg des urspr Empf aus RGrden inf der Zuwendg zu beweisen hat, desgl ggf die Voraussetzgen einer etw verschärften Haftg (§ 819 Rn 10). Soweit sich dagg der Dr auf Wegfall od Minderg der Ber beruft, trifft ihn die BewLast (§ 818 Rn 55).

Fünfundzwanzigster Titel. Unerlaubte Handlungen

Einführung

Übersicht

1) Begriff. – a) Die Vorschr über uH bezwecken den Schutz des einz gg widerrechtl Eingr in seinen 1 RKreis. Dabei handelt es sich aber nur um die Verletzung **der allgemeinen, zwischen allen Personen bestehenden, Rechtsbeziehungen,** die jeder beachten muß (Ggsatz: die zw bestimmten Pers bestehdnen bes RBeziehgen aus Vertr od vertragsähnl RVerh). Gemeins ist allen uH die **objektive Widerrechtlichkeit** (vgl § 823 Rn 32–35), währd Versch oder vermutetes Versch zwar für die Mehrzahl der Tatbestde erforderl, jedoch für den Begr der uH nicht schlechthin wesentl ist. Unerl Hdlgen mit Haftg ohne Versch sind zB die Tatbestde der §§ 829, 833 S 1. Der AusnCharakter dieser Bestimmgen u der in anderen Ges für bes Fälle vorgesehenen Gefährdgshaftg verbietet eine Ausdehg der Gefährdgshaftg auf andere Tatbestde. – Ggst einer uH können Verletzgen von Pflichten jeder Art, auch von famrechtl Fürs- und AufsPfl sein, wenn sie gleichzeit eine Verletzg der allg RechtsPfl enthalten. Über Verletzg von VertrPfl Einf 4–9. – Die uH kann auch in einem **Unterlassen** bestehen, vgl Vorbem 84 vor § 249.

b) Auch außerhalb des 25. Titels liegt uH überall da vor, wo die obigen BegrMerkmale erfüllt sind, 2 mag der betr Tatbest im BGB selbst (außerh des 25. Titels) od in sonstigen Ges geregelt sein (Staud-Schäfer Vorbem 24 ff vor § 823). Anspr aus uH sind daher auch die Anspr aus §§ 228, 231, nicht aber die aus den §§ 42 II, 122, 160, 163, 179; die ErsAnspr aus ZPO §§ 302 IV, 600 II, 717 II, 945 (BGH WM **65**, 864 nur im Verh zum Arrestgegner, nicht auch ggü dem dch den Arrest betroffenen Dr; BGH **30**, 127: § 945 ZPO anwendb auch auf den Steuerarrest; vgl jedoch BGH **39**, 77, wonach Vollziehg eines unricht Steuerbescheids nur Anspr aus AmtsPflVerletzg begründen kann); ebso wie Anspr aus dem HaftpflG, StVG u LuftVG (BGH **1**, 391); ferner die Anspr aus WettbewVerstößen (BGH **40**, 394) u UrhRVerletzgen, nicht jedoch aus

3　der GläubAnf der KO u des AnfG (BGH **LM** § 30 KO Nr 1). – **Sondergesetze,** wie das Patent- u GebrauchsmusterG, schließen die Anwendg des BGB nicht aus. Das gilt auch grdsätzl für das UWG u das UrhRG (vgl dessen § 97 III u § 687 Rn 5–7), die neben den §§ 823 ff anzuwenden sind; sow sie jedoch Spezialtatbestde erschöpfd regeln, ist § 823 I u II unanwendb. Daher sind §§ 842–847, 852 auf HaftPflG, LuftVG, StVG nur anwendb, sow sie dort für anwendb erkl sind. Keine Regelg in § 22 WasserhaushaltsG über Umfang der Haftg u Gehilfenhaftg, daher sind §§ 823, 826, 831, 842–846, 852 anwendb. § 840 unanwendb, da § 22 Sonderregelg gibt (vgl Wernicke NJW **58,** 775; zur Verj vgl § 852 Rn 1 u zum SchutzGCharakter § 823 Rn 145–152).

4　**2) Konkurrenz mit anderen Ansprüchen. – a) Vertrag und unerlaubte Handlung.** Verletzg von VertrPfl, auch vorsätzl od fahrl, sind als solche keine uH; sie können aber, wenn sie zugleich den Tatbestd der §§ 823 ff erfüllen, auch eine uH darstellen u eine Haftg nach den für diese maßg RSätzen begründen. Vertragl u delikt Anspr sind nach Vorauss u RFolgen grdsätzl selbständ zu beurt, doch gibt es Wechselwirkgen. Vorrang vertragl Regelgen dürfen dch einen Anspr aus uH wg desselben Sachverhalts nicht ausgehöhlt werden (BGH **96,** 221: Kein AufwErsAnspr wg EigtmVerl ohne Mangelbeseitiggsverlangen nach WkVertrR). **Beispiel:** Arzt, der Behandlgsfehler begeht, verletzt nicht nur seine VertrPfl ggü Patienten, sond begeht auch eine uH (BGH NJW **59,** 1583); ebso Gem, die gesundheitsschädl Wasser liefert (BGH **17,** 191). Fremdbesitzer, der den Rahmen seines BesitzR schuldh überschreitet (BGH BB **63,** 575). Beförderg von Pers u Gütern dch die Eisenbahn (BGH **24,** 188). FrachtVertr unter den HaftgsVorschr der KVO (BGH **32,** 203, 302) od in Beschränkg der VertrHaftg nach § 430 HGB (BGH **46,** 140). Verletzter kann nach seiner Wahl aus Vertr oder uH vorgehen. Prakt bedeuts ist dies insb im Hinbl auf den nur bei uH gegebenen SchmerzGAnspr u die verschiedene Regelg der Verj (vgl § 852 Rn 1) sowie die verschiedene Haftg für Hilfspers (§ 278 bei Vertr, § 831 bei uH). Doch ist bei ZusTreffen von uH u VertrVerletzg § 278 auch anzuwenden, wenn Verl seinen Anspr auf Delikt od Gefährdg stützt, vgl § 254 Rn 64. – Diese Grds gelten auch dann, wenn die Möglichk der schuldh Einwirkg überh erst dch den Vertr gegeben war, vorausgesetzt, daß es sich um eine Verletzg einer allg RPfl handelt; so wenn jemand die vertragl Verpfl verletzt, Obliegenh zu erfüllen, die dem Schutz der Allgemeinh dienen (BGH DB **54,** 326). Bremser eines Lastzuganhängers, zu dessen VertrPfl es gehört, Gef für den Verkehr abzuwenden, begeht dch eine VertrVerletzg, dch die ein Dr geschädigt wird, zugleich eine uH (RG **156,** 193). – BewFragen bei Vertr u uH vgl Vorbem 162–173 vor § 249 u § 823 Rn 174. Über ZusTreffen von Vertr- u Deliktshaftg bei Vertr zG Dritter vgl RG **127,** 14, 218.

5　**b)** Aus der Art der **Ausübung eines Gewerbebetriebes** kann sich die allgem RPfl ergeben, auch Dritte vor Schädigg zu bewahren, deren Verletzg eine uH darstellen kann, zB beim Betr von BefördergsUntern od des Lagerhalters (BGH BB **53,** 513) od des BauUntern (BGH DB **54,** 326) od der Molkerei dch InVerkBringen nicht pasteurisierter Milch (BGH **LM** § 823 (Eh) Nr 3). Hierunter fallen jedoch nur Pers, die ein selbständ Stellg erlangt haben u die ihre Dienste der Allgemeinh anbieten, nicht weisgsgebundene ArbN (BGH BB **54,** 273).

6　**c) Öffentlichrechtliche Erstattung.** Vgl zunächst Einf 20–23 vor § 812. Geschlossene Regelgen des öff Rechts für die Erstattg überzahlter Leistgen können SchadErsAnspr aus uH ausschließen (Gagel NJW **85,** 1872).

7　**d)** In **Sondergesetzen** findet sich **allgemeiner Ausschluß weitergehender Ansprüche,** der auch für uH gilt. So schließt § 547a im Verh zw Mieter u Verm weitergehde Anspr aus. Ist der Anspr des Mieters auf Wegn von Einrichtgen verj, so stehen ihm SchadErs- od BerAnspr wg EigtVerlustes gg den Verm auch dann nicht zu, wenn diese die Grdst mit den eingebauten Einrichtgen veräußert (BGH **81,** 146, **101,** 37). – Nach § 46 **BeamtVG** hat Beamter bei Dienstunfall gg Staat bzw JP des öffR nur VersorggsAnspr nach §§ 30–43 BeamtVG außer iF vorsätzl begangener uH u bei Teiln am allg Verk (§ 1 ErwZulG); das ist relativ zu verstehen, dh nach dem Verhältn des verl Bediensteten zum Schäd, nicht nach seinem InnenVerhältn zum öffrechtl Dienstherrn (BGH **64,** 201, SGb **92,** 274). Die Entsch der VerwBeh über das Vorliegen eines DUnfalls bindet das ZivGer, das über SchadErsAnspr aus Anlaß des Unfalls zu entscheiden hat (BGH **121,** 131). §§ 636, 637 RVO: grdsätzl Ausschl der ErsPfl bei PersSchäd für Versicherte gg ArbGeber u untereinand, insb für betrangehör ArbNehmer, Kinder in Kindergärten (VersR **93,** 97), Schüler, Berufsschüler, Studenten bei betr- bzw schulbezogenen (BGH **67,** 279) Unfällen; Kein Ausschl bei Schäd dch Teiln am allg Verk, zB Mitnahme eines ArbKollegen im PrivPkw zur ArbStätte u von dort nachhause (BGH **116,** 30). Der Ausschl des § 847 ist verfmäß (BVerfG NJW **73,** 502). Ebso §§ 81ff BVersG: VersorggsBerecht kann gg Staat nur Anspr nach VersorggsR erheben; ebso § 91a SoldVersG (BGH NJW **92,** 744, BGH **120,** 176: ärztl HeilEingr), § 540 RVO (BGH NJW **83,** 574: ArbUnfall eines Strafgefangenen, auch bei Verl eines sog Freigängers in einem fremden Betrieb bei anstaltsvermittelter Beschäftigg). Die Höchstgrenze in §§ **485 II, 660 HGB** gilt auch für einen auf denselben Vorgang gestützten Anspr aus uH (BGH **86,** 234). Die Verl der RügeObliegenh gem § 377 I HGB hat nicht den Verlust delikt Anspr wg einer dch die SchlechtLiefg verurs Verl eines der in § 823 genannten RGüter des Käufers zur Folge (BGH **101,** 337).

8　**e) Vertragsmäßiger Ausschluß der Gewährleistungspflicht aus dem Vertrage** gilt nicht ow für Haftg aus uH (BGH **67,** 366); and ggf bei allg Freizeichng v SchadErsAnspr (BGH NJW **79,** 2148). Hat jemand von einer Bank eine Ausk „ohne Verbindlichk" erbeten, so ist damit vertragl u außervertragl Haftg wg Fahrlk
9　ausgeschl (BGH **13,** 198; § 676 Rn 7). – **Gesetzliche Beschränkung vertraglicher Haftung** auf best Schuldformen schließt strengere Haftg auch aus uH aus. – So Haftg des Schenkers (BGH **93,** 23; abl Schubert JR **85,** 324, krit Schlechtriem BB **85,** 1356). Ebso bei Haftg des Gesellschafters seinem Partner ggü (vgl § 708 Rn 1); Haftg des Verleihers (NJW-RR **88,** 157); bei konkurrierdem Anspr aus GoA wg § 680 (BGH NJW **72,** 475). – **Haftung des Arbeitnehmers** ggü seinem ArbG, seinen ArbKollegen u ggü Dr vgl § 611 Rn 152ff.

10　**3) Haftungsausschluß, Handeln auf eigene Gefahr** vgl § 254 Rn 70–81. Daß sich der Ausschl vertragl SchadErsAnspr auch auf parallele aus uH iR des Zuläss erstreckt, muß ausdr od jedenf hinreich deutl vereinb sein (BGH DB **79,** 1078 für Kauf- u WkVertr). LandesG kann die Haftg nach § 823 nicht (teilw) ausschließen (Hbg MDR **69,** 667).

940

4) Haftung ohne Verschulden. – a) Enteignungsgleicher Eingriff, Aufopferung. Vgl Übbl 4–54 **11** vor § 903. – **b) Haftung aus Art 5 V Menschenrechtskonvention.** – SchadErs-, nicht nur Ausgleichs-Anspr, gerichtet auf Ers des vollen Schad, wie bei Gefährdgshaftg; Voraussetzg ist allein Rechtswidrigk, nicht Versch (BGH **45**, 58: ob stets SchmerzGeld verlangt werden kann, ist unentsch geblieben). Über Verjährg dieses Anspr § 852 Rn 1. – **c) Gefährdungshaftung.** Im BGB zB § 833 S 1, in zahlr SonderG, zB § 7 StVG, §§ 1, 2 UmwHG. Grdsätzl allg GefährdgsHaftg gibt es weder darühinaus im PrivR noch über enteigngsgleichen Eingr u Aufopferg hinaus im öff R (BGH VersR **72**, 1047). – **d) Zufallshaftung.** Bes geregelte Haftg ohne Versch in and als GefährdgsTatbestd, zB § 945 ZPO.

5) Schadensersatz. Der Anspr wird nicht dadch ausgeschl, daß der Geschädigte wg des Nachteils auch **12** einen Anspr gg einen Dritten hat (BGH WM **72**, 560). Für die Höhe des SchadErs ist es ohne Bedeutg, ob Haftg des Täters auf vorsätzl od fahrl Handeln beruht, ebso ob nur Gefährdgshaftg vorliegt. Anders nur in einigen SonderGes, so in PatG § 139 II 2, GebrMG § 15 II 2 wonach bei nur leichter Fahrlk die Höhe der Entschädigg geringer sein kann. Für die Höhe sind die allg Grdsätze der §§ 249 ff maßg. Is – **Drittschaden** vgl **13** Vorbem 113 vor § 249. Anwendb ist § 254. Ggü vorsätzl Verhalten des Täters fällt allerd eig Versch des Verletzten im allg nicht ins Gewicht, vgl § 254 Rn 53. Über die Berücksichtigg der Betriebsgefahr, für die der Verletzte, zB als KfzHalter, einzustehen hat, § 254 Rn 10. Über des gesetzl Vertreters des Geschädigten vgl § 254 Rn 60–69. Voraussetzg für die Anrechng eines solchen Versch ist jedoch stets, daß der gesetzl Vertreter in dieser Eigensch, also als Vertreter, gehandelt hat; fehlt es hieran, so entfällt die Anrechng. – Über Vorteilsausgleich § 823 Rn 162. Über WiderrufsAnspr Einf 26–35. Über AuskPfl des Schädigers vgl § 687 Rn 5–7, § 826 Rn 16. Im Einzelfall kann der Anspr auf SchadErs rechtsmißbräuchl sein, zB bei Beschädigg eines Kfz, das einem Mdj ohne Einwilligg der PersSorgeBerecht überlassen wurde (Stgt NJW **69**, 612 mit Anm Winter NJW **69**, 1120).

6) Zurechnungszusammenhang, Normzwecktheorie vgl Vorbem 54–107 vor § 249. Es besteht kein **14** allg Gebot, andere vor Selbstgefährdg zu bewahren, u kein Verbot, sie zur Selbstgefährdg psycholog nicht zu veranlassen. Infdessen kann, wer sich selbst verletzt, einen and wg dessen Mitwirkg nur dann auf SchadErs in Anspr nehmen, wenn dieser einen zusätzl Gefahrenkreis für die Schädig eröffnet hat (BGH NJW **86**, 1865, Düss VersR **90**, 903: freier Zugriff auf einen Revolver). Wer dch vorwerfb Tun einen and zu selbstgefährddem Verhalten herausfordert, kann diesem and, wenn dessen Willensentschluß auf einer mind im Ansatz billigenswerten Motivation beruht, aus uH zum Ers des Schad verpfl sein, der inf des dch die Herausforderg gesteigerten Risikos entstanden ist. Die Haftg ist insbes bejaht worden, wenn sich jemand pflichtwidr der Feststellg seiner Personalien od der vorl Festnahme zu entziehen versucht, einem and dadch Veranlassg zur Verfolgg gibt u der and inf der dch die Verfolgg gesteigerten GefLage einen Schad erlitten hat (BGH **63**, 189, NJW **76**, 568, VRS **79**, 406). Auch AufwErs gibt es in solchen Fällen nur für tätigkspezif Risiko (BGH NJW **93**, 2234: fahrl Brandverursachg, verletzter Feuerwehrmann). Vgl auch § 670 Rn 15, § 683 Rn 10). Der Verlust des SchadFreihRabatts inf eines KfzUnfalls ist kein FolgeSchad aus der Beschädigg des eig Kfz, sond ein VermSchad inf der Beschädigg des fremden Kfz, deshalb nicht nach § 823 I zu ersetzen; and bei KaskoVers (BGH NJW **76**, 1846). Rechtmäß Alternativverhalten vgl Vorbem 105–107 vor § 249.

7) Beweis der Ursächlichkeit, Anscheinsbeweis vgl § 823 Rn 167–174. **15**

8) Unterlassungsklage. Der UnterlAnspr ist als RFolge einer uH im BGB nicht erwähnt, ausdr Ges- **16** Vorschr gewähren ihn, zB §§ 12, 862, 1004, PatG § 139 I, GebrMG § 15 I, MarkenG §§ 14 V, 128 I, RabattG § 12, ZugabeVO § 2, UrhRG § 97 I, AGBG §§ 13ff. In Fortbildg dieses allg RGedankens hat die Rspr die UnterlKlage für eine große Zahl weiterer Tatbestd zugelassen; vgl § 1004 Rn 1–3, 27–30. Sie ist im Regelfall geeignet u notw zur Beseitigg der Beeinträchtigg. Ggf kann auch ein eingeschränktes Verbot genügen, zB wenn die mit Gebr einer Bezeichng verbundene Gef der Irreführg dch einen aufklärden Zusatz (BGH GRUR **68**, 200) od wenn die Verletzg des PersönlkR in einem Roman einwandfrei dch ein klärdes Vorwort zu beseitigen ist. Nöt ist dazu Abwägg, daß einers den Belangen des Verl ausreichd Genüge zu leisten ist u welche schutzwürd Interessen des Störers andrers dch ein UnterlassgsUrt geopfert werden. In jedem Fall ist es Sache des Bekl, konkret formulierte Vorschläg zu machen, auf welche und Weise als dch Unterlassg die Beeinträchtigg zu beseitigen ist (BGH JZ **68**, 697 [702]). Vorangegangene einstw Vfg nimmt der UnterlKl nicht das RSchutzBedürfn (BGH DB **64**, 259).

a) Bei Ausschließlichkeitsrechten ist die UnterlKlage allg anerkannt, also insb auch bei Verletzung **17** eines „sonstigen Rechts" iS von § 823 I, wozu auch der eingerichtete u ausgeübte GewerbeBetr u das allg PersönlichkR gehören (vgl § 823 Rn 14, 175–200). Voraussetzg ist ledigl ein **objektiv widerrechtlicher Eingriff** in das absolute Recht (BGH **38**, 206, vgl § 823 Rn 32–53).

b) Die vorbeugende Unterlassungsklage dient, über diese Fälle hinausgehd, der Abwehr eines künft **18** rechtwidr Eingr in alle dch SchutzG iS des § 823 II geschützten Lebensgüter u Interessen (BGH NJW **93**, 1580). Sie ist daher bei den meisten uH zul (Ausn siehe Rn 21). Vorauss ist ein **objektiv widerrechtlicher Eingriff** (§ 823 Rn 32–53), währd es auf Versch des Täters od die Bewußtsein der RWidrigk nicht ankommt (BGH **3**, 270, **30**, 7). Handelt es sich um die Unterl unwahrer TatsBehauptgen, so kommt weder eine InteressenAbwägg noch eine Berufg auf die Wahrg berecht Interessen in Frage, denn an der künft Verbreitg unwahrer TatsBehauptgen kann niemand ein schutzwürd Interesse haben (BGH DB **74**, 1429). Ferner muß Erstbegehgs- od WiederholgsGef bestehen (unten Rn 24). Nicht erfordert ist, daß Schad bereits entstanden ist, es genügt, daß Schad droht (BGH NJW **51**, 843). Bei fehlder ErstbegehgsGef ist die Kl als unbegründet abzuweisen (BGH NJW **90**, 2469). – **Inhalt.** Der Antr muß auf Unterlassg einer best Hdlg **19** gerichtet sein, wenn auch das Ger an seinen Wortlaut nicht gebunden ist. Er muß sich in den Grenzen des Notwend u Zumutb halten, nöt ist Interessenabwägg (BGH NJW **57**, 827, MDR **60**, 371; vgl hierzu auch § 824 Rn 6). Der UnterlAnspr richtet sich gg den **Störer.** Das sind diejen, die die Beeinträchtigg herbeigeführt haben od deren Verhalten eine Beeinträchtigg befürchten läßt (BGH DB **86**, 2535: ZeitgsVerleger, BGH NJW **76**, 799: Alleinimporteur einer Druckschrift). Für den UnterlAnspr kann das RSchutzBedürfn fehlen, wenn der TatBeitr des Störers untergeordnet ist u man den HauptVerantwortl zur Beseitigg der

Störg ausreichd in Anspr nehmen kann. Bei den Medien kommt es für die Frage, ob sie Störer (Verlag, Anstalt, verantwortl Redakteur) sind, darauf an, ob sie ledigl die fremde Meing des Autors (Interviewten) sozusagen als Informationsmarkt verbreiten od sie sich zu eigen machen (BGH **66**, 182).

20   **aa) Ehre,** soz GeltgsBereich gehören zu den geschützten Lebensgütern. Der Unterl Anspr ist vermögensr nur ausnahmsw, wenn das RSchutzbegehren in wesentl Weise der Wahrg wirtsch Belange, über eine Reflexwirkg hinaus, dienen soll (BGH NJW **74**, 1470, NJW **91**, 847). Vorauss dieses Anspr ist nicht, daß der Verfasser einen best, dem Verletzten abträgl Vorwurf aufstellen wollte (BGH NJW **66**, 1214) od ob sich für den Leser ein solcher Vorwurf zwangsläufig ergibt; entscheidd ist vielm, ob durch die Art der Berichterstattg ein Zust rechtswidr Ehrenkränkg geschaffen worden ist (BGH NJW **61**, 1914). Geboten ist daher, bei der Berichterstattg auf die Ehre des Einzelnen Rücks zu nehmen; diese Pfl kann auch dch Auslassgen u grob einseit Berichterstattg verletzt werden (BGH **31**, 308). Wertgen eines polit Geschehens im wesentl vom polit Standpkt aus begründen einen UnterlAnspr nur, wenn sie ehrenkränkde Natur sind (BGH NJW **66**, 246, 648). Unterl kann ggü erwiesenerm unwahren TatsBehauptgen ow, ggü nicht erweisl wahren TatsBehauptgen nur verlangt werden, wenn sich der Verletzer nicht auf ein R zu solchen Behauptgen berufen kann (BGH VersR **79**, 53). UnterlAnspr auch ggü ehrverletzden MeingsÄußergen u WertUrt, sow sich nicht der Störer auf ein berecht Interesse an der Wiederholg seiner Kritik berufen kann (BGH **66**, 182, BGH NJW **82**, 2246). Über den Ehrenschutz ggü Behörden unten Einf 22; Verletzg des allg PersönlichkR, insb die gebotene Interessenabwägg vgl § 823 Rn 175–200, § 824 Rn 6. Über den BerichtiggsAnspr u das Recht auf GgDarstellg nach den PresseGes der Länder unten Einf 26–40.

21   **bb) Kein Unterlassungsanspruch** gg Einreichg od Verfolgg einer **Strafanzeige** (BGH NJW **62**, 245). Ebso nicht gg Einreichg von Beschw od sonst **Eingaben** wg angebl Mißstände bei den für ihre Beseitigg zuständ Stellen (BGH WM **78**, 62, Hbg MDR **71**, 1009: RA Kammer, Ffm NJW-RR **94**, 416: Kassenärztl Vereinigg). Ebso kein UnterlAnspr gg das der RVerfolgg oder RVerteidigg diende Vorbringen einer Partei od ihres RA **innerhalb eines Zivilprozesses** (BGH NJW **71**, 284) bis zum Abschluß dieses Verfahrens (Hamm NJW **92**, 1329), näml Behauptgen, die die Part in Bezug auf rbegründde od rvernichtde Tats od zur Eigng eines BewMittels, insbes zur Glaubwürdigk eines Zeugen nicht leichtfert aufstellt, solange die Behauptg mit Blick auf die konkr ProzSituation zur RWahrg geeignet u erforderl sowie der RGüter- u PflLage angem ist (BVerfG NJW **91**, 29). Dabei soll es keine Rolle spielen, ob der dch das Vorbringen Beeinträcht am Ersten Fällen ist oder nicht (Düss NJW **87**, 2522; zweifelh; offengelassen BGH NJW **86**, 2502, vgl auch § 823 Rn 41) u ob es sich um tats Behauptgen od WertUrt handelt (BGH DB **73**, 818). Dies gilt nicht für Aktionen außerh eines ZivProz im Zushang mit ihm (BGH NJW **92**, 1314). Ebso kann die UnterlassgsKl nicht dazu benutzt werden, Vorbringen des Bekl. in einem künft gerichtl Verf zu verhindern od zu entwerten (BGH NJW **77**, 1681). Ein UnterlAnspr besteht zur Abwehr widerrechtl erlangter BewMittel (BGH NJW **88**, 1016: heiml TonbandAufn); ferner ggü reiner Diffamierg ohne sachl Bezug (Köln NJW-RR **92**, 1247), ggü bewußt unwahren TatsBehauptgen u ggü Schmähkritik (BVerfG NJW **91**, 1475; vgl § 823 Rn 189). Der grdsätzl Ausschl der UnterlKl beruht darauf, daß man im Hinbl auf die Gewährg rechtl Gehörs keinem ProzBeteil eine Äußerg verbieten kann, u auf dem Interesse an einem sachgerechten Funktionieren der RPflege. Außerdem werden die inkriminierten Äußergen in dem Verf geprüft u gibt es dort VerfBehelfe wie RMittel, AblehngsGesuche. Auch die vorstehd genannten Ausn erklären sich daraus, daß es sich in diesen Fällen nicht mehr um die Ausübg rechtl Gehörs u den Schutz eines ungestörten VerfAblaufs handelt. Derart UnterlKl sind mangels RSchutzbedürfn unzuläss (BGH ZIP **87**, 1081, Hamm VersR **91**, 435). Gleiche Grds gelten für **Verwaltungsverfahren,** soweit das Vorbringen als sachl Grdlage für sie geeignet ist (Düss NJW **72**, 644), für **Zeugen** wg einer Aussage (BGH NJW **86**, 2502) od eidesstattl Erkl (Düss NJW **87**, 3268), grdsl für **Sachverständigengutachten** u wissenschaftl Veröff, weil sie auf Wertgen hinauslaufen, auch sow ihnen tats Feststellgen zu Grde liegen (BGH NJW **78**, 751), ferner für das **Petitionsrecht** nach Art 17 GG (BVerfG NJW **91**, 1475) u für Vorbringen in einem **disziplinären Ordnungsverfahren** eines eV (Düss NJW-RR **86**, 675). – Der Ausschl der UnterlKl kann sich ferner aus der bes sittl Natur des **ehelichen Verhältnisses** ergeben, uU auch noch nach gesch Ehe (Düss NJW **74**, 1250: kein Widerruf ehrverletzder Äußergen im engsten Familienkreis od im Gespräch mit eig RA); vgl auch Einf 1–11 vor § 1353. Darühinaus kann im Einzelfall ein Freiraum, sich auszusprechen ohne Unterlassg od Widerr, in Frage kommen im engsten Freundeskreis od in Beziehgen, die das Ges dch bes Vertraulichk heraushebt wie Arzt/Patient, RA/Mandant (BGH NJW **84**, 1104). – **Gilt nicht** für Äußergen des KonkVerw in seinem Erstbericht ggü der GläubVersammlg (BGH NJW **95**, 397).

22   **cc) Rechtsweg.** Für die Unterlassg hoheitl Maßn ist grdsätzl der VerwRWeg offen (vgl § 1004 Rn 40). Ebso sind UnterlKlagen gg amtl Erklärgen aus dem hoheitl Bereich grdsätzl im VerwRWeg zu erheben. Dagg ist gg behördl Presseinformationen unbeschadet ihres amtl Charakters der ZivRWeg gegeben, wenn der betroffene Lebensbereich der Beteil zueinand dch bürgerrechtl Gleichordng geprägt ist, insb bei Erkl an die Presse im Bereich privrechtl, fiskal Betätigg der öff Hand (BGH **34**, 99, **66**, 229, **67**, 81). VerwRWeg gg behördl Presseerklärg, wenn sie der Darstellg od Rechtfertigg hoheitl VerwTätigk dient (BGH NJW **78**, 1860, BVerwG NJW **89**, 412).

23   **dd) Strafbarkeit** der uH steht dem UnterlAnspr nicht entgg (BGH NJW **57**, 1319).

24   **ee) Wiederholungsgefahr** ist notw Vorauss der UnterlKlage (BGH **14**, 163). Erforderl ist eine ernstl, sich auf Tats gründde Besorgn weiterer Eingr zZ der letzten mdl Verhdlg. Dafür besteht eine tats Vermutg auch außerh des Wettbew (BGH WM **94**, 641), außer wenn das Verhalten des Bekl eine sichere Gewähr gg weitere Eingr bietet od die tatsächl Entwicklg einen neuen Eingr unwahrscheinl macht (BGH NJW **66**, 648). Erweist sich eine behauptete Tats nachträgl als unwahr, obwohl die Reportage auf sorgf Recherchen beruht u desh dch Wahrnehmg berecht Informationsinteressen gerechtf ist, so setzt der UnterlAnspr des Betroffenen die konkrete Feststellg einer WiederholgsGef voraus (BGH NJW **87**, 2225). Sie ist jedoch regelm zu verneinen, wenn die Beteil eine Vereinbg treffen, in der Verletzer sich unter Übern einer angem VertrStrafe für jed Fall der Zuwiderhandlg uneingeschr bedingungsl u ernstl zur Unterl weiterer Verletzgen verpfl (BGH DB **85**, 968, WRP **90**, 685). Die Vereinbg einer Obergrenze der VertrStrafe muß dem Gläub einen angem Spielraum zur Anpassg der Höhe auch an solche Verstöße gg die UnterlPfl gewähren, die schwerer wiegen als die den Anlaß zur Unterwerfg bildde VerletzgsHdlg; dh, die Obergrenze muß idR den als solchen angemessenen, zu vereinbarenden FestBetr um das Doppelte übersteigen (BGH NJW **85**, 191). Frage der Würdigg im EinzFall ist es, ob die ggü einem von mehreren Verl abgegebene strafbewehrte UnterlVerpfl geeignet ist, den Verletzer wirkl u ernsth von Wiederh der VerlHdlg abzuhalten (BGH NJW **87**, 3251). WiederholgsGef ist zu bejahen, wenn der Verletzer nach einer solchen UnterlErkl erneut gg sie verstößt (BGH DB **80**, 535), idR wohl GesamtWirkg (BGH GRUR **87**, 640, Schulz WRP **90**, 658). Im WettbewProz gg den Kunden ist gleichzeit auf Unterlassg verklagten Fabrikanten genügt es, wenn der Kunde sich zur Unterl bis zur Beendigg des Proz gg den Fabrikanten verpfl (BGH BB **57**, 413). Strenge Anforderg an Nachweis, daß einmal vorh WiederholgsGef beseitigt ist (BGH DB **74**, 1429). Erstmals drohde Beeinträchtigg vgl § 1004 Rn 29.

c) Die **Wiederherstellung des früheren Zustandes** ist von der vorbeugden UnterlKlage zu unterschei- 25 den. Dieser Anspr in Gestalt einer UnterlKlage kommt in Frage, wenn die uH der Gegenwart angehört, insb bei fortdauerndem Einwirken, zB bei Klage auf Unterl des BordellBetr in NachbGrdst. Diese Klage ist ihrem Wesen nach HerstellgsAnspr gem § 249 u erfordert den subj u obj Tatbest einer uH sowie den Nachw der WiederholgsGef. SchadErs kann in der für die Wiederherstell nöt Weise verlangt werden.

9) **Beseitigungsanspruch.** Die für die vorbeugde UnterlKlage entwickelte rechtsähnl Anwendg von 26 § 1004 zum Schutze gg künftige uH (oben Einf 18–25) gibt die Möglichk, daß der Inh eines geschützten RGutes vom Störer Beseitigg der Beeinträchtigg verlangt; es ist ein Gebot der Gerechtigk, eine fortdauernde widerrechtl Beeinträchtigg ohne Rücks auf die Schuldfrage zu beseitigen (BGH NJW **58**, 1043) zB Entferng der Signatur eines bekannten Malers unter einer Bildfälschg (BGH **107**, 384). Über den Beseitiggs-Anspr bei Verletzg von UrhRechten vgl § 97 I UrhRG u § 687 Rn 5–7. – Besondere Bedeutg hat BeseitiggsAnspr als Anspr auf **Widerruf unwahrer Tatsachenbehauptungen,** deren Fortwirkg dauernde Störg des 27 Verl begründet (BGH (GrSZ) **34**, 99, **128**, 1), jedoch nur sow es um die Richtigstell von TatsBehaupten (Ggs: WertUrt) geht, da andernf nicht Widerruf, sond Genugtu verlangt würde (BGH NJW **89**, 774: kein Anspr auf Widerruf einer ärztl Diagnose); über den Unterschied vgl § 824 Rn 2. Der WiderrufsAnspr ist grdsätzl nicht vermögensr Natur; und nur, wenn die Kl in wesentl Weise auch die Wahrg wirtsch Belange dienen soll (BGH NJW **83**, 2572 u DB **84**, 606). RSchutzBedürfn besteht für die WiderrufsKl nur, wenn mit ihr der Kl wirkl die Beseitigg des StörgsZust bezweckt u nicht and Zwecke verfolgt wie Rechthaberei, Genugtug, Verbesserg der Stellg in einem künft Proz (BGH NJW **77**, 1681). Anspr auf Widerruf einer ehrenkränkden Behauptg setzt Feststellg ihrer Unwahrh voraus (BGH WM **77**, 653). Eingeschränkter Widerruf (Erkl, die Behauptg nicht aufrechtzuhalten) kommt in Frage, wenn zwar nicht die Unwahrh pos feststeht, anders aber die BewAufn keine ernstl Anhaltspunkte für die Wahrh des Vorwurfs ergeben hat (Mü VersR **95**, 296). Bleibt es dagg nach dem Ergebn des BewAufn mögl, daß die Behauptgen zutreffen, gibt es keinen eingeschr Widerruf (BGH **69**, 181). Für eine differenzierte BewLastVerteilg BAG NJW **79**, 2532 (zustimmd Strauch NJW **80**, 358). Ggü ehrverletzden unwahren Behauptgen kann der Betroffene grdsätzl Widerruf verlangen, auch wenn sie nur im „kleinen Kreis" aufgestellt worden sind (BGH **89**, 198). Auch BeseitiggsAnspr muß sich in zumutb Grenzen – die Wirkg der beanstandeten Behauptg ist zu beseiti-gen (BGH WM **69**, 915) – bewegen (vgl oben Einf 18–25 u § 824 Rn 12–14). Der Widerruf einer PresseVer-öff muß nach seiner opt Wirkg geeignet sein, möglichst den selben Leserkreis zu erreichen wie die ErstVer-öff, idR also an gleicher Stelle u in gleicher DruckAO (BGH **128**, 1). – **Richtigstellung** od **Ergänzung** 28 kann verlangt werden (BGH **66**, 182), wenn die Behauptg nicht schlechthin unwahr ist, sond dem Leser, Hörer od Zuschauer nur einen unzutreffen Eindruck vermittelt, weil sie unvollst, übertrieben od mißver-ständl ist; ebso, wenn die ehr- od geschäftsschädigde Behauptg nur zum Teil unwahr ist (BGH WM **87**, 634). RichtigStell mittels WerbeAnz vgl § 824 Rn 11. – **Kritik.** Die Tauglichk des Widerrufs zur Beseitigg 29 der Störg, der Inhalt, die Pfl zu persönl Abgabe der Erkl u die Art der ZwVollstr sind Ggst der Kritik (Ritter, Zum Widerruf einer TatsBehauptg, ZZP **84**, 163: nur uneingeschr Widerruf, nicht in best Form kann verlangt werden, er enthält keine StellgN zum WahrhGehalt der Behauptg; BVerfG NJW **70**, 651: zul die Erkl, der Widerruf geschehe in Erf eines rkräft GerUrt; Ffm JR **74**, 62: pers Widerruf kann nicht verlangt werden, ZwVollstr der Urt nicht nach § 888, sond nach § 894 ZPO mit Anm Leipold aaO S 63, u Leipold, Wirks Ehrenschutz dch gerichtl Feststellg v Tats, ZZP **84**, 150: Verf schlägt statt Widerruf FeststellgsUrt auf Unwahrh der Behauptg analog § 256 ZPO vor; ebso Hbg MDR **75**, 56: Kl auf Feststellg, daß eine näher bezeichnete PresseVeröff das PersönlkR verletzt, mit dem Antr, diese Verurteilg in der selben ZtSchr zu veröffentlichen). BGH **68**, 331 hält demggü Kl auf Feststellg der Unwahrh einer Behauptg od der RWidrigk einer PersönlkRVerletzg mit § 256 ZPO für unvereinb u die Kl auf Widerruf für einen geeigneten Schutz. – Ein **Anspruch auf Veröffentlichung** eines UnterlUrt od einer freiwill abgegebenen UnterlVerpfl kann bei 30 Verbreitg rufschädigder TatsBehauptgen u WertUrt bej werden, wenn die unzul MeingsÄußerg öff erfolgt ist und die Publikation der UnterwerfgsErkl zur Beseitigg der noch andauernden Folgen der Äußerg für das Ansehen des Verl erforderl ist (BGH **99**, 133, zusfassd Flechsig/Hertel/Vahrenhold NJW **94**, 2441). – Bei **unzulässiger Datenübermittlung** hat der Verl Anspr gg die übermittelnde Stelle auf Widerruf bis zur 31 Löschg beim DatenEmpf (BGH VersR **83**, 1140). – Anspr auf **Löschung eines heimlich mitgeschnitte-nen Telefongesprächs** (BGH NJW **88**, 1016). – **Kein Anspruch auf Widerruf** einer Formalbeleidigung 32 (Schimpfwort, Geste), etwa dch Rückn od EhrenErklärg, weil eine unter staatl Zwang abgegebene Ent-schuldiggsErkl nicht geeignet ist, die frühere MißachtgsErkl iS eines Abrückens des Beleidigers zu beseiti-gen (Hbg MDR **79**, 140); ferner in den Fällen der Rn 21. – Zuläss **Rechtsweg** vgl Rn 20.

10) **Voraussetzungen der Beseitigungsklage.** – a) **Widerrechtlichkeit der Störung;** hierzu § 823 Rn 33 32–53. Gleichgül ist, ob Verletzer in Wahrnehmg berecht Interessen gehandelt hat (§ 824 Rn 6–10); denn da feststeht, daß die Äußerg obj falsch ist, ist Verletzer in entspr Anwendg von § 1004 verpfl, die Einwirkg zu beseitigen (BGH **37**, 189).

b) **Fortwirken der Beeinträchtigung.** Es muß ein dauernder Zustand geschaffen sein, der zB bei 34 Beleidiggen eine stetig sich erneuernde Quelle der Ehrverletzg bildet (BGH MDR **60**, 371). Regelm wird eine einmal Störg einen best, alsbald feststellb Schad verursachen u keine weiteren Wirkgen äußern; so auch, wenn die Behauptg durch die Ereign überholt ist (BGH NJW **65**, 36), zB Privatgutachten mit unricht TatsBehauptgen bei bloßer Verwertg im Proz (Ffm NJW **69**, 557). Anders bei Beleidigg durch druckschriftl Veröff (oben Einf 20). Anspr des in seiner Ehre Verletzten auf Richtigstellg (BGH **31**, 308), aber nicht bei Mitteilg tatsächl Vorgänge ohne Auslassg offenb wesentl Umstände u ohne kränkde Würdigg (BGH NJW **66**, 246). Bei Fortwirken der Beeinträchtigg kann in AusnFällen eine Verpfl zum Beitr, daß die Störg nicht weiterwirkt, sogar bestehen, wenn die störde Handlg im Ztpkt ihrer Vornahme rechtmäß war (BGH **57**, 325: period erscheindes Presseorgan, das über nicht rechtskr Verurteilg berichtet hat, muß auf Verlangen in zumutb Weise auch über den späteren rechtskr Freispruch berichten). Kein „Fortwirken", daher Anspr auf Widerruf ausgeschl, wenn beleidigde Äußerg nur dem Verletzten ggü gefallen ist (BGH **10**, 104). Über den Schutz gg Ehrverletzgen durch amtl Äußergen, insb über den Anspr des Verletzten auf Widerruf gg die Beh u den Beamten vgl § 839 Rn 79.

35 **c) Eignung** der verlangten Beseitigsmaßn zur Aufhebg oder Minderg der Beeinträchtigg. Auch Anspr auf **Auskunft** unter den Vorauss der §§ 259–261 Rn 8 ff (BGH NJW **90**, 1358).

36 **11) Gegendarstellungsanspruch.** Grdlegde Monographie: Seitz/Schmidt/Schoener, Der GgDarstellgs-Anspr in Presse, Film, Funk u Fernsehen, NJW-Schriftenreihe, 2. Aufl 1990. – **a) Grundlagen.** Der Anspr dient dem Schutz der Selbstbestimmg des Einz über die Darstellg der eig Pers, die von der verfassgsrechtl Gwl des allg PersönlkR (vgl § 823 Rn 175–200) in Art 2 I, 1 I GG umfaßt wird. Der GesGeber ist verpfl, als Korrelat zum mat-rechtl Anspr einen effektiven RSchutz zur Vfg zu stellen (BVerfG **63**, 131, NJW **87**, 239 [250]). Damit wird dem Grds audiatur et altera pars Rechng getragen (BGH NJW **63**, 1155, **64**, 1132). Der Anspr ist zivrechtl Natur; er ist in den Presse-, Rundfunk- u MedienG der Länder geregelt.

37 **b) Voraussetzungen.** Der Anspr steht zur Erwiderg auf in Medien aufgestellte TatsBehauptgen (vgl § 824 Rn 2, nur Behauptg zw den Zeilen Mü NJW **88**, 349) mit TatsBehauptgen zur Vfg, eines der Kernprobleme des GgDarstellgsR. Die Unwahrh der Erstmitteilg u die Wahrh der Entgegng werden grdsätzl nicht geprüft. Die Veröff der mängelfrei formulierten GgDarstellg muß unverzügl verlangt werden; zT bestehen HöchstFr. Einige Regelgen stellen auf die Aktualitätsgrenze ab, die nach den Gegebenh des jeweil EinzFalls zu bemessen ist (Karlsr NJW-RR **92**, 1305). AnsprBerecht ist der von der Meldg Betroffene. Der Anspr richtet sich bei Presseveröff gg den verantwortl Redakteur u den Verleger, bei and Medien idR gg den Veranstalter. Erfolgter Widerruf schließt das (matrechtl) berecht Interesse, zumindest das (formelle) RSchutzbedürfn aus (Mü OLGZ **69**, 438).

38 **c) Inhalt.** Die GgDarstellg muß bei Presseveröff in der nach Empfang der Einsendg nächstfolgenden, dch den Druck nicht abgeschl Nr an gleichwert Stelle des DruckWks, in gleicher Schrift wie der beanstandete Text u ohne redaktionelle Zusätze abgedruckt werden (Karlsr NJW **93**, 1476). Bei Rundfunk- u Fernsehsendgen muß die GgDarstellg unverzügl in dem gleichen Programmbereich zu gleichwert Sendezeit verbreitet werden. Einschaltgen u Weglassgen sind nicht zul, ebso grds nicht Umformulierg dch das Ger (Hbg NJW-RR **95**, 1053). Überwiegd wird auch die Glossierg eingeschränkt. Bei Verstoß gg diese Grds kann erneute Veröff verlangt werden.

39 **d) Verfahrensrechtliches.** In allen Fällen ist der RWeg zu den ord Ger gegeben. § 32 ZPO ist nicht anwendb. Überwiegd ist ausschl das Verf der einstw Vfg zugelassen, deshalb kaum BGH- Rspr. § 938 ZPO gilt wg des stark persönlkrechtl Einschlags nur eingeschränkt (s im einz bei Seitz/Schmidt/Schoener RdNrn 557–587). Bei Ändergen der GgDarstellg durch den Betroffenen müssen Fr u Formalien eingehalten sein. Verleger od Redakteur können nicht mit der neg FeststellgsKl vorgehen (BGH NJW **68**, 792).

40 **e) Folgefragen.** SchadErsAnspr auf Erstattg der Kosten einer AnzAktion besteht bei noch nicht freiw Erf des GgDarstellgsAnspr nur unter engen Vorauss (BGH **66**, 182). Die ErstattgsFähigk muß auf wirkl schwerwiegde AusnFälle beschr bleiben, in denen von vorneherein erkennb ist, daß die berechtigden Anz dringd geboten sind, um einen unmittelb bevorstehen u sich in seinen Ausmaßen bereits abzeichnden schweren Schad abzuwenden (BGH NJW **86**, 981). Wird eine erwirkte u durchgesetzte gerichtl Anordg auf Veröff einer GgDarstellg im BerufsVerf als von Anfang an unricht aufgeh, so haftet der ASt grdsätzl nach § 945 ZPO auf SchadErs (BGH **62**, 7).

41 **12) Gerichtsstand.** Nach ZPO § 32 ist für Klagen aus uH das Gericht des Begehgsortes zust (keine ausschließl Zustdgk). Begehgsort ist neben dem Ort, an dem der Täter gehandelt hat (Hdlgsort), auch der, an dem der Erfolg der Hdlg eingetreten ist (Erfolgs- od Verletzgsort). Das ist bei Äußergen in PresseErzeugn neben dem Ort des Erscheinens jed Ort, an dem es verbreitet, dh auch der Vertriebsorganisation des Verlegers od Herausgebers bestimmgsgem (nicht nur zufäll) dr Pers zur Kenntn gebracht wird; bei u schriftl EhrVerl dort, wo diese den Empf erreichen. Nicht ist VerlOrt in diesem Sinn, wo weitere SchadFolgen auftreten, auch nicht bei Verl der PerslkR (BGH NJW **77**, 1590, BGH **40**, 394). Das gilt für alle unerl Hdlgen im weitesten Sinne (Einf 1–3), also auch für WettbewVerstöße (BGH **40**, 394). – Über den Gerichtsstand für Anspr auf GgDarstellg oben Einf 39. Rechtsweg vgl oben Einf 22.

42 **13) Internationales Privatrecht** EG 38. **In der früheren DDR** gilt die ÜbergangsVorschr in EG Art 232 § 10. Zur Staatshaftg vgl dort Rn 3.

823 *Schadensersatzpflicht.* [I]Wer vorsätzlich oder fahrlässig das Leben, den Körper, die Gesundheit, die Freiheit, das Eigentum oder ein sonstiges Recht eines anderen widerrechtlich verletzt, ist dem anderen zum Ersatze des daraus entstehenden Schadens verpflichtet.

[II]Die gleiche Verpflichtung trifft denjenigen, welcher gegen ein den Schutz eines anderen bezweckendes Gesetz verstößt. Ist nach dem Inhalte des Gesetzes ein Verstoß gegen dieses auch ohne Verschulden möglich, so tritt die Ersatzpflicht nur im Falle des Verschuldens ein.

Übersicht

1) Allgemeines. Vgl Einf. AnsprVorauss ist – erfolgsbezogen – die Verletzg eines Rechts od RGuts **1** (Abs I) od eines SchutzG (Abs II). Beides kann zutreffen. Die Verletzg muß zur Begründg eines SchadErsAnspr rechtswidr u schuldh geschehen sein u einen dem Verletzer zurechenb Schad verursacht haben, der, außer iF des Abs II u der §§ 824, 826, 839, nicht nur in einer VermBeschädigg besteht (BGH **41**, 127: Produktionsunterbrechg nach Beschädigg einer VersorggsLeitg).

2) Die **Verletzungshandlung** liegt in einer nachteil Beeinträchtigg eines der in Abs I genannten Rechte **2** oder RGüter oder in der Erf eines in einem SchutzG normierten Tatbestds. Sie kann in einem pos Tun od in einer Unterl bestehen.

3) Geschützte Rechtsgüter. – a) Verletzung des Lebens bedeutet Tötg, außerdem Abs II iVm StGB **3** §§ 211ff.

b) Körper-, Gesundheitsverletzung. Das Recht am eig Körper ist ein ges ausgeformter Tl des allg **4** PersönlkR. KörperVerl ist demnach jeder unbefugte, weil von der Einwilligg des RTrägers nicht gedeckte Eingr in die körperl Befindlichk. Schutzgut ist das Seins- u Bestimmgsfeld der Persönl, sond das Seins- u Bestimmgsfeld des Persönl, das in der körperl Befindlichk materialisiert ist. Geschützt ist der Körper als Basis der Persönlk (BGH **124**, 52). Eingr ist jede Störg der körperl, geist od seel Lebensvorgänge, auch wenn der Verletzte noch nicht geboren (BGH **58**, 48, NJW **89**, 1538) od erzeugt war (BGH **8**, 243), jedes Hervorrufen oder

Steigern eines von den normalen körperl Funktionen nachteil abweichden Zustds auch ohne Schmerzen od tiefgreifde Veränderung der Befindlichk (BGH NJW **91**, 1948). Ob das Absterben der Leibesfrucht zugl eine körperl Verl der Mutter ist, wird unterschiedl beurt (nein: Düss NJW **88**, 777; ja: Kblz NJW **88**, 2959, Oldbg NJW **91**, 2355). Auch medizin feststellb psych Auswirkgen, die über das allg Lebensrisiko hinaus gehen (BGH VersR **91**, 704, Rn 69 ff für § 249), zB dch Schock inf Miterlebens des Unfalltodes eines nahen Angehör od inf Todes dch ärztl BehandlgsFehler u dadch verurs Schädigg der Leibesfrucht (BGH **93**, 351) od dch PresseVeröff od Lärm (Hamm VersR **79**, 579, Stgt VersR **88**, 1187). Auslösg einer psych FehlEntwicklg dch ein Schleudertrauma (BGH NJW **91**, 747), dch einen bei der OperationsNachbehandlg unterlau-
5 fenen Fehler (BGH VersR **82**, 1141). **Beispiele** für GesundhBeschädigg: Übertragg des Human-Immundefizienz-Virus, auch wenn es noch nicht zum Ausbruch von Aids gekommen ist (BGH NJW **91**, 1948). GesundhSchad inf gesteigerten Risikos dch billigenswertes selbstgefährddes Verhalten, zu dem in and den Geschädigten in vorwerfb Weise herausgefordert hat, zB Verl eines Polizeibeamten bei Verfolgg eines Täters zur Feststellg der Personalien od zur vorl Festnahme (BGH **63**, 189, NJW **76**, 568, NJW **90**, 2885). Verlust von BeitrRückerstattg dch die Krankenvers als Folgeschad einer Körperverl (Kln VersR **90**, 908). UrlAusfall inf KörperVerl vgl § 847 Rn 8. Bei fehlerh Entnahme der einz Niere eines Kindes steht der Mutter als Organspenderin gg den schuldh handlenden Arzt ein eig SchadErsAnspr zu (BGH **101**, 215). Ärztl BehandlgsFehler vgl Rn 66–69 Ärzte, psych Schäden vgl Vorbem 69–71 vor § 249, ärztl Eingr ohne genügde Aufklärg vgl Rn 42. Bei **Abtrennung von Körperteilen** verwandelt sich grdsl das Recht des Betroffenen an seinem Körper in SachEigtum am abgetrennten Körperteil (§ 90 Rn 3). Dies gilt nicht für entnommene Teile, die später wieder eingegliedert werden sollen, wie zur EigTransplantation bestimmtes Haut- od KnochenTle, zur Befruchtg entnommene Eizelle od Sperma, EigBlutspende. Sie bilden auch währd der Trenng eine funktionale Einh mit dem Körper u unterliegen desh dem Schutz der körperl Integrität in Wahrg des SelbstbestimmgsR des RTrägers (BGH **124**, 52).

6 **c) Verletzung der Freiheit** bedeutet Entziehg der körperl Beweggsfreih oder Nötigg zu einer Hdlg durch Drohg, Zwang od Täuschg. Nicht: Beeinträchtigg der allg HandlgsFreih (Mü OLG **85**, 466; aA Eckert JuS **94**, 625).

7 **4) Eigentumsverletzung** bedeutet Einwirkg auf die Sache derart, daß ein adäquater Schad eintritt. Die Vermutg des § 1006 gilt auch für die Darlegg des Eigt als ansprbegründder Vorauss. Junker (AcP **193**, 348) sieht in der DrSchadLiqu bei GefEntlastg (Vorbem 112 ff vor § 249) das wirtsch Eigt als geschützt. Es gibt keine allgemeine RPfl, fremdes Eigt vor Beschädigg zu schützen. Die Verpfl zur sorgfält Behandlg fremden Eigtums kann sich aus bes RVerh ergeben, u zwar als selbständ Pfl neben der vertragl Pfl, zB aus dem GewerbeBetr des Lagerhalters, Frachtführers.

8 **a) Verletzung.** Zerstörg, Beschädigg, Verunstaltg, Entziehg der Sache, gleichgült, ob dch tatsächl Einwirkg od rechtl Vfg. Nicht erforderl ist SubstanzVerletzg, es genügt sonstige Beeinträchtigg des bestimmgsgem Gebr der Sache (BGH NJW-RR **90**, 1172, VersR **95**, 348), zB Einsperren eines Schiffes dch umgestürzte Ufermauer (BGH **55**, 153), HerbeiFührg eines unberecht Widerspr gg die EigtEintr im Luft-FahrzReg dch EigtPrätendenten (BGH VersR **77**, 136), Störg der systemat Ordng einer organisator Sach-Einh wie Briefmarkensammlg, Bibliothek, Archiv (BGH NJW **80**, 1518), Störg des organ Wachstums einer Pflanze dch unbrauchb Erde (BGH NJW-RR **93**, 793, 1113), massive Lärmstörg (BGH **120**, 239), Verwend nicht ausr geruchs- od geschmacksneutralen Materials (BGH NJW **94**, 517, VersR **95**, 348), Einbau von Killerviren als Kopierschutz für Computerprogramm (Rombach DR **90**, 101, 184), nachteil Beeinflußg der Beschaffenh (BGH NJW **90**, 908: Wein). Der Anspr kommt grdsätzl auch dann in Betr, wenn der Berecht sein Eigt erst dadch verliert, daß er die Vfg eines Nichtberecht genehmigt (BGH DB **76**, 814). Der SchadErsAnspr des Best wg EigtVerl scheitert nicht daran, daß dessen Abnehmer keine MängelAnspr geltd machen (BGH WM **77**, 763). Soweit Verl des EigtAnspr auf Herausg der Sache in Frage steht, enthalten §§ 987 ff eine erschöpfde u ausschließl Regelg für best Anspr des nichtbesitzden Eigtümers gg den besitzden NichtEigtümer (vgl Vorbem 11–16 vor § 987). Wohl aber haftet bei Überschreitg der Grenzen seines BesitzR direkt nach § 823, zB durch Veräußerg der Mietsache (BGH NJW **67**, 43), dch Veräußerg einer unter EigtVorbeh gelieferten Sache (BGH DB **76**, 814). Ebso haftet der **Nichtbesitzer**, der bei Entziehg des Eigt eines Dr mitgewirkt hat, zB der ges Vertr einer jur Pers, der für diese den Bes erworben hat u dabei bösgl war (BGH **56**, 73).

9 **b) Beispiele. – aa) Verletzung bejaht:** Verderb von Sachen inf Beschädigg von Versorggsleitgen bei Tiefbauarbeiten (Kln VersR **87**, 513), auch wenn Eigt Dr hierdch betroffen (vgl Vorbem 72 vor § 249). Beschädigg der Ware auf Transport bei Versendgskauf, Anspr des Verk trotz GefÜberg (BGH JZ **68**, 430). Verschmutzg einer Hausfront dch übermäß Zuführg von Rauch (BGH DB **64**, 65), beim Abfahren von Schlamm (BGH **LM** (Dc) Nr 75). Einwirkg auf Grdst durch GrdwasserverseuchG (BGH NJW **66**, 1360). Notwendigk der Räumg eines Grdst wg akuter Brand- od ExplosionsGef inf eines auf dem NachbGrdst ausgebrochenen Brandes (BGH NJW **77**, 2264). Schädigg dch Immissionen u Vertiefg (BGH WM **66**, 34). Vergiftg von Bienen dch Giftstreuen auf eig Grdst (BGH NJW **55**, 747). Vergiftg von Kühen dch Lagerg von Eibenzweigen neben dem Weidezaun (Kln OLGZ **90**, 236). Kontaminierg von Tieren mit der Folge zeitw Unverkäuflichk dch Aufn pharmakolog Stoffe über das Futter (BGH MDR **89**, 244). Störg des bestimmgsgem Gebr der Sache vgl Rn 8. Ferner: Verl fremden Eigt dch Gläub, der sichergsübereignete Sachen pfändet (BGH **118**, 201) od die Pfdg eines angebl HerausgAnspr aus § 985 auf Widerspr des wahren Eigtümers nicht freigibt (BGH **67**, 378). Veräußerg von Pfdstücken unter Verl gesetzl Vorschr (RG **100**, 274). Nichterfüllg der GarantiePfl eines GmbH-GeschF, zur Vermeidg einer Kollision zw dem verlängerten EigtVorbeh ihrer Lieferanten mit einem AbtrVerbot ihrer AuftrG entspr organisator Maßn zu treffen (BGH **109**, 297). Herstellg u Lieferg einer mangelh Sache vgl Vorbem 28 vor § 633, sog weiterfressde Fehler vgl
10 Rn 212. – **bb) Keine Eigentumsverletzungen** sind: Gutgl Rechtserwerb vom Nichtberecht, weil §§ 932, 892 diesen Erwerb sanktionieren (BGH WM **67**, 564). Lieferg mangelh Sandes, dessen Verwendg zu schadh Verputz führt (BGH NJW **78**, 1051). Duldet ein Bauherr ledigl den Einbau von Material, das die BauUntern unter verlängertem EigtVorbeh bezogen hat, so haftet er dem Baustofflieferanten wg des diesen treffden

EigtVerlustes nicht aus § 823, auch wenn die Abtretbark der VergütgsFdg des BauUntern vertragl beschr war (BGH **56**, 228, BB **91**, 159). Keine EigtVerl ist der Entzug von GrdWasser dch GrdWasserFörderg od –Ableitg auf einem and Grdst (BGH **69**, 1). Kostenaufwendigerer Zugang für WartgsArb an einer Wasserleitg wg späterer Verlegg eines Stromkabels im selben StrBankett (BGH NJW-RR **90**, 1172). Sperrg der öff ZufahrtsStr zum Grdst inf eines Brands auf dem NachbGrdst (BGH NJW **77**, 2264). Herstellg u/od Übereigng einer mangelh Sache vgl Rn 28 vor § 633. Weiterfressder Fehler vgl unten Rn 212.

5) Sonstige Rechte sind im Hinbl auf die Nenng hinter „Eigentum" als ein Recht zu verstehen, das **11** denselben rechtl Charakter wie das Eigt hat und das ebso wie Leben, Gesundh, Freih von jedermann zu beachten ist, dh also **die ausschließlichen Rechte.** Zu diesen gehören:

A) Dingliche Rechte wie ErbbauR, Dienstbk, dingl VorkaufsR, Reallast, Hyp, Grd- und Rentenschuld, **12** PfdR. Verletzg des HypR dch Wegschaffg von Zubehör (BGH NJW **91**, 695), dch Verschlechterg des Grdst inf baul Maßn seitens des Eigtümers od des Arch (BGH **65**, 211). Verletzg des gesetzl PfdR des Vermieters od Verpächters (BGH WM **65**, 704) od des PfändgsPfdR. Keine Verletzg des PfändgsPfdR an einer Fdg durch Zahlg od Aufr, da der darin zu sehde Versuch eines Eingr nach §§ 135, 136 unwirks ist (RG **138**, 252). GeschAnteile an GmbH od Aktien, soweit VerletzgsHdlg den Gter ganz od teilw um sein AktienR bringt, nicht aber, soweit nur Wert der Gesellsch geschmälert (RG **158**, 255). BergwerksEigt (RG **161**, 208). EinlösgR des § 1249 (RG **83**, 393). Dingl **Anwartschaftsrechte,** zB des Käufers auf Erwerb des Eigt an einer unter EigtVorbeh veräußerten Sache (BGH **55**, 20), des Käufers, an den das Grdst aufgelassen u für den eine AuflVormkg eingetragen ist, auch hins des nachbarrechtl Schutzes gemäß § 909 (BGH **114**, 161). Nicht jedoch die RStellg des AuflassgsEmpf, wenn er keinen EintrAntr gestellt hat od dieser Antr zurückgen od zurückgewiesen wurde (BGH **45**, 186).

B) Besitz. Zu ersetzen ist der Schad, der dch den Eingr in das Recht zu Besitz, Gebr, Nutzg verurs ist. Dazu **13** gehört auch der sog HaftgsSchad, dh das was der unmittelb Besitzer dem mittelb (Eigtümer) wg Beschädigg der Sache dch Dr od Unmöglkt der Rückg zu ersetzen verpfl ist (BGH VersR **76**, 943 u VersR **81**, 161); außerdem der Schad, der dch den Umfang der ErfPfl des Besitzers ggü dem Eigentümer best wird (BGH NJW **84**, 2569: WkUntern bei Beschädigg einer im Bau befindl Uferwand dch ein Schiff). Auch der MitBes ist geschütztes RGut (Düss MDR **85**, 497: AutomatenaufstellVertr), auch im Verh von Mitbesitzern untereinand (BGH **62**, 243), MietBes (Bambg OLG **71**, 349). SchadErsAnspr des mittelb Besitzers, jedoch nicht ggü dem unmittelb Besitzer aus Abs I (BGH **32**, 204). Kein Anspr des nichtberecht Besitzers auf Ers des NutzgsSchad (Wieser NJW **71**, 597), jedenf nicht ggü NutzgsBerecht, auch wenn dieser den Bes dch verbotene Eigenmacht entzogen hat (BGH DB **79**, 2033, BGH **79**, 232).

C) Namensrecht vgl § 12. Verwendg des Signums einer polit Partei auf einem gg sie gerichteten Wahlpla- **14** kat (Karlsr NJW **72**, 1810).

D) Immaterialgüterrechte. Vgl Rn 161, § 687 Rn 5, 6, § 826 Rn 44. Das UrhR ist als NutzgsR Eigt iS des **15** Art 14 I GG (BVerfG JZ **71**, 773). – Bei unverschuldeter Benutzg fremden SchutzR vgl Einf 18 vor § 812.

E) Aneignungsrechte. Jagd- u JagdAusübgsR (BGH **LM** (F) Nr 10, Düss NJW-RR **88**, 526). FischereiR **16** (BGH VersR **69**, 928). WassergebrauchsR (RG Recht **16**, 2092). R des GrdstEigtümers auf GrdWasserFörderg (BGH **69**, 1); es umfaßt nicht ein R auf unbeeinträchtigten Zufluß. AneigngsR der Angehör an Implantaten nach der Trenng vom Leichnam (Gropp JR **85**, 181).

F) Familienrechte. Lit: Jayme, Die Familie im R der uH, 1971. – **a) Gegenstand** vgl Einf 6–9 vor § 1353. **17** Elterl SorgeR (BGH **111**, 168: Ers von Detektivkosten). Anspr aus Verlöbnisbruch vgl § 1298. Geburt eines ungewollten ehel Kindes vgl Rn 68 u Vorbem 47, 48 vor § 249; auch SchmerzGAnspr der Mutter. Kein allg PerslkR auf Familienplang (Ffm NJW **93**, 2388).

b) Schadensersatzansprüche wegen Ehebruchs gegen den Ehebrecher u untreuen Eheg (vgl auch **18** Einf 8 vor § 1353) verneint der BGH (BGH **23**, 281, **26**, 222, **57**, 229, NJW **90**, 706). Dieser Bereich der EheStörgen sei nicht dem delikt RGüterschutz zuzuordnen, weil er im wesentl einen innerehel Vorgang darstelle, der ohne Mitwirkg eines der Eheg nicht mögl sei. Eine Aufteilg dieses Vorgangs in eine allein eherechtl zu beurteilde Verfehlg des ungetreuen Eheg u eine SchadErsAnspr auslöse uH eines Dr gehe nicht an. Außerdem sei im Hinbl auf die Vielfalt mögl Eingr in den ehel Bereich für eine Haftg keine brauchb Abgrenzg zu finden, die ggf erforderl Ermittlgen seien unerwünscht. Demgü bei ein Tl des Schrifft zumindest vermrechtl, vereinzelt sogar immat SchadErsAnspr gg den Dr, auch sow ein ErsAnspr des verl Eheg gg den ungetreuen u im InnenVerh ein AusglAnspr des Dr gg den ungetreuen Eheg verneint wird (Beitzke MDR **57**, 408, Schwab NJW **57**, 869, Bosch FamRZ **58**, 101, Aden MDR **78**, 536). Sow der Ehem dem nichtehel Kind seiner Ehefrau Unterh gewähren mußte u gewährt hat, kann bei Hinzutreten einer weiteren schädigden VerletzgsHdlg, wie Täuschg, Abhalten von einer EhelichkAnfKl, uneidl Falschaussage ein dch famrechtl Regelgen nicht ausgeschl ErsAnspr gg die Ehefrau gem §§ 823 II, 826 bestehen (BGH **80**, 235, NJW **90**, 706). Außerd Anspr gg den Erzeuger gem § 1615b. Zu den ges übergegangenen UnterhAnspr gehören auch die Kosten des EhelichkAnfProz, gleichgült ob der Ehem der Mutter od das Kind die Kl erhoben hat (BGH **57**, 229).

G) Der eingerichtete und ausgeübte Gewerbebetrieb ist als sonstiges Recht anerkannt (BGH **45**, 307). **19** Es handelt sich um einen AuffangTatbestd, der eine sonst bestehde Lücke im RSchutz, insb im gewerbl RSchutz schließen soll (BGH **45**, 296 [307], **43**, 359). Zu § 826 ist AnsprKonkurrenz mögl (BGH DB **81**, 788), zu § 824 nicht, sow es um unwahre TatsBehauptgen geht (BGH NJW **89**, 1923).

a) Gegenstand. Der Schutz des BetrInh, auch einer GbR (BGH NJW **92**, 41), gg Beeinträchtigg soll die **20** Fortsetzg der bish rechtmäß ausgeübten (Karlsr NJW **92**, 1329) Tätigk aGrd der schon getroffenen BetrVeranstaltgen sichern (BGH NJW **69**, 1207), er umfaßt alles, was in seiner Gesamth den wirtsch Wert des Betr ausmacht, also Bestand, ErscheingsForm, TätigkKreis, Kundenstamm (BGH DB **71**, 571), Organisationsstruktur, auch einer ARGE (§ 705 Rn 45, BGH VersR **90**, 1283), Beteiligg an einer KapitalGesellsch (Mü NJW-RR **91**, 928). VerschwiegenhPfl des ArbN über Belange des ArbG vgl § 611 Rn 41. Enteigngsgleicher Eingr in GewerbeBetr vgl Übbl 40–42 vor § 903.

21   **b) Betriebsbezogener Eingriff.** Erforderl ist eine unmittelb Beeinträchtigg des GewerbeBetr als solchen, der Eingr muß betriebsbezogen sein (BGH **86**, 152), dh sich spezif gg den betriebl Organismus od die unternehmer EntschFreih richten (BGH NJW **85**, 1620: Mietboykott). Zu den Grdlagen jeder unternehmer Betätigg gehört auch ein Mindestmaß an VertraulichkSchutz, insbes für die Informationsquellen eines PresseUntern; trotzdem kann die öffentl Erörterg interner Redaktionsvorgänge erlaubt sein; dies sogar dann, wenn die Kenntn darü dch unzuläss Einschleichen in den Betr erlangt sind, falls es sich um die Offenlegg von Mißständen handelt, die für die Allgemeinh von bes Interesse ist (BGH Betr **81**, 788). – **Kein Eingriff** in den Bestand des GewerbeBetr bei seiner nur mittelb Beeinträchtigg dch ein anderes Betr eingetretenes, mit seiner WesensEigtümlk nicht in Beziehg stehdes SchadEreign (BGH BB **83**, 464), zB Unterbrechg der FernsprechLeitg (Oldbg VersR **75**, 866) od der Stromzufuhr dch KabelVerl bei BauArb (BGH BB **77**, 1419; zusfassd Hager JZ **79**, 53), Unterbrechg der wasserseit Zufahrt über eine WasserStr dch fahrl verurs Dammbruch (BGH **86**, 152 [156]); Verletzg eines Angest (BGH **7**, 30), Angriff auf den Inh, der nur mittelb eine Schädigg des GewerbeBetr herbeiführt (BGH **LM** § 823 (Da) Nr 4). Nicht dch Dchsetzg des OffenbargsVerf nach ZPO § 807 (BGH NJW **79**, 1351); ebso nicht dch günstigere Beurteil eines Konkurrenzfabrikats in einem Warentest (BGH NJW **76**, 620). – Die gleichen Grds gelten auch für **Angehörige freier Berufe**, die kein eigentl Gewerbe betreiben, iF unmittelb Eingr in ihre Berufstätigk (Mü NJW **77**, 1106), zB Arzt (BGH GRUR **65**, 693).

22   **c) Kritik, Warentest, Preisvergleich.** Geschäftsschädigde Kritik außerh eines WettbewVerh, insb dch vergleichden Warentest, Preisvergl ist nur rwidr, wenn ihre Art zu mißbill ist. Da sich der GeschMann einer Kritik seiner Leistgen stellen muß, beurteilt sich deren rechtm Schranke nach einer Güter- u PflAbwägg (BGH **45**, 296). Es kommt darauf an, ob das schutzwürd Interesse der Allgemeinh an obj Informationen höher zu werten ist als die wirtsch Belange des Betr (BGH NJW **86**, 981). Die Untersuch dch das TestUntern muß neutral u sachkund vorgenommen werden u um Gewinng eines obj richt TestErgebn auf einer ausr tats Grdl (Mü NJW **94**, 1964) bemüht sein, an die SorgfPfl sind hohe Anfdgen zu stellen. In diesem Rahmen hat das TestUntern weiten Spielraum, sow es um Angemessenh der PrüfgsMethoden, Auswahl der TestObj u Darstellg des UntersuchsErgebn geht. Das TestUntern darf dabei im SicherhBereich höhere Anfdgen stellen als sie der Herst nach DIN-Normen einhalten muß; das Untern verstößt nicht gg die gebotene Neutralität, wenn es Produkte, die den DIN-Normen nicht entsprechen, vom weiteren PrüfungsVerf ausschließt; auch die ZusFassg der Ergebn in einem „Test-Kompass" unterliegt keinen Bedenken, wenn sie beim interessierten Verbraucher nicht zu Mißverständn führt (BGH NJW **87**, 2222). Rechtswidr ist der Eingr bei bewußtem FehlUrt, bewußten Verzerrgen, bewußt einseit Auswahl der TestObj, ferner wenn die Methode der Untersuchg od die daraus gezogenen Schlüsse nicht mehr diskutabel erscheinen, bei unricht TatsBehauptgen (BGH NJW **89**, 1923; vgl § 824 Rn 2), endl bei unsachl od Schmähkritik (BGH **65**, 325). Ob das testde Untern auch noch eig Ziele außerh des Wettbew verfolgt, ist ohne Belang. Warentest dch einen Wettbewerber ist in jedem Fall ein rwidr Eingr (Hamm WRP **80**, 281). Bei unsachl od parteiischer Beurteilg überwiegt das Interesse des Betr (Ffm Betr **74**, 576). Nicht betriebsbezogen ist Systemkritik an einem gesamten Industriezweig (BGH GRUR **64**, 162, Ffm BB **85**, 293) od die Kritik an den etwa 70 priv ReiniggsFirmen in einer Stadt (Kln NJW **85**, 1643).

23   **d) Streik** zur DchSetzg eines tarifl nicht regelb Ziels ist rwidr u verpfl die Gewerksch zu SchadErs, wenn sie ein Versch trifft (BAG NJW **78**, 2114, DB **89**, 2228). Vom StreikR nicht gedeckt ist die Verhinderg des Zu- u Abgangs von Waren u Kunden sowie die Hinderg arbwill ArbN am Betreten des Betr über das bloße Zureden hinaus; die Gewerksch haftet für uH der Streikleiter nach § 31, der Streikposten nach § 831 (BAG NJW **89**, 57). Rwidr ist BetrBlockade, von der auch ein Unternehmen betroffen ist, das am ArbKampf nicht beteil ist (BAG NJW **89**, 61). Pfl der GewerkschOrgane zur Einwirkg auf ihre Mitgl, StreikExzesse zu unterlassen (BAG DB **89**, 1087) u sie von rwidr Hdlgen, von denen die Organe Kenntn haben, abzuhalten (BAG NJW **89**, 1881). Bei nicht organisiertem u auch später nicht von der Gewerksch übernommenem Streik SchadErsPfl der Teiln u der unterstützden Gewerksch (BAG NJW **64**, 887, BB **89**, 503).

24   **e) Recht zur freien Meinungsäußerung, insbes Medien, Boykott.** Schutz des GewBetr nach Abs I u Recht zur freien MeinÄußer nach Art 5 I 1 GG können miteinand kollidieren. Über die in solchen Fällen gebotene Güter- u Interessenabwägg vgl unten Rn 184–196, § 824 Rn 6. So verletzt die Verwendg einer als AntiWerbg satirisch verfremdeten Zigarettenreklame in einem Nichtraucherkalender zur Warng vor den GesundhGef des Rauchens u zur Kritik an der ZigarettenWerbg die Rechte des betroffenen ZigarettenHerst grdsätzl nicht (BGH **91**, 117; krit Moench NJW **84**, 2920). Auch wahrheitsgem Berichterstattg kann ein Eingr in die Ausübg eines eingerichteten GewerbeBetr sein (BGH **8**, 142: Kreditschutzlisten, BGH **36**, 18: ungerechtf Verbreitg eines unbegründeten KonkAntr, nicht jedoch Eingr dch den KonkAntr). Jedoch fehlt bei Wahrnehmg berecht Interessen die RWidrigk, wenn die rechtsverletzden Äußergen nach Inhalt, Form u BegleitUmst das gebotene u notw Mittel zur Erreichg des rechtl gebilligten Zwecks sind (BGH GRUR **70**, 465). Wahrheitsgem Berichterstattg über Gef die von best Produkten ausgehen, ist nicht rwidr, selbst wenn dabei beispielh das Etikett eines derart Produkts mit deutl lesb Firmenschlagwort gezeigt wird (BGH NJW **87**, 2746). – Bei kreditgefährdden Veröffentlichgen dch Presse, Rundfunk, Fernsehen ist deren bes Stellg im öff Leben zu berücksichtigen (vgl unten Rn 189; eingehd dazu Kübler, Schricker u Simitis AcP **172**, 177, 203 u 235). Erforderl ist sorgf Überprüfg, ob die Information der Wahrh entspricht u ob die ErkenntnQuellen zuverläss u hinreichd sind (BGH Warn **69**, 165). – Eingr in GewBetr dch unzul Boykott (BGH DB **65**, 889, NJW **64**, 29: polit Meingsäußerg, BVerfG NJW **89**, 381 u BGH NJW **85**, 1620: Mietboykott; hierzu auch Rn 195, 196), dch Fernsehsendg (BGH NJW **63**, 484 u WM **69**, 173: gewerbeschädigde Kritik bei zutr Berichterstattg), dch Tierschutzverein (Ffm NJW-RR **88**, 52: Plakat gg Tierhändler), im Kampf der Presse untereinander (BGH **45**, 296) od Blockade eines ZeitgsUntern dch Demonstration (BGH **59**, 30 u NJW **72**, 1571).

25   **f) Beispiele: Unberechtigte Abmahnung** (Verwarng) vor SchutzRVerletzg von Herst zu Herst, also vor GebrMuster- od Patentverletzg sowie Verletzg eines FirmenR, ist Eingr in den GewBetr des Verwarnten, wenn er sich der Verwarng fügt (BGH **38**, 205). Das gilt auch dann, wenn das Patent mit rückwirkder

Kraft erst nachträgl mit NichtigkKl beseitigt wird (BGH NJW **76**, 2162). Ebso verletzt unberecht Verwarng der Abnehmer wg Verletzg gewerbl SchutzR das Recht des Herst am GewerbeBetr (BGH WRP **68**, 50, zusfassd Sack WRP **76**, 733. In der unberecht Verwarng eines Mitbewerbers wg vermeintl Verl eines AusstattgsR liegt auch zugl ein zum SchadErs verpflichtder unmittelb Eingr in den GewerbeBetr des Zulieferers der angegriffenen Ausstattg (BGH NJW **77**, 2313). Fügt sich der Verwarnte nicht, so ist unber Verwarng kein Eingr in GewBetr, zu seinem RSchutz genügt negat FeststellgsKl (BGH MDR **69**, 638). Berecht Interesse u fehldes Versch des Verwarnenden schließt UnterlAnspr des Verwarnten gg ihn nicht aus; der Erfolg der UnterlKl hängt also nur davon ab, ob obj die Maßn des Kl gg die Verwarng gerichtet, das Patent od GebrM verletzt ist u die regelm zu bejahde Wiederholgsgefahr besteht (BGH **38**, 206). Vorauss für den SchadErsAnspr des Verwarnten wg unberecht Verwarng ist Versch des Verwarners. Es fehlt, wenn er sich dch gewissenh Prüfg u aGrd vernünft u bill Überlegen, etwa dch Einholg des Rates fach- od rkund Berater (BGH NJW **76**, 2162), die Überzeugg verschafft hat, sein SchutzR werde rechtsbeständ sein (BGH **62**, 29). Dabei erhöhte SorgfPfl des Verwarnenden bei noch ungeprüften beanspruchten SchutzR, insb ggü Abnehmern des Herst (BGH NJW **79**, 916). Unberecht wettbewrechtl Verwarng dch Schutzverband für Mitgl kann dch das R zur freien MeingsÄußerg gedeckt sein (Ffm GRUR **75**, 492). RSchutzinteresse des Verwarnten für UnterlKlage fehlt, wenn Verwarnender UnterlKlage gg den Verwarnten wg Verletzg seines Rechts erhoben hat (BGH **28**, 203). Der bloße Hinw auf eine offengelegte SchutzRAnmeldg ist der unberecht Verwarng grdsätzl nicht gleichzustellen (Karlsr WRP **74**, 215). Unberecht Abmahng ggü einem vermeintl allg WettbewVerstoß ist Eingr in den GewBetr nur in AusnFällen u unter best Umst (BGH NJW **86**, 1815), zB wenn sie zur Einstellg od Umstellg der Produktion od des Vertriebs geführt hat (Hamm WRP **80**, 216). – **Entwertung eines GmbH-Anteils** durch unberecht außerordentl DarlKünd mit folgdem Konkurs (Mü NJW-RR **91**, 928). – **Unberechtigte außerordentliche Kreditkündigung** u Verwertg der Sicherh, die wg Liquiditätsentzugs u Einbuße der Kreditwürdigk zum Konk führen. SchadErsAnspr des AntsIInh an einer GmbH auf Ers des Nominalwertes seiner Einlage (Mü ZIP **90**, 1552). – Auch die wirtsch Betätigg der **Bundesbahn** einschl ihrer SaniergsVorh ist dch das R am eingerichteten Gewerbtr geschützt. Dabei darf öff Kritik an PlangsVorh nicht auf falsche Angaben gestützt werden, ist für die Vergangenh rwidr aber nur, wenn der Kritiker bei Ermittlg u Weitergabe der Daten unredl vorgegangen ist (BGH **90**, 113). – Entferng v **Typen- u Nummernschild**, die der Herst zur Überwach der FunktionsFähigk u BetrSicherh angebracht hat (BGH DB **78**, 784). Vertrieb von Radio-, Tonband- u Fernsehgeräten mit unkenntl gemachter FabrikationsNr (Düss DB **69**, 1398). – Verwendg einer Messe- u AusstellgsBezeichng dch nicht ausstellde Firma (BGH NJW **83**, 2195: „Photokina"). – **Telefaxwerbung** kann je nach den Umst Eingr in den GewerbeBetr sein (Mü NJW-RR **94**, 1054). – **Kein Eingriff** ist die Sperrg der öff ZufahrtsStr **26** dch LöschFahrz inf eines auf dem NachbGrdst ausgebrochenen Brandes (BGH NJW **77**, 2264), Aushängg u Verteilg von Schriftgut zur SelbstDarstellg der Gewerksch, zur Information über tarif- u arbrechtl Fragen u zur BeitrittsAuffdg außerh der ArbZt dch betrfremde GewerkschBeauftr (BAG MDR **78**, 605). Ob die in fördernder Absicht erfolgte Einmischg eines ausgeschiedenen, noch am wirtsch Ergebn interessierten Gters in die GeschFührg des Unternehmens rwidr ist, hängt vom EinzFall ab (BGH NJW **80**, 881). Kein Eingr in Gewerbe des Veranstalters, wenn ohne seine Gen Ausschnitte aus Berufsboxkämpfen nach längerer Zeit im Fernsehen ausgestrahlt werden (BGH NJW **70**, 2060). Eingr in PrBindgsSystem (§ 826 Rn 75) ist kein solcher in den Bestand des Unternehmens des Preisbinders (BGH BB **67**, 774: Bücher). Kein unmittelb Eingr in den GewBetr, aber Verletzg eines SchutzG dch unbefugten Verk von Waren, die nur in Apotheken verkauft werden dürfen (BGH **23**, 184).

H) Ob die **berufliche Betätigung** über den GewBetr hinaus u speziell das **Recht am Arbeitsplatz** als **27** sonst R deliktsrechtl geschützt sind, ist bestr. Die besseren Argumente sprechen dafür, es zu verneinen (Ebert, Das Recht am ArbPlatz, 1990). – Das **Mitgliedschaftsrecht** ist als sonst Recht deliktsr geschützt gg Eingr, die sich unmittelb gg den Bestand der Mitgliedsch oder die in ihr verkörperten Rechte u Betätiggs-Möglken von erhebl Gewicht (Kern der Mitgliedsch) richten, auch im Verh zw Mitgl u Verein, zw AntsIInh u GmbH (BGH NJW **90**, 2877, ZIP **90**, 1552, Schmidt JZ **91**, 157).

I) Die **allgemeine Handlungsfreiheit**, GrundR nach Art 2 I GG, steht nicht nur natürl, sond auch jur **28** Pers zu (BVerfG **10**, 89). Auch in seiner speziellen Ausgestaltg nach Art 9 GG: sowohl R des einz Staatsbürgers zum ZusSchluß, als auch Bestands- u BetätiggsSchutz für Vereiniggen selbst, auch für Idealvereine (BGH **42**, 210, BAG NJW **69**, 861: unlautere MitglWerbg dch Gewerksch).

K) Persönlichkeitsrecht vgl Rn 175–200.   **29**

L) Umweltgüter. Gefährdgs(Verursachgs)Haftg nach §§ 1 ff UmweltHG vom 10. 12. 90; vgl Schmidt- **30** Salzer VersR **92**, 389).

M) Keine sonstigen Rechte sind: **Forderungsrechte**, da sie im Ggsatz zu ausschließl Rechten nur best **31** Pers verpfl. Wohl aber kann NichtErf einer VertrPfl zugl den Tatbestd einer uH bilden (vgl Einf 4–9 vor § 823). Auch Miete u Pacht gewähren keine sonst Rechte, es sei denn, daß es sich um Mietbesitz handelt (RG **105**, 218). – Auch das **Vermögen** als solches ist kein sonst Recht (BGH **41**, 127). VermBeschädigung, bei denen einer der Tatbestände des Abs I nicht vorliegt, begründen daher nur unter den Vorauss der §§ 823 II, 824, 826, 839 eine ErsatzPfl.

6) Rechtswidrigkeit

A) Bedeutung. Das RWidrigkUrt hat die Aufg, über die Normwidrigk des schädigden Verhaltens zu **32** befinden. Zur Haftg des Schäd ist iR der uH grdsätzl außerdem Versch erfordel, dh die endgült Beurteil der Verantwortlichk des Schäd für sein normwidr Verhalten iS der Vorwerfbark (RGRK/Steffen Rn 106).

a) Meinungsstand. Es ist streit, ob die RWidrigk auf die Verhaltensweise (HdlgsUnrecht) od auf den **33** Erfolg (ErfolgsUnrecht) zu beziehen ist. Nach der zweitgenannten klass Auffassg ist jede Verl eines der in § 823 genannten Rechte od RGüter dch posit Tun rwidr, die TatbestdMäßigk indiziert grdsätzl die RWidrigk. Beurteilt man die RWidrigk dagg verhaltensbezogen, so ist eine nicht vorsätzl R- bzw RGutsVerl nur dann rwidr, wenn der Handelnde gg eine von der ROrdng aufgestellte spezielle Verhaltensregel verstoßen oder die zur Vermeidg des SchadEintritts generell erforderl Sorgf verletzt hat; sozialadäquates (sach-, verkehrsricht) Verhalten ist danach nicht rechtswidr, auch wenn es im EinzFall zu einer R- oder RGutsVerl führt. So, in Detailfragen unterschiedl, Nipperdey (NJW **57**, 1777, NJW **67**, 1991, Enn- Nipperdey § 209, v Caemmerer Festschr JurTag 1960 S 49ff, Wiethölter Der RFertiggsGrd des verkehrsricht Verhaltens, 1960; vermittelnd Larenz SchR II § 72 Ic). Der Unterschied zw beiden Auffassgen ist prakt bedeuts beim NotwehrR (§ 227), bei der Unterl- u BeseitiggsKlage (s Einf 8, 9, § 1004) u bei der GehHaftg (§ 831). Ihre Bereiche sind umso enger, je mehr innere HdlgsElemente (sozadäquates Verhalten, obj Fahrlk) man auf die Ebene der RWidrigk vorverlagert. Der Meingsstreit verliert jedoch hier ein begriffl Entflechtg der Hdlgs- u Kausalitätsfragen vom RWidrigkBereich u bei einer wertfreien Betrachtg des RWidrigkBegr an Schärfe: UnrechtsUrt ist nicht UnwertUrt. – Der klass dreistuf Aufbau der HaftgsVorauss in: VerletzgsHdlg/obj RWidrigk/ Versch u die Zuordng der erforderl SorgfWahrg zum Versch (Fahrlk) ist für die ZivRechtsdogmatik klarer (ebso RGRK/Steffen Rn 114–116, Erm-Drees Rn 46). Auch bleibt unbefriedigd, gg eine mit obj Sorgf vorgenommene, aber rgutverletzde Hdlg Notwehr zu versagen. Negator Unterl- u Beseitiggs-Anspr müssen auch gg solche Hdlgen gegeben sein (ebso Erdsiek JZ **69**, 311), soweit nicht im EinzFall die rgutverletzde Hdlg dch den Grds des rechtl Gehörs od der freien MeingsÄußerg gedeckt ist (vgl Einf 121 u Rn 189). Die hier vertretene Auffassg steht nicht zuletzt auch im Einklang mit der Terminologie des § 823 I, der Fahrlk u Widerrechtlk ausdr nebeneinand als HaftgsVorauss nennt. Vgl auch § 276 Rn 8, 9. Die folgde Darstellg folgt unter Berücksichtig der Rspr des BGH im wesentl dem erfolgsbezogenen RWidrigkBegr.

34   **b) Begriff.** Rechtswidr ist demnach vorbehaltl der RechtfertiggsGrde (unten Rn 36–53) idR jede Verl eines der in Abs I genannten Rechte u Rechtsgüter (BGH **74**, 9). Ausgen sind die sog offenen VerlTatbestd wie Eingr in den eingerichteten u ausgeübten GewBetr u Verl des PerslkR; hier kommt es für die Frage der RWidrigk darauf an, ob das schadursächl Verhalten als solches gg Gebote der gesellschaftl RücksNahme verstieß. Ebso wenig indiziert eine RGutVerl dch subj redl Einleitg u DchFührg eines formal von der ROrdng erlaubten Verf schon desh die Rechtswidrigk, weil der AntrSt leicht fahrl verkannt hat, daß matrechtl die Vorauss dafür gefehlt haben od entfallen sind, sond nur iF des § 826 od bei grober Fahrlk (BGH **95**, 10; abl Häsemeyer NJW **86**, 1028). Verkehrsricht (sozadäquates) Verhalten vgl unten Rn 40. Die nachbarrechtl Vorschr sind in dem davon erfaßten RegelgsBereich maßg dafür, ob eine Handlg widerrechtl ist (BGH **90**, 255).

35   **c) Unterlassung.** Die Verl eines geschützten R od RGuts dch rein passives Verhalten ist rwidr nur, wenn der Schädiger gg eine RPflicht zum Handeln verstoßen hat (vgl Vorbem 84 vor § 249).

36   **B) Ausschluß der Widerrechtlichkeit.** Davon zu unterscheiden: Vereinb HaftgsAusschl (vgl Einf 10; BerührgsPkte: Einwillig des Verletzten, unten Rn 42–44).

a) Eigenes Recht des Täters zum Handeln, zB §§ 227, 228, 903, 859, § 127 StPO, Art 5 GG. **Züchtigungsrecht** der Eltern u Dritter vgl § 1631 Rn 9–11, des Vormundes § 1800. – Auch BergwerksEigt schließt bei Ausnutzg iR bergpolizeil Vorschr RWidrigk etwaiger Schädigg fremden Eigtums aus (RG **161**, 208). Jagdpolizeil Vorschr können die Widerrechtlichk ausschließen (Stgt NJW- RR **86**, 1415: Tötg eines aufsichtsl laufden Hundes). – Ebso **Duldungspflichten** gem §§ 906, 1004 II (BGH MDR **92**, 482), auch aGrd naturschutzr Vorschr (BGH **120**, 239: Froschlärm). – Auch **Wahrnehmung berechtigter Interessen** kann RWidrigk ausschließen (vgl § 824 Rn 6–10 und nachstehd Rn 175–200).

37   **b) Verwaltungsakte der Behörden** können nur im verwaltgsgerichtl Verf nach der VwGO angefochten werden.

38   **c) Notwehr.** Notwehrexzeß u Putativnotwehr vgl § 227 Rn 11, 12. Unter bes Umst kann für einen Gastwirt die Pfl bestehen, auf die vorsehb Herbeiführg einer Notwehrlage gg unbefugten Eindringlingen zu verzichten, weil die zu gewärtigde Notwendigk des SchußwaffenGebr and Gäste gefährden müßte (BGH NJW **78**, 2028).

39   **d) Notstand** §§ 228, 904. Notstandsexzeß u Putativnotstand vgl § 228 Rn 11, 12. – **Selbsthilfe** §§ 229ff.

40   **e) Verkehrsrichtiges (sozialadäquates) Verhalten** im StrVerk ist nach BGH **24**, 21 dogmat kein eig RFertiggsGrd, sond schließt die Haftg des Handelnden für verk Verl von Leben, Gesundh od Eigt eines und schon mangels RWidrigk aus. Trotzdem behandelt der BGH prakt das verkehrsricht Verhalten als RFertiggsGrd, denn er bürdet dem Schädiger die BewLast dafür auf. Folgt man dem nicht, so handelt derj, der das abs R eines and verletzt, rwidr, aber dann nicht fahrläss, wenn er die VerkRegeln u die erforderl Sorgf beachtet hat. In vielen Fällen wird es dann auch an der adäquaten Kausalität fehlen.

41   **f) Einleitung eines gesetzlichen Verfahrens** der RPflege. Wer dies redl, gutgl, ohne Aufstellg bewußt od leichtfert unwahrer Behauptgn tut, handelt ggü dem an diesem Verf förml Beteil nicht rechtsw, selbst wenn sich die VerfEinleitg dann als ungerechtf erweist. Das schadursächl Verhalten ist näml wg seiner verfrechtl Legalität rmäß, der AntrSt ist mangels SelbsthilfeR auf die ges Verf angewiesen u der betroffene VerfBeteil kann sich in dem Verf selbst gg einen rwidr Eingr wehren; denn das RGutsVerl nicht verfbeteil Dr (BGH **118**, 201). Jede and Beurt würde die RPflege lahmlegen u damit einem rstaatl GrdGebot zuwiderlaufen (BVerfG NJW **87**, 1929, BGH 74, 9: StrafAnz, BGH **36**, 18: KonkAntr). Rechtsw ist vorsätzl SchadZufügg dch ein mit unlauteren Mitteln betriebenes Verf (BGH NJW **85**, 1959).

42   **g) Einwilligung des Verletzten** in die RGutVerl, nicht schon in eine Hdlg, die nicht auf die RGutVerl abzielt (BGH NJW-RR **95**, 857), zB Ansteckg dch GeschlechtsVerk, schließt Widerrechtlk aus, wenn sie nicht gg gesetzl Verbot od die guten Sitten verstößt. Unsittl ist Einwillig in die eig Tötg, Verstümmelg, GesundhBeschädigg, FreihBeraubg; zul dagg Einwilligg in Verl des Eigtums, zB gestellter VerkUnfall (Ffm VersR **83**, 642), ärztl Eingr, AnstUnterbringg, Unterwerfg unter die sofort ZwVollstr aus formnicht Vertr (BGH NJW **94**, 2755). Je nach den Umst des Falles zu beurt ist die Einwilligg in die Sterilisation (BGH **67**, 48). Die Einwillig eines beschr GeschFäh ist wirks, sofern er nach seiner geist u sittl Reife die Bedeutg u Tragweite des Eingr u seiner Gestattg ermessen kann (BGH **29**, 36 u NJW **72**, 335). Das ist nicht der Fall bei Einwilligg eines 16jähr zu einers aufschiebb, andrers nicht unwicht Eingr (BGH VersR **72**, 153). Auch sonst kann im EinzFall Unterrichtg der Eltern nöt sein (BGH NJW **70**, 511). Außer in Eil- u Notfällen ist die

Einwilligg beider ElternTle eines Mdj, der nicht schon selbst die Einwilligg erteilen kann, erforderl. Dabei kann der Arzt idR davon ausgehen, daß ein Elterntl das Einverständn des and besitzt; dies gilt nicht für schwier u weitreichde Entsch mit erhebl Risikofaktoren für das Kind (BGH **105**, 45). – Die Einwilligg muß **freiwillig** sein; hieran fehlt es, wenn sie dch Gewalt, rechtsw Drohg, Zwang od argl Täuschg herbeigeführt 43 wird (BGH NJW **64**, 1177: AnstUnterbringg). Dch Irrt beeinflußte Einwilligg ist jedoch freiw (BGH aaO). Für Äußergen, die das Einverständn des Patienten mit einem Eingr betreffen, gelten die allg Grds für die Auslegg rgeschäftl WillErkl (BGH NJW **80**, 1903, **92**, 1558). SportVerl vgl Rn 121, 122 Sport.

Der **Arzt** bedarf für jeden Eingr, auch zur BlutEntn, der Einwilligg des Patienten. Sie braucht nicht ausdr 44 erkl zu werden, kann sich aus den Umst ergeben (BGH NJW **61**, 261). Die Einwilligg ist nur wirks u schließt die RWidrigk nur aus, wenn der Patient das Wesen, die Bedeutg u die Tragweite des ärztl Eingr in seinen Grdzügen erkannt hat; dies setzt die zutr (Nürnb VersR **88**, 299) Aufklärg dch den Arzt voraus (BGH NJW **81**, 633). Die Einwilligg läßt sich nicht aufspalten in einen wirks u einen unwirks Tl (Kln VersR **90**, 489). Eingr ohne Einwilligg des Patienten ist nur zul, wenn sie der Arzt nicht einholen kann, zB wg Bewußtlosigk, u Gef im Verz besteht (RG **163**, 136). Die einem best Arzt erteilte Einwilligg berechtigt einen and nicht zum Eingr (BGH **LM** (Aa) Nr 11). Ohne Einwilligg stellen schon die Operation u ihre Beschwerden einen erfäh KörperSchad dar (BGH NJW **87**, 1481).

h) Aufklärungspflicht des Arztes. Die nachstehend dargestellten Grds der Rspr zur ärztl AufklärgsPfl 45 sind verfkonform (BVerfG NJW **79**, 1925 [1929]). – **aa) Verpflichtet** ist der behandelnde **Arzt**, in erster Linie der behandelnde Spezialist über die mit seiner Behandlg verbundenen spezif Risiken (Hamm VersR **94**, 815: Chirurg/Strahlentherapeut). Auch der nicht selbst operierde Arzt, der die Aufklärg des Patienten über die ihm angeratene Operation übernommen hat od dem sie übertragen wurde (Schlesw NJW-RR **94**, 1052), muß vollst aufklären (BGH NJW **80**, 1905). Der Arzt muß auch dann aufklären, wenn er den Eingr nicht für erforderl hält, sond auf eig Wunsch des Patienten vornimmt (Düss NJW-RR **91**, 1311). Grdsätzl nicht der Konsiliarius (Kln MedR **83**, 112). Auch für den **Zahnarzt** besteht die AufklärgsPfl (BGH NJW **94**, 799, Mü NJW-RR **94**, 1308: Risiken der Extraktion eines WeishZahns: mögl Alternat). – Ebso für den **Heilpraktiker** (Hamm VersR **87**, 1019, Eberhardt VersR **86**, 110). – Auf den **Tierarzt** sind die Grds der Rspr über die ärztl AufklärgsPfl nicht ow übertragb (BGH NJW **80**, 1904: Tod eines Reitpferdes inf Vollnarkose). Er schuldet aus der Behandlg auch Beratg über deren Vor- u Nachteile, bei der es um wirtsch Interessen des AuftrG geht, begrenzt dch die rechtl u sittl Gebote des Tierschutzes (BGH NJW **82**, 1327, Düss VersR **86**, 61, Celle NJW-RR **89**, 539).

bb) Zeitpunkt (eingehd Wertenbruch MedR **95**, 306). Die Aufklärg muß, auch über die ernsth Möglk 46 einer Operationserweiterg od den Wechsel der Methode währd der Operation u über alternat in Betracht kommde EntbindgsMöglk (BGH NJW **93**, 2372), so rechtzeit geschehen, daß der Patient noch im Bes seiner Erkenntn- u EntschFreih ist u ihm bis zum Eingr ohne EntschDruck (Hamm NJW **93**, 1538) noch eine unter Berücksichtigg der konkr Umst ausr Bedenkzeit bleibt. Daß dies nicht der Fall war, muß der Patient sustantiiert darlegen, für die Widerlegg trifft den Arzt die BewLast (BGH NJW **92**, 2351). Aufklärg erst am Vortag der Operation kann verspätet (Köln NJW **92**, 1564), Aufklärg am Tag des normalen ambulanten Eingr kann noch rechtzeit sein, wenn dem Patienten klar gemacht wird, daß er sich noch entscheiden kann (BGH VersR **94**, 1235). Vorstehde Grds gelten auch für diagnost Eingr (BGH NJW **95**, 2410).

cc) Inhalt und Umfang. Therpeut Aufklärg naher Angehör, falls ohne Einwilligg des Patienten überh 47 zul, kann idR nicht das Gespräch zw Arzt u Patient ersetzen (BGH **107**, 222). Aufzuklären ist, ggf mit Hilfe eines Dolmetschers (Düss NJW **90**, 771), über die Natur des Eingr im großen und ganzen, währd die Wahl der BehandlungsMethode grds Sache des Arztes ist (BGH NJW **88**, 1515). Notw ist eine DiagnoseAufklärg, auch über die Zuverlässig der gestellten Diagnose (Ffm NJW-RR **95**, 1048), wenn deren Kenntn für die BehandlgsEntsch des Patienten erkennb von Bedeutg ist (Stgt VersR **88**, 695). Außerd ein Hinw auf die Risiken, die in der einschläg mediz Literatur beschrieben sind od die der Arzt auch ohne solche Beschreibg nicht ausschließen kann (BGH MedR **86**, 77) u die ein verständ Patient in dieser Lage unter Berücksichtigg seiner körperl Beschaffenh u seiner sonstigen Situation für die Entsch über die Einwilligg als bedeuts ansehen würde. Dabei kommt es nicht entscheidd darauf an, wie häuf sich ein best Risiko statist verwirklicht, maßgebl ist vielm darauf abzustellen, ob das in Frage stehde Risiko der Behandlg spezif anhaftet u bei seiner, wenn auch seltenen Verwirklichg die LebensFührg des Patienten bes belastet (BGH NJW **94**, 793: Erblindg nach endonasalem SiebbeinEingr), wenn nach dem medizin Erfahrgsstand im Ztpkt der Behandlg ein solches Risiko bekannt ist (BGH NJW **90**, 1528: Nervenschädig nach Strahlentherapie, Kln VersR **90**, 663: Potenzstörgen nach Operation, Stgt VersR **87**, 515, Hamm VersR **88**, 1133: seltenes Risiko der Querschnittslähmg, Hamm VersR **92**, 1473: Aufklärg über Gef bleibder Lähmg nach Bandscheibenoperation, BGH NJW **93**, 2380: seltenes Risiko der Gelenkversteifg nach Injektion, Kln NJW-RR **92**, 984: dauernde Harndrang-Inkontinenz, Düss MedR **94**, 1503: seltenes Risiko vaskulärer Komplikationen dch chiroprakt Behandlg im Schulter-/Nackenbereich). Auch das Verhältn zw Notwendigk der Behandlg u ihren mögl Folgen ist zu berücks. Darüberhinaus muß der Arzt eine umfassde u genauere Aufklärg geben, wenn der Patient eine solche fordert. Dabei hat der Patient, soweit mögl, dch verantwortl geführten Dialog aktiv mitzuwirken (BVerfG NJW **79**, 1925 [1929]). Die Aufklärg muß die im großen u ganzen bestehden Risiken einer ordngsgem Behandlg (BGH NJW **85**, 2193), auch bei Schutzimpfg (BGH VersR **90**, 737), u die Dringlichk des Eingr (BGH NJW **90**, 2928) zum Ggst haben, ihre Intensität richtet sich nach dem EinzFall, wobei der sachl u zeitl Notwendigk des Eingr entscheidde Bedeutg zukommt. HinwPfl des Arztes auf das Risiko einer Infektion mit Hepatitis u Aids, wenn intra- od postoperativ eine BlutÜbertragg erforderl werden kann, u auf die Möglichk einer Eigenblutspende (BGH **116**, 379). Bei einer Operation zur Linderung von Schmerzen ist Aufklärg nöt, daß uU keine SchmerzFreih für längere Zeit zu erreichen ist, der Patient vielmehr sogar subj größere Schmerzen haben kann (BGH NJW **87**, 1481). Die AufklärgsPfl kann idR nicht mit der Begr verneint werden, der Patient hätte zu einer therapeut nicht zu verantwortden Belastg des Patienten geführt (BGH **90**, 103: vital indizierte Therapie, Risiko selten, seine Verwirklichg ohne die Therapie wahrscheinlicher). Auch die Sachkundigk des Patienten (Stgt NJW **73**, 560) sowie Intelligenz, BildgsGrad u seine Erfahrgen aus der Krankenvorgeschichte spielen eine Rolle (BGH NJW **76**,

363 u NJW **79**, 1933). Bei einem Eingr, der nach seinem Verlauf u seinem Schweregrad wg seiner Häufigk der Allgemeinh in bes Maße vertraut ist, kann sich der Arzt bei der Aufklärg über Natur u Risiko seines Eingr im allg kurz fassen (BGH NJW **80**, 633: Blinddarmoperation). Hat der Arzt demnach auf ein bestehdes erhöhtes Risiko hingewiesen, so kann er ein näheres Eingehen auf mögl ZwFälle, in denen es sich verwirklichen kann, von entspr Fragen des Patienten abhäng machen, die der Arzt jedoch nicht unricht od irreführd beantworten darf (BGH NJW **80**, 633). Verpfl des Arztes zur Aufklärg über Nebenwirkgen bei Verordng eines aggressiv wirkden Medikaments (BGH NJW **82**, 697). Über mehrere konkret (BGH NJW **92**, 2353) zur Wahl stehde diagnost od therapeut Verf mit einigermaßen gleichen Erfolgschancen (BGH NJW **86**, 780) u das Für u Wider muß der Arzt dann aufklären, wenn unterschiedl Risiken für den Patienten entstehen können u der Patient eine echte Wahlmöglichk hat (BGH NJW **88**, 763 u 765). Dabei spielt die erfahrgsmäß Häufigk von Mißerfolgen u unerwünschten Nebenwirkgen eine entsch Rolle (BGH NJW **71**, 1887), jedoch ist auch über seltene Risiken aufzuklären (Kblz NJW **86**, 1547). Bei Risikoschwangersch Aufklärg der Mutter vor der Geburt über die Möglichk der operat Geburtshilfe (BGH MDR **89**, 437), sorgf Aufklärg u Beratg über die unterschiedl Verläufe u Risiken der vaginalen u der Schnittentbindg (BGH NJW **92**, 741, NJW **93**, 1524) u über die Risiken einer zur Geburtserleichterg vorgesehenen Anästhesie für das Kind (Hamm u BGH VersR **85**, 598). Ebso Aufklärg der Mutter über die Änderg des verabredeten Konzepts der Schnittentbindg in Geburt auf vaginalem Weg bei Beckenendlage (BGH NJW **89**, 1538), über schwerwiegde Risiken für eine erneute Schwangersch dch Bildg von Antikörpern nach Injektion von Immunglobolin (BGH NJW **89**, 2320). Umfassde SchwangerschBeratg einer 40jähr Frau über das erhöhte Schädiggsrisiko (Düss NJW **89**, 1548). Aufklärg über besondere Lagerg des Patienten währd der Operation mit Gef der Nervenschädigg (BGH NJW **85**, 2192). Wird der Patient für eine Operation (Panzerherz) in einer Spezialklinik beraten u vorbereitet, die Operation in Abstimmg der Ärzte dann in einer Universitätsklinik dchgeführt, so trifft auch die Ärzte der Spezialklinik die Pfl zu umfassder Belehrg über Verlauf, Risiken u Erfolgsaussichten des Eingr (BGH NJW **90**, 2929).

48 **dd) Erhöhte Aufklärungspflicht.** Bes umfassde Aufklärg ist nöt bei Anwendg einer neuen Behandlgs-Methode (Kln NJW-RR **92**, 986), ferner bei zweifelh Operationsindikation u hohem Mißerfolgsrisiko (BGH NJW **81**, 633) od nur der Aussicht auf vorübergehden Erfolg (Hamm VersR **90**, 855) od der Gef einer deutl Verschlechterg nach der Operation (BGH NJW **88**, 1515). Muß eine hergebrachte Operationsmethode nach gewicht Stimmen in der medizin Literatur zu schweren Schäd führen, so muß der Arzt den Patienten darü aufklären, wenn er sich über diese Bedenken hinwegsetzen will (BGH NJW **78**, 587). Dabei ist nicht allein auf das allg Risiko, sond auch auf die Gef des jeweil Falles abzustellen (BGH NJW **74**, 604: intravenöse Injektion – Thrombosegefahr). Hinw, daß ein indizierter Eingr nur innerh eines best Zeitraums mögl ist (Stgt MedR **85**, 175). Die Prüfgs- u AufklärgsPfl ist um so weitergehd, je weniger der Eingr aus der Sicht eines vernünft Patienten vordringl u geboten erscheint (BGH NJW **72**, 335: AufklärgsPfl in diesem Fall auch, wenn die Wahrscheinlichk erhebl Folgen zahlenmäß sehr gering ist), insbes wenn der Eingr weder vital indiziert noch überh dringl (BGH **90**, 96) od gar medizin an sich nicht vertretb ist (Düss VersR **85**, 63). Auf erhöhtes Infektionsrisiko, zB weg BauArb od wg fehlder Erfahrg des Arztes gerade mit einer derart Operation, u zweifelh Qualifikation ist hinzuweisen (Kln NJW **78**, 1690 u VersR **82**, 453). Der Arzt, der währd der Operation auf ein erhöhtes Operationsrisiko stößt, muß den Eingr abbrechen, wenn er für seine Fortsetzg nunmehr mangels Aufklärg darü keine wirks Einwillig des Patienten hat u die Operation ohne dessen Gefährdg unterbrochen od abgebrochen werden kann, um die Einwillig einzuholen (BGH NJW **77**, 337). Zeigt sich währd der Operation die Notwendigk ihrer Erweiterg über den vorgesehenen Eingr hinaus, so darf der Arzt sie bei vitaler Indikation fortsetzen; ohne sie nach den Umst des EinzFalles unter engen Vorauss (Ffm NJW **81**, 1322); auch dann, wenn damit kein erhöhtes Risiko verbunden ist u der Arzt vernünftigerw die Einwillig des Patienten voraussetzen darf (Mü VersR **80**, 172, Köln VersR **88**, 1049, Kblz NJW-RR **94**, 1370). Eingehdere Belehrg bei Operation, die nicht der Abwendg einer akuten Gefahr, sond der Besserg des Zust dient (BGH VersR **68**, 558). Bes umfassde u sorgf Aufklärg über die Erfolgsaussichten und Risiken vor einer kosmet Operation, uU schongsl, harte Belehrg an Hand von Fotografien über den zu erwartden EndZustd (BGH NJW **91**, 2349, Hbg MDR **82**, 580, Düss VersR **85**, 552, Mü MedR **88**, 187). Bes strenge Anfdgen an die AufklPfl auch, wenn der Eingr nicht unmittelb der Heilg, sond nur ärztl Diagnose ohne therapeut Eigenwert dient (BGH NJW **71**, 1887 u NJW **79**, 1933); in diesem Fall muß der Arzt den Patienten auch darü aufklären, daß er bei dem DiagnoseEingr uU erhebl Schmerzen erdulden muß (BGH **90**, 96: Rektoskopie), auch über die typ Risiken einer Vollnarkose (MedR **85**, 79) u darü, daß es zu Verändergen des Ablaufs körperl Funktionen im Sexualbereich kommt (Karlsr VersR **89**, 1053). Bei radiolog DiagnoseEingr muß der Arzt abwägen zw AussageFähigk des Eingr, AufklärgsBedürfn, zu erwartdem therapeut Nutzen u Risiko für den Patienten; die Aufklärg muß ihm eine Abwägg zw dem Risiko u den Gefahren u Beschwerden ohne den Eingr ermöglichen (Düsseldorf VersR **84**, 643: Vertebralis-Angiographie).

49 **ee) Aufklärung ist entbehrlich** über die allg Gef jeder Operation (BGH NJW **86**, 780: Embolie), zB Gef der Wundinfektion, die jeder einsicht Patient kennt (Düss VersR **88**, 1132); über das Risiko einer außergewöhnl u nicht vorhersehb Folge der Behandlg, die für den Entschluß des Patienten, ob er einwilligt, keine Bedeutg haben kann (BGH NJW **91**, 2346). Eine intraoperat Verlaufs- u RisikoAufklärg ist entbehrl, wenn der Patient psych u phys nicht in der Lage ist, einem solchen Gespräch zu folgen u eine eigenständ Entsch zu treffen; ausschlaggebd ist dann der mutmaßl Wille des Patienten, uU festzustellen dch Befragg naher Angehör od and BezugsPers (BGH NJW **87**, 2291). Ebso kann Aufklärg entbehrl sein, wenn die möglw eintretden ungünst Nebenwirkgen der Behandlg so wen graviered sind, daß sie ein vernünft Mensch in der Lage des Patienten für die Entschließg, sich der Behandlg zu unterziehen oder sie abzulehnen, nicht als bedeuts ansähe. Hat der Patient aber eine and Abs zu erkennen gegeben, darf der Arzt nicht davon absehen, ihm die mögl Folgen od unterbliebener Behandlg vor Augen zu führen u seine Entsch herbeizuführen. Solange die eingeschlagene Therapie medizin Standard genügt, ist Aufklärg des Patienten über mehrere gleich erfolgversprechde u übl BehandlgsMöglk ohne nennenswert unterschiedl Risiko nicht erforderl (BGH NJW **82**, 2121, **102**, 17). Keine Pfl zur Aufklärg über neue diagnost u therapeut Verf, die sich in der Erprobg befinden u erst an einz Universitätskliniken zur Vfg stehen, solange der Patient keine reale

Möglichk zu dieser Wahl u Behandlg hat (BGH NJW **84**, 1810). Verzicht auf konkrete Aufklärg ist wirks, wenn ihn der Patient individuell u ohne Beeinflußg dch den Arzt ernsth u freiwill erklärt hat (Laufs NJW **83**, 1345, Roßner NJW **90**, 2291).

ff) Die **Beweislast** für genügde Aufklärg u dafür, daß er den Eingr überh vorgen hat, liegt beim Arzt **50** (BGH NJW **81**, 2002, VersR **92**, 237), ebso dafür, daß sich der Patient auch bei vollständ Aufklärg über Risiken u Folgen zu dem Eingr entschlossen hätte (BGH NJW **94**, 2414); ebso dafür, daß der Patient einer Aufklärg nicht mehr bedurft hätte, weil er von and Seite bereits hinreichd aufgeklärt worden sei (BGH NJW **84**, 1807). An den dem Arzt obliegden Bew der ordngsgem Aufklärg dürfen keine unbill u übertriebenen Anfdgen gestellt werden (BGH VersR **85**, 361). Eine allg gehaltene Bestätigg des Patienten für erhaltene Aufklärg beweist deren Inhalt u Umfang nicht (BGH VersR **85**, 361). Fehlde Anweisg der Klinikleitg an die Ärzte zur Aufklärg der Patienten ist OrganisationsVersch (Kln NJW **78**, 1690). BewLast zum Ztpkt der Aufklärg vgl Rn 46. Den Patienten trifft die BewLast, daß sein GesundhSchad auf dem Eingr beruht, über den er mangelh aufgeklärt worden ist (BGH NJW **86**, 1541).

gg) Ursächlichkeit unterlassener Aufklärung. Der Einwand, der Patient würde bei ordngsgem Auf- **51** klärg seine Einwilligg erteilt haben (hypothet Einwilligg), ist grdsätzl beachtl. Der Patient hat dann darzule-gen, daß er vor einem echten Entscheidgskonflikt gestanden hätte (BGH NJW **91**, 1543, NJW **91**, 2342 u 2344). Für die Überzeuggsbildg des Ger, ob der Patient eingewilligt hätte, ist dessen persönl EntschSituation u WillLage aus damal Sicht entscheidd (BGH NJW **94**, 2414). Dabei trifft den Patienten die Substantiiergs-Last für seine Behauptg, daß er trotz der Schwere der Erkrankg u der angewendeten, als Methode der Wahl anerk Therapie mit günst Erfolgsprognose u idR verhältnismäß geringen Belastungen für den Patienten aus seiner Sicht vor einem echten EntschKonflikt gestanden hätte, sind streng dann, insbes wenn der Patient den Eingr zunächst abgelehnt und erst eingewilligt hat, nachdem der Arzt auf ihn eingewirkt hat (BGH NJW **90**, 96, NJW **91**, 2342); dies läßt sich idR nur nach pers Anhörg klären (BGH NJW **90**, 2928, NJW **94**, 2414). An die der BewLast des Arztes unterliegde Feststellg, der Patient würde eingewilligt haben, sind strenge Anfdgen zu stellen, insbes wenn der Patient den Eingr zunächst abgelehnt und erst eingewilligt hat, nachdem der Arzt auf ihn eingewirkt hat (BGH NJW **94**, 2114). Die enttgsstehde Behauptg des Patienten schließt sie nicht aus (BGH NJW **82**, 700).

hh) Zurechnungszusammenhang zw unterl Aufklärg u eingetretener SchadFolge im Hinblick auf den **52** Schutzzweck der AufklärgsPfl, besteht jedenf dann, wenn sich gerade das aufklärgspfl Risiko verwirklicht, selbst wenn es zu weiteren schweren Folgen geführt hat, mit denen nicht ernsth zu rechnen war u die dem Patienten desh vorher nicht darzustellen waren (BGH **106**, 391). Zurechngszushang besteht grdsätzl auch dann, wenn sich nur ein nicht aufklärgsbedürft Risiko (Rn 49) verwirklicht hat; er fehlt in diesem Fall ausnahmsw dann, wenn der Patient wenigstens die GrdAufklärg, also einen zutr Eindruck von der Schwere des Eingr u der Art der Belastgen mit Hinw auf das schwerste möglicherw in Betracht kommde Risiko erhalten hat (BGH NJW **91**, 2346), zB wenn der Arzt ledigl die gebotene Aufklärg über Schmerzen (Rekto-skopie) unterlassen hat, währd sich ein nicht aufklärgsbedürft Risiko (GesundhBeschädigg inf unvorhersehb Komplikation) verwirklicht hat (BGH **90**, 96, Karlsr NJW **83**, 2643, Jungnickel/ Meinel MDR **88**, 456).

ii) Mitwirkendes Verschulden des Patienten ggü ärztl AufklärgsVersch kann nur ausnahmsw im Einz- **53** Fall bej werden bei falscher od unvollständ Ausk über solche persönl Verh, deren Bedeutg für die Beurteilg seines AufklärgsBedürfn der Patient erkennen konnte u mußte (BGH NJW **76**, 363).

7) Verschulden

A) Vorsatz vgl § 276 Rn 10, 11, dort auch über die Besonderh des Vors bei Verltzg eines SchutzG (Abs **54** II), einer AmtsPfl und bei SchmerzG.

B) Fahrlässigkeit. – a) Grundsätze wie Begriff, Arten u Grad der Fahrlk, SorgfMaßst, Vorhersehbark **55** u Vermeidbark eines schädigden Erfolges, Irrt vgl § 276 Rn 12–21. – **b) Einzelheiten** vgl § 276 Rn 22–51. **56** Fahrlk bei unberecht Verwarng vor Verletzg eines SchutzR vgl oben Rn 25. Jeder ist iR seines WirkgsKrei-ses verpfl, sich über das Bestehen von SchutzG (BGH **LM** (Bc) Nr 1) und polizeil VOen (BGH BB **57**, 240: SchneeBeseitigg) zu unterrichten. Einfluß kollegialgerichtl Entsch auf die Beurteilg der Fahrlkt vgl § 839 Rn 53. Behördl Gen od Duldg einer Anl od Hdlg u die Einhaltg von VerwVorschr entlasten idR vom VerschVorwurf, schließen ihn aber dann nicht aus, wenn aGrd bes Umst im konkreten Fall Anlaß zu weitergehden Maßn zur GefAbwendg bestand; die BewLast, sie getroffen zu haben, liegt beim Betreiber der Anl (BGH **92**, 143: Kupolofen, TA-Luft). Strenge Anfdgen an die Sorgf, wenn die Tätigk an sich eine Gefährdg der Allgemeinh mit sich bringt (BGH NJW **86**, 1182: Aufbewahrg einer gesundgefährdeten Flüssigk, BGH NJW **65**, 199: Großfeuerwerk). – Verstoß gegen Schutzgesetz (Abs II) vgl Rn 140 ff. – **c) Haftungsmilderung** bei Deliktshaftg zw Eheg vgl § 1359 Rn 1–3, zw Eltern u Kindern § 1664 Rn 1–3. **57** Bei leicht fahrl SchadZufügg kann die Pfl des verl Angehör bestehen, ErsAnspr nicht geltd zu machen, wenn die FamilienGemsch dch den SchadAusgl übermäß belastet würde (BGH **61**, 101, Karlsr VersR **77**, 232). – Vgl auch Einf 7–9.

8) Verkehrssicherungspflicht

A) Inhalt. – a) Die **allgemeine Rechtspflicht,** im Verk Rücks auf die Gefährdg and zu nehmen, beruht **58** auf dem Gedanken, daß jeder, der GefQuellen schafft, die notw Vorkehrgen zum Schutze Dr zu treffen hat. Sie besteht neben den Verpfl, die vielf dch vertragl SchutzPfl (§ 276 Rn 116) od SchutzG gem Abs II bes auferlegt sind. Da eine VerkSichg, die einen Unfall ausschließt, nicht erreichb ist, muß nicht für alle denkb, entfernten Möglken eines SchadEintritts Vorsorge getroffen werden. Vielm sind nur diejen Vorkehrgn zu treffen, die nach den SicherhErwartgn des jeweil Verk (BGH NJW **85**, 1076) iR des wirtsch Zumutb geeignet sind, Gef v Dr tunlichst abzuwenden, die bei bestimmgsgem od bei nicht ganz fernliegder be-stimmgswidr Benutzg drohen (BGH NJW **78**, 1629). Haftgsbegründd wird eine Gef erst, wenn sie für ein sachkund Urt die naheliegde Möglk ergibt, daß RGüter and verl werden können (BGH VersR **75**, 812). Für GewerbeBetr wird der Inhalt der VerkSichgPfl dch UnfallVerhütgsVorschr konkretisiert (BGH MDR **79**, 45), sie dienen auch außerh ihres unmittelb GeltgsBereichs als Maßstab für verkgerechtes Verhalten, ihre Verl läßt idR auf Versch schließen (Kblz VersR **92**, 893). Die bloße Duldg eines Verk ist noch keine

VerkEröffng (Bambg VersR **69**, 85). Behördl Maßn u Gen befreien nicht von der eig Prüfg u schließen Fahrlk nicht schlechthin aus, die Zuzieh eines bewährten Fachmanns dann nicht, wenn eine erkennb GefLage besteht (BGH NJW **94**, 2232). – **Keine Verkehrssicherungspflicht** besteht grds ggü Pers, die sich unbefugt in den GefBereich begeben (BGH NJW **57**, 499, VersR **64**, 727, MüKo/Mertens Rn 186), zumal dann, wenn sich eine untyp Gef verwirklicht hat, die bei einem Befugten nicht eingetreten wäre. Vorstehe Einschränkg besteht nicht ggü Kindern (BGH VersR **95**, 672, RGRK/Steffen Rn 164), od wenn erfahrgsgem mit einem Fehlverhalten Dr zu rechnen ist (Kln VersR **92**, 1241).

59   **b) Verpflichteter.** Jeder der in der Lage ist, über die Sache zu verfügen, hat Gef, die von einer Sache drohen, tunl abzuwenden, zB Eigtümer, Mieter, dem das Haus im ganzen vermietet ist, KonkVerw. Ferner Kaufm oder Gastwirt, der in den gemieteten Räumen einen allg Verk für sein Gesch eröffnet hat (BGH NJW **61**, 455), auch für Zugänge und Parkplatz (Düss VersR **83**, 925); nicht aber für den öff Gehweg vor dem GeschLokal (Kblz VersR **79**, 965). Die VerkSichPfl des Verm ist idR auf MietGrdst beschr, bei außergewöhnl Verh – Vermietg von Wohnhaus, das außerh ausgebauten Straßennetzes liegt – jedoch auch SichPfl für Verkehr zum Grdst (RG **165**, 159). Die **Übertragung** der VerkSichsPfl auf einen and bedarf einer klaren Absprache, die die Sichg der GefStelle zuverläss garantiert (BGH NJW-RR **88**, 471). Mit der Übern wird der Übernehmde selbst deliktsr verantwortl, auch dem Delegierden ggü, dessen VerkSichgPfl sich auf eine Kontroll- u ÜberwachgsPfl verengt (BGH NJW-RR **89**, 394). Vgl auch Rn 1.

60   **c) Allgemeine Aufsichtspflicht** als VerkSichPfl trifft denjen, der die zur Erf der allg VerkSichgPfl notw Maßn einem Dr überläßt (BGH DB **87**, 1838). Sie besteht in allg fortlaufer Überwachg u darf nicht erst einsetzen, wenn Zweifel an der Zuverlässigk des Dr auftauchen (BGH BB **57**, 15). Der Umfang der AufsPfl bestimmt sich nach den Umst des Einzelfalls (Düss NJW-RR **94**, 1442). Ggf kann gestaffelte Aufs geboten sein, näml generelle Aufs, auszuüben durch die Oberleitg eines Unternehmens, u spezielle Aufs an der ArbStelle (BGH **11**, 151: Verhütg von Diebstählen dch Überwachg der eingesetzten Arbeiterkolonne). Die allg AufsPfl aus § 823 ist neben der aus § 831 herzuleiten AufsPfl hins der einz Tätigk des Angest zu erfüllen, fällt aber prakt viel mit dieser Pfl zus. Überlassg der AufsPfl an Dr genügt im allg nicht, jedoch dürfen auch hier die Anfordergen nicht überspannt werden (BGH **LM** § 831 (Fc) Nr 1).

61   **d) Darlegungs- und Beweislast.** § 282 ist grds unanwendb. Steht der obj PflVerstoß u damit die Verl der äußeren SorgfPfl fest, so indiziert dies die Verl der inneren Sorgf od der AnscheinsBew spricht hierfür (BGH VersR **86**, 765, Kblz VersR **92**, 893).

62   **e) Haftung für Dritte** nur nach § 831, nicht nach § 278. Doch wird die hiernach bestehde Entlastgsmöglich prakt erhebl eingeengt durch die eigenen allg AufsPflichten (vgl oben Rn 60).

63   **f) Die Gefahrenquelle** ist **nicht mehr adäquat ursächlich,** für einen eingetretenen Schad, wenn die erforderl SichergsVorkehrgen getroffen sind, aber nicht beachtet werden (BGH VersR **69**, 895).

64   **B) Einzelfälle von Verletzung der allgemeinen Verkehrssicherungspflicht und sonstiger Verstöße gegen** § 823 (alphabet geordnet; neuer Zeilenanfang nur bei größeren Abschnitten).

   Abfälle. Lagerg gift od giftverdächt Gartenabfalls (Kln u Hamm NJW-RR **90**, 793 u 794). S auch Industrieabfälle. **Abschlußprüfer der AG. Abwässer,** Einführg in Bachbett (BGH MDR **68**, 395); unsachgem Plang u Ausf der AbwasserAnl (BGH VersR **77**, 253). **Apotheker und Drogisten.** Abgabe von Giften u Sprengstoffen an Kinder (RG **152**, 325: keine Entschuldigg, daß die Kinder ihr Alter unricht höher angegeben haben). Pfl des Apothekers, DosiersgsAnweisgen des Arztes deutl auf die Arzneimittelverpackg zu schreiben (Mü VersR **84**, 1095).

65   **Architekt.** Haftg des zum verantwortl Bauleiter bestellten Arch für Schäd Dr, die mit der BauWk bestimmgsgem in Berührg kommen, inf schuld Verl der BauAufsPfl (BGH NJW **91**, 562 mit Bsp). Die VerkSichgPfl des nur mit der örtl Bauleitg betrauten Arch beschränkt sich darauf, iR der ihm vom Bauherrn übertragenen Bauüberwachg erkannte od erkennb baustellentyp GefStellen zu beseitigen, sog sekundäre VerkSichPfl. Primär trifft sie ihn nur, wenn er selbst Maßn an der Baustelle veranlaßt, die sich als GefQuelle erweisen können (BGH NJW **84**, 360); ebso für Sicherg des Verk für Kfz, die Baumaterial anliefern (BGH Rspr Bau **Z 2.20** Bl 17). Haftg für Schäd im NachbGrdst dch Baugrubenaushub (Kln NJW-RR **94**, 89; vgl § 909 Rn 12), dch Nicht-Anschl eines Regenfallrohres an die Abwasserkanal (Köln NJW-RR **95**, 156). Außerd Haftg für Körper- u Sachschäd Dr, insbes der Benutzer des BauWks, inf von Mängeln, die auf Plangs- od AufsFehler des Arch beruhen, zB Schäd dch Herabstürzen einer mangelh erstellten Dachkonstruktion od Decke, dch ungesicherte Glaswand, dch unterlassenen Einbau eines Rückstauventils (Hamm NJW-RR **93**, 594), dch Beschädigg von gelagerten od EinrichtgsGstden des Mieters wg eindringden Regenwassers inf mangelh Beaufsichtigg der IsolierArb (BGH NJW **87**, 1013, NJW **91**, 562).

66   **Ärzte.** Vgl auch Rn 18, 19 vor § 611 u § 839 Rn 90. BewLast vgl Rn 169ff. Neue Lit: Geiß, ArztHaftPfR, 2. Aufl 1993. Die Grds der Rspr zur BewLast sind verfkonform (BVerfG NJW **79**, 1925). An die Pfl des Kl zur Substantiierg dürfen nur maßvolle, verständ, geringe Anfdgen gestellt werden (BGH VersR **81**, 752, Stgt VersR **91**, 229). Die TatsGrdl für den Sachverständ hat der Ger selbst zu ermitteln (BGH VersR **79**, 939), es muß sich selbst ein Bild von dem BehandlgsGeschehen machen (Stgt VersR **91**, 229). Zur AufklärgsPfl des Arztes u zur Einwilligg des Patienten vgl Rn 42– 53. Die vertragl u delikt SorgPfl des Arztes sind ident, sie richten sich nach medizin Maßst (BGH NJW **95**, 776) auf eine den Regeln der ärztl Kunst entspr Versorgg des Patienten mit dem Ziel der Wiederherstellg seiner körperl u gesundheitl Integrität (BGH NJW **89**, 767). Dabei hat er auch alle nach diesen Regeln gebotenen Maßn der Kontrolle u Sichg gg unerwünschte Nebenwirkgen der Behandlg zu prüfen (Ffm VersR **94**, 1474). Für den BehandlgsFehler macht es keinen Unterschied, ob das Schwergewicht des ärztl Handelns in der Vorn einer sachwidr od im Unterl einer nach gebotenen HeilMaßn liegt (BGH aaO). – **Operation.** Einem in Facharztausbildg befindl Arzt darf eine operat Eingr nur unter Überwachg eines eingriffsbereiten Facharztes übertr werden (Karlsr VersR **91**, 1177). Selbständ Übertr an einen dafür noch nicht genügd qualifizierten Assistenzarzt ist Behandlgsfehler; es haftet der Träger des Krankenhauses; der Assistenzarzt nur, wenn er nach den bei ihm vorauszusetzden Kenntn u Erfahrgen hätte Bedenken haben u eine Gefährdg des Patienten voraussehen müssen (BGH **88**, 248, BGH NJW **85**, 2193, Düss MedR **85**, 85). Ein Berufsanfänger hat den Gang der von ihm selbständ dchgeführten Operation auch bei sog RoutineEingr in den wesentl Punkten zu dokumentieren (BGH MedR **86**, 39). Ausf eines überflüss, medizin nicht indizierten Eingr ist BehandlgsFehler (Düss NJW **85**, 684). Ordngsgem Lagerg des Patienten währd der Operation, BewLast beim KrHausträger (Kln VersR **91**, 695). Bei Intubationsnarkose muß jederz Überwach dch Facharzt (BGH NJW **74**, 1424), in einer risikobehafteten Operationsphase (Umlagerg des Patienten) unmittelb Aufs eines Facharztes (BGH NJW **93**, 2989) gewährleistet sein; sofort Kontrolle der Lage des Tubus bei Herz- od Kreislaufstillstand (Oldbg MDR **90**, 1011). Bei Parallelnarkose an 2 Operationstischen muß Blick- od Rufkontakt zum Fachanästhesisten bestehen, so daß er jederzeit eingreifen u die Narkose bei ZwFall selbst weiterführen kann (BGH **85**, 393). Risikohaftes Vorgehen eines Anästhesisten in Notlagesituation (BGH MDR **85**, 833). Für die ZuständkVerteilg zw Operateur u Anästhesist gilt der Grds der horizontalen ArbTeilg. In der voroperat Phase (Vorbereitg der Narkose, Wahl des geeigneten Narkoseverfahrens, Prämedikation) ist allein der Anästhesist zuständ; ebso für die Narkose u ihre Überwach währd der Operation u die Medikation im Anschluß daran, grdsätzl keine ggseit ÜberwachgsPfl zw Operateur u Anästhesist. Nach der Verbringg auf die KrStation ist idR der dort Stationsarzt zuständ, wenn nicht eine and Regelg getroffen ist (BGH NJW **91**, 1539). Jedoch endet die Zuständigk des Anästhesisten in der postoperat Phase erst, wenn bes Maßn wg noch zu befürchtder Narkosenachwirkgen nicht mehr zu treffen sind (BGH NJW **90**, 759). Wahl einer Außenseitermethode nur, wenn der Operateur über bes Erfahrgen verfügt u das Für u Wider der Methode mit dem Patienten erörtert hat (Düss VersR **91**, 1176). SorgfPfl bei Verwendg brennb Desinfektionsmittel iVm Elektrokauter (Celle VersR **77**, 258). Falsches Mittel bei intraarterieller Narkose (BGH VersR **68**, 276 u 280). Zurückbleibder Fremdkörper bei Operation (BGH **4**, 138). Pfl zur Verhinderg vermeidb Keimübertragg dch gebotene hygien Vorsorge (BGH VersR **91**, 467). Erhöhte Anfdgen auch an die präoperat Diagnostik bei einem Eingr, der spezielle Kenntn u Erfahrgen des Operateurs erfordert (BGH NJW **89**, 1541). Unterlassene ständ Überwachg des Patienten bei Atemstörg nach der Operation (Düss NJW **86**, 1548). Unterlassene AO der Überwachg v GehBeweggen nach Operation im Krankenhaus (Düss VersR **82**, 775). Unzulängl Ergebn chirurg Bemühgen zur Wiederherstellg einer weibl Brust nach Entferng inf falscher Plang (Düss VersR **86**, 1244). Entlassener Patient mit Verdacht einer Infektion im Operationsbereich muß tägl zur ambulanten Behandlg bestellt werden (Kln VersR **82**, 677). Die Kontrolle einer Verweilkanüle obliegt in der operat u in der postnarkot Phase bis zur Wiedererlangg der Reflexe dem Anästhesisten, dann dem für die Nachbehandlg zuständ Arzt (BGH **89**, 263). – **Organisationsfehler.** Vgl auch Rn 110. In einer Klinik sind genaue organisator Anweisgen für Einsatz, Anleitg u Kontrolle eines unerfahrenen Berufsanfängers erforderl (BGH NJW **88**, 2298), ebso für die Überwachg von BehdlgsMaßn eines Arztes ohne abgeschlossene Fachausbildg (Stgt MedR **89**, 251). Bei chirurg Eingr dch einen Berufsanfänger muß immer ein Facharzt assistieren (BGH NJW **92**, 1560). Der Chefarzt einer chirurg Abteilg ist verpfl, selbst od dch einen damit beauftr Facharzt alsbald Diagnose u eingeleitete Therapie des in der Fachausbildg stehden Arztes, der den Patienten bei der Aufn ärztl versorgt hat, zu überprüfen (BGH NJW **87**, 1479). OrganisationsVersch des leitden Arztes, wenn er die Vornahme verlässl Kontrolluntersuchgen u ihre Dokumentation nicht sicherstellt (Kblz NJW-RR **92**, 417). Zur Organisations- u AufsPfl des Arztes gehört auch Belehrg der Nachtschwester über bes Gef für den Patienten u Hinw auf die Art u Notwendigk von Maßn, einen krit Zustand sofort zu erkennen (Celle VersR **85**, 994). OrganisationsVersch dch Aufn in ein Krankenhaus ohne die für die notw therapeut Maßn erforderl techn Ausstattg (BGH NJW **89**, 2321), ferner wenn der zu fordernde Standard der anästhesiolog Leistgen nicht dch klare Anweisgen an die Ärzte gewährleistet ist (BGH **95**, 63), wenn nicht sichergestellt ist, daß kein dch Nachtdienst übermüdeter Arzt zur Operation eingeteilt wird (BGH NJW **86**, 776), daß die eingeteilte Besetzg mit den für ihr Fachgebiet zu erwartden Notfällen u ihrer Behandlg vertraut (Ffm MedR **95**, 75: Geburtshilfe), daß zumind für den Fall einer Komplikation ein Facharzt sofort rufbereit ist (Hamm VersR **91**, 228). Der Chefarzt einer Kinderklinik muß organisator sicherstellen, daß Gummiwärmflaschen zur Verwendg in Inkubatoren vor jedem Gebr äußerl geprüft, daß ihr AnschaffgsDatum erfaßt u sie nach relat kurzer GebrDauer ausgesondert werden (BGH NJW **94**, 1594). Überlassg einer Risikogeburt an eine Hebamme ist grober BehandlgsFehler (Oldbg VersR **92**, 453, VersR **94**, 50). Organisat Maßn zum Schutz eines erkennb selbstgefährdeten Patienten (BGH NJW **86**, 775, NJW **94**, 794, Gropp MedR **94**, 127). Pfl des hinzugezogenen Arztes, in einem Arztbrief über die Erledigg des ÜberweisgsAuftr zu berichten (BGH NJW **94**, 797). – **Mißlungene Sterilisation, verhinderter oder fehlgeschlagener Schwangerschaftsabbruch.** Schad dch die UnterhBelastg inf Geburt eines ungewollten Kindes u seine ErsFähigk vgl Vorbem 47–48 c vor § 249. AufklärgsPfl des Arztes über Erfolgssicherh der Sterilisationsmethode (BGH NJW **95**, 2407). Das medizin nicht geforderte Hinausschieben der Fruchtwasserpunktion kann ein Behandlgsfehler sein (BGH NJW **89**, 1536). **Ersatz der Mehraufwendungen für ein behindertes Kind.** Kein SchadErsAnspr wg UnterhBelastg nach Scheidg, weil die Frau wg des Kindes nicht selbst berufstät sein kann (BGH NJW **81**, 630). Anspr der Eltern, nicht des behinderten Kindes, auf Ers der MehrAufw wg schwerer Behinderg, wenn der Arzt schuldh die Gef der Schädigg des ungeborenen Kindes nicht erkannt hat u der Wunsch der Mutter auf SchwangerschUnterbrechg gerechtf war (BGH **86**, 240). Auch die falsche od unvollständ Beratg der Mutter währd der Frühschwangersch über Möglichkten zur Früherkenng von Schädiggen der Leibesfrucht, die den Wunsch der Mutter auf Unterbrechg der Schwangersch gerechtf hätten, kann einen Anspr der Eltern gg den Arzt auf Ers der gesamten UnterhAufw für das mit körperl u geist Behindergen geborene Kind begründen, außer wenn sich die Gef einer behebb, schwerwiegden Schädigg des Kindes, die der Mutter nach strafrechtl Grds einen SchwangerschAbbruch erlaubt hätte, nicht verwirklicht hat. Die BewLast, daß es ihr gelungen wäre, rechtzeit einen erlaubten SchwangerschAbbruch dchführen zu lassen, trägt die Mutter (BGH NJW **87**, 2923). Die BewLast, daß sich die Mutter trotz umfassder u richt Beratg nicht für eine pränatale Untersuchg u SchwangerschAbbruch entschieden hätte, obliegt dem Arzt (BGH **89**, 95, zust Fischer JuS **84**, 434). Fehlerh genet Beratg vor der Zeugg vgl § 676 Rn 3, 7. – **Sonstige Behandlungsfehler.** Verabreich eines kontraindizierten Medikaments (MüVersR **89**, 198), einer kontraindizierten Impfg (Düss NJW-RR **92**, 351). Bei versch therapeut Möglichk muß die Wahl einer Möglichk mit höheren Risiken in den bes Sachzwängen des konkr Falls od in einer günstigeren HeilgsPrognose sachl gerechtf sein (BGH MDR **88**, 40). BeratgsPfl des Arztes über die nach ärztl Erkenntn

67

68

69

gebotenen Maßn u ggf über ihre Dringlichk (BGH NJW **91**, 748, Nürnb VersR **95**, 1057). Bei Entlassg aus dem Krankenhaus Pfl des Arztes, auf die Notwendigk von Kontrolluntersuchgn hinzuweisen (Oldbg NJW-RR **94**, 1054) u im Brief an den behandelnden Arzt die bes therapeuth Konsequenzen niederzulegen, wenn eine bes ärztl Überwachg notw ist (BGH MDR **88**, 38). Pfl des weiterbehandelnden Hausarztes, erkannte u ihm ow erkennb gewicht Bedenken gegen Diagnose u Therapie and Ärzte mit seinem Patienten zu erörtern (BGH NJW **89**, 1536). Pfl zu gewissenh Auswertg eines histolog UntersuchungsBefundes u Unterrichtg des Patienten u des weiterbehandelnden Arztes (Düss VersR **88**, 163). Verabreichg von Schmerz- u BeruhiggsMitteln bei Bauchschmerzen vor Aufklärg der Urs (Nürnb VersR **88**, 1050). Nichtfeststellg der Urs für 10 bis 14 Tage anhalte Schmerzen nach Meniscusoperation (Hamm VersR **89**, 292), von druckbdgten Schmerzen nach Anlegen eines Gipsverbandes (Kblz MedR **90**, 40). Pfl des Arztes, bei einem neuen UntersuchgsErgebn den Patienten einzubestellen, auch wenn diesem aus and Grden der Besuch bereits angeraten war (BGH NJW **85**, 2749). Pfl des Arztes, medizin einwandfrei gebotene Befunde zu erheben u zu sichern (BGH NJW **95**, 778); im UnterlFall BewErleichtergen für den Patienten (BGH **99**, 391). Unterl einer gebotenen RöntgenAufn (BGH NJW **89**, 2332), einer Biopsie nach negat Mammographie trotz klin Verdachtsanzeichen auf Brustkrebs (Mü NJW **95**, 2422), einer Augenhintergrunduntersuchg (Oldbg VersR **91**, 1243), der Abklärg dch einen Gefäßchirurgen od einer Sono- bzw Angiographie trotz deutl Anzeichen für einen Gefäßverschluß (Celle VersR **94**, 1237), einer differentialdiagnost Untersuchg zur Ermittlg der Ursache erhebl Blutgen nach heft Husten (Mü VersR **94**, 1240). Nichtinformation des Patienten über einen bedrohl Befund (BGH **107**, 222), auch wenn die Untersuchg auf Antr einer Vers stattfand (BGH VersR **90**, 310). Fehlerh Diagnose inf Nichterkennens einer schwerwiegden Erkrankg (BGH VersR **85**, 886), einer bakteriellen Infektion trotz deutl Symptome (Karlsr VersR **89**, 195, Kln VersR **90**, 1242), definit Diagnose auf unzureichd gesicherter Grdl (Hamm MedR **91**, 261: Unterlassenes Computertomogramm). Unricht Auswertg eindeut RöntgenAufn (Celle VersR **87**, 941). Mitteilg einer unricht Diagnose, für die keine hinreiche Grdl besteht u die auf eine schwere Erkrankg schließen läßt, an einen Patienten, der psych zu Überreaktionen neigt (Köln MedR **88**, 184 u 185). Pfl zur Überprüfg einer nicht eindeut Diagnose bei anhalten Beschwerden (Köln VersR **89**, 195). Injektion eines gewebeunverträgl Mittels in eine ungeeignete Stelle u/od in falscher StrichRichtg (Düss VersR **88**, 38). Kniegelenkpunktion ohne zwingde Indikation mit nachfolgder exogener Keimverlagerg (Düss VersR **91**, 1136). Verbrenngen bei Anwendg eines Hochfrequent-Chirurgiegeräts (Saabr VersR **91**, 1289), ungenügde Desinfektion der Hand des Arztes vor der Injektion (Düss NJW **88**, 2307, Schlesw NJW **90**, 773), unterbliebene Desinfektion der Haut im Bereich der Einstichstelle vor einer Injektion (Hamm NJW-RR **92**, 1504). Versehentl Treffen der Arterie bei einer Injektion (BGH MDR **88**, 948). Transfusion einer nicht mit optimaler Sorgf gewonnenen HIV-infizierten Blutkonserve (BGH NJW **91**, 1948). Lähmg des Ischiasnervs inf einer intramuskulären Injektion (Br VersR **90**, 1151). Bei Atemnot muß der Intubationsnarkose muß der Anästhesist grdsl beim Patienten bleiben (Düss VersR **87**, 489). Unterlassene Kontrolluntersuchg (Düss VersR **92**, 494). Unterbliebene Best der Dosisleistg bei einer Radiumeinlage, um Überstrahlg der NachbOrgane zu verhindern (Ffm VersR **94**, 1474). Einem Hinw auf eine innere Blutg kurz nach der Operation muß der Arzt nachgehen (Kblz VersR **88**, 41). Pfl zu Überwachg eines Krankenhauspatienten im Zust des Deliriums bis zur Wirkg verabreichter BeruhiggsMittel (Kln VersR **84**, 1078). Ungenügde Überwachg des RöntgenbestrahlgsGeräts (Hamm VersR **80**, 1030). Vaginale statt der verabredeten Schnittentbindg bei unveränderter Beckenendlage des Kindes (BGH **106**, 153). Unterbliebener einer sofort nöt Schnittentbindg (Köln NJW-RR **92**, 474). Unterlassene Intubationsbeatmg eines scheintoten Säuglings unmittelb nach der Entbindg (Ffm MedR **95**, 75). Nach Unfall mit GliedAbtrenng Pfl, nach dem Verbleib des Amputats zu fragen u ggf Nachforschgen anzustellen (Celle NJW **83**, 2639). Grdsätzl Haftg eines Arztes, dessen schuldh Versehen die Zuziehg eines zweiten Arztes veranlaßte, für Fehler dieses Arztes (Celle VersR **87**, 941). Der DchgangsArzt muß außer dem Suchen u Erkennen einer UnfallVerl dem Patienten auch für seine Gesundh relevante sonstige Erkenntn mitteilen (BGH VersR **90**, 975). Der Arzt in der NotAufn nach Unfall muß die Transportfähigk des Patienten vor seiner Verlegg in eine and Klinik feststellen (Stgt VersR **94**, 1068).

70 Haftg wg Verletzg der **Schweigepflicht** (BGH NJW **68**, 2288). Zivilrechtl Verantwortlk bei ärztl **Teamarbeit** (Intensivbehandlg) vgl Westermann NJW **74**, 577, Hamm MedR **83**, 187. Der als **Konsiliarius** für eine best Diagnose zugezogene Facharzt ist nicht verpfl, die vom überweisden Arzt gestellte Indikation auf ihre sachl Richtigk zu überprüfen (Düss NJW **84**, 2636). Ratschläge eines zugezogenen Konsiliarius entbin-

71 den den Arzt nicht von der Pfl zu eig verantwortl Prüfg (BGH **99**, 391). – **Medizinische Geräte.** Ihr Nichteinsatz zur Therapie kann ein grober Behandlungsfehler sein (BGH NJW **89**, 2321). Aus der Schwere der Gef bei Einsatz techn Geräte allein folgt noch keine Pfl des Arztes, sie selbst auf ihren einwandfreien Zustand zu prüfen, hinzukommen muß vielm, daß die Verwendg eig Kenntn u techn Kunstfertigk beim Arzt voraussetzt (BGH NJW **75**, 2246). Arzt muß sich mit der Funktionsw insb solcher techn Geräte, die für den Patienten vitale Bedeutg haben (Intubationsnarkosegerät), vertraut machen, sow dies einem techn u naturwissenschaftl aufgeschlossenen Menschen mögl u zumutb ist (BGH NJW **78**, 584), Einsatz von

72 EDV u ärztl Haftg vgl Uhlenbruck MedR **95**, 147 (Buchbesprechg). – Bei **Ferndiagnose** ist der Arzt, der die Behandlg übernommen hat, iF einer schweren Erkrankg entw zum Hausbesuch verpfl, sobald keine anderw Verhinderg mehr besteht, od er muß für anderw Hilfe sorgen (BGH NJW **79**, 1248). – Ebso haftet

73 der **Zahnarzt** für schuldh BehandlungsFehler, zB Überkrong gesunder Zähne ohne zahnmedizin anerkannte Grde (Düss VersR **85**, 456); ZahnErs ohne vorher Paradontosebehandlg (Köln VersR **93**, 361); fehlerh zahnprothet Behandlg (Oldbg VersR **87**, 1022, VersR **94**, 944, Köln VersR **88**, 1155); ungenügde Untersuchg u Prüfg der Indikation vor einer implantolog Maßn (Kln VersR **87**, 620); Unterl der röntgenolog Überprüfg von Implantaten auf ordngsgem Sitz (Köln VersR **95**, 582). Pfl des Zahnarztes, seine Patienten u sich selbst in deren Interesse vor Infektion zu schützen (Kln MedR **86**, 200). – Für **Heilpraktiker, Hebammen, Psychotherapeuten, Pflegepersonal** gilt grds nichts and als für den Arzt (BGH **113**, 297, Brschw VersR **90**, 57, Düss NJW **90**, 1543, Ffm MedR **91**, 207), das Maß der Sorgf beurteilt sich nach dem Erwartgshorizont eines dchschnittl Patienten (BGH NJW **91**, 1535). Ein Sturz des Patienten bei seinem Transport in der Klinik muß dch die Sorgf des Pflegepersonals ausgeschl werden (BGH NJW **91**, 2960). – Der **Tierarzt** hat die Integritätsinteressen des Eigtümers zu wahren, dabei die von einem gewissenh Veterinärmediziner zu erwartden tierärztl Kenntn u Erfahrgen einzusetzen u seine Tätigk auch nach wirtsch Erwäggen (vgl auch § 251 Rn 8) auszurichten (BGH NJW-RR **86**, 899).

Arzneimittelhersteller. Gefährdgshaftg § 84 AMG, vgl ProdHaftG § 15 Rn 2, 3. Deliktsr bes strenge **74** Anfdgen an die Aufklärgs- u WarnPfl (BGH **106**, 273; vgl auch ProdHaftG § 3 Rn 5). – **Ätzende Flüssigkeit** in einer Bierflasche (BGH NJW **68**, 1182). **Atomschäden.** Das BundesG über die friedl Verwendg der Kernenergie u den Schutz gg ihre Gef (AtomG) v. 23. 12. 59, mit Ändergen. Grds: Gefährdgshaftg (§ 25), Haftgshöchstbeträge (§ 31). – **Aufsichtspflicht** vgl Rn 60 unter den einz Stichwörtern. – **Autorennen.** Sichere Abgrenzg v Fahrbahn u Zuschauerplätzen, auch bei Seifenkistlrennen (Karlsr VersR **95**, 187), eigverantwortl Pfl v Veranstalter, Rennleiter, StreckenAbnKommissar, Automobilclubs zur Prüfg der notw SichergsMaßn (BGH NJW **75**, 533). VerkSichPfl auch ggü den Rennteiln (Kblz VersR **84**, 1053).

Badeanstalt. Pfl des Untern, die Benützer vor solchen Gef zu schützen, die über das übl Risiko eines **75** BadeBetr hinausgehen u nicht ow erkennb od vorhersehb sind (BGH NJW **78**, 1629, KG VersR **90**, 168, Saarbr VersR **95**, 472). Keine Pfl des Bademeisters zu ständ Anwesenh am Beckenrand, keine Pfl, die Liegewiese währd des BadeBetr regelmäß nach gefährl Ggstd abzusuchen (Düss NJW-RR **87**, 862). IR des wirtsch Zumutb ist auch auf solche Gef zu achten, die Kindern nur bei einer zwar mißbräuchl, aber nicht ganz fernliegden Benutzg drohen können (BGH NJW **78**, 1629). Deutl sichtb Abgrenzg von Schwimmer- und Nichtschwimmerabteil (Br VersR **92**, 70). Rettgs- u SicherhVorkehrgen im Seebad nach Springflut (RG **136**, 228, Sogströmg). Tiefe Stelle in einem für Nichtschwimmer freigegebenen Teil (BGH NJW **54**, 1119). Sprunganlage muß GrdBerührg beim Springen ausschließen (Celle VersR **69**, 1049), ebso die Verl and Schwimmer (Hamm VersR **79**, 1064). Warng vor Sprüngen in Nichtschwimmerbecken (BGH NJW **80**, 1159). Zumind Warng vor Glasscherben im Flußbad (Mü VersR **72**, 472). Mit Fußbodenglätte wg Wassers muß Benützer rechnen (Ffm VersR **73**, 625). Höhere Anfdgen an die RutschFestigk des Kunststoffbodens in medizin Badeanstalt (Mü VersR **75**, 383). Nichtentferng eines Betonblocks unter der Wasseroberfläche eines Baggersees in Ufernähe (Mü VersR **83**, 91).

Bauarbeiten und andere gefährliche Arbeiten. Auf Baustellen haftet derjen, dem die verantwortl **76** Bauleitg übertr ist, für die VerkSicherg ggü jedem, zumindest soweit er sich befugt, Kindern ggü auch unbefugt (Hamm VersR **92**, 629), auf der Baustelle aufhält (BGH DB **74**, 426), zB Bauherr, Arch (Stgt VersR **90**, 169), in ihrem Bereich am Bau tät Untern, nicht deren ArbN (Düss NJW-RR **93**, 1309), Lieferanten, Beamte der BauAufsBeh, uU Besucher (BGH NJW **85**, 1078). Dabei spricht der AnschBew dafür, daß ein Verstoß gg UnfVerhütgsVorschr ursächl ist für einen Unf im EinwirkgsBereich der GefStelle (Karlsr VersR **88**, 1071). Außerdem Pfl des BauUntern, solange er die tats Herrsch über das Baugeschehen und die Baustelle hat (Schlesw MDR **82**, 318), währd der Dauer des Baus die Baustelle mit zumutb Mitteln so zu sichern, daß obj erkennb Gef von Dr ferngehalten werden (BGH NJW **71**, 752). Den Bauherrn, der einen als zuverläss bekannten Arch u BauUntern mit Plang u Ausf der Arb beauftragt hat, trifft idR keine AufsichtsPfl mehr (BGH VersR **82**, 595). Er bleibt aber zu eig Eingreifen verpfl, wenn er Gef sieht od sehen müßte, wenn er Anlaß zu Zweifeln hat, ob der v ihm Beauftr den Gef u SichergsBedürfn in der gebühren Weise Rechng trägt od wenn dessen Tätigk mit bes Gef verbunden ist (BGH DB **76**, 2300: UnterfangsArb an der Giebelwand des NachbHauses; teilw aA Bindhardt BauR **75**, 376, Ganten BauR **73**, 148; zweifelnd Schmalzl NJW **77**, 2042). Der Umfang der VerkSichgPfl entspricht dem nur beschränkt eröffneten Verk, er richtet sich grds nach den SichergsErwartgen der mit der Gegebenh u den übl Gef einer Baustelle vertrauten Pers, ggü befugten Besuchern können die Anfdgen höher sein, ggü erwachsenen Unbefugten genügt eine Hinweistafel mit BetretgsVerbot der Baustelle (BGH NJW **85**, 1078). Auf Großbaustellen sind auch gefährl Stellen in Randgebieten des Baugeländes zu sichern (Mü VersR **90**, 499). Die VerkSichgPfl des BauUntern endet idR mit dem Räumen der Baustelle, dauert aber fort, wenn er sie in verkunsicherem Zustand verläßt, bis ein and die Sichg der GefQuelle übernimmt (Hamm VersR **93**, 491). – **Beispiele:** Beschädigg eines Anlieger- **77** Gehwegs dch Schwerlaster (BGH WM **81**, 202). Nichtbeleuchtg einer Absperrg (BGH VersR **55**, 21). Absicherg einer Baugrube dch einen Bauzaun in einer WohnAnl mit Kinderspielplatz (Hamm VersR **92**, 629). Der TiefbauUntern in öffentl Str ist verpfl, sich über den Verlauf von Versorggs- u TelefonLeitgen bei den VersorggsUnternehmen sorgfält zu vergewissern (BGH NJW **71**, 1313, Düss VersR **93**, 107, Naumb NJW-RR **94**, 784) u insbes bei der Gef der Beschädigg einer Gasleitg äußerste Vors zu üben (BGH VersR **85**, 1147), auch bei Beauftragg eines SubUntern (BGH VersR **83**, 152). Für TiefbauArb in privr Grdst gilt dies nur, wenn AnhaltsPkte für das VorhSein solcher Leitgen bestehen (Kln NJW-RR **92**, 983). Vorsorge gg Beschädigg des Eigtums Dr dch hohen Staubanfall (Brschw VersR **92**, 629). Pfl des BauIng, die Sicherh eines in seinem Auftr aufgestellten Gerüsts im Kircheninnern zu Begehg dch eine PersGruppe zu überprüfen (BGH NJW-RR **89**, 921). Pfl zur Sichg der Laufbohlen eines Gerüsts gg Verschiebg auch in Längsrichtg (Ffm BauR **93**, 614). VerkSichgPfl für Kfz, die Baumaterial anliefern (BGH Rspr Bau **Z 2.20 Bl 17**). Bei BaumfällArb je nach VerkFrequenz Absperrg, Absperrposten od deutl HinwSchilder (Ffm VersR **88**, 1180). Vgl auch unter „Gebäude, Straßen, Wege, Plätze". Keine VerkSichgPfl bei nicht offenem Neubau währd der ArbRuhe (BGH BB **56**, 771).

Bergsteigen. Allg zur VerkSichgsPfl Hagenbucher NJW **85**, 177, Schünemann NJW **85**, 1514. Verk- **78** SichgPfl der Gem auf angelegten Wanderwegen; des Bergführers auf geführten Touren; des Trägers von Klettergärten. Keine od doch nur ganz beschränkte VerkSichgPfl auf Hochgebirgs- u Klettersteigen. – **Bergwerk.** Sichg stillgelegten Grubenstollens (BGH VersR **85**, 781). Vermeidg unnöt Gefährdg für Besucher im Stollen (BGH VersR **86**, 991). – **Brandgefährdung** dch ungeschützten Transport geladener Batterien (BGH **66**, 208).

Deichunterhaltungspflicht. Bei Verletzg Anspr nur aus § 823 I, nicht aus Amtshaftg (BGH NJW **64**, **79** 859, VersR **88**, 629).

Demonstration. Schrifttum: Ballerstedt, JZ **73**, 105; Diederichsen/Marburger, NJW **70**, 777; Merten, NJW **70**, 1625 u AfP **73**, 354; Kollhosser, JuS **69**, 510, Reinelt, NJW **70**, 19. Keine Haftg für NebenWirkgen einer friedl Demonstration, zB VerkStörg, Behinderg des Zugangs zu GewBetr, weil dch

Art 5, 8 I GG gedeckt. Teiln (vgl § 830), die sich wenigstens geistig u willensmäß mit akt Schädigern an einer überschaubaren Demonstration beteiligen (Hamm NJW **85**, 203), haften für Schäd aus Gewalttaten u aus Demonstration, zB Blockierg eines ZeitgsUntern (BGH **59**, 30 u NJW **72**, 1571), Besetzg einer KernkraftWksBaustelle (BGH VersR **84**, 359), eines KraftWkSchornsteins (LG Itzehoe NJW **87**, 1269). Die Haftg eines bloßen Teiln an einer Großdemonstration setzt dessen zeitl u räuml überschaubare Beteiligg an Gewalttätigk voraus (BGH NJW **84**, 1226). Anwendg unmittelb Zwangs zur Unterl fremder MeingsÄußerg ist rwidr. SchadHaftg ggü außenstehdn Dr bei Vorgehen eines Hochschullehrers gg demonstrierde Studenten (Köln NJW **70**, 1322: Haftg aus § 823, wenn der Beamte nicht im Auftr der Universitätsorgane, sond als Staatsbürger handelt). Pfl der Demonstrationsveranstalter zu Vorkehrgen zum Schutze Dr, wenn die Anw von Gewalt eine sehr wahrscheinl Folge der Gesamtsituation ist (Karlsr Just **78**, 362 u **80**, 437). – **Drehbrücke** (BGH **LM** § 839 (CA) Nr 33).

80 **Eisenbahn.** Privrechtl Haftg. Entwicklg des Verk am Bahnübergang ist sorgfält zu beobachten, frühere Gen der AufsBeh schließt HaftPfl der Bahn nicht aus, fehlde Schranke am Bahnübergang (BGH **11**, 175). Rangiervorgang an unbewachtem Bahnübergang (Nürnb VersR **67**, 815). Sichg gg zeitl ZusTreffen von Entladevorgang u Rangierbewegg auf Rangierbahnhöfen (BGH VersR **72**, 747). Deutl Hinw auf LebensGef bei mögl Annäherg an Oberleitg (BGH NJW **95**, 2631: abgestellter Güterwagen mit fest angebrachten Leitern zum Dach). Gefährdg des Frachtgutes inf mangelh Reinigg des Güterwagens (BGH **17**, 214). ZugmeldeVerf u Signalsichg bei eingleis Strecke (BGH **LM** (Dc) Nr 23). VerkSichgsPfl auch hins der in den StraßenVerk hineinragdn Brückenpfeiler (Hbg NJW **56**, 1922). Vorsorge zum Schutz der NachbGrdste vor Schad bei Einsatz chem UnkrautVernichtgsMittel im Gleiskörper (Karlsr VersR **87**, 1248).

81 **Eislauf.** Tragfähigk der Eisdecke. Läufer muß beim Überholen genügd Seitenabstand halten (BGH VersR **82**, 1004). – **Energieleitung.** Haftg bei Störg dch Dr ggü Eigtümer u Abnehmer (Taupitz, Haftg für Energieleiterstörgen dch Dr, 1981). – **Explosion.** Drogist haftet Jugendl für ExplosionsSchäd dch verkauftes Pflanzenschutzmittel, dessen gefährl GrdSubstanz ihm erkennb od vor der er gewarnt war (BGH NJW **73**, 615). Ebso haftet einem Jugendl für ExplosionsSchäd, wer ihm unkontrolliert zur Sprengstoffbereitg geeignete Chemikalien überläßt (BGH DB **73**, 446).

82 **Fallschirmspringen.** Der Lehrer ist dafür verantwortl, daß eine Landg unerfahrener Schüler im Wasser unter allen Umst ausgeschl ist (Nürnbg OLGZ **94**, 304). **Fahrlehrer** s KraftVerk. – **Feuerwerk.** Veranstalter darf die Feuerwerkskörper nur bestimmgsgem u unter Beachtg der GebrAnleitg u der vom Herst verlangten SicherhVorkehrgen verwenden; der Zuschauer muß sich beim Sylvesterfeuerwerk auf normale Gefährdgen einstellen (BGH NJW **86**, 52). – **Forschungsvorhaben,** medizin Haftg bei Plang u Förderg (Bar u Fischer, NJW **80**, 2734). – **Friedhof.** VerkSichergPfl des Anstaltsträgers, Haftg für die Standfestigk v Grabsteinen neben derjen des GrabstellenInh aus § 837 (BGH NJW **77**, 1392). Keine VerkSichgPfl auf einem erkennb unfert, mit ausgehobenen Gräbern versehenen Gräberfeld (Düss VersR **77**, 361).

83 **Fußgänger.** Rücksichtn auf FahrVerk beim Betreten der Fahrbahn (BGH DB **58**, 23), bei zul Benutzg der Fahrbahn nachts (Oldbg DAR **61**, 256). MitVersch bei Betreten der Fahrbahn bei Dunkelh u ungünst SichtVerh od zw parkden od halten Kfz ohne Benützg einer nicht weit entfernten SignalAnl (KG DAR **78**, 107); beim Überschreiten vereister Fahrbahn nachts vor sich näherndem Kfz (BayObLG DAR **65**, 82). UU auch Vorsicht geboten, wenn VerkPosten den Straßenübergang gestattet hat (BGH NJW **60**, 2235). SorgfPfl bei kurzem Betreten der Fahrbahn (BGH **LM** § 12 StVO Nr 2); auch am Fußgängerüberweg (BGH VersR **69**, 139); sogar bei Grünlicht (BGH NJW **66**, 1211); bei zul Überschreiten der Autobahn (BGH **LM** § 1 StVO Nr 11). Überschreitg einer Großstadtstr 30 m vor Fußgängerüberweg (BGH NJW **58**, 1630). Verpflichtg auch zur Benutzg des auf der linken Seite gelegenen Gehweges (BGH NJW **57**, 223). SorgfPfl beim Begehen eines Randstreifens dicht neben der Fahrbahn (BGH VRS **13**, 216). SorgfPfl vor der Einfahrt zu einer Tankstelle (Böhmer MDR **58**, 164). SorgfPfl bei der Überquerg eines Gehweges (BGH NJW **61**, 1622); dessen, der auf die äußerste Bordsteinkante des Gehweges an die Fahrbahn herangetreten ist (BGH NJW **65**, 1708).

84 **Garagen.** Schutz der Fußgänger gg Verletzg dch die zur Feststellg der Türen dienden Rasten (Oldbg VersR **61**, 928). Allg zur VerkSichgPfl des GaragenEigtümers Schnitzerling DWW **68**, 19.

Gastwirte. Mit inf Alkoholgenusses unaufmerks Gästen muß deren Neugier ist zu rechnen (BGH NJW **88**, 1588: Sichg von Türen, hinter denen sich eine Kellertreppe befindet, Hamm VersR **91**, 1154: Hinw auf Beleuchtg von Stolperstellen). Auch mit gehbehinderten Gästen muß der Gastwirt rechnen (BGH NJW **91**, 921: Metallgleiter unter den Stühlen auf glattem Parkettfußboden). Kennzeichng u Beleuchtg von Niveauunterschieden im Lokal (Mü r+s **83**, 205). Sichg des Zugangs zum Lokal, StreuPfl über das in der Ortssatzg festgsetzte Ende hinaus auch ggü solchen Passanten, die die Gaststätte nicht aufsuchen wollen (BGH NJW **87**, 2671). Herabfallender morscher Ast (BGH VersR **56**, 768). Bei Pilzkonserven genügt Überprüfg auf Blasenbildg, Geruch u Verfärbg (Karlsr VersR **68**, 311). VerätzgsSchäd von Gästen dch ein in der Toilette abgestelltes Desinfektionsmittel (Kln NJW-RR **87**, 1111). Keine Pfl zur Anstellg eines Rausschmeißers in Nachtlokal (KG VersR **72**, 157). Haftg für Verl bei Öffnen einer verriegelten Türe (BGH DB **56**, 206); ebso bei Steinstufe in beleuchtb Nebeneingang nach Sperrstunde (Karlsr VersR **68**, 457). Garantenstellg des Gastw ggü einem erkennb inf Trunkenh unzurechnungsfäh Gast, der die Gaststätte verläßt (BGHSt **26**, 35). Verpfl zur Betreuung, falls für ihn hierdch erkennb eine unmittelb bedrohl Lage entsteht (Mü NJW **66**, 1165). Pfl des Betreibers eines Küchen- u MüllBetr, der Gef einer Selbstentzündg von Fettablagerg dch regelm Kontrollen u Reinigg zu begegnen (BGH NJW-RR **88**, 659). Haftg für eingebr Sachen des Gastes §§ 701 ff. – **Gasversorgungsunternehmen.** Organisations- u SorgfPfl bei Umstellg von Stadt- auf Erdgas (BGH NJW-RR **87**, 147).

85 **Gebäude und Grundstück. – a) Allgemein.** Die Notwendigk von Schneefanggittern gg Dachlawinen richtet sich bei Fehlen ges od poliz AOen im Einzelfall nach den örtl Verhältn (Gegend, Witterg, Lebhaftigk des Verk zu od vor dem Gebäude, Bauart) u nach der Zumutbark von SichergsMaßn für den HausEigtümer (Einzelh u ZusStellg der Rspr vgl Birk NJW **83**, 2911, Saarbr VersR **85**, 299, Hamm NJW-RR **87**, 412); ebso Maßn gg Bildg von Eiszapfen nur iR des konkr Mögl u Zumutb (Celle NJW-RR **88**, 663). Jedenf nöt

sind konkr EinzMaßn gg Gef v Dachlawinen, wenn mit dem Niedergehen von Schneemassen alsbald zu rechnen ist (Düss VersR **78**, 545, Celle VersR **82**, 979, Karlsr NJW **83**, 2946, NJW-RR **86**, 1404). Haftg für schädigde Auswirkgen des Gbdes auf RGüter solcher Personen, die bestimmgsgem mit ihm in Berührg kommen, wie Mieter (BGH NJW **91**, 562), Nachb (Köln MDR **94**, 687). GefVorsorge ggü Nachb gg Abbrechen von Ästen grenznaher Bäume (Schleswig MDR **95**, 148). Keine Haftg des GrdstEigtümers für Schäd auf dem NachbarGrdst inf Natureregin (BGH NJW **85**, 1773: Felssturz). – b) **Keller, Treppen und** 86 **Fußböden:** Ungesicherter Kellerschacht neben Hotel (BGH VersR **67**, 801). Pfl, Abdeckroste eines Lichtschachts gg unbefugtes Abheben zu sichern (BGH NJW **90**, 1236). Verglaste Treppenhausaußenwände (BGH NJW **94**, 2232). Strenge Anfdgen an die SorgfPfl für Auswahl u Unterhaltg des Fußbodens in Kaufhaus u VerbrMarkt (BGH NJW **94**, 2617). Linoleumglätte durch Bohnern (BGH BB **56**, 59). Keine Sicherg des Handlaufs eines Treppengeländers gg Erwachsener erforderl (Celle VersR **83**, 1163). – c) **Gewerbliche Räume:** Rolltreppe im Warenhaus (Oldenbg MDR **65**, 134). Laufde Überprüfg 87 des Fahrstuhls (BGH DB **57**, 115). Schadh Fußbodenbelag (BGH NJW **86**, 2758). In SelbstbediengsLäden ist regelm Fußbodenreinigg in kurzen Abständen dch best, damit betraute Kräfte erforderl (Köln NJW **72**, 1950, Hamm VersR **83**, 43, Schlesw NJW-RR **92**, 796). Pfl zur Kontrolle in gewissen Abständen, ob die Befestig der Schaufensterscheiben noch den geltden DIN-Vorschr entspricht (Düss DB **84**, 1772). – d) **Sonstiges:** Sicherh eines auf einem nicht eingegrenzten Grdst angelegten Teiches gg Schädigg spielder 88 Kinder (Karlsr MDR **90**, 339). Ausr Kennzeichn von Glastüren und -wänden in Fußgängerbereichen (BGH VersR **69**, 665, Kln NJW-RR **94**, 349). Keine Pfl, Grdst generell gg unbefugten Verk zu sichern, wohl aber uU gg unbefugtes Spielen von Kindern (BGH VersR **73**, 621), insb wenn sich auf dem Grdst gefährl Ggstde befinden (BGH NJW **75**, 108, Kln VersR **83**, 190). Strenge Anforderigen an Sicherg verlassenen RuinenGrdst gg Schädigg unbefugt spielder Kinder (BGH VersR **69**, 517); ebso bei aufgelassener Gärtnerei (BGH FamRZ **70**, 553). Sicherg einer gefährl Fabrikausfahrt (BGH NJW **66**, 40). ÜberschwemmgsGef für NachbarGrdst dch Wasser- Verrohrg (BGH VersR **83**, 242). Die Grdsätze der VerkSichPfl für Bäume neben einer Straße (Rn 128) gelten auch für Bäume auf PrivGrdst (Kln MDR **92**, 1127). **Grundstückserschließung.** Haftg des mit der GrdstErschließg beauftr gemeinnütz SiedlgsUntern für ÜberschwemmungsSchad inf eines PlangsFehlers bei der Kanalisation (BGH WM **93**, 1206).

Gewässer. Verl der UnterhaltgsPfl führt zu privatr Haftg (BGH NJW **93**, 1799, BGH **125**, 187). Vgl auch 89 Rn 135, 136. Sichg einer bes gefährl Stelle in einem Baggersee, an der kleinere Kinder wild baden (BGH VersR **89**, 155). Hochwasserschutz vgl § 839 Rn 106. – **Golfspiel.** Der Spieler darf den Ball spielen, wenn er iR seiner Möglkten zur Kontrolle von Richtg des Schlages u Entferng sicher sein kann, und nicht zu gefährden (Nürnb NJW-RR **90**, 1504).

Hallenbad. Fehlde Absicherg einer Überlaufschwelle (Stgt VersR **72**, 987). Der Fußbodenbelag darf 90 nicht außergewöhnl rutschgefährl sein (Hamm NJW-RR **89**, 736). Überwachg der Schwimmbecken auf GefSituationen für Badegäste (BGH NJW-RR **90**, 1245). IdR genügt ein Schwimmmeister zur Überwachg des Beckens u der VerkWege (BGH NJW **80**, 392). – **Hausbesetzung.** Teiln ist psycholog Beihilfe bei Massendelikt (Celle NdsRPfl **73**, 184, BGH **63**, 124). – **Haushalt.** Dr sind gg Gef zu sichern, die aus dem Bereich des Hauswesens hervorgehen (BGH **LM** § 832 Nr 3, Düss VersR **76**, 1133). Schad dch Bruch eines Wasserschlauchs der Waschmaschine eines Mieters bei and Mieter (LG Kln NJW **77**, 810 mit Anm Ruhwedel; zust Westhelle NJW **77**, 1405; auch Düss NJW **75**, 171). Hochwasserschutz vgl § 839 Rn 106.

Import von Bienen, Untersuch auf übertragb Krankh (Ffm VersR **85**, 1189). – Gefährl **Industrieabfäl-** 91 **le** sind ordngsgem zu vernichten, Verseuchg des GrdWassers, Einschaltg eines selbstd BeseitiggsUntern (BGH NJW **76**, 46). VerkSichgPfl bei der Beseitigg (BGH **63**, 119, Ekrutt NJW **76**, 885, Birn NJW **76**, 1880). Schäd, die dch Heranziehg eines unzuverläss BeseitiggsUntern entstehen, sind zu ersetzen (BGH NJW **76**, 46; dort auch zur Haftg nach § 22 WHG).

Jagd. Verstoß gg JagdunfallVerhütgsVorschr ist Verletzg von VerkSichgPfl (Kbl OLGZ **92**, 106). Jäger 92 muß mit Abprallen der streuenden Schrotkörner rechnen (Karlsr VersR **56**, 70). Schießen nur gg sichere Deckg od bei Übersicht des Geländes bis zur Tragweite der Waffe (Hamm MDR **62**, 407). Ungesichertes Gewehr (BGH VersR **55**, 579). Nichtentladg nach Jagdende (BGH **LM** § 254 (Da) Nr 7). Pfl des JagdAusübgsBerecht zur Sicherg der StrVerk gg erhöhte Gef dch aufgestörtes Wild (BGH DB **76**, 720). Keine VerkSichgPfl des JagdBerecht für Hochsitz ggü unbefugten erwachsenen Benützern (Stgt VersR **77**, 384). – **Treibjagd:** Schießverbot, wenn Treiber in der Nähe des Wildes sind (Kblz OLGZ **92**, 106). Veranstalter haftet für Schäd, die ein erkennb unzuverläss Schütze anrichtet (Oldbg VersR **79**, 91: kein Jagdschein, keine JagdHaftPflVers). Verl eines Treibers (Kblz VersR **92**, 893).

Kegelbahn. Anlauffläche muß rutschfest sein (Düss VersR **73**, 527). – **Kinder.** Haftg des Verkäufers bei 93 Verk gefährl Spielgeräte ohne Mitwirkg des ErziehgsBerecht (BGH NJW **63**, 101). – **Kindergarten.** Schutzmaßn gg einf verglaste Türen (LG Tüb VersR **62**, 268). Sicherg der Fenster (BGH MDR **69**, 209). HaftgsAusschl vgl Einf 7 vor § 823. – Öff **Kinderspielplatz.** Die Benutzg begründet kein SonderRVerh iS des § 278 Rn 2 (BGH **103**, 338). Bes strenge VerkSichgPfl unter Berücksichtigg der niederen od fehlden Einsichtsfähigk der kindl Benutzer (BGH NJW **78**, 1628, NJW **88**, 48). Zumutb Vorsorge auch gg bestimmgswidr Gebr (Celle VersR **84**, 167). Laufde Kontrolle, ausr Schutzvorrichtgen (Kblz VersR **80**, 1051: Rutsche). Haftg der Gemeinde für fehlerh Bauweise, mangelh Unterhaltg u Abgrenzg gg vorbeiführde Str ist privatr (BGH NJW **77**, 1965). Geringere Anfdgen an sog Abenteuerspielplätze für ältere Kinder (BGH NJW **78**, 1626). – **Kirmes.** Pfl jedes Schaustellers, die zumutb Vorkehrgen zu treffen, um die Benutzer vor Gef zu schützen, die über das übl Risiko der AnlBenutzg hinausgehen und über die der Benutzer nicht vorhersehb u nicht von zu erkennen sind (Nürnb NJW-RR **86**, 1224: Autoscooter). – **Kleingolf.** Ausreichde Beleuchtg, Bodenunebenh (BGH VersR **68**, 281). – Den **Konkursverwalter** treffen die allg VerkSichgPfl. Seine Haftg ist bei Verl nicht dadch ausgeschl, daß auch die KonkMasse haftet (BGH NJW-RR **88**, 89).

Kraftverkehr. Haftg nach StVG läßt weitergehde Haftg für uH unberührt. – **Abblenden:** Keine Verpfl 94 des Überholten zum – (BayObLG NJW **64**, 213). – **Abgestelltes Kfz** muß ausr beleuchtet sein (BGHSt **11**, 389, VRS **9**, 427). Dafür sind der Grad der Dämmerg u die bes Verh des Abstellortes maßg, sow sie für die

Erkennbark des Kfz u die Sicherh des Verk v Bedeutg sind (Nürnb VersR **70**, 1160). Laternengarage (BGHSt **11**, 389: ausr, wenn hierdch gg Gef eines ZusStoßes gesichert). – Sicherg gg **Abrollen** eines Kfz (BGH BB **62**, 578, Köln VersR **94**, 1442). – **Abschleppen:** Für Schäd Dr dch Fahrz eines Abschleppverbandes mit unzulängl Mitteln haften Halter u HaftPflVers der Fahrz des Abschleppverbandes den Geschäd als GesSchu; im InnenVerh haftet der gewerbsmäß AbschleppUntern allein, außer dem Lenker des abgeschleppten Fahrz wird Versch dch unsachgem Nachsteuern nachgewiesen (Celle VersR **75**, 1051). – **Abstandhalten:** Seitenabstand üblicherw 1 m; beim Überholen (BGH VersR **69**, 900); eines parkden Kfz (BGH BB **56**, 803, Hamm VersR **81**, 265); eines haltden Omnibusses (BGH VersR **73**, 1045). Kein Abstand von Bordkante nöt im Hinbl auf Kfz, die auf dem Gehsteig abgestellt sind (Hbg VersR **74**, 267). Rücks auf rechts seitl befindl Zweiradfahrer (BGH VersR **69**, 1148). – **Alkoholgenuß,** BewLast bei Unfall u AnscheinsBew s Vorbem 167 vor § 249. – **Ampel.** Der Kraftfahrer kann mangels konkreter Anhaltspkte für das GgTeil darauf vertrauen, daß bei Grünlicht für ihn die Fußgänger das Rotlicht u Wartegebot für sie beachten (Hamm VRS **85**, 321). Beim **Anfahren** eines GroßraumStrBahnwagens od Linienbusses Rücks nur auf erkennb hilfsbedürft Fahrgäste, die noch keinen Halt gefunden haben (BGH NJW **93**, 654). Herausfahren aus einer Parkreihe (Brschw VerkBl **56**, 581). – **Anhalten:** SichgsMaßn auch beim Halten (BGH **64**, 1149), insbes auf der Autobahn. – **Auffahren** auf Vordermann liefert AnschBew für Versch des Auffahrden, im Kolonnen Verk für beidseit, hälft Versch (Ffm VersR **72**, 261). Auffahren (25%) auf Vordermann (75%) nach dessen Ausscheren aus seiner Fahrspur u sofortiger Vollbremsg (Hamm NZV **94**, 484). – **Ausweichen,** auch auf Sommerweg, wenn es VerkSicherh gebietet (BGH BB **57**, 453); auch auf Bankette zul, wenn kein Warnschild (BGH BB **62**, 661). – **Autobahn:** SicherhAbstand zu vorausfahrdem Kfz (BGH NJW **87**, 1075). Auffahrunfälle (BGH BB **65**, 439). KausalZushang bei Auffahrschäden (BGH **43**, 178). Halten auf – (BGH NJW **52**, 1413); auf der linken Fahrbahn nur in Notfällen (Köln VersR **66**, 933), nach Unfall (BGH NJW **59**, 573), nach Motordefekt (Hamm MDR **60**, 1012) od aus sonst zwingden Grden, zB VerkHindern (Düss VersR **62**, 455). Rückwärt Sicherg bei nächtl Halten (BGH NJW **56**, 1030). Geschwindigk auch auf der Autobahn bei Dunkelh so, daß innerh der überschaub Strecke rechtzeit Halten mögl

95　(BGHSt **16**, 145), vgl auch Abstandhalten, Überholen. – **Bahnübergang:** Auch bei geöffneter Schranke Umschau nach Zügen (BGH NJW **51**, 479; VRS **9**, 202: unbediente Schranke). Verantwortlickh des EisenbahnUntern u/od des Trägers der StrVerkSichgPfl bei Unfall am Bahnübergang inf eingeschränkter Sicht auf Warnzeichen dch Pflanzenwuchs (BGH VRS **87**, 3). – Auch **ohne Berührung** zweier Kfz kann sich ein Unfall bei dem Betr zugetragen haben (BGH MDR **72**, 1023). – **Blendung:** Durch Sonnenwirkg (RG JW **36**, 2791). Dch EntggKommer (BGHSt VRS **4**, 126, BGH BB **58**, 1149). Übergang vom Sonnenlicht in eine dunkle Unterführg (RG HRR **37**, 1529). – Plötzl **Bremsen** bei hoher Geschwindigk kann verkwidr sein (Hamm VRS **9**, 300; s auch Glatteis u Fußgänger). Versagen der Bremsen nach verkwidr Fahren schließt

96　ursächl Zushang zw dieser Fahrweise u Unfall nicht aus (BGH NJW **64**, 1565). – **Einbiegen** (s auch FahrtrichtgsAnzeiger); Pfl bei Links-, (BGH BB **66**, 920: Beobachtg des Verk vor dem Einordnen u regelm nochmals unmittelb vor dem Abbiegen, NJW **62**, 860: bei nachfolgder Str-Bahn, Düss VersR **70**, 1161: bei Einbiegen unmittelb nach dem Anfahren, Kblz DAR **62**, 341: unter Schneiden der Kurve). Bei Linkseinbiegen an signalgeregelter Kreuz darf nach Erscheinen des Grünpfeils od Gelblichts der einbiegde Kraftf zwar nicht blindlings losfahren, wohl aber darauf vertrauen, daß ihm ein entggkommder Fahrer, dessen FahrtRichtg dch Rot gesperrt ist, das Räumen der Kreuzg ermöglicht; bei ZusStoß dann keine MitHaftg des

97　Abbiegers (KG NJW **75**, 695). – **Fahrbahnschwellen** vgl Rn 128. – **Fahrlehrer** muß Schüler ständ sorgf überwachen u jederzeit zum Eingreifen bereit sein (BGH VersR **69**, 1037, Düss u Ffm NJW-RR **88**, 24 u 26). – **Fahrtrichtungsanzeiger** (s auch Einbiegen, Vorfahrt) ist so lange zu betätigen, daß alle Beteiligten hinreichd unterrichtet (BGH VersR **55**, 213). – **Fahrtüchtigkeit.** Gewissenh Selbstprüfg bei altersbdgten Auffälligk, ggf Konsultierg eines Arztes (BGH NJW **88**, 909). – **Fernlicht** nachts bei Nebel od Schneefall (BayObLG NJW **64**, 1912). – **Frontalzusammenstoß** wg Benützg der linken Fahrbahnhälfte (BGH VersR **69**, 738). – **Führerschein,** Zulassg der Führg eines Wagens durch Pers ohne – (BGH VersR **84**, 1152). Pfl zur Prüfg bei Überlassg des Kfz (Köln VersR **69**, 741). – **Fußgänger** (s auch Rn 83). SorgfPfl ggü – am Fußgängerüberweg (BGH BB **65**, 693). Anfahren von Fußgängern, die auf der Mittellinie der Str auf das Überqueren der GgFahrbahn warten (Hbg VRS **87**, 249). RücksNahme bei Wiederfahren nach Rotphase auf Fußgänger, die noch in Überquerg der Str begriffen sind (BGH VersR **69**, 1115). Einhalt eines gehör Seitenabstandes auch im allg VerkInteresse (BGH BB **62**, 161). Pfl zum Bremsen bei verkehrswidr handelndem Fußgänger (BGH VersR **61**, 261). Rücks auf Fußgänger bei in GgRichtg haltdem u anfahrdem Omnibus (BGH DB **59**, 1003, BayObLG NJW **60**, 59). Für die erhöhte SorgfPfl ggü erkennb älteren Menschen gem § 3 II a StVO bedarf es keiner konkr Anhaltspunkte für eine VerkUnsicherh, es genügt eine VerkSituation, die sie erfahrgsgem aGrd ihres Alters nicht mehr voll übersehen u meistern können (BGH

98　NJW **94**, 2829). – **Geschwindigkeit** (s auch Autobahn, Glatteis, Kinder, Haltestelleninsel) muß der Sichtweite angepaßt sein, jedoch brauchen völl aus dem Bereich des Voraussehb fallde Umst nicht in Rechng gestellt zu werden (BGH NJW **57**, 682). Geschwindigk ist dem Bremsweg anzupassen (BGH NJW **51**, 234). Bei Straßenglätte (BGH DB **65**, 1008), bei Abblendlicht (BGH VerkMitt **64**, 77). Keine Verpfl zur Tempoermäßigg vor übersichtl Kreuzg u Einmündg u Kreuzg auf einer Vorfahrtstraße (BGH BB **57**, 453). Bei Zuverlässigk-Fahrt (BGH **39**, 159), Rennen (BGH NJW **52**, 779). In scharfer, unübersichtl Kurve (BGH BB **60**, 1361). Vorgeschriebene Höchstgeschwindigk muß auch beim Überholen eingehalten werden (BGH **LM** § 10 StVO Nr 6). Urs Zushang überhöhter Geschwindigk mit dem nachfolgden Unfall besteht nur dann, wenn bei dem Unfall eine der Gef mitgewirkt hat, um derentwillen die Geschwindigk begrenzt war (BGH VersR **85**, 637). – Bei **Glatteis** kann Schrittgeschwindigk geboten sein. Schleudern wg schuldh Fahrfehlers (Hamm

99　NVZ **94**, 277). Vorübergehde Benutzg der linken Fahrbahn (Ffm VerkMitt **57**, 17). – **Halten** auf Straßen, sow wie mögl rechts, bei Einbahnstr auch links, heranfahren (BGH BB **62**, 782). – **Halter** des Kfz; Pfl als Mitfahrer, wenn Fahrer fahruntücht (BGH DAR **60**, 79). – **Haltestelle.** Pfl des Busfahrers, ganz nahe am Bordstein zu halten od die Fahrgäste auf Abstand hinzuweisen (Karlsr VersR **81**, 266), insbes bei Glatteis (BGH VersR **69**, 518). Bes Achtg vorbeifahrder Kraftfahrer auf Fußgänger, die die Fahrbahn unachts betreten (Karlsr VersR **89**, 1058). – **Haltestelleninsel,** Annäherg an – (BGH NJW **67**, 981). Fahrer darf

100　regelm darauf vertrauen, daß VorR des Verk auf der Fahrbahn beachtet wird. – **Kinder,** bes Vorsicht bei

Annäherg (Stgt VersR 77, 456), Herabsetzg der Geschwindigk u Bremsbereitsch, wenn sich bei Kindern bis zu 14 Jhren neben der Fahrbahn Auffälligk in der Situation od im Verhalten zeigen, die zu Gefährdg führen können (BGH NJW 87, 2375, VersR 92, 890). Rücksichtn, wenn mit bevorstehdem verkwidr Verhalten erkennb zu rechnen ist (BGH VersR 81, 1054: Kind schickt sich an, Fahrbahn zu überschreiten; Kln MDR 66, 325: Schar kleiner Kinder, die vorher versucht hat, die Str zu überqueren). Überholen v Kindern auf Fahrrädern (Düss VerkMitt 65, 93). Mit der Möglichk, daß ein für ihn unsichtb Kind plötzl auf die übersichtl Fahrbahn läuft, braucht der Kraftf nur bei trift Anlaß zu rechnen (BGH NJW 85, 1950). Erhöhte Rücks auf Spielstr (Brschw NJW 63, 2038) u bei Kindergärten (Stgt VersR 79, 1039). – **Laternengarage** s 101 Beleuchtg u abgestelltes Kfz. – Dch **Lichthupe** dürfen Fußgänger nur gewarnt werden, wenn sie eindeut gefährdet sind u die Abs der Warng für sie offensichtl ist (BGH Warn 77, 32). – **Liegengebliebenes Kfz,** Sicherg dch Warnblinker (BGH DAR 88, 129). – **Linksabbiegen.** Das Vorrecht des Geradeausfahrden entfällt nicht dch dessen verkwidr Verhalten wie überhöhte Geschwindigk. Dieses kann nach den Umst des EinzFalles aber zu MitVersch des Geradeausfahrden führen (Hamm NZV 94, 318, Köln NZV 94, 320). Bei grünem Pfeil darf der Linksabbiegde darauf vertrauen, daß die Ampel für den GgVerk rot zeigt u Fahrzeuge aus der GgRichtg anhalten (BGH MDR 92, 129). Bleibt das Aufleuchten des grünen Abbiegepfeils ungeklärt, treffen den Abbiegenden wg der höheren BetrGef u seiner erhöhten SorgfPfl ⅔ der Haftg (KG VersR 92, 587). – **Martinshorn:** Pfl bei dessen Ertönen (BGH 36, 162). Wegerecht nach § 38 I StVO nur, wenn zus 102 mit blauem Blinklicht betätigt (BayObLG MDR 64, 942). – **Parken.** Dauerparken vor fremdem Grdst nicht 103 verboten (Köln VerkMitt 62, 83). Vermeidb Parken bei Dunkelh auf Fahrbahn verkreicher BundesStr verstößt gg § 1 StVO (BGH NJW 60, 2097). – Öffentl **Parkplatz,** Sicherg gg herabfallde Äste (Mü DAR 85, 25). – **Probefahrten** des Käufers; Verpfl der Verk (BGH LM § 823 (Ec) Nr 17). – **Rückwärtsfahren** 104 nur, wenn Fahrbahn übersehb (Hamm VRS 8, 142). Wenden unter Zurücksetzg des Kfz in eine Ausfahrt (BGH NJW 57, 100). – **Schleudern.** Ursächlichk des Reifenzustands für Unfall muß feststehen (BGH LM 105 § 286 ZPO (C) Nr 34). SorgfPfl bei Begegng mit schleuderndem Fahrzeug (Celle VersR 59, 525). Anscheinsbeweis bei Glatteis (BGH MDR 61, 133). – **Schule,** SorgfPfl bei Annäherg nach Unterrichtsschluß (Brschw DAR 56, 303). – **Haltender Schulbus.** Mit plötzl auf die Str laufden Kindern ist stets zu rechnen (Oldbg NJW 92, 581). – **Schwarzfahrt** des für den Betr der Kfz Angestellten berührt Halterhaftg nicht (StVG § 7 III 2); desgl nicht; wenn der, dem der Halter das Kfz überlassen hat, dieses unbefugt einem Dr zur Benutzg weiter überläßt u dieser sodann Unfall verursacht (BGH 37, 306); desgl nicht, wenn Fahrer dch den Betr des Kfz einen Menschen vors tötet (BGH 37, 311); wenn Halter Benutzg des Kfz schuldh ermöglicht (StVG § 7 III, 1). Bei schuldh Verletzg der Halterpfl darü hinaus Haftg aus § 823, so bei Anstell ungeeigneter Pers, wie überh, wenn Halter dch Verletzg seiner VerkSichgPfl die dch unbefugte Benutzg des Kfz eingetretene Schädigg adäquat verursacht hat (BGH BB 66, 102), zB dch ungenügde Aufbewahrg der Schlüssel (BGH VersR 68, 575), dch Nichtverriegelg des Lenkradschlosses bzw, wo keines vorh (selbstfahrde Baumaschine), Nichtverschließen des Vorhangschlosses (Ffm VersR 83, 464), Abstellen in einer nicht sicher verschlossenen Lagerhalle (Nürnb VersR 84, 948). Dabei umfaßt die ErsPfl auch Schäd, die der Schwarzfahrer dadch verurs, daß er bei dem Versuch, sich der Festn zu entziehen, mit dem Kfz einen PolizBeamten bedingt vors verl (BGH NJW 71, 459). Dem Halter ggü haften die für die Schwarzfahrt Verantwortl als Einh (BGH VersR 71, 350). – SorgfPfl der Reparaturwerkstatt, mißbräuchl Benutzg des Wagens zu verhindern. – **Seitenabstand** s Abstand, Überholen. – **Sicherheitsgurt,** Nichtanlegen begrün- 106 det MitVersch (Mü VersR 85, 868). – **Streufahrzeug,** Beschädig abgestellter Pkw (Brschw VersR 89, 93). – **Türöffnen,** Gefährdg von Radfahrern bei haltendem Fahrz (BGH VersR 60, 1079). – **Überholen** s 107 Abstandhalten, Geschwindigkeit. Erhöhte SorgfPfl bei Doppelüberholg (BGH NJW 57, 502) u bei Überholg eines nach links blinkden Kfz (Schlesw VersR 79, 1036). Beobachtg auch des rückwärt Verk (Hamm VRS 39, 290), ebso der vorausfahrden Fahrz (Düss MDR 61, 233). Warnzeichen nur, wenn der zu Überholde gefährdet erscheint (BGH LM § 256 ZPO Nr 6). Überholen auf der Autobahn (BGH LM § 9 StVO Nr 19a). AnscheinsBew für Versch des Überholden, wenn der Nachfolgde kurz nach dem Ausscheren des Überholden aufgefahren ist (Kln VersR 78, 114). Rechtsüberholen, auch auf Autobahnen, im allg nur zur Abwendg einer dringden gegenwärt VerkGef (BGH BB 59, 1010; Ffm BB 61, 1299); erlaubt jedoch bei Besetzg der linken Fahrbahn durch eine Fahrzeugreihe (BayObLG DAR 64, 253). – **Überlassung** des Kfz (s auch Führerschein, Schwarzfahrt) an zum Fahren ungeeignete Pers (BGH VersR 71, 350, VersR 84, 1152). PrüfgPfl uU auch iR eines KfzVerk an Jugendl (BGH NJW 79, 2309). – **Überwachung** des Fahrers allg (BGH DB 65, 110), des jugendl Fahrers. – **Übungsfahrt,** s Probefahrt. – **Umgehung** einer Unfallstelle. Dem für den Unfall Verantwortl sind nicht die Schäd zuzurechnen, die nachfolgde Kfz dch Benutzg des Rad- u Fußwegs anrichten (BGH 58, 162). – **Verkehrshindernis** muß deutl u sachgem gekennzeichnet sein 108 (BGH LM § 41 StVO Nr 2). – Gefähr **Verlangsamung** auf der Überholspur wg Motordefekts kann Warng des nachfolgden Verk dch Blinker od Antippen der Bremse erforderl machen (BGH VersR 72, 1071). – Verpfl zum **Verschließen** des Kfz, auch wenn Lenkradverschluß betätigt (BGHSt 17, 289, BGH VersR 60, 695: Steckenlassen des Zündschlüssels, BGH VersR 60, 736: unsachgem Aufbewahrg des Zündschlüssels, BGH VersR 61, 417: unsachgem Verwahrg des Zünd- u des GaragenSchlüssels). Zum Maß der Sorgf, um unbefugte Benutzg zu verhindern (BGH NJW 64, 404). – **Vertrauensgrundsatz** u Entlastg (BGH VersR 69, 738). Ggü dem in StVO 3 II a genannten PersKreis nur mit Vorsicht anwendb (BGH NJW 94, 2829). – Begegng mit **Viehherde** (Kblz RdL 55, 271). – **Vorfahrtsrecht** erstreckt sich auf die ganze Fahrbahnbreite u entfällt nicht, wenn der Berecht sich verkwidr verhält; schuldh ist sein verkwidr Verhalten nur bei Mißbr des VorfahrtsR (BGH VersR 77, 524). Berecht darf auf Beachtg seines Rechtes vertrauen (BGH NJW 61, 266). Verzicht auf – wirkt nur gg den Verzichtden (BGH VRS 11, 171). Unbdgte Pfl zur Gewährg der Vorfahrt bei Ausfahrt aus einem Parkplatz in den fließden Verk auf der Autobahn (Hamm VersR 94, 952). Vorfahrt der PolizFahrz u der and in §§ 35, 38 StVO genannten Fahrz (BGH NJW 58, 341, KG MDR 76, 48). Vorfahrt des Rückwärtsfahrers (BGH LM § 1 StVO Nr 23). RichtgsÄnderg hat anzuzeigen, auch wer einer abknickenden VorfahrtsStr folgt (BGH 44, 257). – **Warndreieck.** Entferng zum 109 liegengebliebenen Kfz richtet sich nach den Str- u WittergsVerh (Hamm VersR 84, 245). – **Warnzeichen** ist richtig zu geben (BGH LM § 12 StVO Nr 2). – **Wenden** s Rückwärtsfahren. – **Wildwechsel.** SichergsPfl des JagdAusübgsBerecht gg erhöhte Gef bei Treib- u Suchjagd (BGH Betr 76, 720). SorgfPfl des Fahrers verlangt vorsicht Abbremsen nach Erkennen des ersten über die Str wechselnden Rehs (BGH VRS **60**, 169). – Nach dem **Zusammenstoß** Sicherg des Verk gg die Gef, die von dem auf der Fahrbahn verbliebenen Kfz ausgehen (BGH NJW **61**, 262).

110   **Krankenhaus.** Vgl auch Rn 67. Pfl des Trägers zu Maßn, die verhindern, daß aufgen Patienten dch and Kranke od Besucher zu Schad kommen (BGH NJW **76**, 1145: Säuglingsstation) u dess Kinder das Krankenhaus ungehindert verlassen können (Kln MDR **94**, 562). Auch der Nacht- u Sonntagsdienst ist grdsätzl so zu organisieren, daß für den Patienten in Not- u Eilfällen der Standard eines Facharztes gewährleistet ist (Düss VersR **86**, 659, auch zur Kausalität bei Organisationsmangel). Überprüfg techn Geräte, insb von vitaler Bedeutg für den Patienten, auf ihre Funktionstüchtig vor jedem Einsatz (BGH NJW **78**, 584 für Narkosegerät). Pfl, in ausr Maße fachkund nichtärztl Personal bereit zu stellen (Hamm NJW **93**, 2387), auch in BelegarztAbteilgen (Stgt NJW **93**, 2384). Leitgs- u AufsPfl des Vorst in bezug auf die ärztl AufklärgsPfl (BGH NJW **63**, 395, Kln NJW **78**, 1690); Haftg, wenn intramuskuläre Injektion nicht hinreichd qualifiziertem Personal übertragen wird (BGH NJW **79**, 1935, Kln VersR **88**, 44). Engmaschige Überwachg der Patienten im Schwimmbad eines psychiatr KrHauses (Kln MDR **92**, 561). Gesteigerte SorgfPfl bei Einsatz von Sport- u Spielgeräten zur Therapie bei behinderten u verhaltensgestörten Kindern (Stgt NJW-RR **95**, 405). BewFragen vgl Vorbem 162–173 vor § 249 u Rn 169–171.

111   **Lehrer.** Siehe § 839 Rn 109.

112   **Maschinen und gefährliche Anlagen.** Aufs über Kinder in der Nähe laufder Maschinen. Gef abgestellter LandwirtschMaschinen für spielde Kinder (Köln MDR **69**, 140). Waschmaschine in EtagenWohng, Beaufsichtigg, Wasseraustritt (Düss NJW **75**, 171, Hamm MDR **84**, 668, Hamm NJW **85**, 332). Kein für Kinder erreichb betrbereiter Reißwolf in Büroraum (Hamm OLGZ **94**, 292). – **Massenveranstaltung.** Pfl zur Sichg auch des Zu- u Abgangs der Besucher (BGH NJW **90**, 905). SorgfPfl des Veranstalters ggü Gefahren für das NachbGrdst, die von den Zuschauern ausgehen (BGH NJW **80**, 223). – **Mieter** haftet für Schad eines Mitmieters inf Unterlassg zumutb Maßn (BGH NJW **72**, 34, NJW-RR **88**, 89: Wasserrohrbruch bei Frost; Karlsr VersR **92**, 114: Längeres Verlassen der Wohng bei laufder Waschmaschine). – **Müllkippe.** Sicherh der Kfz gg Umkippen beim Entleeren (Ffm VersR **86**, 791). BrandGef (Karlsr VersR **80**, 362). Beseitigg umweltgefährdden Industrieabfalls (BGH **63**, 119).

113   **Öffentliche Gebäude.** Fußbodenglätte in einer öff Sparkasse (BGH BB **56**, 59). PostGbde (BGH BB **54**, 273, Windfang- u Pendeltüren, LG Bonn MDR **53**, 486, Fußmatte). – **Öltank.** Das Abfüllpersonal muß alle zumut VorsichtsMaßn treffen, um Schäd zu verhindern, die dch Auslaufen, dch unsachgem Einfüllen od dch Mängel der TankAnl entstehen können (BGH NJW **95**, 1150). Beispiele: BGH MDR **70**, 752: Grenzwertgeber od vorher Feststellg der noch im Tank befindl Menge u ständ Anwesenh am Einfüllstutzen; BGH NJW **78**, 1576: Kontrolle gg Überlaufen; BGH NJW **84**, 233: FassgsVerm des Öltanks überprüfen, vor Beginn des Einfüllvorgangs Instrumente am TankKfz u Funktionieren der Tank-Anl überprüfen, währd des Füllvorgangs kurze Kontrollgänge zum Tankraum, nach Abschl des Füllvorgangs Tankraum überprüfen; Düss NJW-RR **91**, 1178: Ständ Beobachtg des Tankwagens u des Öltanks; Karlsr MDR **89**, 1100: erkennb ungenügde Druckfestigk der installierten Rohrleitg); BGH NJW **95**, 1150: fehlerh Lösg des Einfüllschlauches nach der Einfüllg. Gilt auch bei Belieferg gewerbl Abnehmer (Kln NJW-RR **90**, 927). Ähnl beim Befüllen stationären Benzintanks (BGH VersR **73**, 713). Pfl zur Belehrg des Personals über die bes Gef dieser Tätigk u zur Erteilg von Verhaltensmaßregeln (BGH DB **72**, 234). Dieselben SorgfPfl bestehen beim Abfüllen eines Tanks auf eig Tankstellengeläde (Köln VersR **95**, 806).

114   **Post,** Haftg vgl § 839 Rn 141–143. – **Produkthaftung** vgl Rn 201–220.

115   **Radfahrer.** Beeinträchtigg des Verk durch Nebeneinanderfahren (BayObLG NJW **55**, 1767). Abstand bei Vorbeifahrt an haltendem Kfz (Karlsr VkBl **56**, 754); hierbei Rücksichtn auf Türöffng, soweit zur Rückschau des Kraftfahrers erforderl (BGH VersR **60**, 1079). Abstand von Benutzern des Gehweges (BGH **LM** § 1 StVO Nr 17). Rechtzeit Anzeigen des Wechsels der Fahrtrichtg, auch wenn Warnschild hierauf hinweist (Schlesw VerkMitt **57**, 18). UU Pfl zum Ausweichen auf das Bankett (BGH NJW **57**, 1400). Beobachtg des rückwärt Verk bei Linkseinbiegen (BGH NJW **61**, 309). Erhöhte RücksNahme auf den übr Verkehr beim Einbiegen vom Radweg auf die Fahrbahn (BGH **LM** (C) Nr 27). Einhalten der äußersten rechten Fahrbahnseite (Hamm VRS **19**, 78). – **Radweg.** Gefährl Vertiefgen im Seitenstreifen (Celle Nds RPfl **87**, 12).

116   **Reiseveranstalter.** Pfl zu sorgf Vorbereitg u DchFhrg der Reise. Dazu gehört sorgf Auswahl u Überwachg des eig Personals u der LeistgsTräger auf Eigng u Zuverlässigk, Kontrolle eines ausr SicherhStandards in den VertrHotels entspr den Umst (BGH **103**, 298, Führich Betr **90**, 1501). – **Rennen.** VerkSichPfl ggü Zuschauern u Teiln (BGH **5**, 318), auch bei Seifenkistenrennen (Karlsr NJW-RR **94**, 413). Radrennen, Streckensicherg gg querde Fußgänger (Stgt VersR **84**, 1098); Abpolsterg der Planken in Kurven nur an ungewöhnl gefährl Stellen (BGH NJW-RR **86**, 1029). VerkSichgPfl des Veranstalters nach § 823, Staatshaftg der genehmigden Beh nach § 839 (BGH NJW **62**, 1245). Pferderennen (Mü OLG **28**, 296). Organisationsfehler bei Straßenrennen (BGH VersR **54**, 596). – **Reparaturwerkstatt.** Weitergabe von Informationen des HerstWk an Angest betr ErsTle, von denen VerkSicherh der Fahrz abhängt (BGH JR **78**, 510). Haftg des Untern, wenn er dch fehlerh Bearbeitg od Wartg einer Sache für die RGüter eine Gef schafft (BGH NJW **93**, 655).

117   **Sachverständiger.** Leichtfert Gutachten (§ 826 Rn 26). – **Gerichtlicher Sachverständiger.** Die Beziehgen zw ihm u dem Ger sind öffrechtl Natur. Er übt aber keine hoheitl Gew aus, weder anstelle des Ger noch von diesem übertr. Zu den ProzPart steht er in keinen vertragl Beziehgen, auch nicht über § 328 (Düss NJW **86**, 2891, Hamm VersR **95**, 225). Ihnen haftet er ggf nach §§ 823 II (Hamm BB **86**, 1397), 826. Für die Folgen eines grob fahrl unricht Gutachtens haftet er im Hinbl auf Art 2 GG dem ProzBeteil, wenn das Gutachten zu einer FreihEntzieh geführt hat (BVerfG NJW **79**, 305, Schlesw NJW **95**, 791). – Für einen Fehler bei der Vorbereitg des Gutachtens, der sich in diesem nicht niederschlägt, haftet er gem § 823 (BGH

59, 310: ärztl Kunstfehler bei der Untersuchg zur Vorbereitg des Gutachtens). – **Sauna.** Benützer muß mit Fußbodenglätte wg Tropf- u Spritzwassers rechnen (Ffm VersR **73**, 625).

Schiffe. Vorrichtg zum Schutze der Fahrgäste bei starken Schiffsbeweggen u Anlegemanövern (RG **118**, 49). Haftg der Schiffahrtsgesellsch für Verkehrssicherh des Weges von u zur Anlegestelle (RG **118**, 91), jedoch keine BelehrgsPfl hins des Verhaltens bei An- u Ablegemanövern (BGH VersR **55**, 420). Pfl des Eigtümers einer Motorjacht zur Vertäuung an sicherer Liegestelle, keine Pfl ständ mit ungewöhnl, orkanart Sturm zu rechnen (Hbg VersR **72**, 660). Haftg des Schiffseigners u -Führers bei Auslaufen brennb Flüssigk (BGH Warn **69** Nr 80); bei Beschädigg einer SchleusenAnl inf niedr Wasserstandes (Hbg DB **72**, 779). – **Schulen** vgl § 839 Rn 152. – **Schneeräumung.** SchadErs bei Räumg mit Schneepflug, wenn mit Streusalz vermischter Schnee auf NachbarGrdst geschleudert wird u dort Bäume beschädigt (Zweibr NJW-RR **86**, 1203). – **Schußwaffen.** Erhöhte Sorgf bei Aufbewahrg. Unbeaufsicht vorügehdes Ablegen (BGH NJW **91**, 696). – **Schwimmbecken** im PrivGarten, Sichg gg Zugang von unbeaufsichtigten Kindern (Hamm OLGZ **94**, 301). – **Segelflugbetrieb.** Pfl des Flugsportvereins, dafür zu sorgen, daß dch die startden u landden Flugzeuge Zuschauern u auf dem Flugplatz tät VereinsMitgl kein Schad entsteht (BGH JZ **91**, 208).

Skisport. Die SorgfPfl des Skifahrers bemessen sich in den Alpenländern nach den FIS-Regeln (Ffm **119** VersR **95**, 544). Der Skiläufer muß kontrolliert fahren, dh angepaßt seinem Können, dem Gelände, der Schneebeschaffenh, den WittergsVerh u dem VorhSein und Pers (BGH **58**, 40), auch im Auslauf einer Abfahrtspiste (Hamm VersR **89**, 1206). Geschwindigk ist der Gefahrenlage anzupassen (Mü NJW **66**, 2404, Kln OLGZ **69**, 152). Auf einen SkiUnf zw Deutschen im Ausland sind die Verhaltensregeln des HdlgsOrts, für die Beurteilg außervertragl SchadErsAnspr dtsch R anzuwenden (Kln OLGZ **69**, 152, Mü NJW **77**, 502; vgl auch Art 38 EG). Ein Verstoß gg die Eigenregeln des Skilaufs od gg die FIS-Regeln begründet idR ein MitVersch des verl Skiläufers. Sorgf ist auch beim Aufstehen nach ZusStoß am Steilhang erforderl (Karlsr VersR **77**, 869). – Auf **Skipisten** VerkSichgPfl des BergbahnUntern, daß die Ski- **120** läufer keinen verdeckten u atyp Gef begegnen, mit denen im Skisport als solchem eigen sind (BGH NJW **73**, 1379). Atyp sind solche Gef, mit denen im Hinbl auf das Erscheingsbild u den angekündigten SchwierigkGrad der Piste auch ein verantwortgsbewußter Skiläufer nicht rechnet, weil nicht pistenkonform, zB tiefe Löcher, Betonsockel, Abbrüche od Steilflanken im Randbereich der Piste; in einen Übgshang integrierte scharfkant Liftstützen sind dch Strohballen od dergl abzusichern (BGH NJW **85**, 620), ebso einbetonierte Eisenstangen zur Abgrenzg der Ski- oder Rodelpiste (Ffm NJW-RR **91**, 1435). Neben dem BergbahnUntern haftet ein FremdenVerkVerband, der eine Abfahrtsstrecke unterhält u hierzu einen Pistendienst eingerichtet hat (Mü NJW **74**, 189). VerkSichgPfl der WintersportGem für empfohlene TourenSkiabfahrt (BGH VersR **82**, 346: nicht entfernter Weidezaun). Allg zur VerkSichgPfl für Skipisten Hummel NJW **74**, 170, Hagenbucher NJW **85**, 177. Sie erstreckt sich nicht auf Gef, die zwangsläuf mit der Abfahrt verbunden sind u von den Skifahrern bewußt in Kauf gen werden (BGH DB **71**, 962). Ebso nicht auf Fußgänger im Auslauf der Skiabfahrt (Mü VersR **77**, 382). – **Skischleppliftanlage** fällt nicht unter § 1 HaftpflG (BGH NJW **60**, 1345).

Sportanlage, Sportveranstaltung. Zusfassd Fellmer MDR **95**, 541. Den Betreiber trifft die Verk- **121** SichgPfl, die Benutzer vor Gef zu schützen, die über das übl Risiko bei der AnlBenützg hinausgehen, vom Benutzer nicht vorhersehb u nicht ow erkennb sind (Mü VersR **94**, 997: Wildwasserrutschbahn), wobei zu bedenken ist, daß das Augenmerk des SportTreibden in erster Linie der Sportausübg gilt u daß die aufmerksamk iR des Kollektivs abnimmt (Mü VersR **88**, 739: Tennishalle). Zuschauer von SportVeranstaltgen u Unbeteil sind dch AbsperrMaßn, Schutzgitter, SicherhZonen vor Gef zu schützen, die normalerw mit dem SportBetr zushängen u aus denen sich für ein sachkund Urt die naheliegde Möglichk der Verl fremder RGüter ergibt (Mü VersR **82**, 1106 u 1153, BGH NJW **84**, 801: Eishockeypuck). Deliktshaftg ferner, wenn es um die Instandhaltg v SportAnl geht, zB Weitsprunggrube auf Trimm-Dich-Pfad, verfestigter Boden (Karlsr VersR **75**, 381).

Sportausübung. Das Fairneßgebot ist oberster Grds jeder Sportausübg (Köln VersR **94**, 1072). Übers **122** über die Rspr des BGH, Scheffen NJW **90**, 2658. DeliktsHaftg auch außerh v SportVeranstaltgen, zB ZusStoß v Ruder- u Segelboot (KG OLGZ **70**, 32), Anspielen des Gegners beim Tennisspiel (Mü VersR **70**, 958), Gefährdg von Mitspielern dch sog Trockenschlag (Köln MDR **94**, 1097: Squash). Trainingsfahrt vor Go-Cart-Rennen (Saarbr VersR **92**, 248), vor Radrennen (Zweibr NZV **94**, 480: Windschattenfahren). Grdsl schließt die Teiln an einer sportl Unternehmg SchadErsAnspr gg MitBeteil unter dem GesichtsPkt des Handelns auf eig Gef nicht aus. Davon bestehen 2 Ausn: Bei bes gefährl Sportarten wie Autorennen, Boxen, waghals Kletterpartien kann schon in der Beteiligg ein HaftgsAusschl ggü MitBeteil liegen (Karlsr NJW **78**, 705). Bei Wettkampfspielen ist davon auszugehen, daß jeder Teiln diejen Verl, selbst mit schwersten Folgen, in Kauf nimmt, die auch bei regelgerechtem Spiel nach den anerk Regeln der jeweil Sportart nicht zu vermeiden sind (BGH **63**, 140). Desh trifft den verl Spieler die BewLast für die Verl einer Spielregel, die dem Schutz des Mitspielers dient (Bambg NJW **72**, 1820, Hamm NJW-RR **91**, 149). Selbst bei einem geringfüg Regelverstoß aus Spieleifer, Unüberlegth, techn Versagen, Übermüdg od ähnl Grden neigt BGH NJW **76**, 957 zur HaftgsFreistellg dch Inkaufn der Verl (ebso Oldbg VersR **95**, 670). Nicht in jedem Foul ist ein schuldh Verhalten zu sehen (BGH NJW **76**, 2161, Basketball). Gilt nicht für vors u grob fahrl begangene Regelwidrigk (Hamm MDR **85**, 847). Deutsch VersR **74**, 105 sucht nicht mit Tatbestd od der RWidrigk (Einwilligg, Sozialadäquanz, sportricht Verhalten, Unterwerfg unter die Sportregeln), sond beim Versch (Anfdgen an die SorgfPfl) die Anpassg an die tats Gegebenh zur Vermeidg übermäß Haftg. Vorstehde Grds gelten nicht für Tanzveranstaltgen aus gesellschaftl Anlaß (Hamm NJW-RR **88**, 1245), für Individualsportarten, die nebeneinand betrieben werden (Brschw NJW-RR **90**, 987: Tennisdoppel, Hamm NJW-RR **90**, 925: Segelregatta), wenn Jugendl sich wechselseit ins Wasser stoßen (BGH NJW-RR **95**, 857). Bei Galopprennen ist Hineindrängen in die Laufbahn konkurrierder RennTeiln grob fahrl (Hamm VersR **83**, 1040). Celle VersR **80**, 874 schließt Haftg bei Fahrlk aus, wenn sich die Beteil zu gemschaftl sportl Betätigg verabreden, in gleicher Weise fahrl handeln u die GesSituation verursachen u der InAnsprGenommene nicht den Schutz einer HaftPflVers genießt. Aufprall auf die BegrenzgsWand einer Sporthalle beim Kampf um den Ball gehört zum übl Spielerrisiko (Düss VersR **83**, 274). – Vgl auch Autorennen, BadeAnst, Bergsteigen, Golfspiel, Rodelbahn, Ski. – **Sportflug.** Pfl des Piloten, beim Start die richt Stellg der Landeklappen zu überprüfen (BGH MDR **91**, 1138).

123 **Sprengung.** Pfl des ausführden Untern, sich Gewißh über die örtl Verh zu verschaffen, kein Verlaß auf Pläne od fremde Angaben (BGH VersR **73**, 1069).

Starkstromanlagen. Kletterabwehrschutz an Leitgsmasten (Zweibr NJW **77**, 111, Karlsr VersR **79**, 382). Herabfall von Leitgsdraht auf fremdes Grdst (RG DRZ **25**, 419).

124 **Straßen.** Die VerkSichgPfl ist privrechtl Natur, kann aber dch eindeut anderweit Regelg den hoheitl Aufg der jP zugewiesen sein (BGH **86**, 152), dann Haftg nach § 839 ohne Abs I S 2 (BGH VersR **94**, 618). Sie erstreckt sich auch auf PrivatStr, auf denen der Eigtümer für einen unbest u wechselnden Benutzerkreis einen Verk eröffnet hat (Oldbg NJW **89**, 305). Übertrag auf Anlieger vgl Rn 132.

125 **1) Straßen, Wege, Plätze einschl Streupflicht. – a) Umfang.** Maßgebd ist, für welche Art von Verk ein Weg nach seinem äußeren Befund unter Berücksichtigg der örtl Verhältn u der all VerkAuffassg gewidmet ist (BGH VersR **89**, 847). Die VerksichgPfl erstreckt sich auf Instandhaltg des Belages od Pflasters, Unterhaltg von Brücken (BGH VersR **88**, 629), Anbringg von Geländern an Brücken u Abhängen, Beleuchtg, Bestreug bei Glätte, Freihalten des Luftraums über der Str von hereinragden Ästen (vgl Rn 128), Kennzeichng von Türen, Wänden u dergl aus dchsicht Material, so daß sie rechtzeit wahrgenommen werden können (Kln NJW-RR **94**, 349). Die StrBauBeh hat einen hinreichd sicheren Zust der Str herbeizuführen u zu erhalten, muß in geeigneter u obj zumutb Weise nach den Verh im EinzFall alle, aber auch nur diejen Gef ausräumen u erforderlichf vor ihnen warnen, die für den sorgf Benutzer nicht od nicht rechtzeit erkennb sind u auf die er sich nicht od nicht rechtzeit einzustellen vermag (BGH VersR **79**, 1055). Keine Überspanng der Anfdgen (BGH NJW **61**, 869). Die wirtsch Lage des VerkSichgPflichtigen kann berücksichtigt werden, wenn es um die Wahl der geeigneten Mittel geht, zB Beseitigg der GefQuelle od nur Warng, rechtfertigt aber nicht völl Untätigsein (offengelassen BGH VersR **83**, 39). Von einem Warnschild wird vermutet, daß es den VerkTeiln zu angem, die Gef vermeiddem Verhalten veranlaßt hätte (Celle VersR **80**, 387). – Die VerkSichgPfl beginnt ab Kenntn, daß die Baufirma die Str für den Verk freigegeben hat (Karlsr VersR **79**, 165), auch wenn nur beschr Verk eröffnet wird (BGH **LM** (Dc) Nr 7). – Nöt sind laufde Überwachg, um sichtb Verändergen u Mängel festzustellen u Maßn zur Aufdeckg etw unsichtb Schäd, sofern deutl Anhaltspunkte auf ihr mögl VorhSein hinweisen; dies ist der Fall bei Neueröffnung, bei Übern der Unterhaltg einer bestehden Str, nach erhebl Eingr in den StrKörper, nach Wasserrohrbruch (BGH NJW **73**, 277). Die VerkSichgPfl erstreckt sich nicht nur auf die Fahrbahn, sond auch auf den StrKörper, näml Bankette, SicherhStreifen, Parkstreifen zw Fahrbahn u Gehweg (Hamm NJW-RR **92**, 1442), Standsich der StrBäume nach den Grds forstwissenschaftl Erkenntn gg Windbruch u Windwurf, auch zG der Eigtümer von AnliegerGrdst (BGH **123**, 102), Gräben, EntwässergsAnl, Böschgen (BGH **37**, 169: Steinkreuz in der Böschg, Karlsr VersR **78**, 573: grasverdecktes Mäuerchen auf Bankett); Treppen, die im Zuge einer Böschg von einem Fußweg zur Fahrbahn führen (BGH VersR **82**, 854: fehlerh, wenn sie senkrecht direkt auf die Fahrbahn treffen; Fußgängerzone (Oldbg NJW-RR **86**, 903: Pflasterkanten mit Höhenunterschied); ferner auf Fußgänger-, Rad- (BGH MDR **64**, 657) u Wanderweg, hier aber geringere Anfdgen (Nürnb OLGZ **75**, 446) u über befestigte Wege hinaus auf Flächen in GrünAnl, die erfahrgsgem betreten werden (Kln VersR **92**, 71: Abkürzg vor einer festwinkl Kurve). Auf Bürgersteigen muß der Fußgänger mit geringen Unebenh rechnen, nur bei erhebl Gef sind SichgsMaßn erforderl (Schlesw VersR **89**, 627). Das Maß der Sorgf hängt von der Art des Weges, Größe der Ortsch, Verkehrshäufigk u Wichtigk des Weges, sowie von den bes Verhältn des Ortes ab. Zur Sicherg gehören insb: Instandhaltg des Pflasters (BGH MDR **66**, 484: abgenutztes Pflaster an VerkKnotenPkt), Anbringg von Geländern an gefährl Stellen (BGH **24**, 124), Beleuchtg, Bestreuung, SichergsMaßn bei StrArb u plötzl auftretden Schäden wie Rohrbruch (BGH VersR **54**, 414, **LM** § 89 Nr 7), Sielverstopfg, unabgedecktes Gully (BGH § 823 **LM** (Ea) Nr 29, KG VersR **73**, 351), ordngsgem Zust der mit der Str verbundenen EntwässergsAnl (BGH VersR **68**, 555), Warnschild vor bes GefStellen (BGH VersR **89**, 927: Wildwechsel), Sicherg gg Lawinen u Steinschlag (BGH NJW **88**, 246), Entferng v Trümmern (BGH VersR **55**, 11), keine Sichtbehinderg dch Hecken (BGH NJW **80**, 2194). Geringere Anforderg an VerkSicherh bei Promenaden u Uferstraßen (BGH **LM** § 823 (Ea) Nr 25). Keine Pfl zur Beseitigg von Gef, die von AnliegerGrdstücken drohen (BGH NJW **53**, 1865). Die VerkSichgPfl des StrBaulastträgers entfällt nicht desh, weil auch die StrVerkBeh od sonst jemand zum Eingreifen verpfl ist (BGH DB **71**, 1011).

126 **b) Bei Straßenbauarbeiten** gelten die Grds für and BauArb (vgl Rn 76, 77). Keine Beschrkg der VerkSichgPfl bei Eröffng eines beschr Verk auf einem vorl hergerichteten Gehweg ggü den Pers, die auf die Benützg angewiesen sind (BGH VersR **86**, 704). Bei vertragl Übertr der VerkSichgPfl auf den BauUntern bleibt der Träger zur Überwachg der getroffenen Maßn verpfl, ebso der BauUntern iF der Beauftragg seines Bauführers, beide haften als GesSchu (BGH NJW **82**, 2187). Der mit der Erneuerg einer Brücke beauftr StrBauUntern hat bei den Maßn, die er zur Trockenlegg der Baustelle trifft, auch den dch eine mögl Hochwasserführg drohden Gef Rechng zu tragen (BGH VersR **76**, 776). Hins der erforderl VerkSich iF einer StrSperre kann sich der BauUntern nicht schon dch den Hinw entlasten, die StrBauBeh habe die v ihr veranlaßten Maßn für genügd erachtet (BGH VersR **77**, 543). Keine VerkSichgPfl hins offen erkennb, typ FahrErschwergen geringfüg Art (Nürnb VersR **75**, 545). Kein Hinw erforderl auf sichtb GefQuelle in einer nur für BaustellenVerk freigegebenen im Bau befindl Straße (Köln VersR **69**, 619). Kontrolle der zur Absicherg der GefStelle angebrachten SichgEinrichtgen im Abstand von 3 Std genügt (Br VersR **79**, 1126). Der Baulastträger hat bei StrBauArb auch verkregelnde Aufg, § 45 II, VI StVO. Dazu gehört auch Überwachg von AmpelAnl auf Schaltgsdefekte (BGH DB **72**, 1163). Bei gefährl StrBauArb ist Sichg erforderl; nachts bei Baustelle inmitten belebter Str Warnlampen, reflektierde Warnbaken, uU Kontrollen (Köln OLGZ **73**, 321). Die Übertr der VerkSichgPfl auf den BauUntern läßt die Haftg des Trägers der StrBaulast unberührt (BGH VersR **82**, 576).

c) Für **Bundesfernstraßen** ist der Bund zwar Träger der Straßenbaulast, sow sie nicht and übertr ist (zB 127 hins der Ortsdurchfahrten). Die Erf der Aufg, die ihm hiernach obliegen, sind jedoch den StrAufsBeh der Länder übertr worden, § 20 BFStrG. Die Länder haften hiernach für die Verl der Verk SichgPfl (BGH **LM 16**, 95); keine Haftg des Bundes. Die Gem wird dadch nicht von ihrer VerkSichgPfl auf GemStr befreit, von denen Gef für den Verk auf der BundesStr ausgehen (Ffm VersR **81**, 438: Zuleitg von Regenwasser). Bei **anderen Straßen** ist maßgebd die allg VerkSichgPfl der nach LandesR verantwortl Körpersch.

d) Einzelfälle: Unkenntl gewordener Zebrastreifen (BGH NJW **71**, 1213); Tragfähigk eines in die 128 Fahrbahn eingelassenen Schachtdeckels (BGH VersR **67**, 1155); Herausragen eines Schachtdeckels aus dem Fahrbahnniveau (KG OLGZ **76**, 452, Karlsr MDR **84**, 54); Sicherg v Abdeckrosten an od in öff VerkFlächen gg unbefugtes Abheben (BGH **LM** § 823 (Dc) Nr 102); Wassereinlaufroste dürfen keine Gef für Radfahrer bilden wg ihrer Länge u Breite (BGH VersR **83**, 39); Tragfähigk u verkpoliz Sicherg von Banketten (BGH VersR **69**, 280 u 515); Hinweis auf Nichtbefahrbark (BGH **LM** § 823 (Ea) Nr 35, Kblz VersR **64**, 1255); Warnzeichen bei mangelnder Tragfähigk einer Schachtabdeckg im Seitenstreifen (Mü VersR **80**, 293); auch nur geringe Höhenunterschiede im Gehweg können Pfl zur Beseitigg der GefLage begründen (BGH BB **67**, 229: 1,5 cm in HauptGeschStr; Hamm NJW-RR **87**, 412, Kln VersR **92**, 355: über 2 cm). Hinw auf Schlaglöcher (BGH VersR **58**, 604). Bis zu welcher Höhe der VerkRaum über der Str von hereinragden Ästen freizuhalten ist, hängt ua von der VerkBedeutg der Str ab (Zweibr VersR **95**, 111, Brdbg VersR **95**, 1051), ihre VerkSicherh u das ökolog Interesse an der Erhaltg alten Baumbestands sind ggeinand abzuwägen (BGH **LM** (Ea) Nr 16, Kln OLGZ **92**, 236); der Eigtümer muß den Baumbestand auf Grdst neben Str u Wegen nach forstwirtsch Erkennen gg Windbruch u -wurf in angem ZtAbständen auf KrankhBefall überwachen (BGH VersR **74**, 88, Kblz NJW-RR **86**, 1086, Kln VersR **90**, 287); grdsätzl genügt äußere Zust- u Gesundh-Prüfg, eingehde fachmänn Untersuchg ist nöt bei Anzeichen für eine bes GefLage (Düss VersR **92**, 467, Kblz MDR **93**, 219); uU haften der Eigtümer u derjen, der den forsttechn Betr dchführt, als GesamtSchu (Ffm DAR **84**, 116). Vorsorge gg Herabfallen v Ästen (Oldbg VersR **77**, 845), keine laufde Kontrolle auf morsche Äste ohne erkennb Anlaß (Ffm NJW-RR **87**, 864); Sichg gg naheliegde SteinschlagGef (Zweibr VersR **90**, 401); rechtzeit Warng vor langsam fahrden ArbFahrz auf SchnellVerkStr (Schlesw DAR **67**, 324); Sichergs-Maßn bei plötzl StrSperrg; bei Gef der Fahrbahnüberflutg dch Regen (BGH VersR **70**, 545); Bodenschwellen zur VerkBeruhigg müssen allen Kfz, die zum Verk zugelassen werden können, bei verkger Verhalten ein gefahrl Passieren erlauben (BGH NJW **91**, 2824), auch bei bes geringer BodenFreih (Hamm NJW **93**, 1015; aA Düss NJW **93**, 1017); sowie Radfahrern (Hamm DAR **90**, 458); kein Hinw auf Betonpoller auf Gehwegen erforderl (Düss NJW **95**, 2172); Aufstellen von Blumenkübeln in unmittelb Nähe einer GrdstAusfahrt (Düss NZV **94**, 478). Hinw auf Hitzeaufbrüche (Celle VersR **84**, 1172); keine Pfl zum zusätzl Hinw bei Änderg einer Vorfahrtsregel im StadtVerk (BGH NJW **70**, 1126); Warnschild bei StrVerengg (BGH NJW **60**, 239), bei unvorhersehb Straßenbeendigg (BGH MDR **59**, 190, Kln VersR **92**, 354), bei Wildwechsel (BGH **108**, 273), vor Querrinne (BGH VersR **71**, 475), bei Glatteisbildg (BGH NJW **62**, 1767, Köln NJW-RR **95**, 1177), sowie bei Sichtbehinderg durch Qualm od Rauch (BGH **LM** § 823 (Ed) Nr 5); steil abfallender Abhang hinter Autobahnparkplatz (BGH MDR **66**, 661); gefährl Stellen der Parkplatzumrandg (BGH VersR **68**, 399); VerkGefährdg dch StrVerschmutzg (BGH NJW **62**, 519: Viehtrieb); dch Überschwemmg bei Schneeschmelze (Kblz VersR **67**, 480); ausreichd Absperrg bei Viehmärkten (BGH NJW **55**, 1025); Absicherg von gelagertem Baumaterial ggü Fußgängern (Stgt VersR **67**, 485). Die Gef, die von in die Str eingelassenen Schienen ausgeht, ist für jeden VerkTeiln erkennb, daher keine Haftg (BGH VRS **7**, 20). Nur ausnahmsw Anbringg von Schneefanggittern (BGH NJW **55**, 300, Mü NJW **65**, 1085: bejaht im großstädt Verk); fehlt eine Vorschr über die Anbringg von Schneefanggittern, so genügt Aufstellg eines Warnschilds (Stgt VersR **73**, 356). Mangelh Beleuchtg einer städt Str (BGH **36**, 237), der OrtsDchfahrt einer BStr (BGH MDR **71**, 649), von VerkHindern (BGH DB **55**, 1063, KG VersR **52**, 211), von StrBauArb (BGH VersR **62**, 519). Geringere Anfdgen bei Waldwegen (Düss VersR **83**, 542). Grdsätzl keine Pfl zur Anbringg von Wildschutzzäunen (BGH **108**, 273).

e) Streupflicht. Zusfassd Schmid NJW **88**, 3177. – **aa) Rechtsgrundlage** für die StreuPfl ist die Verant- 129 wortlichk dch VerkEröffng. Die der Gem als der Wegebaupflichtigen obliegde StreuPfl ist fast überall auf die Anlieger abgewälzt, u zwar entw aGrd von Observanz od aGrd bes ges Best (BGH BB **64**, 60; mit GG vereinb: BVerwG NJW **66**, 170); vgl Rn 132. Sie haften nach §§ 823ff, u zwar bis zum EigtWechsel, auch wenn vereinb ist, daß die GrdstLasten vorher auf den Erwerber übergehen (BGH NJW **90**, 111). Gem bleibt jedoch auch in diesen Fällen verpfl, die Anlieger zur Erf der StreuPfl anzuhalten, sonst AmtsPflVerletzg (BGH **118**, 383). Andrers haften, falls die StreuPfl nicht auf die Anlieger übertr ist, diese dann, wenn sie eine bes GefQuelle geschaffen haben, zB dch Freischaufeln eines Gehpfades (BGH DB **69**, 1599). StreuPflVerl beurteilt sich auch bei öffrechtl Körpersch nach § 823, kann von diesen aber dem AmtsHaftgsR unterstellt werden, geschehen zB in NRW (BGH NJW **91**, 33), Bay (BGH VersR **91**, 665). – Bei Streit über die StreuPfl zw öff Körpersch hat die Körpersch weiter zu streuen, die bisher gestreut hat, bis der Meingsstreit entschieden ist (BGH **31**, 219).

bb) Der **Umfang der Streupflicht** richtet sich räuml u zeitl nach den Umst des EinzFalles, insb zu beurt 130 nach den örtl Verh, Art u Wichtigk des VerkWeges, Stärke des Verk, LeistgsFähigk des StreuPflichtigen, Zumutbark der einz Maßn (BGH NJW **75**, 444). Daraus ergibt sich: Streug mit je nach Minustemperatur auftauenden Streumitteln (Hamm NJW-RR **89**, 611). In der Fußgängerzone genügt Bestreuung eines angem breiten Streifens im Mittelbereich, der als gestreut erkennb ist (Karlsr VersR **83**, 118); auf Bürgersteigen genügt, einen Streifen schnee- u eisfrei zu halten, auf dem zwei Fußgänger vorsicht nebeneinand vorbeikommen, also etwa 1 bis 1½ m, auch wenn die GemSatzg mehr vorschreibt (Bamb NJW **75**, 1787); and ausnahmsw dort, wo sich am Rand eine Haltestelle befindet (BGH NJW **67**, 2199); belebte unentbehrl Fußgängerüberwege (BGH VersR **91**, 665, Ffm NJW-RR **88**, 154); Fahrbahn für Fußgänger bei bes Bedürfn, zB bei Unbenutzbk des Gehwegs ein angrenzder Fahrbahnstreifen von 1 m Breite u von 0,5 m zu streuen (BGH VersR **69**, 377), außerd Stellen, an denen die Fußgänger die Fahrbahn überschreiten müssen (Düss VersR **88**, 274). StreuPfl auf Parkplätzen nur, sow die KfzBenutzer die Fläche auf nicht nur unerhebl Entferng benutzen müssen, um ihr Kfz zu verlassen u wieder zu erreichen (BGH VersR **83**, 162); auf die Verl der VerkSichgsPfl können sich auch and Passanten berufen, die den Parkplatz überqueren (Celle NJW-RR **89**, 1419). Fußpfad bis zum nächsten Bürgersteig (Ffm NJW-RR **86**, 1405). Für den

FahrVerk besteht keine allg Pfl, alle Fahrbahnen öff Straßen od von PrivStr des öff Verk zu bestreuen; innerh geschl Ortsch nur an verwicht u gefährl Stellen (BGH **112**, 74), also grds nicht auf NebenStr bei ihrer Einmündg in eine HauptStr (Ffm NJW **88**, 2546, Hbg NJW **88**, 3213) außer bei bes hoher VerkBelastg u gefährl Glatteis (Celle NJW **89**, 3287) oder wenn die VerkSicherh der HauptStr wegen der abschüss Einmündg der NebenStr ein Streuen erfordert (Mü VersR **92**, 1371); außerh geschl Ortsch nur an bes gefährl Stellen, nicht zur Nachtzeit (BGH NJW **72**, 903: Ruhrschnellweg); eine bes gefährl Stelle ist dort, wo Anl u Zustand der Str die Bildg von Glatteis derart begünstigen od seine Wirkg in einer Weise erhöhen, daß diese bes Verh von dem Kraftfahrer trotz der bei Fahren auf winterl Str von ihm zu fordernden erhöhten Sorgf nicht od nicht rechtzeit zu erkennen sind (BGH DB **73**, 425); erkennb kurze Brücken auf FernStr, Brücken auf Stadtautobahn sind keine bes gefährl Stellen (BGH NJW **70**, 1682, Düss MDR **79**, 402); ebso nicht eine erkennb abschüss Kurve mit rechtzeit erkennb, zur Glatteisbildg neigdem Kopfsteinpflaster (Karlsr VersR **77**, 61). Streupfl auf Durchgangs- u HauptVerkStr ggü allen VerkTeiln (BGH **65**, 100) u an verkwicht mit Ampeln versehenem Fußgängerübergang (BGH VersR **87**, 899). StreuPfl auf Bahnsteigen bei naheliegder GlatteisGef (Oldbg VersR **88**, 935). Geringere Anfordergen nur bei Promenaden u verkehrserleichternden Verbindswegen. Keine StreuPfl auf unbeleuchtetem Abkürzgsweg ab Einbruch der Dunkelh (BGH VRS **25**, 242), bei unwicht Fußwegen am Ortsrand (BayObLG VersR **67**, 758) u außerh der im Zushang bebauten Ortsteile (Celle Nds RPfl **83**, 275). Auf Straßen, Parkplätzen, Zugängen, Außentreppen richten sich Beginn u Ende, wenn nichts anderes bestimmt ist, nach dem TagesVerk. Beginn mit Einsetzen des Verk, Ende etwa 20 Uhr bzw ca 1 Std nach Ende des Publikumsverk (BGH NJW **85**, 270 u 482: Gastwirt, Hallenschwimmbad, Düss VersR **82**, 1054: Wochenmarkt). Der Organisationsplan der Gem muß so beschaffen sein, daß die Räumg u Bestreug in den vom Berufsverkehr bes frequentierten Str vor dessen Einsetzen um etwa 7 Uhr, in den Fußgängerbereichen in Einkaufszonen etwa 9.30 Uhr beendet ist (Ffm VersR **95**, 45). Bei leichten, von längeren Pausen unterbrochenen Schneefällen muß schon währd des Schneefalles mit groben Streumitteln gestreut werden; im Einzelfall entscheidet Beschaffenh von Schnee u Boden (BGH VersR **55**, 456; Stgt BB **62**, 4). Außergewöhnl GlätteVerh erfordern außergewöhnl Sorgf, uU häufigeres Streuen, regelmäß Überprüfg (BGH NJW **85**, 482: Gastwirt, BGH NJW **93**, 2802: überfrierder Regen, Steige des zentralen Busbahnhofs). Unter extremen Wetterverhältn mit ständ sich erneuernder Glatteisbildg keine StreuPfl, wenn die Streuung die Gef nur unwesentl u ganz vorübergehd herabgemindert hätte (Hamm VersR **82**, 1081).

131   **cc) Streupflicht in ländlichen Gemeinden** richtet sich nach der VerkBedeutg der zu sichernden Str (Mü VersR **68**, 976); bei kleinen Gem mit langen Wegen nur an VerkMittelpkten (BGH NJW **60**, 41), bei Ortsdurchfahrten (BGH VersR **70**, 853); an gefährl Stellen von HauptVerkStr bis etwa 20 Uhr (Karlsr VersR **69**, 191), dort auch im EinmündgsBereich von NebenStr mit einer gewissen VerkBedeutg (Stgt NJW **87**, 1831). – Auf **freien offenen Landstraßen** nur bei bes Gefahrenlage (BGH **45**, 143, **31**, 73: Brücken bei eintretendem Frost; bes Gefahrenlage bejaht; BGH NJW **63**, 39: kurvenreiche Strecke im Mittelgebirge mit wechselndem Waldbestand an einem bewaldeten Steilhang bei Nebel; bes Gefahrenlage verneint). Auf Gehwegen außerh geschl Ortsch grdsätzl keine StreuPfl (BGH NZV **95**, 144).

132   **dd) Bei Übertragung der Streupflicht an Dritte** strenge Anfdgen. ÜberwachgsPfl der Gem, die StreuPfl den Anliegern auferlegt hat, vgl oben Rn 129; bei Vernachlässigg der StreuPfl dch den Anlieger ist die Gem zum Streuen iW der ErsVorn nur iR ihrer Pfl zur Aufrechterhaltg der öff Ordng u Sicherh, also nach ErmGrdsätzen verpfl (BayObLG VersR **67**, 758). Bei Übertr der StreuPfl auf Anlieger haften diese – also auch die Gem selbst als Anlieger – nach § 823 (BGH VersR **92**, 444, BayObLG **73**, 121), WohngsEigtümer als GesamtSchu (BGH NJW **85**, 484). ÜberwachgsPfl des HausEigtümers, der StreuPfl auf Mieter, Pächter (BGH VersR **84**, 1190) od HausVerw, Hauswart (BGH VersR **67**, 877, NJW **85**, 484) überträgt. Bei Hilfspers ist neben sorgf Auswahl auch gründl Anweisg über Art des Streuens erforderl (BGH BB **57**, 15: strenge Überwachg); ebso ist bei Beauftragg eines and sorgf Überwachg u Kontrolle erforderl (BGH VersR

133   **75**, 42). – IF der **Übernahme der Streupflicht durch Dritten** mit poliz Gen haftet dieser dem Geschädigten (BGH NJW **70**, 95). Der HausEigtümer (Verm), dem dch Satzg die poliz WegereiniggsPfl auferlegt ist, haftet nicht, auch nicht unter dem Gesichtspkt der Verletzg einer AufsPfl (BGH DB **72**, 1965).

134   **ee) Beweislast.** Es gelten die allg Grds, dh der Verl hat die Versäumg der StreuPfl, ggf den Verstoß gg ein SchutzGes u deren Ursächlichk für das bei ihm eingetretene SchadEreign zu bew. Bew des ersten Anscheins zG des Verl nur, wenn er innerh der zeitl Grenzen zu Fall gekommen ist (BGH NJW **84**, 432). Streupflichtiger muß die Umst nachweisen, die ein Streuen zwecklos machen (BGH NJW **85**, 484).

135   **2) Wasserstraßen** u -Flächen, die dem öff Verk gewidmet sind (Häfen, Schleusen, RG **105**, 99), auch Seewege u Kanäle (BGH **35**, 111: Nord-Ostsee).

a) Allgemein gelten die Grds wie für Str (vgl oben Rn 58–63 BGH **86**, 152). Turnusmäß Überprüfg, HindernBeseitigg u Kennzeichg v GefStellen in dem dem Verk zur Vfg gestellten Tl der WasserStr u an Liegeplätzen (BGH VersR **79**, 437). Grdsätzl müssen sich die VerkTeiln darauf verlassen können, daß das ges Fahrwasser ungefährdet befahren werden kann (Hbg VersR **79**, 571). Haftg des Bundes für die VerkSichg auf dem Rhein: nicht nur eigentl Fahrrinne u amtl vorgesehene Anker- u Liegeplätze, sond alle befahrb Teile des Strombetts (Köln VersR **68**, 246); jedoch brauchen Hindern außerh der ausgebauten Fahrrinne nur gekennzeichnet zu werden (BGH **37**, 69). Umfang der VerkSichgPfl bei Prüfg der Fahrrinnentiefe (Rhein) dch Peilrahmen (BGH **LM** § 823 (Dc) Nr 66) od (Mosel) Meßschiff (Köln OLG **68**, 397). VerkSichgPfl auch auf SeewasserStr, jedoch auch hier keine überspitzten Anfordergen (BGH VersR **56**, 65).

136   **b) Aus der Rechtsprechung:** Haftg für ordgsgem Zust von Schiffssliege- u anlegestellen (BGH VersR **79**, 437); Hinw auf Unterwasserbösch an senkrecht eintauchder Wand im Hafen (Karlsr VersR **72**, 945); Hindern in Fahrrinne (BGH VersR **56**, 65); turnusmäß Überprüfg der Fahrrinne in Flüssen (Mosel, BGH VersR **69**, 1132); nicht ausreichde Kennzeichg einer GefStelle (BGH **56**, 743); SchadErs bei Festliegen inf Hindern (BGH **85**, 153); liegengebliebener Anker im Fahrwasser (BGH VersR **72**, 435); Bediengsfehler im SchleusenBetr (BGH **20**, 57); fehlerh Einschleppen in eine Schleuse (BGH **LM** § 823 (Ea) Nr 23); jedoch keine VerkSichgPfl, nur so viele Fahrzeuge in die Schleuse einfahren zu lassen, wie in ihr Platz finden (BGH

LM BinnSchStrO Nr 4); ebso nicht für plötzl auftretde Hindern, mit denen nicht zu rechnen ist, zB eines vorher mit Kies bedeckten Blocks in der Kanalsohle einer Schleuseneinfahrt (BGH VersR **68**, 746); Haftg des Staats für Anbringg von Seezeichen, we erforderl (RG **128**, 353); Losreißen eines ungenügd vertäuten Docks (Warn **36**, 76); Staatshaftg auch bei Ausbau eines Wasserlaufs zu SchiffahrtsStr (Kblz VerkBl **62**, 639) u bei Hochwasserschutz (vgl § 839 Rn 106).

Straßenbahn. Im schaffnerl Großraumwagen grdsätzl keine Pfl des Wagenführers, sich zu vergewissern, 137 ob der Fahrgast Platz od Halt gefunden hat (BGH MDR **72**, 226). PflVerletzg aber dch Abfahren von Haltestelle, obwohl die elektr Kontrollampe anzeigt, daß Türen noch nicht geschl (BGH **LM** (Ed) Nr 6). – **Tennishalle.** Schutz vor Gef, die über das übl Risiko der AnlBenutzg hinausgehen, vom Benutzer nicht vorhersehb u nicht ow erkennb sind (Mü NJW-RR **87**, 18), zB Betonsockel mit Holzbalken in ungenügder Entferng von der Spielfeldgrenze hinter dem Spieler (Ffm NJW-RR **93**, 856).

Umweltschäden, Gefährdgs(Verursachgs)Haftg nach §§ 1ff UmweltHG v 10. 12. 90; vgl Schmidt- 138 Salzer VersR **92**, 389. S auch Industrieabfälle.

Wasser: Die RBeziehgen bei Wasserlieferg regeln sich nach KaufR, auch wenn die Gem die Wasser- 139 versorgg kr autonomer Satzg als öff Einrichtg betreibt. Bei Schad inf Lieferg verunreinigten Wassers folgt die BewLast den Grds über die ProdHaftg (BGH **59**, 303). Verseuchg des Grdwassers s Industrieabfälle. – SchadErs wasserrechtl Bewilliggn § 8 WHG. – **Verunreinigung von Gewässern** StGB 324 u die WasserG der Länder. – Sichg des Einlaufs in einen unterird Wasserstollen gg Hineinfallen von Kindern wg der Sogwirkg (Stgt VersR **89**, 971).

9) Schutzgesetz. Zusfassd Dörner, Zur Dogmatik der SchutzGVerletzg, JuS **87**, 522.

a) Jede Rechtsnorm, nicht nur Ges im staatsr Sinne, also auch VO, poliz Vorschr, gleichgült, ob strafr 140 od privr Natur, ob Gebote od Verbote; auch behördl Einzelfallregelgn iV mit der ihnen zuGrde liegden ErmächtiggsNorm (BGH **122**, 1: LärmschutzAufl in einer BauGen), Genehmiggen aGrd §§ 4ff BImSchG für gewerbl Anl.

b) Den Schutz eines anderen bezweckt die Norm, wenn sie, sei es auch neben dem Schutz der 141 Allgemeinh, gerade dazu dienen soll, den einz od einz PersKreise gg die Verl eines RGuts zu schützen. Dabei kommt es nicht auf die Wirkg, sond auf Inhalt u Zweck des G nach der Intention des GGebers bei seinem Erlaß an (BGH ZIP **91**, 1597). Die Schaffg eines individuellen SchadErsAnspr muß erkennb vom G erstrebt sein od zumind iR des haftpflrechtl Gesamtsystems tragb erscheinen (BGH **46**, 23 u DB **76**, 1665). ZusStellg drittschützder Normen vgl § 903 Rn 15–23. Den Schutz eines and bezwecken nicht die G, die die Ordng des Staatsganzen, seine Verfassg u Verw zum Ggst haben. Wohl aber sind die G, die die Gesamth der Staatsbürger als Summe der einz schützen, wie zB Vorschr zum Schutze der VerkSicherh, über Verk mit Nahrgsmitteln usw, auch zum Schutze des einz bestimmt.

c) Widerrechtlichkeit. Sie wird dch die SchutzGVerl indiziert (BGH NJW **93**, 1580). Verh zu § 906 vgl 142 dort Rn 3.

d) Verschulden ist AnsprVorauss auch dann, wenn Verstoß gg das SchutzG auch ohne Versch mögl ist; 143 nur insow stellt Abs II an den subj Tatbestd weitergehde Anfordergn als das SchutzG. Im übr ist das SchutzG hins des subj Tatbest (Vors, Fahrlk) auch für die Anwendg des Abs II maßg (BGH **46**, 21). Für den Vors gilt die sog Schuldtheorie (BGH NJW **85**, 134; vgl § 276 Rn 11), für die Fahrlk der obj Begr wie § 276 Rn 12 (Dörner JuS **87**, 522), jedoch schon als bei Abs I, daß ein Verstoß gg ein SchutzG eintreten könnte, währd die Voraussehbark des Erfolges, der schädigenden Wirkg nicht erforderl ist (BGH **34**, 381). Über RechtsIrrt § 276 Rn 11, § 285 Rn 4. VerschVermutg bei Nichtbeachtg polizeil angeordneter Schutzmaßn (BGH BB **57**, 240). Geschäftl Ungewandth, niedr Bildsgrad u sonstige Umst sind kein genügder EntschuldiggsGrd für Unkenntn ges Bestimmgen, wohl aber die Betrauung einer zuverläss Fachkraft (BGH **LM** (Bc) Nr 1).

e) Ursächlicher Zusammenhang besteht bereits, wenn die Befolgg des SchutzG eine größere Sicherh 144 gg den Eintritt des Schad geboten hätte (BGH **LM** (Ef) Nr 11b). Vgl im übr Vorbem 54–107 vor § 249. Über BewLast: Rn 174.

f) Schutzgesetze sind (alphabet): **AbfallG** 2 I Nr 2 (Hamm NJW-RR **90**, 794). – **AFG** 141b V (LG 145 Oldbg NJW-RR **86**, 581); 225 (BGH NJW **85**, 3064); SchadEintritt mit Nichtabführg der ArbNAntle (BGH NJW- RR **89**, 472). – **AktG** 9, 27, 183 schützen nur die Aufbringg des GrdKapitals, nicht darü hinausgehde indiv VermInteressen (BGH NJW **92**, 3167); 92 II (BGH WM **77**, 59 u NJW **79**, 1823); 92 III, außer wenn der Gläub die Zahlg nach den Regeln der KonkAnf behalten darf (Düss WM **85**, 1009 [1018]); 117 I schützt nur die gesellsch- bzw mitgliedschbezogenen, nicht außergesellsch VermInteressen der Aktionäre (BGH NJW **92**, 3167); 168, 403: Haftg d Prüfers den Gläub der AG ggü (BGH BB **61**, 652); 399 I Nr 4 zG der AG u der Pers, die aus der Kapitalerhöhg hervorgegangene Aktien erwerben (BGH **105**, 121). 401 I 2, II (BGH WM **85**, 384) – **ArbNErfindgsG** 16 (Ffm OLG **93**, 79). – **ArbZeitO** zum Schutze jedes BetriebsInh ggü unlauterer Wettbew durch Offenhalten (RG **138**, 219). – **ArzneimittelG** 5 (BGH NJW **91**, 2351). – **AVG** 118, 121 (BGH ZIP **85**, 997). – **BDSG** 3, 24 (Hamm ZIP **83**, 552), 29 (Bergmann/Möhrle/Herb, BDSG § 29 Rn 12.3), 32 II (Winkelmann MDR **85**, 718). – **BGB** 226 (RG **58**, 214) 394 (RG **85**, 108); 456–458 (MüKo/ Westermann § 458 Rn 2); 618 umstr; 858 (BGH **79**, 232); 906 (BGH NJW **86**, 2309); 907 (RG **145**, 107); 909 zG des angrenzden GrdEigtümers (BGH NJW **81**, 50) u des EigtumsAnwartschBerecht (BGH NJW **91**, 2019); zum SchadErs verpfl ist jeder, der ein Grdst vertieft od daran mitwirkt, der Eingr ist aber nicht rwidr, wenn ihn der Nachb ausnahmsw dulden muß (BGH **101**, 290); 1004 (BGH DB **64**, 65); 1027 (RG Recht **19**, 1430); 1134–1135 zum Schutze der HypGläub (BGH NJW **76**, 189). – **Bebauungsvorschriften** nachbarschützden Inhalts, zB über die zuläss Geschoßzahl (BGH WM **74**, 572). – **BetrVG** 78 II, 78a zG des auszubildden Amtsträgers (BAG DB **75**, 1226); 119 I Nr 2, uU auch analog zG des ArbG bei Störg von BetrVers (Herschel DB **75**, 690). – **Bienenschutz VO** 2 I (Hamm VersR **83**, 160). – **BImSchG** 5 Nr 1, 2 zG des Nachb (OVG Münst DB **76**, 2199, Mü BlGBW **78**, 150; weitergehd Baur JZ **74**, 657: zG eines jeden, der dch schuldh Zuwiderhdlg gg die schutzges Best geschäd ist; vgl auch § 903 Rn 15–22, § 906 Rn 37–39). –

BJagdG. Hat die JagdBeh gem § 27 I BJagdG dem JagdAusübgsBerecht dch VerwAkt einz nach Art u Umfang best Pfl zur Verringerg des Wildbestandes auferlegt, so kann dies ein SchutzG zG des einz GrdstBerecht sein (BGH **62**, 265). – **BörsenG** 89 (Düss WM **89**, 175). – **Eisenbahnbau- u BetrO** 11 (Ffm VersR **94**, 114: Bahnübergang), 63 (RG Recht **13**, Nr 2723: Verbot, Außentüren währd der Fahrt zu öffnen, SchutzG zG der Mitreisenden). – **EmbryonenSchutzG** 1 (Deutsch NJW **91**, 721). – **FuttermittelG** 3 Nr 2b, 17 mit Anl 3 der FuttermittelVO zG des Tierhalters (BGH NJW **87**, 1694), § 3 Nr 2a, Nr 3b (BGH
146 **105**, 346). – **GefahrgutVO Straße** (Hamm NJW-RR **93**, 914). – **GenG** 69 (RG **59**, 49); 147 (BGH WM **76**, 498); 148 (RG LZ **14**, 864). – **GerätesicherhG,** vgl Rn 203. – **GewO** 12 zG inländ Gl ausländ JP insow, als es um den Nachw für das VorhSein des zur Gen erforderl GesellschKapitals geht (BGH NJW **73**, 1547); 56 I Nr 6 kann je nach Art des Gesch SchutzG sein (BGH **71**, 358 [362]; vgl auch nachstehd Rn 153); 120, 139h, 147 Z 2 (RG JW **09**, 493 für fr § 16); 120a–c (RG **105**, 336). 148 I Z 2 (RG **138**, 219); – **GmbHG** 35a I 1 (LG Detmold NJW-RR **90**, 994), 64 I zum Schutze derjen, die vor dem ZtPkt, in dem der KonkAntr hätte gestellt werden müssen, bereits Gläub waren – also nicht der BAnst für Arb als Leistgsträger der Verpfl zur Zahlg von KonkAusfallgeld (BGH **108**, 134) – auf Erhaltg der Zugriffsmasse, sog QuotenSchad (BGH **29**, 100). Ggü NeuGläub haftet der pflichtwidr handelnde GeschF auf vollen (nicht nur Quoten-)Ers des Schad, der ihnen dadch entsteht, daß sie in RBez zu einer überschuldeten od zahlungsunfäh GmbH getreten sind (BGH **126**, 181, NJW **95**, 398, zustimmd Hirle NJW **95**, 1202), SchadErsAnspr gg GeschF od Liquidator wg pflichtwidr Handelns setzt keinen Beschl gem § 46 Nr 8 voraus (BGH NJW **69**, 1712). Auch bei Verlust von AussondergsR Haftg nur für Quotenschad (BGH **100**, 19). 68 II (Ffm NJW **91**, 3286). – **GSB** (G zur Sicherg von BauFdgen vom 1. 6. 09) 1, 2 II, 4, 5 zG der BauGläub nach dem PrioritätsGrds nur bei Vors, der bei Verl eines SchutzG nicht dch fahrl VerbotsIrrt ausgeschl ist (BGH NJW **82**, 1037, NJW **85**, 134, NJW **86**, 1104, BB **87**, 437 [zur DarleggsLast]). Der Schtzbereich umfaßt Leistgen, die einen unmittelb Beitrag zur Herstellg des Bau bilden, auch die Anfertigg von Plänen, BauAufs u -Leitg (BGH WM **91**, 905). Unter das GSB fallen als Herstellg des Baus nur solche Leistgen, die sich auf wesentl Bestandtle des Gbdes beziehen (BGH NJW-RR **89**, 1045), auch der Umbau od Ausbau eines schon errichteten Gbdes (BGH NJW **88**, 263), uU auch der Verk eines schlüsselfert Hauses u jede einz Rate (BGH NJW **86**, 1105). Die Pfl zur Verwendg als Baugeld erstreckt sich auf sämtl bezahltes Geld oRücks auf die Zuordng einer Leistg zu einer best ZahlgsRate (BGH VersR **90**, 427). Baugeldgewährg kann ein KreditGesch jeder Art sein, entscheidd ist die Vereinbg über die dingl Sichg (BGH NJW **88**, 263), der Empf muß nicht selbst an der Bauherstellg beteil sein – zB Generalübernehmer (BGH NJW-RR **91**, 141) –, Beauftragg einer Gesellsch, an der er beteil ist u deren Gesch er selbständ führt, genügt (BGH NJW-RR **86**, 446). Auch SubUntern können in den Schutzbereich des Ges fallen (BGH NJW-RR **90**, 342). Ein DarlN ist Empf von Baugeld erst, wenn er VerfüggsBefugn über den DarlBetr erlangt hat (BGH WM **90**, 192). Der SchadErsAnspr des BauHandw wg Verstoßes gg die Pfl, Baugeld zur Befriedig der an der Bauherstellg Beteil zu verwenden, setzt voraus, daß der Handw auf eine fäll Fdg keine Befriedigg erlangt hat (BGH NJW-RR **91**, 141). – **GWB** 26 II (BGH **36**, 100); 27 (BGH **29**, 344). – **HGB** 177a, 130a (BGH ZIP **95**, 31). – **Interdikte,** gemeinrechtl Flußinterdikte (RG JW **33**, 508). – **JugArbSchG,** sow es Pfl des ArbG begründet (vgl Einf 85 vor § 611, Herschel BB **60**, 750). –
147 **JSchÖG** 3 (BGH VersR **78**, 921). – **KunstUrhG** 22, Recht am eigenen Bilde. – **LMBG** 8 (BGH **116**, 104). – **MargarineG** § 2 IV (BGH NJW **57**, 1762). – **Mietpreisrecht,** soweit es den Mieter begünstigt (BVerwG NJW **56**, 1491, bestr). – **Milch- u FettG** (BGH DB **56**, 547). – **MutterSchG** 9 II, aber keine Pfl des AGebers zur Belehrg der ANehmerin vor Nachteilen der EigenKünd (BAG NJW **83**, 1392). Sanktion in **OrdnungswidrigkeitsG** kann Verl eines SchutzG sein, soweit nicht die schützenswerten Belange des Beeinträchtigten anderweit abgesichert sind (BGH **84**, 312 [317]). – **PersonenbefördergsG** 61 I Nr 2 zG der BBahn, ungenehmigter Linienverkehr (BGH **26**, 42), auch zG anderer VerkUntern (Ffm MDR **62**, 571). – **PflanzenschutzG** 8 IV S 2, 12 I S, Schutz vor gefährl Nebenwirkgen von Pflanzenschutzmitteln; nicht vor den Folgen mangelnder Wirksamk (BGH NJW **81**, 1606). – **PflichtVersG** 1 zG des VerkOpfers u des Fahrers, dem der Halter ein nichtversichertes Kfz zur Benutzg überlassen hat (Düss VersR **73**, 374); 5 zG des
148 VerkOpfers (BGH VRS **22**, 178); 6 zG des VerkOpfers (Mü VersR **73**, 236). – **RechtsberatgsmißbrG** zum Schutz der Rechtsuchenden u der Anwälte (BGH **15**, 315). – **ReichsgaragenO** 45 III zG der Nachbarn gg Immissionen (BGH **40**, 306). – **RVO** 393, 533, 536 aF, 529 I, 1428 I (BGH NJW **85**, 3064) zum Schutz der VersTräger; SchadEintritt mit der Nichtabführg der ArbNAntle (BGH NJW-RR **89**, 472), auch der Ersatzkassen, soweit es um die Beitr verpfl ArbN geht, auch wenn die Kunden des ArbG auf dessen Weisg die Löhne direkt an die ArbN unter Verrechng auf die WkVergütgsFdg des ArbG auszahlen (BGH VersR **81**, 529); nicht dagg für SäumnZuschläge gem Art I § 24 I SGB IV (BGH VersR **85**, 1038) u soweit es um die NichtAbführg der ArbGAntle geht (BGH NJW **76**, 2129); 317 zG der Krankenkasse, soweit es um die rechtzeit Abmeldg des ArbN dch den ArbG (BGH aaO) u um unberecht LeistgsBez der Krankenkasse wegen Anmeldg eines nichtverspfl ArbN (Ffm NJW-RR **89**, 225) geht; 529 (Karlsr VersR **81**, 479). – **ScheckG** 39
149 (Hamm SeuffA **77**, 72). – **SeestraßenO** (RG **73**, 12). – **SGB X** 98 (Düss NJW-RR **92**, 1507). – **SprengstoffG** 9 (BGH **LM** (Bf) Nr 4), 27 (Hamm NJW-RR **95**, 157). – **StGB** 136 I (RG Recht **07**, 3644); 142 (BGH NJW **81**, 750, offengelassen mit bejahder Tendenz auch für freiwill Helfer); 156 (Celle FamRZ **92**, 556), 154; 156 (BGH MDR **59**, 118); 163 (BGH BB **65**, 14); 164 (BGH – **LM** § 823 (Be) Nr 3); 170b zG des UnterhBerechtigten u für die Zt, in der UnterhPfl besteht, auch der Körpersch, die wg der Unterh Verweigerg Unterh gewähren muß (BGH NJW **74**, 1868); 182 (Warn **21**, 14); 185 ff (BGH **95**, 212 bei PersönlkRVerl neben § 823 I anwendb); 189 (BGH **91**, 350); 203 (Hamm MedR **95**, 328); 221 (RG Recht **11**, 1129); 227 (BGH **103**, 197: EntlastgsMöglk des InAnsprGenommenen, daß seine Beteil den Schad nicht herbeigeführt hat); 223, 223a (RG **66**, 255); 235 (RG JW **35**, 3108); 239 (Warn **17**, 118); 240 (BGH NJW **62**, 910); 241 (RG Gruch **67**, 568); 248b zG des Eigtümers (BGH **22**, 293); 253 (RG **166**, 46); 257 (BGH **LM** § 823 (Be) Nr 15a); nicht jedoch, sow nur bezweckt wird, den Täter der Bestrafg zu entziehen (BGH **LM** § 832 Nr 6); 259 (Hbg Recht **12**, 1784, RG **94**, 191); 263 (BGH **57**, 137: Der Käufer eines Gebrauchtwagens, der den KaufVertr wg argl Täuschg erfolgr angef hat, kann den Kaufpr zurückverlangen, auch wenn der Wagen bei einem von ihm versch Unf zerstört worden ist; es fehlt weder am Urs- noch am RWidrigkZushang, ggf führt § 254 zu einer AnsprMinderg); 264 (BGH **106**, 204); 264a (BGH **116**, 7); 266 (BGH **100**, 191); 266a (BGH VersR **89**, 922); 288, geschützt ist das sachl BefriedigssR des Gläub, nicht die formell bestehde proz Vollstrbk (BGH **114**,

305); bei mehrgliedr GeschLeitg haftet der GeschF, der nach GeschPlan od fakt mit Personal- u SozVersAngelegenh befaßt war (Ffm ZIP **95**, 213); 302a ff (RG **159**, 101); 306, 309 zum Schutze des Eigtümers u dingl Berechtigten u wohl auch der sich im Gbde aufhaltden Menschen (BGH NJW **70**, 38); 315 ff, 316 zum Schutze der Gesundh u des Eigtums des EisenbahnUntern u der und vom Verk unmittelb berührten Pers (BGH **19**, 126); 323 (BGH **39**, 367, Schutz des Lebens u der Gesundh, nicht des Vermögens); 340 (RG JW **06**, 745). Bau- u BetriebsVO f **Straßenbahnen** (BGH VersR **53**, 255). – **StVG**, 21 II Nr 2 (BGH NJW **79**, 150 2309), aber nicht ggü dem Fahrer ohne FahrErlaubn (BGH NJW **91**, 418). – **StVO** 2 II S 1, Rechtsfahrgebot, zG des Überhol- u GgVerk in LängsRichtg, nicht zG eines EntggKommden, der nach links einbiegen will (BGH NJW **81**, 2301); 3 I 2, Geschwindigk, auch zG and VerkTeiln (BGH NJW **85**, 1950). Abstand, auch zG Fußgänger (Mü NJW **68**, 653); 3 IIa (BGB NJW **94**, 2829); 5, Überholverbot auch für NachfolgeVerk (BGH VersR **68**, 578); 12 I Nr 6 b, eingeschränktes Halteverbot, auch zG straßenüberquerder Fußgänger (Mü NJW **85**, 981) u ggüliegder GrdstEin- u Ausfahrt (Kln NJW-RR **87**, 478); 12 III Nr 3, IV Parkverbot vor GrdstEinfahrten (Karlsr NJW **78**, 274) u auf Gehwegen (LG Karlsr NJW-RR **87**, 479); 14 II, Sicherg des Kfz gg Schwarzfahrer (BGH NJW **81**, 113); 17 IV, Sicherg haltder Fahrzeuge (BGH VersR **69**, 895); 32 I 1 (Ffm NJW **92**, 318: lose aufgestellte Blumenkübel in der Fahrbahn zur VerkBeruhigg); 41, VerkGebot, -Verbot (BGH VersR **55**, 183), aber nicht, wenn der Schad unabh von der Gefahr, vor der das VerkZeichen schützen soll, eingetreten ist (BGH NJW **70**, 421: „Nur für Anlieger"); 41 Nr 7, Höchstgeschwindigk, auch ggü Fußgängern (BGH VersR **72**, 558). – **StVZO** 29 d II, Stillegg eines nicht versicherten Kfz (BGH NJW **82**, 988); 38 a, Sicherg des Kfz gg Schwarzfahren (BGH NJW **81**, 113). – **TierseuchenG** 9, AnzeigePfl 151 (Schlesw SchlHA **60**, 140). – **Trinkwasser VO** 3, 8 (BGH NJW **83**, 2935). – **UrhRG** 63, Quellenangabe (RG **81**, 120 für fr Recht); 97. – **WassHaushG** 8 iVm den WasserG der Länder für Stützverlust des NachbGrdst dch GrdWasserAbsenkg (BGH NJW **77**, 763); 8 III, IV, sow sie dem Betroffenen eine mat RStellg einräumen (BGH **69**, 1, BayOblG **80**, 168), u zwar unabhäng davon, ob für eine Gewässerbenutzg eine Bewilligg, eine Erlaubn od weder die eine noch die and dieser beiden wasserrechtl Gestattgn beantragt wird (BGH **88**, 34). – **ZahnheilkundeG**, zum Schutz der gesetzl zugelassenen Zahnbehandler (Oldbg NdsRpfl **55**, 133). – **ZPO** 803 (BGH BB **56**, 254). – **ZugabeVO** (BGH NJW **56**, 911). – **Landesrecht:** 152 *BaWü* **BauO** 7 II, 87 zG der Angrenzer (Karlsr Just **75**, 309); § 18 III (Stgt VersR **74**, 251); *Bay* **BauO** Art 33 (BGH DB **86**, 1814); Art 37 VII 1, 98 III 4 (jetzt Art 34 VII 1, 80) zG der Benutzer baul Anl in Bezug auf Unfallgefahren (BayOblG **77**, 309); *Bay* **FischereiG** Art 77 I, II, III zG des FischBerecht (BayOblG **62**, 201); *Bay* LandesVO über die Verhütg v Bränden 10 I (jetzt § 5 I, BayOblG NJW **75**, 2020: Aufbewahrg v Zündhölzern); *Bay* GaragenVO 25 III Nr 4 (BayOblG MDR **76**, 45); *Bay* **PresseG** 10, Veröffentlichg der GgDarstellung (BayOblG **58**, 193); *Bay* SchiffahrtsO 38 I, 26 III (Künnell VersR **85**, 1125); *Bay* **WaldG** Art 14 III iVm V Nr 2 (Mü VersR **91**, 678); *Bay* WG 31 V (BayOblG **80**, 65); *Bay* BauO 33, Handlauf an Treppe (BGH VersR **86**, 916); über Bauordnugn all § 903 Anm 3 b aa); *Hess* **AG-ZPO** Art 2, ZwVollstr Privileg (RG **124**, 105); BauO 7 I, III, Grenzabstand (Ffm NJW-RR **88**, 403); *Nds* **BauO** 12 IV, 7 zG des Nachb (BGH MDR **78**, 564: Einfriedg in unzul Höhe); *NRW* **Pflanzen-AbfallVO** § 3 II S 3 (Hamm VersR **92**, 247: Abbrennen von Stroh); **PolVO** v 27. 1. 52, § 5 (BGH LM (Bf) Nr 22); *NRW* **BauO** 7, seitl Grenzabstand (BGH **66**, 354). – **WasserG** 13, Hochwasserschutz (BGH NJW **70**, 1875); *Pr* **WasserG** 22 u die danach erl PolVOen (BGH **46**, 23); 197 (RG **145**, 107, 202, RG HRR **33**, 528); 285 (BGH MDR **71**, 38). *Pr* **WegereiniggsG** (BGH BB **69**, 1458). *SchlH* **GaragenVO** 25 V (BGH VersR **87**, 1014); LandesVO über die Verhütg von Bränden 11 (Schlesw VersR **89**, 53).

g) Keine Schutzgesetze sind (alphabet): **AFG** 167 ff (RAG JW **33**, 261 für die entspr 157 ff AVAVG; Mü 153 NJW **56**, 132), **AktG** 37 I 4 für Gl der AG (LG Hbg WM **77**, 152); 92 I, 93 I, II nicht zG der GesellschGläub (BGH NJW **79**, 1829), 92 II nicht zG eines RuhegehaltsEmpf (LAG Bln ZIP **82**, 211). – **AVG** 151 für SozVersTräger hins der NichtEntrichtg der ArbGAntle (BGH **84**, 312). – **BGB** 556 b für den Mieter, der auf unberecht Künd freiwill auszieht (Hamm MDR **84**, 494), 733 (KG JR **51**, 22); 832 (RG **53**, 312); 1624 (RG **53**, 312). – **BFernStrG** 9, 9 a zG des StrBaulastträgers (BGH NJW **75**, 47). – **BJagdG** 1 II, 21, Hege- u AbschußVorschr im Hinbl auf WildSchad (BGH RdL **57**, 191). Grds **DIN-Normen** (Köhler BB Beilage 4/ 85). – **FernmeldeO**, früh FernsprechO 12, AusfBestimmgn, Herausg privater Teilnehmerverzeichn (BGH NJW **61**, 1860). – **GenG** 34 (so RG DNotZ **33**, 382, wohl unzutreffd). – **GewO** § 56 I Nr 6 nicht zG von DarlNehmern zwecks steuerl Vortle dch Beitritt zu einer AbschreibgsGesellsch (BGH **93**, 264; krit DaunerLieb DB **85**, 1062). – **GmbHG** 30 u 41 sind keine SchutzG zG der Gläub der GmbH (BGH **110**, 342, BGH ZIP **94**, 867 [871], Düss NJW-RR **94**, 424); 64 I ist kein SchutzG der BAnst für Arb im Hinbl auf die Zahlg von KonkAusfallgeld (BGH **108**, 134). – **GüKG** zG der am Abschl des GüterFernVerkVertr beteiligten Untern (BGH NJW **64**, 1224). – **HGB** 29, 30 (RG **72**, 408); 238 ff (BGH DB **64**, 1585). – **KO** 64 I schützt die Gl nicht davor, mit einer überschuldeten GmbH in GeschVerbindg zu treten (BGH ZIP **87**, 509). – **Kredit-** 154 **wesenG** 18 kein SchutzG zG des Bankkunden (BGH WM **84**, 131, Hamm WM **88**, 191); 21 IV kein SchutzG zG des Sparers gg seinen treul Vertreter (Kln WM **86**, 1495); 32, 54 kein SchutzG zG des Anlegers (LG Essen NJW-RR **92**, 303). – **MontanUnionVertr** 4 b, c u 60 (BGH **30**, 74). – **Ortssatzungen,** ausgen sie bezwecken auch die Begründg eines ind SchadErsAnspr, wenn dies iR des haftgsr Gesamtsystems tragb ist (Düss NJW **79**, 2618). – **OWiG** 130 schützt nicht VermInteressen (BGH NJW **94**, 1801; krit Schmidt ZIP **94**, 837 [841]). – **PflVersG** 5 nicht zG des KfzHalters (Düss VersR **88**, 852); **ReichsgaragenO** 11 II BGH **40**, 306. – **RVO** 393 Nichtabführg der ArbGAntle (BGH NJW **76**, 2129). – **SGB I** 60 (Gagel NJW **85**, 1872); **IV** 24 I (BGH ZIP **85**, 996). – **StGB** 30 II (Wilts NJW **63**, 1963); 145 d nicht zG des v der falschen Anz Betroffenen (KG DAR **75**, 18); 180 (RG **53**, 239); 248 b nicht zG der VerkTeiln (BGH **22**, 293); 257, vgl oben unter Rn 149; 264 a (Hamm ZIP **90**, 1331); 267 schützt die Sicherh des RVerk mit Urk, der Schutz von VermInteressen ist Reflexwirkg, aber nicht Zweck der Norm (BGH **100**, 13); 278 im Verh zum Patienten (LG Darmstadt NJW **91**, 757); 317 nicht zG des Fernsprech- u FernschreibTeiln (BGH NJW **77**, 1147); 323 nicht für das Verm des Bauherrn (BGH NJW **65**, 534); 323 c (Ffm NJW-RR **89**, 794); 356 (Frank MDR **62**, 945). – **StPO** 79 (BGH NJW **68**, 787). – **StVO** 12 I Nr 6 b, 45 I Nr 1, VI kein SchutzG zG allg VermInteressen des StrBauUntern (LG Bln NJW **83**, 288, LG Stgt NJW **85**, 3028; aA LG Mü I NJW **83**, 288). – **StVZO** 20 ff nicht zG eines Kreditgebers für den Erwerb eines Kfz (BGH WM **79**, 17); 21 nicht zG des KfzErwerbers

(BGH BB **55**, 683); 27 III (BGH NJW **80**, 1792 [1793]); 29 a ff nicht zG des KfzHalters (Düss VersR **88**, 852);
155 29 c (BGH MDR **78**, 1014); 29 d I (BGH NJW **80**, 1792). – **UnfallverhütgsVorschr** der Berufsgenossen-
schaften (BGH VersR **69**, 827). – **UWG** 3 geht im Verh zu Mitbewerbern als SpezialRegelg dem § 823 II
vor. Im Verh zw Abnehmer od Verbraucher u Produzent od Werbden ist § 3 nach BGH NJW **74**, 1503 kein
SchutzG; aA Sack NJW **75**, 1303, BB **74**, 1369 mit der berecht Hinw, der BGH halte TatbestdMäßigk u
AnsprKonkurrenz nicht genügd auseinand; ebenf aA Schricker GRUR **75**, 111: § 3 UWG sei SchutzG auch
zG des einz Verbrauchers u verdränge Anspr aus § 823 II nicht. – **VOB/A** Abschn 2, 3, 4 gewähren
Bietwilligen wohl keine subj Rechte (näher: Lötzsch/Bornheim NJW **95**, 2134). – Grds **VDEBestimmun-
gen** (Köhler BB Beilage 4/85). **VVG** 71, 158 h (BGH NJW **53**, 1182). – **WassHaushG** 2, 6, 41 I Nr 1 1. Alt
(BGH **69**, 1; aA Mü NJW **67**, 570, krit Freudling NJW **67**, 1451). – **WirtschPrüferOrdng** 2, 43, 48 (Saarbr
BB **78**, 1434). – **ZPO** 392, 410 (BGH **42**, 313). – **1. WKSchG** § 1 in Bezug auf Umzugskosten nicht unberecht
156 Künd (Karlsr OLGZ **77**, 72). – **ZPO** 410 I (Mü VersR **84**, 590, Düss NJW **86**, 2891). – **Landesrecht:** § 34
Bay **Berufsordng für die Ärzte,** 1958 (BGH NJW **65**, 2007: nicht zG der Fachärzte). – **BauOrdngen:** *Bay*
Art 13 III (jetzt 14 III) für Stromabnehmer wg VermSchäd (BayObLG NJW **72**, 1085); Art 15 (jetzt 16)
Schutz gg Feuchtigk (Mü NJW **77**, 438). *BW* § 82, *NRW* § 75 (Schmalzl NJW **70**, 2265 [2269]; Kein SchutzG
für Stromabnehmer sind *BW* BauO § 18 III (Karlsr NJW **75**, 221); die BauO für das *Saarl* bei BauArb an
VerkAnl (Saarbr VersR **76**, 176) u gleichart Vorschr and Länd (BGH **66**, 388). – **G über Gewerbesteuer-
ausgleich** (Anteil der WohngsGemeinde am Steueraufkommen der BetrGem) – mit GG vereinb (BVerwG
WM **65**, 140). – *NRW* (Köln OLGZ **68**, 10); *Hess* (LG Ffm NJW **63**, 2174, zust Katholnig NJW **64**, 408);
Bay (Nürnb NJW **64**, 668). *NRW* **GemeindeO** 69 I, Errichtg wirtsch Unternehmgen durch die Gemeinde
nur unter best Voraussetzgen (BGH BB **65**, 392; mögl aber SchadErsAnspr nach § 1 UWG).

157 **10) Ersatzberechtigter. – a) Der unmittelbar Geschädigte.** Nur natürl u jur Personen. Vorgeburtl
Verletzg vgl Rn 4, 5. Im Falle des Abs I ist ersatzberecht der, dessen Lebensgut od Recht dch die uH verletzt
worden ist, im Falle des Abs II der, dessen Schutz das verletzte G dienen soll (Hamm NJW **74**, 2091; vgl Rn
142). Mittelb Geschädigte haben SchadErsAnspr gg den Verletzer aus uH nur nach §§ 844, 845 (BGH **7**, 30).
Im Einzelfall kann str sein, ob unmittelb od nur mittelb Schädigg vorliegt. Vgl Vorbem 15 vor § 249. Zu der
Frage, ob der Schad einer GmbH auch der des AlleinGters ist, vgl Vorb 111 vor § 249. – Über Liquidation
des DrittSchad vgl Vorbem 113 vor § 249. – **b)** Von **mehreren Verletzten** kann jeder nur den eig Schad
geltd machen (RG **56**, 271). Über gutgläub ErsLeistg wg EigtVerletzg an den Besitzer vgl § 851. – **c) Ver-
erblich und übertragbar** sind alle ErsAnspr, auch aus § 847, soweit nicht § 400, ZPO 850 b entggstehen.
Übergang der ErsAnspr auf Versicherer u SozVersTräger ist gesetzl in best Fällen vorgesehen. – **d) Haf-
tungsausschluß oder Beschränkung** dch SonderG vgl Einf 7 vor § 823, unter EheG § 1359 Rn 2, unter
Partnern einer ne LebGemsch Einf 33 vor § 823.

158 **11) Ersatzverpflichtet** ist grdsätzl nur der Täter. Mittäter u Beteiligte § 830, mehrere Täter § 840, Haftg
von Unzurechngsfäh, Jugendl §§ 827–829, von AufsPers §§ 831, 832. Eine allg Haftg des Vertretenen für
uH des Vertreters kennt das BGB nicht (RG **132**, 80). Auch keine Haftg für Part kr Amtes, wie KonkVerw
(BGH **21**, 285), TestVollstr (BGH VersR **57**, 297); diese haften unmittelb. Jedoch haftet die jur Pers des priv
u öff Rechts für uH ihrer verfassgsm Vertr gem §§ 30, 31, 89 (BGH NJW **63**, 484: Versch der verfassgsm
berufenen Vertr einer Fernsehgesellsch bei einer Werbesendg). Haftg insow auch für mangelnde Organisa-
tion in der Überwachg der Hilfspersonen (BGH DB **65**, 324, NJW **63**, 904: Haftg des Verlegers für
mangelnde Organisation) u für Unterbleiben erforderl Bestellg bes Vertreters nach § 30 (vgl § 831 Rn 14,
16). Haftg der OHG für uH der vertretgsberecht Gesellschafter, die im inneren Zushang mit dem GeschBetr
begangen sind (BGH NJW **52**, 538). In allen übr Fällen besteht Haftg für uH Dr (Bevollm, Angest usw) nur
nach §§ 831, 832, also unter Vorbeh des dort zugelassenen EntlastgsBew. Haftg der Mitgl eines nicht
rechtsfäh Vereins für uH von VorstdMitgl vgl § 54 Rn 12. – Für PflVerl der öff Gew bei **hoheitlicher
Tätigkeit** haftet der Staat od die sonstige Körpersch nicht nach §§ 30, 31, 89, sondern nach § 839.

159 **12) Anspruch auf Schadensersatz – a) Inhalt und Umfang** bemessen sich nach den Grds der §§ 249 ff,
gleichgült, ob die uH vorsätzl od fahrl begangen ist (Einf 12, 13 vor § 823); außerdem nach den Sonder-
vorschr der §§ 843, 845, 847. Zu ersetzen ist grdsätzl das negat Interesse (vgl Vorbem 17 vor § 249).
SchadErs umfaßt unmittelb u mittelb verurs Schad, der aus der Verletzg des Rechts bzw RGuts entstanden
ist, das § 823 I od das SchutzG schützen will (BGH **46**, 23). Die Tatfolge, für die Ers begehrt wird, muß
innerh des Schutzbereichs der verl Norm liegen (BGH NJW **68**, 2287; vgl Vorbem 62–65 vor § 249). So
schützen Vorschr über Transportgefährdg nur Gesundh u Eigt der vom Verk unmittelb berührten Pers,
nicht aber ihre allg VermInteressen (BGH **LM** § 426 Nr 8). Ebenf kein Anspr auf Erstattg der Verteidiger-
kosten eines Unfallbeteil gg den, der den VerkUnfall schuldh herbeigeführt hat (BGH **27**, 137). Kein
ErsAnspr des UnfallVerl wg früherer Pensionierg inf einer bis zum Unf verborgenen Krankh (BGH NJW
68, 2287). Verlust des SchadFreihRabatts vgl Vorbem 92 vor § 249. Erstattg von AnwKosten vgl Vor-
bem 83, 90, 91 vor § 249. Zu den dem Verl gesch HeilgsKosten gehört auch der Aufwand nächster Angehör
für medizin notw KrHausbesuche, näml unvermeidb Fahrt-, Übernachtgs- u VerpflgsMehrkosten sowie
dch Vor- od NachArb nicht auffangb Verdienstausfall (BGH NJW **91**, 2340, Neumann-Duesberg NZV **91**,
455); eig ErstattgsAnspr der Angehör nach § 683 (BGH NJW **79**, 598). Nicht ersäh ist die vermehrte elterl
Zuwend als solche an das verl Kind (BGH NJW **89**, 766). Wird der Verl dch eine Körperverl gehindert,
einen geplanten Urlaub zu genießen, dann führt dies nicht zu einem Anspr auf Ers eines VermSchad – and
im ReiseVertrR –, wohl aber zur Berücksichtig beim SchmerzGeldAnspr (BGH VersR **83**, 392; Vorbem 83
vor § 249). – Kosten der Bekämpfg von Ladendiebstählen, Fangprämie vgl Vorbem 44 vor § 249. Zum
gleichen Problem bei Fangprämie nach Unfallflucht im StrVerk, Will MDR **76**, 6. – § 7 StVG umfaßt auch
160 Schäd, die von dem Fahrer vorsätzl herbeigeführt werden (BGH **37**, 311). Zuerkenng von **Buße** im
StrafVerf schließt Geltdmachg weiterer ErsAnspr ggü einem im StrafVerf verurteilten ErsPflichtigen (RG
79, 148) aus. **Auskunft** kann der Verletzte als HilfsAnspr des SchadErsAnspr verlangen (vgl Einf 35).
Verpfl zur Zahlg einer Rente ist auch außer der Tatbest der §§ 843–845 mögl (vgl § 847 Rn 4). Prozeßrechtl
ist ZPO 287 zu beachten. Ersatz „neu für alt" bei der Zerstörg od Beschädigg gebrauchter Sachen vgl

Vorbem 146 vor § 249. Konkurrenz zw Vertr- u DeliktsAnspr u solchen aus ungerechtf Ber vgl § 463 Rn 23–26. **Schmerzensgeld** nur bei Haftg aus uH, nicht bei VertrHaftg.

b) Bei **schuldhafter Verletzung ausschließlicher Immaterialgüterrechte** (Patent-, Gebr-, Ge- 161 schmacksmuster-, UrhR) u analog bei Verl einer vergleichb Position wie MarkenR (BGH **99**, 244) od BetrGeheimn (BGH NJW **77**, 1062) hat Geschädigter die Wahl zw drei versch SchadBerechngen (vgl § 687 Rn 5–7): Angemessene Lizenzgebühr u ggf Ers des darü hinausgehden Schad, Ersatz des dem Verletzten entgangenen Gewinns oder Herausg des dem Schädiger zugeflossenen Gewinns, wobei die letztgenannte Berechngsart keinen eigentl SchadErs darstellt, sond eine HerausgPfl entspr § 687 II (BGH **20**, 253). Das WahlR erlischt erst dch Erf od rkräft Zuerkenng eines Anspr (BGH **119**, 20). IF der SchadErsLizenz iW der Lizenzanalogie gibt es keinen allg Verletzerzuschlag (BGH **77**, 16), die Umst des EinzFalles können es aber rechtfert, die Vort der Stellg des Verletzers ggü der Stellg des Lizenznehmers, zB Abrechng nicht in kurzen zeitl Abständen, sond erst später, lizenzerhöhd zu berücksichtigen (BGH NJW **82**, 1151) od einen Anspr auf „aufgelaufene Zinsen" zuzusprechen, auch iR des Anspr auf WertErs nach § 818 II (BGH NJW **82**, 1154). Über die AuskPfl des Schädigers § 687 Rn 5–7 und § 826 Rn 15. Bei schuldl Verl vgl Einf 18 vor § 812.

c) Vorteilsausgleichung. Bei Gelders sind alle aus der uH hervorgegangenen VermZugänge u -Abgän- 162 ge auszugleichen (BGH NJW **62**, 1909), vgl Vorbem 119–161 vor § 249. Fortzahlg des ArbLohnes währd der Erkrankg vgl § 616 Rn 30–32. Einfluß von UnterhGewährg an Verletzten vgl § 843 Rn 22. Vorteils-Ausgl nach SchadErsR u nach BereichergsR vgl § 463 Rn 23–26, bei SchmerzG § 847 Rn 11.

d) Maßgebender Zeitpunkt: Letzte mdl TatsachenVhdlg vor Urteilsfällg. Rentenberechng vgl § 843 163 Rn 4–18. Fehlen die nöt Unterlagen zur Bemessg des zukünft Schad, ist Feststellsklage mögl.

e) Bei **arglistiger Verleitung zum Vertragsschluß** kann das negat VertrInteresse, also vor allem die 164 Befreiung von den vertragl Pflichten, verlangt werden (BGH NJW **62**, 1198); steht fest, daß bei Unterbleiben der uH der Vertr mit einem best und Inhalt zustgek wäre, so richtet sich der SchadErsAnspr auf die Herstellg des Zust, der bei Abschl dieses and Vertr gegeben wäre (BGH WM **76**, 1307 [1310]). Ers des ErfInteresses vgl § 123 Rn 26.

f) Ehrenkränkungen. Vgl § 824; zum PersönlichkR Anspr 175–200 u über die Unterl sowie den Widerruf 165 ehrenkränkder Äußergen Einf 18 u 34 vor § 823. Über den Ehrenschutz ggü amtl Äußergen Einf 22. Bei Verletzg des Briefgeheimn kann Herausg der widerrechtl hergestellten Vervielfältiggen u Unterl jeder Verwendg der widerrechtl erlangten Kenntn verlangt werden.

g) Über **Klage auf Unterlassung** Einf 16–25 vor § 823, über **Zurechnungszusammenhang** Vorbem 166 54–107 vor § 249.

13) Beweislast. Allg vgl Th-P Rn 17–40 vor § 284. Zusfassd Baumgärtel-Wittmann, Zur BewLastVer- 167 teilg iR des § 823 I BGB in Festschr für Schäfer, 1980, S 13ff. – **a) Objektiven Tatbestand, Verschulden, Schaden, Ursächlichkeit** (haftgsbegründ u haftgsausfülld, vgl Vorb 162, 172 vor § 249) hat grdsätzl der Verletzte zu beweisen. Dazu gehört der Bew einer Hdlg des Verletzers, dh eines der Bewußtseinskontrolle u Willenslenkg unterliegden beherrschb Verhaltens unter Ausschl phys Zwangs od unwillkürl Reflexes auch fremde Einwirkg (BGH **39**, 103). Die Vermutg des § 1006 gilt auch für eine obj EigtVerl (BGH WM **77**, 225). Zur Entstehg eines Schad gehört auch die Realisierbark einer Fdg (BGH NJW **86**, 246).

b) Anscheinsbeweis u **Umkehr der Beweislast** vgl Vorbem 163–165, 173 vor § 249. AnschBew auch 168 bei mehrgliedr Geschehensablauf, wenn Kausalverbindg zw 1. Ursache u Erfolg dch einheitl ErfahrgsSatz gedeckt ist. Beisp: 1. Unsachgem Verlegg eines Kabels; 2. Geeignet, Isolationsfehler hervorzurufen; 3. Brandausbruch gerade an dieser Stelle (BGH VersR **70**, 61). Bei Verstoß gg UnfallVerhütgsVorschr spricht der Bew des ersten Anscheins für die UnfallUrsächlichk des Verstoßes, wenn sich ein Unfall im Einwirkgs-Bereich der GefStelle ereignet (BGH DB **74**, 426). Bei Verl von VerkSichgsPfl vgl Rn 61. Bei ProdHaftg vgl Rn 219, 220. Die gleichen Grds gelten auch für delikt Anspr wg Emissionen/Immissionen. Danach hat der Emittent die Ortsüblichk u außerdem zu bew, daß er die zumutb Vorkehrgen zur Verhinderung einer Schädigg Dr dch Immission getroffen hat (BGH **92**, 143).

c) Für **ärztliche Behandlungsfehler** gilt unter dem Gesichtspkt der pVV u der uH: – **aa)** Den obj 169 **Fehler** und seine **Ursächlichkeit** für den Schad hat der Patient zu bew (BGH NJW **88**, 2949). Dabei erfordert der Grds der Waffengleichh, daß der Arzt dem Patienten Aufschluß über sein Vorgehen in dem Umfang gibt, in dem dies ow mögl ist u insow auch zumutb Bew erbringt. Dieser Pfl genügt der Arzt weithin durch Vorlage einer ordnsgem Dokumentation im Operationsbericht od in der Patientenkartei, soweit sie im unmittelb Zushang mit der Operation bzw Behandlg erstellt ist (BGH NJW **78**, 1681). Unzulänglich od Unrichtig einer gebotenen medizin (BGH NJW **93**, 2375) Dokumentation über die für Diagnose u Therapie wesentl medizin Fakten (BGH NJW **89**, 2330) begründet die Vermutg, daß der Arzt bzw Zahnarzt (Köln NJW-RR **95**, 346) eine nichtdokumentierte Maßn auch nicht getroffen hat. Nicht ordnsgem Dokumentation, die die Aufklärg eines immerhin wahrscheinl UrsZushangs zw BehandlgsFehler u GesundhSchad erschwert od vereitelt (BGH NJW **83**, 332, Oldbg u BGH VersR **93**, 1021), führt zu BewErleichtergen für den geschädigten Patienten bzw seine Erben, die, je nach dem Gewicht der Möglk, daß der BehandlgsFehler zum Mißerfolg beigetragen hat und nach dem Ausmaß der PflWidrigk bis zu BewLastumkehr reichen können (BGH **72**, 132, NJW **88**, 2949). – Ist der Gesundh des Patienten bei einer Operation dch einen nicht ausr qualifizierten Assistenzarzt od Berufsanfänger geschädigt worden, so trifft die BewLast dafür, daß dies nicht auf der mangelnden Qualifikation des Operateurs u des aufsichtsführden Arztes beruht, den Krankenhausträger u die für die Einteilg des Operateurs verantwortl Ärzte (BGH **88**, 248, NJW **92**, 1560; abw Düss NJW **94**, 1598). – **bb)** Steht fest, daß der Arzt einen **groben Behandlungs-** 170 **fehler** gemacht hat, der geeignet ist, einen Schad der Art herbeizuführen, wie er tatsächl entstanden ist und der konkret die Kausalitätsfeststell erschwert (BGH **85**, 212, NJW **88**, 2303 u 2949), so trifft ihn die BewLast für die fehlde Ursächlichk im Einzelfall, soweit dch sein Versehen unmittelb verurs, haftgsbe-gründde GesundhBeschädiggen (Primärschäd) in Frage stehen (BGH NJW **68**, 1185, 2293 u **88**, 2948). Die BewLastUmkehr entfällt, wenn es gänzl unwahrscheinl ist, daß der Fehler zum SchadEintritt beigetragen hat (BGH NJW **95**, 1611). Grob ist der BehandlgsFehler, wenn er iR einer GesamtBetrachtg des Behandlgs-Geschehens unter Berücksichtgg der konkreten Umst (BGH NJW **88**, 1511) aus obj ärztl Sicht bei Anlegg des für einen Arzt geltden Ausbildgs- und Wissensmaßst – in dem Grad subj Vorwerfbark geht es nicht (BGH NJW **92**, 734) – nicht mehr verständl und verantwortb erscheint, schlechterdings nicht unterlaufen darf (BGH NJW **95**, 778). Auch eine Reihe von BehandlgsFehlern kann zusammengenommen einen groben BehandlgsFehler darstellen (Kln NJW-RR **91**, 800). Gleiche BewErleichtergen, wenn der Arzt die Erhebg u Sichg medizin zweifelsfrei gebotener Befunde zum Aufschluß über den BehandlgsVerlauf unterlassen hat u dadch die Aufklärg eines immerhin wahrscheinl UrsZushangs zw BehandlgsFehler u GesundhSchad er-

170a schwert (BGH NJW **88**, 2949). – **cc)** Für das **Verschulden,** auch beim Tierarzt (BGH NJW **77**, 1102, VersR **80**, 428) gilt die BewLastregel des § 282 nicht entspr, soweit es um Diagnose u Heilbehandlg geht, weil der Arzt nur kunstgerechtes Bemühen, nicht aber Heilerfolg schuldet (BGH MDR **91**, 846). Dagg gilt § 282 entspr, soweit es um Risiken geht, die vom KrHausträger u dem dort tät Personal voll beherrscht werden können, wie die Organisation des Behandlgsgeschehens u der Zustand der dazu benötigten Geräte u Mate-rialien (BGH aaO). In diesem Bereich muß der KrHausträger bzw Arzt dartun u bew, daß der Fehler nicht auf einem ihm zuzurechnenden Organisations- oder PersonalVersch beruht (BGH NJW **82**, 699). Beispiele: Funktionstüchtig des Narkosegeräts (BGH VersR **78**, 82), Ordngsmäßigk des Tubus (BGH VersR **75**, 1952), unbemerkt gebliebene Entkoppelg des Infusionssystems (BGH **89**, 263 [269]), Sterilität der verab-reichten Infusionsflüssig (BGH NJW **82**, 699), Keimübertragg bei Operation (BGH VersR **91**, 467), zurück gebliebener Tupfer im Operationsgebiet (BGH VersR **81**, 462), richt Lagerg des Patienten auf dem Opera-tionstisch (BGH VersR **84**, 386), Sturz eines Patienten währd einer Beweggs- u TransportMaßn in Begleitg

170b einer betreuden KrSchwester (BGH MDR **91**, 846). – **dd)** Die vorstehd dargestellten Regeln der BewLast-verteilg sind verfkonform (BVerfG NJW **79**, 1925) u gelten auch für Tierärzte (BGH VersR **80**, 428) u für

171 grobe **Verletzung sonstiger Berufspflichten,** soweit sie auf die Bewahrg and vor Gef für Körper u Gesundh gerichtet sind, zB beim Krankenpflegepersonal (BGH NJW **71**, 241), Schwimmeister (BGH NJW **62**, 959), Inhaber eines Kioskes auf dem Kirmesplatz (Köln OLGZ **70**, 311).

172 **d) Erschwerung oder Vereitelung des Beweises** dch den Verletzer vgl Th-P § 286 Rn 17–19.

173 **e) Ausschluß der Widerrechtlichkeit.** BewLast vgl § 227 Rn 13, 162 vor § 249; bei Verl der ärztl AufklärgsPfl oben Rn 42.

174 **f)** Bei **Verstoß gegen Schutzgesetz** muß Geschädigter den Verstoß, den ursächl Zushang zw Verstoß u Schad u grdsätzl das Versch des Schädigers beweisen. Steht der obj Verstoß fest, so muß der das SchutzG Übertretde idR Umst darlegen u beweisen, die geeignet sind, die daraus folgde Annahme seines Versch auszuräumen (BGH VersR **85**, 452). Vorauss für diese BewLastUmkehr ist, daß das SchutzG das geforderte Verhalten konkret umschreibt, nicht genügd ist, daß es ledigl einen best VerletzgsErfolg verbietet (BGH **116**, 104 [114]). Ebso kommt dem Verl für den ursächl Zushang der AnscheinsBew zugute, wenn das verletzte SchutzG typ GefährdgsMöglichk entggwirken will u wenn zeitl nach diesem Verstoß gerade derjen Schad eingetreten ist, zu dessen Verhinderg das SchutzG ergangen ist (BGH NJW **84**, 432, NJW **94**, 945). Das Versch bezieht sich hier auf die SchutzGVerletzg. Bei Unterl einer dch G gebotenen Tätigk kehrt sich die BewLast hins der für das Versch maßgebl Tats, nicht jedoch auch hins der Ursächlich regelm dahin um, daß Bekl sich entlasten muß (BGH NJW **73**, 2207), dh daß er alles getan hat, um Ausf des SchutzG zu sichern. – Bei der Verl von **DIN-Normen** für die Ausbehg u Unterh einer Baugrube hat der Untern darzulegen u zu bew, daß örtl u zeitl in Zushang mit diesen Arb stehde Schäd auf dem NachbGrdst nicht auf die Verl der DIN-Normen zurückzuführen sind (BGH NJW **91**, 2021). – Über die BewLast bei Ehrverletzg § 824 Rn 12–14.

175 **14) Persönlichkeitsrecht**

176 **A) Begriff.** Das PersönlkR ist aufzufassen als einheitl, umfassdes subj R auf Achtg u Entfaltg der Persönlk (BGH **13**, 334) od als sog QuellR für einzelne konkretisierte Gestaltgen (BGH **24**, 72 [78]).

177 **B) Grundlage und Gegenstand.** In der Rspr hat der BGH seit **13**, 334 u die hM aus Art 1, 2 GG ein allg PersönlkR abgeleitet u ihm in verfkonformer Anwendg u Auslegg der Generalklauseln (BVerfG **7**, 198) den Schutz der abs Rechte zuerkannt, soweit nicht bereits durch spezielle Normen der gebotene Schutz gewährt wird. AnsprGrdl ist neben § 823 I bei Erf des Tatbestd auch Abs II iVm § 186 StGB (BGH **95**, 212). – Ggst ist das R des einz auf Achtg seiner individuellen Persönlk ggü dem Staat u im priv RVerk (BGH **24**, 72 [76], **27**, 284). Der Schutz umfaßt die Persönlk in doppelter Hins: einmal in stat Sicht in ihrem R, in Ruhe gelassen zu werden (zB BGH **106**, 229: Briefkastenwerbg), zum and in dynam Sicht in ihrem R auf freie Entfaltgs-Möglk u aktive Entschließgs- u HandlgsFreih (zB BGH **26**, 349).

178 **a) Geschützte Sphären** (Hbg NJW **67**, 2314, Ricker NJW **90**, 2098). Die **Individualsphäre** schützt das SelbstbestimmungsR (BAG NJW **90**, 2272) u bewahrt die pers Eigenart des Menschen in seinen Beziehgen zur Umwelt, seinen öff, wirtsch, beruf Wirken. – Die **Privatsphäre** umfaßt das Leben im häusl od Familienkreis u das sonst PrivLeben. – Die **Intimsphäre** umfaßt die innere Gedanken- u Gefühlswelt mit ihren äußeren Erscheingsformen wie vertraul Briefen, Tagebuchaufzeichngen sowie die Angelegenh, für die ihrer Natur nach Anspr auf Geheimhaltg besteht, zB GesundhZustand (BGH Ufita **52**, 208), Sexualleben (BGH NJW **88**, 1984). Die Intimsphäre genießt grdsätzl absoluten PerslkSchutz (BGH NJW **88**, 1984).

179 **b) Spezielle gesetzliche Regelungen,** näml das NamensR § 12, das R am eig Bild §§ 22ff KUrhG, das UrhR nach UrhRG. Eingehd Helle, Bes PerslkR im PrivR – das Recht am eig Bild, das Recht am gespro-chenen Wort u der Schutz des geschriebenen Wortes, 1991. Das BDSG schützt, sow nicht speziellere G vorgehen (§ 45), persbezogene Daten, die in Dateien gespeichert, verändert, gelöscht od aus Dateien über-mittelt werden v Beh od sonst öff Stellen, ferner v natürl od jur Pers, Gesellsch od and PersVereiniggen unterschiedl, ob für eig od geschäftsm für fremde Zwecke, gg Verarbeitg ohne gesetzl Erlaubn od Einwil-ligg des Betroffenen (§§ 1–3, 22, 31). Dieser hat in Bezug auf die zu seiner Pers gespeicherten Daten ein R auf Ausk, Berichtigg iF der Unrichtigk, Sperrg u Löschg unter den Vorauss der §§ 4, 13, 14, 26, 27, 34, 35 BDSG; bis zur Löschg auch Anspr gg die übermittelnde Stelle auf Widerruf unzuläss übermittelter Daten

(BGH VersR **83**, 1140). Verstoß gg das BDSG kann Verletzg eines SchutzG od des allg PersönlkR sein. Lit: Bull NJW **79**, 1177; Hümmerich u Kniffka NJW **79**, 1182, Klippel BB **83**, 407 je mwN, Simitis/Wellbrock NJW **84**, 1591, Winkelmann MDR **85**, 718. Widerruf der Einwilligg zur Datenverarbeitg macht die erfolgten Speichergen nicht rückw rwidr (Düss WM **85**, 1220).

c) Die **Leibesfrucht** genießt delikt RSchutz nicht nur, was den Körper u die Gesundh betrifft (vgl Rn 4), **179a** sond auch hins des allg PerslkR. Verletzgen führen allerd erst mit Vollendg der Geburt zu SchadErsAnspr (BGH **58**, 48, Taupitz JZ **92**, 1089). – **Nach dem Tode** erleidet der Schutz des PersönlkR zwar eine **180** Einschränkg, die sich aus der Nichtmehr-Existenz einer handelnden Pers ergibt, der Schutz des Lebensbildes gg grob ehrverletzde Entstellgen besteht aber weiter (BGH **50**, 133: Mephisto, MDR **84**, 997: Unbefugte Namensverwendg zur Werbg). Nach BVerfG NJW **71**, 1645 erlischt zwar das PersönlkR mit dem Tode u endet damit der Schutz aus Art 2 I GG, das Andenken bleibt aber dch Art 1 I GG geschützt. Zumind haben die Angehör – fragl, ob nur in einer best Reihenfolge (vgl Bückeborg NJW **77**, 1066) – einen Unterl- od Widerrufs-, aber keinen SchmerzGAnspr (BGH NJW **74**, 1371). Der postmortale PerslSchutz erfährt zwar Einschränkgen mit zunehmdem Abstand, ist aber nicht auf einen best Zeitraum nach dem Tod beschränkt (Mü NJW-RR **94**, 925), der eines bekannten Malers entfällt nicht 30 Jhre nach seinem Tod (BGH **107**, 384). Ebso genießen die Integrität des Leichnams u das BestR der Angehör Schutz. Sektion der Leiche od ein and Eingr, zB Organentnahme zwecks Transplantation sind ohne Einwilligg des Verstorbenen od seiner nächsten Angehör rwidr. Sehr zweifelh ist, ob neben der Einwilligg od subsidiär Notstand des Arztes als RFertiggsGrd anzuerk ist (LG Bonn JZ **71**, 56, zusfassd Laufs VersR **72**, 1 [6], Samson NJW **74**, 2030, Zimmermann NJW **79**, 569, Stein FamRZ **86**, 7, Taupitz JZ **92**, 1089). Die analoge Anwend des § 847 ist auch auf derart RVerletzgen abzulehnen, sie würde einer bedenkl Kommerzialisierg der erteilten od verweigerten Einwilligg Vorschub leisten.

d) Auch die **juristische Person** u die **politische Partei** (Kln NJW **87**, 1415) genießen PersönlkSchutz, **181** allerd nur in einem Umfang, der dch ihr Wesen als Zweckschöpfg des Rechts u ihre satzgsmäß Funktionen beschr wird. PerslkR bedeutet bei ihnen allg HdlgsFreih (Art 2 I GG), als Tl davon insb wirtsch BetätiggsFreih (BVerfG NJW **94**, 1784). Bsp: Funktion als Religions- od WeltanschauungsGemsch (BGH VersR **81**, 231, auch SchmerzG, Stgt NJW-RR **93**, 733); Streitigmachen der wirtsch Selbstbestimmg u Entfaltg im TätigkBereich als ArbG u WirtschUnternehmen (BGH NJW **75**, 1882), Vermarktg des seriösen wirtsch Firmenzeichens eines Unternehmens als Scherzartikel reicht hierfür nicht aus (BGH **98**, 94). Verl des soz GeltgsAnspr als WirtschUnternehmens, wenn ein Wissenschaftler in einem FortbildgsSeminar Ablichtgen eines im BAnz veröffentlichten JahresAbschlBerichts an Banken u SeminarTeiln weiter gibt, ohne den Namen u die Adresse des Unternehmens unkenntl zu machen (BGH NJW **94**, 1281, BVerfG NJW **94**, 1784: Verl der wirtsch BetätiggsFreih). Pressebericht über bevorstehdn Termin zur Abgabe der OffenbargsVers (Brem MDR **92**, 1033). Ein Interessenverband ist außerh des § 13 UWG nicht ow befugt, Angriffe gg ein Unternehmen u die Persönlk seiner Mitgl abzuwehren (Kln JMBlNRW **83**, 285).

e) Die **Handelsgesellschaft** genießt Schutz, sow ihr soz GeltgsAnspr mit ihrem AufgBereich betroffen **182** wird; aber kein Anspr auf SchmerzG wg RufSchädigg (BGH **78**, 24). Gg rufschädigden Angriff auf einen Gter od BetrAngehör kann sie sich mit der UnterlKlage nur wehren, wenn dieser Angriff die Gesellsch selbst trifft (BGH aaO). Zusfassd zum PersönlkSchutz von Verbänden Klippel JZ **88**, 625.

C) Die **Verletzungshandlung** liegt in einer **Beeinträchtigung** einer der vorgenannten Sphären, also in **183** einem **Eingriff** zum Nachteil des Verl, der nicht notw auch vermrechtl Art sein muß. Die VerlHdlg kann mittelb auch in einer Information der Presse liegen. Stellt sich eine PresseBerichtErstattg nach den Grds von Rn 184 als Verl des PersönlkR dar, so beruht die Haftg des Informanten auf der Erwägg, daß er dch seine InformationsErteilg, meist als mittelb Täter od Anstifter, die VerlHdlg veranlaßt hat. Er haftet dann für solche von ihm gesetzte Bdgngen, die nach den damals bekannten Umst die obj Möglichk des eingetretenen Erfolges nicht unerhebl erhöht haben (BGH NJW **73**, 1460). Dch eine Verl des PersönlkR der Ehefr bzw mj Abkömml wird das PersönlkR des Ehem bzw Erziehgs Ber nur dann verl, wenn dadch zugl sein eig PersönlkBild mit der Vorstellg eines Minderwertes belastet od der Vorwurf einer Vernachlässigg der ErziehgsPfl erhoben wird (BGH NJW **69**, 1110). Wird ein Angriff auf Geldschädigg wg Verl des PersönlkR auf eine Behauptg gestützt, die eine Straftat des Betroffenen zum Ggst hat, so ist die BewRegel des § 190 StGB, anwendb (BGH **95**, 212). Beispiele s Rn 195, 196.

D) **Widerrechtlichkeit** des Eingr ist Vorauss für jeden Abwehr- u ErsAnspr. Sie kann ausgeschl sein dch **184** einen allg RFertiggsGrd (vgl Rn 36–53), insb Einwillig des Verl. Für die kommerzielle Verwertg v Nackt-Aufn einer 16jähr ist deren eig Einwilligg erforderl (offengelassen BGH NJW **74**, 1947). Im übr gilt hier nicht der Grds, daß die TatbestdMäßigk die RWidrk indiziert (BGH **24**, 72, **36**, 77, **45**, 296 [307]). Die Feststellg, daß jemand in seiner Persönlk verl ist, reicht also für sich nicht aus, um die RWidrk zu bejahen. Nöt ist vielm in jedem Einzelfall unter sorgs Würdigg aller Umst, insb des Grds der Verhältnismäßigk, abzugrenzen, ob der Eingr befugt war od nicht. Dies gilt auch iF priv Mitteilg einer Vorstrafe, die tilggsreif ist (Ffm NJW **76**, 1410) u iF der Übermittlg persbezogener Daten (BGH VersR **83**, 1140). Maßg für diese **Abgrenzung** ist das Prinzip der **Güter- und Interessenabwägung.** Dabei muß die soz od pers Nützlichk der gefährdden Hdlg zur Wahrscheinlichk u Größe der erwarteten Nachteile in Bez gesetzt werden (BGH NJW **78**, 2151). Widerrechtl ist der Eingr, wenn diese Abwägg zum Nachteile des Angreifden ausgeht (BGH **24**, 72: Offenbarg von Krankenpapieren, NJW **59**, 525: Andenken Vermißter).

Bei der **Abwägung** sind vornehml folgde **Umstände zu berücksichtigen: 185**
a) **Auf seiten des Verletzten: – aa)** In **welche Sphäre** seiner Persönlk (vgl oben Rn 178) eingegriffen wurde. Dabei genießt die Intimsphäre absoluten Schutz (BGH NJW **88**, 1984). Sie ist einer öff Darstellg ganz verschlossen. Auch in der PrivSphäre bleibt dem Betroffenen grdsätzl vorbehalten, welcher Öffentlichk er sich in seiner Persönlk darstellt (BGH NJW **81**, 1366). Ein Eingr in die Privatsphäre kann nach dem Prinzip der Güter- u Interessenabwägg befugt sein, wenn die wahrhgem Aufklärg über Vorgänge aus dem priv Lebensbereich einer Pers aus bes Grden für die Allgh von Bedeutg ist (BGH NJW **64**, 1471, Kln NJW **70**, 1325: Veröff der ScheidgsAbs). Keinen so weitgehden Schutz genießt die Individualsphäre, insb die

Betätigg im öff, polit, wirtsch Leben (BVerfG **7**, 198, BGH **45**, 296, NJW-RR **95**, 301). Daß auch Informationen, die ein Mitarbeiter dch Einschleichen in den berufl TätigkKreis des Betroffenen hat, ohne Verl des
186 PersönlkR veröffentlicht werden dürfen (so BGH **80**, 25), ist eine bedenkl Rspr. – **bb)** Die **Schwere des**
187 **Eingriffs** u seiner Folgen, vor allem für Ers des immat Schad (vgl unten Rn 200). – **cc)** Das **eigene Verhalten des Verletzten,** das dem Eingr vorausgeht. So muß jemand, der in Fragen der polit Haltg eine gezielte Einflußn versucht, das Risiko öff Kritik in scharfer Form auf sich nehmen (BGH **31**, 308 [314]). Wer im polit MeingsKampf auftritt, muß scharfe, abwertde Kritik seiner Ziele u Polemik gg seine Pers hinnehmen (BVerfG NJW **61**, 819, BGH NJW **65**, 1476), insb wenn sie ein adäquates Mittel zur Abwehr eines beabsicht grdrechtsgefährdden Verhaltens ist (BVerfG NJW **69**, 227). Wer im geist Meingskampf schwerwiegde Vorwürfe erhebt od sonst herausfordert, muß sich gefallen lassen, daß scharf u drast zurückgeschlagen wird (BGH **45**, 296 [309]).

188   **b) Auf seiten des Schädigers: – aa)** Auch hier spielen die verl **Persönlichkeitssphäre,** die Schwere des
189 Eingr u das vorangegangene Verhalten des Verl eine Rolle. – **bb)** Ausschlaggebd ist das Motiv u der **Zweck des Eingriffs.** Es muß ein vertretb Verh bestehen zw dem erstrebten Zweck u der Beeinträchtigg des Betroffenen (BGH **31**, 308 [313], **36**, 77 [82]). Insb können die Verfolgg öff Interessen, die Aufklärg der Allgh, die Diskussion von Fragen des Gemeinwohls, das geist od polit AuseinandS, das **Recht zur freien Meinungsäußerung** u ihrer DchSetzg (BGH NJW **71**, 1655) u zur Kritik sowie die Freih von Kunst, Wissensch, Forschg u Lehre (Art 5 GG) eine Beeinträchtigg des PersönlkR rechtf. Das gilt ohne Unterscheidg zw TatsBehauptg u WertUrt (BVerfG NJW **92**, 2013) insb für die Medien – geschützt ist hier auch die Vertraulichk der RedaktionsArb (BVerfG NJW **84**, 1741) –, auch Leserbrief (BVerfG NJW **91**, 3023), u Äußergen im Wahlkampf (BGH VersR **84**, 88) u im Parlament in einem öff AnhörgsVerf (BGH MDR **81**, 926). Dabei genießt grdsätzl keiner der beiden VerfWerte Vorrang vor dem and, vielm ist im EinzFall die Intensität des Eingr in den PersönlkBereich abzuwägen gg das Informationsinteresse der Öffentlk (BVerfG NJW **73**, 1226). Kriele NJW **94**, 1897 wirft dem BVerfG vor, die Gewichte dieser beiden VerfWerte einseit zG der MeingsFreih verschoben zu haben u den Ehrenschutz unvertretb zu vernachlässigen, insbes im Bereich der Medien; ähnl Stürner JZ **94**, 865. Das Ausmaß des Schutzes kann vom Zweck der MeingsÄußerg abhängen, Beitr zur AuseinandS mit einer die Öffentlk wesentl berührden Frage od ledigl Verfolgg priv Interessen (BVerfG NJW **92**, 2013). Vorrang hat die MeingsFreih nur, soweit eine Äußerg Bestandtl der ständ geist AuseinandS in Angelegenh von öffentl Bedeutg ist, die für eine freiheitl demokrat Ordng schlechthin konstituier ist (BVerfG NJW **83**, 1415). Die Vermutg spricht für die Zulässigk der freien Rede, wenn es sich um einen Beitr zum geist MeingsKampf in einer die Öffentlich wesentl berührden Frage handelt (BVerfG NJW **85**, 787, NJW **92**, 1439). Für die Abwägg gilt der Grds der Verhältnismäßigk, dh die dem einen Schutzbereich abverlangten Einschränkgn müssen noch in angem Verh zu dem Gewinn an Wertverwirklichg für den and Bereich stehen (BGH NJW **78**, 1797). Die Äußerg der eigenen Meing genießt Schutz, auch wenn es sich um AußenseiterMeing handelt (BGH **45**, 296 [306]). Unerhebl ist, ob der sich Äußernde Grde für seine Meing angibt od angeben kann, ob die Grde emotional od rational, wertvoll od wertl sind (BVerfG NJW **83**, 1415, NJW **92**, 1439). Bei krit WertUrt ist eine Angabe tats BezugsPkte nicht erforderl (BGH NJW **74**, 1762), selbst wenn sie im polit MeingsKampf ehrverletzd sind (BVerfG NJW **76**, 1680). Die subj Meing darf gerade in StrPkten des allg Interesses, zB zur krit MeingsBildg bei AuseinandS mit Mißständen in einem Zweig der gewerbl Wirtsch, hart, scharf u überspitzt (BVerfG DB **82**, 1609), abwertd, polem u iron geäußert werden (BGH NJW-RR **95**, 301). Grenze ist vors Kränkg Andersdenker (BGH NJW **87**, 1398), diffamierde Schmähkritik (BVerfG NJW **93**, 1462, BGH NJW **94**, 124). Ehrverletzde unwahre TatsBehauptgen (Abgrenzg zu WertUrt vgl § 824 Rn 2) genießen, auch im Wahlkampf (BGH NJW **84**, 1104), keinen Schutz (BVerfG NJW **89**, 1789, NJW **92**, 1439, BGH **84**, 237). Eine MeingsÄußerg ist Schmähg, wenn sie jens auch polem überspitzter Kritik in der Herabsetzg einer Pers besteht (BVerfG NJW **91**, 95), wenn in ihr nicht mehr die AuseinandS in der Sache, sond die Diffamierg der Pers im Vordergrund steht (BVerfG NJW **91**, 1475, NJW **93**, 1462). Zitate des Kritisierten müssen den BezugsZushang berücks, richtig wiedergegeben werden u dürfen nicht mit eig Interpretation des Kritikers vermengt werden (BVerfG NJW **80**, 2072). Rein gewerbl Interesse an der Verbreitg von Sensationsnachrichten („Knüller") rechtfertigt keine PersönlkRVerletzg (BGH **39**, 124, NJW **77**, 1288). Einen Verdacht auf ehrenrühr Vorgänge darf die Presse nur veröff, wenn sie dch ihr mögl Ermittlgen die Gef, über die Betroffenen etwas Falsches zu verbreiten, nach Kräften ausgeschaltet u wenn sie einen Mindestbestand an BewTats zugetragen hat, die für den WahrhGehalt ihrer Information sprechen (ähnl Hbg ZIP **92**, 117). Das Interesse der Allgemeinh an histor Aufklärg u Belehrg, ferner an der Aufklärg u künft Verhinderg v Verbrechen kann rechtfertigder Grd zur Darstellg v Hdlgen, Namensangabe u BildVeröff, auch in unterhalts Form im
189a Fernsehen sein (Mü NJW **70**, 1745, Ffm NJW **71**, 47). – Bei **Berichterstattung über aktuelle Straftaten** geht das allg Informationsinteresse dem PersönlkSchutz idR vor, jedoch ist bei späterer Berichterstattg eine Gefährdg der Resozialisierg rwidr (BVerfG NJW **73**, 1226, Kln JMBlNRW **86**, 268). Die Berichterstattg über ein strafr ErmittlgsVerf muß den jeweil ErkenntnStand der ErmittlgsBeh zutreffd u ausgewogen wiedergeben, darf nicht einen Verdacht als Gewißh hinstellen u nicht bekannte entlastende Umst verschweigen od nur an versteckter Stelle mitteilen (Düss NJW **80**, 599), darf nicht unter Verstoß gg die Unschulds-Vermutg eine Verurteilg enthalten (Kln NJW **87**, 2682, Brdbg NJW **95**, 886). Die GerBerichterstattg muß zw Verdacht u erwiesener Schuld streng unterscheiden u, wo das pers Ansehen auf dem Spiel steht, im Kernpunkt genau u obj sein (BGH NJW **79**, 1041). Vgl auch § 839 Rn 97 Fernsehanstalt. – Das Opfer einer Straftat hat grdsätzl Anspr darauf, daß das an ihm begangene Verbrechen nach Berichterstattg in der Presse über das abgeschl GerVerf nicht auch noch zum Ggst eines Fernsehfilms gemacht wird (Hbg NJW **75**, 649).
189b – **Boykottaufruf eines Presseorgans** zum Zweck des wirtsch Wettbew mit Mitteln, die über eine freie
189c geist ÜberzeuggsBildg hinausgehen, indem sie wirtsch Druck auf die Adressaten mit der Gef schwerer Nachtle ausüben, ist dch Art 5 GG nicht gedeckt (BVerfG NJW **83**, 1180). – Auch **Satire u Karikatur** (eingehd Gounalakis NJW **95**, 809) sind MeingsÄußerg, sie können darühinaus Kunst sein (Hbg NJW-RR **94**, 1373). Ihnen ist wesenseigen, daß sie mit Übertreibgn, Verzerrgen, Verfremdgen arbeiten u zum Lachen reizen wollen (BVerfG NJW **92**, 2073). Bei ihnen sind Aussagekern (Inhalt) u Einkleidg gesondert darauf zu

überprüfen, ob sie eine Kundgebg der Mißachtg der angesprochen Pers enthalten. Dabei sind die Maßstäbe für die Beurteilg der Einkleidg idR weniger streng zu beurteilen als die Bewertg des Aussagekerns. Ein Eingr in den Kern menschl Ehre ist weder dch das Recht auf freie MeingsÄußerg noch dch die Freih der Kunst gedeckt (BVerfG NJW **87**, 2661). – Die **Freiheit der Kunst** (Art 5 III 1 GG) unterliegt nicht den **190** Schranken des Art 2 I Halbs 2 GG, ist aber nicht schrankenl auszuüben, sond der in Art 1 I GG garantierten Würde des Menschen eingeordnet (BGH **84**, 237). Kunst- u MeingsÄußerg schließen sich nicht aus, eine Meing kann auch in Form künstler Betätigg kundgetan werden (BVerfG NJW **87**, 2661). Die KunstFreih-Garantie schützt nicht nur die eigentl künstler Betätigg, den „Werkbereich", sie umfaßt auch den „Wirkbereich", also die Darbietg des KunstWks dch Medien u Werbg (BVerfG NJW **88**, 325). Bei Lösg der SpanngsLage zw PersönlkSchutz u R auf KunstFreih ist abzustellen auf die Wirkg des KunstWks im Sozialbereich u auf kunstspezif GesichtsPkte. Dabei ist zu beachten, ob u inwieweit das „Abbild" ggü dem „Urbild" dch die künstler Gestaltg des Stoffes u seine Ein- u Unterordng in den Gesamtorganismus des KunstWks so verselbständ erscheint, daß das Individuelle, PersIntime zG des Allg, Zeichenhaften, der „Figur" objektiviert ist. Ergibt eine solche Betrachtg, daß der Künstler ein „Porträt" des „Urbilds" gezeichnet hat od gar zeichnen wollte, kommt es auf das Ausmaß der künstler Verfremdg od den Umfang u die Bedeutg der „Verfälschg" für den Ruf des Betroffenen od dessen Andenken an (BVerfG NJW **71**, 1645, Mephisto). Bei der Abwägg beider Belange ist auf die nachteil Auswirkgen der Veröffentlichg für das PersönlkR des Dargestellten u auf die dch ein VeröffentlichgsVerbot betroffenen Belange freier Kunst abzustellen, wobei auch hier ein Schutzbedürfn für eine eindeut falsche Beschuldigg nicht besteht (BGH **84**, 237). Eine grdlegde negative Entstellg dch freie Zutaten, ohne daß dies als satir od sonst Übertreibg erkennb ist, ist auch in einem KunstWk rwidr (BGH **50**, 133). – Die **Dokumentation** bewegt sich mit TatsBehaupt- **191** gen auf der Ebene der realen Wirklichk. Der Inhalt als MeingsÄußerg genießt nicht den Schutz des Art 5 III GG. Dieser Schutz erstreckt sich nur auf die Form als solche (Stgt NJW **76**, 628, Dokumentarsatire). – **Die 192** **Freiheit der Wissenschaft und Forschung** ist beschr dch die Wahrg verfassgemäß geschützter Rechte and (Kln MDR **84**, 231), sie berecht nicht zur Aufstellg unwahrer TatsBehautgen. – Wg des GrdR auf **rechtli- 193** ches Gehör** (Art 103 I GG) ist die Aufstellg ehrverl Behauptgen zur RVerfolgg od RVerteidigg innerh eines gerichtl Verf, einer StrafAnz, eines Verf vor der RA-Kammer grdsl nicht rechtsw, ohne daß es auf den Nachw der Unwahrh ankommt; ebso Vorbringen eines Beteil in einem VerwVerf, das als sachl Grdlage für diese Verf geeignet ist (vgl Einf 21 vor § 823; dort auch Äußergen im engsten Familienkreis od ggü eig RA). – **cc)** Die **Art und Weise des Eingriffs**. Es muß ein vertretb Verh bestehen zw dem erstrebten Zweck **194** sowie Form, Art u Ausmaß des Angriffs. Letztere müssen geeignet u angem sein zur Erreichg des Zwecks. Dabei gewährt Art 5 GG iR des geist Meingskampfes u freier Diskussion bei wertden Urt über Fragen von allg Bedeutg auch hinsichtl der Art u Form der Äußerg große Freih (BGH **45**, 296 [308]), die abwertde Kritik darf, solange sie sachbezogen ist, scharf, schongslos, ausfall sein. Schmähkritik genießt, ohne daß es auf Güter- u InteressenAbwägg ankommt, keinen RSchutz, vgl Rn 189.

c) Beispiele. – aa) Rechtswidrige Verletzung bejaht: Bekanntg von Details über früh LiebesBez an **195** Dr (Hamm NJW-RR **95**, 1114). Veröffentlichg eines Briefes od priv Aufzeichngen mit Ändergen u Auslassgen (BGH **13**, 334), von Tagebüchern (BGH **15**, 249). Gezielte Herstellg von Bildnissen einer Pers, insbes FilmAufzeichng mittels Videokamera, auch auf öff Weg, selbst wenn keine VerbreitgsAbs besteht, kann rwidr PerslkRVerl sein (BGH NJW **95**, 1955), außer uU zur Identifizierg eines Straftäters (BGH NJW **87**, 2651). Ungen BildVeröff (Hbg NJW-RR **95**, 220), insbes für geschäftl Zwecke (BGH NJW **71**, 698); der Eltern bei Bericht über rauschgiftsücht Sohn (BGH VersR **74**, 756, 758); der NacktAufn einer Mdj ohne Einwilligg des ges Vertr (Düss FamRZ **84**, 1221); einer barbus Frau (Oldbg NJW **89**, 400, Karlsr VersR **94**, 994). Veröff einer ohne wirks Einwilligg gemachten pornograf Aufn (Stgt NJW-RR **87**, 1434); eines Fotos im Zushang mit einem Artikel über Aids (Hbg NJW-RR **88**, 737); auf der Umschlagseite eines Buches (Ffm NJW **92**, 441). FernsehAusstrahlg einer Aufzeichng, wenn bei Erteilg der Einwilligg Umfang u Zweck der geplanten Veröff nicht erkennb waren (Ffm NJW-RR **90**, 1439) oder einer für and Zwecke gemachten NacktAufn (Ffm NJW **85**, 1617). Verwendg eines aus und Anlaß gemachten Fotos für Werbg (Ffm NJW-RR **87**, 541, Kblz NJW-RR **95**, 1112). Sprachimitation eines in Wort u Stimmklang bekannten Künstlers in der Rundfunkwerbg (Hbg NJW **90**, 1995). Ungen Veröff von Informationen aus vertraul Gesprächen (BGH NJW **87**, 2667). Unbefugtes Öffnen der Post verletzt schon währd des Postgangs das PerslkR auch des Adressaten (BGH BB **90**, 739). Verhinderg pers od telefon KontaktAufn unter nahen Verwandten (KG JZ **89**, 38). Verarbeitg von VideoAufn eines Betrunkenen (Ffm NJW **87**, 1087). Erdichtetes Interview (BGH NJW **65**, 685, NJW **95**, 861). Kritik an Stellenbesetzg wg Auswahl nach Parteimitgliedsch kann ausnahmw Verl des PerslkR des Angest enthalten (BGH NJW **82**, 1805 „schwarzer Filz"). Einwurf von Werbematerial, auch polit Part (Br NJW **90**, 2140), auch von Zeitgen (KG NJW **90**, 2824), in den Briefkasten od ins Personal od eine beauftr PrivFirma gg den Widerspr des Empf kann das PerslkR verletzten (BGH **106**, 229, Mü NJW **84**, 2422, Stgt NJW **91**, 2912); nicht als Beilage einer abonnierten Zeitschrift (LG Bonn NJW **92**, 1112). Telefon Wahlwerbg dch polit Part (Stgt NJW **88**, 2615). Verwendg eines Lügendetektors (BGHSt **5**, 332). Heiml TonbandAufn eines – auch geschäftl – Telefongesprächs zur Verwendg als Bew-Mittel in einem ZivProz über VermVerh (BGH NJW **88**, 1016). Gerichtl Verwertg eines heiml mitgehörten (BVerfG NJW **92**, 815), Veröff heiml abgehörten Telefongesprächs (BGH **73**, 120). Abspielen heiml gemachter TonbandAufn, wenn nicht überwiegd Interessen der Allg dies zwingd gebieten (BVerfG NJW **73**, 891, BGH **50**, 133). Verbreitg des ungenehm Tonbandschnitts eines vertraul Gesprächs (BGH NJW **81**, 1089). Überwachg des Ehepartners dch einen heiml in die Wohng eingeführten Dr (BGH NJW **70**, 1848). Ständ Überwachg der ArbN am ArbPlatz dch versteckte Kamera, außer wenn überwiegde schutzwürd Interessen des ArbG dies rechtfertigen (BAG BB **88**, 137). Einholg grapholog Gutachtens ohne Einwilligg des ArbN (LAG Fbg NJW **76**, 310). Nichtberücksichtg einer Stellenbewerberin wg ihres Geschlechts (BAG NJW **90**, 65). Nichteinstellg eines Auszubidden nach Abschl der Ausbildg wg eines Art in einer Schülerzeitg (BVerfG NJW **92**, 2409). Leichtfert unricht Diagnose dch einen Nervenarzt, auch wenn es nicht zur Unterbringg kommt (BGH NJW **89**, 2941). EhrVerletzg dch negativ entstellden Pressebericht (BGH **31**, 308), dch verzerrte Reportage (BGH **39**, 124), dch Bezeichng eines Rollstuhlfahrers als Krüppel in einer satir Zeitschr (BVerfG NJW **92**, 2073), dch diffamierde Schmähkritik (Ffm NJW **90**, 2002), dch Gleichsetzg uneffekt ArbWeise staatl Dienststellen mit militantem Terrorismus (Ffm NJW-RR **93**, 852). Bewußt wahrhwidr od nicht erweisl wahre ehrverletzde TatsBehauptg (BVerfG MDR **91**, 403), Ehrverletzg dch Bezeichng eines ArbG als Halsabschneider in GewerkschZeitg (BGH WM **77**, 653), dch unkorrekte od unvollst Zitierweise mit herabsetzder Wirkg auf den Hörer (BGH NJW **82**, 635), dch vors unricht Angaben eines Kreditinstituts an die Schufa über ein KreditVerh (Ffm WM **88**, 154). Ehrverletzde Gestaltg einer Schlagzeile in TagesZeitg (Hbg NJW-RR **88**, 737). Ausnahmsw dch Verbreitg einer wahren ehrenrühr Tats (Düss NJW-RR **93**, 1242), zB Veröff einer Liste mit den Namen informeller Stasimitarbeiter, wenn kein konkr öff Interesse besteht (BGH ZIP **94**, 1537: Verl des R auf informelle SelbstBest). Bericht über Verdacht unter Namensnenng, ein RA sei an einem Informationssystem inhaftierter Terroristen beteiligt, wenn sich dieser Verdacht nicht bestätigt (Hbg NJW-RR **94**, 1176). Veröff von ScheidgsAbs, selbst wenn sie tats bestehn (Hbg NJW **70**, 1325). Entstellg des Lebensbildes Verstorbener (BVerfG NJW **71**, 1645). In einem Sachbuch steht der offenen Aussage die verdeckte gleich, soweit der Autor Schlußfolgergen dem Leser als eig unterbreitet (BGH **78**, 9). Eingr in Therapie u AnsehensSchädigg des Arztes dch Kritik des Apothekers an der Medikamentiery (Celle OLGZ **78**, 74). Vorspiegelg von ScheidgsAbs u Versprechen anschließder Eheschließg dch verheirateten Mann, um eine Frau zur Aufn od Fortsetzg intimer Beziehgen zu gewinnen (Hamm NJW **83**, 1436; abl Pawlowski NJW **83**, 2809, Karakatsanes MDR **89**, 1041, der aber Anspr aus § 847 II 2. Alternat bejaht); vgl auch unten Rn 196. Namentl Nenng in einem Fernsehbericht ist für eine Beeinträchtigg nicht erforderl, wenn der Betroffene aus und Umst für einen Teil des Adressatenkreises indentifizierb ist (BGH NJW **92**, 1312). Zutr Pressebericht über ErmittlgsVerf wg AbrechngsBetrugs gg Arzt mit voller Identitätsangabe u Boykottempfehlg (Düss OLGZ **90**, 202). Bildfälschg mit Signatur eines and Maler (BGH **107**, 384). Jemandem Äußergen zuschreiben, die er nicht getan hat u die seine PrivSphäre od seinen ihm selbst definierten soz GeltgsAnspr beeinträchtigen (BVerfG NJW **80**, 2070, BGH NJW **93**, 2925). Nicht gen Organtransplantation von einem Verstorbenen (LG Bonn JZ **71**, 56; vgl auch Rn 180). Vernichtg von Sperma, das der Spender hat einfrieren lassen, um sich für die vorhersehb Möglk der Unfruchtbk die Möglk zu Nachwuchses zu erhalten (BGH **124**, 52). Verstoß gg Grds der Verhältnismäßigk bei Fahndg in Massenmedien (Hbg NJW **80**, 842). Presseberichte, die mit Namensnenng währd eines ErmittlgsVerf eine Vorverurteilg des Betroffenen enthalten (Kln NJW **87**, 2682), ihn herabsetzen od verächtl machen (Ffm NJW-RR **90**, 989). Unberecht ÖffentlkFahndg mit Namensnenng (Hamm NJW **93**, 1209). PresseErkl der StaatsAnwaltsch über ein ErmittlgsVerf mit Namens- u Berufsangabe des Beschuldigten (BGH WM **94**, 992). Gefährdg der Resozialisierg dch Bericht über Straftat ohne aktuellen Anlaß (BVerfG NJW **73**, 1226), auch mit Namensnenng in abgekürzter Form (Hbg NJW-RR **91**, 990), Pressebericht mit Namensnenng über 17 Jahre zurückliegde Straftaten ohne aktuellen Anlaß (Hbg NJW-RR **94**, 1439). Presseberichterstattg über eine im BZR getilgte Vorstrafe (BVerfG NJW **93**, 1463).

196 **bb) Rechtswidrige Verletzung verneint:** Vorwürfe gg angebl Mißstände bei DLeistgen ggü denjen Stellen, die zur Beseitig solcher Mißstände berufen sind (BGH WM **78**, 62). Zutr Bericht über gewerbl Waffenhandel (BGH **36**, 77). Abwertde Kritik an gewerbl Betätigg (BGH **45**, 296 „Höllenfeuer"). Wahrhgem Presseberichterstattg über in öff Verhandlg erörterte Straftat (Stgt MDR **86**, 935). Wahrheitsgem Bericht über wirtsch Mißstände mit Namensnenng u BildVeröff best GewTreibder (Hbg MDR **72**, 1038). Plakataktion dch FCKW mit Abbildg u Namensnenng des VorstdVorsitzden (BGH NJW **94**, 124: „Greenpeace"). Fernsehbericht über die Gef eines best Prod, in dem beispielhu das Etikett eines solchen Prod gezeigt wird (BGH NJW **87**, 2746). Äusserg eines Abgeordneten in einer PresseErkl, eine namentl genannte Firma belaste die Umwelt dch gift, nachweisb krebserregden Plastikmüll (Mü MDR **94**, 1). Vorwurf der Zahlg eines „Beschleunigszuschlags" dch Bauwerber an die „offene Hand" der Gem (BVerfG NJW **91**, 3023). Pressebeitrag mit dem Vorwurf eines Betrugs u dubioser GeschMacherei („Dummenfang" ua) in überspitzter, herabsetzder Form, wenn tats VerdachtsGrde bestehen, die ein AufklärgsInteresse beteil Kreise rechtfertigen (BGH NJW-RR **95**, 301). Boykottaufruf kann dch freie MeingsÄußerg gerechtf sein (BVerfG **7**, 198 „Lüth"), insbes aus eth GrÜnden (Köln NJW **65**, 2345); ebso, wenn er nicht mit wirtsch MachtMitteln dchgesetzt werden soll (Stgt GRUR **75**, 505 „Piz Buin"). Antiwerbg (BGH **91**, 117). Mitteilg von KrankenPap (BGH **24**, 72; aA Laufs NJW **75**, 1433). Einsichtn in die PersAkten eines ArbN einer Spark dch Mitarb der SparkRevision zur Überprüfg der PersAusgaben seines ArbG (BAG NJW **90**, 2272). Fälschl Zuschreibg eines Ausspr an einen Politiker, wenn sie dessen PersönlkBild entspricht (Stgt JZ **77**, 684). Verzerrde Karikatur einer Politikerin (KG NJW **90**, 1996). Namensnenng einer Bank, aber grdsätzl nicht des schuld Direktors bei Bericht über Kreditschwindel (Stgt NJW **67**, 1422). Versehentl Nichteinlösg eines Wechsels u Veranlassg der Eintr in die Liste der Wechselproteste (KG WM **79**, 210). Psycholog EigngsUntersuchg (BAG MDR **64**, 535, BVerwG NJW **64**, 607). Weiterleitg eines ausgefüllten Fragebogens an das BAmt für VerfassgsSchutz zur SicherhPrüfg (BAG DB **84**, 139). Bloßes Auslegen pornograph Schriften in einer Buchhandlg (BGH **64**, 178). Wiedergabe eines vertraul Gesprächs aus der Erinnerg (BGH **80**, 25); hat sich der Publizierde die Informationen widerrechtl dch Täuschg in der Absicht verschafft, sie gg den Getäuschten zu verwerten, so hat die Veröffentlichg grdsätzl zu unterbleiben, ausgen die Bedeutg der Informationen für die Unterrichtg der Öffentlk u für die öff MeingsBildg überwiegt eindeut die Nachteile des RBruchs für den Betroffenen u für die ROrdng (BVerfG NJW **84**, 1741). Priv Mitteilg einer Vorstrafe trotz VerwertgsVerbots in § 49 BZRG (Ffm NJW **76**, 1410). RHilfe dch Zustellg einer Klage auf StrafSchadErs (punitive damages) nach US-amerikan Recht (BVerfG NJW **95**, 649). Weitergabe nicht gesicherter Erkenntn über ehrenrühr od strafb Verhalten eines Dr an Stellen außerh der öff Hand, die dadch an die Öffentlk gelangen, kann nach dem Grds der Güter- u Interessenabwägg rechtswidr sein (BGH **78**, 274). FernsehAufn von SektenMitgl iR einer geplanten Berichterstattg, die auch das Abwehrverhalten der Mitgl als zeitgeschichtl Ereign dokumentieren soll (Ffm NJW **95**, 878), BildVeröffentlichg einer Pers der ZtGeschichte (Hbg NJW-RR **90**, 1000), eines Bundesligaspielers auf Deckblatt eines Fußballkalenders (BGH GRUR **79**, 425), als Spitzentennisspieler auf dem Schutzumschlag eines Tennislehrbuchs (Ffm VersR **89**, 258). Bericht über Untaten währd der natsoz Gewaltherrsch mit Namensnenng (Ffm NJW **80**, 597). Bezeichng als Nazi (BVerfG NJW **92**, 2013), eines hochrang Politikers als Stasispitzel (KG NJW-RR **94**, 926).

Veröffentlichg des Namens u der Einteilg eines Kassenarztes zum Notfalldienst in der Zeitg (BGH NJW **91**, 1532). Fotografieren eines Hauses mit Bewohnern im Garten aus der Luft ledigl zu dem Zweck, die Aufn den Bewohnern zum Kauf anzubieten (Oldbg NJW-RR **88**, 951). Weitergabe persbezogener Negativmerkmale des Bü eines Personalkredits an die Schufa dch die kreditgebde Bank (Kln ZIP **84**, 1340). Vorspiegelg von ScheidgsAbs u Verspr anschl Eheschließg dch verheirateten Mann, um eine Frau zur Aufn od Fortsetzg intimer Beziehungen zu gewinnen (LG u OLG Saarbr NJW **87**, 2241; vgl aber oben Rn 195). Kein allg PerslkR auf Familienplang (Ffm NJW **93**, 2388).

E) Verschulden. Es ist eine sorgfält Abwägg iS oben Rn 184–194 vorzunehmen. Für alle Publikations- **197** mittel, auch Herausgeber u Verlage besteht die Verpfl, einen ges Vertr od ein Sonderorgan (§§ 30, 31) mit der Aufg zu betrauen, krit Beiträge unter dem Gesichtspkt des RSchutzes Dritter zu prüfen (BGH **39**, 124, 130, NJW **80**, 2810). Das gilt in AusnFällen auch für den Inhalt einer die RGüter Dr gefährdden unricht Anz im AnnoncenTl (BGH NJW **72**, 1658, Saarbr NJW **78**, 2395: unwahre VerlobgsAnz). Bei PerslkRVerl in einem Presseartikel haftet der Ressort-Redakteur (Kln NJW **87**, 1418); außerdem der verantwortl Redakteur, wenn die Verl einen Straftatbestand ausfüllt oder wenn er die ihm v Verleger auferlegte Inhaltskontrolle pflwidr unterlassen hat (BGH NJW **77**, 626). Es stellt grdsätzl keine Verl journalist SorgfPfl dar, wenn sich der Journalist bei seiner Berichterstattg auf amtl PresseMitteilgen verläßt (Brschw NJW **75**, 651). Haftg des Verlags nach § 831.

F) Ansprüche des Verletzten. Berecht ist nur der unmittelb Verl, nicht auch derjen, der von den **198** Fernwirkgen eines Eingr in das PersönlkR eines und nur mittelb belastet wird, solange diese Auswirkgen nicht auch als Verl des eig PersönlkR zu qualifizieren sind (BGH NJW **80**, 1790). Für die Entsch ist der ZivRWeg auch bei Kl gg öffrechtl Anst gegeben (BGH **66**, 182; für Kl auf Unterlassg u Widerruf aA – VerwRWeg – Bettermann NJW **77**, 513).

Neben den Anspr aus uH können bei unberecht Nutzg eines fremden PersönlkR Anspr aus § 812 (vgl dort Einf 18, Rn 28, 30) u aus § 687 II (vgl dort Rn 5–7) bestehen.

a) Ersatz des materiellen Schadens. Die rwidr Verletzg des PersönlkR gibt Anspr auf Unterlassg (Einf **199** 16–18), bei WiederVeröffentlichg eines Sachbuches uU verbunden mit klarstellden Zusätzen (BGH **78**, 9), auf Beseitigg (Widerruf, Berichtigg, Ergänzg, Einf 26–35) u auf GgDarstellg (Einf 36–40); wg spezieller Anspr nach BDSG vgl vorstehd Rn 179. Sie sind vermrechtl Natur nur ausnahmsw dann, wenn das RSchutzBegehren in wesentl Weise auch der Wahrg wirtsch Belange – über eine ReflexWirkg hinaus – dienen soll (BGH NJW **74**, 1470, NJW-RR **90**, 1276). Die rwidr schuldh Verletzg gibt Anspr auf SchadErs (Rn 159–166). Auch wettbewrechtl Anspr iF unbefugten NamensGebr können in Frage kommen (Sack WRP **82**, 615).

b) Ersatz des immateriellen Schadens in Geld, vorwiegd unter dem Gesichtspunkt der Genugtuung, **200** gibt die mit dem GG vereinb (BVerfG NJW **73**, 1221) Rspr (BGH **26**, 349, **39**, 124) unter zwei einschränkden Vorauss (BGH NJW **71**, 698): Es muß sich um eine schwere Verletzg des PersönlkR handeln u Genugtuung dch Unterl, GgDarstellg od Widerruf darf nach Art der Verletzg auf and Weise nicht zu erreichen sein. Ob eine schwerwiegd Verl des PerslkR vorliegt, die die Zahlg einer GeldEntsch erfordert, hängt insbes von der Bedeutg u Tragweite des Eingr, ferner von Anlaß u BewegGrd des Handelnden sowie vom Grad seines Versch u davon ab, in welche geschützte Sphäre der Eingr stattgefunden hat (BGH NJW **85**, 1617, BGH **128**, 1). Der Umst, daß der Verl um die Wiedergutmachg vor Ger streiten muß u seine Rechte erst nach Jahren dchsetzen kann, rechtfertigt idR GeldEntsch, weil dch so späte Richtigstellg der StörgsZust für die Vergangenh nicht mehr zu beseitigen ist (BGH **66**, 182). BemessgsFaktor für die Höhe der GeldEntsch ist die Intensität der PerslkRVerl. Anderers darf sie keine Höhe erreichen, die die PresseFreih unverhältnismäß einschränkt. Bei rücksichtsl Kommerzialisierg der Perslkt als Mittel zur AuflagenSteigerg ist als BemessgsFaktor auch der dadch erzielte Gewinn einzubeziehen (BGH **128**, 1). Vermindernd kann wirken, daß der Betroffene keine GgDarstellg veranlaßt hat (BGH NJW **79**, 1041). Herausfdg dch den Verl kann gg ErsAnspr sprechen (BGH **54**, 332). Bei versehentl Veröff eines Nacktfotos zu einem and Zweck als demj, für den es der Verletzte zur Vfg gestellt hat, kann schwere Beeinträchtigg verneint werden (Stgt NJW **83**, 1204). Ungünst dienstl Beurteilg eines Beamten gibt grdsätzl keinen Anspr auf SchmerzG (BGH MDR **72**, 305). Ebso im konkr Fall widerrechtl Offenlegg von Personalakten (LAG Köln DB **83**, 1664). In öff Rüge eines Beamten dch Dienstvorgesetzten sah BGH MDR **77**, 206 unter dem Umst des Falles keine schwere Beeinträchtigg. Auch bei Ehrverletzg im ZivProz u bei vertraul Äußerg kein Anspr, weil Kreis derer, die hiervon erfahren, übersehb (BGH BB **64**, 150, DB **72**, 677). Auch kein EntschAnspr des hintergangenen Eheg gg den am Ehebruch beteil Dr (BGH NJW **73**, 991) u bei Verl des PersönlkSchutzes einer HandelsGesellsch (BGH NJW **80**, 2807) u Verstorbener (BGH NJW **74**, 1371). Die bloße Einholg eines grapholog Gutachtens über einen ArbN ist kein genügd schwerer Eingr; bei der Bek an od Verwertg gg den ArbN kommt es auf den Einzelfall an (eingehd Bepler NJW **76**, 1872). Ausdrückl ges Regelg in § 97 II UrhRG.

15) Produkthaftung. – a) Gesetzliche Regelung. Die ProdHaftg ist in der EG übereinstimmd als **201** GefährdgsHaftg geregelt. Das ProdHaftG ist abgedruckt u kommentiert hinten unter den NebenG. Nach seinem § 15 bleibt daneben die DeliktsHaftg anwendb.

b) Anspruchsgrundlage der Deliktshaftung. – aa) § 823 I unter dem GesichtsPkt Verl der Verk- **202** SichgsPfl. Die haftgsbegründe Hdlg des Herst (vgl unten Rn 216) ist das InVerkBringen (vgl ProdHaftG 1 Rn 14–16) des fehlerh (vgl ProdHaftG 3) Produkts (vgl ProdHaftG 2). Der Verstoß gg die dem Herst obliegde VerkSichgPfl begründet die RWidrigk. Ansprberecht ist jeder Geschädigte, gleichviel ob es sich um den Abnehmer des Prod, einen sonst Benutzer od einen unbeteil Dr handelt. Der zu ersetzde Schad umfaßt sämtl BegleitSchäd aus der RGutsVerletzg, nicht aber bloßen allg VermSchad, nicht auch das Leistgsinteresse bezügl des Prod. Sind Herst u Verk im EinzFall persgleich, besteht zw ProdHaftg u vertragl GewlAnspr echte AnsprKonkurrenz, bei der auch hins der Verj jeder Anspr seinen eig Regeln folgt (BGH **67**, 359; abl Lieb JZ **77**, 346; zur Röhl JZ **77**, 369). Verh zw Gewl u ProdHaftg vgl ProdHaftG 3 Rn 1. – **bb)** § 823 II erfaßt einen Teilbereich der ProdHaftg, sow für die Herstellg von – meist gefahrgeneigten – **203** Prod SchutzG bestehen. Als SchutzG zG des Verbr kommen in Frage StVZO, LebMG, ArzneiMG, Medi-

zingeräte VO u vor allem das G über techn Arbeitsmittel, Gerätesicherheitsgesetz. Sein § 3 ist SchutzG (BGH NJW **80**, 1219). Geschütztes RGut ist Leben u Gesundheit, zur BewLast vgl Rn 174. Eine Abweichg von einer der in § 3 genannten Best kann einen ProdFehler nur begründen, wenn die Best dem GefSchutz dient (BGH NJW **85**, 1769). Der Herst haftet für Konstruktions-, Fabrikations- u Instruktionsfehler (vgl ProdHaftG 3 Rn 1). Eine GefährdgsHaftung begründet § 3 nicht, doch wird bei SchutzGVerletzg Versch
204 vermutet (BGH VersR **68**, 592). – **cc)** § 831 hat wg der Möglichk des EntlastgsBew u im Hinbl auf die eig OrganisationsPfl des Herst kaum prakt Bedeutg.

205   **c) Abweichungen der Deliktshaftung gegenüber der Haftung nach dem ProdHaftG** (s NebenG).
      aa) Verschulden des Herst ist Vorauss seiner Haftg. Es liegt in dem zumind fahrl Verstoß gg seine VerkSichgPfl bei InVerkBringen (vgl ProdHaftG 1 Rn 14–16) des fehlerh (vgl ProdHaftG 3) Prod (vgl ProdHaftG 2). So muß sich der Herst bei Konstruktion, Produktion u Instruktion (vgl ProdHaftG 3 Rn 2–5) nach dem erkennb u ermittelb **Stand von Wissenschaft und Technik** richten (vgl ProdHaftG 3 Rn 9). Maßgebd sind dabei die Erkenntn, die zu der Zt bestanden, als eine SchadAbwendg in Betr kam (BGH **80**, 186). Den Zulieferer eines TlProd kann ausnahmsw eine Mitverantwortlichk für Konstruktionsfehler des Endprod treffen (vgl ProdHaftG 1 Rn 24). – Für sog **Ausreißer** besteht mangels Versch keine DeliktsHaftg – und die GefährdgsHaftung nach ProdHaftG. Das sind Fabrikationsfehler, die trotz aller zumutb Vorkehrgen unvermeidb sind (BGH VersR **56**, 410, VersR **60**, 855); dasselbe gilt für ProdSchäd, die auf Fehlern zugelieferter Teile beruhen, die trotz der dchgeführten, gebotenen Kontrollen nicht erkennb waren (BGH
206 NJW **68**, 247). – **(1) Organisationspflichten.** Der Herst hat den Betr so einzurichten, daß Fehler in den 3 genannten Fehlerkategorien möglichst ausgeschaltet od dch Kontrollen entdeckt werden, zB Prüfg älterer Mehrwegflaschen auf BerstDruckSicherh vor Wiederauffüllen u „Statussicherg", dh Sicherg des PrüfgsBefundes (BGH **104**, 323, NJW **95**, 2162); Prüfg der Erzeugn von Zulieferern auf FehlerFreih (BGH VersR **60**, 855), außer wenn der Zulieferer aGrd bes fachl Erfahrg u Einrichtgen diese Prüfg bereits vorgenommen hat
207 (BGH NJW **75**, 1827, Kln VersR **90**, 863). – **(2) Die Instruktionspflicht** (ProdHaftG § 3 Rn 5) trifft auch den selbständ Vertriebshändler (BGH NJW **87**, 1009, Karlsr VersR **86**, 46). Warn- u HinwPfl unter deliktsr
208 Aspekt bei nur wirkgsl Prod vgl ProdHaftG § 3 Rn 5. – **(3) Produktbeobachtungspflicht.** Ab InVerkBringen hat der Herst seine u solche fremde Prod, die als Zubeh für die eig Erzeugn in Betracht kommen, auf noch unbekannt gebliebene schädl Eigensch u sonstige eine GefLage schaffde VerwendgsFolgen zu beobachten (BGH **80**, 199), u zwar auch unter Beachtg von Fachzeitschriften, sonst Literatur u der ProdEntwicklg seiner wichtigsten Mitbewerber (BGH NJW **90**, 906). Die Verpfl, erkannte Gef bei der Benutzg eines techn Geräts iR des zumutb abzuwenden, besteht oRücks darauf, daß die entspr DIN-Norm noch nicht geändert ist u and Mitbewerber das gleiche Gerät verwenden (BGH NJW **94**, 3349: Zugelieferte Elektrodenkabel in einem AtemüberwachgsGerät des EndHerst). Diese VerkSichgsPfl kann außer dem Herst auch seine VertriebsG treffen, um rechtzeit Gef aufzudecken, die aus einer Kombination seines Prod mit Prod and Herst entstehen können, u ihnen entgegenzuwirken (BGH **99**, 167), außerd den Importeur, der ein fremdes Prod unter Anbringg eines eig Markenzeichens in Verk bringt (BGH NJW **94**, 517, NJW-RR **95**, 342). – Aus der ProdBeobachtg kann sich eine folgde zusätzl Instruktions- (BGH aaO) od WarnPfl (Ffm DB **91**,
209 1451), eine **Rückrufpflicht** hins gesundhgefährdder Prod (BGH NJW **90**, 2560) u eine Pfl zur kostenl Beseitig einer Gefährdg ergeben (Hager VersR **84**, 799, Mayer DB **85**, 319), zB dch Austausch (Karlsr NJW-RR **95**, 594). – **(4)** Für **Entwicklungsfehler** (vgl ProdHaftG 1 Rn 21) haftet der Herst mangels Verschuldens nicht.

210   **bb) Sachschaden an privat genutzten Sachen.** Die Selbstbeteiligg mit den ersten 1125,– DM gemäß § 11 ProdHaftG entfällt bei delikt Haftg.

211   **cc) Sachschaden an gewerblich genutzten Sachen** ist über das ProdHaftG hinausgehd (vgl § 1 Rn 7), ersetzb.

212   **dd) Sachschaden an dem fehlerhaften Produkt selbst** ist nach dem ProdHaftG nicht ersetzb (vgl § 1 Rn 6). Auch deliktsr erstreckt sich die VerkSichgsPfl unter dem Gesichtspkt der EigtmVerl grdsätzl nicht auf die fehlerh Sache selbst, dafür bestehen GewlAnspr (zur Abgrenzg vgl ProdHaftG 3 Rn 1). Prakt bedeuts ist dies bei sog **weiterfressenden Fehlern,** näml wenn ein Fehler an einem funktionell abgrenzb Teil geeignet ist, das hergestellte EndProd zu zerstören od zu beschädigen. Ein deliktsr Anspr besteht nur dann, wenn das Integritätsinteresse (Haftg des Herst) u das Nutzgs- u Äquivalenzinteresse (Gewl des VertrPartners) nicht „stoffgleich" (eingehd Steffen VersR **88**, 977) sind. Stoffgleich sind sie, wenn sich der geltd gemachte Schad mit dem im Augenblick des EigtÜbergangs dem Produkt anhaftden Mangelunwert, dh der im Mangel verkörperten Entwertg der Sache das Äquivalenz- u NutzgsInteresse deckt (BGH NJW **85**, 2420). Das ist dch eine natürl u wirtsch Betrachtungsweise zu beantworten (ähnl Löwe BB **78**, 1495; krit Nickel VersR **84**, 318, Mayer BB **84**, 568, Schlechtriem ZfBR **92**, 95). Führt das eingebaute fehlerh Tl ledigl zu einer Funktionsstörg der Gesamtsache, so liegt darin keine EigtVerl (BGH NJW **92**, 1225). Die Stoffgleichh fehlt idR – dh ProdHftg – wenn ein Mangel an einem Einzelteil geeignet ist, die hergestellte wertvolle Sache zu beschädigen od zu zerstören (BGH **86**, 256, NJW **85**, 2420; abl Tiedtke NJW **90**, 2961), wobei es keine Rolle spielt, ob dies gewalts, plötzl od allmähl geschieht (BGH NJW **85**, 2420). Ebso, wenn der Ausbau des fehlerh Tls zwecks Reparatur zur Beschädigg od Zerstörg der restl im Eigt des Best stehden Sache führt (BGH **117**, 183, Besprechg v Westphalen ZIP **92**, 532; abl Hinsch VersR **92**, 1053). Stoffgleichh besteht, wenn die Beseitigg des Fehlers an einem Tl der Sache von Anfang an techn überhaupt nicht mögl ist od wenn die Suche nach dem techn obj aufspür- u behebb Fehler od seine Beseitigg einen wirtsch unverhält-
213 nismäß Aufwand an Zeit u Kosten erfordert hätte (BGH ZIP **92**, 704). – **Beispiele:** Ein funktionell begrenztes fehlerh Einzelteil (Steuergerät) führt inf Versagens in der iü einwandfreien gesamten Sache (industrielle Anl) einen weiteren Schad (Brand) herbei (BGH **67**, 359); fehlerh Ventil führt später zur Zerstörg des Motors (Kln VersR **91**, 348); fehlde BefestiggsSchraube des Nockenwellensteuerrades führt nach 9 Mon Betr zur Beschädigg des sonst fehlerfreien Motors (BGH NJW **92**, 1678; abl Tiedtke ZIP **92**, 1446); fehlerh Bereifg, hängenbleibder Gasseilzug führen später zu Unfallbeschädigg des Kfz (BGH NJW **78**, 2242, BGH **86**, 256; krit Stoll JZ **83**, 501); eine nach ihrer Anbringg inf eines ProdFehlers wasserundicht gewordene

Dachabdeckfolie führt zu FeuchtigkSchäd an den unteren Schichten des Dachaufbaus (BGH NJW **85**, 194); Dachdämmplatten, die entspr einer vom Herst gegebenen fehlerh VerlegeAnleitg verlegt worden sind, verursachen inf ihrer Formunbeständigk ggü äußeren Temperatureinflüssen Knackgeräusche im ganzen Haus (Oldbg NJW-RR **88**, 540); konstruktiv ungenügd befestigtes Ölablaßrohr eines Motors zum Antrieb eines Kompressors bricht u führt zu schweren Schäd am Motor (BGH NJW **85**, 2420); der Ausbau fehlerh Kondensatoren führt notw zur Beschädigg intakter Tle der Regler (BGH **117**, 183). In diesen Fällen hat der Herst dch InVerkBringen der mit einem unfallträcht Fehler behafteten Sache VerkSichgPfl verletzt, die ihm nicht nur im Nutzgs- u Äquivalenzinteresse des späteren Käufers, sondern gerade auch im Integritätsinteresse des späteren Eigtümers od Besitzers aufgegeben sind; diese Schäd decken sich nicht mit dem der Sache von Anfang an anhaftden Mängelunwert. Einschränkd meint Schwenzer JZ **88**, 525, ein delikt Anspr bestehe nur, wenn der PflVerstoß des ErsPflichtigen zu Gefährdg von Pers od von SachEigt führt, das nicht Ggstd der VertrLeistg iwS ist. Auch Brüggemeier/Herbst JZ **92**, 801, Nagel DB **93**, 2469 wenden sich gg eine nach ihrer Auffassg konturl Vermischg von Vertr- u Deliktshaftg. – Ersetzb unter dem GesPkt der EigtVerl soll darühinaus der Schad an dem Prod selbst sein, der dadch entstanden ist, daß der Herst nicht ausr darü informiert hat, wie mit ihm umzugehen ist, um Schad daran zu vermeiden (BGH NJW **92**, 2016).

ee) Kein Haftungshöchstbetrag bei KörperVerl u Tod wie in § 10 ProdHaftG.   214

ff) Schmerzensgeld, im ProdHaftG nicht vorgesehen, wie sonst bei uH gemäß § 847.   215

gg) Ersatzpflichtig ist der tats **Hersteller** des fehlerh End- od TeilProd (vgl ProdHaftG 4 Rn 2–5), der   216 es in Verk gebracht hat (vgl ProdHaftG 1 Rn 14), soweit er seine VerkSichgsPfl verletzt od die Verl zu vertreten hat (Fuchs JZ **94**, 533). Die bloße Gewinng von Naturprodukten ist keine Herstellg. Eine Haftg kommt insow nur in Betr, als die SchadUrs im Betrieb dessen liegt, der das Produkt gewinnt, zB bei der Gewinng od Verarbeitg (Hamm DB **73**, 325: fehlerh Torf). Außerd der **QuasiHersteller** (vgl ProdHaftG 4 Rn 6), weil er sich auch deliktsr daran festhalten lassen muß, auf dem Markt als Herst aufgetreten zu sein (Karlsr NJW-RR **94**, 798, ähnl schon BGH **40**, 108, **51**, 91). – Deliktsr – nicht nach dem ProdHaftG – haftet ferner für Fabrikationsfehler der für die Produktion verantwortl **Geschäftsleiter** (BGH NJW **75**, 1827; einschränkd auf PersG Diederichsen NJW **78**, 1281 [1287]), für Konstruktions- u Fabrikationsfehler – idR aber nicht für Instruktionsfehler – der Labor- u HerstellgsLeiter (BGH NJW **87**, 372). – **Importeur,** (vgl aber ProdHaftG 4), **Vertriebshändler** und **Lieferant** (vgl ProdHaftG 4 Rn 8, 9) haften als solche deliktsr grdsätzl nicht, weil sie nicht Herst sind (BGH **99**, 167, NJW **94**, 517). Sie trifft deliktsr eine Pfl zur Überprüfg der Ware auf gefahrgeneigte Beschaffenh bloß, wenn dazu aus bes Grden Anlaß besteht, weil ihm bereits SchadFälle bekannt geworden sind od die Umst des Falles eine Überprüfg nahelegen. Das gilt auch bei enger wirtsch u rechtl Verflechtg zw Herst u Vertriebshändler u auch für die „ausgegliederte VertriebsGes", bei der allerd aGrd der engen Verflechtg bes Umst, die eine Überprüfg des Produkts erforderl machen, eher vorliegen können (BGH NJW **81**, 2250, BGH **67**, 359). Sonst haftet die VertriebsGes deliktsr für die Folgen von Konstruktions- od Fabrikationsfehlern nur dann, wenn der Geschädigte ihr vorproz Verhalten dahin auffassen durfte, sie solle u wolle für Rechng des Herst für dessen HaftPflVerbindlich ggü den Käufern einstehen (BGH NJW **81**, 2250, Ffm BB **86**, 1117). Die inländ Vertriebsgesellsch treffen eig InstruktionsPfl, wenn der ausländ Herst sie mit der ProdInformation der Erwerber u VertrHändler beauftr hat, außerdem eine pass ProdBeobachtgsPfl, jedenf wenn sie als einz Repräsentant des ausländ Herst auf dtsch Markt in Erscheing tritt (BGH **99**, 167, NJW **94**, 517). Größere SchadAbwendgsPfl als der bloß Vertreibde, aber nicht die gleich strenge wie der Herst hat ein Untern, der mit der Endmontage des Geräts betraut ist, dessen Tle ihm ein und Untern mit den Montageplänen geliefert hat (BGH BB **77**, 1117). Jeder an Herstellg od Vertrieb Beteil kann nur iR seiner individuellen VerhaltensPfl u seines Versch in Anspr gen werden (Mü BB **80**, 1297). Zusfassd zur ProdHaftPfl des Händlers, Kossmann NJW **84**, 1664. – Br VersR **77**, 867 (krit Niewöhner VersR **77**, 1087) wendet iErg die Grds der ProdHaftg auf FolgeSchäd an, die die VertrWkStätte eines KfzHerst dch eine mangelh Rep dem Erwerber des Kfz zufügt, Ffm VersR **82**, 151 auf den Gastwirt, der eine mit Salmonellen behaftete Speise verabreicht.

d) Mehrere Ersatzpflichtige haften dem Geschädigten als GesSchu, nicht notw in ders Höhe, ggf mit   217 AusglAnspr im InnenVerhältn (vgl § 840 u 5 ProdHaftG).

e) Keine Freizeichnung. Die ProdHaftg ist im Verh zu den Benutzern u Verbr des Produkts **zwingend**   218 (Giesen NJW **69**, 587; aA Weitnauer NJW **68**, 1599 f). Eine Freizeichng des Herst kommt nur ggü seinem unmittelb Abnehmer in Frage. Freizeichngsklauseln auf Originalverpackgen od in GebrAnwgen sind daher wirkgsl. Bei best Warngen können aber die Grds des Handelns auf eig Gef (§ 254 Rn 76–78) anwendb sein.

f) Beweislast. – aa) Fehler, Schaden und Ursächlichkeit des Fehlers für den Schad hat wie in § 1 IV   219 ProdHaftG der Geschädigte zu bew (BGH NJW **91**, 1948). Ausnahmsw BewErleichterg bis zur Umkehr der BewLast für FehlerFreih bei InVerkBringen des Prod u Ursächlk unterlassener Sichg des PrüfgsBefunds für entstandenen Schad (BGH **104**, 323, NJW **93**, 528). Unter der Vorauss, daß keinerlei AnhaltsPkt für eine nachträgl ProdVeränderg besteht (BGH BB **87**, 295, Ffm VersR **87**, 469), gelten hierfür auch die Grds über den AnschBew, zB für UnfallUrsächlichk des Fehlers bei Verstoß gg UnfallVerhütgsVorschr (BGH BB **72**, 13). Demggü hat der Herst die sog äußere Sorgf zu bew, also daß ihm kein obj PflVerstoß zur Last fällt (BGH **80**, 186), daß der verkwidr ProdZustand (ProdFehler) nicht dch eine Verl der SorgfPfl im Herstellgs-Bereich verurs ist (BGH NJW **91**, 1948). Bei Verl der InstruktionsPfl hat der Verl zu bew, daß Tats vorh waren, aus denen sich obj ergab, daß der Herst zur Warng verpfl war (BGH **80**, 186). Der Verl hat die Kausalität des unterl Hinw für den Schad zu bew; allerd kann eine Vermutg dafür bestehen, daß ein vollständ u deutl GefHinw beachtet worden wäre (BGH **116**, 60). – **bb) Verschulden.** Bei einem ProdFeh-   220 ler, der den fehlerh ProdZustand geschaffen hat, wird an dem Fehler kein Versch trifft (BGH **51**, 91, NJW **91**, 1948). Diese BewLastUmkehr gilt im industriellen wie im handwerkl Bereich, auch bei Inhabern von KleinBetr (BGH **116**, 104). Rührt der schadursächl ProdFehler aus dem Organisations- u GefBereich des Herst, so kann er sich nur entlasten, wenn er bew, daß weder ihn noch einen verfmäß berufenen Vertr od ein Organ ein Versch trifft, daß kein Organisationsmangel bestand u daß, hauptsächl iF von Fabrikationsfehlern, bei Auswahl u Überwachung jedes einz der von ihm zu benennden Bediensteten, die mit der

979

Fertigg gerade dieses schadursächl Ggst seinerzt befaßt waren, die erforderl Sorgf angewendet wurde (BGH NJW **73**, 1602). Dies gilt für Fabrikations-, Konstruktions- u EntwicklgsFehler (BGH JZ **71**, 29). Steht fest, daß bei InVerkBringen des Prod eine Instruktion nöt war, dch deren Unterl der Herst seine InstruktionsPfl obj verletzt hat, so trifft ihn die BewLast für fehldes Versch, dh daß die Gef für ihn bei InVerkBringen nicht erkennb waren (BGH **116**, 60). Ist die HinwPfl erst nach InVerkBringen aGrd neuer Erkenntn entstanden, kann sich der Herst dch den Nachw der sog inneren Sorgf entlasten, näml daß er keine ErkenntnMöglichk hatte od sich verschaffen mußte, aus denen sich obj Tats für die Notwendigk einer nachträgl Warng od eines Hinw ergaben (BGH **80**, 186). Die BewLastUmkehr gilt bei Fabrikationsfehlern auch für den im Produktionsbereich verantwortl Repräsentanten des Untern (BGH BB **92**, 517) wie GeschLeiter (BGH NJW **75**, 1827; zust Schmidt-Salzer u v Westphalen BB **75**, 1032/33; abl Marschall v Bieberstein VersR **76**, 411; Bedenken Diederichsen NJW **78**, 1281 [1287]). Vorstehde Grds der BewLastUmkehr gelten für Anspr aus uH auch dann, wenn zw Produzent u Geschäd unmittelb vertragl Anspr bestehen (BGH NJW **92**, 1039). Sie gelten nicht, wenn es um das Versch des Herst daran geht, daß das Prod in den Warenbegleitpapieren falsch bezeichnet ist (BGH NJW-RR **93**, 988). – Verl der ProdBeobachtgsPfl hat der Geschädigte (v Westphalen NJW **90**, 83 [86]), MitVersch des Verl hat Herst zu bew.

824 *Kreditgefährdung.* [1]Wer der Wahrheit zuwider eine Tatsache behauptet oder verbreitet, die geeignet ist, den Kredit eines anderen zu gefährden oder sonstige Nachteile für dessen Erwerb oder Fortkommen herbeizuführen, hat dem anderen den daraus entstehenden Schaden auch dann zu ersetzen, wenn er die Unwahrheit zwar nicht kennt, aber kennen muß.

[II]Durch eine Mitteilung, deren Unwahrheit dem Mitteilenden unbekannt ist, wird dieser nicht zum Schadensersatze verpflichtet, wenn er oder der Empfänger der Mitteilung an ihr ein berechtigtes Interesse hat.

1 **1) Bedeutung.** § 824 ist nicht SpezialVorschr zu § 823 II mit StGB §§ 185 ff, sondern daneben anwendb (BGH NJW **83**, 1183). Er schützt die wirtsch Wertschätz von Pers u Unternehmen vor unmittelb Beeinträchtiggen, die dch Verbreitg unwahrer Behauptgen über sie herbeigeführt werden (BGH NJW **78**, 2151). Er stellt im wesentl eine Ausdehng des Schutzes der sog GeschEhre, der wirtsch Wertschätz (aA Steinmeyer JZ **89**, 781) ggü fahrl Angriffen dar (BGH NJW **63**, 1872). Vorsätzl Kreditgefährdg fällt auch unter § 823 II iVm StGB §§ 186, 187 od unter § 823 I, wenn hierdurch das allg PersönlkR od das BetätiggsR von Vereiniggen verletzt wird (vgl § 823 Rn 175–200), ferner unter § 826. Der Kreditgefährdg sind sonstige Nachteile für Erwerb u Fortkommen gleichgestellt. § 824 erfaßt jede eig Aufstellg u jede Verbreitg, dh Weitergabe einer anderweit aufgestellten unwahren TatsBehauptg (Düss NJW **78**, 704), mag sie auch nur mittelb geeignet sein, den Erwerb od das Fortkommen eines anderen zu gefährden (BGH NJW **65**, 32), vorausgesetzt, daß die Äußerg sich so, wie sie im Verk verstanden wird, mit dem Kläger befaßt, od wenn die verbreitete Tats doch in engem Beziehg zu seinen Verhältn, seiner Betätigg od seiner gewerbl Leistg steht (BGH DB **89**, 921: AlleinvertriebsBerecht eines Prod), währd allg Systemkritik ohne Bezug auf best Pers nicht ausreicht (BGH NJW **63**, 1872, NJW **65**, 37, NJW **78**, 2151, Ffm BB **85**, 293, Hbg NJW **88**, 3211). Der Schutzzweck der Norm umfaßt nicht schlechthin jede Bedrohg, die auf unricht od herabsetzde Äußergen zurückgeführt werden kann. Darunter fallen vielmehr nur solche äußergsbedgten Nachtle, die sich in bestehden od künft GeschVerbindgen zu (potentiellen) GeschPartnern, nicht solche, die sich außergeschäftl im Verhalten Außenstehder niederschlagen (BGH **90**, 113 [121]). Der Verletzte kann nach § 824 auch eine jur Pers in ihrer Funktion (BGH NJW **82**, 2246, NJW **83**, 1183) od in ihrer Tätigk als ArbGeber u WirtschUntern (BGH NJW **75**, 1882; zustimmend Hubmann JZ **75**, 639) u eine HandelsGesellsch im Rahmen ihres GesellschZwecks (Stgt NJW **76**, 629) sein u auch der, der die betroffene jur Pers wirtschl beherrscht (BGH NJW **54**, 72). Verletzt kann grdsätzl auch die BBahn als nicht rfäh SonderVerm des Bundes iR ihrer wirtsch Betätigg sein, Kritik an Zweckmäßigk u Wirtschaftlichk von PlangsVorhaben fällt aber nicht in den Schutzbereich der Norm (BGH **90**, 113). Unbefugte Werbg mit fremdem Namen kann den Tatbestd erfüllen (Sack WRP **84**, 521 [535]). Liegt WettbewAbs vor, greift der weitergehde Schutz UWG § 14 ein (RG **118**, 137).

2 **2) Tatsachen** stehen im Ggsatz zu Urteilen, StellgNahmen, MeingsÄußergen. Für die Unterscheid beider kommt es darauf an, ob der Gehalt der Äußerg einer obj Klärg zugängl ist u als etwas Geschehenes grdsätzl dem Bew offensteht. Eine TatsBehauptg kann wahr od unwahr sein u ist dem WahrhBew zugängl. Ein WertUrt od eine MeingsÄußer kann je nach dem Standpkt entw als falsch abgelehnt od als richtig akzeptiert werden (BGH NJW **82**, 2246). In beeinträchtigden Äußergen können TatsBehauptgen u MeingsÄußerg vermengt sein. Bei der Ermittlg des Aussagegehalts ist die Äußerg nicht isoliert, sondern im Zushang des Textes zu würdigen (BGH NJW-RR **94**, 1242 u 1246). Entscheid ist dann, ob iR der gebotenen GesWürdigg der tats Gehalt der Äußerg so substanzarm ist, daß er ggü der subj Wertg in den Hintergrd tritt, ob er ledigl der Ergänzg der Beurteilg dch Angabe tats BeurteilgsGrdl dient – dann MeingsÄußerg (BVerfG NJW **83**, 1415, BGH NJW **82**, 2246) – od ob die Äußerg überwiegd dch den Bericht über tats Vorgänge geprägt ist u bei dem Adressaten zugl die Vorstellg von konkreten in die Wertg eingekleideten Vorgängen hervorruft, also solche einer Überprüfg mit dem Mitteln des Bew zugängl sind (BGH NJW **82**, 2248: Vorwurf des Betrugs, BGH NJW **94**, 2614: pleite gemacht). Dabei ist der Begr der Meing weit zu verstehen. Insbes wenn eine Trenng der wertden u der tatsächl Gehalte den Sinn der Äußerg aufhöbe od verfälschte, ist die Äußerg insgesamt als MeingsÄußerg anzusehen (BVerfG NJW **93**, 1845). Enthält sie erwiesen falsche od bewußt unwahre TatsBehauptgen, so hat regelmäß das GrundR der freien MeingsÄußerg hinter dem Schutz der Persönlk zurückzutreten, wobei an die WahrhPfl keine Anfordergen gestellt werden dürfen, die die Bereitsch zum Gebr des GrundR herabsetzen u auf die MeingsFreih insgesamt einschnürd einwirken können (BVerfG NJW **92**, 1439, NJW **93**, 1845). Eine TatsBehauptg kann je nach den Umst auch in die Äußerg eines Verdachts, einer Vermutg, einer Möglichk gekleidet sein. Beim Ehrenschutz ist eine verdeckte Aussage der offenen dann gleichzusetzen, wenn der Autor mit der verdeckten Aussage dch

das ZusSpiel mit der offenen eine zusätzl Sachaussage macht bzw sie dem Leser als unabweisb Schlußfolgerg nahelegt (BGH NJW-RR **94**, 1242). WertUrt, MeingsÄußerg ist „billiger Schmarren" (BGH NJW **65**, 36), ein Verlag arbeite mit Geschichtsfälschgen, wobei ihm jedes Mittel recht sei (Kln NJW **88**, 2892), Kritik an kirchenrechtl Thesen (BGH NJW **66**, 1618). Bezeichng einer ReligionsGemsch als Nazisekte (Hbg NJW **92**, 2035). Bezeichng eines Verhaltens als illegal kann je nach dem Schwerpkt WertUrt (BGH NJW **82**, 2246) od TatsBehauptg (BGH NJW **93**, 930) sein. „Unregelmäßigkeiten" eines GeschF ohne zusätzl Angaben ist abqualifizierde MeingsÄußer (Köln NJW-RR **95**, 97). Bei vergleichden Warentests handelt es sich überwiegd um wertde MeingsÄußergen (BGH **65**, 325), denen TatsBehauptgen aus unselbständ WertgsElemente untergeordnet sind. Unricht TatsBehauptgen sind nur dann relevant, wenn ihnen iR des Tests eigständ Bedeutg zukommt als Grdlage für ein eig QualitätsUrt des Lesers (BGH NJW **89**, 1923); ie vgl Seitz/Schmidt/Schoener, GgDarstellgsAnspr, NJW-Schriftenreihe 2. Aufl 89, Rn 292 ff. Wissenschaftl Kritik enthält nur Urt, auch wenn mangels Sorgf od mangels Kenntn irrig; ebso ärztl Diagnose (BGH NJW **89**, 774).
– Echte Fragen, die auf eine Antwort gerichtet u für verschieden Antworten offen sind, genießen den Schutz des Art 5 I 1 GG wie Werturteile, auch wenn sie sich auf Tats beziehen. Rhetor Fragen stellen dagegen Aussagen dar, die TatsBehauptgen od WertUrt enthalten u rechtl wie solche zu behandeln sind (BVerfG NJW **92**, 1442).

3) Unwahrheit beurt sich danach, wie die beanstandete Mitteilg nach ihrem Aussagegehalt vom **3** dchschnittl Empf, Leser, Hörer unbefangen zu verstehen ist (BGH WM **69**, 915, VersR **88**, 1181 [1183]). Bei Verbreitg sowohl wahrer wie unwahrer TatsBehauptgen in einem Bericht kommt es darauf an, ob sich der Kern des gesamten Berichts in einem falschen Licht darstellt (BGH NJW **87**, 1403). Unwahrh bei vorsätzl Entstellg eines Sachverhalts (BGH NJW **61**, 1914). Vgl auch Einf 18 vor § 823. Unwahrh muß zZ der Verbreitg der Tats bestehen. Bei Wahrh der behaupteten Tats kann uU § 826 vorliegen (vgl dort Rn 18). Zur Behauptg od Verbreitg ist idR Mitteilg an Dr erforderl, nicht nur dem Betroffenen ggü (vgl auch Einf 26–35 vor § 823).

4) Kreditgefährdung usw. Vgl Rn 1. Geschützt ist nur die Gefährdg u unmittelb Beeinträchtigg wirtsch **4** Interessen. Wirtsch Schwächg einer Gewerksch – fühlb Mitgl- u BeitrRückgang (BGH **42**, 219). Veröff eines bebilderten Art mit der unwahren Aussage, ein Untern habe im Inland hergestellte ReptillederArt illegal eingeführt (Kln VersR **92**, 707). Ehrenrührig der Tats ist nicht erforderl, wohl aber Beeinträchtigg der wirtsch Wertschätzg (BGH NJW **65**, 37). Das ist nicht der Fall bei Einstufg eines Krankenhauses als sog gemische Anst (Hamm VersR **82**, 387).

5) Verschulden. Fahrl Nichtwissen, daß die Tats unwahr ist, genügt. Wg vorsätzl Kreditgefährdg s **5** Rn 1. Pfl zu bes Gewissenhaftig bei Mitt über Kredit- u VermVerh (Ffm ZIP **89**, 89: Schufa), strenge SorgfPfl bei Warentest u PreisVergl (BGH NJW **86**, 981). – Auch der **Verlag** ist schaderspfl, wenn er für den verantwortl Redakteur nach § 831 einzustehen od es unterlassen hat, einen verfassgsm berufenen Vertr (§§ 30, 31) mit der Überwachg des RedaktionsBetr zu beauftragen (BGH **39**, 129, NJW **63**, 904; vgl § 823 Rn 158).

6) Berechtigtes Interesse (Abs II) nur auf seiten des MitteilgsEmpf genügt; wichtig für Auskunfteien u **6** Kreditvereiniggen. Auch das berecht Interesse des Betroffenen u bei Medienveröffentlichg ein ernsth Interesse der Öffentlich (Düss VersR **85**, 247) sind zu berücks.

a) Interessenabwägung ist erfdl. Dabei sind auch die Schutzwürdigk des angegriffenen RGutes u das Verhalten des Angegriffenen vor dem Angriff zu berücks (BGH **31**, 308). Kollision zw Ehrenschutz u Recht der freien Meingsäußerg s § 823 Rn 188–194. Bei Vorbringen im Proz, Eingaben an Beh od bei Strafanz zur Verteidigg von Rechten ergibt sich die Wahrnehmg berecht Interessen idR aus dem Wesen dieser Hdlgen (vgl Einf 21 vor § 823). Gleiches gilt für die Äußergen im engen Familienkreis od im Gespräch mit iie RA (Düss NJW **74**, 1250). Ausk eines ArbGebers über Angest s § 630 Rn 4. Berecht Interesse bei anonymer Verbreitg von Ehrenkränkgen entfällt idR, weil insow mutmaßl auch unsachl Motive maßgebd gewesen sind (BGH NJW **66**, 1215).

b) Bei **Absicht der Beleidigung** nach Form der Äußerg od nach BegleitUmst versagt der Schutz des **7** Abs II. Ebso wenn die Äußerg den Boden der sachl Kritik verläßt u nach Inhalt, Form u BegleitUmst auf Schmäh einer Pers hinausgeht (§ 823 Rn 189).

c) Bei **wissentlicher Unrichtigkeit** der Mitteilg entfällt Abs II. Dann § 823 II iVm StGB § 187. Auch **8** dann, wenn der Mitteilde selbst keine sichere Überzeugg von der Richtigk hat u sich der Unsicherh seines Wissens bewußt ist. Wissentl falsche Mitteilg auch dann, wenn Sachverhalt dch geflissentl Verschweigen wesentl Umst od dch übertreibde Ausmalg von BegleitUmst vorsätzl entstellt wird (Einf 18 vor § 823).

d) Recht zur freien Meinungsäußerung, Freiheit der Kunst nehmen einer Äußerg ebenf die RWid- **9** rigk (s § 823 Rn 184–196), ohne daß es der Anwendg des Abs II bedarf. Bei Warentest u PreisVergl sind die wirtsch Belange des Geschädigten u das Interesse der TestZeitschr an freier Kommunikation zw ihr u ihren Lesern ggeinand abzuwägen (BGH NJW **86**, 981).

e) Rechtsfolge. Ist die Äußerg dch Wahrnehmg berecht Interessen gedeckt, so entfällt der SchadErs- **10** Anspr. Steht die Unwahrh einer TatsBehauptg fest, so bleibt dem Verletzten der UnterlassgsAnspr, weil an der künft Verbreitg einer unwahren Behauptg niemand ein berecht Interesse haben kann (BGH DB **74**, 1429).

7) Als **Schadenersatzanspruch** kommen auch Zurückn der Behauptg, Löschg gespeicherter unricht **11** Daten (Ffm Betr **88**, 749) od sonstige, dch die Umst gerechtf Maßn in Frage (vgl Einf 16–35 vor § 823). Ers des immat Schad bei Verl des PersönlR vgl § 823 Rn 198–200. Zum VermSchad gehören alle Aufw, die der Verl für obj zweckm halten durfte, um drohde Nachteile zu vermeiden. VermSchad einer Gewerksch dch fühlb Mitgl- u Beitragsrückgang (BGH **42**, 219). Wer dch falsche Behauptgen in der Presse in seinem wirtsch Ruf geschädigt ist, hat in erster Linie Anspr auf GgDarstellg, uU Anspr auf Richtigstell im näml Blatt, auch in Form einer publikumswirks WerbeAnz, die die unwahren Behauptgen richtigstellt (BGH **70**,

39); dazu ist erfdl, daß die neue WerbeAnz für den aufmerks Leser den Zushang mit der früheren Veröffentlich kenntl macht (BGH NJW **79**, 2197). Anspr auf Ers der Kosten für eine kostspiel AnzAktion besteht nur in ganz bes AusnFällen (BGH NJW **86**, 981).

12　　**8) Beweislast.** Der Verletzte hat die Unwahrh der Behauptg zu beweisen. Dieser Bew erübrigt sich, wenn der Verletzer eine nähere Substantiierung verweigert, obwohl sie ihm ow mögl sein müßte (BGH NJW **74**, 1710). Außerdem hat Verletzter die BewLast für fahrl Unkenntn des Verletzers von der Unwahrh; sie wird, auch wenn die Unwahrh obj feststeht, nicht vermutet. Ein berecht Interesse (Abs II) hat der Verletzer zu bew. Ist weder die Wahrh noch die Unwahrh der ehrverletzden TatsBehauptg einer Falschaussage bewiesen, so ist ein berecht Interesse an der Wiederholg zu bej, falls der Verletzer aus der Sicht eines obj Betrachters genügde AnhaltsPkte für eine Falschaussage hatte (BGH VersR **79**, 53). Abw Regelg der BewLast bei UWG § 14, wo Kläger nur die kreditgefährdde Eigensch der Tats nachzuweisen hat. – Zur
13　BewLast nach § 186 StGB, § 823 II: Erfüllt die Behauptg den Tatbestd des § 186 StGB, so besteht ein Anspr aus § 823 II u ein UnterlAnspr schon dann, wenn sie nicht erweisl wahr ist. Verletzer hat also die Wahrh seiner Behauptg zu beweisen (Ffm NJW **81**, 2707). Beruft sich der auf SchadErs wg übler Nachrede in Anspr genommene Bekl auf die Wahrnehmg berecht Interessen, so ist für die Güterabwägg die Wahrh der behaupteten Tats solange zu unterstellen, bis deren Unwahrh feststeht. Ist auf dieser Grdlage ein berecht Interesse an der Äußerg zu bej, so trifft den Kl die BewLast für die Unwahrh der Behauptg (BGH NJW **85**,
14　1621, BB **93**, 169). – **Widerruf** kann nur verlangt werden, wenn die Unwahrh der Behauptg obj feststeht (vgl Einf 26–35 vor § 823). Die für den UnterlAnspr u den Anspr auf SchadErs in Geld geltden BewRegeln sind insow nach BGH **37**, 189 (krit hierzu Helle NJW **62**, 1813) unanwendb, da andernf Verletzer, wenn er die Richtigk seiner Äußerg nicht beweisen kann, ggf zu einer in der ZwVollstr durchsetzb unrichtigen Erkl gezwungen werden könnte. Mögl ist jedoch modifizierter Widerruf etwa dahin, „daß der erhobene Vorwurf nach dem Ergebn der BewAufn nicht aufrecht erhalten werden kann" (BGH aaO, NJW **66**, 649: einschränkder Widerruf, wenn Anhaltspkte für Richtigk der Behauptg höchst zweifelh). Auch hier muß Widerruf dem Verletzer zumutb sein (vgl Einf 18 vor § 823, BGH **LM** § 1004 Nr. 85 zum öff Widerruf).

825　*Bestimmung zur Beiwohnung.*　**Wer eine Frauensperson durch Hinterlist, durch Drohung oder unter Mißbrauch eines Abhängigkeitsverhältnisses zur Gestattung der außerehelichen Beiwohnung bestimmt, ist ihr zum Ersatze des daraus entstehenden Schadens verpflichtet.**

1　　**1) Allgemeines.** Prakt bedeutgsl, weil der Tatbestd in AnsprKonkurrenz meist auch unter § 823 I (Verl des PersönlkR) u/od § 823 II iVm StGB §§ 177ff fällt. Unbescholtenh ist nicht Voraus. Alter und FamStand sind ohne Bedeutg. Nicht nöt ist Gewaltanwendg, es genügt Einwirkg auf die Willensschließg, so daß die Frau ohne Anwendg der im § 825 angeführten Mittel die Beiwohng nicht gestattet hätte. BewLast trifft die Frau. Die Best schließt SchadErsAnspr eines Mannes wg Verl des PerslkR nicht aus (LG Freiburg NJW **87**, 1486).

2　　**2) Hinterlist** bedeutet ein vorbedachtes, die wahre Abs verdeckdes Handeln zu dem Zwecke, den unvorbereiteten Zustand der Frau zur Verwirklichg seines Vorh zu benutzen. Beisp: Schwächg der Willenskraft durch Verabreichg berauschder Getränke; HeiratsVerspr unter Verschweigg der eigenen Verheiratg; Vorspiegelg der HeiratsAbs zu dem Zwecke, Duldg der Beiwohng herbeizuführen (Karakatsanes MDR **89**, 1041). **Drohung** ist Inaussichtstellg eines Übels, das zur Willensbeeinflussg geeignet ist.

3　　**3) Mißbrauch eines Abhängigkeitsverhältnisses:** Sein bloßes Bestehen genügt nicht. Erforderl sind Ausnutzg der auf wirtsch od and Gründen beruhen tatsächl Überlegenh zum Zwecke der Willensbeeinflussg der Frau u ursächl Zushang zwischen AbhängigkVerh u Gestattg der Beiwohng. Anderers ist nicht notw, daß Nachteile für den Fall der Weigerg der Beiwohng in Aussicht gestellt sind. Täter muß sich der dch sein Vorgehen herbeigeführten Beeinträchtigg der Willensfreih der Frau bewußt sein. AbhängigkVerh besteht zB zw Hausherrn u Hausgehilfin, Schülerin u Lehrer, BetriebsAngeh u Untern; denkb auch zw einer Frau u ihrem Arzt, Rechtsbeistand oder Geistl. Auch mittelb Abhängigk kann genügen, wenn zB der Vater der Frau in einem AbhängigkVerh zum Täter steht, dch das die freie Willensentschließg der Frau selbst beeinträchtigt wird.

4　　**4)** Der **Schadensersatzanspruch** umfaßt sowohl den VermSchad (Kosten der Entbindg, ärztl Behandlgskosten, Verlust der Stellg, § 842) als auch den NichtvermSchad (§ 847 II).

826　*Sittenwidrige vorsätzliche Schädigung.*　**Wer in einer gegen die guten Sitten verstoßenden Weise einem anderen vorsätzlich Schaden zufügt, ist dem anderen zum Ersatze des Schadens verpflichtet.**

Übersicht

1) Allgemeines. § 826 bildet eine wicht Ergänz zu den Tatbestd der §§ 823, 824. Er gewährt auch ohne **1** Verl eines best Lebensgutes od Rechtes einen ErsAnspr bei bloßer VermBeschädigg. Seiner Anwendg steht nicht entg, daß das anstöß RGesch unwirks (BGH WM **75**, 325), schikanös od treuwidr (§§ 226, 242) ist. – Verh zu and Bestimmgen s Rn 19.

2) Verstoß gegen die guten Sitten. – a) Maßstab. Wenn ein Handeln gg das Anstandsgefühl aller billig **2** u gerecht Denkden verstößt; vgl § 138 Rn 2 bis 10. Das kann dann der Fall sein, wenn das angewandte unter and Umst nicht zu beanstandde Mittel im Verh zu dem angestrebten für sich genbilliggenswerten Zweck unter Berücksichtigg aller Umst des EinzFalles außer Verh steht, zB der angerechnete Schad zum erstrebten Nutzen od wenn der dch das Verhalten angerichtete Schad unausweichl war, ohne daß sein Eintritt dch ein gerechtfert Interesse gedeckt wurde (BGH WM **95**, 882 [894]). Daß bei Hdlgen, die nur in best Kreisen vorkommen, auf das allg Anstandsgefühl dieser Kreise Rücks zu nehmen ist, hat insb Bedeutg bei der Beurteilg wettbewerbl Hdlgen. Daß eine Hdlg als unbill erscheint, genügt für sich allein nicht, um Sitten-verstoß anzunehmen. Ebso ist die Verfolg eig Interessen bei der Ausübg von Rechten grds auch dann als legitim anzusehen, wenn eine Schädigg Dr damit verbunden ist (BGH DB **88**, 226). Der Maßst ist ein obj, weg der subj Einstellg s unten Rn 4.

b) Aus **Inhalt oder Gesamtcharakter,** Zweck, BewegGrd der Hdlg im Einzelfall ist die Sittenwidrigk **3** zu entnehmen (vgl § 138 Rn 7, 8). Ein Verhalten, das den Tatbestd eines Diebstahls od einer Unterschlagg erfüllt, ist sittenw (Saarbr NJW-RR **87**, 500).

c) Die **innere Einstellung** des Täters ist ausnahmsw dann erhebl, wenn er nach Lage der Dinge sein **4** Verhalten als gerechtf ansehen durfte. Vgl Rn 11.

d) Das sittl Verwerfl kann in dem verfolgten **Zweck,** zB planm SchadZufügg, od in den für erlaubten **5** Zweck angewandten **Mitteln,** zB unerl WettbewHdlg bestehn.

e) Auch der **Mißbrauch einer formalen Rechtsstellung** kann sittenwidr sein. Bsp: SozialversTräger, **6** der Pauschalsätze geltd macht, obschon er sie bei weitem nicht aufgewandt hat (BGH NJW **65**, 2013). Wer Einr der Verj erhebt, obwohl er den and Tl dch sein Verhalten von rechtzeit Unterbrech der Verj abgehal-ten hat (BGH **9**, 5). Wer ein KündR mißbräuchl ausübt, zB PachtVertr in letzter Stunde kündigt, um dem Pächter die Möglichk einer SchadAbwendg zu nehmen. Wer KonkVerf mißbraucht, um Künd des Pacht-Vertr zu erreichen (BGH WM **62**, 930). Nimmt der Gl eine rkräft zuerkannte UnterhRente weiter entgg ohne die Aufn einer Erwerbstätigk zu offenbaren, so liegt darin allein, wenn nicht bes Umst hinzutreten, keine sittenwidr Schädigg (BGH NJW **87**, 2047). Wer um seinen Recht zur Aufhebg der Gemsch Gebr macht, um reale Teilg, dch erbrechtl TeilgsAnordg vorgeschrieben, zu vereiteln (BGH **LM** (B) Nr. 7).

f) In einem **Tun oder Unterlassen** kann die Sittenwidrigk bestehn. IF der Unterlassg muß das Handeln **7** einem sittl Gebot entsprechen (BGH NJW **63**, 149). Sittenverstoß, wenn jemd bei Fälschg der eig Unterschr nicht bes Maßn ergreift u dadch den Fälscher schützt (RG JW **35**, 34) od Anfrage nach Echth der Unterschr unbeantwortet läßt.

g) Grob leichtfertiges, gewissenloses Verhalten. Sittenwidr handelt nicht nur, wer die haftgsbe- **8** gründden Umst pos kennt, sondern auch, wer sich einer solchen Kenntn bewußt verschließt (BGH NJW **94**, 2289). Beisp: leichtfert, grobfahrl Gutachten (BGH NJW-RR **86**, 1150), Äußergen od Auskünfte insb dann, wenn der and Tl auf das Ansehen od den Ruf des grob leichtfert Handelnden vertraut (BGH WM **75**, 559; vgl Rn 12, 25–28). Einschaltg eines Schwindelunternehmens zur Vermittlg von WarenterminGesch (BGH WM **89**, 1047). Barauszahlg erhaltener Kundengelder dch GeschF einer Börsentermin-Vermittlgsfirma an einen Dr, ohne sich über die bestimmgsgem Verwendg der Beträge zu vergewissern (Hbg WM **89**, 1239). Wenn starke Verdachtsmomente für kriminelles Handeln bestehn, verschließt sich der Kenntn, wer eine sich bietde Möglk der Aufklärg bewußt nicht wahrnimmt (BGH ZIP **94**, 789 [793]).

3) Vorsatz u Sittenwidrk sind getrennt festzustellen. Allerd läßt sich aus der Art u Weise, in der sich das **9** sittenwidr Verhalten kundgibt, nicht selten folgern, daß der Täter vorsätzl gehandelt hat (BGH WM **95**, 882 [895]). So läßt sich der Nachw bdgten Vors oft nur dch den Bew erbringen, der Schädiger habe so leichtfert gehandelt, daß er eine Schädigg des and Tl in Kauf gen haben mußte (BGH WM **75**, 559, WM **86**, 904).

a) Zum Vorsatz gehört u genügt das Bewußtsein, daß das Handeln den schädl Erfolg haben wird, er **10** muß daher die gesamten SchadFolgen umfassen (BGH NJW **63**, 150; s aber Rn 14). Eine nur allg Vorstellg über etwa mögliche Schädigg genügt nicht (BGH **LM** § 823 (Be) Nr. 15). Nicht erforderl ist Abs der Schädigg (BGH **8**, 393). **Bedingter Vorsatz** genügt; vgl § 276 Rn 10. Dabei sind auch ErfahrgsSätze heranzuziehen (BGH NJW **87**, 1758: Testat eines Steuerberaters dient zur Vorlage an Bank zwecks Kredit-Beschaffg). Nicht erforderl ist, daß Vors sich gg best Pers richtet; ausreichd, wenn der Täter die Richtg, in der sich sein Verhalten zum Schad and auswirken konnte u die Art des möglicherw eintretden Schad vorausgesehen u in seinen Willen aufgenommen oder gebilligt hat (BGH WM **66**, 1152).

b) Nicht erforderlich ist Bewußtsein der Sittenwidrigkeit (BGH WM **62**, 579). Täter muß nur die **11** TatUmst gekannt haben, die sein Verhalten als sittenw erscheinen lassen. Es entlastet bei Kenntn der TatUmst den Schädiger nicht, daß er dem Rat seines RA gefolgt ist (BGH **74**, 281). Anderers ist § 826 nicht erfüllt, wenn Täter wg Irrt über die tatsächl Verh sein Verhalten als erlaubt ansehen durfte (RG **159**, 227).

12   **c) Fahrlässigkeit,** auch grobe, genügt nicht (BGH NJW **62**, 1766). Damit steht nicht in Widerspr, daß das Merkmal der Sittenwidrigk in manchen Fällen in einem grobfahrl, gewissenlosen Verhalten zu sehen ist (vgl Rn 8). Dadch wird an dem Erfordern, daß daneben Vors vorliegen muß, nichts geändert (BGH WM **66**, 1150). Jedoch ist hierbei zu beachten, daß aus einem bes leichtfert Verhalten des Schädigers auf seinen bdgt Vors zur SchadZufügg geschl werden kann (BGH WM **86**, 904).

13   **4) Ersatzberechtigter** ist nur der wirkl, auch der mittelb Geschäd, sofern Bewußtsein u Wille der Schädigg sich zumind ev auch gg diesen richteten (Hamm NJW **74**, 2091) u auch im Verhältn zw Schädiger u ihm die VermVerl sittenwidr ist (BGH NJW **79**, 1599). KonkVerw ist kr eig Rechts nur berecht, wenn die vors sittenw Schädigg den GemeinSchu od die Gesamth der KonkGläub dch Verkürzg der KonkMasse getroffen hat (BGH NJW **86**, 1174). Aktionär hat unmittelb SchadErsAnspr gg Organe der AG aus sittenw Hdlg. **Mitwirkendes Verschulden** des fahrläss handelnden Geschädigten bei der Verursach des Schadens kommt ggü dem vorsätzl, sittenwidr Verhalten des Täters, seines ges od besVertr gem § 31 grdsätzl nicht in Betr (BGH MDR **92**, 752), bes Umst können aber im Einzelfall eine SchadTeilg rechtfertigen (BGH NJW **84**, 921, BGH WM **70**, 633: nur bdgter Vors des Schädigers, gleichwelt Mitverursach des Schad dch Leichtsinn des Geschädigten). § 254 kann außerdem in Frage kommen, wenn es um Abwendg od Minderg des Schad nach Begehg der uH geht.

14   **5) Schadensersatzpflicht. – a) Die Bestimmungen der §§ 249ff** gelten, jedoch ist idR selbst grobe Fahrlk des Verl nicht ansprmindernd zu berücksichtigen (BGH NJW **92**, 310). Der gesamte entstandene Schad (vgl Vorbem 7–18 vor § 249) ist zu ersetzen, nicht nur der vorausgesehene od voraussehb. Auch nichtvermögensrechtl Schad ist mögl, Ers dch Wiederherstell u ggf SchmerzG. Zum Schad gehört auch Beeinträchtigg (BGH NJW **95**, 1284), zB einer tatsächl Erwerbsaussicht, der erbrechtl Anwartsch, des Kundenstammes od der Abschneidg von Bezugsquellen. SchadZufügg ggü Verein kann darin bestehen, daß ihm bei Erf seiner Vereinsaufgaben, der Anwerbg neuer Mitgl od Erhaltg des MitglBestandes Schwierigk erwachsen (BGH **42**, 219). Auch Ausschl aus Verein kann unter § 826 fallen (vgl § 25 Rn 12–28). Schad des GeschHerrn, wenn sein Vertreter Schmiergelder erhalten hat, vgl Rn 51. Zur **Auskunft, Rechnungslegung** ist der Täter verpflichtet, um dem Geschädigten bei Vorliegen der Vorauss (vgl §§ 259– 261 Rn 8–16) die Bezifferg des entstandenen Schad zu ermöglichen (BGH NJW **62**, 731, **LM** § 1 UWG Nr. 144: einschränkd bei Wettbew). Vgl auch § 687 Rn 5–7. **Weitere Ansprüche.** Unterlass, Beseitigg der Beeinträchtigg vgl Einf 16–35 vor § 823.

15   **b)** Bei **arglistiger Täuschung** kann Betrogener den Vertr gem § 123 anfechten u insow die Befreiung von seinen vertragl Pfl erreichen; Ausgl sodann auch nach BereicherungsR. Zu demselben Erfolg führt der delikt SchadErsAnspr, ohne daß der Vertr angefochten zu werden braucht u auch ohne daß die Vorauss der §§ 123, 124 gegeben sind (BGH NJW **62**, 1198). Zu ersetzen ist das negat Interesse (BGH BB **69**, 696; vgl § 823 Rn 159, 160, 164); so bei Kredittäuschg durch Sicherungsübereign (RG **143**, 48), unrichtiger Ausk über den Schu (BGH WM **57**, 545). Der Intimbereich zweier vollj Partner unterliegt iF der Geburt eines Kindes grdsätzl auch dann nicht dem DeliktsR, wenn der eine Partner den and über die Anwend von empfängnisverhütden Maßn getäuscht hat (BGH **97**, 372).

16   **c) Zurechnungszusammenhang,** vgl Vorbem 54–107 vor § 249. Beweisfragen vgl Vorbem 162–173 vor § 249 u § 823 Rn 167–174.

17   **d) Freiwillige Aufopferung** von VermStücken führt idR nicht zum SchadErsAnspr. And, wenn der Wille durch argl Täuschg bestimmt war. Ers von Zufallsschäd im AuftrR vgl § 670 Rn 9–13.

18   **6) Unzulässige Rechtsausübung.** § 826 ist neben §§ 226, 242 für alle nichtvertragl RBeziehgen die Grdlage für den Einwand der unzul Rechtsausübg (vgl § 242 Rn 38–85).

19   **7) Verhältnis zu anderen Bestimmungen:** § 826 greift ergänzd auch nach Ablauf der Anfechtgsfristen der §§ 123, 124 ein (s oben Rn 15). Neben § 839 ist § 826 nicht anwendb. Wegen § 254 s Einf 12, 13 vor § 823. Verh zu § 2287 s dort Rn 1.
Durch **Sondergesetz** wird § 826 nur dann ausgeschl, wenn dieses für best Tatbestd ausdrückl u absichtl weitergehden Schutz ausschließt (vgl Einf 3 vor § 823). **– a)** § 826 greift neben dem **UWG** ergänzd ein (BGH **36**, 256; Rn 61); wichtig für Verj, die beim Vorliegen beider Bestimmgen sich nach § 852, nicht UWG § 21 richtet (vgl § 852 Rn 1). **– b)** § 826 gilt neben dem **GeschmacksmusterG** (RG **115**, 184). **– c)** Auch das **MarkenG** schließt § 826 nicht aus, insb nicht da, wo sein formaler Schutz versagt (vgl Rn 56). **– d)** Patent- u GebrauchsmusterG schließen Ausdehng des dort geregelten Schutzes auf weitere Tatbestde nicht aus, vgl Rn 44. **– e)** Dasselbe gilt vom **UrheberRG** § 97 III. **– f)** Neben dem **AnfechtungsG** ist § 826 nur anwendb, wenn über die AnfTatbestde hinausgehde sittenwidr Umst vorliegen (Hbg WM **85**, 773).

20   **8) Einzelfälle:** Die Rspr hat für best häuf wiederkehrde Tatbestde sittenw Verhaltens gewisse Begr-Merkmale entwickelt, die als Richtschnur für die Beurteilg ähnl Tatbestde von Bedeutg sind. Indessen ist VorhSein dieser Merkmale nicht schlechthin Vorauss für die Anwendbark von § 826, vielm handelt es sich hierbei nur um typ Erscheinsformen eines sittenw Tatbestd; entscheidd sind nicht abstr Merkmale, sond die ges Umstände des Einzelfalls.

21   **a) Aktienrecht.** Erpokern einer völl unangem AbfindgsZahlg für die NichtErhebg einer AnfKl dch einen Aktionär, der sich tats nicht für die Wahrg gefährdeter AktionärsR einsetzt, u Unterstützg dch einen NichtAktionär zur Erreich eines eig unberecht finanziellen Vort (Kln ZIP **88**, 967). Ebso Herbeiführg eines Vertr u Beteiligg an den vorausgehden Vhdlgen auf Zahlung einer unzuläss Abfindg gg Rückn des Widerspr gg HauptversammlgsBeschl u Verz auf aktienrechtl AnfKl (BGH NJW **92**, 2821). TreuPfl auch des MinderhAktionärs, seine Rechte unter angem Berücksichtigg der gesellschbezogenen Interessen seiner Mitaktionäre auszuüben (BGH NJW **95**, 1739). Aufruf zur StimmRSammlg von Kleinaktionären ist nicht sittenw (Düss DB **94**, 1278).

b) Arglist bei Vertragsschluß. – aa) Unwahre Angaben über Mieterträge u VermVerh des Schu, insb 22 argl Täuschg bei Grdst- u HypVerkauf. Sittenw handelt, wer durch Kreditzusage an Schu die Gläub zum VerglAbschl veranlaßt, den versprochenen Betrag nachher aber trotz Zahlgsfähigk nicht zahlt. Bestechg von Angest des VertrGegners bei GrdstKauf. – **bb)** Auch **Verschweigen** von Umst ist sittenw, wenn sie 23 dem VertrPartner unbekannt sind, nach Tr u Gl aber bekannt sein müssen, weil sein Verhalten bei den VertrVerhdlgen u die von ihm zu treffden Entsch davon wesentl beeinflußt werden; dazu gehört insbes eig ZahlgsUnfähigk u bei KapitalGesellsch Überschuldg (BGH WM **91**, 1548). Verschweigen der ZwVersteigerg u ZwVerwaltg bei Abtretg einer Hyp, der Fälligk der ersten Hyp u der bevorstehden ZwVersteigerg bei GrdstKaufverhandlgen. Argl Verschweigen erhebl wertbildder Umst bei KaufVertrAbschl (Köln NJW **72**, 497). Vgl auch § 463 Rn 11–13. – **cc)** Auch **Mitwirkung bei arglistigem Verhalten eines anderen** ist 24 sittenw. Ausstellg einer unricht Bescheinigg, die Empf zur Täuschg eines Dr bei VertrSchl benutzt. Unlauteres ZusWirken eines VertrTeiles mit dem Vertreter des and (BGH NJW **62**, 1099). Der Dr, der mit einem Gter bewußt einen Vertr abschließt, dch den dieser seine GPfl schwer verl, ist den übr Gtern schaderspfl (BGH **12**, 308). – Vgl auch über Versch bei VertrSchl § 276 Rn 65–103.

c) Auskunft, Rat, Empfehlung, Gutachten (vgl § 676 Rn 13). – **aa) Bewußt unrichtige** Ausk, a Grd 25 deren der Geschäd die schädigde Hdlg vorgen hat, ist sittenw. Vorauss ist, daß er von der Ausk Kenntn erh hat (BGH NJW **79**, 1599). Bsp: Ausk des Gläub ggü dem zukünft Bü über den HauptSchu (BGH NJW **83**, 1850), des Kreditsuchden ggü dem Bü über die eig VermVerh, des Firmenberaters ggü dem Kreditgeber (BGH Betr **66**, 2020, auch zum KausalZushang), des GeschF einer GmbH über die ZusSetzg des OptionsPr für den Erwerb einer Warenterminsoption (BGH ZIP **83**, 421), eines Gters ggü dem Verkäufer über die wirtsch Situation der Gesellsch (BGH NJW **84**, 2284). Bewußt unricht Ausk aus eignütz Interessen, sich dch Zeichng von Aktien an einer Kapitalerhöhg der AG zu beteil (BGH NJW **92**, 3167). Wer behauptet, der Kunde hätte das Gesch auch bei ordngsgem Aufklärg abgeschlossen, trägt die BewLast dafür (WM **84**, 221). – **bb) Grob fahrlässig unrichtige** Ausk in dem **Bewußtsein der möglichen Schädigung** des and ist 26 sittenw, wenn dem AuskGeber erkennb ist, daß die Ausk für die Entschließg des Empf von Bedeutg ist (BGH NJW **87**, 1758, Ffm WM **89**, 1618: Testat eines Steuerberaters). Dies insb, wenn Ausk od Gutachten leichtfert, gewissenlos, ins Blaue hinein gegeben wird, und Schädiger Kompetenz für sich in Anspr genommen hat (BGH NJW **91**, 3282: Bodenwertgutachten); RA ggü Gegner seines Mandanten (BGH WM **66**, 1150); SteuerBevollm als „verlängerter Arm" seines AuftrG (BGH ZIP **85**, 1506). Wg HaftgsAusschl vgl § 676 Rn 7. – Über gerichtl Sachverst vgl § 823 Rn 117. – **cc) Zeugnisse von Arbeitgebern** vgl § 630 27 Rn 4. SchadErs der vorsätzl Verschweigen von Unterschlaggen (BGH NJW **70**, 2291). Hat der AusSt nachträgl erkannt, daß das Zeugn grob unricht ist u daß ein best Dritter dch Vertrauen auf das Zeugn Schad zu nehmen droht, dann haftet der AusSt für den dch die Unterlassg einer Warng entstehden Schad nach § 826, nach vertragl od verträhnl Grds u bei Vorliegen der Voraussetzgen auch nach § 823 (BGH **74**, 281). – **dd)** Auch **richtige Auskünfte** können uU erspflicht machen, wenn Sittenwidrigk aus besond Umst herzuleiten ist, zB wenn Auskunftei eine viele Jahre zurückliegde Vorstrafe mitteilt, ohne Prüfg, ob es im Hinbl auf die Belange des Kunden der Erwähng der Vorstrafe überh bedarf; Mitteilg aller Einzelh von Strafe u Tat ist jedenf nicht immer erforderl, vielm mildere Form geboten (RG **115**, 416). So dürfen überh Tatsachen aus dem Privatleben nicht ohne zwingden Grd bekanntgegeben werden (BGH **LM** (Gb) Nr. 3, (Gc) Nr 2: Schutz der Intimsphäre); vgl § 823 Rn 185.

d) Berufsangelegenheiten. Überschreitg der Grenzen des Erlaubten bei existenzgefährdden Folgen des 29 Ausschlusses eines Mitgl, uU auch ohne Existenzgefährdg (RG **140**, 23). Auswirkg der VermittlgsSperre gg VereinsMitgl auf NichtMitgl (Taxifahrer) kann sittenw sein (BGH DB **80**, 1687). Unzul Boykott durch Inng (BGH BB **54**, 10). Ausschl von der Beliefg der Sozialversicherten (BGH **36**, 91 [100]). Verweigerg der Aufn in einen WirtschVerband u Verstoß gg das Diskriminiergsverbot unten Rn 41. Vgl auch § 138 Rn 51 ff.

d a) Denunziation. Vors od leichtfert unwahre Anz begründen ErsatzPfl nach § 823 II iVm § 164 StGB. 30 Ungerechtf VerfEinleitg vgl § 823 Rn 41. Anz bei StaatssicherhOrganen der fr DDR vgl EG 232 § 10 Rn 2.

d b) Durchgriffshaftung auf Mitgl einer JP vgl § 242 Rn 73. Zu bej, wenn die Gter die RBeziehung zw 31 der G u den Gtern aGrd ihrer beherrschden Stellg einseit zum NachTl der G ausgestaltet u die G so angelegt haben, daß diese NachTl notw die GGläub treffen (BGH NJW **79**, 2104). Zu bej, wenn die Gesellsch ausschl zu dem Zweck gegründet ist, Gläub zu benachteiligen (BGH NJW-RR **88**, 1181).

e) Eigentumsmißbrauch, wenn durch Verk des Hauses an Ehegatten ein KündR gg Mieter geschaffen 32 werden soll (RG LZ **20**, 856), ebso bei GrdstErwerb in der ZwVersteigerg od im KonkVerf, um lästige MietVertr zu beendigen (BGH WM **62**, 930) od bei einvernehml ZusWirken zw HauptVerm u Mieter, um Untermieter loszuwerden (vgl § 556 Rn 18–23).

e a) Einziehungsermächtigung (vgl § 675 Rn 16–18). Der Schu, der den Widerspr gg die Lastschr bei 33 seiner Bank wirks zu dem Zwecke einlegt, Zahlgen auf begründete u von seiner EinziehgsErmächtigg gedeckte GläubAnspr rückgängig zu machen, die er, wenn er sie überwiesen hätte, dch Widerr nicht mehr hätte rückgäng machen können, handelt, wenn er damit vors das Ausfallrisiko der 1. Inkassostelle (GläubBank) zuschiebt, dieser ggü mißbräuchl u sittenwidr (BGH **74**, 300). Ebso, wenn Schu u SchuBank (Zahlstelle) dieses Risiko auf GläubBank durch einvernehml ZusWirken abwälzen (Hamm WM **85**, 888) oder wenn die SchuBank im eig Interesse ihren Kunden zum Widerspr gg die Lastschr animiert, um dessen SchuSaldo zurückzuführen, währd die GläubBank mit ihrem WiedervergütgsAnspr gg den ZahlgsEmpf wegen dessen Konk ausfällt (BGH **74**, 309), od wenn sich der Schu nachträgl ohne anerkennenswerten Grd die Fdg eines Dr gg den Gläub abtreten läßt, um mit ihr aufzurechnen u so das Ausfallrisiko auf die GläubBank (1. Inkassostelle) abzuwälzen (Oldbg NJW **87**, 655). Ggü seinem Gläub handelt ein Schu sittenw, wenn er kurz vor KonkEröffngsAntr der Belastg seines Kontos aGrd einer berecht EinziehgsErmächtiggsLastschr widerspricht, um den Betrag einem and Gläub noch vor KonkEröffng zuzuwenden; ebso die Bank, die aus eig wirtsch Interesse den Schu zum Widerspr verleitet (BGH **101**, 153). Nicht sittenwidr im Verhältn zur GläubBank (erste Inkassostelle) ist der Widerspr des Schu gg die Lastschr ggü seiner Bank

(Zahlstelle) bei Einzug von Vorschuß für wegen Konk nicht mehr zu erbringde Leistgen (Hamm ZIP **95**, 206) od weil er ein LeistgsVerweigergs-, ZbR od Aufr ggü dem Gläub geltdmachen will; das SchadRisiko, von ihrem Kunden die Rückvergütg nicht mehr erlangen zu können, trägt in diesem Fall die GläubBank (BGH **74**, 300 u WM **85**, 82). Sittenwidr ist der Widerspr des LastschriftSchu (DarlGebers), wenn er dadch das Risiko der DarlRückzahlg system- u zweckwidr auf die GlBank (Inkassostelle) verlagert (BGH NJW **79**, 2146), falls der Empf der Gutschr DarlNehmer ist (Hamm WM **84**, 300 mit Anm Hadding u Häuser). – Zur Entstehg eines Schad der GläubBank vgl § 675 Rn 16–18.

34 **f) Familien- und erbrechtliche Beziehungen.** – Anspr gg Ehebrecher u Ehegatten s Einf 1–11 § 1353. Über den Anspr der enterbten Ehefr gg die Geliebte des Ehemannes, die als Begünstigte in einem LebensversVertr eingesetzt worden ist, BGH NJW**62**, 958. – Nach Aufhebg der Ehe kein Anspr auf Rückgewähr geleisteter UnterhZahlgen (BGH **48**, 82). – Erbteilsübertragg mit dem Ziel, die Miterben um ihr VorkR nach § 2034 zu prellen (BGH WM **60**, 553). Sittenwidr Schädigg des VertrErben dch beeinträchtigde Schenkg (vgl § 2287 Rn 1, BGH NJW **91**, 1952).

35 **g) Formmangel** s § 125 Rn 16–27.

36 **h) Gläubigerbenachteiligung.** Zusfassd Koller JZ **85**, 1013. Sittenverstoß, wenn sich ein Gläub zur an sich legitimen Verfolgg eig Interessen bei der Ausübg von R unlauterer Mittel bedient, dch die Anspr and Gläub vereitelt werden (BGH NJW **88**, 700 [703]). Die Unlauterk der Mittel kann sich ergeben aus dem Maß der eigennütz Mißachtg fremder Interessen od aus dem Grad der Abhängigk des Schu von dem Gläub, zB Auspielen einer rechtl od tats Machtstellg, Ausübung von Druck (BGH WM **85**, 866 [868]). – **aa) Lohnschiebungen.** Vertr mit Dr, dch den sich Schu einkommenl stellt, um seine Gläub zu prellen, können
37 Anspr gg den Dr nach § 826 begründen, trotz Fiktion des § 850h ZPO (BGH WM **64**, 613). – **bb) Kreditverträge und Vermögensverschiebung.** Die Nichtigk von KreditsichergsVertr wg Knebelg od GläubGefährdg nach § 138 (vgl dort Rn 70, 71, 75, 76) ist zu trennen von der ErsVerpfl aus § 826 (BGH NJW **53**, 1665, JR **70**, 219). KreditVertr sind wg Knebelg sittenw, wenn sie dem Schu fast alles nehmen od seine wirtsch Unabhängigk auf and Weise, zB dch Eingr in die GeschFg zu eig Nutzen (BGH WM **81**, 1238) vernichten (BGH **19**, 12, WM **62**, 529), oder Dr über die Kreditwürdigk des Schu täuschen (BGH WM **65**, 476). Jedoch reicht nicht aus, wenn eine Bank von ihren vertragl Rechten auf Kreditrückführg Gebr macht, selbst in dem Bewußtsein, daß dadch möglicherw and Gläub gefährdet werden (Düss WM **83**, 874 [885]). Währd der SichergsVertr nichtig sein kann, auch wenn Gläub u Schu nicht in der Abs der GläubGefährdg gehandelt haben, ja insow bereits grobe Fahrlk (Gewissenlosigk) genügen kann (BGH **10**, 228), setzt ErsPfl nach § 826 vorsätzl Handeln voraus, wofür dolus eventualis (vgl Rn 10) genügt (BGH WM **62**, 529). –
38 **cc) Konkursverzögerung.** Vertr sind wg GläubGefährdg sittenw, wenn sie der KonkVerschleppg dienen. So, wenn ein Gläub einem konkursreifen Untern nicht den zur Sanierg nöt Kredit gibt, sond nur soviel, um den ZusBruch zu verzögern, damit er sich in dieser Zt zum Nachtl and Gläub Sicherh verschaffen od sich daraus befriedigen kann u dabei billig in Kauf nimmt, daß and Gläub Schad nehmen (BGH WM **81**, 1238) od wenn der Kreditgeber um eig Vorteile willen den Konk des Untern ledigl hinausschiebt u für ihn abzusehen ist, daß er den Zusbruch allenf verzögern, nicht auch auf Dauer verhindern kann (BGH NJW **84**, 1893 [1900]); uU auch, wenn ein Dr die Gesch des konkursreifen Unternehmens im eig Namen weiterführt (BGH NJW-RR **86**, 579). Ebso wenn der beherrschde Gter einer GmbH deren GeschF zur HinausZögerg des KonkAntr bestimmt, um in der ZwZt die Tilgg einer v ihm verbürgten Fdg gg die GmbH zu erreichen (BGH **LM** § 826 (Ge) Nr. 9). Geht der Gläub zutreffd davon aus, daß der Schu sanieren werden kann, so kann er gleichwohl sittenw handeln, wenn die Sanierg nur dch die Inspruchn von Krediten der Lieferanten mögl ist u das Scheitern der Sanierg nur zu deren Lasten geht. Mißbr einer Kapitalerhöhg bei einer AG als Mittel zur KonkVerschleppg führt zur Haftg der Verantwortl für den Schad, den die Erwerber der neuen Aktien aus der Kapitalerhöhg erleiden; idR keine ErsPfl für Schäd, die Anleger dch den Erwerb alter Aktien von Dr zu einem nach Lage der AG zu hohen Pr erleiden (BGH **96**, 231). GläubSchädigg dch Bank, die dch verschleierte Kreditbeschaffg dch ScheckRingVerk den ZusBruch des konkursreifen Schu hinauszögert (BGH WM **70**, 633). Verzögerg des KonkAntr dch GeschF einer konkreifen GmbH, der die Schädigg von –
39 unbest welchen – Gläub billigd in Kauf nimmt (BGH **75**, 96, **108**, 134 [142]). – **dd) Sonstiges:** EinmannGmbH, bei der sich Inh planm zum GroßGläub des eig Untern macht u dadch beim Konk and Gläub schädigt (RG JW **38**, 862). ZusWirken von Kommittent mit insolventem Kommissionär unter Schädigg von dessen Gläub (BGH NJW **65**, 249). Sittenw GläubSchädigg durch AbschlPrüfer einer AG (BGH BB **61**, 652). Schädigg von ProlongationsGläub dadch, daß Bank dem zahlgsschwachen Schu dch uneingeschränkte Gutschr von Schecks die Einlös belieb Wechsel od Zahlg sonst Verbindlichk ermöglicht (BGH WM **73**, 674 u NJW **61**, 2302); Schädigg des ZahlgsEmpf einer Überweisg vgl § 665 Rn 12. Keine Haftg der kreditgebden Bank, die einen an einer Gesellsch Beteil nicht über deren VermVerfall aufklärt (BGH NJW **63**, 2270). SchadErsPfl der Bank, die einen ÜberweisgsAuftr des konkursreifen Kreditnehmers ausführt u es ihres Vortls wg zuläßt, daß der ÜberweisgsEmpf im Vertrauen auf Fortbestand des Kreditengagements dem Kreditnehmer weiter erhebl WkLeistgen erbringt (Zweibr WM **85**, 86). Schädigg der Gläub durch Unterzeichng einer unricht Bilanz (BGH WM **62**, 509: ErsPfl wenn in bezug auf den Kommanditisten). ZusWirken eines Gläub mit dem Schu, um dessen Verm dem Zugriff eines and Gläub zu entziehen u es wirtsch dem Schu zu erhalten (BGH DB **74**, 282). Systemat Austausch dch PrivVerm gesicherter Bankschulden gg Warenkredite der überschuldeten KG (BGH ZIP **95**, 31).

40 **i) Immaterialgüterrechte.** Sittenw kann unerl Ausnutzg fremder geist Leistg sein. Abwehr solcher Eingr mögl nach den SpezialG u nach §§ 823, 826; Einf 3 vor § 823 u § 823 Rn 15. Unredl Verwertg eines BetrGeheimn (BGH NJW **77**, 1062). Anlehng an einen bekannten Liedertext (Lili Marleen) kann auch ohne Verl des UrhR unlauter sein (BGH **LM** § 1 UWG Nr. 58).

41 **j) Kartelle, Monopole:** Das sind Unternehmen, die für eine best Art von Waren od gewerbl Leistgen ohne Wettbewerber od keinem wesentl Wettbewerb ausgesetzt sind, vgl §§ 22ff GWB (Kontroll- u Direktionsbefugn der Kartellbehörde). **Einzelfälle:** Unsittl Untersagg des Theaterbesuches zur Behinderg sachl Kritik (RG **133**, 388). Ein Monopolverband kann zur Aufn von Bewerbern verpfl sein (BGH **63**, 282); ebso

eine Vereinigg ohne Monopolstellg mit erhebl wirtsch od soz Machtstellg, sofern der Bewerber zur Verfolgg od Wahrg wesentl Interessen auf die Mitgliedsch angewiesen ist (BGH NJW **80**, 186). Unangem Bindg des Lizenznehmers (vgl § 20 GWB), Verweigerg der Aufn eines Unternehmens durch einen Wirtschod Prüfgsverband (§ 27 GWB, BGH **37**, 163, BKartellamt BB **65**, 687, 924 u allg über den Zwang zur Aufn Bohn BB **64**, 788). Unternehmensbegr vgl BKartellamt BB **61**, 657, BGH **42**, 325. SozialVersTräger als Untern nach GWB (BGH **36**, 102). Diskriminiergsverbot allg (§ 25, BGH **44**, 279), das ggü marktbeherrschd Unternehmen (§ 26 II GWB, BGH **42**, 319). Anspr aus § 826 u GWB bestehen nebeneinand (BGH BB **64**, 616). Verweigerg der Aufn in Idealverein mit Monopolstellg kann nur ausnahmsw unter § 826 fallen (BGH NJW **69**, 316). – Vgl weiter oben Rn 29.

k) Lohnkämpfe. Streik, Aussperren, Boykott sind als Hdlgen des ArbKampfes nur unter best Vorauss **42** rechtsw (vgl Vorbem 10–27 vor § 620). Sittenw ist der ArbKampf, der das Prinzip der fairen KampfFührg, das unter dem Grds der sozialen Adäquanz steht, verletzt (so Hueck-Nipperdey II/2, § 49 B II 8). So wenn sich eine Part wahrheitswidr od aufhetzder Propaganda bedient, Gewalt anwendet od androht od duldet. Desgl, wenn Mittel u Zweck in einem unerträgl MißVerh zueinand stehen; hier ist jedoch im Einzelfall vorsicht Prüfg geboten. Desgl streikähnl Maßn Beamter zur DchSetzg standespolit Fdgen (BGH **70**, 277: Bummelstreik der Fluglotsen; ergänzd BGH BB **79**, 1377). Die beabsichtigte wirtsch Vernichtg des Gegners begründet die Sittenwidrigk (BAG **AP** § 1 TVG FriedensPfl Nr 3: Streik unter Bruch der Friedenspfl des TV; vgl Einf 72 vor § 611). Über Streik u Boykott als Eingr in den eingerichteten u ausgeübten GewerbeBetr vgl § 823 Rn 23. – Kein SchadErsAnspr Dritter wg Geldentwertg als angebl Folge zu hoher Abschl iR der Tarifautonomie (BGH NJW **78**, 2031, Schmidt-Preuss JuS **79**, 551).

l) Organe u Mitglieder von Gesellschaften. Mißbräuchl Ausnutzg ihrer Stellg als Vorstands- u Aufs- **43** RatsMitgl bei Erwerb junger Aktien (RG **15**, 289). Erhöhg des Grdkapitals aus eigsücht Interessen der Mehrh (RG **107**, 72). Veräußerg von Aktien an Strohmänner, um Abstimmg über FusionsBeschl zu beeinflussen (RG **85**, 170). Über StimmRBindg vgl Vorbem 14, 15 vor § 709. – Mißbr der Vertretgsbefugn bei öffrechtl Körpersch (RG **145**, 311). – Betrieb eines Unternehmens unter immer wechselnder RForm, um sich den Verbindlich zu entziehen (RG HRR **33**, 299). Vgl auch vorstehd Rn 36 ff. – Anspr des Gters wg eines Schad, der ihm dch vorsätzl pflwidr Handeln eines Liquidators entstanden ist, auch wenn kein Beschl nach GmbHG § 46 Nr 8 gefaßt worden ist (BGH NJW **69**, 1712). – Gter u GeschF der KomplementärGmbH einer unterkapitalisierten GmbH & Co KG, die die RBeziehgen einseit zum Nachteil der Gesellsch ausgestaltet u diese so angelegt haben, daß diese Nachteile notw die GesellschGläub treffen (BGH Warn **78**, 298). Haftg des GeschF einer GmbH, der wg unterlassener Offenleg der schlechten VermVerh der GmbH, der GeschOrganisation u PrKalkulation das Verlustrisiko einseit auf die Gläub verlagert hat (BGH NJW-RR **92**, 1061). Hinauszögern des KonkAntr vgl Rn 38.

m) Patente und Gebrauchsmuster: Patentschleichg dch argl Täuschg des PatAmts, zB dch Ver- **44** schweigen neuheitsschädl Umst (§ 3 PatG, RG **140**, 184). – Lizenznehmer handelt sittenw, wenn er ein ihm iR der Verbessergsklausel unentgeltl zur Benutzg überlassenes Patent mit der NichtigkKlage angreift (BGH **LM** § 9 PatG Nr 6). – Verträge, die dem Erwerber od Lizenznehmer gewerbl SchutzR WettbewBeschrkgen auferlegen, die über den Inhalt des SchutzR hinausgehen, sind uU unwirks (§ 20 GWB).

n) Prozeßführung: Mit Rücks auf ZPO § 138 ist bewußte Unwahrh idR sittenw. Benutzg verfälschter **45** BewMittel. Vorsätzl Herbeiführg unricht Entscheidg in einem Proz. Argl herbeigeführter ProzVergl. Unberecht VerfEinleitg vgl § 823 Rn 41. Strengere Anfordergen für sog SchutzRVerwarngen stellt BGH **38**, 200. Eingehd zum Ganzen Hopt, SchadErs aus unberecht VerfEinleitg (1968), der jedoch SchadErsPfl oft bedenkl weit ausdehnt.

o) Urteilsmißbrauch, auch rkräft VersUrt u VollstrBescheid (Düss NJW **85**, 153, Hamm NJW **91**, **46** 1361; abl Prütting/Weth, RKraftdurchbrechg bei unricht Titeln, 1988, Rdn 109 ff). – **aa) Voraussetzungen, Beispiele** für den Anspr auf Unterl der ZwVollstr, Heraus des Titels u SchadErs wg UrtMißbr (BGH **13**, 71; **26**, 391): Unrichtigk des Urt – außer sie ist auf nachläss ProzFührg des Betroffenen zurückzuführen (BGH NJW-RR **88**, 957) –, vom Geschädigten zu beweisen; entscheidd ist, wie nach Ansicht des jetzt über den Anspr befindden Ger richtig zu entsch gewesen wäre (vgl Vorbem 85 vor § 249). Ferner Kenntn von der sachl Unrichtigk des Urt (BGH WM **65**, 278), auch erst nach Rechtskr (BGH NJW **51**, 759). Hinzukommen müssen bes Umst, vom Geschädigten zu beweisen, die das Verhalten des Schädigers als sittenw erscheinen lassen, hierbei strenge Anfordergen an BewLast. Sie können entw darin liegen, daß eine Part das Urt od seine RKraft dch eine rechts- od sittenw Hdlg im Bewußtsein der Unrichtigk herbeigeführt hat od daß die Ausnutzg des zwar nicht erschlichenen aber als (auch nachträgl) unrichtig erkannten Urt in hohem Maße unbill u geradezu unerträgl ist (BGH **26**, 396 u NJW-RR **87**, 1032). Dazu reicht allein der Umst, daß der Gläub mehr erhalten hat, als ihm bei zutr Beurteilg der RLage zustünde, nicht aus (BGH **112**, 54). Sittenw handelt, wer Urt dadch erschleicht, daß er einen Zeugen zu einer falschen Aussage bestimmte (BGH **LM** (Fa) Nr 7). ZwVollstr in Kenntn der nachträgl Leistgsunfähigk des UnterhSchu (BGH NJW **83**, 2317). Verschweigen eines nach Erl des UnterhUrt aufgenommen Erwerbstätigk dch UnterhGläub (BGH NJW **86**, 1751) od einer and grdlegden Änderg seiner wirtsch Verh (Kblz NJW-RR **87**, 1033). Kein Erschleichgseinwand allein, weil es sich um VersäumnUrt handelt (BGH **13**, 71; BGH WM **65**, 278). U U auch, wenn das Urt dch Dritten erschlichen war (RG **156**, 347). ZusWirken der Prozeßpart zwecks Benachteiligg eines Dritten (BGH WM **62**, 909: Schädigg des Zessionars der im Streit befangenen Fdg). Daß auch die sachl Vorauss für eine RestitutionsKl (§§ 580, 581 ZPO) erf sind, steht der Kl aus § 826 nicht entgg (Celle OLGZ **79**, 64, BGH **50**, 115, abl Baumgärtel/Scherf, JZ **70**, 316, Celle NJW **66**, 2020). – **Nicht anwendbar,** wenn das OLG im KlErzwinggsVerf nach StPO § 172 die AnklErhebg wg Mangels an Bew abgelehnt hat (BGH NJW **64**, 1672). Ebso, wenn die unterlegene Part dch eig Nachlässigk die Vorlage einer BewUrk im Vorproz versäumt hat u ihr deswg die RestitutionsKl gg die obsiegd Part verschlossen ist (BGH DB **74**, 1158); nur im Proz gg sie, nicht gg einen Dr, auf den sich die Rkraftwirkg des Urt im Vorproz nicht erstreckt, ist § 582 ZPO entspr anwendb (BGH NJW **89**, 1287). Keine einstw Einstellg der ZwVollstr aus dem Titel entspr ZPO 767 bei Kl auf seine Herausg (Mü NJW **76**, 1748, Ffm NJW-RR **92**, 511).

47   **bb) Andere Titel.** Diese Grdsätze gelten auch für Schiedsspruch, AusschlUrt, ProzVergl (Celle FamRZ **92**, 582), rechtskr Entscheidgen der freiw Gerichtsbark (BGH **LM** (Fa) Nr 10) u ZuschlagBeschl (BGH **53**, 47), auch wenn er selbst richt ist, aber auf fehlerh Festsetzg des GrdstWerts beruht (BGH NJW **71**, 1751).

48   **cc) Vollstreckungsbescheid aufgrund sittenwidrigen Ratenkredits und Partnerschaftsvermittlung.** Die vorstehen Grdsätze gelten auch hier. Allein die Wahl des MahnVerf reicht für sittenwidr Erwirkg des VollstrBescheids nicht aus (BGH WM **89**, 169). Vielmehr ist die ZwVollstr dann unzul, wenn der Gläub einen unricht VollstrBescheid über einen Anspr aus einem sittenw RatenkreditVertr erwirkt hat, obwohl er erkennen konnte, daß bei einer GeldMachg im KlWeg bereits die gerichtl SchlüssigkPrüfg nach dem Stande der Rspr im ZtPunkt des Antr auf Erlaß des VollstrBescheids zu einer Ablehng seines KlBegehrens führen mußte (BGH **101**, 380, BVerfG WM **93**, 1326), uU beschränkt auf die Berechnung der VerzZinsen (BGH WM **90**, 393). Diese Grds gelten auch für die unverbindl PartnerschVermittlg (LG Ffm NJW-RR **95**, 634, Börstinghaus MDR **75**, 551). Die bloße Ausnutzg des unricht VollstrBescheids über eine handgreifl sittenwidr RatenkreditFdg kann das RGefühl in schlechthin unerträgl Weise nur in Extremfällen verletzen (BGH ZIP **90**, 1319). Dies gilt nur für Fallgruppen, die nach der Art der zGrde liegden RBeziehgen fallgruppentyp Merkmale der Sittenwidrigk aufweisen u in denen ein bes SchutzBedürfn des InAnsprGenommenen hervortritt (BGH **103**, 44). Zuläss beseitigt die ZwVollstr wg solcher Betr, die dem TitelGläub

48a   auch bei Nichtigk des DarlVertr gg den Ratenkreditnehmer zustehen (BGH WM **89**, 170). – **Die Voraussetzungen des § 826 liegen nicht vor,** wenn der Kreditgeber zZt des MahnVerf nach dem Stand der höchstrichterl Rspr mit der Möglk rechnen konnte, bei Vorgehen im KlWeg ein VersUrt zu erwirken (BGH WM **89**, 169); wenn der Ratenkreditnehmer sich unmittelb nach Abschl des DarlVertr noch vor der Zahlg der 1. Rate u währd des späteren MahnVerf anwaltl hat beraten u vertreten lassen (BGH NJW **87**, 3259); wenn der geltdgemachte SchadErsAnspr der Höhe nach unstimmig begr war u desh ein VersUrt nicht ohne vorher Berichtigg des RechngsAnsatzes ergangen wäre (BGH NJW **91**, 1884); wenn der DarlN sich ledigl auf Abschl des KreditVertr im Reisegewerbe (§§ 55, 56 I Nr 6 GewO) beruft (Kln NJW-RR **92**, 304); wenn der Gläub bei AntrStellg auf VollstrBescheid noch nicht von der Unverbindlichk seines Anspr auf Prov für PartnerschVermittlg (§ 656 Rn 8) ausgehen mußte (BVerfG NJW **93**, 1125).

49   **dd) Ursächlichkeit** des argl Verhaltens hat Kl zu beweisen; maßg ist jedoch nicht, wie das Gericht ohne das argl Verhalten entschieden haben würde, sond wie es nach Ansicht des jetzt entscheidden Ger bei richt Beurteilg hätte entscheiden müssen. SchadErmittlg nach § 287 I ZPO (BGH NJW **56**, 505).

50   **ee) Schadensersatz** geht auf Unterl der ZwVollstr u auf Herausg des VollstrTitels (BGH NJW **63**, 1608), auch auf Ers einer bezahlten Geldstrafe aGrd einstw Vfg (BGH Warn **69**, 29), auf Rückzahlg bezahlten Unterhalts (BGH NJW **86**, 1751 u 2047), auf Rückzahlg von Zahlgen, die auf einen sittenwidr RatenkreditVertr zur Abwendg der ZwVollstr geleistet wurden (Düss NJW-RR **89**, 240). Zust ist jedes Ger, in dessen Bezirk ZwVollstrMaßn zu erwarten sind (Hamm NJW-RR **89**, 305). Darühinaus spricht Kln (NJW **86**, 1350) dem VollstrBescheid mangels Schlüssigk Prüfg die RKraftWirkg überh ab, Brann (WM **86**, 781) dann, wenn er nicht erlassen worden wäre, falls eine solche stattgefunden hätte. Auch bei rechtsgestaltendem Urt können die vermögensrechtl Folgen o Rücks auf die Möglichk einer WiederAufnKl (BGH **LM** (Fa) Nr 7) beseitigt werden, währd die geschiedene Ehe geschieden bleibt. Der SchadErsAnspr wird nicht dadch ausgeschl, daß der Geschäd es unterl hat, gg das Urt RMittel einzulegen; entspr Anwendg des § 839 III entfällt, weil das sittenw erlangte Urt nicht anzuerkennen ist (aA Bambg NJW **60**, 1062). Nichteinlegg von RMitteln kann nur nach § 254 berücks werden.

51   **p) Zahlung von Schmiergeldern,** auch wenn der Tatbestd des § 12 UWG nicht erf ist, ist sittenw (BGH NJW **62**, 1099: Zahlg an einen Vertreter, um bei der Vergabe von Aufträgen bevorzugt zu werden). Ebso **„Eintrittsgeld"** u **„Anzapfen",** dh das Verlangen nach einer PauschalZahlg für den ersten Marktzutritt, zB Erteilg eines Auftr, Aufn einer Ware in das Sortiment, od für den Verbleib auf dem Markt dch Weiterführen der Ware im Sortiment (BGH NJW **77**, 1242; krit Loewenheim GRUR **76**, 224). Vgl hierzu auch § 667 Rn 3.

52   **q) Verletzung von Vertragsrechten Dritter. – aa) Mitwirkung.** Die bloße Ausnutzg der Bereitsch des Schu zum VertrBruch od die bloße Mitwirkg eines Dr an der VertrVerl dch den Schu ist nicht sittenwidr. Dieser Vorwurf ist nur dann begründet, wenn es sich um ein bes Maß an Rücksichtslosigk ggü dem betroffenen Gläub, um einen schwerwiegden Verstoß gg das Anstandsgefühl handelt, der mit den GrdBedürfn loyaler RGesinng unvereinb ist (BGH NJW **94**, 128). Darunter fällt insb planmäß ZusWirken des Dr mit dem Schu gerade zur Vereitelg des Anspr des VertrGläub. Führt ein BankAngest in kollusivem ZusWirken mit dem Empf der Gutschr einen gefälschten ÜberweisgsAuftr aus, so kann der belastete KontoInh o Rücks auf seinen Anspr auf WiederGutschr gg die Bank einen SchadErsAnspr gg den Empf auf Zahlg des ÜberweisgsBetr an die Bank mit der ZweckBest haben, ihn dem belasteten Konto gutzuschreiben; der Schad liegt in der beeinträchtigten tats Verfügbark des rechtl fortbestehden Guth dch die unricht KontoBelastg (BGH NJW **94**, 2357). Bei Fehlen einer vertragsfeindl Gesinng kann die Anwendg verwerfl Mittel od ein Mißverhältn von Mittel u Zweck sittenwidr sein (BGH NJW **81**, 2184). Vorstehe RGrdsätze sind auch auf die Mitwirkg zur Verl der LeistgsPfl aus einem einseit Vermächtn anzuwenden (BGH NJW **92**,

53   2152). – Verleitg zum VertrBruch u Beihilfe dazu zu **Wettbewerbszwecken** ist auch ohne Hinzutreten weiterer Umst sittenwidr (BGH DB **81**, 1668). Wettbewwidr Verleitg zum VertrBruch ist es auch, wenn der Werbde dem Umworbenen o Kenntn der Einzelh des Vertr die unricht Ausk erteilt, der Abschl sei trotz der vertragl Bindg des Umworbenen an einen Mitbewerber zuläss (BGH DB **75**, 1595). Bloße Ausnutzg fremden VertrBruchs ist in diesem Fall bei Hinzutreten bes Umst wettbewerbswidr, so wenn die zu wahrden Interessen des Mitbewerbers erhebl beeinträchtigt werden (BGH BB **73**, 1229). Beschaffg preisgebundener Waren unter Ausnutzg fremden VertrBruches zum Zwecke der Abwehr einer Diskriminierg vgl BGH **37**, 30. Ggf Pfl des Außenseiters, dem Herst der preisgebundenen Ware seinen Lieferanten aufzugeben (BGH NJW **64**, 917). Keine Verleitg zum VertrBruch, wenn Endverbraucher Buchhändler ansinnt, Preisnachlaß auf preisgebundene Bücher zu gewähren, da es hier an der Vorstellg fehlt, hierdch könnten vertragl Pfl verletzt werden (BGH BB **67**, 774). – Vereitelg einer Erwerbsanwartsch kann sittenw sein (Saarbr NJW-RR **87**, 500). Vereitelg des VorkR vgl § 506 Rn 3–5.

bb) Bewußte Ausnutzung des Mißbrauches der Vertretungsmacht ist sittenw, ebso ZusWirken 54 eines VertrTeiles mit dem Vertreter des and (BGH NJW **62**, 1099). Unsittl handelt auch, wer unbezahlte Ware käufl übernimmt, um eigene Verbindlichk dch Verrechng zum Schad des Warenlieferanten erfüllen zu können (BGH NJW **57**, 587). Vgl auch oben Rn 36– 39 u unten Rn 57, 58.

r) Vertragsverletzung. – aa) Nichterfüllung einer VertrPfl ist nicht ow unsittl, es müssen bes Umst 55 hinzukommen, die das Verhalten als sittl verwerfl erscheinen lassen (Stgt NJW **58**, 465), zB bewußte Vereitelg des VertrZweckes. – **bb) Vertrauensbruch** eines TrHänders, der sich SonderVort versprechen läßt (RG **79**, 194), eines Handelsvertr, der sich heiml auch einer and Firma für dieselbe Ware u dasselbe Absatzgebiet verpfl (RG JW **26**, 563). – **cc) Kündigung eines Dienstverhältnisses** vgl Vorbem 48 vor § 620. – **dd) Planmäßiges Herausdrängen** des VertrPartners aus ReklameVertr dch Gründg einer neuen GmbH mit denselben Gtern u demselben GesellschZweck (RG **114**, 69). Planm Handeln des Gläub, um seinem Schu den allg Kredit abzuschneiden zu dem Zweck, das Grdst in der ZwVerst billig zu erwerben (RG **58**, 219). Sittenwidrigk des Gläub ggü dem Bürgen vgl § 776 Rn 1. – **ee)** Auch **nachvertragliche Treuepflichten** können sittenw verl werden.

s) Marken und Ausstattung. Das MarkenR darf nur **innerhalb des lauteren Wettbewerbs** u der 56 guten Sitten ausgeübt werden (BGH **45**, 177 für früh WZG). Anmeldg einer inländ Marke, um Benutzg der ident ausländ Marke im Inland zu verhindern, kann sittenwidr sein (BGH MDR **69**, 733). VerwirkgsEinwand dessen, der die Marke redl u ungestört längere Zeit benutzt hat (BGH **45**, 246). **Einzelfälle.** Sittenwidrigk der MarkenAnmeldg, um einen im Ausland geschützten Dr zu einer best, den Interessen des Anmelders dienden Auswertg zu veranlassen (BGH **46**, 130). Bei Duldg des Berecht ist Aneigng fremden Ausstattgsschutzes nicht ow sittenw, wohl aber dann, wenn sich jmd in fremde Ausstattg hineinschleicht u nunmehr gg den älteren AusstattgsBesitzer vorgeht (BGH **4**, 100).

t) Wechsel und Schecks. – aa) Weitergabe von **Wechseln** an einen gutgl od bösgl Erwerber, um dem 57 Schu Einr abzuschneiden, od entgg einer Vereinbg mit dem Schu (BGH WM **71**, 855: planmäß ZusArb zw Erwerber u Inh zur Abdeckg von dessen alten Schulden). Ebso kann der Namensträger, dessen Unterschr auf dem Wechsel gefälscht ist, sittl verwerfl handeln, wenn er die Anfrage des WechselInh nach der Echth der Unterschr unbeantwortet läßt (BGH **47**, 110) –, obwohl er erkennt, daß sein Schweigen dem Anfragden einen Schad zufügen kann und diesen Erfolg billigt (BGH WM **63**, 637). Sittenwidr handelt die Bank, die ihren Kreditnehmer verleitet, ihr einen Kundenwechsel zum Diskont zwecks Rückführg des Kredits zu übertr, obwohl sie weiß, daß ihr Kreditnehmer ggü seinem Lieferanten (VorbehVerk) verpfl ist, nur ihm die aus Weiterverkauf der gelieferten Ware stammden Kundenwechsel zum Diskont zu übertr (BGH NJW **79**, 1704). Bei Diskontierg eines vom Akzeptanten eingereichten Wechsels prüft die Bank dessen ZahlgsFähigk nur im eig, nicht auch im Interesse des AusSt (BGH DB **84**, 399). Nicht ow sittenwidr handelt eine Bank mit der Diskontierg eines Akzeptantenwechsels (Ffm WM **95**, 1497), auch wenn sie weiß, daß ihr Kunde sein GeschVerm so weit sichergsübereignet hat, daß bei ihm für einen etwaigen Regreß des AusSt kein vollstreckgsfäh Verm vorh ist (BGH NJW **84**, 728). Sittenwidr ist die Diskontierg eines Akzeptantenwechsels, wenn die Bank weiß, daß der Akzeptant zahlgsunfäh ist (Kblz NJW-RR **87**, 40). Organisierter Austausch von Finanzwechseln unter Einschaltg eines Vermittlers, dem die Prüfg der Kreditwürdigk des Partners u dessen Auswahl obliegt, der jedoch selbst nicht verantwortl ist (BGH **27**, 172). Wechselreiterei, auch kombiniert mit Scheck, (Austausch zweier Wechsel [Scheck] zur verdeckten Kreditbeschaffg für beide Beteil ohne zGrde liegdes Gesch) liegt nicht vor, wenn der Wechselnehmer dem Akzeptanten für den Wechsel einen gedeckten, sofort fäll Scheck gibt (BGH NJW **80**, 931). – **bb) Schecks.** Ausfüllg aus Gefälligk mit Bewußtsein, daß sie zur Täuschg eines Kreditgebers best sind. 58 Abredewidr Verwendg eines Schecks od der ausbezahlten Schecksumme (BGH DB **56**, 986, BGH NJW-RR **88**, 671) od von Prolongationsschecks (BGH NJW **61**, 2302 u NJW **73**, 1366; vgl oben Rn 38). Haftg des Kreditinstituts, das ein der Scheckreiterei diendes Konto führt, die auf dieses Konto gezogenen Schecks als in Ordng bezeichnet u dabei Schädigg eines Scheckbeteiligten in Kauf nimmt (BGH WM **69**, 334). Scheckreiterei, dh planmäß Austausch von Schecks, denen keine Warenumsätze zu Grde liegen, zum Zwecke ungen Kreditbeschaffg, ist als Mißbr des für ZahlgsVorgänge dienden Schecks sittenwidr (BGH BB **93**, 1033). Kollusives ZusWirken zw ScheckAusst u Zessionar zum Nachtl der scheckeinziehden Bank (BGH **102**, 68 [73]).

u) Unlauterer Wettbewerb. Schädigg and Wettbewerber liegt in der Natur des WirtschKampfes. Was 59 ihm den Stempel des Unerlaubten u sittl Verwerfl aufdrückt, sind hauptsächl die Kampfmittel, wenn diese nach der gesunden Anschauung der beteil VerkKreise nicht mehr als sachl u sittl vernünft Werbg betrachtet werden können (BGH NJW **60**, 1853). Auch bei Existenzgefährdg eines and ist Anwendg erlaubter Mittel nicht sittenw (BGH LM § 1 UWG Nr 7). – **aa)** Für **Sittenwidrigkeit** im geschäftl Verk zu 60 Zwecken des Wettbew ist entscheidd, ob das konkrete WettbewVerhalten nach Anlaß, Zweck, Mittel, BegleitUmst u Auswirkgen dem Anstandsgefühl der beteil VerkKreise widerspricht od von der Allgemeinh mißbilligt u für untragb angesehen wird (BGH GRUR **72**, 553). Hinzukommen muß Vors hins der ges TatUmst u der SchadZufügg sowie die Vorwerfbark der Hdlg (BGH GRUR **60**, 200). Sie kann fehlen, wenn sich in bezug auf den konkr Sachverhalt in der Rspr noch keine festen RGrdsätze entwickelt haben; dann seine SchadErsPfl (BGH **27**, 273). – **bb) Verhältnis zu anderen Anspruchsgrundlagen.** § 1 UWG 61 gibt, ohne Vors hins der SchadZufügg als Vorauss, bei sittenwidr WettbewHdlgen einen SchadErsAnspr. Es besteht AnsprKonkurrenz (vgl Rn 19), ebso ggf zu § 824. Unanwendb ist § 823, wenn die WettbewHdlg zugl ein Eingr in den eingerichteten u ausgeübten GewerbeBetr ist (BGH **36**, 256; vgl § 823 Rn 19). Der Verl kann nicht RechngsLegg, aber Ausk verlangen, die nach Art u Umfang billig gerecht wird unter schonender RücksNahme auf die Belange des Verletzers (BGH BB **76**, 661). Über Verj vgl § 852 Rn 1. – **cc) Handlungen** (Übersicht). Die SchadErsFälle wg sittenwidr WettbewVerstoßes sind von Rspr u 62 Schrifttum weitestgehd unter § 1 UWG eingeordnet, denn der SittenwidrigBegr ist dort u in § 826 ident. Wicht Kennwörter zum schnelleren Auffinden sind bei der eigentl Werbg: Vergleichde, bezugnehmde, rufausbeutde, irreführde, getarnte, standes- u berufwidr, umweltschutzbetonte (BGH **112**, 311) Werbg, redaktionelle Schleichwerbg, Fernsprech- u Telexwerbg, Vorspannangebot. – Ferner: Abwerbg von ArbN, Kunden, Vereinsmitgl; AnzBlatt; Ausnutzg fremder ArbLeistg, sklav Nachbau, Leistgsbehinderg (Stgt NJW **89**, 2633: Hardware-Kopierschutz); Boykott; Preisunterbietg; Testkauf; vertragl WettbewVerbot; Vertriebsbindg; Verwertg von BetrGeheimn; Warentest.

63   **v) Zwangsvollstreckung.** Sittenw erlangt ist der Rang eines PfandR, wenn der Gl die öff Zustellg des Titels erschlichen hat (BGH **57**, 108). Ob Abhalten vom Bieten dch entspr Vereinbg gg die guten Sitten verstößt, ist Tatfrage (BGH NJW **61**, 1012). Sittenverstoß ist zu bejahen, wenn die Abrede bezweckt, alle in Betr kommden Bieter überh auszuschalten, sodaß der gesetzl Zweck der ZwVerst, dch Erzielg eines möglichst hohen, dem GrdstWert entspr Gebots bei freier Konkurrenz der Bieter weitgehde Deckg der GrdstLasten zu erreichen, vereitelt wird zum Vort des Täters u zum Schad des Eigtümers u der dingl Berecht (Ffm WM **89**, 1102). Auch die Ausschaltg eines best Bieters, wie überh die Schmälerg der Konkurrenz der Bieter kann sittenw sein (BGH WM **65**, 203 u NJW **79**, 162). Unsittl ist Erschleichg des Zuschlags dch einen Strohmann (BGH **LM** (Gi) Nr 2). Mißbr des KonkVerf zur Erreichg konkursfremder Zwecke wie Künd eines PachtVertr (BGH WM **62**, 930).

64   **w) Sonstige Fälle:** Unsittl Ausnutzg der Spielleidensch (BGH **LM** § 762 Nr 1 u § 762 Rn 9, 10). Erwirkg einer behördl Anordng auf Übertr eines Gesch durch Täuschg, wobei die Mindg noch Beziehgen u ZeitUmst ausgenutzt werden (BGH **LM** § 25 HGB Nr 1). Embargowidr Warentransport od -Lieferg (BGH NJW **91**, 634, NJW **93**, 194). Computer, Einbau von Killerviren als Kopierschutz für Programm kann Haftg auslösen (Rombach CR **90**, 101, 184).

827 *Ausschluß und Minderung der Verantwortlichkeit.* **Wer im Zustande der Bewußtlosigkeit oder in einem die freie Willensbestimmung ausschließenden Zustande krankhafter Störung der Geistestätigkeit einem anderen Schaden zufügt, ist für den Schaden nicht verantwortlich. Hat er sich durch geistige Getränke oder ähnliche Mittel in einen vorübergehenden Zustand dieser Art versetzt, so ist er für einen Schaden, den er in diesem Zustande widerrechtlich verursacht, in gleicher Weise verantwortlich, wie wenn ihm Fahrlässigkeit zur Last fiele; die Verantwortlichkeit tritt nicht ein, wenn er ohne Verschulden in den Zustand geraten ist.**

1   **1) Unzurechnungsfähigkeit, Satz 1** (vgl §§ 104, 105 und Einf 4–10 vor § 104), schließt die zivrechtl Verantwortlk aus. Anwendb auf alle Fälle der VerschHaftg, auch außerh der uH (BGH NJW **68**, 1132; vgl § 276 I 3), auch iRv § 254. Trotz Unzurechngsfähig ErsPfl in Sonderfällen, § 829; Haftpfl der AufsPersonen s § 832. – Ausschl der freien WillensBest – auch durch Ohnmacht od Schlaf (BGH **23**, 90) – ist erforderl; bloße Minderg der Geistes- u Willenskraft, krankh Gleichgültig gg die Folgen des Handelns, Unfähig zu ruh u vernünft Überlegg genügen für sich allein nicht. Betreuung als solche führt den Ausschluß der Verantwortlichk nicht herbei. – § 827 ist nicht anwendb, wo die Verantwortlich ohne das gesetzl Erfordern eines Versch besteht (MüKo/Mertens Rn 10).

2   **2)** Nach **Satz 2** ist der Täter bei **selbstverschuldetem vorübergehendem Ausschluß der freien Willensbestimmung** nur dann verantwortl, wenn die von ihm begangene uH auch im Falle fahrl Begehg zum SchadErs verpflichtet. Auch die Ann grober Fahrlk steht bei Verl ganz elementarer Verhaltensregeln die eingeschränkte Einsichts- u HemmgsFähig nicht entgegen (BGH NJW **89**, 1612, TrunkenhFahrt). Voraussetzg der Haftg ist, daß sich der Täter schuldh in diesen Zust versetzt hat, wobei das Versch aber vermutet wird. Nicht braucht das Versch zu beziehen auf die SchadVerurs u auf ihre Vorhersehbark in nüchternem Zust. Hat sich der Täter fahrl in den RauschZust versetzt, so haftet er nicht für Hdlgen, die nur bei vorsätzl Begegh erspflichtig machen; hat er sich vorsätzl in den Zustand der Willensunfreih versetzt, um eine uH zu begehen, so ist es so anzusehen, als ob er die Tat vorsätzl begangen hätte (MüKo/Mertens Rn 8). – Unverschuldet ist der Zustand der Unzurechnungsfgk, wenn zB Täter die berauschde Eigensch des Getränkes weder gekannt hat noch kennen mußte (BGH NJW **68**, 1132). Auf die ihm bekannte mangelnde Widerstandskraft seines Körpers gg geist Getränke, zB inf von Krankh, kann er sich nicht berufen.

3   **3) Beweislast** für Unzurechngsfähig trifft den Täter (BGH **98**, 135, **102**, 227), VersN iR des § 61 VVG bei entspr Anwendbark des § 827 S 1: Der Verl hat nachzuweisen, daß Täter sich selbst in den Zustand der Willensunfreih gebracht habe. Demggü steht dem Täter der Nachw offen, daß er ohne Versch in diesen Zustand geraten sei. Gilt auch iR der §§ 152 ff VVG u 3 Nr 1 PflVG (BGH **111**, 372).

828 *Minderjährige; Taubstumme.* ¹**Wer nicht das siebente Lebensjahr vollendet hat, ist für einen Schaden, den er einem anderen zufügt, nicht verantwortlich.**

ᴵᴵWer das siebente, aber nicht das achtzehnte Lebensjahr vollendet hat, ist für einen Schaden, den er einem anderen zufügt, nicht verantwortlich, wenn er bei der Begehung der schädigenden Handlung nicht die zur Erkenntnis der Verantwortlichkeit erforderliche Einsicht hat. Das gleiche gilt von einem Taubstummen.

1   **1) Kinder unter 7 Jahre.** Der Ausschl der Verantwortlichk entspricht § 104 Nr 1. Auch mitw Versch eines solchen Kindes bei der eig Beschädigg ist nicht denkb. ErsPfl aus BilligkGründen vgl § 829, Haftg AufsPflichtiger § 832.

2   **2) Jugendliche über 7 Jahre.** Zurechnungsfähigkeit u Verschulden des Jugendl sind zu unterscheiden, sie sind getrennt voneinand zu prüfen (BGH **LM** Nr 1). Die ZurechngsFgk ist nach § 828 II, das Versch nach § 276 zu beurteilen.

3   **a)** Die **Zurechnungsfähigkeit** ist zu bejahen, wenn der Jugendl die zur Erkenntn der Verantwortlich **erforderliche Einsicht**, dh die geist Entwicklg besitzt, die den Handelnden in den Stand setzt, das Unrecht seiner Hdlg ggü den Mitmenschen u zugl die Verpfl zu erkennen, in irgdeiner Weise für die Folgen seiner

Hdlg selbst einstehen zu müssen. Abs II stellt also allein auf diese intellektuelle Fähigk ab, nicht auch auf die individuelle SteuergsFähigk, sich dieser Einsicht gem zu verhalten (BGH NJW **84**, 1958). Nicht erforderl ist, daß der Jugendl eine best Vorstellg von der Art seiner Verantwortlichk hat, es genügt das allg Verständn dafür, daß das Verhalten geeignet ist, Gef herbeizuführen (Kln MDR **93**, 739). Ist die hiernach erforderl Einsicht vorhanden, so gestattet sie regelm den Schluß auf die Einsicht zur Erkenntn der Verantwortlichk (BGH VersR **70**, 374). Auch wenn man die hins des Versch zu prüfde Erkenntn der Gefährlichk des Tuns verneint, kann der Täter zurechngsfäh u damit verantwortl sein, wenn er gg vorausgegangene Verbote u Warngen gehandelt hat u die zur Erkenntn der Verantwortlichk für die Verbotsverletzg nötige Verstandesreife besaß. In jedem Falle ist Prüfg der bes Umst des Einzelfalles, wie Lebensalter u geist Entwicklg des Täters, bedeuts (BGH **LM** § 276 (Be) Nr 2). Bei der Berücksichtigg des Lebensalters genügt die Annäherg an die obere od untere Altersgrenze für sich allein nicht, um die erforderl Einsicht zu bejahen od zu verneinen, wenngleich die Lebenserfahrg hins der Verstandesreife für Jugendl best Alters iR dieser Prüfg mit heranzuziehen ist. Nach der sprachl Fassg des § 828 ist der Mangel der Einsicht nicht vAw zu berücks, sond vom Täter zu behaupten u zu beweisen (BGH VersR **70**, 467). Dabei ist AnschBew ausgeschl (offengelassen BGH NJW **70**, 1038). Zweifel gehen zu Lasten des Jugendl. Davon zu trennen ist der VerschNachw.

b) Schuldhaft handelt, wer vorsätzl od fahrl einen Schad verursacht, § 276. Fahrlk setzt die Erkenntn der **4** Gefährlichk einer uH od ihre sorgfaltswidr Verkenng voraus (BGH NJW **63**, 1609); ferner muß das Verhalten gem der vorh od der zu gewinnden Erkenntn zumutb sein (BGH **LM** Nr 1). Hierbei ist nicht auf die individuellen Fähigk des Jugendl abzustellen, sond darauf, ob ein normal entwickelter Jugendl dieses Alters die Gefährlichk seines Tuns hätte voraussehen u dieser Einsicht gem hätte handeln können u müssen (BGH NJW **70**, 1038). Handelt der Täter aus altersgruppenbdgten Gründen schuldl, so entfällt die Haftg, auch wenn er die erforderl Einsicht nach Abs II hat (Böhmer MDR **64**, 278). Zur BilligkHaftg s § 829. Das Versch hat der Geschädigte zu beweisen. AnschBew ist mit der Einschränkg zul, daß es mit der Prüfg der Fahrlk nicht auf die persönl Schuld des Jugendl ankommt, sond obj darauf, was von einem Jugendl seiner Altersgruppe zu fordern war (BGH NJW **70**, 1038). Bei der Abwägg des MitVersch nach § 254 ist § 828 II entspr anzuwenden; maßg ist auch hier die Einsicht, die zur Erkenntn der Gefährlichk des eig Verhaltens erforderl ist (Düss VersR **69**, 380).

c) Rechtsmißbrauch kann die InansprNahme des Mj für einen Schad aus uH unter den Vorauss des **5** § 242 sein. So, wenn der Halter einem Mj ein Kfz überläßt, ohne sich der Billigg des PersSorgeBerecht zu vergewissern u der Mj fahrl das Kfz dch Unfall beschädigt (Stgt NJW **69**, 612). Gg die unbegrenzte Haftg bestehen verfassgsrechtl Bedenken, wenn sie zur Existenzvernichtg des Jugendl führt, obwohl Entschädigg des Opfers auf Seite gewährleistet ist (VorlageBeschl Celle JZ **90**, 294, Kuhlen aaO 273).

3) Einzelfälle: 7jähr läuft hinter Ball auf die Fahrbahn (BGH VersR **70**, 374), schießt trotz Warng mit **6** Schleuder ein Auge aus (BGH VersR **54**, 118), 8jähr spielt auf der Fahrbahn (Düss VersR **76**, 595), 10jähr verurs Scheunenbrand (BGH NJW **84**, 1958, Hamm VersR **95**, 56), verletzt Spielkameraden mit Beil (Mü VersR **52**, 229). 11jähr schießt mit Pfeilen (BGH FamRZ **64**, 505, Kln MDR **93**, 739). 12jähr Sonderschüler wirft auf Spielplatz mit Steinen (Hbg VersR **80**, 1029). 15jähr verletzt Auge bei Tomatenwurf (BGH VersR **53**, 28). 16jähr verurs BrandVerl dch Wurf mit Wunderkerze (BGH VersR **63**, 755).

829 *Ersatzpflicht aus Billigkeitsgründen.* **Wer in einem der in den §§ 823 bis 826 bezeichneten Fälle für einen von ihm verursachten Schaden auf Grund der §§ 827, 828 nicht verantwortlich ist, hat gleichwohl, sofern der Ersatz des Schadens nicht von einem aufsichtspflichtigen Dritten erlangt werden kann, den Schaden insoweit zu ersetzen, als die Billigkeit nach den Umständen, insbesondere nach den Verhältnissen der Beteiligten, eine Schadloshaltung erfordert und ihm nicht die Mittel entzogen werden, deren er zum angemessenen Unterhalte sowie zur Erfüllung seiner gesetzlichen Unterhaltpflichten bedarf.**

1) Regelungsgehalt. Ausn vom VerschuldensGrds. Da einer der in den §§ 823 bis 826 bezeichneten Fälle **1** vorliegen muß, wird die Auffassg vertreten, daß – abgesehen von der Frage der ZurechngsFgk – neben dem obj auch der subj Tatbestd der uH im natürl Sinne vorliegen müsse (RGRK/Steffen Rn 8) oder bei einem Zurechngsfäh zumindest naheläge (MüKo/Mertens Rn 14). Dieses Erfordern ist aber jedenf in den Fällen zu weitgehend, in denen gerade die UnzurechngsFgk den Schad verursacht hat (BGH NJW **58**, 1630). In den Fällen allerd, in denen SchadVerursachg mit UnzurechngsFgk nichts zu tun hat, haftet der Unzurechngsfäh nur dann, wenn sein Verhalten bei einem Zurechngsfäh als Vorsatz od Fahrlk zu werten wäre (BGH **39**, 281).

2) Nur hilfsweise besteht die ErsPfl des Unzurechngsfäh, dh wenn entw § 832 aus RGründen nicht **2** durchgreift od wenn vom AufsPflichtigen aus tatsächl Gründen Ers nicht zu erlangen ist. Im letztgenannten Falle haften Unzurechngsfäh u AufsPflichtiger als GesamtSchu, § 840. BilligkAnspr auch neben GefährdgsHaftg, zB aus § 7 StVG (BGH **23**, 90). VorausKl ist nicht erforderl.

3) Die Billigkeit muß unter Berücksichtigg aller Umst eine Schadloshaltg des Geschäd erfordern, nicht **3** nur erlauben (BGH **127**, 186) u entscheidet über Umfang u Art des Ers (Rente, Kapital). Der ErsAnspr setzt ein wirtsch Gefäle, also erhebl bessere VermVerh des Schäd voraus. Dabei kann eine freiwill HaftPflVers iS einer Korrektur hins der Höhe des zu zahlden Betr von Bedeutg sein, aber allein nicht zur Bejahg der Billigkhaftg (BGH NJW **79**, 2096) u nicht zur Zubilligg von Beträgen führen, die die finanziellen Möglichk des Schädigers sonst schlechthin überschreiten würde (BGH **76**, 279). Bei bestehder Kfz-HaftPflVers, also verschuldensunabhäng Deckg des mat Schäden, kommt ein SchmerzGAnspr gg den ZurechngsUnfäh nur in Betr, wenn bei schweren Verl seine Versagg im EinzFall dem BilligkEmpfinden krass widerspricht (BGH **127**, 186). Zu berücksicht sind auch die sonst LebensVerh u Bedürfn, auch die Umst der Tat, insbes erhebl Gefäle im beiders Versch (BGH NJW **69**, 1762). Ein BilligkAnspr kann sich auch daraus ergeben, daß nach Ableben des schuldunfäh Schäd sein Verm nicht mehr für seinen angem Unterh erfdl ist (BGH **76**, 279).

Treten die BilligkVorauss, zB wirtsch LeistgsFgk, erst später ein, so ist der ges dch die schädigde Hdlg erwachsene Schad zu ersetzen u der Umfang der LeistgsVerpfl für jeden einz SchadAbschn nach Billigk zu bestimmen (BGH NJW **58**, 1632). Nachträgl Abänderg des Urt nur gem ZPO § 323 zul. Angem Unterhalt: § 1610. Gesetzl UnterhPfl: §§ 1360 ff, 1569 ff, 1601 ff. Feststellgsklage ist schon zul, bevor sämtl Voraussetzgen vorliegen, insb wenn der Umfang des Anspr von der späteren Entwicklg des Verhältn der Part abhängt (BGH JZ **79**, 445); insow auch Teilabweisg mögl, wenn auch Klage gg einen Vollverantwortl nur zu einem Teil begründet sein würde (BGH NJW **62**, 2201).

4 **4) Entsprechende Anwendung** auf vertragl Haftg ausgeschl, weil in § 276 I nicht erwähnt; wohl aber in den Fällen der §§ 830 I 2, 831, 833 S 2, 836, da es sich hier um Ableitgen der Haftg aus §§ 823–826 handelt (RGRK/Steffen Rn 4). Anwendb auf §§ 844, 845. Mit der bei einer AusnRegelg gebotenen Vors spiegelbildl anwendb auf die SchadVerteilg bei mitw „Versch" des nicht ZurechngsFäh, sow die Billigk dies erfordert (BGH **37**, 102, Karlsr DAR **89**, 25). Ein Vorbeh späterer Mithaftg des Kindes im Urt ist nicht gerechtfertigt, wenn für die Zukunft nicht zu erwarten ist, daß das Kind bessere VermVerh als der Schädiger aufweisen wird (BGH VersR **89**, 925). Allein das Bestehen einer ges HaftPflVers des Schädigers rechtf nicht die Mithaftg des geschäd Kindes, auch wenn es selbst sozversichert ist (BGH NJW **73**, 1795). Die eig Mithaftg des Kindes entfällt nicht desh, weil es auch von seinen Eltern wg Verl der AufsPfl Ers seines Schad verlangen könnte (Celle NJW **69**, 1632). BGH **39**, 281 bejaht BilligkHaftg auch des über 7 Jahre alten einsichtsfäh (§ 828 II) Jugendl, sofern er aus altersgruppenbdgten Gründen nicht schuldh handelt.

5 **5) Verjährung** vgl § 852 Rn 11.

830 *Mittäter und Beteiligte.* [1]Haben mehrere durch eine gemeinschaftlich begangene unerlaubte Handlung einen Schaden verursacht, so ist jeder für den Schaden verantwortlich. Das gleiche gilt, wenn sich nicht ermitteln läßt, wer von mehreren Beteiligten den Schaden durch seine Handlung verursacht hat.

[II]Anstifter und Gehilfen stehen Mittätern gleich.

1 **1) Anwendgsbereich.** § 830 betrifft drei Fälle der Beteiligg Mehrerer an einer uH u läßt als eig, bes AnsprGrdl jeden von ihnen haften, ohne daß festgestellt sein müßte, daß gerade er dch sein Verhalten den Schad verurs hat (BGH **72**, 355). Es handelt sich um die Fälle der gemschaftl Begehg (I, 1), der Anstiftg u Beihilfe (II) u den davon versch Fall der Beteiligg iS des I, 2. Nicht unter § 830 fällt die sog fahrl Nebentätersch, dh wenn mehrere Täter durch selbständ EinzelHdlgen ohne bewußtes ZusWirken einen Schad mitverursacht haben (BGH **30**, 203). Der Nebentäter haftet, auch bei nahem örtl u zeitl ZusHang für die Folgen seines eig rwidr Verhaltens nach den allg ZurechngsRegeln (BGH NJW **88**, 1719), dh auf das Ganze, wenn sein Verhalten den GesamtSchad mitverursacht hat, sonst auf den best, unterscheidb Teil des Schad, den sein Verhalten verursacht hat (MüKo-Mertens § 830 Rn 6; aA Düss NJW-RR **95**, 281: Quoten des GesSchad).

2 **2) Vorsätzliches Zusammenwirken** gehört zum Tatbestd von Abs I S 1 u II. Ihre Anwendbk gg einen Beteil setzt nur voraus, daß auch die and die Merkmale einer uH erfüllt haben, u scheitert nicht daran, daß die and wg eines beamtenrechtl Sonderstatus nicht nach Deliktsregeln in Anspr gen werden können (BGH **70**, 277).

3 **a) Gemeinschaftliche Begehung (Abs I S 1)** ist iS der strafrechtl Mittätersch zu verstehen, setzt also bewußtes u gewolltes ZusWirken Mehrerer zur Herbeiführg eines Erfolges voraus, BGH NJW **72**, 40. Für die Haftg eines Teiln ist es unerhebl, ob er den Schad eighänd mitverurs u wieviel er selbst zu ihm beigetragen hat. Das gilt auch für den Anspr auf SchmerzG, sow dafür die gemschaftl begangene uH BemessgsFaktor ist (Schlesw VersR **77**, 183). Psych od intellektuelle Mittätersch genügt (BGH **8**, 288). Dies gilt auch für Teiln an Demonstration, weil GewAnwendg dabei nicht dch Art 5, 8 I GG gedeckt ist. Maßg ist, ob der Wille des Teiln auf eine RVerletzg gerichtet u als solcher erkennb geworden ist (Celle VersR **82**, 598) u ob der Teiln schadstiftde Ausschreiten zumindest billig in Kauf nimmt. Keine Haftg für den Exzeß einz Mittäter, die ohne Billig des betr Teiln die Grenzen des DemonstrationsR überschreiten (BGH **63**, 124). Nebentätersch genügt nicht.

4 **b) Anstifter und Gehilfen (Abs II)** stehen Mittätern gleich. Die Begr sind ebenf im strafrechtl Sinne zu verstehen. Nöt ist also vorsätzl Unterstützg einer fremden VorsTat, wobei bdgter Vors genügt. Das Ausmaß spielt keine Rolle, psych Unterstützg genügt, auch wenn sie nicht um ihrer selbst willen, sond zur Erreichg and Ziele gewährt wird u auch dann, wenn der Täter nicht erkennt, daß der Geh ihn unterstützen will (BGH **70**, 277). Unanwendb ist der strafrechtl Begr der fortges Handlg. Der Helfer ist also verantwortl nur für TeilHdlg, an der er mitgewirkt hat (BGH **LM** § 823 (Be) Nr 4). Nicht unter § 830 fallen Hehler u Begünstigter, jedoch ist das ZivG an eine derart rechtl Qualifizierg im StrafUrt nicht gebunden, sond kann Mittätersch od Beihilfe annehmen (BGH **8**, 288).

5 **c) Beispiele:** Gewerksch als Geh bei Unterstützg eines wilden Streiks (BAG NJW **64**, 887); Beihilfe zu Einzelakten eines fortges Betruges (BGH **LM** § 823 (Be) Nr 4); Steinschlacht bei willentl gemeins Werfen mit TreffVors (BGH NJW **72**, 40); Teiln an einer Demonstration mit GewaltTätigken od mit dem Ziel, ein ZeitgsUnternehmen zu blockieren, sofern er sich an den schadstiftden Ausschreiten beteil u Schäd dieser Art in seinen Will aufgen bzw das Ziel der Demonstration (Blockade) gekannt hat (BGH **59**, 30 u NJW **72**, 1571); Bummelstreik der Fluglotsen (BGH NJW **78**, 816).

6 **3) Beteiligung (Abs I S 2). – a) Abgrenzung.** Sie liegt nicht vor in den Fällen des auf den Erfolg bezogen vorsätzl ZusWirkens Mehrerer (Abs I S 1, Abs II), vorstehd Rn 2–5, u iF der Nebentätersch (vorstehd Rn 1).

7 **b) Bedeutung und Zweck** der Vorschr liegen darin, daß den vorstehd genannten Fällen der Fall gleichgestellt wird, in dem sich nicht ermitteln läßt, wer von mehreren Beteil den Schad dch seine unmittelb gefährdde (Karlsr Just **78**, 362) Hdlg verurs hat od welcher Anteil des Schad auf mehrere feststehde Verursacher entfällt. Damit soll eine BewSchwierigk des Geschäd überwunden werden, dessen ErsAnspr nicht daran scheitern soll, daß nicht mit voller Sicherh festgestellt werden kann, welcher von mehreren beteil Tätern den Schad tats od zu welchem Anteil verurs hat (BGH **55**, 86, ZIP **94**, 374). Es haften also neben dem, der den Schad wirkl verurs hat, aber nicht genau ermittelt werden kann, auch die weiteren Handelnden, die ihn alternativ nur möglicherw verurs haben. Insow ist das Prinzip dchbrochen, daß der Verl den Bew adäquater Verursachg des ganzen Schad dch einen best an der gefährl Hdlg Beteil führen muß.

c) Voraussetzungen. – aa) Urheberzweifel, alternat Kausalität. Mehrere haben unabhäng voneinand **8** eine gefährl Hdlg begangen, dch die ein Schad herbeigeführt worden ist, mind einer der Beteil – ungewiß welcher – hat diesen Schad verurs, die Hdlg sie gerade in Anspr genommenen Beteil kann ihn verurs haben (BGH **25**, 271). Steht einer der Beteil als Verantwortl für den ganzen dch die gefährl Hdlg entstandenen Schad fest, so haften die und, die nur möglw verurs haben, nicht nach Abs I S 2 (BGH **67**, 14 u VersR **85**, 269); die bloße Ungewißh, ob zusätzl ein and Beteil verantwortl ist, reicht also für die Anw von Abs I S 2 nicht aus; so, wenn ein vom Zweitschäd möglicherw verurs FolgeSchad haftsrechtl dem ErstSchäd zuzurechnen ist (BGH **72**, 355; abl Fraenkel NJW **79**, 1202, Deutsch NJW **81**, 2731, Celle VersR **82**, 598 für DemonstrationsSchäd). Abs I S 2 überbrückt nicht auch den Zweifel, ob der in Anspr genommene überhaupt unerlaubt u mit VerlNeigg in die Schutzsphäre des Betroffenen eingegriffen hat (BGH **89**, 383, NJW **89**, 2943). Die Beteiligg des in Anspr Genommenen muß vielmehr feststehen. Das bloße Dabeisein reicht dazu je nach FallGestaltg nicht aus (Saarbr VersR **74**, 41 iF fahrl Brandstiftg). „Beteiligt" wird man bei einer Großdemonstration – außer bei Mitwirkg an der Plang od bei leitder Funktion in der Durchführg – erst dch Solidarisierg mit and gewalttät Demonstranten od Teilgruppen an Ort u Stelle (BGH **89**, 383). Nicht erforderl ist, daß zw den Beteil eine subj Beziehg besteht, sie also voneinand wissen (BGH **33**, 286). –
bb) Anteilszweifel, kumulat Gesamtkausalität (BGH NJW **90**, 2882): Zwei Beteil haben selbstd einen **9** SchadFall verurs, das Ausmaß des v dem einen od dem and verurs Schad, also der jeweil SchadUmfang läßt sich nicht feststellen. Für die Anwendg des Abs I S 2 ist nöt, daß die mehreren selbstd Handlgn nach der prakt Anschauung des tägl Lebens ein zushängder Vorgang sind, was nach den Besonderh des einz Falles zu beurt ist. Von entscheidder Bedeutg hierfür ist die Gleichartigk der Gefährdg. Die mehreren SchadFälle dürfen nicht beziehgslos u zufäll nebeneinand stehen, sie müssen tats miteinand verknüpft sein, wozu zeitl u örtl Einh nicht erforderl ist (BGH **55**, 86: erste Verletzg eines VerkTeiln bei einem VerkUnfall, zweite Verletzg danach in 2,5 km Entferng bei einem zweiten VerkUnfall im Krankenwagen auf der Fahrt ins Krankenhaus). Der für den SchadUmfang potentielle ZweitSchädiger haftet also auch neben einem für den SchadEintritt als solchen feststellb kausal handelnden ErstSchädiger (bestr, Deutsch JZ **72**, 105 verlangt statt des tats Zushangs als ZurechngsGrd für fremde Kausalität, daß der in Anspr Genommene damit rechnen mußte, daß sich ein weiterer alternativ Beteil im SchädiggsBereich aufhält). – **cc) Rechtswidrigkeit und 10 Verschulden,** nicht widerlegte Vermutg, zB §§ 833 S 2, 836 genügt – bzw Verantwortlichk nach §§ 828, 829 (Schlesw MDR **83**, 1023) muß bei dem jeweils in Anspr genommenen Beteil hinzukommen, soweit uH in Frage steht. „Beteil" kann aber auch sein, wer ohne Versch schaderspfl ist (vgl unten Rn 14), zB der Halter eines Kfz, dessen Fahrer einen auf der Straße liegden VerkTeiln überfährt, der kurz zuvor von einem and Kfz überfahren wurde, wobei nicht feststellb ist, welches Kfz welchen Schad angerichtet hat (BGH NJW **69**, 2136) od der Tierhalter iF des § 833 S 1 (BGH **55**, 96). – **dd) Drittbeteiligung.** Die Haftg der **11** Beteil entfällt nicht deshalb, weil ein unbeteil Dr eine SchadBdgg gesetzt hat, zB der Verl fällt, v 2 Pers angestoßen, inf des einen, ungewiß welchen Stoßes, in einen offenen Kanalschacht: Die Haftg der beiden Anrempelnden entfällt nicht deshalb, weil der Dr wg der versäumten Abdeckg des Schachts ebenf für die UnfFolgen verantwortl ist (BGH **67**, 14).

d) Entlasten kann sich ein Beteil dch den Bew, daß sein Verhalten den Schad bei alternativer od **12** kumulativer Kausalität zu einem best Teil nicht verurs haben kann (Nürnb VersR **72**, 447). Anders in den Fällen Abs I S 1, Abs II. Da die Herbeiführg des Erfolges für jeden Beteil rwidr sein muß, entfällt die Haftg für alle, wenn auch nur einer der Beteil einen RFertiggsGrd hat, weil der Erfolg dann nicht dch einen rechtmäß Handelnden herbeigeführt sein kann (BGH **LM** Nr 2). Da iF der Selbstverletzg kein SchadErsAnspr besteht, § 830 I, 2 aber die Entstehg eines solchen Anspr überh – ungewiß nur gg wen – voraussetzt, haftet kein Dr, wenn u sow der Gesch selbst Beteil an der gefährl Hdlg war u nicht auszuschließen ist, daß er sich selbst verletzt hat, bzw als potentieller SchadUrh in Betr kommt (Klein NJW **71**, 453, BGH NJW **73**, 1283 mit Besprechg Henckel JuS **75**, 221, Kettenauffahrunfall: Kein ErsAnspr des ErstAuffahrden gg den ZweitAuffahrden für die eig FrontSchäd, die möglicherw schon voll dch das eig Erstauffahren verurs wurden. Nürnb VersR **72**, 447, BGH **60**, 177, **67**, 14; aA Celle NJW **50**, 951, Heinze VersR **73**, 1081 [1086]). Stgt VersR **73**, 325 vertritt in diesem Zushang keine aM (Kettenauffahrunfall: ErsAnspr des ErstAuffahrden gg den schuldh plötzl haltden Vordermann), weil in diesem Fall der geschäd ErstAuffahrde allein, dh ohne Anhalten des Vordermanns seinen Schad nicht verurs haben kann. Fehldes Versch vgl vorstehd Rn 10.

e) Beispiele: Steinschlacht (Celle NJW **50**, 951, BGH NJW **60**, 862). Verl eines Fußgängers an einer **13** Baustelle, an der mehrere Baufirmen arbeiten, dch einen herabfallden Stein (BGH BB **60**, 1181). Verl dch Rakete, abgefeuert aus einer Gruppe von Pers, die sämtlich Raketen abgebrannt haben (Mü MDR **67**, 671). Haftg mehrerer Jäger für Verl eines Passanten (BGH VersR **62**, 430). Treibjagd, Verl eines Teiln (Oldbg VersR **80**, 339). Haftg mehrerer WegeEigtümer, wenn Wegebenutzer inf mangelnder VerkSicherh im Grenzbereich der Wege verunglückt (BGH **25**, 271). Ebso benachbarter HausEigtümer bei mangelh Streug (Bambg VersR **68**, 1069). Haftg des Untern, der mangelh Baumaterial liefert, u des Untern, der es fehlerh einbaut, wenn der Bau einstürzt u sich nicht feststellen läßt, bei welchem der beiden Untern die Urs liegt (BGH **LM** Nr 4). Verl eines Fußgängers dch mehrere einand folgde Fahrzeuge (BGH **33**, 286 u **72**, 355), auch wenn einer nur nach § 7 od § 18 StVG haftet (BGH NJW **69**, 2136). Verl eines Fahrgastes, nicht feststellb, ob dch Notbremsg zur Verhütg eines Unfalls od dch Auffahren des nachfolgden Fahrz (Celle VersR **77**, 1008). Schad eines Patienten dch schuldh Behandlgsfehler eines, ungewiss welchen, Operateurs bei mehreren in engem zeitl u sachl Zushang stehden Operationen (Düss MDR **85**, 234). SachSchad dch Pferde mehrerer Halter, auch iF der GefährdgsHaftg gem § 833 S 1 (BGH **55**, 96). Psych Beihilfe bei

Massendelikten, zB Teiln an einer Hausbesetzg (Celle NdsRPfl **73**, 184). Haftg eines Teiln für Demonstrationsschäden vgl § 823 Rn 79 u vorstehd Rn 8.

14   **f) Entsprechend anwendbar** ist Abs I S 2 auf ein schadstiftdes Verhalten außerh der uH mit gleicher BewNot für den Verl wie bei GefährdgsHaftg (BGH **55**, 96), bei AusglAnspr nach § 906 II 2 sowie EntschAnspr aus enteigndm u enteigngsgleichem Eingr (BGH **101**, 106).

15   **4) Haftung. – a)** Im **Außenverhältnis** hat in allen Fällen des § 830 u grdsätzl auch iF der Nebentätersch (oben Rn 1) jeder Beteil den ganzen Schad zu ersetzen. Die mehreren ErsPfl haften dem Verl als GesSchu, § 840. MitVersch des Geschäd vgl § 254 Rn 56–59. Trifft iF von Rn 6 den Verl ein MitVersch nur ggü einem der Alternativtäter, so kann der and, wenn sein VerursBeitrag pos festgestellt ist, nur zu der näml, ggf
16 zu der hypothet geringsten Quote verurteilt werden (BGH NJW **82**, 2307). – **b)** Der **Ausgleich im Innenverhältnis** zw den mehreren Beteil regelt sich nach §§ 426, 840 II, III, 841.

831   *Haftung für den Verrichtungsgehilfen.* [1]Wer einen anderen zu einer Verrichtung bestellt, ist zum Ersatze des Schadens verpflichtet, den der andere in Ausführung der Verrichtung einem Dritten widerrechtlich zufügt. Die Ersatzpflicht tritt nicht ein, wenn der Geschäftsherr bei der Auswahl der bestellten Person und, sofern er Vorrichtungen oder Gerätschaften zu beschaffen oder die Ausführung der Verrichtung zu leiten hat, bei der Beschaffung oder der Leitung die im Verkehr erforderliche Sorgfalt beobachtet oder wenn der Schaden auch bei Anwendung dieser Sorgfalt entstanden sein würde.

[2]Die gleiche Verantwortlichkeit trifft denjenigen, welcher für den Geschäftsherrn die Besorgung eines der im Absatz 1 Satz 2 bezeichneten Geschäfte durch Vertrag übernimmt.

1   **1) Allgemeines.** Die Haftg des GeschHerrn gründet sich auf die Vermutg seines eigenen Versch bei der Auswahl od Leitg der Hilfspers od bei Beschaffg der erforderl Vorrichtgen od Gerätsch sowie auf die weitere Vermutg des ursächl Zushgs zw dem Versch des GeschHerrn u dem dem Dritten zugefügten Schad. Jede der beiden Vermutgen kann GeschHerr nach Abs I S 2 entkräften. Infdessen entfällt die Haftg, wenn d GeschHerr deliktsunfäh (§§ 827, 828) ist, währd Deliktsunfähigk auf seiten der HilfsPers die Haftg des GeschHerrn nicht ausschließt; denn die HilfsPers braucht nur widerrechtl, nicht auch schuldh gehandelt zu haben. § 829 bleibt auch bei Deliktsunfähigk des GeschHerrn anwendb (vgl § 829 Rn 4). – Neben der Haftg
2 aus § 831 kann Verpfl bestehen, **besonderen Vertreter** iS von § 30 zu bestellen, bei deren Verl der GeschHerr sich nicht nach § 831 I, 2 entlasten kann. Das gilt allg bei Körpersch des öff od priv Rechts, sobald der Vorst außerstande ist, den Verpfl zu genügen, denen Körpersch wie jede natürl Pers nachkommen muß, vgl § 31 Rn 7, auch § 823 Rn 60, 158.

   2) Verhältnis zu anderen Bestimmungen.

3   **a) Zu § 278:** Nach § 278 haftet der GeschHerr für fremdes Versch oRücks auf sein eig Verhalten, nach § 831 haftet er für eigenes vermutetes Versch ohne Rücks auf das Versch der HilfsPers; § 278 regelt die Haftg für ErfGeh innerh eines besteh best SchuldVerh, § 831 betr die Haftg für VerrichtgsGeh außerh eines solchen SchuldVerh; nach § 278 ist kein EntlastgsBew des GeschHerrn mögl, wohl aber nach § 831. Vertragl Haftg aus § 278 ist somit schärfer als Haftg aus § 831, doch kann SchmerzG nur aus § 831 verlangt werden. Konkurrenz zw vertragl u delikt Anspr vgl Einf 4 vor § 823.

4   **b) Zu §§ 30, 31, 89 Abs I:** Nach diesen Vorschr haften jur Pers ohne die Möglichk eines EntlastgsBew für Schäd aus uH, die ihr Vorst od and verfassungsm berufene Vertr in Ausführg der ihnen zustehdn Verrichtgen einem Dritten zufügen (vgl § 30 Rn 3–5, § 31 Rn 5–9). Den Ggsatz bilden diej, die ihren Dienstauftr erst wiederum von den vorerwähnten Pers herleiten; für sie haftet die jur Pers nur nach § 831 (BGH **LM** § 831 (Fc) Nr. 1). Anwendbark des § 31 auf nichtrechtsfäh Verein vgl § 54 Rn 12.

5   **c) Zu sonstigen Vorschriften:** – ErsPfl der HilfsPers selbst gem **§ 823** bleibt von § 831 unberührt. Dann gesamtschuldn Haftg beider gem **§ 840 I**, währd im Verh zueinander die HilfsPers allein haftet, § 840 II. Doch kann bei Unterl der erforderl Aufs od Überwachg Haftg des GeschHerrn auch nach **§ 823** begründet sein (BGH **11**, 151; vgl § 823 Rn 60, 158). In diesen Fällen hat Geschädigter die schuldh Verletzg der SorgfPfl zu beweisen. Wegen der aus § 831 herzuleitenden ÜberwachgsPfl vgl Rn 14–16. – Gem **§ 254** kann sich GeschHerr auf das eig Versch des Geschädigten berufen, auch dann, wenn die HilfsPers vorsätzl gehandelt hat (vgl § 254 Rn 52–59). Darü, ob dem Geschädigten auch ein fremdes Versch seiner HilfsPers zuzurechnen ist, vgl § 254 Rn 60–69. – **Bei staatlichem Handeln** unanwendb bei hoheitl Tätigk, anwendb bei privatr Tätigk. – Neben **HaftpflG § 2** anwendb (MüKo/Mertens Rn 5a). – **Reederhaftung** anwendb neben §§ 485, 486 HGB (BGH **26**, 152). – Anwendb bei SchadHaftg im Bereich des **gewerblichen Rechtsschutzes** (Soergel-Zeuner Rn 63, MüKo/Mertens Rn 5a). – IR der **UWG** § 14 I 1 anwendb (BGH NJW **80**, 941). – Haftg aus dem **StVG** besteht neben Haftg aus § 831. Nach § 7 III 2 StVG haftet Halter i R des StVG für Angest u denj, dem er Fahrzeug überlassen hat (vgl auch Rn 10). – **Gastwirtshaftung** gem §§ 701 ff für eingebrachte Sachen des Gastes; soweit Deliktshaftg, ist § 831 anwendb. – Haftg der **Eisenbahn** u des **Frachtführers** nach HGB §§ 456, 458, 429, 606 schließt Haftg aus § 831 nicht aus (BGH **24**, 188). – Neben Haftg aus § 22 **WassHaushG** anwendb (MüKo/Mertens Rn 5a).

6   **3) Verrichtungsgehilfe. – a) Begriff.** Zu einer Verrichtg bestellt ist, wem von einem and, in dessen Einflußbereich er allg oder im konkr Fall u zu dem er in einer gewissen Abhängigk steht (BGH WM **89**, 1047), eine Tätigk übertr worden ist. Für das WeisgsR ist ausreichd, daß GeschHerr die Tätigk des Handelnden jederzeit beschränken, untersagen oder nach Zeit u Umfang bestimmen kann (BGH **45**, 313). Die Tätigk kann tatsächl od rechtl Natur sein, entgeltl od unentgeltl, ausdr od stillschw übertr, mit VertrMacht verbunden od nicht. Der Begr des GeschHerrn verlangt, daß der Bestellte bei Ausführg der Verrichtg vom Willen des Best abhäng ist, auch höhere Angest, auch Leiter eines gewerbl Unternehmens, wobei bedeutgsl ist, ob Bestellter im übr selbständ (BGH NJW **56**, 1715: Generalvertreter). Den Ggsatz bilden diejen, die über ihre Pers frei verfügen u Zeit u Umfang ihrer Tätigk selbst bestimmen können. Demgem sind idR selbständ BauUntern u HandwMeister, auch SubUntern (BGH BB **94**, 1741) nicht VerrichtgsGeh, selbst wenn der AuftrGeber dem Untern die Arbeiter stellt (BGH BB **53**, 690).

b) Haftungsbeispiele: RA als VerrichtgsGeh seines Mandanten (BGH **LM** § 823 (Hb) Nr 5). Der 7 Jagdberecht ist GeschHerr ggü dem Jagdaufseher (Warn **28**, 76), ebso die Krankenkasse im Verh zum Vertrauensarzt (RG **131**, 73). Haftg des Arztes für den bei seiner vorübergehden Abwesenh bestellten ärztl Vertreter (BGH NJW **56**, 1834). Haftg des Krankenhausträgers für die Ärzte (BGH NJW **88**, 2298) u Krankenschwester (BGH NJW **59**, 2302). Über das Verhältn des Schriftleiters zum Verleger vgl BGH **3**, 282 u § 824 Rn 10. Haftg des Gters für den MitGter vgl § 714 Rn 5. Bei einem LeihArbVerh (Einf 38–40 vor § 611) haftet der verleihde ArbG für Fehler seiner ArbN bei der Ausf von Arb. Diese Haftg entfällt, wenn die Abhängigk vom bisher GeschHerrn währd der Tätigk in einem and Unternehmen aufgeh, der verliehene Arb völl in das entleihde Untern eingegliedert ist (BGH ZfBR **95**, 133). Der Bau-Untern bleibt GeschHerr seiner Arb, auch wenn eine BauOberLeitg mit Überwachgs- u WeisgsR vorh ist (BGH VersR **74**, 243).

c) Nicht Verrichtungsgehilfe sind: GerVollzieher. Jagdgast im Verh zum Jagdherrn. Organe einer JP 8 (Ffm u BGH BauR **91**, 377). SubUntern im Verh zum HauptUntern (BGH NJW **94**, 2756). Verfasser, dem im VerlVertr das Korrekturlesen übertr ist, ist nicht VerrichtgsGehilfe des Verlegers (BGH NJW **70**, 1963, Druckfehler in medizin Werk). Auszubildder fällt nicht unter § 831, solange er als Lernder beschäftigt, wohl aber, wenn er mit selbständ Tätigk betraut wird. Nichtangest HandelsVertr ist idR nicht VerrichtgsGeh; er ist es bei einer Tätigk, bei der er den Weisgen des Untern unterworfen u von ihm abhäng ist, zB VerkStand auf Messe (BGH NJW **80**, 941). Selbstliquidierder Chefarzt bei reiner BehandlgsTätigk iR eines aufgespaltenen Arzt/KrankenhausVertr, Konsilararzt, Belegarzt u Beleghebamme sind nicht VerrichtgsGeh des Krankenhausträgers (BGH JR **76**, 151, Stgt VersR **92**, 55, BGH NJW **95**, 1611). Hoteliers, Betreiber einer FerienwohnAnl sind nicht VerrichtgsGeh des Reiseveranstalters (LG Ffm NJW **85**, 2424). Vermietet ein Untern Bagger samt Führer an einen and Untern, so ist währd des Einsatzes dort der Baggerführer Verrichtgs Geh nicht des Vermieters, sond des mietden Untern (Düss VersR **79**, 674). Nicht VerrichtgsGeh ist, wer bei einer gesellschaftl Veranstaltg innerh des Fam- u Bekanntenkreises Handreichgen leistet (Düss VersR **92**, 113: Grillunfall).

d) Mehrere Gehilfen, mehrere Geschäftsherren. Haben mehrere Geh die Verrichtg zus ausgeführt, so 9 genügt es, wenn Haftg des GeschHerrn aus § 831 nur für einen von ihnen in Frage kommt. – Der für eine gemschaftl Anl zweier Untern von einem von diesen Bestellte ist nicht VerrichtsGeh des and (RG **170**, 321).

4) In Ausführung der Verrichtung muß der Schad zugefügt sein, nicht nur gelegentl der Verrichtg. In 10 letzterem Falle haftet ledigl Täter selbst. Es muß ein unmittelb innerer Zushang zw der dem Geh aufgetragenen Verrichtg nach ihrer Art u ihrem Zweck u der schädigden Hdlg bestehen (BGH NJW **71**, 31, NJW-RR **89**, 723), das Verhalten des Geh darf nicht aus dem Kreis od allg Rahmen der ihm anvertrauten Aufg herausfallen (BGH WM **77**, 1169). Auch NichtErf der allg VerkSichergPfl durch Angest gehört hierher. Selbst bewußtes u eigenmächt Zuwiderhandeln gg Weisgen des GeschHerrn stellt das Handeln des Geh noch nicht außerh des Kreises der ihm aufgetragenen Verrichtg (BGH **49**, 19). Deshalb haftet Handwerksmeister, wenn seine Angest bei Ausführg ihrer Arb in fremdem Hause Möbel beschädigen, dagg nicht, wenn sie dort einen Diebstahl begehen, es sei denn, daß ÜberwachsPfl insow bestand, zB bei Einsatz einer größeren ArbKolonne (BGH **11**, 151), u diese Pfl verletzt wurde (vgl § 823 Rn 60). Haftg für EisenbahnAngest (BGH **LM** § 823 (Dc) Nr. 23). § 831 ist auch dann noch anwendb, wenn Wagenführer hins der Fahrstrecke von den erteilten Weisgen abweicht, nicht jedoch, wenn er verbotswidr Bekannten mitnimmt u dieser auf der Fahrt zu Schaden kommt (BGH NJW **65**, 391). Im übr ist es Tatfrage, ob bei Abweichgen von Weisgen die Hdlg noch im Kreis der aufgetragenen Verrichtg liegt. Bei Schwarzfahrt, die ohne Wissen u Wollen des FahrzHalters vorgenommen ist, handelt Kraftfahrer idR nicht in Ausführg der Verrichtg (BGH DB **70**, 2314). Dann nur Haftg des Schwarzfahrers u des Halters nach § 7 III StVG. – Keine Haftg des Untern für Hdlgen seiner Arbeiter auf dem Wege zur ArbStätte; des TransportUntern für Schäd, die seine Kraftfahrer bei vertragl nicht geschuldeter Mithilfe zur Entladg verurs (Hbg VersR **74**, 52, bedenkl enge Auffassg).

5) Widerrechtlich ist der Schad zugefügt, wenn der obj Tatbestd einer uH erfüllt ist (§ 823 Rn 32–35). 11 Auf ein Versch des Bestellten kommt es nicht an (vgl Rn 1). Dort, wo Kenntn der TatUmst Vorauss der Widerrechtlichk ist, muß Bestellter diese Kenntn gehabt haben (BGH NJW **56**, 1715). Ausschl der Widerrechtlichk s § 823 Rn 36–57 und unten Rn 23. – Nach dem **Schutzzweck der Norm** haftet der GeschHerr dem Geschädigten trotz rwidr SchadZufügg dch einen VerrichtgsGeh nicht, wenn dieser obj fehlerfrei gehandelt, dh wenn er sich so verhalten hat, wie jede mit Sorgf ausgewählte u überwachte Pers sich sachgerecht u vernünft verhalten hätte (BGH VersR **75**, 447, NJW-RR **88**, 38); auch iF eig Handelns bestünde gg den GeschHerrn bei obj fehlerfreiem Verhalten kein Anspr.

6) Entlastungsbeweis durch Widerlegung der Verschuldensvermutung. Beachtet der im Verk erfor- 12 derl Sorgf.

a) Auswahl. Das Maß der bei der Auswahl zu stellden Anfordergen richtet sich nach der Art der 13 Verrichtg. Je verantwortgsvoller u schwieriger die Tätigk ist, um so größere SorgfPfl. Dies gilt bes dann, wenn mit der Tätigk Gefahren verbunden sind, wie zB bens Arzt, KfzFührer. Bei solchen Pers genügt es nicht, daß sie die nöt Sachkunde u techn Geschicklichk in Ausübg ihres Berufes aufweisen, sie müssen vielm darü hinaus auch die moral Eigensch, wie Charakterstärke, Besonnenh, Verantwortgsgefühl besitzen, die sie vor leichtfert Gefährdg des Verk u ihrer Mitmenschen behüten. Nicht notw ist, daß sich im SchadFall gerade derjen Mangel ausgewirkt hat, den der GeschHerr bei der Auswahl od Überwachg bei Sorgf hätte erkennen müssen (BGH NJW **78**, 1681). Strenge Anfordergen an Auswahl eines **Kraftwagenführers**. Vorlegg von Zeugn genügt im allg nicht, unmittelb Erkundiggen bei den früheren ArbGebern sind erforderl od UrtBildg aus bisher Fahrweise, pers Eindruck, Auswertg des Fahrtenschreibers (BGH VersR **84**,

67). Moral Mängel, die an sich mit dem Kraftfahrwesen nichts zu tun haben, geben dem GeschHerrn Veranlassg zu bes sorgf Überwachg (s unten). Auch Erprobg kann notw sein, mitunter sogar genügen, zB bei langjähriger Erprobg (BGH 1, 383). Der Halter des Kfz kann sich, wenn sein angest Fahrer gem § 18 StVG haftet, nur dch den Nachw entlasten, daß sich der Fahrer verkrichtig verhalten hat (BGH Betr **71**, 1809).

14 **b) Überwachung.** Sorgf Auswahl bei Einstellg genügt nicht, vielm ist fortgesetzte Prüfg erforderl, ob der Angest noch zu den Verrichtgen befähigt ist. Infdessen ist bei längeren ZwRäumen zw Anstellg u SchadZufügg der Nachw fortdauernder planm, unauffäll Überwachg mit unerwarteten Kontrollen erforderl (BGH LM § 823 (Dc) Nr 23), ggf auch mit ärztl Kontrollen (BGH NJW **64**, 2401 zur period ärztl Untersuchg der StrBahnführer). Diese ÜberwachgsPfl deckt sich nicht mit der ggf erforderl „Leitg", die nur die Ausf der Verrichtg betrifft (vgl unten Rn 18). Strenge Kontrolle eines ärztl Berufsanfängers (BGH NJW **88**, 2298) od wenn der Bestellte bereits früher Mängel gezeigt hat. Immer ist für die erforderl Auswahl u Überwachg der Einzelfall entscheidd (BGH VersR **66**, 364). Keine Überspann der Anforderg der ÜberwachgsPfl (BGH LM (Fc) Nr 1: keine Überwachg des leiten Arztes eines Instituts in der Überwachg der Angest). Beim KfzFührer ist grdsätzl auch die Fahrweise zu überwachen, entw dch gelegentl Mitfahren od dch Beobachtg von einem and Kfz aus bei gelegentl unauffäll Kontrollfahrten (BGH VersR **84**, 67). Kontrolle des Straßenbahnpersonals (BGH NJW **64**, 2401). Ist wg hoher Spezialisierg eine fachl Überwachg, zB des Oberarztes dch den Chefarzt nicht mögl, bleibt es bei der Haftg für vermutetes Versch (Bamb VersR **94**, 813). Für den wegsfreien Chefarzt haftet der Krankenhausträger wie für einen verfassgsmäßig berufenen

15 Vertr, auch wenn er es nicht ist (BGH **77**, 74 [79]). – Bei **Großbetrieben** oder wenn GeschHerr an eig Leitg u Beaufsichtigg behindert ist, kann u muß uU Auswahl u Überwachg des Angest einem höheren Angest übertr werden. Für den EntlastungsBew soll dann nach BGH **4**, 1, VersR **64**, 297 genügen, daß der höhere Angest (AufsPers) sorgf ausgewählt u überwacht ist, sog **dezentralisierter Entlastungsbeweis.** Dies führt zu einer nicht gerechtf Bevorzugg von GroßBetr. Erforderl ist vielm der Nachw, daß die AufsPers (ZwischenGeh) seiners den schadstiftden BetrAngehör sorgf ausgewählt u überwacht hat (BGH DB **73**, 1645; vgl auch § 823 Rn 220). Der Krankenhausträger genügt seiner Pfl, die Ärzte über die AufklärgsPfl vor Operationen zu unterrichten, nicht dadch, daß er die Chefärzte auf die AufklärgsPfl allg hinweist u ihnen einschläg Urt übersendet; ebsowen ist er hins seiner ÜberwachgsPfl über angest Ärzte dadch entlastet, daß der

16 Chefarzt jahrelang die ihm obliegde Tätig ohne PflVersäumnisse erf hat (KG VersR **79**, 260). – **Organisationsmängel.** Der GeschHerr hat dch ausr AOen dafür zu sorgen, daß dch die betriebl u ArbAbläufe Dr nicht geschädigt werden (BGH MDR **68**, 139). Verletzt er diese Pfl, so haftet er nach § 823; vgl dort Rn 60, 158. Körperschaftl Organisationsmängel vgl § 31 Rn 7. – Ist nicht zu klären, welcher Geh den Schad verurs hat, so ist der EntlastgsBew für alle Pers zu führen, die mit dem schadstiftden Geschehen in Berührg gek sein können (BGH VersR **71**, 1021).

17 **c)** Sorgf bei der Beschaffg der **Vorrichtungen** u **Geräte** ist nur nachzuweisen, wenn die Beschaffg erforderl war. BeschaffgsPfl hat Verletzter zu beweisen. Maßgebd sind die Umst des Einzelfalles, auch VerkSitte. Persönl Auswahl der Gerätsch dch den GeschHerrn ist nicht notw, es genügt, daß die entspr Geräte vorh sind. Hierunter fällt auch die Verpfl des FahrzHalters, für verksicheren Zust des Fahrz zu sorgen.

18 **d)** Die Notwendigk der **Leitung** hat der Verl zu beweisen. So ist der FuhrUntern verpfl, seinen mit der Ölabfüllg beauftragten Fahrer über die bes Gef dieser Tätig zu belehren u ihm die erforderl Verhaltensmaßregeln zu erteilen (BGH DB **72**, 234). Die Leitg kann uU einem u and Angest übertr werden, der aber sorgfältig ausgewählt sein muß. Keine allg Leitg des Gesch od gewerbl Betr im ganzen, sond SonderAufs der einz Verrichtg; diese kann neben der generellen Oberleitg des ArbEinsatzes auch die spezielle Überwachg auf der ArbStelle erfordern (BGH **11**, 151; § 823 Rn 60). Unter Umst ist sorgfält Unterweisg ausreichd; sie bezieht sich auch allg Dienstanweisgen geboten sein. Verhalten des Linienbuspersonals bei Halten u Überwachg des Ein- u Aussteigens (BGH VersR **69**, 518). Leitg des ArbEinsatzes, Verhütg von Übermüdg des Fahrers (BGH LM (Fc) Nr 3). Anweisg über Überwachg an Fahrer u Beifahrer über Anbringg der Anhänger u Kontrolle des Bremssystems (BGH VersR **56**, 382). Je gefährlicher die Verrichtg, um so größer die SorgfPfl des GeschHerrn.

19 **e) Haftpflichtversicherung.** Auswahl, Überwachg u Leitg der Hilfspers sollen Schädigg Dr verhüten. Weitergehde Haftg dahin, daß die Hilfspers haftpflversichert ist, besteht jedoch nicht (BGH **12**, 75).

20 **7) Entlastungsbeweis durch Widerlegung der Ursächlichkeitsvermutung** (S 2 letzter Halbs). Neben dem EntlastgsBew nach Rn 12 kann der GeschHerr auch Bew dafür antreten, daß es an der erforderl Ursächlich zw der angebl SorgfVerletzg u dem Schad fehle, daß näml der Schad auch bei Anwendg der erforderl Sorgfalt entstanden sein würde (BGH LM (Fb) Nr 1). Ungenügd der Nachw dafür, daß nicht derj Mangel in der Pers des VerrichtgsGeh den Schad verursacht hat, den der GeschHerr bei Auswahl unberücks ließ (BGH LM (Fa) Nr 6); ebso ungenügd die bloße Möglichk, daß der Schad trotz Anwendg der Sorgf entstanden sein würde. Vielmehr ist der Nachw erforderl, entw daß der Schad auch von einer sorgf ausgewählten (überwachten) Pers angerichtet worden wäre (BGH **12**, 96) oder daß auch ein sorgfält GeschHerr nach den Unterlagen, die er eingeholt hätte, den Bestellten ausgewählt hätte (BGH **4**, 4, LM (Fa) Nr 6).

21 **8) Vertrag (Abs II).** Beisp: Werkführer, Betriebsleiter. Der GeschF einer GmbH haftet Dr ggü bei Verl seiner AufsPfl für uH von Bediensteten der GmbH nur nach § 43 GmbHG, für selbst begangenen uH nach § 823 (BGH NJW **74**, 1371). Nicht erforderl ist Abschl mit dem GeschHerrn, Abschl mit Dr genügt (RG **82**, 217). Tatsächl Übern, insb als GeschF oA, genügt dagg nicht. Denkb ist ZusTreffen von Abs I und II. GeschHerr u VertrPartner haften dann als GesamtSchu (§ 840 I). Ausgleich nach dem zw ihnen bestehenden RVerh, nicht nach § 840 II.

22 **9) Beweislast.** – **a) Verletzter** hat widerrechtl SchadZufügg durch eine zu der Verrichtg bestellte Pers u deren HdlgsFähigk zZ des SchadEreign (BGH VersR **78**, 1163) zu beweisen, ev das Erfordern einer Beschaffgs- u LeitgsPfl des GeschHerrn nach Abs I S 2. Dabei ist nicht erforderl, daß Verletzter best Pers als

SchadVerursacher bezeichnet, es genügt, wenn er den Vorfall nach Art, Zeit u Umst so bezeichnet, daß sich ein Tätigwerden einer Hilfspers ergibt. – b) **Geschäftsherr.** Da die Tatbestdsmäßigk (Verletzg des Körpers, 23 Eigt usw) die Widerrechtlichk der Hdlg indiziert, ist es Sache des GeschHerrn, den Ausschl der Widerrechtlk zu beweisen (vgl § 823 Rn 173). Dem GeschHerrn obliegt desh der Bew, daß sich der VerrichtgsGeh verkrichtig u damit rechtm benommen hat (BGH (GrZS) 24, 21: StrVerk), daß er sich so verhalten hat, wie jede and zuverläss Pers sich sachgerecht u vernünft ebenf verhalten hätte (BGH VersR 75, 447, Oldbg NJW-RR 88, 38); die Möglichk, daß die Schädigg auf einem Ausstattgsfehler beruht, bleibt dabei offen (BGH NJW 71, 2030). Soweit der GeschHerr die RWidrigk nicht ausräumen kann, trifft ihn die Darlegs- u BewLast für die Anwendg der erforderl Sorgf bei der Auswahl u der Überwachg des Verrichtgs-Geh. Im Einzelfall kann eine so hohe Wahrscheinlichk für die Vernachlässigg der SorgfPfl sprechen, daß daneben die Möglichk einer Schädigg auch bei Erf der SorgfPfl ausgeschl erscheint (RG JW 28, 1721). – Bei Auswahl eines RA kann sich der Mandant auf die berufl Qualifikation verlassen, ihn trifft keine ÜberwachgsPfl (Kblz NJW-RR 89, 363). IF eines GesundhSchad eines Patienten inf der Behandlg im Krankenhaus hat dessen Träger darzulegen und zu bew, daß der Fehler nicht auf einem ihm zuzurechndn Organisations- od PersonalVersch beruht (BGH NJW 82, 699).

10) Sonstige Einzelfälle: Haftg des KfzHalters für Fahrer (BGH VersR 66, 364); des Inh einer Fahrschu- 24 le für angestellten Fahrlehrer (KG NJW 66, 2365); des StraßenbahnUntern für Zugführer (BGH VersR 59, 375); des EisenbahnUntern für Lokführer (BGH VersR 59, 310). Keine Haftg der Bauherrn bei vergebenen Spezialarb (BGH BB 53, 690). Beiseiteschaffg von Frachtgut durch EisenbahnAngest (BGH BB 57, 597). EntlastgsBew eines Gastwirts, in dessen Betr ein Gast durch Genuß von Speisen erkrankt ist (RG JW 36, 2394). AufsPfl des TiefbauUntern für Bauingenieur u Baggerführer (BGH VersR 59, 628). Auch beim Kleinkraftrad keine geringeren Anfordergen (BGH VersR 52, 238). Minderj Stiefsohn als KfzFührer auf FamUrlReise (BGH FamRZ 64, 84). Krankenschwester, die nicht für eine SpezialAufg bes angewiesen od belehrt worden ist (BGH NJW 59, 2302). Kraftfahrer, der mit Betanken von ÖlheizgsAnl betraut ist, muß über die techn Einrichtgen unterrichtet u über die Überwachg des Abfüllvorgangs belehrt sein (BGH NJW 72, 42).

832 *Haftung des Aufsichtspflichtigen.* [1]Wer kraft Gesetzes zur Führung der Aufsicht über eine Person verpflichtet ist, die wegen Minderjährigkeit oder wegen ihres geistigen oder körperlichen Zustandes der Beaufsichtigung bedarf, ist zum Ersatze des Schadens verpflichtet, den diese Person einem Dritten widerrechtlich zufügt. Die Ersatzpflicht tritt nicht ein, wenn er seiner Aufsichtspflicht genügt oder wenn der Schaden auch bei gehöriger Aufsichtsführung entstanden sein würde.

[2]**Die gleiche Verantwortlichkeit trifft denjenigen, welcher die Führung der Aufsicht durch Vertrag übernimmt.**

1) Regelungsgehalt. Für den Fall, daß ein AufsBedürft (Rn 2, 3) einem Dr widerrechtl Schad zugefügt 1 hat, stellt § 832 **zwei Vermutungen** auf, näml daß der AufsPflichtige (Rn 4–7) seine AufsPfl (Rn 8, 9) schuldh verl hat, indem er die im konkr Fall erforderl Hdlgen ganz od teilw unterlassen hat (eingeh Aden MDR 74, 9) u daß die Verl der AufsPfl für den entstandenen Schad ursächl ist. Gg beide Vermutgen steht der EntlastgsBew offen (Rn 13, 14). Schuldh Verhalten des aufsbedürft Täters ist nicht erforderl (BGH VersR 54, 558). Keine entspr Anwendg auf AufsPers, zB Vorgesetzte, Dienstherrn; doch ist Haftg für nachgewiesene Verl der FürsPfl, zB des Vormds, gem § 823 mögl (BGH **LM** Nr 8). Auch kann der HaushVorstd aGrd seiner Stellg in der Familie verpfl sein, zu verhindern, daß ein Angehör seines Hausstands einen Dr verl (BGH **LM** Nr. 3, Düss VersR 76, 1133: Stiefvater; Hamm VersR 75, 616: Ehefr; Mü NJW 66, 404: Heiminsasse gefährdet öff Verkehr). Übertr der Aufs an eine and Pers ist mögl (vgl Rn 7); dadch wird jedoch der Übertragde seiner AufsPfl nicht gänzl led (BGH NJW 68, 1672). Die Vermutgen gelten nicht, wenn es um die Haftg des AufsPflichtigen für einen Schad geht, den der AufsBedürft einem and für ihn ebenf AufsPflichtigen zugefügt hat (Stgt FamRZ 83, 68). – Der Schädiger hat gg den AufsPfl keinen RegreßAnspr aus § 832; bei gleichzeit kausaler u schuldh Verl der AufsPfl kann aber AusglAnspr nach §§ 840, 426 bestehen (Oldbg FamRZ 75, 635).

2) Aufsichtsbedürftige Personen. – a) Minderjährige bedürfen als solche wg der Mjährigk der Aufs, 2 auf die bes Gegebenh des EinzFalles kommt es dafür nicht an (BGH NJW 76, 1145). Doch sind für den Inhalt der AufsPfl u damit für den EntlastgsBew gem S 2 im konkr Fall das Alter des Kindes, sein pers Verhalten (Veranlagg, Benehmen) u weitere Umst, insb Voraussehbark des schädigdn Verhaltens u die LebensVerh des AufsPflichtigen von Bedeutg (vgl Rn 8, 9, 13, 14). Keine entspr Anwendg auf Vollj in der HausGemsch der Eltern (BGH **LM** Nr 6).

b) Wegen ihres geistigen oder körperlichen Zustandes können auch Vollj der Beaufsichtigg bedür- 3 fen, zB Kranke, geist od körperl Behinderte, Epileptiker, Blinde. Vgl Rn 8 a.

3) Aufsichtspflicht. – a) Kraft Gesetzes: – aa) Inhaber des Personensorgerechts ggü mj Kind, näml 4 Eltern (§§ 1626 ff, 1671 ff, 1719, 1736, 1757, 1765), nichtehel Mutter (§ 1705), Vormd u Pfleger ggü Mündel (§§ 1793, 1797, 1800, 1909 f, 1915). AufsPfl entfällt aber ggü Minderj, solange diese der FürsErziehg überwiesen sind, es sei denn, daß Mj inf Beurlaub od Entweichens aus der Anst zu dem AufsPflichtigen zurückkehrt (RG 98, 247); außerdem, wenn das PersSorgeR entzogen ist (Düss NJW 59, 2120). – **bb) Ausbilder** ggü dem mj Auszubildenden (§§ 6, 9 BerufsbildgsG), wenn er in Kost u Pflege steht; wenn 5 nicht, ist die AufsPfl idR beschr auf GeschZeit u GeschBereich (BGH VersR 58, 549, DüssVRS 10, 100, MüKo/Mertens Rn 5). Volle AufsPfl, wenn der Ausbilder den Auszubildenden in die HausGemsch aufgen hat. AufsPfl der Eltern entfällt währd dieser Zeit idR nicht (Köln MDR 57, 227). Den Lehrer an öff Schulen trifft ebenf AufsPfl. Auf ihre Verl ist nicht § 832, sondern § 839 anwendb (BGH 13, 25; vgl § 839 Rn 109 „Lehrer").

6   **b) Keine Aufsichtspflicht** trifft den Beistand u GgVormd ggü dem Kind (§§ 1686, 1799), auch nicht das JugAmt als Erziehgsbeistand nach § 58 KJHG. Nach LandesR ist Ausdehng der gesetzl AufsPfl mögl, zB auf Leiter von HeilAnst, Altenheimen (Celle NJW **61**, 223). – Über Verh zur Amtshaftg vgl § 839 Rn 1.

7   **c) Aufsichtspflicht kraft Vertrages** (Abs II) kann auch stillschw ausbedungen sein (Celle NJW-RR **87**, 1384). Doch genügt tatsächl Übern nicht, zB Beaufsichtigg fremder Kinder, die mit den eig in der Wohng spielen (BGH DB **68**, 1446) od dch einen FamAngeh. Gleichgültig, ob entgeltl od unentgeltl, vorübergehd od längerdauernd. Nicht erforderl ist, daß der Vertr mit dem AufsPflichtigen od AufsBedürft geschl ist, Abschl mit einem Dritten genügt (Köln OLG **34**, 121). Haftg neben dem gesetzl AufsPflichtigen als Gesamt-Schu. Typische Anwendgsfälle: Ärzte u Pfleger einer offenen psychiatr Klinik (BGH NJW **85**, 677), Kinder-mädchen, Inh einer Schülerpension, Krankenhaus (BGH FamRZ **76**, 210), staatl Heim für schwer erziehb Jugendl (Hbg NJW-RR **88**, 799).

8   **4) Inhalt der Aufsichtspflicht. Bei Kindern** bestimmt sich das Maß der gebotenen Aufs nach Alter, Eigenart u Charakter, nach der Voraussehbark des schädigden Verhaltens sowie danach, was die verständ Eltern nach vernünft Anfordergen in der konkr Situation an erforderl u zumutb Maßn treffen müssen, um Schädiggen Dr dch ihr Kind zu verhindern (BGH NJW **93**, 1003), wobei Aufs u Überwachg umso intensi-ver sein müssen, je geringer der ErziehgsErfolg ist (BGH NJW **84**, 2574), auch bei älteren Kindern (BGH NJW **80**, 1044). AufsPflichtiger hat sich daher auch darum zu kümmern, womit sich die Kinder in der Freizeit beschäftigen, gelegentl müssen sie sie dabei beobachten, beim Aufräumen des Kinderzimmers u Säubern der Kleidg auf die Ggstde achten, mit denen sich die Kinder beschäftigen (BGH NJW-RR **87**, 13). Danach bestimmt sich das Maß der Überwachgs- u BelehrgsPfl (BGH DB **66**, 700: Wurfpfeile im VerkKreis des Kindes) u die Notwendigk von Kontrollen. Erhöhte AufsPfl bei Kindern, die zu üblen Streichen neigen (BGH NJW **80**, 1044) u bei schwer erziehb Kindern in Heimen (Hamm u Hbg NJW-RR **88**, 798 u 799). Bei Gebr gefährl Spielzeugs ist zu unterscheiden zw der Überlassg dch den AufsPflichtigen (KG FamRZ **92**, 550) od der eigenmächt Beschaffg dch den Mj, wobei es für fahrl Unkenntn davon auf die Erwerbs-, Aufbe-wahrgsModalitäten u BesDauer (BGH VersR **73**, 545) u gelegentl Kontrollen ankommt. Strenger Maßstab je nach Alter an die BelehrgsPfl über die Gefährlk des Feuers u an die ÜberwachgsPfl hins Umgangs mit u Verwahrg von Feuerzeug u Streichhölzern (BGH NJW **90**, 2553, NJW **93**, 1003). Ist dem Kind die Benutzg eines gefährl und Kindern gehörden Spielzeugs verboten, so genügt zumutb Überwachg, weitere Belehrg über mögl Gef ist dann entbehrl (BGH FamRZ **64**, 84: 4jähr Kind, Dreirad). Verletzg der AufsPfl bejaht, wenn spielder 6jähr nicht vom Rande eines Bauplatzes zurückgeholt wird (BGH FamRZ **65**, 75); wenn ein 2½ jähr beim Spiel in Nähe eines Gartenteichs unbeaufsichtigt gelassen wird (Oldbg MDR **95**, 699); wenn 4jähr Kind in einem haltden Kfz an einer BundesStr zurückgelassen wird (Oldbg VersR **76**, 199). Verl der AufsPfl ist es auch, dem Kind falsche Belehrgen od Weisgen zu erteilen, zB mit dem Fahrrad auf dem Bürgersteig zu

8a   fahren (Düss MDR **75**, 580). – **Bei Behinderten** richtet sich der Umfang der AufsPfl nach deren Eigenart (BGH NJW **85**, 677). Dabei sind auch SchadNeigungen, Aggressionen, andrers die Wahrung der Würde der

9   gestörten Pers, soweit vertretb, zu berücksichtigen (Hamm NJW-RR **94**, 863). – **Verletzung dieser Pflicht** verneint, wenn 11jähr Kind in der Wohng alleingelassen wird (BGH VersR **57**, 131); wenn einem normal entwickelten 8–9jähr Kind das Spielen im Freien ohne Aufs auch in einem räuml Bereich gestattet wird, der den Eltern ein sofortiges Eingreifen nicht ermöglicht (BGH NJW **84**, 2574); wenn 5jähr Kind Spiel auf dem Bürgersteig gestattet wird (BGH LM § 683 Nr 5); wenn normal veranlagtes 6jähr Kind beim Spiel außerh der Wohng nur gelegentl beobachtet wird (Köln FamRZ **62**, 124); wenn 6jähr Schüler auf dem Schulweg nach häuf Belehrg u Begleitg nicht ständ beaufsichtigt wird (Oldbg VersR **72**, 54); wenn 6jähr im Radfahren geübtes Kind in vertrauter Umgebg ohne Begleitg radfahren darf (Celle NJW-RR **88**, 216); wenn Tennis spielde Mutter 4½jähr Kind auf dem Familienfreizeitgelände des Tennisplatzes nicht dauernd beauf-sichtigt (Karlsr VersR **79**, 58); wenn die Eltern einem noch nicht 7 jähr Kind das Verbot psych Beistandleis-tens beim gefährl Spiel und nicht vermitteln (BGH **111**, 282).

10   **5) Haftung. – a) Den objektiven Tatbestand** einer uH iS der §§ 823 ff muß der AufsBedürft rwidr erf haben (Oldbg NdsRPfl **74**, 135). Versch ist nicht erforderl. Deliktsunfähig daher ohne Bedeutg. Bei Betrug od Verstoß gg die guten Sitten müssen jedoch auch die subj Erfordern dieser Tatbestde erf sein,

11   bloße VermBeschädigg genügt nicht. – **b)** Ein **Dritter** muß durch das widerrechtl Verhalten geschädigt sein. Dem AufsBedürft selbst gibt § 832 keinen SchadErsAnspr gg den AufsPflichtigen (Celle VersR **86**,

12   972). Ein solcher kann sich zB aus § 1664 ergeben. – **c) Mitverschulden** des Geschädigten ist gesondert abzuwägen: Für die Haftg des AufsPfl ist nur dessen, für die Haftg des Mj nur dessen VerursachgsBeitr dem des Geschädigten ggüzustellen. Bei der Haftgsquote kommt vorrangig die Verursachg in Betr, das Versch nur in zweiter Linie u als Korrektiv (Saarbr OLGZ **70**, 9).

13   **6) Entlastungsbeweis** ist in doppelter Richtg mögl.

a) Erfüllung der Aufsichtspflicht. Der AufsPflichtige hat umfaßd u konkret darzulegen u zu bewei-sen, was er zur Erf der AufsPfl ie unternommen hat (BGH NJW-RR **87**, 13). Strenge Anfordergen an die AufsPfl bei Gebr von Schußwaffen u dgl (BGH NJW **80**, 1044), auch Pfl zur sicheren Aufbewahrg. Bei Schießgeräten (Luftgewehr, Armbrust), die zum Spiel best sind, ist eindringl u ersichtl erfolgreiche Un-terweisg u Überwachg des Kindes erforderl. Genaue u ins einz gehde Unterweisg, wenn einem 12jähr Jungen die selbstd Bedieng eines Grills unter Verwendg v Spiritus gestattet wird (BGH NJW **76**, 1684). Eingehde wiederholte Belehrg einer 16jähr über die Gef bei Verwendg von Spiritus beim Grillen (Nürnb FamRZ **92**, 549). Strenge Anfordergen an die Erf der AufsPfl auch hins der Führg von Kraftfahrz (BGH LM Nr 1, Mü MDR **84**, 757); auch Kleinkrafträdern (BGH VersR **52**, 238), von Fahrrädern (Oldbg MDR **62**, 736), Rollern (BGH VersR **68**, 301) u bei kleinen Kindern im StraßenVerk NJW **68**, 249, Köln VersR **69**, 44); geringere Anfordergen auf Fuß- u Radweg (Celle Nds RPfl **87**, 213). Jederzeit Eingriffsmöglk braucht ggü einem mehr als 4 Jahre alten Kind nicht gewährleistet zu sein (Celle VersR **69**, 333). AufsPfl des Vaters auch neben dem Halter des Kraftfahrz (BGH LM Nr 1). Verletzg der Aufs-Pfl, wenn KfzPap einem mj Sohn nicht alsbald nach Beendigg einer erlaubten Fahrt abgenommen werden (Celle NJW **66**, 302). AufsPfl erfordert Verbot von Fahrradwettfahrten der Kinder auf öff Straße (BGH VersR **61**, 838). Überg eines 4jähr Kindes in die Obhut noch rüst Großeltern genügt grdsätzl der AufsPfl (Celle VersR **69**, 333).

b) Keine Ursächlichkeit. Der EntlastgsBew ist dahin zu führen, daß der Schad auch bei gehör Beauf- **14** sichtigg entstanden sein würde. Die bloße Möglichk, daß der Unfall sich auch bei Erf der AufsPfl ereignet hätte, genügt nicht, vgl hierzu § 831 Rn 20.

833 *Haftung des Tierhalters.* **Wird durch ein Tier ein Mensch getötet oder der Körper oder die Gesundheit eines Menschen verletzt oder eine Sache beschädigt, so ist derjenige, welcher das Tier hält, verpflichtet, dem Verletzten den daraus entstehenden Schaden zu ersetzen. Die Ersatzpflicht tritt nicht ein, wenn der Schaden durch ein Haustier verursacht wird, das dem Berufe, der Erwerbstätigkeit oder dem Unterhalte des Tierhalters zu dienen bestimmt ist, und entweder der Tierhalter bei der Beaufsichtigung des Tieres die im Verkehr erforderliche Sorgfalt beobachtet oder der Schaden auch bei Anwendung dieser Sorgfalt entstanden sein würde.**

1) Anwendungsbereich. Unterfall der uH, deshalb unanwendb, wenn die Einwirkg nicht rwidr ist, zB **1** wg DuldgsPfl nach § 906 (BGH **117**, 110: Blütenbestäubg dch Bienen des Nachb). **Satz 1** begründet **Gefährdungshaftung** des Tierhalters, abgemildert in **Satz 2 Haftung für vermutetes Verschulden**. Daraus folgt, daß auch der DeliktsUnfäh aus S 1 haftet, dagg nicht iF des S 2, in dem allenf § 829 anwendb ist. Der Grd für die Tierhalterhaftg liegt in der Unberechenbark tierischen Verhaltens u der dadch hervorgerufenen Gefährdg v Leben, Gesundh u Eigt Dr, also in verwirklichter TierGef (BGH **67**, 129). Keine Haftg nach S 1 bei Schäd dch Nutztiere, wenn sie nicht unter den Schutzzweck der Norm fällt. So, wenn der Verl die Herrsch über das Tier in Kenntn der damit verbundenen bes Tiergefahr im eig Interesse übernommen hat, zB Reiter erbittet sich Pferd vom Halter, um dessen seine bessere Reitkunst zu beweisen (BGH NJW **74**, 234); Schad eines Pferdetrainers iR eigverantwortl best entgeltl Trainingstätigk (Celle VersR **90**, 794); Teiln an Springreiten (Ffm VersR **79**, 961). Dagg schließt der Umst, daß sich der Geschäd bewußt u freiwill der normalen Tiergef aussetzt, die Hftg nicht aus (BGH NJW **82**, 763, MDR **93**, 743). Grdsätzl auch Anspr des Reitschülers gg den Tierhalter (Köln NJW **74**, 2051). Unter dem Gesichtspkt des Handelns auf eig Gefahr (vgl § 254 Rn 76–78) kann die Haftg nur entfallen, wenn der Verl aus vorwiegd eig Interesse Risiken übernommen hat, die über die gewöhnl mit einem Ritt verbundene Gef hinausgehen (BGH NJW **92**, 2474), zB Reiter übernimmt ein erkennb böses Pferd, Springen, Fuchsjagd (BGH NJW **77**, 2158), Stafettenzeitspringen (Ffm VersR **85**, 670), falls sich bei der Verletzg gerade die bes Gef ausgewirkt hat (BGH NJW **92**, 907). Das gilt auch, wenn der Halter das Pferd dem Reiter gefälligkhalber überlassen hat (BGH NJW **93**, 2611; aA Hasselblatt aaO 2577). In diesem Fall keine Haftgsmilderg analog § 599, iR der Prüfg des Mit-Versch hat sich der Reiter entspr § 834 zu entlasten (BGH NJW **92**, 2474). Ledigl ein selbständ Ausritt ins Gelände schafft kein erhöhtes Risiko (BGH NJW **86**, 2883), ebso nicht Teiln an Siegerehrg mit Galopprunde (Düss VersR **86**, 1244). HftgsAusschl in den Fällen der RVO 539, 636 (Hamm u Kln VersR **94**, 691–693). – Haftg aus § 839 verdrängt § 833 I, für die BewLast gilt aber Abs II (BGH VersR **72**, 1047). Über landesrechtl Vorbeh vgl EG Art 107.

2) Vertraglicher Haftungsausschluß, auch stillschw mögl, sonst nach § 254 (ZusStellg Hermann JR **80**, **2** 489 [496]). Ein Schild am Reitstall „Reiten auf eig Gefahr" und gleichlautde mündl Erkl genügt dazu nicht (KG NJW-RR **86**, 326). – **a) Haftungsausschluß** ist anzunehmen, wenn der Verl unmittelb Einwirkgs-Möglk auf das Tier im vorwiegd eig Interesse od zur Berufsausüb erhält. Bsp: Trainer, Zureiter, Dompteur, Jockey, Entleiher wenn nicht nur kurzfrist. Deshalb keine Haftg eines gemeinnütz Reitvereins ggü einem Mitgl od eines gewerbl Reitinstituts ggü dem Mieter eines Pferdes bei selbständ Ausritt bei Reitunfall, (Celle Nds RPfl **82**, 11, KG NJW-RR **86**, 326). – **b) Kein Haftungsausschluß,** wenn die Merkmale **3** vorstehd Rn 2 fehlen. Bsp: Tierarzt, Hufschmied in Anwesenh eines Beauftr des Tierhalters (BGH NJW **68**, 1932) u sein Geh (Mü NJW-RR **91**, 478), Reitschüler gg Entgelt (Düss NJW **75**, 1892), Verwahrer, iR eines ArbVertr Tätige wie Tierpfleger, Tierwärter, Stallmeister, Viehtreiber, Mieter des Tieres bei eig Verl. Gleichwohl ist das Bestehen des VertrVerh für die BewLast von Bedeutg; denn in allen diesen Fällen des SchadEintritts dch ein Tier haftet der Tierhalter nur, wenn die genannten Tierführer beweisen, daß sie ihrer SorgfPfl genügt haben od daß Schad auch ohne ihr Versch entstanden sein würde (Düss NJW **76**, 2137). Kritik an dieser BewLastverteilg MüKo/Mertens Rn 25. – **c) Stillschweigender Haftungsausschluß, 4 Handeln auf eigene Gefahr** vgl Rn 1, § 254 Rn 76–78.

3) Schadensverursachung durch ein Tier. – a) Alle Tiere, gleichgült, ob gezähmt, wild, bösart, fallen **5** hierunter. Dagg nicht Tiere niederster Ordng, deren Leben sich dem der Pflanzen nähert, wie Bazillen, Bakterien (aA Deutsch NJW **76**, 1137: GefährdgsHaftg des Züchters iF des Entweichens aus dem Laboratorium ggü Außenstehenden).

b) „Durch ein Tier" ist Schad verursacht, wenn sich die dch die Unberechenbk tier Verhaltens hervor- **6** gerufene Gefährdg v Leben, Gesundh u Eigt Dr verwirklicht hat (BGH **67**, 129), zB Scheuen, Durchgehen (Düss VersR **95**, 186), Ausschlagen u Beißen der Pferde, Ausbrechen aus der Weide (Köln VersR **93**, 616), Anspringen u Beißen der Hunde, Ausweichen eines Radfahrers vor einem Pferd, das den Weg versperrt (Düss NJW-RR **92**, 475). Auch der Deckakt ohne Wissen u Willen der Tierhalter (BGH **67**, 129) od sog Hengstmanieren als Reaktion auf die Stute, von der dann mitwirkde TierGef ausgeht (Düss NJW-RR **94**, 92). Keine typ TierGef bei Decken eines Tieres entspr der menschl Leitg (Düss MDR **75**, 229), außer wenn das männl Tier sich losreißt (Köln VersR **72**, 177), wenn brünst Rinder dch elektr Weidezaun in Bullenweide einbrechen u Bullen beim Bespringen verl werden (Oldbg NJW **76**, 573). Unberechenb Verhalten auch, wenn ein äußeres Ereign auf Körper od Sinne des Tieres anreizd einwirkt, wie zB Lokomotivpfiffe, Motorengeräusch, flatternde Wäsche, Fliegenstich, Hundegebell od schmerzh Berührgen. Dagg ist Haftg ausgeschl bei Einwirkgen von außergewöhnl äußeren Kräften nach Art mechan Ursachen, dch die selbsttät Verhalten des Tieres ausgeschaltet wird (BGH VersR **78**, 515). Auch bei Verl eines Tieres auf gemeins Tiertransport kommt es darauf an, ob sie auf einem Verhalten beruht, in dem sich die typ, spezif Tiergef

7 manifestiert (BGH VersR **78**, 515). – Geht die Beschädig von einem **unter menschlicher Leitung befindlichen Tier** aus, zB Reitpferd, ist § 833 nicht anwendb, wenn das Tier dem Willen seines Lenkers gehorcht hat (BGH NJW **52**, 1329, Düss NJW-RR **86**, 325). Anders, wenn trotz der menschl Leitg willkürl Beweggen des Tieres (Seitensprung, Beißen, Schlagen, Ausrutschen des Reitpferdes) den Schad verurs haben (BGH VersR **66**, 1073, Düss VersR **81**, 82, Mü VersR **81**, 937).

8 **c) Zurechnungszusammenhang** ist nöt (vgl Vorbem 54–107 vor § 249). Das tier Verh muß nicht einz Urs des eingetretenen Unfallerfolges gewesen sein, MitVerursachg genügt (BGH DB **71**, 333). Auch mittelb ursächl Zushang genügt, zB ein tot auf der Str liegder Hund, der dorthin gelaufen u überfahren worden war, verurs einen VerkUnfall (Celle VersR **80**, 430). Ebso wenn das Verhalten des Tieres ledigl psych Wirkgen auslöst u dadch Schad eintritt (Nürnb NJW **65**, 694), zB wenn Kinder inf Anspringens dch einen Hund in ein Fahrzeug laufen, wenn eine alte Frau aus Angst vor einem großen Hund zurücktritt u stürzt, der schwanzwedelnd auf sie zu kommt (Nürnb NJW-RR **91**, 741).

9 **4) Tierhalter** ist, wer die BestimmgsMacht über das Tier hat, aus eig Interesse für die Kosten des Tieres aufkommt, den allg Wert u Nutzen des Tieres für sich in Anspr nimmt u das Risiko seines Verlustes trägt (BGH NJW-RR **88**, 655); er braucht es nicht zu Gesicht bekommen zu haben (Düss VersR **83**, 543). Das können auch mehrere Pers sein (Saarbr NJW-RR **88**, 1492). Eigt u EigenBes sind nicht Vorauss. Da rein tatsächl Verhältn die Haltereigensch begründet, ist GeschFgk bedeutgsl. Begründg der Haltereigensch dch nicht voll GeschFähigen entspr §§ 104 ff, also dch gesetzl Vertr od mit dessen Zust. Darü hinaus, also wenn zB Mj das tatsächl HalterVerh auf eig Faust begründet, ist (mit Hofmann NJW **64**, 228) entspr Anwendg von §§ 828, 829 geboten (krit Canaris NJW **64**, 1989). Auch JP kann Tierhalter sein. Bei Vermietg (zB Reit-, Dressurpferd) verliert der Verm die HalterEigensch nur dann, wenn das Tier für die Dauer der Überlassg völl aus seinem WirtschBetr ausscheidet (BGH DB **71**, 333). Tierhalter bleibt unter den oben gen Vorauss, wer das Tier auch für längere Zt einem Dr überläßt (Saarbr NJW-RR **88**, 1492); eine Nutzg des Tieres dch den Dr auch für eig Zwecke steht nicht entg, solange sich nicht der SchwerPkt der Nutzg auf den Dr verlagert (BGH NJW-RR **88**, 655). Vorübergehde BesEntziehg, zB dch Entlaufen, berührt die TierhEi-

10 gensch nicht, und bei dauernder BesEntziehg, zB Diebstahl – **Tierhaltereigenschaft bejaht:** ReitVerein, dem ein Mitgl ein Pferd zur reitsportl Nützg überlassen hat (Celle VersR **79**, 161). Viehhändler (Warn **37**, 34). Imker (Bambg NJW-RR **92**, 406). Stadt, die ein dem Publikum zugängl eingezäuntes Wildgehege

11 unterhält (BGH VersR **76**, 1175). – **Kein Tierhalter:** Wer Vieh von der Ausladerampe zum Schlachthofstall zu befördern u dort 2 Tage zu füttern hat; er ist Tierhüter (RG **168**, 332). Viehverkaufskommissionär (Celle VersR **76**, 763). Behörde, die eine Zwangsimpfg vornimmt (RG JW **33**, 693). Tierarzt, dem das Tier zur Behandlg vorgeführt ist. Veranstalter eines Pferderennens (Mü SeuffA **68**, 127). Stadtgemeinde hins der bei Hundesperre eingefangenen Hunde (RG JW **13**, 431). GVz hins eines gepfändeten u anderweit untergestell-

12 ten Pferdes (Hamm NJW-RR **95**, 409). – Bei **zugelaufenen Tieren** ist Halter, wer die Sachherrsch nicht nur vorübergehd übernimmt (KG VersR **81**, 1035); also nicht, wer das Tier dem Eigtümer zurückgeben will, worauf er sich aber nach 6 Mon nicht mehr berufen kann (Nürnb MDR **78**, 757).

13 **5) Schadensersatz,** auch für den Schad, den das entlaufene Tier anrichtet (BGH NJW **65**, 2397), desgl SchmerzG (BGH VersR **77**, 864). Mehrere Halter des Tieres haften nach § 840 I als GesSchu, ebso Tierhalter neben Tierhüter (§ 834). Ausgleichg zw mehreren Tierh findet nach dem zw ihnen bestehenden RVerh statt (RGRK/Kreft Rn 50). Beim ZusWirken mehrerer Tiere ebenf gesschuldner Haftg der Tierh, Ausgleichg untereinander gem § 426 (vgl auch § 840 Rn 6, 7). Auch bei ZusTreffen mit Haftg aus StVG u HaftPflG gilt § 840. – Bei **mitwirkender Verursachung** des Schad dch die vom eig Tier des Geschäd ausgehde TierGef muß sich der Geschäd seine eig Tierhalterhaftg entspr § 254 anrechnen lassen (Hamm NJW-RR **95**, 598), auch wenn Tiere verschiedener Halter sich ggseit verletzen od auch nur eines dieser Tiere (von dem and verl wird, dabei aber seine spezif TierGef mitgewirkt hat (BGH NJW **76**, 2130). Die ErsVerpfl bestimmt sich nach dem Gewicht, mit dem die TierGef beider Tiere im Verhältn zueinand bei der Schädigg wirks geworden ist (BGH NJW **85**, 2416). Im EinzFall kann eine der beiden TierGef ganz zurücktreten (Hamm NJW-RR **95**, 599). – Bei **mitwirkendem Verschulden** ist der auf der einen Seite die TierGef, auf der and das Maß des Versch u der Verursachg zu berücksichtigen. Schuldh handelt der Verl, wenn er die Sorgf außer acht läßt, die ein ordentl u verständ Mensch zu beobachten pflegt, um sich vor Schad zu bewahren (BGH LM Nr 3a: Anspringen dch Kettenhund); BißVerl eines Hundehalters (Kblz VersR **86**, 247) bzw eines Hundeführers als Gefälligk (Stgt VersR **78**, 1123) bzw eines Unbeteil (Koblz MDR **79**, 229) bei dem Versuch, sich verbeißde Hunde zu trennen; wenn Tierarzt od Hufschmied bei Behandlg des Tieres unvorsicht ist; oder wenn sich jmd ohne zwingden Grd in gefahrbringde Nähe von Tieren begibt (BGH JZ **55**, 87) od bei zu großer Annäherg an Bienenstand. Dagg kein eig Versch, wenn sich jmd durchgehden Pferden entggstellt od sonstige RettgsMaßn übernimmt. – **Schaden durch das eigene Tier.** Wg § 840 III ist § 254 nicht anwendb, wenn der Tierhalter wg Versch eines and Tieres dch sein eig Tier erleidet, den er gem § 833 S 1 einem Dr ersetzen müßte, falls dieser verl worden wäre (Schlesw NJW- RR **90**, 470).

14 **6) Der Entlastungsbeweis (Satz 2)** ist mögl nur bei Verursachg des Schad dch ein sog Nutztier. Er richtet sich gg die Versch- od gg die Kausalitätsvermutg (vgl auch § 831 Rn 12–20, § 832 Rn 13, 14). Gilt auch bei Haftg für Schad dch Diensthunde bei hoheitl Polizeieinsatz (BGH VersR **72**, 1047, Düss VersR **95**, 173).

a) Haustier. Maßgebd ist der gewöhnl SprachGebr. Zahme Tiere, vom Menschen in seiner Wirtsch zu seinem Nutzen gezogen u gehalten, wie Pferd, Maultier, Esel, Rind, Schwein, Ziege, Schaf, Hund, Katze, Geflügel (auch Tauben), zahmes Kaninchen. Im Ggsatz hierzu stehen gezähmte Tiere, zB in Gehegen gehaltenes Wild, auch zur Fleischerzeugg (Nürnb NJW-RR **91**, 1500). Auch die Biene ist kein Haustier, weil keine genügde VfgsGewalt des Eigtümers (RG **158**, 388). Erforderl ist auch, daß das Tier in seiner Eigensch als Haustier gehalten wird; S 2 ist daher unanwendb, wenn Tiere zu wissenschaftl Untersuchszwecken als Versuchstiere gehalten werden. Haustier ist auch das von einer jP gehaltene Tier, wenn es für deren Aufgabenbereich eingesetzt wird (Ffm VersR 85, 646).

b) Dem Beruf, der Erwerbstätigkeit oder dem Unterhalt zu dienen bestimmt. Zur Abgrenzg ggü **15** den Luxustieren ist erforderl, daß das Tier in erhebl Umfang einem der genannten Zwecke dient. Dabei ist entscheidd die allg ZweckBest, außer wenn sie mit den tats Gegebenh nicht mehr im Einklang steht (BGH NJW-RR 86, 572), nicht die augenblickl tatsächl Nutzg (Kblz VersR 92, 1017). Die Eigensch eines Pferdes als Nutztier eines Landwirts endet nicht dadch, daß es aus Grden der Gesundh od des Alters des Tieres od auch des Halters nicht mehr zur Arb verwendet wird (Hamm NJW-RR 94, 1436). Ggf wird S 2 dch § 839 als AnsprGrdlage verdrängt, die BewLastRegelg des S 2 bleibt aber anwendb (BGH VersR 72, 1047). – **Berufs-** **16** **tiere** sind zB Jagdhunde des Försters (Bamb NJW-RR 90, 735), Polizeihunde (Düss VersR 95, 173); vgl Rn 1, 14), Hütehunde (BGH **LM** Nr 2), Katzen in landwirtschaftl Betr zum Schutz von Vorräten (LG Kiel NJW 84, 2297). – Der **Erwerbstätigkeit** dient auch Schlachtvieh des Fleischgroßhändlers im Schlachthof **17** (Düss VersR 83, 543), der zur Pferdezucht gehaltene Vollbluthengst, Pferd eines Trabertrainers zum Trainieren u zum Einsatz bei Trabrennen (Düss VersR 93, 115), Pferde eines priv Halters od eines Reitvereins, die – evtl entgg der Satzg – weitgehd dch Vermietg wirtsch genutzt werden (BGH NJW-RR 86, 572, NJW 86, 2501). Ferner Zuchttiere staatl Gestüte, das vom Händler zur Weiterveräußerg erworbene Tier. Wachhund kann Berufs- od Erwerbszwecken dienen (BGH **LM** Nr 3a, Mü VersR 84, 1095), außer ledigl zur Bewachg priv Wohnhäuser. **Nicht darunter fallen** das zu Liebhaberzwecken gehaltene Rennpferd (BGH VersR 55, 116), auch nicht Reitpferde eines IdealVereins, die im wesentl nur den Mitgl zur Vfg stehen (BGH NJW 82, 763 u 1589). – Dem **Unterhalt** dient zB die Milchkuh od das zu Schlachtzwecken best Schwein; **18** der Blindenhund (Deutsch JuS 87, 674 [679]). Nicht Jagdhund des Arztes, für den die Jagdausübg von ausschl ideellem Interesse ist (Hamm VersR 73, 1054).

c) Beaufsichtigung. An den Bew, daß der Tierh dabei die im Verk erfdl Sorgf beobachtet hat, sind **19** strenge Anfdgen zu stellen (Ffm VersR 82, 908), insbes bei Vermietg eines Reitpferdes zum Ausreiten im StrVerkehr (BGH NJW 86, 2501). Zur Beaufsichtigg gehört auch Auswahl geeigneter Tiere (Kblz NJW-RR 92, 476). Bestellg eines taugl Tierhüters genügt nicht immer, nöt ist gehör Sorgf bei Beaufsichtigg des Tieres, der Tierh muß dem Hüter die nöt Anweisg erteilen u deren Einhaltg überwachen (Düss VersR 67, 1100). Halterhaftg nach § 833, nach § 831 für den Tierhüter u dessen eig Haftg können nebeneinand bestehen (BGH VersR 82, 348, Mü VersR 91, 561). Für Kuhherde auf einer Straße ist Bestellg u Überwachg der erfdl Anzahl von Hütern nöt (Nürnb VersR 68, 285). Zum EntlastgsBew gehört uU auch Bew für das NichtVorhsein von gefährl Eigensch des Tieres wie Neigg zum Durchgehen (BGH VersR 56, 502). – **Einzelfälle:** Beaufsichtigg von Wachhunden (BGH VersR 62, 807, **LM** Nr 3a). Geringere Anfdgen ggü **20** Angehör u dem Hund vertrauten Pers, jedenf wenn er gutart ist (BGH NJW 83, 1311). Umherlaufen eines biss Hundes auf Grdst mit Warnschild (Düss VersR 81, 1035), Umherlaufen eines großen Wachhundes auf öff Straße (BGH VersR 62, 807). Nichtanketten eines Hofhundes in nicht abgeschlossenem Hof (BGH VersR 67, 1001). Maulkorb für Polizeihunde im Einsatz in einer Menschenmenge (Düss VersR 95, 173). Ein Jagdhund darf nicht unangeleint zur Nachsuche auf angeschossenes Wild angesetzt werden, wenn die Gef besteht, daß er in den öff StrVerk gelangt (Bamb NJW-RR 90, 735). Umherlaufen eines ausgebrochenen Pferdes auf einer öff Straße (BGH **LM** Nr 3). Gitter an der Vorderseite der Boxen im Stall einer Reitschule (Celle VersR 72, 469). Intakter Zaun, auch Elektrozaun – tägl Überprüfg der Funktionsfähigk erforderl (Hamm MDR 89, 639) – genügt idR (Ffm VersR 82, 908); bei erregten Tieren u bei panikartigem Ausbruch dann, wenn bei Berührg die notw Stromstärke abgegeben wird, um Tier wie bei phys Widerstand vom Ausbrechen zurückzuhalten (BGH VersR 76, 1086, Ffm VersR 78, 645). Sicherg eines Weidetores nach einer BundesStr od Bahn dch Schloß (BGH VersR 67, 906, Ffm VersR 71, 942). Nichtaufklärbark, wie Weidetiere aus der Weide auf die Str kommen, geht zu Lasten des Tierh (Celle NJW 75, 1891, Mü VersR 91, 561). Sichg eines Pferdestalls nahe der Autobahn dch sichere Aufbewahrg des Schlüssels (BGH NJW-RR 90, 789). Keine Notwendigk, einen ausr umzäunten Pferdekral dagg zu sichern, daß Kinder unter dem Zaun hineinkriechen (BGH NJW-RR 92, 981).

7) Beweislast. – a) Verletzter hat HalterEigensch u Verl dch unberechenb, willkürl Verhalten eines **21** Tieres zu beweisen (Düss VersR 81, 82, Honsell, BewLastProbleme bei der TierhHaftg, MDR 82, 798). – **b) Tierhalter** muß beweisen vertragl vereinb HaftgsAusschl, wobei jedoch zu beachten ist, daß sich ggü **22** dem VertrPartner die BewLast insofern umkehrt, als dieser die gehör Erf seiner vertragl Pfl bei Verrichtgen an u mit dem Tier zu beweisen hat (BGH VersR 72, 1047, Düss NJW 76, 2137; aA RGRK/Kreft Rn 69, MüKo/Mertens Rn 25). Tierhalter, der sich darauf beruft, hat zu bew, daß ein Dr das Tier in eine solche Zwangssituation versetzt hat, daß es sich nur in der den Schad verursachden Weise verhalten konnte (BGH NJW-RR 90, 789). Erfüllg der SorgfPfl gemäß S 2, wobei ungeklärte Umst zu Lasten des Tierh gehen (Celle NJW 75, 1891, Kblz NJW-RR 92, 476), jedoch dürfen, soweit dem Tierh auch der negat Nachw dafür obliegt, daß das Tier nicht gefährl Eigensch habe, die Anfdgen nicht überspannt werden (Düss MDR 60, 841). EntlastgsBew kann nicht durch den Nachw der allg Friedfertigk des Tieres erbracht werden (BGH VersR 62, 807). Bei Schad dch entlaufenes Tier hat Halter auch zu beweisen, daß Entlaufen unverschuldet (BGH NJW 65, 2397). Außerdem hat der Halter fehlde Kausalität der SorgfPflVerletzg für den eingetretenen Schad zu bew.

834 *Haftung des Tieraufsehers.* **Wer für denjenigen, welcher ein Tier hält, die Führung der Aufsicht über das Tier durch Vertrag übernimmt, ist für den Schaden verantwortlich, den das Tier einem Dritten in der im § 833 bezeichneten Weise zufügt. Die Verantwortlichkeit tritt nicht ein, wenn er bei der Führung der Aufsicht die im Verkehr erforderliche Sorgfalt beobachtet oder wenn der Schaden auch bei Anwendung dieser Sorgfalt entstanden sein würde.**

1 **1) Grundlage der Haftung** ist vermutetes Versch des Tierhüters u vermuteter ursächl Zushang. Nöt ist Übern der Aufs dch **Vertrag,** auch mit einer and Pers als dem Tierhalter (RG **168**, 333), auch konkludent, zB dch Übergabe zur Verwahrg, zur Wartg, zum Zureiten. Ges AufsPfl od eine nur tatsächl Beaufsichtig, zB durch FamAngehör genügen nicht (Nürnb NJW-RR **91**, 1500). Entspr Anwendbark iR der MitVersch-Prüfg vgl § 833 Rn 1.

2 **2) Aufsichtsführung** bedeutet Übertrag der selbständ allg Gewalt u Aufs über das Tier. Trifft nicht zu bei Bediensteten, die nur auf Anweisg handeln, zB Stallburschen, angestellte Reitlehrer (Düss VersR **81**, 82). Trifft zu bei Hirten, Transportbegleitern, Viehtreibern (RG **168**, 333), Viehkommissionär, dem das Tier zum Verk übergeben ist (Mü VersR **57**, 31; **58**, 461), Mieter eines Pferdes zum selbständ Ausritt (BGH NJW **87**, 949), auch einmal (Saarbr VersR **88**, 1080), Pers, denen es in Pension (Hamm VersR **75**, 865), zum Trainieren, in Verwahrg, zum Abrichten übergeben worden ist (Hbg VersR **65**, 1009, Kln VersR **76**, 197).

3 **3) Tierhalter** u Tierhüter haften als GesSchu § 840 I; für Ausgleich untereinander ist VertrVerh maßg, nicht § 840 III. Ist Tierhüter selbst der Verletzte, so haftet Tierhalter nach § 833, doch muß Tierhüter beweisen, daß er seine vertragl AufsPfl gehörig erfüllt hat od der Schaden auch bei Erfüllg seiner SorgfPfl entstanden sein würde. Gelingt ihm dieser Bew nicht, sind die beiders HaftgsAnteile entspr § 254 zu best (Hamm VersR **75**, 865).

4 **4) Beweislast:** Die Vorauss des S 2 hat der Tierhüter zu beweisen.

835 **Wildschaden** und Art 70–72 EGBGB sowie alle landesrechtl Vorschr über Wildschaden sind durch § 46 Abs II Z 1 **Bundesjagdgesetz** in Bay, Brem, Hess u Wü-Ba außer Kraft gesetzt. Die übr Länder des BGebiets hatten diese bereits nach § 71 Abs II Nr 1 des RJagdG v 3. 7. 34 bestehende RLage nicht geändert.

1 **1) Gefährdungshaftung** (§ 29 I, II BJagdG) bei Schäd an Grdst, die zu einem gemschaftl Jagdbezirk gehören od einem gemschaftl od EigJagdBez angegliedert sind. – **Verschuldenshaftung** (§ 29 III BJagdG) bei Schäd an Grdst, die zu einem EigJagdBez gehören. Dort haftet der JagdausübgsBerecht nur nach dem zw ihm u dem Geschädigten bestehdn RVerh u beim Fehlen einer anderweit Bestimmg nur dann, wenn er den Schad dch unzulängl Abschuß verursacht hat. Wird Wildschad dch ein aus dem Gehege austredes Schalenwild angerichtet, so ist ausschließl derj zum Ersatz verpfl, dem als JagdausübgsBerecht, Eigtümer od Nutznießer die Aufs über das Gehege obliegt (§ 30 BJagdG).

2 **2) Umfang.** Gehaftet wird für den durch Schalenwild, Wildkaninchen od Fasanen angerichteten Schaden (§ 29 I BJagdG). Schalenwild ist Wisent, Elch-, Rot-, Dam-, Sika-, Reh-, Gams-, Stein-, Muffel- u Schwarzwild, § 2 III BJagdG.

3 **3) Ersatzpflichtig** ist bei gemschaftl Jagdbezirken die Jagdgenossensch. Hat Jagdpächter im Vertr die ErsPfl ganz od teilw übernommen, so haftet Pächter allein; ErsPfl der Jagdgenossensch tritt in diesem Fall nur hilfsw ein (§ 29 I BJagdG). Handelt es sich um Flächen, die einem Eigenjagdbezirk angegliedert sind, so haftet der Eigtümer od der Nutznießer, bei Verpachtung der Pächter, wenn er Haftg im PachtVertr übernommen hat. Im letztgn Fall haftet Eigtümer od Nutznießer nur subsidiär (§ 29 II BJagdG).

4 **4) Die Geltendmachung** des ErsAnspr ist an eine Frist von 1 Woche seit Kenntn od Kennenmüssen gebunden, § 34 BJagdG. Über das Verfahren vgl § 35 BJagdG.

5 **5) Landesrecht.** *Baden-Württ* v 20. 12. 78 (GBl 79, 12) § 25, Verf § 25 mit §§ 12ff VO v 5. 9. 80 (GBl 562); *Bayern* v 13. 10. 78 (BayRS 792–1–E) Art 40–47, Verf Art 64 III; *Berlin* BJagdG gilt als LandesR (GVBl 86, 503, 523); *Bremen* v 14. 7. 53 (GVBl 73) §§ 28ff, Verf § 22. 5. 78 (GVBl 162), Verf: VO v 3. 2. 71 (GVBl 40); *Hessen* v 24. 5. 78 (GVBl 286) §§ 29–31; DVO v 16. 7. 79 (GVBl 197) §§ 26, 27; *Niedersachsen* v 24. 2. 78 (GVBl 218) Art 36–38, geändert dch Art 27 Ges v 5. 12. 83 (GVBl 281); Verf Art 39, VO v. 4. 8. 53 (GVBl 67); *Nordrhein-Westfalen* v 11. 7. 78 (GVBl 318) §§ 31–33, teilw geändert Art 27 G v 18. 9. 79 (GVBl 552, 563), §§ 1, 2 DVO idF v 1. 3. 79 (GVBl 105); *Rheinland-Pfalz* v 5. 2. 79 (GVBl 23) §§ 28, 32, 33, VO v 15. 3. 56 (GVBl 15), Verf §§ 42–49 VO; *Schleswig- Holstein* v 13. 4. 78 (GVBl 129), Verf § 24 mit VerfVO v 22. 6. 54 (GVBl 105).

836 **Haftung bei Einsturz eines Gebäudes.** [I] Wird durch den Einsturz eines Gebäudes oder eines anderen mit einem Grundstücke verbundenen Werkes oder durch die Ablösung von Teilen des Gebäudes oder des Werkes ein Mensch getötet, der Körper oder die Gesundheit eines Menschen verletzt oder eine Sache beschädigt, so ist der Besitzer des Grundstücks, sofern der Einsturz oder die Ablösung die Folge fehlerhafter Errichtung oder mangelhafter Unterhaltung ist, verpflichtet, dem Verletzten den daraus entstehenden Schaden zu ersetzen. Die Ersatzpflicht tritt nicht ein, wenn der Besitzer zum Zwecke der Abwendung der Gefahr die im Verkehr erforderliche Sorgfalt beobachtet hat.

[II] Ein früherer Besitzer des Grundstücks ist für den Schaden verantwortlich, wenn der Einsturz oder die Ablösung innerhalb eines Jahres nach der Beendigung seines Besitzes eintritt, es sei denn, daß er während seines Besitzes die im Verkehr erforderliche Sorgfalt beobachtet hat oder ein späterer Besitzer durch Beobachtung dieser Sorgfalt die Gefahr hätte abwenden können.

[III] Besitzer im Sinne dieser Vorschriften ist der Eigenbesitzer.

1 **1) Regelungsgehalt.** Es handelt sich um einen dch bes BewLastRegelg gekennzeichneten Fall der allg VerkSichgPfl (BGH NJW **85**, 1076), um einen Anwendgsfall des allg Satzes, daß jeder für Beschädigung durch seine Sachen insofern aufzukommen hat, als sie dch billige Rücksichtn auf die Interessen des and hätten verhütet werden müssen (BGH **58**, 149). Haftg beruht auf **vermutetem Verschulden** des GrdstBesitzers u vermutetem ursächl Zushang zw dem Versch des Besitzers u dem Schad (BGH **LM** Nr 4). Sie gilt auch bei Anspr aus § 839 wg Verl der öffrechtl geregelten VerkSichPfl (BGH NJW-RR **90**, 1500). Keine Haftg Deliktsunfäh außer iF des § 829, da es sich bei § 836 um einen Fall des § 823 mit BewLastumkehr handelt (BGH WM **76**, 1056). § 836 setzt die RPfl zur Unterhaltg eines BauWk u zur sorgf u fortges Überwachg seines Zust (BGH VersR **76**, 66); Jur Pers haften für ihre Vertr unbedgt, §§ 30, 31; für ihre Verrichtgsgehilfen haften sie nach § 831. Besteht kein EigBes, kommt Haftg des Eigtümers wg Verl der VerkSichPfl in Frage (BGH NJW **85**, 1076). Nicht unter den Schutzzweck der Norm fällt der Schad, den ein AbbruchUntern od seine Arb beim Einsturz od Ablösen von Tln inf der AbbruchArb erleiden (BGH NJW **79**, 309, Karlsr VersR **89**, 82). Die Vermutg erstreckt sich nicht auf ein MitVersch des Besitzers, sow das Gbde selbst dch einen Dr beschädigt wird (BGH **79**, 259). § 836 läßt verschuldensunabhäng Anspr aus einem nachbarrechtl Verhältn unberührt (BGH VersR **85**, 740). Landesgesetzl Vorbehalte EG 106.

2) Ein mit einem Grundstück verbundenes Werk ist ein einem best Zweck diender, nach gewissen **2** Regeln der Kunst od Erfahrg unter Verbindg mit dem Erdkörper hergestellter Ggst (BGH NJW **61**, 1670), unerhebl, für welche Dauer best. – **Beispiele:** Hafendamm (BGH **58**, 149). Telegrafenmast (Karlsr NJW- **3** RR **88**, 152). Brücke (BGH VersR **88**, 629). Böschg (RG **60**, 138). Staudamm (RG **97**, 114). In Deich fest eingebaute Schleuse (RG HRR **30**, 1104). Baugerüst (RG JW **10**, 288). Auf Laufschienen montierter Turmdrehkran (Düss BB **75**, 942). Gemeindl Wasserleitg (BGH **55**, 229). Öltank (BGH WM **76**, 1056). Rohrleitg im Erdboden (BGH Elektrizitätswirtsch **59**, 24 (Rechtsbeilage)). Kanalisationsanschlußrohr (BGH VersR **83**, 588). Masten einer Starkstromanlage, Draht als Teil des Werkes (RG **147**, 353). Rutschbahn im Neubau zur Beförderg von Dachdielen (RG HRR **35**, 730). Im Boden verankerte Kinderschaukel (Celle VersR **85**, 345), Brücken (BGH NJW-RR **88**, 853). Denkmäler, Grabsteine (BGH NJW **71**, 2308), Brunnen, Terrassen, Schaubuden, Zelte, Jagdhochsitz (Stgt VersR **77**, 384, aber keine Haftg ggü unbefugten erwachsenen Benützern).

3) Gebäude, Gebäudeteil. Zu den Gbden gehören auch Gebäuderuinen, die unbewohnb sind (BGH **4** NJW **61**, 1670). Teil eines Gbdes ist eine Sache, wenn sie zur Herstellg des Gbdes eingefügt ist od wenn sie in einem so festen baul Zushang mit dem Gbde steht, daß sich daraus nach der VerkAnschaug ihre Zugehörigk zum Bauganzen ergibt (BGH VersR **85**, 666). Nicht erforderl ist, daß es sich um Bestandt nach §§ 93 ff handelt, doch genügt nicht eine nur mechan Verbindg eines Ggstandes mit dem Gbde, vielm muß die Sache irgdwie aus baul Grden od zu baul Zwecken an dem Gbde angebracht sein (BGH NJW **61**, 1670). Infolgedessen gehören nicht hierher solche Teile, die noch nicht in eine baumäß Verbindg mit dem Grdst gebracht sind, wohl aber eine bereits im wesentl abgebundene Betondecke (BGH **LM** Nr 11). **Teile sind:** Balkon, **5** Schornstein (Kln NJW-RR **92**, 858), Dachziegel (Düss NJW-RR **92**, 1440), Dachpappe (BGH NJW **93**, 1782), an Stützbalken angenagelte Bretter (BGH NJW **85**, 1076), Fahrstuhl, Fensterläden, Torflügel, Riegel an Oberfenstern (RG **113**, 286), in die Wand eingelassene Schultafel (RG Recht **21**, 1371), Brandmauer (Ffm NJW **47/48**, 426), Platte eines Wellblechdaches (BGH VersR **60**, 426), Duschkabine je nach ihrer Befestig (BGH NJW **85**, 2588). **Keine Teile sind:** Schwerer Spiegel, der an der Wand aufgehängt u durch Klam- **6** mern abgestützt ist (RG **107**, 337). Eisstücke, die sich vom Hause ablösen, od Schnee, der vom Dach stürzt (BGH NJW **55**, 300, Hamm NJW-RR **87**, 412).

4) Einsturz bedeutet ZusBruch des ganzen Werkes. **Ablösung** bedeutet, daß ein Teil in seinem Zushang **7** mit dem Ganzen getrennt od gelockert wird od auch nur in seinem eig inneren Zushang, das übr Wk aber unversehrt bleibt, zB Herabfallen von Steinen, Stuckbekleidgen, Dachziegeln (Ffm NJW-RR **92**, 164), Kaminteilen (Kln NJW-RR **92**, 858), des Fahrstuhls, Zufallen eines Garagenschwingtors (Mü NJW-RR **95**, 540), Bruch eines Abwasserrohrs im Erdboden (BGH VersR **83**, 588); wenn verrostete Platte eines Wellblechdaches (BGH VersR **60**, 426) dchbricht od ein Mauereck od die provisor Einfassg einer Loggia inf DaggLehnens abbricht (Hamm VersR **72**, 1173, BGH NJW **85**, 1076). Nicht dagg, wenn das Gbde planvoll niedergerissen wird (BGH VersR **78**, 1160).

5) Fehlerhafte Errichtung oder mangelhafte Unterhaltung müssen Einsturz od Ablösg verursacht **8** haben; BewLast beim Geschädigten. Fehlerh ist ein Bau dann errichtet, wenn er nicht alle Anfdgen dafür erfüllt, daß er Leben und Gesundh und nicht gefährdet (BGH DRiZ **62**, 422). Nicht erforderl ist, daß diese Fehler auf das Versch irgdeiner Pers zurückzuführen sind (BGH **LM** Nr 4) od daß sie die alleinige Ursache waren; es können und Ursachen, zB menschl Tätigk od Wittergseinflüsse, hinzukommen (BGH **58**, 149). Zur UnterhaltgPfl gehört die Überprüfg des baul u techn Zust, deren Verl für den Einsturz des Gbdes od die Ablösg von GbdeTlen ursächl geworden sein muß u deren Erf den Schad typischerw hätte verhindern können (Hamm u BGH VersR **87**, 1096). – **Gegensatz: außergewöhnliche Naturereignisse,** wie Berg- **9** rutsch, Blitzschlag, Wolkenbruch. Mit gewöhnl WittergsEinflüssen dagg, mit deren Einwirkg auf das Bauwerk erfahrgsgem, wenn auch selten (Sturmbö, BGH VersR **76**, 66) zu rechnen ist, spricht bei Ablösg des Teiles der Anscheinsbeweis für die Mangelhaftigk der Anl od Unterhaltg (BGH NJW **61**, 1670, NJW **93**, 1782).

6) Ursächlicher Zusammenhang besteht, wenn der Schad dch die typ Gefahren des Einsturzes od der **10** Ablösg verurs ist, also gerade dch die bewegd wirkde Kraft des Einsturzes od der Ablösg, wenn auch dch Vermittlg und dadch in Bewegg gesetzter Massen (BGH VersR **83**, 588) od dch Druck inf DaggLehnens (BGH NJW **85**, 1076). **Beispiele:** Verletzg eines Menschen dch Ablösg einer Falltürdecke od dch einbrech- **11** den Fußboden od dch Abbrechen eines Mauerecks inf DaggLehnens od dch Absacken eines Gerüstbretts wg ungenügder Verankerg (BGH VersR **60**, 426, Hamm VersR **72**, 1173, BGH Warn **73**, 150), Beschädigg eines Grdst dch einströmdes Wasser inf Dammbruchs. Nicht wenn Passant über nach dem Einsturz einer Ruine liegengebliebene Steine stürzt (BGH NJW **61**, 1670). Nicht wenn Öl aus undichtem Tank in Grdwasser sickert (BGH WM **76**, 1056). Wahlweise Feststellg verschiedener SchadUrsachen ist mögl, nur muß sich dann der EntlastgsBew auf alle Möglichkeiten erstrecken (BGH DRiZ **62**, 422). – Bei mitw Versch § 254.

7) Ersatzpflichtig ist nach § 836 nicht der Eigtümer, sond der ggwärt od frühere (Abs II) **Eigenbesitzer 12** (§ 872) des Grdst; allerd nur dann, wenn er auch Eigenbesitzer des schädigden Werkes ist (BGH **LM** Nr 9);

sonst § 837. Das kann der Mieter des Grdst sein, der dort ein MassivBauWk errichtet, das nach Ende der Mietzeit wieder beseitigt werden soll (Ffm VersR **78**, 966). Gleichgült, ob mittelb od unmittelb Besitzer. – Mehrere Eigenbesitzer u der frühere haften gem § 840 I als GesSchu (Düss VersR **52**, 134). Ausgleich untereinander aGrd des VertrVerh, ev nach § 426 (vgl § 840 Rn 6, 7). Eigenbesitzer u ein und aus § 823 Verantwortl haften ebenf als GesSchu, im InnenVerh ist jedoch der Dr allein verpflichtet (§ 840 III).

13   **8) Entlastungsbeweis.** Gegenwärt u früh Besitzer müssen nachweisen, alle Maßn getroffen zu haben, die aus techn Sicht geboten u geeignet sind, die Gef einer Ablösg von Tln, sei es auch nur bei starkem Sturm, nach Möglk rechtzeit zu erkennen u ihr zu begegnen (BGH NJW **93**, 1782). Der frühere Besitzer kann sich außerdem dch den Nachw entlasten, daß ein späterer Besitzer dch Beobachtg der erforderl Sorgf die Gef hätte abwenden können (Abs II). An die Substantiiergs- u BewPfl sind hohe Anfdgen zu stellen (BGH NJW **93**, 1782). Den Erben trifft die SorgfPfl von dem Ztpkt an, in dem er den Erbf erfährt (BGH **LM** Nr 6). Bei Errichtg eines Gbdes wird die notw Sorgf idR dch Betrauung eines zuverläss Sachverst erf sein, außer wenn der Besitzer den gefahrdrohenden Zust selbst kannte od kennen mußte (BGH **1**, 105). Doch kann darü hinaus im EinzFall noch eine eig Kontrolle notw sein (BGH NJW **56**, 506). Auch der Nichtfachmann ist zur Überprüfg einer uU gefahrbringden Einrichtg auf erkennb Mängel verpfl. Baupolizeil Abnahme für sich allein genügt nicht immer (BGH NJW **56**, 506).

14   Zur ordngsgem **Unterhaltung** gehört regelm Prüfg der Gbde dch zuverläss Sachkund, deren Häufigk sich nach den Umst des EinzFalles richtet. Untersuchg des Hochkamins einer Bäckerei (BGH NJW **56**, 506), des Daches auf Haltbk bei Sturm (LG Hbg VersR **70**, 579). Beauftragg eines Hausverwalters u dessen allg Beaufsichtigg kann bei ortsabwesdem Besitzer genügen (ähnl Ffm OLGZ **85**, 144), nicht jedoch Übertr der HausVerw als solcher an einen RA od eine GrdstVerwGesellsch (BGH VersR **76**, 66). Erhöhte SorgfPfl ist geboten, wenn dch Beschaffenh od Bestimmg des Gbdes eines bes Gefährdg begründet ist, zB bei den öff Verk diendn Gbden (BGH VersR **55**, 692). Haftg wird nicht dadch ausgeschl, daß Aufwendg sehr hoher Kosten notw gewesen wäre. – Keine Überspang der SorgfPfl bei **Ruinengrundstücken** im allg (BGH **1**, 103). Bes SorgfPfl jedoch bei gefahrdrohder Ruine an verkreicher Str (BGH VersR **53**, 432). Mitw Versch (BGH **LM** Nr 1). – Über BewLast bei wahlw Feststellg mehrerer SchadUrsachen Rn 10, 11. – Über die Haftg der Gemeinden § 839 Rn 139, 140 „Polizei“.

837 *Haftung des Gebäudebesitzers.* **Besitzt jemand auf einem fremden Grundstück in Ausübung eines Rechtes ein Gebäude oder ein anderes Werk, so trifft ihn an Stelle des Besitzers des Grundstücks die im § 836 bestimmte Verantwortlichkeit.**

1   **1) Bedeutung.** § 837 enthält eine Ausn von der Regel des § 836, indem nicht der Eigenbesitzer des Grdst, auf den ein Gbde od ein mit dem Grdst verbundenes Werk sich befindet, sond der Eigenbesitzer des Gbdes oder Werkes (BGH NJW-RR **90**, 1423) haftet. Der geseber Grd liegt darin, daß in diesem Sonderfall idR nur der Besitzer des Gbdes od Werkes in der Lage ist, die zur Abwehr von Gefahr notw Maßn zu treffen. Die Haftg aus § 837 unter Ausschl derjen aus § 836 greift aber auch ein, wenn im EinzFall auch der EigBesitzer des Grdst die Maßn treffen kann, die zur Abwehr der v dem Wk ausgehden Gefahren erforderl sind; entscheidd ist nur, daß der EigBes am Gbde od Wk u der EigBes am Grdst auseinand fallen (BGH NJW **77**, 1392).

2   **2) Gebäude-, Werksbesitzer.** Haftpfl ist unter der Vorauss der Rn 1 derjen, der auf fremdem Grdst in Ausübg eines wirkl bestehnden od vermeintl Rechts ein Gbde od sonstiges Werk besitzt. Ob das Recht dingl od persönl od ob es öffrechtl Natur ist, zB Grabstelle (BGH NJW **71**, 2308 u NJW **77**, 1392), ist unerhebl. Hauptanwendgsfälle: Nießbraucher, GrdDbk, ErbbauBerecht, Mieter, Pächter. Elektr Leitgsdraht des ElektrWerks, der über öff Weg führt (RG JW **38**, 1254). R des BauUntern, der iR des BauVertr ein Gerüst od einen auf Schienen montierten Kran auf dem Grdst hält (Düss BB **75**, 942). Immer muß aber die Verantwortlichk für Fehlerhaftigk des Werkes dessen Besitzer, nicht dem Besitzer des Grdst zufallen.

3   **3)** Ist daneben ein **Dritter** aGrd unerl Hdlg haftb, zB der Träger eines Friedhofs wg Verl der VerkSichgPfl, so haften beide nach § 840 I als GesSchu (BGH NJW **77**, 1392). Im Verh zueinand ist jedoch nach § 840 III der Dr allein erspflichtig.

838 *Haftung des Gebäudeunterhaltungspflichtigen.* **Wer die Unterhaltung eines Gebäudes oder eines mit einem Grundstücke verbundenen Werkes für den Besitzer übernimmt oder das Gebäude oder das Werk vermöge eines ihm zustehenden Nutzungsrechts zu unterhalten hat, ist für den durch den Einsturz oder die Ablösung von Teilen verursachten Schaden in gleicher Weise verantwortlich wie der Besitzer.**

1   **1) Anwendungsbereich.** Ersatzpfl neben den nach §§ 836 oder 837 Haftpflichtigen. Unter § 838 fällt, wer die Unterhaltg vertragl übernommen hat, was sich auch aus dem Sinn u Zweck des Vertr ergeben kann (BGH **6**, 315). Verw einer WohngsEigtümerGemsch (BGH NJW **93**, 1782). Ferner, wer die Unterhaltg übernommen hat aGrd eines gesetzl SchuldVerh, das ähnl Verpfl wie ein vertragl GeschBesorggsVerh begründet (BGH **21**, 285). Auch ein Verw mit beschr AufgBereich, etwa Sorge für die Standsicherh eines Gbdes (BGH WM **90**, 1878). Keine Haftg des Verw eines RuinenGrdst, wenn ihm keine Mittel zur Vfg standen, wohl aber, wenn er sich zur Instandsetzg des Gbdes verpfl hatte (BGH **6**, 315), od wenn er der Verpfl, bei Gef Baupolizei zu benachrichtigen, nicht nachkommt (BGH BB **53**, 747). Die Heranziehg der NutzgsBerecht bedeutet, daß diese nicht nur ggü dem Eigtümer, sond auch Dr ggü zur Unterhaltg des Grdst verpfl sind. Hierzu gehören der Nießbraucher (BGH NJW-RR **90**, 1423), der GrdDbkBerecht im Falle des § 1021 I 2 u die Eltern hins des KindesVerm dann, wenn sie nach § 1649 II ein NutzgsR am Gbde usw haben u dieses Recht auch ausüben.

2) Gesamtschuldner. Der ErsPflichtige haftet neben dem nach §§ 836, 837 Verpfl als GesSchu (§ 840 I). **2** Ausgl untereinand nach § 426. Bei gesschuldner Haftg mit einem Dr, zB dem Erbauer, ist jedoch für AusglPfl § 840 III maßg.

839 **Haftung bei Amtspflichtverletzung.** [1]**Verletzt ein Beamter vorsätzlich oder fahrlässig die ihm einem Dritten gegenüber obliegende Amtspflicht, so hat er dem Dritten den daraus entstehenden Schaden zu ersetzen. Fällt dem Beamten nur Fahrlässigkeit zur Last, so kann er nur dann in Anspruch genommen werden, wenn der Verletzte nicht auf andere Weise Ersatz zu erlangen vermag.**

[II]**Verletzt ein Beamter bei dem Urteil in einer Rechtssache seine Amtspflicht, so ist er für die daraus entstehenden Schaden nur dann verantwortlich, wenn die Pflichtverletzung in einer Straftat besteht. Auf eine pflichtwidrige Verweigerung oder Verzögerung der Ausübung des Amtes findet diese Vorschrift keine Anwendung.**

[III]**Die Ersatzpflicht tritt nicht ein, wenn der Verletzte vorsätzlich oder fahrlässig unterlassen hat, den Schaden durch Gebrauch eines Rechtsmittels abzuwenden.**

Übersicht

1) Allgemeines. Ohne § 839 würde ein Beamter für schuldh widerrechtl SchadZufügg nach §§ 823, 826 **1** haften. § 839 erweitert die Haftg, wenn ein Beamter seine AmtsPfl ggü einem Dr verletzt, auf VermSchäd, u zwar auch dann, wenn die Tatbestde der §§ 823, 826 nicht erf sind. Anderers ist die allg Haftg eingeschränkt gem Abs I S 2, Abs II und III, u zwar o Rücks darauf, ob er iR hoheitl od fiskal Tätigk handelt (BGH (GrZS) **34**, 99). Die BeamtenhaftPfl für schuldh Verhalten ist in § 839 erschöpfd geregelt, so daß die allg Bestimmgen der §§ 823, 826 nicht in Betr kommen (BGH aaO). Auch §§ 831, 832 sind neben § 839, Art 34 GG nicht anwendb (BGH **3**, 301, **13**, 25). Die Vermutg des § 836 gilt auch bei Haftg wg Verl der öffrechtl geregelten VerkSichgPfl (BGH NJW-RR **90**, 1500). – Verh zur Staatshaftg vgl unten Rn 26. Verh der Anspr aus Staatshaftg zu anderen Anspr Rn 85. Verj § 852 Rn 11. – ZivRechtsweg § 40 II 1 VwGO. BSG MDR **76**, 610 hält SozGer für zuständ, wenn zur Herstellg des Zust ohne die AmtsPflVerl Vorn einer AmtsHandlg des SozVersTrägers verlangt wird. Sachl Zustdgk: Nach GVG § 71 II Nr 2 LGe.

2) Staatshaftung an Stelle der Beamtenhaftung **2**

A) Art 34 GG. Die Staatshaftg dient dem Interesse des Beamten u des Geschäd. Nach EG Art 77 sind die landesgesetzl Vorschr insow unberührt geblieben, als es sich um die Haftg des Staates u der Kommunalverbände für den von Beamten in Ausübg der ihnen anvertrauten öff Gewalt zugefügten Schaden handelt.

Art 34 GG
Verletzt jemand in Ausübung eines ihm anvertrauten öffentlichen Amtes die ihm einem Dritten gegenüber obliegende Amtspflicht, so trifft die Verantwortlichkeit grundsätzlich den Staat oder die Körperschaft, in deren Dienst er steht. Bei Vorsatz oder grober Fahrlässigkeit bleibt der Rückgriff vorbehalten. Für den Anspruch auf Schadensersatz und für den Rückgriff darf der ordentliche Rechtsweg nicht ausgeschlossen werden.

a) Geltendes Recht. Grdsatz: der Staat haftet anstelle des Beamten, dessen persönl Haftg ausgeschl ist **3** (vgl Rn 26). – Die Haftg des Staates od der Körpersch richtet sich sowohl im Bereich des Art 34 GG (BGH **13**, 88 [103]) wie des Art 77 EG u der einschläg Best der Länder (BayObLG NJW **76**, 1979 für Art 97 BayVerf) in Vorauss u Umfang nach § 839. – Staatshaftg **in den ostdeutschen Ländern** vgl EG Art 232 § 10 Rn 3. – Art 34 GG gibt keine erschöpfe Regelg der Haftg als AmtsPflVerletzg.

In Kraft geblieben sind: – aa) Haftungsbeschränkungen, die sich **aus § 839** ergeben. – **bb) Haf- 4 tungsbeschränkungen gegenüber Ausländern.** Die Vorschr über die Verbürgg der Ggseitigk verstoßen **5** nicht gg das GG (BVerfG NJW **91**, 2757) u gelten auch, wenn der Ausländer seinen Aufenth zu vorübergehendem Zweck mehrere Jahre in Deutschland hatte (BGH NJW **81**, 518). Die Haftg der Körpersch wird hier von der Verbürgg der GgSeitigk u deren Bek ab. Einzelhen dazu vgl Neufelder NJW **74**, 979. Erfordern der Ggseitigk aufgehoben in NRW (BGH VersR **88**, 1047). Abtretg an u Erbfolge dch einen Inländer ändern daran nichts. Keine Beschrkg der Staatshaftg, wenn der geschäd Ausländer nachträgl dch Einbürger

Deutscher wird (BGH **77**, 11), wenn sein SchadErsAnspr sofort bei Entstehg kr Ges auf die inländ Vers übergeht (BGH **99**, 62; aA Breuer NJW **88**, 1567: entw völl Abschaffg od ausnahmsl Anwendg des GgseitigkErfordern), ggü Staatenlosen. Keine Ggseitigk, also keine Amtshaftg ggü Schweden (OGH NJW **50**, 66), Italien (BGH VersR **88**, 1047), auch für EigtVerl (BGH NJW **85**, 1287), Polen (BGH **13**, 241), Türkei (BGH WM **82**, 241). Ggseitigk ggü Griechenland verbürgt, Bek v 31. 5. 57, BGBl 607, desgl ggü Holland, Bek v 6. 5. 58, BGBl 339, Belgien, Bek v 27. 2. 59, BGBl 88, Schweiz, Bek v 18. 11. 60, BGBl 852, Frankreich, Bek v 28. 9. 61, BGBl 1855, Dänemark u Norwegen, Bek v 28. 4. 67, BGBl 532, sowie Japan (in bezug auf die nach dem 11. 9. 61 begangenen AmtsPflVerletzgen), Bek v 5. 9. 61, BGBl 1655, Spanien, Bek v 31. 1. 75, BGBl 448. Im Verh zu Österreich ist Verbürgg der Ggseitigk nicht erforderl, G v 17. 7. 78, BGBl II 997 u 79 II 332 (vgl dazu Schulz NJW **78**, 1731). Bei HaftgsAusschl des

6 Staates haftet der Beamte persönl nach § 839. – **cc) Haftungsbeschränkungen bei Gebührenbeamten,** wonach die Staatshaftg bei Beamten entfällt, die ausschließl auf Bezug von Gebühren angewiesen sind, sowie bei solchen AmtsHdlgen and Beamter, für die die Beamten eine bes **Vergütung von den Beteilig- ten** beziehen (§ 1 III *pr* G v 1. 8. 09, § 5 Nr 1 ReichsG v 22. 5. 10, Hamm NJW **72**, 2088). Unerhebl für HaftgsAusschl ist, ob Beamter die Gebühren aus der öff Kasse od unmittelb von den Beteiligten erhält. Hierher gehören zB Notare (§ 19 BNotO), BezSchornsteinfegermeister (BGH **62**, 372); nicht GerVollzie-

7 her, Schiedsmänner (BGH **36**, 195), Mitgl hess Ortsger (BGH **113**, 71). – **dd) Haftungsbeschränkungen**

8 **im Postdienst.** Zur Haftg vgl Rn 141. – **ee) Haftungsbeschränkung in Sondergesetzen** vgl Rn 7 Einf vor § 823.

9　　**b) Der ordentliche Rechtsweg** darf nach Art 34 S 3 GG nicht ausgeschl werden. Er ist auch gegeben, wenn Anspr auf AuskErteilg u Abg einer eidesstattl Vers ledigl als Hilfs- u VorbereitgsAnspr eines auf GeldErs gerichteten AmtshaftgsAnspr geltd gemacht werden (BGH **78**, 274). Doch ist **ordentl Rechtsweg unzulässig,** wenn auf dem Umweg über angebl AmtsPflVerletzg richterl Nachprüfg von bindden HohAk- ten der VerwBeh begehrt wird, zB bei verweigerter Anstellg od Beförderg eines Beamten (vgl auch Rn 48), od bei Rückzahlg von SteuerBetr, falls nicht konkret pflichtwidr Verhalten der beteil Beamten behauptet wird (RG **157**, 197, **164**, 25). Ebso bei SchadErsAnspr wg NichtErf eines öffentlrechtl Vertr (BGH NJW **83**, 2311).

10　　**c) In Ausübung eines öffentlichen Amtes.** Dafür ist maßgebd, ob die Zielsetzg der Tätigk des Beam- ten dem Bereich hoheitl Verwaltg zuzurechnen ist u ob ein enger äußerer u innerer Zushang zw dieser Zielsetzg u der schädigenden Hdlg besteht (BGH **42**, 176, BGH NJW **92**, 1227). Handeln nur bei Gelegenh der Amtsübg genügt für die Staatshaftung nicht.

11　　**aa) Die Zielsetzung,** in deren Sinn die Pers tät wird, muß hoheitl Verw zuzurechnen sein. Der Einsatz öffrechtl Machtmittel ist ein wesentl Kennzeichen der öff Gewalt. Zu ihr zählt aber auch die schlichte HoheitsVerw (BGH NJW **62**, 796). Handelt es sich um eine ZielSetzg, die, wie häufig insb auf dem Gebiet der Daseinsvorsorge einschl der VerkSicherg von der öff Hand mit hoheitl Mitteln od auf der Ebene des PrivR verfolgt werden kann, so kommt es darauf an, wie die öff Hand die Bewältigg der Aufg organisiert hat (BGH NJW **73**, 1650, NJW **81**, 50). So ist Plang u AO von Str-, Kanal- od Hochwasserschutzbauten regelm hoheitl Tätigk, ihre Ausf dch priv Untern aber nur, wenn Behörde sie bindd anweist. So ist die Entsch der staatl Interventionsstelle für Getreide, ob interveniert wird, ein VerwAkt, die Ausf der Entschließg ein privatrechtl KaufVertr (BGH NJW **76**, 475, Zweistufenlehre). Ausübg hoheitl Gewalt wurde bej: bei Vertrauensarzt u Leiter der Krankenkasse im Verh zu Versicherten (RG **165**, 98); bei Untersuchg eines ArbSuchden dch Amtsarzt im Auftr des ArbAmts (BGH LM (Fc) Nr 2); bei NachUntersuchg eines Renten- Empf dch VertrArzt im Auftr des VersorggsAmts (BGH NJW **61**, 969); bei fehlerh Feststellg der ArbFähigk dch Vertrauensarzt eines SozVersTrägers (BGH NJW **68**, 2293), je nach der Satzg Heil- u PflegeAnst (BayObLG **80**, 114); Versorggsamt in seinen FürsAufg ggü dem VersorggsEmpf (BGH LM § 81 BVersG Nr 2); Lehrlingsheim als unselbständ Anst eines städt Waisenhauses (BGH LM (Fe) Nr 23); Prüfg für Baustatik (BGH **39**, 358). Wenn auch die Beh Aufg schlichter HohVerw auf privrechtl Ebene ausführen lassen kann, so ist doch anzunehmen, daß eine Beh, wenn sie typ Aufg ihrer HohVerw wahrnimmt, nicht privrechtl, sond hohrechtl tät wird (BGH **38**, 52). Über Ausf solcher Aufg dch priv Untern vgl Rn 30 aE.

12　　**bb) Innerer Zusammenhang** zw der Zielsetzg iR hoheitl Verw u dem schädigden Ereign ist auch dann zu bejahen, wenn nur eine Teilhdlg als hoheitl Verw zu bewerten ist, denn hierdurch wird die ges dieser Aufg diende Tätigk des Beamten zu einer Einheit zugefaßt (BGH **42**, 176: Dienstfahrt mit Kfz). Dienstfahrt kann zwar bei gewissen Fahrzeugen (Militär-, Polizei-, FeuerwehrKfz) idR angen werden, es gibt dafür aber keinen AnscheinsBew (BGH NJW **66**, 1264). Ein innerer Zushang kann bestehen bei einer Dienstfahrt des Beamten zur Erf einer hoheitl Aufg auch ohne InAnspruchN von SonderR im eig od in einem priv Kfz, das er sich zu diesem Zweck beschafft hat (BGH NJW **92**, 1227), wenn die Wahl dieses VerkMittels zur sinnvollen Verwirklichg des hoheitl Ziels geboten war (BGH VersR **79**, 225). Der innere Zushang fehlt, wenn von Dienstwaffe, Dienstfahrzeug od dgl aus rein persönl Gründen – ohne innere Beziehg zum Dienst, wenn auch möglicherw bei Gelegenh u währd des Dienstes – Gebr gemacht wird (BGH **11**, 181). Er fehlt auch dann, wenn die persönl Grde zur Tat zwar dch Vorkommn im Dienst veranlaßt sein mögen, die Tat selbst aber ihre angebl Berechtigg nicht im DienstVerh findet (BGH aaO; vgl auch unten Rn 15 aE u § 823 Rn 79 Demonstration).

13　　**cc) Einzelfälle:** Städt Beamte, die rechtsf Stiftgen verwalten, handeln im Bereich öff Verw der Gemein- deangelegenh (RG **161**, 295). Führer eines behördl Kfz auf Dienstfahrt (BGH **42**, 176; s auch Rn 56; desgl 56 eines Feuerwehrwagens; auch bei Übgen, nicht aber bei Erprobg anläßl des Ankaufs eines Wagens (BGH MDR **62**, 803); eines Unfallrettgswagens (BGH **37**, 337, NJW **91**, 2954 für NRW). Soldaten der BWehr u der Stationiergsstreitkräfte als KfzFührer auf Dienstfahrt (BGH NJW **68**, 696), regelm aber nicht bei priv Schwarzfahrt (BGH NJW **69**, 421). Transport von Straßenbaumaterial durch Bedienstete der StrBaubehör- de (BGH NJW **62**, 796). Ausübg öff Gew bei Benutzg von Kfz od Fahrrädern (BGH **29**, 38, LM (Fe) Nr 23). Bedeutgsl ist, ob beamten- od behördeneig Fahrz benutzt wird (BGH **29**, 38). Ausübg öff Gew bei Gewährg freiwill FürsLeistgen (BVerwG NJW **61**, 137). GVz auch dann, wenn er freiw Versteiger gem §§ 1228 ff vornimmt. Behördl Auskünfte im Wege der Amtshilfe od an PrivPers zur Verwendg für bürgerlrechtl Zwecke. – **Bundespost** vgl Rn 141–143. – **Bundesbahn** ist bürgerlrechtl GeschBetr (BGH **LM** (Fa) Nr 3). 14 – **Privatrechtlichen Charakter** haben kommunale Betr, Märkte, Spark, städt Krankenhaus, UnivKlinik 15 (BGH NJW **53**, 778, BGH **89**, 263), ErstVersorgg eines UnfallVerl dch Dchgangsarzt einer Berufsgenossensch (BGH **63**, 265). And aber bei Einweisg des mittell Patienten durch die FürsBeh (BGH **4**, 138); Haftg iR dieses öffrechtl Verh nach § 278, nicht nach AmtshaftgsGrdsätzen (BGH aaO u NJW **53**, 778). Haftg des beamteten Arztes vgl Rn 90. Dadch, daß sich Beamte im privrechtl GeschKreis des Staates bei ihren Hdlgen auch von dem Gesichtspkt der Wahrg der öffentl Belange leiten lassen, wird ihre Tätigk noch nicht Ausübg öff Gew. – Bei Betätigg im privatrechtl GeschKreis wird Staat od Gem nicht aus Art 34 GG, sond nur nach §§ 31, 89, 831 (bei unerl Hdlgen) oder § 278 (bei VertrVerh). Das gilt auch für Verhdlgen u Vertr über GrdstVerk angesichts eines drohden EnteignsVerf (BGH JR **81**, 192).

d) Juristische Personen des öffentlichen Rechts, denen die Ausübg öff Gew übertr ist, haften ebso, 16 wobei die Haftg der JP des öff Rechts nicht voraussetzt, daß sie beamtenr Dienstherrnfähig besitzt (BGH VersR **91**, 1135). Bsp: die ReligionsGemschaften öff R (BGH **22**, 383, VersR **61**, 437).

e) Staatshaftg nicht für ein Kollegium, sond nur für einzelne Beamte (vgl Rn 84). Steht aber das 17 pflichtwidr Verhalten einer Beh fest, so bedarf es nicht der Feststellg der verantwortl Einzelpersönlich (BGH WM **60**, 1305).

B) Haftende Körperschaft. – a) Grundsatz: Die **Anstellungskörperschaft,** dh die Verantwortlichk 18 trifft grdsätzl die Körpersch, in deren Diensten der Beamte steht, Art 34 GG (BGH **99**, 326). Das ist idR zugl die Körpersch, die dem Beamten die hoheitl Aufg anvertraut hat, bei deren Wahrnehmg die AmtsPflVerl vorgek ist (BGH VersR **79**, 1056; vgl auch Rn 22). Grdsätzl ist gleichgült, wessen HohRechte der Beamte bei der beanstandeten AmtsHdlg ausübt (BGH **87**, 202). Eine Haftg der Körpersch, deren HohRechte ausgeübt werden, kann nur in Betr kommen, wenn sie ihre AufsPfl ggü den beauftr Körpersch verletzt (BGH NJW **56**, 1028). – Versagt die Anknüpfg an die Anstellg, weil kein Dienstherr od mehrere Dienstherren vorh sind, ist darauf abzustellen, wer dem Amtsträger die Aufg, bei deren Erf er eine PflVerl begangen hat, anvertraut hat (BGH **87**, 202), zB die kassenärztl Vereinigg für PflVerl der Mitgl des Zulassgs- u BerufsgsAusschusses (BGH NJW-RR **91**, 475); die ArchKammer für Mitgl des EintrAusschusses (BGH VersR **91**, 1135), Landkreis für Mitgl des Kreistages (BGH **11**, 192) u Kreisbeamte (BGH VersR **94**, 935). Gem für Mitgl des GemRats (BGH WM **82**, 1106), Stadt für Mitgl des Stadtrats (BGH VersR **84**, 849). Haben Beamte mehrerer Körpersch nebeneinand den Schad verursacht, kann § 840 anwendb sein (BGH **118**, 263). – Über die Haftg für Stationiergsschäden (Truppenschäden) vgl am Schluß der 35. Aufl. – Für **legislatives Unrecht** haftet der Staat für die bei der GesGebg beteil Organe grdsätzl nicht nach Art 34 GG. 19 Hier können Pfl ggü einem Dr nur bei sog Maßn- u EinzFallGes bestehen (BGH **56**, 40 u NJW **89**, 101). – Ebso keine Haftg für Unterl bei Vhdlgen über **völkerrechtliche Verträge.** Haftg kann in Frage kommen, wenn die zuständ Organe ihre Pfl zum TätWerden zum Schutz dtscher Staatsangehör ggü fremden Staaten verletzen (BGH VersR **92**, 1260). – **Verletzung von Gemeinschaftsrecht durch Organe der EU.** Keine 19a Haftg der BRepublik für legislat Unrecht der EU (EG) u für die DurchF rwidr GemschR (BGH **125**, 27: Irak-Embargo). Haftg der EU kann in Frage kommen bei einer hinreichd qualifizierten Verl einer höherrang, die Einz schützden RNorm (EuGH NJW **78**, 1742). – **Verletzung von Gemeinschaftsrecht durch** 19b **den nationalen Gesetzgeber.** Sie kann liegen in Nicht-, fehlerh od verzögerter Umsetzung von EU(EG)-Richtl in nationales R. Dies kann zu SchadErsAnspr des davon Betroffenen gg die BRepublik bzw den säum Staat führen unter folgden Vorauss: Die Richtl muß zum Ziel haben, dem Einz Rechte zu verleihen, ihr Inhalt muß in der Richtl hinreichd genau u unbdgt best sein, u zw der Verzögerg od dem Fehler u dem Schad muß UrsZushang bestehen (EUGH NJW **92**, 165 „Francovich", EuGH ZEuP **95**, 105 „Wagner Miret", Heilbronner JZ **92**, 284, Ossenbühl DVBl **92**, 993, Pieper NJW **92**, 2454, Leible/Sosnitza MDR **93**, 1159, Kemper NJW **93**, 3293, Löwe JZ **93**, 1435, Jarass NJW **94**, 881, von Danwitz JZ **94**, 335, Hasselbach MDR **94**, 849, Vorlagebeschluß BGH ZIP **93**, 345, LG Bonn NJW **94**, 2489). Die Richtl haben unmittelb Wirkg nur ggü den MitglStaaten u den öffr Körpersch, für die die MitglStaaten verantwortl sind, sie begründen keine Verpfl (EuGH NJW **86**, 2178, Jarass NJW **91**, 2666) u keine Rechte für PrivPers (EuGH NJW **94**, 2473 „Faccini Dori", EuGH ZEuP **95**, 105 „Wagner Miret", Ukrow aaO 2469, Heß JZ **95**, 150). – **Verletzung von Gemeinschaftsrecht durch andere nationale Organe.** Sie kann liegen in nicht-, unzu- 19c reicher od fehlerh Anwendg od DurchF rmäß erlasser EU(EG)-Richtl od sonst GemschR. Auch hier kann unter den oben genannten Vorauss ein SchadErsAnspr gg die BRepublik od das fehlerh handelnde Organ in Frage kommen (EuGH NJW **94**, 921, Jarass aaO 881 [884]).

b) Bei echter **Doppelstellung** des Beamten – Landrat als staatl u kommunaler Beamter – haftet die 20 Körpersch – also Staat od Kreis –, deren Aufg im Einzelfall wahrgen worden sind (BGH **LM** Art 34 GG Nr 24, BayVerfGH WM **59**, 1099). Diese Teilg der Haftg beruht auf der Erwägg, daß der Beamte bei echter Doppelstellg zwei Herren dient, und daher auch nur den Herrn verpfl kann, dessen Aufg er im einzel wahrnimmt. Vorauss ist allerd auch hier, daß die Ausübg öff Gew in den Kreis der Dienste fällt, die der Beamte aGrd seiner Anstellg durch die öff Körpersch leistet. Verletzt der Beamte gleichzeit die Pfl beider Ämter, so haften beide Dienstherren (BGH VersR **66**, 1049).

c) Weisung. Erteilt eine übergeordnete Beh eine bindde Weisg, so hat der angewiesene Beamte sie auch iF 21 der GesetzWidrk auszuführen, außer bei erkennb Verl eines StrafG (RemonstrationsPfl). Die Haftg trifft dann die AnstellgsKörpersch des anweisden Beamten, weil diese die Verantwortlk für die Gesetzmäßig des VerwHandelns mit der Weisg übernimmt (BGH NJW **77**, 713 u WM **91**, 653).

d) Betrauung, Abordnung des Beamten. Festzuhalten ist an dem Grds, daß die Haftg der Anstellgs- 22 körpersch nicht davon abhängt, ob ihr Beamter im Einzelf ein eig HoheitsR dieses Gemeinwesens od ein von einem and Gemeinwesen übertragenes ausübt. Es ändert daher nichts an der Haftg des Kreises, wenn der Kreiskommunalbeamte von seinem Landrat mit der Wahrnehmg staatl Aufg betraut wird; denn hier wird der Beamte nicht in einer Doppelstellg, sond als Beamter des Kreises, wenn auch im staatl AufgKreis, tätig (BGH **87**, 202). – Zu trennen von dieser Betraug mit Aufg und Körpersch ist die **Abordnung** des

Beamten zu diesen. Soweit hiernach die and Körpersch uneingeschr über die Dienste des abgeordneten Beamten verfügen kann, haftet sie. Das gilt auch dann, wenn der Beamte nur zu einem Teil seiner ArbKraft an eine and Körpersch abgeordnet worden ist (BGH **34**, 20). Daher keine Haftg der Kirche für Pfarrer, der Religionsunterricht an einer öff Volksschule erteilt (BGH **34**, 20). Kriterium zur Unterscheidg zw einf Betraug u Abordng ist neben dem Formalakt der Abordng die Direktionsbefugn der and Körpersch mit der korrespondierenden Weisgsunterworfenh des Beamten, mag auch der Beamte der Organisation seiner Anstellgskörpersch weiter eingegliedert sein.

23   **e)** Für **Angestellte,** denen ein öff Amt übertr worden ist (vgl Rn 29) gelten die gleichen vorgenannten Grdsätze. Es haftet daher auch für sie idR die Anstellgskörpersch, u zwar auch dann, wenn es sich um die Wahrnehmg der dieser Körpersch übertragenen staatl VerwAufg handelt (BGH **6**, 215). Amtl anerk KfzSachverst (vgl Rn 150 „Sachverst").

24   **f)** Haben sich zwzeitl die räuml od sachl **Grenzen geändert,** so haftet die Körpersch, die die Funktion des früheren VerwTrägers übernommen hat, Funktionstheorie (BGH NJW **59**, 287, 289, BGH **27**, 29: BAnstalt f ArbVermittlg).

25   **g) Durchführung der hoheitlichen Maßnahme durch Dritte.** Zieht der HohTräger zur Erf seiner Aufg mit privrechtl Vertr einen selbstd PrivUntern heran, so haftet er für diesen nach § 839, wenn der hoheitl Charakter der Aufg im Vordergrund steht, die Verbindg zw der übertr Tätigk u der von der Beh zu erfüllden Aufg eng u der EntschSpielraum des Untern begrenzt ist, was im Bereich der EingrVerw stets der Fall ist (BGH **121**, 161). **Beispiele** für Haftg (BGH **39**, 358); AbschleppUntern für liegengebliebenes Kfz (BGH **121**, 161). Keine Haftg nach § 839: Mit der Schaltg einer VerkSignalAnl beauftragte Elektrofirma (BGH NJW **71**, 2220). – Zieht der HohTräger zur Erf seiner Aufg beliehene Untern od unselbstd VerwHelfer heran, so haftet er allein wg der Zielsetzg nach § 839. **Beispiele:** Amtl anerkannte Sachverst des TÜV iR der Tätigk nach § 29 StVZO (Köln NJW **89**, 2065); vom Lehrer vorübergehd mit der Aufs beauftr Schüler (LG Rottweil NJW **70**, 474); Schülerlotsen (BGH VersR **58**, 705); im Turnunterricht Hilfestellg leistder Schüler (BGH VersR **58**, 705).

26   **C) Verhältnis der Staatshaftung zur persönlichen Haftung des Beamten.** Staatshaftg anstelle des Beamten gem Art 34 GG, wenn Beamter in Ausübg öff Gew gehandelt hat. Insoweit entfällt persönl Haftg des Beamten dem Dritten ggü. Hat der Beamte innerh des privatr GeschKreises des öffrechtl Dienstherrn gehandelt, so haftet Staat für unerl Hdlg des Beamten nach §§ 89, 30, 31, 831 u neben ihm der Beamte persönl, jedoch nur gem § 839 (BGH DRiZ **64**, 197). Für den Staat kommt in diesem Falle die BefreiungsVorschr des § 839 I S 2 nicht in Frage, wohl aber für den Beamten, der sich gerade auf den Staat als einen and ErsPflichtigen berufen kann (Kln VersR **90**, 898). Bei vorsätzl Handeln haften beide nebeneinand. Stellt sich die Hdlg eines od mehrerer Beamter sowohl als Betätigg innerh des privatr GeschKreises des Dienstherrn als auch als eine in Ausübg öff Gew begangene AmtsPflVerl dar (Rn 85), so haftet der öffrechtl Dienstherr trotz der Befreiungsmöglichk des § 839 I S 2 oder III immer noch gem §§ 89, 30, 31, 831 (BGH **LM** § 823 (Dc) Nr 19, Kblz VersR **73**, 41). – Ist der Beamte als Halter eines Kfz erspflichtig (§ 7 StVG), so haftet er insoweit unmittelb; jedoch keine Haftg neben der öffrechtl Körpersch als KfzFührer nach § 18 StVG (BGH **29**, 38 [43], NJW **59**, 985). Konkurrenz zw Haftg der Körpersch aus AmtsPflVerletzg u § 7 StVG vgl Rn 56.

27   **3) Der Beamtenbegriff** ist verschieden, je nachdem, ob es sich um Eigenhaft des Beamten nach § 839 im privatr Bereich oder um Staatshaftg nach Art 34 GG u die EigHaftg des Beamten für hoheitl Tätigk handelt. Bei privatr Tätigk gilt für die EigHaftg des Beamten der staatsr BeamtenBegr (Rn 28), bei hoheitl Tätigk gilt für die StaatsHaftg u die EigHaftg des Beamten der weitere haftgsrechtl BeamtenBegr (Rn 29, BGH NJW **72**, 2088). Für die StaatsHaftg ist Voraussetzg, daß es sich um die AmtsPflVerletzg einer best einz Pers (Ggsatz: Dienststelle, Behörde) handelt. Jedoch bedarf es, wenn das pflichtwidr Verhalten feststeht, nicht der Feststellg der verantwortl Einzelpersönlich (BGH WM **60**, 1305). Fehlerh Kollegialentscheidgen vgl Rn 84.

28   **a) Eigenhaftung des Beamten bei privatrechtlicher Tätigkeit.** Unter § 839 fallen alle Bundes-, Landes-, Kommunalbeamte u Beamte and öffrechtl Körpersch – unerhebl ob mit Gehalt od unentgeltl, ob auf Probe, Künd od Widerruf, ob ständ od nichtständ, ob Dienst höherer od niederer Art, ob hauptamtl oder nebenamtl. Entscheidd ist, and als bei hoheitl Tätigk, daß es sich um einen beamten-(staatsr) Beamten handelt (BGH **42**, 178, **LM** (Fa) Nr 3). Das BeamtenVerh wird nach BBG § 6 II dch Aushändig einer Urk, in der die Worte „unter Berufg in das Beamtenverhältn" enthalten sind, begründet. Für Landesbeamte vgl die entspr RahmenVorschr § 5 BRRG.

29   **b)** Bei **hoheitlicher Tätigkeit** gilt für die EigHaftg des Beamten u für die Haftg der JP der haftgsr BeamtenBegr. Entscheidd ist, daß dieser Pers öff Gew anvertraut ist. Auch der Nichtbeamte im staatsrechtl Sinn fällt also unter Art 34 GG, sofern er mit hoheitsrechtl Aufg betraut ist, wie Angestellte, Schöffen od sonst Beisitzer in Ger, Angeh des JugAmts (Düss VersR **79**, 942: Kindererholgsfahrt), auch Angeh von Hilfsorganisationen, die zur Katastrophenabwehr von staatl Organen herangezogen werden (Düss VersR **71**, 185). Die Pers muß aber in Ausübg einer hoheitl Aufg tät sein, was bei einem mechanischer Schreibarbeit (Kanzlei) meistens nicht der Fall sein wird. Beamte iS von Art 34 GG sind daher: Schiedsmänner (BGH **36**, 193), Soldaten u ErsDienstLeistde (BGH **92**, 750). Kfz-Sachverst (vgl Rn 150 „Sachverst"), Schülerlotsen, es haftet der schul HohTräger (Köln NJW **68**, 655, BGH VersR **58**, 705), der vom Lehrer vorübergehd mit AufsPfl beauftragte Schüler (LG Rottweil NJW **70**, 474; krit dazu Martens NJW **70**, 1029), Freiwillige Feuerwehr (BGH **20**, 290), Beamte der öffrechtl Kirchen (BGH **22**, 383, VersR **61**, 437). Über RStellg der Notare Rn 112ff, über die gerichtl Sachverst § 823 Rn 117. Hierher gehören auch Mitglieder der BReg u der LandRegiergen (BGH DB **67**, 985), der Parlamente (vgl Rn 19), des Kreistages (BGH **11**, 197), des Gemeinderats (BGH WM **70**, 1252) u einer VerwAusschusses (BGH WM **65**, 719: BeschlFassg über Ausübg

30   gemeindl VorkR). Über die Ausübg öff Gew dch den Bezirksschornsteinfegermeister vgl Rn 94. – **Keine öffentliche Gewalt üben aus:** RA, auch nicht als beigeordneter RA (BGH **60**, 255), Schiedsrichter (§ 675 Rn 6), Amtsvormund, Pfleger, TestVollstr, Nachl- u KonkVerw. Ferner öffrechtl Körpersch iR sog fiskal

HilfsGesch, auch wenn sie der Ausübg hoheitl Tätigk dienen. So öffrechtl RundfunkAnst bei Vertr zur Programmbeschaffg (BGH NJW **90**, 2815 [2817]), Anmietg von Räumen als Wahllokal u deren Beschädigg (Kln VersR **92**, 701). Ferner die Gem ledigl dch Übertr von BauArb an private Fa, auch wenn die Ausf des BauVorh zu ihren öffrechtl Pfl gehört (Düss VersR **72**, 158), idR die Polizei im Verh zum privrechtl beauftr AbschleppUntern (BGH Warn **76**, 255; vgl auch Rn 25).

4) Die **Amtspflicht** muß dem Beamten einem Dr ggü obliegen. Ist der Staat, in dessen Diensten der **31** Beamte steht, der Geschädigte, so haftet der Beamte nach BBG § 78 I; bei Pers, die nicht Beamte im staatsr Sinne sind, ist DienstVertr maßg. Auch Ruhestandsbeamter kann AmtsPflVerl begehen (RG JW **38**, 1597: Zurückhaltg von Akten).

a) Inhalt der Amtspflicht. Maßgebl sind Ges, allg Dienst- u VerwVorschr; zur unricht Gesetzesauslegg **32** s Rn 52, 53. Pfl zur Amtsverschwiegenh (BGH **34**, 184), zur vollst Erforschg des Sachverhalts iR des Zumutb (BGH NJW **89**, 99) u zu sorgfält geschäftl Behandlg anvertrauter fremder Belange. Anträge sind ggf mit dem AntrSt zu erörtern, auf ihre sachgem Formulierg ist hinzuwirken (OVG Lüneb BB **60**, 643). Bei Antr in einem behördl GenVerf besteht die AmtsPfl, das Gesuch gewissenh, fördel, sachdienl u in angem Fr zu bearbeiten u zu entscheiden (BGH WM **94**, 430), dabei jede vermeidb Schädigg des AntrSt zu unterlassen, eine sachgerechte, ermfehlerfreie StellgN zu dem Antr abzugeben u ihn nicht verzögerl zu behandeln (BGH WM **70**, 1252). Auch AmtsPfl zur konsequenten Durchführg der eingeleiteten Maßn, um **33** Schädigg Dr, die auf die Fortdauer des einmal geschaffenen Tatbestdes vertrauen, zu vermeiden (BGH WM **66**, 801); spätere sachl Änderg daher nur ausnahmsw, wenn sachl zwingd geboten (BGH NJW **60**, 2334, **63**, 644). Daraus ergibt sich auf jeden Fall Pfl zur Mitteilg der Änderg (BGH NJW **65**, 1227). Jedoch kein allg Anspr auf Aufrechterhaltg der zZ geltden Rechtslage (BGH **45**, 83: Aufhebg eines Schutzzolls). Bei Abg einer VerpflErkl hat der Beamte deren Zulässigk nach dem Ges sorgf zu prüfen; § 307 I 2 ist nicht anwendb (BGH **76**, 16: Nichtige Verpfl einer Gemeinde zur Aufstellg eines BebauungsPlanes innerh best Fr). AmtsPfl des Beamten den von ihm zu betreuden PersKreis zu belehren u aufzuklären, auch von ihm vermeidb Schad abzuwenden (BGH NJW **65**, 1227, BB **70**, 1279), insbes bei soz schwächeren u rechtsunkund Gesuchsteller (Hamm NJW **89**, 462).

b) Befugnis des Beamten zur VorN dieser AmtsHdlg ist ausreichd, Verpfl nicht notw. Polizeibeamter **34** befindet sich auch dann in amtl Eigensch, wenn er in seiner dienstfreien Zeit gg Störer der öff Ordng einschreitet. Handelt der Beamte auf **Weisung** seines Vorgesetzten, so kann AmtsPflVerlg dch ihn entfallen (BGH NJW **59**, 1629). – AmtsPflVerl kann auch in **Zuständigkeitsüberschreitung** liegen, wenn eine **35** innere Beziehg zw der unter ZuständigkÜberschreitg vorgenommenen schädigden Amtshandlg u den dch die zuständ Stelle zu schützden Belangen des Dr besteht, dh wenn dessen Interessen dadch konkr berührt werden (BGH **117**, 240). Ist für ein Vorgehen die Mitwirkg des Parlaments (RechtsVO) erforderl u handelt eine VerwBeh ohne solche, so verpfl ihr Vorgehen zum SchadErs (BGH **63**, 319).

c) Ermessensfehler setzt ErmSpielraum voraus. Fehlt es hieran, etwa weil best VerwAnordngen Erm **36** ausschließen, weil der Beamte nur einen unbest RBegr mit Beurteilgsspielraum anzuwenden hat (BGH NJW **70**, 1543: StaatsAnw bei der Entsch über die Erhebg der Ankl) od weil nur eine einz ermfehlerfreie Entsch denkb ist (ähnl BGH WM **94**, 430), so ist bereits Ausübg des Erm fehlerh. Auch sow Erm zul, ist Klärg des Sachverh vor Ausübg des Erm geboten, andernf kann schon in unterl Klärg AmtsPflVerl liegen (BGH WM **64**, 383). – Keine AmtsPflVerl, solange sich die Beh innerh der Grenzen fehlerfreien ErmGebr hält, wobei sie an die allg Erfordern des RStaats gebunden sind. Der Beamte verletzt also seine AmtsPfl, wenn er die ges Grenzen des Erm überschritten od dem Erm in einer dem Zweck des Ges nicht entspr Weise Gebr gemacht hat, ohne daß bereits die Schwelle des ErmMißbr erreicht sein od ein Fall evident fehlerh AmtsTätigk vorliegen müßte (BGH **74**, 144 [156]: BankenAufs). AmtsPflVerl insbes, wenn Beamter willkürl gehandelt (BGH **4**, 10) – nicht ausgeschl allerd, typ Fälle nach generellen Erwäggen zu behandeln (BGH **6**, 178) –, die ihm gesetzten Schranken bewußt überschritten (BGH WM **66**, 800: Einfuhrlizenz von GgLeistg abhäng gemacht), sachfremden Erwäggen Raum gegeben (BGH NJW **57**, 298) hat. – Da ordngsgem Verw erfordert, daß **Zweck und Mittel in angemessenem Verhältnis** zueinand stehen, kann schon **37** in der Wahl eines dch den Zweck nicht gerechtf Mittels ErmFehler liegen (BGH **4**, 308, NJW **64**, 198: Beeinträchtigg der Benutzer dch Straßensperrg nur, soweit unvermeidl, BGH DB **67**, 985: BReg bezeichnet jmden als Landesverräter, obschon insow nur Verdacht besteht). Die obj Vorauss für die Ausübg des Erm sind nachprüfb (BGH **45**, 149). Nicht jeder gefahrdrohde Zust verpfl die Polizei zum Einschreiten, sond nur ein solcher, in dem wesentl RGüter unmittelb gefährdet sind (BGH NJW **62**, 1246: Überschreitg der Toleranzgrenze, Hamm NJW **88**, 1096: Rammen eines Kfz zur Verhinderg von VerkGefährdg). Aus der Notwendigk, das gelindeste Mittel anzuwenden, folgt die Verpflg, die nachteil Folgen für den Betroffenen herabzumindern (BGH **18**, 366). – **Ursächlicher Zusammenhang** zw ErmFehlEntsch u Schad besteht nur, **38** wenn feststeht, daß bei rmäß Handhabg des Erm der Schad nicht eingetreten wäre (BGH VersR **85**, 887). Die Verzögerg der Entsch in AntrVerf ist ursächl, wenn der Schad bei rechtzeit Entsch nicht eingetreten wäre (BGH WM **94**, 430).

d) Unerlaubte Handlungen fallen ow unter § 839, zB Beamte als agent provocateur verleiten zu einer **39** strafb Hdlg (BGH **8**, 83), fahrl Verl der allg Pfl, auf Leben, Gesundh u Freih gebührd Rücks zu nehmen (BGH **LM** (Fc) Nr 15), ebso auf das PersönlkR (BGH **78**, 274, WM **94**, 992). Nachteile, die unbeteil Dr drohen, sind tunlichst gering zu halten; wiegen sie schwerer als die zu beseitigde Gef, so hat Einsatz des Machtmittels überh zu unterbleiben (BGH **12**, 206). AmtsPfl eines Beamten, auch außerh des Dienstes jede Gefährdg Dr durch mangelh Zustand seiner Waffe u deren mißbräuchl Benutzg auszuschließen. Unterbringg asozialer Elemente ohne gehör Überwachg (BGH **12**, 206); widerrechtl Festhaltg eines Geisteskranken in einer öff Heilanstalt (BGH **LM** (Fc) Nr 15); Eingr in eingerichteten u ausgeübten GewBetr (BGH NJW **77**, 1875).

e) Pflicht zum rücksichtsvollen Verhalten ggü jedem Dr obliegt jedem Beamten, u zwar auch dann, **40** wenn er nur im AllgInteresse od im Interesse eines best Dr tätig wird (BGH **LM** (C) Nr 77). Er hat sein Amt sachl und im Einklang mit den Fdgen von Tr u Gl und guter Sitte zu führen, sich jedes Mißbrs seiner

AmtsGew zu enthalten, Machtmittel streng in den Schranken der Amtsausübg zu gebrauchen, nachteil Folgen – auch später – soweit wie mögl, zu beheben u nicht in den Bereich eines Unbeteil einzugreifen (RG **139**, 149). Soweit rechtl zweifelh, ist der für den Betroffenen sicherere Weg zu wählen (BGH WM **65**, 1058). Der Beamte darf nicht beziehgsl zu dem vorgebrachten Anliegen tät werden, insb nicht sehden Auges zulassen, daß der Bürger Schad erleidet, den zu verhindern er dch einen Hinw in der Lage ist (BGH WM **78**, 37). Dazu gehört
41 auch die **Amtspflicht zu konsequentem Verhalten.** Die Beh ist verpfl, eine in best Weise geplante u begonnene Maßn, im Vertrauen auf deren Weiterführg der Betroffene best wirtsch Dispositionen getroffen hat, entspr dchzuführen (BGH **76**, 343 u VersR **90**, 422: GrdstErschließg), darf eine amtspflwidr od nicht
42 mehr erfdl Maßn nicht aufrechterhalten (BGH **117**, 240 [247]). – Erfüllg der allg **Verkehrssicherungspflicht** gehört jedenf dann zu den AmtsPfl ggü Dr, wenn Ausübg öff Gew in Frage steht (BGH **42**, 180). And, wenn es sich um Beamte in privatrechtl UnternBetr des Staates handelt (BGH **16**, 114).

43   **f) Anregungen einer Behörde oder ihre Einwirkung auf die formell zuständige Behörde,** best Maßn gg einen Dr zu ergreifen, können AmtsPflVerl sein, wenn unvollst od sonst nicht sachgemäß (BGH NJW **63**, 1199).

44   **g) Auskünfte.** Es ist AmtsPfl eines Beamten, der die Erteilg v Rat od Ausk übernommen hat, diese richt, klar, unmißverständl u vollst zu erteilen, selbst wenn Pfl zur AuskErteilg nicht bestand (BGH NJW **80**, 2574) od der Beamte zu ihrer Erteilg nicht befugt war (BGH VersR **85**, 492). Diese AmtsPfl besteht ggü jedem, auf dessen Antr od in dessen Interesse die Ausk erteilt wird (BGH NJW **85**, 1338), so daß der Empf, wie er die Ausk nach seinen erkennb Vorstellgen verstehen kann, entspr disponieren kann (BGH NJW **91**, 3027). Das gilt auch dann, wenn sich die Ausk auf eine künft Entsch od Leistg der Beh bezieht (BGH NJW **70**, 1414: fehlerh Zusage, die von der Beh nicht eingehalten werden kann, BGH WM **86**, 1327: Ausk an Spark über die zu erwartde EnteignsEntschädigg des GrdstEigtümers) od auf einen künft Zust (BGH NJW **78**, 371: Ausk über FertStellg eines U-Bahnbaus, BGH WM **80**, 988: künft bauliche Nutzbark von Grdst). In teilw Widerspr zu vorgenannten Entsch steht die Auffassg des BGH (**117**, 83: Bauvoranfrage), auf eine mündl erteilte Ausk in einem förml, noch nicht abgeschlossenen VerwVerf könne sich der AntrSt nicht verlassen, weil sie nicht den Zweck habe, seine VermInteressen zu schützen. Der Betroffene hat zu bew, daß ihm Schad inf seines in die RWirksamk der Zusage gesetzten Vertrauens entstanden ist (BGH WM **76**, 98). Vertrauensschutz genießt auch eine TatsAusk, die sich auf die künft Entschließg eines zur Normsetzg berufenen Organs bezieht (BGH DB **76**, 575: Gemeindebeamter erteilt Ausk über beabsichtigte Änderg des Bebauungsplans). Dabei hat der Geschäd darzulegen, inwiefern die Ausk unricht, unvollst od mißverständl war. Wenn dafür die äußeren Umst sprechen u es sich um Vorgänge im Bereich der Beh handelt, hat sie darzulegen, inwiefern die Ausk trotzdem richt u vollst war (BGH NJW **78**, 371).

45   **h) Folgenbeseitigung.** Für die Verw besteht die AmtsPfl, einen rwidr Zustd, dessen Entstehg ihr zuzurechnen ist, dch Wiederherstellg des urspr Zustds zu beseitigen. Dabei kommt es auf die RWidrigk der Folgen, nicht des VerwHandelns an. Desh Anspr auf SchadErs bei Aufrechterhaltg einer rwidr, dch ZtAblauf beendeten (BGH NJW **95**, 2918) od einer nicht mehr erforderl VerwMaßn (BGH **117**, 240 [247]).

46   **i) Verfahrensfehler.** Ggü AmtshaftgsAnspr aus verfahrensm fehlerh Hdlgen kann nicht geltd gemacht werden, diese hätten bei Beachtg der VerfVorschr rechtsgült vorgenommen werden können (RG **169**, 358). Dagg kann eingewendet werden, der Beamte hätte bei pflgem Verhalten denselben Erfolg herbeiführen müssen (BGH WM **75**, 95).

47   **5) Einem Dritten gegenüber** muß die AmtsPfl bestehen, nicht nur ggü der Allgemeinh od der Behörde. Bsp vgl Rn 89ff.

    a) Maßgebend ist der **Schutzzweck** dem die AmtsPfl dienen soll (BGH **106**, 323 [331]). Einem Dr ggü besteht die AmtsPfl nur dann, wenn der Zweck mind auch die **Wahrnehmung der Interessen des einzelnen** ist (BGH **109**, 163), wenn zw der verletzten AmtsPfl u dem Geschädigten eine bes Beziehg besteht (BGH **110**, 1 [9], NJW **91**, 2696). Den Ggsatz bilden die AmtsPfl, die dem Beamten nur zur Aufrechterhaltg der öff Ordng od nur zum Schutze der Allgemeinh obliegen od die im Interesse des Staates an einer ordnungsgem Amtsführg des Beamten erlassen sind. Die AmtsPfl der ZentralBeh, die zur SachEntsch zuständ Stelle pers u mat in den Stand zu setzen, ihre Aufg gehör zu erfüllen, besteht nur im Interesse einer ordnsgem Verw (BGH NJW **90**, 2615). Unerhebl ist, ob die Ausübg der AmtsPfl mittelb in die Interessen Dr eingreift (BGH **109**, 163), ob sie sich für sie mehr od weniger nachteil auswirkt (BGH WM **91**, 1425). Beispiele vgl Rn 50, 51, 89ff. Je nach dem zu schützden Interesse können AmtsPfl ein u derselben Pers ggü aufgespalten sein, sodaß in einer gewissen Bez der Schutz eines einz bezweckt wird, in and Bez nicht; abzustellen ist also immer auf das im EinzFall berührte Interesse (BGH NJW **94**, 2415).

48   **b)** Auch **innerhalb des öffentlichen Dienstes** ist AmtsPflVerl mögl (BGH **34**, 378 u VersR **83**, 1031). So bei Verstoß gg das Prinzip der Vertraulichk von Personal- u Disziplinarakten; nur unabweisb öff Belange können im EinzFall das GeheimhaltgsInteresse des Beamten überwiegen (BGH NJW **71**, 468). AmtsPfl öffrechtl ArbG auch beim Austausch besoldsrechtl VerglMitt ggü dem einz davon betroffenen Besoldgs- od GehaltsEmpf (BGH NJW **84**, 2946). Kein Anspr auf Anstellg od Befördergu (BGH **21**, 256, DRiZ **69**, 157). Dies schließt aber AmtsPflVerl ggü dem Beamten od versorgsberecht Angehör iR einer Befördergu nicht aus, zB sachwidr, möglicherw auf Organisationsmangel beruhde verzögerl Behandlg bei Aushändig der ErnennungsUrk (BGH VersR **83**, 1031). Bei Besetzg öff ausgeschriebener Stellen der Verw hat der DHerr auch ggü einem unterlegenen außenstehden Mitbewerber die AmtsPfl, den Ausgang des AuswahlVerf so rechtzeit mitzuteilen, daß dieser noch die Mögl hat, vorläuf RSchutz dch Antr auf Erl einer einstw AO in Anspr zu nehmen (BGH NJW **95**, 2344). Keine AmtsPflVerl dch Ermittlgen, die der Überwachg der VerfTreue eines einzustelldn Bewerbers dienen, ohne sachwidr VerfVerzögerg (BGH NJW **79**, 2041). Verl
49 der dem DHerrn obliegdn **Fürsorgepflicht** (§ 79 BBG) ist idR Verl der schuldrechtsähnl SonderVerbindg sowie AmtsPflVerl. Für erstgen kommt vertragsähnl SchadErsAnspr entspr §§ 276, 278, 618 III (BGH **43**, 184) in Frage, zuständ die VerwG gem § 126 I BRRG (BVerwG **13**, 17). Für letztgen ist § 839 AnsprGrdlage

(BGH VersR **72**, 368). Beide Anspr bestehn in AnsprKonkurrenz unabh nebeneinand (Einf 10 vor § 823). Bei **Amtsmißbrauch** des Beamten ist jeder dadch Geschäd Dr (BGH DB **73**, 468).

c) Dritter ist jeder, dessen Interessen die AmtsPfl iS der Rn 47 dient u in dessen RKreis dch die **50** AmtsPflVerletzg eingegriffen wird, auch wenn er nur mittelb od unbeabsichtigt betroffen od zu einem Eingr in seine RStellg veranlaßt wird (BGH NJW **66**, 157, DB **74**, 915, VersR **88**, 963). Liegt die AmtsPfl-Verl im Erl eines rwidr belasden VA od in der rwidr Ablehng od Unterl eines begünstigden VA, deckt sich die Drittgericheth mit der KlBefugn nach § 42 II VwGO (BGH NJW **94**, 1647). Der Kreis der geschützten Pers geht somit über den Kreis der bei einem AmtsGesch unmittelb Beteiligten, zB Prozeßpart, Zeugen, Sachverst, VertrSchließende, AntrSt in behördl GenVerf hinaus; vgl auch Rn 112ff unter Notar. Bei AuskErteilg ist Dr jeder, auf dessen Antr od in dessen Interesse die Ausk erteilt wird (BGH WM **80**, 1199). AmtsPfl der Gem im Feuerschutz auch ggü dem einz Bürger (BGH **LM** (C) Nr 26). Bauvorschr als AmtsPfl ggü Nachbarn od aber nur der Allgemeinh ggü vgl § 903 Rn 14–18. Pfl zur Amtsverschwiegenh (BGH **34**, 186). IR der Staats- u DienstAufs hat die AufsichtsBeh die AmtsPfl ggü dem BeschwFührer, ihn vor geswidr Maßn zu bewahren u für ihre Beseitig zu sorgen, ggf die Sache an sich zu ziehen u selbst zu entsch (BGH NJW **71**, 1699). Die StiftgsAufs dient auch dem Schutz der **Stiftung** vor ihren eig Organen, deren Versch allerd nach § 254 zu berücksichtigen ist (BGH **68**, 142). – **Eine andere öffentlich-rechtliche Körperschaft** kann Dr nur dann sein, wenn ihr der für die haftpfl Körpersch tät gewordene Beamte bei der Erledigg seiner DienstGesch in einer Weise ggütritt, wie sie für das Verh zw ihm u seinem Dienstherrn einers u dem Staatsbürger andrers charakterist ist, nicht bei der gleichsinn Erf einer den beiden Körpersch gemeins übertragenen Aufgabe (BGH **116**, 312).

d) Dritter ist nicht, wessen Interesse der Zweck der Amtshdlg nicht iS der Rn 47 zu dienen best ist, wie **51** zB die VersGesellsch, die für den Schad haftet, od der Bürge. Beschafft sich ein Beamter für eine Dienstfahrt zwecks hoheitl Tätigk ein priv Kfz, mit dem er einen Unfall verschuldet, so ist der Eigtümer dieses Kfz nicht Dr (BGH NJW **92**, 1227). Keine Haftg ggü dem Untern einer Seilbahn, wenn staatl Überwachg unzulängl (BGH NJW **65**, 200). Keine Amtshaftg der LandwBeh wg Verletzg der Vorschr zur Beschrkg des Verk mit landw Grdst (Celle RdL **68**, 242); desgl nicht, wenn Käufer von Geflügel dadch geschädigt wird, daß veterinärpolizeil Maßn gg die Ausbreitg der Geflügelpest unzulängl waren (BGH **LM** (C) Nr 60). Keine Haftg ggü dem Importeur od Abnehmer bei Prüfg der lebensmittelrecht EinfuhrFähigk ausländ Ware (BGH MDR **72**, 127); nicht, wenn VerwErlasse der nachgeordneten Verw allg eine best GesAuslegg vorschreiben (BGH NJW **71**, 1699). Diese behördl Maßnahmen dienen nur den Interessen der Allgemeinh. Keine AmtsPfl der VersÄmter ggü den VersTrägern bei der Beurkundg u Prüfg von RentenAntr (BGH **26**, 232); desgl nicht des Beamten der UmsiedlgsBeh des Abgabelandes ggü dem Aufnahmeland (BGH GmbH **32**, 145). AmtsPfl ggü der Allgemeinh zu wahrheitsgem Unterrichtg der Presse, nicht aber ggü der Presse od einem best Journalisten (BGH **14**, 319). SchadErsAnspr bei legislativem Unrecht vgl oben Rn 19. Regelm auch keine AmtsPfl Dr ggü, Dienststellen hinreichd mit Personal auszustatten (BGH WM **63**, 1104). PersAmt hat aber Dr ggü die AmtsPfl, die vorh Kräfte sachgem einzusetzen (BGH NJW **59**, 575). – Ist eine AmtsPfl nach Art der Tätigk auf einen best PersKreis beschr, so sind and Pers nicht Dr. Deshalb begründen zB rein schuldrechtl Beziehgen eines Dr zum VollstrGläub od Schu keine AmtsPfl des GVz diesem Dr ggü. Ein UrkBeamter, der Rechtskr eines Urt zu Unrecht attestiert, verletzt AmtsPfl nur ggü den ProzPart (BGH **31**, 388). Der Händler ist nicht Dr, wenn die BPrüfStelle für jugdgefährdde Schriften ein Buch oder ein Computerspiel zu Unrecht auf den Index setzt (Köln CR **94**, 465). Ebso bestehen für die Träger der VersAufs keine AmtsPfl ggü einz Versicherten od Geschäd (BGH **58**, 96 für KfzPflVers; aA Scholz NJW **72**, 1217). – Der Erbe des GI eines erst mit seiner Festsetzg vererbl werdden EntschädiggsAnspr ist nicht Dr (BGH **56**, 251). Ebso nicht der Käufer eines gebrauchten Kfz, dessen ErstZulassg die ZulassgsStelle nicht ermittelt u im KfzBrief falsch eingetragen hat (BGH WM **82**, 213) od bei Zulassg dch TÜV trotz techn Mängel; ebso nicht der Kfz-HaftpflVersicherer bei Verletzg der StrVerkSichgPfl (BGH NJW **73**, 458). Eine Pers, der ggü eine AmtsPfl zu erf ist, muß nicht in allen ihren Belangen Dritter sein (Bsp: BGH NJW **81**, 2345).

6) Verschulden. Nicht jede obj unricht Sachbehandlg hat ErsPfl zur Folge. Nicht notw ist, daß Vors od **52** Fahrlk sich auch auf die Voraussehbark des Schad beziehen (BGH NJW **65**, 963, WM **69**, 535). – **a) Vorsätzlich** handelt der Beamte, der die Tats, die die PflVerl obj ergeben, kennt – also zB sich bewußt über bestehde Vorschr hinwegsetzt – und sich auch der PflWidrigk bewußt ist (BGH DRiZ **66**, 308), od mind mit der Möglk eines Verstoßes gg AmtsPfl rechnet u gleichwohl handelt (BGH **34**, 381 u VersR **73**, 443). – **b) Fahrlässig** handelt der Beamte, der bei Beobachtg der erforderl Sorgf hätte voraussehen müssen, daß er **53** seiner AmtsPfl zuwiderhandelt; desgl, wenn Beamter sich irrigerw für verpfl hält, sich über Vorschr od Weisg hinwegzusetzen (BGH WM **63**, 377). Entschuldb Irrt schließt auch hier Fahrlk aus (BGH WM **65**, 720, § 823 Rn 55). Für den SorgfMaßst kommt es auf die für die Führg des Amtes erforderl R- u Verw-Kenntn an, die sich der Beamte verschaffen muß (BGH **117**, 240 [249]). Ein bes strenger Maßst gilt für Beh, die sich selbst VollstrTitel schaffen kann (FinAmt), bei der Schaffg solcher Titel (Düss VersR **93**, 439). – **Unrichtige Gesetzesauslegung oder Rechtsanwendung** ist vorwerfb, wenn sie gg den klaren, best, unzweideut Wortlaut einer Vorschr od gg höchstrichterl Rspr verstößt, wobei schon eine einz Entsch Klärg herbeiführen kann (BGH VersR **89**, 184, NJW-RR **92**, 919). Ebso, wenn sich Beamter nicht rechtzeit über GesÄndergen unterrichtet. And dagg, wenn Beamter bei der Auslegg v zweifelh GesBest, zu einer zwar unricht, aber nach gewissenh Prüfg der zu Gebote stehden Hilfsmittel zu einer auf vernünft Überleggen gestützten StellgN kommt (BGH **119**, 365, NJW **94**, 3158), bes wenn die Best neu u die Zweifelsfragen noch ungeklärt sind (BGH **36**, 149, VersR **68**, 788); kann danach die GesAnwendg als rechtl vertretb angesehen werden, so ist die spätere Mißbilligg der RAuffassung des Beamten ihm nicht rückschauend als Versch anzulasten (BGH NJW **94**, 3158). Auch wenn die Beh sich einer gg sie ergangenen nicht rechtskr Entsch nicht beugt, ist ein Festhalten an ihrer Haltg nur dann schuldh, wenn dies nach der Beurteilg im EinzFall nicht mehr vertretb erscheint (BGH NJW **94**, 3158). Entsch ist, daß die maßgebl Norm herangezogen u die Probleme erkannt wurden. RAnwendg ist auch die Auslegg unbest RBegr (BGH NJW **70**, 1543). Auch keine versch Unkenntn des Richters von neuerer, von den führden Erläutergsbüchern abweichder Entsch höchster Gerichte, wenn ihm diese nicht im ordentl GeschGang zugängl gemacht worden ist. Hat ein mit mehreren Rechtskund besetztes KollegialGer (unrichtigerw) das Verhalten des Beamten für obj berecht gehalten, so ist im allg Versch des Beamten zu verneinen (BGH **97**, 97 [107]), auch wenn diese Entsch erst nach der AmtsHdlg ergangen ist (BHG NJW-RR **92**, 919). Ausn: Wenn das KollegialGer in entscheidden Punkten von einem unricht Sachverh ausgegangen ist od diesen nicht erschöpfd gewürdigt hat (BGH NJW **90**, 3206); wenn es eine eindeut Best handgreifl falsch ausgelegt hat od das Verhalten des Beamten aus and RGründen als der Beamte als obj gerechtf ansieht (BGH NJW **82**, 36) od wenn es sich bei dem beanstandeten Verhalten um eine grdsätzl Maßn zentraler Dienststellen bei Anwendg eines ihnen bes anvertrauten SpezialGes handelt (BGH NJW **71**, 1699); außerd, wenn der Entsch des Ger nur ein summar Verf zGrde liegt (BGH **117**, 240 [249]). – **Arbeitsüberlastung** des Beamten kann unter bes Umst EntschuldiggsGrd sein (BGH WM **63**, 1103). AmtsPflVerl bei ErmessensEntsch Rn 36. – EntschädiggsPfl bei rechtswschuldloser Ausübg öff Gew vgl Übbl 4–54 vor § 903.

54   7) **Hilfsweise Haftung** tritt nach **Abs I S 2** ein, wenn Beamter ledigl fahrl gehandelt hat. Gilt nur für Anspr aus AmtsPflVerl (BGH **6**, 23, NJW **88**, 2946). Keine analoge Anwendg auf die Haftg der Körpersch aus konkurrierder anderweit AnsprGrdlage wie GoA, öffr Verwahrg, Aufopferg (BGH NJW **75**, 207). Die Best wird vielf als antiquiert erachtet, die Rspr hat desh die Tendenz, ihren AnwendgsBereich einzuschränken, indem sie nicht mehr die bloße Möglk anderweit Ers mit dem Ziel einer StaatsEntlastg genügen läßt, sondern auch darauf abstellt, ob der ErsAnspr des Verl gg den Dr den Zweck hat, den Schädiger endgült auf Kosten des Dr zu entlasten (BGH NJW **78**, 495).

55   a) **Bedeutung.** Es ist gleichgült, ob ein and ErsPflichtiger nicht vorh ist od ob aus tats Grden die InanspruchN eines and nicht zum Ziel führt. Solange eine andweit ErsMöglk ernsth in Betracht kommt, ist die AmtsHaftgsKl unschlüss, der Nachweis der Unmöglich anderweiter ErsErlangg gehört zur Klagebegründg, ist also vom Verl darzulegen u zu bew (BGH **121**, 65 [71]). Kläger kann sich jedoch zunächst auf Widerlegg der sich aus dem Sachverhalt selbst ergebden ErsMöglich, die begründete Aussicht auf bald Verwirklichg bieten, beschränken (BGH WM **69**, 621). Es genügt die Darlegg, daß u wesh die InAnsprN eines Dr keine Aussicht auf Erfolg verspricht, der Bew, daß gg den Dr nicht alle AnsprVorauss vorliegen, kann nicht verlangt werden (BGH VersR **78**, 252). Sache der Bekl ist es sodann, and ErsMöglich aufzuzeigen (BGH DB **69**, 788). Bevor der Ausfall feststeht, ist weder Leistgs- noch Feststellsklage begr, außer wenn Dr nur zu einem best Bruchteil haftet (BGH **4**, 10). Das schließt aber nicht gleichzeit KlErhebg gg Beamten bzw Körpersch u Dr aus; mit Abs I S 2 kann die Kl dann nicht vorweg mit TlUrt abgewiesen werden (BGH NJW **93**, 784). GrdUrt ist zuläss, wenn feststeht, daß eine vorh anderweit ErsMöglich den Schad nicht zureichd ausgleichen kann (BGH WM **76**, 873).

56   b) **Unanwendbar** ist Abs I S 2, wenn die in Anspr genommene Körpersch selbst der ErsPflichtige ist (BGH GrZS **13**, 88: Konkurr zw AmtsPflVerl u enteigngsgleichem Eingr). Ebso, soweit sich die Anspr gg die Körpersch aus § 839 u aus §§ 7, 12 StVG decken (BGH **50**, 271). Abs I S 2 ist wg der haftgsrechtl Gleichbehandlg aller VerkTeiln nicht anwendb, wenn ein Amtsträger, auch ein Angehör der StationiergsStreitkräfte mit einem MilitärKfz (BGH NJW **81**, 681), ohne die InAnsprN v SonderR nach § 35 I, VI StVO bei einer Dienstfahrt im allg StrVerk einen VerkUnfall verurs (BGH **68**, 217, BGH NJW **79**, 1602). Dies gilt auch, sow die HaftgsHöchstgrenzen des StVG überschritten werden, für SchmerzG u wenn im EinzFfall die Körpersch nicht KfzHalter ist; interner Ausgl zw mehreren ErsPfl entspr ihren VerantwortgsAnteilen nach § 17 StVG. Bei InAnsprN von SonderR nach § 35 I, VI StVO ist Abs I S 2 auf den immat SchadErs Anspr anwendb (BGH **113**, 164, VersR **92**, 1129). Der Grds haftgsr Gleichbehandlg gilt auch, Abs I S 2 ist also unanwendb bei Verl der als hoheitl Aufg ausgestalteten allg VerkSichgPfl, zB der StreuPfl (BGH NJW **81**, 682), Standunsicherh eines StrBaumes, auch zG des Anliegers (BGH **123**, 102). Das gilt auch, wenn die Gem die StrReiniggsPfl dch Satzg auf die anliegd GrdstEigtümer übertr u ein Amtsträger die ihm als hoheitl Aufgabe obliegde Pfl verletzt hat, die Einhaltg der Räum- u StreuPfl zu überwachen (BGH **118**, 368). Ebso wenn er dch Verl der ihm als hoheitl Aufg obliegden StrVerkSichgPfl einen VerkUnfall schuldh verurs (BGH **75**, 134: and Kraftfahrer, BGH NJW **93**, 2612: BauUntern). Dagg nur subsidiäre Haftg, wenn ein PolBeamter unter Verletzg seiner AmtsPfl die zuständ Stelle nicht unverzügl von der FunktionsStörg einer LichtampelAnl unterrichtet (BGH **91**, 48). – Abs I S 2 ist ferner unanwendb, wenn sich der anderweit ErsAnspr gg eine and öff- rechtl Körpersch richtet, sofern nur dieser Anspr u der aus Amtshaftg demselben TatsKreis entsprungen ist, da insow von der Einheitlich der öff Hand auszugehen ist; dabei spielt es keine Rolle, welchem RGrd der and Anspr gg die öff Hand entspringt (BGH **62**, 394, **111**, 272). Ebso gilt Abs I S 2 nicht im Verhältn zw der Staats- u der konkurrierden NotarHaftg (BGH NJW **93**, 3061 [3063]). Anspr gg ges Unfall- u RentenVers nicht als anderweit ErsMöglk anzusehen (BGH **70**, 7, NJW **83**, 2191). Gleiches gilt für Leistgen der ges KrankenVers bei unfallbdgter Krankh jedenf für die Haftg des Staates (BGH **79**, 26). Das gilt für alle Anspr gg Sozial- u priv Vers mit ges FdgsÜbergang, weil eben dieser die HaftgsFolge nicht endgült der Vers zuweist u weil der Zweck des Abs I 2 nicht ist, den Schädiger zu Lasten einer dch PrämienZahlgen erkauften Vers u damit zu Lasten aller Versicherten zu entlasten (Stgt VersR **82**, 351 für SozVersRente). Das gilt auch für Anspr gg die priv KrankenVers, denn ihr Zweck ist, dem Staat das HaftgsRisiko abzunehmen (BGH **79**, 36). Das gilt auch iF unsachgem Feuerstättennachschau dch BezSchornsteinfegermeister: Anspr des Geschädigten gg priv FeuerVers ist keine anderweit ErsMöglichk (BGH VersR **83**, 462). Ebso ist die Leistg des Kaskoversicherers an den Geschädigten keine anderw ErsLeistg (BGH **85**, 230). Lohnfortzahlg an den verl ArbNehmer nach LFZG ist kein „Ers", insow die Haftg des Staates also nicht nur subsidiär (BGH **62**, 380). Ferner keine Subsidiarität für die BRep im Verh zur EWG jedenf dann, wenn der EuGH dem Kl aufgegeben hat, ihm eine Entsch der dtschen Ger über seine SchadErsKl gg die BRep vorzulegen (BGH NJW **72**, 383, nach Köln NJW **68**, 1578 schlechthin). – Unanwendb ist Abs I S 2 auch, wenn Beamter, auch Arzt (BGH NJW **88**, 2946), auch aus Vertr haftet; ferner wenn Haftg des Beamten nicht auf § 839, sond ausschließl auf §§ 823, 826 beruht. Erfüllt der Tatbestd sowohl die Vorauss von §§ 823 ff als auch von § 839, so entfällt die Befreiungsmöglichk (BGH **LM** § 823 (Dc) Nr 19). Die ErsPfl aus § 839 geht derjen aus dem EntschädiggsFonds für Schäd aus KfzUnfällen vor (BGH VersR **76**, 885). ZumutbkGrenze vgl Rn 64. BewLast s Rn 84.

c) Auch eine **früher vorhandene Ersatzmöglichkeit** darf der Verl nicht schuldh versäumt haben, die 57 BewLast dafür trägt er (BGH BB **92**, 950: Verj-lassen des ErsAnspr). Im übr ist auf den Ztpkt der Erhebg der RückgrKlage abzustellen. Nichtbetreiben eines ZwVollstrVerf wie Unterlassg der Pfändg eines AuseinandSAnspr (BGH **LM** (Fi) Nr 5). Keine Berufg auf Aushilfshaftg, wenn geschädigter Mj ErsAnspr gg Vormd hat, aber mangels Bestellg eines Pflegers nicht geltd machen konnte. Hatte Geschädigter keine Kenntn von Entstehg des Schad u dadch anderweite ErsMöglichk versäumt, so schließt dies die HaftPfl des Beamten selbst dann nicht aus, wenn Verletzter den Eintritt des Schad schuldh nicht gekannt hat; wohl aber kann dies für § 254 von Bedeutg sein.

d) Rechtsgrundlage anderweitiger Ersatzmöglichkeit kann Vertrag oder Ges sein, sie muß ihre Grdl 58 in demselben TatsKreis finden, der für das Entstehen des AmtsHaftgsAnspr maßg ist (BGH WM **93**, 1193). Daß der SchadErsAnspr des Geschäd auf andere übergeht (§§ 116 SGB X, 67 VVG, 4 LFZG, 87a BBG) steht der Anwendg des Abs I S 2 nicht entgg (Bamb NJW **72**, 689; aA Waldeyer NJW **72**, 1249). Dagg ist Abs I S 2 nicht anwendb auf den RückgrAnspr des SozVersTrägers auf Ers seiner zum Ausgl des Schad (§§ 640, 641 RVO), der dem verl Versicherten inf einer AmtsPflVerl entstanden ist; auch § 254 ist auf diesen RückgrAnspr nicht anwendb (BGH NJW **73**, 1497). And ErsMöglk des Hofinhabers gg seinen Sohn, der ohne sonst Einkommen u Verm als künft Hoferbe auf dem Hof mitarbeitet, kann nach § 850 II ZPO fingiert werden (BGH NJW **79**, 1600). Auch schuldh Versäumg einer nur **tatsächlichen Möglichkeit** 59 von SchadErs hindert Anspr gg Beamten u Staat (BGH VersR **60**, 663: Möglichk der Anfechtg eines Vertr). Es genügt, wenn HaftgsAnspr u ErsAnspr gg Dr demselben TatsKreis entspringen (BGH **31**, 150). Die ErsLeistg des Dr ist anzurechnen. ErsLeistg des Dr, auf die kein RAnspr besteht, od die ihrer Natur nach nicht dem Schäd zugute kommen sollen, sind nicht zu berücks (Hamm VersR **69**, 1150). Notwendigk der Verfolgg des 60 Anspr im **Ausland** vgl Rn 64.

e) Klage gegen Dritten. Keine Verpfl des Verl, zunächst gg den Dr zu klagen; er kann die Vorauss der 61 Aushilfshaftg im AmtshaftgsProzeß nachweisen (BGH VersR **60**, 663). Unerhebl für Anwendbark der BefreiungsVorschr ist, ob der ersatzpfl Dr seiners von dem Beamten SchadErs verlangen kann (BGH WM **71**, 802).

f) Auf eine **zukünftige Ersatzmöglichkeit** braucht sich der Verl nicht verweisen zu lassen (BGH WM 62 **65**, 1061). Schwierigk der Auslegg ges Vorschr, die für die Frage anderw ErsMöglichk maßg sind, begründen nicht die Vorauss des Abs I S 2. Zumutbark Rn 64.

g) Haben **mehrere Beamte** fahrl gehandelt, so kann nicht etwa der eine den Verl an den and verweisen, 63 da insow ein GesamtschuldVerh besteht (BGH WM **65**, 1061); ebso, wenn mehrere öff Körpersch nebeneinand haften (BGH **13**, 88) od der Staat u der Notar (BGH WM **60**, 986, WM **91**, 653). And aber, wenn ein Beamter vorsätzl, die and nur fahrl gehandelt haben; die letzteren können sodann den Geschädigten an den vorsätzl Schädiger verweisen.

h) Unzumutbar kann im EinzFall für den Verl die InanspruchN des Dr sein, sodaß die Körpersch sich 64 auf die Subsidiarität ihrer Haftg nicht berufen kann, zB bei Schädigg einer Ehefr dch ihren Ehem u ein Kfz der Körpersch (BGH **61**, 101). Außerd braucht der Geschädigte sich nicht auf anderweit ErsAnspr verweisen zu lassen, die er nicht in absehb u angem Zeit u mit nur zweifelh Ergebn durchsetzen kann (BGH BB **95**, 1871), insbes gg weitere Dr, wenn er gg einen Dr bereits einen Titel erwirkt hat, den er wg dessen VermVerfalls nicht realisieren konnte (BGH **120**, 124). Die Verfolgg des Anspr gg einen ErsPfl im **Ausland** scheidet als andweit ErsMöglk aus, wenn die Kl u eine etwaige ZwVollstr dort eine unzumutb Erschwerg u Verzögerg mit sich bringen würde (BGH NJW **76**, 2074, Hamm VersR **92**, 493).

i) Rechtskraftwirkung des Urt, das die Klage gg den Beamten wg anderweit ErsAnspr abweist, nur 65 insow, als zZ unbegründet (BGH **37**, 377 ff). Die Kl kann also wiederholt werden, wenn nachher feststeht, daß ein anderweit ErsAnspr nicht besteht od nicht dchsetzb ist (BGH VersR **73**, 443).

8) Richterprivileg des Abs II. Allg s Hagen NJW **70**, 1017 mit beachtl Grden für Ausdehg der 66 Staatshaftg auch auf grob fahrl fehlerh Sachbehandlg, soweit dadch zusätzl außergerichtl Kosten verurs werden; realisierb aber erst de lege ferenda. Abs II gilt auch ggü NichtPart (BGH **50**, 14).

a) Spruchrichter sind auch Beisitzer, Schöffen u und ehrenamtl Ri der verschiedenen GerZweige; nicht 67 dagg SchiedsRi; doch ist bei ihrer Bestellg als stillschw VertrBedingg anzunehmen, daß sie nicht weiter haften sollen als Ri der ord Gerichtsbark (BGH **42**, 313). Schiedsgutachter haften nur, wenn ihre PflVerletzg dazu führt, daß ihr Gutachten wg offenb Unrichtigk unverbindl ist (BGH **43**, 374). Sachverst vgl § 823 Rn 117.

b) Urteil. Entscheidend ist nicht die formale Natur der Entsch, sond ihr materieller Inhalt (BGH NJW 68 **66**, 246). Auch Beschlüsse fallen unter Abs II, wenn es sich um richterl Entsch handelt, die ihrem Wesen nach ein Urt sind u die ein dch Kl od Anklage begründetes ProzVerh unter den für ein Urt wesentl ProzVorauss für die Instanz beenden. Maßg Kriterien sind Notwendk rechtl Gehörs, Begründgszwang, mat RKraftWirkg (BGH **51**, 326 [329]). BerichtiggsBeschl gem § 319 ZPO gehört hierher, weil Bestandtl eines Urteils. **Urteilscharakter bejaht** für Beschl nach § 91a ZPO (BGH **13**, 142); für solche in ErbgesundhSa- 69 chen (BGH **36**, 379). Beschl der freiw Gerichtsbk, sow sie Streitsachen betreffen (vgl Keidel-Kuntze-Winkler § 12 Rn 109 ff). Beschl gem § 383 I StPO, der Eröffng des PrivatKlVerf ablehnt (BGH **51**, 326, abl Leipold JZ **70**, 26: Trend zur Ausdehng des Richterprivilegs), für Beschl des Strafrichters, der Entschädig nach dem G betr die Entschädig der im WiederaufnVerf freigesprochenen Pers ablehnt (BGH NJW **71**, 1986), EinstellgsBeschl nach § 153 II StPO (BGH **64**, 347). – **Urteilscharakter verneint** für Entsch im 70 Arrest- u einstw VfgsVerf dch Beschl (BGH **10**, 55 [60]), im ProzKostenhilfeVerf (BGH VersR **84**, 77), im Vollstr-, insb KonkVerf (BGH NJW **59**, 1085), Verf der freiw Gerichtsbark, sow Fürsorgecharakter (BGH NJW **56**, 1716); bei vorläuf Entziehg der Fahrerlaubn im StrafVerf nach § 111a StPO (BGH NJW **64**, 2402), Entsch im KostenfestsetzgsVerf (BGH NJW **62**, 36, KG NJW **65**, 1603), Streitwertbeschluß (BGH **36**, 144). – Jedes Versagen bei einem Urteil ist gemeint, gleichgült ob eth od intellektuell. – **Bei dem Urteil** heißt 71 nicht „durch" das Urt; darunter fallen also nicht nur Fehler der SachEntsch selbst, sond auch bei Maßn, die darauf gerichtet sind, die Grdlagen für sie zu gewinnen (BGH **50**, 14; BGH VersR **84**, 77: differenzierd für Festsetzg der Sachverst-Entschädigg; Düss JMBl NRW **88**, 119: ZgLadg trotz EntschuldiggsGrden).

72   **c) Unterausnahme nach Abs II S 2.** Die Verweigerg od Verzögerg eines RiSpruches kann nicht Ggst eines Urt sein. Bei ProzVerzögerg dch überflüss BewErhebg verbleibt es bei S 1 (and Blomeyer NJW **77**, 557), denn der Fehler ist „bei dem Urt" gemacht u Abs II will, jedenf auch, die richterl Unabhängigk schützen.

73   **9) Schadensabwendung durch Einlegung eines Rechtsmittels, Abs III.** Schuldh Nichteinlegg ist ein Fall des mitw Versch, der ohne Abwägg gem § 254 (BGH NJW **58**, 1532) zum völl HaftgsAusschl führt; kein Widerspr zu Art 34 GG (BGH **28**, 104). Mit dieser Einwdg kann iF eines Schad inf eines Urt der Schädiger, dem im Vorproz der Str verkündet war, der aber selbst kein RMittel eingelegt hat, gem ZPO 68 nicht gehört werden (BGH NJW **93**, 2747 [2752]).

    a) Rechtsmittel sind alle RBehelfe im weitesten Sinne, die eine Beseitigg od Berichtigg der schädigden Anordng u zugl Abwendg des Schad bezwecken u ermöglichen (BGH VersR **82**, 954), also auch forml Erinnergen, Beschw, Widerspr gg Arrest, WiederAufn des Verf (str), Antr auf gerichtl Entsch, Einspruch gg Strafbefehl, Erinnerg nach ZPO § 766, DrittwidersprKl (Düss NJW-RR **92**, 1245), Antr auf Aussetzg der Vollziehg eines Steuerbescheids (Mü u BGH WM **84**, 1273 u 1276), Widerspr gg Teilungsplan in ZwVerst (RG **166**, 255), Einwdgen gg Entsch des Rpflegers, auch Anregg der Eintr eines Amtswiderspr ins GB (RG **138**, 114), auch einf Erinnerg an Erledigg eines Antr (BGH **28**, 104) od Erinnerg des Not an Eintr der Rest-KaufPrHyp (Düss MDR **77**, 588), auch DAufsBeschw (BGH VersR **86**, 575), GgVorstellg (BGH NJW **74**, 639), Antr an Beh auf TätWerden (Düss NJW-RR **95**, 13), den Eintritt der GenFiktion zu bescheinigen, verbunden mit einem Hinw auf den verspätet ergangenen ZwBescheid (BGH NJW **93**, 3061), Verlangen nach Abhilfe bei VerfFehlern währd einer Prüfg (Düss VersR **93**, 99), Verpfl- (BGH **15**, 312), Anfechtgs- (BGH **113**, 17), UntätigkKlage (BGH WM **63**, 841) im VerwGerVerf. Der Geschädigte hat nicht etwa ein WahlR zw PrimärRSchutz dch Anf einer ihn rwidr belastden Maßn u SchadErs mittels AmtshaftgsKl (BGH **113**, 17, NJW **92**, 1884). Gemeint sind nur RBehelfe, die sich unmittelb gg die AmtsHdlg oder Unterl selbst richten; soweit mehrere Beamte einen Schad verurs haben, muß das RMittel also gg die AmtsHdlg des in Anspr genommenen Beamten einzulegen gewesen sein (BGH NJW **60**, 1718). Nicht anwendb ist III, wenn der Betroffene es unterläßt, gg einen VerwAkt, der den Inhalt eines vorher erlassenen u von ihm angefochtenen VerwAkts ledigl wiederholt, erneut ein RMittel einzulegen (BGH **56**, 57). Der RechtsmBegr ist auch
74   bei AmtsPflVerl dch Notar derselbe (BGH NJW **74**, 639) – **Nicht zu den Rechtsmitteln gehören selbständige Verfahren**, die zwar einem drohden Schad begegnen sollen, nicht aber der Überprüfg des beanstandeten AmtsHdlg dienen, zB Einholg eines baurechtl Vorbescheids ggü einer erteilten falschen Ausk (BGH WM **78**, 763); Antr auf einstw Einstellg der ZwVollstr bei Einlegg der Berufg, EinstellgsAntr nach ZVG 30a (BGH VersR **93**, 1521). Unanwendb ist Abs III, solange eine AmtsPflVerl nicht begangen ist (BGH VersR **82**, 953) u wenn die Einlegg des RMittels nicht zur Abwehr der Entstehg des Schad, sond zur Wiedergutmachg bereits entstandenen Schad gedient hätte; dafür gilt Abs I S 2. – Zum ordngsgem GebrMachen von einem RMittel gehört, falls ges vorgeschrieben, auch seine Begründg.

75   **b) Schuldhafte Nichteinlegung** des RMittels bedeutet Vorwerfbark iS des § 254 Rn 1 (BGH **113**, 17). Auf Bildgsgrad u GeschErfahrenh der Beteil ist Rücks zu nehmen (BGH **28**, 104), auch kann der Staatsbürger im allg auf die Richtigk einer amtl Belehrg vertrauen, wenn hiergg nicht gewicht Grde sprechen (BGH WM **63**, 841). Bei RUnkenntn muß der Geschädigte RKund zuziehen. Fahrl handelt im allg, wer die vom GBA od RegGer erhaltene EintrMitteilg nicht auf Richtigk u Vollständigk prüft (BGH WM **58**, 1050). Denn Zweck der Benachrichtigg ist es gerade, eine angem Mitwirkg der Beteil dch Überwachg der GBVorgänge zu ermöglichen. Die geschädigte Körpersch hat für Versch eines Beamten bei Nichteinlegg des RMittels gem § 278 einzustehen (RG **138**, 117), ebso der Mj für Versch des ges Vertr, die Partei für Versch des RA (Düss NJW-RR **92**, 1245). IR betreuender Tätigk auf dem Gebiet der vorsorgden RPflege gem § 24 BNotO kann auch ein Notar ErfGeh eines Beteil gg den od Part bei Einlegg von RBehelfen sein (BGH
76   WM **84**, 364). – **Kein Verschulden,** wenn Bietgswilliger im ZwVerst Verf inf Unkenntn der Vorschr es unterläßt, gg das Unterbleiben des Einzelausgebots (ZVG § 63) Erinnerg einzulegen, oder wenn ein Gl es unterläßt, gg Teilplan bei verwickelter RLage Widerspr zu erheben (RG **166**, 255); ebso nicht bei Unterlassg einer AufsBeschwerde od Erinnerg an Erledigg, wenn die Ann einer Diestwidrigk nicht dringl naheliegt (BGH WM **63**, 350); ebso nicht die Nichterhebg der verwger VerpflKlage alsbald nach Ablauf der ges Fr (BGH **15**, 312). Eine Part verstößt idR nicht gg die im eig Interesse gebotene Sorgf, wenn sie sich auf die Richtigk einer erstinstanzl GerEntsch verläßt; die Nichteinlegg eines RMittels ist schuldh nur, wenn bes Umst eine Anf als aussichtsreich erscheinen lassen (BGH MDR **85**, 1000). Die Nichteinlegg ist nicht schuldh, solange die Wahl zw alsbald RMitteleinlegg u aussichtsreichem Verh mit der Behörde besteht (BGH VersR **89**, 959); außerd, wenn feststellb ist, daß die Beh od das erstinstanzl Ger auf RMittel keinen dem Geschädigten günst RStandpkt eingenommen hatte (Düss VersR **93**, 439).

77   **c) Kausalzusammenhang** zw der Nichteinlegg des RMittels u dem Schad, zu beweisen vom Beamten. Hätte der RBehelf den Schad nur teilw abwenden können, so entfällt bei Nichteinlegg der SchadErsAnspr nur zum entspr Tl (BGH NJW **86**, 1924). Kommt es darauf an, wie das Ger od die Beh auf den RBehelf entschieden hätte, ist grdsätzl darauf abzustellen, wie sie nach Auffassg des Ger im AmtsPflProz richtigerw hätten entscheiden müssen. Steht allerd fest, daß GgVorstellg od DAufsBeschw erfolgl geblieben wären, ist ihre Nichteinlegg nicht ursächl für entstandenen Schad (BGH NJW **86**, 1924).

78   **10) Schadenersatz. – a)** Das **negative Interesse** ist zu ersetzen (vgl § 823 Rn 159). Maßg ist also, wie sich bei pflichtgem Handeln des Beamten die VermLage des Betroffenen entwickelt hätte (BGH NJW-RR **88**, 1367). Bei unricht Ausk vgl Rn 44. Die AmtsPflVerl ist für den Schad nicht ursächl, wenn dieser auch bei pflichtgem Handeln des Beamten entstanden wäre, zB wenn der Prüfling die Prüfg auch sonst nicht bestanden hätte (BGH NJW **83**, 2241). Nicht ursächl ist die AmtsPflVerl für einen Schad inf von Hdlgen des Betroffenen, wenn er zumutb darauf vertrauen konnte, den Schad allein durch das eingelegte RMittel

abzuwenden (MüVersR **89**, 142). Wenn ein SchadErsAnspr davon abhängt, wie eine gerichtl od behördl Entsch hypothet ausgefallen wäre, ist darauf abzustellen, wie sie nach Auffassg des über den ErsAnspr urteilden Ger richtigerw hätte getroffen werden müssen (BGH VersR **81**, 256); vgl näher Vorbem 85 vor § 249. Gilt auch, wenn der Not schuldh seine AmtsPfl verl hat u der Kläger infolgedessen in einem RStreit unterliegt (BGH NJW **56**, 140).

b) Geldersatz. Im Ggs zum Grds der Naturalrestitution richtet sich der SchadErsAnspr aus AmtsPflVer- **79** letzg auf Geldersatz (BGH (GrZS) **34**, 99). Anernf würden die ord Ger mit der Verurteilg zur Aufhebg eines schädigden VerwAktes in den ZustdkBereich der VerwGer übergreifen; auch kann allenf von der zust Körpersch, nicht aber von dem Beamten, dessen Amtsführg beanstandet wird, ein best öffrechtl Verhalten gefordert werden. Daher grdsätzl auch kein Anspr gg den Beamten auf Unterl od Widerruf (BGH aaO). Ob ausnahmsw ein solcher Anspr doch gg den Beamten besteht, weil insow eine unvertreb persönl Leistg des Beamten in Rede steht, ist nur aus den Besonderh des EinzFalles zu beantworten. – Es bestehen jedoch keine Bedenken gg Naturalrestitution, die nicht auf Rückgängigmachg des VerwAktes – Herausg der beschlagn Sache –, sond auf Lieferg eines und Ggst von best Art u Beschaffenh od auf vertretb Sachen gerichtet ist (BGH **5**, 102). Ebso kann AuskErteilg u Abg einer eidesstattl Vers zur Vorbereitg eines auf GeldErs gerichteten AmtshaftgsAnspr verlangt werden (BGH **78**, 274). – §§ 843 bis 845 sind anwendb, auch § 847, auch bei Staatshaftg (BGH **12**, 278). Vorteilsausgleichung gilt auch hier (vgl Vorbem 119–161 vor § 249). Bei Rangverschlechterg einer Hyp führt Anwendg von § 255 zur Verurteilg gg Abtretg der Hyp. Für SchadBemessg ist grdsätzl Ztpkt der letzten mdl TatsVhdlg maßg. Eine Heilg des gemachten Fehlers bis zu diesem Ztpkt ist bei der SchadEntwicklg zu berücksichtigen, zB Sanierg eines kontaminierten Grdst (BGH **109**, 380 [391]), nachträgl Erl einer wirks gemeindl Satzg als RGrdl eines Gebührenbescheids (BGH NJW **95**, 394). Bei versehentl Eintr eines schlechteren Ranges im GB entsteht der Schad sofort, weil dadch die Gef eines Ausfalls näher rückt u die Befriedigg des Gläub gefährdet wird (RG JW **37**, 1917); ebso bei pflichtwidr Auszahlg der Valuta ohne die vereinb dingl Sicherg best Ranges (RG **144**, 80). Schad des Nacherben ist schon dann entstanden, wenn Vorerbe inf unrichtiger Ausstellg des Erbscheins als freier Erbe handeln konnte u mit der Erbsch unwirtsch verfahren ist (RG **139**, 343).

c) Kosten als Teil des Schadens. Zu dem Schad gehören alle nicht von einem Dr zu erstatten Kosten, **80** die zur zweckentspr RVerfolgg aufgewandt werden mußten (BGH **21**, 361, **30**, 154), insb die Kosten eines VorProz gg einen Dr, der weg Abs I S 2 auf ErsLeistg zunächst in Anspr genommen werden mußte (BGH NJW **56**, 57), auch die Kosten eines nur wg der AmtsPflVerl notw gewordenen Proz (BGH NJW **90**, 176).

d) § 254 ist anwendb, wenn die ErsPfl nicht nach § 839 III ausgeschl ist (BGH NJW **65**, 962 u VersR **85**, **81** 358). Da der Verl im allg auf die RMäßigkeit der AmtsHdlg vertrauen darf, handelt er nur dann vorwerfb, wenn er nicht das ihm zumutb Maß an Aufmerksamk u Sorgf bei der Besorgg seiner eig Angelegenh aufgewendet hat (BGH VersR **59**, 233). Er ist jedoch darü hinaus auch gehalten, iR des Zumutb alles zur Vermeidg von Schwierigk zu veranlassen u daher ggf zu einem berichtigden Hinweis verpfl (BGH NJW **64**, 195). Auf die Richtigk einer gerichtl Entsch kann sich die Partei idR verlassen, Nichteinlegg eines RBehelfs ist nur dann schuldh, wenn bes Umst die Anfechtg als aussichtsreich erscheinen lassen (BGH VersR **85**, 358). Fällt dem Beamten Vors zur Last, so kommt demggü bloße Fahrlk des Geschädigten regelm nicht in Betr (vgl § 254 Rn 52–55). Desgl nicht, wenn auch die zust Beamten nicht erkennt haben, wie zweckmäßigerw vorzugehen ist (BGH **15**, 315). – Mündel muß gg sich gelten lassen, daß Vormd drohden Schad nicht abgewendet od gemindert hat, § 254 II (BGH **LM** § 254 (Ea) Nr 10). Hingg keine Anrechng des schuldh Verhaltens des Vormds, wenn dieser eig Interessen wahrnahm u daher das Mündel gar nicht vertreten konnte (BGH **33**, 136: Unterschlagg von Mündelgeldern).

e) Drittschadensliquidation kommt bei AmtsPflVerl regelm nicht in Betr (Hamm NJW **70**, 1793), weil **82** die Bestimmg des Kreises der geschützten „Dritten" bereits ein taugl Instrument für einen interessengerechten SchadAusgl bietet (BGH NJW **91**, 2696).

f) Mehrere Ersatzpflichtige haften nach § 840 I (BGH **118**, 263, NJW **93**, 3065), im InnenVerh nach **83** § 426, Sonderfall § 841.

11) Beweislast. – **a) Geschädigter** hat zu beweisen: – **aa)** Schuldh AmtsPflVerletzg – also auch, daß **84** Beamter hoheitl u nicht fiskal tät gewesen ist (Schneider NJW **66**, 1263; über den AnscheinsBew in diesen Fällen oben Rn 12) u hierdch entstandenen Schad (BGH NJW **62**, 1768). Sow eine tats Vermutg od tats Wahrscheinlichk für einen erfahrgsgem Ablauf besteht, kann der Geschäd sich darauf beschränken, die AmtsPflVerl u die nachfolgde Schädigg zu beweisen; Sache des Beamten ist es sodann, die Vermutg des ursächl Zusammenhangs seinerseits auszuräumen (BGH NJW **83**, 2241). Benenng des schuld Beamten, wenn fehlsames Verhalten der Beh feststeht, vgl Rn 27–30. Bei KollegialGer muß Geschäd auch beweisen, daß der etwa persönl in Anspr Genommene der Entschg zugestimmt hat; uU Vernehmg der Ri über die Abstimmg (RG **89**, 13), keine Vermutg für die Einstimmigk des Kollegiums. – **bb)** Bei fahrl PflVerletzg: daß er auf and Weise Ers nicht erlangen kann, ggf eine früh ErsMöglichk ohne Versch versäumt hat (vgl Rn 54). – **cc)** Im Fall des II: Nachw, daß die PflVerletzg in einer Straftat besteht. – **dd)** Dieselben Grdsätze gelten auch, wenn Anspr auf Verl der FürsPfl gestützt wird (BGH **LM** (Fd) Nr 12).

b) Der Beamte hat zu beweisen: daß Geschädigter schuldh RMitteleinlegg versäumt hat; daß die an sich gegebene Widerrechtlichk aus bes Gründen ausgeschl ist.

12) Verhältnis zu anderen Bestimmungen. – **a)** Verh zu §§ 7, 17, 18 **StVG** vgl Rn 26, 56. – **b)** § 79 **85** **BBG**, FürsPfl der Beh ggü ihrem Beamten, Rn 48. – **c)** Über § 46 **BeamtVG** – Begrenzg der Anspr des Beamten bei DienstUnfall – vgl Einf 7 vor § 823. Hierdch wird nicht ausgeschl, daß die Anspr des Beamten auf UnfallFürs u -Versorgg auch auf Verletzg der FürsPfl gestützt werden können (BGH **43**, 178). – **d)** §§ 636, 637 **RVO** vgl § 611 Rn 155 u Einf 7 vor § 823. – **e)** Verh zu §§ 734 ff **HGB**, Art 7 EG HGB (BGH **3**, 321: ZusStoß mit einem Kriegsschiff). – **f)** Verh zum **BEG**. Spezialregelg (§ 8); Anspr aus AmtsPflVerletz gg Bund u Länder (nicht gg and Körperschaften, § 8 II BEG) ausgeschl. Auch kein SchmerzG, da auch Anspr hierauf echter SchadErsAnspr ist (BGH **7**, 223; aA BGH **12**, 278 zur älteren Fassg des BEG). Das gilt auch dann, wenn das LandesR Anspr aus Amtshaftg neben solchen aus dem EntschG zuläßt; denn der Vorbeh zG weitergehder entschädiggsrechtl Anspr nach LandesR (§ 228 II) greift nicht Platz, weil Anspr aus Amtshaftg eben nicht ein solcher des EntschädiggsR ist (BGH **12**, 10). – **g)** Verhältn zur **Enteignung** u zum **enteignungsgleichen Eingriff:** Anspr bestehen selbständ nebeneinander (BGH (GrZS) **13**, 88); das gleiche gilt für EntschädiggsAnspr aus § 77 BLG (BGH NJW **66**, 881). – **h)** Anspr der VersorggsBerech gg den Bund nach **BVersG §§ 81, 81a** und § **91a SoldVersG** vgl Einf 7 vor § 823. Anspr gg Dritte, auch gg JP des öff Rechts, insb aus unerl Hdlg, auch AmtsPflVerletzg, sind hierdch jedoch nicht ausgeschl (BGH **LM** § 81 BVG Nr 2). – **i)** AmtshaftgsAnspr werden durch **LAG** u **AKG** nicht berührt (BGH WM **64**, 704), desgl nicht dch Anspr nach der **Menschenrechtskonvention** v 4. 11. 50 (BGH **45**, 30, 46, 58). – **k)** SchadErsAnspr aGrd öffrechtl Verh nach den RGedanken der §§ **276, 278** vgl § 276 Rn 130–133. – **l)** Soweit mit der Erf einer öffrechtl Pfl zugl das privatrechtl Gesch eines Dr besorgt wird, bleiben §§ **680, 677** ohne die Einschränkg in § 839 I 2 anwendb (BGH **63**, 167). – **m) Haftg aus § 839 u § 823** kann grdsätzl nicht zutreffen. Ausn nur, wenn sich ein best Verhalten eines Beamten als eine in Ausübg eines öffentl Amtes begangene AmtsPflVerl u zugleich als uH innerh des bürgerlrechtl GeschKreises des öffentl Dienstherrn darstellen kann (BGH VersR **83**, 640). – **n)** Im **Flurbereinigungsverfahren** kann ein Teiln nicht von der Anfechtg ihn belastder rwidr Maßn absehen u sich auf StaatshaftgsAnspr beschränken (BGH **98**, 85). – **o)** § **44 IV SGB X** schließt Anspr aus § 839 nicht aus (BGH NJW-RR **89**, 1252).

86   **13) Bindung der Zivilgerichte an verwaltungsgerichtliche und andere Vorentscheidungen.** Ist im VerwStreitVerf auf AnfKlage ein VerwAkt rechtskr aufgeh worden, so steht die RWidrigk dieses VerwAkts auch für die ZivGer im Verf über den SchadErs wg Fehlerhaftig dieses VerwAkts fest (BGH **9**, 332, **20**, 281, WM **75**, 426). Ebso ist das ZivGer an ein verwgerichtl FeststellgsUrt (BGH **121**, 131) u an die rkräft Feststellg der RWidrigk dch das OLG gem EGGVG 28 I 4 iR ihrer RKraftWirkg gebunden (BGH NJW **94**, 1950). Dagg muß das ZivGer einen ohne verwaltgsger Entsch bestandskräft, auch unanfechtb VerwAkt auf seine RMäßigk überprüfen (BGH **113**, 17, **127**, 223; aA Berkemann JR **92**, 18, i Erg zust Nierhaus JZ **92**, 209). – Bei Dienst- u ArbUnfall vgl Einf 7 vor § 823.

87   **14) Rückgriff des Staates gegen den Beamten** gem Art 34 S 2 GG nur bei vorsätzl od grob fahrl Verhalten, das sich nur auf die AmtsPflVerl, nicht auch auf den UrsZushang zw dieser u dem entstandenen Schad erstrecken muß (BayObLG VersR **84**, 990). Gilt auch für Rückgr gg Soldaten, § 24 II SoldatenG (vgl hierzu Haeger NJW **60**, 799) u für den gg den Dienstleistden nach § 34 ZDG v 16. 7. 65, BGBl 984. Rückgr auch zul, wenn der Staat dem Verl – wie etwa dem verl Beamten – sowohl aus beamtenrechtl UnfallFürs wie auch aus AmtsPfl Verl ersatzpflichtig geworden ist (BGH NJW **63**, 2168). RGrdlage für Rückgr gg Nichtbeamten, für den aber Amtshaftg besteht, ist Art 34 SG, sondern VertrVerh, mangels eines solchen der allg RSatz, daß bei schuldh rechtsw ZuwiderHdlg gg öff- od privatrechtl Pfl diese sich in Verpfl zum Ausgl des dem Berecht dadch entstandenen Schad verwandelt (RG **165**, 334). Rückgr auch gg Nichtbeamten ausgeschl, wenn er nur leicht fahrl gehandelt hat (RG **165**, 333). – Beamter hat keinen RAnspr, bei Rückgr nur nach Maßg seiner wirtsch Verh herangezogen zu werden; insow nur verwaltgsmäß BilligkRücksichten (RG **163**, 89). Ggü dem Rückgr kann Beamter einwenden, daß den Staat insofern MitVersch treffe, als er der dienstl Überlastg trotz Vorstellen nicht abgeholfen habe, vorausgesetzt jedoch, daß wirkl Überlastg das **88** Versehen mitverursacht hat (vgl auch Rn 53 aE). – **Zuständig** für die Geltdmachg des RückgrAnspr aus Amtshaftg im hoheitl TätigkBereich gem Art 34 S 3 GG die ZivGer (MüKo/Papier Rn 320, RGRK/Kreft Rn 136), einschl des Anspr auf Erstattg der Kosten, die der AnstellgsKörpersch dch den AmtshaftgsProz entstanden sind (BayObLG VersR **84**, 990). Für eig SchadErsAnspr, die nicht RückgrAnspr sind, zB wenn ein Beamter schuldh BehEigt verl, sind die VerwGer zust, §§ 40 I VwGO, 126 I BRRG); außerdem kann der öffentl Dienstherr einen LeistgsBescheid erlassen (MüKo/Papier Rn 319).

15) Einzelfälle von Pflichtverletzungen (alphabetisch geordnet, nur bei größeren Abschn neuer Abs):

89   **Abwasserbeseitigung.** Für Fehler beim Betrieb einer solchen Anlage kann die Gemeinde aGrd eines öffrechtl SchuldVerh oder aGrd Amtshaftg zu SchadErs verpfl sein (BGH NJW **84**, 615). Dr ist jedenf jeder an die Kanalisation angeschl GrdstEigtümer (BGH NJW **94**, 1468). – **Abfälle.** Art 4 der EWGRiL v 15. 7. 75 über Abfälle begründet für die einz Rechte, die die nationalen Ger zu schützen haben (EuGH NVwZ **94**, 833). – **Amtspfleger.** AmtsPfl zur Wahrnehmg der Kindesinteressen ggü dem Kind (Kln VersR **92**, 576: Zu weitgehde Stundg von UnterhLeistgen). – **Amtsvormund.** Pfl zum Abschl einer HaftPflVers zG des Mdls nur unter Umst (Hamm VersR **82**, 77); Pfl zur Überprüfg des NachlWertes bei Anerk des Pflichtteils-Anspr des Mündels (BGH VersR **83**, 1080). AusnahmswAmtsPfl auch ggü VertrPartner, mit dem er über ArbVertr zG des Mündels verhandelt (BGH **100**, 313: Hinw auf krankh Neigg des Mündels zur Brandstiftg). – **Arbeitsamt.** Zuweisg eines Arbeiters ohne Führerschein auf Anforderg eines Kraftfahrers (BGH **31**, 126: PflVerl ggü dem ArbGeber); mangelnde RücksNahme auf den GesundhZustand des Arbeitslosen (BGH **AP** Nr 2). Der ArbGeber ist nicht Dr, wenn das ArbAmt die Vorauss für die Gewährg von Kurzarbeitergeld prüft (BGH MDR **72**, 492). Unterl Belehrg (Karlsr VersR **79**, 944).

90   **Arzt. Amtsarzt.** Der staatsr beamtete Krankenhausarzt mit eig LiquiR haftet auch bei Ausgestaltg als priv Nebentätigk deliktsr für Schäd aus Behandlgsfehlern bei stationärer Behandlg nach § 839 (BGH **85**, 393, **89**, 263, auch Abs I S 2 anwendb), auch iR einer WahlleistgsVereinbg gem § 7 BPflV (Stgt VersR **94**, 1476). Diese unbefriedigde Belastg des Geschädigten ist dadch erträgl, daß er im Regelfall, insbes bei totalem KrankenhausVertr (Einf 19 vor § 611) den Krankenhausträger gem §§ 31, 89, 831 in Anspr nehmen kann (BGH **85**, 393 [399]). Bei gespaltenem KrankenhausVertr haftet er für Fehler in seinem Verantwortgs-Bereich allein, weil es keinen and ErsPfl gibt (BGH **95**, 63 [68]). Für Schäd aus einer fehlerh ambulanten Behandlg von PrivPatienten haften der beamtete Arzt u sein Vertreter aus § 823. § 839 I 2 gilt nicht (BGH **120**, 376). Falsches Gutachten über Dienstfähigk (BGH **LM** (Fc) Nr 2). Unricht Zeugn über Eigng einer Pers zum Schwimm-Meister in öff Schwimmbad (Düss VersR **70**, 1058). Pfl, im psychiatr Gutachten klarzustellen, daß die Vorauss für eine Eilmaßn nicht geprüft hat u sicherzustellen, daß eine vorhersehb rwidr vorl Einweisg unterbleibt (Oldbg VersR **91**, 306 u BGH **aaO**, 308). Haftg des Krankenhausträgers auch für nachteil VermDisposition aGrd unricht psychiatr Gutachtens (BGH NJW **95**, 2412). Verletzg der Kontroll- u AufsichtsPfl in bezug auf priv KrankenAnst (BGH **LM** (Fe) Nr 42). Keine AmtsPfl, anläßl der EignsUntersuchg zur Erteilg od Verlängerg der FahrErlaubn zur FahrgastBeförderg, den Bewerber vor drohden gesundheitl Nachtlen zu bewahren (BGH NJW **94**, 2415). – **Amtstierarzt** im Tuberkulose-BekämpfsVerf (BGH **LM** (Fc) Nr 6, 7), Kennzeichng von für den Export best Tieren (Hamm VersR **92**, 493). – **Anstaltsarzt.** Widerrechtl Festhaltg eines Geisteskranken in einer öff Heilanstalt (BGH **LM** (Fc) Nr 15, BayObLG **80**, 114). – **Impfarzt** muß die Vorauss für eine Schutzimpfg prüfen (BGH NJW **90**, 2311), auch vor Wiederimpfg (BGH VersR **68**, 987). Bei Impfg mit Lebendviren Pfl zur Aufklärg vor AnsteckgsGef ggü allen, bei denen mit einer Verwirklichg der bes AnsteckgsGef gerechnet werden muß (BGH **126**, 386). – **Notarzt** s Rn 144 „RettgsDienst". – **Truppenarzt.** Ärztl Behdlg von Soldaten iR der ges Heilfürs ist hoheitl Aufg (BGH **108**, 230), Anspr, die ausschl auf einen truppenärztl BehandlgsFehler gestützt werden, können gem § 91a SoldVersG beschr sein (BGH NJW **92**, 744) bis zum völl Wegfall (BGH **120**, 176). – **Vertrauens-arzt,** falsches Gutachten über Krankh; für ihn haftet LandesVersAnstalt (BGH MDR **78**, 736); Pfl des Vertrauensarztes ggü KassenMitgl zur sorgf, sachgem Untersuchg (BGH VersR **78**, 252), auch Nachunter-suchg eines RentenEmpf im Auftr des VersorggsAmts (BGH NJW **61**, 969). Fehlerh Begutachtg eines VersorggEmpf (BGH **LM** § 81 BVG Nr 2). Fehlerh Feststellg der ArbFähigk (BGH NJW **68**, 2293).

Auskünfte vgl Rn 44. – **Ausschreibungen** vgl Rn 144 „Prüfgsausschuß". Behördl Betätigg in der Au- 91 **ßenhandelswirtschaft** (s auch Rn 96 „Einfuhrverfahren"). Regelmäss kein Anspr gg die BRD od die an der Verhängg beteil Organisationen wg der Folgen eines WirtschEmbargos (Kadelbach JR **93**, 1134). – **Auto-bahnverwaltung.** WarnPfl vor langsam auf der Überholspur fahrden ArbFahrz (BGH **LM** (Ca) Nr 11); dazu genügt bei unbehinderter Sicht Rundumleuchte u rot-weiße Warnstreifen am Fahrz (Düss VersR **69**, 356).

Bankaufsicht. Aufg des BAufsAmts bestehen nur im öff Interesse, § 6 III KWG; Verf- u gemschrechtl 92 Bedenken Schenke u Ruthig NJW **94**, 2324). – **Baubehörde.** AmtsPfl der BauBeh, das Baugesuch bzw den 93 Antr auf Erl eines Vorbescheids im Einklang mit dem geltden R gewissenh, förderl u sachdienl zu behan-deln, ohne Verzögerg innerh angem Fr zu bescheiden (BGH WM **94**, 430, BayObLG **95**, NJW **95**, 2992) u dabei jede vermeidb Schädigg des AntrSt zu unterlassen. Die BauGen muß erteilt werden, wenn keine im Ges vorgesehenen VersaggsGrde vorliegen (BGH **39**, 358 [364]). AmtsPflVerl, wenn die Baubeh die Erteilg der Gen an unzuläss Bdggen knüpft od sie mit den AntrSt belastden NebenBest versieht, ohne daß dafür die rechtl Vorauss vorliegen (BGH VersR **86**, 683). Die bei der Entsch über eine Bauvoranfrage wahrzunehm-den AmtsPfl schützen das Interesse an der baul Nutzbark (BGH **125**, 258 [269]). Im Falle rwidr Ablehng einer Bauvoranfrage kommt eine AmtsPflVerl der BauAufsBeh nur in Frage, wenn sie im Baurecht eig Sachprüfg nur (dann haftet sie allein) od auch (dann gemschaftl Haftg) im Hinblick auf die Versagg des Einvernehmens der Gem (vgl Rn 100) für unzuläss hält (BGH **118**, 263, NJW **93**, 2065). Der Kreis der geschützten Dr kann unterschiedl zu bestimmen sein, je nachdem, ob es um Erteilg od Versagg des betr Bescheides geht (BGH **122**, 317), weil die Versagg der BauGen grdsl persbezogen, die Erteilg grdstbezogen ist (BGH NJW **94**, 130). Der Schutzzweck der BauGen besteht in dem Vertrauen, das sie begründen soll, daß der DurchF des BauVorH rechtl Hindern nicht entggstehen, sodaß der Bauherr eine verläßl Grdl für seine wirtsch Dispositionen hat. Nicht ist Schutzzweck der AmtsPfl im BauGenVerf, den Bauherrn vor allen denkb wirtsch NachTln zu bewahren, die bei DurchF seines Vorh entstehen können (BGH WM **95**, 771). Bei stat BerechngsFehler dch PrüfIng für Baustatik (BGH **39**, 358) SchadErsAnspr bej bei widerrechtl erteilter BauGen (BGH **60**, 117, NJW **94**, 2087) – aber nicht ggü dem BauUntern (BGH NJW **80**, 2578) u nicht, wenn der Bauherr in wesentl Pkten von der gen Plang abweicht (BGH MDR **94**, 1216). Bej bei Anordng der sofort Vollziehbark einer rwidr BauGen, aber Wegfall des Anspr, wenn der Bauherr weiß, daß ein Nachbar gg die Gen (einen später erfolgreichen) Widerspr eingelegt hat, er aber voreilig mit dem Bau beginnt (Kblz u BGH NJW **85**, 265). Verneint ggü dem Nachbarn, wenn die RWidrigkeit der BauGen nicht auf der Verletzg solcher baurechtl Vorschr beruht, die nachbarschützden Charakter haben (BGH **86**, 356; vgl § 903 Rn 14ff). Verneint ggü dem Eigtümer auf Antr eines Dr, so bei sachl unricht (BGH WM **83**, 628) u bei verspätet erteiltem Bauvorbescheid (BGH NJW **91**, 2696). Ebso ist der GrdstEigtümer nicht Dr bei Ablehng einer vom Mieter (BGHR § 839 I 1 „Dritter" 35) od vom GrdstKäufer (BGHR § 839 I 1 „Dritter" 21) beantragten BauGen, auch wenn er wirtsch interessiert u zum VerwRStreit des AntrSt über die RMä-ßigk des BauVerwAkt beigeladen war (BGH NJW **94**, 2091, aA Hartmann VersR **94**, 905). Bei Erl eines rwidr belastden od Ablehng od Unterl eines begünstigenden VA fällt idR die DrGerichteth der verl AmtsPfl mit der Klagebefugn nach § 42 II VwGO zusammen. Das ProvInteresse eines Dr an der Baureifmachg des Grdst beauftr Arch fällt nicht in den Schutzbereich der AmtsPfl der BauAufsBeh bei Bearbeitg einer von diesem Arch im eig Namen gestellten Bauvoranfrage (BGH **125**, 258 [268]). Ausnahmsw kann ein am Verf formell nicht Beteil „Dr" sein, so derjen, der dch Vertr mit dem GrdstEigtümer befugt ist, das Grdst zu bebauen u Anspr auf Übertragg des Grdst hat (BGH **93**, 87) od der RNachf des BauAntrSt (BGH **119**, 365 [368]). Wer im Vertrauen auf die Richtigk eines ihm pflwidr erteilten, von Anfang an fehlerh Vorbescheids Aufw für den Erwerb vermeintl Baugeländes od für Bauplangen macht, kann deren Ers verlangen, wenn später die Bebaug aus Grden scheitert, die schon zur Versagg des Bescheids hätten führen müssen (BGH **105**, 52, **122**, 317, NJW **94**, 130). Eine Bauvoranfrage mit mehreren PlangsVarianten darf nicht insgesamt abgelehnt werden, wenn das BauVorh nach einem der Vorschläge genfäh gewesen wäre (BGH NJW-RR **94**, 1171). Rückn eines rwidr erteilten Vorbescheids ist rmäß, das Ger hat aber im AmtsHaftgsProz des Kl, der die Rückn für rwidr hält, auch zu prüfen, ob sich der AmtsHaftgsAnspr aus dem Erlaß des Vorbescheids herleiten läßt (BGH WM **87**, 568). Kein Vertrauensschutz an die mündl erteilte Ausk des SachBearbeiters iR eines BauvoranfrageVerf, der zuständ Beamte werde den beantragten Vorbescheid erlassen (BGH **117**, 83). VertrSchutz an eine schriftl amtl Bescheinigg über die bauplangs- u bauordngsrechtl Zulässigkeit des Vorhabens anstelle eines Vorbescheids (BGH NJW **94**, 2087 [2090]). MitVersch des Bauherrn, wenn er wg gewpolizeil od bauordngsr Bedenken u sachl Widerstände der Nachb Zweifel am endgült Bestand der BauGen haben mußte (BGH NJW **75**, 1968). Pfl zu Hinw an AntrSt od Kreisbauamt im BauGenVerf, wenn sich die Verh inf eines EntwässergsPlanes geändert haben (Hamm BB **74**, 391: Höhenlage des Erdgescho-sses). Pfl zum Hinw an AnstrSt auf Bedenken gg Gültigk der BaustufenOrdng (BGH MDR **78**, 296). PflVerl der BauBeh, die die Erteilg einer BauGen mit der Verpfl des AntrSt zu einem GeldBeitr für die Schaffg öffentl Parkplätze koppelt, die ohne Auswirkg auf das BauVorh sind (BGH NJW **79**, 642) od die sie nicht errichtet (BGH NJW **83**, 2823). Aus der Pfl der BauBeh zu konsequentem Verhalten aGrd der Erteilg einer früh BauGen läßt sich keine Pfl zur Gen eines mit der mat Baurechtslage nicht in Einklang stehden u auch vom überwirkden Bestandsschutz nicht gedeckten ErweitergsBaus herleiten (BGH WM **85**, 142). Pfl der Gem, bei Plang ihrer Ver- u EntsorggsLeistgen auf die Bauleitplang Rücks zu nehmen (BGH VersR **80**, 650). Anspr auf Ers von Aufw im Vertrauen auf eine rechtsw erteilte TeilgsGenehmigg (BGH **92**, 302). Den Amtsträgern einer Gemeinde obliegen iR der plangsrechtlAbwägg nach § 1 VI BauGB ggü einem Planbetroffenen grdsätzl nur dann drittgerichtete AmtsPfl, wenn das Gebot der RücksNahme zG des Betroffenen drittschützde Wirkg hat (BGH **92**, 34). Bei Aufstellg einer AbrundgsSatzg bestehen grdsätzl keine drittgerichteten AmtsPfl (BGH **116**, 215). Für die GbdeStandfestigk auf dem ausgewiesenen Grdst haftet die Gem nicht (BGH **123**, 363). Ebso hat die AmtsPfl, eine BauGen nur bei Bestehen einer ausr TrinkwasserVersorgg zu erteilen, nicht den Schutzzweck, den Bauherrn vor vermeidb MehrAufw für die spätere Sanierg des **93a** Trinkwasseranschlusses zu bewahren (BGH WM **95**, 771). – **Überplanung von Altlasten.** Zusfassd Raeschke-Kessler NJW **93**, 2275. AmtsPfl, bei der Aufstellg der Bauleitpläne u Erteilg der BauGen die allg Anfordergen an gesunde Wohn- u ArbVerh u die Sicherh der Wohn- u ArbBevölkerg vor GesundhGef zu berücksichtigen, die vom Bauherrn nicht vorhersehb u beherrschb sind (BGH **106**, 323, BGH NJW **93**, 384: ehemal Mülldeponie). Eine PrüfgsPfl besteht nur bei VorhSein hinreichder Anhaltspunkte, die der Beh zu eingehden BodenUntersuchgen hätten Anlaß geben müssen (BGH **124**, 363: früh Chemiefabrik), nur bei Erkennbark einer GefQuelle (BGH **123**, 191). Ersetzbar sind nur solche Schäden, bei denen eine unmittelb Beziehg zu der GesundhGefährdg besteht (BGH **109**, 380, **121**, 65), dh dadch verurs, daß die vom Boden ausgehden Gef zum völl Ausschl der NutzgsMöglk der errichteten od noch zu errichtden Wohngen führt; nicht: Aufw wg mangelnder Standfestigk, Tragfähigk, auch wenn damit zugleich der Zweck verfolgt wird, das Eindringen von Schadstoffen in das Gbde abzuwehren (BGH **124**, 363). Dazu gehören auch die aus den Gesamtkosten der Baureifmachg ausscheidb MehrAufw des bauwill Eigtümers für die Sanierg des gesundhgefährdden Grdst (BGH **123**, 363). Geschützte Dr, auch in ihren VermInteressen, sind objektbezogen alle Eigtümer u dingl NutzgsBerecht an den im Plan ausgewiesenen kontaminierten Grdsten, sow sie die Abs haben, diese zu bebauen (BGH **108**, 224) od als Baugelände weiter zu veräußern (BGH **117**, 363), außerd ArbG im Hinbl auf ihre Verpfl ggü ihren ArbN, die ArbRäume von GesundhGef frei zu halten (BGH NJW **93**, 384). – Nicht geschützt sind dingl Berecht an im Bebauungsplan nicht gekennzeichneten altbelasteten Grdsten hins ihrer nicht mit GesundhGef zushängenden bloßen VermInteressen (BGH **113**, 367: Mehrkosten für Aushub u Abtransport des nicht gesundhgefährl Deponieguts, BGH **121**, 65: überhöhter KaufPr für ein minderwert Grdst, BGH MDR **93**, 516: Geeigneth des Grdst zur gärtner Nutzg). Nicht geschützt sind ferner dingl Berecht an von Schadstoffen unbelasteten, ledigl in ihrer Wohnqualität herabgesetzten Grdst, wenn sie selbst weder GesundhGef ausgesetzt noch in sonst Weise für gesunde Wohn- u ArbVerh verantwortl sind (BGH **109**, 380, **110**, 1: Ausweisg eines Wohngebietes auf einem früh Zechengelände bzw neben einem Asbest verarbeitden Betr, Verl des Grds der Trenng von unverträgl Nutzgen). Nicht geschützt sind ferner Eigtümer, deren kontaminierte Grdst bereits vor Aufstellg u Verabschiedg eines BebaugsPlans bebaut waren u die keine weitere Bebaug beabsichtigen (Kln NJW **91**, 2710).

94 **Beamte.** Entsch über seine RBeziehgen zu seiner Beh (Entlassg, Beförderg usw) darf nicht and Stellen übertr werden (BGH **15**, 185). Beamter ist zu hören, bevor für ihn ungünst Schlüsse aus einem Sachverhalt gezogen werden (BGH **22**, 258). – **Besoldungsstelle.** AmtsPfl ggü dem von einer VerglMitt betroffenen Besoldgs- od GehaltsEmpf, nicht ggü einem and DHerrn od ArbG (BGH NJW **84**, 2946, MDR **87**, 387). – **Betriebsprüfer der AOK.** Keine AmtsPfl, den BetrInhaber vor Überzahlgen od Nachfdgen zu schützen; AmtsMißbr dch Verschleier eig Unregelmäßigk iR einer Nebentätigk für den geprüften Betr (BGH VersR **85**, 281). – **Bezirksschornsteinfegermeister.** obt öff Gew aus, soweit es sich um die Wahrnehmung hoheitl Aufgaben in der Feuerschau u der BauAufs handelt; iü, so insb bei KehrArb, privatrechtl Tätigk (Hamm NJW **72**, 2088). Für Schad aus hoheitl Tätigk haftet der BezSchornsteinfegermeister als Gebührenbeamter (vgl Rn 13) selbst (BGH **62**, 372). – **Binnenschiffahrt.** Pfl bei der Verwaltg des Abwrackfonds (§§ 32e, b BSchVG) bestehen nur im Interesse der Allgemeinh, nicht auch zum Schutz der Schiffahrt Treibden (BGH NJW **84**, 2220). – **Bundesbank.** Rwidr Heranziehg zur BardepotPfl (BGH NJW **79**, 2097). – **Bundesprüfstelle für jugendfördernde Schriften.** Bei der Mitwirkg des Vorsitzden im Verf der Freigabe der veränderten Fassg eines bereits indizierten Bildträgers für Jugendl dch die freiwill Selbstkontrolle der Filmwirtsch Amtspfl zur zutr Bescheidg auch ggü der antragstellden FilmVertriebsGesellsch (BGH NJW **95**, 865). – **Bundesregierung.** Öffrechtl Pfl ggü Außenhandelsberatern (BGH NJW **67**, 1662). – **Bundeswehr.** Erteilg von Befehlen u Disziplinarstrafen währd des Verf auf Anerkenng als Kriegsdienstverweigerer u bis zur Entlassg wg Wehrdienstuntauglichk sind keine PflVerl (Hamm NJW **69**, 1388 mit Anm Kreutzer). Die Verpfl militär AufsichtsPers, der vorschriftswidr Benutzg von DienstKfz im öffentl StraßVerk zu verhindern, besteht auch ggü gefährdeten VerkTeiln (BGH VersR **83**, 638). – **Bußgeldverfahren.** Für Maßn der VerfolgsBeh gelten die selben Grds wie für die Staatsanwaltsch (Rn 153). Zusätzl muß sich die Beh wg OWiG 47 I 1 in den Grenzen fehlerfreien Erm halten (BGH NJW **94**, 3162).

95 **Deichunterhaltungspflicht** vgl § 823 Rn 79. – **Demonstration.** ErmSpielraum der Polizei bei Einschreiten (Celle NdsRpfl **71**, 64). – **Deutscher Wetterdienst.** Die Pfl zur meteorolog Sichg der See- u Luftfahrt besteht nicht ggü konkreten geschützten Dr (BGH NJW **95**, 1828 u 1830). – **Deutsches Rotes Kreuz.** Wahrnehmg gemeinnütz Aufg innerh des normalen TätigkBereiches ist keine Ausübg hoheitl Gew (BayVerfGH BayVBl **92**, 12; Ffm VersR **73**, 1124); vgl aber Rn 144 „RettgsDienst". – **Dienstherr** ggü dem Beamten. FürsPflVerletzg dch Abordng eines 60jähr unvorbereiteten Beamten binnen 2 Tagen in eine entfernte Stadt (Br OLGZ **70**, 458). – **Drehbrücke** (BGH Warn **77**, 171).

96 **Einfuhrverfahren.** Bei wirtschaftslenkden Maßn ist gerecht u unparteiisch zu verfahren; Waffengleichh für alle Bewerber. Vertrauen in die Beständigk behördl Maßn darf nicht mißachtet w (BGH WM **66**, 799). – **Eisenbahn.** BBahn ist privrechtl Betr. Haftg vgl Rn 26. Über VerkSichgsPfl Rn 42 u § 823 Rn 80. – **Ersatzdienst Leistende.** Es haftet die BRep (BGH **118**, 304). – **EWG,** Marktorganisation für Milch u MilchErzeugn. Die wahrzunehmdn nationalen Kontroll- u ÜberwachgsPfl dienen nicht zum Schutze

Dritter (BGH NJW **87**, 585). – **Explosionsgefahr.** AmtsPfl zur Kennzeichng gefährl Ggstde mit international allg verständl Symbol (BGH NJW **92**, 2625).

Fahndung, öffentliche: Die Beh muß den Grds der Verhältnismäßigk beachten, so Schwere der Straftat, 97 entscheidde Bedeutg der öff Fahndg für ihre Aufklärg, erhebl Tatverdacht des Beschuldigten, Schwere seiner Beeinträchtigg, VorhSein weniger einschneidr Mittel (Hbg GRUR **79**, 72 u NJW **80**, 842). – **Fernsehanstalt:** Die Veranstaltg von Sendgen ist Aufg der öff Gewalt. Die Anst übt desh insow eine Tätigk der öff Verw aus, nimmt sie aber weitgeh mit privrechtl Mitteln wahr. Im Einzelfall kann die Ausstrahlg aber auch Ausübg hoheitl Gewalt sein, die Anst unterliegt dann der Haftg nach § 839, Art 34 GG (BVerfG **14**, 121, BGH NJW **62**, 1295). Ausübg öff Gewalt ist eine Sendg in ZusArb mit den ErmittlgsBeh zu Zwecken der kriminalpoliz Ermittlg od Fahndg. In solchen Fällen ist auch Aufbereitg in einer für das Publikum interessanten Form ohne Verl der Pfl zur Wahrh u Sachlichk zul (Mü NJW **70**, 1745 mit Anm Schmidt NJW **70**, 2026 im Ergebn zust, aber keine Ausübg hoheitl Gewalt; ebso Ffm NJW **71**, 47, Fette NJW **71**, 2210, dagg Buri NJW **71**, 468, NJW **72**, 705). Sonst bei Verl des PersönlkR zivrechtl Haftg. Vgl auch § 823 Rn 188–194, 198–200.

Feuerwehr. Hydrant muß so bezeichnet sein, daß seine schnelle Auffindbark gesichert ist (BGH **LM** (C) 98 Nr 26). Tätigk in der freiw Feuerwehr ist öff Gew (BGH MDR **59**, 107, BayObLG **70**, 216, Düss NJW-RR **94**, 1444); aber geringere Anfordergen an die Pfl der Mitgl dieser Feuerwehr (Celle NJW **60**, 676). Unfallrettgswagen (BGH **37**, 337); Fahrt des Feuerwehrwagens zur Überprüfg dch TÜV (Oldbg NJW **73**, 1199, abl Butz NJW **73**, 1803). ÜbgsFahrten als Ausübg öff Gew, als fiskal Tätigk jedoch anläßl des Ankaufs u der Erprobg von Fahrz (BGH MDR **62**, 803). Transport von Blutkonserven kann Ausübg hoheitl Gew sein (BGH VersR **71**, 864). – **Finanzamt** vgl Steuerbeamter Rn 153. – **Fluglotsen.** Haftg der BRep ggü GewBetr, die sich auf das ungestörte Funktionieren der FlugSicherg in ihrer betriebl Plang eingerichtet hatten, für Schäd inf Bummelstreiks (BGH **69**, 129 u **76**, 387). – **Flugverkehr** s Luftverkehr. – **Forstamt.** AmtsPfl des Gem als Eigtümars, bei der Gestattg der Holzabfuhr aus dem Wald die Berechtigg des Käufers zu prüfen (Ffm NJW-RR **87**, 1056). – **Förster** bei Tötg eines wildernden Hundes (RG **155**, 338).

Geistlicher. Haftg des kath Bistums für unricht Lebensbescheinigg (Düss NJW **69**, 1350). S auch Kirchl 99 Beamte.

Gemeinde. Öffrechtl Pfl im Feuerschutz auch ggü dem einz Bürger (BGH **LM** (C) Nr 26); Pfl, in den 100 Grenzen der LeistgsFähigk die notw Löschwasserversorgsdnl bereitzustellen (BayObLG **86**, 398). Pfl im öff BauR auch ggü dem Nachb § 903 Rn 14–23. PflVerl bei Zulassg neuer Baustoffe (BayObLG **65**, 144). Haftg für PflVerl bei Aufn von Nottestament (BGH NJW **56**, 260, Nürnb OLGZ **65**, 157). Pfl nach § 5 GaststättenG Auflagen zu verfügen (BGH NJW **59**, 767). Abwässerbeseitigg, Beschädigg von VersorggsLeitgen (BGH VersR **67**, 859). PflVerl der Gem ggü dem Bauwerber, uU auch ggü einem am Verf formell nicht Beteil (bej BGH **93**, 87 u NJW **93**, 530; verneint BGH VersR **86**, 95), wenn sie das nach § 36 I BauGB erfdl Einvernehmen versagt, obwohl das BauVorh nach den §§ 33–35 BauGB zuläss ist (BGH **65**, 182); dies auch dann, wenn sich später herausstellt, daß das Einvernehmen nicht erfdl war (BGH NJW **80**, 387). Kausal für den Schad ist dies aber nicht, wenn die BauAufsBeh nach eig Sachprüfg die Ablehng der Bauvoranfrage nur auf and Grde als die Versagg des Einvernehmens der Gem stützt (BGH **118**, 263, NJW **93**, 3065; vgl Rn 93). Erteilg einer unricht Ausk über Tragfähigk des BauGrdst (BGH DB **77**, 301), über künft bauliche Nutzbark (BGH NJW **80**, 2576). Keine Pfl ggü dem Träger der ges KrankenVers, dessen Interesse an einer Vermeidg nicht rückforderb Krankengeldüberzahlg wahrzunehmen (BGH VersR **77**, 765). Unterlassener Hinw an Bauwerber auf Bedenken gg Gültigk einer städt BaustufenOrdng u unterlassene Unterrichtg der Bediensteten v solchen Bedenken (BGH MDR **78**, 296). Kein ErsAnspr für Aufw im Vertrauen auf einen Bebauungsplan, der nichtig ist, weil er entgg § 8 II BauGB nicht aus einem FlächenNutzgsPlan entwickelt wurde (BGH **84**, 292). AmtsPfl ggü gemeinnütz WoBauUntern beim Vollzug des WoBindG (BGH WM **83**, 1157). Verpfl zur Freimachg der Wohng nach Ablauf der EinweisgsFr für einen Obdachlosen (BGH NJW **95**, 2918). Haftg der Gem für PflVerl der Mitgl des Umleggs- (BGH NJW **81**, 2122) od eines VerwAusschusses (BGH WM **65**, 719), des GemRats (BGH WM **78**, 1252, Saarbr VersR **88**, 520: BebaugsPlan, Verpfl zur Kennzeichng von Flächen, bei denen bes baul Vorkehrgen erforderl sind, auch im Interesse des einz GrdstEigtümers). Pfl des Gutachterausschusses nach § 192 BauGB zur Erstellg eines richt VerkGutachtens auch ggü dem GrdstEigter (BGH WM **82**, 617). Verfrühte ZwVollstr aus einem HaftgsBescheid vor Vorliegen ihrer Vorauss (BGH NJW **92**, 2086). AufklärgsPfl einer kommunalen AdoptionsVermittlgsStelle ggü den Adoptionsbewerber über den Verdacht einer geist Behinderg des anzunehmden Kindes (Hamm NJW-RR **94**, 394, auch zum Umfang des SchadErsAnspr). Vgl auch Rn 93, 93a, ferner Rn 98, 110, 139 sowie zur StrVerkSichgPfl der Gem § 823 Rn 124 ff Straßen.

Gerichtsvollzieher. BenachrichtiggsPfl von Versteigergstermin u Zwangsräumg (BGH **7**, 287). Die 101 Einlagerg gepfändeter od zwangsgeräumter Sachen bei einem Dr ist keine hoheitl Tätigk, sondern privrechtl VerwahrgsVertr (BGH NJW **84**, 1759). – **Zwangsvollstreckung:** Verzögerg. Nichtbeachtg der Frist v ZPO § 798. Bei Pfändg von Münzen AmtsPfl zur Prüfg, ob es sich um Kostbark handelt (Kln NJW **92**, 50). Ungenügde Kenntlichmachg der Pfändg (BGH NJW **59**, 1775: Pfl ggü dem Schu); Versteigerg eines Kfz ohne Sicherstellg des Briefes (aA Hbg MDR **54**, 431). Belassg der Pfandstücke im Gewahrs des Schu trotz Gefährdg der Anspr des Gläub (BGH MDR **59**, 282, Hbg MDR **67**, 763: Kfz). Nichtbeachtg der Vorschr über das Mindestgebot ist AmtsPflVerl, geschützt sind nur Gläub u Schu (Düss MDR **92**, 1035). Ausübg öff Gew auch bei freiwill Verst §§ 1228 ff (RG **144**, 262). Auszahlg des Versteigergserlöses trotz bestehder Hindern. Abführg des Versteigergserlöses vor Übergg der Sache an Ersteher (RG **153**, 257). Nichtausführg der Weisg des Gläub, den beim Schu eingezogenen Betr an einen Dr zu zahlen, keine Haftg ggü dem Dr (RG **151**, 113). Fehler bei Wechselprotest, bei Zwangsräumg, bei gewalts Öffng von Türen (ZPO 758 II, BGH BB **57**, 163). – Fehler im **Zustelldienst**, insbes bei Eilanträgen. Bei Zweifeln über Auslegg eines 102 PfändgsBeschl muß GVz sich an VollstreckgsG wenden (RG HRR **31**, 220).

Geschäftsstelle. ObhutsPfl bei Verwahrg von Sachen ggü Einlieferer u Eigtümer. – Gerichtl **Geschäfts-** 103 **verteilung** u BesetzgsPlan dient auch den Interessen der RSuchenden (BGH VersR **78**, 460). – **Gesund-**

heitsbehörden. Fehler in der Trinkwasserversorgg (BGH BB **57**, 277, NJW **89**, 2945). Tuberkulosefürs (Karlsr NJW **90**, 2319). Organisator Maßn, um Errichtg von Testamenten in öff Krankenhäusern zu gewährleisten (BGH NJW **58**, 2107). Kontrolle der Nachuntersuchg Tuberkuloseverdächt (BGH **LM** (Fc) Nr 12). AmtsPfl der chem Untersuchgsämter als Kontrollorgane der öff GesundhAufs u -Fürs (BGH **LM** (Fc) Nr 19). Unberecht öff Warng vor best Prod eines best Herstellers von Lebensmitteln als verdorben (Stgt NJW **90**, 2690). SchulgesundhPflege dch Überwachg ansteckd erkrankter Lehrer od Schüler (BGH VersR **69**, 237). Überprüfg des GesundhZust eines Schwimmeisters wg seiner Eigng für öff BadeAnst (DüssVersR **70**, 1058). FürsPfl des ärztl Leiters einer Blutsammelstelle ggü dem Blutspender, sow aus der Blutentnahme Gef erwachsen (BGH NJW **72**, 1512). – **Gewerbeaufsichtsamt.** Keine Amtspfl ggü der Berufsgenossensch bei der Leistg von Amtshilfe zur Durchführg von Maßn der Unfallverhütg (BGH VersR **74**, 666), ggü den am BauGenVerf Beteil iR dieses Verf (BGH BB **90**, 1794).

104 **Grundbuchamt.** Dr ist jeder, der im Vertrauen auf die richt Handhabg der GBGesch am RVerk teilnimmt. Der Staat haftet bei Abschreibg von GrdstTln für die Abweichg der in das GB eingetragenen Parzellen von der TeilsgErkl des Eigtümers, bei der Anlegg von WohngsGB für die Abweichg des Ggst der TeilsErkl vom Ggst des in den WohngsGB eingetr MitEigtAntls (BGH **124**, 100). Zurückweisg eines Antr auf Eintr einer AuflVormkg wg Nichtzahlg des Kostenvorschusses, ohne vorher auch dem Begünstigten als weiterer KostenSchu Gelegenh zur Einzahlg zu geben (BGH WM **81**, 1357). Haftg bei Eintr einer Hyp vor Erledigg eines früher eingegangenen Antr; bei Eintr des Vorerben ohne das Recht der Nacherben zu vermerken, Haftg auch ggü späteren Käufern des Grdst (RG **151**, 395). Bei fehlerh Nichteintr einer EigtümerGrdSchu ist auch der Zessionar Dr, nicht geschützt ist aber seine Aussicht, eine FremdGrdSchu kr guten Gl an die unricht Eintr einer matrechtl nicht bestehden EigtümerGrdSchu zu erwerben (BGH NJW **86**, 1687). Keine Pfl zu umfassder RBelehrg (BGH **117**, 287 [302]). – **Grundstücksverkehr.** Verspäteter Erl eines ZwBescheids gem GrdstVG 6 I 2 (BGH **123**, 1).

105 **Hafenlotse** in Hamb übt bei seinen naut Maßn keine hoheitl Gewalt aus (BGH **50**, 250). – **Hauptfürsorgestelle.** AmtsPfl ggü ArbG u schwerbehindertem ArbN, vor Erteilg der Zustimmg zur Künd deren Vorauss hinreichd zu ermitteln (Kln VersR **89**, 748). – **Heil- u Pflegeanstalt.** Zw ihr u dem gg seinen Willen Eingewiesenen besteht öffrechtl Verh mit der Pfl, den Eingewiesenen vor Schad zu bewahren (BGH NJW **71**, 1881). Es ist im EinzFall abzuwägen, welches Maß an BeweggsFreih dem Kranken im Interesse seiner Heilg gewährt werden kann, ohne ihn selbst u and zu gefährden (Stgt Just **75**, 228). Verletzg der Pfl zur Beaufsichtigg von Patienten, die sich freiwill od mit Einverständn ihres ges Vertr in einer offenen öffrechtl getragenen psychiatr Klinik befinden, beurt sich privrechtl, nicht nach § 839 (BGB VersR **84**, 460).

106 Angeh v **Hilfsorganisationen,** die zur Katastrophenabwehr von staatl Organen herangezogen werden, üben hoheitl Gewalt aus; es haftet der Staat (Düss VersR **71**, 185). Vgl auch Rn 98 „Feuerwehr". – **Hochschulinstitut,** das als Prüfstelle dem Herst von Haushaltsgeräten aGrd eines privatr Vertr eine Prüfbescheinigg nach MaschSchG erteilt, wird nicht hoheitl tät (BGH NJW **78**, 2548). – **Hochschulprofessor.** UrhR-Verletzg in Ausübg des anvertrauten Amtes, es haftet die AnstellgsKörpersch; urhrechtl UnterlAnspr aus § 97 I UrhG besteht daneben (BGH NJW **92**, 1310). – **Hochwasserschutz** ist als Daseinsvorsorge hoheitl Aufg, näml zumutb Schutz von möglicherw Betroffenen (BGH VersR **94**, 935), insbes Anliegern (Celle VersR **89**, 484) u Eigtümern nahegelegener Grdst, auch gg sog 100-jährl Hochwasser (BayObLGZ **89**, 397), auch NichtMitgl eines Wasser- u Bodenverbandes (BGH **54**, 165). Wasseraufsicht zur Vermeidg von HochwasserSchäd (BGH VersR **72**, 980). Überschwemmg wg Fehlkonstruktion eines AbwasserpumpWks (BGH MDR **94**, 1091). Für die Dimensionierg des EntwässergsSystems kommt es auf die tats Verh im konkreten Fall an (BGH **109**, 8, VersR **91**, 888). Dagg ist die GewässerUnterhaltg privr Aufg (BGH NJW **94**, 3090). Bei DchFührg von StrBauMaßn sind die Erfordern des Hochwasserschutzes zu beachten (BGH Vers **74**, 365, Mü VersR **91**, 776). Pfl des WasserWirtschaftsVerbandes auch ggü Bauunternehmen, das im gefährdeten Gebiet Arb dchführt (Karlsr VersR **75**, 59).

107 **Jagdbehörde.** Die waldbaul und forstwirtschaftl Belange haben Vorrang vor den Hege- und AbschußVorschr des BJagdG; die fehlerh Festsetzg von Abschußplänen kann eine AmtsPflVerl ggü dem WaldEigtümer darstellen (BGH **91**, 243). – **Jugendamt.** Überwachg des Vormundes u Pflegers (BGH **33**, 136); vgl Rn 81. Aufs bei Kindererholgsfahrt (Düss VersR **79**, 942). – **Juristische Personen des öffentlichen Rechts** sind im Verk zueinand Dritte nur, wenn sie bei Erledigg des DienstGesch, bei der die AmtsPflVerl geschehen ist, widerstreitde Interessen verfolgen, nicht dagg, wenn sie gleichsinnig zuwirken (BGH MDR **87**, 387: Austausch von VerglMitteilgen).

108 **Kanalisation.** Haftg der Gem für Überschwemmg inf ungenügder Kapazität (BGH NJW **90**, 1167, NJW-RR **91**, 733, BGH **115**, 141), uU inf Fehlkonstruktion eines AbwasserpumpWks (BGH **125**, 19). – **Katastrophenschutz** ist hoheitl Aufg, Dritte sind alle von den Auswirkgen möglicherw Betroffenen (BGH VersR **94**, 935). Haftg des Landes auch für herangezogene Hilfsorganisation (BGH **20**, 290, VersR **94**, 935: Hessen). – **Kassenärztliche Vereinigung,** AmtsPfl der rechtsetzden Organe ggü den Mitgl (BGH **81**, 21). AmtsPfl ggü dem einz Arzt, ihn nicht in stärkerem Maße als Ärzte in vergleichb Lage zum Notdienst heranzuziehen (Hamm MedR **92**, 342). AmtsPfl ggü Notfallpatienten, iR des RettgsDienstes die erforderl Notärzte zur Vfg zu stellen (BGH **120**, 184). SGB V 95 u RVO 368 n haben keine drittschützde Wirkg (Ffm MedR **90**, 88). – **Kirchliche Beamte** (BGH **22**, 383, VersR **61**, 437). – **Kläranlage.** AmtsPfl ggü Nachb zur Einhaltg nachbarschützder Auflagen in einem betriebsbezogenen PlanfeststellgsBeschluß (BGH **97**, 97). – **Kommunalaufsicht.** Pfl ggü Gem zur Wahrg ihrer Belange u zur Bewahrg vor Schad. – **Konsuln** (BGH **LM** KonsularG Nr 1). – **Kraftfahrzeugbenutzung** Rn 12, 13, 56. – **Krankenhaus.** AmtsPfl der Bediensteten einer PflegeAnst, für sichere Fenster des BeruhiggsRaumes im 3. Stock zu sorgen (BGH VersR **87**, 568). Pfl zu organisat Maßn, um einem testierwill Patienten die Errichtg eines wirks Test zu ermöglichen (BGH NJW **90**, 505). Vgl GesundhAmt u Rn 13, 15, 19 vor § 611. – **Gesetzliche Krankenkasse.** Pfl zur Belehrg eines freiwill beitretdn Mitgl über Ausschl der Vers für bestehde Vorerkrankgen (Hamm NJW-RR **89**, 1507). – **Kreistag** (BGH **11**, 197).

109 **Landrat,** Vernachlässigg der Überwachg ortspolizeil Maßn für VerkSicherh (BGH NJW **52**, 1214). – **Lehrer.** Vgl auch Rn 152. ZüchtiggsR vgl § 1631 Rn 10 (Zweibr NJW **74**, 1772: Überschreit nach Anlaß,

Zweck, Maß); AufsPfl bei Schulausflug auch ggü and, der beim Spiel der Kinder verl wird (BGH **28**, 297). Dch das G über die UnfallVers für Studenten, Schüler u Kinder in Kindergärten (BGBl **71**, 237) sind Amts HaftgsAnspr, die aus Schulunfällen abgeleitet werden könnten, ausgeschl, §§ 539 I Nr 14b, 635, 637 RVO (Celle VersR **74**, 747). – **Luftverkehr.** Die Aufgaben der LuftAufs (Luftpolizei, Flugleitg) sind hoheitl Natur u werden von den Ländern im Auftr des Bundes wahrgenommen, sow sie nicht der BAnst für Flugsicherg od dem LuftfahrtBAmt übertr sind (Karlsr VersR **69**, 547). AmtsPfl der LuftfahrtBeh, sich bei der Prüfg der GenVorauss für ein Drachenflugexperiment eines Sachverst zu bedienen (BGH VRS **73**, 432). S auch Rn 159 „Tiefflüge“.

Marktordnung. Kontroll- u ÜberwachgsPfl iR der gemeins Marktorganisation für Milch u -Erzeugn 110 der EWG dienen nicht dem Schutz der am WirtschVerk teilnehmden Unternehmen (BGH WM **86**, 1528). – **Meldebehörde.** Unricht AufenthBescheinigg, ausgestellt zum Nachw der ansprbegründden Voraussetzgen nach den EntschädiggsG (BGH **LM** (C) zu § 56: AmtsPfl auch ggü dem Land).

Naturschutzbehörden. AmtsPfl, VerkTeiln gg die Gefahren zu schützen, die von einem eingetragenen 111 Naturdenkmal ausgehen (BGH **LM** RNatSchG Nr 3). – **Nord-Ostsee-Kanal.** Verwaltg Ausübg öff Gewalt (BGH **35**, 111).

Notar. Lit: Rinsche, Die Haftg des RA u des N, 4. Aufl 92. **a) Rechtsstellung.** Der N ist nicht Beamter, 112 sond unabhäng Träger eines öff Amtes, § 1 BNotO; and die N im OLGBez Karlsr u die ehemal württ BezirksN, für die die BNotO gem deren §§ 114, 115 nicht gilt (Keidel-Kuntze-Winkler Tl B § 64 BeurkG Rn 1). Im Rahmen betreuender Tätigk auf dem Gebiet vorsorgder RPflege (§ 24 BNotO) kann ein N ErfGeh eines Beteil sein (BGH NJW **84**, 1748).

b) Keine Staatshaftung. Der N haftet für AmtsPflVerl pers nach § 19 BNotO. Mögl ist Staatshaftg wg 113 mangelnder Dienstaufsicht (BGH **35**, 44). G gilt nicht für die württemberg BezN (§ 114) u die bad N (§ 115); insow bleibt es bei der landesges Regelg (BGH WM **95**, 64). Der N kann seine Haftg grdsätzl nicht ausschließen, weil er Träger eines öff Amtes ist (aA für sog disponible AmtsPfl Rossatz VersR **85**, 1121). Auch **in den ostdeutschen Ländern** keine Staatshaftg anstelle des N in eig Praxis u des N-Verwesers (§§ 18 I S 2, 19a I, III VO über die Tätigk von N in eig Praxis vom 20. 6. 90, GBl I 475, geändert dch VO vom 22. 8. 90, GBl I 1328, idF des § 24 RpflAnpG vom 26. 6. 92, BGBl I 1147). – **Notarvertreter,** auch Assessor als Vertr, haftet neben dem Not als GesSchu, im InnenVerh allein, § 46 BNotO. **Notarassessor** (§ 19 II BNotO) haftet bei selbständ Erledigg eines Gesch nach §§ 23, 24 BNotO wie der N. Bei Übertr zur selbständ Erledigg haftet N als GesSchu mit, im InnenVerh der Assessor allein.

c) Haftungsvoraussetzungen. – aa) Verletzung einer Amtspflicht. Vgl dazu Rn 118ff. Rechtmäß 114 Alternativverhalten vgl Vorbem Rn 105–107 vor § 249. – **bb) Einem Dritten gegenüber** muß die 115 AmtsPfl bestehen. Das sind die AuftrG u alle Pers, deren vermögensr Interessen dch das AmtsGesch berührt werden können (BGH **56**, 26: Organ einer jur Pers bei VertrAbschl dch diese), auch unmittelb Beteil, die im eig Interesse bei der not Beurk anwesd sind (BGH BB **82**, 334). N haftet daher auch den ges Erben, die erbrechtl Anspr hätten geltd machen können, wenn der Widerruf einer wechselbezügl Vfg eines gemeinschaftl Testaments wirks gewesen wäre (BGH **31**, 5). AmtsPfl des Not bei Beurk des Angeb zur Aufhebg eines ErbVertr ohne gleichzeit Anwesenh beider VertrPart auch ggü demjen, dem die Aufhebg zugute käme (BGH WM **82**, 615). N, der Bestellg eines GrdPfR beurk hat, muß die Bank, die ihm nach der Sicherh des GrdPfdR anfragt, auf ihm bekannten NachEVermerk im GB hinweisen (BGH WM **69**, 621). Bei der BelehrgsPfl ist zw den Beteil wg deren unterschiedl Interessen zu differenzieren; die konkr Pfl, deren Verl der AnsprSteller behauptet, muß gerade ihm ggü bestanden haben (Düss NJW **93**, 1602). Auf den **Auftraggeber** stellt § 19 ab in bezug auf die Gesch nach §§ 23, 24 (Verwahrg von WertGgständen [für den N im OLG-Bez Karlsr gilt G v 20. 7. 62, BaWü GBl 73]; Betreuung u Beratg der Beteil); die weitergehde betreude BelehrgsPfl besteht nur ggü den Pers, die seine Amtstätig in Anspr nehmen, nicht ggü einem nur mittelb Beteiligten (BGH NJW **66**, 158, BB **69**, 294). – **cc) Vorsätzlich** handelt der N, der die Tats, die die PflVerl 116 obj ergeben, kennt u sich der PflWidrigk bewußt ist (BGH DRiZ **66**, 308) od zumindest mit der Möglichk eines Verstoßes rechnet u gleichwohl handelt (BGH **34**, 381, VersR **73**, 443). – **dd) Außerachtlassung der** 117 **den Um.tänden nach gebotenen Sorgfalt.** Maßgebd ist die Eigenart der not Tätigk, zu verlangen die spezif Sorgf eines erfahrenen, pflbewußten Not mit den zur Führg des Amtes erforderl Kenntn (BGH **LM** § 839 (Fi) Nr 28). Er hat sich über die Rspr der obersten Ger, die in den amtl Sammlgn u den für seine Tätigk wesentl Zeitschr veröffentlicht ist, unverzügl zu unterrichten u die übl ErläutergsBücher auszuwerten (BGH NJW **92**, 3237).

d) Amtspflichten des Notars: BeurkG §§ 10ff regeln ie, was in den Aufgabenkreis des N fällt (eingehd 118 Rinsche, vgl Rn 112, Rn II 28–160). Dch die Beurk eines Gesch, an dem er selbst mat beteil ist (§ 3 I Nr 1 BeurkG) verletzt der N seine AmtsPfl (BGH NJW **85**, 2027). § 254 anwendb, wenn Verlezter den N ungenügd unterrichtet hat (BGH WM **59**, 1112).

aa) Umfassende Prüfungs- und Belehrungspflicht (§§ 10–12, 17–21 BeurkG), wobei sich der N ggü 119 einem RKund od rkund Beratenem uU kürzer fassen kann (BGH NJW **90**, 2882 [2884]). – **1.** Bei der **Beurkundung** u bei VertrEntw, auch wenn der Vertr dann nicht beurk, sond schriftl abgeschl wird (BGH VersR **72**, 1049), hat der N persönl die Pfl zur Belehrg über das ZustKommen einer formgült Urk, die den wahren Will der Beteil vollständ u unmißverständl in der für das beabsichtige RGesch richt Form rechtswirks wiedergibt (BGH NJW-RR **92**, 772). Dabei hat er darauf zu achten, daß unerfahrene u ungewandte Beteil nicht benachteil werden (BGH NJW **90**, 1484, WM **91**, 1046). Dazu gehören: Sorgfalt Ermittlg des Will der Beteil, möglichst umfassde Aufklärg des Sachverhalts (BGH NJW **87**, 1266), das Ansprechen regelgsbedürft Fragen wie die Problematik nicht angerechneter ErschließgsKostenBeitr (BGH NJW **94**, 2283), Pfl, die Wahrh zu beurk u keinen falschen Schein zu erwecken mit der Gef eines folgenschweren Irrt bei einem geschützten Dr (BGH NJW-RR **92**, 1176), eig Entsch, welche Unterlagen von Bedeutg sein können, Pfl, diese pers zur Kenntn zu nehmen und bei Errichtg der Urk zu berücks (BGH NJW **89**, 586). Anl sind mit der Urk dauerh zu verbinden u genau zu bezeichnen (BGH NJW **91**,

1172). Hinw auf VorkR (§ 20). Sichere Formulierg des BebauungsZwecks im GrdstKaufVertr iF des § 19 II Nr 1 BauGB u Belehrg über Bedeutg des Negativattests (BGH NJW **81**, 451). Schuldh AmtsPflVerl dch Beurkundg einer teilw nichtigen Vereinbg (BGH NJW **93**, 1587), dch Unterl der Belehrg über die Sittenwidrigk einer knebelnden VertrKlausel (BGH WM **93**, 1189). Bei mehreren rechtl GestaltgsMöglichkten des Vertr Hinw auf die am wenigsten schadenträcht (BGH DB **76**, 817); der N muß den zur Erreichg des erstrebten Zieles sichersten u gefahrlosesten Weg wählen, die vertragl Vereinbark auf ihre Vereinbark mit den Ges prüfen (BGH NJW **93**, 2617), ggf die Part über bestehde RUnsicherh u die daraus folgden Gef belehren (Kln VersR **91**, 890) u ihnen eine and vertragl GestaltgsMöglich vorschlagen (Hamm VersR **92**, 362). Hinw, falls UnbedenklichkBescheinigg des FinAmts für die Eintr im GB od HandelsReg erforderl ist, § 19. Auch Pfl des N ggü den an der Errichtg der Urk Beteil (BGH MDR **92**, 813), deren beurkundete Erkl unverzügl bei dem GBA od RegGer einzureichen; Versäumg der Unterschr (BGH **17**, 69). – Zur **Belehrung über die rechtliche Tragweite** nach § 17 I S 1 BeurkG, dh über die Vorauss, von denen der rechtl Erfolg abhängt, ist der N in jedem Fall verpfl, außer er beweist im Streitfall, daß sich die Beteil über die Tragweite ihrer Erkl u das damit verbundene Risiko vollst im klaren waren u die konkr VertrGestaltg gleichwohl ernst wollten (BGH NJW **95**, 330). Dazu gehört insbes die RBelehrung über die Gef, die mit einer ungesicherten Vorleistg verbunden ist (BGH NJW **89**, 102, NJW **95**, 330), zB VorausZahlg auf den KaufPr vor Löschg einer nicht vom Käufer übernommenen Belastg (BGH DB **67**, 727), Zahlg der Valuta vor Eintr des sichernden GrdPfdR (BGH WM **60**, 890), Übern einer nicht voll valutierten Hyp dch Käufer (BGH VersR **78**, 60), Möglichk einer Sichg dch AuflVormkg (BGH NJW **89**, 102), Vorrang früh gestellter EintrAntr vor AuflVormkg (BGH VersR **69**, 422); ferner RBelehrg darüber, daß die als KaufPr vorgesehene Leibrente nicht dch eine Reallast zG Dr gesichert werden kann (BGH NJW **93**, 2617), über bestehde Belastgen des Grdst u ihre Auswirkg, bei Bestellg einer GrdDbk auch hins des and Grdst (BGH NJW **93**, 2741). Auch ggü dem MitEigtümern, wenn nur ein Antl belastet ist (BGH NJW-RR **92**, 393). – Zur **betreuenden Belehrung** iR der allg Aufklärg ist der N nur aus bes Anlaß verpfl, im wesentl dann, wenn er befürchten muß, einem Beteil drohe wg der Besonderh des konkr Gesch aus Unkenntn eine Schad (BGH NJW **93**, 729, NJW **95**, 330). Dazu gehört zB Behinderg anderweit Veräußerg des Grdst dch eine eingetragene Vormkg (BGH NJW **93**, 2744), bestehde BauBeschrkg bei Kauf eines HausGrdst (BGH BB **95**, 1871). – Der N muß darauf hinwirken, daß im Vertr die Rückzahlg des KaufPr iF vorbehaltenen Rücktr des Käufers von der Bewilligg der Löschg der eingetragenen AuflVormkg abhäng gemacht wird (BGH NJW **88**, 1143). Bei Antr auf Löschg der AuflVormkg mit Eintragg des EigtmWechsels Pfl zur Prüfg, ob abredewidr ZwischenR eingetragen oder Eintrag beantragt ist (BGH VersR **91**, 1028). Belehrg über ges od im GB eingetragenes vertragl VorkRecht u seine Bedeutg; die Pers des VorkBerecht braucht der N nicht zu benennen (BGH VersR **84**, 537). Wg Pfl zur Unparteilichk darf der N nicht zG eines Beteil Sichgen vorschlagen, die im Widerspr zum erkennb Will eines and Beteil stehen u nicht wg prakt undurchführb Sichg eines Beteil vom VertrSchluß abraten (BGH NJW-RR **87**, 84). Grdsätzl keine Pfl des N, den Beteil steuerrechtl Belehrgen zu erteilen. And, wenn aGrd bes Umst Anlaß zu der Besorgn besteht, daß sich ein Beteil wg mangelnder Kenntn der RLage einer Gefährdg seiner Interessen nicht bewußt ist (BGH VersR **83**, 181), zB Pfl zur Belehrg über Entstehg der GrdrErwerbsteuer bei Erwerb aller GeschAnteile einer GmbH (BGH BB **71**, 724), über Gef der Versteuerg eines SpekulationsGew (BGH NJW **89**, 586); sonst nur unter bes Umst BelehrgsPfl über entstehde GrdErwerbsteuerPfl od wegfallde GrdErwerbsteuer-Vergünstigg (BGH NJW **80**, 2472, DB **92**, 1819). Keine Pfl des N zur Ermittlg bes Umst, aus denen sich eine SteuerPfl ergeben könnte, auch nicht bei der Einsichtnahme in das GB (BGH NJW **85**, 1225, NJW **95**, 2795). Jedenf Pfl zu richt Auskn auf Frage, zB nach EinkSteuer (BGH VersR **83**, 181), nach Spekulationssteuer (Hamm VersR **81**, 361); über Gef bei Zahlg des Kaufpr vor vormschgerichtl Gen des GrdstKaufVertr (BGH **19**, 5); Hinw auf Bestehen u RWirkgen des § 1365, falls nicht seine Anwendbk nach Familien- u Güterstd od VermVerh von vorneherein ausscheidet; Nachforschgen muß N nur anstellen, wenn konkr AnhaltsPkte dafür vorh sind, daß das Grdst nahezu das ganze Verm des Veräußerers darstellt (BGH NJW **75**, 1270). Pfl zum Hinw auf rechtl Bedenken gg die Wirksamk eines Test, dem die Berufg eines Schlußerben in einem früh gemschaftl Test entggsteht, uU und dem Schlußerben ggü (BGH WM **74**, 172). BelehrgsPfl bei Beurkundg eines GesellschVertr über den Ztpkt der Entstehg der Gesellsch (BGH **LM** § 21 RNotO Nr 8); über Haftg des übernehmdn Gters iF der Umwandlg einer GmbH nach §§ 24, 25 UmwG für Verbindlichkten (Karlsr VersR **82**, 197). Sow eine BelehrgsPfl besteht, setzt sie der SchweigePfl des N Grenzen u geht ihr vor (BGH VersR **73**, 443). – **Keine Belehrungspflicht** über Zuverlässigk u Zahlgsfähigk des Kreditnehmers od eines Beteil (BGH NJW **67**, 931) od über die Gef der von den VertrPart vereinb Bestellg eines TrHänders (BGH **LM** (Ff) Nr 2). BelehrgsPfl über die wirtsch Folgen des Vertr, die nicht auf rechtl, sond rein tats Umst beruhen, grdsätzl nicht (BGH NJW **67**, 931); ausnahmsw dann, wenn der N aGrd bes Umst Anlaß zu der Vermutg haben muß, einem Beteil drohe Schad u Beteil sei sich, vor allem wg mangelnder Kenntn der RLage, der Gef nicht od nicht voll bewußt (BGH NJW **75**, 2016). Auch keine BelehrgsPfl über anfallde UmsatzSt (BGH BB **71**, 724). – **2.** Bei **Beglaubigung** von Unterschr beschr sich PrüfgsPfl des N darauf, ob er tät werden darf (keine Mitwirkg bei erkennb unerl od unredl Hdlgen, § 14 II BNotO; Ausübg des Amtes ausgeschl, § 16). Im übr keine Prüfgs- u BelehrgsPfl, es sei denn insow bes Auftr erteilt werden kann. – **3.** Bei Ausstellg einer **Bestätigung** hat der N wahr zu bezeugen u einen falschen Anschein, zB dch Unvollständigk zu vermeiden (BGH DB **72**, 1672). Dazu hat er den zGrde liegden Sachverh zu ermitteln, die rechtl Schlußfolgergen zu ziehen u das Ergebn in einem Schriftstück niederzulegen (BGH WM **85**, 1109). – **4. Betreuung nach BNotO 24.** Insow gilt Abs I S 2 nicht, BNotO 19 I S 2 Hs 2. Inhalt u Umfang der AmtsPfl richten sich nach dem übernommenen Auftr, sie erstrecken sich auf Erforschg des übereinstimmden VertrWill der Beteil, auf Belehrg über die rechtl Tragweite des Gesch, auf eine auftrgerechte, zweckmäß u rechtl zuläss Gestaltg des beabsicht RGesch u auf klare u unzweideut Wiedergabe der VertrErkl der Beteil (BGH VersR **93**, 1405). Eine Weisg hat er einzuhalten, zB Antr auf EigtUmschreibg erst nach Nachw der KaufPrZahlg (Köln BB **94**, 2444).

bb) Einzelpflichten: 1. Identitätsprüfung. Bei Beurk u Beglaubigg ist diese Prüfg bes sorgfält vorzunehmen, §§ 10, 40 BeurkG. **2. Prüfung der Geschäftsfähigkeit.** Bei schwer erkrankten Pers hat N bei der Beurk von RGesch Tats der Erkrankg u seine Feststellg über die GeschFgk in der Niederschr anzugeben,

Marginal numbers: 120, 121, 122, 123, 124, 125

§ 11. – **3. Prüfung der Vertretungsmacht und der Verfügungsbefugnis,** auch eines ausländ Käufers 126 (BGH NJW **93**, 2744), bei der Beurk von RGesch, Erörterg von Bedenken, uU Ablehng der Beurk bei fehlder Vollm u Aussichtslosigk der Gen (BGH WM **88**, 545). – **4. Prüfung der Genehmigungsbedürf-** 127 **tigkeit** eines zu beurkundden Gesch. Hinw auf die Notwendigk aller ger od behördl Gen u Vermerk in der Niederschr über welche GenErfordern im einz der N belehrt hat (BGH NJW **93**, 648), auch wenn die GenBedürftigk zweifelh ist, § 18. – **5. Pflicht zur Grundbucheinsicht.** N hat vor der Auflassg od Bestellg 128 od Übertr eines grdstücksgleichen Rechts das GB einzusehen; dazu gehört auch die Einsicht in die EintrBe-willigg, auf die Bezug genommen worden ist. Die Beteil können den N von dieser Verpflichtg befreien; sodann entspr Vermerk in der Niederschr, § 21. Der N, der mit der EigtUmschreib die Löschg der für den Käufer eingetragenen AuflassgsVormkg beantragt, muß sicherstellen, daß weder vertrwidr ZwRechte ein-getragen sind noch deren Eintr beantragt ist (BGH NJW **91**, 1113). – **6. Prüfung der Echtheit** des dem N 129 übergebenen WertP (RG **114**, 295). – **7. Vollzugspflicht** (§ 53 BeurkG). AmtsPfl zur Einreichg von Urk 130 nur ggü den formell Beteil (BGH NJW-RR **92**, 1178). Unverzügl Mitteilg an Beteil, wenn eine von ihm erwartete VollzugsMaßn nicht dchführb ist (BGH WM **93**, 1518). – **8. Vollzugsüberwachung** durch den N nur dann, wenn vereinb od bes Umst erforderl (BGH VersR **69**, 902). Prüfg der Zustellg durch den GVz, wenn wechselbezügl Vfg eines gemschaftl Testaments widerrufen (BGH **31**, 5). – **9.** Bei **Auszahlung von Treuhandgeld** hat der N sich an die erteilten Weisgen zu halten (BGH NJW **87**, 131 3201), i ü grdsl nur die formellen Vorauss zu prüfen, die Auszahlg aber ausnahmsw zu verweigern, wenn ihm erkennb ist, daß die hinterlegde Part dadch geschäd werden kann (BGH VersR **78**, 247). SchadErsPfl des N bei pflichtwidr Auszahlg einer KaufPrRate (BGH WM **85**, 832). Pfl des N, EinlösgsZusage einer Bank für einen Scheck auf ihre OrdngsMäßigk zu überprüfen (BGH WM **82**, 452). – **10. Zur Befolgung** 132 **von Weisungen** ist der N verpfl, zB Einreichg einer Anmeldg zum HReg bis zu einem best Termin aus steuerl Grden (BGH NJW **83**, 1801). Rückn eines GB-EintrAntr (BGH NJW **90**, 324). – **11. Mitteilung an** 133 **andere Beteiligte,** wenn der N weisgem ein Amtsgesch nicht ausführt, von dessen Ausf und Beteil ausgehen und von dessen Vollzug möglicherw weitere wirtsch Maßn abhäng sind (BGH NJW **90**, 324).

cc) Organisation des Bürobetriebs so, daß RSuchde vor Schad bewahrt bleiben (RG **162**, 24: RAusk 134 dch Bürovorsteher).

e) Die **Subsidiarität der Haftung** (vgl Rn 54) gilt. Auch Ber- u SchadErsAnspr gg VertrPartner können 135 andweit ErsMöglk sein (BGH NJW **93**, 1589). Sie gilt nicht, also PrimärHaftg des N ggü dem AuftrG, wenn der Geschädigte von ihm aGrd RA-Haftg Ers verlangen kann od, fallsw dieser Anspr verj ist, hätte erlangen können (BGH NJW **93**, 2747) u bei den AmtsGesch der Verwahrg u der vorsorgden RPflege gem §§ 23, 24 BNotO, wenn er sie selbständ, also nicht nur in Verbindg mit einer Beurk vornimmt. Zu den letzten gehören treuhänd Aufbewahrg u Auszahlg des GrdstKaufpr u vorherige zusätzl BetreuungsAufg (BGH NJW **85**, 2028).

f) Schadenersatz nach den Vorschr der u H, auch VermSchad. Verj vgl § 852 Rn 12. Bei Verl einer 136 AmtsPfl keine Haftg für Hilfskräfte nach § 278 (BGH NJW **76**, 847). Im Falle der §§ 23, 24 BNotO (vgl vorstehd Rn 135) kann bei N, der zugl RA ist, zweifelh sein, in welcher Funktion er tät geworden ist; in Verbindg mit typ AmtsGesch (zB Beratg vor der Beurk) als N; isoliert als RA (§ 24 II BNotO); insow Haftg aus DVertr, auch § 278. – Bei pflichtwidr unterl Belehrg hat der Geschäd darzulegen u zu bew, daß er iF ordngsgem Belehrg das vorgesehene RGesch entw nicht od mit Einverständn des VertrPartners zu best und Bdgngen abgeschlossen hätte (Hamm VersR **84**, 449). – Ausschl zuständ die LGe.

g) Unterlassener Rechtsbehelf vgl Rn 73–77, wobei hier als RBehelf auch Beanstandg der Amtsführg 137 ggü dem N u DienstaufsichtsBeschw gelten (BGH VersR **82**, 953).

Ordnungsamt. Rwidr Verschrottg eines abgestellten Kfz (Naumbg NJW-RR **95**, 919). – **Paßbehörde.** 138 Nachforschg nach VersaggsGrd (BGH NJW **57**, 1835: Entziehg aus UnterhPfl). – **Pflanzenschutz.** Fern-halten nicht entseuchgspflicht Pflanzen von der Entseuchg bei Einfuhr ist keine AmtsPfl ggü dem Importeur (BGH VersR **84**, 488).

Polizei. Verpflichtg zum Einschreiten bei gefahrdrohdem Zust (Hamm VersR **94**, 726: Ölspur auf der 139 Str). Pfl, neben Feststellg des Unfallherganges HilfsMaßn für die Verl u ihr Eigt zu ergreifen u für Wieder-herstellg der Sicherh des Verk an der Unfallstelle zu sorgen (KG DAR **77**, 134), verkpoliz Sicherg von Straßenbanketten (BGH VersR **69**, 280). Sicherstellg eines unversicherten ausl Kfz (Brschw OLGZ **67**, 275); Sicherstellg verkunsicherer Kfz (Nürnb VersR **71**, 279). Pfl ggü Eigtümer zum Einschreiten gg Sachbeschä-digg (RG **147**, 144), zur Ermittlg des Täters u Sicherstellg des Diebesguts (OGH NJW **51**, 112) u allg zur Verhütg strafb Handlgen (BGH LM **(Fg)** Nr 5). Pfl zur Sicherstellg des Kfz eines fahruntüch Fahrers (BGH NJW **58**, 1724). Rammen eines Kfz, um jugendl Fahrer ohne FahrErlaubn zum Halten zu zwingen, kann zur GefAbwendg rmäß sein (Hamm NJW **88**, 1096). Pfl zur unverzügl Unterrichtg der StrVerkehrsBeh über Funktionsstörg einer AmpelAnl (BGH **91**, 48); Verletzg Unbeteil bei Verfolgg Verdächt (RG **108**, 366); Nichtverhütg strafb Hdlgen (BGH LM **(Fg)** Nr 5); nicht gehör Überwachg eines Asozialenlagers (BGH **12**, 206), od von Strafgefangenen; Nichteinschreiten gg unfriedl Demonstration mit Lahmlegg des StrVerk (Celle VersR **75**, 177; AmtsPflVerl verneint). Die Zulässigk der Anwendg unmittelb Zwangs schließt die Annahme amtspflichtwidr Verhaltens bei Dchführg der ZwangsMaßn nicht aus (BGH VersR **84**, 68). – Vermittlg od Beauftragg eines priv Abschleppunternehmens vgl Rn 25, 30. – Erhöhte SorgPfl beim Um-gang mit einer Schußwaffe (BGH VersR **80**, 924). – Wiedereinweisg des RäumgsSchu zur Vermeidg der Obdachlosigk (BGH LM § 254 (Da) Nr 19). Mitteilg von im StrafReg getilgten Strafen an and Beh (RG **168**, 193). Einweisg eines vermeintl Gemeingefährlichen in eine Heilanstalt (BGH NJW **59**, 2303). Geneh-migg eines Autorennens trotz ungenügd gesicherter Rennstrecke (BGH NJW **62**, 1245). – Vgl auch Rn 153, Staatsanw, sow Pol als dessen Hilfsbeamter tät wird, Rn 157, 158 u Rn 109 Luftverkehr. – **Baupolizei.** AO 140 eines Abbruchs (RG **169**, 353); Zulassg der Errichtg u InbetriebN ungeprüfter Bauten (BGH **8**, 97); unzu-längl Prüfg der statischen Berechng (BGH **39**, 358); vorl BauGen, ohne daß Vorauss für die endgült Gen erfüllt werden können (BGH NJW **59**, 1778); Unterl des Hinw auf bevorstehnde Änderg baurechtl Vorschr (BGH NJW **60**, 1244); ungenügde BauAufs, auch bei MitVersch des Bauherrn (Stgt NJW **58**, 1923, vgl zu dieser Entsch im übr BGH **39**, 364); Ruineneinsturz, wenn baupolizeil ÜberwachgsPfl verletzt (Düss NJW **51**, 567, keine Überspanng der Anfordergen, BGH **LM** [Fe] Nr 1).

141 **Post. – a) Haftung im Benutzungsverhältnis.** Die RBez, die dch die InansprN der Einrichtgen des Postwesens bestehen, sind gem § 7 PostG idF des PoststrukturG v 8. 6. 89 (BGBl I 1026) privrechtl Natur. Hoheitl betätigt sich die BPost gem § 16 PostG nur im PostAuftrD bei ordngsgem förml Zustellg u Erhebg des Wechselprotests; nur in diesem Rahmen Haftg nach § 839, Art 34 GG (teilw aA Allgaier VersR **91**, 636). AmtsPfl zur Aufbewahrg u Aushändigg eines nach § 182 ZPO niedergelegten ZustellgsBriefes (BGH **28**, 30). Iü haftet die Post in den Bereichen PostD u Postbank ausschl (BGH NJW **93**, 2235) nach §§ 11 ff PostG privatrechtl (BGH **111**, 334), u zwar: Brief- u PaketD §§ 12–14, GeldübermittlgsD § 15, PostZeitgsD § 17, PostgiroD § 19, entspr anwendb bei schuldh SorgPflVerl bei Einlösg eines gefälschten Postbarschecks (BGH ZIP **93**, 29), PostSparkD § 20, unricht Ausk § 21, Verj § 24. Im GiroD bei Unterl einer geschuldeten Rückbuchg Ers des Zinsschad (BGH WM **84**, 958). Im Bereich der Telekommunikation haftet die Post privrechtl (Karlsr NJW **94**, 1291) beschr nach Maßg ihrer amtl veröffentlichten, zur EinsichtN bereitgehaltenen AGB (vgl AGBG § 23 II 1 a, dort Rn 5). Verpfl der Post, Namen der vors handelnden Bediensteten anzugeben (BVerwG **10**, 274). – Für den Verlust von Einschreibsendgen im internat PostVerk haftet die Post nicht, wenn er auf einer Beschlagn aGrd der RVorschr des BestimmgsLandes beruht (Art 41 § 2 Nr 2 WeltpostVertr). Auf die Rechtmäßigk der Maßn staatl Stellen des BestimmgsLandes kommt es nicht an (BGH DB **80**, 1339).

142 **b) Für Schäd außerhalb eines konkreten Benutzungsverhältnisses,** insb für Verl der VerkSichgsPfl, haftet die Post nicht nach § 839, Art 34 GG, sondern mangels Zuweisg zu den hoheitl Aufgaben (§ 823 Rn 124) privrechtl, weil ein u dieselbe Tätigk nicht gut iR eines BenutzgsVerh privrechtl (vorstehd Rn 141), außerh eines solchen aber hoheitl Natur sein kann (ebso Karlsr NJW **94**, 1291 für Errichtg u Betr von Telekommunikationsanlagen; aA Karlsr NJW **94**, 2033: Telekommunikationsbaudienst, Nürnb NJW **94**, 2032: VerkUnfall bei Zustellg eines Eilbriefs, weil MonopolLeistg Mü NJW-RR **94**, 1442 ohne eig Begründg).

143 **c)** Wg **Verletzung privatrechtlicher Pflichten einschließlich der Verkehrssicherungspflicht** haftet die Post nach §§ 823 ff.

144 **Prüfungsausschuß** bei Ausschreibgen; Ermittlg des vorteilhaftesten Angeb (BGH WM **61**, 207). – **Prüfungswesen** (Hochschule). Fehlerh Anwendg von PrüfgsBest bei Abn einer Prüfg (BGH VersR **79**, 1056, BayObLG NJW **69**, 846), bei Bewertg einer schriftl Arb (Kblz u BGH VersR **91**, 304); Voreingenommenh des Prüfers (BGH NJW **83**, 2241). – **Staatliche Reblausbekämpfung** ist Ausüb öff Gewalt (BGH **LM** Art 34 GG Nr 59). – Beigeordneter **Rechtsanwalt** übt keine öff Gew aus (BGH **60**, 255). – **Falsche Rechtsmittelbelehrg** dch Behörde kann AmtsPflVerletzg sein (BGH NJW **84**, 168). – **Gesetzliche Rentenversicherung.** Unvollständ Ausk über ErwerbsUnfähigkRente (Saarbr NVwZ **95**, 199). – **Rettungsdienst** ist, wenn öffentl organisiert, Ausübg hoheitl Gew (Hausner MedR **94**, 435), so Notarzteinsatz in NRW (BGH NJW **91**, 2954). Vgl aber Rn 95 „DRK".

145 **Richter, Rechtspfleger.** – **Spruchrichter** vgl Rn 67 ff. Unricht Streitwertfestsetzg, unricht Besetzg des KollegialGer (BGH **36**, 144). Grdsätzl kein Unterschied zw AmtsPfl des Ri u Not bei Aufn von Urk (BGH DRiZ **63**, 234), bei Beurk eines ProzVergl auch ggü dem auf seine RGültigk vertrauenden Dr (BGH DRiZ 63, 234).

146 Im ProzKostenhilfeVerf ist der RA, dessen Beiordng beantragt ist, nicht Dr (BGH **109**, 163). – **b) Aufsichtsrichter:** Haftg für AO hins Pfandkammer (RG **145**, 204). – **c) Haftrichter.** Es gelten die gleichen Grdsätze wie für den Staatsanwalt (BGH **122**, 268 [271]; vgl Rn 153. – **d) Konkursgericht.** Pfl das SchuVerzeichn richt zu führen ggü allen, die in das Verzeichn insehen. Ggü den Gläub Pfl zur Überwachg u Beaufsichtig des KonkVerw (BGH DRiZ **65**, 378); Prüfg der Zahlgsunfähigk des GemSchu u des Bestands einer noch nicht rkräft titulierten Fdg vor Eröffng des KonkVerf (BGH NJW-RR **92**, 919). Nichtentlassg eines KonkVerw, von dem sich der RPfleger hat bestechen lassen, Ers des daraus entstandenen Schad (Mü NJW-RR **92**, 1508). – **e) Nachlaßgericht.** Dr im ErbSchVerf ist, wer als RNachf in Frage kommt, u wer im Vertrauen auf die Richtigk des ErbSch ein RGesch in Bezug auf den Nachl (§§ 2365, 2366) abschließt (BGH NJW **92**, 2758). Pfl zu sorgf Prüfg der Echth eines Test, insbes bei Verändergen zu sorgf Ermittlg aller für die ges Erbfolge erhebl Tats (BGH NJW-RR **91**, 515). Pfl zur Einziehg eines unricht ErbSch (BGH **117**, 287 [301]). Nichterwähng der Nacherbfolge im Erbschein. Ungenügde Beaufsichtig des NachlVerw, Haftg auch den NachlGläub. AmtsPfl, bei Erteilg eines Zeugn über die Fortsetzg der ehel GüterGemsch ggü einem einseit Abkömmling insow, als dessen RStellg dch die Verwendg eines unricht Zeugn im RVerk beeintr werden kann (BGH **63**, 35). MittPfl an Beteil gem § 2262 u an GBA gem § 83 GBO (BGH **117**, 287

147 [295, 300]). – Keine Pfl zu umfassd RBelehrg der Beteil (BGH **117**, 287 [302]). – **f) Registergericht.** Pfl zur NichtEintr od Löschg einer unzul Firma im öff Interesse an der Richtigk u Vollständigk des HandelsReg zum Schutz des Publikums vor irreführendem Firmengebrauch; dazu gehört nicht der Einzutragde (BGH **84**, 285). – **g) Strafrichter.** Entsch über Eröffng des HauptVerf ist keine AmtsEntsch; unbeh Tatverdacht ist unbest RBegriff mit BeurteilgsSpielraum (BGH NJW **70**, 1543). – **h) Vergleichsrichter.** Pfl zur Ablehng der VerfEröffng ohne Bestellg eines vorl Verwalters, wenn Aussichtslosigk des Verf ow erkennb (BGH NJW **81**, 1726). – **i) Vollstreckungsgericht.** Fehler in der ZwVollstr, zB bei Verteilg nach ZPO § 872 (RG **144**, 391); unzuläss AO u Vollziehg von Beugehaft (Mü-NJW RR **94**, 724); Nichtvollständigg des Gläub von Abn der eidesstattl Vers, Nichterforschg des Verstecks von VermWerten (BGH **7**, 287). –

148 **k) Vormundschaftsgericht.** PflVerl ist jede Verl des Kindes-, od Pfleglingsinteresses innerh des dem VormschGer übertr AufgKreises, zB mangelh Beaufsichtigg des Vormd, unterlassene AO der Vormsch (§§ 1837, 1773, 1846), Übertr von Vormsch über die Kräfte des Mündels hinaus (BGH MDR **62**, 641). Das Ger muß bei seinen AO den für den Mdl gefahrloseren Weg wählen (BGH DNotZ **62**, 158) u auf die RWirksamk von RGesch achten, an denen es mitwirkt (BGH WM **68**, 196). AmtsPfl ggü dem Mündel zu sorgf Aufklärg u Gesamtwürdigg des Sachverhalts bei GenAnträgen (BGH WM **95**, 64); dabei genaue Abwägg, ob ideelle Interessen des Mündels es rechtfertigen, einen wirtsch nicht vorteilh Vertr zu genehmigen (BGH NJW **86**, 2829). Übermäß GrdstBelastg darf nicht gen werden (BGH VersR **74**, 358). Daß auch der Notar denselben Fehler gemacht hat, ist keine Entlastg (BGH DNotZ **62**, 158). Pfl zur erforderl rechtzeit Pflegerbestellg (BGH VersR **68**, 172). Zu den AufsPfl des VormschGer gehört vor allem Überwach der für das MdlVerm gegebenen SchutzVorschr. MdlGeld darf nicht ohne Grd in der Hand des Vormd bleiben, die Sperre über das Sparkassenbuch nicht über den erforderl Betr hinaus aufgeh werden (RG **85**, 416). Versch des Vormd bei Abwendg des Schad muß sich Mdl gem § 254 II anrechnen lassen, wenn er als sein ges Vertr gehandelt hat, was bei Veruntreuungen des ungenügd überwachten Vormd zu verneinen ist (BGH **33**, 136). Sorgfält Prüfg vor Entsch nach § 1822 Ziff 2 (BGH WM **65**, 1058). Auch Pfl zur unterstützden u mitwirkd beratden Tätigk ggü dem Vormd, insb über die Gefahren des v ihm zu beurkundden Gesch (BGH DRiZ **63**, 234). Auch FürsPfl ggü dem Kind bei AuseinandS der VermGemsch zw ihm u dem sich wiederverheiratden ElternTl, § 1683 (BGH WM **65**, 1957). – l) **Zwangsversteigerungsgericht.** Pfl zur Einhaltg der ges 149 Vorschr u Hinw auf die RLage ggü allen an der ZwVersteigerg Beteil einschl den Bietern (BGH NJW **91**, 2759: Bestehenbleiben eines AltenteilsR); nicht ggü Unbeteil, zB Bürgen. Pfl zur Beachtg u des § 43 I 1 ZVG (BGH LM [D] Nr 5). Entferng des RPflegers währd der Bietgsstunde aus Terminszimmer, auch wenn in einem and Zimmer jederzeit erreichb (RG **154**, 397). ZuschlErteilg trotz fehlder Vorauss der ZwVollstr. Versagg des Zuschlags wg eines Formfehlers (BGH MDR **87**, 298). Unricht Berechng des geringsten Gebots (BGH WM **77**, 592). Fortsetzg eines ZwVerstVerf, das auf Bewilligg der betreibden Gläub zunächst eingestellt war (RG **125**, 23). Ungerechtf Vertagg eines Termins (RG **125**, 299); ZwVerstGer darf sich auf Richtigk der ihm nach ZVG § 19 II zu erteilden GBAbschr verlassen (RG **157**, 92). Zwangsverwaltungsverfahren (BGH WM **64**, 789). – **Grundbuchamt** oben Rn 104.

Rundfunkanstalt vgl Rn 97 „Fernsehanstalt". – **Saatgut.** Die Prüfgs- u ÜberwachgsPfl der Land- 150 wirtschKammer schützen nicht die VermInteressen einz erzeugder od verarbeiter Betriebe (BGH LM Cb Nr 92). – **Sachverständiger.** Gerichtl vgl § 823 Rn 117; Kfz-Sachverst des TÜV iR der Hauptuntersuchg des Kfz gem § 29 StVZO (BGH NJW **89**, 2065). Es haftet das Land (Kln VersR **89**, 1196); ebso bei Vorprüfg einer überwachgspflicht Anl (BGH **122**, 85). Der Käufer eines gebrauchten Kfz ist mit seinen VermInteressen aber nicht „Dr" bei Zulassg trotz techn Mängel des Kfz (BGH NJW **73**, 458), VerkSichgPfl ggü Besuchern für das Gelände u die Einrichtgen des TÜV beurteilt sich nach § 823 (Brschw VersR **91**, 1264). PrüfIng für Baustatik vgl „BauBeh". – Ein HochschulInst wird nicht hoheitl tät, wenn es als Prüfstelle den Herst eines HaushGeräts aGrd privrechtl Vertr eine PrüfBescheinig erteilt (BGH VersR **78**, 518).

Schiedsmann. Ausübg öff Gew (BGH **36**, 193). – **Schlachthof.** Anhalten von verdächt Fleisch (BGH 151 LM § 839 [B] Nr 11). Einstellen von Tieren begründet öffrechtl BenutzgsVerh, auf das die vertragl Best des SchuldR sinngem anzuwenden sind. Die VerkSichgPfl kann den kommunalen Bediensteten als AmtsPfl auferlegt sein (BGH **61**, 7). – **Schleusenmeister** s „Nord-Ostsee-Kanal". – **Schornsteinfeger** s „Bezirksschornsteinfegermeister".

Schulen. Gefährl Pausenhalle, Pfl des Hausmeisters (BGH LM [Fd] Nr 12a: Glaswände auf dem Schulhof; 152 Oldbg VersR **68**, 655: tiefreichde Glasfenster in der Turnhalle; BGH VersR **72**, 979: zweistünd Fehlen einer Aufs über Klasse mit 14–15Jähr. PausenAufs im Schulh je nach den Umst (Celle NdsRpfl **85**, 281). Keine AmtsPfl des Lehrers, radfahrde Schulkinder auf dem Weg von der Schule zu einer außerh der Schule stattfindden Schulveranstaltg zu überwachen (BGH **44**, 103). Pfl, berechtigter mitgebrachtes Eigt der Schüler in angem Umfang vor Verlust u Beschädigg zu schützen (BGH NJW **73**, 2102). Pfl zur sicheren Aufbewahg mitgebrachter Garderobe währd einer ElternVersammlg nur unter best Vorauss (BGH NJW **88**, 1258). Verantwortg des Trägers der SchulVerw für möglichst gefahrl Auswahl, Einrichtg u Überwachg einer Schulbushaltestelle (BGH MDR **77**, 207 u NJW **82**, 37). Anpassg des SchulGbdes oder Anlagen an die bes Zwecke der Schule (BGH VersR **69**, 799). Haftg für ordngsgem Beschaffenh von Geräten u Einrichtgen (BGH LM § 839 (Fd) Nr 9: Schutz der Schüler vor jeder Gef kann nicht gefordert werden), des Schulhofes (RG **102**, 6), für VerkSicherh des Schulgebäudes (BGH LM § 839 (Fd) Nr 9 u BGH MDR **67**, 656); Sicherg des Treppengeländers gg Hinunterrutschen (BGH NJW **80**, 1745); Turngeräte (BGH VersR **57**, 201), Spielgeräte (BGH LM § 839 (Fd) Nr 11). Schulausschuß NRW. AmtsPfl beim VorschlagsR für BeförderngsStellen auch zG von Mitbewerbern (BGH VersR **94**, 558). **Schulbus** ist nicht in SchulBetr eingegliedert, Haftg des BusUntern also nicht ach RVO §§ 636, 637 ausgeschl (BGH NJW **82**, 1042). Haftg für **Schülerlotsen** (Köln NJW **68**, 655). Mitwirkdes Versch der Eltern (BGH NJW **64**, 1670 u Einf 12, 13 vor § 823). Vgl auch oben unter „Lehrer". – **Sozialhilfe.** Beim Anspr aus BSHG 69 III 2 ist geschützter Dr nur der FürsBedürft (Stgt u BGH VersR **90**, 276 u 268). Keine Amtspfl des Sozhilfeträgers ggü dem Altersheimträger bei Zahlg ausstehder Pflegekosten (Köln NJW-RR **95**, 570). AmtsPfl, einen Antr auf SozHilfe in angem Zt zu bescheiden, nur ggü dem AntrSt (Köln VersR **95**, 784).

Staatsanwalt. Einen Dritten kränkde Veröffentlich währd des ErmittlgsVerf, Pfl bei Stellg des Antr auf 153 Haftbefehl (BGH **27**, 338). Sicherstellg der dem Täter abgenommenen Sachen. Grds der VerhältnMäßigk bei Fahndg in Massenmedien (Hamm NJW **93**, 1209). Pfl, unter dem Grds der VerhältnMäßigk ggü dem Beschuldigten, nicht ggü seiner Ehefrau (Saarbr OLGZ **94**, 181), nach Beendigg des ErmittlgsVerf alsbald Anklage zu erheben od das Verf einzustellen (BGH **20**, 178, NJW **89**, 96). Staatsanwaltschaftl Entsch im Ermittlgs- u gerichtl StrafVerf sind keine ErmEntsch, lassen aber dem Staatsanwalt Beurteilungsspielraum (BGH **122**, 268). Unberecht Anklageerhebg ist amtspflwidr nur, wenn die Bejahg hinreichden Tatverdachtes, unberecht Einl eines ErmittlgsVerf nur, wenn die Bejahg eines Anfangsverdachts unvertretb war (BGH NJW **89**, 96). Gleiches gilt für die DchsuchgsAO (BGH NJW **89**, 1924). Ausschaltg eines PrivDetektivs ist rmäß nur zur Abwehr rwidr Störg des ErmittlgsVerf (BGH NJW **89**, 1924). Bei PresseErkl über ErmittlgsVerf gelten vorstehde Grds nicht, nöt ist vielmehr die erforderl Abwägg zw dem InformationsR der Presse u dem allg PerslkR des Beschuldigten, ganz bes Vorsicht bei NamensNenng (BGH WM **94**, 992, 1950). – BußgeldVerf vgl Rn 94. – **Standesbeamter.** AmtsPfl, den Verlobten iF dringer Todesgef eine unverzügl Eheschliessg zu ermöglichen, auch zum Schutz des Interesses des Überlebden an einer Hinterbliebenenrente (BGH NJW **90**, 505), auch sonst keine unnöt Verzögerg der Eheschließg (LG Ulm NJW-RR **95**, 198). – **Steuerbeamter.** Unbegründete Steuerveranlagg (BGH **39**, 77). Verzögerte Sachbehandlg (BGH WM **63**, 349). Schätzg der BesteuergsGrdl nur, wenn die SteuerBeh sie nicht ermitteln od berechnen kann (Düss

NJW **93**, 1210). KonkAntr wg rückständ Steuern ohne Vorliegen eines KonkGrdes, BewLast hierfür beim SteuerSchu (BGH **110**, 253). Einlegg eines unzul RMittels (BGH **21**, 359). Gleichzeit Steuerfestsetzg u Vollstr ohne vorher Mahng u ohne Gewährg v Erleichtergen wie Stundg, VollstrSchutz (BGH WM **82**, 824). Unbefugte Preisgabe eines Steuergeheimn (BGH NJW **82**, 1648). Rwidr AO u Vollziehg eines Steuerarrestes (BGH NJW **86**, 2952). Unzuläss Aufr mit festgesetzter EinkSteuerFdg gg Anspr auf Auszahlg einer zur Haftverschong hinterlegten Kaution (OLG Karlsr u BGH VersR **91**, 334). AmtsPfl des Steuerprüfers zu richt Feststellungen auch ggü dem Steuerpflichtigen (BGH NJW **87**, 434). Beim Erl von Gewerbesteuerbe-
154 scheiden dch die LandesFinBeh ist die hebeberecht Gem nicht Dr (Saarbr VersR **94**, 1191). – **Stiftungsaufsicht.** Dem damit betrauten Beamten obliegt die Wahrnehmg als AmtsPfl auch ggü der Stiftg selbst (BGH **68**, 142). – **Strafregisterführer.** Tilggsreife eines Strafvermerks übersehen (BGH **17**, 153). Pfl zur Richtigstellg des Zeugn, aber nicht ggü dem Verpächter einer Gaststätte hinsichtl des Pächters (BGH NJW **81**, 2347). – **Strafvollzugsanstalt.** AmtsPfl des AnstArztes ggü dem an ansteckder Krankh leidden Häftling u ggü den and Häftlingen (BGH NJW **62**, 1054). Vgl auch Rn 8. Ebso Pfl zur GesundhFürs für Untersuchs-Häftling mit schweren KrankhErscheingen (BGH NJW **82**, 1328). Pfl zur Verhinderg eines erkennb Selbsttötgs Versuchs eines Häftlings (Hamm NJW **89**, 1809). Pfl dafür zu sorgen, daß an einen Gefangenen versandte Waren diesen erreichen, auch ggü dem Lieferanten (BGH NJW **83**, 627). AmtsPfl zu richt u vollständ Ausk über Vorstrafen eines Häftlings im Hinbl auf dessen Bewerbg vor Einstellg bei PrivUnternehmen (BGH NJW **91**, 3027).

155 Bei **Straßenbauarbeiten** gebührde Rücks auf Benutzerinteressen (BGH NJW **64**, 199). BauAufs dch
156 beauftr Bediensteten über priv BauUntern ist Ausübg hoheitl Gewalt (BGH WM **73**, 390). – **Straßenverkehr.** Teiln ist Ausübg hoheitl Gew, wenn damit hoheitl Aufgaben unmittelb wahrgen werden (Streifenfahrt der Polizei), ferner wenn die eigentl Zielsetzg der Fahrt hoheitl Tätigk zuzurechnen ist u zw dieser Zielsetzg u der schädigen Handlg ein enger innerer u äußerer Zushang besteht (BGH VersR **71**, 934 mit Beisp; vgl auch § 823 Rn 125 unter „Straßen usw"). Anderweit ErsMöglk vgl Rn 58. Verantwortlichk der Stadt für baul Mängel einer Bushaltestelle (BGH VersR **73**, 346).

157 **Straßenverkehrsbehörde. – a) Zulassung,** ohne daß KfzBrief vorgelegt wird, ist PflVerletzg nur ggü dem Eigentümer u dingl Ber (BGH **10**, 122) u ggü dem EigtVorbehKäufer (BGH **30**, 374); unberecht Stillegg eines Kfz (BGH WM **64**, 65); unricht Übermittlg der technischen Daten an Sammelstelle ist PflVerl ggü Eigentümer des abhanden gekommenen Kfz (BGH **10**, 389), nicht jedoch deren unricht Aufn in den KfzBrief ggü Erwerber (BGH **18**, 110). Pfl zur richt Ermittlg der ErstZulassg u ihrer Eintr im KfzBrief besteht nicht ggü dem Erwerber zum Schutz seiner VermInteresses (BGH NJW **82**, 2188). Zulassg ohne HaftPflVers ist AmtsPflVerl (BGH BB **53**, 694). Ebso muß die ZulassgStelle auf Anz nach § 29 d II StVZO unverzügl den KfzSchein einziehen u die notw Maßn zur Stillegg des nichtvers Kfz einleiten. – Geschützt sind potentielle Opfer des StrVerk einschl dem Mitfahrer u die weiterhafte Vers (BGH NJW **82**, 988, NJW **87**, 2737), allerd Beschränkg der Haftg auf die ges vorgeschriebenen MindestVersSummen (BGH **111**, 272); nicht geschützt sind Halter, Entleiher und Fahrer (Düss NJW-RR **88**, 219, Kln VersR **93**, 319). Überwach der züg Erledigg eines Amtshilfeersuchens in dieser Richtg (Kblz VersR **78**, 575); keine AmtsPfl ggü dem öff Dienstherrn des Verletzten, der diesem Versorggsleistgen zu erbringen hat (BGH NJW **61**, 1572); AmtsPfl zum sofort Handeln der PolDienststelle, die StilleggsErsuchen der KfzZulassgsStelle erhält (BGH VersR **76**, 885). AmtsPfl nach § 25 III StVZO, mißbräuchl Verwendg von KfzBriefVordrucken zu verhüten, auch ggü dem Käufer eines Gebrauchtwagens (BGH NJW **65**, 911). Keine Haftg ggü dem Käufer eines Gebrauchtwagens für VermSchäd wg Mängeln, die der Sachverst bei Zulassg übersehen hat, § 21 StVZO (BGH DAR **73**, 155). Ausgabe eines Führerschs an körperl Untaugl (BGH VersR **56**, 96). Versagg der Wiedererteilg eines entzoge-
158 nen Führerscheins ohne hinreichde Ermittlg nach § 9 StVZO (BGH NJW **66**, 1356). – **b) Verkehrsregelung** ist öffrechtl Pfl der StrVerkBeh (§§ 44, 45 StVO) ggü allen VerkTeiln, die die Str nach der Art ihrer VerkEröffng benützen dürfen (BGH VersR **81**, 336). Dazu gehören Sicherh u Leichtigk des Verk u die Einrichtgen für die VerkRegelg. Zu unterscheiden ist die VerkSichergsPfl, dh Schutz der VerkTeiln vor Gef, die aus dem Zust der Str bei zweckgerechter Benutzg drohen (vgl § 823 Rn 125 ff). Die Anbringg von Warnschildern od sonst VerkZeichen ist zur Sicherh des StrVerk nur an gefährl Stellen obj erforderl. Das setzt voraus, daß wg der nicht ow od nicht rechtzeit erkennb bes Beschaffenh der Str die Möglk eines Unfalls auch für den Fall naheliegt, daß der VerkTeiln die im Verk erforderl Sorgf hat walten lassen (BGH VersR **81**, 336). Verkehrsumleitg (BGH NJW **60**, 239). Fehlerh Aufstellg eines VerkZeichens (Hamm NJW- RR **86**, 770); fehlde Negativbeschilderg einer von rechts kommden Str (Karlsr VersR **84**, 1077). Hinw auf überraschd eingeführte Änderg der VorfahrtsRegelg, wenn zusätzl Hinw auf geänderte VerkFührg, wenn die VerkRegelg auch so deutl erkennb ist (Stgt VersR **89**, 627). Haftg für undeutl u irreführde Maßn (BGH NJW **66**, 1457); sich widersprechde Lichtzeichen an einer Kreuzgs-AmpelAnl, „feindl Grün" (BGH NJW **72**, 1806, NJW **87**, 1945, Düss VersR **89**, 58, Karlsr NJW **93**, 1402), PhasenSchaltg nicht den örtl Verh angepaßt (Düss VersR **77**, 455), zeitversetzte Phasenschaltg innerh einer grünen Welle, auch an Fußgängerüberweg (BGH VersR **90**, 739); fehlerh Ampelschaltg inf falscher Programmierg (BGH NJW **71**, 2220; HerstFirma wird nicht öffrechtl tät); automat Umschaltg auf gelbes Blinklicht bei Ausfall aller Rotlichter in einer FahrtRichtg (Kln DAR **77**, 323); bei BetrStörg liegt die BewLast für fehldes Versch bei der Gem (Düss MDR **78**, 842). In einigen BLändern bestehen spezielle Regelgen, nach denen die für die Haftg nicht auf Versch ankommt (vgl Jox NZV **89**, 133). Dagg gehört Überwachg der AmpelAnl auf Funktionsstörgen (SchaltgsDefekte) zur privrechtl VerkSichgPfl (BGH NJW **72**, 1268); keine laufde ÜberwachgsPfl bei eingebauten techn SichergsSystem (Celle VersR **82**, 76). Nichtbeseitig einer Ölspur (BGH VersR **54**, 401), wie überh Duldg verkwidr Zust auf öff Str u Märkten (BGH VersR **55**, 453). Vgl auch Rn 139.

159 **Theatersubvention.** Grdsätzl Pfl, das Vertrauen des Subventionsbewerbers in die Beständigk des VerwHandelns zu beachten (BGH JZ **75**, 485). – **Tiefflüge.** Pfl der Verantwortl, dafür zu sorgen, daß die NATO-Streitkräfte die festgesetzten zuläss Flugzeiten einhalten, andernf SchadErsPfl der BRD für GesundhSchäden von Bewohnern der Tiefluggebiete (BGH **122**, 363). – **Tierarzt** s unter Amtstierarzt. – Nichtbeamteter **Trichinenbeschauer** in Bayern; Haftg der Gem (BGH VersR **61**, 849). – **Trimmanlage** ist Leistg der VerwiR der Daseinsvorsorge, Haftg der Gem für konstruktiv bdgte Gefahren (Düss VersR **76**, 1160). – **TÜV** vgl Rn 150.

Umsiedlungsbehörden. Keine Pfl der beteil Beh gg einand (BGH **32**, 145). – **Umweltschutz.** Abwasser- 160
beseitigg ist hoheitl Tätigk, Pfl zur Abwendg von Gefahren (BGH NJW **72**, 101). Haftg für UmweltSchäd vgl
Schmidt-Salzer VersR **92**, 389. Keine AmtsPfl ggü Waldbesitzern um Erlaß von Vorschr gg schädl Immis-
sionen (Mü VersR **86**, 871). Überplang von Altlasten s Rn 93. – **Urkundsbeamter.** Fehlerh Ausfertig eines
VollstrBesch, aber kein Schutz der Gläub nicht in allen ihren Belangen (BGH NJW **81**, 2345). Versehentl Aufn
in Liste der Pers, bzgl deren KonkAntr mangels Masse abgelehnt ist. Pflichtwidr verzögerte Zustellg einer
Wechselkl (BGH ZIP **83**, 1245). Fehlerh Zustellg. Nichtüberwachg der wg VerjGefahr eiligen Zustellg eines
Schriftsatzes (BGH WM **83**, 985). Unrichtiges RechtskrAttest (BGH **31**, 388: ggü ProzPart, nicht ggü Dr).
Vgl auch Grundbuchamt.

Versicherungsaufsicht, keine AmtsPfl ggü dem einz VersN od VerkOpfer (BGH **58**, 96, Ffm VersR **70**, 161
657; aA Scholz NJW **72**, 1217). – **Versicherungsträger.** Bei Beanstandg des Heil- u Kostenplanes eines
Zahnarztes über Prothetik u dadch veranlaßtem Wechsel des Zahnarztes Haftg (BGH NJW **81**, 636). –
Versorgungsbehörde, verpflichtet zur sachgem Beratg von Schwerbeschädigten (BGH NJW **57**, 1873). Pfl
in Bezug auf die versorggsrechtl notw Untersuch u Begutachtg (BGH **LM** § 81 BVG Nr 2). Fehlerh
unterlassene Zuerkenng des Merkzeichens „G" an den Schwerbehinderten (Nürnbg NJW **88**, 1597). Ausübg
öff Gew auch bei Gewährg freiwill FürsLeistgen (BVerwG NJW **61**, 137). – **Vormund** vgl „Jugendamt".

Waldsterben. Kein SchadErsAnspr des geschäd Eigtümers gg die BRepublik od das Land (BGH **102**, 350, 162
Kln NJW **86**, 589, v Hippel NJW **85**, 30). – **Wasseraufsicht** s Rn 106. – **Wasserlieferung** s § 823 Rn 138. –
Landwirtsch **Wasser- und Bodenverband.** SchadErsPfl ggü Mitgl wg fehlerh dchgeführter Meliorations-
Maßn (BGH VersR **87**, 768). – **Wehrersatzamt.** Kein SchadErsAnspr für Zeitverlust bei Einziehg eines
Untaugl zum Wehrdienst (BGH **65**, 196). – **Weinbaugebiet:** Siehe bei Reblausbekämpfung. – **Staatlicher
Weinkontrolleur** (BGH **LM** [Fc] Nr 19).

Zivildienst. IdR Haftg der BRD nach § 839, auch wenn die BeschäftiggsStelle privrechtl organisiert ist u 163
privrechtl Aufg wahrnimmt (BGH **118**, 304). Keine AmtsPflVerletzg, wenn ein ZivDienstLeister fahrl das
Eigt seiner privrechtl organisierten BeschäftiggsStelle beschädigt (BGH **87**, 253). – **Zollbeamte.** Pfl zur richt
Tarifierg der gerade einzuführden Sendg auch im Interesse des ZollPflicht (BGH NJW **76**, 103). Pfl zur
Beachtg des gesetzl PfdRechts von Spediteur, der Waren beim Zollamt einlagert, zur Anfertigg einer
Niederschr über die getroffenen Maßn u Zuleitg einer Abschr an den Betroffenen (BGH **LM** (Fl) Nr 5). Pfl zur
lückenl KfzHaftPflVers bei Einreise von Ausländern, in deren Heimatstaat keine HaftpflVers besteht, sowie
zur Zurückweisg nichtvers Kfz von der Einreise (BGH NJW **71**, 2222, Kln VersR **78**, 649); diese Pfl
beschränkt sich auf die zugelassenen Grenzübergänge (Hbg NJW **74**, 413). Mangelh Sicherg der Waffe. Für
Fehler des Kapitäns eines Zollkreuzers haftet Staat als Reeder, EGHGB Art 7 (RG JW **36**, 2653). ZollAusk
begründen Haftg nur dann, wenn sie unter Beachtg der ges SonderVorschr in § 23 ZollG, §§ 28–31 AZO
erteilt werden (BGH DB **75**, 2430).

840 *Haftung mehrerer.* **¹Sind für den aus einer unerlaubten Handlung entstehenden Scha-
den mehrere nebeneinander verantwortlich, so haften sie,** *vorbehaltlich der Vorschrift des § 835
Abs. 3,* **als Gesamtschuldner.**

**ᴵᴵIst neben demjenigen, welcher nach den §§ 831, 832 zum Ersatze des von einem anderen verur-
sachten Schadens verpflichtet ist, auch der andere für den Schaden verantwortlich, so ist in ihrem
Verhältnisse zueinander der andere allein, im Falle des § 829 der Aufsichtspflichtige allein verpflich-
tet.**

**ᴵᴵᴵIst neben demjenigen, welcher nach den §§ 833 bis 838 zum Ersatze des Schadens verpflichtet ist,
ein Dritter für den Schaden verantwortlich, so ist in ihrem Verhältnisse zueinander der Dritte allein
verpflichtet.**

1) Allgemeines. In Abs I sind die Wörter „vorbehaltlich der Vorschrift des § 835 III" durch § 71 RJagdG u 1
§ 46 II Nr 1 BJagdG gestrichen. § 840 setzt voraus, daß von Mehreren jeder einz nach allg DeliktsVorschr
bereits haftet, schafft aber selbst keine AnsprGrdlage (BGH NJW **79**, 544). **Begriff der unerlaubten
Handlung (Abs I)** ist hier im weitesten Sinne zu verstehen, er umfaßt nicht nur die Tatbestd der §§ 823 ff,
auch § 839 (BGH **118**, 263), sond jede Haftg aus wirkl od vermutetem Versch, ohne die Gefährdgshaftg o
Rücks darauf, ob sie im BGB od in SonderGes geregelt sind. Anwendb auch, wenn ein Schädiger aus uH, der
and aus nachbarrechtl AusglPfl haftet (BGH **85**, 375). Haftg des Untern ggü dem SozVersTräger neben dem,
der den ArbUnfall vorsätzl od grob fahrl verursacht hat, vgl § 641 RVO. Ist die Haftg des ArbG seinem ArbN
ggü nach § 636 RVO od nach den Grdsätzen in § 611 Rn 152ff ausgeschl, so fehlt GesSchuldVerh mit dem
außerh des SozVersVerh stehden ZweitSchäd; dieser haftet desh dem SozVerTräger nur auf den Tl des Anspr,
der seinem VerantwortgsTl im Verh zum ArbG entspricht (BGH **51**, 37). Ebso, wenn es sich bei dem für den
Unf mitverantwortl ErstSchäd um einen ArbKollegen des Verl handelt (BGH MDR **71**, 31). Ein MitVersch
des Untern, der seinem geschäd ArbN Krankenbezüge bezahlt hat, muß sich der SozVersTräger anrechnen
lassen (BGH MDR **70**, 834). Kein GesSchuldVerh zw dem erspflicht Beamten u einem aus Gefährdg haftden
Tierhalter (BGH NJW **86**, 2883).

2) Verhältnis nach außen 2

a) Nebeneinander verantwortlich sind mehrere, wenn jeder von ihnen nach § 830 I haftet, ferner wenn
mehrere nicht miteinand in Verbindg stehde Pers selbständ als Nebentäter denselben Schad verurs haben
(BGH **LM** Nr 7a). Nebeneinand verantwortl sind also: mehrere Tierhalter, Tierhalter u KfzHalter, die
Eisenbahn u der Tierhalter, die Eisenbahn u mehrere KfzHalter (BGH **11**, 170), die Eisenbahn mit einem nach
§ 823 haftenden Dr (BGH **17**, 214), auch wenn dies ein ElternTl wg Verl der AufsPfl ist (BGH **73**, 190),
mehrere Eisenbahnen, Eigt u Pächter bei Verl der allg VerkSichgPfl, KfzHalter u Fahrer, der sich eigenmächt
in Bes des Kfz gesetzt hat (KG OLGZ **79**, 77). Mehrere ArbN bei Tätlichk, die zugl and ArbN gefährden,
(BAG BB **68**, 1383), ArbG u ArbN, die dem Verl nach §§ 823, 831 haften, sow nicht die Grds der gefgeneigten

Arb eingreifen (BAG DB **89**, 1727). Mehrere Schädiger, wenn der Schad dch das ZusWirken mehrerer EinzelSchäd (KörperVerl dch zwei aufeinanderfolgde Unfälle) verurs worden ist, es sei denn, daß der spätere GesSchad ganz od teilw auch unabhängig von dem 2. SchadEreign eingetreten sein würde (BGH **LM** Nr 7 a, NJW **64**, 2011). Gleichgült ist, ob einer der GesSchu bereits rechtskr verurteilt ist. Haftg des ArbN iR eines Dod ArbVerh vgl § 611 Rn 152 ff.

3 **b) Zusammentreffen mit Vertragshaftung.** Haftet einer der an der uH Beteil auch aus Vertrag, bleibt § 840 anwendb, grds nicht jedoch, wenn einer nur aus Vertr haftet. Stehen jedoch die Beteil in einem echten GesamtschuldVerh zueinand, was sich danach bemißt, ob ein innerer Zushang der beiden Verpfl iS einer rechtl ZweckGemsch besteht, so gilt für sie § 840, auch wenn einer von ihnen nur aus Vertr haftet (BGH VersR **69**, 737). Über den vertragl Ausschl der Haftg ggü einem Schädiger vgl § 426 Rn 15–18. Mitw Versch, das sich der Geschäd im Verh zu einem GesSchu aGrd einer zu diesem bestehden VertrBeziehg anrechnen lassen muß, wirkt auch zG der übr GesSchu, auch wenn diese allein aus uH haften (BGH **90**, 86).

4 **c) Haftung als Gesamtschuldner** bedeutet, daß jeder zum Ers der ganzen Schad verpfl ist, der Gläub den SchadErs aber nur einmal fordern darf (§§ 421 ff). Daß Haftg der mehreren GesSchu stets gleich hoch sein müsse, folgt nicht aus § 840 I, vielm ist unterschiedl Haftgsumfang mögl, zB BilligkHaftg eines Verletzers nach § 829, unterschiedl Bemessg des SchmerzGeldes wg unterschiedl pers od wirtsch Verh (BGH NJW **71**, 33). GesSchuldVerh besteht sodann bis zum geringeren Betrag (BGH **12**, 213 [220]). Wg der HaftgsFreistellg des ArbN bei gefahrgeneigter Arb verkürzt sich der ErsAnspr des ArbG gg den außenstehden Zweitschädiger um die Quote, die im InnenVerh der beiden Schädiger auf den ArbN entfällt (Karlsr OLG **69**, 157). Ebso ist der Ers eines außerh des geschäd ArbN gg einen SozVersVerh stehden ZweitSchäd u damit der Betr beschr, der auf ihn im InnenVerhältn zum ArbG (ErstSchäd) endgült entfiele, wenn die SchadVerteilg nach § 426 nicht dch die SonderRegelg der §§ 636, 637 RVO gestört wäre (BGH **61**, 51, Ffm VersR **88**, 191). Wg der HaftgsBeschrkg in § 46 BeamtVG kann der auf einer Dienstfahrt verl Beamte einen außerh des DienstVerh stehden Zweitschädiger nur insow auf SchadErs in Anspr nehmen als dieser zu dem im öff Dienst stehden Erstschädiger für den Schad verantwortl ist (BGH **94**, 173). Sind für eine UnfallVerl sowohl der Ehegatte des Verl als auch ein Dritter verantwortl, dann sind die ErsAnspr gg den Dr nicht von vornherein wg § 1353 um den MitVerantwortgsAntl des Ehegatten zu kürzen (BGH NJW **83**, 624), die ErsPfl des Schäd wird auch nicht dch das HaftgsPrivileg der mitbeteil Eltern in § 1664 berührt (BGH **103**, 338). Das Vorgehen des Gläub nur gg einen GesSchu kann im Einzelfall rmißbräuchl sein (BGH WM **84**, 906). – **Vertragliche Haftungsvereinbarung** zw privilegiertem Erst- u nichtprivilegiertem Zweitschädiger. Hat der Zweitschädiger im InnenVerh die Verantwortlich übernommen, so verkürzt sich der ErsAnspr des Geschädigten gegen ihn nicht, weil der Zweitschädiger unabhäng von der HaftgsPrivilegierg des Erstschädigers von diesem keinen Ausgl verlangen kann, dch dessen Privilegierg also nicht belastet wird (BGH VersR **76**, 991). Hat der privilegierte Erstschädiger den nichtprivilegierten Zweitschädiger von der Haftg freigestellt, so ist zu unterscheiden: Betrifft die Vereinbg die Verantwortlichk für die GefSich, SchadVerhütg, zB Übertragg der VerkSichg auf den Erstschädiger, u damit die HaftgsZuständig, so ist sie iR des gesetzlich GesSchuldVerh auch im AußenVerh zum Geschädigten rechtserhebl. So hat der Verl keinen Anspr gg den außerh des SozVersVerh stehden Zweitschädiger, den der privilegierte Erstschädiger von der Haftg vertragl freigestellt hat (BGH NJW **87**, 2669). Betrifft dagg die Vereinbg ledigl die HaftgsFreistellg des Zweitschädigers, ohne ihn von seiner Verantwortlichk für die SchadVerhütg zu entlasten, so ist sie aus diesem Grund u weil sie den Erstschädiger über seinen VerantwortgsAntl für den Schad hinaus belasten würde, im Außenverh zum Geschädigten unbeachtl (BGH **110**, 114 [119]).

5 **d) Bei Mitverschulden** des Geschäd ist die Abwägg nach dem Grds der Gesamtschau vorzunehmen, wenn die Schädiger Mittäter sind, wenn sie eine HaftgsEinh bilden (vgl § 254 Rn 58) od wenn ihre VerhWeisen zu ein u demselben unfallursächl Umst geführt haben, ehe der VerursBeitrag des Geschäd hinzutrat (BGH **54**, 283). Der Grds der GesSchau ist nicht anzuwenden, wenn sich die Verhaltensweisen des einen Schädigers u des Geschäd in dem näml unfallbdgten UrsBeitrag ausgewirkt haben, bevor der dem and Schädiger zuzurechnde Kausalverlauf hinzutritt u zum SchadEintritt führt. In diesem Fall stehen sich beim Ausgl auf der einen Seite der eine Schädiger u der Geschäd mit einer einheitl Quote, auf der and Seite der and Schädiger ggü (BGH **61**, 213). Ebso gilt in and Fällen der Nebentätersch der Grds der EinzelAbwägg (vgl § 254 Rn 57). Eine MitVerantwortlk eines schuldl, geschäd Kindes wg MitVersch seines ges Vertr kommt weder aus § 278 noch aus dem Gesichtspunkt der Haftgs- od ZurechngsEinh in Betr (BGH MDR **82**, 142).

6 **3) Verhältnis nach innen**

a) Regelfall. Nach § 426 I S 1 sind GesSchu im Verh zueinand zu gleichen Anteilen verpfl, soweit nicht ein anderes bestimmt ist. Dieser AusglAnspr ist selbständ u besteht neben u unabhäng von dem Anspr des Verl gg Täter, er ist insb auch unabhäng davon, ob etwa Haftg des einen von mehreren Verantwortl durch rechtskr Urt verneint worden ist (RG **69**, 422). Einfluß einer Vereinbg üb HaftgsAusschl od -Beschrkg auf die AusglPfl der übr Schädiger vgl § 426 Rn 15–18.

7 **b) Eine anderweite Bestimmung iS von § 426** kann sich aus dem Ges ergeben, vgl dazu auch § 426 Rn 10. Sie kann sich auch aus dem VertrVerh od aus dem die SchadErsPfl begründen Sachverhalt ergeben, zB inf entspr Anwendg von § 254 (BGH **30**, 203, NJW **64**, 2011: Nebentäter, NJW **62**, 1680: Haftg des KfzHalters u des -Führers, KG OLGZ **79**, 77: Haftg des KfzHalters u des Fahrers, der sich eigenmächt in den Bes des Kfz gesetzt hat, BGH NJW **80**, 2348: idR kein AusglAnspr des Zweitschädigers gg den ersten, wenn dessen Haftg ggü dem Geschädigten nur darauf beruht, daß er eine vom Zweitschäd bewußt geschaffene Gefahrenlage nicht alsbald erkannt hat, BGH **54**, 177: Untern, der für Unfall des ArbN mitverantwortlich ist u Krankenbezüge bezahlt hat, muß sich ggü ZweitSchäd außerh des SozVersVerh sein MitVersch anrechnen lassen). Halter und Fahrer desselben Kfz bilden einem Mitschädiger ggü eine Haftgseinheit u sind ihm deshalb entspr ihrem gemeins Anteil nur einmal zum Ausgl verpflichtet (BGH NJW **66**, 1262, § 426 Rn 11, 12). – Bei SchiffsZusStößen ist, soweit überh eine gesschuldner Haftg der Reeder eingreift (Schäden an Leib u Leben), für den AusglAnspr mehrerer Reeder untereinander § 736 II HGB maßg.

c) Keine entsprechende Anwendung der für den SchadErsAnspr geltden Regeln auf den AusglAnspr; 8 denn beide Anspr sind selbstd nach den für sie geltden Normen zu beurteilen (BGH **11**, 172). Daher auch Verj des AusglAnspr in 30 Jahren, wenn für SchadErsAnspr kürzere Verj gilt (BGH aaO).

d) Ein **Anspruch aus § 812** ist dann nicht ausgeschl, wenn die Vorauss des § 426 nicht erf sind. So, wenn 9 ein Nebentäter (Kfz-Fahrer) unter Verkenng eines ihn mit dem geschäd Mdj (VerkOpfer) verbindden ZurechngsEinh (vgl vorstehd Rn 5) mit einer zu hohen Quote belastet worden ist u nunmehr von einem and Nebentäter (AufsPfl über das VerkOpfer) teilw Ers verlangt (BGH NJW **78**, 2392). Ausgl bei ZusTreffen mit **Anspruch aus § 816** vgl dort Rn 6.

4) Abs II u III enthalten eine anderweit Best iS des § 426 I S 1. **Grundgedanke:** wenn auf der einen Seite 10 GefährdgsHaftg od Haftg aus vermutetem Versch, auf der and erwiesenes Versch vorliegt, soll im Innenverh derj den ganzen Schad tragen, der nachweisl schuldh gehandelt hat (Schlesw NJW-RR **90**, 470). Ands wird aber die Ausdehng dieser Vorschr auf ähnl Fälle von HaftgsUnterschieden, insb zG der Haftg des Eisenbahn-Untern u KfzHalters, im Verhältn zu einem and ErsPfl in der Rspr abgelehnt (BGH **6**, 3 [28]), da die Wesensverschiedenh der Tatbest der §§ 833–838 die Ableitg eines allg Grds nicht zulasse. Der nach dem HaftpflG verantwortl EisenbahnUntern kann daher von einem dritten Verantwortl Ausgleichg nur nach § 426, nicht nach § 840 II, III verlangen.

a) Abs II: Nach § 831 haften neben dem Täter der GeschHerr u die ihm nach § 831 II gleichgestellten Pers, 11 nach § 832 der AufsPflichtige, vorausgesetzt daß der Täter für sich den HaftgsTatbestd erf hat. Diese Pers können – abweichd vom Grds des § 426 – in vollem Umfang beim Täter Rückgr nehmen. Ausn bei D- u ArbVerh (§ 611 Rn 152 ff). Der gem § 829 nur subsidiär haftde Täter hat im InnenVerh vollen RegreßAnspr gg den mitverantwortl AufsPflichtigen.

b) Abs III betr den Fall, daß neben dem nach §§ 833–838 ErsPfl ein Dr für den Schad verantwortl ist. Dieser 12 soll im Verh zu dem aus §§ 833–838 Haftden allein verpfl sein. Das ist verständl, wenn der Dr aus wirkl od vermutetem Versch haftet, mag auch seine Haftg auf einer Sonderregelg außerh des BGB beruhen. Nicht vertretb ist es jedoch, den Dr im InnenVerh auch dann allein haften zu lassen, wenn für ihn ein reiner GefährdgsTatbestd gegeben ist. Hier kann sich der nach §§ 833–838 Haftde dem gleichf aus Gefährdg Haftden ggü nicht auf § 840 III berufen, ist vielm nach der allg Regel des § 426 zum Ausgl verpfl. Er hat daher ebso wie in den Fällen, in denen auch der Dr nach §§ 833–838 haftet, intern einen Teil zu tragen (ebso Hamm NJW **58**, 346, MüKo/Mertens Rn 29). Abs III ist entspr anwendb, wenn dem geschädigten Tierhalter nur die mitwirkde TierGef aus GefährdsHaftg, dem and ein feststehdes Versch zur Last fällt; er haftet dann dem Tierhalter voll (Hamm NJW-RR **90**, 794). – Sonderregelg nach § 17 StVG (mehrere Kfz, Kfz u Tier, Kfz u Eisenbahn) u nach § 41 LuftVG (mehrere Luftfahrzeuge, Luftfahrzeug u ein and ErsPflichtiger).

c) § 254 ist entsprechend anwendbar auch im Verh zw Gläub u Schu, u zwar auch dann, wenn einer von 13 ihnen für Versch, der and für Gefährdg einzustehen hat (vgl § 254 Rn 6). Auch hier Sonderregelg nach § 17 I S 2 StVG u § 41 I S 2 LuftVG. Rechnerische Verteilg des Gesamtschad in diesen Fällen, wenn mehrere Nebentäter dem mitverantwortl Geschädigten quotenmäß haften, gem den bei der Einzelabwägg gewonnenen Quoten (BGH NJW **64**, 2011).

841 *Ausgleichung bei Beamtenhaftung.* **Ist ein Beamter, der vermöge seiner Amtspflicht einen anderen zur Geschäftsführung für einen Dritten zu bestellen oder eine solche Geschäftsführung zu beaufsichtigen oder durch Genehmigung von Rechtsgeschäften bei ihr mitzuwirken hat, wegen Verletzung dieser Pflichten neben dem anderen für den von diesem verursachten Schaden verantwortlich, so ist in ihrem Verhältnisse zueinander der andere allein verpflichtet.**

Weitere Ausnahme von dem Grundsatz des § 426. Vorauss ist ein GesSchuVerh zw Beamten u Dr, 1 mögl auch bei nur fahrl Handeln des Beamten. In § 839 S 2 ist nicht die rechtl Existenz eines Anspr gg den Dr, sond seine prakt Durchsetzbark entscheidd (vgl § 839 Rn 55). Kann der Verl seinen Anspr gg den Dr nicht realisieren od ist ihm auch nur die Verfolgg dieses Anspr nach Tr u Gl nicht zuzumuten (vgl § 839 Rn 64), so haften ihm Beamter u Dr als GesSchu; andernf besteht überh kein GesSchuVerh (BGH VersR **84**, 759). § 841 gibt den dort genannten Beamtengruppen in diesen Fällen abweichd von § 426 Anspr auf den vollen Ausgl. In allen übr Fällen eines GesSchuVerh bestimmt sich der Ausgl nach § 840 I iVm § 426. **Hauptfälle:** VormdschRi im Verh zu Gewalthaber, Vormd, ggVormd, Pfleger. NachlRi ggü dem NachlPfleger. KonkRi ggü dem KonkVerw. VollstrRi ggü dem ZwVerw. – Ähnl Best enthält § 1833 II S 2 über das Verh von Vormd zum GgVormd oder MitVormd.

842 *Umfang der Ersatzpflicht bei Verletzung einer Person.* **Die Verpflichtung zum Schadensersatze wegen einer gegen die Person gerichteten unerlaubten Handlung erstreckt sich auf die Nachteile, welche die Handlung für den Erwerb oder das Fortkommen des Verletzten herbeiführt.**

1) Bedeutung, Anwendungsbereich. Unter § 842 fallen alle gg Pers gerichteten uH, insow auch die 1 Tatbestde in §§ 833, 834, 836, 838, obwohl hier eine gegen die Pers gerichtete uH im strengen Wortsinn nicht vorliegt (RGRK/Boujong Rn 2). Entspr Anwendg iF des § 618 III. Dagg keine Anwendg auf uH, die nur gg das Verm gerichtet sind; aber das Ergebn ist dort nach § 249 ebso. § 842 ist wg eigenständ Regelg in den SonderGes der GefährdgsHaftg nicht anwendb. – Ist ein Kind verletzt, kommt FeststellgsKl in Betracht (vgl § 843 Rn 14).

2) Nachteile für Erwerb oder Fortkommen entstehen nicht schon dch Wegfall od Verminderg der 2 ArbKraft als solcher, ersetzb Schad ist vielmehr erst die negat Auswirkg des Ausfalls der ArbLeistg im Verm des Verl, wie sie sich sichtb im ErwerbsErgebn niederschlägt (BGH NJW **95**, 1023).

3　　**a) Zu ersetzen** sind ein **konkreter Schaden** dch den Verlust von ArbEink u alle wirtsch Beeinträchtiggen, die der Geschäd erleidet, weil u soweit er seine ArbKraft verletzgsbdgt nicht verwerten kann (BGH VersR **84**, 639). Für die Darlegg der konkr Anhaltspunkte u den Bew bei Ermittlg des ErwerbsSchad gelten die Erleichtergen in § 252 S 2 u in § 287 ZPO (BGH NJW **95**, 1023); vgl dazu § 252 Rn 5–7. – **Beispiele:** Verlust bisher bezogener Einnahmen od wahrscheinl künft Gewinnsteigerg, das an ErsKräfte für den verl Untern bezahlte Gehalt, Differenz zw dem tats erzielten Eink u dem hypothet Entgelt des entgangenen Berufs (Ffm VersR **83**, 1083), Differenz zw bisherigen u unfallbdgt verminderten Einnahmen aus einer aufgenommenen ErsTätigk; diese darf der Verl nicht vorrang auf die Quote seines ErwerbsSchad anrechnen, die von der Haftg des Schädigers nicht gedeckt ist (BGH NJW-RR **92**, 1050). Der in das GesGut der GüterGemsch fallde Anspr des verl Eheg auf Ers des Verdienstausfalls erstreckt sich auf die gesamten unfallbdgten Einbußen des ErwerbsGesch (BGH FamRZ **94**, 295). Verdienstausfall auch nach Beendigg der Erwerbsunfähigk inf weiterer, dch die Verletzg verursachter Erwerbslosigk (BGH NJW **91**, 2422). Der geschführde AlleinGter einer KapitalG kann Erstattg seiner TätigkVergüt als GeschF, die ihm währd der unfallbdgten ArbUnfähigk weiterbezahlt wurde (BGH NJW **71**, 1136) u Ers seines Einnahmeausfalls als Gter wg entgangenen GeschGewinns der Gesellsch, auch iR einer EhegInnenG (BGH Warn **72**, 210), verlangen (BGH NJW **77**, 1283; krit Mann NJW **77**, 2160 u John JZ **79**, 511); ebso Tantiemenausfall (Hamm VersR **79**, 745), Entgang einer „Auslöse" (Mü VersR **86**, 69; vgl aber unten Rn 6). Zu den Nachteilen gehören schlechter bezahlte Stellg trotz Ausheilg der Verl, entgangene GewinnBeteiligg (BGH VersR **73**, 423), Verlust einer noch nicht rechtl begründeten Aussicht auf Erwerbsstellg (Kln VersR **89**, 756), Einnahmeausfall durch verletzgsbdgte Verzögerg des Eintritts in das Erwerbsleben (BGH NJW-RR **92**, 791), Differenz zw ArbEinkünften u unfallbdgt Altersruhegeld schon mit Vollendg des 63. Lebensjahres (BGH NJW **82**, 984). Ferner VermSchaden, der dadch entsteht, daß Verl sein ErwerbsGesch unter dem wirkl Wert veräußern mußte oder dadch, daß er seine ArbKraft verlbdgt nicht zur Renovierg des eig Hauses einsetzen kann u desh Lohn an Handw bezahlen muß (Hamm BB **89**, 1226). Das ArbEntgelt muß nicht fix sein, es kann in der Höhe von best BetriebsErg, Gewinn od Umsatz abhängen. VermSchad kann auch entstehen dch Beschränkg der Heiratsaussichten einer Frau (BGH JZ **59**, 365). Bei der Bemessg des ErwerbsSchad kann auch ein nach dem SchadEreign gefaßter Entschl des Geschäd hins seiner ferneren Lebensgestaltg zu beachten sein, sow er nicht ausschließl dch das Bestreben nach höheren SchadErsAnspr motiviert ist (BGH **74**, 221). – **Versicherungen.** VermSchad sind auch der

4　Verlust der Anwartsch auf Leistgen aus öff od priv Vers, unfallbdgte BeitrDefizite zur SozVers u BeitrErhöh-

5　gen der PrivVers; vgl dazu u zum ges FdgsÜbergang Rn 154 vor § 249 u § 252 Rn 12–15. – **Berufliche Umschulung.** Die Kosten sind zu ersetzen, wenn sie nach dem Grds „Rehabilitation vor Rente" im Ztpkt der Entschließg bei verständ Beurteilg ihrer Erfolgsaussichten u des Verh dieser Chancen zum wirtsch Gewicht des andernf absehb ErwerbsSchad geeignet u sinnvoll erscheint (BGH NJW **82**, 1638), u zwar die Kosten der Ausbildg zu einem finanziell u sozial (BGH VersR **91**, 596) gleichwert Beruf ohne VortAusgl wg des Mehrverdimsts, wenn der Verl sich zu einem höher qualifizierten Beruf ausbilden läßt (BGH NJW **87**, 2741). Beeinträchtigg der Ehefr in der Haushaltsführg vgl § 843 Rn 8.

6　　**b) Nicht zu ersetzen.** Die ArbGAnteile zur ges Unfallvers, weil nicht als ArbEntgelt des versich ArbN anzusehen (BGH NJW **76**, 326); ebso nicht dem ArbG des Baugewerbes gem § 186a AFG gezahlte Winterbauumlage (BGH MDR **86**, 572). Nicht zu ersetzen sind Bezüge, die sich nicht als – ggf auf ZtAbschn aufteilb – Vergüt für unfallbdgt Ausfallen der ArbLeistg darstellen, sond die, bloß als Vergüt für ArbLeistgen bezeichnet, in Wahrh eine Entn auf Gewinn verdecken, zB beim GeschF einer GmbH, der zugl Gter ist (BGH NJW **78**, 40). Nicht zu ersetzen ist ferner der Ausfall an Zahlgen, die sich als Ers für Aufw der Verl darstellen wie Spesen, Zulagen, auch Auslöse (BGH MDR **68**, 38), sow er sie nicht erspart hat (Mü DAR **84**, 117). Nicht zu ersetzen ist iF einer Verletzg, die zur SchwerbehindertenEigensch führt, der Schad des ArbG inf des nach § 44 SchwBG zu gewährden ZusatzUrl (BGH NJW **80**, 285). Nicht zu ersetzen ist entgangener Gewinn, den der Geschädigte nur mit rdwidr Mitteln erlangt hätte (BGH NJW **94**, 851), zB wenn er nur unter Verstoß gg die ArbZeitordng erzielb gewesen wäre (BGH NJW **86**, 1486); nur eingeschr zu ersetzen ist entgangener Erwerb aus einer Betätigg, die gg die guten Sitten verstößt wie Prostitution (BGH **67**, 119).

7　　**c) Sonstiges.** SchadBerechng bei Verdienstentgang aus abhäng u selbständ Arb vgl § 252 Rn 8–18. Steuerl Auswirkgen des SchadFalles auf den ErsAnspr vgl Vorbem 144, 145 vor § 249. Fdgs Übergang auf Vers- u VersorggsTräger vgl Vorbem 148–161 vor § 249. Ersparn währd der Zt beitragsl soz KrankenVers inf Zahlg von Krankengeld sind bei der SchadBerechng anzurechnen (BGH DAR **88**, 23).

843　*Geldrente oder Kapitalabfindung.* [I]Wird infolge einer Verletzung des Körpers oder der Gesundheit die Erwerbsfähigkeit des Verletzten aufgehoben oder gemindert oder tritt eine Vermehrung seiner Bedürfnisse ein, so ist dem Verletzten durch Entrichtung einer Geldrente Schadensersatz zu leisten.

[II]Auf die Rente finden die Vorschriften des § 760 Anwendung. Ob, in welcher Art und für welchen Betrag der Ersatzpflichtige Sicherheit zu leisten hat, bestimmt sich nach den Umständen.

[III]Statt der Rente kann der Verletzte eine Abfindung in Kapital verlangen, wenn ein wichtiger Grund vorliegt.

[IV]Der Anspruch wird nicht dadurch ausgeschlossen, daß ein anderer dem Verletzten Unterhalt zu gewähren hat.

1　　**1) Allgemeines.** Bei Verl von Körper u Gesundh ist als Ausgl für dauernde Nachteile regelm Rente zu bezahlen, KapitalAbfindg nur in bes AusnFällen. Herstellg in Natur ist ausgeschl. Vorauss ist entw Beeinträchtigg der Erwerbsfähigk od Vermehrg der Bedürfn. Es handelt sich hierbei nicht um zwei versch ErsAnspr, vielm ist die Rente ein einheitl, ziffernm nicht teilb Ganzes, gleichgült, ob sie aus dem einen od and GesichtsPkt gewährt wird. Daher ist bei der Festsetzg auf beide Umst Rücks zu nehmen. Auch kann eine anderw Verteilg innerh dieser beiden SchadErsTeile stattfinden, ohne daß dadch VerjEinr gg die Erhöhg des einen od and RechngsPostens zul wäre (RGRK/Boujong Rn 37). Infolgedessen besteht bei Klage aus § 323

ZPO keine Herabsetzgsmöglichk, falls das Eink sich zwar gebessert, die Bedürfn sich aber vermehrt haben; ebso keine Erhöhg im umgekehrten Fall. Anspr auf Erstattg der Heilgskosten steht selbständ neben dem Anspr wg Beeinträchtigg der Erwerbsfähigk od Vermehrg der Bedürfn; für ihn gelten §§ 249 ff, aber auch § 843 IV. Die Grds des VortAusgleichs gelten. Ersparte Aufw für Fahrt zur ArbStätte sind grdsl zu berücksichtigen (BGH NJW **80**, 1787). **Sondervorschriften** enthalten HaftpflG §§ 6, 8; StVG §§ 10 ff; LuftVG 36, 38.

2) Beeinträchtigung der Erwerbsfähigkeit (Abs I, 1. Alternative). Zum haftgsrechtl SchadBegr vgl **2** § 842 Rn 2, 3. Der Schad ist demnach nicht abstrakt, sond **konkret nach der tatsächlichen Erwerbsminderung** zu ermitteln. ErwTätigk ist auch die ArbLeistg im Haushalt, sow sie der Erf der ges UnterhPfl ggü FamilienMitgl dient (BGH NJW **74**, 41, NJW-RR **90**, 34), u nicht den eig Bedürfn (vgl Rn 3, 8). Kein SchadErs also, wenn jmd von den Einkünften aus seinem Verm gelebt hat, ohne von seiner Erwerbsfähigk Gebr zu machen; ebso bei noch nicht erwerbsfäh Kind. Doch Feststellgsklage für den Fall, daß sie in Zukunft in die Lage kommen würden, Erwerb auszuüben (BGH **4**, 133, Kln VersR **88**, 1185); dabei dürfen Schwierigk in der Aufklärbark nicht zu Lasten des Kindes gehen (Karlsr VersR **89**, 1101). § 843 ist unanwendb, sow es sich um die Minderg der VersorggsBezüge der Angehör handelt; sie stehen ihnen kr eig Rechts, nicht als Erben des Verletzten zu u sind daher allein nach § 844 II zu beurteilen (BGH NJW **62**, 1055). Sow ErwerbsSchad vorliegt u SozVersTräger dafür Rente bezahlt, ges FdgsÜbergang nach § 116 SGB X, vgl Vorbem 148–161 vor 249.

3) Vermehrung der Bedürfnisse (Abs I, 2. Alternative). Gemeint sind verletzgsbdgte MehrAufw im **3** Vergl zu einem gesunden Menschen (BGH NJW **74**, 41, NJW-RR **92**, 791), also die unfallbdgt ständ wiederkehrden vermwerten objektivierb Aufw, die den Zweck haben, diejen Nachtle auszugleichen, die dem Verl inf dauernder Störg körperl Wohlbefindens entstehen (KG VersR **82**, 978) wie MehrAufw dch bessere Verpflgg, dch Kuren, dch Erneuerg künstl Gliedmaßen, Pflegepersonal, verstärkte Verkehrsmittelbenutzg eines Gehbehinderten (BGH NJW **65**, 102), höhere Miete für Wohng am zwangsläuf neuen ArbOrt (Celle NdsRpfl **62**, 108), Mehrkosten, um bisher selbst vorgenommene Arb dch Dr ausführen zu lassen (Kln VersR **91**, 111), uU Zuschuß für Bau od Ausbau eines der Behinderg angepaßten Eigenheimes (BGH NJW **82**, 757), Kosten einer notw HaushHilfe (sie muß nicht tats eingestellt werden, BGH NJW-RR **92**, 792), sow die ausgefallene ArbLeistg im Haush nicht der Erf der UnterhPfl ggü FamilienMitgl – insow ErwTätigk, 1. Alternative –, sond den eig Bedürfn diente (BGH NJW **74**, 41); zu den HaushaltsArb iwS gehören auch GartenArb u EigLeistgen an einem BauVorh (BGH NJW **89**, 2539). Kosten für die Unterbringg eines hilfebedürf Verl in einem Tagespflegeheim u zusätzl einer Hilfskraft außerh der ÖffngsZt (Kln FamRZ **89**, 178). Nicht ersäh ist die vermehrte elterl Zuwendg als solche an das verl Kind (BGH **106**, 28). Auch hier müssen die vermehrten Bedürfn konkret dargetan werden, auch bei ges FdgsÜbergang nach § 87a BBG; abstrakte Pauschalierg nur, wo das G sie zuläßt, (BGH **LM** § 139 BBG Nr 2 für früh § 1542 RVO). Anspr wg Vermehrg der Bedürfn entsteht schon mit dem Eintritt der vermehrten Bedürfn, nicht erst mit ihrer Befriedigg; daher ist der ErsPflichtige zur Nachzahlg der Rente auch dann verpfl, wenn die vermehrten Bedürfn aus Geldmangel nicht befriedigt werden konnten (BGH NJW **58**, 627, VRS **39**, 163: notw Stärkgsmittel).

4) Geldrente ist ihrer Natur nach kein Unterh-, sond SchadErsAnspr. Die für UnterhAnspr geltden **4** Vorschr finden keine Anwendg, auch nicht § 1613. Vgl aber unten Rn 16. Der RentenAnspr entsteht als Ganzes bereits mit der Beeinträchtigg der Erwerbsfähigk, nur die Fälligk der einz Rentenbeträge ist hinausgeschoben. Für Höhe u Dauer der Rente bilden die Verh zZ des Unfalls den zeitl Ausgangspkt, doch ist, da es sich um Ausgl für zukünft Nachteile handelt, die künft Gestaltg der Verh insow zu berücksichtigen, als sie nach dem gewöhnl Lauf der Dinge u dem Umst des Einzelfalles voraussehb ist, u zwar von dem Ztpkt der Urteilsfällg aus gesehen. Über die Anwendbark von ZPO § 323 s unten Rn 17.

A) Höhe der Rente **5**

a) Die **konkrete Sachlage** ist maßg, keine abstr Berechng. Der Schad ist in beiden Fällen des Abs I meßb an der Entlohng, die für die verletzgsbdgt nicht mehr ausführb oder nicht mehr zumutb HausArb an eine Hilfskraft gezahlt wird – dann Erstattg des Bruttolohnes – od, wenn Angehör od Fremde einspringen, gezahlt werden müßte – dann Orientierg am Nettolohn. Zu diesem Zweck ist festzustellen, wieviele Stunden eine Hilfskraft benötigt wird od, bei anderweit Ausgl eines schadensbdgten Arbdefizits, benötigt würde (BGH NJW-RR **90**, 34). Berücksichtigg krankh Veranlagg des Verl (BGH **20**, 137, MDR **60**, 916).

b) Verdienstausfall, entgangener Gewinn bei abhäng u selbständ Arb vgl § 252 Rn 8–18, § 616 Rn 30– **6** 32. Kein Ers des Vorteils, der nach dem G verboten od sittenw ist (BGH **67**, 119: Prostitution). Überobligationsmäß Anstrengen des Verl (Vorbem 125 vor § 249) zur Erzielg eines Eink trotz ErwerbsUnfähigk dürfen dem Schädiger nicht zugute kommen (BGH NJW **94**, 131: Ers der PflVersBeitr zur RentenVers). Steuerl Auswirkgen des SchadFalles auf den ErsAnspr vgl Vorbem 144, 145 vor § 249.

c) Bei **verminderter Erwerbsfähigkeit** kommt es darauf an, wie weit der Geschädigte den Rest seiner **7** ArbKraft nutzb machen kann. Kann er trotz teilw Erwerbsfähigk keine ArbStelle finden, so ist der ganze DurchschnVerdienst zu ersetzen (Zweibr VersR **78**, 1029). Zwecks SchadMinderg zumutb ärztl Behandlg, Operation, Berufswechsel vgl § 252 Rn 35, 37, BewLast dort Rn 39.

d) Verletzung eines Ehegatten. – aa) Häusliche Arbeitsleistung. Auch der nicht berufstät verl Eheg **8** hat eigene Anspr gg den Schädiger auf Ers seines Schad hins der Verminderg seiner häusl ArbLeistg (BGH (GrS) **50**, 304) einschl der vom and Eheg bezahlten Kreditkosten für die Einstellg einer ErsKraft im Haush (Celle NJW **69**, 1671). Der Ausfall der Haushaltstätigk gehört zur SchadGruppe vermehrte Bedürfnisse, sow er sich auf die eig Bedarfsdeckg bezieht, zur SchadGruppe Erwerbsfähigk, sow er die UnterhLeistg an FamilienAngehör betrifft (BGH NJW-RR **90**, 34); nur insoweit ist eine Verletztenrente der Berufsgenossensch anzurechnen (BGH NJW **85**, 735). Der ErsAnspr ist, and als in § 844 II, nicht nach der ges geschuldeten, sond nach dem Wert der ohne die Verl tats erbrachten ArbLeistg zu bemessen (BGH NJW **74**, 1651). Der Schad ist meßb an der Entlohng, die für die verletzgsbdgt nicht mehr ausführ- oder zumutb HausArb an eine

Hilfskraft bezahlt wird – dann Erstattg des Bruttolohns – od, wenn keine Hilfskraft eingestellt wird, bezahlt werden müßte – dann Erstattg des Nettolohns (BGH NJW-RR **90**, 34); für sie geben bestehde TarifVertr über die Vergütg der im Haush beschäftigten Pers einen geeigneten Anhaltspkt (Oldbg NJW **77**, 961). Die HaushFührg eines Eheg ist auch dann nicht „Dienstleistg" (§ 1360 S 2), wenn er vor der Ehe verletzt worden ist (BGH **38**, 57). Der and Eheg ist nicht berecht, SchadErs wg Behinderg des Verl in der HaushFührg zu verlangen (BGH GrZS **50**, 304). – Ges FdgsÜbergang nach § 116 SGB X vgl Rn 2 aE. – Die Haushaltsführg in einer nichtehel LebensGemsch fällt mangels ges UnterhPfl nicht in die SchadGruppe ErwerbsSchad (Düss

9   VersR **92**, 1418; aA Zweibr FamRZ **94**, 955). – **bb) Erwerbstätigkeit.** Auch soweit der verl Eheg erwerbstät ist (§ 1356 II), stehen die Anspr aus der Aufhebg od Minderg der ArbKraft ihm selbst zu (BGH **59**, 172; vgl

10   § 845 Rn 2–8). – **cc)** Bei **Gütergemeinschaft** ist dch Erwerbsausfall eines Eheg immer das GesGut geschädigt, also auch der and Eheg. Der das GesGut verwaltde Eheg (§ 1422) ist daher stets klageberecht; ist er nicht der Verl, so kann auch dieser klagen.

11   **e) Anrechnung von Versicherungs-, Versorgungsleistungen, Ruhegehalt, gesetzlicher Forderungsübergang** vgl Vorbem 131–138 vor § 249.

12   **B) Dauer der Rente.** Die zeitl Grenze der Verdienstausfallrente ist auf die voraussichtl Dauer der ErwerbsTätigk des Verl im Urt festzusetzen, ihre Best richtet sich nach der Art der Berufstätigk, dem körperl u geist Zustand des Verl. Bei einem nicht selbständ Tätigen ist, falls keine Grde für eine abw Entwicklg dargetan werden, von einem Ende der ErwerbsTätigk mit Erreichen des ges Ruhestandalters auszugehen (BGH VersR **88**, 464). Nur ausnahmsw Rente auf LebensZt, wenn zB nach den persönl u berufl Verh des Verl ein best Erwerb bis ins hohe Greisenalter mit Zuverlässigk anzunehmen ist, od wenn der arbeitsfäh Verl den Unfall in sehr hohem Alter erleidet.

13   **C) § 760** ist anzuwenden, § 843 II S 1. Der RentenAnspr endigt mit Ablauf des Todesmonats des Berecht. Die FormVorschr des § 761 findet auf einen Vergl, dch den als Abfindg eine Rente zugesagt wird, keine Anwendg (§ 759 Rn 8).

14   **D) Verfahrensbesonderheiten: – a)** Ob **Leistungs- oder Feststellungsklage,** hängt davon ab, ob sich die künft Erwerbsmöglichk mit hinreichd Wahrscheinlichk übersehen lassen (vgl auch § 844 Rn 5 und unten Rn 17). Ist dies der Fall, so kann Verl Leistgsklage auch für eine fernere Zukunft erheben. Leistgsklage als Nachfordergs- od Zusatzklage nach § 258 ZPO, wenn ein früh Urt nur über einen Teil des Anspr entsch hat, vgl Rn 17. Nur Feststellgsklage ist idR mögl bei noch nicht erwerbsfäh Jugendl. Ist künft Entwicklg nicht zu übersehen, so kann statt der begehrten Leistg auf Feststellg erkannt werden. Bei Leistgsklage kann die Höhe der Rente in das richterl Ermessen gestellt werden, wenn dem Ger genügde Grdlagen hierfür geboten werden (BGH **4**, 138).

15   **b) Entscheidung über Grund des Anspruchs** gem ZPO § 304 muß grdsätzl alle den Anspr selbst betr Einwdgen erledigen (Th-P § 304 Rn 7 ff). Jedoch ist Vorbeh im ZwUrt zul, wenn KlagFdg auf jeden Fall AufrechngsFdg übersteigt, u zwar auch bei konnexer AufrFdg (BGH **11**, 63). Auch über die Quote des mitw Versch muß im ZwUrt entsch werden; jedoch genügt auch hier Vorbeh, wenn feststeht, daß KlagFdg nur gemindert werden kann (BGH **1**, 34). ZwUrt kann nur ergehen, wenn über den Einwand des gesetzl FdgsÜbergangs auf öff VersTräger entschieden werden kann (BGH NJW **56**, 1236). Zeitl Begrenzg der Rente im Grdurteil zweckm; wenn nicht, muß sie in den UrtGrden dem NachVerf vorbehalten werden (BGH **11**, 181).

16   **c) Pfändungsschutz:** Die Rente ist grdsätzl unpfändb, § 850 b I Nr 1 ZPO. Daher grdsätzl keine Übertragbark (§ 400), keine Aufrechng (§ 394), keine Verpfändbark (§ 1274 II), keine Zugehörigk zur KonkMasse (KO § 1 I). Ausnahmen: § 850 b II ZPO u § 400 Rn 3; der Anspr auf Rente ist in dem Umfang abtretb, wie der Zessionar den Schad getragen hat (Celle DAR **75**, 325).

17   **d) Abänderung. – aa) Abänderungsklage** nach § 323 ZPO für alle Renten gg alle dort genannten Titel bei wesentl Veränderg der Verhältn, sei es im konkreten Bereich des Berecht od Verpfl, sei es im allg wirtsch Bereich. Das Gericht muß aber bereits bei Festsetzg der Rente auf die künf Gestaltg der Verhältn, soweit voraussehb, Rücks nehmen. ZPO § 323 greift erst ein, wenn eine davon abw Entwicklg eintritt (BGH **34**, 118). Die Einheitlichk der Rente ist auch für die AbändergsKl von Bedeutg (vgl Rn 1). AbänderungsKl auch bei FeststellgsUrt (OGH 1, 62), nicht bei Kapitalabfindg (BGH NJW **81**, 818). Ob AbänderungsKl nach § 323 ZPO od Nachfordergs- bzw Zusatzklage nach § 258 ZPO zu erheben ist, bemißt sich danach, ob im ersten Verf über die volle dem Verl zustehde Rente – dann § 323 ZPO – od nur über einen Teil hiervon entschieden worden ist – dann Nachforderg nach § 258 ZPO (vgl Th-P § 323 Rn 39 ff), die schon bei nur geringer Änderg des allgem Lohn- u Preisgefüges gegeben ist (BGH **34**, 110). Wesentl Änderg der wirtsch Verhältn vgl Th-P

18   § 323 Rn 19 ff. – **bb) Vereinfachte Abänderung** von UnterhRenten Mj, die auf einer GerEntsch, Vereinbg od VerpflUrk beruhen, gem § 1612a u den dazu gem Abs II erlassenen AnpassgsVOen. Für UnterhTitel geschieht dies nach dem vereinfachten Verf gem §§ 6411 bis t ZPO dch Beschl des AG. Die AbänderungsKl ist nach § 323 V ZPO nur zul, wenn das vereinfachte Verf zu einem Betr führen würde, der wesentl von dem Betr abweicht, der der Entwicklg der Verh der Part Rechng trägt. Unter der gleichen Voraussetzg u iF abw Vereinbg kann der Verpfl gem § 641 g II ZPO AbänderungsKl gg den letzten im vereinfachten Verf ergangenen Beschl erheben.

19   **5) Sicherheitsleistung.** Nur, wenn die Umst nach freiem Erm des Ger SicherhLeistg geboten erscheinen lassen, zB bei Gefährdg des RentenAnspr inf der VermVerhältn des ErsPflichtigen. Höhe des Gesamtbetr u Dauer der Rentenverpfl sind hierbei zu berücksichtigen. Nachträgl SicherhLeistg s ZPO § 324.

20   **6) Kapitalabfindung** (Abs III) kann der Verl bei Vorliegen eines wicht Gr verlangen, doch kein Recht des ErsPflichtigen, den Verl in Kapital abzufinden. Der ErsBerecht kann die Wahl zw Rente u KapAbfindg idR bis zum Schluß der letzten TatsVerh treffen (BGH DB **72**, 1868). Bei mehreren ErsPfl ist die Frage, ob Kapitalabfindg od Rente, nach den Verhältn aller Beteil einheitl zu entscheiden, mehrere GesGläub (SozVersTräger nach FdgsÜbergang) können die Wahl nur gemschaftl treffen (BGH **59**, 187). Zuläss ist Zusprechg von Rente für einige Jahre u später Kapitalabfindg. Auch bei Festsetzg des KapitalBetr sind mögl künft wirtsch

Veründergen, zB EinkSteiger, GeldEntwertg wie sonst bei der Dynamisierg der Renten in Anw von § 287 21
ZPO zu berücksichtigen (BGH NJW **81**, 818). – **Wichtiger Grund** kann darin liegen, daß Gewährg der
Abfindg voraussichtl günst Einfluß auf den Zust des Verl od daß Gewährg einer Geldrente ungünst Einfluß
haben würde od daß Verl gg einen von mehreren Schädigern aus Vertr einen KapitalAnspr hat (RG JW **32**,
3719) od daß der jugendl Verl den Wunsch hat, sich durch Errichtg eines ErwerbsGesch selbständ zu machen
od daß die Durchsetzg eines RentenAnspr gg den im Ausland wohnden od seinen Wohns oft wechselnden
Schu bes Schwierig bereiten würde, selbst dann, wenn eine inl VersGesellsch für den Verpfl den Schad zu
tragen hat (Nürnb FamRZ **68**, 476; zweifelh). Kein wicht Grund, wenn Schu zwar in Konkurs geraten, aber
zahlgsfäh Vers hinter ihm steht.

7) Andere Unterhaltspflichtige (Abs IV) schließen den Anspr des Verl nicht aus, auch nicht, wenn der 22
UnterhPflichtige bereits geleistet hat (BGH **54**, 269 [274]). Ausdruck des allg RGedankens, daß auf den Schad
keine Leistgen and anzurechnen sind, die nach ihrer Natur dem Schädiger nicht zugute kommen sollen (BGH
NJW **63**, 1051). Abs IV gilt nicht, wenn nur die Pers des UnterhVerpfl, nicht aber die VermMasse gewechselt
hat (BGH NJW **69**, 2008: Verm, aus dem Unterh geleistet wurde, geht durch Erbf auf and UnterhPflichtigen
über). Die Vorschr des IV ist auch nicht auf den Fall der Wiederverheirat anwendb, bei der der Ehepartner
nunmehr UnterhAnspr gg den neuen Eheg erlangt, sond bezieht sich nur auf Fälle, in denen ein and UnterhPfl
„aus Anlaß des Unfalls" unterhpfl wird (BGH NJW **70**, 1127). Daher kann der Anspr aus § 843 auch nicht
geschmälert werden dch Anspr des Verl gg den UnterhPflichtigen aus Verletzg seiner AufsPfl (Celle NJW **62**,
51), – Abs IV bezieht sich auch auf die Heilgskosten. Anspr hierauf also auch dann, wenn UnterhPflichtiger
diese gezahlt hat; anders, wenn die verl Ehefr dch ihren Ehem (Arzt) behandelt worden ist. Andrers muß
sich das verl Kind die inf KrankenhausAufenth ersparten UnterhLeistgen der Eltern anrechnen lassen (Celle
NJW **69**, 1765). – Der UnterhPflichtige kann seiners aus auftragloser GeschFg od ungerechtf Bereicherg von
dem Schädiger Ers verlangen (BGH NJW **79**, 598, VersR **61**, 272).

844 *Ersatzansprüche Dritter bei Tötung.* [1]**Im Falle der Tötung hat der Ersatzpflichtige
die Kosten der Beerdigung demjenigen zu ersetzen, welchem die Verpflichtung obliegt,
diese Kosten zu tragen.**

[II]**Stand der Getötete zur Zeit der Verletzung zu einem Dritten in einem Verhältnisse, vermöge
dessen er diesem gegenüber kraft Gesetzes unterhaltspflichtig war oder unterhaltspflichtig werden
konnte, und ist dem Dritten infolge der Tötung das Recht auf den Unterhalt entzogen, so hat der
Ersatzpflichtige dem Dritten durch Entrichtung einer Geldrente insoweit Schadensersatz zu lei-
sten, als der Getötete während der mutmaßlichen Dauer seines Lebens zur Gewährung des Unter-
halts verpflichtet gewesen sein würde; die Vorschriften des § 843 Abs. 2 bis 4 finden entsprechende
Anwendung. Die Ersatzpflicht tritt auch dann ein, wenn der Dritte zur Zeit der Verletzung
erzeugt, aber noch nicht geboren war.**

1) Allgemeines. Neue Literatur vgl § 843 Rn 1. – **a)** §§ 844, 845 regeln die **Ansprüche Dritter,** die inf der 1
Verl eines Schad erlitten haben. Einz Ausn von dem Grds, daß nur der in seinem RGut selbst Verletzte
ersberecht ist. Der AusnCharakter schließt entspr Anwendg auf and mittelb Geschädigte regelm aus (BGH **7**,
30). Die Anspr des Dr sind in ihrem Bestand unabhäng von dem Anspr des unmittelb Verletzten, entstehen
aber nicht, wenn der unmittelb Verletzte keinen Anspr haben würde. Daher schließt vertragl HaftgsAusschl
ggü dem unmittelb Verletzten auch die Anspr der Dr aus §§ 844, 845 aus (RG **117**, 102). Umstr ist, ob das auch
für den gesetzl Ausschl der Haftg ggü dem Verletzer gilt. Auszugehen ist hierbei von dem Zweck des ges
HaftgsAusschl; erfordert dieser, daß der Verletzer überhaupt freigestellt wird von Anspr aus der Verl, so
entfallen auch die Anspr des Dr aus §§ 844, 845. Das gilt für die Anspr der Hinterbl u Angehör nach § 636
RVO (vgl § 611 Rn 153–157; BAG DB **89**, 2540). Von §§ 844, 845 abgesehen sind die ErsAnspr der Erben,
auch nach § 839 u Aufopferg, beschr auf die Anspr, die auch der Erbl schon zu seinen Lebzeiten hätte geltd
machen können, selbst wenn die Folgen des SchadEreign noch über den Erbf hinaus wirken u das Verm des
Erbl nach seinem Tod nunmehr in der Pers der Erben schädigen (BGH BB **68**, 566: Abwicklgskosten eines
Notariats). – Vergleiche u Verzichte, die der unmittelb Verletzte nach der Verl abschließt, beseitigen Anspr
aus §§ 844, 845 nicht (MüKo/Mertens Rn 5). Mitw Versch des unmittelb Verl vgl § 846. Bei Klagen von
Hinterbl ist zu scheiden zw eig Anspr der Hinterbl aus §§ 844, 845 u dem auf sie als Erben übergegangenen
Anspr des Getöteten (BGH NJW **62**, 1055).

b) Geltungsbereich für alle uH, auch bei Gefährdgshaftg (§§ 833, 836), auch im Fall des § 829. Dagg keine 2
Anwendg auf vertragl Anspr (Saarbr NJW-RR **95**, 986) außer § 618, HGB 62 III. SonderVorschr: HaftpflG 5,
8, StVG 10 ff; LuftVG 35 ff; AtomG 28 ff.

2) Tötung. Vorsätzl u fahrl. Erforderl ist hier nur tatsächl obj Zushang zw schuldh begangener 3
Körperverl u dem Tode. Unerhebl ist dagg, ob Täter den Tod voraussehen konnte od nicht, auch Selbstmord
inf traumat Neurose fällt unter § 844 (MüKo/Mertens Rn 11). UnterhSchad inf KörperVerl fällt nicht
darunter (BGH NJW **86**, 984).

3) Beerdigungskosten. Zusfassd Theda, DAR **85**, 10. Ersberecht ist, wer verpfl ist, die Beerdiggskosten 4
zu tragen (§§ 1968, 1615 II, 1615 m, 1360 a III, 1361 IV S 4). Hat sie ein nicht dazu Verpfl bezahlt, folgt sein
ErsAnspr gg den Schäd aus §§ 683, 677 (KG VersR **79**, 379). Auch die nur vertragl begründete Verpfl ist
ausreichd (MüKo/Mertens Rn 12, Staud- Schäfer Rn 34). Der Umfang der ErsPfl stimmt mit der Kosten-
TragsPfl des Erben für eine standesgem Beerdigg gem § 1968 (dort Rn 1–3) überein (Hamm NJW-RR **94**,
155). Nicht: Grabpflege- u InstandsetzgsKosten (BGH **61**, 238), Transport des Verl zum Krankenhaus u
Kosten der versuchten Heilg; diese Anspr sind vielm in der Pers des Verl entstanden u gehen auf dessen Erben
über. IdR auch nicht die Reisekosten eines Angeh, um an der Beerdigg teilzunehmen (BGH **32**, 72). –
Übergang des Anspr auf den Versorggs- u VersTräger vgl Rn 14.

5 **4) Unterhaltsberechtigte nach Abs II.** Die gesetzl UnterhPfl umfaßt den Bar- u den Natural (Betreugs)-Unterh (BGH FamRZ **90**, 878). Darunter kann auch die unentgeltl Betreug eines Körperbehinderten dch seine nicht berufstät Ehefrau fallen (BGH MDR **93**, 124). Den Kreis der gesetzl UnterhPflichtigen bestimmen §§ 1360 ff, 1570 ff, 1601 ff, 1615 a ff, 1736 ff, 1739, 1754, 1755; Vorauss ist regelm Bedürftigk des UnterhBer, § 1602. So w jedoch die Ehefrau ihre UnterhPfl der Familie ggü durch Führg des Haushalts od dch geschuldet MitArb in Beruf od Gesch des Ehem erfüllt (§ 1360, BGH **77**,157), kommt es auf die Bedürftigk des Mannes nicht an u umgekehrt. Diese ArbLeistg kommt daher dem Ehem u den Kindern als gesetzl geschuldeter Unterh zugute, so daß Ehem u Kinder nach Abs I, auch im Bereich der GefährdgsHaftg, Anspr gg den Schädiger haben (BGH **51**, 109), wobei sich die Höhe der Antle zueinand am ausgefallenen Unterh nach dem EinzFall bemißt (BGH NJW **72**, 251). Angem FamUnterh vgl § 1360a Rn 3. Die zur Deckg des Wohnraum-bedarfs einer Familie unterhrechtl geschuldeten HaushKosten bemessen sich nach dem Mietwert einer dem Eigenheim nach Ortslage, Zuschnitt u Bequemlichk vergleichb Wohng (BGH NJW **85**, 49). – So w **Bedürftigkeit** AnsprVorauss ist, genügt es, daß sie erst später eintritt od ein zunächst UnterhPflichtiger später fortfällt. Solange Bedürftigk nicht eingetreten ist od der entstehende od noch entstehde Schad nicht od nicht voll beziffert werden kann, gibt es nur FeststellgsKl (BGH NJW **56**, 1479). Ebso FeststellgsKl, wenn der getötete Angehör, zB mj Sohn, erst später unterhpfl geworden wäre. Kl- u UrtTenor etwa: Es wird festgestellt, daß der Bekl der Klin SchadErs dch Entrichtg einer Geldrente zu leisten hat, sobald sie von ihrem am . . . getöteten Sohn Unterh hätte verlangen können. Da das die UnterhPfl begründde Verhältn z Zt der Verletzg, also nicht z Zt des Todes bestanden haben muß, steht der Witwe, die den bereits Verl geheiratet hat, der Anspr nicht zu; ebso nicht dem erst nach der Verl Erzeugten (vgl II S 2) u der z Zt der Verl Verlobten (Ffm VersR **84**, 449). Darüber, ob der Dr zur Zt der Verl bereits erzeugt war, ist gem ZPO § 286 ohne Bindg an §§ 1592, 1600 o II S 3 zu entsch. Leistgen der SozHilfe ändern an der Bedürftigk nichts, auch wenn der Träger der SozHilfe den UnterhAnspr nicht auf sich überleitet oder wg des Verbots od der Beschrkgen in § 91 BSHG nicht auf sich überleiten kann (BGH **115**, 228). – Auf eine Bedürftigk, die sich dch zumutb Maßn abwenden läßt od hätte abwenden lassen, kann sich der UnterhBerecht nicht berufen (Kln FamRZ **92**, 55).

6 **5) Entziehung des Rechtes auf Unterhalt durch Tötung (Abs II).** Dazu gehört auch LeistgsFähigk des UnterhVerpfl (BewLast beim Berecht) u Beitreibbark (BGH NJW **74**, 1373, Br FamRZ **90**, 403). Für den Beweis der Ursächlichk gilt zw der schädigden Handlg u der KörperVerl § 286, zw dieser u dem Tod des UnterhPflichtigen § 287 (BGH NJW **92**, 3298). UnterhSchad auch, wenn die UnterhPfl auf die Erben übergeht, diese aber tats zur Leistg nicht in der Lage od aus RGründen zu geringeren Leistgen befugt sind. Erlischt die UnterhPfl mit dem Tode, so kann sich der ErsPflichtige nicht darauf berufen, daß nunmehr ein and hilfsw zur UnterhGewährg verpflichtet sei, § 843 IV iVm § 844 II S 1. § 843 IV jedoch unanwendb, wenn nur der UnterhPflichtige, nicht aber die UnterhQuelle gewechselt hat, wenn also auch nach dem Tode des ursprüngl UnterhPflichtigen der Unterh ebso wie vorher aus denselben Einkünften gewährt wird (Mü VersR **67**, 190). Ebso wird dem Kind dch den Tod der Mutter kein UnterhAnspr gg diese entzogen, wenn ihm dch den Tod des Vaters – sei es bei dem näml Unfall – im Erbweg Verm zufällt, dessen Einkünfte den Unterh des Kindes decken (BGH NJW **74**, 745). Auf den Fall, daß dem Dritten ein UnterhSchad inf KörperVerl des UnterhVerpfl entsteht, ist Abs II nicht entspr anwendb (BGH NJW **86**, 984).

7 **6) Geldrente (Abs II)** ist SchadErs, u zwar Ers des tats Ausfalls (BGH **LM** § 844 Abs 2 Nr 2). Ob Abs II auch die UnterhRückstände erfaßt, ist bestr; bej, soweit der Getötete in der Lage gewesen wäre, sie im Laufe der Zt zu tilgen (Nürnb VersR **71**, 921, Düss FamRZ **70**, 103; verneind BGH NJW **73**, 1076, KG NJW **70**, 476, Mü NJW **72**, 586), vgl auch § 843 Rn 4. Die Bewertg entgangener HaushFührg bestimmt sich konkret nach dem tats erfdl Aufwand, wobei aber dem Schädiger nicht zugutekommen darf, daß der Schad teilw interfamiliär aufgefangen wird (BGH VersR **86**, 790).

8 **A) Höhe. – a) Maßgebend** sind der nach den famrechtl Vorschr (vgl Rn 5) geschuldete, nicht der tatsächl gewährte Unterh (BGH DAR **89**, 21), also die Anspr, die die Hinterbliebenen gg den Getöteten währd der mutmaßl Dauer seines Lebens gehabt hätten (BGH NJW **69**, 1667, DAR **86**, 114, Hamm FamRZ **91**, 1179). Dabei sind die letzten EinkVerh des UnterhPfl u deren voraussichtl Entwicklg zu berücksichtigen. Bei der Festsetzg der Rente, insbes für Mdj, muß das Ger die für die Bemessg in Zukunft maßg Faktoren iR einer Prognose, ggf mittels Schätzgen nach § 287 ZPO berücks; soweit dies nicht mögl ist, muß e dies in den EntschGrden deutl zum Ausdruck bringen (BGH DAR **90**, 296). Der BarUnterhSchad ermittelt sich nach folgder Methode: Best des für UnterhZwecke verfügb Eink – grdsätzl netto, nur in bes AusnFällen brutto (BGH NJW-RR **90**, 706) – von Ausscheidg der Aufw für VermBildg, Aussonderg der fixen Kosten, Verteilg des verbleibden Eink auf den Getöteten u die Hinterbliebenen nach Quoten (aA Ffm NJW-RR **90**, 1440), Erhöhg der danach auf die Hinterbliebenen entfalldnen Beträge um die nur unter ihnen aufgeteilten fixen Kosten (BGH NJW-RR **90**, 221). Zum Eink gehören unabhäng von ihrer Bezeichng, ihrer steuer- od arbeitsr Behandlg alle Bezüge, soferm sie nicht von vornherein dch ihren bes VerwendgsZweck aufgebraucht werden. Zu berücksichtigen sind also als Eink des Getöteten zB VerlRente seitens einer Berufsgenossensch (Brschw VersR **79**, 1124), KriegsbeschRente (BGH NJW **60**, 1615), Auslöse, so w sie nicht dch die erhöhten Aufw des auswärts Arbeitden aufgezehrt wird (Saarbr VersR **77**, 272:50%), UrlGeld, Gratifikation, LeistgsZuschlag, Treueprämie (BGH NJW **71**, 137). Ohne Bedeutg sind dagg die Verhältn des ErsPflichtigen. – Die Aufw des Ehem für eine angem Altersversorgg können seiner Witwe als Tl des ihr entgangenen Unterh zugebilligt werden (BGH VersR **71**, 717), ebso der Tl der Einkünfte, der üblicherw für die spätere Altersversorgg des UnterhBerecht zurückgelegt worden wäre (BGH VersR **56**, 38), u die Prämien, die der Erbl für eine Lebens-od Unfallvers weiter hätte zahlen müssen, wenn er nicht vorzeitig gestorben wäre (BGH **39**, 254). Die UnterhLeistg kann auch in Dienstleistgen der nichtehel Mutter ggü dem pflegebedürft Kind (BGH NJW **53**, 619) bestanden haben. Der UnterhSchad dch den Tod der Mutter ist unter Berücksichtigg v HaushFührg u BarEink zu ermitteln, weil die Berufstätigk der Mutter nicht von der Sorge um die pers Betreuung und Erziehg der Kinder befreit (BGH FamRZ **76**, 143).

9 **b) Kinder.** Das Maß des zu ersetzdn Unterh best sich danach, welchen Betr seines Eink der UnterhPflichtige hätte aufwenden müssen, um seinem Kind denjenigen LebensUnterh zu verschaffen, der nach der Lebensstellg der Eltern des Kindes angem ist. Dabei ist gg eine Bemessg der UnterhAntle der Kinder am verteilb Eink des Getöteten nach Abzug der fixen Kosten nach richterl SchätzgsErm aGrd von Quotentabellen (Eckelmann-Nehls-Schäfer NJW **84**, 946, RegelUnterhVO, Nürnb-Tabelle, Düss Tabelle) unter Berücksichtigg der Besonderh u Auswertg dieser Tabellen, auch mit einigen % Abweichg von den dort Quoten nach oben od unten, nichts einzuwenden (BGH NJW-RR **87**, 538, NJW **88**, 2365, Hbg VRS **87**, 249: 15% bis 12, 17,5% ab 12 Jhre). Die Quote für Kinder in versch Altersgruppen muß wg unterschiedl tats Bedarfs nicht gleich hoch ausfallen, eine Staffelg je nach Alter ist angebracht (BGH NJW **88**, 66 u 2365: 15–23,5% für Kinder von 4 bis 10 Jahren). Vorweg abzuziehde fixe Kosten sind diejen HaushAusgaben, die unabhäng vom Wegfall eines FamMitgl weiterlaufen; dazu können auch die Kosten für Haltg eines Kfz gehören (BGH NJW **88**, 2365). Diese fixen Kosten sind auf die UnterhBerecht nach den Umst des EinzFalles aGrd richterl SchätzgsErm zu verteilen, wobei idR ein höherer Antl auf die Witwe als auf die Kinder entfällt (BGH NJW **88**, 2365). IF der Tötg der Mutter u entgeltl Unterbringg bei Verwandten sind die dafür erforderl Kosten zu ersetzen (BGH NJW **82**, 2864), sonst sind AnhPkt die übl Kosten einer gleichwert Unterbringg in einer fremden Familie ohne die gesondert zu berechnden Sachleistgn (für Verpflegg, Kleidg etc (BGH NJW **71**, 2069) bzw die Kosten einer ErsKraft, deren Leistgn denen der Mutter entsprechen, wenigstens als OrientiergsRahmen (Stgt VersR **93**, 1536). Im Falle einer notw Heimunterbringg sind die Heimkosten abzügl anzurechnden BarUnterh zu ersetzen (Düss VersR **85**, 698). Bei Tötg beider Elternteile sind iF der Nur-Hausfrauenehe der vom Vater geleistete Bar- u der vom der Mutter geleistete NaturalUnterh als gleichwert anzusehen; bei and einverständl AufgTeilg, insbes iF der Berufstätig auch der Mutter in intakter Ehe, bewertet sich der Anteil am BarUnterh idR nach dem Verhältn des ErwerbsEink der beiden Elternteile, der Anteil am NaturalUnterh im umgekehrten Verhältn; je nach dem EinzFall bedarf dieses Schema der Korrektur (BGH NJW **85**, 1460). Bei einem nichtehel Kind kann als BewertgsMaßstab dafür der Regelbedarf als AusgangsPkt genommen werden (Celle VersR **80**, 583). Rückstände s oben. Kein Ers für das vom Getöteten bezogene Kindergeld (BGH DAR **80**, 85).

c) Die **Witwe** kann als UnterhRente eine betragsmäß zu errechnende Quote vom verteilb Eink des **10** verstorbenen Ehem verlangen. Für die Festsetzg des %-Satzes gelten die Ausf vorstehd Rn 9 (BGH NJW-RR **87**, 538). Die Witwe kann auch Ers dafür fordern, daß sie inf des vorz Ablebens ihres Mannes ein geringeres od überh kein Witwengeld erhält (BGH **32**, 246, Warn **70**, 322), desgl auch Ers für Verringerg der Sozialrente inf des Todes ihres Mannes (Düss VRS **3**, 329). Hat die Witwe neben ihrem getöteten Ehem zum FamUnterh beigetragen, so ist ihr an Unterh nur der Tl entgangen, den der Ehem zu den HaushKosten u zu ihrem pers Bedürfn zugesteuert hatte (BGH NJW **83**, 2315). BerechnsgBeisp, wenn der getötete Ehem im Betr der Frau mitgearbeitet hat, BGH NJW **84**, 979. Dch den Tod des Ehem hat die Witwe nicht nur den UnterhAnspr verloren, sond ist auch von ihrer UnterhVerpfl aus eig ArbEink od Renteneinkünften (BGH FamRZ **83**, 567) ihm ggü frei geworden. Inwieweit dieser Vort den ErsAnspr wg des UnterhSchad mindert, beurt sich nach den Grds der VortAusgl (BGH VersR **83**, 726). Ein schadmindernder Umst kann dem Schädiger nicht zugute kommen, wenn ihn seine Berücksichtig bei Würdigg aller Umst unbill entlasten würde. Hat die Witwe für ein Kind, nach überwiegder Auffassg bis zu 15 Jahren, zu sorgen u war sie ihrem Mann ggü zu einer Erwerbstätig nicht verpfl, braucht sie weder den nach Berücksichtigg ihrer Rentenbezüge verbleibden RestBetr dch Aufn eig ErwerbsTätig selbst zu verdienen (Celle FamRZ **80**, 137) noch sich den Ertr ihrer Arb auf den UnterhSchad anrechnen zu lassen (BGH VersR **69**, 469); ebso nicht eine 74jähr Witwe ihr ArbEink, das sie neben ihrer Rente freiwill erzielt (KG VersR **71**, 966). Einer jungen, arbfäh, kinderl Witwe ist im allg zuzumuten, zum Zwecke der SchadMinderg einen ihrem soz Stand u ihren Fähigk angem Beruf auszuüben (BGH NJW **76**, 1501).

d) Der **Witwer** hat Anspr auf diejen Mittel, die erforderl sind, um den Wegfall der geschuldeten Unterh- **11** Leistgn, sei es in der HaushFührg, sei es dch geschuldete MitArb in Beruf od Gesch (BGH NJW **80**, 2196) auszugleichen, sow sie ihm zugute kamen. Dabei kommt es auf das Maß des rechtl geschuld, nicht des tats geleisteten UnterhBeitr der Ehefr an. Geschuldet ist die HaushTätigk so, wie es dem Einvernehmen beider Eheg entspricht; der Anspr auf SchadErs wg entgangener HaushTätigk besteht grds auch dann, wenn die Eheg den Haush zu gleichen Teilen besorgt haben (BGH **104**, 113: zeitl Mehraufwand des hinterbliebenen Eheg). AnhPkt für den Wert der HaushFührg ist die NettoVergütg einer vergleichb ErsKraft (BGH **86**, 372), wobei die Größe des Haush, der Umfang der anfallden Arb unter Berücksichtigg des Wegfalls der Ehefr u Mutter (BGH VersR **82**, 951), die zur Vfg stehden Hilfsmittel, die erforderl Kenntn u Fähigk der ErsKraft u die übl Vergüt zu berücks sind. Zu ersetzen sind die angem tats Aufw, wenn dch sie der entstandene Schad vollständ ausgeglichen wird; erledigt die ErsKraft nur einen Tl der Arb, zB weil der Schad innerfamiliär aufgefangen wird, so darf dies dem Schädiger nicht zugute kommen (BGH NJW-RR **86**, 1217). Zu den Kosten einer fiktiven ErsKraft sind nicht die ArbGAntle zur SozVers hinzuzurechnen (BGH NJW **82**, 2866). Aus ArbEink der getöteten Ehefr aus eig ErwTätigk, auch wenn sie zu ihr nicht verpfl war, hatte sie einen Beitrag zum FamUnterh zu leisten; auch sein Wegfall ist desh zu ersetzen (BGH NJW **74**, 1238). BerechngsBeispiel, wenn beide Eheg Bareinkommen erzielen, BGH VersR **84**, 81. – Nach den Regeln des VortAusgl ist zu best, inwieweit einers der Wegfall der eig UnterhVerpfl ggü der Ehefr (BGH NJW **71**, 2066), ands deren über das ges geschuldete Maß hinausgehde tats ArbLeistgn (BGH NJW **79**, 1501) zu berücksicht sind. Bestehen neben dem Anspr des Witwers gleichart UnterhAnspr von Kindern, so bemißt sich der Anspr des einz UnterhBerecht nach dem auf ihn entfallden Ant an der von der Ehefr u Mutter geschuldeten HaushFührg (BGH NJW **72**, 1130). Bei Ermittlg der zur Erf der ges UnterhPfl erforderl ArbZeit ist auf eine der übl SchätzgsMethoden abzustellen (BGH NJW **79**, 1501), auch Erfahrgs-Werte in Tabellen darf das Ger heranziehen (BGH VersR **88**, 390). Eine MitVerpfl der heranwachsden Kinder u des pensionierten Ehem zur MitArb im Haush ist dch zu berücksichtigen, so daß am EinzFall eine stundenw bez Hilfskraft zum Ausgl der ausgefallenen HaushFührg dch die Ehefr u Mutter ausr sein kann (BGH FamRZ **73**, 535). Muß der Geschäd die SchadErsRenten versteuern, so hat ihm der Schäd diese Steuer zu ersetzen, nicht dagg sonst dch Aufhebg der Ehe entstandene steuerl Nachteile wie Verlust des Splittingtarifs, Verringerg steuerfreier PauschalBetr (BGH NJW **79**, 1501). Der SchadErsAnspr des Witwers wg Tötg seiner zweiten Ehefr erstreckt sich nicht auf die weggefallene unentgeltl Versorgg seiner erstehel Kinder dch die zweite Ehefr; der dadch entstehe Mehraufwand zur Erf seiner ges UnterhPfl kann aber iW der Vort-Ausgleichung auf seine UnterhErsparn angerechnet werden (BGH NJW **84**, 977).

12   **e) Vorteilsausgleichung, insbesondere Anrechnung von Versicherungs-, Versorgungsleistungen, gesetzlicher Forderungsübergang, Erbschaft** vgl Vorbem 119–161 vor § 249. Auf den Schad-ErsAnspr sind diejen finanziellen Vortle anzurechnen, die mit dem SchadEreign korrespondieren (BGH VersR **84**, 936). Die begrenzten Anspr mittelb geschädigter Hinterbliebener erlauben nur VortlsAnrechng, die mit der Verwertg der ArbKraft in unmittelb Zushang steht (BGH NJW **84**, 979). Haftet der Schädiger nur auf eine Quote, so sind Renteneinkünfte der Witwe bzw des Witwers nur insow schadmindernd zG des Schädigers zu berücksichtn, als die Erspran den von der Witwe bzw dem Witwer selbst zu tragden SchadTl übersteigt (BGH VersR **83**, 726, VersR **87**, 70).

13   **B) Dauer der Rente. – a) Mutmaßliche Lebensdauer des Getöteten.** Die Rente kann nur beansprucht werden für die Zeit, in der der Getötete währd der mutmaßl Dauer seines Lebens unterhpfl gewesen wäre. Jedoch kann hieraus nicht allg gefolgert werden, daß ErsAnspr für die Zeit nach dem mutmaßl Ztpkt des Todes entfallen. Soweit näml der Getötete währd der mutmaßl Dauer seines Lebens für seine Angehör auch für die Zeit nach seinem Tode gesorgt haben würde, er hieran aber dch seinen vorzeit Tod gehindert worden ist, ist auch dieser erst nach dem mutmaßl Tode des Getöteten eintret Schad den Hinterbl zu erstatten (BGH **32**, 246). Die mutmaßl Lebensdauer des Getöteten ist unter Berücksichtgg von GesundhZustand, Alter, Beruf, Lebensgewohnh des Verl zu ermitteln. Die Rente ist daher trotz der Schwierigk der Ermittlg dieses Ztpktes kalendermäß abzugrenzen. Daß der Getötete ohnehin an einer Krankh zZt des Unfalls gestorben od aus gesundheitl Grden vorzeit erwerbsunfäh geworden wäre (überholde Kausalität), hat der Schädiger zu bew (BGH NJW **72**, 1515). Die UnterhPfl kann auch erst gewisse Zeit nach dem Tode beginnen. –

14 **Anspruchsübergang.** Ist der Anspr gg den Schädiger nach § 116 SGB X, § 81a BVersG, § 87a BBG auf den Träger der Vers bzw der Versorgg od den Dienstherrn übergegangen, so kann er von diesen so lange geltd gemacht werden, als sie selbst die dch den Tod ausgelösten VersorggsAnspr der Hinterbl zu erfüllen haben, also nicht nur bis zu dem Ztpkt, in dem der Getötete Altersrente od Ruhegehalt bezogen haben würde (so noch BGH **1**, 45), sond bis zu seinem voraussichtl natürl Tode (BGH (GrZS) **9**, 179). Zuläss Pauschbeträge vgl § 843 Rn 3. Übergang der Anspr gg nahe FamAngeh aus FahrlkHaftg für Körperschäden (§ 823 Rn 57) verneint, weil gg den Schutzzweck der gesetzl VersorggsBest verstoß (BGH **41**, 79 zu früh § 1542 RVO, analog § 67 II VVG, BGH **43**, 78: Versorgg nach BeamtenR); verneint auch Übergang der Anspr auf Erstattg der Beerdiggskosten in diesen Fällen, sow diese auf Abtretg gestützt werden (BGH **43**, 79).

15   **b) Durch Wiederverheiratung** verliert die Witwe den Anspr nicht, vielm bleibt er insow bestehen, als sie in der neuen Ehe nur eine geringere Versorgg erhält. Es ist daher unzul, den Anspr bis zum Ztpkt der Wiederverheiratg zu beschränken (vgl § 843 Rn 22). Der Umst, daß die Witwe eine eheähnl LebensGemsch eingegangen ist, in der sie dch ihren Lebensgefährten Versorgg erhält, kann als solcher bei der Feststellg ihres UnterhSchad nicht berücksichtigt werden. Der Wert der Haushaltführg ist aber unter dem Gesichtspkt der zumutb Erwerbsobliegenh (§ 254 Rn 36) als Eink wie jede and Tätigk zu berücksichtigen (BGH **91**, 357). **Adoption** von Unfallwaisen ist auf ihren SchadErsAnspr ohne Einfluß (BGH NJW **70**, 2061; vgl auch § 1755 Rn 3–5). Wesentl Änderg der Verhältn kann von dem ErsPfl wie auch von dem ErsBerecht nach § 323 ZPO geltd gemacht werden (BHG **34**, 115; vgl § 843 Rn 17).

16   **c) Wegfall des Anspruchs.** Der RentenAnspr kann schon vor dem mutmaßl Lebensende des UnterhVerpfl wegfallen, wenn seine UnterhPfl früher endigen würde. Dabei ist darauf abzustellen, wie sich die RBeziehgn zw dem UnterhBerecht u dem unterhpflicht Getöteten bei Unterstellg seines Fortlebens entwickelt haben würden. Für die Beurteilg dieser künft Entwicklg benötigt der Richter greifb Tats als Ausgangsposition (BGH **54**, 45 [55]). Nicht zu berücksichtigen ist in diesem ZusHang eine bloße Scheidgs-Abs, wohl aber die Erfolgsaussicht eines bereits erhobenen ScheidgsAntr (BGH DB **74**, 1284) u ein greifb Anhaltspkt für Versöhng der Ehegatten (Hamm VersR **92**, 511). Zu berücksichtigen ist ferner zB, wenn die Kinder wirtschl selbständ werden. Auch die Wahrscheinlichk der Heirat der Kinder ist in Betr zu ziehen (Düss NJW **61**, 1408). UnterhRenten eines 8-jähr Kindes sind idR auf die Vollendg des 18. LebensJhres zu begrenzen u etwaige weitere Anspr dch ein FeststellgsUrt abzusichern (BGH NJW **83**, 2197).

17   **C) Verfahrensrechtliches. – Klageantrag.** Mehrere gg einen Bekl aus dem gleichen Ereign Berecht müssen EinzSummen angeben (BGH **11**, 181), dürfen aber eine and Aufteilg auf die einz Kl iR des insges geltd gemachten Betr dem Ger überlassen (BGH NJW **72**, 1716). – **Leistungs- und Feststellungsklage** vgl Rn 5 u § 843 Rn 14. Klage nach § 323 ZPO u Antr auf Anpassg im vereinfachten Verf wegen wesentl Veränderg der Verhältn vgl § 843 Rn 17, 18. – **Streitwert:** s § 843 Rn 14.

845 *Ersatzansprüche wegen entgangener Dienste.* **Im Falle der Tötung, der Verletzung des Körpers oder der Gesundheit sowie im Falle der Freiheitsentziehung hat der Ersatzpflichtige, wenn der Verletzte kraft Gesetzes einem Dritten zur Leistung von Diensten in dessen Hauswesen oder Gewerbe verpflichtet war, dem Dritten für die entgehenden Dienste durch Entrichtung einer Geldrente Ersatz zu leisten. Die Vorschriften des § 843 Abs. 2 bis 4 finden entsprechende Anwendung.**

1   **1) Allgemeines und Geltungsbereich** vgl § 844 Rn 1, 2. Ges FdgsÜbergang nach § 116 SGB X (BGH NJW **59**, 2062 für früh § 1542 RVO). Streitwert: § 843 Rn 14.

2   **2) Dienstleistungspflicht kraft Gesetzes.** Der Eheg erbringt weder dch die HaushFührg noch dch MitArb im Beruf od GeschDienste iS des § 845, sond erfüllt seine UnterhPfl. Sow er diese Tätigk schuldete, bestehen ErsAnspr nur nach § 844 II, nicht nach § 845, der auch für darühinausgehde Dienste des getöteten Eheg keinen ErsAnspr gibt (BGH **77**, 157). Das gilt auch, wenn der getötete Ehem im Haush mitgearbeitet hat (Stgt VersR **73**, 1077). R des Eheg zu eig Erwerbstätig § 1356 II. Auch insow steht der ErsAnspr aus der

Aufhebg od Minderg der ArbKraft dem verl Eheg selbst zu (BGH **59**, 172). Kinder – auch nichtehel – ggü Eltern § 1619, auch Kinder aus nichtigen Ehen, ferner legitimierte, angen Kinder, §§ 1591 I 1 Halbs 2, 1671 VI, 1705, 1754, 1755. Die Ann familienrechtl Dienstleistg eines erwachsenen Sohnes im elterl Hof ist auch unter heut Verh nicht ausgeschl (BGH VersR **91**, 428). Entscheidd ist nicht die Art der Dienste, sond nur ob sie in den Rahmen des Hauswesens od Gesch der Eltern fallen. Verh zum Anspr des Kindes selbst s unten Rn 8. Grdsätzl keine DLeistgsPfl der Eltern ggü Kindern (BGH VersR **85**, 290, Bambg NJW **85**, 2724). Keine Anwendg auf vertragl od tats DienstLeistgen ohne gesetzl Verpfl, so wenn der Getötete mit seinem Eheg iR eines GesellschVerh (BGH NJW **62**, 1612) od der Sohn iR eines Dienst- od ArbVertr (BGH NJW **91**, 1226) od ein Ordensbruder kr Satzg od Gelübde (Celle VersR **88**, 1240) tät war; vgl auch § 1619 Rn 8–10. – Die Dienstverpfl muß bereits im Ztpkt der Verl bestanden haben (Mü NJW **65**, 1439, KG NJW **67**, 1090).

3) Schadensersatz. – a) Nur für die gesetzlich geschuldeten entgehenden Dienste. Unerhebl ist, ob 3 der DVerpflichtete die Dienste tats geleistet hatte od nicht, od ob er dch eine berufl Tätigk ganz od teilw an deren Wahrnehmg verhindert war (BGH DB **59**, 487). Bei Verl eines Eheg steht diesem selbst der ErsAnspr infolge Ausfalls seiner ArbKraft im Haush u im Beruf od Gesch des and Eheg zu. Hat der DBerecht ErsKräfte eingestellt, so sind grdsätzl die an diese geleisteten Zahlgen einschl etwaiger Kreditspesen zu ersetzen (Celle NJW **69**, 1671). – **b) Höhe der Geldrente:** ZPO § 287. Ausgangspunkt bieten die tats 4 Verhältn im Ztpkt des Unfalles, doch ist die voraussichtl künft Entwicklg zu berücksichtigen. Zu ersetzen ist aber nicht der Schad aus Verlust der Dienste, sond der Wert der Dienste, das ist der Betr, der auf dem freien ArbMarkt für eine ErsKraft aufzuwenden ist, die die Leistgen des Verletzten erbringt (Karlsr FamRZ **88**, 1050), zuzügl Wert der SachAufw wie Verpflegg usw. Über Anrechg der Ersparn vgl unter Rn 6. – **c) Dauer der Rente.** Maßg ist wie lange der DVerpflichtete voraussichtl die Dienste geleistet hätte. Auch 5 hier keine schemat Beurteilg der voraussichtl ArbFähigk. Auch Annahme überdurchschnittl Lebenserwartg kann sachl gerechtf sein (BGH VRS **26**, 327). Etwaige Wiederverheiratg des Mannes ist unberücksichtigt zu lassen; für diesen Fall bleibt Abändergsklage aus ZPO § 323. RentenAnspr endet in jedem Fall mit dem Tode des Dritten. – **d) Anrechnung anderer Renten** u Übergang auf den Anspr aus § 845 auf den Träger der 6 Vers od Versorgg, vgl Vorbem 134, 148–161 vor § 249. Keine Anrechng, sow diese Renten einem and Zweck dienen als dem Ausgl für die entgangenen Dienste (BGH NJW **62**, 800). – VortAusgleichsg wg Wegfalls der UnterhPfl nur, sow Ausgaben für Wohng u Verpflegg entfallen, im übr nicht (BGH **4**, 123, VersR **61**, 856). – **e) Übertragbarkeit.** And als in den Fällen der §§ 843, 844 ist § 850b ZPO nicht 7 anwendb. Die Rente ist also pfändb, übertragb, verpfändb, aufrechenb u gehört zur KonkMasse. – **f) Ver-** 8 **hältnis zum Anspruch des Kindes selbst aus § 842:** Dem Anspr der Eltern geht vor ein eig Anspr des verl Kindes nach § 842, sow es dch Aufn einer zumutb ErwerbsTätigk außer Haus seine ArbKraft zu verwerten vermag. Das Fehlen eines vorrang Anspr des Kindes selbst haben die Eltern zu beweisen (BGH **69**, 380). Ist das bereits berufstät Kind zur Mitarb in der NebenErwLandwirtsch der Eltern verpfl, können beide Anspr nebeneinand bestehen (Saarbr VersR **89**, 757).

846 *Mitverschulden des Verletzten.* Hat in den Fällen der §§ 844, 845 bei der Entstehung des Schadens, den der Dritte erleidet, ein Verschulden des Verletzten mitgewirkt, so finden auf den Anspruch des Dritten die Vorschriften des § 254 Anwendung.

1) Mitwirkendes Verschulden des Verl ist den ansprberecht Dr zuzurechnen. Trifft auch sie ein Mit- 1 Versch, so mindert sich ihr ErsAnsp um beide Antle (Kln VersR **92**, 894). Der Schädiger kann sich auch den nach §§ 844, 845 Berecht ggü auf den gesetzl u vertragl Ausschl der Haftg dem Verl ggü berufen (vgl § 844 Rn 1, 2). Handeln auf eig Gefahr vgl § 254 Rn 76–78. Einwand unzul RAusübg ist dem Verl, §§ 844, 845 Berecht in gleicher Weise wie ggü dem Verl mögl (RG **170**, 315). Sow die SchadErsAnspr kraft G auf Dritte übergegangen sind (Vers, Dienstherr), kann diesen ein eig mitw Versch ebso wie eine von ihnen zu vertret BetrGefahr nicht entggehalten werden. – Unanwendb auf Fälle, in denen eine schadstiftde Einwirkg auf einen Dr begriffl kein notw Erfordern für die zum Schad des Verl führende Ursachenreihe ist (BGH NJW **56**, 260: AmtsPflVerletzg bei der Beurkundg eines Testamentes; SchadErsAnspr dessen, der hierdch nicht Erbe wird).

2) Keine entsprechende Anwendung, wenn bei einer dch Unfall eines nahen Angehör seel verurs 2 GesundhBeschädigg (Vorbem 71 vor § 249) den unmittelb Verl ein MitVersch trifft. Dieses Versch kann aber nach §§ 254, 242 anzurechnen sein, weil die psych vermittelte Schädigg nur auf einer bes pers Bindg an den unmittelb Verl beruht (BGH **56**, 164; vgl § 254 Rn 68, 69).

847 *Schmerzensgeld.* [I]Im Falle der Verletzung des Körpers oder der Gesundheit sowie im Falle der Freiheitsentziehung kann der Verletzte auch wegen des Schadens, der nicht Vermögensschaden ist, eine billige Entschädigung in Geld verlangen.

[II]Ein gleicher Anspruch steht einer Frauensperson zu, gegen die ein Verbrechen oder Vergehen wider die Sittlichkeit begangen oder die durch Hinterlist, durch Drohung oder unter Mißbrauch eines Abhängigkeitsverhältnisses zur Gestattung der außerehelichen Beiwohnung bestimmt wird.

1) Regelungsgehalt. Früh Abs I S 2 seit 1. 7. 90 gestrichen (BGBl I 478). – **a) Bedeutung.** Ausn von 1 dem Grds, daß NichtVermSchad nicht in Geld zu ersetzen ist, § 253. Selbständ Anspr neben dem auf Ers des mat Schad, nicht nur RechngsPosten des GesSchad. Doch genügt für RechtsHängigk Einklagg v Verm-Schäd u SchmerzG in einer Summe, Aufteilg ist wg RKraftWirkg erforderl. – **Anwendbar** auf alle uH des 2 BGB u auf Anspr wg rwidr Inhaftierg nach EMRK 5 V (BGH **122**, 268: fehlde HaftTauglichk). Bei Verl des allg PerslkR vgl § 823 Rn 198–200, iF des § 829 vgl dort Rn 3. Bei Verl des UrhR in bes Fällen s § 97 II UrhG. – **Nicht anwendbar** auf and Tatbestd, insb nicht auf Haftg aus HaftpflG, StVG, LuftVG, EVO § 4, ProdHaftG, auf Haftg aus öffrechtl Verpflichtg (BGH **4**, 147); od wenn Anspr gg Verletzer nach §§ 636,

637 RVO (vgl § 611 Rn 155) ausgeschl (BAG BB **67**, 670). Dies ist auch bei unfallvers Zahlern untereinand der Fall (LG Hann VersR **76**, 1153). Der Ausschl ist verfmäß (BVerfG NJW **73**, 502). Ggü SchadErsAnspr des Nothelfers wg Verl bei der HilfeLeistg, die nach § 539 I Nr 9 a RVO versichert sind, kann derjen, dem die Hilfe geleistet worden ist, sich grdsätzl nicht auf das HaftgsPrivileg aus § 636 RVO berufen (BGH NJW **81**, 760). Unanwendb, wenn durch VersorggsG (BBG, BVersG usw) ausgeschl, vgl Einf 7 vor § 823 (BGH VRS **26**, 334 zu § 91 a SoldVersG). Desgl unanwendb auf Vertragshaftg, auch iF des § 618 u des § 670 (BGH NJW **69**, 1665). – In den ZugewinnAusgl ist § 847 vorbehaltl der HärteRegelg in § 1381 einzubeziehen (BGH **80**, 384). – Keine analoge Anwendg, da AusnBestimmg.

4   **b) Wesen des Anspruchs.** Der Anspr ist vorrang auf den **Ausgleich der Schäden** des Verl gerichtet, der dch das SchmerzG in die Lage versetzt werden soll, sich Erleichtergen u and Annehmlichk an Stelle derer zu verschaffen, deren Genuß ihm dch die Verl unmögl gemacht wurde. Darühinaus soll das SchmerzG auch zu einer **Genugtuung** führen (BGH GrZS, **18**, 149), wenngleich der Sühnegedanke für das zivrechtl Schad-ErsR nicht tragfäh ist (BGH NJW **93**, 781). Einheitl Anspr, keine Aufspaltg in einen Betr zum Ausgl immat Schäden u einen solchen, der der Genugtuung dienen soll (BGH NJW **95**, 781). Bes bei VerkDelikten tritt die Genugtuungsfunktion hinter die AusglFunktion zurück (BGH **18**, 149). Strafr Verurteilg des Täters ist für den SchmerzGAnspr u seine Bemessg ohne Bedeutg (BGH NJW **95**, 781 mwN auch zur GgMeing). BemessgsGrdl vgl Rn 11. Bei rechtsw Körperverl ist Anspr nicht desh abzulehnen, weil beim rechtm Eingr ähnl Schmerzen entstanden wären (BGH VersR **67**, 495). Führen schwerste Schädiggen zum Erlöschen der geist Fähigk u zum weitgehden Verlust der Wahrnehmgs- u EmpfindgsFähigk, so ist auch diese Zerstörg der Persönlk dch eine eigenständ Bewertg des Ausmaßes der Beeinträchtigg u den Grad der verbliebnen Erlebn- u EmpfindgsFähigk in Geld zu entschädigen (BGH **120**, 1). Auch hierbei sind der VerschGrad beim Schädiger u seine wirtsch LeistgsFähigk zu berücksicht (BGH NJW **93**, 1531).

5   **c) Mitwirkendes Verschulden** des Verl ist nach § 254 als einer der BewertgsFaktoren, nicht quotenmäß (Karlsr VersR **88**, 59) mindernd zu berücksichtigen. Ebso die BetrGef, für die Verletzter, zB als KfzHalter, einzustehen hat (BGH **20**, 259; vgl auch § 254 Rn 5). Obliegenh des Geschäd, den Schad dch zumutb Maßn zu mindern (vgl § 254 Rn 32–44). Der Erfolg solcher zumutb Bemühg soll auch dann anspruchsmindernd berücks werden, wenn er nur wg einer dem Verl eig außergewöhnl Willenskraft mögl war (BGH NJW **70**, 1037; aA Nürnb VersR **69**, 91). Stehen dem Verl, den mitw Versch trifft, mehrere Schädiger ggü, gilt bei Mittätern der Grds der GesSchau (vgl § 840 Rn 5). In and Fällen kann die Höhe der angem Entsch bei jedem einz Beteil entspr den Grds der Rn 10–12 unterschiedl sein (BGH **54**, 283).

6   **d) Mehrere Schädiger** vgl § 830 Rn 2–5, § 840 Rn 4; im Verh zu mitw Versch des Verl vorstehd Rn 5.

7   **2) Voraussetzungen.** Verl von Körper od Gesundh od FreihEntziehg, Abs I. Es kann der Billigk entsprechen, für BagatellSchäd kein SchmerzG zuzubilligen (BGH NJW **92**, 1043: geringfüg Verletzg der Gesundh, KG OLGZ **73**, 327: kurzfrist Festhaltg auf PolDienststelle). Bei Frauen außerdem (Abs II) Verbrechen od Vergehen gg die Sittlich (StGB §§ 174 ff, 182) sowie Tatbestd des § 825. Auch Mädchen im Kindesalter. SchmerzG bei Verl des allg PersönlichkR vgl § 823 Rn 198–200.

8   **3) Nichtvermögensschaden. – a) Nachteilige Folgen** für die körperl u seel Verfassg des Verl, also Schmerzen, Kummer u Sorgen, Unbehagen, Bedrückg inf Entstellg, Wesensänderg (BGH VRS **79**, 169), Schmälerg der Lebensfreude (vgl Rn 4). Immer aber muß es sich bei den psych Schäden um solche handeln, die sich als adäquate Folge einer Körperverl od einer medizin diagnostizierb GesundhBeschädig darstellen (Hamm VersR **79**, 579; vgl Vorbem 71 vor § 249). Schwangersch u Geburt eines Kindes sind als solche keine Verl der Gesundh u rechtf desh kein SchmerzG (Karlsr NJW **79**, 599). Ausfall eines geplanten Urlaubs ist außerh des § 651 f II kein ersetzb VermSchad, kann aber bei Bemessg des SchmerzG berücksichtigt werden (BGH **86**, 212).

9   **b) Beispiele** vgl ADAC-Handbuch, Hacks-Ring-Böhm, SchmerzGBeträge, Slizyk, Becksche SchmerzGTabelle. Meniskusverl (Mü VersR **74**, 269). Komplizierter Unterschenkelbruch mit ungünst Heilverlauf (Celle VersR **73**, 60). Mehrere schwere Brüche (Celle VersR **79**, 451). Oberschenkelamputation (Nürnb NJW **82**, 1337, Kln VersR **88**, 277). Unterschenkelamputation (Schlesw VersR **78**, 1028). Beinamputation bei Säugling (Mü VersR **78**, 285), Oberschenkelfraktur bei kleinem Kind (KG DAR **95**, 72). Versteif eines Kniegelenks u BeinVerkürzg (Oldbg VersR **83**, 1064). Peronäuslähmg (Kln VersR **93**, 53). Hüftgelenksversteifg mit Wachstumsschäd bei einem 12jähr Kind (Stgt VersR **92**, 889). Fehlgeschlagene Hüftgelenkoperation (Düss VersR **87**, 569). Dauernde Einschränkg der Beweglichk eines Armes (Düss-VersR **84**, 1045). Schädelbruch, schwere Gehirnerschütterg, diverse Brüche, Wesensveränderg u dauernder Erwerbsverlust (Karlsr VersR **88**, 850). Schwere Hirnschädigg inf Arztfehlers bei der Geb (Schlesw VersR **94**, 310). Stammhirnquetschg mit Lähmg aller 4 Gliedmaßen u horizontaler Blicklähmg (Mü MDR **91**, 603). Psychosomat Syndrom (Brschw VersR **91**, 557). Schwere KopfVerletzg bei bleibdem psychoorgan Syndrom mit HirnleistgsSchwäche u organ Wesensveränderg (Mü VersR **84**, 342). Querschnittssyndrom mit schwersten Lähmgen, Potenzverlust, Rollstuhlbindg (KG NJW-RR **87**, 409, Kln VersR **92**, 506). Schwerste vorsätzl KopfVerl, die nach ½ jähr Koma zum Tode führt (Kln VersR **92**, 197). Querschnittslähmg (Düss NJW-RR **93**, 156, Ffm NZV **94**, 363, Ffm VRS **87**, 258). Luftröhrenabriß, Kehlkopffraktur u schweres Schädelhirntrauma mit Dauerfolgen (Stgt VersR **80**, 342). Schwere Vergiftgsschäd mit Erblindg u Verlust des Ehepartners (BGH VersR **87**, 939). Gehirnerschütterg mit Schädelbasisbruch (Stgt DAR **75**, 70). Schwere VerbrenngsVerl (Kln VersR **89**, 750). Schwerste Schädigg mit Zerstörg der Persönlk (BGH **120**, 1), schwerste GeburtsSchäd (Ffm NJW-RR **93**, 159, Hamm NJW-RR **93**, 537). Übertragg infizierten Blutes, auch wenn es noch nicht zum Ausbruch von Aids gekommen ist (BGH NJW **91**, 1948). Verlust des Geschlechtsorgans bei 10jähr Jungen (Saabr NJW **75**, 1467). Vernichtg von Sperma, das der Spender hat einfrieren lassen, um sich für eine vorhersehb Unfruchtbk die Möglk eig Nachwuchses zu erhalten (BGH NJW **94**, 127). Querschnittlähmg (Ffm VersR **88**, 1180, KG NJW **74**, 607). Halsmarklähmg iVm Blasen- u Mastdarmlähmg, Unterschenkelschrägbruch (Oldbg VersR **87**, 1150). Bes schwere Beeinträchtiggen, die im geist-seel Bereich über die Folgen schwerster Querschnittslähmgen hinausgehen (BGH VersR **86**, 59). Beckenringbruch u and Verl mit Unfallschock (Bambg VersR **79**, 534). GesichtsVerletzg mit Entstellg u Schädigg des Trigeminusnervs bei 31jähr Frau (Hbg VersR **73**, 1151). Völl Erblindg (Mü VersR **89**, 1203, Ffm VersR **92**, 329). Nahezu völl Erblindg eines 4jähr Mädchens auf einem Auge mit ZurBleiben eines kosmet auffäll Befundes (KG VersR **92**, 974). Herabsetzg der Sehkraft eines Auges, Ausfall des zentralen Gesichtsfelds, Schielstellg u partielle Pupillenlähmg (Stgt VersR **78**, 652). Erblindg beider Augen u hirnorgan Schädigg mit Wesensveränderg, LeistgsAusfall u traumat Epilepsie (Zweibr VersR **81**, 660). Verlust des Geruchssinns (Kln NJW-RR **93**, 919). Taubh u Rauschen auf einem Ohr (Stgt VersR **94**, 106). Verlust des Geruchs- u GeschmacksSinnes (Schlesw VersR **94**, 615). Verlust des Geschmackssinns u Gefühllosigk einer Zungenhälfte (Mü NJW-RR **94**, 1308). Trümmerbruch der Nase mit Verlust des Geruchsinns bei einem Koch, Schleudertrauma der Halswirbelsäule (Ffm VersR **87**, 1140). Stimmbandlähmg (Stgt DAR **95**, 78). Nervenschock mit andauernder schwerer psych Beeinträchtigg als Folge der Benachrichtigg von dem Unfalltod des Ehem (Mü VersR **70**, 525). Reaktive Depression mit 3monat ArbUnfähigk (Hamm NJW-RR **94**, 94), unfallbdgte Verstärkg depress GrdStimmg u Folgen (Hamm DAR **95**, 77). Schwere psych Störgen einer in Behandlg befindl Patientin dch Verl des Abstinenzgebots u Beendigg emotionaler Bez seitens des Psychotherapeuten (Düss NJW **90**, 1543). Vergewaltigg (Düss NJW **74**, 1289). Erzwungener GeschlechtsVerk mit körperl Mißhandlg der Ehefrau (Schleswig NJW **93**, 2945). Verlust der Gebärmutter (Mü VersR **91**, 1398). Unterlassene Aufklärg über Verändergen des Ablaufs körperl Funktionen im Sexualbereich (Karlsr VersR **89**, 1053). Verlust eines Hodens (Kln VersR **78**, 1075). Harnincontinenz (Düss VersR **91**, 1138) u Impotenz (Hamm VersR **88**, 1181). Schmerzen bei SchwangerschUnterbrechg nach fehlgeschlagener Sterilisation (Brschw FamRZ **80**, 240). Fehlerh SterilisationsEingr, als Folge davon ungewollte Schwangersch (BGH NJW **80**, 1450; krit Stürner FamRZ **85**, 761). Hepatitisinfektion (Mü VersR **91**, 425). Unterbliebene Aufklärg über Mißerfolgsquote einer Operation, vollständ Harndranginkontinenz (Mü VersR **88**, 524). Behinderg u Schmerzen inf zahnärztl BehandlgsFehlers (Kln VersR **94**, 484). FreihEntziehg dch Unterbringg in geschlossener Anstalt inf grobfahrl unricht psychiatr Gutachtens (Nürnb NJW-RR **88**, 791). Leichtfert Attest eines Nervenarztes in einem UnterbringgsVerf, auch wenn es nicht zur Unterbringg kommt (BGH NJW **89**, 2941). Unzuläss Beugehaft (Mü NJW-RR **94**, 724). Verleumdg einer Frau als Prostituierte (Kblz VersR **90**, 165). Unberecht ÖffentlkFahndg (Hamm NJW **93**, 1209).

4) Billige Geldentschädigung. – a) Höhe gem ZPO § 287 nach Erm zu bestimmen. Es muß das **10** Bemühen um eine angem Beziehg der Entschädigg zu Art u Dauer der Verletzgen unter Berücksichtigg aller für die Höhe maßgebl Umst erkennen lassen u darf nicht gg RSätze, DenkGes u ErfahrgsSätze verstoßen (BGH VersR **88**, 943). **Bemessungsgrundlagen** (vgl BGH GrZS **18**, 149), im Urt darzulegen (BGH VersR **11** **92**, 1410), sind Ausmaß u Schwere der psych u phys Störgen, Alter, persönl u VermVerh des Verl (aA Schlesw NJW-RR **90**, 470) u des Schädigers, also Maß der Lebensbeeinträchtigg, Größe, Dauer, Heftigkeit der Schmerzen, Leiden, Entstellgen, Dauer der stationären Behandlg, der ArbUnfähigk u der Trenng von der Familie, Unübersehbk des weiteren KrankhVerlaufs, Fraglk der endgült Heilg, ferner Grad des Versch, des MitVersch des Verl, Bestehen einer HaftPflVers für den Schädiger in vernünft Grenzen im Hinbl auf die VersichertenGemsch (Ffm VersR **90**, 1287), zusätzl Belastg dch langwier RStreit in Kenntn der ZahlgsVerpfl (BGH WM **89**, 1481) od Verschweigen einer Fehldiagnose (Karlsr VersR **88**, 1134), Verweigerg mind teilw Regulierg, wenn Vers die EinstandsPfl kennt od kennen muß (Kblz VersR **89**, 629). Familiäre Beziehgen zw Schädiger u Geschäd können, wenn die FamGemsch dch die AusglPfl übermäß belastet würde, die Pfl begründen, SchmerzG nicht geltd zu machen (BGH **61**, 101, Karlsr VersR **77**, 232). Wenn ein Anspr besteht, kommt für seine Höhe dem Umst, daß die Verl dch einen FamAngehör verursacht worden ist, keine entscheidde Bedeutg zu (BGH VersR **89**, 1056), kann aber zu einer gewissen Kürzg des Anspr führen (Schlesw VersR **92**, 462). Daß der Geschäd die Verl nur wenig überlebt, auch wenn der Tod gerade dch das UnfallEreign verurs worden ist, ist ein Grd zur Minderg des SchmerzG (BGH NJW **76**, 1147, Kln VersR **92**, 197). Schwerste Schädigg mit Zerstörg der Persönlk s Rn 4. Bestrafg des Täters wg einer vorsätzl Tat mindert den Anspr nicht (BGH MDR **95**, 842). Ebso nicht, daß der Verl UnfallAusgl nach § 35 BeamtVG erhält (Hamm NJW-RR **94**, 991). Wofür der Verl das SchmerzG verwenden will u ob dies sinnvoll ist, spielt keine Rolle (BGH NJW **91**, 1544). Zul ist auch, die Unfallfolgen, die auf einer krankh Konstitution des Verl beruhen, geringer zu bewerten (BGH NJW **62**, 243). Gesond Bemessg nach best, abgrenzb ZtAbschn u Addition zu einem GesBetr (so Hbg NJW **73**, 1503) ist unzuläss, weil es sich um einen einheitl Anspr handelt (Oldbg NJW-RR **88**, 615). Begrenzg auf einen best ZtPkt ist nur zuläss, wenn die zukünft Entwicklg noch nicht überschaub ist (Kblz VRS **77**, 427). Maßgebl Ztpkt: Letzte mdl TatsVhdlg (Nürnb VersR **68**, 359). Bei der Bemessg dürfen nicht berücksicht werden GesichtsPkte des mat SchadAusgl, zB daß der Verl eine Rente der SchülerunfallVers erhält, auch wenn er keine Erwerbseinbuße erleidet (BGH NJW **82**, 1589). VortAusgl (Vorbem 119–161 vor § 249) findet nicht statt.

b) Kapital oder Rente. Regelm Kapital, doch ist uU Rente, insb bei dauernden Nachtlen, zweckm **12** (BGH **18**, 167, NJW **57**, 383). Die Rente muß in einem ausgewogenen Verh zu vergleichb KapBeträgen stehen, also bei Berechng der KapLeistg annähernd einem vergleichb KapBetrag entsprechen (Celle VersR **77**, 1009). Auch für gewisse ZeitAbschn, wenn die Auswirkgn der Verl nur für einen best Zeitraum übersehb (BGH VersR **61**, 727). Die Gefahr, daß SpätSchäd eintreten, kann sich als seel Belastg auswirken u bereits bei der Bemessg des SchmerzG berücksichtigt werden (Celle DAR **75**, 269). Ausnahmsw auch Rente neben Kapital, wenn die lebenslängl Beeinträchtigg des Geschäd sich immer wieder erneuert u immer wieder schmerzl empfunden wird (Ffm JZ **78**, 526: schwere BrandVerl im Gesicht, Hamm VersR **90**, 865: schwerste KopfVerl, Ffm VersR **92**, 621: ständ Schmerzen, erhebl Beeinträchtigg der Lebensqualität). Dabei müssen die Kap- u RentenBetr in einem ausgewogenen Verh stehen einers untereinand, ands zum zeitl Auftreten der Nachtle; endl muß der GesBetr eine bill Entsch für die GesBeeinträchtigg darstellen. Starkes Abweichen v vergleichb Rspr muß im Hinbl auf RSicherh u GleichhGrds aus den Gegebenh des EinzFalles gesondert begründet werden (BGH DB **76**, 1520). Dynam Rente dch Koppelg an den amtl LebenshaltgsKostenindex ist unzul (BGH NJW **73**, 1653).

13   **5) Übertragbarkeit, Vererblichkeit.** Der Anspr ist übertragb u, ohne daß es einer WillKundgebg für die GeltdMachg dch den verstorbenen Verl bedarf (BGH NJW **95**, 783), vererbl, also auch pfändb, verpfändb, er ist KonkGgst. Kein Übergang auf den VersTräger, Dienstherrn nach §§ 636, 116 SGB X, 81 a BVG (BGH **3**, 298, DB **70**, 2114) wg fehlder Kongruenz. Aufr vgl § 393. – Wg der RLage bis 1. 7. 90 vgl 49. Aufl.

14   **6) Prozeßrecht. – a) Unbezifferter Klageantrag** ist zuläss, wenn Kl dch Darlegg des ansprbegründden Sachverhalts die geeigneten tats Grdlagen für die Bemessg vorträgt u die ungefähre Größenordng des geltd gemachten Anspr angibt, ev mit Angabe des MindestBetr, auch außerh des KlAntr (BGH NJW **92**, 311). Ist dies geschehen, unterbricht die Rhängigk die VerjFr für den ganzen SchmerzGAnspr (BGH ZZP **89**, 199). **Zinsen** können auch bei unbeziffertem KlAntr ab RHängigk gefordert werden (BGH NJW **65**, 1376, KG
15   NJW **66**, 259). **Streitwert** vgl Th-P § 3 Rn 63. **Beschwer** vgl Th-P Rn 23 vor § 511.

16   **b)** Im **Grundurteil** wird teilw eine Quotierg des Anspr für zul erachtet (Br NJW **66**, 781; Nürnb NJW **67**, 1516); teilw hält die Rspr nicht eine Quotierg des Anspr, sond den Ausspr für zul, daß der Bekl ein angem SchmerzG unter Berücksichtigg eines best prozentualen MithaftgsAnteils des Verl schuldet (Celle NJW **68**, 1785; Düss VersR **75**, 1052). Prakt läuft das auf das Gleiche hinaus. Dogmat richtiger ist die zweitgenannte Auffassg, weil matr nicht eine Quote eines eigentl, vollen Betr, sond ein Betr zuzusprechen ist, für dessen Angemessenh der MithaftgsAnteil des Verl ein bestimmder Faktor ist.

17   **c) Rechtskraftwirkung.** Neue erhebl Beeinträchtiggen (Spätfolgen, Komplikationen) kann der Verl nach rkräft Entsch über uneingeschränktes SchmerzG nur geltd machen, wenn sie in dem früh Verf nicht berücks werden konnten, weil sie obj nicht erkennb u ihr Eintreten nicht vorhersehb waren (BGH NJW **80**, 2754, NJW **88**, 2300, NJW **95**, 1614). NachFdg nach AbfindgsVergl s § 779 Rn 12. – **Änderung** einer Rente nach § 323 ZPO mögl (BGH GrZS **18**, 149).

18   **d)** Ein **Feststellungsurteil** auf Ers jed weiteren Schad erstreckt sich auf immat Schäd, wenn sich nicht aus dem Urt od dem PartWillen eindeut Hinw auf eine gewollte Beschränkg des StrGgstdes auf mat Schäd ergibt (BGH NJW **85**, 2022). Für die Feststellg der ErsPfl für künft immat Schäden genügt die nicht eben entfernt liegde Möglichk, daß künft weitere, bisher noch nicht erkenn- u voraussehb Leiden auftreten (BGH NJW-RR **89**, 1367).

19   **e) Revision.** Die Bemessg des SchmerzG ist nach stRspr Sache des TatR. Die RevInst kann insb nicht nachprüfen, ob das SchmerzG „überreichl od allzu dürft" erscheint, sond nur, ob die Festsetzg einen RFehler enthält (BGH WM **71**, 634: Wertg aller maßgebl Umst u ihre Darlegg in den Grden).

848   *Haftung für Zufall bei Entziehung einer Sache.* Wer zur Rückgabe einer Sache verpflichtet ist, die er einem anderen durch eine unerlaubte Handlung entzogen hat, ist auch für den zufälligen Untergang, eine aus einem anderen Grunde eintretende zufällige Unmöglichkeit der Herausgabe oder eine zufällige Verschlechterung der Sache verantwortlich, es sei denn, daß der Untergang, die anderweitige Unmöglichkeit der Herausgabe oder die Verschlechterung auch ohne die Entziehung eingetreten sein würde.

1   **Haftung für Zufall,** wenn der Schädiger aGrd uH zur Herausg einer körperl Sache verpfl ist. Geldentschädigg nach § 251. Dafür, daß der Untergang, die Verschlechterg od die Unmöglichk der Herausg auch ohne die Entziehg der Sache eingetreten sein würde, ist der HerausgVerpflichtete bewpflichtig. – § 848 enthält einen RGrds, hypothet Kausalverlauf ist zu berücks (BGH **10**, 6).

849   *Verzinsung der Ersatzsumme.* Ist wegen der Entziehung einer Sache der Wert oder wegen der Beschädigung einer Sache die Wertminderung zu ersetzen, so kann der Verletzte Zinsen des zu ersetzenden Betrags von dem Zeitpunkt an verlangen, welcher der Bestimmung des Wertes zugrunde gelegt wird.

1   **1) Anwendungsbereich.** Zinsen sind als SchadErs zu leisten für die endgült verbleibe Einbuße an Substanz u Nutzbark der Sache, nicht für and Beträge, die wg der Entziehg od Beschädigg der Sache geschuldet werden (BGH **LM** Nr 2). Der Verl kann für denselben ZtRaum abstrakte Verzinsg od Ers des konkreten NutzgsAusfalls verlangen, nicht beides nebeneinand (BGH **87**, 38). Gesetzl Zinsfuß § 246. Auch Entziehg von Geld gehört hierher (BGH **8**, 288: Unterschlagg, Düss ZIP **90**, 1014: Nichtabführg des Erlöses für eine versteigerte Sache an den PfdGläub). SchadNachweis nicht erforderl, Geltdmachg höheren Schad nicht ausgeschl. Entspr Anwendg auf GefährdgsHaftg, zB Anspr aus StVG (BGH **87**, 38), sow nicht dort eine abschließde Regelg enthalten.

2   **2) Dauer der Zinspflicht.** Beginn: Ztpkt der Wertbestimmg, das ist regelmäß der des Eingr od des SchadEreign. Bei zwischenzeitl Wertsteiger ZinsPfl jeweils von dem betr BerechngsZtpkt an; ggf auch gleichmäß Verzinsg nach mittleren Werten (BGH NJW **65**, 392). Keine Verzinsg währd der Zeit, für die konkreter Nutzgsausfall zu ersetzen ist (BGH **87**, 38). – Ende der Verzinsg mit Beschaffg der ErsSache aus Mitteln des Schädigers od mit Zahlg des ErsBetr dch den Schädiger (BGH **87**, 38).

850   *Ersatz von Verwendungen.* Macht der zur Herausgabe einer entzogenen Sache Verpflichtete Verwendungen auf die Sache, so stehen ihm dem Verletzten gegenüber die Rechte zu, die der Besitzer dem Eigentümer gegenüber wegen Verwendungen hat.

1   Vgl §§ 994–1003. ZurückbehaltgsR wg der Verwendgen gem § 273, es sei denn, daß der Besitz dch vorsätzl uH erlangt ist (§ 273 II, § 1000 S 2).

851 *Ersatzleistung an Nichtberechtigten.* Leistet der wegen der Entziehung oder Beschädigung einer beweglichen Sache zum Schadensersatze Verpflichtete den Ersatz an denjenigen, in dessen Besitze sich die Sache zur Zeit der Entziehung oder der Beschädigung befunden hat, so wird er durch die Leistung auch dann befreit, wenn ein Dritter Eigentümer der Sache war oder ein sonstiges Recht an der Sache hatte, es sei denn, daß ihm das Recht des Dritten bekannt oder infolge grober Fahrlässigkeit unbekannt ist.

Schutz guten Glaubens bei Leistg von SchadErs wg Entziehg od Beschädigg einer bewegl Sache, zB **1** wenn HaftpflVers an Leasingnehmer des Pkw bezahlt (KG VersR **76**, 1160). Keine Ausdehng auf unkörperl Ggstände, an denen kein Besitz besteht. Ausgleichg zw Besitzer u Eigtümer § 816. Die BewLast für die Kenntn od grobfahrl Unkenntn trifft den ErsBerechtigten.

852 *Verjährung.* [1] Der Anspruch auf Ersatz des aus einer unerlaubten Handlung entstandenen Schadens verjährt in drei Jahren von dem Zeitpunkt an, in welchem der Verletzte von dem Schaden und der Person des Ersatzpflichtigen Kenntnis erlangt, ohne Rücksicht auf diese Kenntnis in dreißig Jahren von der Begehung der Handlung an.

[II] Schweben zwischen dem Ersatzpflichtigen und dem Ersatzberechtigten Verhandlungen über den zu leistenden Schadensersatz, so ist die Verjährung gehemmt, bis der eine oder der andere Teil die Fortsetzung der Verhandlungen verweigert.

[III] Hat der Ersatzpflichtige durch die unerlaubte Handlung auf Kosten des Verletzten etwas erlangt, so ist er auch nach der Vollendung der Verjährung zur Herausgabe nach den Vorschriften über die Herausgabe einer ungerechtfertigten Bereicherung verpflichtet.

1) Anwendungsgebiet. – a) Gilt für alle Tatbestd aus uH u Gefährdg im BGB u and G, sow nicht dort **1** eine Sonderregelg getroffen (BGH **57**, 170 [176]) od sow dort auf § 852 verwiesen ist, wie in §§ 11 HaftPflG, 14 StVG, 39 LuftVG. Für SchadErsAnspr aus ZPO 302 IV, 600 II, 717 II, 945 (BGH NJW **80**, 189, NJW **92**, 2297), für ErsAnspr wg Verl gemeinrechtl Flußinterdikte (RG JW **33**, 508), aus § 35 GWB (BGH NJW **66**, 975) u aus Art 5 V der MenschenRKonvention (BGH **45**, 58; vgl Einf 11 vor § 823); ferner für ErsAnspr aus § 22 WassHaushG (BGH **57**, 170, **98**, 235), aus § 145 AFG (BSG MDR **84**, 523). Gilt entspr für ErsAnspr der Beteil gg den KonkVerw gem § 82 KO (BGH **93**, 278), gg VerglVerw, Sachwalter u Mitgl des GläubBeirats gem §§ 42, 44 III, 92 I VerglO (BGH NJW **93**, 522, BGH **126**, 138). ErsAnspr wg unzul Immissionen vgl § 906. – Beim **Zusammentreffen mit Vertragshaftung** besteht grdsätzl AnsprKonkurrenz, dh der VertrAnspr wird dch die Verj des DeliktsAnspr nicht berührt (BGH **66**, 315), grdsätzl auch nicht umgekehrt (BGH aaO u NJW **77**, 1819); das gilt auch bei konkurrierden Anspr aus §§ 43 GmbHG, 34, 41 GenG, 93, 116 AktG (BGH **100**, 190 [201]), § 651f (BGH WM **88**, 537), gg Spediteur, Lagerhalter, Frachtführer (vgl §§ 414, 423, 439 HGB, BGH **116**, 297). Jedoch gilt für konkurrierde SchadErsAnspr des Käufers ausnahmsw die kürzere VerjFr in § 477 I, wenn sein dch § 823 geschütztes Integritätsinteresse mit dem dch die GewlVorschr geschützten Äquivalenzinteresse völl deckgsgleich ist (BGH NJW-RR **93**, 793, 1113). Ferner gilt für konkurrierde SchadErsAnspr des Vermieters, Verleihers u Nießbrauchers wg Veränderg od Verschlechterg der Sache aus fahrl begangener uH die kürzere VerjFr in §§ 558, 581 II, 606, 1057 (BGH **55**, 392, **71**, 175, BGH NJW **85**, 798), u zwar auch dann, wenn der Mieter die ErsPfl für Verschlechtergen übernommen hat, die dch vertrgem Gebr entstanden sind (BGH NJW **87**, 2072). Sind Vermieter u Eigtümer nicht ident, gilt dies dann, wenn zw ihnen eine enge wirtsch Verflechtg besteht (BGH **116**, 293: 2 GmbH, derselbe GeschF u GeschSitz). Für alle Anspr aus einer der CMR unterliegden Beförderg gilt dessen Art 32 auch für Anspr aus uH, nicht § 852 (BGH NJW **76**, 1594). Bei AmtspflVerl eines Notars gilt nur § 852, da AmtsPfl nicht Ggst vertragl Bindg sein kann. – Bei **Zusammentreffen mit Ansprüchen aus UWG** gilt § 852 insow, als sie auch auf uH gestützt werden können (BGH **36**, 254 u NJW **85**, 1023; vgl § 826 Rn 61). Jedoch gilt nicht § 852, sond § 21 UWG, sow ein Unterlassgs- od WiderrufsAnspr seine AnsprGrdl sowohl im UWG wie in § 823 I unter dem Gesichtspkt des Eingr in den eingerichteten u ausgeübten GewerbeBetr hat, weil der letztgen Anspr nur lückenfüllde Bedeutg hat (BGH NJW **73**, 2285). Ebso unterliegen SchadErsAnspr u Anspr auf Ers wettbewrechtl Abmahnkosten (vgl § 683 Rn 4) gem § 823 II iVm wettbewrechtl AnsprGrdl der VerjFr in § 21 UWG (BGH NJW **92**, 429). – **Bereicherungsansprüche** verj, auch wenn sie mit DeliktsAnspr konkurrieren, grdsätzl in 30 Jahren (Einf 24 vor § 812).

b) Gilt nicht für Anspr aus § 904 S 2 (BGH **19**, 82), aus §§ 985 ff, AusglAnspr der GesSchu untereinand, **2** §§ 830, 840, 426 I, Anspr aus §§ 618, 463, RegreßAnspr des Kindes gg den Inhaber des SorgeR, des Mündels gg den Vormd (§§ 1664, 1833), Anspr der AG u der Genossensch gg Vorstands- u AufsRMitgl, §§ 93 VI, 116 AktG (Celle NdsRPfl **82**, 212), §§ 34 VI, 41 GenG. Ferner nicht für Anspr auf Ers von Aufw, den ein Dr aus ungerechtf Ber od GoA geltd macht, weil er den dch die uH verursachten Schaden behoben habe. AufopfergsAnspr u enteigngsgleicher Eingr vgl Übbl 19–23, 50–54 vor § 903.

c) Sondervorschriften: UWG § 21 (vgl oben Rn 1), UrhRG § 102, PatG § 141, MarkenG §§ 20, 129, **3** GebrMG § 15 III, HGB § 902, BinnenSchG §§ 117, 118 (BGH **69**, 62), AtomG § 32, BRAO § 51, PatAO § 45, BBG § 78 für die ErsAnspr u die RückgrAnspr des Staates gg den Beamten; entspr Regelg in den Ländern, BRRG § 46; RVO § 642 für die RückgrAnspr des Trägers der Unfallvers. – DeliktAnspr auf Ers eines dch Nichterbringg wiederkehrder Leistgen (Renten) entstandenen Schad verjähren nach § 852, die aGrd uH bestehden RentenAnspr selbst verjähren nach § 197 (BGH NJW **68**, 46), auch wenn sie rkräftig dch Urt festgestellt sind (BGH VersR **80**, 927).

2) Beginn der Verjährungsfrist, sobald der ErsAnspr entstanden, dh ein Schad dem Grde nach bereits **4** eingetreten ist u der Verl von Schad u Pers des ErsPflicht Kenntn erlangt (BGH NJW **92**, 3034, NJW **93**, 648). Diese Kenntn ist vorh, wenn dem Geschädigten zuzumuten ist, aGrd der ihm bekannten Tats gg eine best Pers eine SchadErsKlage, sei es auch nur eine FeststellgsKl zu erheben, die bei verständ Würdigg der

1041

von ihm vorgetragenen Tats Erfolgsaussicht hat. Es kommt auf die Kenntn der ansprbegründden Tats an, nicht auch auf deren rechtl Würdigg u darauf, ob der Geschädigte aus den ihm bekannten Tats zutr Schlüsse auf den in Betr kommden naturwissenschaftl zu erkennden Kausalverlauf zieht (BGH NJW **84**, 661, NJW **91**, 2351). Nicht nöt ist Kenntn aller Einzelh u daß der anzustrengde Proz mehr od weniger risikolos erscheint (BGH NJW **94**, 3092). Bei bes verwickelter u zweifelh RLage können ausnahmsw auch erhebl rechtl Zweifel bis zu ihrer Klärg die Kenntn ausschließen (BGH DB **74**, 427). Fahrl Unkenntn steht der pos Kenntn nicht gleich, wohl aber, wenn sich der Verl die Kenntn in zumutb Weise ohne nennenswerte Mühe u Kosten beschaffen kann, sich vor der Kenntn mißbräuchl verschließt (BGH NJW **90**, 2808). Nichtüberprüfg von Krankenhausunterlagen auf ärztl Behandlgsfehler (BGH NJW **89**, 2323) u NichtVerfolg eines gg den Schädiger anhäng StrafVerf (BGH WM **90**, 642) genügen dazu nicht; ebso nicht die Vernehmg als Zeuge im StrafVerf, wenn die wirtsch Abläufe u Zushänge schwer dchschaub sind (BGH NJW **94**, 3092: WarenterminoptionsGesch). Keine Pfl des Geschäd, im Interesse des Schäd an einem möglichst frühzeit FrBeginn Initiative zur Unterrichtg über den SchadHergang zu entfalten (BGH VersR **95**, 551). Bei der Arzthaftg beginnt die VerjFr nicht zu laufen, bevor nicht der Patient als med Laie Kenntn von Tats hat, aus denen sich ein Abweichen des Arztes vom übl ärztl Vorgehen (Standard) ergibt (BGH NJW **91**, 2350), eine Informations- u AufklärgsPfl dch Beiziehg eines RA besteht nicht (BGH NJW **95**, 776). Bei der Haftg des ArzneimittelHerst beginnt die VerjFr erst, wenn dem Patienten die Umst bekannt sind, die den Schluß tragen, daß die schädl Wirkgen im Verh zum Nutzen einer bestimmgsgem Anwendg nach den Erkenntn der medizin Wissensch unvertretb sind (BGH NJW **91**, 2351). Bei AmtsPflVerl ist dem Geschädigten die Erhebg einer Klage solange nicht zumutb, als die aussichtsreiche Möglichk besteht, dch Verhdlgen mit der Behörde od in and Weise zu einem anderweit Ausgl der VermEinbuße zu kommen (BGH NJW **90**, 245, NJW **93**, 2303). Besteht die SchädiggsHdlg im Unterl einer Aufklärg, so hat der Geschädigte Kenntn erst dann, wenn er die Umst kennt, aus denen sich die OffenbargsPfl ergibt (BGH NJW **90**, 2808). Auch bei komplizierten WirtschStraftaten hängt die Kenntn vom Tathergang nicht von Abschl des StrafVerf u von Akteneinsicht ab (BGH WM **91**, 2135). – Die Unkenntn von Tats, die mögl Einwdgen des Schädigers ausfüllen, schließt den FrBeginn ausnahmsw nur dann aus, wenn bei KörperVerl konkr Anhaltspunkte für eine Notwehr- od Nothilfehandlg des Schädigers bestehen u der Verl wg der VerlFolgen keine Erinnerg an den Ablauf der Geschehn hat (BGH NJW **93**, 2614). In den Fällen der §§ **844, 845** kommt es auf die Kenntn der ersberecht Dr an. Waren RentenAnspr nach § 844 dch Wiederheirat entfallen u wird die 2. Ehe aufgelöst, so beginnt
5 mit dieser Auflösg die VerjFr neu zu laufen (BGH NJW **79**, 268). – **Vertreter:** Bei GeschUnfähigen od GeschBeschränkten – BewLast dafür trägt der Verl (BayObLG **67**, 319) – ist Kenntn des gesetzl Vertr maßg, die des Bevollm genügt nicht. Kenntn des WissensVertr (§ 166 Rn 6) steht der des Verl gleich (BGH NJW **76**, 2344: Ein ElternTl, BGH NJW **89**, 2323: RA), auch bei JP, selbst wenn für die GeldMachg des Anspr
6 eine and Abteilg zuständ ist (BGH NJW **94**, 1150). – **Bei gesetzlichem Forderungsübergang** gem § 116 SGB X u BVG § 81a geht ErsAnspr sofort mit Entstehg auf den Vers- bzw LeistgsTräger über; es kommt desh nur auf seine Kenntn an (BGH **48**, 181). Bestand die SozVers zZt des Unfalls noch nicht, muß sich der SozVersTräger die bis zum FdgsÜbergang erworbene Kenntn des Verl anrechnen lassen (BGH NJW **83**, 1912). Bei öffrechtl LeistgsTrägern ist auf die Kenntn des für den Regreß zuständ Bediensteten der vfgsberecht Behörde abzustellen (BGH NJW **92**, 1755), bei Übertr der LeistgsAufg auf eine and Körpersch des öffR auf deren Kenntn (BGH NJW **74**, 319); das den RentenAntr aufnehmde VersAmt gehört nicht zu diesen and Körpersch, maßg bleibt also die Kenntn der BVersAnst (BGH VersR **77**, 739). Geht der Anspr erst später über, zB VVG § 67, ist KenntnErlangg des VersTrägers nur dann maßg für Beginn der VerjFrist, wenn der Verl zZ des FdgsÜberg noch keine Kenntn hatte (BGH **LM** § 1542 RVO Nr 23). Entspr gilt für SchadErsAnspr des verl Beamten, der auf den Dienstherrn übergegangen ist; Fristbeginn in dem Ztpkt, in dem die Unfallfolgen voraussehb sind, nicht erst mit der Versetzg des Verl in den Ruhestand (BGH NJW **65**, 909). Hemmg der VerjFrist übergegangener ErsAnspr iF des § 116 SGB X bei AblehngsBescheid u
7 seiner späteren Aufhebg dch SozGer vgl BGH NJW **69**, 1661. – **Im Erbfall** ist maßg Kenntn des verl Erblassers. Fehlt es hieran, so ist Kenntn jedes einz Miterben erforderl, solange der ErbenGemsch den Anspr als solchen (§ GläubGesHand) geltd macht, auch wenn ein Miterbe Leistg an die GesHand verlangt (Celle NJW **64**, 869, § 2039 S 1). – Bei **Drittschadensliquidation** (vgl Einf 113 vor § 249) ist maßg die Kenntn des AnsprStellers, nicht die des Dritten (BGH NJW **67**, 931).

8 **a) Kenntnis vom Schaden** ist nicht gleichbedeutd mit Kenntn vom Umfang des Schad. Erforderl ist, daß Verl Kenntn vom Eintritt irgendeines Schad hat (BGH VersR **90**, 277), unnöt dagg volle Übersehbark von Umfang und Höhe (BGH NJW **60**, 380). Es genügt, wenn Verl zur Erhebg der FeststellgsKl in der Lage
9 ist (BGH WM **60**, 885). **Bei späteren, fortdauernden oder sich wiederholenden Schadensfolgen** ist zu unterscheiden: Sind sie dch eine abgeschl uU, auch DauerHdlg verurs, beginnt die VerjFr auch für nachträgl auftretde SchadFolg (Verschlimmergen), die im Ztpkt der Kenntn vom GesSchad als mögl voraussehb waren, mit diesem Ztpkt (BGH WM **78**, 331). Nur solche SchadFolgen, die nicht voraussehb waren, sind von der Kenntn des GesSchad nicht erfaßt. Für sie läuft bes Verj vom Tage einer Kenntn u der Kenntn ihres ursächl Zushanges mit der uH (BGH VersR **68**, 1163). Für fortdauernde wiederkehrde Nachtle läuft keine bes VerjFr, wenn eine gewisse Dauer der SchadFolgen als mögl zu erwarten war. Das gilt auch für negator Anspr wg Verl des PersönlkR (BGH NJW **69**, 463). Dauert dagg die schädigde Hdlg an od wiederholt sie sich (zB laufde od wiederholte Einl von Abwasser in einen Fluß mit immer bzw jeweils neuen SchadFolgen; wiederholter Gebr einer fremden Firma) od haben mehrere selbständ Hdlgen jeweils Schad verurs, so beginnt die VerjFr bei laufden SchadHdlgen entw nach Ablauf best ZtAbschn für die währd dieser ZtAbschn eingetretenen Schäd od, wenn sich eine solche zeitl Zäsur nicht machen läßt, mit Ende der schädigden Hdlg, bei mehreren selbständ Hdlgen jeweils mit der Kenntn von ihnen (BGH NJW **85**, 1023, NJW **93**, 648). Dabei hat der Schädiger darzulegen, welche SchadErsAnspr aus den einz uH verjährt sind u wann der Geschäd Kenntn v den Folgen der einz uH erlangt hat (BGH WM **77**, 788: wiederholte Immissionen währd eines längeren Zeitraumes verursachen Pers- od SachSchad; BGH NJW **81**, 573: Vertiefg eines Grdst). Dabei spielt es keine Rolle, ob sich die schädigden Hdlgen in strafr Sicht als natürl HdlgsEinh od fortges Hdlgen darstellen, denn beide Begr sind im ZivR nicht verwendb. Unterläßt es der PatentInh

pflwidr, eine unberecht ausgesprochene Verwarng zu widerrufen, so beginnt der Lauf der VerjFr für jeden inf der NichtBeseitigg eintretden Schad jeweils mit dem Ztpkt, in dem der Geschäd von diesem Schad Kenntn erlangt (BGH NJW **78**, 1377: Abnehmer beziehen wg Nichtwiderrufs der Verwarng bei der Konkurrenz). Soweit der Verl Anpassg einer fortlaufd gezahlten SchadRente an die veränderten Lohn- u Preisverhältn verlangt, kann ihm nicht entggehalten werden, er hätte diesen „erweiterten" Anspr rechtzeit iW der FeststellgsKl geltd machen müssen; denn es handelt sich hierbei gar nicht um einen Anspr auf Ers eines weitergehden Schad, sond allein um die Neubewertg des alten, rechtskr festgestellten SchadErsAnspr, die den Verletzer, da ihm die Änderg der wirtsch Verh ja ebenf bekannt ist, nicht überraschen kann (BGH **33**, 112; **34**, 119; vgl hierzu auch § 843 Rn 17). Ebso beginnt die VerjFr mit Auflösg der zweiten Ehe neu zu laufen, wenn RentenAnspr wg der Wiederverheiratg entfallen waren (BGH NJW **79**, 268, VersR **81**, 1080).

Einzelfälle: Fehlerh Wirbelsäulenoperation, Spätschaden (BGH NJW **60**, 380). FrBeginn iF des § 945 **10** ZPO mit rkräft Abweisg des Arrest/VfgsAntr (BGH NJW **92**, 2297) bzw mit rkräft Abschl des Hauptsache-Verf (BGH NJW **93**, 863). Verj des SchadErsAnspr bei laufder Einl von Abwasser in einen Fluß (BGH DB **72**, 2056). Bei unterl Aufklärg erlangt der Geschäd Kenntn vom SchadHergang erst, wenn er die Umst kennt, aus denen sich rechtl die OffenbargsPfl ergibt (BGH MDR **90**, 810, Kln VersR **88**, 744). Verj bei ungenügder ärztl Aufklärg über Operationsfolgen, deren Ausmaß erst später übersehb wird (BGH NJW **76**, 363), bei ärztl BehandlgsFehler (BGH NJW **84**, 661, MDR **85**, 834: nöt ist Wissen von den wesentl Umst des BehandlgsVerlaufs). Beginn der VerjFr mit Entziehg einer Sache, nicht erst mit ihrer folgden Zerstörg (BGH WM **78**, 331). Beginn bei Vorenthaltg von BeitragsAntlen zur SozVers mit nicht fristgerechter Abführg (BGH VersR **90**, 166). Die Berufg des Schädigers auf ausr Kenntn des Geschäd vom Schad kann unter bes Umst ausnahmsw gg Tr u Gl verstoßen (BGH NJW **91**, 973).

b) Kenntnis von der Person des Ersatzpflichtigen. Dazu gehört auch die Kenntn von Tats, die auf ein **11** schuldh Verh des Schäd hinweisen, das Schad verursacht haben kann, wobei jedoch Kenntn von Einzelh des schädigden Verhaltens nicht erforderl ist. Sie muß aber sow gehen, daß der Geschäd in der Lage ist, eine SchadErsKl erfolgversprechd, wenn auch nicht risikolos zu begr (BGH NJW **88**, 1146). Zustellg der Anklageschrift in einem StrafVerf gg die Schädiger kann genügen (BGH VersR **83**, 273). Bis zur RKraft des StrafUrt gg den auf frischer Tat ertappten Dieb sollte der Beginn der VerjFrist nicht ausgedehnt werden (so aber Hamm NJW-RR **94**, 866). Zur Kenntn von einem schuldh BehandlgsFehler des Arztes gehört das Wissen von den wesentl Umst des BehandlgsVerlaufs (BGH VersR **85**, 740). Ein RIrrt über die Verantwortlichk des Schädigers hindert FrBeginn grdsätzl nicht (BGH VersR **72**, 394). Soweit Kenntn innerer Tats für FrBeginn erforderl (zB hins Zweck u BewegGrd der Hdlg), ist maßg Kenntn der äußeren Umst, aus denen auf die inneren Tats geschl werden kann (BGH NJW **64**, 494). Kennenmüssen vgl oben Rn 4. Mehrere Beteil an einem KfzUnfall beantworten erfahrgsgem die Schuldfrage verschieden; Sache des Verl ist es, alsbald gerichtl Klärg herbeizuführen; tut er das nicht, so beginnt die VerjFrist zu laufen; nicht ist insow darauf abzustellen, ob ProzKostenhilfe gg einen Beteil bewilligt worden wäre (BGH NJW **63**, 1104). Kenntn zu bej, wenn ProzKostenhilfe gg eine Pers gewährt wird (BGH **LM** Nr 9: mehrere öff Körpersch). Kenntn der Pers des in Anspr zu nehmden Erben des Schädigers ist ebenf nicht erforderl (Neust MDR **63**, 413). – **Bei Amtshaftung** gehört das Wissen, daß an Stelle des Beamten der Staat haftet, nicht zur Kenntn **12** von der Pers des ErsPflichtigen. Beginn der Verj, wenn der Verl weiß, daß die AmtsHdlg widerrechtl u schuldh war; dabei ist nicht erfdl, daß der Verl alle Einzelh der schadstiftden Hdlg weiß, es genügt vielm, daß er sie in ihren Grdzügen kennt u gewicht AnhPkte für ein Versch des Verantwortl vorliegen (BGH WM **76**, 643, WM **89**, 1822), wobei Kenntn der tats Umst im allg ausreicht. Da aber gem § 839 I S 2 nur fahrl AmtsPflVerl Beamte bzw JP nur hilfsw haften, beginnt Verj diesen ggü erst mit Kenntn des Verl, daß entw der Beamte vors gehandelt hat od daß keine anderweit ErsMöglk besteht (BGH **121**, 65 [71]). Dazu ist die Kenntn erfdl, daß die anderweit ErsMöglk den Schad zumind teilw nicht deckt u desh die Erhebg einer FeststellgsKl zumutb ist (BGH NJW **86**, 1866, BGH **102**, 246), zB Ausfall der KonkFdg gg den and ErsPflichtigen (Ffm NJW-RR **87**, 1056). Hat der Verl die Erhebg der Klage gg dritten ErsPflichtigen unterlassen, so beginnt Verj in dem Ztpkt, in dem er sich ir Proz od in and Weise hinreichde Klarh hätte verschaffen können, ob u in welcher Höhe ihm ein and ErsAnspr zustand; dabei kann er sich nicht auf Umst berufen, die ihn an der Erhebg der AmtsHaftgsKl tats in keiner Weise gehindert haben (BGH **121**, 65 [73]). – Dieselben Grds gelten für die **Notarhaftung** (BGH NJW **88**, 1146, NJW **93**, 2741). Bei Anspr aus § 829 ist **13** Kenntn, daß von einem aufsichtspfl Dritten Ers nicht zu erlangen ist, sowie Kenntn von der Nichtverantwortlichk des Täters erforderl. In den Fällen der §§ 831 bis 834, 836 bis 838 bedarf es nicht der Kenntn, daß dem GeschHerrn usw keine entlastden Umst zur Seite stehen. In den Fällen der §§ 831, 832 bedarf es ferner nicht der Kenntn von der Pers, die zur Verrichtg bestellt worden ist. Werden Anspr aus dems Ereign gg die näml Pers sowohl aus § 823 wie aus § 831 hergeleitet, ist eine getrennte Berechg der VerjFr nicht mögl (BGH VersR **71**, 1148). Bei **mehreren Ersatzpflichtigen** tritt die Kenntn von der Pers eines best and Beteil **14** auch dann ein, wenn der Geschädigte irrtüml einen dritten Beteil für den eigentl Verantwortl hält (BGH NJW-RR **90**, 222).

3) Die 30jährige Verjährung beginnt nicht mit der Entstehg des ErsAnspr (§ 198), sond mit Begehg der **15** uH, dh mit dem Setzen der SchadUrs, auch dann, wenn der Schad erst später eingetreten od erkennb geworden ist (BGH **117**, 287).

4) Lauf der Verjährungsfrist. – a) Für **Unterbrechung und Beendigung** gelten §§ 208 ff. Die Unter- **16** brechgsWirkg einer Leistgs- od FeststellgsKl beschränkt sich auf deren StreitGgst, erstreckt sich nicht auf und nicht eingeklagte SchadFolgen (BGH NJW **88**, 965); and beim Anerk (§ 208 Rn 5). Einklagg eines KapitalAnspr aus § 843 unterbricht auch Verj des RentenAnspr, soweit sich beide der Höhe nach decken, denn es handelt sich um die näml SchadFolge. Dagg unterbricht Klage wg VermSchad nicht Verj des SchmerzGAnspr. – Läßt sich der GesSchad noch nicht übersehen, so kann Verj dch Erhebg der FeststellgsKl unterbrochen werden. Dies gilt auch, wenn sich die künft ErwerbsMöglkn noch nicht übersehen lassen (§ 843 Rn 14) od erst später die Bedürftigk eintritt bzw UnterhPfl des Getöteten beginnen würde (§ 844 Rn 5). Schlägt sich die AmtsPflVerl in einem rechtsw belastden (BGH NJW **93**, 2303) VerwAkt od in der

Vollziehg eines rwidr Steuerbescheids (BGH BB **95**, 1663) nieder, so unterbrechen wegen des Vorrangs des PrimärRSchutzes Widerspr, Anf-, Feststellgs- od VerpflKl nach VwGO, FGO u sozrechtl HerstellgsKl die Verj des AmtshaftgsAnspr in entspr Anwendg von § 209 I (BGH **95**, 238, 103, 242, BB **95**, 1663); kein WahlR zw diesen Klagen u AmtsHaftgsAnspr (BGH **98**, 85, **113**, 17). Ebso kann die Verj von Amtshaftgs-Anspr aus dem pflichtwidr Vollzug eines PlanfeststellgsBeschl dch die Anfechtg mit verrechtl RBehelfen u dch die Einleitg eines Verf zur Verschärfg der im Beschl festgesetzten Auflagen unterbrochen werden (BGH **97**, 97). Dagg keine Unterbrechg der Verj dadch, daß der Verl zur Abwendg des Schad gg einen Dr klagt, weil es sich hier nicht um Primärschutz gegen denselben Bekl handelt (BGH NJW **90**, 176).

17 **b)** Für die **Hemmung** gelten Abs II u die allg Vorschr in §§ 202–207. §§ 14 StVG, 39 LuftVG, § 11 HaftPflG verweisen auf § 852. Abs II gilt für delikt, vertragl u konkurrierde Anspr aus § 558 (BGH **93**, 64), auch für solche delikt Anspr, die nach § 218 II verjähren (BGH FamRZ **90**, 599). Er gilt entspr für Verh nach Schiffszusammenstoß §§ 92, 118 BinnSchG (BGH NJW **82**, 1041). Für rein vertragl Anspr gilt er nicht im TransportR, falls nicht die zGrde zu legde ges Regelg Abweichdes vorsieht (BGH NJW **94**, 1220). Der Begr
18 **Verhandlung** ist weit auszulegen (BGH NJW **83**, 2075). Es genügt jeder Meingsaustausch über den SchadFall zw dem Berecht u dem Verpfl, wenn nicht sofort erkennb die Vhdlg über die ErsPfl od jeder Ers abgelehnt werden (BGH **93**, 64, DB **91**, 2183). Nicht nöt ist Vhdlg ausdr über Anspr aus uH (Düss ZIP **85**, 1394) od Erkl der VerglBereitsch. Es genügen Erkl, die den Geschäd zu der Ann berecht, der Verpfl lasse sich jedenf auf Erörtergen über die Berechtig von SchadErsAnspr ein (BGH MDR **88**, 570); auch die Mitteilg des Versicherers, er werde nach Abschl des StrafVerf unaufgefordert auf die Sache zurückkommen (BGH VersR **75**, 440); auch Verf vor einer ärztl Schieds- od Gutachterstelle (BGH NJW **83**, 2075, Düss VersR **85**, 744). Vhdlgen mit dem Halter wg der Regulierg beziehen sich auch auf Anspr gg den berecht Fahrer (BGH MDR **65**, 198). Keine Vhdlg ist formularmäß EingangsBestätig einer nicht spezifizierten RegreßAnz (Stgt VersR **71**, 1178). Nach Abbruch der Vhdlgen od Ablehng einer ErsLeistg wird dch WiederAufn der Vhdlg die noch nicht abgelaufene VerjFr erneut gehemmt. Hat der Verl den GesSchad angemeldet, so umfassen die Vhdlgen idR diesen u beschränken sich nicht auf konkretisierte EinzAnspr
19 (BGH VersR **85**, 1141). – Die **Hemmung endet** dch Verweigerg der Fortsetzg v Vhdlgen. Dies muß grdsätzl dch ein klares u eindeut Verhalten einer der Part zum Ausdruck kommen (BGH DB **91**, 2183). Läßt der ErsBerecht die Vhdlgen einschlafen, so sind sie in dem ZtPkt beendet, in dem der nächste Schritt nach Tr u Gl zu erwarten gewesen wäre (BGH NJW **86**, 1337), zB dch Schweigen des Berecht auf das Anerbieten, die Vhdlgen abzuschließen (BGH FamRZ **90**, 599). Haben die Beteil eine VhdlgsPause vereinb, um die SchadEntwicklg abzuwarten, ist es grdsätzl Sache des Schu, die Initiative zur WiederAufn der Vhdlgen zu ergreifen, wenn er die Hemmg beenden will (BGH NJW **86**, 1337). Nimmt bei KfzUnfällen der Geschädigte die HaftPflVers direkt in Anspr, so gilt auch für den Anspr aus uH § 3 Nr 3 S 3 PflVersG, wonach die VerjFr von der Anmeldg des Anspr beim Versicherer bis zum Eingang seiner schriftl Entsch, dh bis zur endgült Ablehng des ErsAnspr nach Grd u ggf Höhe (Kln VersR **83**, 959), gehemmt ist (BGH NJW **77**, 532), u zwar des ganzen Anspr, nicht nur des Teils, für den die Vers iR der vereinb DeckgsSumme einzustehen hat (BGH VersR **84**, 441). An die Anmeldg des SchadErsAnspr sind dabei inhaltl nur geringe Anfdgen zu stellen (BGH NJW-RR **87**, 916).

20 **c) Arglisteinwand** ggü Verj vgl Übbl 10–17 vor § 194.

21 **5) Der Bereicherungsanspruch, Abs III,** behält die RNatur eines SchadErsAnspr, §§ 812 ff sind nicht für die Vorauss der HerausgPfl, sond ledigl für deren Umfang maßg (BGH **71**, 86; vgl auch Einf 15–17 vor § 812). Jedenf hat aber der Empf für die Bereicherg einzustehen, wenn er an der uH beteiligt war (BGH NJW **65**, 1914). Herauszugeben ist ein VermZuwachs auch dann, wenn er dem Schädiger über einen VertrPartner auf Kosten des Geschäd zugeflossen ist (BGH **71**, 86). Auch ggü dem Anspr aus III schließt § 393 die Aufr aus (BGH NJW **77**, 529). Anspr aus § 852 III verjährt idR in 30 Jahren (BGH DB **86**, 2017).

853 *Arglisteinrede.* **Erlangt jemand durch eine von ihm begangene unerlaubte Handlung eine Forderung gegen den Verletzten, so kann der Verletzte die Erfüllung auch dann verweigern, wenn der Anspruch auf Aufhebung der Forderung verjährt ist.**

1 **Bedeutung.** AnwendgsFall unzuläss R-Ausübg. Gemeint ist, daß dch uH eine Fdg begründet worden ist, deren Aufhebg der Verl als SchadErs nach § 249 verlangen kann. Ist dieser SchadErsAnspr verjährt, so kann der Verl gleichwohl die Erf verweigern. Tut er das, so ist er u verpfl, das, was er seiners aGrd des ggs Vertr erhalten hat, dem Schädiger zurückzugeben, da er andernf selbst argl handeln würde. Ist jedoch der ggs Vertr nichtig, weil er gg die guten Sitten od gg das G verstößt, so kann auch hier die Rückg des Geleisteten nach § 817 S 2 verweigert werden. § 853 ist bei Hinzutritt bes Umst sinngem anzuwenden, wenn Verletzter die Anfechtgsfrist aus §§ 123, 124 versäumt hat (BGH NJW **69**, 604), ebso hins der Frist KO § 41 I (RG **84**, 225). Konkurrenz zw Vertr- u DeliktsAnspr u solchen aus ungerechtf Bereicherg vgl § 463 Rn 23–26.

Drittes Buch. Sachenrecht

Bearbeiter: Dr. Bassenge, Vorsitzender Richter am Landgericht Lübeck

Schrifttum

a) Lehrbücher: Baur/Stürner, 16. Aufl 1992. – Müller, 3. Aufl 1993. – Schapp, 2. Aufl 1995. – Schreiber, 1993. – Schwab/Prütting, 25. Aufl 1994. – Westermann, 6. Aufl Bd I 1990, Bd II 1988. – Weirich, GrdstR, 1985. – Wieling [Lb], 1992. – Wilhelm, 1993. – E. Wolf, 2. Aufl 1979. – Wolff-Raiser, 10. Bearbeitg 1957. – **b) Grundrisse:** Heck, 1930. – Stoll, 1983. – M. Wolf, 12. Aufl 1994. – **c) Enzyklopädien:** Wieling, SachenR, Bd I 1990.

Einleitung

1) Sachenrecht (§§ 854–1296 u SonderG wie zB ErbbRVO, LandesNachbR, LuftfzRG, SchiffRG, **1** WEG) regelt die RVerhältn der körperl Ggstände („Sachen", § 90), vereinzelt aber auch an Rechten (vgl §§ 1068, 1273). Seine Systematik, der individualist EigtBegriff, die Scheidg von Eigt u Besitz ua wurzeln im römischen, die vielf Andersbehandlg von bewegl u unbewegl Sachen, der Gutglaubensschutz, das Grundbuchsystem ua im deutschen Recht. – Ein Hauptmerkmal des SachenR ist seine Aufgabe, die **Sachen bestimmten Personen zuzuordnen;** aus dieser Wirkg folgt das Wesen der dingl Rechte. Sowohl die Unmittelbark der Sachbeziehg wie die Absoluth des Klageschutzes sind nur Ausfluß dieser güterzuordnden Funktion.

2) Dingliche Rechte.

a) Wesen. Das BGB (vgl aber KO 43, ZPO 24) verwendet den Ausdruck nicht. Es spricht von Rechten **2** „an einer Sache (Grdst)" oder ähnl, vgl zB §§ 889, 901, 955 I 2, 973 I 2, 1042 S 2, nur in § 221 von dingl Anspr. Das dingl Recht wird aufgefaßt als das **Recht einer Person zur unmittelbaren Herrschaft über eine Sache:** beim Eigt grdsätzl unbeschränkt, bei den übrigen dingl Rechten in bestimmten Beziehgen. – Die dingl Rechte sind **absolute Rechte:** sie wirken gg jedermann. Der Berecht kann ihn beeinträchtigde Einwirkgen Dritter ausschließen, vgl §§ 894 ff, 985, 1004, 1005, 1017 II, 1027, 1065, 1090 II, 1098 II, 1107, 1134 I, 1192, 1200 I, 1227; ErbbRVO 11 I 1; WEG 34 II. Im Konkurs eines Dritten bleiben sie vollwirks, vgl KO 43, 47, auch VerglO 26, 27.

b) Ausschluß der Vertragsfreiheit. Die Gesetze (Rn 2) bestimmen die mögl dingl Rechte erschöpfd **3** (Typenzwang) u schreiben den RInhalt zwingd vor (Typenfixierg); insow keine VertrFreih (RG **88**, 160). Dies ist dch das Bedürfn nach RSicherh, insb im GrdstVerkehr, gerechtfertigt. Doch kann sich der RInhalt mit den LebensVerh u der Denkweise der Beteil wandeln (zB Anpassg des Inhalts von Dbk an wirtsch u soziale Entwicklg; vgl § 1018 Rn 9).

c) Gegenstand der dingl Rechte sind Sachen (§ 90) u Tiere (§ 90a); bei Sachgesamth nur die Einzelsa- **4** chen. Rechte sind mit Nießbr (§ 1068 I) u PfdR (§ 1273 I) belastb, grdstgleiche Rechte (Übbl 3 vor § 873) sind wie Grdst belastbar. – Das BGB unterscheidet bewegl Sachen (Fahrnis) u Grdst (Liegenschaften); Besitz, Eigt u Nießbr können an allen Sachen, PfdR nur an bewegl Sachen u an Rechten bestehen; ErbbR, Dbk, dingl VorkR, Reallast u GrdPfdRe können nur Grdst belasten; aber Erstreckg auf bewegl Sachen u auf Rechte nach §§ 1096, 1107, 1120 ff, 1192 I, 1200 I.

d) Umfang des Herrschaftsrechts: – aa) Eigentum ist das umfassdste u grdsätzl unbeschränkte (vgl **5** aber § 903) HerrschR an einer Sache. – **bb) Beschränkte dingliche Rechte** schließen, soweit sie reichen, das HerrschR des HauptRInh aus (doppelte Zuordng). Sie können NutzgsRe (ErbbR, Dbk, DWR), VerwertgsRe (Reallast, GrdPfR, PfdR) od ErwerbsRe (dingl VorkR, AneigngsR, AnwR) sein. – **cc) Besitz.**

e) Inhaber des Herrschaftsrechts: – aa) Subjektiv-persönliche Rechte, die einer bestimmten natürl **6** od jur Person (od PersMehrh) zustehen, u **subjektiv-dingliche Rechte,** die dem jeweil Eigtümer eines Grdst zustehen u bei Übertr des Eigt ohne weiteres als Bestandt iSv § 96 mit übergehen. Es gibt Rechte, die nur subj-persönl (zB Nießbr) od nur subj-dingl (zB GrdDbk) sein können; einige können entweder das eine od and sein (zB Reallast, dingl VorkR). – **bb) Fremdrechte,** die einem NichtEigtümer der Sache **7** zustehen, u **Eigentümerrechte,** die dem Eigentümer der belasteten Sache zustehen. Bestellg als EigtümerR gesetzl vorgesehen bei GrdPfdR (§§ 1163, 1196) u von hM zugelassen bei GrdDbk (§ 1018 Rn 3), Nießbr (§ 1030 Rn 4), bpDbk (§ 1090 Rn 3), Reallast (§ 1105 Rn 3), ErbbR (ErbbRVO 1 Rn 9), DWR (WEG 31 Rn 4); in and Fällen kann EigtümerR nachträgl entstehen (zB §§ 1063 II, 1173, 1256). Dogmat Bedenken gg Bestellg von EigtümerR, die nicht fordergsabhäng, wg § 889 nicht dchschlagd; Erleichterg des Dchgangs zum FremdR (bei Veräußerg) rechtfertigt Zulässigk ohne bes BestellgsInteresse (Weitnauer DNotZ **64**, 716).

f) Von **Akzessorietät** eines dingl Rechts spricht man, wenn es bzgl Entstehg, Erlöschen u RInhabersch **8** von einer schuldrechtl Fdg abhängt (vgl Heck § 78; Medicus JuS **71**, 497). Sie besteht krG u zwingd bei Vormkg (§ 883 Rn 2), Hyp (Vorb 2 vor § 1113) u PfdR (Übbl 2 vor § 1204); nicht aber bei SichgEigt (§ 930 Rn 12), SichgReallast (§ 1105 Rn 3) u GrdSchd (§ 1191 Rn 18).

g) Gesetzliches Schuldverhältnis (Dimopoulos-Vosikis AcP **167**, 515). Wird an einem Ggst Besitz od **9** ein beschr dingl Recht begründet, so knüpft diese doppelte Zuordng häufig auch schuldrechtl Beziehgen zw dem jeweil Eigtümer u dem jeweil Besitzer bzw RInh (zB zw Verlierer u Finder [Vorbem 3 vor § 965], zw Eigtümer u Besitzer [§§ 987 ff], zw Eigtümer u DbkBerecht [§ 1018 Rn 1, Einf 1 vor § 1030, § 1090 Rn 1]) od zw RBesteller uRInh (zB zw Verpfänder u PfdGläub [Übbl 3 vor § 1204]), für die die Vorschr des allg SchuldR gelten (zB § 278; BGH NJW **85**, 2944).

10 **3) Dingliche Ansprüche** dienen dem Schutz u der Verwirklichg dingl Rechte (Heck §§ 31, 32; Mager AcP **193**, 68). Zu ihnen gehören: HerausgAnspr (zB §§ 861, 985, 1007, 1065, 1227), AbwehrAnspr gg Störgen auf Beseitigg/Unterl aus Sach- u RBesitz (zB §§ 862, 1029, 1090 II) od aus dem Recht (zB §§ 888, 894, 1004, 1027, 1065, 1134, 1227) u Anspr auf Befriedigg aus dem PfdGgst (zB §§ 1113, 1191, 1199, 1204). Sie sind nicht ohne das dingl Recht, aus dem sie fließen, abtretb; AusübgsErmächtigg aber zuläss. – Die **Anwendung des allgemeinen Schuldrechts** ist grdsätzl mögl (zB §§ 284ff, 293; Schwerdtner, Verzug im SachenR, 1972), soweit nicht SonderVorschr od die Eigenart sachenrechtl Beziehgen entggsteht (BGH **49**, 263).

11 **4) Dingliche Rechtsgeschäfte** beinhalten die unmittelb Begründg, Übertragg, Inhaltsänderg od Aufhebg eines dingl Rechts (Verfügen; vgl Übbl 16 vor § 104). Die dingl RGesch sind entw einseit RGesch (zB EigtAufgabe gem §§ 928, 959; Bestellg einer EigtümerGrdSch gem § 1196) od Verträge (zB Einigg über EigtÜbertr gem §§ 873, 929; Einigg über Inhaltsänderg eines GrdstR gem § 877).

12 **a) Die allgemeinen Vorschriften über Rechtsgeschäfte (§§ 104–185)** sind anwendb, soweit nicht SonderVorschr entggstehen (zB Ausschluß der Befristg u Bdgg in § 925 II, ErbbR VO 11 I 2, WEG 4 II). – **Einzelfragen: – aa) § 134:** Dingl RGesch nichtig, wenn dieses selbst (nicht nur GrdGesch) unter das gesetzl Verbot fällt (vgl § 134 Rn 13). – **bb) § 138 I:** Sittenwidrigk des dingl RGesch ergibt sich nicht schon aus dem GrdGesch, sond erst, wenn die Sittenwidrigk gerade in seinem Vollzug liegt (vgl § 138 Rn 20). **§ 138 II:** Nichtig ist das dingl RGesch, mit dem Bewucherter das wucherische GrdGesch erfüllt; so ist zB das für wucherische Fdg bestellte GrdPfdR nichtig (BGH NJW **82**, 2767). Nach hM erfaßt der Mangel des Wuchers (unbeschadet § 139) das ErfGesch des Wucherers nicht (vgl § 138 Rn 75). – Wg des RückFdgsAnspr aus **13** §§ 812, 817 bei sittenwidr GrdGesch u wirks ErfGesch vgl § 817 Rn 8. Ist auch das ErfGesch nichtig, so hat Verfügder dingl Anspr aus §§ 894, 985; kondizieren kann er höchstens den Buchstand (RG **139**, 355) od den Besitz. Dem dingl Anspr (insb §§ 985 ff) soll § 817 S 2 nicht entggstehen (BGH **41**, 341; **63**, 365; OVG Münst NJW **89**, 2834; vgl § 817 Rn 2). Der GgMeing (Erm/Hefermehl § 985 Rn 7; Soergel/Mühl § 986 Rn 9; Staud/Gursky § 985 Rn 54; Zimmermann JR **85**, 48) ist zuzustimmen: wenn verwerfl Gesinng dem Leistden schon dann schadet, wenn nur GrdGesch nichtig, so muß dies erst recht gelten, wenn auch ErfGesch wg Sittenwidrigk nichtig. § 817 S 2 steht nicht entgg, wenn nicht EigtÜbertr, sond nur GebrÜberlassg vereinbart war (zum Mietwucher vgl aber § 138 Rn 76) od wenn sich Zuwendg außerh des rgesch Verkehrs vollzog (BGH MDR **64**, 494).

14 **b) Die allgemeinen Vorschriften des Schuldrechts (§§ 241–432)** sind grdsätzl nicht anwendb (RG **66**, 97), denn dingl RGesch enthalten kein verpflichtdes Element. Einzelfragen: – **aa) §§ 328ff:** Dingl RGesch zG Dritter sind nicht mögl (BGH NJW **93**, 2617); schuldrechtl Anspr aus Vertr zG Dritter aber dch Vormkg sicherb (vgl § 883 Rn 12). – **bb) §§ 399 Fall 2, 413:** Teilw sind dingl Rechte schon krG unübertragb (zB §§ 1059 S 1; 1092 I 1; 1098 iVm 514). Subjdingl Rechte können dem herrschden Grdst, bzgl dessen eine ÜbertrBeschrkg gg § 137 S 1 verstieße. Bei ErbbR (ErbbRVO 5) u WohngsEigt/DWR (WEG 12, 35) kann VfgsBeschrkg zum Inhalt des dingl Rechts gemacht werden. Ist Übertr od Verpfändg einer dch Hyp od PfdR gesicherten Fdg vertragl ausgeschl, so wirkt dies wg §§ 1153 II, 1250 I 2 auch hinsichtl der dingl Rechte. Auch AbtrBeschrkg für GrdSch od subjpers Reallast dch Inhaltsänderg nach § 877 zul (Stgt OLGZ **65**, 96; Hamm NJW **68**, 1289; Köln DNotZ **70**, 419; aA Böttcher Rpfleger **83**, 49 [51]). Keine dingl wirkde ÜbertrBeschrkg für AnwR des VorbehKäufers (BGH NJW **70**, 699).

15 **c) Die Vorschriften des AGBG** sind anwendb (BayObLG **79**, 434 [439]).

16 **5) Dingliches Rechtsgeschäft und schuldrechtliches Grundgeschäft. – a) Verhältnis.** Das dingl RGesch (zB Übereigng) ist ein ggü dem zugrde liegdn schuldrechtl GrdGesch, dessen Erfüllg es dient (zB KaufVertr), gesondertes RGesch (Trennsprinzip) u in seiner Geltg von dessen Geltg unabhäng (Abstraktionsprinzip); vgl Jauernig JuS **94**, 721. Letzteres wird teilw als lebensfremd bekämpft (vgl Übbl 22 vor § 104), doch kann auch schon nach geltdem Recht das ErfGesch die Ungültigk des GrdGesch teilen (vgl Übbl 23, 24 **17** vor § 104; vgl Eisenhardt JZ **91**, 271). – **b) Folgen:** Die Ungültigk des GrdGesch (zB Formfehler, Anfechtg, Sittenwidrigk, fehlde Gen) hat als solche noch nicht die des ErfGesch zur Folge (Ffm NJW **81**, 876; BayObLG RhNK **89**, 253; vgl aber Übbl 23 vor § 104); Erwerber wird Berecht u kann als solcher verfügen. Dingl RÄnderg auch dann, wenn die Beteil von verschied GrdGesch ausgehen. Fehlt das GrdGesch anfängl od entfällt es nachträgl, so ist Verfügder auf schuldrechtl Anspr aus §§ 812ff angewiesen; er hat also keine dingl Anspr (§§ 894, 985, KO 43).

18 **6) Öffentliche Lasten** sind auf öff Recht beruhde AbgabeVerpfl, die dch wiederkehrde od einmalige Geldleistgen zu erfüllen sind, u für die der Schuldn persönl sowie eine Sache (idR Grdst) dingl haften (BGH NJW **81**, 2127). Wegen der Verwandtsch mit den VerwertgsR des BGB können dessen Vorschr auf die öff Lasten entspr angewendet werden (RG **146**, 321; str). Öffentl Lasten sind nur eintraggsfähig, wenn die Eintragg gesetzl zugelassen od vorgeschrieben (GBO 54). Entstehg stets außerh des GB, kein Gutglaubensschutz! Bedenkl Aushöhlg des öff Gl des GB! Über die Behandlg in der ZwVerst u ZwVerw vgl ZVG 10 I Nr 3 und 7, 13, 156 I. Gleicher Rang aller öff Lasten untereinand. Haftg des Verkäufers § 436, des Nießbrauchers § 1047. – Öff Lasten kraft BundesR sind zB Beitragspflichten der Teilnehmer am FlurbereiniggsVerf (FlurbG 20), im UmleggsVerf u für Erschließgsanlagen (BauGB 64, 134); der Eigtümer u Nutznießer von Wasser- u Bodenverbänden (1. WassVerbVO 80, 95, IV), Kehrgebühren (SchornsteinfegerG 25 IV); GrdSteuer (GrdSteuerG 12). Im übr beruhen die öff Lasten auf LandesR.

19 **7) Baulasten** nach LBauO (zB *BaWü* 70; *Bln* 73; *Brem* 85; *Hess* 110; *MecklVP* 83; *Nds* 92; *NRW* 83; *RhPf* 84; *Saarl* 82; *SchlH* 79; vgl Harst RhNK **84**, 229; Wilhelmi DB **85**, 161; Drischler Rpfleger **86**, 289; Lohre NJW **87**, 877) enthalten freiwill öffrechtl Verpfl des Eigtümers ggü der Baubehörde zu einem Tun, Dulden od Unterlassen, die sich nicht schon aus öffR ergibt. Sie entstehen dch öffrechtl VerpflErkl, Eintr im BaulastenVerzeichn teils konstitutiv (zB *NRW, SchlH*) u teils nur deklaratorisch (zB *BaWü, Hess*); keine GBEintr. Zu den privatrechtl Folgen vgl BGH **79**, 201; **88**, 97; Düss OLGZ **92**, 208; VG Schlesw NVwZ **85**, 782; Hagedorn, Die privatrechtl Auswirkgen der öffr Baulast, Diss Göttingen 1985; Ziegler BauR **88**, 18; Masloh NJW **95**, 1993. – Zu unterscheiden von öffr Herstellgs- u UnterhaltsgsPfl (zB Straßenbaulast).

8) Surrogation (vgl Strauch, Mehrheitl RErsatz, 1972; Wolf JuS **75**, 643, 710; **76**, 32, 104). Die Surroga- **20** tionsVorschr enthalten keinen allg Grds (RG **105**, 87); zur entspr Anwendg eingehd Wolf aaO. – **a)** Bei **dinglicher** Surrogation tritt krG anstelle eines Ggst bei Eingr in ihn dch Delikt, HohAkt, rgesch Vfg, TatHdlg od Natureign sein Surrogat (dafür erworbener Ggst, ErsStück, EntschFdg, ErsAnspr, VersichergsFdg) entweder in eine SachGesamth (zB §§ 582a II 2, 1048 I 2, 1370, 2111 II) bzw ein SonderVerm (zB §§ 718 II, 1418 II 3, 1473 I, 1638 II, 2041, 2111 I) ein (bei BeziehgsGesch unter Verwendg fremden Verm ist das Surrogat kein ErsGgst) od es tritt anstelle eines EinzelGgst mit Fortbestand an diesem urspr bestehder beschr dingl Rechte (zB §§ 966 II 3, 975 S 2, 979 II, 1046 I, 1075 I, 1127 I, 1219 II 1, 1247 S 2, 1287). – **b)** Bei **schuldrechtlicher** Surrogation besteht nur ein Anspr auf Einräumg einer RStellg am Surrogat, die der am urspr Ggst entspr (zB §§ 816 I 2, 1258 III).

9) Internationales Privatrecht: EG 38 Anh II. – **Landesrecht:** EG 55 ff. – **Übergangsrecht:** EG 180 ff **21** (altes Recht), 233 (fr DDR-Recht).

Erster Abschnitt. Besitz

Überblick

1) Besitz: Begriff im BGB nicht umschrieben. Besitz ist die vom Verkehr anerkannte tatsächl Herrschaft **1** einer Pers über eine Sache (wg RBes vgl Rn 4), also kein Rechts-, sond tatsächl Verhältnis (str). Dennoch gewährt er eine wichtige RStellg, so daß er Bedeutg eines, wenn auch nur vorläuf Rechts hat. Besitzer hat Recht auf Schutz seines Besitzstandes, §§ 859 ff; früherer Besitzer hat uU HerausgAnspr gg jetzigen, § 1007; Besitzer kann uU auch dem Eigtümer ggü Herausg verweigern, §§ 985, 986; Besitz ist übertragb, §§ 854 II, 870, u vererbl, § 857; kann Ggst eines Vermächtn sein, § 2169. Wichtige RVermutgen knüpfen an Besitz an, zB EigtVermutgen, §§ 1006, 1248, 1362 I und II, Vermutg für die Empfangsberechtig des Besitzers od Legitimation eines Eigtümers ggü gutgl Dritten, §§ 793 ff, 851, 932, 969, 1117 III, 1253, vgl auch § 920; Besitz ist Voraussetzg für Erwerb verschiedener SachenR, §§ 929 ff, 900, 927, 937, 955, 958, 1032, 1205. Besitz ist „sonstiges Recht" iS des § 823 I gleichzuachten (RG **170**, 6), auch mittelb Besitz (nur mit ggü unmittelb Besitzer, BGH **32**, 204); andrers Haftg nach §§ 836/7. Besitz kann wie Vermögensleistg als ungerechtf Bereicherg herausverlangt werden (RG **129**, 311, vgl aber § 861 Rn 12). Str ob auf Bes beweg! Sachen, wenn dem Schuldn ggü Recht auf Besitz besteht, WidersprKl nach ZPO 771 gestützt werden kann (vgl Prütting/Weth JuS **88**, 505 [511] mwN); jedenf nicht auf GrdstBes, da nur GBEintr für dingl RGestaltg maßgebd. WidersprKl des Besitzers aber iF ZVG 93 I 3 mögl u bei HerausgTiteln (Hamm NJW **56**, 1682). Über AussondergsR im Konkurs vgl § 861 Rn 2, § 1007 Rn 1.

2) Besitzschutz: Der von der ROrdng dem zunächst nur rein tatsächl HerrschVerh verliehene Schutz gg **2** unrechtm Entziehg u Störg. Das hiervon scharf zu trennende **Recht zum Besitz** ist in anderen Teilen des BGB behandelt (vgl zB §§ 903, 1007, 1036, 1205, 1206, 1274, 1278, 1422, 1450 I 2, 1487, 1985, 2205; dgl auch ZVG 150 ff u KO 117). – **a)** Der **unmittelbare** Besitzschutz besteht in Selbsthilfe, § 859, u Rechtshilfe (Anspr auf Wiedereinräumg entzogenen Besitzes, auf Beseitigg u Unterlassg von Besitzstörgen, §§ 861/2, u auf Gestattg der Aufsuchg u Wegschaffg aus der Gewalt gelangter Sachen, § 867). – **b)** **Mittelbarer** Schutz wird durch §§ 812 ff, 823 ff (vgl dazu § 861 Rn 13) u sonst dch die dingl Anspr betreffenden Bestimmgen, zB §§ 985, 1004, 1007 III 2, 989 ff; 1065, 1227, gewährt. – Grd für weitgehenden Besitzschutz ist allg Interesse am RFrieden, der fordert, daß bestehende tatsächl Verhältnisse nicht eigenmächtig beseitigt werden; demgem regelm Besitzschutz ohne Erforschg des dem BesitzVerh zugrunde liegenden RGrundes.

3) Arten. – a) Eigenbesitz und Fremdbesitz, je nachdem, ob Besitzer die Sache als ihm gehörd besitzt, **3** § 872, od nicht. Eigenbesitz wichtig für Ersitzg, § 937, Aneigng, § 958, Buchersitzg, § 900, Aneigng nach Aufgebot, § 927, Erwerb von Früchten, § 955. Mögl, daß sich ein dritter Besitzer dazw schiebt, der Oberbesitzer des unmittelb Fremdbesitzers ist, der zugl aber für diesen als zweitstufigen mittelb Besitzer besitzt, zB § 1052 II 2. Ein unmittelb Alleinbesitzer kann nicht teils Eigen- u teils Fremdbesitzer sein, denn Eigen- u FremdbesWille nicht gleichzeit verwirklichb (BGH **85**, 263; aA Baur NJW **67**, 22). – **b) Unmittelbarer und mittelbarer Besitz,** je nachdem, ob Besitzer tatsächl SachHerrsch unmittelb ausübt od durch Besitzmittler, der auf Dauer eines zeitl begrenzten RVerh Sache unmittelb in Besitz hat, § 868. Mittelb Besitz kann mehrf gestuft sein, § 871; er ist übertragb, § 870. „Besitzer" im BGB bedeutet häufig beide Arten, zB §§ 929 II, 930, 931, 937; in anderen Fällen nur der unmittelb Besitz gemeint, zB §§ 935, 1007 (abhanden gekommene Sache); in wieder anderen Fällen zweifelh u nur durch Einzelauslegg zu ermitteln, zB §§ 858, 985. Im Zw ist mittelb Besitz dem unmittelb gleichzustellen. – **c) Vollbesitz und Teilbesitz** an abgesonderten Teilen einer Sache, § 865. – **d) Alleinbesitz und Mitbesitz,** je nachdem, ob einer allein od mehrere als unmittelb od gleichstufig mittelb Besitzer dieselbe Sache beherrschen, § 866. – **e) Besitzdiener** hat keinen Besitz, § 855.

4) Gegenstand. – a) Sachen (§ 90) u **Tiere** (§ 90a), reale Sachteile (§ 865); nicht aber ideelle SachAnt **4** (BGH **85**, 263). Bei Sachgesamth Besitz nur an den zugehör Einzelsachen mögl (RG **52**, 388). Nicht besitzfähig sind Personen, Naturkräfte, ArbKraft, Geisteswerke, eingerichteter Gewerbebetrieb (RG Warn **27**, 55). An öff Sachen Besitz mögl, zB an Grabstätten Besitz der FriedhVerwaltg (KG JW **36**, 399); nach Hbg LZ **24**, 476 GrabstättenInh an Grabsteinen: uU bei Ausübg des Gemeingebrauchs (Hbg MDR **62**, 407 für Parklücke). – **b) Rechtsbesitz.** BGB kennt ihn nur bei GrdDbk u bpDbk (§§ 900 II, 1029, 1090). Nicht an sonstigen dingl Rechten; soweit mit diesen Sachbesitz verbunden, zB Nießbr, ErbbauR, auch WohngsR, reicht Sachbesitzschutz aus. RBesitz ferner nach LandesR anerkannt, vgl zB **Bay** FischereiG 16. Dem Jagdpächter spricht man RBesitz zu, u zwar an dem ihm überlassenen JagdausübgsR, während er am Grdst idR keinen Besitz (auch nicht Mitbesitz) hat (BGH **LM** § 823 (F) Nr 10; RG **107**, 206) wg Fischereipacht vgl OLG **35**, 326. Vgl Schapp, Jagdverpachtg u JagdausübgsR des Pächters, MDR **68**, 808.

5   **5) Besitz in anderen Gesetzen:** „Gewahrsam" in ZPO 739, 808, 809, 886 enspricht dem unmittelb Besitz (RG **61**, 92). In ZVG 55 II soll Besitz nach Hbg JW **37**, 552 nicht im techn Sinne gebraucht sein; bedenkl; hier nur die Besonderh, daß Scheinbesitz genügt: Ersteher erwirbt Eigt auch an nicht dem GrdstücksEigtümer gehör Zubehör, sofern er diesen für den Besitzer der auf dem Grdst befindl Sache halten konnte; ist der Besitz des Dritten nicht äußerl erkennbar, so steht dies dem EigtErwerb durch Zuschlag nicht entgg (RG **49**, 254; Mü SeuffA **73**, 172; Naumbg SeuffA **68**, 479). Im StrafR sind „Besitz" und „Gewahrsam" nach rein natürl, nicht zivilistischen Gesichtspunkten zu bestimmen (RGSt **52**, 143; **58**, 143). Im SteuerR liegt Besitzbegriff nicht fest, vielm gibt Zweck des Steuergesetzes Ausschlag. Zum Besitzbegriff im AbfallR vgl BGH JZ **85**, 689.

6   **6) Internationales Privatrecht:** EG 38 Anh II Rn 5. – **Übergangsrecht:** EG 180 (altes Recht), 233 § 1 (fr DDR-Recht).

854 **Besitzerwerb.** ^{I} **Der Besitz einer Sache wird durch die Erlangung der tatsächlichen Gewalt über die Sache erworben.**
^{II} **Die Einigung des bisherigen Besitzers und des Erwerbers genügt zum Erwerbe, wenn der Erwerber in der Lage ist, die Gewalt über die Sache auszuüben.**

1   **1) Erwerb des unmittelbaren Besitzes** (wg des mittelb vgl § 868) entweder **a) originär** durch einseit Besitzergreif, sei es einer bisher besitzlosen Sache (zB Fund), sei es einer bisher im Besitz eines anderen befindl gg dessen Willen (zB Diebstahl, Unterschlagg des Besitzdieners) od **b) derivativ** durch Nachfolge, sei es Gesamt- (zB § 857) od Einzelnachfolge.

2   **Zu a):** Nötig Erlangg der **tatsächlichen Gewalt (I)** und **Besitzbegründungswille** (Rn 5). Ob tatsächl Gewalt erlangt ist, entscheidet die Verkehrsanschauung aGrd zusfassder Wert aller Umstände (BGH **101**, 186). Dies ist für Erwerb strenger zu beurteilen als für die Fortdauer des Besitzes. Erlangg der tatsächl Gewalt braucht nicht rechtm zu sein, auch der Dieb wird Besitzer. Tatsächl Gewalt setzt gewisse Dauer, Festigk der Beziehgen voraus; bloß vorübergehende, flüchtige Sachberührg unzureichd (vgl RG **92**, 266). Auch räuml Beziehg zur Sache notw, derart, daß Sache der Pers räuml zugängl geworden u diese jederzeit in der Lage ist, belieb auf sie einzuwirken, sei es aGrd physischer Innehabg od zufolge der Achtg anderer vor fremdem Bes (Schwab/Prütting § 7 I 1a). Für AlleinBes nicht nötig, daß Sache Einwirkg Dritter völlig entzogen (RG **151**, 187; nur darf Mitbesitz anderer nicht bestehen, sonst fehlt erforderl Ausschließlichk (RG JW 07, 141). Bloßes Mitbenutzen ist noch kein Mitbesitzen, wenn eigener Besitzwille fehlt (RG **108**, 123).

3   **Zu b):** Einzelnachfolge dch **Übergabe (I)** od **Einigung (II**, vgl Rn 8). Überg erfordert Geben u Nehmen od Nehmen dch Erwerber mit Zust des bish Besitzers u beiderseit Wille zur Änderg der Sachherrsch (BGH **67**, 207; dazu Damrau JuS **78**, 519), wobei auch bei dem Übertragden GeschFgk nicht nötig (anders nach II); natürl Wille genügt; fehlt dieser beim Übertragden, so kann BesErwerb nach a) vorliegen. Einräumg bloß rechtl Befugnisse genügt nicht, es muß tats HerrschVerh des Erwerbers hergestellt werden (RG **153**, 261); VerkAuffassg entscheid (BGH Betr **71**, 40). Gilt auch bei behördl Einweisg (OGH MDR **48**, 230; **49**, 281); anders bei Enteigng (vgl W-Raiser § 64 III) und im UmleggsVerf nach BauGB 72. Für BesErwerb guter Glaube an Besitz des anderen bedeutgslos (RG **105**, 414).

4   **Zu a und b):** Für BesErlangg äußerl **Erkennbarkeit** (durch alle, die darauf achten, RG **77**, 208) des Vorgangs u des Bes selbst erforderl, symbolische Handlg unzureichd (RG **151**, 186; BGH NJW **79**, 714); vgl auch Rn 6, 7. Besitzwille allein (zB des BesDieners) reicht nicht aus.

5   **2) Besitzwille.** Erlangg der Sachherrsch muß von nach außen hervorgetretenem SachherrschWillen des Erwerbers getragen sein, wobei allg u nicht auf best Sachen gerichteter Wille genügt (BGH **101**, 186). Zwar kein rechtsgeschäftl, wohl aber der zur Vornahme rein tatsächl Hdlg erforderl Wille in natürl Sinne notw. GeschFgk nicht Voraussetzg für BesErwerb, aber Wille des GeschUnfähigen muß reif genug sein, um sich auf SachHerrsch richten zu können (W-Raiser § 10 III 2). Kein Besitz an Sachen, die ohne Wissen des Wohngsinhabers in seine Räume gelangen u hins deren genereller Beherrschgswille fehlt (RG **106**, 136). Aber BesErlangg ohne Bewußtsein von Erwerb, wenn Anstalten getroffen, die allg auf Empfang der betr Sache gerichteten Willen erkennen lassen, wie Anbringg von Briefkasten, Sammelbüchse, Wild- u Fischfangvorrichtg (vgl KG JW **26**, 2647; Fundsachenstelle in Kaufhaus (BGH **101**, 186). BesErwerb idR daher auch bei EntggNahme unbestellt zugesandter Waren (vgl W-Raiser § 10 Anm 2). – RLehre verlangt vielf keinen BesBegründgsWillen bei Einfügg der Sache in eine Organisation, die eine HerrschSphäre darstellt (Wstm/Gursky § 13 I 2; Celle NJW **92**, 2576 [Ggst in Kirche]). – BesBegründg als solche keine WillErkl, sond Realakt (Tathandlg), desh Vorschr über Willensmängel unanwendb.

6   **3) Einzelfälle. – a) Besitzerwerb bejaht:** SchlüsselÜbergabe (fällt idR unter I) führt zu Bes an dazugehörigen Räumen/Behältern mit Inhalt. Tatfrage, ob bei Überg einzigen Schlüssels Allein- od MitBes (BGH **LM** Nr 8). Offenes Behalten eines Zweitschlüssels führt zu MitBes (BGH NJW **79**, 714; AlleinBes aber, wenn keine Mitbenutzg vorgesehen; LG Düss WuM **74**, 112); unbewußtes zu AlleinBes (Rosenberg JW **22**, 219). Heimliches Behalten eines Zweitschlüssels führt zu MitBes (Wstm/Gursky § 63 II 1a; aA RG JW **22**, 219); and iFv II, da hier § 116 hilft. – BesErwerb des LadenInh an üblicherw morgens an Ladentür abgestellten Waren (BGH JR **68**, 106); des Patienten an probew eingesetzten Goldkronen (RG AkZ **38**, 279); der Postverwaltg bei Niederlegg von Paketen im Annahmeraum mit Wissen des Postbeamten (RG **70**, 318); des Fallenstellers an gefangenem Wild (KG JW **26**, 2647); des Mieters von GeschRäumen, der zur Reklame geeigneter Außenwand im Mietbereich jedenf mit Anbringen der Reklame (RG **80**, 284; vgl auch BGH **LM** § 535 Nr 10); Sonderlagerg von umspannten Steinstapeln auf Fabrikgelände, die tags von Angestellten des BesErwerbers bewacht werden (BGH DB **71**, 40). Parkplatzunternehmer hat MitBes mit Gemeinde (BGH **21**, 328). Wegen Parklücke Hbg MDR **62**, 407; Hamm NJW **70**, 2074. Automatenaufsteller an Stell/Hängefläche (Düss OLGZ **85**, 233) u Automat (§ 868 Rn 18). Eigtümer erwirbt Bes an Kfz, das er mit

Begleiter bei Drittem abholt, wenn dieser zur KfzÜberg an Eigtümer die Schlüssel an Begleiter übergibt u **7** dieser das Kfz mit Eigtümer wegfährt (Mü NJW-RR **93**, 1455). – **b) Besitzerwerb verneint:** Bloße Gestattg der Wegnahme ohne tats BesErgreifg (RG **153**, 261; KG OLG **18**, 135); Gestattg des Abhiebs des auf Stamm verkauften Holzes u dessen Abholzen, wenn nach dem VertrEigt u Besitz erst nach Bezahlg u Abfuhr übergehen sollen (RG **72**, 310); Gestattg des Entrindens u dgl (BGH **LM** Nr 4); vgl aber auch Rn 10. Anschlagen mit Hammer (Danzig JW **32**, 67); Anbringg von EigtTafeln an Lagergut od Ggst, der fest mit beschr zugängl Grdst verbunden (Ffm BB **76**, 573); Bestellg eines TrHänders, ohne daß dieser unmittelb Besitzer wurde (RG **151**, 186); bloßes Fällen von Holz auf fremdem Grdst (RG LZ **23**, 311); Verbringen auf umzäunten Platz, wenn Dr Torschlüssel hat (BGH JR **75**, 214). Bank an Stahlfachinhalt (§ 866 Rn 2). ZollVerw an Waren unter Zollverschluß (RG **112**, 40) u auf Amtsplatz gem ZollG 6 I 1 (BGH JR **75**, 214).

4) Einigung (II) reicht zum Besitzerwerb nur aus, wenn Erwerber sogleich in der Lage, SachHerrsch **8** auszuüben (was er darzutun hat, RG Gruch **49**, 127). Bish Besitzer muß tatsächl SachHerrsch erkennbar aufgeben (BGH NJW **79**, 714); andernf nützt auch die formularmäß Bezeichng des Erwerbers als unmittelb Besitzers nichts (BGH WM **69**, 657). Erlangg der tatsächl Gewalt selbst oder deren Ausübg nicht nötig (KG OLG **16**, 328; Siebert JW **36**, 2453), aber sie muß auch ohne Mitwirkg des bish Besitzers überh mögl sein, auch dürfen sonstige Umst, insb das Verhalten Dritter unmittelb SachHerrsch nicht hindern (OLG **5**, 150; RGRK/Kregel Rn 14). Einigg kann der Möglichk, SachHerrsch auszuüben, vorausgehen u muß bei Erlangg der SachHerrsch fortbestehen (BGH NJW **76**, 1539).

a) Rechtsnatur. RGesch, das allen Regeln über WillErkl (insb §§ 104ff, 116ff, 158ff, 164ff) unterliegt. **9** Bei Eintritt aufschiebder Bdgg muß Erwerber die Herrsch noch ausüben können; dies nicht der Fall, wenn Übertrager erkennbar nicht mehr den Besitz aufgeben will, u auch bei Eingriffen Dritter (BGH **LM** Nr 4). Nichtigk des GrdGesch berührt die Einigg u damit den BesÜbergang nicht; anders idR bei Nichtigk der Einigg über den Eigtümerwechsel (PfdR/NießbrBestellg). BesErwerb zGDr (§ 328) mittels Einigg nicht mögl (RG **66**, 99). – Einigg formfrei, ausdr Erkl nicht erforderl. Mögl daher auch stillschw, gleichzeit mit Einigg über Eigtümerwechsel (RG DB **62**, 1638); von jener aber inhaltl zu scheiden. Einigg liegt in Abmachg, daß bish Besitzer bestehde BesLage auf u überträgt. Einigg, dch die ledigl ein VfgsR begründet wird, nie ausreichd; auf rechtl VfgsGewalt kommt es nicht an.

b) Einzelfälle: Einigg ausreichend bei BesÜbertragg auf BesDiener (RG Recht **24**, 1686); an einem im **10** Flusse liegden Kahn (RG Recht **24**, 1232); uU an Holz im Hafen (vgl BGH **27**, 362); auf Käufer von Holz im Walde, wenn Forstverwaltg die Holzabfuhrzettel aushändigt (Celle DRZ **50**, 40 mit Anm Abraham) od die Abfuhr erlaubt (BGH **LM** Nr 1; BayObLGSt **53**, 23); vgl aber auch 7 und BGH **LM** Nr 4. Im Probeeinbau von Heizkörpern (Rohmontage) liegt idR BesAufgabewille des Handwerkers auch bei EV (BGH NJW **72**, 1187 mit Anm Mormann **LM** § 97 Nr 6 u Kuchinke JZ **72**, 659).

5) Vertreter, Organ. – a) Erwerb des unmittelbaren Besitzes durch Stellvertreter (§ 164) nicht **11** mögl (außer hins d Einigg iF II), da BesErwerb nicht auf RGesch, sond Erlangg der tats Gewalt beruht (BGH **16**, 263). BesDienersch (§ 855) keine eigentl Stellvertretg, wenn auch ihr ähnl (RG **137**, 26). Auch Übergabe einer Sache an Besitzmittler des Erwerbers (§ 868) kein Fall der Stellvertretg (RG aaO). – TestamentsVollstr, Konkurs-, ZwangsVerw, NachlVerw, Treuhänder handeln kraft eigenen Rechts, sind Stellvertreter, erwerben daher ihrerseits unmittelb Bes (RG **52**, 333). Auch bei gesetzl Stellvertretg (elterl Sorge, Vormsch) ist der Stellvertreter vermöge seiner selbständ Stellg unmittelb Besitzer der von ihm in Bes genommenen, dem Vertretenen gehörigen Sachen (OLG **4**, 148), soweit nicht nach den jeweiligen Verhältnissen das Kind Alleinbesitzer ist (zB auswärts studierender Sohn).

b) Juristische Person: Da handlgsunfäh, BesWille u Innehabg dch Organ, das grdsätzl weder BesMittler **12** noch BesDiener ist, so daß jur Pers selbst Bes (BGH **57**, 166; abw E. Wolf § 2 E IIb 2) u Gewahrs iSv ZPO 808, 809 (Ffm OLGZ **69**, 461) erwirbt u hat. Sie ist für BesSchutzAnspr sachbefugt, die Organ als ihr Vertreter verfolgt; bei Streit mehrerer VorstandsMitgl § 866 entspr. Passivlegitimiert ebenf die jur Pers als Besitzer; Vollstreckg des Urteils auf Herausg gg jur Pers über ZPO 883, 886, da ihr Organ die Sachherrsch ausübt. Aus diesem Grd ist die dch das Organ unbefugt weggegebene Sache der jur Pers auch nicht abhgek iSv § 935 (BGH **57**, 166); gleichw verübt das EigenBes begründde Organ verbotene Eigenmacht (Erm/Werner Rn 6). Auch wenn BesDiener Sachherrsch ausübt, besitzt die jur Person. Ein Doppelorgan, wie der bay Landrat vermag für die jeweils in Frage kommende Körpersch (BGH **LM** Art 11 *bay* LandkreisO Nr 1). Zur Umwandlg des Willens, für die eine od die and jur Pers zu besitzen, vgl BGH WM **71**, 1452. Eine Stellvertretg iS von § 164 liegt aber nicht vor, da das Handeln der Vertreter als eig Handeln der jur Pers anzusprechen ist. Mögl ist jedoch auch, je nach der Verfassg, daß der Vertreter unmittelb Besitz für sich selbst erwirbt. Das Organ wird ab Ende der Organstellg BesMittler, wobei das abzuwickelnde AnstellungsVerh § 868 erfüllt (Wstm/Gursky § 20 II; str).

6) Gesamthandsgemeinschaften. Schrifttum: Klett, Die BesVerh bei der PersGesellsch, Diss Fbg 1989.

a) Nichtrechtsfähiger Verein: Wenn auch die Träger des geshänder gebundenen Vermögens selbst **13** handlgsfäh sind, legt die körperschaftl Organisation doch die Annahme nahe, daß die unmittelb Sachherrsch dch die Organe ausgeübt wird, woran der zeitweil MitGebr der Mitgl nichts ändert. Bei unbefugter Weggabe dch Organe gilt Rn 12. – Sind für bestimmte Geschäfte Bes Vertreter bestellt, ist damit die Übertragg ggständl beschr unmittelb Sachherrsch verbunden u der Vertreter wird idR für seinen Machtbereich unmittelb Fremdbesitzer für die mittelb besitzden Gesamthänder sein.

b) BGB-Gesellschaft: Die Vorstellg des OrganBes versagt, da die GesHänder handlgsfäh, die geschführgs- u vertretgsberechtigt Gter selbst sind. Einen unmittelb GesHandsMitBes im rechtstechn Sinn **14** gibt es nicht. Das Faktum des Bes läßt sich nicht mit dem RBegr der gebundenen Verfüggsmacht der GesHand zur Deckg bringen. Der qualifizierte MitBes (Mitverschluß – § 1206) wird fälschl oft als GesHandsBes bezeichnet. Grdsätzl haben die Gter also MitBes nach § 866 (BGH **86**, 340); tats Verh maßg, ob schlichter od qualifizierter MitBes (BGH **86**, 300). Ihre geshänder Bindg wird immer dann offenb, wenn sich das Faktum der unmittelb Sachherrsch in rechtl Abstraktion zeigt: im mittelb MitBes der GesHänder ggü einem unmittelb besitzden Dritten; wenn BesStörg Ansprüche entstehen läßt; insoweit: § 719. Für BesStörg innerh der GesHand: § 866, bei Entzieh steht Anspr aus § 861 der GesHand od dem einzelnen GesHänder (actio pro socio) zu. Unbefugte Veräußerg dch einen Gter führt zu Abhandenkommen iSv § 935.

15 Ist einem Gter eine Sonderaufgabe oder ein abgegrenzter Sonderbereich der GeschFührg übertragen, kann er insow alleiniger unmittelb Fremdbesitzer sein, der allen GesHändern als mittelb Eigenmitbesitzern den Bes vermittelt. Ob diese BesAufspaltung grdsätzl mit der Beschrkg der GeschFührg auf einen od einz Gter Hand in Hand geht, ist str. Nach Ballerstedt (JuS **65**, 276) liegt in der auftragsähnl Bindg des GeschFührden an das Gemeininteresse der GesHand ein BesMittlgsVerh (§§ 713, 868). Für letzteres ist nach Steindorff (FS-Kronstein **67**, 151) die bloße Beziehg GeschFührer – Gesamthand nicht ausreichd; er nimmt daher unmittelb Eigen-MitBes auch der von der GeschFg ausgeschl Gter an, dessen Ausüb allerd entspr der gesellschaftsrechtl Bindg modifiziert sei ("unmittelb Mitbesitz zur ges Hand"). Nach Flume (FG- Hengeler **72**, 76) wird von einz Gtern od von BesDiener ausgeübter Bes der Gesellsch als einer Gruppe zugerechnet. Nach Kuchinke (FS-Paulick **73**, 45) besteht GesHandsMitBes aller Gter u unmittelb Bes der Gesellsch als solcher. Ungezwungener erscheint, alle Gter als mittelbare, die GeschFührden als unmittelb Besitzer anzusehen. Zur Passivlegitimation vgl § 866 Rn 10, 11.

16 **c) OHG – KG:** Hier ergibt sich die gleiche Problemstell wie Rn 14, 15, falls man nicht, gestützt auf HGB 124, der Ans folgt, daß die vertretgsberecht Gter OrganBes – wie zu Rn 12, 13 – ausüben. Dies ist aus den zu Rn 14, 15 dargelegten Gründen u auch deshalb abzulehnen, weil beide Handelsgesellsch eben nicht körperschaftl organisiert sind. Auch sind die Gesellschafter, ebensowenig wie die Organe der jur Pers, nicht BesDiener der OHG (so Schwerdtner JR **72**, 116). BGH **57**, 166 (= **LM** § 854 Nr 5/6 Anm Braxmaier) spricht den **Kommanditisten** schlechth jede Besitzerstell ab, da der Bes als tats Herrsch allein den geschführgsbefugten Gesellschaftern zustehe; dies vermengt die Frage, wer Besitzer sei u wer die (aktive u passive) RPosition des Besitzers (hier: der Gesamthänder) aGrd der gesellsch Bindg ausüben könne; die oben Rn 15 angedeutete Lösg über § 868 ließ BGH unerörtet; triftiger erscheint das Arg, die nicht beschränkb Vertretgsmacht nach HGB 126 II schließe einen auf §§ 859 ff gestützten Angriff des Kommanditisten gg BesÜbertr an Dritte aus. – HerausgAnsprüche aber könnten, da sie um unmittelb MitBes der Gter zum GesHandVermögen gehört, nach beiden Ansichten wg HGB 124 I auch gg die OHG selbst gerichtet werden (BGH JZ **68**, 69 Anm Steindorff; OLG Celle NJW **57**, 27). HGB 128, 161 II allein begründen keine Passivlegitimation des persönl haftden Gters; BGH JZ **70**, 105 (Anm Steindorff) bejaht sie (bei Anspr aus § 985), wenn er die tatsächl Verfügggewalt hat, die ihn Begründg, auch der Mitbesitzer sei für den HerausgAnspr (allein?!) legitimiert; vgl § 866 Rn 10. 11. Unbefugte Weggabe einer Sache dch vertretgsberecht Gter führt nicht zur Anwendg des § 935, gleichviel ob man ihm den Bes zuspricht (BGH **57**, 166), ob man BesMittlg dch ihn, ob man Organstell od BesDienersch (Schwerdtner JR **72**, 116) od MitBes aller GesHänder annimmt, da auch in letzterem Fall die Vertretgsmacht durchschlägt.

17 **d) Erbengemeinschaft:** s § 857 Rn 2. Miterben werden Mitbesitzer gem § 866, mittelb Mitbesitzer zur ges Hand, wenn der Erblasser mittelb Besitzer war, da sich auch hier die gesamthänder Bindg zwar nicht im Faktischen des unmittelb MitBes, wohl aber in der vergeistigten Sachherrsch des mittelb Bes auswirkt. Unbefugte Weggabe dch einen Erben führt zu Abhandenkommen iSv § 935. BesitzschutzAnspr kann jeder Miterbe geltend machen, § 866, 2038 I, 2039. Ergreift ein Miterbe befugt allein die tats Sachherrsch an NachlGgst für die ErbenGemsch, werden alle Miterben mittelb Mitbesitzer u er unmittelb Fremdbesitzer.

18 **e) Gütergemeinschaft:** § 866 Rn 5.

855 Besitzdiener.

855 **Besitzdiener.** Übt jemand die tatsächliche Gewalt über eine Sache für einen anderen in dessen Haushalt oder Erwerbsgeschäft oder in einem ähnlichen Verhältnis aus, vermöge dessen er den sich auf die Sache beziehenden Weisungen des anderen Folge zu leisten hat, so ist nur der andere Besitzer.

1 **1)** Besitzdienerschaft erfordert nach außen erkennb (RG HRR **33**, 923; str) **soziales Abhängigkeitsverhältnis,** kraft dessen Besitzer tatsächl Gewalt durch anderen, den Besitzdiener, als Werkzeug ausübt (BGB **LM** § 1006 Nr 2). Nicht ausreichd bloß wirtschaftl Abhängigk od schuldrechtl Verpflichtung zur Aufbewahrg od Herausg (BGH Betr **56**, 963). Tatsächl Unterordng um Besitzherrn erfordert, derart, daß seinen Weisungen schlechthin Folge zu leisten u dieser notf selbst eingreifen darf, wobei aber nicht erforderl, daß Besitzer ununterbrochene räuml Einwirkungsmöglichk hat (vgl RG **71**, 252; BGH **27**, 363). Das AbhängigkVerhältn braucht nicht dauernd Art zu sein. BesDienerschaft bleibt auch bei räuml Trenng bestehen (GeschReisender). Anders bei zeitl ungewisser Überlassg von Sachen zu selbstverantwortl Entscheidung (Bambg NJW **49**, 716). Das BesDienerVerh kann privrechtl u öffrechtl Natur sein. Auch ein rein tatsächl Verhältnis (nichtiger DienstVertr) kann genügen, wenn Beteiligte nur glauben, daß Weisgen des "anderen" Folge zu leisten ist. Die Vollm, über Sachen des Besitzherrn verfügen zu dürfen, schließt BesDienersch nicht aus. BesDiener kann dann wirks DrittBes begründen, ohne verbotene Eigenmacht zu verüben (BGH WM **71**, 1268; vgl auch RG **138**, 270). IdR ist BesDiener in eine Organisation (einen HerrschBereich) eingegliedert; dann erstreckt sich das BesDienerVerh grdsätzl auf alle zu der Organisation in Beziehg stehenden Sachen. **Haushalt** weiter als Hausstand (§ 1619). Der Gast dagg kein BesDiener; reines RaumVerh. "In dessen Haushalt" nicht räuml zu verstehen (RG **71**, 248), auch nicht nur auf HaushaltsGgstände beschränkt. **Erwerbsgeschäft** in weitestem Sinne zu verstehen; jede berufsm, auf Erwerb gerichtete kaufmänn, gewerbl, künstlerische, wissenschaftl Tätigk. Bloße wirtschaftl Abhängigk aber nicht genügd (RG HRR **33**, 923; BGH **27**, 363).

2 **2) Ausübung der tatsächlichen Gewalt für den Besitzherrn im Rahmen des Abhängigkeitsverhältnisses.** Dies Erfordern rein sachl zu verstehen; anders gerichteter Wille des BesDieners unbeachtl, wenn er nur tatsächl aGrd des Folgeverhältn die tats Gewalt anstelle des anderen ausübt.

3) Folgen der Besitzdienerschaft. – a) Nur der andere, der BesHerr, ist Besitzer, u zwar unmittelbarer, **3** Besitzdiener hat keinen Besitz, nur Innehabg. Desh ist Widerstand gg Entziehg der tats Gewalt durch BesHerrn verbotene Eigenmacht (§ 858). Aber im Interesse des BesHerrn hat BesDiener VerteidiggsR, § 860. Aber keine Klage wg BesEntziehg od -störg. Keine Vermutg aus § 1006.

b) Besitzerwerb durch Besitzdiener. § 855 deckt auch einen solchen, der aber nicht kraft Stellvertretg **4** erfolgt (§ 854 Rn 11). Originär zB dch Ansichnahme erlegten Wildes dch Förster od verlorener Sachen innerh des Rahmens des DienstVerh (BGH 8, 133: Platzanweiserin im Kino). Entggstehender Wille des BesDieners unbeachtl, außer wenn dieser erkennb betätigt. Dies gilt auch beim BesErwerb von dritter Seite. Läßt sich Hausangestellte zB beim Einkauf den Besitz übertragen, so spricht Vermutg dafür, daß dies iR des BesDienerVerh geschehen, sofern nicht Wille, für sich zu erwerben, erkennb hervortritt. Wegen Gut- oder Bösgläubigk iS des § 990 vgl dort Rn 3.

c) Besitzverlust durch Besitzdiener. BesHerr behält den Besitz, bis er selbst od sein BesDiener diesen **5** aufgegeben. Nicht erkennb betätigter Wille des BesDieners, nicht mehr für den Herrn zu besitzen, wieder unbeachtl. Aber BesVerlust, wenn der BesDiener sich die Sache zueignet, indem er sie in seinen Alleinbesitz bringt (Mitnahme in seine Wohng in ZueigngsAbs u dgl) od wenn er den Besitz einem anderen einräumt. Geschieht dies gg den Willen des BesHerrn, so ist sie diesem (der ja die Sache nicht „aus der Hand gegeben" hat, wie bei der Übergabe an Besitzmittler) iS des § 935 abhanden gekommen (§ 935 Rn 4); hierbei gleichgültig, ob sich der BesDiener strafbar gemacht hat, wobei wieder unerhebl, ob Diebstahl od Unterschlagg od (str) ob Weggabe aus Versehen od inf sonstigen Irrtums.

d) Eigtümer, der unmittelb Besitzer, kann dingl Übereign mit sich selbst als dem Vertreter u künft **6** BesDiener eines anderen abschließen (RG **99**, 209).

4) Einzelfälle: – a) Besitzdiener sind zB: Mitarbeiter (einschl Prokurist; RG **71**, 252) eines Betr (nicht **7** aber bzgl überlassener Ggst wie zB DienstPKW, die auch privat benutzt werden dürfen; Düss NJW **86**, 2513); Verwalter eines Kinos (BGH WM **60**, 1149); idR Gutsverwalter bzgl Inventar (RG **99**, 209; KG OLG **42**, 272) Reisender bzgl der auf die Reise mitgenommenen Muster (RG **71**, 248); anders die selbst Handelsvertreter (vgl LG Brschw MDR **55**, 362); Kinder, auch vollj, im Gesch des Vaters. Ferner zB auch Zweigstelle der Bank, die bei ihr hinterlegte Wertpapiere für die Hauptbank verwahrt (RG **112**, 113); Jagdaufseher hins erlegten Wildes (RGSt **39**, 179); Förster hins zu beaufsichtigenden geschlagenen Holzes (RGSt **14**, 305); Garderobepächter hins der Garderoberäume (RG **97**, 166); Kapitän hins des Schiffes (Ewald MDR **57**, 134); Kahnschiffer hins Unterkunfsräume (RAG **5**, 266); Pfandhalter als Vertreter des PfdGläub im Pfdbesitz (RG **77**, 209); ArbN, der mit Vollm des ArbG für diesen Geld von dessen Bankkonto abhebt (LAG Düss DB **71**, 2069); Eheg, der GewBetr des and bei dessen Verhaftg fortführt (BGH LM Nr 3); Soldat/Beamter bzgl dienstl anvertrauter Sachen (Mü NJW **87**, 1830). – **b) Keine Besitzdiener** sind: BesMittler iSv § 868; Eheg **8** u Lebensgefährten (Ffm NJW-RR **86**, 470) bzgl Sachen des and (aA LG Bn FamRZ **67**, 678 bei Empfangn von Privatbriefen des and); wem WohngsInh bei längerer Abwesenh Wohngsschlüssel anvertraut (Dresden OLG **33**, 103); Bahn (BGH LM Nr 1); Vorstd einer jur Pers (vgl § 854 Rn 12); VollstrSchuldn hins der in seinem Gewahrs belassenen Sachen (RG **94**, 348); AmtsG als Hinterleggsstelle (KG OLG **15**, 348) ausl Tochtergesellsch bzgl ihr mit bestimmter Weisg von der Muttergesellsch übersandter Konnossemente (RG **168**, 8). – Zur Stellg des Hausverwalters vgl LG Mannh MDR **73**, 764.

5) Beweislast: BesDienerVerh von dem zu beweisen, der sich darauf beruft. **9**

856 *Beendigung des Besitzes.* [I] Der Besitz wird dadurch beendigt, daß der Besitzer die tatsächliche Gewalt über die Sache aufgibt oder in anderer Weise verliert.

[II] Durch eine ihrer Natur nach vorübergehende Verhinderung in der Ausübung der Gewalt wird der Besitz nicht beendigt.

1) Allgemeines: Für Beendigung, des **unmittelbaren Besitzes** (wg mittelb Besitzes vgl § 868 Rn 23– **1** 25) entscheid ist der Verlust der tatsächl Sachherrschaft. Dann läßt sich Besitz nicht durch bloßen Willen aufrechterhalten. Andererseits reicht der Wille allein, nicht mehr zu besitzen, nicht aus; ebsowenig idR bloße Erkl der BesAufgabe. Erlöschen des Rechts zum Besitz allein beendet den Besitz nicht, sond ist nur für dessen Rechtmäßigk von Bedeutg. Zeitablauf od Eintritt auflösder Bdgg nicht ausreichd. § 856 gilt auch für Besitz an Grdst. BesVerlust durch BesDiener vgl § 855 Rn 5.

2) Aufgabe der tatsächlichen Gewalt: Nur bei erkennb, willentl Handeln (BGH WM **76**, 1192) od **2** Nichthandeln (zB Unterlassen der Wiederbeschaffg, RG Gruch **69**, 373), verbunden mit Willen, tatsächl SachHerrsch aufzugeben. Für BesAufgabewillen (natürl Wille) gilt § 854 Rn 5. Besitzaufgabe kann durch Preisgeben (Dereliktion) od durch Besitzübertragg erfolgen. Besitzergreifg durch Dritten im Einverständn mit früh Besitzer ist der Übergabe gleichzusetzen (RG JW **08**, 681). Keine Besitzaufgabe bei bloßer Beschrkg in Ausübg (BayObLG **31**, 309) od bei Mitbesitzeinräumung (RG **66**, 259). Über Bes an Leiche/-asche vgl LG Kiel FamRZ **86**, 56.

3) Besitzverlust auf andere Weise: Bei Einbuße der tatsächl Gewalt unabhäng vom Willen des Besit- **3** zers, zB Verlieren (vgl Vorbem 1 vor § 965), BesErgreifg seitens eines Dritten od Ereign, die das HerrschVerh nicht nur vorübergehd (§ 856 II) beenden. Kein Verlust bei Verlegen der Sache innerh der gewaltunterworfenen Räume od Grdst (RGSt **39**, 28). Bei Haustieren ist Ablegg der Gewohnh, zurückzukehren, nicht unbedingt entscheidend (RG GoldtdArch **48**, 311, RGSt **50**, 185, wg Tauben vgl auch RGSt **48**, 385). Besitzverlust an gesunkenen Schiffen: RG **165**, 172; Gruch **69**, 374; die zunächst nur als vorübergehend iS des Abs II erscheinende Verhinderg in Ausübg der Gewalt wird durch Unterlassen mögl Hebg zu endgült Besitzverlust. Über Besitzverlust an versenkten Schiffen Ewald MDR **57**, 134; aber auch Reich MDR **58**, 890.

4   **4) Vorübergehende Verhinderung** keine Besitzbeendigg. Einzelfälle: Vorübergehde Benutzg der Sache durch Besitzdiener im eig Interesse (RG **52**, 118); zeitweilige Abwesenh (RG **51**, 23); uU kurzfristige Beschlagn durch Besatzgsmacht (LG Köln MDR **51**, 356); frei umherlaufende Haustiere (RGSt **50**, 184; LZ **19**, 208); Flucht eines Lagerhalters, wenn Besitzdiener Gesch fortführen (RG **138**, 265); Liegenlassen (auch in Eisenbahn), wenn Ort des Verlustes bekannt, bei Möglichk der Wiedererlangg (RGSt **38**, 445); vorübergehdes Verlassen eines gestrandeten Schiffes (RG **57**, 26, vgl auch RGSt **10**, 85); Verlust des Ankers, wenn Schiff in der Nähe bleibt u Anstalten zur Bergg getroffen werden (RG **138**, 121; vgl auch RG **134**, 168).

857   *Vererblichkeit.* Der Besitz geht auf den Erben über.

1   **1) Besitzvererbung** bedeutet nicht Übergang der SachHerrsch auf Erben (das ist rein tatsächl, nach Verkehrsanschauung zu bestimmender Vorgang), sond Nachfolge in die an SachHerrsch des Erblassers geknüpfte Besitzstellg, die Erblasser zZ des Erbfalls innehatte, ohne daß bes Besitzergreif erforderl (RG **83**, 229). Also Besitz ohne SachHerrsch (andere sprechen von vergeistigter SachHerrsch). Die tatsächl Sach-Herrsch entsteht erst mit bes Besitzergreif (vgl Celle NdsRpfl **49**, 199). Ob Erbl materielles Recht zum Besitz hatte, gleichgültig. Auch bei Nichtvererblichk des Rechts zum Besitz (zB Nießbr) Besitz selbst vererbl (RG JW **18**, 368). So auch Übergang bei **Verwaltungsbesitz** (Staud/Bund Rn 9), zB bei Besitz des Beauftragten, verwaltenden Eheg (§ 1422), TestVollstr, Konkurs- u ZwangsVerw, jedoch nur, wenn diese ihrers Besitz ergriffen hatten, sonst Anfall an die sonst berechtigten Personen, zB nachfolgenden Test-Vollstr. Bei Fortbestand einer **Gesellschaft** trotz Todes eines Gesellschafters (§ 727) geht Mitbesitz des Erblassers kraft Anwachsg (§ 738) auf übrige Gesellschafter über, etwaiger Alleinbesitz an Sachen der Gesellsch aber auf einen Erben (vgl Soergel/Mühl Rn 3). – § 857 gilt nicht für BesDiener, da diese nicht Besitzer. – Besitzvererbg setzt voraus, daß Erblasser zZt des Todes noch Besitz hatte. Ob Besitzübergang, wenn Verlust der tatsächl Gewalt gleichzeitig mit Tod des Erblassers, zB bei Kleidgsstücken im Falle des Ertrinkens u Nichtauffindbark der Leiche, ist str. – Unkenntnis von Erbanfall u Erblasserbesitz unschädl (BGH JZ **53**, 706). GeschFgk nicht erforderl, auch § 1923 II anwendbar. Wegen der Anspr des wahren Erben gg besitzenden vorl Erben § 1959. – Vom Besitz nach § 857 zu unterscheiden **„Erbschaftsbesitz"** des § 2018, der voraussetzt, daß jemand aGrd eines ihm nicht zustehenden, aber angemaßten ErbR etwas aus der Erbsch erlangt hat, was auch durch Anmaßg des Eigenbesitzes an Sachen des Erblassers erfolgen kann, die der „Erbschaftsbesitzer" vor Todesfall in umittelb Fremdbesitz hatte (RG **81**, 294). – Über Nacherbfolge vgl § 2139 Rn 4.

2   **2) Folgen der Besitzvererbung:** Besitz geht auf Erben über, wie er beim Erbl bestand; gilt für unmittelb u mittelb, Fremd-, Eigen-, Teil-, Mitbesitz. BesitzmittlgsVerh zw Erbl u Erben erlischt, Erbe wird (od bleibt) unmittelb Besitzer (RGRK/Kregel Rn 2). Fehlerhaftigk des ErblBesitzes setzt sich fort (vgl § 858 II). Wg §§ 935, 2366 in diesem Fall vgl § 2366 Rn 7. – Erbe genießt Besitzschutz der §§ 861, 862. Eingreifen eines Nichterben in den Nachl bedeutet verbotene Eigenmacht; bei Wegnahme ist die Sache abh gekommen (§ 935). Hatte allerd der vorläuf Erbe, der seine Erbenstellg dch Anf der Anm od des Test od dch ErbunwürdigErklärg verloren hatte, die Sache aus dem schon in Besitz genommenen Nachl weggegeben, so greift § 935 nach hM (zB Soergel/Mühl Rn 4; dazu Wiegand JuS **72**, 87) nicht zG des endgült Erben ein (vgl § 1953 Rn 4). And, wenn Pseudoerbe (aGrd früheren, dch späteres entkräfteten Test) Besitz ergriffen hatte. Hier hilft dem Erwerber gg § 935 nur § 2366 (s dort Rn 7). – Erbe kann sich auf die an Besitz geknüpften Vermutgen (zB § 1006; BGH NJW **93**, 935) berufen, wie er anderers auch als Besitzer haftet. Die für u gg Erbl bestehenden possessorischen Anspr bleiben aufrecht erhalten. – Erbenbesitz des § 857 kann durch tatsächl Besitzergreifg zum Besitz des § 854 werden, der Erbenfremdbesitz zum Eigenbesitz des Erben (§ 872). Zur Frage, ob Bösgläubigk des Erbl dch Gutgläubigk des Erben geheilt wird, vgl § 943 Rn 1, § 990 Rn 6.

3   **3) Entsprechende Anwendung** von § 857 bei Anfall eines Vereins- od Stiftgsvermögens an Fiskus, vgl §§ 46, 88, und bei sonstiger Gesamtrechtsnachfolge, zB bei Verschmelzg od Umwandlg von Kapitalgesellsch, auch in den Fällen der §§ 1416 II, 1483, 1490. Wegen § 738 vgl Rn 1.

4   **4) Beweislast:** Wer sich auf Besitz gem § 857 beruft, muß bisherigen Besitz des Erblassers u das behauptete Erbrecht beweisen.

858   *Verbotene Eigenmacht; Fehlerhaftigkeit des Besitzes.* ^I Wer dem Besitzer ohne dessen Willen den Besitz entzieht oder ihn im Besitz stört, handelt, sofern nicht das Gesetz die Entziehung oder die Störung gestattet, widerrechtlich (verbotene Eigenmacht).

^II Der durch verbotene Eigenmacht erlangte Besitz ist fehlerhaft. Die Fehlerhaftigkeit muß der Nachfolger im Besitze gegen sich gelten lassen, wenn er Erbe des Besitzers ist oder die Fehlerhaftigkeit des Besitzes seines Vorgängers bei dem Erwerbe kennt.

1   **1) Verbotene Eigenmacht** ist jede ohne Gestattg vorgenommene Beeinträchtig (Entziehg, Störg) der tatsächl Gewalt des unmittelb Besitzers (RG **55**, 55; JW **31**, 2904), einerlei, ob dieser Recht auf Besitz hatte od nicht (RGSt **60**, 278; JW **21**, 686). Hins des mittelb Besitzers vgl § 869. Widerrechtl Beeinträchtigg liegt idR auch bei Eingriffen derjenigen vor, die Anspr auf Besitzeinräumg haben; zur Durchsetzg ihrer Rechte müssen sie sich staatl Machtmittel bedienen (RG **146**, 182); vgl aber § 864 II. War Besitz dem Besitzer schon vorher abh gekommen (zB durch Verlust), so verbotene Eigenm begriffl ausgeschl. Keine verbotene Eigenm des BesHerrn ggü BesDiener mögl, jedoch umgekehrt; Nichtbefolgen der Weisg des BesHerrn kann schon genügen. Verbotene Eigenm des mittelb Besitzers ggü unmittelb Besitzer mögl (RG **69**, 197; Stgt Recht **17**, 1277); nicht aber umgekehrt. Auch jur Personen können durch ihre Vertreter verbotene Eigenm begehen (Mü SeuffBl **72**, 553; RG **55**, 56). Verbotene Eigenm kann vorliegen bei Verhinderg der Besitzübertragg, nicht aber bei Verhinderg der Besitzerlangg (RG JW **31**, 2904). – Zur **Widerrechtlichkeit**

genügt objektive Beeinträchtigg des Bes ohne Willen des Besitzers. Bewußtsein der Widerrechtlichk nicht nötig (OGH MDR **48**, 472), auch nicht **Verschulden**. Gleichgült ist Kennen od Kennenmüssen des beeinträcht Bes (wg verbotener Eigenm des ErbschBesitzers gg Erben § 2025 Rn 2); ebso irrtüml Annahme des Einverständn des Besitzers (RG **67**, 389). – GeschFgk des Handelnden nicht notw.

2) Ohne Willen, dh ohne irgendwie kundgegebene Zust des unmittelb Besitzers; nicht erforderl gg **2** Willen, gg ausdrückl Widerspr des Besitzers (RG JW **28**, 497). Zust auch stillschw; sie kann in Gleichgültigk hins des Verbleibs der Sache (RG **72**, 198) liegen, aber nicht ohne weiteres in Unterlassg gewalts Widerstandes od Nichtanrufen der Polizei, wenn Besitzer widerspricht (RG Warn **14**, 335). Sie folgt auch nicht aus unrechtm Besitz (RG SeuffA **81**, 309). Zustimmg muß zZ der Beeinträchtigg bestehen. Doch kann sie im voraus erteilt werden; sie kann in der vertragl Einräumg des WegnahmeR (RG **146**, 186; Schlesw SchlHA **75**, 47) od des Betretens der Mietwohng liegen (Löwisch/Rieble NJW **94**, 2596), doch wird ihre Fortdauer vermutet (RG **146**, 186). War Zust bedingt erteilt, muß Bedingg eingetreten sein (RG **67**, 388). Zustimmg braucht nicht rechtsgeschäftl wirks zu sein (str; vgl Mittenzwei MDR **87**, 883 mwN), doch muß Besitzer den für Besitzerwerb nötigen Willen in natürl Sinne haben (§ 854 Rn 5). Zustimmg muß auf freier Entschließg des Besitzers beruhen (RG Warn **25**, 24: Besitzentziehg ggü sinnlos Betrunkenem), darf also nicht unter Druck des Entziehenden entstanden sein (RG JW **28**, 497; LG Kiel MDR **49**, 366: Besitzaufgabe wg unterträgl Besitzstörg; enger Freibg JZ **53**, 474: unwiderstehl psych Zwang). Vertragl Vereinbarg nach § 138 nichtig bei Knebelg des Besitzers (RG JW **29**, 1380). Entscheidend immer nur Wille des unmittelb Besitzers, bei Besitzdienersch also des Besitzherrn; Zust nicht ersetzb durch die des mittelb Besitzers. – **Beweislast:** vgl § 861 Rn 9.

3) Einzelfälle: a) Verbotene Eigenmacht **bejaht:** Fällen von Holz gg Willen des GrdstBesitzers (RG **129**, **3** 384); Jagdausübg durch fremdem Grdst mit Zust des Jagdpächters, aber gg Verbot des Eigtümers (OLG **6**, 254); Pfändg u Wegnahme entgg ZPO 809, 883 bei widersprechendem Dritten (OLG **10**, 104; str; vgl Lüke NJW **57**, 425); Wegnahme unter EigtVorbeh verkaufter Sachen durch Verk, auch wenn Käufer zur Duldg vertragl verpflichtet, zZ der Wegn aber entgegstehenden Willen hatte (RG **146**, 182; JW **35**, 1554); eigenmächtige Rücknverliehener Sachen (RG Recht **24**, 986); Ausräumg der Möbel (RG SeuffBl **68**, 145) od Türschloßauswechselg (Düss ZMR **94**, 163) dch Vermieter ohne Willen des Mieters; Zurückbehalten der vom verreisten WohngsInh überlassenen Schlüssel u Abschließen der Wohng (OLG **31**, 308); ArbGeber reißt ihm mißlieb Anschläge der Gewerksch vom schwarzen Brett, das er ihm im Betr zur Vfg gestellt hatte (LAG Ffm Betr **72**, 1027; eigenmächtiges Anbringen von Antenne durch Mieter (Hbg JR **27**, 11); Sperrg von VersorggsLeitgen dch Vermieter (LG Itzehoe SchlHA **62**, 245; AG Landau ZMR **84**, 246) od Versorger (LG Bonn WuM **80**, 231); eigenmächt Parken auf Privatparkplatz (Karlsr OLGZ **78**, 206).

b) Verneint: Anbringg von Lichtreklame an Außenwand durch Mieter, vgl § 854 Rn 6; Betreten des **4** Pachtguts durch Verpächter zu erlaubten Zwecken, zB Ausübg des Forstschutzes (OLG **2**, 40); Behindrg des Nachbarn am Befahren, wenn GrdDbk nicht mehr besteht (Mü LZ **28**, 426); bei Störg des Jagdpächters, weil dieser keinen Sachbesitz (Jena JW **22**, 233); aber Schutz des JagdausübgsR nach § 823 dch UnterlKlage; uU § 826: RG JW **08**, 653); Klageerhebg (BGH **20**, 169); Erwirkg einer unberechtigten einstw Vfg (Kiel SchlHA **11**, 209) oder eines Arrests.

4) Besitzentziehung ist vollständige u andauernde Beseitigg der SachHerrsch (RG **67**, 389; Hinderg **5** durch Schließg eines Torweges). Durch physische Einwirkg; auch durch psychische (Raape JW **28**, 497), so uU durch Drohg (OLG **20**, 395). Grenze ggü Besitzstörg fließd, nur quantitativer Art (OLG **15**, 328: Abzäung eines GrdstTeils vom übrigen Grdst als Besitzentziehg).

5) Besitzstörung ist Beeinträchtigg des unmittelb Besitzers im Genusse des Besitzes in der Weise, daß **6** befriedeter Zustand in solchen der RUnsicherh verwandelt wird. Dies kann geschehen durch **körperliche** Einwirkgen, dch Immissionen iS des § 906, überschwenkder Baukran (Karlsr NJW-RR **93**, 91), sicherhgefährdde Veranstaltgen, Rundfunkstörgen, geräuschvolle Wohngsbenutzg (LG Köln ZMR **67**, 273; LG Bln NJW-RR **88**, 909), Beschädigg der Sache (Köhler JuS **77**, 652 zu II 1 d), Briefkastenwerbg (§ 1004 Rn 7). Auch dch **psychische** Einwirkg, zB dch bloß wörtl Bestreiten des Bes dch Drohgen od Verbote, zB Androhg der Wegnahme einer Grenzmauer (OLG **4**, 290). Wörtl Bestreiten nur ausreichd, wenn mit Verbot ferner Besitzhandlg od mit Androhg tätl Verhinder der Besitzausübg verbunden, wobei Verwehrg der Herausg der Sache an mittelb Besitzer dch Verbot od Drohg genügen kann (RG JW **31**, 2904). Auch mit Sicherh zu erwarte Einwirkg kann genügen, zB bedrohl Bauvorbereitg. Besitzstörg kann dch eigenes Einwirken (Handeln od Unterlassen) des Störers, durch Duldg der Einwirkg Dritter, die verhindert werden könnte (Köln MDR **78**, 405), od dch Behinderg des Besitzers in Besitzausübg erfolgen (W-Raiser § 17 I 2). Nicht erforderl gewisse Dauer der Beeinträchtigg, jedenf nicht bei körperl (aA LG Augsbg NJW **85**, 499). § 905 S 2 gilt entspr (Brem VersR **71**, 277). – **Nicht ausreichd** bloße GebrHinderg ohne Eingr in SachHerrsch (v Venrooy JuS **79**, 102); Fotografieren einselhb Sachen (Celle MDR **80**, 311).

6) Gestattung der Entziehung/Störung durch Gesetz (oder VerwAkt kraft gesetzl Ermächtigg, Bet- **7** termann MDR **48**, 474) schließt Widerrechtlichk aus. ZB bei zuläss Eingreifen der Polizei; aber verbotene Eigenm dessen, der es dch falsche Angaben veranlaßte (Köln NJW-RR **94**, 557). Ob Beamter im Rahmen seiner Amtsbefugnisse gehandelt, hier durch ordentl Richter nachprüfbar (RG **108**, 239). Wichtig Bestimmgen der ZPO 758, 808 ff, 883–885, 892, ferner ZVG 150. Gegen VollstreckgsGläub keine Besitzentziehgsklage des VollstrSchuldners, hier nur ZPO 766 (RG JW **02**, Beil 102). Antr auf ZwVerst keine verbotene Eigenm ggü besitzendem NichtEigtümer (RG **116**, 356). BeschlagnR gemäß StPO (RG **64**, 385). Endl gehören Bestimmgen über SelbsthilfeR hierher, §§ 227–229, 859 auch §§ 561 I, 581 II, 910, 962; auch solche der Länder (zum BJagdG 23, 25. Ferner EG 89 über PrivatpfändgsR. DuldgsPfl nach §§ 904, 906 u BImSchG 14. Stets zu prüfen, ob eigenmächtiges Handeln gestattet od nur (wie zB in §§ 1361 a I 1, 1422, 1450 I 2, 1985, 2205, KO 117, Hammerschlags- u LeiterR nach LNachbR [wie Karlsr NJW-RR **93**, 91]) ein einklagb Recht verliehen wird. Keine Gestattg der Beeinträchtigg bedeuten die §§ 867, 258. Schuldrechtl Gestattg nicht genügd (RG **146**, 186); uU hierin Zust (vgl Rn 2); ebsowenig subjektives dingl (zB WegeR; KG NJW-

RR **88**, 780) od persönl Recht, das zur Vornahme der betr Besitzhandlg befugt (Rn 1; aA RG JR **25**, 1750); insow nur § 683. – **Beweislast** für Gestattg hat eigenmächt Handelnder.

8   **7) Fehlerhaftigkeit** des Besitzes (nicht zu verwechseln mit unredl od ungerechtf Besitz). – **a)** Sie **wirkt relativ,** dh nur zG des Beeinträchtigten u seiner RNachf (§§ 861 II, 862 II) u nicht auch Dritten ggü; daher
9   ist zB Dieb gg Besitzentzieh durch Dritte nach § 859 geschützt. – **b)** Makel der Fehlerhaftigk geht auf **Besitznachfolger** über: **aa)** Bei Erbfolge Haftg schlechthin, auch ohne Kenntnis der Fehlerhaftigk; Voraussetzg, daß Erbe als Erbe Besitz erlangt, nicht etwa vor Erbfall durch Besitzübertragg, dann seine Stellg wie die jedes Besitznachfolgers. **bb)** Sondernachfolger muß bei Erwerb Fehlerhaftigk kennen; nachträgl Erkennen steht nicht gleich; fahrl Unkenntnis genügt nicht. Nur fehlerh Besitz des unmittelb Vormannes schädl. War Sache schon von einem früh Besitzers fehlerh erworben, so muß Vormann bei Besitzerwerb Fehlerhaftigk gekannt haben, damit sie derzeitigem Besitzer, der sämtl den Besitz fehlerh machende Umstände bei Erwerb kennen muß, angerechnet werden kann (RGRK/Kregel Rn 14). SonderNachf im Besitz ist nicht nur, wessen Besitz auf Übertragg beruht, sond auch, wer unmittelb nach früherem Besitzer Besitz erlangt, zB der zweite Dieb (Wstm/Gursky § 22 IV 1) od wie eine vom fehlerh Besitzenden fortgeworfene Sache in Kenntn der Fehlerhaftigk in Besitz nimmt. – SonderNachf besitzt nicht fehlerh, wenn ihm Gesetz (Schlesw SchlHA **75**, 47) od Erstbesitzer die Nachfolge im Bes gestatten (vgl Schneider JR **61**, 368). BewLast für BesitzNachf und Kenntn der Fehlerhaftigk trifft den, der Rechte daraus herleitet; Gegner muß Recht zum Eingr od Zust des Besitzers beweisen (RGRK/Kregel Rn 15).

859 *Selbsthilfe des Besitzers.*   [I] **Der Besitzer darf sich verbotener Eigenmacht mit Gewalt erwehren.**

[II] **Wird eine bewegliche Sache dem Besitzer mittels verbotener Eigenmacht weggenommen, so darf er sie dem auf frischer Tat betroffenen oder verfolgten Täter mit Gewalt wieder abnehmen.**

[III] **Wird dem Besitzer eines Grundstücks der Besitz durch verbotene Eigenmacht entzogen, so darf er sofort nach der Entziehung sich des Besitzes durch Entsetzung des Täters wieder bemächtigen.**

[IV] **Die gleichen Rechte stehen dem Besitzer gegen denjenigen zu, welcher nach § 858 Abs. 2 die Fehlerhaftigkeit des Besitzes gegen sich gelten lassen muß.**

1   **1) Allgemeines.** Selbstwehrberechtigt ist unmittelb Besitzer, auch fehlerhafter (RG Recht **26**, 1674); wg des mittelb vgl § 869 Rn 2. Besitzdiener: § 860. Gesetzl Vertreter zur Ausübg der Rechte des § 859 auch dann befugt, wenn nur der vertretene Besitzer (RG **64**, 386); sonst Ausübg durch Dritte unzul, sofern vom G nicht ausdrückl gestattet (RGSt, 278). Besitzer darf sich aber im Rahmen der Erforderlichk der Hilfe Dritter bedienen. – Selbsthilfe bei Besitzentzieh wie bei Besitzstörg, sofern diese verbotene Eigenm darstellen; zu beachten § 906 u BImSchG 14, vgl § 862 Rn 2. Einwendg fehlerh Besitzes gg Selbsthilfe unzul, wohl aber gilt § 864 II (RG **107**, 258); gilt auch für Mieter gg Vermieter, vorbehaltl abw Regelg (zB BetrgsR, LG Köln ZMR **67**, 177); vgl § 861 Rn 1.

2   **2) Recht der Besitzwehrung (I),** dh Recht zur Verteidigg bestehenden Besitzes, nicht identisch mit NotwehrR, § 227, od SelbsthilfeR des § 229, sond weitergehend (vgl BGH NJW **67**, 46/47: nicht jedes, § 859 I auslösde Aufrechterhalten eines rechtsw Zustands ist auch schon die Notwehr rechtfertigder ggwärt Angr iS von § 227). Daß obrigkeitl Hilfe nicht zu erlangen (§ 229), keine Voraussetzg (RG HRR **34**, 1282). Gewaltanwendg nur insow eingeschränkt, als sie nicht über das zur Abwehr ggwärtiger, verbotener Eigenm gebotene Maß hinausgehen darf (Kblz MDR **78**, 141; Schlesw SchlHA **87**, 12; LG Köln ZMR **67**, 177), sonst wird Handlungsweise widerrechtl u Besitzer bei Versch schadensersatzpfl (§ 823); nicht anwendb § 231. Aus an sich berecht, die störde Sache gefährdder BesWehr kann sich gem § 242 RPfl zu gefahrminderden zumutb Maßn ergeben (BGH WM **68**, 1356: Abdecken von ins Freie gestellten Töpferwaren). Ob Überschreitg vorliegt, nach obj Sachlage zu beurteilen. Höhe des drohden Schadens ohne Bedeutg (Schlesw SchlHA **87**, 12). Widerstand des Eigenmächtigen gg rechtm Besitzwehr keine Notwehr, sond widerrechtl.

3   **3) Recht der Besitzkehrung.** Überschreiten ist verbotene Eigenm, sofern nicht § 229 gegeben. – **a)** Bei **beweglichen Sachen (II):** Nur im unmittelb Anschl an Wegnahme zul, entweder bei Ertappen auf frischer Tat, dh unmittelb bei od alsbald nach der Tat, od wenn die Tat bei od sofort (Schlesw SchlHA **87**, 12: 30 Minuten) nach Verübg entdeckt, durch Verfolgen auf frischer Spur, sog Nacheile. Verfolgg darf erfor-
4   derlichenf bis in Wohng des Eigenmächtigen fortgesetzt werden (vgl RG JW **31**, 2643). – **b)** Bei **Grundstücken (III):** Entsetzung des Täters aus dem Besitz. Auch bei Teilentzieh nur zul, wenn Wiederbemächtigg sofort nach Entzieh. Parken auf fremdem Grdst idR Teilentzieh, insb wenn dieses nur aus Parkplatz besteht (LG Ffm NJW **84**, 183; AG Brschw NJW-RR **86**, 1414; aA AG Mü BlGWB **82**, 132); über WarteFr vgl AG Ffm NJW-RR **89**, 83. „Sofort" nicht gleich unverzügl sond: so schnell wie nach obj Maßstab mögl ohne Rücks auf subj Kenntnis der Entzieh (LG Ffm aaO: 4 Std nach wieder Parken). Aber dem Besitzer ist Zeit zu notw Vorbereitg zu lassen. Ist BesWehrg bzgl Grdst zugl BesKehrg bzgl GrdstTeils, gilt Zeitgrenze des III auch für BesWehrg (BGH NJW **67**, 46: Wegnahme eines an Gebäudefläche angebr Werbeschildes). III berecht nicht dazu, dem auf fremden Grdst widerrechtl Parkden die Ausfahrt zu versperren, da dadch keine Beseitigg der BesStörg (Hamm MDR **69**, 601); jedoch dazu, ihn abzuschleppen (Karlsr OLGZ **78**, 206).

5   **4) Besitznachfolger (IV):** Vgl § 858 Rn 9. Es gelten die Zeitgrenzen von II, III.

860 *Selbsthilfe durch Besitzdiener.*   **Zur Ausübung der dem Besitzer nach § 859 zustehenden Rechte ist auch derjenige befugt, welcher die tatsächliche Gewalt nach § 855 für den Besitzer ausübt.**

Selbsthilferecht des BesDieners iSv § 855 ist kein ihm zustehendes selbstd Recht, sond ledigl Befugnis 1 zur Ausübg des dem Besitzherrn zustehenden SelbsthilfeR (RG **97**, 167); daher nur in dessen Interesse, nie gg ihn zul. BesDiener kann erforderlichenf Gehilfen zuziehen; er darf auch solche Sachen gem § 859 verteidigen, über die anderem BesDiener tatsächl Gewalt zusteht, die aber innerh desselben Kreises (zB Betr, Haushalt) befindl (vgl W-Raiser § 6 IV). Wegen Selbsthilfe gg anderen BesDiener desselben BesHerrn bzgl Arbeitsgeräten vgl Köln **AP** Nr 1 § 860 BGB m Anm von Götz Hueck. Rechte aus §§ 861, 862 stehen ihm nicht zu; dagg hat er selbstd Rechte aus §§ 227, 229, nicht aber gg BesHerrn, es sei denn, daß dieser widerrechtl Angriffe auf seine Pers unternimmt, § 227.

861 *Besitzentziehungsanspruch.* [1] **Wird der Besitz durch verbotene Eigenmacht dem Besitzer entzogen, so kann dieser die Wiedereinräumung des Besitzes von demjenigen verlangen, welcher ihm gegenüber fehlerhaft besitzt.**

[2] **Der Anspruch ist ausgeschlossen, wenn der entzogene Besitz dem gegenwärtigen Besitzer oder dessen Rechtsvorgänger gegenüber fehlerhaft war und in dem letzten Jahre vor der Entziehung erlangt worden ist.**

1) Die §§ 861 (BesEntziehg), 862 (BesStörg) geben bei verbotener Eigenm dem im Besitz bewegl wie 1 unbewegl Sachen Beeinträchtigten einen **Besitzschutzanspruch** (possessorischen Anspr), abgeleitet aus dem Besitz als solchem; daher Recht (od besseres Recht) zum Besitz unerhebl sowohl für den Anspr wie für die Verteidigg (§ 863); entscheidend allein, ob Besitz des Bekl durch verbotene Eigenm ggü Kläger erlangt. Sachbefugt daher auch fehlerhafter Besitzer, zB Dieb, mit der sich aus II ergebenden Einschränkg (vgl Rn 5). Aber Fehlerhaftigk aus od Grd ist verbotener Eigenm als KlageGrd nicht ausreichd (RG Recht **07**, 183). Dem Mieter, der nach Beendigg des Mietvertr wohnen bleibt, steht der Anspr aus §§ 861, 862 gg Vermieter zu, wenn dieser den Besitz entzieht od stört (Düss BB **91**, 721; ZMR **94**, 163). Auch keine Einr der Argl (KG NJW **67**, 1915; Wstm/Gursky § 24 II 4; Mühl NJW **56**, 1659). Wer dem Besitzer, der ihm den Besitz dch verbotene Eigenm entzogen hat, diesen wieder entzieht, ist besitzberechtigt (BGH WM **66**, 774).

2) Wiedereinräumungsanspruch ist HerausgAnspr gerichtet auf Herstellg des Zust vor BesEntziehg 2 (Schlesw SchlHA **75**, 47); auch auf Auskunft über Verbleib (Hbg OLG **45**, 184). Selbstd abtretb (RG Recht **14**, 1839) u vererbl. §§ 251, 987ff gelten nicht. Im Konk gibt § 861 AussondergsR (Kuhn/Uhlenbruck § 43 Rn 52).

3) Anspruchsberechtigt (sachbefugt) ist der (bisherige) unmittelb Besitzer, auch gg mittelb Besitzer (vgl 3 § 858 Rn 1). Wegen des mittelb Besitzes vgl § 869. Ob unmittelb Besitzer Sache für sich od als gesetzl Vertreter für anderen, ob als eig od fremde Sache besaß, gleichgültig (RG **59**, 327). Selbst bloßer Verwahrer hat Anspr gg Eigentümer (OLG **6**, 256 u **10**, 104). Wegen Teil- u Mitbesitzer vgl § 865 Rn 2, § 866 Rn 8, 9. Gesellschaft: vgl § 854 Rn 14–16; nach BGH **57**, 166 nie Kommanditisten, da sie nicht besitzen. Sachbefugt auch Erbe u sonstige Gesamtnachfolger, vgl § 857 Rn 2, 3. Dem Besitzdiener steht Klage nicht zu.

4) Anspruchsgegner: Ggwärtiger fehlerhafter Besitzer. Hatte Entzieher an gutgl Dritten weiterveräu- 4 ßert u dann von diesem Besitz zurückerlangt, so gilt § 932 Rn 17 entspr, so daß Fehlerhaftigk nicht auflebt (so bei Rückkauf Oldbg DJZ **35**, 441). Stets erforderl, daß Bekl zZ der Klageerhebg noch Besitzer (RG Warn **25**, 24), andernf nur SchadErsKlage (Rn 13). Besitz des Bekl muß fehlerhaft sein, sei es nach § 858 I, sei es nach § 858 II. Gleichgültig, ob er Besitz für sich od andere, aus eigenem Antrieb od im Auftrage Dritter erworben. Klage auch gg mittelbaren Besitzer mögl, zB wenn er unmittelb Besitz fehlerh erworben u dann nach § 868 an Besitzmittler übertr hat (vgl Celle NJW **57**, 27: Pfändg). Nicht passivlegitimiert ist BesDiener. Zur Passivlegitimation beim Besitz jur Personen od Handelsgesellsch vgl § 854 Rn 11–16 u § 866 Rn 10, 11.

5) Ausgeschlossen (II) ist Anspr, wenn Besitz des Klägers (od seiner Besitzvorgänger) dem Bekl od 5 seinem Rechtsvorgänger ggü fehlerh u fehlerhafter Besitz des Klägers innerh Jahresfrist vor seiner Entsetzg erlangt war (vgl LG Duisb ZMR **70**, 190: Vermieter beseitigt die widerrechtl errichtete Dachantenne des Mieters). Rechtsvorgänger, nicht Vorgänger im Besitz wie bei § 858 II, ist nicht nur Erblasser, sond jeder, in dessen Besitzstellg Beklagter inf, nicht nötig aGrd, Rechtsnachfolge eingetreten ist (RG **53**, 10; **56**, 244), od eingetreten wäre, wenn nicht der Kläger verbotene Eigenm begangen hätte (W- Raiser § 19 Fußn 10). Nicht genügd bloße Übertragg des Anspr aus § 861 seitens eines Dritten auf Bekl (RGRK/Kregel Rn 9). AusschließgsGrd auch dann, wenn Kläger nach Maßg des § 858 II Fehlerhaftigk des Besitzes seines Besitz- (nicht Rechts-) Vorgängers gg sich gelten lassen muß. – Da ggü „Einwand“ des Bekl Kläger seiners einwenden kann, daß Bekl vor Entsetzg durch ihn (Kläger) ihm ggü fehlerh besessen habe, und so fort, so ist Anspr des Klägers nur begründet, wenn die Reihe der gem § 861 in Betr kommenden widerrechtl Besitzentziehgen von der anderen Partei eröffnet wurde (Kiel SchlHA **25**, 110) u zw den einzelnen Entziehgen nicht mehr Zeit als ein Jahr verstrichen ist. – Frist des Abs II ist AusschlFrist, § 186. Sie rechnet von der Entsetzg des Klägers, nicht vom Ztpkt der Klageerhebg zurück. – Geltendmach von II keine Einrede im eigentl Sinne, sond anspruchshindernde Tats; daher auch im VersäumnisVerf zu berücksichtigen.

6) Prozessuales: a) Anspruchshäufung: Stützt der Kläger sein HerausgVerlangen materiell auf § 861, 6 hindert ihn das nicht, sein RFolgebegehren gleichzeit mit petitor Anspr (§§ 1007, 985) zu begründen (BGH Betr **73**, 913). Das Ger muß sogar den vorgetragenen Sachverhalt auch unter diesen rechtl Gesichtspunkten prüfen, da Kläger mit der Behauptg, er sei früherer Besitzer, zugl die von Amts wg anzuwendde Vermutg des § 1006 anspricht. Trotz materiellr AnsprKonkurrenz ein StreitGgst, somit keine Klagehäufg iS ZPO 260 (Jauernig Anm 2c; MüKo/Joost Rn 13; aA Soergel/Mühl Rn 10; Zöller/Vollkommer Einl Rn 70). – Zul, unter den Voraussetzgen der ZPO 256, 280 WiderKl iF II auf Feststellg, daß Bes des Klägers dem Beklagten ggü fehlerh war. – Zu beachten auch § 864 II.

7 **b) Besitzverlust** nach KlErhebg erledigt Kl in der Haupts; dann bei übereinstimmder ErledigtErklärg Entscheidg nach ZPO 91a; beharrt Bekl auf KlAbweisg, muß SachUrt über die bestr Erledigg ergehen, falls Kläger nicht auf InteresseKl (ZPO 264 Nr 3) übergeht.

8 **c) Weitergabe des Besitzes** währd des RStreits: – **aa)** Beklagter bleibt nicht Oberbesitzer (§ 868): Dann gelten ZPO 265, 325 I; nach Titelumschreib (ZPO 727, 731) Vollstr gg BesNachfolger. Diesen schützt aber sinngem ZPO 325 II, wenn er hins der Streitbefangenh u der Fehlerhaftigk des VorBes (§ 858 II 2) gutgläub war. – **bb)** Bleibt der Beklagte mittelb Bes, ist er zwar (wie bei §§ 985, 1007; vgl oben Rn 4) weiter passiv legitimiert, währd er iF aa) nur prozführgsbefugt bleibt. Doch könnte der BesMittler sowohl iF des ZPO 886, wie bei Verurteilg des mittelb Besitzers zur Abtretg des HerausgAnspr gg BesMittler sein vom Beklagten abgeleitetes BesR einwenden. Diese Abschwächg der Passivlegitimation ist der Grd dafür, daß GesGeber auch die BesStufg nach § 868 in die Regelg der ZPO 265, 325 I eingezogen hat. Dann muß sich aber der BesMittler gg Wirkg des ZPO 325 I wie zu aa) verteidigen für solche wie (Staud/Bund Rn 24), was ihn allerd nur gg § 861 schützt, nicht aber wenn HerausgAnspr zugleich auf § 1007 II od § 985 gestützt ist. – **cc)** Kläger kann bei BesVerlust zur InteressenKl (ZPO 264 Nr 3) übergehen; bei BesÜbertr wird dies zweckm sein, wenn er im Verf zur Klauselumschreibg gg BesNachfolger diesem bösen Glauben nicht beweisen kann. BesInteresse, wenn Kl nur possessor, volles Sachinteresse, wenn sie zugleich petitorisch begründet war.

9 **d) Beweislast:** – **aa) Kläger** für Besitz vor Entziehg (wobei tatsächl Vermutg für Fortbestehen, wenn einmal nachgewiesen), für Besitzentziehg ohne seinen Willen (BGH Betr **73**, 913) u für Besitz des Bekl; Entziehg ohne Wissen des Klägers spricht für solche ohne seinen Willen (RG JW **04**, 361), Bekl muß dann GgBew führen. – **bb) Beklagter** für Voraussetzgen von II, für Beendigg des Besitzes des Klägers vor Entsetzg durch Bekl, für eigene od BesDienersch des Klägers, für gesetzl Gestattg der Entziehg (RG **64**, 386). Vgl auch Schneider JR **61**, 367.

10 **e) Getrenntlebende Ehegatten:** Über BesSchutz u Verfahren vgl § 1361a Rn 3, § 1361b Rn 2.

11 **f) Einstweilige Verfügung** erfordert idR keinen bes VfgsGrd (Köln JMBlNRW **90**, 178). Mit ihr kann Zust geschaffen werden, der Befriedigg gleichkommt (Düss MDR **71**, 1011; Ffm FamRZ **79**, 515).

12 **7) Sonstige Rechtsbehelfe: – a) Bereicherungsanspruch** nur, wenn Besitzübergang auf einer (rechtsgrundlosen) Leistg des früheren Besitzers beruht (RG **129**, 311); sie ist ausgeschl, sofern nur auf verbotene Eigenm oder sonstigen unfreiw BesVerlust gestützt; denn §§ 861, 1007 insoweit Sonderregel, die vom Gesetz nicht dem BereichergsR unterstellt; also idR keine Eingriffskondiktion, es sei denn, der entzogene Bes hätte durch Recht zum Bes einen bestimmten Zuweisgsgehalt bekommen (vgl BGH WM **87**, 181).

13 **b) Schadensersatzanspruch** bei verschuldeter BesVerletzg, insb dch Beschädigg od Vernichtg der Sache od verbot Eigenm, aus § 823 II iVm § 858 (BGH **20**, 171; **114**, 305; Wieser JuS **70**, 559; aM Medicus AcP **165**, 118) u aus § 823 I, da Besitz als „sonstiges R" angesehen (RG **170**, 6; BGH **32**, 204); aber kein SchadErsAnspr des mittelb gg den unmittelb Besitzer aGrd § 823 I (BGH **32**, 194). Str, ob im übr §§ 866, 864 I auch delikt SchadErsAnspr des Besitzers einschränken; so Medicus aaO; dagg zutr Wieser aaO, Wstm/Gursky § 21, 4; § 25, 2. – Wg Höhe des zu ersetzden Schadens eingeh Medicus aaO 115ff; er gibt, weil sonst Schaden des Besitzers nicht ermittelb (Wert des Bes als solcher kaum feststellb), SchadErsAnspr nur, wenn Bes mit über den possessorischen Schutz hinausgehder Befugn zutrifft, die den Bes eigtumsähnl erscheinen läßt, wie zB NutzgsR, ZbR, endgült HerausgAnspr (§ 1007). Gg Anspr des rechtlosen Besitzers auf Ers des Nutzgsschadens (and bei Haftgs- u Verwendungsschäden) auch Wieser NJW **71**, 597; BGH **114**, 305; NJW **81**, 865 (krit dazu Honsell JZ **83**, 531). Beachte für die Zeit nach der BesEntziehg §§ 1007 III 2, 989–992, 823 I, 286 (vgl Medicus aaO; dort auch zur Konkurrenz mit SchadErsAnspr des Eigtümers). E. Schwerdtner S 117 verneint beim possessor Anspr Haftg des Entziehn für Verzugsschaden.

14 **c) Sonstige.** Petitorische BesitzKl (§ 1007). UnterlKl bei Wiederholgsgefahr (§ 862 Rn 7). – Keine FeststellgsKl auf Anerkenng des Bes als Tats (Staud/Bund Rn 21) zB bei mündl Bestreiten.

862 *Besitzstörungsanspruch.* [I] **Wird der Besitzer durch verbotene Eigenmacht im Besitze gestört, so kann er von dem Störer die Beseitigung der Störung verlangen. Sind weitere Störungen zu besorgen, so kann der Besitzer auf Unterlassung klagen.**

[II] **Der Anspruch ist ausgeschlossen, wenn der Besitzer dem Störer oder dessen Rechtsvorgänger gegenüber fehlerhaft besitzt und der Besitz in dem letzten Jahre vor der Störung erlangt worden ist.**

1 **1) Besitzstörung.** Allgemeines über den possessorischen Anspr vgl § 861 Rn 1. Vgl auch § 858 Rn 6; Einzelfälle dort Rn 3, 4. SchadErsAnspr nur bei Versch (§ 823).

2 **2) Besitzstörungsanspruch** gerichtet auf Herstellg des vor Störg bestehenden Zustandes (BeseitiggsAnspr) od der früh Sicherh im Besitz (UnterlassgsAnspr). Letzterer nur bei einer auf Tatsachen sich gründenden Wahrscheinlichk weiterer Wiederholg (RG JW **13**, 543); bloß denkbare Möglichk nicht ausreichd (RG **63**, 379). Verbot weiterer Störgen kann Verpflichtg zur Beseitigg von Anlagen (der Störgsquelle) od Vornahme von Einrichtgen bedeuten (vgl RG aaO). Da Anspr aus § 862 kein SchadErsAnspr, keine Geldentschädigg (BGH WM **76**, 1056). Kein BesitzstörgsAnspr, soweit dem § 906 Eigtümer Einwirkg zu dulden hätte (vgl § 906 Rn 1, 37, 42, 44), währd ihm andrers ein Ausgl/SchadErs/EntschAnspr entspr § 906 Anm 31, 37, 42, 44 zusteht.

3 **3) Anspruchsberechtigter** vgl § 861 Rn 3, § 869 Rn 1. Mieter gg Hausgenossen bei Immissionen (RG HRR **31**, 1219). Besitzverlust nach Rechtshängigk beseitigt Sachbefugnis; bei BesÜbertragg ZPO 265 II (vgl auch § 861 Rn 8).

4 **4) Anspruchsgegner:** Störer, dh derjenige, mit dessen Willen beeinträchtigender Zustand besteht od von dessen Willen Beseitigg abhängt (RG JW **36**, 3454) zB ggwärt Besitzer der störenden Anlage (vgl RG **103**,

174); auch bei Handeln im Auftr eines anderen; aber auch AuftrGeber Störer (RG **92**, 25), uU nur dieser (OLG **2**, 42). UU ist Störer auch, wer Einwirkg Dritter duldet, die er hindern könnte (RG **97**, 26). Vgl auch § 1004 Rn 16–21.

5) Ausschluß des Anspruchs (II) vgl § 861 Rn 5. 5

6) Prozessuales: Vgl Rn 3. – Bei Abhilfe währd des RStreits Anspr auf Beseitigg erledigt (RG HRR **31**, 6 1219), aber UnterlAnspr nur bei Gewähr für dauernde Abhilfe. Widerklage im Falle II auf Rückg der durch Kl od dessen Besitzvorgänger mittels verbotener Eigenm gg Bekl od dessen RVorgänger erlangten Sache mögl. BewLast: Kläger für seinen Besitz, für Störg u Pers des Störers, für Besorgn weiterer Beeinträchtigen; Beklagter für Voraussetzgen von II, für gesetzl Gestattg der Beeinträchtigg, für Voraussetzgen des § 906 (RG HRR **31**, 1219), für Besitzdienereigensch des Klägers u Beendigg des Besitzes vor Störg. – ZwVollstr bei BeseitiggsAnspr: ZPO 887, bei UnterlAnspr: ZPO 890. – Einstw Vfg: § 861 Rn 11.

7) Erweiternde Gesetzesanwendung: Rspr gibt in Ausdehng des in §§ 12, 862, 1004 enthaltenen 7 RGedankens Unterlassgsklage bei jedem obj rwidr Eingr in geschütztes RGut, sofern Wiederholgsgefahr besteht (RG **116**, 151). So auch Schutz eines eingerichteten Gewerbebetriebes vor Störgen, obwohl keine „Sache". Ggüber UnterlKlage wg Störg kann, da es nicht die Besitzstörgsklage ist, Recht zur Vornahme störender Hdlg unbeschränkt geltd gemacht werden (RG LZ **27**, 905).

863 *Einwendungen aus dem Recht.* **Gegenüber den in den §§ 861, 862 bestimmten Ansprüchen kann ein Recht zum Besitz oder zur Vornahme der störenden Handlung nur zur Begründung der Behauptung geltend gemacht werden, daß die Entziehung oder die Störung des Besitzes nicht verbotene Eigenmacht sei.**

1) Ggü den (possessorischen) BesSchutzAnspr aus §§ 861, 862 sind (petitorische) **Einwendungen aus** 1 **materiellem Recht ausgeschlossen** (Ausn: § 864 II), um Besitzer rasche Wiederherstellg seines dch verbotene Eigenmacht beeinträchtigten BesStandes zu ermöglichen (BGH NJW **79**, 1358). Ein Recht zum Besitz gibt grdsätzl kein Recht zur eigenmächt Inbesitznahme. Vgl auch § 861 Rn 1. Ausnahmsw Berufg auf Recht zum Besitz od zur Vornahme Besitz beeinträchtigder Hdlg zul, wenn zum Nachw des Fehlens verbotener Eigenm (s § 858 „ohne dessen Willen", „sofern nicht das G . . . gestattet") ggü Kläger erfolgt. **Statthaft** ist Berufg auf **a)** ausdrückl gesetzl Gestattg, vgl § 858 Rn 7. – **b)** Einverständn des Klägers, vgl § 858 Rn 2. – **c)** ZbR nach § 273 II (Soergel/Mühl Rn 3) im Ggs zu § 320 (Schlesw SchlHA **62**, 245). – **d)** Fehlder Besitz des Klägers. – **e)** Einwendg aus § 864 II.

Ggüber Klagen aus sonstigem RGrunde, zB bei SchadErsKlage, BereicherngsAnspr, Klage aus § 1007, gilt Beschrkg des § 863 nicht. Bei Verbindg der Besitzklage mit Klage aus materiellem Recht, vgl Rn 7, bleiben jedoch grdsätzl Einreden aus dem Recht ggü Besitzklage unzul, ebso bei Feststellgsklage auf Besitz.

2) Widerklagen ggü BesSchutzKl auch zul, wenn sie auf gem § 863 ausgeschl Einwendg gestützt (BGH **3** NJW **79**, 1358). Hierdch verliert § 863 nicht an Bedeutg, da über die idR zuerst entscheidgsreife BesSchutzKl dch TeilUrt (ZPO 301) zu entscheiden ist. Sind Kl u WiderKl gleichzeit entscheidgsreif, so ist unabhäng davon, ob Entscheidg über WiderKl sogleich rkräft wird (BGH NJW **79**, 1359) od nicht (BGH NJW **79**, 1358), die Kl zur Vermeidg widerspr Verurteilg entspr § 864 II abzuweisen. Vgl auch Hagen JuS **72**, 124; Spieß JZ **79**, 717; Gursky JZ **84**, 604 zu I 4.

3) Beweislast für Vorliegen eines AusnFalles hat Beklagter. 4

864 *Erlöschen der Besitzansprüche.* **[I] Ein nach den §§ 861, 862 begründeter Anspruch erlischt mit dem Ablauf eines Jahres nach der Verübung der verbotenen Eigenmacht, wenn nicht vorher der Anspruch im Wege der Klage geltend gemacht wird.**

[II] Das Erlöschen tritt auch dann ein, wenn nach der Verübung der verbotenen Eigenmacht durch rechtskräftiges Urteil festgestellt wird, daß dem Täter ein Recht an der Sache zusteht, vermöge dessen er die Herstellung eines seiner Handlungsweise entsprechenden Besitzstandes verlangen kann.

1) Jahresfrist (I) ist vAw zu berücksichtigde AusschlFrist (RG **68**, 389). Sie beginnt mit Abschluß der 1 StörgsHdlg (bei DauerHdlg also nicht mit deren Beginn), auch wenn beeinträchtigder Zustand fortwährt; bei wiederholten StörgsHdlgen Fristablauf hins vorheriger Störgen unschädl (BGH NJW **95**, 132). Fristbeginn unabhäng von Kenntn od Unkenntn des Klägers, Kenntn nur maßg bei BesStörg dch wörtl Bedrohen. Fristberechng nach §§ 187 I, 188 II. Unterbrechg nur dch Erhebg des BesSchutzKl; FeststellgsKl od Antr auf einstwVfg genügen nicht. Ab Anordng nach ZPO 251 läuft neue Frist (Düss OLGZ **75**, 331). – **Beweislast** für Fristbeginn u -ablauf hat Bekl, für Fristwahrg der Kläger.

2) Stellt ein **Urteil ein Recht des Besitzentziehers/störers auf den eigenmächtig hergestellten** 2 **Besitzstand** fest, so erlischt der BesSchutzAnspr **(II)**; akzessor verursachter SchadErsAnspr erlischt nicht. Dies ist Tatbestands- u nicht RKraftWirkg des Urt. BesSchutzKl ist als unbegründet abzuweisen; war ihr schon vorher stattgegeben, so ZPO 767. Wg Pfändg des gg Gläub selbst gerichteten Anspr aus § 861 vgl Stgt HRR **34**, 389.

a) Gesetz spricht von **Recht an der Sache.** Aber nicht auf dingl Rechte (zB § 985) zu beschränken; gilt 3 auch bei obligator Anspr (zB §§ 433 I 2; 556 I) u Recht aus älterem Bes (§ 1007).

b) Rechtskräftiges Urteil. Vorl vollstreckb Urt (aA Hagen JuS **72**, 124) od einstw Vfg genügen nicht; 4 BesSchutzKl aber abzuweisen, solange eine das GgTeil bestimmde einstw Vfg besteht (Kiel JW **32**, 3640; Dresd Recht **41** Nr 2922); nach ihrer Beseitigg neue Kl zul. EnteigngsBescheid steht Urt nicht gleich (Hbg OLG **43**, 208). Da rkräft Feststell des Rechts notw, muß über Kl od WiderKl (vgl dazu § 863 Rn 3) des

Täters entschieden worden sein; nicht genügd, wenn EigtKl des BesSchutzKlägers abgewiesen wurde (Soergel/Mühl Rn 7). BesSchutzAnspr erlischt nicht, solange noch VollstrSchutz besteht (Furtner NJW **55**, 698). FeststellgsUrt genügt, wenn es Berechtigg des Täters ausspricht, Herstellg eines seiner Handlg entspr BesStandes zu verlangen; ebso Abweisg der negativen FeststellgsKl des Gegners.

5   **c)** RKräft Feststellg **nach Verübung** verbotener Eigenm. Keine entspr Anwendg auf vorher rkräft gewordenes Urt, damit nicht FaustR statt ZwVollstr u wg Möglichk der Änderg der RLage (Soergel/Mühl Rn 8; Wieling § 5 IV 3 d; aA RG **107**, 258; Wstm/Gursky § 24 II 6).

865 **Teilbesitz.** **Die Vorschriften der §§ 858 bis 864 gelten auch zugunsten desjenigen, welcher nur einen Teil einer Sache, insbesondere abgesonderte Wohnräume oder andere Räume, besitzt.**

1   **1) Teilbesitz** mögl, soweit gesonderte räuml Herrsch am einzelnen Teil neben Herrsch einer anderen Pers am anderen Teil mögl u von Verkehrsanschauung anerkannt. Ist Besitz am realen Sachteil, nicht MitBes (§ 866) an der ganzen Sache. Kein Bes an ideellen Brucht mögl (RG JW **36**, 251). TeilBes mögl an bewegl (zB selbständig verschließb Schubfach) u an unbewegl Sachen. Gewisse baul Abgeschlossenh erforderl (RGSt **64**, 235). Auch an wesentl Bestandteilen mögl; § 93 steht nicht entgg, denn Besitz kein dingl Recht. So ist Teilbesitz am Holz auf dem Stamm mögl, wenn auch tatsächl Herrsch nur ausnahmsw (RG **108**, 272; vgl auch § 854 Rn 7; RG **72**, 310; **77**, 207; Mü OLG **26**, 1). Teilbesitz am häufigsten bei abgesonderten Räumen. Mieter einzelner Räume hins dieser Teilbesitzer, hins mit anderen Mietern gemeinschaftl benutzter (zB Treppenflur, Waschküche) Mitbesitzer; Eigtümer hins des ganzen Gebäudes unmittelb Besitzer (RG **64**, 182), hins der vermieteten Teile mittelb Besitzer. Über Außenwand vgl § 854 Rn 6. Kein Besitz des Stockwerksmieters am Dach (Hbg JR **27**, 11 betr Antenne). – Mögl Teileigenbesitz (str) u Teilmitbesitz (§ 866 Rn 1). Über Besitz u Besitzschutz beim WohngsEigt vgl WEG 13 Rn 1, 2.

2   **2) Besitzschutz** genießt Teilbesitzer in gleicher Weise wie Alleinbesitzer; Reklame auch ggü Vermieter u Mitmietern, wobei § 906 zu beachten (RG JW **32**, 2984). Bei Anbringg von Reklame- u Firmenschildern hat Mieter Besitzschutz gg Vermieter nur, wenn Anbringg mit dessen Gen od ohne diese statthaft (vgl § 854 Rn 6; KG OLG **2**, 32); gg Dritte auch ohne diese Voraussetzg (RG **80**, 281).

866 **Mitbesitz.** **Besitzen mehrere eine Sache gemeinschaftlich, so findet in ihrem Verhältnisse zueinander ein Besitzschutz insoweit nicht statt, als es sich um die Grenzen des den einzelnen zustehenden Gebrauchs handelt.**

1   **1) Mitbesitz** erfordert, daß mehrere Pers in der Weise besitzen, daß jeder die ganze Sache od einen realen Sachteil (§ 865) besitzt u dabei dch den gleichen Besitz der and beschränkt ist; kein MitBes nach ideellen Bruchteilen. Mitbenutzg ist nicht MitBes, wenn AlleinBes des and anerkannt u eigener BesWille fehlt (RG **108**, 122; Hbg OLG **26**, 3). Inh eines unter Zollverschluß stehden Lagers hat AlleinBes (RG **112**, 40). Der Besitz muß gleichstuf sein (mittelb u unmittelb Besitzer haben keinen MitBes), kann aber verschiedenen Zwecken dienen (zB Fremd- u EigenBes). RVerh unter den Mitbesitzern gleichgült; zB gemeins Bewohnen einer Wohng (KG NJW-RR **94**, 713). – **Erwerb** dch gemschaftl BesErgreifg (§ 854) od dadch, daß Alleinbesitzer MitBes einräumt, zB dch Aushändigg eines Zweitschlüssels (vgl § 854 Rn 6) od uU auch des einzigen Schlüssels (vgl BGH **LM** § 854 Nr 8). – **Verlust** gem § 856.

2   **a) Formen. – aa) Schlichter Mitbesitz:** jedem Mitbesitzer ist die Sache alleine zugängl; zB gemeinsamer Hausflur (RG **64**, 182) od Fahrstuhl (BGH **62**, 243) od Privatweg (LG Münst MDR **61**, 234). Bei zeitl Wechsel (zB Waschküche) kein aufeinandfolgder AlleinBes (Soergel/Mühl Rn 4). – **bb) Qualifizierter Mitbesitz:** den Mitbesitzern ist die Sache nur gemschaftl zugängl; zB Mitverschluß mittels verschiedenartiger Schlüssel (am Inhalt des Bankschließfachs hat die Bank idR keinen MitBes [Celle JW **27**, 73; aA Werner JuS **80**, 175]; mehrere Mieter haben MitBes [BGH NJW **93**, 935]) od unmittelb Besitzer besitzt für mehrere mittelb Besitzer gemeins (zu unterscheiden von NebenBes, vgl § 868 Rn 2) od BesDiener besitzt für mehrere BesHerren gemeins.

3   **b) Eherecht. – aa)** Für alle Güterstände gilt: **Alleinbesitz** jedes Eheg an den seinem persönl Gebrauch dienen Sachen u solchen unter seinem Sonderverschluß (Kblz NJW-RR **94**, 1351); wg persönl Briefe vgl § 855 Rn 8. – **Mitbesitz** am gemeins benützten **Hausrat**, wobei jew der mitbesitzde NichtEigtümer dem Eigtümer den Bes aGrd des MitBesR aus § 1353 vermittelt (BGH NJW **79**, 976); zG des Gläub jedes Gatten gelten aber die Vermutgen § 1362 u ZPO § 739, wonach der jew Schu als Alleinbesitzer gilt, so daß der and Eheg der ZwVollstr nicht wg seines MitBes nach ZPO 766, 771 widersprechen kann. Gleiches gilt für **Ehewohnung,** auch wenn sie nicht gemeins gemietet (Celle FamRZ **71**, 28), u an gemeins bewohntem Grdst eines Eheg (Köln DGVZ **92**, 170). – **Besitzdienerschaft:** § 855 Rn 8. – Vgl weiter Grdz 1 vor § 1414.

4   **bb)** An **sonstigen Sachen** ist bei Gütertrenng u ZugewGemsch jeder Gatte Besitzer der ihm gehörden. Der Verwalter nach § 1413 vermittelt dem and Bes nach § 868.

5   **cc) Gütergemeinschaft. – Vorbehaltsgut:** Für gemeins benützten Hausrat u Ehewohng gilt hier erst recht das für Gütertrenng u ZugewGemsch oben zu Rn 3 Gesagte. Sonst idR AlleinBes des Eigtümers (Erm/Heckelmann § 1418 Rn 6). – **Sondergut:** idR unkörperl Gegenstände; sow RechtsBesSchutz vorgesehen (vgl etwa §§ 1090 II, 1029), steht dieser dem Eheg zu, zu dessen Sondergut das Recht gehört. – **Gesamtgut:** Bei **Einzelverwaltung** vgl § 1422 Rn 2. Doch muß auch hier aGrd v § 1353 MitBes an Hausrat u Ehewohng angen werden (Erm/Heckelmann § 1422 Rn 4). Sow der Verwalter im übr das GesGut in Bes genommen hat (was iZw anzunehmen), vermittelt er der GesHand der Gatten den Bes (§ 868). – Bei **gemeinsamer Verwaltung** vgl § 1450 Rn 6.

dd) Getrenntleben beendet das Recht zum Bes am Hausrat, sow es auf § 1353 beruhte; nun greift **6** § 1361a ein. Der GrdGedanke dieser Vorschr sollte auch für das Recht zum Bes der Ehewohng gelten (vgl Mü FamRZ **69**, 93; **70**, 86; Stgt NJW **70**, 101). Hat sich ein Eheg unter Aufg seines MitBes an der Ehewohng von der Familie in ScheidgsAbs getrennt, kann er ein Recht zum Betreten der Wohng nicht aus der Verpfl zu ehel LebensGemsch od elterl Sorge für die Kinder herleiten (BGH MDR **72**, 33).

c) Gesellschaftsrecht: vgl § 854 Rn 14–16. **7**

2) Besitzschutz: a) Ggü **Mitbesitzern** bei BesEntziehg nur, soweit es sich nicht um Grenzen des den **8** einz zustehden Gebr handelt, wie bei völl BesEntziehg (BGH Betr **73**, 913). Dagg bei BesStörgen untereinand kein BesSchutz (BGH **29**, 377), sond nur RKlage (zB § 823 I), wobei derart Anspr nicht analog § 866 „relativiert" wird (BGH **62**, 243); and wohl zutr Köln MDR **78**, 405, wenn MitBes nicht nur in einz Beziehgen sond insges beeinträchtigt. Über Berufg des Störers auf § 242 vgl BGH NJW **78**, 2157. – **b)** Ggü **9** **Dritten** hat jeder einz Mitbesitzer unbeschränkten BesSchutz (§§ 859–862, 867). – Mitbesitzer kann idR nach § 861 nur Wiedereinräumg des MitBes fordern; aber solche des AlleinBes, wenn er übr Besitzer den MitBes nicht mehr übernehmen wollen od können (§ 869 S 2 Halbs 2 entspr). AlleinBes ggf auch mit Rechtsklage beanspruchb.

3) Herausgabepflicht der Mitbesitzer (§§ 861, 1007, 985): Teilw wird angenommen, daß Mitbesitzer **10** (aGrd ihres Mitbesitzes?) gesamtverbindl zur Herausg verpflichtet seien (Mü LZ **22**, 169; Erm/Hefermehl § 985 Rn 5; Soergel/Mühl § 985 Rn 14), teilw, daß gg einen Mitbesitzer „geklagt" werden könne, wenn die and einverstanden seien (RG LZ **24**, 123) od, daß der volle HerausgAnspr gg einen Mitbesitzer begründet sei, wenn er allein die ungehinderte tatsächl Gewalt habe (RG JW **18**, 368 bzgl eines Miterben). Doch kann jeder Mitbesitzer für den dingl HerausgAnspr nur in dem Umfang passiv legitimiert sein, in dem er besitzt. Das wird klar, wenn man die ZwVollstr eines Urt bedenkt, das (nur) einen Mitbesitzer zur (umfassden) SachHerausg verurteilt; sie muß an den Erinnergen (ZPO 809, 766) der nicht verurteilten Mitbesitzer scheitern, wenn diese Mitgewahrs haben. Die Tats des MitBes allein begründet keine GesSchuldnersch zur Herausg (MüKo/Medicus § 985 Rn 12; Staud/Gursky § 985 Rn 35). Wenn auch jeder Mitbesitzer die Sache ganz besitzt, so doch nicht allein. Er kann also nur verurteilt werden, seinen MitBes zu übertragen. Daß er uU dem Gläub des HerausgAnspr je nach Sachlage den AlleinBes verschaffen kann, schließt nicht aus, daß er dadch verbotene Eigenm gg seine Mitbesitzer verübt. Vgl BGH **4**, 77, in welchem Sonderfall die an einen Mitbesitzer gerichtete LeistgsAnforderg nach RLG 15 auch die BesÜbertr dch diesen ggü seinen Mitbesitzern deckte. – Hat sich allerd der Erbenmitbesitz nach §§ 2032, 857 in der Hand eines Erben, der für sich u **11** seine Miterben tatsächl Bes ergriff, verdichtet, ist dieser auch allein (aber nicht nur er allein) passivlegitimiert. – Übt im Rahmen einer KG der alleinige Komplementär die tatsächl Vfgsgewalt aus, so mag seine Verurteilg zur Herausg (des ganzen Bes) als Zweitbeklagter neben der KG als Erstbeklagter unbedenkl sein (so BGH JZ **70**, 105), weil die Verurteilg der KG als Erstbeklagter den Mitgewahrs etwa unmittelb mitbesitzder Kommanditisten (vgl dazu § 854 Rn 16) als erinnergsbegründt iS von ZPO 809, 766 ausschaltet, weil zudem die dem Komplementär unterstellte „alleinige VfgsGewalt" dessen Alleingewahrs bedeuten mag (Praktikabilität der Entscheid im Einzelfall ändert aber nichts an der Berechtigg von Steindorffs Kritik in JZ **68**, 70 u **70**, 106. – And, wenn man wie BGH **57**, 166 dem Kommanditisten jeden Bes abspricht. – Sind mehrere Mitbesitzer verklagt, kein Fall des ZPO 62 (vgl RG JW **18**, 368), da die Voraussetzgen des § 932 (ggü §§ 985, 1007 I) od des § 859 II (ggü § 861) den einen Beklagten schützen können, den and nicht. Anderes gilt, wenn Beklagte als Besitzer nach § 857 passivlegitimiert sind; doch auch hier kein Fall des § 62 Gruppe 2 (notw gemeins Kl).

867 *Verfolgungsrecht des Besitzers.* **Ist eine Sache aus der Gewalt des Besitzers auf ein im Besitz eines anderen befindliches Grundstück gelangt, so hat ihm der Besitzer des Grundstücks die Aufsuchung und die Wegschaffung zu gestatten, sofern nicht die Sache inzwischen in Besitz genommen worden ist. Der Besitzer des Grundstücks kann Ersatz des durch die Aufsuchung und die Wegschaffung entstehenden Schadens verlangen. Er kann, wenn die Entstehung eines Schadens zu besorgen ist, die Gestattung verweigern, bis ihm Sicherheit geleistet wird; die Verweigerung ist unzulässig, wenn mit dem Aufschube Gefahr verbunden ist.**

1) Voraussetzungen: Sache muß aus Gewalt des Besitzers auf einem anderen besessenes Grdst **1** gelangt sein; ob mit od ohne Versch, gleichgült; bei Absicht entfällt AbholgsAnspr nur, wenn darin BesAufg (Soergel/Mühl Rn 3). Besitzverlust nicht erforderl, liegt auch idR nicht vor, vgl § 856 II. Gelangt Sache auf bewegl Sachen, zB auf Schiff, Wagen, § 867 entspr.

2) Verfolgungsrecht (vgl auch §§ 911, 962). Ergänz der allg Besitzschutzmittel. Nur Aufsuchen u **2** Wegschaffen, keine sonstige Tätigk erlaubt, u dies auch nur, wenn GrdstBesitzer es gestattet. Verweigert er Gestattg (mit, S 3, od ohne Recht), so ist eigenmächt Vorgehen des Sachbesitzers (Betreten des Grdst) verbotene Eigenm; bei Versch SchadErsPfl des Sachbesitzers (§ 823), Eigenmächt Verhalten nur nach §§ 229, 904 statth – § 867 gibt nur Anspr auf Gestattg. Ggü Klage aus § 867, weil reine Besitzklage, Einreden aus dem Recht unzul (Staud/Bund Rn 8). Klagebefugt unmittelb Besitzer (wg mittelb Besitzers vgl § 869 S 3), Teilbesitzer, Mitbesitzer, auch Eigtümer (§ 1005), aber nicht BesDiener (Soergel/Mühl Rn 3; aA Staud/Bund Rn 5). AnsprGegner ist der unmittelbare GrdstBesitzer (uU auch der mittelbare, vgl Staud/ Bund Rn 6), einerlei, ob zugl GrdstEigtümer, aber nur solange er die Sache nicht in Bes genommen hat; dann uU §§ 861, 985, 1007 (vgl Düss MDR **72**, 147 Anm Weitnauer). – ZwVollstr nach ZPO 890. – Bei widerrechtl schuldh Verweigerg der Gestattg (od grdlosem Verlangen von SicherhLeistg; vgl S 3) SchadErsPfl des GrdstEigtümers, § 823, ggf § 286 (Naumburg OLG **26**, 4).

3) Inbesitznahme der Sache durch Dritte od GrdstBesitzer läßt VerfolggsR entfallen. Diese Einwendg **3** muß GrdstBesitzer beweisen. In Verweigerg der Abholg liegt idR noch nicht Inbesitznahme. Inbesitznahme durch diesen od Dritte ist regelm verbotene Eigenm, wenn Gelangen auf Grdst, wie meist, ohne Besitzverlust erfolgt. Dann Besitzschutz nach §§ 859–861 (KlageAntr gem § 861 zu ändern [ZPO 264 Nr 2], wenn sich Bekl auf Inbesitznahme beruft, Staud/Bund Rn 9); bei Versch auch SchadErsAnspr; ferner unabhäng von verbotener Eigenm, RBehelfe aus Recht selbst, §§ 985, 1065, 1227, und aus früh Besitz, § 1007.

4   **4) Schadensersatzanspruch** des GrdstBesitzers aus § 867 S 2 setzt kein Versch des Aufsuchenden vor- aus, er ist ähnl wie § 904, AusglAnspr. Schaden, der durch Sache selbst angerichtet, nach §§ 823 ff zu ersetzen; außerdem können §§ 833 f, 836–838 in Frage kommen.

5   **5) Sicherheitsleistung** (vgl §§ 232 ff) kann nicht verlangt werden, wenn mit Aufschub Gefahr verbun- den; ErsAnspr (Rn 4) bleibt unberührt. Wegen SchadErsPfl vgl Rn 2. Vor SicherhLeistg dilatorische Einre- de.

868 *Mittelbarer Besitz.* **Besitzt jemand eine Sache als Nießbraucher, Pfandgläubiger, Pächter, Mieter, Verwahrer oder in einem ähnlichen Verhältnisse, vermöge dessen er einem anderen gegenüber auf Zeit zum Besitze berechtigt oder verpflichtet ist, so ist auch der andere Besitzer (mittelbarer Besitz).**

1   **1) Allgemeines. – a) Mittelbarer Besitz** ist auch eine tatsächl Beziehg einer Pers zur Sache, u zwar vermittelt dch die unmittelb SachHerrsch des BesMittlers; erforderl ein zw ihnen bestehdes BesMittlgsVerh u Willen des Mittlers, „für den anderen" zu besitzen, also als Fremd-, nicht als Eigenbesitzer. Es ist wirkl Besitz („vergeistigte Sachherrsch"), nicht nur Fiktion od schuldrechtl HerausgAnspr; denn mittelb Besitzer genießt Besitzschutz (§ 869); er kann uU ohne Ausübg des HerausgAnspr Einräumg des unmittelb Besitzes an sich verlangen (vgl § 869 Rn 3 u 4), Einwand des § 861 II geltd machen, als solcher gemäß ZPO 76 verklagt werden. Für ihn gilt EigtVermutg des § 1006, ihm steht HerausgAnspr des § 1007 zu, er kann aus § 985 verklagt werden. Alle für den Besitzer gegebenen gesetzl Bestimmgen auf mittelb Besitzer (der Eigen- od Fremdbesitzer sein kann) anwendb, sofern sie nicht ausdrückl od sinngemäß auf unmittelb Besitzer beschränkt, wie §§ 854–856. Sonderregelg für mittelb Besitzer in §§ 869, 870, 871. Mittelb Besitz kein StellvertretgsVerh, vgl § 854 Rn 11. – Erweiterg des § 868 durch § 871, der mehrf gestuften mittelb Besitz vorsieht. Gem § 866 auch gleichstufiger mittelb Mitbesitz mögl durch Schaffg eines Ges- od GemschGläubi- gerverhältnisses, §§ 428, 432 (vgl § 866 Rn 1); dies von Anfang an od dch Umwandlg des dem bish allein mittelb Besitzden zustehden HerausgAnspr in einen GesGläubAnspr (BGH WM **68**, 406).

2   **b) Nebenbesitz** iS eines gleichstuf mittelb Bes mehrerer Pers, der auf von einand unabhäng (Unterschied zum mittelb MitBes) BesMittlgsVerh zu demselben unmittelb Besitzer beruht, ist abzulehnen, da die Anerkenng der HerausgPfl ggü dem einen ihre Verneing ggü dem anderen bedeutet (RG **135**, 75; **138**, 265; Tiedtke WM **78**, 446 [450]; Picker AcP **88**, 511 [533]; aA [bei nicht eindeut Beendigg eines BesMittlgsVerh bei Begründg eines and] Baur/Stürner § 52 II 4 c bb; Medicus Rn 558, 561; Wieling § 6 III 3b). Für Vertreter
3   der NebenBesLehre genügt Übertragg bloßen NebenBes iFv § 934 Fall 1 nicht. – **aa)** Überträgt der unmit- telb besitzde VorbehKäufer *K* sein AnwR nach § 930 an *A,* so erlangen der Verkäufer zweitstuf mittelb EigenBes u *A* erststuf mittelb FremdBes, überträgt *K* hingegen nach § 931 durch Abtretg seines HerausgAnspr gg *K* überträgt, nicht aber beide NebenBes, u *A* kann die Sache nach § 934 Fall 1
4   dch Abtretg seines HerausgAnspr gg *K* übereignen (BGH **28**, 16 [22]). – **bb)** Übereignet der unmittelb besitzde *K* die von *V* unter EV erworbene Sache unbefugt nach § 930 an *A* (wodch *A* wg § 933 nur das AnwR des *K* erwirbt; vgl § 929 Rn 45), so vernichtet *K* dch die Begründg des BesMittlgsVerh zu *A* das zu *V* (vgl Rn 25), so daß nur *A* mittelb Bes hat, nicht aber beide NebenBes, u *A* kann die Sache nach § 934 Fall 1 dch Abtretg seines HerausgAnspr gg *K* übereignen (BGH **50**, 45; Ffm BB **76**, 573; Lange JuS **69**, 162; aA
5   Medicus Rn 561; Picker AcP **88**, 511; Musielak JuS **92**, 713 zu II 4). – **cc)** Übereignet *A* eine Sache, die der Eigtümer *E* an *B* zur Aufbewahrg gegeben hat, dch Abtretg seines angebl HerausgAnspr gg *B* an *C* u erklärt *B* dem *C*, für *C* künft besitzen zu wollen, so vernichtet *B* damit das BesMittlgsVerh zu *E* (vgl Rn 25), so daß nur *C* mittelb Bes hat, nicht aber beide NebenBes, u *C* ist nach § 934 Fall 2 Eigtümer geworden (vgl § 934 Rn 4; RG **135**, 75; **138**, 265; Tiedtke WM **78**, 446 [450]; aA Medicus Rn 558).

6   **2) Besitzmittlungsverhältnis. – a) Allgemeines.** Erforderl **konkret bestimmtes,** schuldrechtl, dingl od sonstiges wirkl od vermeintl RVerh, durch das NutzgsR od VerwPfl des sein Recht von dem anderen ableitenden unmittelb Besitzers begründet wird (RG **54**, 396; JW **29**, 2149; BGH **LM** Nr 6).

7   **aa) Subjektiv** entspr BesWille der Teile notw (RG **135**, 78), sofern mittelb Bes auf RVerh beruht, das vom Willen der Beteil abhängt (BGH **LM** Nr 4). Unmittelb Besitzer muß HerausgPfl anerkennen (BGH **85**, 263); geheimer Vorbeh des BesMittlers, nicht für mittelb Besitzer besitzen zu wollen, dürfte unbeachtl sein (vgl Tiedtke WM **78**, 451). Bei gesetzl BesMittlgsVerh (zB elterl Sorge, TestVollstr) ist abw Wille unbeachtl (BGH **LM** Nr 4; BayObLG **53**, 277).

8   **bb)** Nicht notw, daß mittelb Besitzer Sache vorher im Besitz u unmittelb Besitzer durch ihn in Besitz gelangt, vielm (nur) nötig, daß Besitzmittler sein BesitzR vom mittelb Besitzer **ableitet,** daß sein BesitzR dem des mittelb Besitzers untergeordnet ist (BGH **LM** Nr 6); also mögl, daß Besitzmittler vorher unmittelb Eigenbesitzer war u dann mit „anderem" BesitzmittlgsVerh vereinbart (vgl RG JW **29**, 2149), od auch, daß er Sache überh erst erwirbt u dadurch mittelb Besitz des anderen zur Entstehg gelangt, sofern übrige Voraussetzgen gegeben, vgl Rn 22.

9   **cc)** Unmittelb Besitzer darf dem anderen ggü **nur auf Zeit** (bestimmte od unbestimmte, RG **90**, 219) zum Besitze berecht od verpflichtet sein, dh MittlgsVerh muß als eines Tages endigend gedacht sein, wobei nicht erforderl, daß dies gerade durch Herausg an mittelb Besitzer; mögl auch zB durch EigtErwerb seitens bish Besitzmittlers (RG **69**, 198). Ausreichd HerausgAnspr nur für den Fall des Nichteintritts einer Bedingg od Nichterfüllg der Verpflichtgen des unmittelb Besitzers, zB bei käufl Übergabe unter EigtVorbeh od bei Sichergsübereign (RG **54**, 397). Nicht erforderl, daß mittelb Besitzer HerausgAnspr an sich selbst zu irgendeinem Ztpkt hat (BGH **LM** § 2203 Nr 1).

10 **dd) Rechtswirksamkeit** des vereinb RVerh nicht erforderl, sofern nur BesMittlgswille u HerausgAnspr irgendwelcher Art (zB GeschFührg, Bereicherg) besteht (MüKo/Joost Rn 15; Staud/Bund Rn 13; aA BGH

LM Nr 5, 6: BesMittlgswille genügt); RG **98**, 131 verneinte bei Nichtigk des Vertr wg GeschUnfgK des Oberbesitzers, RG **86**, 265 bei fehlender Vertretgsmacht für diesen ein BesMittlgsVerh; beide Entscheidgen aber gerechtf, weil BesErwerbswille fehlte. Bei BesMittlgsVerh trotz ungültigem RVerh kein Recht/Pflicht zum Besitz. – Bestellt Nichteigtümer Nießbr od PfdR, dann wird er u nicht der Eigtümer mittelb Besitzer.

ee) BesMittlgsVerh **stillschweigend** begründbar (RG HRR **33**, 1186); nur muß es sich immer um 11 konkret bestimmtes RVerh handeln (RG Warn **25**, 166) u auf individuell bestimmte Sache beziehen (RG **52**, 390, vgl auch RG **132**, 187).

b) Einzelfälle. Jedes Verhältn, das obigen Voraussetzgen der beispielsw genannten VertrFormen ent- 12 spricht, also konkret bestimmtes RVerhältn, vermöge dessen unmittelb Besitzer sein Recht vom mittelb Besitzer ableitet u diesem ggü auf Zeit zum Besitze berecht od verpflichtet ist. Nicht erforderl, daß es sich um benannten Vertr (RG JW **15**, 656), od um solchen handelt, der den gesetzl Begriffsmerkmalen eines in § 868 angeführten Vertr entspricht (RG **132**, 186). Genügd zB Verpflichtg, Lagerbestände für einen anderen zu besitzen, zu bearbeiten u zu verkaufen (RG Gruch **53**, 1048).

aa) Gesetzliche Beispiele: – **Nießbraucher** vermittelt den Besitz (§ 1036) idR dem Eigtümer, uU dem 13 NichtEigtümer, vgl § 1032. – **Pfandgläubiger** vermittelt dem Verpfänder (s §§ 1205 ff, 1223 f, 1253, 1274, 1278). – **Pächter/Mieter** vermittelt (nicht jedoch hins eingebrachter Sachen) dem Verpächter/Vermieter (§§ 581, 536); vom Pächter zu vorübergehendem Zwecke (§ 95) errichtetes Bauwerk steht nicht im mittelb Besitz des Verpächters, auch nicht aGrd dessen gesetzl PfdR (RG JW **34**, 1484). Wg Gasautomaten vgl RGSt **45**, 249). – **Verwahrer** (vgl RG **106**, 135) vermittelt dem Hinterleger (§ 688) Besitz, gerichtl bestellter Verwahrer demj, zu dessen Sicherg er Verwahrg erhielt (vgl §§ 432, 1217, 1281, 2039). VormschG Besitzmittler bzgl Sparkassenbücher der Mündel (RG **59**, 201). Über Sammelverwahrg nach DepotG vgl RGRK/Kregel Rn 13.

bb) Ähnliche Verhältnisse: – Hinterlegung. Nach KGJ **44**, 279 ist der Hinterleger noch solange 14 mittelb Besitzer, als ihm Rücknahme mögl, § 376 II. Verlangt man aber richt Ansicht nach (RG **135**, 274) ein irgendwie in Erscheing tretdes Einverständn des Begünstigten, damit für ihn die – wenn auch vergeistigte – Sachherrsch des mittelb Bes entsteht, kann man ihm diesen erst mit Annahme, nicht schon mit Rücknahmeverzicht zusprechen, arg auch § 382. Haben mehrere Begünstigte Annahme erklärt, besitzt Hinterleggsstelle für den, an den letztl gem HintO 21 ausgehändigt wird (nach RGRK/Kregel Rn 9 mittelb MitBes der Beteiligten); vgl dazu (Hinterlegg eines GrdSchBriefs) BGH WM **69**, 208, 209. – **Leihe** (§ 604) u ähnl NutzgsR (Düss NJW **86**, 2513). – **Verwahrungsähnliches Verhältnis** (RG **132**, 186); GBA bzgl HypBrief (KGJ **40**, 322); dch Übersendg der Nummernverzeichn seitens Bank kann Kunde uU mittelb Besitz an Kuxscheinen erlangen (RG **121**, 50); Eigtümer des Grdst, auf das Unternehmer zwecks Bauausführg Materialien geschafft hat, vermittelt für diesen (RG **104**, 93). – **Lager-** (RG Warn **26**, 281), **Fracht-** (BGH **32**, 204) u **Speditionsvertrag,** wobei Unterspediteur wieder dem Hauptspediteur Besitz vermitteln kann (RG **118**, 253). – **Auftragsverhältnisse** (RG **109**, 170) insb VerwaltgsAuftr, TrHdVerh; kann (als vorwiegender BesMittlgsVerh) dch Erteilg u GebrMachen von Empfangsvollm entstehen (vgl Einf 6 vor § 662; zweifelh daher Ffm NJW-RR **86**, 470, wo aber keine Vollm [BGH NJW **86**, 2826]). – **Verkaufskommissionär** 15 Besitzmittler hins der ihm übergebenen Ware (RGSt **62**, 357), auch hins der für Kommittenten vereinnahmten Gelder, deren sofortiger Übergang auf letzteren vereinbart ist (RGSt **62**, 31). Bei **Geschäftsbesorgung** u Dienstleistg Verhältn nach § 868 mögl. Bei **Geschäftsführung ohne Auftrag** soll nach RG **98**, 134, HRR **28**, 1805, Wille des GeschFührers, Sache für andern zu besitzen, genügen; bedenkl, solange GeschHerr nicht Willen zum mittelb Besitz hat; diesen hat er erst ab Gen; daß die Aufn der GoA den GeschF mit dem GeschHerrn dch ein ges SchuldVerh verknüpft, schafft noch kein BesMittlgsVerh. – **Werkvertragsähnliches Verhältnis** (RG Warn **22**, 70); Übergabe von Holz an Sägemüller zum Schneiden (RG Warn **29**, 180), einer Sache zum Ausbessern (OLG **15**, 358). – Bei **Sicherungsübereignung** nach § 930 begründet die SichgsVereinbg ein BesMittlgsVerh (§ 930 Rn 7). Hier noch den SichgNehmer gleichzeitig als BesMittler für den SichgGeber (als Oberbesitzer 2. Stufe) anzusehen, wäre überspitzt u scheitert auch daran, daß SichgEigtümer Eigenbesitzer ist (vgl § 872 Rn 1). – Bei Veräußerg unter **Eigentumsvorbehalt** ist Käufer BesMittler für den Verkäufer (§ 929 Rn 27). – **Erbbaurecht** s ErbbRVO 1 Rn 11.

Familienrecht: BesMittlgsVerh zw Eheg s § 866 Rn 3–6. BesMittlgsVerh zw besitzden SorgeBerecht u 16 Kind (§ 1626; BGH NJW **89**, 2542); sowie zw besitzden Vormd/Betreuer u Mündel/Betreutem hins der seiner Verwaltg unterliegden Sachen (§§ 1793, 1901). – **Erbrecht:** BesMittlgsVerh zw besitzden TestVollstr/NachlVerw/NachlPfleger u Erben.

Pfändung (ZPO 808): hat GVz Sache in Gewahrs, so hat er unmittelb FremdBes, Gläub mittelb Fremd- 17 Bes 1. Grades u Schu mittelb EigenBes 2. Grades; bleibt Sache beim Schu, so hat er unmittelb FremdBes u zugl mittelb EigenBes 3. Grades, GVz mittelb FremdBes 1. Grades u Gläub solchen 2. Grades (vgl Schlesw SchlHA **75**, 47). Bei Wegnahme einer Sache aGrd einstw Vfg GVz unmittelb, Gläub u Schu mittelb Mitbesitzer (Hbg HRR **34**, 1058). Durch Versteigerg u Zuschlag Ersteher noch Besitzer, Übergr (mittels Besitzkonstituts ausreichd) außerdem erforderl (RG Warn **17** Nr 55). – **Konkursverwalter** vermittelt dem GemSchu (s KO 117) u **Zwangsverwalter** dem Eigtümer (s ZVG 150, 154) den Besitz, sobald sie diesen ergriffen. – **Beschlagnahme:** Mittelb Bes der BeschlagnBeh an von ihr nicht in unmittelb Bes gen Sachen. Mittelb Bes des Vorbesitzers an von der BeschlagnBeh in unmittelb Bes gen Sachen (BGH NJW **93**, 935), wobei diese auch ein BesMittlgsVerh zu einem Dritten begründen kann (LG Mainz NJW **54**, 194); and bei fehlder RückgAbsicht (Düss JZ **51**, 269; Mü NJW **82**, 2330). Kein BesMittlgsVerh zw BeschlagnBeh u Bestohlenem bei Beschlagn des Diebsguts beim Dieb (RG Warn **25** Nr 25). Ein öffr VerwahrgsVerh iSv §§ 688, 868 wird nicht schon durch Beschlagn od behördl VfgsVerbot, sondern erst dch die den Berecht insow verdrängde Inbesitznahme begründet (BGH WM **73**, 1416).

cc) Kein Besitzmittlungsverhältnis: Zw **Käufer u Verkäufer** nach GrdstÜbergabe vor Auflassg u Ein- 18 tragg (RG **105**, 23); bei nichtigem GrdstKaufVertr (RG LZ **19**, 788); bei bloßer Vereinbg, Erwerber könne jederzeit Herausg von Veräußerer verlangen (RG DRZ **33**, 83). Aber mögl, daß (zB durch KaufprZahlg) bedingte EigtÜbertragg (zB bei Siegelg verk Weins, vgl Gallois AcP **154**, 169) od (zB nach schon erfolgter

Zahlg) sofortiger EigtÜbergang gewollt u Verkäufer Ware fortan als Verwahrer besitzen soll. Nicht ausreichd Erkl der Übereigng von Hausrat seitens Mutter an vollj Tochter (RG LZ **26**, 486, wo aber wohl mit Annahme stillschw Verwahrgsabrede ein befriedigenderes Ergebn mögl gewesen wäre). – Zw **Kommittent u Einkaufskommissionär** nicht ohne weiteres BesMittlg, vgl aber Rn 22, § 929 Rn 24. – Keine BesMittlg zw **Eigentümer u Finder,** selbst wenn Finder Eigtümer kennt u dieser von Besitz des Finders weiß (RG JR **27**, 1114; str). – **Organbesitz** (§ 854 Rn 12) u **Besitzdienerschaft** (§ 855). – Kein BesMittlgsVerh zw **Vor- u Nacherben;** keine EigtÜbertr unter auflösder Bdgg (RG JW **12**, 144). – An **Spiel/Warenautomaten** in Gaststätte u Aufstell/Anhängfläche haben Aufsteller u Gastwirt idR unmittelb MitBes (Weyland, Automatenaufstellg, Diss Marburg 1989, S 72ff; Hamm NJW-RR **91**, 1526).

19　**3) Erwerb** durch selbstd Begründg (wobei die Sachen, deren Bes vermittelt wird, bestimmt sein müssen, vgl § 930 Rn 2–4) od dch Übertr (§ 870). Bei Begründg drei Möglichkeiten:

20　**a)** Bish unmittelb Besitzer überträgt unter Vereinbg eines RVerh gem § 868 seinen unmittelb Besitz auf Dritten u wird selbst mittelb Besitzer, zB er vermietet die Sache; **Insichgeschäft** § 181, mögl, nur muß entspr Wille erkennb in Erscheing treten (RG **139**, 117). Entsteht RVerh krG (zB VormundBestellg), so wird bish unmittelb Besitzer durch bloße Inbesitznahme seitens des Vormunds zum mittelb. Mittelb Besitz kann auch für Dritte mit deren Zust entstehen (str), zB dch Hinterlegg für die Berecht.

21　**b)** Unmittelb Besitzer verschafft anderem mittelb Besitz durch Vereinbg eines RVerh gem § 868, zB bei Sichergsübereigng (§ 930 Rn 7) unter Vereinbg leihweiser Belassg. Auch hier Selbstkontrahieren mögl, wenn entspr Wille erkennb (RG **86**, 264).

22　**c)** Keiner der Beteiligten hat zunächst Besitz; wirks aber Vereinbg, daß, sobald der eine unmittelb Besitz erlangt, er diesen als BesMittler für den anderen erwerben soll; sog **vorweggenommenes Besitzkonstitut** (§ 930 Rn 9). Häufig bei Auftr zum Erwerb einer Sache für AuftrGeber (hier bes Abrede über BesMittlgsVerh nicht nöt) u bei SichgÜbereigng von Warenlager mit wechselndem Bestand. Ob der Erwerber des unmittelb Besitzes hins des mit der BesÜbertr verbundenen schuldrechtl od dingl Gesch als offener od verdeckter Stellvertreter handelt, ist für den Erwerb des mittelb Besitzes gleichgült (str). Im Ztpkt der Erlangg des unmittelb Besitzes muß aber der Wille zur Begründg eines BesMittlgsVerh fortbestehen, was vermutet wird, aber dch enggstehdes äußeres Verhalten widerlegb ist. Eines InsichGesch (§ 181) bedarf es beim vorweggen Konstitut nicht (RG **109**, 170).

23　**4) Verlust** auf dreif Weise mögl: – **a) Beendigung des Besitzmittlungsverhältnisses** unter gleichzeitigem Erlöschen des aus RVerh herrührenden HerausgAnspr (zB durch ErlaßVertr, EigtÜbertragg nach § 929 S 2 ua); solange dieser fortbesteht, Beziehg zur Sache nicht gelöst, zB Mieter behält nach Ablauf des MietVertr Sache weiter; dann bleibt Vermieter trotz Beendigg des MittlgsVerh mittelb Besitzer (RGRK/Kregel Rn 20).

24　**b) Ende des unmittelbaren Besitzes,** sei es mit od ohne Willen des Besitzmittlers, unter gleichzeitiger Beseitigg der Beziehgen des mittelb Besitzers zur Sache, zB bei Verbrauch, Veräußerg od endgültigem Verlust der Sache. Ohne Lösg der Beziehgen keine Beendigg; zB wenn unmittelb Besitzer Sache einem Dritten unter Vereinbg eines Verhältn nach § 868 übergibt (§ 871; nach Mü OLGZ **91**, 492 auch bei Überg ohne solche Vereinbg). Endigt unmittelb Besitz, ohne daß Dritter Besitz erlangt, so kann hierdurch bisheriger mittelb Besitzer zum unmittelb werden, zB Verpächter bei Aufgabe des Pachtbesitzes durch Pächter. Wegen „Abhandenkommens" vgl § 935 Rn 2. – Rein persönl Verhältnisse des unmittelb Besitzers, zB Eintritt der GeschUnfgk od Tod, berühren mittelb Besitz im allg nicht.

25　**c) Einseitige Loslösung** des unmittelb Besitzers vom BesMittlgsWillen, sei es, daß er Sache fortan als Eigenbesitzer od als Fremdbesitzer für neuen mittelb Besitzer besitzen will. Geheime Willensänderg hierzu nicht ausreichd (BGH **LM** Nr 6); Erklärg nicht gerade ggü mittelb Besitzer nötig, (BGHZ JZ **66**, 234); ausreichd bestimmte, äußerl feststellb Hdlg, zB durch Wegnahme der Pfandsiegel (RG **57**, 326); durch Mitteilg an bisherigen mittelb Besitzer. Ausreichd zB Duldg der Pfändg der Sache durch GVz für einen Dritten (RG **105**, 415). Ebenso vernichtet jedes Besitzkonstitut mit Drittem (auch bei geheimem Vorbeh des Fortbestandes) den Besitz des früheren mittelb Besitzers (BGH NJW **79**, 2037; Tiedtke WM **78**, 451). Zum Problem des Nebenbesitzers vgl Rn 2–5. Wegen gesetzl BesMittelgsVerh vgl Rn 7.

869　*Schutz des mittelbaren Besitzers.* **Wird gegen den Besitzer verbotene Eigenmacht verübt, so stehen die in den §§ 861, 862 bestimmten Ansprüche auch dem mittelbaren Besitzer zu. Im Falle der Entziehung des Besitzes ist der mittelbare Besitzer berechtigt, die Wiedereinräumung des Besitzes an den bisherigen Besitzer zu verlangen; kann oder will dieser den Besitz nicht wieder übernehmen, so kann der mittelbare Besitzer verlangen, daß ihm selbst der Besitz eingeräumt wird. Unter der gleichen Voraussetzung kann er im Falle des § 867 verlangen, daß ihm die Aufsuchung und Wegschaffung der Sache gestattet wird.**

1　**1) Allgemeines:** Mittelb Besitzer genießt den ihm durch § 869 gegebenen Besitzschutz nur bei verbotener Eigenm gg unmittelb Besitzer (BGH WM **77**, 218), da er selbst keine unmittelb SachHerrsch hat u sein Besitz auf RVerh beruht. Mittelb Besitzer hat keinen Besitzschutz gg Besitzmittler, auch nicht bei vertragsod rechtswidr Verhalten desselben (RGSt **36**, 322); dann auf petitorische Klagen u sonstige RBehelfe angewiesen. Dagg hat unmittelb Besitzer gg mittelb vollen Besitzschutz, zB Mieter gg Vermieter (Hbg LZ **24**, 169; vgl auch § 858 Rn 1, 3; § 861 Rn 1). Liegt keine verbotene Eigenm gg unmittelb Besitzer vor, hatte dieser zB, wenn auch dem mittelb Besitzer ggü zu Unrecht, Besitzbeeinträchtigg gestattet, so kein Anspr aus § 869 (RG **111**, 410). War Anspr aber einmal entstanden, so nachträgl Gen der verbotenen Eigenm ohne Einfluß. – Keine Haftg des unmittelb Besitzers ggü dem mittelb aus § 823 I wg Besitzverletzg (BGH **32**, 204).

2) Selbsthilferecht hat mittelb Besitzer nach §§ 227 ff; auch nach § 859 bei verbotener Eigenm gg 2
unmittelb Besitzer (Wstm/Gursky § 26 III 2; Lopau JuS **80**, 503; aA Wieling § 6 IV 2; Schwab/Prütting § 13
IV).

3) Besitzklagen: Bei Besitzstörg decken sich Anspr des mittelb u unmittelb Besitzers (RG JW **31**, 2906). 3
Bei Besitzentziehg hat mittelb Besitzer regelm nur Anspr auf Wiedereinräumg an Besitzmittler. An sich
selbst kann er Einräumg nur verlangen, wenn bish Besitzer Besitz nicht mehr übernehmen kann od will,
was mittelb Besitzer zu beweisen hat (Soergel/Mühl Rn 5). Gg Besitzklagen gem § 869 kann Einwand des
Bekl aus §§ 861 II, 862 II auch dahin gehen, daß unmittelb Besitzer ihm ggü fehlerh besessen habe (RGRK/
Kregel Rn 4). – KlageR des mittelb Besitzers als selbständ Recht unabhängig von dem des unmittelb
Besitzers, so daß Klage beider mögl; RHängigk od RKraft der Klage des einen läßt Klage des anderen
unberührt (RGRK/Kregel Rn 3), so daß an sich in beiden Prozessen verschiedene Entscheidgen mögl (vgl
Rimmelspacher, Materiellr Anspr u StreitGgstProbleme im ZivilProz, 1970, § 11 IV). Ggüber jeder Klage
Einwand mögl, daß dem Anspr des anderen Klägers Genüge getan. Bei Klagenverbindg (ZPO 147) not-
wend Streitgenossensch iSv ZPO 62 (Erm/Werner Rdn 3; aA RGRK/Kregel Rdn 3). – Wird mittelb Besit-
zer selbst mit Besitzklage belangt, weil er sich unmittelb Besitz durch verbotene Eigenm verschafft, so hat er
Einwand des § 861 II (RG **69**, 197).

4) Verfolgungsrecht. Nur wenn bisheriger Besitzer Besitz nicht mehr übernehmen kann od will, hat 4
mittelb Besitzer Anspr des § 867 für sich selbst; dann muß er ggf SchadErs u Sicherh leisten; sonst Anspr nur
auf Gestattg der Aufsuchg u Wegschaffg durch unmittelb Besitzer.

870 *Übertragung.* **Der mittelbare Besitz kann dadurch auf einen anderen übertragen
werden, daß diesem der Anspruch auf Herausgabe der Sache abgetreten wird.**

1) Übergang des mittelbaren Besitzes. a) Rechtsgeschäftl **Übertragung** erfolgt (nur) dch Abtretg des 1
aus RVerh nach § 868 fließden HerausgAnspr (RG Warn **19**, 95); also nicht des etwaigen Anspr aus § 985;
vgl auch Rn 4. Die übr Anspr aus RVerh (zB auf Mietzins) können, brauchen aber nicht mitabgetreten zu
werden. Keine Übertr dadch, daß BesMittler aufhört, für bish mittelb Besitzer zu besitzen u statt dessen für
einen anderen besitzt; nach hM dann Beendigg des einen u Neuentsteh des anderen, aber str, ob letzteres
der Fall, vgl § 868 Rn 25. Wenn mittelb Besitzer seinen BesMittler anweist, an seiner Stelle für Dritten zu
besitzen, keine Übertr des mittelb Besitzes, sond Untergang und, bei Vereinbg eines BesitzmittlgsVerh,
Neuentstehg eines solchen für Dritten; aber auf diese Weise EigtÜbertrag nach § 929 S 1 mögl (§ 929 Rn 14). –
Auch mittelb Mitbesitz nach § 870 übertragb; wg Begründg mittelb Mitbesitzes vgl § 866 Rn 1, § 868 Rn 1 u
BGH WM **68**, 406.

b) Überg von **Traditionspapieren** überträgt mittelb Besitz an der Ware (str; vgl auch § 929 Rn 21). 2
Keinen Besitz verschaffen Frachtbrief, Faktura, KfzBrief (BGH NJW **78**, 1854), Schuldanweisg (KG OLG
14, 80). Aber Aushändigg des Zollniederlagescheins enthält meist Abtretg des HerausgAnspr (RG Warn **33**,
22); ebso bei Frachtbriefdoppel gem EVO 61 IV, so vor allem bei Aushändigg nach Klausel „Kasse gegen
Dokumente". Vgl auch § 931 Rn 5. Wg Bedeutg der Überg eines Lieferscheins bei „DchHandeln" eingela-
gerter Ware vgl § 929 Rn 21.

c) Gesetzlicher Übergang, zB §§ 571, 857. 3

2) Abtretung des Herausgabeanspruchs (Rn 1). Wenn das RVerh nicht wirks ist (vgl § 868 Rn 10), 4
wird Abtretg des BereichergsAnspr genügen (vgl Schönefeld JZ **59**, 302). Anspr kann befristet (OLG **34**,
218) od bedingt sein. Abtretg formlos nach §§ 398 ff; Mitwirkg od Kenntnis seitens unmittelb Besitzers
nicht erforderl (RG **52**, 277). Mitteilg aber wg Sicherh des Nachfolgers (§§ 407 ff) empfehlenswert. Unmit-
telb Besitzer behält gem § 404 die ihm gg mittelb Besitzer zustehenden Einwendgen. Bei Übergang des
HerausgAnspr kraft G §§ 412, 413. Überweisg des HerausgAnspr zur Einziehg im Wege der ZwVollstr
reicht zur Übertragung nicht aus (RG **63**, 218). Zessionar erlangt keinen mittelb Besitz, wenn ihn Zedent nicht
hatte (RG Warn **19**, 95).

871 *Mehrfach gestufter mittelbarer Besitz.* **Steht der mittelbare Besitzer zu einem Drit-
ten in einem Verhältnisse der in § 868 bezeichneten Art, so ist auch der Dritte mittelbarer
Besitzer.**

1) § 871 betrifft nur das Verhältn des entfernteren od mehrstufigen mittelb Besitzes, dh daß ein unmittelb 1
Besitzer mittelb Besitz in nachgeordneter Stufenfolge vermittelt (Staffelbesitz). – Sog „Nebenbe-
sitz", dh mehrfacher gleichstufiger mittelb Besitz aus gesonderten RBeziehgen unmögl, mögl aber mittelb
Mitbesitz; vgl § 868 Rn 1.

2) Entstehung in der Weise mögl, daß bish Besitzmittler seinerseits unter Vereinbg eines Verhältnisses 2
nach § 868 mittelb Besitzer wird (OLG **39**, 223), zB Mieter einer Sache vermietet sie weiter an Dritten; dann
Dritter unmittelb Besitzer, Mieter (Untervermieter) der nähere, Vermieter der entferntere mittelb Besitzer.
Wegen Pfändg vgl § 868 Rn 17. Entstehg ferner so mögl, daß bish mittelb Besitzer mit Drittem RVerh nach
§ 868 abschließt, so daß dieser entfernterer mittelb Besitzer, er selbst näherer mittelb Besitzer wird u der
unmittelb Besitzer dies bleibt, zB Vermieter schließt mit Drittem SichgÜbereignsgVertr mittels Besitzkon-
stituts nach § 930. Unmittelb Besitzer braucht höherstufigen mittelb Besitzer nicht zu kennen (BGH NJW
64, 398).

3) Rechtsstellung des entfernteren mittelb Besitzers die gleiche, wie die jedes mittelb Besitzers; nur bei 3
Besitzklage gem § 861 kann er Besitzeinräumg an sich selbst nur verlangen, wenn auch der nähere mittelb
Besitzer Besitz nicht haben kann od will. Gleiches gilt im Falle von § 867. EigtVermutg des § 1006 III nur zG
des entferntesten Besitzers, ebso Ersitzg nur für diesen.

872 *Eigenbesitz.* **Wer eine Sache als ihm gehörend besitzt, ist Eigenbesitzer.**

1   **1) Eigenbesitzer** ist, wer die tatsächl Gewalt über die Sache mit dem Willen ausübt, sie wie eine ihm gehörde zu beherrschen (BGH WM **81**, 625); unmittelb u mittelb EigenBes mögl. Nicht erforderl, daß sich dieser Wille auf Eigt od rechtmäß Erwerb stützt (BGH **LM** Nr 1): Dieb kann Eigenbesitzer sein. Mittelb Eigenbesitzer kann zugleich unmittelb Fremdbesitzer sein (Eigtümer wohnt bei Mieter zur Untermiete), unmittelb Eigenbesitzer aber nicht zugl unmittelb Fremdbesitzer (BGH NJW **83**, 568). – Käufer unter **Eigentumsvorbehalt** ist Fremdbesitzer (BGH **LM** § 1006 Nr 11). – **Sicherungseigentümer** ist unabhängig davon, ob er mittelb od unmittelb Besitzer, von BesErwerb an Eigenbesitzer, denn er besitzt die Sache von vornherein als ihm gehörd (BGH **LM** § 1006 Nr 11; Serick II § 20 III; aA BGH aaO Nr 8 [erst ab Verwertgsreife]; Soergel/Mühl § 930 Rn 51); § 1006 daher anwendb (vgl dort Rn 4).

2   **2) Erwerb** dch BesErwerb mit Eigenbesitzerwillen; soweit für BesErwerb natürl Wille ohne GeschFähigk ausreicht, genügt dies auch für EigenBesWillen. Auch dch Umwandlg von Fremd- in EigenBes dch Kundmachg des EigenBesWillens (BGH **LM** Nr 1). – **Verlust** dch Verlust des unmittelb (§ 856) od mittelb (§ 868 Rn 23–25) EigenBes sowie dch Umwandlg von Eigen- in FremdBes (RG **99**, 210).

3   **3) Bedeutung** für EigtErwerb nach §§ 900, 927, 937 ff, 955, 958; für Haftg nach § 836, für EigtVermutg nach § 1006. Vgl ferner §§ 920, 1120, 1127; ZVG 147, 164; nicht für ZPO 771 (str). Kein bes Schutz.

Zweiter Abschnitt.
Allgemeine Vorschriften über Rechte an Grundstücken

Überblick

1) Grundstück und Grundstücksrechte

1   **a) Grundstück (im Rechtssinn; Grundbuchgrundstück)** iSv BGB u GBO ist unabhäng von der Nutzgsart ein räuml abgegrenzter Teil der Erdoberfläche, der im BestandsVerzeichn eines GBBlattes unter einer bes Nr od nach GBO 3 III gebucht ist (Oldbg Rpfleger **77**, 22). Auch GrdstVG (BGH **49**, 145) u BauGB/BauNVO (BVerwG DNotZ **76**, 686) gehen von diesem GrdstBegriff aus. Auch Gewässer können Grdst sein; für sie gelten aber SonderVorschr (EG 65). Davon zu unterscheiden: – **aa) Flurstück (Katasterparzelle)** ist ein Begriff des Vermessgs- u Katasterwesens. FlSt ist ein Teil der Erdoberfläche, der von einer in sich zurücklaufbn Linie umschlossen u im amtl Verzeichn der Grdst iSv GBO 2 II (Flurkarte) unter einer bes Nr geführt wird. Ein GBGrdst kann aus mehreren FlSt bestehen, nicht aber umgekehrt (BayObLG **56**, 470). – **bb) Zuflurstück** ist eine Teilfläche, die von einem FlSt zu einem and FlSt gemessen wurde. Es erhält keine eigene FlStNr u kann daher weder im BestandsVerzeichn eines GBGrdst als dessen Teilfläche geführt werden (Ffm DNotZ **60**, 246) noch selbstd GBGrdst sein, wird aber für Abtreing u Verbindg wie ein solches behandelt (BayObLG Rpfleger **95**, 151). Zu Einzelh vgl Weber DNotZ **60**, 229. – **cc) Grundstück im wirtschaftlichen Sinn** sind Bodenflächen, die eine wirtsch Einh bilden. So wird der Begriff zB im RSiedlG (BGH **94**, 299) verstanden; vgl auch BewG 2, 70.

2   **b) Rechte an Grundstücken** (GrdstR) sind das Eigt u die beschr dingl Rechte an einem Grdst; Vormkg, Widerspr u VfgsBeschrkgen gehören nicht dazu.

3   **c) Grundstücksgleiche Rechte** sind beschr dingl Rechte an einem Grdst, die gesetzl den Grdst gleichgestellt sind; zB ErbbR (ErbbRVO 11), BergwerksEigt (BBergG 9 I), über WohngsEigt vgl Übbl 2 vor WEG 1. Sie werden materiell u formell wie Grdst behandelt (BGH **23**, 244; KG JFG **14**, 397).

4   **d) Rechte an Grundstücksrechten** sind Belastgen eines beschr dingl Rechts an einem Grdst (vgl § 876 Rn 2) bzw an einem grdstgl Recht.

2) Heimstätte (RHeimstG v 25. 11. 37 [BGBl III 2 Nr 2332-1] mit AVO v 19. 7. 40 [BGBl III 2 Nr 2332-1-1], aufgehoben dch AufhebgsG v 17. 6. 93 [BGBl I 912]; Kommentar: Wormit-Ehrenforth, 4. Aufl 1967).

5   **a) Begriff.** Bestimmte Grdst konnten als Heimstätten ausgegeben werden. Eintragg der HeimstEigensch in Abt II des GB (§ 4; GBVfg 62); dieser Vermerk ist nach dem 31. 12. 98 vAw zu löschen (AufhebgsG Art 6 § 2). Die HeimstEigensch hat krG ersten Rang vor allen Eintraggen in Abt II u III (§ 5). Zu ihren RWirkgen, die dch unrechtmäß Löschg des Vermerks nicht beseitigt wurden (BGH DNotZ **82**, 235), vgl 52. Aufl Rn 6. Ab 1. 10. 93 keine Heimst mehr begründb.

6   **b) Übergangsrecht** für RWirkgen (vgl Hornung Rpfleger **94**, 277): Die VollstrBeschrkg auf dingl gesicherte Schuld u öff Abgaben (§ 20) bleibt bis 31. 12. 98 bestehen (AufhebgsG Art 6 § 1 I 1), Eigtümer kann auf sie dch notariell beurk od öff begl Erkl ggü GBA verzichten (AufhebgsG Art 6 § 1 II). – Die vor dem 1. 10. 93 eingetr GrdPfdR erlöschen abw von § 1163 I 2 weiterhin unbefristet gem § 17 II 2 (AufhebgsG Art 6 § 1 I 2); dies ist bei Löschg des HeimstVermerks bei dem GrdPfdR zu vermerken (AufhebgsG Art 6 § 2 III). – Ausgeübtes VorkR (§ 11) u HeimfallAnspr (§ 12) erlischt, wenn der Antrag auf EigtUmschreibg nicht vor 1. 10. 93 bei GBA eingegangen (AufhebgsG Art 6 § 3).

3) Grundsätze des Grundbuchrechts (Schrifttum: Eickmann, GBVerfR 2. Aufl 1986; Haegele/Schöner/Stöber, GBR 10. Aufl 1993; Demharter, GBO 21. Aufl 1995; Kuntze/Ertl/Herrmann/Eickmann, GBR 4. Aufl 1991; Meikel, GBR 7. Aufl 1987; Stöber, GBOVerf u GrdstSachenR, 1991).

7   **a) Allgemeines.** Die große wirtsch Bedeutg von GrdstEigt u GrdstRen erfordert Klarh über den dingl RZustand an Grdst. Diese wird dch das **Grundbuchsystem** erreicht. Jedoch ist das GB dch zahlr unsichtb GrdstBelastgen entwertet (vgl Walter JA **81**, 322; Böhringer BWNotZ **92**, 3); auch sonst gibt das GB nicht stets den wahren RZustand an (RÄnderg krG außerh des GB). Sonderformen des GB: Wohngs/TeilEigtGB

(WEG 7, 30), ErbbRGB (ErbbRVO 14), BahnGB (EG 112), BergwerksGB (*BaWü* VO v. 7. 9. 81 [GBl 505]; *Bay* AGGVG 40; *Brdbg* G v 17. 11. 92 [GVBl 482]; *Nds* FGG 20 a ff; *Thür* VO v 28. 10. 92 [GVBl 557]), SalzabbauRGB (Nds FGG 20 d, FischereiGB (BayFischereiG 14). Die **Hauptgrundsätze** des Grdst- u GBRechts sind unten Rn 8–16 in den Grdzügen zugestellt.

b) Eintragungsfähigkeit. Grdsätzl dürfen nur Eintr erfolgen, die dch RNorm vorgeschrieben od zuge- **8** lassen sind; die Zulassg kann sich auch daraus ergeben, daß das materielle Recht an die Eintr od NichtEintr eine RWirkg knüpft (Zweibr Rpfleger **82**, 413). Regelm folgt aus der Eintraggsfähigk auch die EintrBedürf- tigk; Ausn (dh Eintr zul, aber zur Wirkg ggü Gutgläubigen nicht notw) zB BauGB 64 VI, EG 187 I 1. Eintr, die kein eintraggsfäh Recht verlautbart od das Recht mit dem gebotenen od zuläss Inhalt angibt, ist vAw als inhaltl unzuläss zu löschen (GBO 53 I 2). – **aa)** Die **dinglichen Rechte** an einem Grdst/MitEAnt od GrdstR, soweit sie sich aus dem BundesR od LandesR ergeben (Typenzwang, vgl Einl 3 vor § 854), sind mit ihrem gesetzl gebotenen od erlaubten Inhalt (Typenfixierg, vgl Einl 3 vor § 854) eintraggsfäh. Ausn enthalten zB §§ 914 II 1, 917 II 2. – **bb) Bedingungen und Befristungen** für Entstehg, Übertr u Änderg eines dingl Rechts sind wg §§ 161 III, 163, 892, 893 eintraggsfäh. – **cc) Sicherungsmittel** wie Vormkgen (§§ 883, 1179; GBO 18 II, 76; BauGB 28 II 2), Widerspr (§§ 899, 1139, 1157; GBO 18 II, 23, 24, 53 I, 76; BauGB 23 III; GrdstVG 7 II) u RHängigkVermerk (§ 899 Rn 9) sind eintraggsfäh. – **dd) Bei Verfügungs- 9 beschränkungen** ist zu unterscheiden: **Absolute** VfgsBeschrkgen, die erst mit GBEintr entstehen (zB BauGB 35 VI 3, BVersG 75 I 3, RVO 610 II 2), sind notw eintraggsfäh. Soweit sie außerh des GB entstehen (zB §§ 1365 ff; StPO 290 ff), sind sie nur eintraggsfäh, wenn eine RNorm die Eintr zuläßt (zB BauGB 54). **Relative** VfgsBeschrkgen (zB VAG 72, 110 II; FlurbG 53; StPO 111 c; einstw Vfg) u die ihnen gleichgestell- ten VfgsEntziehgen nach §§ 1984, 2113 ff, 2129, 2211; KO 7, 106; VerglO 12, 59 ff sind eintraggsfäh. **Rechtsgeschäftliche** VfgsBeschrkgen nach ErbbRVO 5; WEG 12, 35 u solche, die zum Inhalt eines beschr dingl Rechts gemacht werden können (vgl Einl 14 vor § 854), sind eintraggsfäh; sonstige nicht. Auf **persön- lichen Eigenschaften** beruhende VfgsBeschrkgen (zB Minderjährigk) sind nicht eintraggsfäh. – **ee) Öffent- liche Lasten** (GBO 54) **und Rechte** (BayObLG 60, 447) sind, soweit keine Ausn gesetzl vorgesehen (zB BauGB 64 VI), ebsowenig eintraggsfäh wie **persönliche Rechte** (zB Miete, WiederkR, AnkaufsR).

c) Eintragungsgrundsatz. Die rgesch RÄnderg erfordert idR deren Eintr im GB, die RÄnderg dch **10** Hoheitsakt erfordert teils GBEintr (zB ZPO 867 I) u vollzieht sich teils außerh des GB (zB ZVG 90), die gesetzl RÄnderg vollzieht sich außerh des GB. Eine Eintr, die nicht mit den materiellrechtl Voraussetzgen der RÄnderg in Einklang steht, macht das GB unrichtig; Berichtigg nach § 894, GBO 22 mit Sicherg dch Widerspr gem § 899, GBO 53 I 1.

d) Einigungs- und Bewilligungsgrundsatz. – aa) Das materielle Recht erfordert zur rgesch RÄnderg **11** neben der GBEintr die Einigg als dingl Vertrag **(materielles Konsensprinzip)** zw Verlierdem u Gewinn- dem (zB §§ 873, 877). – **bb)** Das formelle Recht erfordert zur GBEintr der rgesch RÄnderg idR nur die **12** einseit Bewilligg **(formelles Konsensprinzip)** des Betroffenen als VerfHdlg (GBO 19); dabei hat das GBA auch VfgsMacht, GeschFgk u Vertretg des Bewilligden zu prüfen. Über Widerruf vgl Hamm Rpfleger **89**, 148. Doch Pfl des GBA, das GB richtig zu halten; daher keine Eintr, wenn GBA aGrd feststehder Tats zweifelsfrei weiß, daß die Eintr (zB wg Unwirksamk des dingl RGesch) das GB unricht macht (BayObLG **81**, 110); daher muß GBA auch sich aus den EintrUnterlagen ergebde Unwirksamk der Einigg nach AGBG beachten (BayObLG **79**, 434; vgl dazu Schmid Rpfleger **87**, 133), idR aber keine Prüfg nach AGBG 9 (Hamm DNotZ **79**, 752). Zur Frage, ob GBA bei Kenntn von mangelnder Berechtigg/VfgsMacht des Verfügden dch Eintr einen gutgl RErwerb herbeiführen darf, vgl § 892 Rn 1. **Ausnahme:** Bei Aufl eines **12a** Grdst sowie Bestellg, Inhaltsänderg u Übertr eines ErbbR prüft das GBA, ob die zur RÄnderg notw Erkl gem GBO 29 nachgewiesen (GBO 20), nicht deren Wirksamk (insow gilt Rn 12); str, ob zusätzl Bewilligg nach GBO 19 notw (vgl Weser MittBayNot **93**, 253 zu B).

e) Antragsgrundsatz. Eine Eintr erfolgt grdsätzl nur auf Antr (GBO 13) od behördl Ersuchen (GBO **13** 38); zum Verzicht auf AntrR vgl Karlsr BWNotZ **94**, 69 u LG Ffm RhNk **92**, 116. Der Antr als VerfHdlg bestimmt, ob u was eingetr wird; GBA aber nicht an Fassgsvorschlag für Eintr gebunden (BayObLG Rpfleger **75**, 362). Keine Ermittlgen vAw (FGG 12) in AntrVerf (BayObLG WM **83**, 1270). – In zahlr AusnFällen Eintr vAw (zB GBO 18 II, 48, 51, 52, 53 I, 76, 82 a, 84 ff, 90 ff; BauGB 54 I 2). Hier gilt FGG 12.

f) Bestimmtheitsgrundsatz. Der Zweck des GB erfordert klare u eindeut Eintr. Betroffenes Grdst (vgl **14** GBO 28), Berecht, Umfang u Inhalt des Rechts, Bdgg für Entstehen/Erlöschen (BayObLG Rpfleger **85**, 489; Zweibr OLGZ **89**, 399) sind bestimmt zu bezeichnen. Auslegg unklarer EintrBew (BayObLG Rpfleger **82**, 141) u GBEintr (§ 873 Rn 15) zuläss.

g) Vorrangsgrundsatz. Materiell richtet sich der Rang eines GrdstR nach dem Rangvermerk bzw der **15** Reihenfolge der Eintr im GB (§ 879). – Formell hat die früher beantragte Eintr Anspr auf den besseren Rang (GBO 17, 45).

h) Richtigkeitsvermutung des Grundbuchs. Dch GBEinsicht (GBO 12) kann sich jeder, der ein **16** berechtigtes Interesse darlegt (dazu Hamm Rpfleger **86**, 128; Zweibr NJW **89**, 531; Melchers Rpfleger **93**, 309; von Sparkassen u Banken vgl BVerfG NJW **83**, 2811, von Maklern vgl BayObLG u Stgt Rpfleger **83**, 272, von Redakteuren vgl Hamm NJW **88**, 2482, von Notaren vgl BeurkG 21), von dem dingl RZustand des Grdst überzeugen. Er kann auf den GBInhalt vertrauen, denn die Richtigk des Eingetragenen wird vermutet (§ 891). Der gutgl Erwerber wird geschützt (§§ 892, 893): Dem Gutgläubigen ggü gelten Eintr als richtig, dh er erwirbt das Recht wie es eingetr ist u wird damit Berecht (**positive** Wirkg). Dem Gutgläubi- gen ggü gilt der GBInhalt als vollständ, dh nicht eingetr (relative) VfgsBeschrkgen hindern den RErwerb nicht u nicht eingetr Rechte erlöschen od treten im Rang zurück (**negative** Wirkg).

4) Beschränkungen im Grundstücksverkehr (Schrifttum: Haegele/Schöner/Stöber Rn 3800 ff).

a) Allgemeines. Zahlr VfgsGesch über Grdst/grdstgl Rechte u GrdstR bedürfen der **Genehmigung 17** einer Behörde od PrivPers. Die Beschrkgen entstehen idR außerh des GB, zT aber auch erst mit GBEintr (zB BauGB 35 VI 3, BVersG 75 I 3; RVO 610 II 2). Die VfgsBeschrkg hindert grdsätzl nicht die Eintr einer

Vormkg vor Gen der Vfg (vgl § 885 Rn 3). Eine zur absoluten Unwirksamk führde VfgsBeschrkg u eine ErwerbsBeschrkg bewirken eine GBSperre (keine Eintr der RÄnderg). Eine zur relativen Unwirksamk führde VfgsBeschrkg führt nur zur GBSperre, wenn sie nicht eingetr u dem GBA bekannt ist (sofern man GBA für berecht u verpflichtet hält, gutgl Erwerb zu verhindern; vgl § 892 Rn 1); aber auch bei Eintr keine Löschgen ohne notw Gen. Bei Gen unter Auflage muß GBA ohne ErfNachw eintragen (KG JW 37, 895), bei Gen unter aufschiebder Bdgg nur bei Nachw (in der Form von GBO 29) des BdggEintritts (Ffm OLGZ **80**, 84). Bei Eintr ohne notw Gen wird das GB unrichtig; ggf AmtsWiderspr (GBO 53 I 1). – Bei **privat-rechtlichen** VfgsBeschrkgen gelten für die Gen §§ 182 ff, soweit keine SonderVorschr. – Bei **öffentlich-rechtlichen** VfgsBeschrkgen sind §§ 182 ff nicht anwendb (vgl Einf 6 vor § 182). Die Gen ist ein privatrechtsgestalter Ger-/VerwAkt. Mit der Gen wird die zunächst schweb unwirks Vfg rückwirkd wirks. Die Rückn der Gen ist auch nach Eintritt der sachenrechtl Wirksamk der Vfg nicht generell aus geschl, sond richtet sich nach VwVfG 48 (BVerwG NJW **78**, 338; Hamm OLGZ **78**, 304; LG Bielef Rpfleger **78**, 216); vgl aber FGG 55. Mit unanfechtb Versagg der Gen wird die Vfg rückwirkd endgült unwirks (BayVGH BayVBl **72**, 297) u heilt nicht dch nachträgl Gen/Negativattest (BayVGH aaO), nachträgl Wegfall des GenErfordern (BGH **37**, 233) od nachträgl Aufhebg der Versagg (BGH NJW **56**, 1918). Zu Einzelh vgl § 275 Rn 26–31 mwN.

b) Die **wichtigsten Verfügungsbeschränkungen** für den RInhaber sind:

18 **aa) BauGB.** – (1) Unter den **Voraussetzungen von § 19 I** bedarf die **Teilung eines Grundstücks** der Gen der nach § 19 III zuständ Behörde (vgl Schmittat RhNK **86**, 209). Grdst ist im RSinn (Übbl 1 vor § 873) zu verstehen (BVerwG DNotZ **76**, 686; Hamm NJW **74**, 865). Teilg ist sachenrechtl zu verstehen; zB auch Aufhebg einer Vereinigg (BayObLG **74**, 237) od Zuschreibg (BayObLG Rpfleger **78**, 56), Abschreibg räuml getrennter FlSt (BVerwG NJW **74**, 818). Genehmigt wird nur best Teilg (BayObLG Rpfleger **79**, 337); notw daher neue Gen bei Unterteilg des TeilGrdst (BayObLG **74**, 263) od wenn dieses verselbständigt statt zugeschrieben werden soll (BayObLG Rpfleger **81**, 482). GBA hat GenBedürftigk selbst zu prüfen u bei Zweifeln an GenFreih Gen bzw Negativattest zu verlangen (§ 23 I, II), wenn GenFreih nicht in der Form von GBO 29 nachgewiesen (BayObLG Rpfleger **78**, 56; **79**, 337); RKraftZeugn für Gen/Negativattest kann GBA nicht verlangen (Hamm NJW **74**, 863; LG Lüb SchlHA **78**, 86). Dch Eintr genbedürft Teilg ohne Gen od aGrd falschen Negativattestes (BGH NJW **80**, 1691) wird GB unrichtig mit Heilgsmöglichk dch nachträgl Gen od gutgl Erwerb (BayObLG MittBayNot **81**, 125); Widerspr nach GBO 53 I 1 od § 23 III (GBA darf EintrErsuchen der GenBeh nur zurückweisen, wenn GB mit Sicherh richtig; BayObLG **74**, 263; Hamm OLGZ **78**, 304), Widerspr nach § 23 III auch bei Rückn (LG Bielef Rpfleger **78**, 216) od Widerruf (Hamm aaO) der Gen gem VwVfG 48, 49, sofern Eigtümer nicht vorher übereignet hat. Zwzeitl Belastg hindert
19 Widerspr nicht (Hamm aaO). – (2) Unter den **Voraussetzungen von § 22** bedarf die **Begründung/ Realteilung von Wohnungs-/Teileigentum** (bzw Wohngs-/TeilErbbR u DWR) einer Gen der nach § 22 VI zuständ Behörde. GBVerf wie bei § 19 (§§ 22 VII, 23). – (3) Unter den **Voraussetzungen von § 35 VI** bedarf die **Veräußerung eines Grundstücks** der Gen der zuständ Behörde. Beschrkg wirkt erst ab GBEintr; bei Verstoß ist Veräußer absolut unwirks. – (4) Im **Umlegungsverfahren** bedürfen der **Grundstückteilung sowie Verfügungen jeder Art über Grundstücke und Grundstücksrechte** (zB Bestellg [BayObLG **64**, 170] u Aufhebg [Hamm OLGZ **80**, 267] eines GrdPfdR) der schrftl Gen der UmleggsStelle (**§ 51**); genfrei sind Eintr von Vormkg (BayObLG **69**, 303) u ZwHyp (AG Eschweiler Rpfleger **78**, 187), ErbteilsÜbertr u Zuschlag in ZwVerst. Zur Eintr des Umleggsvermerks auf Ersuchen der Umleggs Stelle vgl BayObLG **70**, 182 u Ffm Rpfleger **74**, 436. Dch Eintr genbedürft Teilg/Vfg wird GB (auch wenn kein Umleggsvermerk eingetr) unrichtig mit Heilgsmöglichk dch nachträgl Gen; Widerspr nach GBO 53 I 1 od
20 gem BGB 899 auf Ersuchen der UmleggsStelle (Haegele/Schöner/Stöber Rn 3870). – (5) Im **förmlich festgelegten Sanierungsgebiet** gem § 144 bedarf der Gen der Gemeinde: Veräußerg eines Grdst dch RGesch (auch Übertr des AlleinEigt auf Miterben iW der ErbauseindS [Brem OLGZ **77**, 16], nicht aber Bestellg einer AuflVormkg [LG Hann DNotZ **74**, 295]); Bestellg u Veräußerg eines ErbbR sowie GrdstBe-lastg (nicht aber Eintr einer ZwHyp; LG Regensbg Rpfleger **77**, 224) einschl des schuldrechtl GrdGesch (bei dessen Gen gilt auch ErfGesch als genehmigt); GrdstTeilg (Begriff wie in § 19. Für das GBVerf gilt § 23 entspr (§ 145 VI). – (6) Im **städtebaulichen Entwicklungsbereich** gelten die gleichen VfgsBeschrkgen (§ 169 I Nr 5).

21 **bb) BVersG 75, RVO 610 II.** Wird eine Kapitalabfindg zum Ankauf eines Grdst gewährt, so kann der Versorggsträger anordnen, daß **Weiterveräußerung und Belastung** innerh höchstens 5 Jahren nur mit seiner Gen zuläss; der Eintr der VfgsBeschrkg zeitl nachfolge Vfgen sind absolut unwirks (KG JFG **9**, 178; Wolber Rpfleger **78**, 433). Wird MitEigt erworben, gilt die VfgsBeschrkg nur für MitEigtAnt (BGH **19**, 355).

22 **cc) GrdstVG.** Die **Veräußerung land- und forstwirtschaftlicher Grundstücke** sowie kultivierb Moor- u Ödlandes, wobei nicht tats Nutzg, sond obj Eigng maßg (BGH DNotZ **81**, 769), u die in § 2 II gleichgestellten RGesch bedürfen der Gen der zuständ (vgl Fußn zu § 3 bei Schönfelder) Behörde (§§ 1–3); das LandesR kann die GenPfl auf best grdstgl Rechte u FischereiRe erweitern (§ 2 III Nr 1). Die GenPfl entfällt ifv § 4 u nach Maßg des LandesR (vgl Fußn zu § 2 bei Schönfelder) bei Grdst best Größe (§ 2 III Nr 2; vgl dazu Hötzel AgrarR **83**, 176). Schuldrechtl GrdGesch u dingl VfgsGesch bedürfen der Gen (§ 2 I I); Gen des GrdGesch erfaßt die in seiner Ausführg (vgl dazu BGH DNotZ **81**, 770: ScheinGesch;
23 BayObLG **62**, 362: Messgskauf) erfolgte Vfg (§ 2 I 2). – **Genehmigungspflichtig** sind nur die in § 2 aufgeführten RGesch, zu denen auch gehören: AuseinandS von GesHdsGemsch, insb ErbenGemsch (Celle DNotZ **66**, 113; Stgt AgrarR **79**, 319); Schenkg (Köln RdL **64**, 13); VermächtnErfüllg (Hamm RdL **65**, 298; Karlsr RdL **75**, 78); Übertr des AnwR aus Aufl. **Genehmigungsfrei** sind: Veräußerg von Bestandt u Zubehör; Gebot u Zuschlag in ZwVerst (Stgt Rpfleger **81**, 241); Übertr von GesellschAnt, wenn landw Grdst zum GesellschVermögen gehört; EheVertr auf GüterGemsch; EigtAufgabe; Belastgen (außer Nießbr; § 2 II Nr 3); Bestellg von VorkR, ErbbR (BGH DNotZ **76**, 369) od AnkaufR (BGH **87**, 233); Beschaffgs-Vertr, wenn Beauftragter im eigenen Namen handelt (BGH **82**, 292); Vormkg; Widerspr; GBBerichtigg;

Übertr eines ErbbR. – Genpfl RGesch vor Gen **schwebend unwirksam** (BGH NJW 93, 648). Klage auf Aufl 24 aus noch nicht genehmigtem GrdGesch unbegründet (erfolgt Verurteilg, so Vfg noch genpfl); bei genfreien ÜbertrAnspr (zB BeschaffgsVertr) Verurteilg zur Aufl schon vor deren Gen zuläss (BGH **82**, 292). RGesch wird mit Gen rückwirkd wirks (BGH NJW **65**, 41); Negativattest (auch unrichtiges; vgl BGH NJW **80**, 1691) steht Gen gleich (§ 5 S 2). – **Grundbuchamt** hat GenBedürftigk selbst zu prüfen. Hält es Gen für erforderl od 25 hat es aGrd konkreter Anhaltspkte (wofür Lage des Grdst in Landgemeinde nicht ausreichd; aA Ffm Rpfleger **80**, 297 abl Anm Meyer-Stolte) ernsth Zweifel an GenFreih (BayObLG Rpfleger **69**, 301; DNotZ **69**, 119; Celle DNotZ **67**, 639), so darf es RÄnderg erst eintr, wenn ihm Unanfechtbark der Gen/Negativattest nachgewiesen (§ 7 I). RKraftBescheinigg der GenBeh dafür nur erforderl, wenn Gen unter Auflage od Bdgg erteilt (BGH **94**, 24), da Negativattest u vorbehaltlose Gen unanfechtb (§ 22); and bei gerichtl Gen. Dch Eintr genbedürft RÄnderg ohne Gen (nicht aber aGrd falschen Negativattests; vgl BGH NJW **80**, 1691) wird GB unrichtig mit Heilgsmöglichk dch nachträgl Gen, gutgl Dritterwerb od gem § 7 III (gilt auch, wenn GrdGesch nur ScheinGesch; BGH DNotZ **81**, 770); Widerspr nach GBO 53 I 1 od § 7 II (GBA darf EintrErsuchen der GenBeh nur zurückweisen, wenn GB mit Sicherh richtig; Stgt Rpfleger **81**, 241). Widerspr nach § 7 II auch bei Rückn od Widerruf der Gen nach VwVfG 48, 49 (vgl oben Rn 18), sofern kein zwzeitl Dritterwerb.

    dd) Verschiedenes. – §§ **1642, 1821** ff iVm FGG 55, 62, 63; §§ **1365** ff, **1424** ff iVm FGG 50. – **Familienfi-** 26 **deikommisse:** vgl EG 59 Rn 1. – **FlurbG** 52, 53: Veräußergs- u BelastgsVerbot für Abgefundenen. Bei Verstoß relative Unwirksamk der Vfg ggü TeilnehmerGemsch (§ 52 III 2). – **HdwO:** Veräußerg u Belastg von Grdst dch HandwInng u Kreishandwerkersch bedürfen der Gen der HandwKammer (§§ 61 III, 89 I Nr 3), GrdstBelastgen dch HandwKammer der Gen der obersten LandesBeh (§ 106 II). – **KAGG:** Vfgen über das GrdstSonderVerm bedürfen der Zust der Depotbank (§ 31 II 1). Bei Verstoß relative Unwirksamk der Vfg ggü den AntInh (§ 31 II 2) mit GutGlSchutz (§ 31 II 3); daher Eintr der VfgsBeschrkg (§ 31 IV 1). – **Kirchenrecht:** Veräußerg u Belastg von Grdst/grdstgl Rechten u Vfgen über GrdstR bedürfen nach Maßg des KirchenR der Gen der kirchl AufsBeh (vgl zB Hamm NJW-RR **93**, 1106); ohne Gen ist die Vfg zivilrechtl absolut unwirks (Hbg MDR **88**, 860; Brschw NJW-RR **92**, 440). – **Kommunalrecht:** Veräußergen u Belastgen von Grdst der Gemeinden u Kreise bedürfen nach Maßg des KommunalR (GemO, KreisO) der Gen der AufsBeh; bei Verstoß ist die Vfg absolut unwirks (KG JW **38**, 1834). – Fr **DDR:** Die in §§ 2, 23 27 GrdstVerkVO genannten RGesch (insb GrdstÜbereigng) bedürfen der behördl Gen. – **VAG** 72 I, 110 II: Vfgen über zum Deckgsstock gehörde Grdst, BuchHyp (vgl LG Dortm Rpfleger **90**, 454), Grd- u RentenSch nur mit Zust des TrHänders; bei Verstoß relative Unwirksamk der Vfg ggü dem VersichUnternehmen (KG JFG **11**, 321). TrHändervermerk, der nur deklarator Wirkg hat (Ffm DNotZ **72**, 490), ohne Bezug auf Eintr-Bew ins GB einzutragen (LG Bn DNotZ **79**, 309); zum EintrVerf vgl LG Kblz DNotZ **71**, 97; LG Bielef Rpfleger **93**, 333. – **WasserverbandsG** v 12. 2. 91 (BGBl I 817): Unentgeltl GrdstVeräußerg u SicherhBestellg bedürfen der Gen der AufsBeh (§ 75).

    c) Erwerbsbeschränkungen. – aa) Nachfolgde Vorschr machen den Erwerb von Grdst, grdstgl Rechten 28 u GrdstRen von einer behördl Gen abhäng, bei deren Fehlen das ErwerbsGesch absolut unwirks ist: EG 86, 88 iVm LandesR; HdwO 61 III, 89 I Nr 3; SGB IV § 85. – **bb)** Nachfolgde ErwerbsBeschrkgen haben keine zivilrechtl Wirkg: BauspG 4 IV, HypBkG 5 IV, KAGG 27, VAG 54 a II Nr 10. – **cc)** Über Erwerbsverbot aGrd einstw Vfg vgl § 888 Rn 11.

873 *Erwerb durch Einigung und Eintragung.* [I]Zur Übertragung des Eigentums an einem Grundstücke, zur Belastung eines Grundstücks mit einem Rechte sowie zur Übertragung oder Belastung eines solchen Rechtes ist die Einigung des Berechtigten und des anderen Teiles über den Eintritt der Rechtsänderung und die Eintragung der Rechtsänderung in das Grundbuch erforderlich, soweit nicht das Gesetz ein anderes vorschreibt.

[II]Vor der Eintragung sind die Beteiligten an die Einigung nur gebunden, wenn die Erklärungen notariell beurkundet oder vor dem Grundbuchamt abgegeben oder bei diesem eingereicht sind oder wenn der Berechtigte dem anderen Teile eine den Vorschriften der Grundbuchordnung entsprechende Eintragungsbewilligung ausgehändigt hat.

    1) Allgemeines.

    a) Grundsatz. Die in I genannten Vfgen erfolgen dch **Einigung und Eintragung;** zeitl Reihenfolge 1 unerhebl (vgl § 879 II). Beide Erfordern müssen inhaltl übereinstimmen (Rn 13) u zeitl zutreffen (BGH NJW-RR **88**, 1274); eine Eintr ohne entspr Einigg (nicht aber umgekehrt) macht das GB unricht (Widerspr nach § 899 u ggf GBO 53 I 1; Berichtigg nach § 894, GBO 22). – Bei **nachfolgender Eintragung** müssen Einigg (vgl Rn 16) u VfgsBerechtigg (vgl Rn 11) bei Eintr noch bestehen. – Bei **nachfolgender Einigung** ist 2 NeuEintr nicht notw bei Ersetzg zur Eintr führder nichtiger Einigg dch neue Einigg der VertrPart od ihrer GesamtRNachf (RG **139**, 229; KG JW **25**, 2617; OLG **45**, 185; JFG **4**, 329). Nach überwiegder Rspr aber NeuEintr geboten, wenn fälschl als Berecht aGrd Erbfolge Eingetragener dch RGesch erwirbt (KG JW **51**, 187; BGH LM Nr 1), bei Neubestellg des Rechts nach Erlöschen außerh des GB (RG SeuffA **91**, 56) od bei Ersetzg zur Eintr führder nichtiger Einigg mit BuchBerecht dch neue Einigg mit wahrem Berecht (RG JR **26** Nr 804; aA BGH NJW **73**, 613); auch in diesen Fällen jedoch bei Deckg des eingetr RZustandes mit neuer Einigg entspr § 929 S 2 keine NeuEintr notw (Gotzler NJW **73**, 2014; MüKo/Wacke Rn 50; Ffm OLGZ **89**, 3; einschränkd Streuer Rpfleger **88**, 513: nur bei anfängl Unrichtigk), ggf bloße Berichtigg der EintrGrdlage (GBVfg 9 d). Einigg wirkt nicht zurück; Eintr aber für Rang maßg (§ 879 II). Eintr muß zZ der Einigg noch bestehen; § 184 hilft nicht bei Gen schwebd unwirks Einigg nach Löschg der Eintr (BGH MDR **71**, 380). – **Zustimmung Dritter** ausnahmsw erforderl; zB ErbbRVO 5, WEG 12.

    b) Ausnahmen. – aa) Einseitige Erklärung u Eintr genügen bei Bestellg von EigtümerRen (zB § 1196 II) 3 sowie zB nach §§ 1188, 1195, VerglO 93, BauGB 28 III 3. – **bb) Ohne Eintragung** zB Vfg über buchgsfreies Grdst (GBO 3 II). Statt Eintr genügt schriftl Abtretgs- od BelastgsErkl bei BriefGrdPfdRen u Rechten daran: §§ 1069, 1154, 1192, 1200, 1274, 1291.

4 **2) Geltungsbereich.** § 873 gilt nur bei Übertr od Begründg der in I genannten Rechte dch RGesch, nicht aber bei Erwerb krG od dch Staatsakt.

5 **a) Wechsel des Rechtsträgers** erforderl. **– aa)** § 873 **anwendbar** bei: Übertr des Rechts von GesHd-Gemsch (auch bei AuseinandS) auf GesHänder (RG DR **44**, 292) u umgekehrt. Umwandlg von Gesamtgut in VorbehGut (KG JFG **15**, 192) u umgekehrt (KGJ **52**, 136). Übertr des Rechts von einer PersGemsch auf daneben bestehde u personengleiche PersGemsch: von ErbenGemsch/GüterGemsch auf persgl PersGesellsch (Hamm DNotZ **58**, 416) u umgekehrt; von GesHdGemsch auf persgl BruchtGemsch u umgekehrt (RG **65**, 233); von PersGesellsch auf persgl and PersGesellsch, die nicht dch bloße Umwandlg entstanden (KG OLGZ **87**, 276); von PersGesellsch auf KapitalGesellsch mit gleichen Anteilseignern (RG **74**, 6) u **6** umgekehrt. **– bb)** § 873 **nicht anwendbar** (ggf GBBerichtigg) bei: An- bzw Abwachsg des GesellschVerm inf Ein- bzw Austritts eines Gters bei PersGesellsch (RG **106**, 63; Düss Rpfleger **69**, 177; Hamm OLGZ **84**, 50). RFormwechselnde Umwandlg einer PersGesellsch: OHG/KG in BGB-Gesellsch (Hamm OLGZ **84**, 50) u umgekehrt (BGH NJW **67**, 821).

7 **b)** Bei Übertr von **Anteilen an Gesamthandsvermögen,** zu denen in I genanntes Recht (auch als einziger VermGgst) gehört, gilt § 873 nicht (ggf GBBerichtigg): Übertr von MitErbenAnt (BayObLG **59**, 50). Übertr von PersGesellschAnt; auch bei gleichzeit Auswechselg aller Gter (BGH **44**, 229) od bei Übertr aller Anteile auf einen NichtGter (BGH NJW **78**, 1525; BWNotZ **79**, 149) od auf einen Gter (BayObLG Rpfleger **83**, 431) od auf eine aus den alten u neuen Gtern bestehde Gesellsch (Hamm OLGZ **86**, 316).

8 **c)** Bei Erwerb iW der **Gesamtrechtsnachfolge** gilt § 873 nicht, selbst wenn in I genanntes Recht einziger VermGgst (ggf GBBerichtigg): §§ 1416, 1922, 2139. Übertragde Umwandlg nach UmwG 5, 44 I 2, 49 II 2, 55 I 2, 56 f I 2. Verschmelzg nach AktG 346 III. Umwandlg von GesellschVerm in AlleinVerm bei Beendigg einer PersGesellsch dch Ausscheiden des vorletzten Gters aGrd vertragl Fortsetzgsklausel od Ausübg eines ÜbernahmeR (BGH **32**, 307; **50**, 307; Rpfleger **90**, 158; NJW-RR **93**, 1443).

9 **3) Einigung.** Zu unterscheiden ist der rein verfrechtl (BayObLG NJW-RR **93**, 283; str) EintrBew nach GBO 19, die aber in Einigg enthalten sein kann (BayObLG Rpfleger **75**, 26).

10 **a) Rechtsnatur.** Auf dingl RÄnderg gerichteter abstrakter Vertr (Einl 12, 16 vor § 854). Formfrei (Ausn: § 925 I, WEG 4 II); aufschiebde/auflösde Bdgg u Befristg zul (Ausn: § 925 II, ErbbRVO 11 I 2, WEG 4 II). Sie verschafft (auch iFv II) keinen schuldrechtl Anspr auf RÄnderg, bewirkt ohne Eintr noch keine RÄnderg (Rn 2) u beschränkt (auch iFv II) nicht die VfgsBefugn des Veräußerers. Sie kann die Zustimmg zu weiteren Vfgen des Erwerbers als (Noch-)NichtBerecht enthalten (§ 925 Rn 23) u diesem ein AnwR verschaffen (§ 925 Rn 25). Das betroffene Grdst/GrdstR (§ 925 Rn 12) sowie die gewollte RÄnderg nach Art/Umfang/Inhalt müssen erkennb sein. Über Fehlvorstellg u Falschbezeichng vgl § 925 Rn 14. **– Auslegung/Umdeutung** mögl (KG OLGZ **67**, 324; Mü MittBayNot **94**, 329). Ist das Recht eingetr, so kann es keinen anderen Inhalt haben, als die Auslegg des EintrVermerks (Rn 15) ergibt (BGH NJW-RR **91**, 457); mögl ist dann eine schuldr Vereinbg über eine Beschränkg/Erweiterg od eine Nichtübereinstimmg iSv Rn 13. **– Bei Rechtserwerb durch Personenmehrheit** ist Angabe des GemschVerh notw Inhalt der Einigg (vgl § 925 Rn 16).

11 **b) Einigungsberechtigt** (auf Veräußererseite) ist der nicht in seiner VfgsBefugn beschr wahre RInh (bzw der für ihn VfgsBefugte wie zB TestVollstr, KonkVerw); seine GBEintr (GBO 39) ist materiellrechtl nicht erforderl. Für EinigssErkl eines NichtBerecht gilt § 185 (BGH NJW **89**, 521); vgl aber §§ 892, 893. Die VfgsBefugn muß im Ztpkt der nachfolgden Vollendg der RÄnderg noch bestehen, insb bei nachfolgder Eintr (BGH **27**, 366); vgl aber § 878! **– aa) Ehegüterrecht:** Zust des Eheg notw, wenn Grdst zw Einigg u Eintr Gesamtgut geworden (BayObLG MittBayNot **75**, 228; Staud/Ertl Rn 40; aA Tiedtke FamRZ **76**, 510; Böhringer BWNotZ **83**, 133) od VfgsBeschrkg nach § 1365 eingetreten (sofern nicht schon vorher wirks VerpflGesch; str, vgl MüKo/Gernhuber § 1365 Rn 33). § 878 aber anwendb (vgl insb dort Rn 11). **– bb) Rechtsnachfolge** vor Vollendg: Bei EinzelRNachf neue Einigg od Gen der alten (§ 185) notw (BayObLG **56**, 172). Bei GesamtRNachf wirkt Einigg fort (BayObLG **86**, 493; zB § 2033), selbst wenn RNachf zweitl eingetr (BGH **48**, 351); ebso Einigg des VorE bei Eintritt der Nacherbfolge (KG DR **41**, 2196). Einigg des Erbl weiter, wenn Erbe od Erbeserbe Grdst nach Übereigng an Dritten zurückerwirbt (BayObLG **73**, 139; § 185 II 1 Fall 2). Zur Änderg des GterBestandes bei PersGesellsch zw Einigg u **12** Eintr vgl Eickmann Rpfleger **85**, 85 zu VI 5; LG Ach Rpfleger **88**, 14 mit Anm. **– cc) Verfügungsbefugte** (zB TestVollstr, KonkVerw): Bei PersWechsel od Erlöschen der VfgsBeschrkg des RInhabers vor Vollendg ist neue Einigg od Gen der alten notw (Celle NJW **53**, 945; Köln RhNK **81**, 139; Soergel/Stürner Rn 28; Staud/Ertl Rn 46). § 878 aber anwendb (vgl dort Rn 11). **– dd) Stellvertreter:** Bei PersWechsel od Erlöschen der VertrMacht vor Vollendg wirkt Einigg fort (§ 178 Rn 1; Celle NJW **53**, 945; BayObLG DNotZ **83**, 752).

4) Eintragung. Das EintrVerf richtet sich nach GBO u GBVfg sowie ergänzdem LandesR.

13 **a) Inhaltliche Übereinstimmung mit der Einigung** notw; wg nachfolgder Einigg vgl Rn 2. Ist mehr eingetr als gewollt (zB Hyp von 3000 DM statt 2000 DM), so ist das Recht nur im Umfang der Einigg entstanden (BGH NJW **90**, 112); ist weniger eingetr als gewollt (zB Hyp von 2000 DM statt 3000 DM), so ist für Entstehg des Rechts im eingetr Umfang § 140 maßg (RG **108**, 146). Ist bei bedgter/befristeter Einigg unbdgtes/unbefristetes Recht eingetr, so ist nur bdgtes/befristetes entstanden (LG Mannh BWNotZ **84**, 22); gutgl Dritter erwirbt eingetr Recht. Ist bei unbdgter/unbefristeter Einigg bdgtes/befristetes eingetr, so ist für Entstehg bdgten Rechts § 140 maßg. Bei Eintr subjdingl statt subjpers Rechts entsteht letzteres (BayObLG NJW **61**, 1265), nicht aber umgekehrt. Vgl auch § 879 Rn 17 (RangAbw), § 881 Rn 4 (Vorbeh-Abw), § 1008 Rn 3 (MitEigt statt AlleinEigt), § 1116 Rn 3 (Brief- statt BuchHyp u umgekehrt), § 1184 Rn 6 (VerkHyp statt SichgHyp), Horn NJW **62**, 726 (GrdSch statt Hyp).

14 **b) Rechtswirksame Eintragung** notw. Inhaltl unzul Eintr ist unwirks; zB Eintr ohne Angabe des notw Inhalts, unzul Bezugn auf EintrBew (§ 874 Rn 2), unbehebb Unklarh in wesentl Punkt (BayObLG NJW **61**, 1263). Unwirks auch Eintr dch PrivPers od sachl unzuständ Beamten (KG JFG **11**, 180) od unter Drohg/ Zwang; kein GutGlSchutz (BGH NJW **52**, 1289 Anm Hoche; aA Lutter AcP **164**, 152). Eintr aber wirks bei:

Verstoß gg GBO 13, 19, 20, 29, 39; Eintr in falsche Abteilg od Spalte des GB (RG **94**, 8); Täuschg, örtl Unzuständigk, Unzuständigk nach GeschVerteilg od GeschUnfähigk des GBBeamten (Hoche aaO). – **Teilunwirksamkeit** läßt Wirksamk der RestEintr idR unberührt (BGH NJW **66**, 1656).

c) Die **Eintragung ist auslegbar** (§ 133), soweit nicht eindeut (BGH WM **93**, 2176); auch vom Rev-/ 15 RBeschwGer. Maßg ist die für Unbefangene nächstliegde Bedeutg, wie sie sich unter Berücksichtig der EintrZeit (BayObLG **87**, 129) aus dem Wortlaut der Eintr einschl der gem § 874 in Bezug gen EintrBew (einschl nicht einzutragder Teile; BGH WM **69**, 661) unter Berücksichtigg der jedermann ohne weiteres erkennb Tats außerh der Urk (insb der GrdstVerh zZ der RBestellg) ergibt (BGH NJW **92**, 2885); Entstehgsgeschichte u GrdGesch ohne Bedeutg. Unzul Bezugn ist zur Auslegung (nicht Ergänzg) verwertb (Staud/Ertl Rn 166; aA MüKo/Wacke Fußn 140). Klare in Bezug gen EintrBew geht unklarer Eintr vor (KG DNotZ **56**, 555) u läßt bewilligtes Recht entstehen (AG Stgt BWNotZ **74**, 34). Bei Zweifeln aus ZusHalt von Eintr u Bewilligg ist die Eintr nur dann inhaltl unzul, wenn Zweifel nicht anderweit behebb (BGH WM **68**, 1087; BayObLG NJW **61**, 1263).

5) **Bindung an die Einigung (II).** Die Einigg ist (and als das GrdGesch; BGH NJW **80**, 228) bis zur Eintr 16 dch Erkl ggü dem and Teil einseit widerrufl, auch wenn Recht „unwiderrufl" od unter Verzicht auf Widerruf von EintrAntr/Bew bestellt ist (Mü DNotZ **66**, 283). Dieser Grds wird unter den Voraussetzgen von II aufgehoben:

a) **Voraussetzungen;** es genügt, wenn eine erfüllt ist. – **aa)** Notarielle Beurkundg (BeurkG 8ff) der 17 EiniggsErkl beider VertrPart od ProzVergl (§ 127a). Öff Beglaubig (§ 129, BeurkG 40) genügt nicht. – **bb)** Abgabe der EiniggsErkl beider VertrPart vor dem GBA; Protokollierg nicht notw (str). – **cc)** Einreichg der (auch privatschriftl) EiniggsErkl beider VertrPart beim GBA. – **dd)** Aushändigg einer GBO 28, 29 18 entspr EintrBew (GBO 19) mit Willen des Bewilligden (Ffm DNotZ **70**, 162) an Erwerber od dessen Vertreter; dazu muß GBA bei Vorlage dch Erwerber auszugeben. BesMittlgsVerh Veräußerer/Erwerber unzureichd (RG JR **25** Nr 1759); Veräußerer muß Besitz aufgeben. Erwerber muß Besitz erlangen; daher genügt Einreichg vom Veräußerer beim GBA nicht (KG HRR **30**, 975). UrkNotar zum Empfang für Erwerber oft stillschw bevollmächtigt (BGH NJW **63**, 36). Ermächtigg des Notars, von der Bewilligg zG des Erwerbers Gebr zu machen, steht erst ab Erstellg der Ausfertigg der Aushändigg gleich (BGH **46**, 398). Bloße Anweisg in not Urk, Erwerber Ausfertigg zu erteilen, ersetzt Aushändigg nicht (Ffm DNotZ **70**, 162). Zur Frage, ob Anspr aus BeurkG 51 der Aushändigg gleichsteht, vgl Ertl DNotZ **67**, 652; Kofler RhNK **72**, 674.

b) **Wirkung.** Die EiniggsErkl sind für beide VertrPart (KG HRR **30**, 975) u ihre GesamtRNachf (BGH 19 **32**, 369; BayObLG **73**, 139) nicht mehr einseit widerrufl. Ist die Erkl eines vollmachtlosen Vertreters/NichtBerecht bindd geworden, so ist Vertretener/Berecht mit Wirksamwerden seiner Gen gebunden (BayObLG **57**, 229). Bindg hindert weder anderweit Vfg des Veräußerers über das Recht (BayObLG Rpfleger **83**, 249) noch die Rückn des EintrAntr (BGH **49**, 200); auch Erwerbsverbot (§ 888 Rn 11) u Kondiktion der Einigg wg unwirks GrdGesch (RG **111**, 98) bis zur GBEintr mögl.

6) **Aufhebung der Einigung** (auch bindder) bis zur GBEintr auch bei formbedürft Einigg dch formlosen 20 Vertr (Brem OLGZ **76**, 92), wobei AufhebgsErkl auch gem ZPO 894 erfolgen kann. Nach GBEintr nur noch § 875 bzw RückÜbertr.

874 *Bezugnahme auf die Eintragungsbewilligung.* **Bei der Eintragung eines Rechtes, mit dem ein Grundstück belastet wird, kann zur näheren Bezeichnung des Inhalts des Rechtes auf die Eintragungsbewilligung Bezug genommen werden, soweit nicht das Gesetz ein anderes vorschreibt.**

1) **Allgemeines.** § 874 ist materiell-rechtl Natur (KG OLGZ **75**, 301). Die im Erm des GBA stehde 1 Bezugn (insow keine Bindg an Antr) soll Überfüllg des GB vermeiden. – a) **Zulässige Bezugnahme** wirkt als vom öff Gl des GB erfaßte Eintr (Düss OLGZ **83**, 352; BayObLG NJW-RR **89**, 907); maßg ist die jeweils bei den GrdAkten befindl Urk (KG JFG **15**, 85). Der Ggst der Eintr ist nach § 133 dch Auslegg der in Bezug gen Urk zu ermitteln (KG JFG **1**, 284). EintrVermerk u in Bezug Genommenes bilden eine Einh (RG **113**, 229; Hamm Rpfleger **89**, 448); bei Widersprüchlichk kein gutgl Erwerb gem Vermerk od EintrBew (Hamm aaO). – b) **Unzulässige Bezugnahme** wirkt nicht als Eintr; sie verhindert nicht gutgl Dritterwerb im 2 Umfang der Eintr (Hamm aaO). Fehlt der Eintr dadch ein wesentl Teil, so ist sie inhaltl unzul (GBO 53 I 2) u das Recht nicht entstanden (KG OLGZ **75**, 301); fehlt ein unwesentl Teil, so ist die Eintr inhaltl zul u führt zur RÄnderg, wenn sie sich noch mit der Einigg deckt od entspr Einigg nachfolgt (RG **108**, 146).

2) **Grundstücksrechte** sind alle eintraggsfäh Rechte außer Eigt (RG SeuffA **91**, 104). Bezugn ferner zul 3 bei Eintr von Vormkg (§ 885 II), Widerspr (§ 899 Rn 6), ErbbR (ErbbRVO 14 I 3; GBVfg 56 II, 60), SonderEigt u DWR (WEG 7 III, 32 II), InhaltsÄnderg (§ 877) sowie nach dem Zweck des § 874 bei Eintr von VfgsBeschrkgen (MüKo/Wacke Rn 7; aA RGRK/Augustin Rn 4) u Rechten an GrdstR (KGJ **48**, 181).

3) **Inhaltsbezeichnung.** – a) **Inhalt:** § 877 Rn 2. Nicht zum Inhalt gehören (u daher in EintrVermerk 4 aufzunehmen): Bezeichng des Berecht (BGH WM **93**, 2176), bei Mehrh auch BeteiliggsVerh; Bdggen u Befristgen (Bezugn nur zu ihrer näheren Kennzeichng zul; Düss OLGZ **83**, 352). Bezugn auf Bdgg für RAusübg (zB Gewähr von GgLeistg) aber zul, weil zum Inhalt u nicht zur Entstehg gehörd (Karlsr DNotZ **68**, 432; aA Ffm Rpfleger **74**, 430). Ergibt sich Bdgg/Befristg nur aus der EintrBew, so ist bdgtes/befristetes Recht entstanden (vgl § 873 Rn 13), aber gutgl Dritter erwirbt unbdgtes/unbefristetes Recht (Düss OLGZ **83**, 352; LG Mannh BWNotZ **84**, 22). – b) **Bezeichnung.** Im EintrVermerk genügt die ges Bezeichng des 5 Rechts, wenn diese den wesentl RInhalt kennzeichnet (zB ErbbR, Hyp, Nießbr, VorkR). Sonst (zB GrdDbk, Reallast, bpDbk) muß konkreter RInhalt mind schlagwortart (zB WohnR) aufgen werden (BGH **35**, 378), sofern er sich nicht aus der Bezeichng iVm und Angaben des EintrVermerks (KG OLGZ **75**, 301;

BayObLG NJW-RR **86**, 882) od aus ges InhaltsBeschrkg (zB dch LandesR) ergibt; vgl für Dbk § 1018 Rn 31. Umfang der Belastg muß aus EintrVermerk erkennb sein (Nürnb OLGZ **78**, 79).

6 **4) Eintragungsbewilligung** (GBO 19). Bezeichng als solche nicht erforderl (KG JFG **8**, 232); privat schriftl Urk unschädl, da GBO 29 nur VerfR (KG HRR **31**, 1459). Bezugn zul auch auf Urk (auch Karte, Zeichng), auf die die EintrBew verweist; sie muß eindeut bezeichnet u zu den GrdAkten gen werden (KGJ **48**, 175). Zul auch Bezugn auf Urk, die EintrBew ersetzen, insb Ersuchen (GBO 38) u Urteile (BayObLG **62**, 38) sowie auf einf geltde ges Vorschr (KGJ **51**, 252). – **a) Bestimmtheitsgrundsatz** für EintrVermerk (Übbl 14 vor § 873) gilt auch für die ihn ergänzde EintrBew (BayObLG **67**, 48; Ffm Rpfleger **73**, 23). – **b) Uneingeschränkte Bezugnahme** auf Urk, die eintraggsfäh u nichteintraggsfäh Bestimmgen enthält, ist unzul. Trenng der Bestimmgen sowie Beschrkg der EintrBew auf erstere in der Urk u Bezeichng des die EintrBew enthaltden Teils der Urk in der Bezugn notw (KG JFG **1**, 284; **8**, 232; Köln Rpfleger **56**, 340; BayObLG **67**, 48; NJW-RR **93**, 283). Die nichteintraggsfäh Bestimmgen wird dch die Bezugn nicht Inhalt des in seinem Bestand davon unberührten Rechts.

7 **5) Ausschluß:** §§ 879 III, 881 II, 882, 1115, 1116 II, 1179a V 2, 1184 II, 1189 I, 1190 I (1192), 1199 II, ZPO 800 (KGJ **45**, 261; Köln Rpfleger **74**, 150). – **Erweiterung:** GBO 49.

875 *Aufhebung eines Rechtes.* [1]Zur Aufhebung eines Rechtes an einem Grundstück ist, soweit nicht das Gesetz ein anderes vorschreibt, die Erklärung des Berechtigten, daß er das Recht aufgebe, und die Löschung des Rechtes im Grundbuch erforderlich. Die Erklärung ist dem Grundbuchamt oder demjenigen gegenüber abzugeben, zu dessen Gunsten sie erfolgt.

[II]Vor der Löschung ist der Berechtigte an seine Erklärung nur gebunden, wenn er sie dem Grundbuchamte gegenüber abgegeben oder demjenigen, zu dessen Gunsten sie erfolgt, eine den Vorschriften der Grundbuchordnung entsprechende Löschungsbewilligung ausgehändigt hat.

1 **1) Allgemeines. – a)** Rechtsgeschäftl **Aufhebung von Grundstücksrechten** (ganz od teilw) dch AufgabeErkl des Berecht (Rn 3–6) u die Löschg im GB (Rn 7); über Aufhebg eines BruchtAnt an Hyp vgl KG JFG **5**, 363. Das Recht erlischt erst, wenn beides zustrifft; Löschg ohne AufgabeErkl (nicht aber umgekehrt) macht das GB unricht (Widerspr nach § 899 u ggf GBO 53 I 1; Berichtigg nach § 894, GBO 22 dch WiederEintr). – **b)** Daneben **Zustimmung des Eigentümers** bei Aufhebg eines GrdPfdR (§§ 1183, 1192, 1200; vgl auch SchiffsRG 56) od eines ErbR (ErbbRVO 26) sowie eines **Drittberechtigten** (§ 876) erforderl. – **c)** Enthaftg von **Miteigentumsanteilen** nur soweit solche belastb (§§ 1095, 1106, 1114, 1192); bei Enthaftg **realer Grundstückteile** GBO 7 zu beachten.

2 **2) Geltungsbereich. – a)** Nur bei Aufhebg von **Grundstücksrechten** (über RangVorbeh vgl § 881 Rn 12; über Vormkg vgl § 886 Rn 3; für Eigt gilt § 928) dch RGesch; Erlöschen krG ohne AufgabeErkl außerh des GB. Entspr Anwendg in §§ 1132 II 2, 1168 II, 1180 II 2. – **b)** Bei Aufhebg von **Rechten an Grundstücksrechten** gilt § 875, wenn Belastg eines grdstgl Rechts aufgehoben wird; Nießbr u PfdR an GrdstRen dch bloße AufgabeErkl aufhebb (§§ 1064/1072; 1255/1273).

3 **3) Aufgabeerklärung.** Zu unterscheiden von verfrechtl LöschgsBew nach GBO 19; sie enthält aber idR die AufgabeErkl (BGH **LM** § 1165 Nr 2; Hamm DNotZ **77**, 35) u umgekehrt (BayObLG DNotZ **75**, 685).

4 **a) Einseitige empfangsbedürftige Willenserklärung,** die auf eine Vfg über das Recht gerichtet u formfrei ist. Sie verschafft (auch iFv II) keinen schuldrechtl AufhebgsAnspr, bewirkt ohne Löschg noch keine RÄnderg (Rn 1) u beschränkt (auch iFv II) nicht die VfgsBefugn des RInh. **Aufhebungswille muß erkennbar sein;** bei GrdPfdR ist Unterscheidg von Verzicht wesentl (§§ 1168, 1175, 1178 II; SchiffsRG 57, 71). Sie wird bei ordngsgem Abgabe mit Zugang beim empfangsberecht Adressaten **wirksam** (§ 130); nach §§ 111, 182, 1831 erforderl Zust muß nicht vorher wirks geworden sein (Düss RhNK **93**, 89; MüKo/Wacke Rn 9; aA Erm/Hagen Rn 6; Planck/Strecker Anm 3a), sond Wirksamwerden bis zur Löschg genügt (sie vollendet erst das RGesch). Bdgte/befristete AufgabeErkl materiell wirks; Löschg aber nur, wenn aufschiebe Bdgg eingetreten od Anfangsfrist abgelaufen (nicht bei auflöser Bdgg od Endfrist).

5 **b) Erklärungsberechtigt** ist der wahre RInh (bzw der für ihn VfgsBefugte); bei Hyp nach Befriedigg also der Eigtümer (§§ 1143 I, 1163 I 2, 1172, 1173) od der, auf den Hyp sonst übergegangen (§§ 1150, 1164, 1174), aber nicht mehr der Gläub (daher reicht seine löschgsfäh Quittg nicht; § 1144 Rn 4). Bei GesamtBerecht genügt AufgabeErkl des materiell VfgsBerecht (BayObLG **75**, 191); da Aufgabe ausleggsbedürft (ob Aufhebg der Hyp im ganzen od nur der EinzelSicherg der Erklärden), genügt AufgabeErkl eines GesamtGläub nicht, um Hyp im ganzen aufzuheben (KEHE/Ertl § 27 Rdn 27; aA KGJW **37**, 3158). Die VfgsBefugn muß im Ztpkt der Löschg noch bestehen (§ 873 Rn 11 gilt entspr); vgl aber § 878.

6 **c) Empfangsberechtigt** sind jeder Begünstigte (Eigtümer; gleich- od nachrang Berecht) u als sein Vertreter (BGH JR **80**, 412 Anm Kuntze) das GBA. § 181 gilt, wenn Begünstigter die Aufgabe als Vertreter des RInh ggü sich od dem GBA (BGH aaO) erklärt; nicht aber, wenn RInh ggü sich als Vertreter des Begünstigten od dem GBA erklärt (nur rechtl Vorteil für Vertretenen; vgl aber § 1183 Rn 5).

7 **4) Löschung** erfolgt auf Antrag (GBO 13) u Bewilligg (GBO 19) in der Form des GBO 46 I (Rötg nach GBVfg 17 genügt alleine nicht) od II. Bei der Herabsetzg von Nebenleistgen eines GrdPfdR genügt Eintr der Herabsetzg in der Veränderggsspalte ohne LöschgsVermerk (KG HRR **32**, 1657).

8 **5) Bindung an die Aufgabeerklärung (II).** Die AufgabeErkl ist (and als zugrde liegdes VerpflGesch; BGH NJW **80**, 228) dch Erkl ggü ihrem Adressaten erst widerrufl. Dieser Grds wird unter den Voraussetzgen von II aufgehoben: – **a) Voraussetzungen:** Abgabe (auch mündl od privatschriftl) der AufgabeErkl ggü dem GBA od Aushändigg einer GBO 28, 29 entspr LöschgsBew (GBO 19) mit Willen des Aufgebden an den ErklAdressaten (vgl § 873 Rn 18); auch not Beurk innerh eines Vertr mit letzterem genügt (KGJ **49**, 155). – **b) Wirkung:** § 873 Rn 19 gilt entspr.

876 *Aufhebung eines belasteten Rechtes.* **Ist ein Recht an einem Grundstücke mit dem Rechte eines Dritten belastet, so ist zur Aufhebung des belasteten Rechtes die Zustimmung des Dritten erforderlich. Steht das aufzuhebende Recht dem jeweiligen Eigentümer eines anderen Grundstücks zu, so ist, wenn dieses Grundstück mit dem Rechte eines Dritten belastet ist, die Zustimmung des Dritten erforderlich, es sei denn, daß dessen Recht durch die Aufhebung nicht berührt wird. Die Zustimmung ist dem Grundbuchamt oder demjenigen gegenüber zu erklären, zu dessen Gunsten sie erfolgt; sie ist unwiderruflich.**

1) Grundsatz. – a) Zustimmung des Drittberechtigten zur Aufhebg eines GrdstR dch RGesch (nicht 1 bei Erlöschen krG) notw, da die Belastgn des Rechts mit seiner Aufhebg erlöschen; entspr Anwendg in §§ 880 II, 1109 II, 1116 II, 1132 II, 1168 II, 1180. Löschg ohne Zust macht GB unricht (Widerspr nach § 899 u ggf GBO 53 I 1; Berichtigg nach § 894, GBO 22 dch WiederEintr); BerichtiggsAnspr neben DrittBerecht wg absoluter Unwirksamk auch Inh des GrdstR (MüKo/Wacke Rdn 13; aA Erm/Hagen Rn 2). **– b) Belastungen.** Unmittelb belastet sind Reallasten/GrdPfdR/DWR mit Nießbr od PfdR bzw Vormkg 2 dafür (KG JFG **9**, 218), übertragb Rechte mit Vormkg für ÜbertrAnspr (BayObLG Rpfleger **87**, 156) u grdstgl Rechte wie Grdst. Mittelb belastet sind subjdingl Rechte (§§ 1018, 1094 II, 1105 II) dch alle Belastgen des herrschden Grdst. Widerspr (§ 899) steht Belastg gleich (KG HRR **28**, 1463; aA Staud/Gursky § 899 Rn 13).

2) Ausnahmen. – a) Bei Aufhebg eines **subjektivdinglichen Rechts** ist die Zust materiellrechtl ent- 3 behrl, wenn sie das DrittR nicht berührt **(S 2)**; rechtl (nicht wirtsch) Beeinträchtigg maßg (BGH **LM** ZPO § 3 Nr 40). Reallast- u GrdPfdRBerecht am herrschden Grdst müssen stets zustimmen, da subjdingl Recht ihnen als Bestandt (§ 96) mithaftet, währd bei Dbk Zust oft entbehrl (BGH aaO). GBA muß Zust erfordern, wenn subjdingl Recht gem GBO 9 vermerkt od ihm sonst bekannt. Zust ersetzb dch UnschädlichkZeugn: EG 120 II Nr 2. **– b)** Bei Aufhebg **grundstücksgleichen Rechts** ist die Zust entbehrl, wenn das Grdst zu gleichgünst Rang für belastges Nutzgs-/VerwertgsR haftet (BayObLG Rpfleger **87**, 156).

3) Zustimmungserklärung. Zu unterscheiden der rein verfrechtl LöschgsBew nach GBO 19; sie 4 enthält aber idR die ZustErkl u umgekehrt. **– a)** Sie ist eine **abstrakte einseitige empfangsbedürftige Willenserklärung,** die eine Vfg über das DrittR enthält (Düss Rpfleger **93**, 337) u formfrei ist; selbstd RGesch ggü AufhebgsErkl nach § 875. Sie führt selbstd zum Erlöschen des DrittR, wenn sie dazu alleine ausreichde AufgabeErkl (vgl § 875 Rn 2) enthält. Sie schafft keinen schuldrechtl ZustAnspr u beschränkt nicht die VfgsBefugn des DrittBerecht. Sie wird bei ordngsgem Abgabe mit Zugang beim EmpfangsBerecht **wirksam** u ist dann unwiderrufl **(S 3).** Für notw Zust zu ihr sowie bdgte/befristete Erkl gilt § 875 Rn 4 entspr. **– b) Zustimmungsberechtigt** ist der wahre Inh des DrittR (bzw der für ihn VfgsBefugte) zZ 5 des Wirksamwerdens der ZustErkl; danach eintretde Änderg in den Vfgs-/VertretgsMacht unerhebl, auch RNachf ist an unwiderrufl gewordene Zust vorbeh § 892 gebunden (Hamm FGPrax **95**, 10). **– c) Empfangsberechtigt** sind jeder Begünstigte (Eigtümer, Inh des aufzuhebden Rechts, diesem gleich- od nachrang Berecht) u als sein Vertreter (BGH JR **80**, 412 Anm Kuntze) das GBA. Für Anwendbark von § 181 bei Vertretg des DrittBerecht dch den Begünstigten u umgekehrt gilt § 875 Rn 6 entspr.

877 *Inhaltsänderungen.* **Die Vorschriften der §§ 873, 874, 876 finden auch auf Änderungen des Inhalts eines Rechtes an einem Grundstück Anwendung.**

1) Recht an einem Grundstück iSv § 877 sind alle beschr dingl Rechte an einem Grdst einschl grdstgl 1 Rechte, nicht aber Rechte an GrdstR (KG OLG **29**, 377; Einigg u, soweit für Bestellg notw, Eintr), Vormkgen (KG DNotZ **30**, 110; vgl § 885 Rn 1), Widerspr. § 877 gilt auch bei Inhaltsänderg von Rechten an grdstgl Rechten (vgl ErbbRVO 11 Rn 3); wg Inhaltsänderg von WohngsEigt vgl WEG 8 Rn 5, § 10 Rn 9.

a) Der **Rechtsinhalt** umfaßt alle dem Berecht zustehden Befugn (Hamm NJW **68**, 1289) einschl 2 VfgsBeschrkgen (str) u iwS auch den Rang (Zweibr Rpfleger **85**, 54; aA Planck/Strecker Anm 3 vor § 879).

b) Inhaltsänderung iSv § 877 ist jede Änderg der Befugn des Berecht iR des bereits bestehden Rechts, 3 die nicht Übertr/Belastg (§ 873), Aufhebg (§ 875) od Rangänderg (§ 880; § 877 aber ergänzd anwendb, soweit §§ 880, 881 nicht zutreffen) ist. Nicht aber Umwandlg eines GrdstR in ein and (KG JW **34**, 2997; zB WegeDbk in ÜberbauungsDbk [BayObLG Rpfleger **67**, 11], GrdDbk in bpDbk u umgekehrt [§ 1018 Rn 34, § 1090 Rn 7], RentenSch in Reallast u umgekehrt), wozu Aufhebg u Neubestellg an rangbereiter Stelle notw; Ausn: §§ 1116 II, 1186, 1198, 1203. – **Beispiele:** Ausschluß der Übertragbark (Einl 14 vor § 854), Umwandlg von Gesamtberechtigg iSv § 428 in Sukzessivberechtigg (LG Schweinf MittBayNot **82**, 69), Erstreckg auf neuen Bestand bei Vereinigg/Zuschreibg (Neust DNotZ **64**, 344) od als Gesamtberechtigg auf od Grdst, Aufteilg einer Gesamt- in Einzelbelastgen (Neust DNotZ **60**, 385), Bildg einer EinhHyp (RG **145**, 47), Änderg einer KündVereinb (BGH **1**, 305); **nicht** aber: Künd (BGH **1**, 306), Vereinbg einer Unterwerfgsklausel iSv ZPO 800 (KG HRR **31**, 1705; str), Überlassg der RAusübg gem §§ 1059 S 2, 1092 I 2 (KG JFG **1**, 411).

c) Erweiterung und Verminderung des Rechtsumfangs fallen nicht unter § 877; sie sind Teilneube- 4 stellg (Ffm Rpfleger **78**, 312; insb Erhöhg des GrdPfdRKapitals) bzw Teilaufhebg (RG **72**, 362; insb Herabsetzg von GrdPfdRKapital/zinsen). Wie Inhaltsänderg zu behandeln (Eintr in Veränderggsspalte): Erhöhg der Nebenleistg eines GrdPfdR bzw Einzelleistg einer Reallast (Ffm aaO), Austausch von Nebenleistgen eines GrdPfdR, Verlängerg der Nießbr- (KG JFG **13**, 75) od ErbbRZeit (BayObLG **59**, 520), Umwandlg bdgten in unbdgtes (KG aaO) bzw befristeten in unbefristetes Recht u umgekehrt, Änderg der EntstehgsBdgg.

2) Die **rechtsgeschäftliche Inhaltsänderung** erfordert: **– a) Einigung** zw GrdstEigtümer u RInh (bei 5 Rechten an eigenen Grdst genügt einseit Erkl des Eigtümers) **und Eintragung** gem §§ 873, 874. **– b) Zustimmung Drittberechtigter** gem § 876. Entbehrl aber, wenn Beeinträchtigg ihrer RStellg ausgeschl (BGH **91**, 343); zB des GrdPfdRGläub an ErbbR bei Verlängerg der ErbbRZeit (BayObLG **59**, 520) od

Erstreckg des ErbbR auf zugeschriebenes Grdst (Neust DNotZ **64**, 344) im Ggs zur zustbedürft Aufteilg
6 eines Gesamt- in EinzelErbbR (Neust DNotZ **60**, 385). Im Zweifel Zust geboten. – **c) Zustimmung
gleich- und nachrangiger Rechtsinhaber** zur Vermeidg des Rangverlustes, wenn deren RStellg ver-
schlechtert wird, weil die Inhaltsänderg (insb die ihr gem Rn 4 gleichzubehandelnden Erweitergen) den
Gesamtumfang des Rechts erweitert (BayObLG **59**, 520); zB Erhöhg von Nebenleistgen eines GrdPfdR
außerh von § 1119 (KG HRR **32**, 320) od der Einzelleistgen einer Reallast (Ffm Rpfleger **78**, 312), Erleich-
terg der EntstehgsBdggen für ein Recht (KG HRR **33**, 1929) im Ggs zu deren zustfreier Verschärfg/
Erweiterg (KGJ **52**, 197). Zust entbehrl bei Erhöhg einer Nebenleistg, wenn wg gleichzeit Herabsetzg einer
and Nebenleistg (nicht des Kapitals; KG HRR **32**, 320) Gesamtumfang der Belastg nicht erweitert (Brschw
JFG **9**, 255). Fehlde Zust macht Inhaltsänderg nicht unwirks, nur der Rang ist unrichtig (Ffm Rpfleger **78**,
312).

878 *Nachträgliche Verfügungsbeschränkungen.* **Eine von dem Berechtigten in Ge-
mäßheit der §§ 873, 875, 877 abgegebene Erklärung wird nicht dadurch unwirksam, daß
der Berechtigte in der Verfügung beschränkt wird, nachdem die Erklärung für ihn bindend ge-
worden und der Antrag auf Eintragung bei dem Grundbuchamte gestellt worden ist.**

1) Allgemeines.

1 **a) Zweck.** Die in §§ 873, 875, 877 genannten RÄndergen treten grdsätzl nur ein, wenn der Verfügde im
Ztpkt der seiner VfgsErkl nachfolgden rechtsändernden GBEintr noch vfgsberecht ist. Den Ztpkt der
GBEintr können die Beteil nicht bestimmen. Obwohl alles von ihnen Vorzunehmde getan ist, würde die
RÄnderg vereitelt, wenn der Verfügde noch vor GBEintr in seiner VfgsBefugn beschr wird; dieser sich aus
dem EintrGrds ergebden Gefahr will § 878 begegnen (Mot III 90), indem unter best Voraussetzgen die
nachträgl VfgsBeschrkg die Wirksamk der VfgsErkl nicht mehr beeinträchtigt. – Liegen diese Voraussetz-
gen nicht vor, so ist die Vfg unwirks; sie kann aber zB iFv §§ 1984, 2113, 2211; KO 7, 15; VerglO 58 ff dch
Zust des NachE, TestVollstr, Nachl/Konk/VerglVerw wirks werden (Düss DNotZ **81**, 130).

2 **b) Nicht anwendbar** ist § 878, wenn folgde Ereign zw dem Vorliegen der für § 878 maßg Voraussetzgen
u der GBEintr eintreten: – **aa)** Bei **Tod oder Verlust der Geschäftsfähigkeit** bleibt die VfgsErkl wirks
(§ 130 II); sie kann aber, sofern keine Bindg nach §§ 873 II, 875 II eingetreten, vom Erben (bei Miterben
genügt einer; Düss NJW **56**, 589) bzw Vormund einseit widerrufen werden (KG HRR **36** Nr 361; vgl § 873
Rn 16, § 875 Rn 8). – **bb)** Bei **Verlust der Rechtsinhaberschaft** (Ffm OLGZ **80**, 100; BayObLG RdL **84**,
179; vgl auch § 873 Rn 11); jedoch muß NachE rechtm Vfg des VorE gelten lassen, wenn Nacherbfall vor
GBEintr eingetreten (KG DR **41**, 2196). Über Umwandlg von Allein- in GesamtBerechtigg vgl Rn 11. –
cc) Bei **Verlust der Vertretungsmacht** für den RInh; diese ist unschädl (vgl § 873 Rn 12). – **dd)** Bei
absoluten u relativen **Erwerbsbeschränkungen** (RG **120**, 118; KG DNotZ **62**, 400; aA MüKo/Wacke Rn
25).

3 **c) § 878 und § 892 schließen sich aus** bzgl derselben VfgsBeschrkg (Rahn NJW **59**, 97; Schönfeld JZ **59**,
140): § 878 regelt den Fall, daß die VfgsBeschrkg nach der AntrStellg eintrat, währd sie bei § 892 vorher
eingetreten sein muß (§ 892 II). – War die VfgsBeschrkg außerh des GB vor Erfüllg der Voraussetzgen des
§ 878 eingetreten, aber erst nach deren Erfüllg ins GB eingetr, so ermöglicht weder § 878 noch § 892 einen
Erwerb (Däubler JZ **63**, 588 zu III; aA Baur/Stürner, ZwVollstr/Konk/Vergl¹², Rn 988); vgl § 892 Rn 9.

2) Geltungsbereich.

4 **a) Rechtsgeschäftliche Verfügungserklärungen** nach §§ 873, 875, 877, auch wenn nach ZPO 894/5
ersetzt. Anwendg vorgeschrieben in §§ 880 II 1, 1109 II 2, 1116 II 2, 1132 II 2, 1154 III, 1168 II 2, 1180 I 2,
1196 II. – **aa) Entsprechende Anwendung** auf EigtVerzErkl (§ 928 Rn 2), einseit EigtümerErkl bei Ver-
einigg/Zuschreibg/Teilg (§ 890 Rn 5, 12) od Bestellg/Änderg/Aufhebg von EigtümerR, Bestellg (§ 885
Rn 11) u Aufhebg (Köln Rpfleger **73**, 299) einer Vormkg, Bewilligg (§ 899 Rn 5) u Aufhebg eines Widerspr,
BerichtiggsBew nach GBO 22, TeilsgsErkl nach WEG 8 (aA LG Köln RhNK **84**, 16). – **bb) Nicht anwend-
bar** auf erzwungene Vormkg (§ 885 Rn 7) u Widerspr, Zust Dritter nach §§ 876, 880, 1183 (RG **52**, 411),
Vfg iW der ZwVollstr (BGH **9**, 250; aA Wacke ZZP **82**, 377), Unterwerfungsklausel nach ZPO 800.

5 **b) VfgsErkl des Verfügungsberechtigten** isV § 873 Rn 11; bei BerechtMehrh muß § 878 für jeden
erfüllt sein (KG JFG **13**, 92). Bei VfgsErkl eines NichtBerecht ist zu unterscheiden: – **aa)** Ist ein **Nichtbe-
rechtigter als Berechtigter eingetragen** u ergeht gg ihn eine das eingetr Recht erfassde (daran kann es zB
iFv KO 6 fehlen; vgl Jäger/Henckel § 7 Rn 71) VfgsBeschrkg, so ist § 878 anwendb, wird gutgl Erwerber nicht schlechter steht als bei Erwerb vom Berecht (Däubler JZ **63**, 588 zu II 3; MüKo/
6 Wacke Rn 13; Soergel/Stürner Rn 7a; aA RGRK/Augustin Rn 2). – **bb)** Auf VfgsErkl eines **nichteingetra-
genen Nichtberechtigten mit Einwilligung des Berechtigten** (§ 185 I) ist § 878 anwendb, wenn gg
den NichtBerecht eine VfgsBeschrkg ergeht (KG DNotZ **34**, 284; Köln Rpfleger **75**, 20 [bei Vfg über
AnwR]); Däubler aaO zu II 1a; MüKo/Wacke Rn 14; Staud/Ertl Rn 19; aA RG **135**, 378; BGH **49**, 197;
BayObLG **60**, 456), weil Vfg des Berecht gleichzustellen (ähnl wie Stellvertret). Unterliegt der Berecht
einer VfgsBeschrkg, nachdem NichtBerecht die Voraussetzgen des § 878 erfüllt hat, so ist § 878 entspr
anwendb (Däubler aaO zu II 1b; Schönfeld JZ **59**, 140 zu III 1b; MüKo/Wacke aaO; Staud/Ertl aaO), zumal
auch seine Einwillig nach bindder VfgsErkl des NichtBerecht nicht mehr nach § 183 widerrufb (§ 183
7 Rn 1). – **cc)** Auf VfgsErkl eines **nichteingetragenen Nichtberechtigten mit Genehmigung des Be-
rechtigten** (§ 185 II 1 Fall 1) ist § 878 anwendb, wenn gg den NichtBerecht eine VfgsBeschrkg ergeht;
dabei muß die Gen vor dem Eintritt erteilt sein, denn bei späterer Erteilg fehlt die Voraussetzg nach Rn 15
für § 878 (Soergel/Stürner Rn 7a; Staud/Ertl Rn 22; aA Däubler aaO zu II 2a; AK/LvSchweinitz Rn 17).
Unterliegt der Berecht einer VfgsBeschrkg, so ermöglicht seine Gen den Erwerb nur, wenn er sie vor deren
8 Eintritt erteilte (allgM); sie ist unwiderrufl (BGH **40**, 156 [164]). – **dd)** Auf VfgsErkl eines ohne Zust des
Berecht verfügenden **eingetragenen Nichtberechtigten, der den VfgsGegenstand nachträglich erwirbt**

(**§ 185 II 1 Fall 2**) ist § 878 unmittelb anwendb, wenn der Erwerb vor Eintritt der VfgsBeschrkg erfolgte; erfolgte er danach, so ist § 878 nicht anwendb, da VfgsErkl dch Erwerb nicht mehr wirks geworden (RG **89**, 152). Gilt entspr ifv § 185 II 1 Fall 3.

c) **Verfügungsbeschränkungen** beeinträchtigen unmittelb die Befugn des Berecht, rgeschäftl über ein 9 Recht dch Übertr, Aufhebg, Belastg od Inhaltsänderg zu verfügen. Sie können auf Gesetz (vgl § 135), behördl Anordng (vgl § 136) u ausnahmsw (vgl § 137) auf RGesch (ErbbRVO 5; WEG 12, 35; §§ 1424, 1450) beruhen. Gleich stehen **Verfügungsentziehungen** (Mot III 192) zB nach KO 6; §§ 1984, 2211. Keine VfgsBeschrkg iSv § 878 ist die **Vormerkung** (vgl § 883 Rn 3); entspr Anwendg von § 878 aber trotz § 1098 II auf dingl VorkR, wenn nach Vormerkung der für § 878 maßg Voraussetzgen die VorkLage eingetreten, da dies im Ggs zur Vormk nicht im GB erscheint. – **aa)** § 878 gilt für alle **außerhalb des Grundbuchs** 10 entstehden absoluten u relativen (KG JFG **9**, 178) VfgsBeschrkgen; nicht aber für solche, die erst mit Eintr entstehen, da hier gem GBO 17 Schutz des Erwerbers dch vorrang Erledigg des EintrAntr für RÄnderg (KG aaO). – **bb)** § 878 gilt entspr bei Verlust der **Verfügungsmacht als Amtsinhaber**, zB als KonkVerw 11 od TestVollstr (Brdbg VIZ **95**, 365; LG NBrdbg MDR **95**, 491; Däubler JZ **63**, 588 zu IV; Böhringer BWNotZ **84**, 137; Haegele/Schöner/Stöber Rn 124; MüKo/Wacke Rn 13; Staud/Ertl Rn 20; aA KG OLG **26**, 4; Celle NJW **53**, 945; Köln RhNK **81**, 139; LG Osnabr KTS **72**, 202). – **cc)** § 878 gilt entspr, wenn sich außerh des GB nach dem maßg Ztpkt **Allein- in Gesamtberechtigung** umwandelt; zB gem § 1416 (MüKo/Wacke Rn 21; vgl auch Staud/Ertl Rn 13).

3) Voraussetzungen für Wirksambleiben der VfgsErkl. Alle müssen vor Eintritt der VfgsBeschrkg 12 erfüllt sein; zB vor KonkEröffng (vgl dazu Düss MittBayNot **75**, 224). Zeitl Reihenfolge gleichgült.

a) Bindung an die Verfügungserklärung gem §§ 873 II, 875 II. Bei and als den in § 875 II genannten 13 einseit VfgsErkl (vgl Rn 4) gilt § 875 II entspr (Soergel/Stürner Rn 5; MüKo/Wacke Rn 9; aA LG Köln RhNK **84**, 16 ifv WEG 8).

b) Eingang des Eintragungsantrags beim Grundbuchamt. Verfügder (Planck/Strecker Anm 4b; aA 14 Staud/Ertl Rn 16) od Erwerber kann AntrSteller sein. Antr muß sich auf das betroffene Recht beziehen; was nicht der Fall, wenn Notar allg Antr in der Urk im Begleitschreiben auf and Punkt beschr (Köln KTS **68**, 245). Er muß zur Eintr führen. AntrRückn od -Zurückweisg machen VfgsErkl unwirks; bei Aufhebg der Zurückweisg gem FGG 18 od auf Beschw lebt Antr mit Wirkg aus § 878 wieder auf (KG DNotZ **34**, 284). Eine ZwVfg nach GBO 18 führt noch nicht zur Unwirksamk (Celle OLG **17**, 352; Brdbg VIZ **95**, 365; LG Nürnb MittBayNot **78**, 216); dies gilt wg Rn 15 aber nur, wenn Mängel bzgl formeller EintrVoraussetzgen bestehen (Haegele/Schöner/Stöber Rn 118).

c) Sonstige zur Rechtsänderung notwendige Voraussetzungen müssen erfüllt sein, da § 878 nur 15 Nachteile des EintrGrdsatzes ausschließen will. Dazu gehören zB: BriefÜberg bei Bestellg eines BriefGrdPfdR (KG NJW **75**, 878), Entsteh der gesicherten Fdg bei Hyp, notw Zust DrittBerecht, notw Gen dch VormschG od Behörde (Hamm JMBlNRW **48**, 244 [Beh]; **51**, 92 [VormschG]; AK/LvSchweinitz Rn 24; Haegele/Schöner/Stöber Rn 122; aA Köln NJW **55**, 80 [Beh]; Dieckmann FS-Schiedermaier **76**, 99; Knöchlein DNotZ **59**, 3 [17]; MüKo/Wacke Rn 12).

4) Wirkung. Die VfgsErkl bleibt wirks u die RÄnderg tritt mit Eintr ein. Dies auch, wenn VfgsBeschrkg 16 noch vor Eintr der RÄnderg eingetr (KG JW **32**, 2441) od Erwerber bekannt geworden (Hbg OLG **15**, 230; Staud/Ertl Rn 10; Schönfeld JZ **59**, 140 zu II 1b; aA BGH **28**, 182 [aber gleiches Ergebn über § 892 II]; Seufert NJW **59**, 527). Das GBA muß auch noch einen Antr des Verfügden stattgeben (KG Rpfleger **75**, 88; MüKo/Wacke Rn 8; Jäger/Henckel § 15 Rn 100; aA Venjakob Rpfleger **91**, 284 mwN), da § 878 auch AntrR fortbestehen läßt. – Anfechtg nach KO 29ff bleibt mögl; maßg Ztpkt dafür aber Eintr (BGH **41**, 17; Ganter DNotZ **95**, 517; aA Wacke ZZP **82**, 377). Über Auswirkgen auf WahlR des KonkVerw aus KO 17 u AntrRückn dch ihn vgl Müller JZ **80**, 554; MüKo/Wacke Rn 23; Staud/Ertl Rn 29.

879 *Rangverhältnis mehrerer Rechte.* [1]Das Rangverhältnis unter mehreren Rechten, mit denen ein Grundstück belastet ist, bestimmt sich, wenn die Rechte in derselben Abteilung des Grundbuchs eingetragen sind, nach der Reihenfolge der Eintragungen. Sind die Rechte in verschiedenen Abteilungen eingetragen, so hat das unter Angabe eines früheren Tages eingetragene Recht den Vorrang; Rechte, die unter Angabe desselben Tages eingetragen sind, haben gleichen Rang.

[II]Die Eintragung ist für das Rangverhältnis auch dann maßgebend, wenn die nach § 873 zum Erwerbe des Rechtes erforderliche Einigung erst nach der Eintragung zustande gekommen ist.

[III]Eine abweichende Bestimmung des Rangverhältnisses bedarf der Eintragung in das Grundbuch.

1) Allgemeines. – a) Das materielle Rangverhältnis in § 879 regelt die Reihenfolge, in der an dersel- 1 ben BelastgsGgst bestehde Rechte der Abt II u III verwirklicht werden; zB dch Befriedigg von VerwertgsR in der ZwVollstr od dch Dchsetzg widersprecher NutzgsR (vgl § 1024 Rn 1) bzw ErwerbsR (vgl § 1094 Rn 1). Die RNatur des Ranges ist str (vgl MüKo/Wacke Rn 2; Planck/Strecker Anm 3 vor § 879); jedenf sind die für den RInhalt geltden Vorschr entspr anwendb (Hamm OLGZ **81**, 129). – **b) Belastungsgegen-** 2 **stand** kann ein Grdst, ein selbstd belastb GrdstMitEigtAnt (auch WE/TeilE), ein grstgl Recht od ein dch Eintr belastb GrdstR (KG JFG **3**, 439) sein. Ein RangVerh ist nur für Rechte an demselben BelastgsGst mögl; nicht zB für Rechte an verschied MitEigtAnt eines Grdst (KJG **52**, 213). – **c) Bei nichteintragungs-bedürftigen Rechten** richtet sich der Rang nach dem Gesetz (zB §§ 914 I 1, 917 II 2) od dem Entstehgsztpkt (zB § 1075 I, 1287 S 2 [BayObLG NJW-RR **91**, 567]; ZPO 848 II 2); eine dem nicht entspr Eintr macht das GB unrichtig. – **d) Zwingender Rang.** Hat eine räuml od zeitl später eingetr Belastg krG Vorrang (zB RHeimstG 5 iVm AVO 12 II; vgl Übbl 5 vor § 873), so bedarf es keines RangRücktr der voreingetr Belastg (vgl LG Aach DNotZ **59**, 318). Darf ein Recht nur an best Rangstelle bestellt werden (zB

3 ErbbRVO 10), so ensteht es bei Eintr an and Rangstelle nicht (vgl Hamm Rpfleger **76**, 131). – **e) Relatives Rangverhältnis.** Grds ist das RangVerh absolut: ist ein Recht (C) ggü einem and (B) nachrang, so ist es (C) auch denen (A) ggü nachrang, denen dieses (B) nachrang ist. In AusnFällen (§ 881 Rn 11; § 892 Rn 20) ist es relativ: C ist ggü B nachrang, aber ggü A vorrang, obwohl B ggü A nachrang ist.

4 **2) Materielle Rangfähigkeit.** – **a) Beschränkte dingliche Rechte** an Grdst u GrdstR, die für Entsteh eintragssbedürft u deren RangVerh dch RGesch änderb (KG JFG **14**, 435). § 879 regelt das RangVerh dieser Rechte unter sich u zu Vormkgen. Teile u NebenR haben gleichen Rang, soweit sie unter einer Nr im GB eingetr sind (RG **132**, 110; Planck/Strecker Anm 8a) u sich nichts anderes aus abw Vorschr (zB §§ 1143, 1150, 1164, 1176; ZVG 10, 12, 13) ergibt; einheitl GrdPfdR nicht mit unterschiedl Rang für TeilBetr bestellb **5** (Zweibr Rpfleger **85**, 54). – **b) Vormerkungen** (auch AuflVormkg). § 879 regelt das RangVerh von Vormkgen unter sich u zu beschr dingl Rechten (RG **124**, 200; Ffm Rpfleger **80**, 185; aA Schneider DNotZ **82**, 523; Stadler AcP **89**, 425). LöschgsVormkgen sind nicht rangfäh (KG DR **44**, 189). – **c) Vereinbarungen nach § 1010** sind rangfäh (vgl dort Rn 2). – **d) Widersprüche** sind nicht rangfäh; sie haben den Rang des jeweils gesicherten Rechts (RG **129**, 124). Soweit die Eintr für die Möglichk gutgl Erwerbs bedeuts, sind **6** GBO 17, 45 anwendb (KEHE/Eickmann § 45 Rn 8). – **e) Verfügungsbeschränkungen** sind nicht rangfäh, da aus ihnen keine Befriedig erlangt werden kann. Hier ist nur die Wirksamk ggü and VfgsBeschrkgen (sie richtet sich nach der Entstehgszeit; MüKo/Wacke Rn 6; Staud/Kutter Rn 12) od GrdstR/Vormkgen (sie richtet sich nach §§ 878, 892/893 u SonderVorschr wie §§ 2113, 2136; KG JW **32**, 2441; JFG **16**, 234) bedeuts. Soweit die Eintr einer VfgsBeschrkg für ihre Entsteh od nach §§ 892/893 für die Möglichk ihr widersprechen gutgl RErwerbs Bedeutg hat, sind GBO 17, 45 anwendb (KG JW **33**, 2708; JFG **13**, 114; KEHE/Eickmann § 45 Rn 8; Böttcher Rpfleger **83**, 49 [55]). Wird eine VfgsBeschrkg vor (KG JW **35**, 3560), gleichzeit mit (KG JW **33**, 2708) od nach (KG JFG **16**, 234) einer Vormkg bestellten Belastg eingetr, so ist aus dem GB nicht ersichtl, ob der RErwerb dem dch die VfgsBeschrkg Geschützten ggü wirks ist; bei WirksamkNachw gem GBO 29 aber deklarator Vermerk in Veränderogsspalte bei Belastg zul, daß sie ihm ggü wirks (KG JW **35**, 3560; Saarbr RhNK **95**, 25) u Antr auf „Rangvermerk" ist dahin umzudeuten (Hamm **7** Rpfleger **57**, 19). – **f) Eigentum** ist nicht rangfäh (BayObLG NJW-RR **91**, 567). Hat GBA neuen Eigtümer u Belastg am selben Tag eingetr, so ist von einheitl Vollzug u damit vom Eintritt beider auszugehen (RG **123**, 19; Nürnb DNotZ **67**, 761; aA MüKo/Wacke Rn 3 bei zuerst beantragter EigtUmschreibg), wenn nicht wg Anlegg eines neuen GBBlatts anzunehmen ist, daß EigtümerEintr zuerst vollzogen wurde (BGH DNotZ **71**, 411); es geht hier um die Frage, bis zu welchem Ztpkt der alte Eigtümer noch vfgsbefugt war.

8 **3) Gesetzliches Rangverhältnis (I, II).** – **a)** Bei **Eintragungen in derselben Abteilung (I 1)** entscheidet unabhäng vom EintrDatum die räuml Aufeinanderfolge (RG HRR **35** Nr 1016; MüKo/Wacke Rn 17; Planck/Strecker Anm 1; aA KGJ **41**, 223; Stadler AcP **89**, 425 [tats EintrZeit]). Über RangVerh bei gg Sammelbuchgen vgl Böttcher BWNotZ **88**, 73. Mangels ggteil Vermerks haben aber die gem GBO 49 zusgefaßten Rechte Gleichrang (Staud/Kutter Rn 20). IFv von GBO 45 1 Halbs 2 richtet sich der Rang nach dem Gleichrangvermerk, der insow materielle Bedeutg hat. – Dch nachträgl Eintr in einen ZwRaum (zB der entgg GBVfg 21 III freigelassen od bei Umschreibg einer nicht entstandenen bzw erloschenen Vormkg) geht der einmal erworbene Rang and Rechte nicht verloren. Der Rang so eingetr Rechte richtet sich nach der tats EintrZeit (nicht nach der Datumsangabe); sie können jedoch von Dritten gem § 892 mit dem ihrer räuml Stellg entspr Rang erworben werden, wobei das EintrDatum noch bösgl macht (MüKo/Wacke **9** Rn 18). – **b)** Bei **Eintragungen in verschiedenen Abteilungen (I 2)** entscheidet die zeitl Aufeinanderfolge nach Maßg der Tagesangabe (aA Stadler AcP **89**, 425 [tats EintrZeit]); bei gleicher Tagesangabe besteht (vorbehaltl abw Vermerks nach GBO 45 II, der insow materielle Bedeutg hat) Gleichrang. Fehlde od falsche Tagesangabe macht Eintr nicht unwirks (GBO 44 S 1 ist nur OrdngsVorschr). – Eine **undatierte** Eintr geht nach allgM Eintr in and Abteilgen vor, wenn das GB aus dem ZusHalt der übrigen Eintr den zeitl Vorrang ergibt (folgt einer undatierten Eintr in derselben Abteil eine datierte, so hat erstere Vorrang vor allen später datierten Eintr der and Abteilg). Läßt sich die wirkl EintrZeit anders (zB aus den GrdAkten) zweifelsfrei nachweisen, so ist sie ebenf maßg, so daß undatierte an letzter Stelle ihrer Abteilg nicht notw ggü datierten Eintr der and Abteilg nachrang (AK/BvSchweinitz Rn 12; Erm/Hagen Rn 12; aA Planck/Strecker Anm 2; Staud/Kutter Rn 55). – Dch **falsch datierte** Eintr geht der einmal erworbene Rang and Rechte nicht verloren. Der Rang bestimmt sich nach der tats EintrZeit (MüKo/Wacke Rn 23); das Recht kann jedoch von Dritten gem § 892 mit dem seinem EintrDatum entspr Rang erworben werden.

10 **4) Einzelfragen.** – **a)** Bei **nachfolgender Einigung (II)** wird trotz späterer Entsteh auf die Eintr gem I abgestellt. Dies gilt entspr bei einseit EigtümerErkl zur Bestellg eines EigtümerR, der Genehmgg schwebd unwirks od Nachholg nichtiger Einigg (KG HRR **32** Nr 1823), aufschiebbder Bdgg od AnfangsFr für REntstehg (Planck/Strecker Anm 3). Entspr II wird zT rückwirkde Heilg angen, wenn TitelZustellg der **11** ZwHypEintr od Erlaß der einstwVfg der VormkgsEintr nachfolgt (Streuer Rpfleger **88**, 513). – **b)** Eine **Eintragung in der Veränderungsspalte** teilt idR den Rang des zugehör Rechts (Ffm Rpfleger **78**, 312; Hamm OLGZ **85**, 23; aA Schmid Rpfleger **84**, 130; Böttcher BWNotZ **88**, 73). Über Nachverpfändg eines Grdst für mehrere Belastgen eines auf demselben GBBlatt eingetr Grdst dch Mithaftvermerk vgl § 1132 **12** Rn 7. – **c)** Bei **Verstoß gegen GBO 17, 45** wird das GB nicht unrichtig (Ffm FGPrax **95**, 17), denn I bestimmt den Rang mit materiellrechtl Wirkg; daher weder GBO 53 I noch § 894. Benachteiligter hat keinen BereichergsAnspr gg Begünstigten, da § 879 RGrd für den besseren Rang schafft (BGH **21**, 98; Hoche JuS **62**, 60; Staud/Kutter Rn 42; aA Erm/Hagen Rn 11; Westermann JZ **56**, 655). Mangels schuldrechtl RangverschaffgsVereinbg hat Eigtümer gg Begünstigten auch keinen BereichergsAnspr auf Rang- **13** Rücktr, dessen Abtretg Benachteiligter verlangen könnte. Es bleibt Amtshaftg. – **d) Erlöschen eines vorrangigen Rechts.** Die nachrang Rechte rücken vor (beweg RangVerh); wo das Gesetz dem Eigtümer die Rangstelle erhalten will, ordnet es das Nichterlöschen an (vgl §§ 889, 1163). Eine unrechtmäß Löschg läßt den Rang unberührt u macht das GB unrichtig. WiederEintr kann wg § 892 zu relativem RangVerh führen (§ 892 Rn 20), gutgl lastenfreier EigtErwerb zu Rechts- u damit Rangverlust.

5) Rangbestimmung durch die Beteiligten (III). – a) § 879 III, GBO 45 III. Von der materiellrechtl 14
Rangbestimmg (III) ist die verfrechtl nach GBO 45 III zu unterscheiden. Letztere muß im EintrAntr od in
der EintrBew enthalten sein, zB dch Bezugn auf mit materiellrechtl Rangbestimmg bestelltes Recht
(BayObLG Rpfleger **76**, 302). Eintr unter Verstoß gg bloß verfrechtl Rangbestimmg macht GB nicht
unrichtig. – **b) Materiellrechtliche Rangbestimmung (III)** erfordert Einigg zw Eigtümer u Erwerber 15
(bei EigtümerR einseit EigtümerErkl) über den Rang eines zu bestelldn Rechts. Den vereinbarten Rang
erlangt das Recht erst mit der ihm entspr Eintr, wobei ein Rangvermerk (insow keine Bezugn nach § 874)
zumind bei nachrang Recht eingetr sein muß (vgl § 880 Rn 3). Stillschw Einigg mögl; zB ist idR vereinb,
daß ein bei GrdstVeräußerg für den Veräußerer bestelltes Recht Vorrang vor für Dritte zu bestelde Rechte
haben soll (BayObLG Rpfleger **76**, 302; Bauch Rpfleger **83**, 421). Nicht ausreichd: Bestellg an „bereitester"
Stelle (KGJ **26**, 290, **52**, 197); ein Recht soll den ersten Rang erhalten, wobei Part aber mit Lösch von
Vorlasten erst nach seiner Eintr rechnen (Düss DNotZ **50**, 41); ein Recht soll einen bestimmten Rang u notf
den bereitesten Rang erhalten (BayObLG aaO); wenn einem Recht bestimmte andere nicht vorgehen dürfen
(Ffm DNotZ **81**, 580 [FallBesonderh maßg]). Ausreichen kann: Bestellg mehrerer Rechte mit einem an
bereitester Stelle (KG HRR **35** Nr 114); Bestellg eines Rechts im Rang nach einem zu bestelldn Recht
(Düss RhNK **94**, 80; LG Köln RhNK **81**, 259). GBO 15 berecht Notar nicht zur Rangbestimmg nach III
(Ffm Rpfleger **91**, 362). – **c) Schuldrechtliche Rangverschaffungsvereinbarung** von III zu unterschei- 16
den; dch Vormkg sicherb. Ist sie vom Besteller nicht erfüllt, so hat benachteil Erwerber SchadErsAnspr gg
ihn, der gem §§ 275, 281 auf Abtr etwa vorhandenen RangfreimachgsAnspr (zB §§ 812, 894) gg vorrang
Berecht geht; eigener Anspr auf Rangtausch nur bei Vereinbg zw beiden RInh, nicht aber aus § 812. –
d) Nichtübereinstimmung von Einigung und Eintragung. Zu der sehr str RLage vgl Planck/Strecker 17
Anm 6b; Staud/Kutter Rn 61 ff; Streuer Rpfleger **85**, 388; Böttcher BWNotZ **88**, 73. Wg der Nichtüberein-
stimmg ist das Recht (vorbehaltl § 139) nicht entstanden (BGH NJW-RR **90**, 206; Mü MittBayNot **94**, 329)
u das GB bezgl des Rechts (nicht nur des Rangs) unrichtig. Vielf ist aber wenigstens die Entsteh auch ohne
den vereinb Rang gewollt (§ 139) u das Recht dann mit dem Rang nach I entstanden; fehlt ein der Einigg
entspr Rangvermerk, so ist das GB richtig (KG JFG **12**, 290; wg schuldrechtl Anspr vgl Rn 16), währd ein
der Einigg nicht entspr Rangvermerk das GB bezgl des Vermerks unrichtig macht (KG HRR **35** Nr 114;
BayObLG Rpfleger **76**, 302).

880 *Rangänderung.* ^I Das Rangverhältnis kann nachträglich geändert werden.

**^{II} Zu der Rangänderung ist die Einigung des zurücktretenden und des vortretenden
Berechtigten und die Eintragung der Änderung in das Grundbuch erforderlich; die Vorschriften
des § 873 Abs. 2 und des § 878 finden Anwendung. Soll eine Hypothek, eine Grundschuld oder eine
Rentenschuld zurücktreten, so ist außerdem die Zustimmung des Eigentümers erforderlich. Die
Zustimmung ist dem Grundbuchamte oder einem der Beteiligten gegenüber zu erklären; sie ist
unwiderruflich.**

**^{III} Ist das zurücktretende Recht mit dem Rechte eines Dritten belastet, so finden die Vorschrif-
ten des § 876 entsprechende Anwendung.**

**^{IV} Der dem vortretenden Rechte eingeräumte Rang geht nicht dadurch verloren, daß das zu
rücktretende Recht durch Rechtsgeschäft aufgehoben wird.**

**^V Rechte, die den Rang zwischen dem zurücktretenden und dem vortretenden Rechte haben,
werden durch die Rangänderung nicht berührt.**

1) Allgemeines. – a) § 880 regelt die rgeschäftl **nachträgliche Rangänderung** dch Rücktr eines schon 1
eingetr Rechts unter Einräumg des Vor- od Gleichrangs für ein schon eingetr od gleichzeit einzutragdes
Recht (Hamm OLGZ **81**, 129; BayObLG NJW-RR **89**, 907); nicht aber die gleichzeit Eintr mehrerer Rechte
mit Rangbestimmg (§ 879 III) u nicht die Änderg iW der GBBerichtigg (KG HRR **29** Nr 35). Die RNatur ist
str (vgl Planck/Strecker Anm II 1; Staud/Kutter Anm 33). Von der dingl wirkdn Rangänderg sind zu
unterscheiden: die dch Vormkg sicherb schuldrechtl Verpfl zur Rangänderg (Hamm DNotZ **72**, 493) u die
schuldrechtl Abrede über die Vorwegbefriedigg eines rangschlechteren Rechts (RG Warn **10** Nr 117). –
b) Rangänderungsfähig sind materiell rangfäh Rechte (§ 879 Rn 4) an demselben BelastgGgst (§ 879
Rn 1); nicht aber Rechte mit gesetzl vorgeschriebenem Rang (zB ErbbRVO 10, RHeimstG 5).

2) Voraussetzungen. – a) Einigung (II 1) der ggwärt Inhaber (daher nicht des Eigtümers bzgl künft 2
EigtümerGrdSch; RG **84**, 78) der rangändernden Rechte bzw einseit Erkl bei Rechten desselben Inhabers;
§ 873 Rn 9–11 gilt entspr. Bei Gesamt- (LG Brschw Rpfleger **72**, 365) od BruchtBerecht (Darmst JW **34**,
2485) müssen alle mitwirken. Bdgg/Befristg zuläss u für Drittwirkg eintraggsbedürft (RG JW **34**, 282).
Einigg über GrdPfdR samt Nebenleistgen erfaßt auch Zinsen (Ffm Rpfleger **80**, 185; LG MöGladb RhNK
77, 131). Wird zu bestellend BaugeldHyp Vorrang eingeräumt, so erstreckt er sich iZw auch auf die vom
Eigtümer dem ZwFinanzierer abgetretene vorläuf EigtümerGrdSch (BGH **60**, 226; vgl dazu Staud/Kutter
Rn 16ff). – **b) Eintragung (II 1)** bei beiden Rechten (GBVfg 18); materiellrechtl genügt Eintr bei rücktret- 3
dem Recht (RG HRR **31** Nr 1912; KJG **44**, 256; MüKo/Wacke Rn 9; aA Erm/Hagen Rn 9; Staud/Kutter
Rn 22), nicht aber auch bei vortretdem Recht (aA Fratzky BWNotZ **79**, 27). Änderg ist auf GrdPfdRBrief zu
vermerken (Oldbg WM **82**, 494). AntrR (GBO 13 II) haben die beteil RInh; ferner der Eigtümer bei Vor- od
Rücktr eines GrdPfR wg Auswirkg auf künft EigtümerGrdSch (LG Hann Rpfleger **77**, 310; aA Böttcher
Rpfleger **82**, 52). EintrBew (GBO 19) des Zurücktretdn u der ZustBerecht iSv II 2, III (idR in Zust
enthalten) notw; auch des Berecht eines nur teilw vortretden GrdPfdR (BayObLG Rpfleger **85**, 434). –
c) Zustimmung des Eigentümers (II 2), wenn GrdPfdR (nicht aber GrdPfdRVormkg; KG JFG **13**, 418) 4
zurücktritt (wg Auswirkg auf künft EigtümerGrdSch). Formfreie (uU schlüss, LG Köln DNotZ **77**, 610)
abstrakte einseit empfangsbedürft WillErkl; selbstd RGesch ggü Einigg (RG **157**, 24). IdR in EintrBew
enthalten. Empfänger: II 3. § 181 gilt, wenn einer der Beteil die Zust als Vertreter des Eigtümers ggü sich od

dem GBA (vgl BGHZ JR **80**, 412) erklärt; nicht aber, wenn Eigtümer die Zust ggü sich als Vertreter eines Beteil od dem GBA erklärt (kein rechtl Nachteil für Vertretenen). Eintr ohne Zust macht GB unricht (Widerspr nach § 899 u ggf GBO 53 I 1; Berichtigg nach § 894, GBO 22); BerichtiggsAnspr haben neben dem Eigtümer auch die Beteil. § 878 auf ZustErkl nicht anwendb (RG **52**, 411). – Keine Zust erforderl: §§ 1151, 1192; wenn keine EigtümerGrdSch entstehen kann (RG **88**, 160 für § 1178); bei Vorrangeinräumg für ZwangsHyp (KG JFG **12**, 304). – **d) Zustimmung Dritter (III)** wg Beeinträchtigg erforderl; vgl § 876.

5   **3) Wirkung. – a) Allgemeines.** Das vortrete Recht tritt mit seinen NebenR vor bzw neben das zurücktrete Recht u verdrängt es aus seinem Rang (KGJ **53**, 178); aber keine Haftgserstreckg auf nur dem zurücktretden Recht haftdes Zubeh (RG Recht **18** Nr 863). Vorrang ggü TeilBetr führt zu Gleichrang mit RestBetr. Treten mehrere Rechte gleichzeit od nacheinand hinter ein anderes zurück, so ändert sich ihr RangVerh untereinand nicht (KGJ **42**, 265); ebso wenn mehrere gleichzeit vor ein anderes treten (KGJ **47**, 189), währd bei nicht gleichzeit vollzogenem Vortritt die Eintr das RangVerh bestimmt (KG JFG **8**, 306). Bei Nichtbestehen eines der rangändernden Rechte behält das andere seinen Rang; dch Vortritt ist aber der Rang des zurücktretden ScheinR gutgl erwerbb u Dritter kann vortretes ScheinR mit eingeräumten Vor-

6 rang gutgl erwerben (Erm/Hagen Rn 4, 8; Staud/Kutter Rn 38, 39). – **b)** Bestehen **keine Zwischenrechte oder treten diese auch zurück,** so hat die Rangänderg für die beteil u die ihnen nachrang Rechte dieselbe Wirkg wie bei ursp Bestellg im neuen Rang (KG HRR **42** Nr 539; Düss OLGZ **66**, 489); vgl Rn 8 zu 1/2/3. Die dch den späteren Rücktr des ZwischenR entfallde Beschrkg nach V wird dch die Eintr des Rücktr verlautbart (Düss aaO; Köln RhNK **76**, 587). Bloße Zust des ZwBerecht ohne eigenen Rücktr wirkt nur

7 schuldrechtl. – **c) Zwischenrechte werden nicht berührt (V):** sie dürfen weder Vor- noch Nachteile haben. Ist das zurücktrete Recht größer als das vortretde, so tritt es nur mit einem TeilBetr in Höhe des vortretden hinter das ZwischenR, währd der Rest zw vortretdem u ZwischenR bleibt (Hamm Rpfleger **85**, 246); vgl Rn 8 zu 1/2. Ist das vortrete Recht größer als das zurücktrete, so tritt es nur mit einem TeilBetr in Höhe des zurücktretden vor, währd der Rest hinter dem ZwischenR u vor dem zurücktretden bleibt; vgl Rn 8 zu 3/4. – Bei **Erlöschen des zurücktretenden Rechts** krG (zB §§ 158 II, 1061; Freiwerden mithaftder Grdst nach §§ 1173–1175, 1181 II) tritt das vortrete Recht wieder hinter das ZwischenR (vgl Rn 8 zu 4/5 b), währd die Aufhebg dch RGesch (zB § 875; inf Zahlg [MüKo/Wacke Rn 17]) den Rang des vortretden Rechts vor dem ZwischenR gem IV nicht berührt (vgl Rn 8 zu 4/5 a). – Bei **Erlöschen des vortretenden Rechts** inf RGesch od krG tritt das zurücktrete wieder vor das ZwischenR (BayObLG **81**, 44); vgl Rn 8 zu 4/5 c. –

8 **d)** Bei **mehrfacher Rangänderung** zu verschied Zeiten ist der Rang schrittw für die einz Ändergen festzustellen (Düss OLGZ **66**, 489). Beispiel:

1 1. Juni	2 3. Juni	3 5. Juni	4 7. Juni	5a oder 9. Juni	5b oder 9. Juni	5c 9. Juni
Ausgangslage	A räumt C Vorrang ein	B räumt C Vorrang ein	A räumt D Vorrang ein	A wird dch RGesch aufgehoben	A erlischt	D wird aufgehoben od erlischt krG
1. 50 für A	1a. 30 für C 1b. 20 für A	1. 30 für C	1. 30 für C	1. 30 für C	1. 30 für C	1. 30 für C
2. 10 für B	2. 10 für B	2. 50 für A	2. 50 für D	2. 50 für D	2. 10 für B	2. 50 für A
3. 30 für C	3. 30 für A	3. 10 für B	3. 10 für B	3. 10 für B	3. 70 für D	3. 10 für B
4. 70 für D	4. 70 für D	4. 70 für D	4a. 20 für D 4b. 50 für A	4. 20 für D		

9   **4) Aufhebung** der Rangänderg rgeschäftl nur dch neue Rangänderg mögl.

881 **Rangvorbehalt.** **ᴵ Der Eigentümer kann sich bei der Belastung des Grundstücks mit einem Rechte die Befugnis vorbehalten, ein anderes, dem Umfange nach bestimmtes Recht mit dem Range vor jenem Rechte eintragen zu lassen.**

ᴵᴵ Der Vorbehalt bedarf der Eintragung in das Grundbuch; die Eintragung muß bei dem Rechte erfolgen, das zurücktreten soll.

ᴵᴵᴵ Wird das Grundstück veräußert, so geht die vorbehaltene Befugnis auf den Erwerber über.

ᴵⱽ Ist das Grundstück vor der Eintragung des Rechtes, dem der Vorrang beigelegt ist, mit einem Rechte ohne einen entsprechenden Vorbehalt belastet worden, so hat der Vorrang insoweit keine Wirkung, als das mit dem Vorbehalt eingetragene Recht infolge der inzwischen eingetretenen Belastung eine über den Vorbehalt hinausgehende Beeinträchtigung erleiden würde.

1   **1) Allgemeines. – a) Rechtsnatur.** Der RangVorbeh ermöglicht dem Eigtümer weitere Belastgen mit besserem Rang (zu idR günstigeren Bdggen), als ihnen nach § 879 zukäme. Er ist für den Eigtümer ein nicht selbstd übertragb/verpfändb Stück EigtR u für den Inh des belasteten Rechts eine RBeschrkg (KGJ **40**, 234). Ähnl wirtsch Erfolg unter Vermeidg der relativen Rangordng (Rn 11) dch Bestellg eines EigtümerR (vgl Eickmann NJW **81**, 545) od einer Vormkg zur Sicherg des Anspr des Eigtümers auf künft Rangänderg (vgl KG aaO) bzw des Anspr des künft RInh auf Bestellg des vorbehaltenen Rechts. Der Vorbeh steht weiteren Belastgen (ohne VorbehAusnutzg od entspr Vorbeh) nicht entgg. – **b) Belastetes Recht** kann jedes dch RGesch (nicht dch ZwVollstr) bestellte GrdstR sowie aGrd Bewilligg (nicht aGrd einstwVfg) eingetr Vormkg (auch AuflVormkg) sein, sofern nicht Erstrangigk geboten (zB ErbbRVO 10). – **c) Vorrang oder Gleichrang** können vorbehalten werden (BayObLG **56**, 456).

2) Inhalt. – a) Vorbehaltenes Recht kann jedes dch RGesch zu bestellde eintrag- u rangfäh Recht einschl 2
Vormkg zur Sichg des BestellgsAnspr (KG JW **26**, 2546) sein. Es muß nach Inhalt u Umfang bestimmt sein;
Berecht braucht nicht angegeben zu werden. Bei Nebenleistgen eines GrdPfdR muß HöchstBetr so genau
wie bei ihrer Eintr (vgl § 1115 Rn 10–20) bestimmt sein, ihre Art muß nicht erkennb sein (Henke JW **38**, 50);
bei wiederkehrder Nebenleistg ist der AnfangsZtpkt anzugeben; bei Eintragg ohne diese Angabe ist die
Eintragg des GrdPfdR der AnfangsZtpkt (BGH NJW **95**, 1081). – **b)** Aufschiebd od auflösd **bedingter
oder befristeter Vorbehalt** zuläss (KG JFG **8**, 294); zB bei zwei Vorbeh ist einer auflösd bdgt dch
Ausnutzg des and. – **c) Beschränkungen** sind vereinb; zB dahin, daß vorbehaltenes Recht nur zugl mit 3
zuläss LöschgsVormkg (KG JFG **18**, 41), nach Löschg einer vorrang Rechts (KGJ **48**, 179), nach Absicherg
dch Versicherg (LG Duisbg RhNK **76**, 643), bei Beglaubigg der EintrBew dch best Notar (LG Düss
Rpfleger **85**, 100), für best Berecht (KG HRR **31** Nr 288) od bei Entstehg als FremdR (KGJ **28**, 255) bestellt
werden darf, od dahin, daß eingeräumter Vorrang auflösd bdgt (zB dch Vereinigg des vortretden Rechts mit
dem Eigt; RG JW **33**, 605; KG JFG **18**, 41) od nur einmal ausnutzb. – **d) Mehrere Rangvorbehalte** für
verschied Rechte zu Lasten eines Rechts zuläss (KG JFG **8**, 294).

3) Begründung. – a) Zeitpunkt. Bei Bestellg des belasteten Rechts gem § 873 od nachträgl gem § 877 4
(KG OLG **15**, 330). Zuläss ist auch nachträgl Begründg mit Ausnutzg für schon bestelltes Recht (KG JFG **8**,
287; nach aA nur § 880). – **b) Einigung** zw Eigtümer u Berecht des belasteten Rechts; bei Belastg eines
EigtümerR nur einseit EigtümerErkl. – **c) Eintragung** bei belastetem Recht **(II)** u in dessen Brief
(BayObLG MittBayNot **79**, 113); bei anfängl Begründg auf EintrBew des Eigtümers in der Hauptspalte, bei
nachträgl auf EintrBew nur das RInh (bei nachträgl Belastg eines GrdPfdR EintrBew des Eigtümers nicht
erforderl; KG JFG **12**, 285; aA Haegele/Schöner/Stöber Rn 2131) in der Verändergsspalte. Im EintrVermerk
müssen das vorbehaltene Recht entspr § 874 Rn 3, 4 u der Höchstumfang (bei GrdPfdR entspr § 1115)
bezeichnet werden; iü gilt § 874 entspr, zB für Beschrkgen iSv Rn 3 (KGJ **48**, 179; HRR **31** Nr 288). – **d)** Zu
den sehr str Fragen bei **Nichtübereinstimmung von Einigung und Eintragung** vgl MüKo/Wacke Rn 9,
Staud/Kutter Rn 10.

4) Ausnutzung. – a) Wirkung grds wie eine Rangänderg (KG JFG **6**, 307). Das vorbehaltene (= 5
vortretde) Recht erlangt den Rang des belasteten (= zurücktretden) u verliert ihn nicht dch dessen rgesch
Aufhebg (§ 880 IV); ZwischenR werden nicht berührt (§ 880 V), beeinflussen aber die Rangordng zw dem
vortretden u dem zurücktretden Recht **(IV**; vgl Rn 11). – **b) Bestellung des vorbehaltenen Rechts** nach 6
allg Grds. Bestellgsberecht ist der jeweil Eigtümer **(III)** bzw der für ihn VfgsBefugte (zB KonkVerw). Inh
des belasteten Rechts u von ZwischenR müssen nicht zustimmen od Eintr bewilligen. Im EintrVermerk
müssen Vorrang vor zurücktretdem Recht (§ 879 III) u VorbehAusnutzg (KG JFG **6**, 307) angegeben wer-
den; Brief des zurücktretden Rechts wird nicht ergänzt (BayObLG MittBayNot **79**, 113). Einem schon
eingetr Recht kann nachträgl gem § 877 der vorbehaltene Rang beigelegt werden (KGJ **40**, 236). –
c) Vorbehaltinhalt (Rn 2, 3) darf nicht überschritten werden; sonst § 894, GBO 53 I 1, sofern nicht nach 7
§ 880 verfahren. Vorbeh für Hyp deckt GrdSch u umgekehrt (KG JFG **5**, 340); über Ausnutzg eines
GesamtGrdPfdRVorbeh vgl LG Bchm DNotZ **56**, 604, Staud/Kutter Rn 28. Vorbeh für „10% Jahreszinsen
u Nebenleistgen" geht nicht über jährl 10% des Kapitals hinaus (LG Kiel SchlHA **85**, 41). Vorbeh für Zinsen
erfaßt auch and Nebenleistgen (Schmitz-Valckenberg NJW **64**, 1477; aA Ffm Rpfleger **64**, 376 abl Anm
Haegele). Bei Vorbeh „verzinsl" GrdPfdR ist § 1119 anwendb; nicht aber bei Auschl der Verzingsg des
vorbehaltenen Rechts (hM) u bei VorbehBegrenzg auf best Zins. Vorbeh für ein Recht erfaßt entspr
Vormkg. Vorbeh für Vorrang erfaßt auch Gleichrang (Mümmler JurBüro **79**, 1777). – **c) Stufenweise** 8
Ausnutzung dch mehrere Rechte zuläss (KGJ **49**, 234); Ausschl wiederholter Ausnutzg steht nicht entgg
(BayObLG MittBayNot **79**, 113). Sie haben unter sich Rang nach § 879 I (vgl Unterreitmayer Rpfleger **60**,
82); Gleichrang unter sich nur bei entspr Eintr zB aGrd Rangänderg od GleichrangVorbeh bei dem den
GesamtVorbeh ausnützden rangbegünstigtem Recht (BayObLG **56**, 456). Also keine zweitstell Eintr eines
den Vorbeh nur teilw ausnutzden Rechts; notw hierzu weiterer RangVorbeh bei diesem zB des die Restlük-
ke ausfüllden TeilR (Düss RhNK **67**, 781). – **d) Wiederholte Ausnutzung** nach Erlöschen des vortretden 9
Rechts zuläss, wenn keine einmalige Ausnutzbark vereinb (hM; KG JFG **8**, 294; aA Planck/Strecker Anm 6).
Sie kann aber als VorbehInhalt vereinb u gem § 874 eingetr werden (LG Aach Rpfleger **77**, 22). –
e) Zwangsvollstreckung. Der Vorbeh ist nicht pfändb (RG **117**, 426). Keine Eintr einer ZwangsHyp für
Gläub des Eigtümers in vorbehaltener Rangstelle (BGH **12**, 238; Jansen AcP **152**, 508; aA MüKo/Wacke
Rn 14; Staud/Kutter Rn 18). – **f) Grundstückteilung** (real u ideell) u VorbehAusnutzg vgl LG Köln
Rpfleger **87**, 368.

5) Wirkung in der Zwangsversteigerung. – a) Solange der **Vorbehalt nicht ausgenutzt** ist, ist er 10
nicht im geringsten Gebot zu berücksichtigen. Nach Beschlagn keine Ausnutzg mehr zum Nachteil des
betreibden Gläub. – **b)** Bei **Ausnutzung ohne Zwischenrecht** richtet sich das RangVerh zw beiden
Rechten nach § 880. – **c)** Bei **Ausnutzung mit Zwischenrecht** (zw Eintr u Ausnutzg des Vorbeh ist ein 11
Recht ohne Vorbeh wie bei dem des zurücktretden Rechts im Rang nach letzterem entstanden; RG **131**, 206)
gilt folgdes: **aa)** Das zurücktretde Recht muß sich das bei seiner Bestellg und als iFv § 880 nicht vorhandne
ZwischenR nicht vorgehen lassen, sond nur das vortretde Recht **(IV);** es erhält also den Erlösanteil, der das
vorbehaltene Recht übersteigt. **bb)** Das ZwischenR braucht sich, da selbst nicht mit dem Vorbeh belastet,
nur den ZwischenR nicht vorgehen zu lassen, der auf das ihm vorrang zurücktretde Recht entfällt (§ 880 V).
cc) Das vortretde Recht erhält den Überschuß. Das führt zu merkwürd Ergebn: das zurücktretde Recht
erhält nichts, solange der Erlös das vortretde Recht nicht übersteigt, währd ihm ein MehrBetr auf Kosten
des vortretden Rechts zugute kommt (relatives RangVerhältn zw beiden).

6) Erlöschen. – a) Ein **nicht ausgenutzter** Vorbeh erlischt mit dem belasteten Recht (KGJ **40**, 234). 12
Ferner dch Aufhebg gem § 875 (aA: § 877); Löschg im GB u auf Brief des belasteten Rechts erfordert nur
EintrBew des Eigtümers (BayObLG MittBayNot **79**, 113). – **b)** Ein **ausgenutzter** Vorbeh erlischt mit
Wegfall des vortretden Rechts, sofern er auf einmalige Ausübg beschr (Rn 9). Ferner dch Aufhebg (wie zu
a), die Vorrang des vortretden Rechts nicht berührt (Staudenmaier Rpfleger **60**, 81; hM), so daß dessen Inh
nicht zustimmen muß (LG Hof MittBayNot **74**, 268).

Beispiel:

	Erlösverteilung bei einem Gesamterlös von DM:			
	5000	10500	12000	13000
Nr. 1: 4000 DM mit 10000 DM Vorbeh	–	500	2000	3000
Nr. 2: 7000 DM ohne Vorbeh	1000	6500	7000	7000
Nr. 3: 10000 DM in VorbehAusnutzg	4000	3500	3000	3000

882 **Höchstbetrag des Wertersatzes.** Wird ein Grundstück mit einem Rechte belastet, für welches nach den für die Zwangsversteigerung geltenden Vorschriften dem Berechtigten im Falle des Erlöschens durch den Zuschlag der Wert aus dem Erlöse zu ersetzen ist, so kann der Höchstbetrag des Ersatzes bestimmt werden. Die Bestimmung bedarf der Eintragung in das Grundbuch.

1   **1)** Erlischt dch Zuschlag ein nicht auf KapitalZahlg gerichtetes Recht (zB Dbk, Reallast, dingl VorkR für mehrere VerkFälle, altes ErbbR, DWR, Vormkg), das nicht ablösb ist (daher nicht RentenSch, vgl § 1199 II), so tritt an seine Stelle ein Anspr auf WertErs (ZVG 92 I). Nach Rn 2 bestimmte HöchstBetr ist dann in den Teilgsplan aufzunehmen (ZVG 114 I); Herabsetzg auf den wahren Wert auf Widerspr (ZVG 115). Keine Bindg für ZVG 50 II (Hamm OLGZ **84**, 71).

2   **2)** Wertbestimmg bei RBestellg dch Einigg u Eintr. Auch nachträgl dch Inhaltsänderg (§ 877); Zustimmg gleich- od nachrang Berecht wg ZVG 115 nicht notw, wohl aber Zust von Berecht am geänderten Recht.

883 **Wesen und Wirkung der Vormerkung.** [I] Zur Sicherung des Anspruchs auf Einräumung oder Aufhebung eines Rechtes an einem Grundstück oder an einem das Grundstück belastenden Rechte oder auf Änderung des Inhalts oder des Ranges eines solchen Rechtes kann eine Vormerkung in das Grundbuch eingetragen werden. Die Eintragung einer Vormerkung ist auch zur Sicherung eines künftigen oder eines bedingten Anspruchs zulässig.

[II] Eine Verfügung, die nach der Eintragung der Vormerkung über das Grundstück oder das Recht getroffen wird, ist insoweit unwirksam, als sie den Anspruch vereiteln oder beeinträchtigen würde. Dies gilt auch, wenn die Verfügung im Wege der Zwangsvollstreckung oder der Arrestvollziehung oder durch den Konkursverwalter erfolgt.

[III] Der Rang des Rechtes, auf dessen Einräumung der Anspruch gerichtet ist, bestimmt sich nach der Eintragung der Vormerkung.

1   **1) Allgemeines.** Da die rgesch Änderg von GrdstR Einigg u Eintr erfordert, kann eine and mit Einigg u Eintr wirks gewordene Vfg den schuldrechtl Anspr auf RÄnderg vor seiner Erfüllg beeinträchtigen. Dagg schützt eine Vormkg, indem sie die Anspr gefährdde Vfgen über das betroffene Recht dem VormkgsBerecht ggü unwirks sein läßt (II) u den Rang des geschuldeten Rechts wahrt (III). Vgl auch Vormkgen nach LuftfzRG 10, SchiffsRG 10. – Die Wirkg einer Vormkg haben das dingl VorkR (§ 1098 II), das VorR auf ErbbRErneuerg (ErbbRVO 31 IV), das eingetr WiederkR nach § 20 RSiedlG (Übbl 11 vor § 1094); für sie keine Vormkg aus § 883 (KG JW **28**, 2467). – Der Widerspr (§ 899) sichert gg RVerlust bei unricht GB dch gutgl Dritterwerb u das Veräußergsverbot (§ 888 II) sichert nicht vormerkb Anspr.

2   **a) Rechtsnatur.** Rechtl Einordng der Vormkg, auf deren GrdLage alle Zweifelsfragen lösb, erscheint nicht mögl. Die Rspr u die hL gehen zutreffd davon aus, daß die Vormkg weder ein dingl Recht ist (aA Kempf JuS **61**, 22; Wunner NJW **69**, 113) noch ein solches aufschiebd bdgt verschafft (Kupisch JZ **77**, 486 tritt für Analogie dazu ein), sond daß es sich um ein mit gewissen dingl Wirkgen ausgestattetes **Sicherungsmittel eigener Art** für einen schuldrechtl Anspr mit dingl RÄnderg handelt (BGH DNotZ **75**, 414; BayObLG Rpfleger **80**, 294; Knöpfle JuS **81**, 157; Schneider DNotZ **82**, 523). Zweifelsfragen sind nicht dch formal-begriffl Subsumtion (zB unter dingl Recht), sond dch Interessenbewertg zu lösen. Sie ist **abhängig vom Bestand des gesicherten Anspruchs.** Sie entsteht nicht ohne ihn, erlischt mit ihm (§ 886 Rn 4) u kann ohne ihn nicht (auch nicht gutgl; § 885 Rn 12, 20) erworben werden.

3   **b) Wirkung. – aa) Sicherungs- (II) und Rangwirkung (III).** Sie rechtfertigen es, die Bewilligg einer Vormkg einer Vfg über das vom Anspr betroffene Recht iSv §§ **878, 893** gleichzustellen (§ 885 Rn 7); ihrerseits ist die Vormkg aber keine VfgsBeschrkg iS dieser Vorschr (RG **113**, 403; aA Knöpfle JuS **81**, 157). – **bb) Sonstige Wirkungen:** §§ 884, 1971, 1974 III, 2016 II; KO 24, 193; VerglO 50 IV, 82 II; ZVG 48.

4   **c) Vormerkungen besonderer Art. – aa) GBO** 18 II. Sie ist nicht wesensgl mit der des § 883 (KG JFG **23**, 146); KO 24 auf sie nicht anwendb (KGJ **39**, 167). Sie gewährt in GBVerf einen vorl Schutz für den öffrechtl Anspr gg das GBA auf Erledigg eines EintrAntr nach Maßg des Sachstandes zZ seines Eingangs (RG **110**, 207). Sie ist unzul, wenn die EintrVoraussetzgen bei AntrStellg fehlen u nicht rückwirkd nachholb sind. Sie ist mit AntrRückn zu löschen (KG DNotZ **73**, 33). Vgl auch SchiffsRO 28 II, LuftfzRG 77, 86 I. – **bb) Enteignungsrecht:** zB *Pr*EnteignsG 24 IV (dazu KGJ **40**, 130; LG Duisbg NJW **64**, 670). – **cc) BauGB** 28 II 3 – **dd)** § 1179. – **ee) ZVG** 130a.

2) Gesicherter Anspruch (I) muß ein auf einem best SchuldGrd beruhder schuldr Anspr auf dingl 5 RÄnderg sein; zur Prüfg der RBeständigk vgl § 885 Rn 14. Fälligk nicht erforderl. Gesichert sind nicht auch inhaltsgl Anspr aus and SchuldGrd (KG OLGZ **72**, 113): Vormkg für AuflassgsAnspr aus VorkR sichert nicht auch AuflAnspr aus AnkaufsR u umgekehrt (Haegele Rpfleger **60**, 57); AuflassgsVormkg des Käufers sichert nicht auch seine Ansprüche aus VertrRückabwicklg (BGH WM **66**, 1224); AuflVormkg für „Anspr aus dem Vertr" kann aber AuflAnspr aus VertrRückabwicklg sichern (KG OLGZ **69**, 202 [207]). Zur Sicherg des Anspr eines Eheg bei ausländ GüterGemsch vgl BayObLG NotZ **86**, 487. – Über AnsprÄnderg vgl § 885 Rn 1.

a) Schuldrechtlicher Anspruch des PrivatR (RG **60**, 423) aus Vertr, einseit RGesch od Gesetz (zB 6 §§ 648, 812; KO 37); auch WahlschuldVerh (Ffm MittBayNot **83**, 59: nur eine Vormkg). Anspr bis zur Eintr der RÄnderg vormerkb (KG OLGZ **71**, 457). Dingl Anspr zB aus §§ 894, 1169 sind dch Widerspr gem § 899 zu sichern (BayObLG **75**, 39); daneben bestehder schuldr Anspr aus § 812 dch Vormkg sicherb (RG **139**, 353); uU beides gleichzeit. Einigg alleine begründet keinen vormerkb Anspr (BGH **54**, 56). Wg erbrechtl Anspr vgl Rn 19. – Der Anspr muß **inhaltlich bestimmbar** sein; dafür genügd, daß aufzulassde 7 Teilfläche (Köln Rpfleger **93**, 349) od Ggst zu bestelln WohnR (BayObLG Rpfleger **86**, 174) später von einer VertrPart od Dr gem §§ 315, 317 zu bestimmen ist; ZweckBestimmg (BayObLG MittBayNot **72**, 228: „erforderl StraßenGrd") od Flächenmaß (BayObLG **73**, 309) ohne solches BestimmgsR nicht ausreichd. Über ReallasterhöhgsAnspr vgl Düss DNotZ **89**, 578.

b) Dingliche Rechtsänderung; REinräumg iSv I ist auch RÜbertragg. Gesicherter Anspr muß seine 8 Erfüllg dch endgült Eintr der RÄnderg finden können u daher sowohl eine nach ihrer allg Natur als auch an dem Recht, an dem sie vorgemerkt werden soll, eintraggsfäh (wenn auch nicht notw eintraggsbedürft) dingl RÄnderg betreffen (BayObLG **86**, 511); Vormkg eines nicht eintraggsfäh Rechts ist gem GBO 53 I 2 zu löschen. – **aa)** Auf **dingliche** RÄnderg richten sich zB auch Anspr auf HypBestellg mit Unterwerfsklausel 9 nach ZPO 800 (KG JFG **4**, 407) u RückgewährAnspr aus KO 37; nicht aber rgesch **Verfügungsverbot/ beschränkung** (BGH FamRZ **67**, 470; Hamm DNotZ **56**, 151), RückgewährAnspr aus AnfG 7 (Kblz NJW-RR **93**, 1343), Anspr aus ZahlgsTit bzgl SichgsR (BayObLG **75**, 39; JW **22**, 911) u HerausgAnspr aus § 2130 (hier hilft uU VeräußerungsVerbot gem § 888 II). Neben einem nicht vormerkb VfgsVerbot kann aber ein bdgter Anspr auf dingl RÄnderg bei verbotswidr Vfg vereinbart u vorgemerkt werden (Kohler DNotZ **89**, 339; aA Timm JZ **89**, 13); zB in ErbVertr mit verbotswidr Vfg des Erbl als Bdgg für AuflAnspr des VertrErben (Köln RhNK **95**, 100) od in VeräußergsVertr mit verbotswidr Vfg des Erwerbers od ZwVollstr im Grdst als Bdgg für RückAuflAnspr (BayObLG **77**, 268; LG Köln RhNK **88**, 67). – **bb)** Anspr 10 auf best **realen Grundstücksteil** beschränkb (BayObLG **73**, 297), zB Aufl einer best Teilfläche; bei gerin-gem Unterschied zw vorgemerktem u abvermessenem Teil wirkt Vormkg auch für letzteren (BGH DNotZ **71**, 95). Zweckbestimmg alleine (zB „erforderl StraßenGrd") kennzeichnet Teilfläche nicht ausreichd (BayObLG MittBayNot **72**, 228). Anspr auch auf einen **ideellen Anteil** beschränkb (BayObLG **73**, 309), zB Anspr auf Übertr eines MitEigtAnteils (BayObLG DNotZ **76**, 160). Vormerkb daher auch Anspr auf Übertr eines MitEigtAnteils an best realen GrdstTeil (LG Köln RhNK **76**, 216).

c) Gläubiger des Anspr (VormkgsBerecht) muß eine natürl od jur Person (auch GmbH in Gründg; 11 BayObLG NJW-RR **87**, 334; vgl auch RFf, 812) od eine OHG/KG (iFv HGB 2 auch schon vor HandelsReg-Eintr; BayObLG Rpfleger **85**, 353) unter ihrer Firma sein. – **aa) Vertrag zugunsten Dritter.** VertrPart des 12 Schuldn muß nicht mit künft RInh ident sein; SchuldR für VertrGestaltg maßg (RG **128**, 246). Stets ist der eigene Anspr des VersprEmpf (§ 335) dch seine Eintr als bestimmb Gläub sicherb; Dritter kann dann noch unbestimmt sein (BGH NJW **83**, 1543). Hat Dritter eigenen Anspr (§ 328 I), so ist dieser (auch schon von des VersprEmpf) nur sicherb, wenn Dritter als Gläub eintragb (nicht dch Eintr des VersprEmpf als VormkgsBerecht; BayObLG DNotZ **87**, 101); das erfordert zumindest Bestimmbark des Dritten nach sachl Merkmalen (Schlesw DNotZ **57**, 661): zB jeweil Eigtümer eines best Grdst (RG **128**, 246) bzw Inh einer Firma (KG DNotZ **37**, 330), noch nicht erzeugter Abkömmling (LG Köln RhNK **81**, 237), vom VersprEmpf noch zu benennde Pers (BGH NJW **83**, 1543; LG Ravbg Rpfleger **89**, 320 Anm Ludwig). Erben einer best Pers (LG Traunst NJW **62**, 2207). – **bb) Gläubi-** 13 **germehrheit.** GBO 47 gilt. Anspr von GesGläub iSv § 428 vormerkb, auch wenn dingl Recht (zB Eigt) ihnen nicht als GesGläub zustehen kann (BayObLG **63**, 128; Köln Rpfleger **75**, 19). Angabe des Gemsch-Verh nicht geboten, wenn Anspr mehrerer AnkaufsBerecht vorgemerkt werden soll (entspr § 513; BayObLG **67**, 275; Düss RhNK **83**, 49; LG Augsbg Rpfleger **94**, 342), u entfällt ganz bei Selbständigk der Berechtiggen (LG Flensbg SchlHA **70**, 230). Anspr eines in GüterGemsch lebden Eheg für ihn od für beide Eheg vormerkb (BayObLG **57**, 184; vgl auch Rn 6). Kann ein Anspr nur *A* od *B* zustehen (Alternativberech-tigg), so sind zwei Vormkgen notw (BayObLG Rpfleger **85**, 55); soll er zunächst *A* u *B* sowie bdgt/künft *A* od *B* od zunächst *C* sowie bdgt/künft *D* zustehen (Sukzessivberechtigg), so nur eine Vormkg (Zweibr Rpfleger **85**, 281; BayObLG **95**, 149 mwN; LG Landsh Rpfleger **92**, 338).

d) Schuldner des Anspr muß bei Eintr der Vormkg derjenige sein, dessen Eigt od GrdstR von der künft 14 RÄnderg betroffen wird (BayObLG NJW **83**, 1567); iFv §§ 876, 880 III ist Anspr gg Dr sicherb (str). Da SchuldR maßg für AnsprGestaltg (RG **128**, 246) u diesem Vertr zu Lasten Dr fremd (Einf 10 vor § 328), ist Anspr gg jew Eigtümer od RInh nicht vormerkb (BGH NJW **93**, 324). Vormerkb aber Anspr, der erst gg Erben des ggwärt Berecht dchsetzb, zB weil binddes Angebot des Berecht erst nach seinem Tod annehmb (KG JFG **21**, 32) od Anspr dann erst fäll (BayObLG **55**, 48; Schlesw SchlHA **63**, 268) od nach Tod des Berecht aufschieb bdgt (BayObLG **77**, 268); nicht aber Eigenverbindlichk des künft Erben (Hamm DNotZ **95**, 315). Wechsel des Schuldn nicht eintraggsfäh (KG JR **27**, 1394); § 418 I gilt entspr (Hoche NJW **60**, 464).

e) Künftiger Anspruch (I 2). Dazu zählen aufschieb befristete (mit Anfangstermin für Entstehg) 15 Anspr; sie sind stets vormerkb. Künft sind aber auch Anspr, deren rgeschäftl EntstehgsTatbestd noch nicht vollendet sind; Vormerkbark aller dieser Anspr würde aber fakt VfgsSperre bedeuten, so daß Eingrenzg geboten (BayObLG **77**, 247). Künft Anspr dieser Art nur vormerkb, wenn für Entstehg schon feste

RGrdLage geschaffen; sonst Vormkg unzul iSv GBO 53 I 2 (BayObLG **77**, 103). Dafür genügt die **vom künftigen Schuldner nicht mehr einseitig zu beseitigende Bindung** (BayObLG MittBayNot **95**, 207); sie ist eingetreten, wenn künft Schuldn seine zur AnsprEntstehg notw WillErkl nicht mehr einseit widerrufen kann od zu ihrer Abgabe verpflichtet ist. Nicht notw, daß AnsprEntstehg **nur** noch vom Willen des VormkgsBerecht abhängt (Ertl aaO; Geimer DNotZ **77**, 662; Lichtenberger NJW **77**, 1755; KG OLGZ **92**, 257; aA BGH NJW **81**, 446; BayObLG **77**, 103, 247, 268); sonst wäre zB künft AuflAnspr aus schuldr
16 VorkR nicht vormerkb, da VorkFall im Belieben des künft Schuldn. – **aa) Ausreichend:** Binddes formgült GrdstVerkAngebot (BGH NJW **81**, 446), von dem sich Verkäufer nicht einseit lösen kann (Oldbg DNotZ **87**, 369). Für Käufer von vollmachtlosem Vertr geschlossener GrdstKauf Vertr (BayObLG DNotZ **90**, 297). Schuldn zum Abschluß des HauptVertr verpflichtder VorVertr (BGH **LM** Nr 13). KaufVertr, der noch behördl Gen (KG OLGZ **92**, 257) od Zust Dr (KG NJW **73**, 428) bedarf; Vertr zG noch unbest Dritten (Denck NJW **84**, 1009). – **Ankaufsrecht** (BayObLG Rpfleger **93**, 58; nach aA bdgt Anspr [vgl BGH **LM** Nr 13]), vereinbartes **Rücktrittsrecht** (Celle RhNK **76**, 15; BayObLG **77**, 103; aA BGH **16**, 153: bdgter Anspr), schuldr **Vorkaufsrecht** (Larenz SchuldR II § 44 III; aA RG **104**, 122: bdgter Anspr) geben vormerkb künft Anspr, der erst mit RAusübgsErkl des Berecht entsteht (Larenz aaO; Jahr JuS **63**, 224 Fußn 9), währd Vereinbg des Rechts den Schuldn schon bindet. Unerhebl, ob RAusübgsErkl des Berecht von best Handlgen des Schuldn od sonst Bdgg abhäng, wie dies bei VorkR wesensnotw u bei and Rechten idR vereinbart (im Ergebn Ertl u Lichtenberger aaO; für RücktrR Celle aaO gg BayObLG **77**, 103). –
17 **bb) Nicht ausreichend:** Formnicht GrdstKaufVertr (BGH **54**, 56; MittBayNot **83**, 10; aA Lüke JuS **71**, 341). Auf Verkäuferseite von einem Dritten ohne BindgsWirkg für den Verkäufer (zB vollmachtloser Vertr) abgeschl GrdstKaufVertr (BayObLG **72**, 397; Rpfleger **77**, 361). VorVertr, von dem sich Schu jederzeit lösen kann (BayObLG **76**, 297). Vgl auch Rn 19.

18 **f) Bedingter Anspruch (I 2)**, aufschiebd od auflösd, ist vormerkb. Zur AnsprBegründg notw rgesch WillErkl sind abgegeben u bilden feste RGrdLage (BayObLG MittBayNot **95**, 207). BdggsEintritt kann im Belieben des Gläub (RG **69**, 281) od Schuldn (zB seine Vfg über Grdst als Bdgg; BayObLG Rpfleger **89**, 190) stehen. Auch hier daher nicht notw, daß Wirksamwerden des Anspr **nur** noch vom Willen des VormkgsBerecht abhängt. Bdgg darf aber nicht so sein, daß in Wahrh noch keine vertragl Bindg des Schuldn (KGJ **48**, 189). Mehrfache Bedingth zul (BayObLG MittBayNot **95**, 207). – **Beispiele:** AuflAnspr aus KaufVertr, der erst mit Erteilg einer BauGen wirks werden soll (Ffm DNotZ **72**, 180); RückAuflAnspr des Verkäufers bei Vorversterben des Erwerbers (BayObLG **77**, 268; auch iVm Nichteintritt best Erbfolge, Hamm Rpfleger **78**, 137) od Scheidg des Erwerbers (LG Mannh BWNotZ **78**, 43) od ZwVollstr in das Grdst (Hamm aaO). Bdgtes WiederkR (BGH DNotZ **95**, 204).

19 **g) Erbrechtliche Ansprüche** sind aus mehreren vorgenannten Grden nicht vormerkb; insb weil Erbl seine Vfg vTw jederzeit widerrufen (Testament, Schenkg vTw) u unter Lebden noch verfügen (ErbVertr, Überlebder bei gemschaftl Testament) kann. Über Sicherg eines VfgsVerbots im ErbVertr vgl Rn 9. – **aa) Erbe** aGrd Testaments (KGJ **48**, 189) od ErbVertr (BGH FamRZ **67**, 470; Hamm OLGZ **65**, 347) hat zu Lebzeiten des Erbl keinen vormerkb Anspr gg diesen. Ebso Schlußerbe aus gemschaftl Testament gg Überlebden (KG JFG **23**, 148). – **bb) Vermächtnisnehmer** aGrd Testaments od ErbVertr hat zu Lebzeiten des Erbl keinen vormerkb Anspr gg diesen od künft Erben (BGH **12**, 115; vgl auch Schlesw NJW-RR **93**, 11 [bei Nacherbfall zu erfülldes Verm]). Gilt auch bei Vermächtn aGrd gemschaftl Testaments (Schlesw SchlHA **59**, 175) u bei VorausVerm (KGJ **48**, 189). Nach Erbfall VermAnspr gg Erben vormerkb (Hamm MDR **84**, 402). – **cc) Schenkung von Todes wegen** (§ 2301) nicht zu Lebzeiten des Erbl vormerkb (BGH **12**, 115; KG JFG **21**, 32). – **dd) Auseinandersetzungsanspruch** vor Erbfall weder aGrd Vereinbg unter künft Erben (Hamm OLGZ **65**, 347) od zw VorE u NachE (KG HRR **31**, 590) noch aGrd TeilsgAO (KGJ **48**, 189) vormerkb. – **ee) Herausgabeanspruch** des NachE gg VorE (§ 2130) nicht vormerkb. – **ff)** Anspr aus **Nachvermächtnis** (§ 2191) nach Eintr des VermächtnNehmers vormerkb (BayObLG Rpfleger **81**, 190).

20 **3) Sicherungswirkung (II 1).** Den Anspr vereitelnde od beeinträchtigde Vfgen sind ggü dem VormkgsBerecht unwirks. Die SichgsWirkg **beginnt** mit Eintr der Vormkg (beachte aber § 878; vgl § 885 Rn 11) u schützt künft Anspr daher schon vor seiner Entstehg (BGH NJW **81**, 446); aber keine Rückwirkg der späteren dingl RÄnderg, denn III betrifft nur den Rang (BGH **13**, 1). Ist aus § 117 nichtiger AuflAnspr vorgemerkt, so wird Käufer nicht rückbezogen auf Ztpkt daneben mündl geschl u gem § 313 S 2 geheilten Vertr geschützt (BGH **54**, 56); ebso wenn AuflAnspr aus endgült nicht genehmigtem Vertr vorgemerkt ist u dieser dch genehmiggsfäh Vertr ersetzt wird (Zweibr Pfleger **89**, 495). SichgsWirkg bei AuflVormkg erfaßt auch Vfg über von Anspr betr Zubeh u Erzeugn (BGH **LM** § 559 Nr 1; aA Schmidt BWNotZ **75**, 104) sowie über § 1128 für vormkgswidr GrdPfdR haftet (BGH **99**, 385). Gutgl VormkgsErwerber wird der spätere RErwerb gesichert (§ 885 Rn 13). – **Unrechtmäßige Löschung** der Vormkg hebt SichgsWirkg ggü Vfg vor u nach der Löschg nicht auf (BGH **60**, 46; BayObLG **61**, 63); bei Vfg nach Löschg gutgl DrErwerb mögl.

21 **a) Vormerkungswidrige Verfügung.** Inhalt des gesicherten Anspr maßg, ob er von Vfg betroffen. Belastg mit FremdR widerspricht AuflVormkg, sofern nicht Übereigng unter Bestehenbleiben späterer Belastgen vereinbart (BGH NJW **81**, 980). Belastg mit EigtümerGrdSch widerspricht AuflVormkg (da mit Übereigng FremdGrdSch), nicht aber Abtr schon bestehder (BGH **64**, 316). Vermietg/Verpachtg widerspricht wg § 571 AuflVormkg auch bei GebrÜberlassg (Schwab/Prütting § 18 III 4; Erm/Hagen Rn 20; MüKo/Wacke Rn 42; aA BGH NJW **89**, 451). BaulastÜbern ist vormkgswidr (VGH Mannh NJW **93**, 678; vgl Drischler Rpfleger **91**, 234). Vormkgswidr kann nur eine Vfg sein, die vor Eintrag der Vormkg noch nicht dch Einigg u vollzogene Eintr vollendet (RG **113**, 403); sie ist es auch, wenn ihre Eintragg unter Verstoß gg GBO 17 nach der Eintrag der Vormkg erfolgte (BGH WM **95**, 404). Ggü eingetr Vormkg ist Gutgläubigk des DrErwerbers unerhebl (BGH NJW **94**, 2947). – Keine Vfg: bloße GBBerichtigg od Widerspr; Umwandlg einer Hyp in EigtümerGrdSch gem ZPO 868 (Ffm KTS **84**, 162).

b) Relative Unwirksamkeit. Der vormkgswidr Dritterwerber wird in jeder Hinsicht u ggü jedermann 22 RInhaber; dem Verfügden bleibt aber die Fähigk, zugunsten des VormkgsBerecht (bzw des Pfdgs/PfdGläub des gesicherten Anspr; KG JFG **8**, 318) über das nunmehr fremde Recht zu verfügen (Gursky JR **84**, 3 mwN; vgl KG Rpfleger **65**, 14); nur letztere versetzen sich daher auf die relat Unwirksamk berufen (Nürnb WM **69**, 1427). Sie endet, wenn VormkgsBerecht Unwirksamk nach § 888 (nicht § 894) geltd macht, die Vfg dch Gen des VormkgsBerecht (auch ggü seinem RNachf) voll wirks wird (BGH **LM** Nr 6; WirksamkVermerk entspr § 879 Rn 6 zuläss [Saarbr FGPrax **95**, 135]) od die Vormkg erlischt (vgl § 886 Rn 5).

c) Keine Verfügungsbeschränkung (GBSperre). Das GBA darf Eintr der vormkgswidr Vfg nicht 23 ablehnen (RG **132**, 419 [424]); sie macht das GB nicht unricht (§ 888 Rn 2). Jedoch ist das mit der Vormkg belastete Recht entspr § 876 nur mit Zust des VormkgsBerecht aufhebb (KG JFG **9**, 218); lastenfreie Abschreibg eines GrdstTeils nur mit LöschgsBewilligg des VormkgsBerecht (BayObLG Rpfleger **75**, 425) od wenn dessen Nichtbetroffenh gem GBO 29 nachgewiesen (BayObLG **73**, 297).

4) Erweiterung der Sicherungswirkung (Rn 20) auf Vfg iSv **II 2**. Entspr Anwendg auf Erwerb krG, 24 zB Buchersitzg, geboten (W-Raiser § 48 III 1).

a) Konkurs. SichergsWirkg nur, wenn Vormkg vor KonkEröffng eingetr; für rgesch bewilligte Vormkg 25 gilt aber § 878 zG des vorgemerkten Rechts (§ 885 Rn 11). Vfg des KonkVerw relativ unwirks. Er muß gesicherten Anspr, sofern dieser auf Erfüllg geht u sie (wie zB § 648) nicht nur sichert, erfüllen (KO 24) ohne WahlR nach KO 17; über künft Anspr vgl Denck NJW **84**, 1009, Ludwig Rpfleger **86**, 345. Geht der den gesicherten Anspr zugrdeliegde Vertr auch auf Erstellg eines Bauwerks u ist dieses noch nicht (fertig) erstellt, so verdrängt auch hier KO 24 in Ansehg des AuflAnspr (im Ggs zum BauherstellgsAnspr) KO 17 (BGH NJW **81**, 991). Bei Anspr auf RÄnderg ist Vormkg nicht inkongruente Deckg iSv KO 30 Nr 2 (BGH **34**, 254). BGH **47**, 181 verneint AbsondergsR des GrdSchGläub am Erlös für GrdstVeräußerg dch Konk-Verw an rangbesseren AuflVormkgsBerecht (aA beachtl Keuk NJW **68**, 476).

b) Zwangsversteigerung. – aa) Grundsatz. VormkgsBerecht ist Beteil nach ZVG 9. Dch Vormkg 26 gesichertes Recht ist bei der Feststellg des geringsten Gebots wie eingetr Recht in der Rangstelle des ZVG 10 Nr 4 zu berücksichtigen. Es müßte aber bei endgült Eintr selbst neue GrdstBelastg ergeben; zB Anspr auf Neubestellg od Erweiterg ist (im Ggs zu Anspr auf Aufhebg, Übertr od RangÄnderg (BGH **53**, 47; krit Häsemeyer KTS **71**, 22). Es ist wie ein bdgtes Recht zu behandeln: ZVG 50, 51, 114, 119, 120, 124, 125; insb ErsBetr zu bestimmen, den Ersteher neben Bargebot zahlen muß, wenn gesicherter Anspr nicht besteht od nicht entsteht. Ist das Recht des betreibden Gläub dem VormkgsBerecht ggü unwirks, so fällt die Vormkg auf Einräumg eines Rechts in das geringste Gebot u bleibt bei Zuschlag bestehen (ZVG 52); anderenf erlischt sie mit Zuschlag (ZVG 91) u WertErsAnspr (ZVG 92) für VormkgsBerecht. Im VerteilgsVerf Auszahlg des auf die Vormkg entfallden Erlösanteils erst nach endgült Feststellg des Anspr (RG **55**, 217). – **bb) Auflas-** 27 **sungsvormerkung.** Ist sie **vorrangig** ggü dem Recht des betreibden Gläub, so ist ZwVerst deshalb nicht ausgeschl (RG **125**, 242 [251]). ZPO 772 nicht anwendb, da Vormkg kein VeräußergsVerbot (str). Aufl Vormkg gehört auch bei bdgtem Anspr in geringstes Gebot (BGH **46**, 124). Wird VormkgsBerecht vor Zuschlag als Eigtümer eingetr, so ist Verf aufzuheben (ZVG 28; LG Frankth Rpfleger **85**, 371). Vormkg als solche dagg kein der ZwVerst entgegstehdes Recht iSv ZVG 28, 37 Nr 5 (BGH **46**, 124). Aber beeinträchtig-te Vfg iW der ZwVollstr relativ unwirks u VormkgsBerecht kann vom Ersteher Zust zur Aufl (§ 888 I) u Herausg verlangen (RG **133**, 267). Ersteher hat keinen Anspr auf GgLeistg (Kaufpr) des VormkgsBerecht (str), kann aber, wenn er Gläub des bish Eigtümers ist, dessen KaufprAnspr pfänden. – Ist sie **nachrangig** ggü dem Recht des betreibden Gläub, so kommt sie nicht in das geringste Gebot u erlischt mit Zuschlag (ZVG 91); VormkgsBerecht hat WertErsAnspr (ZVG 92). Erlös ist bdgt zuzuteilen u zu hinterlegen; str, ob dabei vom VormkgsBerecht zu erbringde GgLeistg abzuziehen (nein: RG **144**, 284; Tiedtke Jura **81**, 360; ja: Wörbelauer DNotZ **63**, 721; Keuk NJW **68**, 476; Blomeyer DNotZ **79**, 528).

c) Vergleich. Vergl nach VerglO 82 II berührt Recht aus einer Vormkg nicht (VerglO 87 I, vgl auch 28 50 IV); ebsowenig ZwVergl (KO 193). VormkgsBerecht ist nicht VerglGläub (VerglO 26 I). Sicherg iSv VerglO ist auch iW der ZwVollstr erlangte Vormkg.

5) Rangwirkung (III). – a) Rangverhältnis. Die Vormkg (auch AuflVormkg) steht im RangVerh 29 (§ 879) zu den eingetr Rechten (Ffm Rpfleger **80**, 185); RangÄnderg u bei bewilligter Vormkg auch Rang-Vorbeh mögl. Bei mehreren ranggl AuflVormkgen ist die erste Übereigng den and VormkgsBerecht ggü wirks (Holderbaum JZ **45**, 712; Wieling JZ **82**, 839 Fußn 48; Werner FS-E. Wolf **85**, 671; MüKo/Wacke Rn 59; aA Erm/Hagen Rn 8; Lemke JuS **80**, 514; Lüdtke-Handjery Betr **74**, 517: BruchtEigt der Vormkgs-Berecht). – **b) Rangverwirklichung.** Wird der gesicherte Anspr dch Herbeiführg der dingl RÄnderg 30 erfüllt, so verwirklicht sich die Rangwahrg, indem krG das Recht, in das die Vormkg umgeschrieben wird, den Rang der Vormkg erhält. Ztpkt der Umschreibg unerhebl. Bestellt zB der V eine HypVormkg eingetr u wird vor ihrer Umschreibg dem H eine Hyp bestellt, so hat die danach für V eingetr Hyp ohne weiteres den Rang vor H (§ 879 I 1): die Hyp des V steht im GB räuml vor der des H, weil eine HypVormkg in die linke Halbspalte eingetr wird, die vorgemerkte Hyp dann in die freie rechte Halbspalte (vgl GBVfg 12, 19); wird vor Umschreibg für N ein Nießbr eingetr, so hat die Hyp des V den Vorrang vor N (§ 879 I 2): die VormkgsEintr datiert vor der des Nießbr. Evtl Rangvermerk der Vormkg maßg. Vorausetzg ist, daß die Vormkg noch bestand, als der gesicherte Anspr erfüllt wurde (KG JW **31**, 1202) u das endgült Recht in einem RangVerh stehen kann (KG JFG **8**, 318); über Eintr einer SichgHyp nach ZPO 848 vgl KG aaO.

884 **Haftung des Erben.** Soweit der Anspruch durch die Vormerkung gesichert ist, kann sich der Erbe des Verpflichteten nicht auf die Beschränkung seiner Haftung berufen.

Stirbt der Schu des gesicherten Anspr, so hat ihn nach allg Grdsätzen der Erbe zu erfüllen. § 884 gewährt 1 dem Gläub bes Schutz: der Erbe haftet unbeschränkt u unbeschränkbar, soweit Anspr u Vormkg sich decken. Auch die aufschiebenden Einreden stehen ihm nicht zu, § 2016. Ferner wird der Gläub vom

Aufgebot nicht betroffen, §§ 1971 S 2, 1974 III, 2060 Nr 2. Die Vormkg muß vor dem Erbfall aGrd Bewilligg od einstw Vfg od nach dem Erbfall aGrd Bewilligg des Erblassers (Staud/Gursky Rn 5) od Erben eingetr worden sein; vgl §§ 1990 II, 2016; KO 221 II.

885 *Begründung der Vormerkung.* [1]Die Eintragung einer Vormerkung erfolgt auf Grund einer einstweiligen Verfügung oder auf Grund der Bewilligung desjenigen, dessen Grundstück oder dessen Recht von der Vormerkung betroffen wird. Zur Erlassung der einstweiligen Verfügung ist nicht erforderlich, daß eine Gefährdung des zu sichernden Anspruchs glaubhaft gemacht wird.

[II]Bei der Eintragung kann zur näheren Bezeichnung des zu sichernden Anspruchs auf die einstweilige Verfügung oder die Eintragungsbewilligung Bezug genommen werden.

1   1) **Allgemeines.** § 885 gibt SonderVorschr für Begründg einer Vormkg; § 873 nicht anwendb, da keine Begründg dch Einigg (vgl Rn 8).

2   a) **Inhaltsänderung.** § 885 gilt auch für die Änder/Erweiterg eines schon vorgemerkten Anspr; zB Verlängerg der AnnFr für Kaufangebot (Ffm Rpfleger **93**, 329; Karlsr DNotZ **94**, 252). Eintragg als Inhaltsänderg (§ 877) der Vormkg (LG Köln RhNK **83**, 154), der nachrang Berecht bei Beeinträchtigg zustimmen müssen (BGH **LM** § 883 Nr 6; Karlsr aaO). Unwesentl Änderg ohne Eintragg beeinträchtigt SichgWirkg nicht (Düss RhNK **86**, 195). Bei AnsprBeschrkg bleibt Vormkg insow bestehen, so daß keine Eintragg der Inhaltsänderg notw. Keine InhaltsÄnderg sind Entstehen des vorgemerkten künft Anspr (BayObLG NJW-RR **95**, 398) u AnsprNovation ohne Erweiterg (Wacke DNotZ **95**, 507 [514]); Vormkg sichert weiter.

3   b) **Verfügungsbeschränkungen** (Übbl 17–26 vor § 873) sind von Fall zu Fall darauf zu prüfen, ob Eintr einer Vormkg der Gen bedarf. Meist wird Gesetzeszweck dch Eintr einer Vormkg nicht beeinträchtigt, weil die Gen des vorgemerkten RGesch versagt werden kann. – **aa) Genehmigungsfrei** ist Vormkg für genehmiggsbedürft RGesch nach GrdstVG 2, BauGB 19, 51 (BayObLG **69**, 303) u 144 (LG Hann DNotZ **74**, 295), BVersG 75 (aA RG **134**, 182), DevisenR (KG JFG **17**, 184; aA BayObLG DNotZ **52**, 578), ErbbRVO 5 (Köln NJW **68**, 505; str), WEG 12 (BayObLG **64**, 237), § 1365 (BayObLG **76**, 15); § 1821 I Nr 5 (BayObLG DNotZ **94**, 182); GVO 2 I (KG OLGZ **92**, 257). – **bb) Genehmigungsbedürftig** ist Vormkg iFv § 1821 I Nr 1 (LG Lüb Rpfleger **91**, 363 mwN) u bei Beschlagn nach StPO 290 ff, AO 399.

4   2) **Einstweilige Verfügung** ersetzt die Bewilligg des von der VormkgsEintr Betroffenen (Rn 10) u muß sich daher gg diesen richten (BayObLG NJW **86**, 2578: nicht gg einen Gter, wenn OHG/KG betroffen). Jeder Gläub eines vormerkb Anspr (sowie der PfdR- u PfdgsGläub; Hoche NJW **56**, 146) kann sie erwirken, selbst wenn er bei AnsprBegründg auf sie verzichtet hat (Ffm NJW **58**, 1924; Friese DNotZ **55**, 243); nach Bewilligg fehlt aber RSchutzInteresse für einstw Vfg, sofern nicht nur ZPO 895 gegeben u Gläub Sicherh leisten muß (Celle MDR **64**, 333). Über Vormkg aGrd vorläufAO nach LwVG 18 vgl Celle NdsRpfl **65**, 245. Die einstw Vfg muß der Eintragg vorausgehen (KGJ **46**, 200 [208]; Staud/Gursky Rn 32).

5   a) **Verfahren:** ZPO 935 ff. – Zuständ ist das ProzGer, nicht das GBA u in LandwSachen auch nicht das LandwGer (Celle NdsRpfl **64**, 268; Oldbg NdsRpfl **67**, 271). – Zu sichernder Anspr ist glaubh zu machen (ZPO 920 II, vgl aber 921 II), nicht aber seine wg EintrGrds stets gegebene Gefährdg (**I 2**) u bes SichergsBedürfn (Hamm MDR **66**, 236); Bestehen des Anspr braucht daher nicht festzustehen (Ffm NJW-RR **93**, 473). Einstw Vfg kann zwar u bedgter Anspr, nicht aber wg künft Anspr zul, weil ZPO 926 nicht erfüllb (RG **74**, 158; Soergel/Stürner Rn 4; Knöpfle JuS **81**, 157 [160]; aA Jauernig Anm 3 c; Hager JuS **90**, 429 [433]); wg Anspr aus II WoBauG 54 vgl Köln RhNK **80**, 109. Bei GesHyp gilt ZPO 867 II nicht (Ffm FGPrax **95**, 138). Vollziehg mit Eingang des EintrAntr/Ersuchens beim GBA (ZPO 932 III). Beide VollziehgsFr des ZPO 929 II u III müssen gewahrt sein; sonst Vormkg nichtig u Umschreibg in endgült Recht unzul (RG **151**, 155); auch keine Umdatierg der Eintr auf neue einstw Vfg (KG HRR **29**, 1823).

6   b) **Inhalt.** Sie muß alle Erfordern der sie ersetzden Bewilligg enthalten, insb den Berecht u Verpflichteten sowie den Ggst (nicht den SchuldGrd) des vorzumerkden Anspr; vgl ferner GBO 28 (Düss Rpfleger **78**, 216; BayObLG Rpfleger **81**, 190).

7   c) **§§ 878, 892/893** nicht anwendb, da keine rgesch VfgsErkl des Berecht; also kein gutgl Ersterwerb (BayObLG NJW-RR **87**, 812; aA Hager JuS **90**, 429 [438]).

8   3) **Bewilligung des Betroffenen.** Einseit empfangsbedürft materiell- u formellrechtl WillErkl, die entspr § 873 Rn 2 der Eintragg nachfolgen kann (Staud/Gursky Rn 11; aA KGJ **46**, 200 [208]). Einigg nicht erforderl (BGH **28**, 182; KG OLGZ **92**, 257). In Einigg über RÄnderg oder EintrBew für diese liegt noch nicht VormkgsBewilligg (BayObLG Rpfleger **79**, 134). Materiellrechtl formfrei (RG JW **26**, 1955), formellrechtl gilt GBO 29. Vormkg aGrd einstw Vfg hindert Vormkg aGrd Bewilligg nicht (KG JR **27**, 1021); nachträgl Bewilligg im GB eintragb (KGJ **20**, 79), dann Löschg nach GBO 25 ausgeschl. – Ohne bes Abrede kein **Bewilligungsanspruch** aus GrdGesch der RÄnderg (aA Hager JuS **90**, 429 [433]).

9   a) **Abgabe** ggü Gläub od GBA. Tod des Gläub nach Zugang der Bewilligg beim GBA u seine Eintr läßt Vormkg für Erben entstehen (RG JW **26**, 1955). Bei Urt auf Bewilligg der Eintr einer Vormkg gilt Bewilligg mit RKraft als abgegeben (ZPO 894). Bei Urt auf Bewilligg der Eintr einer dingl RÄnderg gilt Eintr einer Vormkg mit Verkündg vorl vollstreckb Urt als bewilligt (ZPO 895; vgl auch Rn 4); Eintr erfordert weder VollstrKlausel noch Zustellg (vgl BGH Rpfleger **69**, 425), aber Nachw angeordnet SicherhLeistg.

10 b) **Betroffen** ist der ggwärt wahre Inh des dingl Rechts, das dch die Erfüll des gesicherter Anspr übertr oder beeinträchtigt wird; auch wenn sich der Anspr erst gg den Erben richtet (KG DR **40**, 796). Nicht ein DrBerecht (zB PfdGläub an Hyp, deren Aufhebg vorgemerkt); diesen schützt § 876. Bei Mehrh von RInh sind alle betroffen. An die Stelle des RInh tritt der VfgsBerecht (KonkVerw, TestVollstr). Bei gleichzeit Eintr eines Rechts u einer Vormkg daran genügt Bewilligg des GrdstEigtümers, da beschr Recht bewilligt

(KG JFG **11**, 269; Hieber DNotZ **58**, 379). Für Bewilligg eines NichtBerecht gilt § 185; hieraus folgt aber kein Recht des AuflEmpfängers, für sich AuflVormkg eintragen zu lassen (BayObLG Rpfleger **79**, 134). Zur Frage, ob AuflEmpfänger seinen Abkäufer dch Vormkg sichern kann, vgl § 925 Rn 23.

c) § 878 ist auf bewilligte Vormkg entspr anwendb (BGH **28**, 182; BVerwG VIZ **95**, 531). Er verhilft zur **11** Vormkg, wenn diese rechtzeit iSv § 878 beantragt war u Betroffener vor Eintr vfgsbeschr geworden; Vormkg sichert dann auch RErwerb, auf den gesicherter Anspr zielt. VfgsBeschrkg nach VormkgsEintr hindert RErwerb nicht. – Dies gilt auch bei fingiertem rgesch Erwerb nach ZPO 894, 898; nicht aber iFv ZPO 895.

d) Gutgläubiger Erwerb (Ersterwerb). § 893 Fall 2 ist auf die bewilligte Vormkg anwendb (§ 893 Rn 3). **12** Ebso bei fingiertem rgesch Erwerb nach ZPO 894, 898; nicht aber iFv ZPO 895 (aA Hager JuS **90**, 429 [437]). Gesicherter Anspr muß aber bestehen, denn er wird vom öff Gl des GB nicht erfaßt. – **Sicherungs-** **13** **wirkung für späteren Rechtserwerb** (neben § 883 II). Bei Erwerb vom Berecht ist der Erwerber nach Maßg von §§ 892, 893 gg nichteingetr Rechte/VfgsBeschrkgen geschützt (BGH NJW **94**, 2947; BayObLG MittBayNot **91**, 78) u bei Erwerb von Nichtberecht gilt dieser nach §§ 892, 893 als Berecht (BGH **57**, 341; Düss DNotZ **71**, 372). Für Erwerb des vorgemerkten Rechts daher unschädl, wenn nach dem für den gutgl VormkgsErwerb maßg Ztpkt der Erwerber bösgläub geworden (nach Hepting NJW **87**, 865 bei künft Anspr dessen Entstehg maßg), GB berichtigt od Widerspr eingetr worden ist (aA Goetzke/ Habermann JuS **75**, 82; Wiegand JuS **75**, 205 [211]; Knöpfle JuS **81**, 157 [165]); iF zwzeitl GBBerichtigg gilt § 888 entspr (Roloff NJW **68**, 484; Canaris JuS **69**, 82; Dannecker MittBayNot **79**, 144 [147]; str).

4) Eintragung. Die EintrStelle im GB regeln GBVfg 12, 19. Über Ranggleichh vgl § 883 Rn 29.

a) Voraussetzungen. – **Antrag** (GBO 13) od Ersuchen des ProzGer der einstw Vfg (GBO 38, ZPO **14** 941); uU Vorlage des GrdPfdRBriefs (GBO 41), den AntrSteller sich beschaffen muß. Bei Eintr aGrd einstw Vfg müssen VollziehgsFr gewahrt sein (vgl Rn 5). – **Eintragungsbewilligung** (GBO 19) in der Form GBO 29 **oder einstweilige Verfügung.** Sie muß inhaltl den Erfordern der beantragten Eintr entsprechen (KG OLGZ **72**, 113); dazu Rn 16. Das GBA prüft aGrd der EintrUnterlagen, ob es sich seiner RNatur nach um einen vormerkb Anspr (§ 883 Rn 6–19) handelt; nicht aber, ob er (auch als künft/bdgt) tats besteht (BayObLG NJW-RR **93**, 472). Eintr nur abzulehnen, wenn GBA sicher weiß, daß Anspr aus rechtl Grd nicht vormerkb od aus tats Grd nicht besteht bzw künft entstehen kann (KG OLGZ **72**, 113; BayObLG aaO); bloße Zweifel (zB ob Gläub nach ausländ GüterR AlleinBerecht werden kann; BayObLG Rpfleger **86**, 127) rechtfertigen weder ZwVfg noch AntrZurückweisg. – **Voreintragung** (GBO 39; GBO 40 anwendb (KG JFG **7**, 328). Daher keine Vormkg zur Sicherg der Abtr einer vorl EigtümerGrdSch (§ 1163 Rn 8) u des AuflAnspr gg weiterveräußernden AuflEmpfänger.

b) Teilfläche. VormkgsEintr ohne Abschreibg (GBO 7) zul, wenn Lage u Größe der VerkBedürfn **15** entspr zweifelsfrei bezeichnet (BayObLG DNotZ **85**, 44); dabei GBO 28 S 1 nicht förmelnd anzuwenden (Hamm OLGZ **70**, 447); katasterm Vermessg nicht notw. Diese Bezeichng kann dch wörtl Beschreibg unter Anknüpfg an Merkmale in der Natur (Mü DNotZ **71**, 544; BayObLG Rpfleger **82**, 335) od dch Bezug (vgl dazu Köln Rpfleger **84**, 407) auf mit EintrBew verbundener (bloße Verbindg ohne Bezug reicht nicht) Karte/Zeichng (amtl Lageplan nicht notw) erfolgen (BayObLG DNotZ **83**, 440; **85**, 44). Bei geringem Unterschied zw vorgemerkter u später abvermessener Teilfläche wirkt Vormkg auch für letztere (BGH DNotZ **71**, 95). – Zu unterscheiden von Vormkg hins noch zu bestimmder Teilfläche (vgl § 883 Rn 7), die ganzes Grdst erfaßt.

c) Inhalt. Bezeichng als Vormkg nicht notw; Eintr als Widerspr unschädl, wenn AnsprSicherg in Eintr- **16** Vermerk erkennb (Karlsr NJW **58**, 1189). Gläub, Schu u gesicherter Anspr (nach Ggst, Art u Umfang der RÄnderg) sind anzugeben (KG JFG **9**, 202; OLGZ **69**, 202; **72**, 113). Der SchuldGrd ist nicht anzugeben (KG aaO; nach BGH **LM** § 883 Nr 1 gg Jansen DNotZ **53**, 382 aber bei mehreren inhaltsgl Anspr eines Gläub) u daher vom AntrSteller auch nicht nachzuweisen; Angabe falschen SchuldGrd unschädl, wenn richtiger feststellb. – Der **Eintragungsvermerk** selbst muß bestimmb (vgl § 883 Rn 12) den Gläub (BayObLG MittBayNot **75**, 93) sowie Art u Umfang der Leistg (KG JFG **4**, 407; JW **31**, 2743) angeben; iü Bezug zul (**II**), auch hins ZwVollstrKlausel (KG JFG **4**, 407). § 1115 I gilt hier nicht; mangels Angabe des Zinsbeginns bei HypVormkg sind Zinsen ab HypEintr gesichert (LG Lüb SchlHA **57**, 99). Keine GBO 23 II-Klausel bei AuflVormkg (BGH **117**, 390 Anm Ertl MittBayNot **92**, 193; BayObLG **94**, 309; Tiedtke DNotZ **92**, 539; einschrkd Köln Rpfleger **94**, 345). – Teilw **inhaltliche Unzulässigkeit** unschädl, wenn Vormkg im gewollten Umfang zuläss (BGH NJW **93**, 324).

d) Nach **Konkurseröffnung** keine Eintr aGrd einstw Vfg (KO 14 II); für bewilligte Vormkg gilt KO 7. **17** Vgl ferner KO 221 II (dazu Hamm NJW **58**, 1928), 236; VerglO 47, 50 IV. – Über Eintr währd **Flurberei-** **nigungsverfahren** vgl LG Bn NJW **64**, 870; währd **Baulandumlegungsverfahren** vgl LG Wiesb Rpfle- ger **72**, 307.

e) Rechtsmittel. Unbeschr Erinnerg nach RPflG 11, GBO 71 I (BayObLG Rpfleger **93**, 58), da kein **18** gutgl Zweiterwerb mögl (vgl Rn 20). Wer mit BGH **25**, 16 bei bestehdem Anspr gutgl Zweiterwerb zuläßt, kann in diesem Fall nur beschr Beschw nach GBO 71 II zulassen.

5) Übertragung, Pfändung, Verpfändung.

a) Nur der **gesicherte Anspruch** ist übertragb/pfändb/verpfändb. Für Vormkg gilt § 401 (BGH NJW **19** **94**, 2947); Eintr des neuen Gläub bzw PfdREintr bei Vormkg ist GBBerichtigg nach GBO 22 (BayObLG **95**, 171); bdgte AnsprAbtret/Verpfändg bei Vormkg eintragb (BayObLG aaO; Rpfleger **86**, 217). Bei Ausschl des Übergangs erlischt Vormkg mit AnsprAbtr (KGJ **43**, 209). Übergang der Vormkg auch, wenn nur TeilAnspr abgetreten wird (zur TeilAbtr eines AuflAnspr vgl BayObLG Rpfleger **72**, 17; Düss RhNK **89**, 252). Übertr der dch Aufl erlangten RStellg (AnwR) bewirkt Übergang der Vormkg nur, wenn zugl noch nicht erfüllter AuflAnspr abgetreten wird.

b) Gutgläubiger Erwerb (Zweiterwerb) ist denkb, wenn nur BuchVormkgsBerecht bestehden Anspr **20** gg denjenigen, für den betroffenes Recht eingetr, abtritt. BGH **25**, 16 (mit unzutreffder Beschrkg auf

Erwerb vom bösgläub Ersterwerber) bejaht dies ohne Begr; Schrifft stimmt zT zu, da dch Eintr Vertrauens-Tatbestd (AK/BvSchweinitz Rn 26; Wstm/Eickmann § 101 IV 4; Wunner NJW **69**, 113; vgl auch Hager JuS **90**, 429 [438]). Gutgl Erwerb jedoch abzulehnen, da kein RGesch über eingetr Recht (sond über Anspr, dem Vormkg gem § 401 folgt) mit BuchBerecht (Reinicke NJW **64**, 2373; Canaris JuS **69**, 80; Rahn BWNotZ **70**, **21** 25; Wiegand JuS **75**, 205 zu V 2; Kupisch JZ **77**, 486 zu IV; Medicus AcP **163**, 9). – Kein gutgl Erwerb einer mangels Fdg nicht entstandenen Vormkg (BayObLG Rpfleger **93**, 58), denn die Vormkg ermöglicht keinen FdgsErwerb.

886 *Beseitigungsanspruch.* **Steht demjenigen, dessen Grundstück oder dessen Recht von der Vormerkung betroffen wird, eine Einrede zu, durch welche die Geltendmachung des durch die Vormerkung gesicherten Anspruchs dauernd ausgeschlossen wird, so kann er von dem Gläubiger die Beseitigung der Vormerkung verlangen.**

1 **1) Unwirksame und erloschene Vormerkungen** haben keine Sichergs- u keine Rangwirkg; sie können nicht in das vorgemerkte Recht umgeschrieben werden. Bei Erlöschen einer HypVormkg entsteht keine EigtümerGrdSch (BayObLG Rpfleger **80**, 294). – **Zu Unrecht gelöschte Vormerkung** wirkt fort (§ 883 Rn 20). GB wird unricht u Gläub hat Anspr aus § 894; Widerspr gem § 899, GBO 53 zul (RG **132**, 419), nicht aber bei relativ unwirks erworbenem Recht eintragb. Über WiederEintr der Vormkg vgl BayObLG **61**, 63. Für ZwVerst gilt wg ZVG 28 aber nur die formelle RLage (LG Stade DNotZ **68**, 636).

2 **a) Unwirksamkeit** (anfängl) der Vormkg, wenn ihre Bewilligg od die Vollziehg der einstw Vfg (RG **81**, 288; Köln OLGZ **87**, 405) unwirks ist od wenn der gesicherte Anspr nicht entstanden ist (BGH **57**, 341). Mit Bestätigg nichtiger Fdg entsteht sie ohne NeuEintr u ohne Rückwirkg (Ffm DNotZ **95**, 539).

3 **b) Erlöschen** der Vormkg: – **aa)** Entspr § 875 dch AufgErkl des Berecht u Löschg im GB (BGH NJW **94**, 2947); nicht alleine dch Löschg auf Antr u Bewilligg (BGH **60**, 46), doch kann LöschgsBew die AufgErkl enthalten (vgl § 875 Anm 3). § 1183 gilt nicht. AufgErkl am GrdstR genügt AufgErkl (str; Planck/Strecker Anm 1 b). AufgErkl hinsichtl aller vor EigtErwerb des Bewilligden eingetr Belastgn erfaßt **4** für ihn eingetr AuflVormkg nur bei gleichzeit Löschg aller ZwRe (BGH aaO). – **bb)** Wenn **gesicherter Anspruch erlischt,** zB dch Erlaß, Rücktr, AufhebgsVertr, Unmöglichk der Erfüllg, Konfusion (zB inf Beerbg; BGH NJW **81**, 447; dazu Wacke NJW **81**, 1577 u Hager JuS **90**, 437), endgült NichtGen des Vertr (Zweibr Rpfleger **89**, 495), §§ 158, 163 (BayObLG MittBayNot **89**, 312), endgült Nichtentstehen künft/ bdgt Anspr (BayObLG Rpfleger **93**, 58). Dch Erf aber erst, wenn alle aGrd relativ unwirks Vfg eingetr Rechte beseitigt (BGH BB **64**, 576). Erlöschen gleichzustellen die endgült Umwandlg in GeldAnspr (Effertz NJW **77**, 794: Erlöschen nachrang Vormkg nach Erf vorrang gesicherten Anspr). – **cc)** Nach **GBO 25** dch Aufhebg der einstw Vfg (mit Erlaß der AufhebgsEntscheidg; LG Dortm Rpfleger **82**, 276) od des vorl vollstreckb Urt; Löschg nur GBBerichtigg (BGH **39**, 21). – **dd)** Bei **Abtretung des gesicherten An- 5** spruchs unter Ausschl des VormkgsÜbergangs (KGJ **43**, 209). – **ee)** Nach §§ **158, 163** (Ffm OLGZ **94**, 129). Vorher vorgen vormkgswidr Vfg wird wirks (BGH **117**, 390). – **ff)** Nach § **887.** – **gg)** Vgl auch RSiedlG 9, BauGB 28 II 6.

6 **c) Grundbuchverfahren.** – **aa)** Unwirks od erloschene Vormkg macht das GB unricht; **Löschung** aGrd BerichtiggsBewilligg od entspr GBO 22, wenn Unwirksamk od Erlöschen gem GBO 29 nachgewiesen (BayObLG RhNK **89**, 52), auch gem GBO 84. Über GBO 28 vgl Köln Rpfleger **94**, 346; BayObLG RhNK **95**, 177; LG Aachen RhNK **95**, 180. Sonst Klage des betroffenen RInh gg Gläub entspr § 894 (RG **163**, 62). Bei PfdgsVermerk für gesicherten Anspr Löschg nur bei gleichzeit VermerkLöschg auf Bewilligg des **7** PfdgsGläub od UnrichtigkNachw (BayObLG **83**, 301). – **bb)** Nach Eintr des vorgemerkten Rechts keine Löschg der Vormkg vAw, solange gesicherter Anspr noch nicht erfüllt (zB weil ZwRe noch eingetr od Erf aus and Grd [zB VfgsBeschrkg] unwirks). Bei beschr dingl Recht auch über **Umschreibung** von vorgemerktes Recht mit schlichter Rötg der Vormkg (GBVfg 19 II), da Recht u Vormkg in gleicher Abt u Spalte (GBVfg 12 I b); Vormkg wirkt dann fort (BGH **60**, 46). Zulässig derart Umschreibg bei AuflVormkg bestr, weil Eigt u AuflVormkg gem GBVfg 9, 12 I a in versch Abt eingetr (nein: LG Karlsr BWNotZ **78**, 167; LG Hdlbg BWNotZ **85**, 86; ja: LG Heilbr Rpfleger **77**, 92; LG Mannh BWNotZ **80**, 38; Dieterle Rpfleger **86**, **8** 208); zur Löschg auf Antr u Bewilligg vgl Düss DNotZ **65**, 751; BayObLG Rpfleger **75**, 395. – **cc)** Löschg gem GBO 71 II 2 **anfechtbar**; WiederEintr statt WidersprEintr aber, solange Vormkg nicht dch gutgl Dritterwerb erloschen (BayObLG **61**, 63; LG Kstz RhNK **84**, 81).

9 **2) Beseitigungsanspruch** bzgl wirks Vormkg gibt § 886. Kann Schuldn Erf des bestehden Anspr aGrd Einrede dauernd verweigern (zB §§ 222 I [BGH NJW **89**, 220: Einredeerhebg notw], 821, 853), so hat Gläub die Vormkg zu beseitigen (GBO 13, 19; nicht bloß zuzustimmen wie nach § 894). Auch der RNachf des urspr Schuldn kann den Anspr geltd machen (Jahr JuS **64**, 299); ebso, weil auch von Vormkg betroffen (§ 1004), nachstehde dingl Berecht (Wörbelauer DNotZ **63**, 594; Ripfel BWNotZ **69**, 34).

887 *Ausschluß unbekannter Berechtigter.* **Ist der Gläubiger, dessen Anspruch durch die Vormerkung gesichert ist, unbekannt, so kann er im Wege des Aufgebotsverfahrens mit seinem Rechte ausgeschlossen werden, wenn die im § 1170 für die Ausschließung eines Hypothekengläubigers bestimmten Voraussetzungen vorliegen. Mit der Erlassung des Ausschlußurteils erlischt die Wirkung der Vormerkung.**

1 **Voraussetzungen:** § 1170 Rn 2. – AufgebotsVerf: ZPO 988, 1024. – **Wirkung** (S 2): Die Vormkg erlischt; auch eine HypVormkg, weil § 1163 nicht anwendb. GBBerichtigg dch Löschg. Über Vorbehalte im AusschlUrteil vgl § 1170 Rn 4. Der gesicherte Anspr erlischt nicht (BGH DtZ **94**, 214).

888 *Verwirklichung des Anspruchs; Veräußerungsverbot.* [I]Soweit der Erwerb eines eingetragenen Rechtes oder eines Rechtes an einem solchen Rechte gegenüber demjenigen, zu dessen Gunsten die Vormerkung besteht, unwirksam ist, kann dieser von dem Erwerber die Zustimmung zu der Eintragung oder der Löschung verlangen, die zur Verwirklichung des durch die Vormerkung gesicherten Anspruchs erforderlich ist.

[II]Das gleiche gilt, wenn der Anspruch durch ein Veräußerungsverbot gesichert ist.

1) Allgemeines. – a) Fehlt eine vormerkungswidrige Verfügung, so wird das vorgemerkte Recht 1 nach allg Grds eingetr. Bei beschr dingl Recht muß EintrBew od sie ersetzdes Urt wg § 883 III Ausübg der Vormkg ergeben (LG Ffm Rpfleger **77**, 301). Bei teilb Recht (zB Hyp, Reallast) stufenw Ausnutzg der Vormkg zul (BayObLG **62**, 322; **77**, 93). HypVormkg nicht in ZwangsHyp aGrd ZahlgsTit umschreibb (KG JW **31**, 1202); wohl aber mit Zust des VormkgsBerecht in GrdSch (u umgekehrt), da HypEintr n anschließde Umwandlg gem § 1198 übertriebene Förmelei (KG DNotZ **35**, 321). – **b) Eintragung einer** 2 **vormerkungswidrigen Verfügung** macht das GB nicht unrichtig; VormkgsBerecht hat keinen BerichtiggsAnspr aus § 894 (Hamm NJW-RR **93**, 529). Zur Dchsetzg des gesicherten Anspr kann VormkgsBerecht vom Schuldn aus schuldr AnsprGrdLage Erfüllg (Rn 3) u vom DrErwerber aus I dessen nach GBO 19 notw Zust (Rn 4–7) verlangen; Zust eines Nacheingetragenen aber nicht notw, wenn vorgemerktes Recht nach § 883 III den Vorrang hat. Klage gg beide gleichzeit od einzeln in beliebiger Reihenfolge (BGH NJW-RR **88**, 1357; Düss OLGZ **77**, 330). Fehlde Zust des Drittwerbers hindert RErwerb des VormkgsBerecht nicht (BayObLG NJW-RR **90**, 722). – I entspr anwendb, wenn nach AuflVormkg VeräußergsVerbot eingetr (BGH **LM** Nr 1). Über Anwendbark ggü wahrem Berecht, der nach gutgl VormkgsErwerb eingetr, vgl § 885 Rn 12.

2) Rechtsverhältnis zwischen Vormerkungsberechtigtem und Schuldner. Nur der Schuldn des 3 gesicherten Anspr ist zur Herbeiführg der dingl RÄnderg verpflichtet. Ihn hat der VormkgsBerecht notf aus dem SchuldVerh zu verklagen; dadch wird Grdst/GrdstR nicht streitbefangen iSv ZPO 265 (BGH **39**, 21; Link NJW **65**, 1464) u ZPO 24 gilt nicht; kein dingl Anspr. Schuldn hat die Erkl abzugeben, die die vorgemerkte RÄnderg herbeiführt; er kann sich wg § 883 I nicht auf Unmöglichk berufen. SchuldnErkl wird nicht dch DrZust nach Rn 5 ersetzt (BGH NJW **90**, 2459). Kann VormkgsBerecht vorgemerkte RÄnderg aGrd pers SchuldVerh auch vom DrErwerber verlangen, so Mitwirkg des Schuldn nicht notw (BGH BB **58**, 1225). Für Verschlechterg des Grdst haftet Schuldn aus VertrVerh, nicht aus §§ 823, 1004.

3) Rechtsverhältnis zwischen Vormerkungsberechtigtem und Dritterwerber.

a) Zustimmungsanspruch. VormkgsBerecht kann vom DrErwerber (der nicht Schuldn des gesicherten 4 Anspr) die nach GBO 19 notw Zust (BayObLG NJW-RR **90**, 722) zur Eintragg der dingl RÄnderg u ggf Vorlage des GrdPfdBriefs (KG JFG **5**, 327) verlangen. Dieser unselbstd HilfsAnspr ist nur zus mit dem gesicherten Anspr abtretb (RG JW **27**, 1413) u verjährt nicht (Weber ZGIBW **64**, 23); er unterliegt § 242 (BGH NJW **81**, 980) u § 284 (MüKo/Wacke Rn 10; Hager JuS **90**, 429 [435]; aA BGH **49**, 263).

aa) Welche Zustimmung zu erklären ist, hängt von der Art der Vormkg u der Beeinträchtigg ab. IdR 5 Zust zu der mit dem Schuldn vereinbarten RÄnderg. Ist lastenfreie RÜbertr vorgemerkt, so hat Erwerber einer zwzeitl Belastg deren Löschg zuzustimmen (KG JFG **5**, 324); doch kann VormkgsBerecht auch Verzicht od Übertr an sich verlangen (str). Ist AuflAnspr abgetreten, kann AbtrEmpfänger Zust zu seiner Eintr verlangen (RG JW **27**, 1413). Ist der DrErwerber buchm an Stelle des Schuldn vfgsbefugt, so darf er auch selbst gem § 267 I die zur RÄnderg notw Erkl (zB Aufl) abgeben (BGH BB **58**, 1225; KGJ **51**, 192); nach LG Tüb BWNotZ **84**, 39 genügt AuflVormkg.

bb) Der DrErwerber kann **Einreden/Einwendungen aus seinem persönlichen Rechtsverhältnis** 6 **zum Vormerkungsberechtigten** geltd machen (BGH **LM** § 883 Nr 6); sie gehen mit Übertr des vormkgswidr erworbenen Rechts nicht ohne weiteres auf dessen Erwerber über (RG **142**, 331; **143**, 159). – Ferner entspr §§ 768, 1137, 1211 **Einreden/Einwendungen des Schuldners gegen den gesicherten Anspruch** (BGH aaO), auch wenn Schuldn auf sie verzichtet hat (Celle NJW **58**, 385) od schon rkräft zur Erfüllg verurteilt ist (RG **53**, 28); zB Nichtfällig (Düss OLGZ **77**, 330). Anf- u RücktrR des Schuldn gibt Einrede entspr § 770 (Arndt DNotZ **63**, 597). RG **144**, 281, versagt Berufg auf nur verzögerl Einrede wie §§ 320, 322; GgMeing (Celle aaO; Wörbelauer DNotZ **63**, 591; Arndt aaO; Wstm/Eickmann § 100 IV 4c; W-Raiser § 48 III 1) ist zutr, da keine weitergehde Verpfl als Schuldn. – Weiter **Einwendungen gegen Bestand der Vormerkung** (zB unwirks Bestellg, Erlöschen).

cc) Prozeßrecht. VormkgsBerecht muß Bestehen u Fälligk des gesicherten Anspr beweisen. Urt zw ihm 7 u Schuldn hat keine RKraft gg DrErwerber (RG **53**, 28); bei rkräft Abweisg seiner Klage gg Schuldn fehlt der Klage gg den DrErwerber aber das RSchutzInteresse. – Für Klage gilt ZPO 24; sie macht das Grdst/GrdstR streitbefangen iSv ZPO 265 (BGH **39**, 21; Link NJW **65**, 1464).

b) Sonstige Ansprüche sind insb bei AuflVormkg denkb (vgl ähnl Problemlage bei § 1098 Rn 4).

aa) Dritterwerber gegen Vormerkungsberechtigten: Mietzins, solange MietVerh zw Schuldn u 8 VormkgsBerecht gem § 571 mit DrErwerber fortbesteht (BGH **LM** § 883 Nr 13). – NutzgsEntsch aus § 812, wenn VormkgsBerecht ihm ggü ohne RGrd besitzt (BGH aaO); RGrd entfällt mit Fälligk des Aufl- u ZustAnspr (BGH **75**, 288; and wohl **LM** § 883 Nr 13). – Herausg nach § 985, solange Aufl- u ZustAnspr nicht fäll. – VerwendgsErs entspr §§ 994 ff ab Fälligk des Aufl- u ZustAnspr (auch für Verwendg vor diesem Ztpkt) mit ZbR aus § 273 II ggü ZustAnspr (BGH **75**, 288; Gursky JR **84**, 3). Bösgläubigk iSv § 990 I 1 dch VormkgsEintr, deren Unkenntn idR grobe Fahrlässigk begründet; dies gilt auch, wenn AuflAnspr bei DrErwerb noch künft od aufschiebd bdgt (Gursky aaO; Kohler NJW **84**, 2849; aA BGH aaO: Kenntn von späterer Entstehg/BdggsEintritt zB dch Ausübg des WiederkR).

bb) Vormerkungsberechtigter gegen Dritterwerber: Vor EigtErwerb des VormkgsBerecht kein 9 HerausgAnspr (Gursky JR **84**, 3; bedenkl BGH **75**, 288 über § 1100). – Bei Verschlechterg des Grdst dch

DrErwerber nach Fälligk des Aufl- u ZustAnspr (neben schuldr Anspr zB aus §§ 459 ff gg Schu) Unterl-Anspr aus §§ 823, 1004 schon vor EigtErwerb des VormkgsBerecht (Hager JuS **90**, 429 [437]; Canaris, FS-Flume **78**, 384; aA Paulus JZ **93**, 555). – Keine Herausg von Nutzgen aus § 985, da EigtErwerb des VormkgsBerecht nicht zurückwirkt; §§ 987 ff ab Fälligk des Aufl- u ZustAnspr entspr anwendb (BGH **75**, 288; krit Kohler NJW **84**, 2849), wg Bösgläubigk iSv § 990 vgl Rn 8.

10   **4) Veräußerungsverbot (II):** nur relatives aus §§ 135, 136, nicht aGrd Bewillig (§ 137). Obwohl § 1365 absolutes VeräußergsVerbot ist, wg subj Theorie (§ 1365 Rn 9) gerichtl Verbot widersprechder Vfg eintragb (Celle NJW **70**, 1882) u unterliegt II. – **a)** Es kann schuldr Anspr aller Art (zB auf Duldg der ZwVollstr) u dingl Anspr sichern; ggf gleichzeit Sicherg dch Vormkg u VeräußergsVerbot zul. Veräußergs-Verbot aGrd einstw Vfg (ZPO 938 II) wird mit Zustell innerh der VollziehgsFr (ZPO 929 II) an Gegner wirks; Eintr (wohl erst ab Zustell zul; Furtner MDR **55**, 136 gg hM) nicht notw, hindert aber gem § 892 I 2 gutgl Erwerb (RG **135**, 384), so daß ab Eintr keine GBSperre. GBA muß (auch ggü vorherigem EintrAntr) ihm bekanntes Verbot schon vor dessen Eintr beachten; dann also GBSperre (BayObLG **54**, 97; str), aber § 878 zu beachten. § 884 gilt nicht. Vgl ferner ZPO 772, KO 13. – **b)** Geschützter kann von DrErwerber gleiche Zust wie VormkgsBerecht verlangen. Auch zur Einräumg des Vorrangs, denn § 883 III gilt nicht.

11   **5) Erwerbsverbot.** Gesetzl nicht vorgesehen, von der hM aber als SichgsMaßn iRv ZPO 938 (zB zur Verhinderg der Heilg eines nichtigen KaufVertr nach § 313 S 2) zugelassen. Sie sieht in dem mit Zustellg der einstw Vfg innerh der VollziehgsFr (ZPO 929 II) wirks werdden Verbot, einen EintrAntr zu stellen bzw aufrechtzuerhalten (dessen Nichtbeachtg sachlrechtl bedeutgslos wäre, da GBO 13 nur OrdngsVorschr), zugl einen sachlrechtl Eingr in das ErwerbsR (BayObLG Rpfleger **78**, 306); nach aA suspendiert es vorläuf die Wirksamk der Aufl (Böttcher BWNotZ **93**, 25) bzw der Bindg an sie (Lange/Scheyhing, Fälle zum SachenR², Fall 5 zu Fußn 4). Kein Verbot an GBA (RG **120**, 118). – GBA muß ihm bekanntes wirks gewordenes Verbot (auch ggü vorherigem EintrAntr) beachten u widersprechde Eintr ablehnen (BayObLG aaO; aA Böttcher aaO); § 878 nicht anwendb (RG **120**, 118; aA Böttcher aaO). Bei gleichwohl erfolgter Eintr ist der Erwerb dem Geschützten ggü unwirks (RG **117**, 291; Mü OLGZ **69**, 196; Hamm OLGZ **70**, 438); das GB wird unricht (Hamm DNotZ **70**, 661) u BerichtiggsAnspr (§ 894) des Geschützten dch Widerspr (§ 899, GBO 53 I 1 [BayObLG **22**, 314]; aA Böttcher aaO: § 888 II entspr) sicherb, denn Verbot mangels VorEintr des Erwerbers (GBO 39) nicht eintragb (KG JFG **18**, 192; nach LG Tüb BWNotZ **84**, 39 genügt als VorEintr Vormkg für Erwerber) u daher gutgl DrittErwerb mögl.

889   *Keine Konsolidation.* **Ein Recht an einem fremden Grundstück erlischt nicht dadurch, daß der Eigentümer des Grundstücks das Recht oder der Berechtigte das Eigentum an dem Grundstück erwirbt.**

1   **1)** Das BGB läßt beschr dingl **Rechte am eigenen Grundstück** u grdstgl Recht (EigtümerR) zu, sofern sie nicht (wie Vormkg u Hyp) eine gesicherte Fdg (die Eigtümer nicht gg sich haben kann) voraussetzen. Sie können anfängl bestellt werden (vgl Einl 7 vor § 854) od nachträgl dch ZusTreffen von Eigt u urspr FremdR in einer Pers entstehen. Bei Veräußerg eines mit einem EigtümerR belasteten Grdst wandelt sich das Recht in ein FremdR des früh Eigtümers, wenn es nicht bes mitübertragen wird (BayObLG MDR **84**, 145). – Ausn von § 889: §§ 914 III, 1107, 1178 I, 1200 I.

2   **2)** Treffen **Nießbrauch/Pfandrecht an einem Grundstücksrecht** mit letzterem in einer Pers zus, so erlöschen sie nach Maßg §§ 1072, 1063 bzw §§ 1273 II, 1256. Erwirbt Eigtümer jedoch Nießbr/PfdR an einem FremdR, so bleibt dieses bestehen (KGJ **47**, 194).

890   *Vereinigung und Zuschreibung.* **^IMehrere Grundstücke können dadurch zu einem Grundstücke vereinigt werden, daß der Eigentümer sie als ein Grundstück in das Grundbuch eintragen läßt.**

^{II}Ein Grundstück kann dadurch zum Bestandteil eines anderen Grundstücks gemacht werden, daß der Eigentümer es diesem im Grundbuche zuschreiben läßt.

1   **1) Vereinigung und Zuschreibung von Grundstücken (I, II)** haben gemeins, daß aus zwei oder mehr Grdst dch Eintr unter einer neuen Nr des BestandsVerzeichn (vgl GBVfg 13 I 2) **ein einziges neues Grundbuchgrundstück** (vgl Übbl 1 vor § 873) wird. Die Zuschreibg ist nur eine bes Art der Vereinigg u unterscheidet sich von dieser materiell nur im Hinblick auf § 1131 teilw in ihrer Wirkg (BayObLG DNotZ **72**, 350); Zuschreibg kann nur zu einem u nicht zu mehreren Grdst erfolgen (KG HRR **41** Nr 602), wohl aber können mehrere Grdst einem and zugeschrieben werden. – **Aufhebung** nur dch GrdstTeilg gem Rn 11 (BayObLG **56**, 470).

2   **a) Geltungsbereich.** § 890 gilt auch für die Vereinigg/Zuschreibg von gleichart grdstgl Rechten (zB ErbbR) untereinand, für Vereinigg von Grdst mit grdstgl Recht (Demharter § 5 Rn 6) sowie für Zuschreibg eines grdstgl Rechts zu einem Grdst u umgekehrt (Demharter § 6 Rn 6); über Vereinigg/Zuschreibg im Bereich des WEG vgl WEG 6 Rn 2, 3, 7, WEG 7 Rn 11. Keine Vereinigg/Zuschreibg mögl von MitEigtAnt untereinand od mit einem Grdst, selbst wenn sie nach GBO 3 IV (früher GBO 3 III) gebucht (BayObLG **93**, 297).

3   **b) Voraussetzungen. – aa) Rechtliche Selbständigkeit** der betroffenen Grdst als GBGrdst (vgl Übbl 1 vor § 873). Soll von einem GBGrdst nur eine Teilfläche betroffen werden u wird diese als einzel od mehreren **Flurstücken** (vgl Übbl 1 vor § 873) gebildet, so ist sie zunächst als GBGrdst zu verselbständigen. Wird die GBGrdstTeilfläche aus der Teilfläche eines FlSt gebildet, so kann die Verselbständigg unterbleiben; man spricht dann von einem **Zuflurstück** (vgl Übbl 1 vor § 873), das für § 890 als selbstd Grdst gilt (BayObLG Rpfleger **74**, 148). Erhalten mehrere ZuFlSt nach ZusMessg eine neue FlStNr, so kann dieses FlSt als GBGrdst aGrd Vereinigg eingetr werden (BayObLG DNotZ **58**, 388); str ist, ob dies auch aGrd

Zuschreibg mögl (so KEHE/Eickmann § 6 Rn 6; Roellenbleg DNotZ **71**, 286), od ob Zuschreibg eines ZuFlSt zu einem and nur mögl, wenn als HauptGrdst vorgesehenes ZuFlSt eigene FlStNr erhält, die zu der des HauptGrdst wird (so BayObLG DNotZ **58**, 388; **72**, 350; Ffm Rpfleger **76**, 245; LG Nürnb DNotZ **71**, 307). – **bb) Gleiche Eigentumsverhältnisse.** Die Grdst müssen spätestens zZ der NeuEintr als ein Grdst 4 demselben Eigtümer in derselben EigtForm (bei Mehrh zu gleichen Anteilen) gehören (Zweibr NJW-RR **90**, 782); über Vereinigg/Zuschreibg eines Grdst u eines WEGrdst vgl WEG 6 Rn 7. Räuml od wirtsch ZusHang materiellrechtl nicht notw (vgl aber GBO 5 II, 6 II; EG 119 Nr 3); bei Zuschreibg kann das kleinere u wirtsch weniger bedeuts Grdst HauptGrdst werden (BayObLG DNotZ **72**, 350). – **cc) Vereini-** 5 **gungs-/Zuschreibungserklärung** aller Eigtümer; formfrei (nur verfrechtl gilt GBO 29). Sie muß erkennen lassen, ob Vereinigg od Zuschreibg gewollt (KGJ **49**, 233); iZw ist Vereinigg gewollt (BayObLG DNotZ **72**, 350), auch eher wenn „Zuschreibg" beantragt ist (KG HRR **41** Nr 28). Der (dann der Form von GBO 30 unterliegde) EintrAntr (GBO 13 II) enthält idR diese Erkl (BayObLG DNotZ **58**, 388). § 878 anwendb. Ohne diese Erkl macht die Eintr der Vereinigg/Zuschreibg das GB unrichtig (KGJ **49**, 233). – **dd) Zustimmung Drittberechtigter** zur Vereinigg/Zuschreibg nicht erforderl (Saarbr OLGZ **72**, 129 6 [137]). Der Zuschreibg müssen aber iFv § 1131 diejenigen zustimmen, die der Belastg des zugeschriebnen Grdst zustimmen müßten (vgl Übbl 17– 27 vor § 873). – **ee) Grundbucheintragung.** Zum Verf gem GBO 7 5, 6; GBV 6, 13 vgl Haegele/Schöner/Stöber Rn 621 ff, 650 ff; Demharter § 5 Rn 19, § 6 Rn 21. Ein Verstoß gg GBO 5, 6 macht die Vereinigg/Zuschreibg nicht unwirks.

c) Wirkung. Die von der Vereinigg/Zuschreibg betroffenen Grdst werden nichtwesentl Bestandt des 8 neuen einheitl Grdst (BGH DNotZ **78**, 156); zukünft Belastgen erfassen das ganze Grdst. – **aa) Berechtigungen.** War eines dieser Teile herrschdes Grdst einer GrdDbk an einem DrittGrdst, so bleibt die GrdDbk dem GesamtGrdst in AusübgsBeschrkg auf den Teil, der bish herrschdes Grdst war (BayObLG Rpfleger **74**, 148); war ein and GrdstTeil bish diendes Grdst, so erlischt die GrdDbk nicht (Staud/Gursky Rn 26; MüKo/ Wacke Rn 13; vgl auch BGH DNotZ **78**, 156; aA KGJ **51**, 258; RGRK/Augustin Rn 18). – **bb) Belastun-** 9 **gen, die nicht Grundpfandrecht.** Jeder Teil bleibt wie bish belastet u unterliegt insow der ZwVollstr (KG NJW-RR **89**, 1360); ein auf allen Teilen lastdes GesamtR bleibt als solches bestehen. Die nur an einem GrdstTeil bestehden Belastgen erstrecken sich nicht auf die and GrdstTeile (BGH DNotZ **78**, 156); Erstreckg auf diese erfordert rgesch Inhaltsänderg (vgl § 877 Rn 3), sie behalten dabei unter sich den bish Rang (vgl KG HRR **41** Nr 683). – **cc) Grundpfandrechte.** Bei Vereinigg gilt Rn 9. Bei Zuschreibg gilt Rn 9 nur 10 für GrdPfdR, die auf dem zugeschriebenen Grdst lasten, währd für GrdPfdR des HauptGrdst § 1131 Sondervorschr enthält.

2) Realteilung eines Grundstücks im BGB nicht geregelt; Befugn folgt aus BGB 903 (Hamm NJW **74**, 11 865). Sie liegt vor, wenn aus einem GBGrdst mehrere gebildet werden (auch nur vorübergeind zwecks Vereinigg od Zuschreibg mit and Grdst) od von einem Grdst ein ZuFlSt abgetrennt wird, u muß erfolgen bei Veräußerg u nach Maßg von GBO 7 bei Belastg eines GrdstTeils. Über ideelle Teilg vgl § 1008 Rn 2, 3. Über Teilg im Bereich des WEG vgl WEG 6 Rn 6, WEG 7 Rn 10, über ErbbRTeilg vgl ErbbRVO 11 Rn 4. – **Aufhebung** nur dch Vereinigg/Zuschreibg gem Rn 1.

a) Voraussetzungen. – aa) Teilungserklärung aller Eigtümer; formfrei (nur verfrechtl gilt GBO 29; 12 Ffm OLGZ **90**, 253). Der (dann der Form von GBO 30 unterliegde) EintrAntr (GBO 13 II) enthält idR diese Erkl; iFv GBO 7 (BayObLG **56**, 470) u Teilveräußerg (Ffm DNotZ **62**, 256) erfolgt die Abschreibg vAw. § 878 anwendb. Ohne diese Erkl macht die Eintr der Teilg das GB unrichtig. – **bb) Genehmigung** 13 erforderl nach BauGB 19 I, 51 I Nr 1, 144 I Nr 2, 169 I Nr 5 (vgl Übbl 18–20 vor § 873) u LandesR (vgl EG 119 Nr 2). **Drittberechtigte** brauchen nicht zuzustimmen (KG NJW **69**, 470). – **cc) Grundbucheintra-** 14 **gung.** Zum Verf vgl Haegele/Schöner/Stöber Rn 666 ff; Demharter § 7 Rn 12, 27; GBV 13.

b) Wirkung. Es entstehen (soweit nicht bloße Abtrenng eines ZuFlSt) selbstd GBGrdst, die wie bish 15 belastet bleiben; GrdPfdR werden zu GesamtGrdPfdR (KGJ **34**, 292 [296]). Bes Vorschr für Teilg belasteter Grdst in §§ 1026, 1090 II, 1108 I; für Teilg berechtigter Grdst in §§ 1025, 1109. Vgl ferner EG 120.

3) Ohne materiellrechtliche Wirkung u von Vereinigg/Zuschreibg iSv § 890 u Teilg zu unterscheiden 16 sind: – **a) Zusammenschreibung** mehrerer GBGrdst auf gemschaftl GBBlatt je unter bes Nr des Bestands-Verzeichn nach GBO 4 u deren Wiederaufhebg. Nur gbtechn Verf (KG HRR **41** Nr 28), das rechtl Selbständigk der Grdst nicht berührt. – **b) Katastermäßige Verschmelzung und Zerlegung** von FlSt (BayObLG 17 MittBayNot **80**, 66); die Verschmelzg folgt einer GrdstTeilg mit anschl Vereinigg/Zuschreibg unter Beteiligg von ZuFlSt stets nach (vgl Weber DNotZ **60**, 229). Verschmelzg nur innerh eines GBGrdst (LG Mü I MittBayNot **79**, 70).

891 **Gesetzliche Vermutung.** [1]Ist im Grundbuche für jemand ein Recht eingetragen, so wird vermutet, daß ihm das Recht zustehe.

[II]Ist im Grundbuch ein eingetragenes Recht gelöscht, so wird vermutet, daß das Recht nicht bestehe.

1) Allgemeines. § 891 begründet eine **widerlegbare Vermutung** (BewLastRegelg) für einen RZu- 1 stand; die ihn ergebden Tats brauchen nicht dargelegt u bewiesen zu werden (sie selbst werden nicht vermutet). Sie gilt in jedem Verf (daher auch für das **Grundbuchamt** [BayObLG Rpfleger **92**, 56], das WohnEigtGer [KG NJW-RR **94**, 208] u das VollstrGer) u für jeden, für den das Bestehen/Nichtbestehen von Bedeutg ist (BGH **LM** Nr 5). Sie wirkt für u gg den Berecht des eingetr/gelöschten Rechts.

2) Vermutungsgrundlage. – a) Eintragung einschl in Bezug gen Urk (zB § 874) konstitutiver od 2 berichtiger Natur. Sie muß wirks (§ 873 Rn 14) u inhaltl zuläss (§ 892 Rn 10) sein; Verletzg von Verf-Vorschr bei Eintragg schadet nicht (LG Hagen NJW **66**, 1660). Bei widersprechden DoppelEintr (auch in GB verschied GBA; Stgt BWNotZ **78**, 124) besteht keine Vermutg. – **b) Grundbuch** ist das ganze GBBlatt, auf dem das Grdst gebucht ist (BayObLG **57**, 49); die Vermutg gilt daher auch bei Eintragg an falscher Stelle des Blatts (BayObLG **69**, 284 [292]). Bei subjdingl Rechten ist nur das GB des belasteten Grdst maßg u eingetr/fehlder Vermerk nach GBO 9 ist unerhebl (BayObLG aaO). Bei grdstgl Rechten mit SonderGB ist mangels bes Vorschr (zB ErbbRVO 14 II) das GrdstGB für Entstehg/Bestand, Rang u Inhalt u das SonderGB für Übertragg u Belastg maßg.

4   **3) Rechte.** Eigt (auch MitEigt/WohngsEigt); beschr dingl Rechte am Grdst u solche an ihnen; Vormkg für unstr/bewiesenen Anspr (MüKo/Wacke Rn 7; Staud/Gursky Rn 11; str). – **Nicht aber:** Einreden iSv § 1157; VfgsBeschrkgen (KGJ **52**, 166); Widerspr (RG JW **10**, 149); öff Rechte/Lasten; Rechte, die nicht eintraggsfäh (zB EG §§ 914 II 1, 917 II) od zur Wirksamk ggü Dritten nicht eintraggsbedürft (zB EG 187 I 1). Für diese Eintraggn gilt ZPO 417 u nicht ZPO 418 (MüKo/Wacke Rn 24).

5   **4) Vermutung bei eingetragenem Recht (I).** – **a)** Der **eingetragene Berechtigte** gilt als RInh; eingetr Gläub eines BriefR muß zusätzl den Brief besitzen (BayObLG Rpfleger **92**, 56). Sind mehrere Berecht gem GBO 47 eingetr, so erfaßt die Vermutg auch die Art der MitBerechtigg (KG OLG **10**, 88; BayObLG **57**, 49); ohne solchen Vermerk keine Vermutg für BruchtGemsch (KG OLG **1**, 301; MüKo/Wacke Rn 14); ist „MitEigt" ohne AntAngabe eingetr, so gilt § 742 (Staud/Gursky Rn 24; aA KGJ **27**, 143). Vermutg gilt für Erben des Eingetragenen (Dresd OLG-NL **94**, 155; auch wenn dieser schon vor Eintr verstorben [Staud/Gursky Rn 15; aA KG OLG **41**, 25]). – **Nicht vermutet** werden: GeschFähigk; RFähigk (Hamm NJW-RR **95**, 469); Nichtbestehen einer außerh des GB entstandenen VfgsBeschrkg (KG NJW **73**, 428; Staud/Gursky Rn 27; aA Ffm Rpfleger **91**, 361).

6   **b)** Das **Recht** gilt ab Eintragg (KG JFG **11**, 277; MüKo/Wacke Rn 13; Staud/Gursky Rn 29; aA [ab Geltdmachg] RG HRR **29** Nr 950; Erm/Hagen Rn 2) mit dem eingetr Inhalt u seinem Rang als bestehd. Auf Bestandsangaben erstreckt sich I insow, als sie bestimmte Bodenflächen als Ggst des eingetr Rechts nachweisen (BayObLG **87**, 410). – **Nicht vermutet** werden: Freih des Rechts von TrHdBeschrkg (RG JW **29**, 2592; dafür aber tats Vermutg); tats Abgaben in Spalte 3c, 4 des BestandsVerzeichn (BayObLG **87**, 410).

7   **5) Vermutung bei gelöschtem Recht (II);** Löschg gem GBO 46 (nicht bloße Rötg). Das Recht gilt ab Löschg als nicht bestehd; für die Zeit der Eintragg gilt I, wenn feststeht, daß Löschg nicht berichtigen sollte (BGH **52**, 355). – **Nicht vermutet** wird negat Vollständigk (Nichtbestehen eines nicht eingetr eintraggsfäh Rechts).

8   **6) Widerlegung der Vermutung** nicht schon dch ihre Erschütterg, sond dch vollen Beweis des GgTeils (BGH NJW **80**, 1047). Dafür genügt nicht Verletzg von VerfVorschr bei Eintragg (RG JW **36**, 2399; BGH WM **69**, 1352) od eingetr Widerspr nach § 899 od GBO 53 I 1 (BGH LM Nr 3, 5). Nicht jede denkb, aber jede sich aus dem GB ergebde od vom Eingetragenen behauptete Möglichk des Bestehens/Nichtbestehens ist zu widerlegen (BGH NJW **84**, 2157). Bei Eintrag aGrd Erbscheins genügen aber Tats, die dessen 9 Einziehg rechtfertigen (LG Hagen NJW **66**, 1660), soweit ein anderweit Erwerb behauptet. – Bei **Briefrecht** ist Vermutg zG eingetr Gläub widerlegt, wenn ein Dritter Brief u AbtrErkl (privatschriftl reicht [BayObLG Rpfleger **92**, 56 Anm Amann MittBayNot **91**, 256; LG Köln RhNK **95**, 27; aA Köln RhNK **83**, 53]) vorlegt; sie gilt aber wieder, wenn Eingetragener Brief u RückAbtrErkl besitzt (BayObLG aaO). – Für 10 das **Grundbuchamt** ist die Vermutg widerlegt, wenn ihm Tats bekannt od (auch außerh GBO 29) nachgewiesen, die die Unrichtigk zweifelsfrei ergeben (BayObLG DNotZ **90**, 739); auch gutgl Erwerb des Eingetragenen ist auszuschließen (KG OLGZ **73**, 76). Keine Widerlegg nur dch and Auslegg der EintrUnterlagen (Schlesw SchlHA **62**, 174; BayObLG Rpfleger **82**, 467).

892   *Öffentlicher Glaube des Grundbuchs.* [1] **Zugunsten desjenigen, welcher ein Recht an einem Grundstück oder ein Recht an einem solchen Rechte durch Rechtsgeschäft erwirbt, gilt der Inhalt des Grundbuchs als richtig, es sei denn, daß ein Widerspruch gegen die Richtigkeit eingetragen oder die Unrichtigkeit dem Erwerber bekannt ist. Ist der Berechtigte in der Verfügung über ein im Grundbuch eingetragenes Recht zugunsten einer bestimmten Person beschränkt, so ist die Beschränkung dem Erwerber gegenüber nur wirksam, wenn sie aus dem Grundbuch ersichtlich oder dem Erwerber bekannt ist.**

[II] **Ist zu dem Erwerbe des Rechtes die Eintragung erforderlich, so ist für die Kenntnis des Erwerbers die Zeit der Stellung des Antrags auf Eintragung oder, wenn die nach § 873 erforderliche Einigung erst später zustande kommt, die Zeit der Einigung maßgebend.**

1   **1) Allgemeines.** § 892 fingiert die Richtigk u Vollständigk des GB (kein GgBew) zG des gutgl Erwerbers (RG **116**, 177). Unerhebl ist, ob der Erwerber den GBInhalt kannte od auf ihn vertraute (BGH Rpfleger **80**, 336). – **Kennt das Grundbuchamt die Unrichtigkeit,** muß es aber den zum gutgl Erwerb führden EintrAntr zurückweisen (KG OLGZ **73**, 76; Düss MittBayNot **75**, 224; Ffm Rpfleger **91**, 361; BayObLG **94**, 66 [71]; Hager, VerkSchutz dch redl Erwerb, 1990, § 10 II 1 d; aA Staud/Gursky Rn 176, 201; MüKo/ Wacke Rn 70; Böttcher Rpfleger **90**, 486 zu V 4), denn bis zur Vollendg der Eintragg gilt für das GBA § 891 (vgl § 891 Rn 1).

2   **2) Geschützter Erwerb.** § 892 schützt den rgesch Erwerb (Rn 3) von Rechten (Rn 4) dch VerkehrsGesch (Rn 5). – **Nicht geschützt** sind der Erwerb krG (zB Erbfolge) u dch Staatsakt (BGH BB **63**, 286 [ZwHyp auf schuldnerfremdem Grdst]; RG **90**, 335 [Pfändg einer VfgsBeschrkg beim unterliegdn Hyp]); dch Zuschlag (ZVG 90) erwirbt der Ersteher aber auch dann Eigt, wenn er NichtEigt des VollstrSchuldn kannte.

3   **a) Rechtsgeschäft.** Geschützt ist das dingl RGesch (weitergeh Canaris NJW **86**, 1488: Erwerb als Folge eines RGesch), dch das ein abgeleiteter RErwerb stattfindet; nicht aber ursprüngl RErwerb wie zB nach § 928 (Zweibr OLGZ **81**, 139). Das RGesch darf nicht einen ungeschützten gesetzl Erwerb vorwegnehmen wie zB vorweggen Erbfolge (BayObLG NJW-RR **86**, 882). Erwerb aGrd Verst dch PrivPers nach ZPO 844 ist rgeschäftl (BGH LM Nr 6). – Das RGesch muß **wirksam** sein. Kein Schutz gg fehlde Vertretgs- (RG

134, 283) od VfgsMacht (RG **128**, 276), GeschUnfähigk, Willensmängel (BGH DNotZ **66**, 172), mangelnde Identität zw Eingetragenem u Verfügden, unwirks GBEintr des Erwerbs. – Bei **Gesamtrechtsnachfolge** kr RGesch in VermGesamth wie zB AktG 339 ff, UmwG 3 ff (Schmidt AcP **91**, 495 [517]) od § 1416 I 1 u Erwerb von Erb-/GesellschAnt (RG **117**, 257 [266]) gilt § 892 nicht; er gilt aber, wenn die zugehörigen Ggst dch EinzelRGesch übertragen werden müssen wie zB § 419, HGB 22, AktG 361 (BayObLG NJW-RR **89**, 907).

   b) Rechte sind Eigt einschl MitEigt (für Zubehör gilt § 926 II), beschr dingl Rechte an Grdst u solche an   4 ihnen. Über Vormkg vgl § 885 Rn 12, 13, 20. Der Grd ihrer unricht Eintragg ist unerhebl; daher unwirks ZwHyp auf schuldnerfremdem Grdst (Rn 2) dch Abtretg nach § 892 erwerbb.

   c) Verkehrsgeschäft. Geschützt wird nur ein RGesch, bei dem auf der Erwerberseite mind eine Pers   5 beteiligt, die nicht auch auf der Veräußererseite beteiligt. Guter Glaube an Nichtbeteiligg auf Veräußererseite wird nicht geschützt (MüKo/Wacke Rn 43; Staud/Gursky Rn 94; aA Hbg MDR **59**, 759; Erm/Hagen Rn 12), da Erwerber insow nicht auf Unterrichtg dch GB angewiesen. VerkGesch liegt aber vor, wenn Veräußerer/ Erwerber auf der and Seite als Vertreter (RG **131**, 64) od AmtsInh (zB TestVollstr; BGH NJW **81**, 1271) beteiligt. – **aa) Kein Gutglaubensschutz bei persönlicher Identität:** BuchEigtümer besteht sich Eigtü-   6 merR (KG OLG **46**, 61) od behält sich bei GrdstVeräußerg beschr dingl Recht vor (Stgt OLGZ **69**, 477 [481]). Umwandlg von GesHands- in BruchtBerecht u umgekehrt bei MitglIdentität. Übertragg von GesHand auf and persgleiche GesHand od auf GesHänder (zB von ErbenGemsch auf OHG [RG **117**, 257] od Miterben [Hamm MittBayNot **75**, 72]). Als AlleinEigtümer eingetr GesHänder überträgt an and GesHänder (BGH **30**, 255; aA Hbg MDR **59**, 759; Staud/Gursky Rn 83). GutGlSchutz aber bei Übertragg von EinzPers an GesHandsGemsch, an der sie u Dritte beteiligt (MüKo/Wacke Rn 40; Staud/Gursky Rn 83). – **bb) Kein**   7 **Gutglaubensschutz bei wirtschaftlicher Identität:** Übertragg auf Strohmann (RG **130**, 390) od Verw-TrHänder (§ 903 Rn 38) des Veräußerers. Übertragg von Brucht- (RG **119**, 126) od GesHandsGemsch (KG JW **27**, 1431) auf jur Pers u umgekehrt bei MitglIdentität. Übertragg von jur Pers an einziges Mitgl/AntEigner (RG **126**, 46) u umgekehrt (RG **143**, 202; Jena OLG-NL **94**, 204). GutglSchutz aber bei Übertragg von EinzPers an jur Pers, an der sie u Dritte beteiligt (RG JW **30**, 3740), u umgekehrt (RG JW **20**, 1387). – **cc) Erwerb unter Bruchteilsberechtigten:** GutGlSchutz, wenn BuchMitBerecht Ant eines and BuchMit-   8 Berecht (Erm/Hagen Rn 12; Staud/Gursky Rn 100; aA MüKo/Wacke Rn 41; Soergel/Stürner Rn 24; vgl auch KG JW **27**, 2521 u BayObLG JW **28**, 522 [kein gutgl lastenfreier Erwerb, wenn MitEigtümer nach fälschl Löschg einer GesBelastg weiteren Ant erwirbt]) od beschr dingl Recht an diesem erwirbt. Kein GutGlSchutz bei Belastg des Grdst zG eines BuchMitEigtümers mit nur am ganzen Grdst bestellb Recht wie GrdDbk (Staud/Gursky Rn 101); GutGlSchutz aber bei Belastg des ganzen Grdst mit an Ant bestellb Recht wie GrdPfdR für Erwerb (nur) an den Ant der and BuchMitEigtümer (MüKo/Wacke Rn 41; Staud/Gursky Rn 101; aA KG Recht **28** Nr 2461; Soergel/Stürner Rn 24).

   3) Grundbuchinhalt; maßg ist der GBInhalt zZ der Vollendg des RErwerbs (BGH Rpfleger **80**, 336).   9 Wurde das GB (auch unter Verstoß gg GBO 17, 45) nach Stellg des EintrAntr richtig, so findet kein gutgl Erwerb nach Maßg des Buchstandes bei AntrStellg statt (RG HRR **31** Nr 1313). – **a) Eintragung.** Kein   10 GutGlSchutz bei inhaltl unzuläss Eintragg (die Eintragg ergibt einen rechtl unzuläss RZustand od eine dch Auslegg nicht zu behebde Widersprüchlichk [BayObLG **87**, 390; Hamm Rpfleger **89**, 448]), bei unwirks Eintragg (§ 873 Rn 14; zB Radierg [Ffm OLGZ **82**, 56]) u bei Eintragg nicht eintraggsfäh Rechte (zB § 914 II 1). Verletzg von GBO-Vorschr unschädl (BGH NJW **94**, 2947). – **b) Umfang.** Maßg ist die Gesamth der   11 sich auf das Recht/VfgsBeschrkg beziehden Eintraggen einschl zuläss in Bezug gen Urk (RG **98**, 215; BayObLG NJW-RR **87**, 789) auf dem GBBlatt, auf dem das Grdst gebucht ist (LG Aach DNotZ **84**, 767); nicht sonstiger GrdAktenInhalt. Kein GutGlSchutz bei **widersprechenden Doppeleintragungen** (Hamm NJW-RR **93**, 1295) auf demselben od verschied Blättern (auch verschied GBA; Stgt BWNotZ **78**, 124), weil sie sich aufheben. Bei **subjektivdinglichen Rechten** ist alleine das GB des belasteten Grdst maßg (BayObLG NJW-RR **87**, 789): ist eine GrdDbk nicht auf dem Blatt des dienden sond nur gem GBO 9 auf dem des herrschden Grdst eingetr, so hindert dieser Vermerk nicht den gutgl lastenfreien Erwerb des dienden Grdst u vermittelt nicht den gutgl Erwerb der GrdDbk bei Erwerb des herrschden Grdst; aber gutgl Erwerb mit herrschdem Grdst, wenn nicht bestehde GrdDbk nur auf dienden Grdst eingetr. – Bei **grundstücksglei- chen Rechten** mit SonderGB ist mangels bes Vorschr (zB ErbbRVO 14 II) das GrdstGB für Entstehg/ Bestand, Rang u Inhalt u das SonderGB für Übertragg u Belastg maßg (Staud/Gursky Rn 21). – **c) Tat- sächliche Angaben.** Der öffGlaube erstreckt sich auf die Bestandsangaben, soweit dadch eine bestimmte   12 Bodenfläche als Ggst des eingetr Rechts ausgewiesen wird (BayObLG **87**, 410), nicht aber auf die Angaben in Spalte 3a, 4 des BestandsVerzeichn (ausführl Lutter AcP **164**, 122 [137]). Auch hier kein Schutz bei widerspr DoppelEintr.

   4) Gutglaubensschutz in bezug auf Rechte (I 1). – **a)** Der **eingetragene Berechtigte** gilt als wahrer   13 Berecht; bei MitBerechtigg wird das gem GBO 47 vermerkte RVerh fingiert (Hamm DNotZ **54**, 256; vgl auch § 891 Rn 5). Der ErwerbsGrd wird nicht erfaßt. Ist noch der nichtberecht Erblasser eingetr, schützt I 1 den vom wahren Erben Erwerbden; gem I 1, § 2366 kann ein doppelt GutGläub vom falschen ErbSchErben ein Recht erwerben, das fälschl für Erblasser eingetr (vgl BGH NJW **72**, 434), wobei aber II iRv § 2366 nicht gilt. – **b)** Das **eingetragene Recht** (für das GutGlSchutz nach Rn 10 entfällt) gilt als mit dem eingetr   14 Inhalt (zB auch „WohngsEigt“; BGH NJW **94**, 650), zu dem nicht Klauseln nach ZPO 800 (Mü JFG **15**, 259) u GBO 23 II (BayObLG DNotZ **85**, 41) zählen, u Rang (BayObLG NJW-RR **89**, 907) als bestehd. Gilt mangels abw Regelg auch, wenn Eintragg für Entstehg nicht notw war; fälschl eingetr § 1287-Hyp also gutgl erwerbb (MüKo/Wacke Rn 15; Planck/Strecker Anm I 2). Bei vom GBInhalt abw tats Verh wird der gute Glaube daran, daß der.n eingetr RInhalt entspr, nicht geschützt (BGH NJW **76**, 417). – **c)** Das **Grundbuch gilt als**   15 **vollständig,** dh das eingetr Recht gilt als unbeschrkt dch nie eingetr u gelöschte Rechte; dies gilt nicht ggü nicht eintraggsfäh Rechten (zB § 914 II 1) u öff Lasten (VG Freibg NJW **79**, 1843). Gilt mangels abw Regelg auch, wenn Eintragg für Entstehg nicht notw ist; gutgl lastenfreier Eigt- bzw vorrang BelastgErwerb also mögl, wenn ZPO 848-Hyp noch nicht eingetr (BayObLG Rpfleger **94**, 162) od fälschl gelöscht.

16   **5) Gutglaubensschutz in bezug auf Verfügungsbeschränkungen (I 2).** Nie eingetr u gelöschte VfgsBeschrkgen gelten als nicht bzw nicht mehr bestehd. Kein GutGlSchutz, daß dch eingetr VfgsBeschrkg erlangte VfgsBefugn fortbesteht; zB kein gutgl Erwerb vom früh KonkVerw, wenn KonkVermerk fälschl
17   gelöscht. – **a) Erfaßt** werden VfgsVerbote nach §§ 135, 136 (zB ZVG 23, KO 106 I 3, einstwVfg) einschl Erwerbsverbot (§ 888 Rn 11). Ferner VfgsBeschrkgen, denen ggü gutgl Erwerb mögl, wie zB §§ 161 (BayObLG Rpfleger **94**, 342), 1984, 2113, 2211, KO 6, 7, VerglO 58ff. Ist der Vorerbe des verstorbenen Eigtümers noch nicht eingetr, so wird guter Gl eines Erwerbers, daß Veräußerer Vollerbe ist, nicht geschützt (BGH **LM** Nr 9 Anm Batsch NJW **70**, 1314). Auch RHängigk (ZPO 325 II); vgl dazu § 899 Rn 9.
18   – **b) Nicht erfaßt** werden VfgsBeschrkgen, denen ggü ein gutgl Erwerb nicht mögl ist, wie zB § 1365; vom Ersterwerber (BuchBerecht) ist gutgl Zweiterwerb mögl (RG **156**, 89; BGH **LM** § 932 Nr 28). Ferner VfgsVerbote nach § 134. Bei gesetzl (zB BauGB 35 VI 3; BVersG 75 I 3) od rgesch zum Wohle der Allgemeinheit (zB ErbbRVO 5, WEG 12, 35, AbtretgsVerbot für GrdSch) VfgsBeschrkgen, die erst mit GBEintr entstehen, verhindert diese einen gutgl Erwerb, währd bei fälschl Löschg der VfgsBeschrkg gutgl Erwerb mögl ist (Staud/Gursky Rn 211).

19   **6) Wirkung des gutgläubigen Erwerbs. – a)** Der **Erwerber** erwirbt so, als entspräche die Eintragg der wahren RLage. Damit wird das GB richtig; die Wirkg des § 313 S 2 tritt ein (BGH **47**, 266). Bei Erwerb eines Rechts an einem nicht (od mit schlechterem Rang) bestehden GrdstR (zB Hyp an ErbbR) gilt dieses nur insow (bzw mit besserem Rang) als entstanden, nicht aber im Verhältn zw Eigtümer u BuchBerecht des
20   belasteten Rechts (BayObLG **86**, 294 [301]). – **b)** Der (nicht eingetr) **bisherige Berechtigte** verliert sein Recht, soweit das des Erwerbers dch dieses geschmälert würde: Wurde Hyp (2000) des *A* fälschl gelöscht u danach eine Hyp (5000) für den bösgl *B* u später eine Hyp (3000) für den gutgl *C* eingetr, so verliert *A* den Vorrang vor *C*, nicht aber vor *B* (relatives RangVerh) u die Erlösverteilg erfolgt entspr § 881 IV (§ 881 Rn 11; KG JFG **5**, 397 [402]), so daß bei einem Erlös von 6000 *A* 1000, *B* 4000 u *C* 1000 erhalten; erwirbt der gutgl *D* das Eigt, so erlischt die Hyp des *A*. Wegen seines RVerlustes ist bish Berecht auf §§ 816 I 2, 826 od Anfechtg nach KO/AnfG beschränkt; kein SchadErsAnspr aus § 823 (RG **90**, 397), weil § 892 Haftg für Fahrlässigk ausschließt, u kein Anspr aus § 1004 (BGH **60**, 46), da rechtmäß Erwerb; wg § 826 vgl Rn 24. Über Ggst des BereichergsAnspr, wenn BuchEigtümer belastet, vgl Pütz/Schuler NJW **62**, 2332. Zur Frage, ob bish Berecht wieder Berecht wird, wenn der Erwerber das Recht auf den früh BuchBerecht
21   überträgt, vgl § 932 Rn 17. – **c)** Der **Verfügende** erlangt keine Rechte: BuchAlleinEigtümer erwirbt keinen MitEigtAnt, wenn Dritter solchen gutgl erwirbt (RG DJZ **29**, 917). – **d)** Ein **Dritter** erwirbt vom Erwerber auch bei Kenntn früh Unrichtigk (BayObLG Rpfleger **87**, 101), denn er erwirbt vom Berecht (Rn 19).

22   **7) Kein Erwerb bei Widerspruch. – a) Widerspruch** (§ 899, GBO 53 I 1). Er muß wirks für den wahren Berecht eingetr u begründet sein (RG **128**, 52); ein gelöschter Widerspr reicht, wenn Erwerber die Unrechtmäßigk der Löschg kennt (MüKo/Wacke Rn 47; Soergel/Stürner Rn 27; aA KGJ **49**, 179; Staud/Gursky § 899 Rn 57). Das dch Widerspr gesicherte Recht muß dem zu erwerbden Recht entggstehen. Widerspr gg das Eigt hindert Bestellg eines beschr dingl Rechts u seine WeiterÜbertr; letztere aber dann nicht, wenn der Widerspr erst nach RBestellg eingetr wurde u Übertragd den Eigt (zB wg Bösgläubigk)
23   nicht erworben hatte (Staud/Gursky Rn 111; Soergel/Stürner Rn 27; aA RG **129**, 124). – **b) Maßgebender Zeitpunkt** für Eingetragensein ist die Vollendg des RErwerbs (Ausn: § 1139 S 2), also ggf die der Eintragg nachfolgde Einigg (Staud/Gursky Rn 152). Fehler Widerspr u Gutgläubigk des Erwerbers bei Stellg des EintrAntr unerhebl.

24   **8) Kein Erwerb bei Kenntnis der Unrichtigkeit.** BewLast hat Gegner des Erwerbers. – **a) Kenntnis** der Unrichtigk als solcher; grobfahrl Unkenntn, billige Inkaufn (LG Bayr MittBayNot **87**, 200) u Zweifel (vgl RG **117**, 180) reichen nicht; keine ErkundiggsPfl (BayObLG NJW-RR **89**, 907). Kenntn aber, wenn Erwerber über Unrichtigk so aufgeklärt, daß sich ein redl Denkder der Überzeugg von ihr nicht verschließen würde (BGH **LM** Nr 5). Bei zweifelh RLage ergibt sich die Kenntn der Unrichtigk nicht schon aus der Kenntn der sie begründen Tats (RG **156**, 122 [128]). Ob bei eindeut RLage Kenntn der die Unrichtigk begründden Tats ausreicht, hängt vom Einzelfall ab (Hamm NJW-RR **93**, 1295); zB sind Folgen der GeschUnfähigk als bekannt anzusehen (BGH WM **70**, 476). Bei Gutgläubigk iSv § 892 kann Erwerb nicht aGrd § 826 versagt werden (MüKo/Wacke Rn 49; Staud/Gursky Rn 130; aA Stgt OLGZ **69**, 477 [481]
25   mwN; Soergel/Stürner Rn 31), da abschließde Regelg. – **Sonderfälle.** Handeln Vertreter des Erwerbers, so gilt § 166 (BayObLG NJW-RR **89**, 907); bei KollektivVertr genügt Kenntn eines Vertr, bei jur Pers auch die eines nicht mitwirkden OrganMitgl (RG JW **35**, 2044). Kenntn des Notars, der nur UrkPers, schadet nicht (KG OLGZ **73**, 76 [82]). Bei bdgtem RErwerb des Verfügden gilt § 142 II. Bei bdgtem RErwerb kommt es nur auf die Kenntn der Bedingth u nicht vom BdggsEintritt/Ausfall an (RG **144**, 28). Kenntn der RHängigk einer Klage, mit der Unrichtgk geltd gemacht wird, genügt (ZPO 325 II; RG **79**, 165).
26   **b) Maßgebender Zeitpunkt für die Kenntnis** der GBUnrichtigk ist die Vollendg des RErwerbs (BayObLG MittBayNot **91**, 78), sofern er nicht nach II od aGrd gutgl erworbener Vormkg zur Sichg des RErwerbs (§ 885 Rn 13) vorverlegt ist. Über Gutgläubigwerden zw Einigg u maßg Ztpkt vgl Gursky JR **86**,
27   225. Über maßg Ztpkt für GBUnrichtigk vgl Rn 9. – **aa) Stellung des Eintragungsantrags (II)** seitens des Erwerbers od des Verfügden dch Eingang beim GBA maßg, wenn das GB schon zu diesem Ztpkt unricht ist u der Antrag (auch nach ZwVfg od RMittel) zur Eintragg führt (RG HRR **29** Nr 384). Da II Erwerber vor den Folgen des EintrGrds schützen soll, ist er nicht anwendb, wenn sich der RErwerb nach AntrStellg nicht nur dch die noch fehlde Eintragg vollzieht, sond weitere Erfordern (zB Einigg [nicht aber BdggsEintritt bei aufschiebd bdgter], HypBriefÜberg, HypValutierg, Gen des ErwerbsGesch dch den vollmachtlos vertretenen Verfügden [seine Rückwirkg gem § 184 I; RG **134**, 283) od VormschGer/Behörde [RGRK/Augustin Rn 114; Staud/Gursky Rn 169; aA RG **142**, 59; Soergel/Stürner Rn 38]) hinzutreten müssen. Maßg ist dann
28   der Ztpkt des Eintritts des letzten notw Erfordern. – **bb)** Wird das **Grundbuch erst nach Antragstellung unrichtig,** so gilt Rn 27 mit der Maßg, daß der Ztpkt des Unrichtigwerdens (Soergel/Stürner Rn 41; Staud/Gursky Rn 168; aA [Vollendg des RErwerbs] RG **116**, 351; **140**, 35) an die Stelle der AntrStellg tritt: Wird zB eine Belastg nach Stellg des EigtUmschreibgsAntr fälschl gelöscht, so erwirbt der Erwerber das Eigt

lastenfrei, wenn er im Ztpkt der Löschg (bzw des Eintritts des letzten ErwerbsErfordern außer der Eintr) gutgl war. Werden auf gleichzeit gestellte Anträge gleichzeit eine Belastg fälschl gelöscht u ein RErwerb eingetr, so erwirbt der Erwerber, wenn er im Ztpkt der einheitl Eintragg gutgl war (BGH NJW **69**, 93).

893 *Rechtsgeschäft mit dem Eingetragenen.* Die Vorschriften des § 892 finden entsprechende Anwendung, wenn an denjenigen, für welchen ein Recht im Grundbuch eingetragen ist, auf Grund dieses Rechtes eine Leistung bewirkt oder wenn zwischen ihm und einem anderen in Ansehung dieses Rechtes ein nicht unter die Vorschriften des § 892 fallendes Rechtsgeschäft vorgenommen wird, das eine Verfügung über das Recht enthält.

1) Allgemeines. Der eingetragene NichtBerecht (bei BriefR muß BriefBes hinzukommen; RG **150**, 348 **1** [356]), der eine Leistg annimmt (Rn 2) od verfügt (Rn 3) gilt als wahrer Berecht (RG **116**, 177), sofern nicht ein Widerspr eingetragen ist (§ 892 Rn 22) od der Leistde bzw VfgsBeteil die NichtBerechtigg kennt (§ 892 Rn 24). Die Leistg wirkt wie eine an den wahren Berecht (bei berecht Zweifeln Hinterlegg gem § 372 S 2 zuläss; RG **97**, 173) u die Vfg wird so behandelt, als habe sie der wahre Berecht vorgen. Gilt entspr bei nichteingetr VfgsBeschrkg.

2) Leistung auf Grund eingetragenen Rechts, dh die Leistg muß dem RInh kraft des dingl Rechts **2** zustehen. – **Dazu gehören:** Jede Sach- (zB §§ 1094, 1105) od Geldleistg (zB §§ 1105, 1113, 1191, 1199) auch iF eines ErfSurrogats (MüKo/Wacke Rn 3) zur Tilgg des dingl Anspr; auch Leistg eines Dritten (zB §§ 268, 1143, 1150) auf das dingl Recht. Auf GrdPfdR leistder Eigtümer, der zugl pers Schuldn, wird auch von pers Schuld befreit (MüKo/Wacke Rn 4; Staud/Gursky Rn 7). Bei Kapitalzahlg an eingetr NichtBerecht eines BriefR muß dieser auch Briefbesitzer sein (RG **150**, 348 [356]); für Nebenleistgen vgl §§ 1158, 1159. Über SichgHyp vgl § 1184 Rn 5. – **Dazu gehören nicht:** Leistg des nur pers Schuldn od Bürgen (MüKo/Wacke Rn 4). Leistg an VormkgsBerecht, der nicht Gläub des gesicherten Anspr (Staud/Gursky Rn 7). Leistg des Mieters an vermeintl GrdstErwerber (Staud/Gursky Rn 5; aA Erm/Hagen Rn 2).

3) Verfügungen über das Recht sind unmittelb auf seine Änderg gerichtete RGesch (BGH **1**, 294 [304]), **3** die nicht den Erwerb zum Ggst haben; es muß sich um VerkehrGesch handeln (§ 892 Rn 5). Auch zuläss (zB §§ 875 I 2, 876 S 3) Erkl ggü dem GBA (MüKo/Wacke Rn 8; Soergel/Stürner Fußn 6; Staud/Gursky Rn 25; aA RGRK/Augustin Rn 10). – **Dazu gehören:** Aufhebg (§ 875), InhaltsÄnderg (§ 877), RangÄnderg (§ 880), Kündigg (§§ 1141, 1193, 1202), DrittZust (§§ 876, 880, 1183), Zustimmg zur Vfg (RG **90**, 395), VormkgsBestellg (BGH **57**, 341; nach aA § 892). – **Dazu gehören nicht:** Schuldr Vertr einschl Vermietg mit BesÜberlassg (RG **106**, 109), unwiderrufl Vollm zur Einräumg von Bes u Nutzg verkauften Trennstücks (aA RG **90**, 395), ProzFührg.

894 *Berichtigung des Grundbuchs.* Steht der Inhalt des Grundbuchs in Ansehung eines Rechtes an dem Grundstück, eines Rechtes an einem solchen Rechte oder einer Verfügungsbeschränkung der in § 892 Abs. 1 bezeichneten Art mit der wirklichen Rechtslage nicht im Einklange, so kann derjenige, dessen Recht nicht oder nicht richtig eingetragen oder durch die Eintragung einer nicht bestehenden Belastung oder Beschränkung beeinträchtigt ist, die Zustimmung zu der Berichtigung des Grundbuchs von demjenigen verlangen, dessen Recht durch die Berichtigung betroffen wird.

1) Allgemeines. Ein unricht GB wird vom GBA nur in wenigen Fällen (GBO 51, 52, 82a, 84ff) vAw **1** berichtigt; idR muß der Beeinträchtigte die Berichtigg betreiben, um einen RVerlust dch gutgl Dritterwerb od in der ZwVerst zu verhindern. Bei EintrBew des Betroffenen (GBO 19) od UnrichtigkNachw (GBO 22) kann er die Berichtigg im **Grundbuchverfahren** beantragen. Fehlen die EintrBew u ein formgerechter (GBO 29) UnrichtigkNachw, dann bleibt nur die Klage aus § 894. Für sie fehlt aber das RSchutzBedürfn, wenn der UnrichtigkNachw zB dch öff Urk (Zweibr OLGZ **67**, 439) od aus dem GB selbst (Ffm NJW **69**, 1906 Anm Hoffmann NJW **70**, 148) glatt geführt werden kann, Bei zweifelh Erfolg des GBVerf nach GBO 22 kann Anspr aus § 894 eingeklagt werden (Schlesw MDR **82**, 143).

2) Unrichtigkeit des Grundbuchs besteht, wenn die dch den GBInhalt dargestellte RLage bzgl Eigt, **2** beschr dingl Rechte u solchen an ihnen, nichteingetr/gelöschter od eingetr VfgsBeschrkg iSv § 892 (Staud/Gursky Rn 16, 37), gelöschter od eingetr Vormkg (RG **132**, 419; **163**, 62) od eingetr Widerspr (BGH NJW **69**, 93) nach RBestand, RInhalt u RInh nicht mit der wirkl RLage übereinstimmt. Schuldrechtl Anspr auf Änderg der dargestellten RLage genügt nicht. Eintrag vormkgswidr Vfg (§ 888 Rn 2) sowie entgg eingetr Veräußergsverbot iSv § 888 II (§ 888 Rn 10) od Widerspr (§ 899 Rn 7) macht das GB nicht unricht, wohl aber Eintr entgg einem nicht unter § 888 II fallden Veräußerungsverbot (RG **132**, 145) od Erwerbsverbot (§ 888 Rn 11). Unrichtigk kann anfängl bestehen od nachträgl eingetreten sein. Maßg Ztpkt ist die letzte mündl TatsVerhdlg. – **a) Keine Unrichtigkeit** iSv § 894 bei: Fälschl gelöschtem Widerspr; hier nur **3** NeuEintr nach § 899, GBO 53 I 1 mögl. Inhaltl unzuläss Eintragg (§ 892 Rn 10); hier nur Löschg nach GBO 53 I 2 (Staud/Gursky Rn 7, 17; vgl auch BGH NJW **62**, 963) od BeseitiggsAnspr aus § 1004 (RG JW **23**, 750). Unricht Angaben in Spalte 3e, 4 des BestandsVerz, unricht Bezeichng des Berecht (KG JFG **1**, 368), Schreibfehler od ungenau gefaßte Eintrag (KG DR **42**, 1796); hier nur Berichtigg/Klarstellg im GBVerf. – **b) Beweislast** hat der dch die Unrichtigk Beeinträchtigte. Über BewLast des Gläub einer Sichg-/HöchstBetrHyp für gesicherte Fdg, wenn Umschreibg in EigtümerGrdSch/Löschg verlangt wird vgl §§ 1184 Rn 4, 1190 Rn 14.

3) Berichtigungsanspruch. Er ist als Bestandt des dch die Unrichtigk beeinträchtigten dingl Rechts ein **5** dingl Anspr, der im Konk AussondergsR gibt. Sicherg dch Widerspr (§ 899). **Nicht abtretbar/verpfändbar,** sond nur GeltdmachgsErmächtigg unter den Voraussetzgen der ProzStandsch (BGH WM **87**, 1406); liegt idR in Einigg zur Übertragg des beeinträchtigten Rechts u macht ZwEintr des Berecht wg GBO 39 nicht entbehrl (RG **133**, 279). Der **Ausübung nach pfändbar** (ZPO 857 II; BGH **33**, 76 [83]). Dadch entsteht kein PfdR am zugrdeliegden Recht, aber Gläub kann Eintragg des Berecht herbeiführen (Stöber Rn 1514) u dann in dessen Recht vollstrecken; deshalb LöschgsAnspr unpfändb (RG Warn **10** Nr 230; Dresd OLG **18**, 235; Staud/Gursky Rn 75; aA MüKo/Wacke Rn 25; Soergel/Stürner Rn 28). **Nicht verzichtbar** iSv § 397 (Staud/Gursky Rn 103) u Verzicht nicht eintragb (Hbg Rpfleger **59**, 379); vgl aber Rn 12.

6   **a) Gläubiger** ist nur, wer dch die Unrichtigk unmittelb beeinträchtigt (auch dch tats VfgsBehinderg zB dch fälschl Eintragg nicht gutgl erwerbb Belastg) ist; daher zB nicht der Eigtümer bei Eintragg unricht GrdSchAbtr. Bei einem nicht oder unricht eingetr Recht ist es der wahre Berecht, bei einem fälschl eingetr beschr dingl Recht der Eigtümer u gleich/nachrang Berecht, bei fälschl Löschg eines belasteten GrdstR dessen Inh u der DrittBerecht (vgl § 876 Rn 1), bei nicht od unricht eingetr VfgsBeschrkg der dch sie Geschützte (KGJ **52**, 140). Bei MitEigtümern (§ 1011) od Miterben (§ 2039) ist jeder unabhäng von and berecht (RG HRR **30** Nr 1220). Niemals nur BuchBerecht (vgl aber Rn 15).

7   **b) Schuldner** ist derj, dessen Recht von der Berichtigg betroffen wird. Das ist jeder, dessen EintrBew od sonst Mitwirkg nach GBVerfR zur GBBerichtigg notw ist; er braucht nicht selbst als Berecht im GB eingetr zu sein (BGH **41**, 30).

8   **c) Inhalt. – aa) Zustimmung zur Berichtigung** bedeutet EintrBew iSv GBO 19 in der Form von GBO 29 I 1 bzw ZPO 894 unter Beachtg von GBO 28 (bei Teilfläche daher erst nach Abschreibg bzw Vorliegen eines VerändergsNachw einklagb; BGH NJW **86**, 1867) für bestimmte Berichtigg; Anspr daher nicht auf bloße Löschg des eingetr Eigtümers beschränkb (BGH **LM** Nr 6). Eigtümer kann statt Zustimmg zur Berichtigg der EigtümerEintr Aufl (RG Warn **29** Nr 44) u statt Zustimmg zur Umschreibg einer Hyp in EigtümerGrdSch Zustimmg zur Löschg (BGH **41**, 30) verlangen; ein MitEigtümer kann aber nur Berichtigg verlangen (BGH WM **72**, 384). Bei Erwerb eines BriefR außerh des GB kann nicht Eintragg des früh Gläub verlangt werden (Staud/Gursky Rn 96; aA RG JW **38**, 1255). Anspr reicht nur soweit, wie die Beeinträchtigg geht (RG **135**, 33); daher muß sich nachrang Berecht mit VorrangEinräumg begnügen, wenn **9**   er nur insow beeinträchtigt (RG **146**, 355). **– bb) Sonstiges.** Vorlage eines zur Berichtigg notw GrdPfdRBriefs (BGH **41**, 30). Duldg einer zur Berichtigg notw Vermessg (BayObLG **62**, 210 [215]; Schäfer BWNotZ **57**, 123; Taupitz WM **83**, 1150).

10   **4) Ergänzende Ansprüche.** Auf BuchEigt sind §§ **987ff** anwendb, wobei die Stellg des BuchEigtümers der des unrechtmäß Besitzers gleicht (BGH **75**, 288 [292]); zB schuldet BuchEigtümer dem Eigtümer Beseitigg der von ihm veranlaßten Belastg aus §§ 989, 990 u hat ErsAnspr aus §§ 994ff wg Verwendgen auf das Grdst. Daher auch §§ **284ff**, 990 II anwendb (Saarbr OLGZ **87**, 221; Schwerdtner, Verzug im SachenR, S 169).

11   **5) Einreden, Einwendungen. – a) Zurückbehaltungsrecht.** Aus § 273 I zB wg KaufprRückzahlgs- u SchadErsAnspr ggü Anspr auf Löschg der AuflVormkg (BGH NJW-RR **89**, 201; **90**, 847); wg § 1144 aber nicht des BuchGrdPfdRGläub wg pers Fdg ggü BerichtiggsAnspr des Eigtümers (BGH NJW **88**, 3260). Aus § 273 II zB des BuchEigtümers od BuchAuflVormkgsBerecht (RG **163**, 62), nicht aber des BuchGrdPfdR- **12**   Gläub (BGH **41**, 30) wg Verwendgen auf das Grdst ggü BerichtiggsAnspr des Eigtümers. **– b) Verzicht** iSv § 397 nicht mögl (Rn 5). Enthält uU dingl Einigg, die GB richtig macht; sonst keine dingl sond nur **13**   schuldrechtl Wirkg iS eines *pactum de non petendo* (Staud/Gursky Rn 104). **– c) Unzulässige Rechtsausübung** zB bei Widerspr zu früh Verhalten (BGH NJW **79**, 1656); bei Verwirkg (BGH **122**, 308); bei schuldrechtl Verpfl des wahren Berecht, dem BuchBerecht das Recht zu verschaffen (BGH NJW **74**, 1651). Steht der BerichtiggsAnspr einer PersMehrh zu, so muß die Einwendg allen ggü bestehen (BGH **44**, 367).

14   **6) Rechtskraftwirkung. – a)** Das **stattgebende Urteil** stellt in den subj Grenzen der RKraft das dingl Recht rkräft auch für und Anspr aus ihm (zB § 1004) fest (RG **158**, 43). **– b)** Das **abweisende Urteil** verneint in den subj Grenzen der RKraft das dingl Recht (RG JW **36**, 3047). Feststellgen zur schuldrechtl GrdLage für RErwerb des Bekl erwachsen nicht in RKraft, so daß eine Klage auf RückÜbereign aus § 812 noch mögl (RG JW **35**, 2269). Abweisg auf best ErwerbsGrd (zB ges Erbf) gestützter Klage steht auf and ErwerbsGrd (zB gewillkürte Erbf) gestützter Klage nicht entgg (BGH NJW **76**, 1095).

15   **7) Andere Berichtigungsansprüche.** Aus §§ **823, 249,** wenn Delikt des BuchBerecht zu seiner Eintragg führte; wg Rn 10 aber § 992 zu beachten (Staud/Gursky Rn 12). Aus § 812 (Saarbr OLGZ **87**, 221; vgl § 812 Rn 20), auch des nur BuchBerecht (BGH NJW **73**, 613). Nicht aber aus § 1004 (BGH **5**, 76; Staud/Gursky Rn 15).

895   **Voreintragung des Verpflichteten.**   Kann die Berichtigung des Grundbuchs erst erfolgen, nachdem das Recht des nach § 894 Verpflichteten eingetragen worden ist, so hat dieser auf Verlangen sein Recht eintragen zu lassen.

1   **1) Allgemeines.** Erweiterg des Anspr aus § 894 (nicht eines schuldrechtl BerichtiggsAnspr) wg Notwendig der Voreintragg des aus § 894 Verpflichteten (GBO 39); daher kein Anspr bei Entbehrlich der Voreintragg (GBO 39 II, 40), sofern GBA nicht auf ihr besteht. Berecht kann auch nach GBO 14 vorgehen, wenn er sich die notw Urk zB gem FGG 85, ZPO 792, 896 beschaffen kann.

2   **2) Herbeiführung der Eintragung** (nicht bloß Zust zu ihr) dch: **– a)** AntrStellg (GBO 13); Vollstr bei genügder Bestimmth nach ZPO 894, sonst nach ZPO 888. **– b)** Vorschußzahlg (KostO 8); Vollstr nach ZPO 887. **– c)** Beschaffung der EintrUnterlagen (GBO 19, 22, 29); Vollstr nach ZPO 888 (MüKo/Wacke Rn 5; Soergel/Stürner Rn 2; aA RG **55**, 57: ZPO 887).

896 **Vorlegung eines Briefes.** Ist zur Berichtigung des Grundbuchs die Vorlegung eines Hypotheken-, Grundschuld- oder Rentenschuldbriefs erforderlich, so kann derjenige, zu dessen Gunsten die Berichtigung erfolgen soll, von dem Besitzer des Briefes verlangen, daß der Brief dem Grundbuchamte vorgelegt wird.

Erweiterg des Anspr aus § 894 (nicht eines schuldrechtl BerichtiggsAnspr) wg Notwendigk der Briefvor- 1 lage (GBO 41, 42). Anspr geht auf Vorlegg des Briefs (bzw eines AusschlUrt) an GBA (vgl auch § 1145), nicht auf Aushändigg an Gläub (vgl aber §§ 1144, 1167). Vollstr nach ZPO 883 I (Kiel SeuffA **68** Nr 70). Gläub ist der Berecht aus § 894. Schuldn ist der Briefbesitzer im Ztpkt der Klageerhebg (bei späterem BesVerlust gilt § 985 Rn 4), auch wenn er keine EintrBew abgeben muß (RG **69**, 36 [42]); Einreden/Einwendgen zB aus §§ 273 II, 896 (RG JW **36**, 1136) zuläss.

897 **Kosten der Berichtigung.** Die Kosten der Berichtigung des Grundbuchs und der dazu erforderlichen Erklärungen hat derjenige zu tragen, welcher die Berichtigung verlangt, sofern nicht aus einem zwischen ihm und dem Verpflichteten bestehenden Rechtsverhältnisse sich ein anderes ergibt.

§ 897 regelt nur die Kostentragg im InnenVerh zw Gläub u Schuldn für die Kosten der GBBerichtigg nach 1 §§ 894, 895 (Staud/Gursky Rn 2) u der nach §§ 894–895 geschuldeten Erkl/Handlgen; er gilt nicht für schuldrechtl BerichtiggsAnspr. Für Haftg ggü Ger/Notar gelten KostO 2 ff, für die ProzKostenTragg gelten ZPO 91 ff. BerichtiggsBerecht ist vorschußpflicht. Verj nach § 195. – Vorrang RVerh zB Vertr, § 823.

898 **Unverjährbarkeit der Berichtigungsansprüche.** Die in den §§ 894 bis 896 bestimmten Ansprüche unterliegen nicht der Verjährung.

§ 898 gilt nur für Anspr aus §§ 894–896 u EG 187 I 2 (LG Dresd JW **34**, 2354); nicht für Anspr aus § 897 u 1 schuldrechtl BerichtiggsAnspr. Er schließt Verwirkg nicht aus (vgl § 894 Rn 13). Auch dann keine Verj, wenn HerausgAnspr gg Besitzer verjährt ist (§§ 985, 195), das Eigt des nicht eingetr Dritten aber nicht erlischt (heute ganz hM).

899 **Widerspruch.** [I]In den Fällen des § 894 kann ein Widerspruch gegen die Richtigkeit des Grundbuchs eingetragen werden.
[II]Die Eintragung erfolgt auf Grund einer einstweiligen Verfügung oder auf Grund einer Bewilligung desjenigen, dessen Recht durch die Berichtigung des Grundbuchs betroffen wird. Zur Erlassung der einstweiligen Verfügung ist nicht erforderlich, daß eine Gefährdung des Rechtes des Widersprechenden glaubhaft gemacht wird.

1) Allgemeines. Der Widerspr schützt bei unricht GB vor RVerlust (über SichergsWirkg der Vormkg 1 vgl § 883 Rn 1). Er ist ein SichergsMittel eigener Art, kein dingl Recht; nur zus mit dem geschützten Recht übertragb/verpfändb/pfändb (KGJ **47**, 169 [177]). Gleiche Wirkg (KG JW **25**, 1780) haben Widerspr nach GBO 53 I 1, 76 I, 125; GBV 38 Ib 2; GrdstVG 7 II, BauGB 23 III; LuftfzRG 21; SchiffsRG 21. Widerspr eigener Art enthalten GBO 18 II, 23, 24; SchiffsRegO 28 II.

2) Unrichtigkeit des Grundbuchs. Weil der Widerspr den Anspr aus § 894 sichert, muß eine GBUn- 2 richtigk iSv § 894 vorliegen. Aus der WidersprWirkg (Rn 7) ergeben sich wg fehlder Möglichk gutgl Erwerbs (Jena OLG-NL **95**, 44) Einschränkgen: – **a) Widerspruch.** Kein Widerspr gg eingetr Widerspr (RG **117**, 346 [352]) u seine Löschg (§ 894 Rn 3). – **b) Verfügungsbeschränkung.** Kein Widerspr gg eingetr VfgsBeschrkg (KG HRR **30** Nr 239), da sie keinen gutgl Erwerb ermöglicht. Widerspr aber gg NichtEintr (bei Entsteh außerh des GB) u Löschg, da berechgswidr Erwerb mögl. – **c) Vormerkung.** Kein 3 Widerspr gg eingetr Vormkg bei Nichtentstehen/Erlöschen des gesicherten Anspr (KG OLGZ **78**, 122), da gutgl Zweiterwerb nicht mögl (§ 885 Rn 20). Nach hier vertretener Auffassg (§ 885 Rn 20) gutgl Zweiterwerb aber auch sonst nicht mögl (wer BGH **25**, 16 folgt, muß Widerspr zulassen). Zum Widerspr gg Vormkg, um gutgl Erwerb des vorgemerkten Rechts vom BuchBerecht zu verhindern, vgl Medicus AcP **163**, 12 u (abw) Staud/Gursky Rn 24. Widerspr aber gg Löschg einer Vormkg, da gutgl vormkgswidr Erwerb mögl. – **d) Nichtübertragbare Rechte.** Widerspr zwar nicht zur Verhinderg gutgl Erwerbs notw, 4 aber um RFolgen nach §§ 900 I 3, 902 II auszuschließen (Köln DNotZ **58**, 488; Staud/Gursky Rn 23). Widerspr gg Löschg, da gutgl lastenfreier Erwerb mögl.

3) Eintragungsvoraussetzungen. – a) Antrag (GBO 13) od gerichtl Ersuchen (GBO 38, ZPO 941). 5 Über Briefvorlage vgl GBO 41 I 2, 42. – **b) Eintragungsbewilligung.** Einseit formfreie empfangsbedürft materiellrechtl WillErkl ggü WidersprBerecht od GBA (Staud/Gursky Rn 32, 33); nur formellrechtl gelten GBO 19, 29. Keine Vfg über das betroffene Recht (RG HRR **28** Nr 842), § 878 aber anwendb (Erm/Hagen Rn 4; Soergel/Stürner Rn 10; aA RGRK/Augustin Rn 20). Widerspr aGrd einstw Vfg steht nicht entgg (vgl § 885 Rn 8). Bewilligen müssen alle, die aus § 894 verpfl. – **c) Einstweilige Verfügung** (ersetzt EintrBew). Anspr aus § 894 ist glaubh zu machen (ZPO 936, 920 II), nicht aber Gefährdg **(II 2).** Sie muß sich gg alle richten, die aus § 894 verpfl; zB gg Eigtümer u vorrang GrdPfdRGläub, wenn vom nachrang Berecht erwirkt (KG JFG **5**, 352).

4) Eintragung (wird dch Konk nicht gehindert). GBA prüft Wahrg der VollziehgsFr (ZPO 929 II u III), 6 nicht aber GBUnrichtig od Rechtmäßigk der einstw Vfg (Karlsr JFG **3**, 421). EintrStelle: GBV 10 I, 11 I, 12 II, 19 III. – **a) Eintragungsvermerk** muß den Gläub des Anspr aus § 894 als Berecht (daher iFv BauGB 23, GrdstVG 7 nicht die Behörde [BayObLG **55**, 314] u bei GeltdmachgsErmächtigg nicht den Ermächtigten) angeben (BGH NJW **85**, 3070) u gg welches Recht/Berecht er sich richtet sowie den Inhalt des Anspr aus § 894 (zB „gg die Eintr des N als Eigtümer"); ü gilt § 885 II. – **b) Rechtsmittel.** Beschw nach GBO 71 I (nach aA Erinnerg nach RPflG 11 I) mit dem Ziel der Löschg (KG OLGZ **67**, 342).

7   **5) Wirkung.** Voraussetzg ist, daß gesichertes Recht u damit Anspr aus § 894 wirkl bestehen. Auch Dritte können sich auf die Wirkg berufen (hM). – **a) Verhinderung gutgläubigen Erwerbs** (§§ 892 I 2, 893; vgl auch §§ 1138, 1139, 1155, 1157); Ausn bei vorher gutgl erworbener Vormkg zur Sichg des RErwerbs (§ 885 Rn 13). Keine VfgsBeschrkg (RG **117**, 346 [351]) u auch die Vermutg des § 891 gilt weiter (§ 891 Rn 8), so daß GBA Vfgen des Betroffenen eintragen muß, solange die Vermutg nicht widerlegt ist. – **b) Weitere Wirkungen:** §§ 900 I 3, 902 II, 927 III.

8   **6) Löschung,** wodch Widerspr rückwirkd (MüKo/Wacke Rn 31; aA Staud/Gursky Rn 58 [teilw]; Wieling [Lb] § 20 II 4 d) jede Wirkg verliert. – **a)** Auf EintrBew des WidersprBerecht (GBO 19, 29), die gem § 894 erzwingb. Sie ist keine Vfg (KG HRR **28** Nr 842). Bei Widerspr aGrd behördl Ersuchen nur bei nicht rechtmäß Eintrag ausreichd (KG HRR **35** Nr 131), sonst Löschg nur bei Nachw der Gen/GenFreih oder behördl Ersuchen. – **b)** Auf UnrichtigkNachw (GBO 22, 29). – **c)** Nach Aufhebg der einstw Vfg (GBO 35).

9   **7) Rechtshängigkeitsvermerk.** Die RHängigk einer Klage, die das Eigt/GrdstR streitbefangen macht (nicht schuldrechtl RÄndergsAnspr; Brschw MDR **92**, 74) ist wg ZPO 325 II wie eine VfgsBeschrkg
10 eintragb; NichtEintr ermöglicht gutgl Erwerb (§ 892 Rn 17, 25), Eintragg schließt ihn aus. – **a) Vorausset-zungen.** Antr/Ersuchen wie Rn 5. EintrBew des Beklagten (GBO 19, 29) od einstw Vfg. Für letztere sind RHängigk u Anspr aus § 894 (Wächter NJW **66**, 1366; aA Mü NJW **66**, 1030) glaubh zu machen; entspr II 2 aber keine Gefährdg (Mü aaO; aA Stgt NJW **60**, 1109). Statt EintrBew/einstw Vfg genügt RHängigk-Nachw (GBO 22, 29) ohne GlaubhMachg des Anspr aus § 894 u seiner Gefährdg (Stgt OLGZ **79**, 300; Zweibr NJW **89**, 1089; Schlesw NJW-RR **94**, 1498; Soergel/Stürner Rn 14; aA Mü aaO; MüKo/Wacke Rn
11 33; Staud/Gursky Rn 64). Desh fehlt idR für einstw Vfg RSchutzinteresse (Stgt aaO). – **b) Eintragung.** EintrStelle wie Rn 6. EintrVermerk wie Rn 6 (zB „gg die Eintr des Eigtümers hat E Klage erhoben"). RMittel wie Rn 6 (Stgt aaO). – **c) Löschung** wie Rn 8 (zB auf Nachw der KlageRückn od UrtRKraft).

900   *Buchersitzung.* [1]**Wer als Eigentümer eines Grundstücks im Grundbuch eingetragen ist, ohne daß er das Eigentum erlangt hat, erwirbt das Eigentum, wenn die Eintragung dreißig Jahre bestanden und er während dieser Zeit das Grundstück im Eigenbesitze gehabt hat. Die dreißigjährige Frist wird in derselben Weise berechnet wie die Frist für die Ersitzung einer beweglichen Sache. Der Lauf der Frist ist gehemmt, solange ein Widerspruch gegen die Richtig-keit der Eintragung im Grundbuch eingetragen ist.**

[2]**Diese Vorschriften finden entsprechende Anwendung, wenn für jemand ein ihm nicht zuste-hendes anderes Recht im Grundbuch eingetragen ist, das zum Besitze des Grundstücks berechtigt oder dessen Ausübung nach den für den Besitz geltenden Vorschriften geschützt ist. Für den Rang des Rechtes ist die Eintragung maßgebend.**

1   **1) Allgemeines.** Eingetr Rechte können vom fälschl als Berecht Eingetragenem bzw seinem Erben ersessen werden (also keine Ersitzg gg den GBInhalt), um im Hinblick auf den verjährten HerausgAnspr gg den eingetr Besitzer ein dauerndes Auseinandfallen von Recht u Besitz zu vermeiden. § 900 daher nicht anwendb, wenn Beginn der ErsitzgFr u Beginn der VerjFr für den Anspr aus § 985 gg den eingetr Berecht so weit auseinandfallen, daß die Ersitzg nicht mehr als Verstärkg der Verj dieses Anspr verstanden werden kann (BGH NJW **94**, 1152).

2   **2) Ersitzbare Rechte. – a) Eigentum (I);** auch MitEigtAnt (Celle RdL **57**, 321) u WohngsEigt. Ges-HdsEigt nicht ersitzb; wohl aber MitEigtAnt zu entspr Quote (vgl Siebels RhNK **71**, 439 [446]). – **b) Grundstücksgleiche Rechte** iSv Übbl 3 v § 873 (BayObLG **71**, 351). – **c) Rechte (II),** die zum GrstBes berechtigen (Nießbr, WohngsR, DWR), od deren Ausübg BesSchutz genießen (GrdDbk, bpDbk); daher nicht VorkR, Reallast, GrdPfdR. Das Recht muß seinem Inhalt nach bestehen können (Karlsr NJW-RR **92**, 1499).

3   **3) Voraussetzungen;** guter Glaube nicht erforderl (BGH NJW **94**, 1152). – **a) Eintragung** des Eigt/ Rechts für den Eigenbesitzer od dessen Erblasser; Vormkg od Widerspr genügen nicht. Keine Ersitzg bei widerspr Doppelbuchg (BayObLG **79**, 104 [111]) u bei bloßer Firmenfortführg ohne RNachf (Brschw NdsRpfl **52**, 16). – **b) Eigenbesitz** (iFv II), wobei mittelb EigenBes genügt (BayObLG **71**, 351), od **Rechts-ausübung** (iFv II) in jedem der 30 Jahre mind einmal (vgl § 1029; MüKo/Wacke Rn 8; Soergel/Stürner Rn 1; Staud/Gursky Rn 22; aA RGRK/Augustin Rn 9). Muß sich mit Eintragg decken. – **c) Dauer:** 30 Jahre. Für die Berechg gelten §§ 939–944 (I 2). Ersitzgszeit des RVorgängers u des ErbschBesitzers (Eintr letzterem nicht notw, wohl aber des Erbl) anzurechnen. Hemmg nach I 3, nur bei begründetem Widerspr (Staud/ Gursky Rn 13; aA 53. Aufl).

4   **4) Beweislast.** Da § 891 für den Eingetragenen streitet, muß der Gegner alle Voraussetzgen der Ersitzg widerlegen (BGH **LM** § 891 Nr 6). Der Eingetragene braucht nicht die Voraussetzgen des § 938 zu beweisen (Baumgärtel Rn 3; Staud/Gursky Rn 22).

5   **5) Wirkung.** Urspr RErwerb mit Rang nach II 2; das GB wird richtig u bish Berecht verliert sein Recht. Über schuldrechtl RückgewährAnspr vgl Vorb 2 v § 937 (sie sind aber auch verjährt).

6   **6) Übergangsrecht:** EG 169, 189. Ab GBAnlegg kann noch nicht vollendete Ersitzg nur nach § 900 fortgesetzt werden (BGH MDR **72**, 224).

901 *Erlöschen nichteingetragener Rechte durch Verjährung (Versitzung).* Ist ein Recht an einem fremden Grundstück im Grundbuche mit Unrecht gelöscht, so erlischt es, wenn der Anspruch des Berechtigten gegen den Eigentümer verjährt ist. Das gleiche gilt, wenn ein kraft Gesetzes entstandenes Recht an einem fremden Grundstücke nicht in das Grundbuch eingetragen worden ist.

1) Allgemeines. § 901 gilt für eintraggsfäh beschr dingl Rechte aller Art an Grdst (einschl grdstgl Rechte) 1 u für eintraggsfäh Rechte an solchen (Staud/Gursky Rn 2) bei fälschl Löschg (S 1) od NichtEintr nach Entstehg außerh des GB (S 2; zB §§ 1075 I, 1287 S 2, ZPO 848 II 2); nicht für Eigt (vgl §§ 900, 927) u nichteintraggsfäh Rechte (zB §§ 914, 917).

2) Voraussetzungen: Verj des Anspr des Berecht aus dem dingl Recht auf Duldg (zB § 1113), Leistg (zB 2 § 1105) od Anerkenng (zB § 1094; str, vgl Staud/Gursky Rn 6) nach §§ 194 ff; nicht des GBBerichtiggs-Anspr (vgl § 898). VerjBeginn mit AnsprEntstehg (§ 198), iFv S 1 aber nicht vor Löschg (vgl § 902). AnsprEntstehg mit Entstehg eines dem Recht nicht entspr Zustandes (bei GrdPfdR/Reallast mit Fälligk, bei GrdDbk mit Ausübgsverweiger, bei Nießbr mit BesVorenthaltg dch Eigtümer). Bish VerjLauf wird mit (Wieder-)Eintragg des Rechts od eines Widerspr wirkgslos (vgl § 902 II); mit deren Löschg beginnt neue Frist (§ 216 I bei Löschg aGrd einstVfg eingetr Widerspr entspr anwendb; Staud/Gursky Rn 11).

3) Beweislast. Bei S 1 gilt § 891 II, so daß Fortbestand von dem zu beweisen, der ihn geltd macht; bei S 2 3 ist Erlöschen von dem zu beweisen, der es geltd macht (Baumgärtel Rn 2).

4) Wirkung. Abweichd von § 222 I erlischt das Recht; damit wird das GB richtig u auch Anspr aus § 894 4 erlischt.

902 *Unverjährbarkeit eingetragener Rechte.* [I]Die Ansprüche aus eingetragenen Rechten unterliegen nicht der Verjährung. Dies gilt nicht für Ansprüche, die auf Rückstände wiederkehrender Leistungen oder auf Schadensersatz gerichtet sind.

[II]Ein Recht, wegen dessen ein Widerspruch gegen die Richtigkeit des Grundbuchs eingetragen ist, steht einem eingetragenen Rechte gleich.

1) Allgemeines. Das dingl Recht verjährt nach BundesR nicht (§ 194 Rn 4); es kann nach §§ 901, 1028 I 1 2, 1090 II erlöschen. Die dch ein dingl Recht/Vormkg gesicherte Fdg verjährt nach den für sie geltden Vorschr.

2) Ansprüche aus dem dinglichen Recht (zB §§ 985, 1018, 1094, 1105, 1147; wg § 1004 vgl dort Rn 2 36. Einem eingetr Recht steht ein dch Widerspr gesichertes nichteingetr Recht gleich (II). – **a) Grundsatz (I 1).** Der Anspr des eingetr wahren (MüKo/Wacke Rn 3; Soergel/Stürner Rn 1; Staud/Gursky Rn 7; aA Erm/Hagen Rn 2; Planck/Strecker Anm 2a) Berecht u seiner RNachf, die das Recht außerh des GB erwarben, verjährt nicht. Anspr aus nichteingetr Teilen verjähren. Unverjährb daher Anspr auf TilggsBeitr (auch als Zinszuschlag). – **b) Ausnahme (I 2).** Anspr auf rückständ wiederkehrde Leistgen (zB §§ 1107, 1115, 1199 I) u SchadErs (zB §§ 904, 989 ff, 1057, 1065) verjähren.

Dritter Abschnitt. Eigentum

Überblick

Übersicht

1) Begriff, Inhalt und Garantie des Eigentums.

Neueres **Schrifttum:** Böhmer, Gewährleistg des Eigt in der Rspr des BVerfG, NJW 88, 2561. – Erbguth, Verfassgsrechtl EigtGarantie, JuS 88, 699. – Schoch, EigtGarantie des GG 14, Jura 89, 113.

a) Eigentum im Sinne des BGB. Das BGB enthält keine Legaldefinition des Eigt, denn § 903 will 1 hauptsächl den Inhalt der dem Eigtümer zustehden Befug festlegen (Mot III 262). **Begrifflich** ist das Eigt das umfassdste Recht zu tatsächl (Benutzg, Verbrauch) u rechtl (Belastg, Veräußerg) HerrschaftsHdlgen, das die ROrdng an einer bewegl u unbewegl Sache zuläßt; als formaler ZuordngsBegr ist er unwandelb u für alle Sachen gleich. **Inhaltlich** wird das Eigt dch den Umfang der aus dem HerrschR fließden Befug des Eigtümer bestimmt. Der EigtInhalt ergibt sich daher aus der jeweil ROrdng, die ihn für unterschiedl Kategorien von Sachen unterschiedl ausgestalten kann, u ist mit ihr wandelb. Dabei stellen die Einschränkgen des HerrschR dch Gesetz u Rechte Dritter iSv § 903 keine Ausn ggü einem grdsätzl totalen HerrschR dar, sond sind wesensmäß Begrenzgen des EigtInhalts. – Das BGB geht nicht von einem in Ober- u Unter(Nutzgs)Eigt teilb Eigt aus, sond betrachtet die zeitw Übertr von EigtümerBefugn auf Dritte als Belastg des **ungeteilten Eigentums** mit einem beschr dingl Recht.

2   **b) Eigentum im Sinne des GG.** Das GG enthält keine Legaldefinition des Eigt. **Begrifflich** folgt aus der EigtGarantie (Rn 3), daß grds alle vermögenswerten Rechte erfaßt werden, die dem Berecht von der ROrdng in der Weise zugeordnet sind, daß er die damit verbundenen Befugn nach eigenverantwortl Entscheidg zu seinem priv Nutzen ausüben darf (BVerfG NJW **91**, 1807); Beispiele in Rn 9. **Inhaltlich** wird das Eigt dch die Rechte u Pflichten bestimmt, die der RTräger aGrd der Gesamth aller verfassgsmäß Gesetze privat- u öffentlrechtl Natur hat (BVerfG NJW **82**, 745).

3   **c) Eigentumsgarantie.** GG 14 I 1 gewährleistet zum einen das **Privateigentum als Rechtseinrichtung.** Sie soll dem RInh einen Freiraum im vermögensrechtl Bereich erhalten u ihm damit die Entfaltg u eigenverantwortl Gestaltg seines Lebens ermöglichen (BGH NJW **91**, 1807); der rechtl Gehalt des Eigt wird daher dch Privatnützigk (Ausübbark zum eigenen Vorteil) u Verfügbark (nicht notw unbeschr) gekennzeichnet (BVerfG aaO). Aber nicht jedes RGut muß privatrechtl Herrsch unterworfen sein (BVerfG NJW **82**, 745). Die konkrete Reichweite dieses Schutzes ergibt sich aus der abstrakten u generellen Bestimmg von **Inhalt und Schranken** des Eigt (GG 14 I 2), bei deren Festlegg sowohl die Institutsgarantie (GG 14 I 1) als auch das Sozialgebot (GG 14 II) zu beachten u auszugleichen sind (BVerfG NJW **85**, 2633). Maß u Umfang zul Sozialbindg hängen vom sozialen Bezug u der sozialen Funktion des EigtObjekts ab (BVerfG NJW **80**, 985) u müssen den Gleich- u VerhältnismäßigkGrds wahren (BVerfG NJW **80**, 985; **82**, 745). In jedem Fall erfordert die Institutsgarantie die Erhaltg des ZuordngsVerh u der Substanz des Eigt (BVerfG NJW **85**, 2633), anderenf verstößt die Inhalts- u Schrankenbestimmg gg GG 19 II (BVerfG NJW **82**, 745). Verfassgsmäß Gesetze iSv GG 14 I 2 führen nicht zur Enteigng; and uU bei Entzug aGrd alten Rechts ausgeübter subj Rechte (vgl BVerfG NJW **82**, 745; BGH NJW **82**, 2488). – GG 14 I 1 schützt zum and den **konkreten Bestand in der Hand des einzelnen Eigentümers** (BVerfG NJW **87**, 1251). Dieser braucht die Entziehg seiner verfassgsrechtl geschützten RStellg nur hinzunehmen, wenn die Eingr GG 14 III entspricht; dann tritt an die Stelle der Bestands- eine **Wertgarantie** (BVerfG NJW **82**, 745). Ein verfassgswidr Gesetz iSv GG 14 I 2 ist unwirks u kann nicht dch Zubillig einer in ihm nicht vorgesehenen Entschädigg in eine Enteigng umgedeutet u geheilt werden (BVerfG NJW **80**, 985).

2) Enteignung, enteignender Eingriff, enteignungsgleicher Eingriff.

Neueres **Schrifttum:** Krohn/Löwisch, EigtGarantie/Enteign/Entschädigg, 3. Aufl 1984. – Ossenbühl, StaatshaftgsR, 4. Aufl 1991. – Aust/Jacobs, Die EnteigngsEntsch, 3. Aufl 1991. – Nüßgens/Boujong, Eigt/Sozialbindg/Enteigng, 1987.

A) Enteignung.

4   **a) Begriff.** Enteign ist Entzug des Eigt iS des GG (Rn 2) dch Gesetz (Legalenteign) od VerwAkt aGrd Gesetzes (Administrativenteign) u der damit bewirkte Rechts- u Vermögensverlust unter Überschreitg der Grenze des GG 14 I 2; nicht erforderl ist die Übertragg des entzogenen Objekts auf einen and RTräger (BVerfG NJW **91**, 1807; dazu Lege NJW **93**, 2565).

5   **b) Enteignung und Inhaltsbegrenzung.** Verfassgsmäß Ges, die nach GG 14 I 2 Inhalt u Schranken des Eigt bestimmen, führen nicht zur Enteigng u können dies daher ohne EntschRegelg tun; Ges, die die verfassgsmäß Grenzen von GG 14 I 2 überschreiten, ohne eine Entsch vorzusehen, führen nicht zu entschädiggspfl Enteigng, sond sind nichtig (vgl Rn 7). – **aa)** Zur Festlegg der verfassgsmäß Grenzen von GG 14 I 2 dch das **Bundesverfassungsgericht** vgl oben Rn 3. – **bb)** Der **Bundesgerichtshof** stellt darauf ab, ob der Eingr den Eigtümer unverhältnismäß od im Vergl zu anderen ungleich u damit unzumutb belastet (BGH NJW **93**, 2605), wobei die Unzumutbark dch eine nicht an GG 14 III zu messde EntschRegelg kompensiert werden kann (BGH NJW **94**, 3285). Sonderopfer erbringt idR nicht, wer sein Eigt freiwill in Gefahr bringt (BGH **37**, 48). Mangels Sonderopfer sind Eingr der Justiz dch fehlerh VollstrAkte keine Enteigng (BGH **30**, 123: ArrestPfändg; **32**, 240: Vollstr in DrittEigt; NJW **59**, 1085: KonkEröffng; BB **67**, 941: ZwVerst; NJW **87**, 2573: SichgsMaßn im StrafVerf). Wesentl für die Feststellg der Unzumutbark u damit für die Abgrenzg zw Sozialbindg u Enteigng ist bei Eingr in Grdst weiter die Situationsgebundenh (BGH NJW **94**, 3285): bei NutzgsBeschrkg ist eine bloß situationsbdgte Belastg (Sozialbindg) anzunehmen, wenn vernünft u einsicht Eigtümer, der auch Gemeinwohl nicht aus dem Auge verliert, von sich aus im Hinblick auf Lage u Umweltverhält von best Nutzgsform absehen würde (BGH NJW **94**, 3285); hierfür idR bedeuts bish Nutzg u ob beschr Nutzg schon verwirklicht war bzw sich nach GrdstSituation als künft Nutzg obj anbietet (BGH NJW aaO). – **cc)** Das **Bundesverwaltungsgericht** folgt jetzt dem BVerfG (BVerwG NJW **90**, 2572).

B) Gesetzliche Regelungen.

6   **a) WeimRV 153:** ReichsG (nicht LandesG; vgl BGH WM **91**, 336) konnte Enteigng ohne Entsch anordnen (zB 2. NotVO v 5. 6. 31 – RGBl I 279, 306); galt bis 23. 5. 1949 (BGH **6**, 270; BVerfG **2**, 237). Enteigngen vor Geltg des GG aGrd von Gesetzen, die keine Entsch vorsahen, bleiben dch GG unberührt, wenn Eingr vorher abgeschl (BGH **71**, 1). Entsch ab GG dann, wenn Eingr noch nicht abgeschl u Enteigng sich fortsetzt in die GeltgsZeit von GG 14.

7   **b) GG 14 III:** Enteign nur zum **Wohl der Allgemeinheit** (S 1); vgl dazu Brünneck NVwZ **86**, 425. Zugriff auf das Eigt nur dann zul, wenn er einem bes im öff Interesse liegden Zweck dient (BVerfG NJW **87**, 1251). Auch Enteigng zG Privater kann AllgWohl dienen (BVerfG aaO; BGH NJW **89**, 216), doch genügt priv od fiskal Interesse (BVerfG NJW **75**, 37) nicht. Enteigng nur dch **Gesetz oder Verwaltungsakt auf Grund Gesetzes** (zur Abgrenzg BVerfG NJW **77**, 2349), das Art u Maß der Entsch gerecht regelt (S 2, 3: **Junctimklausel**), wobei salvatorische Klausel genügt (BGH **99**, 24; vgl aber BVerwG NJW **90**, 2572; Melchinger NJW **91**, 2524); Gesetze sind auch RechtsVO u autonome Satzg, wenn ErmächtiggsG GG 14 III 2, 3 genügt (str). EnteigngsG ohne EntschRegelg ist nichtig u darf nicht dch Rspr ergänzt werden

(BVerfG NJW **82**, 745), and bei vorkonstitutionellem Recht (BGH NJW **80**, 888). Keine Nichtigk bei ungewollten, atyp Eingriff in Eigt; hier uU Entsch aus enteigndem Eingr (vgl unten Rn 13).

c) Einzelregelungen: Vorbeh für LandesR in EG 109; BundesenteigngsG fehlt, doch sehen EinzelG **8** Enteigngen vor wie zB: BauGB 39 ff, 85 ff, 185; FStrG 8 IX, 9 IX, 9 a II, 19; BLG 20 ff; LBG 10 ff.

C) Eingriff.

a) Gegenstand. – aa) Eigentum wird geschützt, auch das ausländ jur Pers (BGH NJW **80**, 1567); über **9** Eigt einer Körpersch des öffR vgl BVerfG NJW **87**, 2501. – **bb) Eigentumsähnliche Rechte** u RStellgen werden geschützt wie zB: Fdgen (BGH NJW **80**, 2705), UrhR (BVerfG NJW **71**, 2163), schutzfäh Warenzeichen (BVerfG NJW **80**, 383), VorkR (BVerfG NJW **91**, 1807); schuldr NutzgsR (BGH NJW **94**, 3156), JagdausübgsR (BGH **117**, 309), Fährregal (BGH **94**, 373), wirtsch Struktur eines Vereins (BGH **25**, 266), MitgliedschR (BayObLG **60**, 27), Holz- u GemeindeNutzR (BayObLG **61**, 373), ForstR (BVerwG NVwZ **86**, 1012), ErbbR (BVerfG NJW **89**, 1271), BesR des Mieters (BVerfG NJW **93**, 2035; krit Depenheuer NJW **93**, 2561 u Rüthers NJW **93**, 2587), AnliegerGebr (§ 903 Rn 29), GewerbeBetr (unten Rn 40); aber grdsl nicht das Vermögen als solches (BVerfG NJW **88**, 3258) u dch GG 12 gewährleisteter Erwerbsschutz (BGH NJW **94**, 1468, 2229). – **cc) Rechtspositionen** werden geschützt, nicht bloße Aussichten u Erwartgen **10** (BVerfG NJW **92**, 1878; BGH NJW **94**, 3157). Eine solche RPosition ist insb das dch die rechtm EigtAusübg Geschaffene (BVerwG NJW **76**, 765) u ein dch rechtl zuläss Nutzg erworbenes Qualitätsmerkmal eines Grdst (BGH NJW **82**, 2488). Auch eine noch nicht verwirklichte EigtNutzg kann EigtSchutz genießen (BVerwG NJW **76**, 765; vgl aber BGH NJW **87**, 1256). – **Eingriff:** Herabzong von Bauerwartgs- zu Grünland (BGH BauR **75**, 118) u GebietsErkl (zB BNatSchG 12 ff), die dch Behinderg von Verkauf/Beleihg/Bebauung spürb beeinträchtigen (BGH BauR **78**, 211). Vorenthaltg angem GrdstNutzg dch Bebauungsplan (BGH **92**, 34) od Zugangsbeeinträchtigg (Rn 41, § 903 Rn 29). Abrißverbot aGrd DenkmalSch (BGH **72**, 211). Verhinderg der Kiesausbeute aus nicht wasserwirtsch Grd (BGH NJW **83**, 1657). – **Kein Eingriff:** Erschwerg der Fischerei dch Wasserbau (BGH NJW **68**, 1284); Entzug der Möglichk, Ware wie bish zu bezeichnen (BGH NJW **69**, 2083); Widerruf unter WiderrufsVorbeh erteilter BauGen (BGH NJW **70**, 1178); Künd eines Vertr (BGH MDR **77**, 821); Verhinderg erst geplanter BetrErweiterg (BGH NJW **72**, 758; BVerwG NJW **76**, 765); Verhinderg der Entwicklg von Acker- zu Bauland (BGH **64**, 382) od zu intensiverer Bebaubark (BGH BauR **77**, 337); Lagevorteile eines Grdst (BGH WM **89**, 1154); VerkLärm ggü Grdst ohne RAnspr auf Bebauung (BGH JR **76**, 476); Versagg eines Dispenses, zu dessen Erteilg keine Verpfl besteht (BGH NJW **80**, 1567); Versagg wasserrechtl Erlaubn zur Auskiesg (BGH NJW **84**, 1172; vgl auch Krohn WM **84**, 825); Fährregalbeinträchtigg dch Brückenbau (BGH NJW **94**, 373). – **dd) Öffentlichrecht-** **11** **liche Rechtspositionen** werden geschützt, wenn sie dem priv Nutzen dienen, der priv VfgsBefugn unterliegen u dch eigene Leistg erworben sind, wie zB: Sozialversichergsrechtl Positionen (BSG NJW **92**, 260); Anspr auf Arbeitslosengeld (BVerfG NJW **87**, 1930); Apothekenpersonalkonzession (BGH **15**, 17); Überwachgskompetenz des TÜV (BGH **25**, 266); Schornsteinfegerbezirk (BGH NJW **56**, 1109); Kassenarztzulassg (BGH **81**, 21); RA – Zulassg (BGH NJW-RR **86**, 2499).

b) Art und Inhalt. Es gilt der Grds des **geringstmöglichen Eingriffs** (BVerfG NJW **75**, 37). Keine **12** Vollenteign, wenn Dbk od schuldrechtl Nutzgsabrede genügt, so wenn zB GestattgsVertr (vgl BGH MDR **69**, 467) angeboten wird, der Benutzg des Straßenkörpers für Versorgsleistgen gewährleistet (BVerwG DVBl **69**, 210, 312). – **aa) Positiver Eingriff** rechtl od tatsächl (BGH **94**, 373) Art nötig. Keine Enteigng dch Unterlassen (BayObLG **78**, 69 [76]; Köln NJW **86**, 589), sofern dieses nicht ausnahmsw wg Verstoßes gg eine HdlgsVerpfl als eingreifdes Handeln zu qualifizieren (BGH NJW **94**, 858 [861]). Fakt Eingr aber, wenn ablehnen Verhalten der Behörde jemanden von der AntrStellg od -verfolgg absehen läßt (BGH NJW **80**, 1567; BayObLG **76**, 310). Kein Eingr bei unabsichtl Verzögerg der AntrBearbeitg (BayObLG **76**, 310). Eingr aber bei rechtswidr AntrAblehng trotz bestehden Anspr (BGH NJW **70**, 1178). – **bb)** Die Enteigng erfolgt dch einen **gewollten und gezielten** Legal- od AdministrativEingr aGrd Gesetzes in den geschützten Ggst (vgl Rn 7). – **cc)** Inhaltl besteht die Enteigng in der **Entziehung oder Beschränkung** (zB Belastg mit Dbk; BGH **83**, 61) der EingrObjekte. Das dch Enteigng erworbene Recht verändert seine RNatur nicht, die Enteigng verändert nur das ZuordngsVerh. Dch Enteigng kann nur Eigt iS des ZivilR übertr od nur ein im ZivilR vorgegebenes beschr dingl Recht bzw schuldr NutzgsR begründet werden (BVerfG NJW **77**, 2349). Enteigng kann auch in der Beschrkg des Benutzbark eines Grdst bestehen.

D) Enteignender und enteignungsgleicher Eingriff.

a) Von enteignendem Eingriff spricht die Rspr, wenn die einzelfallbezogene nachteil Einwirkg auf den **13** geschützten Ggst (oben Rn 9) die ungewollte Nebenfolge rechtm hoheitl Maßn ist u dadch die Schwelle des enteigngsrechtl Zumutbaren überschritten wird (BGH NJW **92**, 3229). Dieses HaftgsInstitut wird aus Einl ALR 74, 75 (vgl unten Rn 50) abgeleitet (BGH NJW **88**, 478). – Die Maßn muß **unmittelbar** in den geschützten Ggst eingreifen, indem sie eine von ihr ausgehde typische Gefahr verwirklicht (BGH NJW **87**, 2573), so daß sich eine natürl Einh von Maßn u Folge ergibt (BayObLG **78**, 69 [77]), bloß mittelb (BGH **LM** GG 14 D Nr 42) od adäquat kausale (BGH NJW **87**, 2573) Auswirkgen reichen nicht; überzeugde Abgrenzg bish nicht gelungen (vgl Olivet NVwZ **86**, 431). Zum Eingr dch Unterlassen vgl oben Rn 12; Schenke NJW **91**, 1777. – **Beispiele** sind die Immissionen iSv § 906 (vgl dort Rn 44–48) u Einwirkgen iSv § 909 (vgl dort Rn 14) sowie Eingr in GewerbeBetr inf Straßenarbeiten/verändergen (vgl unten Rn 40); nicht aber Waldsterben (BGH **102**, 350), Beschädigg gestohlenen PKWs bei polizeil Verfolgg (Hamm NJW **88**, 1096).

b) Von enteignungsgleichem Eingriff spricht die Rspr, wenn rwidr (schuldh od schuldlos) dch hoheitl **14** Maßn in einen geschützten Ggst (vgl oben Rn 9) eingegriffen u dadch dem Berecht ein Sonderopfer für die Allgemeinh auferlegt wird (BGH NJW **94**, 1647). Dieses HaftgsInstitut wird aus Einl ALR 74, 75 (vgl unten Rn 50) abgeleitet (BGH NJW **90**, 3260). Es erfaßt legislat Unrecht nur, wenn es auf untergesetzl Normen (VO, Satzg) beruht (BGH aaO). Keine Entsch für Nachteile, die dch schuldh unterl RMittel hätten abgewehrt werden können (BGH **110**, 12). EntschAnspr entfällt aber wg Mißachtg der Junctimklausel, wenn Eingr nur deswegen rwidr, weil zugrdeliegdes Gesetz mangels EntschRegelg nichtig (Papier NVwZ **83**,

258): Betroffener muß sich gg Eingr selbst wehren. – Gewollte u gezielte Beeinträchtigg des geschützten Ggst nicht erforderl. Die Maßn muß aber **unmittelbar** in den geschützten Ggst eingreifen, indem sich eine in der Maßn selbst angelegte Gefahr verwirklicht (BGH **125**, 19); zB Unfall dch militärisch bdgte Ausrüstg eines MilitärKfz (BGH MDR **76**, 826) im Ggs zu Unfall in normalem Verkehrsablauf. Zum Eingr dch Unterlassen vgl oben Rn 12; krit Schenke NJW **91**, 1777. – **Sonderopfer** nicht zu fordern (Schmitt-Kammler NJW **90**, 2515); nach der Rspr wird es idR dch die RWidrigk begründet (BGH **32**, 208; BayObLG **76**, 309). – Eingr **bejaht:** Waldbrand inf Schießübg (BGH **37**, 44); Panzer rammt Haus (BGH NJW **64**, 104); Hausbeschädigg dch Kanalisationsarbeiten (BGH **LM** GG 14 Cc Nr 15a); GrdstSchäden dch Betrieb einer Talsperre (BGH **LM** GG 14 Cc Nr 21) od hoheitl Abwasserregulierg (BGH JR **76**, 478); Schädigg eines GewerbeBetr inf Straßenschäden dch Panzer (BGH MDR **68**, 391), unsachgem Straßenbauarbeiten (BGH **LM** GG 14 Cf Nr 24) od unsachgem Straßensperrg (BGH MDR **68**, 307); Beschädigg einer Stützmauer dch Straßenkörper (BGH NJW **76**, 1840); Fluglotsenstreik (BGH **76**, 387); verfassgswidr RechtsVO (BGH **78**, 41); Beschrkg aGrd nichtigen Bebauungsplans (BGH **92**, 34); rwidr Versagg des Einvernehmens nach BauGB 36 (BGH NJW **92**, 2218); rwidr Smogalarm (Jacobs NVwZ **87**, 100); Forst/Flurschäden dch Tiere als Folge unsachgem JagdVorschr (BGH MDR **88**, 1033); Überschwemmg inf fehlerh Brückendchlasses (BayObLG **89**, 452); rwidr Ablehng einer Bauvoranfrage (BGH NJW **94**, 1647). – Eingr **verneint:** Rohrbruch gemeindl Wasserleitg (BGH **55**, 229); VerkUnfall inf Ampelversagens (BGH **54**, 332; vgl aber **99**, 249; krit Ossenbühl JuS **71**, 575); rwidr Erteilg des Einvernehmens nach BauGB 36 (BGH NJW **87**, 1320), Waldsterben (BGH NJW **88**, 478).

E) Entschädigungsbeteiligte.

15   **a) Entschädigungsberechtigt** ist, wer in seinem Recht dch den Eingr beeinträchtigt wird u dadch einem VermNachteil erleidet (vgl BauGB 94 I). Entschberecht auch Inh dingl od pers Recht an dem Ggst des Eingr (NebenBerecht; BauGB 97), die Bes- od NutzgsR haben od Verpflichteten in der Nutzg beschr; zB GrdDbkBerecht, Pächter (BGH **59**, 250), Mieter (BGH ZMR **68**, 196). – Kein Übergang des EntschAnspr bei Übertr des beeinträchtigten Rechts nach vollzogenem Eingr (BGH NJW **86**, 1980); zur uU stillschw AnsprAbtr BGH NJW **78**, 941. Gilt entspr, wenn ggü Voreigtümer erfolgter Eingr erst bei RNachf spürb wird (BGH NJW **95**, 1823).

16   **b) Entschädigungspflichtig** ist mangels SonderVorschr bei Enteign u enteignendem Eingr der Begünstigte (BGH NJW **80**, 582). Das ist (abgesehen von VermTrägern mit Spezialaufgaben) bei Begünstigg der Allgemeinh grdsl eine Gebietskörpersch mit Allzuständigk, mithin idR der Staat u nur bei Eingr zur Erfüllg rein örtl Aufgaben die Gemeinde (BGH **LM** GG 14 [Fb] Nr 12). Ebso bei enteignsgl Eingr, nur daß hier stets Hoheitsträger statt begünstigter PrivPers haftet (BGH **40**, 49; DB **73**, 1599); mangels Begünstigg haftet die Körpersch, die den Aufgabenbereich wahrnimmt, dem die EingrHdlg zuzuordnen ist (BGH **76**, 387). Nicht selbst eingreifder Hoheitsträger ist begünstigt, wenn ihm bes Vorteil zugeflossen (BGH NJW **76**, 1840). Bei Begünstigg mehrerer uU GesSchuld. – Gemeinde haftet idR bei Eingr dch baupol (BGH **26**, 10) u bauplanerische (BGH BauR **75**, 317) Maßn; Träger der Straßenbaulast haftet bei VerkLärm (BGH NJW **80**, 582); Land bei Natur/LandschSchutzMaßn (BGH NJW **84**, 1169); zur Wohnraumbeschlagn vgl BGH **13**, 371, 395; BayObLG **57**, 252; Celle MDR **57**, 101.

F) Verfahren und Rechtsweg.

17   **a) Verfahren.** Die älteren EnteignsG gliedern meist in vier Abschnitte: Auf Antr wird dem zu begünstigden Unternehmer das EnteignsR verliehen, worauf im PlanfeststellgsVerf nach Prüfg der Einwendg der Enteignsplan festgestellt wird; nach Festsetzg der Entsch wird sodann die Enteign vollzogen (Vollzugsakt). Die wichtigsten neueren EnteignsG vereinfachen: EnteignsPlan u Entsch werden in einer Entscheidg festgelegt (EnteignsBeschl, vgl BauGB 113, LBG 47).

18   **b) Rechtsweg.** Er ist grdsätzl gespalten: VerwRWeg gg die EnteignsMaßn selbst (zB SchBG 26), ordentl RWeg gg die Festsetzg der Entsch (GG 14 III 4; zB SchBG 25); für den Enteigneten wie für den EntschPflichtigen (vgl BGH **7**, 296; **9**, 242; **41**, 264). Auch hier Verfeinfachg in BauGB u LBG: Gegen die umfassde Festsetzg gem BauGB 113, LBG 47 kann binnen AusschlFrist (vgl BauGB 217, LBG 61) Antr auf einheitl gerichtl Entscheidg gestellt werden. Dann entscheidet die ZivKammer (LBG 59 III) bzw die beim LG gebildete Baulandkammer. VerwRWeg für Entsch nach TierSG (§ 72b). – Sieht Betroffener in einer Maßn eine Enteign, so kann er eine Entsch im ordentl RWeg nur einklagen, wenn zugrde liegdes Gesetz eine EntschRegelg enthält; fehlt sie, so kann er nur die Maßn selbst im VerwRWeg angreifen (BVerfG NJW **82**, 745).

G) Entschädigung.

19   **a) Höhe.** Nach GG 14 III 3 der Einbuße (dazu gehört merkantiler Minderwert; BGH NJW **81**, 1663) entspr angem Ers (nicht voller SchadErs), der abstr Wiederbeschaffg gleichen Objekts ermöglicht (BGH **119**, 62); ob ErsObjekt fakt greifb od zu seinem Erwerb bes Aufwendgen nötig, bleibt außer Betracht (BGH **41**, 354). Wirtschaftl Betrachtgsweise geboten (BGH **43**, 300). ZPO 287 anwendb (BGH NJW-RR **95**, 911). – GG 14 III 3 erlaubt dem GGeber, je nach Lage vollen Ers od geringere Entsch zu gewähren, sofern letztere noch gerechten InteressenAusgl darstellt (BVerfG **24**, 367; BGH Betr **80**, 829); GG 14 III 3 begrenzt Entsch für GGeber nicht nach oben (BayObLG **67**, 358) und erlaubt Entsch dch ÜbernAnspr bzgl wertgeminderten EingrGgst (dazu Schmidt-Aßmann BauR **76**, 145) wie zB ErgGRSiedlG 7 II (BGH **59**, 250); BauGB 40ff, 93ff (BGH NJW **86**, 2253); GSBEG 2ff (BayObLG **72**, 7). Wegen Entsch dch ErsLand vgl BBauG 100; LBG 22 (BVerwG RdL **71**, 269). – Grds gelten auch bei enteignsgl Eingr (BGH **23**, 171). Entsch mind so hoch wie bei rechtm Eingr (BGH **13**, 395; BayObLG **72**, 7), sie kann über die in SonderG gewährte hinausgehen. – Einheitl EntschAnspr, bei dem mehrere EingrFolgen nur unselbstd RechngsPosten (BGH NJW **92**, 2880); Entsch für Vorwirkg (unten Rn 30) kann aber schon vor Enteign verlangt werden u ist auf Entsch für letztere anzurechnen (BGH NJW **78**, 939).

aa) Substanzverlust (vgl BauGB 95 I 1). Zu ersetzen ist der Verkehrswert; das ist der im gewöhnl 20 GrdstVerkehr erzielb Preis (BGH NJW-RR **95**, 911). Bewertg nach dem Ertrags-, Sach- od VerglWertVerf, wobei das Verf zu wählen ist, das im Einzelfall den GgWert im Gesamtbetrag angem feststellt (BGH **120**, 38); gilt auch bei Grdst, für die nach ihrer Art kein Markt besteht (BGH NJW-RR **95**, 911). Bei bebautem Grdst auch Nutzg des Außenwohnbereichs (Terrasse/Garten) zu berücksichtigen (BGH **119**, 62). Bodenschätze beeinflussen Substanzwert nur, wenn Eigtümer sie hätte nutzen können u wollen (BGH WM **69**, 275), wobei mit Abbau nicht begonnen sein muß (BGH NJW **80**, 39). Da kein SchadErs, keine Entsch künft Wertsteigerg, die ohne Enteigng od deren Vorwirkg eingetreten wäre, sofern nicht die preiserhöhden Faktoren als solche schon im gesunden GrdstVerk greifb waren (BGH NJW **66**, 497).

bb) Teilflächen (Vahle MDR **81**, 625). Hat Teilfläche selbstd VerkWert, gibt dieser Maß. Andernf (zB 21 bei Vorgärten) idR Bewertg nach der Differenzmethode; dabei VerkWerte des GesGrdst u des RestGrdst ggüzustellen, wenn Ertragswerte nahezu gleich (BGH BauR **75**, 326). Bodenwert unbebauter Teilfläche idR unter Dchschnittswert des GesGrdst (BGH aaO). Vorteilsausgleichg, wenn RestGrdst dch Teilenteigng wertvoller. Teilenteigng kann auch zugl Eingr in RestGrdst sein (BayObLG **94**, 80); entfällt für RestGrdst Schutzzone gg lästige Nutzg fremden Grdst, so Entsch nur für Mehrbeeinträchtigg dch Straße an neuer statt (parallel verschoben) an alter GrdstGrenze (BGH NJW **92**, 2880). Zur Berechng sog „Arrondiergsschadens" (Straße dchschneidet geschlossenen GrdBes) vgl BGH NJW **82**, 95.

cc) Bauerwartungsland. Es ist fallw zu prüfen, ob greifb (nicht nach starren Fristen zu beurteile) 22 Bauerwartg sich im gesunden GrdstVerk preissteigernd auswirkt; maßg sind die konkr tats (Lage, Beschaffenh, Verk Anbindg) u rechtl (Plangsstand, Dispensmöglichk) Umstände (BGH **39**, 198; BauR **77**, 337; Krohn/Löwisch Rn 284).

dd) Enteignung durch Belastung. Wertminderg ist der Unterschied zw den Werten, die das Grdst im 23 gesunden GrdstVerkehr mit u ohne Belastg hat (BGH **120**, 38), wobei für die GrdstBewertg Rn 20 gilt. – **Einzelfälle:** Dbk für U-Bahn (BGH NJW **85**, 387), für Versorggsleitgen (BGH **120**, 38; WM **77**, 827, 983; Celle DVBl **80**, 689; Hamm BlGBW **82**, 137), für Arkaden (BGH **120**, 38). Nießbr (BGH WM **77**, 1411).

ee) Zeitlich begrenzte Eingriffe in Benutzbarkeit. Nutzgsentgang ist Bewertgsfaktor. Vorübergeh- 24 de Bausperre: Betrag, den Bauwilliger gezahlt hätte, wenn ihm Bauen gestattet worden wäre (Bodenrente), abzügl Wert der Nutzgen, die von Bausperre nicht beeinträchtigt (BGH **125**, 258; NJW **94**, 3158). Vorübergehder Eingr in GewerbeBetr: Unterschied zw tats erzieltem Gewinn od Verlust u dem Gewinn od Verlust, der aGrd konkr im Betr begründeter Aussichten ohne den Eingr hätte erzielt werden können (BGH NJW **75**, 1966; **76**, 1312; **77**, 1817; **83**, 1663).

ff) Folgeschäden (dazu Schmitt-Assmann NJW **74**, 1265). Auch wenn SonderVorschr (zB BauGB 96, 25 LBG 19) es nicht vorsehen, sind VermNachteile zu entschädigen, die noch nicht dch SubstanzEntsch abgegolten (BGH NJW **77**, 189); dies aber nur bis zum Betrag des Aufwands für Nutzg eines Grdst in gleicher Lage (DoppelEntsch unzul). – **Ja:** Umzugs-, Verleggs- u Reisekosten (BGH MDR **67**, 390); Abstands- u Instandsetzgskosten für ErsObjekt; unbrauchb gewordenes Inventar; Anlaufkosten, Minderg des Firmenwerts, Verlust best Kundenkreise (BGH NJW **66**, 493; MDR **67**, 390); PrivGutachten (BGH NJW **86**, 1980); Anwaltskosten im EnteignsVerf (nicht aber im UmleggsVerf; BGH **63**, 81), falls es zur Enteigng kommt (BGH **65**, 280), u im BesEinweisgsVerf, falls es zur BesEinweisg kommt (BGH aaO); Umsatzsteuer für Entsch (BGH **65**, 253). – **Nein:** Entgangener Gewinn aus erst zu schaffdem Wertobjekt (BGH **32**, 351; MDR **68**, 219); Kosten für Beschaffg (Kaufpr, Makler- u Notarkosten), Aufschließg od Bebauung eines ErsGrdst (BGH NJW **66**, 493); Mehrkosten dch Auflage für Lärmbekämpfg (BGH WM **70**, 1250); Einkommensteuer für Entsch (BGH **65**, 253); Steuer für Veräußerungsgewinn, wenn wg drohder Enteigng veräußert (BGH WM **76**, 98); AusglPfl des Hoferben nach HöfeO 13 (BGH **55**, 82).

gg) Einzelfälle: Enteigng schuldr NutzgsR: BGH NJW **93**, 3131 (MietR); MDR **89**, 797 (PachtR). – 26 Enteigng dingl NutzgsR: Brem NJW **68**, 657 (WohnR); Nürnb OLGZ **72**, 35 (QuellR); Hbg NJW **74**, 801 (ErbbR). –Beschrkg der GrdstBenutzg dch: Widmg zur öff Straße (BGH DB **70**, 1537); Veränderg des Straßenniveaus (BGH NJW **74**, 53); Entziehg der Baubark schon in Betr einbezogenen Grdst (BGH NJW **65**, 2101). – Entsch für wg bes Einrichtg beschr verwendb Grdst: BGH BauR **75**, 122; GewGrdst mit Wohnbauqualität: BGH NJW **77**, 1725; Mietshaus: Kblz Betr **77**, 1362; bebautes Grdst im Außenbereich: BGH NVwZ **91**, 404. – LandwBetr (insb Teilenteigng): BGH **67**, 190, 200; WM **78**, 468; **79**, 1191; BayObLG **77**, 134. – Waldgelände (Ffm WM **81**, 1368) – JagdausübgsR (BGH NJW **92**, 2078).

b) Verzinsung der Entsch kann verlangt werden, wenn Entsch nicht zugl mit Eingr zur Vfg gestellt wird 27 (Ausgl für entzogene Nutzgsmöglichk des EingrGgst). Zinslauf ab RVerlust; zB EigtÜbergang, BesEinweisg (BGH NJW **69**, 1897), EnteignsVorwirkg (BGH BauR **75**, 328). – Mangels abw Vorschr (zB 4% in _Pr_AGBGB; BGH **60**, 337) kann BauGB 99 III, _bay_EnteignsG 13 II (2% über jeweil Diskontsatz; BGH NJW **86**, 1980) Anhalt bieten. – § 248 anwendb (BGH Betr **73**, 2184); od nur, wenn Verzinsg des Wertes des EingrGgst Entsch für Minderwert dch entzogene Nutzgsmöglichk darstellt (BGH NJW **64**, 294; vgl auch **LM** LBG Nr 20). – §§ 284 ff nicht entspr anwendb (BGH NJW **82**, 1277).

c) Minderung. – aa) Vorteilsausgleich mit VermVorteilen, deren Anrechng Zweck der Entsch entspr 28 u Enteignetem zumutb (BGH NJW **77**, 189) u Sondervorteil für ihn darstellen (BGH NJW **77**, 1817), zB Abzug „alt für neu" (BGH NJW **92**, 2884). Sie ist eine Frage der EntschHöhe (BGH BauR **75**, 325). Vorteile bei Folgekosten nicht auf SubstanzEntsch anrechenb (BGH **55**, 294). SonderVorschr zB BLG 32 I; LBG 17 II; BauGB 93 III; LandesR. – Bei Enteigng von Teilflächen Werterhöhg des RestGrdst anrechenb (BGH Betr **83**, 2188); plangsbdgte Wertsteigerg aber nur, wenn sie dem RestGrdst dch des Zuordng Sondervorteil erbringt u nicht nur allg Wertzuwachs des GesGebiets (BGH **62**, 305; BauR **75**, 325; DVBl **77**, 766; NJW **78**, 941). Entsch für NutzgsVerlust auf Verzinsg der Entsch anrechenb (BGH **48**, 291). Ersparte Aufwendgen für Erfüllg von Auflagen für GrdstNutzg anrechenb (BGH **60**, 126). Wertsteigerg auf Bodenrente für Bausperre anrechenb (BGH NJW **89**, 2117). – **bb)** § 254 anwendb bei schuldh unterl Abwendg od Minderg 29 der EingrFolgen (BGH **56**, 57; JR **76**, 478) u schuldh Mitverwirklichg des SchädiggsTatbest (BGH **90**, 17).

d) Zeitpunkt für Bemessung der Entschädigung. Scharf zu trennen sind zwei Stichtage:

30   **aa) Qualitätsstichtag** (vgl BauGB 93 IV). Der Ztpkt des Eingr ist maßg für die **wertbildenden Faktoren** (BGH NJW **86**, 2421), zB ob ein Grdst Acker-, Bauerwartgs- od Bauland ist. Künft NutzgsMöglichk kann schon werterhöhd sein (BayObLG NJW-RR **91**, 1231). – Vorwirkg künftiger Enteigng: wenn eine vorbereitde od verbindl Plang, die für die spätere Enteigng ursächl ist u sie hat sicher erwarten lassen, das Grdst von der konjunkturellen Weiterentwicklg ausgeschl hat; maßg ist dann schon der Ztpkt des Ausschl (BGH NJW **87**, 1256) u spätere Qualitätserhöhgen (BGH **LM** BBauG § 95 Nr 4) od -mindergen (Brem OLGZ **70**, 466) bleiben unbeachtl. Vorwirkg auch bei zivilrechtl Beanspruchg mögl (BGH NJW **80**, 40). Über vor Geltg des GG eingetretene entschädigslos hinzunehmde (WeimRV 153) Vorwirkg u Enteigng nach Geltg des GG vgl BGH NJW **78**, 939, 941.

31   **bb) Bewertungsstichtag** (vgl BauGB 95 I 2, II) bei schwankden Preisen. Der Ztpkt der Zustellg des die Entsch festsetzden Bescheides (BGH **44**, 52) od der Vorlage eines angem (BGH NJW **87**, 1256) u später nicht widerrufenen (BGH **61**, 240) Kaufangebots ist maßg für die **Preisverhältnisse** (für Wert maßg Ztpkt). Wird die Zahlg nicht nur unwesentl verzögert, so verschiebt sich die Stichtag iF nachträgl Preissteigerg auf den ZahlgsZtpkt; nicht aber bei nachträgl Preisrückgang. – Wird vom Enteigneten die **Zulässigkeit der Enteignung** (erfolglos) angefochten, so verschiebt sich der Stichtag iF nachträgl Preissteigerg nicht (BGH WM **90**, 1173), währd iF nachträgl Preisrückgangs sich der Stichtag auf die letzte gerichtl TatsVerhdlg bzw Rückn der Anfechtg verschiebt (BGH **118**, 25). Dies gilt auch, wenn neben einer Anfechtg der Enteigng hilfsw eine höhere Entsch verlangt wurde (BGH aaO). – Wird vom Enteigneten nur eine **höhere Entschädigung** erfolgreich begehrt, so verschiebt sich der Stichtag iF nachträgl Preissteigerg auf die letzte gerichtl TatsVerhdlg (BGH NJW **86**, 2421), wenn die festgesetzte u alsbald gezahlte Entsch nicht nur unwesentl zu gering war; nicht aber bei nachträgl Preisrückgang (BGH **118**, 25). – Erweist sich eine gezahlte Entsch als zu gering, so ist eine verhältnismäß Befriedigg des EntschAnspr eingetreten: nur der noch nicht geleistete Anteil der Entsch nimmt an späteren Änderggn des Preisgefüges teil (BGH NVwZ **86**, 1053).

32   **e) Zeitablauf:** Der EntschAnspr verjährt gem § 195 (BGH NJW **82**, 1277), sofern nicht SonderVorsch (zB *Bay*AGBGB 71 [dazu BGH NJW **75**, 1783], LBG 61 [dazu BGH **35**, 227], *pr*EnteignsG 30 I [dazu BGH NJW **72**, 1714; **86**, 2255; Köln NJW **73**, 198], WaStrG 39 I) kürzere Verj- od AusschlFr vorsieht; nach deren Ablauf kein Rückgr mehr auf enteigngsgl Eingr (BGH NJW **82**, 1281).

33   **f) Rückübereignung. – aa) Enteigneter** hat RückübereignungsAnspr, wenn Zweck der Enteigng nicht in angem Zeit verwirklicht wird (BVerfG NJW **90**, 2400); BLG 43; LBG 57; RSiedlG 21; RHeimstG 32 II; LandesR (EG 109). Wertsteigerg steht früherem Eigtümer zu (BGH **76**, 365). – **bb) Bei Verkauf zur Abwendung der Enteignung** (die noch nicht eingeleitet; zu unterscheiden vom „EnteignsgVertr" gem BauGB 110, 111) regeln sich die Beziehgen der Parteien nur nach PrivR; ob dann die Grds über die Höhe der EnteigngsEntsch anwendb, hängt vom Willen der Vertragschließden ab (BGH NJW **67**, 31; WM **68**, 581); RückübereigngsAnspr des Verk bei Nichtverwirklichg des Ankaufszwecks dann uU aus dem Vertr (BGH **84**, 1; BayObLG **89**, 457) od aGrd § 812 I 2 Fall 2 (BayObLG **73**, 173), aber kein Anspr des Käufers auf Rückabwicklg (BGH **71**, 293).

H) Einzelfälle.

34   **a) Wirtschaftslenkungsmaßnahmen** enthalten idR EigtBegrenzg iSv GG 14 I 2 (BGH NJW **56**, 468): Allg AnbauBeschrkg (BGH **LM** GG 14 Nr 49); Verbot der Neuanlage von Weinbergen (BVerfG **21**, 150); Verbot der Schweinemästerei im Wohngebiet (BGH **45**, 23); Export- (BGH **22**, 6; **LM** § 839 [C] Nr 5) u Importregelg (BGH NJW **68**, 2140), über EmbargoAO vgl Wimmer BB **90**, 1986; Änderg ges Bestimmgen, auf die ein Unternehmen seine Produktion ausgerichtet hatte (BGH NJW **68**, 293); Herabsetzg des Schutzzolls (BGH **45**, 83); Zweckentfremdgsverbot für Wohnraum (BVerwG NJW **82**, 2893). – And wenn VertrauensTatbestd geschaffen u die Täuschg der Erwartg zu Eingr in UnternStruktur führt (BGH **LM** GG 14 [Cf] Nr 22; DB **68**, 43; dazu Ossenbühl JuS **75**, 545); gg Übermaßverbot verstoßde PreisregelgsVO (BGH **48**, 385).

35   **b) Energieversorgungsanlagen,** die nach AVBGasV 8 zu AVBEltV 8 zu dulden (§ 1004 Rn 34). DuldgsPfl bleibt im Rahmen der Sozialpflichtig (Düss NJW-RR **86**, 1208; vgl Kimminich NJW **83**, 2785).

36   **c) Umlegung und Flurbereinigung** sind EigtBegrenzg iSv GG 14 I 2, wenn wertgleiche Landabfindg vollst dchgeführt (BGH **31**, 49; NJW **83**, 1661). And bei unentgeltl od nicht wertgleicher LandAbtr (BGH NJW **76**, 1088) u bei nicht gewünschter Geldabfindg; and auch, wenn Sonderopfer auferlegt wird, zB wenn Eigtümer dch Vfgs- u BauBeschrkgen mehr u länger belastet wird, als bei zügig dchgeführtem Verf erforderl (BGH **65**, 2101).

37   **d) Natur-, Landschafts-, DenkmalschutzG** enthalten im allg nur EigtBegrenzg iSv GG 14 I 2. Enteigng erst dann, wenn ges Regelg bish ausgeübte Nutzg od vernünftigerw in Betracht zu ziehde NutzgsMöglichk ausschließt. – Einzelfälle: BGH BauR **78**, 211 (GipsAbbauverbot); BayObLG **87**, 454 (GbdeAbrißverbot); BGH NJW **84**, 1172 (KiesAbbauverbot); BaWüVGH NVwZ **82**, 204 (Abbrennverbot); BGH NJW **94**, 3283: (Unterschutzstellg u NutzgsBestimmg bei Denkmal/NaturSch); BGH NJW **90**, 17 (*Nds* BodenabbauG, *NRW* AbgrabgsG); VGH Mannh NJW **84**, 1700 (Naturdenkmal); BVerwG NJW **88**, 505 (Eintr in Denkmalliste); BayObLG **88**, 154 (Torfabbauverbot); BGH NJW **88**, 3201 (Sichg von Bodenfunden). BGH NJW **93**, 1656 (BNatSchG 20 f I Nr 1); BGH NJW **93**, 155 (Versagg der BauGen wg DenkmalSch); BGH NJW **93**, 2605 (Sandabbauverbot bei seltener Bodengestalt).

38   **e) Forstwirtschaft.** Abholzverbot (LVG Schlesw SchlHA **60**, 29); Aufforstgszwang (OVG Lünebg DÖV **61**, 623); rechtm Holzeinschlagsanordng (BGH **LM** WeimRV 153 Nr 19).

39   **f) Anschlußzwang.** EigtBegrenzg iSv GG 14 I 2: Wasser, Müllabfuhr u dgl dch Gemeindesatzg (auch ggü MüllabfuhrBetr; BGH **40**, 355; aA OVG Lünebg GewA **77**, 218); auch wenn dadch früher erworbenes WasserableitgsR des Eigtümers ggstlos wird (BGH **54**, 293); Schlachthausbenutzg (BGH MDR **68**, 999); Fernheizg (vgl BGH **77**, 179: uU ggü Lieferant).

g) Gewerbebetrieb

aa) Allgemeines. Der eingerichtete u ausgeübte GewBetr ist dch GG 14 in seinem ggwärt sachl Bestand 40 (vgl dazu BGH **92**, 34) u in allen seinen Erscheinungsformen, die auf dem Arbeits- u Kapitaleinsatz des Inh beruhen (zB Kundenstamm, Verkehrsanbindg, Außenkontakt [BGH NJW **78**, 373]) geschützt; der Schutz reicht aber nicht weiter als der seiner wirtsch GrdLage, so daß kein Schutz bloßer Chancen (zB Lagevorteil [BGH **78**, 41]; Erweitergsabsicht [BGH **92**, 34]; Produktausgestaltg [BVerfG NJW **92**, 36]) od rechtl unzul GrdstNutzg (zB Auskiesg; BGH NJW **82**, 2488). Begriff des GewBetr weit zu fassen, zB auch landw Betr (BGH **92**, 34) u freier Beruf (BGH **81**, 21). – Erwerb bestehden GewBetr währd Eingr steht Entsch nicht entgg (BGH **LM** GG 14 [Cf] Nr 27); bei Errichtg u Investition währd Eingr ist auf dessen dch Einholg einer Auskunft voraussehb Dauer Rücks zu nehmen (BGH NJW **78**, 371). Über Enteigng noch nicht in Betr einbezogenen NachbGrdst vgl BGH NJW **87**, 1256.

bb) Eingriff in Straßen. – AnliegergewerbeBetr muß **Straßenbauarbeiten** (Erhaltg u. Verbesserg, 41 Versorggsleitgen) grdsl entschädigugslos dulden, sofern nur die Straße als VerkMittler erhalten bleibt. Entsch wg enteigngssgl Eingr (oben Rn 14), wenn die Arbeiten nach Art u Dauer über das hinausgehen, was bei ordngsgem Plang u Dchführg mit mögl u zumutb sachl u pers Mitteln mögl (BGH NJW **80**, 2703; Karlsr NJW **87**, 384). Entsch wg enteigden Eingr (oben Rn 13), wenn die Arbeiten trotz ordngsgem Plang u Dchführg nach Art u Dauer zu einer existenzgefährdden od sonst bes einschneidden Beeinträchtig führen (BGH aaO; Karlsr aaO); wie oft bei U-Bahn- (BGH NJW **83**, 1663) u S-Bahn-Bau (BGH NJW **76**, 1312) od VerkBedeutg übersteigder Umgestaltg (BGH NJW **80**, 2703). – Keine Entsch bei **Änderung von Lagevorteilen**; zB Verschlechterg der Verkehrsanbindg (BGH NJW **78**, 373), Verkehrsumleitg (BGH WM **63**, 1100), Aufhebg öff Parkplatzes (BGH NJW **78**, 373), Anordng eines Halteverbots (BGH NJW **78**, 373), Umwandlg einer Straße in Fußgängerzone (BGH NJW **78**, 373; dazu Trouet BB **81**, 640); Änderg der VerkehrsFührg (BGH NJW **83**, 1663); Einziehg von AusflugsBetr genutzter Straße (BVerfG NJW **92**, 1878). – Entsch bei **Zufahrtsbehinderung** wg enteignden Eingr (oben Rn 13), wenn bish Benutzbark des Grdst verändert u deshalb Wert erhebl gemindert (§ 903 Rn 29); zB Straßenverengg (BGH NJW **79**, 1043), Niveauänderg (BGH WM **70**, 1191), Militärübg (BGH **LM** § 906 Nr 61). Zufahrt muß rechtm gewesen sein (LG Hann BlGBW **82**, 135) u sich im GemeinGebr gehalten haben (BGH WM **83**, 1244).

cc) Sonstige Eingriffe. – Entschädigungspflicht bejaht: bei Verbot einer Verkaufsausstellg dch Wan- 42 derGewTreibung (BGH **32**, 208); uU Schließg eines Friedhofs (BGH **LM** WeimVerf 153 Nr 20). Stillegg eines AbdeckereiBetr dch Aufteilg des Anfallbezirks (BGH MDR **68**, 126). RWidr Versagg der BauGen (BGH NJW **80**, 387), einer AusnGen nach StVO 46 (BGH NJW **75**, 1880) od einer SondernutzgsErlaubn nach StraßenR (BGH **78**, 41); Schädigg der Fischzucht dch lange Schonzeit für Reiher (BayObLG **78**, 75) od Beeinträchtig rechtl geschützter Wasserzufuhr (BayObLG **89**, 57); Dschchneidg von Gewerbe- (BGH WM **79**, 168) od LandwGrdst (BGH NJW **82**, 95) inf Straßenbau; Luftraumsperrg über Flugschule (LG Marbg NVwZ **82**, 154); ImSchBeschrkg aGrd nichtigen Bebauungsplans (BGH **92**, 34). – **Entschädigungspflicht verneint:** Umweg für Fischer inf Staudammerrichtg (BGH **45**, 150) od Landwirt inf Unterbrechg eines Verbindgsweges (BGH BauR **75**, 335); Änderg der Vorschr über Ausrüstg von Kfz, auf die Produktion eingerichtet war (BGH NJW **68**, 293); Indizierg eines Produkts aus großem Programm (Köln MDR **94**, 354).

h) Bebauungsanordnungen.

aa) GG 14 I 1 ergibt **Anspruch auf Baugenehmigung** (BGH **65**, 182); AnsprBeschrkg dch GG 14 I 2 43 gedeckt, wenn sie dadch gerechtfertigt, daß sie Eigt gg über- od gleichgeordnete kollidierde Werte abgrenzt (BVerwG NJW **76**, 340). Die Vorschr des materiellen BauR sind daher grdsl Inhaltsbestimmg des Eigt (BVerwG **3**, 28; BGH **30**, 338), ebso AbstandsVorschr bei Wäldern (BVerwG BlGBW **64**, 81) u Werbeanlagenverbot nach FStrG 9 (BVerwG **16**, 301); and Bauverbote nach FStrG, wenn sie schon verwirklichte Nutzgsart ausschließen (BGH BB **67**, 1225). Jetzt in erster Linie BauGB maßg; vgl auch BNVO. Im GeltgsBereich eines Bebauungsplans grdsätzl Recht zur Bebauung; im Außenbereich nur ausnahmsw gem bes Zulassg, BauGB 30, 35. Ein allg, auf **Plangewährleistung** gerichteter Anspr wird dch BundesR nicht eingeräumt (BVerwG BB **69**, 1507). In BauGB 40 ff umfangreicher Katalog von EntschPflichten (ev ÜbernahmeAnspr des Eigtümers) für VermNachteile aGrd eines Bebauungsplans, insb wenn dort Bebauungsverbote ausgesprochen, Grdst für den Gemeindebedarf, als Verkehrs-, Grünflächen u dgl ausgewiesen, sog **Herabzonung** (dazu BGH WM **75**, 697). – Eingr bei Festhalten an dch baul Entwicklg außer Kr getretenen Bebauungsplan (BGH WM **75**, 630).

bb) Nach BGH **15**, 268 Beschrkg des gesamten GrdEigt einer Gemeinde aGrd behördl Kontrolle der 44 Bauvorhaben idR inhaltl Begrenzg. Daher keine Enteigng, wenn Grdst in die Bauleitplang der Gemeinde nicht miteinbezogen (BGH WM **68**, 1132). Auch nicht Baufluchtlinien- u Baustufenfestsetzg, Plangen (vgl BGH **17**, 96) u **Veränderungs(Bau-)sperren.** Gesetzl EntschPfl bei letzteren in BauGB 18 u FStrG 9a (nicht zu verwechseln mit BauGB 15, vgl Brem OLGZ **70**, 26). – Von **faktischer Sperre** spricht man, wenn eine Bauvoranfrage (BGH **125**, 258) od ein Baugesuch rwidr abgelehnt od verzögert behandelt wird (BGH WM **92**, 1858) od Eigtümer schon von Antr absieht, weil Haltg der Behörde diesen als aussichtslos erkennen läßt (BGH NJW **75**, 1783; BGH **94**, 77). Liegen weder die sachl Voraussetzgen für eine förml Veränderssperre noch die vor, unter denen eine Bausperre nur eigtbeschränkt ist (BGH WM **66**, 884), hat der Eigtümer zudem bauen wollen u können (BGH **58**, 124), gilt für ihn nicht die entschädiggslose zeitl DuldgsPfl (BGH NJW **79**, 653); solange allerd förml Bausperre ohne Entsch hinzunehmen gewesen wäre, gilt dies auch für die fakt (BGH NJW **81**, 458).

cc) Entschädigung für Bauverbot, wenn Betroffener währd der Verbotszeit die konkrete Absicht u 45 Möglichk hatte, das Grdst zu bebauen od zu Bauzwecken zu veräußern (BGH NJW **94**, 3158). – **Enteignung** mögl bei: Bauverbot gleichkommde Versagg der Baulinienfestlegg (BGH NJW **64**, 202); Versagg der BauGen wg beabsichtigter Neufestsetzg der Baulinien (BGH **19**, 1) od nach BauGB 33 (OVG Bln DÖV **64**, 817), 34 (BGH **64**, 366); Umklassifizierg von Bauland (BGH **43**, 120; **50**, 93; OVG Bln JR **70**, 394); Einstufg als Außengebiet od BaulinienÄnderg (BayObLG **74**, 190); Beschrkg der baul Nutzbark ohne Rücks auf nachbarrechtl BesStand, damit Nachbar sinnvoll bauen kann (BGH DVBl **76**, 173). ImSchBeschrkg für GewerbeBetr aGrd Bebauungsplans (BGH **92**, 34). Zur Entsch bei Verlegg der Baugrenze Wagner NJW **77**, 2046; BGH NJW **79**, 2303. – **Keine Enteignung:** Bauverbot für bish nur als Ackerland genutztes Grdst, für das keine Bebauung vorgesehen war (BGH **64**, 361); Zurückverlegg einer Baulinie, wenn Bebauung in bish übl Art mögl (BGH **LM** GG 14 [Ce] Nr 24).

46   **i) Verschiedenes.** – **aa) Enteignung verneint:** Bei Verbot verunstaltender Werbg (BayVerfGH DÖV **58**, 822) u der Aufstellg von Plakaten u Schaukästen in Vorgärten (BVerwG DVBl **55**, 61); bei Beschränkg dch landesr FensterR (BayVerfGH **11**, 81; bei Beschränkg dch RGaragenO (BVerwG DÖV **56**, 215; **63**, 71; BB **62**, 81); bei Schäden, die Bienen eines Imkers auf fremdem Grdst dch Schädlingsbekämpfg erleiden (BGH **16**, 366). – **bb) Enteignung bejaht:** Bei rechtsw Verbot, Dachflächen für Reklame zu vermieten (BGH NJW **65**, 1912) bei willkürl Widerruf einer AusnahmeGen (BGH NJW **64**, 1567; **65**, 1172: EntschPfl uU auch bei willkürfreiem Widerruf, wenn im Zug anderw Enteigng). Bei Gebäudeschäden inf Kanalisationsarbeiten (BGH DÖV **65**, 203); Hühnertod dch Düsenjägerlärm (Düss NJW **68**, 555); über Immissionen dch Straßenbau u -Verkehr vgl § 906 Rn 44–48.

I) Konkurrenzen.

47   **a)** EntschAnspr wg schuldh enteigngsgleichem Eingr u SchadErsAnspr aus § 839 können konkurrieren; keiner ggü dem and subsidiär (BGH NJW **76**, 1840). Zur Abgrenzg beider Anspr vgl Kuschmann NJW **66**, 574; zur wahlweisen Verurteilg aus einem der beiden HaftgsGründe vgl BGH **14**, 363.

48   **b)** AusglAnspr aus enteigngsgl Eingr lassen keinen Raum für Anspr aus §§ **987 ff**, **812 ff**, treten ihrerseits zurück, wenn der Eingr von hoher Hand in schlichter Teilnahme am StraßenVerk (zB Unfall dch Postbus) besteht; dann gelten nur **StVG** u BGB (so zutr Kessler DRiZ **67**, 378). Dagg sollen nach Düss NJW **68**, 555 Anspr aus enteigngsgl Eingr u aus Gefährdgshaftg (LuftverkG 33 ff, 53) konkurrieren.

49   **c)** Neben Anspr aus **BLG** 77 keine wg Enteigng (Schlesw SchlHA **68**, 17). Wohl aber können uU Anspr aus § 839 mit BLG 77 konkurrieren (BGH NJW **66**, 881).

3) Öffentlichrechtliche Aufopferung.

50   **a) Allgemeines.** Der aus §§ 74, 75 Einl ALR abgeleitete u in der ganzen BRep gewohnhrechtl anerkannte (BGH **9**, 83) öffentlrechtl AufopfergsAnspr bildet in seinem heutigen Anwendgsbereich die **Entschädigungsgrundlage für hoheitliche Eingriffe in immaterielle Rechtsgüter** wie insb Leben, Gesundh u BeweggsFreih (BGH **66**, 118), nicht aber in dch GG 12 gewährleisteten Erwerbsschutz (BGH NJW **94**, 1468, 2229); weitergehd zB Schenke NJW **91**, 1777 mwN. Er ist eine Ausprägg der Prinzipien der Lastengleichh (GG 3) u des sozialen RStaats (GG 20 I). Die Vorschr lauten:

> § 74: *Einzelne Rechte und Vorteile der Mitglieder des Staates müssen den Rechten und Pflichten zur Beförderung des gemeinschaftlichen Wohls, wenn zwischen beiden ein wirklicher Widerspruch (Kollision) eintritt, nachstehen.*

> § 75: *Dagegen ist der Staat denjenigen, welcher seine besonderen Rechte und Vorteile dem Wohl des gemeinen Wesens aufzuopfern genötigt wird, zu entschädigen gehalten.*

51   **b) Anspruchsvoraussetzungen.** – **aa) Hoheitliche Zwangsmaßnahmen,** aus deren Eigenart notw eine Gefahrenlage folgt, aus der der Schaden an dem geschützten RGut entstanden ist (vgl BGH **28**, 310). Gezielter Eingr gg Geschädigten nicht erforderl (BGH **20**, 81: auf fliehd Verbrecher gerichteter Schuß der Polizei trifft Passanten; **45**, 290). Psychische Einwirkg kann Zwang (BGH **24**, 45: Gewissenszwang; BGH **31**, 187 u Mü NJW **70**, 1236: psycholog Abfordern) sein; dazu Arndt DRiZ **70**, 326 u Burmeister NJW **83**, 2617 (staatl Förderg des Hochleistgssports [zu weitgehd]). Der Eingr kann rechtmäß (gesetzl angeordnet) od rwidr (schuldh od schuldos) sein (BGH **45**, 58 [77]). – **bb)** Dem **Wohl der Allgemeinheit** muß der Eingr (nicht das dch ihn bewirkte Sonderopfer) zumind auch dienen, ohne daß dieser Erfolg eingetreten sein muß
52   (BGH **36**, 379 [388]). – **cc)** Als **Sonderopfer** des Geschädigten muß sich die Schädigg darstellen; das ist am GleichhSatz zu prüfen (BGH **9**, 83; **36**, 379 [389]; Krumbiegel, Der SonderopferBegr in der Rspr des BGH, 1975) u kann auch beschr PersKreis treffen (vgl BGH **37**, 44). Bei **allgemeinem Zwang** (zB Schule, Wehr/ Zivildienst, FreihEntziehg) konstituiert sich das Sonderopfer erst in eingriffsinadäquaten (-atypischen) Schäden. Primär entscheidet der (ggf dch Auslegg zu ermittelnde) GesZweck (vgl zB BSeuchG 52 I), welche Opfer gefordert u gewollt sind (BGH **36**, 379 [389]; **65**, 196 [207]). Soweit Opfergrenze so nicht zu ermitteln, ist „vernünft Urt der billig u gerecht Denkden" (BGH **17**, 172; NJW **63**, 1828 [1830] bzw „allg Lebensrisiko" (BGH **46**, 327; dazu Ossenbühl JuS **70**, 276) maßg. Wer sich (ohne psych Zwang; vgl Rn 51) selbst in Gefahr versetzt, bringt idR kein Sonderopfer (BGH **60**, 302). Innerh der Opfergrenze liegd: Wehrdienstbeschädigg (BGH **20**, 61); Wehrdienst eines Untauglichen od Freizustellden (BGH **65**, 196); Zivildienst unter Verstoß gg ZDG 19 I 2 (BGH **66**, 118); Schäden (auch eines Unbeteil; BGH NJW **68**, 989) inf unricht Urt (BGH **36**, 379; **45**, 58 [78]) od and spruchrichterl Maßn iSv § 839 II (BGH JZ **68**, 463 krit Anm Leipold); Schäden in Straf- u zurechenb Untersuchgshaft (BGH **60**, 302; str); Verletzg dch Kfz-SicherhGurte (Schwabe NJW **83**, 2370; aA Müller NJW **83**, 593). Außerh der Opfergrenze liegd: Querschnittslähmg inf Behandlg nach GeschlechtskrankenG (BGH **25**, 238); Tötg eines Strafgefangenen dch geisteskranken Mitgefangenen (Tiedemann NJW **62**, 1761; aA BGH **17**, 172); Körperverletzg eines nach StGB 63 Untergebrachten dch Mitpatienten (BGH NJW **71**, 1881). Bei **Sonderzwang** liegt dieser schon das Sonderopfer begründen (BGH **20**, 61: zwangsw Erprobg von Medikamenten), so insb der rwidr Zwang
53   (BGH **36**, 379 [391]). – **dd) Keine Entschädigung aus anderer Rechtsgrundlage.** Der Anspr scheidet aus, wenn für die Entsch SonderVorschr bestehen (BGH **45**, 58 [77]); zB BVG für Wehrdienstbeschädigg (BGH **20**, 61), G v 8. 3. 71 (BGBl 157) u MRK 5 V für StrafverfolggsMaßn (BGH **45**, 58 [80]; NJW **73**, 1322), BSeuchG 51 ff jetzt für Impfschäden (BGH NJW **90**, 2311), RVO 539 I Nr 14 jetzt für Schulunfälle. Auch zivilrechtl (vertragl) ErsAnspr schließen den Anspr aus, so daß vertragl Haftder nicht Ausgl nach § 426 von dem verlangen kann, der aus Aufopferg haften würde (BGH **28**, 297). Anspr entfällt, soweit zG des Geschädigten Versicherg besteht, die das Risiko eines Sonderopfers ausgleicht (BGH NJW-RR **94**, 213). AufopfergsAnspr u § 839 bestehen aber nebeneinand (Celle DVBl **66**, 44) u verjähren jeder für sich.

c) Anspruchsinhalt. Angem Entsch in Geld (Kapital od Rente; BGH **22**, 43) für unmittelb Beeinträch- 54
tigg (BGH **45**, 59 [77]); § 847 nicht anwendb (BGH aaO). Kann sich im Einzelfall mit vollem SchadErs
decken (BGH **22**, 43), bleibt aber oft dahinter zurück; BVersG-Regelg heranziehb, ZPO 287 anwend (BGH
NJW **70**, 1231). § 254 anwendb (BGH **45**, 290); vgl aber oben Rn 52 (Sonderopfer kann entfallen). Einheitl
AusglAnspr, in dem verschied EingrFolgen nur unselbstd BerechngsFaktoren (BGH **22**, 43). – **Anspruchs-
berechtigt** ist der Beeinträchtigte. §§ 844, 845 gelten entspr; nur in diesem Rahmen haben RNachf Anspr. –
Anspruchsverpflichtet ist nie eine PrivatPers, sond der dch das Sonderopfer begünstigte (muß nicht zugl
der eingreifde sein) HohTräger (oben Rn 16 gilt entspr; BGH NJW-RR **94**, 213). – **Verjährung** nach § 195
(BGH **45**, 58 [77]); für *Bay* gilt AGBGB 71. Kein Rückgr auf allg AufopfergsAnspr, wenn kürzere Verj in
SonderVorschr abgelaufen (BGH **45**, 58 [82]). – **Rechtsweg:** ZivilGer (VwGO 40 II 1).

4) Übergangsrecht: EG 180 (altes Recht), 233 § 2 (fr DDR-Recht).   55

Erster Titel. Inhalt des Eigentums

903 *Befugnisse des Eigentümers.* **Der Eigentümer einer Sache kann, soweit nicht das
Gesetz oder Rechte Dritter entgegenstehen, mit der Sache nach Belieben verfahren und
andere von jeder Einwirkung ausschließen. Der Eigentümer eines Tieres hat bei der Ausübung
seiner Befugnisse die besonderen Vorschriften zum Schutz der Tiere zu beachten.**

Übersicht

1) Bürgerlichrechtliches Eigentum.

a) Zum **Begriff** des Eigt als des umfassdsten HerrschR an einer Sache u der Bedeutg seiner Beschrkg dch 1
Gesetz u Rechte Dritter vgl Übbl 1 vor § 903. – Im LandesR findet sich das von der Rspr (BVerfG NJW **69**,
309; **76**, 1836; BVerwG DVBl **67**, 917) anerkannte RInstitut „**öffentliches Eigentum**" (*BaWü*WasserG 5;
*Hbg*WasserG 4a; *Hbg*WegeG 4) mit seiner Ausgestaltg; solches besteht aber nicht an AusweisPap (aA AG
Heilbr NJW **74**, 2182). Davon zu unterscheiden das privrechtl Eigt von jur Pers des öffR, bei dem der
privrechtl EigtInhalt im Umfang der öffrechtl Zweckbestimmg (zB GemeinGebr) zurücktritt (dazu Papier
Jura **79**, 93; Pappermann JuS **79**, 794).

b) Gegenstand des Eigt können nach BGB nur einz bewegl u unbewegl Sachen iSv § 90 sein, nicht aber 2
unkörperl Ggst (BGH **44**, 288); weitergeh der EigtGgst in GG 14 (vgl Übbl 2 vor § 903). Zu Einzelh der
EigtFähigk vgl Übbl 1 vor § 90, § 90 Rn 1, 2. Eigtfähig steht auch AusweisPap (aA AG Heilbr NJW **74**,
2182), doch steht die öffrechtl Zweckbestimmg VfgsGesch entgg.

c) Formen. – aa) Alleineigentum. RInh ist nur eine natürl od jur Pers. – **bb) Miteigentum** (§ 1008). 3
Jedem MitEigtümer steht ein ideeller Anteil an der ganzen Sache zu, über den er frei verfügen kann. Dch
RGesch begründb. – **cc) Gesamthandseigentum.** Es besteht an Sachen, die zum Vermögen einer GesHandsGemsch (§§ 54, 718, 1416, 1485, 2032; HGB 105, 161, 489) gehören. Jedem GesHänder steht ein
Anteil am gehänd gebundnen Vermögen zu; die einz Sache (auch wenn einziger VermGgst) gehört ihm
ganz (daher keine Vfg über den Anteil an der einz Sache mögl: §§ 719 I, 1419 I, 1485 II, 2033 II), aber beschr
dch das gleiche Recht der und GesHänder. Dch RGesch nicht begründb. – **dd) Sonderformen:** Bergwerks-
Eigt (BBergG 9 I), StockwerksEigt (EG 131, 182), Wohngs/TeilEigt (WEG 1).

2) Die **Befugnisse des Eigentümers** wirken im Rahmen der Beschrkgen nach Rn 11–28 (zu deren 4
Bedeutg für den EigtInhalt vgl Übbl 1 vor § 903) in zwei Richtgen:

a) Positive Wirkung: mit der Sache nach Belieben verfahren. Rechtl dch Übereign, EigtAufgabe, 5
Belastg mit beschr dingl Rechten od Reglg der Benutzg (zB Hausordng; vgl dazu BGH NJW **94**, 188);
tatsächl dch Besitz, Benutzg/Nichtbenutzg, Veränderg, Verbrauch u Vernichtg.

b) Negative Wirkung: Einwirkung Fremder auf die Sache ausschließen. Das AusschließgsR be- 6
trifft Einwirkgen auf die Sache wie zB Wegnahme, Zerstörg, Beschädigg, Benutzg (BGH **LM** § 1004 Nr
27), Bemalen (auch bei Verschönerg; Hoffmann NJW **85**, 244), Immissionen (vgl § 906), vgl weiter § 1004
Rn 5. Geltdmachg des AusschließgsR dch Notwehr (§ 227) sowie Klage auf Herausg (§ 985) u Unterlassg od
Beseitigg der EigtStörg (§§ 907–909, 1004); bei rwidr schuldh Einwirkg auch SchadErs (§ 823; uU § 826).

c) Bei benachbarten Grundstücken, auch wenn sie nicht unmittelb aneinand grenzen, kann die posit 7
Wirkg (insb BenutzgsR) für den einen Eigtümer mit der negat (AusschließgsR) für den anderen kollidieren.
Jedes dieser Rechte ist dch die inf des nachbarl Verhältn gebotene Rücksichtn inhaltl begrenzt. Dabei gehen
§§ 903 ff davon aus, daß bei einer mit Grenzüberschreitg verbundenen Benutzg des eigenen Grdst das
BenutzgsR ggü dem AusschließgsR zurücktritt, so daß dem Eigtümer des betroffenen Grdst das AbwehrR
aus § 1004 zusteht, wenn nicht ein bes ErlaubnTatbestd vorliegt. Grdsätzl sind daher **Grenzüberschreitun-
gen von Menschen und festkörperlichen Gegenständen** (einschl Tieren u Flüssigk) nach § 1004 ab-
wehrb. Führt die GrdstBenutzg zur **Grenzüberschreitung von unwägbaren Stoffen und ähnlichen**

Einwirkungen iSv § 906 (vgl dort Rn 5), so ist diese nur unter den einschränkden Voraussetzgen des § 906 nach § 1004 abwehrb; soweit danach EigtBeeinträchtiggen zu dulden sind, wird das Eigt am betroffenen
8 Grdst dch Einschränkg des AusschließgsR inhaltl begrenzt. Eine **Benutzung, die sich innerhalb der Grenzen des eigenen Grundstücks hält,** bedarf keiner bes Rechtfertigg (BGH NJW **84**, 729). Daraus, daß einz mit Beeinträchtigg des NachbGrdst verbundene nichtgrenzüberschreitde Benutzgen in §§ 907 ff u im LNachbR (EG 124) für abwehrb erklärt sind, folgt, daß grdsätzl Beeinträchtiggen des Eigt an einem Grdst inf einer insb zu negat (vgl Rn 9) od immateriellen (vgl Rn 10) Einwirkgen führden Benutzg eines and Grdst in seinen räuml Grenzen nicht nach § 1004 abwehrb ist; insow ist das Eigt am betroffenen Grdst dch Einschrkg des AusschließgsR inhaltl begrenzt. Erst wenn das privrechtl unbeschr BenutzgsR des eigenen Grdst dch dritt(nachb)-schützde Vorschr des öffR beschr wird, ist eine widerspr Benutzg abwehrb (vgl Rn 24). – Demgü wird namentl im Schrifft (Nachw unten Rn 9, 10) teilw die Auffassg vertreten, § 906 enthalte eine abschließde Dchbrechg des AbwehrR aus §§ 903, 1004, so daß jede EigtBeeinträchtigg, die auf einer nicht von § 906 erfaßten Einwirkg (wie insb negat u immaterielle) beruht, in den entspr anwendb Grenzen des § 906 nach § 1004 abwehrb sei.

9   **aa) Negative Einwirkungen.** Hdlgen auf dem eigenen Grdst, die natürl Vorteile u Zuführgen vom NachbGrdst abhalten od Ableitgen von diesem verhindern, sind aus dem genannten Grd nicht als Bes/ EigtBeeinträchtigg nach §§ 862, 1004 abwehrb (BGH NJW **92**, 2569; Jauernig JZ **86**, 605; hM; aA Heck § 50, 7; Tiedemann MDR **78**, 372). Abwehr/AusglAnspr können sich aus nachbarl GemschVerh (BGH aaO; vgl Rn 13) od bei Verstoß gg §§ 226, 826 (vgl RG **98**, 15) ergeben. Weiterer Schutz dch nachbschützdes öffR wie zB GrenzabstandsVorschr des öff BauR (vgl Rn 17). – **Beispiele.** Kein AbwehrAnspr aus §§ 862, 1004 gg: Behinderg der Licht/Luftzufuhr zum NachbGrdst od des Ausblicks/Luftabflusses von diesem dch baul Anlagen/Zäune/Antennen od Bäume/Pflanzen (BGH **LM** Nr 1, 2; NJW **91**, 1671; **92**, 2569; Düss NJW **79**, 2618; Ffm NJW-RR **89**, 464); Rundfunk/Fernsehempfangsstörgen (BGH **88**, 344); Entziehg von GrdWasser dch GrdWasserfördergn auf eigenem Grdst (BayObLG **65**, 7; vgl auch § 905 Rn 2); Beeinträchtigg der Uneinsehbark (Köln NJW-RR **92**, 526). AbwehrAnspr aber bei Beeinträchtigg des dch § 917 gewährleisteten Zugangs zum NachbGrdst, da Eingr in erweitertes Eigt am NachbGrdst (§ 917 Rn 14); zur Behinderg des dch GemeinGebr vermittelten Außenkontakts eines Grdst vgl § 906 Rn 42.

10   **bb) Immaterielle (ideelle) Einwirkungen.** Hdlgen auf dem eigenen Grdst, die das ästhetische/sittliche Empfinden des Nachb verletzen oder den Verkehrswert des NachbGrdst mindern, sind aus dem genannten Grd nicht als Bes/EigtBeeinträchtigg nach §§ 862, 1004 abwehrb (BGH **95**, 307; KG NJW-RR **88**, 586; Ffm NJW-RR **89**, 464; aA AG Münst NJW **83**, 2886; Jauernig JZ **86**, 605). AbwehrAnspr können sich aus nachbarl GemschVerh (vgl Rn 13) od bei Verstoß gg §§ 226, 826 (RG **57**, 239; **76**, 130; LG Limburg NJW-RR **87**, 81; so im Fall AG Münst aaO) od bei Verletzg des allg PersönlichkR (MüKo/Säcker/Medicus § 906 Rn 21, § 1004 Rn 30, 31; Staud/Gursky § 1004 Rn 57) od Störg des gesundheitl Wohlbefindens bzw bei körperl Unbehagen (BGH **95**; 307; KG NJW-RR **88**, 586) ergeben. Weiterer Schutz dch nachbschützdes öffR (vgl Rn 14). – **Beispiele.** Kein AbwehrAnspr aus §§ 862, 1004 gg: Nacktbaden (RG **76**, 130) od Bordell (BGH **95**, 307) auf NachbGrdst; Baumaterialienlager in Wohngegd (BGH JZ **69**, 431 abl Anm Baur); Schrottplatz neben Hotel (BGH JZ **70**, 782 abl Anm Grunsky); häßl Stützmauer an GrdstGrenze (BGH NJW **75**, 170 abl Anm Loewenheim NJW **75**, 826), Antenne auf NachbDach (Ffm NJW-RR **89**, 464).

3) Beschränkung der Eigentümerbefugnisse durch Gesetz.

11   **a) Privatrecht.** Die EigtümerBefugn werden dch zahlr Vorschr des PrivatR beschr. In Einzelfällen ist dort ein Anspr auf Schadloshaltg als Ausgl für eine DuldgsPfl ggü Eingr vorgesehen (zB §§ 904 S 2, 906 II 2, 912 II, 917 II, 962 S 2; LNachbR). Im Schrifft wird hieraus ein allg bürgerlichtl AufopfergsAnspr hergeleitet für alle Fälle, in denen ein (meist geringerwert) einem (meist höherwert) Interesse aufgeopfert werden darf (Hubmann JZ **58**, 489; AK/Kohl § 904 Rn 4; MüKo/Säcker § 904 Rn 24; zur Dogmatik vgl Spyridakis FS-Sontis **77**, 241). Für den Versuch, alle priv EingrRe zu einem RInstitut der privatrechtl Aufopferg zuzufassen, sind aber doch wohl die jeweil positivrechtl Ausgangslagen u erfolgten Teilregelgen zu unterschiedl (Konzen, Aufopferg im ZivR, 1969, S 154; Canaris JZ **71**, 399).

12   **aa)** Die wichtigsten ges Beschrkgen der EigtümerBefugn enthalten **§§ 904, 905 und das Nachbarrecht** (§§ 906 ff; EG 124 Rn 2); diese Vorschr bestimmen auch ggü hoheitl Eingr die Grenzen des Eigt (BGH NJW **78**, 1052). Die letzte Schranke bilden **§§ 226, 242, 826.**

13   **bb)** Der gerechte Ausgl widerstreitender Interessen von Nachb kann im Einzelfall ein Hinausgehen über die ges Regelgen des NachbR erfordern. RGrdLage ist das sog **nachbarliche Gemeinschaftsverhältnis** (vgl dazu Brox JA **84**, 182; Deneke, Das nachbarl GemschVerh, 1987 [Erlanger Jur Abhandlgen Bd 36]), das eine Ausprägg von § 242 für den bes Bereich des notw ZusLebens von GrdstNachb, aus dem Pfl zu ggseit Rücks entspringen, darstellt; es soll nach der Rspr (BGH **42**, 374; LG Dortm MDR **55**, 202; aA § 278 Rn 3 mwN; vgl aber § 922 Rn 5) kein ges SchuldVerh iSv § 278 sein. Aus diesem RInstitut wurden vor Erlaß der LNachbRG Rechte u Pfl (zB Hammerschlags- u LeiterR; Hamm NJW **66**, 599) entnommen, die heute im LNachbR abschließd geregelt sind, so daß insow kein Rückgr mehr auf nachbarl GemschVerh (Schlesw SchlHA **82**, 58; LG Dortm AgrarR **90**, 208); das gilt auch für die im BGB geregelten Tatbest des NachbR (zB § 906 [BGH **111**, 63], § 917 [BGH NJW **90**, 2555]; krit Köhler Jura **85**, 225). Das nur in zwingden AusnFällen anwendb (BGH NJW **91**, 2826) RInstitut kann: besteh de Rechte (zB Befugn nach § 903 S 1 [Bambg NJW-RR **92**, 406; LG Itzehoe NJW-RR **95**, 979: Taubenhaltg]; Anspr aus §§ 908, 909, 1004 [BGH NJW **91**, 2826]) beschr od ausschließen, selbst wenn die Ausübg nicht sittenwidr (BGH **28**, 110), u dafür AusglAnspr (BGH NJW **91**, 1671; vgl § 906 Rn 42) od Hdlgs/UnterlAnspr (BGH aaO; Ffm NJW-RR **89**, 464; aA BGH NJW **95**, 2633) geben. Zur Duldg von Grenzüberschreitgen dch Haustiere (Katzen) vgl Köln NJW **85**, 2338; Celle NJW-RR **86**, 821; LG Augsbg NJW **85**, 499; LG Oldbg NJW-RR **86**, 883; LG Kass AgrarR **87**, 58; AG Rheinberg NJW-RR **92**, 408; Dieckmann NJW **85**, 2311.

14   **b) Öffentliches Recht.** Die EigtümerBefugn werden dch zahlr Vorschr des öffR beschr (vgl § 1004 Rn 34; unten Rn 28); **S 2** (eingefügt dch G v 20. 8. 90, BGBl I 1762) bekräftigt nur bish RZustand. Die

Dchsetzg dieser EigtBeschr präventiv dch GenVerf u repressiv dch Einschreiten gg Verstöße obliegt primär den VerwBeh (Steinberg NJW **84**, 457). Aber auch eine PrivPers kann ihre Einhaltg erzwingen, wenn sie sich aus drittschützden Normen (Rn 15) ergeben. Daneben begründen einen öffrechtl Drittschutz **GG 14 I**, wenn unmittelb in das NachbGrdst eingegriffen wird (zB dch direkte Inanspruchnahme) od wenn dch nachhalt Veränderg der GrdstSituation das Eigt am NachbGrdst schwer u unerträgl betroffen wird (BVerwG NJW **76**, 1987; BauR **76**, 181; **77**, 244; Schwerdtfeger NVwZ **82**, 5 zu II; Schenke NuR **83**, 81 zu IV; Wahl JuS **84**, 577 zu III 1) u **GG 2 II** (nicht I; BVerwG NJW **78**, 554; Schwerdtfeger aaO zu III, IV; Steinberg NJW **84**, 457) sowie bei weniger gravierer Betroffenh das insb im BauR u ImSchR entwickelte **Gebot der Rücksichtnahme** (BGH **86**, 356; BVerwG NVwZ **85**, 37; vgl dazu Dürr NVwZ **85**, 719 u Geiger JA **86**, 76 mwN).

aa) Drittschützende Normen müssen, wenn auch nicht als Hauptzweck, den Schutz eines hinreich **15** bestimmten u abgrenzb Kreises Einzelner beabsichtigen (Schutznormtheorie; vgl BVerwG DVBl **74**, 358; BGH **86**, 356; NJW **76**, 1888; Wahl JuS **84**, 577; krit Schlichter NVwZ **83**, 641; Degenhart JuS **84**, 187; Martens NJW **85**, 2302); dies ist dch Auslegg zu ermitteln. Von **nachbarschützender** Norm spricht man, wenn der geschützte Dritte Nachb des in seiner Benutzg dch öffrechtl Normen geregelten Grdst ist.

Erhebl Bedeutg haben drittschützde Normen im **Baurecht;** aber nicht jede Norm des öff BauR hat **16** potentiell drittschützde Wirkg (BVerwG NVwZ **87**, 409; dazu Degenhart JuS **84**, 187). Außerh konkreter baurechtl Normen hat hier der öffrechtl Drittschutz aus GG 2 II, 14 I u dem RücksichtnGebot Bedeutg. – Im **Bauordnungsrecht,** das in zT abweichden LandesR (LBauO) geregelt ist, besteht eine umfangreiche **17** Kasuistik. Auch bei vergleichb Vorschr wird der Drittschutz unterschiedl beurteilt; zB Anordng von Stell- plätzen u Garagen (OVG Lünebg BauR **79**, 489: ja – BaWüVGH DÖV **81**, 293: nein). Als drittschützd anerkannt sind Vorschr über seitl Grenzabstand (BGH NJW **85**, 2825; Köln ZMR **94**, 115; Zweibr OLGZ **94**, 60) u Vorschr, die der Verhütg von Bränden sowie von Schall- und Geruchsbelästigung dienen (BayOblG NJW-RR **94**, 781). Nicht als drittschützd anerkannt sind Vorschr über Baugestaltg (OVG Münst BB **65**, 1205), Erreichbark (HessVGH NJW **83**, 2461) u Schaffg (VGH Mannh BauR **80**, 256) von Stellplätzen, Anlage u Unterhaltg von Freiflächen (HessVGH NJW **83**, 2461). – Im **Bauplanungsrecht 18** werden nicht als drittschützd angesehen: Erfordern vorgäng Bauleitplang für Großvorhaben gem BauGB 1 III (OVG Saarlouis NJW **82**, 2086; krit Degenhart JuS **84**, 187), Erfordern der Erschließg gem BauGB 30, 34 (VGH Mannh BaWüVBl **80**, 57), Zulässigk von Bauvorhaben im unbeplanten Innenbereich gem BauGB 34 (BGH NVwZ **86**, 789; and wenn die Eigenart der näheren Umgebg einem Baugebiet der BauNVO entspr [BVerwG NJW **94**, 1546]) u im Außenbereich gem BauGB 35 (BGH **86**, 356); drittschützd aber Erfordern der Würdigg nachbarl Interessen gem BauGB 31 II (BVerwG NVwZ **87**, 409). Den Festsetzgen eines Bebauungsplans (BauGB 9 iVm BauNVO) kann (muß aber nicht) drittschützde Wirkg zukommen (BVerwG NVwZ **87**, 409); dieser Schutz beruht auf dem Ausgl der wechselseit garantierten NutzgsBe- schrkgen u -Berechtiggen der Planbetroffenen (Degenhart JuS **84**, 187; BVerwG **74**, 811; dort auch zum plangebietüberschreitenden Drittschutz) u ist idR gegeben bei der Festsetzg von Geschoß- u Geschoßflächen- zahlen (OVG Münst BauR **77**, 389), Baulinien u -grenzen (VGH Mannh NVwZ **92**, 496) u Baugebieten (BVerwG NJW **94**, 1546) sowie nach BauNVO 12 II (BVerwG aaO); zum Drittschutz dch BauNVO 15 als Ausprägg des RücksichtnGebots vgl BVerwG NJW **94**, 1546.

Im **Gaststättenrecht** haben GaststG 5 I 3, 18 drittschützde Wirkg, nicht aber GaststG 4 I 3 (Stober JuS **83**, **19** 843 zu IV; Uechtritz JuS **84**, 130 zu II 2). – Im **Gewerberecht** haben GewO 69, 69a relative drittschützde Wirkg (OVG Münst NVwZ **84**, 531). – Vorschr des Sonn- u **Feiertagsschutzes** sind nicht nachbschützd (OVG Lünebg NJW **90**, 1685; VGH Mannh NVwZ **91**, 180).

Im **Immissionsrecht** (vgl Schlotterbeck NJW **91**, 2669) haben BImSchG 5 Nr 1 (BGH NJW **95**, 132; gg **20** Immissionen iR dieser Vorschr kein Drittschutz aus GG 14 od RücksichtnGebot, BVerwG NJW **84**, 250) im Ggs zu Nr 3 (OVG Münst NVwZ **87**, 146), BImSchG 22 (BGH NJW **95**, 132), NRWImSchG 9, 10 (OVG Münst NVwZ **84**, 531) u NdsSpielplatzG 2 III 2 (OLG Lünebg NJW **85**, 217), AtomG 7 II Nr 3 u 5 drittschützde Wirkg; nicht aber FluglärmG (BGH NJW **77**, 1917), BImSchG 5 I Nr 2 (BGH NJW **88**, 478) u AtomG 7 II Nr 6, 9a (BaWüVGH DVBl **84**, 880). Zur drittschützden Wirkg der Grenzwerte der TA-Luft/ Lärm vgl Jarass NJW **83**, 2844 zu II 6.

Im **Umweltrecht** gibt das GG kein UmweltGrdR, Drittschutz aber dch GG 2 II mögl (BVerwG BauR **21** **77**, 394; zu BayVerf 141 vgl BayVerfGH NVwZ **86**, 631/633. Nicht drittschützd sind BWaldG 1 Nr 1 (OVG Münst NuR **83**, 122), EinbringgsG 2 II (BVerwG DVBl **83**, 353).

Im **Wasserrecht** haben WHG 7, 8 als solche keine drittschützde Wirkg (BGH **88**, 34), wohl aber das in **22** WHG 7, 8 iVm LandesR enthaltene materielle Recht (BGH aaO) u WHG 4 I 2 (BVerwG NJW **88**, 434; dazu Bauer JuS **90**, 24). – Im **Bergrecht** ist BBergG 55 I nicht nachbschützd (BVerwG NVwZ **89**, 1157).

bb) Wer **geschützter Dritter** ist, ist nach dem Schutzzweck der Norm zu beurteilen. – Im **Baurecht 23** sind es der Eigtümer (auch WohngsEigtümer; OVG Bln BauR **76**, 191) eines NachbGrdst u gleich schutz- würd dingl Berecht wie Dbk/ErbbBerecht (OVG Münster NVwZ **94**, 696 [Art der Dbk maßg; verneind für § 1093-Berecht bzgl Grenzabstand OVG Saarlouis II R 74/76 v 13. 7. 77 u bzgl EigtümerBauGen OVG Brem NVwZ **84**, 594]), wobei dch Vormkg gesicherter Anspr auf EigtÜbertr/RBegründg ausreicht (BVerwG JZ **83**, 201); nicht aber VorkBerecht (VGH Mannh NJW **95**, 1308) u schuldrechtl BesBerecht wie Mieter/Pächter (BVerwG NJW **89**, 2741; Schmidt-Preuß NJW **95**, 27; aA Thews NVwZ **95**, 224), denen aber Drittschutz aus GG 2 II, 14 I zustehen kann (Schlichter NVwZ **83**, 641 zu VI). Normzweck maßg, ob benachbart außer angrenzdem Grdst auch and im Wirkgsbereich liegde (BVerwG NJW **67**, 2325; Schlichter aaO). – Im **Immissionsrecht** u AtomR sind es die Benutzer aller im Einwirkgsbereich der Anlage gelege- nen Grdst (Jarass NJW **83**, 2844 zu III). Benutzer sind neben dem Eigtümer auch die, auf dem Grdst dauerh wohnen (BGH NJW **95**, 132) od regelm arbeiten (OVG Lünebg DVBl **84**, 890), nicht aber nur zufäll od gelegentl Benutzer (BVerwG NJW **83**, 1507).

c) Privat- und öffentlichrechtlicher Nachbarschutz. – aa) Drittschützde Normen des öffR sind **24** **Schutzgesetze im Sinne von § 823 II.** Verstößt der GrdstEigtümer gg sie, so hat der geschützte Dritte gg ihn bei Verschulden einen SchadErsAnspr aus § 823 II (BGH NJW **70**, 1180) u entspr § 1004 den sog

quasinegator verschuldensunabhäng Unterl- bzw BeseitiggsAnspr (BGH **86**, 356; **LM** § 1004 Nr 132; NJW **70**, 1180; Steinberg NJW **84**, 457). Verstößt die VerwBeh (zB bei Erteilg einer BauGen) gg sie, so kann der geschützte Dritte SchadErsAnspr aus § 839 haben (BGH **86**, 356). Ist dch unanfechtb VerwAkt Befreig von einer drittschützden Norm erteilt, so ist auch für das ZivilR bindd die Norm außer Kraft gesetzt (Hbg MDR **63**, 135; Rüfner DVBl **63**, 609; Picker AcP **176**, 28); ob diese Schutzwirkg auch aGrd bestandskräft AusnGen
25 od einf Gen (zB BauGen) entfällt, ist str (vgl Breuer DVBl **83**, 431 zu II 2 a). – **bb)** Die **Durchsetzung des öffentlichrechtlichen Drittschutzes** erfolgt im VerwRWeg. Verletzt eine BenutzgsGen eine drittschütz-de Norm, so kann der geschützte Dritte tats beeinträchtigte (vgl Jacob BauR **84**, 1) Dritte dies mit der An-fechtgsKl (VwGO 42 I) geltd machen (vgl Degenhart JuS **84**, 187; Hahn JuS **87**, 536), nicht aber sonstige RWidrigk (BVerwG NJW **81**, 67). Ist die wirks angefochtene Gen bereits ausgenutzt, so kann Beseitigg des materiell rwidr Zustandes mit dem FolgenbeseitiggsAnspr verlangt werden. Wird ein Grdst ohne Gen unter Verstoß gg drittschützde Normen benutzt, so kann der geschützte Dritte mit der VerpflKl (VwGO 123) ein behördl Einschreiten erzwingen (vgl zum Ermessensspielraum der VerwBeh OVG Bln **83**, 777; OVG Münst NJW **84**, 883; Steinberg NJW **84**, 457 zu IV); ebso bei genehmiggsfreier Benutzg unter Verstoß
26 gg drittschützde Normen. – **cc)** In der Geltdmachg sind priv- u öffrechtl **Abwehrrechte voneinander unabhängig** (OVG Bln NJW **83**, 777); eine Möglich nimmt der auch das RSchutzInteresse (vgl auch Breuer DVBl **83**, 431 zu I 3).

27 **4) Beschränkung der Eigentümerbefugnisse durch Rechte Dritter.** Beschr dingl Rechte (Einl 5 vor § 854) an der Sache u UrheberRe (BGH NJW **74**, 1387; Ffm OLGZ **86**, 208) beschränken das HerrschR des Eigtümers unmittelb. Schuldrechtl Anspr bzgl einer Sache beschränken nicht das Eigt, sond legen dem Eigtümer nur eine pers Verpfl auf u beschränken ihn in der RAusübg.

5) Gemeingebrauch. (Papier, Recht der öff Sachen, 2. Aufl 1984. – Pappermann/Löhr/Andriske, Recht der öff Sachen, 1987).

28 **a) Allgemeines.** Eine Sache kann krG im **Gemeingebrauch** stehen; jedermann darf sie dann ohne bes Zulassg gem ihrer sich aus Gesetz od Widmg ergebden Zweckbestimmg unter Beachtg des Gemeinverträg-lichkGrds benutzen u das aus dem fortbestehden Eigt fließde HerrschR des Eigtümers tritt insow zurück (BGH **33**, 230; BayObLG **80**, 121). Str, inwieweit sich GebrUmfang aGrd gewandelter VerkGewohnh ändert (vgl VGH Mannh NJW **84**, 819). Im Rahmen der Zweckbestimmg darf die zuständ VerwBeh ohne Zustimmg des Eigtümers über den GemeinGebr hinausgehde u diesen beeinträchtigde **Sondernutzung** gestatten (vgl zB FStrG 8 I); zur Abgrenzung vgl Thiele DVBl **80**, 977. Benutzg innerh GemeinGebr/ Sondernutzg gibt Einwendg nach §§ 863, 1004 II gg AbwehrAnspr des Besitzers/Eigtümers (BGH **60**, 365; BayObLG **80**, 121). – Bei **Behinderung** der Benutzg iRv GemeinGebr/Sondernutzg dch HohTräger im VerwRWeg verfolgb öffrechtl AbwehrAnspr u dch PrivPers im ZivilRWeg verfolgb privrechtl Abwehr-Anspr aus § 1004. – GemeinGebr ist **unentgeltlich**, soweit nicht Ausn gesetzl vorgesehen (zB FStrG 7 I 4); Unentgeltlichk daher kein Wesensmerkm. Für GemeinGebr beeinträchtigde Sondernutzg darf Gebühr erho-ben werden (zB FStrG 8 III); über privrechtl Vertr vgl BGH NJW **65**, 387, OVG Lüneb DVBl **70**, 588. Beeinträchtigt Sondernutzg den GemeinGebr nicht, so kann sie nur dem privrechtl VfgsBerecht aGrd privrechtl Vertr gestattet werden (vgl zB FStrG 8 X).

29 **b) Wege. – aa)** Er ist in FStrG 7 u in entspr LandesR geregelt. Inhalt u Grenzen nicht allggült beschreibb (BGH NJW **79**, 435). GemeinGebr für jedermann nur, wenn Straße/Weg/Platz dem öff Verkehr gewidmet (Stattfinden öff Verkehrs alleine nicht genügd; BGH **20**, 270), u iR der Gemeinverträglichk. „Gebr zum Verkehr" iSv FStrG 7 u LandesR ist nicht nur Fortbewegg (Schneider NJW **63**, 276). – Der **Anliegerge-brauch** ist dch GG 14 so weit geschützt, wie eine angem Nutzg des GrdstEigt eine Benutzg der Straße erfordert, nicht aber gg den Verlust von Lagevorteilen (BGH NJW **88**, 1154; BayObLG **80**, 121; Übbl 41 vor § 903). Dies ist keine SonderNutzg. – **bb) Einzelfälle,** bei denen aber stets Landes- u OrtsR zu beachten: **Kommerzielle Werbung** für AnliegerUntern im Luftraum über der Straße dch sog Nasenschilder zul (BVerwG NJW **79**, 440; OVG Kbl NJW **82**, 1828; Schwab NVwZ **83**, 459; vgl aber BGH NJW **78**, 2201; OVG Bln GewA **81**, 88), nicht aber für Waren (BVerwG aaO). Keine Verteilg von Handzetteln (VerwGE **35**, 326; VGH Mü DVBl **76**, 920). – **Verkauf:** Unzul sind Aushängen von Warenautomaten (BVerfG NJW **75**, 357), Aufstellg von Ständen (BGH **23**, 166) od Imbißwagen (HessVGH NVwZ **83**, 48), Eisverkauf aus Kfz (Stgt NVwZ **84**, 468); über Aufstellg von Obstkisten uä vgl LG Kbl NJW **61**, 1071; Bauchladen zul (Köln NVwZ **92**, 100). – **Bauliche Anlagen u Geräte:** Zul sind Hotelschutzdach (RG **132**, 398; BGH NJW **57**, 1396), Radständer (OVG Lüneb SchlHA **63**, 80), Bauzaun nebst Lagerg von Baugerät (BGH **22**, 397; **23**, 168); Kellerschacht (BVerwG NJW **81**, 412). Unzul ist Überbau von Erker u Balkonen (RG SeuffA **65**,
30 241). – **Parken:** Laternengaragen iRv StVO u Gemeinverträglich grdsl zul (BVerwG DVBl **79**, 155), ebso mehrtäg Abstellen von Wohnwagenanhänger (BVerwG NJW **86**, 337); aA Brschw NVwZ **82**, 63 für Wohnmobil); vgl Hentschel NJW **86**, 1307 zu II 1 b. Keine Aufstellg von MietKfz (BayObLG NJW **80**, 1807; aA BVerwG NJW **82**, 2332) od Kfz zum Verkauf (BayObLG VRS **63**, 476). Kein Anspr auf Parkmög-lichk in GrdstNähe (BVerwG NJW **83**, 770). – **Politische Werbung:** Pappermann NJW **76**, 1341; Groll NJW **76**, 2156; Crombach DVBl **77**, 277; Steinberg NJW **78**, 1898; Steinberg/Herbst JuS **80**, 108; OVG Lüneb NJW **77**, 916 (Flugblattverteilg zul); Karlsr Just **77**, 422 (Plakatkleben auf Kabelkästen unzul); BVerwG NJW **78**, 1933 (Informationsstand u zahlreiche Plakattafeln unzul); BGH NJW **79**, 1690 (Aufstellen eines Tisches unzul). – **Straßenkunst:** Würkner NJW **89**, 1266; Heinz NVwZ **91**, 139; BVerwG NJW **87**, 1836 (Musik); BVerwG NJW **90**, 2011 (Scherenschnitte). – **Zufahrt:** Beschrkg zul (BGH NJW **79**, 1043; BVerwG NJW **80**, 354; BayObLG NJW **75**, 693; OVG Lüneb NJW **79**, 1422; KG OLGZ **80**, 486). – **Informationsbroschüren:** BVerfG NVwZ **92**, 53.

31 **c) Gewässer.** Gesetzl Regelgn: WaStrG 5, 6; WHG 23 iVm LandesR. – Zum **Meeresstrand** vgl BGH **44**, 27; VG Schlesw SchlHA **73**, 124; Gröpper SchlHA **66**, 49.

32 **d) Wälder.** Gesetzl Regelgn: § 14 BWaldG v 2. 5. 75 (BGBl 1037), vgl BVerfG NJW **89**, 2525 (Reiten), u LandesR (Wald/Forst/NaturSchG), vgl Düss NJW-RR **88**, 526 für *NRW*.

6) Treuhandeigentum

Aus dem **Schrifttum:** Siebert, Das rgeschäftl TrHandVerhältn, 1933 (1959). – Coing, Die TrHand kraft privaten RGesch, 1973. – Liebich/Mathews TrHand u TrHänder in Recht u Wirtsch, 2. Aufl 1983. – Serick, EigtVorbeh u SichgÜbertr, Bd I–VI, 1963–1986. – Breuer, RhNK **88**, 79. – Gernhuber, JuS **88**, 355.

a) Rechtsgeschäftliche Treuhand (über gesetzl TrHandVerhältn vgl Liebich/Mathews S 327ff). Allen **33** TrHandVerhältn ist gemeins, daß der TrGeber dem TrHänder VermögensRe überträgt od ihm eine RMacht einräumt, ihn aber in der Ausübg der sich daraus im Außenverhältn (TrHänder zu Dr) ergebden RMacht im Innenverhältn (TrHänder zu TrGeber) nach Maßg der schuldrechtl TrHandVereinbg beschränkt (vgl auch Übbl 25 vor 104, Einf 7 vor §164).

aa) Nach der **Rechtsstellung des Treuhänders** ist zu unterscheiden: **Ermächtigungstreuhand** (BGH **34** NJW **54**, 190). Der TrGeber bleibt VollRInh (daher auch unechte TrHand genannt) u ermächtigt den TrHänder gem §185 (vgl dort Rn 13) zu Vfgen im eigenen Namen; der TrHänder kann auch selbst verfügen, solange der TrHänder nicht verfügt hat. Die Ermächtigg erlischt mit dem Ende der RInhabersch des TrGebers u entspr §168 mit Ende des TrHandVertr. Bei Konk des TrHänders od ZwVollstr gg ihn hat der TrGeber KO 43 bzw ZPO 771; bei Konk des TrGebers od ZwVollstr gg ihn hat der TrHänder nicht KO 43 bzw ZPO 771 (bei Besitz aber ZPO 809, 766). – **Vollmachttreuhand** (BGH WM **64**, 318). Der TrGeber bleibt VollRInh (daher auch unechte TrHand genannt) u bevollm den TrHänder zu RGesch im Namen des TrGebers. Es gelten §§164ff. – **Vollrechtsübertragung** (sog fiduziarische od echte TrHand); vgl dazu Rn 38. Der TrGeber verliert die VfgsMacht; der TrHänder kann ihn aber zu Vfgen bevollmächtigen od ermächtigen (BGH DB **72**, 2010). Zur Anwendg von §419 vgl dort Rn 9.

bb) Nach dem **Interesse an der Treuhand** ist zu unterscheiden: **Eigennützige (Sicherungs-) Treu- 35 hand,** wenn das TrHandVerhältn im Interesse des TrNehmers (idR um ihn dingl zu sichern) begründet wird (BGH WM **69**, 935); Beispiele: SichgsAbtretg (§398 Rn 20), SichgsÜbereign (§930 Rn 11), SichgsGrdSch (§1191 Rn 16). – **Fremdnützige (Verwaltungs-) Treuhand,** wenn das TrHandVerhältn im Interesse des TrGebers (weil er sein Recht nicht ausüben will od kann) begründet wird (BGH NJW-RR **93**, 367); Beispiele: InkassoAbtretg (§398 Rn 26), RA/Notaranderkonto (Zimmermann DNotZ **80**, 457), Übertr aus steuerl Grd (BGH aaO) od um GläubZugriff zu verhindern (BGH NJW **93**, 2041), SaniergsTr-Hand. Vergütg des TrHänders steht nicht entgg (BGH WM **69**, 935). – Bei **doppelseitiger Treuhand** ist beides mögl: der TrHänder verwaltet das TrGut agrd Vertr mit dem TrGeber (VerwTrHd) u verwendet es agrd Vertr mit od zG der TrGeberGläub für diese (SichgTrHd); vgl BGH WM **89**, 1779. Beispiele: Bassin-Vertr (Serick II §19 I 1, 21 IV 3), TrHandliquidationsVergl (BGH **118**, 70; NJW **93**, 1851), TrHänder verwaltet Fdg für Abtretden u dessen Gläub (Karlsr WM **91**, 293); Anderkontoverwahrg für mehrere Beteil (Hamm OLGZ **84**, 387; KG OLGZ **84**, 410), Konsortialkredit mit SicherhPool (Obermüller DB **73**, 1833). Bei Mehrh von Gläub ist es auch mögl, das TrGut auf einen von ihnen als eigennütz TrHänder, der auch die SichgsInteressen der and wahrnimmt, zu übertragen (BGH WM **66**, 1116; Serick II §28 I 3).

cc) Einen typ **Treuhandvertrag** gibt es nicht, der Einzelfall bestimmt die RBeziehgen zw den Beteil **36** (BGH WM **69**, 935); zB Auftr od GeschBesorgg (BGH **32**, 67; vgl §675 Rn 6), InnenGesellsch (§705 Rn 26), SichgsVertr (§930 Rn 14, §1191 Rn 16). VertrArt auch dafür maßg, ob TrGeber jederzeit Rück-Übertragg des TrGuts verlangen kann (wie zB bei fremdnütz TrHand; BGH FamRZ **72**, 559) od ob TrHandVertr mit Tod des TrHänders erlischt (wie zB bei Auftr/GeschBesorgg; KG HRR **31** Nr 1866).

dd) Dch das Erfordern einer **unmittelbaren Übertragung des Treuguts** vom TrGeber auf den TrHän- **37** der begrenzt die Rspr (BGH DNotZ **93**, 384; krit Gernhuber aaO zu IV mwN) die bei Konk u ZwVollstr für die Gläub des TrHänders nachteil Anerkenng der wirtsch Zugehörigk des TrGuts zu TrGeberVermögen. Diese Beschrkg gilt nicht für die Anerkenng einer schuldrechtl TrHandVerpfl im InnenVerh zw TrGeber u TrHänder (Serick II §19 II 2; vgl RG LZ **28**, 1248). – Keine Unmittelbark bei MietzinsZahlg, wenn TrHänder das TrGut im eigenen Namen vermietet u Mietzins auf EigensonderKto einzieht (BGH aaO). An ihr soll es auch fehlen, wenn der **Treuhänder als mittelbarer Stellvertreter** das TrGut für Rechng u im Interesse des TrGebers erwirbt (RG **153**, 366; JW **31**, 3105; Hbg MDR **65**, 1001). Die bemängelte Offenkundig der TrGutEigensch kann aber auch bei unmittelb Erwerb fehlen. Die Interessenlage spricht für Anerkenng als TrGut, wenn der TrHänder mit Mitteln des TrGebers erwarb. Um Rspr zu genügen, muß als mittelb Stellvertr zu eigenem Recht erwerbder TrHänder dch InsichGesch gem §930 auf TrGeber übereignen u von diesem gem §929 S 2 rückübereignet erhalten. Unmittelbark bzgl Fdg gg Bank (TrGut) anerkannt, wenn TrGeber auf offenes TrHandKto des TrHänders (BGH NJW **59**, 1223; Canaris NJW **73**, 825), nicht aber auf verdecktes TrHandKto (BGH NJW **71**, 559) einzahlt. – Eine **dingliche Surrogation** wird nicht anerkannt. An der Unmittelbark soll es daher bzgl dessen fehlen, was vom TrHänder als Ers für Zerstörg/Beschädigg/Enteigng des TrGuts, mit Mitteln des TrGuts od dch ein sich auf das TrGut beziehdes RGesch erworben wurde (RG **153**, 366; Wolf JuS **75**, 716). Dem ist für ErsLeistgen nicht zuzustimmen (RGRK/Pikart Rn 96 vor §929; Soergel/Mühl Einl Rn 50; Serick II §19 II 3).

b) Dingliche Rechtslage

aa) Der Treuhänder erwirbt das **Eigentum zu vollem Recht** nach den für die Sache geltden Über- **38** eignsVorschr u ist ggü dem TrGeber schuldrechtl gebunden, das EigtR nur nach Maßg der TrHandVereinbg auszuüben (BGH NJW **54**, 190); zur Anwendg von §419 vgl BGH NJW **93**, 1851. Ein **gutgläubiger Erwerb** vom TrGeber ist bei SichgsTrHand mögl, mangels VerkGesch aber nicht bei VerwaltgsTrHand (Gernhuber aaO zu IV 6). Das Eigt ist **vererblich** (KG HRR **31** Nr 1866), sofern der Tod des TrHänders nicht auflöside Bdgg für die Übereigng, u unterliegt sonstiger GesamtRNachf (KG JFG **7**, 307).

bb) Die Übereigng kann (auch stillschw) unter einer **auflösenden Bedingung** erfolgen, sofern dies nicht **39** gesetzl verboten (zB §925). Bdgg kann zB sein: Beendigg des TrHandVerh (vgl BGH NJW **62**, 1200; Ffm MDR **54**, 110), Nichtentstehen od Fortfall des SichgsZwecks (vgl §930 Rn 15), vertrwidr Vfg des TrHänders, ZwVollstr von TrHänderGläub in TrGut. TrGeber hat bis BdggsEintritt ein AnwR auf EigtErwerb (BGH NJW **84**, 1184), über das er verfügen kann.

40   **cc) Verfügungen des Treuhänders** über das TrGut erfolgen im eigenen Namen u aus eigenem Recht. Vfgen, für die der ges Vertr des TrGebers die Gen des VormschG benötigt hätte, bedürfen einer solchen nicht. – **Vertragswidrige Verfügungen** sind dem Erwerber ggü grds wirks, da der TrHänder als dingl Berecht verfügt u die Bindg ggü dem TrGeber gem § 137 nur schuldrechtl wirkt (BGH NJW **68**, 1471); der TrGeber hat gg den Erwerber idR weder dingl (§ 985) noch schuldrechtl (auch bei unentgeltl Vfg nicht § 816 I 2) Anspr. Wirkte der Erwerber vorsätzl an bewußt vertragswidr Vfg des TrHänders mit, dann ist die Vfg gem §§ 134 iV StGB 266, 138 nichtig u TrGeber hat dingl HerausgAnspr (Huber JZ **68**, 791; aA Serick III § 37 I 3a) u schuldrechtl SchadErsAnspr aus §§ 823 II iVm 266 StGB, 826 (BGH NJW **68**, 1471) auf Herausg an sich (vgl RG **108**, 58). Bei bloßer Fahrlässigk des Erwerbers ist der TrGeber nicht dch Anspr gg ihn geschützt, da die Grds über die fahrl Unkenntn des VollmMißbr (§ 164 Anm 2) nicht anwendb sind (BGH aaO; aA Timm JZ **89**, 13 zu IV 2 mwN). – Bei **auflösend bedingter Übereignung** an den TrHänder ist der TrGeber gem § 161 II geschützt, wobei §§ 161 III, 936 iF der nach § 930 erfolgten Übereigng den Verlust des AnwR dch gutgl Erwerb verhindern u EigtRückerwerb mit BdggsEintritt ermöglichen.

41   **dd)** Nach Erledigg des TrHandZwecks, die nicht auflösde Bdgg für Übereigng (vgl Rn 39), ist der TrHänder zur **Rückübereignung** des TrGuts verpfl (BGH NJW **94**, 726); Anspr bei Grdst dch Vormkg sicherb. Dabei ist eigennütz TrHand EigtErwerb des TrGebers, der zuvor als NichtBerecht übereignete (MüKo/Quack § 932 Rn 63; RGRK/Pikart § 932 Rn 17; vgl § 932 Rn 17; aA Gernhuber aaO zu V 3); bei fremdnütz TrHand erwarb TrHänder kein Eigt (vgl Rn 38) u EigtErwerb entfällt mangels VerkehrsGesch (vgl § 932 Rn 1). Bei fremdnütz TrHand ZbR des TrHänders auch wg nicht aus TrHandVerh stammder Anspr (BGH NJW **93**, 2041); ebso bei eigennütz TrHand, wenn dies TrHdZweck widerspricht (NGH NJW **94**, 2885). Über Haftg des TrGebers nach § 419 wg einer vom TrHänder für Rechng des TrGuts eingegangenen Verbindlichk vgl BGH **27**, 257.

42   **ee) Treugut in der Zwangsvollstreckung.** – Vollstrecken **Gläubiger des Treuhänders** in das TrGut, so hat bei fremdnütz TrHand der TrGeber auch ohne Offenkundigk des TrHdVerh WidersprR aus ZPO 771 (BGH NJW **93**, 2622), da das TrGut wirtsch zu seinem Vermögen gehört (vgl aber Rn 37). Bei unmittelb Besitz kann TrGeber auch nach ZPO 766, 809 vorgehen. Bei eigennütz TrHand vgl § 930 Rn 22. – Vollstrecken **Gläubiger des Treugebers** in das TrGut, so hat bei fremdnütz TrHand der TrHänder keine Rechte aus ZPO 771, 805 (BGH **11**. 37), da das TrGut wirtsch nicht zu seinem Vermögen gehört. Bei unmittelb Besitz kann TrHänder nach ZPO 766, 809 vorgehen; Gläub muß dann in AnwR/RückübereignsAnspr des TrGebers vollstrecken. Bei eigennütz TrHand vgl § 930 Rn 23.

43   **ff) Treugut im Konkurs.** – Im **Konkurs des Treuhänders** hat bei fremdnütz TrHand der TrGeber ein AussondergsR (BGH DNotZ **93**, 384), da das TrGut wirtsch zu seinem Vermögen gehört (vgl aber Rn 37). Bei eigennütz TrHand vgl § 930 Rn 24. – Im **Konkurs des Treugebers** hat bei fremdnütz TrHand der TrHänder kein Aus-/AbsondergsR u KonkVerw kann Herausgabe verlangen (BGH NJW **62**, 1200), da das TrGut wirtsch nicht zum TrHänderVerm gehört u TrHandVerh mit Konk des TrGebers endet (KO 23 II). Bei eigennütz TrHand vgl § 930 Rn 25.

44   **gg) Treugut im Vergleich.** – Im VerglVerf über das **Vermögen des Treuhänders** hat bei fremdnütz TrHand der TrGeber entspr Rn 43 ein AussondergsR (VerglO 26). Bei eigennütz TrHand vgl § 930 Rn 26. – Im VerglVerf über das **Vermögen des Treugebers** endet bei fremdnütz TrHand das TrHandVerh nicht krG. Bei eigennütz TrHand vgl § 930 Rn 26.

904

Notstand. **Der Eigentümer einer Sache ist nicht berechtigt, die Einwirkung eines anderen auf die Sache zu verbieten, wenn die Einwirkung zur Abwendung einer gegenwärtigen Gefahr notwendig und der drohende Schaden gegenüber dem aus der Einwirkung dem Eigentümer entstehenden Schaden unverhältnismäßig groß ist. Der Eigentümer kann Ersatz des ihm entstehenden Schadens verlangen.**

1   **1) Allgemeines.** § 904 behandelt die zur Abwehr einer dem Einwirkden (Notstand) od einem Dritten (Nothilfe) drohden Gefahr vorgenommene **Einwirkung auf fremde Sachen, von denen die Gefahr nicht ausgeht** (Aufopfersgedanke); § 228 behandelt demggü die Einwirkg auf die gefahrbringde Sache (Verteidigg). § 904 auch anwendb bei Einwirkg auf and absolute VermögensRe (hM), nicht aber bei Einwirkg auf **eigene Sachen** iW der Selbstaufopferg (MüKo/Säcker Rn 27; Soergel/Baur Rn 24; hier uU § 683 [BGH **38**, 270]). Einwirkgn zur Gefahrenabwehr auf **Personen** od pers RGüter, von denen die Gefahr ausgeht, sind iRv StGB 34 auch zivilrechtl gerechtfertigt (vgl § 228 Rn 1; dort auch zur Anwendg von § 904 S 2 iFv StGB 34, 35). – **Sondervorschriften:** LuftVG 25; HGB 700, BinnSchG 78; TelWG (BGBl I 91, 1054) 10; KatastrophenschutzG (zB *SchlH* G v 9. 10. 74, GVBl 446, §§ 17, 18).

2   **2) Voraussetzungen der Notstandslage. – a)** Notstandsfähig sind eigene u fremde **Rechtsgüter jeder Art;** bes Beziehg des Einwirkden zum bedrohten RGut nicht erforderl. – **b)** Für das RGut muß eine **gegenwärtige Gefahr** bestehen. Sie liegt vor, wenn zur Abwendg von Schaden für das RGut sof Abhilfe erforderl (MüKo/Säcker Rn 4; RG **57**, 187). Sie kann über längere Zeit andauern, wenn mit Schadenseintritt jederzeit zu rechnen ist (BGH **LM** Nr 3; Hamm NJW **72**, 1374). Gleich gült, ob u von wem die Gefahr verschuldet ist (Hamm VRS **16**, 142). BewLast wie Rn 3.

3   **3)** Die **Notstandshandlung** besteht in der unmittelb od mittelb (RG **156**, 187) Einwirkg auf eine Sache; zB Benutzg, Beschädigg, Zerstörg, Unterfangen eines wg Bauarbeiten einsturzgefährdeten NachbGbdes (Karlsr Just **91**, 12). – **a)** Die Einwirkg muß zur Abwehr der Gefahr **notwendig** sein. Die Notwendigk ist obj zu bestimmen. Kann die Gefahr anders abgewendet werden, ist § 904 nicht anwendb. Eigng zur Gefahrabwehr genügt; Erfolg nicht wesentl. Die Einwirkg muß die **Gefahrabwehr bezwecken** u nicht nur zufäll bewirken (BGH **92**, 357; LG Aach NJW-RR **90**, 1122). – **b)** Der drohde Schaden muß ggü dem aus der Einwirkg **unverhältnismäßig groß** sein. Gefahr für Leben u (idR) Gesundh wiegt schwerer als Sachschaden; bei VermSchäden Abwägg dch Schätzg beider in Geld. – **c) Beweislast** hat, wer sich auf Rechtfertigg dch § 904 beruft.

4) Rechtsfolgen. – a) Eigtümer u Besitzer (RG **156**, 187) der betroffenen Sache können die **Einwirkung 4 nicht verbieten: sie ist rechtmäßig;** keine AbwehrAnspr aus §§ 823, 862, 1004, keine Rechte aus §§ 227, 859, Einwirkder kann Widerstand nach § 227 brechen. Bei lang andauernder Gefahr auch einklagb Duldgs-Anspr (Hamm NJW **72**, 1374; MüKo/Säcker Rn 14). – **b) Verschuldensunabhängiger Schadensersatz- 5 anspruch** des Duldgspflichtigen, auch bei seiner Einwilligg in Einwirkg (BGH **LM** Nr 2); entfällt, wenn er Notstandslage schuldh verursacht hat (BGH **6**, 102; LG Fbg NJW-RR **89**, 683). Umfang: §§ 249ff (BayObLG **94**, 140), § 254 anwendb. S 2 bei hoheitl Einwirkg nicht anwendb (BGH **117**, 240); Entschädigg wg enteigndem Eingr mögl. – **Schuldner** ist nicht der Begünstigte (so aber Canaris NJW **64**, 1987; Kraffert AcP **165**, 453; MüKo/Säcker Rn 17), sond der Einwirkde (BGH **6**, 102; RGRK/Augustin Rn 9; Soergel/ Baur Rn 23), denn er ist für Geschädigten leichter zu ermitteln u Anspr gg ihn aus §§ 862, 1004 wird ersetzt. Nur bei AbhängigkVerh u Einwirkg in Ausübg daraus folgder Verrichtg haften AuftrGeber bzw Anweisder (BGH **6**, 102; Danzig JW **38**, 1205) u Einwirkder als GesamtSchuldn (entspr §§ 831, 823); dies gilt auch bei Einwirkg im öff Interesse (BGH **LM** Nr 2). Bei HdlgsPfl des Einwirkden aus StGB 323c haftet er nicht (Erm/Hagen Rn 8; Schwab/Prütting § 27 II 4; aA Soergel/Baur Rn 23). Geschäftsunfäh haftet ohne Beschrkg nach § 829 (Erm/Hagen Rn 8; aA MüKo/Säcker Rn 18), da Einwirkg zu dulden. Mehrere haften als GesamtSchuldn (BGH **LM** Nr 2). – **Rückgriff** des Einwirkden gg Begünstigten gem §§ 677ff, 812ff. – **6** Bei fahrl **Irrtum** über Voraussetzgen nach S 1 haftet Einwirkder aus § 823, bei unverschuldetem Irrtum aus S 2 entspr (MüKo/Säcker Rn 26; Soergel/Baur Rn 14). – **Verjährung** gem § 195 (BGH **19**, 82).

905 *Begrenzung des Eigentums.* **Das Recht des Eigentümers eines Grundstücks erstreckt sich auf den Raum über der Oberfläche und auf den Erdkörper unter der Oberfläche. Der Eigentümer kann jedoch Einwirkungen nicht verbieten, die in solcher Höhe oder Tiefe vorgenommen werden, daß er an der Ausschließung kein Interesse hat.**

1) Das **Herrschaftsrecht des Eigentümers** erstreckt sich auch auf das Erdreich einschl vorhandener **1** Hohlräume (BGH WM **81**, 129) senkrecht unter u den Luftraum senkrecht über seinem Grdst. **(S 1).** Einwirkgen können Eigtümer (§ 1004) u Besitzer (§ 862) verbieten. Gesetzl Beschrkgen gem EG 65, 67, 68, 124. – **a) Luftraum.** DuldgsPfl ggü zugelassenen Luftfahrzeugen (LftVG 1; vgl Martin NJW **72**, 564). LNachbR (EG 124) regelt vielf DuldgsPfl ggü übergreifden Bauteilen einer Grenzwand (zB *BaWü* 7b; *SchlH* 15) u aGrd Hammerschlags/LeiterR (zB *BaWü* 7c, *SchlH* 17). – **b) Grundwasser** wird vom HerrschR des **2** GrdstEigtümers nicht erfaßt (BVerfG NJW **82**, 745). GrdWasser ist das gesamte unterird Wasser, soweit es nicht künstl gefaßt ist (BVerwG DVBl **68**, 32); nur vorübergehd hervortretdes (BVerwG DÖV **69**, 755) od freigelegtes (zB Baggersee; str) GrdWasser bleibt solches. Einwirkgen auf das GrdWasser, die sich auf GrdWasser unter NachbGrdst auswirken, verstoßen nicht gg § 823 I (BGH NJW **77**, 1770); beachte aber LNachbRG (EG 124) *Hess* 20, *Nds* 38, *SchlH* 27 u § 909 Rn 5. Nach WHG 2 bedarf GrdWasserBenutzg iSv WHG 3 grdsl der Erlaubn od Bewilligg, auf die Eigtümer keinen RAnspr hat (BVerfG aaO). Über Drittschutz dch WHG vgl § 903 Rn 22. Zum Recht auf GrdWasserZufluß vgl auch Jarass NJW **76**, 2195. – **c) Bodenbestandteile,** die nicht dem Bergregal (BBergG 3 II 1) unterliegen, werden vom HerrschR erfaßt **3** (BGH NJW **84**, 1169, 1172).

2) Gesetzlicher Ausschluß des Verbietungsrechts (S 2); vgl weiter § 1004 Rn 31. Gilt auch für Besit- **4** zer (Brem OLGZ **71**, 147) u Erbb/Dbk/DWRBerecht. – **Kein Ausschließungsinteresse.** Geschützt ist jedes schutzwürd vermögensrechtl od immaterielle (zB ästhetische) Interesse (BGH WM **81**, 129) an ungestörter Benutz des Grdst (nicht nur seiner Oberfläche; BGH aaO) dch den Eigtümer od NutzgsBerecht (BGH NJW **81**, 573); Besorgn künft Behinderg reicht (BGH **125**, 56 [64]). Mangels Beziehg zur GrdstBe- nutzg genügt es nicht, nur Wettbewerber fernhalten od Vergütg für Gestattg erlangen zu wollen (BGH WM **81**, 129). – **Beispiele:** Führg von Leitgen unter (Brem OLGZ **71**, 147) od über Straßen (RG JW **28**, 502; **32**, 46; Hamm JW **27**, 2533) od über noch wachsde Bäume (BGH NJW **76**, 416); Untertunnelg (RG JW **12**, 869; BGH NJW **81**, 573; **82**, 2179); überschwenkder Baukran (Düss NJW-RR **89**, 1421; Karlsr NJW-RR **93**, 91); hineinragde Reklametafel (Hbg MDR **69**, 576), Tiefenspeicher (BGH WM **81**, 129; Baur ZHR **86**, 507); VersorggsLeitg in 2,3 m (BGH NJW **94**, 999) od 3 m (Hbg NJW-RR **91**, 403; Düss OLGZ **91**, 211) Tiefe. – Einwirkder muß **beweisen,** daß vom Eigtümer behaupteter Gesichtspkt für Ausschließgsinteresse nicht **5** besteht (BGH NJW **81**, 573; WM **81**, 129). Ist Einwirkg nach S 2 zu dulden, so hat Duldgspflichtiger **Ausgleichsanspruch** entspr § 906 Rn 42.

906 *Zuführung unwägbarer Stoffe.* [1]**Der Eigentümer eines Grundstücks kann die Zu- führung von Gasen, Dämpfen, Gerüchen, Rauch, Ruß, Wärme, Geräusch, Erschütterun- gen und ähnliche von einem anderen Grundstück ausgehende Einwirkungen insoweit nicht ver- bieten, als die Einwirkung die Benutzung seines Grundstücks nicht oder nur unwesentlich beein- trächtigt. Eine unwesentliche Beeinträchtigung liegt in der Regel vor, wenn die in Gesetzen oder Rechtsverordnungen festgelegten Grenz- oder Richtwerte von den nach diesen Vorschriften er- mittelten und bewerteten Einwirkungen nicht überschritten werden. Gleiches gilt für Werte in allgemeinen Verwaltungsvorschriften, die nach § 48 des Bundes-Immissionsschutzgesetzes erlas- sen worden sind und den Stand der Technik wiedergeben.**

[2]**Das gleiche gilt insoweit, als eine wesentliche Beeinträchtigung durch eine ortsübliche Benut- zung des anderen Grundstücks herbeigeführt wird und nicht durch Maßnahmen verhindert wer- den kann, die Benutzern dieser Art wirtschaftlich zumutbar sind. Hat der Eigentümer hiernach eine Einwirkung zu dulden, so kann er von dem Benutzer des anderen Grundstücks einen ange- messenen Ausgleich in Geld verlangen, wenn die Einwirkung eine ortsübliche Benutzung seines Grundstücks oder dessen Ertrag über das zumutbare Maß hinaus beeinträchtigt.**

[3]**Die Zuführung durch eine besondere Leitung ist unzulässig.**

Übersicht

1) Privat- und öffentlichrechtlicher Immissionsschutz.

1   **a) Privatrechtlicher Immissionsschutz.** § 906 enthält als gesetzl EigtInhalt eine Beschrkg des AusschließgsR des Eigtümers aus § 903 dch Ausschl des AbwehrAnspr aus §§ 907, 1004. Entspr ausgeschl ist der AbwehrAnspr des Dbk/DWR/ErbbBerecht aus §§ 907, 1004 iVm §§ 1027, 1065, 1090 II, ErbbRVO 11 I, WEG 34 II u des Besitzers aus § 862 (BGH **LM** Nr 32); anwendb auch auf das Verhältn mehrerer Mieter (BGH **LM** Nr 1) bzw Vermieter/Mieter (LG Hbg WoM **84**, 79; aA BayObLG NJW **87**, 1950), eines Gbdes untereinand. **Grundgedanke:** aus dem nachbarl LebensVerhältn heraus sind bestimmte Störgen (notf gg GeldAusgl) hinzunehmen, um eine sinnvolle GrdstNutzg zu ermöglichen; über § 906 u nachbarl GemschVerhältn vgl § 903 Rn 13. Die Anwendg muß der steten Änderg der Verhältn u Anschauungen inf techn u wirtsch Fortschritts angem Rechng tragen (RG **154**, 161; BGH **48**, 31; **LM** Nr 23), insb der stärker werdden Bedeutg des ImSch u Umweltschutzes (Schlesw NJW-RR **86**, 884). – **Internationales Privatrecht:** EG 38 Rn 21.

2   **b) Öffentlichrechtlicher Immissionsschutz** insb dch: **BImSchG** mit 1. BImSchV (Feuersanlagen) idF v 15. 7. 88 (BGBl 1059), 7. BImSchV (Holzstaub) v 18. 12. 75 (BGBl 3133), 8. BImSchV (Rasenmäher) idF v 13. 7. 92 (BGBl 1248), 13. BImSchV (Großfeuersanlagen) v 22. 6. 83 (BGBl 719), 15. BImSchV (Baumaschinen) v 10. 11. 86 (BGBl 1729), letzte ÄndVO v 18. 12. 92 (BGBl 2075), 16. BImSchV (Verkehrslärm) v 12. 6. 90 (BGBl 1036), 17. BImSchV (Verbrennsanlagen) v 23. 11. 90 (BGBl 2545), 18. BImSchV (Sportanlagenlärm) v 18. 7. 91 (BGBl 1588), 1. BImSchVwV (TA-Luft) v 27. 2. 86 (Beil BAnz Nr 58 a), 2. BImSchVwV (Krane) v 19. 7. 74 (BAnz Nr. 135), 3. BImSchVwV (Drucklufthämmer) v 10. 6. 76 (BAnz 112/165) u den gem BImSchG 66 fortgeltden Vorschr (insb TA-Lärm v 16. 7. 68, BeilBAnz Nr 137). – **LImSchG:** *Bay* G v 8. 10. 74 (BayRS 2129-1-1-U), letztes ÄndG v 26. 3. 92 (GVBl 42); *Brdbg* G v 3. 3. 92 (GVBl 78); *Brem* G v 30. 6. 70 (GBl 71), letztes ÄndG v 16. 8. 88 (GBl 223); *NRW* G v 18. 3. 75 (GV 232), letztes ÄndG v. 20. 5. 92 (GV 214); *RhPf* G v 28. 7. 66 (GBVl 211), letztes ÄndG v 5. 10. 90 (GVBl 289). – **AtomG** mit StrahlenschutzVO idF v 30. 6. 89 (BGBl 1321). – **FluglärmG** mit SchallschutzerstattgsVO v 11. 8. 77 (BGBl 1553). – **LärmschutzVO:** *Bln* VO v 6. 7. 94 (GVBl 231); *Hbg* VO v 6. 1. 81 (GVBl 4) idF v 15. 3. 88 (GVBl 36); *Hess* VO v 16. 3. 93 (GVBl 257); *RhPf* VO v 25. 10. 73 (GVBl 312).

3   **c) Privatrechtliche Auswirkungen des öffentlichrechtlichen Immissionsschutzes. –** **aa)** Bei § 906 hat die Einhaltg bzw Nichteinhaltg öffrechtl ImSchVorschr Bedeutg für die Beurteilg der Wesentlich einer Beeinträchtigg (I 2, 3; Rn 17–19), der Kausalität zw Emission u Beeinträchtigg (Rn 20), der Ortsübl einer GrdstBenutzg (Rn 30) u der Zumutbark einer Beeinträchtigg (Rn 31, 45). – **bb)** Soweit öffrechtl ImSchVorschr als SchutzG iSv § 823 II anzusehen sind (zB LärmschutzVorschr), wird ein **quasinegatorischer Abwehranspruch** nach BGH **122**, 1 nicht dch § 906 eingeschränkt (fragl, denn § 906 dürfte den privrechtl ImSch abschließd regeln).

2) Einwirkungen im Sinne von § 906.

4   **a) Nicht unter § 906 fallen** Grenzüberschreiten von **größeren festkörperlichen Gegenständen** (sog Grobimmissionen; BGH **111**, 158), zu denen auch größere Tiere u Flüssig (and bei Zerstäubg) zählen; AbwehrAnspr hier aber uU ausgeschl aGrd nachbarl GemschVerhältn (vgl § 903 Rn 13; zum AusglAnspr vgl Rn 42) od WasserR (vgl BGH VersR **65**, 689; zB *SchH*WasserG 68 II). Ferner nicht die sog **negativen Einwirkungen** (vgl § 903 Rn 9) u die sog **immateriellen Einwirkungen** (vgl § 903 Rn 10).

5   **b) Unter § 906 fallen** ohne Beschrkg auf unwägb Stoffe grenzüberschreitde Einwirkgen, die in ihrer Ausbreitg weitgehd unkontrollierb u unbeherrschb sind (BGH **117**, 110), inf natürl Verbreitg (zB Zuführg dch wild abfließdes Regenwasser; BGH **90**, 255). Dabei zeigen die gesetzl Beisp, daß es sich auch bei den ähnl Einwirkgen um Grenzüberschreiten mit gesundh- od sachschädigder Wirkg handeln muß (RG **76**, 130; BGH **51**, 396). Die Einwirkg geht auch dann von einem Grdst aus, wenn sie nur zurechenb Folge eines auf ihm eingerichteten Betr ist (BGH **69**, 105). Einzelfälle:

6   **aa) Gase, Dämpfe, Gerüche:** Fluor (BGH **70**, 102); Kläranlage (BGH **91**, 20; Ffm VersR **83**, 41); Misthaufen (AG Esens NdsRpfl **72**, 61); Komposthaufen (LG Mü I NJW-RR **88**, 205); Müllbehälter (Kblz MDR **80**, 578); Nerzfarm (Köln DB **63**, 199); Ölheizg (Düss MDR **77**, 931); Schwefeldioxyd (BGH **15**, 146; **30**, 273); Schweinemast (BGH NJW **77**, 146; Oldbg AgrarR **84**, 73; Hamm AgrarR **81**, 317); Teer (BGH **LM** Nr 29, 40); landw NebenerwerbsBetr (Brschw NdsRpfl **87**, 185); Katzen (Mü NJW-RR **91**, 17); Naturdung (AG Neuss NJW-RR **91**, 18).

7   **bb) Rauch, Ruß (Staub):** Erzverladg (BGH **30**, 273); GbdeBau (BGH **LM** Nr 49); Industrie (Nürnbg MDR **80**, 667); Ölheizg (BGH **LM** Nr 18; DB **71**, 526; Köln VersR **65**, 722; Düss MDR **77**, 931); Splittwerk (BGH **LM** Nr 39); Zementwerk (BGH **62**, 186; LG Münster NJW-RR **86**, 947); Straßenbau (BGH **LM** Nr 27, 40).

cc) Geräusche. – Fahrzeuge: auf Straßen (BGH NJW **88**, 900); auf NachbGrdst (BGH **LM** Nr 11, 19, **8** 38; WM **70**, 492); unzul Halten mit lfdem Motor (BGH NJW **82**, 440); Bushaltestelle (BGH NJW **84**, 1242; Düss VersR **79**, 578); Straßenbahnkehre (BGH **LM** Nr 28); Parkplatz (LG Kempten NJW **95**, 970). – **Musik:** Freilichtbühne (BGH **LM** 32); Hausmusik (Karlsr NJW-RR **89**, 1179); Kino (Oldbg MDR **56**, 738); Kirche (LG Esn MDR **70**, 505); Vergnüggspark (RG JW **27**, 45); Volksfest (BGH **111**, 63); Stadtteilfest (VG Düss NVwZ **91**, 398); Gaststätte (Rn 11). – **Sport:** Kegelbahn (BGH ZMR **66**, 50; Köln MDR **9** **65**, 742; Hamm NJW-RR **89**, 1176); Tennisplatz (BGH NJW **83**, 751; Mü NJW-RR **86**, 1142; Celle NJW **88**, 424; Karlsr NJW-RR **89**, 145; Köln NVwZ **89**, 290; **93**, 301; Schlesw NJW-RR **91**, 715; Zweibr NJW **92**, 1242; Kblz NVwZ **93**, 301); Tischtennis (Köln NJW-RR **91**, 1425); Minigolf (Karlsr ZMR **89**, 90); Sportplatz (Stgt NVwZ **85**, 784; Nürnb NJW-RR **88**, 979; LG Osnabr MDR **85**, 1029; LG Aachen NVwZ **88**, 188); vgl auch Schmitz NVwZ **91**, 1126 mwN. – **Tiere:** Gänse (RG Warn **17**, 244); Hühner (Hamm **10** MDR **88**, 966; LG Mü I NJW-RR **88**, 205; **89**, 1178; LG Ingolstadt NJW-RR **91**, 654); Hunde (Hamm NJW-RR **90**, 335; Nürnbg NJW-RR **91**, 1230; Düss NJW-RR **95**, 542; LG Darmst DWW **93**, 19); Hundezucht (Stgt NJW-RR **86**, 1141); Kühe (LG Fbg AgrarR **77**, 41 u AG Lindau NJW-RR **92**, 277: Glocken; LG Darmst AgrarR **80**, 319: Muhen); Tauben (vgl Rn 14); Vogelhaltg (Hbg MDR **77**, 492; Ffm NJW-RR **87**, 1166); Frösche (BGH **120**, 239; Schlesw NJW-RR **86**, 884). – **Verschiedenes:** Alarmsirene (Schlesw **11** ZMR **80**, 146); Altglascontainer (VG Köln NVwZ **93**, 401); Bauarbeiten (BGH **LM** Nr 1, 14, 22, 49; NJW **86**, 1980); Militärflugplatz (BGH **122**, 76); Zivilflugplatz (BGH **79**, 45); Gaststätte (BGH **LM** Nr 17, 37; LG Aachen NJW-RR **86**, 818); Kirchenglocken (BVerwG NJW **92**, 2779); LadenGesch (LG Hbg WuM **84**, 79); Manöver (BGH **LM** Nr 61); Maschinen (BGH **46**, 35; ZMR **65**, 301); Holzverarbeitg (Stgt NJW-RR **86**, 1339); Müllbehälter (Kblz MDR **80**, 578); Schule (BGH **38**, 61); Stadtparkfontäne (BGH **LM** Nr 25); Wasserrauschen in Bad/WC (Düss MDR **68**, 496; Karlsr NJW-RR **91**, 1491); Gartenfest (LG Ffm NJW-RR **90**, 27); Spielplatz (VGH Mannh NVwZ **90**, 988); Radio (Mü NJW-RR **91**, 1492).

dd) Erschütterungen: GbdeBau (BGH **85**, 375); Maschinen (BGH ZMR **65**, 301); Rammarbeiten **12** (BGH WM **66**, 33); Sägewerk (BGH **LM** Nr 30); Sprengg (BGH **66**, 70); Straßenbau (BGH **72**, 289).

ee) Ähnliche Einwirkungen; dazu zählen nicht ideelle u immaterielle Einwirkgen (vgl Rn 4). – **Laub/** **13** **Nadel/Blütenbefall.** Als Folge erstrebenswerter Begrünung nach Dchschnittsempfinden idR unwesentl Beeinträchtigg iSv Rn 17 (Stgt NJW-RR **88**, 204; Düss NJW-RR **90**, 144; LG Karlsr MDR **84**, 401; LG Saarbr NJW-RR **86**, 1341; aA nachfolge Urt). Bei Wesentlich idR ortsübl iSv Rn 24 u unvermeidb iSv Rn 25 (Ffm NJW **88**, 2618; Düss NJW-RR **90**, 144; LG Ulm NJW **85**, 440); für danach zu duldden Befall wg Lagevorteil in begrünter Umgebg idR kein GeldAusgl nach Rn 31 (Stgt NJW **86**, 2768; Ffm NJW-RR **87**, 1101; **91**, 1364; Müller NJW **88**, 2618; LG Saarbr MDR **88**, 54; aA Karlsr NJW **83**, 2886; LG Wiesb NJW **79**, 2617; LG Lüb NJW-RR **87**, 532). Kein Abwehr- u AusglAnspr, wenn NaturschutzR Eingriff in Baum untersagt (Ffm NJW-RR **91**, 1364). – **Sonstige Kleinstkörper:** Feuerwerksrückstände (RG JW **27**, 45); Unkrautsamen (Düss OLGZ **93**, 451; Schlesw SchlHA **93**, 170; Schmid NJW **88**, 29); nicht aber Fußball (VGH Kassel NJW **93**, 3088). – **Kleintiere:** Bienen (BGH **117**, 110; Bambg **14** NJW-RR **92**, 406; Celle AgrarR **90**, 198; Hamm MDR **89**, 993; LG Ellw NJW **85**, 2339; LG Memmg NJW- RR **87**, 530; LG Ambg NJW-RR **88**, 1359; AgrarR **90**, 200; LG Hanau AgrarR **90**, 201; Schwendner AgrarR **90**, 193); Fliegen (RG **160**, 381; LG Stgt RdL **67**, 49); Brief-/Tauben (Düss MDR **68**, 841; OLGZ **80**, 16; KG RdL **69**, 54; Hamm MDR **88**, 966; Celle NJW-RR **89**, 783; LG Mü NJW-RR **92**, 462; LG Itzehoe NJW-RR **95**, 979; Stollwerk ZMR **93**, 445); Langwanzen (Köln OLGZ **92**, 121); Wolläuse (BGH NJW **95**, 2633). Nicht aber: Katzen/Hühner/Kaninchen (§ 903 Rn 13); Flugenten (aA Oldbg VersR **76**, 644); Ratten (KG HRR **30** Nr 1105). – **Strahlungen:** grelle Lichtreflexe (RG **76**, 130); elektr Ströme (RG **133**, 342); Lichtreklame (Hbg MDR **72**, 1034); Straßenbeleuchtg (OVG Kblz NJW **86**, 953); Röntgenstrahlen; ionisierde Strahlg. – **Chemikalien:** Rückstände von Unkrautvernichtgsmitteln (BGH **90**, 255) od Öl/ Benzin (LG Aachen NVwZ **88**, 188) in wild abfließdem Regenwasser.

c) Wird eine Einwirkg iSv Rn 5 dch eine **besondere Leitung,** zB an der Grenze angebrachtes Auspuff- **15** rohr (Mü OLG **26**, 125) im Ggs zu zufäll Schall/Wärmeleiter (RG HRR **33**, 1928), zugeführt, so ist sie nie nach § 906 zu dulden **(III).** – **Beweislast** für derart Zuführg hat Betroffener (Baumgärtel Rn 4).

3) Keine oder unwesentliche Beeinträchtigung der Benutzung eines Grundstücks (I).

a) Regelungsinhalt. Gehen von einem (emittierden) Grdst aGrd nichthoheitl Tätigk (auch wenn sie **16** nichtortsübl Benutzg; Schlesw NJW-RR **86**, 884) nicht dch bes Leitg zugeführte Einwirkgen iSv § 906 auf ein nicht notw unmittelb angrenzdes (BGH **LM** Nr 6) and (betroffenes) Grdst aus, die dessen Benutzg höchstens unwesentl beeinträchtigen, so sind vorbehaltl (§ 903 Rn 13) für dessen Eigtümer (Dbk DWR/ ErbbBerecht) u Besitzer (BGH NJW **95**, 132) **Abwehransprüche aus §§ 862, 907, 1004 ausgeschlossen,** ohne daß Einwirkder ausglpflicht; die Einwirkg ist auch nicht rwidr iSv §§ 823 ff (BGH **90**, 255). Betroffener darf die Einwirkg aber tatsächl abwehren (BGH **16**, 366).

b) Keine wesentliche Beeinträchtigung der GrdstBenutzg. – **aa) Maßstab.** Nach I 2, 3 (idF Art 2 **17** § 4 SachenRÄndG) ist die Beeinträchtigg idR unwesentl, wenn die nach den Vorschr des I 2 u 3 ermittelten u bewerteten Einwirkgen (zB 18. BImSchV) die dort genannten Werte einghalten sind; priv Umweltstandards (zB DIN-, VDI-, VDE-Normen) begründen keine Regelfälle. Die Formulierg „idR" bedeutet, daß im Einzelfall auch bei Einhaltg der Werte die Beeinträchtigg wesentl sein kann. Die Überschreitg der Werte ist nicht als Regelfall der Wesentlichk anzusehen. Soweit keine Werte nach I 2, 3 bestehen, gilt Rn 22. – **bb) Gesetze/Rechtsverordnungen (I 2)** sind nur ParlamentsG (zB FluglärmG) u förml RVOen **18** (zB BImSchV) des Bundes- u LandesR, nicht aber Gemeindesatzgen iSv BImSchG 49 III. Der Begriff „Grenz- (= Maximal-) u Richtwert (= unter best Voraussetzgen überschreitb)" erfaßt sämtl Im- u Emissionswerte (BT-Drucks 12/7425 S 88). – **cc) Verwaltungsvorschriften nach BImSchG 48 (I 3),** wenn **19** das dort vorgesehene ErlaßVerf eingehalten ist; zB TA-Luft. Gleich stehen die in BImSchG 86 II genannten Vorschr (BT-Drucks 12/7425 S 89); zB TA-Lärm. Keine Maßgeblichk dieser Vorschr, wenn sie (was vom ProzGer mit sachverständ Hilfe zu prüfen) nicht mehr den Stand der Technik wiedergeben. „Stand der Technik" (einschl der WirkgsForsch bei Immissionen) ist der Entwicklgsstand fortschrittl u in der

Praxis bewährter Verf, Einrichtgen u Betriebsweisen, der nach deutl überwiegder Meing führder Fachleute die Erreichg des ges vorgegebenen Ziels gesichert erscheinen läßt (BT-Drucks 12/425 S 90).

20 **c) Beweislast. – aa) Betroffener** für Emission, Beeinträchtigg u Kausalität zw beiden (BGH **70**, 102). Die Nichteinhaltg der Werte nach I 2, 3 ist ein deutl Hinweis auf die Kausalität (BGH **92**, 143; Oldbg NJW-RR **91**, 653). – **bb) Einwirkender** für Unwesentlichk (BGH **120**, 239 [257]). Dafür genügt, daß Einhaltg der Werte nach I 2, 3 bewiesen; Betroffener muß dann beweisen, daß die Beeinträchtigg gleichwohl wesentl od iFv I 3 die eingehaltene Vorschr nicht mehr dem Stand der Technik entspr.

4) Wesentliche Beeinträchtigung der Benutzung eines Grundstücks (II).

21 **a) Regelungsinhalt.** Gehen von einem (emittierden) Grdst aGrd nichthoheitl Tätigk Einwirkgen iSv § 906 auf ein nicht notw unmittelb angrenzdes (BGH **LM** Nr 6) and (betroffenes) Grdst aus, die dessen Benutzg wesentl beeinträchtigen, so bestehen AbwehrAnspr aus §§ 862, 907, 1004, sofern diese nicht aus bes Grd (zB Dbk, schuldr Vertr, Rn 37–39, § 903 Rn 13) ausgeschl. Dem Betroffenen sind idR keine Schutzmaßn (zB Schlafzimmerverlegg) zumutb, damit die Beeinträchtigg unwesentl iSv I wird (BGH **111**, 63; Schlesw NJW-RR **86**, 884). – Unter den Voraussetzgen von **II 1** sind bei nicht dch bes Leitg zugeführten Einwirkgen für den Eigtümer (Dbk/DWR/ErbbBerecht) u Besitzer (BGH NJW **95**, 132) diese **Abwehransprüche ausgeschlossen;** die Einwirkg ist auch nicht rwidr iSv §§ 823 ff (BGH **117**, 110). Betroffener darf die Einwirkg aber tatsächl abwehren (BGH **16**, 366). Unter den Voraussetzgen von **II 2** tritt an die Stelle des ausgeschl AbwehrAnspr ein **Ausgleichsanspruch.** – Zwischen einem nicht nach II 1 ausgeschl AbwehrAnspr u dem subsidiären AusglAnspr besteht **kein Wahlrecht** des Betroffenen (Staud/Roth Rn 228; vgl auch BGH **120**, 239 [251]). AusglAnspr daher unbegründet, wenn Betroffener Nichtvorliegen der AusschlGrd nach II 1 behauptet od dies unstr ist; wg BewLastverteilg (Rn 34) kann Betroffener aber abwarten, ob Einwirkder Nichtvorliegen behauptet u beweist, u dann auf AbwehrAnspr übergehen.

22 **b) Wesentliche Beeinträchtigung** der GrdstBenutzg. – **aa) Maßstab** ist das Empfinden eines verständigen (der zB das veränderte Umweltbewußtsein [BGH **120**, 239 (255)] od das AllgInteresse an jugendfreundl Umgebg [BGH **121**, 248] berücksichtigt) DchschnittsBenutzers des betroffenen Grdst in seiner dch Natur (zB Wohngebiet od Außenbereich), Gestaltg (zB Einfach- od Doppelverglasg) u Zweckbestimmg (zB Wohn- od GewerbeGrdst) geprägten konkreten Beschaffenh u nicht das subj Empfinden des Gestörten (BGH **120**, 239 [259]). Wesentlichk ident mit Erheblichk iSv BImSchG § 3 I (BGH **122**, 76). Für ein WohnGrdst ist maßg, ob das Wohnen an Annehmlichk verliert u GrdstWert dadch gemindert (BGH **LM** Nr 64); Geräusch-/Geruchseinwirkg idR erst unwesentl, wenn dchschnittl Mensch sie kaum noch empfindet (BGH NJW **82**, 440). Einmalige Einwirkg oft unwesentl (Schlesw NJW-RR **86**, 884), Sachbeschädigg idR wesentl (BGH **92**, 143). Beurteilg ist im wesentl tatrichterl Natur; RevGer prüft aber, ob Tats verffehlerfrei festgestellt u von **23** zutreffden Gesichtspkten ausgegangen. – **bb) Bei Einhaltung der Werte nach I 2, 3** kann eine Beeinträchtigg gleichwohl wesentl sein (Rn 17). Bei Geräuschen entscheidet die Lästigk, für die die Lautstärke nur eine Komponente (Schlesw NJW-RR **86**, 884; Köln OLGZ **94**, 315); die Eigenarten der verschied Lärmeinwirkgen wie hohe Frequenzen (BGH **LM** Nr 32), Nachtzeit (BGH **120**, 239 [257]), Dauer (BGH OLGZ **94**, 315), An-/Abschwellen sowie plötzl Auftreten (BGH **120**, 239 [258]), kurzzeit hohe Schalldrücke in best FrequenzZus-Setzgen (BGH **79**, 45) sowie Appell- (Mü NJW-RR **91**, 1492) od Impulscharakter (BGH NJW **83**, 751) können unterschiedl Bewertung meßb physikal Größen gebieten. – **cc) Bei Überschreitung der Werte nach I 2, 3** ist eine Beeinträchtigg nicht schon idR wesentl. Sie gibt aber einen deutl Hinweis dafür (BGH DVBl **90**, 771; Oldbg NJW-RR **91**, 635).

24 **c) Ortsübliche Benutzung** des emittierden Grdst. Beurteilg ist im wesentl tatrichterl Natur; RevGer prüft aber, ob von zutreffden rechtl Gesichtspkten ausgegangen.

25 **aa)** Im maßg VerglBezirk muß eine Mehrh von Grdst mit nach Art u Umfang **annähernd gleich beeinträchtigender Wirkung** auf ad Grdst benutzt werden (BGH **120**, 239 [260]); diese Benutzgen müssen öfter erfolgen (BGH **LM** Nr 49). Aber schon die Art der Benutzg nur eines Grdst kann den Gebietscharakter prägen; zB Fabrik (RG Warn **12**, 215; BGH **15**, 146; **30**, 273), Flughafen (BGH **59**, 378; **69**, 105; **LM** Nr 54), Baudenkmal (BGH **LM** Nr 49), Mülldeponie (BGH NJW **80**, 770). – Maßg nicht die abstr Benutzgsart der VerglGrdst zB als Garagen- od SchulGrdst, sond der jeweil **Beeinträchtigungsgrad** zB aGrd unterschiedl Lage (BGH **LM** Nr 11) od Stärke (LG Darmst DWW **93**, 19) der Lärmquelle, Art der landw Nutzg (BGH **117**, 110), der unterschiedl NutzgsZeiten (Köln NVwZ **89**, 290) od unterschiedl LärmschutzMaßn (BGH **38**, 61). Trotz gleicher Emission kann Benutzg ortsunübl sein, weil sie Wohn- statt GewerbeGrdst od einz Grdst bes stark beeinträchtiget (BGH **30**, 273) od in der Frei- statt in der Arbeitszeit erfolgen (BGH NJW **83**, 751). Die Einwirkgen müssen **gleichartig** sein (Lärm nicht mit Geruch vergleichb; RG Warn **12**, 215); sie können aber unterschiedl erzeugt sein (zB Sport- u Gewerbelärm), wenn Auswirkgen annähernd gleich (BGH ZMR **66**, **26** 50; Ffm NJW **88**, 2618). – Als **Vergleichsbezirk** ist vom ganzen Gemeindegebiet auszugehen (Brschw NdsRpfl **87**, 185); bei gebietsprägder Benutzg von weiteren Räumen (BGH **30**, 273). Beschränkg auf engeres Gebiet ist geboten, wenn dieses wg gleichart Benutzg (zB Villen- od Industrieviertel) erkennb eigentüml Gepräge aufweist (BGH **LM** Nr 11; Karlsr NJW **60**, 2241). Str, ob in vielen Orten einer Region anzutreffde Benutzg schon damit in jedem ortsübl (bejahd RG DJZ **06**, 486 für Dorfschmiede; RG Recht **11** Nr 2733 für Schützenhaus; verneind Karlsr aaO für Volksfest). Bei **Verkehrsanlagen** sind die Verhältn im gesamten Gebiet, dch das die Anlage führt, zum Vergl heranzuziehen (BGH **54**, 384; **LM** Nr 25); Schnellstraßen sind idR ortsübl (BGH **LM** Nr 29).

27 **bb)** Die mit zeitw **erhöhten Einwirkungen** verbunden gewöhnl Herstellgs- (BGH **72**, 289; LG Kstz NJW-RR **91**, 916), Erhaltgs- (BGH **LM** Nr 29, 49), Umgestaltgs- (BGH **LM** Nr. 40; vgl aber Nr 23) od Abbrucharbeiten (BGH **LM** Nr 14) sind ortsübl, wenn das Halten der Anlage ortsübl ist; auch bei vermeidb od außergewöhnl starken Einwirkgen (BGH **54**, 384; **LM** Nr 14, 27). Die Steigerg des Verk auf öffentl Straßen (BGH **49**, 148; **62**, 186) od Flughäfen (BGH **59**, 378; **69**, 105) bleibt idR ortsübl; ebso bes störde Übg im Manövergebiet (BGH **LM** Nr 61). Ortsüblichk entfällt nicht notw schon dann, wenn allg geübte Benutzg aus betrwirtsch Grd geändert u dadch störder erfolgt, sofern nicht BetrArt dadch ortsunübl wird (BGH **48**, 31).

cc) Maßgebender Zeitpunkt ist die letzte mdl TatsVerhdlg (BGH NJW **76**, 1204), wobei Zufälligk **28** auszuschalten. Bei **längerer Benutzung** Gesamtbild aller Teilakte maßg, wobei Unüblichk weniger Teilakte unschädl (BGH **72**, 289). Unerhebl idR, daß beeinträchtigte **Benutzung des betroffenen Grundstücks später begonnen** als die des emittierden (BGH **LM** Nr 32; NJW **76**, 1204; **77**, 146) od Ortsüblichk dch Änderg der Verhältn später entfallen (LG Augsbg AgrarR **72**, 259). Eine im **Bebauungsplan** erst vorgesehene Benutzg hat noch keinen maßg Einfluß auf die Ortsüblichk (BGH **46**, 35; ZMR **66**, 301; **LM** Nr 5, 11, 39; NJW **76**, 1204; Brschw NdsRpfl **87**, 185; Hagen NVwZ **91**, 817).

d) Unverhinderbarkeit der Beeinträchtigung bei Fortdauer der beeinträchtigden Benutzg dch **29** wirtsch zumutb techn od organisator Maßn. Ob Zumutbark gegeben, ist unter Berücksichtigg des nachbarl Verhältn, der Vor- u Nachteile, der techn/organisator Möglichk u der Leistgsfähigk eines dchschnittl (nicht des konkreten) Benutzers (Karlsr BB **65**, 690; Düss OLGZ **80**, 16) des emittierden Grdst festzustellen. Nach Hager NJW **86**, 1961 Verhältnismäßigk iSv BImSchG 17 II maßg. Nach Schlesw NJW-RR **86**, 884 auch NaturSch zu berücksichtigen.

e) Beweislast. – aa) Betroffener für Emission, Beeinträchtigg u Kausalität zw beiden (BGH **70**, 102; **30** über Nichteinhaltg der Werte nach I 2, 3 vgl Rn 20). – **bb) Einwirkender,** der Unwesentlich nicht beweisen kann (vgl Rn 20), für Ortsüblichk seiner GrdstBenutzg (BGH **LM** Nr 38) u Unverhinderbark dch zumutb Maßn (BGH WM **90**, 1074). Planerische Zulässigk u Einhaltg öffrechtl Grenzwerte geben nur allg Anhalt (BGH NJW **83**, 751), nicht aber AnscheinsBew (Baumgärtel Rn 7; aA Baur JZ **74**, 657 zu II 3) für Ortsüblichk (so kann Tennisplatz trotz Lage in Mischgebiet u Grenzwerteinhaltg wg Nähe zu WohnGbde u Lärmeigenart ortsunübl sein; BGH NJW **83**, 751), u trotz Nichteinhaltg ist Ortüblichk mögl (Baumgärtel Rn 6; aA Mittenzwei MDR **77**, 99 zu V).

f) Ausgleichsanspruch (II 2). Der verschuldensunabhäng u ggü SchadErsAnspr subsidiäre (BGH **120**, **31** 239 [249]) GeldAnspr tritt an die Stelle des ausgeschl AbwehrAnsprs, wenn die zu duldde Einwirkg eine ortsübl Benutzg (Rn 24 gilt entspr) des betroffenen Grdst od dessen Ertrag unzumutb beeinträchtigt. Folgeschäden werden nur erfaßt, wenn u soweit diese sich aus der Beeinträchtigg der Substanz od Nutzg dieses Grdst selbst entwickeln (BGH **92**, 143). – **Ausgleichsberechtigt** sind Eigtümer (Dbk/DWR/ErbbBerecht) u Besitzer (BGH **30**, 273) des betroffenen Grdst; nicht bloße Nutzer (BGH **92**, 143). **Ausgleichspflichtig** ist der Benutzer des emittierden Grdst; nicht der von diesem beauftragte BauUntern (BGH **72**, 289) od Architekt (BGH **85**, 375) od der Begünstigte (BGH **LM** Nr 29). – **Verjährung** nach § 195 (BGH NJW **95**, 714).

aa) Für die **Unzumutbarkeit** ist auf das Empfinden eines normalen (nicht des konkreten) Benutzers des **32** betroffenen Grdst in seiner örtl Beschaffenh, Ausgestaltg u Zweckbestimmg abzustellen (BGH **49**, 148; **LM** Nr 64). Keine Beschrkg auf bes schwere Beeinträchtiggen insb Existenzbedrohg (BGH **LM** Nr 14, 40; NJW **78**, 373). Grenze kann steigen, wenn beeinträchtigte Benutzg erst in Kenntn bereits erfolgder Einwirkg vorgenommen (BGH NJW **77**, 894). Grenzwerte in ImSchVorschr sind Anhaltpkte, binden die ZivilGer aber nicht (BGH **69**, 105; BauR **78**, 391). Dem DuldgsPflichtigen können iR der Ortsüblichk selbst aufwend SchutzMaßn zumutb sein; zB Verstärkg der GbdeFestigk (BGH **66**, 70) od SchallschutzMaßn (BGH **LM** Nr 32).

bb) Anspruchsinhalt. Die Rspr (BGH NJW-RR **88**, 1291) gleicht nach EnteignsGrds (Übbl 19 ff vor **33** § 903) die Vermögenseinbuße aus, die AusglBerecht dch Überschreiten der ZumutbarkGrenze erleidet (dh den unzumutb Teil der Beeinträchtigg); § 254 entspr Übbl 29 vor § 903 auch bei schuldloser Mitverursachg des AusglBerecht anwendb (BGH NJW **92**, 2884). Ausgleichb für Eigtümer zB: Unterschied zw VerkWert inf der Beeinträchtigg (unter Berücksichtigg merkantilen Minderwerts; BGH NJW **81**, 1663) u dem fiktiven VerkWert bei noch zumutb Beeinträchtigg, wobei für ertragsabhäng VerkWert auf Verhältn vor Beeinträchtigg ohne Berücksichtigg hypothet Entwicklg abgestellt wird (BGH **62**, 361; vgl aber auch **LM** Nr 29: entgangener Gewinn bei GrdstErzeugg). NutzgsBeeinträchtigg bei selbst bewohntem Haus (BGH **91**, 20) od GewerbeGrdst (BGH NJW-RR **88**, 1291: Ertragsverlust). Aufwendgen für BeeinträchtiggsBeseitigg ersetzb (BGH **62**, 186; Karlsr NJW **83**, 2886). Richtig aber volle Schadloshaltg nach §§ 249 ff, 254 unter Berücksichtigg von überholder Kausalität (vgl BGH **LM** Nr 18) u VorteilsAusgl ab ZumutbarkGrenze (Oldbg AgrarR **79**, 199; Jauernig JZ **86**, 605; Spieß aaO zu III 2; schon ab DuldgsGrenze: Müko/Säcker Rn 118). ZPO 287 anwendb (BGH **LM** Nr 30). Zur DbkBestellg für AusglPflichtigen iR des Ausgl vgl BGH **LM** § 249 Ha Nr 27 mwN.

cc) Beweislast: Betroffener für Emission, Beeinträchtigg der ortsübl Benutzg seines Grdst (BGH **117**, **34** 110) u Kausalität zw beiden (BGH **70**, 102; über Nichteinhaltg der Werte nach I 2, 3 vgl Rn 20), Wesentlichk u Unzumutbark (BGH NJW **78**, 373) der Beeinträchtigg. Einwirkder für ortsübl Benutzg des emittierden Grdst u Unverhinderbark der Beeinträchtigg (BGH **92**, 143; Staud/Roth Rn 233; aA 53. Aufl); obwohl Ausschl des AbwehrAnspr nach II 1 AnsprVoraussetzg, da dies für Betroffenen schwer beweisb (BGH aaO).

g) Summierte Einwirkungen mehrerer Emittenten; zu unterscheiden von mehreren Einwirkplan eines **35** Emittenten (vgl dazu Stgt NJW-RR **86**, 1339). – **aa) Abwehranspruch.** Ist jede Beeinträchtigg für sich unwesentl, werden sie aber dch ihr ZusWirken wesentl, so kann wahlw von jedem Emittenten Unterl verlangt werden, bis Unwesentlich erreicht (Soergel/Baur Rn 125). Daher kein AusglAnspr (Oldbg AgrarR **75**, 258). – **bb) Ausgleichsanspruch.** Ist jede Beeinträchtigg für sich nach § 906 II 1 nicht abwehrb, **36** so ist unter Anwendg von ZPO 287 festzustellen, wie weit die Beeinträchtigg noch dch den einz Emittenten (lineare Steigerg) od ob sie nur dch ZusWirken (progressive Steigerg) entstanden (BGH **66**, 70) od ob sie auch ganz von jedem alleine bewirkt werden kann (Alternativität). Bei linearer Steigerg haftet jeder Emittent nur nach Maßg seines Anteils (BGH **66**, 70; Zweibr NJW-RR **86**, 688); nach Hager NJW **86**, 1961 ist Anteil nicht gem ZPO 287 festzustellen, sond von Ermittelten zu beweisen (sonst Gesamtschuld). Bei progressiver Steigerg haften alle als Gesamtschuldn (BGH **66**, 70; **72**, 289; **85**, 375); ebso insow unaufklärb, ob lineare od progressive Steigerg (BGH **66**, 70; **85**, 375). Bei Alternativität kann Haftg zu gleichen Anteilen gerechtfertigt sein (BGH **72**, 289; **85**, 375).

5) Beeinträchtigungen durch Betriebe und Anlagen.

37   **a)** Dch **BImSchG 14** u entspr **AtG 7, LuftVG 11** (gilt nicht für Landeplätze [BGH **69**, 118] u Militärflughäfen [BGH **LM** Nr 41]) werden die AbwehrAnspr aus §§ 862 (BGH NJW **95**, 132), 907, 1004 ggü einer nicht schon nach § 906 nicht abwehrb Einwirkg auf SchutzMaßnAnspr beschr bzw dch SchadErsAnspr ersetzt (BGH NJW **88**, 478); auch diese Anspr entfallen, wo bereits BImSchG 10 III 3 zum AnsprAusschl führt. Soweit AbwehrAnspr bereits nach § 906 ausgeschl, verbleibt es dabei u bei § 906 II 2 (BGH **69**, 105; Baur JZ **74**, 657 zu II 2). BImSchG 14 ist eine Norm des PrivatR (BGH NJW **88**, 478).

    BImSchG § 14. – *Ausschluß von privatrechtlichen Abwehransprüchen: Auf Grund privatrechtlicher, nicht auf besonderen Titeln beruhender Ansprüche zur Abwehr benachteiligender Einwirkungen von einem Grundstück auf ein benachbartes Grundstück kann nicht die Einstellung des Betriebs einer Anlage verlangt werden, deren Genehmigung unanfechtbar ist; es können nur Vorkehrungen verlangt werden, die die benachteiligenden Wirkungen ausschließen. Soweit solche Vorkehrungen nach dem Stand der Technik nicht durchführbar oder wirtschaftlich nicht vertretbar sind, kann lediglich Schadenersatz verlangt werden.*

38   **aa) Voraussetzungen.** Nach BImSchG genehmbedürft Anlage; für genehmfreie Anlagen gelten §§ 862, 907, 1004 iVm 906 u nicht BImSchG 14. Die Erst- od ÄndergsGen (auch TeilGen; str) muß unanfechtb sein u die Anlage in ihrem Rahmen betrieben werden.

39   **bb) Rechtsfolgen.** Aus §§ 823, 862, 907, 1004 u LNachbR (nicht aber aus RGesch) sich ergebder Einstellgs- od vorbeugder UnterlAnspr wird auf **Schutzvorkehrungsanspruch** beschr, bleibt aber iü (zB RWeg, Verj) unverändert. Nach Erlöschen der Gen od Wegfall der GenPfl lebt unbeschr AbwehrAnspr wieder auf, sofern Betroffener nicht dch SchadErs (S 2) endgült abgefunden (Jarass Rn 5). – Unter den Voraussetzgen von S 2 od wenn für SchutzMaßn ÄndergsGen erforderl (Ffm VersR **83**, 41), wandelt sich der AbwehrAnspr des GrdstBesitzers/Eigentümers in einem verschuldensunabhäng **Schadensersatzanspruch** gg den Störer (BGH **102**, 350); daher nicht die BRep bei Waldsterben (BGH aaO; Mü JZ **87**, 88). Dieser bemißt sich nach §§ 249 ff u verjährt wie der verdrängte AbwehrAnspr (idR § 195). Nach Wegfall der Voraussetzgen von S 2 lebt SchutzMaßnAnspr wieder auf, sofern Betroffener nicht dch SchadErs endgült abgefunden.

40   **b)** Bei **Umwelteinwirkungen durch besondere Anlagen** SchadErsAnspr nach Maßg des UmweltHG v 10. 12. 90 (BGBl I 2634).

41   **c)** Führt ein unmittelb dem öffentl Interesse diender nichthoheitl **gemeinwichtiger Betrieb** dch Einwirkgen iSv § 906 (vgl BGH NJW **76**, 416) zu Beeinträchtigen, die nicht schon nach § 906 zu dulden u ggf auszugleichen sind, so ist ein sich aus §§ 862, 907, 1004 u LNachbR sich ergebder Einstellgs- u vorbeugder UnterlAnspr ausgeschl. Es besteht nur im beschr AbwehrAnspr auf Unterl einz BetrMaßn od auf Schutz-Maßn, wenn dies ohne unzumutb Aufwendgen sowie ohne wesentl Änderg u funktionelle Beschrkg des Betr mögl (BGH **LM** Nr 25, 31; NJW **84**, 1242; BayObLG **62**, 421 [437]; Soergel/Baur § 903 Rn 121; aA AK/Winter Rn 22; Papier NJW **74**, 1797: nur wenn Gen- od PlanfeststellgsVerf vorgeschaltet; krit auch MüKo/Säcker Rn 106 ff). Soweit danach nicht abwehrb Beeinträchtigg das nach § 906 II 2 entschädigslos zu Duldde übersteigt, hat Betroffener AusglAnspr nach Rn 43 (BGH **LM** Nr 25). – **Beispiele:** priv EnergieversorggsBetr (BGH **LM** § 249 Ha Nr 27 [aber keine DuldgsPfl ggü Leitgsmasten; BGH NJW **76**, 416]), priv AutobusBetr (BGH NJW **84**, 1242), Straßenbahn (BGH **LM** Nr 28), nichthoheitl gestaltete Bauarbeiten an öffentl VerkWegen/Daseinsvorsorgeanlagen (BGH **LM** Nr 27; Zweibr NJW-RR **86**, 688), Tiefennutzg (BGH NJW **90**, 978); nicht aber Zeitgsdruckerei (BGH **LM** § 903 Nr 4), Stadtpark (BGH **LM** Nr 25), Waldorfschule (BGH **LM** Nr 29 a), Freilichtbühne (BGH **LM** Nr 32). – SonderVorschr für **Betriebe der Volksertüchtigung/gesundheit** (vgl dazu 46. Aufl) sind aufgehoben (Art 38 G v 16. 12. 86, BGBl 2441).

6) Nachbarrechtlicher Ausgleichsanspruch außerhalb von § 906 II 2.

42   **a) Voraussetzungen.** Gehen von einem Grdst inf nichthoheitl Benutzg (auch der öffentl Hand), die auch nicht ortsübl sein kann (Hamm NJW **88**, 1031), auf ein Grdst nach §§ 862, 907 ff, 1004 grdsätzl abwehrb Einwirkgen iSv § 906 aus, an deren **Abwehr der Betroffene aus besonderem Grund gehindert** ist, so besteht ein aus dem RGedanken der §§ 904 S 2, 906 II 2, BImSchG 14 S 2 abgeleiteter (auch bürgerlrechtl AufopfergsAnspr genannter) verschuldensunabhäng nachbrechtl AusglAnspr (BGH NJW **95**, 714); über Verh zu § 459 ff vgl BGH NJW **88**, 1202 krit Pfeiffer JuS **89**, 358. Anspr nicht gegeben, wenn (wie zB negat od immaterielle, vgl § 903 Rn 9, 10) Einwirkg schon grdsätzl nicht abwehrb (BGH **120**, 239 wg NaturSchR; dazu Vieweg NJW **93**, 2570], **122**, 283 [Einwirkg dch Naturkräfte]) od abschließde gesetzl Regelg besteht (BGH **72**, 289). Der **Hinderungsgrund** kann rechtl (zB genehmigte GemeinGebrÜberschreitg [BGH **70**, 212], DuldgsPfl aus nachbarl GemschVerh [BGH **28**, 225; **58**, 149; **68**, 350; NJW **87**, 2808]) od tatsächl (zB rechtzeit Geltdmachg unmögl [BGH **72**, 289] od nicht veranlaßt [BGH **85**, 375], schädl Auswirkg nicht erkennb [BGH NJW **90**, 3195; WM **90**, 1979], Geltdmachg würde Störgsbeseitigg nicht beschleunigen [BGH NJW **95**, 714]) Art sein. – Anspr besteht auch bei **anderen Einwirkungen als solchen iSv § 906** wie zB: bei Grobimmissionen (BGH **28**, 225; **68**, 350), Verstoß gg § 908 (BGH **58**, 149) od § 909 (BGH **85**, 375) od GrenzabstandsVorschr (BayObLG **79**, 16; vgl aber § 912 Rn 1), Beeinträchtigg des Außenkontakts dch Zugangs- (BGH **62**, 361) od Werbebehinderg (BGH **70**, 212), Anlockgswirkg auf Tiere (Zweibr NJW-RR **86**, 688), Tiefennutzg (BGH **110**, 17); nicht aber übergreifdes Feuer bei Brandstiftg (Hamm NJW-RR **87**, 1315).

43   **b) Anspruchsinhalt.** Auszugleichen sind Einwirkgen, die das entspr § 906 entschädigsslos zu Duldde übersteigen (BGH **85**, 375). Die Rspr (BGH NJW **92**, 2884; WM **90**, 1979; Düss NJW-RR **90**, 1040) entschädigt insow nach EnteigngsGrds wie bei § 906 II 2 (vgl Rn 32); richtig aber auch hier volle Schadloshaltg (vgl Rn 33; vgl auch BGH **28**, 225; WM **85**, 1041). AnsprBeteil u Verjährg wie Rn 31.

7) Beeinträchtigungen durch hoheitliche Tätigkeit.

44   **a)** Führt hoheitl Tätig zu nicht mehr als nur unwesentl Beeinträchtigg (vgl Rn 17), so ist diese entschädigsslos zu dulden (BGH NJW **80**, 582; BaWüVGH DVBl **84**, 881). Führt sie zu wesentl Beeinträchtigg u

kann sie nicht untersagt werden, so besteht ein im VerwRWeg verfolgb **eingeschränkter Abwehranspruch** auf SchutzMaßn, wenn diese ohne unzumutb Aufwendgen u ohne wesentl Änderg/Beschrkg der Tätigk mögl (vgl OVG Kblz NJW **86**, 953); anderenf AbwehrAnspr ausgeschl u dafür EntschAnspr nach Rn 45. Einwirkgen können zB nicht untersagb sein: weil sie auf Planfeststellg (BGH **54**, 384: Straßenbauimmission), Widmg (BGH NJW **80**, 582: VerkImmission), Betr der Daseinsvorsorge (BGH NJW **76**, 1204 u **84**, 1876: Kläranlage; BGH NJW **80**, 770: Mülldeponie) od MilitärMaßn (BGH NJW **95**, 1823) beruhen; rechtzeit Dchsetzg eines AbwehrAnspr nicht mögl ist (BGH **72**, 289); Einwirkg ortsübl ist (OVG Kblz NJW **86**, 953).

b) Soweit ein AbwehrAnspr rechtl od tats ausgeschl, hat Duldgpflichtiger einem im ZivilRWeg verfolgb **45** **öffentlichrechtlichen Entschädigungsanspruch** (enteigndr Eingr; vgl Übbl 13 vor § 903), wenn die Beeinträchtigg sich als unmittelb Eingr in Eigt darstellt u das nach § 906 II entschädiggslos zu Duldende übersteigt, weil die Benutzg des stördn Grdst nicht ortsübl (BGH **54**, 384) od bei ortsübl Benutzg ZumutbarkGrenze von § 906 II 2 überschritten (BGH NJW **88**, 900). Anspr besteht auch bei and Einwirkgen als Immissionen iSv § 906; zB Verstoß gg § 909 (BGH NJW **81**, 1663), Beeinträchtigg der Zugänglichk („Außenkontakt") insb eines GewerbeGrdst (vgl Übbl 40 vor § 903). Über Verh zu §§ 459ff vgl BGH NJW **88**, 1202 krit Pfeiffer JuS **89**, 358. – Die **Zumutbarkeitsgrenze** iSv § 906 I 2 wird von der GrdstSituation beeinflußt u steigt, wenn betroffenes Grdst im zur Aufnahme von immissionsintensiven Anlagen best Außenbereich liegt (BGH NJW **95**, 1823) od beeinträchtigte Benutzg erst in Kenntn bereits erfolgder Immission vorgenommen (BGH **59**, 378; NJW **77**, 894). Bei dauerh **Verkehrslärm** richtet sich die Grenze nach der WertEntscheidg der BImSchG; maßg ist, ob die zugel Straßennutzg die dch die örtl Verhältn einschl Gebietsstruktur geprägte u realisierte Funktion des betroffenen Grdst schwer u unerträgl trifft (BGH NJW **88**, 900; dort auch zur Bedeutg von Lärmvorbelastg). Grenzwerte in VerwVorschr (TA-Lärm/Luft, VDI-Richtl) sind Anhaltspkte, binden die ZivilGer aber nicht (BGH NJW **88**, 900). Dem Duldgpflichtigen können Aufwendgen für SchutzMaßn zumutb sein (BGH NJW **77**, 894). – **Anspruchsinhalt:** Ausgleichen sind nur die Beeinträchtiggen, die nicht nach § 906 entschädiggslos zu dulden wären (BGH NJW **86**, **46** 2421; WM **87**, 245). Die Rspr entschädigt insow nach EnteigngsGrds (BGH NJW **93**, 1700) entspr Rn 31– 33. Bei dauerh VerkLärm entspr BImSchG 42 AufwendgsErs für Lärmschutzanlagen; am geminderten VerkWert ausgerichteter GeldAusgl erst, wenn Lärmschutz unwirks od unverhältnismäß aufwend bzw bei unbebautem aber baureifem Grdst nicht mögl u Eigtümer dch nachhalt Veränderg der GrdstSituation schwer u unerträgl getroffen (BGH NJW **95**, 1823). – **Entschädigungsberechtigt** sind Eigtümer (Dbk/ DWR/ErbbBerecht) u Besitzer des betroffenen Grdst. **Entschädigungsverpflichtet** ist nicht die eingreifde Körpersch, sond der Begünstigte (BGH NJW **80**, 582), die aber oft ident; zB bei VerkImmission der Träger der Straßenbaulast (BGH aaO). Mehrere haften als Gesamtschuldn, soweit nicht trennb Sonderbegünstigg vorliegt (BGH **72**, 289). – **Verjährung:** § 195 (vgl Übbl 32 vor § 903).

c) Hoheitliche Tätigkeit: Betr öffentl Schule (RG Warn **16**, 248); ClubBetr der NATO (BGH **LM** Nr **47** 17); Militärübg (BGH **LM** Nr 61); Betr eines Militärflughafens (BGH NVwZ **92**, 404); Betr gemeindl Kläranlage (BGH **91**, 20), Kanalisation (BGH NJW **78**, 1051), Mülldeponie (BGH NJW **80**, 770), Sportplatz (Kblz NVwZ **87**, 1021) od dafür gewidmeten Kinderspielplatzes (Karlsr NVwZ **86**, 964); Denkmalserhaltg (BGH **LM** Nr 49); Eröffng öffentl Straße mit dadch bewirkten BenutzgsImmissionen (BGH NJW **88**, 900); Feuersirene (BVerwG NJW **88**, 2396); Kirchenglocken (Ffm NJW-RR **86**, 735; OVG Lüneb NVwZ **91**, 801), and bei Zeitschlagen (BVerwG NJW **94**, 956; dazu Lorenz JuS **95**, 492); Straßenbeleuchtg (VGH Kass NJW **89**, 1500). – **Nichthoheitliche Tätigkeit:** gemeindl Kirmesfest (BGH **41**, 264; Karlsr NJW **60**, 2241); Betr eines Stadtparks (BGH **LM** Nr 25), kirchl Sportplatzes (Nürnbg NJW-RR **88**, 979) od gemeindl Operettenfreilichtbühne (BGH **LM** Nr 32); Bau u Betr gemeindl Saalbaus (BGH **70**, 212) od eines Zivilflughafens (BGH NJW **81**, 1369); privatrechtl betriebene Buslinie (BGH NJW **84**, 1242); Kurkonzert. – Nach **Organisationsform:** Tätigk der Daseinsvorsorge wie Bauarbeiten an öffentl Straßen (BGH **72**, 289), **48** Kanalisation (BGH NJW **88**, 1202) u U/S-Bahn (BGH NJW **81**, 1663) od der Betr einer Mülldeponie (Zweibr NJW-RR **86**, 688) sind idR hoheitl, können aber dch Beauftragg priv Untern nichthoheitl gestaltet sein, sofern die Untern aGrd von Weisgen u starke Einflußn nicht bloße Werkzeuge hoheitl Tätigk sind.

907 **Gefahrdrohende Anlagen.** [I] Der Eigentümer eines Grundstücks kann verlangen, daß auf den Nachbargrundstücken nicht Anlagen hergestellt oder gehalten werden, von denen mit Sicherheit vorauszusehen ist, daß ihr Bestand oder ihre Benutzung eine unzulässige Einwirkung auf sein Grundstück zur Folge hat. Genügt eine Anlage den landesgesetzlichen Vorschriften, die einen bestimmten Abstand von der Grenze oder sonstige Schutzmaßregeln vorschreiben, so kann die Beseitigung der Anlage erst verlangt werden, wenn die unzulässige Einwirkung tatsächlich hervortritt.

[II] Bäume und Sträucher gehören nicht zu den Anlagen im Sinne dieser Vorschriften.

1) § 907 gibt von § 1004 unabhäng **vorbeugenden** (vgl aber I 2) **Abwehranspruch** als EigtInhalt; für **1** Eigtümer der Gefahrquelle beschr er das Recht aus § 903. – **a) Anlagen** sind künstl geschaffene Werke von gewisser Selbständigk u Dauer (BGH BB **65**, 1125) wie zB: Bauwerke, Teich (RG JW **10**, 654), Graben, Erdaufschüttg (RG **60**, 138), Taubenschlag (Düss OLGZ **80**, 16), angeflockte Bienenkörbe (LG Lüb MDR **70**, 506), dauerh Lagerg aufgeschichteter bewegl Sachen (str); nicht aber: natürl Geländebeschaffenh (RG **134**, 234: Felshang), Bodenerhöhgen (BGH NJW **80**, 2580; vgl dazu EG 124 Rn 3), einzelne bewegl Sachen (RG JW **12**, 752), Bäume u Sträucher (II). – **b) Benachbart** sind alle Grdst im mögl EinwirkgsBereich der Anlage (RG JW **23**, 288). – **c) Unzulässige Einwirkung** dch grenzüberschreide sinnl wahrnehmb Stoffe (BGH NJW **91**, 1671), deren Beseitig Nachb nach § 1004 verlangen könnte, weil keine priv- od öffentl DuldgsPfl. Die Einwirkg muß auf dem normalen Stand (wenn auch dch Mitwirkg von Naturkräften) od der ordnsgem Benutzg der Anlage beruhen (BGH **51**, 396); bei Einwirkgen aGrd Mängeln od unsachgem Benutzg nur § 1004 (RG **63**, 374; JW **07**, 299; Marienwerder OLG 4, 59). – **d) Sichere Voraussicht** ist **2** höchster Grad der Wahrscheinlichk (RG **134**, 255); Gewißh nicht erfordert, bloße Möglichk nicht ausreichd

Fehlt idR bei ordngsgem verlegten Rohrleitgen (Oldbg NJW **58**, 1096), ordngsgem gelagertem Baumaterial (BGH **51**, 396), Garagenausfahrt in Grenznähe (Celle JW **37**, 2116; vgl aber BGH BB **65**, 1125). **Eintritt** der unzul Einwirkg notw bei Einhaltg privrechtl (zB EG 124 Rn 3) od öffrechtl (zB LBauO) AbstandsVorschr des LandesR; auch keine vorbeugde Unterl. – **e) Beweislast** hat Berecht auch insow, als Störer iRv § 906 beweispfl wäre (BGH **LM** § 559 ZPO Nr 8); Verpflichteter für Einhaltg landesrechtl AbstandsVorschr (RG **104**, 84).

3   **2) Berechtigt** sind Eigtümer/Miteigtümer (§ 1011), Nießbraucher (§ 1065), ErbbBerecht (ErbbRVO 11) u wg Ähnlichk mit § 1004 DbkBerecht (§§ 1027, 1090); nicht Besitzer (RG **59**, 326; RGRK/Augustin Rn 3; aA Soergel/Baur Rn 12), der aber zur Ausübg ermächtigt werden kann. **Verpflichtet** ist der Störer iSv § 1004 Rn 16–21. **Klageantrag/Urteil** gehen auf Beseitigg der Anlage; bei erst geplanter Anlage auf Unterl (Mü NJW **54**, 513).

4   **3) Schaden.** SchadErs nach § 823 II (BGH NJW **80**, 2580). Verschuldunabhäng Ausgl/EntschAnspr, wenn Anlage als nichthoheitl Maßn aus bes Grd (§ 906 Rn 42) od als hoheitl Maßn (§ 906 Rn 44) zu dulden ist.

908   *Drohender Gebäudeeinsturz.* **Droht einem Grundstücke die Gefahr, daß es durch den Einsturz eines Gebäudes oder eines anderen Werkes, das mit einem Nachbargrundstücke verbunden ist, oder durch die Ablösung von Teilen des Gebäudes oder des Werkes beschädigt wird, so kann der Eigentümer von demjenigen, welcher nach dem § 836 Abs. 1 oder den §§ 837, 838 für den eintretenden Schaden verantwortlich sein würde, verlangen, daß er die zur Abwendung der Gefahr erforderliche Vorkehrung trifft.**

1   **1) Vorbeugender Abwehranspruch** unabhängig von § 1004 als EigtInhalt; für Eigtümer der Gefahrquelle beschränkt er das Recht aus § 903. – **a) Gebäude:** Bauwerk, das dch räuml Umfriedg Menschen od Sachen Schutz gewährt; Beispiele bei § 836 Rn 4. **Werk:** zu einem best Zweck (auch nur vorübergehd) unter Verbindg mit dem Erdkörper nach techn Regeln hergestellter Ggst (BGH NJW **61**, 1670); Beispiele bei § 836 Rn 7. – **b) Einsturz** od **Ablösung:** § 836 Rn 3. Sie müssen inf Beschaffenh od Erhaltgszustand des Gbdes/Werkes eintreten (RG **70**, 206), mögen auch menschl Tätigk (RG Warn **19**, 169) od NaturEreign (BGH **58**, 149) sie auslösen. – **c) Beschädigungsgefahr** für and Grdst (muß nicht unmittelb angrenzen) od seine Bestandt/Zubehör. Schaden muß dch die bewegd wirkde Kraft von Einsturz/Ablösg herbeigeführt werden können (BGH NJW **61**, 1670). Nicht ganz entfernte Möglichk des Schadeneintritts reicht aus. Verschulden des Verpflichteten nicht erforderl u des Berecht unerhebl (LG Lüb SchlHA **51**, 25). – **d) Beweislast** hat Berecht; keine Entlastg nach § 836 I 2, da Verschulden unerhebl.

2   **2) Berechtigt** sind Eigtümer/Miteigtümer (§ 1011), Nießbraucher (§ 1065), ErbbBerecht (ErbbRVO 11) u wg Ähnlichk mit § 1004 DkbBerecht (§§ 1027, 1090); nicht Besitzer (Planck/Strecker Anm 2a; RGRK/Augustin Rn 6; aA MüKo/Säcker Rn 7; Staud/Beutler Rn 7), der aber zur Ausübg ermächtigt werden kann. **Verpflichtet** ist, wer bei Verschulden nach §§ 836 I, 837, 838 schadenersatzpfl wäre; nicht früh Besitzer (§ 836 II nicht angeführt). Die zu treffden Vorkehrgen sind im **Klageantrag/Urteil** anzuführen (LG Lüb SchlHA **51**, 25); Wahl obliegt Schu u ist vom Gläub erst in der ZwVollstr nach ZPO 887 zu treffen.

3   **3) Schaden.** SchadErs nach § 823 II. Verschuldunabhäng Ausgl/EntschAnspr, wenn Gbde als nichthoheitl Maßn aus bes Grd (§ 906 Rn 42; vgl BGH **58**, 149) od als hoheitl Maßn (§ 906 Rn 44) zu dulden.

909   *Vertiefung.* **Ein Grundstück darf nicht in der Weise vertieft werden, daß der Boden des Nachbargrundstücks die erforderliche Stütze verliert, es sei denn, daß für eine genügende anderweitige Befestigung gesorgt ist.**

1   **1) Allgemeines.** § 909 richtet sich gg jedermann (vgl Rn 11, 12) u beschränkt für den Eigtümer das Recht aus § 903 (BGH **103**, 39). Er gilt **nur für Vertiefungen.** Keine entspr Anwendg zB auf Abbruch eines Gbdes (BGH VersR **62**, 572), Erhöhgen (BGH NJW **76**, 1840; vgl aber LNachbR [EG 124 Rn 3] u Rn 3); in diesen Fällen kann nachbarl GemschVerh (§ 903 Rn 13) Anspr auf billigen Ausgl od SchutzMaßn (BGH NJW **76**, 1840) geben. Gg Einwirkg auf Grdwasser ohne Vertiefg u Stützverlust schützen nur WasserR (EG 65) u LNachbR (EG 124 Rn 3).

2   **2) Unzulässige Vertiefung.** Behördl Gen beseitigt privatr Unzulässigk nicht (BGH NJW **83**, 872); auch nicht Einhaltg von AbstandsVorschr des LandesR. Aber kein UnterlAnspr, wenn Vertiefg in Planfeststellg einbezogen (BGH BauR **80**, 174; zB FStrG 17 VI).

3   **a) Vertiefung** ist jede Senkg der (idR auch künstl erhöhten; vgl Stgt SeuffA **64**, 111; Hbg OLG **31**, 319) Oberfläche, selbst auf kleinstem Raum (zB Bohrloch) od nur vorübergehd (BGH **LM** Nr 17); Vertiefg einer Vertiefg genügt (BGH WM **79**, 1216). **Bodenaushub nicht notwendig;** es genügten zB Abgraben eines Hangfußes (BGH **LM** Nr 14; NJW **80**, 1679), Abbruch eines Kellers (BGH NJW **80**, 224) od Oberflächensenkg inf Drucks dch Bebauung od Auflagerg (BGH **LM** Nr 12). Einrammen einer Spundwand auf Grdst A, um dieses gg Grube auf Grdst B zu sichern, ist nicht Teil der Vertiefg von B (BGH **LM** Nr 7). Vertiefg erfordert Mitverursachg dch Hdlg od pflichtwidr Unterlassg (RG DRiZ **35** Nr 386); nicht bloße Wirkg von Naturkräften (vgl § 1004 Rn 6). BewLast hat Nachb.

4   **b) Stützverlust für Nachbargrundstück; BewLast hat Nachb. – aa) Schutzbereich.** NachbGrdst muß nicht angrenzen; Wirkgsbereich der Vertiefg maßgeb (RG **167**, 21). Geschützt sind auch die auf Bodenfestigk angewiesenen GrdstBestandt u im DrittEigt stehden Scheinbestandt (LG Köln VersR **70**, 644). Wider-
5   rechtl Aufschüttgen sind nicht geschützt (BGH **LM** Nr 14). – **bb) Stütze in der Waagerechten oder Senkrechten** (BGH **101**, 106, 290). Geschützt wird zum einen die Festigk, die das NachbGrdst in seinen unteren Bodenschichten findet u sein **Einstürzen** verhindert u die dadch verlorengeht, daß der UnterGrd

absinkt od in Bewegg gerät (BGH **101**, 106, 290; LG Fbg NJW-RR **87**, 141). Diese Stütze kann dch die stabilisierde Wirkg der Bodenfeuchtigk inf versickernden Regenwassers mitgegeben werden (BGH **LM** Nr 17). Sie kann auch dch das GrdWasser mitgegeben werden (BGH **101**, 106, 290) u bei GrdWasserSenkg/-Entziehg/-Strömg inf Vertiefg verloren gehen; zB auch weil GründgsPfähle anfaulen (BGH WM **79**, 1216). Auch GrdWasserAnstieg inf Vertiefg kann dch Aufweichen des Untergrdes zu Stützverlust führen (aA RG **155**, 160). – Geschützt wird zum and die Festigk, die sich NachbGrdst ggseit dch das Erdreich gewähren u **seitliches Abstürzen** verhindert. Diese Stütze kann verlorengehen zB bei Grabenaushub mit Drainage-wirkg verlegter Rohre (BGH **LM** Nr 17) od bei Abschwemmg dch dchfließden Wasserlauf (BGH **63**, 176). – **cc) Stützverlust.** Es genügt Einsturzgefahr. Die Vertiefg muß adäquat kausal für den Stützverlust sein **6** (BGH **LM** Nr 17). Schäden am Grdst od seinen Bestandt, die zwar auf Vertiefg eines and Grdst, nicht aber auf Beeinträchtigg seiner eigenen Festigkeit beruhen, erfaßt § 909 nicht (BGH **12**, 75; **LM** Nr 20). Der zu erhaltde FestigkGrad bestimmt sich nach der ggwärt u künft sich iR bestimmgsmäß Ausnutzg haltden Benutzg (BGH **63**, 176). – **dd) Schlechter Zustand** des NachbGrdst od seiner Bestandt, der für Stützver- **7** lust ursächl, beseitigt Vertiefgsverbot nicht (BGH **101**, 106, 290); Ausn nach § 242, wenn auf Vertiefg angewiesener Eigtümer im Verhältn zum GrdstNutzen zu außergewöhnl Opfern für die Sicherg veranlaßt wird (BGH NJW-RR **88**, 136).

c) Keine anderweitige Befestigung. Die notw Maßn richten sich nach den örtl Verh u dem zu **8** erhaltden FestigkGrad (Rn 4). Sie muß schon zZ der Vertiefg auf vertieftem Grdst erfolgen u den nach ihrem jeweil Umfang zu erwartden Stützverlust ausschließen. NachbGrdst kann iR des Hammerschlags- u LeiterR (EG 124) zur Ausführg der Befestigg betreten werden; über Duldg vorübergehder SichgMaßn auf NachbGrdst vgl Stgt NJW **94**, 739. Kostenbeteiligg des Nachb gem § 242, wenn Schong baufäll Gbdes Aufwendgen unzumutb erhöht (BGH **LM** Nr 9; NJW **81**, 50). BewLast hat Nachb.

3) Ansprüche aus § 909. Von § 1004 unabhäng selbstd **Unterlassungs- u Beseitigungsanspruch** des **9** Eigtümers/Miteigtümers (§ 1011) einschl AnwBerecht (BGH **114**, 161; abl Paulus JZ **93**, 555), Nießbrau-chers (§ 1065), ErbbBerecht (ErbbRVO 11) u wg Ähnlichk mit § 1004 auch der DbkBerecht (§§ 1027, 1190), der aber nach § 1004 II ausgeschl sein kann (vgl auch Rn 14); da in erfolgter Vertiefg EigtStörg liegt, wird dann oft inhaltsgl Anspr aus § 1004 gegeben (RG **103**, 174; BGH **LM** Nr 8). Nach hM (aA zutr Planck/Strecker Anm 3a; wohl auch Mot III 296) auch des Besitzers; anderenf ist dieser nach § 862 geschützt od kann zur Ausübg ermächtigt werden. Anspr entfällt, wenn sie od RVorgänger selbst das NachbGrdst vertieften (BGH **91**, 282). – **a) Unterlassungsanspruch** bei drohder (erster od wiederholter) Vertiefg gg Eigtümer, Besitzer u and Vertiefde (Rn 11, 12). Anspr geht auf Unterl iSv § 909 unzul Vertiefg, wobei zu erhaltde Festigk in KlageAntr/Urt anzugeben (vgl BGH NJW **78**, 1584). – **b) Beseitigungsanspruch** nach erfolgter Vertiefg gg Eigtümer od Besitzer (RG **103**, 174), auch wenn RVorgänger vertiefte (BGH **LM** Nr 8); bei Veräußerg währd RStreits gilt ZPO 265. Gegen Vertiefde iSv Rn 12 idR kein Anspr, da keine VfgsMacht über Grdst (RG **103**, 174; RGRK/Augustin Rn 12). KlageAntr/Urt, müssen wiederherzustelde Festigk ohne Auferlegg best Maßn angeben (BGH NJW **78**, 1584); die Wahl der Maßn obliegt dem Schu u ist vom Gläub erst in der ZwVollstr nach ZPO 887 zu treffen (Zweibr OLGZ **74**, 317).

4) Schadenersatz. § 909 ist SchutzG iSv § 823 II (BGH **101**, 290); falls nicht zG des Besitzers (vgl Rn 9), **10** kann § 858 SchutzG sein. Versch muß sich auf Stützverlust erstrecken (BGH **LM** Nr 16); dabei ist die Gefahrenlage für das NachbGrdst genau zu prüfen (BGH NJW **83**, 872; Kblz BauR **89**, 637). Auch § 823 I anwendb (BGH VersR **65**, 1204; aA RG JW **36**, 804); jedenf bei unmittelb Eingriff in NachbGrdst (BGH NJW **70**, 608). **Verjährung** gem § 852 (vgl dazu BGH VersR **63**, 753; NJW **81**, 573; WM **82**, 616).

a) Es haften (ggf gem § 840), sofern nicht RWidrigk wg DuldgsPfl (vgl Rn 14) ausgeschl (BGH **101**, **11** 290): – **aa) Ggwärt u früherer Eigentümer/Besitzer,** der Vertiefg veranlaßte od fortdauern ließ (RG **103**, 174; **167**, 28). Bei Ausführg dch Fachleute idR kein Versch, wenn er sorgfält auswählt, informiert u sich vom Beachtg des § 909 vergewissert (BGH **101**, 106; NJW-RR **88**, 136); Rspr stellt hohe Anfordergen. Für Dritte haftet er nach § 831 (Architekt, BauUntern usw aber idR mangels WeisgsAbhängigk keine Verrichtgsgehil-fen; Brem MDR **60**, 495), nicht aber nach § 278 (BGH **LM** Nr 2; str). – **bb) Architekt** (BGH NJW **83**, 872; **12** Köln NJW-RR **94**, 89), **Bauunternehmer** (BGH NJW **81**, 50), bauleiter **Ingenieur** (BGH VersR **64**, 1070), **Statiker** (Düss BauR **75**, 71; **87**, 472). Jeden von ihnen trifft eigenverantwortl PrüfgsPfl (Rspr stellt hohe Anfordergen), von der er nicht dch Weisgen eines and od des Bauherrn befreit wird (Düss aaO). Für Mitarbeiter u SubUntern haften sie nach § 831 (Kblz BauR **89**, 637).

b) Mitverschulden. Schlechter Zustand des NachbGrdst u seiner Bestandt bei Versch des Eigtümers/ **13** Besitzers (zB mangelh Erstellg od Unterhaltg) zu berücksichtigen (BGH **63**, 176), iü grdsl nicht (BGH WM **79**, 950; NJW **81**, 50; **83**, 872); bei baufäll Gbde beschr sich Anspr aber auf zusätzl herbeigeführten Schaden (BGH **LM** Nr 6). Verbot des Betretens des NachbGrdst zur Ausführg von SichergsMaßn kann Mitversch begründen (RG JW **10**, 330).

5) Ausgleichs/Entschädigungsanspruch unabhängig von Verschulden gg Eigtümer bzw Benutzer **14** (BGH **101**, 106, 290), wenn Vertiefg als nichthoheitl Maßn aus bes Grd nicht abwehrb (§ 906 Rn 42) od als hoheitl Maßn zu dulden (§ 906 Rn 44).

910   *Überhang.* **I Der Eigentümer eines Grundstücks kann Wurzeln eines Baumes oder eines Strauches, die von einem Nachbargrundstück eingedrungen sind, abschneiden und behalten. Das gleiche gilt von herüberragenden Zweigen, wenn der Eigentümer dem Besitzer des Nachbargrundstücks eine angemessene Frist zur Beseitigung bestimmt hat und die Beseitigung nicht innerhalb der Frist erfolgt.**

II Dem Eigentümer steht dieses Recht nicht zu, wenn die Wurzeln oder die Zweige die Benut-zung des Grundstücks nicht beeinträchtigen.

1 **1) Abschneiderecht. – a) Allgemeines.** § 910 gibt ein nicht verjährb (aber verwirkb) SelbsthilfeR als EigtInhalt, ist aber kein SchutzG iSv § 823 II bzgl Überwuchsschäden (Düss NJW **75**, 739). Er schließt § 1004 nicht aus (BGH **97**, 231; str). – **b) Berechtigt** sind Eigtümer/Miteigtümer (§ 1011) u ErbbBerecht (ErbbR-VO 11); DbkBerecht (vgl BGH NJW **92**, 1101; str) u Mieter/Pächter können nur zur Ausüb ermächtigt werden. – **c) Überwuchs.** Grenzüberschreitg erforderl (BayObLG **68**, 76); gg bloße Unterschreit des Grenzabstandes schützt LNachbR (EG 124). Auf and Pflanzen (Stauden, Ranken, Unkraut) als Wurzeln/ Zweige ist § 910 entspr anwendb (Staud/Beutler Rn 17; Schmid NJW **88**, 29); bei grenzüberneigdem Baum-
2 stamm ist § 1004. – **d) Fristsetzung** nach § 910 nur bei Zweigen; sie muß zB Wachstums- u Obsterntezeit berücksichtigen. Bei Wurzeln uU nach § 242, damit BaumEigtümer für Erhaltg des Baumes sorgen kann (Köln ZMR **93**, 567; LG Oldbg ZMR **85**, 99). – **e) Rechtsinhalt.** Abschneiden des Überwuchses, aber nicht jenseits der Grenze (LG Bielef NJW **60**, 678) u ohne Betreten des NachbGrdst (KG OLG **26**, 72; LG Mü WuM **88**, 163). Berecht wird Eigtümer einschl der Früchte am Zweig. Da Abschneiden rechtmäß, kein SchadErs für
3 daraus entstehden Schaden (Köln aaO; LG Oldbg aaO). – **f) Ausschluß (II)** des AbschneideR, wenn GrdstBenutzg (auch bzgl bevorstehder NutzgsÄnderg) nicht od nur ganz unerhebl beeinträchtigt (Köln NJW-RR **89**, 1177); uU bei geringem Laub/Blütenbefall (LG Saarbr NJW-RR **86**, 1341; AG Ffm NJW-RR **90**, 146). BewLast hat Nachb. Beeinträchtigt nur ein Teil des Überwuchses, so darf nur dieser abgeschnitten werden (Staud/Beutler Rn 4, 6). Zur Anwendg von II iRv § 1004 vgl dort 34. – Beschrkg nach EG 122, 183 u dch öff NaturschutzR (auch LandesR u GemeindeR) mögl (vgl Düss NJW **89**, 1807; LG Aschaffbg NJW **87**, 1271; LG Dortm NJW-RR **87**, 1101; aA Karlsr WEZ **88**, 149), denn es gilt auch für eigene Bäume.

4 **2) Ansprüche. – a) Beseitigungskosten.** AbschneideBerecht kann von dem, der aus § 1004 beseitiggspfl war, nach §§ 812, 818 Ers der von diesem ersparten Aufwendgen verlangen (BGH JZ **92**, 310 Anm Gursky; Düss NJW **86**, 2648; aA LG Ffm NJW-RR **86**, 503; LG Bn NJW-RR **87**, 1421; LG Han NJW-RR **94**, 14). – **b) Schutzmaßnahmen** gg künft Überwuchs können nach § 1004 verlangt werden (Düss aaO). – **c) Überwuchsschäden.** SchadErs/BeseitiggsPfl aus §§ 823 I, 1004 (Düss aaO); nicht aus § 823 II (vgl Rn 1). – **d) Beseitigungsschäden.** SchadErs aus § 823 I bei von § 910 nicht gedecktem (zB Verstoß gg Fristsetzgsgebot) od unsachgem Abschneiden. – **e) Herausgabe/abholung** aus §§ 861, 985 bzw §§ 867, 1005, wenn der Abschneide kein Eigt erworben hat, weil Abschneiden nicht dch § 910 gedeckt.

911 *Hinüberfall.* Früchte, die von einem Baume oder einem Strauche auf ein Nachbargrundstück hinüberfallen, gelten als Früchte dieses Grundstücks. Diese Vorschrift findet keine Anwendung, wenn das Nachbargrundstück dem öffentlichen Gebrauche dient.

1 Abweichg von §§ 953ff: Fallen Früchte, gleichviel wodch, auf NachbGrdst and Art als S 2, gehören sie dessen Eigtümer od dem hier zum Bezug der Früchte Berecht. Aus EigtErwerb folgt keine DuldgsPfl (AG Backnang NJW-RR **89**, 785). Gemeint sind nur Früchte im engsten Sinne, zB nicht Äste. Selbst abtrennen od schütteln darf der Nachbar nicht; er erwirbt dann kein Eigt u haftet auf SchadErs (§§ 823ff).

912 *Überbau.* ^I Hat der Eigentümer eines Grundstücks bei der Errichtung eines Gebäudes über die Grenze gebaut, ohne daß ihm Vorsatz oder grobe Fahrlässigkeit zur Last fällt, so hat der Nachbar den Überbau zu dulden, es sei denn, daß er vor oder sofort nach der Grenzüberschreitung Widerspruch erhoben hat.
^{II} Der Nachbar ist durch eine Geldrente zu entschädigen. Für die Höhe der Rente ist die Zeit der Grenzüberschreitung maßgebend.

1) Anwendungsbereich.

1 **a)** Die §§ 912–916 regeln den **unrechtmäßigen Überbau**; die zur Verhütg wertvernichtder Zerstörg (Mot III 283) bestehde DuldgsPfl beseitigt nicht die RWidrigk des Überbaus (BGH **LM** Nr 4). Sie sind entspr anwendb auf die unrechtm Verletzg von Grenzabständen, die auf dem eigenen Grdst gem nachbschützdem öffentl BauR (Staud/Beutler Rn 29), LNachbR (Karlsr NJW-RR **93**, 665), dingl Rechten (BGH **39**, 5; str) od schuldrechtl Verpfl (Staud/Beutler Rn 28; Wstm/Pinger § 80 II 2; aA W-Raiser § 55 Fußn 8) einzuhalten sind; im letzteren Fall aber wohl nur § 912 I iVm SchadErsAnspr. – **Übergangsrecht:** Für Überbau vor dem 1. 1. 1900 gelten §§ 912ff (EG 181; BGH **97**, 292).

2 **b)** Besonderh gelten für den mit formfreier Zustimmg des Eigtümers des NachbGrdst (nicht des NutzgsBe-recht od BuchEigtümers) erfolgten u daher **rechtmäßigen Überbau**; Unterlassen des Widerspr (Rn 10) ist keine Zustimmg (Nürnb RdL **68**, 102), and uU bei WidersprRückn (Nürnb DWW **63**, 124). Ist nur für eine best Breite zugestimmt, so gelten für weitergehden Überbau §§ 912ff, BGH **LM** Nr 5. Keine DuldgsPfl nach Ablauf zeitl beschränkter Zustimmg (BGH BB **66**, 961). Über Nachbarwand (Kommunmau-er) vgl § 921 Rn 5. – **aa) Beseitigung** kann nicht verlangt werden; die DuldgsPfl folgt aus der Zust (BGH NJW **83**, 1112). EinzelRNachf des Zustimmden nicht an schuldrechtl Zustimmg (and bei Dbk) gebunden; §§ 912ff aber anwendb, wenn Überbau vor Eintritt des EinzelRNachf erfolgte, da Überbau wg Zustimmg des RVorgängers iSv Rn 9 entschuldigt (BGH NJW **83**, 1112). – **bb) Für Entschädigung/Abkauf** ist die Vereinbg maßg (BGH NJW **83**, 1112). Fehlt EntschRegelg, so ist dch Ausslegg zu ermitteln, ob auf Entsch verzichtet; andernf gilt II (RG **74**, 87; Ffm MDR **80**, 229). Bloß schuldrechtl Vereinbg bindet RNachf nicht (BGH NJW **83**, 1112); vgl § 914 Rn 2). – **cc) Eigentümer** des GesamtGbdes ist der jeweil Eigtümer des Grdst, das unabhäng von obj Kriterien nach dem Willen des Erbauers zZ der Errichtg StammGrdst ist (BGH **62**, 141; **LM** Nr 7). Für Übereign des übergebauten GbdeTeils gilt Rn 12 entspr (Staud/Beutler Rn 37).

3 **c)** Baut ein **Erbbauberechtigter** über, so sind die §§ 912–916 mit der Maßg anwendb, daß das ErbbR an die Stelle des überbauenden Grdst (zB für § 914) u der ErbbBerecht an die Stelle des Eigtümers tritt (ErbbRVO 11 I).

2) Voraussetzungen des Überbaus im Sinne von § 912.

a) Gebäude ist ein Bauwerk, das dch räuml Umfriedg gg äußere Einflüsse Schutz gewährt u den Eintritt 4
von Menschen gestattet (BGH **LM** Nr 25); völlige Umschlossenh nicht notw. Der Normzweck (Rn 1)
gebietet Einbeziehg and großer Bauwerke (Staud/Beutler Rn 2; W-Raiser § 55 Fußn 2) u Ausschl leicht
versetzb Gbde (Stgt Recht **13** Nr 1290). Für Zeitbauten gelten §§ 912–914, 916 bis zur Erfüllg des Be-
stimmgszwecks (Nürnb DWW **63**, 124). – **Kein Gebäude:** selbstd Backöfen (BGH **LM** Nr 1); Zäune/
Mauern (BGH **LM** Nr 25); Gruben (AG Garmisch-P MDR **66**, 505); seitenoffener Carport (Karlsr NJW-RR
93, 665).

b) Der **Eigentümer** des überbauenden Grdst muß das Gbde errichten, dh es muß in seinem Namen u 5
wirtsch Interesse (GeschHerr) gebaut sein (BGH WM **90**, 718); wer GeschHerrnEigensch beansprucht, ohne
unmittelb mit Herstellg befaßt zu sein, muß sie beweisen (BGH aaO). Errichtg dch Dritte (Bucheigtümer,
DbkBerecht, Pächter) genügt nur, wenn Eigtümer dem Überbau entspr §§ 183–185 zustimmt (BGH **15**,
216; aA MüKo/Säcker Rn 11); über Errichtg dch ErbbBerecht vgl Rn 3.

c) Grenzüberschreitung. – aa) Ein **einheitliches Gebäude** muß übergebaut sein (BGH NJW-RR **89**, 6
1039). Ausreichd, daß GbdeTeil über die Grenze ragt, der mit dem GbdeTeil fest verbunden u von
diesem nicht getrennt werden kann, ohne daß der eine od and zerstört od in seinem Wesen verändert wird
(BGH aaO); zB Dachvorsprung (BGH WM **79**, 644), Balkon, Erker, nicht aber Doppelhaushälften (Karlsr
BWNotZ **88**, 91). Überschreitg nur unter (BGH **53**, 5; **LM** Nr 19: Benutzg der NachbFundamente) od über
(BGH NJW **76**, 669) der Erdoberfläche ausreichd. – **bb) Umfang** der Überschreitg unerhebl. Gbde kann
überwiegd auf NachbGrdst stehen (BGH WM **90**, 718); NachbGrdst kann auch ganz überbaut sein (RG **83**,
146). Gbde darf sich aber nicht ausschließl auf NachbGrdst befinden. – **cc)** Überschreitg im **Zeitpunkt** der 7
GbdeErrichtg erforderl. Nicht ausreichd daher Überschreitg mit nachträgl angebautem GbdeTeil wie zB
Balkon od Erker (Staud/Beutler Rn 9). Ausreichd aber Überschreitg mit Anbau, der selbst Gbde wie zB
Veranda (Stgt Recht **13** Nr 1291) od Garage, sofern er nicht vollständ auf NachbGrdst (vgl RG **169**, 172
[178] u oben bb). Ausreichd auch Überschreitg bei Erweiterg dch Versetzen der Außenwand (BGH **LM**
Nr 9) sowie anläßl späterer Neigg od Ausbauchg der Wand (BGH WM **97**, 292). §§ 912ff entspr anwendb auf
spätere Erweiterg eines Überbaus (Staud/Beutler Rn 9; aA RG **160**, 183), aber nicht auf bloßen Anbau an
Überbau. – **dd) Keine Überschreitung,** wenn Grenzwand auf NachbGrdst (§ 921 Rn 13) dch Anbau in 8
Gbde auf eigenem Grdst einbezogen wird (vgl BGH **41**, 177); auch wenn auf die Grenze gesetzte Wand
(Nürnb RdL **68**, 102) od bloße Reste einer Grenzwand (LG Duisbg NJW **62**, 1251) in eigenes Gbde
einbezogen werden. – **ee)** Ein Grdst muß **überbauendes Grundstück** (StammGrdst iSv Rn 14) sein (BGH
NJW **85**, 789).

d) Höchstens **leichte Fahrlässigkeit** des Überbauers im Ztpkt der Grenzüberschreitg (BGH WM **79**, 9
644); BewLast hat Überbauer (BGH **42**, 68). Vorsatz u grobe Fahrlässigk schließen § 912 auch aus, wenn
kein Widerspr erhoben. Sie können sich auf Kenntn od Beachtg des Grenzverlaufs (RG **88**, 39) od die
Annahme eines ÜberbauR (BGH Betr **68**, 799) beziehen. – Verschulden des **Architekten** ist dem Bauherrn
zuzurechnen (BGH NJW **77**, 375: § 166); nach BGH idR aber nicht das Verschulden des **Bauunternehmers**
u seines Personals: weder nach § 166 (BGH aaO; aA Schubert JR **77**, 414),
noch nach § 278 (BGH **42**, 63; aA Wstm/Pinger § 80 II 3). – **Verschulden** idR anzunehmen, wenn Über-
bauer/Architekt örtl Lage nicht genau angibt (BGH NJW **77**, 375), den Ausführden freie Hand läßt od sich
auf Zaunverlauf verläßt (Nürnb RdL **68**, 102).

e) Kein sofortiger Widerspruch des Eigtümers des NachbGrdst (vgl auch § 916) od seines Vertreters; 10
bei MitEigtümern genügt gem § 1011 Widerspr eines von ihnen, ebso bei GesHdsEigtümern (Rn 2). Der
Widerspr muß vor od nach objektiv erkennb Grenzüberschreitg so rechtzeit erhoben werden, daß Beseitigg
ohne erhebl Zerstörg mögl (BGH **59**, 191); BewLast hat WidersprBerecht. Kenntn od Erkennbark der
Überschreitg unerhebl (BGH **97**, 292). Unterlassen des Widerspr ist nicht anfechtb (BGH **59**, 191); Wi-
dersprRücknn zuläss (Posen OLG **15**, 350; vgl Rn 2). – Der Widerspr ist formfrei, bedarf keiner Begründg
(falsche daher unschädl; BGH **59**, 191) u ist beschränkb (RG **109**, 107). Adressat ist der Überbauer (bei
mehreren genügt einer; Staud/Beutler Rn 18, str) od sein Vertreter.

3) Rechtsfolgen des Überbaus im Sinne von § 912.

a) Duldungspflicht (I) des jeweil Eigtümers (vgl auch § 916) des überbauten Grdst als gesetzl EigtBe- 11
schrkg (BGH **LM** Nr 1, 33) u **Duldungsrecht** des jeweil Eigtümers des überbauenden Grdst als EigtInhalt
verbunden mit einem **Recht zum Besitz** am überbauten GrdstTeil (BGH **27**, 204). Überbau darf nach
Kenntn der Grenzüberschreitg nur ohne deren Vergrößerg plangemäß vollendet werden (BGH WM **79**,
644; Staud/Beutler Rn 21); spätere Erweiterg, Aufstockg (BGH **64**, 273) od Vertiefg (Nürnb RdL **68**, 102)
sind nicht zu dulden. DuldgsPfl/R endet mit Beseitigg (Ursache unerhebl) des Überbaus; Wiederaufbau aber
zu dulden, wenn Reste noch von wirtsch Bedeutg (BGH **LM** Nr 8). Bei Beseitigg dch DuldgsPflichtigen
aber Anspr auf Wiederherstellg aus §§ 823, 249. – DuldgsPfl/R nicht im **Grundbuch** eintragb (BGH **LM**
Nr 1); Zweifel aber dch GrdDbk klarstellb (Düss OLGZ **78**, 19). Ausschl od Beschrkg der DuldgsPfl im GB
des überbauenden Grdst als GrdDbk eintragb (BGH **LM** Nr 9). Formfreier schuldrechtl Vertr über Besei-
tiggsPfl wirkt nur zw den VertrPart. – DuldgsPflichtiger hat keine **Sicherungspflicht** bzgl des Überbaus
(BGH VersR **64**, 975).

b) Eigentümer des ganzen Gbdes einschl in Überbau einbezogener Kellermauerreste auf NachbGrdst 12
(BGH **LM** Nr 19) wird der Eigtümer des überbauenden Grdst (BGH **110**, 298); str, ob dies aus § 95 I 2 od
(wohl zutreffd) aus §§ 93, 94 II folgt. Eigtümer des Überbaus hat Rechte des § 903 (zB Abriß; BGH **105**,
202) mit Ausn baul Erweiterg (Karlsr NJW-RR **88**, 524).

c) Geldrente (II). Entschädigg für DuldgsPfl als Ausgl für NutzgsVerlust (BGH NJW **76**, 669). Einzeln: 13
§§ 913, 914. – **Schadensersatzanspruch** gg Überbauer aus § 823 u AusglAnspr aus § 906 Rn 42 wg
NutzgsVerlusts dch II ausgeschl (BGH NJW **86**, 2639), nicht aber wg weitergeher Verletzg des Eigt od and
Rechte (BGH **28**, 116; **57**, 304). SchadErs gg BauUntern aus § 823 dch II nicht ausgeschl (BGH JZ **58**, 744

Anm Westermann [auch zur Vermeidg einer DoppelEntsch]; aA Soergel/Baur Rn 22). SchadErsAnspr des Käufers gg Verkäufer des überbauten Grdst aus § 463 nicht ausgeschl (BGH NJW **81**, 1362).

14 **4) Eigengrenzüberbau. – a)** Wird ein Gbde **auf mehreren Grundstücken desselben Eigentümers** errichtet, so wird das GesamtGbde Bestandt des Grdst (StammGrdst), zu dem es unabhäng von obj Umständen (zB Ort des Baubeginns, Größe u Bedeutg der GbdeTeile) nach Absicht u Interesse des Erbauers gehören soll (BGH **110**, 298) u damit Eigt des jeweil Eigtümers dieses Grdst. Ein Erwerber des überbauten Grdst hat den Überbau zu dulden; für ihn gelten §§ 912 II, 915 ab Erwerb, § 912 II 2 bleibt unberührt (Hamm NJW-RR **91**, 656). Ist ein StammGrdst nicht festzustellen (vgl BGH aaO) od sind die GbdeTeile selbstd RaumEinh (BGH **102**, 311), so wird auf den einz Grdst stehder GbdeTeil wesentl GrdstBestandt u
15 Eigt des jeweil GrdstEigtümers. – **b)** Wird ein Gbde nach **Grundstücksteilung** von der Grenze dchschnitten, so gilt Rn 14 mit der Maßg entspr, daß sich das StammGrdst nach obj Umständen bestimmt (BGH **64**, 333); ist solches nicht feststellb, so vertikale Teilg (vgl Düss NJW-RR **87**, 397; aA Karlsr OLGZ **89**, 341 [MitEigt]). – **c)** Baut ein **Nutzungsberechtigter des Stammgrundstücks auf ein eigenes Grundstück** über u stimmt der Eigtümer des StammGrdst zu, so sind §§ 912 ff anwendb (BGH **15**, 216).

16 **5)** Sind die **Voraussetzungen des § 912 I nicht erfüllt** (u hat der Nachb dem Überbau nicht zugestimmt), so gilt folgendes: – **a)** Der Eigtümer des NachbGrdst kann **Beseitigung** des Überbaus (§ 1004) auf Kosten des Überbauers u Herausg der überbauten Fläche (§ 985) verlangen; vgl auch §§ 823, 862. Der Anspr ist verwirkb (BGH WM **79**, 644); dafür reicht langjähr Duldg alleine nicht (Nürnb RdL **68**, 102). In engen AusnFällen kann er dch DuldgsPfl aus nachbarl GemschVerh (§ 903 Rn 13; vgl BGH **LM** Nr 25) od entspr § 251 II (BGH **62**, 388; WM **79**, 644; vgl § 1004 Rn 38) ausgeschl sein; dann aber RentenPfl entspr II. – **b)** Der übergebaute GbdeTeil wird **Eigentum** des Nachb, da §§ 93, 94 II bei rechtsw EigtVerletzg zurücktreten (BGH NJW-RR **89**, 1039; hM). Da Überbauer idR Besitzer, gelten im Verh zum Nachb §§ 987 ff (BGH **27**, 204). Überbauer hat, da Überbau keine Verwendg auf das Grdst (Vorbem 6 vor § 994), Anspr aus § 951 (Staud/Beutler Rn 38; aA BGH **41**, 157) nach den Grds der aufgedrängten Bereicherg.

913 **Zahlung der Rente.** [I] **Die Rente für den Überbau ist dem jeweiligen Eigentümer des Nachbargrundstücks von dem jeweiligen Eigentümer des anderen Grundstücks zu entrichten.**
[II] **Die Rente ist jährlich im voraus zu entrichten.**

1 **1) Schuldner** (I) ist der jeweil Eigtümer (auch bei gutgl Erwerb) des überbauenden Grdst. Er haftet dingl (§§ 914 III, 1107 Rn 4) auch für Rückstände u persönl (§§ 914 III, 1108) erst für ab EigtErwerb fäll Rente. Veräußerer haftet persönl zur Rückstände zZ des EigtÜbergangs weiter.

2 **2) Gläubiger** (I) ist der jeweil Eigtümer (vgl auch § 916) des überbauten Grdst. StammR als subjdingl Recht (BayObLG Rpfleger **76**, 180) nicht selbstd abtretb, verpfändb od pfändb (§ 96); and aber der Anspr auf Einzelleistgn (§§ 914 III, 1107 Rn 2). Gläub der zZ des EigtÜbergangs fäll Einzelleistgn bleibt der Veräußerer.

3 **3) Beginn** der RentenPfl mit Grenzüberschreitg unabhäng vom Ztpkt der Entdeckg. – **Vorauszahlung** gem II wirkt ggü Erwerber; von II abw Vereinbg wirkt ggü Dritten entspr § 914 II nur bei GBEintr (RGRK/Augustin Rn 5). Keine Verzugszinsen (§§ 914 III, 1107 Rn 6), bei Verzug auch kein Beseitiggs-Anspr. – **Erlöschen:** § 914 Rn 3.

4 **4) Höhe.** GrdLage ist der Verkehrswert (für die konkrete Bebauungsmöglichk zu berücksichtigen) der überbauten Fläche im vom Gläub zu beweisdn (BGH NJW **86**, 2639) Ztpkt der Grenzüberschreitg (§ 912 II 2); spätere Änderg (zB der Benutzbark od des Bewertgsmaßstabes) bewirken keine Änderg der Rentenhöhe (BGH **57**, 304); ZPO 323 nicht anwendb. Der Verkehrswert ist angem zu verzinsen (Stgt MDR **76**, 400); für Angemessenh auch Ztpkt der Grenzüberschreitg maßg. Mangels Verkehrswert (zB bei Straßen) übl Nutzgsentgelt (BGH NJW **76**, 669). – Über Festlegg dch **Vertrag/Urteil** vgl § 914 Rn 2.

914 **Rang; Eintragung; Erlöschen.** [I] **Das Recht auf die Rente geht allen Rechten an dem belasteten Grundstück, auch den älteren, vor. Es erlischt mit der Beseitigung des Überbaues.**
[II] **Das Recht wird nicht in das Grundbuch eingetragen. Zum Verzicht auf das Recht sowie zur Feststellung der Höhe der Rente durch Vertrag ist die Eintragung erforderlich.**
[III] **Im übrigen finden die Vorschriften Anwendung, die für eine zugunsten des jeweiligen Eigentümers eines Grundstücks bestehende Reallast gelten.**

1 **1) Rang (I 1)** hat das RentenR (StammR u Recht auf Einzelleistgn) vor allen and Rechten; der Rang mehrerer Überbau- u Notwegrenten untereinand richtet sich nach der Entstehg. Es ist **nicht eintragungsfähig (II 1)**.

2 **2) Feststellung der Rentenhöhe durch Vertrag oder Urteil** wirkt zw den Part u GesamtRNachf. Wirkg ggü Dritten nur bei Eintr im GB (Abt II) des überbauenden Grdst (Brem DNotZ **65**, 295 abl Anm Bessell); GBO 9 anwendb. Vorrang (I 1) für gesetzl Höhe (§ 913 Rn 4) übersteigden Teil nur bei Vorrangeinräumg. Niedrigere als die gesetzl Höhe wirkt ggü RealBerecht am überbauten Grdst nur bei deren Zustimmg (RGRK/Augustin Rn 5; Staud/Beutler Rn 5).

3 **3) Erlöschen** des RentenR **(I 2, II).** Verzicht, der nicht nur zw den Part wirken soll (BGH NJW **83**, 1112), erfordert Aufhebg des RentenR gem §§ 875, 876 S 2, die im GB (Abt II Spalte 3) des überbauenden Grdst einzutragen ist (BayObLG Rpfleger **76**, 180; Düss OLGZ **78**, 19); GBO 9 anwendb (LG Düss

Rpfleger **90**, 288). Verzicht schon eintragb, wenn RentenR zweifelh (Düss aaO). Kein Erlöschen dch ZwVerst (ZVG 52 II) od Ablösg (EG 116). – **Verjährung:** nur Recht auf Einzelleistgn (§§ 924, 197).

4) Entsprechend anwendbar (III): §§ 1107, 1108, 1109 III, 1110; nicht aber §§ 1111, 1112. Bei Teilg des **4** überbauten Grdst bleibt das RentenR alleine bei dem überbauten neuen Grdst; bei Teilg des überbauenden Grdst haften die Eigtümer aller neuen Grdst (Staud/Beutler Rn 7).

915 *Abkauf.* [1] **Der Rentenberechtigte kann jederzeit verlangen, daß der Rentenpflichtige ihm gegen Übertragung des Eigentums an dem überbauten Teile des Grundstücks den Wert ersetzt, den dieser Teil zur Zeit der Grenzüberschreitung gehabt hat. Macht er von dieser Befugnis Gebrauch, so bestimmen sich die Rechte und Verpflichtungen beider Teile nach den Vorschriften über den Kauf.**
[2] **Für die Zeit bis zur Übertragung des Eigentums ist die Rente fortzuentrichten.**

1) Berechtigt ist nur der jeweil Eigtümer des überbauten (nicht auch des überbauenden) Grdst; mehrere **1** nur gemschaftl, da einer die and nicht zur Übereign verpflichten kann (Soergel/Baur Rn 1; Staud/Beutler Rn 1). § 915 nicht anwendb auf Zeitbauten (Erm/Hagen § 912 Rdn 2; aA MüKo/Säcker § 912 Fußn 15; Staud/Beutler § 912 Rn 2) u wenn kein RentenR (zB Verzicht) besteht. – **Rechtsausübung** erfordert einseit empfangsbedürft formfreie (RG **74**, 90) WillErkl, die RVerh entstehen läßt, auf das §§ 433ff (zB §§ 434, 449; nicht aber § 439) anwendb; entstandene Anspr verjähren nach KaufR. Mangels KaufVertr kein Vork-RAusübg (str). – **Übereignung** nach §§ 873, 925; über Zustimmg des Nach erben vgl KG Rpfleger **74**, 222. – **Rentenrecht erlischt** (II) auch schon mit Annahme des WertErs (allgM). Rentenzahlgen auf WertErs (zur Höhe vgl § 913 Rn 4) nicht anzurechnen.

2) Entsprechende Anwendung auf RückgPfl eines Käufers, der trotz nichtigen KaufVertr das Grdst **2** bebaut hat (RG **133**, 293; Staud/Beutler Rn 6).

916 *Beeinträchtigung von Erbbaurecht oder Dienstbarkeit.* **Wird durch den Überbau ein Erbbaurecht oder eine Dienstbarkeit an dem Nachbargrundstücke beeinträchtigt, so finden zugunsten des Berechtigten die Vorschriften der §§ 912 bis 914 entsprechende Anwendung.**

Für jeden Beeinträchtigten besteht ein selbständiges RentenR. Entspr anwendb auf Berecht nach WEG 31, **1** aber nicht auf andere RealBerecht (zB HypGläub; ihnen haftet das RentenR, §§ 96, 1107, 1126).

917 *Notweg.* [1] **Fehlt einem Grundstücke die zur ordnungsmäßigen Benutzung notwendige Verbindung mit einem öffentlichen Wege, so kann der Eigentümer von den Nachbarn verlangen, daß sie bis zur Hebung des Mangels die Benutzung ihrer Grundstücke zur Herstellung der erforderlichen Verbindung dulden. Die Richtung des Notwegs und der Umfang des Benutzungsrechts werden erforderlichen Falles durch Urteil bestimmt.**
[2] **Die Nachbarn, über deren Grundstücke der Notweg führt, sind durch eine Geldrente zu entschädigen. Die Vorschriften des § 912 Abs. 2 Satz 2 und der §§ 913, 914, 916 finden entsprechende Anwendung.**

1) Allgemeines. Die DuldgsPfl ist für das VerbindgsGrdst gesetzl Beschrkg, das BenutzgsR für das ver- **1** bindgslose Grdst gesetzl Erweiterg des EigtInhalts. – Das LandesR regelt in den Wald- od ForstG vielf ein NotwegR an **Waldgrundstücken** (zB BaWü 28; *Hess* 17; *RhPf* 17; *Saarl* 15; *SchlH* 9 II) u in den NachbRG (EG 124 Rn 2) ein NotwegR für **Versorgungsleitungen** (*BaWü* 7e [BGH NJW **91**, 176]; *Hess* 30; *RhPf* 26; *Saarl* 27; *Thür* 26 ff). Soweit dort keine SonderVorschr (BGH aaO), gelten §§ 917, 918 auch für die Benutzg von WaldGrdst bzw die Verlegg od Mitbenutzg von VersorggsLeitgen (BGH NJW **81**, 1036; Hamm NJW-RR **92**, 723). – § 904 bleibt unberührt.

2) Voraussetzungen; Verhältn zZ der letzten TatsVerhdlg maßg (BGH NJW **65**, 537). Ohne sie begrün- **2** det langjähr stillschw Duldg nur Leihe, deren Kündbark nicht auf bes Grd beschr (Hamm NJW-RR **87**, 137; LG Gießen MDR **95**, 257); freiw Gestattg wirkt nicht ggü EinzelRNachf.

a) Fehlende Verbindung zu einem öffentlichen Weg. LandesR maßg, ob ein Weg öffentl. Fehlt die **3** Verbindg inf Entwidmg od WidmgsBeschrkg, so NotwegR erst nach Ausschöpfg der RMittel (Köln OLGZ **67**, 156). Ursache für Verbindgslosigk nur iRv § 918 erhebl. Vorübergehde Verbindgslosigk aus-reichd; ebso uU Verbindgslosigk nur eines GrdstTeils (BGH **LM** Nr 1; Hamm NJW **59**, 2310). – Fehlde Verbindg zu Wasserstraße (BGH **LM** § 891 Nr 3), Eisenbahn od Grdst desselben Eigtümers reicht nicht; ebso Haustür zum NachbGrdst statt zur Straße (Düss OLGZ **89**, 118). – Verbindg ist tats od rechtl (zB WegeR) Zugangsmöglichk (Brschw OLG **26**, 29).

b) Ordnungsmäßige Benutzung des verbindungslosen Grundstücks, wenn sie der Lage, Größe u **4** WirtschArt des Grdst entspricht (BGH **LM** Nr 12/13); rein persönl Bedürfn des Eigtümers od NutzgsBe-recht (BGH **LM** Nr 14) od vorübergehde außergewöhnl Bedürfn (BGH WM **66**, 145; hier uU § 904) sind nicht maßg. Nach Düss OLGZ **92**, 208 nicht für hoheitl Aufgaben. Bei befugter NutzgsÜberlassg muß die vom NutzgsBerecht ausgeübte Benutzg ordngsmäß sein (MüKo/Säcker Rn 11; Staud/Beutler Rn 8; vgl dagg RG **79**, 116). Bei rkräft BauGen kann Ordngsmäßigk nicht durch BauRWidrigk verneint u bei rkräft Versagg idR mit BauRMäßigk bejaht werden (BVerwG NJW **76**, 1987). Errichtg u Unterhaltg eines WohnGbdes keine ordnungsmäß Benutzg, wenn bisher Behelfsheim nur mit Zustimmg des Nachb erreichb (BGH **LM** Nr 14). – **Benutzungssteigerung** ist ordngsmäß, wenn sie inf techn od wirtsch Entwicklg zur Aufrechterhaltg eines rentablen WirtschBetr notw (BGH BB **66**, 639). – **Änderung der Benutzungsart** ist ordngsmäß, wenn sie der techn od wirtsch Entwicklg u den örtl Verhältn Rechng trägt (RG Warn **14** Nr 290).

5 **c) Notwendigkeit der Benutzung des Verbindungsgrundstücks** für die ordngsmäß Benutzg des verbindgslosen Grdst. Strenger Maßstab (BGH NJW **64**, 1321). – **aa)** Die **Benutzung als solche** muß notw sein. Dies auch mögl, wenn vorhandene Verbindg nicht ausreicht (BGH **LM** Nr 1; 12/13). Nicht gegeben, wenn and ausreichder (wenn auch unbequemerer od teuerer) Zugang mögl (BGH NJW **64**, 1321; **LM** Nr 12/13; Kblz OLGZ **92**, 347), zB über eigenes Grdst (Hbg MDR **64**, 325) od aGrd dingl od schuldrechtl WegeR (Celle RdL **64**, 157 [160]) bzw Anspr darauf (Brschw OLG **26**, 29) od bei geringer Zeitverzögerg für RettgsKfz (Köln NJW-RR **92**, 312); im Verhältn zum Gesamtertrag seines Grdst unzumutb Kosten braucht Berecht aber nicht aufzuwenden (BGH NJW **64**, 1321; **LM** Nr 12/13). Ob auf streit WegeR verwiesen
6 werden kann, richtet sich nach Einzelfall (RG **157**, 305). – **bb)** Art und Ausmaß müssen notw sein. Nicht notw **Zufahrt für Kraftfahrzeuge** auf WohnGrdst (selbst wenn dort AnwPraxis), wenn in der Nähe auf der Straße Parkmöglich (BGH **LM** Nr 11; BGH **75**, 315; Karlsr NJW-RR **95**, 1042), od für GästeKfz zu Berggasthof (BGH **LM** Nr 2); and bei fehlder Parkmöglich (LG Aachen MDR **86**, 936) sowie uU wenn Notweg über ausgebaute Privatstraße führt (Ffm MDR **81**, 932; ähnl LG Lüb MDR **75**, 665). Zufahrt auf GewerbeGrdst idR notw, wenn dort Be- u Entladen erfordert. Die Benutzg muß der Verbindg dienen; dazu zählt nicht das Aufstellen von Kfz zum Beladen (BGH **31**, 159), nach Ffm MDR **81**, 932 auf Privatstraße aber Parken bis zu 2 Stunden. – **cc)** Bei **mehreren möglichen Verbindungen** (Mehrh von mögl Wegen od mögl VerbindgsGrdst) muß die Benutzg der konkreten Verbindg notw sein. Das erfordert eine Abwägg zw dem Interesse an geringster Belastg dch den Notweg u dem an größter Effektivität des Notwegs (LG Verden MDR **57**, 547; LG Ffm MDR **69**, 925; LG Meing OLG-NL **94**, 114); daher nicht stets kürzester Weg maßg (BayObLG SeuffA **62** Nr 41; Nürnbg RdL **68**, 78). Auch bei völliger Gleichwertig kein WahlR des Berecht (Wstm/Pinger § 81 III 2; W-Raiser § 56 II 1 b), sond konstitutive Konkretisierg gem Rn 10 notw.
7 **d) Verlangen** der BenutzgsDuldg ist TatbestdMerkmal (BGH **94**, 160; Hamm OLGZ **85**, 222). Empfangsbedürft WillErkl, die bei Mehrh von DuldgsPflichtigen ggü allen abzugeben ist.

3) Benutzungsrecht und Duldungspflicht.

8 **a) Notwegberechtigt** sind der Eigtümer (mehrere wg RentenPfl nur gemschaftl; RGRK/Augustin Rn 7; Staud/Beutler Rn 18; aA MüKo/Säcker Rn 16) des verbindgslosen Grdst u der Inh eines grdstgl Rechts (RG **79**, 116) insb eines ErbbR (ErbbRVO 11); VfgsBefugte (Konk/ZwVerw, TestVollstr) dürfen das NotwegR des Berecht gerichtl u außergerichtl geltd machen (LG Landau NJW **68**, 2013). NutzgsBerecht haben kein eigenes NotwegR (BGH **LM** Nr 6), dürfen den Notweg aber benutzen; vgl auch Rn 13. – **Duldungspflichtig** sind alle Eigtümer, Erbb/DbkBerecht (II 2, § 916), DWR/DNRBerecht (WEG 31 I 2) des VerbindgsGrdst. Das Verlangen (Rn 7) ist an sie zu richten (Brschw SeuffA **56** Nr 150); das dadch entstandene NotwegR wirkt auch ggü deren NutzgsBerecht.
9 **b)** Es ist die **notwendige Benutzung zu dulden.** Ist Zugang verschlossen, so ist Schlüssel auszuhändigen (Nürnb RdL **68**, 78). – Zur **Herstellung und Unterhaltung** des Notwegs ist der DuldgsPflichtige nicht verpflichtet (BGH WM **95**, 1195 [1198]). DuldgsPflichtiger kann **Verlegung** entspr § 1023 I verlangen (BGH NJW **81**, 1036); für Kosten gilt § 1023 I 1 Halbs 2 jedenf iFv § 918 II entspr (BGH aaO). – DuldgsPflichtiger hat **Zurückbehaltungsrecht** bis Zahlg fäll Notwegrente (BGH **LM** Nr 12/13).
10 **c) Festlegung der Ausgestaltung.** Der konkrete RInhalt ergibt sich (für die Beteil oft schwer erkennb) aus dem Gesetz. Schuldrechtl **Vereinbarung** der Nachb wirkt (wie auch Verzicht) nicht ggü EinzelRNacf; and bei GrdDbk. **Urteil** nach I 2 wirkt ggü EinzelRNacf iRv ZPO 325. Vereinbg/Urt haben nur deklarator Wirkg (BayObLG SeuffA **61** Nr 369; ganz hM); konstitutive Wirkg nur bei völliger Gleichwertig mehrerer Möglich (LG Verden MDR **57**, 547; Erm/Hagen Rn 5).
11 **d)** Das NotwegR ist nicht im **Grundbuch** eintragb. Vom gesetzl Inhalt abw Ausgestaltg als GrdDbk eintragb; auch bei Zweifeln über gesetzl DuldgsPfl klarstellde GrdDbk eintragb (vgl Düss OLGZ **78**, 19).

4) Entstehung und Ausübung, gerichtliche Geltendmachung, Rechtsschutz.

12 **a)** Das NotwegR **entsteht** in seiner konkreten gesetzl Ausgestaltg mit dem Vorliegen der Voraussetzgen (RG **87**, 424; LG Hann MDR **91**, 870; MüKo/Säcker Rn 19; Staud/Beutler Rn 1), zu denen das DuldgsVerlangen gehört (str; vgl Rn 7). Die **Ausübung** des entstandenen Rechts eine Gestattg des unmittelb Besitzers des VerbindgsGrdst ist verbotene Eigenm (Planck/Strecker Anm 2a; Soergel/Baur Rn 13; BGH NJW **79**, 1359 für *Hess*NachbRG 30; Brschw NdsRpfl **71**, 231 für *Nds*NachbRG 47; KG OLGZ **77**, 448 für *Bln*NachbRG 17; aA LG Hann MDR **91**, 870; MüKo/Säcker Rn 23; Staud/Beutler Rn 28; W-Raiser § 56 II 1 a), denn § 917 gestattet nicht iSv § 858 die Benutzg. In Notfällen eigenmächt Benutzg nach § 904.
13 **b) Gerichtliche Geltendmachung** dch Klage auf Duldg der Benutzg (sie braucht Richtg u Umfang nicht anzugeben); MitEigtümer sind als notw Streitgenossen zu verklagen (BGH NJW **84**, 2210). Veräußert Berecht währd des Proz, so gilt ZPO 265 (BGH **LM** Nr 12/13). VerwRWeg, wenn VerbindgsGrdst hoheitl Zwecken dient (BGH MDR **69**, 650; Kblz MDR **81**, 671). – Klagt Eigtümer des VerbindgsGrdst auf Unterlassg aus § 1004 I, so kann NotwegR gem § 1004 II (auch vom NutzgsBerecht; BGH **LM** Nr 6) geltd gemacht werden; klagt er aus § 862, so ist wg § 863 nur WiderKl mögl (vgl § 863 Rn 2).
14 **c) Rechtsschutz** genießt das NotwegR als EigtInhalt dch § 1004 (Mü OLG **29**, 339). BesSchutz nur entspr § 1029 (Staud/Beutler Rn 29; Karding AcP **99**, 425 ff), da BesSchutz am verbindgslosen Grdst sich nicht auf Notweg erstreckt (aA Soergel/Baur Rn 15; Figge AcP **160**, 418) u idR auch kein MitBes des Berecht am Notweg (aA Wstm/Raiser § 81 III 2).
15 **5) Notwegrente. – a)** Anspr **entsteht** mit dem NotwegR (BGH NJW **85**, 1952). Über Vorauszahlg (II 2 iVm § 913 II) u Verzugszinsen vgl § 913 Rn 3; über ZbR bei Nichtzahlg vgl Rn 9. – **b) Höhe** richtet sich nach dem Nachteil für das VerbindgsGrdst (BGH **113**, 32); mangels Nachteil kann Rente entfallen (LG Aach ZMR **83**, 382). Maßgebd, ist die Minderg des VerkWerts des GesamtGrdst (BGH **113**, 32; vgl Kblz OLGZ **92**, 320). Auf die tats Verhältn im EntstehgsZtpkt ist abzustellen (II 2 iVm § 912 II 2; vgl § 913 Rn 4);

Änderg nur, wenn sich Umfang der DuldgsPfl ändert. Über Feststellg dch Vertr oder Urt (II 2 iVm § 914 II 2) vgl § 914 Rn 2. – **c) Schuldner** ist der jeweil Eigtümer des verbindgslosen Grdst (II 2 iVm § 913 I), nicht der NutzgsBerecht (BGH **LM** Nr 6); **Gläubiger** der jeweil Eigtümer des VerbindgsGrdst (II 2 iVm § 913 I). Über Einzelh vgl § 913 Rn 1, 2. – **d) Sonstiges** (Rang, GBEintr, Erlöschen, Verzicht, Verj, GrdstTeilg) vgl § 914 Rn 1–4 (II 2 iVm § 914). – **e) Schadensersatzanspruch** wg Beschädigg des Weges aus § 823 od des Käufers gg den Verkäufer des VerbindgsGrdst aus § 463 (vgl BGH NJW **81**, 1362) nicht ausgeschl.

918 *Ausschluß des Notwegrechts.* [I]Die Verpflichtung zur Duldung des Notwegs tritt nicht ein, wenn die bisherige Verbindung des Grundstücks mit dem öffentlichen Wege durch eine willkürliche Handlung des Eigentümers aufgehoben wird.

[II] Wird infolge der Veräußerung eines Teiles des Grundstücks der veräußerte oder der zurückbehaltene Teil von der Verbindung mit dem öffentlichen Wege abgeschnitten, so hat der Eigentümer desjenigen Teiles, über welchen die Verbindung bisher stattgefunden hat, den Notweg zu dulden. Der Veräußerung eines Teiles steht die Veräußerung eines von mehreren demselben Eigentümer gehörenden Grundstücken gleich.

1) Verbindungsverlust durch willkürliche Handlung des Eigtümers **(I)** od and NotwegBerecht bzw 1 deren Vertretern/Gehilfen (Staud/Beutler Rn 3). Hdlg muß bish **Verbindung aufheben;** zB Bebauen (BGH DB **74**, 2469) od Verschütten (Dresden SeuffA **75** Nr 160) des Zugangs, Aufgabe eines WegeR (LG Bielef MDR **63**, 678; LG Gießen MDR **95**, 257), Verzicht auf NotwegR über and Grdst (BGH **53**, 166), GrdstVeräußerg (vgl II), Zust zu sonst nicht erfolgter Verlegg des öffentl Wegs. **Willkür** bei Verstoß gg ordngsmäß GrdstBewirtsch ohne gebotene Rücks auf NachbBelange (RG JW **25**, 474; Mü NJW-RR **93**, 474); keine Willkür zB bei ordngsmäß Benutzgssteigerg/änderg (§ 917 Rn 4), Dchführg eines Bebauungsplans (LG Ffm MDR **69**, 925). – **Beweislast** hat DuldgsPflichtiger. – Auch **Rechtsnachfolger** dch RGesch (BGH DB **74**, 2469) od Zuschlag (RG **157**, 305) verliert NotwegR.

2) Verbindungsverlust durch Grundstücksveräußerung (II); ZwVerst steht gleich (RG **157**, 305). 2 Willkürl Hdlg auch hier notw (Mü NJW-RR **93**, 474). Das NotwegR wird auf bish VerbindgsGrdst, sofern dieses rechtl u tats Verbindg ermöglichte (tats Benutzg nicht maßg), konkretisiert u ggü Grdst and Nachb ausgeschl (BGH **53**, 166; Brschw OLG **26**, 29). Für dieses NotwegR gilt § 917 (RG **157**, 305); Benutzg des bish Weges kann nicht beansprucht werden (RG **160**, 166 [185]). II gilt auch, wenn Zugang zu verbindgslos gewordenem Grdst bish aGrd schuldrechtl Vereinbg über drittes Grdst erfolgte (BGH **53**, 166). – II bindet auch die RNachfolger. – Verzichtet Veräußerer auf dieses NotwegR, so handelt er willkürl iSv I (BGH aaO).

919 *Grenzabmarkung.* [I] Der Eigentümer eines Grundstücks kann von dem Eigentümer eines Nachbargrundstücks verlangen, daß dieser zur Errichtung fester Grenzzeichen und, wenn ein Grenzzeichen verrückt oder unkenntlich geworden ist, zur Wiederherstellung mitwirkt.

[II] Die Art der Abmarkung und das Verfahren bestimmen sich nach den Landesgesetzen; enthalten diese keine Vorschriften, so entscheidet die Ortsüblichkeit.

[III] Die Kosten der Abmarkung sind von den Beteiligten zu gleichen Teilen zu tragen, sofern nicht aus einem zwischen ihnen bestehenden Rechtsverhältnisse sich ein anderes ergibt.

1) § 919 dient der **Sicherung einer unstreitigen Grenze** dch Grenzzeichen u begründet einen aus dem 1 Eigt fließden (RG **56**, 58) unverjährb (§ 924) dingl **Mitwirkungsanspruch.** Sind die Nachb über den Grenzverlauf nicht einig, so erst od zugl Klage aus § 920 (KG DFG **37**, 188; Celle NJW **56**, 632) od auf EigtFeststellg; aber keine Verbindg von Klagen aus §§ 919, 985 (Celle aaO). Grd für mangelnde Kennzeichng unerhebl. – **a) Anspruchsberechtigt** sind der GrdstEigtümer u hinsichtl der belasteten Fläche auch der ErbbBerecht; jeder Miteigtümer alleine (§ 1011). Verzicht wirkt nicht ggü EinzelRNachf. **Anspruchsverpflichtet** ist der Eigtümer des unmittelb angrenzden Grdst; Miteigtümer nur gemeins. – **b) Geltend-** 2 **machung** dch Klage auf Mitwirkg bei der Abmarkg mit ZwVollstr nach ZPO 887ff *(Hbg)* bzw auf Zustimmg zu dem nach LandesR maßg AbmarkgsVerf mit ZwVollstr nach ZPO 894 *(übrige Länder).*

2) Abmarkungsverfahren. – a) Landesrecht: AbmarkgsG od Vermessgs/KatasterG. – **b)** Nur die 3 **Kosten** des AbmarkgsVerf werden geteilt (uU volle Kostentragg gem § 823 II iVm StGB 274 I Nr 3 od Vereinbg); für ErstattgsAnspr ordentl RWeg. Für Kosten des RStreits nach Rn 2 gelten ZPO 91 ff.

3) Wirkung. Die Abmarkg ändert nicht den Grenzverlauf u damit nicht die EigtVerh u die dingl Rechte 4 Dritter; sie ist aber ein starkes Beweismittel iRv ZPO 286 (Nürnb BayJMBl **65**, 80). Die anerkannte Abmarkg widerlegt die Vermutg des § 891 bei Abweichg von abgemarkter u eingetr Grenze; Kenntnl der abgemarkten Grenze schließt gutgl Erwerb (§ 892) aus. – Hat die Abmarkg als beurkundder VerwAkt Bestandskraft erlangt, so ist sie nur noch dch Einigg der Nachb od Urt änderb (BVerwG DÖV **72**, 174).

920 *Grenzverwirrung.* [I] Läßt sich im Falle einer Grenzverwirrung die richtige Grenze nicht ermitteln, so ist für die Abgrenzung der Besitzstand maßgebend. Kann der Besitzstand nicht festgestellt werden, so ist jedem der Grundstücke ein gleich großes Stück der streitigen Fläche zuzuteilen.

[II] Soweit eine diesen Vorschriften entsprechende Bestimmung der Grenze zu einem Ergebnisse führt, das mit den ermittelten Umständen, insbesondere mit der feststehenden Größe der Grundstücke, nicht übereinstimmt, ist die Grenze so zu ziehen, wie es unter Berücksichtigung dieser Umstände der Billigkeit entspricht.

1 **1) Allgemeines.** Bei Streit über den Grenzverlauf kann jeder Eigtümer der benachbarten Grdst die Rechte aus dem Eigt der von ihm in Anspr genommenen Fläche (zB §§ 985, 1004) geltd machen od auf Feststellg seines Eigt an dieser Fläche klagen (KG DFG **37**, 188); dabei muß er sein Eigt bezeichnen u beweisen. Kann keine Part die richtige Grenze bezeichnen u nachweisen, dann bleibt nur die (auch hilfsw od dch Klageänderg geltd zu machde) Klage aus § 920 (Rn 2) od ein GrenzfeststellgsVertr (Rn 3).

2 **2) Grenzscheidungsanspruch;** aus dem Eigt fließder (RG **56**, 58) unverjährb (§ 924) dingl Anspr. – **a) Voraussetzung** ist die Nichtfeststellbark der richtigen Grenze (BayObLG **62**, 214). Daran fehlt es, soweit die Vermutg des § 891 bzgl der GrdstGrenze reicht (Celle NJW **56**, 632) od ein GrenzfeststellgsVertr besteht (Nürnb DNotZ **66**, 33). – **b) Anspruchsberechtigt u -verpflichtet** sind die unmittelb benachbarten GrdstEigtümer; MitEigtümer wie bei § 919 Rn 1. Nicht RealBerecht (Dehner B § 6 V; Staud/Beutler Rn 6; aA Wstm/Pinger § 82 III 2); doch haben diese uU FeststellgsKl, auf die § 920 entspr anwendb (Staud/Beutler aaO). – **c)** Der **Klageantrag** geht auf richterl Abgrenzg der Grdst. Bestimmte Grenzlinie darf beantragt werden (BGH **LM** Nr 1; Kblz OLGZ **75**, 216); dann darf das Urt zwar and Grenze festlegen, die **3** beanspruchte Fläche aber nicht überschreiten (BGH aaO). – **d) Entscheidung** in erster Linie nach dem Besitzstand zZ des Urt **(I 1)**; bei fehlerh Besitz (§ 858) einer Part nach dem früheren (Kblz aaO), solange BesAnspr nicht gem § 864 ausgeschl (Dehner B § 6 IV 2a; Staud/Beutler Rn 8). Fehlt ein Besitzstand u steht das streitige Gebiet nach Form u Inhalt fest (Kblz aaO), so Teilg zu gleichen Teilen **(I 2)**. – **II** gilt ggü I 1 u I 2 (RG SeuffA **76** Nr 118). Feststehde Größe ist tatsächl Flächeninhalt (BGH **LM** Nr 2). – **e)** Das Urt hat **konstitutive Wirkung** (KG OLG **20**, 405; Staud/Beutler Rn 17; aA RG JW **06**, 302; RGRK/Augustin Rn 8 iFv I 1) u wirkt auch für u gg EinzelRNachf, RealBerecht (Dehner B § 6 V; aA Wstm/Pinger § 82 III 4) u VermessgsAmt (BayVGH RdL **79**, 36), sofern zw den richtigen Part ergangen (also nicht wenn BuchEigtümer Part war). Auf Grd des Urt kann Abmarkg (§ 919) u ohne Zust der RealBerecht GBBerichtigg (GBO 22) verlangt werden (KG aaO).

4 **3) Grenzfeststellungsvertrag.** Er bedarf der Form des § 313 nur, wenn mit EigtÜbertr verbunden (RG JW **06**, 302; Nürnb DNotZ **66**, 33). Er kann in Anerkenng eines AbmarkgsProt liegen (Nürnb aaO). Einzelh bei Bengel/Simmerding, GrdBuch-Grdst-Grenze, 3. Aufl 1989, § 22 Rn 77, u Dehner B § 5 V. Über Wegfall der GeschGrdLage bei groben VermessgsFehlern vgl BGH MDR **79**, 743.

921 *Gemeinschaftliche Benutzung von Grenzanlagen.* **Werden zwei Grundstücke durch einen Zwischenraum, Rain, Winkel, einen Graben, eine Mauer, Hecke, Planke oder eine andere Einrichtung, die zum Vorteile beider Grundstücke dient, voneinander geschieden, so wird vermutet, daß die Eigentümer der Grundstücke zur Benutzung der Einrichtung gemeinschaftlich berechtigt seien, sofern nicht äußere Merkmale darauf hinweisen, daß die Einrichtung einem der Nachbarn allein gehört.**

1 **1) Grenzeinrichtung. – a) Voraussetzungen: – aa)** Sie muß (nicht notw in der Mitte) von der **Grenzlinie geschnitten** werden (BGH **41**, 177), so daß an der Grenze ganz auf einem der NachbGrdst stehde Einrichtgen (zB Grenzwand iSv Anm 3; Hecke [LG Oldbg WoM **86**, 283]) u im MitEigt stehde ZwischenGrdst (Celle SeuffA **62** Nr 207) ausscheiden. Bodenflächen (Zwischenraum [RG Recht **16** Nr 1123], Rain, Winkel [BGH WM **66**, 143], Graben [VGH Mü NuR **84**, 28], Dchfahrt [BGH **112**, 1]) müssen Bestandt beider Grdst sein; künstl Einrichtgen (Mauer [BGH **41**, 177], Hecke [Düss OLGZ **78**, 190; KG BlGBW **82**, 217], Baumreihe [LG Ffm NJW-RR **92**, 88], Brunnen [Dresden Recht **04** Nr 2490], Zaun [BGH BlGBW **85**, 112]) müssen auf beiden Grst stehen. – **bb)** Sie muß obj dem **Vorteil beider Grundstücke** dienen, der nicht in Grenzscheidg bestehen muß (Düss MDR **68**, 322); zB gemschaftl Garagenzufahrt auf der Grenze (Düss aaO; LG Mannh NJW **64**, 408), nicht aber Gbde über die Grenze (RG **70**, 200). – **cc)** Sie muß mit **Zustimmung der Nachbarn** als Grenzeinrichtg geschaffen sein (Ffm NJW-RR **92**, 464). – **dd)** Sie muß aber **keine Grenzscheidungsfunktion** haben (Düss aaO; Staud/Beutler Rn 4; aA RG **70**, 200; Celle RdL **58**, 210; wohl auch BGH BlGBW **85**, 112); „voneinand geschieden" weist auf Lage gem aa) hin.

2 **b) Zur Errichtung** sind die Nachb nicht ggseit verpflichtet; bei Errichtg ohne Zustimmg des Nachb hat dieser Anspr aus § 1004 (BGH **91**, 282). Ist die Einrichtg einverständl geschaffen, so wirkt dies auch ggü EinzelRNachf. Die Errichtgskosten trägt der Erbauer; bei EigtVerlust aber Anspr aus § 951 mögl.

3 **c) Ein Recht zur gemeinschaftlichen Benutzung** wird vermutet; zum Umfang vgl § 922 S 1. Es ist nicht im GB eintraggsfäh. Vermutg entfällt, wenn äußere Merkmale auf AlleinEigt eines Nachb hinweisen (BewLast hat, wer AlleinbenutzgsR beansprucht) od AlleinEigt eines Nachb bewiesen ist.

4 **d) Eigentum;** insow keine Vermutg. Besteht kein MitEigt, so gehört jedem Nachb der auf seinem Grdst stehde Teil der Einrichtg (ebso wenn keine Grenzeinrichtg; BGH **91**, 282); bei einer Hecke also die auf seinem Grdst stehden Pflanzen ganz u die auf der Grenze stehden Pflanzen bis zur Grenze in vertikaler Teilg (Düss OLGZ **78**, 190; KG BlGBW **82**, 217), wobei letztere bei Trenng vom Grdst MitEigt werden (RG **70**, 200).

5 **2) Nachbarwand (NbW),** Kommunmauer, halbscheid Giebelwand. Das Recht der NbW ist im LNachbR (EG 124 Rn 2) teils ausführl (*Bln* 4–13; *Hess* 1–7; *Nds* 3–15; *NRW* 7–18; *RhPf* 3–12; *Saarl* 3–14; *SchlH* 4–10; *Thür* 3–12), teils nur bzgl Erhöhg (*Bay* 46, *Brem* 24) u teils nicht (*BaWü; Hbg*) geregelt. Die Rn 6–12 stehen unter dem Vorbeh abw **Landesrechts.** Dieses regelt nicht das Eigt u die Eigensch als Grenzeinrichtg. Bei der Beurteilg der EigtVerh kommt es zum Widerstreit zw §§ 94 I 1, 93 u § 94 II; der BGH sucht im Einzelfall nach einer der Verkehrsauffassg u dem prakt Bedürfn entspr Lösg (BGH **27**, 197 u 204) u gibt dabei § 94 II grdsätzl den Vorrang (BGH **57**, 245).

a) Die NbW ist eine (nicht notw mittig) **auf der Grundstücksgrenze** stehde Wand, die dch Anbau auf 6
beiden Seiten wesentl Bestandt sowohl eines Bauwerks auf dem einen als auch auf dem and Grdst ist od
werden kann. Sie wird zugl mit einem (einseit) Anbau auf der Seite des Erbauers od zugl mit (beiderseit)
Anbauten auf beiden Seiten errichtet. – Eine gesetzl **Befugnis zur Grenzüberschreitung** gibt es nicht;
wenn das öffR Reihenhäuser od geschlossene Bauweise vorschreibt, genügen zwei Grenzwände od Anbau
an eine (vgl Rn 13). Befugn nur bei Zustimmg des Nachb; GewohnhR nur noch dort mögl, wo LNachbR
nicht Zustimmg vorschreibt. **Fehlt die Überschreitungsbefugnis** od wird mehr als zuläss übergebaut, so
ist die Wand im Umfang der unzuläss Überschreit unter den Voraussetzungen von § 912 I zu dulden. Sind
sie erfüllt, so ist der Eigtümer des überbauenden Grdst Alleineigtümer der Wand (§ 912 Rn 12), die er alleine
nutzen (zB Reklame auf NachbSeite) u beseitigen darf u alleine zu unterhalten hat; Anbau des Nachb nur mit
Zustimmg des Eigtümers zuläss (Korbion-Scherer, Gesetzl BauhaftgsR/baul NachbR, 1964, Rn M 321;
Staud/Beutler Rn 27; aA RGRK/Augustin § 922 Rn 13) u begründet MitEigt. Ist sie nicht erfüllt, so steht
die Wand im real geteilten Eigt (§ 912 Rn 16); jeder Nachb hat seinen Wandteil zu unterhalten u darf ihn
alleine nutzen; Anbau des Nachb ohne Zustimmg zuläss (RG Warn **24** Nr 98; Staud/Beutler Rn 28) u
begründet MitEigt an der ganzen Wand (BGH **43**, 127). – Zur Frage der **Überbaurente/Grundabnahme**
vgl § 912 Rn 2. Oft ist beides wg AnbauR stillschw abbedungen (BGH **53**, 5; Karlsr MDR **60**, 671); nicht
aber, wenn mehr als zuläss übergebaut (BGH aaO).

b) Vor dem Anbau des Nachb steht die NbW im **Eigentum** des jeweil Eigtümers des überbauenden 7
Grdst (BGH **27**, 197; **57**, 245). Er trägt die Errichtgskosten. Aus AlleinEigt folgt, daß die NbW **keine
Grenzeinrichtung** ist (Staud/Beutler Rn 25; vgl auch BGH **42**, 374; aA RG Warn **15** Nr 270; BGH **LM**
§ 912 Nr 8; Soergel/Baur Rn 12). Nur dem Eigtümer obliegt die Unterhaltg (Karlsr NJW-RR **90**, 1164; aber
kein Anspr des Nachb darauf), so hat er Nutzgs- (zB Reklame auf NachbSeite) u BeseitiggsR (nach
Beseitigg Anspr des Nachb aus § 812 wg Verlustes der Anbaumöglichk auf Ausgl der GrdstNutzg). **Ver-
größerung** (Erhöhg, Verlängerg) der NbW nur mit Zustimmg des Nachb zuläss (BGH **64**, 273).

c) Das **Anbaurecht** des Nachb ergibt sich aus Gesetz (LNachbR), GewohnhR od Vertr. Bei Vertr als 8
RGrdLage ergeben sich Schwierigk bei EinzelRNachf. Eindeut Bindg der EinzelRNachf auf beiden Seiten
nur bei Sicherg dch GrdDbk (vgl Neust NJW **58**, 635). Schuldrechtl AnbauR wirkt vorbehaltl VertrEintritt
für EinzelRNachf des Nachb (der NbW stets dulden muß; vgl § 912 Rn 2) nur ifV § 328 u gg EinzelRNachf
des Erbauers nicht. Nach Staud/Beutler (Rn 25, 26) verdinglicht sich die NbWVereinbg mit der Errichtg der
Wand u wirkt dann auch ggü EinzelRNachf. Zur Haftg des BauUntern ggü Nachb wg fehlerh Herstellg der
NbW vgl Düss NJW **65**, 539. – Ein **Anbau** liegt nur vor, wenn die NbW auch wesentl Bestandt des auf dem
NachbGrdst errichteten Bauwerks wird (BGH **36**, 46). Es genügt, wenn sie ohne tragde Funktion in Skelett
des NachbGbdes eingefügt wird u dessen Abschlußwand bildet (Karlsr NJW **67**, 1232) od wenn Wand des
NachbGbdes erst dch Anlehng an NbW Standsicherh erlangt (BGH **36**, 46); dabei steht mangelnder Standsi-
cherh nicht gleich, daß die Wand ohne die NbW nicht genehmigt worden wäre (BGH NJW **63**, 1868).
Bloßes Nebeneinand standsicherer (BGH aaO) od dch isolierde Dehngsfuge verbundener Wände (LG Bn
ZMR **71**, 89) genügt nicht; die Wände müssen zu SachEinh zugefügt sein (Düss ZMR **69**, 20).

d) Mit dem **Anbau des Nachbarn** u bei gleichzeit Anbau von beiden Seiten wird die NbW wesentl 9
Bestandt beider Bauwerke u damit **Miteigentum und Mitbesitz** beider Nachb (ganz hM). Wird die NbW
voll in den Anbau einbezogen, so haben die Nachb MitEigt je zu ½ (BGH **57**, 245). Wird in der Tiefe u/od
Höhe nur teilw angebaut, so erwirbt der Anbaude zu dem Brucht MitEigt an der ganzen Wand, der dem
Verhältn der halben von ihm zugebauten Fläche zur Gesamtfläche der NbW entspricht (BGH **36**, 46); baut er
zB in voller Tiefe u halber Höhe an, so werden er zu ¼ u der bish Alleineigtümer zu ¾ Miteigtümer. – Wer
dch den Anbau AlleinEigt an der Wand verliert, hat gg den Erwerber (anbaude MitEigtümer haften anteilig;
Düss NJW-RR **87**, 531) von MitEigt einen **Vergütungsanspruch** aus §§ 951, 812, 818 II in Höhe des 10
Wertes des erworbenen MitEigt (entspr Brucht des obj Mauerwertes zZ des Anbaus; Düss aaO) unabhäng
von eigenem Erspar (BGH **36**, 46; **53**, 5) u ohne Abzug für ersparte Überbaurente (Karlsr MDR **60**, 761);
beim Wert der NbW bleiben bes baul Maßn auf der Innenseite des Erstbauden unberücksichigt (Köln NJW
61, 1820); Aufwendgen des Anbauden, die auch dem Erstbauden wesentl Vorteile bringen (zB Schallschutz;
Düss ZMR **69**, 20) u zu weiter Überbau (BGH **53**, 5; Düss NJW **63**, 161; Köln NJW **65**, 2109) können den
Anspr mindern, nicht aber Aufwendgen zur Ermöglichg des Anbaus (Köln NJW **61**, 1820; Düss ZMR **69**,
20). Der Anspr entsteht mit dem Anbau (Fertigstellg im Rohbau) u wird vom Gläub bei Übereigng seines
Grdst idR stillschw abgetreten; wg and Vfg über den Anspr vgl Staud/Beutler Rn 36. Vereinbg über den
Anspr wirken nur zw den VertrPart (aA Korbion-Scherer [Rn 6] Rn M 342). – Die NbW ist nach dem
Anbau **Grenzeinrichtung** (BGH NJW **89**, 2541). Für die Verwaltg gelten §§ 922 S 4 iVm 744 ff. Für die 11
Unterhaltskosten gilt § 922 S 2 ohne Rücks darauf, ob sie nur dch Benutzg eines Nachb entstanden (Karlsr
MDR **71**, 1011). Dies kann bei nur teilw Anbau zu Unbilligk führen. Daher wird im Schriftt teilw nur der
zum Anbau benutzte Teil der NbW als Grenzeinrichtg angesehen (Korbion-Scherer [Rn 6] Rn M 363;
Staud/Beutler Rn 43); damit entspricht UnterhaltgskostenAnt dem MitEigtAnt u Eigtümer mit größerem
MitEigtAnt hat alleinige Nutzg der Freifläche (zB für Reklame) bis zum weiteren Anbau. Nach Karlsr
NJW-RR **90**, 1164 ist Eigtümer mit kleinerem MitEAnt im räuml Umfang seines Anbaus zu ½ am Unterh
beteiligt. – Eine **Vergrößerung** (Erhöhg, Verlängerg) od (auch nur teilw) **Beseitigung** der NbW ist nur
mit Zustimmg des MitEigtümers zuläss (BGH **29**, 372).

e) Wird **ein angebautes Bauwerk zerstört oder abgerissen**, so behält dessen Eigtümer MitEigt (BGH 12
78, 397; DB **75**, 1843) u MitBes (vgl BGH **29**, 372); Verlust des MitEigt dch Übereign an den Nachb iVm
Aufhebg des BenutzgsR (vgl BGH **57**, 245). Die NbW bleibt Grenzeinrichtg (Staud/Beutler Rn 46; Düss
OLGZ **92**, 198). Für die Verwaltg/Unterhaltg gelten dieselben Grds wie vor Zerstörg/Abriß (Karlsr MDR
71, 1011; Düss aaO); Eigtümer des beseitigten Anbaus muß auf eigene Kosten notw gewordene Außeniso-
lierg vornehmen (BGH NJW **89**, 2541). AnbauR darf wieder ausgeübt werden; die NbW darf auch im
Bereich des früh Anbaus anderweit (zB Reklame) benutzt werden (BGH **43**, 127; DB **75**, 1843). – Werden
beide angebauten Bauwerke zerstört oder abgerissen u bleibt die NbW ganz od teilw erhalten, so bleibt

die NbW im MitEigt zu bish Quoten (BGH **57**, 245) u MitBes (BGH **29**, 372) beider Nachb u Grenzeinrichtg (BGH **29**, 372). Für die Verwaltg u Nutzg gelten dieselben Grds wie nach Zerstörg/Abriß nur eines Anbaus. Einseit Wiederanbau ändert die MitEigtVerh nicht (Quotenänderg aber, wenn früh Teilanbau vergrößert wird) u die NbW bleibt Grenzeinrichtg (Staud/Beutler Rdn 49; aA Hamm NJW **54**, 273); waren aber nur noch geringe Reste der NbW vorhanden u werden sie in einseit Wiederaufbau einbezogen, so gelten die Regeln des erstmaligen Baus u Wiederanbauer wird Alleineigtümer (BGH **27**, 197; **53**, 5; Köln NJW-RR **93**, 87). Bei späterem od gleichzeit Wiederanbau des and Nachb gilt Rn 9–11.

13   **3) Grenzwand (GzW).** Das Recht der GzW ist im LNachbR (EG 124 Rn 2) teils ausführl (*Bln* 14–16; *Hess* 8–10; *Nds* 16–22; *NRW* 19–23; *RhPf* 13–16; *Saarl* 15–20; *SchlH* 12–16; *Thür* 13–16), teils nur in Einzelfragen (*BaWü* 7a, 7b) u teils nicht (*Bay; Brem; Hbg*) geregelt. Die Rn 14, 15 stehen unter dem Vorbeh abw **Landesrechts;** dieses regelt ua Gründg, Unterfangen, Unterhaltg.

14   **a)** Die GzW ist eine **ganz auf dem eigenen Grundstück an der Grenze** stehde Wand. Errichtet der Erbauer eine Wand als Teil eines auf seinem Grdst stehden Gbdes an der Grenze auf dem NachbGrdst, so ist sie nur unter den Voraussetzgn des § 912 zu dulden; nach LNachbR sind dann zT die GzWVorschr anwendb (*Nds* 22; *Saarl* 20; *SchlH* 16).

15   **b) Vor dem Anbau** des Nachb steht die GzW im Eigt des jeweiligen Eigtümers des BauGrdst u ist nicht Grenzeinrichtg (BGH **41**, 177); daran ändert sich dch natürl Drift auf das NachbGrdst nichts (Ffm NJW-RR **92**, 464). – **Anbaurecht** des Nachb nur aGrd Zustimmg des Eigtümers. EinzelRNachf des Eigtümers nicht an schuldrechtl Zustimmg des RVorgängers gebunden (BGH NJW **77**, 1447; aA Köln DWW **75**, 164); und bei GrdDbk. Mangels ihn bindder Zustimmg kann Eigtümer Beseitig des Anbaus gem § 1004 verlangen, sofern nicht § 242 iVm nachbarl GemschVerh entggsteht (BGH aaO). – **Durch den Anbau** wird die GzW weder MitEigt noch Grenzeinrichtg (BGH **41**, 177; NJW **77**, 1447; aA Hodes NJW **64**, 2382; Korbion-Scherer [Rn 6] Rn M 313). – Bei dem VergütgsAnspr des Eigtümers aus §§ 951, 812, 818 II; Eigtümer obliegt die Verwaltg u die Nutzg freier Außenflächen. Er darf die nur als Abschlußwand diende GzW abreißen (Celle NdsRpfl **76**, 10), sofern nicht § 242 iVm nachbarl GemschVerh entggsteht (BGH NJW **77**, 1447). – Bei **Zerstörung/Abriß** des Bauwerks des Eigtümers nach Anbau (ohne die GzW) ändern sich die EigtVerh u die Eigensch als Nichtgrenzeinrichtg nicht (BGH NJW **77**, 1447; LG Duisbg NJW **62**, 1251). Für zu duldde GzW AusglAnspr entspr § 912 II (BGH aaO). Eigtümer darf freie Außenflächen nutzen u wieder anbauen. Zur Frage, ob er dafür sorgen muß, daß keine Feuchtig dch die GzW in NachbGbde eindringt, vgl Ffm OLGZ **82**, 352 u BGH in Anm dazu. Zum Abriß einer GzW, an die nicht angebaut ist, ist er berechtigt, auch wenn GzW auf NachbGrdst dadch freigelegt wird (Köln NJW-RR **87**, 529).

922   *Art der Benutzung und Unterhaltung.* **Sind die Nachbarn zur Benutzung einer der im § 921 bezeichneten Einrichtungen gemeinschaftlich berechtigt, so kann jeder sie zu dem Zwecke, der sich aus ihrer Beschaffenheit ergibt, insoweit benutzen, als nicht die Mitbenutzung des anderen beeinträchtigt wird. Die Unterhaltungskosten sind von den Nachbarn zu gleichen Teilen zu tragen. Solange einer der Nachbarn an dem Fortbestande der Einrichtung ein Interesse hat, darf sie nicht ohne seine Zustimmung beseitigt oder geändert werden. Im übrigen bestimmt sich das Rechtsverhältnis zwischen den Nachbarn nach den Vorschriften über die Gemeinschaft.**

1   **1) Allgemeines.** § 922 gilt nur, wenn die Benutzgsvermut des § 921 besteht. Abweichde Vereinbg zuläss; Wirkg ggü EinzelRNachf iRv § 746 u bei GrdDbk. – Über die **Nachbarwand** vgl § 921 Rn 5.

2   **2)** Jeder Nachb darf die **ganze Einrichtung benutzen (S 1);** auch soweit sie ihm nicht gehört (RG Warn **11** Nr 243). Aber nur die Einrichtung, nicht das anliegde NachbGrdst (RG Warn **16** Nr 169). – **a)** Benutzg nur im Rahmen der Beschaffenh. Bei einer Mauer gehören Erhöhg od Einbau eines Fensters nicht dazu (RG **162**, 209; BGH **29**, 372). – **b)** Nachb hat bei Beeinträchtigg seines MitbenutzgsR AbwehrAnspr aus § 1004 u entspr § 1027 (RG Warn **16** Nr 169); BesSchutz nur bei völl Entzug der Mitbenutzg (BGH **29**, 372).

3   **3)** Die **Verwaltung** obliegt beiden Nachb (S 4 iVm § 744; Köln ZMR **69**, 244). Die **Unterhaltungskosten** tragen sie stets zu gleichen Teilen (S 2); dazu gehören Aufwendgn für Niederleg bei Gefahr (vgl BGH **16**, 13), nicht aber für Stützmauern neben der Grenzeinrichtg (Zweibr AgrarR **79**, 81; vgl aber Karlsr MDR **71**, 1011), für Innenputz einer Nachbarwand (Düss OLGZ **92**, 198) od für Isolierg nach Abriß eines Anbaus (BGH **78**, 397).

4   **4)** Bei **Beseitigung/Änderung** entgg S 3 hat nichtzustimmder Nachb aus § 1004 (LG Gießen NJW-RR **95**, 77) u entspr § 1027 (RG Warn **16** Nr 169) u ggf §§ 823, 249 Unterl- bzw WiederherstellgsAnspr (BGH NJW **85**, 1458). Gilt auch bei Änderg des äußeren Erscheingsbildes (BGH aaO).

5   **5)** Soweit nicht Rn 2–4 eingreifen, sind **§§ 741 ff anwendbar (S 4).** Verweis auf dieses SchuldVerh deckt auch Anwendg von **§ 278** im Verh zw den Nachb (Düss NJW **59**, 580 für NachbWand; Soergel/Baur Rn 7; Medicus Rdn 799; aA BGH **42**, 378; LG Dortm MDR **65**, 202).

923   *Grenzbaum.* [I] **Steht auf der Grenze ein Baum, so gebühren die Früchte und, wenn der Baum gefällt wird, auch der Baum den Nachbarn zu gleichen Teilen.**

[II] **Jeder der Nachbarn kann die Beseitigung des Baumes verlangen. Die Kosten der Beseitigung fallen den Nachbarn zu gleichen Teilen zur Last. Der Nachbar, der die Beseitigung verlangt, hat jedoch die Kosten allein zu tragen, wenn der andere auf sein Recht an dem Baume verzichtet; er erwirbt in diesem Falle mit der Trennung das Alleineigentum. Der Anspruch auf die Beseitigung ist ausgeschlossen, wenn der Baum als Grenzzeichen dient und den Umständen nach nicht durch ein anderes zweckmäßiges Grenzzeichen ersetzt werden kann.**

[III] **Diese Vorschriften gelten auch für einen auf der Grenze stehenden Strauch.**

Grenzbaum (Strauch) ist ein Baum, wenn er da, wo er aus der Erde tritt (Wurzel unerhebl), von der 1
Grenze dchschnitten wird (Mü NJW-RR **92**, 1369). Vor Fällg/Trenng gehören jedem GrdstEigtümer
Baum/Strauch u Früchte, soweit sie sich auf seinem Grdst befinden (vertikal geteiltes Eigt). Mit Fällg/
Trenng gehören sie den zum Fruchtbezug berechtigten (§ 954) als MitEigtümern zu gleichen Teilen (Teilg
nach §§ 752 ff). Ausn für Stamm in II 3. – II 1 gibt Anspr auf Zust zur Beseitigg (bei Grenzeinrichtg geht
§ 922 S 3 vor; LG Ffm NJW-RR **92**, 88); Beseitigg ohne Zust ist unzul (LG Mü II NJW **76**, 973). Anspr nach
II 4, öffR (vgl § 910 Rn 3) od vertragl ausgeschl, ausnahmsw auch nach §§ 226, 242 (Mü NJW-RR **92**, 1369).
Kein SchadErs bei eigenmächt Beseitigg, wenn ZustAnspr bestand. Über Obstbäume u WaldGrdst vgl EG
122, 183. Für Bäume neben der Grenzlinie gilt § 923 nicht (vgl §§ 910, 911).

924 *Unverjährbarkeit nachbarrechtlicher Ansprüche.* **Die Ansprüche, die sich aus den
§§ 907 bis 909, 915, dem § 917 Abs. 1, dem § 918 Abs. 2, den §§ 919, 920 und dem § 923
Abs. 2 ergeben, unterliegen nicht der Verjährung.**

Der Grd der Vorschr liegt in der fortwährenden Neuentstehg der Anspr, in den Fällen der §§ 919, 920 in 1
dem öff Interesse. § 924 gilt nicht für KostenerstattgsAnspr aus § 919 III.

Zweiter Titel. Erwerb und Verlust des Eigentums an Grundstücken

Einführung

1) Erwerbsarten bei GrdstEigt. – **a) Rechtsgeschäft** nach §§ 873, 925. – **b) Gesetz:** zB §§ 46, 88, 1416, 1
1922, 2139; TreuhG 11 II, 23 (BezG/BSfZ Dresd Rpfleger **93**, 106). – **c) Staatsakt:** zB Zuschlag (ZVG 90;
BGH NJW **90**, 2744); Flurbereiniggsplan (FlurbG 61); Umleggsplan (BauGB 72); Grenzregelgsplan (BauGB
83); Grenzbereiniggsplan (zB § 10 *nds* GrenzbereiniggsG v 13. 6. 79, GVBl 108); Zuteilg im EnteignsgsVerf;
GrdErwerb dch Gemeinde gem BauGB 28 III 3 (vgl Übbl 9 vor § 1094). – **d) Buchersitzung** (§ 900 I 2) u
Aneignung (§§ 927 II, 928 I, EG 129).

2) Internationales Privatrecht: EG 11 Rn 7, 9, 22; 38 Anh II; § 925 Rn 15. Es gilt die lex rei sitae; vgl 2
BGH **73**, 391 (Spanien); Mü OLGZ **74**, 19 (Italien). – **Kirchenrecht:** Über Anwendbark von §§ 925, 873
bei EigtÜbergang an kirchl Grdst vgl BVerfG NJW **83**, 2571; Hbg NJW **83**, 2572 mwN.

925 *Auflassung.* **I Die zur Übertragung des Eigentums an einem Grundstück nach § 873
erforderliche Einigung des Veräußerers und des Erwerbers (Auflassung) muß bei gleich-
zeitiger Anwesenheit beider Teile vor einer zuständigen Stelle erklärt werden. Zur Entgegennah-
me der Auflassung ist, unbeschadet der Zuständigkeit weiterer Stellen, jeder Notar zuständig.
Eine Auflassung kann auch in einem gerichtlichen Vergleich erklärt werden.**

**II Eine Auflassung, die unter einer Bedingung oder einer Zeitbestimmung erfolgt, ist unwirk-
sam.**

1) Allgemeines. § 925 enthält eine SonderVorschr für Form (I) u Inhalt (II) der nach § 873 notw Einigg; 1
iü gilt § 873 (zB EintrErfordern). – **a) Übertragungsgegenstand.** Eigt an Grdst einschl realer GrdstTeile,
MitEigtAnt einschl WohngsEigt. § 925 gilt nicht bei Übertragg von Ant an GesHdsGemsch, selbst wenn
das Grdst uze deren einziger VermGgst ist (§ 873 Rn 7). – **b) Übertragungsakt.** RGesch, die zu einem
RTrägerwechsel in EinzelRNachf führt (§ 873 Rn 5, 6). § 925 gilt nicht bei RGesch über GesamtRNachf
(§ 873 Rn 8) u bei Erwerb krG od dch Staatsakt.

2) Auflassung vor einer zuständigen Stelle (I 1, 2). Erkl vor unzuständ Stelle ist unwirks. Da BeurkG 2
57 III Nr 3 die Zuständigk von AG u GBA beseitigt hat, sind zuständ: Im Inland jeder **deutsche Notar** (vgl
EG 11 Rn 9), auch außerh seines AmtsBez (vgl BeurkG 2); im Ausland **Konsularbeamte** gem KonsG 12
Nr 1 iVm 19 (II nur DienstVorschr), 24. Sie müssen zur Entgegnahme der (ggü dem VertrPartner abzugeb-
den) AuflErkl bereit sein (RG **132**, 406) u sie wahrnehmen können (Aufenth im gleichen Raum nicht notw;
RG JW **28**, 2519).

a) Erklärungsform. Schriftform od Beurk nicht vorgeschrieben; daher fehlde BeteilUnterschr (Bay- 3
ObLG MittBayNot **94**, 39) od fehlde/fehlerh Beurk (BGH NJW **92**, 1101) für materiellr Wirksamk unschädl
(über Nachw ggü GBA vgl Rn 29). Nach hM (KG OLG **43**, 428; **10**, 406; Brschw OLG **45**, 210; Erm/Hagen
Rn 20; Jaurnig Anm 4a; Planck/Strecker Anm 3c; RGRK/Augustin Rn 71) ist eine mündl Erkl erforderl.
Nach aA (MüKo/Kanzleiter Rn 18; Staud/Ertl Rn 86; Rosenberg Anm RG JW **28**, 2519) genügt jedes
ErklMittel, das die Einigg unmißverständl ausdrückt. Dem ist zuzustimmen (aA 54. Aufl), denn „erklären"
läßt jede Form der WillErkl zu. Das MündlichkErfordern der Rspr dient oft nur der Verneing der Schrift-
form/Beurk (zB RG **99**, 65; JW **20**, 1029) od der Feststellbark des Zugangs (zB RG JW **28**, 2519) bzw Inhalts
(Stgt Recht **20** Nr 904) der Erkl. Bloße Überg einer schriftl AuflErkl an den Notar läßt nicht erkennen, daß
die Erkl damit abgegeben werden soll (RG **131**, 406; aA MüKo/Kanzleiter Rn 18).

b) Gleichzeitige Anwesenheit von Veräußerer und Erwerber ist materiellr WirksamkVoraussetzg 4
(BGH **29**, 6 [10]). Persönl Anwesenh od Aufenth im gleichen Raum (RG JW **28**, 2519) nicht notw. Bei
PersMehrh (zB Miterben) als Veräußerer/Erwerber kann unbeschadet Rn 5 jedes Mitgl die Einigg mit dem
VertrPartner auch in Abwesenh der and Mitgl erklären (KG OLG **9**, 342). – **aa) Vertreter, Nichtberech-** 5
tigter. § 925 I 1 ist genügt, wenn ein anwesder Vertreter (auch gem § 181) od NichtBerecht die Aufl erklärt.
Bei VeräußererErkl dch NichtBerecht unerhebl, ob er sich seiner NichtBerechtigg bewußt ist (BGH **19**, 139;

LG Aurich Rpfleger **87**, 194). Bei ErwerberErkl dch Verteter muß Vertretener bestimmb sein (AG Hbg NJW **71**, 102; LG Aurich aaO; vgl auch BayObLG Rpfleger **84**, 11). Bei fehlder Vertretgs-/VfgsMacht gelten §§ 177, 182 ff; dch die Rückwirkg der Gen wird § 925 I 1 genügt. Vollm bzw Zustimmg bedürfen

6 materiellr nicht der Form des § 925 (§§ 167 II, 182 II); über Nachw ggü GBA vgl Rn 29. – **bb) ZPO 894.** Nur wenn VollstrGläub bei Abgabe seiner Erkl das rkräft Urt (bei Zug-um-Zug-Verurteilg in vollstreckb Ausfertigg; KG HRR **28** Nr 215) vorliegt, ist der VollstrSchuldn als ebenf anwesend anzusehen (BayObLG **83**, 181).

7   **c) Ausnahmen dch Landesrecht (AGBGB). – aa) EG 127.** Bei buchgsfreien Grdst abw von Rn 3 BeurkForm zB nach *BaWü* 29, *Bay* 55, *Hess* 24, *Nds* 19, *RhPf* 21, *SchlH* 21. – **bb) EG 143 II.** Bei Aufl in not VerstTermin Abw von Rn 4 zB *Brem* 18, *Hess* 23, *RhPf* 20.

8   **3) Auflassung in gerichtlichem Vergleich (I 3). – a) Gericht** sind die ordentl Ger (ProzGer, FGG-Ger, VollstrGer [Saarbr OLGZ **69**, 210], LandwGer [BGH **14**, 381], StrafGer in PrivKlage u AdhäsionsVerf [Stgt NJW **64**, 110]), Verw/Finanz/SozialGer (BVerwG NJW **95**, 2179; aA BayVGH BayVBl 72, 664; 54. Aufl) u ArbGer in allen Instanzen. Soweit der RPfleger für das Verf zuständ ist, genügt Vergl vor ihm. –

9 **b) Vergleich** (nicht notw iSv § 779) zur mind teils VerfErledigg. EigtÜbertr muß nicht VerfGgst sein, aber mit ihm zushängen (Hesse DR **40**, 1035; Walchshöfer aaO; aA Keidel DNotZ **52**, 104). Wahrg der jeweil verfrechtl Form notw u genügd (BGH **14**, 381 [390]; Neust DNotZ **51**, 465). Über Nachw ggü GBA (auch der ProzVollm) vgl Rn 29; über WiderrufsVorbeh vgl Rn 19.

10   **4) Inhalt der Auflassung.** Die AuflErkl ist ggü dem VertrPartner (nicht ggü der zuständ Stelle) abzugeben u wird mit Wahrnehmg dch ihn wirks (§ 130 Rn 14; Rosenberg Anm RG JW **28**, 2519).

11   **a) Eigentumsübertragungserklärung.** Es muß erkennb sein, daß Eigt veräußert u erworben werden soll (RTrägerwechsel); daher liegt in bloßer Feststellg einer Eigtümerstellg (Ffm Rpfleger **73**, 394) u in BerechtiggsBew idR keine Aufl. Bestimmte Wortfassg nicht notw, da AuflErkl ausleggsfäh (BayObLG BWNotZ **94**, 20); daher können EintrBew (GBO 19) des Veräußerers u EintrAntr (GBO 13) des Erwerbers genügen (KG HRR **36** Nr 137). Es genügt die Gen der vom Notar verlesenen vorweg protokollierten AuflErkl (RG JW **28**, 2519) od das Bekenntn zu privatschriftl AuflErkl (Planck/Strecker Anm 3 c; aA Stgt Recht **20** Nr 904).

12   **b) Auflassungsgegenstand.** Bei übereinstimmden Vorstellgn der VertrPart von den örtl Grenzen des Grdst ist es in diesen u nicht in den katastermäß Grenzen aufgelassen (RG Recht **14** Nr 627; Hamm NJW-RR **92**, 152); ggf § 119. Ist ein abzumessdes TeilGrdst dch Planeinzeichng u Flächenmaßangabe bezeichnet, so ist idR die eingezeichnete Fläche aufgelassen (BGH WM **80**, 1013). Erklärt ein AlleinEigtümer als vermeintl GesHdsEigtümer mit dem and vermeintl GesHdsEigtümer die Aufl an einen Erwerber, so ist das ganze Grdst aufgelassen (RG **125**, 131). Aufl des ganzen Grdst nicht in Aufl eines MitEigtAnt umdeutb (Ffm Rpfleger **75**, 174). Lassen MitEigtümer zur Hälfte einen halben MitEigtAnt an einen Erwerber auf, so

13 überträgt idR jeder die Hälfte seines Anteils (BayObLG DNotZ **78**, 238). – **aa) Konkretisierende Bezeichnung.** Materiellr genügt jede den VerkBedürfn entspr zweifelsfreie Bezeichg; für ein abzuvermessdes TeilGrdst gilt § 885 Rn 15 entspr (BayObLG NJW-RR **86**, 505), so daß diese Bezeichng auch bei Verurteilg zur Aufl genügt (BGH NJW **88**, 415). Bei geringem Unterschied zw aufgelassener u später abvermessener Teilfläche wirkt die Aufl auch für letztere (LG Wuppt RhNK **84**, 167). GBO 28 gilt erst im GBVerf; daher erfordert Verurteilg zur Abgabe der EintrBew eines TeilGrdst idR das Vorliegen eines VerändergsNachw (BGH NJW **88**, 415). Über IdentitätsErkl bei Bezeichng eines Aufl abvermessenen TeilGrdst vgl Köln

14 Rpfleger **92**, 153 u Haegele/Schöner/Stöber Rn 888. – **bb) Falsche Bezeichnung** unschädl, wenn VertrPart denselben Ggst meinen (BGH DNotZ **66**, 172). Wollen sie nur das Grdst *A* auflassen u erwähnen sie irrtüml auch das Grdst *B*, so ist nur *A* aufgelassen (BGH WM **78**, 194); wollen sie *A* u *B* auflassen u erwähnen sie irrtüml nur *A*, so sind *A* u *B* aufgelassen (BGH JZ **83**, 759: str u zweifelh). Decken sich die Erkl äußerl, meint aber jeder ein and Grdst, so § 155 bei Mehrdeutig der Erkl (RG **66**, 122; § 155 Rn 4) u § 119 des

15 Irrden bei Eindeutig (RG Warn **10** Nr 270; § 155 Rn 2). – **cc) Ersatzgrundstück,** das nach BauGB 72, FlurbG 68 an die Stelle des aufgelassenen Grdst tritt, wird ohne Wiederholg von alter Aufl erfaßt (BayObLG Rpfleger **72**, 366; **80**, 293).

16   **c) Mehrere Erwerber.** Angabe eines konkreten (keine Alternativangabe; Zweibr RhNK **80**, 49) GemschVerh der Erwerber (nicht auch mehrerer Veräußerer) iSv GBO 47 ist notw Inhalt u WirksamkVoraussetzg der Aufl (BayObLG **83**, 118; hM); sie kann sich aus Bezugn auf Angaben zum GrdGesch (Düss MittBayNot **77**, 66) od Auslegg (LG Saarbr Rpfleger **71**, 358 [aGrd Angaben im voranstehdn GrdGesch]) ergeben. Nachholg u Änderg wg VfgsMöglichk nach Rn 23 dch Erwerber ausreichd (Köln Rpfleger **80**, 16; LG Lüneb Rpfleger **94**, 206; Erm/Hagen Rn 29; Haegele/Schöner/Stöber Rn 3312; aA Ffm Rpfleger **77**,

17 204; Düss DNotZ **79**, 219; BayObLG **83**, 118; Oldbg Rpfleger **91**, 412; 54. Aufl). – **aa) Gütergemeinschaft.** Wird das Grdst GesGut (§ 1416), so kann unmittelb Eintragg in GüterGemsch auch erfolgen, wenn einem Eheg zu Allein- (BayObLG **75**, 709) od beiden zu MitEigt (BGH **82**, 346) aufgelassen. IrrtümlAufl an Eheg in GüterGemsch, die tats in ZugewGemsch leben, in Aufl zu MitEigt umdeutb (BayObLG **83**, 118). –

18 **bb) Ausländischer Güterstand.** Wird das Grdst nach dem nach EG 14, 15 maßg GüterR gemschtl Eigt in ausländ RForm u kann diese EigtForm in Allein- od MitEigt des BGB geändert werden (insb nach EG 15 II Nr 3; vgl LG Mainz DNotZ **94**, 564), so gilt für die Änderg Rn 16 (Köln Rpfleger **80**, 16). Bei Aufl zu Allein- od MitEigt ohne GüterRÄnderg gilt für die Eintragg im GemschVerh ausländ Rechts Rn 17.

19   **d) Bedingte oder befristete Auflassung ist unwirksam (II);** keine Heilg (zB dch BdggsEintritt) mögl. Unwirks Aufl, die dch Wirksamk des GrdGesch bdgt (Celle DNotZ **74**, 731). Ob Aufl bdgt, wenn in gleicher Urk enthaltenes GrdGesch bdgt od unter RücktrVorbeh ist, ist Ausleggsfrage u bei RücktrVorbeh idR nicht anzunehmen (Oldbg Rpfleger **93**, 330). Auch unwirks, die in gerichtl Vergl unter WiderrufsVorbeh (BGH NJW **84**, 312; **88**, 415) od in gerichtl ScheidgsVergl „für den Fall der rkräft Scheidg" (BayObLG **72**,

20 257 [auch wenn ScheidgsUrt im gleichen Termin verkündet u rkräft wird]) erklärt. – **Keine Unwirksamkeit nach II:** Zug-um-Zug-Verurteilg zur Aufl (Düss JurBüro **87**, 1823); gleichzeit Bestellg eines

GrdstR für Veräußerer (dessen Wirksamk keine Bdgg der Aufl) u Vorbeh nach GBO 16 II (KG JFG **1**, 335); Abrede über Bdgg für GBVollzug (Hamm Rpfleger **75**, 250); bdgte AuflVollm (KGJ **53**, 141). Unschädl ist RBdgg (Einf 5 v § 158); zB Gen der vom NichtBerecht (KGJ **36** A 198) od vollmachtlosen Vertreter (BayObLG Rpfleger **84**, 11) erklärten Aufl, notw Gen des VormschG (KG HRR **38** Nr 1526), künft Entsteh des Erwerbers als jurPers/PersGesellsch des HGB (BayObLG NJW **84**, 497).

5) Wirkung der Auflassung. Die Aufl ist Teil eines mehrakt RGesch, denn zum EigtÜbergang muß die 21 Eintragg hinzutreten (Ausn: buchgsfreies Grdst). Über notw behördl Gen vgl Übbl 17–27 v § 873.

a) Der **Erfüllungsanspruch** auf EigtÜbertr aus dem GrdGesch erlischt erst mit Eintragg des Erwerbers. 22 Bis dahin ist er noch vormerkb, abtretb, pfändb u verpfändb (BGH NJW **94**, 2947).

b) Verfügungsermächtigung. In der Aufl liegt idR die Einwilligg (§ 185 I) zu Vfgen des Erwerbers 23 über das Grdst (BGH **106**, 108); insb zur Weiterveräußerg (sog **Kettenauflassung**), bei der Zweiterwerber mit seiner Eintragg ohne ZwEintr des Ersterwerbers unmittelb vom Veräußerer erwirbt (BayObLG NJW-RR **91**, 465). Aber keine Einwilligg in Weiterveräußerg, wenn Eintragg u Rang eines vom Ersterwerber dem Veräußerer bewilligten Rechts nicht gewährleistet (Düss OLGZ **80**, 343), u keine Einwilligg in GrdPfdRBestellg, wenn KaufPrFdg des Veräußerers noch offen. Keine Einwilligg des Veräußerers, daß Ersterwerber ÜbereigngsAnspr des Zweiterwerbers gg ihn begründet (BayObLG **72**, 397) od Vormkg für Zweiterwerber zur Sicherg dessen Anspr gg den Ersterwerber bestellt (BayObLG Rpfleger **79**, 134), so daß Zweiterwerber aGrd der ErstAufl nicht dch Vormkg sicherb.

c) Vermögensrecht des Erwerbers. – aa) Ungesicherter Erwerber. Ohne AuflVormkg od Eintr- 24 Antr des Erwerbers ist dieser nicht gg ZwVfgen des Veräußerers gesichert. Obwohl er seinen EigtErwerb dch eigenen EintrAntr (GBO 13 I 2) befördern kann, hat er noch kein dch § 823 (aber dch § 826) geschütztes (BGH **45**, 186) u dch Übertragg/Pfändg/Verpfändg verfügb (BGH **106**, 108; KEHE/Ertl Einl M 15; Stöber Rn 2066; Medicus DNotZ **90**, 275; aA KG JFG **4**, 339; Erm/Hagen Rn 55; MüKo/Kanzleiter Rn 32; Horber Anm LG Essen NJW **55**, 1401; 54. Aufl) VermögensR. Verfügb ist nur der ErfAnspr (Rn 22). – **bb) Gesicherter Erwerber (Anwartschaftsrecht).** Dch Eintragg einer AuflVormkg (BGH **83**, 395; Rn 25 ohne Aufl genügt sie nicht [BGH DB **84**, 713]) od den beim GBA eingegangenen Antrag des Erwerbers (nicht des Veräußerers!) auf EigtUmschreibg (BGH **106**, 108) ist der Erwerber nach Maßg von §§ 883 II, 888 bzw GBO 17 gg ZwVfgen des Veräußerers geschützt; daher genügt auch Antr des Erwerbers auf Eintragg bewilligter AuflVormkg. Die RStellg des Erwerbers wird damit zum AnwR, über das dch Über-tragg/Pfändg/Verpfändg verfügt werden kann (BGH aaO; hM); Vfgen über den ErfAnspr (Rn 22) dane-ben od wahlw mögl. Das AnwR aus EintrAntr erlischt mit Rückn od erstinstanzl Zurückweisg (BGH Rpfleger **75**, 432) des Antr, das aus AuflVormkg nicht dch Rückn/Zurückweisg des EigtUmschreibgsAntr (LG Düss RhNK **85**, 147); in beiden Fällen erlischt es mit Aufhebg der Aufl od Vollendg des EigtErwerbs. Das AnwR begründet kein BesR iSv § 986 (Celle NJW **58**, 870; aA Hager JuS **91**, 1 [7]), wird aber dch §§ 823, 826 geschützt (BGH **49**, 197; NJW **91**, 2019 [GrdstBeschädigg]; bei AnwR aGrd EintrAntr muß Verletzer Aufl u Antr gekannt haben [arg § 892 I 2; Röwer NJW **61**, 539). – **Übertragung** des AnwR 26 entspr § 925 ohne Eintragg (auch nicht bei AuflVormkg) u Zust des Veräußerers (BGH **83**, 395); kein gutgl Erwerb vom NichtAnwBerecht (Haber JuS **91**, 1 [5]). Zweiterwerber erwirbt das GrdstEigt mit seiner Eintragg ohne ZwEintr des Ersterwerbers unmittelb vom Veräußerer (BGH **49**, 197). VfgsBeschrkg des Veräußerers nach AntrStellg (§ 878) u des Ersterwerbers nach AnwRÜbertrg unschädl. – Pfändg des AnwR nach ZPO 857, wobei Zustellg an Erwerber genügt (BGH **49**, 197). Gläub kann sich 27 erforderl Urk nach ZPO 792 beschaffen u Eintragg des Erwerbers herbeiführen; mit dessen Eintragg erwirbt er entspr ZPO 848 II 2 krG eine SichgHyp, die im Rang Rechten nachgeht, deren Eintragg der Veräußerer sich gem GBO 16 II vorbehalten hat (LG Frankth Rpfleger **85**, 231), u Rechten vorgeht, die der Erwerber sich od Dritten bestellt hat (BGH **49**, 197). Einzeln bei Stöber Rn 2054–2065. – **Verpfän-dung:** § 1274 Rn 5, § 1287 Rn 5.

6) Bindung an die Auflassung erst unter den Voraussetzgen von § 873 II (Baur § 22 II 4; MüKo/ 28 Kanzleiter Rn 29; Bassenge Rpfleger **77**, 8; aA BayObLG **57**, 229; Jauernig Anm 6; Staud/Ertl Rn 111). Über Voraussetzgen u Wirkg der Bindg vgl § 873 Rn 16–19. – **Aufhebung der Auflassung** bis zur GBEintr dch formlosen Vertr (BayObLG **54**, 147); § 925 gilt nicht. Nach GBEintr RückÜbereigng notw.

7) Grundbuchverfahren. – a) GBO. Die Aufl enthält idR auch die nach GBO 19 notw EintrBew des 29 Veräußerers (vgl Demharter § 20 Rn 2). GBA prüft gem GBO 20 nicht die Wirksamk der Aufl sond nur, ob § 925 nachgewiesen. Trifft dies zu, darf er die Eintragg nur ablehnen, wenn feststehde Tats eindeut die Unwirksamk der Aufl ergeben (BayObLG **92**, 85; vgl Übbl 12 v § 873). Wg GBO 28 vgl Rn 13. Nachzu-weisen gem GBO 29 sind insb die Aufl (iFv ZPO 894 genügt für die AuflErkl des Gläub nicht seine begl Unterschr unter seiner AuflErkl [Celle DNotZ **79**, 308]; über Nachw nicht beurk Aufl vgl Fuchs-Wisse-mann Rpfleger **78**, 431), Vollm (die hM [vgl Saarbr OLGZ **69**, 210; Walchshöfer NJW **73**, 1102] läßt bei Aufl in gerichtl Vergl die Anführg der ProzBevollm im VerglProt genügen, was im Hinblick auf GBO 29, ZPO 88 II bedenkl [MüKo/Kanzleiter Fußn 44; Staud/Ertl Rn 82]) u Gen nach § 182; Verstoß unschädl, wenn Aufl materiellr wirks. – **b) GrdEStG** v 17. 12. 82 (BGBl 1777). Fehlen od Widerruf der nach 30 GrdEStG 22 notw UnbedenklichkBescheinig läßt die Wirksamk der Aufl unberührt (BGH **5**, 179), ist aber EintrHindern für EigtUmschreibg, dessen Nichtbeachtg das GB nicht unrichtig macht (BayObLG **75**, 90). GBA muß prüfen, ob der RVorgang der GrdErwerbSt unterliegt; trifft dies nicht zu, darf es keine Beschei-nigg verlangen (and bei Zweifeln; BayObLG FGPrax **95**, 95; Ffm Rpfleger **95**, 346). Zum GterWechsel bei GbR vgl Celle Rpfleger **85**, 187 u LG Oldbg Rpfleger **84**, 265.

925a *Urkunde über Grundgeschäft.* **Die Erklärung einer Auflassung soll nur entge-gengenommen werden, wenn die nach § 313 Satz 1 erforderliche Urkunde über den Vertrag vorgelegt oder gleichzeitig errichtet wird.**

1   Ordngsvorschr, Verstoß macht Aufl nicht unwirks. GBA darf Umschreibg nicht von Vorlage der Schuld-
urkunde abhäng machen (Schlesw SchlHA **60**, 341).

926   *Zubehör.*   ^I Sind der Veräußerer und der Erwerber darüber einig, daß sich die Veräuße-
rung auf das Zubehör des Grundstücks erstrecken soll, so erlangt der Erwerber mit dem
Eigentum an dem Grundstück auch das Eigentum an den zur Zeit des Erwerbes vorhandenen
Zubehörstücken, soweit sie dem Veräußerer gehören. Im Zweifel ist anzunehmen, daß sich die
Veräußerung auf das Zubehör erstrecken soll.

^{II} Erlangt der Erwerber auf Grund der Veräußerung den Besitz von Zubehörstücken, die dem
Veräußerer nicht gehören oder mit Rechten Dritter belastet sind, so finden die Vorschriften der
§§ 932 bis 936 Anwendung; für den guten Glauben des Erwerbers ist die Zeit der Erlangung des
Besitzes maßgebend.

1   **1) Zubehör.** § 926 betrifft nur Ggst, die zZ des Übergangs des GrdstEigt (Augsbg OLG **34**, 177) Zubeh iSv
§§ 97, 98 nur dieses Grdst (Breslau OLG **35**, 291) sind; kein GutGlSchutz bezgl ZubehEigensch (KG OLG **14**,
80). Es kann nach § 926 od nach §§ 929 ff übereignet werden (Augsbg aaO). – **Bestandteile.** Wesentl Bestandt
werden mit dem Grdst ohne weiteres Eigt des Erwerbers. Ebso nichtwesentl Bestandt, die dem Veräußerer
gehören; sonst Erwerb nach §§ 932 ff. – **Obligatorische Berechtigung** zum Vorteil des veräußerten Grdst
fällt nicht unter § 926 (BayObLG DNotZ **91**, 667; Kohler DNotZ **91**, 362).

2   **2) Eigentum des Veräußerers (I)** zZ des Übergangs des GrdstEigt; § 1006 anwendb. Wollen die Part mit
dem Grdst auch das Zubeh übereignen, so geht das ZubehEigt zus mit dem GrdstEigt über; VeräußererBes,
Überg (§ 929 S 1) od ÜbergErs (§§ 930, 931) entbehrl. § 878 auf diese Einigg anwendb. I 2 gilt nur bei
VeräußererEigt (Düss OLGZ **93**, 73; LG Saarbr NJW-RR **87**, 11; str); GgBew mögl.

3   **3) Gutgläubiger Erwerb (II). – a)** Bei **Eigentum eines Dritten** zZ des Übergangs des GrdstEigt muß zu
der Einigg iSv I die BesErlanngg nach §§ 929–931 treten; ifv §§ 929 S 1, 854 II kann die Einigg in der Aufl
enthalten sein (Augsbg OLG **34**, 177). Es gelten dann §§ 932–935. Maßg Ztpkt für Gutgläubigk ist der
BesErwerb, jedoch ifv §§ 929 S 2, 932 die Aufl u ifv §§ 931, 934 Fall 1 die Abtretg. – **b) Belastungen mit
Rechten Dritter** erlöschen bei Gutgläubigk im maßg Ztpkt mit Erwerb des ZubehEigt, ifv I aber erst mit
BesErlangg, wenn sie dem EigtErwerb nach folgt.

927   *Aufgebotsverfahren.*   ^I Der Eigentümer eines Grundstücks kann, wenn das Grund-
stück seit dreißig Jahren im Eigenbesitz eines anderen ist, im Wege des Aufgebotsverfah-
rens mit seinem Rechte ausgeschlossen werden. Die Besitzzeit wird in gleicher Weise berechnet wie
die Frist für die Ersitzung einer beweglichen Sache. Ist der Eigentümer im Grundbuch eingetragen,
so ist das Aufgebotsverfahren nur zulässig, wenn er gestorben oder verschollen ist und eine Eintra-
gung in das Grundbuch, die der Zustimmung des Eigentümers bedurfte, seit dreißig Jahren nicht
erfolgt ist.

^{II} Derjenige, welcher das Ausschlußurteil erwirkt hat, erlangt das Eigentum dadurch, daß er sich
als Eigentümer in das Grundbuch eintragen läßt.

^{III} Ist vor der Erlassung des Ausschlußurteils ein Dritter als Eigentümer oder wegen des Eigen-
tums eines Dritten ein Widerspruch gegen die Richtigkeit des Grundbuchs eingetragen worden, so
wirkt das Urteil nicht gegen den Dritten.

1   **1) Allgemeines.** Wer im GB nicht als Eigtümer eingetr ist, kann kein Eigt ersitzen, sond nur nach Ausschl
des Eigtümers sich das Grdst aneignen. § 927 gilt auch für MitEigtAnt (hM) u vergleichb altrechtl Anteile (LG
Flensbg SchlHA **62**, 246) sowie reale GrdstTeile (Staud/Ertl Rn 4); nicht aber für GesHdAnt (LG Aurich
NJW-RR **94**, 1170 mwN; str), hier können einige GesHänder alle ausschließen (vgl Bambg NJW **66**, 1413).

2   **2) Voraussetzungen. – a)** **30jähriger Eigenbesitz** iSv § 872; guter Glaube nicht notw. Fristberechng
nach §§ 938–944 einschl § 943 (Bambg NJW **66**, 1413). – **b) Wahrer Eigentümer nicht eingetragen oder
verschollen.** Ersteres gegeben, wenn kein Eigtümer od ein NichtEigtümer (kann der Eigenbesitzer sein)
eingetr (BGH WM **78**, 194); zB weil wg Nichterwerbs NichtBerecht eingetr (Schlesw SchlHA **54**, 52), eingetr
ehemals Berecht tot/für tot erklärt (Erben brauchen sich unbekannt/unfeststellb zu sein; vgl Köln RhNK **85**,
215) od jur Pers erloschen. Für Verschollenh ist VerschG 1 nicht Voraussetzg. – **c)** Bei **Tod/ Todeserklä-
rung und Verschollenheit:** Seit 30 Jahren vor Beginn des AufgebotsVerf keine GBEintr, der Eigtümer zZ
der Eintr hätte nach GBO 19, 20, 22 II, 27 zustimmen müssen; Nachw der Zust unerhebl (Planck/Strecker
Anm 2c). Keine Fristunterbrechg bei Eintr in vor Fristbeginn erteilter Vollm (LG Flensbg SchlHA **62**, 256; str)
od dch AbwesenhPfleger (AG Bln-Schönebg MittBayNot **75**, 22).

3   **3) Aufgebotsverfahren:** ZPO 946 ff, 1024 I. AntrR (pfändb) hat nur Eigenbesitzer (ZPO 979).

4   **4) Wirkung des Ausschlußurteils. – a) Ausschluß des Eigentümers.** Mit Erlaß (ZPO 957 I) vorbehalt-
losen Urt wird jeder Eigtümer (auch Eigenbesitzer selbst) ausgeschl u das Grdst herrenlos (RG **76**, 357; BGH
NJW **80**, 1521). Ein VorbehUrt (ZPO 953) wirkt erst dann wie ein vorbehaltloses, wenn Vorbeh dch Verzicht
des Anmeldden od Urt in bes Proz beseitigt u damit feststeht, daß vorbeh Eigt bei Erlaß des AusschlUrt nicht
bestand (BGH NJW **80**, 1521). Ausschl wirkt auch gg Dritte iSv III (vgl Rn 5). Über vorschrwidr Beschrkg
des Ausschl auf best Pers vgl RG aaO; KG OLG **15**, 353. – **b) Das Aneignungsrecht** des Eigenbesitzers ist
abtretb (Form: § 925) u (ver)pfändb. – **c) Eigentumserwerb** mit AusschlUrt nur, wenn Eigenbesitzer schon
(weniger als 30 Jahre; sonst § 900) als Eigtümer eingetr (Süß aaO); sonst gilt Rn 5, 6 u Erwerb ist dch Widerspr
(nach aA dch Vormkg) sicherb. – **d) Rechtsgrund** für AneignsR; daher kein BereichergsAnspr das Aus-
geschl bei unrichtigem AusschlUrt (LG Kblz NJW **63**, 254).

5) Eigentumserwerb. – a) Durchführung. AneignungsBerecht kann aGrd AusschlUrt (ggf mit Nachw 5 des VorbehBeseitigg) seine Eintr beantragen. Formloser EintrAntr, weil Erkl des Aneigngswillens keine EintrVoraussetzg (hM). FinAmtBescheinigg (§ 925 Rn 24) nicht notw (Zweibr NJW-RR **86**, 1461). – Bei **Eigentümereintragung gemäß III** (die nach § 891 I wirkt) EigtEintr erst mögl, wenn GBBerichtigg (zB nach § 894) od Zust des Eingetragenen erwirkt (KG OLG **15**, 353). Wer erst nach Erlaß des AusschlUrt eingetr, wird von ihm nicht betroffen (KG aaO); EigtEintr erst mögl, wenn GBBerichtigg (zB nach § 894, falls kein gutgl Erwerb) od Zust des Eingetragenen erwirkt (Planck/Strecker Anm 5e; vgl BGH NJW **80**, 1521). – **Widerspruch gemäß III** hindert EigtEintr nicht (KG aaO); WidersprBerecht kann GBBerichtigg aGrd EigtNachw betreiben. – **b) Wirkung.** Urspr/originärer EigtErwerb mit Eintr **(II)** ohne Rückwirkg 6 (RG JW **13**, 204; vgl LG Aach RhNK **71**, 405). Belastgen (wg urspr Erwerbs auch fälschl gelöschte; W-Raiser § 62 III) u schuldr Anspr bzgl des Grdst (BGH NJW **80**, 1521) bleiben unberührt.

928 *Aufgabe des Eigentums.* [I] **Das Eigentum an einem Grundstücke kann dadurch aufgegeben werden, daß der Eigentümer dem Verzicht dem Grundbuchamte gegenüber erklärt und der Verzicht in das Grundbuch eingetragen wird.**

[II] **Das Recht zur Aneignung des aufgegebenen Grundstücks steht dem Fiskus des** *Bundesstaats* **zu, in dessen Gebiete das Grundstück liegt. Der Fiskus erwirbt das Eigentum dadurch, daß er sich als Eigentümer in das Grundbuch eintragen läßt.**

1) Allgemeines. Das BGB läßt den Verzicht zu, obwohl der Eigtümer sich dadch mißbräuchl der ihm 1 obliegden öff Verpflichgten entziehen kann (BayObLG Rpfleger **83**, 308; aA Stöckle/Röchseisen NJ **93**, 67). § 928 auch anwendb auf reale GrdstTeile; nicht aber auf MitEigtAnt (BGH **115**, 1; vgl auch WEG 6 Rn 8) u ErbbR (ErbbRVO 11 I 1, 26). II auch anwendb auf urspr herrenloses Grdst (Süß AcP **151**, 25).

2) Eigentumsaufgabe (I) erfordert VerzErkl u Eintr; erst beides zusammen macht Aufgabe wirks. – 2 **a) Verzichtserklärung** ist einseit empfangsbedürft formfreie (vgl aber GBO 29 I 1) WillErkl, für die § 925 entspr gilt u die nach § 130 I, III mit Eingang beim GBA unwiderrufl (RG **82**, 74). Vom vfgsberecht Eigtümer abzugeben (vgl § 873 Rn 11); § 878 entspr anwendb. – **b) Eintragung** des Verzichts (KG HRR **31**, 1860) erfordert formfreien Antr des Eigtümers (GBO 13), der auch nach Unwiderruflichk der VerzErkl rücknehmb (Karlsr KGJ **48**, 256), u EintrBew des Eigtümers (GBO 19; str), die idR in VerzErkl enthalten (BayObLG Rpfleger **83**, 308). Nicht gebuchtes Grdst ist zuvor einzutragen (BayObLG aaO).

3) Wirkung. – a) Das **Grundstück wird herrenlos.** Ebso die wesentl u die dem GrstEigtümer gehörden 3 nichtwesentl Bestandt. Dem GrdstEigtümer gehördes Zubeh wird erst mit BesAufgabe herrenlos (§ 959). Erzeugn u Bestandt, die nach § 953 in das Eigt des GrdstEigtümers gefallen waren, unterliegen auch dem AneigngsR des Fiskus (nach aA ist jedermann aneigngsberecht). Subj-dingl Rechte (§ 96) werden subjektlos (vgl von Lübtow, FS-Lehmann I 379ff). – **b) Rechte Dritter bleiben bestehen,** auch Vormkg (KGJ **51**, 195). Für Klage u ZwVollstr ist ein Vertreter zu bestellen, ZPO 58, 787; ob Pfleger aus § 1913, str (vgl KGJ **50**, 53). Dieser ist Partei kraft Amtes. Gegen den bish Eigtümer können Rechte Dritter dingl nicht mehr geltd gemacht werden (RG **89**, 367). Pers Verpfl des Eigtümers bleiben bestehen; tilgt er sie, so greift zu seinen Gunsten § 1164 ein, umgekehrt nicht § 1143 zu seinen Lasten, wenn der AneigngsBerecht die Hyp tilgt, vielm gilt dann § 1163. – **c)** Eine **Eigentümergrundschuld** wird FremdGrdSch des bish Eigtümers (MüKo/Kanzleiter Rn 8); nach aM bleibt sie EigtümerGrdsch bzw fällt als gläubigerlos fort.

4) Aneignung. – a) Berechtigt ist nur der Fiskus des Landes (vgl aber EG 129), den GBA von VerzEintr 4 zu benachrichtigen hat (GBVfg 39 II). Das AneigngsR ist dch Abtretg übertragb; Form des § 925 (str). – **b) Eigentumserwerb** erst mit Eintr des Berecht (KG JFG **8**, 214); Eintr erfordert neben Antr (GBO 13) AneigngsErkl in der Form des GBO 29 (Schlesw JurBüro **89**, 90). Ursprüngl Erwerb; daher § 892 nicht anwendb (Zweibr OLGZ **81**, 139), auch nicht zG des Erwerbers des AneigngsR (KG JFG **15**, 112). Jedoch § 571 entspr anwendb (RG **103**, 167). Die Aneigng ergreift auch die Surrogate (EnteigngsEntsch, Überschuß in ZwVerst) u die wesentl Bestandt. Fiskus kann wg Verletzg seines AneigngsR (§ 823 I) SchadErs verlangen, wenn ein Dritter das Grdst schuldh beschädigt hat, währd es herrenlos war. §§ 987 ff auf Zeit vor EigtErwerb nicht anwendb (Schlesw NJW **94**, 949). – **c) Verzicht** auf das AneigngsR mögl dch einseit sachlrechtl formfreie Erkl ggü GBA (vgl aber GBO 29) u Eintr (str; vgl BGH **108**, 278; aA AG Unna Rpfleger **91**, 16); jeder Dritte kann dann ohne Verf nach § 927 aneignen (BGH aaO).

Dritter Titel. Erwerb und Verlust des Eigentums an beweglichen Sachen

Einführung

1) Geltungsbereich. §§ 929–984 gelten für **bewegliche Sachen** (§ 90) einschl Geld (BGH NJW **90**, 1 1913) u Tiere (§ 90a); dazu gehören ua: Schein- (BGH NJW **87**, 774) u nichtwesentl GrdstBestandt (RG JW **28**, 561), nichteingetr Schiffe u Schiffsbauwerke (§ 929a). Sie gelten ferner für **Miteigentumsanteile** an bewegl Sachen (vgl § 1008 Rn 4), **Anwartschaftsrechte** auf Erwerb bewegl Sachen (§ 929 Rn 45).

2) Erwerb des Eigentums ist in folgenden Formen mögl: – **a) Erwerb durch Rechtsgeschäft,** das auf 2 Übertrag des Eigt an einer bestimmten Sache gerichtet ist (abstr VfgsGesch iSv Einl 12, 16 vor § 854). Er ist geregelt in §§ 929–936 u SonderVorschr (zB § 926; DepG 18 III; HintO 7 I, 23) u führt, auch bei Erwerb vom NichtEigtümer, idR (aber: Schein- [BGH NJW **87**, 774] u nichtwesentl GrdstBestandt (RG JW **28**, 561), nichteingetr Schiffe) zu abgeleitetem/derivativem EigtErwerb. – **b) Erwerb kraft Gesetzes** kann Folge eines nicht auf EigtÜbertrag an der Sache gerichteten RGesch (zB §§ 589 II, 1416) od einer TatHdlg (zB § 946) sein od auf einer GesamtRNachf beruhen (zB § 1922) u führt zu urspr/originärem

EigtErwerb (beruht nicht auf rgesch Willen von RVorgänger u RNachf). Die §§ 937–984 regeln Fälle des gesetzl EigtErwerbs. – **c) Erwerb durch Staatsakt** zB nach HausRVO 8 III; ZPO 817 (BGH NJW **90**, 2744), 825; ZVG 90 II; AO 299; StGB 74e I; Zuweisg iR einer Enteigng. Er führt zu urspr/originärem EigtErwerb (BGH **4**, 272; BayObLG **84**, 198). Erwerber in ZwVollstr nach ZPO 817, AO 299 erwirbt auch dann Eigt, wenn er NichtEigt des Schuldn kennt (BGH **119**, 75; hM); ebso wenn ifv ZPO 825; AO 305 VollstrOrgan (nicht aber PrivatPers; zB Auktionator) freihänd veräußert (BGH aaO). Kein EigtErwerb nach ZPO 825 an wesentl GrdstBestandt (BGH NJW **88**, 2789; dazu Gaul NJW **89**, 2509).

3   **3) Verlust des Eigentums** tritt ein bei Erwerb dch einen anderen (Rn 2), Herrenloswerden (§§ 959, 960, 961) u Untergang der Sache.

4   **4) Internationales Privatrecht.** Es gilt die *lex rei sitae* (EG 38 Anh II Rn 5).

I. Übertragung

Vorbemerkung

1   **1) Rechtsgeschäftlicher Erwerb vom Eigentümer** (§§ 929–931). Der wahre Eigtümer ist kraft Innehabg des materiellen Rechts grdsl vfgsberecht; er kann von einem gesetzl/rgesch Vertreter vertreten werden. – **a)** Fehlt dem Eigtümer die **Geschäftsfähigkeit** od der **Veräußerungswille** od seinem Vertreter die **Vertretungsmacht,** so wird der gute Glaube des Erwerbers hieran nicht geschützt (vgl § 932 Rn 3). –
2 b) Fehlt dem Eigtümer ausnahmsw die **Verfügungsberechtigung,** so wird der gute Glaube des Erwerbers an dieser nur geschützt, wenn eine Vorschr dies vorsieht, wie zB 135 III, 136, 161 III, 163, 2113 III, 2129 II 1, 2211 II, EG 168 (vgl auch WG 16; ScheckG 19, 21; HGB 365; AktG 68 I). Kein Schutz daher ifv §§ 1365, 1369 bei gutem Glauben daran, daß kein gesetzl Güterstand, die Sache nicht unter §§ 1365, 1369 fällt od Zustimmg des and Eheg erteilt (vgl § 1365 Rn 14, § 1369 Rn 10) u ifv KO 7 I, § 1984. Dritterwerb von demjenigen, der wg VfgsBeschrkg des Veräußerers nicht erwarb, nach §§ 932ff mögl (BGH **LM** § 932 Nr 28).

3   **2) Rechtsgeschäftlicher Erwerb vom Nichteigentümer,** der im eigenen Namen veräußert, ist in folgden Fällen mögl: – **a)** Wenn der **Nichteigentümer zur Veräußerung gesetzlich berechtigt** ist; zB §§ 966 II 1, 1048 I 1, 1087 II 2, 1242 I, 1422, 2205; nicht aber befugte GoA (BGH **17**, 181 [188]; Bertzel AcP **158**, 107; aA Baur JZ **52**, 328). Guter Glaube des Erwerbers hieran wird nur geschützt, wenn eine Vorschr
4 (zB §§ 1244, 2368 III iVm 2205) dies vorsieht. – **b)** Wenn der **Eigentümer zustimmt** (VfgsErmächtigg nach § 185) od in den and Fällen des § 185 II. Guter Glaube des Erwerbers an EigtümerZust wird nur geschützt, wenn eine Vorschr (zB HGB 366) dies vorsieht (LG Köln NJW-RR **91**, 868). Zum Schutz des
5 guten Glaubens daran, daß tats Zustimmder Eigtümer ist, vgl § 932 Rn 1, 5. – **c)** Wenn der **Erwerber den Veräußerer für den Eigentümer hält,** nach Maßg der §§ 932–935; daneben ist gutgl Erwerb nach HGB 366 zu prüfen (BGH **77**, 274), sofern Erwerber nicht selbst behauptet, an eine VfgsBefug des Veräußerers als NichtEigtümer nicht geglaubt zu haben (BGH **LM** HGB § 366 Nr 4). Das Gesetz schützt das Vertrauen des Erwerbers im Hinblick auf den dch den Besitz des Veräußerers begründeten RSchein.

929 *Einigung und Übergabe.* **Zur Übertragung des Eigentums an einer beweglichen Sache ist erforderlich, daß der Eigentümer die Sache dem Erwerber übergibt und beide darüber einig sind, daß das Eigentum übergehen soll. Ist der Erwerber im Besitze der Sache, so genügt die Einigung über den Übergang des Eigentums.**

Übersicht

1) Allgemeines. § 929 begründet das für alle Formen der Übereign geltde Erfordern der Einigg, zu der 1 vorbehaltl S 2 die Überg od ein ÜbergErs (§§ 930, 931) hinzutreten muß.

2) Einigung.
a) Rechtsnatur. Die Einigg ist ein formfreier abstrakter dingl Vertrag (Einl 12, 16 vor § 854). – **aa) Still-** 2 **schweigende Einigungserklärungen** (Einf 6–14 vor § 116), insb dch schlüss Verhalten, genügen: Automatenaufstellg u Geldeinwurf in verlangter Höhe. SB-Tanksäulenaufstellg (vgl aber Rn 3) u Abzapfen (Herzberg NJW **84**, 896 mwN; str), währd für Ware in SB-Laden Einigg erst bei Bezahlg erklärt wird (dann auch erst KaufVertr). Verkäufer übersendet die Ware u Käufer gibt zu erkennen, sie als Eigt behalten zu wollen (RG **108**, 25), zB dch hohe Abschlagszahlg trotz für später vereinbarter SchlußAbn (BGH **LM** Nr 20), nicht aber bei unverzügl ZurVfgStellg wg (auch nur angebl) Mangels. FinInstitut des Käufers nimmt dessen SichgsÜbereignsAngebot dch KaufprZahlg an Verkäufer an (BGH WM **66**, 113). Kfz-Verkäufer nimmt SichgsÜbereignsAufforderg des FinInstituts des Käufers dch verlangtes Übersenden des Kfz-Briefs an (BGH **LM** Nr 19). Überg einer Sache, von der Beteil irrtüml vorherige Übereign nach § 930 annehmen (BGH WM **68**, 1145; Tiedtke WM **78**, 446 [454]). Über stillschw Rückübereign von SichgsGut vgl § 930 Rn 15. Vorschußzahlg wird idR (insb bei Vorauszahlg auf später fäll ZahlgsAnspr) zu Eigt übertr (and uU, wenn von ihnen künft Aufwendgen zu bestreiten); Haushaltsgeldzahlg eines Eheg an den and wird iZw zweckgebundes TrHdEigt (BGH NJW **86**, 1869). Bei Geldautomat keine Einigg mit Bank bei Benutzg der Code-Karte dch NichtBerecht (BGH NJW **88**, 979), wohl aber bei unerlaubter KtoÜberziehg dch KtoInh (Schlesw NJW **86**, 2652; Stgt NJW **88**, 981); vgl Bieber WM **87** Beil 6 S 9. – **bb) Bedingte Einigung** zuläss; 3 zB aufschiebd bdgte Einigg bei EV (Rn 27), auflösd bdgte SichgsÜbereigng (§ 930 Rn 15). Bedingth auch stillschw vereinb: Übereigng von Telefonmünzen idR dch AnschlHerstellg bdgt (Düss JR **84**, 34; NJW **88**, 1335). Bloße Nichtaushändigg des Kfz-Briefs (BGH WM **65**, 1136) u SB-Tanksäule (Düss JR **82**, 343; Herzberg NJW **84**, 816; aA Hamm NStZ **83**, 266) idR kein stillschw Angebot zur Übereigng unter EV. Zum stillschw EV vgl Schulte BB **77**, 269. – **cc) Befristete Einigung** zuläss (BGH **LM** § 163 Nr 2). Anfangsbefrist: EigtÜbergang wird auf best Ztpkt hinausgeschoben; endbefrist: zu best Ztpkt endet die Übereigng u Veräußerer ist wieder Eigtümer.

b) Inhalt. Die Einigg muß auf EigtÜbertr (Veräußerg u Erwerb) gerichtet sein. – **aa) Bestimmte Sache.** 4 Dies ist bes bei Übereigng nach S 2 (Rn 22) zu beachten, währd die Übereigng nach S 1 ohnehin nur dch Übereign konkreter Sachen (auf die sich Einigg beziehen muß) mögl. – **bb) Person des Erwerbers** (Ffm NJW-RR **86**, 470). Hochzeitsgeschenke Dritter werden idR (persönl ausgen) MitEigt beider Eheg (KG Recht **07** Nr 1452). Übereign von Hausrat dch Dritten an einen Eheg führt idR gem EiniggsInhalt (nicht aber krG) zu MitEigt beider Eheg (BGH **114**, 74); Erwerb mit Mitteln eines Partners bei nichtehel Lebens-Gemsch führt idR zu AlleinEigt (Hamm NJW **89**, 909; aA Düss NJW **92**, 1706). Über Staatsgeschenke vgl Köln NJW **84**, 2299. – **cc) Umfang der Rechtsübertragung.** War Vollübereigng vereinbart, war der Veräußerer aber nur MitEigtümer, so fehlt es idR an einer Einigg über die Übertr von MitEigt (BGH **LM** § 932 Nr 19). War EigtÜbertr vereinb, hat Veräußerer aber nur AnwR, so wird idR dieses übertr (BGH **LM** Nr 11a).

c) Einigungsberechtigt als Veräußerer ist der nicht seiner VfgsBefugn beeinträchtigte wahre Eigtümer 5 (bei EiniggsErkl eines NichtEigtümers vgl Vorbem 3 vor § 929) bzw bei VfgsBeeinträchtiggen der für ihn VfgsBefugte (zB KonkVerw, TestVollstr); als Erwerber derjenige, der Eigtümer werden soll (keine Einigg zG Dritter; Einl 14 vor § 854). Über Stellvertretg vgl Rn 23–25.

d) Zeitpunkt. – **aa)** Bei Überg/BesErlangg **vorausgehender Einigung** geht das Eigt über, wenn sie bei 6 Überg (BGH NJW **76**, 1539) bzw BesErlangg fortbesteht; aktuelles RFolgenbewußtsein zu diesem Ztpkt nicht notw (vgl BGH NJW **95**, 1085). Einigg bis zum EigtÜbergang einseit widerrufb (arg § 873 II; BGH NJW **78**, 696; **79**, 213; aA Schödermeier/Woopen JA **85**, 622; Wieling I § 1 III 2b); Widerruf muß dem Gegner zugehen (dafür reicht Erkennbark) u ist von dem zu beweisen, der sich auf ihn beruft (vgl BGH NJW **78**, 696). Bei Tod od Beeinträchtig der GeschFähigk/VfgsBefugn zw Einigg u Überg/BesErlangg kommt es auf den Widerruf dch den Erben bzw ges Vertreter/VfgsBefugten an. – **bb)** Bei **Gleichzeitigkeit** 7 von Einigg u Überg/BesErlangg geht das Eigt sofort über. – **cc)** Bei Überg (vgl aber Rn 11) od BesErlangg **nachfolgender Einigung** geht das Eigt mit der Einigg über, wobei Erwerber nur ifv S 2 im Ztpkt der Einigg noch Besitzer sein muß. – **dd)** Bei **aufschiebend bedingter oder anfangsbefristeter Einigung** im 8 Ztpkt der Überg/BesErlangg schaden einseit EiniggsWiderruf, Tod, Beeinträchtig der GeschFähigk/VfgsBefugn od BesVerlust zw Überg/BesErlangg u BdggsEintritt bzw Anfangstermin nicht (BGH **20**, 88; **30**, 374; **LM** § 163 Nr 2).

3) Übergabe (S 1).
a) Allgemeine Voraussetzungen. – **aa) Veräußerer darf keinen Besitz behalten.** Er darf BesDiener 9 des Erwerbers sein (RG **99**, 208), nicht aber mittelb Bes behalten (RG **137**, 23). Bleibt er BesMittler des Erwerbers, so gilt § 930. Über Behalten von MitBes vgl Rn 15. – **bb) Erwerber muß Besitz erlangen** 10 (Ausn: Rn 18), der nicht auf baldige RückÜbertr angelegt sein darf (RG **75**, 221); bloß symbolische ÜbertrHdlg reicht nicht (BGH NJW **79**, 714). Mittelb Bes genügt, sofern Veräußerer nicht BesMittler ist (dann § 930) od er nach § 870 erlangt ist (dann § 931). Ist zweifelh, ob S 1 erfüllt, so kann Auslegg ergeben, daß Übereigng nach § 930 gewollt (BGH **LM** Nr 21). Dch Erlangg von MitBes mit Drittem kann AlleinEigt erworben werden (vgl auch Rn 15). – **cc) Übergabe muß in Vollziehung der Übereignung erfolgen** 11 (BGH MDR **59**, 1006), nicht nur zur vorübergehnden Benutzg. Veräußerer muß daher BesErgreifg dch Erwerber wollen (RG **137**, 23); dazu reicht BesErgreif mit vorher erklärter u fortbestehder Zust des Veräußerers (BGH NJW **79**, 714; aA BGH **67**, 207 [dazu Damrau JuS **78**, 519]), zB Abzapfen aus SB-Tanksäule (Düss JR **82**, 343). Also kein EigtErwerb, wenn Bote Ware auftragswidr ohne Bezahlg aushändigt. Bauhandwerker, der sich Rohstoffe an Baustelle liefern läßt, übergibt damit idR noch nicht an Bauherrn/Untern (BGH DB **70**, 294). – **dd) Bei aufschiebend bedingter oder anfangsbefristeter Einigung** 12 im Ztpkt der Überg hindert späterer BesVerlust des Erwerbers den EigtErwerb bei BdggsEintritt nicht (BGH **LM** § 163 Nr 2; vgl aber Saarbr OLGZ **67**, 1 zur Rückg gem § 1368).

13 **b) Einzelfälle. – aa) Übertragung des unmittelbaren Besitzes** vom Veräußerer auf den Erwerber. Für beide können entspr angewiesene BesDiener handeln; genügd, daß der Veräußerer mit Zust des Erwerbers seinen BesDiener anweist, die tats Gewalt für den Erwerber auszuüben, od das selbst als dessen
14 BesDiener tut (RG **99**, 208). – **bb) Weisung an Besitzmittler.** Die BesÜbertr erfolgt dch einen entspr angewiesenen BesMittler des Veräußerers od an einen solchen des Erwerbers (BGH WM **76**, 153; NJW **86**, 1166); auch auf beiden Seiten können BesMittler handeln. BesMittler des Veräußerers beendet auf dessen
15 Weisg das BesMittlgsVerh u geht neues mit Erwerber ein (BGH **92**, 280). – **cc) Mitbesitz von Veräußerer und Erwerber.** Alleinbesitzder Veräußerer kann dem Erwerber dch Einräumg von MitBes nur MitEigt übertragen (BGH **LM** § 932 Nr 19); Übertr von AllenEigt unter Behalt von MitBes nach § 930 mögl. Schon mit Erwerber mitbesitzder Veräußerer kann ohne MitBesAufgabe dem Erwerber MitEigt nach S 2 u
16 AlleinEigt nach § 930 (zB Hausrat an Eheg; vgl § 930 Rn 6) übertragen. – **dd) Einigung nach § 854 II** (BGH NJW **76**, 1539); zB bei Veräußerg an tats Gewalt ausüben BesDiener des Veräußerers (RG LZ **20**, 695). Kann schlüss mit Einigg nach Anm 2 zufallen (BGH WM **63**, 125).

17 **c) Geheißerwerb** (dazu Wadle JZ **74**, 689; Martinek AcP **88**, 573). – **aa) Auf Veräußererseite:** Die Überg an den Erwerber erfolgt auf Geheiß des Veräußerers dch einen Dritten, der nicht BesMittler des Veräußerers ist (BGH **36**, 56; NJW **74**, 1132) od dch einen Vierten auf Geheiß des vom Veräußerer entspr
18 angewiesenen Dritten (BGH **LM** Nr 22). – **bb) Auf Erwerberseite:** Die Überg an den Erwerber erfolgt auf sein Geheiß an einen Dritten, der nicht BesMittler des Erwerbers ist (BGH **LM** Nr 19; NJW **73**, 141; aA
19 [weil Erwerber keinen Bes erlangt] Ffm NJW-RR **86**, 470; Jauernig Anm 3 g cc). – **cc) Auf beiden Seiten:** Auf Geheiß des Erwerbers weist der Veräußerer einen Dritten, der nicht sein BesMittler ist, an, die Sache einem Vierten, der nicht BesMittler des Erwerbers ist, zu übergeben (BGH **LM** Nr 22).

20 **d) Strecken-/Kettengeschäft** (dazu Padeck Jura **87**, 454 [460]). Liefert der Erstveräußerer auf Weisg des Ersterwerbers (= Zweitveräußerer) an den Zweiterwerber, so sind idR zwei Übereignen gewollt (Hager ZIP **93**, 1446), wobei die Einiggen stillschw mit KaufvertrAbschl erklärt werden (BGH NJW **86**, 1166). Die Überg vom Erstveräußerer an den Zweiterwerber enthält eine Überg vom Erstveräußerer an den Ersterwerber nach Rn 14 (zB wenn Übereigng von Erst- an Zweiterwerber unter EV erfolgt) od nach Rn 18 sowie zugl eine Überg vom Erst- an den Zweiterwerber nach Rn 17 (BGH NJW **82**, 2371; Gursky JZ **84**, 604 zu II 2; krit Hager aaO).

21 **e) Überg von Traditionspapieren** an den papiermäß Legitimierten steht der WarenÜberg gleich (HGB 424, 450, 650; nicht aber KfzBrief [BGH NJW **78**, 1854]); vgl dazu Tiedtke WM **79**, 1142 (Lagerschein) u Schnauder NJW **91**, 1642 (grdsätzl). – Die Übertr des mittelb Bes an der Ware dch Überg des TradPap (§ 870 Rn 2) steht für Vfgen über die Ware der Verschaffg des unmittelb Bes gleich. – **Lieferschein,** der beim DchHandeln einer unverändert für den Erstveräußerer eingelagerten Ware verwendet wird, ist Anweisg (Einf 8 vor § 783); seine Überg führt daher nicht zur Übereigng nach S 1 (vgl aber § 931 Rn 5), sond iZw erst mit Ablieferg an Letzterwerber verliert Erstveräußerer sein Eigt (BGH NJW **71**, 1608).

22 **4) Einigung ausreichend (S 2),** dh Überg/ÜbergErs entbehrl, wenn Erwerber die Sache alleine od mit Drittem (über MitBes mit Veräußerer vgl Rn 15) besitzt: unmittelb Bes (zB Rückübereigng von SichgsGut) od nicht vom Veräußerer vermittelter mittelb Bes (BGH WM **87**, 74); Veräußerer darf keinen Bes haben. Nicht S 2 sond S 1 liegt vor, wenn die BesErlangg dch Überg erfolgte (vgl Rn 11) u Einigg nachfolgt.

5) Stellvertretung bei der Übereignung.

23 **a) Unmittelbare Stellvertretung** (§ 164 Rn 1). Bei der Versendg von Waren haben TransportPers idR die Stellg von bloßen ErklBoten (MüKo/Quack Rdn 70). – **aa)** Bei der **Einigung** als Vertr können auf beiden Seiten Vertreter handeln; InsichGesch ist nach Maßg von § 181 zuläss. IFv S 2 kann der unmittelb Besitzer für den Vertretenen aGrd (auch vorweggen) BesMittlgsVerh zu ihm erwerben (RG HRR **38** Nr 655). – **bb)** Bei der **Übergabe** können auf beiden Seiten Vertreter handeln, wenn sie als RGesch nach § 854 II erfolgt. Bei der Überg nach S 1 als Realakt ist keine Stellvertretg mögl (BGH **16**, 259; Ffm NJW-RR **86**, 470); da die Überg nach S 1 aber nicht auf die unmittelb Übertr der tats Gewalt vom Veräußerer auf den Erwerber beschr ist, kann die Überg auf beiden Seiten der EiniggsVertreter als BesDiener (Rn 9) od BesMittler (Rn 13) des Vertretenen, wobei das BesMittlgsVerh zw dem Erwerber u seinem Vertreter vorweggen (§ 868 Rn 22) od dch InsichGesch (§ 868 Rn 20) begründet sein kann, od als GeheißPers (Rn 17–19) vornehmen. – **cc) Unmittelbarer Eigentumsübergang** vom Veräußerer auf den Erwerber ohne
24 Dchgangserwerb des Vertreters. **b) Mittelbare Stellvertretung** (Einf 6 vor § 164). Die Wirkg der Einigg trifft den im eigenen Namen handelnden mittelb Vertreter. – **aa)** Bei mittelb Stellvertretg für den **Veräußerer** erwirbt der Erwerber (vorbehaltl §§ 932 ff) unter den Voraussetzgen von § 185 unmittelb vom Veräußerer (kein Dchgangserwerb). – **bb)** Bei mittelb Stellvertretg für den **Erwerber** kann zunächst nur der Vertreter als EiniggsPart erwerben, der dann an seinen GeschHerrn nach §§ 929 ff (iFv § 930 zB dch erlaubtes I InsichGesch od vorweggen Einigg u BesMittlgsVereinbg) weiterübereignen muß [Dchgangserwerb].

25 **c) Übereignung an den, den es angeht** (vgl dazu Siebert [Schrifttum zu § 903 Rn 33] S 118 ff; von Lübtow ZfHG **122**, 227; Müller JZ **82**, 777) ist unmittelb Stellvertretg für den Erwerber (§ 164 Rn 8). – **aa) Einigung.** Ist es dem Veräußerer gleichgült, ob er an den übereignet, der die EigtErwerbsErkl abgibt, od an einen von diesem Vertretenen, dann kommt die Einigg (bei wirks VertrMacht) auch dann mit dem Vertretenen zustande, wenn ErklGegner ohne Offenlegg des Vertretgswillens für diesen erwerben will (RG **140**, 223); auch mögl, wenn ErklGegner schuldrechtl GrdGesch im eigenen Namen abschloß (RG **99**, 208; **100**, 190; Celle NJW **55**, 671). Bei auftragswidr Eigenerwerbswillen des ErklGegners keine Vertretg, selbst wenn er Mittel des AuftrGebers verwendet (RG LZ **20**, 695); äußere Umstände können Vermutg für Fremderwerbswillen ergeben (vgl RG **100**, 190; BGH FamRZ **67**, 279). – **bb) Übergabe:** Rn 23 gilt.

6) Eigentumsvorbehalt und Anwartschaftsrecht (Serick, EV u SichgÜbertr, Bd I–VI, 1963/86).

26 **A) Eigentumsvorbehalt. – a) Allgemeines.** Über den Zweck des EV vgl § 455 Rn 2. Es ist die schuld- (§ 455 mit Anm) von der sachenrechtl Seite des EV zu unterscheiden. Die Übereigng erfolgt idR nach § 929,

weil der Käufer schon unmittelb besitzen soll (von dieser Sachlage wird nachfolgd ausgegangen); Übereigng aber auch nach §§ 930, 931 (BesMittlgsVerh bzw Abtretg iZw wie Einigg aufschiebd bdgt), mögl. – **Internationales Privatrecht:** EG 38 Rn 5, 9; Hamm NJW-RR **90**, 488.

b) Aufschiebend bedingte Übereignung (§ 158 I) verwirklicht den EV sachenrechtl. Die Übereigng 27 erfolgt nach § 929, wobei die Einigg (auch stillschw; vgl Rn 3) zum Inhalt hat, daß der EigtÜbergang erst mit vollständ Tilgg der KaufprFdg (od and Fdg; vgl § 455 Rn 18) eintritt. Bis zum BdggsEintritt hat der Verkäufer auflösd bdgtes Eigt (das bei Abtretg der KaufprFdg nicht gem § 401 folgt; Düss EWiR Art 1 ScheckG 1/**86**, 509) u mittelb EigenBes, der Käufer aufschiebd bdgtes Eigt u unmittelb FremdBes (BGH **LM** § 1006 Nr 11; vgl Hamm NJW-RR **87**, 245). Vor BdggsEintritt ist die Einigg dch Vertr zw Verkäufer (nicht einseit dch ihn; vgl Rn 32) u Käufer aufhebb u änderb (insb dch Änderg der Bdgg; BGH **75**, 221); vgl aber Rn 49, 50 über Einschränkg nach AnwRÜbertr.

aa) Ist ein **EV im Kaufvertrag vereinbart,** so enthält (falls Einigg nicht schon früher erfolgt) die Überg 28 das Angebot des Verkäufers zu bdgter Übereigng u die BesErgreifg des Käufers dessen Annahme. Erklärt der Käufer einseit, ohne EV erwerben zu wollen, so scheitert die Einigg u Käufer erwirbt kein aufschiebd bdgtes Eigt.

bb) Ist ein **EV im Kaufvertrag nicht vereinbart,** so enthält (falls Einigg nicht schon früher erfolgte) die 29 Überg grdsätzl das Angebot des Verkäufers zu vertragsgem Übereigng ohne EV (BGH NJW **82**, 1751). Der Verkäufer kann aber die Einigg vertragswidr unter EV anbieten (sog **einseitiger nachträglicher EV),** selbst wenn schon vorher Einigg ohne EV erfolgt war (BGH NJW **79**, 213; vgl Rn 6); bei Ablehng scheitert die Einigg u Käufer erwirbt kein aufschiebd bdgtes Eigt, währd er bei Annahme unter EV erwirbt (BGH NJW **75**, 1699). Die Umstände, die dem Angebot den vertragswidr Inhalt geben, müssen spätestens bei Überg dem Käufer od einer für VertrGestalten zuständ Pers (BGH NJW **79**, 2199) bekannt sein od ihnen muß die Kenntnisnahme unter Anlegg eines strengen Maßst zumutb sein, anderenf der Käufer ohne EV erwirbt (BGH NJW **79**, 213, 2199). Kenntn zB: Käufer kennt EV enthaltde VerkäuferAGB, die wg Abwehrklausel in KäuferAGB nicht KaufVertrInhalt geworden (BGH NJW **82**, 1749, 1751; dazu Ulmer/ Schmidt JuS **84**, 18; vgl auch BGH NJW **75**, 1699). Kenntnisnahme zumutb zB: Hinweis des Verkäufers bei VertrVerhdlg im kfm GeschVerkehr auf seine AGB, ohne daß EV enthaltder Text dem Käufer zugegangen (BGH NJW **82**, 1749); deutl Erkennbark des nicht gelesenen EV auf Lieferschein/Rechng u berecht Erwartg des Verkäufers von Kenntnisnahme wg bes Veranlassg zu diesbzgl Prüfg dch dazu nicht allg verpfl Käufer (BGH NJW **79**, 213, 2199; **82**, 1749).

cc) Nach unbedingter Übereignung kann Verkäufer dch einseit Erkl keinen EV mehr begründen. 30 Rückübereigng nach § 930 mit nachfolgder Wiederübereigng unter EV nach § 929 S 2 mögl; aA Rückübertr um AnwR gekürzten (dh auflösd bdgten) Eigt nach § 930 mit umgestaltetem Kaufvertr als BesMittlgsVerh mögl (Honsell JuS **81**, 705 zu II 3 b; Brox JuS **84**, 657 zu II 2; aA BGH **LM** § 930 Nr 2). Vereinb auch auflösd bdgte SichgsÜbereigng an Verkäufer nach § 930 (Heck § 107, 5; vgl Honsell aaO).

c) Bedingungsausfall u damit Unmöglichk des EigtÜbergangs wg Wirkgslosigk der Einigg (§ 158 31 Anm 1) tritt ein bei Erlöschen der KaufprFdg wg Aufhebg od Anfechtg des KaufVertr, Rücktr vom KaufVertr od SchadErsVerlangen nach § 326 I 2 (BGH **35**, 85; **75**, 221); vgl aber Rn 50 über Einschränkg nach AnwRÜbertr. Anfängl Ausfall bei Unwirksamk des KaufVertr.

d) Erwerb des Volleigentums dch den Käufer. – **aa)** Mit **Bedingungseintritt** geht das VollEigt ohne 32 weiteres auf den Käufer über (wg ZwVfg des Verkäufers vgl Rn 35). Die wirks erklärte u nicht einverständl aufgehobene od wirks angefochtene Einigg wirkt fort (Rn 8), Käufer braucht nicht mehr gutgl (§ 932 Rn 14) u nicht mehr Besitzer (Rn 8) zu sein. Zur Frage der KaufprZahlg bei nichtigem KaufVertr vgl Flume aCP **161**, 385 zu II u Gernhuber FS-Baur 1981, 31 Fußn 11. – **bb)** Mit einseit erklärb **Verzicht des Verkäufers auf den EV** (BGH NJW **58**, 1231; Düss EWiR Art 1 ScheckG 1/**86**, 509; aA Jauernig Anm 6 H d; Gernhuber aaO S 37). ZwVollstr in die Sache dch Verkäufer wg KaufprFdg enthält idR keinen Verzicht (Serick I § 12 IV 1), vgl aber Rn 51. – **cc)** Nach §§ 949 S 1, 950 II (über verlängerten EV vgl § 950 Rn 11).

e) Übereignung der Sache durch den Käufer mit Zustimmung des Verkäufers; zu unterscheiden 33 von AnwRÜbertr (Rn 45). – **aa) Zustimmung** des Verkäufers ist Ermächtigg des Käufers iSv § 185 I, im eigenen Namen zu verfügen. Sie wird insb dadch erteilt, daß Verkäufer mit Weiterveräußerg unter weitergeleitetem (§ 455 Rn 15), nachgeschaltetem (§ 455 Rn 16) od verlängertem (§ 455 Rn 17) EV einverstanden, u deckt dann Veräußerg im ordentl GeschBetr (vgl dazu § 185 Rn 9). Über Widerrufbark der Zust vgl § 183 Rn 2. – **bb) Eigentumserwerb.** Bei unbdgter Übereigng erwirbt der Dritte ohne DchgangsEigt des Käufers unmittelb vom Verkäufer (Serick I § 15 IV 1; aA Wochner BB **81**, 1802). Erfolgt die Übereigng aufschiebd bdgt dch BdggsEintritt im Verhältn Verkäufer/Käufer, so ebenf Direkterwerb vom Verkäufer bei BdggsEintritt. Schaltet Käufer im ZweitGesch selbstd EV nach, so verliert Verkäufer das Eigt, wenn entweder seine KaufprFdg (dann EigtErwerb des Käufers) od die des Käufers (dann Direkterwerb des Dritten vom Verkäufer) getilgt ist (BGH JR **71**, 287 Anm Bähr).

f) Übereignung der Sache durch den Käufer ohne Zustimmung des Verkäufers (bzw unter Zust- 34 Überschreitg); zu unterscheiden von AnwRÜbertr (Rn 45). – **aa)** Bei **gutgläubigem Erwerb** nach §§ 932 ff, HGB 366 geht iF unbdgter Übereigng das Eigt unmittelb vom Verkäufer auf den Dritten über. Bei bdgter Übereigng (nachgeschalteter EV; § 455 Rn 16) erwirbt er das VollEigt iW des DchgangsErwerbs, wenn erst im Verhältn Verkäufer/Käufer u danach im Verhältn Käufer/Dritter die Bdgg für den jeweil VollEigtErwerb eintritt; tritt erst die Bdgg im Verhältn Käufer/Dritter ein, so wird das gutgl erworbene AnwR des Dritten (Rn 46) zum VollEigt u Dritter erwirbt unmittelb vom Verkäufer. – **bb) Erwirbt der Dritte nicht gutgläubig** (zB bei Übereigng nach § 930 mangels BesErwerbs), so erwirbt er das Eigt iW des DchgangsErwerbs gem § 185 II 1 erst mit BdggsEintritt im Verhältn Verkäufer/Käufer bzw im Anschluß an and EigtErwerb des Käufers; das Eigt des Dritten ist mit ges PfdR/PfdgsPfdR/GrdPfdR belastet, wenn vor Übereigng an ihn deren Entstehgsvoraussetzgen (bis auf KäuferEigt) vorlagen (BGH

LM § 559 Nr 3), nicht aber bei nachträgl Eintritt (§ 185 II 2; str). Übereign aber idR in AnwRÜbertr umzudeuten (Rn 45), so daß Rn 47 gilt.

35   **g) Übereignung der Sache durch den Verkäufer. – aa)** Bei Übereign **ohne Zustimmg des Käufers,** der die Sache besitzt, an einen Dritten nach §§ 930, 931 wird dieser Eigtümer; Käufer kann aber Herausg verweigern (Rn 40). Da das AnwR entspr § 936 I 3, III nicht erlischt, wird Käufer auch bei Gutgläubk des Dritten mit BdggsEintritt Eigtümer (BGH **45**, 186; Düss EWiR Art 1 ScheckG 1/86, 509). Vor BdggsEintritt ist die Einigg dch Vertr zw Käufer u Drittem aufhebb u änderb (insb dch Änderg der Bdgg; BGH **42**, 53). – **bb)** Bei Übereignung **mit Zustimmung des Käufers** an einen Dritten, erwirbt dieser unbdgtes Eigt u das AnwR erlischt (BGH **92**, 280; Celle OLGZ **79**, 329; Düss aaO).

36   **h)** Bei **Belastung der Sache** mit Nießbr/PfdR gelten Rn 33–35 entspr; sofern diese Belastgen (zB mangels Gutgläubigk) nicht entstanden sind, entstehen sie ohne Rückwirkg u daher ggf gleichrang erst mit VollEigtErwerb (vgl Rn 52). Über Pfdg vgl Rn 51.

37   **B) Anwartschaftsrecht des Käufers. – a) Allgemeines.** Der Verkäufer kann die Vollendg des EigtErwerbs des Käufers nur noch dann einseit verhindern, wenn er den BdggsAusfall herbeiführen kann (Rn 31). Die Summe der sich aus der derart gesicherten RStellg ergebden Befugn des Käufers läßt sich als dingl AnwR bezeichnen, das so verstanden dem Typenzwang des SachenR nicht widerspricht u in seiner BestandsKr dch seine Verknüpfg mit der Fdg, deren Erfüll Bdgg des EigtErwerbs ist, geschwächt ist (nach Serick AcP **166**, 129 daher schuldrechtl-dingl Recht). Aus dem Begriff „AnwR", insb seiner Umschreibg als Vorstufe der VollEigt (BGH NJW **84**, 1184), sind daher keine RFolgen ableitb, sond nur aus dem Zuweisgsgehalt der den Käufer sichernden Vorschr.

38   **b) Entstehung.** Das AnwR entsteht dch die bdgte Übereign (Rn 37), sofern die Fdg, deren Erfüll zur aufschiebden Bdgg gemacht ist, besteht (BGH **75**, 221). **Gutgläubiger Erwerb** (Ersterwerb) des Käufers nach §§ 932ff, HGB 366, wenn der Verkäufer Nichteigtümer war, dann er erwirbt auch bei späterer Bösgläubigk das VollEigt mit BdggsEintritt (Rn 32); aber kein gutgl Erwerb, wenn BdggsAusfall (Rn 31) bei bdgter Übereign schon eingetreten (BGH **75**, 221).

39   **c) Belastung.** Das AnwR kann mit einem Nießbr (§ 1032 Rn 1) od einem PfdR (§ 1274 Rn 5) belastet werden (wg PfdgsPfdR vgl Rn 54); es unterliegt ges PfdR (§ 559 Rn 9; § 647 Rn 4) u dem GrdPfdR (§ 1120 Rn 8). Verwertg der Sache aber erst, nachdem AnwR zum VollEigt geworden, was RInh nach Maßg §§ 267, 268 herbeiführen kann. Mit BdggsEintritt setzen sich die Belastgen des AnwR im dortigen RangVerh an der Sache fort (Reinicke MDR **61**, 682); sie haben Vorrang vor erst mit VollEigtErwerb entstehdem Nießbr/PfdR an der Sache aGrd deren Belastg vor diesem Ztpkt (vgl Rn 36). Über Schutz des Nießbr/PfdRBerecht gg Aufhebg des AnwR vgl § 1120 Rn 8, § 1276 Rn 5.

40   **d) Recht zum Besitz. – aa)** Ein **obligatorisches** BesR hat der Käufer aus dem KaufVertr mit Vorbeh-Abrede. Es wirkt grds nur ggü dem Verkäufer u gibt ggü dessen Anspr aus § 985 eine Einwendg nach § 986 I 1; übereignet der Verkäufer die Sache nach §§ 930, 931 an einen Dritten, so wirkt die Einwendg nach § 986 II auch diesem ggü. Es **endet** mit dem BdggsAusfall (Rn 31), u zwar auch ifV § 326 I 2 (§ 325 Rn 13), sowie entspr § 223 mit Berufg des Käufers auf Verjährg der KaufprFdg (BGH NJW **79**, 2195, aA vLook/Stoltenberg WM **90**, 661). Es endet aber auch, wenn der Verkäufer bei ZahlgsVerzug (Honsell JuS **81**, 705 zu IV 2; Serick I § 7 III 1) od vertragswidr Gebr/Weitergabe (Flume AcP **161**, 385 zu IV 4; Honsell aaO; Lange JuS **71**, 511 zu IV 1) wg Gefährdg des SichgsZwecks einen RückFdgsAnspr erlangt hat; die GgMeing (hM seit BGH **54**, 214), nach der erst ein darauf gestützter Rücktr zur RückFdg berechtige, vernachlässigt die SichgsFunktion des EV, das Element der GebrÜberlassg vor BdggsEintritt (das BesR ergibt sich aus der VorbehAbrede des KaufVertr) u den Umstand, daß die BesÜbertr nicht eine schon erbrachte Teilleistg ist (die wirtsch geschl LeistgsPfl des Verkäufers läßt sich nicht in Bes- u EigtVer-

41   schaffg zerlegen, da erstere zugl TatbestdElement letzterer ist). – **bb)** Das AnwR gibt dem Käufer ein ggü jedermann wirkdes **dingliches** BesR (Karlr NJW **66**, 885; Diederichsen, Das Recht zum Bes aus SchuldVerh 1965, § 18; Raiser, Dingl Anw, 1961, S 62; Baur/Stürner § 59 V 5 b cc; Wieling § 17 III 2a; Soergel/Mühl Rn 68; aA BGH **10**, 69; Stoll JuS **67**, 12; Gudian NJW **67**, 1786; Müko/Medicus § 986 Rn 9; RGRK/Pikart § 986 Rn 9; Staud/Gursky § 986 Rn 7). Die Frage ist zu bejahen, da dem Käufer mit der BesÜbertr das im Eigt enthaltene Recht auf Bes u Nutzg schon übertr ist. Folge: Hatte der Käufer das AnwR gutgl von einem NichtBerecht erworben (Rn 39), so kann er sich auch ggü dem Eigtümer schon vor BdggsEin-

42   tritt auf sein BesR berufen (BGH **10**, 69 gab Arglisteinrede). – **cc)** Im **Verhältnis zum Verkäufer,** der zugl Eigtümer, ist es im Ergebn gleichgült, ob man dem Käufer neben dem obligator auch ein dingl BesR gibt, denn bei BdggsAusfall endet auch das AnwR u dem RückFdgsAnspr bei Verzug/VertrWidrigk steht ein AnwR nicht entgg.

43   **e) Schutz des AnwR. – aa)** §§ 858ff, 1007 schützen Käufer u Verkäufer (diesen nach Maßg von § 869 S 2). – **bb)** § 823 I schützt Käufer (AnwR ist sonstiges Recht; BGH **55**, 20) u Eigtümer; daneben auch § 823 II iVm § 858. Der ErsAnspr bzgl des Bes- u Nutzgsschadens steht dem Käufer idR allein zu; bzgl des Substanzschadens ist er entspr §§ 432, 1281 von Käufer u Verkäufer geltd zu machen bzw vom Schädiger (der dch § 851 geschützt) zu erfüllen (Brox JuS **84**, 657 zu III 3b; Eichenhofer AcP **185**, 162 [190]; aA Müller-Laube JuS **93**, 529 zu III 4: bis zum SichgFall vom Käufer). – **cc)** §§ 812ff (Eingriffskondition) schützen Käufer (AnwR) u Eigtümer. Geltdmach u Erfüllg wie bei § 823. – **dd)** §§ 985ff, 1004 schützen Käufer (AnwR) u Eigtümer (Müller-Laube JuS **93**, 529 zu II; aA Brox JuS **84**, 657 zu III 3a: Käufer bedarf Ermächtigg des Eigtümers). Geltdmach u Erfüllg von SchadErsAnspr wie bei § 823. Für HerausgAnspr des Eigtümers gilt § 986 I 2.

44   **f) Erlöschen** des AnwR. – **aa)** Mit **Erwerb des Volleigentums** dch den Käufer (Rn 32; zum Fortbestand entspr § 1256 II vgl Derleder JuS **69**, 481) od wenn Dritter unbdgtes Eigt erwirbt (Rn 33–35). – **bb)** Mit **Ausfall der Bedingung** für den EigtÜbergang (Rn 31). – **cc)** Mit **Aufhebung der Einigung** (Rn 27); zB wenn Käufer der Übereignung der Sache dch Verkäufer an Dritten zustimmt (BGH **92**, 280). – **dd)** Mit **Untergang der Sache.**

C) Übertragung des Anwartschaftsrechts. – a) Übertragung. Der Käufer kann das AnwR (insb zur 45 Kreditsichg) auf einen (Zweit-)Erwerber übertragen; zu unterscheiden von Übereign der Sache (Rn 33, 34). Ist der Käufer (unbewußt) schon VollEigtümer, so ist die AnwRÜbertr in EigtÜbertr umdeutb. Eine EigtÜbertr dch den Anwärter, die wg Bösgläubigk (§ 932) od fehlder BesErlang (§ 933) nicht zum EigtErwerb führt, ist idR in AnwRÜbertr umdeutb (Loewenheim JuS **81**, 721; nach BGH **20**, 88 so auslegb). – **aa) Durchführung.** Die Übertr erfolgt ohne Mitwirkg des Verkäufers (BGH **20**, 88) nach §§ 929 ff (BGH NJW **84**, 1184) u nicht nach § 413; daher wirkt ÜbertrVerbot nur nach § 137 u nicht nach § 399 (BGH NJW **70**, 699). – **bb) Gutgläubiger Erwerb** (Zweiterwerb). Da §§ 932 ff den dch Bes vermittelten guten Glauben an 46 die RZuständigk schützen, sind ein bestehdes AnwR vom NichtBerecht (zB Mieter des Käufers veräußert es; Baur/Stürner § 59 V 3 b; Raiser [Rn 41] S 38; Wieling § 17 IV 1 b aa; Eichenhofer AcP **185**, 162 [177]; aA Flume AcP **161**, 385 zu IV 3; Wiegand JuS **74**, 201 zu VI 2; Brox JuS **84**, 657 zu IV 2 b) u ein trotz wirks KaufVertr wg Unwirksamk/Aufhebg des bdgten Einigg nicht bestehdes AnwR (Raiser [Rn 41] S 39; Wieling § 17 IV 1 b bb; aA Flume aaO; MüKo/Westermann § 455 Rn 67) gutgl erwerbb; wg BdggsVerknüpfg mit zu erfüller Fdg, die nicht vom GutglSchutz erfaßt (BGH **75**, 221), aber nicht wg BdggsAusfalls nicht bestehdes AnwR u auch kein GutglSchutz bzgl BdggsInhalt (Höhe der Fdg od welche Fdg zu erfüllen; aA Wieling aaO).

b) Rechtsstellung des Erwerbers. – aa) Der Erwerber rückt in die **dingliche Rechtsstellung** des 47 Käufers ein, deren BestandsKr weiterhin dch die Verknüpfg mit der Fdg, deren Erfüllg Bdgg für den EigtÜbergang, geschwächt ist (vgl aber Rn 49, 50); Käufer verliert sie u kann KaufprZahlg des Erwerbers nicht gem § 267 II widersprechen (BGH **75**, 221). Belastgen des AnwR (Rn 39) bleiben bestehen, soweit sie nicht gem § 936 od aus and Grd (zB §§ 560, 1121) erlöschen; für Belastgen dch den Erwerber gilt Rn 39. Für den Schutz des AnwR gilt Rn 43. – **bb) Besitz.** IFv § 929 erlangt der Erwerber statt des jeden Bes verlierden 48 Käufers unmittelb FremdBes; iFv § 930 schiebt sich sein erststuf mittelb FremdBes zw den unmittelb FremdBes des Käufers u den zweitstuf mittelb EigenBes des Verkäufers (BGH **28**, 16). Da dingl BesR (Rn 41), kann sich der Erwerber ggü dem Eigtümer schon vor BdggsEintritt auf dieses berufen. – **cc) Ei-** 49 **gentumserwerb.** Mit BdggsEintritt im Verhältn Verkäufer/Käufer erlangt der Erwerber das VollEigt unmittelb vom Verkäufer (BGH **20**, 88; NJW **84**, 1184; aA Hennrichs DB **93**, 1707); ebso bei Verzicht des Verkäufers auf den EV (Rn 32). Originärer Erwerb nach § 949 S 1, 950 II mögl. Beim Erwerb des AnwR bestehen gebliebene u auch später nicht erloschene sowie neue Belastgen des AnwR werden entspr § 1287 zu Belastgen der Sache (BGH **54**, 319 [331]; Brox JuS **84**, 657; Reinicke JuS **86**, 957). Wird das AnwR mit od nach Einbringg der Sache in Mietraum übertragen (zB bei RaumSichgVertr), so ist das Eigt mit vorrang VermieterPfdR belastet (BGH **117**, 200, im Ergebn zust Hennrichs DB **93**, 1707, abl Fischer JuS **93**, 542). Eine nicht schon vor AnwRÜbertr vorgesehene Erschwerg der Bdgg für den EigtÜbergang (zB Erweiterg des EV auf and Fdg) bedarf der Zust des Erwerbers (BGH **75**, 221).

c) Erlöschen des AnwR. – **aa)** Mit **Erwerb des Volleigentums** dch den Erwerber (Rn 49) od wenn 50 Dritter unbdgtes Eigt erwirbt (Rn 33–35). – **bb)** Mit **Bedingungsausfall** im Verhältn Verkäufer/Käufer (BGH **75**, 221; Rn 31). Willkürl Herbeiführg dch RHdlgen des Verkäufers u Käufers bedürfen der Zust des Erwerbers; zustbedürft daher vertragl Aufhebg des KaufVertr (Flume AcP **161**, 385 zu IV 2; aA Loewenheim JuS **81**, 721), nicht aber Ausübg ihm innewohnder Rechte (BGH **75**, 221) wie Anfechtg u Wandlg (Gernhuber FS-Baur 1981, 31) sowie gesetzl od vorbeh Rücktr. – **cc)** Mit **Aufhebung der Einigung** zw Verkäufer u Käufer; sie bedarf der Zust des Erwerbers (Marotzke, Das AnwR ein Bsp sinnvoller RFortbildg?, 1977, § 2 III 3; aA Derleder JuS **79**, 480). – **dd)** Mit **Untergang der Sache.**

D) Zwangsvollstreckung, Konkurs, Vergleich. – a) Pfändung der Sache. Sie hindert nicht die 51 AnwRÜbertr, da sie AnwR nicht erfaßt (Rn 54). – **aa)** Bei Pfdg dch **Gläubiger des Verkäufers** hat der Anwärter ZPO 771 (BGH **55**, 20) u ggf ZPO 766, 809; § 161 I 2 alleine schützt ihn nicht gg hoheitl Dritterwerb in ZwVerst. Das PfdgsPfdR erlischt mit BdggsEintritt. – **bb)** Der **Verkäufer** kann in die Sache wg seiner Fdg gg den Käufer bei diesem (AnwRErwerber hätte ZPO 771; 766, 809) vollstrecken; obwohl kein PfdgsPfdR entsteht (GläubEigt), ermöglicht die Verstrickg die Verwertg (RG **156**, 395). Zur Frage, wann dch VollstrAkte VerbrKrG 13 III erfüllt ist, vgl BGH **37**, 97; **55**, 59. Käufer kann sich auf ZPO 811 berufen (Hamm OLGZ **84**, 368; LG Heilbr Rpfleger **93**, 119); and bei Vollstr des HerausgAnspr. – **cc)** Bei 52 Pfdg dch **Gläubiger des Anwärters** entsteht zunächst kein PfdgsPfdR (kein SchuldnEigt), sond nur Verstrickg. Verkäufer hat ZPO 771 (BGH **54**, 214) u nach Versteigern § 812 (§ 812 Rn 37). Erst mit VollEigtErwerb des VollstrSchuldn entsteht ohne Rückwirkg PfdgsPfdR an der Sache (RG **60**, 70; BGH NJW **54**, 1325); bei zeitl aufeinandfolgenden Pfdgen mit Gleichrang (Reinicke MDR **59**, 613; aA Stöber Rn 1496), sofern nicht auch AnwR gepfändet war (Rn 55); gesetzl PfdR/GrdPfdR an der Sache, das aus entspr Belastg des AnwR entstanden (Rn 39), hat Vorrang. Nimmt Verkäufer RestkaufprZahlg des Gläub nicht an, so gilt Bdgg als eingetreten (§ 162 I); und bei Widerspr des Käufers (§ 267 II; vgl aber Rn 55). – **dd)** Bei Pfdg dch **Gläubiger des Käufers, der kein Anwärter ist** (wg AnwRÜbertr vor Pfdg), hat neben 53 dem Verkäufer (Rn 52) auch der Anwärter ZPO 771 (BGH **20**, 88; JZ **78**, 199) u ggf ZPO 766, 809. Gleiches gilt bei AnwRÜbertr nach SachPfdg. In beiden Fällen erwirbt Gläub mit BdggsEintritt kein PfdR an der Sache (vgl deshalb Rn 55). – **ee)** Über **Schutz des Pfandrechts** am AnwR bei SachPfdg vgl Frank NJW **74**, 211.

b) Pfändung des Anwartschaftsrechts. Verwertg prakt bedeutgslos (Stöber Rn 1494). – **aa)** Die 54 **Durchführung** erfolgt nach ZPO 857 I, 829 u wird mit Zustellg des PfdgsBeschl an den Verkäufer als DrittSchuldn wirks (BGH NJW **54**, 1325; Reinicke MDR **59**, 613; aA [mit Zustellg an Anwärter] Hbg MDR **59**, 398; Strutz NJW **69**, 831); ZPO 811 entspr anwendb (Stöber Rn 1487). Nach aA erfolgt die Pfdg nach ZPO 808 (Bauknecht NJW **55**, 451; Kupisch JZ **76**, 417 [427]; Eichenhofer AcP **185**, 162 [179]), so daß SachPfdg auch AnwR erfassen würde (Raiser [Rn 41] S 91; vgl auch Brschw MDR **72**, 57). Gesetzl PfdR/GrdPfdR am AnwR (Rn 39), das vor Pfdg entstanden, hat Vorrang. – **bb) Wirkung.** Anwärter unterliegt 55 VfgsVerbot hinsichtl des AnwR; die Sache selbst wird nicht erfaßt. Ist er zugl Käufer, so BdggsEintritt jetzt auch, wenn Verkäufer (der nach ZPO 840 über Restkaufpr auskunftspfl) Restkaufpr wg KäuferWiderspr nicht annimmt (BGH NJW **54**, 1325); Restkaufpr fällt nach hM unter ZPO 788 (Stöber Rn 1500). Mit Erstarken des AnwR zum VollEigt wird das PfdgsPfdR am AnwR nicht zum PfdgsPfdR an der Sache (BGH aaO; Hgb MDR **59**, 398; Stöber Rn 1490), denn es fehlt äußerer Hinweis auf Beschlagn; war aber zugl die Sache gepfändet, so wahrt die Pfdg des AnwR den Rang des an der Sache entstehdn PfdgsPfdR (Reinicke MDR **59**, 613; Tiedke NJW **72**, 1404; Rimmelspacher, KreditSichgR² Rn 262).

56   **c) Doppelpfändung** (Folge aus Rn 52, 55). Da der Gläub des Käufers nur bei Pfdg der Sache erreicht, daß er (bei Erstarken des AnwR zum VollEigt) ein PfdgsPfdR an der Sache erwirbt, u nur die Pfändg des AnwR bewirkt, daß ihm ggü nicht mehr über das AnwR verfügt werden kann u der Käufer den BdggsEintritt dch RestkaufprZahlg nicht mehr dch Widerspr verhindern kann, ist Pfdg von Sache u AnwR geboten.

57   **d) Käuferkonkurs. – aa)** Ist der **Käufer noch Anwärter,** so gehört das AnwR zur Masse. KonkVerw hat WahlR aus KO 17, denn KaufVertr ist vor EigtÜbergang noch nicht erfüllt (BGH **48**, 203). Wählt er Erfüllg, so ist die RestkaufprFdg Masseschuld, mit deren Erfüllg der Käufer das in die Masse fallde Eigt erwirbt. Lehnt er die Erfüllg ab, so erlischt das AnwR wg BdggsAusfalls; Verkäufer kann aussondern (hM; BGH **54**, 214) u nimmt mit SchadErsFdg am Konk teil. Bei verlängertem EV (§ 455 Rn 17) hat der Verkäufer ein AbsondergsR am SichgsSurrogat (BGH JZ **71**, 505; vgl § 930 Rn 25), sofern es vor Konk-Eröffng erworben wurde; nicht also wenn abgetretene Fdg erst nach KonkEröffng entsteht (BGH NJW **55**, 544; Kuhn/Uhlenbruck § 17 Rn 18h). Wg (auf and selbstd Fdg des Verkäufers) erweiterten EV, Ktokorrent-Vorbeh u KonzernVorbeh vgl Jaeger/Henckel § 17 Rn 61, 62; Kuhn/Uhlenbruck § 17 Rn 18 i–m; Serick V

58   § 68. – **bb)** Hatte der **Käufer das Anwartschaftsrecht übertragen** (vor KonkEröffng), so fällt das AnwR nicht in die Masse. Der KonkVerw kann nach KO 17 die Erfüllg ablehnen; dies führt noch nicht zum BdggsAusfall, denn Erwerber hat AblösgsR aus § 268, so daß KO 17 seinem Schutzbedürfn nicht entggsteht (Jaeger/Henckel § 17 Rn 57; Kuhn/Uhlenbruck § 17 Rn 18e; aA Raiser [Rn 41] S 96; Bauknecht NJW **56**, 1177). Erwerber erlangt mit RestkaufprZahlg an Verkäufer massefreies Eigt vom Verkäufer (BGH **20**, 88; **LM** Nr 11a). Zur RLage bei bloßer SichgsÜbertr des AnwR vgl Jaeger/Henckel § 17 Rn 58; Kuhn/Uhlen-

59   bruck § 17 Rn 18f. – **cc)** Hatte der **Käufer die Sache weiterübereignet** (vor KonkEröffng) u der Erwerber wg VerkäuferZust od gutgl VollEigt erlangt, so wird das AnwR gegenstandslos (Jaeger/ Henckel § 17 Rn 60). Hatte der Käufer mit nachgeschaltetem EV (§ 455 Rn 16) u VerkäuferZust übereignet, so erlangt der Erwerber mit Zahlg des dem Käufer geschuldeten Kaufpr an die Masse massefreies VollEigt (vgl BGH **56**, 34); fehlte die VerkäuferZust u erwarb der Erwerber sein AnwR gutgl, so erlangt er dch die Zahlg massefreies VollEigt; fehlte die VerkäuferZust u erwarb der Erwerber nicht gutgl ein AnwR (zB iFv § 930 mangels Bes), so fällt die Sache in die KonkMasse (Kuhn/Uhlenbruck § 17 Rn 18f).

60   **e) Verkäuferkonkurs.** Obwohl KaufVertr vor EigtÜbergang noch nicht erfüllt, ist KO 17 nicht anwendb, da Käufer dadch entgg Schutzzweck benachteiligt würde (Jaeger/Henckel § 17 Rn 52ff; Kuhn/ Uhlenbruck § 17 Rn 18d; Honsell JuS **81**, 705 zu VI 1; Brox JuS **84**, 657 zu III 1a; aA BGH **48**, 203; **98**, 160; **LM** KO § 17 Nr 6; Serick V § 62 III 2c). Käufer wird trotz KO 15 dch RestkaufprZahlg an die Masse Eigtümer (BGH **27**, 360 [366]). Bei Zahlgsverzug kann KonkVerw nach allg VertrR BdggsAusfall herbeiführen u Herausg an die Masse verlangen (vgl auch Rn 40).

61   **f) Vergleich. – aa)** Im VerglVerf über das **Käufervermögen** hat der Käufer das WahlR aus VerglO 50. Wählt er Erfüllg, so muß er den Restkaufpr zahlen u wird mit BdggsEintritt Eigtümer. Lehnt er die Erfüllg ab, so erlischt das AnwR wg BdggsAusfalls; Verkäufer kann aussondern u nimmt mit SchadErsFdg am Vergl teil. Bei AnwRÜbertr gilt Rn 58 entspr. Zur RLage bei Weiterübereign der Sache vgl BSt/Kilger VerglO § 36 Anm 4. – **bb)** Im VerglVerf über das **Verkäufervermögen** ist entspr Rn 60 VerglO 50 nicht anwendb (BSt/Kilger VerglO § 50 Anm 8).

929 a   *Nicht eingetragene Seeschiffe.* [1] Zur Übertragung des Eigentums an einem Seeschiff, das nicht im Schiffsregister eingetragen ist, oder an einem Anteil an einem solchen Schiff ist die Übergabe nicht erforderlich, wenn der Eigentümer und der Erwerber darüber einig sind, daß das Eigentum sofort übergehen soll.

[II] Jeder Teil kann verlangen, daß ihm auf seine Kosten eine öffentlich beglaubigte Urkunde über die Veräußerung erteilt wird.

Schrifttum: Abraham, Das SeeR, 4. Aufl 1974. – Prüssmann-Rabe, SeehandelsR, 2. Aufl 1983. – Prause, Das Recht des Schiffskredits, 3. Aufl 1979.

1) Schiffssachenrecht

1   **a) Begriffe. – aa) Schiff:** Fahrzeug, das zur Fortbewegg auf od unter dem Wasser u zur Beförderg von Personen od Sachen bestimmt ist, zB auch Schwimmbagger (BGH **76**, 201), Schwimmkran (BGH **LM** BinnSchG 4 Nr 3); nicht aber kleinere Ruder- u Segelboote, Flöße, schwimmendes Hotel, Wohnboot, berggs- od ausbessergsunfäh Wrack (Hbg VRS **1**, 317). Für den Charakter als See- od Binnenschiff entscheidet ggwärt regelm Verwendg (Hbg MDR **60**, 316). – **bb) Schiffsbauwerk:** Werft ist der Schiffswerft in Bau befindl Schiff (SchiffsRG § 76 I). Es kann, bestimmte Größe vorausgesetzt (SchiffsRG § 76 II 2), in das SchiffbauReg eingetr werden, wenn zugleich BauwerksHyp eingetr od ZwVerst beantragt wird (Schiffs-RegO 66). Nunmehr auch Schwimmdocks im Bau eintragb. – **cc) Schiffspart** (zu unterscheiden von MitEigt; § 1008). Das Wesen des Anteils an einer Partenreederei (HGB 489) ist bestr (vgl BGH MDR **69**, 556): sie ist gem HGB 491 I ein Anteil am gesamten Reedereivermögen, also eine gesellschaftsrechtl Beteiligg (Ruhwedel, die Partenreederei, 1973 S. 98ff). Nach aA (Abraham § 13 III 5, 6) baut die Schiffspart auf dem MitEigtAnt des Mitreeder am Schiff u Zubehör auf, zu dem ein entspr Ant am übr ReedereiVerm komme, so daß eine Sonderform der BGB-Gesellsch vorliege, deren sachenrechtl Basis, das Schiff, aber im BruchTEigt stehe. Doch ist es rechtl nicht mögl, das bloße Eigt am Schiff zu übertr (BGH aaO). Der ersteren Auffassg ist dah beizustimmen.

2   **b) Materielles Schiffssachenrecht. – aa) Übereignung;** VerpflGesch u Einigg sind formfrei. – Eingetr Seeschiff: bloße Einigg (SchiffsRG 2); Eintr ist RegBerichtigg. Nichteingetr Seeschiff: §§ 929ff, HGB 366 mit SonderVorschr §§ 929a, 932a. – Eingetr Binnenschiff: Einigg u Eintr (SchiffsRG 3); §§ 932ff, HGB 366 nicht anwendb (BGH **112**, 4). Nichteingetr Binnenschiff: §§ 929 ff, HGB 366 ohne §§ 929 a, 932 a. – Eingetr Schiffsbauwerk: Einigg u Eintr (SchiffsRG 3, 78). Nichteingetr Schiffsbauwerk: §§ 929 ff, HGB 366 ohne §§ 929 a, 932 a. – Schiffspart: Einigg u Eintr (HGB 503; vgl BGH MDR **69**, 556). – Miteigentumsanteil: wie Eigt. – **bb) Belastung.** Nießbr (§ 1032 Rn 1); PfdR/SchiffsHyp (Einl 5, 6 vor § 1204).

c) Formelles Schiffssachenrecht. – aa) SchiffsRegO idF v 26. 5. 94 (BGBl 1133) mit DVO idF v **3** 30. 11. 94 (BGBl 3621). Das SchiffsRegR entspr grdsätzl dem formellen GrdstR (vgl Prause MDR **56**, 139). – **bb) Schiffsurkunden.** Das Schiffszertifikat (bei Seeschiffen) begründet u beweist das Recht, die Schiffsflagge zu führen (§ 3 FlaggenRG v 4. 7. 90, BGBl I 1343). Schiffszertifikat u (bei Binnenschiffen) Schiffsbrief enthalten die vollständ RegEintr; Vorleggszwang zwecks ständ Ergänzg. Bei Widerspr zw SchiffsReg u SchiffsUrk entscheidet das Reg, da Urk ohne öff Glauben.

d) Zwangsvollstreckung. – Nichteingetragenes Schiff: wie bewegl Sachen. – **Eingetragenes Schiff: 4** ZwangsSchiffsHyp od dch ZwVerst (ZPO 870 a) mit einigen Besonderheiten gem ZVG 162 ff. Beschrkg bei Seehandelsschiffen, die sich auf der Reise befinden u nicht in einem Hafen liegen (HGB 482). – In den Fällen des ZPO 870 a III entsteht entgg ZPO 868 I kein EigtümerGrdPfdR, sond die Hyp erlischt, wenn nicht Eigtümer von der ihm auch hier vorbehaltenen Befugn nach SchiffsRG 57 III (dazu Einf 6 vor § 1204) Gebrauch macht. – **Schiffsbauwerk** (eingetr od eintragb): wie eingetr Schiff. – **Schiffspart:** ZPO 857, 858, also Eintr der Pfänd ins Reg konstitutiv. DrittSchu ist nicht vorhanden. Zustellg an Schu zur Wirksamk der Pfändg nicht erforderl, *arg:* ZPO 858 III 1 HS 1. Ist Korrespondenzreeder bestellt (HGB 492): beachte ZPO 858 III 2; zu allem vgl Stöber Rn 1744 ff. Dort auch zur Verwertg, ZPO 858 IV, V, 844 u zum Zugriff auf GewinnanteilsAnspr des Schu (vgl HGB 502). – **Miteigentumsanteil:** ZPO 864 II. – Zur Vollziehg des **Arrests** vgl ZPO 931: Mischsystem, das gem ZPO 931 IV auf GläubAntr zur (berichtigten) Eintr des nach MobiliarVollstr begründeten PfdR als HöchstBetrHyp führt.

2) Übereignung nichteingetragener Seeschiffe. § 929 a betrifft nur nicht eingetr Seeschiffe; für eingetr **5** gilt SchiffsRG (vgl Rn 2). Es entscheidet allein die Tats der Eintr, nicht die der EintrFähigk. Unter Anteilen sind hier nur solche einer BruchtGemsch zu verstehen. HGB 503, ZPO 858 (Schiffsparten) gelten nur für eingetr Schiffe. Bzgl der Anteile am GesellschVerm vgl § 719, HGB 105 II. – **a) Übereignung.** Sie erfordert **6** eine Einigg nach § 929 Rn 2–8; daher bdgte Einigg zuläss (BGH BB **58**, 676). Die Überg/ÜbergSurrogate nach § 929–931 sind entbehrl bei zusätzl Einigg, daß Eigt ohne diese („sofort") übergeht (BGH JZ **95**, 784 Anm Stoll). Urk (**II**) ist nur BeweisUrk, doch kann Erteilg zur Bdgg zur der EigtÜbergang gemacht werden. Verschuldete NichtErf dieser gesetzl Verpfl, die nur bei Übereignung nach I besteht, begründet SchadErsAnspr. – **b) Belastung** (Nießbr, PfdR). Überg/ÜbergSurrogat hier nicht entbehrl. – **c) IPR. 7** Recht des Heimathafens (BGH JZ **95**, 784 Anm Stoll).

930 Besitzmittelung (Besitzkonstitut). Ist der Eigentümer im Besitze der Sache, so kann die Übergabe dadurch ersetzt werden, daß zwischen ihm und dem Erwerber ein Rechtsverhältnis vereinbart wird, vermöge dessen der Erwerber den mittelbaren Besitz erlangt.

Übersicht

1) Allgemeines. § 930 ändert nichts am Erfordern der Einigg (§ 929 Rn 2), sond ermöglicht nur die **1** Ersetzg der Übergabe dch die Vereinbg eines BesMittlgsVerh. Einigg u BesMittlgsVereinbg, die beide formfrei (BGH NJW **91**, 353), bilden zusammen das abstr VfgsGesch. Bei Nichtmitnahme bezahlter Kaufsache Umstände maßg, ob Übereigng nach § 930 (oft bei Vereinbg, daß Verkäufer noch einstw aufbewahrt [Karlsr Just **90**, 359]) od nach § 929 (Hinausschieben des ErfGesch bis Käufer unmittelb Bes erlangt [vgl RG SeuffA **78**, 135]). – **Stellvertretung** (§§ 164–181) ist auf beiden Seiten bei Einigg u BesMittlgsVereinbg zuläss (BGH NJW **89**, 2542). – **Internationales Privatrecht:** EG 38 Rn 5, 9. Befindet sich die Sache im Inland, so gilt § 930 bei Übereigng an im Ausland befindl Ausländer (RG **103**, 31; BGH **50**, 45), wobei die ausländ ROrdng die Anerkenng versagen kann (vgl OGH Wien ZIP **84**, 1330); umgekehrt gilt das betr AuslandsR (BGH **39**, 173).

2) Bestimmtheitsgrundsatz. Die übereignete Sache muß im ÜbereignsVertr (BGH WM **83**, 1409; **2** Tiedtke WiB **95**, 197) dch **einfache äußere Merkmale** so bestimmt bezeichnet sein, daß jeder Kenner des Vertr sie zu dem Ztpkt, in dem das Eigt übergehen soll, unschwer von anderen unterscheiden kann; bloße Bestimmbark (insb aGrd außervertragl Umstände); BGH **LM** Nr 9; NJW **95**, 2348; aA wohl BGH NJW-RR **94**, 1537) genügt nicht. Bis zum vorgesehenen Ztpkt des EigtÜbergangs kann der ÜbereignsVertr entspr ergänzt werden (ein schriftl auch mündl; BGH BB **56**, 1086). In dem für den EigtÜbergang vorgesehenen Ztpkt muß diese Bezeichng mit den tats Verhältn übereinstimmen.

a) Bei Sachgesamtheit (Warenlager, Sachmenge) genügt für die notw Einzelübereignig (BGH NJW **68**, **3** 392) eine Sammelbezeichng, die den ÜbereignsWillen auf alle Sachen erstreckt u die gemeinten Einzelsachen klar erkennen läßt (BGH NJW **92**, 1161). Unschädl, wenn sich in solcher Gesamth neben Sachen des

Veräußerers auch Sachen unter EV (insow idR Übertr des AnwR vereinbart; vgl § 929 Rn 45) od im VollEigt Dritter (insow zunächst kein gutgl Erwerb; vgl § 933) befinden (RG **132**, 183; HRR **34**
3a Nr 1116; Mü NJW **87**, 1896). – **Ausreichend:** Die zum Inventar eines bestimmten Hauses (BGH **73**, 253; NJW **89**, 2542) od Hofes (BGH **LM** Nr 9) gehörden Sachen; alle Sachen einer bestimmten Warengattg (BGH NJW **94**, 133); alle Sachen in einem vertragl festgelegten (BGH NJW **92**, 1161) od vom Veräußerer auszuwählden (BGH WM **60**, 1223) Raum (bei SichgsÜbereigng daher: RaumSichgsVertr); die entspr dem Vertr bes gelagerten u gekennzeichneten (auch dch Kennzeichng der von Übereigng ausgen; BGH NJW **92**, 1161) od in Verzeichn aufgen Sachen (BGH NJW **91**, 2144; bei SichgsÜbereigng
3b daher: MarkiergsVertr). – **Nicht ausreichend:** bloße Wert- od Mengenangaben (BGH **21**, 52); rechtl UnterscheidsMerkm (BGH NJW **86**, 1985 [soweit im Eigt des Veräußerers]; BGH FamRZ **88**, 255 [soweit gem ZPO pfändb]; BGH NJW **92**, 1161 [soweit frei von DrittR od der Übereigng dch RaumSichg-Vertr schon in Raum eingebracht]); im ÜbereignsVertr nicht vereinbarte Absonderg (BGH NJW **84**, 803) od Markierg (Celle OLGZ **71**, 40); äußerl nicht erkennb Trenng in Gebraucht- u Reparaturmaschinen (Celle aaO); Angabe des Produktionsdatums (BGH WM **77**, 218); vertragl Bezugn auf Lagerbuch/Schriftwechsel/ Rechng (Düss WM **90**, 1190; Celle aaO); funktionale Bezugn (BGH NJW **92**, 1161: „für tägl Arbeit notw"; NJW-RR **94**, 1547: nicht äußerl abgegrenzte „Handbibliothek Kunst"); Warenlager bei mehreren Einlagerern (Ffm ZIP **94**, 1438).

4 **b)** Bei **Sachgesamtheit mit wechselndem Bestand** wird anfängl Bestimmth nicht dadch hinfäll, daß nachträgl dch Hinzukommen weiterer nicht übereigneter Sachen Unsicherh über Abgrenzg eintritt (BGH **73**, 253); nur BewFrage, welche übereignet sind. – Sollen auch **künftig hinzukommende Sachen** übereignet werden, so müssen Einigg u vorweggen BesMittlgsVerh (Rn 9) dem BestimmthGrds genügen (BGH NJW **86**, 1985) u ggf muß eine ihm genügde AusführgsHdlg erfolgen (Rn 9); bei ErsSachen, die anstelle abgäng Sachen treten, tritt keine dingl Surrogation ein (Wolf JuS **76**, 33). Sollen nicht alle hinzukommden Sachen (zB nur ErsSachen) übereignet werden, so müssen die zu übereignen im ÜbereignsVertr gem dem BestimmthGrds unterscheidb bezeichnet werden (BGH **LM** 9; 12).

3) Besitzmittlungsverhältnis

5 **a)** Im Ztpkt, zu dem der EigtÜbergang vorgesehen ist, muß der **Veräußerer Eigenbesitzer** der Sache sein, wobei MitBes mit Drittem (RG **139**, 114) od Erwerber (BGH **73**, 253) genügt. Ist der Veräußerer mittelb Besitzer, so wird er dch Übereigng nach § 930 erststuf mittelb Fremd- u der Erwerber zweitstuf mittelb Eigenbesitzer; der unmittelb Fremdbesitzer bleibt dies u braucht Übereigng nicht zu kennen (BGH WM **64**, 398). Übereigng bei mittelb Bes auch nach § 929 S 1 (§ 929 Rn 14) od § 931 mögl.

6 **b)** Es muß ein bestimmtes (konkretes/individualisiertes) **Besitzmittlungsverhältnis im Sinne von § 868** zw Veräußerer u Erwerber zumind stillschw begründet sein; wirks RVerh nicht notw (vgl § 868 Rn 10). Ungenügd die allg Abrede, der Veräußerer solle künft für den Erwerber besitzen (sog abstr BesMittlgsVerh; vgl Planck/Brodmann Anm 3). Besteht schon ein (idR gesetzl) RVerh, aGrd dessen der Veräußerer einen Kreis von Sachen des Erwerbers für diesen besitzt (zB §§ 1353, 1626), so genügt für Vereinbg eines BesMittlgsVerh bzgl zugehöriger Sache, daß Veräußerer nach PartWillen aus diesem RGrd BesMittler sein soll (BGH **73**, 253; NJW **89**, 2542). Unschädl, daß VertrPart irrig Übergabe annahmen (RG **118**, 361). Wird Veräußerer nur BesDiener des Erwerbers, so liegt § 929 S 1 vor. – Bei der
7 **Sicherungsübereignung** stellt die SichgsAbrede (vgl Rn 14) ein ausreichdes BesMittlgsVerh dar, wenn sich aus ihr ergibt, daß der SG solange weiterbesitzen darf, bis der SN die Sache zur Befriedigg seiner Fdg herausverlangt; es bedarf keiner Vereinbg eines Leih-, Verwahrgs- od KommissionsVerh. Da die SichgsAbrede die heute typ RBeziehgen zw SG u SN hinreich konkretisiert, reicht sie auch ohne nähere Ausgestaltg („Übereign zur Sicherh") als BesMittlgsVerh aus (MüKo/Quack Rn 38; Soergel/Mühl Rn 32; Serick BB **74**, 285; aA RGRK/Pikart Rn 11, 19, 53). Die Rspr kommt dch Ausleg der Abrede „zur Sicherh übereignet" zum gleichen Ergebn (BGH NJW **79**, 2308; Stgt WM **75**, 1322).

8 **c)** Das BesMittlgsVerh kann **aufschiebend bedingt** sein (Oldbg NJW **77**, 1780); die Einigg muß dann bei BdggsEintritt fortbestehen (§ 929 Rn 6). Ist die Einigg aufschieb bdgt, so muß das BesMittlgsVerh bei BdggsEintritt fortbestehen (Planck/Brodmann Anm 4; aA MüKo/Quack Rn 24).

9 **d) Vorweggenommenes Besitzmittlungsverhältnis. – aa)** Einigg u Vereinbg des BesMittlgsVerh können erfolgen, bevor der Veräußerer Eigtümer u/od Besitzer der Sache ist (zB bei künft Erwerb/Herstellg). Die notw **Bestimmtheit** (Rn 2) ist gewahrt, wenn die Sache individuell beschrieben ist od eine IndividualisiergsMaßn vereinbart u vereinbgsgem ausgeführt ist (nur insow ist die von der Rspr gele-
10 gentl geforderte AusführgsHdlg notw). – **bb)** In dem Ztpkt, in dem der Veräußerer Bes erlangt, müssen **Einigung und Besitzmittlungsverhältnis fortbestehen,** was vermutet wird (BGH WM **65**, 1248; **77**, 218; RGRK/Pikart Rn 29, 30); dieser Ztpkt ist auch für GeschFähigk maßg. Hat der Veräußerer zu diesem Ztpkt erkennb u nicht nur insgeheim den Übereigns- u/od BesMittlgsWillen aufgegeben, so geht das Eigt nicht über; bei mehrf Übereigng dch vorweggen BesMittlgsVerh entscheidet daher, an wen der Veräußerer bei BesErlangg übereignen will u nicht, mit wem das erste ÜbereignsVertr geschlossen wurde (BGH WM **60**, 1223, 1225). – **cc)** Handelt der Veräußerer beim Erwerb der Sache im eigenen Namen, so erwirbt er zunächst selbst Eigt, das dann gem § 930 auf den Erwerber übergeht: **Durchgangserwerb,** dch den die Sache von gesetzl PfdR u GrdPfdR ergriffen werden kann. Handelt entspr bevollm Veräußerer im Namen des Erwerbers (od für den, den es angeht), so erlangt der Erwerber mit Übergabe der Sache an den Veräußerer unmittelb vom Dritten Eigt gem § 929 S 1 dch Übergabe an BesMittler.

4) Sicherungsübereignung (Serick, EV u SichgÜbertr, Bd I–VI, 1963/86).

11 **a) Begriff.** Die Sache wird vom SG (Veräußerer) dem SN (Erwerber) übereignet, um den SN wg einer Fdg gg den SG od einen Dritten zu sichern, indem der SN sich notf dch Verwertg der Sache befriedigt. Der SN erlangt Eigt iSv § 903 (RG **124**, 73) u ist ggü dem SG nur schuldrechtl gebunden: **eigennützige Treuhand** (vgl § 903 Rn 35); er ist desh Eigenbesitzer (vgl § 872 Rn 1).

b) Vier Rechtsbeziehungen sind zu unterscheiden: Die gesicherte Fdg (Rn 13); der SichgsVertr (Rn 14); 12 die Übereign des SichgGuts (Rn 15); das RVerh zw Schuldn der gesicherten Fdg u SG (zB Auftr, GoA, Schenkg), wenn beide nicht ident. Eine **Akzessorietät** (vgl Einl 8 vor § 854) zw gesicherter Fdg u Sichgs-Eigt besteht krG nicht, kann aber vertragl vereinbart werden.

aa) Die **gesicherte Forderung** mit dem ihr zugrdeliegden RVerhältn, deren Gläub der SN ist, deren 13 Schuldn der SG u/od ein Dritter sein kann. – Ist sie endgült **nicht entstanden oder erloschen,** so berührt das die dingl RLage am SichgsGut nur, wenn das Entstehen der Fdg zur aufschiebdn bzw ihr Erlöschen zur auflösdn Bdgg der SÜ vertragl gemacht wurde (vgl Rn 15). Anderenfalls ist die SÜ mangels Akzessorietät dingl wirks u der SG hat aus dem SichgsVertr (selbst wenn dort keine ausdrückl Regelg; str) einen bis zum Ende des SichgsZwecks aufschiebd bdgten RückübereignsAnspr (vgl BGH NJW 82, 2768); aus § 812 aber, wenn die Nichtigk der Fdg gem § 139 die des SichgsVertr bewirkt (BGH NJW 94, 2855). Verj der Fdg beeinträchtigt das VerwertgsR des SN nicht (BGH 70, 96; § 223 II); und bei ZinsFdg (§ 223 III; BGH MDR 94, 54). – Wird die Fdg von SN **abgetreten,** so geht das SichgsEigt nicht krG auf den Zessionar über, denn es ist kein NebenR iSv § 401. Der Zessionar kann aber idR vom SN die Übertr beanspruchen (vgl § 401 Rn 5), ggü dem SG ist der SN aber nur unter Weitergabe der vereinb InnenVerhRegelgn dazu befugt (str; vgl Zunft NJW 58, 1219); Gleiches gilt bei ges FdgsÜbergang nach §§ 268 III, 774 (vgl RG DR 41, 2609), 1225. Dch den FdgsÜbergang wird der Zessionar nicht Partei des SichgsVertr, muß sich aber gem § 404 alle aus dem SichgsVertr ergebden Einreden/Einwendgn gg die Fdg (zB Zahlg nur gg Rückübereign) entgghalten lassen. – Wird die Fdg **übernommen,** so entsteht entspr § 418 ein RückübereignsAnspr (Boeck LZ 22, 241), sofern dies nicht auflösde Bdgg für die SÜ ist.

bb) Der **Sicherungsvertrag** (nicht die gesicherte Fdg!) ist der grdsl formfreie (vgl aber §§ 311, 313) 14 schuldrechtl GrdGesch der SÜ. Er regelt das InnenVerh zw SG u SN wie zB: Verpflichtg zur SÜ; Festlegg der gesicherten Fdg; Verwaltg des SichgsGuts (bei SÜ von Waren/Materiallagern nach § 930 erhält der SG idR die Befugn, im eigenen Namen iR ordngsmäß Wirtsch über das SichgsGut zu verfügen [§ 185 Rn 9 gilt entspr] iVm Vorausabtretg des Anspr auf die GgLeistg [Konflikt mit Globalzession entspr § 398 Rn 24, 25 mögl] bzw die Befugn, Material zu verarbeiten iVm Übertr des gem § 950 erworbenen Eigt dch vorweggen BesMittlgsVerh); Verwertg (vgl Rn 17). Aus ihm ergibt sich mangels abw Abrede ein dch endgült Fortfall des SichgsZwecks aufschiebd bdgter RückÜbertrAnspr, der bei teilw Fortfall (BGH NJW 94, 864: nachhalt **Übersicherung**) für entspr Teil des SichgsGuts besteht (vgl auch § 1191 Rn 17). Hilfsw gelten §§ 662 ff (BGH NJW 94, 2855). – Bei **Fehlen/Unwirksamkeit** gelten §§ 677 ff (BGH aaO). SÜ als abstr VfgsGesch gleichwohl dingl wirks (Austausch des SichgVertr läßt Übereign daher unberührt; LG Mü I WM 95, 41), der SG hat aber einen RückübereignsAnspr aus § 812 (BGH NJW 94, 861); nur wenn iFv § 930 damit zugl das Bes MittlgsVerh fehlt, ist auch die Übereign unwirks (Jauernig Anm 5 D c). Zul aber, wirks Sichgs-Vertr zur Bdgg der SÜ zu machen od beide RGesch zu Einh iSv § 139 zu verbinden (Tiedtke DB 82, 1709). – Bei Nichtigk wg Sittenwidrigk (vgl dazu § 138 Rn 97) ist idR auch die SÜ als dingl RGesch nichtig (vgl § 138 Rn 20). – Wg **AGBG 9** vgl dort Rn 129; BGH NJW 95, 2221 u 2348 (Verwertg; FreigabeKl).

cc) Die **Übereignung des Sicherungsguts** als abstr VfgsGesch kann nach §§ 925, 929–931 erfolgen; 15 relat Unwirksamk nach KAGG 9 III. Die **Übereignung nach § 930** (zur Konkretisierg des SichgsGuts vgl Rn 2–4; zum BesMittlgsVerh vgl Rn 7) ist der häufigste Fall, um dem SG den oft unentbehrl unmittelb Bes zu erhalten (daher keine Verpfändg). – **Bedingte Übereignung** (außer iFv § 925) mögl. Aber kein allg RGrds, daß Übereign dch Entstehen der gesicherten Fdg aufschiebd (BGH NJW 91, 353) u/od dch ihr Erlöschen auflösd (BGH NJW 84, 1184 bei SÜ aus KreditInst) bdgt; das VfgsGesch ist unter Berücksichtig der PartInteressen auszulegen (Schmidt FS-Serick 92, 329). Bei auflösd bdgter SÜ kann der SG über sein AnwR wie VorbehKäufer verfügen (BGH aaO; vgl § 929 Rn 45), zB dch AnschlußSÜ (vgl dazu Picot BB 79, 1264), u ist gg Vfgen des SN gem §§ 161 III, 936 geschützt (vgl § 903 Rn 40). – Ist **Rückübereignung** bei Wegfall des SichgsZwecks geschuldet (vgl Rn 14), so kann SN mit Außenwirkg verfügen (vgl § 903 Rn 40); der SG ist iFv § 930 auf § 986 II beschränkt (Zunft NJW 58, 1219). SG braucht die gesicherte Fdg nur gg Rückübereign zu erfüllen; iFv § 930 liegt in der Annahme der geschuldeten Leistg unter Verzicht auf die Rechte aus dem SÜVertr die Einigg über die nach § 929 S 2 erfolgde Rückübereign (BGH Warn 71 Nr 10).

c) Sicherungsgut können sein: bewegl Sachen einschl Tiere (§ 90a) u WertPap (Hamm WM 84, 1467) u 16 Flugzeuge (Scholermann/Schmid-Burgk WM 90, 1137), AnwR auf EigtErwerb; SÜ von Grdst mögl aber unübl (dafür SichgsGrdSch). Zur SÜ von **Sachgesamtheiten** (zB Warenlager) vgl Rn 2. – **Unpfändbare Sachen** (ZPO 811) können vorbehaltl § 138 zur Sichg übereignet werden (Bambg MDR 81, 50); dies gilt auch für ganze Wohnungseinrichtg (Bambg aaO; aA Stgt NJW 71, 50). Grdsätzl kann sich SG iFv § 930 auf ZPO 811 berufen, wenn SN wg gesicherter Fdg (nicht wg HerausgAnspr) in das SichgsGut vollstreckt (LG Heilbr Rpfleger 93, 119; LG Hildesh DGVZ 89, 172). – Bei **Eigentum Dritter** erwirbt SN nur nach §§ 932 ff Eigt. Bei SÜ einer vom SG unter EV erworbenen Sache wird idR das **Anwartschaftsrecht** zur Sichg übertragen, selbst wenn die Part irrtüml von VollEigt des SG ausgehen (vgl § 929 Rn 45).

d) Verwertung des Sicherungsguts. (Lit: Schreiber JR 84, 485; Geißler KTS 89, 787). Maßg ist der 17 SichgsVertr (BGH NJW 80, 226); schweigt er, so im AußenVerh kein Rückgr auf PfdRVorschr, weil Erwerber vom Volleigtümer erwirbt, u im InnenVerh nur, soweit sie (zB §§ 1228 II, 1234; vgl Ffm NJW-RR 86, 44) TreuPfl bestimmen. Keine **Verwertungspflicht** des SN (BGH NJW 80, 226); bei Verwertg aber GläubInteresse an günstigster Verwertg zu beachten (BGH NJW 66, 2009; NJW-RR 87, 1291; Düss BB 90, 1016) u nur im zur Befriedigg notw Umfang (BGH BB 61, 463), sonst SchadErs aus pVV unter Anwendg von § 282. – **Kosten** einschl Vermittlgskosten (BGH BB 62, 319) trägt SG entspr ZPO 788.

aa) Verwertungsreife nach Fälligk der gesicherten Fdg entspr § 1228 II. TreuPfl gebietet idR Androhg 18 entspr § 1234 I mit angem Frist. Nach Eintritt kann SN (auch wenn gesicherte Fdg verjährt; BGH 70, 96) **Herausgabe** ohne Beschrkg nach ZPO 803 I 2 (BGH BB 61, 463; und bei erhebl Übersich) verlangen (BGH NJW 91, 1415); Wegnahme ohne Zust des SG (Zust in SichgsVertr muß fortdauern; vgl § 858 Rn 2) ist verbotene Eigenmacht. Bei HerausgWeiger w SG unberecht Besitzer u haftet nach §§ 987 ff (BGH NJW 80, 226). HerausgUrt ohne Beschrkg nach ZPO 811 vollstreckb.

19   **bb) Verwertungsarten.** Schweigt SichgsVertr, so wahlweise: freihänd Verkauf (str), PfdVerkauf gem § 1233 (Verstoß iSv § 1243 I berührt Wirksamk im AußenVerh nicht; VerstV 12 I 3 bei öff Verst anwendb [BGH NJW **73**, 246]) od ZwVollstr aGrd ZahlgsTitels (hier gelten ZPO 777, 803 I 2, 811). NutzgsZiehg (BGH NJW **80**, 226) u Verfall/Selbsteintritt (Rn 21) nur bei Vereinbg. Sieht SichgsVertr best Art vor, so ist nur sie zul (BGH NJW **80**, 226); unzul Verwertg im AußenVerh aber wirks.

20   **cc) Erlös.** Über EigtErwerb entscheidet VerwertgsGesch (keine Surrogation). Bei EigtErwerb des SN Tilgg der gesicherten Fdg in Erlöshöhe abzügl Kosten (Verrechng gem SichgsVertr); Überschuß an SG auszukehren. SN muß Rechng legen (§ 666).

21   **dd) Verfallklausel** iSv § 1229 in den Grenzen von § 138 zul (BGH NJW **80**, 226; RGRK/Pikart Rn 72; aA Gaul AcP **168**, 351; Soergel/Mühl Rn 60). Vereinb, daß SN SichgsGut an Erfüll Statt bindsgsfrei behält u von VerwertgsPfl befreit. § 138 zu prüfen, wenn SN Überschuß zw Marktpr u gesicherter Fdg nicht auskehren muß. – Vereinb, daß SN zw Verkauf u Verfall zum Marktpr (**Selbsteintritt**) wählen darf. Nicht notw Selbsteintritt, wenn SN Erwerber Kaufpr stundet (BGH BB **60**, 193).

22   **e) Sicherungsgut in der Zwangsvollstreckung. – aa)** Vollstrecken **Gläubiger des Sicherungsnehmers** in das SichgsGut u ist die **gesicherte Forderung befriedigt,** so hat der SG unabhäng davon, ob er dadch VollEigt od RückübereignsAnspr erlangte, WidersprR aus ZPO 771 (allgM). Bei unmittelb Bes kann SG auch nach ZPO 766, 809 vorgehen. – Ist die **gesicherte Forderung nicht befriedigt** u ist noch keine Verwertgsreife eingetreten, so hat der SG unabhäng davon, ob die SÜ auflösd bdgt ist od nur ein RückübereignsAnspr besteht, ein WidersprR aus ZPO 771 (BGH **72**, 141; hM), da das SichgsGut noch nicht für den SN verwertb. Nach Eintritt der Verwertgsreife entfällt die VerwertgsBeschrkg u damit das WidersprR des SG aus ZPO 771 (BGH aaO). Bei unmittelb Bes kann der SG auch nach ZPO 766, 809 vorgehen; Gläub kann dann nur in den bei Verwertgsreife fäll HerausgAnspr des SN gg den SG vollstrek-
23   ken. – NutzgsR des SN nur mit Zust des SG pfändb (Schlesw SchlHA **90**, 55). – **bb)** Vollstrecken **Gläubiger des Sicherungsgebers** in das SichgsGut, so hat der SN bis zur Befriedigg der gesicherten Fdg (BGH NJW **87**, 1880) ein WidersprR aus ZPO 771 (BGH **80**, 296), dem der Gläub AnfG 5 sowie uU § 419 (vgl BGH **80**, 296; NJW **86**, 1985; Becher-Eberhard AcP **185**, 429) entgghalten kann. Bei unmittelb Bes kann der SN auch nach ZPO 766, 809 vorgehen. Gläub kann in AnwR/RückübereignsAnspr des SG vollstrecken u die gesicherte Fdg gem § 267 I erfüllen.

24   **f) Sicherungsgut in Konkurs. – aa)** Fällt der **Sicherungsnehmer in Konkurs** u ist die **gesicherte Forderung befriedigt,** so hat der SG unabhäng davon, ob er dadch VollEigt od RückübereignsAnspr erlangte, ein AussondergsR (allgM). – Ist die **gesicherte Forderung nicht befriedigt** u ist noch keine Verwertgsreife eingetreten, so hat der SG zwar ein AussondergsR, der KonkVerw ist aber nach Maßg der Sichgsabrede besitzberecht bzw der besitzlos (Serick III § 35 II 2 c; vgl auch Kuhn/Uhlen-bruck § 43 Rn 15 a). Der SG darf ohne Zust des KonkVerw auch nicht vorzeit erfüllen. Nach Verwertgsreife
25   darf der KonkVerw wie der SN verwerten u muß Übererlös an SG abführen. – **bb)** Fällt der **Sicherungsgeber in Konkurs,** so hat der SN ein AbsondergsR (RG **124**, 73; BGH NJW **62**, 46; aA Grunsky JuS **84**, 497). Besitzt der KonkVerw das SichgsGut, so muß er es dem SN gem KO 127 II zur Verwertg herausgeben (BGH NJW **78**, 632).

26   **g) Sicherungsgut im Vergleich. – aa)** Im VerglVerf über das **Vermögen des Sicherungsnehmers** hat der SG entspr Rn 24 ein AussondergsR aus VerglO 26 (Serick III § 36 II 3). – **bb)** Im VerglVerf über das **Vermögen des Sicherungsgebers,** der auch Schuldn der gesicherten Fdg ist, hat der SN ein AbsondergsR aus VerglO 27 II; ihm gebührt dann die VerglQuote nur auf den tats od mutmaßl Ausfall (BGH **31**, 174). Ist der SG nicht Schuldn der gesicherten Fdg, so ist der SN nicht am VerglVerf beteiligt; das SichgsGut dient vorzugsw seiner Befriedigg (Serick III § 36 II 1 c).

931   *Abtretung des Herausgabeanspruchs.*   **Ist ein Dritter im Besitze der Sache, so kann die Übergabe dadurch ersetzt werden, daß der Eigentümer dem Erwerber den Anspruch auf Herausgabe der Sache abtritt.**

1   **1) Allgemeines.** § 931 ändert nichts am Erfordern der Einigg (§ 929 Rn 2), sond ermöglicht nur die Ersetzg der Überg dch die Abtretg des HerausgAnspr; Einigg u Abtretg bilden zusammen den abstr VfgsGesch. Die Abtretg kann stillschw die Einigg enthalten (auch bei irrtüml Annahme, Eigt sei schon übergegangen; BGH DB **68**, 1576) u umgekehrt. Für die Einigg gilt der BestimmthGrds iSv § 930 Rn 2–4 (BGH **LM** Nr 7; Düss WM **70**, 765). – **Stellvertretung** (§§ 164, 181) auf beiden Seiten bei Einigg u AnsprAbtretg zuläss.

2   **2) Besitz eines Dritten;** bei besitzlosen Sachen genügt bloße Einigg (Erm/Michalski Rn 2; MüKo/Quack Rn 11; Avenarius JZ **94**, 511; aA Hbg Recht **18** Nr 1536; RGRK/Pikart Rn 9). Unmittelb od mittelb (sofern Veräußerer nicht BesMittler) Bes, Eigen- od FremdBes. Ist Veräußerer mittelb Besitzer, so kann die Übereign wahlw nach § 929 S 1 (§ 929 Rn 14), § 930 (§ 930 Rn 5) od § 931 erfolgen.

3   **3) Herausgabeanspruch. – a) Art und Inhalt.** Gemeint sind Anspr auf Herausg an den Veräußerer u nicht bloß auf Vorlage (RG **69**, 36) od Wegnahme (RG JW **34**, 1484) aus BesMittlgsVerh (BGH **LM** Nr 2) od Gesetz (zB §§ 812, 823); mangels Abtretbark auch nicht § 985. Die Pers des AnsprGegners braucht nicht bekannt zu sein (BGH NJW **94**, 133). Fehlt ein solcher Anspr, so genügt bloße Einigg (hM); richtet er sich gg eine and Pers, so liegt keine wirks Übereign vor. – **b) Künftige Ansprüche** reichen; zB HerausgAnspr bei künft EigtErwerb des Veräußerers nach § 950 bei Verarbeitg in seinem Auftr.

4   **4) Abtretung. – a) Form.** Formlos nach §§ 398 ff, zB auch dch VertrEintritt (BGH **LM** Nr 2); Abtretgs-Verbot (§ 399) nach § 137 unwirks, wenn hierdch VfgsMacht über Eigt ausgeschl (Düss WM **70**, 765). Zust od Benachrichtigg des AnsprGegners nicht notw; er wird dch §§ 404, 407, 936 III, 986 II geschützt. Bei
5   Abtretg in TradPap verbrieften Anspr (ohne Indossament) ist PapÜberg notw (BGH **49**, 160). – **b) Still-**

schweigende Abtretung kann liegen in Überg von Namens- od InhLagerschein (RG **135**, 85; BGH **LM** Nr 7), giriertem Depotschein (RG **118**, 34), indossiertem Lieferschein (BGH **LM** Nr 8) od Frachtbriefdoppel (RG **102**, 96; Mü NJW **58**, 424); nicht aber in bloßer Überg eines Lieferscheins (BGH **LM** Nr 8) od Bevollm zum Empfang von Sachen (Dresden JW **34**, 2723). Vgl auch Soergel/Mühl Rn 7–12. – c) **Bestimmbarkeit** des Anspr bzgl herauszugebder Sachen bei künft Anspr od Teilmenge für Abtretg ausreichd (§ 398 Rn 10, 11). Für die Einigg gilt aber der BestimmhGrds (Rn 1); vgl daher Rn 6.

5) Eigentumsübergang mit Wirksamwerden von Einigg u AnsprAbtretg. – **a)** Bei Abtretg **künftigen** 6 **Anspruchs** muß die Einigg bei AnsprEntsteh noch fortbestehen (BGH **LM** Nr 7; § 929 Rn 6 gilt entspr) u dem BestimmthGrds genügen (BGH aaO); bei mehrf Übereigng des Abtretg künft Anspr entscheidet Priorität der Abtretg daher nur, soweit die zugehörige Einigg bei AnsprEntstehg nicht widerrufen (vgl BGH aaO). – **b)** Bei Abtretg eines Anspr bzgl nicht hinreichd konkretisierter **Teilmenge** geht das Eigt erst mit Aussonderg über (vgl BGH NJW **82**, 2371).

932 *Gutgläubiger Erwerb.* **I** Durch eine nach § 929 erfolgte Veräußerung wird der Erwerber auch dann Eigentümer, wenn die Sache nicht dem Veräußerer gehört, es sei denn, daß er zu der Zeit, zu der er nach diesen Vorschriften das Eigentum erwerben würde, nicht in gutem Glauben ist. In dem Falle des § 929 Satz 2 gilt dies jedoch nur dann, wenn der Erwerber den Besitz von dem Veräußerer erlangt hatte.

II Der Erwerber ist nicht in gutem Glauben, wenn ihm bekannt oder infolge grober Fahrlässigkeit unbekannt ist, daß die Sache nicht dem Veräußerer gehört.

1) Allgemeines. – a) § 932 schützt den, der eine **bewegliche Sache durch Rechtsgeschäft nach § 929** 1 erwirbt u dabei den trotz NichtEigt od bloßer MitBerecht (RG Warn **18**, 212) als AlleinEigtümer Veräußernden fälsch für den AlleinEigtümer hält. Auch anwendb, wenn Erwerber bei wissentl Erwerb vom NichtEigtümer den gem § 185 Zustimmden fälsch für den Eigtümer hält (vgl Rn 5). § 932 gilt gem ZPO 898 auch bei Erwerb nach ZPO 883, 894, 897; über sonstigen Erwerb in der ZwVollstr vgl Einf 5 vor § 929. – **b)** Ein **Miteigentumsanteil** kann vom angebl AlleinEigtümer gutgl erworben werden. Mangels RScheins für AntGröße aber nicht, wenn angebl MitEigtümer seinen Anteil od wirkl MitEigtümer zu großen Anteil überträgt u die and wahren MitEigtümer nicht zustimmen (Koller JZ **72**, 646; MüKo/Schmidt § 747 Rn 16). Übertragen alle angebl MitEigtümer zu AlleinEigt, so ist dieses erwerbb. Überträgt NichtEigtümer AlleinEigt unter Einräumg von MitBes, so wird weder MitEigt (insow keine Einigg) noch AlleinEigt (wg MitBes der Veräußerers) erworben (BGH **LM** Nr 19). – **c)** Das **Rechtsgeschäft** muß sich auf Übereigng der Einzelsache richten u ein VerkehrsGesch sein (vgl § 892 Rn 5–8). – **d)** Kein gutgl Erwerb **abhandengekommener Sachen** (§ 935).

2) Alle **Erfordernisse des § 929** (bis auf Eigt des Veräußerers) müssen erfüllt sein; bei Übereign nach 2 § 929 S 2 zusätzl **I 2.**

a) Die **Einigung** muß wirks sein. Kein Erwerb nach § 932, wenn dem veräußernden NichtEigtümer die 3 GeschFähigk (vgl aber § 107 Rn 7) od der Veräußergswille (RG Warn **32**, 164) od seinem Vertreter die Vertretgsmacht fehlt. VfgsBeschrkgen, die iF des Eigt des Veräußerers (zB nach KO 7 [BGH WM **69**, 175] od § 1369 [Petermann Rpfleger **60**, 233; Eichenhofer JZ **88**, 326]) die Sache ergreifen würden, hindern den EigtErwerb nicht (aA Medicus Rdn 542), weil die Sache nicht erfaßt wird. Über EigenGesch unter fremdem Namen vgl Düss NJW **85**, 2484 (dazu Giegerich NJW **86**, 1975; Mittenzwei NJW **86**, 2472; **89**, 906).

b) Für **Übergabe** (§ 929 S 1) genügt, daß der unmittelb Besitzer auf Weisg des Veräußerers (der nicht 4 mittelb Besitzer sein muß) dem Erwerber übergibt (BGH **36**, 56; NJW **73**, 141); der Besitzer aber wirkl auf Weisg des Veräußerers handeln (Picker NJW **74**, 1790 [1794]; Lopau JuS **75**, 773; Medicus Rn 564; aA [Anschein dafür genügt] BGH NJW **74**, 1132; Wieling JZ **77**, 291 [295]; Musielak JuS **92**, 713 zu II 2b), denn § 932 schützt nicht guten Gl an nicht bestehde Weisg. Es genügt Überg an BesDiener/BesMittler des Erwerbers. – Ist der **Erwerber schon Besitzer** (§ 929 S 2), u zwar unmittelb od dch Dritten als BesMittler, so muß der Besitz vom Veräußerer dch Überg iSv § 929 S 1 (also genügd von Dritten auf Weisg des Veräußerers) erlangt sein (**I 2**); genügd aber BesErlangg von dem, der ihn zuvor vom Veräußerer erhielt (Wiegand JuS **74**, 203). – Völlige **Besitzaufgabe des Veräußerers** stets notw.

c) Bei wissentl **Erwerb vom Nichteigentümer mit Zustimmung des angeblichen Eigentümers** 5 ausreichd u erforderl, daß Besitz vom Zustimmden erlangt (BGH **56**, 123; dazu Wieser JuS **72**, 567) od Veräußerer bei BesÜbertr auf Erwerber BesMittler des Zustimmden war (BGH **10**, 81; **LM** Nr 6) sowie völlige BesAufg des Zustimmden (BGH **56**, 123); vgl auch Celle OLGZ **79**, 329.

3) Mangelnde Gutgläubigkeit (Bösgläubigk) des Erwerbers hindert den Erwerb. Auf den Glauben des 6 Veräußerers kommt es nicht an (RG **89**, 348).

a) Person. Bei Erwerb dch GesHänder schadet Bösgläubigk eines handelnden GesHänders (RG Warn **18**, 7 212; MüKo NJW **59**, 348); bei Erwerb zu MitEigt erwirbt nur der Bösgläubige seinen MitEigtAnt nicht. Bei Erwerb dch StellVertr gilt § 166 (BGH NJW **82**, 38); Bösgläubigk des Erwerbers aber maßg bei Überg an seinen BesDiener/BesMittler, der nicht StellVertr (RG **137**, 22), u iFv ZPO 883, 894, 897, 898 (hM; aA RG **77**, 24), da GVz nicht StellVertr.

b) Gegenstand des guten Glaubens ist das Eigt des Veräußerers (bzw Zustimmden) an der übereigneten 8 Sache; bei Übereigng dch TradPap auch bzgl der Ware (BGH **LM** HGB § 365 Nr 1; Glaser NJW **58**, 451; Reinicke BB **60**, 1368). Wird Vorerwerb des Veräußerers nach Weiterveräußerg angefochten, so ist Gutgläubigk des Erwerbers bzgl des tats AnfGrd des Vorerwerbs notw (BGH NJW **88**, 482). Gutgläubigk bzgl and fehler Übereigngsvoraussetzgen unerhebl (vgl Rn 3).

c) Begriff (II). – aa) Kenntnis des NichtEigt; zB bei Kennzeichg als PfdFlasche (Köln NJW-RR **88**, 9 373). Sie kann bei Kenntn der maßg Tats inf RUnkenntn fehlen (BGH NJW **61**, 777); dann zu prüfen, ob

10 diese auf grober Fahrlk beruht. – **bb) Grobfahrlässige Unkenntnis** des NichtEigt. Erwerber muß die im Verkehr erforderl Sorgfalt in ungewöhnl hohem Maße verletzt u dasjenige unbeachtet gelassen haben, was im gegebenen Fall sich jedem aufgedrängt hätte (BGH NJW **94**, 2022, 2093); dh für ihn muß bei nur dchschnittl Merk- u ErkenntnVermögen ohne bes Aufmerksamk u bes gründl Überleggen aGrd der GeschUmstände u der VerkäuferPers erkennb gewesen sein, daß Veräußerer NichtEigtümer war (BGH WM **78**, 1208). Dies bestimmt sich nach obj Kriterien, so daß die pers Verhältn des Erwerbers u HandelsGewohnh den Maßstab nicht mindern (BGH **LM** Nr 12, 21) wohl aber verschärfen (MüKo/Quack Rn 36) können. Eine allg NachforschgsPfl, insb bei Dritten, besteht nicht (BGH NJW **75**, 735). Umstände des Einzelfalles (Art, Ggst u Umstände des Gesch; persönl u wirtsch Verhältn der Beteil) maßg, ob Bösgläubigk aGrd konkreter VerdachtsGrd (zB Verkauf von Pelzen zum SchleuderPr; Hbg MDR **70**, 506) od auch ohne solche wg unterl Nachforschg im Hinblick auf verkehrsübl Möglichk von DrittEigt (zB wg EV); nur im letzteren Fall entfällt Bösgläubigk, wenn Ergebn unterl Nachforschg zur Gutgläubigk geführt hätte (MüKo/Quack Rn 44, 47). Bei NachforschgsPfl genügt EigtBestätig des Veräußerers nicht (BGH **LM** Nr 29; WM **78**, 1208). Bei legitimierden Urk (Vertr, Rechng, Kfz- Brief uä) welche Legitimationswirkg Erwerber ohne grobe Fahrlk annehmen konnte (Erbschein/ TestVollstrZeugn begründen keine Vermutg für NachlZugehörigk; BGH **LM** Nr 35) u ob er Fälschg grob fahrl verkannte (BGH **LM** Nr 21).

11   **d) Einzelfälle.** Nur Anhaltspkte, da stets Einzelumstände maßg. RevGer prüft nur, ob RBegr verkannt u BewWürdigg fehlerh (BGH NJW **94**, 2093). – **aa) Mögliche Sicherungsübereignung.** Keine NachforschgsPfl des Erwerbers, der von KreditAufn nichts weiß (BGH **LM** Nr 26), wohl aber bei SÜ von bekannterm hochverschuldetem SG (Celle JZ **78**, 400). Befindet sich die Sache noch bei Vorlieferant, so braucht Erwerber nicht nachzuforschen, ob Veräußerer sie an Dritten sichgsübereignete (BGH **LM** Nr 22).

12 Wg mögl SÜ an Bank bei finanz Erwerb des Veräußerers vgl Rn 12. – **bb) Möglicher Eigentumsvorbehalt.** Bei Erwerb hochwert Investitions- od Konsumgüter vom Händler (BGH WM **80**, 1349) od Endabnehmer (Ffm WM **75**, 1050) ist mit dem üblicherw vereinb EV des Vorlieferanten (bzw mit SÜ an Finanziergsinstitut) zu rechnen, wenn der Erwerb innerh der übl Finanziergsdauer erfolgt (Düss MDR **94**, 437); danach nicht mehr (BGH **LM** Nr 29), sofern nicht schlechte Vermögenslage des Veräußerers bekannt (BGH WM **78**, 1208). Nachforschg bei Vorlieferant in diesen Fällen geboten. Dies auch, wenn üblicherw unter EV gelieferte u zum WeiterVerk im ordentl GeschVerk bestimmte Ware zur Kreditsich (BGH **LM** HGB § 365 Nr 1) od unter EinkaufsPr (BGH **LM** § 455 Nr 23) erworben wird, od wenn bekannt, daß Veräußerer zahlgsschwach (BGH **LM** Nr 22) oder kfm unkorrekt (BGH WM **80**, 1349). Bei Erwerb vom Verarbeiter bes NachforschgsPfl (insb wenn AbtrVerbot für KaufPrFdg vereinbart), da oft einf od verlängerter EV (BGH

13 **77**, 274 [dazu Maier JuS **82**, 487; Grunsky JZ **84**, 604]; Ffm MDR **59**, 578). – **cc) Bei Neu-/Vorführwagen** steht Gutgläubigk des Erwerbers bzgl Eigt od VfgsBefugn (HGB 366) des Händlers nicht entgg, daß dieser Brief nicht vorlegt (Karlsr NJW-RR **89**, 1461; Düss NJW-RR **92**, 381); aber zB Kenntn von BriefBes einer Bank. – Bei **Gebrauchtwagen** Bösgläubigk gegeben, wenn Erwerber sich nicht aGrd der Eintr im Kfz-Brief davon überzeugt, daß Veräußerer vfgsbefugt (BGH NJW **91**, 1415), sofern sie nicht dch bes Umstände ausgeräumt (BGH **LM** HGB § 366 Nr 12; Schlesw NJW **66**, 1970); dies gilt auch, wenn bei finanz Kauf Brief unmittelb an Bank geht (BGH **47**, 207), bei Veräußerg zum Verschrotten (Mü DAR **65**, 99) od bei Erwerb dch Ausländer, dessen HeimatR keinen Kfz-Brief kennt (Celle JZ **79**, 608). Ist jur Pers eingetr, so erstreckt sich PrüfgsPfl auch auf VertrMacht des Handelnden (Schlesw DAR **85**, 26). Diese Prüfg ist aber nur Mindestvorausetzg für Gutgläubigk; weitere Nachforschgen können geboten sein, zB wenn Brieffälschg nur grob fahrl übersehb (BGH **LM** Nr 21) od Brief den Halter nicht angibt (BGH NJW **94**, 2022). Bei Erwerb von Veräußerer, der Brief besitzt, ohne selbst eingetr zu sein, weitere Nachforschg jedenf geboten, wenn Umstände der Veräußerg zweifelh (BGH NJW **91**, 1415; Ffm NJW-RR **86**, 1380; Hbg NJW-RR **87**, 1266; zB Preis) od geschäftsuntypisch (Stgt NJW-RR **90**, 635; Kfz-Tausch unter Händlern); zT wird stets Nachforschg bei Letzteingetragenem verlangt (KG NJW **60**, 2243; Hamm NJW **75**, 171). Über Nachforschg bei Kfz, für das wg Exports kein InlandsKfzBrief ausgestellt wird, vgl BGH **LM** Nr 17, 23, od für das eine BetrErlaubn genügt (Raupe/Bagger), vgl BGH NJW **93**, 1649; WM **93**, 1203; Brschw WM **77**, 1212. Besteht bzgl des Kfz keine NachforschgsPfl, so besteht sie grds auch nicht bzgl einz nichtwesentl Bestandt (BGH **18**, 233 für Motor).

14   **e) Maßgebender Zeitpunkt.** Bei Übereign nach § 929 S 1: BesErwerb; bei Übereign nach § 929 S 2: Einigg. Diese Ztpkte (u nicht BdggsEintritt) auch bei aufschiebd bdgter Übereign (BGH **10**, 69; **30**, 374) u iFv Rn 5 bei Einwilligg maßg, währd iFv Rn 5 bei Gen deren Erteilg maßg ist (vgl § 892 Rn 27). Über Gutgläubigwerden zw Einigg u maßg Ztpkt vgl Gursky JR **86**, 225. Spätere Bösgläubigk vgl Rn 16.

15   **4) Beweislast.** Wer sich auf EigtErwerb beruft, muß die tats Erwerbsvoraussetzgen beweisen; wer ihn bestreitet, muß NichtEigt des Veräußerers u die Umstände zur Bösgläubigk des Erwerbers beweisen (BGH NJW **82**, 38; dort auch zur Notwendigk substantiierten Bestreitens der Bösgläubigk) u der BewPflichtige dies widerlegen (vgl BGH BlGBW **85**, 89).

16   **5) Wirkung. – a)** Der gutgl Erwerb führt zum **Erwerb wie vom Eigentümer.** Bösgläubigk nach dem maßg Ztpkt (vgl Rn 14) unschädl u begründet (auch bei Herausg an früh Eigtümer) keinen RMängelGewLeistgsAnspr. Bei Weiterveräußerg dch gutgl Erwerber (Zweitveräußerer) erwirbt der Dritte vom Eigtümer, so daß seine Bösgläubigk bzgl NichtEigt des Erstveräußerers unerhebl. Früh Eigtümer ist gg den gutgl Erwerber auf Anspr aus §§ 816 I 2, 819 I beschränkt; auch bei leichter Fahrlk wg rechtm Erwerbs kein Anspr aus § 823 (BGH JZ **56**, 490). Entfällt das VfgsGesch inf Anfechtg od Eintritts auflöser Bdgg, so fällt das Eigt an den urspr Eigtümer zurück. Fehlt od entfällt das schuldrechtl GrdGesch, so steht der Anspr aus § 812 dem veräußernden NichtEigtümer zu (v Caemmerer FS-Boehmer S 145; str); über Wirkg der Rückübereign vgl Rn 17. – **b) Bei Rückerwerb des Nichteigentümers** vom Erwerber wird der früh NichtEigtü-

17 mer Eigtümer u ist dem früh Eigtümer aus SchadErsVerpfl (pVV/§ 823 iVm § 249) od §§ 812ff zur Übereign verpfl. Dies gilt nicht nur bei Rückerwerb aGrd selbständ RGesch (allgM), sond auch bei Rückerwerb wg Fehlens (zB Unwirksamk, Anfechtg) od Aufhebg (zB Rücktr, Wandlg) des schuldrechtl GrdGesch od weil dieses (zB SichgsVertr) schon RückübereignsPfl begründete (AK/Reich Rn 6; MüKo/Quack Rn 62ff;

RGRK/Pikart Rn 34 ff; Wstm/Gursky § 47 II 3; Wiegand JuS **71**, 62). Die GgMeing, die in letzteren Fällen EigtErwerb des früh Eigtümers annimmt (Planck/Brodmann Anm 4; Baur/Stürner § 52 IV 2; Schwab/Prütting § 35 VI; Wieling § 10 VI 2; W-Raiser § 69 IV; Lopau JuS **71**, 233), ist mit dem Abstraktionsprinzip nicht vereinb. EigtErwerb des früh NichtEigtümers auch, wenn Rückerwerb anfängl beabsichtigt, da Übertr auf Erwerber wg dessen Gutgläubigk nicht nichtig (MüKo/Quack Rn 68).

932 a Gutgläubiger Erwerb nicht eingetragener Seeschiffe. Gehört ein nach § 929 a veräußertes Schiff nicht dem Veräußerer, so wird der Erwerber Eigentümer, wenn ihm das Schiff vom Veräußerer übergeben wird, es sei denn, daß er zu dieser Zeit nicht in gutem Glauben ist; ist ein Anteil an einem Schiff Gegenstand der Veräußerung, so tritt an die Stelle der Übergabe die Einräumung des Mitbesitzes an dem Schiff.

1) Für **eingetragene Schiffe** gelten SchiffsRG 15 ff, wobei der öff Glaube des Registers den Erwerb vom **1** NichtBerecht auch in den Fällen des SchiffsRG 2 deckt, also bei der Übereign von Seeschiffen, wo zum EigtÜberg dessen Eintr im Reg nicht notw ist (vgl Baur/Stürner § 31 II 2 c). Nach hM gilt die RVermutg des § 15 SchiffRG sinngem auch für die Veräußerg von Schiffsparten u PfdRechten an ihnen.

2) Für **nichteingetragene Seeschiffe** usw gem § 929 a gelten gem § 932 a die Grdsätze des § 932. **2**

933 Gutgläubiger Erwerb bei Besitzmittelung. Gehört eine nach § 930 veräußerte Sache nicht dem Veräußerer, so wird der Erwerber Eigentümer, wenn ihm die Sache von dem Veräußerer übergeben wird, es sei denn, daß er zu dieser Zeit nicht in gutem Glauben ist.

1) **Allgemeines. – a)** § 933 schützt den, der eine **bewegliche Sache durch Rechtsgeschäft nach § 930** **1** vom NichtEigtümer erwirbt; § 932 Rn 1 gilt. **Beweislast** wie § 932 Rn 15, **Wirkung** wie § 932 Rn 16, 17. – **b)** Zw VertrAbschl (Rn 3) u EigtErwerb dch Überg (Rn 4) ist der Erwerber aGrd der wirks BesMittlgsVereinbg (MüKo/Quack Rn 13; Jauernig Anm 4; aA W-Raiser § 69 II 2 c) **mittelbarer Besitzer** u Dritter kann von ihm nach § 934 Fall 1 erwerben (vgl § 868 Rn 4).

2) Alle **Erfordernisse des § 930** (bis auf Eigt des Veräußerers) müssen erfüllt sein; **zusätzlich Übergabe** **2** von Veräußerer an Erwerber notw (Rn 4).

a) Die **Einigung** muß wirks sein; § 932 Rn 5 gilt entspr. Einigg u **Besitzmittlungsvereinbarung** (§ 930 **3** Rn 5–10) müssen dem BestimmthGrds genügen (vgl § 930 Rn 2–4).

b) Eigentumserwerb erst mit Übergabe iSv § 929 S 1, bei der Einigg fortbestehen (wird vermutet) **4** aber nicht wiederholt werden muß. Überg dch BesDiener od unmittelb besitzden Dritten auf Weisg des Veräußerers genügt (vgl § 932 Rn 4). Überg an BesDiener od BesMittler (BesMittlgsVerh muß bei Überg schon bestehen; BGH JR **78**, 154) des Erwerbers genügt. Überg kann dch Abtr des HerausgAnspr gg einen unmittelb Besitzer erfolgen (RGRK/Pikart Rn 10; Tiedtke WM **78**, 450). – Erwerber muß den **Besitz vom Veräußerer mit dessen Willen in Vollziehung der Veräußerung** erhalten (BGH **67**, 207); dafür genügt Wegn dch GVz aGrd HerausgUrt (nicht aber aGrd eintw Vfg; Hamm Recht **25**, 652) od Herausg dch KonkVerw aGrd vermeintl AussondersgR (BGH **LM** Nr 1; dazu Baumgärtel MDR **60**, 305); nicht genügt, daß Erwerber ihm zunächst trhd übergebene Sache später in EigenBes nimmt (BGH JZ **72**, 165; dazu Serick BB **72**, 277). Wegn dch Erwerber nur genügd, wenn Veräußerer zZ der Wegn damit einverstanden (BGH **LM** Nr 1; dazu reicht vorher erklärte u fortbestehde VeräußererZust (vgl § 929 Rn 11); nicht aber nachträgl Genehmigg (BGH JR **78**, 154; aA Deutsch JZ **78**, 385). – Völlige **Besitzaufgabe des Veräußerers** notw (BGH JR **78**, 154); vorübergehde GebrÜberlassg an Erwerber genügt nicht (Mü NJW **70**, 667).

3) **Mangelnde Gutgläubigkeit** (Bösgläubigk) des Erwerbers hindert den Erwerb. – **a) Person, Gegen-** **5** **stand, Begriff:** § 932 Rn 6–13 gilt. – **b) Maßgebender Zeitpunkt:** Überg nach Rn 4. Über Gutgläubig- werden zw Einigg u maßg Ztpkt vgl Gursky JR **86**, 225.

934 Gutgläubiger Erwerb bei Abtretung des Herausgabeanspruches. Gehört eine nach § 931 veräußerte Sache nicht dem Veräußerer, so wird der Erwerber, wenn der Veräußerer mittelbarer Besitzer der Sache ist, mit der Abtretung des Anspruchs, anderenfalls dann Eigentümer, wenn er den Besitz der Sache von dem Dritten erlangt, es sei denn, daß er zur Zeit der Abtretung oder des Besitzerwerbes nicht in gutem Glauben ist.

1) **Allgemeines.** § 934 schützt den, der eine **bewegliche Sache durch Rechtsgeschäft nach § 931** vom **1** NichtEigtümer erwirbt; § 932 Rn 1 gilt. **Beweislast** wie § 932 Rn 15; **Wirkung** wie § 932 Rn 16, 17.

2) Alle **Erfordernisse des § 931** (bis auf Eigt der Veräußerers) müssen erfüllt sein, soweit nicht iFv Rn 4 **2** ein bloß behaupteter HerausgAnspr genügt. Iü unterscheidet § 934, ob der Veräußerer mittelb Besitzer ist (Rn 3) od nicht (Rn 4).

a) Veräußerer ist mittelbarer Besitzer, dh ihm steht als mittelb Eigen- od Fremdbesitzer (BGH WM **3** **77**, 1090) ein wirkl bestehder (BGH **LM** § 931 Nr 7; bei Nichtbestehen Erwerb nach Rn 4 mögl) Herausg-Anspr aus einem BesMittlgsVerh zu. Das Eigt geht mit der wirks Abtretg auf den Erwerber über; hier genügt also Verschaffg des mittelb Bes nach § 870, währd iFv § 933 zur Verschaffg dch Vereinbg eines BesMittlgsVerh die Überg hinzutreten muß (vgl dazu BGH **50**, 45; Lange JuS **69**, 162; Michalski AcP **181**, 384; Picker AcP **188**, 511; Musielak JuS **92**, 713). EigtErwerb nach § 934 Fall 1 daher in folgenden Fällen mögl: erststuf mittelb Fremdbesitzer (= NichtEigtümer) tritt seinen HerausgAnspr gg den unmittelb Fremdbesitzer ab u verdrängt damit zweitstuf mittelb Eigenbesitzer aus dem Eigt (vgl § 868 Rn 3); mittelb Eigenbesitzer (aber NichtEigtümer) tritt seinen HerausgAnspr aus einem BesMittlgsVerh ab, das bei seiner Begründg ein zum Eigtümer bestehdes wg Unvereinbark vernichtet hat (vgl § 868 Rn 4); NichtEigtümer läßt die Sache verwahren u tritt HerausgAnspr gg Verwahrer ab. Spätere einseit Beendigg des mittelb Bes dch BesMittler unschädl. – Entspr § 936 III kein EigtErwerb, wenn Eigtümer als BesMittler des Veräußerers (zB als Mieter des Nießbrauchers) besitzt (MüKo/Quack Rn 12; Wstm/Gursky § 50, 3; aA Planck/Brodmann Anm 3; RGRK/Pikart Rn 7).

4 **b) Veräußerer ist nicht (mittelbarer) Besitzer,** dh ihm steht ein nicht auf einem BesMittlgsVerh iSv § 868 beruhder (zB §§ 812, 823) od ein nur behaupteter (BGH NJW **78**, 696) HerausgAnspr zu. Dch Abtretg alleine kein EigtÜbergang. EigtÜbergang erst, wenn der Erwerber (nicht notw vom Schuldn des abgetr Anspr) auf der GrdLage des VeräußergsGesch (Wstm/Gursky § 48 II 3; W-Raiser § 69 II 2 d) unmittelb (zB auch dch Überg an seinen BesDiener) od mittelb (zB dch Überg an seinen BesMittler; RG **137**, 23) Bes erlangt; für Erlangg mittelb Bes reicht, daß der unmittelb Besitzer als Schuldn des angebl HerausgAnspr sein BesMittlgsVerh zu einem Dritten (zB Eigtümer) dch Begründg eines mit diesem nicht vereinb BesMittlgs-Verh zum Erwerber beendet (BGH NJW **78**, 696; vgl § 868 Rn 5). Eigenmächt BesVerschaffg des Erwerbers reicht nicht (Schlesw SchlHA **57**, 122). Späterer BesVerlust (auch des mittelb Bes dch einseit Beendigg seitens des BesMittlers) unschädl.

5 **3) Mangelnde Gutgläubigkeit** (Bösgläubigk) des Erwerbers hindert den Erwerb. – **a) Person:** § 932 Rn 7 gilt. – **b) Gegenstand:** § 932 Rn 8 gilt; iF der Abtretg eines nicht bestehden HerausgAnspr (Rn 4) darf der Erwerber auch hinsichtl dieses Anspr nicht bösgläub sein (MüKo/Quack Rn 17). Kein Schutz des guten Gl iFv Rn 3 daran, daß abgetr Anspr wirkl besteht, nicht gem § 399 beschr abtretb (BGH NJW **79**, 2037) u nicht in nicht mitübergebenem TradPap verbrieft (BGH **49**, 160), so daß mangels wirks Abtretg kein EigtErwerb; EigtErwerb vgl Rn 4 bleibt aber mögl (vgl Tiedtke WM **79**, 1142; MüKo/Quack Rn 8, 14). – **c) Begriff:** § 932 Rn 9–13 gilt. – **d) Maßgebender Zeitpunkt:** Abtretg iFv Rn 3, BesErlangg iFv Rn 4. Über Gutgläubigwerden zw Einigg u maßg Ztpkt vgl Gursky JR **86**, 225.

935 *Abhanden gekommene Sachen.* [I] **Der Erwerb des Eigentums auf Grund der §§ 932 bis 934 tritt nicht ein, wenn die Sache dem Eigentümer gestohlen worden, verlorengegangen oder sonst abhanden gekommen war. Das gleiche gilt, falls der Eigentümer nur mittelbarer Besitzer war, dann, wenn die Sache dem Besitzer abhanden gekommen war.**

[II] **Diese Vorschriften finden keine Anwendung auf Geld oder Inhaberpapiere sowie auf Sachen, die im Wege öffentlicher Versteigerung veräußert werden.**

1 **1) Allgemeines. – a) Kein Eigentumserwerb nach §§ 932–934,** wenn der Eigtümer (**I** 1) od sein BesMittler (**I** 2) ihren unmittelb Bes unfreiwill verloren haben (Ausn: **II**). Das Gesetz hält hier den Eigtümer für schutzwürdiger als den gutgl Erwerber. Der Eigtümer kann die Sache von jedem späteren Erwerber nach § 985 ff herausverlangen, wenn er das Eigt nicht nach §§ 937 ff, 946 ff verloren hat (Mü NJW **87**, 1830); Erwerber kann nicht Ers des Kaufpr verlangen (Vorbem 6 vor § 994). Eigtümer kann Weiterveräußerg dch einen Erwerber genehmigen u von ihm den Erlös verlangen (§ 816 Rn 9). – **b)** Werden **Bestandteile/Früchte** widerrechtl getrennt u in Bes genommen, so sind sie dem Besitzer der Haupt/Muttersache abhgek, in dessen Eigt sie mit der Trenng fielen. Mit der Hauptsache abhgek sind ihre Bestandt zZ des Abhkommens; str für Früchte, die bei Abhkommen der Muttersache schon im Keim vorhanden sind (vgl § 955 Rn 1). – **c) Nicht anwendbar ist § 935,** wenn unmittelb Besitzer, der nicht BesMittler des Eigtümers, seinen Bes unfreiwill verliert (Düss JZ **51**, 269 Anm Raiser; MüKo/Quack Rn 7; Wstm/Gursky § 49 I 5; Erm/Michalski Rn 5; aA Musielak JuS **92**, 713 zu II 5) u wenn Eigtümer seinen mittelb Bes unfreiwill verliert, weil der BesMittler ohne Willen des Eigtümers die Sache fortgibt, sich aneignet od sonst das BesMittlgsVerh beendet (zB dch Begründg eines BesMittlgsVerh zu einem Dritten).

2 **2) Abhandengekommen** ist eine Sache, wenn der Eigtümer od sein BesMittler (aA Braun JZ **93**, 391: jeder Besitzer) den unmittelb Bes ohne (nicht notw gg) seinen Willen verloren hat (RG **101**, 224; Mü NJW-RR **93**, 1466). Unfreiwill BesVerlust des BesMittlers aber unschädl, wenn dies mit Willen des Eigtümers geschah. Die Sache ist solange abhgek, bis Eigtümer/BesMittler wieder unmittelb Bes erhalten (Beschlagn reicht nicht; RG Warn **25** Nr 25) od Eigtümer die Rückerlangg ablehnt. – **a) Diebstahl** ist Unterfall des Abhkommens; Schuld od StrafAntr iFv StGB 247 nicht notw. Bei Unterschlagg dch BesMittler gelten §§ 932–934; über BesDiener vgl Rn 4. – **b) Verlust** ist Unterfall des Abhkommens. Es gilt nicht Begriff des Verlierens iSv §§ 965 ff, denn im dortigen Sinn verloren ist auch die vom BesMittler ohne Willen des **3** Eigtümers weggeworfene Sache. – **c) Geschäftsunfähigkeit.** Weggabe dch GeschUnfähigen ist unfreiwill (KG OLG **15**, 356; Mü NJW **91**, 2571); bei beschr GeschFähigen ist UrtFähigk über ihre Bedeutg maßg (Jauernig Anm 2 b a; Wstm/Gursky § 49 I 3; aA Hbg OLG **43**, 225: freiwill). – **d) Irrtum, Täuschung** begründen keine Unfreiwilligk (RG **101**, 225); Anfechtg unerhebl. – **e) Drohung** begründet Unfreiwilligk (Baur/Stürner § 52 V 2 b bb; enger BGH **4**, 10 [34]; NJW **53**, 1506: nur bei unwiderstehl Gewalt gleichstehdem seelischen Zwang). – **f) Nichtiges Rechtsgeschäft** (Grd- od VfgsGesch) begründet keine Unfreiwilligk (KG OLG **15**, 356; Ffm NJW **49**, 429). – **g) Hoheitsakt** (zB ZwVollstr, Beschlagn) ersetzt Besitzerwillen. Wegnahme aGrd HohAkts begründet (auch nach erfolgreicher Anfechtg; aA RGRK/Pikart Rn 19) kein Abhkommen; and bei Nichtig (RGRK/Pikart aaO; aA MüKo/Quack Rn 14).

4 **3) Besondere Besitzlagen. – a) Besitzdiener.** Unfreiwill BesVerlust des BesHerrn, wenn BesDiener die Sache ohne dessen Willen od unter Verstoß gg Weisgen sich zueignet (unterschlägt) bzw weggibt (RG **71**, 248; **106**, 4; Ffm OLGZ **89**, 198). Gilt auch, wenn BesDiener nicht als solcher erkennb u Einwirkg des BesHerrn entzogen (RG aaO; Baur/Stürner § 52 V 2 a bb; Wstm/Gursky § 49 I 6; aA Soergel/Mühl Rn 2; Wieling § 10 V 3 c). Erwerber aber geschützt, wenn BesDiener nach HGB 56 od sonst entspr vertretgsberecht. – **b) Mitbesitzer.** Unfreiwill BesVerlust für einen Mitbesitzer genügt (Brschw OLG **26**, 58). Die von einem Mitbesitzer ohne Willen des and weggebene Sache ist letzterem abhgek. – **c) Erbenbesitz** ist dch § 935 geschützt (vgl § 854 Rn 17, § 857 Rn 2). – **d) Juristische Person.** Zum Abhkommen bei Weggabe dch ein Organ vgl § 854 Rn 12. – **e) Gesamthandsgemeinschaft.** Zum Abhkommen bei Weggabe dch ein Mitgl vgl § 854 Rn 13–16.

4) Ausnahmen wg VerkSchutz in **II.** Bei Bösgläubigk aber kein EigtErwerb (RG **103,** 288). – **a)** Um- 5 lauffäh in-/ausländ **Geld,** das obj als Zahlgsmittel geeignet (entggstehde Zweckbestimmg des Veräußerers unerhebl; LG Würzbg NJW **88,** 2191); nicht also reine Sammlerstücke. – **b)** Wahre **Inhaberpapiere:** (§§ 793ff; AktG 10 I; KAGG 18 I 2; auch auf den Inh gestellte Karten usw (§ 807). Nicht Legitimations- u OrderPap; vgl aber HGB 365, 367; WechselG 16 II; ScheckG 21. Zum GutGlaubSch beim Erwerb gestohlener ErsDividendenscheine Franke WM **73,** 982; bei vor Ausg an die wahren Aktionäre in Verk gelangten Aktien Canaris, Die Vertrauenshaftg im dt PrivR, 1971, S 252f, u Zöllner, WertPapR[14], § 29 III. – **c) Öffentliche Versteigerung:** § 383 III (BGH NJW **90,** 899), also nicht aGrd ZPO (vgl dazu Einf 2 vor § 929), ZVG. EigtErwerb nach § 383 III erfolgt gem §§ 929ff. Für den guten Glauben, der sich, wenn Ersteher nicht schon dch § 932 II geschützt ist, analog § 1244 auch auf die Zulässigk der Versteigerg erstrecken muß (Kuhnt MDR **53,** 641; Dünkel, Öff Verst u gutgl Erwerb, 1970 S 71 ff) entscheidet der Ztpkt der Überg.

5) Beweislast. Wer EigtErwerb bestreitet, muß Abhkommen beweisen. Wer sich auf Erwerb nach **II** 6 beruft, muß dessen Voraussetzgen beweisen; Gegner muß dann NichtEigt des Veräußerers u Bösgläubigk des Erwerbers beweisen.

936 Dingliche Rechte Dritter.

I Ist eine veräußerte Sache mit dem Rechte eines Dritten belastet, so erlischt das Recht mit dem Erwerbe des Eigentums. In dem Falle des § 929 Satz 2 gilt dies jedoch nur dann, wenn der Erwerber den Besitz von dem Veräußerer erlangt hatte. Erfolgt die Veräußerung nach § 929a oder § 930 oder war die nach § 931 veräußerte Sache nicht im mittelbaren Besitze des Veräußerers, so erlischt das Recht des Dritten erst dann, wenn der Erwerber auf Grund der Veräußerung den Besitz der Sache erlangt.

II Das Recht des Dritten erlischt nicht, wenn der Erwerber zu der nach Abs. 1 maßgebenden Zeit in Ansehung des Rechtes nicht in gutem Glauben ist.

III Steht im Falle des § 931 das Recht dem dritten Besitzer zu, so erlischt es auch dem gutgläubigen Erwerber gegenüber nicht.

1) Allgemeines. – a) Lastenfreier Erwerb einer veräußerten Sache (**I;** Ausn: **III**), wenn der Erwerber 1 hinsichtl der Belastg gutgl ist (**II**). Die Belastg erlischt endgült (vgl § 932 Rn 16); über Wiederaufleben bei Rückerwerb vgl § 932 Rn 17. – **b) Belastungen:** Nießbr, vertragl/gesetzl PfdR, PfdgsPfdR (RG **161,** 109; BGH WM **62,** 1177; aA Lüke JZ **55,** 484), VerfolggsR nach KO 44 (str), AnwR aus aufschiebd (zB des VorbehKäufers) od auflösd (zB des SichgGebers) bdgter Übereigng, AneigngsR; nicht aber ZbR nach HGB 369, schuldrechtl BesR (vgl dazu § 986) u öffrechtl Widmg (OVG Münster NJW **93,** 2635). – **c) Sondervorschriften:** §§ 1121 II 1, 1242 II; SchiffsRG 16, 77; LuftfzRG 98 I; PachtKrG 5 (vgl Einf 2 vor § 1204).

2) Voraussetzungen für Erlöschen. – **a) Eigentumserwerb** (**I** 1) vom Eigtümer nach §§ 929–931 od 2 vom NichtEigtümer nach §§ 932–934, 935 II. – **b) Besitzerlangung** (**I** 2, 3) aGrd Veräußerg entspr §§ 932 I 2 (vgl dort Rn 4), 933 (vgl dort Rn 4), 934 Fall 2 (vgl dort Rn 4). Dies ist bei Erwerb vom NichtEigtümer schon Voraussetzg für EigtErwerb (womit zugl Lastenfreih eintritt) u bei Erwerb vom Eigtümer zusätzl Voraussetzg für Lastenfreih des erworbenen Eigt.

3) Kein Erlöschen. – a) Mangelnde Gutgläubigkeit (II) des Erwerbers (§ 932 Rn 7 gilt) hinsichtl des 3 Bestehens der Belastg zZ der BesErlangg hindert das Erlöschen; bei PfdR wird Gutgläubigk an die Höhe der gesicherten Fdg nicht geschützt. Begriff entspr § 932 II (vgl § 932 Rn 9–13). Wer in Mieträumen befindl Sachen erwirbt, muß idR mit VermieterPfdR rechnen (BGH NJW **72,** 43); nicht aber Käufer landw Erzeugn mit FrüchtePfdR (BGH NJW **93,** 1791; aA 52. Aufl). Guter Gl an Befugn zu lastenfreier Übereigng nur iRv von HGB 366 II geschützt. – **b) Besitz des Rechtsinhabers (III).** Bei Veräußerg nach § 931, 934 kein Erlöschen, solange der RInh unmittelb od mittelb (KG OLG **41,** 184) Besitzer ist. Über entspr Anwendg auf Eigt vgl § 934 Rn 3. – **c) Abhandenkommen.** Ist die Sache dem RInh abhgek, so kein Erlöschen (§ 935 I; and iFv § 935 II). Ist sie nicht auch dem Eigtümer abhgek, so kann belastetes Eigt erworben werden.

4) Beweislast. Wer sich auf Lastenfreih beruft, muß EigtErwerb wie bei §§ 929–934, 935 II sowie 4 BesErlangg beweisen; wer sie bestreitet, muß Bösgläubigk, die EigtErwerb (§§ 932–934, 935 II) bzw Erlöschen hindert, od AbhKommen, das EigtErwerb (§ 935 I) bzw Erlöschen hindert, beweisen.

II. Ersitzung

Vorbemerkung

1) Ersitzung. Sie ermöglicht den EigtErwerb in Fällen, in denen dies dch RGesch (insb wg §§ 105 I, 1 935 I) nicht mögl. Ersitzder erwirbt krG urspr/originär Eigt u bish Eigtümer verliert es.

2) Schuldrechtliche Rückgewähransprüche. – a) Bereicherung. Die RBereinig aGrd § 937 ist bzgl 2 des Mangels des RGrd engült, so daß keine Anspr aus §§ 812ff des bish Eigtümers gg den Ersitzden bestehen (Planck/Brodmann § 937 Anm 3; RGRK/Pikart § 937 Rn 20; Schwab/Prütting § 36 VI); im Ggs zu §§ 951, 977 keine Verweisg auf BereichergsAuslg. Nach aA Leistgskondiktion, wenn Ersitzder im Zuge fehlgeschlagener Leistgsbezieh zum bish Eigtümer EigenBes erwarb: BesKondiktion, die sich nach

§ 818 I auf Herausg des aGrd des Bes erlangten Eigt erstreckt (RG **130**, 69; MüKo/Quack § 937 Rn 24; Staud/ Wiegand § 937 Rn 22). – **b) Vertrag.** Vertragl RückgAnspr (zB aus Leihe) bleiben unberührt u gehen auf Rückübereign. – **c) Delikt.** Anspr aus § 823, die bei leicht fahrl EigenBesErwerb denkb, ausgeschl, selbst wenn VerjFr noch nicht abgelaufen (Erm/Hefermehl § 937 Rn 6).

937 *Voraussetzungen.* ᴵ Wer eine bewegliche Sache zehn Jahre im Eigenbesitze hat, erwirbt das Eigentum (Ersitzung).

ᴵᴵ Die Ersitzung ist ausgeschlossen, wenn der Erwerber bei dem Erwerbe des Eigenbesitzes nicht in gutem Glauben ist oder wenn er später erfährt, daß ihm das Eigentum nicht zusteht.

1   **Zehnjähriger Eigenbesitz (I);** unmittelb od mittelb EigenBes iSv § 872. FrBerechng: §§ 187 ff. BewLast hat, wer sich auf Ersitzg beruft (vgl auch § 938). – **Nicht gutgläubig (II)** ist, wer bei BesErwerb weiß od inf grober Fahrlk nicht weiß, daß er nicht Eigtümer wird, od wer dies nachträgl erkennt (grobe Fahrlk genügt hier nicht). Nachträgl Gutgläubigk mögl (Grunsky JR **86**, 225); mit ihr beginnt Frist nach I. BewLast hat, wer Ersitzg bestreitet. – **Wirkung:** Vorbem 1, 2. Über Ersitzg dch ErbschBesitzer vgl § 2026.

938 *Vermutung des zwischenzeitlichen Besitzes.* Hat jemand eine Sache am Anfang und am Ende eines Zeitraums im Eigenbesitze gehabt, so wird vermutet, daß sein Eigenbesitz auch in der Zwischenzeit bestanden habe.

1   Beweis des Ggteils ZPO 292. Vgl auch § 940.

939 *Hemmung.* Die Ersitzung kann nicht beginnen und, falls sie begonnen hat, nicht fortgesetzt werden, solange die Verjährung des Eigentumsanspruchs gehemmt ist oder ihrer Vollendung die Vorschriften der §§ 206, 207 entgegenstehen.

1   Zeit, währd der Verj des Anspr aus § 985 nach §§ 202–204 gehemmt, wird in ErsitzgsFr nicht eingerechnet (§ 205). Solange Ablauf der VerjFr gehemmt (§§ 206, 207), kann Ersitzg nicht vollendet werden. BewLast hat, wer Ersitzg bestreitet.

940 *Unterbrechung durch Besitzverlust.* ᴵ Die Ersitzung wird durch den Verlust des Eigenbesitzes unterbrochen.

ᴵᴵ Die Unterbrechung gilt als nicht erfolgt, wenn der Eigenbesitzer den Eigenbesitz ohne seinen Willen verloren und ihn binnen Jahresfrist oder mittels einer innerhalb dieser Frist erhobenen Klage wiedererlangt hat.

1   **Verlust des Eigenbesitzes (I)** überhaupt (nicht schon dch Tod, § 857) od dch Betätigg des Fremdbesitzerwillens (zB bei SichergsÜbereign) unterbricht Ersitzg (Wirkg: § 942). BewLast hat, wer Ersitzg bestreitet. – **Keine Unterbrechung (II)** bei zeitweil unfreiwill (§ 935 Rn 2–4) BesVerlust. BewLast hat, wer sich auf Ersitzg beruft.

941 *Unterbrechung durch Geltendmachung des Eigentumsanspruches.* Die Ersitzung wird unterbrochen, wenn der Eigentumsanspruch gegen den Eigenbesitzer oder im Falle eines mittelbaren Eigenbesitzes gegen den Besitzer gerichtlich geltend gemacht wird, der sein Recht zum Besitze von dem Eigenbesitzer ableitet; die Unterbrechung tritt jedoch nur zugunsten desjenigen ein, welcher sie herbeiführt. Die für die Verjährung geltenden Vorschriften der §§ 209 bis 212, 216, 219, 220 finden entsprechende Anwendung.

1   **Gerichtliche Geltendmachung** §§ 209, 210, 220) des Anspr aus § 985 (auch iW ZPO 256) dch den wahren Eigtümer unterbricht Ersitzg zG des Eigtümers u seiner RNachf (Wirkg: § 942). Unterbrechg zG aller MitEigtümer, wenn einer nach § 1011 auf Herausg an alle klagt (MüKo/Quack Rn 9; aA Staud/ Wiegand Rn 6). Klage gg BesDiener od ZwBesitzer iSv § 940 II unterbricht nicht (str; vgl MüKo/Quack Rn 6, 7). Dauer der Unterbrechg: §§ 211, 212, 216, 219. – **Außergerichtliche Geltendmachung** unterbricht nicht, kann aber bösgläub iSv § 937 II machen.

942 *Wirkung der Unterbrechung.* Wird die Ersitzung unterbrochen, so kommt die bis zur Unterbrechung verstrichene Zeit nicht in Betracht; eine neue Ersitzung kann erst nach der Beendigung der Unterbrechung beginnen.

1   Wirkg entspr § 217. Aber neue Ersitzg nur, wenn der Besitzer auch gutgl ist (§ 937 II Fall 1).

943 *Rechtsnachfolge.* Gelangt die Sache durch Rechtsnachfolge in den Eigenbesitz eines Dritten, so kommt die während des Besitzes des Rechtsvorgängers verstrichene Ersitzungszeit dem Dritten zustatten.

1   **Sondernachfolge** aGrd Einigg mit Vorbesitzer (vgl § 221 Rn 1; RG **129**, 204) od nach § 158 II. Bei Vorgänger u Nachf müssen die Voraussetzgen des § 937 vorliegen. Anzurechnen ist die Ersitzzeit des Vorgängers gem §§ 939 ff. – **Gesamtnachfolge.** Erbe (§ 857) kann die Ersitzg des Erblassers fortsetzen

od, wenn dieser bösgläub war, er aber gutgläub, eine eigene beginnen. – Bei **mehrfacher Nachfolge** gilt § 943 auch (Ffm MDR **76**, 223; aA Ordemann JR **61**, 93).

944 **Erbschaftsbesitzer.** **Die Ersitzungszeit, die zugunsten eines Erbschaftsbesitzers verstrichen ist, kommt dem Erben zustatten.**

Der ErbschBesitzer (§ 2018) ist nicht RNachf des Erblassers, der Erbe nicht RNachf des ErbschBesitzers. **1** Trotzdem schadet der BesVerlust dem Erben nicht. Er kann sich anrechnen: die Ersitzgszeit des ErbschBesitzers, wenn dieser gutgl annahm, die Sache gehöre zum Nachl; guter Gl in bezug auf das ErbR nicht nötig (Staud/Wiegand Rn 1; aA Erm/Hefermehl Rn 1). Außerdem die Ersitzungszeit des Erblassers nach § 943.

945 **Rechte Dritter.** **Mit dem Erwerbe des Eigentums durch Ersitzung erlöschen die an der Sache vor dem Erwerbe des Eigenbesitzes begründeten Rechte Dritter, es sei denn, daß der Eigenbesitzer bei dem Erwerbe des Eigenbesitzes in Ansehung dieser Rechte nicht in gutem Glauben ist oder ihr Bestehen später erfährt. Die Ersitzungsfrist muß auch in Ansehung des Rechtes des Dritten verstrichen sein; die Vorschriften der §§ 939 bis 944 finden entsprechende Anwendung.**

1) Geltungsbereich. § 945 regelt das Erlöschen vor Erwerb des EigenBes begründeter Rechte Dritter iSv **1** § 936. Danach begründete Rechte bleiben bestehen.

2) Voraussetzungen für Erlöschen. – **a)** EigtErwerb dch Ersitzg; aber auch dch RGesch, das zu belaste- **2** tem Erwerb geführt hat (vgl § 936 Rn 3; Ersitzg der LastenFreih). – **b)** Ablauf der ErsitzgsFr ggü dem DrittBerecht (vgl §§ 939–944). – **c)** BewLast hat, wer sich auf LastenFreih beruft (für EigtErwerb hindernde Bösgläubigk vgl aber Rn 3).

3) Kein Erlöschen. – **a)** Mangelnde Gutgläubigk iSv § 937 II bzgl Belastgn hindert Erlöschen. BewLast **3** hat, wer LastenFreih bestreitet; gilt auch für EigtErwerb hindernde Bösgläubigk. – **b)** Besitz des DrittBerecht hindert Erlöschen (§ 936 III entspr).

III. Verbindung. Vermischung. Verarbeitung

946 **Verbindung von Fahrnis mit Grundstücken.** **Wird eine bewegliche Sache mit einem Grundstücke dergestalt verbunden, daß sie wesentlicher Bestandteil des Grundstücks wird, so erstreckt sich das Eigentum an dem Grundstück auf diese Sache.**

1) Allgemeines. Verbindg ist TatHdlg (Übbl 9 vor § 104), nicht rgesch Vfg (zB iSv § 816; Hamm NJW- **1** RR **92**, 1105). § 946 ist unabdingb (RG **130**, 310) u schließt § 950 aus (es wird keine bewegl Sache hergestellt); er gilt nicht, wenn die Verbindg Überg nach § 929 ist. – **Beweislast.** Wer sich auf EigtErwerb nach § 946 beruft, muß neben Voraussetzgn beweisen; wer sich auf eine bloße Verbindg nach § 95 beruft, muß dies beweisen (§ 95 Rn 1). – **IPR.** § 946 gilt bei Verbindg mit inländ Grdst.

2) Voraussetzung. Nicht nur versuchsw (RG LZ **15**, 213) Verbindg einer bewegl Sache mit einem Grdst **2** zu dessen wesentl Bestandt iSv § 94; unerhebl ist, wer verbindet (beteil Eigtümer, Dritte, Naturkräfte). Einem Grdst gleich steht Gbde, das wesentl GrdstBestandt (§ 94 II), u eingetr Schiff (BGH **26**, 225); nicht aber Gbde, das GrdstScheinbestandt (BGH NJW **87**, 774; Wieling § 11 II 1b; aA Erm/Hefermehl Rn 8; Staud/Wiegand Rn 12). – Verbindg zu **Scheinbestandteil** (§ 95) genügt nicht; zB Anbau an Gbde, das nur GrdstScheinbestandt (BGH aaO). Nachträgl Fortfall der ScheinbestandtEigenschaft ändert EigtVerh nicht, Übereign nach §§ 929ff notw (BGH aaO; Staud/Wiegand Rn 8; aA Erm/Hefermehl Rn 3).

3) Wirkung. GrdstEigtümer erwirbt mit der Verbindg Eigt an der verbundenen bewegl Sache u ist damit **3** Eigtümer der GesSache; über dingl Rechte an den EinzSachen (auch bei Verbindg eigener Sachen) u Fortgeltg u § 935 vgl § 949 Rn 2, 4; Ausgl für RVerlust dch § 951. Dies gilt auch, wenn er bösgläub od verbundene Sache abhgek war sowie bei VerbindgsVerbot eines Eigtümers od fehldem Erwerbswillen (sofern dies nicht zu § 95 führt). Bei Verbindg einer Sache mit zwei Grdst erwirbt jeder Eigtümer den auf seinem Grdst befindl Teil (RG **70**, 200).

4) Aufhebung der Verbindung. Die alten EigtVerh an der bewegl Sache (auch EV; Stgt ZIP **87**, 1129 **4** dazu Kohler JuS **90**, 530) leben nicht wieder auf; uU konkretisiert sich die Wertkondiktion auf den abgetrennten Bestand (§ 951 Rn 14). Auch nachträgl Unterlegg vorübergehden Zwecks (§ 95) ändert EigtVerh nicht (vgl BGH **LM** § 94 Nr 16); notw ist Trenng mit §§ 929ff.

947 **Verbindung von Fahrnis mit Fahrnis.** **[1] Werden bewegliche Sachen miteinander dergestalt verbunden, daß sie wesentliche Bestandteile einer einheitlichen Sache werden, so werden die bisherigen Eigentümer Miteigentümer dieser Sache; die Anteile bestimmen sich nach dem Verhältnisse des Wertes, den die Sachen zur Zeit der Verbindung haben.**

[2] Ist eine der Sachen als die Hauptsache anzusehen, so erwirbt ihr Eigentümer das Alleineigentum.

1) Allgemeines. Verbindg ist TatHdlg (Übbl 9 vor § 104), nicht rgesch Vfg (zB iSv § 816). § 947 ist unab- **1** dingb u wird von § 950 verdrängt (BGH NJW **95**, 2633); er gilt nicht, wenn die Verbindg Überg nach § 929 ist.

– **Beweislast.** Wer sich auf EigtErwerb nach § 947 beruft, muß dessen Voraussetzgen (iFv I auch für den Anteil) beweisen. – **IPR.** § 947 gilt bei Verbindg im Inland.

2 **2) Voraussetzung.** Verbindg bewegl Sachen zu wesentl Bestandt iSv § 93 einer GesSache; § 947 gilt auch bei Verbindg mit einem Gbde, das nur GrdstScheinbestandt (§ 946 Rn 2); unerhebl ist, wer verbindet (beteil Eigtümer, Dritte, Naturkräfte). Für nachträgl Wegfall bloßer ScheinbestandtEigensch gilt § 946 Rn 2 entspr.

3 **3) Wirkung. – a) Miteigentum (I)** nach §§ 741 ff, 1008 ff entspr dem WertVerh der EinzSachen zZ der Verbindg, wenn keine der EinzSachen als Hauptsache (Rn 5) anzusehen ist. Über dingl Rechte an den
4 EinzSachen (auch bei Verbindg eigener Sachen) u Fortgeltg von § 935 vgl § 949 Rn 3. – **b) Alleineigentum (II).** Der früh Eigtümer des Hauptbestandt wird Eigtümer der GesSache; über dingl Rechte an den EinzSachen (wg § 949 S 1 gilt II entgg BGH NJW **87**, 774 auch bei Verbindg eigener Sachen) u Fortgeltg von § 935 vgl § 949 Rn 2, 4; Ausgl für RVerlust dch § 951. Dies gilt auch, wenn er bösgläub od der Nebenbestandt abhgek war sowie bei Verbindgsverbot eines Eigtümers od fehldem Erwerbswillen (sofern dies nicht zu § 95
5 führt). – Für die Eigensch eines Bestandt als **Hauptsache** (= Hauptbestandt der GesSache) ist nicht das WertVerh der EinzSachen maßg (RG **152**, 91 [99]; OGH **3**, 389). Bloße Nebensache ist ein Bestandt, der der GesSache fehlen kann, ohne daß ihre prakt Verwendbark beeinträchtigt wird (RG aaO; OGH aaO; BGH **20**, 159; MüKo/Quack Rn 7), zB aufgeklebtes Plakat ggü Plakattafel (Oldbg NJW **82**, 1166), Gerbstoff ggü Leder (Schlesw SchlHA **56**, 239); über Kfz-Teile (die heute vielf unwesentl Bestandt) vgl KG NJW **61**, 1026.

6 **4) Aufhebung der Verbindung.** § 946 Rn 4 gilt entspr.

948 *Vermischung.* [I] Werden bewegliche Sachen miteinander untrennbar vermischt oder vermengt, so finden die Vorschriften des § 947 entsprechende Anwendung.
[II] Der Untrennbarkeit steht es gleich, wenn die Trennung der vermischten oder vermengten Sachen mit unverhältnismäßigen Kosten verbunden sein würde.

1 **1) Allgemeines.** Vermischg/Vermengg ist TatHdlg (Übbl 9 vor § 104), nicht rgesch Vfg (zB iSv § 816; Ffm NJW-RR **87**, 310). § 948 ist unabdingb u wird von § 950 verdrängt (RG **161**, 109 [113]); er gilt nicht, wenn die Vermischg/Vermengg Überg nach § 929 ist (RG Warn **18** Nr 117). – **Beweislast.** Wer sich auf EigtErwerb nach § 948 beruft, muß dessen Voraussetzgen (iFv Rn 3 auch für den Anteil) beweisen (vgl aber Rn 3). – **IPR.** § 948 gilt bei Vermischg/Vermengg im Inland.

2 **2) Voraussetzung.** Bei untrennb Vermischg verlieren die Sachen ihre körperl Abgrenzg; zB Gase, Flüssigk. Bei untrennb Vermengg behalten sie diese, lassen sich aber mangels natürl Unterscheidbark od Kennzeichng nicht mehr dem bish Eigtümer zuordnen; zB Geld (RG Warn **18** Nr 117), Münzen (BGH NJW **93**, 935), Getreide, Baumaterial, Tiere, nichtvertretb WertPap (das Mit- [Rn 3] bzw AlleinEigt [Rn 4] besteht an jeder EinzSache der GesMenge). Unerhebl ist, wer vermischt/vermengt (beteil Eigtümer, Dritte, Naturkräfte).

3 **3) Wirkung. – a) Miteigentum** nach §§ 741 ff, 1008 ff an der GesMenge entspr dem WertVerh der EinzMengen zZ der Vermischg/Vermengg. Ist das WertVerh auch unter Anwendg von ZPO 287 nicht feststellb, so gilt § 742 (Staud/Wiegand Rn 7; Wieling § 11 II 3a; Weitnauer FS-Baur **81**, 709 [719]; Baumgärtel Rn 8 [wenn Besitzer an GesMenge nicht beteiligt]; aA RG **112**, 102; BGH NJW **58**, 1523 Anm Hoche = JZ **59**, 24 Anm Leiss; 52. Aufl). Über dingl Rechte an den EinzMengen (auch bei Vermischg/Vermengg eigener Sachen) u Fortgeltg von § 935 vgl § 949 Rn 3. AuseinandS nach § 752; TeilgsR des besitzden
4 MitEigtümers entspr HGB 419 nur bar Geld (ganz hM). – **b) Alleineigentum** entspr § 947 II bei verschiedenart Sachen (zB Leder u Gerbstoff; Schlesw SchlHA **56**, 239) od bei sehr großem Mengenunterschied gleichart Sachen (BGH **14**, 114; Wieling § 11 II 3b; aA Baur/Stürner § 53a III 2). Über dingl Rechte (auch bei Vermischg/Vermengg eigener Sachen) u Fortgeltg von § 935 vgl § 949 Rn 2, 4. Ausgl Für RVerlust dch § 951. Dies gilt auch, wenn er bösgläub od die Nebenmenge abhgek war sowie bei Vermischg/VermenggsVerbot eines Eigtümers od fehldem Erwerbswillen.

5 **4) Aufhebung der Vermischung/Vermengung** iFv II ändert EigtVerh nicht. Auch die Aufteilg von Geld (Rn 3) erfordert eine Übereigng.

6 **5) Sondervorschriften.** § 963; HGB 419; OLSchVO 23, 28; DepG 2–17.

949 *Rechte Dritter.* Erlischt nach den §§ 946 bis 948 das Eigentum an einer Sache, so erlöschen auch die sonstigen an der Sache bestehenden Rechte. Erwirbt der Eigentümer der belasteten Sache Miteigentum, so bestehen die Rechte an dem Anteile fort, der an die Stelle der Sache tritt. Wird der Eigentümer der belasteten Sache Alleineigentümer, so erstrecken sich die Rechte auf die hinzutretende Sache.

1 **1) Allgemeines.** Die Wirkgen des § 949 treten unabdingb mit denen der §§ 946–948 ein. § 949 gilt auch für AnwR an einer Sache u bei Verbindg usw eigener Sachen. – **IPR.** § 949 gilt, wenn §§ 946–948 gelten.

2 **2) Wirkung. – a)** Mit **Erlöschen des Eigentums (S 1)** nach §§ 946, 947 II, 948 Rn 4 erlöschen die beschr dingl Rechte an der Sache; war sie abhgek, so gilt § 935 für die GesSache nicht. Gilt auch, wenn die Sache
3 dem Eigtümer der GesSache gehörte. Ausgl für RVerlust dch § 951. – **b) Bei Erwerb von Miteigentum (S 2)** nach §§ 947 I, 948 Rn 3 setzen sich die beschr dingl Rechte am MitEigtAnt fort (daher kein Ausgl nach § 951); war die EinzSache/Teilmenge abhgek, so ergreift § 935 nicht an ihr entspr MitEigtAnt (KG OLG **12**, 125; LG Bielef MDR **51**, 164; Gehrlein MDR **95**, 16; aA Staud/Wiegand Rn 5; Wieling § 11 II 2b, 3b). Bei Verbindg usw eigener Sachen Fortbestand an einem MitEigtAnt, der dem Wert der belasteten Sache

entspr (RG **67**, 421 [425]; Erm/Hefermehl Rn 5; Staud/Wiegand Rn 6). – **c)** Bei **Erwerb von Alleineigen-** 4 **tum (S 3)** nach § 946, 947 I, 948 Rn 4 erstrecken sich die beschr dingl Rechte am Grdst bzw der Hauptsache/menge auf die GesSache/Menge. War die Hauptsache/menge abhgek, so gilt § 935 für die GesSache/Menge.

3) Aufhebung der Verbindung usw. – **a)** IFv Rn 2 leben die beschr dingl Rechte nicht wieder auf, da 5 das Eigt nicht wieder auflebt (§ 946 Rn 4); nach dessen rgesch Wiederbegründg kann schuldr Neubestellgs-Anspr bestehen. – **b)** IFv Rn 3 bleiben die beschr dingl Rechte am MitEigtAnt bestehen, denn dieser bleibt bestehen (§ 947 Rn 6, § 948 Rn 6). – **c)** IFv Rn 4 erlöschen die beschr dingl Rechte nicht, da sich die EigtVerh nicht ändern (§ 946 Rn 4).

950 *Verarbeitung.* [I] Wer durch Verarbeitung oder Umbildung eines oder mehrerer Stoffe eine neue bewegliche Sache herstellt, erwirbt das Eigentum an der neuen Sache, sofern nicht der Wert der Verarbeitung oder der Umbildung erheblich geringer ist als der Wert des Stoffes. Als Verarbeitung gilt auch das Schreiben, Zeichnen, Malen, Drucken, Gravieren oder eine ähnliche Bearbeitung der Oberfläche.

[II] Mit dem Erwerbe des Eigentums an der neuen Sache erlöschen die an dem Stoffe bestehenden Rechte.

1) Allgemeines. – a) Bedeutung. § 950 löst den Konflikt zw RohstoffEigtümer u Hersteller (bzw zw 1 Herstellern verschied Verarbeitgsstufen) zG des Herstellers (BGH **56**, 88). Er geht §§ 947–949 vor, währd § 946 ihm vorgeht. – **b) Realakt.** Verarbeitg ist TatHdlg (Übbl 9 vor § 104), nicht rgesch Vfg (zB iSv § 816). – **c) Unabdingbarkeit.** § 950 ist als eigtrechtl Zuordng mit Publizitätswirkg ggü Dritten (zB Gläub 2 des Herstellers) unabdingb (Ffm MDR **59**, 578; Erm/Hefermehl Rn 1; Planck/Brodmann Anm 1c; Staud/Wiegand Rn 31; Wieling § 11 II 4h; aA RG **161**, 109 [113]; Flume NJW **50**, 841; Baur § 53b I 3). Deswg unterliegen auch die einz Voraussetzgen, zB ob eine Sache neu ist (Rn 5) od wer Hersteller ist (Rn 9), nicht der PartVereinbg u keine Teilabdingbark von I 1 Halbs 2 (BGH **LM** § 947 Nr 4). – **d) Beweislast.** Wer sich 3 auf EigtErwerb nach § 950 beruft, muß dessen Voraussetzgen beweisen (BGH NJW **83**, 2022); wer sich auf Nichterwerb nach I 1 Halbs 2 (Rn 8) beruft, muß diese Voraussetzgen beweisen (Baumgärtel Rn 2). – **e) IPR.** § 950 gilt, wenn Stoffe ausländ Eigtümer im Inland verarbeitet werden.

2) Voraussetzungen (kumulativ). – **a) Verarbeitung oder Umbildung** eines od mehrerer Stoffe. Fehlt 4 eine bewußte menschl od menschl gesteuerte ArbLeistg od ist sie gering, so gilt § 950 nicht (ggf aber §§ 947–949). Es genügt das ZusFügen von Bauteilen (BGH **18**, 226) od das Zerlegen einer Sache (Wstm/Gursky § 53 II 2; aA Planck/Brodmann Anm 1a). Zu bejahen zB bei Ausbrütenlassen von Eiern (Joerges Recht **16**, 642); zu verneinen zB bei Okulieren von Pflanzen (RG JW **28**, 2448). – **b) Herstellen neuer** 5 **beweglicher Sache,** auch iFv I 2. Neuheit ist wirtsch unter Berücksichtig der VerkAuffassg zu verstehen; Wertsteigerg alleine nicht maßg (aA Wieling § 11 II 4e). Sie liegt idR bei Erzielg einer höheren Verarbeitgsstufe vor; daher reicht ZwFabrikat. Anzeichen für eine Neuheit sind neuer Name (Köln NJW **91**, 2570) od Formveränderg. Dchläuft ein GrdStoff mehrere Stufen einer nach der VerkAuffassg einheitl Verarbeitg (zB Kohl-Sauerkraut-Konserve), so ist eine neue Sache erst mit Abschluß der Verarbeitg hergestellt (BGH **LM** § 947 Nr 4). – Zu **bejahen** bei: Belichtg u Entwicklg von FotoPap (Hbg HEZ **3**, 30); Bau eines Schiffs/Kfz aus Wrackteilen, die als solche kein beschädigtes Schiff/Kfz mehr darstellen (Hbg VRS **1** Nr 149; LG Bielef MDR **51**, 164; vgl auch OGH NJW **50**, 542); Verarbeitg von Gerste zu Malz (BGH **14**, 114) od Ton zu Ziegeln (RG **72**, 281); Ergänzg eines Motorblocks zu Komplettmotor (BGH NJW **95**, 2633). – Zu **verneinen** bei: Einbau eines Motors in ein Förder-/Beladegerät (Köln NJW **91**, 2570) od von Fahrgestellrahmen u Motorgehäuse in Kfz (KG NJW **61**, 1026); Mästen (BGH NJW **78**, 697) od Dressieren (Wstm/Gursky § 53 II 3) eines Tieres; Reparatur stark beschädigter Sache (RG **138**, 45 [50]; OGH NJW **50**, 542); Zerschneiden eines Schnitzwerks in einz Figuren/-gruppen (RGSt **57**, 159); Bespielen von Ton-/Videobändern od Disketten (Wstm/Gursky aaO); Einschmelzen von Metall; Dreschen von Korn.

3) Wirkung. – a) Lastenfreier Eigentumserwerb (I 1, II). Hersteller (Rn 8–12) erwirbt originäres Eigt 6 an der neuen Sache; auch wenn er schon StoffEigtümer war (RG Warn **29** Nr 161). Dies gilt auch, wenn er bösgläub od der verarbeitete Stoff abhgek war sowie bei VerarbeitgsVerbot des StoffEigtümers (BGH NJW **89**, 3213) od fehldem Erwerbswillen. Dingl Rechte einschl AnwR am Stoff erlöschen mit EigtErwerb. Auch bei Verarbeitg eigenen Stoffs (Breslau OLG **14**, 105; einschränkd RGRK/Pikart Rn 62). Ausgl für RVerlust dch § 951. – **b) Ausnahme (I 1 Halbs 2),** auch iFv I 2. Kein EigtErwerb nach Rn 6 (ggf aber nach §§ 947– 7 949; RG **161**, 109 [113]), wenn der Wert der Verarbeitg/Umbildg (VerkWert der hergestellten Sache abzügl des Werts aller [einschl der des Verarbeiters] verarbeiteten Stoffe; BGH **18**, 226; **56**, 88) erhebl geringer als VerkWert der verarbeiteten Stoffe, was jedenf bei Verh von 60:100 anzunehmen (vgl BGH NJW **95**, 2633). Maßg ist der Wert der Ausgangsstoffe der Verarbeitg; daher bei mehrstuf einheitl Verarbeitg der Wert der GrdStoffe (vgl BGH aaO) u bei Verarbeitg eines ZwFabriks dessen Wert. Werden FertigErzeugn verarbeitet, so ist ihr VerkWert maßg Stoffwert; dies gilt auch, wenn es iR eines einheitl Verarbeitgsvorgangs zwzeitl auf die Rohstoffe zurückgeführt war (Erm/Hefermehl Rn 9; aA Wieling § 11 II 4f).

4) Hersteller. Mit der Zuordngsfunktion des § 950 ist es unvereinb, über die Herstellereigensch dingl 8 wirkde freie Vereinbgen zuzulassen (Ffm MDR **59**, 578; Neust NJW **64**, 1802; aA Hofmann NJW **62**, 1798; Wagner AcP **184**, 14). Maßg ist aber auch nicht, wer die verarbeitde Tätigk ausführt, sond in wessen Namen u Interesse (GeschHerr) die Verarbeitg nach der VerkAuffassg vom Standpkt eines mit den Verhältn vertrauten obj Beobachters erfolgt (BGH **112**, 243), so daß **fremdwirkende Verarbeitung** mögl ist. Die notw obj Kriterien können darin gesehen werden, daß der nicht selbst Verarbeitde im wesentl das Produktions- u Absatzrisiko trägt (Staud/Wiegand Rn 34) bzw die ökonomische Lenkg der Produktion hat u das Verwendgsrisiko trägt (Wstm/Gursky § 53 III 2d). Eine solche Verschiebg der Herstellerfunktion ist der Ausnahme-Fall (Staud/Wiegand Rn 32). Daraus ergibt für die **Hauptfälle: – a) Weisungsgebundene Tätigkeit.** 9 ArbN (auch Heimarbeiter) u Beamte, die iR weisgebundener Tätigk die Verarbeitg ausführen, sind nicht

Hersteller. Hersteller ist der ArbG/Dienstherr; zB Klinikträger bzgl Patientenkartei des Chefarztes (BGH NJW **52**, 661; vgl auch Hbg HEZ **3**, 30), nicht aber Universität bzgl von Professor iR der Forschg erstellter ArbUnterlagen (BGH **112**, 243). – **b) Werkvertrag.** Der Besteller ist Hersteller, wenn die Verarbeitg in seinem Auftr mit von ihm gelieferten Stoffen erfolgt (BGH **14**, 114; Ffm OLGZ **89**, 198). Bei Werkliefergs-Vertr ist der WerkUntern Hersteller (vgl § 651). Über Softwarebesteller als Hersteller vgl Paulus JR **90**, 405

11 (zweifelh). – **c) Verlängerter Eigentumsvorbehalt.** Wird ein Stoff unter EV geliefert u vereinbaren Lieferant u Verarbeiter, daß sich der EV auf die Fertigware erstreckt bzw der Lieferant unter Ausschl von § 950 Eigtümer wird (sog Hersteller- od VerarbeitgsKl), so bewirkt dies nach hM, daß der Lieferant ohne DchgangsErwerb des Verarbeiters Eigtümer der Fertigware wird (BGH **20**, 159 [nicht nach außen erkennb entggstehder Wille des Verarbeiters unbeacht]; Ffm MDR **59**, 578; Neust NJW **64**, 1802; Karlsr WM **79**, 343); wird die neue Sache aus Stoffen verschied VorbehEigtümer hergestellt, so erwerben sie mangels bes Abrede Allein- od MitEigt nach §§ 947, 948 (Ffm aaO). Das Eigt ist für den Lieferanten auflösd u für den Verarbeiter aufschieb bdgt entspr dem früh StoffEigt (Nierwetberg NJW **83**, 2235). Auf diese Weise nach hM auch vereinb, daß Lieferant u Verarbeiter MitEigtümer der neuen Sache werden (BGH **46**, 117 [Mit-EigtAnt müssen bestimmt festgelegt sein]; **79**, 16 [23]; Neust aaO; Karlsr aaO). Dem ist nicht zuzustimmen, denn der Verarbeiter beherrscht den VerarbeitgsVorgang u trägt das Absatzrisiko u ist desh nach den obj Umständen Hersteller (Erm/Hefermehl Rn 7; Staud/Wiegand Rn 34, 40; Wieling § 11 II 4i; Wstm/Gursky

12 § 53 III 2e; Säcker JR **66**, 51); der Lieferant kann nur nach Rn 13 Eigtümer werden. – **d) Sicherungseigentum.** Ist der Verarbeiter SG u ein Dritter als SN StoffEigtümer, so gilt Rn 11 entspr.

13 **5) Übereignung nach § 930.** Soweit eine fremdwirkde Verarbeitg nicht mögl ist (insb iFv Rn 11, 12), kann nur dch Einigg u Vereinbg eines vorwegen BesMittlgsVerh (§ 930 Rn 9, 10) zw Verarbeiter u einem nicht am Verarbeitgsvorgang Beteil erreicht werden, daß letzterer Eigtümer der neuen Sache wird, was aber zu DchgangsErwerb des Verarbeiters führt. Ähnl wie die SichgAbrede bei der SichgÜbereigng (§ 930 Rn 7) ist die Hersteller-/VerarbeitgsKl als BesMittlgsVerh iS einer SichgAbrede anzusehen, so daß in diesen Fällen SichgEigt vom Verarbeiter erworben wird (Erm/Hefermehl Rn 7; Staud/Wiegand Rn 45; Wieling § 11 II 4k; Wstm/Gursky § 53 III 2e), das im Konk des Verarbeiters nur ein AbsondersgR gibt (§ 930 Rn 25).

951 *Entschädigung für Rechtsverlust.* [1] **Wer infolge der Vorschriften der §§ 946 bis 950 einen Rechtsverlust erleidet, kann von demjenigen, zu dessen Gunsten die Rechtsänderung eintritt, Vergütung in Geld nach den Vorschriften über die Herausgabe einer ungerechtfertigten Bereicherung fordern. Die Wiederherstellung des früheren Zustandes kann nicht verlangt werden.**

[II] **Die Vorschriften über die Verpflichtung zum Schadensersatze wegen unerlaubter Handlungen sowie die Vorschriften über den Ersatz von Verwendungen und über das Recht zur Wegnahme einer Einrichtung bleiben unberührt. In den Fällen der §§ 946, 947 ist die Wegnahme nach den für das Wegnahmerecht des Besitzers gegenüber dem Eigentümer geltenden Vorschriften auch dann zulässig, wenn die Verbindung nicht von dem Besitzer der Hauptsache bewirkt worden ist.**

1 **1) Allgemeines.** I regelt den schuldrechtl Ausgl zw dem, der einen RVerlust nach den §§ 946–950 erlitten hat, u dem, der hierdch einen RErwerb erlangt hat, ohne and Anspr auszuschließen (II). Im Konk des Erwerbden gibt er nur einf KonkFdg. Er ist **abdingbar** (BGH **LM** Nr 9, 28), dh ausschließb u modifizierb (einschl Begründg eines WiederherstellgsAnspr des Verlierden). – **IPR.** § 951 gilt, wenn ein RVerlust nach den aGrd IPR anwendb §§ 946–950 eingetreten ist (vgl BGH NJW **60**, 774).

2 **2) Rechtsgrundverweisung.** § 951 begründet keine nur nach BereichsR abzuwickelnden Anspr, sond erfordert den vollen Tatbestd des § 812 I (BGH **55**, 176) in der Form der **Eingriffskondiktion** nach § 812 I 1 Fall 2 (Hamm NJW-RR **92**, 1105; MüKo/Quack Rn 3, 5; Jauernig Anm 1; Schreiber Rn 187; Staud/Gursky Rn 2; Wieling § 11 II 5a bb; aA [Verweisg auch auf § 812 I 1 Fall 1, I 2] BGH **40**, 272; NJW **89**, 2745; Erm/Hefermehl Rn 3; RGRK/Pikart Rn 7; Schapp § 13 III 2; Schwab/Prütting § 39 I), denn iF einer Leistg beruht der RErwerb auf dem Willen des Leistden, mag er sich auch nach §§ 946ff vollziehen (Baur/Wolf JuS **66**,

3 393 [399]). Erfolgte die Leistg mit RGrd, so entfällt der Tatbestd des § 812; erfolgte sie ohne RGrd, so ist § 812 I 1 Fall 1, I 2 unmittelb anwendb. – Aus der **Gesamtverweisung** auf die EingrKondiktion folgt die Anwendbark von § 818 III, IV, § 819 (BGH **LM** Nr 13), § 822 (Rn 13) u die Unanwendbark von § 814, 815; § 818 I wird dch § 951 I ersetzt, so daß der Anspr einen § 818 II entspr Inhalt hat (vgl BGH **LM** Nr 16, 17). Der Ausschl der §§ 812ff dch §§ 987ff gilt auch ggü § 951, wenn der Verlierde als nichtberecht Besitzer der Sache des Erwerbden auf diese eine Verwendg machte, indem er sie mit seiner Sache unter Verlust seines Eigt nach §§ 946ff verband (BGH **41**, 157; **LM** § 812 Nr 84); nicht aber, wenn der Erwerbde nichtberecht Besitzer einer Sache war, die er dann nach §§ 946ff erwarb (BGH **55**, 176).

4 **a) Rechtserwerb auf Grund Leistung an den Erwerbenden** wird nicht von § 951 erfaßt (Rn 2); zum LeistgsBegr vgl § 812 Rn 3. Unerhebl ist, ob die Leistgsbeziehg unmittelb zw dem Verlierden (*V*) u dem Erwerbden (*E*) besteht od dch einen Dritten (*D*) vermittelt wird (Leistgskette); dabei entscheidet bei Fehlvorstellgn über die Leistgsbeziehgn in einer Leistgskette nicht der innere Wille des *V*, sond maßg ist, als wessen Leistg sich seine Zuwendg bei obj Betrachtg aus Sicht des *E* darstellt (BGH **40**, 272; **67**, 232; Hamm NJW-RR **92**, 1105; vgl § 812 Rn 42; aA Erm/Hefermehl Rn 7; Staud/Gursky Rn 11). Bei der Leistgskondiktion nach I 2 aber im Interesse der Werterhaltg entspr anwendb (Staud/Gursky Rn 2; Wieling § 11 II 5

5 Fußn 21). – **aa) Unmittelbare Leistungsbeziehung.** § 951 ist nicht anwendb, wenn der RErwerb aGrd einer Leistg von *V* an *E* erfolgte. Verband *V* sein Material in Erfüllg eines WkVertr mit *E* mit dessen Grdst, so hat er nur einen vertragl VergütgsAnspr (§ 651) u bei Unwirksamk des WkVertr die LeistgsKondiktion

6 (§ 812 I 1 Fall 1, I 2 Fall 1). – **bb) Leistungskette.** § 951 ist im Verhältn *V* – *E* nicht anwendb, wenn (der SubUntern) *V* sein Material mit dem Grdst des *E* verband, weil er (dem GeneralUntern) *D* u *D* dem *E* dazu verpfl war (BGH **27**, 317; **36**, 30; **LM** § 812 Nr 14; Hamm NJW-RR **92**, 1105); es bestehen nur vertragl

Anspr *V – D* u *D – E*. Dasselbe gilt, wenn *V* dem *D* Material unter EigtVorbeh lieferte u *D* es befugt od unbefugt (BGH **56**, 228; Jauernig Anm 4a bb; MüKo/Quack Rn 7; RGRK/Pikart Rn 12; aA [bei Bösgläubigk des E] Staud/Gursky Rn 14; Schapp § 13 III 2; über abw Meingen vgl auch die Nachw in BGH NJW-RR **91**, 343) mit dem Grdst des *E* aGrd vertragl Verpfl verband. War der Vertr *V – D* unwirks, so hat *V* gg *D* einen Anspr aus § 812 I 1 Fall 1, I 2 Fall 1 u nicht gg *E* aus § 951 (BGH **36**, 30), währd es im Verhältn *D – E* bei dem vertragl Anspr verbleibt. War der Vertr *D – E* unwirks, so hat *D* gg *E* einen Anspr aus § 812 I 1 Fall 1, I 2 Fall 1, währd es im Verhältn *V – D* bei dem vertragl Anspr verbleibt u kein Anspr *V* gg *E* aus § 951 besteht. Waren beider Vertr unwirks (sog Doppelmangel), so ist in beiden Leistgsbeziehgen nach § 812 I 1 Fall 1, I 2 Fall 1 abzuwickeln (Erm/Hefermehl Rn 6; Staud/Gursky Rn 8; Wieling § 11 II 5a bb; vgl § 812 Rn 64; aA [Anspr *V* gg *E* aus §§ 951, 812 I 1 Fall 2] BGH **36**, 30; RGRK/Pikart Rn 11).

b) Rechtserwerb in sonstiger Weise. § 951 verweist somit nur auf § 812 I 1 Fall 2 (Rn 2) u greift ein, **7** wenn die VermVerschiebg ohne RGrd sich dch Leistg erfolgte. In solcher Fall liegt auch vor, wenn das verlorene Recht zwar Ggst von Leistgsbeziehgen war, der RVerlust aber eintrat, ohne daß der Verlierde sein Recht als Leistg zweckgerichtet in den RVerkehr brachte. – **aa) Erwerb einer dem Verlierenden abhan- 8 dengekommenen Sache.** Veräußerte *D* eine dem *V* abhgke Sache an *E* (kein EigtErwerb: § 935) u erwirbt *E* sie später nach §§ 946ff, so hat *V* gg *E* den Anspr aus §§ 951 I, 812 I (BGH **55**, 176); *V* kann die Veräußerg genehmigen u von *D* den Erlös nach § 816 kondizieren (BGH **56**, 131). Letzteres gilt auch, wenn *D* eine dem *V* abhgek Sache aGrd WkVertr mit *E* mit dessen Grdst verband, obwohl die Verbindg keine rgesch Vfg ist (Erm/Hefermehl Rn 8; Staud/Gursky Rn 17). – **bb) Erwerb einer Sache, die der Verlierende ohne auf 9 das Eigentum bezogene Leistung weggab.** Veräußerte *D* eine von *V* geliehene Sache an den bösgläub *E* (kein EigtErwerb: § 932) u erwirbt *E* sie später nach §§ 946ff, so gilt Rn 8 (Staud/Gursky Rn 16). Gleiches gilt, wenn *D* eine von *V* geliehene Sache aGrd WkVertr mit dem bösgläub *E* mit dessen Grdst verband (Staud/Gursky Rn 17). War *E* gutgläub, so erwarb er schon vor einem Realakt nach §§ 946ff das Eigt u ist dch § 932 vor Kondiktion geschützt, so daß *V* nur von *D* nach § 816 kondizieren kann. Dies gilt entspr, wenn *D* eine von *V* geliehene Sache aGrd WkVertr mit dem gutgl *E* mit dessen Grdst verband (BGH NJW-RR **91**, 343; Erm/Hefermehl Rn 8; Staud/Gursky Rn 12), denn *E* kann in diesem Fall nicht schlechter stehen als bei vorh Erwerb nach §§ 929, 932.

c) Enttäuschte Erwartung späteren Erwerbs der Hauptsache; zB *V* verband seine Sache mit dem **10** Grdst des *E* unter EigtVerlust nach § 946 in der *E* bekannten aber nicht erfüllten Erwartg, das Grdst (od ein ErbbR an ihm) später zu erwerben. Nach einer Auffassg handelt es sich um eine Leistgskondiktion, wobei str ist, ob nach § 812 I 2 Fall 1 (Staud/Gursky Rn 50) od Fall 2 (Soergel/Mühl Rn 5; Huber JuS **70**, 515 [520]); innerh der letzteren Ansicht wird entspr dem grds Streit (Rn 2) § 812 I 2 Fall 2 teils unmittelb (BGH **44**, 321) u teils iVm § 951 (BGH **35**, 356) angewendet. Nach and Auffassg handelt es sich um eine EingrKondiktion nach §§ 951, 812 I 1 Fall 2 (§ 812 Rn 89; Erm/Hefermehl Rn 4). Die neuere Rspr läßt offen, ob § 812 I 1 Fall 2 od I 2 Fall 2 u wendet § 951 an (BGH NJW **70**, 136; **89**, 2745), da für sie alle Fälle des § 812 I erfaßt werden (vgl Rn 2).

3) Vergütungsanspruch. Sein Ggst ist der Wert der dch einen RErwerb nach §§ 946ff erlangten Sub- **11** stanz. Arbeitsaufwand bei der Verbindg dch den Verlierden (Eigenarbeit, Fremdvergüten) begründet einen unmittelb Anspr aus § 812 (BGH **LM** § 946 Nr 6). In dem Wertzuwachs (Rn 15) ist beides enthalten, was nach der Rspr zu einem einheitl KondiktionsAnspr führt (BGH **35**, 356; NJW **89**, 2745).

a) Anspruchsberechtigt ist, wer Eigt od ein beschr dingl Recht (einschl AnwR zB bei EigtVorbeh) **12** verloren hat. Nicht aber der, dessen AlleinEigt sich in MitEigt umgewandelt hat (KG OLG **12**, 125) bzw dessen beschr dingl Recht sich am MitEigtAnt fortsetzt.

b) Anspruchsverpflichtet ist, wer Eigt erworben hat; MitEigtümer am Grdst (Hauptsache/menge) **13** haften nur entspr ihrem Anteil (BGH **67**, 232 [242]), währd Eigtümer u AnwBerecht (bei unter EigtVorbeh veräußerter Hauptsache) als GesSchuldn haften (Staud/Gursky Rn 21). Der Veräußer besteht die Verpfl fort (§ 818 II), der Erwerber haftet nur iFv § 822 (BGH **LM** Nr 28). Dingl Berecht, dessen Recht sich nach § 949 S 3 auf die ganze Sache erstreckt, haftet nicht (RG **63**, 423; Staud/Gursky Rn 21).

c) Anspruchsinhalt. Nur Vergüt in Geld **(I 1)**. Wiederherstellg des alten Zustandes kann der Verlierde **14** nicht verlangen **(I 2)**; das schützt den Erwerbden vor Zerstörg der Sache u steht daher seinem Beseitiggsverlangen (Rn 19, 20) nicht entgg. Nur bei nachträgl Aufhebg der Verbindg richtet sich der Anspr (soweit noch nicht dch Geldvergüt erfüllt) auf RückÜbertr des verlorenen Rechts, weil der Schutzzweck von I 2 entfallen ist. – **aa) Umfang.** Maßg ist der VermZuwachs des Erwerbden, der die VermEinbuße des Verlierden **15** übersteigen (BGH **17**, 263; aA Klauser NJW **65**, 513) od unterschreiten (BGH **10**, 171) kann. Sein Umfang ergibt sich aus der nach obj Gesichtspkten zu beurteilden Steigerg des VerkWerts (BGH **LM** Nr 16), die sich nicht aus den Kosten der Verbindg usw (Sachwert u ArbAufwand) ergibt (BGH **10**, 171). Bei Bau auf fremdem Grdst gibt es keine zwingde Methode der Wertermittlg (vgl Übbl 20 vor § 903); je nach Lage des Falles ist das SachwertVerf (zB Einfamilienhaus) od das ErtragswertVerf (zB GewerbeGbde [BGH **10**, 171; **17**, 236; **LM** Nr 16, 17]) od eine Kombination (BGH **35**, 356) anzuwenden. Erwerbskosten sind nicht abziehb (BGH **47**, 130; **55**, 176). – **bb) Maßgebender Zeitpunkt** für den Bereichergsumfang ist die **16** Entstehg des Anspr u damit idR der Eintritt der RÄnderg nach §§ 946ff (aA MüKo/Quack Rn 18). Bei GbdeErrichtg (§ 946) die Vollendg (BGH **LM** Nr 17; aA Staud/Gursky Rn 31), wobei bei mehreren Gbden einer WirtschEinh die Vollendg des letzten maßg (BGH **LM** Nr 16), bzw die endgült Aufg der Vollendg (BGH **LM** § 946 Nr 6; MDR **61**, 591); dies gilt auch, wenn der Eigtümer das Grdst erst zu einem späteren Ztpkt wieder nutzen kann (BGH **LM** Nr 17; Staud/Gursky Rn 32; aA Erm/Hefermehl Rn 11; RGRK/Pikart Rn 24; Wieling § 11 II 5a aa; 52. Aufl). In Fällen der Rn 10 ist der Ztpkt, zu dem das Scheitern des Erwerbs feststeht, für Entstehg u Umfang des Anspr maßg (BGH NJW **70**, 136; **89**, 2745). Ist vertragl ein späterer Ztpkt für die AnsprEntstehg vorgesehen, so ist dieser maßg (BGH **LM** Nr 9; vgl auch Nr 15). – **cc) Nut- 17 zungen.** Ab RErwerb nutzt der Erwerbde seine eigene Sache. Der Verlierde kann nicht die Nutzgen bis zur Zahlg der Vergüt beanspruchen (BGH **LM** Nr 13; Staud/Gursky Rn 34); § 818 I wird dch I ausgeschl. In Fällen der Rn 10 kann nach BGH **35**, 356 der Verlierde zwar nicht Verzinsg der Wertsteigerg in der Zeit zw EigtVerlust u AnsprEntstehg, wohl aber die aus der Wertsteigerg tats vom Erwerbden gezogenen Nutzgen verlangen. – Zur Frage, ob der Erwerbde von dem Verlierden Vergüt der von letzterem genutzten Wertsteigerg verlangen kann, vgl BGH aaO u Staud/Gursky Rn 35.

18   **4) Aufgedrängte Bereicherung** (Klauser NJW **65**, 513; Jacobs AcP **167**, 350; Haas AcP **176**, 1). Hat die ohne seine Zustimmg erfolgte (bei Zustimmg Schutz dch vertragl Regelg mögl) Wertsteigerg für den Erwerbden kein Interesse, so kollidiert sein SelbstbestimmgsR mit dem BereichsAusgl. §§ 814, 815 sind
19 nicht anwendb (Rn 3). – **a) Beseitigungsanspruch** aus §§ 823, 249 od § 1004 gg den Verlierden kann geltd gemacht u damit der VergütgsAnspr abgewehrt werden (BGH **LM** Nr 21); fragl kann sein, ob das Eigt des Erwerbden dch Verbindg usw verletzt/beeinträchtigt ist (vgl Staud/Gursky Rn 40). Richtet er sich nicht gg den Verlierden, so befreit (§ 818 III) erst die vollzogene Beseitigg. Wird der Anspr nicht geltd gemacht, so
20 wird volle Vergüt (Rn 15) geschuldet. – **b) Verweisung auf Wegnahme** (zB Abriß eines nach § 946 erworbenen Gbdes). Der Erwerbde kann den VergütgsAnspr entspr § 1001 S 2 dch Verweisg des Verlierden auf die Wegn abwehren, wenn der Erwerb ohne seine Zustimmg erfolgte (BGH **23**, 61; aA Staud/Gursky Rn 41). Wird der VermZuwachs
21 übernommen, so wird volle Vergüt (Rn 15) geschuldet. – **c) Subjektiver Nutzen.** Versagen die Abwehrmittel nach Rn 19, 20 weil Beseitigg/Wegn tats unmögl, ein BeseitiggsAnspr gg den Verlierden nicht besteht (zB Verbindg dch Dritten, § 251 II) od Beseitigg/Wegn unzuläss ist (zB öffr Abrißverbot), so ist der VergütgsAnspr entspr § 818 II nach dem Interesse zu bemessen, den der Zuwachs für den Erwerbden hat (MüKo/Quack Rn 21; Schapp § 13 III 1; Wieling § 11 II 5a aa); maßg Ztpkt ist die letzte mündl Tats-Verhdlg. Für völligen VergütgsAusschl bei wissentl unbefugter Verbindg Staud/Gursky Rn 46–49.

22   **5) Weitergehende Rechte des Verlierenden (II);** Aufzähl nicht abschließd (OGH **3**, 348). – **a) Schadensersatz** aus §§ 823ff mögl (soweit nicht dch §§ 987ff ausgeschl); dem Wiederherstellgsanspr aus § 249 steht I 2 nicht entgg, uU aber § 251 II. Aus §§ 987ff mögl, wenn Erwerber vor RErwerb nichtberecht
23 Besitzer der Sache des Verlierden war (vgl BGH NJW-RR **91**, 343). – **b) Verwendungsersatz** zB aus §§ 538 II, 547, 601 II, 683, 693, 1049, 1216. Beruht die VermVerschiebg auf einer Verwendg, die der Verlierde als nichtberecht Besitzer der Sache des Erwerbden gemacht hat, so werden §§ 951, 812 dch §§ 994ff ausgeschl (Rn 3). Soweit sich die VermVerschiebg wg grdlegder Veränderg der Sache des Erwerbden nicht als Verwendg des nichtberecht Besitzers auf sie darstellt (zB Bau auf fremdem Boden; vgl Vorb 5 vor § 994), gibt die Rspr (BGH **41**, 157) dem Verlierden weder §§ 951, 812 (weil dch §§ 994ff ausgeschl) noch § 994ff (weil keine Verwendg). In diesem Fall ist es sachgerecht, §§ 951, 812 nicht auszuschließen (Wstm/Pinger § 33 I 3b; Weitnauer DNotZ **72**, 376), denn eine im Vergl zu §§ 994ff den Erwerbden unbill belastde BereichsFdg kann dieser nach Rn 20 abwehren. Soweit diese Abwehr nicht mögl (zB nach öffR),
24 ist der Erwerbde nach Rn 21 geschützt (BGH **41**, 157 gibt dann einen GeldAusgl aus § 242). – **c) Wegnahmerechte. – aa)** Dch **Sondervorschriften** begründete WegnR bzgl einer Einrichtg (zB §§ 547a auch iVm 581
25 II, 601 II 2, 997, 1049 II auch iVm 1093 I 2, 1216 S 2) bleiben unberührt. Das stellt II 1 ggü I 2 klar. – **bb)** Ein **selbständiges Wegnahmerecht** begründet II 2 für jeden, der iF eines EigtVerlustes nach §§ 946, 947 (nicht eines RVerlustes nach § 949 [Staud/Gursky Rn 58; aA MüKo/Quack Rn 25, 27; Wieling § 11 II 5c aa]) einen Anspr nach §§ 951, 812 I 1 Fall 2 hat (Baur/Wolf JuS **66**, 393 [399]; MüKo/Quack Rn 24; Staud/Gursky Rn 55; Wieling § 11 II 5c; aA [bloße Erweiterg von § 997] BGH **40**, 272 [280]; Erm/Hefermehl Rn 20), nach den Regeln des § 997 mit der Erweiterg dch II 2; keine Beschrkg auf Einrichtgen (str). Dadch wird I 2 nicht sinnlos, denn der Eigtümer kann die Wegn dch WertErs abwenden (§ 997 II) u ist (ua als der bei WiederherstellgsAnspr) dch § 258 geschützt. Das WegnR ist ausgeschl, wenn der Anspr aus I 1 geringer ist als der Wert der wegzunehmden Sache einschl der Kosten nach § 258 (MüKo/Quack Rn 28; Schapp § 13 III 3; aA Staud/Gursky Rn 57; Wieling § 11 II 5c au). Der VergütgsAnspr aus I 1 erlischt erst mit tats Wegn u nicht schon mit Geltdmachg des WegnR (BGH NJW **54**, 265). Das WegnR beinhaltet einen schuldr Anspr gg den Eigtümer (BGH aaO) auf Duldg der Trenng (kein AussondgsR im Konk u keine Gestattg iSv § 862 I) u ein dingl AneigngsR bzgl der abgetrennten Sache (MüKo/Quack Rn 26, 27); nach § 949 erloschene Rechte leben mit der Aneigng nicht wieder auf (Staud/Gursky Rn 63; str), nur schuldr NeubestellgsAnspr.

952   *Eigentum an Schuldurkunden.*   **ᴵ Das Eigentum an dem über eine Forderung ausgestellten Schuldscheine steht dem Gläubiger zu. Das Recht eines Dritten an der Forderung erstreckt sich auf den Schuldschein.**

ᴵᴵ Das gleiche gilt für Urkunden über andere Rechte, kraft deren eine Leistung gefordert werden kann, insbesondere für Hypotheken-, Grundschuld- und Rentenschuldbriefe.

1   **1) Allgemeines.** Für Urk als beweg Sachen gelten grds §§ 929ff, 950. Ausn dch § 952 für Urk über FdgsR; nicht aber für Urk, die ggseit Anspr mehrerer Pers (zB Vertr) enthält (Hbg OLG **12**, 280; MüKo/Quack Rn 6; aA Staud/Gursky Rn 14 [MitEigt]) u für Schuldschein auf Rückseite wertvollen Gemäldes (hier gilt § 950 I 2; Staud/Gursky Rn 16, 21). Urschrift notarielle Urk bleibt Eigt des Notars (RG **163**, 51); ihre Ausfertig wird Eigt dessen, dem sie gem BeurkG 51, 52 erteilt ist (Mü DNotZ **54**, 552; RGRK/Pikart Rn 19). – § 952 ist als ges EigtZuordng **unabdingbar** (MüKo/Quack Rn 27; Staud/Gursky Rn 24; aA RG JW **31**, 3121). Aufhebg der Eigensch als Urk iSv § 952 notw u mögl. – **IPR.** § 952 gilt, wenn sich die Urk in dem für Entstehg/Übergang des Eigt maßg Ztpkt (Rn 4) im Inland befindet.

2   **2) Geltungsbereich** (vgl auch Rn 7, 8). – **a) Schuldschein** ist über eine vom Schuldn ausgestellte Urk, die seine Schuld begründet (zB §§ 518, 761, 766, 780, 781) od zur BewSichg bestätigt (zB Schuldscheindarlehn); er kann aus mehreren inhaltl zugehörden u aufeinand Bezug nehmden Urk bestehen (RG **131**, 1 [6]). – **b) Grundpfandrechtsbriefe,** sofern nicht auf den Inh gestellt (Rn 3). – **c) Sonstige.** Papiere des § 808 wie VersSchein (Hbg VersR **62**, 1169; über GläubEigensch vgl RGRK/Pikart Rn 14 u AG Mölln VersR **78**, 131) auch iFv VVG 4 (RG **66**, 158), Sparbuch (BGH DB **72**, 2299; über GläubEigensch vgl Staud/Gursky Rn 12), LeihhausPfdSchein (Dresd JW **22**, 507), Depotschein der Bank (Warn **18** Nr 57; Celle OLG **26**, 60). Rekta-

Pap wie Anweisg (§§ 783 ff), nicht an Order gestellte Papiere des HGB 363, Wechsel/Scheck mit negativer OrderKl. GmbH-AntSchein (RG Warn **28** Nr 107). – **d) Nicht erfaßt werden:** AbtretgsUrk, Legitima- **3** tionsPap (§ 807), InhPap (§§ 793 ff, 1195, 1199; AktG 10), OrderPap (WG 11 I, ScheckG 14 I, AktG 61 II, KAGG 17 I 2, HGB 363 bei OrderKl). Bei Orderpap ist § 952 anwendb, wenn sie ohne Indossament dch FdgsAbtr nach § 398 mit PapÜberg übertragen werden (Staud/Gursky Rn 5).

3) Wirkung. – a) Eigentum. Gläub wird bei schon bestehder Fdg mit UrkAusstellg (Begebg nur notw, **4** wenn dies zur FdgsEntsteh notw) krG Eigtümer, bei vorh Ausstellg mit FdgsEntsteh. GläubMehrh erwirbt das Eigt im gleichen RVerh (RG **59**, 313 [318]). Bei echtem VertrzGDr entsteht MitEigt von VersprEmpfänger u Drittem (str). – Mit Übergang der Fdg geht krG das Eigt über; bei TeilAbtr entsteht MitEigt, nicht aber bei bloßer Abtretg der ZinsFdg (Kiel OLG **6**, 267). – Bei Erlöschen der Fdg bleibt der Gläub Eigtümer (Staud/Gursky Rn 18; RGRK/Pikart Rn 9; aA Wieling § 9 IX 1 b); Schuldn hat Rückg- Anspr aus § 371. Nur bei rückwirkdem Erlöschen der Fdg inf Anfechtg entfällt der EigtErwerb (Staud/ Gursky aaO; aA RGRK/Pikart aaO; MüKo/Quack Rn 21). Bei Erlöschen einer HypFdg/GrdSchAblösg erwirbt der GrdEigtümer den Brief mit der EigtümerGrdSch. – § 1006 nicht anwendb (§ 1006 Rn 2). – **b) Rechte an der Forderung** (Nießbr, PfdR) ergreifen krG die Urk; vgl auch Rn 7. DrittBerecht kann **5** vom schlechterberecht Besitzer (zB nachrang PfdGläub) Herausg verlangen. Über Pfändg vgl ZPO 836 III. – **c) Selbständige Verfügungen** (Übereign, Belastg) über die Urk sind unwirks; vgl auch Rn 7. Kein **6** Erwerb nach §§ 932 ff, 937 ff. Zuläss ist die Einräumg eines schuldr ZbR (RG **66**, 24; LG Ffm NJW-RR **86**, 986) auch iF einer Leihe (RG **91**, 155); es wirkt aber nicht ggü PfdgsGläub (LG Insterburg JW **33**, 718) od SonderNachf im Eigt (RG Warn **28** Nr 107; Hbg MDR **69**, 139; LG Ffm aaO). SichgÜbereign/Verpfändg idR in ZbREinräumg umzudeuten.

4) Entsprechende Anwendung. – a) Auf **Fahrzeugbrief** iSv StVZO 25 (BGH NJW **78**, 1854); Fahr- **7** zeug tritt an die Stelle der Schuld. Unwirks daher selbst EigtVorbeh/SichgÜbereign/Verpfändg (Stgt DAR **71**, 13; Brem VRS **50**, 24; LG Ffm NJW-RR **86**, 986); Umdeutg in ZbR (Rn 6) mögl. Ges PfdR am Fahrzeug (zB § 647) ergreift den Brief (Köln MDR **77**, 51). – **b)** Auf **sonstige Sachbriefe/Pässe,** für die **8** keine StVZO 25 entspr Vorschr bestehen, nicht entspr anwendb (Staud/Gursky Rn 9; aA MüKo/Quack Rn 9); zB Pferdepaß (aA LG Karlsr NJW **80**, 789; vgl auch Hamm NJW **76**, 1849), Automatenbrief, Tierstammbaum, VermessgsPap eines Segelboots (SchiffsvermessgsVO v 5. 7. 82 [BGBl I S 916] gilt für sie nicht); § 444 gilt. Erst recht nicht auf persbezogene Papiere (zB WaffenBesKarte).

IV. Erwerb von Erzeugnissen und sonstigen Bestandteilen einer Sache

Vorbemerkung

1) An wesentl Bestandteilen einer Sache, insb an Erzeugnissen, sind nach § 93 bes Rechte vor der Trenng **1** nicht mögl (Substantialprinzip im Ggsatz zum deutschrechtl Produktionsprinzip: „Wer säet, der mähet"). Die §§ 953–957 regeln das rechtl Schicksal der Erzeugnisse u anderer wesentl Bestandteile nach der Trenng. Gleiches gilt für nichtwesentl Bestandteile, wenn sie schon vorher im Eigt des Eigtümers der Sache standen.

Grundsatz: Erzeugnisse (u die ihnen gleichzubehandelnden sonstigen Trennstücke) fallen mit der Trenng in das Eigt des Eigtümers der Haupt- (Mutter-) Sache, § 953. Gleichgültig, wer die Früchte gesät hat, wer im Besitz der Muttersache ist, wer den Besitz der Trennstücke ergreift, ob Trenng absichtl od zufällig.

2) Ausnahmen: Erwerb durch andere: An Stelle des Eigtümers der Haupts erwirbt die Trennstücke uU **2** ein wirkl od vermeintl Nutzgsberechtigter. **Dem Eigentümer der Hauptsache gehen vor und es erwerben Eigentum mit der Trennung:**

a) der **dingliche Aneignungsberechtigte,** § 954, zB der Nießbraucher, § 1030;

b) ihm, sofern er die Haupts nicht besitzt, wieder vorgehd – aber nur hins der Sachfrüchte (§ 99 I) – der **Eigenbesitzer** od **dingliche Nutzungsbesitzer,** der zum Eigenbesitz od Fruchtgenuß nicht berechtigt, aber gutgl ist, § 955 I, II, zB wer wg Nichtigk der Aufl kein Eigt, wg Nichtigk der NießbrBestellg keinen Nießbr erworben hat;

c) ihnen beiden wieder vorgehd, wenn die Aneigng gestattet ist, also der (wirkl oder vermeintl) **persönlich Aneignungsberechtigte,** zB der Pächter od der Käufer stehenden Holzes, der Obsternte, wenn er noch in dem ihm überlassenen Besitz der Haupts ist, § 956. Ist ihm der Besitz durch den Gestattenden nicht überlassen, so erwirbt er das Eigt erst mit der Besitzergreifg. Zur Gestattg berecht ist, wer ohne die Gestattg den Bestandt mit der Trenng erworben haben würde, also gem §§ 953–956 der Eigtümer u vor ihm die zu a–c Genannten. Der persönl AneigngsBerecht erwirbt bei gutem Glauben aber auch, wenn der Gestattende nicht berechtigt ist, § 957, sofern nur letzterer im Besitz der Haupts war.

3) Nicht regeln §§ 954 ff, **ob der Erwerber das Eigentum** an den Trennstücken **auch behalten darf,** **3** ob ihm also auch gebührt, was ihm gehört. So muß der gutgl Besitzer, obwohl er Eigtümer der Früchte geworden ist (§ 955), dem Eigtümer der Muttersache die Übermaßfrüchte (§ 993), die nach Rechtshängigk des HerausgAnspr gezogen (§ 987) und, wer den Besitz unentgeltl erlangt hat, alle Früchte (§ 988) herausgeben. – Der Erwerber erlangt ferner das Eigt an den Früchten uU belastet mit dingl Rechten, zB mit einer Hyp, §§ 1120 ff, od mit dem gesetzl PfdR des Verpächters, §§ 581 II, 559, 585. Vgl § 953 Rn 3, § 955 Rn 2, 3, § 956 Rn 2.

953 **Grundsatz.** Erzeugnisse und sonstige Bestandteile einer Sache gehören auch nach der Trennung dem Eigentümer der Sache, soweit sich nicht aus den §§ 954 bis 957 ein anderes ergibt.

1　　**1) Begriff** der Bestandteile § 93 Rn 2, der Erzeugnisse § 99 Rn 2. Über Körperbestandteile § 90 Rn 3.

2　　**2) Sondervorschriften:** Für Früchte, die auf das NachbarGrdst fallen, § 911. Für Bäume EG 181 II.

3　　**3)** Die an der Haupts bestehenden **dinglichen Rechte** bleiben nach der Trenng regelm bestehen; vgl §§ 1120 ff, 1212. Anders die dingl Rechte des 954 u Rechte, die an Fahrnis nicht bestehen können. Pfändg ungetrennter Früchte vgl ZPO 810, 824.

954 *Erwerb durch dinglich Berechtigten.* **Wer vermöge eines Rechtes an einer fremden Sache befugt ist, sich Erzeugnisse oder sonstige Bestandteile der Sache anzueignen, erwirbt das Eigentum an ihnen, unbeschadet der Vorschriften der §§ 955 bis 957, mit der Trennung.**

1　　**1) Dingliche Rechte zum Erwerb von Bestandteilen.** ErbbauR (§ 1013, ErbbRVO 1 II); Nießbr (§§ 1030, 1039); sonstige Dienstbk (§§ 1018, 1090, WEG 31); Nutzpfandrechte (§ 1213), auch EG 59, 63, 67, 68, 196, 197; diese auch für andere Bestandteile als Früchte. Der Berecht erwirbt das Eigt nur an den Bestandteilen, die im einzelnen Falle den Ggst des Rechts bilden. Vgl aber § 1039. Besitz nicht nötig. Mit Trenng (FlurBG 66 I 2) wird Eigtümer, wer nach FlurBG 65 vorl in den Besitz eines Grdst eingewiesen ist (BayObLG MDR **67**, 418).

2　　**2)** Dem Erwerb nach § 954 geht der nach §§ 955–957 vor.

955 *Erwerb durch gutgläubigen Eigenbesitzer.* **ᴵ Wer eine Sache im Eigenbesitze hat, erwirbt das Eigentum an den Erzeugnissen und sonstigen zu den Früchten der Sache gehörenden Bestandteilen, unbeschadet der Vorschriften der §§ 956, 957, mit der Trennung. Der Erwerb ist ausgeschlossen, wenn der Eigenbesitzer nicht zum Eigenbesitz oder ein anderer vermöge eines Rechtes an der Sache zum Fruchtbezuge berechtigt ist und der Eigenbesitzer bei dem Erwerbe des Eigenbesitzes nicht in gutem Glauben ist oder vor der Trennung den Rechtsmangel erfährt.**

ᴵᴵ Dem Eigenbesitzer steht derjenige gleich, welcher die Sache zum Zwecke der Ausübung eines Nutzungsrechts an ihr besitzt.

ᴵᴵᴵ Auf den Eigenbesitz und den ihm gleichgestellten Besitz findet die Vorschrift des § 940 Abs. 2 entsprechende Anwendung.

1　　**1) Allgemeines.** § 955 gilt **nur für Früchte,** § 99. Auch wenn Muttersache gestohlen, hindert § 935 nicht den Erwerb nach § 955. Bestr, wenn die Früchte schon zZ des Diebstahls usw als Bestandteile der Muttersache vorhanden waren, zB bei Trächtig des gestohlenen Tieres. Für Anwendg des § 935 in diesem Fall W-Raiser § 77 III 4, IV 5 c; nach hM (zB Wstm/Gursky § 57 II 3 c, Soergel/Mühl Rn 4) gutgl Erwerb wenigstens bei Früchten bejaht; beachte: für Sachbestandteile, die nicht Früchte (Rehkeule, Stein des Abbruchhauses) gilt nicht § 955, aber selbstverständl § 935. – Unberührt bleiben HerausgAnspr nach §§ 987, 988, 993. Vgl Vorbem 3 vor § 953.

2　　**2) I.** Erwerb durch den **Eigenbesitzer,** § 872, zB den GrdstKäufer. Mittelb Besitz genügt, vgl aber Rn 3. Gutgläubigk erforderl; sie wird vermutet. Gegner muß Bösgläubigk beweisen. Letztere liegt vor, wenn der Eigenbesitzer, der nicht zum Eigenbesitz berechtigt ist od dem ein dingl FruchtbezugsR vorgeht, bei Besitzerwerb den Mangel des Rechts zum Eigenbesitz od des eigenen FruchtbezugsR kennt od inf grober Fahrlk nicht kennt od diesen Mangel vor der Trenng erfährt. § 955 gilt auch für den gutgl Eigtümer ggü dem dingl Berechtigten, außer wenn ersterer nur mittelb, letzterer unmittelb Besitz hat. Rechte Dritter (§§ 1107, 1120, 1192 I, 1199 I, 1212) bleiben bestehen.

3　　**3) II. Nur dingliche Rechte.** Vgl § 954 Rn 1. Der gutgl (Rn 2) Nutzgsbesitzer schließt den Eigtümer, den Eigenbesitzer u den wahren Nutzgsberechtigten aus, auch wenn sie mittelb Besitzer sind. Dagg geht der im unmittelb Eigenbesitz befindl Eigtümer dem dingl Berecht vor, mag dieser auch mittelb Besitz haben. Hyp usw erlöschen, vgl § 1120; anders im Fall **I.**

4　　**4) III.** Unter den Voraussetzgen des § 940 II erwirbt der Besitzer des § 955 Eigt mit Trenng auch, wenn er in deren Ztpkt nicht im Bes der Muttersache war. Bis zu dessen Wiedererwerb Schwebezustand: aufschiebd bdgtes Eigt des (bish) Besitzers, auflösd bdgtes des Eigtümers der Muttersache. Eintritt der Bdgg: Wiedererlangg des Bes an Muttersache (RGRK/Pikart Rn 13), nach Wstm/Gursky (§ 57 II 3 b) an den Früchten, doch kann dies nur gelten, wenn Muttersache untergegangen (vgl Erm/Hefermehl Rn 7; W-Raiser § 77 III 3). Beachte, daß III nicht gg die EigtErwerb eines zwischenzeitl Besitzers schützt, also nur den Fall ergreift, daß ein solcher (zB als Dieb der Muttersache) nicht Eigentümer der bei ihm getrennten Frucht wird. Dann bleibt es bei der Verdrängg der an sich gem §§ 953, 954 ErwerbsBerecht, aber nicht mehr Besitzden dch den nach § 955 Berecht, obwohl er den Bes im entscheidn Augenblick der Fruchttrennung verloren hatte, aber eben nur vorübergehd (W-Raiser § 77 III; Wstm/Gursky § 57 II 3 b).

5　　**5)** Dem Erwerb nach § 955 geht der nach §§ 956, 957 vor.

956 *Erwerb durch persönlich Berechtigten.* **ᴵ Gestattet der Eigentümer einem anderen, sich Erzeugnisse oder sonstige Bestandteile der Sache anzueignen, so erwirbt dieser das Eigentum an ihnen, wenn der Besitz der Sache ihm überlassen ist, mit der Trennung, anderenfalls mit der Besitzergreifung. Ist der Eigentümer zu der Gestattung verpflichtet, so kann er sie nicht widerrufen, solange sich der andere in dem ihm überlassenen Besitze der Sache befindet.**

ᴵᴵ Das gleiche gilt, wenn die Gestattung nicht von dem Eigentümer, sondern von einem anderen ausgeht, dem Erzeugnisse oder sonstige Bestandteile einer Sache nach der Trennung gehören.

1) Aneignungsgestattung. Nach der hier vertretenen Übertraggstheorie (RG **78**, 35; RGRK/Pikart **1** Rn 1; E. Wolf § 4 Fußn 57) wendet § 956 nur die §§ 929 ff auf einen Sonderfall der Übereign künft Sachen an. In der Gestattg liegt das Angebot der Übereigng, in der Ergreifg bzw Fortsetzg des Bes (1. Alternative) od in der BesErgreifg des getrennten Erzeugnisses (2. Alternative), dessen Annahme u die Übergabe. Anders die im Schrifttt überw vertr Aneigngs- od Erwerbs- (auch Anwartsch-)theorie (Erm/Hefermehl Rn 4; Schwab/Prütting § 41 V 3), mit der (einseitigen) Gestattg entstehe ErwerbsR, das mit Trenng od BesErgreifg zum Eigt führe; BGH **27**, 364 läßt offen. Folgerg aus der ÜbertrTheorie zB § 957 Rn 1. – § 956 unterscheidet, ob der Bes der Haupts dem Erwerber überlassen ist (Rn 2) – dann EigtErwerb mit Trenng – oder nicht (Rn 4) – dann Erwerb mit BesErgreifg. Im 1. Fall Überlassg des mittelb Besitzes jedenf dann unzureichd, wenn Gestattender unmittelb Besitzer bleibt (BGH **27**, 363). **Hauptanwendungsfälle:** Rn 9.

2) Ist der **Besitz der Hauptsache** (vgl aber auch Rn 9) dem anderen **überlassen,** so ist hiermit u mit der **2** Einigg das dingl RGesch insofern vollzogen, als Erwerb mit der Trenng ohne weiteres eintritt. Der Besitz des Erwerbers an der Haupts muß auf dem Willen des Gestattenden beruhn u noch zZ der Trenng bestehen; § 940 II wie bei § 955 entspr anwendb. Mittelb Bes genügt, es sei denn, der Gestattde bleibt unmittelb Besitzer (BGH **27**, 360). Da erst mit Trenng eine selbständ Sache entsteht u sich jetzt erst der Erwerb vollendet, muß die **Berechtigung zur Gestattung** in diesem Augenblick vorliegen (RG **78**, 36; str). Deshalb kein Erwerb, wenn zw Gestattg u Trenng Nießbr od PachtR des Gestattenden erlöschen, ein gutgl Besitz (§ 955) endet. Ebsowenig, wenn der gestattende Eigtümer die Hauptsache inzwischen veräußert hat, es sei denn, daß der neue Eigtümer zustimmt od aus den Gründen die Gestattg gg sich gelten lassen muß (RG aaO); dies muß er bei Verpachtg, weil er nach §§ 571, 581 II in den PachtVertr eintritt u damit in die Verpflichtg, dem Pächter die Aneigng zu gestatten. Sonst, zB bei Abholzgestattg (Rn 9), keine Bindg des neuen Eigtümers u deshalb kein Erwerb des Gestattgempfängers an den Bestandteilen (str; vgl Rn 6). Daraus, daß (bei Besitzeinräumg) der maßg Ztpkt der Gestattgsberechtigg die Trenng ist, folgt weiter: Wird das Grdst vor der Aberntg **beschlagnahmt** (ZVG 20, 146), so erstreckt sich die Beschlagn auf die Früchte auch nach deren Trenng (Brsl HRR **28**, 221); Ausn bei Verpachtg, ZVG 21 III, 152 II. Bei **Konkurs** über Gestattenden EigtErwerb des Gestattgempfängers nur, wenn Gestattg unwiderrufl nach I 2 u KonkVerw (nach KO 21 od weil gem KO 17 Erfüllg gewählt) an sie gebunden (str; vgl BGH **27**, 360; Baur/Stürner § 53e V 2 c cc; Medicus JuS **67**, 385; Denk JZ **81**, 331).

Werden vor der Trenng Früchte auf dem Halm aGrd Titels gg den Gestattenden **gepfändet** (gem ZPO 810, **3** der aber nur für wiederkehrende Früchte, zB Getreide, Obst, nicht zB für Holz u Mineralien gilt), so kann der Pächter nach ZPO 809, 766 Erinnerg einlegen, auch nach ZPO 771 vorgehen. Nicht aber ein sonstiger persönl Berechtigter (zB Käufer von Rüben, Naumbg JW **30**, 845, aber mit der bedenkl Begr, die Einräumg des Besitzes des Ackerlandes habe nicht gleichzeitig Besitz an den Rüben zur Folge). Vgl auch § 581 Rn 18. – Der Pfänd von ungetrennten Früchten durch Gläub des Pächters od sonst persönl berechtigten Besitzers kann der Gestattende, auch wenn er Eigtümer ist, nicht nach ZPO 771 widersprechen, wenn er an die Gestattg gebunden, wie zB der Verpächter (str). Verpächter kann aber wg seines PfdR, § 585, nach ZPO 805 vorzugsw Befriedigg verlangen.

3) Wird dem Berecht **nicht der Besitz der Hauptsache** überlassen, vollendet sich das dingl RGesch erst **4** mit der Besitzergreif an den Bestandteilen. In diesem Ztpkt muß der Gestattende zur Gestattg berechtigt sein (BGH **27**, 366 für Konk). Erwerb schon mit Trenng nur gem §§ 929, 930 vereinb (RGRK/Pikart Rn 14).

4) Widerruf der Gestattung. – a) Einseitig unzul, wenn Pfl zur Gestattg (zB bei Verpachtg od Verkauf **5** von Holz auf dem Stamm mit Abholzbefugnis des Käufers) u Erwerber noch im überlassenen Besitz; I 2. Vorübergehender Besitzverlust entspr §§ 955 III, 940 II unschädl. Sonst Widerruf zul, auch einseitiger. Daher kein AnwR (BGH **27**, 367). Zulässiger Widerruf hindert den Erwerb des Eigt, läßt aber schuldrechtl Anspr auf Verschaffg unberührt (RG Warn **24**, 9). Bei vertragl Verzicht auf EigtErwerb erwirbt Eigt der (berechtigt, Rn 7) Gestattende (RG **138**, 241).

b) Bindg des **Rechtsnachfolgers** an Gestattg str. Nach hM: nur wenn RechtsNachf – als Erbe, Schuld- **6** übernehmer, gem §§ 571, 581 II – zur Weitergestattg verpflichtet od Gestattg gem § 185 genehmigt u Berecht im Bes der Muttersache (vgl RG **78**, 35; RGRK/Pikart Rn 4; Baur/Stürner § 53e V 2 c cc); weitergehd Wstm/Gursky § 57 III 2 d (Gestattg wirkt, kann aber frei widerrufen w, wenn keiner der eben genannten Fälle vorliegt) u W-Raiser § 77 Fußn 39 (der den Rechtsgedanken des § 986 II dem Berecht zugute kommen lassen will).

5) II. Gestattungsberechtigt sind: der Eigtümer, der dingl Berecht (§ 954), der Eigen- u Nutzgsbesitzer **7** (§ 955) bei Früchten, der persönl Berechtigte (§ 956/7), sofern ihm der Besitz überlassen u die Weitergestattg nicht durch Vereinbg ausgeschlt ist (RG **108**, 270). Von diesen im Einzelfall derjen, dem die Trennstücke sonst gehören würden, u zwar im Ztpkt der Trenng (im Fall Rn 2) od Besitzergreifg (im Fall Rn 4).

6) Dem Erwerb nach § 956 geht der gem § 957 vor. **8**

7) Praktische Bedeutg gewinnt § 956 außer bei **Verpachtung** insb bei **Abholzungsverträgen.** Wird **9** dem Käufer von Holz auf dem Stamm der Abhieb u das Abfahren überlassen, so liegt hierin eine Verpflichtg zur Gestattg der Besitzergreif (vgl Rn 5), aber regelm noch keine Besitzeinräumg am WaldGrdst (vgl aber Brsl HRR **28**, 221). Wenn das WaldGrdst als Lagerplatz für die gefällten Bäume überlassen ist, vor der Trenng noch kein Besitz an Grdst (vgl RG **109**, 193). Mit Abhieb uU Besitzübergang am Holz, vgl aber § 854 Rn 7. RG **108**, 271 u hM stellen Überlassg von Teilbesitz an noch ungetrennten Erzeugnissen (zB Holz auf Stamm) der Besitzeinräumg an der Haupts gleich; jedoch solcher Teilbesitz an Bäumen nur ausnahmsw anzunehmen, uU bei gestatteter Kennzeichng der gekauften Bäume (vgl Baur/Stürner § 53e V 3a). Bei Verkauf unter EigtVorbeh mit Abhiebsgestattg keine Aneigngsgestattg vor Bezahlg, § 956 nicht anwendb (RG **72**, 309). – Über TorfabbauVertr Hesse SchlHA **47**, 169.

10 **8) Fruchtziehung u Eigentumsvorbehalt** (Serick I 230 ff). – **a)** War Muttersache unter EigtVorbeh veräußert u dem Erwerber übergeben, wird mit BesEinräumg regelmäß bedingte Erwerbsgestattg hins der Früchte verbunden sein, wodann Käufer nur AnwartschR an den getrennten Früchten erwirbt (vgl Wstm/Gursky § 57 III 2e; Flume AcP **161**, 386). Doch kann sich aus VertrInhalt (stillschw, zB bei Anfall rasch verderbder Früchte) anderes ergeben: EigtErwerb des VorbehKäufers nach § 956 mit Trenng, wenn mit KaufprRestzahlg Gestattg auf Ztpkt der Trenng zurückwirken soll (§ 159), dazu v Tuhr Recht **28**, 297.

11 **b)** Sind die – noch ungetrennten – Früchte unter EV veräußert (Holz am Stamm): dann mit Trenng dch VorbehKäufer noch kein Erwerb des Eigt, sond nur des AnwartschR.

957 *Gestattung durch den Nichtberechtigten.* Die Vorschriften des § 956 finden auch dann Anwendung, wenn derjenige, welcher die Aneignung einem anderen gestattet, hierzu nicht berechtigt ist, es sei denn, daß der andere, falls ihm der Besitz der Sache überlassen wird, bei der Überlassung, anderenfalls bei der Ergreifung des Besitzes der Erzeugnisse oder der sonstigen Bestandteile nicht in gutem Glauben ist oder vor der Trennung den Rechtsmangel erfährt.

1 **Schutz des gutgläubigen persönlich Berechtigten.** Entspr dem RGedanken der §§ 932ff (Rechtsschein des Besitzes) ist notw, daß der Gestattende bei der Überlassg des Besitzes od bei der Besitzergreifg im Besitz der Haupts war (RG **108**, 271). Deshalb erwirbt auch ein Gutgläubiger kein Eigt, dem ein Unbefugter, der sich für den Eigtümer eines Obstgartens ausgibt, diesen auch nicht besitzt, das Obstpflücken gestattet. Guter Glaube in bezug auf die Befugnis zur Gestattg. Grob fahrl Unkenntn bei Überlassg des Besitzes macht bösgl; später schadet nur Kenntn. Nach § 957 können Bestandteile einer gestohlenen Sache (§ 935) nicht erworben werden. Für ihre reifden Früchte ist dies in ähnl Weise bestr, wie zu § 955 (s dort Rn 1); für Anwendg des § 935 auch hier W-Raiser § 77 IV 5b; und die hL.

V. Aneignung

958 *Grundsatz.* I Wer eine herrenlose bewegliche Sache in Eigenbesitz nimmt, erwirbt das Eigentum an der Sache.
II Das Eigentum wird nicht erworben, wenn die Aneignung gesetzlich verboten ist oder wenn durch die Besitzergreifung das Aneignungsrecht eines anderen verletzt wird.

1 **1) Eigentumserwerb (I)**, urspr/originärer, Rechte Dritter erlöschen nicht (vgl aber § 945). – **a) Herrenlose bewegliche Sache.** Eigt hat noch nie bestanden (zB § 960 I 1), ist aufgegeben worden (§ 959) od 2 sonst erloschen (§§ 960 II, III, 961). Aneigng fremder Tauben nach LandesR (EG 130) mögl. – **b) Eigenbesitzerwerb** (vgl §§ 854, 872). Aneigng ist kein RGesch; deshalb GeschFgk nicht nötig (Baur/Stürner § 53f III 2; Wstm/Gursky § 58 IV; W-Raiser § 78 III; str). GgArgument, daß EigtErwerb auf einem darauf gerichteten Willen beruhe, nicht durchschlagd, weil EigtErwerb die gesetzl Folge des Eigenbesitzerwerbs. Anders § 959. Erwerb durch Besitzdiener (§ 855, RGSt **39**, 179) od Besitzmittler (§ 868) mögl. Daß der in Eigenbesitz Nehmende die herrenlose Sache irrtüml für eine fremde hält, hindert den EigtErwerb nicht (Königsbg OLG **39**, 227).

3 **2) Kein Eigentumserwerb (II)**; die Sache bleibt herrenlos. – **a)** Bei **gesetzlichem Aneignungsverbot**, zB BNatSchG 20f, 22 (über Wiederaneigng nach § 960 II, III herrenlos gewordener Tiere in diesen Fällen vgl OVG Münst RdL **89**, 292 u Hammer NuR **92**, 62). Verbot dch PolizeiVO genügt (RGSt **48**, 124). 4 – **b)** Bei **Verletzung von Aneignungsrechten**, zB des Jagd- (BJagdG § 1) od FischereiBerecht (EG 69). Vgl ferner EG 67, 73; auch StrandO v 17. 5. 74 (vgl aber auch Ewald MDR **87**, 137). EigtErwerb erst dch Aneigng seitens des Berecht; dieser kann aGrd seines AneigngsR vom Besitzer Herausg verlangen, zB JagdBerecht vom Wilderer, in dessen Hand Wild herrenlos bleibt (str). Aber Gutgläubiger kann vom Wilderer Eigt erwerben, § 935 gilt nicht, weil Wild dem JagdBerecht nicht abhgek. Wilderer, der nicht mehr im Besitz, haftet dem Berecht aus § 823; auch BereicherungsAnspr mögl.

959 *Aufgabe des Eigentums.* Eine bewegliche Sache wird herrenlos, wenn der Eigentümer in der Absicht, auf das Eigentum zu verzichten, den Besitz der Sache aufgibt.

1 Die EigtAufgabe ist einseit VfgGesch, das GeschFgk u VfgsBefugn erfordert. Der Verzichtswille muß erkennb betätigt werden. Anfechtg (§§ 119ff) ggü Aneignendem mögl; sie vernichtet aber nur die WillErkl, der § 935 ausschließde Realakt der freiw BesAufgabe bleibt. Verzicht zG eines Dritten nicht mögl; sie ist idR Übereigng (RG **83**, 229). Über Verzicht des AbzVerk vgl BGH **19**, 327. Notw ist ferner BesAufgabe od früherer BesVerlust; ob aus BesAufgabe auf den Verzichtswillen geschlossen werden kann, hängt von den Umst ab (vgl RGSt **57**, 337; **67**, 298; Fritsche MDR **62**, 714; Faber JR **87**, 313 [Nichtabholg bei WkVertr]; LG Ravbg NJW **87**, 3142 [Sperrmüll]). Besitz hier gleich unmittelb Besitz; mittelb Besitzer kann daher nicht schon dch Verzicht auf HerausgAnspr Eigt aufgeben (aM W-Raiser § 78 II 1a). EigtAufgabe steht nicht entgg, daß Eigtümer sich mißbräuchl öff Verpfl entzieht (BayObLG Rpfleger **83**, 308).

960 *Wilde Tiere.* I Wilde Tiere sind herrenlos, solange sie sich in der Freiheit befinden. Wilde Tiere in Tiergärten und Fische in Teichen oder anderen geschlossenen Privatgewässern sind nicht herrenlos.
II Erlangt ein gefangenes wildes Tier die Freiheit wieder, so wird es herrenlos, wenn nicht der Eigentümer das Tier unverzüglich verfolgt oder wenn er die Verfolgung aufgibt.

III Ein gezähmtes Tier wird herrenlos, wenn es die Gewohnheit ablegt, an den ihm bestimmten Ort zurückzukehren.

1) Wilde Tiere (I, II); Tiere, die ihrer Art nach menschl Herrsch nicht unterliegen. – **a)** In **Freiheit** sind 1 sie bis zur Aneigng (§ 958) herrenlos **(I 1)**. – **b)** In **Gefangenschaft** sind sie nicht herrenlos **(I 2, II)**. Tiergärten (in ihnen gilt kein JagdR; BJagdG 6 S 3) sind kleinere Flächen, in denen die Tiere zu anderen als Jagdzwecken gehalten w (KGJ **49**, 360); zB Zuchtfarm (Kbg JW **31**, 3463), sog Wild- u Safariparks. Nach aA (zB W-Raiser § 80 II 1; Staud/Gursky Rn 3) entscheidend, ob zum Fangen u Erlegen jägerische Hdlg vorausgesetzt od nötig. Abzulehnen RGSt **42**, 75; **60**, 275 (entscheidend sei hiern, ohne Rücks auf Umfang, ob dem Wild durch die Umschließg das Wechseln in andere Reviere verwehrt). **Gegensatz:** eingehegte Reviere, dort gilt I S 1. Aber S 2 für Fische in geschlossenen Privatgewässern, die einen Wechsel in andere Gewässer nicht erlauben. Diese Tiere, auch ihre Abwurfstangen gehören dem, der sie gefangen hält, wenn er aneigngsberechtigt ist, § 958. Sie werden herrenlos nach II. Zur Verfolgg rechnen alle zur Wiedererlangg geeigneten Maßnahmen (Mü JW **30**, 2459) wie zB auch Suchanzeigen (Brehm/Berger JuS **94**, 14; aA Avenarius NJW **93**, 2589: nur Maßn, die physische Nähe bewirken). Unverzügl § 121 I 1; maßg, ob Verfolgg unverzügl nach Kenntnis der Freiheitserlangg.

2) Gezähmte Tiere (III) sind von Natur wilde, aber dch ledigl psychische Mittel (Gewöhng an den 2 Menschen) derart beherrschte Tiere, daß sie die Gewohnh angenommen haben, an den ihnen bestimmten Ort zurückzukehren (zB Beizvögel, Schlesw SchlHA **65**, 191; OVG Münst RdL **89**, 292; aA Hammer NuR **92**, 62). Sie werden herrenlos, wenn sie diese Gewohnh endgült (Hammer aaO) ablegen; nicht aber, wenn sie nach Wiedererlangg der Freih unverzügl u dauernd verfolgt werden (LG Bn NJW **93**, 940; dazu Avenarius NJW **93**, 2589; Brehm/Berger JuS **94**, 14).

3) Für zahme Tiere (Haustiere, Tauben) gilt § 959. Also kein Verlust des Eigt durch bloßes Entlaufen 3 (RGSt **50**, 183). Die Gewohnh zur Rückkehr kann aber für den Besitz von Bedeutg sein.

961 *Herrenloswerden eines Bienenschwarmes.* Zieht ein Bienenschwarm aus, so wird er herrenlos, wenn nicht der Eigentümer ihn unverzüglich verfolgt oder wenn der Eigentümer die Verfolgung aufgibt.

Die §§ 961–964 (dazu Schwendner, Hdb BienenR, 1989, Teil 1 D; Gercke NuR **91**, 59) gelten nur für 1 Bienen in Bienenstöcken. § 961 entspricht § 960 II. Herrenlose Bienenschwärme unterliegen der freien Aneigng; gewohnheitsrechtl symbolische Besitzergreifg (Legen einer Sache unter den Baum; J v Gierke, SachenR⁴ § 37 II 2a).

962 *Verfolgungsrecht des Eigentümers.* Der Eigentümer des Bienenschwarms darf bei der Verfolgung fremde Grundstücke betreten. Ist der Schwarm in eine fremde nicht besetzte Bienenwohnung eingezogen, so darf der Eigentümer des Schwarmes zum Zwecke des Einfangens die Wohnung öffnen und die Waben herausnehmen oder herausbrechen. Er hat den entstehenden Schaden zu ersetzen.

Besonderes SelbsthilfeR. Weitergeh als §§ 229, 867, 1005. Zur Verfolgg notwendiges Betreten, Öffnen 1 usw ist nicht widerrechtl. SchadErs also trotz rechtmäß Handelns wie in § 904 S 2.

963 *Vereinigung von Bienenschwärmen.* Vereinigen sich ausgezogene Bienenschwärme mehrerer Eigentümer, so werden die Eigentümer, welche ihre Schwärme verfolgt haben, Miteigentümer des eingefangenen Gesamtschwarmes; die Anteile bestimmen sich nach der Zahl der verfolgten Schwärme.

Verfolgt nur ein Eigtümer seinen Schwarm, wird er AlleinEigtümer des mit herrenlosen Schwärmen 1 vereinigten Schwarmes. Sonst entsteht MitEigt: aber anders als nach § 947 I nach Maßg der Anzahl der Schwärme (jeder Schwarm hat eine Königin).

964 *Einzug in eine fremde besetzte Bienenwohnung.* Ist ein Bienenschwarm in eine fremde besetzte Bienenwohnung eingezogen, so erstrecken sich das Eigentum und die sonstigen Rechte an den Bienen, mit denen die Wohnung besetzt war, auf den eingezogenen Schwarm. Das Eigentum und die sonstigen Rechte an dem eingezogenen Schwarme erlöschen.

Betrifft die Hungerschwärme. Die Rechte erlöschen ohne Entschädigg (als Ausgleich für den durch den 1 Hungerschwarm regelm angerichteten Schaden). Auch kein BereichergsAnspr.

VI. Fund

Vorbemerkung

1) Begriffe (dazu Gottwald JuS **79**, 247). – **a) Verloren** sind Sachen, die nach BesR besitzlos aber nicht 1 herrenlos sind. Nicht besitzlos sind liegengelassene (RGSt **38**, 444; vgl auch LG Ffm NJW **56**, 873) u versteckte (Hbg MDR **82**, 409) Sachen, deren Lage bekannt u deren jederzeit Wiedererlangg mögl, sowie gestohlene Sachen; ferner verlegte Sachen, deren Lage noch nicht endgült vergessen. Freiw BesAufg dch Eigtümer genügt, sofern darin ausnahmsw (zB GeschUnfgk; Anfechtg) keine EigtAufg liegt; verloren aber

Sache, die BesDiener od BesMittler ohne Willen des Eigtümers od Dieb (Hamm NJW **79**, 725; LG Aach
2 MDR **90**, 245) wegwirft. Über nicht abgeholte Sachen bei WkVerk vgl Faber JR **87**, 313. – **b) Finder** ist,
wer eine verlorene Sache nach Entdeckg in Bes nimmt; Aufheben zur Besichtigg genügt nicht. Finden setzt
als TatHdlg (Übbl 9, 10 vor § 104) GeschFgk nicht voraus. BesDiener findet für BesHerrn (BGH **8**, 130).
Zum Schutz des FundBes vgl Mittenzwei MDR **87**, 883. – **c) Empfangsberechtigter** ist, wer BesR u
daher HerausgAnspr hat. – **d) Zuständige Behörde** ist jede nach LandesR sachl (W-Raiser § 82 V 1b)
zuständige VerwBehörde; mangels SonderVorschr (*BaWü* AGBGB 5a, *Bay* VO v 12. 7. 77 [GVBl 386]:
Gemeinde; *Brem* AGBGB 28: OrtspolizeiBeh; *NRW* VO v 27. 9. 77 [GV 350] u *SchlH* VO v 18. 10. 76
[GVBl 266]: örtl OrdngsBeh; *RhPf* VO v 20. 9. 77 [GVBl 340]) die Gemeinde.

3   **2) Schuldrechtliche Beziehungen.** Dch den Fund entsteht ein ges SchuldVerh, auf das §§ 677 ff er-
gänzd anwendb (Hbg OLG **8**, 112); aber kein BesMittlgsVerh (§ 868 Rn 18). Dch §§ 965 ff sind ggü ehrl
Finder §§ 987 ff ausgeschl (Raiser, FS-Wolf 133, 140; aA RG JW **24**, 1715); vgl aber auch § 970 Rn 1.

4   **3) Sondervorschrift** für Strandgut: RStrandgsO v 17. 5. 1874, BGBl III 9516 – 1. – **IPR:** Recht des
Fundortes maßg (Hbg OLG **10**, 114). – **Reform** dch G v 19. 7. 76, BGBl 1817: Bassenge NJW **76**, 1486.

965   *Anzeigepflicht des Finders.*   [I] **Wer eine verlorene Sache findet und an sich nimmt,
hat dem Verlierer oder dem Eigentümer oder einem sonstigen Empfangsberechtigten
unverzüglich Anzeige zu machen.**

[II] **Kennt der Finder die Empfangsberechtigten nicht oder ist ihm ihr Aufenthalt unbekannt, so
hat er den Fund und die Umstände, welche für die Ermittelung der Empfangsberechtigten erheb-
lich sein können, unverzüglich der zuständigen Behörde anzuzeigen. Ist die Sache nicht mehr als
zehn Deutsche Mark wert, so bedarf es der Anzeige nicht.**

1   **Anzeige. a)** Stets an einen bekannten od nachträgl bekannt werdden EmpfangsBerecht (Vorbem 2 vor
§ 965); bei Mehrh genügt an einen. Unverzügl: § 121 I 1. – **b)** Hilfsw an zust Behörde (Vorbem 2 vor § 965);
nur diese Anz kann bei Kleinfund unterbleiben. – **c)** Verletzg der Pfl: §§ 971 II, 973, 823 ff.

966   *Verwahrungspflicht.*   [I] **Der Finder ist zur Verwahrung der Sache verpflichtet.**
[II] **Ist der Verderb der Sache zu besorgen oder ist die Aufbewahrung mit unverhältnismä-
ßigen Kosten verbunden, so hat der Finder die Sache öffentlich versteigern zu lassen. Vor der
Versteigerung ist der zuständigen Behörde Anzeige zu machen. Der Erlös tritt an die Stelle der
Sache.**

1   **1) Pflicht zur Verwahrung,** §§ 688 ff; notfalls zur Erhaltg u Fruchtziehg. Von Inbesitznahme ab Frei-
werden nur nach §§ 966 II, 967, 969.

2   **2) Pflicht zur öffentlichen Versteigerung;** vgl §§ 156, 383 III, 385. Ersteher wird Eigtümer, weil
Finder zur Versteigerg berechtigt ist; Finder handelt kraft gesetzl Ermächtig (aM Bertzel AcP **158**, 113:
gesetzl Vertreter). Dingl Surrogation: **II** S 3. Liegt ein Fall des **II** S 1 nicht vor, gilt § 1244 entspr (RGRK/
Pikart Rn 10; Staud/Gursky Rn 5). Vgl ferner § 935 II.

967   *Ablieferungspflicht.*   **Der Finder ist berechtigt und auf Anordnung der zuständigen
Behörde verpflichtet, die Sache oder den Versteigerungserlös an die zuständige Behörde
abzuliefern.**

1   Der Finder wird dch Ablieferg an die zust Behörde (Vorbem 2 vor § 965) von seinen Pfl frei, behält aber
seine Rechte (§ 975). AblieferfgsAnordnung dch allgverbindl Anordng od im Einzelfall dch VerwaltgsAkt
ggü Finder (SächsOVG JW **25**, 1061). Verpfl der Behörde nach §§ 973, 975, 976 u nach öffR (Hbg SeuffA
61, 8); Haftg: OVG **12**, 127.

968   *Umfang der Haftung.*   **Der Finder hat nur Vorsatz und grobe Fahrlässigkeit zu ver-
treten.**

1   Im Rahmen des gesetzl Schuldverhältn u der §§ 823 ff. Vgl § 680 und den entspr anwendbaren § 682 bei
Nichtgeschäftsfähigen.

969   *Herausgabe an den Verlierer.*   **Der Finder wird durch die Herausgabe der Sache an
den Verlierer auch den sonstigen Empfangsberechtigten gegenüber befreit.**

1   Hat ein BesDiener die Sache verloren, so befreit die Herausg an ihn, wenn das Verhältn aus § 855 noch
besteht. Haftg für Herausg an einen Nichtempfangsberechtigten nach § 968. Empfangsberechtigte: Vorbem
2 vor § 965.

970   *Ersatz von Aufwendungen.*   **Macht der Finder zum Zwecke der Verwahrung oder
Erhaltung der Sache oder zum Zwecke der Ermittelung eines Empfangsberechtigten
Aufwendungen, die er den Umständen nach für erforderlich halten darf, so kann er von dem
Empfangsberechtigten Ersatz verlangen.**

§ 994 I 2 gilt entspr, soweit Finder Nutzgen verbleiben (RGRK/Pikart Rn 3). Vgl im übrigen §§ 256, 257, **1**
972, 974. Anspr der Behörde richten sich nach öff Recht.

971 *Finderlohn.* ^I **Der Finder kann von dem Empfangsberechtigten einen Finderlohn ver-**
langen. Der Finderlohn beträgt von dem Wert der Sache bis zu eintausend Deutsche
Mark fünf vom Hundert, von dem Mehrwert drei vom Hundert, bei Tieren drei vom Hundert.
Hat die Sache nur für den Empfangsberechtigten einen Wert, so ist der Finderlohn nach billigem
Ermessen zu bestimmen.
^{II} **Der Anspruch ist ausgeschlossen, wenn der Finder die Anzeigepflicht verletzt oder den Fund**
auf Nachfrage verheimlicht.

Der Finderlohn belohnt die Ehrlichk u Mühewaltg des Finders. Daneben besteht der Anspr aus § 970. **1**
Maßgebd ist der Wert der Sache od der Versteigergserlös zZ der Herausg. Für Sparkassenbücher gilt **I S 3**,
da Ggst des Fundes das Buch, nicht die Fdg. Ausschluß bei mind grob fahrl (§ 968) Verletzg der AnzPfl
(§ 965) od bei Verheimlichg auf Nachfrage eines glaubh Berechtigten (Dresden OLG **4**, 333). Wohl nicht
beim geschäftsunfäh Finder (Staud/Gursky Rn 4). Geltdmachg § 972.

972 *Zurückbehaltungsrecht des Finders.* **Auf die in den §§ 970, 971 bestimmten An-**
sprüche finden die für die Ansprüche des Besitzers gegen den Eigentümer wegen Ver-
wendungen geltenden Vorschriften der §§ 1000 bis 1002 entsprechende Anwendung.

Zurückbehaltungsrecht §§ 273 III, 274, 1000 S 1; vgl auch § 975 S 3. § 1000 S 2 nicht anwendbar. **1**
Klagerecht entspr §§ 1001, 1002; Gen des Finderlohns genügt für § 1001 (Bassenge NJW **76**, 1486 zu II 2b).
EmpfangsBerecht kann sich nach § 1001 S 2 durch Rückg der Sache befreien.

973 *Eigentumserwerb des Finders.* ^I **Mit dem Ablauf von sechs Monaten nach der An-**
zeige des Fundes bei der zuständigen Behörde erwirbt der Finder das Eigentum an der
Sache, es sei denn, daß vorher ein Empfangsberechtigter dem Finder bekannt geworden ist oder
sein Recht bei der zuständigen Behörde angemeldet hat. Mit dem Erwerbe des Eigentums erlö-
schen die sonstigen Rechte an der Sache.
^{II} **Ist die Sache nicht mehr als zehn Deutsche Mark wert, so beginnt die sechsmonatige Frist mit**
dem Funde. Der Finder erwirbt das Eigentum nicht, wenn er den Fund auf Nachfrage verheim-
licht. Die Anmeldung eines Rechtes bei der zuständigen Behörde steht dem Erwerbe des Eigen-
tums nicht entgegen.

Nach Ablauf von sechs Monaten seit Anzeige **(I)** bzw Fund **(II)** erwirbt der Finder *ex nunc* (str) **Eigen- 1**
tum an der Sache nebst inzwischen gezogenen Früchten od am Versteiggserlös. Rechte Dritter erlö-
schen. BereichergsAnspr § 977. Der Finder od die Behörde muß aber die Sache (od den Erlös) noch in
Besitz haben (RG JW **31**, 930; str). Für Anspr gg Behörde auf Herausg ZivRWeg (VwGO 40 II 1; VGH
Brem DVBl **56**, 628 überholt). Vor Fristablauf hat Finder ein übertragb AnwR (Mittenzwei MDR **87**, 883;
RG JW **31**, 930), ohne daß damit Erwerber in die volle Stellg des Finders im gesetzl SchuldVerh mit
Verlierer einrückt: seine Beziehgn zum Eigtümer regeln sich nach §§ 987ff; Übertragg entspricht Eigt-
Übertragg; Erwerber erwirbt dann nach Fristablauf unmittelb Eigt; passivlegitimiert für Anspr aus § 977
bleibt aber Finder, (außer iF des § 822) da EigtErwerb des neuen Anwärters Folge der Leistg des Finders ist.
– **Ausnahmen:** Vor Ablauf der Frist **a)** verzichtet Finder auf sein Recht, § 976 I; **b)** wird ihm das Recht des **2**
EmpfangsBerecht (nicht notw zugl sein Aufenth, § 965 II) bekannt. Ferner **c)** im Falle **I**: es meldet der
EmpfangsBerecht sein Recht bei einer zust Behörde (Vorbem 2 vor § 965) an; **d)** im Falle **II**: Finder
verheimlicht trotz Nachfrage; vgl § 971 II. **Zu b und c:** vgl § 974.

974 *Eigentumserwerb nach Verschweigung.* **Sind vor dem Ablauf der sechsmonatigen**
Frist Empfangsberechtigte dem Finder bekannt geworden oder haben sie bei einer Sa-
che, die mehr als zehn Deutsche Mark wert ist, ihre Rechte bei der zuständigen Behörde rechtzei-
tig angemeldet, so kann der Finder die Empfangsberechtigten nach den Vorschriften des § 1003
zur Erklärung über die ihm nach den §§ 970 bis 972 zustehenden Ansprüche auffordern. Mit dem
Ablaufe der für die Erklärung bestimmten Frist erwirbt der Finder das Eigentum und erlöschen
die sonstigen Rechte an der Sache, wenn nicht die Empfangsberechtigten sich rechtzeitig zu der
Befriedigung der Ansprüche bereit erklären.

Aufforderg an alle Empfangsberechtigte. Verschweigen sich alle, erwirbt der Finder Eigt wie nach § 973. **1**
Genehmigt auch nur einer, hat der Finder das KlageR nach §§ 972, 1001. Bestreitet einer den Anspr,
zunächst Feststellgsklage u danach neue Aufforderg, vgl § 1003 Rn 5. Hier setzt die Setzg einer unangemes-
senen Frist die angemessene nicht in Lauf, vielmehr muß neue gesetzt werden, damit Ztpkt des EigtErwerbs
bestimmt ist (RGRK/Pikart Rn 2; Staud/Gursky Rn 1).

975 *Rechte des Finders nach Ablieferung.* **Durch die Ablieferung der Sache oder des**
Versteigerungserlöses an die zuständige Behörde werden die Rechte des Finders nicht
berührt. Läßt die zuständige Behörde die Sache versteigern, so tritt der Erlös an die Stelle der
Sache. Die zuständige Behörde darf die Sache oder den Erlös nur mit Zustimmung des Finders
einem Empfangsberechtigten herausgeben.

1   Die Befugn der Behörde zur Versteigerg richtet sich nach öff Recht. – Zustimmg (S 3) an Stelle des ZbR aus § 972; Nachw notf dch Urt (ZPO 894). Herausg ohne Zust wirks, aber § 839.

976 *Eigentumserwerb der Gemeinde.* [I] Verzichtet der Finder der zuständigen Behörde gegenüber auf das Recht zum Erwerbe des Eigentums an der Sache, so geht sein Recht auf die Gemeinde des Fundorts über.

[II] Hat der Finder nach der Ablieferung der Sache oder des Versteigerungserlöses an die zuständige Behörde auf Grund der Vorschriften der §§ 973, 974 das Eigentum erworben, so geht es auf die Gemeinde des Fundorts über, wenn nicht der Finder vor dem Ablauf einer ihm von der zuständigen Behörde bestimmten Frist die Herausgabe verlangt.

1   Formloser Verzicht. Im Falle I Vorbeh der Anspr aus §§ 970, 971 mögl. Im Falle II sind sie erloschen. Ist der Aufenth des Finders unbekannt, gilt § 983.

977 *Bereicherungsanspruch.* Wer infolge der Vorschriften der §§ 973, 974, 976 einen Rechtsverlust erleidet, kann in den Fällen der §§ 973, 974 von dem Finder, in den Fällen des § 976 von der Gemeinde des Fundorts die Herausgabe des durch die Rechtsänderung Erlangten nach den Vorschriften über die Herausgabe einer ungerechtfertigten Bereicherung fordern. Der Anspruch erlischt mit dem Ablaufe von drei Jahren nach dem Übergange des Eigentums auf den Finder oder die Gemeinde, wenn nicht die gerichtliche Geltendmachung vorher erfolgt.

1   Anspruchsberechtigt sind der bish Eigentümer u die dingl Berechtigten; aber nicht der Finder im Falle des § 976 II. Anspruchsverpflichtet ist der Finder (§§ 973, 974) od die Gemeinde (§ 976) od ein Dritter nach § 822. Vgl im übr §§ 812 I 2, 818, 819. S 2 bestimmt eine AusschlFrist.

978 *Fund in öffentlicher Behörde oder Verkehrsanstalt.* [I] Wer eine Sache in den Geschäftsräumen oder den Beförderungsmitteln einer öffentlichen Behörde oder einer dem öffentlichen Verkehre dienenden Verkehrsanstalt findet und an sich nimmt, hat die Sache unverzüglich an die Behörde oder die Verkehrsanstalt oder an einen ihrer Angestellten abzuliefern. Die Vorschriften der §§ 965 bis 967 und 969 bis 977 finden keine Anwendung.

[II] Ist die Sache nicht weniger als einhundert Deutsche Mark wert, so kann der Finder von dem Empfangsberechtigten einen Finderlohn verlangen. Der Finderlohn besteht in der Hälfte des Betrages, der sich bei Anwendung des § 971 Abs. 1 Satz 2, 3 ergeben würde. Der Anspruch ist ausgeschlossen, wenn der Finder Bediensteter der Behörde oder der Verkehrsanstalt ist oder der Finder die Ablieferungspflicht verletzt. Die für die Ansprüche des Besitzers gegen den Eigentümer wegen Verwendungen geltende Vorschrift des § 1001 findet auf den Finderlohnanspruch entsprechende Anwendung. Besteht ein Anspruch auf Finderlohn, so hat die Behörde oder die Verkehrsanstalt dem Finder die Herausgabe der Sache an einen Empfangsberechtigten anzuzeigen.

[III] Fällt der Versteigerungserlös oder gefundenes Geld an den nach § 981 Abs. 1 Berechtigten, so besteht ein Anspruch auf Finderlohn nach Absatz 2 Satz 1 bis 3 gegen diesen. Der Anspruch erlischt mit dem Ablauf von drei Jahren nach seiner Entstehung gegen den in Satz 1 bezeichneten Berechtigten.

1   **1) Fundort: Geschäftsraum/Beförderungsmittel** einer öff Behörde aller VerwaltgsArten (dazu Eith MDR **81**, 189; Kunz MDR **86**, 537 [BBahn]); auch Nebenräume wie Treppen, Flure, Restaurationsräume, Aborte, Höfe, Bahnsteige. – **Verkehrsanstalt** für öff Verkehr; hier nur die öff od priv Transportanstalt (Schwab/Prütting § 45 V 1, 4), nicht aber Gaststätten (RG **108**, 259), Warenhäuser (vgl dazu BGH **101**, 186), Privatbanken (aA Hbg SeuffA **63**, 105; W-Raiser § 82 IX), auch nicht Betriebe (vgl dazu Rother BB **65**, 247).

2   **2) Ablieferungspflicht** des Finders (I 1); unverzügl: § 121 I 1. Haftgsmaßstab iRv § 968. Bei Verletzg: kein Finderlohn (II 3).

3   **3) Finderlohn** (Höhe: II 2) nur bei Sachen ab 100 DM Wert. Maßg obj VerkWert im Ztpkt der Wiedererlangg dch EmpfangsBerecht od VerstErlös; mangels solchen Werts der Wert für den EmpfangsBerecht (vgl II 2 mit § 971 I 3). – **a) Schuldner. aa) Empfangsberechtigter** (Vorbem 2 vor § 965), solange Voraussetzgen des § 981 I noch nicht gegeben (II 1). Aber erst nachdem dieser die Sache wiedererlangt od Anspr (§ 972 Rn 1) genehmigt hat (II 4 mit § 1001; Bassenge NJW **76**, 1486); vorher keine Aufrechg. Dch Rückg an Behörde/VerkAnstalt vor Gen kann EmpfangsBerecht sich von Anspr befreien (II 4 mit § 1001). Dch Wiedererlangg od Gen unbdgt gewordener Anspr verjährt nach § 195; § 1002 nicht anwendb. **bb) Eigentü-**
4   **mer des Geldes,** der dies nach § 981 I erworben; Finder hat keinen Anspr auf Verst. Rechtzeit (III 2) geltd gemachter Anspr (nicht notw gerichtl) verjährt nach § 195; ordentl RWeg. – **b) Ausschluß** (II 3). Bedienstete der Behörde/VerkAnstalt (auch zB Angestellte einer beauftragten ReinigsFirma) haben keinen Anspr. Ebso Finder, der mind grob fahrl (§ 968) AbliefergsPfl verletzt; Verheimlichg ggü EmpfangsBerecht un-
5   schädl, ebso unverzügl Ablieferg unmittelb an diesen (Umweg über Behörde/VerkAnstalt nur zur AnsprErhaltg sinnvoll); wg geschäftsunfäh Finder vgl § 971 Rn 1. – **c) Benachrichtigungspflicht** der Behörde/VerkAnstalt (II 5), damit Finder Anspr geltd machen kann. Bei Verletzg: § 839 od § 276 (priv VerkAnstalt).

6   **4) Sonderregelung** in § 978, die auch bei Bes der Behörde usw anwendb (BGH **101**, 186), schließt aus: Anspr aus § 970; EigtErwerb nach §§ 973, 974; Finderlohn bei Sachen unter 100 DM Wert.

979 *Öffentliche Versteigerung.* **¹ Die Behörde oder die Verkehrsanstalt kann die an sie abgelieferte Sache öffentlich versteigern lassen. Die öffentlichen Behörden und die Verkehrsanstalten des *Reichs*, der *Bundesstaaten* und der Gemeinden können die Versteigerung durch einen ihrer Beamten vornehmen lassen.**
II Der Erlös tritt an die Stelle der Sache.

Öff Versteigerg. Vgl § 966 Rn 2 und §§ 980–982. Statt „Reichs“ u. „Bundesstaaten“ jetzt Bundesrepublik 1 u Länder. Verkehrsanstalten zB Post, Bundesbahn. §§ 979, 980 gelten gem WaStrG 30 VII für beseitigte Ggstände, die ein Schiffahrtshindern bilden. – II: dingl Surrogation.

980 *Öffentliche Bekanntmachung des Fundes.* **¹ Die Versteigerung ist erst zulässig, nachdem die Empfangsberechtigten in einer öffentlichen Bekanntmachung des Fundes zur Anmeldung ihrer Rechte unter Bestimmung einer Frist aufgefordert worden sind und die Frist verstrichen ist; sie ist unzulässig, wenn eine Anmeldung rechtzeitig erfolgt ist.**
II Die Bekanntmachung ist nicht erforderlich, wenn der Verderb der Sache zu besorgen oder die Aufbewahrung mit unverhältnismäßigen Kosten verbunden ist.

Vgl § 982. Ist die Versteigerg unzul, erwirbt nur der gutgl Ersteher nach § 935 II od entspr § 1244 1 (RGRK/Pikart Rn 3) Eigt.

981 *Empfang des Versteigerungserlöses.* **¹ Sind seit dem Ablaufe der in der öffentlichen Bekanntmachung bestimmten Frist drei Jahre verstrichen, so fällt der Versteigerungserlös, wenn nicht ein Empfangsberechtigter sein Recht angemeldet hat, bei *Reichsbehörden* und *Reichsanstalten* an den *Reichsfiskus*, bei Landesbehörden und Landesanstalten an den Fiskus des *Bundesstaats*, bei Gemeindebehörden und Gemeindeanstalten an die Gemeinde, bei Verkehrsanstalten, die von einer Privatperson betrieben werden, an diese.**
II Ist die Versteigerung ohne die öffentliche Bekanntmachung erfolgt, so beginnt die dreijährige Frist erst, nachdem die Empfangsberechtigten in einer öffentlichen Bekanntmachung des Fundes zur Anmeldung ihrer Rechte aufgefordert worden sind. Das gleiche gilt, wenn gefundenes Geld abgeliefert worden ist.
III Die Kosten werden von dem herauszugebenden Betrag abgezogen.

982 *Ausführungsvorschriften.* **Die in den §§ 980, 981 vorgeschriebene Bekanntmachung erfolgt bei *Reichsbehörden* und *Reichsanstalten* nach den von dem *Bundesrat*, in den übrigen Fällen nach den von der Zentralbehörde des *Bundesstaats* erlassenen Vorschriften.**

Statt ReichsBeh/Anstalt jetzt BBeh/Anstalt, statt BRat jetzt zuständ BMinister (Friehe ArchÖffR **109**, 76) 1 u statt BStaat jetzt BLand. Für BBeh gilt Bek v 16. 6. 1896 (BGBl III 403–5). – *BaWü* VO 29. 9. 81 (GBl 510); *Bay* VO v 12. 7. 77 (GVBl 386); *Hbg* VO v 19. 11. 62 (GVBl 183); *Nds* AGBGB 25; *Saarl* VO v 31. 3. 92 (ABl 386); *SchlH* VO v 18. 10. 76 (GVBl 266).

983 *Unanbringbare Sachen bei Behörden.* **Ist eine öffentliche Behörde im Besitz einer Sache, zu deren Herausgabe sie verpflichtet ist, ohne daß die Verpflichtung auf Vertrag beruht, so finden, wenn der Behörde der Empfangsberechtigte oder dessen Aufenthalt unbekannt ist, die Vorschriften der §§ 979 bis 982 entsprechende Anwendung.**

ZB für Überführungsstücke, deren Eigtümer unbekannt ist. Vgl auch § 976 Rn 1. Für vertragl Anspr 1 bestehen SonderVorschr in HintO 19 ff; PostG 26 I. Für Private gelten nur die §§ 372 ff.

984 *Schatzfund.* **Wird eine Sache, die so lange verborgen gelegen hat, daß der Eigentümer nicht mehr zu ermitteln ist (Schatz), entdeckt und infolge der Entdeckung in Besitz genommen, so wird das Eigentum zur Hälfte von dem Entdecker, zur Hälfte von dem Eigentümer der Sache erworben, in welcher der Schatz verborgen war.**

Schrifttum: Dörner, Zivilrechtl Probleme der Bodendenkmalpflege, Berlin 1992.

1) Verborgen ist eine (bewegl) Sache, wenn sie nicht ohne weiteres sinnl wahrnehmb ist; offen liegde 1 Ggst sind nicht verborgen, wenn ihre Auffindg dch Verhältn wesentl erschwert ist (Köln OLGZ **92**, 253: Münzen in Karton auf schwer zugängl Dachboden; Celle NJW **92**, 2576: Kruzifix unter Schildern in Kiste in Kapelle). Die Sache muß so lange verborgen gewesen sein, daß gerade deshalb der Eigtümer nicht zu ermitteln ist (Hbg MDR **82**, 409). Entsprechd wohl bei herrenlosen Sachen von wissenschaftl Wert, zB Fossilien; str. Bergende Sache kann auch bewegl sein (Geheimfach). – **Entdeckung** (erfordert als TatHdlg kein GeschFgk) ist Wahrnehmg vom Rücks auf Anlaß (zB auch bei Straftat). Bei planmäß/gezielter Nachforschg (nicht genügd, daß bei GbdeAbbruch auf wiederverwendb Sachen zu achten ist) iR eines ArbVerh/ Auftr/WerkVertr ist der ArbGeber usw Entdecker, andf der ArbNehmer usw (BGH **103**, 101). – Eigt wird aber erst mit **Inbesitznahme** (vgl dazu Celle NJW **92**, 2576) aGrd der Entdeckg (nicht notw dch Entdecker) erworben. Entdecker u Eigtümer der Sache, in der Schatz bei Bloßlegg (Wahrnehmg kann nachfolgen) verborgen war (BGH aaO), werden MitEigtümer iSv § 1008. Anspr aus §§ 809 u §§ 260, 261; vgl auch § 1040. – Schatzfund u StrandR, vgl Ehlers SchlHA **71**, 227.

2) Landesrecht: EG 73; ferner AusgrabgsG u DenkmalsschutzG (zB *BaWü* 23) der Länder. 2

Vierter Titel. Ansprüche aus dem Eigentume

Einführung

Schrifttum: Köbl, Das Eigtümer-Besitzer-Verh im AnsprSystem des BGB, 1971. – Pinger-Scharrelmann-Thissen, Das Eigtümer-Besitzer-Verh, 4. Aufl 1988. – Pinger, Funktion u dogm Einordng des Eigtümer-Besitzer-Verh, 1973.

1   **1)** Der Titel behandelt **drei dingliche Ansprüche,** durch die der Eigtümer Einwirkgen Dritter ausschließen kann, § 903. Für MitEigtümer vgl noch § 1011. Gerichtsstand ZPO 24. § 1006 erleichtert für bewegl Sachen den EigtNachw (für Grdst gilt § 891). § 1007 gehört sachl in den 1. Abschnitt. – **a) Herausgabeanspruch** (§ 985) für bewegl Sachen u Grdst gg den Besitzer. NebenAnspr bei Tatbestd: Herausg der Nutzgen; SchadErs, §§ 987ff. Der Besitzer kann bei Recht zum Besitz Herausg verweigern, § 986, nach §§ 994ff Ersatz seiner Verwendgen beanspruchen. – **b) Beseitigungs/Unterlassungsanspruch** (§ 1004) bei Beeinträchtigg des Eigt an bewegl Sachen u Grdst. – **c) Abholungsanspruch** (§ 1005) für bewegl Sachen von einem Grdst.

2   **2)** Auf die dingl Anspr sind die **allgemeinen Vorschriften des Schuldrechts grundsätzlich anwendbar.** Vgl aber auch Einl Rn 14 vor § 854, § 985 Rn 1, 4.

3   **3) Weitere Rechte des Eigentümers. a)** Anspr auf Herausg nach § 985 kann zusammentreffen (AnsprKonkurrenz, Köbl aaO S 139) mit schuldrechtl Anspr auf Herausg – **aa) Aus Vertrag.** Der Eigtümer kann nach seiner Wahl den dingl od den persönl od beide Anspr verfolgen (BGH **34,** 123). Er kann die Herausg auch neben SchadErs wg Nichterfüllg (§ 326) verlangen; durch Herausg mindert sich sein Schaden (RG **141,** 261); soweit er dadurch bereichert wird, hat er die Anzahlg zurückzuzahlen (RG **144,** 66). Konkurrenzfrage aber str; gg hM insb Raiser JZ **61,** 529, wonach § 985 zurücktritt hinter RückgAnspr aus Vertr od gesetzl SchuldVerh, wenn Besitzer den Bes mit Recht erworben hatte (§ 986). Aber nur, wenn dieses Recht noch besteht, entfällt § 985. Haftgsmaßstab u NebenAnspr bestimmen sich aber jedenf primär nach dem vertragl Abwicklgsverhältn, hinter dessen Regelg §§ 987ff zurücktreten müssen, Vgl Vorbem 7 vor § 987. – **bb) Aus Gesetz:** Aus § 556 III (Schlesw WoM **92,** 674), §§ 809ff, §§ 812ff (beachte aber, daß hier – wg §§ 989, 990 – Kondiktionsobjekt nur der Besitz, nicht das Eigt mit seinem Substanzwert ist), §§ 823ff, 861, 1007.

4   **b) Feststellungsklage** (ZPO 256) auf Bestehen des Eigt od Nichtbestehen eines beschränkten dingl Rechts. Auch neben od anstatt der Anspr aus §§ 985–1005 zul, weil die RKraft der Urteile über diese Anspr die Feststellg des Eigtums selbst nicht mitumfaßt (RG **144,** 270; Warn **36** Nr. 173).

5   **c) Sonstige:** § 894 (GBBerichtiggsAnspr), §§ 2018ff (ErbschAnspr); ZPO 771; KO 43–46; ZVG 93.

6   **4)** Die §§ 985ff finden entspr **Anwendung** gemäß §§ 1017 II, 1065, 1227; EG 63 S 2, 68 S 2; ErbbRVO 11 I. Vgl ferner wg des GrundbuchberichtiggsAnspr § 894 Rn 10. Ferner auf die Anspr des Bergwerkspächters auf Herausg der währd der Pachtzeit gewonnenen Mineralien (RG JW **38,** 3040).

7   **5)** Zum Verhältn von dingl HerausgAnspr (§ 985) zu schuldrechtl RückgewährAnspr (zB aus Vertr), wenn **Gläubiger nicht identisch** u Obligationsgläub ggü Eigtümer nicht besitzberecht, vgl Müller-Laube AcP **183,** 215 (weder Verdrängg noch RangVerh).

985   *Herausgabeanspruch.*   **Der Eigentümer kann von dem Besitzer die Herausgabe der Sache verlangen.**

1   **1) Allgemeines.** Aus dem Eigt abgeleiteter u daher **nicht abtretbarer dinglicher Anspruch** *(rei vindicatio);* unwirks Abtretg in EinziehgsErmächtigg (Rn 2) umdeutb (LG Bln WM **67,** 1295). Mögl aber Pfändg (MüKo/Medicus Rn 6 vor § 985) u Verpfändg (Erm/Küchenhoff § 1205 Rn 8; aA Jauernig Anm 3f). – Der Anspr unterliegt § 242 (BGH NJW **81,** 980; § 242 Rn 79), insb bei unzul RAusübg (aus RG **133,** 296, wenn Sache mit Duldg des Eigtümers völlig verändert; vgl aber RG **139,** 353) u Verwirkg; auch bei Grdst (v Olshausen JZ **83,** 288; abw zT LG Itzeh JZ **83,** 308). Nicht anwendb ist § 254 (BGH **LM** § 366 HGB Nr 4). Wg § 817 S 2 vgl Einl 13 vor § 854. – **Verjährung:** §§ 195 (vgl aber § 937), 198ff, 221. – **Verhältnis zu anderen Herausgabeansprüchen:** Einf 3, 7 vor § 985.

  2) Anspruchsbeteiligte.

2   **a) Anspruchsberechtigt** ist jeder Eigtümer (auch SichgsEigtümer; KG JW **34,** 436); über MitEigtümer vgl § 1011. Zulässig ist **Ermächtigung** eines Dritten, den Anspr im eigenen Namen (im Proz unter den Voraussetzgen der gewillkürten ProzStandsch) geltd zu machen (BGH NJW-RR **86,** 158; Werner JuS **87,** 855). – Mit **Eigentumsverlust** erlischt der Anspr; vgl aber Rn 7, 9.

3   **b) Anspruchsverpflichtet** nur der **Besitzer. – aa)** Der unmittelb wie der mittelb (Hamm NJW-RR **92,** 783). Auch gg diesen Kl auf Herausg (da dann Vollstr nach ZPO § 886 u nach ZPO § 883 gesichert) od auf Abtretg des HerausgAnspr gg unmittelb (ZPO 894). Nach BGH **53,** 29 (zust Wallerath JR **70,** 161) nur letzteres dann, wenn der unmittelb dem mittelb ggü zum Bes berecht ist u der mittelb nicht auf SchadErs haftet, da dann Kläger über § 283 einen ihm nach §§ 989, 990, 993 nicht zustehden SchadErsAnspr erhalten könnte, weil Bekl im ZweitProz mit Einwendgen gg diesen präkludiert ist. Krit Kühne JZ **70,** 187; Derleder NJW **70,** 929; allerd kann der Bekl nicht mit der Einwendg ausgeschl sein, er hafte nicht, da er redl Besitzer gew sei; Ausschl der Einwendg, mittelb Besitzer habe die Unmöglichk der Herausg nicht zu vertreten, würde zwar dem GrdGedanken des § 283 (dort Rn 2) entspr, dem AusschließlichkGedanken des § 992 aber widersprechen; hält man – mit hM – daran fest, wird man dem BGH zustimmen können. – Klage auf Herausg schlecht auch, wenn Bekl. teilw unmittelb, teilw mittelb Besitzer (BGH **12,** 380, 397). – Anspruchsverpfl auch der **Mitbesitzer** (vgl § 866 Rn 10, 11). – Nicht der BesDiener. – **bb)** Anspr erlischt, 4 wenn Besitzer Bes verliert od besitzberecht wird (§ 986); nicht mit Wegn aGrd einstw Vfg (RG HRR **29**, 104). Bei Verlust des unmittelb Bes dch poliz Beschlagen kann Zust auf Herausg von Polizei an Eigtümer verlangt werden (Hbg MDR **74**, 754; vgl auch LG Köln MDR **62**, 901). Besitzt der Bekl aGrd öffR VollstrAnspr, wird § 985 dch ZPO 766, 771 verdrängt (BGH NJW **89**, 2542).

3) Anspruchsinhalt.

a) Die von Duldg der Wegnahme zu unterscheidde **Herausgabe:** Verschaffg des unmittelb Besitzes. Die 5 Kosten (einschl Transport zum HerausgOrt) trägt der Besitzer (BGH NJW **88**, 3264; Schlesw NJW-RR **88**, 1459); Eigtümer trägt Kosten der Abholg vom HerausgOrt. – **Herausgabeort** (BGH NJW **81**, 752): Für gutgl u unverklagten Besitzer dort, wo Sache sich befindet; für bösgl (§ 990) od verklagten (§ 987) Besitzer dort, wo Sache sich bei Eintritt der Bösgläubigk/RHängigk befand (vgl dazu Gursky JZ **84**, 604 zu IV 1b); Deliktsbesitzer (§ 992) am Ort der BesErlangg.

b) Nur Herausg, **nicht Wertersatz**; die Funktion der §§ 275, 280 übernehmen §§ 989ff; **§ 281** nicht 6 anwendb (hM; Merle AcP **183**, 84); auch nicht bei zufäll Untergang bzgl VersSumme, die Besitzer aus EigenVers erhält (Jochem MDR **75**, 177). – Keine Kl wahlw od als ErsetzgsBefugn auf Herausg od Schad-Ers. Auch gg bösgl Besitzer AlternativKl unzul (MüKo/Medicus Rn 53; aA RG Warn **29** Nr 27; Erm/Hefermehl Rn 11). Richtigerw wird man aber nur gem § 283 iVm ZPO 255 u 259 (falls dessen bes Proz-Voraussetzgen gegeben) zulassen, daß auf Herausg binnen einer im Urt zu setzdn Frist u zugl auf Schad-Ers nach deren fruchtl Ablauf geklagt wird; Zug um Zug gg dessen Leistg muß aber Kläger dann dem Bekl das Eigt an der vindizierten Sache verschaffen, was teilw mit § 255 BGB entspr (Wallerath JZ **70**, 166) teilw mit § 242 begründet wird (W-Raiser § 84 VI 2); ist dies – wie bei Vindikation von Gebäudeteilen – wg §§ 93, 94 nicht mögl, scheidet § 283 aus. Mü OLGZ **65**, 10 lehnt § 283 schlechth ab wg dessen Abs 1 S 3, wodch aber Gläub Vorteil des § 283 verliert, der den Schu zwingt, nachträgl unvertretb Unmöglichk über ZPO 767 geltd zu machen. – ZPO 510b auf HerausgAnspr nicht anwendb (hM). – Neben Herausg kann vom bösgl Besitzer Ers des VerzSchad verlangt werden (BGH NJW **64**, 2414; vgl § 990 Rn 9 u Kuchinke JZ **72**, 659).

c) Wertvindikation. Auch wenn sich Geldwert in Sachen (Münzen, Banknoten) verkörpert, ergreift 7 § 985 diese. Ändert sich die rechtl Erscheinsform des Geldes – dch Wechseln, Einzahlg auf Konto –, treten anstelle des § 985 die §§ 989, 990, 816. Dadch aber kein Schutz (weder ZPO 771, noch KO 43) vor Drittzugriff. Deshalb soll (zB nach Kaser AcP **143**, 1; Simitis AcP **159**, 459) Vindik-Zugriff (bzw ZPO 771, KO 43) solange gegeben sein, als der (umgewandelte) Geldwert erkennb in and Münzen, Scheinen od in Gestalt von Buchgeld beim Besitzer unterscheidb ist. Das ist abzulehnen (Medicus JuS **83**, 897 zu IV mwN), denn damit wäre GeldEigtümer privilegiert; auch der SachEigtümer ist nach Umwandlg des § 985 in §§ 989, 990, 816 dem Vorgriff Dritter ausgesetzt. Oft hilft KO 46: vgl BGH **30**, 176; RG **98**, 143; **141**, 89; BGH **23**, 307, wonach nach Einziehg der fremden Forderg der auf Konto eingezahlte Betrag auch dann noch ausgesondert werden kann, wenn kein Sonderkonto. Auch kann nach RG **160**, 52 mit Geldwertforderg gg GeldherausgAnspr aufgerechnet werden.

4) Prozessuales. Zu beachten die ausschl Zuständigk gem ZPO 620 Nr 7, 621 Nr 7, die EigtHerausgKl 8 ausschließt (Köln FamRZ **87**, 77; vgl § 861 Rn 10). – **a) Klage** erfordert Angabe der Tats, die EigtErwerb od EigtVermutg (§§ 891, 1006) ergeben (BGH **LM** Nr 1). KlageAntr erfordert genaue Bezeichng, bei Grdst notf räuml Abgrenzg (RG **68**, 25); zufassde Bezeichng mehrerer Sachen genügt, wo zweifelsfrei. – **Beweislast:** Kläger für sein Eigt u den Bes des Bekl zZ der RHängigk (BGH WM **82**, 749; krit Gursky JZ **84**, 604 zu IV 1f). Bei Fahrn muß er die für den Bekl sprechde Vermutg des § 1006 I, III widerlegen. Wenn für den Kläger die Vermutg des § 1006 II, III spricht, hat Bekl sie zu widerlegen. – Zum Beweise des Bes des Bekl genügt, daß seine tats HerrschGewalt bei RHängigk bewiesen. Bekl hat ggf zu beweisen, daß er nur BesDiener od den Bes nach RHängigk verloren hat (vgl aber Rn 9). Klage stets abzuweisen, wenn endgült BesVerlust feststeht od Wiedererlangg völlig ungewiß (BGH aaO). Bei bestr Unmöglichk der Herausg ist ihr Nachw nicht zuzulassen, wenn feststeht, daß sie vom Bekl zu vertreten (RG Warn **29**, 27; aA Wittig NJW **93**, 635); Kläger hat dann den Vorteil des § 283, der auch für dingl Anspr gilt (BGH DB **76**, 573). – Keine **Klageänderung** bei Änderg des ErwerbsGrd. Bei Übergang von HerausgKl auf Anspr aus §§ 989, 816 gilt ZPO 264 Nr 3. – Keine **Klagehäufung** (ZPO 260) bei Kl aus Eigt u Vertr (BGH **9**, 22; Berg JuS **71**, 523); vgl auch § 861 Rn 6. – Zur Sichg dch **einstweilige Verfügung** vgl Düss MDR **84**, 411.

b) Veräußerung nach Rechtshängigkeit. – aa) Übereignet **Kläger** die streitbefangene Sache nach 9 Rechtshängigk (insb nach §§ 931, 925), so bleibt er prozeßführgsberechtigt (ZPO 265 II 1). Er muß aber, bei Vermeidg der Klageabweisg, den KlageAntr auf Herausg an RNachfolger ändern (Relevanztheorie). Letzterer zum Eintritt in den Prozeß berechtigt nur bei Zust beider Parteien; tritt er als Streithelfer bei, so ist gem ZPO 265 II 2, 3 nie streitgenöss Nebenintervenient, damit er nicht auf diesem Wege die Stellg einer Partei erhält. Würde indessen Urteil nach ZPO 325 II gg den RNachfolger nicht wirks sein (wenn dieser Eigt gutgl erworben hat u auch hins der Rechtshängigk gutgl war), so verliert Kl mit der Sachbefugn entgg ZPO 265 II auch sein ProzeßführgsR (ZPO 265 III). – **bb)** Veräußert der **Beklagte** die streitbefangene Sache währd Rechtshängig, so hat dies auf den Prozeß keinerlei Einfluß, Kl kann den bish KlageAntr weiter stellen (str); auch bei gutgl Erwerb eines Dritten, ZPO 265 III gilt hier nicht. Kläger kann aber zum SchadErsAnspr (§ 989) od dem aus § 816 übergehen. Sonst Umschreibg der Klausel gg RNachf nach ZPO 727, 731, außer, wenn dieser sich auf ZPO 325 II (Gutgläubigk hins des Eigt u der Rechtshängigk; RG **79**, 168) berufen kann. – Über Umfang der Rechtshängigk, insb bezgl eines Anspr aus § 1004, vgl BGH **28**, 153.

c) Rechtskraftwirkung. – aa) Objektiv. Das Urt stellt nur bindd fest, daß ein HerausgAnspr aus § 985 10 besteht od nicht besteht; nicht aber das EigtR (daher ZPO 256, 260 zweckm). Diese Feststellg bindet auch im RStreit über die von § 985 abhäng NebenAnspr aus §§ 987ff (BGH NJW **78**, 1529 [stattgebdes Urt], **81**, 1517 [abweisdes Urt]), aber nur soweit Zeit nach RHängigk der HerausgKl betroffen (BGH NJW **83**, 164).

Bei Abweisg neue HerausgKl zul, wenn Abweisg wg fehlden Bes des Bekl od wenn auf späteren EigtErwerb (nicht aber auf and ErwerbsGrd) od schuldrechtl Anspr (zB § 812; RG JW **35**, 2269) gestützt. – **bb) Subjektiv.** Stets für RNachf (auch Nachf in EigenBes; BGH NJW **81**, 1517) nach RHängigk (ZPO 325 I); gg ihn nur bei Bösgläubigk bzgl Eigt u RHängigk (ZPO 325 I). Abweisg gg unmittelb Bes wirkt nicht ggü mittelb Bes bei Klage auf Abtretg des HerausgAnspr (BGH **2**, 165) od auf Herausg nach Rückerhalt. Über VerfStandsch vgl BGH NJW-RR **86**, 158; Werner JuS **87**, 855 zu Fußn 45. – **cc) Keine** RKraftwirkg für Anspr aus § 1004 (BGH **28**, 153).

986 *Einwendungen des Besitzers.* [I] Der Besitzer kann die Herausgabe der Sache verweigern, wenn er oder der mittelbare Besitzer, von dem er sein Recht zum Besitz ableitet, dem Eigentümer gegenüber zum Besitze berechtigt ist. Ist der mittelbare Besitzer dem Eigentümer gegenüber zur Überlassung des Besitzes an den Besitzer nicht befugt, so kann der Eigentümer von dem Besitzer die Herausgabe der Sache an den mittelbaren Besitzer oder, wenn dieser den Besitz nicht wieder übernehmen kann oder will, an sich selbst verlangen.

[II] Der Besitzer einer Sache, die nach § 931 durch Abtretung des Anspruchs auf Herausgabe veräußert worden ist, kann dem neuen Eigentümer die Einwendungen entgegensetzen, welche ihm gegen den abgetretenen Anspruch zustehen.

1 **1) Allgemeines. I S 1** gibt dem Besitzer, der (od dessen Oberbesitzer) dem Eigtümer ggü zum Besitz berechtigt ist, das Recht zur Verweigerg der Herausg, u zwar im Wege der Einwendg (BGH **82**, 13 [18]), so daß kein VersäumnUrteil, wenn Kläger selbst den das BesitzR des Bekl ergebenden Tatbestd vorträgt. BesR führt zur Abweisg der HerausgKl; nur bei PfdR zur Verurteilg Zug-um-Zug gg Zahlg der gesicherten Fdg (Peters JZ **95**, 390). – **II** schützt den Fahrnisbesitzer, der schuldrechtl dem früh Eigtümer ggü zum Besitz berechtigt ist (RG **109**, 130). Dingl Rechte bleiben schon nach §§ 936 III, 986 I 1 bestehen. Über die Anspr des Besitzers wg Verwendgen vgl §§ 994–1003. Über § 817 S 2 vgl Einl 13 vor § 854.

2 **2) Recht zum Besitz, I 1;** gleichviel, aus welchem RVerhältn; über BesR aGrd öffrechtl Baulast vgl BGH NJW **81**, 980. Es muß ggü dem Eigtümer bestehen (Ausn: II). BewLast hat Besitzer (BGH NJW-RR **86**, 282).

3 **a) Absolut:** vornehml aus dingl Rechten (§§ 1036 I, 1093, 1205), auch wenn gutgläub von NichtBerecht erworben. Aber auch aus familienrechtl Beziehg: Recht des Eheg aus § 1353 auf MitBes an Hausrat u Ehewohng; dazu BGH **71**, 216, Düss MDR **88**, 673 u Graba NJW **87**, 1721.

4 **b) Relativ:** auf schuldrechtl Beziehg zum Eigtümer beruhd (zB Mieter, Käufer), selbst wenn Erfüllgs-Anspr auf Übereigng verj (BGH **90**, 269) od Vertr mangels behördl Gen schweb unwirks (BGH **LM** Nr 1).

5 **c)** Wg des BesitzR des **Anwärters** aus VorbehKauf vgl § 929 Rn 40–42; wg des AuflassgsEmpf vgl § 925 Rn 25. VorbehKäufer, der sich auf **Verjährung** des KaufprAnspr beruft, hat kein BesitzR (BGH **34**, 191: § 223 entspr; aA Blomeyer JZ **68**, 694); zur weiteren Abwicklg vgl Müller DB **70**, 1209. Zur Bedeutg von BGH **54**, 214 für diese Frage vgl Lange JuS **71**, 515: entfalle mit Verj der Zahlgsverzug u damit die schuldr Rückabwicklg des VorbehKaufs, sei der Schutzzweck des EV, diesen zu sichern, ggstandsl; Käufer habe damit BesitzR. Dieses Argument übersieht, daß Zweck des EV primär die Sichg der KaufprFdg ist. Ein schuldrechtl Recht zum Besitz gewährt den Einwand immer nur dann, wenn Besitzer das BesitzR gerade dem klagenden Eigtümer (oder nach **II** dessen RVorgänger) ggü hat. Besitzer kann sich also nicht darauf berufen, daß er zB die herausverlangte Sache von einem Dritten (NichtEigtümer) gekauft od gemietet od in Verwahrg erhalten habe (außer wenn der Dritte dem Eigtümer ggü zum Besitz u zur Überlassg des Besitzes an den Besitzer berechtigt war, vgl Rn 7–9). Formgült Vorvertr genügt (RG **129**, 370; OGH SJZ **50**, 188). Käufer ist nicht mehr besitzberechtigt, wenn Verk nach § 326 (RG **141**, 261) oder KonkVerw nach KO 17 (RG **90**, 220) die Erfüllg ablehnt.

6 **d) Zurückbehaltungsrechte** nach §§ 273, 972, 1000, HGB 369 ff die zur Verurteilg zur Herausg Zug um Zug führen, begründen kein BesR iS § 986, da sie den HerausgAnspr unberührt lassen u nur seine Vollstr einschränken (Erm/Hefermehl Rn 1; MüKo/Medicus Rn 23; Staud/Gursky Rn 23; Seidel JZ **93**, 180 [vgl dort zu § 322]; Dresd DtZ **94**, 252; ArbG Bln MDR **68**, 531; aA BGH NJW **95**, 2627; Roussos JuS **87**, 606 mwN); and allerd iF § 1003 I 2. Die bloße Anfechtg des VeräußergsVertr nach dem AnfG gibt dem Anfechtden kein BesR (KG OLG **30**, 103). BesR kann auch aus § 242 folgen (BGH **LM** § 7 HöfeO Nr 13). Zum BesR des Verlegers am Manuskript des Autors (VerlG 27) vgl BGH GRUR **69**, 552 (Anm Bappert) = JZ **70**, 105 (Anm Steindorff), wonach BesR auch ohne Vorbeh mit VerlagsVertr endet.

7 **3) Der Besitzer kann sich berufen: – a)** Auf sein eigenes Besitzrecht. – **b)** Auf das Besitzrecht dessen, dem er den Besitz vermittelt (sofern nicht zw diesem u Eigtümer Nichtbestehen rkräft festgestellt; RG LZ **24**, 818); vgl aber I 2 (Rn 9). Str, ob § 985 dchgreift, wenn berecht mittelb Besitzer die Sache erlaubt an den derzeit unmittelb Besitzer gegeben, dieses MittlgsVerh aber nicht rechtswirks ist; dies bejahen (mit Lösg mittelb § 986 I 2) Raiser JZ **61**, 529; Firsching AcP **162**, 451. Dagg Schönfeld JZ **59**, 301; Köbl aaO S 322; Vindikation mit Nebenfolgen griffen nicht ein, wenn RVerh zw Eigtümer u mittelb Besitzer intakt; gesetzl kaum begründl; den Eingr in die schuldr Beziehgen zw mittelb u unmittelb Besitzer nimmt das Gesetz auch iFv § 986 I 2 hin; mittelb Besitzer mag sich an Eigtümer halten. Vgl Vorbem 3 vor § 994. – Ist BesMittler über das Recht des mittelb Besitzers ggü Eigtümer im unklaren, kann er nach ZPO 76 8 verfahren. – **c)** In entspr Anwendg von **I 1** kann sich Besitzer auf BesitzR seines Besitzvorgängers berufen, auch wenn dieser nicht mittelb Besitzer (BGH NJW **90**, 1914); zB seines Verkäufers, der besitzberechtigt ist, weil der Kl ihm die Sache rechtswirks (RG Warn **28**, 124) verkauft u übergeben, aber noch nicht übereignet hatte (RG **105**, 21; BGH NJW **89**, 895). Ebso, wenn hier Kl unmittelb dem Bekl übergeben hat (Wstm/Pinger § 30 II 3 b).

4) I S 2 entspricht § 869 S 2. Ist der bekl Besitzer BesMittler für einen Dritten, so hat er die Einwendg **9** nach **I S 1**, wenn sein Oberbesitzer dem Eigtümer ggü zum Besitz u zur Besitzüberlassg berechtigt ist. Ist der Oberbesitzer (mittelb Besitzer) zwar zum Besitz, aber nicht zur Besitzüberlassg berechtigt (zB der Mieter nach § 549 nicht zur Untervermietg, der ErbbBerecht nicht zur Vermietg (vgl BGH WM **67**, 614); ferner zB §§ 603, 691, 1215), so kann bekl Besitzer die Herausg nach **I S 2** nicht verweigern, jedoch kann der Eigtümer Herausg an sich selbst nur verlangen, wenn er beweist, daß der mittelb Besitzer den unmittelb Besitz nicht übernehmen kann od will; andernf kann er nur Herausg an mittelb Besitzer verlangen. I S 2 gilt auch für die Fälle Rn 8.

5) Einwendungen gegen den Rechtsnachfolger im Eigentum (II). – a) Nur der Besitzer einer **10** **beweglichen Sache** od Tieres u nur ggü dem AbtrEmpf (nicht ggü Dr). §§ 404, 407 entspr anwendb (BGH **64**, 122). **II** gilt nicht bei Erwerb kraft G. Er gilt entspr, wenn mittelb Besitzer nach § 930 veräußert (BGH **111**, 142); ferner, wenn ein Nießbr od PfdR nach § 931 bestellt wird, §§ 1032, 1205 II, 870; oder vorübergehd getrenntes Zubehör nach § 926 veräußert wird (Ehlke JuS **79**, 202).

b) Bei **Grundstücken** kann sich der Besitzer nicht darauf berufen, daß er dem RVorgänger des jetzigen **11** Eigtümers ggü schuldrechtl zum Besitz berechtigt sei, zB weil er das Grdst gekauft habe, es sei denn, daß der jetzige Eigtümer in die schuldrechtl Verpflichtg eingetreten ist. Schutz des Besitzers aber, wenn er sich seine Anspr durch Vormerkg hat sichern lassen. Für Miete u Pacht gelten die wichtigen SonderVorschr der §§ 571 ff, 581 („Kauf bricht nicht Miete").

Nebenansprüche des Eigentümers auf Nutzungen und Schadensersatz
(§§ 987–993)

Vorbemerkung

1) Allgemeines. – a) Die §§ 987–993 regeln die **Ansprüche des Eigentümers gegen den unberech-** **1** **tigten Besitzer** auf Herausg der Nutzgen u auf SchadErs. Sie gelten nicht für den Zeitraum, in dem Besitzer (zB als Vorerbe) Eigtümer war (BGH WM **85**, 206). Zur Anwendbark im Verh zw wahrem u BuchEigtümer vgl § 894 Rn 10.

aa) Unberechtigter Besitzer ist, wer kein Recht zum Besitz iSv § 986 hat u daher nach § 985 zur **2** Herausg verpflichtet ist; zB wer aGrd eines noch abzuschließenden od (zB mangels Form od Gen) noch nicht wirks Vertr mit Einverständn des Eigtümers (BGH NJW **77**, 34; einschränkd [erst ab Fehlschlagen bzw nicht mehr Festhalten am Vertr] Kohler NJW **88**, 1054) od nach Aufhebg wirks Beschlagn (BGH **32**, 92) besitzt. Wg des Finders vgl Vorbem 2 vor § 965; der gesetzmäß handelnde GeschFoA hat BesR (BGH **31**, 129), das er verliert, wenn Eigtümer den Ggst der GoA herausverlangt; daran ändert nichts, daß ein BesMittlgsVerh zum GeschHerrn erst mit dessen Gen der GoA entsteht (§ 868 Rn 15).

bb) War § 985 nicht gegeben, sind auch §§ 987 ff nicht anwendb (BGH NJW **81**, 1517). Für den dem **3** Eigtümer ggü zum Bes **berechtigten Besitzer** gilt daher die **gesetzliche u die vertragliche Sonderrege-** **lung.** Str, ob, wenn Vertr od Gesetz nichts hergeben, §§ 987 ff zur **Lückenausfüllung** heranzuziehen. Dies grdsätzl abzulehnen. And nur, wenn sonst rechtm Besitzer schlechter stehen würde als gutgl unrechtm (vgl Vorbem 3 aE vor § 994, ferner § 991 Rn 2 aE; § 1217 Rn 2). Ähnl Erm/ Hefermehl vor §§ 987–993 Rdn 8. Für subsidiäre Anwendg der §§ 987 ff auf den rechtm Bes, wenn NutzgsHerausg u VerwendgsErsAnspr nicht geregelt, erneut BGH WM **70**, 1366; **71**, 1268; **95**, 2627: berecht Fremdbesitzer dürfe nicht schlechter stehen als der nichtberecht. Über RLage, wenn sich rechtm Besitzer zum unrechtm macht, vgl unten Rn 9; über Haftg nach Beendigg wirks Vertrages vgl unten Rn 7.

cc) Die NebenAnspr aus §§ 987 ff gehen bei EigtWechsel nicht ohne weiteres mit über (str). Sie sind näml **4** **schuldrechtlicher** Natur (vgl § 987 Rn 1), beruhen auf gesetzl SchuldVerh. Wg Nichtanwendbark des § 281 vgl § 985 Rn 6, § 281 Rn 3. Anspr aus § 992 deliktsähnl. **Verjährung:** 30 Jahre (§ 195; BayObLG **74**, 235), vgl aber § 992 Rn 5. Die Anspr auf Nutzgen u SchadErs wg Verschlechterg sind Anspr auf Nebenleistgen, abhäng vom Bestehen des HauptAnspr, deshalb für Verj: § 224. **Prozeß:** Bei gleichzeit Geltdmachg gelten ZPO 26, 4 I. SchadErsAnspr wg Unmöglichk der Herausg ist Fdg des Interesses iS ZPO 264 Nr 3. Zur RKraftwirkg eines Urt über § 985-Anspr für Anspr aus §§ 987 ff vgl § 985 Rn 10. Bei neuer Klage nach Rückn od Abweisg der ersten, wirkt Haftgsverschärfg mit deren RHängigk zurück.

b) Die §§ 987 ff gelten grdsätzl auch für den **nichtberechtigten Fremdbesitzer.** Die RBeziehgen zw **5** dem berecht Fremdbesitzer u dem Eigtümer sind nach Vertr- u DeliktsR abzuwickeln; dies auch, wenn der rechtm Besitzer jederzeit (zB §§ 604 III, 695) auf Verlangen des Eigtümers die Sache herausgeben muß (hM; aA BGH **LM** §§ 688, 989 je Nr 2). – Überschreitet der rechtm Besitzer sein BesR (**Exzess des berechtigten Fremdbesitzers:** Mieter zerstört Mietsache), gelten für ihn ebenf nicht §§ 987 ff, sond Vertr- u DeliktsR. – Str, wonach der rechtlose Fremdbesitzer haftet, der zwar hinsichtl seines BesR gutgläub ist, dieses aber überschreitet (**Exzess des nichtberechtigten Fremdbesitzers:** der aGrd nichtigen MietVertr Besitzde beschädigt die Mietsache über § 548 hinaus od veräußert sie). Hier kein Grd für HaftgsAusschl, da er vom Eigenbesitzer gerechtf ist, der sich für den Eigtümer hält. Daher haftet der Besitzer hier nach § 823 (RG **157**, 135; BGH NJW **51**, 643; BGH **46**, 140, 146). Der rechtlose Besitzer kann bei Exzess nicht besser stehen als der rechtm (vgl BGH WM **71**, 1268); im Fall BGH NJW **73**, 1790 hatte Mj ohne elterl Gen gemieteten Wagen beschädigt: zutr hatte BGH daher unmittelb nach § 823 geurteilt, obwohl hierin eine Abkehr von der hier (Rn 14) vertretenen Konkurrenzlehre zu sehen wäre, wie Berg JR **74**, 64 meint; wie hier auch Medicus, JuS **74**, 221. Umgekehrt hat BGH **47**, 53 auch die delikt Haftg des rechtlosen Fremdbesitzers für Beschädigg der Mietsache bei fehlgeschlagenem MietVertr der kurzen Verj des § 558 unterworfen, wie dies bei rgült MietVertr anerkannt. Allg wird anzunehmen sein, daß sich die Haftg im Rahmen des vermeintl vereinb BesMittlgsVerh hält (Wieling MDR **72**, 651).

6   **c) Empfänger unbestellter Waren** ist berecht Besitzer (aA Schwung JuS **85**, 449), selbst wenn er sie nach Ablauf der Prüfzeit auf Aufforderg (u bei beigefügtem Rückporto) nicht zurücksendet; zur Haftg währd des rechtm Besitzes vgl § 145 Rn 10. Erst ab HerausgWeigerg bei Abholgsversuch wird er bösgl unrechtm Besitzer u haftet nach §§ 987 ff (Weimar JR **67**, 417). Vgl auch Wessel BB **66**, 432.

7   **d) Das Abwicklungsverhältnis:** Ist das BesMittlgsverhältn beendet (Künd, Ablauf der Leihzeit), der Besitzer dem Eigtümer ggü also nicht mehr zum Besitz berecht, hat dieser sowohl den dingl Herausg- wie den schuldrechtl RückgAnspr (Einf 3 vor § 985). Es ist zu klären, ob hins der SchadHaftg, der Nutzgs- u VerwendgsAnspr nach dem des beendeten Vertr od – auch? – nach §§ 987 ff abzuwickeln ist, wenn beide Regelgen divergieren. **Richtig:** Abwicklg nach den Regeln des beendeten SchuldVerh mit folgder Maßg:

8   **aa) Schadensersatz:** Beschädigt der Mieter die Mietsache, so haftet er aus pos VertrVerletzg u aus Delikt; dies gilt auch dann, wenn die Beschädigg erst nach Ende der Mietzeit geschah (BGH **54**, 34). Unterschlägt der Mieter die Mietsache, indem er sie veräußert, haftet er aus §§ 556, 280 I, 195; §§ 823, 852 auf SchadErs; daneben bestehen die auch erst nach 30 Jahren verjährden Anspr des Eigtümers aus § 816. Für Anwendg der §§ 989 ff dah kein prakt Bedürfn (str; wie hier Baur/Stürner § 11 B I 2; MüKo/Medicus Rn 19 vor § 987; Soergel/Mühl Rn 17 vor § 987; aA Staud/Gursky Rn 14 vor § 987 mwN).

9   **bb)** Zu Unrecht läßt dah BGH **31**, 129 generell den **berechtigten Fremdbesitzer,** der unberecht **Eigenbesitz** an der Sache ergreift, entspr § 990 I 1, 195 haften (abl auch Raiser JZ **61**, 125; Baur/Stürner § 11 B I 1; Schwab/Prütting § 48 IV 2b, Soergel/Mühl Rn 17 vor § 987; Berg JuS **71**, 312; zust Wstm/Pinger § 32 I 3; Blanke JuS **68**, 263). Veräußert näml der Leihnehmer iW der Unterschlagg die Leihsache, haftet er nach §§ 823, 852 u nach §§ 604, 280, 276, 195. Ein Bedürfn, die HaftgsBeschrkg gem § 990 I 2 auf pos Kenntn der Nichtberechtigg zum EigenBes dch die gezwungene Ann auszuschalten, die Änderg des BesWillens vom Fremd- zum EigenBes sei eine neue BesErgreifg, besteht also nicht. Mit Recht hält daher Raiser aaO entgg, daß die Verletzg eines BesMittlgsVerh dessen RGrd nicht beseitige. – Im konkreten Fall war die RLage and: der bish GeschFoA (berecht Fremdbesitzer, vgl oben Rn 2) hielt sich später für den Eigtümer u damit EigenBesitzer der Sache, die er veräußerte. In diesem Ztpkt war, und als bei Untschlagg dch den Leihnehmer, die auf rechtm GoA beruhde Berechtigg zum Bes erloschen, weil dazu die Äußerg des Willens genügt, das Gesch, wenn auch aGrd Irrtums, nunn als eigenes zu führen. Da die subjekt Voraussetzgen des § 687 II nicht gegeben waren, DeliktsAnspr verj waren, griff BGH zu § 990 I 1, indem er den Beginn der irrigen EigenGeschFg als Ergreifg des EigenBes ansah u so zur Haftg schon wg grober Fahrlk kam. Das – an sich billige – Ergebn war, wie bereits Blanke aaO S 264 dargelegt h, jedenf auch mit einer schuldh (§ 276) Verletzg des dch die begonnene GoA entstandenen gesetzl SchuldVerh zu begründen. Allerd ist der GeschFoA grdsätzl nicht verpflichtet, das einmal übernommene Gesch zu Ende zu führen (vgl § 677 Rn 16); aber auch das einmal geknüpfte gesetzl SchuldVerh ist wie ein vertragl abzuwickeln u darf nicht schlechth abgebrochen werden, wenn dies dem GeschHerrn Nachteile bringt u die Fortführg ohne bes Schwierigk mögl wäre. Gg diese Verpfl hatte der GeschF schuldh verstoßen; SchadErsAnspr hierwg verj gem § 195. – **Ergebnis:** die Besonderh des in BGH **31**, 129 vorliegden Falls berecht jedenf nicht zu dem Leitsatz in seiner allg, umfassden Formulierg.

10   **cc) Nutzungen:** Grdsätzl sind die Rückabwicklgsnormen des beendeten od gestörten (§§ 326, 327, 347, 818) VertrVerh od eines gesetzl SchuldVerh (BGH NJW **55**, 340) maßg, wodch §§ 987 ff verdrängt werden (Soergel/Mühl Rn 17 vor § 987; Baur/Stürner § 11 B I 2; Medicus § 23 V 2; aA Wstm/Pinger § 32 I 4); Lücken sind aus §§ 812 ff auszufüllen, da der RGrd für die Leistg der nutzbringden Sache entfallen. Die Rspr ist uneinheitl: vgl BGH **44**, 241 u NJW **68**, 197, wo jedenf iF der Rückabwicklg eines Vertr der Ausschl der §§ 812 ff dch § 987 ff verneint wird. Im Sonderfall BGH **34**, 76 wurde zwar der Vorrang des § 557 vor § 988, dessen Anwendg aber für den Fall bejaht, daß der zunächst rechtm, entgeltl Besitzer nach Ablauf dieser Zeit rechtlos u unentgeltl, aber gutgläub weiterbesaß; der urspr BesErwerb beruhte jed hier nicht auf bürgerlrechtl Vertr, sond auf VerwAkt, näml einer ZwangsVfg der Besatzgsmacht (vgl dazu Soergel/Mühl Rn 21 vor §§ 987 ff). Zum Verhältn der §§ 987 ff zu § 557 vgl dort Rn 18. – Fielen die Früchte allerd ins Eigt des Eigtümers der Muttersache, so kann dieser sie beim Besitzer vindizieren.

11   **2) Konkurrenzen:** Im Verh des Eigtümers zum rechtlosen Besitzer (für den rechtm vgl oben Rn 5, 7) enthalten nach der Rspr des RG (GrZS **163**, 352) wie der des BGH (**39**, 186; **41**, 157; NJW **52**, 257; **63**, 1249; **71**, 1358) die §§ 987 ff eine grdsätzl ausschließl Sonderregelg. Für AnsprKonkurrenz mit §§ 812 ff, 823 ff Pinger aaO S 44 ff, 70 ff.

12   **a) Unberührt** bleiben aber Anspr aus **§ 687 II** (Schwab/Prütting § 48 VIII 6; Soergel/Mühl Rn 14 vor § 987) u **§ 826** (hM). Unstr auch die BereicherungsHaftg des Besitzers, der die fremde Sache verbraucht (**§ 812,** BGH **14**, 7), verarbeitet (**§§ 951, 812**) od veräußert (**§ 816;** RG **163**, 352; BGH WM **70**, 1297) hat; daneben kann Eigtümer einen den Erlös übersteigden Schaden nach § 990 verlangen (dort Rn 10).

13   **b)** Im übr ist das Verh der §§ 987 ff zu §§ 823 ff für SchadErsAnspr des Eigtümers gg den Besitzer wg Beschädigg der Sache od Unmöglichk ihrer Herausg, dann das der Verh zu §§ 812, 818 ff einers für NutzgsAnspr des Eigtümers, anderers für die VerwendgsErsAnspr des Besitzers nach wie vor umstr. Die Fragen sind prakt bedeuts wg wesentl **Unterschiede der Rechtsfolgen** bei Anwendg der einen oder der and Normgruppe, zB: Haftgsverschärfg bei grober Fahrlässigk in §§ 989, 990, – erst bei posit Kenntn in § 819; – Haftg für jedes Verschulden in § 823; § 989 gibt im GgSatz zu § 823 keinen Anspr auf Ers des Vorenthaltgsschadens. Pfl des BereicherungsSchu zur NutzgsHerausg nach § 818 I im GgSatz zum redl Besitzer nach §§ 987 ff, 993; für den seine Aufwendgen saldierenden (vgl § 818 Rn 27 ff) BereicherungsSchu gilt nicht das abgestufte AnsprSystem der §§ 994 ff, dem die VerwendgsErsAnspr des rechtlosen Besitzers unterstellt sind. **Im einzelnen:**

14   **aa)** Hat der Besitzer die fremde Sache beschädigt od ihre Herausg unmögl gemacht, regeln sich die **Schadensersatzansprüche** des Eigtümers grdsätzl nach §§ 987 ff, die §§ 823 ff insow verdrängen; so die Rspr (Rn 11) u das überw Schrift (Soergel/Mühl § 993 Rn 1; Baur/Stürner § 11 A II 3; W-Raiser § 85 III 6 a; Medicus § 23 IV; Werner JuS **70**, 239; aA Wstm/Pinger § 31 II 3). Nach aA (Berg JuS **72**, 84; Müller JuS **83**, 516; Schwab/Prütting § 48 IV 3; Erm/Hefermehl Rn 2 vor §§ 987 ff) soll der Vorrang der §§ 987 ff nur gelten für den unverklagten bzw gutgläub Eigen- u den (ebensolchen) Fremdbesitzer, der sein BesR nicht überschreitet. – Aufbau u Entstehgsgeschichte der Normen, die Haftgsverschärfg erst ab grober Fahrlässigk u vor allem § 993 I Halbs 2 sprechen aber für die hM mit ff **Maßgaben:** (1) **§ 992** eröffnet ausdrückl für den **Deliktsbesitzer** die §§ 823 ff. – (2) Diese gelten auch für den sein vermeintl BesR überschreitden FremdBes (**„Fremdbesitzerexzeß"**), dazu Rn 5. – (3) Unberührt bleibt auch **§ 826.** –

bb) Nutzungen: Auch hier hält die Rspr u ein Teil des Schrifft am Vorrang der §§ 987 ff vor den §§ 812 ff **15** fest (RG **137**, 206; **163**, 348; BGH **32**, 76; **37**, 363; RGRK §§ 987, 988 je Anm 2). Dagg das überw Schrifft, das zT beide Normgruppen konkurrieren läßt (Erm/Hefermehl Rn 28 vor § 987; Wstm/ Pinger § 31 II 3), zT bei Rückabwicklg dch Leistgskondiktion (bei Nichtigk also sow des Grd- wie des ErfüllgsGesch) dieser sogar den Vorrang vor den Vindikationsnormen gibt (Köbl aaO S 250 ff; Baur/Stürner § 11 B II 3; Schwab/ Prütting § 48 VIII 5 b). Nach Köbl u Schwab/Prütting aaO soll aber dann, wenn der Grd für die Doppelnichtigk den gesteigerten Schutz des Veräußerers bezweckt (zB §§ 1365, 1369), jeweils die diesem günstigere Einzelnorm aus beiden – dann miteinand konkurrierden – Normgruppen eingreifen; bedenkl, vor allem wg des schwer bestimmb Unterscheidgskriteriums. – Jedenf ist aber ein Eingreifen der **Leistungskondiktion** im Eigtümer-BesitzerVerh in den zu § 988 Rn 4, 5 dargestellten Fällen zu billigen.

3) Haftungssystem. – **a)** Unterschieden wird zw dem gutgl, dem bösgl (Begriff § 990 Rn 2), dem **16** Prozeß- (Begriff § 987 Rn 1) u dem Deliktsbesitzer (Begriff § 992 Rn 1). Die Vorschriften gelten für Eigen- u Fremdbesitz (vgl aber Exzeß des vermeintl Fremdbesitzers Rn 14), und soweit nichts anderes gesagt, für unmittelb u mittelb Besitz. – Das G stellt den Normalfall an den Schluß, § 993 I. Der **gutgläubige, unverklagte entgeltliche Besitzer** haftet grundsätzl **nicht** für Nutzgen u auf SchadErs (beachte auch § 990 Rn 9). Er hat nur die Sache als solche gem § 985 herauszugeben. **Bösgläubigkeit u Rechtshängigkeit des Herausgabeanspruchs** verpflichten ihn dagg zur Verwahrg u Erhaltg, er haftet für jedes Versch nach §§ 276, 278, wenn die Sache verschlechtert wird, verloren- od untergeht. Die bes Tatbestände in den §§ 987 ff werden als Ausnahme behandelt, ihr Vorliegen muß Eigtümer beweisen.

b) Haftung für Nutzungen. Zugrunde liegt das (insb zG des gutgl Besitzers durchbrochene) Prinzip, **17** daß die Sache mit allen Nutzgen herauszugeben ist. Haftg besteht unabhängig von EigtLage (aM Müller-Freienfels, JhJ **53**, 353). Der gutgl Prozeßbesitzer wird nach § 955 Eigtümer der Früchte, er muß sie aber herausgeben; ebso, wenn der Gutgläubige Übermaßfrüchte zieht od unentgeltl Besitzer ist (§ 993). Andererseits kann schlechtgl Pächter, der kein Eigt an den Früchten erwirbt, diese behalten, wenn ihm der gute Glaube seines Verpächters zustatten kommt (§ 991 I), der desh dem nichtbesitzden Eigtümer nicht haftet.

aa) Vor Rechtshängigkeit haften: Jeder Besitzer für die Übermaßfrüchte nach BereicherungsGrdsätzen, **18** § 993 I. Im übrigen: Der unentgeltl gutgläubige Besitzer nach BereicherungsGrdsätzen, § 988. Der entgeltl gutgl Besitzer: gar nicht. Der bösgläubige Besitzer von der Erlangg die Besitzes od der Kenntnis ab für gezogene u schuldh nicht gezogene Nutzgen, §§ 990 I, 987; jedoch der unmittelb Besitzer (BesMittler) nur dann, wenn auch der mittelb Besitzer bösgl od bereits verklagt ist, § 991 I. Nach Verzug haftet der bösgl Besitzer auch für die Früchte, die nur der Eigtümer hätte ziehen können, §§ 990 II, 284 I, 286, 287. Der Besitzer kraft verbotener Eigenmacht od strafbarer Hdlg vom Erwerb des Besitzes ab nach §§ 823 ff (§ 992).

bb) Nach Rechtshängigkeit: Jeder Besitzer für die gezogenen u schuldh nicht gezogenen Nutzgen, **19** § 987. Der bösgl Besitzer außerdem, weil in Verzug, für die Nutzgen, die nur der Eigtümer hätte ziehen können, § 990 II.

c) Haftung auf Schadensersatz. – **aa) Vor Rechtshängigkeit:** Der gutgläubige Besitzer gar nicht; **20** Ausn: Exzeß des vermeintl Fremdbesitzers (Haftg nach §§ 823 ff, vgl Rn 14); ferner: wer einem Dritten den Besitz vermittelt, haftet dem Eigtümer ggü so, wie er dem mittelb Besitzer verantwortl ist, § 991 II. Der bösgläubige Besitzer für schuldh Verschlechterg od Unmöglichk der Herausg von Besitzerlangg od Kenntnis an, § 990 I. Von Verzug ab auch für Zufall u Vorenthaltgsschaden, §§ 990 II, 286, 287. Der deliktische Besitzer nach §§ 823 ff (§ 992), also für jeden Schaden u für Zufall (§ 848). – **bb) Nach Rechtshängigkeit:** Auch der gutgl Besitzer haftet jetzt für schuldh Verschlechterg od Unmöglichk, § 989. Beim bösgl Haftgssteigerg wie bei Verzug, da Rechtshängigk bei ihm Verzug hervorruft, §§ 284, 285. – **cc) Haftungsgrund** iF §§ 989, 990 ist die Verletzg des VindikationsAnspr, nicht die des Eigt (OGH NJW **49**, 302), anders iF § 992. – **dd) Kausalität** (insb überhole) vgl Neumann-Duesberg JR **52**, 225 u JZ **53**, 171.

d) Maßgebl ist immer der **Zeitpunkt,** in dem die Nutzgen gezogen sind od der Schaden zugefügt ist, also **21** ob damals Besitzer rechtm od unrechtm, gut- od bösgläubig, verklagt usw war; vgl Münzel NJW **61**, 1379, Raiser JZ **61**, 530 (mit Recht gg BGH **34**, 131).

4) Verteilung der Nutzungen: §§ 993 II, 101.   **22**

5) Internationales Privatrecht. Es gilt die *lex rei sitae.* §§ 987 ff daher anwendb, wenn sich die Sache bei **23** Nutzgsziehg bzw Untergang/Verschlechterg im Inland befindet (BGH **108**, 353; vgl auch Ffm WM **95**, 50).

987 *Nutzungen nach Rechtshängigkeit.* **I Der Besitzer hat dem Eigentümer die Nutzungen herauszugeben, die er nach dem Eintritte der Rechtshängigkeit zieht.**

II Zieht der Besitzer nach dem Eintritte der Rechtshängigkeit Nutzungen nicht, die er nach den Regeln einer ordnungsmäßigen Wirtschaft ziehen könnte, so ist er dem Eigentümer zum Ersatze verpflichtet, soweit ihm ein Verschulden zur Last fällt.

1) Herausgabe der Nutzungen (I). Obligator Anspr auf Herausg u Übereigng, wenn Besitzer Eigtümer **1** geworden, u dingl Anspr aus § 985, wenn Eigtümer der Muttersache nach §§ 953 ff Eigtümer geworden (vgl Medicus JuS **85**, 657). – **a)** Bei **Rechtshängigkeit** (ZPO 261) des HerausgAnspr (nicht ZPO 771) muß jeder rechtlose Besitzer, auch der gutgl, mit ProzVerlust rechnen, daß die gezogenen Nutzgen herausgeben, doch gilt § 102. Zeitgrenze entspr § 101. RHängigk wirkt nur ggü Bekl; macht den nichtverkl (unmittelb od mittelb) Besitzer nicht auch schon bösgl (BGH WM **68**, 1370). – Kein Anspr nach § 259 (RG **137**, 212), doch nach § 260 (BGH **27**, 204; **31**, 76 [96]). – Ist obligator Anspr schuldh vereitelt so gelten §§ 280, 281, 283; bei dingl Anspr gilt § 989.

2   **b) I** erfaßt nur **Sachnutzungen** iS §§ 99 I, III, 100 (BGH **63**, 365 Anm Bassenge in JR **75**, 324). **Gewinn aus Gewerbebetrieb** od ähnl RGesamth wird erfaßt, wenn schon eingerichteter GewerbeBetr überlassen wurde; nicht aber Gewinn, den Besitzer aus selbst eingerichtetem GewerbeBetr zog (BGH NJW **78**, 1578). Gewinn nur herauszugeben, soweit (Anteile notf nach ZPO 287 zu ermitteln) er auf Nutzg herauszugebder Sache u nicht auf pers Leistg u Fähigk des Besitzers beruht (BGH aaO). – **Geldersatz** für objektiven Wert von GebrVorteilen (§ 100), auch wenn Eigtümer sie nicht gezogen hätte (BGH **39**, 186); bei Grdst u und vermietb Sachen idR obj Mietwert (BGH WM **78**, 1208; Düss NJW-RR **94**, 596), bei Fabriken Pachtwert (BGH JR **54**, 460); bei sittenwidr Gewinn aus GewerbeBetr nur obj Ertragswert (BGH **63**, 365).

3   **c)** Zum Nebeneinander der Haftg des unmittelb (auf die unmittelb Sachfrüchte, § 99 I) u des mittelb Besitzers (auf Früchte nach § 99 III) vgl § 991 Rn 1 aE. – AufwendgsErsAnspr des Besitzers, von § 102 abgesehen, nur gem §§ 994 ff, 687 II (BGH **39**, 186). – Über AbwicklgsVerh s Vorbem 10 vor § 987.

4   **2) Haftung für nicht gezogene Nutzungen (II)** erfordert obj Verstoß gg die Regeln ordngsmäßiger Wirtsch u Verschulden (gg sich selbst): §§ 276, 278. Nicht maßg also Fähigk des Eigtümers, Nutzgen zu ziehen; dies and iF des § 990 II (dort Rn 9) u des § 992 (dort Rn 4). – Keine Haftg, wenn Fremdbesitzer in Ausübg vermeintl RVerh besitzt, das ihn zur Nutzg nicht berechtigt; denn auch einem redl Besitzer wäre dann Nutzgsziehg verboten (BGH **LM** Nr 7 [auch über SchadErsPfl aus and Grd]; WM **71**, 1268).

988   *Nutzungen des unentgeltlichen Besitzers.*   **Hat ein Besitzer, der die Sache als ihm gehörig oder zum Zwecke der Ausübung eines ihm in Wirklichkeit nicht zustehenden Nutzungsrechts an der Sache besitzt, den Besitz unentgeltlich erlangt, so ist er dem Eigentümer gegenüber zur Herausgabe der Nutzungen, die er vor dem Eintritte der Rechtshängigkeit zieht, nach den Vorschriften über die Herausgabe einer ungerechtfertigten Bereicherung verpflichtet.**

1   **1) Allgemeines.** Wer unentgeltl Besitz unrechtmäßig erwirbt, verdient geringeren Schutz. Er wird zwar, wenn er gutgl ist, Eigtümer der Früchte (§ 955), ist aber schuldrechtl zur Herausg der Nutzgen verpflichtet, da § 955 den Fruchterwerb nicht rechtfertigt (vgl Vorbem 3 vor § 953). Ähnl RGedanke in § 816 I 2.

2   **2) Voraussetzungen. – a) Eigen- oder Fremdbesitz** aGrd vermeintl dingl od schuldr (BGH **71**, 216) NutzgsR. – **b) Unentgeltlicher Besitzerwerb** liegt vor, wenn das GrdGesch keine GglLeistg des Erwerbers vorsieht. Nach LG Mannh (ZMR **69**, 178) auch bei zunächst mietzinsfreiem Gebr einer Wohng, für die der ZwVerw einen angem Vergütg verlangt. Wohl nicht grdsätzl bei Verpfändg für zinsloses Darlehen. § 988 gilt auch, wenn Besitz unentgeltl von Drittem erworben. – **c) Gutgläubige Nutzungsziehung** vor Rechtshängigk. Bei Bösgläubigk u ab Rechtshängigk: §§ 990, 987.

3   **3) Herausgabe aller gezogenen Nutzungen** (vgl § 987 Rn 1) gem § 818. Auch Wert der GebrVorteile (Ersparnisse), bei Grdst in Form der Verzinsg des jeweil Werts (BGH **LM** Nr 3). Auskunft § 987 Rn 1. Besitzer kann abziehen die Gewinnungskosten (§ 102), die Kosten seiner notw Verwendgen, einschl der gewöhnl Erhaltgskosten (§ 994), auch Aufwendgen für Erwerb der Sache, zB bei nichtigem Kauf (RG **163**, 360). Keine SchadErsPfl bei Gutgläubigk (§ 993).

4   **4) Rechtsgrundloser Erwerb:** Der Grds der Ausschließlichk der §§ 987 ff führte bei Unwirksamk des (entgeltl) GrdGesch (ähnl wie iF des § 816 I 2) zu dem merkwürd Ergebn, daß der gutgläub Erwerber des Bes an der Muttersache die Nutzgen behalten darf, wenn GrdGesch und Übereigng nichtig sind, daß er dagg nach §§ 812 I, 818 I auf diese Nutzgen haftete, wenn nur das GrdGesch unwirks wäre. – **a)** Die **Rechtsprechung** (BGH NJW **83**, 164; **95**, 2627) setzt **dem unentgeltlichen Besitzerwerb** den **rechtsgrundlosen** gleich u erreicht so die Haftg des Besitzers über §§ 988, 818 I; umgekehrt sind dann dem Besitzer alle Verwendgen zu ersetzen u die Erwerbskosten auf den Nutzgen zu verrechnen (BGH NJW **95**, 2627). Rechtsgrdloser Erwerb zB: aGrd nichtigen (Nürnb RdL **60**, 47) od angefochtetenen (BGH WM **77**, 893; Oldbg DAR **93**, 467) Kauf- od PachtVertr; nichtigen VerwAkts (BGH **10**, 350); so auch bei rechtsgrdloser unentgeltl Fortsetzg des Bes nach zunächst rechtm entgeltl Bes, sofern nicht VertrR, wie § 557 vorgeht (BGH **32**, 94; WM **65**, 476). Nach BGH NJW **52**, 779 soll § 988 entspr im Verh des Verkäufers eines gestohlenen Kfz zu seinem desh vom Kauf zurückgetretenen Käufer anzuwenden sein; unzutr, da sich Rückabwicklg nach §§ 327, 812 ff, 347, 987 ff aus dem Gesetz ergibt.

5   **b)** Das überw **Schrifttum** lehnt die Gleichstell zutreffd ab u füllt die im Hinbl auf § 993 dadch entstehde Lücke damit aus, daß jedenf bei rechtsgrdlosem Erwerb **auch Leistgskondiktion** zugelassen wird (Baur/Stürner § 11 B II 3; Schwab/Prütting § 48 VIII 5 b; W-Raiser § 85 II 6; Erm/Hefermehl Rn 6; MüKo/Medicus Rn 9; Staud/Gursky Rn 40 vor § 987), in welchem Umfang dann allerd die §§ 987 ff auch keinen rechtfertigden Grd für den Erwerb von Eigt an Nutzgen mehr bilden. Die Frage ist weniger bedeuts, wenn der Besitzer die Sache rechtsgrdlos vom Eigtümer erwarb. Hatte Besitzer aber die Sache von einem Dritten rechtsgrdlos erworben, diesem noch die GglLeistg schon erbracht, könnte er dies dem Eigtümer – wenn man diesem über § 988 den Anspr auf die Nutzg zugestünde – weder iW der Saldierg noch den ZbR entgghalten. – Folgt man dieser Auffassg, so wickeln sich die RBeziehgen zw dem veräußernden Dritten u dem Besitzer wg der Unwirksamk des GrdGesch nach BereichersR (Leistgskondiktion) ab; der Eigtümer muß sein Recht beim Dritten suchen (§§ 823, 249; 687 II; 812 ff). Soweit Nutzgen sich als Eingriff in das Eigt darstellen, wird die EingrKondiktion dch § 993 ausgeschl.

989   *Schadensersatz nach Rechtshängigkeit.*   **Der Besitzer ist von dem Eintritte der Rechtshängigkeit an dem Eigentümer für den Schaden verantwortlich, der dadurch entsteht, daß infolge seines Verschuldens die Sache verschlechtert wird, untergeht oder aus einem anderen Grunde von ihm nicht herausgegeben werden kann.**

1) Voraussetzungen. – a) Rechtshängigkeit begründeter Klage aus § 985 od § 894 (RG **133**, 285). Nach 1 BGH **LM** Nr 2 u § 688 Nr 2 bei Verwahrg, Leihe, Miete auch schon vorher entspr § 989; abzulehnen; hier pos Vertragsverletzg u Delikt; vgl auch Vorbem 5, 7 vor § 987. – **b) Verschlechterung od Unmöglichkeit** der Herausg. Verschlechterg auch dch Abnutzg inf Benutzg od durch Unterlassg von Reparaturen; auch Belastg, insb mit GrdPfdRechten (RG **121**, 336; **139**, 354); nach BGH **LM** Nr 10 aber nicht bei nachträgl Valutierg einer GrdSch, weil diese in ihrem Bestand nicht unmittelb berührt wird. Veräußerg od Besitzübertragg, wenn der Eigtümer trotz ZPO 325 I die Sache von dem Dritten nicht verlangen kann; § 255 anwendb, wenn der Dritte nicht Eigt erwirbt. Hat der unmittelb Besitzer die Sache einem Dritten zu unmittelb FremdBes weitergegeben, kann auch dies zur Unmöglichk führen; nicht aber, wenn die hierdch bedingte Verzögerg der Rückerlangg nur vorübergehd (vgl etwa § 275 Rn 17) ist (Erm/Hefermehl Rn 4; aA Staud/Gursky Rn 11). Der RNachf des Bekl haftet nicht ohne weiteres nach § 989, sond nur nach §§ 990, 992 (RG JW **36**, 3454). – **c) Verschulden:** §§ 276 (827, 828) 278 (gesetzl SchuldVerh); kann bei RIrrtum über EigtVerh fehlen (Ffm NJW **82**, 653). Es liegt idR in Veräußerg, Herausg an Dritten (wg ZPO 76), Belastg u ZwVollstr dch DrittGläub (wg § 279; RG **139**, 353) sowie in Gebr, sofern dieser nicht zur Erhaltg notw. **Beweislast:** § 282. – Keine Haftg für Zufall (and § 990 II); § 848 nicht anwendb.

2) Schadensersatz. Nur für Verschlechterg u Unmöglichk der Herausg einschl dadch entgangenen 2 Gewinns (BGH NJW-RR **93**, 626; aA Wieling MDR **72**, 645); bei SichgEigt wird Schaden dch SichgInteresse begrenzt (RG **143**, 374). Für die dch die Vorenthaltg (verzögerte Rückg) als solche entstandenen Schäden Haftg nur nach §§ 990 II, 992 (BGH aaO; weitergehd für vorsätzl unredl Besitzer Köbl S 173 Fußn 77, E. Schwerdtner, Verz im SR, S 127 Fußn 152). Bei Gattgssachen Leistg anderer Stücke (RG **93**, 284). § 254 I, II 1 anwendb (BGH **LM** § 366 HGB Nr 4; MDR **62**, 473); auch § 254 II 2, da Eigtümer-BesitzerVerh auch schuldrechtl Beziehgen knüpft, in deren Rahmen § 278 eingreifen kann (MüKo/Medicus Rn 9; aA RG **119**, 152).

3) Nach BGH NJW **51**, 643 kein **Ausschluß** entspr § 817 S 2; vgl aber Einl 13 vor § 854. **Verjährung:** 3 § 195.

990 *Bösgläubiger Besitzer.* [1] **War der Besitzer bei dem Erwerbe des Besitzes nicht in gutem Glauben, so haftet er dem Eigentümer von der Zeit des Erwerbes an nach den §§ 987, 989. Erfährt der Besitzer später, daß er zum Besitze nicht berechtigt ist, so haftet er in gleicher Weise von der Erlangung der Kenntnis an.**

[2] **Eine weitergehende Haftung des Besitzers wegen Verzugs bleibt unberührt.**

1) Der **gute Glaube** des Besitzers muß sich nicht auf sein Eigt od das seines Vorbesitzers, sond auf seine 1 Berechtigg zum Bes ggü dem Eigtümer (zB auf die des mittelb Bes u dessen Befugn zur BesÜberlassg) beziehen (BGH NJW **77**, 34).

a) Bösgläubig ist Besitzer, der bei bewußter BesErgreifg den Mangel des BesR **kennt oder grob** 2 **fahrlässig nicht kennt.** War der Besitzer zunächst zwar zum FremdBes, nicht aber zu dem von ihm tatsächl ausgeübten EigenBes berecht, so entscheidet für seine Haftg ab dem Ztpkt, da sein Bes schlechthin – also auch als FremdBes – unrechtmäß wurde, sein Glaube an seine Berechtigg zum EigenBes im Ztpkt der ersten Besitzerlangg (BGH JR **58**, 301). Zur Haftg desjenigen, der sich bösgläub vom Fremd- zum Eigen-Besitzer aufschwingt, vgl Vorbem 9 vor § 987; § 992 Rn 1. Bösgläubigk kann dch **Rechtsirrtum** entfallen (BGH NJW **77**, 34); zB bei Bes im Hinblick auf erst noch abzuschließdn Vertr mit Einverständn des Eigtümers (BGH aaO). Gutgläub ist GrdstKäufer, der bei Übergabe trotz erkannter Formnichtigk des Kaufvertrages mit der Vollendg des EigtErwerbs rechnet (RG DR **42**, 1279; entspr bei PachtVertr (RG DR **40**, 1949). Unrichtig Kiel JW **34**, 850 (bzgl Bösgläubigk des vermeintl Pächters; vgl dagg auch Kiel HRR **37**, 797). – Bei Erwerb durch **Besitzdiener** schadet dem BesHerrn immer die eigene Bösgläubigk, da BesDiener nur 3 sein Repräsentant (BGH **16**, 259); auch wenn BesErwerb schon von dessen Kenntn, genügt grobe Fahrlk zZ der KenntnErlangg (BGH aaO). Anderers nützt dem BesHerrn die eig Gutgläubigk nichts bei Bösgläubigk des BesDieners (Hoche/Westermann JuS **61**, 73; Birk JZ **63**, 354). § 166 wohl entspr anwendb (Kiefner JA **84**, 189); nach BGH **32**, 53 (vgl dazu auch BGH **41**, 17/21) dies nur, wenn dem BesDiener völlig freie Hand gelassen; andere (zB MüKo/Medicus Rn 12) wendebn § 831 entspr an; so wohl auch, wenn nur mit anderer BewLast, BGH **16**, 264 bei nichtgehör Auswahl u Aufsicht. – Bei Erwerb des **mittelbaren Besitzes** dch 4 BesErlangg des BesMittlers gelten die Grds für den Erwerb dch BesDiener entspr. – Bei **juristischen Personen** entscheidet der gute Glaube des Organs; Organ selbst haftet uU nach § 823 (BGH **56**, 73). – Bei **minderjährigem Besitzer** entscheidet sein böser Glaube entspr § 828 (vgl BGH **55**, 128, 135; Pawlowski JuS **67**, 307; Kether-Ruchatz NJW **73**, 1444; Medicus JuS **74**, 223; aA Pinger MDR **74**, 187; Metzler NJW **71**, 690). – Über Empfänger **unbestellter Waren** vgl Vorbem 6 vor § 987. – Zur Haftg der Bank gem §§ 989, 5 990 bei Erwerb eines **abhandengekommenen Schecks** dch Köndgen NJW **92**, 2270 u Aden NJW **94**, 645; Karlsr NJW-RR **95**, 177 [Einlösg dch Bank]; KG NJW-RR **94**, 1391 [Zahlgsmittel]; WM **95**, 241. PrüfgsPfl bzgl Berecht des Einreichers nur bei bes Umständn in der Pers des Einreichers, des BankGesch od der ScheckUrk. IdR keine Bösgläubigkeit, wenn Bank bei KtoEröffng stets zu prüfde (LG Zweibr MDR **80**, 581) Personalien des KtoInh dch Führerschein prüft (BGH NJW **74**, 458) od Scheck auf ArbG des KtoInh zahlb gestellt (BGH Betr **74**, 1904, 2046) od Rückseite von InhScheck nicht prüft (BGH NJW **77**, 1197; Ffm NJW **90**, 1976); and idR bei gleichzeit KtoEröffg (KG BB **80**, 754), Einziehg eines GeschSchecks auf PrivKto (BGH NJW **89**, 3012; Düss BB **88**, 1558; Celle NJW-RR **91**, 503). Früh SorgfPflVerletzg (zB bei KtoEröffg od früh Scheckhereinnahme) können ausreichen (BGH NJW **92**, 3225). PostG II nicht anwendb (BGH NJW **80**, 2353). – **Erbe:** Bei BesErwerb nach § 857 wird Bösgläubig des Erbl nicht dch 6 Gutgläubigk des Erben geheilt (hM); ist der Erbe bei Erwerb des tats Besitzes gutgl, so ist § 990 ab diesem Ztpkt unanwendb (Erm/Hefermehl Rn 4; RGRK/Pikart Rn 38; aA MüKo/Medicus Rn 8; Staud/Gursky Rn 30).

7   **b) Spätere Kenntnis (S 2)** des Besitzers (über Zurechng der Kenntn des BesDieners/Mittlers vgl Lorenz JZ **94**, 549) vom Mangel des BesR; grobe Fahrlk genügt hier nicht. Kenntn der den RMangel begründden Tats genügt nur, wenn daraus ohne weiteres sich der RMangel ergibt; sonst maßg, ob ein objektiv Denkder vom RMangel überzeugt sein wird (BGH **26**, 256). Bösgl auch, wer sich bewußt der Kenntn verschließt (BGH **32**, 92). Klageerhebg (RG JW **05**, 494) u WidersprEintr machen nicht ohne weiteres bösgl, wohl aber bewußtes Hintertreiben einer behördl Gen (RG DR **40**, 1950). Zur Haftg des sich zum Eigenbesitzer aufschwingden Fremdbesitzers vgl Vorbem 9 vor § 987.

8   **2) Haftung** vom Ztpkt der Bösgläubigk ab nach §§ 987, 989. Nachträgl Gutgläubigk unerhebl (Gursky JR **86**, 225; aA hM). Gezogene Nutzgen, an denen Besitzer kein Eigt erworben (vgl §§ 953, 955 I 2), hat er nach § 985 herauszugeben, im übr ist der Anspr ein SchadErsAnspr (RG **93**, 283) wg Vereitelg des Anspr aus § 985. – Vgl auch § 991 I. Wg überholender Kausalität vgl Neumann-Duesberg JZ **53**, 171; hierzu aber Niederländer AcP **153**, 50 Anm 26. Von mehreren Besitzern haftet jeder selbständig für seine Nutzg u SchadZufügg. **§ 278** ist anwendbar, allerd nur für Verschlechtergen nach Begründg des Eigt-Bes-Verh (nicht etwa für den BesErwerb selbst), vgl BGH **16**, 262; Wstm/Pinger § 31 IV 1. Über § **254** vgl § 989 Rn 2. – **Verjährung** § 195 (Karlsr NJW **90**, 719), weil nicht Haftg aus Delikt, sond FortwirkgsAnspr aus verschuldeter Unmöglichk der Erfüllg des HerausgAnspr. – Zur Anwendg des § **281** s § 985 Rn 6. – **Beweislast:** § 282. – RechngsleggsPfl (§ 259) bei Kenntn der Nichtberechtigg (§§ 687 II, 681, 666 (RG **137**, 212). AuskAnspr gg gutgl Besitzer bei Weiterveräußerg gestohlener Sache (Hamm NJW **93**, 2623; aA Lorenz NJW **94**, 173). – Nach § 823 haftet, wer bei rechtswidr Veräußerg (zB Unterschlagg) fremder Sache auf seiten des Veräußerers mitwirkt, so wie dieser selbst.

9   **3) Haftung für Verzug. II** gilt nur für den bösgl Besitzer (vgl Kuchinke JZ **72**, 659). Also beim gutgl keine Haftgssteigerg inf Verzugs. Verzug §§ 284 ff. Also Haftg für Vorenthaltg der Sache u für Früchte, die er der Eigtümer gezogen hätte. Ab Verzug auch Haftg für Zufall, § 287 S 2 (nach Brox JZ **65**, 519 auch schon vorher, wenn Besitzerlangg den Tatbestd der §§ 823 ff erfüllt; Anspr aus § 823 soll dann mit § 990 konkurrieren. § 993 I Halbs 2 beziehe sich nicht auf unredl Besitzer). Kein Verzug, wenn der Besitzer die Herausg wg seines ZurückbehaltgsR (§ 1000) verweigert (BGH WM **71**, 1271).

10   **4)** Haftg aus § 990 auch dann, wenn Eigtümer unter Gen der Vfg (§ 185) nach § 816 I 1 Herausg des Erlöses verlangt (BGH NJW **60**, 860), es sei denn, die Gen wäre zugl als Verz auf SchadErs auszulegen. Umgekehrt liegt allein darin, daß der Bestohlene vom Dieb SchadErs nach §§ 989, 990 verlangt, noch nicht die endgült Verweigerg der Gen von dessen Vfg, so daß ein Anspr aus § 816 I 1 noch nicht entfällt (BGH NJW **68**, 1326).

991   *Haftung des Besitzmittlers.* [1] **Leitet der Besitzer das Recht zum Besitze von einem mittelbaren Besitzer ab, so finden die Vorschriften des § 990 in Ansehung der Nutzungen nur Anwendung, wenn die Voraussetzungen des § 990 auch bei dem mittelbaren Besitzer vorliegen oder diesem gegenüber die Rechtshängigkeit eingetreten ist.**

[II] **War der Besitzer bei dem Erwerbe des Besitzes in gutem Glauben, so hat er gleichwohl von dem Erwerb an den im § 989 bezeichneten Schaden dem Eigentümer gegenüber insoweit zu vertreten, als er dem mittelbaren Besitzer verantwortlich ist.**

1   **1) I beschränkt die Haftung des unrechtmäßigen bösgläubigen unmittelbaren Besitzers,** der einem anderen als dem Eigentümer den Besitz vermittelt, für die Nutzgen vor Rechtshängigk, bei Gutgläubigk des mittelb Besitzers. Dieser soll geschützt w gg RückgrAnspr, die sonst der unmittelb Besitzer uU gg ihn wg der entzogenen Nutzgen erheben könnte (zB nach §§ 581 II, 541). Ähnl § 956 II Beisp: *N*, der gutgläubig vom geisteskranken Eigtümer *E* den Nießbr eingeräumt erhalten hat, verpachtet das Grdst an *B*, der die Geisteskrankh des *E* kennt od grobfahrl nicht kennt. *B* haftet dem *E* für die Nutzgen nur wie ein gutgl Besitzer, also nur nach § 993 I. Die Stellg des *E* verbessert sich mithin nicht dadurch, daß ein gutgl Besitzer, der selbst nur nach § 993 I haftet, an einen bösgläubigen verpachtet. Gilt entspr bei mehrstufigem mittelb Besitz. Dann ist die Haftg des bösgl BesMittlers beschränkt bei Gutgläubigk des obersten mittelb Besitzers. – Also Haftg des (bösgl) BesMittlers nach § 990 nur, wenn auch der Oberbesitzer bösgl od verklagt war. Klage gg BesMittler dagg begründet schon für sich allein dessen verschärfte Haftg nach § 987. Freilich kann der Eigtümer dann zB nicht vom Verpächter den erhaltenen Pachtzins u zugl vom Pächter die gezogenen Nutzgen verlangen; er hat aber insoweit ein WahlR; bei nur teilw Ersatz durch einen der Besitzer haftet der andere im übr weiter (BGH **LM** § 987 Nr 10), nach fruchtloser ZwVollstr gg Oberbesitzer also Kl gg unmittelb Bes erfolgreich (BGH aaO). **I** gilt nicht für SchadErsAnspr gg den bösgl BesMittler (gg den gutgläub: **II**); er haftet von der Zeit seines Erwerbs an nach § 990, 989, mag der mittelb Besitzer gut- od bösgl sein.

2   **2) II erweitert die Haftung des unrechtmäßigen Besitzmittlers** für verschuldete Verschlechterg usw. Er haftet, soweit er seinem Oberbesitzer haftet, auch dem Eigtümer selbst bei Gutgläubigkeit; ähnl Lage wie bei Drittschadensliquidation; doch gibt das Ges nicht dem VertrPartner (Oberbesitzer) den Anspr auf Leistg an Geschädigten (Eigtümer), sond diesem unmittelb Zugriff gg den BesMittler. Doch kann auch der Oberbesitzer den Drittschaden liquidieren, str. Der BesMittler wird bei Zahlg des SchadErs an Oberbesitzer entspr § 851 befreit. – Beispiel: *B* beschädigt fahrl die von *A* in Verwahrg genommene (gestohlene) Sache des *E*. Es kommt dem *B* nicht zugute, daß er nicht den *E*, sond den *A* als Eigtümer angesehen hat. Der BesMittler haftet dem Eigtümer aber nur insoweit, als er seinem Oberbesitzer haftbar ist. Maßg für das Versch ist also das Verhältns zum mittelbaren Besitzer, zB haftet der unentgeltl Verwahrer auch dem Eigtümer ggü nur nach § 690; Freizeichng ggü seinem Oberbesitzer kommt dem unmittelb Besitzer auch dem Eigtümer ggü zugute (vgl aber RG **105**, 304); auch wirks Erlauben der EigtVerletzg durch Oberbesitzer (RG **157**, 135). Für Zufall haftet er dem Eigtümer selbst dann nicht, wenn er dem Oberbesitzer hierfür nach § 287 S 2 haften sollte; str. Soweit BesMittler dem Oberbesitzer nach § 278 einstehen müßte, haftet er auch dem Eigtümer. – § 991 II entspr anzuwenden bei Exzeß des rechtm Fremdbesitzers, der BesMittler eines anderen ist.

992
Haftung des deliktischen Besitzers. **Hat sich der Besitzer durch verbotene Eigenmacht oder durch eine Straftat den Besitz verschafft, so haftet er dem Eigentümer nach den Vorschriften über den Schadensersatz wegen unerlaubter Handlungen.**

1) Besitzverschaffung dch: – **a) Verbotene Eigenmacht** (§ 858) ggü dem unmittelb besitzden Eigtü- 1
mer od dessen unmittelb besitzden BesMittler (vgl Brox JZ **65**, 518) bzw BesDiener. – **b) Straftat** erfordert Verstoß gg StrafG, das zum Schutz des Eigtümers die Art der BesVerschaffg mit Strafe bedroht
(BGH **LM** Nr 2); zB StGB 240, 242, 249, 253, 259, 263; nicht aber ZollVorschr (RG **105**, 86). StGB 246,
266 nur, wenn mittels unbefugter BesVerschaffg begangen (str; vgl Blanke JuS **68**, 268): zB Fundunterschlagg im Ggs zur bloßen Umwandlg von Fremd- in EigenBes.

2) Haftung nach §§ 823 ff für die das Eigentum verletzende Besitzverschaffung (RGrd- u nicht 2
nur FolgenVerweisg); Haftg für BesVerletzg unmittelb aus §§ 823 ff. Anspr aus §§ 989, 990 daneben mögl
(Karlsr NJW **90**, 719). Folgen:

a) BesVerschaffg muß **schuldhafte Eigentumsverletzung** enthalten; leichte Fahrlässigk genügt (hM; 3
aA Wieling MDR **72**, 649). Verschulden entfällt, wenn Täter sich selbst für Eigtümer hielt (BGH **WM 60**,
1148) od ohne Fahrlässigk Einwilligg des Eigtümers annahm. Ist Bes ohne schuldh EigtVerletzg erlangt,
so wird für nachfolgde schuldh EigtVerletzg nur nach § 990 u nicht nach §§ 992, 823 gehaftet (Soergel/
Mühl Rn 4; aA MüKo/Medicus Rn 5; RGRK/Pikart Rn 11).

b) Haftung für: VorenthaltgsSchaden; gezogene Nutzgen, auch wenn Eigtümer sie nicht hätte ziehen 4
können (BGH **WM 60**, 1148) – nicht gezogene nur, wenn Eigtümer sie hätte ziehen können; zufäll Untergang usw (§ 848; KG OLGZ **79**, 77). Wg überholder Kausalität vgl Neumann-Duesberg JZ **53**, 171;
Niederländer AcP **153**, 50.

c) Verjährung: § 852 (KG JR **55**, 259; Karlsr NJW **90**, 719; aA RG **117**, 425; Mü VersR **61**, 1048: 5
§ 195.)

993
Haftung des redlichen Besitzers. **¹ Liegen die in den §§ 987 bis 992 bezeichneten Voraussetzungen nicht vor, so hat der Besitzer die gezogenen Früchte, soweit sie nach den Regeln einer ordnungsmäßigen Wirtschaft nicht als Ertrag der Sache anzusehen sind, nach den Vorschriften über die Herausgabe einer ungerechtfertigten Bereicherung herauszugeben; im übrigen ist er weder zur Herausgabe von Nutzungen noch zum Schadensersatze verpflichtet.**

² Für die Zeit, für welche dem Besitzer die Nutzungen verbleiben, finden auf ihn die Vorschriften des § 101 Anwendung.

1) Der unverklagte entgeltliche gutgläubige unrechtmäßige Besitzer ist grdsätzl weder zur Her- 1
ausgabe von Nutzgen noch zum SchadErs verpflichtet. Der Anspr aus § 1004 (zB bei Bau auf fremdem
Boden) ist kein SchadErsAnspr, also nicht ausgeschl (RGRK/Pikart Rn 1; aA Baur AcP **160**, 490). – **Ausnahmen** (vgl auch Vorbem 12 vor § 987): **a)** Übermaßfrüchte hat er herauszugeben, soweit er bereichert
ist. Vgl auch §§ 581, 1039, 2133; Auskunft § 987 Rn 1. **b)** Bei Veräußerg oder Verbrauch der Sache
unter Ausgabenersparg hat er die vorhandene Bereicherg herauszugeben (RG GrZS **163**, 353; BGH **14**, 7).
c) SchadErspflichtig ist der sein vermeintl BesR überschreitde Fremdbesitzer, vgl Vorbem 5 vor § 987.

2) Beweislast: Eigtümer, der weitergehenden Anspr erhebt, beweispfl für Bösgläubigk, Rechtshän- 2
gigk, Unentgeltlichk, deliktsmäßigen Erwerb.

Gegenansprüche des Besitzers auf Ersatz der Verwendungen
(§§ 994–1003)

Vorbemerkung

1) Allgemeines. Die §§ 994–1003 regeln die Anspr des **unrechtmäßigen Besitzers gegen den Ei-** 1
gentümer auf Verwendungsersatz. Sie gelten nicht für Verwendgen, die der Besitzer in der Zeit als
Eigtümer (zB Vorerbe) machte (BGH **WM 85**, 206).

a) Nach hM enthalten die §§ 994 ff die **erschöpfende Sonderregelung** eines ges SchuldVerh (RG **163**, 2
352; BGH **41**, 157; **WM 73**, 560), die auch §§ 812 ff ausschließen (BGH Betr **86**, 1563); wg Verh zu § 951
vgl dort Rn 3. Im Schrifttum wird AnsprKonkurrenz mit §§ 812 ff teils schlechthin (Pinger JR **73**, 268; Reeb
JuS **73**, 624) u teils bei Rückabwicklg eines Leistgsbeziehg wg Nichtigk des EigtR- u ErfüllgsGesch (Berg
JuS **72**, 193; Schwab/Prütting § 48 VIII 5 b; Medicus Rn 897) vertreten; für Vorrang der Leistgskondiktion
Waltjen AcP **175**, 109; Haas AcP **176**, 17. Ggü Anspr aus § 985 keine Berufg auf § 255 (BGH **29**, 162).

b) Unrechtmäßiger Besitzer ist, wer kein Recht zum Besitz iSv § 986 hat u daher nach § 985 heraus- 3
gabepflichtig ist. – **aa)** Die §§ 994 ff gelten zunächst für den unrechtm **Eigenbesitzer**; wandelt sich
rechtm zu unrechtm EigenBes, so gelten sie auch bei Eintritt der rechtm EigenBes (BGH **75**, 288). – **bb)** Die §§ 994 ff gelten auch für den **unrechtmäßigen
Fremdbesitzer;** er kann VerwendgsErs aber nur mit den seinem vermeintl BesR entspr Einschränkgen
verlangen (BGH NJW **79**, 716; aA Raiser JZ **58**, 681), da er sonst besser als ein rechtm Besitzer stehen
würde. – **cc)** Für den **rechtmäßigen Fremdbesitzer** gelten die gesetzl u vertragl SonderVorschr (BGH
NJW-RR **90**, 142); §§ 994 ff sind aber anwendb, wenn das das BesR begründe RVerh den VerwendgsErs
nicht abschließ (zB auch dch Ausschluß) regelt (BGH NJW **79**, 716), da rechtm Fremdbesitzer sonst
schlechter als unrechtm stehen würde. Gleiches gilt nach Eintritt der Vindikationslage (Ende des BesR) für
Verwendgen aus der Zeit davor (BGH aaO); auch für Verwendgen nach Ende des BesR gelten die Ab-

wicklgsVorschr (vgl § 347 S 2 iVm §§ 327 S 1, 467) des beendeten VertrVerh, doch können Lücken dch §§ 994 ff ausgefüllt werden (Schwab/Prütting § 48 VIII 2; RGRK/Pikart § 994 Rn 8).

4   **c) Fremdbesitzer, der auf Grund Vertrages mit einem Dritten Verwendungen macht** (zB Untern, der vom Besteller gemietete Sache zur Reparatur erhält), ist Verwender iSv §§ 994 ff (hM; aA Beuthien JuS **87**, 845). – **aa)** War der **Dritte rechtmäßiger Besitzer und zur Besitzüberlassung befugt,** so war auch der Verwender rechtm Besitzer u hat daher keine Anspr aus §§ 994 ff gg den Eigtümer sond nur aus Vertr gg den Dr (BGH **100**, 95). Verwender hat kein ZbR aus § 1000 (BGH WM **60**, 879) u erwirbt kein ges WerkUnternPfdR (§ 1257 Rn 2). – **bb)** War der **Dritte unrechtmäßiger Besitzer,** so war es auch der Verwender ggü dem Eigtümer; Verwender hat daher Anspr aus §§ 994 ff gg Eigtümer. Hatte der Dr zuerst rechtm u später unrechtm Bes (zB EigtVorbehVerk tritt vom KaufVertr zurück), so bestehen Anspr aus §§ 994 ff auch für Verwendgen währd des rechtm Bes (BGH **34**, 122; NJW **79**, 716; aA Baur/Stürner § 11 B I 2), soweit Verwendgen aus BesRVerh nicht vom Besitzer zu tragen. Hatte der Dr zuerst unrechtm u später rechtm Bes, so gilt für die ganze Zeit aa). – **cc)** War der **Verwender unrechtmäßiger Besitzer,** weil Vertr zw ihm u Dr unwirks od Dr zur BesÜberlassg nicht befugt war (Raiser JZ **58**, 683), so war Verwender ggü Eigtümer unrechtm Besitzer u hat Anspr aus §§ 994 ff gg diesen (aA Beuthien JuS **87**, 845: ZbR entspr § 1000), selbst wenn ein tats BesMittlgsVerh entstand.

5   **2) Verwendungen** sind willentl VermAufwendgen, die (zumindest auch) der Sache zugute kommen sollen (BGH NJW **55**, 340), indem sie sie wiederherstellen, erhalten od verbessern sollen (BGH NJW **90**, 447). Sie dürfen die Sache aber nicht grdlegd verändern (BGH **41**, 157; gg diese Einschränkg vielfach das Schrifft, vgl Haas AcP **176**, 12 mwN); zum Problem des Ausschl von § 951 u der Anwendg des engen VerwendgsBegr vgl § 951 Rn 23. Keine Verwendg ist Zufügg nichtwesentl Bestandt, die Eigt des Besitzers bleiben (aA Schmidt JuS **88**, 289 mwN).

6   **a) Beispiele:** Reparatur u (nicht grdlegde) Umgestaltg einschl ArbLohn u Material (BGH **34**, 122). BetrKosten. Transport, der zur Erhaltg für Eigtümer beiträgt (OGH MDR **49**, 470). Aufbewahrg auf sonst anderweit genutztem (Nürnb OLGZ **66**, 415) od dafür gemietetem (BGH NJW **78**, 1256) Platz. Auf die Sache verwendete ArbKraft des Besitzers, die Verdienstausfall bewirkt (Rostock OLG **29**, 353; Nürnb OLGZ **66**, 415) od (wie idR) fremde ArbKraft einspart (vgl aber BGH NJW **77**, 1240). Drainage u Urbarmachg von Grdst (BGH **10**, 177); ihre Bepflanzg (Höser AgrarR **84**, 117). Aufbau zerstörten Hauses (BGH **41**, 341). Bauwerk (zB Deich, Stützmauer) zur GrdstErhaltg (BGH **10**, 178). – **Nicht:** Errichtg von Gbde auf unbebautem Grdst (BGH **41**, 157; ZMR **69**, 286; zum BereicherungsAnspr vgl § 951 Rn 23) od Neuanlage eines Tennisplatzes. Erwerbskosten (BGH NJW **90**, 447). Überlassg eines Raumes zur Aufbewahrg an Besitzer (Ffm JW **32**, 1228).

7   **b) Einteilung:** Notw (§ 994) u nichtnotw (§ 996) Verwendgen, Fruchtgewinnungskosten (§ 102).

8   **c) Wertermittlung:** Notfalls nach ZPO 287 (BGH LM § 254 Dc Nr 6).

9   **d) Zinsen:** § 256; **Befreiung von Verbindlichkeit:** § 257.

10   **3) Es können Ersatz verlangen,** wobei maßg für guten/bösen Glauben od RHängigk die Zeit der Verwendg: – **a) Der** (entgeltl) **gutgläubige Besitzer:** für die vor Rechtshängigk gemachten nicht Verwendgen (außer den gewöhnl Erhaltgskosten) u für die außerordentl Lasten schlechthin, §§ 994 I S 1, 995 S 2. Für nützl Verwendgen nur, wenn Sachwert noch erhöht, § 996. Nicht für gewöhnl Erhaltgskosten u gewöhnl Lasten vor Rechtshängigk, §§ 994 I S 1, 995 S 1; denn ihm verbleiben für diese Zeit ja die Nutzgen (Vorbem 18 vor § 987). Für Verwendgen nach Rechtshängigk steht er dem bösgl gleich. Bei unentgelt Erwerb vgl § 994 Rn 4. – **b) Der bösgläubige Besitzer** (auch der deliktische): für notw Verwendgen u notw Lasten, aber nur nach GeschFührgsGrdsätzen, §§ 994 II, 683, 684. Insoweit aber auch für gewöhnl Erhaltgskosten u gewöhnl Lasten, da er die Nutzgen herausgeben muß; Ausn: wenn sein Oberbesitzer gutgl ist (§ 991 I), da er dann auch die Nutzgen behält. Im übr, also auch für wertsteigernde Verwendgen kein ErsAnspr, § 996.

11   **4) Die §§ 994 ff gelten entsprechend** für die Klage aus § 894 (§ 894 Rn 10); ferner gem §§ 292 II, 347 S 2, 850, 2185; PachtKrG 8 (RG **142**, 205). Beachte, daß auch bei mittelb Anwendg der §§ 994 ff über §§ 326, 347 die §§ 812 ff zurücktreten müssen (BGH LM § 347 Nr 4). Die §§ 1000–1003 ferner gem §§ 972, 974, 2022 I 2. – Vgl ferner § 888 Rn 8, § 1098 Rn 4.

12   **5) Geltendmachung** in jedem Falle durch Zurückbehaltg, § 1000. Im übrigen ist sie erschwert. Wegnahme nur bei nutzb wesentl Bestandteilen, wenn Eigtümer nicht den Wert ersetzt, § 997. Klage nur bei Gen od Wiedererlangg durch den Eigtümer; vor Gen kann er sich durch Rückg der Sache befreien, § 1001; AusschlFrist, § 1002. Sonst nur Befriedigg aus der Sache nach bestimmtem Verf, § 1003. Trat anstelle der Vindikation § 816, kann Besitzer Verwendgen gem § 818 III absetzen (Gursky JZ **71**, 361).

994

Notwendige Verwendungen. [1] **Der Besitzer kann für die auf die Sache gemachten notwendigen Verwendungen von dem Eigentümer Ersatz verlangen. Die gewöhnlichen Erhaltungskosten sind ihm jedoch für die Zeit, für welche ihm die Nutzungen verbleiben, nicht zu ersetzen.**

[II] **Macht der Besitzer nach dem Eintritte der Rechtshängigkeit oder nach dem Beginne der im § 990 bestimmten Haftung notwendige Verwendungen, so bestimmt sich die Ersatzpflicht des Eigentümers nach den Vorschriften über die Geschäftsführung ohne Auftrag.**

1   **1) Begriff.** Verwendgen (Vorbem 5 vor § 994) sind **notwendig,** wenn sie zur Erhaltg od ordngsgemäß Bewirtschaftg der Sache obj erforderl sind, die also der Besitzer dem Eigtümer, der sie sonst hätte machen müssen, erspart hat u die nicht nur den Sonderzwecken des Besitzers dienen (BGH **64**, 333).

a) Beispiele: Hebgskosten eines Wracks (BGH NJW **55**, 340). Wiederaufbau eines zerstörten Gbdes (str; **2** einschränkd BGH **LM** § 1004 Nr 14). BetrUmstellg, um Betr wettbewerbsfäh zu erhalten (RG **117**, 112) od wenn Eigtümer aus sonst Grd hätte umstellen müssen (RG **139**, 353). Mietzins für notw Aufbewahrg (BGH NJW **78**, 1256). – **Nicht:** Enttrümmerg od Planierg eines Grdst zur Anlegg eines Lagerplatzes (BGH **39**, 186; WM **68**, 442). Fehlschlagener NachbesserrgsVersuch (BGH **48**, 272). Entgeltl Parken eines Kfz (LG Augsburg DAR **77**, 71). Rekultivierg von Moor zu Weideland (LG Itzeh AgrarR **84**, 130: nützl). Fertigstellg angefangenen Bauwerks (Oldbg DNotZ **94**, 875).

b) Gewöhnliche Erhaltungskosten sind die regelm wiederkehrden lfden Ausgaben: FüttergsKosten **3** (RG **142**, 205); Inspektionskosten für Kfz einschl Ers normalen Verschleißes (Schlesw SchlHA **51**, 32) im Ggs zu Austauschmotor (außergewöhnl ErhaltsKosten; BGH DB **61**, 1449; MüKo/Medicus Rn 22); Beseitigg von Schäden inf bestimmgsgem Nutzg (BGH **44**, 237).

2) Dem **gutgläubigen, unverklagten Besitzer** (mittelb od unmittelb; Eigen- od Fremdbesitzer) sind zu **4** erstatten: – **a)** Bei **unentgeltlichem** Erwerb (§ 988) alle notw Verwendgen; ebso bei rechtsgrdlosem Erwerb (§ 988 Rn 4). – **b)** Bei **entgeltlichem** Erwerb alle notw Verwendgen (auch wenn Sache nicht mehr im Wert erhöht) mit Ausn der gewöhnl Erhaltskosten (**I 2**). Letztere gelten dch Nutzg als ausgeglichen, auch wenn dazu berecht Besitzer keine ihm mögl Nutzgen gezogen hat od die gewöhnl Erhaltskosten höher als Nutzgen.

3) In bösem Glauben oder nach Rechtshängigkeit gemachte Verwendungen sind nur nach §§ 683, **5** 670 zu erstatten **(II)**, also nicht schon bei obj Notwendigk, sond nur, wenn sie außerdem dem wirkl od mutmaß Willen des Eigtümers entspr; andernf nur BereicherungsAnspr, § 684. Maßgebd ist Interesse od Wille dessen, der zZ der Verwendg Eigtümer. I S 2 auf bösgl Besitzer anwendb (dh die notw Erhaltskosten nicht zu erstatten), wenn ihm die Nutzgen verbleiben, so iF des § 991 I (mittelb Besitzer gutgl), anwendb auch auf Abzahlgskäufer vor Rücktr; obw er rechtmäß Besitzer, soll er insow dem bösgläub gleichstehen; da ihm die Nutzgen verbleiben, kann er iF des Rücktr des Verkäufers nicht Ers der Aufwendgen verlangen, die er zur Beseitigg von Schäden gemacht hat, die beim gewerbl Gebr der Kaufsache entstanden sind (BGH **44**, 239; vgl auch Loewenheim NJW **66**, 971). Im Fall der §§ 326, 347 ist der VertrPartner des Zurücktretenden bösgl, wenn er die tatsächl Voraussetzgen für Rücktr kannte (BGH MDR **68**, 223).

4) Beweislast. Der Besitzer hat Vornahme, Wert u Notwendigk der Verwendgen zu beweisen. Der **6** Eigtümer, daß es sich um gewöhnl Erhaltskosten handelt od daß zZ der Vornahme der HauptAnspr rechtshängig od Besitzer bösgl war.

995 *Lasten.* **Zu den notwendigen Verwendungen im Sinne des § 994 gehören auch die Aufwendungen, die der Besitzer zur Bestreitung von Lasten der Sache macht. Für die Zeit, für welche dem Besitzer die Nutzungen verbleiben, sind ihm nur die Aufwendungen für solche außerordentliche Lasten zu ersetzen, die als auf den Stammwert der Sache gelegt anzusehen sind.**

1) Gewöhnliche Lasten. Beispiele: Grundsteuern, HypZinsen; vgl auch § 1047 Rn 6. Der Besitzer hat **1** sie zu tragen, wenn ihm die Nutzgen verbleiben, vgl § 994 Rn 4, 5; § 993 Rn 1, § 991 I; wobei ErsPfl für Übermaßfrüchte keine Rolle spielt. Ein gutgl Nießbraucher braucht jedoch diejenigen Lasten nicht zu tragen, die er auch bei gültigem Nießbr nicht zu tragen brauchte; vgl § 1047.

2) Außerordentliche Lasten. Gleichviel, ob öff od privrechtl. ZB einmalige Abgaben; Zahlg des Hyp- **2** Kapitals. Sie sind dem gutgl, unverklagten Besitzer uneingeschränkt, sonst nur nach §§ 683, 684 zu erstatten. Verteilg: § 103.

3) Sonderfälle. Vgl §§ 1047, 2022 II, 2126, 2185, 2379. **3**

996 *Nützliche Verwendungen.* **Für andere als notwendige Verwendungen kann der Besitzer Ersatz nur insoweit verlangen, als sie vor dem Eintritte der Rechtshängigkeit und vor dem Beginne der im § 990 bestimmten Haftung gemacht werden und der Wert der Sache durch sie noch zu der Zeit erhöht ist, zu welcher der Eigentümer die Sache wiedererlangt.**

Nützliche (wertsteigernde) Verwendungen (nicht notw iSv § 994 Rn 1) sind nur zu erstatten, wenn **1** die Verwendg vor RHängigk der HerausgKl erfolgte u der Besitzer nicht bösgl iSv § 990 war; liegen diese Voraussetzgen nicht vor, so auch kein Anspr aus §§ 677ff, 812ff (BGH **39**, 186; WM **83**, 393). Verwendgs-Ers nur bis zur Höhe der bei Wiedererlangg noch gegebnen Wertsteigerg, jedoch nicht über tats Aufwendgen hinaus (BGH NJW **80**, 833); ähnl wie bei den aufgedrängten Bereicher (§ 951 Rn 18) muß auch hier die subj Brauchbark für den Eigtümer reguliert wirken (MüKo/Medicus Rn 5); Beweislast hat der Besitzer. – Bei Gen des Eigtümers sind die tats Verwendgen ohne die Voraussetzgen von § 996 nach § 1001 zu erstzen (RG DR **42**, 1278).

997 *Wegnahmerecht.* [I] **Hat der Besitzer mit der Sache eine andere Sache als wesentlichen Bestandteil verbunden, so kann er sie abtrennen und sich aneignen. Die Vorschriften des § 258 finden Anwendung.**

[II] **Das Recht zur Abtrennung ist ausgeschlossen, wenn der Besitzer nach § 994 Abs. 1 Satz 2 für die Verwendung Ersatz nicht verlangen kann oder die Abtrennung für ihn keinen Nutzen hat oder ihm mindestens der Wert ersetzt wird, den der Bestandteil nach der Abtrennung für ihn haben würde.**

1 **1) Allgemeines.** Verbindet der Besitzer eine eigene Sache mit der fremden zu deren unwesentl Bestandteil, bleibt er Eigtümer; er kann sie jederzeit wegnehmen od herausverlangen, § 985. Ebenso bei Zubehör. Bei Verbindg als wesentl Bestandteil erwirbt sie der Eigtümer der Hauptsache, §§ 946, 947 II. Der Besitzer kann dann **a)** Vergütg verlangen nach § 951 I 1, wenn keine Verwendg; od **b)** Ersatz verlangen, wenn die §§ 994, 996 vorliegen; od **c)** wegnehmen u aneignen, sofern nicht nach **II** ausgeschl. Schuldrechtl Anspr; kein AussondergsR im KonK des Eigtümers. Ausübg des Rechts zeitl nicht begrenzt; kein ZurückbehaltgsR ggü HerausgAnspr bzgl der einheitl Sache (BGH WM **61**, 181). – Kein WegnahmeR bei MitEigt nach § 947 I (OGH NJW **50**, 543). – Bei Ausschl des WegnR gibt BGH **41**, 164 AusglAnspr nach § 242. – **d)** Wegnahme darf sich aber nicht nur auf die verwertb Bauteile beschränken; keine Ausschlachtg (BGH NJW **70**, 754).

2 **2) Wegnahmeberechtigt** ist der gutgl (vgl aber **II**, 1. Fall) wie der bösgl Besitzer. Der mittelb hat den Anspr aus § 258 S 2. § 1002 nicht anwendb (aA Hamm BB **77**, 418). Kosten u SicherhLeistg: § 258. Verpflichtet ist jeder Eigtümer entspr § 999 II (einschrkd MüKo/Medicus Rn 17; Oldbg DNotZ **94**, 875). Bei Pflanzen (§§ 94 I, 95 I 1) zu beachten, daß der Zuwachs zur Nutzg gehört. Der bösgl u der Prozeßbesitzer, die keinen Anspr auf die Nutzg haben, müssen bei Wegnahme dem Eigtümer den Zuwachs in Geld ersetzen (MüKo/Medicus Rn 13). WegnR gibt kein ZbR (vgl BGH WM **61**, 181; Degenhart JuS **68**, 318 zu Fußn 18).

3 **3) Aneignungsberechtigt** ist der Besitzer, auch wenn ihm die Sache vor der Verbindg nicht gehört hat (str). Er erwirbt das Eigt u hat den früh Eigtümer zu entschädigen (§ 951 I 1). Aneignungswille notw, daher nicht durch GeschUnfähigen.

4 **4) II. Ausschluß** in drei Fällen. Ferner, wenn die Wegnahme ohne Zerstörg der Haupts nicht mögl ist; vgl § 258. Zu ersetzen ist auch ein Liebhaberinteresse. Wegnahme entgg **II** macht schadenersatzpfl, §§ 823 ff. Unbeschr WegnR in §§ 500 S 2, 547 a II, 581 II, 601 II 2, 1049 II, 1093 I 2, 1216 S 2, 2125 II. Erweiterg: § 951 II 2.

998 *Bestellungskosten bei landwirtschaftlichem Grundstück.* **Ist ein landwirtschaftliches Grundstück herauszugeben, so hat der Eigentümer die Kosten, die der Besitzer auf die noch nicht getrennten, jedoch nach den Regeln einer ordnungsmäßigen Wirtschaft vor dem Ende des Wirtschaftsjahrs zu trennenden Früchte verwendet hat, insoweit zu ersetzen, als sie einer ordnungsmäßigen Wirtschaft entsprechen und den Wert dieser Früchte nicht übersteigen.**

1 **Ergänzung des § 102.** Jeder Besitzer, ob bös- od gutgläub, vor od nach Klageerhebg. Landw Grdst vgl § 582. Das WirtschJahr ist örtl u für jede Fruchtart gesondert zu bestimmen innerh eines Jahres seit Bestellg (RG **141**, 228). Anders §§ 592 (Pachtjahr), 1055 II, 2130 I 2.

999 *Ersatz von Verwendungen des Rechtsvorgängers.* **¹ Der Besitzer kann für die Verwendungen eines Vorbesitzers, dessen Rechtsnachfolger er geworden ist, in demselben Umfang Ersatz verlangen, in welchem ihn der Vorbesitzer fordern könnte, wenn er die Sache herauszugeben hätte.**

² Die Verpflichtung des Eigentümers zum Ersatze von Verwendungen erstreckt sich auch auf die Verwendungen, die gemacht worden sind, bevor er das Eigentum erworben hat.

1 **1) Der Ersatzanspruch geht auf den Rechtsnachfolger über (I).** – **a)** Abdingb Regelg. Gesamt- od EinzelRNachf, auch mehrf. Letzterer erfordert ein, wenn auch unwirks, VeräußergsGesch zw früherem u jetz Besitzer. Übertr der tatsächl Gewalt allein genügt nicht (RG **129**, 204). Ebsowenig Besitzmittlg (RG **158**, 397); der unmittelb Besitzer kann nur nach §§ 986 I 1, 1000 das ZurückbehaltgsR des mittelb geltd machen (Verurteilg also des unmittelb zur Herausg Zug-um-Zug gg Befriedigg des mittelb); der mittelb muß nach Herausg nach § 1001 klagen.

2 **b)** Alle Anspr des Vorbesitzers, §§ 994–998, auch Wegnahme. Der jetzige Besitzer ist dem Eigtümer ggü allein berechtigt. Anders bei Gen ggü Vorbesitzer, § 1001; dann bleibt dieser berechtigt, wenn er nicht abtritt. War Vorbesitzer Finder, gilt § 999 nicht für dessen ErmittlgsKosten iSv § 970. Zur Konfusion dch I u II in der Person des wirks erwerbden Dritten vgl Gursky JR **71**, 361.

3 **c)** Gibt Besitznachfolger an Eigtümer heraus, ohne sich den Anspr auf Verwendgsersatz vorzubehalten (vgl § 1001 S 3), so kann ihn im Verhältn zum Vorbesitzer, von dem er SchadErs fordert, mitw Versch treffen (BGH **LM** § 254 (D c) Nr 6; Schlesw SchlHA **56**, 48).

Ist bei mehrfachem Verkauf der (zB dem Eigtümer gestohlenen) Sache ihr Wert nach Verwendgen des Erstverkäufers so stark gesunken, daß der Kaufpr beim letzten Verkauf niedriger ist als die Verwendgen, so kann nach hM der letzte Käufer den ErsAnspr nur bis zur Höhe seines eigenen RückgrAnspr gg den Zwischenverkäufer geltd machen, wenn der Vorbesitzer (Erstverkäufer) nicht mehr rückgriffsverpflichtet ist (Fbg JZ **53**, 404; Boehmer JZ **53**, 395). Gg das Arg der hM, daß sonst der Besitzer rechtlos bereichert wäre, beachtl Gursky AcP **171**, 82, der auch Begrenzg des Anspr auf den derz Wert der Sache ablehnt, da diese schon dch den Mechanismus der §§ 1003, 1001, 2 bewirkt werde.

4 **2) Der jetzige Eigentümer** (auch wenn er nicht iW der RNachf, sond originär erwerb) **haftet für alle Verwendungen ohne Rücksicht auf Zeit der Vornahme (II);** Ausn ZVG 93 II. Auch Wegnahme bleibt zul. Der frühere Eigtümer haftet dem Besitzer weiter, wenn er genehmigt od den Besitz erlangt hat, § 1001. Ausgleich zw den Eigtümern §§ 434, 445. Genehmigg durch früh Eigtümer bindet den jetzigen nicht (str), vgl § 1001 Rn 6. Über Anwendg von II auf öff bestellten Verwalter vgl BGH **LM** § 390 Nr 2. II gilt nicht zulasten dessen, der nach Herausg der Sache an den Eigtümer von diesem Eigt erwarb (RGRK/Pikart Rn 11). Zw VorEigtümer u Besitzer vereinb AnsprAusschl wirkt zG des neuen Eigtümers (BGH NJW **79**, 716).

1000 *Zurückbehaltungsrecht des Besitzers.* **Der Besitzer kann die Herausgabe der Sache verweigern, bis er wegen der ihm zu ersetzenden Verwendungen befriedigt wird. Das Zurückbehaltungsrecht steht ihm nicht zu, wenn er die Sache durch eine vorsätzlich begangene unerlaubte Handlung erlangt hat.**

1) Allgemeines. § 1000 nötig neben § 273 II, weil dieser fälligen GgAnspr verlangt, der Anspr aus 1 §§ 994 ff vor Herausg der Sache aber erst bei Gen der Verwendgen fällig wird (§ 1001). Ggü Anspr aus §§ 888, 894 ZbR aus § 273 II (BGH NJW **80**, 833); dies gilt aber nicht für Löschg nach GBO 22 (BayObLG **59**, 227). Vgl ferner §§ 1065, 1227, 2022 (BGH WM **72**, 1061). Das Recht erlischt mit freiwilliger od erzwungener Herausg (RG **109**, 105); es entsteht auch dann nicht wieder neu, wenn der Besitzer die Sache später erneut in Bes bekommt (BGH **51**, 250).

2) Zurückbehaltungsrecht. – a) Schuldrechtl Anspr. Bereits vor Fälligk (§ 1001) des Verwendgs- 2 Anspr. Entspr anwendbar sind §§ 273 III, 274. Erbieten zur Sicherh genügt regelm nicht; Verurteilg zur Herausg nach SicherhLeistg aber uU zul (RG **137**, 355; Fassg des Urt vgl RG JW **36**, 250). Sicherh muß regelm die GgAnspr voll decken (RG **137**, 355).

b) Ausschluß nach S 2. Ebenso § 273 II. Nur vorsätzl unerl Hdlg des Besitzers. Verbotene Eigenm 3 (BGH WM **71**, 1268) od strafb Hdlg genügen nicht, wenn nicht vorsätzl. Bei beiderseitiger Gesetzesverletzg soll nach RG JW **25**, 2233 das ZurückbehaltgsR entspr § 817 S 2 bestehen bleiben; vgl aber Rn 4.

c) Ausschluß aus sonstigen Gründen: Bei vertragl od Sonderbestimmg, zB § 556 II. Bei ge- 4 ringfügigen Verwendgen (RG JW **28**, 2438). Wenn die zu erstattenden Nutzgen die Verwendgen erhebl übersteigen (BGH JR **52**, 473). Wenn öff Interessen entggstehen, insb wenn durch die Zurückhaltg die sachgemäße Bewirtschaftg landw Grdst gefährdet ist (Breslau HRR **40**, 77, das aber wohl zu sehr verallgemeinert). Öffentl Interessen werden aber idR bei Verstoß gg GrdstVG die Zurückhaltg ausschließen, zumal auch das Belassen u Behalten des Besitzes nach Versagg der Gen (od deren Nichtnachsuchg) die ZwGeldFestsetzg rechtfertigen kann (GrdstVG 24).

3) Im **Konkurs** des Eigtümers hat Besitzer ein beschränktes AbsondergsR, KO 49 Nr 3. Nur an Fahr- 5 nis; es gilt § 127 II. – Bei der **Zwangsvollstreckung** in bewegl Sachen hat Besitzer die Rechte aus ZPO 771, 809. – Bei der **Zwangsversteigerung** von Grdst hat Besitzer kein WidersprR (Saarbr OLGZ **84**, 126). VerwendgsBerecht nicht Beteiligter (wenn er nicht beitritt, ZVG 27, 10 I Nr 5). Der Ersteher haftet für Verwendgen vor dem Zuschlag nicht, ZVG 93 II; kein Wertersatz. Verwendgen nach dem Zuschlag sind nach ZPO 767 geltd zu machen, nach hM (str) auch nach ZPO 732.

1001 *Klage auf Verwendungsersatz.* **Der Besitzer kann den Anspruch auf den Ersatz der Verwendungen nur geltend machen, wenn der Eigentümer die Sache wiedererlangt oder die Verwendungen genehmigt. Bis zur Genehmigung der Verwendungen kann sich der Eigentümer von dem Anspruche dadurch befreien, daß er die wiedererlangte Sache zurückgibt. Die Genehmigung gilt als erteilt, wenn der Eigentümer die ihm von dem Besitzer unter Vorbehalt des Anspruchs angebotene Sache annimmt.**

1) Allgemeines. Der selbständige **einklagbare** VerwendgsAnspr ist aufschiebd bdgt dch die **Geneh-** 1 **migung oder die Wiedererlangung durch den Eigentümer** (RGRK/Pikart Rn 1; Soergel/Mühl Rn 1; Staud/Gursky Rn 1; aA MüKo/Medicus Rn 17 [nicht fäll]; Heck § 70, 10 [unklagb]), u zwar den wirkl, nicht den, den der Besitzer dafür ansieht (RG **142**, 419, aM W-Raiser § 86 zu Anm 27). Vorher ist der Besitzer auf die §§ 1000, 1003 beschränkt. Vorher keine Aufrechng, aber auch keine Verjährg. Gerichtsstand ZPO 26. AusschlFrist: § 1002.

2) Wiedererlangung. Erwerb des Besitzes durch den Eigtümer aGrd seines Eigt, u zwar entweder 2 durch Herausg seitens des Verwenders (§ 1002) od auf andere Art (vgl Hoche NJW **57**, 468; Hassinger NJW **57**, 1268). Verwender muß Besitz verlieren, Eigtümer idR unmittelb Besitz erlangen. Herausg an den BesMittler des Eigtümers wird nur genügen, wenn BesMittler berechtigt, für den Eigtümer die Entscheidgen des § 1001 (Gen, Rückgabe) zu treffen (Hamm MDR **56**, 100, Köln NJW **57**, 224), insb bei Herausg an Beauftragten (Dresden HRR **36**, 875); BGH **87**, 274 läßt allerd Herausg an BesMittler allg genügen. Darüber, ob aber zB Werkunternehmer, der auf Bestellg des VorbehKäufers od SichgGebers Sache repariert hat, VerwendgsAnspr gg den Eigtümer hat, vgl Rn 4 vor § 994. Frist des § 1002 kann bei Herausg an BesMittler erst beginnen, wenn Eigtümer von BesMittlgsVerh u Pers des Eigtümers Kenntnis erlangt hat (Rogge und Klüpfel NJW **56**, 226 u 1626). – ZwVerst durch Dritten steht der Wiedererlangg gleich, weil die Sache dann auch im Interesse des früh Eigtümers, dem der Erlös zusteht, verwertet wird. – Der Wiedererlangg des Grdst steht die des grundbuchmäßigen EigtRechtes gleich, vgl § 1000 Rn 1.

3) Genehmigung der Verwendgen überh, nicht notw des beanspruchten Betrages. Ausdrückl od 3 stillschw, zB durch Aufrechng. Annahme trotz berechtigten Vorbehalts gilt, sofern nicht beiderseit Wille entggsteht (BGH NJW **55**, 341), als Gen (S 3) od richtiger, da Widerspr nutzlos ist, als GenErsatz (BGH NJW **59**, 528), der keinen Anspr auf VerwendgsErs gibt, sond nur Voraussetzg für dessen Geltmachg ist u AusschlFrist (§ 1002) verhindert. Ob in der Annahme trotz unberechtigten Vorbehalts Gen liegt, ist Ausleggssache.

4) Befreiung des wieder im Besitz befindl Eigtümers (S 2), also Erlöschen des ErsAnspr: 4

a) Durch Rückgabe des Besitzes. Auch noch nach zwischenzeitl eingetretener Verschlechterg. An den 5 unmittelb Besitzer, wenn sowohl dieser wie der mittelb Anspr stellen. Der Verwender wird nicht ohne weiteres Eigtümer; er muß nach § 1003 vorgehen. Zwischenzeitl vom Verwender erklärte Aufrechng wird hinfällig; daraus ergibt sich, daß das „Geltendmachen" nicht nur die proz Klagbark betrifft. Entspr

1177

Befreiung bei AnnVerzug des Besitzers (nach aM Hinterlegg nötig). Untergang der Sache, auch zufälliger (str), verhindert Befreiung. Entspr Anwend bei aufgedrängter Bereicherg (vgl § 951 Rn 18; BGH **23**, 61).

6　**b)** Nur bis zur Genehmigg. Mit dieser besteht der Anspr unbedingt. Daß ein früherer Eigtümer genehmigt hat, hindert die Rückg durch den jetzigen nicht; vgl § 999 Rn 4.

1002 *Erlöschen des Verwendungsanspruchs.* [I] Gibt der Besitzer die Sache dem Eigentümer heraus, so erlischt der Anspruch auf den Ersatz der Verwendungen mit dem Ablauf eines Monats, bei einem Grundstücke mit dem Ablaufe von sechs Monaten nach der Herausgabe, wenn nicht vorher die gerichtliche Geltendmachung erfolgt oder der Eigentümer die Verwendungen genehmigt.

[II] Auf diese Fristen finden die für die Verjährung geltenden Vorschriften der §§ 203, 206, 207 entsprechende Anwendung.

1　Die **Ausschlußfrist** besteht nur bei vorbehaltsloser (vgl § 1001 S 3), freiwilliger Herausg durch den Besitzer an den wahren Eigtümer od dessen BesMittler; kein Wiederaufleben nach erneuter BesErlangg (BGH **87**, 274). Sonst gilt § 195. Geltdmachg entspr § 209; nicht dch die Einrede aus § 1000 (RG Gruch **66**, 483). Genehmigg § 1001 Rn 3. Fristberechg: §§ 187 I, 188 II, III.

1003 *Befriedigungsrecht des Besitzers.* [I] Der Besitzer kann den Eigentümer unter Angabe des als Ersatz verlangten Betrags auffordern, sich innerhalb einer von ihm bestimmten angemessenen Frist darüber zu erklären, ob er die Verwendungen genehmige. Nach dem Ablaufe der Frist ist der Besitzer berechtigt, Befriedigung aus der Sache nach den Vorschriften über den Pfandverkauf, bei einem Grundstücke nach den Vorschriften über die Zwangsvollstreckung in das unbewegliche Vermögen zu suchen, wenn nicht die Genehmigung rechtzeitig erfolgt.

[II] Bestreitet der Eigentümer den Anspruch vor dem Ablaufe der Frist, so kann sich der Besitzer aus der Sache erst dann befriedigen, wenn er nach rechtskräftiger Feststellung des Betrags der Verwendungen den Eigentümer unter Bestimmung einer angemessen Frist zur Erklärung aufgefordert hat und die Frist verstrichen ist; das Recht auf Befriedigung aus der Sache ist ausgeschlossen, wenn die Genehmigung rechtzeitig erfolgt.

1　**1) Allgemeines.** Solange der Eigtümer die Sache nicht zurücknimmt od- erhält u solange er die Verwendgen nicht genehmigt (§ 1001), kann der Besitzer nur die Befriedigg aus der Sache erzwingen. Umständl Verf; Vereinfach durch Klagenverbindg (Rn 5)! Zweckmäßig wird der Besitzer ferner den Eigtümer in AnnVerzug setzen (§ 298), um sich die Vorteile der §§ 300 I, 302, 304 zu sichern. Über Parteivereinbarg vgl BGH NJW **55**, 341, dort auch über VerwendgsAnspr des Fiskus bei Wrack in Bundeswasserstraße.

2　**2) Erklärungsfrist (I 1).** Zu kurze Frist setzt eine angemessene in Lauf. Fristsetzg entbehrl bei ernstl Bestreiten nach Grd od Höhe; dann sofort Verf nach Rn 5 (RG **137**, 99).

3) Folgen des Fristablaufs.

3　**a)** Bei Genehmigung innerhalb der Frist: KlageR nach § 1001.

4　**b)** Bei Fristablauf ohne Genehmigg u ohne Bestreiten (I 2): Bei Fahrnis Verf nach §§ 1234 bis 1247. Bei Grdst: Klage auf Duldg der ZwVollstr in das Grdst. ZPO 704 I; ZVG 16, 146; der Besitzer hat die Setzg einer angemessenen Frist zu beweisen; der Eigtümer, daß er rechtzeitig genehmigt od bestritten hat. Danach ZwVerst od ZwVerw; Befriedigg aus Rangklasse 5, ZVG 10 I Nr. 5. Aber keine Eintr einer SichergsHyp, str. Bei registrierten Schiffen: ZPO 870a; ZVG 162ff. Deckt der Erlös die Verwendgen nicht, hat Besitzer gg Eigtümer keinen Anspr. Auch nicht, wenn dieser die Sache ersteht, weil er dann nicht aGrd seines Eigt wiedererlangt (RGRK/Pikart Rn 4).

5　**c)** Bei Bestreiten nach Grd od Höhe innerhalb der Frist, **(II):** Feststellgsklage. Danach neue ErklFrist. Je nach Ablauf Verf nach Rn 3 od 4. Verbindg der Klagen auf Feststellg, Fristsetzg u Duldg entspr ZPO 255, 259 zul u zweckm (RG **137**, 101).

1004 *Beseitigungs- und Unterlassungsanspruch.* [I] Wird das Eigentum in anderer Weise als durch Entziehung oder Vorenthaltung des Besitzes beeinträchtigt, so kann der Eigentümer von dem Störer die Beseitigung der Beeinträchtigung verlangen. Sind weitere Beeinträchtigungen zu besorgen, so kann der Eigentümer auf Unterlassung klagen.

[II] Der Anspruch ist ausgeschlossen, wenn der Eigentümer zur Duldung verpflichtet ist.

1　**1) Allgemeines. – a) Stellung im System.** § 1004 ergänzt den dch §§ 985, 1005 gewährten Schutz des Eigt u sichert es gg Beeinträchtiggen, die nicht BesEntziehg sind; SchutzG iSv § 823 II (BGH NJW **93**, 925). Er erstrebt die Herstellg des dem Inhalt des verletzten Rechts entspr Zustandes u die Wiederaufhebg der entstandenen RBeeinträchtigg. Doch kann sich Anspr aus § 1004 auf Beseitigg fortdauernder Beeinträchtigg inhaltl mit Naturalrestitution des § 249 decken. Einschränkd die neuere Lehre (Picker, Der negator Beseitiggsanspr, 1972; Gursky JR **89**, 397): die hL vermenge unzul das TatbestdMerkmal „Beeinträchtigg" (§ 1004) mit dem der Schadenszufügg (§ 823); sie will insb Fälle fortwirkder Beeinträchtigg aus dem Geltgs-Bereich des § 1004 ausscheiden, wenn der Störer nicht mehr auf die betroffene Sache einwirkt bzw die Einwirkg des Eigtümers auf seine Sache nicht be- oder verhindert. Dies schränkt den Begr der Beeinträchtigg u eine interessegerechte Anwendg des § 1004 auf die Fälle fortdauernder Störg allzusehr ein.

b) Geltungsbereich. – aa) § 1004 schützt unmittelb nur das **Eigentum.** Entspr Anwendg auf be- 2
schränkte Sachenrechte zu deren Schutz: § 1017 II bzw ErbbRVO 11 I; §§ 1027, 1065, 1090 II; 1227; WEG
34 II; PachtkreditG 8. – **bb)** Ähnl RSchutz zG anderer **absoluter Rechte**: §§ 12, 1053, 1134, 1192 I; HGB
37 II 1; UWG 16 I; WZG 24, 25; PatG 6, 47; GebrMG 15; UrhG 11, 97 (dazu § 687 Rn 5); GeschmMG 1. In
entspr Anwendg des RGedankens dieser Vorschr stellte die Rspr alle absoluten Rechte unter den Schutz des
§ 1004. Daher sind insb geschützt: Leben, Gesundh, Freih, allg PersönlichkR (§ 823 Rn 175), Recht am
eigenen Bild (KUG 22; vgl Nasse Sp*u*Rt **95**, 145), Ehre (Einf 20 vor § 823), eheliche LebensGemsch (Einf 6
vor § 1353), eingerichteter u ausgeübter GewerbeBetr (§ 823 Rn 19), Jagd- u JagdausübgsR (Nürnb RdL **85**,
315; LG Lünebg RdL **90**, 94), FischereiR (BGH **LM** § 906 Nr 43; BayObLG **95**, 174), SondernutzgsR am
Meeresstrand (BGH **44**, 32), GemeinGebr. – **cc)** Schließlich stellte die Rspr auch bloße **Rechtsgüter** u
rechtlich geschützte Interessen unter den Schutz dieses AbwehrAnspr. Daher sind entspr § 1004 insb
geschützt: alle deliktisch geschützten RGüter (§§ 823 II iVm SchutzG [BGH **LM** Nr 132], 824, 826), Erwerb
u Fortkommen (RG **140**, 402; Köln NJW **72**, 293), Freih der Willensbetätig (BGH **LM** § 812 Nr 6). –
dd) Bei aa spricht man allg von **negatorischen** Anspr. Bei bb und cc ist die Bezeichng unterschiedl: teils
spricht man bei den SonderVorschr in bb von **quasinegatorischen** Anspr u iü von **deliktischen** Anspr (zB
MüKo/Medicus Rn 10), teils bei bb von negatorischen u bei cc von quasinegatorischen Anspr (zB Baur JZ
66, 381) u teils bei bb u cc von quasinegatorischen Anspr (zB RGRK/Pikart Rdn 7, 137).

c) Konkurrenzen. – § 985 bei TeilBesEntzieh (RG **160**, 166; BGH **LM** Nr 14) u **§ 862** (BGH **44**, 27) 3
neben § 1004 mögl. – **§ 894** geht als SonderVorschr § 1004 vor (BGH **5**, 76). Dies gilt trotz § 897 auch bei
Vormkg u Widerspr. – **§ 910** (BGH **97**, 231) u **BFernStrG 11 II 2** sowie entspr LandesR (BGH **LM** Nr 156)
schließen § 1004 nicht aus. – **§§ 823, 249** bei Verschuld neben § 1004 mögl. – **FAG 23** schließt §§ 1004, 862
aus (LG Kstz MDR **83**, 316). – **ZPO 767, 771** verdrängen § 1004 (Henckel AcP **174**, 109).

2) Voraussetzungen des Abwehranspruchs.

a) Beeinträchtigung des Eigentums außer dch BesEntziehg (dann § 985) od eines and SchutzGgst 4
(Rn 2) insb dch Einwirkgen iSv § 906 Rn 5 ff.

aa) Hauptanwendungsbereich bei Grundstücken: Betreten dch Menschen (über Hausverbote vgl 5
BGH NJW **80**, 700 u Nürnb BB **82**, 1505 [unzul für Testkäufer/beobachter], LG Münst NJW **78**, 1329
[unzul für Reporter bei Sportveranstaltg]) od Haustiere (§ 903 Rn 13); ZugangsBehinderg (Karlsr NJW **78**,
274); Immissionen (§ 906); Anlagen (§ 907); Vertiefg u Untergrabg (§ 909); Überwuchs (§ 910); Überbau
(§ 912); Verletzg nachbschützder GrenzabstandsVorschr (Köln ZMR **94**, 115); Einsickern auslaufden Heiz-
öls (Baur JZ **64**, 355; BayVGH NJW **67**, 1146); Fotografieren außerh UrhG 59 sowie gewerbl Verbreitg der
Fotos (BGH NJW **75**, 778 Anm Schmieder NJW **75**, 1164; vgl auch Ruhwedel JuS **75**, 242; Pfister JZ **76**,
156), nicht aber iRv UrhG 59 (BGH JZ NJW **89**, 2251; Brem NJW **87**, 1420); untersagte Briefkastenwerbg
(Rn 7); über Einwirkg von (Kriegs-)TrümmerGrdst vgl Ffm OLGZ **82**, 352; Düss OLGZ **92**, 198; Kübler
AcP **159**, 281. Auch Bauten, die nach § 946 Eigt des Gestörten werden (Celle MDR **54**, 294); daß dieser
bereichert, schließt § 1004 nicht aus (vgl § 951 Rn 19). – Droht dem Bauherrn Beeinträchtig dch vom
Bauunternehmer errichtetes Bauwerk, soll der Bauherr nach Stgt NJW **67**, 572 auch nach Verjährg der
GewährleistggsAnspr Beseitig aus § 1004 verlangen können; anders woh BGH **39**, 366, weil Bauwerk nur
beeinträchtigt schon ins Eigt des Bauherrn gelangte, ein Ergebn das dem Vorrang der Sachmängelgewähr-
Anspr entspricht. – Rechtsanmaßung des Störers nicht notwend, doch kann solche selbst schon Beein-
trächtig sein; vgl Rn 42. Störg kann auch in rgesch Vfg über das Eigt bestehen (Brdbg VIZ **95**, 365; Erm/
Hefermehl Rn 8; Soergel/Mühl Rn 31). – **Keine Eigentumsbeeinträchtigung** dch Behinderg des Blicks
auf ein Grdst (Pleyer in abl Anm zu Köln JZ **63**, 94) od Blendg dch helles NachbGbde (Düss OLGZ **91**, 106).
Über negat u immaterielle (ideelle) Einwirkgen vom NachbGrdst vgl § 903 Rn 9, 10.

bb) Tatbestd des § 1004 ist nicht erfüllt, wenn Beeinträchtig ausschl auf **Naturkräfte** zurückgeht wie 6
zB abgeschwemmtes Erdreich, abbröckelndes Gestein, Unkrautsamenflug (Karlsr RdL **72**, 8; LG Stgt MDR
65, 990; aA Schmid NJW **88**, 29), Erdrutsch agrd Bodenstruktur (Stgt NuR **90**, 141), wild abfließdes
Regenwasser (BGH **114**, 183; Düss NJW-RR **91**, 1115). Lösen allein Naturkräfte die Störg aus, die von
Grdst ausgeh, ist dessen Eigtümer nur verpflichtet, wenn er od sein VorEigtümer sie dch eigene Hdlgen od
pflichtwidr Unterlassen (mit-)verursacht hat u der geschaffene/geduldete Zustand eine konkrete Gefahren-
quelle gebildet hat (BGH NJW **93**, 1855); zB Erdabschwemmg wird dch künstl Hangabschräg erleichert;
Verstärkg des Regenwasserablaufs dch Bodenveränderg (Kblz MDR **75**, 403); Beseitig eines regulierden
Weihers (Nürnbg RdL **70**, 220); Nestbau für Schwalben (LG Hechingen NJW **95**, 971) u anlockdes Füttern
von Tauben (LG Bln MDR **66**, 146; AG Karlsr NJW-RR **92**, 463) od Katzen (Schlesw NJW-RR **88**, 1360;
Köln NJW-RR **89**, 205), die NachbHaus verschmutzen; Froschquaken in künstl Teich (BGH NJW **93**, 925);
Blätter-/Samenflug (Düss NJW-RR **90**, 144) od Wurzeln (BGH NJW **91**, 2826; LG Itzehoe NJW-RR **95**,
978) von Anpflanzgen; Halten störder Haustiere (Mü MDR **90**, 1117); Dachlawine (LG Schweinf NJW-RR
86, 1143); **nicht aber** Auswirkgen notw Bodenbearbeitg bei landwirtsch Grdst (BGH NJW **84**, 2207; WM
91, 1115; vgl aber LG Kblz NJW-RR **91**, 655) od von natürl Schwalbennestern an Hauswand (AG Kreuzn
NJW-RR **86**, 98), Umstürzen angepflanzter widerstandsfäh Bäume bei außergewöhnl Sturm (BGH **122**,
283), Samenflug von unbearbeitetem Grdst (Düss OLGZ **93**, 451; Schlesw SchlHA **93**, 170), natürl Schäd-
lingsbefall (BGH NJW **95**, 2633). – Anders die Vertreter der Eigt- (Kübler AcP **159**, 276) od BesTheorie
(Herrmann, JuS **94**, 273): geht die Beeinträchtig vom Zustand einer Sache aus, soll hiernach deren Eigtü-
mer bzw Besitzer allein agrd seines Eigt/Bes Störer u demnach aus § 1004 verpflichtet sein. Die hM lehnt
diese Garantenstellg ab (BGH **122**, 283; Erm/Hefermehl Rn 14, MüKo/Medicus Rn 38; Soergel/Mühl Rn
86). Doch kann sich aus dem nachbarl GemschVerh die Pflicht des Eigtümers ergeben, die Beeinträchtigg zu
verhindern, zu beseitigen od wertm auszugleichen (vgl § 903 Rn 13; vgl auch BGH NJW **89**, 2541).

cc) Briefkastenwerbung. Einwurf von Werbematerial (auch polit Part; Brem NJW **90**, 2140) ist Eigt- 7
Störg (Bes-/PersönlichkRStörg), wenn dies allg (zB Aufkleber) od speziell (zB UnterlAufforder) untersagt
ist (BGH **106**, 229). Gilt auch für Anzeigenblätter mit redaktionellem Teil, soweit sich Untersagg auf sie
erstreckt (vgl dazu KG NJW **91**, 2824; Karlsr NJW **91**, 2910; Stgt NJW-RR **94**, 502); nicht aber für

Werbebeilage einer abonnierten Tageszeitg (Karlsr NJW **91**, 2913; LG Bn NJW **92**, 1112 Anm Pauly AfP **92**, 88). Werbder ist bei Beauftragg eines Verteilers mittelb HdlgsStörer u zu zumutb VerhindergsMaßn verpfl (dazu BGH **106**, 229; Karlsr NJW-RR **90**, 244, NJW **91**, 2910; KG NJW **90**, 2824); die Nichtverhinderbark von gelegentl Ausreißern zwingt nicht zur Einstellg der Werbg (Karlsr aaO). Vom Werbden kann nicht Unterlassg der Werbg mittels Postwurfsendg verlangt werden, soweit er von der Bundespost nicht die Beachtg der Untersagg erzwingen kann (Brem NJW **90**, 2140; Stgt NJW **91**, 2912; LG Kass NJW **91**, 2912; aA LG Freibg NJW **90**, 2824; LG Hagen NJW **91**, 2911); alle zur RLage bis 27. 2./30. 6. 91 (Änderg der AusführgVorschr zu PostO 59 II Nr 1 bzw Einführg PostAGB Nr 6.4 II), zur RLage danach vgl Kaiser NJW **91**, 2870. – Über Verstoß gg **UWG 1** vgl BGH NJW **92**, 1958 u Ffm NJW-RR **92**, 39 (Handzetteleinwurf), BGH NJW **92**, 1109 (Postwurfsendg vor RÄnderg). – **Telefaxwerbung:** Mutter DZWiR **95**, 171.

8   **b)** Beeinträchtigg muß vom Störer (mit-)**verursacht** sein (RG **127**, 34); vgl auch Rn 6. Über Adäquanz vgl Pleyer AcP **156**, 294 Fußn 10; Herrmann JuS **94**, 273 [282]). Einwand mitwirkder Verursachg zul, zB bei bes Anfälligk des betroffenen Bauwerks (BGH WM **64**, 1102).

9   **c) Rechtswidrig** muß der dem Inhalt des Eigt (§ 903) widersprechde Zustand sein, nicht die EingrHdlg (BGH NJW **76**, 416; Baur AcP **160**, 465; zT abw Lutter/Overrath JZ **68**, 345). Die RWidrigk wird idR dch die EigtVerletzg indiziert (BGH WM **71**, 278). Zur Rechtfertigg der Beeinträchtigg vgl Rn 31–34.

10   **d) Verschulden** nicht erforderl (BGH **110**, 313), führt aber uU zu SchadErsPflicht, auch aus § 823 II, da § 1004 SchutzG (vgl BGH **30**, 7; NJW **71**, 426). Auch nicht Bewußtsein der RWidrigk.

11   **e)** Regelmäßig muß ein **Eingriff stattgefunden** haben. Bei bloßer Besorgn künftiger Beeinträchtigg im allg nur Feststellgsklage, ZPO 256. Androhg od Vorbereitg einer RVerletzg können aber schon eine Beeinträchtigg darstellen; so bei sicher bevorstehenden Störgen (zB dch Errichtg von Anlagen iSv § 907, BGH **51**, 196, 399) od ernsthafter Gefahr (BGH WM **64**, 798; KG OLGZ **77**, 494, Köln NJW-RR **89**, 1177; BayObLG NJW-RR **87**, 1040; Düss NJW-RR **91**, 656). Vgl auch Rn 29.

12   **f)** Die **Beeinträchtigung muß fortdauern.** Geht sie von einer Anlage aus, dauert sie fort, solange Wiederholgsgefahr besteht. Insoweit gilt die Voraussetzg von **I 2** auch für den BeseitiggsAnspr.

13   **3) Anspruchsberechtigt** sind: **a)** Der **Eigentümer** bzw wem das beeinträchtigte Recht (RGut) zugeordnet ist. Auch eine jur Pers des öffR zB als Eigtümerin einer dem öffentl Gebr dienden Sache (BGH **33**, 230; **49**, 68) od als Ehrverletzte (BGH NJW **83**, 1183); bei Beleidigg eines Beamten aber nur dieser selbst (BGH aaO). Das gemeine Eigt am Meeresstrand gibt keinen AbwehrAnspr (BGH **44**, 27, 31). – Jeder MitEigtümer für die ganze Sache (§ 1011). – Nach RG **137**, 266 bei herrenlosen Grdst der AneigngsBerecht (str). – Nicht der Imker, dessen Bienen bei Flug auf fremdes Grdst dch vergiftete Pflanzen (Industrieabgase, Spritzmittel) Schaden leiden (BGH **16**, 366; RG **159**, 72).

14   **b) Rechtsnachfolger:** Wird die beeinträchtigte Sache nach RHängigk veräußert: ZPO 265, 266 (BGH **18**, 223). Bei Veräußerg vor RHängigk hat bei Fortdauer der Störg nur der neue Eigtümer Anspr aus § 1004 (BGH aaO; vgl Hoche NJW **64**, 2420); er ist ident mit dem des Veräußerers (BGH NJW **90**, 2555, **94**, 999).

15   **c)** Der Anspr aus § 1004 ist **nicht selbständig abtretbar;** zulässig aber Ermächtigg eines Dritten zur Geltdmachg im eigenen Namen (Zweibr NJW **81**, 129).

16   **4) Passivlegitimiert** ist der **Störer.** Seine Bestimmg ist verschieden, je nachdem die Beeinträchtigg des Eigt Folge menschl Handlg od des störden Zustands einer Sache ist. Störer daher jedenf der, auf dessen Willensbetätig die Beeinträchtigg unmittelb od adäquat mittelb (BGH **28**, 110/11) zurückzuführen ist (BGH **19**, 126/9); also nicht nur, wer den störden Zustand (mit-)geschaffen hat, sond auch, wer den seinen maßgebenden Willen den, etwa von einem RVorgänger (BGH WM **68**, 750) geschaffenen aufrechterhält (RG **159**, 136; BGH **29**, 314/7; **LM** § 1004 Nr 14; Ffm OLGZ **82**, 352), wobei die Störereigensch mit der Handlgsfähigk verloren geht (BGH **40**, 18, 21). – Nicht also schlechthin der Eigtümer als solcher (BGH **28**, 110/12), sond zB auch der VorbehKäufer als Inhaber des AnwR, der PfdGläub (vgl Picker [Rn 1] S 141 ff); und vor allem die Vertreter der Eigt- bzw BesTheorie (vgl dazu oben Rn 6). Anspr richtet sich auch nicht gg Begünstigten als solchen, also zB nicht gg den Staat, sond gg die beim Straßenbau tät Firma (BGH MDR **68**, 912); Störer kann auch ein MitEigtümer sein (Düss OLGZ **78**, 349).

17   **a)** Im Fall der **Handlungshaftung** ist Störer jedenf immer der Einwirkde selbst. Bei gewerbl Anlagen neben dem Inh auch der, in dessen Interesse u mit dessen Mitteln die Anlage errichtet ist u aufrechterhalten wird (RG **155**, 319). Selbstd Untern eines störden Betr auch Störer, wenn er Dritten (zB GrdstEigtümer) ggü zum Betr verpflichtet ist (BGH NJW **83**, 751). ArbN, der bei Arbeitsausführung stört, ist nicht Störer, wenn er weisgsgebunden (vgl BGH aaO); od aber, wenn er nicht selbstd u eigenverantwortl handeln kann (BGH DB **79**, 544) od nur bei Gelegenh u nicht iR der Arbeit stört (Pleyer AcP **161**, 500). – **Störer (mittelbarer)** ist auch, wer die störde Einwirkg Dritter adäquat ursächl veranlaßt hat u sie verhindern kann (BGH NJW **82**, 440; Düss NJW **86**, 2512 über Elt bei Störg dch Kinder); Veranlasser muß beweisen, daß er alle zumutb AbstellgsMaßn versucht hat (BGH NJW **82**, 440; Kblz NJW-RR **88**, 142). Beispiele: ZeitgsVerleger bzgl Störg in Zeitg (BGH NJW **86**, 2503) od Beilage (BGH **3**, 275); BusUntern bzgl Störg dch Fahrgäste (BGH **LM** Nr 51; LG Esn MDR **88**, 864); Bauherr bzgl Störg dch BauUntern (BGH NJW **62**, 1342); Clubhausbesitzer bzgl Besucherlärm auf der Straße (BGH NJW **63**, 2020; LG Aach NJW-RR **86**, 818); BRep bzgl Störg dch Nato-Streitkräfte (BGH **49**, 340); FlughafenUntern für Boden- sowie Start-/Landelärm (BGH **59**, 378; **69**, 105 u 118); BetrInh bzgl Störg dch Kunden u Lieferanten (BGH NJW **82**, 440; Kblz NJW-RR **88**, 142) od SubUntern (Saarbr NJW-RR **87**, 500); Tennisplatzbetreiber bzgl Spiellärm (BGH NJW **83**, 751); werbds Untern u WerbgsVerteiler (BGH **106**, 229), Automatenbetreiber bzgl Störg dch Benutzer (LG Regbg NJW-RR **89**, 1458); Vermieter bzgl Störg dch Mieter (Rn 20). Vorausgesetzt ist eine gewisse Sachbeherrsch, wie sie zB der SichEigtümer vor Erlangg des unmittelb Bes nicht hat (BGH **41**, 393). Daher nicht BPost bzgl Lärm der Telefonzellenbenutzer (BaWüVGH DVBl **84**, 881).

18   **b) Zustandshaftung:** Störer ist auch (oder allein), wer eine störende Anlage hält, wenn von seinem Willen die Beseitigg abhängt (BGH **LM** Nr 14); jedenf dann, wenn er die störden Umst kennt (BGH NJW

66, 1361). So BRep als Eigtümerin der Autobahnen, wenn sie störenden Zustand nicht beseitigt (BGH **29**, 317); Landkreis, der Abdeckerei finanziert (RG **155**, 316); der Eigtümer eines Steinbruchs, dessen Ausbeute einem anderen vertragl eingeräumt (RG DR **41**, 1785: beide sind Störer).

c) Bei einer **Mehrheit von Störern** besteht der Anspr gg jeden unabhäng vom Tatbeitrag, nur der 19 AensprInhalt richtet sich nach dem konkr Tatbeitrag (BGH NJW **76**, 799); zB Hersteller u Importeur von Zeitgen mit störden TatsBehauptgen (BGH aaO), Eigtümer u Benutzer störder Anlagen (RG **162**, 358; Warn **17**, 245); vgl auch BGH **14**, 174 (Haftg des Verlegers für Beilagen zu Druckschrift). Häuf sind mittelb u unmittelb Störer gemeins legitimiert, sow sie zur Beseitigg der Störg imstande sind (BGH **49**, 340); bei Ausführg eines Baus dch Mehrere vgl BGH NJW **71**, 935. Über entspr Anwendg von § 830 I 2 vgl LG Köln NJW-RR **90**, 866.

d) **Vermieter/Mieter.** Stört der Mieter, kann neben ihm der Vermieter in Anspr genommen werden, 20 wenn er dem Mieter die störde Benutzg ausdrückl od stillschw gestattet hat u nicht ausgeschlossen werden kann, daß er die Störg beseitigen kann, was er beweisen muß (vgl BGH NJW **67**, 246; LM Nr 44; BayObLG NJW-RR **87**, 463; Celle NJW **88**, 424; LG Ffm NJW-RR **86**, 817; LG Aach NJW-RR **86**, 818). – Aber auch wenn Vermieter das störde Verhalten des Mieters verboten, also zunächst willentl keine adäquate Ursache für die Beeinträchtigg gesetzt hat, wird er zum Störer, wenn er das Verhalten des Mieters „in ungehöriger Weise duldet" (RG **45**, 298 u stRspr), dh wenn er es unterläßt, die Beeinträchtigg zu verhindern: dch Tathandlgen od rechtl Maßnahmen gg den Mieter, der dch Störg der Nachbarn regelm den MietVertr verletzen w. Einzelheiten, auch zu den Fällen samtverbindl Haftg von Verm u Mieter vgl Lutter/Overrath JZ **68**, 345.

e) Bei einer **Rechtsnachfolge** auf seiten des Störers (vgl dazu Brehm JZ **72**, 225) erlischt der Anspr aus 21 § 1004, wenn die Beeinträchtigung aufhört. Besteht sie fort od besteht wenigstens Wiederholgsgefahr, richtet sich der Anspr gg den bish Störer nur, wenn dieser über die störde Sache verfüggsberecht bleibt, zB wenn der Nießbraucher Eigtümer wird u das Grdst einem anderen vermietet. Sonst richtet er sich nur gg den RNachfolger, der den Zustand bestehen läßt (RG **159**, 129), obwohl er in bescirgen könnte u müßte, da der von „Menschenhand geschaffene" Zustand „potentielle Störgsquelle" ist (so Baur AcP **160**, 479; Kübler AcP **159**, 276 ff wg GG 14 II); vgl BGH **29**, 314, 317; NJW **68**, 1327. Anders bei Anspr auf SchadErs. Ob ZPO 265, 266 bei RNach auf der Störerseite anwendb, ist str; nein: bei persönl Anspr; ja, wenn sich Beeinträchtigg, wie im NachbR u dch Errichtg u Aufrechterhaltg eines Bauwerks gewissermaßen „verdinglicht" hat (vgl BGH **28**, 153/6; Heinze, RNachf in Unterlassen, 1974 S 251 ff).

5) **Beseitigungsanspruch** zur Abwehr ggwärt Beeinträchtigg.

a) **Inhalt.** – **aa) Beseitigung** der Beeinträchtigg ist Abstellg der Einwirkg für die Zukunft, nicht Her- 22 stellg des früh Zustandes dch Beseitigg der Folgen der Einwirkg (über Beseitigg der Ehrverletzg vgl Einf 27 vor § 823). Die Beseitigg der Beeinträchtigg ist zu unterscheiden von dem Ersatz des Schadens; dieser kann nicht nach § 1004, nur nach §§ 823 ff bei Versch verlangt werden (BGH **28**, 113). Richtig BayObLG SeuffA **38**, 106: bei Dammbruch nach § 1004 nur Beseitigg der Dammlücke, nicht Ersatz des Überschwemmungsschadens; and Stgt OLG **41**, 162 (Wasserleitgsbruch, Wegschwemmen der Humusschicht); lehrreich BGH **49**, 340: Beseitigg von im Übermaß angeschwemmten Sand, der dch Panzerübg auf Truppenübgsplatz abgelöst; RG **63**, 379: kein Ersatz für Explosionsschaden bei unverschuldetem Gasrohrbruch. Dagg gibt RG **127**, 35, wenn Haldenbrand auf Bahndamm übergreift, freilich Anspr aus § 1004 nicht nur auf Eindämmg des Feuers, sond auch auf Beseitigg der schon erfolgten Zerstörg, was aber wohl nur als SchadErs mögl wäre (str), BeseitiggsPfl entfällt nicht schon desh, weil sich stördes Material mit GrdEigt verbunden hat (BGH **40**, 18). – **bb) Zumutbarkeit.** § 249 S 2, § 251 I nicht anwendb. Ist völlige Beseitigg nicht sofort mögl, kann Herab- 23 minderg der Störg in zumutb Weise verlangt werden (BGH LM Nr 70). BeseitiggsPfl auch dann, wenn zB Beseitigg einer Anlage aus techn Gründen über die Behebg der Störg als solche hinausgeht (BGH **18**, 266). BeseitiggsAnspr grdsätzl auch dann, wenn Kosten der Beseitigg unverhältnism hoch (BGH LM Nr 14; vgl aber Rn 38). – **cc) Kosten der Beseitigung** trägt der Störer; dies gilt auch, wenn sein RVorgänger (der dem 24 Eigtümer nur noch aus §§ 823 ff haften kann) die Beeinträchtigg verursacht hat. Beseitigt der Eigtümer selbst, so haftet der Störer nach §§ 812 ff (BGH **97**, 231; NJW **91**, 2826) sowie u uU nach § 683 (BGH **110**, 313); Mitverursachg des Gestörten nach § 254 zu berücksichtigen (BGH JZ **95**, 410 Anm Kreissl). – **dd) Schuldner- und Gläubigerverzug** mögl.   25

b) **Klageantrag und Urteil** müssen lauten auf Vornahme geeigneter Maßn, dch die für das Grdst des 26 Klägers wesentl Beeinträchtigen (sofern Umfang der zu unterlassden Störg nicht näher bestimmb) dch Einwirken best Art verhindert werden (BGH LM § 906 Nr 5; ZMR **65**, 301; Mü MDR **90**, 442); die Wahl der Maßn obliegt dann dem Bekl u ist vom EigtSchuldn erst in der ZwVollstr nach ZPO 887 zu treffen (nach Düss OLGZ **88**, 83 Vollstr nach ZPO 888). Verurteilg zu best Maßn aber, wenn nur sie Beseitigg gewährleistet (BGH **120**, 239; Schlesw SchlHA **93**, 170). Bedarf die Maßn einer behördl Gen, so ist ein entspr Vorbeh in den UrtTenor aufzunehmen u erst in der ZwVollstr die GenErteilg zu prüfen (BGH aaO); Bekl ist auf Antr zur Stellg des GenAntr zu verurteilen (BGH aaO).

6) **Unterlassungsanspruch** zur Abwehr künft Beeinträchtigen.

a) I 2 gibt einen **materiellen Anspruch** auf Unterlassg (vgl Wesel, FS-vLübtow 1970, 787; Henckel AcP 27 **174**, 97). Er hat seine materielle GrdLage im bedrohten HerrschR; dies zu achten, ist allerd jedermann gehalten (vgl Larenz NJW **55**, 263). Aus der scheinb dogm Schwierigk, sich eine Vielzahl daraus entspringender Abwehrrechte gg jedermann vorzustellen, folgert ein Teil des Schrifttums, daß die vorbeugende Unterl-Kl ein rein prozessuales RInstitut ist, deren also Form des RSchutzes ist, ein materieller Anspr als StreitGgst nicht zugrde liegt. Aber wie der vertragl, so ist auch der gesetzl UnterlAnspr mit der schlichte LeistgsKl verfolgb. Dem absoluten HerrschR entspringt näml nicht nur bei Verletzg, sond schon bei konkreter Bedrohg (vgl Rn 29) der Anspr auf Unterlassg künft Beeinträchtigen, womit nicht zu verwechseln ist (vgl BGH LM § 241 Nr 2) ein erst zukünf fäll werdder UnterlAnspr.

28   **b)** Bestr ist weiter, ob die LeistgsKl auf vorbeugde Unterlassg bes **Prozeßvoraussetzungen** erfordert. – Sieht man von der Möglichk eines erst künft fäll werdden UnterlAnspr ab (was bei gesetzl UnterlAnspr schwerl begegnen dürfte), so besteht kein Grd, die Klage dem **ZPO 259** zu unterstellen. Ist der Anspr dch die konkrete, tatbestdsmäß Bedrohg des Rechts dch einen Dritten einmal entstanden, so ist die UnterlPfl auch in der Gegenwart solange zu erfüllen, als die Bedrohg andauert, so daß ZPO 259 ausscheidet (Th-P § 259 Anm 2). – Die **Wiederholungsgefahr** ist nicht bes RSchutzvoraussetzg (vgl Rn 29); Klage daher unbegründet u nicht unzuläss, wenn sie nicht schlüss dargelegt (str). – Möglichk **strafrechtlicher Verfolgung** schließt allg RSchutzBedürfn nicht aus (BGH NJW **57**, 1319).

29   **c) Wiederholungsgefahr** ist materielle AnsprVoraussetzg; daher erlischt Anspr bei Fortfall (BGH NJW **95**, 132). Sie ist die auf Tatsachen gegründete obj ernstl Besorgn weiterer Störgen; maßg Ztpkt ist die letzte mündl TatsVerhandlg. BewLast hat der Gestörte. Meist begründet vorangegangene Verletzg eine tats Vermutg für die Wiederholgsgefahr, an deren Widerlegg dch den Störer hohe Anfordergen zu stellen sind (BayObLG NJW-RR **87**, 463, 1040; KG ZMR **88**, 268; Köln NJW-RR **93**, 97; OLGZ **94**, 313). Im RStreit abgegebene VerpflichtgsErkl beseitigt die Wiederholgsgefahr nur, wenn sie uneingeschränkt u nach der Überzeugg des Gerichts aus besserer Einsicht, nicht bloß unter dem Druck des Proz, abgegeben (RG **98**, 269). Zur Frage der Sicherg des UnterlassgsVerspr dch VertrStrafe u der Wertg einer Weigerg, sich ihr zu unterwerfen vgl Ffm OLGZ **70**, 40 u Einf 24 vor § 823. In den Fällen der §§ 550, 581 II, 1053 außerdem Abmahng erforderl. Nach dem Wortlaut („weitere") setzt der Anspr eine bereits erfolgte Beeinträchtigg voraus. Diese kann aber schon in Ankündigg liegen (vgl BGH **2**, 394; RG **151**. 246), währd bloße RBerühmg regelm dch ZPO 256 abgewehrt werden. Doch genügt auch eine **erstmals drohende Beeinträchtigung** (BayObLG NJW-RR **87**, 1040; Zweibr NJW **92**, 1242); trifft Störer Anstalten hierzu, braucht mit UnterlKlage nicht bis zur Vollendg des Eingriffs gewartet zu werden (BGH **LM** Nr 27, 32; § 906 Nr 19).

30   **d) Anspruchsinhalt:** Ihn bestimmt die zu besorgde weitere Beeinträchtigg. Liegt ein störder Zustand vor, deckt sich Anspr auf dessen Beseitigg inhaltl mit dem UnterlAnspr (BGH **LM** Nr 32). **Klageantrag und Urteil** müssen die zu unterlassde Einwirkg so konkret festlegen, daß für das VollstrVerf (auch unter Heranziehg der UrtGrde) die notw Bestimmth gesichert ist (Mü NJW-RR **91**, 1492); bei immissionsrechtl UnterlKl genügt „Unterl von Störgen bestimmter Art (zB Gerüche/Geräusche)", so daß Wesentlich uU im VollstrVerf (ZPO 890) erneut zu prüfen (BGH **121**, 248; Köln OLGZ **94**, 313 [Hundegebell]). Über Notwendigk behördl Gen der Unterl vgl Rn 26.

31   **7) Ausschluß des Anspruchs (II).** Der Anspr aus § 1004 setzt RWidrigk des BeeinträchtiggsZustandes voraus (vgl Rn 9). Er entfällt daher, wenn Eigtümer den Eingr dulden muß. Damit begründet II eine rechtshindernde Einwendg (bestr, nach RG **144**, 271 Einrede), wenn Eingr gerechtfertigt. Dies muß Störer beweisen (BGH NJW **89**, 1032). § 986 I 1 gilt entspr (BGH NJW **58**, 2061). Fällt der rechtfertigde Grd (zB Anlage rechtfertigde GrdDbk [aA Schlesw SchlHA **68**, 259]) später weg, so ist der Störer zur Beseitigg fortbestehder Beeinträchtigg verpfl (BGH NJW **90**, 2058; **94**, 999; Picker JZ **76**, 370; aA Wstm/Pinger § 36 I 3). Über **Beschränkung des Anspruchs** dch BImSchG 14 u bei lebenswicht Betr vgl § 906 Rn 37–41. – DuldgsPfl kann begründet sein dch:

32   **a) Allgemeine Rechtfertigungsgründe. – aa) Gesetzliche:** §§ 227, 229, 904; StGB 193. Meings- u PresseFreih (GG 5 I; vgl § 823 Rn 189); sie hat auch ggü Recht am eingerichteten u ausgeübten GewBetr (GG 14) Vorrang (Stgt JZ **75**, 698), nach LG Münst NJW **78**, 1329 auch ggü HausR. Polit Plakate auf fremdem Eigt unzul (Karlsr Just **77**, 422). KunstFreih (GG 5 III; vgl § 823 Rn 190). – **bb) Einwilligung** des Gestörten (BGH WM **71**, 179), auch wenn aGrd unwirks Vertr (RG **133**, 296); längere Duldg beseitigt noch nicht Einwillig (BGH VersR **64**, 1070; Hbg MDR **69**, 576); Unterschrift unter BauAntr für stördes Bauwerk reicht idR (vgl Reidt JuS **93**, 20; aA BayObLG ZMR **90**, 418). Über Widerruf vgl Mü OLGZ **90**, 97. – **cc) Sonstige.** Einstw Vfg (BGH **LM** ZPO § 926 Nr 1).

33   **b)** Auf **Rechtsgeschäft:** dingl Recht (zB GrdDbk) od schuldr Vertr (zB stillschw LeihVertr; Köln NJW-RR **92**, 1497) zw Eigtümer u Störer; § 986 I entspr anwendb (BGH **LM** § 164 Nr 13). Schuldr Vertr bindet EinzelRNachf der Part nur iRv § 328 od nach Abtr der DuldgsAnspr bzw bei SchuldÜbern (dazu Schapp in Anm zu BGH NJW **76**, 1092); ohne dingl Sicherg ist der EinzelRNachf des Eigtümers idR nicht gebunden u kann Beseitigg verlangen (BGH NJW **76**, 416; **LM** Nr 123; Hbg NJW-RR **91**, 403). Oft stillschw Verzicht auf Anspr bei Veräußerg eines GrdstTeils für Zweck, der Beeinträchtigg vorausgesehen läßt (RG Warn **34**, 8). Vermieter eines Hauses kann dessen Betreten durch Besucher des Mieters od WohnBerecht idR nicht verbieten (Medicus SchlHA **63**, 269; LG Ffm WM **64**, 41; Köln MDR **54**, 359 nicht zu verallgemeinern; vgl LG Karlsr NJW **61**, 1166); auch nicht das Befahren von Privatstraßen einer Siedlg dch Lieferanten der Mieter (LG Münst MDR **61**, 234). – Keine Berufg des Störers auf Handelsbrauch (BGH **LM** Nr 27). Keine grdsätzl Pflicht, GemeinschFernsehantenne auf Reihenhaus zu dulden (Schleier SchlHA **66**, 135).

34   **c)** Auf **Rechtsnormen: – aa) Privatrechtlicher** (einschl GewohnhR) Natur: insb die Vorschr des NachbR (§§ 906ff, EG 124; BGH NJW **91**, 2826); daneben § 242, vor allem iR des nachbarl GemschVerh (vgl § 903 Rn 13). Bei Überwuchs ist § 910 II entspr anwendb (Köln NJW-RR **89**, 1177; LG Kleve MDR **82**, 230; LG Saarbr NJW-RR **86**, 1341. – **bb) Öffentlichrechtlicher** Natur: zB AbwasserR; BauordngsR (BauGen reicht nicht; BayObLG ZMR **90**, 418); DenkmalsSchR; VermessgsR; NaturSchR (BGH NJW **93**, 925; Düss MDR **88**, 776 u LG Landshut NJW-RR **89**, 1420: auch kommunales; LG Hechingen NJW **95**, 971; Vieweg NJW **93**, 2570); TelWG 1 (BGH NJW **79**, 164); StraßenR (über von Straße auf Grdst eindringde Wurzeln vgl BGH **97**, 231; vgl Hamm VersR **75**, 1154). Kann vom Duldgsgebot eine behördl AusnGen erteilt werden u ist diese noch nicht rbeständ angelehnt, so muß das ZivilGer die Voraussetzgen prüfen (BGH NJW **93**, 925) u bejahenf zur Beseitigg/Unterl unter Vorbeh der Gen verurteilen (vgl Rn 26). – Über GemeinGebr vgl § 903 Rn 28. Das Recht von Trägern der VerwVermögen (Rathaus einer Stadt, GerGebäude), andere abzuwehren (Betretverbot) kann aus der öffr Zweckbestimmg u dem GleichhSatz heraus beschränkt sein (BGH **33**, 230; JZ **72**, 663 mit Anm Stürner); hierzu allg Zeiler DVBl **81**, 1000. – Über Ausschl/Beschrkg des AbwehrAnspr ggü hoheitl Einwirkgen auf Grdst vgl § 906 Rn 44. – **cc)** § 254 kann AbwehrAnspr nicht nur beschränken, sond ausnahmsw ganz ausschließen (vgl Soergel/Mühl Rn 106), u

zwar uU ohne Verschulden des Gestörten bei bloßer Mitverursachg (RG **138**, 329; BGH WM **64**, 1104; ZMR **65**, 301; **66**, 50). – **dd) Energieversorgungsanlagen:** BauGB 41 I 2 (BGH NJW **76**, 416; Celle NJW **73**, 1505); AVBGasV 8 (BGH NJW-RR **93**, 141); AVBEltV 8 (BGH aaO; Düss NJW-RR **86**, 1208; Köln NJW-RR **91**, 99); AVBWasserV 8 (BGH aaO; Hamm NJW-RR **92**, 346).

8) Verjährung, Verwirkung, rechtsmißbräuchliche Ausübung. Unzulässige Einwirkgen werden **35** durch Zeitablauf allein nicht zul. Auch ist es grdsätzl unerhebl, daß der Verletzte das Eigt erst nach Errichtg der störenden Anlage erworben (RG JW **35**, 1775).

a) Verjährung nach §§ 194, 195, 198. Verjährgsfrist 30 Jahre (BGH **125**, 56; aA LG Tüb NJW-RR **90**, **36** 338: § 902 I bei GrdstEigt). Aber erst von der letzten Einwirkg ab; mit jeder Einwirkg (zB unzul Immission, § 906) entsteht ein neuer Anspr; anders bei Fortdauer schädigder Einwirkgen dch ein u dieselbe Handlg (vgl BGH NJW **90**, 2555). Bei Störg dch Baum (Schatten) ließ BGH **60**, 235 im Hinbl auf NachbRG *NW* 41 I 1b, 50 die Verj einmalig mit Einpflanzg, nicht aber wg fortdauernder Einwirkg ständ neu entstehen (ebso Köln ZMR **94**, 115 für Abstandsunterschreitg); and für Blätter- u Samenwurf dieses Baums. – Beachte aber §§ 902, 924. Wirkt sich der Zustand eines Grdst erst dch Veränderg auf dem NachbGrdst aus, beginnt mit dieser die Verjährg. Mit Wechsel des Eigt am gestörten Grdst beginnt keine neue VerjFr (BGH **125**, 56; Köln ZMR **94**, 115). Für deliktische Unterl- u Beseitiggs- (Widerrufs-)Anspr gilt § 852. Weithin wird § 852 auch auf quasinegator Anspr dieser Art angewendet (BGH NJW **69**, 463; **LM** Nr 3 zu § 21 UWG; Soergel/ Mühl Rn 186; Hoche FS-H. Lange 1970, 241 [250]); doch erscheint hier die hist Herkunft des Instituts aus dem DeliktsR überbewertet. Negator Anspr verjähren nach § 195.

b) Verwirkung mögl, wenn die Geltdmachg gg Treu u Gl verstößt. Bei Störg des Eigt an einer Sache **37** nur in bes gelagerten AusnFällen (vgl auch RG JW **35**, 1775). Verwirkg dch Verletzten wirkt auch ggü seinem RNachf (BayObLG NJW-RR **91**, 1041; WuM **93**, 558; KG WE **94**, 51).

c) BeseitiggsVerlangen kann entspr §§ 251 II, 633 II 2 **Rechtsmißbrauch** sein, wenn die Beseitigg mit **38** unverhältm, nach den Interessen der Beteil u allen sonst Umst unbill Aufw verbunden wäre (BGH **62**, 388; **LM** Nr 132); and idR bei vors Beeinträchtigg (BGH NJW **70**, 1180; vgl aber Hamm OLGZ **76**, 61).

9) Prozessuales. a) Zivilrechtsweg auch bei fiskal Handeln von Beamten/Behörden (BGH **34**, 99). **39** Beruht die Störg dch Privaten auf VerwAkt, kann Gestörter zwar dessen Nichtigk, auch den Wegfall der hoheitl Bindg (Widmg) der streitbefangenen Sache zur Nachprüfg dch das ordentl Gericht stellen (BGH **4**, 304, **5**, 70; **18**, 253; **LM** GVG 13 Nr 16); doch muß er einen (nur angreifb) VerwAkt mit den Mitteln des VerwRSchutzes zu beseitigen suchen (BGH **5**, 102; **14**, 228; **34**, 99; **LM** GVG 13 Nr 70). **Verwaltungs- 40 rechtsweg** bei hoheitl Eingr gegeben (BGH NJW **78**, 1860; Zweibr NVwZ **82**, 332; OVG Kblz NVwZ **90**, 279), ebso der auf Beseitigg der Folgen einer rwidr Amtshandlg zielde FolgenbeseitiggsAnspr (BVerwG NJW **85**, 817; OVG Münst NJW **84**, 1982). Zum öffr AbwehrAnspr Köckerbauer/Büllesbach JuS **91**, 373; VGH Kass NJW **93**, 3088. RWeg bei Hausverbot für BehördenGbde richtet sich danach, ob der Betroffene privatr od öffr Angelegen regeln will (BVerwG JZ **71**, 96; BGH NJW **67**, 1911; SchlHOVG SchlHA **93**, 238; aA Ipsen/Koch JuS **92**, 809 [VerwRWeg bei bestimmgsgem Benutzg]). – **Abgeordnetenimmunität u -indemnität** stehen Verurteilg nicht entgg (BGH **75**, 384; NJW **82**, 2246; Mü OLGZ **87**, 442).

b) Ausschl **Zuständigkeit** iF des ZPO 24: es entscheidet die Lage des gestörten Grdst.   **41**

c) Über Zulässigk einer **Feststellungsklage** anstelle der beiden Leistgsklagen aus § 1004 I gelten die allg **42** Regeln des ProzR. Sie wird zweckmäß sein, wenn neben dem LeistgsAnspr auch das Eigt des Klägers rechtskr festgestellt werden will, od wenn Bekl sich des vom Kläger für sich in Anspr genommen absoluten Rechts berühmt, ohne damit schon den Tatbestd des Eingr vollendet zu haben (bloße RAnmaßg). – Häufig nach ZPO 260 zuläss.

d) Klageänderung: Nein, wenn zur Begründg des BeseitiggsAnspr neue, gleichart Einzeltatbestände der **43** Störg vorgebracht werden (RG **99**, 137; **108**, 169;). Soweit §§ 1004, 985 konkurrieren (Rn 3), liegt im Wechsel des Anspr keine Klageänderg (vgl Soergel/Mühl Rn 214). Nach BGH MDR **69**, 648 ist der Übergang von UnterlAnspr zum AusglAnspr nach § 906 II 2 KlÄnderg.

e) Rechtskraft: Abwehrkl macht das Eigt des Klägers nicht zum StreitGgstand; nur Vorfrage. – Be- **44** nutzgsverbot erfaßt rechtskraftmäß nur die konkrete Verletzgsform. Nur wenn deren spätere Abänderg den Kern der Störgsform unberührt läßt, erfaßt die Rechtskr des Urt auch sie (BGH **5**, 189).

f) Erledigung der Hauptsache: Problematisch wenn, wenn Bekl den Wegfall der Wiederholgsgefahr **45** währd des RStreits behauptet, Hauptsache ist dann nur erledigt, wenn feststellb, daß Versprechen des Bekl, nicht weiter zu stören, redl, also nicht nur unter dem Druck des RStreits abgegeben ist (BGH **14**, 163); dazu genügt zB Übern einer Verpflichtg zur Unterlassg mit Vertragsstrafe (BGH **LM** § 823 Ag Nr 1). Die bloße Versicherg, die störde Handlg nicht mehr vorzunehmen, kann die Wiederholgsgefahr regelm nicht ausräumen (RG **103**, 177; BayObLG NJW-RR **87**, 463).

g) Zwangsvollstreckung: BeseitiggsAnspr: ZPO 887, 888 (Rn 25); UnterlassgsAnspr: ZPO 890. – **46 Konkurs:** vgl Schmidt ZZP **90**, 38.

1005 **Verfolgungsrecht.** **Befindet sich eine Sache auf einem Grundstück, das ein anderer als der Eigentümer der Sache besitzt, so steht diesem gegen den Besitzer des Grundstücks der im § 867 bestimmte Anspruch zu.**

Vgl Anm zu § 867. Anspr aus § 1005 auch bei Verbindg der Sache mit dem fremden Boden (§ 95); str; vgl **1** BGH NJW **56**, 1274. Nur solange die Sache nicht in Besitz genommen ist; dann Klage aus § 985.

1006 *Eigentumsvermutung für Besitzer.* [1] **Zugunsten des Besitzers einer beweglichen Sache wird vermutet, daß er Eigentümer der Sache sei. Dies gilt jedoch nicht einem früheren Besitzer gegenüber, dem die Sache gestohlen worden, verloren gegangen oder sonst abhanden gekommen ist, es sei denn, daß es sich um Geld oder Inhaberpapiere handelt.**

[II] **Zugunsten eines früheren Besitzers wird vermutet, daß er während der Dauer seines Besitzes Eigentümer der Sache gewesen sei.**

[III] **Im Falle eines mittelbaren Besitzes gilt die Vermutung für den mittelbaren Besitzer.**

1 **1) Allgemeines. – a)** § 1006 verkürzt die **Behauptungs- und Beweislast** des Besitzers (iFv § 855 des BesHerrn) nur zu seinen Gunsten u ohne Auswirkg auf die materielle RLage: Der Besitzer braucht nur den ggwärt bzw früheren unmittelb od (höchststuf) mittelb Besitz als TatsBasis der Vermutg darzulegen u zu beweisen, nicht aber die den EigtErwerb begründden Tats (BGH FamRZ **70**, 586) wie zB VfgsBefugn des Veräußerers (BGH **LM** Nr 8) od Unbedingth der Einigg (BGH **LM** Nr 14); weil EigenBes vermutet wird (BGH **LM** Nr 14), kann er sich auch die Behauptg seines Eigt ersparen (Medicus FS-Baur **81**, 63; aA Werner JA **83**, 617). Gilt auch ggü einem früheren Besitzer od Eigtümer u unter Eheg (Oldbg NJW-RR **91**, 963). Bei MitBes wird MitEigt iSv § 1008 vermutet (BGH NJW **93**, 935), nicht aber BruchtGröße. § 1006 gilt nicht, wenn Eigt des Besitzers unstr, aber str, ob nur trhd übereignet (BGH WM **62**, 1372). Die Vermutg gilt auch zG desjenigen, der Rechte von dem dch § 1006 geschützten Besitzer ableitet (RG HRR **32**, 234); zB: PfdgsGläub kann sich im Verf nach ZPO 771 auf für den Schuldn sprechde Vermutg berufen (Staud/Gursky Rn 31), Gläub eines ges PfdR kann sich für SchuldnEigt auf für diesen sprechde Vermutg berufen (BGH **54**, 319; LG Hbg NJW-RR **86**, 971), auf III kann sich der BesMittler berufen (BGH **LM** Nr 8), auf für Gemeinschuldn sprechde Vermutg kann sich KonkVerw berufen (Hbg ZIP **84**, 348). – **b)** § 1006 gilt nur für **bewegliche Sachen** einschl Geld/InhPap, Sachen iSv § 95 u GrdstZubeh. Er 2 gilt nicht für Urk iSv § 952 (BGH **LM** Nr 13), da hier keine Übereigng dch Besübertragg (Vermutg spricht also für Kfz- u nicht für Briefbesitzer). Für blankoindossierte OrderPap gelten nur HGB 365 I, 3 AktG 68 I, WG 16, ScheckG 21 (Rstk OLG **31**, 117). – **c)** § 1006 gilt iR aller **Ansprüche, die Eigentum voraussetzen** (BGH BB **95**, 276). In schuldrechtl Anspr (zB §§ 816, 823) bezieht er sich nur auf das Eigt, nicht aber auf subj AnsprVoraussetzgen wie Kenntn/Kennenmüssen des DrittEigt (BGH JR **77**, 242). – **d)** § 1006 dient auch zum Nachw von **Nießbrauch und Pfandrecht** (§§ 1063, 1227) des Besitzers, u zwar auch ggü dem Eigtümer. – **e) IPR:** vgl BGH NJW **60**, 774; **94**, 939; Köln IPRax **90**, 46; Armbrüster IPRax **90**, 25; Lorenz NJW **95**, 176.

4 **2) Vermutungsinhalt. – a)** Die Vermutg baut auf dem ZusTreffen von Bes- u EigtErwerb auf (arg I 2). Es wird nicht Eigt des Besitzers vermutet (BGH **LM** Nr 19), sond daß die in I–III genannten Besitzer **bei Erwerb dieses Besitzes Eigenbesitz begründeten, dabei unbedingtes Eigentum erwarben und es während der Besitzzeit behielten** (BGH NJW **94**, 939); Streit über schuldrechtl GrdGesch mit Vorbesitzer unerhebl (BGH NJW-RR **89**, 651). § 1006 daher nicht anwendb, wenn Besitzer selbst behauptet, daß BesErwerb nicht zum EigtErwerb führte, weil er schon vorher Eigt erworben habe (BGH NJW **84**, 1456) od weil er bei BesErwerb zunächst FremdBes u erst später Eigt erworben habe (BGH NJW **79**, 1358); einschränkd Wolf JuS **85**, 941. Erwerb als SichgsEigt bedeutet EigenBesErwerb (vgl § 872 Rn 1). Begründe- 5 te Besitzer bei Erlangg der tats Sachherrsch noch keinen EigenBes, so gilt § 1006 nur, wenn feststeht, daß er damals BesDiener war (BGH **LM** Nr 2). – **b)** Für die **Dauer des Eigentums** gilt die allg RFortdauervermutg (MüKo/Medicus Rn 20; Staud/Gursky Rn 7). Daher wirkt trotz des Wortlauts II auch noch nach BesVerlust für früheren Besitzer fort (BGH BB **95**, 276), tritt aber hinter die Vermut aus I (u II für späteren früheren Besitzer) zurück (Düss NJW-RR **94**, 866); somit kann sich früherer Besitzer weiter auf II berufen, wenn für späteren Besitzer wg I 2 od Widerleg keine Vermutg streitet (BGH **LM** Nr 4).

6 **3) Widerlegung der Vermutung.** Gegner kann beweisen: – **a) Abhandenkommen** der Sache (die nicht Geld od InhPap) iSv § 935 ihm od seinem RVorgänger. I–III gilt dann nur iRm ggü nichtl **(I 2)** u 7 späterer Besitzer muß EigtErwerb nach §§ 935 II, 937, 947, 948, 950 beweisen. – **b) Besitzer erwarb Fremdbesitz** nach eigener Willensrichtg **oder erwarb kein Eigentum** trotz Erwerb zu EigenBes (BGH FamRZ **70**, 586); beweist ein Mitbesitzer dies bzgl der and, so wird sein AlleinEigt vermutet (Düss NJW-RR **94**, 866). Diesen Beweis muß der Gegner auch dann führen, wenn der Besitzer die ihm mögl Behauptg von ErwerbsTats unterlassen hat, u bei Behauptg solcher Tats beschränkt sich der ihm obliegde Beweis nicht auf deren Widerlegg (Werner JA **83**, 617; aA Medicus FS-Baur **81**, 63; Staud/Gursky Rn 44); die Widerlegg vom Besitzer behaupteter ErwerbsTats kann aber im Einzelfall gem ZPO 286 zur Vermutgswiderlegg ausreichen, zumal der Gegner schwer jede denkb Erwerbsmöglichk ausräumen kann (BGH **LM** Nr 7, 16; vgl auch BGH NJW-RR **89**, 1453; KG JR **78**, 378; Baumgärtel/Wittmann JR **78**, 18) u das Ger keinen Sachverhalt als mögl ansehen darf, den keine Part behauptet u der sich auch nicht nach allg Erfahrg aufdrängt. 8 Besitzer muß dann nachträgl EigtErwerb beweisen. – **c) Besitzer verlor das Eigentum** nach BesErwerb wieder (Widerlegg der RFortdauervermutg). Besitzer muß dann Rückerwerb beweisen. Für besitzdes Mitgl einer GesHdsGemsch wird AlleinEigt erst vermutet, wenn AuseindS nachgewiesen (BGH WM **64**, 788).

9 **4) Verhältnis zu § 1362.** Die Vermut des § 1362 I 1 gilt für vor u währd der Ehe erworbne Sachen u verdrängt die ohnehin nur zG des Eigtümers geltde (Rn 1) Vermut des § 1006. Der NichtSchuldnEheg kann aber mittels § 1006 II die Vermut des § 1362 I 1 widerlegen, indem er seinen vorehel Bes (BGH NJW **92**, 1162) od den eines von ihm beerbten Dritten (BGH NJW **93**, 935) beweist. Die Vermut des § 1362 I 2 läßt eine MitEigtVermut nach § 1006 für einen mitbesitzden Dritten unberührt (BGH aaO).

1007 *Ansprüche des früheren Besitzers.* [1] **Wer eine bewegliche Sache im Besitze gehabt hat, kann von dem Besitzer die Herausgabe der Sache verlangen, wenn dieser bei dem Erwerbe des Besitzes nicht in gutem Glauben war.**

II Ist die Sache dem früheren Besitzer gestohlen worden, verloren gegangen oder sonst abhanden gekommen, so kann er die Herausgabe auch von einem gutgläubigen Besitzer verlangen, es sei denn, daß dieser Eigentümer der Sache ist oder die Sache ihm vor der Besitzzeit des früheren Besitzers abhanden gekommen war. Auf Geld und Inhaberpapiere findet diese Vorschrift keine Anwendung.

III Der Anspruch ist ausgeschlossen, wenn der frühere Besitzer bei dem Erwerbe des Besitzes nicht in gutem Glauben war oder wenn er den Besitz aufgegeben hat. Im übrigen finden die Vorschriften der §§ 986 bis 1003 entsprechende Anwendung.

1) Allgemeines. – a) Bedeutung der Vorschr ist gering. Sie ermöglicht dem früh Besitzer, der sich **1** nicht auf §§ 985, 861, 823 od Vertr stützen kann, die Wiedererlangg des Besitzes vom schlechter Berecht. – **b)** § 1007 gilt nur für **bewegliche Sachen,** nicht auch für Räume (hM; aA BGH **7,** 208). – **c)** Anspr aus §§ 812, 823, 861, 985 können **konkurrieren.** Abweisg der Klage aus § 1007 steht Klage aus diesen Anspr nicht entgg; zur RKraftWirkg vgl weiter RGRK/Pikart Rn 39; Staud/Gursky Rn 44. – **d)** Im **Konkurs** gibt § 1007 ein AussondergsR (Kuhn/Uhlenbruck § 43 Rn 52).

2) Zwei selbständige Ansprüche in I u II, die nebeneinand bestehen können (ggwärt Besitzer abhgek **2** Sache war bei BesErwerb bösgl); sie sind abtretb u vererbb. – **a) Anspruchsberechtigter** ist in beiden Fällen der früh Besitzer. BesArt unerhebl: Eigen-, Fremd-, Allein-, Mit-, Teil-, unmittelb od mittelb Besitzer; nicht aber BesDiener. – **b) Anspruchsgegner** ist in beiden Fällen der ggwärt Besitzer. BesArt unerhebl (wie bei Berecht). BesVerlust nach RHängigk hat gleiche Wirkg wie bei §§ 861, 985. – **c) Anspruchsinhalt.** Der Anspr geht auf Herausg wie bei § 985. Früh mittelb Besitzer kann aber nur entspr § 869 S 2 Herausg verlangen. Früh Mitbesitzer kann nur Einräumg des MitBes od Herausg entspr § 1011 Rn 2 verlangen. – **d) Verjährung** gem §§ 195, 198ff, 221.

3) Anspruch gegen den bösgläubigen Besitzerwerber (I, III); erfaßt auch Geld/InhPap. **3**

a) Voraussetzungen: – aa) Früherer Besitz. AnsprBerecht ist der frühere rechtmäß Besitzer. Das BesR **4** (als Eigtümer od diesem ggü als dingl od obligator Berecht) muß bei BesErwerb bestanden haben (späteres Erlöschen unerhebl) od vor BesVerlust entstanden sein (Staud/Gursky Rn 12 aE). AnsprBerecht ist aber auch der bei BesErwerb gutgl frühere unrechtmäß Besitzer (spätere Bösgläubigk unerhebl). BesR u Gutgläubigk bei fehldem BesR werden vermutet u brauchen vom AnsprSteller nicht dargelegt zu werden (vgl Rn 6). – **bb) Bösgläubigkeit.** Ggwärt Besitzer muß bei BesErwerb bösgläub gewesen sein (I); spätere **5** Bösgläubigk bzw Gutgläubigk unerhebl. Er muß das Fehlen eines ggü dem AnsprSteller wirkden BesR (gegeben, wenn ggwärt Besitzer kein BesR od nur ein schwächeres als der AnsprSteller hat; Staud/Gursky Rn 15) gekannt od grob fahrl verkannt haben (BGH Warn **73** Nr 3); alle Mängel des ErwerbsGesch dch Gutgläubigk heilb. Vom AnsprSteller zu beweisen.

b) Ausschlußgründe: – aa) Anspr ausgeschl, wenn **früherer Besitzer bei Besitzerwerb kein Besitz- 6 recht hatte und bösgläubig war (III 1 Fall 1),** weil er Mangel des BesR bei BesErwerb kannte od grob fahrl verkannte (alle Mängel des ErwerbsGesch dch Gutgläubigk heilb); vgl Rn 4. Vom AnsprGegner zu beweisen; AnsprSteller muß dann nachträgl BesRErwerb vor BesVerlust beweisen. – **bb) Besitzaufgabe 7** dch früh Besitzer schließt Anspr aus **(III 1 Fall 2);** vom AnsprGegner zu beweisen. Keine BesAufgabe dch unmittelb Besitzer, wenn er (zB dch Vermietg) zum mittelb Besitzer wird. Bei Weggabe dch unmittelb Besitzer/BesDiener ohne Willen des mittelb Besitzers/BesHerrn keine BesAufgabe dch letztere (BGH Warn **73** Nr 3; RGRK/Pikart Rn 27; Staud/Gursky Rn 14); und wenn erstere zur BesAufgabe für letztere bevollm (BGH **LM** § 855 Nr 3). Für Weggabe dch nicht voll GeschFähige od aGrd Drohg/Täuschg/Zwang gilt § 935 Rn 3. – **cc) Ein gegenüber dem Anspruchsteller wirkendes Besitzrecht des gegenwärtigen 8 Besitzers** (BGH **LM** § 855 Nr 3) gibt letzterem eine Einwendg (hM) ggü dem HerausgAnspr **(III 2 iVm** § 986); vom ggwärt Besitzer zu beweisen. Es muß nach BesErwerb erlangt sein, da BesR bei BesErwerb schon Bösgläubigk nach Rn 5 ausschließt. BesR bei BesErwerb kommt aber in Betracht, wenn stärkeres des AnsprStellers nachträgl entfallen. Das BesR des ggwärt Besitzers kann sich aus Eigt/PfdR/Nießbr (zu deren Beweis keine Berufg auf § 1006; Staud/Gursky Rn 18) od einem obligator RVerh zw ihm u dem Eigtümer od dem AnsprSteller ergeben. – Ggwärt Besitzer dringt mit der Einwendg aus seinem BesR aber nicht dch, wenn AnsprSteller beweist, daß er ein ihm ggü wirkdes stärkeres BesR erworben hat (zB PfdR ggü Eigt); dessen Erlöschen ist dann vom ggwärt Besitzer zu beweisen. BesR des AnsprStellers aus obligator RVerh, das nicht (unmittelb od mittelb) zw ihm u ggwärt Besitzer besteht, wg seiner nur relativen Wirkg der Einwendg nicht entggsetzb; zB unmittelb Anspr aus § 1007, wenn AnsprSteller aGrd fortbestehenden Miet-Vertr mit Eigtümer besaß u Eigtümer die Sache dem ggwärt Besitzer übereignet od vermietet hat (Staud/Gursky Rn 16; aA BGH **LM** § 855 Nr 3; Canaris FS-Flume **78,** 399; Koch ZMR **85,** 187).

4) Anspruch bei abhandengekommenen Sachen (II, III). Der Anspr besteht nicht bei Geld u InhPap **9 (II 2),** denen blankoindossierte OrderPap gleichzusetzen (RGRK/Pikart Rn 19; W-Raiser § 23 Fußn 17; aA Staud/Gursky Rn 29); hier nur Anspr aus I (Rn 3) mögl.

a) Voraussetzungen: – aa) Früherer Besitz. AnsprBerecht ist der frühere entw rechtmäß od bei BesEr- **10** werb gutgl unrechtmäß Besitzer; Rn 4 gilt. – **bb) Abhandenkommen.** Die Sache muß dem früheren Besitzer abhgek sein (gleicher Begriff wie in § 935); vom AnsprSteller zu beweisen. Ist sie dem unmittelb Besitzer abhgek, so ist sie es auch dem mittelb (vgl § 935 I 2). Da dann keine BesAufgabe, entfällt AusschlGrd III 1 Fall 2 (vgl Rn 7).

b) Ausschlußgründe: – aa) Anspr ausgeschl, wenn **früherer Besitzer bei Besitzerwerb kein Besitz- 11 recht hatte und bösgläubig war (III 1 Fall 1);** Rn 6 gilt. – **bb)** Anspr ausgeschl, wenn **gegenwärtiger Besitzer Eigentümer** der Sache ist **(II 1 Fall 1;** BGH NJW **90,** 899). In II überflüss u irreführd hervorgehoben, weil Eigt schon Einwendg aus III 2 iVm § 986 gibt (Rn 13); dem Eigt aber auch hier stärkeres BesR des AnsprStellers entgghaltb. – **cc)** Anspr ausgeschl, wenn die Sache **dem gegenwärtigen Besitzer (oder 12 seinem Rechtsvorgänger) selbst vor der Besitzzeit des Anspruchstellers abhandengekommen** ist **(II 1 Fall 2);** war ggwärt Besitzer bei BesErwerb bösgl, so bleibt Anspr aus I. Vom AnsprGegner zu

beweisen. Dieser Einwendg entggsetzb, daß ggwärt Besitzer bei Erwerb seines früh Besitzes selbst bösgl
war od AnsprSteller nachträgl Eigt od ggü ggwärt Besitzer wirkdes BesR erworben hat (RGRK/Pikart Rn
13   22; Staud/Gursky Rn 31; W-Raiser § 23 II 2 a); vom AnsprSteller zu beweisen. – **dd)** Ein **gegenüber dem
Anspruchsteller wirkendes Besitzrecht des gegenwärtigen Besitzers** (BGH **LM** § 855 Nr 3) gibt
letzterem eine Einwendg (hM) ggü dem HerausgAnspr **(III 2 iVm § 986)**; Rn 8 gilt.

14   **5) Neben- und Gegenansprüche (III 2 iVm §§ 987–1003);** früh Besitzer muß HerausgAnspr („Vindi-
kationslage") haben (BGH NJW **91**, 2420). – **a) Nutzungen** sind entspr §§ 987 ff stets nur zu Besitz
herauszugeben; auch keine EigtÜbertr, wenn AnsprSteller bei fortdauerndem Besitz Eigtümer geworden
wäre (Staud/Gursky Rn 39; aA Wstm/Pinger § 35 III). HerausgPfl auch bei EigtErwerb eines Dritten
(MüKo/Medicus Rn 12; Wstm/Pinger § 35 III; aA Staud/Gursky Rn 38) u wenn ggwärt Besitzer selbst
Eigtümer geworden u AnsprSteller kein NutzgsR hat u dies weiß (Staud/Gursky Rn 39; aA W-Raiser § 23
Fußn 18). – **b) Schadensersatz** entspr §§ 989 ff. Zu ersetzen ist nur das BesInteresse (RG Warn **29** Nr 181 u
hM; aA Staud/Gursky Rn 34); es bemißt sich vor allem nach dem Haftgs- u NutzgsInteresse des früh
Besitzers (vgl Medicus AcP **165**, 115 [140 ff]). – **c) Verwendungsersatz** entspr §§ 994 ff. Weiß ggwärt
Besitzer, daß AnsprSteller NichtEigtümer, so BefriediggsR gem §§ 1003, 1248 nur, wenn Frist dem wahren
Eigtümer gesetzt (Wstm/Pinger § 35 III; W-Raiser § 23 III 2 c).

Fünfter Titel. Miteigentum

1008   ***Miteigentum nach Bruchteilen.***   **Steht das Eigentum an einer Sache mehreren nach
Bruchteilen zu, so gelten die Vorschriften der §§ 1009 bis 1011.**

1   **1) Allgemeines. – a) Rechtsnatur.** BruchtEigt ist eine Unterart der BruchtGemsch iS §§ 741 ff. Keine
reale Teilg der Sache sond ideelle Teilg des sich auf die ganze Sache beziehdn EigtR. Der MitEigtAnt ist Eigt,
auf den neben §§ 741 ff u §§ 1009 ff alle Vorschr über das AlleinEigt anwendb sind (RG **146**, 364; BGH **36**,
368). Gemschaftl Eigt ist idR BruchtMitEigt (§ 741); wer GesHandsEigt behauptet, muß es beweisen. –
2   **b) Rechtsinhaber.** Die Brucht müssen grds verschied RInh gehören. Soweit keine Ausn zugelassen (GBO 3
VI, WEG 8), ist daher MitEigt nicht dch Teilg von Allein-/GesHdsEigt ohne AntÜbertr **(Vorratsteilung)**
begründb (BGH **49**, 250) u nacheinand erworbene Ant bleiben nicht selbstd (LG Köln RhNK **77**, 32; vgl aber
§ 1114 Rn 3). Belastg ideeller Brucht in ungeteiltem Eigt stehder Sache **(Bruchteilsbelastung)** mit Recht, das
an MitEigtAnt bestellb, zuläss (§§ 1066 Rn 2, 1258 Rn 1), soweit nicht §§ 1095, 1106, 1114 ausgeschl.

3   **2) Entstehung. – a) Rechtsgeschäft:** Übereign an mehrere, die nicht GesHänder (RG SeuffA **88**, 8), od
wenn AlleinEigtümer einem und Brucht übereignet; vgl auch Rn 2. Bei Fahrnis Einigg u MitBesVerschaffg
erforderl. Bei Grdst gem §§ 925, 873, Angabe der Brucht im GB (GBO 47); auch BruchtGemsch an
Erbanteil wg prakt Bedürfn einzutragen, obwohl keine BruchtGemsch am NachlGrdst (Düss Rpfleger **68**,
188; Köln Rpfleger **74**, 109; aA BayObLG **67**, 405). Kein MitEigt entsteht, wenn bei Auflassg zu AlleinEigt
MitEigt eingetr (Kblz MDR **78**, 669). – **b) Gesetz:** §§ 947 I, 948, 963, 984; vgl auch § 921 Rn 9, 15; DepG 6;
HGB 419; OLSchVO 23, 30 II.

4   **3) Verfügung über Anteile.** Jeder MitEigtümer kann über seinen Anteil verfügen (§ 747 S 1); nicht mit
dingl Wirkg beschränkb (Walter DNotZ **75**, 518). Vfg über die ganze Sache nur dch alle MitEigtümer (§ 747
S 2); über Umdeutg in Vfg eines MitEigtümers nur über seinen Anteil vgl RG JW **10**, 473. Vfg über den
5   AlleinEigt nicht in Vfg über Anteil umdeutb (BGH **LM** § 932 Nr 19; Ffm Rpfleger **75**, 174). – **a) Übertra-
gung.** Bei Grdst gem §§ 925, 873; über gutgl Erwerb dch MitEigtümer vgl § 892 Rn 8; dch Vormkg im GB
des ungeteilten Grdst sicherb (MüKo/Schmidt Rn 6; aA Düss MittBayNot **76**, 137). Bei Fahrnis gem
§§ 929 ff; Übertr des MitBes ersetzb nach § 930 (RG **139**, 117), 931 (zB WertPap in Sammelverwahrg od
Streifband; BGH Betr **67**, 1677; WM **74**, 450); über gutgl Erwerb vgl § 932 Rn 1; Koller Betr **72**, 1860, 1905
u Krümpel WM **80**, 422 (SammeldepotAnt); Pikart WM **75**, 404. SonderVorschr: DepG 24 II. Bei Übertr
eines Anteils von einem auf mehrere RInh od eines Anteils am Anteil entsteht keine UnterBruchtGemsch
sond einheitl Gemsch an der ganzen Sache (BayObLG RPfleger **79**, 302). – **b) Quotenänderung** bei Grdst
6   wie Übertr (GBO 20 gilt; BayObLG DNotZ **83**, 752); bei Fahrn genügt Einigg. – **c) Belastung** auch zG
and MitEigtümer mögl (BayObLG **58**, 201); vgl auch §§ 1095, 1106, 1114 (1192, 1199), 1258. Belastg mit
GrdDbk, bpDbk od ErbbR ausgeschl (KG DNotZ **75**, 105); belasten diese Rechte das ganze Grdst, so
können sie nicht dch gutgl Erwerb eines MitEigtAnteils, wohl aber dch Zuschlag in der ZwVerst (str, vgl
7   § 1018 Rn 35) erlöschen. – **d) Zwangsvollstreckung** (Stöber Rn 1542 ff). Bei Fahrnis dch Pfdg des Anteils
nach ZPO 857 (BGH NJW **93**, 935); Pfdg der ganzen Sache dch Gläub eines MitEigtümers können die and
MitEigtümer nach ZPO 771 widersprechen (BGH aaO), auch wenn sie nur MitEigtümer unwesentl Be-
standt sind (RG **144**, 241). Bei Grdst nach ZPO 864 ff, nicht dch Pfdg des Anteils nach ZPO 857. In beiden
Fällen zul Pfdg u Überweisg der Anspr aus §§ 743 I, 749 (BGH **90**, 207); nicht im GB eintragb (LG Siegen
Rpfleger **88**, 249). Weiteres Verf bei Fahrnis nach §§ 751 S 2, 752 ff, bei Grdst nach ZVG 181 II 1; Ausschl
der Aufhebg wirkt entspr § 751 S 2 auch nicht bei Grdst gg Gläub (vgl § 1010 Rn 1). Im Konk KO 16, 51.

8   **4) Das Gemeinschaftsverhältnis** regeln §§ 741 ff, 1009 ff. AufhebgsAnspr ausgeschl bei MitEigt der
AnteilsInh am SonderVerm einer KapitalanlageGesellsch (KAGG 11). Wg Realteilg von Grdst u Häusern
bei GemschAufhebg vgl BGH **58**, 146; Schlesw SchlHA **67**, 179; § 752 Rn 3.

1009   ***Belastung zugunsten eines Miteigentümers.***   **[I] Die gemeinschaftliche Sache kann
auch zugunsten eines Miteigentümers belastet werden.**

**[II] Die Belastung eines gemeinschaftlichen Grundstücks zugunsten des jeweiligen Eigentümers
eines anderen Grundstücks sowie die Belastung eines anderen Grundstücks zugunsten der je-**

weiligen Eigentümer des gemeinschaftlichen Grundstücks wird nicht dadurch ausgeschlossen, daß das andere Grundstück einem Miteigentümer des gemeinschaftlichen Grundstücks gehört.

1) I gestattet **Belastung der ganzen Sache** zG eines MitEigtümers mit jedem beschr dingl Recht 1 (Ffm Rpfleger **94**, 204). Da alle MitEigtümer verfügen müssen (§ 747 S 2), erklärt Erwerber die erforderl Einigg im eigenen Namen mit sich selbst (RG **47**, 209). Dem GBA sind EintrBew u VfgBefugn auch des auf Seiten der Belastden mitwirkden Erwerbers nachzuweisen, in seinem EintrAntr (für den dann GBO 29 gilt) liegt idR Gen der EintrBew der übr MitEigtümer. § 1009 schließt §§ 1063, 1177, 1256 I 1 aus. Hyp des MitEigtümers ist FremdHyp am ganzen Grdst u an dem sind Anteilen, am eig Anteil EigtGrdsch (KG JR **57**, 420); MitEigtümer kann ZwVollstr in das ganze Grdst u die Anteile der and MitEigtümer (nicht in den eig) betreiben. – **II** betr die subj-dingl Rechte: §§ 1018, 1094 II, 1105 II.

2) Auf **Gesamthandseigentum** ist § 1009 insow entspr anwendb, als das einem GesHänder an der 2 gemsch Sache bestellte Recht insges FremdR ist, da es einen sonderrechtsf Anteil eines GesHänders nicht gibt (Soergel/Stürner Rn 5; zu allg KG OLG **8**, 119; Stgt OLG **15**, 410).

1010 *Sondernachfolger eines Miteigentümers.* [I] **Haben die Miteigentümer eines Grundstücks die Verwaltung und Benutzung geregelt oder das Recht, die Aufhebung der Gemeinschaft zu verlangen, für immer oder auf Zeit ausgeschlossen oder eine Kündigungsfrist bestimmt, so wirkt die getroffene Bestimmung gegen den Sondernachfolger eines Miteigentümers nur, wenn sie als Belastung des Anteils im Grundbuch eingetragen ist.**
[II] **Die in den §§ 755, 756 bestimmten Ansprüche können gegen den Sondernachfolger eines Miteigentümers nur geltend gemacht werden, wenn sie im Grundbuch eingetragen sind.**

1) Regelungen der Verwaltung und Benutzung (§§ 744 ff) u über den **Ausschluß der Aufhebung** 1 (§§ 749 ff) wirken nach §§ 746, 751 S 1 für u gg den SonderNachf eines MitEigtümers. – **a) I** macht bei MitEigt (nicht GesHdsEigt) **an Grundstücken** die Wirkg **gegen** den (auch bösgl) SonderNachf von der GBEintr abhäng (Mü NJW **55**, 637). Aber auch bei Eintr gelten KO 16 II, §§ 749 II, III, 750, 751 S 2 (hM). § 1010 gilt auch für PfdgsGläub an einem aus dem MitEigt fließden Anspr (Ffm NJW **58**, 65) u bei Übergang eines Brucht auf mehrere Pers zu Brucht (LG Bln NJW **56**, 471). – Über Anspr der übr MitEigtümer, wenn einer entgg NutzgsVereinb seinen Anteil mit Nießbr belastet BGH **40**, 326. – **b)** Die Vereinbg begründet eine **Belastung** der MitEAnteile zG des aus ihr Berecht, die im RangVerh 2 zu und Belastgen steht (LG Zweibr Rpfleger **65**, 56) u ohne weiteres gg dem AntErwerber wirkt (BayObLG Rpfleger **80**, 478). Der Berecht muß MitEigtümer sein (Pöschl BWNotZ **74**, 79; Fleitz BWNotZ **77**, 36; Ertl Rpfleger **79**, 81; aA Hamm DNotZ **73**, 546; MüKo/Schmidt Rn 10; Döbler RhNK **83**, 181). Die Belastg wird mit Beendigg der Gemsch ggstandslos; Vereinbg für Zeit danach nicht sicherb (BayObLG MittBayNot **64**, 275). – **c) Eintragbar** ist zB Vereinbg, daß Zust eines MitEigtü- 3 mers od Außenstehden zur Aufhebg notw (KGJ **51**, 198; Hamm DNotz **73**, 546) od Aufhebg nur bei best Erlös (KG aaO; Köln OLGZ **70**, 276); Vereinbgen zw dem AlleinEigtümer u dem Nießbraucher an einem ideellen Anteil (Erm/Michalski § 1066 Rn 4; aA LG Mü I MittBayNot **72**, 294 abl Anm Promberger). **Nicht** aber: TeilgsAbreden (Ffm Rpfleger **76**, 397); Verpfl zur Kosten- u LastenTragg (Hamm DNotZ **73**, 546; aA BayObLG Rpfleger **93**, 59; LG Bn RhNK **94**, 81 [bei gleichzeit Benutzgsregelg]); SchadErsPfl (BayObLG aaO); Vereinbg über Beschrkg der VfgsBefugn nach § 747 (Hamm DNotZ **73**, 549). – **d) Eintragung** in Abt II richtet sich nach §§ 873–878; Berecht ist anzugeben (BayObLG DNotZ 4 **76**, 744). EintrBew nur des Inh des belasteten Anteils notw (BayObLG Rpfleger **81**, 352). Bei Eintr gem § 874 genügt Eintr „Verw- u BenutzgsRegelg" (BayObLG DNotZ **73**, 84); Einzeichng auf in EintrBew in Bezug gen Karte genügt zur Bezeichng des GrdstTeils, auf den sich die Regelg erstrecken soll (Hamm DNotZ **73**, 546; vgl BGH NJW **81**, 1781).

2) II. Einschränkg der §§ 755 II, 756 S 2 für Grdst. Eintr als Belastg in Abt II. Zur Sicherg des Anspr 5 eines Dritten auf allen Anteilen (vgl aber Rn 2); des Anspr eines MitEigtümers auf den übrigen Anteilen. – II betrifft nicht Anspr, die in der Person des RNachfolgers, außerh der dingl RLage, entstanden sind (BGH WM **66**, 579).

1011 *Ansprüche aus dem Miteigentum.* **Jeder Miteigentümer kann die Ansprüche aus dem Eigentume Dritten gegenüber in Ansehung der ganzen Sache geltend machen, den Anspruch auf Herausgabe jedoch nur in Gemäßheit des § 432.**

1) Gegenüber den anderen Miteigentümern kann jeder MitEigtümer nur sein AnteilsR geltend 1 machen; zB auf Einräumg des Mitbesitzes (§ 985), Beseitig einer Beeinträchtigg (§ 1004) od aus §§ 743, 744, 745 (KG NJW **53**, 1592), 748. Über Besitzschutz vgl § 866.

2) Gegenüber Dritten kann jeder MitEigtümer sein AnteilsR geltd machen. Darüber hinaus nach 2 § 1011 die dingl Anspr (zB §§ 894, 985, 1004) aus dem Eigt einschl EigtFeststellg sowie die auf EigtVerletzg beruhden schuldr Anspr (BGH NJW **93**, 727; zB § 812 ff, 823, 906 II, 987 ff) **aller MitEigtümer**, ebso Anspr aus Besitz (§§ 861, 862, 1007) u ZPO 771; nicht zB Feststellg des Nichtbestehens eines Mietvertr (Celle ZMR **94**, 218). Er muß das Eigt aller MitEigtümer beweisen, wobei § 1006 anwendb. Jeder MitEigtümer hat ein von den anderen Rechten der anderen unabhängiges SonderR (BGH aaO). – Sofern die anderen nicht mit Leistg an den AnsprSteller einverstanden (Köln FamRZ **59**, 460) od nicht empfangen können/wollen (entspr § 986 I 2), kann der MitEigtümer nur **Leistung an alle** (§ 432) bei HerausgAnspr (BGH NJW **93**, 935) u im RSinn unteilb Anspr aGrd EigtVerletzg (BGH NJW **93**, 727) verlangen; soweit letztere teilb, kann er anteilige Leistg an sich od volle Leistg an alle fordern. – Im

Prozeß ist der alleine klagde MitEigtümer gesetzl ProzStandschafter, wobei sich die RKraft des Urt nur bei Zust zur Klage auf die and erstreckt (BGH NJW **85**, 2825); daher keine notw Streitgenossensch (BGH **92**, 351).

3   **3)** Auf **Gesamthandseigentum** ist § 1011 nicht anwendb (BGH WM **64**, 651).

Vierter Abschnitt. Erbbaurecht

Überblick

Aus dem **Schrifttum: a)** Zum ErbbauR des BGB: Pesl, Das Erbbaurecht, 1910. – **b)** Zur ErbbRVO: Ingenstau, Kommentar zur ErbbRVO 7. Aufl 1994. – Knothe, Das ErbbR, 1987. – Linde/Richter, ErbbR u Erbbzins, 1987. – vOefele/Winkler, Handbuch des ErbbR, 2. Aufl, 1995.

1   **1) Bedeutung.** Dch das ErbbR w der Kleinwohngsbau gefördert u die Bodenspekulation bekämpft. ErbbBerecht spart den Kaufpreis für das Grdst u wird gleichwohl Eigtümer des Bauwerks, das mit dem ErbbR veräußerl u vererbl ist. Der Wertzuwachs am Grdst verbleibt dem GrdstEigtümer.

2   **2) Rechtsgrundlage. – a)** Für vor dem 22. 1. 1919 begründete ErbbRe gelten die §§ **1012–1017** fort (ErbbRVO 35, 38); vgl dazu 50. Aufl. Für die seit dem 22. 1. 1919 begründeten ErbbRe gilt die **ErbbRVO** (amtl Begründg RAnz 1919 Nr 26). – **b)** EG **131, 133** (LandesR); **181, 182, 184, 189, 196** (ÜbergangsR). **WEG 30** (WohngsErbbR).

3   **3) Erbbaurecht** ist das veräußerl u vererbl **Recht, auf oder unter einem fremden Grundstück ein Bauwerk zu haben** (§ 1012, ErbbRVO 1 I). Vereinbgen nach ErbbRVO 2, 5, 27 I 2, 32 I 2 werden dch Eintr zum RInhalt u wirken dann ohne Übern für u gg SonderRNachf; ohne Eintr wirken sie wie and schuldr Vereinbgen nur bei Übern für u gg SonderRNachf (Hamm DNotZ **76**, 534; LG Brschw Rpfleger **76**, 310). Das ErbbR ist ein **beschränktes dingliches Recht** an einem fremden Grdst u zugl ein **grundstücksgleiches Recht,** das grdsl wie ein Grdst behandelt wird (§ 1017, ErbbRVO 11).

4   **4) Schuldrechtliches Grundgeschäft** (ErbbRVO 11 II) vom ErbbR u seinem dingl BestellgsGesch (ErbbRVO 11 Rn 2) zu unterscheiden (vgl Einl 12 vor § 854), auch wenn beide RGesch zusgefaßt. Es ist idR auch GrdGesch für die Erbbzinsreallast u ihr dingl BestellgsGesch. Über mögl Nichtigk der RBestellg bei Formnichtigk des GrdGesch vgl Wufka DNotZ **85**, 651; über Unmöglichk bei Bauverbot vgl BGH **96**, 385. Es wirkt für u gg SonderRNachf nur bei Abtretg bzw Übernahme der sich aus ihm ergebden Anspr/Pfl (BGH **96**, 371). Aus diesem Vertr ist Besteller uU auch ohne Abrede verpflichtet (§ 242), Konkurrenz fernzuhalten (aA Karlsr NJW **62**, 807). – **a)** Verstoß gg **verdinglichte Verpflichtung** (ErbbRVO 2) führt **nach Eintragung** des ErbbR nicht zu dessen Aufhebg, da sonst Zweck des ErbbRVO 1 IV (Sicherg des Bestandes für vorgesehene Dauer) gefährdet. Daher haben die GrdstEigtümer bei LeistgsStörgen/VertrVerletzgen des ErbbBerecht (BGH WM **61**, 1148; aA Hbg MDR **62**, 132) u der ErbbBerecht bei solchen des GrdstEigtümers (BGH **LM** § 1 Nr 4; krit Hönn NJW **69**, 1669) kein RücktrR od KündR (als Dauerschuld-Verh aus wicht Grd). Anderes gilt **vor Eintragung** des ErbbR (BGH **LM** § 1 Nr 1). – **b)** Bei Verstoß gg **nichtverdinglichte Verpflichtung** (zB GewährLeistg) gefährdet Rückabwicklg des KausalGesch (dch Übertr auf GrdstEigtümer) über § 346 iVm §§ 326, 465 den Schutzzweck des ErbbRVO 1 IV nicht (BGH WM **61**, 1148; Düss NJW **71**, 436).

1012–1017 *(aufgehoben; vgl Übbl 2)*

Verordnung über das Erbbaurecht

Vom 15. Januar 1919
(RGBl S 72, 122/BGBl III 403–6),

zuletzt geändert durch Art 2 § 1 Gesetz vom 21. 9. 1994 (BGBl I 2457)

I. Begriff und Inhalt des Erbbaurechts

1. Gesetzlicher Inhalt

ErbbRVO 1   [I] **Ein Grundstück kann in der Weise belastet werden, daß demjenigen, zu dessen Gunsten die Belastung erfolgt, das veräußerliche und vererbliche Recht zusteht, auf oder unter der Oberfläche des Grundstücks ein Bauwerk zu haben (Erbbaurecht).**

[II] **Das Erbbaurecht kann auf einen für das Bauwerk nicht erforderlichen Teil des Grundstücks erstreckt werden, sofern das Bauwerk wirtschaftlich die Hauptsache bleibt.**

[III] **Die Beschränkung des Erbbaurechts auf einen Teil eines Gebäudes, insbesondere ein Stockwerk ist unzulässig.**

^{IV} Das Erbbaurecht kann nicht durch auflösende Bedingungen beschränkt werden. Auf eine Vereinbarung, durch die sich der Erbbauberechtigte verpflichtet, beim Eintreten bestimmter Voraussetzungen das Erbbaurecht aufzugeben und seine Löschung im Grundbuch zu bewilligen, kann sich der Grundstückseigentümer nicht berufen.

1) Gesetzlicher Rechtsinhalt (I). Verwendg als BauGrd für ein (od mehrere) Bauwerke unabdingb; 1 kein ErbbR an Grdst, das nicht bebaut werden soll (LG Lüb SchlHA **62**, 247). Veräußerlichk u Vererbbark sind unabdingb, aber einschränkb (vgl § 5 u § 2 Nr 4 sowie Rn 10).

a) Umfang. Das ErbbR belastet das ganze Grdst (KG NJW-RR **92**, 214); Belastg realen Teils nur nach 2 Abschreibg (GBO 7); Belastg ideellen Anteils unzul. Vereinigg/Zuschreibg eines Grdst bewirkt Belastg des neuen GrdstBestandteils nur bei Erstreckg des ErbbR, dessen Belastgen dann das erweiterte ErbbR ergreifen (Hamm DNotZ **74**, 91). – **aa) Erstreckung auf nicht zu bebauende Fläche (II).** Soweit das 3 Grdst nicht für das Bauwerk benötigt wird, hat der ErbbBerecht keine NutzgsBefugn (KG NJW-RR **92**, 214). Das ErbbR kann dch Einigg u Eintr auf die bestimmt zu bezeichnde (KG aaO) Benutzg solcher Fläche nur erstreckt werden, wenn das Bauwerk ggü dieser Fläche wirtsch Hauptsache bleibt (dazu vOefele MittBayNot **92**, 29), wobei großzüg Maßstab anzulegen; bei Verstoß ist BGB 139 maßg, ob nur Erstreckg od ganze ErbbRBestellg unwirks (vOefele aaO; aA BayObLG NJW-RR **91**, 718 [Bestellg unwirks]). Wirtsch **Hauptsache:** Stall ggü Auslauf (BayObLG **20**, 139), Kfz-Halle ggü Park-/Lagerfläche (LG Ingolstadt MittBayNot **92**, 56), Bauwerke eines Golf- (BGH **117**, 19) od Campingplatzes (LG Paderborn MDR **76**, 579) ggü Freifläche; **nicht aber:** kleine Garage ggü großem Garten (BayObLG NJW-RR **91**, 718), Wohnhaus landw Siedlg (Kiel JW **32**, 1977; and uU bei Nebenerwerbssiedlg), Stadion in großer Sportanlage (Brschw MDR **53**, 480; zweifelh). Die ErbbRBestellg hat idR stillschw zum Inhalt, daß der Berecht diese Fläche nutzen darf, soweit es für die Bauwerksnutzg zwingd notw ist (KG NJW-RR **92**, 214). – II gilt entspr, wenn EinzelErbbR auf nicht zu bebauendes Grdst erstreckt werden soll (Düss Rpfleger **71**, 356; BayObLG Rpfleger **84**, 313), wodch GesErbbR entsteht (Rn 8). – **bb) Beschränkung auf 4 Gebäudeteile (III).** Str, ob das Verbot nur hins horizontalen (Stockwerk) od auch hins vertikalen Gbde-Teils gilt; ob also ErbbR zul, das Errichtg eines Bauwerks auf mehreren ErbbGrdst aGrd selbstd Einzel-ErbbR **(Nachbarerbbaurecht)** od teils auf ErbbGrdst u teils auf eigenem Grdst verwirkl (Ja: Stahl-Sura DNotZ **81**, 604 mwN; Düss DNotZ **74**, 698; Stgt NJW **75**, 786; nein: BGH **LM** Nr 7/8); Sonderfall in SachenRBerG 39 III. Bei Beschrkg auf vertikalen GrdstTeil entsteht zwar keine Art StockwerksEigt, aber die EigtVerh am Bauwerk sind ebso wie bei Beendigg eines GesErbbR problemat (dazu Schraepler NJW **72**, 1981; Rothoeft NJW **74**, 665), soweit nicht bei ErbbRBestellg geregelt (dazu Esser NJW **74**, 921). Wirtschaftl Bedürfn erheischt Lockerg zumindest hins Grenzüberbauung; Beschrkg auf selbstd NebenGbde od vertikalen GbdeTeil, den VerkAuffassg als selbstd Gbde ansieht, zul (BayObLG DNotZ **58**, 409). Nach BGH **LM** Nr 7/8 wird ErbbRVertr nicht unwirks, wenn Gbde ohne entspr Vereinbg teils auf ErbbGrdst u teils auf and Grdst errichtet. – **cc) Ausübungsbeschränkung auf realen Grundstücksteil** mit dingl Wirkg 5 dch Einigg u Eintr zul (Hamm Rpfleger **72**, 171); ErbbR belastet aber weiter ganzes Grdst. Nach Abschreibg dieses Teils erlischt ErbbR entspr BGB 1026 am RestGrdst (BayObLG DNotZ **58**, 409).

b) Bauwerk. – aa) Begriff. Dch Verwendg von Arbeit u bodenfremdem Material iVm dem Erdboden 6 hergestellte Sache (BGH **117**, 19); Erdbodenverbindg dch Schwerkraft ausreichd (LG Oldbg Rpfleger **83**, 105). Außer Gbde auch Brücke, Leitgsmast, Seilbahnträger (Kiel OLG **26**, 126), unterird Bauwerke, oberird Großtank (LG Oldbg aaO), Grabdenkmal (Stgt OLG **8**, 122), Gleisanlage (KGJ **29** A 130), Straße (LG Kiel SchlHA **72**, 169), Tennis- mit Kinderspielplatz (LG Itzeh Rpfleger **73**, 304), über Golf- u Campingplatz vgl Rn 3; **nicht** aber festgeschraubte Maschine (BayObLG **6**, 596), lose Rohrleitg (KGJ **29** A 132), Sportplatzanlage (LG Brschw MDR **53**, 480; and aber bei Kunststoffaschenbahn, Rasenheizg uä), Garten (LG Lüb SchlHA **59**, 151). – **bb) Einigung und Eintragung** müssen Art u Umfang der zul Bebauung 7 mind ungefähr bezeichnen (BGH Rpfleger **87**, 361; NJW **92**, 1681; KG Rpfleger **79**, 208); auch ob ein od mehr (Zahl nicht notw) Gbde (BGH WM **75**, 498). Ungenügd bloße Wiedergabe des GesWortlauts „Bauwerk" (BGH **LM** Nr 3). Genügd, wenn offenkund örtl Verh nur eine best Bauweise zulassen (BGH **47**, 190; Ffm Rpfleger **75**, 305), sowie „nach Maßg künft Bebauungsplans" (BGH **101**, 143) od „unter Einhaltg öff BauR" (BGH **126**, 12). „Parkhaus/Tankstelle" steht zusätzl Einrichtg einer Gaststätte nicht notw entgg (BGH **LM** Nr 10). Ungenügde Bezeichng läßt ErbbR nicht entstehen, Eintr ist inhaltl unzul (Ffm OLGZ **83**, 165).

2) Gesamterbbaurecht als Belastg mehrerer Grdst (auch verschiedener Eigtümer) mit einem einheitl 8 ErbbR zul (BGH **65**, 345); es entsteht dch anfängl Bestellg, Teilg eines mit ErbbR belasteten Grdst, Erweiterg eines EinzelErbbR auf and Grdst od Vereinigg von EinzelErbbR. Zuläss auch GesUnterErbbR u GesErbbR an Grdst u ErbbR (GBO 6a). Die Grdst müssen nicht benachbart sein (Böttcher MittBayNot **93**, 129 zu IV 4; aA Köln Rpfleger **88**, 355); verfrechtl gilt GBO 6a (Verstoß hindert REntstehg nicht). Bei Erweiterg erstrecken sich Belastgen des früheren EinzelErbbR in Abt II u III auf das neue GesamtErbbR (Hamm DNotZ **74**, 91).

3) Berechtigter. Natürl od jur Pers; auch PersMehrh (GesHandsGemsch, BruchtGemsch). GesBerecht 9 entspr BGB 428 zul (LG Hagen DNotZ **50**, 381; LG Bielef Rpfleger **85**, 248). Auch Eigtümer des belasteten Grdst (BGH Rpfleger **82**, 143): EigentümerErbbR. daher auch ein Mitgl einer PersMehrh, der das Grdst gehört (LG Düss DNotZ **55**, 155). Nicht aber jeweil Eigtümer eines and Grdst (KG OLG **15**, 360).

4) Auflösende Bedingung IV; über Befristg vgl § 27 Rn 1. – **a) Auflösend bedingtes Erbbaurecht** 10 **ist nichtig (IV 1);** § 139 unanwendb (str). Befristete u aufschiebd bdgte Bestellg zul. Wg Unsicherh für Beleih wendet die hM IV 1 auf Bestellg mit ungewissem Endtermin entspr an (BGH **52**, 269 [Tod des Eigtümers]; Celle Rpfleger **64**, 213 [Tod des Berecht]). – **b) Unwirksamkeit einer Vereinbarung nach IV 2** trifft nur Besteller, § 139 unanwendb (BGH RhNK **74**, 23). Unwirks (jedenf ab Eintr des ErbbR) auch vereinbartes RücktrR vom KausalGesch (BGH **LM** Nr 1). Über Heimfall vgl § 2 Nr 4.

11   **5) Besitz.** Eigtümer ist mittelb Eigen- u ErbbBerecht unmittelb Fremdbesitzer des Grdst (wg Bauwerk vgl § 12 Rn 2). Dch Beendigg des ErbbR bdgt HerausgAnspr des Eigtümers ist abtretb (BGH **LM** BGB 868 Nr 10).

2. Vertragsmäßiger Inhalt

ErbbRVO 2   Zum Inhalt des Erbbaurechts gehören auch Vereinbarungen des Grund-
stückseigentümers und des Erbbauberechtigten über:
1. **die Errichtung, die Instandhaltung und die Verwendung des Bauwerkes;**
2. **die Versicherung des Bauwerkes und seinen Wiederaufbau im Falle der Zerstörung;**
3. **die Tragung der öffentlichen und privatrechtlichen Lasten und Abgaben;**
4. **eine Verpflichtung des Erbbauberechtigten, das Erbbaurecht beim Eintreten bestimmter Voraussetzungen auf den Grundstückseigentümer zu übertragen (Heimfall);**
5. **eine Verpflichtung des Erbbauberechtigten zur Zahlung von Vertragsstrafen;**
6. **die Einräumung eines Vorrechts für den Erbbauberechtigten auf Erneuerung des Erbbaurechts nach dessen Ablauf;**
7. **eine Verpflichtung des Grundstückseigentümers, das Grundstück an den jeweiligen Erbbauberechtigten zu verkaufen.**

1   **1) Die Vereinbarungen** wirken nur bei GBEintr ohne weiteres auch für u gg SonderRNachf u zT gg Dritte (BGH NJW **54**, 1443); ohne Eintr nur schuldr Wirkg unter den Part. Zur Bestimmth des Antr vgl BayObLG **67**, 48; **69**, 97; ungenügd: den ErbbRVertr als RInhalt einzutragen, soweit gesetzl zuläss. Bei dingl wirkder Vereinbg Verpflichtg u Berechtigg des jeweil ErbbBerecht ggü jeweil Eigtümer u umgekehrt bzgl der währd Bestehens seines Rechts fälligen Leistgen. ErbbR haftet aber nicht dingl für PflVerletzgen des ErbbBerecht (BGH NJW **90**, 832). HeimfallAnspr wirkt mangels RHeimstG 14 entspr Vorschr nicht ggü RNachfolger, wenn ggü RVorgänger entstanden (Knothe S 271ff; Ranft, Die Verdinglichg der ErbbR-Inhalts, S 60ff; aA hM, 52. Aufl). Änderg mit Zust der Gläub der aus dem ErbbR belasteten Rechte (BGB 876 S 1). Bes Sicherg dch Dbk mögl (str). Über nur schuldr wirkde Vereinbgen vgl Übbl 4 vor § 1012.

2   **2) Einzelheiten. – a) Zu Nr 1:** Zur Errichtg gehört auch die Erschließg (Schulte BWNotZ **61**, 321). Unter Nr 1 fällt auch Abrede über Verwendg der unbebauten GrdstTeile, über BesichtggsR des Eigtümers (LG Regbg Rpfleger **91**, 363), über Notwendigk der EigtümerZust zur Vermietg (hM; MietVertr bei fehlder Zust aber wirks [BGH DNotZ **68**, 302]) od Veränderg (BayObLG NJW-RR **87**, 459) des Bauwerks; nicht aber AbrißPfl (LG Düss RhNK **87**, 129). Bei Verstoß hat Eigtümer gg ErbbBerecht vertragl Anspr auf Unterlassg/Beseitigg/SchadErs, auch BGB 1004 (BGH **59**, 205); uU auch gg Dritte (vgl Ingenstau Rn 22); wg nur mittelb Besitzes aber keinen BesSchutz (vgl BGH **32**, 199). ZustAnspr kann sich aus BGB 242 ergeben (BayObLG NJW-RR **87**, 459) u kann vor ProzGer dch Klage od Einrede gg Unterl/Beseitiggs-Anspr geltd gemacht werden. – **b) Zu Nr 2;** Pfl zum Wiederaufbau nur bei Abrede u, wenn zumutb (§ 242).
3 Vgl auch § 13 Rn 1. – **c) Zu Nr 3:** Gilt nicht für VerkSichgsPfl (LG Mannh BWNotZ **83**, 146). Aus Übernahme von Lasten folgt aber keine unmittelb Haftg dem Gläub ggü (Ingenstau Rn 31). – **d) Zu Nr 4:** Die frei vereinb (Ausn §§ 6 II, 9 IV) Voraussetzgen des Heimfalls müssen bestimmt sein (BGH DNotZ **85**, 370) u mit dem ErbbR zushängen (LG Oldbg Rpfleger **79**, 383); zB Tod des Berecht (Hamm DNotZ **66**, 41), Unvermögen des Berecht zu fristgem Bebauung (BGH WM **73**, 1074), Vernachlässigg/Verändg/ Untergang des Bauwerks (BGH NJW-RR **86**, 1269 [auch zur Beschrkg nach BGB 242]), bei kirchl Grdst Kirchenaustritt (LG Mü II Rpfleger **83**, 268; aA Brschw OLGZ **76**, 52) u kirchenfeindl Verhalten, zweckwidr Nutzg (BGH NJW **84**, 2213), Belastg nur mit EigtümerZust bei schuldrechtl BelastgsVerbot (vgl § 6 Rn 2), Nichteintritt eines Erwerbers in ErbbRVertr (Oldbg DNotZ **88**, 591), Unzumutbark der VertrFortsetzg (LG Düss RhNK **89**, 218); nicht aber jederzeit Verlangen des GrdstEigtümers (LG Oldbg Rpfleger **79**, 383). Entstandener ÜbertrAnspr idR auch dchsetzb, wenn verletzte VertrPfl nachgeholt ist (BGH NJW-RR **88**, 715). Zur VertrGestaltg bei Gesamt- u NachbErbbR vgl Haegele Rpfleger **67**, 280; Krämer DNotZ **74**,
4 659. Da Anspr auf Übertr, ist Verpfl zur Löschg unwirks (Mattern WM **73**, 667). – **e) Zu Nr 5:** VertrStrafe soll die Erfüllg der Vereinbg nach § 2 sichern; Schuldn ist der ErbbBerecht, der die strafbewehrte Vereinbg verletzt (BGH **109**, 230). VertrStrafe auch für unpünktl ErbbZinszahlg (Strafzinsen; § 9 I gilt insow nicht); auch Verzugszinsen in fest bestimmter Höhe (Merkel NJW **55**, 1114); keine gesetzl VerzZinsen (§ 289; BGH NJW **70**, 243). Anspr auf VertrStrafe durch Hyp sicherb; sonst kein Recht auf Befriedigg aus dem ErbbR
5 (str). – **f) Zu Nr 6:** ErneuergsR, vgl § 31. – **g) Zu Nr 7:** Als Inhalt des ErbbR eingetr (u dah nur für die Zeit währd seines Bestehens zu begründe, Hamm NJW **74**, 863) dingl **Verkaufsverpflichtung** wirkt zwar nicht wie Vormkg, aber dem Erwerber des Grdst ggü ausüb (BGH NJW **54**, 1444, dort auch über Verhältn zu dingl VorkR). Die wesentl KaufBdggen müssen festgelegt, mind bestimmb sein. Mögl ist Beschrkg auf den Fall des Verkaufs an Dritten u Übernahme des Inhalts dieses dingl VorkR, über dieses BGH aaO u § 10 Rn 1. Ausübg der Rechts nach Nr 7 durch Erkl ggü Eigtümer; hierdurch kommt Kauf zustande. Bei Erwerb des Grdst (durch Aufl u Eintr) bleibt ErbbR bestehen, ebso sonstige Belastgen des Grdst. ErbbBerecht konnte sich aber AuflAnspr durch Vormkg sichern (Ingenstau Rn 67). Wurden ErbbR u AnkaufsR notariell beurkundet, kann ersteres unter Fortbestand des AnkaufsR dch forml Vereinbg
6 aufgehoben u dch MietVertr ersetzt werden (BGH MDR **72**, 854). – Eine **Kaufverpflichtung** des ErbbBerecht nicht mit dingl Wirkg begründb, sond nur schuldrechtl, Form: § 313 BGB. Sie ist nicht ohne weiteres sittenwidr (BGH NJW **89**, 2129), Gestaltg des Einzelfalles maßg; wg AGBG 9 vgl BGH **114**, 338. Über analoge Anwendg von § 9a vgl Macke NJW **77**, 2233; Richter BWNotZ **78**, 61; Uibel NJW **79**, 24; über KaufprAnpassg gem § 242 vgl Demmer NJW **83**, 1636.

ErbbRVO 3   **Der Heimfallanspruch des Grundstückseigentümers kann nicht von dem Eigentum an dem Grundstück getrennt werden; der Eigentümer kann verlangen, daß das Erbbaurecht einem von ihm zu bezeichnenden Dritten übertragen wird.**

Halbs 1: HeimfallAnspr ist als wesentl GrdstBestandt nicht übertragb/verpfändb/pfändb (Düss DNotZ 1 **74**, 177). – **Halbs 2:** Abdingb (str). Nur Anspr auf dingl Übertr an Dr, nicht auf schuldr Vereinbg mit Dr (Düss aaO). Übertr auf Dr erfüllt HeimfallAnspr des Eigtümers (BGH NJW **66**, 730). Bezeichng des Dr, der kein eigenes Recht erhält, änderb. MitbestimmgsR eines and bei Bezeichng des Dr nicht mit dingl Wirkg vereinb u nicht dch Vormerkg sicherb (Alberty NJW **53**, 691; LG Münst NJW **54**, 1246).

ErbbRVO 4   Der Heimfallanspruch sowie der Anspruch auf eine Vertragsstrafe (§ 2 Nr. 4 und 5) verjährt in sechs Monaten von dem Zeitpunkt an, in dem der Grundstückseigentümer von dem Vorhandensein der Voraussetzungen Kenntnis erlangt, ohne Rücksicht auf diese Kenntnis in zwei Jahren vom Eintreten der Voraussetzungen an.

1) Allgemeines. § 4 ist AusnVorschr zu BGB 902. Sie regelt Beginn u Dauer der VerjFr; iü gelten BGB 1 187ff, 202ff. Frühere Verwirkg der Anspr mögl.

2) Kenntnis ist erlangt, wenn Eigtümer positive Kenntn von Tats hat, die einer Klage einigermaßen 2 sichere Erfolgsaussicht geben (wie bei BGB 852); falscher rechtl Schluß aus diesen Tats idR unbeachtl (vgl RG **142**, 280/350). Bei Unterl einer gebotenen Hdlg (zB Bebauung) muß die HdlgsPfl fäll sein. BewLast für KenntnErlangg hat der ErbbBerecht.

3) Jede anspruchsbegründende Handlung (auch bei Gleichartigk) löst neue VerjFr aus. Anders bei 3 einmaliger Handlg, die fortlaufd weitere Nachteile bringt, zu deren Verhinderg ErbbBerecht nicht verpfl (RG **106**, 283; vgl auch BGH NJW **81**, 573).

ErbbRVO 5   ^I Als Inhalt des Erbbaurechts kann auch vereinbart werden, daß der Erbbauberechtigte zur Veräußerung des Erbbaurechts der Zustimmung des Grundstückseigentümers bedarf.

^{II} Als Inhalt des Erbbaurechts kann ferner vereinbart werden, daß der Erbbauberechtigte zur Belastung des Erbbaurechts mit einer Hypothek, Grund- oder Rentenschuld oder einer Reallast der Zustimmung des Grundstückseigentümers bedarf. Ist eine solche Vereinbarung getroffen, so kann auch eine Änderung des Inhalts der Hypothek, Grund- oder Rentenschuld oder der Reallast, die eine weitere Belastung des Erbbaurechts enthält, nicht ohne die Zustimmung des Grundstückseigentümers erfolgen.

1) Die **Verfügungsbeschränkungen** des § 5 sind ergänzd zu § 2 als dingl RInhalt vereinb; Ausn von 1 BGB 137. Sie sollen den Eigtümer schützen (vgl Rn 2, 3); Schutz des ErbbBerecht dch § 7. – **a) Entstehung** anfängl (BGB 873) od nachträgl (BGB 877) dch Einigg u Eintr im ErbbGB. Eintragg dch Bezugn auf EintrBew (§ 14 I 3) materiellrechtl wirks, nur formellrechtl gilt GBVfg 56 II (BayObLG Rpfleger **79**, 384). Ohne Eintr nur schuldrechtl Wirkg. – **b) §§ 5–8 gelten** entspr für UnterErbbR, wo ZustErfordern des Eigtümers (aA RGRK/Räfele Rn 11) u/od des OberErbbBerecht (LG Kleve RhNK **79**, 74) vereinb.

2) Veräußerungsbeschränkung (I) soll zweckwidr Veräußerg bzw an unzuverläss Erwerber verhin- 2 dern. – **a) Veräußerung** ist die vollständ od teilw Übertragg des ErbbR dch RGesch unter Lebden auf neuen RInh (vgl auch WEG 12 Rn 2–4); auch iW vorweggen Erbfolge (LG Münst MDR **68**, 585; aA Köln RhNK **91**, 114). **Nicht** aber Übertragg eines Anteils am GesHdsVermögen, wenn ErbbR (auch als einziger Ggst) zum Vermögen gehört (BayObLG **67**, 408); UnterErbbRBestellg (RGRK/Räfle Rn 5) od Teilg (vgl auch WEG 30 Rn 1); Umwandlg GesHdsBerechtigg in BruchtBerechtigg derselben Pers (LG Lüb Rpfleger **91**, 201); VorkRBestellg (Brschw OLGZ **92**, 263). Wg Vormkg für ÜbertrAnspr vgl § 6 Rn 1. – **b) Zustimmungserfordernis** auf best Veräußergsfälle (zB bis zu best Ztpkt od an best Pers) beschränkb bzw best Veräußergsfälle (zB an best Pers od iW der ZwVerst [auch aus best GrdPfdR; Brschw OLGZ **72**, 187]) ausnehmb (auch iW der Vorausterteilg); das ist als RInhalt eintragb.

3) Belastungsbeschränkung (II) soll wg § 33 übermäß Belastg verhindern. RInhalt kann nur das Zust- 3 Erfordern sein; nur mit schuldrechtl Wirkg vereinb u nicht eintraggsfäh, daß Belastg nur mit best Inhalt, für best Gläub od zu best Zweck zul (vgl auch WEG 42 II auch DWR (Stgt NJW **52**, 979; LG Osnabr JurBüro **71**, 455; str); nicht aber Dbk od UnterErbbR (RGRK/Räfle § 7 Rn 9). Nach Düss RhNK **95**, 62 steht Entlassg aus der Mithaft für GesGrdPfdR an mehreren ErbbR einer Belastg gleich. II 2 erfaßt Teilg der Belastg, Umwandlg Hyp in GrdSch u umgekehrt, Abtretg (KG JFG **16**, 208), Unterwerfg gem ZPO 800 (str). Wg Vormkg vgl § 6 Rn 1. – **b) Zustimmungserfordernis** kann auf best Belastgsfälle beschränkb bzw best Belastgsfälle (zB best GrdPfdR [BayObLG **59**, 325; Rpfleger **79**, 384]) können ausgen werden; Rn 2 gilt entspr.

4) Zustimmungserteilung nach BGB 182ff; Nachw für Erwerber/BelastgsEintr gem GBO 29 (Gesch- 4 Wert: KostO 39 [Stgt DNotZ **82**, 779; Hamm JurBüro **92**, 343]). ZustBerecht ist der Eigtümer bzw der für ihn VfgsBefugte (zB KonkVerw); gesetzl Vertreter bedarf keiner Gen nach BGB 1821 (LG Ffm Rpfleger **74**, 109; aA MüKo/ vOefele Rn 4). Unwiderrufb, wenn VfgsErkl der ErbbBerecht wg BGB 873 II bindd geworden (BGH **LM** Nr 2). Kosten der Zust trägt mangels abw Vereinb (vgl dazu BGH NJW **94**, 1159; Hamm Rpfleger **92**, 58) der Eigtümer; vereinb ErstattgsAnspr gibt kein ZbR ggü ZustAnspr (Hamm aaO), da dieser nicht vertragl beschränkb (§ 7 Rn 1).

ErbbRVO 6   ^I Ist eine Vereinbarung gemäß § 5 getroffen, so ist eine Verfügung des Erbbauberechtigten über das Erbbaurecht und ein Vertrag, durch den er sich zu einer solchen Verfügung verpflichtet, unwirksam, solange nicht der Grundstückseigentümer die erforderliche Zustimmung erteilt hat.

II Auf eine Vereinbarung, daß ein Zuwiderhandeln des Erbbauberechtigten gegen eine nach § 5 übernommene Beschränkung einen Heimfallanspruch begründen soll, kann sich der Grundstückseigentümer nicht berufen.

1   **1) Fehlende Zustimmung (I),** deren Erfordern RInhalt (§ 5 Rn 1), macht die Vfg über das ErbbR u das schuldrechtl GrdGesch ggü jedermann schwebd unwirks (BGH **33**, 76; Stgt Rpfleger **80**, 308). Bei Belastg mit GrdPfdR auch keine EigtümerGrdSch. – **Vormerkung** aGrd Bewilligg od einstwVfg, insb iFv BGB 648 (Nürnb OLGZ **67**, 22; Köln OLGZ **67**, 193), ohne Zust eintragb u wirks (Ingenstau Rn 9–13; vgl BGB 885 Rn 3).

2   **2) Heimfall (II).** Vereinbg, daß bei Verstoß gg Vereinbg nach § 5 HeimfallAnspr, nicht eintragb (BayObLG NJW-RR **91**, 718) u nicht dchsetzb; aber erfüllb (LG Mü II MittBayNot **72**, 20; Soergel/Stürner Rn 3; aA BayObLG aaO). Verstoß gg bloß schuldrechtl VfgsVerbot als Heimfallvoraussetzg vereinb (Hamm OLGZ **86**, 14).

ErbbRVO 7 I Ist anzunehmen, daß durch die Veräußerung (§ 5 Abs. 1) der mit der Bestellung des Erbbaurechts verfolgte Zweck nicht wesentlich beeinträchtigt oder gefährdet wird, und daß die Persönlichkeit des Erwerbers Gewähr für eine ordnungsmäßige Erfüllung der sich aus dem Erbbaurechtsinhalt ergebenden Verpflichtungen bietet, so kann der Erbbauberechtigte verlangen, daß der Grundstückseigentümer die Zustimmung zur Veräußerung erteilt. Dem Erbbauberechtigten kann auch für weitere Fälle ein Anspruch auf Erteilung der Zustimmung eingeräumt werden.

II Ist eine Belastung (§ 5 Abs. 2) mit den Regeln einer ordnungsmäßigen Wirtschaft vereinbar, und wird der mit der Bestellung des Erbbaurechts verfolgte Zweck nicht wesentlich beeinträchtigt oder gefährdet, so kann der Erbbauberechtigte verlangen, daß der Grundstückseigentümer die Zustimmung zu der Belastung erteilt.

III Wird die Zustimmung des Grundstückseigentümers ohne ausreichenden Grund verweigert, so kann sie auf Antrag des Erbbauberechtigten durch das Amtsgericht ersetzt werden, in dessen Bezirk das Grundstück belegen ist. Die Vorschriften des § 53 Abs. 1 Satz 1, Abs. 2 und des § 60 Abs. 1 Nr. 6 des Reichsgesetzes über die Angelegenheiten der freiwilligen Gerichtsbarkeit gelten entsprechend.

1   **1) Zustimmungsanspruch. – a) Gesetzlicher (I 1, II).** Nicht ausschließ/einschränkb (zB vertragl Festlegg der VerweigersGrde) u nicht selbstd abtretb/verpfändb/pfändb; Übertragg u Pfdg/Überweisg zur Ausübg (ZPO 857 II) zul (BGH **33**, 76). Er soll ErbbBerecht VfgsFreih u wirtsch Nutzg des ErbbR ermöglichen. – **b) Vertraglicher als Rechtsinhalt (I 2).** Ist Vereinbg nach I 2 dch Einigg u Eintr RInhalt geworden, so wirkt sie auch ggü RNachf. Für Abtretg usw gilt a). Nicht auf Belastgen (II) anwendb; hier nur Anspr nach c) mögl (BGH **98**, 362). – **c) Schuldrechtlicher.** ZustAnspr bzgl Veräußerg, der nicht RInhalt geworden, od bzgl Belastgen wirkt nur schuldrechtl; ggü SonderNachf also nur bei Übernahme/Eintritt.

2   **2) Voraussetzungen bei Veräußerung (I 1).** Feststellgslast hat ErbbBerecht. – **a) Keine Zweckbeeinträchtigung/Gefährdung.** Zweck der ErbbRBestellg bestimmt sich nach dem ErbbRVertr (GrdGesch, dingl Bestellg, Bauwerksbezeichng [§ 1 Rn 7] u Vereinbgen nach § 2 Nr 1, 4, 5); ferner nach den Umständen des Zustandekommens u der Handhabg (BayObLG **72**, 260; LG Mü I DNotZ **73**, 554; aA Hamm NJW **68**, 554). Beeinträchtigg idR bei spekulativer Veräußerg (Ffm Rpfleger **79**, 24) od wenn ErbbBerecht schuldrechtl Verpfl ggü Eigtümer (insb bzgl ErbbZins) nicht an Erwerber weitergibt (Oldbg Rpfleger **85**, 203 [bei Verpfl dazu]; Celle DNotZ **84**, 387); nicht aber, wenn Erwerber Zusatzvereinbg (insb über ErbbZinserhöhg) mit Eigtümer od berechtigte (u deshalb einklagb) ErbbZinserhöhg (vgl Hamm Rpfleger **94**, 19) verweigert. Wesentlichk kann bei Hinnahme früh Beeinträchtiggen fehlen (BayObLG **72**, 260). Heimfall-3   Anspr gibt kein VerweigersR (LG Lüb Rpfleger **94**, 21). – **b) Zuverlässigkeit des Erwerbers** bzgl der Erfüllg von Verpfl aus dem gesetzl od vertragl ErbbRInhalt; nicht aber bzgl schuldrechtl Verpfl od der nicht zum RInhalt gehörden ErbbZinszahlg (str). Da Erziel vereinb ErbbZinses aber idR auch Zweck der ErbbRBestellg (BGH **100**, 107; Hbg OLGZ **88**, 385), kann mangelnde Zahlgsgewähr ZustVerweigerg wg Zweckgefährdg (Rn 2) rechtfertigen (Celle DNotZ **84**, 387).

4   **3) Voraussetzungen bei Belastung (II).** Feststellgslast hat der ErbbBerecht. Voraussetzgen zu a) u b) können sich überschneiden. – **a) Keine Zweckbeeinträchtigung/Gefährdung** (über Bestellgszweck u Wesentlichk vgl Rn 2): Belastg zwecks Bebauung and Grdst bei Vermietg auf ErbbGrdst errichteten Hauses (Hamm NJW **68**, 554); Belastg für zul Anbau (BayObLG Rpfleger **74**, 357); Belastg des zum Gewerbebau bestellten ErbbR zur Finanzierg des Betr (Ffm DNotZ **78**, 105); ErbbBerecht verweigert berechtigte (u daher einklagb) ErbbZinserhöhg (BayObLG NJW-RR **87**, 459); idR auch Belastg des zum Wohnbau bestell-5   ten ErbbR zur Finanzierg von Gewerbebau auf and Grdst (BayObLG Rpfleger **89**, 97; aA Karlsr WuM **72**, 97). Nicht aber Belastg mit jederzeit neuvalutierb GrdSch (Hamm NJW-RR **95**, 399). – **b) Ordnungsmäßige Wirtschaft.** Zum einen muß dem ErbbBerecht ein wirtsch GgWert zufließen, der sich zu seinem Nutzen bzgl des Bauwerks od seiner wirtsch Lage auswirkt u zum and darf keine Überbelastg erfolgen (Hbg OLGZ **88**, 385; BayObLG NJW-RR **89**, 97). Hierfür sind weder die bankübl (BayObLG NJW-RR **87**, 459) noch die Beleihgsgrenzen nach §§ 18–22 (Ffm DNotZ **78**, 105) maßg; 70% des Verkehrswerts idR zul (BayObLG Rpfleger **89**, 97). Zu beachten Auswirkgen für Eigtümer bei Heimfall gem § 33 (BayObLG NJW-RR **87**, 459; Hbg OLGZ **88**, 385); zB bei langjähr TilggsFreih (Hamm OLGZ **90**, 385).

6   **4) Zustimmungsersetzung (III).** Das Verf findet nur statt bei Verweigerg der Zust trotz Anspr aus I 1, 2 u II bei für GBEintr nicht ausreichder Zust (Hamm NJW-RR **93**, 1106; Rpfleger **92**, 58: bdgt dch Erstattg der BeglaubKosten); Eintrag entgg § 15 steht nicht entgg (KG JFG **17**, 81). ProzGer zuständ für: schuldrechtl ZustAnspr (BGH **98**, 362), ZustAnspr bzgl baul Veränderg (§ 2 Nr 1), ZustAnspr bzgl ErbbR-

Teilg (LG Bchm NJW **69**, 1673), Streit über Wirksamk der Zust (KG JFG **17**, 81), Anspr des ErbbBerecht gg Eigtümer auf Vorrangeinräum (Stgt BWNotZ **63**, 303). – **a) Voraussetzung.** Kein ausreichder VerweigergsGrd, wenn ZustAnspr nach I 1, 2, II gegeben (BGH **100**, 107). Verhältn bei Erlaß der Entscheidg maßg (BayObLG NJW-RR **87**, 459). – **b) Verfahren.** Echtes StreitVerf der FG. AntrR hat nur der ErbbBe- **7** recht bzw der für ihn VfgsBefugte wie zB sein KonkVerw (Hamm OLGZ **66**, 574); über AntrR bei ZwVollstr wie ErbbR vgl § 8 Rn 4. Bei Mehrh von GrdstEigtümern braucht Antr nur gg Verweigerer gerichtet zu werden (Ffm Rpfleger **79**, 24). Amtsermittlg (FGG 12) mit FeststellgsLast des ErbbBerecht. Bei GrdstVeräußerg im Verf gilt ZPO 265, 266 (Hamm OLGZ **90**, 385). GeschWert: KostO 30 (LG Osnabr JurBüro **87**, 1211); idR 10–20% des VerkWerts bzw der Belastg (wie bei WEG 12). – **c) Entscheidung.** **8** Ersetzg muß das VfgsGesch genau bezeichnen (Ffm Rpfleger **77**, 308), wobei Bdgg (zB Aufhebg vorrang Belastg) zul (Ffm aaO); wirks mit RKraft (FGG 53 I 1; Ausn: FGG 53 II) u mit sofBeschw nur des Eigtümers anfechtb (FGG 20 I, 60 I Nr 6). Versagg mit einfBeschw nur des AntrStellers anfechtb (FGG 19, 20 II).

ErbbRVO 8   Verfügungen, die im Wege der Zwangsvollstreckung oder der Arrestvollziehung oder durch den Konkursverwalter erfolgen, sind insoweit unwirksam, als sie die Rechte des Grundstückseigentümers aus einer Vereinbarung gemäß § 5 vereiteln oder beeinträchtigen würden.

1) Allgemeines. § 8 dehnt ein gem § 5 vereinb ZustErfordern vollen Umfangs auf die genannten Maßn **1** aus (BGH **100**, 107); nicht auf ZwVerwaltg u Vormkg aGrd einstwVfg (§ 6 Rn 1). Gilt auch für ZwVollstr in EigtümerErbbR (Hamm Rpfleger **85**, 233) od wenn Eigtümer selbst vollstreckt (BayObLG **60**, 473; VollstrAntr enthält wg § 7 Rn 3 noch nicht Zust). Wirkg fehlder Zust wie in § 6 (BGH **33**, 85).

2) Veräußerungszustimmung (§ 5 I). – **a)** Notw für Zuschlagserteilg in ZwVerst. Zust bzw Ersetzg **2** muß wg § 7 Rn 3 erst bei Zuschlagserteilg vorliegen (BGH **33**, 76). BelastgsZust enthält wg § 7 Rn 3 noch nicht ZuschlagsZust bei ZwVollstr aus dieser Belastg (BGH **100**, 107). – **b)** Notw für VerpflGesch (MüKo/ vOefele Rn 12; aA Ingenstau Rn 24; RGRK/Räfle Rn 10) sowie Vfgen (freihänd od iW der ZwVerst) des KonkVerw.

3) Belastungszustimmung (§ 5 II). – **a)** Notw für SichgsHyp nach ZPO 848 II, 867, 932 (aA AG **3** Eppelheim BWNotZ **88**, 169), sofern Belastg zG des Gläub nicht zustfrei (Celle RPfleger **85**, 22). Str für Anordng der ZwVerst auf Betreiben pers Schuldn (Reinke Rpfleger **90**, 498 [ja]; Muth Rpfleger **91**, 441 [nein]). Nicht für SichgsHyp nach ZVG 128 (weil Folge zul Verst) u nicht für AnfKlage nach AnfG (BGH NJW **66**, 730). – **b)** Für KonkVerw gilt Rn 2 entspr.

4) Zustimmungsersetzung nach § 7 III nur, wenn ZustAnspr nach § 7 I (BGH **100**, 107) od II (Hamm **4** OLGZ **85**, 269) gegeben. Kein ausreichder VerweigergsGrd bei Zuschlagserteilg, daß dem Recht des betreibden Gläub nachrang ErbbZinsreallast erlischt u Ersteher Neubestellg verweigert (BGH aaO gg Hamm DNotZ **87**, 40). AntrR hat betreibder Gläub bzgl BelastgsZust für ZwHyp nur aGrd Pfdg/Überweisg des ZustAnspr (Hamm Rpfleger **93**, 334 abl Anm Streuer Rpfleger **94**, 59) u bzgl VeräußergsZust für ZwVerst ohne dies (BGH aaO). Iü gilt § 7 Rn 6–8.

3. Erbbauzins

ErbbRVO 9   ^I Wird für die Bestellung des Erbbaurechts ein Entgelt in wiederkehrenden Leistungen (Erbbauzins) ausbedungen, so finden die Vorschriften des Bürgerlichen Gesetzbuchs über die Reallasten entsprechende Anwendung. Die zugunsten der Landesgesetze bestehenden Vorbehalte über Reallasten finden keine Anwendung.

^{II} Der Erbbauzins kann nach Zeit und Höhe für die gesamte Erbbauzeit im voraus bestimmt werden. Inhalt des Erbbauzinses kann auch eine Verpflichtung zu seiner Anpassung an veränderte Verhältnisse sein, wenn die Anpassung nach Zeit und Wertmaßstab bestimmbar ist. Für die Vereinbarung über die Anpassung des Erbbauzinses ist die Zustimmung der Inhaber dinglicher Rechte am Erbbaurecht erforderlich; § 880 Abs. 2 Satz 3 des Bürgerlichen Gesetzbuchs ist entsprechend anzuwenden. Der Anspruch des Grundstückseigentümers auf Entrichtung des Erbbauzinses kann in Ansehung noch nicht fälliger Leistungen nicht von dem Eigentum an dem Grundstück getrennt werden.

^{III} Als Inhalt des Erbbauzinses kann vereinbart werden, daß

1. die Reallast abweichend von § 52 Abs. 1 des Gesetzes über die Zwangsversteigerung und die Zwangsverwaltung mit ihrem Hauptanspruch bestehenbleibt, wenn der Grundstückseigentümer aus der Reallast oder der Inhaber eines im Range vorgehenden oder gleichstehenden dinglichen Rechts die Zwangsversteigerung des Erbbaurechts betreibt und

2. der jeweilige Erbbauberechtigte dem jeweiligen Inhaber der Reallast gegenüber berechtigt ist, das Erbbaurecht in einem bestimmten Umfang mit einer der Reallast im Rang vorgehenden Grundschuld, Hypothek oder Rentenschuld im Erbbaugrundbuch zu belasten.

Ist das Erbbaurecht mit dinglichen Rechten belastet, ist für die Wirksamkeit der Vereinbarung die Zustimmung der Inhaber der der Erbbauzinsreallast im Rang vorgehenden oder gleichstehenden dinglichen Rechte erforderlich.

^{IV} Zahlungsverzug des Erbbauberechtigten kann den Heimfallanspruch nur dann begründen, wenn der Erbbauberechtigte mit dem Erbbauzinse mindestens in Höhe zweier Jahresbeträge im Rückstand ist.

1) Allgemeines. Ob die ErbbRBestellg entgeltl od unentgeltl (BGH **LM** Nr 6) erfolgt, ist eine Frage des **1** GrdGesch (BayObLG **59**, 525); Entgeltlichk kann nicht nach § 2 vertragl RInhalt werden (KG DNotZ **84**,

384). Beliebiges Entgelt vereinb; auch einmalige Leistg. – **a) Dinglicher Erbbauzins;** nur für ihn gilt § 9. Haben die Beteil nicht erkennb nur einen schuldrechtl ErbbZins gewollt, so enthält die ErbbZinsVereinbg die Einigg (BGB 873) über die Bestellg einer ErbbZinsreallast, die mit der Eintrag im ErbbGB entsteht; BestellgsAnspr in SachenRBerG 52. Daneben idR kein schuldrechtl ErbbZins gewollt (vgl Hbg NJW-RR **91**, 658; LG Münst Rpfleger **91**, 330). – **b) Schuldrechtlicher Erbbauzins.** Nur schuldrechtl Verpfl zur ErbbZinszahlg (auch zG jeweil GrdstEigtümer [BGB 328], nicht aber zu Lasten des jeweil ErbbBerecht) alleine od neben dingl ErbbZins (BGH **LM** Nr 6) begründb. Auf sie ist § 9 nicht anwendb; daher Verzugszinsen mögl (BGH NJW-RR **92**, 591), aber BGB 571 nicht anwendb (BGH aaO).

2   **2) Erbbauzinsreallast.** Sie ist eine Belastg u nicht Inhalt des ErbbR (BGH NJW-RR **87**, 74). BGB 1105 ff entspr anwendb (vgl Rn 7), soweit § 9 keine Abweichg vorsieht (**I 1**). Rangstelle nicht vorgeschrieben. Landesrechtl Vorbeh (EG 113, 115, 120 II Nr 2) gelten nicht (**I 2**).

3   **a) Leistungsgegenstand** ist eine (nicht notw regelm) dauernd od für ein best Zeitraum wiederkehrde (nicht notw aus dem Grdst zu erbringde; Celle DNotZ **55**, 315) Sach- od GeldLeistg; unterschiedl Höhe (BGH **LM** Nr 12) u Art der Einzelleistgen zuläss. Über angem Höhe vgl Götz DNotZ **80**, 3.

4   **b) Bestimmtheit.** I 1 iVm BGB 1105 läßt Bestimmbark genügen (vgl BGB 1105 Rn 6, 7) u II 1 (idF Art 2 § 1 SachenRÄndG) sieht die Bestimmth nur noch wahlw („kann") vor. Wenn sich II 2 auf die Begründg der AnpassgsVerpfl bezieht (Rn 11), besteht auch kein Widerspr beim Schutz der RealBerecht (vgl dazu 54. Aufl); eine gleitde Wertsicherg (insb Indexbindg) kann daher RInhalt werden (BGH **111**, 324; Mohrbutter ZIP **95**, 806; Eichel RhNK **95**, 193); Beschrkg aber dch WährG 3.

5   **c) Vereinbarung nach II 1** erfordert Festlegg des ErbbZinses für die gesamte ErbbZeit (bei nachträgl Vereinbg für die Restzeit). Aus der Dauer der ErbbZeit folgt dies alleine nicht. Eine Vereinbg nach II 2 ergibt, daß II 1 nicht gewollt. Zeitabschnitte mit unterschiedl Höhe (Staffelzins) zuläss. Da mit einer solchen Vereinbg auf II 2 verzichtet wird, entfällt grds Berufg auf Wegfall der GeschGrdLage.

6   **d) Berechtigter (II 4)** kann nur jeweil Eigtümer des mit dem ErbbR belasteten Grdst sein (BayObLG Rpfleger **90**, 507); subjpers Recht inhaltl unzuläss (BGO 53 I 2). Einzelleistgen stehen jeweil GrdstEigtümer zu (zur Berechtigg bei GesErbbR vgl Haegele Rpfleger **67**, 280). GrdstErwerber erwirbt Anspr auf die nach EigtÜbergang fäll Leistgen; Anspr auf rückständ Leistgen von Übertragg ausnehmb. Anspr auf nicht fäll Leistgen nicht selbstd übertragb/verpfändb/pfändb (auch nicht nach ZPO 857 VI); Zugriff nur über Vollstr in Grdst.

7   **e) Einzelfragen. – Persönliche Haftung** des ErbbBerecht iRv BGB 1108. – **Dingliche Haftung** nach BGB 1105, 1107, 1147 mit ErbbR u Ggst nach BGB 1107, 1120 ff. – **Unterlassungsanspruch** des Eigtümers aus BGB 1107, 1134, 1135. – Keine **Verzugs-/Prozeßzinsen** (BGH NJW **80**, 2519). – **Rückstände** gem BGB 1107, 1178 II verzichtb, gem BGB 1107, 1159, 1274, 1280 abtretb/verpfänd, gem ZPO 829, 835 pfändb. – **Verjährung** fäll ErbbZinsen: 4 Jahre (BGB 902 I 2, 197). – **Unterwerfungsklausel** (ZPO 800) unzuläss (BayObLG **59**, 83).

8   **3) Änderung der Erbbauzinsreallast** dch Einigg u Eintrag (BGB 877). Der geänderte dingl Anspr entsteht erst mit der Eintrag u wird frühestens mit ihr fäll (BGH **LM** Nr 12). – Vorbeh- u SpanngsKl (BGB 245 Rn 24, 26) unterliegen nicht der GenPfl nach **WährG 3** (Beisp: BGH DNotZ **69**, 96; ZMR **71**, 127; BB **78**, 581), wohl aber GleitKl (BGB 245 Rn 22).

9   **a) Dinglicher Anpassungsanspruch** (II 2, 3 idF Art 2 § 1 SachenRÄndG) kann zum RInhalt der Reallast gemacht werden; er wirkt für u gg RNachf des GrdstEigtümers u des ErbbBerecht u gibt klagb Anspr auf ZinsÄnderg. Die AnsprVoraussetzgen (**II 2**) müssen nach Zeit (Ztpkt der ersten u weiterer Anpassgen) u Wertmaßstab bestimmb sein; Rn 15 u BGB 1105 Rn 6 gelten entspr. Der Umfang der Erhöhg unterliegt

10   § 9 a. – **aa) Begründung des Anspruchs** dch Einigg u Eintrag mit Reallastbestellg (BGB 873) od dch nachträgl Inhaltsänderg (BGB 877). Die maßg Faktoren für die Bestimmbark sind einzutragen (vgl BayObLG DNotZ **80**, 94); gem BGB 874 genügt. Über Zust RealBerecht vgl Rn 11. – **bb) Durchführung der Anpassung** dch Einigg u Eintrag; keine automat Anpassg (Mohrbutter ZIP **95**, 806); erst damit

11   entsteht der geänderte ZinsAnspr (Rn 8). Über Zust RealBerecht vgl Rn 11. – **cc) Zustimmung Realberechtigter (II 3)** am ErbbR; für Zust RealBerecht an der Reallast gelten BGB 876, 877. II 3 spricht von Vereinbg „über die Anpassg" u nicht „über die AnpassgsVerpfl"; BT-Drucks 12/5992 S 192, 194 sprach von „Änderg der Vereinbar über die Anpassg". Hat die Reallast aGrd der AnpassgsVerpfl schon den geänderten Zins als künft RInhalt, dann ergibt sich das ZustErfordern zur Begründg (u Änderg) der AnpassgsVerpfl schon aus BGB 876, 877; hat sie dies noch nicht, so ergibt sich das ZustErfordern zur ZinsÄnderg ebenf aus BGB 876, 877. Obwohl der Wortlaut mehr für Zust zur „Vereinbarg der Änderg" spricht, war wohl „Vereinbarg der AnpassgsVerpfl" gemeint (BT-Drucks 12/7425 S 85). Man wird daher annehmen müssen, daß II 3 sich auf die Begründg (u Änderg) der AnpassgsVerpfl bezieht mit der Folge, daß der künft angepaßte Zins schon RInhalt ist u am Rang der Reallast teilnimmt, so daß die Änderg selbst keiner Zustimmg (auch nicht der RealBerecht, deren Recht erst bei der Begründg der AnpassgsVerpfl entstand) bedarf (Eickmann, SachenRBereinigg, ErbbRVO 9 Rn 10; Mohrbutter ZIP **95**, 806; Eichel RhNK **95**, 193; aA 54. Aufl). Gleich- u nachrang Berecht am ErbbR müssen zustimmen, weil die Anpassg am Rang der ErbbZinsreallast teilnimmt (Zust daher wie bei BGB 877 entbehrl, wenn Anpassg für sie nicht nachteil [zB Zinsherabsetzg]); die der gleich- u vorrang Berecht, weil die Anpassg am übr RInhalt der Reallast teilnimmt u damit auch an dem nach III vereinb RInhalt (Zust daher auch hier zB bei Zinsherabsetzg entbehrl). Für die ZustErkl gilt BGB 880 II 3 (vgl dort Rn 4).

12   **b) Schuldrechtlicher Anpassungsanspruch.** Vor Geltg von II 2, 3 war nur eine schuldrechtl AnpassgsVerpfl mögl, die dch Vormerkg (Rn 15) od HöchstBetrHyp (str; vgl Haegele/Schöner/Stöber Rn 1837) gesichert wurde. Dies bleibt für damals bestellte ErbbR bedeuts (SachRÄndG gibt für sie keinen Anspr auf Vereinbg nach II 2) u ist auch für neue ErbbR mögl (§ 9 a III gilt fort).

aa) Schuldrechtliche Vereinbarung, ErbbZins in best Zeitabständen od unter best Voraussetzgen neu 13 festzusetzen (BGH **22**, 220; **61**, 209); bei EigtümerErbbR aber nicht mögl (BGH Rpfleger **82**, 143). Sie besteht nach Grdst/ErbbR-Veräußerg fort (BGH **111**, 214) u wirkt für u gg SonderRNachf nur, wenn sie in diese eingetreten (BGH NJW-RR **87**, 74); BGB 571 gilt bei GrdstVeräußerg nicht entspr (BGH NJW **72**, 198); Abrede kann aber gem BGB 328 zG künft GrdstErwerber getroffen werden (BGH WM **82**, 977). Vereinbg in ErbbRVertr unterliegt BGB 313 iVm § 11 II, nicht aber die ihr entspr Neufestsetzg (vgl BGH DNotZ **73**, 609). Schutz vor unbill Erhöhgen gibt § 9a. Fehlt BemessgsGrdLage für Neufestsetzg, so gilt BGB 315 (Karlsr DB **79**, 934); bei ErbbR für Eigenheim Änderg der allg Lebenshaltgskosten maßg (BGH **LM** Nr 9; DNotZ **73**, 478; vgl aber § 9a!), bei Gewerbebau auch die der Bodenpreise (BGH **LM** Nr 13). Sieht Klausel Einigg über Neufestsetzg (BGH DB **78**, 927) od Festsetzden (BGH **57**, 47) vor, so ist idR bei Nichteinigg Neufestsetzg dch Urt gewollt; dabei kann (ebso wie bei Verweigerg der Schiedsgutachterernenng; BGH **74**, 341) sogleich auf Zahlg u Eintr erhöhter Reallast geklagt werden (BGH NJW **92**, 2088). Ob Festsetzg dch Urt zurückwirken soll, ist Frage der Klauselauslegg (BGH MDR **79**, 298).

bb) Auslegung typischer Klauseln: angem Verzinsg des Bodenwerts (BGH DNotZ **70**, 351) bzw 14 Vergütg der GrdstNutzg (BGH NJW **95**, 1360); allg Wirtsch- u WährgsVerh (BGH NJW **92**, 2088; Köln OLGZ **79**, 104); Bodenwertsteigerg (BGH **LM** Nr 5; Hbg MDR **70**, 49); Beamtenbesoldg ohne Zuschläge u Zuwendgen (BGH DB **76**, 1574: Änderg von Ortszuschlag u Weihnachtsgeld bleiben unberücksichtigt); BeamtenGrdGehalt (BGH DNotZ **77**, 411: GrdGehalt iS des BesoldgsR); Beamtendienstbezüge (BGH DB **79**, 933); Gehalt eines [Amtsbezeichng] (Düss DB **78**, 2166); Getreidepreis (BGH WM **84**, 406); Lebenshaltgskosten (BGH WM **85**, 417). Muß die Änderg wesentl/erhebl sein od der Zins nach Treu u Glauben nicht mehr angemessen/zumutb, so genügt idR eine Veränderg um über 10% (BGH NJW **95**, 1360).

cc) Vormerkung zur Sicherg des Anspr auf Bestellg einer ErbbZinsReallast entspr dem neu festzusetz- 15 den Zins; sie kann mehrere Anpassgen sichern (BayObLG **77**, 93). – Künft ZinsAnspr muß nach Höhe u Anpassgsvoraussetzgen **bestimmbar** sein (vgl BGB 883 Rn 7). Ausreichd bestimmt Bezugsgröße: Wert des ErbbGrdst (BGH **22**, 220); Jahresmietzins des Gbdes (LG Duisbg JMBlNRW **60**, 99); best Lebenshaltgskostenindex des Statist Bundes- (Celle Rpfleger **84**, 462) od Landesamtes (BGH **61**, 209); Ecklohn best Lohngruppe BAT oä (Oldbg NJW **61**, 2261); best Beamtengehalt (Hamm DNotZ **64**, 346); angem Verzinsg des GrdstWerts gemessen am Lebenshaltgskostenindex (Celle NdsRpfl **85**, 70); wesentl Änderg der wirtsch Verh/Lebenshaltgskosten (Hamm FGPrax **95**, 136). **Zu unbestimmt:** Anpassg, die ohne Rücks auf Zeitablauf u Anlaß verlangt werden kann (Schlesw SchlHA **70**, 60); VerkWert (Hamm OLGZ **67**, 450) od Pachtzins (Düss OLGZ **69**, 221) von Grdst in vergleichb Lage.

c) Wegfall der Geschäftsgrundlage mögl, wenn ergänzde VertrAuslegg keine schuldrechtl An- 16 passgsPfl ergibt (BGH **81**, 135; WM **85**, 417); vgl aber Rn 5. Urspr Verh zw Leistg u GgLeistg muß so stark gestört sein, daß Grenze des dch langfrist Vertr übernommenen Risikos überschritten u Interessen des Benachteiligten nicht mehr annähernd gewahrt (BGH **97**, 171: über 60% Kaufkraftschwund). Es besteht aus dem GrdGesch ein ErhöhgsAnspr u ein Anspr auf Änderg der ErbbZinsReallast (BGH **96**, 371; **111**, 214); es kann auch sogleich auf Zahlg des erhöhten ErbbZinses geklagt werden. Für den Umfang der Anpassg ist die Steigerg der allg wirtsch Verh iSv § 9a Rn 7 seit VertrAbschl maßg, sofern nicht Steigerg des Bodenwerts dahinter zurückgeblieben (BGH **119**, 220).

4) Bestehenbleiben, Rangvorbehalt (III); eingefügt dch Art 2 § 1 SachenRÄndG. Trotz des Wortlauts 17 „und" in S 1 Nr 1 aE kann auch nur eine Vereinbg nach Nr 1 getroffen werden (BT-Drucks 12/7425 S 85: „soll auch ein RangVorbeh begründet werden können"); bloßer RangVorbeh nach BGB 881 mögl. – **a) Be-** 18 **stehenbleiben (Nr 1).** Diese Vereinbg verhindert iVm ZVG 52 II 2, daß der Erwerber das ErbbR in der ZwVerst erbbauzinsfrei erwirbt. Der ReallastBerecht kann Befriedigg nur wg der fäll Einzelleistgen erlangen, die künft sind dch die zu übernehmde Reallast gesichert. – **Rangvorbehalt (Nr 2).** Betreibt ein vorrang GrdPfdRGläub die ZwVerst des ErbbR, so würde das GrdPfdR dch Zuschlag erlöschen u die Reallast mit einem RInhalt nach Nr 1 im Rang aufrücken. Um dem Erwerber, der das ErbbR in der ZwVerst erwirbt, diese Rangstelle für eine Beleihg freizuhalten, kann ein RangVorbeh vor der Reallast begründet werden, der iZw nur zum Erhalt dieser Rangstelle ausgenutzt werden darf (sonst BGB 881). Gilt entspr bei gleichrang GrdPfdR. – **b) Begründung.** RInhalt der Reallast mit Wirkg für u gg RNachf dch Einigg u 19 Eintragg (auch gem BGB 874). Zust der in III 2 Genannten wg mögl Beeinträchtigg (zB Mindererlös wg ReallastÜbern); daher entbehrl, wenn solche rechtl ausgeschl. Für die Zust gilt (trotz Abw von II 3) BGB 880 II 3 entspr.

5) Verzug (IV). – **a) Zahlungsverzug,** der als Voraussetzg für Heimfall vereinbart (§ 2 Nr 4), braucht 20 nicht aufeinandfolgde Zeiträume zu betreffen. Haftg für Verzugsschaden: BGB 286. Keine Verzugszinsen (Rn 7; vgl aber Rn 1 aE). – **b) Anpassungsverzug.** Haftg für Verzugsschaden: BGB 286 (BGH **LM** Nr 18). Keine Verzugszinsen, da keine Zinsschuld (im Ergebn zutr Düss DB **78**, 2166).

ErbbRVO 9a [1] **Dient das auf Grund eines Erbbaurechts errichtete Bauwerk Wohnzwek- ken, so begründet eine Vereinbarung, daß eine Änderung des Erbbauzin- ses verlangt werden kann, einen Anspruch auf Erhöhung des Erbbauzinses nur, soweit diese unter Berücksichtigung aller Umstände des Einzelfalles nicht unbillig ist. Ein Erhöhungsanspruch ist regelmäßig als unbillig anzusehen, wenn und soweit die nach der vereinbarten Bemessungsgrund- lage zu errechnende Erhöhung über die seit Vertragsabschluß eingetretene Änderung der allge- meinen wirtschaftlichen Verhältnisse hinausgeht. Änderungen der Grundstückswertverhältnisse bleiben außer den in Satz 4 genannten Fällen außer Betracht. Im Einzelfall kann bei Berücksichti- gung aller Umstände, insbesondere**

1. einer Änderung des Grundstückswertes infolge eigener zulässigerweise bewirkter Aufwendun- gen des Grundstückseigentümers oder

2. der Vorteile, welche eine Änderung des Grundstückswertes oder die ihr zugrunde liegenden Umstände für den Erbbauberechtigten mit sich bringen,

ein über diese Grenze hinausgehender Erhöhungsanspruch billig sein. Ein Anspruch auf Erhöhung des Erbbauzinses darf frühestens nach Ablauf von drei Jahren seit Vertragsabschluß und, wenn eine Erhöhung des Erbbauzinses bereits erfolgt ist, frühestens nach Ablauf von drei Jahren seit der jeweils letzten Erhöhung des Erbbauzinses geltend gemacht werden.

II Dient ein Teil des auf Grund des Erbbaurechts errichteten Bauwerks Wohnzwecken, so gilt Absatz 1 nur für den Anspruch auf Änderung eines angemessenen Teilbetrages des Erbbauzinses.

III Die Zulässigkeit einer Vormerkung zur Sicherung eines Anspruchs auf Erhöhung des Erbbauzinses wird durch die vorstehenden Vorschriften nicht berührt.

1 **1) Allgemeines.** § 9 a ergänzt § 9 u will sozial („Wohnzwecke") unerwünschte Belastgen des ErbbBe-
2 recht aus AnpassgsKlauseln eindämmen. – **a)** § 9 a **erfaßt Erhöhungsanspruch aus Anpassungsvereinbarung** iSv § 9 Rn 9, 12, die im ErbbVertr od später (Mü MDR **76**, 931) getroffen; nicht aber im Einzelfall (zB anläßl einer Zust nach § 5) vereinb Erhöhgen (BGH NJW **80**, 588). Unerhebl ist die Pers des Gläub des AnpassgsAnspr; zB auch Voreigtümer nach Übereigng ohne Abtr des AnpassgsAnspr. Unerhebl ist die Art der AnpassgsVereinbg; § 9 a gilt bei Gleit- u Spanngsklauseln ebso wie bei LeistgsVorbehKlauseln; entspr dem GZweck auch bei ErsetzgsBefug, Wahlschuld u Sachleistg, soweit derart Vereinbg tats wie AnpassgsVereinbg wirken; Umfang der Erhöhg kann nach BGB 315 ff (BGH **68**, 152) oder aGrd vereinb Bemessgs-
3 GrdlLage vorzunehmen sein. – **b)** § 9 a **beschränkt den Anspruch aus der Anpassungsvereinbarung** u gibt ihm ggü Einwendg. Eine diese Beschrkg überschreite Vereinbg ist nicht nach BGB 134, 138 nichtig, sond wird nur in ihrer Wirksamk begrenzt (zB Befristg nach I 5 gilt statt vereinb kürzerer Frist; BGH NJW **83**, 986). Übereinstimmg einer Vereinbg mit § 9 a ersetzt nicht GenErfordern oder WährG 3. – Neufestsetzg über die Grenze des § 9 a ist im Umfang der Unbilligk unwirks u geleistete Zahlg vorbehaltl BGB 814 kondizierb (Brem RhNK **80**, 178; Erm/Hagen Rn 10; Soergel/Stürner Rn 17; aA Dürkes BB **80**, 1069; Falk NJW **92**, 540).

4 **2) Wirkungsweise.** § 9 a unterwirft den Umfang (nicht aber Voraussetzgen) des ErhöhgsAnspr einer **Billigkeitsprüfung** (BGH LM Nr 6). Bei einer vereinb BemessgsGrdLage ist zunächst die sich aus ihr ergebde Erhöhg festzustellen. Das gilt auch für GrdstWertKlauseln, denn I 3 schließt den GrdstWert nicht als zu vereinbarde BemessgsGrdLage sond nur bei der BilligkPrüfg aus (BGH LM Nr 6), u für Lebenshaltgskostenindexklauseln, denn dieser Index ist nicht allein maßg. Die BilligkPrüfg kann das Ergebn der vereinb BemessgsGrdLage bestätigen u ermäßigen, nicht aber erhöhen; bleibt die vereinb BemessgsGrdLage hinter der zurück, was nach § 9 a zul wäre, so ist nur sie maßg (BGH **75**, 279). – **Beweislast.** AnsprBerecht muß beweisen, daß Erhöhgsverlangen nicht unbill ist (Baumgärtel Rn 1).

5 **a)** Bei der BilligkPrüfg sind die **Wertverhältnisse des Grundstücks** (isoliert od im Verband mit Nachb-
bod sonst vergleichb Grdst) vorbehaltl I 4 nicht zu berücksichtigen (I 3). Nach BGH (NJW **79**, 1546; **82**, 2382; abl Uibel NJW **83**, 211) soll dies auch für negative Entwicklg gelten; dies entspr zwar dem allg Wortlaut des I 3, nicht aber dem Schutzzweck des § 9 a. – Ausn in I 4: Nr 1: Aufwendgen des GrdstEigtümers sind auch solche aus seiner Sphäre (zB des RVorgängers). Nr 2: Nur die vom ErbbBerecht realisierb Vorteile (Staud/Ring Rn 8); keine Realisierbark einer intensiveren Bebauung aGrd BauRÄnderg, wenn Bebauung schon vor ihr abgeschl (RGRK/Räfle Rn 20).

6 **b)** Im übrigen sind **alle Umstände des Einzelfalles** zu berücksichtigen (I 1), daher auch die pers Verh (zB Alter, Krankh, Einkommen) des ErbbBerecht (MüKo/v Oefele Rn 12; aA BGH NJW **79**, 1546 abl Anm v Hoyningen-Huene; vgl auch Köln OLGZ **79**, 104). Ist eine BemessgsGrdLage vereinb, so sind grdsl nur ihre Faktoren zu berücksichtigen, daß der UnbilligkMaßstab in I 2.

7 **c) Obergrenze** für die Erhöhg gibt I 2; sie gilt entgg Wortlaut auch, wo keine BemessgsGrdLage vereinb (BGH **68**, 152). – **aa)** I 2 bildet **keine absolute Grenze,** wie „regelm" u I 4 zeigen; Einzelumstände (I 1) können daher Über- od Unterschreiten der objektiv u ohne BilligkErwäggen zu ermittelnden Grenze nach I 2 rechtfertigen (BGH **75**, 279). – **bb)** Maßstab für die **Änderung der allgemeinen wirtschaftlichen Verhältnisse** ist der aus den im jeweil Bezugszeitraum (vgl Rn 8) eingetretenen prozentualen Steigergen einers der Lebenshaltgskosten (eines 4-Pers-ArbNHaush) u ands der Einkommen (Mittelwert aus Bruttoverdienst der Arb in der Industrie sowie aus dem der Angest in Industrie u Handel) gebildete Mittelwert (BGH NJW **80**, 2519); dabei ist auf die für die männl u weibl Gesamtbevölkerung der BRep maßg Monatsindexzahlen des
8 StatistBAmts abzustellen (BGH **87**, 198). – **cc) Vertragsabschluß** iSv I 2 ist Vereinbg der AnpassgsKl u nicht die letzte ErhöhgsVereinbg (BGH NJW **81**, 2567). Bei mehrf Vereinbg von AnpassgsKl kommt es darauf an, welche Vereinbg die Part als Basis für künft Erhöhgen angesehen haben (BGH LM Nr 17); das kann eine unverändert übern AnpassgsKl bei frei vereinb ZinsErhöhg (BGH NJW **81**, 2567; Karlsr NJW-RR **88**, 332) od bei Erstreckg des ErbbR auf weiteres Grdst (BGH NJW-RR **88**, 775) sein. Maßg Werte für Abschluß der Entwicklg sind die zuletzt vor Stellg des Erhöhgsverlangens veröffentlichten Monatsindizes (BGH **87**, 198).

9 **3) Befristung** (I 5). Der ErhöhgsAnspr ist, auch wenn er nicht unbill ist od AnpassgsVereinbg keine Fristenregelg enthält (BGH NJW **83**, 986), von der Erstfestsetzg bis zur Ersterhöhg bzw von einer Erhöhg bis zur nächsten 3 Jahre zwingd (BGH NJW-RR **89**, 138) aufschiebd befristet; Zahlg aGrd früherer ErhöhgsVereinbg ist vorbehaltl BGB 814 kondizierb (BGH NJW **83**, 986). Aber Geltdmachg vor Ablauf der 3 Jahre für diesen Ztpkt zul (BGH NJW **83**, 986). Zul ist auch Vereinbg, daß Neufestsetzg ab einem best Ztpkt eintritt; dieser darf nur nicht vor Ablauf der 3-Jahres-Fr liegen: I 5 steht also ErhöhgsAnspr für feste Intervalle nicht entgg.

10 **4)** Das Bauwerk muß **Wohnzwecken** dienen (I 1) od Nebenanlage zu WohnGbden (Garage, Schwimmbad) sein. Dazu gehören auch vom ErbbBerecht vermietete Wohngen (BGH **75**, 279), gewerbl betriebene Wohnheime, Zweitwohngen; nicht aber Hotels, Pflegeheime (Dürkes BB **80**, 1611). Keine Begrenzg auf sozialen od steuerbegünst Wohngsbau. Bei vom ErbbRVertr abw Verwendg entscheidet jeweils die Zweck-

bestimmg, der die betr Part (od RVorgänger) in dem für sie nachteil Fall zugestimmt hat: dh § 9a nur anwendb, wenn Verwendg gem ErbbRVertr od mit Zust des GrdstEigtümers zu Wohnzwecken erfolgte; § 9a dagg nicht anwendb, wenn ErbbBerecht gem ErbbVertr od eigenmächt Bauwerk zu and Zwecken benutzt. – Bei **gemischter Verwendung (II)** ist der ErbbZins im Verh der Bruttoertragswerte von Wohn- u (zB) Gewerbeteil aufzuteilen (Odenbreit NJW **74**, 2273; Düss DB **78**, 2166).

5) III sanktioniert bish schon geübte Praxis von Vormkgen für erhöhten ErbbZins (vgl § 9 Rn 15). III hat weiter die Bedeutg, daß Vormkg nicht deshalb als unzul angesehen werden kann, weil vorgemerkter Anspr wg § 9a nicht hinreichd bestimmb wäre. **11**

6) Übergangsregelung gem G v 8. 1. 74, BGBl 41: **12**

Art. 2: [1] *Für nach dem Inkrafttreten dieses Gesetzes fällig werdende Erbbauzinsen ist § 9a der Verordnung über das Erbbaurecht in der Fassung des Artikels 1 Nr. 1 dieses Gesetzes auch bei Vereinbarungen des dort bezeichneten Inhalts anzuwenden, die vor Inkrafttreten dieses Gesetzes geschlossen worden sind.*

[II] *Ist der Erbbauzins auf Grund einer solchen Vereinbarung vor dem Inkrafttreten dieses Gesetzes erhöht worden, so behält es hierbei sein Bewenden. Der Erbbauberechtigte kann jedoch für die Zukunft eine bei entsprechender Anwendung der in Absatz 1 genannten Vorschrift gerechtfertigte Herabsetzung dann verlangen, wenn das Bestehenbleiben der Erhöhung für ihn angesichts der Umstände des Einzelfalles eine besondere Härte wäre.*

a) Abs 1 gilt für die inhaltl u für die zeitl Schranke der Erhöhg. Die 3-Jahres-Fr läuft ab der letzten Festsetzg des ErbbZinses, nicht etwa ab Inkrafttr der Neuregelg. **13**

b) Abs 2: Erhöhgen des ErbbZinses aus der Zeit vor dem 23. 1. 74 bleiben grdsl bei Bestand. Muß Erhöhg dch Urt erfolgen, weil Einigg gescheitert (BGH DB **78**, 927) od Schiedsgutachten unbill (BGH DB **79**, 887; nicht aber, wenn Urt Unbilligk verneint, BGH WM **82**, 767), so ist Erhöhg erst mit Verurteilg vorgenommen; Zugang des Erhöhgsverlangens reicht nur bei Gleitklausel (BGH WM **79**, 466). Nach S 2 aber Möglichk einer (nicht rückw) Herabsetzg gem dem Maßstab des § 9a I 1 mit 4; zusätzl Voraussetzg ist, daß Bestehenbleiben bes Härte wäre, was vom ErbbBerecht zu beweisen. HerabsetzgsMöglichk besteht nur, wenn ErbbZins aGrd eines Anspr iSv § 9a I 1 erhöht wurde. **14**

4. Rangstelle

ErbbRVO 10 [I] **Das Erbbaurecht kann nur zur ausschließlich ersten Rangstelle bestellt werden; der Rang kann nicht geändert werden. Rechte, die zur Erhaltung der Wirksamkeit gegenüber dem öffentlichen Glauben des Grundbuchs der Eintragung nicht bedürfen, bleiben außer Betracht.**

[II] **Durch landesrechtliche Verordnung können Bestimmungen getroffen werden, wonach bei der Bestellung des Erbbaurechts von dem Erfordernisse der ersten Rangstelle abgewichen werden kann, wenn dies für die vorhergehenden Berechtigten und den Bestand des Erbbaurechts unschädlich ist.**

1) Erste Rangstelle (I) zwingd; damit Ausfall in ZwVerst des Grdst unmögl (vgl auch § 25) u Beleihbark gesichert. Umfang u Ausübg der Vorbelastg unerhebl (Ffm Rpfleger **73**, 400). Unzul auch gleichrang Rechte. Bestellg mehrerer ErbbRe im Gleichrang auch dann unzul, wenn Ausübg auf verschied GrdstTeile beschr (Ffm DNotZ **67**, 688; MüKo/v Oefele § 1 Rn 37; aA Weitnauer DNotZ **58**, 414). I gilt nur für Belastg mit rangfäh Rechten (vgl BGB 879 Rn 4). Bei belastetem Grdst ErbbR nur nach RangRücktr des RealBerecht bestellb. – **a) Zulässig** ist gleichrang subjdingl VorkR für ErbbBerecht (BGH Rpfleger **73**, 355); ebso subjpers, wenn es in seiner Bedeutg für ErbbR konkret dem subjdingl gleichkommt (Düss NJW **56**, 875). Zul auch gleich- od nachrang Vormkg für ErbbR, wenn nur erste Rangstelle für ErbbR gewollt. NachEVermerk steht ErbbREintr nicht entg (Hamm Rpfleger **89**, 232); stimmt NachE zu, ist ErbbRBestellg wirks u es besteht kein Rangproblem; zur Nichtigk bei Nichtzustimmg vgl § 1 Rn 10. – **b) Verstoß** macht Eintr inhaltl unzul (GBO 53 I 2); Löschg u rangricht NeuEintr erforderl, nicht bloße Vorrangeinräumg (Hamm Rpfleger **76**, 131). KausalGesch wird dch vor- od gleichrang Belastg nicht berührt, wenn erstrang ErbbR gewollt (LG Aach RhNK **68**, 542). – **c) Rangverschlechterung kraft Gesetzes** wird dch I 1 nicht verhindert: fälschl gelöschtes ErbbR kann nach gutgl erworbenen ZwischenR eingetr werden (BGH **51**, 50).

2) Ausnahme (I 2): BGB 914 II 1, 917 II 2; EG 187 I 1 (BayObLG **82**, 210); RSiedlG 5, 14; öff Lasten (zB BauGB 64 III, LAG 111a). Vgl Ingenstau Rn 11ff. **2**

3) Landesrecht (II). *Pr* VO v 30. 4. 19 (GS 88; dazu Hbg DNotZ **67**, 373), aufgeh in *Nds* (VO v 26. 3. 71, GVBl 135) u *SchlH* (AGBGB 25 I Nr 11); *BaWü* VO v 17. 1. 94 (GBl 49); *Hbg* AGBGB 42a. **3**

5. Anwendung des Grundstücksrechts

ErbbRVO 11 [I] **Auf das Erbbaurecht finden die sich auf Grundstücke beziehenden Vorschriften mit Ausnahme der §§ 925, 927, 928 des Bürgerlichen Gesetzbuchs sowie die Vorschriften über Ansprüche aus dem Eigentum entsprechende Anwendung, soweit sich nicht aus dieser Verordnung ein anderes ergibt. Eine Übertragung des Erbbaurechts, die unter einer Bedingung oder einer Zeitbestimmung erfolgt, ist unwirksam.**

[II] **Auf einen Vertrag, durch den sich der eine Teil verpflichtet, ein Erbbaurecht zu bestellen oder zu erwerben, findet der § 313 des Bürgerlichen Gesetzbuchs entsprechende Anwendung.**

1) Das ErbbR wird wie ein Grdst behandelt **(I): grundstücksgleiches Recht** (Übbl 3 vor BGB 873). Es kann herrschdes Grdst für subjdingl Rechte sein. – **a) Entsprechend anwendbar** sind auf Entstehg u **1**

entstandenes ErbbR neben den in Rn 2–8 genannten Vorschr zB BGB 93 ff, 416, 436, 439 II, 444, 446 II, 449, 477, 503, 510 II, 571 ff (wenn ErbbBerecht sein Bauwerk vermietet u dann ErbbR veräußert; BGH NJW **72**, 198), 648, 753, 836, 837, 891 ff, 1126, 1424, 1807 I Nr 1 u II, 1821. Ferner Vorschr and Bundes- (BGH MDR **72**, 854) od LandesG (KG JW **35**, 650), soweit sich nicht aus ihrem Inhalt, Sinn u Zweck od der ErbbRVO etwas and ergibt (RG **108**, 70). – **b) Ansprüche aus dem Eigentum:** BGB 985 ff, 1004, 1011; ferner BGB 861 ff (vgl § 1 Rn 11). – **c)** ErbbR konnte **Heimstätte** sein od werden (KG JFG **4**, 384); vgl jetzt Übbl 6 vor BGB 873.

2) Für **rechtsgeschäftliche Verfügungen** ergibt sich aus I:

2 **a) Bestellung. – aa)** Als **dingliches Recht** gem BGB 873 (BGB 925 a nicht anwendb; BGH **LM** § 1 Nr 3) dch formfreie (Oldbg DNotZ **85**, 712) Einigg bzw einseit Erkl bei EigtümerErbbR u Eintr im GrdstGB (vgl § 10 Anm 1); GBO 20, 29 gelten (KG Rpfleger **79**, 208). GBA muß grdsl auch bei formlosem u daher nichtigem GrdGesch eintragen (Oldbg aaO; Wufka DNotZ **85**, 651). Mangelh Einigg bei Verstoß gg BestimmthGrds (BGH **LM** § 1 Nr 3). Gen nach GrdstVG 2 nicht erforderl (BGH NJW **76**, 519), aber nach BauGB 51 I Nr 1, 144 II Nr 1 u EGBGB 88 (Hbg JW **27**, 2323). UnbedenklichkBescheinigg iSv § 925 Rn 30 notw (EGAO 1977 Art 97 § 7); vgl auch BFH NJW **79**, 392. – **bb) Anfangszeitpunkt.** Dingl entsteht das ErbbR frühestens mit der Eintr (BGH Rpfleger **73**, 355); über aufschiebde Bdgg u Befristg vgl § 1 Rn 10. Ein Ztpkt vor der Eintr kann aber als AnfangsZtpkt für die Berechng des BeendiggsZtpkts festgelegt werden (BayObLG NJW-RR **91**, 718; Zweibr NJW-RR **94**, 1294; vgl § 27 Rn 1); auch and Wirkgen der ErbbRBestellg sind schuldr auf jeden belieb Ztpkt beziehb.

3 **b) Inhaltsänderung** gem BGB 877 dch formfreie Einigg bzw einseitl Erkl bei EigtümerErbbR u Eintr; GBO 20, 29 gelten. Gem BGB 876 kann Zust von DrittBerecht an Grdst od ErbbR erforderl sein. Die Eintr erfolgt im ErbbGB (§ 14 III 1), nur für Änderg von aufschiebden Bdggen sowie Anfangs- u EndZtpkt entscheidet das für Bestand des ErbbR maßg GrdstGB. Verlängerg der ErbbRZeit (BayObLG **59**, 527) u Erstreckg auf zuzuschreibds Grdst (BayObLG MittBayNot **91**, 172) sind wie InhaltsÄnderg zu behandeln.

4 **c) Teilung** zul, wenn ErbbBerecht mehrere Bauwerke (Ffm DNotZ **67**, 688) u nicht nur eines (Hamm MDR **84**, 402: Doppelhaus) haben darf. Für entstehde TeilErbbRe gilt urspr ErbbRVertr; für bestehde Belastgn gilt BGB 890 Rn 15. Teilg erfordert: – **aa) Grundstücksteilung** (BGB 890 Rn 11) dch Eigtümer (Hamm Rpfleger **55**, 232; Ingenstau Rn 125), wozu dieser dem ErbbBerecht nur bei Vereinbg verpflichtet (Hamm MDR **84**, 402); TeilgsAnspr vor ProzGer einklagb, nicht nach § 7. – **bb) Erbbaurechtsteilung** dch ErbbBerecht dahin, auf jedem TeilGrdst (mindestens) ein Bauwerk zu haben. Sie beschränkt ErbbRe auf Umfang der TeilGrdst u enthält damit TeilAufhebg, der gem BGB 875, 876 RealBerecht am ErbbR (Neust NJW **60**, 1157), nicht aber am Grdst, u gem § 26 Eigtümer (BGH NJW **74**, 498; für Verpfl dazu gilt aa entspr) zustimmen müssen. Sie enthält EnthaftgsErkl (Lutter DNotZ **60**, 91; KEHE/Eickmann § 7 Rn 23); Praxis verlangt vielf ausdrückl EnthaftgsErkl. – **cc) Eintragung** im ErbbRGB.

5 **d) Vereinigung, Zuschreibung** (BGB 890). – **aa)** ErbbRe können vereinigt od einand als Bestandt zugeschrieben werden. Zugeschriebnes ErbbR haftet nur für GrdPfdR (BGB 1131) auf HauptErbbR, nicht aber für Einzelleistgn einer ErbbZinsreallast (vgl BGB 1107 Rn 4). – **bb)** ErbbR kann einem and Grdst des ErbbBerecht als Bestandt (jederzeit lösb) zugeschrieben werden (Schulte BWNotZ **60**, 137); auch belastetes Grdst dem ErbbR (Kehrer BWNotZ **54**, 86). Vereinigg mögl (vgl BGB 890 Rn 2).

6 **e) Übertragung** gem BGB 873 dch Einigg u Eintr im ErbbGB. Bdgg (auflösd od aufschiebd) u Befristg unzul **(I 2)**. Übertr auf Eigtümer mögl, da gem BGB 889 kein Erlöschen. Für behördl Gen u Unbedenklichk Bescheinigg gilt Rn 2; kein VorkR nach BauGB 24. – Kein Erwerb entspr BGB 927.

7 **f) Belastung** gem BGB 873 dch Einigg u Eintr im ErbbGB. Zul ist die Belastg mit jedem Recht, das an einem Grdst bestellt werden kann; wg dingl BelastgsBeschrkg vgl § 5. Bei Nichtentstehg des ErbbR inf Nichtigk der dingl Bestellg können Belastgn kr öff Glaubens des ErbbGB wirks entstehen (BGH WM **63**, 533); ErbbR gilt dann insow als bestehd u entsteht für den Ersteher in der ZwVerst. Keine Heilg, wenn ErbbBerecht selbst belastet (BGH WM **64**, 182). Inhaltl unzul Eintr ermöglicht keinen gutgl Erwerb (Ffm Rpfleger **75**, 305). – **aa)** Zul ist auch die Belastg mit einem **Untererbbaurecht** (BGH **62**, 179; hM). Der Inhalt muß sich im Rahmen des belasteten ErbbR halten (BGH aaO), in dessen ErbbGB in Abt II es erscheint, währd für das UnterErbbR ein eigenes ErbbGB anzulegen ist. – **bb)** Belastg mit einer **Dienstbarkeit** nur im Rahmen der eigenen NutzgsBefugn des ErbbBerecht (KG NJW-RR **92**, 214); zB nicht mit TankstellenDbk, wenn ErbbBerecht nur Wohnhaus haben darf (BayObLG DNotZ **58**, 542). – **cc)** Belastg des ErbbR ergreift nicht das Grdst (Hamm NJW **69**, 2052). Aber ein GrdPfdR kann gleichzeit auf beiden lasten u ist dann GesGrdPfdR (Mü JFG **23**, 151); wohl auch GesDbk (BayObLG **59**, 365; Rutenfranz DNotZ **65**, 464). Wird ErbbR auf zugeschriebnes Grdst erstreckt, so ergreifen dingl ErbbRBelastgn das ErbbR in seinem neuen Bestand (Hamm DNotZ **74**, 94).

8 **g) Beendigung** dch Aufhebg (§ 26), Zeitablauf (§ 27), Verj (BGB 901), Enteign, entspr BGB 1026 (vgl § 1 Rn 5); **nicht** aber dch Verzicht entspr BGB 928 (I 1), auflösde Bdgg (§ 1 IV 1), Untergang des Bauwerks (§ 13), Erwerb des Grdst dch ErbbBerecht od des ErbbR dch GrdstEigtümer (BGB 889), Zuschlag in ZwVerst (§ 25), Heimfall (§ 32), NichtErf der BebaubarkErwartg (BGH **101**, 143).

9 **h) Zwangsvollstreckung** in ErbbR wie in Grdst. Bei ZwVollstr in Grdst bleibt ErbbR bestehen (§ 25).

10 **3) Form des Grundgeschäfts** (vgl Übbl 4 vor § 1012). – **a)** Der Form des **BGB 313** unterliegen die vertragl Verpfl zur Bestellg, Übertr od Erwerb eines ErbbR **(II, I 1)** sowie ihre Änderg (BGH **59**, 269). Dies gilt auch für Übertr aGrd Träger-Siedler-Vertr (BGH **16**, 334; Oldbg Rpfleger **61**, 240). – **aa) Gegenstand/ Umfang** des Formzwangs wie bei § 313; zB VorkR. Eine Vereinbg über die Ablösbark des ErbbZinses kann nicht als formlos wirks selbstd Vertr angesehen werden (BGH BB **67**, 8). NichtBeurk einer GrdstErwerbsPfl des ErbbBerecht macht ganzen ErbbRVertr nichtig (BGH BB **64**, 148). – **bb) Heilung** (BGB 313 S 2). ÜbertrVertr wird auch geheilt dch Eintr des Erwerbers als GrdstEigtümer ohne VorEintr als ErbbBerecht u Bewilligg der ErbbRLöschg dch Veräußerer des ErbbR (BGH **32**, 11). Die Eintr des ErbbR heilt nicht die formlos (in ErbbR- od ÄndergsVertr) begründete Verpfl, das Grdst nach Beendigg des ErbbR zu übereignen (BGH **59**, 269).

b) Formfrei sind: satzgsgem Zuteilg dch Genossensch an Genossen (BGH NJW **78**, 2505) im Ggs zur **11** Erkl des Genossen, die ErwerbsPfl für ihn begründet (vgl BGH aaO); vertragl Verpfl zur InhaltsÄnderg bestehden ErbbR (MüKo/v Oefele Rn 28; aA Ingenstau Rn 76) od Belastg/BelastgsÄnderg (zB ErbbZins; BGH NJW **86**, 932); Bestimmg des ErbbGrdst, wenn ErbbRVertr dies einer VertrPart od Dr überläßt (BGH **LM** § 1 Nr 7/8).

6. Bauwerk. Bestandteile

ErbbRVO 12 ^I**Das auf Grund des Erbbaurechts errichtete Bauwerk gilt als wesentlicher Bestandteil des Erbbaurechts. Das gleiche gilt für ein Bauwerk, das bei der Bestellung des Erbbaurechts schon vorhanden ist. Die Haftung des Bauwerkes für die Belastungen des Grundstücks erlischt mit der Eintragung des Erbbaurechts im Grundbuch.**

^{II} **Die §§ 94 und 95 des Bürgerlichen Gesetzbuchs finden auf das Erbbaurecht entsprechende Anwendung; die Bestandteile des Erbbaurechts sind nicht zugleich Bestandteile des Grundstücks.**

^{III} **Erlischt das Erbbaurecht, so werden die Bestandteile des Erbbaurechts Bestandteile des Grundstücks.**

1) Zu I: Das **Bauwerk** teilt als **wesentlicher Bestandteil des Erbbaurechts** dessen dingl RLage u kann **1** nicht Ggst bes dingl Rechts sein; daher Enthaftg nach I 3 krG (Schutz der GrdstGläub dch § 10 I). Sofern zul, Bauwerk teils auf eig u teils auf ErbbGrdst zu errichten (vgl § 1 Rn 4), ist entspr Eigengrenzüberbau (BGB § 912 Rn 14) gesamtes Bauwerk vielf nur Bestandt des eig Grdst. – Wg Errichtg eines Bauwerks dch Mieter in nicht erfüllter Erwartg der ErbbRBestellg (BGB 94, nicht 95) vgl BGH **LM** § 951 Nr 14; Ausgl: BGB 946, 951. – **a) Erbbauberechtigter wird Eigentümer** u unmittelb EigBesitzer (Weitnauer DNotZ **68**, **2** 303) der zZ der Entstehg des ErbbR (Nürnb DNotZ **55**, 204) vorhandenen (ganz hM) od von ihm od Dr aGrd des ErbbR, wenn auch vertrwidr (vgl § 2 Nr 1) errichteten Bauwerks. Bei Überbau über den zum Bau best GrdstTeil: BGB 912 ff entspr. – **b)** Mit **Übertragung des Erbbaurechts** wird der Erwerber Eigtümer, **3** bei Heimfall (vorbeh § 3 Halbs 2) der GrdstEigtümer. Bei Heimfall eines GesamtErbbR (§ 1 Rn 8) entsteht GesamtEigtümerErbbR u MitEigt – uU GesHandsEigt – (Rothoeft NJW **74**, 665; Krämer DNotZ **74**, 647). Str, ob bei Heimfall eines NachbErbbR (§ 1 Rn 4) vertikal geteiltes AlleinEigt (Rothoeft u Krämer aaO) od MitEigt (Schraepler NJW **74**, 2076) entsteht.

2) Zu II: Erzeugnisse des Grdst nach BGB 94 iFv 1 II sind Eigt des ErbbBerecht u unterliegen der **4** Belastg des ErbbR. Anders die Sachen iSv BGB 95, die im Eigt des bish Eigtümers verbleiben.

3) Zu III: Mit **Erlöschen des Erbbaurechts** (auch nach § 26) wird das Bauwerk wesentl GrdstBestandt u **5** damit Eigt des GrdstEigtümers, es haftet nicht mehr für die Belastgen des ErbbR; vgl aber § 29. Mit Erlöschen des ErbbR erlöschen auch damit verbundene subjdingl Rechte (BGB 96); das soll nach LG Verden NdsRpfl **64**, 250 für ein für den ErbbBerecht eingetr WegeR selbst dann gelten, wenn ErbbBerecht das Eigt am Grdst erwirbt (unbefriedigd; man könnte an Fortbestand des WegeR bis zum vorgesehenen Ablauf des ErbbR denken; jedenf schuldrechtl Anspr aus evtl BestellgsVertr). – Str, ob bei Erlöschen eines Gesamt- (§ 1 Rn 8) od NachbErbbR (§ 1 Rn 4) vertikal geteiltes AlleinEigt (Rothoeft NJW **74**, 665; Krämer DNotZ **74**, 647) od MitEigt (Schraepler NJW **74**, 2076) entsteht.

ErbbRVO 13 Das Erbbaurecht erlischt nicht dadurch, daß das Bauwerk untergeht.

Berecht darf ein neues Bauwerk errichten, dazu auch die Baustoffe des alten (die sein Eigt bleiben) **1** verwenden od (str) veräußern. Verpflichtg zum Neuaufbau nur ggf aus BestellgsVertr. – Untergang des Bauwerks gibt nicht Anspr auf Herabsetzg des ErbbZinses (BGH **LM** § 157 D Nr 1). Vereinbg, daß ErbbR erlischt, wg § 1 IV unwirks; mögl aber Vereinbg eines HeimfallR nach § 2 Nr 4 (Ingenstau Rn 4).

II. Grundbuchvorschriften

ErbbRVO 14 ^I**Für das Erbbaurecht wird bei der Eintragung in das Grundbuch von Amts wegen ein besonderes Grundbuchblatt (Erbbaugrundbuch) angelegt. Im Erbbaugrundbuch soll auch der Eigentümer und jeder spätere Erwerber des Grundstücks vermerkt werden. Zur näheren Bezeichnung des Inhalts des Erbbaurechts kann auf die Eintragungsbewilligung Bezug genommen werden.**

^{II} **Bei der Eintragung im Grundbuch des Grundstücks ist zur näheren Bezeichnung des Inhalts des Erbbaurechts auf das Erbbaugrundbuch Bezug zu nehmen.**

^{III} **Das Erbbaugrundbuch ist für das Erbbaurecht das Grundbuch im Sinne des Bürgerlichen Gesetzbuchs. Die Eintragung eines neuen Erbbauberechtigten ist unverzüglich auf dem Blatte des Grundstücks zu vermerken. Der Vermerk kann durch Bezugnahme auf das Erbbaugrundbuch ersetzt werden.**

^{IV} **Werden das Grundbuch und das Erbbaugrundbuch in maschineller Form geführt, so genügt es für die Eintragung nach Absatz 1 Satz 2, daß lediglich der Eigentümer des belasteten Grundstücks gemäß der jeweils letzten Eintragung im Grundbuch dieses Grundstücks vermerkt ist.**

1   **1) Grundstücksgrundbuch.** Eintragg des ErbbR hier (Abt II) ist konstitutiv für Entsteh (daher Bdgg hier einzutragen), belastetes Grdst, Pers des Ersterwerbers, Rang u Dauer (daher auch deren Änderg hier einzutragen; vgl BayObLG **59**, 520). **II** (keine Bezugn auf EintrBew; Dresd JFG **2**, 304), **III 2, 3** sind nur Ordngs-Vorschr.

2   **2) Erbbaugrundbuch.** Anlegg nach Maßg GBV 54 ff vAw **(I 1)**; nicht konstitutiv für REntsteh. Für GesErbbR nur ein GB (Köln Rpfleger **61**, 18). Eintragg hier ist konstitutiv für RInhalt, Übertragg u Belastg **(III 1)**; Bezug auf EintrBew **(I 3)** entspr BGB 874 (vgl auch § 5 Rn 1). Eintragg des GrdstEigtümers **(I 2, IV** [idF Art 3 I Nr 1 RegVBG]) nur OrdngsVorschr.

3   **3) Maßgebendes Grundbuch** für öffGlaub (BGB 891–893) u bei Widerspr zw beiden GB ist das, in dem die betreffde Eintragg konstitutiv wirkt. Dort sind auch bzgl dieser Eintragg Vormkg/Widerspr einzutragen.

ErbbRVO 15   In den Fällen des § 5 darf der Rechtsübergang und die Belastung erst eingetragen werden, wenn dem Grundbuchamte die Zustimmung des Grundstückseigentümers nachgewiesen ist.

1   OrdngsVorschr; Nachw gem GBO 29. Gilt auch im Fall des § 8 (BayObLG **60**, 472).

ErbbRVO 16   Bei der Löschung des Erbbaurechts wird das Erbbaugrundbuch von Amts wegen geschlossen.

ErbbRVO 17   [I] Jede Eintragung in das Erbbaugrundbuch soll auch dem Grundstückseigentümer, die Eintragung von Verfügungsbeschränkungen des Erbbauberechtigten den im Erbbaugrundbuch eingetragenen dinglich Berechtigten bekanntgemacht werden. Im übrigen sind § 44 Abs. 2, 3, § 55 Abs. 1 bis 3, 5 bis 8, §§ 55a und 55b der Grundbuchordnung entsprechend anzuwenden.

[II] Den Erbbauberechtigten soll die Eintragung eines Grundstückseigentümers, die Eintragung von Verfügungsbeschränkungen des Grundstückseigentümers sowie die Eintragung eines Widerspruchs gegen die Eintragung des Eigentümers in das Grundbuch des Grundstücks bekanntgemacht werden.

[III] Auf die Bekanntmachung kann verzichtet werden.

1   **1) I 2** idF Art 3 I Nr 2 RegVBG. – **a)** Die entspr Anwendg von **GBO 44 II, III** bedeutet, daß die Vorschr über die Bezugn auf die EintrBew bei der Eintragg einer GrdstBelastg (GBO 44 II) bei der Eintr einer ErbbRBelastg im ErbbGB u die Vorschr über den Nachholg der Bezugn auf die EintrBew bei der Umschreibg 2 des GrdstGBBl usw (GBO 44 III) bei der Umschreibg des ErbbGBBl usw entspr gelten. – **b)** Die entspr Anwendg von **GBO 55, 55a, 55b** stellt klar, daß bei Eintraggen in das ErbbGB auch die dort vorgeschriebenen Bekanntmachungen entspr zu erfolgen haben (schon bisher wurden ErbbRVO 17 u GBO 55 aF nebeneinand angewendet; vgl Zeitler BayNotZ **56**, 130); zB ist die Eintragg eines neuen ErbbBerecht den GrdPfdRGläub am ErbbR bekannt zu machen.

III. Beleihung

1. Mündelhypothek

ErbbRVO 18   Eine Hypothek an einem Erbbaurecht auf einem inländischen Grundstück ist für die Anlegung von Mündelgeld als sicher anzusehen, wenn sie eine Tilgungshypothek ist und den Erfordernissen der §§ 19, 20 entspricht.

ErbbRVO 19   [I] Die Hypothek darf die Hälfte des Wertes des Erbbaurechts nicht übersteigen. Dieser ist anzunehmen gleich der halben Summe des Bauwerts und des kapitalisierten, durch sorgfältige Ermittlung festgestellten jährlichen Mietreinertrags, den das Bauwerk nebst den Bestandteilen des Erbbaurechts unter Berücksichtigung seiner Beschaffenheit bei ordnungsmäßiger Wirtschaft jedem Besitzer nachhaltig gewähren kann. Der angenommene Wert darf jedoch den kapitalisierten Mietreinertrag nicht übersteigen.

[II] Ein der Hypothek im Range vorgehender Erbbauzins ist zu kapitalisieren und von ihr in Abzug zu bringen. Dies gilt nicht, wenn eine Vereinbarung nach § 9 Abs. 3 Satz 1 getroffen worden ist.

1   **I 1** bestimmt die Beleihgsgrenze. – **I 2, 3** regelt die Wertermittlg. – **II:** GrdPfdR u kapitalisierter ErbbZins dürfen die Beleihgsgrenze nicht übersteigen **(S 1)**; nichtkapitalisierter ErbbZins bleibt unberücksichtigt **(S 2** idF Art 2 § 1 Nr 2 SachenRÄndG).

ErbbRVO 20   [I] Die planmäßige Tilgung der Hypothek muß
1. unter Zuwachs der ersparten Zinsen erfolgen,
2. spätestens mit dem Anfang des vierten auf die Gewährung des Hypothekenkapitals folgenden Kalenderjahrs beginnen,
3. spätestens zehn Jahre vor Ablauf des Erbbaurechts endigen und darf
4. nicht länger dauern, als zur buchmäßigen Abschreibung des Bauwerkes nach wirtschaftlichen Grundsätzen erforderlich ist.

II Das Erbbaurecht muß mindestens noch so lange laufen, daß eine den Vorschriften des Absatzes 1 entsprechende Tilgung der Hypothek für jeden Erbbauberechtigten oder seine Rechtsnachfolger aus den Erträgen des Erbbaurechts möglich ist.

2. Sicherheitsgrenze für sonstige Beleihungen

ErbbRVO 21 **I** Erbbaurechte können nach Maßgabe der §§ 11 und 12 des Hypothekenbankgesetzes von Hypothekenbanken und nach Maßgabe des § 54a des Versicherungsaufsichtsgesetzes von Versicherungsunternehmen beliehen werden, wenn eine dem § 20 Abs. 1 Nr. 3 und 4 entsprechende Tilgung vereinbart wird.

II Auf einen der Hypothek im Range vorgehenden Erbbauzins ist die Vorschrift des § 19 Abs. 2 entsprechend anzuwenden.

I (idF Art 2 I G v 8. 6. 88; BGBl I 710): Bei Beleihg dch HypBank/VersUntern sind die Beleihgsgrenzen 1 von HypBkG 11 II bzw VAG 54a II Nr 1 auf der GrdLage einer Wertermittlg nach HypBkG 12 bzw VAG 54a II Nr 1 einzuhalten u eine Tilgg nach § 20 I Nr 3 u 4 zu vereinbaren; Verstoß macht GrdPfdR nicht unwirks (bedeuts nur für DeckgsEigng). – **II:** wie § 19 II.

3. Landesrechtliche Vorschriften

ErbbRVO 22 Die Landesgesetzgebung kann für die innerhalb ihres Geltungsbereichs belegenen Grundstücke

1. die Mündelsicherheit der Erbbaurechtshypotheken abweichend von den Vorschriften der §§ 18 bis 20 regeln,
2. bestimmen, in welcher Weise festzustellen ist, ob die Voraussetzungen für die Mündelsicherheit (§§ 19, 20) vorliegen.

Zu Nr 2: zB BremAGBGB 56; vgl auch § 1807 II. 1

IV. Feuerversicherung. Zwangsversteigerung

1. Feuerversicherung

ErbbRVO 23 Ist das Bauwerk gegen Feuer versichert, so hat der Versicherer den Grundstückseigentümer unverzüglich zu benachrichtigen, wenn ihm der Eintritt des Versicherungsfalls angezeigt wird.

2. Zwangsversteigerung

a) des Erbbaurechts

ErbbRVO 24 Bei einer Zwangsvollstreckung in das Erbbaurecht gilt auch der Grundstückseigentümer als Beteiligter im Sinne des § 9 des Gesetzes über die Zwangsversteigerung und die Zwangsverwaltung (Reichsgesetzbl. 1898 S. 713).

ZwVollstr in ErbbR dch ZwHyp/Verst/Verw. Fällt ErbbZinsreallast nicht in das geringste Gebot u ist 1 keine Vereing nach § 9 III 1 Nr 1 getroffen, so erlischt sie u Ersteher erwirbt erbzinsfrei (BGH **81**, 358) ohne Eintritt in schuldrechtl Vertr; schuldrechtl Verpfl erlischt (LG Münst Rpfleger **91**, 330). Im VerteilgsVerf, wenn Deckg, Kapitalisierg (ZVG 92 I).

b) des Grundstücks

ErbbRVO 25 Wird das Grundstück zwangsweise versteigert, so bleibt das Erbbaurecht auch dann bestehen, wenn es bei der Feststellung des geringsten Gebots nicht berücksichtigt ist.

Ausn von ZVG 52 I 2, 91 I, 92. Vgl aber ZVG 59 I. Bestehen bleiben auch die Belastgen des ErbbR. Zur 1 Anwendbark von ZVG 57, BGB 571 I vgl Mü WM **66**, 693.

V. Beendigung, Erneuerung, Heimfall

1. Beendigung

a) Aufhebung

ErbbRVO 26 Das Erbbaurecht kann nur mit Zustimmung des Grundstückseigentümers aufgehoben werden. Die Zustimmung ist dem Grundbuchamt oder dem Erbbauberechtigten gegenüber zu erklären; sie ist unwiderruflich.

Aufhebung gem § 11 I iVm BGB 875 (maßg Löschg im GrdstGB), 876 (Düss Rpfleger **93**, 337), 878. 1 Zust des GrdstEigtümers sachlrechtl formfrei; verfrechtl GBO 29. Über ZustErfordern bei Mithaft des

Grdst vgl BGB 876 Rn 3. Dingl Rechte am ErbbR erlöschen mit dessen Aufhebg (daher muß RInh nach BGB 876 zustimmen); ggf Neubestellg am Grdst notw (liegt idR in „Übertr" der Rechte bei Erwerb des Grdst dch ErbbBerecht unter Aufhebg des ErbbR mit Zust des RInh; BayObLG Rpfleger **84**, 145).

b) Zeitablauf

ErbbRVO 27 [I] Erlischt das Erbbaurecht durch Zeitablauf, so hat der Grundstückseigentümer dem Erbbauberechtigten eine Entschädigung für das Bauwerk zu leisten. Als Inhalt des Erbbaurechts können Vereinbarungen über die Höhe der Entschädigung und die Art ihrer Zahlung sowie über ihre Ausschließung getroffen werden.

[II] Ist das Erbbaurecht zur Befriedigung des Wohnbedürfnisses minderbemittelter Bevölkerungskreise bestellt, so muß die Entschädigung mindestens zwei Drittel des gemeinen Wertes betragen, den das Bauwerk bei Ablauf des Erbbaurechts hat. Auf eine abweichende Vereinbarung kann sich der Grundstückseigentümer nicht berufen.

[III] Der Grundstückseigentümer kann seine Verpflichtung zur Zahlung der Entschädigung dadurch abwenden, daß er dem Erbbauberechtigten das Erbbaurecht vor dessen Ablauf für die voraussichtliche Standdauer des Bauwerkes verlängert; lehnt der Erbbauberechtigte die Verlängerung ab, so erlischt der Anspruch auf Entschädigung. Das Erbbaurecht kann zur Abwendung der Entschädigungspflicht wiederholt verlängert werden.

[IV] Vor Eintritt der Fälligkeit kann der Anspruch auf Entschädigung nicht abgetreten werden.

1   **1) Zu I: – a)** Das ErbbR wird idR auf **bestimmte Zeit** bestellt; zur Bestellg auf Lebenszeit vgl § 1 Rn 10. Zeitdauer (als Bestimmg des EndZtpkts) kann ab Eintragg od ab einem best Tag davor od danach festgelegt werden (Promberger Rpfleger **75**, 233; § 11 Rn 2). Mit Zeitablauf erlischt ErbbR; keine Aufhebg. GrdstEigtümer zZ des Erlöschens schuldet Entsch; sonst angem Entsch für Bauwerk (bei Einfamilienhaus nach SachwertVerf, BGH DB **75**, 685). EntschPfl ausschließb (Ausn: II). – **b)** Bestellg auf **unbestimmte Zeit** („ewiges ErbbR") zul; jedenf solange Eigt nicht völlig ausgehöhlt (vgl LG Degdf MittBayNot **87**, 254).

2   **2) Zu II:** Auch hier muß (entgg dem zu engen Wortlaut) andere Vereinbg wirks sein, wenn GrdstEigtümer selbst das Bauwerk errichtet hatte. II auch anwendb bei Errichtg von Mietwohngen für Minderbemittelte (KG Rpfleger **81**, 108). Über Minderbemittlgen vgl LG Ffm DNotZ **69**, 299 u KG aaO. – **Zu III:** Angebot muß so rechtzeit erfolgen, daß Verlängerg vor Ablauf des ErbbR mögl (BGH NJW **81**, 1045). AbwendgsR unterliegt BGB 242 (BGH aaO). Angebot/Annahme materiellr formfrei. Verlängerg ist Inhaltsänderg iSv BGB 877 (BGH aaO). RealGläub braucht Ablehng nicht zuzustimmen. Erlöschen im ErbbRVertr abdingb. – **Zu IV:** Bei Abtretg nach Fälligk (Erlöschen des ErbbR) bleiben Rechte der RealGläub, § 29, bestehen.

ErbbRVO 28 Die Entschädigungsforderung haftet auf dem Grundstück an Stelle des Erbbaurechts und mit dessen Range.

1   Ein im Wege der GBBerichtigg eintraggsfäh u zum Ausschl gutgl Erwerbs eintraggsbedürft reallastähnl dingl Recht eigener Art (Ingenstau Rn 1; aA Soergel/Stürner Rn 1: SichgHyp), das an die Stelle des ErbbR tritt. RealRe am ErbbR setzen sich an der Fdg fort (§ 29). § 28 begründet Gefahr des Ausfalls nachrang Rechte in der ZwVerst (BGH WM **74**, 430).

ErbbRVO 29 Ist das Erbbaurecht bei Ablauf der Zeit, für die es bestellt war, noch mit einer Hypothek oder Grundschuld oder mit Rückständen aus Rentenschulden oder Reallasten belastet, so hat der Gläubiger der Hypothek, Grund- oder Rentenschuld oder Reallast an dem Entschädigungsanspruch dieselben Rechte, die ihm im Falle des Erlöschens seines Rechtes durch Zwangsversteigerung an dem Erlöse zustehen.

1   Mit Erlöschen des ErbbR wird Bauwerk Eigt des GrdstEigtümers (§ 12 III). Daher schützt § 29 wenigstens die aufgeführten RealGläub. Auch Gläub von Überbau- u Notwegrenten (BGB 914 III, 917 II 2) u vorgemerkten Anspr. Vgl ZVG 92. Rangordng der Gläub wie nach ZVG 10. Befriedigg wie PfdGläub einer Fdg (hM). Rechte bei Eintr des EntschädiggsAnspr mit eintragb (Ingenstau Rn 8).

ErbbRVO 30 [I] Erlischt das Erbbaurecht, so finden auf Miet- und Pachtverträge, die der Erbbauberechtigte abgeschlossen hat, die im Falle der Übertragung des Eigentums geltenden Vorschriften entsprechende Anwendung.

[II] Erlischt das Erbbaurecht durch Zeitablauf, so ist der Grundstückseigentümer berechtigt, das Miet- oder Pachtverhältnis unter Einhaltung der gesetzlichen Frist zu kündigen. Die Kündigung kann nur für einen der beiden ersten Termine erfolgen, für die sie zulässig ist. Erlischt das Erbbaurecht vorzeitig, so kann der Grundstückseigentümer das Kündigungsrecht erst ausüben, wenn das Erbbaurecht auch durch Zeitablauf erlöschen würde.

[III] Der Mieter oder Pächter kann den Grundstückseigentümer unter Bestimmung einer angemessenen Frist zur Erklärung darüber auffordern, ob er von dem Kündigungsrechte Gebrauch mache. Die Kündigung kann nur bis zum Ablauf der Frist erfolgen.

1   BGB 571 ff entspr anwendbar. Auch bei rechtsgeschäftl Aufhebg. Vgl aber **II, III**.

2. Erneuerung

ErbbRVO 31 ^I Ist dem Erbbauberechtigten ein Vorrecht auf Erneuerung des Erbbaurechts eingeräumt (§ 2 Nr. 6), so kann er das Vorrecht ausüben, sobald der Eigentümer mit einem Dritten einen Vertrag über Bestellung eines Erbbaurechts an dem Grundstück geschlossen hat. Die Ausübung des Vorrechts ist ausgeschlossen, wenn das für den Dritten zu bestellende Erbbaurecht einem anderen wirtschaftlichen Zwecke zu dienen bestimmt ist.

^{II} Das Vorrecht erlischt drei Jahre nach Ablauf der Zeit, für die das Erbbaurecht bestellt war.

^{III} Die Vorschriften der §§ 505 bis 510, 513, 514 des Bürgerlichen Gesetzbuchs finden entsprechende Anwendung.

^{IV} Dritten gegenüber hat das Vorrecht die Wirkung einer Vormerkung zur Sicherung eines Anspruchs auf Einräumung des Erbbaurechts. Die §§ 1099 bis 1102 des Bürgerlichen Gesetzbuchs gelten entsprechend. Wird das Erbbaurecht vor Ablauf der drei Jahre (Absatz 2) im Grundbuch gelöscht, so ist zur Erhaltung des Vorrechts eine Vormerkung mit dem bisherigen Range des Erbbaurechts von Amts wegen einzutragen.

^V Soweit im Falle des § 29 die Tilgung noch nicht erfolgt ist, hat der Gläubiger bei der Erneuerung an dem Erbbaurechte dieselben Rechte, die er zur Zeit des Ablaufs hatte. Die Rechte an der Entschädigungsforderung erlöschen.

ErneuergsR nur ähnl dingl VorkaufsR; für ErbbBerechtigten deshalb u wg **II** praktisch zieml wertlos. **1** Entstehg des Vorrechts nach BGB 873, 876, 877. Mit Ausübg des Vorrechts entsteht zw dem Berecht u dem GrdstEigtümer ein Vertr über die Bestellg eines ErbbR zu den mit dem Dritten vereinb Bedinggen, BGB 505 II. Wirkg ggü Dritten: BGB 883 II, 888 I u 1099 ff. Über AmtsEintr der Vormkg vgl GBVfg 17 II 3. – **IV** S 3 gilt nur bei Erlöschen des ErbbR durch Zeitablauf, nicht bei Aufhebg gem § 26 (KG DR **44**, 624). – An dem neuen ErbbR entstehen die Hyp usw **(V)** kraft Gesetzes; Berichtigg des GB nach BGB 894; GBO 22. Über Erneuerg von ErbbHeimstätten vgl RHeimstG 26 V.

3. Heimfall

ErbbRVO 32 ^I Macht der Grundstückseigentümer von seinem Heimfallanspruche Gebrauch, so hat er dem Erbbauberechtigten eine angemessene Vergütung für das Erbbaurecht zu gewähren. Als Inhalt des Erbbaurechts können Vereinbarungen über die Höhe dieser Vergütung und die Art ihrer Zahlung sowie ihre Ausschließung getroffen werden.

^{II} Ist das Erbbaurecht zur Befriedigung des Wohnbedürfnisses minderbemittelter Bevölkerungskreise bestellt, so darf die Zahlung einer angemessenen Vergütung für das Erbbaurecht nicht ausgeschlossen werden. Auf eine abweichende Vereinbarung kann sich der Grundstückseigentümer nicht berufen. Die Vergütung ist nicht angemessen, wenn sie nicht mindestens zwei Dritteile des gemeinen Wertes des Erbbaurechts zur Zeit der Übertragung beträgt.

1) Heimfallanspruch: § 2 Nr 4, §§ 3, 4; Geltdmachg ist ErfVerlangen u nicht RGestaltg (BGH NJW- **1** RR **90**, 1095). Übertr dch Einigg u Eintr, kein Übergang krG (BGH DB **76**, 671); vgl auch § 3 Halbs 2. GrstEigtümer wird mit Übertragg ErbbBerecht (BGB 889) u BauwerksEigtümer (§ 12 I).

2) Vergütung für das ErbbR umfaßt realen Wert des Bauwerks, Ertragswert des ErbbR u Wert für **2** Rückerhalt der Bodennutzg (BGH DB **75**, 685). Anspr entsteht mit Erfüllg des HeimfallAnspr (BGH **111**, 154); VorausVfg nach allg Grds (vgl BGH NJW **76**, 895). Erfüllg ist maßg Ztpkt für Wert, soweit keine Abweichg vereinbart (BGH **116**, 161). Anspr haftet wg § 33 nicht den GrdPfdRGläub. Schu ist auch iF § 3 Halbs 2 der GrdstEigtümer. Vertragl abdingb (Ausn II 1; vgl § 27 II).

ErbbRVO 33 ^I Beim Heimfall des Erbbaurechts bleiben die Hypotheken, Grund- und Rentenschulden und Reallasten bestehen, soweit sie nicht dem Erbbauberechtigten selbst zustehen. Dasselbe gilt für die Vormerkung eines gesetzlichen Anspruchs auf Eintragung einer Sicherungshypothek *sowie für den Bauvermerk (§ 61 des Gesetzes über die Sicherung der Bauforderungen vom 1. Juni 1909, Reichsgesetzbl. S. 449).* Andere auf dem Erbbaurechte lastende Rechte erlöschen.

^{II} Haftet bei einer Hypothek, die bestehen bleibt, der Erbbauberechtigte zugleich persönlich, so übernimmt der Grundstückseigentümer die Schuld in Höhe der Hypothek. Die Vorschriften des § 416 des Bürgerlichen Gesetzbuchs finden entsprechende Anwendung. Das gleiche gilt, wenn bei einer bestehenbleibenden Grundschuld oder bei Rückständen aus Rentenschulden oder Reallasten der Erbbauberechtigte zugleich persönlich haftet.

^{III} Die Forderungen, die der Grundstückseigentümer nach Absatz 2 übernimmt, werden auf die Vergütung (§ 32) angerechnet.

1) Belastungen des ErbbR, (auch UnterErbbR) außer den in S 1 u 2 (zB BGB 648) sowie in WEG 42 II, **1** 31 genannten, erlöschen beim Heimfall (§ 2 Nr 4) mit dingl Vollzug der Übertr **(I)**. Mit dem ErbbR verbundene subj-dingl Rechte (zB GrdDbk) bleiben bestehen. Geht das ErbbR in and Weise auf den Eigtümer über, so bleiben alle Belastgen bestehen.

2) Befreiende Schuldübernahme (II) unabdingb krG dch GrdstEigtümer (iF § 3 Halbs 2: Dr) hins der **2** pers Schuld des ErbbBerecht (nicht Dr). Solange Gläub nicht genehmigt: ErfüllgsÜbern (BGB 415 III).

GrdstEigtümer kann sich nach § 5 II schützen. – **Anrechnung** auf VergütgsAnspr des ErbbBerecht nach § 32 **(III)**. Übersteigt die übern Schuld die Vergütg (od ist diese ausgeschl), so hat der GrdstEigtümer bereichergsrechtl AusglAnspr gg den ErbbBerecht (BGH WM **92**, 607).

4. Bauwerk

ErbbRVO 34   Der Erbbauberechtigte ist nicht berechtigt, beim Heimfall oder beim Erlöschen des Erbbaurechts das Bauwerk wegzunehmen oder sich Bestandteile des Bauwerkes anzueignen.

1   Gleichviel, weshalb das ErbbR erlischt; auch nicht vor dem Heimfall usw im Hinbl auf diesen od nachher. Gilt auch für unwesentl Bestandteile, nicht für Sachen iSv BGB 95, 97 (BGH **23**, 57; WM **62**, 767). Abdingbar (BGH DNotZ **70**, 35). – § 34 ist SchutzG iS § 823 II (Soergel/Stürner Rn 2).

VI. Schlußbestimmungen

ErbbRVO 35   Diese Verordnung hat Gesetzeskraft und tritt am Tage der Verkündung in Kraft. Gleichzeitig treten die §§ 1012 bis 1017 des Bürgerlichen Gesetzbuchs und § 7 der Grundbuchordnung außer Kraft.

1   Verkündg am 22. 11. 19. Für die vor diesem Tage begründeten ErbbR gelten BGB 1012 ff weiter, § 38, ebso GBO 8, der dem § 7 alter Fassg entspricht; für neue ErbbR gelten §§ 14–17.

ErbbRVO 36   Soweit in Reichs- oder Landesgesetzen auf die §§ 1012 bis 1017 des Bürgerlichen Gesetzbuchs verwiesen ist, treten an deren Stelle die entsprechenden Vorschriften dieser Verordnung.

ErbbRVO 37   *(betrifft Änderungen der GBO).*

ErbbRVO 38   Für ein Erbbaurecht, mit dem ein Grundstück zur Zeit des Inkrafttretens dieser Verordnung belastet ist, bleiben die bisherigen Gesetze maßgebend.

1   Keine Umwandlg eines alten in ein neues ErbbR durch Inhaltsänderg gem BGB 877 (aA Ffm DNotZ **56**, 488; Staud/Ring Rn 4).

ErbbRVO 39   Erwirbt ein Erbbauberechtigter auf Grund eines Vorkaufsrechts oder einer Kaufberechtigung im Sinne des § 2 Nr. 7 das mit dem Erbbaurechte belastete Grundstück oder wird ein bestehendes Erbbaurecht erneuert, so bleiben reichs-, landesgesetzliche und kommunale Gebühren, *Stempel-* und Umsatzsteuern jeder Art insoweit außer Ansatz, als sie schon bei Begründung des Erbbaurechts entrichtet worden sind.

1   Ob pers od dingl VorkR bleibt gleich. Gebühren- u Steuervergünstigg gilt sinngem auch bei Verlängerg des ErbbR gem § 27 III; sie gilt nicht für Notargebühren, nicht für die bloße Vereinbg der Verlängerg (Hamm Rpfleger **66**, 380).

Fünfter Abschnitt. Dienstbarkeiten

Überblick

1   **1) Dienstbarkeiten** sind auf ein Dulden (der Benutzg bzw NutzgsZiehg) od Unterlassen (tats Hdlgen, RAusübg) gerichtete beschr dingl Rechte am BelastgsGgst, währd die Reallast auf eine aktive Hdlg gerichtet ist; es gibt kein dingl Recht mit dem Doppelcharakter von Dbk u Reallast. Es sind zu unterscheiden: – **a) Grunddienstbarkeit** (§§ 1018–1029). Der Eigtümer eines („dienden") Grdst muß einzelne Benutzgen des Grdst dulden od darf einzelne tats Hdlgen auf dem Grdst nicht vornehmen od darf einzelne aus dem Eigt fließde Rechte nicht ausüben (Übereinstimmg mit bpDbk). Berecht kann nur jeweil Eigtümer eines and („herrschden") Grdst sein u die GrdDbk muß für die Benutzg dieses Grdst vorteilh sein (Unterschied zur bpDbk). – **b) Nießbrauch** (§§ 1030–1089). Der Eigtümer eines Grdst od einer bewegl Sache bzw der Inhaber eines Rechts muß dulden, daß sämtl (einzelne ausschließb) Nutzgen des Ggst vom Berecht gezogen werden. Berecht kann nur eine bestimmte Pers sein. Nicht übertragb u nicht vererbl. – **c) Beschränkte persönliche Dienstbarkeit** (§§ 1090–1093). Gleicher RInhalt wie bei der GrdDbk. Berecht kann nur eine bestimmte Pers sein u Vorteil für Benutzg eines and Grdst nicht notw (Unterschied zur GrdDbk). Nicht übertragb u nicht vererbl (Unterschied zum DWR/DNR). – **d) Dauerwohn-/nutzungsrecht** (WEG 31 ff). Der Eigtümer eines Grdst muß dulden, daß Räume in einem Gbde auf seinem Grdst bewohnt bzw benutzt werden. Berecht kann nur eine bestimmte Pers sein. Übertragb u vererbl (Unterschied zu bpDbk).

2   **2) Landesrecht.** EG 96 (Altenteil); 113, 114 (Ablösg, Umwandlg u Einschränkg von Dbk); 115 (Inhalt von GrdDbk u bpDbk), 120 I (Befreig von Belastg mit Dbk bei GrdstTeilg) u II 2 (Nichterforderlichk der Zust von RealBerecht des herrschden Grdst bei Aufhebg von GrdDbk), 128 (Begründg u Aufhebg von Dbk an buchsfreien Grdst). – **Übergangsrecht.** EG 184 (Fortbestand altrechtl Dbk), 187 (öff Gl des GB ggü

nicht eingetr altrechtl GrdDbk), 189 (Vfgen über altrechtl Dbk), 191 (Besitzschutz). – **Internationales/ lokales Privatrecht.** Es gilt das Recht des Ortes des BelastgsGgst, auch soweit Pfl für Eigtümer des herrschden Grdst bestehen (W-Raiser § 111 II).

3) Dem öffR zugehörig sind die **Baulasten** nach LBauO (vgl dazu Einl 19 vor § 854). 3

Erster Titel. Grunddienstbarkeiten

1018 *Begriff.* **Ein Grundstück kann zugunsten des jeweiligen Eigentümers eines anderen Grundstücks in der Weise belastet werden, daß dieser das Grundstück in einzelnen Beziehungen benutzen darf oder daß auf dem Grundstücke gewisse Handlungen nicht vorgenommen werden dürfen oder daß die Ausübung eines Rechtes ausgeschlossen ist, das sich aus dem Eigentum an dem belasteten Grundstücke dem anderen Grundstücke gegenüber ergibt (Grunddienstbarkeit).**

1) Allgemeines. Die GrdDbk ist ein **beschränktes dingliches Recht** an einem Grdst. Ihre Bestellg 1 begründet ein **gesetzliches Schuldverhältnis** (vgl Einl 9 vor § 854) zw dem jeweil Eigtümer des belasteten Grdst u dem Berecht mit Inhalt nach §§ 1020–1023 u NebenPfl (BGH DNotZ **89**, 565; Amann DNotZ **89**, 531); über NebenPfl zur Bewilligg inhaltsgl Baulast vgl BGH NJW **94**, 2757; Karlsr NVwZ **92**, 1021. Mehrf GrdDbk für gleichen Berecht mit gleichem Inhalt unzuläss (Haegele Rpfleger **67**, 61), jedoch können für gleiche Verpfl des Eigtümers nebeneinand GrdDbk u bpDbk bestellt werden (BayObLG Rpfleger **82**, 372). – Neben der GrdDbk ist ein vom GrdGesch (Rn 33) zu unterscheiddes **schuldrechtliches Nutzungsrecht** (zB Pacht) mögl; erfordert idR ausdrückl Abrede (BGH **LM** Nr 22). Sein Bestand kann Bdgg für die GrdDbk sein (BayObLG NJW-RR **90**, 208). Es wirkt ggü EinzelRNachf nur bei Übernahme. Auch ein nach den Regeln der GrdDbk ausgestaltetes rein schuldrechtl NutzgsR ist vereinb (RG JW **30**, 2922).

2) Belastungsgegenstand. Grdst (auch öffentl), reale GrdstTeile (vgl aber GBO 7; zu unterscheiden von 2 örtl AusübgsBeschrkg gem Rn 32), WohngsEigt (WEG 6 Rn 9), grdstgleiche Rechte; nicht aber MitEigtAnt (BGH **36**, 187), und bei Dbk iSv Rn 26 (LG Bchm Rpfleger **82**, 372). **Gesamtbelastung** mehrerer Grdst desselben od verschied Eigtümer mit einer einzign GrdDbk zuläss, wenn gleichzeit u gleichart RAusübg an ihnen stattfinden soll (BayObLG **55**, 170; NJW-RR **90**, 208; Böhringer BWNotZ **88**, 97; aA LG Dortm Rpfleger **63**, 197; Böttcher MittBayNot **93**, 129 zu IV 6). – Bei **Vereinigung/Zuschreibung** (§ 890) findet keine Erstreckg der Belastg statt (BGH **LM** Nr 26).

3) Berechtigter. Nur jeweil Eigtümer (subjdingl Recht) eines und ("herrschden") Grdst, WohngsEigt 3 (Übbl 2 vor WEG 1) od grdstgl Rechts (Hamm DNotZ **81**, 264); nicht aber jeweil Inhaber eines MitEigt-Ant. Eigtümer kann PersMehrh (zB MitEigt) sein (Köln NJW-RR **93**, 982). Bestellg für jeweil Eigtümer eines realen GrdstTeils erfordert Abschreibg nach GBO 7 I (BayObLG **65**, 267), doch ist Ausübg auf Vorteil für GrdstTeil beschränkb (BayObLG aaO). Bei Bestellg für best Pers "u deren RNachf" entsteht höchstens bpDbk (BGH **LM** Nr 11). – Für die (auch verschied) **Eigentümer mehrerer Grundstücke** usw können selbst inhalts- u ranggleiche GrdDbk bestellt werden. Diese können aber auch als GesamtBerecht iSv § 428 (BayObLG **65**, 267; Schlesw SchlHA **75**, 94; LG Traunst Rpfleger **87**, 242) sowie bei unteilb LeistgsGgst als MitBerecht iSv § 432 u bei teilb LeistgsGgst als BruchtBerecht iSv § 420 (BayObLG aaO; RGRK/Rothe Rn 10) verbunden sein; unteilb LeistgsGgst bei UnterlPfl (KG JW **35**, 3564) u DuldgsPfl (Köln DNotZ **65**, 686). – Mehrere Grdst können wechselseit herrschd u belastet sein (Neust NJW **58**, 635). – **Eigentümer-grunddienstbarkeit.** Berecht kann zugl Eigtümer des belasteten Grdst sein (BGH NJW **88**, 2362). – Bei **Vereinigung/Zuschreibung** (§ 890) findet keine Erstreckg der Berechtigg statt (KG JFG **13**, 314).

4) Inhalt. Die GrdDbk kann die **aus dem Grundstückseigentum fließenden Befugnisse** (§§ 903 ff) in 4 dreifacher Weise (Rn 13, 19, 26) **beschränken**, um durch Vorteile für die Benutzg der herrschen Grdst zu bieten (§ 1019); ZusFassg unterschiedl Beschrkgen zu einheitl GrdDbk mögl (BGH **LM** Nr 30). And Inhalt macht Eintr unzuläss iSv GBO 53 I 2. **Gemeinsamkeiten:**

a) Aktive Handlung kann nicht HauptPfl sein. Außer den NebenPfl nach §§ 1021–1023 kann aber als 5 NebenPfl des Eigtümers des belasteten Grdst dessen Erhaltg in einem der GrdDbk entspr Zustand RInhalt sein (BGH DNotZ **59**, 240). Ist nur ErhaltgsPfl (zB für Bäume, Zäune) vereinbart, so ist dies idR nur zuläss NebenPfl zur stillschw vereinbartem Beseitiggsverbot als HauptPfl (KGJ **41**, 228; Köln Rpfleger **76**, 209). Keine Umgehg dch UnterlassgsPfl, die gleiche Wirkg wie Pfl zur Vornahme der einzig noch erlaubten Hdlg hat, wie zB Wärmeerzeugungsverbot auf WohnGrdst (BayObLG MittBayNot **82**, 242; aA BGH WM **84**, 820; Walter/Maier NJW **88**, 377).

b) GrdDbk, die **inhaltsgleiche gesetzliche Beschränkung** zum Ggst hat, ist nicht eintraggsfäh (Köln 6 Rpfleger **82**, 463); eintraggsfäh aber, wenn Bestehen (Düss Rpfleger **78**, 16) od Umfang (Celle NJW **58**, 1096) der ges Beschrkg zweifelh od weitergehde Pfl vereinb (Hamm OLGZ **76**, 47). Dazu gehören nicht Beschrkgen aus Flächennutzgs- od Bebauungsplänen (vgl BGH **LM** § 1028 Nr 1; aA Quack Rpfleger **79**, 281) u GemGebr (aA RG HRR **32**, 134), da diese nicht dauerh; jedenf aber Bestellg unter aufschiebder Bdgg des Wegfalls derart Beschrkg zul (Staud/Ring Rn 54).

c) Ob bei Belastg des ganzen Grdst **örtliche Ausübungsbeschränkung** (vgl § 1023 I 2) zum RInhalt 7 gehört, hängt davon ab, ob die AusübgsStelle dch RGesch (§§ 873, 877) festgelegt ist (KG NJW **73**, 1128; Oldbg Rpfleger **79**, 199). Diese Festlegg gehört zum notw RInhalt, wenn die AusübgsStelle von so wesentl Bedeutg ist, daß ohne ihre Festlegg der RInhalt nicht erkennb ist (KG aaO; Hamm OLGZ **81**, 270); das gilt zB für Bauverbot bzgl Teilfläche (Celle NdsRpfl **78**, 57; Hamm aaO), sofern Ausübg nach tats Verh nicht ohnehin nur an einer Stelle mögl. Gehört sie nicht zum notw RInhalt wie zB bei WegeR od AnlagenR (einschl zugehörigem Bauverbot; BGH **90**, 181) bzgl Teilfläche (KG aaO; LG Aach RhNK **81**, 110), dann kann von der Festlegg dch RGesch abgesehen werden u die Bestimmg der tats Ausübg überlassen bleiben, die dann § 1020 S 1 unterliegt (KG aaO). Wird dagg nur ein nicht abgeschriebener GrdstTeil belastet, so ist dieser stets genau festzulegen (BGH WM **86**, 1155).

8   **d) Konkreter Inhalt** der GrdDbk ist dch Auslegg (vgl dazu § 873 Rn 10, 15) unter Berücksichtigg etwaiger InhaltsÄnderg (Rn 9) festzustellen. Dabei kann längere Zeit geduldete tats Ausübg (BGH MDR **88**, 1044), auch wenn mit ihr erst einige Zeit nach Bestellg begonnen (BGH **LM** Nr 25), Anhalt für ursprüngl RInhalt geben; aber kein gutgl Erwerb aGrd einer von Eintr abw Ausübg (BGH aaO). **Ausübung außerhalb des Inhalts** braucht Verpflichteter auch dann nicht zu dulden (§ 1004), wenn er bei inhaltsgem Ausübg genauso belastet wäre (BGH **LM** § 1004 Nr 131). Duldg einer über den Inhalt hinausgehden Ausübg bewirkt keine dingl RÄnderg u idR auch keine schuldrechtl Erweiterg (BGH **LM** Nr 10).

9   **e)** Der **Inhalt kann sich ändern,** insb wenn GrdDbk zeitl unbegrenzt. Mangels abw Vereinbg (vgl Rn 10) richtet er sich nach dem jeweil Bedürfn des herrschden Grdst, so daß sich mit diesem auch der
10   Umfang der dingl Belastg selbst ändern kann (BGH NJW-RR **95**, 15). – **aa)** Ist der **Inhalt genau fixiert,** so wandelt er sich nicht mit einer BedürfnÄnderg (Baur/Stürner § 33 II 5 b). Dies gilt insb für Regelgn über den räuml (zB genaue Wegebreite; Zweibr OLGZ **68**, 143), zeitl (zB genaue BenutzgsZeit) u ggständl (zB nur zu Fuß) Umfang u die Art (FahrR gibt kein AbstellR: BGH Betr **77**, 206; BauBeschrkg bewirkt keine NutzgsBeschrkg: BGH **LM** § 874 Nr 5; Hbg MDR **85**, 1029) der Benutzg des belasteten Grdst. Gilt aber auch für die Festlegg des Bedürfn des herrschden Grdst, so daß WegeR für haus- u landwirtsch Zwecke kein WegeR für gewerbl Zwecke gibt (BGH **LM** Nr 5, 10) u WegeR für Hofzugang kein WegeR für seitl
11   Hauseingang (BGH **LM** Nr 25). – **bb)** Ein **nicht abschließend fixierter Inhalt** kann sich entspr dem Bedürfn ändern. **Umfangserweiterung** tritt ein, wenn bei einer der Art nach gleichbleibden Benutzg des herrschden Grdst inf techn od wirtsch Entwicklg der NutzgsBedarf steigt (BGH **LM** Nr 25; BayObLG **62**, 24; Mü MDR **82**, 144). Bei Bedarfssteigerg inf NutzgsÄnderg tritt sie ein, wenn Änderg bei RBestellg vorsehb u nicht willkürl (BGH NJW-RR **95**, 15; Mü Rpfleger **84**, 461). Kein GeldAusgl. **Umfangsbeschränkung** kann bei Bedarfsminderg eintreten (BGH DNotZ **59**, 240; **LM** § 1028 Nr 1). Mit Rücks auf Gebietscharakter vereinb BauBeschrkg auf 2-Familien-Haus kann sich bei entspr Änderg des Gebietscharakters auf 4-Familien-Haus beschränken (Hbg MDR **83**, 679). **Nutzungsänderung** iR gleicher Nutzgsart zuläss, wenn keine stärkere Beanspruchg als bei bish Nutzg (Karlsr NJW-RR **90**, 663).

12   **f) Entgeltlichkeit** (GgLeistgsPfl des Berecht) kann nicht zum dingl RInhalt gemacht werden (BayObLG **79**, 278). Die schuldrechtl (vgl Rn 27) geschuldete GgLeistg kann aber zur aufschiebden (zB bei einmaliger GgLeistg) od auflösden (zB bei fortlaufder GgLeistg) Bdgg für die RAusübg (BGH **54**, 18; Karlsr DNotZ **68**, 432; Ffm Rpfleger **74**, 430; RGRK/Rothe Rn 21; nach aA nur für RBestand: MüKo/Falckenberg Rn 7; Ripfel DNotZ **68**, 404; Dammertz RhNK **70**, 88) od den RBestand gemacht werden. GgLeistgsPfl u Pfl zur Beteiligg an UnterhaltgsKosten auch dch Reallast auf Grdst des Berecht sicherb.

13   **5) Duldung der Benutzung in einzelnen Beziehungen,** die Eigtümer kraft seines Eigt (§ 903) sonst verbieten könnte. Schuldrechtl Vereinbg, die einz Benutzgn wieder verbietet (vgl BGH NJW **81**, 343) od BenutzgsR erweitert (BGH **LM** Nr 10), zulässig; ebso, daß derart Dbk (zB BiervertriebsR) nur Sichg nicht dch Dbk sicherb HdlgsPfl (zB BierbezugsPfl) dient (BGH BlGBW **85**, 167).

14   **a) Benutzung** ist jeder fortgesetzte od wiederholte (nicht nur einmalige) Gebr (BGH **41**, 209); zB Überweg (Rn 16), Halten von Anlagen (zB Leitg, Gbde), Entnahme von Bodenbestandt od Wasser, Gbde-Benutzg (keine AufbauPfl des Eigtümers nach Untergang des Gbdes; BGH NJW **80**, 179), Betreten, GewerbeBetrR (BayObLG NJW-RR **90**, 208) od WarenvertriebsR (BGH NJW **85**, 2474), Errichtg u Mitbenutzg einer halbscheidigen NachbWand (BGH **LM** Nr 24). Bloße Mitbenutzg ausreichd (KG HRR **34**, 169). Unschädl bei GewerbeBetrR, daß GbdeErrichtg einmalige Nutzg, denn sie bildet mit Betreiben eine Einh. Pflicht zur Duldg einmaliger Benutzg kann neben UnterlPfl DbkInhalt sein, wenn die Handlg die fortdauernde Unterl erst ermögligt (BayObLG DNotZ **66**, 538); zB Pfl, GbdeAbriß zu dulden u neue Bebauung zu unterl. – **Ausschließliches/alleiniges** BenutzgsR beinhaltet zugl Pfl des Eigtümers zur Unterl gleichart Benutzg (BGH NJW **85**, 2474). – **Benutzungsberechtigt** sind je nach dem Einzelfall auch ohne Eintr Hausgenossen, Angehörige, Mitarbeiter, Mieter, Kunden uä (BGH **LM** Nr 20; BayObLG **92**, 224).

15   **b) Einzelne Beziehungen;** auch mehrere. Umfassdes BenutzgsR („Benutzg unter Ausschl des Eigtümers") bzgl Gesamt- od TeilGrdst unzuläss (KG OLGZ **91**, 385). Bei Einräumg spezifizierter NutzgsRe muß dem Eigtümer mehr als nur unwesentl Nutzgsmöglichk verbleiben. Unzul daher Dbk zum Bau eines Gbdes, Betr eines Gewerbes (Köln Rpfleger **82**, 61) od Benutzen von WE (BayObLG **79**, 444; vgl aber Rpfleger **88**, 62: Dbk an StellplatzTeilE zul), wenn dies jede wirtsch sinnvolle Benutzg des Grdst/WE dch Eigtümer ausschließt (BayObLG NJW-RR **90**, 208). Eine Benutzg in einz Beziehg, die zum Ausschl des Eigtümers von der tats Benutzg eines GrdstTeils führt, ist zuläss (BGH NJW **92**, 1101). Über Verh zu § 1030 II vgl Schöner DNotZ **82**, 416. Ausreichd Mitbenutzg eines GrdstBestandt, der nur eine Nutzg gewährt (KG DR **44**, 332), od eines Grdst (Ffm Rpfleger **85**, 393).

16   **c) Wegerecht.** RInhalt oft nur allg beschrieben („ÜberweggsR"), so daß ggwärt RInhalt dch Auslegg des urspr RInhalts (Rn 8) u Feststellg etwaiger InhaltsÄnderg (Rn 9) zu ermitteln; über genau fixierten Inhalt vgl Rn 10. – **aa)** Bei der Ermittlg des **ursprünglichen Inhalts** ist vom tats (Bedürfn prägden) Charakter der herrschden Grdst zZ der RBestellg (offenkund GrdstVerh) u nicht von überholten Angaben im BestandsVerzeichn auszugehen (BGH **LM** Nr 20). UmfangsBeschrkg auf diese NutzgsArt muß eindeut erkennb sein (BGH **92**, 351) WegeR für WohnGrdst deckt Ausübg bei gelegentl Vermieten eines Zimmers (BGH aaO).

17   FahrR beinhaltet GehR (RG Warn **08**, 479), nicht aber AbstellR (Karlsr NJW-RR **91**, 785). – **bb)** Inhaltsänderung zu bejahen: „FahrR" berecht zur Ausübg mit jeweils gebrauchsübl Fahrzeug (Karlsr OLGZ **78**, 81); ebso „WegeR" (Karlsr OLGZ **86**, 70). WegeR für gewerbl Zimmervermietg erfaßt stärkere Ausübg inf ortsübl BetrErweiterg (BGH **LM** Nr 23). WegeR für landwirtsch Betr erfaßt stärkere Ausübg inf Umstellg von Ackerbau auf Viehzucht (Karlsr aaO). Stärkere Ausübg wird erfaßt, wenn erweiterte Benutzg des

herrschden Grdst dch zusätzl Bebauung (BGH **LM** Nr 20), intensivere Vermietg (BGH **LM** § 242 [D] Nr 41) od Änderg der NutzgsArt (BGH WM **66**, 254; **LM** Nr 23: gewerbl statt privat) bei RBestellg vorhersehb. Ist Betr auf herrschdem Grdst auf weiteres Grdst ausgedehnt, so gibt dchschnittl Benutzg vor Erweiterg unter Berücksichtigg normaler Weiterentwicklg Maß für Umfang des WegeR (BGH **44**, 171; **LM** § 1004 Nr 131). Nach Karlsr (Just **73**, 204) soll stärkere Belastg dch BetrÄnderg auf herrschdem Grdst insow zu dulden sein, als allg VerkSteigerg reicht (bedenkl, da u insow diese belastetes Grdst sonst nicht erreicht hätte). – **cc) Inhaltsänderung zu verneinen:** Bei RBestellg nicht vorhersehb Änderg der Nutzg des **18** herrschden Grdst dch Umstellg von Landwirtsch auf Fabrik/Handwerk/Gaststätte (Karlsr OLGZ **78**, 81) od Anlage eines Sportplatzes auf GaststättenGrdst (BGH **LM** Nr 14).

6) Unterlassung gewisser tatsächlicher Handlungen (nicht aber rechtl Vfgen), die der Eigtümer kraft **19** seines Eigtums (§ 903) sonst vornehmen dürfte; verbotene u noch zul Hdlgen müssen unterschiedl tatsächl Nutzgsart darstellen (BayObLG **89**, 89). Schuldr Vereinbg, dch die einz Hdlg wieder gestattet, zulässig (BayObLG Rpfleger **83**, 391); zB ErlaubnVorbeh (BGH NJW **83**, 115), dessen Eintr keine inhaltl Unzulässigk begründet (Karlsr NJW **86**, 3212).

a) Ihm muß die Benutzg des Grdst in **bestimmten einzelnen Beziehungen** verwehrt sein (Ggstück zu **20** Rn 13), wobei ihm wenigstens eine Verwertgsmöglichk verbleiben muß (BayObLG **80**, 232), die auch die einzig sinnvolle sein kann (BayObLG **85**, 285). Die verbotenen Hdlgen können dch Bezeichng der gestatteten Befugn umschrieben werden (BayObLG aaO; vgl aber Rn 5). GewerbeBetrR (Rn 15) verpfl nicht, nach Zerstörg des BetrGbdes neue zu errichten (BGH NJW **80**, 179). – **aa) Zulässig:** BebauungsBeschrkg (Celle **21** NJW **58**, 1096); Gestaltgs-/FarbgebgsBeschrkg (BGH NJW **83**, 115); Verbot des Anbaus ohne Benutzg der NachbWand (BGH **LM** Nr 24); BeseitiggsVerbot für Einfriedg (Köln Rpfleger **76**, 209); Wohngsbesetzgs-Beschrkg (BayObLG **89**, 89; LG Ravbg Rpfleger **92**, 192); Verbot and als befristeter Eigen- u ständ wechselnder Fremdbenutzg einer Wohng (BayObLG **85**, 193); Verbot and Nutzg als Betr einer Behindertenwerkstatt (BayObLG **85**, 285); FensteröffngsVerbot (BGH **107**, 289); Verbot des Beziehens einer Wohng ohne Zust des DbkBerecht (LG Ravbg Rpfleger **92**, 192). – **bb) Unzulässig:** Verbot rgesch Vfg über das **22** Grdst (BayObLG **53**, 84); Veräußerg nur zus mit and Grdst od nur mit Zust Dr (Ffm Rpfleger **78**, 306); TeilgsVerbot; VerpachtgsVerbot (KGJ **51**, 297); Beschrkg in Architektenwahl (Dittus NJW **54**, 1827); NutzgsÜberlassg nur dch Vermietg (Düss NJW **61**, 176); Nutzg eines WE nur dch Vermietg an Hausmeister (BayObLG **79**, 444); Verbot, Grdst Drittem zu einem od als einem best Zweck zu überlassen (BayObLG Rpfleger **81**, 105); GrdstVerwendg nur für gewerbl Fremdenverkehr (BayObLG NJW **82**, 1054; vgl aber BayObLG **85**, 193); Wohngsbenutzg nur dch Eigtümer (BayObLG Rpfleger **82**, 273); Atomwaffenlagergsverbot (LG Siegen Rpfleger **84**, 58).

b) Sicherung von Wettbewerbsbeschränkungen (Prütting GS-Schultz **87**, 287 [auch über Verh zu **23** GWB] Münch ZHR **157**, 559 [auch über Verh zu GewO u GWB]). – **aa)** Zul Dbk, die dem Eigtümer den **Betrieb eines od eines bestimmten Gewerbes** (auch iVm einem BetriebsR des Berecht; Rn 14) auf dem Grdst schlechthin od ohne Zust des Berecht verbietet (BGH NJW **79**, 2149; **81**, 343; BayObLG Rpfleger **83**, 391); schuldrechtl kann vereinbart werden, daß das Gewerbe unter best Voraussetzgen (zB ausschließl Bezug von Waren des Berecht) betrieben werden darf (BGH aaO; BayObLG aaO; Karlsr NJW **86**, 3212). – **bb)** Unzul Dbk, die Lagerg, Verarbeitg, Vertrieb od Bezug and Waren als die eines **bestimmten Herstel-** **24** **lers/Lieferanten** auf dem Grdst verbietet (BGH NJW **85**, 2474). Zul aber Dbk mit derart Verbot für **Waren bestimmter Art** (zB Wein, Flaschenbier) schlechthin od ohne Zust des Berecht (BGH aaO); schuldrechtl können Ausnahmen (zB für Waren eines best Herstellers/Lieferanten) vereinbart werden (BGH aaO). – **25** **cc)** Soll dch die Dbk eine nur mit zeitl Begrenzg zul **Bezugspflicht gesichert** werden, so ist die Verpfl zur Bestellg einer zeitl unbegrenzten Dbk nichtig (BGH NJW **79**, 2150). Eine der notw zeitl Begrenzg entspr Dbk ist grds wirks (BGH NJW- RR **92**, 593); für schuldrechtl (Vertr od § 812) AufhebgsAnspr des Eigtümers bei Unwirksamk od Ende der BezugsPfl (zur Aufrechterhaltg nach § 139 mit zul zeitl Begrenzg vgl BGH NJW **92**, 2145) sind Inhalt u Reichweite der SichgAbrede maßg (BGH NJW-RR **92**, 593).

7) Ausschluß der Rechtsausübung. Unterlassg nach §§ 903 ff erlaubter Einwirkg auf das herrschde **26** Grdst od Duldg nach §§ 903 ff nicht zu duldder Einwirkg vom herrschden Grdst (BayObLG DNotZ **91**, 253); nicht aber Ausschll rgesch Befugn (Ffm Rpfleger **78**, 306) od rein schuldr Anspr (LG SchadErs; LG Traunst MittBayNot **81**, 241). Unterlassgs/DuldgsPfl, die schon krG besteht, ist nicht eintragsfäh (Köln Rpfleger **82**, 463); und bei Zweifeln am Bestehen u Umfang (RG **119**, 211; **130**, 350). Verzicht auf einen EntschädiggsAnspr, der krG anstelle eines gesetzl ausgeschl UnterlAnspr zB nach BBergG 114 (Hamm Rpfleger **86**, 364), BImschG 14 (LG Kreuzn Rpfleger **89**, 448) od § 906 (BayObLG aaO) tritt, kann RInhalt sein; ebso Verzicht auf Entschädigg für rgesch DuldgsPfl (BayObLG aaO: Duldg nicht nach § 906 zu duldder Einwirkg). – Soll aber die Ausübg eines Rechts ausgeschl werden, das aus einer GrdDbk entspringt, so kann dies nicht dadch geschehen, daß ein Recht aus der GrdDbk wieder durch eine GrdDbk wegbedungen wird, sond nur dadch, daß das diende Grdst unmittelb zum Teil gem § 875 entlastet wird (KG OLG **4**, 305).

8) Schuldrechtliche Vereinbarungen können neben dem dingl Recht selbständ od als Teil des **27** GrdGesch getroffen werden; zB über GgLeistg des Berecht (BGH **LM** § 398 Nr 20), UnterhaltgsPfl des Berecht (Ffm Rpfleger **74**, 430) sowie and Einschränkgen od Erweitergen der beiderseit Rechte u Pfl ggü dem dingl RInhalt (RG HRR **29**, 602; BGH **LM** Nr 10; NJW **81**, 343). Sie sind nicht eintraggsfäh u wirken ohne Übern nicht gg EinzelRNachf; § 571 ist nicht anwendb (BGH **LM** § 398 Nr 20). – **Auswirkungen auf das dingliche Recht** haben sie insow, als Umstände aus ihrem Bereich (zB Erfüllg od Nichterfüllg; Ausübg eines GestaltgsR; Wegfall/Beendigg des GrdGesch, vgl Düss DNotZ **61**, 408) als Bdgg für die Ausübg od den Bestand der GrdDbk zu deren dingl RInhalt gemacht worden sind (vgl Rn 12) od sich Einreden gg das dingl Recht aus ihnen ergeben (BGH DB **77**, 206).

9) Entstehung. Die GrdDbk kann dch RGesch (Rn 29) od Staatsakt (zB EnergiewirtschG 11) sowie krG **28** (zB § 900 II) entstehen.

29   **a)** Als abstraktes **dingliches Recht** entsteht sie rechtsgeschäftl gem § 873 dch Einigg (bei EigtümerR: einseit Erkl) u Eintr auf dem GBBlatt des belasteten Grdst; auch bei Bezeichng als bpDbk kann GrdDbk gewollt u entstanden sein (BGH **LM** Nr 15). Vermerk auf GBBlatt des herrschden Grdst zul (GBO 9) u zweckm (vgl GBO 21), aber ohne konstitutive Wirkg u nicht für §§ 891, 892 maßg. Bei Bestellg eines WegeR keine GenPfl nach GrdstVG 9 (Oldbg DNotZ **67**, 394), wohl aber nach BauGB 51 iF der Gefährdg eines UmleggsPlans (BayObLG NJW **58**, 1092). Entspr Rn 34 Bestellg unwirks, wenn Ausübg anfängl
30   dauernd ausgeschl (BGH NJW **85**, 1025). – **aa)** Die sachlrechtl formfreie **Einigung** muß ein subjdingl Recht (Rn 3) u einen zuläss sowie notw Inhalt (Rn 4–26) zum Ggst haben. Aufschiebde (Hamm Rpfleger **76**, 95) od auflösde (BayObLG Rpfleger **85**, 489) Bdgg u Befristg zul; auch beides nebeneinand (Köln Rpfleger **63**,
31   381). Über RWirkg der Einigg vor GBEintr vgl Rn 34. – **bb)** Die **Eintragung** muß den Berecht (Rn 3) u den RInhalt (Rn 4–26) enthalten. Letzterer ist so genau zu bezeichnen (vgl Übbl 14 vor § 873), daß er im Streitfall dch Auslegg feststellb (BayObLG RhNK **88**, 234; Ffm OLGZ **83**, 34; Karlsr BWNotZ **85**, 123; Hamm Rpfleger **86**, 364); Bezugn auf örtl BauR (KGJ **46**, 221) od allg Grds der Baugestaltg/Denkmalspflege (Düss Rpfleger **79**, 305) bzw des Naturschutzes (LG Ravbg BWNotZ **92**, 99) genügt nicht. – Der **Berechtigte** ist im EintrVermerk anzugeben; sonst GBO 53 I 2 (Ffm Rpfleger **80**, 185). – Der **Rechtsinhalt** ist im EintrVermerk mind schlagwortart anzugeben (BGH **35**, 378), sonst GBO 53 I 2; dafür genügen zB BauBeschrkg, Hochspanngs- od RohrleitgsR, TankstellenBetrR od -Verbot, WegeR, WohnR, WohngsBeleggsR (vgl BayObLG Rpfleger **89**, 230), nicht aber bloß BenutzgsR od BenutzgsBeschrkg (BayObLG DNotZ **91**,
32   258; Rpfleger **95**, 13). Für Einzelh genügt Eintr gem § 874. – **cc)** Bei Belastg des ganzen Grdst kann die **Ausübung auf einen Grundstücksteil beschränkt** werden (vgl Rn 7). Dies kann zum einen dadch erfolgen, daß die Ausübgsstelle der tats Ausübg überlassen wird; sie braucht dann in EintrBew/GBEintr nicht angegeben zu werden (BGH Rpfleger **81**, 286; **84**, 277). Zum and kann die Ausübgsstelle festgelegt werden; sie ist dann in der EintrBew (zB dch Bezug auf beigefügte Karte od wörtl Beschreibg) u der GBEintr idR gem § 874 anzugeben (BGH Rpfleger **69**, 128). Für hinreich bestimmte Bezeichng der AusübgsStelle genügt bei WegeR u AnlagenR (einschl Bauverbotsstreifen) Anknüpfg an Lage von Weg/Anlage in der Natur, wenn Weg/Anlage schon vorhanden u die Lage die vereinb AusübgsStelle kennzeichnen soll (BGH Rpfleger **82**, 16; BayObLG MittBayNot **92**, 399; Stgt Rpfleger **91**, 198 [Wegbreite nicht notw]). Eine solche Beschreibg liegt auch vor, wenn die GrdDbk nach ihrem Inhalt nur auf bestimmten GrdstTeilen ausgeübt werden kann (zB „Benutzg der Wege"); genaue Bezeichng hier nur geboten, wenn die Benutzg auf bestimmte Wege beschrkt ist (Hamm OLGZ **67**, 457). – Wird nicht die Ausübg sond die **Belastung auf einen Grundstücksteil beschränkt,** der nicht abgeschrieben ist, so gilt GBO 7 II.

33   **b) Schuldrechtliches Grundgeschäft,** bei dessen Fehlen die GrdDbk wirks aber kondizierb, kann sein zB Schenkg, Kauf, SichgsVertr (Amann DNotZ **86**, 578 Walter/Maier NJW **88**, 377; insb iFv Rn 23); es unterliegt nicht § 313 u § 567 (BGH **LM** Nr 22). Stillschw Verpfl mögl (RG JW **12**, 361; Stgt ZMR **65**, 122); zB wenn Eigtümer zweier Grdst das fakt herrschde verkauft, für das Anlage auf ihm verbleibdn unentbehrl. Wird Bestellg dch GrdstVeräußerg unmögl, so kein Anspr des Gläub aus § 281 auf Herausg des Mehrerlöses mit Lastenfreih (BGH **46**, 260); Auslegg des VeräußergsVertr kann ergeben, daß Erwerber BestellgsPfl übernimmt (BGH BNotZ **71**, 723; Rpfleger **74**, 351). – BestellgsPfl ist mit Entstehg der Dbk erfüllt (BGH **LM** § 398 Nr 20); keine Verpfl zur Verschaffg der einz Nutzgen (RG HRR **36**, 1166).

34   **10) Übertragung** nur zus mit dem herrschden Grdst, dessen Bestandt (§ 96) sie ist. Abtrenng (auch Übertr an ErbbBerecht) wg § 1019 nicht mögl (Hamm Rpfleger **80**, 225), wohl aber schuldrechtl Überlassg der Ausübg (Hamm aaO). Mit GrdstÜbereigng geht die ein dch gem § 873 II bindd gewordene Einigg über die RBestellg entstandene VermR auf den Erwerber über (Köln OLGZ **68**, 453; Hbg NJW-RR **90**, 1297). – **Belastung** unmögl, weil GrdDbk nicht für sich alleine übertragb (§§ 1069 II, 1274 II). – **Inhaltsänderung** dch RGesch nach § 877 od krG dch BedürfnÄnderg (vgl Rn 11). Gilt auch für altrechtl GrdDbk. – **Umwandlung** in bpDbk nicht mögl (Hamm Rpfleger **89**, 448); Aufhebg u Neubestellg notw.

35   **11) Erlöschen** dch Aufhebg (§§ 875, 876), krG (zB §§ 158 II, 163, 901, 1025 S 2, 1026, 1028, EG 120) od dch Staatsakt (zB ZVG 91 [auch bei Versteigerg eines MitEigtAnt des belasteten Grdst; Ffm Rpfleger **79**, 149], Enteigng) dch Kündigg nur, wenn diese zur auflösde Bdgg gemacht (BayObLG MittBayNot **90**, 39). Ferner wenn Ausübg inf Veränderg eines der Grdst dauernd ausgeschl od Vorteil für herrschdes Grdst aus rechtl od tats Grd dauernd entfallen (BGH NJW-RR **88**, 1229; BayObLG NJW-RR **88**, 781), was vom Eigtümer zu beweisen ist. KellerR erlischt noch nicht mit Zerstörg des Gbdes auf belastetem Grdst (BayObLG **67**, 397); GewerbeBetrVerbot nicht mit Zerstörg der BetrGbde auf herrschdem Grdst (BGH **LM** § 1020 Nr 1), BauBeschrkg nicht ohne weiteres mit gleichart öff Bauplang (BGH **LM** § 1028 Nr 1, § 242 [D] Nr 58; KG JR **63**, 18), Wettbewerbsverbot nicht dch Unmöglwerden gleichzeit vereinb BetrR (BGH **LM** Nr 30). Eigtümer des belasteten Grdst hat Anspr aus § 894; mögl auch Verf nach GBO 84ff. Erlöschen auch bei Vereinigg von belastetem u herrschdem Grdst od wenn eines dem and als Bestandt zugeschrieben (KGJ **51**, 260); nicht aber wenn Eigtümer des herrschden das belastete Grdst erwirbt u umgekehrt (§ 889). – Kein Erlöschen aber **Anspruch auf Verzicht** (dch Aufhebg) gem § 242, wenn inf endgült Veränderungen Nutzen für herrschdes Grdst in keinem Verh zum Schaden für belastetes Grdst u dem nicht dch InhaltsÄnderg (Rn 9–11) Rechng getragen werden kann (RG **169**, 180; BGH **LM** § 1028 Nr 1, § 242 [D] Nr 58).

1019   *Vorteil für herrschendes Grundstück.* **Eine Grunddienstbarkeit kann nur in einer Belastung bestehen, die für die Benutzung des Grundstücks des Berechtigten Vorteil bietet. Über das sich hieraus ergebende Maß hinaus kann der Inhalt der Dienstbarkeit nicht erstreckt werden.**

1   **1) Zwingende Vorschrift** für Inhalt der GrdDbk (and bei § 1090). Anfängl Fehlen des Vorteils macht Bestellg nichtig (idR keine Umdeutg in bpDbk; Mü NJW **57**, 1765), bei nachträgl dauerh Fortfall erlischt die GrdDbk (vgl § 1018 Rn 35; Düss MDR **95**, 471: WegR mit Widmg zur öff Straße). GBBerichtigg nach

§ 894, GBO 22, 84; GBO 53 I 2 nur, wenn fehlder Vorteil aus Eintragg ersichtl (Planck/Strecker Anm 3a). Bei Verstoß gg S 2 ist Bestellg hins Überschreitg nichtig, iü ist sie idR wirks. – § 1019 gilt auch bei InhaltsRegelg nach EG 115, nicht aber für altrechtl GrdDbk (EG 184; RG **169**, 183).

2) Vorteilhaftigkeit. – a) Der Vorteil muß für die **Benutzung des herrschenden Grundstücks** beste- **2** hen, wofür die obj Nützlichk (KG NJW **75**, 697) aGrd seiner Lage, Beschaffenh u Zweckbestimmg maßg ist (Celle DNotZ **58**, 153); unmittelb Nachbarsch nicht notw, aber weite Entferng schließt Vorteil vielf aus; Überlassg des Grdst an NutzgsBerecht steht nicht entgg (KG NJW **75**, 697). Beispiele: KfzStellplatz auf Grdst nahe eines MietshausGrdst (BGH DNotZ **76**, 18); Bewirtschaftg erleichterndes WohnR auf nahem Grdst (aA Celle DNotZ **58**, 153); Gewerbeverbot u BauBeschrkg in Umgebg eines GaragenGrdst (BGH NJW **83**, 115). WasserleitgsDbk uU auch bei AnschlZwang an öff Versorgg (BayObLG NJW-RR **89**, 1495). Nicht ausreich sind bloße Wertsteiger (KGJ **52**, 173), Vorteile nur für Eigtümer persönl (Celle aaO) od Vorteil für weiteres Grdst des Berecht. – Mittelb Vorteil wie **Förderung des Gewerbebetriebs** auf herrschdem Grdst genügt. EntnR für Bodenbestandt als GrdDbk zul, wenn Ausbeute nicht ver verkauft sond auf herrschdem Grdst verarbeitet werden soll. Bei WettbewerbsBeschrkg (§ 1018 Rn 23) ist Vorteil für Benutzg des herrschden Grdst dch Förderg dortigen GewerbeBetr mögl, wenn dieses dafür speziell u dauerh eingerichtet (KGJ **52**, 173; Mü MDR **83**, 934; zweifelh aber Mü MittBayNot **80**, 15) wie zB Produktionsstätte im Ggs zu HandelsGesch (Mü MDR **83**, 934); vielf nur bpDbk mögl.

b) Der Vorteil muß **privater und wirtschaftlicher Natur** (BGH NJW **83**, 115) u rechtl erlaubt sein. **3** Sicherg bloßer Annehmlichk wie baul Gestaltg der Umgebg (BGH **LM** Nr 2; KG JR **63**, 18) od Erhaltg freien Ausblicks (Hbg OLG **36**, 161) od Fernhalten eines GewerbeBetr (BGH **LM** § 1018 Nr 19) genügt; nicht aber Einhaltg öffentl BauR (BGH aaO).

c) Der Vorteil muß **nicht gleichbleibend oder dauerhaft** sein; einmaliger kurzfrist Vorteil reicht aber **4** nicht (RGRK/Rothe Rn 5), zeitw Behinderg der Ausübg unschädl (BGH **LM** § 1020 Nr 2). Bei normalem Verlauf künft zu erwarter Vorteil genügt (BGH NJW **84**, 2157).

1020 *Schonende Ausübung.* **Bei der Ausübung einer Grunddienstbarkeit hat der Berechtigte das Interesse des Eigentümers des belasteten Grundstücks tunlichst zu schonen. Hält er zur Ausübung der Dienstbarkeit auf dem belasteten Grundstück eine Anlage, so hat er sie in ordnungsmäßigem Zustande zu erhalten, soweit das Interesse des Eigentümers es erfordert.**

1) Die **Pflichten des Berechtigten** sind Inhalt des ges SchuldVerh zw den beteiligten GrdstEigtümern **1** (BGH **95**, 144; vgl § 1018 Rn 1) u Ausprägg des § 242; sie sind nicht im GB eintraggsfäh (Ffm Rpfleger **83**, 61). Bei **Verletzung** hat der Eigtümer des belasteten Grdst Anspr aus §§ 823 I, 1004 (wg EigtStörg) u aus pos VertrVerletzg (bei Bejahg ges SchuldVerh); kein Anspr auf Aufhebg der GrdDbk (BGH **LM** § 1004 Nr 79). – § 1020 gilt auch für altrechtl GrdDbk (EG 184 S 2).

2) Tunlichste Schonung (S 1). Der Eigtümer des belasteten Grdst soll in dessen Benutzg nur soweit **2** eingeschränkt werden, als es zur sachgem RAusübg notw ist. Berecht muß unerhebl Erschwergen hinnehmen, zB Verschließg des Weges bei Nacht (Ffm NJW-RR **86**, 763); aber kein teilw AusübgsVerzicht (RG HRR **30**, 1323). AusübgsStelle (zB für WegeR) ist gem S 1 zu wählen, falls sie nicht vertragl festgelegt (BGH BB **65**, 1125). Aus S 1 kann sich Pfl des Berecht zur Anbringg von Schutzvorrichtg (BGH **LM** Nr 2) od zur Beseitigg von Verschmutzgen (Hamm OLG **18**, 147) ergeben.

3) Anlage (S 2); dh vom Grdst zu unterscheidde (RG HRR **34**, 1027) von Menschen auf ihm geschaffene **3** Einrichtg, die der GrdstBenutzg dient (Köln NJW-RR **90**, 1165). Die ges UnterhaltsPfl des Berecht erweitert S 1 u soll nur Beeinträchtiggen des Eigtümers des belasteten Grdst dch den Zustand der Anlage verhindern, nicht aber ihre Benutzbark sichern (das ist Sache des Berecht); daher greift S 2 nicht ein, wenn es sich um die Erhaltg der GebrFähigk einer von beiden benutzten Anlage handelt (KG OLGZ **70**, 372). Unerhebl, wer Eigtümer der Anlage (RG HRR **40**, 1248) u ob ihre Verschlechterg vom Berecht verschuldet. Halten der Anlage erfordert alleiniges BenutzgsR des Berecht; S 2 nicht anwendb bei MitbenutzgsR neben Eigtümer (Soergel/Stürner Rn 5; aA Erm/Baumert Rn 3) od bei unbefugter Benutzg (RGRK/Rothe Rn 5; aA MüKo/Falckenberg Rn 9).

1021 *Vereinbarte Unterhaltungspflicht.* **[I] Gehört zur Ausübung einer Grunddienstbarkeit eine Anlage auf dem belasteten Grundstücke, so kann bestimmt werden, daß der Eigentümer dieses Grundstücks die Anlage zu unterhalten hat, soweit das Interesse des Berechtigten es erfordert. Steht dem Eigentümer das Recht zur Mitbenutzung der Anlage zu, so kann bestimmt werden, daß der Berechtigte die Anlage zu unterhalten hat, soweit es für das Benutzungsrecht des Eigentümers erforderlich ist.**

[II] Auf eine solche Unterhaltungspflicht finden die Vorschriften über die Reallasten entsprechende Anwendung.

1) Unterhaltungspflichten (I) können bei RBestellg od später (§ 877) dch Einigg u Eintr (auch gem **1** § 874; KG JFG **20**, 280) im GB des belasteten Grdst zum dingl RInhalt werden (BayObLG **79**, 372); ohne Eintr nur schuldrechtl Wirkg zw den VertrPart. IFv I 2 keine Eintr als Reallast im GB des herrschden Grdst für Wirkg gg jeweil EigtümerVertrPart (MüKo/Falckenberg Rn 7; aA LG Ellw BWNortZ **87**, 141 abl Anm Böhringer). Zum Begriff der Anlage vgl § 1020 Rn 3. – **a)** Bei UnterhaltspPfl des **Eigentümers (S 1)** ist die **2** Anlage so zu unterhalten, daß Berecht die GrdDbk ausüben kann (BGH **LM** § 242 [D] Nr 41); dazu gehören auch Verbessergen iR sachgem Unterhaltg u Wiederherstellg (LG Heilbr BWNotZ **75**, 124). Auch nur teilw Auferlegg der Unterhaltg (zB Kostenquote, Teil der Anlage, Art der Maßn) zul; bzgl des Restes ist UnterhaltsPfl des Berecht ggü dem Eigtümer nur bei MitbenutzgsR (S 2) vereinb (KG OLGZ **70**, 372). Ersther-

stellgs- (RG **131**, 176) od HaftPflVersPfl (Ripfel BWNotZ **58**, 181) sind keine Unterhaltg. –
3 **b)** UnterhaltgsPfl des **Berechtigten (S 2)** ggü dem Eigtümer (zB VerkSichgsPfl bei WegeR) nur bei MitbenutzgsR vereinb (BayObLG **90**, 8; Köln Rpfleger **90**, 409); dann auch Verteilg entspr Rn 2 mit ggseit Verpfl (KG OLGZ **70**, 372). Ohne Vereinbg keine ggseit UnterhaltgsPfl (KG aaO; aA Köln NJW-RR **90**, 1165); auch § 1020 S 2 gilt dann nicht (vgl § 1020 Rn 3).

4　　**2)** UnterhaltgsPfl ist **keine selbständige Reallast (II).** LandesR gilt nicht (EG 116); statt § 1109 gilt § 1025. Persönl Haftg gem § 1108 (RG **131**, 163).

5　　**3)** § 1021 gilt auch für altrechtl GrdDbk.

1022　*Anlagen auf baulichen Anlagen.*　Besteht die Grunddienstbarkeit in dem Rechte, auf einer baulichen Anlage des belasteten Grundstücks eine bauliche Anlage zu halten, so hat, wenn nicht ein anderes bestimmt ist, der Eigentümer des belasteten Grundstücks seine Anlage zu unterhalten, soweit das Interesse des Berechtigten es erfordert. Die Vorschrift des § 1021 Abs. 2 gilt auch für diese Unterhaltungspflicht.

1　　**1)** Das Recht, auf einer baul Anlage eine baul Anlage zu halten, muß Hauptinhalt der GrdDbk sein (RG **112**, 368); sonst §§ 1020, 1021. Die ges UnterhaltgsPfl ist nicht eintraggsfäh; abw Vereinbg bedarf für dingl Wirkg der Eintr (vgl § 1021 Rn 1).

2　　**2)** § 1022 gilt auch für altrechtl GrdDbk.

1023　*Verlegung der Ausübung.*　**I** Beschränkt sich die jeweilige Ausübung einer Grunddienstbarkeit auf einen Teil des belasteten Grundstücks, so kann der Eigentümer die Verlegung der Ausübung auf eine andere, für den Berechtigten ebenso geeignete Stelle verlangen, wenn die Ausübung an der bisherigen Stelle für ihn besonders beschwerlich ist; die Kosten der Verlegung hat er zu tragen und vorzuschießen. Dies gilt auch dann, wenn sich der Teil des Grundstücks, auf den sich die Ausübung beschränkt, durch Rechtsgeschäft bestimmt ist.

II Das Recht auf die Verlegung kann nicht durch Rechtsgeschäft ausgeschlossen oder beschränkt werden.

1　　**1) Allgemeines.** § 1023 ist ein bes Fall des § 1020 S 1 (BGH **LM** Nr 2). Trotz II erleichternde Voraussetzgen vereinb (Amann DNotZ **82**, 410); dingl Wirkg nur bei GBEintr. Verj (§ 902). – § 1023 gilt auch für altrechtl GrdDbk.

2　　**2) Voraussetzungen.** – **a)** Belastg des ganzen Grdst mit GrdDbk. Ist nur realer Teil belastet, so gilt § 1023 für ihn. – **b)** AusübgsBeschrkg auf best GrdstTeil; dabei unerhebl, ob sie sich aus dem Wesen der GrdDbk (zB AnlagenR, WegeR) od RGesch (I 2) ergibt (KG OLGZ **69**, 216). § 1023 aber nicht anwendb, wenn Berecht auf gesamtem Grdst gleichzeit ausüben darf, aber nur auf Teilfläche ausübt. – **c)** Besondere Beschwerlichk (schon anfängl od erst nachträgl) für Eigtümer des belasteten Grdst u ebso geeignete Stelle für Berecht. Interessen der Beteil sind abzuwägen (BGH WM **63**, 483).

3　　**3) Verlangen.** – **a) Berechtigt** ist der Eigtümer des belasteten Grdst; Eigtümer des herrschden Grdst uU nach § 242 (MüKo/Falckenberg Rn 7). – **b) Durchsetzung.** Gehört die AusübgsStelle zum RInhalt (vgl § 1018 Rn 7), so ist Verlegg eintraggsbedürft InhaltsÄndrg n § 877 (BGH **LM** Nr 1) u Klage geht auf Einigg u EintrBew; ist sie nur AusübgsRegelg, so ist Verlegg nicht eintraggsfäh (KG NJW **73**, 1128) u Klage geht auf Unterlassg der beschwerden Ausübg (§ 1004). Keine eigenmächt Dchsetzg der Verlegg („kann verlangen"), sonst § 1029. – **c)** Verlegg auf **anderes Grundstück** des Eigtümers nur in bes Ausnahmefällen nach § 242 (MüKo/Falckenberg Rn 6; Soergel/Stürner Rn 6; aA RG HRR **30**, 1323; RGRK/Rothe Rn 3) dch Aufhebg u Neubestellg.

4　　**4)** Zu den **Kosten** der Verlegg gehören die für Herstellg/Veränderg notw Einrichtgen u GBEintr. Abw Vereinbg (KostenPfl des Berecht) mögl; dingl Wirkg nur bei GBEintr. Persönl Haftg des Berecht.

5　　**5)** Zur entspr Anwendg auf die Kosten einer dch Straßenausbau erforderl Neuverlegg von **Versorgungsleitungen** vgl BGH **LM** Nr 2; NJW **82**, 1283; **93**, 3131; BayObLG **69**, 169.

1024　*Zusammentreffen mehrerer Nutzungsrechte.*　Trifft eine Grunddienstbarkeit mit einer anderen Grunddienstbarkeit oder einem sonstigen Nutzungsrecht an dem Grundstücke dergestalt zusammen, daß die Rechte nebeneinander nicht oder nicht vollständig ausgeübt werden können, und haben die Rechte gleichen Rang, so kann jeder Berechtigte eine den Interessen aller Berechtigten nach billigem Ermessen entsprechende Regelung der Ausübung verlangen.

1　　**1) Voraussetzungen.** – **a)** GrdDbk im gleichen Rang (bei verschied Rang geht besserrang Dbk vor) mit and dingl NutzgsR (GrdDbk, Nießbr, bpDbk, ErbbR, DWR/DNR; nicht aber Eigt, Reallast, GrdPfdR, schuldr NutzgsR); auch bpDbk mit WohngsR (Saarbr Rpfleger **92**, 16). – **b)** Ggseit AusübgsBeeinträchtigg.

2　　**2) Ausübungsregelung.** Nur unverjährb (§ 902) Anspr der NutzgsBerecht ggeinand ohne Auswirkg auf RVerh zu Eigtümer; daher keine InhaltsÄndrg u nicht eintraggsfäh (RGRK/Rothe Rn 4; Staud/Ring Rn 4; aA Erm/Baumert Rn 2; Planck/Strecker Anm 4). Kommt Vereinbg nicht zustande, so Klage auf Unterlassg best NutzgsArt (§§ 1027, 1004; BGH **LM** Nr 1), od auf Abschluß einer best Vereinbg. Keine Wirkg ggü EinzelRNachf (aA Staud/Ring aaO). Regelg entfällt, wenn ein beteiligtes NutzgsR wegfällt.

3　　**3)** § 1024 gilt auch für altrechtl GrdDbk.

1025 *Teilung des herrschenden Grundstücks.* **Wird das Grundstück des Berechtigten geteilt, so besteht die Grunddienstbarkeit für die einzelnen Teile fort; die Ausübung ist jedoch im Zweifel nur in der Weise zulässig, daß sie für den Eigentümer des belasteten Grundstücks nicht beschwerlicher wird. Gereicht die Dienstbarkeit nur einem der Teile zum Vorteile, so erlischt sie für die übrigen Teile.**

1) Grundsatz (S 1). – a) Nach ideeller od realer Teilg des herrschden Grdst besteht die GrdDbk als **1** einheitl Recht in BruchtGemsch fort (BayObLG NJW-RR **90**, 1043). Eintr der Teilg bei den Teilstücken zuläss, aber nicht notw (BayObLG **95**, 153); für die Löschg stets Bewilligg der Eigtümer aller Teile erforderl (KG NJW **75**, 697). Jeder Berecht kann die GrdDbk ausüben, dch Klage geltd machen, Unterhaltg von Anlagen (§§ 1021 I 1, 1022) verlangen. Bei Verstoß gg Halbs 2 hat Eigtümer des belasteten Grdst Anspr aus § 1004; Halbs 2 gilt nicht, wenn der Umfang der Ausübg sich nach den jeweil Bedürfn des herrschden Grdst richten soll. Für die Berecht untereinander gilt § 745 entspr (nach aA § 1024 entspr; vgl MüKo/Falckenberg Rn 2 mwN), denn S 1 hat den Beteil hier abw von § 1024 keinen Anspr auf AusübgsRegelg gegeben, sond beschrkt die Ausübg kr G. Verteidigg des beschwerten Eigtümers des belasteten Grdst hier nach § 1004. – **b)** Die UnterhaltgsPfl aus §§ 1020 S 2, 1021 I 2 hat jeder Eigtümer der Teilstücke.

2) Ausnahme (S 2). – a) Teilerlöschen im Hinbl auf § 1019 kr G ohne Löschg. Berichtigg nach § 894, **2** GBO 22; vgl auch GBO 9. – **b)** Die UnterhaltgsPfl aus §§ 1020 S 2, 1021 I 2 hat nur noch der Eigtümer des berecht bleibden Grdst.

1026 *Teilung des dienenden Grundstücks.* **Wird das belastete Grundstück geteilt, so werden, wenn die Ausübung der Grunddienstbarkeit auf einen bestimmten Teil des belasteten Grundstücks beschränkt ist, die Teile, welche außerhalb des Bereichs der Ausübung liegen, von der Dienstbarkeit frei.**

1) Grundsatz. – a) Nach Teilg des belasteten Grdst ist jedes Grdst mit einer GrdDbk belastet (BayObLG **1** Rpfleger **83**, 143). Sie ist bei der Abschreibg mitzuübertr (BayObLG aaO); sonst Berichtgg nach § 894, GBO 22. – **b)** Unterhaltspfl aus §§ 1021 I 1, 1022 u -berecht aus §§ 1020 S 2, 1021 I 2 ist jeder Eigtümer.

2) Ausnahme; auch bei altrechtl Dbk (BayObLG **88**, 102). – **a)** Die GrdDbk erlischt krG auf dem Teil, **2** der völl außerh des Bereichs liegt, auf den ihre Ausübg rechtl beschränkt ist, weil der Berecht aGrd rgesch Vereinbg od nach Art der GrdDbk dauernd gehindert ist, diesen Teil des belasteten Grdst zu benutzen (BayObLG Rpfleger **83**, 143, MittBayNot **94**, 318); tats Beschrkg genügt nicht, wenn Änderg mögl (KG NJW **69**, 470). – Löschg dch Nichtmitübertragg (GBO 46 II); bei Mitübertragg wird GB unricht. Nachw des Erlöschens gem GBO 29 mit strengen Anfordergen (BayObLG MittBayNot **91**, 219). – **b)** Unterhaltspfl u -berecht (vgl Rn 1) ist nur noch der Eigtümer, auf dessen Grdst die Anlage steht (KG JW **34**, 3142).

1027 *Beeinträchtigung der Grunddienstbarkeit.* **Wird eine Grunddienstbarkeit beeinträchtigt, so stehen dem Berechtigten die im § 1004 bestimmten Rechte zu.**

1) Beeinträchtigung der GrdDbk ist jede Behinderg der zu duldden Benutzg des belasteten Grdst (bei **1** WegeR aber nicht immer schon Mitbenutzg [Köln OLGZ **75**, 221] insb dch nachrang Berecht [Hamm Rpfleger **81**, 105]) od die Vornahme zu unterlassder Hdlgen. – Bei Beeinträchtigg des belasteten Grdst dch von RInhalt nicht gedeckte Hdlg gilt § 1020 Rn 1, § 1018 Rn 8.

2) Ansprüche des Eigtümers (vgl aber auch § 1065) des herrschden Grdst (für bloßen Besitzer gilt § 1029) **2** gg den Störer (zB Eigtümer des belasteten Grdst, der Störg dch Dritte duldet; BGH NJW **92**, 1101). – **a) Beseitigung/Unterlassung** gem § 1004 unabhäng von Verschulden; verjährt wie § 1004 (RGRK/ Rothe § 1028 Rn 1). Bei MitEigt an herrschdem Grdst kann jeder MitEigtümer den Anspr geltd machen (BGH aaO). Anspr gem § 1004 II ausgeschl, wenn Beeinträchtigg zu dulden; zB bei Zust, nach § 1024, entspr § 912 I (BGH **39**, 5; MDR **66**, 749; str), Hoheitsakt. – **b) Besitzschutz** nach §§ 858 ff, wenn Berecht im SachBes gestört, und § 1029. – **c) Schadensersatz** aus § 823 I u II (RG Warn **11**, 331) u pVV des ges SchuldVerh (wenn Eigtümer stört). – **d) Geldrente** entspr § 912 II (wenn § 1004 entspr § 912 I ausgeschl) od **Entschädigung** nach EnteignsGrds (wenn hoheitl Eingr zu dulden).

3) § 1027 gilt auch für altrechtl GrdDbk. **3**

1028 *Verjährung.* **I Ist auf dem belasteten Grundstück eine Anlage, durch welche die Grunddienstbarkeit beeinträchtigt wird, errichtet worden, so unterliegt der Anspruch des Berechtigten auf Beseitigung der Beeinträchtigung der Verjährung, auch wenn die Dienstbarkeit im Grundbuch eingetragen ist. Mit der Verjährung des Anspruchs erlischt die Dienstbarkeit, soweit der Bestand der Anlage mit ihr im Widerspruch steht.**

II Die Vorschriften des § 892 finden keine Anwendung.

1) Verjährung des Anspruchs auf Beseitigung einer störenden Anlage auf belastetem Grdst wie **1** auch in den and Fällen des § 1027 nach 30 Jahren ab Errichtg der Anlage **(I 1).** Unerhebl von wem u warum Anlage errichtet. Wird Anlage in der VerjFr dch andere Anlage ersetzt, so beginnt neue VerjFr (BGH **LM** Nr 1). EigtWechsel bei belastetem od herrschden Grdst unterbricht Verj nicht (§ 221).

2   2) Mit Verj dieses BeseitiggsAnspr (nicht in and Fällen des § 1027) **erlischt die Grunddienstbarkeit** krG **(I 2);** GBBerichtigg nach § 894, GBO 22. GrdDbk bleibt aber in dem Umfang bestehen, in dem Anlage sie nicht beeinträchtigt (BayObLG **59**, 478). – **Kein Gutglaubensschutz (II)** für Erwerber, der herrschdes Grdst in Unkenntn der lfden VerjFr od des Erlöschens der GrdDbk erwirbt; jedoch für Erwerber, der es erst nach Beseitigg der Anlage erwirbt (Soergel/Stürner Rn 2; aA RGRK/Rothe Rn 5).

3   3) § 1028 gilt auch für altrechtl GrdDbk.

1029   *Besitzschutz des Rechtsbesitzers.*   Wird der Besitzer eines Grundstücks in der Ausübung einer für den Eigentümer im Grundbuch eingetragenen Grunddienstbarkeit gestört, so finden die für den Besitzschutz geltenden Vorschriften entsprechende Anwendung, soweit die Dienstbarkeit innerhalb eines Jahres vor der Störung, sei es auch nur einmal, ausgeübt worden ist.

1   **1) Besitzschutz** bei verbotener Eigenmacht genießen: – **a)** Wer in Ausübg der GrdDbk (auch wenn diese nicht eingetr) das belastete Grdst iSv §§ 854ff besitzt **(Sachbesitz),** unmittelb nach §§ 858ff. – **b)** Wer das herrschde Grdst in unmittelb od mittelb Voll-, Teil-, Allein-, Mit-, Eigen- od FremdBes hat u eine für den Eigtümer eingetr (Widerspr nach unrechtm Löschg reicht nicht) GrdDbk ausübt **(Rechtsbesitz),** nach § 1029 iVm § 858ff wie Sachbesitzer; zB Eigtümer selbst, NutzgsBerecht.

2   2) Voraussetzg für BesSchutz des RBesitzers ist wenigstens **einmalige Ausübung** der GrdDbk dch eine befugte Pers (zB auch Besucher des Mieters) ohne Rücks auf RAusübgsAbsicht (hM; aA Stgt OLG **6**, 252) nach GBEintr u innerh eines Jahres vor der Störg. Bei Berechtigg zum Halten einer Anlage kein FrBeginn, solange Anlage besteht. Bei UnterlassgsDbk genügt als AusübgsHdlg schlichtes Unterlassen ohne bes Verbot (BayObLG **33**, 292), so daß Frist mit erster Zuwiderhdlg beginnt.

3   3) § 1029 gilt für altrechtl GrdDbk, sofern diese eingetr; andernf gilt EG 191.

Zweiter Titel. Nießbrauch

Einführung

1   **1)** Dch die NießbrBestellg entsteht zw Eigtümer u Nießbraucher ein **dingliches Rechtsverhältnis und ein gesetzliches Schuldverhältnis** (vgl Einl 9 vor § 854; zB §§ 1041–1047; 1049–1051, 1055). Letzteres gestaltet den Inhalt des dingl Rechts, denn es regelt die RBeziehgen zw Nießbraucher u jeweil Eigtümer (auch wenn Nießbr von Dritten bestellt). Dch anfängl od nachträgl Vereinbg kann der Inhalt des ges **Schuldverhältnisses geändert** werden; dies wirkt dingl (dh ohne Übernahme ggü RNachf) nur bei Eintr (auch gem § 874) im GB. Dingl wirkde u eintragb Abänderg darf aber Wesenskern der Nießbr nicht beeinträchtigen: **unzulässig** (nur schuldrechtl Wirkg) daher Begründg von LeistgsPfl des Eigtümers (BayObLG **85**, 6), Abdingg von §§ 1036, 1037 I (KG OLGZ **92**, 1), 1039 I 2, Abhängigk des dingl Rechts von MietVertr (BayObLG **79**, 273); VfgsBefugn für Nießbraucher (§ 1030 Rn 8) – **zulässig** aber Abdingg von § 1051 (BayObLG **77**, 81) u § 1059 S 2 (LG MöGladb NJW **69**, 140), Vereinbg von EntgeltPfl des Nießbrauchers (BayObLG **79**, 273) u Verwendg der Nutzgen zu best Zwecken (§ 1030 Rn 7), Erweiterg von § 1041 (BayObLG **85**, 6). – **Kein Nießbrauch:** NutznießgsR nach §§ 1417 III 2, 1649 II; Vorerbsch. Keine Eintr im GB (vgl RG HRR **36** Nr 336).

2   **2) Entstehung. – a)** Außer krG (zB §§ 900 II, 1033, 1075 I, FlurbG 68, BauGB 63) als abstraktes **dingliches Recht** dch RGesch: beweigl Sachen gem § 1032; Grdst gem §§ 873, 874; Rechte gem §§ 1069, 1081 II. Befristg od Bdgg zul (zB Bestellg für mehrere nacheinand derart, daß für den einen auflösd u den and aufschiebd bdgt). Behördl Gen erforderl nach GrdstVG 2 II Nr 3, BauGB 51 I Nr 1, 144 II Nr 2. – **b) Schuldrechtliches Grundgeschäft** für Bestellg kann sein § ÜberlassgsVertr, Vfg vTw (zB Vermächtn; BGH **LM** § 2203 Nr 1), Kauf, SichgsVertr (§ 1030 Rn 7). Versprechen des Eigtümers, VertrPartner solle Einnahmen des Grdst u eigtümerähnl Stellg haben, kann Anspr auf NießbrBestellg begründen (BGH Warn **69**, 153).

3   **3) Erlöschen. – a)** Kraft **Rechtsgeschäfts:** §§ 875, 1062, 1064. – **b)** Kraft **Gesetzes:** Tod bzw Erlöschen des Berecht (§ 1061; vgl aber § 1059a). Auflösde Bdgg (§ 158 II [zB Künd; BayObLG MittBayNot **90**, 39]) od Befristg (§ 163); Verlängerg erfordert Neubestellg (OGH MDR **49**, 470). Dch völligen Untergang der Sache (vgl aber auch § 1046); nicht aber des Gbdes bei GrdstNießbr. Dch Konsolidation regelm bei Fahrn (vgl § 1063), nicht bei Grdst (§ 889). Bei beweigl Sachen ferner nach §§ 936, 945 od 1242 II 2. Bei Grdst nach §§ 892, 901 od dch ZwVerst (ZVG 91, 121). Bei Rechten: § 1072. Vgl auch EG 184, 189.

4   **4) Zwangsvollstreckung:** Zur ZwVollstr gg den Nießbraucher vgl § 1059 Rn 6, 7. Bei ZwVollstr ggden Eigtümer: Bei VermögensNießbr § 1086, ZPO 737, 738. Allg gilt: Nießbraucher hat gg FahrnVollstr ZPO 771 u (wenn im Besitz der Sache) ZPO 766, 809; pfändb sind aber der Anspr des Eigtümers auf Herausg nach NießbrEnde (§ 1055, ZPO 846, 847). Im Konkurs des Eigtümers: KO 43 für Nießbraucher – **Zwangsversteigerung:** Ist Nießbrauch rangbesser, kommt er ins geringste Gebot u bleibt nach Zuschlag bestehen, ZVG 44, 52; geht Nießbr dem betreibdn Gläub nach, erlischt er mit Zuschlag, ZVG 52 I, 91 I; an seine Stelle tritt der Anspr auf WertErs aus dem Versteigergserlös als Rente, ZVG 121, 92 II – **Zwangsverwaltung:** Geht der betreibde Gläub vor, kann u muß er Duldgstitel gg Nießbraucher erwirken, damit Zwangsverwalter Grdst besitzen u verwalten kann (KG JW **33**, 2348; OLG **20**, 390). Ist Nießbr rangbesser, kann zwar die ZwVerw angeordnet w; jedoch ist sie auf Erinnerg des Nießbrauchers hin zu beschränken, so daß Zwangsverwalter nur mittelb Besitz u die dem Eigtümer gg den Nießbraucher zustehenden Befugnisse erhält (Köln NJW **57**, 1769). – Zusammentreffen von Hyp u Nießbr am gleichen Grdst: § 1124 Rn 5.

I. Nießbrauch an Sachen

1030 *Begriff.* [1] Eine Sache kann in der Weise belastet werden, daß derjenige, zu dessen Gunsten die Belastung erfolgt, berechtigt ist, die Nutzungen der Sache zu ziehen (Nießbrauch).

[2] Der Nießbrauch kann durch den Ausschluß einzelner Nutzungen beschränkt werden.

Schrifttum: Schön, Der Nießbrauch an Sachen, Köln 1992

1) Über **Nießbrauchsverhältnis, Entstehung** u **Erlöschen** des Nießbr vgl Einf 1–3 vor § 1030. **1**

2) **Gegenstand. – a) Sachen.** Bewegl Sachen, Tiere (§ 90a), Grdst, grdstgl Rechte (Übbl 3 vor § 873), **2** Schiffe (§ 1032 Rn 1); nicht aber eingetr Luftfz (LuftfzRG 9). Mehrere Sachen nur dch selbstd EinzelR belastb (KG HRR **34** Nr 521; LG Düss RhNK **73**, 658): kein Gesamtnießbr (Böttcher MittBayNot **93**, 129 zu IV 3). **Reale Sachteile,** die unwesentl Bestandt (zB GrdstTeile [LG Tüb BWNotZ **81**, 140; Nießbr erfaßt dann auf ihm stehde Gbde]); nicht aber wesentl Bestandt (zB GbdeTeil; BayObLG **79**, 361). **Ideelle Bruchteile** (§ 1066), zB WE (WEG 6 Rn 9).– **b)** Der Nießbr **erstreckt sich auf die Bestandteile** iSv **3** §§ 93–96. Unwesentl Bestandt sind aber ausnehmb; bei DrittEigt an ihnen gelten §§ 1032 S 2, 892. Nachträgl eingefügte wesentl Bestandt werden erfaßt (zB wiederaufgebautes Gbde; BGH **LM** § 1090 Nr 10), nicht aber gem § 890 II zugeschriebene Grdst (arg § 1132). **Zubehör** vgl § 1031. Keine Erstreckg auf **schuldrechtliche Ansprüche** (u deren LeistgsGgst) gg Dritte wegen Zerstörg/Beschädigg od aus Veräußerg (Zust des Nießbrauchers kann Verpfl zur NießbrBestellg am Erlös begründen; RGRK/Rothe Rn 6), wohl aber auf VersFdg (§ 1046) u nach LandesR (EG 52, 53, 109) auf EnteigngsEntschädigg.

3) **Berechtigter** kann nur eine bestimmte natürl od jur Person sein; subjdingl Bestellg nicht mögl. – **4** Bestellg für **Mehrheit von Berechtigten** mögl: GesHandsGemsch, BruchtGemsch od GesamtBerecht nach § 428 (BGH **NJW 81**, 176); nicht aber für MitBerecht nach § 432 (Hamm Rpfleger **80**, 21). Bei BruchtBerecht gelten im InnenVerh §§ 741, 746, 748, 1010, 1011 entspr; erlischt Nießbr eines Berecht, so entsteht zw den anderen u dem Eigtümer eine Nutzgs- u VerwGemsch, für die §§ 741 ff entspr gelten (BayObLG **55**, 155). Eintr als „GesamtBerecht" genügt GBO 47 nicht (BGH NJW **81**, 176). Ergibt GBEintr nicht Art des GemschVerh, so ist wirtsch der Bestellg zur Auslegg heranzuziehen (RG HRR **37** Nr 1443). – **Eigentümernießbrauch** bei Grdst zul (*arg* § 1063; Harder DNotZ **70**, 267; vgl Einl 7 vor § 854); hM verlangt schutzwürd Interesse (LG Hbg DNotZ **69**, 39; LG Verd NdsRpfl **70**, 208).

4) **Rechtsinhalt** (wg Abänderg vgl Einf 1 vor § 1030). – **a) Nutzungsziehungsrecht (I)** u BesR **5** (§ 1036 I); Eigtümer hat nicht zu leisten, sond nur zu dulden. Nießbraucher kann die Sache vermieten/verpachten; veräußert Eigtümer vermietete Sache unter NießbrVorbeh für sich, so bleibt er Vermieter (LG Ba-Ba WoM **93**, 357). Nießbraucher erwirbt die Nutzgn aus eigenem Recht; bei unmittelb Früchten nach §§ 954 ff, bei mittelb dch Einziehg. Er wird Gläub der Miet/PachtzinsFdg (RG **124**, 329), u zwar bei bestehdem Miet/PachtVertr schon mit NießbrBestellg (wg der hiervon verschied Frage, ab wann sie ihm „gebühren", vgl § 101). Trotzdem Pfändg der eigenen Fdg dch Nießbraucher wg einer Fdg gg Eigtümer zul (RG **86**, 138; wg § 1124); nicht folgericht, wenn RG **80**, 316 Abtretg nicht zuläßt. Dritte bedürfen zur ZwVollstr in die Nutzgn eines Titels gg den Nießbraucher. – **b) Ausschluß einzelner Nutzungen** (zB **6** Gebr [BGH **LM** § 2203 Nr 1], Vermietg [LG Aach Rpfleger **86**, 468]) bei Bestellg od später dch InhaltsÄnderg vereinb (**II**); wirkt ggü EinzelRNachf nur bei GBEintr. Stets muß RNatur als umfassdes NutzgsR erhalten bleiben; unzulässig daher Bestellg nur für eine od einzelne NutzgsArten (zB HolznutzgsR an WaldGrdst; BayObLG Rpfleger **81**, 439) sowie Ausschluß wesentl Bestandt (zB bestimmte Wohng; BayObLG **79**, 361) von NutzgsR. Über Verh zu §§ 1018, 1090 (Benutzg in einz Beziehgn) vgl Schöner DNotZ **82**, 814. Unzulässig aber NutzgsR für unwesentl Bestandt/GrdstTeile, die Hauptsache ohne sie belastb. – **c) Verwendungszweck der Nutzungen** (SichgsNießbr) bei Bestellg od später dch InhaltsÄn- **7** derg vereinb, zB Verrechg auf Fdg des Nießbrauchers gg Eigtümer (BayObLG **79**, 273); wirkt ggü EinzelRNachf nur bei GBEintr. Nießbr ist dann idR dch Tilgg der Fdg auflösd bdgt u SG hat es Wegfall des SichgsZwecks LöschgsAnspr (BGH WM **66**, 653). Nießbraucher ist im InnenVerh dch TreuPfl beschränkt (BGH WM **65**, 479); im AußenVerh aber unbeschr Nießbraucher (Dresden OLG **9**, 15). Bei Abtr der gesicherten Fdg kann Eigtümer Aufgabe des Nießbr verlangen, wenn Nießbraucher Früchte nicht weiter zur Tilgg verwendet od neuem Gläub nicht Ausüb des Nießbr überläßt. – **d)** Erweiterg des RInhalts auf Befugn zu **Verfügungen über den Belastungsgegenstand** (DispositionsNießbr), wie zB Belastg, wi- **8** derspricht dem Wesen des Nießbr als NutzgsR; Eigtümer kann aber Nießbraucher zu Vfgen ermächtigen (§§ 183, 185) od bevollmächtigen u sich ihm gem § 137 S 2 verpflichten (BGH NJW **82**, 31). Für GrdstInventar vgl aber § 1048.

5) **Quotennießbrauch;** zu unterscheiden von BruchtNießbr (§ 1066 Rn 2). An einer in ungeteiltem Eigt **9** stehden Sache Nießbr zu einer Quote der GesNutzgn bestellb (KG JFG **13**, 447; BayObLG **73**, 168 [172]; LG Wuppt Rpfleger **95**, 209); zw Eigtümer u NießbrBerecht entsteht Nutzgs- u VerwaltgsGemsch, für die §§ 741 ff entspr gelten (KG aaO; LG Wuppt aaO). § 1066 nicht anwendb.

1031 *Erstreckung auf Zubehör.* Mit dem Nießbrauch an einem Grundstück erlangt der Nießbraucher den Nießbrauch an dem Zubehöre nach den für den Erwerb des Eigentums geltenden Vorschriften des § 926.

1) **Allgemeines.** Regelmäß werden die Beteiligten Grdst u Zubehör (§§ 97, 98) als wirtschaftl Einh **1** behandeln wollen. Dem tragen §§ 314, 926, 1031, 1096 Rechng.

2　　2) Entspr Anwendg des **§ 926.** Im Zw ist anzunehmen, daß sich die Belastg auf das vorhandene Zubehör erstrecken soll. Dann wird das dem Besteller gehörende Zubehör mit der Entstehg des Nießbr am Grdst (§§ 873, 874) belastet, anderes Zubehör mit Besitzergreifg durch den gutgl Nießbraucher entspr §§ 932 ff. Rechte Dritter gehen dem Nießbr nach entspr § 936. Nachträgl Belastg nur nach § 1032.

1032 *Bestellung an Fahrnis.* **Zur Bestellung des Nießbrauchs an einer beweglichen Sache ist erforderlich, daß der Eigentümer die Sache dem Erwerber übergibt und beide darüber einig sind, daß diesem der Nießbrauch zustehen soll. Die Vorschriften des § 929 Satz 2, der §§ 930 bis 932 und der §§ 933 bis 936 finden entsprechende Anwendung; in den Fällen des § 936 tritt nur die Wirkung ein, daß der Nießbrauch dem Rechte des Dritten vorgeht.**

1　　1) Die **Bestellung** des Nießbr **an beweglichen Sachen** ist ähnl geregelt wie die Übertr des Eigtums (§§ 929 ff). Bestellg an den einzelnen Sachen auch ifv §§ 1035, 1085, 1089 erfordl. Nießbr am AnwR w mit EigtErwerb des Bestellers zum Nießbr an der Sache. Nach S 2 NießbrBestellg mögl, auch wenn Nießbraucher unmittelb Bes nie erhalten soll (BGH **LM** § 2033 Nr 1). – Für die Bestellg des Nießbr an nicht eingetr **Schiffen** bewendet es bei den allg für Fahrn geltden Vorschriften; §§ 929a, 932a sind nicht entspr anwendb. Für eingetr Schiff: SchiffsRG 9, 82: also nicht an Schiffsbauwerken u Schwimmdocks; an eingetr Schiffen nur, wenn damit die Verpfl zur Bestellg des Nießbr am ganzen Verm des Eigtümers od an einer Erbsch od an einem Bruchteil daran erfaßt w soll. Auf Nießbr am Schiff gelten die Vorschr des BGB für GrdstNießbr, SchiffsRG 82 I.

2　　2) **Grundsatz: Einigung** zw Eigtümer u Nießbraucher **und Übergabe** (entspr § 929 S 1). Auch des Zubehörs, anders für Grdst, § 1031. Überg entbehrl nach § 929 S 2. ÜbergErsatz entspr § 930 (so daß mittelb Besitz zB genügt bei TestVollstreckersch, BGH **LM** § 2203 Nr 1) u § 931. NießbrBestellg an Fahrnisbruchteil (vgl § 1066) erfordert Mitbesitzeinräumung. Dem gutgl Nießbraucher ggü gilt Besteller als Eigtümer, § 1058. Schutz des gutgl Nießbrauchers entspr §§ 932–935; Rechte Dritter (§ 936) gehen dem gutgl Nießbraucher nach, S 2 Halbs 2; ist er bösgl, geht sein Nießbr den Drittrechten nach. Bei Vorbeh des Nießbr seitens des bösgl Veräußerers verbleibt Nießbr dem Eigtümer (Blomeyer AcP **153**, 253).

1033 *Erwerb durch Ersitzung.* **Der Nießbrauch an einer beweglichen Sache kann durch Ersitzung erworben werden. Die für den Erwerb des Eigentums durch Ersitzung geltenden Vorschriften finden entsprechende Anwendung.**

1　　Die Vorschr schützt den gutgl Erwerber im Falle des § 935. Entspr anwendb sind die §§ 937–942. Wg § 1059 wirkt die durch §§ 943, 944 bei natürl Pers; doch kommt die BesZeit des gutgl Nichteigtümers dem Nießbraucher zugute (W-Raiser § 115 Fußn 7). § 945 ist nur mit der Maßg entspr anwendb, daß das Recht des Dritten im Range zurücktritt; vgl § 1032 S 2. Für GrdstNießbr gilt § 900 II. Vgl ferner EG 185.

1034 *Feststellung des Zustandes.* **Der Nießbraucher kann den Zustand der Sache auf seine Kosten durch Sachverständige feststellen lassen. Das gleiche Recht steht dem Eigentümer zu.**

1　　Der Zustand der Sache zZ der Bestellg des Nießbr ist wesentl für ihre Rückg. Eigtümer u Nießbraucher können deshalb jederzeit die Feststellg verlangen. Bei Grdst/WohngsNießbr kein BesichtiggsR des Eigtümers (LG Fulda NJW-RR **89**, 777). Verf nach FGG 15, 164. § 1034 stellt nicht auf Besteller, sond auf Eigtümer ab; doch gelten für Besteller die Vermutgen §§ 891 I, 1006; für Nießbraucher § 1058.

1035 *Nießbrauch an Inbegriff von Sachen; Verzeichnis.* **Bei dem Nießbrauch an einem Inbegriffe von Sachen sind der Nießbraucher und der Eigentümer einander verpflichtet, zur Aufnahme eines Verzeichnisses der Sachen mitzuwirken. Das Verzeichnis ist mit der Angabe des Tages der Aufnahme zu versehen und von beiden Teilen zu unterzeichnen; jeder Teil kann verlangen, daß die Unterzeichnung öffentlich beglaubigt wird. Jeder Teil kann auch verlangen, daß das Verzeichnis durch die zuständige Behörde oder durch einen zuständigen Beamten oder Notar aufgenommen wird. Die Kosten hat derjenige zu tragen und vorzuschießen, welcher die Aufnahme oder die Beglaubigung verlangt.**

1　　Gilt nur für Nießbr an einem **Inbegriff von Sachen**, vgl § 260 Rn 6. Ebenso für Nießbr an Rechten, § 1068, Vermögen u Erbschaft. Vgl auch § 2121. Verlangen nach Mitwirkg, Beglaubigg, § 129, od behördl Aufnahme kann jederzeit gestellt w. Bloße Ausk genügt nicht. Persönl Mitwirkg od durch Bevollmächtigte, um Zahl u Beschaffenh der belasteten Sachen mögl unstreitig festzustellen (RG **126**, 106). ZwVollstr nach ZPO 888. Unterzeich begründet keinen AnerkenngsVertr; nur Geständn, daß die Sachen vorhanden u mit dem Nießbr belastet sind.

1036 *Recht zum Besitz, Pflicht zur Bewirtschaftung.* [I] **Der Nießbraucher ist zum Besitze der Sache berechtigt.**
[II] **Er hat bei der Ausübung des Nutzungsrechts die bisherige wirtschaftliche Bestimmung der Sache aufrechtzuerhalten und nach den Regeln einer ordnungsmäßigen Wirtschaft zu verfahren.**

1　　1) Gegen jedermann wirkdes u nicht mit dingl Wirkg abdingb (Hamm Rpfleger **83**, 144) **Recht zum Besitz (I).** Regelm Anspr auf unmittelb Besitz; anders nur, wenn ein Dritter nach § 868 unmittelb besitzt

(BGH **LM** § 2203 Nr 1; Hamm aaO); Vereinbg von Mitbesitz möglich, so für § 1030 II; Mitbesitz krG: § 1081. Über SchutzAnspr (auch gg Dritte) vgl § 1065. Mittelb Besitz des Bestellers: § 868.

2) Bei **Ausübung des Nutzungsrechts (II)** ist die wirtsch Bestimmg zZ der NießbrEntsteh zu erhalten; **2** nicht mit dingl Wirkg abdingb (LG Köln RhNK **86**, 24). Charakter des Ganzen darf nicht geändert werden; teilw Änderg, zB einzelnen Waldstückes in Obstpflanzg, kann zul sein (RG **80**, 231). Die ordngsm Bewirtschaftg kann auch positive Hdlgen erfordern, zB Aufforstg nach Kahlschlag (BayObLG **72**, 366); nicht aber Wiederaufbau eines Weinbergs nach Rodg im FlurbVerf (Zweibr OLGZ **84**, 460). Bei Verstoß SchadErsPfl wg pVV des ges SchuldVerh (Einf 1 vor § 1030) u § 823 I. Vgl auch §§ 1037, 1038, 1041.

1037 *Umgestaltung.* **I** Der Nießbraucher ist nicht berechtigt, die Sache umzugestalten oder wesentlich zu verändern.

II Der Nießbraucher eines Grundstücks darf neue Anlagen zur Gewinnung von Steinen, Kies, Sand, Lehm, Ton, Mergel, Torf und sonstigen Bodenbestandteilen errichten, sofern nicht die wirtschaftliche Bestimmung des Grundstücks dadurch wesentlich verändert wird.

I führt den Grds des § 1036 II weiter fort u gilt auch bei Verbesserg/Wertsteiger (KG OLGZ **92**, 1); nicht **1** mit dingl Wirkg abdingb (KG aaO). Unwesentl Ändergen zur Verbesserg der WirtschFührg sind gestattet. Die Errichtg von Anlagen nach **II** ist keine Umgestaltg, wenn der Gesamtcharakter des Grdst gewahrt bleibt. Errichtg (KG aaO) u Umbau/Vergrößerg (LG Köln RhNK **86**, 24) von Gbden über II hinaus idR unzul. Wg des Eigt am Gebäude vgl § 95 I 2; Platten BB **65**, 1211. Über BergR u AbbauR vgl EG 67, 68. Vgl ferner § 1038.

1038 *Wirtschaftsplan für Wald und Bergwerk.* **I** Ist ein Wald Gegenstand des Nießbrauchs, so kann sowohl der Eigentümer als der Nießbraucher verlangen, daß das Maß der Nutzung und die Art der wirtschaftlichen Behandlung durch einen Wirtschaftsplan festgestellt werden. Tritt eine erhebliche Änderung der Umstände ein, so kann jeder Teil eine entsprechende Änderung des Wirtschaftsplans verlangen. Die Kosten hat jeder Teil zur Hälfte zu tragen.

II Das gleiche gilt, wenn ein Bergwerk oder eine andere auf Gewinnung von Bodenbestandteilen gerichtete Anlage Gegenstand des Nießbrauchs ist.

Verlangen jederzeit zul; Zuziehg von Sachverst kann beiderseits verlangt werden. Kosten tragen Eigtü- **1** mer u Nießbraucher je zur Hälfte. Notfalls Klage auf Gen eines bestimmten Planes. SchadErs bei schuldh Verletzg des Planes. Abänderg, wenn er den Regeln ordngsmäßiger Wirtsch nicht mehr entspricht. Die Landesgesetze (EG 67, 68) verlangen Betriebspläne nur nach polizei Gesichtspunkten.

1039 *Übermäßige Fruchtziehung.* **I** Der Nießbraucher erwirbt das Eigentum auch an solchen Früchten, die er den Regeln einer ordnungsmäßigen Wirtschaft zuwider oder die er deshalb im Übermaße zieht, weil dies infolge eines besonderen Ereignisses notwendig geworden ist. Er ist jedoch, unbeschadet seiner Verantwortlichkeit für ein Verschulden, verpflichtet, den Wert der Früchte dem Eigentümer bei der Beendigung des Nießbrauchs zu ersetzen und für die Erfüllung dieser Verpflichtung Sicherheit zu leisten. Sowohl der Eigentümer als der Nießbraucher kann verlangen, daß der zu ersetzende Betrag zur Wiederherstellung der Sache insoweit verwendet wird, als es einer ordnungsmäßigen Wirtschaft entspricht.

II Wird die Verwendung zur Wiederherstellung der Sache nicht verlangt, so fällt die Ersatzpflicht weg, soweit durch den ordnungswidrigen oder den übermäßigen Fruchtbezug die dem Nießbraucher gebührenden Nutzungen beeinträchtigt werden.

1) **Eigentumserwerb.** – **a)** Der Nießbraucher erwirbt das Eigt an allen **Sachfrüchten** (§ 99 I) mit der **1** Trenng (§ 954); auch an Raub- u Übermaßfrüchten. Ausn nur nach §§ 955–957. – **b) Mittelbare Früchte** (§ 99 III) erwirbt er zu Eigt dch Einziehg; das Recht auf Erträge aber schon mit NießbrBestellg od späterer Entsteh des Rechts (vgl § 1030 Rn 5).

2) Ausgleich zw Nießbraucher u Eigtümer bei Übermaßfrüchten. – **a)** Dem **Nießbraucher gebühren** **2** nur die Früchte, die er bei ordngsmäßiger Wirtsch (§ 1036 II) gezogen hätte. Der Wert der darüber hinaus gezogenen Früchte ist dem Eigtümer zu erstatten. Grd der Fruchtziehg unerhebl; Wertersatz auch bei Gestattg einer Umwandlg (RG **80**, 233). – **b) Wertersatz (I 2)** regelmn erst nach Beendigg des Nießbr. Bis **3** dahin gebühren dem Nießbraucher die Zinsen des Wertersatzes. Aber SicherhLeistg nach §§ 232 ff, 1051 ff. Statt dessen Anspr Beider auf sof Verwendg des ErsBetrages zur Wiederherstellg der Sache im Rahmen ordngsmäßiger Wirtsch: I 3, **II** (wo zB an Waldabholzg gedacht). WertErsPfl nicht mit dingl Wirkg abdingb (BayObLG Rpfleger **77**, 251). – **c) Schadensersatz** (sofort) wg pVV des ges SchuldVerh (Einf 1 vor **4** § 1030). Vgl ferner §§ 1051–1054.

1040 *Schatz.* Das Recht des Nießbrauchers erstreckt sich nicht auf den Anteil des Eigentümers an einem Schatze, der in der Sache gefunden wird.

Der Schatz, § 984, ist keine Frucht, auch nicht Bestandt od Zubehör der Sache. **1**

1041 *Erhaltung der Sache.* **Der Nießbraucher hat für die Erhaltung der Sache in ihrem wirtschaftlichen Bestande zu sorgen. Ausbesserungen und Erneuerungen liegen ihm nur insoweit ob, als sie zu der gewöhnlichen Unterhaltung der Sache gehören.**

1 **1)** Die §§ 1041–1047 behandeln **Pflichten** iR des gesetzl Schuldverhältn (Einf 1 vor § 1030). – **a)** Zur **Erhaltung der Sache in ihrem wirtschaftlichen Bestand** (die dem Nießbraucher schlechthin obliegt, § 1036 II) gehört zB bei (selbst gestattetem) Kahlschlag die Wiederaufforstg (BayObLG **72**, 366); zur regelm Neubestockg eines Weinbergs vgl Zweibr OLGZ **84**, 460. ErhaltsPfl nicht mit dingl Wirkg abdingb (BayObLG **77**, 205; aA LG Ulm BWNotZ **77**, 173; LG Augsbg MittBayNot **76**, 139). Doch ist Nießbraucher nicht zum Wiederaufbau zerstörten Hauses verpflichtet (dies auch nicht der Eigtümer, vgl 2 BGH **LM** § 1090 Nr 10). – **b)** Von laufenden **Unterhaltungskosten** trägt er nur die gewöhnl (S 2), da ihm auch nur die gewöhnl Nutzgen gebühren. Vertragsm Erlaß zul. Er hat für die Erhaltg zu sorgen: bei gewöhnl UnterhaltsMaßn dch Vornahme, iü dch Anzeige an den Eigtümer (§ 1042) u Duldg (§ 1044). Zu außergewöhnl UnterhaltsMaßn (zB Dachsanierg nach Ablauf der Lebensdauer; Kblz NJW-RR **95**, 15) ist er nicht verpflichtet (und bei Vereinbg, die auch NießbrInhalt werden kann; BayObLG **85**, 6), aber berechtigt (§§ 1043, 1044, 1049); vom Eigtümer kann er sie nur bei schuldr Verpfl beanspruchen (BGH **113**, 179). Für verschuldete Schäden haftet der Nießbraucher nach §§ 276, 278, 249, wg pVV des ges SchuldVerh (Einf 1 vor § 1030) u aus § 823 I. Vgl auch §§ 1048, 1050.

3 **2)** Nießbraucher einer ideellen GrdstHälfte ist dem Eigtümer der and Hälfte nicht zur Erstattg von Baukosten über § 1041 hinaus verpfl (BGH NJW **66**, 1707).

1042 *Anzeigepflicht des Nießbrauchers.* **Wird die Sache zerstört oder beschädigt oder wird eine außergewöhnliche Ausbesserung oder Erneuerung der Sache oder eine Vorkehrung zum Schutze der Sache gegen eine nicht vorhergesehene Gefahr erforderlich, so hat der Nießbraucher dem Eigentümer unverzüglich Anzeige zu machen. Das gleiche gilt, wenn sich ein Dritter ein Recht an der Sache anmaßt.**

1 **1)** Vgl § 1041 Rn 1. Ähnl § 545. AnzeigePfl (§ 121) entfällt nicht, wenn der Nießbraucher selbst erneuert od selbständig gg Dritte vorgeht, §§ 1036 I, 1065. SchadErs bei schuldh Verletzg der AnzeigePfl wg pVV des ges SchuldVerh. Eigtümer ist beweispfl für die Voraussetzgen der AnzeigePfl u seinen Schaden; Nießbraucher für die gehörige Absendg der Anzeige od sein Unverschulden.

2 **2)** Von dem Dritten können Eigtümer u Nießbraucher selbständig SchadErs beanspruchen; s dazu Anm zu § 1065. Über die Entschädigg für eine Enteigng vgl EG 52, 53, 109.

3 **3)** Anmaßg eines Rechts wörtl od dch Handlgen. Abwehrklage, § 1004, für Eigtümer u Nießbraucher; sow die Anmaßg beide zugleich berührt, können sie, müssen aber nicht zugleich klagen; tun sie es: notw Streitgenossen nach ZPO 62 I 1. Fall.

1043 *Ausbesserung oder Erneuerung.* **Nimmt der Nießbraucher eines Grundstücks eine erforderlich gewordene außergewöhnliche Ausbesserung oder Erneuerung selbst vor, so darf er zu diesem Zwecke innerhalb der Grenzen einer ordnungsmäßigen Wirtschaft auch Bestandteile des Grundstücks verwenden, die nicht zu den ihm gebührenden Früchten gehören.**

1 Vgl § 1041 Rn 1. Nur soweit der Nießbraucher nach § 1049 Ersatz beanspruchen könnte, darf er statt dessen Bestandteile verwenden, die nicht Früchte sind od im Übermaß gezogen waren. Ebso bei gewöhnl Ausbessergen, wenn ihm diese vertragsm entgg § 1041 S 2 nicht zur Last fallen. Nießbraucher kann also entw nach § 1043 verfahren od eigene Aufwendgen machen u nach § 1049 vorgehen.

1044 *Duldung von Ausbesserungen.* **Nimmt der Nießbraucher eine erforderlich gewordene Ausbesserung oder Erneuerung der Sache nicht selbst vor, so hat er dem Eigentümer die Vornahme und, wenn ein Grundstück Gegenstand des Nießbrauchs ist, die Verwendung der im § 1043 bezeichneten Bestandteile des Grundstücks zu gestatten.**

1 Vgl § 1041 Rn 1 u § 1043 Rn 1. § 1044 gilt für gewöhnl u außergewöhnl Ausbessergen. Kein BesichtiggsR des Eigtümers, ob ReparaturBedürfn besteht (LG Fulda NJW-RR **89**, 777); and zur Vorbereitg notw Reparatur. VornahmeR des Nießbrauchers gibt dem des Eigtümers vor. Vornahme ohne NießbraucherZust ist verbotene Eigenm, § 858. ZwVollstr des Eigtümers gg den Nießbraucher nach ZPO 890, 892; schuldh Weigerg macht schadenersatzpfl. Nutzgsminderg dch Verwendg von Bestandteilen (§ 1043) muß Nießbraucher dulden, wenn Grenzen ordngsm Wirtsch nicht überschritten werden.

1045 *Versicherungspflicht des Nießbrauchers.* **¹ Der Nießbraucher hat die Sache für die Dauer des Nießbrauchs gegen Brandschaden und sonstige Unfälle auf seine Kosten unter Versicherung zu bringen, wenn die Versicherung einer ordnungsmäßigen Wirtschaft entspricht. Die Versicherung ist so zu nehmen, daß die Forderung gegen den Versicherer dem Eigentümer zusteht.**

II Ist die Sache bereits versichert, so fallen die für die Versicherung zu leistenden Zahlungen dem Nießbraucher für die Dauer des Nießbrauchs zur Last, soweit er zur Versicherung verpflichtet sein würde.

Die ErhaltgsPfl (§ 1041 S 1) gebietet dem Nießbraucher die Versicherg – nicht HaftPflVers – im Rahmen 1 ordngsmäßiger Wirtsch. Also nach Lage des einzelnen Falles, insb auch Ortsüblichk. Durch Versicherg für fremde Rechng, VVG 74ff mit § 1046. Zum vollen Wert der Sache ohne Abzug des Nießbr, vgl § 1046. Unterlassg begründet Anspr auf SchadErs, Übern der vom Eigtümer abgeschlossenen Versicherg u Erstattg der Kosten. Bei bestehender Versicherg haftet Nießbraucher dem Eigtümer (nicht dem Versicherer) für die Kosten, **II.** Über Hagelversicherg vgl VVG 115. Str, ob auch wg der stehden Früchte Fremdversicherg od EigVersicherg; letzteres nur, wenn man bei Tod des Nießbrauchers vor Ernte gem VVG 115 Eintritt des Eigtümers in den Vertrag annimmt, was RG **161**, 86 wohl zu Recht ablehnt.

1046 *Nießbrauch an der Versicherungsforderung.* I An der Forderung gegen den Versicherer steht dem Nießbraucher der Nießbrauch nach den Vorschriften zu, die für den Nießbrauch an einer auf Zinsen ausstehenden Forderung gelten.

II Tritt ein unter die Versicherung fallender Schaden ein, so kann sowohl der Eigentümer als der Nießbraucher verlangen, daß die Versicherungssumme zur Wiederherstellung der Sache oder zur Beschaffung eines Ersatzes insoweit verwendet wird, als es einer ordnungsmäßigen Wirtschaft entspricht. Der Eigentümer kann die Verwendung selbst besorgen oder dem Nießbraucher überlassen.

Erstreckg des Nießbr auf die beim VersFall entstandene EntschädiggsFdg (dingl Surrogation), um Nieß- 1 braucher u Eigtümer gleichermaßen zu schützen. Gilt für bestehde u neu abgeschlossene Versichergen im Rahmen des § 1045. Nach Maßg der §§ 1070–1072, 1076–1079 mit 1046 II. Wird die Wiederherstellg verlangt, geht das Recht des Eigtümers vor; anders § 1044 Anm 1; § 1079 S 2. Im Verhältn zum Versicherer gelten §§ 1070 I, 406ff; sinngem Anwendg des § 1128 II wird überw abgelehnt.

1047 *Lastentragung.* Der Nießbraucher ist dem Eigentümer gegenüber verpflichtet, für die Dauer des Nießbrauchs die auf der Sache ruhenden öffentlichen Lasten mit Ausschluß der außerordentlichen Lasten, die als auf den Stammwert der Sache gelegt anzusehen sind, sowie diejenigen privatrechtlichen Lasten zu tragen, welche schon zur Zeit der Bestellung des Nießbrauchs auf der Sache ruhten, insbesondere die Zinsen der Hypothekenforderungen und Grundschulden sowie die auf Grund einer Rentenschuld zu entrichtenden Leistungen.

1) Allgemeines. Regelm soll dem Nießbraucher nur der Reinertrag gebühren. Deshalb hat er die **Lasten** 1 zu tragen, deren Entrichtg aus den Erträgen der Sache erwartet werden darf (RG **153**, 32). Ebso die Betriebs- u Fruchtgewinnungskosten. Auch wenn die Lasten die Erträge übersteigen (RG **153**, 35); der Nießbraucher kann nicht die Erträge guter Jahre behalten, die Fehlbeträge schlechter Jahre auf den Eigtümer abwälzen. Er muß dann im ganzen auf den Nießbr verzichten. Für Nießbr am Vermögen vgl § 1088.

2) § 1047 gilt nur für das Innenverhältnis zw Eigtümer u Nießbraucher. Der Eigtümer kann die Befrei- 2 ung von den Lasten verlangen. Verteilg nach Beendigg des Nießbr nach § 103. Dem Gläub haftet der Nießbraucher regelm nicht persönl (BGH WM **65**, 479); Ausn § 1088. Bei öff Lasten kommt es auf die dafür gegebenen Vorschr an. Zahlg der Lasten durch den Nießbraucher tilgt die Fdg. Kein Übergang der Fdg auf den Nießbraucher, Abtretg an ihn mögl, doch wertlos, da Eigtümer gg Nießbraucher Einwendg der BefreiungsPfl hat (RG **100**, 157).

3) Öffentliche Lasten, Begriff: Einl 18 vor § 854. Auch wenn erst nach NießbrBestell entstanden. 3 Kosten der ZwVerwaltg sind nicht öff Lasten (Köln NJW **57**, 1770 abl Anm Dempewolf).

a) Zu tragen hat sie der Nießbraucher, insb die auf den wirtschaftl Ertrag der Sache gelegten, zB 4 Grund-, Gewerbesteuer. Aber nur die auf der Sache ruhenden. Daher nicht die VermSteuer, die eine persönl des Eigtümers ist (Karlsr NJW-RR **89**, 13); anders bei VermNießbr (§ 1088 III).

b) Ausnahmen. Eigtümer trägt von den Lasten, die auf den Stammwert gelegt sind (dh die nicht aus 5 den Erträgen, sond aus der Substanz zu leisten sind; BGH NJW **56**, 1070), die außerordentl, dh die nicht ständig wiederkehrenden, zB Erschließungsbeiträge, Flurbereinigsbeiträge (vgl OVG Lüneb RdL **59**, 332). Zur Frage, nach welchen GrdSätzen der Nießbraucher „angemessen" an den Beiträgen des Eigtümers (FlurBerG 19, 69) zu beteiligen ist, vgl BVerwG MDR **70**, 355.

4) Privatrechtliche Lasten. a) Das sind **Zinsen von Grundpfandrechten** (BayObLG Rpfleger **88**, 6 523), mangels abw Vereinbg einschl HöchstBetrHyp (MüKo/Petzoldt Rn 20; hM); wg EigtümerGrdPfdR vgl § 1197 Rn 2. Die einzelnen Leistgen von Reallasten u Rentenschulden; Überbau- u Notwegrenten; Leistgen nach § 1022. **Nicht** hierunter fallen: Tilggsbeträge (Düss OLGZ **75**, 341), Verzugszinsen für verspätete Kapitalzahlgen; Zinsen für vorgemerkte od dch Pfand gesicherte Fdg.

b) Der Nießbraucher hat alle zZ der Bestellg bestehenden privatrechtl Lasten zu tragen; dies auch, wenn 7 „unentgeltl Nießbr" bewilligt u eingetr (BGH NJW **74**, 641). Zinsen von GesHyp nur soweit, als sie sonst dem Eigtümer die mit dem Nießbr belasteten Grdst zur Last fallen; fehlt es an einer internen Regelg, muß er sie ganz tragen (Soergel/Stürner Rn 9). Für eigene Hyp usw kann der Nießbraucher keine Zinsen beanspruchen, auch nicht bei Entzieh der Verw nach § 1052 (RG **141**, 225). Nachträgl aufgenommene od erweiterte Belastgen erhöhen die Haftg des Nießbrauchers regelm nicht; doch wird für eine wirtschaftl gebotene Zinserhöhg eine Ausn zu machen sein (MüKo/Petzoldt Rn 18; RGRK/Rothe Rn 12), zT wird der Gedanke des § 1119 angewendet (Soergel/Stürner Rn 9). Beim SichgNehmer wird vielf auch stillschw vereinb sein, daß der Eigtümer die Nutzgen übersteigden Lasten zu tragen hat (vgl RG Gruch **57**, 631).

8   **5) Abweichende Vereinbarung** zul, u zwar, da Verpflichtg aus § 1047 zum Inhalt des Nießbr gehört (RG **143**, 234), bei Eintr auch mit dingl Wirkg; die Einschränkg Einf 1 vor § 1030 gilt auch hier.

1048   *Nießbrauch an Grundstück mit Inventar.* [I] Ist ein Grundstück samt Inventar Gegenstand des Nießbrauchs, so kann der Nießbraucher über die einzelnen Stücke des Inventars innerhalb der Grenzen einer ordnungsmäßigen Wirtschaft verfügen. Er hat für den gewöhnlichen Abgang sowie für die nach den Regeln einer ordnungsmäßigen Wirtschaft ausscheidenden Stücke Ersatz zu beschaffen; die von ihm angeschafften Stücke werden mit der Einverleibung in das Inventar Eigentum desjenigen, welchem das Inventar gehört.

[II] Übernimmt der Nießbraucher das Inventar zum Schätzwert mit der Verpflichtung, es bei der Beendigung des Nießbrauchs zum Schätzwert zurückzugewähren, so finden die Vorschriften des § 582a entsprechende Anwendung.

1   **1)** Das Inventar ist nicht Eigt des Nießbrauchers. Er darf darüber aber in den Grenzen ordngsmäßiger Wirtsch **verfügen, I 1.** Auch bei Überschreitg der VfgsMacht ist die Vfg dann gutgl Erwerber ggü wirks, wenn sie ihrem Inhalt nach innerh der Grenzen einer ordngsm Wirtsch liegen kann (Celle JW **38**, 49; Westermann § 121 III 3; str). Verpflichtg zur Ersatzbeschaffg entspr § 1041 S 1. – **I 2:** Der InventarEigtümer erwirbt das **Eigentum an den Ersatzstücken** kraft G, wenn Nießbraucher Eigt erworben hatte, u zwar in Sonderform des EigtErwerbs dch Einverleibg (Herstellg räuml Verhältn) od bei späterem EigtErwerb. Aber nur, soweit der Nießbraucher zur Anschaffg verpflichtet war (Stgt HRR **32**, 1049).

2   **2)** Entspr Anwendg auf Nießbr an Sachinbegriff wie zB Unternehmen (BGH **LM** § 930 Nr 12), wenn nicht § 1067 Platz greift.

1049   *Ersatz von Verwendungen.* [I] Macht der Nießbraucher Verwendungen auf die Sache, zu denen er nicht verpflichtet ist, so bestimmt sich die Ersatzpflicht des Eigentümers nach den Vorschriften über die Geschäftsführung ohne Auftrag.

[II] Der Nießbraucher ist berechtigt, eine Einrichtung, mit der er die Sache versehen hat, wegzunehmen.

1   **1)** Die §§ 994ff gelten für die Dauer des Nießbr nicht. Für Aufwendgen nach §§ 1041, 1047, 1048 kann der Nießbraucher keinen Ersatz verlangen; er hat dann auch kein WegnR. Für andere Verwendgen (vgl RG **152**, 101) kann er: – **a)** Ersatz verlangen nach § 677ff (insb §§ 679, 683); nur vom Eigtümer zZ der Verwendg (RG HRR **37**, 1444 u hM; aA Staud/Frank Rn 8: § 999 entspr). – **b)** Ersatz verlangen nach §§ 684, 812ff; auch vom späteren Eigtümer (§ 822; hM). – **c)** Statt Ersatz nach §§ 677ff, 684 zu verlangen, die Einrichtg wegnehmen (**II**; vgl § 258); auch wenn sie wesentl Bestandt, was sie wg § 95 idR nicht ist (RG **106**, 49).

2   **2)** Verjährg: § 1057. Wegen der ErsAnspr hat Nießbr ZbR (§ 273 II) u AbsondergsR (KO 49 I Nr 3). Verzinsg lehnt hM ab (Soergel/Stürner Rn 1; aA RGRK/Rothe Rn 2); maßg wohl, ob Nießbrauch gg Vergütg (Staud/Frank Rn 10; vgl § 256 S 2).

1050   *Abnutzung.* Veränderungen oder Verschlechterungen der Sache, welche durch die ordnungsmäßige Ausübung des Nießbrauchs herbeigeführt werden, hat der Nießbraucher nicht zu vertreten.

1   Vgl § 1041. Ähnl § 548. Vgl auch § 1057 u Anm. Für Nießbr an HandelsGesch nach LG Mannh (BB **60**, 1147) insow nicht anwendb, als die für Instandhaltg nöt Investitionsmittel aus dem BetriebsVerm genommen w (bestr, vgl Hassel RhNK **68**, 170 Fußn 4).

1051   *Sicherheitsleistung.* Wird durch das Verhalten des Nießbrauchers die Besorgnis einer erheblichen Verletzung der Rechte des Eigentümers begründet, so kann der Eigentümer Sicherheitsleistung verlangen.

1   Verschulden wird nicht vorausgesetzt. Gefährdg durch Dritten, dem die Ausübg des Nießbr überlassen ist, genügt; leistgspflichtig ist aber nur der Nießbraucher. SicherhLeisten nach §§ 232ff. § 1011 entspr anwendb. Anordng einer Verw § 1052. Maßn bei eingetretener RVerletzg §§ 1053, 1054; §§ 284ff anwendb (vgl E. Schwerdtner, Verz im SR 183). Mit dingl Wirkg abdingb, dies ist im GB eintragb (BayObLG Rpfleger **77**, 251).

1052   *Gerichtliche Verwaltung mangels Sicherheitsleistung.* [I] Ist der Nießbraucher zur Sicherheitsleistung rechtskräftig verurteilt, so kann der Eigentümer statt der Sicherheitsleistung verlangen, daß die Ausübung des Nießbrauchs für Rechnung des Nießbrauchers einem von dem Gerichte zu bestellenden Verwalter übertragen wird. Die Anordnung der Verwaltung ist nur zulässig, wenn dem Nießbraucher auf Antrag des Eigentümers von dem Gericht eine Frist zur Sicherheitsleistung bestimmt worden und die Frist verstrichen ist; sie ist unzulässig, wenn die Sicherheit vor dem Ablaufe der Frist geleistet wird.

[II] Der Verwalter steht unter der Aufsicht des Gerichts wie ein für die Zwangsverwaltung eines Grundstücks bestellter Verwalter. Verwalter kann auch der Eigentümer sein.

[III] Die Verwaltung ist aufzuheben, wenn die Sicherheit nachträglich geleistet wird.

1) Der Eigtümer kann die **Sicherheitsleistung** dch ZwVollstr erzwingen. **1**

2) Statt dessen kann er beim VollstrGer (ZPO 764) die Anordg einer **Verwaltung** beantragen. Voraus- **2** setzgen: Rechtskr u fruchtloser Ablauf der Frist, vgl ZPO 255 II. Vgl auch § 1070 II. Die Anordg ist nicht eintraggsfäh. Für den Verwalter gelten ZVG 153, 154 entspr. Er ist Partei kr Amtes, arg: § 1052 II 1. Der Nießbraucher kann die Verw abwenden durch Leistg der Sicherh; im Einvernehmen mit dem Eigtümer auch durch Bestellg eines Bevollmächtigten zur Verw. – Anordg der vorläuf Verw dch einstw Vfg vor Verurteilg zur SicherhLeistg zul (Celle HRR **34**, 1683).

1053 *Unterlassungsklage bei unbefugtem Gebrauch.* **Macht der Nießbraucher einen Gebrauch von der Sache, zu dem er nicht befugt ist, und setzt er den Gebrauch ungeachtet einer Abmahnung des Eigentümers fort, so kann der Eigentümer auf Unterlassung klagen.**

Einschränkg des § 1004. Abmahng u Fortsetzg des unbefugten Gebrauchs sind unentbehrl Voraussetzgen. **1** Ähnl § 550. Über Verhältn zu § 1004 vgl Medicus SchlHA **63**, 34. Die Klage kann auch gg den Ausübungsberechtigten (§ 1059 S 2) gerichtet werden.

1054 *Gerichtliche Verwaltung wegen Pflichtverletzung.* **Verletzt der Nießbraucher die Rechte des Eigentümers in erheblichem Maße und setzt er das verletzende Verhalten ungeachtet einer Abmahnung des Eigentümers fort, so kann der Eigentümer die Anordnung einer Verwaltung nach § 1052 verlangen.**

Verschulden wird nicht vorausgesetzt. SicherhLeistg befreit hier nicht, wie bei Besorgn erhebl Verletzg. **1** Der Eigtümer muß auf Duldg der Verw klagen. Vgl im übrigen § 1052 Rn 1.

1055 *Rückgabepflicht des Nießbrauchers.* **I Der Nießbraucher ist verpflichtet, die Sache nach der Beendigung des Nießbrauchs dem Eigentümer zurückzugeben.**

II Bei dem Nießbrauch an einem landwirtschaftlichen Grundstück finden die Vorschriften des § 596 Abs. 1 und des § 596a, bei dem Nießbrauch an einem Landgut finden die Vorschriften des § 596 Abs. 1 und der §§ 596a, 596b entsprechende Anwendung.

1) I. Der hier behandelte Anspr auf Rückg beruht auf dem gesetzl SchuldVerh, Einf 1 vor § 1030. Daneben **1** besteht der Anspr gg den Besitzer nach §§ 985ff. Berechtigt ist derjenige, der zZ der Beendigg des Nießbr Eigtümer ist. Rückg in dem Zustande, in dem sich die Sache bei ordnsgmäß Wirtsch befinden müßte; vgl §§ 1036 II, 1050. § 591 gilt für jeden Nießbr entspr. Beweispflichtig für diesen Zustand ist der Eigtümer; vgl § 1034 S 2. Bei verschuldetem Unvermögen ist der Nießbraucher schadenersatzpfl (§§ 275ff); §§ 989ff greifen nicht ein, da Nießbr nicht rechtloser Besitzer war. Wg Beschädigg nach Ende des BesRechts vgl Vorbem 8 vor § 987. Vgl ferner §§ 101, 103, 1056. Kein Anspr auf Rechngslegg (Naumbg JW **30**, 278).

2) Zu II vgl die Anm zu §§ 596–596b. § 1067 gilt für die in § 596b behandelten landwirtschaftl Erzeugnisse **2** nicht.

3) Zur Divergenz zw Eigtümer u Besteller vgl § 1065 Rn 6. **3**

1056 *Miet- und Pachtverhältnisse bei Beendigung des Nießbrauchs.* **I Hat der Nießbraucher ein Grundstück über die Dauer des Nießbrauchs hinaus vermietet oder verpachtet, so finden nach der Beendigung des Nießbrauchs die für den Fall der Veräußerung geltenden Vorschriften der §§ 571, 572, des § 573 Satz 1 und der §§ 574 bis 576, 579 entsprechende Anwendung.**

II Der Eigentümer ist berechtigt, das Miet- oder Pachtverhältnis unter Einhaltung der gesetzlichen Kündigungsfrist zu kündigen. Verzichtet der Nießbraucher auf den Nießbrauch, so ist die Kündigung erst von der Zeit an zulässig, zu welcher der Nießbrauch ohne den Verzicht erlöschen würde.

III Der Mieter oder der Pächter ist berechtigt, den Eigentümer unter Bestimmung einer angemessenen Frist zur Erklärung darüber aufzufordern, ob er von dem Kündigungsrechte Gebrauch mache. Die Kündigung kann nur bis zum Ablaufe der Frist erfolgen.

1) Nach NießbrEnde (auch gem § 1061) würden die mit Nießbraucher geschlossenen Miet- u Pachtverträ- **1** ge ggü dem Eigtümer nicht mehr zum Besitz (§ 986) berechtigen, obwohl Miet/PachtVertr dch NießbrEnde nicht erlischt (BGH NJW **90**, 443). § 1056 (entspr § 2135; vgl auch ErbbRVO 30; ZVG 57a S 2) bestimmt für Grdst, die dem Mieter bereits überlassen worden sind (vgl § 571 I) 2 Ausnahmen – **a)** Das **Miet-/ Pachtverhältnis** endet vor VertrEnde nur, wenn der Eigtümer mit gesetzl Frist (**II S 1**), nicht notwend zum erstzul Termin, aber innerh einer vom Mieter gesetzten Frist (**III**) kündigt. Gilt nach AG Stgt ZMR **73**, 152 auch für MietVerh auf best Zt; WoRKSchG anwendb. Kein KündR, wenn Eigtümer selbst aus dem MietVertr verpfl ist (BGH **109**, 111; LG Stgt NJW-RR **89**, 1171). – Sonst gelten die Vorschr über die Veräußerg des Grdst entspr. Dies gilt auch für den Ersteher, wenn der Nießbr durch Zuschlag erlischt; bleibt er bestehen, so auch die vom Nießbraucher abgeschl Miet- u PachtVertr (ZVG 57ff dann nicht anwendb, Staud/Frank Rn 25). Über Verhältn des Mieters zum Nießbraucher nach Künd vgl § 541.

b) Ein **Verzicht** des Nießbrauchers beeinträchtigt den Mieter nicht, **II S 2.** Erlischt der Nießbr gem § 875, **2** so verliert der Zessionar die ihm vom Nießbraucher abgetr künft MietzinsAnspr jenseits des dch § 573, 1 bestimmten ZtRaumes; Eigtümer ist dch Einziehg der nun in seiner Pers entstehden Fdgen auch nicht auf Kosten des Zessionars ungerechtf bereichert (BGH **53**, 174).

3 **2)** Eigtümer, der dem MietVertr beigetreten war, bleibt an ihn gebunden (Staud/Frank Rn 21).

4 **3)** Keine erweiternde Anwendg der AusnVorschr, etwa wenn NießbrBestellg nichtig od nur schuldrechtl Anspr darauf besteht (Köln NJW **68**, 2148).

1057 *Verjährung der Ersatzansprüche.* Die Ersatzansprüche des Eigentümers wegen Veränderungen oder Verschlechterungen der Sache sowie die Ansprüche des Nießbrauchers auf Ersatz von Verwendungen oder auf Gestattung der Wegnahme einer Einrichtung verjähren in sechs Monaten. Die Vorschriften des § 558 Abs. 2, 3 finden entsprechende Anwendung.

1 Nur die ErsAnspr des Eigtümers wg Verändergen od Verschlechtergen; nicht wg Unmöglichk der Rückg (RG Warn **08**, 320). Gleichviel, ob sie auf der Verletzg des gesetzl SchuldVerh od auf unerl Hdlg beruhen. Anspr des Nießbrauchers vgl § 1049 Rn 1. Vgl Anm zu § 558. Ebenso § 1226. Die ab Veränderg od Verwendg laufende (§ 198 S 1) ordentl Verj wird durch § 1057 ausgeschl. § 902 I 1 nicht anwendb (§ 902 I 2).

1058 *Guter Glaube des Nießbrauchers.* Im Verhältnis zwischen dem Nießbraucher und dem Eigentümer gilt zugunsten des Nießbrauchers der Besteller als Eigentümer, es sei denn, daß der Nießbraucher weiß, daß der Besteller nicht Eigentümer ist.

1 **1)** Im Gegensatz zum PfandR (Pfandgläub-Verpfänder) knüpft das G hier das gesetzl Schuldverhältn zw Nießbraucher u Eigtümer des NießbrObjektes. Dieser muß nicht mit dem Besteller (mit dem der Nießbraucher jedenf dch das rechtswirks Grundverhältn verknüpft ist) ident sein: So bei wirks (gutgläub) Bestellg dch Nichtberecht; so wenn der Besteller währd des Nießbr seine belastete Sache veräußert. Im ersten Fall schützen den Nießbraucher §§ 1032, 892. Darüber hinaus erstreckt § 1058 den Schutz des gutgläub Nießbrauchers auf das gesetzl Schuldverhältn (Einf 1 vor § 1030) dch **unwiderlegbare Vermutung.** Der Eigtümer muß Rechtshandlgen des Bestellers u Leistgen an diesen gg sich gelten lassen, so Rückgabe, Ers der Übermaßfrüchte; er muß Verwendgen ersetzen, doch entscheidet für sie Wille u Interesse des Bestellers (§§ 1049 I, 683. Ist Nießbraucher bei Rechtshängigk gutgläub iS des § 1058, muß der Eigtümer das Urteil im Rechtsstreit zw Nießbraucher u Besteller auch gg sich gelten lassen. Zu Leistgen wird er aber durch Verträge des Bestellers od gg diesen ergangene Urteile nicht verpflichtet. Der Eigtümer ist auf die §§ 816 u 823 ff beschränkt.

2 **2)** Der Nießbraucher ist **bösgläubig** nur bei Kenntnis zZ der RechtsHdlg od der Rechtshängigk. Grobe Fahrl (anders § 932 II) od Eintr im GB (anders § 892 I) genügen hier nicht, wenn der Nießbraucher den Nießbr wirks erworben hat.

3 **3)** Für den **Besteller** gelten nur die Vermutgen der §§ 891, 1006 III, nicht § 1058.

1059 *Unübertragbarkeit; Überlassung der Ausübung.* Der Nießbrauch ist nicht übertragbar. Die Ausübung des Nießbrauchs kann einem anderen überlassen werden.

1 **1)** Der Nießbr entzieht dem Eigtümer das NutzgsR u entwertet daher wirtschaftl das Eigt. Deshalb bestimmt das G wenigstens eine zeitl Begrenzg. Daher kann der Nießbr **seinem Bestande nach nicht übertragen (S 1),** vererbt (§ 1061), belastet (§§ 1069 II, 1274 II) od gepfändet (ZPO 851 I, 857 I) werden. Überlassg der Ausübg (S 2) u entspr Pfändbark (vgl Rn 6) bedeutet einen komplizierten Ausweg. – **Ausnahme** (Übertragbark): §§ 1059a ff. – Der Anspr auf Bestellg des Nießbr ist grdsätzl (vgl § 1059e) unübertragb u unvererbl. Aber mögl, für Dritte, auch Erben, Anspr auf Bestellg neuen Nießbr zu begründen u durch Vormkg zu sichern (LG Traunst NJW **62**, 2207; vgl auch § 1090 Rn 8, § 1092 Rn 2).

2) Überlassung der Ausübung (S 2).

2 **a)** Ohne bes Gestattg; anders § 1092. Überlassg im ganzen od bzgl einzelner Nutzgen. Durch formlosen Vertr. „Abtretg" ist regelm in Überlassg der Ausübg umzudeuten (RG JW **10**, 801); nicht aber Verpachtg des NießbrGrdst (BGH **109**, 111; vgl aber Celle MDR **52**, 744) od Aufn des Eheg (BGH NJW **93**, 3326). Der AusübgsBerecht genießt als unmittelb Besitzer BesSchutz nach §§ 858 ff, ggü dem Eigtümer hilft ihm § 986. Das AusübgsR ist vererbl; ob übertragb, richtet sich nach der Ermächtigg, §§ 399, 413. AusübgsR endet mit Erlöschen des Nießbr (BGH **109**, 111).

3 **b)** Die Überlassg ist schuldrechtl Natur (BGH **55**, 111) u keine eintraggsfäh Änderg des RInhalts (KG JFG **1**, 411). Fruchterwerb also nach § 956 II, 957. Der Erwerber des AusübgsR übt daher die aus dem Nießbr fließden (für ihn fremden) Rechte im Namen des Nießbrauchers als Rechtsinhabers, aber für eigene Rechng aus (vgl RG **101**, 7). Über die schuldrechtl Verpfl zur Überlassg hinaus kann der Nießbraucher dem Erwerber einzelne Ansprüche aus dem Nießbr (zB Miet-, Pachtzinsfordergen) mit dingl Wirkg übertragen; dies liegt in jenem nicht von selbst beschlossen (RG aaO), doch wird der Nießbraucher aGrd des KausalVertr meist dazu verpflichtet sein. Insow macht der Erwerber diese EinzelAnspr im eigenen Namen u für eigene Rechng geltend. Aber selbst bei einer solchen Übertr bleibt der Nießbraucher Inh des StammR u behält seine VfgsBefugnis (soweit eine solche besteht, Rn 1). Daher erlöschen mit Verzicht des Nießbrauchers auf den Nießbr alle Rechte des AusübgsErwerbers ebso wie beim sonstigen Erlöschen des Nießbr; Zust des Ausübgsberechtigten zur AufgabeErkl nicht notw, dieser ist dann auf seine persönl Ansprüche gg den Nießbraucher beschränkt. Vgl aber § 1056 II 2. Verzichtet Nießbraucher gg Rentenzahlg auf Ausübg des R, das nahezu sein ganzes Verm, ist § 419 nicht anwendb (BGH **55**, 111; Schricker JZ **71**, 502).

4 **c)** Das gesetzl Schuldverhältn besteht nach wie vor zw Nießbraucher u Eigtümer. Diesem haftet daher hieraus nur jener, nicht der AusübgsBerecht, der insow Erfüllungsgehilfe (§ 278) des Nießbrauchers ist. Unmittelb Anspr des Eigtümers gg den AusübgsBerecht gem §§ 823 ff. 1004, allerd nur gem § 1053.

5 **d)** Ausschl der ÜberlassgsBefugn mit dingl Wirkg dch Einigg u Eintr abdingb (BGH **95**, 99).

3) Pfändung des Nießbr, auch im Falle des § 1059a, nur nach Maßg ZPO 857 III. Der Nießbr als solcher 6 (StammR) ist unpfändb (arg § 1059b; KG JFG **16**, 332; Ffm NJW **61**, 1928; Strutz Rpfleger **68**, 145; aA BGH **62**, 133; Köln NJW **62**, 1621; Brem NJW **69**, 2147; Stöber Rn 1710); pfändb ist aber das **Recht auf Ausübung** des Nießbr. ZPO 851 II anwendb (BGH **95**, 99). Der PfändsGläub ist berecht, den Nießbr auszuüben, aber verpflichtet, die Lasten zu tragen (RG **56**, 390). Die Pfändg des AusübgsR ist (wie dessen Verpfändg, KGJ **40**, 254) nach der hier vertretenen u bish hM im GB **nicht eintragbar** (KGJ **48**, 212; Schlesw SchlHA **56**, 202), da AusübgsR dem SchuldR angehört u da durch Pfänd der Nießbraucher nur gehindert w, die Ausübg einem anderen zu übertragen, aber nicht daran, über den Nießbr (soweit überh mögl, Rn 1) zu verfügen (and die GgMeing, die – ihrers folgerit – die Pfänd als VfgsBeschrkg eintragb sein läßt: RG **74**, 85; Köln NJW **62**, 1621; Stöber Rn 1714). Nach dem hier vertretenen Standpunkt kann Nießbraucher trotz Pfänd auf Nießbr verzichten (ihn aufheben, § 875); denn er kann dies bei Überlassg der Ausübg, Anm 2; PfdGläub hat aber keine stärkere RStellg als ein AusübgsBerechtigter (KG JFG **16**, 332). Zust des PfändgsPfdGl also nicht erforderl (Mü JFG **14**, 343; Ffm NJW **61**, 1928; aM Brem NJW **69**, 2147; Köln NJW **62**, 1621; BGH **62**, 133 [keine Eintr der NießbrPfänd im GB erforderl u dennoch Aufhebg nur unter Zust des Gl]). Der Gläub kann sich dingl nur sichern, indem er außer dem Nießbr die einzelnen Anspr auf die Früchte pfänden läßt; nach KG JFG **16**, 336 soll er dem Nießbraucher durch einstw Vfg die Aufhebg verbieten lassen dürfen; abl zu Recht Stöber Rn 1714 Fußn 13. – Verwertg des PfändgsPfdR nach ZPO 857 IV, 844, insb durch Verw (vgl dazu LG Lüb Rpfleger **93**, 360).

4) Im Konkurs des Nießbrauchers Ausübg des der Substanz nach nicht in die Masse fallenden Nießbr 7 durch KonkVerw. Verzicht des GemSchuldn auf Nießbr aber wirks (aA MüKo/Petzoldt Rn 13; Ffm NJW-RR **91**, 445). Vgl auch RG DJZ **16**, 813. Das GrdVerh eines entgeltl Nießbr unterfällt KO 17.

1059 a *Übertragbarkeit bei juristischer Person.* Steht ein Nießbrauch einer juristischen Person zu, so ist er nach Maßgabe der folgenden Vorschriften übertragbar:

1. Geht das Vermögen der juristischen Person auf dem Wege der Gesamtrechtsnachfolge auf einen anderen über, so geht auch der Nießbrauch auf den Rechtsnachfolger über, es sei denn, daß der Übergang ausdrücklich ausgeschlossen ist.
2. Wird sonst ein von einer juristischen Person betriebenes Unternehmen oder ein Teil eines solchen Unternehmens auf einen anderen übertragen, so kann auf den Erwerber auch ein Nießbrauch übertragen werden, sofern er den Zwecken des Unternehmens oder des Teiles des Unternehmens zu dienen geeignet ist. Ob diese Voraussetzungen gegeben sind, wird durch eine Erklärung der obersten Landesbehörde oder der von ihr ermächtigten Behörde festgestellt. Die Erklärung bindet die Gerichte und die Verwaltungsbehörden.

1059 b *Unpfändbarkeit.* Ein Nießbrauch kann auf Grund der Vorschriften des § 1059a weder gepfändet noch verpfändet noch mit einem Nießbrauch belastet werden.

1059 c *Übergang oder Übertragung des Nießbrauchs.* [I] Im Falle des Übergangs oder der Übertragung des Nießbrauchs tritt der Erwerber an Stelle des bisherigen Berechtigten in die mit dem Nießbrauch verbundenen Rechte und Verpflichtungen gegenüber dem Eigentümer ein. Sind in Ansehung dieser Rechte und Verpflichtungen Vereinbarungen zwischen dem Eigentümer und dem Berechtigten getroffen worden, so wirken sie auch für und gegen den Erwerber.

[II] Durch den Übergang oder die Übertragung des Nießbrauchs wird ein Anspruch auf Entschädigung weder für den Eigentümer noch für sonstige dinglich Berechtigte begründet.

1059 d *Miet- und Pachtverhältnisse bei Übertragung des Nießbrauchs.* Hat der bisherige Berechtigte das mit dem Nießbrauch belastete Grundstück über die Dauer des Nießbrauchs hinaus vermietet oder verpachtet, so sind nach der Übertragung des Nießbrauchs die für den Fall der Veräußerung geltenden Vorschriften der §§ 571 bis 576, 578 und 579 entsprechend anzuwenden.

1059 e *Anspruch auf Einräumung des Nießbrauchs.* Steht ein Anspruch auf Einräumung eines Nießbrauchs einer juristischen Person zu, so gelten die Vorschriften der §§ 1059a bis 1059d entsprechend.

1) §§ 1059a–e gelten für jur Personen des öff u des PrivatR, auch für solche in Liquidation. Auch für 1 OHG u KG (BGH **50**, 307 für den Fall der Anwachsg des GesVerm auf den das Gesch allein übernehmden Gter; Düss MittBayNot **76**, 215). Bei Umwandlg einer OHG in BGBGesellsch bleiben die Gter Berecht (RG **155**, 86). Über NachfKlausel im GB: Düss MittBayNot **76**, 215 (zul); LG Bchm Rpfleger **75**, 433 u AG Mannh BWNotZ **77**, 26 (unzul).

2) Zu § 1059a Nr 1: GesRNachfolge: zB §§ 46, 88; AktG 339ff; GenG 93a ff (BayObLG Rpfleger **83**, 2 391); HGB 142; nicht bei bloßer Übertr des Aktiv- u Passivvermögens (dann aber Nr 2).

3) Zu § 1059a Nr 2: Feststellg dch LGPräs ([*Bln Hbg:* AGPräs] AV RMJ v 8. 12. 38, DJ 1974; *Bay* Bek v 3 16. 8. 56, BSVJu III 156; *Ba-Wü* AV v 2. 5. 57, Just 71; *Bln* AV v 21. 11. 58, ABl 1488; *Nds* AV v 26. 11. 71, NdsRpfl 270; *NRW* VO v 6. 3. 90, GV 194; *RhPf* VO v 3. 11. 86, GVBl 297; *SchlH* AV v 21. 10. 82, SchlHA 182), OLGPräs (*Thür* VO v 25. 3. 94, GVBl 406) od RegPräs (*Hess* VO v 25. 8. 81). JustVerwAkt iS von EGGVG 23. – Zu den Voraussetzgen vgl Wessel DB **94**, 1605).

4   **4) Zu § 1059c:** Gemeint ist das gesetzl Schuldverhältn; vgl Einf 1 vor § 1030.

5   **5) Zu § 1059d:** Betrifft § 1059a Nr 2; iF Nr 1 ergibt sich Eintritt in Miet-(Pacht-)Vertr schon aus GesR-Nachfolge. Statt „über die Dauer des Nießbr" richtiger: über die Dauer seines Nießbr. Gilt auch, wenn schon Eigtümer vermietet usw hatte (Soergel/Stürner Rn 3).

1060 *Zusammentreffen mehrerer Nutzungsrechte.* Trifft ein Nießbrauch mit einem anderen Nießbrauch oder mit einem sonstigen Nutzungsrecht an der Sache dergestalt zusammen, daß die Rechte nebeneinander nicht oder nicht vollständig ausgeübt werden können, und haben die Rechte gleichen Rang, so findet die Vorschrift des § 1024 Anwendung.

1   Vgl § 1024. Über ZusTreffen mit Miete vgl § 577; mit PfdR vgl §§ 1208, 1242 II 2, 1245 I 2, 1247.

1061 *Tod des Nießbrauchers.* Der Nießbrauch erlischt mit dem Tode des Nießbrauchers. Steht der Nießbrauch einer juristischen Person zu, so erlischt er mit dieser.

1   **1)** Der Nießbr ist **unvererblich**; unabdingb. Der Eigtümer kann sich nur schuldrechtl verpflichten, dem Erben des Berechtigten einen neuen Nießbr zu bestellen. Stand er mehreren nach Bruchteilen zu, erlischt er nur zum Bruchteil des Verstorbenen u zwischen den übrigen Nießbrauchern u dem Eigtümer besteht dann eine NutzgsGemsch entspr §§ 741 ff (KG JFG **13**, 448; BayObLG **55**, 155); Neubestellg zum Bruchteil mögl. Kein Übergang, sond Neuentstehg liegt vor, wenn der Nießbr für einen zweiten Berecht aufschiebd bedingt durch den Tod des ersten Berechtigten bestellt wird (BayObLG **55**, 155). – Da Nießbr befristet bestellt w kann, Abrede ev früheren Erlöschens (auch mit Tod eines Dritten) zul; über Eintr u Löschg im GB (GBO 22–24) LG Mü u Nürnb DNotZ **54**, 260, 262; Hamm DNotZ **73**, 616 (unzul Eintr nach Tod des Berecht); BGH **66**, 341 (Eintr einer Klausel nach GBO 23 II). – Bei Tod eines GesBerechtigten iSv § 428 oder GesHänders bleibt Nießbr für die übrigen bestehen (BayObLG **55**, 155).

2   **2)** Regelm erlischt der Nießbr mit dem **Erlöschen der juristischen Person.** Entspr bei OHG u KG (BayObLG NJW-RR **90**, 208). Aber nicht schon bei Eintritt, sond erst mit Ende der Liquidation (RG **159**, 199); anders nur, wenn der Nießbr durch ihren Eintritt auflösd befingt ist; möglicherw hat der Eigtümer einen persönl Anspr auf Aufhebg. **Ausnahme:** §§ 1059a ff.

1062 *Erstreckung der Aufhebung auf das Zubehör.* Wird der Nießbrauch an einem Grundstücke durch Rechtsgeschäft aufgehoben, so erstreckt sich die Aufhebung im Zweifel auf den Nießbrauch an dem Zubehöre.

1   **1) Aufhebung** nach §§ 875, 878. Zustimmg nach § 876 niemals erforderl, auch nicht bei Pfändg, § 1059 Rn 6. Aufhebg an Fahrnis § 1064, an Rechten an Grdst § 1072. Aufhebg durch Staatsakt zB nach FlurbG 49; BauGB 61.

2   **2)** Der Nießbr am **Zubehör** (§§ 97, 98) besteht nur fort, wenn dahingehender Wille festzustellen. Dann besondere Aufhebg nach § 1064. Vgl auch §§ 926, 1031.

1063 *Zusammentreffen mit den Eigentum.* I Der Nießbrauch an einer beweglichen Sache erlischt, wenn er mit dem Eigentum in derselben Person zusammentrifft.

II Der Nießbrauch gilt als nicht erloschen, soweit der Eigentümer ein rechtliches Interesse an dem Fortbestehen des Nießbrauchs hat.

1   **1)** An **beweglichen Sachen** erlischt der Nießbr, wenn der Nießbraucher das AlleinEigt erwirbt. Ausnahme: wenn die Sache mit gleichrangigen od nachstehenden Rechten, Nießbr od PfdR, belastet ist. Der Dritte soll nicht auf Kosten des Eigtümers unbegründete Vorteile erlangen; vgl §§ 1060, 1242 II 2, 1247 S 2. Ebenso bei auflösd bedingtem od befristetem EigtErwerb. Entspr § 1256. Vgl auch § 1072.

2   **2)** Für **Grundstücke** gilt § 889. Beachte aber § 1072 Rn 1.

1064 *Aufhebung des Nießbrauchs an Fahrnis.* Zur Aufhebung des Nießbrauchs an einer beweglichen Sache durch Rechtsgeschäft genügt die Erklärung des Nießbrauchers gegenüber dem Eigentümer oder dem Besteller, daß er den Nießbrauch aufgebe.

1   Die einseitige Erkl genügt. An den Besteller auch dann, wenn Nießbraucher den wahren Eigtümer kennt. Rückg der Sache od Besitzaufgabe nicht notw. Auch nicht Zust des PfändgsGläub, § 1059 Rn 6. Über Grdst vgl § 1062 Rn 1; Rechte an Grdst § 1072.

1065 *Ansprüche bei Beeinträchtigung.* Wird das Recht des Nießbrauchers beeinträchtigt, so finden auf die Ansprüche des Nießbrauchers die für die Ansprüche aus dem Eigentume geltenden Vorschriften entsprechende Anwendung.

1) Ansprüche gegen Dritte.

1   **a)** Aus **Besitz**, §§ 861, 862, 1007.

2   **b)** Aus **dem Eigentum**, §§ 985 ff, 1004, 1005, 1006. Jedoch nur in entspr Anwendg. SchadErs, nur sow er geschädigt ist. Den übr Schaden liquidiert der Eigtümer. Klagen beide gemeins: Einf Streitgenossen.

Der Nießbr erstreckt sich nicht kr Gesetzes auf die ErsFdg des Eigtümers (and § 1046). Doch kann der Nießbraucher uU gem dem Grdverhältn verlangen, daß die ErsLeistg zur Wiederherstellg des Nießbr-Objekts verwendet wird (RGRK/Rothe Rn 4). – Herausg der Nutzgen insow, als sie dem Nießbraucher gebühren, § 1030 II; damit aber auch Anspr auf Übermaßfrüchte, da § 1039 I 2 erst bei NießbrEnde eingreift. Seine ErsPflicht für Verwendgen des Drittbesitzers (§ 994 II) bestimmt sich nach seinem Interesse u Willen; Befriedigg (§ 1003) kann der Besitzer nur nach ZPO 857 III, IV suchen. Gem § 1006 besteht die Vermutg, daß er Nießbraucher ist od war. Für mehrere Berechtigte gilt § 1011 entspr.

c) Aus **unerlaubter Handlung** (§§ 823 ff) u **ungerechtfertigter Bereicherung** (§§ 812 ff), sow diese 3 Vorschr nicht dch die Sonderregelg der §§ 987 ff, 993 im Verhältn des Nießbrauchers zu einem rechtlosen Besitzer verdrängt werden.

d) Ist eine GrdDbk Bestandt des mit dem Nießbr belasteten Grdst, hat der Nießbraucher die Schutzrechte 4 nach § 1027.

2) Ansprüche gegen den Eigentümer richten sich nach dem der Bestellg zugrundeliegden vertragl u 5 nach dem dch die Bestellg entstandenen gesetzl Schuldverhältn (vgl Einf 1 vor § 1030). Daneben § 823.

3) Hat der nicht mit dem Eigtümer ident Besteller gestört, haftet er nach dem Grdverhältn, daneben aus 6 § 823.

1066 *Nießbrauch am Anteil eines Miteigentümers.* [I] **Besteht ein Nießbrauch an dem Anteil eines Miteigentümers, so übt der Nießbraucher die Rechte aus, die sich aus der Gemeinschaft der Miteigentümer in Ansehung der Verwaltung der Sache und der Art ihrer Benutzung ergeben.**

[II] **Die Aufhebung der Gemeinschaft kann nur von dem Miteigentümer und dem Nießbraucher gemeinschaftlich verlangt werden.**

[III] **Wird die Gemeinschaft aufgehoben, so gebührt dem Nießbraucher der Nießbrauch an den Gegenständen, welche an die Stelle des Anteils treten.**

1) Nießbrauch am Miteigentumsanteil (§ 1008) wird wie SachNießbr behandelt u bestellt; bei bewegl 1 Sache MitBesEinräumg notw. – **a) I:** Der Anteilsnießbraucher übt die Rechte der §§ 743–745, 1011 an Stelle des MitEigtümers aus. Da er nicht mehr Rechte haben kann als dieser, muß er früher getroffene Vereinbgen gg sich gelten lassen (§ 746). Keine Erweiterg der Befugn aus §§ 1036 ff ggü Inh des belasteten Anteils; dieser muß daher Umgestaltg der Sache zustimmen (BGH NJW **83**, 932). Übrige MitEigtümer haben gg Nießbraucher keinen Anspr auf Kosten- u Lastentragg (BGH DB **79**, 545). – **b) II:** Das Aufhebgsverlangen (§§ 749–751, 1010) kann nur von beiden u gg beide gemeinschaftl (notw StreitGen) gestellt werden. Ggseit MitwirkgsPfl, wenn Aufhebg ordngsgem Wirtsch entspr (MüKo/Petzold Rn 5; RGRK/Rothe Rn 3). – **c) III:** Wortlaut („gebührt") spricht für schuldrechtl Anspr auf NießbrBestellg am Surrogat. BGH **52**, 99 nimmt für gleichlautdn § 1258 III dingl Surrogation an (vgl § 1258 Rn 3).

2) Bruchteilsnießbrauch; zu unterscheiden von QuotenNießbr (§ 1030 Rn 9). Ideeller Brucht einer 2 Sache in ungeteiltem Eigt belastb (KG JFG **13**, 447; BayObLG **85**, 6 [9]); zw Eigtümer u NießbrBerecht entsteht Nutzgs- u VerwaltgsGemsch, für die §§ 741 ff entspr anwendb (KG aaO). § 1066 entspr anwendb (hM; aA Soergel/Stürner Rn 1 a).

1067 *Nießbrauch an verbrauchbaren Sachen.* [I] **Sind verbrauchbare Sachen Gegenstand des Nießbrauchs, so wird der Nießbraucher Eigentümer der Sachen; nach der Beendigung des Nießbrauchs hat er dem Besteller den Wert zu ersetzen, den die Sachen zur Zeit der Bestellung hatten. Sowohl der Besteller als der Nießbraucher kann den Wert auf seine Kosten durch Sachverständige feststellen lassen.**

[II] **Der Besteller kann Sicherheitsleistung verlangen, wenn der Anspruch auf Ersatz des Wertes gefährdet ist.**

1) An **verbrauchbaren Sachen** (§ 92) erlangt der Nießbraucher das Eigt mit der Bestellg, § 1032. Wird 1 die Sache später zu einer verbrauchbaren, mit Eintritt des Ereignisses, zB Tod des Tieres. Vgl auch § 1084.

2) Hier entsteht das **gesetzliche Schuldverhältnis** (Einf 1 vor § 1030) ausnahmsw zw dem Nießbrau- 2 cher u dem Besteller. Nicht dem bisherigen Eigtümer; dieser ist auf § 816 beschränkt. Der Nießbraucher hat den Wert zu erstatten; er ist nicht verpflichtet, unverbrauchte od den verbrauchten gleichart Sachen zurückzugewähren. Feststellg des Wertes nach FGG 15, 164; entspr § 1034. Auch § 1035 anwendb. **II** ersetzt die §§ 1051–1054. Es entscheidet die objektive Gefährdg. Verhalten des Nießbrauchers unerhebl. SicherhLeistg nach §§ 232 ff.

3) Nachgiebiges Recht. So kann zB dem Nießbraucher nur die VfgsBefugn eingeräumt werden od die 3 Befugn, das Eigt erst mit dem Verbrauch zu erwerben. Folgen für die Aufrechng: § 1074 Rn 5.

II. Nießbrauch an Rechten

Vorbemerkung

1) **Der Nießbrauch an einem Recht** ist ebso ein dingl Recht wie der Nießbr an einer Sache (str). Der 1 Nießbraucher ist nicht auf schuldrechtl Anspr gg den Berechtigten beschränkt; er **zieht die Nutzungen**

selbständig an Stelle des Berecht, §§ 1068 II, 1030, 1070. Um das Recht nutzbar zu machen od zu erhalten, besitzt er bestimmte VfgsBefugnisse, §§ 1074, 1077–1080, 1082, 1083. Über die Begründg vgl § 1069, über die Beendigg vgl § 1072.

2   **2) Nießbrauch an Wertpapieren.** Bestellg an: – **a)** Rektapapieren: entspr der Übertr des verbrieften Rechts; Nießbr am Papier entsteht dann nach § 952; – **b)** Orderpapieren: durch Indossament, Einigg über NießbrBestellg u Papierübergabe (od deren Surrogat, §§ 929 S 2, 930/31); – **c)** Inhaberpapieren: Einigg u Papierübergabe (od deren Surrogat) od Mitbesitzeinräumg (§ 1081 II); – **d)** mit Blankoindossament versehenen Orderpapieren: wie zu c, aber auch wie zu b. – Sondervorschr nur zu c und d: §§ 1081 ff.

1068 *Grundsatz.*   [I] **Gegenstand des Nießbrauchs kann auch ein Recht sein.**
[II] **Auf den Nießbrauch an Rechten finden die Vorschriften über den Nießbrauch an Sachen entsprechende Anwendung, soweit sich nicht aus den §§ 1069 bis 1084 ein anderes ergibt.**

1   **1) Belastungsgegenstand.** Nur übertragb (§ 1069 II) Rechte, die unmittelb od mittelb Nutzgen gewähren können. Absolute Rechte (zB Urheber-, PatentR); obligatorische Rechte, sofern nutzfähig, wie zB aus Kauf, Pacht. Nießbr am Erbteil fällt unter § 1068 (RG **153**, 30) u ist im GB eines NachlGrdst eintragb (Hamm Rpfleger **77**, 136). Nießbr am MitEigtAnt (§ 1066 Rn 1) u grdstgleichen Rechten ist dagg Sach-Nießbr. Keine Nutzg gewähren Vork- u WiederkaufR. Vgl über Leibrenten § 1073; Fdg §§ 1074, 1075; verzinsl Fdg §§ 1076–1079; GrdSch § 1080. Über WertP vgl Vorbem 2 vor § 1068.

2   **2) Entsprechende Anwendung** der §§ 1030 ff, insb der §§ 1030, 1036, 1039, 1045–1047, 1049–1055, 1057–1061, 1063–1067. Zu berücksichtigen ist die rechtl Natur des Nießbr als dingl Belastg des Rechtes u der wirtschaftl Zweck. Der Nießbraucher erwirbt den Anspr auf Zinsen (bei der Reallast auf die einzelnen Leistgen) mit der Bestellg des Nießbr (RG **124**, 329) auflösd dadurch bedingt, daß sie währd seines Lebens fällig werden. Ausgl § 101 Nr 2. Der Nießbraucher hat das Recht auf den Besitz des Schuldscheines, § 1036 I. Ihm ggü gilt der Besteller als der Berecht, § 1058.

3   **a) Aktien u GmbHAnteile** (Spieß RhNK **69**, 752). – **aa) Bestellung** an Aktien: Vorbem 2 vor § 1068. An GmbHAnteil gem GmbHG 15 III, an GewinnstammR vgl Petzold GmbHR **80**, 197; Überg des Anteilsscheins nicht nöt. – **bb) Stimmrechtigt** bleibt der Gter (Kblz NJW **92**, 2163; aA Sudhoff NJW **74**, 2207); aber StimmRVollm für Nießbraucher mögl. – **cc) Gewinnanteil** steht dem Nießbraucher zu. Ob BezugsR gem AktG 186, GmbHG 55 ihm zusteht, ist str; die hM gibt es belastet mit Nießbr dem Aktionär/Gter (Brem Betr **70**, 1436 mwN; vgl auch § 99 Rn 3). Zweckm läßt sich NießbrAbrede aber Bestellg des Nießbr an den jungen Aktien ausdr ausbedingen u den Nießbr übertr (Heidecker NJW **56**, 892 mwN). **Liquidationsquote** (AktG 271, GmbHG 72) gebührt dem Gter, Nießbraucher hat entspr § 1079 Anspr auf Nießbr-Bestellg. Nach Brem aaO gehört dem Aktionär auch der beim Verk der Aktien erzielte Kursgewinn, da dieser weder Frucht noch GebrVorteil der Aktie sei.

4   **b) Personalgesellschaften** (Schüller RhNK **80**, 97). – **aa)** Nießbr am **Anspruch auf Gewinnanteil und Auseinandersetzungsguthaben** zul; dann werden die MitgliedschR vom Gter ausgeübt. Nießbraucher am Verlust nicht beteiligt, § 717 Rn 6 gilt entspr; doch hat Nießbraucher AuskAnspr bzgl Höhe des Gewinnanteils. Wirtschaftl gibt dies als Nießbr an Fdg gem § 1075 I nur solchen an deren Erlös, also prakt nur Zinsgenuß am Gewinn. – **bb)** Nießbr am **Gesellschaftsanteil** ist wg Unübertragbark der GterR (§§ 717 S 1, 719) nur zul, wenn der GesellschVertr die Übertr od Belastg von GesellschAnteilen erlaubt od die MitGter zustimmen (hM; vgl Baums Betr **81**, 355); zu unterscheiden von trhd VollRÜbertr (BGH DNotZ **75**, 735). Der dem Nießbraucher zustehde Ertrag ist der nach GesellschR entnahmefäh Ertrag wie der Gewinn einschl Zinsen auf Guthaben der GterKonten (BGH WM **85**, 1343) abzügl im Gtern beschlossener Rücklage (BGH DNotZ **75**, 735), nicht aber ausgeschüttete stille Reserven u AuseinandSGuthaben (BFH NJW **95**, 1918). Bei Erhöhg der MitglAnteile hat er keinen Anspr auf Vollerwerb eines Anteils (BGH **58**, 316). Zum MitVerwR des Nießbr auf BFH aaO; Gschwendtner NJW **95**, 1875). Nießbr ist im GB eines GesellschGrdst eintragb (Hamm Rpfleger **77**, 136). – **cc)** Str, ob Nießbr am **Gewinnstammrecht** zul (vgl Sudhoff NJW **74**, 2210 mwN). Er würde Nießbraucher kein MitVerwR verschaffen (BGH DNotZ **75**, 735). § 1073 würde entspr gelten (str).

1069 *Bestellung.*   [I] **Die Bestellung des Nießbrauchs an einem Rechte erfolgt nach den für die Übertragung des Rechtes geltenden Vorschriften.**
[II] **An einem Rechte, das nicht übertragbar ist, kann ein Nießbrauch nicht bestellt werden.**

1   **1) I.** Durch die Bestellg des Nießbr überträgt der Besteller einen Teil seiner Rechte. Bestellg u Übertr erfordern deshalb dieselbe Form. Regelm genügt formlose Einigg über die Bestellg des Nießbr, §§ 398, 413. Belastg eines Rechts am Grdst nach § 873, 1153 ff, 1192, 1199; hier GutglSchutz (sonst nicht, außer §§ 405, 2366). Zur gleichzeitigen Eintr einer Hyp u eines Nießbr daran genügt die Bewillig des Eigtümers (KG JFG **11**, 271); ebso genügt die des Gläub bei Abtretg einer Hyp unter Vorbeh des Nießbr (RGRK/Rothe Rn 1; Soergel/Stürner Rn 4; aA KGJ **51**, 292).

2   **2) II.** Über **unübertragbare Rechte** vgl §§ 399, 400, 514, 613 S 2, 664 II, 717 S 1 (vgl § 1068 Rn 4), 847 I 2, 1300 II. Auch Nießbr am Nießbr unzul, § 1059 S 1; ob der Nießbraucher am AusübgsR Nießbr bestellen kann, ist str; zul aber, daß der Erwerber des – obligator – AusübgsR an diesem Recht einen Dritten Nießbr bestellt. Ebso bei bpDbk (§ 1090, 1093), am DWR/DNR (WEG 31 Rn 4); kein Nießbr an GrdDbk u subjdingl (§ 1105 II) Reallast; Nießbr am berecht Grdst erfaßt die Nutzgen auch dieser Rechte. An Hyp u PfdR nur zus mit der Fdg, §§ 1153 II, 1250 I 2. Vgl auch § 1274. – Zur NießbrBestellg an WasserNutzgsRen iVm ErbbRBestellg an den wirtsch dazugehör Grdst BGH WM **73**, 999.

1070 *Nießbrauch an Recht auf Leistung.* [1] Ist ein Recht, kraft dessen eine Leistung gefordert werden kann, Gegenstand des Nießbrauchs, so finden auf das Rechtsverhältnis zwischen dem Nießbraucher und dem Verpflichteten die Vorschriften entsprechende Anwendung, welche im Falle der Übertragung des Rechtes für das Rechtsverhältnis zwischen dem Erwerber und dem Verpflichteten gelten.

[II] Wird die Ausübung des Nießbrauchs nach § 1052 einem Verwalter übertragen, so ist die Übertragung dem Verpflichteten gegenüber erst wirksam, wenn er von der getroffenen Anordnung Kenntnis erlangt oder wenn ihm eine Mitteilung von der Anordnung zugestellt wird. Das gleiche gilt von der Aufhebung der Verwaltung.

1) I. Der Schuldn soll dch die Bestellg des Nießbr nicht beeinträchtigt od begünstigt w. Deshalb gelten **1** für den Nießbr an Fdg die §§ 404–411; an Hyp u Grdschulden für künftig fällig werdende Zinsen u Nebenleistgn die §§ 1156, 1192. Entspr für künftige Einzelleistgn bei Reallasten u Rentenschulden, §§ 1107, 1200 I. Für Rückstände gilt § 1159. – Zugunsten des Nießbrauchers gelten § 796; HGB 364, 365; WG 16, 40. – Über Aufrechng vgl § 1074 Rn 5.

2) II entspricht dem § 407. Jedoch genügt Zustell des Beschlusses statt Kenntnis. Entspr §§ 1275, 2129 **2** II 2, 3.

1071 *Aufhebung oder Änderung des belasteten Rechts.* [1] Ein dem Nießbrauch unterliegendes Recht kann durch Rechtsgeschäft nur mit Zustimmung des Nießbrauchers aufgehoben werden. Die Zustimmung ist demjenigen gegenüber zu erklären, zu dessen Gunsten sie erfolgt; sie ist unwiderruflich. Die Vorschrift des § 876 Satz 3 bleibt unberührt.

[II] Das gleiche gilt im Falle einer Änderung des Rechtes, sofern sie den Nießbrauch beeinträchtigt.

1) Der Berechtigte kann das Recht übertragen od weiter belasten; der Nießbraucher wird dadurch **1** regelm (vgl §§ 936, 892) nicht berührt. Dies aber wohl dadch, daß er gg den Willen des Nießbrauchers das Recht **verändert oder aufgibt**. Deshalb Zustimmg des Nießbrauchers entspr §§ 876, 877, 1276 notw. Fehlt sie, so ist das RGesch relativ (ggü Nießbraucher) unwirks (MüKo/Petzoldt Rn 2; Staud/Frank Rn 2). Fehlde Zustimmg eines Nießbrauchers am Verm einer GmbH nimmt der satzgsgem ausgespr Kündigg der Gesellsch nicht die gesellschaftsrechtl Wirksamk (Hamm BB **71**, 14). Der Schu kann im Rahmen der §§ 1070, 406 mit einer ihm zustehden Fdg gg den Gläub aufrechnen. Zust (§§ 183, 184) ggü dem Gläub, Schu, nachstehnden Gläub, bei eingetr Rechten auch ggü dem GBA. Auch die Einwilligg ist unwiderrufl; anders § 183. §§ 1070, 407 bleiben aber dch § 1071 unberührt.

2) Konkurs u Vergleichsverfahren über das Vermögen des Schu verändern die Forderg. Bei Vergleichs- **2** verfahren: VerglO 72 II. Bei unverzinsl Forderg vertritt der Nießbraucher die Forderg im Konkurs allein, bei verzinsl zusammen mit dem Gläub; dies immer bei Abstimmgen, wie über Zwangsvergleich (hM).

1072 *Beendigung des Nießbrauchs.* Die Beendigung des Nießbrauchs tritt nach den Vorschriften der §§ 1063, 1064 auch dann ein, wenn das dem Nießbrauch unterliegende Recht nicht ein Recht an einer beweglichen Sache ist.

Der Nießbr am Recht endet mit Vereinigg von Recht u Nießbr, mit der Ausn des § 1063 II. Gilt auch für **1** Nießbr an GrdstRechten; § 889 gilt hier nicht (aber für Nießbr an ErbbR). Erlöschen ferner durch einseit formlose AufgabeErkl (§§ 1064, 1071) ggü dem Berecht od dem Besteller, nicht ggü dem GBA. Löschg im GB nicht erforderl (anders § 875); sie ist nur Berichtigg. Gutgl Erwerb vorher mögl. Im übr erlischt Nießbr an Rechten aus den gleichen Gründen wie SachNießbr, vgl Einf 3 vor § 1030; Erlöschen der belasteten Fdg durch Konfusion wirkt nicht ggü Nießbraucher (KGJ **44**, 295); auch durch Vereinigg von Nießbr u Schuld erlischt Nießbr nicht, auch auf das belastete Recht ist sie ohne Einfluß (KG OLG **31**, 341).

1073 *Nießbrauch an einer Leibrente.* Dem Nießbraucher einer Leibrente, eines Auszugs oder eines ähnlichen Rechtes gebühren die einzelnen Leistungen, die auf Grund des Rechtes gefordert werden können.

Die **einzelnen Leistungen** der Leibrenten, §§ 759ff, Altenteile, EG 96, Reallasten, Rentenschulden **1** werden als Erträge des StammR behandelt. Vgl §§ 1107, 1200 I. Sie gebühren deshalb dem Nießbraucher aus eigenem Recht (RG HRR **28**, 1417). Er klagt sie aus eigenem Recht ein (BayObLG **32**, 57). Anders bei wiederkehrden Leistgn, die als Kapitalteile anzusehen sind, zB Tilggsbeträge. Zur sinngem Anwendg auf Nießbr am „GewinnstammR" vgl § 1068 Rn 4.

1074 *Nießbrauch an einer Forderung; Kündigung und Einziehung.* Der Nießbraucher einer Forderung ist zur Einziehung der Forderung und, wenn die Fälligkeit von einer Kündigung des Gläubigers abhängt, zur Kündigung berechtigt. Er hat für die ordnungsmäßige Einziehung zu sorgen. Zu anderen Verfügungen über die Forderung ist er nicht berechtigt.

1) Allgemeines. Die Befugnisse des Nießbrauchers sind verschieden geregelt, je nachdem ob das Recht **1** sich in **einmaliger Leistung** erschöpft od ob es **dauernd Früchte** trägt. Im ersten Fall (unverzinsl Fdg) soll sich der Nießbraucher den LeistgsGgst nutzbar machen können. Er erhält die **alleinige Einziehungsbefugnis** (§ 1074) mit der Wirkg des § 1075. Im zweiten Fall (verzinsl Fdg) soll dem Nießbraucher die

Nutzg auch gesichert, gleichzeitig aber verhindert werden, daß er die Substanz gg den Willen des Gläub verändert. Deshalb sind **nur beide zusammen einziehungsberechtigt** (§§ 1076–1078) u das Kapital ist wieder zinstragend anzulegen, § 1079; die §§ 1067, 1075 II werden ausgeschaltet.

2) Beschränkte Verfügungsbefugnis.

2 **a)** Zur Einziehg gehören die Künd, Mahng, Klage, ZwVollstr u Annahme. Auch die Ausübg eines WahlR, § 263; str. Der Nießbraucher ist aus eigenem Recht zur Einziehg berechtigt. Leistg an den Gläub braucht er nur nach Maßg der §§ 1070, 407 gg sich gelten zu lassen. Anders eine Künd, weil er nach S 2 die Fdg so früh wie mögl einzuziehen hat, anders die hM, ein Schutzbedürfn des Nießbrauchers besteht jedoch hier nicht. Die Rechtskr des zw Nießbraucher u Schuldn ergehenden Urteils wirkt nicht gg den Gläub (RG **83**, 120). Vgl weiter § 407 II: Urt zw Gläub u gutgl Schuldn wirkt Rechtskr ggü Nießbraucher.

3 **b)** Der Nießbraucher klagt hier in gesetzl Prozeßstandsch, der Rechtsinhaber ist nicht prozeßführgsbefugt. Gleichwohl lehnt – im Anschluß an RG **83**, 120 – die hM eine RechtskrErstreckg des Urteils gg den Gläub des Rechts ab; unbefriedgd, weil sich der Schuldner erneut dessen Klage ausgesetzt sieht. Sein Interesse sollte schwerer wiegen als das des Eigtümers, der bei nachläss ProzFührg den Nießbraucher aus dem gesetzl Schuldverhältn bei diesem Regreß nehmen kann. Wer dem Nießbraucher ein eigenes materielles EinziehgsR gibt, verneint damit die RechtskrErstreckg zwingd; vgl Bettermann, Die Vollstreckg des ZivUrt in den Grenzen seiner Rechtskr S 145 ff. War der Nießbr an bereits rechtshäng Fdg bestellt worden, so führt der Gläub den Rechtsstreit weiter; dann gelten ZPO 265, 325.

4 **3) S 3.** Die Abtretg u die Ann an Zahlgs Statt sind dem Nießbraucher stets verwehrt; Stundg, Erlaß u Vergl regelm; sie können nur ausnahmsweise im Rahmen einer ordngsm Einziehg liegen.

5 **4) Aufrechnung.** Es kann aufrechnen: der Schu mit seiner Fdg gg den Gläub nach Maßg der §§ 1070, 406. Der Schu mit seiner Fdg gg den Nießbraucher u der Nießbraucher gg die Fdg des Schuldners (aA RG **103**, 29). Jedoch wirkt die Aufrechng wie die Einziehg; vgl auch §§ 1075 II, 1067 I 1, wie hier W-Raiser § 121 Fußn 1; Staud/Frank Rn 16, 17 bei Forderg auf Geld u verbrauchb Sachen; einer Einschränkg, falls die Beteiligten § 1067 abbedungen haben (vgl dort Rn 3) ist zuzustimmen.

1075 *Wirkung der Leistung.* [I] Mit der Leistung des Schuldners an den Nießbraucher erwirbt der Gläubiger den geleisteten Gegenstand und der Nießbraucher den Nießbrauch an dem Gegenstande.

[II] Werden verbrauchbare Sachen geleistet, so erwirbt der Nießbraucher das Eigentum; die Vorschriften des § 1067 finden entsprechende Anwendung.

1 **1)** Betrifft nur unverzinsl Fdg. Der Nießbraucher ist aus eigenem Recht annahmeberechtigt, I; § 1074 Rn 2. Er ist auch befugt, die Aufl entggzunehmen. **a)** Die **Annahme** wirkt ebso wie die Annahme durch den Gläub. Dieser **wird Eigentümer** der an den Nießbraucher übergebenen (§§ 929 ff) Sache (Ausn **II**) od Gläub des übertragenen Rechtes. Bei Grdst kann der Nießbraucher die Eintr für den Gläub beantragen. Maßgebd ist der gute Glaube des Nießbrauchers, wenn er nicht nach bestimmten Weisgen gehandelt hat; vgl § 166. Über den Fall, daß der Nießbraucher zugl der Schu ist, vgl Planck/Brodmann Anm 5.

2 **b)** Zugleich mit dem EigtErwerb des Gläub erwirbt der **Nießbraucher** kraft G **den Nießbrauch am geleisteten Gegenstand**. Ebenso § 1287; ZPO 848 II. Besondere Bestellg nicht notw. Das GB wird unrichtig, Berichtigg nach § 894, GBO 22; vgl auch § 1287 Rn 1. § 1075 gilt nur bei Leistg an Nießbraucher. Anders wenn der Schu unmittelbar an den Gläub leistet; dann ist besondere Bestellg nötig; str für den Fall, daß Schu dem Nießbraucher ggü (nach §§ 1070, 407 I) frei wird; vgl W-Raiser § 121 I 2.

3 **2) II** bringt eine Ausn für verbrauchbare Sachen (insb Geld) entspr § 1067.

1076 *Nießbrauch an verzinslicher Forderung.* Ist eine auf Zinsen ausstehende Forderung Gegenstand des Nießbrauchs, so gelten die Vorschriften der §§ 1077 bis 1079.

1 Vgl § 1074 Rn 1. Nur Fdg, die kraft RGeschäfts (Staud/Frank Rn 2; aA RGRK/Rothe Rn 2) dauernd Nutzgen abwerfen soll. Tägl Geld fällt nicht hierunter. Andererseits schadet eine zeitweilige Unverzinslichk nicht. § 1074 S 2 gilt nicht. Abweichende Vereinbarg zul. Entspr ZVG 120 II.

1077 *Kündigung und Zahlung.* [I] Der Schuldner kann das Kapital nur an den Nießbraucher und den Gläubiger gemeinschaftlich zahlen. Jeder von beiden kann verlangen, daß an sie gemeinschaftlich gezahlt wird; jeder kann statt der Zahlung die Hinterlegung für beide fordern.

[II] Der Nießbraucher und der Gläubiger können nur gemeinschaftlich kündigen. Die Kündigung des Schuldners ist nur wirksam, wenn sie dem Nießbraucher und dem Gläubiger erklärt wird.

1 **1) Zahlung** des Kapitals einer verzinsl Fdg muß **an Nießbraucher und Gläubiger** gemeinschaftl erfolgen. Ähnl § 432; vgl auch § 1281. Auch Zahlg von SchadErs (RG **89**, 432). Beide werden Mitbesitzer; der Gläub erwirbt das Eigt, der Nießbraucher den Nießbr. § 1075 II gilt nicht (hM; aA Soergel/Stürner Rn 1, die Miteigtum annehmen, bis § 1079 durchgeführt). Hinterlegg nach §§ 372 ff (Nießbraucher erlangt Nießbr an Fdg des Gläub gg Hinterleggsstelle). Zahlg an Gläub ohne Einwilligg des Nießbrauchers ist diesem ggü idR unwirks, vgl § 1070 I, 407.

2 **2) Kündigung** von u an beide. Sie wird erst mit der letzten Erkl wirks. Kündigt einer für den anderen, so gelten die §§ 174, 180. Die Mahng eines von ihnen ist wirks. Vgl auch § 1283.

3) Kein Zwang zur gemeins Klage. Wird sie aber erhoben: ZPO 62 1. Altern. Die Notwendigk der **3** einheitl Entscheidg folgt aus der Unteilbark des Streitgegenstandes. Bei getrennter Klage keine RKraftErstreckg.

1078 *Mitwirkung zur Einziehung.* **Ist die Forderung fällig, so sind der Nießbraucher und der Gläubiger einander verpflichtet, zur Einziehung mitzuwirken. Hängt die Fälligkeit von einer Kündigung ab, so kann jeder Teil die Mitwirkung des anderen zur Kündigung verlangen, wenn die Einziehung der Forderung wegen Gefährdung ihrer Sicherheit nach den Regeln einer ordnungsmäßigen Vermögensverwaltung geboten ist.**

Weder der Nießbraucher (anders § 1074 S 2) noch der Gläub ist zur ordngsm Einziehg verpflichtet. Jeder **1** kann vom anderen nur die **Mitwirkung** verlangen. Zur Kündigg nur bei Gefährdg der Sicherh, S 2. Klage auf Einwillig in die vom Kläger bestimmt zu bezeichnende Hdlg. Bei schuldh Verletzg SchadErs aus pos VertrVerletzg des ges SchuldVerh. Vgl § 1285. ZwVollstr: ZPO 894.

1079 *Anlegung des Kapitals.* **Der Nießbraucher und der Gläubiger sind einander verpflichtet, dazu mitzuwirken, daß das eingezogene Kapital nach den für die Anlegung von Mündelgeld geltenden Vorschriften verzinslich angelegt und gleichzeitig dem Nießbraucher der Nießbrauch bestellt wird. Die Art der Anlegung bestimmt der Nießbraucher.**

Obligator Surrogation. Anlegg nach Maßg der §§ 1807, 1808, EG 212 auf den Namen des Gläub. **1** ZwVollstr: ZPO 887. Der Nießbr entsteht hier nicht krG wie nach § 1075 I; er ist bes zu bestellen. Für Inh- u Orderpapiere gelten die §§ 1081ff. Vgl auch § 1288.

1080 *Nießbrauch an Grund- oder Rentenschuld.* **Die Vorschriften über den Nießbrauch an einer Forderung gelten auch für den Nießbrauch an einer Grundschuld und an einer Rentenschuld.**

Entspr § 1291. Bei der Reallast gebühren die einzelnen Leistgen dem Nießbraucher, § 1073 Rn 1. Wenn sie **1** nach LandesR ablösb sind, ist auf die Ablösgssumme § 1079 entspr anwendb. – Nießbr an Hyp ist Nießbr an Forderg.

1081 *Nießbrauch an Inhaber- oder Orderpapieren; gemeinschaftlicher Besitz.* **[I] Ist ein Inhaberpapier oder ein Orderpapier, das mit Blankoindossament versehen ist, Gegenstand des Nießbrauchs, so steht der Besitz des Papiers und des zu dem Papiere gehörenden Erneuerungsscheins dem Nießbraucher und dem Eigentümer gemeinschaftlich zu. Der Besitz der zu dem Papiere gehörenden Zins-, Renten- oder Gewinnanteilscheine steht dem Nießbraucher zu.**

[II] Zur Bestellung des Nießbrauchs genügt anstelle der Übergabe des Papiers die Einräumung des Mitbesitzes.

1) Die §§ 1081–1083 gelten für alle Papiere, die durch **bloße Übergabe** der Urk übertragen werden. Vgl **1** §§ 793ff (aber nicht Legitimationspapiere nach § 808, zB Sparkassenbücher); HGB 363, 365; AktG 10 I, 24, 68 I, 278 III; WG 12 III, 13 I, 14 II; ScheckG 15 IV, 16 II, 17 II. Ausn: § 1084. Abweichende Vereinbarg zul (RG Warn **08**, 168). – Wg sonstiger WertP vgl Vorbem 2 vor § 1068. – Über Aktien u GmbHAnteile vgl § 1068 Rn 3.

2) Gemeinschaftlicher Besitz (vgl §§ 866, 1084) des Papiers u des Erneuergsscheins, § 805. Zum Schutz **2** des Eigtums gg eigenmächtige Einziehg des Nießbrauchers. Der Schu darf an alleinbesitzenden Nießbraucher zahlen; § 1077 I 1 gilt nicht.

3) Zur **Bestellung** genügt die Einräum unmittelb od mittelb Mitbesitzes. Auch wenn eine SichgHyp **3** nach § 1187 bestellt ist.

1082 *Hinterlegung.* **Das Papier ist nebst dem Erneuerungsschein auf Verlangen des Nießbrauchers oder des Eigentümers bei einer Hinterlegungsstelle mit der Bestimmung zu hinterlegen, daß die Herausgabe nur von dem Nießbraucher und dem Eigentümer gemeinschaftlich verlangt werden kann. Der Nießbraucher kann auch Hinterlegung bei der Reichsbank, bei der Deutschen Zentralgenossenschaftskasse oder bei der Deutschen Girozentrale (Deutschen Kommunalbank) verlangen.**

Hinterlegg beim AmtsG, HintO § 1. Befreiung von der HinterleggsPfl zul; zB dch Test (RG Recht **11**, **1** 1144). Kosten tragen beide Teile je zur Hälfte. Ähnl §§ 1814, 2116. – Die beiden ersten Institute des S 2 bestehen nicht mehr. Die RBank ist nicht dch die Deutsche Bundesbank od die Landeszentralbanken ersetzt (RGRK/Rothe Rn 2; Staud/Frank Rn 15; aA MüKo/Petzoldt Rn 2; Soergel/Stürner Rn 2). An Stelle der Dtsch ZentrGenKasse nunmehr Deutsche Genossenschaftsbank (G v 22. 12. 75; BGBl I 3171).

1083 *Mitwirkung zur Einziehung.* **[I] Der Nießbraucher und der Eigentümer des Papiers sind einander verpflichtet, zur Einziehung des fälligen Kapitals, zur Beschaffung neuer Zins-, Renten- oder Gewinnanteilscheine sowie zu sonstigen Maßnahmen mitzuwirken, die zur ordnungsmäßigen Vermögensverwaltung erforderlich sind.**

^{II} **Im Falle der Einlösung des Papiers finden die Vorschriften des § 1079 Anwendung. Eine bei der Einlösung gezahlte Prämie gilt als Teil des Kapitals.**

1   Erweiterg des § 1078 auf alle Maßnahmen ordngsmäßiger Verw. Vgl §§ 799 ff, 805. Auch auf Verkauf wg gefährdeter Sicherh. Kosten der Maßn je zur Hälfte.

1084   *Verbrauchbare Sachen.*   **Gehört ein Inhaberpapier oder ein Orderpapier, das mit Blankoindossament versehen ist, nach § 92 zu den verbrauchbaren Sachen, so bewendet es bei den Vorschriften des § 1067.**

1   Vgl § 92; zB Banknoten u zur Veräußerg im Betriebe bestimmte Papiere. Der Nießbraucher wird Eigtümer, § 1067. Abweichende Vereinbarg zul.

III. Nießbrauch an einem Vermögen

1085   *Bestellung.*   **Der Nießbrauch an dem Vermögen einer Person kann nur in der Weise bestellt werden, daß der Nießbraucher den Nießbrauch an den einzelnen zu dem Vermögen gehörenden Gegenständen erlangt. Soweit der Nießbrauch bestellt ist, gelten die Vorschriften der §§ 1086 bis 1088.**

1   **1)** Der Nießbr an einem **Vermögen** (praktisch insb der am Nachlaß, § 1089) ist seinem Wesen nach eine **Summe von Nießbrauchsrechten an den einzelnen Gegenständen** (RG **153**, 31). Deshalb keine Bestellg durch eine einheitl RechtsHdlg; keine GesRNachfolge. Zum Schutz der bei der Bestellg vorhandenen Gläub des Bestellers ist eine Sonderregel notw. Die §§ 1086 ff gelten aber nur hins der Ggstände, an denen der Nießbr zum Zwecke der Bestellg des Nießbrauchs am Verm bestellt worden ist, § 1085. Im übrigen gelten die §§ 1030 ff.

2   **2) Vermögen.** Vgl §§ 310, 311, § 419. Nachl § 1089. Am ganzen Verm od an einem Bruchteil. Unschädl, wenn einzelne Ggstände ausgenommen werden. Nicht übertragbare Rechte können nicht belastet werden, § 1069 II; doch kann dem Nießbraucher der Anspr auf die Nutzgen eingeräumt werden. Keine unmittelb Anwendg auf den Nießbr an einem SonderVerm, zB VorbehGut; entspr Anwendg der §§ 1087, 1088 III, wenn vertragl vereinbart.

3   **3)** Verpflichtg zur Bestellg nach §§ 311, 2174. **Bestellung für jeden Gegenstand gesondert** gemäß §§ 873, 1031, 1032, 1067, 1069 I, 1081 II, SchiffsRG 9. Daher neue Bestellg nötig für einen später in das Verm gelangenden Ggst (keine dingl Surrogation dch Einverleibg, Brem DB **70**, 1436); umgekehrt bleibt der aus dem Vermögen ausscheidde EinzelGgst weiter belastet. Wird ein Grdst veräußert, bleibt der Nießbr also an ihm bestehen, nicht ergreift er die für den Eigtümer bestellte RestkaufgeldHyp. Bestellg „an sämtl Erbteilen" kann die Einigg über die Bestellg an allen Ggständen enthalten (RG **153**, 30). Zugehörigk zu einem Verm ist nicht eintraggsfäh (Staud/Frank Rn 8; hM).

4   **4) Nießbrauch an einem Handelsgeschäft.** – Prakt in vorweggenommener Erbf od zur wirtschaftl Sichg von MitE des verstorbenen Untern statt VorErbsch. Scheide den **Ertragsnießbrauch** (der Eigtümer leitet das Unternehmen weiter, der Nießbraucher ist – obwohl dingl berecht – auf gewisse KontrollR u den Ertrag beschr) vom echten **Unternehmensnießbrauch**: hier führt der Nießbraucher selbst das Untern. Behält sich Einzelkaufm bei Überg des Gesch an Dritten QuotenNießbr (§ 1030 Rn 9) vor, ist er idR nur noch Ertragsbeteiligter, (also Löschg im HReg), falls nicht ausdrückl anderes (kaufmänn Weitermitverantwortg) vereinb (BayObLG **73**, 168). – Das Nachstehde handelt vom UnternehmensNießbr.

5   **a)** HGB 22, VVG 151 II setzen ihn voraus. Sachenrechtl gibt es keine Bestellg dch Gesamtakt. Also muß jeder einzelne Ggst des Inbegriffs belastet w; damit ist aber nicht erfaßt der „Tätigkeitsbereich" des Unternehmens (von Gierke HandelsR § 14 II), die „Chancen", der good will, also die Betriebs- u Absatzorganisation, Kundenstamm, Geschäftsbeziehgen, -erfahrgen u -geheimnisse. Das GrdGeschäft verpflichtet den Besteller regelmäß, den Nießbraucher hierin einzuweisen; erst dann ist sein Zweck erreicht; nun hat der Nießbraucher die Möglichk, diesen „Tätigkeitsbereich" absolut gg rechtswidr Eingriffe zu verteidigen hat. In diesem Sinne erkennt die hL an, daß die so vollzogene NießbrBestellg ein umfassendes dingl Recht am Handelsgeschäft (MüKo/Petzoldt Rn 9 mwN) begründet. – Die §§ 1085 ff allerd sind auch hier nur anwendb, wenn das Handelsgeschäft das Vermögen des Bestellers ausmacht, sonst gelten die §§ 1030 ff; dann auch das VerpflGesch formfrei (BGH **25**, 1).

6   **b)** Im einzelnen: Das GrdGesch (Vertr, letztw Vfg) wird idR ergeben, daß Fdgen zur vollen Vfg im Rahmen ordentl GeschBetriebs zu übertr sind; sonst würden §§ 1074, 1076 gelten, die hier unpraktikabel wären. UmlaufVerm (Warenlager) wird Eigt des Nießbrauchers, § 1067, AnlageVerm bleibt im Eigt des Bestellers. § 1048 gilt entspr (BGH **LM** § 930 Nr 12). Dem Nießbraucher gebührt als Nutzg der bilanzm ausgewiesene (Baur JZ **68**, 79) Reingewinn. Echte Betriebsverluste hat Nießbraucher zu tragen, für Werteinbußen des Unternehmens haftet der dem Besteller nur bei Versch. Unverschuldete Einbußen am Anlage-Verm trägt grdsätzl der Eigtümer. Fdgen u Schulden aus dem Betr treffen allein den Nießbraucher, seine Gläub können sich nur an das UmlaufVerm u das pers Vermögen des Nießbrauchers halten. Für AltGläub gelten §§ 1086, 1088. Bei Firmenfortführg (vgl HGB 22 II) haftet für Altschulden der Nießbraucher nach HGB 25, entspr der Besteller nach Rückerwerb für solche des Nießbrauchers (RG **133**, 323; str).

7   **c)** Die umfassde RNatur des dingl Gesch beeinflußt auch das gesetzl SchuldVerh zw Eigtümer u Nießbraucher; vgl § 1050 Rn 1. Nießbraucher muß aus dem Gewinn die Abschreibgen für die Abnutzg des Anlagevermögens vornehmen, die mit dem Gesch verbundenen öff u priv Lasten tragen, kurz den Betrieb als solchen erhalten.

5) Satz 2: Die Bestellg erfordert – außer der Summe der einzelnen dingl BestellgsGesch – daß die 8 Beteiligten über die Bestellg des Rechts gerade als eines VermögensNießbr einig sind (RG SeuffA **91** Nr 103). Auch muß der Nießbraucher – wie bei §§ 419, 1365 gewußt haben, daß ein Vermögen belastet wird (RAG HRR **40**, 669); was zu § 419 gilt im allg auch hier. Geschieht der dingl Vollzug zeitl nacheinander, so greift S 2 ein, wenn der GläubSchutz (§ 1086) es erfordert, wenn also die Summe der belasteten Einzelgegenstände den wesentl Teil des Vermögens ausmacht (bestr; nach aA soll schon der Beginn der Belastgsgeschäfte die §§ 1086ff auslösen; vgl Soergel/Stürner Rn 4; Staud/Frank Rn 23).

1086 *Rechte der Gläubiger des Bestellers.* **Die Gläubiger des Bestellers können, soweit ihre Forderungen vor der Bestellung entstanden sind, ohne Rücksicht auf den Nießbrauch Befriedigung aus den dem Nießbrauch unterliegenden Gegenständen verlangen. Hat der Nießbraucher das Eigentum an verbrauchbaren Sachen erlangt, so tritt an die Stelle der Sachen der Anspruch des Bestellers auf Ersatz des Wertes; der Nießbraucher ist den Gläubigern gegenüber zum sofortigen Ersatze verpflichtet.**

1) Allgemeines. a) Nur beim VermNießbr haben die Gläub das unmittelb ZugriffsR. Beim Einzel- 1 Nießbr müssen die nachstehenden dingl u die persönl Gläub den Nießbr gg sich gelten lassen od nach dem AnfG anfechten.

b) Über die obj u subj Erfordernisse des Eingreifens des § 1086 siehe § 1085 Rn 8. Erst die Einigg in 2 diesem Sinn eröffnet § 1086; folgt sie zB bei Eintragg des Nießbr bei dem das Vermögen bilbden Grdst nach (RG SeuffA **91** Nr 103), so tritt die Wirkg erst im letzteren Ztpkt ein.

2) Zugriffsrecht. Nießbraucher hat die ZwVollstr zu dulden. Weitergehend § 1088 I, II. – **a) Berechtigt** 3 sind die persönl Gläub des Bestellers, nicht des Eigtümers. Für die Fdg genügt die Entsteh vor Bestellg des Nießbr, wofür die Grdsätze zu KO 3 Maß geben. So reicht Entsteh der Forderg als bedingte od als befristete (vgl RG **69**, 421). Bei Anspr auf wiederkehrende Leistgen entscheidet die Entsteh dem Grunde nach; bei Anspr aus § 1602 I (§ 1615a) muß die Bedürftig eingetreten sein. – **b) Gegenstand.** ZwVollstr in alle dem Nießbr unterliegenden Ggstände. Titel nach ZPO 737, 738, 794. Auch in die ErsAnspr des Eigtümers; vgl Rn 4. In Fahrnis, auch wenn der Besteller nicht Eigtümer ist. Für Grdst gelten ZPO 866ff, ZVG 17, 147. Der Nießbraucher hat den Eigtümer zu benachrichtigen, § 1042. Der Eigtümer, der nicht Besteller ist, kann nach ZPO 64, 771 vorgehen.

3) Verbrauchbare Sachen; vgl §§ 1067, 1084. Der ErsAnspr ist dem Gläub ggü sofort fällig. Pfändg 4 aGrd Titels gg Besteller (Nießbraucher ist DrittSchuldn); str.

1087 *Verhältnis zwischen Nießbraucher und Besteller.* **I Der Besteller kann, wenn eine vor der Bestellung entstandene Forderung fällig ist, von dem Nießbraucher Rückgabe der zur Befriedigung des Gläubigers erforderlichen Gegenstände verlangen. Die Auswahl steht ihm zu; er kann jedoch nur die vorzugsweise geeigneten Gegenstände auswählen. Soweit die zurückgegebenen Gegenstände ausreichen, ist der Besteller dem Nießbraucher gegenüber zur Befriedigung des Gläubigers verpflichtet.**

II Der Nießbraucher kann die Verbindlichkeit durch Leistung des geschuldeten Gegenstandes erfüllen. Gehört der geschuldete Gegenstand nicht zu dem Vermögen, das dem Nießbrauch unterliegt, so ist der Nießbraucher berechtigt, zum Zwecke der Befriedigung des Gläubigers einen zu dem Vermögen gehörenden Gegenstand zu veräußern, wenn die Befriedigung durch den Besteller nicht ohne Gefahr abgewartet werden kann. Er hat einen vorzugsweise geeigneten Gegenstand auszuwählen. Soweit er zum Ersatze des Wertes verbrauchbarer Sachen verpflichtet ist, darf er eine Veräußerung nicht vornehmen.

1) Allgemeines. Das InnenVerh zw Nießbraucher u Besteller richtet sich in erster Reihe nach dem Vertr. 1 § 1087 enthält nur nachgiebiges Recht (RG **153**, 31). Zweck: Abwendg der ZwVollstr unter Wahrg der beiderseitigen Interessen. Vgl auch § 1088 III. Über die in Betr kommenden Gläub vgl § 1086 Rn 3.

2) I verpflichtet den Nießbraucher zur nießbrauchfreien Rückg der erforderl Ggstände; dabei § 242 dch 2 Eigtümer zu wahren; vorzugsw geeignet sind zB Schuldverschreibgen (Brem DB **70**, 1436). Statt verbrauchbarer Ggstände hat der Nießbraucher sofort Wertersatz zu leisten.

3) II berechtigt ihn zur unmittelb Befriedigung des Gläub, wenn ein bestimmter in seinem Besitz 3 befindl Ggst geschuldet wird. Ist dieser nicht im NießbrVermögen, darf er bei Gefahr im Verzug einen zur Befriedigg vorzugsw geeigneten anderen Ggst (S 3) dieses Vermögens veräußern (S 2). Soweit er aber dem Besteller Wertersatz schuldet, muß er diesen zur Befriedigg des Gläub verwenden (S 4); vgl auch § 1086 S 2 Halbs 2. Schuldh Verletzg macht schadensersatzpfl. Die Veräußerg ist wirks, wenn die Verbindlichk besteht u Gefahr im Verzuge; guter Glaube bzgl dieser Voraussetzgen genügt nicht; doch schützt § 1058 den Nießbr auch hier.

1088 *Haftung des Nießbrauchers.* **I Die Gläubiger des Bestellers, deren Forderungen schon zur Zeit der Bestellung verzinslich waren, können die Zinsen für die Dauer des Nießbrauchs auch von dem Nießbraucher verlangen. Das gleiche gilt von anderen wiederkehrenden Leistungen, die bei ordnungsmäßiger Verwaltung aus den Einkünften des Vermögens bestritten werden, wenn die Forderung vor der Bestellung des Nießbrauchs entstanden ist.**

II Die Haftung des Nießbrauchers kann nicht durch Vereinbarung zwischen ihm und dem Besteller ausgeschlossen oder beschränkt werden.

III Der Nießbraucher ist dem Besteller gegenüber zur Befriedigung der Gläubiger wegen der im Abs. 1 bezeichneten Ansprüche verpflichtet. Die Rückgabe von Gegenständen zum Zwecke der Befriedigung kann der Besteller nur verlangen, wenn der Nießbraucher mit der Erfüllung dieser Verbindlichkeit in Verzug kommt.

1 **1)** Der **Nießbraucher haftet (I)** für die Dauer des Nießbr pers u unbeschr u unabdingb **(II)** mit dem Besteller als GesSchu für best wiederkehrde Leistgen (ges Schuldbeitritt), für die dieser pers haftet (also nicht für HypZinsen, wenn ein Dr pers Schu ist). § 103 gilt auch im Verh zum Gläub. – **a)** Zinsen (vertragl od ges). Die Fdg muß vor NießbrBestell als verzinsl entstanden sein. – **b) Wiederkehrende Leistungen,** die ein ordentl Verwalter aus den Einkünften zu bestreiten pflegt, auch wenn sie diese übersteigen (RG **153**, 29). Die Fdg muß vor NießbrBestell entstanden sein. Dazu gehören: Tilggsraten (insb am Verm dingl gesicherter Schulden; Düss OLGZ **75**, 341); Einkommen- u VermSteuern (RG **153**, 29; Halm BWNotZ **56**, 103; aA Boesebeck JW **37**, 463); Unterhaltsbeiträge; Versichergsprämien; vgl auch LAG § 73.

2 **2)** Im **Innenverhältnis** hat der Nießbraucher die Lasten zu tragen **(III).** Dies gilt über den zu engen Wortlaut hinaus für alle (auch nach NießbrBestell entstandenen) Lasten, die ein ordentl Verwalter aus den Einkünften bestreitet (Düss OLGZ **75**, 341). – Über Ausgleich zw Besteller u Nießbraucher, wenn Gläub aus nießbrauchsfreiem (nachträgl erworbenem) Verm befriedigt wird, die Schuld aber dem NießbrGut zur Last fällt, und umgekehrt, vgl W-Raiser § 124 V. Die bei Bestellg bestehden Passiven trägt intern das NießbrVerm; entstanden die Schulden aus einem das nießbrauchsfreie Verm betr Rechtsverhältn, muß dieses sie tragen, techn dch Auffüllg des NießbrVerm seitens des Bestellers.

1089 *Nießbrauch an einer Erbschaft.* Die Vorschriften der §§ 1085 bis 1088 finden auf den Nießbrauch an einer Erbschaft entsprechende Anwendung.

1 **1) Nießbrauch am Nachlaß.** Zuwendg durch Vermächtn, §§ 2147 ff, häufig unter Eheg im gemeinschaftl Testament unter Erbeinsetzg der Kinder; oft zweifelh, ob nicht Vor- u Nacherbsch gemeint (vgl Petzold BB **75** Beil 6 zu Heft 13). Zu unterscheiden von der Zuwendg des bloßen Anspr auf die Nutzgen (KG JW **33**, 184). Bestellg des Nießbr an den einzelnen Ggständen gem § 1085; vgl dazu RG **153**, 30; auch hier keine dingl Surrogation, § 1088 auch anwendb, wenn Vermächtn nicht an allen NachlGgst bestellt wird (vgl Düss OLGZ **75**, 341). Gläub (§§ 1086/8) sind nur die NachlGläub, §§ 1967 ff (RG DR **44**, 371), wo Anwendg der §§ 1087/8 auf ErbschSteuerschuld verneint wird; mutmaßl Wille des Erblassers maßg, ob Erbe vom Nießbraucher Zahlg der ErbschSteuer verlangen kann. Erbe kann Bestellg des Nießbr an denjenigen Ggständen verweigern, die er zur Erfüllg der NachlVerbindlichk benötigt (BGH **19**, 312). Vgl dort über Unanwendbark der Rechte aus § 1087, soweit der durch Ausschlagg (§ 2306 I 2) des zunächst Berufenen Erbe Gewordene jenem den Pflichtt zahlen muß. Nießbraucher haftet für NachlSchulden, auch wenn Nichterbe gem § 2366 den Nießbr bestellt hat. § 1058 gilt aber (W-Raiser § 124 VI). Rückg (§§ 1087 I, 1088 II 2) kann nur der wahre Erbe verlangen.

2 **2)** Für den **Nießbrauch an einem Miterbenanteil** (reiner RechtsNießbr) gelten die §§ 2033, 1068 ff, 1066 (Mü JFG **21**, 177). Auch bei Nießbr an allen Erbteilen, bei dem §§ 1086/8 entspr anzuwenden (str), der aber von dem an allen NachlGgständen zu unterscheiden ist; der Nießbr an allen Erbteilen ist ein Nießbr an einem Recht. Er ergreift die NachlGgstände nicht mehr, wenn sie aus dem Nachl ausschieden, dafür aber die in den Nachl gelangenden; umgekehrt beim Nießbr an einem Verm: Er belastet die aus ihm ausscheidden Ggstände weiter, ergreift aber nicht die neu darein gelangenden; vgl im einz Wolff-Raiser § 123 I; vgl aber auch § 1085 Rn 3. Erbauseinandersetzg u sonstige Vfg über NachlGgstände nur mit Zust des Nießbrauchers, § 1071; daher Eintr im GB als VerfüggsBeschrkg mögl (Hamm OLGZ **77**, 283).

Dritter Titel. Beschränkte persönliche Dienstbarkeiten

1090 *Begriff.* [I] Ein Grundstück kann in der Weise belastet werden, daß derjenige, zu dessen Gunsten die Belastung erfolgt, berechtigt ist, das Grundstück in einzelnen Beziehungen zu benutzen, oder daß ihm eine sonstige Befugnis zusteht, die den Inhalt einer Grunddienstbarkeit bilden kann (beschränkte persönliche Dienstbarkeit).

[II] Die Vorschriften der §§ 1020 bis 1024, 1026 bis 1029, 1061 finden entsprechende Anwendung.

1 **1) Allgemeines.** Die bpDbk ist ein **beschränktes dingliches Recht** an einem Grdst. Ihre Bestellg begründet ein **gesetzliches Schuldverhältnis** zw dem jeweil Eigtümer des belasteten Grdst u dem Berecht (vgl § 1018 Rn 1) mit dem Inhalt nach II iVm §§ 1020–1023, dessen anfängl od nachträgl Änderg ggü EinzelRNachf nur bei GBEintr (auch gem § 874) wirkt. Für mehrf bpDbk u Nebeneinand von GrdDbk (BayObLG **82**, 246) gilt § 1018 Rn 1. – Neben der bpDbk ist ein vom GrdGesch (Anm 7) zu unterscheiddes **schuldrechtliches Nutzungsrecht** (zB Pacht) mögl (BGH **LM** Nr 7); § 1018 Rn 1 gilt entspr.

2 **2) Belastungsgegenstand** wie bei GrdDbk (§ 1018 Rn 2).

3 **3) Berechtigte** können nur bestimmte natürl od jur Pers (auch des öffR) sein (subjpers R). – Für **mehrere Berechtigte** können selbstd inhalts- u ranggleiche bpDbk bestellt werden (BGH **46**, 253; BayObLG Rpfleger **80**, 151). Die Mitgl einer GesHdsGemsch sind GesHdsBerecht einer zum GesHdsVerm gehören bpDbk. Mehrere Berecht können auch als GesamtBerecht iSv § 428 (BGH **46**, 253; BayObLG **91**, 431), bei unteilb LeistgsGgst als MitBerecht iSv § 432 (KG JW **35**, 3564; Köln DNotZ **65**, 686) u bei teilb LeistgsGgst als BruchtBerecht iSv § 420 (Staud/Ring Rn 11; KEHE/Eickmann § 47 Rn 4) verbunden sein; über Teilbark des LeistgsGgst vgl § 1018 Rn 3. – **Eigentümerdienstbarkeit.** Berecht kann zugl Eigtümer des belasteten

Grdst sein (LG Lünebg NJW-RR **90**, 1037; vgl Einl 7 vor § 854); hM verlangt schutzwürd Interesse im Hinblick auf geplante Veräußerg (Ffm Rpfleger **84**, 264 mwN) od aus and Grd (Saarbr OLGZ **92**, 5); Dbk für einen MitEigtümer an ganzem Grdst zul (Ffm aaO; LG Wuppt RhNK **89**, 172).

4) Inhalt. Die bpDbk kann alles zum Inhalt haben, was Inhalt einer GrdDbk sein kann, aber auch nur das **4** (zB **keine Entgeltlichkeit** als RInhalt; BGH ZMR **66**, 333); § 1018 Rn 4–26 gilt entspr. Unterschied nur insow, als § 1019 nicht anwendb ist, so daß wirtsch Vorteil für Berecht nicht notw; es genügt ein mit privatrechtl Mitteln verfolgb eigenes od zu förderndes fremdes (zB bei jur Pers für Mitgl) schutzwürd wirtsch od ideelles Interesse des Berecht (BGH **41**, 211; BayObLG **65**, 180), auch öff Interesse wie Benutzg als Verkehrsfläche (LG Pass Rpfleger **72**, 135) od VeränderngsBeschrkg wg Denkmalsschutz (LG Pass Mitt-BayNot **77**, 191) od Entlastg öff Verkehrsfläche (BayObLG **65**, 180) od Fernhaltg bestimmter Gewerbeart in beplantem Gewerbegebiet (BGH Rpfleger **83**, 478). – a) **Duldung der Benutzung in einzelnen Beziehungen** (§ 1018 Rn 13); zB WohngsDbk (Saarbr OLGZ **92**, 5; vgl Übbl 3 vor § 1105. – b) **Unterlassung gewisser tatsächlicher Handlungen** (§ 1018 Rn 19); zB keine and GrdstBenutzg als KfzEinstellg (BayObLG **65**, 180). – c) **Ausschluß der Ausübung gewisser Rechte** (§ 1018 Rn 26) ggü dem Berecht statt ggü herrschdem Grdst (RG **119**, 211).

5) Schuldrechtliche Vereinbarungen (insb GgLeistg des Berecht) können neben dem dingl Recht **5** getroffen werden; § 1018 Rn 27 gilt entspr.

6) Entsprechend anwendbar (II) auf die bpDbk sind §§ 1020–1024, 1026–1029 (BesSchutz genießt nur **6** Berecht, nicht Drittbegünstigte; RGRK/Rothe Rn 11), 1061 (vgl dazu Rn 8).

7) Entstehung. Als dingl Recht rechtsgeschäftl gem § 873 dch Einigg (bei EigtümerR: einseit Erkl) u **7** Eintr; § 1018 Rn 29–32 gilt entspr. Wird Klausel iSv GBO 23 II bei DbkBestellg eingetr, so genügt EintrBew des Eigtümers (BGH **66**, 341). – Über **Übertragung u Belastung** vgl § 1092. – **Inhaltsänderung** dch RGesch gem § 877 od dch BedürfnÄnderg (vgl § 1018 Rn 9). Auswechselg des Berecht ist nicht InhaltsÄnderg sond Neubestellg (KG JFG **20**, 7). – **Umwandlung** in GrdDbk nicht mögl (Hamm Rpfleger **89**, 448); Aufhebg u Neubestellg notw.

8) Erlöschen dch Aufhebg, krG, Staatsakt u dauerndes AusübgsHindern; § 1018 Rn 35 gilt entspr. – **8** Ferner mit **Wegfall des Berechtigten** dch Tod einer natürl u Erlöschen einer jur Pers (II iVm § 1061). Aus § 1061 folgt Unvererblichk des dingl Rechts. Die bpDbk kann aber dch den Tod des Berecht auflösd bdgt für diesen u zugl aufschiebd bdgt für den Erben des Berecht od einen Dritten bestellt werden (KG JFG **20**, 7); dann sind zwei aufeinandfolgde bpDbk bestellt. Auch der BestellgsAnspr aus dem GrdGesch ist (arg § 1059e) unvererbl (Staud/Ring **1092** Rn 1; Soergel/Stürner § 1092 Rn 2; aA BGH **28**, 99); zuläss ist aber Vertr iSv §§ 328, 331 zw Eigtümer u Berecht zG des Erben des Berecht od eines Dritten auf Bestellg einer (neuen) bpDbk nach Tod des Berecht. Fällt ein GesamtBerecht fort, so bleibt bpDbk für den/die and bestehen (BGH **46**, 253).

1091 **Umfang.** **Der Umfang einer beschränkten persönlichen Dienstbarkeit bestimmt sich im Zweifel nach dem persönlichen Bedürfnisse des Berechtigten.**

Nur wenn die Beteil den Umfang der Ausübg nicht geregelt haben, gilt die **Auslegungsregel** (BGH **41**, **1** 209) des § 1091; sie schließt Bestellg für fremde Bedürfn (auch nur für diese) nicht aus (BGH aaO). Persönl Bedürfn weit zu fassen; zB auch des Haushalts od Geschäfts (KGJ **33**, 233).

1092 **Übertragbarkeit; Überlassung der Ausübung.** [I] **Eine beschränkte persönliche Dienstbarkeit ist nicht übertragbar. Die Ausübung der Dienstbarkeit kann einem anderen nur überlassen werden, wenn die Überlassung gestattet ist.**

[II] **Steht eine beschränkte persönliche Dienstbarkeit oder der Anspruch auf Einräumung einer beschränkten persönlichen Dienstbarkeit einer juristischen Person zu, so gelten die Vorschriften der §§ 1059a bis 1059d entsprechend.**

1) Übertragung (I 1); über Vererbg vgl § 1090 Rn 8. – a) Das **dingliche Recht** ist unabdingb **1** (BayObLG **80**, 176) unübertragb; gilt auch für bpDbk iR eines Altenteils (KG JW **32**, 1564). Übertragg liegt nicht vor, wenn § 873 nicht anwendb (vgl § 873 Rn 5–8). Auswechselg des Berecht ist nicht InhaltsÄnderg nach § 877 sond Aufhebg u Neubestellg an rangbereiter Stelle (KG JFG **20**, 7). Zuläss ist, die bpDbk dch dasselbe Ereign auflösd bdgt für den Berecht u aufschiebd bdgt für einen Dritten zu bestellen (KG JFG **20**, 7; dann sind zwei aufeinandfolgde bpDbk bestellt) od eine bestehde mit einer neuen zu einer Gesamtberechtigg zu verbinden (Düss RhNK **79**, 191). – b) Auch der **Bestellungsanspruch** aus dem GrdGesch ist (arg II, **2** § 1059e) nicht abtretb (Soergel/Stürner Rn 2; Staud/Ring Rn 1; aA BGH **28**, 99). Zuläss ist aber Vertr iSv §§ 328, 331 zw Eigtümer u Berecht zG des Erben od eines Dritten auf Bestellg einer (neuen) bpDbk nach Erlöschen der ersten. – c) Der **Anspruch auf den Ersatzwert** nach Erlöschen der bpDbk inf Zuschlags (ZVG 92) ist übertragb (LG Ffm Rpfleger **74**, 122). – d) **Ausnahme (II).** Steht die bpDbk einer jur Pers od OHG/KG **3** (BGH **50**, 307) zu, so ist sie nach §§ 1059a–1059d übertragb; über NachfKlausel im GB: Düss MittBayNot **76**, 215 (zul); LG Bchm Rpfleger **75**, 432 u GBA Mannh BWNotZ **77**, 26 (unzul). Gilt nicht für Bestellgs-Anspr, da § 1059e in II nicht erwähnt.

2) Belastung des dingl Rechts u des BestellgsAnspr wg Unübertragbark ausgeschl (§§ 1069 II, 1274 II); **4** keine Ausn bei jur Pers od OHG/KG (II iVm § 1059b). Damit auch **Pfändung** u Überweisg zur Einziehg ausgeschl (ZPO 851 I, 857 I); vgl auch Rn 6. – Anspr auf ErsWert nach Erlöschen der bpDbk inf Zuschlags (ZVG 92) verpfändb u pfändb (LG Ffm Rpfleger **74**, 122).

3) Überlassung der Ausübung (I 2). Bei Eintritt des Berecht in MietVertr zw Eigtümer u Dritten (§ 577 **5** S 1) beginnt sie mit NichtKünd ab erster KündMöglichk (BGH **59**, 51). – a) **Voraussetzung** ist Gestattg des

Eigtümers. Sie ist eine (ausdrückl od stillschw) anfängl od nachträgl getroffene Vereinbg zw Eigtümer u Berecht (BGH **LM** § 1090 Nr 7), die zur Wirkg ggü EinzelRNachf (nicht aber zw den Beteil) der GBEintr (auch gem § 874; KG JFG **15**, 31) bedarf (BGH **LM** KO § 1 Nr 5); sie liegt noch nicht in Bestellg einer bpDbk zum Betr eines Gewerbes (BGH aaO). Kein einseit Widerruf der Gestattg dch Eigtümer (vgl
6 Schmidt-Futterer ZMR **67**, 163). Überlassg selbst nicht eintraggsfäh. – **b) Wirkung.** Dritter erwirbt kein dingl Recht (BayObLG **82**, 246) u keinen Anspr gg Eigtümer, sond nur eine Einwendg gg die Klage aus §§ 1004, 1027. Nur iFv I 2 kann er gewillkürter ProzStandschafter für Berecht sein (BGH **LM** Nr 4). Nur iFv I 2 fällt bpDbk in KonkMasse des Berecht (BGH **LM** § 1090 Nr 7) u ist gem ZPO 857 III pfändb (KG OLGZ **68**, 295); zur Frage, ob Berecht nach Pfändg noch auf die bpDbk verzichten kann, vgl § 1059 Rn 6. –
7 **c)** Bei **Überlassung ohne Gestattung** hat Eigtümer Anspr aus § 1004; bei Vermietg dch Berecht aber keinen Anspr auf den Mietzins (BGH **59**, 51).

1093 *Wohnungsrecht.* [I] Als beschränkte persönliche Dienstbarkeit kann auch das Recht bestellt werden, ein Gebäude oder einen Teil eines Gebäudes unter Ausschluß des Eigentümers als Wohnung zu benutzen. Auf dieses Recht finden die für den Nießbrauch geltenden Vorschriften der §§ 1031, 1034, 1036, des § 1037 Abs. 1 und der §§ 1041, 1042, 1044, 1049, 1050, 1057, 1062 entsprechende Anwendung.

[II] Der Berechtigte ist befugt, seine Familie sowie die zur standesmäßigen Bedienung und zur Pflege erforderlichen Personen in die Wohnung aufzunehmen.

[III] Ist das Recht auf einen Teil des Gebäudes beschränkt, so kann der Berechtigte die zum gemeinschaftlichen Gebrauche der Bewohner bestimmten Anlagen und Einrichtungen mitbenutzen.

1 **1)** Das **Wohnungsrecht ist eine Abart der beschränkten persönlichen Dienstbarkeit** mit nießbrauchsähnl Gestaltg. Es ist oft Bestandt (auch einziger) eines Altenteils (vgl EG 96).
2 **a)** Ob **Miete** od WohngsR gewollt, ist dch Ausleg des PartWillens zu ermitteln. Von der Bestellg eines WohngsR bzw einer Verpfl dazu ist nur auszugehen, wenn ernsth Wille zur GrdstBelastg genügd klar ausgedrückt; iZw Miete (Staud/Ring Rn 3). Weder Wortlaut (zB „Mietzins" für Entgelt) noch Vereinbg nur schuldrechtl mögl Pfl (vgl Anm 5) sind alleine maßg. – Anfängl od nachträgl **Nebeneinander** von MietVertr u WohngsR ist mögl (BGH Rpfleger **74**, 187; Hamm DNotZ **57**, 314); mit späterer Künd des MietVertr entfällt nicht RGrd für WohngsR, da dieses nicht GrdGesch (BGH ZMR **66**, 333). Bei nachträgl WohngsRBestellg entspricht es oft dem PartWillen, den MietVertr aufzuheben u dch GrdGesch für WohngsR zu ersetzen (BGH **LM** § 398 Nr 20); VertrAuslegg oft dahin, daß die nicht ausschließl mietrechtl Bestimmgen des MietVertr als Bestandt des GrdGesch für WohngsR weitergelten (BGH aaO).
3 **b)** Unterschiede zur **Dienstbarkeit nach §§ 1090–1092.** – **aa)** Hauptzweck der Benutzg muß das **Wohnen** sein; andersart Nutzg vereinb, wesensfremd (BGH **LM** Nr 3; aA MüKo/Joost Rn 4). – **bb)** Das BenutzgsR muß sich auf **Gebäude od Gebäudeteile** beziehen. Unschädl, daß Gbde nicht für langfrist Wohnen geeignet (BGH BB **68**, 105) od noch nicht errichtet (Hamm DNotZ **76**, 229) bzw ausgebaut (LG Regbg BWNotZ **87**, 147). Erstreckg des BenutzgsR auf unbebaute GrdstTeile (zB Hausgarten, Garagenzufahrt) od nicht zum Wohnen bestimmte Gbde/Räume (zB Garage, Stall) desselben Grdst zul,
4 wenn Benutzg iR des hauptsächl Wohnzwecks (Ffm OLGZ **83**, 31). – **cc) Ausschluß des Eigentümers** von der Benutzg des Gbdes/GbdeTeils ist unabdingb Wesensmerkmal; sonst nur bpDbk nach § 1090 (vgl Übbl 3 vor § 1105). Wesentl ist, daß im Ausübgsbereich des WohngsR der Eigtümer als solcher (nicht als Berecht; vgl Rn 7) neben dem Berecht nicht nutzgsberecht ist (BayObLG **91**, 431). Unschädl aber MitbenutzgsR des Eigtümers an unbebauten GrdstTeilen (Ffm OLGZ **83**, 31) od NichtwohnGbde/Raum (LG Osnabr Rpfleger **72**, 308; aA LG Stade Rpfleger **72**, 96), auf die sich WohngsR erstreckt; doch auch insow Ausschl des Eigtümers vereinb (Schlesw SchlHA **66**, 67), wodch auch beim WohngsR vollständ BenutzgsAusschl des Eigtümers bzgl des ganzen Grdst erreichb (LG Fbg BWNotZ **74**, 85). Eigtümer kann ranggl MitbenutzgsR aGrd bpDbk haben (Saarbr OLGZ **92**, 5).
5 **c)** Bei **Grundstücksüberlassung zu Wohnzwecken** (nicht nur realen GrdstTeils; RG **164**, 196) kann Nießbr gewollt sein. Dann muß Berecht umfassdes NutzgsR erhalten u darf nur von einz Nutzgen ausgeschl sein (§ 1030 Rn 6). – Über Wohngsgewährg als Inhalt einer Reallast vgl Übbl 3 vor § 1105.
6 **2) Belastungsgegenstand** wie bei bpDbk (§ 1090 Rn 2); nicht GaragenTeilEigt (BayObLG NJW-RR **87**, 328). Die Beschrkg des BenutzgsR auf Gbde/GbdeTeile (Rn 3) bedeutet nur eine räuml AusübgsBeschrkg bei Belastg des ganzen Grdst (BGH **LM** Nr 3). Bei GesamtWohngsR an mehreren Grdst (gg Zulässigk Böttcher MittBayNot **93**, 129 zu IV 7) muß auf jedem ein dem BenutzgsR unterliegdes Gbde sein (BayObLG DNotZ **76**, 227). Grdst muß noch nicht bebaut sein (Hamm DNotZ **76**, 229).
7 **3) Berechtigter** kann nur eine best natürl/jur Pers sein. – Für **mehrere Personen** selbstd inhalts- u ranggl WohnungsR bestellb (BGH **46**, 253). Für sie WohngsR auch als GesHds- (zB EhegGesellsch; BGH NJW **82**, 170), Gesamt- (§ 428; BGH aaO) od MitBerecht (§ 428; MüKo/Joost Rn 13) bestellb; wg Unteilbark der Leistg aber nicht als BruchtBerecht (§ 420; Köln DNotZ **65**, 686). Über Eheg in GüterGemsch vgl BayObLG **67**, 480. – Für **Eigentümer** des belasteten Grdst (aber nicht jeweil!) bestellb (hM); daher auch zuläss: ranggl WohngsR für Eigtümer u Dritten (aA KG OLGZ **85**, 65), WohngsR für Eigtümer u Dritten in GesHdsGemsch (LG Lüneb NJW-RR **90**, 1037), WohngsR für einen MitEigtümer alleine (LG Wuppt RhNK **89**, 172) od in RGemsch mit Drittem (BayObLG **91**, 431), gemschaftl WohngsR für mehrere MitEigtümer (LG Ffm NJW-RR **92**, 600).
8 **4)** Der **Inhalt** des WohngsR ergibt sich zunächst aus der RNatur als bpDbk (vgl § 1090 Rn 4) mit den sich aus I 1 ergebden Abweichgen (vgl Rn 3, 4). Er darf sich nicht nach einem zw den Beteil bestehdn MietVertr

richten (BGH **LM** § 398 Nr 20). Über Grdst/GbdeTeile, die WohngsR nicht unterliegen, darf Eigtümer frei bestimmen (BGH WM **82**, 298).

a) Die **dem Wohnungsrecht unterliegenden Gebäude/Räume** müssen bestimmt sein, sofern es sich 9 nicht erkennb auf alle Gbde/Räume bezieht (BayObLG MittBayNot **88**, 127); Auswahl darf nicht Eigtümer (LG Aach RhNK **75**, 12) od Berecht (BayObLG **64**, 1) vorbehalten bleiben, Ausüb eines WahlR kann aber zugl auflöse u aufschiebe Bdgg für WohngsR an best Raum sein (BayObLG MittBayNot **88**, 127).

b) Unterhaltung des Gebäudes. – aa) Gesetzlich ist Berecht zu schonder Ausüb verpfl (§§ 1090 II, 10 1020 S 1) u hat ggü Eigtümer über §§ 1090 II, 1020 S 2 hinausgehde UnterhaltgsPfl iRv I 2, § 1041. Zu weitergehder Unterhaltg ist Berecht nicht verpfl (aber AnzeigePfl nach I 2, § 1042); bei Vornahme aber ErsAnspr nach I 2, § 1049. Eigtümer trifft keine Pfl (auch nicht aus §§ 1090 II, 1027) zur GbdeUnterhaltg (BayObLG **85**, 414; LG Kass WuM **89**, 519), da Dbk nicht zur aktiver Hdlg verpfl; daher muß Berecht dch die Benutzg verusachte WohngsNebenkosten (Müll, Wasser, Heizg) selbst tragen (LG Duisbg WoM **88**, 167). Zum ReparaturR einschl BesichtiggsR des Eigtümers vgl § 1044 Rn 1. – **bb) Vertraglich** vereinb 11 (Rn 15), daß Eigtümer Gbde u Anlagen/Einrichtgen iSv III unterhält (BayObLG **80**, 176; Köln RhNK **86**, 264), zB beheizt, Kosten für SchönhRep u Ver-/Entsorgg trägt (Schlesw NJW-RR **94**, 1359; LG Trier MittBayNot **94**, 545) od nach Zerstörg wiederaufbaut (LG Heilbr BWNotZ **75**, 124). Dies kann dch Einigg u Eintr zum RInhalt gemacht werden; auch Reallast mögl (Köln RhNK **92**, 46).

c) Benutzung durch Dritte. – aa) Familienangehörige/Hauspersonal dürfen ohne bes Gestatt 12 aufgenommen werden **(II)**. Familie setzt keine UnterhaltsPfl voraus u umfaßt auch Sohn mit Angehörigen (AG Lindlar MDR **71**, 844); nach BGH **84**, 36 (abl Heinz FamRZ **82**, 763) auch dauerh Lebensgefährten. Aufnahme erfaßt nicht mehr Überlassg zur alleinigen Benutzg, sond erfordert Mitbenutzg (vgl dazu Oldbg NJW-RR **94**, 467); sie ist keine Überlassg iSv § 1092 I 2 (BGH **LM** KO § 1 Nr 5). – **bb) Sonstigen Dritten** darf die Allein- od Mitbenutzg nur bei Gestattg nach § 1092 I 2 überlassen werden; Gestattg idR bei WohngsR für jur Pers (KGJ **53**, 157). Ohne Gestattg kann Eigtümer vom Berecht Unterlassg verlangen (§ 1004), nicht aber etwaigen Mietzins (BGH **59**, 51; krit Baur JZ **72**, 630 u Kollhosser BB **73**, 820) od NutzgsEntschädigg (Oldbg NJW-RR **94**, 467). Vorübergehde Aufn von Besuch hält sich iR des Wohnzwecks u bedarf keiner Gestattg. Über GestattgsAnspr aus § 242 bei Unmöglichwerden eigenen Wohnens vgl Köln ZMR **95**, 256.

d) Mitbenutzung gemeinschaftlicher Anlagen/Einrichtungen (III). Mangels bes Vereinbg sind die 13 Grdst- u GbdeVerh sowie die allg Lebens- u Wohngewohnh maßg. Dazu gehören zB Sammelheizg (BGH **52**, 234), Keller (LG Verd NdsRpfl **65**, 84), Treppenhaus, Hof, Waschküche, Trockenboden (Schlesw SchlHA **66**, 67), Ver-/EntsorggsAnlagen (BayObLG Rpfleger **92**, 57); nicht aber Garten u für Zugang nicht notw Flächen (BayObLG aaO). Parkflächen (LG Ellw Rpfleger **65**, 12) u Garagen nur, wenn sie die Kfz aller Bewohner aufnehmen können; daher nicht Einzelgaragen u idR auch nicht Doppelgaragen. MitbenutzgsR gilt auch für neue (LG Kblz ZMR **63**, 11) u erneuerte (BGH **52**, 234) Anlagen usw. Beheizg kann nicht unentgeltl verlangt werden; daher hat Berecht auch BediengsKostenAnt zu tragen (aA LG Hbg MDR **63**, 218). Eigtümer ist dem Berecht zur Instandhaltg verpfl (BGH **LM** Nr 8; aA Baur JZ **70**, 72).

e) Entgeltlichkeit kann nicht dingl RInhalt sein (BGH **LM** § 398 Nr 20; BayObLG NJW- RR **89**, 14 **14** [Tragg von GrdstLasten dch Berecht]; **93**, 283; Ffm NJW-RR **92**, 345); § 1018 Rn 12 gilt entspr.

5) Schuldrechtliche Vereinbarungen (zB über GgLeistg des Berecht u Künd des Eigtümers) können 15 neben dem WohngsR getroffen werden; § 1018 Rn 27 gilt entspr. MietpreisR auf NutzgsEntgelt nicht anwendb (BGH WM **65**, 649; LG Mannh WuM **75**, 170).

6) Entspr **anwendbar auf das Wohnungsrecht** sind die in **I 2 und 1090 II** genannten Vorschr. Außer- 16 dem sind anwendb § 1055 I (hM) u bei BesVorenthaltg § 1065 (W-Raiser § 113 Fußn 9; Hurst ZMR **69**, 97; aA RGRK/Rothe Rn 6); nicht aber § 1058 (RGRK aaO; aA W-Raiser § 113 II 3).

7) Entstehung. – a) Als abstraktes **dingliches Recht** entsteh § 873 dch Einigg (bei EigtümerR: einseit Erkl) 17 u Eintr. Für Klausel iSv GBO 23 II bei RBestellg genügt EintrBew des Eigtümers (BGH **66**, 341). – Die **Einigung** muß den Berecht (Rn 7) u einen zul sowie notw Inhalt (Rn 8–14) zum Ggst haben. Für Bedingth u Befristg gilt § 1018 Rn 30 entspr. – Die **Eintragung** muß den Berecht (Rn 7) u den RInhalt (Rn 8–14) enthalten, zu letzterem gehört insb die Angabe der betroffenen Räume (Hamm DNotZ **62**, 402). Im EintrVermerk genügt Angabe „WohngsR" mit Bezug gem § 874 wg Einzelh (KG OLGZ **68**, 295); „Mitbenutzgsr" für Garten genügt (Ffm Rpfleger **82**, 465). – **b)** Für das **schuldrechtliche Grundgeschäft** gilt § 1018 Rn 33 entspr. Es ist von einem daneben bestehden MietVertr zu unterscheiden (vgl Rn 2).

8) Übertragung, Belastung, Pfändung, Ausübungsüberlassung: § 1092 Rn 1–7 gilt; keine Überleitg 18 nach BSHG 90 (Karpen RhNK **88**, 131 zu IV). Wird ein WohngsR für Räume bestellt, die an Dritten vermietet, so gilt § 577 S 1 unabhäng von Gestattg nach § 1092 I 2 (BGH **59**, 51); § 1092 I 2 widerspr Überlassg erst ab erstmal KündMöglichk für Berecht (BGH aaO).

9) Erlöschen dch Aufhebg, krG (zB § 158 II; BayObLG Rpfleger **83**, 61), Staatsakt; § 1018 Rn 35 gilt 19 entspr. Kein Erlöschen bei subj AusübgsHindern (Zweibr OLGZ **87**, 27; Köln ZMR **95**, 256). – **Zerstörung des Gebäudes** bewirkt Erlöschen nur, wenn Wiederaufbau dauernd unmögl (Ffm SJZ **48**, 385; Dammertz RhNK **70**, 105; aA BGH **LM** Nr 6 u hM: Erlöschen), denn WohngsR belastet Grdst; kein Wiederaufleben, wenn Eigtümer nicht zum Wohnen bestimmtes Gbde aufbaut (vgl auch BGH **8**, 58). WiederaufbauPfl des Eigtümers nur, wenn sie vereinb (vgl Rn 11) od dch LandesR begründet. Bejaht man Erlöschen, so ist WiederaufbauPfl dch Reallast u NeuBestellgsAnspr dch Vormkg sicherb. – Bei **Tod des Berechtigten** gilt § 1090 Anm 8 entspr. Bei UnterhaltgsPfl des Eigtümers als dingl RInhalt sind Rückstände nicht iSv GBO 23 I ausgeschl (BayObLG **79**, 372; vgl auch Düss FGPrax **95**, 11).

Sechster Abschnitt. Vorkaufsrecht

Überblick

1 **1) Begriff.** Das **Vorkaufsrecht** ermöglicht dem Berecht, von dem Verpflichteten das belastete Grdst zudenselben Bedinggen zu kaufen, zu denen der Verpflichtete es an Dritten verkauft hat. Das persönl VorkR (§§ 504ff) verpflichtet nur den Besteller (od dessen GesRNachf) u gilt nur für einen Verkaufsfall; es kann sich auf Grdst u Fahrnis beziehen. Das dingl VorkR nur an Grdst (u deren Zubehör) bestellbar, §§ 1094, 1096; aber auch für mehrere od alle Verkaufsfälle, § 1097; dann verpflichtet es den jeweil Eigtümer. Es wirkt Dritten ggü, u zwar wie eine Vormkg, § 1098 II; über Unterschiede zum persönl, durch Vormkg gesicherten VorkR vgl Vorbem 5 vor § 504, Hochmann BWNotZ **81**, 166. – Die **Rechtsnatur** ist str (vgl Schurig, Das VorkR im PrivatR, 1975, S 61–106). Jedenf dingl Belastg des Grdst (RG **167**, 300); also keine VertrFreih (vgl § 1098 Rn 2); §§ 889, 891ff, 902 anwendb. Es ist kein verdinglichtes persönl VorkR (str), es setzt ein persönl VorkR auch nicht (als KausalGesch) voraus, wenn es auch zur Verstärkg eines solchen bestellt werden kann. KausalGesch kann auch ein kaufähnl Vertr, Vermächtn ua sein, od aber auch ganz fehlen.

2 **2) Bedeutung.** Das BGB kennt an Sachen nur rechtsgeschäftl bestellte VorkR. Es ermöglicht dem Verk, insb dem Gutsübergeber (Altenteiler), Einfluß auf das veräußerte Grdst zu behalten. Auch andere Beteiligte, zB Nießbraucher, Mieter, Pächter, können durch ein VorkR ihre RStellg verstärken. Gesetzl Vorkaufsrechte an einzelnen Ggständen gibt es nach dem BGB nicht. Die §§ 2034ff betreffen nur den Anteil am Nachl. Das BGB hat sich damit vom deutschen Recht entfernt, das in großem Umfang „Näherrechte" für nächste Verwandte, Gemeinschafter, Marktgenossen u Nachbarn kannte.

3 **3) Gesetzliche Vorkaufsrechte** enthalten das Bundes- u LandesR. Sie bedeuten keine Enteigng (BGH WPM **77**, 197 zu RSiedlG; **77**, 550 zu BBauG). Die Ausübg kann uU RMißbr sein (BGH **60**, 275; Warn **66**, 79). Über Nichtigk einer NießbrBestellg zur Umgehg ges VorkR vgl BGH **34**, 204. Ges VorkR hindert nicht Bestellg eines solchen nach § 1094 (LG Lüb SchlHA **63**, 119 zu BBauG 24 aF).

4 **a) RSiedlG** 1, 4–10, 11a. VorkR zG gemeinnütz SiedlgsUnternehmen (nach LandesR auch and Stellen) bei Verkauf (u UmgehgsGesch, Kahlke S 26) **landwirtschaftlicher Grundstücke** (auch Weinberge, BGH MDR **66**, 490; nicht aber forstwirtsch Grdst, BGH WM **74**, 539) u kultivierb Öd- u Moorlandes von 2 ha aufwärts (nach LandesR höher od, für beschränkte Zeit, niedriger bestimmb), sofern die Veräußerg nach GrdstVG der Gen bedarf u diese nach GrdstVG 9 nach Auffassg der GenBehörde zu versagen wäre (dazu BGH **67**, 300). Kein VorkR, wenn Veräußerg unter Auflage genehmigt w kann (BGH NJW **65**, 816) u bei Verkauf an Erwerber iSv § 4 II (vgl Schlesw RdL **70**, 75). Bei Verkauf mehrerer zusgehöriger Grdst kommt es auf die GesGröße an (Kblz RdL **64**, 292). Unterliegen in einem Vertr verkaufte Grdst teils dem VorkR teils nicht, kann das VorkR nicht ausgeübt w, außer Vertr u Antr an Gen sind nach Sachlage od Interessen der Beteil teilb (BGH WM **74**, 539). Ist im KaufVertr Kaufpr geringer als vereinb beurkundet, dann gilt das beurkundete Entgelt als vereinbart; doch muß auch hier das vereinb (nicht beurkundete) Entgelt bestimmb sein (BGH **53**, 52). Rechtsgeschäftl VorkR erlöschen bei Ausübg des gesetzl, § 5. Nicht erlöschen (jetzt) AuflVormerkgn; diese noch von Bedeutg, wenn VorkR ausgeübt w für anderen als die durch die Vormkg Gesicherten, vgl Schulte RdL **61**, 277. Anwendb jetzt nur noch §§ 505 II, 506–509, so daß VorkR nach RSiedlG jetzt nicht mehr Wirkg einer Vormerkg hat (KG DNotZ **62**, 557; aA Kahlke, Das VorkR der landw Siedlg, 1964, S 71ff). Dies beruht auf der Verknüpfg dieses VorkR mit der GenBedürftigk des RGesch nach GrdstVG. Eintr des EigtümerWechsels darf nicht erfolgen, bis Gen nach GrdstVG vorliegt; erfolgt sie trotzdem, sind KaufVertr u Aufl unwirks. GenBehörde hat KaufVertr der Siedlgsbehörde vorzulegen, GrdstVG 12; diese reicht ihn dem Siedlgsunternehmen zur Entsch über Ausübg des VorkR weiter u hat dann den Beteiligten entspr Mitteilg zu machen (RSiedlG 6; BGH NJW **81**, 174; Karlsr RdL **58**, 69) mit Begr, weshalb Gen zu versagen (GrdstVG 21), aber die Versagg nicht auszusprechen (Oldbg NdsRpfl **64**, 197). Bis zum Zugang (nicht nachh, Düss OLGZ **72**, 416) dieser Mitteilg kann durch Rückn des GenAntrags (BGH **41**, 119) od einverständl Aufhebg des KaufVertr (Schulte RdL **64**, 117) das VorkR hinfällig w. Einwendgen der Kaufparteien, daß Verkauf nicht genehmiggspfl od der Gen zu versagen wäre, sind vor dem LwG geltd zu machen, § 10. Zum Verzicht auf VorkR vgl BGH WM **65**, 1178. Zum GenVerf nach GrdstVG bei Ausübg des VorkR vgl Herminghausen DNotZ **65**, 211; Bendel RdL **62**, 169; Kahlke RdL **62**, 312; Pannwitz RdL **63**, 197. – Verwendet SiedlgsUntern das erworbene Grdst nicht binnen 6 Jahren zur Siedlg, hat Erstkäufer (od nach § 5 ausgefallener Verkäufer) Anspr auf Übereigng gem § 9.

5 **b) BauGB** 24–28. VorkRe der Gemeinde nach §§ 24, 25 bei Kauf bebauter od unbebauter Grdst (nicht von Rechten nach dem WEG od ErbbR), sofern nicht nach § 26 ausgeschl. Es muß vor Abschluß des KaufVertr entstanden sein (BGH **32**, 383; VGH Mü BauR **80**, 249). Abwendgsmöglichk nach § 27.

6 **aa) Ausübung** dch VerwAkt ggü Verkäufer binnen 2 Monaten ab Mitteilg (zu dieser vgl BGH **60**, 275) des rechtswirks (erforderl behördl Gen; zB nach WährG 3, BGH DNotZ **73**, 87, im Ggs zur Gen nach § 19) KaufVertr an Gemeinde (§ 28 II 1; Fristverlängerg nach § 27 I 3). Ausübg nur, wenn Wohl der Allgemeinh es erfordert (§ 24 III 1). Dch Ausübg kommt KaufVertr zw Verkäufer u Gemeinde (vgl aber § 28 IV 2) zustande: BGB 504, 505 II, 506–509, 512 gelten (§ 28 II 2); iFv § 28 III 1 Kaufpr zwingd nach Entschädiggswert. – **Anfechtung** der RAusübg zum vertragl Kaufpr nach VwGO 40 u zum Entschädiggswert (§ 28 III 1) nach BauGB 217. – Kauft die Gemeinde ein Grdst u w daraufhin ein rgesch VorkR ausgeübt, so kann die Gemeinde noch ihr vorrangiges ges VorkR ausüben (BGH WM **77**, 550).

7 **bb) Sicherung.** Das GBA darf Erwerber eines Grdst aGrd Veräußerg erst als Eigtümer eintragen, wenn Nichtbestehen od Nichtausübg des VorkR dch Zeugn der Gemeinde nachgewiesen (§ 28 I 2); AuflVormkg u dingl VorkR für Erwerber ohne Zeugn einzutragen (vgl § 28 II 5, 6). Bei Verstoß EigtErwerb mögl. Daneben auf Ersuchen der Gemeinde Vormkg für diese einzutragen (§ 28 II 3), zB als Schutz gg Belastgn;

nicht mehr nach EigtUmschreibg (BayObLG NJW **83**, 1567). – Zur AusstellgsBefugn für Zeugn vgl LG Regbg Rpfleger **77**, 311; LG Landsh Rpfleger **77**, 365; LG Ambg MittBayNot **77**, 206 (je für *Bay*); LG Klautern MittBayNot **78**, 110 *(für RhPf)*; Engelken DNotZ **77**, 579 zu Fußn 8. – **Kein Kauf** iSv § 24: **8** Schenkg (BGH NJW **79**, 875), AltenteilsVertr uä (LG Mü II Rpfleger **77**, 173; LG Cobg DNotZ **77**, 414; LG Kleve RhNK **77**, 110; LG Osnabr Rpfleger **84**, 146; einschrkd Brschw DNotZ **78**, 97), ErbAuseinandS (KG OLGZ **79**, 11), ErbschKauf (LG Bln Rpfleger **94**, 502), Tausch (LG Regbg MittBayNot **77**, 234), GesGut-AuseinandS (LG Memmg MDR **78**, 149), Übertr von Ant einer Gesellsch mit GrdstVerm (Düss RhNK **77**, 176), Übertr von MitEigtAnt auf and MitEigtümer (BayObLG **85**, 322) im Ggs zu Übertr an Dritten (BGH NJW **84**, 1617; Ffm FGPrax **95**, 139), vorweggenommene Erbfolge (Köln RhNK **78**, 54). Liegt zweifelsfrei kein VorkFall vor (zB Verkauf dch KonkVerw; LG Lüb Rpfleger **90**, 159), kann GBA kein Negativattest verlangen (Köln Rpfleger **82**, 338; BayObLG **85**, 322).

cc) Wirkung der Ausübung. Nach § 28 III 3 geht das GrdstEigt ohne Aufl auf die Gemeinde über, wenn **9** der Bescheid über die Ausübg unanfechtb geworden u Eigt auf Ersuchen der Gemeinde im GB umgeschrieben. Diese Regelg gilt für alle Fälle der Ausübg; denn auch wenn für Kaufpr nicht stets § 28 III 1 gilt, kann sie als allg Vorschr angesehen werden. – Mit EigtErwerb der Gemeinde erlöschen rgesch VorkRe (§ 28 II 5), auch wenn für mehrere VorkFälle bestellt; AuflVormkg für Käufer (zur Sicherg des AuflAnspr od schuldr-VorkR) ist auf Ersuchen der Gemeinde zu löschen (§ 28 II 6), ebso dingl VorkR (GBO 22).

c) Landesrecht: zB DenkmalsschutzG *Bay* 19; *NRW* 32; *RhPf* 32; *Saarl* 24 – NaturschutzG *Hbg* 37; *Hess* **10** 40; *Nds* 48 WaldG *BaWü* 25. – **Neue Bundesländer:** VermG 20 (dazu Flik BWNotZ **93**, 83).

4) Dingliche Wiederkaufsrechte (über persönl vgl §§ 497 ff) gibt es nach BGB nicht. Aber nach **11** RSiedlG 20, 21; dazu Hoche NJW **68**, 1661; Haegele Beschr Rnrn 388 ff; es gilt für alle WiederkFälle (Celle RdL **70**, 187); ist es eingetr, ist es ein dem GBR unterliegdes R mit der dingl Wirkg einer Vormkg (BGH NJW **80**, 833). Zur Eintr unbefristeter WiederKR aus RSiedlG 20 vgl KG OLGZ **77**, 6. Nach Ausübg des WiederKR kann das Siedlgsunternehmen die Löschg nachrang Belastgen nicht verlangen, sow sie dch den WiederKPreis gedeckt sind (BGH **58**, 395). Über HeimfallAnspr vgl ErbbRVO 2 Nr 4; 3; 4; 32 ff; RHeimstG 12 ff; WEG 36; der Sache nach, wenn entgeltl, WiederKR. Nach LandesR aGrd der Vorbehalte im EG häufiger. AnkaufsR sind stets rein persönl (KG JFG **3**, 317; RG **154**, 358); dch Vormkg sicherb.

1094 *Begriff und Formen des Vorkaufsrechts.* [I] Ein Grundstück kann in der Weise belastet werden, daß derjenige, zu dessen Gunsten die Belastung erfolgt, dem Eigentümer gegenüber zum Vorkaufe berechtigt ist.

[II] Das Vorkaufsrecht kann auch zugunsten des jeweiligen Eigentümers eines anderen Grundstücks bestellt werden.

1) Allgemeines. Begriff; Übbl 1. Mehrere dingl VorkRe sind (entspr AuflVormkgen; vgl § 883 Rn 30) **1** gleichrang bestellb (Hamm NJW-RR **89**, 912; LG Landsh MittBayNot **79**, 69; AG Gemünden MittBayNot **74**, 145 [jedenf wenn sie nach ihrer Ausgestaltg nicht kollidieren können], LG Düss Rpfleger **81**, 479; RGRK/Rothe Rn 3; Zimmermann Rpfleger **80**, 326 [nur wenn Kollision ausgeschl]; aA Soergel/Stürner Rn 4; LG Darmst MDR **58**, 35). Mögl ist auch Eintr mit verschiedenem Rang; das rangschlechtere dann bei späterem Verkauf ausübbar (BGH **35**, 146). Für GrdPfdR Vorrang vor VorkR bestellb (Brschw JFG **1**, 423). Die VertrParteien können vereinb, daß dem dingl auch ein obligator VorkR zugrdeliegen soll (BGH WM **70**, 1024); bedeuts, wenn mangels Eintr dingl Recht nicht entsteht. – § 1365 auf Bestellg nicht anwendb (MüKo/Gernhuber § 1365 Rn 54). Kein GrdstVG für Bestellg nicht not (BGH NJW **52**, 1055; Celle RdL **66**, 181); aber für den die VorkLage auslösden u aGrd ihrer geschl Drittkauf (BGH aaO; Hamm RdL **55**, 274). Ausn: GrdstVG § 4 Nr 3. Zur Ausübg s § 505 Rn 1 u (vormschgerichtl Gen) § 1831 Rn 3. Bei Ausübg dch vollmlosen Vertr muß die Gen des Vertretenen binnen der AusübgsFr erteilt w sein (BGH **32**, 375). Dies gilt nicht für behördl Gen, die etwa für den dch Ausübg des VorkR zustande kommden Drittkauf nötig sind, so zutr Schindler u Pachtner (BWNotZ **73**, 52, 54) gg Wendelstein (BWNotZ **72**, 55). – WoBindG berührt VorkR nicht (Düss MDR **67**, 1014).

2) Belastungsgegenstand. Grdst (über Zubehör vgl § 1096). Reale Teile (vgl GBO 7); zul auch Belastg **2** des ganzen Grdst mit bei Verk eines Teils auszuübden VorkR. MitEigtAnteil, § 1095. Wohngs/TeilEigt. Grdstgleiche Rechte; das VorkR kann aber erst nach Begr der selbstd Gerechtigk bestellt werden (KG HRR **40**, 293). – Kein GesamtVorkR an mehreren Grdst (BayObLG **74**, 365; Böhringer BWNotZ **88**, 97); bei Eintr auf mehreren Grdst entstehen EinzelVorkRe (Böttcher MittBayNot **93**, 129 zu IV 2). Bei einheitl Verkauf mehrerer belasteter Grdst ist die RAusübg nicht auf einz Grdst beschränkb (Karlsr BWNotZ **58**, 218).

3) Berechtigter kann sein: – **a)** Natürl od jur Pers (subjektivpersönl, I). Mehrere (zB GesBerecht; **3** LG Köln RhNK **77**, 192) können das R nur im ganzen ausüben (§§ 1098, 513), so daß zw ihnen hinsichtl des entstandenen ÜbereignsAnspr ein „gesamthandart" Verh (so KG JFG **6**, 293; BayObLG **58**, 202) entsteht, was die Frage unberührt läßt, in welcher Gemsch sie das Grdst erwerben (vgl dazu Schulze-Osterloh, Das Prinzip der geshänd Bindg 1972, § 4 zu Fußn 47). Kein VorkR zG Dritter (LG Düss RhNK **77**, 129). – **b)** Jeweil Eigtümer eines Grdst (subjektivdinglich, II) od MitEigtAnteils (BayObLG Rpfleger **82**, 274). Realer GrdstTeil muß vorher abgeschrieben sein (KGJ **53**, 171). Bestellg eines VorkR auch für die RNachf fällt nicht unter II (BGH **37**, 147). Bei Teilg des herrschden Grdst steht den Eigtümern der Teile das VorkR gemschaftl zu (BayObLG **73**, 21). – **c) Umwandlung** vgl § 1103.

4) Entstehung. Als abstraktes **dingliches Recht** nach §§ 873, 874 (RG **125**, 262); bdgte/befristete **4** Bestellg zuläss (BayObLG NJW-RR **90**, 1169; Zweibr OLGZ **89**, 399). Eintr auf Blatt des belasteten Grdst; Vermerk des subjdingl VorkR auch auf Blatt des herrschden Grdst (GBO 9). Mehrf Eintr desselben VorkR für denselben Berecht unzul (KGJ **51**, 274). Bei Eintr eines subjdingl statt des gewollten subjpers VorkR entsteht letzteres (BayObLG NJW **61**, 1265). Keine Ersitzg, § 900. – GBVerf: GBO 13, 19, 29; Einigg (LG Düss RhNK **77**, 129) u GrdGesch (BayObLG MittBayNot **87**, 53) nicht nachzuweisen. – Das **schuldrechtliche Grundgeschäft** unterliegt § 313 S 1. Heilg des Formmangels entspr § 313 S 2 (BGH DNotZ **68**, 93), sofern nicht nur schuldr VorkR vorgemerkt war (RG HRR **34**, 1098).

5   **5) Übertragung, Belastung, Pfändung. – a) Subjektivpersönliches** VorkR vor Ausübg idR nicht übertragb u nicht vererbl (§§ 514, 1098). Abw Vereinbg (zB: „für *A* u RNachf") dch Einigg u Eintr (für die § 874 gilt) nach §§ 873, 877 zul (Hamm Rpfleger **89**, 148; LG Würzbg MittBayNot **91**, 120 [beschr Erbfolge]); über Zuwendg dch Vermächtn vgl Hamm Rpfleger **60**, 154; LG Stgt BWNotZ **74**, 85). Belastg mit Nießbr unzul (§ 1068 Rn 1); über Verpfändg vgl § 1274 Rn 10. Pfändg vgl ZPO 851, 857. – **b) Subjektivdingliches** VorkR nicht selbstd übertragb/belastb/pfändb. Veräußerg/Belastg des herrschden Grdst u ZwVollstr in dieses ergreifen das Recht als GrdstBestandt (§ 96). Bei Teilg des herrschden Grdst kann das Recht nur von allen Eigtümern im ganzen (§§ 513, 1098 I) ausgeübt werden (RG **73**, 320); §§ 1025 S 2, 1109 III nicht entspr anwendb (BayObLG **73**, 21).

6   **6) Erlöschen.** Mit einmaliger fristgemäßer Ausübg (RG HRR **32**, 1208). Dch Nichtausübg innerh der Frist des § 510 II od Erkl auf dem Verk gemachte Mitteilg, das VorkR nicht ausüben zu wollen (W-Raiser § 126 Anm 42), durch Übereigng des Grdst an Dritten ohne VorkFall (vgl § 1097 Rn 2, 3). All dies aber nur bei Bestellg für **einen** VerkFall. Schon vor Verkauf durch ErlaßVertr mit VorkVerpflichtetem (BGH DNotZ **57**, 306; nach Düss MDR **67**, 1014 ohne Rücksicht auf Löschg), oder Drittkäufer (BGH WPM **66**, 893). Dch Aufhebg nach §§ 875, 876; vgl dazu EG 120 Nr 2, GBO 21. Durch Zuschlag, ZVG 91 I, außer wenn das für mehrere Verkaufsfälle bestellte VorkR im geringsten Gebot. Vgl auch § 1097 Anm 2. Dch Eintritt auflöser Bdgg, Befristg, Aufgebot, § 1104. Zur Löschg eines subj persönl VorkR beim Tod des RInh (GBO 23) vgl Zweibr OLGZ **90**, 11. Verj § 901. Entspr anwendb § 1026. – § 889 bei vererbl u veräußerl subjpers VorkR anwendb (BayObLG MDR **84**, 145).

1095   *Belastung eines Bruchteils.*   **Ein Bruchteil eines Grundstücks kann mit dem Vorkaufsrecht nur belastet werden, wenn er in dem Anteil eines Miteigentümers besteht.**

1   **Miteigentumsanteil** belastb; nicht GesHdsAnt (BayObLG **52**, 246) od Brucht von AlleinEigt. VorkR auch zG der übrigen MitEigtümer (vgl auch § 1094 Rn 3) bestellb, die kein gesetzl VorkR haben (vgl BayObLG **58**, 201). Bei Verkauf des belasteten Bruchteils an MitEigtümer VorkR ausübbar (BGH **13**, 133, aber einschränkd). Keine Ausübg, wenn bei ZwVerst zur Aufhebg der Gemeinsch (ZVG 180) das ganze Grdst einem Miteigtümer zugeschlagen wird, dessen Anteil nicht dem VorkR unterliegt (BGH **48**, 1).

1096   *Erstreckung auf Zubehör.*   **Das Vorkaufsrecht kann auf das Zubehör erstreckt werden, das mit dem Grundstücke verkauft wird. Im Zweifel ist anzunehmen, daß sich das Vorkaufsrecht auf dieses Zubehör erstrecken soll.**

1   Grdst u Zubehör (§§ 97, 98) werden die Beteiligten regelm als wirtschaftl Einh behandeln. S 2 entspricht § 314. Vereinbg ist nicht eintraggsfähig. Alles mit dem Grdst verkaufte Zubehör, auch wenn es dem Verpflichteten nicht gehört. Der Berecht erwirbt das Eigt am Zubehör nach § 926.

1097   *Bestellung für einen oder mehrere Verkaufsfälle.*   **Das Vorkaufsrecht beschränkt sich auf den Fall des Verkaufs durch den Eigentümer, welchem das Grundstück zur Zeit der Bestellung gehört, oder durch dessen Erben; es kann jedoch auch für mehrere oder für alle Verkaufsfälle bestellt werden.**

1   **1) Vorkaufsfälle: – a)** Beim **Verkauf an Dritten,** u zwar nach Entstehg des VorkR; früher liegender scheidet selbst dann aus, wenn behördl Gen erst nachher (BGH JZ **57**, 578; dies gilt auch für gesetzl VorkR, BGH **32**, 383). Ferner bei ZwVerst auf Antr des Erben (ZVG 175, 179) u zum Zwecke der Aufhebg der Gemsch, ZVG 180 ff (BGH **13**, 136). Bei freihänd Verk durch KonkVerw § 1098 I 2. Bei Verkauf eines MitEigtAnt (BGH NJW **84**, 1617).

2   **b)** Dagg iZw **nicht** beim Verkauf an einen gesetzl Erben, §§ 511, 1098 I 1, od dessen Ehegatten (RG JW **25**, 2128) od bei Erbauseinandersetzg (BGH DNotZ **70**, 423) od sonstiger Übertr auf einen der GesHänder, BGH **LM** § 1098 Nr 3; BB **70**, 1073 (selbst dann nicht, wenn zuvor ein Miterbe seinen Erbanteil an den Erwerber übertr hatte, außer wenn Zweck hiervon Vereitelg des VorkR war). Nach BGH **13**, 133 nicht bei Erwerb eines Bruchteils des ganz belasteten Grdst durch MitEigtümer (bedenkl); nach BGH **48**, 1 auch nicht, wenn bei Verkauf nur eines MitEigtBrucht der Eigtümer eines nicht belasteten Brucht bei TeilsVerst das ganze Grdst erwirbt. Nicht dch Übertr eines Erbteils, zu dem Grdst gehört (BGH DNotZ **70**, 423), selbst wenn Grdst einziger NachlGgst (LG Mü MittBayNot **86**, 179). **Nicht bei Tausch,** sei es auch mit Barzulage (BGH NJW **64**, 541) od bei sonstigem ErwerbsGesch (KGJ **40**, 134) od bei (auch gemischter) Schenkg (RG **101**, 101). Nach Nürnb (DNotZ **70**, 39) nicht, wenn Gter ihm gehördes, mit VorkR belastetes BetrGrdst zus mit GterStellg an Dritten übertr. Nach RG **104**, 42 nicht bei Verkauf aller GmbH- Anteile, selbst wenn Grdst einziges Verm der GmbH; anders wohl mit Recht hM im Schrifttum. RGesch zur Beeinträchtigg des VorkR, zB NießbrBestellg am verk Grdst (BGH WM **61**, 543), sind nichtig. Über Umgehungsgeschäfte vgl Ebert NJW **56**, 1623; **61**, 1435; BGH NJW **64**, 540 (Sittenwidrigk eines Tauschs nur ausnahmsw, insb bei ausschließl Zweck der SchadZufügg od aus verwerfl Motiven); wenn als Kaufverträge auslegb, zB Schenkg unter Auflage, lösen sie VorkR aus. – Kein VorkR bei ZwVerst in anderen als den in Rn 1 genannten Fällen, §§ 512, 1098 I 1; anders RHeimstG 11 (vgl aber auch AVO 14); vgl BGH WM **70**, 1315. Über VorkR, das für mehrere VerkFälle bestellt, in der ZwVerst Fischer BWNotZ **63**, 44.

2) Das VorkR ist mangels abw Bestimmg beschränkt auf **einen Verkaufsfall** (vgl Rn 1) durch den 3
Besteller od dessen Erben. Es erlischt also, wenn der Besteller od sein Erbe das Grdst nach Rn 2 veräußert
(and BayObLG JurBüro **81**, 752, wenn MitEigtümer im Wege der AuseinandS erwirbt) od wenn der
Berecht das Recht bei Verkauf nach Rn 1 nicht fristgemäß ausübt. GBBerichtigg nach § 894, GBO 22.
Verzicht auf Ausübg bei geplantem, aber nicht ausgeführtem Verkauf bezieht sich iZw nicht auf späteren
Verkauf. Über „Kindskauf" (§ 511) vgl auch Schlesw SchlHA **58**, 313.

3) Abweichende Vereinbarungen zul. ZB: Nur für Verkauf dch den Besteller (nicht dessen Erben) od 4
nur für ersten Verkauf dch Besteller od einen nach Rn 2 erwerbden SonderNachf. Ausschl des Erlöschens
bei Erwerb nach Rn 2 (Waldner MDR **86**, 110). Für mehrere od für alle Verkaufsfälle, die wieder bedingt od
befristet sein können; dann ist die Ausübg zul, auch wenn der Berecht in früh Fällen auf die Ausübg
verzichtet od sie unterlassen hatte. Eintr notw, §§ 873, 874 (Köln Rpfleger **82**, 16), 877; sonst entsteht nur
ein nach Rn 3 beschränktes VorkR.

4) § 1097 nicht entspr für gesetzl VorkR nach RSiedlG u BauGB (BGH DVBl **62**, 62).   5

1098 *Wirkung des Vorkaufsrechts.* ¹ Das Rechtsverhältnis zwischen dem Berechtigten
und dem Verpflichteten bestimmt sich nach den Vorschriften der §§ 504 bis 514. Das
Vorkaufsrecht kann auch dann ausgeübt werden, wenn das Grundstück von dem Konkursverwal-
ter aus freier Hand verkauft wird.
**II Dritten gegenüber hat das Vorkaufsrecht die Wirkung einer Vormerkung zur Sicherung des
durch die Ausübung des Rechtes entstehenden Anspruchs auf Übertragung des Eigentums.**
**III Steht ein nach § 1094 Abs. 1 begründetes Vorkaufsrecht einer juristischen Person zu, so gelten,
wenn seine Übertragbarkeit nicht vereinbart ist, für die Übertragung des Rechts die Vorschriften
der §§ 1059a bis 1059d entsprechend.**

1) Allgemeines. Beim dingl VorkR sind vier verschiedene RVerh mögl, vgl Rn 2–7. § 1098 berührt 1
davon nur drei, vgl Rn 2–6.

2) Für das **Rechtsverhältnis zwischen Berechtigtem und Verpflichtetem** (Verkäufer) **(I)** gelten (mit 2
der Erweiterg des S 2) die Vorschr über das persönl VorkR. Vgl die Anm zu §§ 504ff. Jedoch sind beim
dingl Recht erweiternde abweichende Vereinbgen unzul; zB wäre Koppelg von VorkR mit AnkaufR inhaltl
unzul Eintr, BGH WM **68**, 1087. Deshalb dingl VorkR zu fest bestimmtem Kaufpreis ungültig, BGH
Betr **66**, 1351, RG **154**, 358; aber nicht nach erfolgreicher ZwVfg gem GBO 18 zulässige,
BayObLG DNotZ **54**, 30) Umdeutg (§ 140) in ein durch Vormzg zu sicherndn persönl VorkR, RG **104**,
123, auch zG des jeweiligen Eigtümers eines anderen Grdst, vgl RG **128**, 247; aM BayObLG JFG **4**, 348.
MitteilgsPfl: §§ 510 I, 1099. Vertragl Abänderg der Formlosigk der Mitteilg nicht mit dingl Wirkg (aM LG
Karlsr BWNotZ **82**, 257). **Ausschlußfrist für Rechtsausübung:** § 510 II; Fristbeginn nur, wenn mitge-
teilt, daß rechtswirksamer KaufVertr fest abgeschlossen, BGH Betr **66**, 1351 – dort auch über Umfang u
Inhalt der Anzeige; mangels anderer Abrede (die zur dingl Wirkg bei mehrf AusübgsR im GB einzutragen) 2
Monate ab Empfang der Mitteilg vom VertrSchluß, dessen Inhalt u evtl GenErteilg. Ausübg des VorkR
(§ 505) schon vorher, aber immer erst nach Abschl rechtswirks KaufVertr, der also formgült u ggf behördl
genehmigt sein muß (BGH **67**, 395); Ausübg vertragl vorbeh Rücktr des Käufers vor Ausübg des VorkR
beeinträchtigt dieses nicht (BGH aaO). Wg Schwarzkaufs vgl Haegele, Beschrkg im GrdstVerk Rn 646.
Über Verwirkg Celle NJW **63**, 353. Bedingg im KaufVertr hindert die Ausübg nicht, RG **98**, 49. Ring-
tausch (Koppelg des Verk des belasteten Grdst mit Vertr über Dritten über Erwerb von dessen Grdst dch den
VorkVerpflichteten) löst das VorkR nicht aus, BGH **49**, 7. Mit der Ausübg kommt ein **selbständiger** 3
schuldrechtl **Kaufvertrag** zw dem Verpflichteten u dem Berecht zustande. Er bedarf der Gen nach
GrdstVG, vgl § 1094 Rn 1. Der Berecht kann darauf der Auflassg vom Verpflichteten verlangen (BayObLG
82, 222). Bei Nichterfüllg kann er entweder nach §§ 325, 326 vorgehen, od, **II**, von dem dritten Eigtümer
die Zust zur Aufl verlangen, RG JW **22**, 1576. Den Kaufpr hat er grdsätzl an den Verpflichteten zu zahlen.
Nur soweit er nach § 1100 unmittelb an den Käufer od dessen RNachfolger zu leisten hat, ist er dem
Verpflichteten ggü von der Verpflichtg frei, § 1101. Keine Herabsetzg eines unangemessen hohen Kaufprei-
ses. Tritt VorkR R aus ausgeübtem KaufVertr ab, §§ 398, 413, so ist dies nicht eintragb, BayObLG **71**, 28. –
Ausübg des VorkR unzul (§ 242), wenn sich Berechtigter schuldrechtl zur Nichtausübg in bestimmten
Fällen verpflichtet hat, BGH **37**, 147 m Anm Rothe **LM** § 1094 Nr 5; DB **66**, 1351. Zu § 508 II (Koppelgs-
Gesch) Celle BB **63**, 1236 m Anm Trinkner. Zu § 514 vgl § 1094 Rn 5.

3) Rechtsverhältnis zwischen Berechtigtem und besitzendem Käufer (u dessen RNachf).

a) Vor Eigentumserwerb des Berechtigten. VorkBerecht hat ab Ausübg des VorkR den in § 1100 4
vorausgesetzten HerausgAnspr (BGH NJW **92**, 236; zu dessen Sichg vgl Hoche NJW **63**, 302) u (falls Käufer
schon als Eigtümer eingetr) Anspr auf Zust zur Aufl (BayObLG **82**, 222). Im Verh zw VorkBerecht u
besitzden Käufer gelten §§ 987ff entspr (BGH **87**, 296; Staud/Mayer-Maly § 1100 Rn 10; Gursky JR **84**, 3
[nur für §§ 994ff]; aA MüKo/Westermann u RGRK/Rothe je § 1100 Rn 5ff). Dabei gilt der Käufer im Verh
zum VorkBerecht als bösgl Besitzer, wenn er das Grdst in Kenntn (wohl auch bei grob fahrl Unkenntn) des
VorkR vor Ablauf der AusübgsFr das VorkR in Besitz nimmt (BGH aaO); Bösgläubigk setzt also nicht
Ausübg des VorkR u Kenntn davon voraus. Anspr aus §§ 994ff gibt ZbR aus § 273 II ggü Anspr auf Zust
zur Aufl (BGH NJW **80**, 833). Fehlgeschlagener KaufVertr zw Verkäufer u Käufer macht Käufer nicht zum
unentgeltl Besitzer iSv § 988. Ab VorkRAusübg hat VorkBerecht UnterlAnspr aus §§ 823, 1004 gg
GrdstBeeinträchtigg (Hoche aaO).

b) Ab Eigentumserwerb des Berechtigten gelten §§ 985ff unmittelb (BGH WM **64**, 301).   5

6   4) Das **Rechtsverhältnis des Berechtigten zu Dritten,** die das Eigt od ein Recht am Grdst erwerben, regelt sich entspr der AuflVormkg **(II);** daher keine GBSperre. Gesichert wird der dch Kauf in Ausübg des
7 VorkR bdgte ÜbereignsAnspr. – **a)** Bei **Belastungen** beginnt der VormkgsSchutz mit Entstehen der VorkLage, also nach wirks geschl u ggf behördl genehmigtem KaufVertr; Belastgen nach diesem Ztpkt sind dem VorkBerecht ggü unwirks, vorher entstandene sind voll wirks (RG **154,** 366 [377]; vgl BGH **60,** 275
8 [294]) – **b)** Bei **Übereignung** (die auf Kauf beruht), beginnt der VormkgsSchutz mit dem Entstehen des VorkR (BGH aaO), also bei vertragl VorkR ab dessen Eintragg u bei gesetzl VorkR zu den gesetzl festgelegten Ztpkten (vgl BGH **58,** 78).

9   5) **Der Vertrag zwischen dem Verpflichteten u dem Käufer** wird durch die Ausübg des VorkR nicht aufgelöst. Erlangt der Käufer nicht das Eigt, gelten die §§ 439 I (RG JW **22,** 576), 440. Erwirbt er od sein RNachfolger das Eigt, verliert er es aber an den VorkBerecht, gilt daneben § 1102.

10   6) III eingefügt durch G v 5. 3. 53, BGBl 33 (vgl §§ 1059 a ff Rn 1, 2, 4). Vgl auch RG **163,** 142. Gilt auch für OHG u KG, BGH **50,** 307 (GeschÜbern dch Gfter, dem GesellschVerm gem HGB 142, BGB 738 anwächst).

1099 *Mitteilungen.* I Gelangt das Grundstück in das Eigentum eines Dritten, so kann dieser in gleicher Weise wie der Verpflichtete dem Berechtigten den Inhalt des Kaufvertrags mit der im § 510 Abs. 2 bestimmten Wirkung mitteilen.

II Der Verpflichtete hat den neuen Eigentümer zu benachrichtigen, sobald die Ausübung des Vorkaufsrechts erfolgt oder ausgeschlossen ist.

1   1) I ergänzt den § 510 I. Jeder Eigtümer kann durch formlose Mitteilg des KaufVertr die Frist des § 510 II in Lauf setzen. Zum Inhalt der Mitteilg BGH WM **66,** 891.

2   2) Ausübg nur ggü dem Verpflichteten, §§ 505 I, 1098 I 1. Dieser hat deshalb die Ausübg od die Fristversäumg dem jetzigen Eigtümer mitzuteilen, **II.** Unterlassg begründet SchadErs.

1100 *Rechte des Käufers.* Der neue Eigentümer kann, wenn er der Käufer oder ein Rechtsnachfolger des Käufers ist, die Zustimmung zur Eintragung des Berechtigten als Eigentümer und die Herausgabe des Grundstücks verweigern, bis ihm der zwischen dem Verpflichteten und dem Käufer vereinbarte Kaufpreis, soweit er berichtigt ist, erstattet wird. Erlangt der Berechtigte die Eintragung als Eigentümer, so kann der bisherige Eigentümer von ihm die Erstattung des berichtigten Kaufpreises gegen Herausgabe des Grundstücks fordern.

1   Grdsätzl hat VorkBerecht (= Vorkäufer) nach VorkRAusübg den Kaufpr dem VorkVerpfl (= Verkäufer) zu zahlen, u zwar ohne Rücks auf eine etwa schon vom Käufer erfolgte Zahlg (dieser mag vom Verkäufer zurückfordern, vgl § 1098 Rn 7). War der Käufer (od sein RNachfolger) aber schon als neuer Eigtümer eingetr (uU schon vorher; BGH NJW **92,** 236), so erfolgt nach §§ 1100 ff eine einfachere Abwicklg der schuldrechtl Beziehgen. Den vom Käufer bereits an den Verkäufer entrichteten Kaufpr muß der Vorkäufer dem Käufer erstatten, unter Befreiung des Vorkäufers ggü dem Verkäufer (§ 1101) u unter Befreiung des Verkäufers ggü dem Käufer (§ 1102 Halbs 2). Freilich entfällt hierdch für Vorkäufer Möglichk der Aufrechng, die er dem Verkäufer ggü hätte erklären können. Der Käufer (od RNachf) hat ZbR ggü den Anspr des Vorkäufers (auf Zust zur Eintr u Herausg), S 1, nach Eintr des Vorkäufers klagb Anspr nach Maßg S 2 auf Erstattg. Seine Pfl zur Herausg des Grdst entfällt, wenn er den Besitz nie erlangt hat. Die Kosten des ersten KaufVertr kann er auch erstattet verlangen (RG JW **37,** 1255; BGH DVBl **64,** 526 [Notarkosten, aber nicht GrdErwerbsteuer]; **LM** § 505 Nr 2 [wonach Käufer, der Kaufpr an Verk gezahlt hat, diesen vom Vorkäufer kondizieren kann; bedenkl]); vgl auch Henrichs DNotZ **55,** 373 (zum RSiedlG); Celle NJW **57,** 1802 (zum *Nds* AufbauG).

1101 *Befreiung des Berechtigten.* Soweit der Berechtigte nach § 1100 dem Käufer oder dessen Rechtsnachfolger den Kaufpreis zu erstatten hat, wird er von der Verpflichtung zur Zahlung des aus dem Vorkaufe geschuldeten Kaufpreises frei.

1   Vgl § 1098 Rn 2, 3 und § 1100 Rn 1. Der Vorkäufer schuldet also nach seiner eigenen Eintr, wenn Käufer (od RNachf) schon eingetr gewesen war, den Kaufpr, soweit dieser vom Käufer dem Verkäufer gezahlt war, dem Käufer (od dessen RNachf), im übr dem Verkäufer.

1102 *Befreiung des Käufers.* Verliert der Käufer oder sein Rechtsnachfolger infolge der Geltendmachung des Vorkaufsrechts das Eigentum, so wird der Käufer, soweit der von ihm geschuldete Kaufpreis noch nicht berichtigt ist, von seiner Verpflichtung frei; den berichtigten Kaufpreis kann er nicht zurückfordern.

1   Vgl § 1100 Rn 1. Die Befreiung tritt erst mit dem Verlust des Eigtums ein (BayObLG **26,** 127). Frei wird nur der erste Käufer. Das Verhältn zu seinem Abkäufer regelt sich nach §§ 320 ff.

1103 *Subjektiv-dingliches und subjektiv-persönliches Vorkaufsrecht.* I Ein zugunsten des jeweiligen Eigentümers eines Grundstücks bestehendes Vorkaufsrecht kann nicht von dem Eigentum an diesem Grundstücke getrennt werden.

II Ein zugunsten einer bestimmten Person bestehendes Vorkaufsrecht kann nicht mit dem Eigentum an einem Grundstücke verbunden werden.

Keine **Umwandlung** eines subjdingl in ein subjpers VorkR u umgekehrt; Aufhebg u Neubestellg notw. **1** Wg Übertragg, Belastg u Pfändg vgl § 1094 Rn 5.

1104 Ausschluß unbekannter Berechtigter. [I] Ist der Berechtigte unbekannt, so kann er im Wege des Aufgebotsverfahrens mit seinem Rechte ausgeschlossen werden, wenn die im § 1170 für die Ausschließung eines Hypothekengläubigers bestimmten Voraussetzungen vorliegen. Mit der Erlassung des Ausschlußurteils erlischt das Vorkaufsrecht.

[II] Auf ein Vorkaufsrecht, das zugunsten des jeweiligen Eigentümers eines Grundstücks besteht, finden diese Vorschriften keine Anwendung.

Vgl Anm zu § 1170. AufgebotsVerf nach ZPO 988, 1024 I. – Vgl auch GBBerG 6 I a.   **1**

Siebenter Abschnitt. Reallasten

Überblick

1) Bei der **Reallast** ist das Grdst mit dem dingl StammR auf Entrichtg wiederkehrder Leistgen aus dem **1** Grdst (§ 1105 I) u mit dem dingl Recht auf Entrichtg jeder Einzelleistg (§ 1107) belastet. Die ergänzde persönl Haftg des Eigtümers für die Einzelleistgen (§ 1108) ist nur eine Folge der dingl Haftg (BGH NJW 72, 814). Die Reallast ist ein VerwertgsR (BayObLG NJW-RR 93, 530). Prakt Bedeutg hat sie im AltenteilsR (EG 96), bei der Energieversorgg u als dingl SichgsMittel (§ 1105 Rn 9). – **Öffentliche Lasten** (Einl 18 v § 854) sind keine Reallasten des BGB.

a) Die **Rentenreallast** hat große Ähnlich mit der **Rentenschuld** (§ 1199); Ausslegg des PartWillens, ob **2** Kaufpr dch Reallast od RentenSch zu sichern (BGH WM **70**, 92). Rechtl bestehen ua folge Unterschiede: – **aa)** Eine **Ablösungssumme** ist bei der Reallast im Unterschied zur RentenSch (§ 1199 II) nicht einzutragen. – **bb)** Die **Ablösung** richtet sich bei der Reallast nur nach LandesR (EG 113; RG **129**, 213), bei der RentenSch nach §§ 1200 ff. Sie führt zum Erlöschen der Reallast (§ 1105 Rn 13), währd die RentenSch auf den Eigtümer übergeht (§§ 1143, 1192 I). – **cc)** **Persönliche Haftung** nur bei Reallast (§ 1108). – **dd)** **Zwangsvollstreckung:** ZVG 92, 121 I, 158.

b) Von der **Dienstbarkeit** unterscheidet sich die Reallast dadch, daß erstere auf ein Unterlassen od **3** Dulden u letztere auf eine aktive Hdlg gerichtet sein muß; kein dingl Recht mit DoppelRNatur von Dbk u Reallast. Bei der **Wohnungsreallast** ist der Eigtümer verpflichtet, allg u nicht an best Räumen (dazu aber zusätzl schuldrechtl Verpfl zul) ohne Ausschluß des Eigtümers Wohnraum zu gewähren u gebrauchsfäh zu erhalten; bei der **Wohnungsdienstbarkeit** hingg zur Duldg der Benutzg best Räume zum Wohnen ohne (§§ 1090–1092) od unter (§ 1093) Ausschluß des Eigtümers (BayObLG Rpfleger **81**, 352).

2) Landesrecht gilt namentl für Ablösg, Umwandlg u InhaltsBeschrkg (EG 113–115). Es gilt nicht in den **4** Fällen von Rn 5 (EG 116; ErbbRVO 9 I 2). – **Übergangsrecht:** EG 184, 189.

3) Entsprechende Anwendung finden §§ 1105–1112 auf die Überbaurente (§ 914 III), die Notwegrente **5** (§ 917 II 2), die UnterhaltsPfl nach §§ 1021 II, 1022 u auf den ErbbZins (ErbbRVO 9 I).

1105 Begriff und Formen der Reallast. [I] Ein Grundstück kann in der Weise belastet werden, daß an denjenigen, zu dessen Gunsten die Belastung erfolgt, wiederkehrende Leistungen aus dem Grundstücke zu entrichten sind (Reallast).

[II] Die Reallast kann auch zugunsten des jeweiligen Eigentümers eines anderen Grundstücks bestellt werden.

1) Es sind zu **unterscheiden:** – **a)** Die **Reallast als Ganzes (Stammrecht)** als dingl Belastg des Grdst **1** (I). Für das StammR haftet der Eigtümer nur mit dem Grdst; ZwVollstr aber erst nach Ablösg wg der Ablösgssumme (EG 113). Zur selbstd rechtl Bedeutg des StammR vgl Planck/Strecker Anm 2 vor § 1105; Staud/Amann Rn 20–22 vor § 1105. – **b)** Das **Recht auf die Einzelleistungen** als dingl Belastg des Grdst (§ 1107). Für sie haftet der Eigtümer mit dem Grdst (vgl § 1107 Rn 4). – **c)** Die **persönliche Haftung des Eigentümers für die Einzelleistungen** (§ 1108) mit seinem gesamten Vermögen (vgl § 1108 Rn 1). – **d)** Die **persönliche Haftung für die durch die Reallast gesicherte Forderung;** für sie haftet Schu unabhäng davon, ob er GrdstEigtümer ist, mit seinem ganzen Vermögen u sie geht auf GrdstErwerber nur bei SchuldÜbern/Beitritt über (BGH NJW-RR **89**, 1098). Ein SichgsAnspr kann sich aus Vertr od Gesetz (zB *schlh* AGBGB 2) ergeben. Besteht die Fdg nicht (mehr), so hat Eigtümer Anspr auf Aufhebg od Übertr der Reallast aus der SichgsAbrede (vgl § 930 Rn 13, § 1191 Rn 17).

2) Belastungsgegenstand. Grdst, MitEAnt am Grdst (§ 1106), reale GrdstTeile (vgl aber GBO 7), **2** WohngsEigt (WEG 6 Rn 9), grdstgleiche Rechte. **Gesamtreallast** an mehreren Grdst desselben od verschiedener Eigtümer zul (Oldbg Rpfleger **78**, 411; Böttcher MittBayNot **93**, 129 zu IV 1); sie entsteht auch bei realer Teilg des belasteten Grdst. Für Gesamtreallast an MitEigtAnt gilt § 1114 Rn 2.

3) Berechtigter kann sein: – **a) Subjektivpersönliche Reallast (I).** Eine od mehrere natürl od jur Pers; **3** mehrere können GesamtBerecht iSv § 428 (BayObLG **75**, 191) od MitBerecht iSv § 432 (RGRK/Rothe Rn 7) sein. GesamtBerechtigg von Eheg in GüterGemsch nur, wenn Recht kein Gesamtgut (BayObLG **67**, 480). – **b) Subjektivdingliche Reallast (II).** Der jeweil Eigtümer eines selbstd Grdst (reale GrdstTeile erst nach Abschreibg; KGJ **53**, 170), grdstgl Rechte (Übbl 3 vor § 873), WohngsEigt (Übbl 2 vor WEG 1); nicht eines gewöhnl MitEAnt (BayObLG DNotZ **90**, 398). – **c)** Subjpers u subjdingl **Eigentümerreallast**

anfängl dch Bestellg (heute allgM; vgl Einl 7 vor § 854) u nachträgl nach § 889 mögl; nicht aber entspr §§ 1163 I2, 1168 (hM; aA MüKo/Joost Rn 40). Vorschr über EigtümerGrdSch entspr anwendb.

4) Inhalt der Reallast.

4   **a) Leistungsart.** Aktive Handlgen u nicht bloßer Unterlassungen (BayObLG **59**, 301). Sie müssen nicht in Natur aus dem Grdst gewährt werden od mit ihm in Beziehg stehen, denn „aus dem Grdst zu entrichten" ist nur Hinweis auf die dingl Haftg des Grdst im Wege der ZwVollstr (Schlesw DNotZ **75**, 720; Köln RhNK **92**, 46); darum müssen sie in GeldFdg umwandelb sein (BayObLG **59**, 301). – **aa) Beispiele:** Zahlg einer Rente; Liefer von Nahrg od Energie/Wasser (BayObLG NJW-RR **93**, 530); Gewähren von Wohng (vgl Übbl 3 vor § 1105); Aufrechterhaltg (nicht nur Herstellg) eines best GrdstZustandes zB dch Betrieb u/ od Unterhaltg von Einrichtgen auf dem Grdst; Anzeige von jedem abzuschließden MietVertr (KG OLG **7**, 32); Wärmebezug aus best Heizwerk (Celle JZ **79**, 268; Dümchen JhJ **54**, 418 [426]; Celle BWNotZ **80**, 33; Soergel/Stürner Rn 24; aA Joost JZ **79**, 467; Prütting GS-Schultz **87**, 287 [302]); persönl Dienste (BGH NJW **95**, 2780); Beerdiggskosten u Grabunterhaltg (BayObLG Rpfleger **83**, 308; **88**, 98); Stellen einer PflegePers (LG Aach Rpfleger **86**, 211); Freistellg von best Kosten (Köln RhNK **92**, 46). – **bb)** Das **Landesrecht beschränkt den Inhalt** vielf auf best LeistgsGgst (vgl EG 115).

5   **b) Wiederkehrend.** Die Leistgen müssen dauernd od für eine best Zeit (Schlesw DNotZ **75**, 720) u nicht nur einmal zu entrichten sein; regelm Wiederkehr (RG **131**, 175) u gleiche Art u Höhe (BGH Rpfleger **75**, 56) nicht notw. Unschädl, daß Leistgsbeginn nach Tod derzeit Eigtümers (Zweibr Rpfleger **91**, 496), einzelne von mehreren Leistgen nur einmal zu entrichten (Hamm Rpfleger **73**, 98) od erst nach Tod des Berecht fäll (BayObLG Rpfleger **83**, 308; LG Cobg Rpfleger **83**, 145). VerfallKl kann daher nicht RInhalt sein (Köln Rpfleger **91**, 200).

6   **c) Leistungsumfang.** Er muß in der Weise bestimmb sein, daß die höchstmögl Belastg aGrd der Eintr (auch gem § 874) erkennb u der Haftgsumfang zu einem best Ztpkt aus in ihr genannten Faktoren, die außerh des GB liegen können, bestimmt werden kann (BGH NJW **95**, 2780). – **Ausreichend** zB: standesgem Unterhalt (BayObLG **53**, 200); Höchstpension eines bay Notars (BGH **22**, 58); Anknüpfg an Lebenshaltgsindex (Düss OLGZ **67**, 461); den LebensVerh des Berecht angem u für Grdst tragb Betrag (LG Brschw NdsRpfl **71**, 233); Beköstigg u Versorgg bei Krankh (LG Würzb MittBayNot **75**, 99); Nettomietwert best Wohng (LG Nürnb-Fürth MittBayNot **92**, 278); Heimpflegekosten (LG Mü MittBayNot **90**, 244) nach berufl/familiären Verh zumutb Pflege (BGH NJW **95**, 2780). – **Nicht ausreichend** zB: Abänderbark entspr ZPO 323 ohne inhaltl ausreichd bestimmte Angabe von Voraussetzg u Maßstab (BayObLG NJW-RR **93**, 1171); jeweil Kosten von Berecht auszuwählder Mietwohng (KG Rpfleger **84**, 347); Anknüpfg an „Sozialrente" (aA LG Oldbg Rpfleger **84**, 461); Ertragskraft landw Betr (aA LG Augsbg MittBayNot **85**, 259); Unterh im Notfall (Düss RhNK **90**, 167).

7   **d) Wertsicherung** (vgl Müller-Frank RhNK **75**, 355). Es gelten die allg Grdsätze (§ 245 Rn 22). Da Höhe nur bestimmb sein muß, ist der automat Anpassg (Gleitklausel) jew Höhe dingl gesichert, wobei Erhöhg auch von GläubVerlangen abhäng sein kann (BGH **111**, 324), währd schuldrechtl AnpassgsAnspr bei bestimmb Anpassgsrahmen (Düss Rpfleger **89**, 231) dch Vormkg zu sichern ist (Celle DNotZ **77**, 548; Hamm OLGZ **88**, 266). „Altenteil" bedeutet noch keine WertSich (BGH NJW-RR **89**, 1098). – Umstellg dch Roggen/WeizenKl wertgesicherter Reallast dch GBBerG 2 II 2.

8   **e) Sonstiges.** GgLeistg des Berecht kann nur Bdgg (Rn 9) sein. – Umkehrg von ZVG 12 Nr 2, 3 als RInhalt vereinb (BayObLG Rpfleger **91**, 50).

9   **5) Entstehung. – a)** Als abstraktes **dingliches Recht** gem § 873 dch Einigg (bei EigtümerR: einseit Erkl) u Eintr (§ 874 u nicht § 1115 auch für Höhe der Einzelleistgen anwendb; Düss Rpfleger **86**, 366) auf GBBlatt des belasteten Grdst; bei subjdingl Recht zusätzl nichtkonstitutiver Vermerk auf GBBlatt des herrschden Grdst gem GBO 9. Ggf weiter Einigg u Eintr gem § 882. Keine Bestellg zG Dritter (BGH NJW **93**, 2617; vgl Einl 14 vor § 854). Bdgte/befristete Bestellg zuläss (Köln OLGZ **66**, 231; Rpfleger **94**, 292). Entstehg dch Staatsakt zB BauGB 101 I Nr 1, FlurbG 49 I 3. Keine Ersitzg. – **b) Schuldrechtliches Grundgeschäft**, bei dessen Fehlen Reallast wirks aber kondizierb, können sein zB Schenkg, VersorggsVertr, SichgsVertr für Darlehn od Kaufpr (BayObLG **59**, 301; Schlesw DNotZ **75**, 720); gesicherte Fdg u dingl Recht können verschied Inhalt haben (BayObLG Rpfleger **81**, 106; Köln Rpfleger **94**, 292). Es unterliegt nicht § 313.

10   **6) Inhaltsänderung** gem § 877; vgl aber § 1110 Rn 2, § 1111 Rn 2. Anspr darauf (insb bei Altenteil) nach § 242 mögl (BGH **25**, 293; DB **81**, 1614; Celle RdL **85**, 11; Düss NJW-RR **94**, 201), auch wenn derzeit Eigtümer nur dingl haftet (Schlesw MDR **66**, 1002); vgl auch G v 18. 8. 23 (BGBl III 7811–5).

11   **7) Übertragung, Belastung, Pfändung:** § 1110 Rn 2, § 1111 Rn 2. Nichtübertragbark kann dch Einigg u Eintr RInhalt werden (Einl 14 vor § 854).

12   **8) Schutz** als dingl Recht dch §§ 823, 894, auch § 1004 (str); aber kein Besitzschutz.

13   **9) Erlöschen. – a) Aufhebung** dch RGesch gem §§ 875, 876; bei subjdingl Recht vgl EG 120 II Nr. 2, GBO 21. Dch Staatsakt zB gem BauGB 86 I Nr 2, FlurbG 49. – **b) Ablauf der Bestellungszeit.** Bei gleichzeit Eintr der Reallast u der Klausel nach GBO 23 II genügt Bewilligg des Eigtümers (BGH **66**, 341). – **c) Eintritt auflösender Bedingung. – d) Ablösung** nach LandesR (EG 113); hM, aA MüKo/Joost Rn 40. – **e) Ausschluß** gem § 1112. – **f) Zuschlag** des Grdst in ZwVerst (ZVG 91). WertErs nach ZVG 92 (vgl dazu Drischler KTS **71**, 145; Haegele DNotZ **76**, 11). Wg Altenteils (EGZVG 9) vgl EG 96 Rn 8.

1106 *Belastung eines Bruchteils.* **Ein Bruchteil eines Grundstücks kann mit einer Reallast nur belastet werden, wenn er in dem Anteil eines Miteigentümers besteht.**

1   **1) Nur der Anteil eines Miteigentümers nach Bruchteilen** (§§ 1008 ff) ist selbstd be- u entlastb (ebso §§ 1095, 1114); nicht aber Anteil an GesHdsGemsch u keine BruchtBelastg von Allein- (KG JW **36**, 3479) od

MitEigt (Colmar OLG **20**, 407). Maßg Ztpkt ist die Entstehg der Reallast. Bei späterer Vereinigg belasteter u unbelasteter Anteile in der Hand eines MitEigtümers od eines Dritten ist nur fiktiv fortbestehder Anteil belastet, in den ggf ZwVollstr; über Erstreckg der Belastg vgl § 1114 Rn 1.

2) **Gesamtreallast** an mehreren Anteilen zul; § 1114 Rn 2 gilt entspr. 2

1107 *Einzelleistungen.* **Auf die einzelnen Leistungen finden die für die Zinsen einer Hypothekenforderung geltenden Vorschriften entsprechende Anwendung.**

1) Die **Einzelleistungen** (als dingl Belastg) verhalten sich zum StammR wie die HypZinsen zum Hyp- 1 Kapital. Die Vorschr über die HypZinsen (auch außerh des BGB; BayObLG **59**, 87) sind entspr anwendb, soweit §§ 1105 ff keine abw Regelg enthalten od die Vorschr sich nur auf das HypKapital beziehen (zB §§ 1115, 1132 II, 1133, 1136–1138, 1149) bzw auf der bes Gestaltg der Hyp beruhen (zB Anhängigk von pers Fdg, Briefbildg). – § 1107 betr auch Anspr auf künft fäll Einzelleistungen (hM; aA MüKo/Joost Rn 3).

2) **Einzelheiten.**

a) Verfügungen; erfassen auch Anspr aus § 1108 (vgl § 1108 Rn 1). Voraussetzg für aa)–cc) ist Über- 2 tragbark (§ 1111 Rn 3). – **aa) Abtretung:** künft Leistgen nach §§ 873, 1158; fäll Leistgen nach §§ 398 ff, 1159. – **bb) Belastung** (Nießbr, PfdR): künft Leistgen nach §§ 873, 1069, 1274; fäll Leistgen nach §§ 398 ff, 1069, 1274, 1280. – **cc) Pfändung** (KG JW **32**, 1564; Stöber Rn 1738, 1739): künft Leistgen nach ZPO 829, 830 I 3 u II, 835, 837 I 2; fäll Leistgen nach ZPO 829, 830 II 1, 837 II 1. – **dd) Verzicht:** künft Leistgen nach § 875; fäll Leistgen nach § 1178 II. Dingl Belastg mit Einzelleistg erlischt.

b) Erbringung der Einzelleistung. Eigtümer dazu nach §§ 1107, 1147 (vgl aber § 1108) nicht verpflich- 3 tet (ganz hM), aber nach § 1142 berechtigt. Dingl Belastg mit Einzelleistg erlischt (§ 1178 I). War Leistg vor EigtErwerb fäll, so erwirbt Eigtümer Anspr aus § 1108 gg früh Eigtümer (ohne dingl Recht) gem § 1143 I (vgl aber Staud/Amann Rn 13); erbringt nach § 1108 haftder früh Eigtümer u hat er ErsAnspr gg Eigtümer, so erwirbt er dingl Recht entspr § 1164 (Planck/Strecker Anm 2i). Bei GesamtR gelten ferner §§ 1173, 1174.

c) Geltendmachung des dinglichen Anspruchs nur dch ZwVollstr nach §§ 1147, 1148, 1150/268. 4 Dingl Belastg mit Einzelleistg erlischt bei Befriedigg (§ 1181). Bei GesamtR gelten §§ 1132 I (nicht II), 1182. Da bei ZwVerst StammR nicht in geringstes Gebot aufzunehmen, erlischt es mit Zuschlag u Berecht erlangt ErsAnspr (vgl § 1105 Rn 13); wünscht Berecht Erhalt des StammR, muß er ZwVerwaltg beitreiben, Aufnahme des StammR in geringstes Gebot erreichen (ZVG 59) od nur Anspr aus § 1108 beitreiben. – **Haftungsgegenstand:** §§ 1120–1130; nicht aber § 1131, da keine weitergehde Haftg als für StammR (Königsberg OLG **11**, 332; RGRK/Rothe Rn 4; Staud/Amann Rn 7; aA Erm/Baumert Rn 4; MüKo/Joost Rn 16). – Da ZwVollstr DuldgTitel wg GeldFdg voraussetzt, muß **Naturalleistungsanspruch** vor AntrStellg gem 5 § 283 in GeldAnspr umgewandelt werden (vgl Dümchen 449; Haegele DNotZ **76**, 12; RGRK/Rothe § 1105 Rn 20); ZVG 46 nicht anwendb (aA RGRK/Rothe aaO; Staud/Amann Rn 16; MüKo/Joost Rn 14: entspr), da zu vollstreckdes Recht nicht in geringstes Gebot aufzunehmen. Da Eigtümer iRv § 1107 nicht zur Leistg verpflichtet (vgl Rn 3), erfolgt Verurteilg zur Duldg der ZwVollstr in Grdst wg des NaturalleistgsAnspr (MüKo/Joost Rn 13; aA v Lübtow 362: Berecht kann gleich gemeinen Wert einsetzen); Eigtümer kann in zu setzder Frist zwar nicht diese Leistg, aber die zur Befriedigg führde Naturalleistg erbringen. Nach Fristablauf besteht Anspr auf Duldg der ZwVollstr (nur) wg des gemeinen Werts der Leistg (v Lübtow 361 Fußn 115). Daraus folgt auch, daß auf Grundst vorhandene Naturalleistg weder vom GVz gem ZPO 883 ff (RGRK/Rothe aaO; Staud/Amann Rn 16; aA Wstm/Pinger § 140 III 2; v Lübtow 361) noch vom ZwVerwalter iR der ZwVollstr wg des Anspr (MüKo/Joost Rn 14; aA Erm/Baumert Rn 5) zwecks Befriedigg weggenommen u Berecht übergeben werden darf.

d) Verschiedenes. – aa) Verjährung nach §§ 197, 902 I 2 auch für regelm wiederkehrde Leistgen (hM, 6 aA Planck/Strecker Anm 2a). – **bb)** Keine **Verzugszinsen** gem §§ 289 S 1, 291 (BGH NJW **90**, 2380); jedoch VerzSchad nach §§ 286 I, 289 S 2. Zul aber, KaufprRaten von 320 DM zuzügl 30 DM Zinsen dch Reallast mit Einzelleistgen von 350 DM zu sichern (BayObLG Rpfleger **81**, 106). – **cc)** Keine **dingliche Unterwerfungsklausel** nach ZPO 800 (KG DNotZ **58**, 203; BayObLG **59**, 83). – **dd)** Bei **Gefährdung der Sicherheit** §§ 1134, 1135 anwendb (KG OLG **29**, 359), nicht aber § 1133. – **ee)** Bei **Vereinigung mit Grundstückseigentum** erlischt Haftg für bei Vereinigg fäll Einzelleistgen nach Maßg § 1178 I. Für währd der Vereinigg fäll werdde Einzelleistgen gilt § 1197 II.

1108 *Persönliche Haftung; Teilung des belasteten Grundstücks.* ¹ **Der Eigentümer haftet für die während der Dauer seines Eigentums fällig werdenden Leistungen auch persönlich, soweit nicht ein anderes bestimmt ist.**

² **Wird das Grundstück geteilt, so haften die Eigentümer der einzelnen Teile als Gesamtschuldner.**

1) **Persönliche Haftung** des Eigtümers; zu unterscheiden von gesicherter Fdg (§ 1105 Rn 1), für die 1 § 1108 nicht gilt (BGH NJW-RR **89**, 1098). Dieser schuldrechtl Anspr u der dingl aus § 1107 stehen derselben Pers zu (W-Raiser § 128 II 2c); Abtr des Anspr aus § 1107 erfaßt notw Anspr aus § 1108, Anspr aus § 1108 aber ohne (dann entspr § 1178 erlöschbar) Anspr aus § 1107 abtretb (W-Raiser § 128 III; aA Staud/ Amann § 1107 Rn 23). – **a) Durchsetzung.** LeistgsKl (ZPO 24 ff gelten) u ZwVollstr in gesamtes Vermögen. – **b) Ausschluß oder Beschränkung** der pers Haftg dch formlose Einigg zw Eigtümer u Gläub bei RBestellg od nachträgl. Wirkg ggü RNachf nur bei GBEintr (§ 874 anwendb). Keine dingl wirkde Erweiterg (zB auf Haftg vor EigtErwerb) mögl.

2) **Umfang** wie der der dingl Haftg einschl etwaiger Dynamisierg (BGH NJW-RR **89**, 1098). Keine pers 2 (aber dingl) Haftg für vor EigtErwerb fäll Einzelleistgen (BGH NJW **90**, 2380). Haftg nur für ab EigtEr-

werb fäll Leistgn, für künftige auflösd bdgt dch EigtVerlust (BGH Rpfleger **78**, 207). Haftg des früh Eigtümers für zw Eigt-Erwerb u -Verlust fäll Leistgn besteht nach EigtVerlust fort, daneben haftet gesamtschuldähnl neuer Eigtümer für diese Leistgn (nur!) dingl (§ 1107); über InnenVerh zw beiden vgl § 1107 Rn 3. Neben Haftg des neuen Eigtümers aus § 1108 besteht mangels SchuldÜbern Haftg aus KausalGesch (§ 1105 Rn 1) fort; über InnenVerh zw beiden Schuldn vgl BGH Rpfleger **93**, 503.

3　**3)** Bei realer od ideeller **Teilung des belasteten Grundstücks** entsteht GesamtR u jeder Eigtümer haftet pers als GesamtSchu (**II**, §§ 421 ff); im InnenVerh gilt § 1109 I 2 entspr (hM; aA Planck/Strecker Anm 5b). II gilt entspr bei anfängl Gesamtreallast.

1109 *Teilung des herrschenden Grundstücks.* [1] **Wird das Grundstück des Berechtigten geteilt, so besteht die Reallast für die einzelnen Teile fort. Ist die Leistung teilbar, so bestimmen sich die Anteile der Eigentümer nach dem Verhältnisse der Größe der Teile; ist sie nicht teilbar, so finden die Vorschriften des § 432 Anwendung. Die Ausübung des Rechtes ist im Zweifel nur in der Weise zulässig, daß sie für den Eigentümer des belasteten Grundstücks nicht beschwerlicher wird.**

[2] **Der Berechtigte kann bestimmen, daß das Recht nur mit einem der Teile verbunden sein soll. Die Bestimmung hat dem Grundbuchamte gegenüber zu erfolgen und bedarf der Eintragung in das Grundbuch; die Vorschriften der §§ 876, 878 finden entsprechende Anwendung. Veräußert der Berechtigte einen Teil des Grundstücks, ohne eine solche Bestimmung zu treffen, so bleibt das Recht mit dem Teile verbunden, den er behält.**

[3] **Gereicht die Reallast nur einem der Teile zum Vorteile, so bleibt sie mit diesem Teile allein verbunden.**

1　**1) Grundsatz (I).** Wird bei subjdingl Reallast herrschdes Grdst (auch ohne Veräußerg) geteilt, so bleibt **Stammrecht** als einheitl R bestehen (**I 1**); die Eigtümer der Teile bilden Gemsch nach §§ 741 ff. Hinsichtl teilb (§ 752 Rn 3) **Einzelleistgen** sind sie TeilGläub, bei Unteilbark gilt § 432 (**I 2**); gilt für Anspr aus §§ 1107, 1108. I 3 abdingb; wirkt ggü RNachf nur bei GBEintr.

2　**2) Ausnahmen (II, III).** Reallast an einem verselbständigtem Teil erlischt: – **a)** Bei Bestimmg (= AufgabeErkl iSv § 875) nach **II 1, 2**; Eintr bei belastetem Grdst. Kann auch im ZusHang mit Teilveräußerg erfolgen. – **b)** Bei unterl Bestimmg nach **II 3**; auch hier gelten §§ 876 (RGRK/Rothe Rn 6; aA hM), 878. Reallast erlischt mit Abschreibg; GBBerichtigg bei belastetem Grdst. Bei Veräußerg aller Teile gilt I. – Dch Einigg des Veräußerers mit dem Erwerber u dem Eigtümer des belasteten Grdst sowie GBEintr kann Belastg an veräußertem Teil mit Wirkg nach I aufrechterhalten werden (Planck/Strecker Anm,3b; RGRK/Rothe Rn 8; aA Staud/Amann Rn 7). – **c)** IFv **III.** Reallast erlischt mit Abschreibg; GBBerichtigg bei belastetem Grdst. Keine Zust nach § 876 notw.

3　**3)** Dch **Vereinigung** (§ 890 I) od **Zuschreibung** (§ 890 II) keine Erweiter der Berechtigg (§ 1110).

1110 *Subjektiv-dingliche Reallast.* **Eine zugunsten des jeweiligen Eigentümers eines Grundstücks bestehende Reallast kann nicht von dem Eigentum an diesem Grundstücke getrennt werden.**

1　**1)** § 1110 gilt nur für das **Stammrecht;** für Einzelleistgn gilt § 1107 Rn 2. Die selbstd Übertragbark von AltR gehört zum „Inhalt" iSv EG 184 (allgM).

2　**2)** Keine **Umwandlung** in subjpers Recht u keine selbstd **Übertragung/Belastung/Zwangsvollstreckung.** Veräußerg u Belastg des herrschden Grdst erfassen Reallast als Bestandt iSv § 96.

1111 *Subjektiv-persönliche Reallast.* [1] **Eine zugunsten einer bestimmten Person bestehende Reallast kann nicht mit dem Eigentum an einem Grundstücke verbunden werden.**

[2] **Ist der Anspruch auf die einzelne Leistung nicht übertragbar, so kann das Recht nicht veräußert oder belastet werden.**

1　**1)** § 1111 gilt nur für das **Stammrecht;** für Einzelleistgn gilt § 1107 Rn 2.

2　**2) Verfügungen.** – **a)** Keine **Umwandlung** in subjdingl Recht (**I**); Aufhebg u Neubestellg notw. – **b) Übertragung/Belastung** (Nießbr, PfdR) nach § 873, **Pfändung** nach ZPO 857 VI, 830 (KG JW **32**, 1564; Stöber Rn 1736, 1737); sofern nicht Anspr auf Einzelleistgn unübertragb (**II**, ZPO 851; vgl Rn 3). – **c) Vererblich,** sofern nicht dch RGesch od Natur der Leistg (wie oft bei Altenteil) auf Lebzeit des Berecht beschränkt (BayObLG DNotZ **89**, 567); diese Beschrkg ist keine Bdgg/Befristg (Köln Rpfleger **94**, 292).

3　**3) Anspruch auf Einzelleistungen** (bei subjdingl u subjpers Recht) **unübertragbar** nach §§ 399, 400, 413 (u damit unpfändb, ZPO 851). Unübertragb idR Anspr auf pers Dienste. Anspr auf Altenteilsleistgn daher unübertragb (BGH **53**, 41), selbst wenn Altenteil auch übertragb Leistgn (Geld) enthält (BayObLG **67**, 480); Altenteil mit bloßen Geldleistgn aber übertragb (RG **140**, 60).

1112 *Ausschluß unbekannter Berechtigter.* **Ist der Berechtigte unbekannt, so finden auf die Ausschließung seines Rechtes die Vorschriften des § 1104 entsprechende Anwendung.**

1　Vgl §§ 1104, 1170. § 1112 gilt nicht für subjdingl Reallasten (§ 1104 II). – Vgl auch GBBerG 6 Ia.

Achter Abschnitt. Hypothek. Grundschuld. Rentenschuld

Überblick

1) Grundpfandrechte. Das BGB unterscheidet – unter Vermeidg des Oberbegriffs „GrdPfdR" – Hyp, 1
GrdSch u RentenSch. GrdPfdR begründen keine nur in das Grdst vollstreckb ZahlgsAnspr (aA E. Wolf § 11
A II d; MüKo/Eickmann § 1147 Rn 4, 5), sond **Verwertungsrechte** (ganz hM; vgl Schapp, Giessener
rwissenschaftl Abhandlgen Bd 6 S 477), indem der Eigtümer nur zur Duldg der ZwVollstr verpfl ist; in
diesem Sinne sind auch Grd- u RentenSch trotz Fehlens einer gesicherten Fdg echte PfdRe (vLübtow JuS **63**,
171). Aus dem Grdst sind Geldleistgen zu entrichten (§§ 1113 I, 1191 I, 1199 I, 1146); wg dieser kann sich
der Gläub aus dem Wert des Grdst iW der ZwVollstr befriedigen.

a) Die **Hypothek** sichert eine pers Fdg gg den Eigtümer od einen Dritten (§ 1113). Rechtl ist die Fdg das 2
HauptR u die Hyp das NebenR (RG **81**, 268); wirtschaftl ist es umgekehrt. Die Hyp ist als solche vom
Bestand der Fdg abhängig **(akzessorisch)**. Sie kann aber nur als solche ohne Fdg nicht begründet werden.
Soweit die Fdg nicht od nicht mehr besteht, ist das dingl Recht eine GrdSch des Eigtümers, §§ 1163 I,
1177 I. Sie kann ohne die Fdg nicht abgetreten, belastet od gepfändet werden, §§ 1153, 1154, 1069, 1274,
ZPO 830. Über Arten der Hyp vgl § 1113 Rn 2.

b) Die **Grundschuld** ist eine Belastg des Inhalts, daß schlechthin eine Geldsumme aus dem Grdst zu 3
zahlen ist (§ 1191); diese Zahlg kann, muß aber nicht zur Befriedigg einer Fdg dienen. Da sie so ist die
GrdSch trotzdem ihrem dingl Inhalte nach von der Fdg unabhängig **(nichtakzessorisch).** Sie kann als
solche für den Eigtümer bestellt werden (§ 1196). Über Arten der GrdSch vgl § 1191 Rn 4.

c) Die **Rentenschuld** ist als Unterart der GrdSch wie diese von der persönl Fdg unabhängig **(nichtak-** 4
zessorisch). Ihre Besonderh liegt darin, daß zu regelmäßig wiederkehrenden Terminen eine bestimmte
Summe aus dem Grdst zu zahlen ist, wobei der Eigtümer ein AblösgsR (Zahlg einer Ablösgssumme), der
Gläub aber regelm kein KündR hat.

2) Deckungshypotheken/grundschulden der Hypothekenbanken (Schrifttum: Fleischmann/Bellin- 5
ger/Kerl, HypBkG 3. Aufl 1979). Die HypBanken refinanzieren sich dch HypPfdBriefe, die (vorbehaltl
HypBkG 6 I 2, IV) dch Hyp od GrdSch gedeckt sein müssen (HypBkG 6 I 1, 40 I). Um diese Deckg bei der
Verwertg der GrdPfdR zu gewährleisten, dürfen die GrdPfdR 3/5 des nach HypBkG 12 ermittelten Be-
leihgswerts des Grdst nicht übersteigen (HypBkG 11). Die DeckgsGrdPfdR werden in ein Register eingetra-
gen (HypBkG 22 I) mit der Folge, daß Arreste u ZwVollstr in sie nur wg der Anspr aus den HypPfdBriefen
stattfinden (HypBkG 34a) u diese Anspr im Konk der HypBank bevorrechtigt aus ihnen befriedigt werden
(HypBkG 35). Die von einem Treuhänder als Interessenwahrer der PfdBriefGläub (BVerwG NVwZ-RR
89, 572) überwachte Deckg (HypBkG 30) macht die HypPfdBriefe mündelsicher (§ 1807 I Nr 4 iVm § 1
Nr 1 VO v 7. 5. 40 – BGBl III 404–12). – Ähnl SchiffspfandbriefbankenG v 8. 5. 63 (BGBl I 301).

3) Wertbeständige Grundpfandrechte haben nicht eine bestimmte Geldsumme zum Ggst, sond eine 6
Geldsumme, welche nach dem Preis einer bestimmten Menge von Waren an einem bestimmten Stichtag zu
errechnen ist. Das BGB läßt sie nicht zu, da § 1113 eine best Geldsumme voraussetzt. Ermöglicht wurden
sie dch G v 23. 6. 23 (RGBl 407) mit mehreren DVOen u wieder eingeschränkt dch VO v 16. 11. 40 (RGBl I
1521). Diese wurden nach 1945 wie folgt umgestellt: 1 kg Feingold = 1395 DM, 1 Zentner Roggen =
3,75 DM, 1 Zentner Weizen = 4,75 DM (vgl jetzt GBBerG 2 II 1). And wertbeständ GrdPfdR sind jetzt dch
GBBerG 3 umgestellt. Soweit im Gebiet der früh DDR GrdPfdR dch GBBerG 1 umgestellt werden, erfolgt
die Umrechng auch nach GBBerG 2, 3. Die Streitfrage, ob heute noch wertbeständ Hyp begründet werden
können (weil die einschläg Bestimmgen nach dem 2. Weltkrieg formell nicht aufgeh wurden; vgl dazu
Soergel/Konzen § 1115 Rn 10–13) ist kaum von prakt Bedeutg, da jedenf Gen nach WährG § 3 erforderl, die
idR nicht erteilt wird. Fdgen mit zulässiger od genehmigter **Wertsicherungsklausel** (s hierzu § 245 Rn
18ff; ErbbRVO 9 Rn 14) können dch Hyp wg der Voraussetzg des bestimmten GeldBetr nur iF der
HöchstBetrHyp gesichert werden, insow sich es um reine Geldschulden handelt (krit Müller-Frank RhNK
75, 355).

4) Grundpfandrechte in ausländischer Währung Reuter, Fremdwährg u RechngsEinh in GB; Ffm 7
1992; (über ECU-Fdg vgl auch Siebelt/Häde NJW **92**, 10 zu V): Eintr wäre nach BGB mögl; aber GBO § 28
S 2 (OrdngsVorschr, aber WährG § 3 zu beachten). Bis 31. 12. 1929 war Eintr zugel dch VO v 13. 2. 1920,
RGBl 231, die aber aufgeh wurde (ohne Rückwirkg für schon eingetr Rechte) dch Art IV G vom 8. 5. 63,
BGBl 293, u heute nur noch von Bedeutg iF VO 15 III, eingef dch G v 16. 3. 31, RGBl 31 (PfdAustausch
u -erstreckg), hierzu BayVO v 6. 12. 56, BS III 134. – Sonderregelg für **Schweizer Goldhypotheken:**
Abkommen v 6. 12. 1920, RGBl 2023, sah Rückzahlg in Gold od Schweizer Franken vor. Dch ZusatzAbk v
25. 3. 23, RGBl II 286, Umwandlg in Schweizer Franken- GrdSch. Vereinb v 23. 2. 53 u G hierzu v 15. 5.
54, BGBl II 538, 740; Fälligk bis 31. 12. 57 hinausgeschoben, dann Tilg innerh 13 Jahren. Einzelh BGH WM
66, 324. – Andere Frage, inwiew bei **Fremdwährungsschulden** Sicherg dch Hyp in dtscher Währg erfol-
gen kann; vgl hierzu RG **106**, 79; **152**, 219. ZwHyp zuläss (BGH NJW **91**, 2024).

5) Übergangsrecht für fr DDR-Recht: EG 233 §§ 3, 6.   8

Erster Titel. Hypothek

1113   *Begriff.*   ^I **Ein Grundstück kann in der Weise belastet werden, daß an denjenigen, zu dessen Gunsten die Belastung erfolgt, eine bestimmte Geldsumme zur Befriedigung wegen einer ihm zustehenden Forderung aus dem Grundstücke zu zahlen ist (Hypothek).**
^{II} **Die Hypothek kann auch für eine künftige oder eine bedingte Forderung bestellt werden.**

1) Allgemeines.

1   **a) Rechtsinhalt.** Die Hyp ist eine Belastg des Inhalts, daß eine Geldsumme (idR mit Nebenleistgn) zur Befriedigg einer Fdg aus dem Grdst zu zahlen ist. Die Hyp ist nach Bestand als FremdR, Inhalt u Zuordng von der Fdg abhäng (akzessorisch; Vorb 2 vor § 1113); rechtl ist die Fdg das HauptR u die Hyp das NebenR (RG **81**, 268). Sie ist ein dingl VerwertgsR, denn der Eigtümer ist nicht zur Zahlg verpfl, sond muß nur die ZwVollstr wg Kapital/Nebenleistgn in das Grdst dulden (§ 1147; Vorb 1 vor § 1113).

2   **b) Arten. – aa) Verkehrshypothek** ist die (im BGB so nicht genannte) Regelform der Hyp, bei der der gutgl Erwerber auch hinsichtl Einwendgen/Einreden gg die Fdg bzgl der Hyp geschützt wird (§ 1138), was sie für den Umlauf geeignet macht. – **bb) Sicherungshypothek,** bei der der gutgl Erwerber hinsichtl Einwendgen/Einreden gg die Fdg bzgl der Hyp nicht geschützt wird (§§ 1184 I, 1185 II), was der Umlauffähig entggsteht. WertPap- (§ 1187), HöchstBetr- (§ 1190) u Zwangs/ArrestHyp (ZPO 866, 932) sind notw SichgHyp. – **cc) Briefhypothek** ist die Regelform der VerkehrsHyp (§ 1116 I); sie ermöglicht die Übertragg außerh des GB (§ 1154 I), was sie für den Umlauf geeignet macht. – **dd) Buchhypothek** ist die SichgHyp (§ 1185 I) u eine VerkehrsHyp, bei der die Briefbildg dch Einigg u Eintrag ausgeschl ist (§ 1116 II). – **ee) Einzelhypothek,** die eine od mehrere Fdgen an einem Grdst sichert. – **ff) Gesamthypothek,** die eine od mehrere Fdgen an mehreren Grdst sichert (§ 1132 Rn 1). – **gg) Eigentümerhypothek.** Der Eigtümer kann für sich selbst zur Sicherg einer eigenen Fdg keine Hyp bestellen (KG JW **36**, 3131; Zweibr Rpfleger **90**, 15); die für einen Dritten bestellte Hyp kann aber zunächst EigtümerGrdSch sein (zB §§ 1163 I 1, II, 1177 I) od es nachträgl werden (zB §§ 1163 I 2, 1168, 1177 I). Eine FremdHyp kann aber nachträgl zur EigtümerHyp werden, wenn der Eigtümer die gesicherte Fdg u damit gem §§ 401, 412, 1153 auch die Hyp erwirbt (zB §§ 1143 I, 1177 II). – **hh) Sonderformen** agrd rgeschäftl Gestaltg: TilggsHyp (Rn 23), EinheitsHyp (Rn 28).

3   **c) Grundgeschäft** für die HypBestellg (Einl 16 vor § 854) ist ein SichgsVertr, für den § 1191 Rn 15–17 gilt, soweit das Fehlen der gesicherten Fdg od deren Abtretg in den Auswirkgen auf die Hyp nicht dch den AkzessorietätsGrds geregelt ist (zB § 1163 I statt RückgewährAnspr bei fehlder Fdg).

4   **d) Rechtsbeziehungen.** Zu unterscheiden sind: die gesicherte Fdg (Rn 8–17); das GrdGesch (Rn 3); die Hyp u ihre Bestellg (Rn 6); das RVerh zw pers Schuldn u Eigtümer (zB Auftr, GoA, Schenkg, § 415 III), wenn beide nicht ident.

5   **2) Belastungsgegenstand.** Grdst; reale GrdstTeile (vgl aber GBO 7); MitEigtAnt (§ 1114) einschl WE/TeilE; grstgl Rechte (zB ErbbR); BruchtAnt an grdstgl Rechten u WE/TeilE. – **Haftungsgegenstand** sind der BelastgsGgst u die nach §§ 1120–1131 mithaftden Ggst.

3) Entstehung der Hypothek.

6   **a) Rechtsgeschäft.** Dch Einigg (Ausn: § 1188) u Eintr (§ 873); ohne wirks Einigg entsteht kein dingl Recht (auch keine EigtümerGrdSch; vgl § 1163 Rn 1), jedoch gutgl Dritterwerb mögl. Die Hyp steht trotz wirks Einigg u Eintr dem Eigtümer bis zur FdgsEntstehg (§ 1163 I) u bei BriefHyp bis zur BriefÜberg/ÜbergErs (§§ 1117, 1163 II) zu. Über Eintr vgl § 1115. Tritt der Gläub die Fdg vor der Eintr ab, kann der Zessionar unmittelb eingetr werden; notw ist entw EintrBew des Eigtümers zG des Zedenten u dessen AbtrErkl od EintrBew des Eigtümers zG des Zessionars. – Die Hyp kann **bedingt oder befristet** sein (RG **122**, 327); Bdgg aber nicht auf GrdstTeil beschränkb (BayObLG **78**, 223). Vor Eintritt aufschiebdr Bdgg (Ablauf der AnfangsFr) u nach ihrem Ausfall keine EigtümerGrdSch. Bei Eintritt auflösdr Bdgg (Ablauf der EndFr) erlischt Hyp (keine EigtümerGrdSch). Hyp auch dch selbes Ereign auflösd für Gläub *A* u aufschiebd bdgt für Gläub *B* bestellb (LG Traunst RhNK **78**, 134). Bdgte Hyp zu unterscheiden von unbdgter Hyp für bdgte Fdg (Rn 17). – Wg **behördlicher Genehmigung** vgl Übbl 17 vor § 873.

7   **b) Zwangsvollstreckung** (nur SichgsHyp, § 1184): ZwHyp (ZPO 866, AO 322); ArrestHyp (ZPO 932); für Fdg gg Ersteher in der ZwVerst (ZVG 128); nach LandesR (EG 91). – **Kraft Gesetzes** (ohne Eintr): dch Surrogation (§ 1287 S 2, ZPO 848 II); dch UmleggsPlan (BauGB 61).

4) Gesicherte Forderung.

8   **a) Bestimmtheit.** Der Hyp ist bei der Bestellg eine nach Gläub/Schu, LeistgsGgst u SchuldGrd individualisierte GeldFdg dch Einigg u Eintr zugrdezulegen (BGH NJW **94**, 460; Westermann JZ **62**, 302); Ausn dch § 1190 für FdgsHöhe u SchuldGrd. Unwirks ist die Bestellg für die eine od die and Fdg (RG JW **11**, 653). Auswechselg der Fdg nach § 1180 (vgl auch §§ 1164 I 1, 1173 II, 1174 I, 1182 S 2); sie ist auch erforderl, wenn die bei Bestellg zugrdegelegte Fdg nicht entstanden ist u die Hyp eine and Fdg (zB desh entstandenen BereicherungsAnspr) sichern soll (Baur § 37 II 3; Jauernig Anm 4c; Westermann aaO; aA BGH **36**, 89). – **aa) Eine Hypothek für mehrere Forderungen** mögl. Sie können sich gg denselben od verschiedene **9** (selbständ od in VerpflGemsch stehde) Schuldn richten (RG **126**, 272; BayObLG **64**, 32). Bei GesSchuldn müssen nicht die Fdgen gg alle gesichert werden. – **bb) Mehrere Hypotheken für dieselbe Forderung 10** am gleichen Grdst nicht mögl (RG **131**, 16; vgl aber § 1132); wohl aber für selbständ FdgsTeile (RG aaO), zB MehrBetrHyp od Kapital u Zinsen. Zul aber: Hyp u GrdSch für eine Fdg am gleichen od verschied Grdst (RG **132**, 136; LG Lüb Rpfleger **85**, 287; aA MüKo/Eickmann Rn 67 bei gleichem Grdst); unbdgte u dch Ausfall in ZwVerst bdgte Hyp an verschied Grdst (RG **122**, 327); Verkehrs- u ZwangsHyp an verschied Grdst (BayObLG Rpfleger **91**, 53), aber wg ZPO 867 II nicht mehrere ZwangsHyp (KG JFG **18**, 152).

b) Subjekte der Forderung. – aa) Gläubiger der Fdg u der Hyp müssen zwingd dieselbe Pers sein; **11** Zahlsempfänger kann Dritter sein (KG JFG **12**, 312). Deshalb kann bei Begründg der Fdg dch echten Vertr zG Dritter nur der Dritte (Hyp aber nicht so bestellb; Einl 14 vor § 854) u bei ihrer Begründg dch unechten Vertr zGDritter nur der VersprEmpfänger HypGläub sein (BayObLG NJW **58**, 1917). Obwohl Fdg für jeweil Eigtümer eines Grdst begründb (RG **128**, 246), kann dieser mangels §§ 1094 II, 1105 II entspr Vorschr nicht HypGläub sein (KG HRR **31**, 1862), wohl aber VormkgsBerecht für Hyp (§ 883 Rn 12). Sofern (zB gem § 328) künft Abkömmlinge od unbekannte Erben einer best Pers FdgsGläub sein können, ist ihre Fdg dch Hyp sicherb (BayObLG aaO); die Einigg nach § 873 müssen sie aber dch einen Vertreter (zB Pfleger, TestVollstr) erklären. – **bb) Gläubigermehrheit.** Mehrere können gleichzeit Gläub nur in **12** Bruchteils- (KGJ **31** A 313) od GesHdsGemsch od als GesBerecht iSv § 428 (BGH NJW **75**, 445) sein, nicht aber alternativ (KG OLG **26**, 129; **45**, 238). Mehrere können nacheinand Gläub sein, wenn dasselbe Ereign für A auflöse u für B aufschiebde Bdgg für GläubStellg ist (RG **76**, 89). Bei GesGläub müssen nicht alle HypGläub werden (BGH **29**, 363). – **cc) Schuldner** der Fdg u GrdstEigtümer müssen nicht dieselbe Pers **13** sein; RVerh zw ihnen zB Auftr od Schenkg (vgl BGH **LM** § 516 Nr 2). Wg SchuMehrh vgl Rn 7.

c) Leistungsgegenstand muß die Zahlg einer der Höhe nach bestimmten Geldsumme sein (sonst ist die **14** Bestellg unwirks; aA BGH NJW **94**, 460: EigtümerGrdSch entsteht); and Anspr sind daneben nicht sicherb (BayObLG **67**, 48). Anspr auf Lieferg von WertPap nicht sicherb (KG JFG **2**, 366). GeldFdg steht Befugn des Schu zur Leistg and Ggst nicht entgg (BGH **LM** Nr 3). WahlschuldVerh nur sicherb, wenn die Hyp die GeldFdg sichern soll u diese erst dch die Leistg and Ggst erlischt (RG **132**, 9; KG JFG **9**, 235). Keine Hyp ausschließl für lfde ZinsFdg, wohl aber für kapitalisierte ZinsFdg (LG Bn Rpfleger **82**, 75).

d) Schuldgrund. Die Fdg kann auf jedem rechtl zul SchuldGrd beruhen. – **aa)** Da die mit der Hyp **15** verknüpfte Fdg bzgl des SchuldGrd **individualisiert** sein muß (Rn 8), muß die Einigg ergeben, ob bei nichtigem DarlehnsVertr Anspr aus § 812 gesichert (zB wenn SchuldGrd allg RückzahlgsAnspr wg Geldhingabe; Hbg MDR **68**, 756) od nicht (zB wenn SchuldGrd dch Fälligk u Zinsen konkretisierter VertrAnspr; RG JW **11**, 653); sehr str (wie hier: Jauernig Anm 4c; Schwab/Prütting § 55 I 2; aA Wstm/Eickmann § 112 II 3: grdsl gesichert); wg Eintr des SchuldGrd vgl § 1115 Rn 20. – **bb) Auch öffentlich-rechtliche Ansprüche 16** sicherb. Wg Verbots der Doppelsicherg aber nur, wenn sie nicht dch einen HypGläub u ZVG 10 I 3 genießen (BayObLG **56**, 122); eintragb aber schon vor Wegfall des VorR als dch Wegfall aufschieb bdgt od als HöchstBetrHyp (BayObLG aaO; LG Köln Rpfleger **62**, 104). Einzelfälle: SteuerFdg gem §§ 241 I Nr 5c, 322 AO 1977; ZahlsAnspr aus öffentlrechtl Vertr (RG Warn **08**, 161; KG JW **32**, 1062); ErschließgsBeiträge nach BBauG 133 II, III (LG Köln aaO).

e) Über **künftige und bedingte Forderungen (II)** vgl § 883 Rn 15–18; iü müssen sie dem Be- **17** stimmthGrds (Rn 8) genügen, woran es idR bei der Sicherg zukünft ZugewinnAusglFdg fehlt (Gaul FamRZ **61**, 132). Bei künft (RG **51**, 43) u aufschied bdgter (BayObLG DNotZ **51**, 180) Fdg entsteht zunächst EigtümerGrdSch (§§ 1163 I, 1177), die sich unter Beibehaltg ihres Ranges mit Entstehg der Fdg bzw BdgsEintritt in Hyp wandelt; bei nur noch nicht fäll Fdg entsteht Hyp schon mit Eintr (RG JW **32**, 1216). Bei auflösd bdgter Fdg entsteht mit BdgsgsEintritt EigtümerGrdSch. – Unbdgte Hyp für bdgte Fdg von bdgter Hyp (Rn 5) für bdgte od unbdgte Fdg zu unterscheiden. Gleiche Bdgg für Entstehen/Erlöschen von Fdg u Hyp vereinb.

5) Gläubigerbefriedigung.

a) Zwei Ansprüche, die nebeneinand bestehen u gleichzeit geltd gemacht werden können. – **aa)** Der **18** Gläub hat zum einen gg den pers Schuldn den **schuldrechtlichen Anspruch** zB aus § 607 auf Zahlg (Anspr auf Befriedigg der gesicherten Fdg). Dieser Anspr kann freiwill (zB dch Zahlg) od zwangsw (dch Vollstr gg den Schuldn) befriedigt werden. Die ZwVollstr findet agrd eines auf Zahlg lautdn pers Titels in das gesamte Vermögen des Schuldn statt; ist er zugl Eigtümer des belasteten Grdst, so kann auch in dieses vollstreckt werden, wobei die Befriedigg aber nicht aus der Rangstelle dch das zu geringste Gebot fallden Hyp erfolgt. – **bb)** Der Gläub hat zum and gg den Eigtümer den **dinglichen Anspruch** auf Befriedigg aus dem Grdst (§ 1113). Dieser Anspr kann freiwill dch HypAblösg (§§ 1142, 1150) od zwangsw dch ZwVollstr in das Grdst u/od die mithaftden Ggst (§ 1147) befriedigt werden. Die ZwVollstr findet agrd eines DuldgsTitels (§ 1147 Rn 2) nur in die der HypHaftg unterliegden Ggst statt, wobei die Befriedigg aus der Rangstelle der Hyp erfolgt. – **cc) Unterschiedlicher Erfolg der Klagen** aus beiden Anspr mögl; zB wirkt eine Einrede gg den schuldrechtl Anspr nicht gg den dingl Anspr, wenn ein Dritter die Hyp gutgl einredefrei erworben hat (§ 1138), od eine Einrede kann nur gg den dingl Anspr bestehen (zB auf ihn beschr Stundg).

b) Arten und Wirkungen. Es ist zu unterscheiden, wer befriedigt u ob der schuldrechtl od der dingl **19** Anspr befriedigt wird. Es gelten folgde Grdsätze: – **aa)** Befriedigt der **auch persönlich schuldende Eigtümer** freiwill, so befriedigt er idR (BGH **7**, 123) den schuldrechtl Anspr. Die Fdg erlischt (§ 362) u die Hyp erwirbt der Eigtümer als EigtümerGrdSch (§§ 1163 I 2, 1177 I); ausnahmsw FdgsErwerb nach § 426 II mit Erwerb der Hyp als EigtümerHyp nach §§ 401, 412, 1153, 1177 II. Dasselbe gilt bei zwangsw

Befriedigg des schuldrechtl Anspr. Wird der dingl Anspr zwangsw befriedigt, so erlöschen Fdg (§ 362) u
20 Hyp (§ 1181). – **bb)** Befriedigt der **nicht persönlich schuldende Eigentümer,** so befriedigt er bei freiwill
Befriedigg idR (HypAblösg) u bei zwangsw Befriedigg stets den dingl Anspr. Er erwirbt den schuldrechtl
Anspr (§ 1143); bei HypAblösg mit der Hyp als EigtümerHyp (§§ 401, 412, 1153, 1177 II), währd die Hyp
21 bei zwangsw Befriedigg erlischt (§ 1181. – **cc)** Befriedigt **persönlicher Schuldner, der nicht Eigentümer
ist,** freiwill od zwangsw, so befriedigt er den schuldrechtl Anspr. Die Fdg erlischt (§ 362); die Hyp geht bei
einem ErsAnspr gg den Eigtümer zu dessen Sich auf den Schuldn über (§ 1164), währd sie bei Fehlen eines
ErsAnspr zur EigtümerGrdSch wird (§§ 1163 I 2, 1177 I). Bei AusglAnspr gg GesamtSchuldn erwirbt der
22 Schuldn die Fdg (§ 426 II 1) mit der Hyp (§§ 401, 412, 1153). – **dd)** Befriedigt ein **Dritter,** so erlischt die
Fdg (§§ 267, 362; KG NJW 73, 56), sofern sie nicht agrd von SonderVorschr auf den Dritten übergeht (zB
§§ 268, 1150; §§ 426 II 1, 774 I 2) od der Dritte nur gg Abtretg geleistet hat (FdgsKauf; vgl Planck/Strecker
§ 1143 Anm 2a). Bei Erlöschen der Fdg wird die Hyp zur EigtümerGrdSch (§§ 1163 I 2, 1177 I), währd sie
beim Übergang der Fdg mit dieser übergeht (§§ 401, 412, 1153).

6) Tilgungshypothek (AmortisationsHyp). – **Schrifttum:** Kaps DR **41**, 401.

23   **a) Allgemeines.** Bei der TilggsHyp ieS hat der Schuldn aus Zins- u Tilggsbeträgen zusgesetzte gleich-
bleibde Jahresleistgn (sog Annuitäten) in einem bestimmten Hundertsatz des urspr Kapitals bis zu dessen
vollständ Tilgg zu entrichten; zB ist ein Darlehn bei einer aus 6,5% Zinsen u 1% Tilgg zusgesetzten
Jahresleistg von 7,5% in 32 Jahren getilgt. Da die Jahresleistg bis zur vollständ Tilgg gleichbleibt, die
Verzinsg aber wg des Kapitalabtrags lfd geringer wird (vgl ErbbRVO 20 I Nr 1; HypBkG 20 II), wird
innerh der Jahresleistgn der Zinsanteil ständ geringer u der Tilggsanteil ständ größer. Auf der Höhe der
vereinb Zinsen u Tilggsbeträge baut sich ein Tilggsplan auf, dem bei regelm Zahlg der jeweil Stand der
KapitalFdg entnommen werden kann; Beisp bei Kaps aaO. – Jede Teilzahlg auf eine Jahresleistg ist zuerst auf
Zinsen u dann auf Tilgg zu verrechnen, jede Zahlg auf einen Rückstand auf den ältesten; abw SchuldnBe-
stimmg wg Widerspr zum Tilggsplan unwirks (Kaps zu III 1).

24   **b) Einzelheiten. – aa) Grundbuch.** Zur GBEintrag des Hyp vgl § 1115 Rn 3. Bei Teillösch Klar-
stellgsvermerk, ob jetzt Jahresleistg vom Urspr- od Restkapital zu berechnen (vgl Hamm OLGZ **85**, 273;
Düss Rpfleger **85**, 394). Über Abtretg vgl Rn 26. – **bb) Tilgungsbetrag.** Er wird auf die HauptFdg
geleistet; daher sind die für Nebenleistgn geltdn Vorschr (zB §§ 1115, 1119 I, 1158, 1159, 1178) nicht
anwendb (RG **104**, 68). Über Anwendg von § 1145 vgl dort Rn 1. Bei Rückständen verjährt die pers Fdg
nach § 197; der dingl Anspr verjährt nicht nach §§ 223 III, 902 I 2 wie bei Zinsen (Erm/Räfle Vorbem 13 vor
§ 1113; W-Raiser § 150 II 2; aA RG **54**, 88 [93]; KGJ **24**, 246 [251]). – **cc) Kündigung.** Gläub zur Künd mit
gesetzl Frist berecht, sofern Unkündbark nicht vertragl od gesetzl (vgl zB HypBkG 19) vorgesehen; im
Einzelfall kann stillschw Ausschl des KündR bei vertragsmäß Verhalten des Schuldn vorliegen (nach Hamm
MDR **63**, 844 idR nicht bei Privatkredit) od § 242 einer Künd entggstehen (BGH NJW **78**, 1579; Hbg MDR
25 **65**, 294). – **dd) Eigentümergrundschuld.** Mit jeder Teiltilgg der Fdg entsteht eine EigtümerGrdSch
(§§ 1163 I 2, 1177 I) mit Rang nach der RestHyp (§ 1176); über Vermeidg dch Verrechngsabrede vgl § 1163
Rn 12. Mit jedem Tilggsbetrag ohne zwzeitl GrdstÜbereign entsteht keine neue EigtümerGrdSch, sond
die mit der ersten Teiltilgg entstandene vergrößert sich als einheitl Recht (Kaps zu IV 7; Wstm/Eickmann
§ 129 II 4; aA MüKo/Eickmann § 1163 Rn 25). Über Anwendg von § 1177 I 2 vgl dort Rn 2. – **ee) Grund-
stücksübereignung.** Wird eine nach dd) entstandene EigtümerGrdSch nicht mitübertragen, so wird sie
FremdGrdSch des Veräußerers. Bei mehrf Übereign ohne GrdSchMitÜbertrag zersplittert die Hyp in die
RestHyp des Gläub, mehrere FremdGrdSch der VorEigtümer (die jüngere geht der älteren im Rang vor;
Staud/Scherübl Vorbem 16 vor § 1113) u die EigtümerGrdSch des letzten tilgdn Eigtümers. Wird die
GrdSchMitÜbertrag (mangels Eintragg od Teilbriefbildg) nicht dingl vollzogen, so kann der letzte Eigtü-
mer seine Eintragg als GrdSchGläub iH der Gesamttilgg ohne ZwEintrag der VorEigtümer herbeiführen,
wenn alle VorEigtümer jeweils die Abtretg ihrer EigtümerGrdSch auf ihren NachEigtümer grdbuchmäß
(GBO 29) erklärt haben, denn mit der AbtrErkl ermächtigt der Veräußerer den NachEigtümer über seine
EigtümerGrdSch zu verfügen u die von seinem VorEigtümer erworbene Ermächtigg hinsichtl dessen
EigtümerGrdSch auszuüben (KGJ **41**, 234; Kaps zu V 2b; Staud/Scherübl Vorbem 24, 25 vor § 1113). –
26 **ff) Abtretung.** Treten Gläub u Eigtümer die RestTilggsHyp u die nach dd) entstandene Teil-
EigtümerGrdSch ab, so ist bei GBUmschreib deutl zu machen, welcher Teil Hyp u welcher Eigtü-
merGrdSch ist (KG JFG **21**, 306). Über Anwendg von §§ 1138, 892 bei Abtretg nach Teiltilgg vgl § 1138
Rn 3.

27   **c) Sonderformen. – aa) Tilgungsfondshypothek.** Bei ihr ist schuldrechtl vereinbart, daß die Tilggsbe-
träge als bes Guthaben des Schuldn in einem Fonds gesammelt werden u erst bei Erreichen des Kapitals od
eines best Teils eine Tilgg der Fdg dch Verrechng/Aufrechng stattfindet, so daß erst dann eine Eig-
tümerGrdSch entsteht. Zuläss iRv EG 167; zur Zulässigk ü vgl § 1163 Rn 12. – **bb) Abzahlungshypothek**
(TilggsHyp iwS; vgl § 22 AVO-RHeimstG). Bei ihr werden im Unterschied zur TilggsHyp ieS sich ständ
verringernde Jahresleistgn entrichtet, die sich aus einem gleichbleibden Tilggsbetrag u den Zinsen für das
Restkapital zusetzen.

28   **7) Einheitshypothek.** Mehrere im Range gleichstehende od unmittelb aufeinanderfolge Hyp desselben
Gläub an denselben Grdst können zu einer einheitl Hyp zusgefaßt werden (RG **145**, 47), um die GBFührg zu
vereinfachen. Nebenleistgn können den Rang hinter und Rechten haben (KG DNotZ **39**, 728); ZahlgsBdg-
gen (RGRK/Mattern § 1113 Rn 41; aA hM), Zinsbeginn (LG Hof Rpfleger **64**, 375) u Zinssatz (vgl Celle
Rpfleger **72**, 97; aA hM) können verschieden sein. Bei der Bildg der EinhHyp muß ihr eine einheitl
HauptFdg zugrde liegen od gelegt werden. Die EinhHyp kann anfängl zu einem Teil GesHyp (KG JFG **20**,
381) od zu einem Teil mit Rechten Dritter belastet (Soergel/Konzen § 1113 Rn 31; Erm/Räfle Rn 21 vor
§ 1113; KG JFG **20**, 385 für LöschgsVormkg) sein. Die ZusFassg ist nicht Aufhebg u Neubestellg, sond
InhaltsÄnderg dch Verlust der Selbständigk (§ 877). Zur GBEintr vgl Haegele/Schöner/Stöber Rn 2693 ff.
Spätere Teilg zuläss; Teile haben ohne Rangbestimmg (§ 1151) Gleichrang (Hamm NJW-RR **91**, 1399).

1114 *Belastung eines Bruchteils.* **Ein Bruchteil eines Grundstücks kann außer in den in § 3 Abs. 6 der Grundbuchordnung bezeichneten Fällen mit einer Hypothek nur belastet werden, wenn er in dem Anteil eines Miteigentümers besteht.**

1) Belastungsgegenstand. – a) Anteil eines Miteigentümers nach Bruchteilen (§§ 1008 ff) einschl 1 des Anteils an den mithaftden Ggst (§§ 1120 ff) ist selbstd be- u entlastb; nicht aber Anteil an GesHdsGemsch (RG **117**, 276) u keine quotenmäß beschr Be- u Entlastg von Allein- (BayObLG **74**, 466; vgl aber Rn 3) od MitEigt (BayObLG RJA **16**, 137). Maßgebder Ztpkt ist die Entstehg der Belastg (auch iFv § 1163). Bei späterer Vereinigg belasteter u unbelasteter Anteile in der Hand eines MitEigtümers (RG **68**, 79) od Dritten (BayObLG DNotZ **71**, 659) ist nur fiktiv fortbestehder Anteil belastet, in den ggf ZwVollstr; Erstreckg auf unbelasteten Anteil dch RGesch mit Gläub (§ 873) mögl, wobei str, ob Zust vor- u gleichrang Berecht dieses Anteils notw (nein: KGJ **36**, 237; ja: MüKo/Eickmann Rn 6). – **b) Gesamthypothek** entsteht: bei Belastg 2 mehrerer Anteile (urspr od iW der Nachverpfändg) mit Hyp für dieselbe Fdg (BGH NJW **89**, 831); bei Umwandlg von AlleinEigt an belastetem Grdst in MitEigt (Ffm DNotZ **61**, 411); bei Belastg des ganzen Grdst dch alle MitEigtümer gem § 747 S 2 (BGH **40**, 120), wobei iFv § 1163 die EigtümerGrdSch den MitEigtümern in BruchtGemsch (§ 741) zusteht (BGH NJW-RR **86**, 233).

2) Bruchteil eines Alleineigentümers be- u entlastb, wenn er gem GBO 3 VI gebucht. Dies ist ferner 3 zuläss, wenn der gesondert belastete Bruchteil eine gewisse rechtl Selbständigk hat (Ffm NJW-RR **88**, 463); vgl auch Rn 1. – **a)** SichgHyp des ZVG 128 ist auf ersteigertem Anteil zuläss, auch wenn Ersteher jetzt AlleinEigtümer (RG **94**, 154). – **b)** Eintr einer ZwangsHyp auf gem AnfG 7 anfechtb erworbenen Anteil zul (KG HRR **31**, 1709). – **c)** FlurbG 68; dazu LG Karlsr BWNotZ **60**, 24. – **d)** Vorbeh für LandesR EG 112, 113. – **e)** Abweichg auch dch gutgl Erwerb mögl (W-Raiser § 133 Anm 3: AlleinEigtümer fälschl als MitEigtümer eingetr; RG LZ **29**, 838). – **f)** Erwirbt BruchtEigtümer RestBrucht als VorE, so kann er bish Brucht gesondert belasten (BayObLG NJW **68**, 1431). – **g)** Gläub eines VermÜbergebers (§ 419) kann ZwangsHyp auf mitübertr GrdstBrucht verlangen (Jena JW **35**, 3647).

3) Auf die **Grund/Rentenschuld** entspr anwendb (§ 1192 I). 4

1115 *Eintragung.* **¹ Bei der Eintragung der Hypothek müssen der Gläubiger, der Geldbetrag der Forderung und, wenn die Forderung verzinslich ist, der Zinssatz, wenn andere Nebenleistungen zu entrichten sind, ihr Geldbetrag im Grundbuch angegeben werden; im übrigen kann zur Bezeichnung der Forderung auf die Eintragungsbewilligung Bezug genommen werden.**

II Bei der Eintragung der Hypothek für ein Darlehen einer Kreditanstalt, deren Satzung von der zuständigen Behörde öffentlich bekannt gemacht worden ist, genügt zur Bezeichnung der außer den Zinsen satzungsgemäß zu entrichtenden Nebenleistungen die Bezugnahme auf die Satzung.

1) Allgemeines.

a) Die für die Entstehg der Hyp **nach § 873 notwendige Eintragung** wird umfangmäß dch § 1113 1 bestimmt u muß daher die RNatur der Belastg als Hyp (Rn 3) sowie die gesicherte Fdg nach ihren Individualisiergsmerkmalen (Rn 4–20) enthalten. Die für diese Eintr gegebene **Möglichkeit der Bezugnahme auf die Eintragungsbewilligung nach § 874 wird durch § 1115 eingeschränkt.** Fehlt eine nach § 1115 vorgeschriebene Angabe im EintrVermerk, so ist die Hyp nichtig (RG **127**, 309) u die Eintr unzul iSv GBO 53 I 2; fehlt die Eintr der Nebenleistgn, so ist die Hyp iü entstanden (RG **113**, 229). – Weiterer Ausschl der Bezugn in §§ 1116 II, 1184 II, 1189 I 2, ZPO 800 I 2; auch VfgsBeschrkg nach VAG 70, 72 ist in EintrVermerk aufzunehmen (LG Bn DNotZ **79**, 309).

b) Eintragungsfähigkeit von Vereinbarungen. Eintragb sind zunächst die rechtl mögl **Gestaltungen** 2 **des dinglichen Rechts** selbst (zB zeitl begrenzter Ausschl der Geltdmachg). Sodann alle rechtl mögl **Gestaltungen der gesicherten Forderung,** weil sie Inhalt u Umfang des dingl Rechts bestimmen (Riedel DNotZ **54**, 454): Klare u eindeut (Ffm Rpfleger **73**, 23) Bestimmgen über Tilgg, Fälligk, AufrechngsVerbot, Anrechng von Teilleistgen, Wirksamk von Erkl für mehrere Schu, Kündigg (Hamm MittBayNot **79**, 173), AbtretgsVerbot (Stgt OLGZ **65**, 96). **Sonstige persönliche Verpflichtungen** des Schu od Eigtümers, die nicht die Fdg gestalten (zB GrdstUnterhaltg, GbdeVersicherg, VeräußergsVerbot) sind als solche nicht eintragb; soweit die Nichterfüllg Fällig- od KündiggsVoraussetzg ist, sind (unmittelb od gem § 874) nur diese Voraussetzgen, nicht aber die pers Verpfl selbst eintragb (BGH **21**, 34; Riedel aaO).

2) Die Bezeichnung der Belastung als Recht, sich wg einer Fdg aus dem Grdst zu befriedigen, braucht 3 nur gem § 874 eingetr zu werden. Bezeichng als „Hyp" im EintrVermerk nicht notw; Angabe des SchuldGrd („1000 DM Darlehn für A") ausreichd; bloße Angabe des Kapitalbetrages („1000 DM für A") ausreichd, wenn RNatur als Hyp aus Eintr in Abt III iVm in Bezug gen EintrBew ersichtl (KG PrJMBl **14**, 772). TilggsHyp braucht nicht als solche im EintrVermerk bezeichnet zu werden (BGH **47**, 41), wohl aber SichergsHyp (§ 1184 II); vgl auch ZVG 130 I 2.

3) Der **Gläubiger** (§ 1113 Rn 11) muß im EintrVermerk angegeben sein; Verstoß führt zur Nichtigk der 4 HypBestellg.

a) Gläub ist der **materiellrechtliche Inhaber** von Fdg u Hyp; er wird dch die Einigg bestimmt. Eintr 5 eines und läßt Hyp nicht entstehen, ermöglicht aber gutgl Erwerb von diesem. Eintr eines anderer unschädl, wenn wahrer Berecht identifizierb (Rn 6). – Bloß **Verfügungsbefugte** wie KonkVerw (BayObLG **80**, 255), NachlVerw (Hamm Rpfleger **89**, 17), TestVollstr (Hbg OLG **20**, 416) od gesVertr (KGJ **36**, 226) sind nicht einzutragen, sond RInh selbst. Im Falle v VerglO 93 ist der Sachwalter nicht als Gläub sond als Vertreter ohne Namensangabe zusätzl einzutragen. – **Juristische Personen** des priv od öffR sind einzutragen, nicht ihre Organe bzw Behörden. Eintr eines Vertretgszusatzes unzul (LG Düss Rpfleger **77**, 167), macht Eintr aber nicht unwirks. – Bei **nichtrechtsfähigen Personenmehrheiten** wie nichtrechtsfäh Verein (RG **127**, 309; Schmidt NJW **84**, 2249), GbR (and OHG/KG wg HGB 124 I), ErbenGemsch u Brucht-Gemsch (einschl WE-Gemsch; Köln OLGZ **94**, 521) sind die einz Mitgl zZ der HypBestellg einzutragen. – **Treuhänder** ist einzutragen, da VollRInh; TrHdZusatz unzul (Saarbr OLGZ **67**, 112), macht Eintr aber nicht unwirks (KG HRR **30**, 219). Eine gleichzeit Eintr von TrHänder u TrGeber (Hamm Rpfleger **54**, 464), Eintr idR wg Unbestimmth des Gläub unwirks. Im Falle v VAG 72 ist der TrHänder nicht als Gläub sond als ZustBerecht ohne Namensangabe zusätzl einzutragen (vgl dazu LG Wiesb Rpfleger **68**, 393). Vgl weiter Haegele/Schöner/Stöber Rn 1996 ff.

6   **b) Die Bezeichnung** des Gläub erfordert keine Namensangabe. Es genügen sonstige Angaben, aus denen die Pers des Gläub zu entnehmen ist (RG **127**, 309), wie zB künft Abkömmlinge einer best Pers (KGJ **29**, 153) od die noch unbekannten Erben eines best Verstorbenen (KGJ **36**, 226). Vgl aber § 1187 Rn 3; VerglO 93. – **aa)** Die Bezeichng muß auf den Gläub passen (Hoche DNotZ **55**, 151) u ihn so best bezeichnen, daß **keine begründeten Zweifel an seiner Identität** aufkommen können (Brem DNotZ **65**, 566). Es können ausreichen: Firma statt pers Name (BayObLG DNotZ **81**, 578), „Kfm W. F." statt „W. F. OHG" (Hbg DNotZ **55**, 148), „A & B" als PersGesellsch des HGB mit unzutreffendem Zusatz „GmbH" (Brem aaO), Behörde statt der unzweifelh von ihr vertretenen jur Pers des öffR (KGJ **39**, 210; **51**, 242; Schlesw JZ **55**, 619; Karlsr DNotZ **55**, 544), „A als KonkVerw über das Vermögen des B" statt „B"; nach RG **127**, 309 nicht aber einzel Mitgl eines nichtrechtsfäh Vereins. – **bb)** GBVfg 15 ist nur OrdngsVorschr, deren Verletzg Entstehg der Hyp nicht hindert (Schlesw JZ **55**, 619; BayObLG **81**, 391); auch unterl Angabe des Gemsch-Verh entgg **GBO** 47 (dazu Böhringer BWNotZ **85**, 73) macht Eintr nicht unwirks (Demharter § 47 Rn 26; Hamm DNotZ **65**, 408). Daher führt BezeichngsMangel, der zur Zurückweisg des EintrAntr berechtigt (zB Firma bei EinzelKfm; BayObLG NJW-RR **88**, 980), bei Eintr nicht notw zur Unwirksamk.

7   **4) Der Schuldner** (§ 1113 Rn 13) braucht nur gem § 874 eingetr zu werden. Fehlen der Eintr bewirkt weder bei Identität mit dem Eigtümer (allgM; Güthe Recht **09**, 463) noch (sofern Schuldn feststellb) bei Verschiedenh von ihm (RG **136**, 80; Soergel/Konzen Rn 8; Erm/Räfle Rn 4; aA Naumburg JW **30**, 846) Nichtigk der Hyp; and wenn von Einigg abw Schuldn eingetr (Hamm JW **33**, 2921).

8   **5) Der Geldbetrag** (§ 1113 Rn 14) muß aus dem EintrVermerk selbst hervorgehen. Es ist zahlenmäß bestimmte Summe einzutragen, nicht in Berechngsmerkmalen (KGJ **36**, 229).

6) Nebenleistungen (NbL).

9   **a) Allgemeines – aa) Begriff.** Nebenleistgen sind außer dem Kapital zu entrichtde Beträge, die nach dem Willen der Beteil **von der Hauptforderung abhängig** sind (Schlesw SchlHA **68**, 260): der Anspr auf sie kann nur währd des Bestehens der HauptFdg entstehen. § 1115 behandelt nur vertragl (im Ggs zu gesetzl: § 1118) NbL u unterteilt sie ohne rechtl Unterschied in Zinsen u und NbL. Die NbL kann **einmalig** sowie entw für die Dauer des Bestehens der HauptFdg (unbefristet lfd) od nur für einen Zeitraum ihres Bestehens (anfangs- u/od endbefristet) in **wiederkehrenden Beträgen** zu entrichten sein; in beiden Fällen kann sie **10** bdgt sein. – **bb) Bestimmtheit.** Die NbL muß dem Umfang nach aGrd jederzeit feststellb obj (auch außerh des GB liegder) Umstände bestimmb sein (BGH **35**, 22), sonst insow keine wirks Belastg (BGH NJW **75**, 1314); dies erfordern das materielle (§ 1113 Rn 14) u das formelle (Übbl 14 vor § 873) BestimmthGebot (BayObLG **75**, 126). Bei variablen NbL sind neben der Normal- die Mindest- u Höchstbelastg mit den **11** Ändergsvoraussetzgen einzutragen (BGH NJW **75**, 1314). – **cc)** Der **Eintragungsvermerk** muß nach dem Zweck des § 1115 das größtmögl Ausmaß der Belastg ohne Hinzunahme der EintrBew od von Umständen außerh des GB konkret errechnen lassen; dies gilt auch bei gesetzl (KG OLGZ **71**, 450) od dch Urt (KG JW **34**, 1506) festgelegter NbL (zB kein Eintr „2% Zinsen über Bundesbankdiskont"). Bei unbefristet lfd NbL genügt Höchstumfang in best Zeitraum (zB 5% jährl), da Gesamtdauer nicht abzusehen (Neust DNotZ **61**, 666; Böttcher Rpfleger **80**, 81). – Die **Bezugnahme auf die Satzung** (II) genügt nur für NbL iSv Rn 15 einer DarlehnsHyp: Bezugn nur auf die EintrBew genügt insow nur, wenn diese auf die Satzg verweist (KGJ **47**, 206). Mind die SatzgsBestimmgen über die NbL müssen amtl veröffentl sein (KGJ **40**, 262). Dch Bezugn kann nur die bei HypBestellg (nicht die jeweils) geltde Satzg EintrInhalt werden (KG JFG **5**, 346). Bezugn nur für NbL zul, die satzgsgem für jedes Darlehn zu entrichten (KGJ **33**, 250). Geldbetrag muß bestimmt sein (KG DRiZ **29** Nr 269).

12   **b) Zinsen.** Begriff: § 246 Rn 1. Für verschied Teile einer einzutragen Hyp sind unterschiedl Zinsen zul (Celle Rpfleger **72**, 97). Eintr „Zinsen" enthält Angabe des SchuldGrd. – **aa) Höhe.** Der EintrVermerk muß den Zinssatz od einen FestBetr („jährl 500 DM") angeben; ohne diese Angabe ist verzinsl bezeichnete Hyp unverzinsl (RG **113**, 229). Bei Zinssatz („%") muß Zusatz „jährl" (Ffm Rpfleger **80**, 18) u Bezuggröße (Ursprungs- od Restkapital) nicht in EintrVermerk aufgen werden; insow genügt Eintr „5% jährl". – **13 bb) Befristung.** Der Beginn kann vor od nach der Eintr liegen (BGH NJW **86**, 314; zB ab Darlehnshingabe), auch vor Eintritt aufschiebder Bdgg für Verzinsg (Stgt NJW **53**, 464). Eintr gem § 874 genügt; mangels abw Angaben Verzinsg ab Eintr (LG Aach Rpfleger **63**, 116; für GrdSach: RG **136**, 232 u Köln NJW **60**, 1108). Das Ende ist mangels abw Angaben der Untergang der Fdg (Ripfel DNotZ **61**, 670); früheres Ende **14** gem § 874 eintragb. – **cc) Bedingung.** Sie kann sich auf die Verzinsg als solche u/od auf die Höhe beziehen. Zuläss, daß sich Zinssatz im eingtr Rahmen bei Änderg des Bezugsfaktors automat („gleitd") entspr ändert; Bezugsfaktor kann zB sein: allg Änderg der HypZinsen bei den öff Sparkassen (BGH **35**, 22), Änderg der von einer best öff Sparkasse allg erhobenen HypZinsen (BayObLG **75**, 126), Bundesbankdiskont. Zuläss auch, daß Gläub Zinssatz im eingtr Rahmen unter best Voraussetzgen dch einseit Erkl ggü Schuldn in best Umfang ändert; Voraussetzg kann zB sein: allg Änderg der HypZinsen (Stgt NJW **54**, 1646; LG Wuppt RhNK **76**, 24), Änderg der von den öff Sparkassen allg erhobenen HypZinsen (LG Köln RhNK **81**, 199), nicht aber willkürl Ändergswille des Gläub (BGH DNotZ **63**, 436). – EintrVermerk muß Höchstzins u Bedingtsein angeben (zB „uU bis 5% Zinsen"), Angabe von Normal- u Mindestzins sowie nähere Kennzeichng der Bdgg gem § 874 zuläss (BGH NJW **75**, 1314).

c) Andere Nebenleistungen wie zB: Entschädigg für Kapitalrückzahlg vor Fälligk, Zinseszinsen nach 15
§ 248 II 2 (KG JFG **1**, 464), Erstattg verauslagter VersPrämien (KG JW **37**, 2973), VerwKostenbeitrag,
Geldbeschaffgskosten/AuszahlgsEntschädigg/Agio (BayObLG **68**, 315; Karlsr Rpfleger **68**, 353), Bürgsch-
Gebühr (LG Bielef Rpfleger **70**, 335), Zinsen ("Strafzinsen") bei unpünktl Kapital- od NbLZahlg als pau-
schalierter Verzugsschaden (BayObLG Rpfleger **81**, 297); nicht aber Kapitalanteile darstellde Tilgsbeiträge
(RG **104**, 72). Sie sind auch dann and NbL, wenn sie in % des Kapitals festgesetzt u in die Form einer
Zinserhöhg gekleidet (KG Rpfleger **66**, 303). Art der NbL als SchuldGrd einzutragen (Anm 7). – **aa) Höhe.** 16
Der EintrVermerk muß die Berechngsfaktoren u einen FestBetr angeben (BGH **47**, 41); bei Festlegg in
%-Satz ist Zusatz "einmalig" od "jährl" bzw "monatl" aufzunehmen (Ffm OLGZ **78**, 437; Köln RhNK **79**,
40; LG Kiel WM **84**, 509), nicht aber Bezugsgröße wie Ursprungs-, Restkapital od VerzugsBetr (BGH **47**,
41; BayObLG DNotZ **83**, 44; aA MüKo/Eickmann Rn 33), für die Eintr gem § 874 genügt. – **bb) Befri-** 17
stung. Die Dauer einer abw vom Bestehen der HauptFdg befristeten NbL ist nach hM im EintrVermerk
anzugeben (zB "2% NbL jährl von ... bis ..."; "2% NbL auf 5 Jahre"), um Belastsumfang errechenb zu
machen (BGH **47**, 41; Stgt OLGZ **66**, 105; KG Rpfleger **66**, 303; Karlsr Rpfleger **68**, 352; Zweibr Rpfleger
68, 390; Staud/Scherübl Rn 35; Erm/Räfle Rn 12; aA Schäfer BWNotZ **55**, 237; Bühler BWNotZ **67**, 59;
Haegele RpflJb **74**, 311: Eintr als befristet mit Bezug gem § 874 genügt). Angabe eines GesamtBetr (zB bei
2% jährl für 5 Jahre: "10% NbL" [BayObLG Rpfleger **74**, 189] od "einmalig 10% NbL" [LG Mü I DNotZ
73, 617; aA LG Bielef Rpfleger **74**, 396]) materiell wirks Eintr, im letzteren Fall aber mehrdeut. – **cc) Be-** 18
dingung. Sie kann sich auf die LeistgsPfl als solche u/od auf die Höhe beziehen. EintrVermerk muß
HöchstBetr u Bedingtsein angeben (zB "uU bis 10% jährl NbL"), Angabe von Normal- u MindestBetr
sowie nähere Kennzeichng der Bdgg gem § 874 zul (BayObLG DNotZ **83**, 44).

d) Mehrere Nebenleistungen sind zu einem GesamtBetr zusfaßb, wenn der EintrVermerk den Anfor- 19
dergen jeder in ihm enthaltenen NbL genügt (dazu Böttcher Rpfleger **80**, 81); auch Zinsen mit and NbL
zusfaßb (KG Rpfleger **66**, 303; Hamm OLGZ **71**, 455; aA MüKo/Eickmann Rn 34) u bdgte mit unbdgten. –
Einmalige NbL sind zusfaßb: zB einmalig 4% u bdgt einmalig 2% zu "bis 6% NbL einmalig"; nicht aber
mit wiederkehrden NbL (Karlsr Rpfleger **68**, 353). – Unbefristet lfde NbL sind zusfaßb (KG Rpfleger **66**,
303; Hamm OLGZ **71**, 455; LG Itzeh RhNK **79**, 64): zB jährl 6% Zinsen mit bdgt jährl 3% and NbL zu "bis
9% Zinsen u NbL jährl"; nicht aber mit befristeten u einmaligen NbL. – Befristete NbL sind nur untereinan-
der u bei gleicher Laufzeit zusfaßb: zB 6% Zinsen u jährl bdgt 1% and NbL je von ... bis ... zu "bis 7%
Zinsen u NbL jährl von ... bis ..."

7) Der **Schuldgrund** (§ 1113 Rn 15) braucht nur dch Bezugn eingetr zu werden. Er muß so individuali- 20
siert sein, daß §§ 891, 1138 sinnvoll anwendb (BGH WM **72**, 786). Das GBA hat bei fehlder (Colmar OLG
16, 154) od (ihm bekannt) unricht (LG Hof Rpfleger **65**, 367) Angabe die Eintr abzulehnen. Bei Eintr trotz
fehlender Angabe ist Hyp wirks, wenn sich eine bestimmte Fdg (richtige od falsche) aus der Eintr iVm den
zur Ausslegg verwertb Umständen ermitteln läßt (KG JW **34**, 1422). Bei Eintr mit **unrichtiger Angabe** ist
die Hyp wirks; Gläub muß notf richt SchuldGrd beweisen (RG JW **14**, 829; BayObLG **51**, 594).

8) Auf die **Grund/Rentenschuld** entspr anwendb (§ 1192 I). Statt des GeldBetr der Fdg ist der der 21
GrdSch einzutragen u die Angabe des SchuldGrd entfällt. NbL nur aus gesichertem FdgsVerh (zB Vorfäl-
ligkEntsch [LG Oldbg WM **82**, 283], GeldBeschaffgsKosten, AuszahlgsEntsch) nicht eintragsfäh (Stöber
ZIP **80**, 613). Bei and NbL (Rn 15) braucht ihre Art (weil SchuldGrd) nicht eingetr zu werden (Stgt Rpfleger
86, 464; LG Oldbg Rpfleger **81**, 60; WM **82**, 283; LG Bln Rpfleger **85**, 56; aA Stöber aaO; MüKo/Eickmann
Rn 44); Eintr darf aber nicht ergeben, daß möglw Haupt- statt Nebenleistg gewollt (Schlesw SchlHA **68**,
260) od nur fdgsabhäng Nebenleistg.

1116 *Brief- und Buchhypothek.* [I] **Über die Hypothek wird ein Hypothekenbrief erteilt.**
[II] **Die Erteilung des Briefes kann ausgeschlossen werden. Die Ausschließung kann auch nach-
träglich erfolgen. Zu der Ausschließung ist die Einigung des Gläubigers und des Eigentümers
sowie die Eintragung in das Grundbuch erforderlich; die Vorschriften des § 873 Abs. 2 und der
§§ 876, 878 finden entsprechende Anwendung.**
[III] **Die Ausschließung der Erteilung des Briefes kann aufgehoben werden; die Aufhebung erfolgt
in gleicher Weise wie die Ausschließung.**

1) Briefhypothek (I). Eine Hyp, die nicht gem §§ 1184, 1187, 1190 SichgsHyp u damit gem § 1185 stets 1
BuchHyp ist (sog VerkehrsHyp), ist BriefHyp, wenn nicht gem II zur BuchHyp gemacht. Da BriefHyp
Regelfall, entsteht sie auch bei fehlder od nichtiger Einigg über HypForm (vgl auch Rn 3) u Eintr als
BriefHyp bei Verurteilg zur HypBestellg schlechthin (KGJ **21** A 171). – Diese Eigensch erleichtert Vfgen des
Gläub (§§ 1154, 1069, 1274) u schützt Eigtümer iFv § 1163 gg Vfg des nur BuchGläub.

2) Hypothekenbrief. – a) Rechtsnatur. Er ist WertPap iwS, da für Vfg über das verbriefte Recht 2
(§ 1154) u seine Ausübg (§ 1160) BriefBes notw; aber nicht WertPap iSv DepG 1 (RGSt **65**, 257) u HGB 369
(RG **149**, 93). Er genießt keinen öffentl Glauben, sond kann nur den des GB zerstören (§ 1140). Er begrün-
det keine AnscheinsVollm für den Empfang der Valuta (Neumann-Duesberg BB **66**, 308). – **b) Eigentü-
mer** ist stets der Gläub (§ 952 II), iFv § 1163 der GrdstEigtümer; bei teilw Valutierg MitEigt beider (RG **69**,
40). Am Brief kann kein selbstd dingl Recht bestehen (Düss DNotZ **81**, 642); wohl aber (zB bei Überg ohne
Abtretg) ein schuldrechtl ZbR (Düss aaO), jedoch kein ZbR nach HGB 369 (RG **149**, 93). – **c) Bedeutung**
hat er für: HypErwerb (§ 1117); Befriedigg des Gläub (§ 1144); Übertr (§ 1154), Belastg (§§ 1069, 1274) u
Pfändg (ZPO 830) der gesicherten Fdg; Geltdmachg von Hyp u Fdg (§ 1160 I, 1161); Künd u Mahng
(§ 1160 II); GBEintr bei Hyp (GBO 41, 43). – **d) Inhalt u Erteilung:** GBO 56 ff, GBVfg 47 ff.

3) Buchhypothek (II). Entsteh erfordert zusätzl Einigg iSv § 873 zw Eigtümer (bei GesamtHyp: alle) u 3
Gläub (bei Mehrh: alle) über Briefausschließg u Eintragg letzterer (zB "brieflos") im GB selbst (nicht gem

§ 874) auf Bewilligg von Eigtümer u Gläub (BayObLG **87**, 97). Wird Ausschließg trotz Einigg nicht eingetr, so ist das Recht bis zur zul Nachholg BriefHyp; PartWille kann dazu führen, daß ausnahmsw kein GrdPfdR entstanden (§ 139). Wird Ausschließg ohne Einigg eingetr, so ist das Recht bis zur Nachholg der Einigg od GBBerichtigg BriefHyp.

4   **4) Umwandlung. – a)** Brief- in BuchHyp dch nachträgl Ausschließg (**II 2;** vgl Rn 3). Brief ist unbrauchb zu machen (GBO 69); wird aber auch ohne dies rechtl bedeutgslos (KG JFG **7**, 419) u ermöglicht keinen gutgl Erwerb iW § 1154. – **b)** Buch- in BriefHyp dch Aufhebg der Ausschließg mittels Einigg u Eintr (**III**).

5   **5)** Auf die **Grund/Rentenschuld** entspr anwendb (§ 1192 I).

1117   *Erwerb der Briefhypothek.*   ^I Der Gläubiger erwirbt, sofern nicht die Erteilung des Hypothekenbriefs ausgeschlossen ist, die Hypothek erst, wenn ihm der Brief von dem Eigentümer des Grundstücks übergeben wird. Auf die Übergabe finden die Vorschriften des § 929 Satz 2 und der §§ 930, 931 Anwendung.

^II Die Übergabe des Briefes kann durch die Vereinbarung ersetzt werden, daß der Gläubiger berechtigt sein soll, sich den Brief von dem Grundbuchamt aushändigen zu lassen.

^III Ist der Gläubiger im Besitze des Briefes, so wird vermutet, daß die Übergabe erfolgt sei.

1   **1) Allgemeines. – a)** Das **dingliche Recht entsteht** schon mit Einigg u Eintr; es steht aber vor BriefÜberg (I) od AushändiggsVereinb (II) dem Eigtümer als EigtümerGrdSch zu (§§ 1163 II, 1177) u eingetr Gläub kann mangels BriefBes nicht über das Recht verfügen. – **b)** Gläub hat aus GrdGesch **Anspruch auf Übergabe/Aushändigungsvereinbarung** als Teil der RVerschaffg, aber erst nach Entstehen der gesicherten Fdg dchsetzb, aber schon vorher dch Vormkg sicherb. – **c)** Der **Rechtserwerb** nach I od II tritt nur ein, wenn im Ztpkt der Überg/AushändiggsVereinbg die über EntstehgsVoraussetzgen der Hyp (insb gesicherte Fdg!) erfüllt sind. Erwerb nach § 878 mögl, wenn vor VfgsBeschrkg des Eigtümers Einigg über HypBestellg gem § 873 II bindd u EintrAntr gestellt sowie vorher auch Überg erfolgt bzw AushändiggsVereinbg getroffen (KG NJW **75**, 878); letzteres vom Gläub ohne Hilfe von III zu beweisen (KGJ **40**, 278).

2   **2) Briefübergabe (I). – a)** Körperl **Übergabe** dch Eigtümer od seinen Bevollm (zB GBA iFv GBO 60 II); vgl auch ZPO 897 II. Bei EigtümerMehrh (GesamtHyp, GesHdsEigt) müssen alle zumind dch Einverständn mitwirken (RG **52**, 360). Überg dch Unbefugten (RG **75**, 221) od zu ganz vorübergehden Bes (RG aaO) od vom GBA entgg GBO 60 I genügt nicht. – **b) Einigung** iFv § 929 S 2 über BesAusüb als HypGläub. – **c) Vereinbarung eines Besitzmittlungsverhältnisses** iSv § 930. Bei Vereinbg vor Briefherstellg erwirbt Gläub erst mit BesErlangg dch Eigtümer. – **d) Abtretung eines Herausgabeanspruchs** iFv § 931; zB aus GBO 60 I auch bzgl des noch zu bildden Briefes (RG SeuffA **92**, 152; aA MüKo/Eickmann Rn 17). Bdgte Abtr zul (RG JW **29**, 583). Überweisg zur Einziehg genügt nicht (RG **63**, 214).

3   **3) Aushändigungsvereinbarung (II);** kein Fall des § 931 (aA Derleder DNotZ **71**, 272). Sie ersetzt nicht Anweisg nach GBO 60 II, so daß GBA trotz Eigt des Gläub mangels solcher an Eigtümer aushändigen muß (KGJ **40**, 322). – **a)** Die **Vereinbarung** ist formfrei u nicht einseit widerrufl; nicht als Vertr zGDr mögl (RG JW **30**, 3545). Verurteil zur HypBestellg muß sich auf sie erstrecken (sonst I). Brief braucht noch nicht hergestellt zu sein, Voraussetzgen dafür müssen aber beim GBA vorliegen (RG **84**, 314). – **b) Rechtserwerb** dch Gläub (vorbehaltl Valutierg) mit Vereinbg, wenn Hyp schon eingetr; sonst mit Eintr (RG **89**, 161). Unerhebl, wann Brief hergestellt u wem er übergeben wird; Herstellgsvoraussetzgen müssen aber vorliegen (BayObLG **87**, 97).

4   **4) Übergabevermutung (III)** bei mittelb od unmittelb Bes des Gläub; gilt nicht für ÜbergZtpkt (KGJ **40**, 278). Eigtümer muß widerlegen (ZPO 292), Gläub kann aber bei dchsetzb RVerschaffgsAnspr auf Einigg klagen. III gilt auch in Verf nach GBO 22, 53 (Bassenge/Herbst, FGG § 12 Anm I 4b; MüKo/Eickmann Rn 31, 32; aA für GBO 53: Oldbg Rpfleger **66**, 174). Gläub, der Brief nicht besitzt, muß RErwerb (zB nach II) ohne Vermutg des § 891 beweisen (BayObLG **73**, 246).

5   **5)** Auf die **Brief-Grund/Rentenschuld** entspr anwendb (§ 1192 I); Ausn: § 1195.

1118   *Haftung für Nebenforderungen.*   Kraft der Hypothek haftet das Grundstück auch für die gesetzlichen Zinsen der Forderung sowie für die Kosten der Kündigung und der die Befriedigung aus dem Grundstücke bezweckenden Rechtsverfolgung.

1   **1) Gesetzliche Haftung,** daher keine GBEintr (KGJ **35** A 325). Ergänzg in § 1146 (Verzugszinsen des Eigtümers), ZPO 867 I 3 (EintrKosten bei ZwangsHyp); Einschränkg in § 1190 II (Zinsen bei HöchstBetr-Hyp). Haftg für and Zinsen u Kosten nur bei Einigg u Eintr (§§ 873, 1115).

2   **2) Haftung** für: – **a) Gesetzliche Zinsen** der Fdg bis zur Höhe des gesetzl Zinssatzes (Hbg OLG **14**, 100); auch wenn Eigtümer nicht dem Schu ist. Beispiele: §§ 288 I 1 (nicht II), 291, 452, 641 II, 668, 675, 698, 1834. – **b) Kosten der Kündigung** mit Wirkg für die Hyp ggü Eigtümer (§ 1141 II), VertrBestellg (§ 1141 II), Anwalt bei Notwendigk (MüKo/Eickmann Rn 12). – **c) Kosten der Rechtsverfolgung,** soweit zweckentspr (entspr ZPO 91 I, 788). RVerfolgg muß Befriedigg bezwecken (BGH WM **66**, 326), auch wenn sie nicht erreicht wird (ad wenn Gläub RVerfolgg abbricht; KG JW **33**, 708). Darunter fallen: Kosten dingl Klage einschl ZwVollstr (§ 1147; auch gg eingetr NichtEigtümer, KG JW **37**, 3159) od Beitritts zur ZwVerst (Anmeldg genügt; KG aaO), Maßn nach § 1133; nicht aber: EintrKosten, Kosten pers Klage (RG **90**, 171), UnterlKl nach § 1134 I, Maßn nach § 1134 II (RG **72**, 332), verauslagte VersPrämien, Kosten für GrdstErwerb dch Mitbieten (KG JW **34**, 777).

3   **3)** Auf die **Grund/Rentenschuld** entspr anwendb (§ 1192 I).

1119 *Erweiterung der Haftung für Zinsen.* ^I Ist die Forderung unverzinslich oder ist der Zinssatz niedriger als fünf vom Hundert, so kann die Hypothek ohne Zustimmung der im Range gleich- oder nachstehenden Berechtigten dahin erweitert werden, daß das Grundstück für Zinsen bis zu fünf vom Hundert haftet.

^{II} Zu einer Änderung der Zahlungszeit und des Zahlungsorts ist die Zustimmung dieser Berechtigten gleichfalls nicht erforderlich.

1) Zinserhöhung (I). – a) Grundsatz. Zinserhöh ist InhaltsÄnder iSv § 877, die Zust der gleich- u **1** nachstehden Berecht bedarf, um gleichen Rang mit HauptR zu erhalten; ohne Zust Rang nach diesen Berecht. – **b) Ausnahme in § 1119 I.** Erhöhg bis 5% ist zustfrei, auch bei Rückwirkg (KGJ **37** A 295). Über Anwendg auf HöchstBetrHyp nach Umwandlg in Verkehrs- od gewöhnl SichgHyp vgl § 1190 Rn 20. I gilt nicht bei Erweiterg und Nebenleistgen iSv § 1115 Rn 15, Ersetzg bdgter dch unbdgte Verzinsg (KG JFG **11**, 234), Erhöhg über 5% mit gleichzeit Kapitalherabsetzg (KG HRR **32**, 320).

2) Änderung von Zahlungszeit u -ort (II); zB Vereinbg von TilggsBetr (KG RJA **11**, 248). Ausfluß **2** des allg Grds, daß InhaltsÄnder iSv § 877, die gleich- u nachstehde Berecht nicht beeinträchtigen, deren Zust nicht bedürfen.

3) Auf die **Grund/Rentenschuld** entspr anwendb (§ 1192 I). **3**

1120 *Erstreckung auf Erzeugnisse, Bestandteile und Zubehör.* Die Hypothek erstreckt sich auf die von dem Grundstücke getrennten Erzeugnisse und sonstigen Bestandteile, soweit sie nicht mit der Trennung nach den §§ 954 bis 957 in das Eigentum eines anderen als des Eigentümers oder des Eigenbesitzers des Grundstücks gelangt sind, sowie auf das Zubehör des Grundstücks mit Ausnahme der Zubehörstücke, welche nicht in das Eigentum des Eigentümers des Grundstücks gelangt sind.

1) Allgemeines. § 1120 regelt, welche vom Grdst getrennten Bestand u welches Zubeh dem HypGläub **1** haften; die §§ 1121, 1122 regeln, unter welchen Voraussetzgen diese Ggst von dieser Haftg wieder frei werden. Keine dingl wirkde Erweiterg od Beschrkg dch Vertr (RG **125**, 362). – Entstehg bzw Erlöschen der Haftg muß **beweisen,** wer Rechte daraus herleitet.

2) Bestandteile. Dazu gehören die wesentl Bestandt einschl der Erzeugn (§§ 93, 94) u die nichtwesentl **2** Bestandt (§ 93), nicht aber die ScheinBestandt (§ 95). Wg Bestandt iSv § 96 vgl § 1126.

a) Ungetrennte Bestandteile (mit Ausn im DrittEigt stehder nichtwesentl; Baur/Stürner § 39 III 1) **3** haften unabhäng davon, ob diese Eigensch vor od nach HypBestellg/HypVormkg erlangt. Bei Pfdg hat HypGläub ZPO 766, 771; nur Früchte iRv ZPO 810 I pfändb, aber Hyp/Gläub hat ZPO 810 II, 771 u 805 (RG **143**, 245).

b) Getrennte Bestandteile werden mit Trenng (Loslösg von Boden u Gbde) selbstd Sachen. – **aa)** Sie **4** **haften nicht,** wenn Trenng vor HypBestellg/HypVormkg erfolgte (RG **135**, 201); mögl aber Haftg als Zubeh für später bestellte Hyp. – **bb)** Bei vorheriger HypBestellg/HypVormkg eingetretene **Haftung besteht fort,** wenn Eigtümer (§ 953) od Eigenbesitzer (§ 955 I) des Grdst das Eigt mit Trenng erwirbt. Sie kann (später) nach §§ 949 S 1, 950 II, 1121, 1122 erlöschen; dagg nicht dch Zuschlag, wenn Bestandt von ZwVerst ausgen (BGH NJW **79**, 2514). PfdR nach DüngemittelG geht vor (§ 2 IV; vgl Einf 3 vor § 1204). – Pfdg vor GrdstBeschlagn zuläss; HypGläub hat ZPO 805 (RG Warn **36** Nr 91) u 771, um gem ZPO 769 zur Enthaftg führdes Entfernen dch GVz verhindern zu können (Hoche NJW **52**, 961). Pfdg nach GrdstBeschlagn unzuläss (ZPO 865 II 2); HypGläub hat ZPO 766, 771 (RG **69**, 93). – **cc)** Bei vorheriger HypBestellg/HypVormkg eingetretene **Haftung erlischt** mit Trenng, wenn ein and als der Eigtümer od Eigenbesitzer des Grdst das Eigt nach §§ 954ff erwirbt. Dies auch bei Vorrang der Hyp vor AneigngsR (Staud/Scheröbl Rn 21). Doch erlischt NießbraucherR zur hypfreien Fruchtziehg, wenn vorrang HypGläub ZwVerwaltg betreibt; entspr PächterR bleibt dagg bestehen (ZVG 21 III) u HypGläub hat Ausgl dch Haftg der PachtzinsFdg (§ 1123; Staud/Scheröbl Rn 22).

3) Zubehör (§§ 97, 98). Unpfändb (ZPO 865 II 1); HypGläub hat bei Pfdg haftden Zubeh ZPO 766 u 771 **5** (RG **55**, 208).

a) Eigenes Zubehör des GrdstEigtümers haftet unabhäng davon, ob die ZubehEigensch vor od nach **6** HypBestellg/HypVormkg erlangt (Plander JuS **75**, 345); aber keine Haftg mehr bei Verlust dieser Eigensch vor HypBestellg/HypVormkg, währd bei Verlust nach diesem Ztpkt §§ 1121, 1122 gelten. VermieterPfdR, das vor Entstehg der ZubehEigensch (Hamm OLG **27**, 153) od der HypBestellg/HypVormkg (BGH **LM** § 559 Nr 1) entstanden, hat Vorrang. – Bei MitEigt am Zubeh haftet MitEigtAnt. Ist bei MitEigt od GesHdsEigt ganzes Grdst belastet, so haftet auch im AlleinEigt stehdes Zubeh (RG **132**, 321) sowie Zubeh, das allen unabhäng von RForm gehört (Naumb OLG **20**, 413).

b) Fremdes Zubehör haftet nicht (vgl aber ZVG 55 II). Ausnahmsw Haftg nach Rn 4, wenn im Eigt des **7** Eigenbesitzers stehd u zugl getrennter Bestandt (Staud/Scheröbl Rn 34). Übereignet Eigtümer vor HypBestellg/HypVormkg, so ist Zubeh auch ohne Entferng hypfrei (BGH **LM** § 559 Nr 1; Zweibr OLGZ **77**, 212); bei Übereigng nach diesem Ztpkt erlischt Haftg nur nach §§ 1121, 1122.

c) Anwartschaftsrecht am Zubehör (zB bei Kauf unter EV) haftet (BGH **35**, 85; vLübtow JuS **63**, 171). **8** VorbehVerkäufer muß wg ZVG 55 II gem ZVG 37 Nr 5, ZPO 771 vorgehen, sonst erlischt VorbehEigt mit Zuschlag (aA Graba/Teufel Rpfleger **79**, 401) u Anspr auf VerstErlös bzw aus § 812 nach Verteilg ist dch RestKaufPreisFdg begrenzt (Möschel BB **70**, 237; Mümmler JurBüro **71**, 815). Geht mit BdggsEintritt

VollEigt auf GrdstEigtümer od AnwErwerber (u ist Sache noch auf Grdst) über, so setzt sich Hyp am AnwR im bisherigen Rang an Sache fort. HypR setzt sich am Übererlös fort, wenn Sache für VorbehVerkäufer verwertet wird (Staud/Scherübl Rn 42; aA Bambg JZ **64**, 518 abl Anm Grunsky). – **Haftung entfällt** bei Aufhebg/Übertrg des AnwR bzw Aufhebg der ZubehEigensch vor HypBestellg/HypVormkg. Bei Übertr des AnwR u Aufhebg der ZubehEigensch nach diesem Ztpkt gelten §§ 1121, 1122; bei Aufhebg des AnwR ist entspr § 1276 Zust des HypGläub notw (vgl § 1276 Rn 5).

9   **4)** Auf die **Grund/Rentenschuld** entspr anwendb (§ 1192 I); auch auf EigtümerGrdSch (BGH NJW **79**, 2514; Plander JuS **81**, 565).

1121   *Enthaftung durch Veräußerung und Entfernung.* [I] Erzeugnisse und sonstige Bestandteile des Grundstücks sowie Zubehörstücke werden von der Haftung frei, wenn sie veräußert und von dem Grundstück entfernt werden, bevor sie zugunsten des Gläubigers in Beschlag genommen worden sind.

[II] **Erfolgt die Veräußerung vor der Entfernung, so kann sich der Erwerber dem Gläubiger gegenüber nicht darauf berufen, daß er in Ansehung der Hypothek in gutem Glauben gewesen sei. Entfernt der Erwerber die Sache von dem Grundstücke, so ist eine vor der Entfernung erfolgte Beschlagnahme ihm gegenüber nur wirksam, wenn er bei der Entfernung in Ansehung der Beschlagnahme nicht in gutem Glauben ist.**

1   **1) Allgemeines.** § 1121 regelt, unter welchen Voraussetzgen nach § 1120 haftde Bestandt u Zubeh dch Veräußerg **und** Entferng (eines allein wie zB Veräußerg nach § 930 genügt nicht; BGH NJW **79**, 2514) haftgsfrei werden. Keine dingl Erweiterg od Beschrkg dch Vertr (RG **125**, 362). Es bedeuten: – **a) Veräußerung** ist Übereigng der bewegl Sache ohne das Grdst. KaufVertr, Belastg od Pfdg genügen nicht (RG **143**, 2   241). – **b) Entfernung** ist Wegschaffen vom Grdst dch Eigtümer, Erwerber od Dritten. Sie muß im Zushang mit der Veräußerg stehen (BGH **60**, 267) u auf dauernde Lösg vom Grdst gerichtet sein; zB aGrd Pfdg zwecks PfdVerwertg (RG **143**, 241). Überg nur zur Sicherg im Ggs zur Verwertg (Kbg HRR **34** Nr 1118) od Wegschaffg dch GVz aGrd nur Sicherg u Verwahrg bezweckder einstw Vfg (RG JW **11**, 46; vgl 3   aber RG **144**, 152, wo einstw Vfg gerade Beschlagn zuvorkommen sollte) genügt nicht. – **c) Beschlagnahme** sind zunächst Anordng der ZwVerst/ZwVerwaltg bzgl des Grdst (ZVG 20, 146) u Beitrittszulassg (ZVG 27); UmfangsBeschrkg in ZVG 21, 148. Auch ZwVerwaltg aGrd einstw Vfg zur Sicherg des Anspr aus § 1147 (RG **92**, 20). BeschlagnWirkg nur zG des bestehden od beigetretenen HypGläub (Zweibr OLGZ **77**, 212). Beschlagn ist weiter Pfdg der bewegl Sache wg Anspr aus § 1147 (vgl RG **103**, 139).

4   **2)** Erfolgen **Veräußerung und Entfernung vor der Beschlagnahme** (gleichgült in welcher Reihenfolge), so tritt Enthaftg ein **(I)**. Dabei unerhebl, ob Erwerber Belastg mit Hyp kennt od ob Verstoß gg ordngsgem Wirtsch (BGH **60**, 267). – I gilt auch für KonkVerw; über RLage am Erlös vgl BGH aaO; Staud/ Scherübl Rn 9.

5   **3)** Bei den Reihenfolgen **Beschlagnahme – Veräußerung – Entfernung** sowie **Veräußerung – Beschlagnahme – Entfernung** wird die Sache nicht dadch haftgsfrei, daß Erwerber bzgl eingetr (über RLage bei zu Unrecht gelöschter vgl Plander JuS **75**, 345 zu III 5b) Hyp gutgl **(II 1)**; § 936 also nicht anwendb. Enthaftg nur, wenn Erwerber im Ztpkt der Entferng bzgl der Beschlagn gutgl war **(II 2)**; bösgl ist er, wenn VerstVermerk eingetr od ihm VerstAntr bekannt od grob fahrl unbekannt. Enthaftg aber auch, wenn Erwerber bzgl Zugehörigk zum HaftgsVerband gutgl iSv § 932 II (W-Raiser § 135 II 1; Plander aaO zu III 5a mwN; aA Erm/Räfle Rn 6; MüKo/Eickmann Rn 33).

6   **4)** Bei den Reihenfolgen **Entfernung – Beschlagnahme – Veräußerung** (sofern Entfernung nicht Enthaftg nach § 1122 bewirkt) sowie **Beschlagnahme – Entfernung – Veräußerung** tritt Enthaftg nach §§ 136, 135 II, 932 ff ein, wenn der Erwerber zu dem nach §§ 932 ff maßg Ztpkt bzgl der Beschlagn (nicht auch der Hyp) gutgl iSv § 932 II (Plander aaO zu III 7, 8); ebso bei Gutgläubigk bzgl Zugehörigk zum HaftgsVerband (vgl Rn 5).

7   **5)** Mit der **Enthaftung** erlischt insow der Anspr des HypGläub aus § 1147. Mögl bleiben GläubAnfechtg (RG **100**, 87) sowie bei Verstoß gg §§ 1134, 1135 SchadErsAnspr aus §§ 823 I, II, 830 gg GrdstEigtümer u Erwerber (BGH **92**, 280).

8   **6)** Auf die **Grund/Rentenschuld** entspr anwendb (§ 1192 I).

1122   *Enthaftung ohne Veräußerung.* [I] **Sind die Erzeugnisse oder Bestandteile innerhalb der Grenzen einer ordnungsmäßigen Wirtschaft von dem Grundstücke getrennt worden, so erlischt ihre Haftung auch ohne Veräußerung, wenn sie vor der Beschlagnahme von dem Grundstück entfernt werden, es sei denn, daß die Entfernung zu einem vorübergehenden Zwecke erfolgt.**

[II] **Zubehörstücke werden ohne Veräußerung von der Haftung frei, wenn die Zubehöreigenschaft innerhalb der Grenzen einer ordnungsmäßigen Wirtschaft vor der Beschlagnahme aufgehoben wird.**

1   **1) Allgemeines.** § 1122 regelt, unter welchen Voraussetzgen nach § 1120 haftde Bestandt u Zubeh ohne Veräußerg haftgsfrei werden. Keine dingl wirkde Erweiterg od Beschrkg dch Vertr (RG **125**, 362). – Über die Wirkg der Enthaftg vgl § 1121 Rn 7.

2   **2) Erzeugnisse u Bestandteile (I)** werden unter zwei Voraussetzgen (eines allein genügt nicht) ohne Veräußerg nur mit der Entferng frei: – **a) Trennung** (§ 1120 Rn 4) iR ordngsmäß Wirtsch; an letzterem fehlt

es zB bei BetrStillegg dch KonkVerw (BGH **60**, 267) od aus wirtsch Grd (LG Darmst KTS **77**, 125) sowie bei Ausbau wesentl GbdeBestandt dch Lieferant (RG **73**, 333). Entsteht dch Trenng Zubeh, so gelten nur II u § 1121. – **b) Dauernde Entfernung** (§ 1121 Rn 2) vor Beschlag (§ 1121 Rn 3); iR ordngsmäß Wirtsch hier nicht notw (RG **143**, 249). BewLast für vorübergehden Zweck hat HypGläub.

3) Zubehör (II) wird dch Aufhebg der ZubehEigensch (vgl § 97) iR ordngsmäß Wirtsch (vgl Rn 2) ohne 3 Veräußerg u/od Entferng frei. Bloße Veräußerg (zB nach § 930) hebt ZubehEigensch nicht auf (BGH NJW **79**, 2514).

4) Auf die **Grund/Rentenschuld** entspr anwendb (§ 1192 I). 4

1123 *Erstreckung auf Miet- oder Pachtzinsforderung.* [I]Ist das Grundstück vermietet oder verpachtet, so erstreckt sich die Hypothek auf die Miet- oder Pachtzinsforderung.

[II]Soweit die Forderung fällig ist, wird sie mit dem Ablauf eines Jahres nach dem Eintritte der Fälligkeit von der Haftung frei, wenn nicht vorher die Beschlagnahme zugunsten des Hypothekengläubigers erfolgt. Ist der Miet- oder Pachtzins im voraus zu entrichten, so erstreckt sich die Befreiung nicht auf den Miet- oder Pachtzins für eine spätere Zeit als den zur Zeit der Beschlagnahme laufenden Kalendermonat; erfolgt die Beschlagnahme nach dem fünfzehnten Tage des Monats, so erstreckt sich die Befreiung auch auf den Miet- oder Pachtzins für den folgenden Kalendermonat.

1) Grundsatz (I). – a) Auf pfändb Leistg gerichtete **Miet/Pachtzinsforderung** des Eigtümers, Eigenbe- 1 sitzers od rangschlechteren Nießbrauchers (RG **81**, 146) einschl für haftdes Zubeh (RG **136**, 407) haftet für die Hyp (rückständ u künft fäll werdder Zins); nicht aber die des Mieters aus Untervermietg (LG Bn ZIP **81**, 730). Fdg aus gemischtem Vertr wie zB Pensions- (LG Bn NJW **64**, 52) od KrankenhausVertr (LG Karlsr Rpfleger **75**, 175) haftet nur mit dem RaumnutzgsentgeltAnt (MüKo/Eickmann Rn 7; aA LG Karlsr aaO); ebso bei NebenkostenAnt, der nicht Raumnutzg abgilt (LG Bn EWiR § 1123 BGB 1/**91**, 51). Wg Anspr aus KO 19 S 3 vgl Sonnenschein JuS **80**, 559 u Ffm NJW **81**, 235. Eingezogener Zins haftet nicht. – **b) Zeitli-** 2 **cher Umfang.** Unerhebl, ob der Miet/PachtVertr vor od nach (RG **81**, 146) der HypBestellg abgeschl wurde; bei schon bestehdem Vertr haftet auch die Fdg für die Nutzg vor der HypBestellg. – **c)** Rangbesserer **Nießbrauch** (auch EigtümerNießbr; aA MüKo/Eickmann Rn 11) geht der Hyp vor (Kiel OLG **15**, 366); Fdg aus Vermietg/Verpachtg dch rangschlechteren Nießbraucher haftet (RG **81**, 146).

2) Freiwerden von Rückständen durch Zeitablauf (II); II idF des G v 5. 3. 53 (BGBl 33). – **a)** Ist der 3 Zins nachträgl zu entrichten (§§ 551, 581 II), so wird die Fdg nach einem Jahr von der Haftg frei, wenn nicht vorher die Beschlag (Rn 5) erfolgte **(S 1)**. Die Beschlag erfaßt also nur die längstens ein Jahr fäll Rückstände (ältere werden befreiend an Eigtümer gezahlt); zahlt Mieter/Pächter sie nach Beschlagn an HypGläub, so kann Eigtümer sie nicht gestützt auf § 1124 I als Verzugsschaden nochmals fordern (BGH WM **68**, 947). – **b)** Ist gem Vertr der **Zins voraus** zu entrichten u erfolgt die Beschlag (Rn 5) später als ein 4 Jahr nach Fälligk, so betrifft die Haftgsbefreig nach S 1 nicht den für die in **S 2** bestimmte Zeit nach der Beschlag rückständ Zins; ist zB der am 1. 1. auf 2 KalJ voraus zu zahlde Zins rückständ, so haftet bei Beschlag bis Ende des 1. KalJ die Fdg voll u bei Beschlagn am 16. 1. des 2. KalJ der auf März bis Dez entfallde Zins.

3) Beschlagnahme zG (nicht: dch) des HypGläub. – **a)** Anordng der **Zwangsverwaltung** (ZVG 146 ff) 5 wg ZVG 21 II nicht auch der ZwVerst, auf Antr eines dingl od pers (RG JW **33**, 1658) Gläub. ZwVerw kann die ZinsFdg mit NebenR (RG **144**, 194) einziehen u den Zins gem ZVG 155 verteilen. – **b) Pfändung** der ZinsFdg (ZPO 829 ff) wg des dingl (nicht nur pers) Anspr aus § 1147 (RG **103**, 137; Saarbr Rpfleger **93**, 80), die auch gg KonkVerw zul (Mü OLG **29**, 245). Wirkt nur zG des pfändden HypGläub, der ifv ZPO 835 die ZinsFdg mit NebenR (Hbg OLG **12**, 141) einziehen kann.

4) Auf die **Grund/Rentenschuld** entspr anwendb (§ 1192 I). 6

1124 *Vorausverfügung über Miet- oder Pachtzins.* [I]Wird der Miet- oder Pachtzins eingezogen, bevor er zugunsten des Hypothekengläubigers in Beschlag genommen worden ist, oder wird vor der Beschlagnahme in anderer Weise über ihn verfügt, so ist die Verfügung dem Hypothekengläubiger gegenüber wirksam. Besteht die Verfügung in der Übertragung der Forderung auf einen Dritten, so erlischt die Haftung der Forderung; erlangt ein Dritter ein Recht an der Forderung, so geht es der Hypothek im Range vor.

[II]Die Verfügung ist dem Hypothekengläubiger gegenüber unwirksam, soweit sie sich auf den Miet- oder Pachtzins für eine spätere Zeit als den zur Zeit der Beschlagnahme laufenden Kalendermonat bezieht; erfolgt die Beschlagnahme nach dem fünfzehnten Tage des Monats, so ist die Verfügung jedoch insoweit wirksam, als sie sich auf den Miet- oder Pachtzins für den folgenden Kalendermonat bezieht.

[III]Der Übertragung der Forderung auf einen Dritten steht es gleich, wenn das Grundstück ohne die Forderung veräußert wird.

1) Grundsatz (I). Vfgen über die nach § 1123 haftde ZinsFdg sind dem HypGläub ggü wirks, wenn sie 1 vor der Beschlag (§ 1123 Rn 5) erfolgten; sie können gem II nachträgl unwirks werden (vgl Rn 2–4). Vfgen nach der Beschlagn sind relativ unwirks (§§ 136, 135; ZVG 23 I 1), aber Schutz des zahlden Mieters/Pächters gem ZVG 22 II, 148 I. Vfgen sind: – **a) Einziehung** dch: Erfüllg (§ 362) u Leistg an ErfStatt (§ 364); Aufrechng (auch dch Mieter/Pächter) nach §§ 387 ff od dch Vertr (Hbg OLG **34**, 207); schuldbefreide Hinterlegg (§ 378), AuszahlgsAnspr des Eigtümers gg die HinterleggsStelle haftet nicht (BGH NJW-RR **89**,

2 200). Fdg erlischt, die eingezogene Leistg haftet nicht. – **b) Abtretung** (§§ 398 ff), auch wenn im Miet/PachtVertr vorgesehen (RG **144**, 194); Veräußerg des Grdst ohne die Fdg (**III**). Haftg der Fdg erlischt, das AbtrEntgelt haftet nicht. – **c) Belastung** mit Nießbr (wg Nießbr am Grdst vgl Anm 3) od PfdR. Die Hyp tritt im Rang hinter das Recht des Dritten zurück (**I 2**) u erlischt mit Einziehg der Fdg dch ihn. –

3 **d) Zwangsvollstreckung** aGrd pers od dingl Anspr dch Pfdg nach ZPO 829 ff (RG **103**, 137) od ZwVerwaltg nach ZVG 146 ff (Staud/Scherübl Rn 9). Bei Pfdg gilt iFv Überweisg an ZahlgsStatt b) und iFv Überweisg zur Einziehg c) entspr; bei ZwVerwaltg gelten ZVG 148, 155. – **e) Sonstiges.** Erlaß wirkt wie Einziehg. InhaltsÄnderg (zB Stundg) muß HypGläub gg sich gelten lassen. Aufg von NebenR wie zB Bürgsch (RG **151**, 379) u VertrKünd/Aufhebg sind keine Vfg über die Fdg u daher ohne Einschränkg nach II wirks (RG **151**, 379).

4 **2) Nachträgliche Unwirksamkeit von Vorausverfügungen (II);** II idF des G v 5. 3. 53 (BGBl 33). – **a) Unwirksam** wird die Vfg ggü dem HypGläub dch eine zu seinen Gunsten erfolgte Beschlag (§ 1123 Rn 5) nur insow, als die Vfg den Zins für die in II bestimmte Zeit nach der Beschlagn betrifft (VorausVfg); Dritter, der Fdg aGrd Abtr/Verpfändg/Pfdg eingezogen hat, braucht den Zins nicht an ZwVerw/HypGläub herauszugeben (Planck/Strecker Anm 2b; aA Soergel/Konzen Rn 13 bei Gen). Unwirksamk entfällt, wenn HypGläub die Vfg genehmigt od der Eigtümer die Hyp erwirbt (zB dch Befriedigg des HypGläub) u dch

5 Aufhebg der Hyp od der Beschlagn. – **b) Vorausverfügung zugunsten eines Hypothekengläubigers.** War die Vfg nicht zugleich Beschlag zG des HypGläub (zB Abtr, Verpfändg, Pfdg wg pers Fdg), so wird sie ab Beschlag zG eines and HypGläub (§ 1123 Rn 5) nach Maßg von II unwirks, selbst wenn letzterer nachrang Hyp hat (Ffm OLG **18**, 169; Planck/Strecker Anm 2c; aA Hbg OLG **18**, 165); ersterer muß seinen etwaigen Vorrang dch nachfolgde Beschlag dchsetzen. War die Vfg eine Pfdg wg des dingl Anspr u damit selbst eine Beschlagn, so gilt nach II im Verh der beiden HypGläub ab nachfolgder Beschlagn dch Pfdg das RangVerh iSv § 879 (RG **103**, 137; KG OLG **39**, 251) u ab nachfolgder Beschlagn dch ZwVerwaltg

6 ZVG 148, 155 (Ffm JW **27**, 861; über nachfolge Beschlag dch pers Gläub vgl Celle JR **55**, 267). – **c) Bei Vorauszahlung** aGrd nachträgl Vereinbg ist II anwendb (RG JW **33**, 1658). Bei im Miet/PachtVertr vereinb Vorauszahlgen ist II nur dann nicht anwendb, wenn für die ganze VertrDauer ein im voraus fäll Betrag zu zahlen ist (aA LG Hbg Rpfleger **95**, 124); anwendb ist II hingg, wenn der nach Zeitabschnitten (zB jährl) vereinb Zins vertragsgem ganz od zT im voraus gezahlt wird (BGH **37**, 346; NJW **67**, 555; Hamm NJW–RR **89**, 1421; aA RG **144**, 194). Ausn davon bei Verrechng mit im Vertr od im ZusHang mit ihm vereinb **Baukostenzuschuß**, sofern dieser auch tats werterhöhd verwendet wurde (BGH **6**, 202; **15**, 296; NJW **59**, 380), was aber entgg BGH nicht vom Mieter/Pächter zu beweisen (MüKo/Eickmann Fußn 28); gilt nicht für WerklohnFdg wg werterhöhder Leistg aGrd selbstd Vertr zw Mieter u Vermieter (Ffm MDR **83**, 669). Auf VertrBestimmg, die wg Leistg des Mieters/Pächters (zB auch Baukostenzuschuß; Erm/Räfle Rn 6) zeitw **geringeren Zins** vorsieht, ist II nicht anwendb (RG **136**, 407). Zu den str Einzelh vgl ausführl Staud/Scherübl Rn 20 ff mwN.

7 **3) Nießbrauchbestellung am Grundstück** u Überlassg seiner Ausübg sind keine Vfg iSv § 1124 (RG **101**, 5); für RangVerh zur Hyp an ZinsFdgen gilt § 879 (RG **81**, 146; Staud/Scherübl Rn 10). Bei vorrang Nießbr muß HypGläub gg sich gelten lassen, daß die ZinsFdg aus dem Vermögen des Eigtümers ausgeschieden ist (Staud/Scherübl Rn 11). Erst bei Vfg über die ZinsFdg in Ausübg nachrang Nießbr gilt § 1124.

8 **4)** Auf die **Grund/Rentenschuld** entspr anwendb (§ 1192 I).

1125 *Aufrechnung gegen Miet- oder Pachtzins.* **Soweit die Einziehung des Miet- oder Pachtzinses dem Hypothekengläubiger gegenüber unwirksam ist, kann der Mieter oder der Pächter nicht eine ihm gegen den Vermieter oder den Verpächter zustehende Forderung gegen den Hypothekengläubiger aufrechnen.**

1 **1)** Für die **Aufrechnung des Mieters/Pächters** ggü beschlagnahmter ZinsFdg gilt zunächst § 392. Weitere Einschrkg dch § 1125: Hat der Mieter/Pächter gg den Vermieter/Verpächter einen Anspr, so kann er mit ihm ggü die ZinsFdg nach Beschlag (§ 1123 Rn 5) geltd machen ZwVerw od HypGläub nur gg eine solche ZinsFdg aufrechnen, über die der Eigtümer wirks hätte verfügen dürfen (§ 1124), also nicht gg die ZinsFdg für einen späteren KalMonat als den gem § 1124 II maßgebden seit der Beschlagn. Im Miet/PachtVertr vorgesehene weitergehende Aufrechng unzul (Stgt JW **30**, 2989; Hbg OLG **34**, 208; aA Karlsr JW **30**, 2986). Vorgesehene Aufrechng eines Aufbaudarlehns, die der Sache nach Zinsvorauszahlg ist, wird jedenf zul sein (vgl § 1124 Rn 4). ZbR zul, wenn es nicht unzul Aufrechng gleichkommt (BGH Rpfleger **79**, 53).

2 **2)** Auf die **Grund/Rentenschuld** entspr anwendb (§ 1192 I).

1126 *Erstreckung auf wiederkehrende Leistungen.* **Ist mit dem Eigentum an dem Grundstück ein Recht auf wiederkehrende Leistungen verbunden, so erstreckt sich die Hypothek auf die Ansprüche auf diese Leistungen. Die Vorschriften des § 1123 Abs. 2 Satz 1, des § 1124 Abs. 1, 3 und des § 1125 finden entsprechende Anwendung. Eine vor der Beschlagnahme erfolgte Verfügung über den Anspruch auf eine Leistung, die erst drei Monate nach der Beschlagnahme fällig wird, ist dem Hypothekengläubiger gegenüber unwirksam.**

1 **1) Subjektivdingliche Rechte,** die Anspr auf wiederkehrde Leistg geben (ErbbZins- u and Reallasten, Überbau- u Notwegrenten; nicht aber VorkR) haften als GrdstBestand (§ 96) für die Hyp ebso wie Miet/PachtzinsFdg. Jedoch sind länger als ein Jahr rückständ Beträge stets frei; § 1123 II 2 nicht anwendb. § 1124 III ist ersetzt dch S 3: VorausVfg über mehr als drei Monate nach der Beschlagn unwirks.

2 **2)** Auf die **Grund/Rentenschuld** entspr anwendb (§ 1192 I).

1127 *Erstreckung auf die Versicherungsforderung.* [1]Sind Gegenstände, die der Hypothek unterliegen, für den Eigentümer oder den Eigenbesitzer des Grundstücks unter Versicherung gebracht, so erstreckt sich die Hypothek auf die Forderung gegen den Versicherer.

[II]Die Haftung der Forderung gegen den Versicherer erlischt, wenn der versicherte Gegenstand wiederhergestellt oder Ersatz für ihn beschafft ist.

1) Allgemeines. § 1127 erstreckt die HypHaftg iW dingl Surrogation auf die VersFdg (keine entspr **1** Anwendg auf and ErsFdg; BGH **107**, 255) u §§ 1128–1130 regeln dch VfgsBeschrkg des Eigtümers (Eigenbesitzers) bzgl der VersFdg; nicht dch VersVertr abdingb. Bei der GbdeFeuerVers gelten ergänzd VVG 97–107 c. – **a)** Der **Hypothekenhaftung** unterliegen neben dem Grdst u seinen ungetrennten Bestandt (§ 1120 Rn 3) die getrennten Bestandt u das Zubeh nach Maßg von § 1120 (vgl dort Rn 4, 5). Soweit Bestandt/ Zubeh nach §§ 1121, 1122 haftgsfrei, haftet auch die VersFdg nicht. – **b)** Die **Versicherung** des HaftgsGgst kann Gefahren aller Art betreffen. Gläub der VersFdg muß der Eigtümer (Eigenbesitzer) des belasteten Grdst sein, es genügt als Versicherter iSv VVG 74ff (RG Warn **13** Nr 228).

2) Haftung der Versicherungsforderung (I). – **a) Voraussetzung.** Bei Eintritt des VersFalls müssen **2** die Hyp (bei späterer Entstehg eine sie sichernde Vormkg; RG **151**, 389) u ein wirks VersVertr (RG **141**, 83) bestanden haben. – **b) Umfang.** Die gesamte VersFdg (auch bei NeuwertVers; Planck/Strecker Anm 2e; str) haftet in Höhe der Valutierg der Hyp zZ des Eintritts des VersFalls. – **c) Verwirklichung.** Die Haftg verwirklicht sich bei der GbdeVers dch ein PfdR (§ 1128 Rn 2) u bei and Vers dch Beschlagn (§ 1129 Rn 2).

3) Wiederherstellung, Ersatzbeschaffung (II); erfordert Wertsteigerg ggü Zustand nach Eintritt des **3** VersFalls (Kbg HRR **42** Nr 206). Danach haften nur der wiederhergestellte Ggst u die VersFdg aus neuem SchadFall. HypGläub kann vom Versicherer nicht mehr Zahlg verlangen; Vfgen des Eigtümers über die VersFdg nach Wiederherstellg sind wirks, Vfgen vor Wiederherstellg werden es mit dieser (RG **95**, 207): HaftgsFortdauer aber, wenn HypGläub schon vorher in ZwVerst ausgefallen (RG **102**, 350), da ihm die Wiederherstellg nicht nützt. Bei Teilwiederherstellg erlischt die Haftg zu entspr Teil (RG **78**, 23); volles Erlöschen aber bei gleichwert Sicherh (RG Warn **09** Nr 144).

4) Auf die **Grund/Rentenschuld** entspr anwendb (§ 1192 I). Abw von Rn 2 Haftg ohne Rücksicht auf **4** Valutierg in voller Höhe des GrdSchBetr (RG **124**, 91).

1128 *Gebäudeversicherung.* [1]Ist ein Gebäude versichert, so kann der Versicherer die Versicherungssumme mit Wirkung gegen den Hypothekengläubiger an den Versicherten erst zahlen, wenn er oder der Versicherte den Eintritt des Schadens dem Hypothekengläubiger angezeigt hat und seit dem Empfange der Anzeige ein Monat verstrichen ist. Der Hypothekengläubiger kann bis zum Ablaufe der Frist dem Versicherer gegenüber der Zahlung widersprechen. Die Anzeige darf unterbleiben, wenn sie untunlich ist; in diesem Falle wird der Monat von dem Zeitpunkt an berechnet, in welchem die Versicherungssumme fällig wird.

[II]Hat der Hypothekengläubiger seine Hypothek dem Versicherer angemeldet, so kann der Versicherer mit Wirkung gegen den Hypothekengläubiger an den Versicherten nur zahlen, wenn der Hypothekengläubiger der Zahlung schriftlich zugestimmt hat.

[III]Im übrigen finden die für eine verpfändete Forderung geltenden Vorschriften Anwendung; der Versicherer kann sich jedoch nicht darauf berufen, daß er eine aus dem Grundbuch ersichtliche Hypothek nicht gekannt habe.

1) Allgemeines. § 1128 enthält für die Verwirklichg der Haftg der VersFdg (§ 1127) eine SonderVorschr **1** ggü § 1129 für GbdeVers. Bei der Vers von Zubeh ist die VersArt maßg: bei Einbeziehg in GbdeVers gilt § 1128, bei Vers als bewegl Sache gilt § 1129. Über Glas/SpiegelscheibenVers vgl Staud/Scherübl Rn 2.

2) Pfandrecht des Hypothekengläubigers (III). Der HypGläub erwirbt ohne Beschlagn mit Haftgsbe-**2** ginn (Vorliegen von Hyp/Vormkg u VersVertr) u nicht erst mit Eintritt des VersFalls (Staud/Scherübl Rn 8; aA LG Darmst VersR **79**, 418) an der (zunächst künft) VersFdg ein PfdR, für das §§ 1273ff gelten u das die VfgsMacht des Eigtümers über die VersFdg beschränkt; III enthält Veräußergsverbot iSv § 135, das HypGläub bei Pfändg der VersFdg dch pers Gläub ZPO 771 gibt (BGH VersR **84**, 1137). Bei mehreren Hyp bestimmt ihr RangVerh das der PfdR (BGH NJW **81**, 1671). – **a)** § 1275 (gilt mit Einschränkg dch III **3** Halbs 2). Versicherer kann nach Maßg von § 404 bei Einziehg dch HypGläub die ihm ggü dem Eigtümer zustehdn Einwendgen gg die VersFdg geltd machen (RG **122**, 131; zB Verj (RG **142**, 66) od Einwendgen aus dem VersVertr (für GbdeFeuerVers vgl aber VVG 102–106). Versicherer kann nach Maßg von § 406 mit eigener Fdg gg Eigtümer ggü VersFdg aufrechnen (LG Darmst VersR **79**, 418). – **b)** § 1276. Eigtümer kann **4** VersFdg nur mit Zust des HypGläub stunden/erlassen/aufrechnen; ohne Zust kann er sie abtreten/belasten (PfdR bleibt davon unberührt). Zustfrei sind RGesch über das VersVerhältn als Ganzes dch Aufhebg/Künd/ Rücktr/Anfechtg (Schmidt, Die rechtl Stellg der RealGläub ggü dem Versicherer, Diss Bielefeld 1982, S 100ff; aA Planck/Strecker Anm 3d); für GbdeFeuerVers vgl aber VVG 102–106 (vgl Hamm NJW-RR **88**, 217). – **c)** § 1281. Vor Fälligk der HypFdg Einziehg der VersFdg dch Eigtümer u HypGläub. Befreiende **5** Zahlg an Eigtümer allein nur nach Maßg von I, II. – **d)** § 1282. Nach Fälligk der HypFdg (od wenn Eigtümer zustimmt; RG **122**, 131) Einziehg der VersFdg dch HypGläub. Versicherer kann ggü eingetr HypGläub Nichtvalutierg einwenden (da dann EigtümerGrdSch); über and Einwendgen u Aufrechng vgl Rn 3. Versicherer kann nicht Abtretg der Hyp verlangen (RG **122**, 131). Mit der Zahlg erlischt die Hyp entspr § 1181 III (Staud/Scherübl § 1181 Rn 5; Wstm/Eickmann § 124 IV 1; aA RG **56**, 322; Planck/Strecker § 1181 Anm 2a: wird EigtümerGrdSch [deren Abtr Versicherer nicht verlangen kann]). – **e)** § 1290. Vorrang kann **6** nachrang HypGläub sein EinziehgsR (zB dch Zust zur Auszahlg an diesen) übertragen (BGH NJW **81**, 1671).

3) Befreiende Zahlung an den Eigentümer (I, II); diese Vorschr gelten nicht iFv § 1130.

7   **a) Voraussetzungen** (alternativ). – **aa) Verschweigung (I),** sofern keine Anmeldg nach II vorliegt. Sie erfordert: – (1) Formlose Anzeige des Eintritts des VersFalls an HypGläub, wenn sie nicht (zB Aufenthalt/ Erben unbekannt) untunl; III Halbs 2 anwendb. § 893 anwendb; bei BriefHyp ist idR ggwärt Gläub zu ermitteln (BGH VersR **81,** 49). – (2) Kein rechtzeit formloser Widerspr des HypGläub; verspäteter Widerspr unbeachtl (vgl aber Rn 8 aE). Widerspr auch vor od ohne Anzeige wirks. Wirkt nur für Widersprechen. – **bb) Schriftliche Zustimmung (II)** des HypGläub bei formloser Anmeldg; Verschweigg nach I bei Anmeldg unschädl.

8   **b)** Erst die **Zahlung befreit;** HypGläub erwirbt kein PfdR an VersSumme (Planck/Strecker Anm 3a; aA Staud/Scherübl Rn 32). Zw Fristablauf/Zust u Zahlg besteht PfdR mit VfgsBeschrkg fort (Brsl OLG **14,** 110); HypGläub kann noch Beschlagn (§ 1129 Rn 2) erwirken.

9   **4)** Auf die **Grund/Rentenschuld** entspr anwendb (§ 1192 I). Abw von Rn 5 kann Versicherer ggü eingetr FremdGrdSchGläub nicht Nichtvaluatierg der GrdSch einwenden (aA Staud/Scherübl Rn 14), denn Bestand von GrdSch u damit PfdR bleiben unberührt; RückgewAnspr muß geltd gemacht werden.

1129   Sonstige Schadensversicherung.   Ist ein anderer Gegenstand als ein Gebäude versichert, so bestimmt sich die Haftung der Forderung gegen den Versicherer nach den Vorschriften des § 1123 Abs. 2 Satz 1 und des § 1124 Abs. 1, 3.

1   **1) Allgemeines.** § 1129 regelt die Verwirklichg der Haftg der VersFdg (§ 1127) außerh der GbdeVers (§ 1128) nach den für die Haftg der MitzinsFdg geltden Vorschr. Vor der notw Beschlagn (Rn 2) kann der Eigtümer über die VersFdg gem § 1124 I, III frei verfügen (Hamm VersR **77,** 944; vgl § 1124 Rn 1); zB dch Abtretg, Verpfändg, Verzicht (Versicherer wird dch Zahlg an Eigtümer frei), Erlaß, Aufrechng. Ein Jahr nach Fällig der VersFdg wird sie gem § 1123 II 1 haftungsfrei (vgl § 1123 Rn 3).

2   **2) Haftungsverwirklichung.** Sie erfordert Beschlagn zG des HypGläub. Danach kann der Eigtümer über die VersFdg nicht mehr mit Wirkg ggü dem HypGläub verfügen (RG **95,** 207; HRR **36** Nr 594). Beschlagn-Formen: – **a)** Anordng der **Zwangsversteigerung** auf Antr eines dingl od pers Gläub (Einschränkg bei VersFdg für landw Erzeugn dch ZVG 21 I). Da sich die Beschlagn des Grdst u damit die ZwVerst gem ZVG 20 II, 55 I auf die VersFdg erstreckt, erwirbt sie der Ersteher gem ZVG 90 II, u zwar nach Maßg von ZVG 91 lastenfrei u damit frei von PfdR iSv § 1128 III (BGH NJW **81,** 1671). Zw Beschlagn u Zuschlag hinterlegt Versicherer zweckm (Ffm OLGZ **78,** 283) u Erwerber erwirbt mit Zuschlag die Fdg gg die HinterleggsStelle (Ffm aaO); keine Zahlg an VollstrGer (MüKo/Eickmann § 1130 Rn 5). Wird sie von der Beschlagn nicht erfaßt (zB § ZVG 21 I) od nicht mitversteigert (zB ZVG 65), so haftet sie ausfalldem HypGläub weiter. – **b)** Anordng der **Zwangsverwaltung** auf Antr einer dingl od pers Gläub (wg VersFdg für landw Erzeugn vgl ZVG 148). Der ZwVerw hat die VersFdg einzuziehen u zur GläubBefriedigg zu verwenden. – **c) Pfändung** der VersFdg wg des dingl Anspr aus § 1147 (vgl § 1123 Rn 5).

3   **3)** Auf die **Grund/Rentenschuld** entspr anwendb (§ 1192 I).

1130   Wiederherstellungsklausel.   Ist der Versicherer nach den Versicherungsbestimmungen nur verpflichtet, die Versicherungssumme zur Wiederherstellung des versicherten Gegenstandes zu zahlen, so ist eine diesen Bestimmungen entsprechende Zahlung an den Versicherten dem Hypothekengläubiger gegenüber wirksam.

1   **1) Allgemeines.** § 1130 enthält eine von §§ 1128 I, II, 1129 abw Vorschr für die Zahlg der VersSumme bei WiederherstellgsKl (die bei GbdeVers übl). Bei GbdeFeuerVers mit WiederherstellgsKl gelten ergänzd VVG 97–100.

2   **2) Befreiende Zahlung.** Zahlt der Versicherer entspr der Klausel, so wird er auch ggü dem HypGläub befreit; dies gilt auch, wenn die VersSumme bei fehlder SicherstellgsKl nicht zur Wiederherstellg verwendet wird. Bei klauselwidr Zahlg kann HypGläub nochmal Zahlg an Eigtümer zur Wiederherstellg verlangen.

3   **3) Verweigerung oder Unmöglichkeit der Wiederherstellung** (vgl Schmidt [§ 1128 Rn 4] S 125–147). Bei Verweigerg kann HypGläub stets nach § 1134 II vorgehen (Bestellg eines Verwalters, an den zur Wiederherstellg zu zahlen ist). – **a)** Bei **Mobiliarversicherung** erwirbt HypGläub weder bei einf noch bei strenger WiederherstellgsKl ein EinziehgsR; er muß Beschlagn herbeiführen (vgl Rn 4). – **b)** Bei **Gebäudeversicherung** hat der HypGläub das EinziehgsR aus §§ 1128 III, 1281, 1282; nur bei strenger WiederherstellgsKl entfällt es iFv Verweigerg u HypGläub muß Beschlagn herbeiführen (vgl Rn 4). – **c)** Bei **strenger Wiederherstellungsklausel** gilt a) u b) für den ersten TeilBetr u den RestAnspr, sofern letzterer nicht bei unterbliebener Wiederherstellg ganz entfällt.

4   **4) Beschlagnahme.** Sie hindert auch iFv § 1130 eine wirks Zahlg an den Eigtümer. – **a)** Bei **Zwangsversteigerung** wird die VersFdg mitversteigert u geht auf den Ersteher über (§ 1129 Rn 2). – **b)** Bei **Zwangsverwaltung** hat der Verwalter die VersSumme einzuziehen u zur Wiederherstellg (bei deren Unmöglich zur GläubBefriedigg; RG HRR **36** Nr 594) zu verwenden; eine Wiederherstellgsverweigerg des Eigtümers ist unbeachtl. – **c)** Eine **Pfändung** der VersFdg ist wg Zweckbindg unzul (Staud/Scherübl Rn 10), sofern nicht Abtretg zugelassen (zB VVG 98). Zuläss ist die Pfändg bei Unmöglich der Wiederherstellg; bei ihrer Verweigerg nur iF einer einf WiederherstellgsKl (Schmidt [§ 1128 Rn 4] S 130; str), nicht aber bei strenger.

5   **5)** Auf die **Grund/Rentenschuld** entspr anwendb (§ 1192 I).

1131 *Zuschreibung eines Grundstücks.* Wird ein Grundstück nach § 890 Abs. 2 einem anderen Grundstück im Grundbuche zugeschrieben, so erstrecken sich die an diesem Grundstücke bestehenden Hypotheken auf das zugeschriebene Grundstück. Rechte, mit denen das zugeschriebene Grundstück belastet ist, gehen diesen Hypotheken im Range vor.

1) Haftungserstreckung nur bei Zuschreibg (vgl § 890 Rn 10). Die Hyp des HauptGrdst einschl Unter- **1** werfgsKl (BayObLG **29**, 162) u RangVorbeh (Bleutge Rpfleger **74**, 387; aA Haegele Rpfleger **75**, 158) erstrecken sich krG auf den zugeschriebenen Bestandt (nicht umgekehrt; Schlesw MDR **55**, 47); keine GesamtHyp, sond Hyp an demselben HaftgsGgst. Bestand GesamtHyp an beiden Grdst, so wird sie EinzelHyp (KGJ **30**, 178). Auf zugeschriebenem Bestandt lasten zunächst die bish Rechte (insow gesonderte ZwVollstr u Einzelausgebot zul); es folgen die Hyp des HauptGrdst im dortigen RangVerh.

2) Auf die **Grund/Rentenschuld** entspr anwendb (§ 1192 I).   **2**

1132 *Gesamthypothek.* [I]Besteht für die Forderung eine Hypothek an mehreren Grund- stücken (Gesamthypothek), so haftet jedes Grundstück für die ganze Forderung. Der Gläubiger kann die Befriedigung nach seinem Belieben aus jedem der Grundstücke ganz oder zu einem Teile suchen.
[II]Der Gläubiger ist berechtigt, den Betrag der Forderung auf die einzelnen Grundstücke in der Weise zu verteilen, daß jedes Grundstück nur für den zugeteilten Betrag haftet. Auf die Verteilung finden die Vorschriften der §§ 875, 876, 878 entsprechende Anwendung.

1) Voraussetzungen. Die GesamtHyp ist eine Hyp (Rn 2) an mehreren Grdst (Rn 3) zur Sicherg dersel- **1** ben Fdg (Rn 4). Die Vorschr über die EinzelHyp sind anwendb, soweit nicht § 1172 (RLage ifv § 1163), § 1173 (GläubBefriedigg dch einen Eigtümer), § 1174 (GläubBefriedigg dch pers Schuldn) § 1175 (Ver- zicht), §§ 1181 II, 1182 (GläubBefriedigg aus dem Grdst) SonderVorschr enthalten; letztere bezwecken, daß der Betrag der pers Fdg nachrang Gläub nur einmal vorgeht (sog Vervielfältiggsverbot). – **a) Eine Hypo-** **2** **thek** u keine HypMehrh (ganz hM). Die Hyp muß für alle Grdst so gleichart sein, daß sich das GläubR nicht vervielfachen kann, ohne daß der RInhalt in allen Einzelh gleich sein muß (BGH **80**, 119). Sie muß überall entw Brief- od BuchHyp bzw Verkehrs- od SichgsHyp sein (BGH NJW **75**, 445). Kein GesamtR aus Hyp u GrdSch od Vertr- u ZwangsHyp (Planck/Strecker Anm 4a). Zahlgs- u KündBdgg (Planck/Strecker Anm 1b; Staud/Scherübl Rn 33; aA KGJ **40**, 299; RGRK/Mattern Rn 9), UnterwerfgsKl nach ZPO 800 (BGH **26**, 344), Rang (BGH **80**, 119) u LöschgsAnspr aus § 1179a (BGH NJW **81**, 1503) können für einz Grdst verschieden sein. Bei unterschiedl Kapital/Nebenleistg besteht eine GesamtHyp im Umfang der sich deckden Beträge (KGJ **40**, 299), iü EinzelHyp. – **b) Mehrere Grundstücke** desselben od verschied Eigtümer. Einem Grdst stehen gleich: **3** MitEigtAnt (§ 1114) einschl WE/TeilE, grdstgl Recht (zB ErbbR), BruchtAnt an grdstgl Recht od WE/ TeilE. Die BelastgsGgst können unterschiedl sein; zB GesamtHyp an Grdst u ErbbR. – **c) Dieselbe** **4** **Forderung.** Die Hyp muß an allen Grdst eine (od mehrere; § 1113 Rn 9) Fdg sichern, bei der Gläub, Schuldn u SchuldGrd dieselben sind; Bei Verstoß GBO 53 I 2. Bei Belastg mehrerer Grdst für eine Fdg entsteht krG eine GesamtHyp (KG HRR **34** Nr 278). Gläub können mehrere in RGemsch sein, Schuldn mehrere als GesamtSchuldn (hier auch EinzelHyp für Fdg gg einz Schuldn mögl; RG HRR **31** Nr 1653).

2) Entstehung. Zur Kennzeichn im GB vgl GBO 48; über HypBrief vgl GBO 59, 63. Kennzeichng als **5** GesamtHyp hat nur deklaratorische Bedeutg u verhindert gutgl Erwerb als EinzelHyp. – **a) Rechtsge-** **schäftlich** dch Belastg mehrerer Grdst bei der HypBestellg (über Nachverpfänd vgl Rn 7); die GesamtHyp entsteht erst mit Eintr in allen GB (Düss DNotZ **73**, 613). Geht Einigg auch auf Entstehg zunächst als EinzelHyp (Ausleggsfrage), so entsteht bis zur letzten Eintr zunächst solche; Notarermächtigg, EintrAntr zunächst nur für ein Grdst zu stellen, ergibt solche Einigg noch nicht (Düss aaO). Wird die (nicht vorsorgl auch als EinzelHyp gewollte) GesamtHyp nur auf einzelnen Grdst eingetr od ist die Einigg nur bzgl einzelner Grdst wirks, so bestimmt sich nach § 139, ob sie dort als EinzelHyp (od GesamtHyp an weniger Grdst) entstanden; idR spricht Wille zu voller Absicherg an jedem Grdst dafür (BGH DNotZ **75**, 152). Bei Belastg eines im MitEigt stehdn Grdst dch alle MitEigtümer gem § 747 S 2 entsteht eine GesamtHyp an allen MitEAnt (§ 1114 Rn 2). – **b) Gesetzlich.** Dch ideelle (§ 1114 Rn 2; WEG 7 Rn 7) od reale Teilg mit **6** EinzelHyp belasteten Grdst. Dch Ersetzg der gesicherten Fdg mehrerer EinzelHyp dch eine Fdg gem § 1180 (KG JFG **10**, 230). Nach § 1287 S 2, ZPO 848, wenn Anspr auf Übereign mehrerer Grdst ver-/gepfändet war (Mü JFG **22**, 163). – **c) Nachverpfändung** (PfdUnterstellg/PfdErstreckg) einer weiteren Grdst für **7** bereits dch Einzel- od GesamtHyp gesicherte Fdg. Sie ist für diese Grdst Neubelastg (BGH **80**, 119), die Zust der and Eigtümer nicht erfordert. Bei Nachverpfändg für mehrere Hyp eines auf demselben GBBlatt eingetr Grdst dch Mithaftvermerk in Verändergsspalte gilt bish RangVerh auch für Nachverpfändg (KG JFG **22**, 284; aA Böttcher BWNotZ **88**, 73; Meyer-Stolte Rpfleger **71**, 201); ist nachverpfändetes Grdst auf and GBBlatt eingetr, so kann fehlde Angabe über den Rang an diesem Grdst Auslegg ergeben, daß nicht Gleichrang sond Rang wie am vorverpfändeten Grdst bewilligt ist (LG Köln RhNK **73**, 438). Aber verdeck- te Nachverpfändg vgl § 1196 Rn 8. – **d) Zwangsvollstreckung.** Nicht dch ZwVollstr (ZPO 867 II; BGH **8** NJW **91**, 2024; Eintr inhaltl unzul (RG **163**, 121). GesamtZwHyp aber zuläss, wenn mehrere Eigtümer als GesamtSchuldn haften (BGH NJW **61**, 1352). GesamtZwHyp kann auch dch reale od ideelle Teilg mit EinzelZwHyp belasteten Grdst entstehen.

3) Einzelfragen. – a) Inhaltsänderung, die die Gleichartig berührt (Rn 2), muß für alle Grdst gelten u **9** wird erst mit Eintr in allen GB wirks. – **b) Übertragung** nur bzgl aller Grdst u an denselben Erwerber; sofern GBEintr erforderl, wird sie erst mit Eintr in allen GB wirks (RG **63**, 74). – **c) Belastung:** entspr Übertragg (RG **63**, 74); mehrere PfdR müssen hinsichtl der einzelnen Grdst denselben Rang haben (KGJ

39, 248). – **d) Verfügungsbeschränkungen:** entspr Übertragg. – **e) Aufhebung** (ganz od teilw) bzgl einzelner Grdst zuläss (KG JFG **4**, 409); ist idR Verzicht nach § 1175 I 2 (KG JFG **11**, 243).

10   **4) Grundstückshaftung.** Der Gläub kann in alle (od einige) Grdst gleichzeit vollstrecken; die ZwVerst kann in einem Verf (ZVG 18) dch Einzel- od Gesamtausgebot (ZVG 63) erfolgen; vgl MüKo/Eickmann Rn 53. Er kann auch in eines der Grdst vollstrecken. Die Wahl steht in seinem Belieben u kann noch im Verteilgstermin erfolgen (Köln KTS **58**, 155).

11   **5) Verteilung (II). – a) Befugnis.** Der Gläub kann die gesicherte Fdg beliebig in selbstd TeilFdgen auf die Grdst verteilen. Bei GesamtHyp an mehr als zwei Grdst kann auch in Einzel- u entspr herabgesetzte GesamtHyp aufgeteilt werden (BayObLG **81**, 95). – **b) Durchführung.** GläubErkl ggü GBA od Eigtümer, auf die §§ 875, 876, 878 anwendb; EigtümerZust nicht notw (RG **70**, 91). Ferner GBEintr (zur Fassg vgl Haegele/Schöner/Stöber Rn 2680, 2682; BayObLG **81**, 95); vgl auch GBO 48 II, 64. Ohne Eintr hat die VerteilgsErkl keine RWirkg (RG DR **39**, 935; BGH DB **76**, 866). – **c) Wirkung.** Die GesamtHyp zerfällt in selbstd EinzelHyp (BGH DB **76**, 866) u erlischt iH der jeweils überschießden Beträge (RG **70**, 91).

12   **6)** Auf die **Grund/Rentenschuld** entspr anwendb (§ 1192 I).

1133   *Gefährdung der Sicherheit der Hypothek.* Ist infolge einer Verschlechterung des Grundstücks die Sicherheit der Hypothek gefährdet, so kann der Gläubiger dem Eigentümer eine angemessene Frist zur Beseitigung der Gefährdung bestimmen. Nach dem Ablaufe der Frist ist der Gläubiger berechtigt, sofort Befriedigung aus dem Grundstücke zu suchen, wenn nicht die Gefährdung durch Verbesserung des Grundstücks oder durch anderweitige Hypothekenbestellung beseitigt worden ist. Ist die Forderung unverzinslich und noch nicht fällig, so gebührt dem Gläubiger nur die Summe, welche mit Hinzurechnung der gesetzlichen Zinsen für die Zeit von der Zahlung bis zur Fälligkeit dem Betrage der Forderung gleichkommt.

1134   *Unterlassungsklage.* [I]Wirkt der Eigentümer oder ein Dritter auf das Grundstück in solcher Weise ein, daß eine die Sicherheit der Hypothek gefährdende Verschlechterung des Grundstücks zu besorgen ist, so kann der Gläubiger auf Unterlassung klagen.

[II]Geht die Einwirkung von dem Eigentümer aus, so hat das Gericht auf Antrag des Gläubigers die zur Abwendung der Gefährdung erforderlichen Maßregeln anzuordnen. Das gleiche gilt, wenn die Verschlechterung deshalb zu besorgen ist, weil der Eigentümer die erforderlichen Vorkehrungen gegen Einwirkungen Dritter oder gegen andere Beschädigungen unterläßt.

1135   *Verschlechterung des Zubehörs.* Einer Verschlechterung des Grundstücks im Sinne der §§ 1133, 1134 steht es gleich, wenn Zubehörstücke, auf die sich die Hypothek erstreckt, verschlechtert oder den Regeln einer ordnungsmäßigen Wirtschaft zuwider von dem Grundstück entfernt werden.

1   **1) Allgemeines. – a) §§ 1133–1135,** die nebeneinand anwendb, schützen den HypGläub gg Verschlechterg der wichtigsten HaftgsGgst nach HypBestellg; nicht aber den PfdGläub iH der Hyp (Staud/Scherübl § 1133 Rn 21; vgl aber Breslau JW **28**, 2474) u den HypVormkgsBerecht. Keine bes SchutzVorschr für sonstige HaftgsGgst; Trenng/Entferng von Bestandt kann Verschlechterg des Grdst selbst sein (KG OLG **29**, 359). Über die Kosten der Maßn vgl § 1118 Rn 2. – **b) Verschlechterung** des Grdst/Zubeh ist jede vom Verschulden unabhäng Zustandsänderg. Den VerkWert mindert wie zB GbdeAbbruch/Umbau (BGH **65**, 211; Rostock OLG **41**, 176); nicht aber bloße Änderg der BetrFührg (RG JW **34**, 755), bloßes Altern trotz Reparaturen (MüKo/Eickmann § 1133 Rn 6; aA RGRK/Mattern § 1133 Rn 6) od wirtsch gebotene VerwaltgsMaßn (KG OLG **21**, 99; Dresden OLG **34**, 213). – **c) Gefährdung** der HypSicherh besteht, wenn inf der Verschlechterg größerer Ausfall in ZwVollstr zu erwarten ist (Hbg OLG **14**, 112).

2   **2) Eingetretene Verschlechterung (§§ 1133, 1135). – a) Ursache** unerhebl, auch Natur-/KriegsEreign. – **b) Gläubigerrechte.** Setzg angem Frist; entbehrl bei BeseitiggsWeigerg des Eigtümers (KG OLG **34**, 211). Befriedigg nach § 1147, wenn Eigtümer die Gefährdg der HypSicherh nicht fristgerecht dch GrdstVerbesserg (erfordert nicht Wiederherstellg des früh Zustandes) od anderweit HypBestellg (auch Rangverbesserg) beseitigt, nach Normzweck bis zum Zuschlag nachholb (MüKo/Eickmann § 1133 Rn 19; aA Staud/Scherübl § 1133 Rn 9), dem Gläub sind dann die Kosten zu ersetzen. BefriediggsR wg des ganzen Anspr, nicht nur im Umfang der Gefährdg (vgl aber HypBG 17 I); ZwZins abzuziehen (Berechng § 1217 Rn 2). – **c) Sonstiges.** Bei Verschulden SchadErsAnspr aus § 823 I, II.

3   **3) Drohende Verschlechterung (§§ 1134, 1135). – a) Ursache.** Einwirkg des Eigtümer od Dritter; NaturEreign genügen nur für II 2. – **b) Gläubigerrechte.** UnterlAnspr **(I)** gg einwirkden Eigtümer (zB auch Veräußergsverbot für Bestandt; KG OLG **29**, 359) od Dritten (zB Architekt; BGH **65**, 211; abl Scheyhing JZ **76**, 706 u Ratjen Betr **77**, 389); Verschulden nicht notw. DuldgsAnspr **(II)** gg Eigtümer bzgl notw Maßn wie zB Sequestration (RG **92**, 18) od FeuerVersicherg (BGH NJW **89**, 1034); Verschulden nicht notw. – **c) Sonstiges.** Bei Verschulden des Eigtümers od Dritten auch §§ 823 I II, 830 (BGH NJW **85**, 376) bei eingetretener Entwertg der Hyp (BGH NJW **89**, 1034; **91**, 695). RückverschaffgsAnspr gg Erwerber von Zubeh nur aus § 823 (MüKo/Eickmann § 1135 Rn 18; aA Kiel JW **33**, 634).

4   **4)** Auf die **Grund/Rentenschuld** entspr anwendb (§ 1192 I).

1136 *Rechtsgeschäftliche Verfügungsbeschränkung.* Eine Vereinbarung, durch die sich der Eigentümer dem Gläubiger gegenüber verpflichtet, das Grundstück nicht zu veräußern oder nicht weiter zu belasten, ist nichtig.

1) § 1136 schützt die HdlgsFreih des Eigtümers. Seine anfängl od nachträgl **Verpflichtung gegenüber** 1 **dem Gläubiger** (ggü Dr gilt § 137 S 2), nicht über das Grdst zu verfügen, ist nichtig; bei Verstoß gg sie kein SchadErs od VertrStrafe. Die Wirksamk des Vertr iü richtet sich nach § 139 (RG JW **26**, 1960); idR ist gleichzeit HypBestellg nach PartWillen gült (Lopau BlGBW **79**, 101), aber GBA muß EintrAntr zurückweisen, wenn er Vereinbg nicht ausnimmt (Hamm DNotZ **79**, 752; aA Lopau aaO). – Zul Vereinbg mit Gläub, die nicht in innerem ZusHang mit Hyp steht u RStellg als dingl Gläub nicht stärkt (BGH MDR **66**, 756). – Zul Vereinbg, die an vertragswidr Vfg Folgen (zB Fälligk der Hyp, Künd des Darlehns) knüpft (BGH **76**, 371; BayObLG DNotZ **81**, 128; aA Lopau BlGBW **80**, 167), da nur RückzahlgsBdgg. Gläub kann sich auch dch VorkR schützen.

2) Auf die **Grund/Rentenschuld** entspr anwendb (§ 1192 I). 2

1137 *Einreden des Eigentümers.* [I]Der Eigentümer kann gegen die Hypothek die dem persönlichen Schuldner gegen die Forderung sowie die nach § 770 einem Bürgen zustehenden Einreden geltend machen. Stirbt der persönliche Schuldner, so kann sich der Eigentümer nicht darauf berufen, daß der Erbe für die Schuld nur beschränkt haftet.

[II]Ist der Eigentümer nicht der persönliche Schuldner, so verliert er eine Einrede nicht dadurch, daß dieser auf sie verzichtet.

1) **Allgemeines.** Ggü dem DuldgsAnspr des HypGläub aus § 1147 kann der Eigtümer geltd machen: – 1 **a) Einwendungen gegen die Forderung,** die deren Bestand berühren, begründen wg der Akzessorietät Einwendgs gg die Hyp; zB Umwandlg in EigtümerGrdSch nach § 1163 I wg Nichtentstehn/Erlöschen der Fdg. – **b) Einreden gegen die Forderung** (Rn 2). Gutgl einredefreier Dritterwerb mögl (§ 1138). – **c) Einwendungen gegen die Hypothek** bzgl ihres Bestandes (zB Nichtentstehg, Eintr mit falschem Inhalt) od der Berechtigg desjenigen, der sie geltd macht (zB Verlust des GläubR dch RÜbergang außerh des GB). Sie können bei gutgl Erwerb entfallen (§§ 892, 1138). – **d) Einreden gegen die Hypothek** aus dem 2 pers RVerhältn zw Eigtümer u Gläub geben zeitw (zB Stundg, ZbR) od dauerndes (zB §§ 242, 821, 853, EntpfändgsVerpfl [KGJ **33** A 258]; nicht aber KO 41 II [Hamm MDR **77**, 668]) LeistgsverweigergsR ggü dem in seinem Bestand unberührten Anspr aus § 1147 (bei dauernder Einrede: § 1169) od beschränken ihn (zB auf Ausfall bei Verwertg und SichgGuts [BGH NJW **86**, 1487] od auf bestimmte VollstrArt [KG JW **31**, 3284]). Soweit die Einrede dem SondRVorgänger zustand, muß sie dem Eigtümer übertragen sein (BGH LM § 1169 Nr 1; KG aaO). Gutgl einredefreier Dritterwerb mögl (§ 1157 S 2).

2) **Geltungsbereich.** § 1137 betrifft bei Hyp aller Art nur die Geltdmach von Einreden gg die gesicherte 3 Fdg ggü dem Anspr aus § 1147 dch den Eigtümer unabhäng davon, ob er zugl pers Schuldn ist od nicht. Der Eigtümer kann geltd machen: – **a) Einreden des persönlichen Schuldners** gg die in ihrem Bestand 4 unberührte Fdg, die diesem ein zeitw (zB Stundg, ZbR) od dauerndes (zB §§ 242, 812, 823) LeistgsVerweigergsR geben **(I 1 Fall 1).** Eigtümer kann sich auch auf rkräft Abweisg der FdgsKlage gg den Schuldn berufen; Stattgabe wirkt ihm ggü aber nicht. Eigtümer hat auch Einreden, auf die mit ihm nicht ident Schuldn verzichtet hat **(II).** Folgde Einreden sind dem Eigtümer versagt: beschr Erbenhaftg **(I 2),** Verj der HauptFdg (§ 223), Herabsetzg im Vergl (VglO 82 II, KO 193 S 2). – **b) Einreden eines Bürgen nach** 5 **§ 770,** zB Aufrechngsmöglichk des Gläub sowie nach § 770 Rn 4 **(I 1 Fall 2);** nach § 771 nur, wenn Hyp für BürgschSchuld bestellt. Die GestaltgsR des Schuldn geben dem Eigtümer nur ein LeistgsVerweigergsR; nach Ausübg des GestaltgsR dch den Schuldn hat der Eigtümer eine Einwendg gg die Fdg u damit auch gg die Hyp. **II** gilt hier nicht; die Einrede des Eigtümers besteht nur solange, wie der Schuldn das GestaltgsR noch ausüben kann.

3) Auf die **Grund/Rentenschuld** nicht entspr anwendb, da Folge der FdgsAbhängigk. 6

1138 *Forderung und öffentlicher Glaube.* Die Vorschriften der §§ 891 bis 899 gelten für die Hypothek auch in Ansehung der Forderung und der dem Eigentümer nach § 1137 zustehenden Einreden.

1) **Allgemeines.** Weil die Hyp von der Fdg abhängt u §§ 891–899 nur für die Hyp gelten, erstreckt § 1138 1 diese Vorschr auf die Fdg u die Einreden nach § 1137, soweit das für die Geltdmachg der Hyp (and bei SichgsHyp; 1185 II) erforderl ist. §§ 891–899 gelten aber nicht für die Fdg selbst (RG JW **34**, 3054): wird aus Fdg u Hyp geklagt, kann desh nur die HypKlage Erfolg haben (selbst wenn Eigtümer zugl pers Schuldn).

2) **Vermutung, öffentlicher Glaube** (§§ 891–893). Wird über die Hyp gestritten (zB Klage des Gläub 2 aus § 1147 od des Eigtümers aus § 894), so gelten bzgl des Bestandes der Fdg u der Einreden gg sie aus § 1137:

a) § 891. – aa) Bestand. Der ggwärt Bestand der eingetr Fdg wird widerlegb vermutet. Der Eigtümer 3 muß beweisen, daß diese Fdg nicht entstanden (bei Darlehn weder nach § 607 I noch nach § 607 II; RG Warn **34** Nr 95) od erloschen ist; nicht nur, daß sie zZ der Eintr nicht bestand. Gläub muß aber beweisen, daß Hyp eine u als die eingetr Fdg sichert u daß als künft/bdgt eingetr Fdg entstanden. Nach HypLöschg muß Gläub Fortbestand (nicht nur Entstehg) der Fdg beweisen. – **bb) Einreden.** Eingetr Einreden gg die Fdg werden widerlegb als bestehd, gelöschte widerlegb als nichtbestehd vermutet. Die NichtEintr begründet aber keine Vermutg für Nichtbestehen (Planck/Strecker Anm 3 c).

4   **b) § 892.** Der geschützte Erwerb muß dch ein VerkehrsGesch (§ 892 Rn 5) erfolgen; zB auch SichgsAbtr im Ggs zur EinziehgsAbtr (Hbg MDR **53**, 171). Nicht anwendb ist § 892 bei Fdgen auf rückständ Zinsen/ Nebenleistgen/Kosten (§ 1159 II). – **aa) Bestand.** Ist die Fdg nicht entstanden od erloschen (besteht also eine EigtümerGrdSch), so erwirbt der bzgl der Fdg gutgl Erwerber mit der Abtr der angebl Fdg eine FremdHyp (ohne Fdg), weil wg § 1153 II der Bestand der eingetr Fdg fingiert wird; diese fdgslose Hyp wird nicht zur GrdSch (MüKo/Eickmann Rn 10; aA W-Raiser § 137 II 3). Dies gilt auch für die TilggsHyp, so daß ihr Erwerber sie nicht stets nur iH des tilggsplanmäß Restkapitals erwirbt; maßg ist, welche Tilgg im GB/Brief als erfolgt eingetr oder dem Erwerber bekannt ist (RG JW **34**, 1043; hM). Zum Erwerb einer bestehden Fdg vom NichtBerecht, der als HypGläub eingetr, vgl § 1153 Rn 2. – Gilt entspr für Belastg der Fdg mit PfdR/ Nießbr. – **bb) Einreden.** Nichteingetr Einreden gg die Fdg erlöschen bzgl der Hyp (nicht bzgl der Fdg) bei gutgl Erwerb; gg den Erwerber besteht kein Anspr aus § 1169. Gutgl ist, wer die einredebegründden Tats nicht kannte od trotz ihrer Kenntn aus RIrrtum an Nichtbestehen einer Einrede glaubte (BGH **25**, 27). Bei mögl GgAnspr des Schuldn ist der Erwerber nur bösgl, wenn er ihre Art u wahrscheinl Berechtigg kennt (BGH aaO).

5   **c) § 893.** Der wahre HypGläub muß RGesch iSv § 893 bzgl der Fdg zw dem BuchBerecht u dem gutgl Eigtümer gg sich gelten lassen; ebso der wahre Eigtümer RGesch zw dem BuchEigtümer u dem gutgl HypGläub. Dies gilt nur bzgl der Hyp (nicht bzgl der Fdg).

6   **3) Grundbuchberichtigung, Widerspruch** (§§ 894–899). Der Eigtümer hat gg den HypGläub einen GBBerichtiggsAnspr, wenn die Fdg nicht besteht (auf Löschg od Umschreibg auf Eigtümer) od eine Einrede nicht od falsch eingetr ist; der HypGläub hat den Anspr gg den Eigtümer, wenn die Fdg falsch od eine nicht bestehde Einrede (bzw eine bestehde falsch) eingetr ist. Der GBBerichtiggsAnspr ist dch Widerspr sicherb.

7   **4) Auf die Grund/Rentenschuld** nicht entspr anwendb, da Folge der FdgsAbhängigk.

1139   *Widerspruch bei Darlehensbuchhypothek.*   **Ist bei der Bestellung einer Hypothek für ein Darlehen die Erteilung des Hypothekenbriefs ausgeschlossen worden, so genügt zur Eintragung eines Widerspruchs, der sich darauf gründet, daß die Hingabe des Darlehens unterblieben sei, der von dem Eigentümer an das Grundbuchamt gerichtete Antrag, sofern er vor dem Ablauf eines Monats nach der Eintragung der Hypothek gestellt wird. Wird der Widerspruch innerhalb des Monats eingetragen, so hat die Eintragung die gleiche Wirkung, wie wenn der Widerspruch zugleich mit der Hypothek eingetragen worden wäre.**

1   **1) Widerspruch** gg BuchHyp (die nicht SichgHyp, § 1185 II), weil diese bis zur Darlehnshingabe EigtümerGrdSch (§ 1163 I). – **a) Voraussetzungen.** Formfreier (weil GläubBew nicht notw; str) fristgebundener (später nur § 899) Antr des Eigtümers mit Angabe, daß Darlehn nicht hingegeben. Nachw für Nichthingabe, EintrBew des Gläub od einstw Vfg nicht notw. – **b) Wirkung.** Wie § 899 mit der Besonderh der Rückwirkg bei fristgerechter Eintr (damit entfällt gutgl Erwerb eines vorher eingetr HypErwerbers); bei späterer Eintr od and Unrichtigk § 899 ohne Rückwirkg.

2   **2) Auf die Grund/Rentenschuld** nicht entspr anwendb, da Folge der FdgsAbhängigk.

1140   *Brief und Grundbuch.*   **Soweit die Unrichtigkeit des Grundbuchs aus dem Hypothekenbrief oder einem Vermerk auf dem Briefe hervorgeht, ist die Berufung auf die Vorschriften der §§ 892, 893 ausgeschlossen. Ein Widerspruch gegen die Richtigkeit des Grundbuchs, der aus dem Briefe oder einem Vermerk auf dem Briefe hervorgeht, steht einem im Grundbuch eingetragenen Widerspruche gleich.**

1   **1) Der richtige Brief** zerstört den öff Glauben des GB; so wird der gutgl Erwerb auch bei Unkenntn des Briefs nicht geschützt, wenn die Unrichtigk des GB aus ihm hervorgeht. Dagg genießt der Brief keinen öff
2 Glauben; so kann sich der Erwerber ggü dem richt GB nicht auf den unricht Brief berufen. – **a) Der Vermerk** auf dem Brief (nicht auf mit ihm verbundener SchuldUrk) kann amtl od privat (zB TeilzahlgsQuittg) sein; Aussteller ist gleichgült. Ein den Aussteller nicht ausweisder Vermerk genügt, wenn sich aus ihm begründete Zweifel an der Richtigk des GB ergeben (Erm/Räfle Rn 2; aA MüKo/Eickmann Rn 11). Ein dchstrichener (noch lesb) Vermerk ist unbeachtl, wenn die Streichg erkennb vom Vermerkaussteller vorgen
3 (MüKo/Eickmann Rn 14; nach aA wird er stets unbeachtl). – **b) Der Widerspruch** ist ein solcher nach § 899. Privater Widerspr ist Vermerk nach Rn 2.

4   **2) Auf die Grund/Rentenschuld** entspr anwendb (§ 1192 I).

1141   *Kündigung der Hypothek.*   [I]**Hängt die Fälligkeit der Forderung von einer Kündigung ab, so ist die Kündigung für die Hypothek nur wirksam, wenn sie von dem Gläubiger dem Eigentümer oder von dem Eigentümer dem Gläubiger erklärt wird. Zugunsten des Gläubigers gilt derjenige, welcher im Grundbuch als Eigentümer eingetragen ist, als der Eigentümer.**

[II]**Hat der Eigentümer keinen Wohnsitz im Inland oder liegen die Voraussetzungen des § 132 Abs. 2 vor, so hat auf Antrag des Gläubigers das Amtsgericht, in dessen Bezirke das Grundstück liegt, dem Eigentümer einen Vertreter zu bestellen, dem gegenüber die Kündigung des Gläubigers erfolgen kann.**

1   **1) Allgemeines.** Der unabdingb (LG Hbg Rpfleger **57**, 114) § 1141 lockert den AkzessorietätsGrds zum Schutz des mit dem pers Schuldn nicht ident Eigtümers; nicht anwendb bei SichgHyp (§ 1185 II). –

a) Kündigung. Die FdgKünd ist idR vertragl geregelt; sonst gelten die gesetzl Vorschr (zB §§ 609, 609a; vgl auch EG 117 II). Bei Gläub- od EigtümerMehrh bestimmt sich das KündR nach dem zugrdeliegden RVerh (bei MitEigt Künd dch od ggü allen). Die formlose Künd ist eine Vfg über die Hyp (BGH **1**, 294) u nicht einseit widerrufb (Hbg Rpfleger **59**, 379). Sie ist nicht eintraggsfäh u wirkt ohne GutGlSchutz ggü späteren RNachf (BGH aaO). SonderVorschr bei Belastg der Fdg mit Nießbr/PfdR: §§ 1074, 1077 II, 1283, 1286; bei Vorerbschaft: § 2114. – **b) Eigentümervertreter (II).** Bestell im FGG-Verf nur zur Entggnahme der Künd; erspart öff Zustellg nach § 132 II. Vertreter kann seine Kosten (notf dch Klage) nur vom Eigtümer erstattet verlangen (Mü JFG **13**, 273); Kosten des Gläub fallen unter § 1118.

2) Wirksamkeit der Kündigung (I); bei BriefHyp vgl auch § 1160 II. – **a)** FdgKünd dch od ggü dem **2 persönlichen Schuldner,** der nicht zugl Eigtümer, wirkt nur für die Fdg. Der Eigtümer darf schon leisten (§ 1142 I), der Anspr aus § 1147 ist aber noch nicht fällig. – **b)** FdgKünd dch od ggü dem **persönlichen Schuldner, der zugleich Eigentümer,** wirkt für Fdg u Hyp. – **c)** FdgKünd dch u ggü dem **Eigentümer,** der nicht zugl pers Schuldn, wirkt nur für die Hyp; die Fdg wird dadch nicht fällig (RG **104**, 352 [357]).

3) Buchberechtigte. – a) Bucheigentümer (I 2). Für die Künd des Gläub ist der BuchEigtümer **3** empfangsberecht (auch wenn GBUnrichtigk bekannt od Widerspr eingetr); Gläub kann sich auch ggü dem wahren Eigtümer nicht auf Unwirksamk berufen. § 1141 gilt nicht für die Künd des BuchEigtümers (W-Raiser § 138 Fußn 3; str); sie ist unwirks. – **b) Buchgläubiger.** Bei Künd dch u ggü dem BuchGläub gilt § 893 für den Eigtümer; im Verh zum wahren Gläub ist sie unwirks.

4) Auf die **Grund/Rentenschuld** nicht entspr anwendb; es gelten §§ 1177 I 2, 1193 bzw §§ 1201, 1202. **4**

1142 *Befriedigungsrecht des Eigentümers.* ¹**Der Eigentümer ist berechtigt, den Gläubiger zu befriedigen, wenn die Forderung ihm gegenüber fällig geworden oder wenn der persönliche Schuldner zur Leistung berechtigt ist.**

II Die Befriedigung kann auch durch Hinterlegung oder durch Aufrechnung erfolgen.

1) Allgemeines. § 1142 regelt als Sondervorschr ggü § 267 II, 268 das BefriediggsR des (nicht bloß **1** buchmäß) Eigtümers, der nicht auch pers Schuldn ist (Mü JFG **13**, 275); ist er es auch, so leistet er idR auf die gesicherte Fdg (BGH **7**, 123) u die Hyp wird gem § 1163 EigtümerGrdSch. Eigtümer soll den Gläub aus seinem sonstigen Vermögen befriedigen können, um den Verlust des Grdst dch ZwVerst abzuwenden. – **a) Befriedigungsrecht.** Der Eigtümer (u jeder MitEigtümer) ist auch bei Widerspr als pers Schuldn befugt, den Gläub zwecks Abwendg von § 1147 (daher nicht mehr nach Erlöschen der Hyp dch Zuschlag; RG **127**, 355) zu befriedigen; aber keine pers BefriediggsVerpfl (BGH **7**, 123) u daher insow kein Schuldn-Verzug mögl (Zweibr JW **37**, 894; vgl aber § 1146). Eigtümer erwirbt mit der Befriedigg Fdg (§ 1143 I) u Hyp (§ 1153 I). – **b) Abdingbarkeit.** Das BefriediggsR gehört zum zwingden EigtInhalt u ist nicht mit dingl Wirkg ausschließb (BGH NJW **90**, 258); auch kein Ausschl der Aufrechng (LG Aach Rpfleger **88**, 99), des BestimmgsR nach § 366 II (Schäfer BWNotZ **57**, 128) u der Hinterlegg; über AufrechngsAuschl dch BarzahlgsKl vgl KG JFG **11**, 199; LG Kass NJW **53**, 1024; **54**, 1121; Düss NJW **58**, 1142; Staud/Scherübl Rn 15.

2) Voraussetzungen. – a) Fälligkeit der Forderung gegenüber dem Eigentümer nach Gesetz od **2** Vertr od aGrd Künd nach § 1141. Über Fällig dch Konk des pers Schuldn vgl MüKo/Eickmann Rn 11. – **b) Leistungsrecht des persönlichen Schuldners;** § 271 II gilt nicht (vgl dort Rn 11). Bei entspr vertragl Vereinbg od bei nur ihm u nicht auch dem Eigtümer ggü wirks Künd (§ 1141 Rn 2).

3) Befriedigungsarten. – a) Leistung des Betr, für den Grdst haftet (§ 362); § 266 gilt (BGH **108**, 372). – **3 b) Hinterlegung** unter den Voraussetzgen der §§ 372ff. – **c) Aufrechnung** des Eigtümers mit eigener Fdg gg Gläub (nicht mit bloßer TeilFdg, wenn die HaftgsBetr nicht erreicht; Naumburg OLG **28**, 90); Ausn von § 387 wg fehler Ggseitigk. Gläub kann mangels abw Vereinbg nicht mit seiner Fdg gg den pers Schuldn gg eine pers Fdg des Eigtümers (keine Ggseitigk) od dessen Anspr aus § 1147 (keine Gleichartigk; Kbg OLG **12**, 305) aufrechnen. Zur Einrede des Eigtümers bei Aufrechnsmöglichk des pers Schuldn vgl § 1137 Rn 5.

4) Grund/Rentenschuld. – a) I: BefriediggsR des Eigtümers bei Fällig (§ 1193) der Grd/RentenSch **4** (BGH NJW **90**, 258); bei SichgsGrdSch nicht bei Fällig nur der gesicherten Fdg. – **b) II:** Eigtümer kann mit pers Fdg gg Gläub gg Grd/RentenSch aufrechnen (RG JW **14**, 196) od unten den Voraussetzgen von §§ 372ff dch Hinterlegg ablösen.

1143 *Übergang der Forderung.* ¹**Ist der Eigentümer nicht der persönliche Schuldner, so geht, soweit er den Gläubiger befriedigt, die Forderung auf ihn über. Die für einen Bürgen geltenden Vorschriften des § 774 Abs. 1 finden entsprechende Anwendung.**

II Besteht für die Forderung eine Gesamthypothek, so gelten für diese die Vorschriften des § 1173.

1) Allgemeines. Der nicht mit dingl Wirkg abdingb § 1143 betrifft nur eine der möglichen Arten der **1** GläubBefriedigg (vgl § 1113 Rn 20) u beruht auf dem Gedanken, daß der pers Schuldn u nicht der Eigtümer als bloßer SG die BefriediggsLast tragen soll (über abw Regelg im InnenVerh vgl Rn 4). Er gilt nicht bei HypVormkg.

2) Gläubigerbefriedigung bei Einzelhypothek (I).

a) Voraussetzungen. – aa) Befriedigung. Sie kann freiwill (§ 1142) od zwangsw (§ 1147; KGJ **42**, 274; **2** RG **150**, 371) erfolgen. Eine einverständl Freistellg des Gläub von Verbindlichk ggü dem Eigtümer genügt (BGH WM **69**, 1102). Nach Maßg §§ 893, 1155 ist die Befriedigg des BuchGläub ggü dem wahren Gläub

wirks (KGJ **40**, 265). – **bb) Eigentümer.** Befriedigen muß derjenige, der im Ztpkt der Befriedigg wahrer Eigtümer ist, ohne auch pers Schuldn zu sein. BuchEigtümer (zB auch bei rückwirkder Vernichtg des EigtErwerbs nach Befriedigg) u AuflEmpfänger vor Eintr (Planck/Strecker, Anm 2c; aA Staud/Scherübl Rn 14) leisten als Dritte (vgl dazu § 1113 Rn 22); Befriedigg dch Erwerber vor Vollendg des RErwerbs genügt nur, wenn späterer Erwerb (zB nach § 185) auf BefriediggsZtpkt zurückwirkt (RG **141**, 220). Es
3 genügt Befriedigg namens od für Rechng (KGJ **41**, 249) des Eigtümers. – **cc) Hypothekenablösung.** Der Eigtümer muß auf die Hyp zahlen. Bei Befriedigg iW § 1147 erfolgt dies stets u bei Befriedigg iW § 1142 idR. Keine HypAblösg sond Zahlg für den pers Schuldn auf die Fdg erfolgt iZw, wenn der Eigtümer dem Schuldn ggü zur GläubBefriedigg verpfl ist (zB nach § 415 III; vgl RG **143**, 278); die Fdg erlischt (§ 362) mit der RFolge aus §§ 1163 I 2, 1177 I (KG OLGZ **65**, 92).

4 **b) Rechtsfolgen. – aa) Forderung.** Sie geht im Umfang der Befriedigg krG auf den Eigtümer über; auch Anspr auf rückständ Nebenleistgen/Kosten (§ 1178 gilt nur für die Hyp). Gilt auch, wenn der Eigtümer dem Schuldn ggü zur GläubBefriedigg verpfl war (aA [Erlöschen] Schapp § 21 zu Fn 32; Soergel/Konzen Rn 3) u ausnahmsw nicht die Fdg getilgt hat (vgl Rn 3); aber Schuldn kann ihr ggü BefreigsPfl des Eigtümers rechtsvernichtd einwenden (RG **143**, 278; **150**, 371; hM). Bei GesSchuld gehen die Fdgen gg alle Schuldn über u Eigtümer kann sich ohne Rücks auf Innenverh an jeden halten. Bei Teilbefriedigg nur Teilübergang; für RestFdg des Gläub gilt § 774 I 2. – Dem Schuldn verbleiben nach § 412 die Rechte gem §§ 404, 406–408 (nur für Hyp gelter § 1138 nicht anwendb) u nach § 774 I 3 die Einwendgen/Einreden aus seinem RVerh zum Eigtümer (zB BefreigsPfl; vgl oben) u dessen RVorgänger (entspr § 1164; RG **143**, 278).
5 **– bb) Hypothek.** Sie geht, soweit sie nicht nach § 1178 (RG **143**, 278 [282]) od § 1181 erlischt, mit der Fdg auf den Eigtümer über (§§ 401, 412, 1153) u wird EigtümerHyp (§ 1177 II). Bei TeilBefriedigg hat sie Rang nach der RestHyp des Gläub (§ 1176). – **cc) Andere Sicherungsrechte.** Ist die Fdg auch dch Bürgsch od PfdR gesichert, so gehen diese mit der Fdg auf den Eigtümer über (§§ 401, 412). Sie sichern aber die Fdg nur in der Höhe, in der der Bürge/Verpfänder nach einer Vereinbg mit dem Eigtümer diesem ausglpflicht ist u mangels AusglVereinbg iH eines § 426 I 1 entspr Anteils (BGH NJW **89**, 2530).

6 **c) Sonderfälle. – aa) Miteigentümer.** Bei EinzelHyp an MitEigtAnt gilt Rn 2–5. Bei Belastg aller od mehrerer MitEigtAnt desselben Grdst entsteht eine GesHyp (§ 1114 Rn 2), so daß Rn 8, 9 gilt. – **bb) Gesamthandseigentümer** (zB Miterben). Sind die GesHänder nicht persönliche Schuldner u wird der Gläub von allen befriedigt, so erwerben die GesHänder Fdg u Hyp als GesHänder. Befriedigt einer mit eigenen Mitteln, so erwirbt er die ganze Fdg mit der Hyp (Erm/Räfle Rn 5; MüKo/Eickmann Rn 14; Staud/Scherübl § 1163 Rn 47); nach aA erlischt die Fdg mit der RFolge aus §§ 1163 I 2, 1177 I (KGJ **50**, 206). – Sind die GesHänder **auch persönliche Schuldner** u wird der Gläub von allen befriedigt, so erwerben die Fdg mit der RFolge aus §§ 1163 I 2, 1177 I. Befriedigt ein GesHänder mit eigenen Mitteln, so gehen Fdg u Hyp iH des AusglAnspr auf ihn über (§§ 426 II 1, 401, 412, 1153) u die RestFdg erlischt mit der RFolge aus §§ 1163 I 2, 1177 I (KGJ **50**, 206; Erm/Räfle Rn 5; MüKo/Eickmann Rn 15); nach aA erwirbt er die Hyp in Höhe der RestFdg nach § 1164 zur Sichg eines Anspr aus §§ 683, 812 gg die GesHänder (Fbg MDR **50**, 484 Anm Reinicke; Celle NdsRpfl **51**, 6; Staud/Scherübl § 1163 Rn 47); aber Abwendg von § 1164 scheitert daran, daß
7 Schuldn auch Eigtümer ist. – **cc) Vorerbe.** Befriedigt der Vorerbe mit freien Mitteln, so erwirbt er Fdg u Hyp als nachlfreies Vermögen (BGH Rpfleger **93**, 493); befriedigt er mit NachlMitteln, so fallen Fdg u Hyp in den Nachl (KGJ **50**, 210). – **dd) Eigentümerkonkurs.** Befriedigt der KonkVerw, so erwirbt der Eigtümer Fdg u Hyp, die in die Masse fallen (Celle OLG **9**, 378). Befriedigt der Eigtümer aus konkursfreiem Vermögen, so erwirbt er Fdg u Hyp konkursfrei (MüKo/Eickmann Rn 9; Staud/Scherübl Rn 12).

3) Gläubigerbefriedigung bei Gesamthypothek (II).

8 **a) Voraussetzungen.** Es gelten die gleichen Voraussetzgen wie bei der EinzelHyp (Rn 2, 3), denn II gilt nur für die Hyp, währd es für die Fdg bei I verbleibt.

9 **b) Rechtsfolgen. – aa) Forderung.** Es treten die gleichen RFolgen wie bei der EinzelHyp ein (Rn 4, 5), denn II betrifft nur die Hyp (hM; aA Ehlscheid BB **92**, 1290 zu III). Befriedigt einer der (Mit-)Eigtümer den Gläub, so erwirbt er die Fdg nach I; befriedigen die (Mit-)Eigtümer den Gläub gemschaftl (vgl dazu § 1173 Rn 3), so geht die Fdg auf alle (Mit-)Eigtümer zu TeilBetr über, die ihrem MitEigtAnt bzw dem anteil Wert ihres Grdst am GesGrdstWert entspr (KGJ **41**, 243; Staud/Scherübl Rn 6). – **bb) Hypothek.** Befriedigt nur einer der (Mit-)Eigtümer den Gläub, so gilt für die Hyp § 1173 **(II)**. Bei gemschaftl Befriedigg geht die Hyp an allen MitEigtAnt/Grdst im Umfang der übergegangenen Fdg nach §§ 401, 412, 1153 mit über (MüKo/Eickmann Rn 12; Planck/Strecker Anm 2a; Staud/Scherübl Rn 6).

10 **4)** Auf die **Grund/Rentenschuld** nicht entspr anwendb; dh bei der SichgsGrdSch kein FdgsErwerb des Eigtümers, wenn er den Gläub befriedigt (§ 1191 Rn 33), wohl aber Umwandlg der Fremd- in EigtümerGrdSch (§ 1191 Rn 10).

1144 *Aushändigung der Urkunden.* **Der Eigentümer kann gegen Befriedigung des Gläubigers die Aushändigung des Hypothekenbriefs und der sonstigen Urkunden verlangen, die zur Berichtigung des Grundbuchs oder zur Löschung der Hypothek erforderlich sind.**

1 **1) Allgemeines.** Der nicht mit dingl Wirg abdingb § 1144 erweitert die EigtümerRe ggü §§ 368, 371. Dch die Befriedigg Zug um Zug gg Aushändigg der Urk wird verhindert, daß der Gläub nach seiner Befriedigg über die ihm nicht mehr zustehde Hyp verfügt.

2 **2) Aushändigungsanspruch. – a) Anspruchsberechtigt** ist der Eigtümer unabhäng davon, ob er auch pers Schuldn ist (RG **132**, 9 [15]). – **b) Voraussetzung** ist die vollständ (über teilw vgl § 1145) Befriedigg des Gläub dch den hierzu nach § 1142 berecht Eigtümer (RG **111**, 397) auch wg der Kosten (§ 1118). – **c) Inhalt.** Aushändigg der Urk (Rn 3–5), nicht nur Vorlegg an GBA. Gläub hat Urk zu beschaffen, notf § 1162, GBO 67. Kein Anspr auf Abtr an Dritten (KGJ **39**, A 230), sofern Gläub sich dazu nicht verpfl hat (Verpfl gibt Einrede aus § 1157; RGRK/Mattern Rn 18). – **d) Durchsetzung.** Vor Befriedigg hat Eigtümer

ZbR (§§ 273, 274); GläubKlage auf Befriedigg braucht daher nicht AushändiggsAnerbieten zu enthalten (Posen OLG **29**, 365). Händigt Gläub nicht aus, kann Eigtümer ihn in AnnVerzug setzen. Nach Befriedigg kann Gläub im GerStand von ZPO 24 (BGH **54**, 201) auf Erfüllg klagen. – **e) Gläubigerrechte.** Kein ges ZbR wg nicht dch Hyp gesicherter Anspr (BGH NJW **88**, 3260); Ausn Rn 6. Vertragl ZbR vereinb (RG **132**, 9 [15]). – **f) Verfügungen.** Der Anspr ist nicht selbstd abtretb/verpfändb/pfändb (Köln OLGZ **71**, 151; dort auch zur Hilfspfändg).

3) Urkunden. – **a) Hypothekenbrief.** Mit Befriedigg wird der Eigtümer auch BriefEigtümer (§ 952) u **3** hat dann Anspr aus § 985. – **b) Löschungsbewilligung** (GBO 19) in der Form von GBO 29 I 1 wahlw statt c) od d). Sie muß bei GläubMehrh einschl GesGläub von allen erteilt werden (MüKo/Eickmann Rn 13, 14; hM). Sie genügt nicht zur Eintr des Eigtümers als neuer Gläub, weil sie den Übergang auf ihn nicht nachweist (KGJ **32**, A 247). Enthält die Angabe der Befriedigg, so ergibt sie, daß die Hyp dem Gläub nicht mehr zusteht u er daher nicht mehr bewilliggsberecht ist (Köln Rpfleger **64**, 149; LG Aach Rpfleger **85**, 489). – **c) Berichtigungsbewilligung** (GBO 19) in der Form von GBO 29 I 1 wahlw statt b) od d). Erfordert schlüss Darlegg, wodch u inwiefern das GB unricht geworden ist (KG JW **34**, 1056); hier also Angabe der Befriedigg notw. BerichtiggsBerecht wie bei b). – **d) Löschungsfähige Quittung 4** (UnrichtigkNachw iSv GBO 22) in der Form von GBO 29 I 1 (BayObLG FGPrax **95**, 22) wahlw statt b) od c). Die GläubBefriedigg hat bzgl der Hyp unterschiedl Folgen: sie kann FremdHyp, EigtümerGrdSch od EigtümerHyp werden (vgl § 1113 Rn 19–22). Eine Quittg, die nur den LeistgsEmpfang bekennt (§ 368), ergibt daher die eingetretene RFolge nicht; ist der Eigtümer nicht als Befriedigder angegeben, so kann die Löschg od GBBerichtig (dch seine Eintr als Gläub) nicht erfolgen, weil die Hyp auf einen anderen (zB nach § 1150 Rn 5 od § 1164 Rn 4) übergegangen sein kann; Befriedigg dch den Eigtümer wird nicht vermutet (Schlesw MDR **49**, 682). Da jede Quittg den RVerlust des Gläub ergibt, ist eine nachfolgde Bewilligg der Löschg od Eintr eines neuen Gläub bedeutgslos (KG OLGZ **65**, 92; NJW **73**, 56). – Der Eigtümer kann daher eine Quittg verlangen, aus der sich der Übergang der Hyp auf ihn ergibt. Das **5** erfordert folgden **Inhalt:** Daß der Eigtümer (od ein Dritter für seine Rechng; Hamm Rpfleger **85**, 187) befriedigt hat (Köln Rpfleger **64**, 149); damit ist der RErwerb des Eigtümers nachgewiesen u er kann die Hyp löschen od sich als Gläub eintragen lassen. Will er das entstandene EigtümerR ohne ZwEintr auf einen Dritten umschreiben lassen, kann er die Angabe verlangen, ob er pers Schuldn war, denn bejahdenf erwarb er eine EigtümerGrdSch (§§ 1163 I 2, 1177 I) u verneindenf eine EigtümerHyp (§ 1143 Rn 5) u von der RNatur des EigtümerR hängt es ab, wie u als was es übertragen werden kann (vgl KGJ **51**, 282). Hat nach der HypBestellg ein Eigtümerwechsel stattgefunden, so ist bei der Angabe „Eigtümer" das Befriediggsdatum hinzuzufügen, um nachzuweisen, daß der ggwärt Eigtümer befriedigt hat (Köln NJW NJW **61**, 368; KG OLGZ **65**, 92). Bei GesHyp ist anzugeben, ob Befriedigg dch alle (RFolge: § 1172) od dch einen (RFolge: § 1173) (Mit-)Eigtümer. Bei GesGläub (§ 428) genügt löschgsfäh Quitt eines von ihnen (KG OLGZ **65**, 92); bei and GläubMehrh müssen alle quittiern. – **d) Sonstige Urkunden.** Alle Urk, die **6** das Recht des Gläub (zB § 1155, GBO 35 I), seine BfgsBefugn (zB GBO 32, 33, 35 II) od die Nacherben-Zust (RG **69**, 260), die EinziehgsBerechtigg des PfdGläub (KG JW **35**, 1641; vgl auch Hamm Rpfleger **85**, 187) od die VertrMacht eines GläubVertr belegen.

4) Kosten. Die BeschaffgsKosten trägt der Eigtümer (§§ 369, 897; BGH NJW **91**, 1953); Gläub hat **7** insow ZbR (Köln Rpfleger **83**, 307) u kann sie schon mit der § 1147-Klage geltd machen. Kosten zum Nachw der eigenen Berechtigg (zB Erbschein; EinziehgsBefugn als PfdGläub) muß der tragen, der seine Berechtigg nachweisen muß (Gregor NJW **60**, 1286).

5) Auf die **Grund/Rentenschuld** entspr anwendb (§ 1192 I; BGH NJW **88**, 3260). In EintrBew/ **8** löschgsfäh Quittg muß angegeben sein, daß auf das dingl Recht geleistet ist (vgl § 1191 Rn 32, 33).

1145 Teilweise Befriedigung. [1]Befriedigt der Eigentümer den Gläubiger nur teilweise, so kann er die Aushändigung des Hypothekenbriefs nicht verlangen. Der Gläubiger ist verpflichtet, die teilweise Befriedigung auf dem Briefe zu vermerken und den Brief zum Zwecke der Berichtigung des Grundbuchs oder der Löschung im Grundbuchamt oder zum Zwecke der Herstellung eines Teilhypothekenbriefs für den Eigentümer der zuständigen Behörde oder einem zuständigen Notare vorzulegen.

[2]Die Vorschrift des Absatzes 1 Satz 2 gilt für Zinsen und andere Nebenleistungen nur, wenn sie später als in dem Kalendervierteljahr, in welchem der Gläubiger befriedigt wird, oder dem folgenden Vierteljahre fällig werden. Auf Kosten, für die das Grundstück nach § 1118 haftet, findet die Vorschrift keine Anwendung.

1) Beschränkung des Anspruchs aus § 1144 bei Teilbefriedigung dch mit dingl Wirkg nicht ab- **1** dingb § 1145 bzgl der HypBriefs; iü gilt § 1144. Auf TilggsBriefHyp anwendb (hM). – **a) Ersetzung** des AushändiggsAnspr dch Anspr auf Vermerk (wg § 1140) u Vorlegg des HypBriefs zur Teilbriefbildg. Trotz MitEigt am StammBrief (§ 952) kein Anspr auf Einräumg von MitBes (RG **69**, 41). – **b) Ersatzloser Ausschluß** des AushändiggsAnspr bei nicht von II 1 erfaßten Nebenleistgen u allen Kosten; Eigtümer dch §§ 1158, 1159, 1178 geschützt.

2) Auf die **Grund/Rentenschuld** entspr anwendb (§ 1192 I). **2**

1146 Verzugszinsen. Liegen dem Eigentümer gegenüber die Voraussetzungen vor, unter denen ein Schuldner in Verzug kommt, so gebühren dem Gläubiger Verzugszinsen aus dem Grundstücke.

1　　**1) Allgemeines.** Bei Verzug des pers Schuldn haftet das Grdst für VerzZinsen (§ 1118). Da der mit dem Schuldn nicht ident Eigtümer keine Geldschuld iSv § 288 obliegt, fingiert § 1146 ihn als Schuldn des HypKapitals. Bei Verzug von Schuldn u Eigtümer können VerzZinsen nur einmal verlangt werden.

2　　**2) Voraussetzungen:** §§ 284, 285 bzgl des Eigtümers (§ 893 gilt); insb Fällig der Hyp u vorbehaltl § 284 II Mahng des Eigtümers zur HypAblösg (RGRK/Mattern Rn 3), die Urk iSv § 1144 nicht anzubieten braucht (Kiel OLG **23**, 170). – **Rechtsfolge:** GrdstHaftg (nicht pers Haftg) für 4% bzw weniger VerzZinsen vom Kapital, sofern Hyp nicht bzw unter 4% verzinsl (Planck/Strecker Anm 4). Keine GrdstHaftg für ProzZinsen u weitergehenden VerzSchaden; nach hM pers Haftg aus § 823 I bei schuldh BefriediggsVerzögerg (Köln JW **33**, 634, 1268; Planck/Strecker Anm 3; RGRK/Mattern Rn 5; aA Soergel/Konzen Rn 3).

3　　**3) Auf die Grund/Rentenschuld** (bei letzterer nur bzgl Ablösgssumme) entspr anwendb (§ 1192 I).

1147 *Befriedigung durch Zwangsvollstreckung.* **Die Befriedigung des Gläubigers aus dem Grundstück und den Gegenständen, auf die sich die Hypothek erstreckt, erfolgt im Wege der Zwangsvollstreckung.**

1　　**1) Allgemeines.** Der Eigtümer muß wg der dch die Hyp gesicherten Anspr die ZwVollstr in das Grdst u die mithaftden Ggst (§§ 1120–1130) dulden, zur Zahlg ist er nicht verpflichtet (RG **93**, 234; BGH **7**, 123; KGJ **41**, 232; vgl Vorbem 1 vor § 1113). Der DuldgsAnspr kann vertragl beschränkt werden (vgl § 1137 Rn 2); dies ist nicht als RInhalt der Hyp, sond als Einrede gg sie nach §§ 892, 1157 S 2 eintragb (KG JW **31**, 3282). – Im Konk des Eigtümers gibt die Hyp ein AbsondersgR (KO 47), die dingl DuldgsKlage ist gg den KonkVerw zu richten (KO 6, 11).

2　　**2) Duldungstitel.** – **a) Dinglicher Titel** (Rn 3–5) gg den Eigtümer (vgl § 1148) für Kapital (§ 1113), vereinbarte Nebenleistgen (§ 1115) u gesetzl NebenFdgen (§§ 1118, 1146) erforderl; für VollstrKosten gilt ZPO 788. Für ZwVerw genügt dingl Titel gg Eigenbesitzer (ZVG 147); er ist notw, wenn Eigenbesitzer bei bloßem Titel gg Eigtümer widerspricht (Rostock OLG **35**, 188). Bei ZwVollstr in getrennte Erzeugn, die dem Eigenbesitzer gehören (§ 955), ist dingl Titel gg diesen notw (Rostock DR **43**, 414). Dingl Titel auch erforderl bei ZwHyp (Mü OLGZ **84**, 248; Düss WM **93**, 1260) u ArrestHyp (Celle WM **85**, 547; LG Wuppt WM **84**, 1619), sofern nicht im VerwZwVerf (zB AO 322, VwVG 5, JBeitrO 7) erwirkt (LG Kleve Rpfleger **68**, 293). – **b) Persönlicher Titel** auf Zahlg der gesicherten Fdg genügt nicht zur ZwVollstr an der Rangstelle der Hyp. Keine RKrafterstreckg eines pers Titel nach ZPO 325 III (BGH NJW **60**, 1348).

3　　**3) Titelarten.** Beim Institutskredit idR vollstreckb Urk (Rn 5). Das Urt (Rn 4) hat Bedeutg beim Privatkredit, der § 648-Hyp u der Zw/ArrestHyp. Selten sind Vergl (ZPO 794 I Nr 1, 1044a).

4　　**a) Vollstreckbares Urteil** (auch im UrkProz), nicht VollstrBescheid. – **aa) Antrag/Tenor.** „Beklagter hat wg (nach Kapital u Nebenfdgen genau bezeichneter) DM die ZwVollstr in das (genau bezeichnete) Grdst zu dulden" (Staud/Scherübl Rn 22) od „Kläger darf sich wg X DM dch ZwVollstr aus dem Grst A befriedigen" (W-Raiser § 139 I). Die mithaftden Ggst müssen nicht aufgeführt werden. – **bb) Darlegungs/ Beweislast.** Gläub für Entstehg u Fälligk der Hyp. Für die Hyp gilt die Vermutg des § 891; sie erstreckt sich bei der VerkHyp auf die Fdg (§ 1138), währd bei der SichgsHyp der Gläub die Entstehg der Fdg darlegen/ beweisen muß (§ 1184 Rn 4). – Eigtümer für Einwendgen/Einreden gg den DuldgsAnspr (§ 1137 Rn 1). Er hat außerdem die Einreden aus §§ 1144, 1160. – **cc) Prozeßkosten.** In die dem Beklagten nach ZPO 91 auferlegten Kosten ist er persönl zu verurteilen. Für die dem Kläger nach ZPO 93 auferlegten Kosten haftet das Grdst nicht (Karlsr HRR **37**, Nr 588); diese Auferlegg ist gerechtfertigt, wenn Gläub den Eigtümer nicht zur UnterwerfgsErkl nach ZPO 794 I Nr 5 aufgefordert hat (Karlsr OLGZ **87**, 250; Schlesw SchlHA **87**, 95 [ZwHyp]).

5　　**b) Vollstreckbare Urkunde** (ZPO 794 I Nr 5), in der sich der Eigtümer wg der DuldgsAnspr der sof-ZwVollstr unterworfen hat; dingl Wirkg gg RNachf nach Maßg von ZPO 800. – **aa) Die Unterwerfungs-erklärung** ist eine nur auf das Zustandekommen des VollstrTitels gerichtete einseit WillErkl des Eigtümers, die nur verfrechtl Grds untersteht u als prozessuales NebenR weder den RInhalt der Hyp ändert noch bei GBEintr dch §§ 891, 892 geschützt ist (BGH NJW **90**, 258). – **bb) Einwendungen/Einreden** gg den DuldgsAnspr (§ 1137 Rn 1, 2) sind mit einer Klage nach ZPO 767 geltd zu machen (Zuständig: ZPO 797 V, 800 II). Wg des Ausschl von ZPO 767 II (ZPO 797 IV) auch solche, die vor der Unterwerfg entstanden sind, sofern keine vertragl Beschrkg (BGH WM **76**, 907).

6　　**4) Zwangsvollstreckung.** Aus der haftden VersFdg kann Gläub sich auch dch Einziehg befriedigen (§ 1128 Rn 5). – **a) Immobiliarzwangsvollstreckung** dch ZwVerst od ZwVerw; nicht dch ZwHyp, da Gläub dadch nicht befriedigt wird (Planck/Strecker Anm 1a, Staud/Scherübl Rn 39; aA Hamm Rpfleger **85**, 233). – **b) Mobiliarzwangsvollstreckung** in die mithaftden Ggst vor deren Beschlagn iW der ZwVollstr nach a). Ausn für Zubeh (ZPO 865 II); in dieses keine EinzelZwVollstr agrd dingl Titels (Pander JuS **81**, 565). Die von der ZwVerst ausgeschl Ggst haften für den Ausfall auch nach Erlöschen der Hyp dch Zuschlag weiter (RG **125**, 362; BGH NJW **79**, 2514). Bish Zubeh kann gepfändet werden, wenn ZubehEigensch mit GrdstVerst erloschen (Pander aaO).

7　　**5) Auf die Grund/Rentenschuld** entspr anwendb (§ 1192 I); für EigtümerGrdSch vgl aber § 1197 I.

1148 *Eigentumsfiktion.* **Bei der Verfolgung des Rechtes aus der Hypothek gilt zugunsten des Gläubigers derjenige, welcher im Grundbuch als Eigentümer eingetragen ist, als der Eigentümer. Das Recht des nicht eingetragenen Eigentümers, die ihm gegen die Hypothek zustehenden Einwendungen geltend zu machen, bleibt unberührt.**

1) Eigentumsfiktion (S 1). Unwiderlegl (RG **94**, 57) Fiktion nur für DuldgsKlage (§ 1147) im Hinblick **1** auf ZVG 17, 146, auch wenn Gläub Unrichtigk kennt od Widerspr eingetr. Eingetragener kann alle Einwendgen/Einreden iSv § 1137 Rn 1, 2 geltd machen. Gläub kann auch wahren Eigtümer verklagen u dessen Eintragg nach GBO 14 herbeiführen. – **Nichteingetragener wahrer Eigentümer (S 2)** kann die Einwendgen/Einreden iSv § 1137 Rn 1, 2 vor Erhebg der DuldgsKlage gem ZPO 256 u danach gem ZPO 64, 771 geltd machen; für Nichtentstehen der Hyp kann er sich trotz S 1 auf sein Eigt berufen, kann aber nicht Fehlen eines VollstrTitels gg sich rügen (ZPO 750). Wird das GB nach RHängigk berichtigt, ist die VollstrKlausel auf den wahren Eigtümer umzuschreiben (ZPO 727).

2) Auf die **Grund/Rentenschuld** entspr anwendb (§ 1192 I). **2**

1149 *Unzulässige Befriedigungsabreden.* **Der Eigentümer kann, solange nicht die Forderung ihm gegenüber fällig geworden ist, dem Gläubiger nicht das Recht einräumen, zum Zwecke der Befriedigung die Übertragung des Eigentums an dem Grundstücke zu verlangen oder die Veräußerung des Grundstücks auf andere Weise als im Wege der Zwangsvollstreckung zu bewirken.**

1) Befriedigungsabreden. § 1149 schützt die HdlgsFreih des Eigtümers. Keine entspr Anwendg auf **1** nicht dch Hyp gesicherte Fdg (BGH NJW **95**, 2635; aA 54. Aufl). – **a) Nichtig** (auch bloß schuldr) Abrede, wenn sie vor Fälligk der Fdg getroffen u die Übertragg/Veräußerg die Befriedigg bezweckt sowie an die Bdgg der Nichtbefriedigg bei Fälligk geknüpft ist (BGH aaO). – **b) Zulässig** ist derart Abrede, wenn VfgsVerpfl unabhäng von Befriedigg besteht od wenn sie nach Fälligk der Fdg getroffen wird.

2) Auf die **Grund/Rentenschuld** entspr anwendb (§ 1192 I). **2**

1150 *Ablösungsrecht Dritter.* **Verlangt der Gläubiger Befriedigung aus dem Grundstücke, so finden die Vorschriften der §§ 268, 1144, 1145 entsprechende Anwendung.**

1) Allgemeines. Der nicht mit dingl Wirkg abdingb § 1150 erweitert das AblösgsR des § 268, um die **1** Kosten einer eingeleiteten ZwVollstr zu vermeiden; das dch §§ 823 I, 826 geschützte (vgl RGRK/Mattern Rn 17) AblögsR soll dem Berecht ermöglichen, den HaftgsGgst bzw Besitz zu erhalten (RG **123**, 338). Zur GläubBefriedigg dch and Dritte (dh weder Eigtümer noch pers Schuldn) vgl § 1113 Rn 22. – Nicht anwendb auf Ablös **öffentlicher Lasten** (KG JW **34**, 2793; aA RG **146**, 317); für sie gilt § 268.

2) Voraussetzungen. – a) Befriedigungsverlangen des HypGläub aus Grdst od mithaften Ggst; nicht **2** nur aus pers Fdg (hier gilt § 268). Fälligk der Hyp für RAusübg notw, das Verlangen kann aber schon vorher gestellt sein (RG SeuffA **76** Nr 22). Es genügen: HypKünd dch Gläub; ZahlgsAufforderg (RG **146**, 317); Fälligwerden (zB dch Zinsrückstand) bei VollstrUnterwerfg (RG SeuffA **76** Nr 22). – **b)** Drohder **Rechts- 3 oder Besitzverlust** an Grdst od mithaften Ggst dch HypVerwertg nach § 1147; daher kein AblösgsR bei ZwVerw. Das trifft für Realberecht einschl Berecht einer Aufl- (BGH NJW **94**, 1475) od BelastgsVormkg u ZwHypGläub (LG Verd RPfleger **73**, 296) zu, wenn ihr Recht nicht in das geringste Gebot kommt (KG JW **34**, 2793); AblösgsR auch, wenn sie mit Befriedigg aus dem VerstErlös rechnen können (LG Verd aaO). Vorgehde RealBerecht haben AblösgsR, wenn sie ältere als zweijähr Rückstände von Zinsen u and wiederkehrden Leistgen zu fordern haben (ZVG 10 I Nr 4, 8). Besitzer ist jeder berecht (Planck/Strecker Anm 2b) unmittelb od mittelb Besitzer. Kein AblösgsR hat der BeschlagnGläub wg pers Fdg (MüKo/Eickmann Rn 8; Staud/Scheräbl Rn 15; str). Kein AblösgsR mehr nach eingetretenem R-/BesVerlust insb dch Zuschlag (RG **123**, 338). Mehrere AblösgsBerecht sind gleichberecht; wer zuerst ablöst, schließt die übrigen aus. – **c) Befriedigung** des HypGläub (gem § 893 auch BuchGläub) dch AblösgsBerecht (gem § 893 auch Buch- **4** Berecht); auch dch Aufrechng od Hinterlegg (§ 268 II). Sie muß nicht die VollstrAbwendg bezwecken (BGH NJW **94**, 1475; aA 53. Aufl). – **d) Beweislast** hat, wer aus der Ablös Rechte herleitet; iZw wird VollstrAbwendg bezweckt (Baumgärtel Rn 1).

3) Rechtsfolgen. – a) Forderung. Übergang auf den Ablösden krG gem § 268 III (vgl § 268 Rn 6, 7). – **5 b) Hypothek.** Übergang auf den Ablösden mit der Fdg krG gem §§ 401, 412, 1153; kein gutgl einredefreier Erwerb (BGH NJW **86**, 1487 abl Anm Canaris). Gilt auch bei Ablös von Zins-/Kostenrückstand (RG **131**, 323). Bei Teilablös hat die RestHyp des Gläub (nicht and nachrang Hyp des Gläub; RG JW **13**, 1147) Vorrang vor der auf den Ablösden übergegangenen TeilHyp (§ 268 III); sie behält ihn bei Ablösg od Abtretg (RG **131**, 323). Bei GesHyp erwirbt der Ablösde die Hyp an allen Grdst, wenn er ein AblösgsR bzgl des Grdst hat, aus dem der Gläub Befriedigg verlangt. – **c) Grundbuch.** Es wird unricht; GBBerichtig agrd **6** EintrBew des bish Gläub (GBO 19, 29) od agrd UnrichtigkNachw (GBO 22, 29). – **d) Sonstiges.** Ablösder kann Aushändigg bzw Vorlage der für seine Eintr als Gläub notw Urk vom Gläub verlangen (§§ 1144, 1145). Einstellg der ZwVerst bei Befriedigg des beteibdn Gläub (ZVG 75).

4) Auf die **Grund/Rentenschuld** in der Weise anwendb (§ 1192 I), daß Ablösder die GrdSch erwirbt **7** (§ 1191 Rn 10), nicht aber die dch sie gesicherte Fdg (§ 1191 Rn 35).

1151 *Rangänderung bei Teilhypotheken.* **Wird die Forderung geteilt, so ist zur Änderung des Rangverhältnisses der Teilhypotheken untereinander die Zustimmung des Eigentümers nicht erforderlich.**

1) Teilung der Forderung. Teilbark wird in § 1151 vorausgesetzt u bedarf keiner EigtümerZust. – **1 a) Teilung** erfolgt ohne Änderg in der Pers des Gläub, wenn reale od ideelle (KG J **39** A 269) FdgsTeile inhaltl (zB Fälligk, Zinssatz) geändert od belastet/gepfändet werden od wenn Teile der Hyp nach Inhalt od

Rang (Zweibr Rpfleger **85**, 54) geändert werden; mit Änderg in der Pers des Gläub, wenn FdgsTeile (bei Teilg der Haupt- od NebenFdg od bei Trenng beider) aGrd RGesch od krG auf Dritten od Eigtümer übergehen. Bei ZwVollstrUnterwerfg bzgl TeilBetr Teilg im GB nur notw, wenn rangmäß best TeilBetr (BayObLG **85**, 141) u nicht nur zuletzt zu zahlder TeilBetr (Hamm DNotZ **88**, 233; LG Lüb MDR **86**, 1037;

2 zur EintraggsFähigk BGH **108**, 372; zur ZwVollstr Celle Rpfleger **90**, 378) betroffen. – **b) Wirkung.** Die FdgsTeilg bewirkt die HypTeilg; es entstehen selbstd GrdPfdR (RG **131**, 91), die ihrer Art nach verschieden sein können (zB teils Hyp u teils GrdSch; teils Brief- u teils BuchR). Gleichrang soweit keine gesetzl Abweichg (zB §§ 1164 I 2, 1176, 1182 S 2) od Teilg inf Rangbestimmg.

3   **2) Rangänderung** der TeilHyp nach § 880. Abw von § 880 II 2 ohne EigtümerZust; gilt für Rangänderg bei (auch ohne gleichzeit Abtretg; KG HRR **30** Nr 981) od nach (auch nach Abtretg; Dresden JFG **4**, 427) Teilg. Wird eine BriefHyp teilw gem § 1154 I 1 ohne TeilbriefBildg abgetreten, so vollzieht sich die Rangänderg nicht mit der Abtretg außerh des GB (Schmid Rpfleger **88**, 136; Haegele/Schöner/Stöber Rn 2412; aA Hamm Rpfleger **88**, 58; Düss Rpfleger **91**, 240).

4   **3) Auf die Grund/Rentenschuld** ist § 1151 entspr anwendb (§ 1192 I; Hamm Rpfleger **88**, 58).

1152   *Teilhypothekenbrief.* **Im Falle einer Teilung der Forderung kann, sofern nicht die Erteilung des Hypothekenbriefs ausgeschlossen ist, für jeden Teil ein Teilhypothekenbrief hergestellt werden; die Zustimmung des Eigentümers des Grundstücks ist nicht erforderlich. Der Teilhypothekenbrief tritt für den Teil, auf den er sich bezieht, an die Stelle des bisherigen Briefes.**

1   **1) Allgemeines.** Ohne Teilbriefbildg behält (Stamm-)Brief Geltg auch für die Teile (KGJ **44**, 280). Für eine TeilEigtümerGrdSch ist ein TeilGrdSchBrief, kein selbständ GrdSchBrief zu bilden (KGJ **40**, 340); ohne Teilbriefbildg verkörpert der Brief TeilGrdSch u TeilGrdSch (KG DR **40**, 1575). Teilbrief für künftige Zinsen zul (KG HRR **31**, 2060), nicht aber für rückständige (§ 1159 Rn 2). Bei Eintr einer BriefHyp für mehrere Gläub in BruchteilsGemsch ist auf Antr für jeden Anteil ein selbständiger Stammbrief zu erteilen (KG JFG **21**, 8); ebso, wenn BuchHyp in mehrere BriefHyp zerlegt od von ihr ein Teil als BriefHyp abgezweigt wird (KGJ **39**, 274). – Über Abtretg u Belastg ohne die (nicht erforderl, KGJ **21**, 330) Bildg eines Teilbriefs vgl § 1154 Rn 12. – Wg Anspr des Eigtümers bzgl des Stammbriefs bei Entstehg einer TeilEigtümerHyp vgl § 1145 Rn 1.

2   **2) Herstellung eines Teilbriefes** nur auf Antr nach GBO 61, BNotO 20 II durch GBA u jeden Notar. Bisheriger Gläub braucht nicht zuzustimmen (str). Stammbrief ist vorzulegen (KG JFG **6**, 387); vgl auch §§ 1145 I 2, 1150, 1167, 1168 III. Im GB wird Bildg des Teilbriefes nicht vermerkt. Zur NachweisPfl des Teilgrdschuldbrief begehrden Gläub, wenn Dritter teilw gezahlt hat, vgl Saarbr JBl Saar **66**, 203.

3   **3) Verfügung über die Teilhypothek.** Es bedarf nur der Überg des Teilbriefes, Eintraggn bei der TeilHyp werden nur auf dem Teilbrief vermerkt. Nur zur Eintr der ersten Abtretg der TeilHyp ist auch der Stammbrief vorzulegen (KGJ **30**, 236).

4   **4) Auf die Grund/Rentenschuld** entspr anwendb (§ 1191 I).

1153   *Übertragung von Hypothek und Forderung.* **¹ Mit der Übertragung der Forderung geht die Hypothek auf den neuen Gläubiger über. ** **II Die Forderung kann nicht ohne die Hypothek, die Hypothek kann nicht ohne die Forderung übertragen werden.**

1   **1) Forderungsübertragung** bewirkt zwingd ohne weiteres den HypÜbergang (**I**); Übertragg der Fdg ohne Hyp (was nur bei erkennb gewolltem Ausschl anzunehmen) ist nichtig (**II**). Die Übertragg kann dch RGesch, Hoheitsakt od krG erfolgen. Gilt auch für Nebenleistgn (Ausn: § 1159). FdgsBelastg (Nießbr, PfdR) bewirkt ohne weiteres entspr HypBelastg (vgl § 1274 Rn 6).

2   **2) Hypothekenübertragung** (od Belastg mit Nießbr/PfdR) ohne Fdg ist nichtig (**II**); Ausn in §§ 1164 I 1, 1173 II, 1174 I, 1182 S 1 für ges HypÜbergang. AbtrErkl nur über Hyp ist idR als Abtretg von Fdg u Hyp auszulegen (RG JW **38**, 44). Tritt als HypGläub eingetr NichtBerecht die dem Berecht zustehde Fdg (mit Hyp) an einen gutgl Erwerber ab, so erwirbt dieser mit der Hyp (§§ 1138, 892) auch die Fdg, so sonst Spaltg u Verdoppelg des GläubR (str; vgl Karper JuS **89**, 33).

3   **3) Auf die Grund/Rentenschuld** nicht entspr anwendb (vgl § 1191 Rn 19).

1154   *Abtretung der Forderung.* **¹ Zur Abtretung der Forderung ist Erteilung der Abtretungserklärung in schriftlicher Form und Übergabe des Hypothekenbriefs erforderlich; die Vorschriften des § 1117 finden Anwendung. Der bisherige Gläubiger hat auf Verlangen des neuen Gläubigers die Abtretungserklärung auf seine Kosten öffentlich beglaubigen zu lassen. ** **II Die schriftliche Form der Abtretungserklärung kann dadurch ersetzt werden, daß die Abtretung in das Grundbuch eingetragen wird.** **III Ist die Erteilung des Hypothekenbriefs ausgeschlossen, so finden auf die Abtretung der Forderung die Vorschriften der §§ 873, 878 entsprechende Anwendung.**

1   **1) Allgemeines. – a) Geltungsbereich.** § 1154 gilt nur für die rgeschäftl Abtretg (erfordert RTrägerwechsel) u Belastg (§§ 1069, 1274) einer dch Hyp gesicherten Fdg (Ausn: §§ 1159, 1187 S 3, 1190 IV); nicht aber für das diesen ErfGesch zugrdeliegde VerpflGesch (RG **54**, 146), das zB Kauf, Schenk od SichgVertr

(RG **148**, 206) sein kann u bis zur Wirksamk der Abtr ErfAnspr gibt (RG **65**, 64). Anspr auf künft VerstErlös vor Zuschlag nur iVm HypFdg nach § 1154 abtretb; isolierte (formfreie) Abtr nur wirks, wenn nach Zuschlag vorgen (BGH **LM** Nr 3). – **b) Abtretungsbeschränkungen** (§ 399) sind vereinb u eintraggsfäh (Mü JFG **16**, 291). – **c) Gesamthypothek:** § 1132 Rn 9.

2) Abtretung durch Briefhypothek gesicherter Forderung (I, II) dch AbtrVertr mit schriftl Abtr- 2 Erkl u BriefÜberg (GBEintr hier nur berichtigd aber rats, da neuer Gläub sonst nicht von ZwVerst u ZwVerw benachrichtigt wird u seine Rechte anmelden muß) od dch formlosen AbtrVertr mit GBEintr u BriefÜberg (GBEintr hier für RErwerb konstitutiv).

a) Dinglicher Abtretungsvertrag über die Fdg dch AbtrErkl des bish Gläub (Rn 4) u formlose (auch 3 stillschw; zB dcl· BriefAnn [BGH **85**, 388]) AnnErkl des neuen Gläub; beide sind dch Urt ersetzb (ZPO 894 I). Abtr an Eigtümer mit RFolge § 1177 zul (RG JW **29**, 178). Bdgte od befristete Abtr zul (Ffm OLGZ **93**, 385); iü gilt § 398 Rn 3–6. RückAbtr nicht dch bloße Rückg der AbtrErkl (KG OLG **35**, 11).

b) Abtretungserklärung des bisherigen Gläubigers. Abtretgsberecht ist der wahre Gläub zZ der 4 Vollendg des RÜbergangs (vgl § 873 Rn 11, 12), zB bei nachfolgder BriefÜberg (Ffm Rpfleger **68**, 355). Bei teilw EigtümerGrdSch muß Eigtümer zustimmen, wenn HypGläub ganzes Recht abtritt (LG Wuppt RhNK **84**, 167). – **aa) Schriftliche Erteilung.** Schriftform: § 126. – Notw **Inhalt:** Bish u neuer Gläub (BGH NJW 5 **89**, 3151: bestimmt); AbtrWille, Bezeichng der Fdg (Identität mit der im EintrVermerk bezeichneten muß erkennb sein, nicht aber Datum (BGH **22**, 132; dieses beweist Ztpkt der Abtr nicht; KGJ **40**, 281); zur Ausleg dürfen nicht Umst herangezogen werden, die außerh der AbtrErklUrk liegen u nicht für jeden Leser ohne weiteres erkennb sind (BGH NJW-RR **92**, 178). Wird Abtr der „Hyp" erklärt (vgl dazu § 1153 Rn 2), so ist sie eindeut zu bezeichnen. Bezeichng kann erfolgen dch Angabe des belasteten Grdst sowie des Betrages u des Gläub od dch Angabe der GBStelle der GrdPfdR (damit auch Grdst mittelb bezeichnet), Rangangabe nicht notw (LG Heilbr Rpfleger **75**, 395; LG Stgt/Tüb Rpfleger **76**, 246/247; aA BGH **LM** Nr 9 beiläuf); diese Bezeichng wird nicht dch Bezugn auf mitübergebenen Brief (BGH **LM** Nr. 9; krit Häsemeyer MDR **75**, 531) od dch Angabe der BestellgsUrk (Düss DNotZ **81**, 642) ersetzt. BlankoAbtr wird erst mit Ausfüllg dch dazu Ermächtigten ohne Rückwirkg wirks (BGH **22**, 132); vorher aber schon dch §§ 1134, 1135 geschütztes AnwR (RG JW **36**, 3234). – Erteilg dch Aushändigg od Entäußerg zG des neuen Gläub, so daß dieser darüber verfügen kann (BGH FamRZ **65**, 490). – **bb) Formlose Abtretungserklärung** genügt 6 nur iVm mit vollzogener GBEintr der Abtr (II; RG **54**, 146).

c) Briefübergabe. – aa) Entspr **§ 1117 I** dch Überg isV § 929 S 1 (zB auch dch Dritten auf Geheiß) von 7 bish an neuen Gläub, sofern letzterer nicht schon Besitzer (§ 929 S 2) od ÜbergErs isV §§ 930, 931; bloße BesErlangg reicht nicht (BGH NJW-RR **93**, 369). Kein ZbR des Besitzers bei ÜbergErs nach § 931 (Hbg MDR **69**, 139). – **bb)** Entspr **§ 1117 II.** Die Überg gilt dch die Vereinbg erst als vollzogen, wenn GBA mit Willen des bish Gläub unmittelb Bes des Briefes erhält (RG Warn **12** Nr 291) od wenn bei GBA Voraussetzgen für Herstellg nicht vorhandenen Briefes vorliegen (bei Verlust also AusschlUrt u NeuerteilgsAntr; BayObLG **87**, 97); keine Rückwirkg auf früh VereinbgsZtpkt (RG **66**, 314; KG JW **25**, 1125; BayObLG aaO; aA RG Warn **35** Nr 58; KG OLG **45**, 281). – **cc)** Vermutg nach **§ 1117 III** gilt.

d) Forderungsübergang u damit HypÜbergang (§ 1153 I) tritt erst mit AbtrVertr u BriefÜberg. Rückwirkg 8 einer für Wirksamk der Abtr erforderl Gen (§§ 184, 185) nur auf den Ztpkt, in dem beide Erfordern erfüllt sind (Münzel NJW **59**, 1657). FdgsAbtr ohne BriefÜberg bleibt auch bei nachträgl Erlöschen der Hyp unwirks (RG **76**, 231). Bei BriefÜberg ohne FdgsAbtr nur ZbR wg AbtrAnspr aus VerpflVertr (Düss HRR **41**, 851; BGH WM **65**, 408). Abtr der Briefhyp kann nicht vor ihrer Entstehg dch Eintr wirks werden (RG JW **35**, 2430); zu Unrecht gelöschte u daher fortbestehde BriefHyp vor WiederEintr mit schriftl AbtrErkl abtretb. Über Erlöschen der Hyp nach ZVG 91 vor BriefÜberg vgl BGH **LM** ZVG 91 Nr. 1.

e) Beglaubigungsanspruch (I 2) nach vollzogener Abtr (RG **115**, 310), damit neuer Gläub nach § 1155 9 legitimiert (vgl auch §§ 1160, 1161; ZPO 794 I Nr 5, 795, 800, 727) u berichtigte Eintr bewirken kann (GBO 26, 29); auch bei SichgAbtr (RG **115**, 307). Anspr geht bei WeiterAbtr über (RG **115**, 307; **135**, 357). Kein ZbR des bish Gläub (BGH NJW **72**, 44). ZwVollstr nach ZPO 894 (allgM).

3) Abtretung durch Buchhypothek gesicherter Forderung (III) dch im ganzen formlosen AbtrVertr 10 über die Fdg (vgl Rn 3) u Eintr (§§ 873, 878); zu Unrecht gelöschte BuchHyp daher erst nach WiederEintr abtretb (RG HRR **31**, 738). Bei mehrf Abtr ist Eintr für die Zwischenerwerbers nicht notw.

4) Teilabtretung einer Briefhypothekenforderung. – a) Mit Teilbriefbildung (§ 1152): dessen 11 Überg entspr Rn 6 notw; iFv § 1117 II muß Stammbrief zur TeilbriefBildg im unmittelb Bes des nach GBO 61 I Befugten sein (RG JW **28**, 2783). – **b) Ohne Teilbriefbildung** (vgl Rutke WM **87**, 93): Neuer Gläub 12 muß Allein- od MitBes am weiter alle Teile verbriefden Stammbrief dch Überg entspr Rn 6 erhalten (RG **69**, 39), zB dch Überg an gemeins Verwahrer (Köln NJW **57**, 104). MitBes nicht derart begründb, daß bish Gläub als alleiniger unmittelb FremdBes für sich u neuen Gläub als mittelb Eigenbesitzer zur gesHand verwahrt, denn GesHandsGemsch nicht belieb vereinb (BGH **85**, 263), od daß bish Gläub als BesMittler für neuen Gläub mitverwahrt, denn ungleichstufiger MitBes unmögl (§ 866 Rn 1; BGH aaO). TeilAbtr bewirkt MitEigt der Gläub am Brief nach FdgsQuoten (§ 952); Anspr auf MitBesEinräumg. – **c)** Über weitere TeilAbtr vgl v Prittwitz u Gaffron NJW **57**, 85; dagg Hummel NJW **65**, 2376; MDR **67**, 967.

5) Zinsen u Nebenleistungen. Anspr ohne HauptFdg u HauptFdg ohne diese Anspr abtretb (RG **86**, 13 218); TeilAbtr, bei der TeilbriefBildg zul (KG HRR **31**, 2060). EintrBew muß bestimmt angeben, ob u ab wann diese Anspr mitabgetr. Angabe „lfde Zinsen" (KG HRR **41**, 604) mehrdeut, ebso nach Ffm NJW-RR **93**, 1299 „sämtl Zinsen" u „samt Zinsen" (zweifelh); ausreichd bestimmt bei schriftl Abtr: „Zinsen ab Eintr" (LG Köln RhNK **78**, 40; aA LG Bn RhNK **77**, 148; LG Ellw BWNotZ **88**, 150) od „Zinsen von Anfang an" (BayObLG Rpfleger **84**, 351) od „Zinsen seit Tag des Zinsbeginns" (Düss Rpfleger **86**, 468). – Anspr auf künft fäll werdde Zinsen usw nach § 1154 abtretb (RG **72**, 364). Erlischt mit HauptFdg. ZinsAbtr auf LebensZt idR NießbrBestellg (KGJ **40**, 275). – Abtretg von Rückständen: § 1159.

6) Auf die **Grund/Rentenschuld** entspr anwendb (§ 1192 I); vgl § 1191 Rn 8, 19. 14

1155 *Öffentlicher Glaube beglaubigter Abtretungserklärungen.* **Ergibt sich das Gläubigerrecht des Besitzers des Hypothekenbriefs aus einer zusammenhängenden, auf einen eingetragenen Gläubiger zurückführenden Reihe von öffentlich beglaubigten Abtretungserklärungen, so finden die Vorschriften der §§ 891 bis 899 in gleicher Weise Anwendung, wie wenn der Besitzer des Briefes als Gläubiger im Grundbuch eingetragen wäre. Einer öffentlich beglaubigten Abtretungserklärung steht gleich ein gerichtlicher Überweisungsbeschluß und das öffentlich beglaubigte Anerkenntnis einer kraft Gesetzes erfolgten Übertragung der Forderung.**

1   **1) Allgemeines.** § 1154 ermöglicht Übertr einer BriefHypFdg ohne GBEintr des Erwerbers, so daß ein Nichteingetragener HypGläub sein kann. Da diesem die Legitimation einer GBEintr fehlt, regelt § 1155 die Voraussetzgen, unter denen der Nichteingetragene einem eingetr HypGläub gleichsteht.

   2) Voraussetzungen der Legitimation eines Nichteingetragenen.

2   **a) Eigenbesitz des Nichteingetragenen am Brief,** da ohne BriefÜberg kein RErwerb (§ 1154 I); unmittelb od mittelb Bes (BGH NJW-RR **93,** 369). Bloße Fähigk, dem Erwerber Bes zu verschaffen, genügt entspr § 932 Rn 4 (Kollhosser EWiR § 1155 BGB 1/93, 254; Hager ZIP **93,** 1446; Reinicke/Tiedtke NJW **94,** 345; aA BGH aaO). BriefBes der Vormänner (ZwischenGläub) des zu Legitimierden unerhebl. – Gem § 1117 III wird vermutet, daß ggwärt Besitzer (letzter Erwerber) des Briefes (AusschlUrt genügt nicht; BayObLG **87,** 97) der Brief vom bish Gläub übergeben wurde (RG **93,** 41); ist diese Vermutg widerlegt, kann er sich für seinen Erwerb nicht auf § 1155 berufen; gutgl Erwerb von ihm wieder mögl.

3   **b) Vom nichteingetragenen Briefbesitzer auf einen eingetragenen Gläubiger zurückführende Urkundenkette;** eine Urk genügt (RG **86,** 262). Unterbrechg dch unwirks privatschriftl AbtrErkl verhindert Legitimation. Bei Unterbrechg dch wirks privatschriftl AbtrErkl gilt § 1155 für vorhergehde formgerechte AbtrErkl, so daß sich Letzterwerber auf diese ebso berufen kann, wie privatschriftl erwerbder Vormann; dies gilt wohl auch für die nachfolgden formgerechten AbtrErkl (RGRK/Mattern Rn 15; aA 4 MüKo/Eickmann Rn 8). Erbgang unterbricht nicht. Als Urk kommen in Betracht: – **aa) Öffentl begl Abtretungserklärung,** Beurk unschädl (§ 129 II). Gleichstehen: rechtskr Urt (ZPO 894); Zeugn nach GBO 36, 37; bei Verst nach ZPO 844 GVzProt über Zuschlag (KGJ **31,** 315) od VeräußergsBeschl (KG HRR **35,** 1592). Bei Abtr dch Bevollm ist VertrMacht nachzuweisen (RG **151,** 80). Zeitpunkt der nachholb Beglaubigg unwesentl, wenn sie nur vor Kenntn des Erwerbers liegt. Gefälschte Urk vermittelt (entspr gefälschter GBEintr) keinen gutgl Erwerb (Brschw OLGZ **83,** 219; Erm/Räfle Rn 3; aA RG **93,** 5 41; MüKo/Eickmann Rn 12). – **bb)** Gerichtl **Überweisungsbeschluß.** Überweisg an Zahlgs Statt (ZPO 835 II), nur zur Einziehg genügt nicht für Abtr (BGH **24,** 332); Zahlg an PfdGläub, dem zur Einziehg 6 überwiesen, befreit aber (W-Raiser § 142 Fußn 23). Für VollstrGläub selbst gelten §§ 892, 893 nicht, weil kein Erwerb dch RGesch; aber für seine Abtr nach § 1155 ausgewiesenen RNachf. – **cc)** Begl **Anerkenntnis** gesetzl FdgsÜbertr. Beurk unschädl (§ 129 II); zB §§ 268 III, 426 II, 774, 1143, 1163 I 2, 1164, 1173, 1174, 1182, 1416, ZPO 868; auch bei ges Übergang des Hyp ohne Fdg zB nach § 1163 I 1 (RG Warn **30,** 163). Erkl des bish Gläub, daß Fgd aGrd best bezeichneter Tats kr G auf neuen Gläub übergegangen, erforderl; Nachw des ges Übergangs selbst zB dch löschgsfäh Quittg od LöschgsBewilligg genügt nicht (RG HRR **30,** 398).

   3) Die **Legitimation** erzeugt RSchein wie bei GBEintr des Legitimierten; vgl auch GBO 39 II.

7   **a) § 891:** Vermutg, daß dem nach § 1155 Legitimierten die Hyp zusteht. Gilt auch für GBA (BayObLG WM **83,** 1270); es muß ihn trotz eigener Kenntn von Nichtberechtigg des Veräußerers eintr, wenn er Eintr im Wege der GBBerichtig beantragt u seine Bösgläubigk bei Erwerb nicht feststeht (KG NJW **73,** 56).

8   **b) § 892:** Wer eine HypFdg (od ein R an ihr) dch RGesch von einem nichteingetr NichtBerecht, der nach § 1155 legitimiert ist (der Brief kann von diesem unterschlagen, RG **93,** 41, od einem Berecht abh gek sein), erwirbt, wird (auch wenn er selbst nur mit privatschriftl AbtrErkl erwirbt) wie bei Erwerb von einem eingetr NichtBerecht geschützt. Kenntn des Erwerbers vom Vorliegen der UrkKette nicht nöt. Kein Schutz gg Mangel der eigenen ErwerbsHdlg (RG Warn **15,** 209). – **aa) Erwerb ausgeschlossen,** wenn sich der Mangel aus GB od Brief (§ 1140) ergibt, Widerspr im GB od Brief vermerkt od Erwerber den RMangel bei Vollendg des RErwerbs (vgl § 892 Rn 26) kannte. Der gutgl Erwerber braucht die Rechtmäßigk des Brief Bes des Veräußerers nicht nachzuprüfen (RG **93,** 41). Bösgläubigk eines Zwischenerwerbers u Kenntn des Letzterwerbers davon unschädl, wenn ein zw ihnen stehder Erwerber gutgl erwarb u damit Berecht wurde (RG **135,** 362). Entspr gilt für Einreden u Einwdgen. – **bb)** Soweit öff Gl schon dch den **Grundbuchinhalt** begründet, kommt er auch einem gutgl Erwerber zugute, dessen Vormänner nach § 1155 ausgewiesen sind. Er kann sich also hins d Bestandes der Hyp, nicht aber hins d Pers d Gläub auf § 892 berufen; er ist gg Erlöschen der Hyp geschützt, nicht aber zB gg anderw Abtr od Belastg od gg ges Übergang auf Erben od Dr aGrd Befriedigg der Fdg. – **cc)** Zum Erwerb vom NichtBerecht mittels Vereinbg nach § 1117 II vgl auch Derleder DNotZ **71,** 272 zu III 2 mwN.

9   **c) § 893:** Leistg iSv § 893 Rn 2 an nach § 1155 Legitimierten sowie VfgsGesch iSv § 893 Rn 3 mit ihm sind so wirks, als wären sie mit einem Eingetragenen vorgen; daher § 1160. Zur Leistg an als Gläub Eingetragenen, der nicht im BriefBes, u zum Schutz des Leistden, der bloß pers Schu: § 893 Rn 2.

10   **d) §§ 894ff:** BerichtiggsAnspr u Widerspr des wirkl Berecht so, als wäre Briefbesitzer im GB eingetr (Ffm Rpfleger **75,** 301); also auch bei unricht ÜbertrUrk.

11   **4)** Auf die **Grund/Rentenschuld** entspr anwendb (§ 1192 I).

1156 *Rechtsverhältnis zwischen Eigentümer und neuem Gläubiger.* **Die für die Übertragung der Forderung geltenden Vorschriften der §§ 406 bis 408 finden auf das Rechtsverhältnis zwischen dem Eigentümer und dem neuen Gläubiger in Ansehung der Hypo-**

thek keine Anwendung. Der neue Gläubiger muß jedoch eine dem bisherigen Gläubiger gegenüber erfolgte Kündigung des Eigentümers gegen sich gelten lassen, es sei denn, daß die Übertragung zur Zeit der Kündigung dem Eigentümer bekannt oder im Grundbuch eingetragen ist.

1) **Allgemeines.** § 1156 schützt den Erwerber einer dch VerkehrsHyp (vgl § 1185 II) gesicherten Fdg   1
(bzw eines Nießbr/PfdR an ihr) davor, daß die **Hypothek** dch RGesch zw dem bish Gläub u dem pers
Schuldn od dem Eigtümer bzgl der Fdg od der Hyp, die **nach dem Erwerb** vorgen werden, beeinträchtigt
wird. Der Erwerb kann auf RGesch, Gesetz od Hoheitsakt (zB ZPO 835) beruhen. – Für die **Forderung** gilt
§ 1156 nicht. Erlischt diese nach §§ 406–408, so behält der Erwerber die Hyp wg der Fortbestehensfiktion
als fdgslose Hyp (Planck/Strecker Anm 2; aA Jauernig Anm 1 [GrdSch]); wird aus Fdg u Hyp geklagt, kann
desh nur die HypKlage Erfolg haben (selbst wenn Eigtümer zugl pers Schuldn).

2) **Unanwendbar (S 1)** sind (vgl aber §§ 1158, 1159): – **a)** § 406. Die Aufrechng kann dch den pers   2
Schuldn (§ 387) od den Eigtümer (§ 1142 II) erfolgt sein; Eigtümer wird nur dch §§ 893, 1155 geschützt.
Unerhebl, ob Erwerber bei Erwerb die GgFdg kannte; and bei Verstoß gg § 826 (allgM) od entspr § 816
I 2 bei unentgeltl Erwerb (MüKo/Eickmann Rn 9; aA Staud/Scherübl Rn 14). – **b)** §§ 407, 408. Das
RGesch kann die Fdg od die Hyp betreffen (zB Befriedigg, Stundg). Eigtümer kann sich dch GBEinsicht
od gem § 1160 über Berecht informieren u wird nur dch §§ 893, 1155 geschützt. Ausn in **S 2** für EigtümerKünd.

3) **Anwendbar** sind: §§ 404, 405, 409, 410 (ergänzt dch §§ 1144, 1145, 1160). Gutgl Erwerber wird aber   3
vor Einreden/Einwendgen gg Hyp u Fdg, die **vor dem Erwerb** begründet waren, dch §§ 892, 1138, 1157
geschützt. Für bei Erwerb schon anhäng FdgsRStreit gilt ZPO 325.

4) Auf die **Grund/Rentenschuld** entspr anwendb (§ 1192 I; BGH WM **76**, 665).   4

1157   *Fortbestehen der Einreden gegen die Hypothek.* **Eine Einrede, die dem Eigentümer auf Grund eines zwischen ihm und dem bisherigen Gläubiger bestehenden Rechtsverhältnisses gegen die Hypothek zusteht, kann auch dem neuen Gläubiger entgegengesetzt werden. Die Vorschriften der §§ 892, 894 bis 899, 1140 gelten auch für diese Einrede.**

1) **Allgemeines.** S 1 überträgt den Grds des § 404 (vgl aber Rn 2) auf das RVerh zw Eigtümer u Erwerber   1
einer dch Hyp gesicherten Fdg (bzw eines Nießbr/PfdR an ihr); der Erwerb kann auf RGesch, Gesetz od
Hoheitsakt (zB ZPO 835) beruhen. S 2 schützt aber abw von § 404 den gutgl rgeschäftl Erwerber; Ausn in
§§ 1158, 1159. – § 1157 gilt nur für den **Anspruch aus der Hypothek.** Der pers Schuldn kann sich ggü der
Fdg nicht auf Einreden iSv § 1157 berufen. Ist er zugl Eigtümer, so gilt § 1157 nur für den HypAnspr (RG
81, 82).

2) **Einreden gegen die Hypothek.** Begriff u Bsp in § 1137 Rn 2. Dem Erwerber sind auch Ausschl/   2
Beschrkg der Abtretg entgghaltb (RG **91**, 218 [225]; **135**, 357 [364]); nicht aber inhaltl auf Geltdmachg ggü
ErstGläub beschr Einrede (RG HRR **29** Nr 2000; **31** Nr 940). Abw von § 404 muß der **gesamte Einredetatbestand vor dem Erwerb verwirklicht** gewesen sein (BGH **85**, 388); bei späterer Verwirklichg gilt
§ 1156.

3) **Einredefreier Erwerb** nach §§ 892, 1140 mögl, auch wenn Erwerber nicht nach § 1155 ausgewiesen   3
(RG **135**, 357 [365]). Daher nur bei rgeschäftl Erwerb (§ 892 Rn 3), so daß nicht bei Erwerb iW §§ 1150, 268
(BGH NJW **86**, 1487; Reinicke/Tiedtke WM **86**, 813; aA Canaris Anm zu BGH aaO; Rimmelspacher WM
86, 809). Gutgläubigk auch bei Irrtum über RWirkg bekannter Tats mögl (RG **91**, 218; BGH **25**, 27 [32]). –
Zur **Verhinderung** kann Eigtümer Eintragg der Einrede iW der GBBerichtigg verlangen (für Bestand
eingetr Einrede gilt § 891 nicht) u sie dch Widerspr sichern (§§ 894–899).

4) Auf die **Grund/Rentenschuld** entspr anwendb (§ 1192 I; vgl § 1191 Rn 9, 20–22).   4

1158   *Künftige Nebenleistungen.* **Soweit die Forderung auf Zinsen oder andere Nebenleistungen gerichtet ist, die nicht später als in dem Kalendervierteljahr, in welchem der Eigentümer von der Übertragung Kenntnis erlangt, oder dem folgenden Vierteljahre fällig werden, finden auf das Rechtsverhältnis zwischen dem Eigentümer und dem neuen Gläubiger die Vorschriften der §§ 406 bis 408 Anwendung; der Gläubiger kann sich gegenüber den Einwendungen, welche dem Eigentümer nach den §§ 404, 406 bis 408, 1157 zustehen, nicht auf die Vorschriften des § 892 berufen.**

1) **Allgemeines.** Die § 1158 beschränkt bei Erwerb (RGesch/Gesetz/Hoheitsakt) einer dch Hyp gesicher-   1
ten Fdg (bzw eines Nießbr/PfdR an ihr), die auf künft Nebenleistg gerichtet ist, den Erwerberschutz für den
HypAnspr aus §§ 1156, 1157 S 2 ein: Eigtümer kann in bestimmtem Umfang zahlen, solange er den neuen
Gläub nicht kennt. Die NebenFdg kann mit od ohne HauptFdg erworben sein.

2) **Betroffene Nebenleistungen. – a) Zeitlich.** Maßg ist der vom neuen Gläub zu beweisde Ztpkt der   2
Kenntn (fahrl Unkenntn genügt nicht) des Eigtümers vom FdgsÜbergang. Betroffen sind alle Nebenleistgen, die in diesem KalVierteJ (auch vor Kenntn) od dem folgden fällig geworden sind (Bestimmgszeitraum
unerhebl). Für spätger fällig werdde gelten §§ 1138, 1140, 1156, 1157. – **b) Sachlich.** Zinsen (§ 1115
Rn 12, § 1118) u and Nebenleistgen (§ 1115 Rn 15), nicht aber TilggsBeiträge.

3) **Beschränkung des Erwerberschutzes.** Bzgl dieser Nebenleistgen kann der Eigtümer dem neuen   3
Gläub alle Einwendgen/Einreden entgghalten, die vor (§§ 404, 405 [Breslau OLG **29**, 384] 1157) od nach

(§§ 406–408) dem FdgsÜbergang (aber vor Kenntn von ihm) entstanden sind; §§ 1156, 1157 gelten nicht. Neuer Gläub kann sich nicht auf § 892 berufen.

4　**4)** Auf die **Grund/Rentenschuld** entspr anwendb (§ 1192 I).

1159　*Rückständige Nebenleistungen.*　[I]Soweit die Forderung auf Rückstände von Zinsen oder anderen Nebenleistungen gerichtet ist, bestimmt sich die Übertragung sowie das Rechtsverhältnis zwischen dem Eigentümer und dem neuen Gläubiger nach den für die Übertragung von Forderungen geltenden allgemeinen Vorschriften. Das gleiche gilt für den Anspruch auf Erstattung von Kosten, für die das Grundstück nach § 1118 haftet.

[II]Die Vorschriften des § 892 finden auf die im Absatz 1 bezeichneten Ansprüche keine Anwendung.

1　**1) Allgemeines.** § 1159 erleichtert die Übertragg u beschränkt den Erwerberschutz bei rückständ NebenleistgsAnspr (§ 1115 Rn 9) u Künd/RVerfolggsKosten iSv § 1118; die Übertragg kann mit od ohne HauptFdg erfolgen. Rückstände sind bei Übertragg bereits fällig gewesene Anspr (RG **91**, 297 [301]). Eine isoliert übertragene u eine nach Übertragg nur bei HauptFdg beim bish Gläub verbliebene RückstandsHyp ist dch das Bestehen der HauptFdgsHyp auflösd bdgt (LG Regbg MittBayNot **87**, 102 [Löschg der HauptFdgsHyp ohne Zustimmg des RückstandsGläub]; str).

2　**2) Übertragung. – a) Form.** Abtretg bei Brief- u BuchHyp nach §§ 398ff (nicht §§ 1153, 1154; Brschw OLG **15**, 336); bei Abtretg der RückstandsFdg ohne Hyp (§ 401) erlischt die Hyp für sie. Für bloße RückstandsHyp GBEintr (KG JFG **6**, 323) u Teilbriefbildg unzuläss; Rangänderg ohne GBEintr u EigtümerZust zuläss (RG **88**, 160). Belastg nach §§ 1069, 1274/1279; Pfändg/Überweisg nach ZPO 829, 830 III 1, 835, 837 II. – **b) Beschränkung des Erwerberschutzes** bei Übertragg dch RGesch/Gesetz/Hoheitsakt wie § 1158 Rn 3. § 891 anwendb, solange HauptFdgsHyp eingetragen.

3　**3)** Auf die **Grund/Rentenschuld** entspr anwendb (§ 1192 I).

1160　*Geltendmachung der Briefhypothek.*　[I]Der Geltendmachung der Hypothek kann, sofern nicht die Erteilung des Hypothekenbriefs ausgeschlossen ist, widersprochen werden, wenn der Gläubiger nicht den Brief vorlegt; ist der Gläubiger nicht im Grundbuch eingetragen, so sind auch die im § 1155 bezeichneten Urkunden vorzulegen.

[II]Eine dem Eigentümer gegenüber erfolgte Kündigung oder Mahnung ist unwirksam, wenn der Gläubiger die nach Absatz 1 erforderlichen Urkunden nicht vorlegt und der Eigentümer die Kündigung oder die Mahnung aus diesem Grunde unverzüglich zurückweist.

[III]Diese Vorschriften gelten nicht für die im § 1159 bezeichneten Ansprüche.

1161　*Geltendmachung der Forderung.*　Ist der Eigentümer der persönliche Schuldner, so finden die Vorschriften des § 1160 auch auf die Geltendmachung der Forderung Anwendung.

1　**1) Allgemeines. – a)** Der **dingliche Schuldner** kann verlangen, daß sich der BriefHypGläub dch Vorlegg (am Ort der Geltdmachg) des Briefes (od AusschlUrt; § 1162) u iF seiner NichtEintr auch der ÜbertrUrk ausweist (§ 1160). Kann Gläub ÜbertrgrUrk nicht vorlegen, muß er GBBerichtigg beifühen. WidersprR mit dingl Wirkg ausschließb; Ausschl dch Einigg u Eintr (auch gem § 874; Ffm DNotZ **77**, 112). – **b)** Der **persönliche Schuldner** hat das WidersprR, wenn er zugl Eigtümer ist (§ 1161); sonst gelten §§ 371, 410 I 2, 810. – **c)** Bei **Rückständen** (§ 1159) gelten §§ 1160, 1161 nicht (§§ 1160 III, 1161); Legitimation nach § 410 I 2.

2　**2) Geltendmachung** von Hyp/Fdg. – **a) Gerichtlich** (§§ 1160 I, 1161); auch § 894 (RG HRR **30** Nr 1926). Vorlegg gehört nicht zur Klagebegründg (Ausn: UrkProz), sond muß erst auf Einrede erfolgen. Ohne Vorlegg Klageabweisg, keine Zug-um-Zug-Verurteilg (RG **55**, 224). Vorlegg hindert nicht Bestreiten des GläubR u Verlangen nach § 1144. – **b) Außergerichtlich** (§§ 1160 II, 1161). Neben Künd u Mahng auch jede and Art; zB Geltdmachg der Verfallklausel (Brschw DRiZ Rspr **29** Nr 153), Aufrechng (Königsberg OLG **12**, 306). Ohne unverzügl (§ 121) Zurückweisg sind Künd usw wirks.

3　**3)** Auf die **Grund/Rentenschuld** ist § 1160 entspr anwendb (§ 1192 I), nicht aber § 1161.

1162　*Aufgebot des Hypothekenbriefs.*　Ist der Hypothekenbrief abhanden gekommen oder vernichtet, so kann er im Wege des Aufgebotsverfahrens für kraftlos erklärt werden.

1　**1) Allgemeines.** Der Gläub verliert seine Rechte dch den Briefverlust nicht, kann sie aber wg §§ 1154, 1160, 1161 nicht übertragen u ausüben. Unabdingb § 1162 soll Verkehrsfähigkeit wiederherstellen. – **a) Abhandenkommen/Vernichten** wie in § 799 (Rebe AcP **173**, 189). Nach Normzweck ausreichd, daß Besitzer sich Vollstreckg des HerausgUrt entzieht (Hbg HRR **36** Nr 401; aA RG **155**, 74). – **b) Aufgebotsverfahren** nach ZPO 946–959, 1003–1018, 1024.

2　**2) Kraftloserklärung** dch Erlaß des AusschlUrt (ZPO 957 I, 1017 I). – **a) Wirkung.** Brief wird kraftlos u kann keinen gutgl Erwerb mehr vermitteln (KGJ **45**, 294). UrtVorlegg genügt nur für Geltdmachg ggü Eigtümer u Schuldn nach §§ 1160, 1161 (ZPO 1018 I) u iFv GBO 41 II 2. Sonst (zB für §§ 1144, 1154) muß neuer Brief nach GBO 67, 68 erstellt sein; doch statt BriefÜberg genügt ÜbergErs nach § 1117 I 2, II (BayObLG **87**, 97). Wer von AusschlUrt Gebr macht, muß als Gläub im GB eingetragen od nach § 1155 (keine KraftlosErkl dieser Urk) ausgewiesen sein od GläubR seines Vorgängers nachweisen; UrkBes begründet nicht Vermutg des § 1117 III (BayObLG aaO). – b) **Aufhebung** auf AnfKlage (ZPO 957 II). Alter Brief wird wieder wirks u neuer kraftlos. Zwzeitl Leistgen bleiben nach Maßg ZPO 1018 III wirks; ebso gutl Dritterwerb agrd neuen Briefs.

3) **Sondervorschriften** für Verlust inf unwirks Maßn and Staaten u Kriegseinwirkgen: 50. Aufl, Rn 1, 4. **3**

4) Auf die **Grund/Rentenschuld** entspr anwendb (§ 1192 I); vgl aber §§ 1195, 799. **4**

1163 *Eigentümerhypothek.* [1]Ist die Forderung, für welche die Hypothek bestellt ist, nicht zur Entstehung gelangt, so steht die Hypothek dem Eigentümer zu. Erlischt die Forderung, so erwirbt der Eigentümer die Hypothek.
[2]Eine Hypothek, für welche die Erteilung des Hypothekenbriefs nicht ausgeschlossen ist, steht bis zur Übergabe des Briefes an den Gläubiger dem Eigentümer zu.

1) **Allgemeines. – a) Zweck.** Dch Entstehen eines EigtümerR soll der Rang für den Eigtümer gewahrt **1** werden. Dies mag gerechtfertigt sein, wenn nachrang GrdPfdR wg ihres Nachrangs für den Eigtümer ungünstigere Konditionen (zB höhere Zinsen) haben. In heutiger Kreditpraxis trifft das vielfach nicht mehr zu (zB niedrig verzinsl nachrang BausparDarl/öff WohngsbauDarl); iü wird das erstrebte Ergebn dch § 1179a verhindert. – b) **Grundvoraussetzung.** Das dingl Recht muß wirks nach § 873 (ggf mit § 892) od dch Hoheitsakt (zB ZPO 867) entstanden sein. Es entsteht daher kein EigtümerR nach § 1163 (u § 1196): bei unwirks Einigg, auch wenn EigtümerErkl wirks (RG **106**, 136; Erm/Räfle Rn 6; Planck/Strecker Anm 2; aA Brem DNotZ **65**, 566; Soergel/Konzen Rn 5; Staud/Scheräubl Rn 8); bei HypBestellg für WucherDarl (§ 138 Rn 75); bei Fehlen wesentl VollstrVoraussetzgen für ZwHyp (KGJ **53**, 189); bei aufschiebd bdgter od anfangsbefristeter HypBestellg (§ 1113 Rn 6). – c) **Gesamthypothek** vgl § 1172 Rn 1.

2) **Nichtentstehen der gesicherten Forderung (I 1).**

a) **Voraussetzungen.** Das Nichtentstehen kann einen aus allg Vorschr folgen: anfängl (zB §§ 117 **2** [BGH **36**, 84], 125,134, 138) od rückwirkde (zB § 142 I) Nichtigk des fdgsbegründden RGesch; künft od aufschiebd bdgte Fdg (§ 1113 Rn 17). Es kann zum and aus SonderVorschr folgen: Verstoß gg KO 181 (RG Warn **31**, Nr 93); nach VerglO 87 unwirks VerglBestätigg (Müller KTS **55**, 92); Nichtentstehen der DarlFdg mangels Hingabe/Empfang des Darlehns (vgl dazu § 607 Rn 6, 7; § 781 Rn 7 [unwahres Empfangsbekanntn]; BGH NJW **78**, 883 [idR keine Valutierg dch Aufrechng mit GgFdg des DarlGebers]), wobei bei der DamnoHyp die Fdg iH des zurückzuzahlden Betr entsteht (RG HRR **32** Nr 235). Eine kondizierb Fdg ist entstanden (RG **154**, 385), nach ihrer Herausg gilt I 2. Bei einer ArrestHyp fehlt die Fdg, wenn der ArrestAnspr nicht besteht (BGH WM **78**, 1130); bei ZwVollstr eines Urt im ordentl Proz sind die Einwendgen des Eigtümers gg die Fdg dch die RKraftWirkg u ZPO 767 II beschränkt.

b) **Rechtsfolgen.** Die Hyp steht unabhäng vom Ztpkt des Feststellens des Nichtentstehens der Fdg krG **3** dem zu, der bei Entstehg des dingl Rechts wahrer Eigtümer war. Bei teilw Nichtentstehen der Fdg hat die TeilHyp des Gläub Vorrang (§ 1176). Bei Strafzinsen ist die Hyp aufschiebd bdgt u daher zunächst noch nicht entstanden (RG **136**, 74; KG JFG **9**, 270). Ist die DarlFdg wg Wuchers nichtig, so entsteht auch kein dingl Recht (§ 138 Rn 75). Zur Frage, ob die Hyp einen zufolge der Nichtigk der Fdg entstandenen BereicherngsAnspr als FremdHyp sichert, vgl § 1113 Rn 15. – aa) **Unabdingbarkeit.** Die Parteien können **4** die RFolge des I 1 nicht mit dingl Wirkg ändern. Sie können aber das Entstehen der Fdg zur aufschiebden Bdgg für das Entstehen des dingl Rechts machen (RG **136**, 74; KG JFG **9**, 270); es entsteht dann erst mit der Fdg u sogleich als FremdHyp, während vor Entstehen der Fdg kein GrdPfdR besteht. – bb) **Eigentümer-** **5** **grundschuld.** Die Hyp wird mit ihrer Entstehg EigtümerGrdSch (§ 1177 I), die dem Eigtümer bei Veräußerg des Grdst ohne Mitübertragg der GrdSch als FremdGrdSch verbleibt. Solange die Fdg noch entstehen kann, gilt Rn 6–9. Kann sie nicht od nicht mehr entstehen, so ist bzw wird die EigtümerGrdSch endgült (BGH **60**, 226); GBBerichtigung nach § 894, GBO 22; § 1144 entspr anwendb (BGH NJW **78**, 883).

c) **Vorläufige Eigentümergrundschuld.** Solange die Fdg noch entstehen kann, ist die GrdSch des **6** Eigtümers dch das Entstehen der Fdg auflösd bdgt (BGH **60**, 226). Das GB ist unricht; Gläub kann dem Anspr des Eigtümers aus §§ 894, 1144 aber den Anspr auf HypErwerb aus dem GrdGesch entgghalten (RG **153**, 167; W-Raiser § 145 II). – aa) **Anwartschaftsrecht des Gläubigers** (vgl Raiser, Dingl Anw, S 31ff). **7** Der Gläub hat ein AnwR, das unabhäng von ZwVfgen des Eigtümers (Übereign/Belastg des Grdst) mit Entstehen der Fdg zum VollR (FremdHyp) erstarkt. Das AnwR ist gutgl erwerbb, wenn BuchEigtümer es bestellt od BuchGläub es überträgt. Es ist entspr § 1153, 1154 dch Abtretg der künft Fdg übertragb; zur Valutierg nach Übertragg vgl Rn 10. Tritt Gläub VollR statt AnwR ab, so gilt § 1138; kennt Erwerber die Nichtvalutierg, so ist Übertragg des AnwR anzunehmen (§ 140). – bb) **Verfügungen des Eigentümers;** **8** bedeuts für ZwFinanzierg (Rn 11). Eine vorläuf EigtümerBuchGrdSch kann der Eigtümer wg GBO 39 nicht übertragen. Auch eine Vormkg zur Sichg des Anspr auf GrdSchÜbertragg nach endgült Nichtvalutierg wg GBO 39 nicht eintragb (BayObLG **69**, 316; dazu Rimmelspacher JuS **71**, 14; aA MüKo/Eichmann Rn 49). Eine vorläuf EigtümerBriefGrdSch kann der Eigtümer nach §§ 1192, 1154 I, 1117 I 1 bzw I 2 iVm § 931 übertragen (BGH **53**, 60). – cc) **Zwangsvollstreckung.** In eine vorläuf EigtümerGrdSch **9** wird wie in eine endgült vollstreckt (BGH NJW **61**, 601); Pfändg vorläuf EigtümerBuchGrdSch jedoch wg GBO 39 nicht eintragb (RG **120**, 110; Stöber Rn 1950). Eintr aber wirks (RG aaO; nach aA inhaltl unzuläss). Nach Valutierg ist das VollR aber unbelastet (§ 161 I 2).

d) **Entstehung der Forderung.** Vorbehaltl II wandelt sich die EigtümerGrdSch krG in eine Hyp des **10** Gläub, auch wenn Grdst zwzeitl übereignet (RG **153**, 167). Hatte der Gläub sein AnwR übertragen u valutiert er (MüKo/Eickmann Rn 42) od der Erwerber (BGH **36**, 48), so erwirbt der Erwerber die Hyp ohne

Dchgangserwerb. Über Valutierg im EigtümerKonk vgl Jäger/Henkel § 15 Rn 33; Kuhn/Uhlenbruck § 15 Rn 9).

11   **e) Zwischenfinanzierung;** zB wenn sich ein Bauendfinanzierer eine BriefHyp eintragen läßt, sie aber erst später valutiert (HypBank nach Baufertigstellg; Bausparkasse nach Auszahlgsreife), u Eigtümer zur Baufinanzierg ZwKredit bei einem and Kreditgeber aufnimmt. Eigtümer tritt zur Sichg des ZwKredits die vorläuf EigtümerGrdSch gem §§ 1154 I, 1117 I 2, 931 (vgl Rn 8) u den DarlAnspr gg den Endfinanzierer an den ZwFinanzierer ab. Valutiert der Endfinanzierer seine Hyp dch Auszahlg des Darlehns an den ZwFinanzierer, so wird die GrdSch zur Hyp des Endfinanziers. Scheitert die Endfinanzierg, so wird die vorläuf GrdSch des ZwFinanzierers zur endgült SichgsGrdSch. – Vorstehe Art der ZwFinanzierg hat stark an Bedeutg verloren, da die Endfinanzierer sich idR BuchGrdSch bestellen lassen, die mangels Anwendbark von § 1163 I 1 anfängl als FremdR entstehen. Zur Vermeidg einer nur dch GBEintr wirks werdden Hin- u RückÜbertrag an den ZwFinanzierer, begnügt sich dieser damit, daß der (mit ihm idR konzernmäß verbundene) Endfinanzierer die GrdSch für ihn als Treuhänder hält u Eigtümer ihm bis zur Ablösg des ZwKredits den RückgewährAnspr gg den Endfinanzierer abtritt.

3) Erlöschen der gesicherten Forderung (I 2)

12   **a) Voraussetzungen.** Das Erlöschen einer Fdg regelt das SchuldR (Übbl 1, 2 vor § 362). Die GläubBefriedigg führt nicht zum Erlöschen, wenn die Fdg auf den Befriedigden übergeht (zB §§ 268 III, 426 II, 774, 1143, 1150). Trotz Unabdingbark von I 2 (Rn 14) unterliegt die TilggsWirkg einer Zahlg der PartVereinbg (RG **143**, 70). Zuläss daher die Abrede, daß Zahlgen eine Fdg (Guthaben) des Schuldn gg den Gläub entstehen lassen u die Fdg mit der RFolge nach I 2 erst mit Auf-/Verrechng erlischt (KGJ **53**, 181; Erm/Räfle Rn 19; aA RG **104**, 68; MüKo/Eickmann Rn 38; Soergel/Konzen Rn 2). Zuläss Abrede, daß bei TilggsHyp Zahlg erst auf Zinsen u nach Tilgg der Jahreszinsleistg auf das Kapital zu verrechnen (RG **143**, 70; LG Lüb SchlHA **63**, 119). Zuläss Abrede, daß Tilgg (RG **142**, 156) od Erlaß (BayObLG **54**, 39) auflösd bdgt; auch die RFolge nach I 2 ist dann auflösd bdgt (RG **142**, 156). Zuläss Abrede, daß Erlaß aufschiebd bdgt dch Umwandlg der Hyp in FremdGrdSch (Erm/Räfle Rn 16). Zuläss Abrede bei Zahlg eines Dritten (zB GrdstErwerber), daß sie erst zu einem späteren Ztpkt zur Tilgg verwendet werden soll (KG JFG **23**, 102).

13   **b) Rechtsfolge.** Die Hyp geht krG auf den über, der im Ztpkt des Erlöschens der Fdg (bei Aufrechng beachte § 389) wahrer Eigtümer ist u bleibt ihm bei Aufn in geringstes Gebot nach Zuschlag erhalten (BGH **LM** § 91 ZVG Nr 2). Daher erwirbt der Veräußerer die Hyp, wenn der Gläub vor EigtUmschreibg befriedigt wird (KG JFG **23**, 102). Die nichtverteilte Erlös an die Stelle des Grdst tritt u die dch Zuschlag erloschene Hyp sich an ihm fortsetzt, erwirbt der letzte Eigtümer vor dem Zuschlag den Anspr auf den VerstErlös, wenn die Fdg zw Zuschlag u Erlösverteilg erlischt (RG **88**, 300; **127**, 353). Bei teilw Erlöschen hat die RestHyp des Gläub Vorrang (§ 1176); so auch die ZinsHyp bei bloßer KapitalTilgg (Ottow JR **56**,
14   412). Über Befriedigg dch Miterben (od and GesSchuldn) od Vorerben vgl § 1143 Rn 6, 7. – **aa) Unabdingbarkeit.** Die Parteien können die RFolge nach I 2 nicht mit dingl Wirkg ändern; sie können nur schuldrechtl vereinbaren, daß erst zu einem späteren Ztpkt Löschg/RückÜbertragg verlangt werden kann (RG **104**, 68). Deshalb nicht eintragssfäh, daß eine zur Tilgg geleistete Zahlg erst später gutzuschreiben od als Tilgg zu verwenden ist (LG Esn Rpfleger **61**, 296; LG Kblz Rpfleger **63**, 198). Davon zu unterscheiden Abrede über Tilggswirkg einer Zahlg (Rn 12). Die RFolge des I 2 tritt aber nicht ein, wenn das Erlöschen
15   der Fdg auflösde Bdgg für die Hyp ist. – **bb) Eigentümergrundschuld.** Die Hyp wird krG EigtümerGrdSch (§ 1177 I), da dem Eigtümer bei getrennter GrdstÜbereigng als FremdGrdSch verbleibt (RG **129**, 27), sofern er sie nicht mitüberträgt. Über EigtümerKonk vgl § 1143 Rn 7. Übertragg auf den früh Gläub nach § 1153, 1154; Umwandlg in Hyp für and Fdg des früh Gläub nach § 1198 (BGH **LM** § 989 Nr 10).
16   Rückumwandlg krG in urspr FremdHyp bei Eintritt auflösder Bdgg für FdgsErlöschen (Rn 12). – **cc) Ausnahmen** von I 2 bei Erlöschen der Hyp. Erlöschen der Hyp mit der Fdg (§§ 1178 I, 1181 I, vgl auch §§ 1173, 1174; RHeimstG 17 II 2 [vgl dazu Übbl 6 vor § 873]) od gesetzl FdgsAuswechslg mit Fortbestehen der Hyp (§§ 1164 I, 1173 II, 1174; VVG 104).

17   **c) Künftige Eigentümergrundschuld.** Vor Erlöschen der Fdg ist die künft EigtümerGrdSch kein verwertgsfäh Recht. Die kann nicht übertragen/verpfändet (RG **145**, 343; BGH **53**, 60; Staud/Scherübl Rn 37) od gepfändet (Ffm NJW **62**, 640; Staud/Scherübl Rn 91; Stöber Rn 1952; Erm/Räfle Rn 13; str) werden. ÜbertraggsAnspr nicht vormerkb (RG aaO; Hamm OLGZ **90**, 3).

18   **4) Briefhypothek vor Briefübergabe (II).** Vor BriefÜberg bzw ÜbergErs (§ 1117 I 2, II) steht dem Eigtümer eine EigtümerGrdSch zu, über die der Eigtümer verfügen u in die vollstreckt werden kann (wie Rn 8, 9); Gläub hat nur den HypBestellgsAnspr aus dem GrdGesch, aber noch kein AnwR (Hamm Rpfleger **80**, 483). Gläub erwirbt mit BriefÜberg bzw ÜbergErs krG die Hyp, wenn zu diesem Ztpkt die Fdg entstanden ist (sonst gem I 1 erst mit späterer Valutierg). Bei BriefÜberg im EigtümerKonk gilt KO 15 (Jäger/Henkel § 15 Rn 33).

19   **5)** Auf die **Grund/Rentenschuld** ist II entspr anwendb (§ 1192 I; RG **77**, 106), nicht aber I.

1164   *Übergang der Hypothek auf den Schuldner.* [1]**Befriedigt der persönliche Schuldner den Gläubiger, so geht die Hypothek insoweit auf ihn über, als er von dem Eigentümer oder einem Rechtsvorgänger des Eigentümers Ersatz verlangen kann. Ist dem Schuldner nur teilweise Ersatz zu leisten, so kann der Eigentümer die Hypothek, soweit sie auf ihn übergegangen ist, nicht zum Nachteile der Hypothek des Schuldners geltend machen.**

[2]**Der Befriedigung des Gläubigers steht es gleich, wenn sich Forderung und Schuld in einer Person vereinigen.**

1   **1) Allgemeines.** Der nicht mit dingl Wirkg abding § 1164 betrifft nur eine der mögl Arten der GläubBefriedigg (vgl § 1113 Rn 21) u enthält eine Ausn von dem Grdsatz, daß eine Hyp beim Erlöschen der gesicherten Fdg zur EigtümerGrdSch wird (§§ 1163 I 2, 1177 I). Er gilt bei GesHyp nur, wenn die Grdst

demselben Eigtümer gehören od der Schuldn von allen Eigtümern als GesSchuldn Ersatz verlangen kann; sonst gilt § 1174.

2) Voraussetzungen. – a) Befriedigung; freiwill (auch Aufrechng od Hinterlegg) od zwangsw. Die **2** Fdg muß ganz od teilw erlöschen (RG **143**, 278 [284]); geht sie gem § 426 II auf einen GesSchuldn über, so erwirbt dieser insow die Hyp nach §§ 401, 412, 1153 (RG **65**, 414; KGJ **50**, 206; aA Dieckmann WM **90**, 1481 wenn kein AusglAnspr im InnenVerh). Befriedigg des BuchGläub genügt nicht, da keine Leistg auf dingl Recht (§ 893 Rn 2). Der Befriedigg stehen gleich: Vereinigg von Fdg u Schuld (II) u Erlaß (allgM); über gesetzl Aufhebg vgl KG JFG **17**, 224. – **b) Persönlicher Schuldner.** Befriedigen muß der nicht mit dem Eigtümer ident pers Schuldn (bei Identität gelten §§ 1163 I 2, 1177 I); auch nicht Mit- od GesHdsEigtümer (vgl § 1143 Rn 6). – **c) Ersatzanspruch** des Schuldn gg den Eigtümer aus Gesetz od Vertr (zB §§ 415 **3** III, 2166–2168; ZVG 53 I), weil der Eigtümer im Verhältn zum Schuldn befriedigspfl war (RG **131**, 154). Da ohne ErsAnspr §§ 1163 I 2, 1177 I gelten (RG **80**, 317), muß der ErsAnspr schon im Ztpkt der Befriedigg bestehen. Es genügt ein ErsAnspr gg den RVorgänger des Eigtümers, sofern der RGrd schon zu dessen EigtZeit bestand (Staud/Scheröbl Rn 14). RVorgänger ist jeder frühere Eigtümer (RG **143**, 278 [290]) unabhäng von der Art des EigtÜbergangs (RG **89**, 77); uU auch nichteingetr ZwErwerber (RG **150**, 28 [33]). – **d) Beweislast** hat, wer sich auf HypÜbergang beruft (Baumgärtel Rn 1).

3) Rechtsfolgen. – a) Hypothek. Die Hyp (nach Erlöschen dch Zuschlag der Anspr auf der VerstErlös) **4** geht krG auf den Schuldn über u sichert iW gesetzl FdgsAuswechslg den ErsAnspr (RG **131**, 154); daher § 1178 bei Befriedigg von NebenFdg/Kosten nicht anwendb (RG **143**, 278 [285]). Ist der ErsAnspr geringer als die befriedigte Fdg, so geht die übergegangene TeilHyp der TeilEigtümerGrdSch im Rang vor (I 2); eine RestHyp des Gläub bei TeilBefriedigg geht beiden vor (§ 1176). Die Bdggen der ErsFdg (zB Zins) sind für die Hyp maßg; VollstrUnterwerfg wirkt nicht fort, sond bedarf der Erneuerg (MüKo/Eickmann Rn 16; Staud/Scheröbl Rn 28). Eigtümer behält die Einreden gg die Hyp (§ 1157; § 892 mangels rgesch Erwerbs nicht anwendb); er hat Einreden gg ErsAnspr (§ 1137) aus seinem RVerh zum Schuldn. – **b) Grundbuch.** Es wird unricht; Berichtigg agrd EintrBew des Eigtümers (str) u des bish Gläub (GBO 19, 29) od agrd UnrichtigkNachw (GBO 22, 29).

4) Auf die **Grund/Rentenschuld** nicht anwendb (§ 1191 Rn 34), da Folge der FdgsAbhängigk. **5**

1165 *Freiwerden des Schuldners.* **Verzichtet der Gläubiger auf die Hypothek oder hebt er sie nach § 1183 auf oder räumt er einem anderen Rechte den Vorrang ein, so wird der persönliche Schuldner insoweit frei, als er ohne diese Verfügung nach § 1164 aus der Hypothek hätte Ersatz erlangen können.**

1) Allgemeines. Der nur mit schuldrechtl Wirkg abdingb § 1165 schützt den mit dem Eigtümer nicht **1** ident pers Schuldn, der inf Maßn des Gläub bei dessen Befriedigg keine od eine rangschlechtere RegreßHyp nach §§ 1164 erwerben würde. Entspr anwendb, wenn Gläub absichtl HypSichg nicht ausnutzt (Staud/ Scheröbl Rn 7; aA Erm/Räfle Rn 2); vgl auch § 1175 Rn 4.

2) Voraussetzungen. – a) Maßnahme, die dazu führt, daß der pers Schuldn bei GläubBefriedigg keine **2** RegreßHyp (§ 1164) mindestens im urspr Rang erwibt; daher neben Verzicht (§§ 1168, 1175 I 1), Aufhebg (§ 1183) u RangRücktr (§ 880) auch: FdgsAuswechslg (§ 1180), Umwandlg u GrdSch (§ 1198; vgl Rn 4), Entlassg eines TeilGrdst aus der Haftg. Wille zur SicherhAufg u damit Kenntn der Fdg nicht erforderl (aA RG HRR **29** Nr 199). Bei and Maßn (zB Gestattg der Entferng von Zubeh) hat Schuldn nur § 826 (Erm/ Räfle Rn 2; Staud/Scheröbl Rn 7; hM). – **b) Befriedigungsbeeinträchtigung** gegeben, wenn Schuldn sich ohne die Maßn bei HypErwerb nach § 1164 wg seines ErsAnspr aus dem Grdst hätte befriedigen können; Schuldn wird also nicht frei, soweit die Hyp nach Rang u GrdstWert ohnehin keine Befriedigg erbracht hätte (Staud/Scheröbl Rn 3). – **c) Beweislast** hat der Schuldn (Baumgärtel Rn 1).

3) Rechtsfolge. Die gesicherte Fdg erlischt krG mit der Maßn, soweit die Befriedigg des ErsAnspr aus **3** dem Grdst (and Vermögen unbeachtl; Dieckmann WM **90**, 1481 u hM; aA MüKo/Eickmann Rn 12) inf der Maßn nicht mehr mögl. Bei Rangrücktr entsteht keine FremdGrdSch (sond EigtümerGrdSch), denn die zwinge RFolge aus §§ 1163 I 2, 1177 I kann auch dch die notw EigtümerZust nicht abbedungen werden (Erm/Räfle Rn 4; MüKo/Eickmann Rn 18; aA Soergel/Konzen Rn 5; Staud/Scheröbl Rn 13). Befriedigt der Schuldn in Unkenntn der Maßn, so hat er RückErsAnspr aus §§ 812 ff.

4) Auf die **Grund/Rentenschuld** nicht anwendb (BGH NJW **89**, 1732; Reinicke/Tiedtke WM **91** Beilage **4** 5; aA Dieckmann WM **90**, 1481), da § 1164 nicht anwendb.

1166 *Benachrichtigung des Schuldners.* **Ist der persönliche Schuldner berechtigt, von dem Eigentümer Ersatz zu verlangen, falls er den Gläubiger befriedigt, so kann er, wenn der Gläubiger die Zwangsversteigerung des Grundstücks betreibt, ohne ihn unverzüglich zubenachrichtigen, die Befriedigung des Gläubigers wegen eines Ausfalls bei der Zwangsversteigerung insoweit verweigern, als er infolge der Unterlassung der Benachrichtigung einen Schaden erleidet. Die Benachrichtigung darf unterbleiben, wenn sie untunlich ist.**

1) Allgemeines. Der nur mit schuldrechtl Wirkg abdingb § 1166 schützt den mit dem Eigtümer nicht **1** ident pers Schuldn vor der Haftg aus der Fdg inf Ausfalls der Hyp; der Schuldn soll den Ausfall (zB dch eigenes Mitbieten od das anderer) verhindern können. Er gilt entspr bei zul PrivatVerk (§ 1149), nicht aber für Bürgen (RG **65**, 134).

2) Voraussetzungen. – a) Ersatzanspruch des pers Schuldn bzw dessen RVorgängers (RG JW **16**, 1409) **2** bei GläubBefriedigg (§ 1164 Rn 3). Ohne solchen kann sich BenachrichtiggsPfl aus RVerhältn Gläub/

Schuldn ergeben (RG **65**, 134). – **b) Betreiben der Versteigerung** dch Antr auf Anordng (ZVG 15) od Zulassg des Beitritts (ZVG 27). – **c) Unterlassene/verspätete Benachrichtigung.** Der Anordngs-/BeitrittsGläub (RG Recht **14** Nr 2464) hat den pers Schuldn (bei GesSchuldn jeden) nicht unverzügl (§ 121 I 2) von Anordngs-/BeitrittsBeschl (ZVG 15, 27) benachrichtigt; vorherige Benachrichtigg reicht nicht (Karlsr OLG **12**, 136; Dresden OLG **26**, 158). Untunl (S 2) zB, wenn Schuldn unbekannt verzogen (Naumburg OLG **31**, 352). – **d) Beweislast** für a) hat der Schuldn u für b) der Gläub (RG **54**, 369; Baumgärtel Rn 1, 4).

3   **3) Rechtsfolge.** LeistgsVerweigergsR (Einrede) des inf Ausfalls weiter aus der Fdg haftden Schuldn insoweit, als er bei unverzügl Benachrichtigg diesen Schaden wg Nichteintritts des Ausfalls nicht erlitten hätte; zB kein LeistgsVerweigergsR bei rechtzeit Kenntn auf and Weise (RG **54**, 369; JW **16**, 1409). BewLast hat Schuldn (RG **54**, 369; Baumgärtel Rn 2).

4   **4)** Auf die **Grund/Rentenschuld** nicht anwendb, da § 1164 nicht anwendb.

1167   *Aushändigung der Berichtigungsurkunden.* **Erwirbt der persönliche Schuldner, falls er den Gläubiger befriedigt, die Hypothek oder hat er im Falle der Befriedigung ein sonstiges rechtliches Interesse an der Berichtigung des Grundbuchs, so stehen ihm die in den §§ 1144, 1145 bestimmten Rechte zu.**

1   **1) Anwendung der §§ 1144, 1145** auf den mit dem Eigtümer nicht ident pers Schuldn, der inf GläubBefriedigg nach §§ 426 II 1 (iVm 401, 412, 1153), 1164 (Nachw für ErsAnspr braucht Gläub nicht zu erbringen) od 1174 die Hyp erworben od rechtl Interesse an GBBerichtigg (zB § 439 II 1) hat.

2   **2)** Auf die **Grund/Rentenschuld** nicht entspr anwendb.

1168   *Verzicht auf die Hypothek.* [1]**Verzichtet der Gläubiger auf die Hypothek, so erwirbt sie der Eigentümer.**
[2]**Der Verzicht ist dem Grundbuchamt oder dem Eigentümer gegenüber zu erklären und bedarf der Eintragung in das Grundbuch. Die Vorschriften des § 875 Abs. 2 und der §§ 876, 878 finden entsprechende Anwendung.**
[3]**Verzichtet der Gläubiger für einen Teil der Forderung auf die Hypothek, so stehen dem Eigentümer die im § 1145 bestimmten Rechte zu.**

1   **1) Allgemeines.** Es sind zu unterscheiden: – **a) Verzicht** auf die Hyp (§ 1168; vgl auch § 418 I 2), wodch der Eigtümer sie erwirbt. – **b) Aufhebung** der Hyp (§§ 875, 1183), wodch sie erlischt. – **c) Erlaß** der gesicherten Fdg (§ 397), wodch der Eigtümer die Hyp erwirbt (§§ 1163 I 2, 1177).

2   **2) Voraussetzungen. – a) Verzichtserklärung.** Formfreie einseit empfangsbedürft WillErkl. Sie enthält eine Vfg über die Hyp u muß auf unbdgte Aufgabe der Hyp als ein dem Gläub zustehdes Recht gerichtet sein (Celle WM **85**, 1112). Gebr des Wortes „Verzicht" nicht notw; der Wille, das Recht fortbestehen zu lassen, muß erkennb sein, zB Bewilligg der Umschreibg auf Eigtümer (Dresden JFG **5**, 366) im Ggs zur LöschgsBew (KG JFG **18**, 201). Erklärgsberecht ist der wahre RInh (bzw der für ihn VfgsBefugte) im Ztpkt der VerzEintr; §§ 893, 1155 auf Erkl eines Nichtberecht anwendb. Empfangsberecht sind der Eigtümer u das GBA (**II 1**; vgl § 875 Rn 6); iF bloßen Bucheigtümers ist Erkl ihm ggü unwirks, währd bei Erkl ggü GBA wahrer Eigtümer
3   die Hyp erwirbt (Staud/Scherübl Rn 26). §§ 875, 878 anwendb (**II 2**). – **b) Eintragung** des Verzichts im GB (nicht nur auf HypBrief) ist konstitutiv für RErwerb nach I (BGH Rpfleger **88**, 495); Ausn: §§ 418 I 2, 1178 II. Unrechtm gelöschte Hyp muß zuvor wiedereingetr werden (RG **120**, 230). Eintragg auf Antr des Eigtümers od Gläub (GBO 13) u EintrBew (LöschgsBew; KGJ **32**, 257) des Gläub u DrittGläub (GBO 19, 29). Gleichzeit Umschreibg auf Eigtümer nur auf dessen Antr (Haegele/Schöner/Stöber Rn 2716). Löschg auf EigtümerAntr erst nach VerzEintr (Erm/Räfle Rn 4; Haegele/Schöner/Stöber Rn 2718; aA Schlesw Rpfleger **65**, 178). – **c) Drittgläubigerzustimmung** bei Belastg der Hyp (**II 2**, § 876).

4   **3) Wirkung. – a)** Die **Hypothek** geht krG auf den über, der bei Vorliegen aller VerzVoraussetzgen wahrer Eigtümer ist, u wird EigtümerGrdSch (I, § 1177; Ausn: §§ 1175, 1178. MitEigtümer erwerben zu entspr Anteil (KG RJA **8**, 62). Bei TeilVerz hat die RestHyp der Gläub Rang vor der TeilGrdSch des Eigtümers (§ 1176). EigtümerEintr ist GBBerichtigg. – **b)** Die **Forderung** bleibt unberührt; oft enthält der HypVerz aber auch einen FdgsErlaß (RG Warn **42** Nr 43).

5   **4) Sonderfälle. – a) Durch Zuschlag erloschene Hypothek.** Formfreier Verzicht ggü VollstrSchuldn (str) od VollstrGer ohne GBEintr (RG JW **31**, 2733). Anspr auf ErlösAnt geht auf letzten Eigtümer vor Zuschlag über (BGH **39**, 242). – **b) Sonstige.** GesamtHyp: § 1175; Hyp an GrdstTeil: § 1175 Rn 3; RückstandsHyp: § 1178; BruchtAnt an Hyp: Staudenmaier BWNotZ **65**, 320; Planck/Strecker Anm 3e.

6   **5)** Auf die **Grund/Rentenschuld** entspr anwendb (§ 1192 I). Verz auf EigtümerGrdSch ist Aufhebg.

1169   *Dauernde Einreden.* **Steht dem Eigentümer eine Einrede zu, durch welche die Geltendmachung der Hypothek dauernd ausgeschlossen wird, so kann er verlangen, daß der Gläubiger auf die Hypothek verzichtet.**

1   **1) Allgemeines. – a) Dauernde Einreden** gg die Fdg, die der Eigtümer nach § 1137 ggü der Hyp geltd machen kann (§ 1137 Rn 4, 5), sowie gg die Hyp aus dem pers RVerhältn zw Eigtümer u Gläub (§ 1137 Rn 1, 2) berühren den Bestand der Hyp nicht, mangels VerwertgsMöglichk für den Gläub gibt § 1169 aber VerzAnspr. – **b) Zeitweise Einreden** gg Fdg/Hyp können nur den Anspr aus § 1147 zeitw abwehren. – **c) Einwendungen** gg die Fdg (RG Warn **34** Nr 96) od die Hyp geben Anspr aus § 894 (nicht § 1169).

2) Verzichtsanspruch. – a) Inhalt. Eigtümer kann vom Gläub VerzErkl nach § 1168 (auch AufgErkl 2 nach § 875; RG **91**, 218 [226]), EintrBew u BriefHerausg (RG aaO) verlangen, nicht aber FdgsAbtretg. Ist die Hyp dch Zuschlag erloschen, hat der VollstrSchuldn Anspr auf den auf die Hyp entfalldn Erlös (BGH **LM** ZVG § 91 Nr 14). – b) **Sicherung.** VerzAnspr nicht eintraggsfäh (KGJ **33** A 258). Sichg gg einredefreien Erwerb dch Eintragg der Einrede, eines Widerspr (§§ 1138, 1157, 899) od einer Vormerkg (hM; aA Planck/Strecker Anm 3 d). – c) **Verfügung** (Abtretg [BGH NJW **85**, 800], Verpfändg, Pfändg) mögl. Übergang auf GrdstErwerber nur bei zumind stillschw Abtretg (BGH **LM** Nr 1).

3) Auf die **Grund/Rentenschuld** bzgl Einreden gg die GrdSch (zB aus SichgsVertr, § 1191 Rn 20) entspr 3 anwendb (§ 1192 I); hier kann Gläub auch GrdSchAbtretg an Dritten verlangen.

1170 *Ausschluß unbekannter Gläubiger.* **[I]Ist der Gläubiger unbekannt, so kann er im Wege des Aufgebotsverfahrens mit seinem Rechte ausgeschlossen werden, wenn seit der letzten sich auf die Hypothek beziehenden Eintragung in das Grundbuch zehn Jahre verstrichen sind und das Recht des Gläubigers nicht innerhalb dieser Frist von dem Eigentümer in einer nach § 208 zur Unterbrechung der Verjährung geeigneten Weise anerkannt worden ist. Besteht für die Forderung eine nach dem Kalender bestimmte Zahlungszeit, so beginnt die Frist nicht vor dem Ablaufe des Zahlungstags.**
[II]Mit der Erlassung des Ausschlußurteils erwirbt der Eigentümer die Hypothek. Der dem Gläubiger erteilte Hypothekenbrief wird kraftlos.

1) Allgemeines. § 1170 erleichtert dem Eigtümer den Nachw der GBUnrichtigk, denn er braucht das 1 Erlöschen der Fdg mit der Folge aus §§ 1163 I, 1177 nicht zu behaupten. Ausschl einz BruchtGläub mögl (Brachvolgel DNotZ **29**, 139), nicht aber einz GesHdsGläub (Wieczorek ZPO § 982 Rn B I b).

2) Voraussetzungen. – a) Gläubiger unbekannt. Er muß trotz nachweisb Bemühgen der Pers nach 2 unbekannt sein od sein GläubR nicht nachweisen können (KG OLGZ **70**, 323). Bei nur unbekanntem Aufenthalt muß Eigtümer mittels öff Zustellg § 894-Klage erheben u HypErwerb nachweisen (LG Bückebg Rpfleger **58**, 320; aA LG Augsbg MittBayNot **81**, 131 [bei BriefR]; LG Erf Rpfleger **94**, 310); vgl aber GBBerG 6 I a. – b) **Fristablauf.** 10 Jahre nach letzter (unter GläubMitwirkg erfolgter; str) Eintragg bei der Hyp u auch 10 Jahre nach letztem § 208 entspr Anerkenntn (KG aaO). FrBeginn bei von Künd unabhäng Fälligk in beiden Fällen erst nach FälligkEintritt (RG **101**, 312 [316]).

3) Aufgebotsverfahren nach ZPO 946–959, 982–986, 1024. AntrR des Eigtümers pfändb (Ffm NJW **62**, 3 640).

4) Ausschlußurteil. – a) Wirkung. Mit Verkündg erwirbt derzeit Eigtümer die Hyp lastenfrei (KG 4 OLG **15**, 379) als EigtümerGrdSch (II 1, 1177; für GesamtHyp vgl § 1175 II); GBEintr ist nur Berichtigg, vor deren Vollzug gutgl Erwerb einer BuchHyp mögl. HypBrief wird ohne Aufgebot kraftlos (II 2); sodaß kein gutgl Erwerb einer BriefHyp mehr mögl. Kein Erwerb/Kraftloswerden, solange Vorbeh nach ZPO 953 nicht dch Verzicht od Urt beseitigt (RG **67**, 95; KG OLG **12**, 278). Die gesichtete Fdg bleibt unberührt (KG OLGZ **70**, 323). – b) **Aufhebung** der AnfKlage (ZPO 957 II). Gläub erwirbt die Hyp vorbehaltl gutgl ZwErwerbs wieder u der Brief wird wieder wirks.

5) Auf die **Grund/Rentenschuld** entspr anwendb (§ 1192 I). 5

1171 *Ausschluß durch Hinterlegung.* **[I]Der unbekannte Gläubiger kann im Wege des Aufgebotsverfahrens mit seinem Rechte auch dann ausgeschlossen werden, wenn der Eigentümer zur Befriedigung des Gläubigers oder zur Kündigung berechtigt ist und den Betrag der Forderung für den Gläubiger unter Verzicht auf das Recht zur Rücknahme hinterlegt. Die Hinterlegung von Zinsen ist nur erforderlich, wenn der Zinssatz im Grundbuch eingetragen ist; Zinsen für eine frühere Zeit als das vierte Kalenderjahr vor der Erlassung des Ausschlußurteils sind nicht zu hinterlegen.**
[II]Mit der Erlassung des Ausschlußurteils gilt der Gläubiger als befriedigt, sofern nicht nach den Vorschriften über die Hinterlegung die Befriedigung schon vorher eingetreten ist. Der dem Gläubiger erteilte Hypothekenbrief wird kraftlos.
[III]Das Recht des Gläubigers auf den hinterlegten Betrag erlischt mit dem Ablaufe von dreißig Jahren nach der Erlassung des Ausschlußurteils, wenn nicht der Gläubiger sich vorher bei der Hinterlegungsstelle meldet; der Hinterleger ist zur Rücknahme berechtigt, auch wenn er auf das Recht zur Rücknahme verzichtet hat.

1) Allgemeines. § 1171 ermöglicht den GläubAusschl vor FrAblauf nach § 1170, sofern der Gläub dch 1 Hinterlegg befriedigt wird. Wg Brucht-/GesHdsGläub vgl § 1170 Rn 1.

2) Voraussetzungen. – a) Gläubiger unbekannt. Wie § 1170 Rn 2. Bei nur unbekanntem Aufenth 2 muß Eigtümer nach §§ 132 II, 1141 II kündigen u nach Hinterlegg mittels öff Zustellg § 894-Klage erheben. – b) **Befriedigungs-/Kündigungsberechtigung** des Eigtümers (§§ 1141, 1142). – c) **Hinterlegung** des Kapitals, der Zinsen iRv II 2 u der and Nebenleistgn unter RücknVerz bis zum Urt (ZPO 987 IV).

3) Aufgebotsverfahren nach ZPO 982–985, 987, 1024 I. 3

4) Ausschlußwirkung. – a) Forderung. Gläub gilt mit UrtErlaß als befriedigt (II 1); Befriedigg schon 4 mit Hinterlegg, wenn deren Voraussetzgn vorlagen. Gläub kann sich aus HinterleggsBetr in der Frist von III befriedigen; danach kann der Eigtümer (od sein RNachf) den Betrag in der Frist von HintO 19 beanspruchen. – b) **Hypothek** (für GesamtHyp vgl §§ 1172, 1173). Ist der Eigtümer im Ztpkt von II 1 nicht per

Schuldn, so erwirbt er Fdg u Hyp (§ 1143). Ist er im Ztpkt von II 1 zugl pers Schuldn, so erwirbt er die Hyp als GrdSch (§§ 1163 I 2, 1177); hat er aber zw (nicht befreiender) Hinterlegg u UrtErlaß das Grdst übereignet, so erwirbt er iF eines ErsAnspr gg den Erwerber die Hyp (§ 1164 I 1), andernf wird die Hyp GrdSch des Erwerbers (§§ 1163 I 2, 1177). – **c) Hypothekenbrief.** Wird ohne Aufgebot kraftlos (II 2); kein gutgl Erwerb einer BriefHyp mehr mögl.

5 **5)** Auf die **Grund/Rentenschuld** entspr anwendb (§ 1192 I).

1172 *Eigentümer-Gesamthypothek.* [1]Eine Gesamthypothek steht in den Fällen des § 1163 den Eigentümern der belasteten Grundstücke gemeinschaftlich zu.

[2]Jeder Eigentümer kann, sofern nicht ein anderes vereinbart ist, verlangen, daß die Hypothek an seinem Grundstück auf den Teilbetrag, der dem Verhältnisse des Wertes seines Grundstücks zu dem Werte der sämtlichen Grundstücke entspricht, nach § 1132 Abs. 2 beschränkt und in dieser Beschränkung ihm zugeteilt wird. Der Wert wird unter Abzug der Belastungen berechnet, die der Gesamthypothek im Range vorgehen.

1 **1) Allgemeines.** § 1172 ergänzt § 1163 bei einer GesamtHyp an Grdst od sonstigen BelastgsGgst (§ 1132 Rn 3) verschied Eigtümer; gehören sie demselben Eigtümer, so gelten § 1163 (statt I) u § 1132 II (statt II).

2) Gesamteigentümergrundschuld (I, § 1177 I).

2 **a) Entstehung. – aa)** § 1163 I 1: Die dch GesamtHyp gesicherte Fdg ist (noch) nicht entstanden. – **bb)** § 1163 I 2: Die dch GesamtHyp gesicherte Fdg ist erloschen. Bei Erlöschen dch Befriedigg des Gläub gilt I nicht bei Befriedigg an den Grdst (§§ 1181, 1182); bei and Befriedigg nur, wenn entw alle Eigtümer, die zugl pers Schuldn (sind sie es nicht, so gelten §§ 1143, 1153), gemschaftl befriedigen (vgl § 1173 Rn 3) od wenn pers Schuldn, der nicht zugl Eigtümer, befriedigt, ohne ErsAnspr gg einen Eigtümer zu haben (vgl § 1174). – **cc)** § 1163 II: Bei GesamtBriefHyp vor BriefÜberg.

3 **b) Rechtsinhaber** sind alle Eigtümer in BruchtGemsch iSv §§ 741 ff (BGH NJW-RR **86**, 233), deren Anteile sich nach II berechnen (Ffm DNotZ **61**, 411) u häufig vor Verteilg nicht feststehen. Über die GesamtGrdSch im ganzen können die Eigtümer nur gemschaftl verfügen (§ 747 S 2), zB dch Aufhebg/ Verzicht bzgl einz Grdst. Über seinen Anteil kann jeder Eigtümer verfügen (§ 747 S 1); er ist auch pfändb (AG Obernburg MDR **64**, 846). GrdstVeräußerg läßt RInhabersch unberührt, nur wird die GrdSch am veräußerten Grdst zur FremdGrdSch des Veräußerers (BGH aaO).

4 **3) Zuteilung als Einzelgrundschuld. – a) Zuteilung.** Nach § 747 S 2, § 1132 II können die MitBerecht die GesamtGrdSch beliebig verteilen. II gibt jedem das Recht, die Zuteilg einer EinzelGrdSch iH seines Anteils zu verlangen; Dchführg nach § 1132 Rn 11, wobei ZuteilgsErkl notf nach ZPO 894 herbeizuführen 5 ist. Auf den and Grdst kann der Rest GesamtGrdSch der übrigen MitBerecht bleiben. – **b) Anteilberechnung.** Für GrdstWerte u Belastgen ist Ztpkt der GesamtGrdSchEntstehg maßg. Abzuziehen sind auch EigtümerGrdSch u (wenn gesicherter Anspr im maßg Ztpkt besteht) VormErgänz, nicht aber RangVorbeh. Vorgehde GesamtGrdPfdR sind mit vollem Betrag abzuziehen. Bei GesamtGrdSch an MitEAnt desselben Grdst entsprechen die Anteile den MitEAnt, wenn vorgehde Belastgen nicht vorhanden od auf allen MitEAnt gleichmäß lasten; spätere Änderg der BeteiligsVerh am GrdstEigt ändert nicht das an der Ge-6 samtGrdSch (RG JW **38**, 3236). – **c) Abweichende Vereinbarung** zuläss. Vor Entstehg der GesamtGrdSch nicht eintraggsfäh; nach ihrer Entstehg sind Vereinbgen (insb nach § 751) für Wirkg ggü RNachf eintraggsbedürft.

7 **4)** Auf die **Grund/Rentenschuld** nicht anwendb, da Folge der FdgsAbhängigk.

1173 *Befriedigung durch einen der Eigentümer.* [1]Befriedigt der Eigentümer eines der mit einer Gesamthypothek belasteten Grundstücke den Gläubiger, so erwirbt er die Hypothek an seinem Grundstücke; die Hypothek an den übrigen Grundstücken erlischt. Der Befriedigung des Gläubigers durch den Eigentümer steht es gleich, wenn das Gläubigerrecht auf den Eigentümer übertragen wird oder wenn sich Forderung und Schuld in der Person des Eigentümers vereinigen.

[2]Kann der Eigentümer, der den Gläubiger befriedigt, von dem Eigentümer eines der anderen Grundstücke oder einem Rechtsvorgänger dieses Eigentümers Ersatz verlangen, so geht in Höhe des Ersatzanspruchs auch die Hypothek an dem Grundstücke dieses Eigentümers auf ihn über; sie bleibt mit der Hypothek an seinem eigenen Grundstücke Gesamthypothek.

1 **1) Allgemeines. – a) Geltungsbereich.** § 1173 ergänzt §§ 1143, 1163 I 2 bei GesamtHyp an Grdst od sonstigen BelastgsGgst (§ 1132 Rn 3) verschied Eigtümer; gehören sie demselben Eigtümer, so gelten 2 §§ 1143, 1163 I 2. Er behandelt nur das Schicksal der Hyp, läßt also zB § 1143 I unberührt. – **b) Ersatzanspruch** iSv II ergibt sich nicht aus der GesamtHyp als solcher (BGH NJW-RR **95**, 589; Becher, Die Beweggsvorgänge bei der GesamtHyp, Diss Köln 1976, S 64 ff), sond muß auf bes schuldr RVerh vertragl (zB nicht genehmigte SchuldÜbern dch Erwerber eines Trennstücks) od gesetzl (zB § 426 I [BGH aaO]) Art zw den Eigtümern beruhen. Anspr auf Ers der Zinsen genügt (KGJ **47**, 210).

3 **2) Voraussetzungen. – a) Ein Eigentümer** befriedigt den Gläub; gleich steht, daß mehrere od alle nur im eigenen Namen TeilBetr zahlen (vgl dazu Becher [Rn 2] S 85 ff). § 1173 gilt nicht bei gemschaftl Befriedigg dch alle Eigtümer (vgl § 1172 Rn 2); diese liegt auch vor, wenn einer namens aller zahlt od jeder einen TeilBetr namens aller zahlt (Planck/Strecker Anm 2a), was bei zeitl ZusHang der TeilZahlgen iZw anzunehmen (MüKo/Eickmann § 1172 Rn 7). Löschgsfäh Quitt muß wg der unterschiedl dingl RFolgen 4 erkennen lassen, in wessen Namen (für wessen Rechng) gezahlt ist. – **b) Befriedigung** jeder Art (Leistg,

Aufrechng, befreiende Hinterlegg) mit Ausn der Befriedigg aus dem Grdst (§§ 1181, 1182). Auf BewegGrd/ Zweck u Willen, als Eigtümer zu zahlen, kommt es nicht an (RG **157**, 297). Hinterlegg nach § 1171 genügt. § 1173 anwendb bei Erlaß, wenn ein Eigtümer pers Schuldn ist; haftet mit ihm ein NichtEigtümer, so gilt § 1173, wenn beiden erlassen wird (Grdst haftet aber weiter für Schuld des NichtEigtümers, wenn nur dem Eigtümer erlassen wird). – **c) Gleichgestellt der Befriedigung (I 2)** sind: **aa)** Übertr des GläubR auf einen 5 Eigtümer, dh Erwerb der Fdg nebst Hyp dch RGesch (BGH **40**, 115) od krG (zB Erbfolge; RG HRR **33** Nr 1656), wenn Erwerber bei RErwerb schon (RG **77**, 149) u noch (RG **81**, 82) Eigtümer eines mithaftden Grdst ist. **bb)** Vereinigg von Fdg u Schuld in der Pers eines Eigtümers, wodch die Fdg erlischt (BGH **40**, 115); dies setzt voraus, daß Eigtümer zugl pers Schuldn war (Kiel SeuffA **66** Nr 136). § 1173 daher nicht anwendb, wenn Gläub ein Grdst erwirbt, ohne zugl pers Schuldn zu werden (RG **77**, 149; KGJ **51**, 299). – **d) Zwangsversteigerung.** Zur Anwendg von § 1173, wenn Ersteher den Gläub, dessen GesamtHyp in 6 geringstes Gebot aufgen, befriedigt, vgl MüKo/Eickmann Rn 17 ff; Staud/ Scherübl Rn 17.

3) Rechtsfolgen. Bei teilw Befriedigg hat die RestBetrGesamtHyp des Gläub Vorrang vor allen übrigen 7 GrdPfdR nach Rn 7–10 (§ 1176). – **a) Hypothek am eigenen Grundstück** erwirbt befriedigder Eigtümer (I 1 Halbs 1) in voller Höhe (BGH NJW **83**, 2449); gehören ihm mehrere mithaftde Grdst, so erwirbt er sie als GesamtR. Hat er keinen ErsAnspr gg einen and Eigtümer (vgl Rn 2), so ist zu unterscheiden (vgl RG **157**, 297): war er pers Schuldn, so wird die Hyp wg Erlöschens der Fdg zur EigtümerGrdSch (§§ 1163 I 2, 1177 I); war er es nicht, so sichert sie als EigtümerHyp (§ 1177 II) die nach § 1143 I erworbene Fdg. Hat er einen ErsAnspr, so sichert sie diesen als EigtümerHyp (vgl Rn 9). – **b) Hypothek am fremden Grund-** 8 **stück.** Sie erlischt krG (Löschg ist GBBerichtigg) u Nachrangige rücken auf, wenn befriedigder Eigtümer keinen ErsAnspr (vgl Rn 2) gg dessen Eigtümer hat (I 1 Halbs 2); § 1143 II schließt aus, daß mit Erwerb der Fdg nach § 1143 I die sie sichernde Hyp am fremden Grdst nach § 1153 I erworben wird (Becher [Rn 2] S 62; RGRK/Mattern § 1143 Rn 27; aA MüKo/Eickmann Rn 12). Hat er einen ErsAnspr, so erwirbt er die Hyp als FremdHyp, die den ErsAnspr sichert (vgl Rn 9). – **c) Gesamthypothek.** Hat befriedigder Eigtümer 9 einen ErsAnspr (vgl Rn 2), so bildet die EigtümerHyp nach Rn 7 mit der FremdHyp nach Rn 8 eine GesamtHyp (II aE). die wg der notw FdgsIdentität (§ 1132 Rn 4) an beiden Grdst iW der FdgsAuswechselg nur den ErsAnspr sichert (RG **81**, 71; KGJ **47**, 210; Becher S 70; Planck/Strecker Anm 4b), währd die nach § 1143 I od § 426 II erworbene pers Fdg ungesichert ist (Becher [Rn 2] S 70, 77 ff; Planck/Strecker Anm 4a). – **d) Teilweiser Ersatzanspruch.** In Höhe des Teils der befriedigten Fdg, für den ein ErsAnspr besteht, 10 entsteht eine GesamtHyp nach Rn 9. In Höhe des and Teils erwirbt befriedigder Eigtümer ein ihr nachrang (MüKo/Eickmann Rn 11; Staud/Scherübl Rn 11) EigtümerGrdPfdR nach Maßg von Rn 7 (Becher [Rn 2] S 81 f), währd die Hyp am fremden Grdst erlischt (Hbg MDR **60**, 321).

4) Auf die **Grund/Rentenschuld** entspr anwendb (§ 1192 I); Ausn: Vereinigg von Fdg u Schuld in 11 I 2.

1174 *Befriedigung durch den persönlichen Schuldner.* [1]Befriedigt der persönliche Schuldner den Gläubiger, dem eine Gesamthypothek zusteht, oder vereinigen sich bei einer Gesamthypothek Forderung und Schuld in einer Person, so geht, wenn der Schuldner nur von dem Eigentümer eines der Grundstücke oder von einem Rechtsvorgänger des Eigentümers Ersatz verlangen kann, die Hypothek an diesem Grundstück auf ihn über; die Hypothek an den übrigen Grundstücken erlischt.

[2]Ist dem Schuldner nur teilweise Ersatz zu leisten und geht deshalb die Hypothek nur zu einem Teilbetrag auf ihn über, so hat sich der Eigentümer diesen Betrag auf den ihm nach § 1172 gebührenden Teil des übrigbleibenden Betrags der Gesamthypothek anrechnen zu lassen.

1) Allgemeines. § 1174 ergänzt § 1164 bei einer GesamtHyp an Grdst od sonstigen BelastgsGgst (§ 1132 1 Rn 3) verschied Eigtümer; gehören sie demselben Eigtümer, so gilt § 1164. §§ 1165–1167 entspr anwendb.

2) Voraussetzungen. Pers Schuldn, der nicht zugl Eigtümer, befriedigt den Gläub u hat gg einzelne 2 Eigtümer od deren RVorgänger ErsAnspr iSv 1164 Rn 3. Hat er gegen keinen Eigtümer einen ErsAnspr, so gilt § 1172 I; hat er vollen ErsAnspr gg alle Eigtümer, so gilt § 1164. – Befriedigg jeder Art (wie § 1164 Rn 2); gleichsteht Vereinigg von Fdg u Schuld in der Pers des Schuldn od Gläub.

3) Rechtsfolgen. Bei teilw Befriedigg hat die RestBetrGesamtHyp des Gläub Vorrang vor allen übrigen 3 GrdPfdR nach Rn 3 (§ 1176). – **a) Voller Ersatz.** Schuldn erwirbt die Hyp am Grdst des ersatzpfl Eigtümers; sie sichert die ErsFdg. Die Hyp an den and Grdst erlischt krG (Löschg ist GBBerichtigg). Kann Schuldn den vollen Betrag von jedem Eigtümer zT verlangen, so erwirbt er an jedem Grdst eine entspr EinzelHyp, währd sie iH des MehrBetr frei werden (Planck/Strecker Anm 3c; aA Becher [§ 1173 Rn 2] S 49 ff: insow GesamtEigtümerGrdSch). – **b) Teilweiser Ersatz.** In Höhe des ErsAnspr gilt a); iü gilt § 1172 I. Für die Verteilg des nach § 1172 entstehden GesamtEigtümerR (§ 1172 II) enthält II eine ErgänzgsVorschr (vgl das BerechngsBeisp bei MüKo/Eickmann Rn 11).

4) Auf die **Grund/Rentenschuld** nicht anwendb, da Folge der FdgsAbhängigk. 4

1175 *Verzicht auf die Gesamthypothek.* [1]Verzichtet der Gläubiger auf die Gesamthypothek, so fällt sie den Eigentümern der belasteten Grundstücke gemeinschaftlich zu; die Vorschriften des § 1172 Abs. 2 finden Anwendung. Verzichtet der Gläubiger auf die Hypothek an einem der Grundstücke, so erlischt die Hypothek an diesem.

[2]Das gleiche gilt, wenn der Gläubiger nach § 1170 mit seinem Rechte ausgeschlossen wird.

1   **1) Allgemeines.** § 1175 ergänzt §§ 1168 (418 I 2, 3) 1170 bei GesamtHyp an Grdst od sonstigen BelastgsGgst (§ 1132 Rn 3) verschied Eigtümer; gehören sie demselben Eigtümer, so gelten §§ 1168, 1170 (statt I 1) u I 2.

2   **2) Verzicht an allen Grundstücken.** Mit VerzErkl u Eintragg des Verzichts in allen GB entsteht eine GesamtEigtümerGrdSch (§§ 1172, 1177 I); bei TeilVerz mit Rang nach RestBetrGesamtHyp (§ 1176). Für das GemschVerh der Berecht gilt § 1172 Rn 3.

3   **3) Verzicht an einem Grundstück** (od an einzelnen). – **a) Dingliche Wirkung.** Mit VerzErkl u Eintragg des Verzichts im GB dieses Grdst erlischt die Hyp krG; EigtümerZust (§ 1183, GBO 27 I) nicht notw (BGH **52**, 93). Bewilligg pfdfreier Abschreibg (LG Augsbg MittBayNot **79**, 20), LöschgsBew (Mü JFG **23**, 322) u EntpfändgsErkl (KG JW **34**, 2243) enthalten idR VerzErkl; Erlaß der pers Fdg ggü einem mitschuldden Eigtümer steht dem Verzicht nicht gleich (Staud/Scherübl Rn 15). Statt VerzEintr genügt Löschg (RG HRR **32** Nr 513) od pfdfreie Abschreibg. TeilVerz mögl (LG Darmst RhNK **76**, 540). –
4 **b) Verlust der Rückgriffssicherung.** Der ersatzberecht Eigtümer eines weiterhaftden Grdst verliert dch den Verzicht die Möglichk des Erwerbs einer RückgrHyp nach § 1173 II. Haftet der ersatzberecht Eigtümer dem Gläub auch persönl, so ist § 1165 anwendb (RG Warn **42** Nr 44), denn er kann dch gleichzeit dingl Haftg nicht schlechter stehen. Haftet er nur dingl, so ist § 1165 nicht anwendb, da sonst WahlR des Gläub aus § 1132 beeinträchtigt (RG JW **13**, 1149; BGH **52**, 93; Staud/Scherübl § 1173 Rn 24; Wstm/Eickmann § 125 V 7; aA Planck/Strecker § 1173 Anm 4 c; Wacke NJW **69**, 1850); aber SchadErsPfl des Gläub, wenn er aus GrdGesch der HypBestellg sich ergebde Verpfl verletzt, nicht zu verzichten u bei HypÜbertr diese Verpfl dem Erwerber aufzuerlegen (BGH aaO).

5   **4) Auf die Grund/Rentenschuld** entspr anwendb (§ 1192 I).

1176   *Eigentümerteilhypothek; Kollisionsklausel.* **Liegen die Voraussetzungen der §§ 1163, 1164, 1168, 1172 bis 1175 nur in Ansehung eines Teilbetrags der Hypothek vor, so kann die auf Grund dieser Vorschriften dem Eigentümer oder einem der Eigentümer oder dem persönlichen Schuldner zufallende Hypothek nicht zum Nachteile der dem Gläubiger verbleibenden Hypothek geltend gemacht werden.**

1   **1) Allgemeines.** Der krG eintretde RÜbergang eines HypTeils soll den Gläub rangmäß nicht schlechter stellen als eine TeilLöschg. Rangunabhäng Nachteile werden von § 1176 nicht betroffen (vgl RG **83**, 404; MüKo/Eickmann Rn 11; Staud/Scherübl Rn 16).

2   **2) Voraussetzungen.** Gesetzl TeilÜbergang in den genannten Fällen unter Verbleib des Restes beim Gläub. Bei rgeschäftl Übertragg behalten die Teile vorbehaltl § 880 Gleichrang, sofern nicht § 1163 I 2 (zB bei Abtr an Schuldn) verwirklicht wird (KGJ **29** A 179).

3   **3) Wirkung.** Die TeilHyp des Eigtümers/Schuldn hat krG Nachrang nach der RestHyp des Gläub (RG **131**, 323); dies ist bei GBBerichtigg dch Umschreibg vAw einzutragen (KGJ **25** A 303; aA 50. Aufl). Bei teilw Befriedigg dch Eigtümer u Schuldn ist ifv § 1164 I 2 die Rangfolge: Gläub–Schuldn–Eigtümer. Der Vorrang bleibt bestehen, wenn Eigtümer/Schuldn od Dritter die RestHyp des Gläub erwirbt. Der Rang zu and Rechten wird nicht berührt (Dresden OLG **26**, 162).

4   **4) Auf die Grund/Rentenschuld** entspr anwendb (§ 1192 I), soweit die genannten Vorschr anwendb.

1177   *Eigentümergrundschuld, Eigentümerhypothek.* [I]**Vereinigt sich die Hypothek mit dem Eigentum in einer Person, ohne daß dem Eigentümer auch die Forderung zusteht, so verwandelt sich die Hypothek in eine Grundschuld. In Ansehung der Verzinslichkeit, des Zinssatzes, der Zahlungszeit, der Kündigung und des Zahlungsorts bleiben die für die Forderung getroffenen Bestimmungen maßgebend.**

[II]**Steht dem Eigentümer auch die Forderung zu, so bestimmen sich seine Rechte aus der Hypothek, solange die Vereinigung besteht, nach den für eine Grundschuld des Eigentümers geltenden Vorschriften.**

1   **1) Eigentümergrundschuld (I).** – **a) Voraussetzung.** Eigtümer erwirbt die wirks bestellte Hyp ohne die nicht entstandene od erloschene (auch inf Erwerbs dch pers schuldden Eigtümer; RG JW **29**, 178) Fdg. Der Erwerb kann schon bei HypBestellg (zB § 1163 I 1, II) od nachträgl (zB §§ 1163 I 2, 1168, 1170 II 1; ZPO 868, 932 II) erfolgen. I gilt nicht, wenn für einen MitEigtümer eine Hyp am ganzen Grdst bestellt wird
2 (§ 1009 Rn 1) od wenn er sie nachträgl dch Erbfolge erwirbt. – **b) Rechtsfolge.** Die Hyp wird krG EigtümerGrdSch (**I 1**) u behält vorbeh § 1176 den bish Rang (BayObLG JFG **9**, 259). Für Verzinsg usw gelten die Bestimmgen der bish gesicherten Fdg fort (**I 2**); §§ 1193 (RG **107**, 78), 1194 (BGH **71**, 206) gelten nicht, wohl aber § 1197 I u II. Dies alles gilt auch für TilggsHyp (BGH **67**, 291 [Verzinsg ab Umwandlg in FremdGrdSch]; **71**, 206 [Kündigg]). Für Umwandlg in FremdGrdSch bei Veräußerg/ZwVerst des Grdst gilt § 1196 Rn 1. Eigtümer kann dch Abtretg/Belastg/Aufhebg/Inhaltsänderg über die GrdSch verfügen; dazu ist seine VorEintr als GrdSchGläub nach GBO 39 I nicht notw (BGH NJW **68**, 1674), es genügt Nachw des RErwerbs gem GBO 29. Abtretg, die nicht gleichzeit Umwandlg in Hyp (Rn 3) erkennen läßt, bedeutet
3 GrdSchAbtr. – **c) Umwandlung in Hypothek** (nur FremdHyp!) nur nach § 1198 iVm Abtretg (BGH aaO); ohne sie wird das Recht bei Abtretg an bish Gläub (auch wenn urspr gesicherte Fdg noch besteht) od Dritten zur FremdGrdSch. Ist die GrdSch noch als FremdHyp eingetr, so ist bei ihrer Abtretg unter Rückumwandlg in FremdHyp zwar nicht die ZwEintr als EigtümerGrdSch notw (Rn 2), im AbtrVermerk ist aber anzugeben, daß die Abtretg unter Uwandlg des zunächst EigtümerGrdSch gewordenen Rechts in eine Hyp erfolgt (KGJ **45**, 282; JW **33**, 2010). EintrBew des neuen Gläub nur notw, wenn die Umwandlg erst nach der Abtretg wirks wird (KGJ **39**, 240; JFG **12**, 321).

2) Eigentümerhypothek (II). – a) Voraussetzung. Eigtümer erwirbt die wirks bestellte Hyp mit der 4
Fdg; zB dch Abtretg, Erbfolge, gem § 1143 I 1. – **b) Rechtsfolge.** Die Hyp bleibt Hyp u behält vorbeh
§ 1176 den bish Rang. Für die Verzinsg usw gelten die Bestimmgen der Fdg fort, aber § 1197 I u II ist
anwendb. Für GrdstVeräußerg/Versteigerg sowie für Vfgen über die Hyp gilt Rn 2 entspr; für Abtretg/
Belastg gilt § 1153. Umwandlg in EigtümerGrdSch krG nach § 1163 I 2 od rgeschäftl nach §§ 1168, 1198.
FdgsAuswechselg nach § 1180 mögl (KGJ **45**, 282).

3) Auf die **Grund/Rentenschuld** nicht enspr anwendb.   5

1178   *Hypothek für Nebenleistungen und Kosten.* [1]Die Hypothek für Rückstände von
Zinsen und anderen Nebenleistungen sowie für Kosten, die dem Gläubiger zu erstatten
sind, erlischt, wenn sie sich mit dem Eigentum in einer Person vereinigt. Das Erlöschen tritt nicht
ein, solange einem Dritten ein Recht an dem Anspruch auf eine solche Leistung zusteht.

[II]**Zum Verzicht auf die Hypothek für die im Absatz 1 bezeichneten Leistungen genügt die
Erklärung des Gläubigers gegenüber dem Eigentümer. Solange einem Dritten ein Recht an dem
Anspruch auf eine solche Leistung zusteht, ist die Zustimmung des Dritten erforderlich. Die
Zustimmung ist demjenigen gegenüber zu erklären, zu dessen Gunsten sie erfolgt; sie ist unwider-
ruflich.**

1) Allgemeines. Zwingde Vorschr. Sie gilt nicht für Zinsrückstde bei HöchstBetrHyp (weil in 1
HöchstBetr eingerechnet) u selbständ Hyp für Fdg iSv I (Planck/Strecker Anm 1c). – **a) Betroffene
Forderungen.** Bei Vereinigg/Verzicht bereits fäll (Bestimmgszeit unerhebl) Zinsen (§§ 1115 Rn 12, § 1118)
u and Nebenleistgen (§ 1115 Rn 15) sowie Künd/RVerfolggsKosten (§ 1118). Bei Ausfall aufschiebder Bdgg
für NebenFdg (zB Strafzins, VorfälligkEntsch) gilt § 1178 entspr, wenn sie dch unbdgte Hyp gesichert (RG
136, 74); bei bdgter Hyp vgl § 1163 Rn 3. – **b) Andere Nebenleistungen/Kosten.** §§ 1168 II, 1177 gelten
(KGJ **32** A 265); statt Verzicht wird idR Aufhebg gewollt sein.

2) Vereinigung mit dem Eigentum (I); Ausn von §§ 889, 1177. – **a) Voraussetzungen** wie § 1177 2
Rn 1, 4. Bei AnsprAbtr an Dritten (zB FdgsKauf) ist I nicht anwendb (RG Warn **31** Nr 66). Bei Befriedigg
dch Dritten ist I nicht anwendb, wenn die Fdg (mit Hyp) auf ihn übergeht (vgl § 1113 Rn 22); sonst gilt I
(RG aaO). – **b) Rechtsfolge.** Die Hyp erlischt krG (**I 1**); Entsteh eines EigtümerR insow nicht interessen- 3
gerecht (BayObLH **78**, 136). Keine Löschg, denn GB gibt über diese Fdgen keine Auskunft. Bei Belastg mit
Nießbr/PfdR entsteht bis zu deren Erlöschen EigtümerR nach § 1177 (**I 2**). IFv § 1143 erwirbt der Eigtümer
die ungesicherte Fdg (RG **143**, 278 [282]); iFv § 1164 gilt § 1178 nicht (RG aaO [285]), so daß pers Schuldn
bei ErsAnspr die Hyp erwirbt.

3) Verzicht (II); Ausn von § 1168 II. Dch formlose Erkl des Gläub ggü dem Eigtümer. Die mit Wirk- 4
samwerden der Erkl auf den Eigtümer übergehde Hyp erlischt nach I; GläubErkl daher unwiderrufl. Bei
Belastg miß Nießbr/PfdR formlose unwiderrufl Zustimmg des Berecht ggü Eigtümer.

4) Auf die **Grund/Rentenschuld** entspr anwendb (§ 1192 I; BayObLG **78**, 136).   5

1179   *Löschungsvormerkung.* **Verpflichtet sich der Eigentümer einem anderen gegen-
über, die Hypothek löschen zu lassen, wenn sie sich mit dem Eigentum in einer Person
vereinigt, so kann zur Sicherung des Anspruchs auf Löschung eine Vormerkung in das Grundbuch
eingetragen werden, wenn demjenigen, zu dessen Gunsten die Eintragung vorgenommen werden
soll,**

1. **ein anderes gleichrangiges oder nachrangiges Recht als eine Hypothek, Grundschuld oder Ren-
tenschuld am Grundstück zusteht oder**
2. **ein Anspruch auf Einräumung eines solchen anderen Rechts oder auf Übertragung des Eigen-
tums am Grundstück zusteht; der Anspruch kann auch ein künftiger oder bedingter sein.**

1) Allgemeines. a) Mit einer LöschgsVormkg, die materiell § 883 erweitert u formell GBO 39 suspen- 1
diert, können sich RealBerecht (die nicht nur GrdPfdRGläub) den schuldr Anspr auf Aufhebg eines dem
Eigtümer zufalldben gleich- od vorrangigen GrdPfdR (nicht einer Reallast; LG Flensbg SchlHA **63**, 142) u
damit ihr **Aufrückinteresse** sichern. – **b)** § 1179 ist dch Art 1 Nr 1 des G v 22. 6. 77 (BGBl 998) neugefaßt
und gilt ab 1. 1. 1978. Er ist nur auf LöschgsVormkgen anwendb, deren Eintr ab 1. 1. 1978 beantragt wurde
(Eingang beim GBA maßg); wg **Übergangsrecht** vgl § 1179a Rn 15.

2) Gesicherter Anspruch beruht idR auf Vertr; mögl auch auf Gesetz (zB WEG 41 II). Schuldrechtl 2
Zulässigk wird dch § 1179 nicht beschränkt, nur dingl Sicherbark.

a) Gläubiger kann sein: – **aa) Nr. 1:** Materiellr Inh eines dem betroffenen GrdPfdR gleich- od nachrang 3
beschr (auch subj-) dingl **Grundstücksrechts, das nicht Grundpfandrecht** (auch nicht ArrestHyp; aA
Stöber Rpfleger **77**, 399); unschädl, wenn er daneben auch GrdPfdGläub. Nicht aber jeweil Inh dieses Rechts
(BayObLG DNotZ **80**, 483) od gewärt RInh unabhängig von RInhabersch (KG DNotZ **80**, 487). Bei
übertragb Recht wird mit ges od rgesch Übertr des GrdstR auch der LöschgsAnspr übertr (RG **143**, 73) u die
Vormkg folgt (§ 401); und bei Ausschl des Mitübergangs od wenn LöschgsAnspr dch Übertr des GrdstR
auflösd bdgt. Das begünstigte GrdstR kann auch noch den Eigtümer zustehen (zB EigtümerReallast); da
Gläub aber personenverschieden von Eigtümer als Schu sein muß, wird künft Anspr des Zessionars gesi-
chert, dem vertreten dch das GBA mit Antr u Bewilligg der LöschgsVormkg ein VertrAngebot gemacht
wird (Knopp DNotZ **69**, 278; Zagst, Das Recht der LöschgsVormkg u seine Reform, 1973, S 61ff). Bei
RangRücktr des begünstigten Rechts gehen Anspr u Vormkg nicht auf vortredtes Recht über; Abtr an
Vorrückden mögl. – **bb) Nr. 2:** Inh eines **schuldrechtlichen Anspruchs** auf Einräumg eines in Nr 1 4

1279

genannten GrdstR od auf EigtÜbertr; unschädl, wenn er daneben auch GrdPfdGläub. Für abtretb Anspr u Wirkg einer AnsprAbtr gilt Rn 3 entspr. Bei Erfüllg des Anspr auf Einräumung eines GrdstR nach Nr 1 wird RInh nicht von selbst Gläub nach Nr 1. AnsprSicherg dch Vormkg nach § 883 mögl (dann muß betroffenes Recht gleich- od vorrang sein; vgl LG Bn RhNK **78**, 140), aber nicht notw. Wg künft od bdgt
5 Anspr vgl § 883 Rn 15, 18. Nach Stöber [Rn 3] genügt Anspr aus § 894. – **cc)** Bei **Teilung** des begünstigten GrdstR od Anspr kann jeder TeilGläub Löschg des ganzen betroffenen Rechts verlangen (Hbg OLGZ **66**, 288; str), entspr bei Verpfändg (Dresd ZBlFG **10**, 635); bei seiner **Aufhebung** od isolierten **Übertragung** erlischt die Vormkg (aA LG Bn RhNK **78**, 50), Erfüllg des Anspr nach Nr 2 macht sie aber nicht ggstlos.

6 **b) Schuldner** muß der Eigentümer zZ der (dingl wirks; aA LG Wuppt RhNK **86**, 198) VormkgBestellg sein; Abtr des ValutiergsAnspr unerhebl (HbgOLGZ **66**, 288). Er bleibt es, wenn später GrdstErwerber die Schuld nicht übernimmt. Unerhebl, wer Eigtümer zZ der Vereinigg (KG **44**, 301); VormkgFall daher auch bei Vereinigg nach GrdstÜbereigng, nicht aber wenn Veräußerer die Hyp nach § 1164 erwirbt.

7 **c) Inhalt.** Der Anspr muß sich richten auf Löschg (richtiger: **Aufhebung**) **eines Grundpfandrechts** iF seiner Vereinigg mit dem Eigt. Anspr auf einzelne Vereiniggsfälle (wie auch auf Teile des GrdPfdR od Nebenleistgen; KG **49**, 220) beschränkb; maßg insow der dch Auslegg zu ermittelnde Inhalt der vereinbarten u im GB (auch gem § 874) verlautbarten LöschgsVerpfl (BGH NJW **73**, 846/895; Brem NJW **57**, 1284), iZw w jede Art der Vereinigg gemeint sein. Sicherb auch Anspr auf RangRücktr, wenn keine ZwRe (Zagst [Rn 3] S 37; str.) nicht aber and (schuldr zul) Anspr auf RÄnderg wie zB Abtr (RG **145**, 343) od Löschg iFv § 1164; zur Sicherg des VerzAnspr aus § 1169 vgl Zagst [Rn 3] S 37ff (Hyp), 132ff (GrdSch).

8 **aa) Hypothek** als betroffenes Recht. Kein LöschgsAnspr bei nur vorläuf EigtümerGrdSch nach § 1163 I 1, II. Erforderl ist **endgültige** Vereinigg insb nach §§ 889, 1143, 1163 I 2, 1168, 1170 II od weil sich Vorläufigk nach § 1163 I 1, II in Endgültigk gewandelt hat (Hbg OLGZ **66**, 288). – Erfaßt wird eine Vereinigg **nach** Eintr der LöschgsVormkg; LöschgsAnspr hier aufschieb bdgt. – Erfaßt auch eine Vereinigg **vor** Eintr der LöschgsVormkg. Die (hier unbdgte) LöschgsVerpfl kann die noch als Hyp eingetr EigtümerGrdSch erfassen (Mü JFG **22**, 307). Sie kann (als unbdgte bdgte) auch die schon auf den Eigtümer umgeschriebene GrdSch erfassen, falls sie sich nach zwzeitl FremdRBildg erneut mit dem Eigt vereinigt (Soergel/Konzen Rn 8; MüKo/Eickmann Rn 15; aA BayObLG HRR **35**, 128; LG Bchm MDR **57**, 610: FremdRBildg außerh GB bei Eintr notw). Ob sie (als unbdgte) schon die umgeschriebene u noch dem Eigtümer zustehde EigtümerGrdSch erfassen kann, ist str (abl zB Riedel DNotZ **56**, 352; Knöchlein BlGBW **58**, 193; bejahd Zagst [Rn 3] S 25; vgl auch LG Augsb NJW **62**, 592), da § 883 diesen Fall erfaßt; da aber § 883 neben § 1179 anwendb u Eintr nicht angeben muß, auf welche Vorschrift sie sich stützt (KG JFG **11**, 250), kann auch dieser Fall erfaßt werden (Erm/Räfle Rn 2).

9 **bb) Fremdgrundschuld** als betroffenes Recht. Die Vereinigg kann insb beruhen auf: §§ 889, 1168/1192, GrdSchAblösg dch Eigtümer, RückÜbertr auf Eigtümer. Eigtümer zur Herbeiführg der Vereinigg nicht verpfl (BGH NJW-RR **91**, 1197); § 1179 verbietet nicht Neuvalutierg. Die LöschgsVormkg sichert aber nicht den RückgewährAnspr des Eigtümers, der bei Nichtentstehg od Tilgg der pers Schuld entsteht; desh läßt LöschgsVormkgsBerecht sich zweckm auch diesen Anspr abtreten u dch vom GrdSchGläub zu bewilligde Vormkg nach § 883 sichern (KG OLGZ **76**, 44; LG Köln RhNK **87**, 106). Ohne diese Maßn könnte zB ein PfdgsGläub nach Erfüllg des RückgewährAnspr ein ErsPfdR gem § 1287 an der EigtümerGrdSch u im ZwVerstVerf am Erlösanteil (BGH Rpfleger **75**, 219) erwerben od der LöschgsVormkgsBerecht bei einer Abtr/Verpfändg dieses Anspr dch den Eigtümer bzw einer Nichtentgnahme der vom GrdSchGläub angebotenen Übertr (nicht schon bei Unterlassg der klageweisen Geltdmach) dch den Eigtümer nur SchadErsAnspr gg diesen erwerben (Hoche NJW **59**, 413; Zagst [Rn 3] S 135ff; aA Wörbelauer NJW **58**, 1705).

10 **cc) Eigentümergrundschuld** als betroffenes Recht. Hins einer (noch) ursprüngl EigtümerGrdSch (§ 1196) ist ein LöschgsAnspr dch Vormkg dch § 883 sicherb; zurAnwendg von § 1179 u wg nach FremdRBildg entstandener EigtümerGrdSch vgl Rn 8.

11 **3) Eintragung. – a)** Erforderl nur **Eintragungsbewilligung** des Eigtümers, nicht aber Zust des Gläub des betroffenen Rechts (KGJ **50**, 200) u Briefvorlage (GBO 41 I 3); Anspr iS Nr 2 ist gem FGG 15 II glaubh zu machen (GBO 29a). Bei Ausdehng des betroffenen Rechts auf ein and Grdst (Nachverpfändg), bzgl dessen VormkgsBerecht Gläub iSv Rn 3–5 sein muß, ist gesonderte Bewilligg des Eigtümers des and Grdst erforderl (LG Köln MittBayNot **76**, 176; LG Düss Rpfleger **77**, 167), Vormkg geht nicht von selbst mit über; Unterstellg unter das GrdPfdR „samt NebenR" genügt nicht, da LöschgsVormkg insow kein NebenR. IFv § 1131 aber Erstreckg auch der Vormkg (wie GrdPfdR selbst) krG, so daß keine Bewilligg
12 erforderl. – **b)** Der **Eintragungsvermerk** muß alle Löschgsfälle od eine Bezugn auf die diese bezeichnde EintrBewilligg (vgl BayObLG **56**, 196) enthalten (Mü JFG **22**, 307; Brschw MDR **64**, 148). Eintr erfolgt in der Veränderungsspalte des betroffenen Rechts (GBVfg 12 I c iVm 11 IV), nicht auf dem Brief (GBO 57 I 3, 62 I 2). Zur GläubBezeichng vgl Haegele/Schöner/Stöber Rn 2608, BayObLG DNotZ **80**, 483 u LG Wuppt Rpfleger **79**, 421 (für subjdingl R). Bei Umwandlg der Hyp in FremdGrdSch wirkt Vormkg ohne die neue Eintr weiter (BayObLG **41**, 96). – **c)** Kein Eintr ohne **Voreintragung** des betroffenen Rechts (Zagst [Rn 3] S 51; aA Knieper MDR **71**, 11); Eintr einer Vormkg zur Sicherg der GrdPfdRBestellg genügt nicht (BayObLG **74**, 434).

13 **4) Allgemeine Wirkung:** §§ 883 II, 888. Schutz ab Eintr, auch wenn LöschgsAnspr noch aufschieb bdgt (Zagst [Rn 3] S 48; Hbg OLGZ **66**, 288). Trotz Vormkg geht betroffenes R bei Vereinigg auf Eigtümer über u dieser bleibt über die EigtümerR vfgsbefugt (KG NJW **64**, 1479); die Vormkg sperrt das GB nicht.

14 **a)** Die Vormkg **schützt** gg: – **aa) Abtretung od Belastung der Eigentümergrundschuld,** die dch Vereinigg entstanden: Eigtümer (als Schu des LöschgsAnspr) ist zur AufgabeErkl u neuer GrdPfdRGläub bzw DrittBerecht gem § 888 zur Zust verpflichtet. Das gilt zB nach Scheitern der endgült Finanzierg für ZwFinanzierer, der sich vorläuf EigtümerGrdSch aus § 1163 I 1 nach Eintr der Vormkg hat abtreten lassen (vgl BGH LM § 1163 Nr 9; Hbg OLGZ **66**, 288), and bei Abtr vor Eintr der Vormkg (hier wirkt Vormkg erst, wenn nunmehriges FremdR später zur entgült EigtümerGrdSch wird); gg diesen RVerlust sichert sich

ZwFinanzierer dch Zust des VormkgsBerecht zur ZwKreditsicherg. Zum Schutz gg Pfdg vgl Köln OLGZ **71**, 151. – **bb) Übereignung des Grundstücks;** dabei gleichgült, ob Vereinigg schon erfolgt war od erst **15** danach erfolgt: alter Eigtümer (als Schu des LöschgsAnspr) ist zur AufgabeErkl u neuer Eigtümer gem § 888 zur Zust verpflichtet (KGJ **44**, 310; Köln OLGZ **71**, 151). – **cc) Forderungsauswechselung** (§ 1180), die in Wahrheit Verbindg einer verschleierten EigtümerGrdSch mit einer neuen GrdSch ist (RG **125**, 142). Echte FdgsAuswechslg insow vormkgswidr, als Entstehen der EigtümerGrdSch hinausgeschoben wird (vgl Zagst [Rn 3] S 72). § 1119 steht nicht entgg (Zagst aaO; aA Leikam BWNotZ **65**, 15). – **dd) Umwandlung 16** (§§ 1186, 1198, 1203). § 1198 S 2 steht nicht entgg (Zagst [Rn 3] S 73). – **ee) Rangrücktritt.** Dazu Schmidt BWNotZ **68**, 281. Nach Zagst [Rn 3] S 73ff bedarf er analog §§ 880 III, 876 der Zust des LöschgsVormkgs-Berecht, da der bessere Rang dem Haftgsverband der LöschgsVormkg entzogen werde.

b) Die Vormk **schützt nicht** gg gutgl Erwerb vom trotz Vereinigg noch eingetr FremdGläub (MüKo/ **17** Eickmann Rn 34; aA RG **93**, 114). Schutz aber, wenn bei Aufn neuen Kredits bei Drittem diesem das Recht vom noch eingetr FremdGläub abgetreten wird u dadch Umschreib auf Eigentümer umgangen wird; denn Eigtümer verfügt über die EigtümerGrdSch (vgl Wörbelauer NJW **58**, 1516).

c) Verweigert der eingetragene Fremdgläubiger die Löschungsbewilligung, obwohl Vereinigg **18** eingetreten, so kann VormkgsBerecht (falls Eigtümer ihn nicht zur Ausübg des BerichtiggsAnspr ermäch-tigt) von diesem entspr § 888 LöschgsBewilligg verlangen (Wörbelauer NJW **58**, 1513; aA Zagst [Rn 3] S 87: eigner Anspr analog § 894; Göhler NJW **59**, 416: Erzwingg der AusübgsErmächtigg bzgl BerichtiggsAnspr des Eigtümers).

5) Wirkungen. – a) Zwangsversteigerung (vgl Hoche NJW **55**, 1141; DNotZ **58**, 149; Zagst [Rn 3] **19** S 100ff). Zuschlag bewirkt (wenn nicht betroffenes u begünstigtes Recht im geringsten Gebot) Zäsur: Das Aufrückinteresse des LöschgsVormerkgsBerecht wird betragsmäß konkretisiert (vgl RG **63**, 150). Ist nur das betroffene Recht **im geringsten Gebot,** so bleiben es u die LöschgsVormkg bestehen (Hamm Rpfleger **59**, 130). Geltdmachg der LöschgsVormkg bewirkt ZuzahlgsPfl gem ZVG 50 II Nr 1 (Geltdmachgsinteresse entfällt aber, wenn VormkgsBerecht schon voll befriedigt od gleichwohl ausfallen würde). ZVG 48 unan-wendb (BGH **53**, 47). – Ist das betroffene Recht **außerhalb des geringsten Gebots** u daher erloschen (ZVG 91 I), so kann der VormkgsBerecht bei vor Zuschlag erfolgter Vereinigg verlangen, so gestellt zu werden, als ob die EigtümerGrdSch vor dem Zuschlag gelöscht worden wäre (BGH NJW **89**, 2536). ZwRechte werden nur fiktiv berücksichtigt; nichtbegünstigte RealGläub (zB ZwRe) rücken nicht auf, der insow auf die EigtümerGrdSch entfallde Erlösanteil steht daher dem früh Eigtümer zu (BGH **25**, 382; **39**, 242). Vormkgs-Fall auch bei Verzicht auf Erlös dch Gläub der vormkgbelasteten FremdSichergsGrdSch; nicht aber, wenn er bei NichtValutierg ledigl nicht liquidiert (aA Wörbelauer NJW **58**, 1707). – **b) Zwangsverwaltung.** Wird LöschgsVormkg geltd gemacht, muß ZwVerwalter die auf die EigtümerGrdSch entfalldn Zinsen (§ 1197 II) hinterlegen. – **c) Konkurs:** vgl Zagst [Rn 3] S 128.

6) Auf die **Grund/Rentenschuld** entspr anwendb (§ 1192 I); vgl Rn 9, 10. **20**

1179a *Löschungsanspruch bei fremden Rechten.*

[I]**Der Gläubiger einer Hypothek kann von dem Eigentümer verlangen, daß dieser eine vorrangige oder gleichran-gige Hypothek löschen läßt, wenn sie im Zeitpunkt der Eintragung der Hypothek des Gläubigers mit dem Eigentum in einer Person vereinigt ist oder eine solche Vereinigung später eintritt. Ist das Eigentum nach der Eintragung der nach Satz 1 begünstigten Hypothek durch Sondernachfol-ge auf einen anderen übergegangen, so ist jeder Eigentümer wegen der zur Zeit seines Eigentums bestehenden Vereinigungen zur Löschung verpflichtet. Der Löschungsanspruch ist in gleicher Weise gesichert, als wenn zu seiner Sicherung gleichzeitig mit der begünstigten Hypothek eine Vormerkung in das Grundbuch eingetragen worden wäre.**

[II]**Die Löschung einer Hypothek, die nach § 1163 Abs. 1 Satz 1 mit dem Eigentum in einer Person vereinigt ist, kann nach Absatz 1 erst verlangt werden, wenn sich ergibt, daß die zu sichernde Forderung nicht mehr entstehen wird; der Löschungsanspruch besteht von diesem Zeitpunkt ab jedoch auch wegen der vorher bestehenden Vereinigungen. Durch die Vereinigung einer Hypo-thek mit dem Eigentum nach § 1163 Abs. 2 wird ein Anspruch nach Absatz 1 nicht begründet.**

[III]**Liegen bei der begünstigten Hypothek die Voraussetzungen des § 1163 vor, ohne daß das Recht für den Eigentümer oder seinen Rechtsnachfolger im Grundbuch eingetragen ist, so besteht der Löschungsanspruch für den eingetragenen Gläubiger oder seinen Rechtsnachfolger.**

[IV]**Tritt eine Hypothek im Range zurück, so sind auf die Löschung der ihr infolge der Rangände-rung vorgehenden oder gleichrangigen Hypothek die Absätze 1 bis 3 mit der Maßgabe entspre-chend anzuwenden, daß an die Stelle des Zeitpunkts der Eintragung des zurückgetretenen Rechts der Zeitpunkt der Eintragung der Rangänderung tritt.**

[V]**Als Inhalt einer Hypothek, deren Gläubiger nach den vorstehenden Vorschriften ein Anspruch auf Löschung zusteht, kann der Ausschluß dieses Anspruchs vereinbart werden; der Ausschluß kann auf einen bestimmten Fall der Vereinigung beschränkt werden. Der Ausschluß ist unter Bezeichnung der Hypotheken, die dem Löschungsanspruch ganz oder teilweise nicht unterliegen, im Grundbuch anzugeben; ist der Ausschluß nicht für alle Fälle der Vereinigung vereinbart, so kann zur näheren Bezeichnung der erfaßten Fälle auf die Eintragungsbewilligung Bezug genom-men werden. Wird der Ausschluß aufgehoben, so entstehen dadurch nicht Löschungsansprüche für Vereinigungen, die nur vor dieser Aufhebung bestanden haben.**

1) Allgemeines. – a) § 1179a begründet einen zum **Inhalt** eines GrdPfdR gehörden (BayObLG NJW- **1** RR **92**, 306) u daher nicht selbst abtretb Anspr auf Aufhebg eines dem Eigtümer zufalldn gleich- od vorrangigen GrdPfdR (nicht eines and GrdstR), der krG wie dch eine Vormk gesichert ist. Daneben für

Gläub des begünstigten Rechts keine Vormkg nach § 1179. – **b)** § 1179 a ist dch Art 1 Nr 2 des G v 22. 6. 77 (BGBl 998) eingefügt u gilt ab 1. 1. 1978. Wg **Übergangsrecht** vgl Rn 15.

2   **2) Löschungsanspruch. – a) Gläubiger** ist nach **I 1** unabhäng von GBEintr der jeweilige materiellr Inh eines GrdPfdR (auch bei EigtümerGrdSch; Brschw DNotZ **87**, 515; aA Schwab/Prütting § 62 IV 2 c); bei EigtümerGrdSch wird Anspr erst mit Umwandlg in FremdGrdSch aktuell, weil vorher Gläub u Schuldn ident (BayObLG NJW-RR **92**, 306). Wg GesR vgl Jerschke DNotZ **77**, 708. Liegt bei dem (schon od noch) als FremdHyp eingetr Recht einer der drei Fälle des § 1163 vor u ist das somit gegebene EigtümerR weder für den Eigtümer noch (nach Abtr als FremdR) für seinen RNachf in dieses Recht eingetr, so steht der Anspr dem nur BuchBerecht od (zB bei Abtr außerh des GB vor Tilgg der gesicherten Fdg) seinem RNachf in die Hyp mit Wirkg ab deren Eintr zu **(III)**, sofern er später materiellr HypGläub wird (Stöber Rpfleger **77**, 425; Kollhosser JA **79**, 176; str); zw Eintr u Erwerb steht der LöschgsAnspr einem etwaigen Erwerber der vorläuf EigtümerGrdSch als deren Inhalt zu. – Wg Teilg des begünstigten Rechts vgl § 1179 Rn 5.

3   **b) Schuldner** ist der GrdstEigtümer zZ der Eintr des begünstigten Rechts, wenn währd seiner EigtZeit die Vereinigg eintritt u er Eigtümer bleibt (I 1). Er bleibt es alleine, wenn er das Eigt an einen SonderNachf überträgt u dabei die Vereinigg aufgelöst wird (I 2); zB er behält die EigtümerGrdSch als FremdGrdSch. Er bleibt es neben dem SonderNachf, wenn die Vereinigg bei diesem inf MitÜbertr der EigtümerGrdSch fortbesteht (I 2); Gläub kann wählen, gg wen er den Anspr dchsetzt. Nur der SonderNachf ist Schu, wenn die Vereinigg nach der EigtÜbertr eintritt (I 1). Eigtümer, zu deren EigtZeit ein begünstigtes Recht nicht eingetr wurde, sind nicht Schu. Wg GesR vgl Jerschke DNotZ **77**, 708.

4   **c) Inhalt.** Löschg (richtiger: Aufhebg) eines dem GrdPfdR des Gläub (begünstigtes Recht) vor- od gleichrangigen GrdPfdR (betroffenes Recht), wenn u soweit es sich mit dem Eigt vereinigt hat. Die Vereinigg muß entweder vor Eintr des begünstigten Rechts erfolgt sein u bei seiner Eintr fortbestanden haben od nach seiner Eintr erfolgt sein; dem Erwerber des begünstigten Rechts steht der LöschgsAnspr auch hins **5** Vereinigsslagen zu, die währd der RInhabersch eines seiner Vorgänger bestanden. – **aa) Hypothek** als betroffenes Recht. Die Vereinigg kann insb beruhen auf: §§ 889, 1143, 1163 I, 1168, 1170 II. Bei § 1163 I 1 kann Löschg erst ab Scheitern des KreditGesch (BewLast: Gläub) verlangt w; dann aber auch hins vorheriger Vereinigg, so daß Gläub gg Vfg über vorläuf EigtümerGrdSch geschützt (II 1). Vereinigg nach § 1163 II begründet keinen LöschgsAnspr (II 2). Besteht gesicherte Fdg bei BriefÜberg, so entsteht FremdHyp. Besteht sie bei BriefÜberg noch nicht, so bleibt das R vorläuf EigtümerGrdSch nach § 1163 I 1 u für den LöschgsAnspr gilt II 1. Scheitert die BriefÜberg entgült, weil KreditGesch gescheitert, so ist ein LöschgsAnspr gegeben (aA Stöber Rpfleger **77**, 425; Kollhosser JA **79**, 176), weil endgült Vereinigg nach § 1163 I 1 **6** vorliegt (II 1). – **bb) Fremdgrundschuld** als betroffenes Recht. Die Vereinigg kann insb beruhen auf: §§ 889, 1168/1192, GrdSchAblösg dch Eigtümer, RückÜbertr auf Eigtümer. Eigtümer zur Herbeiführg der Vereinigg nicht verpfl (BGH NJW-RR **91**, 1197); § 1179 a verbietet keine Neuvalutierug. Kein LöschgsAnspr hins BriefGrdSch, die gem §§ 1163 II, 1192 bis zur BriefÜberg dem Eigtümer zusteht (II 2). Scheitert BriefÜberg endgült (zB weil bei SichgsGrdSch KreditGesch gescheitert), so endet auch hier die Vorläufigk. Da Recht nicht als ursprüngl EigtümerGrdSch bestellt u § 1196 III daher nicht gilt, ist LöschgsAnspr entspr II 1 auch bei anfängl Nichtvalutierg gerechtfertigt (BGH aaO). – Da dch I 3 nicht der RückgewährAnspr des Eigtümers bei Nichtentstehen od Tilgg der gesicherten Fdg gesichert wird, läßt sich der Gläub zweckm **7** diesen Anspr abtreten u dch Vormkg nach § 883 sichern (vgl § 1179 Rn 9). – **cc) Eigentümergrundschuld** als betroffenes Recht **(§ 1196 III).** Hins der ursprüngl EigtümerGrdSch (§ 1196), die noch nicht innerh od außerh des GB abgetreten ist, besteht kein Anspr nach I; LöschgsAnspr vertragl vereinb u dch Vormkg nach § 883 sicherb. Ges LöschgsAnspr erst bei Vereinigg nach zwzeitl Umwandlg in FremdGrdSch innerh od außerh des GB (Pfändg od Verpfändg reichen nicht; Stöber Rpfleger **77**, 425; Kollhosser JA **79**, 232), auch wenn nicht valutiert (Celle Rpfleger **86**, 398; vgl auch BGH NJW **87**, 2078). Gefahr für GrdSchErwerber, da er zwzeitl FremdRBildg außerh des GB nicht erkennen kann; Eigtümer kann verkehrsfähig der Eigtümer-BriefGrdSch zu mehrf verdeckten Kreditsicherg dch Ausschluß des LöschgsAnspr nach V zu erhalten versuchen. GrdGedanke (Erhaltg der EigtümerGrdSch zur verdeckten Kreditsicherg) rechtfertigt entspr Anwendg auf vor Eintr des begünstigten Rechts in EigentümerGrdSch umgeschriebenes FremdR.

8   **d) Sicherung.** Der LöschgsAnspr führt nicht unmittelb zum Wegfall des betroffenen Rechts; Aufhebg gem § 875 notw. Vor VerteilgsVerf nach ZwVerst fehlt für Dchsetzug oft RSchutzInteresse (Stöber Rpfleger **77**, 425). Gegen Vfg des Schu, der Aufhebg entggstehen, ist der Gläub so gesichert, als wäre mit der Eintr des begünstigten Rechts auch eine LöschgsVormkg eingetr **(I 3)**; keine tats Eintr. Die SichergsWirkg beginnt schon ab Eintr des begünst Rechts, auch wenn Gläub es (u damit LöschgsAnspr) später (zB dch Valutierg) erwirbt (Stöber aaO). § 1179 Rn 13–18 gilt entspr; dabei zu beachten, daß hier bei GrdstÜbereigng neuer Eigtümer Schu des LöschgsAnspr werden kann (vgl Rn 3).

9   **3) Rangrücktritt (IV).** Das zurücktretde Recht erhält den LöschgsAnspr ggüber dem vortretden u etwaigen ZwRechten. Soweit I–III auf den Ztpkt der Eintr des begünstigten Rechts abstellen, ist iF einer RangÄndrg auf ihre Eintr abzustellen; Löschg des vortretden Rechts kann verlangt werden, wenn Vereinigg bei Eintr der RangÄndrg bestand od später eintritt (Stöber Rpfleger **77**, 425). – **Zwischenrechte** werden dch § 880 V geschützt. Wird der zu ihrem RInhalt gehörde LöschgsAnspr beeinträchtigt (zB weil zurücktretdes Recht Hyp u vortretdes GrdSch, auf die § 1163 nicht anwendb), so ist str, ob ZwRGläub entspr § 880 III zustimmen muß (Staud/Scherübl Rn 33; Hansen, Der gesetzl LöschgsAnspr ggü GrdPfdR, Diss Bayreuth 1981, S 162 ff) od der Rangrücktr ihm ggü relativ unwirks (Rambold Rpfleger **95**, 284).

10   **4) Ausschluß des Löschungsanspruchs (V). – a) Anfänglicher** Ausschl ist rgeschäftl Inhalt des GrdPfdR; auch bei EigtümerGrdSch zul (BayObLG NJW-RR **92**, 306). Formlose Einigg zw Eigtümer u Gläub (Köln RhNK **79**, 39) bzw einseit EigtümerErkl bei EigtümerGrdSch u Eintr (auf Bewilligg des Eigtümers) erforderl. Nicht ausschließb ist der LöschgsAnspr eines künft einzutragden gg das jetzt einzutragde GrdPfdR (BayObLG NJW-RR **92**, 306). – **aa)** Der LöschgsAnspr kann bzgl aller od einzelner betroffener Rechte ausgeschl werden. Dieser Ausschl muß in EintrVermerk aufgen werden (V 2 Halbs 1);

dabei sind die dem Anspr nicht unterliegden Rechte (auch wenn es alle vor- od gleichrangigen sind) einzeln mit der lfd Nr ihrer Eintr anzugeben (BayObLG NJW-RR **92**, 306). Kein Ausschl bzgl künft vor- od gleichrang Rechte. Bei Rangänderg erfaßt Ausschl nicht vortretdes Recht; aber Aufhebg des vortretden Rechts macht Randänderg hinfäll (§ 880 Rn 7), so daß dem Ausschl unterliegdes Recht wieder vorgeht. – **bb)** Ausschl auf rangmäß zu bezeichnde Teile des betroffenen Rechts beschränkb; Teile sind im EintrVermerk zu bezeichnen (arg V 2 Halbs 2). – **cc)** Ausschl auf best Vereiniggsfall (auch mehrere) beschränkb; Bezeichng der erfaßten Fälle (nicht des Ausschl selbst) gem § 874 zul (V 2 Halbs 2). – **dd)** Bei GesamtHyp Ausschl od Beschrkg hinsichtl eines mitbelasteten Grdst zul (BGH NJW **81**, 1503).

b) Nachträglicher Ausschl ist InhaltsÄnderg iSv § 877; formlose Einigg zw Eigtümer u Gläub bzw einseit **11** EigtümerErkl bei EigtümerGrdSch u Eintr (auf Bewilligg des Gläub) erforderl, nicht aber Zust and GrdstGläub (für RealBerecht am begünstigten GrdPfdR gilt § 876). Erfaßt wird auch vorher eingetretene Vereinigg.

c) Aufhebung (V 3) des Ausschl ist InhaltsÄnderg iSv § 877; formlose Einigg zw Eigtümer u Gläub **12** (einseit EigtümerErkl bei EigtümerGrdSch) u Eintr (auf Bewilligg des Eigtümers) erforderl, nicht aber Zust and GrdstGläub u der RealBerecht am begünstigten GrdPfdR. LöschungsAnspr erfaßt nur Vereinigungen, die bei Aufhebg bestehen od danach eintreten; nicht solche, die nur vor der Aufhebg bestanden haben. TeilAufhebg entspr Rn 10 mögl.

5) Einreden (zB Abrede der Nichtgeltdmachung) aus dem RVerh zw Gläub des begünstigten Rechts u **13** demjenigen, der zur Löschg od zur Zust zur Löschg verpflichtet ist, sind mögl. Ggü einem gutgl Erwerber des begünstigten Rechts wirkt die Einrede nur bei GBEintr (§ 1157); ihm ggü macht die Zust seines RVorgängers zur Vfg über das betroffene Recht diese nicht wirks (Gaberdiel Sparkasse **77**, S 282; Kollhosser JA **79**, 232; aA Wilke WM **78**, 2).

6) Zwangsversteigerung. Vgl § 1179 Rn 19. Erlischt nur das begünstigte Recht, so bleibt (sofern Berecht **14** nicht aus Grdst befriedigt) ein bei Zuschlag inf Vereinigg bereits entstandener LöschgsAnspr ggüber dem bestehenbleibenden betroffenen Recht bestehen (ZVG 91 IV) u ist, sofern der LöschgsAnspr nicht im Verteilgs-Verf geltd gemacht wurde, auf Antr des LöschgsBerecht dch Eintr einer Vormkg beim betroffenen Recht sicherb (vgl ZVG 130a II), da VormkgsWirkg nach § 1179a I 3 mit Löschg des begünstigten Rechts entfällt (ZVG 130a I). Ist dem AntrSteller die bei Löschg des bestehen gebliebenen Rechts fäll werdde Zuzahlg des Erstehers nicht zuzuteilen, muß er die Löschg der Vormkg bewilligen u die Löschgskosten tragen (ZVG 130a II 3). Vgl auch Mohrbutter KTS **78**, 17.

7) Übergangsrecht gem G v 22. 6. 77 (BGBl 998) Art 8 § 1: **15**

I Ein Anspruch nach § 1179a oder § 1179b des Bürgerlichen Gesetzbuchs in der Fassung von Artikel 1 dieses Gesetzes besteht nicht für den als Gläubiger Eingetragenen oder den Gläubiger einer Hypothek, Grundschuld oder Rentenschuld, die vor Inkrafttreten dieses Gesetzes im Grundbuch eingetragen worden ist.

II Wird eine Hypothek, Grundschuld oder Rentenschuld auf Grund eines vor Inkrafttreten dieses Gesetzes gestellten Antrags oder Ersuchens nach Inkrafttreten dieses Gesetzes eingetragen oder ist ein solches nach Inkrafttreten dieses Gesetzes einzutragendes Recht bereits vor Inkrafttreten dieses Gesetz entstanden, so steht dem Gläubiger oder dem eingetragenen Gläubiger des Rechts ein Anspruch nach § 1179a oder § 1179b des Bürgerlichen Gesetzbuchs nicht zu. Dies ist von Amts wegen im Grundbuch einzutragen.

III Auf eine Löschungsvormerkung, die vor dem Inkrafttreten dieses Gesetzes in das Grundbuch eingetragen oder deren Eintragung vor diesem Zeitpunkt beantragt worden ist, ist § 1179 des Bürgerlichen Gesetzbuchs in der bisherigen Fassung anzuwenden. Wird die Eintragung einer Löschungsvormerkung zugunsten eines im Range gleich- oder nachstehenden Berechtigten oder des eingetragenen Gläubigers des betroffenen Rechts nach Inkrafttreten dieses Gesetzes beantragt, so gilt das gleiche, wenn dem Berechtigten wegen Absatz 1 oder 2 ein Löschungsanspruch nach den §§ 1179a und 1179b des Bürgerlichen Gesetzbuchs nicht zusteht.

a) Begünstigte Rechte, deren Eintr vor dem 1. 1. 1978 erfolgte od beantragt (ersucht) wurde (Eingang beim **16** GBA maßg) od die zu diesem Ztpkt außerh des GB entstanden, haben keinen LöschgsAnspr zum Inhalt (I, II); auch bei RangRücktr nach dem 31. 12. 1977 erlangen sie ihn nicht (Oldbg Rpfleger **78**, 307; Celle Rpfleger **78**, 308; Ffm Rpfleger **79**, 19; Köln RhNK **79**, 38; BayObLG **79**, 126). Soweit hiernach ein LöschgsAnspr nicht ausgeschl, besteht er auch bzgl vor dem 1. 1. 1978 eingetr betroffenen Rechte (BGH **99**, 363).

b) Zugunsten von Rechten, die nach I, II keinen LöschgsAnspr zum Inhalt haben, kann auch noch ab 1. 1. **17** 1978 eine LöschgsVormerkg nach § 1179 aF eingetragen werden (III 2); zB bei Rangrücktr nach 31. 12. 1977 (Celle Rpfleger **78**, 308; LG Köln RhNK **88**, 18). Auch für LöschgsVormerkg, deren Eintr vor dem 1. 1. 1978 erfolgte oder beantragt war (Eingang beim GBA maßg), gilt § 1179 aF (III 1); vgl dazu 36. Aufl.

§ 1179 aF: Verpflichtet sich der Eigentümer einem anderen gegenüber, die Hypothek löschen zu lassen, wenn sie sich mit dem Eigentum in einer Person vereinigt, so kann zur Sicherung des Anspruchs auf Löschung eine Vormerkung in das Grundbuch eingetragen werden.

c) Zum ÜbergangsR bei Mitbelastg, Vereinigg u BestandtZuschreibg vgl Stöber Rpfleger **78**, 165. Bei **18** Nachverpfändg nach 31. 12. 1977 keine LöschgsVormkg nach § 1179 aF eintragb (BGH NJW **81**, 1503).

8) Auf die **Grund/Rentenschuld** als begünstiges (Rn 2) u betroffenes (Rn 6, 7) Recht entspr anwendb **19** (§ 1192 I).

1179 b **Löschungsanspruch bei eigenem Recht** *I Wer als Gläubiger einer Hypothek im Grundbuch eingetragen oder nach Maßgabe des § 1155 als Gläubiger ausgewiesen ist,* kann von dem Eigentümer die Löschung dieser Hypothek verlangen, wenn sie im Zeitpunkt ihrer Eintragung mit dem Eigentum in einer Person vereinigt ist oder eine solche Vereinigung später eintritt.

II § 1179a Abs. 1 Satz 2, 3, Abs. 2, 5 ist entsprechend anzuwenden.

1 **1) Allgemeines. – a)** § 1179 b begründet einen nicht selbstd abtretb AufhebgsAnspr für den als Gläub eines GrdPfdR Ausgewiesenen iF der Vereinigg des GrdPfdR mit dem Eigt, der krG wie dch eine Vormkg gesichert ist; Gläub braucht keine löschgsfäh Quittg zu erteilen, sond nur von ihm verlangte Löschg zu bewilligen (vgl BGH NJW **80**, 228). Begünstigtes GrdPfdR kann neben einer Hyp auch eine Grd/RentenSch sein (§ 1192). – **b)** § 1179 b ist dch Art 1 Nr 2 des G v 22. 6. 77 (BGBl 998) eingefügt u gilt ab 1. 1. 1978. Wg **Übergangsrecht** vgl § 1179a Rn 15.

2 **2) Löschungsanspruch. – a) Gläubiger** ist, wer dch GBEintr od (bei Übertr außerh des GB) UrkKette gem § 1155 als Inh des FremdGrdR ausgewiesen ist. Maßg ist die formelle RInhabersch; es kommt daher nicht darauf an, ob eine Hyp für den BuchBerecht wg Nichtvalutierg nie entstanden ist od ob er noch Inh eines Teils des ursprüngl FremdR ist. Bei Teilg des begünstigten Rechts beschränkt sich der Anspr auf den nicht übertragenen Teil; hins des übertragenen (gleichrangigen) Teils kann ein Anspr nach § 1179a entstehen. – **b) Schuldner** ist der GrdstEigtümer. Gem I, II iVm § 1179a I 2 gilt gleiche Regelg wie bei § 1179a (vgl dort Rn 3). – **c) Inhalt.** Löschg (richtiger: Aufhebg) des GrdPfdR, wenn u soweit es sich mit dem Eigt vereinigt hat. Gem I, II iVm § 1179a II gilt die gleiche Regelg wie bei § 1179a (vgl dort Rn 4–7). – **d) Sicherung** gg Vfg des Schu, die der Aufhebg entggstehen, dch Vormkgs Wirkg. Gem II iVm § 1179a I 3 gilt gleiche Regelg wie bei § 1179a (vgl dort Rn 8). Für ZwFinanzierer wichtig, Zust des Gläub zur Abtr der vorläuf EigtümerGrdSch einzuholen.

3 **3) Ausschluß des Löschungsanspruchs** als Inhalt des GrdPfdR vereinb. Gem II iVm § 1179a V gilt gleiche Regelg wie bei § 1179a (vgl dort Rn 10–12 u LG Wuppt RhNK **88**, 19 [künft FremdGläub einer EigtümerGrdSch]). – Vgl auch § 1187 S 4.

4 **4) Einreden** sind mögl. § 1179a Rn 13 gilt entspr.

5 **5) Auf die Grund/Rentenschuld** entspr anwendb (§ 1192 I).

1180 *Auswechslung der Forderung.* [I] **An die Stelle der Forderung, für welche die Hypothek besteht, kann eine andere Forderung gesetzt werden. Zu der Änderung ist die Einigung des Gläubigers und des Eigentümers sowie die Eintragung in das Grundbuch erforderlich; die Vorschriften des § 873 Abs. 2 und der §§ 876, 878 finden entsprechende Anwendung.**

[II] **Steht die Forderung, die an die Stelle der bisherigen Forderung treten soll, nicht dem bisherigen Hypothekengläubiger zu, so ist dessen Zustimmung erforderlich; die Zustimmung ist dem Grundbuchamt oder demjenigen gegenüber zu erklären, zu dessen Gunsten sie erfolgt. Die Vorschriften des § 875 Abs. 2 und des § 876 finden entsprechende Anwendung.**

1 **1) Allgemeines.** § 1180 erspart den Umweg über §§ 1168 I, 1177, 1198. – **a) Rechtsnatur.** FdgsAuswechslg ist Vfg über die Hyp dch Inhaltsänderg (§ 877) u über das Grdst dch Belastg (desh notw BelastgsGen auch hier notw; Schlesw SchlHA **60**, 57). Ist die neue Fdg höher als die alte, ist insow Neubestellg an rangbereiter Stelle od Rangvortritt notw (RG JW **34**, 479). – **b) Geltungsbereich.** Alle Hyp, die bei Erlöschen des Fdg zur EigtümerGrdSch werden; auch SichgsHyp (RG **60**, 259), HöchstBetrHyp (KGJ **32** A 269), § 1177 II-Hyp (RG **121**, 38); nicht aber RückstandsHyp (§ 1178) u Auswechselg der Fdg, die dch nur vorgemerkte Hyp gesichert werden soll (KG OLG **20**, 419).

2 **2) Auswechselung ohne Gläubigerwechsel (I). – a) Voraussetzungen.** Formlose Einigg zw Eigtümer (bei GesamtHyp: alle) u Gläub über Ersetzg der bish gesicherten Fdg dch eine od mehrere and (auch künft/bdgt) Fdgen gg denselben od and Schuldn (bei HöchstBetrHyp kann bish Fdg einbezogen werden) sowie ggf Zust des BelastgsBerecht; pers Schuldn braucht nicht zuzustimmen (vgl aber § 1165 Rn 2). Bei unwirks Hyp liegt darin HypBestellg, wenn der Beteil mögl Unwirksamk bekannt (MüKo/Eickmann Rn 4; Soergel/Konzen Rn 3; aA RG **139**, 118 [129]); sonst kein HypErwerb. Für Auswechselg mit NichtEigtümer gilt § 893 (MüKo/Eickmann aaO; Soergel/Konzen aaO). – Ferner GBEintr mit FdgsBezeichng nach § 1115 (RG **147**, 3 298). EintrBew des Eigtümers u Gläub sowie ggf des BelastgsBerecht (GBO 19, 29). – **b) Wirkung.** Die Hyp sichert nur die neue Fdg; § 1137 gilt nur für Einreden gg sie. Bish Fdg bleibt bestehen, soweit sie nicht aus and Grd erlischt (vgl § 1165 Rn 2). ZPO 800 nur anwendb, wenn Unterwerfg neu erklärt u eingetr (allgM).

4 **3) Auswechselung mit Gläubigerwechsel (II).** Mögl auch Auswechselg nach I iVm Abtretg; es genügt (auch für gutgl Erwerb des neuen Gläub nach §§ 892, 1138), daß Auswechselg u Abtretg in einem EintrVermerk zusgefaßt (RG **147**, 298). – **a) Voraussetzungen.** Einigg zw Eigtümer u neuem Gläub (§ 878 anwend; Soergel/Konzen Rn 8) u Eintr entspr I (Rn 2) sowie Zustimmg des bish Gläub ggü GBA, Eigtümer od neuem Gläub. Für HypErwerb gilt § 892. – **b) Wirkung.** Die Hyp geht agrd rgeschäftl Vfg des Eigtümers ohne Abtretg (KG JW **35**, 3570) auf den neuen Gläub über. Vor BriefÜberg od FdgsEntstehg gelten §§ 1117, 1163 I 1, II, 1177.

5 **4) Auf die Grund/Rentenschuld** nicht anwendb. EigtümerGrdSch muß unter Umwandlg in FremdR (§ 1198) abgetreten werden (BGH NJW **68**, 1674).

1181 *Erlöschen durch Befriedigung aus dem Grundstück.* [I] **Wird der Gläubiger aus dem Grundstücke befriedigt, so erlischt die Hypothek.**

[II] **Erfolgt die Befriedigung des Gläubigers aus einem der mit einer Gesamthypothek belasteten Grundstücke, so werden auch die übrigen Grundstücke frei.**

[III] **Der Befriedigung aus dem Grundstücke steht die Befriedigung aus den Gegenständen gleich, auf die sich die Hypothek erstreckt.**

1) Allgemeines. § 1181 gilt nur bei Befriedigg aus dem Grdst (bzw den mithaftden Ggst) iW der 1 ZwVollstr nach § 1147; wird die pers Fdg iW der ZwVollstr befriedigt, so gilt nur § 1163 I 2 (RG **56**, 325). – Nicht unter § 1181 fällt die Befriedigg aus dem Erlös des zur Vermeidg der ZwVollstr od vom KonkVerw freihänd verkauften Grdst (RG Warn **32** Nr 48).

2) Befriedigung des Gläub iSv § 1181 (Rn 1) erfolgt: – **a)** Bei **Zwangsverwaltung** mit Zahlg dch den 2 ZwVerw (KG JFG **11**, 254). – **b)** Bei **Zwangsversteigerung** dch Erlösauszahlg. Wie Befriedigg wirken: Befriediggsfiktion nach ZVG 114a; Übertragg der Fdg gg Ersteher nach ZVG 118 II. – **c)** Bei **Mobiliarvollstreckung** in mithaftde Ggst nach ZPO 819, 825. – **d)** Die **Einziehung der Gebäudeversicherungsforderung** steht der Befriedigg aus dem Grdst gleich (str; vgl § 1128 Rn 5).

3) Rechtsfolgen. – a) Die **Einzelhypothek** erlischt im Umfang der Befriedigg (I). War sie nach ZVG 52 3 I 2, 91 I schon mit Zuschlag am Grdst erloschen, so setzt sie sich bis zur Befriedigg des Gläub am Erlös fort (vgl § 1191 Rn 11). Kein Erlöschen nach I, wenn Bestehenbleiben vereinbart (ZVG 91); vgl Rn 5. – **b)** Bei 4 einer **Gesamthypothek** erlischt die Hyp an dem Grdst, in das vollstreckt ist, nach I (Rn 3) u vorbeh § 1182 an den mithaftden Grdst, in die nicht vollstreckt wurde, nach II; fällt die GesamtHyp bei der Erlösverteilg aus, so erlischt die Hyp an letzteren mangels Befriedigg nicht, ist am ersteren aber nach ZVG 52 I 2, 91 I erloschen. – **c)** Die **persönliche Forderung** erlischt, wenn der Eigtümer auch pers Schuldn war (§ 362 I); 5 anderenf erwirbt der Eigtümer sie ohne die (erloschene) Hyp (§ 1143 I). Dies gilt auch bei einer BestehenbleibensVereinbg nach ZVG 91; liegt in ihr die Begründg einer pers Haftg des Erstehers ggü dem Gläub (was mangels ggteil Abrede anzunehmen), so sichert die bestehenbleibde Hyp diese abstr neue Schuld (vgl MüKo/Eickmann Rn 10, 15, 17; str), anderenf wird sie GrdSch.

4) Auf die **Grund/Rentenschuld** entspr anwendb (§ 1192 I). 6

1182 *Übergang bei Befriedigung aus der Gesamthypothek.* **Soweit im Falle einer Gesamthypothek der Eigentümer des Grundstücks, aus dem der Gläubiger befriedigt wird, von dem Eigentümer eines der anderen Grundstücke oder einem Rechtsvorgänger dieses Eigentümers Ersatz verlangen kann, geht die Hypothek an dem Grundstücke dieses Eigentümers auf ihn über. Die Hypothek kann jedoch, wenn der Gläubiger nur teilweise befriedigt wird, nicht zum Nachteile der dem Gläubiger verbleibenden Hypothek und, wenn das Grundstück mit einem im Rang gleich- oder nachstehenden Rechte belastet ist, nicht zum Nachteile dieses Rechtes geltend gemacht werden.**

1) Allgemeines. § 1182 entspricht § 1173 II u ergänzt § 1181 II bei einer GesamtHyp an Grdst od 1 sonstigen BelastgsGgst (§ 1132 Rn 3) verschied Eigtümer; gehören sie demselben Eigtümer, so gilt § 1181. Maßg sind die EigtVerh im Ztpkt der Befriedigg.

2) Voraussetzungen. – a) Befriedigung des Gläub aus dem Grdst od den mithaftden Ggst (§ 1181 Rn 2) 2 nur eines Eigtümers. – **b) Ersatzanspruch** iSv § 1173 Rn 2 dieses Eigtümers gg den eines mithaftden Grdst.

3) Rechtsfolgen. Für die Hyp am eigenen Grdst gilt § 1181 Rn 4. – **a)** In Höhe des ErsAnspr erwirbt der 3 Eigtümer des Grdst, aus dem befriedigt wurde, krG die Hyp am Grdst des ersatzpfl Eigtümers als FremdHyp; sie sichert krG entspr § 1173 Rn 9 nur den ErsAnspr (RG **81**, 71). – **b)** Hat der ersatzpfl Eigtümer mehrere mithaftde Grdst od richtet sich der ErsAnspr gg mehrere Eigtümer als GesamtSchuldn, so ist die RückgrHyp eine GesamtHyp; bei selbstd ErsAnspr mehrere Eigtümer erwirbt der ErsBerecht mehrere EinzelRückgrHyp (Becher [§ 1173 Rn 2] S 97f). – **c)** Die RückgrHyp hat Rang nach den in S 2 genannten Rechten; iFv Halbs 2 müssen diese Rechte (nicht notw GrdPfdR) im Ztpkt der Befriedigg bestehen (KGJ **42**, 274).

4) Auf die **Grund/Rentenschuld** entspr anwendb (§ 1192 I).

1183 *Aufhebung der Hypothek.* **Zur Aufhebung der Hypothek durch Rechtsgeschäft ist die Zustimmung des Eigentümers erforderlich. Die Zustimmung ist dem Grundbuchamt oder dem Gläubiger gegenüber zu erklären; sie ist unwiderruflich.**

1) Allgemeines. § 1183 ergänzt §§ 875, 876. Die Hyp erlischt erst, wenn die Erfordern der §§ 875, 876, 1 1183 erfüllt sind; Reihenfolge gleichgült. Die EigtümerZust muß hinzutreten, wenn er nicht selbst HypGläub ist (KG JFG **13**, 394), denn ihm soll die Möglichk erhalten bleiben, die Hyp als EigtümerGrdSch zu erwerben. Aufhebg zu unterscheiden von Verzicht (§ 1168), bei den EigtümerGrdSch entsteht.

2) Geltungsbereich. Rgeschäftl Aufhebg einer Hyp (§ 875), nicht auch einer HypVormkg. Herabsetzg 2 des Zinsfußes ist teilweise Aufhebg der Hyp (RG **72**, 363). Für rückständige Nebenleistgn u die Kosten des § 1118 gilt § 1178. Aufhebg einer GesHyp an nur einigen Grdst ist regelm als Verzicht nach § 1175 I 2 ohne Zust des Eigtümers wirks (KG JFG **11**, 245); desw auch pfdfreie Abschreibg eines GrdstTeils zustfrei (vgl § 1175 Rn 3).

3) Zustimmung aller Eigtümer, an deren Grdst (od MitEigtAnteilen) die Hyp aufgeh werden soll. 3 Maßgebd ist der Ztpkt der Aufhebg. Beim Wechsel des Eigtums also Zust des Erwerbers nötig, wenn zZ des EigtWechsels die Hyp noch nicht wirks aufgeh war. Bei gleichzeitiger EigtUmschreibg u Löschg genügt Zust des Veräußerers (KG JFG **20**, 8), wenn alle sonstigen Voraussetzungen vorliegen. – **a) Rechtsnatur.** 4 Abstrakte einseit empfangsbedürft WillErkl; selbstd RGesch ggü Aufhebg (RG HRR **33**, 1012). Zu unterscheiden von rein verfrechtl Zustimmg nach GBO 27; eine enthält idR die andere. Sie ist Vfg über AnwR auf Erwerb als EigtümerGrdSch (BayObLG **73**, 220), nicht über das Grdst (str). Daher iFv § 1424 Zustimmg des and Ehegatten nicht nöt; einstw Vfg, die dem Eigtümer Vfg über Grdst verbietet, steht seiner

Zustimmg nicht entgg (KG JFG **4**, 418). Über Anwendg von § 1812 vgl BayObLG Rpfleger **85**, 24 Anm Damrau. Zustimmg des Nacherben jedenf bei letztrang Hyp nicht nöt (KG HRR **37**, 1016). Wg Unwider-
5 ruflichk ist KonkVerw an Zustimmg des GemSchu vor KonkEröffng gebunden (RG **52**, 416). – **b) Form.** Materiellr formfrei; Nachw ggü GBA gem GBO 29. Inhalt nicht vorgeschrieben; doch muß eindeut sein, auf welche Hyp sie sich bezieht (Köln Rpfleger **70**, 286); im LöschgsAntr od FreistellgsVerpfl in der AuflUrk kann schlüss Zustimmg liegen (BayObLG **73**, 220); and uU bei TeilAufl wg Möglichk eines
6 EigtümerGrdPfdR. – **c) Empfänger:** S 2; § 181 gilt, wenn Gläub die Zustimmg als Vertreter des Eigtümers ggü sich od dem GBA (vgl BGH JR **80**, 412 Anm Kuntze) erklärt; nicht aber, wenn Eigtümer die Zustimmg ggü sich als Vertreter des Gläub od dem GBA erklärt (kein rechtl Nachteil für Vertretenen; vgl aber § 875 Rn 6).

7   **4)** Auf die **Grund/Rentenschuld** ist § 1183 entspr anwendb (§ 1192; BayObLG Rpfleger **85**, 24).

1184   *Sicherungshypothek.* **^I** Eine Hypothek kann in der Weise bestellt werden, daß das Recht des Gläubigers aus der Hypothek sich nur nach der Forderung bestimmt und der Gläubiger sich zum Beweise der Forderung nicht auf die Eintragung berufen kann (Sicherungshypothek).

^{II} Die Hypothek muß im Grundbuch als Sicherungshypothek bezeichnet werden.

1   **1) Allgemeines.** Die SichgHyp ist ggü der gewöhnl (Verkehrs-)Hyp kein verschiedenes sond ein minde-res Recht (RG **123**, 169). Die strenge Akzessorietät schützt den Eigtümer gg gutgl Erwerb bei FdgsMängeln u macht die SichgHyp daher nicht zum Umlauf (Bodenkredit) geeignet. – Bestimmte Fdgen können nur nach SichgHyp gesichert werden (§§ 1187–1190). Ob für and Fdgen eine SichgHyp zu bestellen ist, ist eine Frage des GrdGesch (§ 1113 Rn 3) od der gesetzl AnsprGrdLage (zB § 648).

2   **2) Strenge Akzessorietät.** Sie wird dadch bewirkt, daß wg der Nichtanwendbark von § 1138 (§ 1185 II) die §§ 891–899 in Ansehg der Fdg u der Einreden des § 1137 nicht gelten; für die Hyp selbst gelten sie aber
3 (vgl Rn 3 aE, Rn 4 aE). – **a)** Das **Recht aus der Hypothek bestimmt sich nur nach der Forderung;** maßg ist die in Wahrh gesicherte Fdg, bei zu Unrecht eingetr FdgsAuswechslg also die ursprüngl (KG JW **37**, 111). Wird eine nicht bestehde od einredebehaftete Fdg an einen Gutgläubigen abgetreten, so erwirbt
4 dieser die SichgHyp nicht bzw nur einredebehaftet. Deshalb gelten auch §§ 894–899 bei Einwendgen/ Einreden gg die Fdg nicht. Bei Abtretg bestehder Fdg gilt § 892 aber für die Hyp (zB bei unwirks Bestellg) u das Nichtbestehn nicht eingetr Einreden des § 1157 (RG **74**, 213). – **b) Kein Beweis der Forderung durch die Eintragung.** Das Entstehen der gesicherten Fdg muß der Gläub ggü dem Eigtümer (zB im Verf nach § 1147) u jedem Dritten (zB nachrang Gläub im VerteilgsVerf) mit and Mitteln beweisen (BGH NJW **86**, 53). Das Erlöschen der Fdg (BGH aaO) der Bestehen einer Einrede muß der Eigtümer beweisen; ebso Unrichtigk des eingetr SchuldGrd, wenn er daraus Rechte herleitet (RG Warn **19** Nr 115). – Ist der Eigtümer zugl pers Schuldn, wird die Fdg im Verhältn Eigtümer/Gläub dch rkräft ZahlgsTitel bewiesen (ZPO 325); ist der Eigtümer nicht zugl pers Schuldn, kann er gg die Fdg auch Einreden/Einwendgen geltd machen, die dem pers Schuldn schon nrkräft abgerkannt sind (BGH NJW **60**, 1348; Erm/Räfle Rn 2; einschränkd Ffm NJW-RR **88**, 206 bei GrdstVeräußerg zur GläubBenachteiligg). – Bei einer ZwHyp kann der mit dem VollstrSchuldn ident Eigtümer Einreden/Einwendgen gg die Fdg nur iRv ZPO 767 II, 796 II geltd machen (BGH NJW **88**, 828); auch der Eigtümer, der das Grdst mit der ZwHyp erwarb, kann nur Einreden/ Einwendgen gg die Fdg geltd machen, die der VollstrSchuldn nach ZPO 767 II, 796 II geltd machen könnte
5 (BGH aaO). – Hat der Gläub die Fdg nachgewiesen, so gilt für die Hyp § 891 (KG JW **37**, 111). – **c) § 893** gilt nicht bzgl der Fdg. Zahlg an den eingetr Gläub befreit den Eigtümer nur, wenn die Fdg dem Eingetrage-nen zustand (Erm/Räfle Rn 2; hM).

6   **3) Entstehung. – a) Rechtsgeschäftlich** nach § 873; der Wille zur Bestellg einer SichgHyp muß in der Einigg erkennb sein u Bezeichng als SichgHyp im EintrVermerk selbst notw (**II**; Ausn: §§ 1187 S 2, 1190 III, VerglO 93 II 2). Ist VerkehrsHyp trotz Einigg über SichgHyp eingetr, so ist VerkehrsHyp entstanden (denn Part wollen dingl Sichg), die im InnenVerh u ggü bösgläub Erwerber als SichgHyp zu behandeln (hM; aA Planck/Strecker Anm 3b [nichts entstanden]). Ist SichgHyp trotz Einigg über VerkehrsHyp eingetr, so ist SichgHyp als minderes Recht entstanden (RG **123**, 169). Bei Dissens über HypArt entsteht die eingetr Hyp (Soergel/Konzen Rn 9; Staud/Scheurübl Rn 13; W-Raiser § 151 IV 3b; aA MüKo/Eickmann Rn 14 [stets VerkehrsHyp]; Planck/Strecker Anm 3a [nichts entstanden]). – **b) Nichtrechtsgeschäftlich.** Kraft Gesetzes: § 1287 S 2, ZPO 848 II (Eintr ist GBBerichtigg). Dch ZwVollstr: ZPO 867, 932, AO 322. Auf behördl Ersuchen: ZVG 128, 130 I 2.

7   **4)** Auf die **Grund/Rentenschuld** nicht anwendb; insb nicht auf die SichgGrdSch.

1185   *Buchhypothek; unanwendbare Vorschriften.* **^I** Bei der Sicherungshypothek ist die Erteilung des Hypothekenbriefs ausgeschlossen.

^{II} Die Vorschriften der §§ 1138, 1139, 1141, 1156 finden keine Anwendung.

1   **1) Allgemeines.** Für die SichgHyp gelten die Vorschriften der VerkehrsBuchHyp (zB §§ 1132, 1153, 1154 III, 1163, 1164, 1177), soweit ihre Anwendg nicht dch §§ 1184–1190 ausgeschl ist od dort Sonder-Vorschr bestehen.

2   **2) Buchhypothek (I).** Die SichgHyp ist stets BuchHyp. BriefAusschl braucht wg §§ 1184 II, 1190 I 2 nicht eingetr zu werden. Die für die BriefHyp gelten Vorschriften sind nicht anwendb; ein Brief ist wirkgslos.

3) Nicht anwendbare Vorschriften (II); vgl auch Rn 2. – **a) § 1138;** vgl § 1184 Rn 2–5. – **b) § 1139;** 3 weil wg Ausschl gutgl Erwerbs bes EigtümerSchutz entbehrl. – **c) § 1141.** Künd ggü pers Schuldn od dch ihn ausreichd u notw (RG **111**, 397). Ist dieser od sein Aufenth unbekannt, so gilt § 132 II. Im Falle von ZVG 54 I muß Eigtümer zugl pers Schuldn sein, damit Künd ggü Ersteher wirkt (MüKo/Eickmann Rn 13; Soergel/Konzen Rn 5; weitergeh RG LZ **28**, 1060). – **d) § 1156.** Der Eigtümer kann sich auch dem gutgl Erwerber ggü auf §§ 406–408 berufen; zB befreie Zahlg an bish Gläub in Unkenntn der Abtretg.

4) Auf die **Grund/Rentenschuld** nicht anwendb; insb nicht auf die SichgGrdSch.   4

1186 *Zulässige Umwandlungen.* Eine Sicherungshypothek kann in eine gewöhnliche Hypothek, eine gewöhnliche Hypothek kann in eine Sicherungshypothek umgewandelt werden. Die Zustimmung der im Range gleich- oder nachstehenden Berechtigten ist nicht erforderlich.

1) Allgemeines. Jede Hyp kann dch RGesch in eine Hyp and Art umgewandelt werden. Eine VerkHyp 1 auch in eine HöchstBetrHyp (KG JW **35**, 3570) u umgekehrt (§ 1190 Rn 19), eine ArrestHyp in eine ZwHyp (Rn 3; aber nicht umgekehrt).

2) Umwandlung. – a) Inhaltsänderung (§ 877) dch Einigg u Eintr. Bei Umwandlg einer Sichg- in eine 2 VerkHyp ist eine BuchHyp als gewollt anzusehen, wenn Aufhebg des BriefAusschl vereinb ist; nochmalige Eintr des BriefAusschl zweckmäß (Dresden OLG **29**, 371), aber nicht notw. Umwandlg mit FdgsAuswechslg verbindb (RG **147**, 298). Der Brief ist bei nachträgl Erteilg dem Gläub auszuhändigen (GBO 60 I), bei nachträgl Ausschl unbrauchb zu machen (GBO 69). – **b) Arresthypothek** (ZPO 932) wird mit Erlangg 3 eines HauptsacheTit nicht krG zur ZwHyp (KG OLG **44**, 177). Umwandlg nach § 1186 notw, wobei statt Einigg SchuldTit u GläubAntr genügen (KG aaO); bei Eigtümerwechsel EintrBew des neuen Eigtümers notw (KG aaO). Es handelt sich um eine Neueintragg in der dch die ArrestHyp gesicherten Rangstelle (KG JFG **7**, 401). – **c) Zustimmung.** Mangels Beeinträchtig müssen gleich- u nachrang Berecht (S 2) u pers 4 Schuldn nicht zustimmen. Zustimmen müssen Berecht einer HypBelastg. Berecht einer LöschgsVormkg/ ges LöschgsAnspr brauchen die Umwandlg einer Sichg- in eine VerkHyp nicht gg sich gelten zu lassen (§ 1179 Rn 16, § 1179a Rn 8; Soergel/Konzen Rn 7), währd sie die umgekehrte Umwandlg nicht beeinträchtigt.

3) Auf die **Grund/Rentenschuld** nicht anwendb; vgl aber §§ 1198, 1203.   5

1187 *Sicherungshypothek für Inhaber- und Orderpapiere.* Für die Forderung aus einer Schuldverschreibung auf den Inhaber, aus einem Wechsel oder aus einem anderen Papiere, das durch Indossament übertragen werden kann, kann nur eine Sicherungshypothek bestellt werden. Die Hypothek gilt als Sicherungshypothek, auch wenn sie im Grundbuche nicht als solche bezeichnet ist. Die Vorschrift des § 1154 Abs. 3 findet keine Anwendung. Ein Anspruch auf Löschung der Hypothek nach den §§ 1179a, 1179b besteht nicht.

1) Allgemeines. Die WertPapHyp ist heute ohne prakt Bedeutg; verdrängt dch die SichgGrdSch. Wert- 1 PapFdgen auch dch HöchstBetrHyp sicherb; GBO 50 dann nicht anwendb (KG JFG **4**, 425). G über die gemeins Rechte der Besitzer von SchVerschreibgen v 4. 12. 1899 (BGBl III 4134-1) gilt auch bei Sichg nach § 1187. Die Hyp ist stets krG SichgHyp **(S 2)**; § 1185 Rn 1 gilt.

2) Sicherbare Forderung; LeistgsGgst wie § 1113 Rn 14. Aus InhSchVerschreibg (§§ 793 ff; nicht § 808) 2 od OrderPap (WG 11, 27; SchG 14 I; HGB 363). Die Hyp muß die Fdg aus dem Papier unmittelb sichern; bei Sichg einer Fdg dch Papier u anh entsteht gewöhnl SichgHyp od VerkehrsHyp.

3) Bestellung (§ 873). – **a) Einigung.** Bei InhSchVerschreibg genügt wg Unbestimmth der Gläub 3 einseit EigtümerErkl ggü GBA (§ 1188 I). – **b) Eintragung** (vgl Böhringer BWNotZ **88**, 25). Bezeichng als SichgHyp nicht notw (S 2). Als Gläub sind einzutragen: bei InhSchVerschreibg „der Inhaber" des genau bezeichneten Papiers; bei OrderPap der namentl bezeichnete erste Nehmer sowie „jeder dch Indossament ausgewiesene Inhaber". Über Eintragg bei TeilSchVerschreibg vgl GBO 50. Auch zur ErstEintr ist das WertPap entspr GBO 43 vorzulegen (str). – **c) Entstehung** als FremdHyp erst mit Entstehen der verbrieften Fdg (§ 1163 I), vorher EigtümerGrdSch.

4) Übertragung. Wg Ausschl von § 1154 III **(S 3)** wird die Fdg ohne GBEintr nach den für das WertPap 4 geltden Vorschr übertragen; die Hyp folgt nach § 1153 I (keine GBBerichtig). Legitimation ggü GBA bei InhSchVerschreibg dch Besitz u bei Order Pap dch Indossament in der Form von GBO 29 I.

5) Gutglaubensschutz. – a) Forderungserwerb. §§ 1137, 1185 II anwendb; der GutglSchutz richtet 5 sich aber nach den WertPapVorschr (§§ 796, 932 ff; WG 16, 17; SchG 21, 22; HGB 364 II, 365 ff). – **b) Hypothekenerwerb.** §§ 891, 892 gelten; gutgl Erwerb auch, wenn Verfüger nur dch Besitz/Indossamentenkette legitimiert (Erm/Räfle Rn 4; Wstm/Eickmann § 128 III 1; aA Planck/Strecker Anm 4c). Ferner gilt §§ 1157; bei nur aus Pap ersichtl Einrede § 1140 entspr anwendb (Erm/Räfle aaO; Wstm/Eickmann aaO).

6) Vereinigung mit dem Eigentum bei Erlöschen der Fdg (§§ 1163 I, 1177); kein ges LöschgsAnspr 6 **(S 4)**, vertragl (vgl KGJ **50**, 198) nur für Gläub iSv § 1179 sicherb. Die Fdg erlischt aber nicht, wenn pers schuldner Eigtümer das Papier erwirbt; es gilt dann § 1177 II. Auch bei Indossierg des Wechsels auf den Aussteller erlischt die Fdg nicht (WG 11 III).

7) Auf die **Grund/Rentenschuld** nicht anwendb; vgl aber § 1195.   7

1188 *Sondervorschrift für Schuldverschreibungen auf den Inhaber.* [I] Zur Bestellung einer Hypothek für die Forderung aus einer Schuldverschreibung auf den Inhaber genügt die Erklärung des Eigentümers gegenüber dem Grundbuchamte, daß er die Hypothek bestelle, und die Eintragung in das Grundbuch; die Vorschrift des § 878 findet Anwendung.

[II] Die Ausschließung des Gläubigers mit seinem Rechte nach § 1170 ist nur zulässig, wenn die im § 801 bezeichnete Vorlegungsfrist verstrichen ist. Ist innerhalb der Frist die Schuldverschreibung vorgelegt oder der Anspruch aus der Urkunde gerichtlich geltend gemacht worden, so kann die Ausschließung erst erfolgen, wenn die Verjährung eingetreten ist.

1   **1) Sondervorschrift** nur für Fdg aus InhSchVerschreibg (nicht aus OderPap). – **I** macht Ausn von § 873 bei Bestellg (vgl § 1187 Rn 3). – **II** schützt PapInh gg vorzeit Ausschließg seines Rechts. VorleggsFr: § 801 I 1, III; VerjFr: § 801 I 2. Vgl auch ZPO 986 II.

2   **2)** Auf die **Inhabergrund/Rentenschuld** entspr anwendb (§§ 1191 I, 1195).

1189 *Bestellung eines Grundbuchvertreters.* [I] Bei einer Hypothek der im § 1187 bezeichneten Art kann für den jeweiligen Gläubiger ein Vertreter mit der Befugnis bestellt werden, mit Wirkung für und gegen jeden späteren Gläubiger bestimmte Verfügungen über die Hypothek zu treffen und den Gläubiger bei der Geltendmachung der Hypothek zu vertreten. Zur Bestellung des Vertreters ist die Eintragung in das Grundbuch erforderlich.

[II] Ist der Eigentümer berechtigt, von dem Gläubiger eine Verfügung zu verlangen, zu welcher der Vertreter befugt ist, so kann er die Vornahme der Verfügung von dem Vertreter verlangen.

1   **1) Allgemeines. – a) Grundbuchvertreter** soll Vfgen über die § 1187-Hyp ermöglichen, was bei TeilSchVerschreibg wg GläubVielzahl od Schwierigk grdbuchmäß Legitimation (§ 1187 Rn 4) bzw der Ermittlg sonst sehr erschwert. Bestellg nicht zwingd. – **b) Vertreter/Treuhänder anderer Art.** GläubVertr u VertragsVertr nach SchVerschreibgsG (§ 1187 Rn 1) I II, 14 ff, 16 I Fall 2 (vgl RG 117, 369; Warn **34** Nr 56), die die Befugn des GBVertr nicht beschränken u nicht im GB eintragb (Dresden KGJ 43, 308). Treuhänder nach HypBkG 29 ff (vgl Vorb 5 vor § 1113), VAG 70. Sachwalter nach VerglO 93 III.

2   **2) Bestellung** gehört zum HypInhalt; nachträgl Bestellg daher Inhaltsänder der Hyp (KGJ **45**, 275). Keine Beschrkg der Person (auch OHG/KG); aber nicht Gläub od Schuldn (Staud/Scherübl Rn 6). Keine Pfl zur AmtsÜbern. – **a) Einigung** zw Eigtümer u Gläub bei OrderPap (§ 873), einseit Eigtümer-Erkl bei InhSchVerschreibg (§ 1188 I). Bei nachträgl Bestellg in beiden Fällen Einigg des Eigtümers mit allen Gläub, sofern bei ErstBestellg keine and Regelg vorgesehen (zB Bestellg des Nachf dch bish Vertr od Dritten; KGJ **51**, 304). Vgl auch SchVerschreibgsG (§ 1187 Rn 1) 16 III. – **b) Eintragung** des GBVertr u seiner VfgsBefugn (diese auch gem § 874; BayObLG OLG **41**, 182). Bei anfängl Bestellg EintrBew des Eigtümers, bei nachträgl die des Eigtümers u aller Gläub notw (KGJ **45**, 275). VertrMacht beginnt erst mit Eintr (Dresden KGJ **43**, 308). Für eingetr GBVertr gilt § 891 (KGJ **51**, 304).

3   **3) Rechtsstellung. – a)** Im **Innenverhältnis** Beauftragter/GeschBesorger für Eigtümer u Gläub, bei einseit Bestellg dch Eigtümer Vertr zG der Gläub (KGJ **45**, 270); Annahme des Auftr/GeschBersorggsVertr dch GBVertr (auch stillschw) notw. Dem Recht zur Wahrnehmg der übertr Befugn entspr eine
4   WahrnehmgsPfl (RG **90**, 211; **117**, 369). – **b)** Im **Außenverhältnis** rgesch Vertr der jeweil Gläub (RG **150**, 289). Im RStreit sind die Gläub Partei; ZPO 53 anwendb. Die Gläub bleiben vfgsberecht (KGJ **45**, 275). VertrMacht nur bzgl der Hyp; bzgl der Fdg nur nach allg Grds. – **aa) Umfang der Vertretungsmacht.** Bzgl der Vfgen über die Hyp (zB Aufhebg, Inhalts/Rangänderg, Haftentlassg) ist die Bestellg maßg, sie kann sich auf alle Vfgen erstrecken. Bzgl der Geltendmachg der Hyp (zB Künd, Mahng, HypKlage) umfassd krG. – **bb) Erlöschen der Vertretungsmacht.** Wegfall des GBVertr (zB Tod); Abberufg aGrd Einigg zw Eigtümer u allen Gläub u Eintragg (§§ 873, 877) od nach SchVerschreibgsG (§ 1187 Rn 1) 16 IV; Erlöschen des Auftr/GeschBesorggsVertr (§ 168; GBEintr hier nur Berichtigg).

5   **4)** Auf die **Inhabergrund/Rentenschuld** entspr anwendb (§§ 1191 I, 1195).

1190 *Höchstbetragshypothek.* [I] Eine Hypothek kann in der Weise bestellt werden, daß nur der Höchstbetrag, bis zu dem das Grundstück haften soll, bestimmt, im übrigen die Feststellung der Forderung vorbehalten wird. Der Höchstbetrag muß in das Grundbuch eingetragen werden.

[II] Ist die Forderung verzinslich, so werden die Zinsen in den Höchstbetrag eingerechnet.

[III] Die Hypothek gilt als Sicherungshypothek, auch wenn sie im Grundbuche nicht als solche bezeichnet ist.

[IV] Die Forderung kann nach den für die Übertragung von Forderungen geltenden allgemeinen Vorschriften übertragen werden. Wird sie nach diesen Vorschriften übertragen, so ist der Übergang der Hypothek ausgeschlossen.

1   **1) Allgemeines.** Die HöchstBetrHyp ist eine SichgHyp, so daß §§ 1184 ff gelten, soweit § 1190 keine SonderVorschr enthält. Sie ist in der Praxis heute weitgehd dch die (Sichg)GrdSch ersetzt. – **a) Verdeckte Höchstbetragshypothek.** Sie ist Verkehrs- od gewöhnl SichgHyp mit nicht eintragb schuldrechtl Abrede, im InnenVerh als HöchstBetrHyp zu gelten. Die Rspr hält dies für zuläss (RG **152**, 213

[219]; BayObLG **54**, 196; LG Düss MittBayNot **77**, 23; aA Wstm/Eickmann § 123 I 3); da § 1163 I 2 zwingd, entsteht bei Tilgg endgült EigtümerGrdSch, die nur nach Übertragg u FdgsAuswechselg wieder FremdHyp wird. – **b) Höchstbetragshypothek kraft Gesetzes** entsteht iFv ZPO 932 I, VerglO 93; ferner gem ZPO 848 II 2, wenn Pfändg des AuflAnspr iW der Arrestvollziehg erfolgte.

2) Gesicherte Forderung; sie muß GeldFdg sein. – a) Unbestimmte Höhe. Genügd, daß zunächst 2 bestimmte Fdg noch veränderb ist (zB aGrd WertsichKl; BayObLG NJW-RR **89**, 1467). Unschädl, daß zu einem FdgsKreis einz bestimmte Fdgen gehören (BayObLG **54**, 196). Unbestimmth der ZinsFdg (KG HRR **33** Nr 202) od der nicht unter § 1118 fallden Kosten (KG DR **43**, 856) genügt. Ist trotz bestimmter Fdg eine HöchstBetrHyp eingetr, so ist idR eine gewöhnl SichgHyp entstanden (RG DR **42**, 1796), was dch Klarstellungsvermerk kundzumachen; bei ausnahmsw nicht mögl Umdeutg ist die Eintrag inhaltl unzuläss (KGJ **51**, 285). – **b) Nebenleistungen.** Für Zinsen (auch gesetzl) u und Nebenleistgen Haftg nur in den Grenzen 3 des HöchstBetr; RNatur als Nebenleistg bleibt unberührt (RG **131**, 289 [295]). Für Kosten der Künd/ RVerfolgg (§ 1118) zusätzl Haftg (RG **90**, 171). – **c) Schuldgrund.** Er darf bestimmt sein (zB Fdgen aus 4 bestimmtem Bauvorhaben; Kiel OLG **34**, 217), es genügt aber Bestimmbark. Sicherb daher alle Anspr aus einem FdgsKreis (zB aus GeschBeziehgen zw Gläub u Schuldn; RG **136**, 80) od auch alle ggwärt u künft Fdgen des Gläub gg den Schuldn (RG **75**, 245); auch die eine od and Fdg eines Gläub (RG JW **11**, 653). – **d) Schuldnermehrheit.** Es können Fdgen gg verschied Schuldn gesichert werden (§ 1113 Rn 9). Tilgt ein 5 GesamtSchuldn auf DrittGrdst gesicherte Fdg teilw, so erwirbt er diese mit der Hyp insow, als er von and GesamtSchuldn Ers verlangen kann; ergibt sich bei der FdgsFeststellg eine weitere Fdg des Gläub, so steht diesem die TeilHyp im Rang vor der RestHyp des Tilgden wieder zu (BGH WM **66**, 1259). – **e) Gläubiger-** 6 **mehrheit.** Es können Fdgen verschied Gläub in RGemsch gesichert werden (§ 1113 Rn 12): Sonst kann für Fdgen verschied Gläub keine ungeteilte HöchstBetrHyp bestellt werden (RG Recht **11** Nr 1561); und bei VertrBestellg nach § 1189 (KG DR **42**, 1334). Unzuläss auch Hyp für einen Gläub mit der Maßg, daß einem and nur der bei FdgsFeststellg nicht verbrauchte Rest zukommt (RG **75**, 245; aA Staud/Scherübl Rn 22). – **f) Hypothekenmehrheit.** Mehrere HöchstBetrHyp für denselben ungeteilten FdgsKreis nur als Gesamt- 7 Hyp zuläss (RG **131**, 16). Selbstd HöchstBetrHyp zuläss: wenn die eine nur für den Ausfall der and haftet (RG **122**, 327; DR **43**, 856); wenn Gläub befugt ist, den FdgsKreis zu verteilen u zu bestimmen, welchen Teil die eine od and Hyp sichern soll (RG **131**, 16); wenn die zweite Hyp nur den Teil des FdgsKreises sichert, der bei Feststellg den HöchstBetr der ersten übersteigt (RG aaO).

3) Bestellung (§ 873). – **a) Einigung.** Sie muß den HöchstBetr u den Vorbeh späterer FdgsFeststellg 8 erkennen lassen. – **b) Eintragung.** Der EintrVermerk (I 2) muß eine bestimmte Geldsumme angeben (§ 1115 Rn 8) u ersichtl machen, daß der eingetr Betrag nicht der Betrag der gesicherten Fdg sond der HöchstBetr der Haftg ist; ausdrückl Eintragg als „HöchstBetrHyp" od der FeststellgsVorbeh nicht notw (KGJ **43**, 238). Eintragg von Zinsen/Nebenleistgen inhaltl unzuläss **(II).** Iü gilt § 1115 Rn 4–6 (FdgsGläub muß der eingetr Berecht sein), § 1115 Rn 7, 20 (bei Sichg aller Fdgen Eintragg des SchuldGrd entbehrl: KGJ **47**, 199; Colmar OLG **26**, 197). – **c) Vollstreckungsunterwerfung** (ZPO 800) bzgl des HöchstBetr wg 9 fehler Bestimmth nicht eintraggsfäh (BayObLG NJW-RR **89**, 1467). And, wenn sie sich auf einen nach SchuldGrd u Höhe festbestimmten Teil der gesicherten Fdg bezieht (BayObLG aaO; Hornung NJW **91**, 1649).

4) Rechtslage vor Forderungsfeststellung. – a) Vor Entstehen einer Forderung besteht eine dch 10 Valutierg (Rn 11) auflösd bdgte EigtümerGrdSch (§§ 1163 I 1, 1177 I) des Eigtümers zZ der HypBestellg (RG **125**, 133; § 1163 Rn 3), die er bei GrdstVeräußerg als FremdGrdSch behält (§ 1163 Rn 5). Es kann (soweit FdgsEntstehg noch mögl) weder GBBerichtigg noch Löschg verlangt werden (RG HRR **34** Nr 1357; § 1163 Rn 6); auch eine LöschgsVormkg kann nicht geltd gemacht werden (RG **125**, 133). – **b) Mit** 11 **Entstehen der Forderung** wandelt sich in deren Umfang die EigtümerGrdSch (Rn 10) in eine FremdHyp des Gläub; sie kann schon mit der HypKlage geltd gemacht werden (RG JW **30**, 3474). – **c) Mit Erlöschen** 12 **der Forderung** (erfolgt bei Ktokorrent erst mit fdgsbestimmter Saldoanerkenng [MüKo/Eickmann Rn 12] bzw Zahlg auf anerkannten Saldo [Dresden JFG **2**, 441]) wandelt sich in diesem Umfang die FremdHyp (Rn 11) in eine dch Neuvalutierg (Rn 13) auflösd bdgte EigtümerGrdSch (§§ 163 I 2, 1177 I) der Eigtümers zZ des Erlöschens (RG JW **34**, 1780; § 1163 Rn 13), die er bei GrdstVeräußerg als FremdGrdSch behält (§ 1163 Rn 15) u für die iü Rn 10 gilt. Übersteigt die gesicherte Fdg den HöchstBetr, so gilt bei Teilerlöschen nur, soweit die RestFdg unter den HöchstBetr gesenkt wird. – **d) Mit Entstehen einer** 13 **neuen Forderung** aus dem SichgBereich wandelt sich in deren Umfang die GrdSch (Rn 12) wieder in eine FremdHyp (Rn 11).

5) Forderungsfeststellung. – a) Durchführung. Nicht dch einseit GläubErkl (KG OLG **20**, 415), sond 14 dch Vertrag (§§ 781, 782) od Urteil (BewLast für Entstehen u Umfang der Fdg hat der Gläub; vgl RG HRR **36** Nr 687). Str, ob Vertr/Urt zw HypBesteller (Erm/Räfle Rn 12; Planck/Strecker Anm 2c; Soergel/Konzen Rn 2; Staud/Scherübl Rn 34) od pers Schuldn (Jauernig Anm 2c; MüKo/Eickmann Rn 14; E. Wolf § 11 K IVb) u Gläub notw. Vertr/Urt zw HypBesteller u Gläub (iF des EigtWechsels unter Beteiligg des Eigtümers) beschränkt die GläubHyp auf den festgestellten Betrag, wirkt aber nicht ggü dem pers Schuldn. Vertr/Urt zw pers Schuldn u Gläub beschränkt wg der Akzessorietät die Hyp auf den festgestellten Betrag, wirkt aber nicht ggü dem Eigtümer (dieser kann zB ggü HypKl die Fdg bestreiten; RG JW **30**, 3474). – **b) Wirkung.** In Höhe des festgestellten Betrages entsteht eine endgült FremdHyp des Gläub; sie bleibt 15 HöchstBetrHyp (Colmar OLG **18**, 182). Iü entsteht eine endgült GrdSch des Bestellers (bei Eigtümerwechsel FremdGrdSch, sonst EigtümerGrdSch). GrdSchGläub kann GBBerichtigg verlangen; für GBA genügt GläubErkl über Feststellg (KG HRR **33** Nr 199). Übersteigt der festgestellte Betrag den HöchstBetr, so kann Gläub bestimmen, welche Fdg aus dem Kreis dch seine Hyp gesichert werden soll.

6) Übertragung der Fdg (§ 1153 II Halbs 2 gilt) in zwei Formen mögl: – **a) Einigung und Eintragung** 16 (§ 1154 III); die Hyp folgt der Fdg (§ 1153 I 1). Zuläss auch vor FdgsFeststellg (KGJ **49**, 224). Bei vollständ Abtretg sichert die Hyp auch die nach Abtretg entstandenen Fdgen des alten Gläub; Sichg von Fdgen des

neuen Gläub erfordert FdgsAuswechselg. Ist die abgetretene Fdg geringer als der HöchstBetr, so verbleibt dem alten Gläub die RestHyp zur Sichg seiner RestFdg; erreicht die abgetretene Fdg bei Feststellg den HöchstBetr, so steht aber die ganze Hyp nunmehr dem neuen Gläub zu. Nach FdgsFeststellg kann nicht
17 mehr als der festgestellte Betrag abgetreten werden. – **b) Abtretungsvertrag (IV).** Gem §§ 398 ff vor u nach FdgsFeststellg (Planck/Strecker Anm 5a). Die Fdg geht ohne Hyp über. Bei Abtretg aller gesicherten Fdgen wird die Hyp zur endgült EigtümerGrdSch (RG Recht **12** Nr 66); bei Abtretg nur eines Teils sichert die Hyp bis zum HöchstBetr die dem alten Gläub verbleibden od noch entstehden Fdgen (RG aaO).

18   **7) Sonstiges.** – **a) Forderungsauswechselung** (§ 1180). Sie ist erforderl, wenn bish FdgsKreis erweitert (KG HRR **29** Nr 909) od gg einen and ausgetauscht (KGJ **45**, 286) werden soll; ferner, wenn bei Abtretg der gesicherten Fdg auch nicht dch diese Abtretg erlangte Fdg des neuen Gläub gg den Schuldn gesichert werden soll (RG **125**, 133 [141]). Vor FdgsFeststellg muß bei EigtWechsel Besteller als mögl Berecht der vorläuf
19 EigtümerGrdSch zustimmen (KGJ **45**, 286; Staud/Scheröbl Rn 59). – **b) Umwandlung** in Verkehrs- od gewöhnl SichgHyp zuläss (§ 1186). Fdg ist gg bestimmte Fdg auszuwechseln (§ 1180) od vorher festzustellen (KG OLG **44**, 144). Umwandlg in Grd/RentenSch (§ 1198) vor EigtWechsel ohne FdgsFeststellg zuläss (RG JR **27**, 471). Nach EigtWechsel zu jeder Umwandlg Zustimmg des Bestellers notw, wenn Erschöpfg des HöchstBetr nicht nachgewiesen (KGJ **45**, 286). Zustimmg des pers Schuldn nicht notw. Eigtümer auch nach FdgsFeststellg nicht zur Umwandlg verpfl (RG **49**, 162). Bei Umwandlg in voller Höhe können nur die ab Umwandlg fäll Zinsen neben bish HöchstBetr eingetr werden (KGJ **44**, 298); dann bis zu 5% auch
20 ohne Zustimmg der gleich- od nachrang Berecht (KG aaO). – **c) Aufhebung, Verzicht** (§§ 1168, 1183). Vor FdgsFeststellg muß bei EigtWechsel Besteller als mögl Berecht der vorläuf EigtümerGrdSch zustimmen (Dresden JFG **2**, 441).

21   **8) Auf die Grund/Rentenschuld** nicht anwendb.

Zweiter Titel. Grundschuld. Rentenschuld

I. Grundschuld

Schrifttum: Huber, Die SichgGrdSch, 1965. – Seckelmann, GrdSch als SichgMittel, 1963. – Gaberdiel, KreditSichg dch GrdSch, 5. Aufl 1991. – Clemente, Recht der SichgsGrdSch, 2. Aufl 1992.

1191   *Begriff.* [I] **Ein Grundstück kann in der Weise belastet werden, daß an denjenigen, zu dessen Gunsten die Belastung erfolgt, eine bestimmte Geldsumme aus dem Grundstücke zu zahlen ist (Grundschuld).**

[II] **Die Belastung kann auch in der Weise erfolgen, daß Zinsen von der Geldsumme sowie andere Nebenleistungen aus dem Grundstücke zu entrichten sind.**

Übersicht

1) Allgemeines.

1   **a) Rechtsinhalt.** Die GrdSch ist eine Belastg des Inhalts, daß eine Geldsumme (idR mit Nebenleistgen) aus dem Grdst zu zahlen ist. Diese Zahlg braucht (abw von Hyp) nicht der Befriedigg einer Fdg zu dienen; tut sie es aber (Rn 12), so ist die GrdSch gleichwohl von der Fdg unabhäng (Rn 18). Die GrdSch verpflichtet den Eigtümer nicht zur Zahlg des Kapitals u der Nebenleistgen, sond er muß mangels Ablösg (Rn 10) nur die ZwVollstr wg dieser Beträge in das Grdst dulden (§§ 1147, 1192; vgl Vorb 1 vor § 1113).

2   **b) Übernahme der persönlichen Haftung** dch Eigtümer für den GrdSchBetrag bzw für Geldbetrag iH der GrdSch neben der GrdSch mögl (zu unterscheiden von Übern der Mithaftg für gesicherte Fdg); sie ermöglicht SchuldVerspr iSv § 780, das den SichgsZweck der GrdSch teilt u mit dessen Erledigg bzw im Umfang der Befriedigg aus der GrdSch erlischt (BGH NJW **87**, 318; **88**, 707; NJW-RR **87**, 1350). Haftg erlischt nicht, soweit GrdSch mangels Eintragg nicht entstanden (BGH NJW **92**, 971) od in ZwVerst ausfällt (BGH NJW **91**, 286). Wg AGBG vgl Rn 39.

3   **c) Grundgeschäft** für die GrdSchBestellg (Einl 16 vor § 854) kann zB sein: Vermächtn od Schenkg (ermöglicht Geldbeschaffg dch Verwertg), SichgVertr (Rn 15) od TrHdVertr (zB zur Rangfreihaltg; Eickmann NJW **81**, 545). Anfängl od nachträgl Unwirksamk berühren den Bestand der GrdSch grdsätzl nicht (and bei WucherGesch; BGH NJW **82**, 2767); aber RückgewährAnspr aus § 812 I 1 (Inhalt: Rn 23), dch Widerspr sicherb Einrede gg die GrdSch gibt (§ 1157) u sich an dem auf die GrdSch entfallden VerstErlös fortsetzt (BGH NJW **90**, 392); SG hat BewLast für Fehlen wirks GrdGesch, auch für Nichtersetzg

unwirks (BGH aaO) od aufgehobenen/erledigten (BGH NJW-RR **91**, 759) GrdSch dch anderes. Leistgsstörgen im GrdGesch berühren den Bestand der GrdSch ebenf nicht; RückgewährAnspr (zB §§ 323ff) od Einrede (zB § 320) gg die GrdSch.

2) Grundschuld als dingliches Recht.

a) Arten. – aa) Gesetzlich. Brief- od BuchGrdSch (§ 1116 Rn 5); Einzel- od GesamtGrdSch (§ 1132 **4** Rn 12); Fremd- od EigtümerGrdSch (§ 1196); InhGrdSch (§ 1195). Mangels Akzessorietät keine für dingl RInhalt bedeuts Unterscheidg zw Verkehrs- u SichgsGrdSch (zu letzterer vgl Rn 12ff). – **bb) Rechtsgeschäftlich.** TilggsGrdSch (LG Bchm Rpfleger **70**, 335; LG MöGldb DNotZ **71**, 99), bei der sich der TilggsBetr der Jahresleistg (§ 1113 Rn 23) auf das GrdSchKapital iS einer FälligkVereinbg nach § 1193 II u nicht auf die dch die GrdSch gesicherte Fdg bezieht (Riggers JurBüro **71**, 27). EinheitsGrdSch entspr § 1113 Rn 28 (RG **145**, 47).

b) Belastungsgegenstand. Grdst, reale GrdstTeile (vgl aber GBO 7), MitEigtAnt (§§ 1114, 1192) **5** einschl WE/TeilE, grdstgl Rechte (zB ErbbR), BruchtAnt an grdstgl Rechten od WE/TeilE. – **Haftungsgegenstand** ist der BelastgsGgst u die nach §§ 1192 I iVm §§ 1120–1131 mithaften Ggst.

c) Bestellung. Als FremdGrdSch dch Einigg u Eintr (§ 873); BriefGrdSch steht bis zur BriefÜberg dem **6** Eigtümer zu (§§ 1117, 1163 II, 1192). Bei unwirks Einigg entsteht auch keine EigtümerGrdSch (RG **70**, 353). Als Inh- od EigtümerGrdSch dch einseit EigtümerErkl u Eintr (§ 1195 Rn 1, § 1196 Rn 6). Für die Eintr gilt § 1115 (dort Rn 21). Für bdgte/befristete Bestellg gilt § 1113 Rn 6.

d) Gläubigermehrheit. Eine GrdSch kann für mehrere Pers in BruchtGemsch (BayObLG **62**, 184), **7** GesHdsGemsch od GesamtBerechtigg nach § 428 (BGH NJW **75**, 445) bestellt werden. Sie kann dann teils Fremd- u teils EigtümerGrdSch sein (BGH aaO).

e) Verfügungen. – aa) Aufhebung: §§ 875, 1183, 1192 (GrdSch erlischt). – **bb) Belastung:** Nießbr **8** (§ 1018), PfdR (§ 1291); Pfändg (ZPO 857 VI, 830, 837; vgl Vorb 10 vor § 1113). – **cc) Inhaltsänderung:** §§ 877, 1198 (Umwandlg in Hyp), 1103 (Umwandlg in RentenSch). – **dd) Übertragung:** BriefGrdSch nach §§ 1154 I, II, 1192, BuchGrdSch nach § 1154 III, 1192, wobei grdSch ÜbertrGgst ist; über InhGrdSch vgl § 1195 Rn 1. Bdgte/befristete Übertragg zuläss (Ffm OLGZ **93**, 385). Übertragbark ausschließb (Einl 14 vor § 854), Wirkg gg Dritte erfordert GBEintr. Einreden/Einwendgen aus dem RVerh zw dem alten u dem neuen GrdSchGläub kann der Eigtümer der GrdSch nicht entgghalten (BGH NJW **83**, 752). – **ee) Verzicht:** §§ 1168, 1169 (Fremd- wird zur EigtümerGrdSch).

f) Einwendungen/Einreden des Eigtümers gg den Anspr aus §§ 1147, 1192. – **aa) Einwendungen** bzgl **9** des Bestandes der GrdSch (zB Nichtentstehen) od der Berechtigg desjenigen, der sie geltd macht (zB Verlust des GläubR inf RÜbergangs außerh des GB auf Dritten od Eigtümer). Sie können bei gutgl Dritterwerb entfallen (§ 892). – **bb) Einreden,** die aus pers RVerh zw Eigtümer u Gläub ein zeitw (zB Stundg) od dauerndes (zB §§ 242, 821, 823; RückgewährAnspr aus GrdGesch) LeistgsVerweigergsR geben. Gutgl einredefreier Dritterwerb mögl (§§ 1157 S 2, 1192).

g) Gläubigerbefriedigung. – aa) Grundschuldablösung. Zahlt der Eigtümer an den Gläub, so erwirbt **10** er die GrdSch entspr § 1143 als EigtümerGrdSch (BGH NJW **86**, 2108), die nach Maßg von §§ 1178, 1192 erlischt (BGH BB **65**, 931). AblögsR bei Fälligk der GrdSch (§ 1193), Erwerb aber auch bei vorheriger Ablösg (BGH **LM** § 1192 Nr 6). Zahlt ein ablösgsberecht Dritter, so erwirbt dieser die GrdSch nach §§ 268 III 1, 1150, 1192 (BGH **104**, 26); zahlt ein nichtablösgsberecht Dritter, so erwirbt der Eigtümer sie als EigtümerGrdSch (Saarbr OLGZ **67**, 102; Coester NJW **84**, 2548; aA [Erlöschen] MüKo/Eickmann Rn 129). – **bb) Erzwungene Befriedigung.** Gläub hat nur DuldgsAnspr aus §§ 1147, 1192 (Rn 1). AGrd **11** DuldgsTitels ZwVollstr in Grdst u/od mithaftde Ggst. Mit Befriedigg des Gläub iW der ZwVollstr erlischt die GrdSch (§§ 1181, 1192). Ist die GrdSch schon dch Zuschlag erloschen (ZVG 52 I 2, 91 I), so setzt sie sich am VerstErlös, der an die Stelle der GrdSch tritt, fort (BGH NJW **89**, 2536). Über das fortbestehde Recht kann Gläub nach den für die GrdSch geltdn Vorschr dch Abtretg, Verzicht (Eigtümer erwirbt Anspr auf Erlösbeteiligg soweit kein Erlöschen nach § 1178; BGH Rpfleger **78**, 363) od Aufhebg verfügen; nur Notwendigk der GBEintr/BriefÜberg entfällt (Stöber ZIP **80**, 833; dort auch zum Hebeverzicht). RückgewährAnspr bzgl GrdSch wandelt sich mit Zuschlag in Anspr auf VerstErlös u nach dessen Auszahlg an Gläub in HerausgAbspr (BGH NJW **75**, 980).

3) Sicherungsgrundschuld.

a) Allgemeines. – aa) Begriff. Die gesetzl nicht geregelte (nicht § 1184 entspr) SichgGrdSch ist eine **12** FremdGrdSch, die aGrd des SichgVertr eine pers Fdg des GrdSchGläub (= SN) gg den Eigtümer od einen Dritten sichert. Es sind daher vier RBeziehgen zu unterscheiden: die gesicherte Fdg (Rn 14); der SichgVertr (Rn 15); die GrdSch; das RVerh zw pers Schuldn u SG (zB Auftr, GoA, Schenkg, § 415 III), wenn beide nicht ident (es regelt ua, wer im InnenVerh den Gläub zu befriedigen hat). – **bb) Grund-** **13** **buch.** Im GB sind der SichgZweck ("SichgGrdSch") bzw der SichgVertr od die Fdg nicht eintragb (BGH NJW **86**, 53; Köln OLGZ **69**, 419; Düss RhNK **77**, 35; aA MüKo/Eickmann Rn 41). Eintragb sind aber aus dem SichgVertr erwachsde Einreden gg die GrdSch (Rn 20; vgl Huber FS-Serick **92**, 195 [220]), um einredefreien Dritterwerb zu verhindern. – **cc) Gesicherte Forderung** mit ihr zugrdlieg- **14** dem RVerh (zB Darlehn). Gläub ist der GrdSchGläub (= SN), Schuldn kann der SG od ein Dritter sein. Sie kann VorR nach ZVG 10 haben (LG Köln Rpfleger **62**, 104) od dch Hyp gesichert sein (§ 1113 Rn 10). Sie wird dch den SichgVertr bestimmt (wg AGBG vgl Rn 39). Auch ohne bes Regelg sichert die GrdSch idR gem PartWillen einen zufolge Unwirksamk der Fdg entstandenen FolgeAnspr (vgl BGH NJW **68**, 1134; **91**, 1746; Wstm/Eickmann § 131 III 2; aA Schlesw WM **82**, 1115; Köln NJW-RR **86**, 1052), nicht aber SchadErsAnspr wg NichtErf (Celle WM **87**, 1484). BewLast für Nichtsichg hat SG (BGH **114**, 57). Das Bestehen der Fdg kann zur Bdgg für das Bestehen der GrdSch gemacht werden (RG JW **34**, 3124; Celle DNotZ **54**, 473; Staud/Scherübl Rn 11; str). – **dd) Fortfall des Sicherungszwecks/Übersicherung:** Rn 17.

15   **b) Sicherungsvertrag** (SichgAbrede, ZweckErkl); formfrei u oft stillschw (BGH NJW-RR **91**, 305). –
aa) Parteien. SN ist der FdgsGläub. SG ist der pers Schuldn, wenn er zugl Eigtümer des zu belasden Grdst
bzw Inh der zu übertragden GrdSch ist; bei fehlder Identität kann sowohl der pers Schuldn (wie idR; vgl
BGH WM **69**, 209) als auch der Eigtümer/GrdSchInh SG sein (BGH NJW **89**, 1732; **91**, 1821). Er wirkt ggü
EinzelRNachf in Grdst u Fdg/ GrdSch nur bei VertrEintritt (BGH **109**, 197) bzw soweit einz Anspr abgetr
od Verpfl übernommen werden (BGH NJW **85**, 800); Erwerber von Fdg u GrdSch wird dadch noch nicht
16 VertrPart (BGH **103**, 72). Über Kündbark vgl Gerth BB **90**, 78. – **bb) Rechtsnatur.** Der SichgVertr
verpflichtet den SG, dem SN zur Sichg einer Fdg eine GrdSch zu bestellen, zu übertragen od zu belassen; er
(nicht die Fdg) ist schuldr GrdGesch der GrdSchBestellg/Übertr (BGH NJW **89**, 1732). Er hat TrHdNatur,
da der SichgZweck die RMacht des Gläub schuldr begrenzt u den Gläub zur Wahrg der Interessen des SG
verpflichtet (BGH aaO); ist aber kein ggseit Vertr iSv §§ 320 ff, da die SichgGewährg nicht GgLeistg für die
Kreditgewährg ist (Jäckle JZ **82**, 50; str). Bei anfängl od nachträgl Unwirksamk (die sich auch gem § 139 bei
Nichtigk der Fdg ergeben kann; vgl BGH NJW **94**, 2885) gilt Rn 3; sie kann nach § 139 auch zur Unwirk-
17 samk der GrdSchBestellg führen (Süß in Anm zu RG JW **34**, 3124). – **cc) Inhalt.** Neben der Verpfl zur
FdgSichg (Rn 16) enthält er idR Abreden ua über: SichgBereich (Rn 14), Form der Rückgewähr (Rn 23),
Verrechng von Zahlgen (Rn 36), Geldmachg der nicht voll valutierten GrdSch u rückständ Zinsen in der
ZwVerst (Rn 29), Verwertg (Rn 38). Mangels abw Abrede begründet der SichgVertr einen од den endgült
Fortfall des SichgZwecks aufschiebd bdgten RückgewährAnspr des SG (BGH NJW-RR **89**, 173), der bei
teilw Fortfall **(Übersicherung)** für entspr rangletzten Teil der GrdSch besteht, sofern nicht ausnahmsw
(dafür reicht anfängl Übersich alleine nicht) dauernde ÜberSich gewollt (BGH NJW-RR **90**, 455, 588), u
das Verbot der isolierten GrdschÜbertr (Rn 19) u der GrdSchGeltmachg vor FdgsFälligk (BGH WM **85**,
953). Hilfsw gelten §§ 662 ff u bei Unwirksamk §§ 677 ff (vgl BGH NJW **94**, 2885).

18   **c) Forderungsunabhängigkeit** (Nichtakzessorietät). – **aa) Fremdrecht.** Die GrdSch ist auch dann
FremdGrdSch des SN, wenn die Fdg nicht besteht; § 1163 I gilt nicht (BGH NJW **81**, 1505). Davon zu
unterscheiden, daß die Nichtigk der Fdg zur Nichtigk der GrdSch führen kann (Rn 14). – **bb) Rechtsinhalt**
der GrdSch kann nicht von dem der Fdg abhäng gemacht werden; zB nicht Nebenleistgen u Fälligk des
Kapitals (Celle DNotZ **54**, 373; Erm/Räfle Rn 7; krit Riedel DNotZ **54**, 458) od VerwertgsR (KG JW **32**,
19 1759) nach Maßg der Fdg. – **cc) Übertragung.** Die GrdSch kann (nach § 1154) ohne Fdg u die Fdg (nach
§§ 398 ff) ohne die GrdSch übertragen werden: §§ 401, 1153 gelten nicht. Aus dem SichVertr ist der SN
mangels abw Vereinbg verpflichtet, vor FdgsFälligk beide nur gemeinsam zu übertragen; bei Verstoß ist
VfgsGesch wirks (BGH NJW-RR **91**, 305), aber SchadErsAnspr des SG aus pVV (BGH NJW-RR **87**, 139).
Bei isolierter FdgsAbtretg kann der SichgZweck entfallen (BGH NJW-RR **91**, 305), jedenf hat der SG die
nach § 404 ggü dem Erwerber wirkde Einrede, daß die Fdg nur Zug-um-Zug gg GrdSchRückgewähr erfüllt
zu werden braucht (BGH NJW **91**, 1821); über Einrede ggü GrdSchErwerber vgl Rn 22.

20   **d) Einreden gegen die Grundschuld aus dem Sicherungsvertrag.** Einreden/Einwendgen gg die Fdg
berühren nur diese; §§ 1137, 1163 I gelten nicht. Führen sie aber zu Einreden aus dem SichgVertr, so können
letztere ggü dem Anspr aus der GrdSch geltd gemacht werden, weil sie ihm aufschiebd (zB Nichtfälligk der
Fdg [Rn 17], vorläuf Nichtvalutierg [Rn 21], Geltdmachg erst nach Ausfall and Sicherh [BGH NJW **86**,
1487]) od dauerh (zB § 242 bzgl der Fdg) entggstehen od einen Rückgewähr-Anspr begründen (Rn 23);
nicht aber Verstoß gg Verbot isolierter GrdSchÜbertr (Huber FS-Serick **92**, 195 [219]). BewLast für
21 Einreden hat der SG (BGH NJW-RR **91**, 759); vgl. aber Rn 21. – **aa) Hauptfall: Nichtvalutierung.**
Vorläuf Nichtvalutierg (zB bei Sichg eines Ktokorrentkredits vor Saldierg [Huber aaO 224]) gibt eine zeitw
Einrede gg die GrdSch. Die endgült Nichtvalutierg ist BdggsEintritt für den RückgewährAnspr (Rn 17).
Nichtentstehen (BGH WM **74**, 47) u Erlöschen (BGH NJW **86**, 53) der Fdg muß der SG als Voraussetzg
des RückgewährAnspr beweisen. Stand zu sichernde Fdg od FdgsHöhe bei GrdSchBestellg noch nicht
fest, dann muß der SN die Fdg ggü dem RückgewährAnspr beweisen (NJW **92**, 1620), sofern der SG
nicht gem § 780 die pers Haftg für den GrdSchBetrag übernommen hat (BGH WM **86**, 1355). –
22 **bb) Grundschulderwerb vom Sicherungsnehmer.** Die dem SG ggü dem SN zustehden aufschiebden/
dauerh Einreden (Rn 20) können nach Maßg von § 1157 ggü dem GrdSchErwerber erhoben werden (ganz
hM; vgl Huber aaO 197). Im Ztpkt des GrdSchErwerbs muß der gesamte Einredetatbestd (zB Nichtent-
stehen od Erlöschen der Fdg) verwirklicht sein (BGH **85**, 388) u die Einrede bzw ein Widerspr müssen im
GB eingetr sein od der Erwerber muß bösgläub gewesen sein; verwirklicht sich der Einredetatbestd erst
nach GrdSchErwerb, so greift § 1157 (and als § 404) nicht ein u der Erwerber hat einredefrei erworben u
kann so weiterübertragen (BGH NJW-RR **87**, 139). Bösgläubigk erfordert nicht nur Kenntn des Sichg-
Zwecks (so aber Lopau JuS **76**, 553; Wilhelm JZ **80**, 625), sond auch Kenntn der einredebegründen Tats
(BGH **103**, 72; hM). Weiß Erwerber, daß GrdSch noch nicht abgeschl Ktokorrentkredit sichert, so muß er
sich vor Saldierg die Einrede mangelnder Fälligk u danach ggf die der Nichtvalutierg entgghalten lassen
(Huber aaO 224). Einrede der endgült Nichtvalutierg wirkt gg Erwerber, der Nichtfälligk der Fdg wg
vertragsmäß lfder Tilgg gg sich gelten lassen muß, da nur Weiterentwicklg der NichtfälligkEinrede (Rim-
melspacher, KreditSichgR² S 211; vgl auch Huber aaO 230). – Bei Erwerb von Fdg u GrdSch gilt für die
Fdg § 404 u für die GrdSch § 1157 (BGH **103**, 72); nach Bezahlg der Fdg an Erwerber steht Geltdmachg
der GrdSch dch diesen § 242 entgg (Huber aaO 216), obwohl Einredetatbestd nach GrdSchÜbertr ver-
wirklicht.

23   **e) Rückgewähranspruch** (Hauptfälle: Unwirksamk des SichgsVertr [Rn 16], Fortfall des SichgsZwecks
[Rn 17, 21]); bei Verj der gesicherten Fdg gilt § 223 II, III. Er geht mangels abw Vereinbg nach Wahl des
Eigtümers auf Übertragg der GrdSch (§ 1154) auf ihn (EigtümerGrdSch entsteht) od Dritten (GrdSch bleibt
FremdGrdSch), auf Verzicht (§ 1168; EigtümerGrdSch entsteht) od Aufhebg (§ 1183, 875; GrdSch erlischt)
der GrdSch (BGH NJW-RR **94**, 847) u setzt sich an dem für die GrdSch entfallden VerstErlös fort (BGH
NJW **92**, 1620). Er steht GrdstMitEigtümern grds in § 741-Gemsch zu (BGH NJW **86**, 2108). Er begünstigt
nachrang RealGläub nicht (daher Umvalutierg zul; BGH NJW **85**, 800) u ist bei Abtretg an diesen nicht
NebenR iSv § 401 zu dessen Recht (BGH **104**, 26). BewLast hat SG (BGH **109**, 197); vgl aber Rn 21.

aa) Abtretung erfolgt formfrei nach §§ 398 ff u ist gem § 399 ausschließb (BGH WM **90**, 464); sie enthält 24 Abtretg des Anspr aus § 1169 (BGH NJW **85**, 800). Mit ihr geht WahlR auf Zessionar über; er ist aber an vor Abtr vom Zedent getroffene Wahl gebunden. Eine Bindg des Zessionars dch den Zedenten dahin, vom WahlR nur in bestimmter Weise Gebr zu machen (zB RückÜbertr), hat keine Außenwirkg. Vorausabtretg zul (vgl dazu BGH **110**, 241). Abtretg an nachrang GrdPfdGläub vielf zur **Verstärkung der Sicherung,** um dch Löschg Aufrücken zu sichern od um dch GrdSchÜbertr (ins bei ZwRechten) rangbessere Sich zu verschaffen (Haftg aber insgesamt nur im Umfang der nachrang GrdSch); Abtretg aber auch zur **Erweiterung der Sicherung,** um dch GrdSchÜbertr weitere Fdg zu sichern; SichgsVertr für AbtretgsZweck maßg (BGH **110**, 108). Wird die GrdSch in Erfüllg des abgetretenen Anspr an Zessionar übertragen, so darf er über sie nicht dch WeiterÜbertr/Verpfänd verfügen (ggü dieser Einrede aus dem SichgsVertr aber gutgl Dritterwerb gem § 1157 mögl). – Fällt GrdSch bei ZwVerst nicht in geringstes Gebot, erlangt Zessionar Anspr auf entspr VerstErlös (BGH NJW **77**, 247).

bb) Vormerkung (§ 883) zur Sichg des entstandenen od bdgt/künft Anspr. Eintr agrd EintrBew des 25 Eigtümer, wenn abzutretde GrdSch noch als EigtümerGrdSch eingetr od FremdGrdSch u Vormkg gleichzeit eingetr werden, währd für Eintr bzgl schon eingetr FremdGrdSch EintrBew des GrdSchGläub notw (Hamm OLGZ **90**, 3). – **Widerspruch** (§§ 1157, 899) zur Sichg entstandenen Anspr zul (KGJ **53**, 221): GB ist unricht, da es eine entstehende GrdSch verlautbart.

cc) Pfändung erfolgt nach ZPO 857 I (dazu Stöber Rn 1886 ff). Eintragb, wenn Anspr dch Vormkg 26 gesichert (Stöber Rn 1900). Die schon vor Erlöschen der gesicherten Fdg zuläss Pfändg ist ggstlos, wenn der Anspr schon vorher abgetreten war (BGH LM § 313 Nr 14). Die Pfändg hindert den GrdSchGläub nicht an der vertragsgemäß Verwertg der GrdSch (RG **143**, 117). Nach Überweisg des Anspr zur Einziehg (an Zahlgsstatt entspr ZPO 849 unzul; str, vgl Stöber Rn 1892 Fußn 21), kann der PfändgsGläub bei Fälligk Übertr der GrdSch auf den Eigtümer (Besteller) beanspr; mit der Übertr erwirbt er entspr § 1287 od entspr ZPO 848 II ein ErsPfdR an der GrdSch; bei Verzicht des GrdSchGläub (§ 1169) entsteht kein ErsPfdR an der EigtümerGrdSch (BGH **108**, 237). – Fällt GrdSch bei ZwVerst nicht ins geringste Gebot, verwandelt sich PfdR in ein solches am Anspr auf den entspr Versteigergerlös (BGH NJW **87**, 1026). – Zur Pfändg des Anspr auf Auskehr überschießen Verwertgserlöses BGH LM § 857 ZPO Nr 4 (bei Abtretg der GrdSch sichergshalber). – **Verpfändung** erfolgt nach §§ 1273 ff (dazu Scholz FS-Möhring **65**, 419). 27

dd) Veräußerung des Grundstücks dch den SG läßt seinen RückgewährAnspr unberührt (BGH NJW- 28 RR **90**, 1202). Er geht nur bei (auch stillschw) MitÜbertr auf den Erwerber über (BGH NJW **90**, 576); zB bei Eintritt in KreditVerh (BGH NJW **86**, 2108) u stillschw idR, wenn Erwerber die gesicherte Schuld in Anrechng auf den Kaufpr übernahm (BGH NJW **91**, 1821). Beachte, daß hierbei nach hM die Erleichterg des § 416 nicht gilt (str; aA Brschw MDR **62**, 736; Derleder JuS **71**, 90 Fußn 11; § 416 Rn 3), vgl aber die Anwendbark bei der gesetzl SchuldÜbern auch bei GrdSch nach ZVG 53 II (vgl BGH Rpfleger **71**, 211); ErbbRVO 33 II 3. – **Veräußerung der Grundschuld** dch den SN läßt den gg ihn gerichteten RückgewährAnspr unberührt (Erwerber wird nur bei SchuldÜbern verpfl; vgl Rn 15). Kann der RückgewährAnspr dem Erwerber ggü nach § 1157 (Rn 22) od § 822 geltd gemacht werden, so gilt für seinen Inhalt Rn 23 (BGH **108**, 237).

f) Zwangsversteigerung. Soweit die gesicherte Fdg nicht besteht, kann Eigtümer in der ZwVerst 29 Widerspr gg Zuteilg des Erlöses bzw Übererlöses an (bish) GrdSchGläub erheben u Zuteilg an sich selbst (aber wg § 1197 II nicht wg Zinsen) bzw Herausg vom GrdSchGläub (Rn 23) verlangen. GrdSchGläub ist Inh des RückgewährsAnspr ggü verpflichtet, das volle GrdSchKapital anzumelden (Mü NJW **80**, 1051) u den Erlös bzw Übererlös an diesen auszukehren (BGH NJW-RR **89**, 173); zur Anmeldg rückständ GrdSchZinsen ist er wg § 1197 II nicht verpflichtet (Mü aaO; Hamm OLGZ **92**, 376; aA Eckelt WPM **80**, 454) aber berechtigt (BGH DNotZ **66**, 98; NJW **81**, 1505; Celle WM **85**, 1112; Stöber ZIP **80**, 976). Zur Frage, wem der auf die Zinsen entfallde Betr gebührt, vgl LG Ansb BB **87**, 2049 mit Anm v Blumenthal.

g) Konkurs, Pfändung, – aa) KO 43: Im GläubKonk kann Eigtümer die GrdSch nach Erf des Sichg- 30 Zwecks aussondern; RGrdLage sowohl der dingl Anspr aus § 1169 (vgl dort Rn 3) als auch der RückgewährAnspr in der Form des RückÜbertr- od AufhebgsAnspr (Staud/Scherübl Rn 81). Im Konk des Eigtümers bedeutet GrdstFreigabe dch KonkVerw nicht auch Freigabe des RückgewährAnspr (BGH Rpfleger **78**, 363). – **bb) § 771 ZPO:** Wer die GrdSch pfändet, kann nicht mehr Rechte erwerben, als sein VollstrSchu, der GrdSchInhaber. Dem PfändgsPfdGläub ist dah stets nur im Rahmen der gesicherten Fdg der Zugr ins Grdst eröffnet, da ihn § 1157 S 2 nicht schützt. And als bei SichgÜbereign erfordert es dah die Interessenlage nicht, dem GrdSchBesteller ZPO 771 zu gewähren. Im Hinbl auf die nicht akzessor Natur der GrdSch muß dies auch gelten, wenn der GrdstEigtümer nach Pfändg der GrdSch, statt diese abzulösen, auf die Fdg zahlt (Huber S 152).

h) Gläubigerbefriedigung. Es ist zu unterscheiden, ob auf die GrdSch (GrdSchAblösg) od die gesicher- 31 te Fdg geleistet ist u wer leistet. Leistet ein Dritter für Rechng u mit Zust des dingl u/od pers Schuldn, so ist dies iW der Wirkg eine Leistg des Schuldn (BGH LM § 1192 Nr 6; NJW **83**, 2502); zB kann lastenfrei verkaufder Eigtümer leisten, wenn Käufer in Anrechng auf Kaufpr vor EigtUmschreibg an Gläub zahlt. – Befriedigg iW der **Zwangsvollstreckung** aus der GrdSch ist Zahlg des Eigtümers auf die GrdSch: sie erlischt (§§ 1192 I, 1181); die gesicherte Fdg erlischt, wenn zugleich auf sie geleistet wird (zB wenn Eigtümer auch pers Schuldn; BGH NJW **87**, 503).

aa) Befriedigung durch Eigentümer, der zugleich persönlicher Schuldner. – Bei Zahlg auf die 32 **Grundschuld** erwirbt er sie als EigtümerGrdSch (Rn 10). AblösgsR bei Fälligk der GrdSch (nicht schon der Fdg), Erwerb aber auch bei voheriger Ablösg (BGH LM § 1192 Nr 6). Mit der Ablösg erlischt auch die Fdg (BGH NJW **92**, 3228), weil zugleich auf sie geleistet bzw gem § 364 Rn 8–10 (Reinicke/Tiedtke WM **87**, 485). – Bei Zahlg auf die **Forderung** erlischt diese (§ 362). Die GrdSch bleibt FremdGrdSch; es kann Rückgewähr aus dem SichgVertr verlangt werden (vgl Rn 21).

bb) Befriedigung durch Eigentümer, der nicht persönlicher Schuldner. – Bei Zahlg auf die 33 **Grundschuld** erwirbt er sie als EigtümerGrdSch (wie Rn 32). Die Fdg erlischt nicht (BGH NJW **81**, 1554;

87, 838; aA Reinicke/Tiedtke WM **87**, 485), geht aber nicht entspr § 1143 I auf Eigtümer über (BGH **105**, 154; dazu Oehler JuS **89**, 604); Gläub kann sie aber nicht mehr gg Schuldn geltd machen, wenn dadch doppelte Befriedigg (BGH aaO). Eigtümer, der zugleich SG, hat aus SichgVertr Anspr auf FdgAbtr gg Gläub, wenn er RückgrAnspr gg Schuldn hat (KG NJW **61**, 414; Reinicke/Tiedtke aaO; aA Bayer/Wandt JuS **87**, 271 Fußn 8: auch ohne RückgrAnspr). Erwirbt Eigtümer, der nicht SG, die Fdg vom Gläub/SN, so kann Schuldn/SG der Fdg gem § 404 enttgehalten, daß an SN aus SichgVertr nur gg GrdSchRückgewähr hätte zahlen müssen (BGH NJW **91**, 1821), sofern die GrdSch nach dem RVerh zw Schuldn/SG u Eigtümer nicht letzterem zusteht. Erwirbt Eigtümer/SG, der keinen RückgrAnspr hat, die Fdg, so kann Schuldn einwenden, daß Eigtümer ihm ggü zur Befriedigg verpfl (vgl RG **143**, 287). – Bei Zahlg auf die **Forderung** erlischt diese (BGH NJW **82**, 2308); and bei FdgAblösg gg Abtretg (BGH aaO). Die GrdSch bleibt FremdGrdSch; es kann Rückgewähr aus dem SichgVertr verlangt werden (vgl Rn 21).

34 **cc) Befriedigung durch persönlichen Schuldner, der nicht Eigentümer.** – Zahlg auf die **Grundschuld** nur mögl als Leistg des Eigtümers (vgl Rn 31), so daß Rn 33 gilt, od als Dritter, so daß Rn 35 gilt. – Bei Zahlg auf die **Forderung** erlischt diese (§ 362). Die GrdSch bleibt FremdGrdSch; es kann Rückgewähr aus dem SichgVertr verlangt werden (vgl Rn 21). Hat Schuldn RückgrAnspr gg Eigtümer (od and SG), so ist § 1164 nicht anwendb, Schuldn kann aber von diesem Abtretg des RückgewährAnspr od der rückgewährten GrdSch verlangen (nicht aber von GrdSchGläub [Reinicke/Tiedtke WM **91** Beilage 5; aA Dieckmann WM **90**, 1481]); auch § 1167 anwendb (MüKo/Eickmann § 1167 Rn 8; aA Staud/ Scherübl § 1167 Rn 11).

35 **dd) Befriedigung durch Dritte.** – Zahlt ein bzgl der GrdSch **ablösungsberechtigter** Dritter auf diese, so erwirbt er sie gem §§ 1192 I, 1150, 268 III 1 (Rn 10); die gesicherte Fdg erlischt nicht (vgl Rn 33; aA MüKo/Eickmann Rn 86). Bei AblösgsR bzgl der gesicherten Fdg (Gläub vollstreckt aus ihr in das Grdst) u Zahlg auf diese, erwirbt er die Fdg (§ 268 III 1) ohne GrdSch (§ 401 nicht anwendb); für die GrdSch gilt cc (Zahlg auf Fdg) entspr. – Zahlt ein **nicht ablösungsberechtigter** Dritter auf die GrdSch, so wird diese EigtümerGrdSch (Rn 10); die gesicherte Fdg erlischt nicht (vgl Rn 33; aA MüKo/Eickmann Rn 86). Zahlt er auf die Fdg, so erlischt sie; die GrdSch bleibt FremdGrdSch u es kann Rückgewähr aus dem SichgVertr verlangt werden (Saarbr OLGZ **67**, 102).

36 **ee) Worauf gezahlt ist,** entscheidet sich primär nach dem bei Zahlg **erklärten Willen des Zahlenden** (BGH NJW-RR **89**, 1036). Zahlt der Käufer des belasteten Grdst vor EigtErwerb den Kaufpr mit Willen des Verkäufers an dessen Gläub, so ist eine Zahlg des Verkäufers u sein Wille ist maßg (BGH NJW **83**, 2502). – Wird bei Zahlg der **Wille nicht ausdrücklich erklärt**, so ist er aus den Umständen, insb der Interessenlage (Zahlder erstrebt iZw für ihn günstigstes Ergebn) zu ermitteln (BGH NJW-RR **87**, 1350). Ein solcher Umstand ist eine (bei Bankkredit übl; nicht eintragb) **Verrechnungsabrede** zw Zahldem (nicht aber einem Dritten; BGH **LM** § 1192 Nr 7; NJW **87**, 838) u Gläub; eine abw Bestimmg des Zahldem ist nur unwirks, wenn Gläub die Zahlg desw sofort zurückweist; keine Bindg mehr an Abrede der Zahlg auf die Fdg, wenn Gläub die ZwVollstr aus der GrdSch androht od betreibt (BGH NJW-RR **87**, 1350; Karlsr NJW-RR **88**, 1337). Ein solcher Umstand kann auch der **Sicherungszweck** sein; daher iZw Zahlg auf die Fdg, wenn die GrdSch die ggwärt od künft Anspr des Gläub (BGH NJW **83**, 2502) bzw Anspr aus lfd Rechng (BGH **65**, 931; **69**, 698) sichert; SichgZweck wirkt nicht gg Eigtümer, der nicht SG. – Iü ergibt die **Interessenlage** 37 iZw: Pers Schuldn, der nicht zugleich Eigtümer/SG, zahlt nur auf die Fdg. Pers Schuldn, der zugl Eigtümer/ SG, leistet lfde Amortisationszahlgen einschl letzter Rate nur auf die Fdg (BGH **LM** § 812 Nr 107; Hamm OLGZ **90**, 3); Zahlg des vollen Betrages eines langfrist Anlagekredits mit GrdSch (BGH BB **69**, 698), bei angedrohter/betriebener ZwVollstr aus der GrdSch auf diese (BGH WM **87**, 1213); Zahlgen auf die GrdSch erfolgen idR auch auf die Fdg (BGH NJW **87**, 838; **92**, 3228). Eigtümer, der nicht zugleich pers Schuldn, zahlt nur auf die GrdSch (BGH NJW **83**, 2502; **87**, 838 [auch wenn er zur Abwendg der ZwVollstr nur den die GrdSch nicht erreichbn FdgBetrag zahlt]); ist er denn pers Schuldn ggü zur Tilgg der Fdg verpfl, so zahlt er (als Dritter) auch auf diese; ist er zugl Bürge, so zahlt er idR auf die GrdSch u Bürgsch (vgl BGH NJW **92**, 3228). KonkVerw des Eigtümers zahlt auf die GrdSch (BGH NJW **94**, 2692). – Dch **nachträgliche Vereinbarung** (nicht einseit) kann eine Zahlg auf die Fdg zur Zahlg auf die GrdSch gemacht werden, wodch diese zur EigtümerGrdSch wird (BGH **LM** § 1192 Nr 6); nicht aber umgekehrt (keine Rückumwandlg der Eigtümer- in FremdGrdSch).

38 **i) Verwertung.** Die VerwertgsBefugn des Gläub bestimmt sich nach dem SichgsVertr (Rn 15–17). Hiernach darf er (im InnenVerh) idR die GrdSch erst nach Fälligk (auch) der pers Fdg dch Vollstr in das Grdst verwerten; bei Verstoß Einrede aus SichgsVertr (Rn 20). Er hat die Wahl, ob er die persönl Fdg od die GrdSch od beide gleichzeitig geltdmacht. Verj nur bei ZinsFdg Verwertgshindern (§ 223 II, III; BGH MDR **94**, 54). Gläub muß bei Verwertg das Interesse des SG an möglichst günstiger Verwertg wahren; auch bei Verwertg von Dritten gestellter Sicherh darf er nicht willkürl zum Nachteil des SG handeln (BGH NJW-RR **87**, 1291). Gläub kann ermächtigt werden, die GrdSch nach Fälligk der Fdg durch Abtretg zu verwerten, ohne an die Beschrkgen der §§ 1234ff, 1284 gebunden zu sein (RG **143**, 116) od die ganze GrdSch zu verkaufen od zu versteigern, um sich so wg der pers Fdg zu befriedigen; fehlt Vereinbg, so ist Gläub verpflichtet, nur so abzutreten, daß sich auch der Erwerber nur in Höhe der Fdg aus dem Grdst befriedigen kann, RG JW **36**, 2310. Vgl auch Huber 240ff. Verwertet der Gläub die GrdSch durch Abtretg, so erlischt die Fdg in Höhe der erhaltenen Valuta (BGH NJW **82**, 2768), jedoch auflösd bedingt dadurch, daß Abtretg durch Anfechtg od Rücktr hinfällig wird. Zahlg an ErstGläub nach Übertr wirkt nicht gg ZweitGläub der GrdSch, auch wenn er SichgCharakter des Rechts kannte (vgl Rn 20). Kein RückgewährAnspr des SG, wenn SN GrdSch nach Zugriff zurückerwirbt (BGH NJW **79**, 717).

39 **k) AGBG** bei FormularVereinbg anläßl der GrdSchBestellg (vgl auch Rastätter DNotZ **87**, 459; Rainer WM **88**, 1657; Roemer RhNK **91**, 69; Tiedtke NJW **91**, 3241); vgl auch AGBG 9 Rn 88ff. – **aa) Sicherungsbereich** (Rn 14). Formularmäß ZweckErkl überraschd, wenn sie den SichgBereich über den dch den Anlaß des Gesch bestimmten Rahmen hinaus in einem nicht zu erwartdn Umfang erweitert (BGH NJW **92**, 1822; Kblz OLGZ **93**, 109). Daher Verstoß gg AGBG 3: Wenn Anlaß der GrdSchBestellg die Sichg einer

bestimmten fremden (auch des Eheg; BGH **106**, 19) od eigenen Schuld war u alle bestehden u künft Fdgen gg den pers Schuldn (BGH **109**, 197) od einen Dritten (auch Eheg; BGH NJW **92**, 1822) einbezogen werden; Verstoß kann entfallen, wenn SG aGrd personeller u wirtsch Verflechtg mit pers Schuldn bzw Drittem das Entstehen künft Fdgen beeinflussen kann (BGH NJW **92**, 1822). Ggseit Ermächtigg mehrerer SG zur Erweiterg des SichgBereichs (BGH **103**, 72). Dagg kein Verstoß gg AGBG 3: Wenn aus Anlaß der Sichg einer bestimmten Fdg des SN gg den SG künft Fdgen gg diesen einbezogen werden (BGH **106**, 19). Wenn Anlaß der GrdSchBestellg die Sichg einer fremden Schuld aus lfder Rechng war (BGH NJW **87**, 946). Wenn mit KreditGesch vertrauter SG die GrdSch zur Sichg bestehder u künft fremder Schulden bestellt (BGH NJW **91**, 3141). – Kein Verstoß gg AGBG 9 I: Erstreckg auf alle künft Fdgen des SN gg den SG (BGH NJW **87**, 2228) od gg mit ihm nicht ident KreditN (BGH NJW **91**, 3141). AGBG 9 II Nr 1 greift nicht ein (BGH **114**, 9). – **bb) Rückgewähranspruch** (Rn 23). Ausschl des RückÜbertrAnspr auch für den Fall, daß SG zZ der Rückgewähr wg ZwVerst nicht mehr Eigtümer, verstößt gg AGBG 9 (BGH **106**, 375). ZustVorbeh für Abtretg verstößt jedenf dann nicht gg AGBG 9, wenn Eigtümer nicht SG (BGH **110**, 241). Fehlen einer FreigabeKl verstößt nicht gg AGBG 9 (BGH NJW **94**, 1796; Hamm NJW **94**, 2623). – **cc) Persönliche Haftung** (Rn 2). Übern verstößt nicht gg AGBG 11 Nr 15 (BGH **114**, 9). Übern in GrdSchBestellgsUrk dch SG, der zugl pers Schuldn, verstößt nicht gg AGBG 9 II Nr 1 (BGH NJW-RR **90**, 246); and, wenn SG nicht zugl pers Schuldn (BGH **114**, 9).

l) Mehrere Sicherungsgeber (zB Bürgsch u SichgGrdSch; vgl § 774 Rn 13) sind mangels abw Vereinbg **40** wie GesamtSchuldn ausgleichspflicht (BGH NJW **92**, 3228).

1192 *Anwendbare Vorschriften.* **I Auf die Grundschuld finden die Vorschriften über die Hypothek entsprechende Anwendung, soweit sich nicht daraus ein anderes ergibt, daß die Grundschuld nicht eine Forderung voraussetzt.**

II Für Zinsen der Grundschuld gelten die Vorschriften über die Zinsen einer Hypothekenforderung.

1) Anwendbarkeit des Hypothekenrechts (I). Vgl dazu jeweils die letzte Rn zu §§ 1114–1190. **1**

2) Zinsen (II). Es gelten §§ 1115 I Halbs 1, 1118, 1119 I, 1145 II, 1146, 1158, 1159, 1160 III, 1171 I 2, 1178 **2** (bei Tilgg der GrdSchZinsen erlischt insoweit GrdSch; BGH WM **65**, 1197); ferner §§ 1194, 1197 II. Zinsbeginn kann vor Eintr liegen (BayObLG **78**, 136); ist nichts anderes eingetr, beginnt Verzinsg mit Eintr (RG **136**, 234). Ist Unverzinslichk schuldrechtl vereinb, wirkt dies zG eines SonderRNachf des GrdstEigtümers nur, wenn ihm der Anspr aus dieser Abrede abgetreten (BGH BB **67**, 937; vgl auch **LM** § 1169 Nr 1). Bei der SichgGrdSch sichern sie alle Haupt- u NebenFdgen (BGH ZIP **82**, 1051).

1193 *Fälligkeit.* **I Das Kapital der Grundschuld wird erst nach vorgängiger Kündigung fällig. Die Kündigung steht sowohl dem Eigentümer als dem Gläubiger zu. Die Kündigungsfrist beträgt sechs Monate.**

II Abweichende Bestimmungen sind zulässig.

1) Allgemeines. § 1193 gilt nicht für nach § 1177 I entstandene EigtümerGrdSch (§ 1177 I 2; BGH NJW **1** **78**, 1579). ZwVollstrUnterwerfg mit Verzicht auf FälligkNachw verstößt nicht gg AGBG 9, 11 Nr 15a (vgl Hamm WM **91**, 1955; Rastätter NJW **91**, 392).

2) Fälligkeit des Kapitals. – a) Keine Bestimmung (I). Künd ist Vfg über die GrdSch u nicht über das **2** Grdst (BGH **1**, 303); § 1141 I 2 (hM), II entspr anwendb. Sie beendet nicht die Verzinsg (BGH NJW **87**, 946). – **b) Bestimmung (II)**; zB sofort Fälligk (über mögl Einrede aus SichgVertr vgl § 1191 Rn 20), best Ztpkt (§ 271 II gilt hier nicht; KG JW **35**, 1641), abw KündFrist. Sie bedarf als RInhalt der Eintr (auch gem § 874); für nachträgl Bestimmg u Änderg gelten §§ 877, 1119 II.

3) Fälligkeit der Zinsen. In § 1193 nicht geregelt. Mangels abw Vereinbg gilt § 608 entspr (allgM). **3** Über von sofort KapitalFälligk abw Zinsfälligk vgl LG Augsbg Rpfleger **86**, 211 abl Anm Bauch. Bei der SichgGrdSch ist die Verj (§§ 197, 198, 201, 202, 902) bis zum Eintritt des SichgFalls gehemmt (BGH ZIP **93**, 257 krit Clemente EWiR § 1191 BGB 1/**93**, 369; Kblz WM **93**, 1033; LG Bückebg WM **94**, 202).

1194 *Zahlungsort.* **Die Zahlung des Kapitals sowie der Zinsen und anderen Nebenleistungen hat, soweit nicht ein anderes bestimmt ist, an dem Orte zu erfolgen, an dem das Grundbuchamt seinen Sitz hat.**

1) Allgemeines. § 1194 ist SonderVorschr ggü § 269 u gilt nicht für nach § 1177 I entstandene Eigtü- **1** merGrdSch (§ 1177 I 2).

2) Zahlungsort. – a) Keine Bestimmung. Sitz des GBA, für Leistgsstelle an diesem Ort gilt § 269. Da **2** § 270 gilt, genügt rechtzeit Absendg dort (Posen OLG **26**, 201), nicht aber nach dort. – **b) Bestimmung.** Sie bedarf als RInhalt der Eintr (auch gem § 874); für nachträgl Bestimmg u Änderg gelten §§ 877, 1119 II.

1195 *Inhabergrundschuld.* **Eine Grundschuld kann in der Weise bestellt werden, daß der Grundschuldbrief auf den Inhaber ausgestellt wird. Auf einen solchen Brief finden die Vorschriften über Schuldverschreibungen auf den Inhaber entsprechende Anwendung.**

Bestellung entspr § 1188 I; nur als BriefR. Als Berecht ist der BriefInh einzutragen. §§ 1189 anwendb. – **1** **Anwendbar** sind §§ 793 ff; jedoch kann die Einwendg der Nichtentstehg dch § 892 ausgeschl sein. Abtretg nach §§ 929 ff (nicht § 1154). Belastg nach §§ 1081, 1293; Pfändg nach ZPO 808, 821, 823. Anwendb auch § 1187 S 4.

1196   *Eigentümergrundschuld.*   **I Eine Grundschuld kann auch für den Eigentümer bestellt werden.**

II Zu der Bestellung ist die Erklärung des Eigentümers gegenüber dem Grundbuchamte, daß die Grundschuld für ihn in das Grundbuch eingetragen werden soll, und die Eintragung erforderlich; die Vorschrift des § 878 findet Anwendung.

III Ein Anspruch auf Löschung der Grundschuld nach § 1179a oder § 1179b besteht nur wegen solcher Vereinigungen der Grundschuld mit dem Eigentum in einer Person, die eintreten, nachdem die Grundschuld einem anderen als dem Eigentümer zugestanden hat.

1   **1) Allgemeines. – a) Rechtsnatur.** Die EigtümerGrdSch ist ein echtes GrdPfdR u gewährt vorbehaltl § 1197 dieselben Rechte wie eine FremdGrdSch (BGH NJW **88**, 1026); es gelten daher auch §§ 1120 ff (BGH NJW **79**, 2514). Sie ist ein ggü dem Eigt selbstd Recht; daher wird sie zur FremdGrdSch des früh Eigtümers, wenn er das Grdst ohne ihre Abtretg übereignet (BGH **64**, 316) od sie bei der ZwVerst im geringsten Gebot gestanden hat (BGH NJW-RR **86**, 233), u bei Erlöschen in der ZwVerst steht der auf sie entfallde Erlös (zur Verzinsg vgl § 1197 Rn 3) dem früh Eigtümer zu. Der Eigtümer kann sie dch Abtretg/Verpfändg verwer-
2   ten. – **b) Entstehung** dch RGesch (Rn 6) od krG (zB §§ 889, 1163, 1168, FremdGrdSchAblösg [§ 1191 Rn 10, 32, 33]).

3   **2) Sonderfälle. – a)** GesHdsEigtümer können eine EigtümerGrdSch nur für alle bestellen (KGJ **43**, 259); GrdSch eines GesHänders am Grdst der GesHand ist FremdGrdSch (§ 1197 gilt nicht). In GüterGemsch lebde Eheg können für sich als GesGläub jedenf dann keine EigtümerGrdSch bestellen, wenn sie diese nicht
4   zum VorbehGut erklären (BayObLG **62**, 205). – **b)** Ist ein im MitEigt von *A* u *B* stehdes Grdst mit einer GrdSch für *A* belastet, so besteht eine GesGrdSch an beiden MitEAnt, die an dem des *A* eine EigtümerGrdSch (§ 1197 gilt) u an dem des *B* eine FremdGrdSch (§ 1197 gilt nicht) ist. Gilt entspr, wenn das
5   Grdst des *A* u das des *B* mit einer GesGrdSch für *A* belastet sind. – **c)** Ist ein im Miteigt von *A* u *B* stehdes Grdst mit einer GrdSch für *A* u *B* als GesGläub od BruchtBerecht belastet, so besteht eine GesGrdSch an beiden MitEAnt, die für jeden am eigenen Anteil Eigtümer- u am fremden Anteil FremdGrdSch ist (BGH NJW **75**, 445; aA für BruchtBerecht (BayObLG **62**, 184 [GesEigtümerGrdSch]); da die GrdSch an jedem Anteil auch FremdGrdSch ist, gilt § 1197 nicht (vgl BGH WM **81**, 199; BayObLG aaO). Gilt entspr, wenn das Grdst des *A* u das des *B* so belastet sind (vgl BayObLG aaO). Ist nur das Grdst das *A* so belastet, so ist die GrdSch für *B* FremdGrdSch u § 1197 gilt nicht (vgl BayObLG aaO).

6   **3) Bestellung (II)** mit Inhaltsbestimmg. Einseit formfreie (verfrechtl gilt GBO 29) EigtümerErkl u GBEintr; auch als BriefGrdSch entsteht sie schon mit GBEintr (§§ 1117, 1163 II gelten nicht). Die Erkl muß auf Bestellg einer GrdSch für den Eigtümer gerichtet sein (über unwirks FremdRBestellg vgl §§ 1163 Rn 1, 1191 Rn 6). Über Bestellg dch bloßen BuchEigtümer vgl § 892 Rn 6. Bestellg ist Vfg über das Grdst zB iSv §§ 1424 (KGJ **43**, 259), 1821 I Nr 1 (KG JFG **9**, 262); nicht aber GesVermVfg iSv § 1365 (Hamm DNotZ **60**, 320). ZwVollstrUnterwerfg zuläss (BGH **64**, 316). – **Übernahme persönlicher Haftung** (§ 1191 Rn 2) mit ZwVollstrUnterwerfg zuläss (BGH **64**, 316). Angebot an künft GrdSchErwerber mögl, das dieser stillschw (§ 151) annehmen kann (BGH NJW **91**, 228).

7   **4) Verfügungen.** Aufhebg gem § 875 (erfüllt auch § 1183). Belastg wie § 1191 Rn 8. Inhaltsänderg gem § 877 (einseit EigtümerErkl statt Einigg). Pfändg nach ZPO 857 VI. Übertr wie § 1191 Rn 8 (es entsteht eine FremdGrdSch). Verzicht (§ 1168) bedeutet Aufhebg (da EigtümerGrdSch schon besteht).

8   **5) Verdeckte Nachverpfändung.** Ist eine BriefEigtümerGrdSch an dem Grdst *1* außerh des GB an den Gläub *G* nach §§ 1154 I, 1192 I abgetreten, so ist die Nachverpfändg des Grdst *2* (§ 1132 Rn 7) ohne Offenlegg der Abtretg („verdeckt") nicht mögl, denn die Einigg muß wg Unzulässigk eines dingl Vertr zGDr (Einl 14 vor § 854) u notw GläubIdentität (§ 1132 Rn 4) mit *G* erfolgen u dieser muß als GesGrdSchGläub im GB des Grdst *2* eingetr werden. Wird der Eigtümer *E* gleichwohl als GesGrdSchGläub eingetr, so wird das GB unricht; eine GesEigtümerGrdSch entsteht aber nachträgl (u kann dann außerh des GB an *G* abgetreten werden), wenn *G* die GrdSch an dem Grdst *1* (auch treuhänd) an *E* rückabtritt (Ffm OLGZ **89**, 3). – **Auswege:** (1) Grdst *2* wird Grdst *1* als Bestandt zugeschrieben (Beck NJW **70**, 1781), wodch aber keine GesGrdSch entsteht (§ 1131 Rn 1). (2) Abtretg einer am Grdst *2* bestellten EigtümerGrdSch außerh des GB an *G* mit schuldr Abrede, beide GrdSch wie GesGrdSch zu behandeln (Lwowski DNotZ **79**, 328). (3) Treuhänd RückAbtretg außerh des GB an *E* (kann vormkgsgesicherten LöschgsAnspr auslösen!), danach Nachverpfändg u Abtretg der GesEigtümerGrdSch an *G* (Kaempfe MittBayNot **71**, 347; Lwowski aaO). (4) Zu weiteren Lösgsversuchen vgl Westermann NJW **70**, 1023 u Ertl DNotZ **90**, 684.

9   **6) Löschungsanspruch (III)** aus §§ 1179a, 1179b erst nach zwzeitl FremdRBildg; vgl § 1179a Rn 7, § 1179b Rn 2. IFv § 1179b wären Gläub u Schuldn vor FremdRBildg ohnehin ident. Auch bei RückAbtretg einer ohne wirks SichgVertr/Valutierg abgetretenen EigtümerGrdSch (Celle Rpfleger **86**, 398). Pfdg/Verpfdg stehen Abtretg nicht gleich (Erm/Räfle § 1179a Rn 8; aA MüKo/Eickmann Rn 22).

1197   *Abweichungen von der Fremdgrundschuld.*   **I Ist der Eigentümer der Gläubiger, so kann er nicht die Zwangsvollstreckung zum Zwecke seiner Befriedigung betreiben.**

II Zinsen gebühren dem Eigentümer nur, wenn das Grundstück auf Antrag eines anderen zum Zwecke der Zwangsverwaltung in Beschlag genommen ist, und nur für die Dauer der Zwangsverwaltung.

1) Allgemeines. § 1197 gilt für die dch RGesch bestellte u die krG entstandene EigtümerGrdSch. Er gilt 1
nicht, soweit die GrdSch an dem BelastgsGgst auch FremdGrdSch ist (vgl § 1196 Rn 3–5) u bei fehler
rechtl Identität von Eigtümer u Gläub (zB Inh aller GesellschAnt einer GmbH hat GrdSch am Ge-
sellschGrdst; RG JW 29, 248). Die Beschrkgen entfallen nach Umwandlg in FremdGrdSch (§ 1196 Rn 1) od
wenn der Gläub den Eigtümer beerbt hat u NachlVerw/Konk angeordnet ist (§ 1976 Rn 3).

2) Zwangsvollstreckungsausschluß (I). Keine ZwVollstr des Eigtümers in das Grdst u mithaftde 2
Ggstd (RG 125, 362), um nicht Ausfall nachrang Berecht herbeiführen zu können. Pers Beschrkg der
RStellg des Eigtümers als GrdSchGläub (BGH 64, 316); UnterwerfgsKl aber wg mögl Wegfalls der
Beschrkg eintragb (BGH aaO). – Für den **Konkursverwalter** gilt I nicht. Er kann die ZwVollstr aus der
GrdSch betreiben u die GrdstZwVerst (KO 126, ZVG 172). Für den **Pfand-/Pfändungsgläubiger** an der
GrdSch gilt I nicht, denn er vollstreckt zur eigenen Befriedig u nur der Eigtümer ist pers beschränkt (BGH
103, 30). Für den **Nießbraucher** an der GrdSch gilt I aus gleichem Grd nicht (aA Wstm/Eickmann § 135
II 2).

3) Zinsausschluß (II). Keine Zinsen für den Eigtümer, weil NutzgsMöglichk aGrd Eigt; auch nicht bei 3
Nießbr eines Dritten am Grdst (Erm/Räfle Rn 4; MüKo/Eickmann Rn 5; aA Bayer AcP **189**, 470), denn
Eigtümer hat sich der Nutzg freiw u idR entgeltl begeben, u nicht währd der ZwVerst. Kein Ausschl währd
ZwVerw. Der Ausschl ist GrdSchInhalt (BGH **64**, 316); Zinsen aber wg mögl Wegfalls des Ausschl eintragb
(BGH aaO). Erlischt die GrdSch mit Zuschlag, so gilt II nicht für den auf sie entfallden ErlösAnt bis zur
Verteilg (Bayer aaO; Soergel/Konzen Rn 4; Staud/Scherübl Rn 8; aA FG **60**, 359; Stöber Rpfleger **58**, 339),
da früh Eigtümer keine GrdstNutzg mehr hat; wird sie zur FremdGrdSch des früh Eigtümers, so gilt II für
diese nicht (BGH **67**, 291). Bei **Abtretung von Grundschuld und Zinsen** sind nach heute hM Zinsen aus 4
der Zeit vor der GrdSchAbtr abtretb (BayObLG NJW-RR **87**, 1418; Celle Rpfleger **89**, 323; Düss OLGZ **89**,
395; aA [der zuzustimmen ist] Bayer aaO; Erm/Räfle Rn 5). Wird die GrdSch erst mit ihrer Abtretg verzinsl,
so kann die Verzinsg rückwirkd beginnen (BGH NJW **86**, 314). – Für den **Konkursverwalter** gilt II (Bayer 5
aaO; aA MüKo/Eickmann Rn 8), auch wenn er das Grdst ohne GrdSch freigibt (Soergel/Konzen Rn 4). –
Für den **Pfand-/Pfändungsgläubiger** an der GrdSch gilt II nicht (Bayer aaO; Erm/Räfle Rn 5; aA RG **60**,
359; Staud/Scherübl Rn 7), denn er erhält nicht die GrdstNutzg. Für den **Nießbraucher** an der GrdSch gilt
II aus gleichem Grd nicht (Bayer aaO; Erm/Räfle Rn 4; aA Hamm HRR **30** Nr 1216; Staud/Scherübl Rn 7).

1198 *Zulässige Umwandlungen.* **Eine Hypothek kann in eine Grundschuld, eine Grund-
schuld kann in eine Hypothek umgewandelt werden. Die Zustimmung der im Range
gleich- oder nachstehenden Berechtigten ist nicht erforderlich.**

1) Allgemeines. § 1198 erfaßt die rgeschäftl Umwandlg; sie ist InhaltsÄnderg iSv § 877. Verrechtl sind 1
EintrBew von Eigtümer u Gläub notw. Übriger RInhalt (zB BriefAusschl, Zinsen) u UnterwerfgsKl (LG
Düss DNotZ **62**, 97) bleiben mangels Änderg bestehen. Gleich-/nachrang Berecht (sie werden dch §§ 1179,
1179a geschützt) u Schuldn der gesicherten Fdg (er wird dch § 1165 geschützt) müssen nicht zustimmen,
wohl aber DrittBerecht (§ 876).

2) Umwandlungsfälle. – a) Hypothek in Fremdgrundschuld. Die Fdg erlischt nur, wenn GrdSch an 2
Erfüllgs Statt angen wird (§ 364). Ob GrdSch nicht erlöschde Fdg sichert, ist Frage des GrdGesch. –
b) Hypothek in Eigentümergrundschuld. FremdHyp wird nur krG EigtümerGrdSch (zB §§ 1163 I,
1168). EigtümerHyp (§ 1177 II) in EigtümerGrdSch dch einseit EigtümerErkl u Eintr umwandelb (MüKo/
Eickmann Rn 3; Staud/Scherübl Rn 10; aA KG JFG **7**, 356 [362]). – **c) Fremdgrundschuld in Hypothek.** 3
Fdg iSv § 1113 Rn 8–17 ist unterzulegen (zur RLage bei deren Nichtbestehen vgl MüKo/Eickmann Rn 10);
bloße GrdSchÜbern dch Käufer in Anrechng auf den Kaufpr reicht dafür nicht (KG OLG **45**, 314). Um-
wandlg in Hyp für Fdg eines Dritten entweder unter gleichzeit Abtretg an diesen od dch FdgsUnterlegg
entspr § 1180 II mit Zust des bish Gläub (KG JFG **6**, 354). – **d) Eigentümergrundschuld in Hypothek.** 4
Fdg iSv § 1113 Rn 8–17 ist unterzulegen mit gleichzeit Abtretg an Gläub (vgl § 1177 Rn 3). Mögl auch
Umwandlg in EigtümerHyp (§ 1177 II) dch einseit EigtümerErkl mit Unterlegg einer Fdg des Eigtümers gg
einen Dritten (MüKo/Eickmann Rn 4; Staud/Scherübl Rn 8; aA KG JFG **7**, 356) u Eintr.

II. Rentenschuld

1199 *Begriff: Ablösungssumme.* [I] **Eine Grundschuld kann in der Weise bestellt werden,
daß in regelmäßig wiederkehrenden Terminen eine bestimmte Geldsumme aus dem
Grundstücke zu zahlen ist (Rentenschuld).**

[II] **Bei der Bestellung der Rentenschuld muß der Betrag bestimmt werden, durch dessen Zahlung
die Rentenschuld abgelöst werden kann. Die Ablösungssumme muß im Grundbuch angegeben
werden.**

1) Allgemeines. Die (heute ungebräuchl) RentenSch ist eine GrdSch; sie ist auch als Inh- (§ 1195) od 1
EigtümerRentenSch (§ 1196) bestellb u kann bdgt/befristet sein (Brem OLGZ **65**, 74). Sie kann eine Fdg
sichern; zB Leibrente, ratenw zu zahlder GrdstKaufpr (Brem aaO). Über Unterschiede zur Reallast vgl
Übbl 2 vor § 1105. Nürnberger Eigengeld u Münchener Ewigleben haben sich in RentenSch umgewandelt
(BayObLG **53**, 89; **55**, 60).

2) Einzelne Geldleistungen (I) zu regelm wiederkehrden Terminen; nicht notw in gleicher Höhe. Sie 2
dienen nicht der Tilgg der Ablösgssumme; Anrechng auf diese nicht vereinb (Brem OLGZ **65**, 74). Sie muß
bestimmt sein wie bei ErbbRVO 9 (zB keine Bindg an Beamtengehalt; LG Brschw NJW **54**, 883).

3 **3) Ablösungssumme (II)** in beliebiger Höhe ohne Beziehg zur Rente (Brem OLGZ **65**, 74), auch verschieden hoch je nach Zeit der Zahlg (hM). Nachträgl Erhöhg unzuläss (KGJ **40**, 342). S 2 schließt § 874 aus; Verstoß führt zu GBO 53 I 2 (keine Umdeutg in Reallast). Über Dissens bei fehlder Abrede vgl BGH WM **65**, 950.

1200 *Anwendbare Vorschriften.* ᴵ **Auf die einzelnen Leistungen finden die für Hypothekenzinsen, auf die Ablösungssumme finden die für ein Grundschuldkapital geltenden Vorschriften entsprechende Anwendung.**

ᴵᴵ **Die Zahlung der Ablösungssumme an den Gläubiger hat die gleiche Wirkung wie die Zahlung des Kapitals einer Grundschuld.**

1 **1) Anwendbare Vorschriften (I).** – **a)** Auf die **einzelnen Leistungen:** Vorschr über HypZinsen (§§ 197, 289, 1115 I, 1119 I [KGJ **40**, 342], 1145 II, 1158, 1159, 1160 III, 1178; außerdem §§ 1194, 1197 II), obwohl sie nicht der Verzinsg der Ablösgssumme dienen. – **b)** Auf die **Ablösungssumme:** § 1194 u die Vorschr über das HypKapital, soweit sie nicht in § 1192 I ausgenommen.

2 **2) Zahlung der Ablösungssumme (II)** dch Eigtümer an den Gläub. Eigtümer erwirbt EigtümerRentenSch entspr § 1191 Rn 10 (BGH NJW **80**, 2198). Ist er zugl Schuldn einer gesicherten Fdg, so kann deren Zweck (zB Rente) ergeben, daß die Fdg nicht erlischt (BGH aaO).

1201 *Ablösungsrecht.* ᴵ **Das Recht zur Ablösung steht dem Eigentümer zu.**

ᴵᴵ **Dem Gläubiger kann das Recht, die Ablösung zu verlangen, nicht eingeräumt werden. Im Falle des § 1133 Satz 2 ist der Gläubiger berechtigt, die Zahlung der Ablösungssumme aus dem Grundstücke zu verlangen.**

1 **1) Ablösungsberechtigt (I)** dch Künd u Zahlg ist nur der Eigtümer. Sein AblösgsR kann nicht ausgeschl sond nur beschränkt werden (§ 1202 II).

2 **2) Ablösungsanspruch (II)** für Gläub nicht begründb; II 1 widerspr Vereinbg ist nichtig (ob damit Einigg im ganzen nichtig, richtet sich nach § 139). Gläub kann daher vorbehaltl II 2, 1202 III, ZVG 92 I u III, 158 I nicht Zahlg der Ablösgssumme verlangen.

1202 *Kündigung.* ᴵ **Der Eigentümer kann das Ablösungsrecht erst nach vorgängiger Kündigung ausüben. Die Kündigungsfrist beträgt sechs Monate, wenn nicht ein anderes bestimmt ist.**

ᴵᴵ **Eine Beschränkung des Kündigungsrechts ist nur soweit zulässig, daß der Eigentümer nach dreißig Jahren unter Einhaltung der sechsmonatigen Frist kündigen kann.**

ᴵᴵᴵ **Hat der Eigentümer gekündigt, so kann der Gläubiger nach dem Ablaufe der Kündigungsfrist die Zahlung der Ablösungssumme aus dem Grundstücke verlangen.**

1 **Kündigung (I)** zwingd notw. Über Unzulässigk der Künd nach GrdstBeschlagn vgl RG **86**, 259; JW **30**, 631. – Die **Kündigungsfrist (I 2)** kann verlängert od verkürzt werden; Wirkg ggü RNachf nur bei GBEintr (auch gem § 874). – **Beschränkung des Kündigungsrechts (II)** nur insoweit, als es für längstens 30 Jahre (vorbehaltl abw LandesR; EG 117 II) ausgeschl u danach Künd mit sechsmonat KündFr zuläss; Wirkg ggü RNachf nur bei GBEintr (auch gem § 874). Ist Unkündbark vereinb, so gilt II bzw ohne LandesR auch ohne GBEintr (Schlesw SchlHA **60**, 57). – **Zahlungsanspruch (III)** des Gläub bzgl Ablösgssumme erst aGrd Künd (vgl § 1201 Rn 2) od einverständl Fälligstellg (Planck/Strecker Anm 2 a).

1203 *Zulässige Umwandlungen.* **Eine Rentenschuld kann in eine gewöhnliche Grundschuld, eine gewöhnliche Grundschuld kann in eine Rentenschuld umgewandelt werden. Die Zustimmung der im Range gleich- oder nachstehenden Berechtigten ist nicht erforderlich.**

1 Für die Umwandlg gilt § 1198 Rn 1. Bei Umwandlg einer RentenSch werden die Ablösgssumme zum Kapital (darf sie nicht übersteigen) u die Rente zu Zinsen, bei Umwandlg einer GrdSch werden das Kapital zur Ablösungssumme u die Zinsen zur Rente. Umwandlg in alsbald fäll GrdSch kann für gleich/nachrang Berechtigte Anspr aus § 826 begründen (Hbg OLG **36**, 137). – Da die RentenSch auch eine GrdSch ist, kann sie auch unmittelb in eine Hyp u umgekehrt umgewandelt werden (§ 1198).

Neunter Abschnitt. Pfandrecht an beweglichen Sachen und an Rechten

Überblick

1) Privatrechtliches Pfandrecht ist ein zur Sicherg einer Fdg best dingl wirkdes u dch § 823 I geschütz- **1** tes Recht an fremden bewegl Sachen od Rechten, das den Gläub berecht, sich dch Verwertg des Pfd aus dem Erlös zu befriedigen (vgl aber § 1213). In der ZwVollstr gibt es ein Recht auf vorzugsw (ZPO 805) u im Konk auf abgesonderte (KO 48) Befriedigg. Es begründet eine Haftg, aber keine Schuld. Seine RNatur als absolutes od relatives Recht richtet sich nach der RNatur des Pfd (BayObLG **67**, 295).

a) Grundsätze. – aa) Akzessorietät. Das PfdR ist vom Bestehen der gesicherten Fdg dauernd abhängig: **2** Es entsteht nicht ohne sie, ist ohne sie nicht übertragb u erlischt mit ihr; die gesicherte Fdg ist nicht auswechselb (§ 1204 Rn 7). – **bb) Spezialität.** Ein PfdR kann nur an EinzelGgst bestellt werden, nicht an Sach- od RGesamtheiten (§ 1204 Rn 4); Ausn: LuftfzRG 68 ff (Einf 6 vor § 1204), PachtKrG 3 (Einf 2 vor § 1204). – **cc) Publizität.** Das PfdR muß äußerl erkennb sich dch Bes (zB § 1205), Anzeige (zB § 1280), Registrierg (zB LuftfzRG 5, PachtKrG 2); vgl dazu Hromadka JuS **80**, 89. Ausn bei gesetzl PfdR. – **dd) Priorität.** Der Rang des PfdR bestimmt sich nach der Bestellzeit (§ 1209).

b) Beteiligte. – aa) Verpfänder u pers Schu müssen nicht ident sein (Verpfändg für fremde Schuld); **3** RVerh zw ihnen zB Auftr, GoA. Verpfänder u PfdGgstBerecht (Eigtümer/RInh) müssen nicht ident sein; RVerh zw ihnen zB Auftr od Schenkg, sonst §§ 816, 823, pos VertrVerletzg. Die **Passivseite** kann also drei Beteil haben; die **Aktivseite** nur einen, da Fdgs- u PfdGläub ident sein müssen. – Gläub u PfdGgstBerecht dürfen nicht ident sein: **kein Pfandrecht an eigenen Sachen od Rechten.** Erwirbt bei Einkaufskomm der Kommitent Eigt als der, den es angeht, so kann Kommissionär PfdR erlangen (vgl AGB-Banken 19 II; vgl Stauder-Comes WM **69**, 611 Fußn 7). – **bb)** Zw Verpfänder u PfdGläub besteht ein **gesetzliches Schuldverhältnis** mit beiders Rechten u Pfl (RG **101**, 47) u den ges PfdRVorschr als Regelinhalt (vgl Einl 9 vor § 854); nicht aber zw PfdGläub u PfdGgstBerecht als solchem (RG Recht **10**, 1590). Daher hat letzterer keine Anspr aus §§ 1215, 1217–1219 (hM). Aus Rechten nach den dispositiven §§ 1215–1226 können gem § 242 Pflichten werden (vgl § 1218 Rn 1, § 1219 Rn 1). – **cc)** RStellg des pers Schu zum PfdGläub wird dch PfdRBestellg nicht berührt. Er kann diesen nicht auf PfdVerwertg verweisen (Ausn: ZPO 777).

c) Schuldrechtl **Grundgeschäft,** dch das sich Verpfänder zur PfdRBestellg verpflichtet, ist vom dingl **4** VerpfändgsVertr (PfdRBestellg) zu unterscheiden. Letzterer kann in ersterem enthalten sein u umgekehrt. Nur Verpfl, nicht abstr Einigg, gibt Anspr auf weitere Bestellgserfordern wie Überg od Verpfändungsanzeige. Bei nichtiger Verpfl ist Verpfändg wirks, aber kondizierbar.

2) Pfändungspfandrecht (ZPO 803 ff). RNatur sehr str (vgl Lipp JuS **88**, 119). Dch nach VollstrR wirks **5** Pfdg entsteht ohne Rücks auf die EigtVerh am Pfd **öffentlichrechtliche Verstrickung** (Veräußergsverbot iS §§ 135, 136), die nicht dch PartHdlg (zB § 1253; and ZPO 843) erlöschen kann. Daneben entsteht ein **privatrechtliches Pfandrecht** (ZPO 804), wenn die Fdg des VollstrGläub besteht od der VollstrTitel **6** rkräft ist u Pfd dem VollstrSchu gehört (BGH **119**, 75; str); für dieses gelten die §§ 1204 ff, soweit die ZPO nicht entggsteht (RG **156**, 397; BGH NJW **89**, 2536).

3) Unregelmäßiges Pfandrecht (Kaution), wenn Gläub nach PartWillen das Recht hat, gleichart **7** PfdGgst zurückzugewähren. Er wird verfüggsberecht Eigtümer (Düss NJW **78**, 2511). PfdRVorschr entspr anwendb, insb §§ 1213, 1214 (BGH NJW **94**, 3287); dabei ist die abw dingl RLage zu beachten, zB Übereigng nach Erlöschen der gesicherten Fdg bei § 1223 (vgl Bambg SeuffA **64**, 18) od schuldr Anspr auf den die gesicherte Fdg übersteigden Betr bei § 1247 S 2 (Stettin Recht **12**, 595). – PfdR (befristet bzw mit wechselndem Ggst) aber, wenn Pfd unter best Voraussetzgen veräußert od ersetzt werden darf (RG **58**, 290). – **a) Barkaution.** PartWille maßg, ob bei Geldverpfändg regelm (zB Überg in verschlossenem Umschlag) od unregelm (zB VerzinsgsPfl) PfdR. Einzahlg auf gemschaftl Kto der Part od auf Kto des einen mit Sperrvermerk für und genügt für Gestellg (Hamm BB **63**, 1117). Zur FreigabePfl hins des die gesicherte Fdg übersteigden Betr vgl Kblz BB **74**, 199. Zur Mietkaution vgl Einf 89 vor § 535, § 550b. – **b) Flaschen- 9 pfand** (vgl Kollhosser/Bork BB **87**, 909; Martinek JuS **87**, 514; **89**, 268) ist idR unregelm PfdR an Geld. Gesichert kann sein: Anspr auf LeergutRückg aus Darlehn (BGH NJW **56**, 298), darlehnsähnl GattgsSchuld (Karlsr NJW-RR **88**, 370), Leihe od Miete (BGH **LM** § 989 Nr 2), Rückkauf (Hbg OLG **45**, 150) od vertragl NebenPfl (OGH NJW **50**, 345); VertrStrafe bei NichtErf dieses Anspr (BGH **LM** § 339 Nr 10); dch Rückg auflösd bedingte GeldFdg (Celle Betr **69**, 309). Vgl VO v 20. 12. 88 (BGBl I 2455).

4) Landesrechtliche Vorbehalte: EG 89, 94, 97. – **IPR:** Es gilt die *lex rei sitae* (EG 38 Anh II); im **10** Ausland entstandenes publizitätsloses (besitzlos, nicht eingetr) PfdR bleibt im Inland wirks (BGH **39**, 173; NJW **91**, 1415; NJW-RR **91**, 1211). – **Übergangsrecht:** EG 184 (altes Recht), 233 § 3 (fr DDR-Recht).

Erster Titel. Pfandrecht an beweglichen Sachen

Einführung

1) BGB §§ 1204–1258. Die wirtsch Bedeutg des vertragl PfdR ist gering, da dch SichgEigt weitgehd **1** ersetzt; bedeuts noch bei LombardGesch der Banken u gewerbl PfdLeihe. – **a) Entstehung** dch RGesch (§§ 1205–1207), kr G (§ 1257) od dch Surrogation (§§ 1219 II, 1247 S 2, 1287). – **b) Erlöschen.** Eintritt auflösder Bdgg (§ 158 II), Fristablauf (§ 163; vgl RG **68**, 141), SchuldÜbn ohne Einwilligg des Eigtümers (§ 418), lastenfreier Erwerb (§§ 936, 945, 949, 950 II, 955 ff, 973 I), rechtm PfdVerk (§ 1242 II), gutgl Erwerb bei unrechtm PfdVerk (§ 1244); FdgsAbtr mit Ausschl des PfdRÜbergangs (§ 1250 II), Erlöschen der

1299

Fdg (§ 1252), PfdRückg (§ 1253), PfdRAufhebg (§ 1255), Vereingg von PfdR u Eigt (§ 1256), Untergang od dauernde Wertlosigk (RG **96**, 185) des Pfd. – **c) Verwertung.** Die Befriedigg des Gläub aus dem Pfd kann nach seiner Wahl (Ffm Rpfleger **74**, 430) erfolgen: **aa)** Ohne vollstrb Tit od gerichtl Ermächtigg dch priv PfdVerk nach §§ 1234–1240, 1245 (§ 1233 I). **bb)** Auf Grund eines Tit zur Duldg des PfdVerk wahlw dch priv PfdVerk nach §§ 1234–1240, 1245 od gerichtl PfdVerk nach ZPO (§ 1233 II). **cc)** AGrd ZahlgsTit gg den pers Schu dch ZwVollstr nach ZPO in das Pfd (RG LZ **16**, 1427). Pfändet Gläub Sache eines Dr, der zur Duldg der PfdVerwertg verpflichtet, so ist dessen Widerspr aus ZPO 771 unbeachtl (RG **143**, 277).

2   **2) Pachtkreditgesetz** v 5. 8. 51, BGBl I 494 (Sichtermann, PachtKrG 1954 u RdL **56**, 99; **69**, 169, 200; Jacobi, RdL **68**, 197; Sparberg, Der zivilr RSchutz der PachtKrInst bei Beeinträchtigg des InventarPfdR, 1974). – **a) Pfandgegenstand** sind alle dem Pächter eines VertrNiederlegg gehörden Inventarstücke (RG **142**, 202) einschl AnwR (BGH **54**, 319) sowie später erworbene ab Einverleib (bzw ab EigtErwerb bei vorheriger Einverleib, BGH **LM** Nr 3), soweit nicht Einzelstücke ausgenommen (§ 3). – **b) Verpfändung** ohne BesÜbertr dch schriftl VerpfändgsVertr (notw Inhalt: § 2 I 3) zw Pächter u PachtKrInst u dessen Niederlegg beim AmtsG (§§ 1, 2). Es braucht noch kein Inventar vorhanden zu sein (BGH **54**, 319). Mehrere PfdR für verschiedene Gläub nicht bestellb (RG **143**, 7). Gutgl PfdRErwerb vorbehaltl BGB 935 mögl (§ 4), aber nicht an nach VertrNiederlegg einverleibten Stücken (BGH **35**, 53). Bösgläubigk bzgl VerpfEigt idR bei Verstoß gg § 2 II. – **c) Gesicherte Forderung** muß Darlehn sein (§ 1); Verwendg für Landw nicht erforderl (BGH **54**, 319). – **d) Rang:** Gleichrang mit ges VerpPfdR (§ 4 II 2); bei Gutgläubigk Vorrang vor Rechten Dr (§ 4 II 1; vgl aber § 4 III); Ausn bei GrdPfdR, die Inventar erfassen, u ZwVollstr (§ 7). – **e) Schutz** gg gutgl Erwerb Dr dch Niederleg (§ 5 I), jedoch nur gem BGB 936 bei Veräußerg nach Aufgabe der Pachtstelle u Inventarentferng (BGH **51**, 337); gg PfdRBeeinträchtigg entspr BGB 1227 (§ 8); gg Verwertg des VerpPfdR gem § 11 II; gg ZwVollstr vgl Noack DGVZ **73**, 101. – **f) Erlischt** dch Vfg über Einzelstücke innerh ordngsm Wirtsch (§ 5 II; nicht mehr nach Pachtende, RG **141**, 203), entspr BGB 1252 (§ 14 I), dch rgesch Aufhebg (§ 14 II) u Untergang. – **g) Verwertung** entspr BGB 1228 ff, ohne öff Verst nur mit Einwilligg des Verp (§ 11 I 2).

3   **3) Gesetz zur Sicherung der Düngemittel- und Saatgutversorgung** v 19. 1. 49, BGBl III 403-11 (Kreuzer, FrüchtePfdR 1955; Sichtermann, FrüchtePfdRG 1955). Erstrangiges (§ 2 IV) publizitätsloses ges PfdR an Früchten der nächsten Ernte, soweit nicht gem ZPO 811 Nr 2–4, 865 unpfändb (§ 1 I 2; hier PfdR nach Rn 2 mögl, BGH **41**, 6; Oldbg RdL **63**, 25), zG der Lieferanten von Düngemitteln usw bzw der Kreditgeber (§ 1; über PfdR bei KtokorrentFdg BGH **29**, 280). Erlischt mit Entferng der Früchte vom Grdst, außer wenn sie ohne Wissen od gg Widerspr des Gläub erfolgt (§ 2 I 1). Kein WidersprR u damit Erlöschen bei Entferng innerh ordngsm Wirtsch (zB Ernte u Veräußerg nach Reife [BGH **120**, 368]), auch bei Unwissen des Gläub (BGH aaO; aA 52. Aufl), od bei Sichg dch verbleibde Früchte (§ 2 I 2).

4   **4) Kabelpfandgesetz** v 31. 3. 25, RGBl 37. Verpfändg von Hochseekabeln dch Einigg, Einwilligg des Bundespostministers u Eintr in das Kabelbuch (§ 2 I).

5) SchiffsRG (Schrifttum: Vorbem vor § 929a).

5   **a) Pfandrecht.** – **aa) Verpfändung** im SchiffsReg eingetr Schiffe, Schiffsbauwerke, Schwimmdocks u MitEigtAnteile daran nur dch SchiffsHyp (§§ 1, 8, 76, 81a); für nichteingetr Schiffe usw gelten BGB 1204 ff, für Schiffspart BGB 1273 (HGB 503 III). – **bb) Schiffsgläubigerrechte** sind die ges PfdR an Schiffen. Sie sind für das SeeR in HGB 754 u für das BinnenschiffahrtsR in BinnSchG 102 abschließd aufgezählt. Sie haben im SeeR Vorrang vor and PfdR (HGB 761), im BinnenschiffahrtsR nur teilw (vgl BinnSchG 109; BGH MDR **76**, 646: Vorrang arbeitsr FreistellgsAnspr vor SchiffsHyp).

6   **b) Schiffshypothek.** – **aa) Bestellung** dch Einigg u Eintr im SchiffsReg (§ 8); ges Entstehg BGB 1287 S 2, ZPO 847a II 2, 931. Solange die gesicherte Fdg nicht besteht, entsteht keine dingl Belastg (abw BGB 1163 I 1). Die Eintr ist begründet für die Hyp die RVermutg des § 16, aber BGB 1138 gilt nicht. – **bb)** Sie hat die **Rechtsnatur** einer SichgHyp (vgl § 8 I 3) u ist damit stets BuchHyp. Sie ist als Gesamt- (§ 28) u HöchstBetrHyp (§ 75) sowie für Fdg aus InhSchVerschreibg u Orderapieren (§§ 72, 73) bestellb. HaftgsUmfang §§ 29, 38 II. HaftgsGgst §§ 31, 32, 79, 80, 81a. – **cc) Rang** u RangÄnderg §§ 25–27; InhaltsÄnderg § 54; FdgAuswechselg § 55. – **dd)** Sie **erlischt** vorbehaltl § 59 mit der gesicherten Fdg (§ 57 I 1; abw BGB 1163 I 2). Bis zur Löschg hat jedoch der Eigtümer nach § 57 III die weder abtretb noch pfändb Befugn, eine nach Rang u Hyp gleiche neue Hyp zu bestellen. Dies gilt auch bei Erlöschen nach §§ 57 II (auch BGB 418 I 2), 64, 66 II, ZPO 870a III 1, 931 VI od inf Verz des Eigtümers auf die ihm nach §§ 44 I, 64 II zugefallene Hyp; nicht aber bei Erlöschen aus and Grden (§§ 56, 57 III 1 Halbs 2 iVm I 2, 57 III 3 Halbs 2, 65, gutgl lastenfreier Erwerb, BGB 158, 163, HGB 764 II, SchiffsRegO 17 IV, 20), so daß in diesen Fällen and Rechte nachrücken. – **ee) Verwertung** nur dch ZwVerst (§ 47, ZPO 870a, ZVG 162 ff).

6) Gesetz über Rechte an Luftfahrzeugen v 26. 2. 59, BGBl I 57 (Abraham, Das Recht der Luftfahrt, 1960, 470 ff; Ott MittBayNot **85**, 1; Schölermann/Schmid-Burgk WM **90**, 1137).

7   **a)** In der LuftfzRolle eingetr **Luftfahrzeuge** u MitEigtAnteile daran sind nur mit einem **Registerpfandrecht** belastb (§§ 1, 6, 9 I); ges PfdR außer BGB 647 sind mögl (Wendt MDR **63**, 448). Für nichteingetr Luftfz gelten BGB 1204 ff, für ausl §§ 103 ff. – Gleiche Rechte wie RegPfdR gewähren nach ausl Recht mit Vorrang ausgestattete Rechte wg Anspr aus Bergg u Erhaltg (§§ 75 ff). – **aa) Verpfändung** dch Einigg u Eintr in LuftfzPfdReg (§ 5) bzw AG Brschw; notw auch ZwVollstrPfdR eingetragen (§ 7). Solange die gesicherte Fdg nicht besteht, entsteht keine dingl Belastg (abw BGB 1163 I 1). RegEintr begründet RVermutg zG des Erwerbers des RegPfdR od eines Rechts daran (nicht aber zG des EigtErwerbs) hins dieser Rechte (BGB 1138 gilt aber nicht) u des Eigt (§§ 15 ff) u steht Belastg mit and als RegPfdR (nicht aber SichgÜbereigng) entgg (§ 9 II). – **bb)** Es hat die **Rechtsnatur** einer SichgHyp (vgl § 4) u ist als Gesamt- (§ 28) u HöchstBetrRegPfdR (§ 3), nicht aber für Fdg aus InhSchVerschreibg u Orderpapieren (§ 8) bestellb. HaftgsUmfang §§ 29, 38 II. HaftgsGgst §§ 31, 32. – **cc) Rang** u RangÄnderg §§ 25–27; InhaltsÄnderg § 54; FdgAuswechselg § 55. – **dd)** Es **erlischt** vorbehaltl § 59 mit der gesicherten Fdg (§ 57 S 1; abw BGB 1163

I 2). Eigtümer hat keine Befugn entspr SchiffsRG 57 III, so daß nachrangige Rechte bei jedem Erlöschensfall (zB §§ 56, 57 I, 63, 66 II, 99 I u II iVm ZPO 870a III 1) aufrücken u RangÄnderg nicht der Zust des Eigtümers bedarf. – ee) **Verwertung** nur dch ZwVerst (§§ 47, 99 I, ZPO 870a, ZVG 171 a ff).

b) Das RegPfdR ist auf **Ersatzteile** erweiterb. Verpfändg u ges PfdR nicht ausgeschl, da § 9 nicht 8 anwendb (§ 70 I). Erweiterg für Gläub zweckm, da ausgewechselte Teile mit Einbringg in ErsTeilLager nicht mehr Bestandt od Zubehör des Luftfz u damit von Haftg frei sind (§ 31 III, IV). – **aa) Verpfändbar** sind alle ggwärtig an einer best inl od ausl Stelle (ErsTeilLager) lagernden u später eingebrachten ErsTeile, die dem Eigtümer des verpfändeten Luftfz gehören (§§ 68 I, 71 I); nicht nur einzelne ErsTeile (AG Brschw NdsRpfl **65**, 151). Sie w bei Entferng aus dem Lager vor Beschlagn frei (§ 71 II). – **bb) Verpfändung** dch Einigg (braucht sich nur auf den jeweiligen Lagerbestand u nicht auf die Einzelteile erstrecken) u Eintr in LuftfzPfdRReg (§ 68 II). Ohne RegPfdR an Luftfz (mit dessen Aufhebg es auch als aufgehoben gilt, § 70 II; Ausn § 74) nicht bestellb. Unterläßt Eigtümer Bek am Lager (vgl § 69), so ist PfdR wirks, aber keine Anerk im Ausland (Art X Genfer PfdRAbk) u SchadErsPfl ggü Gläub. – **cc)** Für den **Inhalt** gelten die Vorschr über das RegPfdR an Luftfz (§ 70 I).

7) Allgemeine Geschäftsbedingungen können PfdRBestellg vorsehen; neben ges PfdR (zB § 647) kann 9 so vertragl PfdR bestellt w; idR aber nur für konnexe Fdg (Berg JuS **78**, 86). PfdR besteht nur, wenn in AGB erklärte Einigg in dem Ztpkt noch besteht, da das Pfd in den Bes des Gläub gelangt; doch wird Fortbestehen vermutet (§ 929 Rn 6). Gutgl PfdRErwerb aGrd AGB mögl (BGH **68**, 323; krit Gursky JZ **84**, 604 zu V 3 b mwN), sofern diese nicht PfdR an schuldnerfremder Sache vorsehen, wodch Gläub bösgl (BGH NJW **63**, 2222). – **a) ADSp 50.** Rgesch PfdR (BGH **17**, 1). Strittig iS Abs c ist eine Fdg, wenn die gg sie erhobenen 10 Einwdgen nicht ohne weiteres unbegründet sind (vgl BGH **12**, 143). Gesicherte Fdg braucht nicht dch Beförderg des Pfd entstanden zu sein, muß aber aus Vertr iRv ADSp 2a herrühren, so daß Erwerb dch Abtr nicht ausreicht (BGH **20**, 231). Kein PfdR an auftraggeberfremder Sache wg inkonnexer Fdg (Stgt WM **78**, 1330; Düss VersR **74**, 661). – **b) AGB-Banken/Sparkassen** vgl AGBG 9 Rn 61. – **c) Sonstige AGB:** 11 BGH **68**, 323; **87**, 274; **101**, 315; NJW **81**, 226; **83**, 2702; Nürnb MDR **76**, 491; Celle AGBE I Nr 138; LG Stgt AGBE § 10 Nr 56.

8) Gewerbliche Pfandleihe. GewO 34, VO v 1. 6. 76 (BGBl 1335); vgl § 1228 Rn 1, 2; § 1237 Rn 1; EG 12 94.

1204 *Begriff.* [I] **Eine bewegliche Sache kann zur Sicherung einer Forderung in der Weise belastet werden, daß der Gläubiger berechtigt ist, Befriedigung aus der Sache zu suchen (Pfandrecht).**

[II] **Das Pfandrecht kann auch für eine künftige oder eine bedingte Forderung bestellt werden.**

1) Pfandrecht. Notw Einräumg eines BefriediggsR aus dem Pfd (nicht nur aus seinen Früchten); andernf 1 kann ZbR gewollt sein. Wirks aber Abrede, Pfd nur zu verwerten, wenn Früchte unzureichd od PfdVerk dch Dritte droht. Bedingtes od befristetes PfdR zul; PartVereinbg maßg, ob Ankündigg der PfdVerwertg od deren Beginn vor Fristablauf notw (RG **68**, 141). Vereinbg zul, daß Pfd nur für best FdgsHöhe haftet.

2) Bewegliche Sache. Sie kann vertretb (§ 91), verbrauchb (§ 92), unpfändb (ZPO 811) sein. Selbstd 2 verpfändb sind Zubehör (§ 97), MitEigtAnt (§ 1258), unwesentl u ScheinBestandt (§ 95), nicht aber wesentl Bestandt (§§ 93, 94; vgl aber ZPO 810 u DüngemittelG 1) u unausgeschiedene Teile einer Sachmenge (RG Warn **13**, 293; vgl aber Rn 3). Wg Erstreckg auf Bestandt, Zubehör, Früchte u Surrogate des Pfd vgl § 1212. – **a) Verwertbarkeit** der Sache ihrer Art nach dch PfdVerk erforderl. Unverpfändb daher (im Ggsatz zu 3 Order- u InhPap, §§ 1292, 1293) Urk, die nicht selbstd RTräger sind; zB GrdPfdBrief (BGH **66**, 24; BGH **60**, 174), Versichergspolice (RG **51**, 83), Kfz-Brief, PfdSchein (Mü OLG **18**, 193), Sparbuch (RG **68**, 282), Hinterleggs- od Schuldschein; auch AusweisPap (AG Heilbr NJW **74**, 2182). Umdeutb in: ZbR (RG **66**, 24), Einlösgsermächtigg mit PfdRErwerb gem § 1205 I 2, Verpfändg des verbrieften Rechts od § 1205 II. – Verpfändg von Ggst, die zum SonderVerm einer KapitalanlageGesellsch gehört, AnteilsInh ggü unwirks (KAGG 9 III). – **b) Sachgesamtheit.** An jedem EinzelGgst muß ein PfandR bestellt werden, keine Verpfändg dch Gesamtakt (BGH NJW **68**, 392); zufassde Bezeichg aber unschädl (RG **53**, 220). Bei wechselndem Bestand können ausscheidde Ggst nach §§ 1253, 1254 entfändet u hinzukommde nach Rn 5 verpfändet werden. – **c) Künftig entstehende Sache** nur dch vorh Einigg für den Fall der Entsteh verpfändb; 5 PfdR entsteht erst mit ihrer Entsteh, wenn dann § 1205, 1206 erfüllt sind. Ebso verpfändb: selbst werdde wesentl Bestandt u Früchte, auszuscheidde od unterscheidb werdde Teile einer Sachmenge, Surrogate, vom Verpfänder zu erwerbde Sache.

3) Forderung muß vermögensrechtl Art (zB auch VertrStrafe; §§ 780, 781) u GeldFdg sein od (zB auch 6 UnterlAnspr) nach §§ 280, 283, 325, 326 in solche übergehen können (§ 1228 II 2); keine Sicherg dingl Rechte, wohl aber einer Gewähr (Einf 16 vor § 765) für diese. Sie muß sich nur gg Verpfänder richten (Übbl 3 vor § 1204). – **a) PfdR** kann **ohne Forderung** nicht entstehen. Keine FdgsAuswechslg unter 7 Aufrechterhaltg des PfdR (Karlsr OLG **15**, 393; vgl aber § 1210 Rn 1), Neubestellg erforderl (Rangverlust!). Bei nichtiger Fdg entsteht PfdR nur, wenn Umdeutg (§ 140) mögl. Für eine infolge der Nichtigk entstandene und Fdg (§ 812) entsteht PfdR, wenn nach Parteiwille auch sie gesichert sein sollte (BGH NJW **68**, 1134; weitergeh Baur/Stürner § 55 B II 2a); sonst nur ZbR. Bei unvollk Fdg entsteht PfdR, wenn diese schutzwürd ist, zB §§ 222 (223 I), 814 (RGRK/Kregel Rn 8), KO 193 II, VerglO 82 II, vgl auch BörsG 54 (RG JW **21**, 464); sonst (zB §§ 656, 762, 817) nicht. Kein PfdR entsteht, wenn Fdg nicht bestehen darf (BGH **23**, 293). – **b)** Fdg kann **künftig** od **bedingt** sein **(II).** Sie muß nach EntstehgsGrd (BGH **86**, 340), 8 nicht aber nach Höhe od HöchstBetr (KGJ **44**, 269), bestimmb sein; zB alle ggwärt u künft Fdgen gg einen best Schu (RG **78**, 26), alle Fdgen des Gläub aus lfdem Kredit (KG Recht **27**, 1192; nach Brem BB **74**, 154 sichert PfdR aus AGB-Banken 14 II auch künft ZPO-91-Anspr); vgl auch § 765 Rn 6. PfdR entsteht schon

mit Bestellg (BGH **86**, 340; aA Rüll, Das PfdR an Fahrn für künft od bdgte Fdg gem § 1204 II BGB, Diss Mü 1986: AnwR bei bdgt u Erwerbsaussicht bei künft Fdg) mit Rang gem § 1209; wg Erlöschen vgl § 1252
9 Rn 1. Vereinb, daß PfdR erst mit Fdg bzw ihrer Unbedingth entsteht (BGH **86**, 300). – **c) Beweislast** (nur) für Entstehen: wer PfdR geltd macht (BGH NJW **86**, 2426).

1205 *Bestellung.* [I] Zur Bestellung des Pfandrechts ist erforderlich, daß der Eigentümer die Sache dem Gläubiger übergibt und beide darüber einig sind, daß dem Gläubiger das Pfandrecht zustehen soll. Ist der Gläubiger im Besitze der Sache, so genügt die Einigung über die Entstehung des Pfandrechts.

[II] Die Übergabe einer im mittelbaren Besitze des Eigentümers befindlichen Sache kann dadurch ersetzt werden, daß der Eigentümer den mittelbaren Besitz auf den Pfandgläubiger überträgt und die Verpfändung dem Besitzer anzeigt.

1   **1) Allgemeines. – a) Verpfändung** dch RGesch erfordert Einigg (Rn 2) u (sofern PfdGläub nicht schon Besitzer, Rn 7) BesEinräumg (Rn 4, 8; § 1206); für das zeitl Verhältn zw beiden gilt § 929 Rn 6 (vgl KG JW **25**, 1523; BGH NJW **95**, 1085). – **b)** Verpfändg dch **Besitzkonstitut** (vgl § 930) ausgeschl. Umdeutg in SichersÜbereigng mögl, wenn EigtÜbertr u RVerh gem § 868 ernsth gewollt. Auf ScheinGesch (zB Sichergskauf, vgl RG **62**, 126) zur Verdeckg der Verpfändg sind PfdRVorschr anwendb (§ 117 II); sind diese nicht erfüllt, so weder Eigt- noch PfdRErwerb. Mangels BesEinräumg nichtige Verpfändg nicht in SichersÜbereigng umdeutb, wenn diese nicht gewollt (BGH WM **56**, 258); aber uU in ZbR.

2   **2) Einigung** zw Eigtümer u PfdGläub; Verpfändg dch Nichteigtümer wirks nach § 1207 od § 185. Sie muß die Bestellg eines PfdR (§ 1204 Rn 1) für den PfdGläub (keine Bestellg zG Dritter; RG **124**, 221), das Pfd (§ 1204 Rn 2–5) u die gesicherte Fdg (§ 1204 Rn 6, 8) umfassen (RG **136**, 422). Sie ist abstr dingl RGesch. Einigg ist formfrei, auch bei Verpfändg für fremde Schuld (Dresden OLG **5**, 323). Sie kann dch Bezugn auf AGB erfolgen (BGH NJW **95**, 1085).

3   **3) Übergabe (I 1)** des Pfd (bzw von TradPap), Stellvertretg nicht mögl (and bei Einigg nach § 854 II). Bei Fehlen Umdeutg in ZbR mögl (OGH NJW **50**, 784).

4   **a) Erfordernisse** (vgl auch zu § 929). – **aa)** Eigtümer muß unmittelb Besitz völl aufgeben, darf aber BesDiener bleiben. – **bb)** PfdGläub muß unmittelb Besitz gem § 854 I od II (RG DJZ **12**, 1470) erwerben; erfordert HerrschaftsVerh, das für alle, die darauf achten, erkennb ist (RG **77**, 208). Ausreichd aber auch Überg an BesMittler (RG **118**, 253) od BesDiener (der zugl Angestellter des Eigtümers sein kann; RG **77**, 209) des PfdGläub; nicht ausreichd, wenn PfdGläub nur BesDiener wird (RG **92**, 267). – **cc)** Eigtümer muß BesErwerb dch PfdGläub wollen (RG Warn **12**, 433); jede PfdGläub mit Zust des Eigtümers (die nicht schon in EiniggsErkl liegt, RG JW **08**, 681) Besitz ergreift od Besitzer auf Weisg des Eigtümers die Sache dem PfdGläub gibt. Daher erlischt PfdR, wenn PfdGläub Pfd länger als vereinbart besitzt (RG JW **14**, 681).

5   **b) Einzelfälle** (vgl auch zu § 854). – **aa) Übergabe bejaht:** Sachen in verschlossenem Raum (Einzäunung) dch SchlüsselÜberg, selbst wenn Eigtümer ihn zeitw für best Verrichtgen zurückerhält (RG **67**, 422) oder unbenutzten (über verheimlichten vgl § 854 Rn 6) Zweitschlüssel behält (RG **66**, 264); and wenn Eigtümer den Raum wg sof SchlüsselRückg (RG **66**, 258), nur nächtl Verschlusses (RG **77**, 209) od and Zugangs (Dresden SeuffA **66**, 140) wie bish benutzt. Gesonderte Lagerg bei Eigtümer mit Bewachg dch PfdGläub (RG Warn **14**, 433). Beendigg des RücknR des Hinterlegers nach § 367 II 1, 2 bei PfdRBestellg dch
6   Hinterlegg (RG **135**, 274). – **bb) Übergabe verneint:** Auftr an Dritten (auch mit Zust des Eigtümers), die noch im Bestiz des Eigtümers verbleibde Sache für PfdGläub zu beaufsichtigen u zu verwalten (RG **74**, 146). Überg von Legitimationspapieren über Einlagerg, wenn Eigtümer bei Auslieferg mitwirken muß (RG Warn **13**, 329). Lagerg mit PfdTafel bei Eigtümer in unverschließb Einzäung (RG **74**, 146). Einbringg in Raum, dessen Schlüssel vom PfdGläub dem Eigtümer überlassen (RG **67**, 424; vgl auch Rn 5).

7   **4) Bloße Einigung genügt,** wenn PfdGläub schon Besitzer (I 2) od Mitbesitzer iS § 1206 (RG SeuffA **85**, 115). Mittelb Besitz genügt, sofern Verpfänder nicht BesMittler ist (RG **118**, 250; Rittner JZ **65**, 274); zB Verpfändg der MitEigtAnteile im Girosammeldepot ruhder Wertpapiere (vgl RGRK/Kregel Rn 19).

8   **5) Übertragung des mittelbaren Besitzes u Anzeige (II),** zB bei Verpfändg schon verpfändeter Sache. Eigtümer wird damit mittelb Besitzer höherer Stufe, PfdGläub wird sein neuer BesMittler u sein alter BesMittler wird BesMittler des PfdGläub. Verpfändg von Sachen in Bankfach nicht nach II (da MietVertr), sond nach I od § 1206.

9   **a) Übertragung** des mittelb Besitzes dch Eigtümer gem § 870. HerausgAnspr kann bdgt od befristet sein (RG Warn **29**, 11). Anspr aus § 985 nicht abtretb, aber verpfändb (§ 985 Anm 1). Anweisg des Eigtümers an BesMittler, fortan für PfdGläub zu besitzen, u Vereinbg eines BesMittlgsVerh zw diesen ist Überg gem I 1 (BGH NJW **59**, 1536; aA RG Recht **26**, 1109). HerausgAnspr muß best u unterscheidb bezeichnete Sache betreffen, reale Teile einer Sachmenge sind nach Individualmerkmalen u nicht nach Zahl u Menge zu bezeichnen (RG **52**, 385).

10   **b) Anzeige** des Eigtümers an BesMittler; bei MitBes an alle, bei gestuftem mittelb Besitz nur an den nächsten. Formfreie empfangsbedürft WillErkl u VfgsHdlg, die BesMittler zur Herausg an PfdGläub ermächtigt u verpflichtet (RG **85**, 436). Sie ist schlüss (RG Warn **29**, 11) od dch Stillschw (RG **89**, 291) erklärb u muß erkennen lassen, daß BesMittler fortan für best Dritten besitzen soll, wobei Angabe der Verpfändg nicht notw (Hbg HRR **33**, 1013). Wg Anzeige beabsichtigter Verpfändg vgl RG Warn **29**, 11; **30**, 69. Eigtümer kann PfdGläub (od Dritten) zur Anzeige bevollm (PfdVertr genügt dazu idR nicht, RG **85**, 437) od Anzeige genehmigen (idR nicht dch bloßes Stillschw, RG SeuffA **86**, 118). §§ 174 (W-Raiser § 163 I 1 b), 409 II anwendb, nicht aber § 409 I 2. Bloße Kenntn des BesMittlers von Verpfändg genügt nicht (RG **89**, 289). Ohne Anzeige kein PfdR nach II, Umdeutg in Gestattg der Befriedig aus der Sache mögl (KG SeuffA **73**, 226).

1206 *Übergabeersatz durch Einräumung des Mitbesitzes.* **Anstelle der Übergabe der Sache genügt die Einräumung des Mitbesitzes, wenn sich die Sache unter dem Mitverschlusse des Gläubigers befindet oder, falls sie im Besitz eines Dritten ist, die Herausgabe nur an den Eigentümer und den Gläubiger gemeinschaftlich erfolgen kann.**

1) Überg nach § 1205 I 1 dch Einräumg von **qualifiziertem Mitbesitz** in zwei Formen ersetzb. **1**

2) **Mitverschluß** von Eigtümer u PfdGläub iSv qualifizierten (nicht nur schlichtem) MitBes (BGH **LM** **2** § 987 Nr 7). Eigtümer darf nicht ohne Mitwirkg des PfdGläub (bzw seines BesDieners od BesMittlers) die tats Sachherrsch ausüben können (tats u nicht rechtl Verhältn maßg; BGH **86**, 300), wohl aber PfdGläub ohne die des Eigtümers (RG SeuffA **62**, 57); zB zwei Schlösser, für Zweitschlüssel des Eigtümers zum GläubSchloß u Überlassg des GläubSchlüssels an Eigtümer gilt § 1205 Rn 5 (RG aaO). Gewahrs eines Dritten als BesDiener beider od Verbleib doppelt verschlossener Kassette bei Eigtümer (der ihr Alleinbesitzer wäre) genügen nicht. – An **Schrankfachinhalt** hat die Bank auch bei Mitverschluß keinen MitBes (§ 866 Rn 2); daher ein Inhalt kein PfdR der Bank dch AGB-Banken 19 II begründb (Dresden BankA **12**, 313) u PfdR aus § 559 entsteht nur für Fdg aus SchrankfachMietVertr; doch kann die Bank aus ZbR (AGB 19 V) vorbehaltl § 242 Zutritt verweigern.

3) **Pfandhaltervertrag.** Unmittelb Besitzer (Stettin OLG **5**, 323) muß aGrd schuldr Vertr mit Eigtümer **3** u PfdGläub trhd verwahrte Sache nur an beide gemeins (od an einen mit Zust des and) herausgeben dürfen (RG **87**, 41); er braucht VertrZweck nicht zu kennen (RG JW **38**, 867). Vertr zw Eigtümer u PfdHalter zugl zG des PfdGläub ausreichd (zweifelh aber Stgt HRR **29**, 1214, wonach einseit Weisg des Eigtümers an seinen BesMittler, nur an ihn u PfdGläub gemeins herauszugeben, auch genügen soll, wenn BesMittler dies ablehnt), nicht aber Vertr nur zw Eigtümer u PfdGläub (Posen OLG **34**, 219) od PfdHalter u PfdGläub (RG **85**, 439). PfdR erlischt mit Anfechtg des Vertr rückw (RG JW **38**, 869). PfdHalter darf nicht nur BesDiener sein (RG **66**, 261).

1207 *Verpfändung durch Nichtberechtigte.* **Gehört die Sache nicht dem Verpfänder, so finden auf die Verpfändung die für den Erwerb des Eigentums geltenden Vorschriften der §§ 932, 934, 935 entsprechende Anwendung.**

1) **Allgemeines.** – **a)** § 1207 regelt den **gutgläubigen Erwerb eines Vertragspfandrechts** nach **1** §§ 1205, 1206 (auch bei Verurteilg zur PfdBestellg, ZPO 897 I, 898) vom NichtEigtümer; nicht anwendb auf gesetzl u PfdgsPfdR (BGH NJW **92**, 2570). Einigg, die sich auch auf Verpfänder nicht gehörde Sache erstreckt, sofern PfdGläub nur im Einzelfall gutgl, wg Sittenwidrigk nichtig (BGH **86**, 300). – **b) Sondervorschriften. aa)** Nach HGB 366 genügt guter Gl an Vfgs- u (str) Vertretgsbefugn, HGB 367 enthält ges Vermutg gg guten Gl. **bb)** Wg AGB vgl Einf 9 vor § 1204. **cc)** Nach DepG 4 I 1 besteht eine Fremdvermutg bei Drittverwahrg von WertP (Ausn: DepG 4 II, III), die Hinterleger gg alle PfdR des Drittverwahrers wg aller Fdg aGrd AGB-Banken schützt; § 1207, HGB 366 dadch im Einzelfall nicht ausgeschl, aber Drittverwahrer muß seinen guten Gl beweisen. And hins PfdR des Drittverwahrers für Fdg iS DepG 4 I 2; hier gilt Rn 4 (RG **133**, 187). DepG 4 gilt auch für Sammelbestandanteile (DepG 9). Wg Ermächtigg des Verwahrers zur Verpfändg vgl DepG 12 u RG **164**, 292. **dd)** PachtKrG 4, 5, 7 (Einf 2 vor § 1204) LuftfzRG 15 ff (Einf 7 vor § 1204).

2) **Entsprechend anwendbar** sind: – **a)** § 932 bei Erwerb nach § 1205 I u § 1206 Rn 2. Im Fall § 1205 I 2 **2** gutgl Erwerb nur mögl, wenn Gläub den Besitz vom Verpfänder erlangte (§ 932 I 2); hierbei ist die tats erstmalige Einräumg, nicht die weitere Belassg dch einen anderen (zB RNachfolger) maßg (RG Warn **29**, 182). Überg von TradPap steht SachÜberg gleich. – **b)** § 934 bei Erwerb nach § 1205 II u § 1206 Rn 3. Nicht geschützt wird guter Gl an den mittelb Besitz, so daß bei Abtr nicht bestehden HerausgAnspr PfdR erst mit Erlangg unmittelb Besitzes entsteht. Bei Abtr gemschaftl HerausgAnspr iS § 1206 Rn 3 zwecks Weiterverpfändg kein gutgl Erwerb, weil kein mittelb Besitz iS § 934. – **c)** § 935 bei Verpfändg gestohlener usw Sachen; vgl aber EG 94 II. – **d)** § 933 nicht anwendb, da PfdR nicht dch BesKonstitut bestellb.

3) **Gutgläubigkeit** liegt vor, wenn Gläub weder weiß noch inf grober Fahrlk nicht weiß, daß der **3** Verpfänder kein Eigtümer; bei Bösgläubigk Heilg nach § 185 II 1 mögl. – **a) Einzelfälle** (konkr Umstände maßg), über Verpfändg von Abzahlssachen vgl Bull BB **63**, 119. Besondere SorgfaltsPfl hat PfdKreditAnstalt (BGH NJW **82**, 38; Hbg MDR **89**, 66; LG Bchm NJW **61**, 1971). Keine allg ErkundiggsPfl nach SichgsÜbereigng (BGH **86**, 300); auch nicht, wenn PfdGläub (nur) allg Liquiditätsschwäche u die Branche des Verpfänders kennt (BGH aaO). **aa)** Gutgl: Bank, die bei Verpfändg von InhPap dch Erben nicht prüft, ob dieser Alleinerbe (RG **67**, 27), die WertP eines finanzschwachen Kunden verwahrt (RG Recht **19**, 1110) od LombardGesch tätigt (Hbg JW **35**, 440, vgl aber RG **141**, 129); unbeanstandete Ann von WertP ohne Zinsscheinbogen (RG **58**, 162); WerkUntern, das dch Verpfändg das so reparierten Kfz nicht zeigen läßt (vgl BGH NJW **92**, 2570). **bb)** Bösgl: Verpfändg zahlreicher neuer Schreibmaschinen dch Händler (Nbg WPM **62**, 95); unbeanstandete Ann zahlreicher neuer Kleidgsstücke dch Leihhaus (LG Hbg MDR **58**, 690); kfm Unkorrekth (BGH NJW **81**, 227); Annahme zahlreicher wertvoller Teppiche dch PfdKreditAnstalt (BGH NJW **82**, 38). – **b) Maßgeblicher Zeitpunkt:** Entstehg des PfdR, wenn Eigtümer selbst verpfändet hätte (Eintritt der letzten Entstehgsvoraussetzg); gilt auch ifv § 1204 II (BGH **86**, 300). – **c) Beweislast:** Wer **4** PfdRErwerb bestreitet, muß NichtEigt des Verpfänders u Umstände für Bösgläubigk des Gläub beweisen (BGH NJW **82**, 38). Gläub muß seine Bösgläubigk substantiiert bestreiten, wenn Prüfg des übl EigtNachw des Verpfänders (zB Rechng über Erwerb) zur Bösgläubigk hätte führen müssen (BGH aaO).

1208 *Gutgläubiger Erwerb des Vorrangs.* **Ist die Sache mit dem Rechte eines Dritten belastet, so geht das Pfandrecht dem Rechte vor, es sei denn, daß der Pfandgläubiger zur Zeit des Erwerbes des Pfandrechts in Ansehung des Rechtes nicht in gutem Glauben ist. Die Vorschriften des § 932 Abs. 1 Satz 2, des § 935 und des § 936 Abs. 3 finden entsprechende Anwendung.**

1 **1) Allgemeines. – a)** § 1208 regelt den **gutgläubigen Erwerb des Vorrangs** eines gem §§ 1205–1207 bestellten VertrPfdR vor schon bestehden beschr dingl Rechten (Art u EntstehgsGrd gleichgült) Dritter am Pfd. – **b) Sondervorschriften:** HGB 366 II; PachtkrG 4, 5, 7 (Einf 2 vor § 1204).

2 **2) Gutgläubigkeit. – a) Liegt vor,** wenn PfdGläub weder weiß noch inf grober Fahrlk nicht weiß, daß ältere Rechte bestehen; iü gilt § 1207 Anm 3 entspr. Sie kann auch in Ansehg des Umfangs eines Rechts bestehen (str). – **b) Bewirkt,** daß ältere Rechte in bish Rangfolge dem PfdR des Erwerbers nachrangig w. Bei teilw Gutgläubigk gilt dies nur für die von ihr gedeckten Rechte, währd die and vorrangig bleiben; entspr bei Gutgläubigk hins des Umfangs. Einschränkgen: (1) Kein Vorrang, wenn Pfd dem dingl Berecht abhgek usw (§ 935). (2) Bei Erwerb nach § 1205 I 2 gilt § 932 I 2 (§ 1207 Rn 2). (3) Bei Erwerb nach § 1205 II behalten Rechte des unmittelb Besitzers Vorrang (§ 936 III).

1209 *Rang des Pfandrechts.* **Für den Rang des Pfandrechts ist die Zeit der Bestellung auch dann maßgebend, wenn es für eine künftige oder eine bedingte Forderung bestellt ist.**

1 **1) Rangverhältnis. – a) Grundsatz.** Das ältere Recht hat Vorrang vor dem jüngeren, bei gleichzeitiger Bestellg entsteht Gleichrang (Befriedigg entspr ZVG 10). Gilt bei PfdR aller Art (BGH **52**, 99; NJW **93**, 2876) untereinander u überh bei allen beschr dingl Rechten (BGH **LM** § 559 Nr 1; Hamm OLG **27**, 153) sowie bei nur nach § 185 II 1 wirks Bestellg. Nicht mit dingl (zB RangVorbeh, Vorrangeinräumg) sond nur mit schuldr Wirkg änderb (Wstm/Gursky § 66 2c; E. Wolf § 8 B IV); nachträgl Ranganänder nur dch Aufhebg des älteren Rechts (jüngere rücken nach) u Neubestellg im letzten Rang mögl, best Rangverhältn nur dch Bestellg in entspr Folge erreichb. – **b) Ausnahmen:** § 1208; HGB 366 II, 443, 761f. – **c) Sondervorschriften:** PachtKrG 11, 12; FrüchtePfdRG 2 IV, V (Einf 2, 3 vor § 1204).

2 **2)** Für Rang des PfdR **für bedingte oder künftige** Fdg (§ 1204 II) ist Bestellgs- u nicht Entstehgszeit der Fdg maßg, so daß später bestelltes PfdR für schon bestehde Fdg nachrangig ist (BGH NJW **93**, 2876); zwingde Regelg. Wg § 161 u Unzulässigk von RangVorbeh ist § 1209 entspr anwendb auf Rangverhältn **bedingter oder betager Pfandrechte** (RGRK/Kregel Rn 4; aA MüKo/Damrau Rn 5).

1210 *Umfang der Haftung des Pfandes.* **[I] Das Pfand haftet für die Forderung in deren jeweiligem Bestand, insbesondere auch für Zinsen und Vertragsstrafen. Ist der persönliche Schuldner nicht der Eigentümer des Pfandes, so wird durch ein Rechtsgschäft, das der Schuldner nach der Verpfändung vornimmt, die Haftung nicht erweitert.**

[II] Das Pfand haftet für die Ansprüche des Pfandgläubigers auf Ersatz von Verwendungen, für die dem Pfandgläubiger zu ersetzenden Kosten der Kündigung und der Rechtsverfolgung sowie für die Kosten des Pfandverkaufs.

1 **1)** Das Pfd haftet mangels abw Vereinbg (RG LZ **27**, 606) für **jeweiligen Forderungsbestand (I 1);** insb für vertragl u ges Zinsen bis zur PfdVerwertg (im Konk bis zur abgesonderten Befriedigg, Jaeger LZ **16**, 1414), VertrStrafe neben od anstelle der HauptFdg, SchadErs- anstelle ErfüllgsAnspr, Aufwertgs- (RG **111**, 62) od UmstellgsBetr; frü KtokorrentFdg vgl HGB 356. Zusätzl für **Kosten des Gläubigers (II):** für Verwendgen (§ 1216) unabhäng von Pers des ErsPflichtigen; zur RVerfolg gehört auch die pers Klage (Hbg MDR **59**, 580), nicht aber Verteidigg gg Klage des Schu auf Herausg.

2 **2) Erweiterung** der Fdg dch RGesch, die aber keine Neuschuld begründen darf. – **a)** Ist der **persönliche Schuldner zugleich Eigentümer,** so haftet Pfd für Erweiterg auch mit Wirkg gg nachrangige Gläub (str), da sie von Anfang an gleichrangig mit urspr Fdg. Gilt auch, wenn Schu Pfd vor Erweiterg veräußert. –

3 **b)** Ist der **persönliche Schuldner nicht zugleich Eigentümer,** so haftet Pfd mangels abw Vereinbg nicht für Erweiterg **(I 2).** Gilt auch, wenn Schu Pfd vor Erweiterg erwirbt. Hält Gläub den Schu gutgl für Eigentümer, so gilt Rn 2) entspr (RGRK/Kregel Rn 4).

1211 *Einreden des Verpfänders.* **[I] Der Verpfänder kann dem Pfandgläubiger gegenüber die dem persönlichen Schuldner gegen die Forderung sowie die nach § 770 einem Bürgen zustehenden Einreden geltend machen. Stirbt der persönliche Schuldner, so kann sich der Verpfänder nicht darauf berufen, daß der Erbe für die Schuld nur beschränkt haftet.**

[II] Ist der Verpfänder nicht der persönliche Schuldner, so verliert er eine Einrede nicht dadurch, daß dieser auf sie verzichtet.

1 **1)** Verpfänder kann aus eigenem Recht Einwdgen gg den Bestand von Fdg u PfdR sowie Einreden aus seinem pers Verh zum Gläub geltd machen. Nach § 1211 kann der Verpfänder, der nicht zugl pers Schu ist, auch (zB dch Klage auf Unterl der PfdVerwertg od auf Feststellg der fehlden VerwertgsBefugn) geltd machen: – **a) Einreden des persönlichen Schuldners gegen die Forderung** (zB rechtskr Abweisg der Klage gg den Schu), selbst wenn sie diesem rechtskr aberkannt sind (RG Warn **33**, 35) od dieser auf sie verzichtet hat (II). Ausn: §§ 223 I, 1211 I 2, 1971; VerglO 82 II, KO 193 S 2. Bei dauernden Einreden gilt § 1254. – **b) Einreden des Bürgen** aus § 770 sowie in den Fällen § 770 Rn 4; Verpfänder kann aber nicht mit Fdg des Schu aufrechnen (RG LZ **31**, 777). II gilt hier nicht (vgl § 770 Rn 2, 3; Arndt DNotZ **63**, 603).

2) § 1211 gilt ggü Anspr aus §§ 1204 I, 1231, nicht aber ggü § 1227 (MüKo/Damrau Rn 8); auch anwendb **2** auf Eigtümer, der weder Verpfänder noch pers Schu ist (RG JW **12**, 749).

1212 *Erstreckung auf getrennte Erzeugnisse.* **Das Pfandrecht erstreckt sich auf die Erzeugnisse, die von dem Pfande getrennt werden.**

1) Bestandteile (iZw auch unwesentl) werden vom PfdR erfaßt. PfdR besteht nach Trenng fort; nicht **1** erforderl, daß Verpfänder Eigt od PfdGläub Besitz erlangt. Mit dingl Wirkg nicht vertragl änderb, mögl nur schuldr FreigabeVerpfl. PfdFreih tritt aber ein, wenn Dritter nach §§ 936, 945, 949, 954 (bei nachrangigem AneignsgsR wird Eigt mit PfdR belastet erworben), 956 pfdfreies Eigt erlangt.

2) Zubehör wird vom PfdR nur bei bes Verpfändg erfaßt; diese ist bei MitÜberg zu vermuten. **2**

3) Früchte. Für Erzeugn u aus der Sachsubstanz gewonnene Ausbeute (Planck/Flad Anm 1) gilt Rn 1 **3** (Ausn: § 1213 Rn 1). And Früchte (zB § 99 III) erfaßt das PfdR nur bei bes Vereinbg.

4) Surrogate werden nur in den Fällen der §§ 1219 II, 1247, EG 52, OLSchVO 22 I 2 vom PfdR erfaßt. Iü **4** kein PfdR an SchadErs- od VersichergsFdg (RG HRR **34**, 1677) wg Zerstörg des Pfd u kein Anspr entspr § 281 auf PfdRBestellg an ihnen (vgl Einl 20 vor § 854). ErsPfdR vereinb.

1213 *Nutzungspfand.* **[I] Das Pfandrecht kann in der Weise bestellt werden, daß der Pfandgläubiger berechtigt ist, die Nutzungen des Pfandes zu ziehen.**
[II] Ist eine von Natur fruchttragende Sache dem Pfandgläubiger zum Alleinbesitz übergeben, so ist im Zweifel anzunehmen, daß der Pfandgläubiger zum Fruchtbezuge berechtigt sein soll.

1) Nutzungsberechtigung verschafft dem PfdGläub abw von § 1212 Eigt an Sachfrüchten gem § 954 **1** mit Trenng u an mittelb Früchten (§ 99 III) dch Übereignug der Leistg. Anrechg nach § 1214. – **a)** Bei **2** **nicht fruchttragender Sache** (zB Geld; BGH NJW **94**, 3287) muß sie zumind stillschw vereinbart sein **(I)**. Erstreckt sich mangels abw Vereinbg auf alle Nutzgen iS § 100 bis zum Erlöschen des PfdR; Fruchtverteilg § 101. Gewöhnl PfdR in NutzgsPfdR umwandelb u umgekehrt. Bei Nutzgsaneigng ohne Vereinbg SchadErsPfl nach § 823; in Klage auf Auskehrg des Nutzgsreinertrags kann Gen liegen (RG **105**, 408). – **b)** Bei **fruchttragender Sache** wird sie vermutet **(II)**. Gilt auch bei § 1205 I 2 u § 1205 II, sobald **3** PfdGläub unmittelb Besitz erlangt. Bei MitBes (§ 1206) bes Vereinbg erforderl. II gilt nicht bei Herausg nach § 1231.

1214 *Pflichten des nutzungsberechtigten Pfandgläubigers.* **[I] Steht dem Pfandgläubiger das Recht zu, die Nutzungen zu ziehen, so ist er verpflichtet, für die Gewinnung der Nutzungen zu sorgen und Rechenschaft abzulegen.**
[II] Der Reinertrag der Nutzungen wird auf die geschuldete Leistung und, wenn Kosten und Zinsen zu entrichten sind, zunächst auf diese angerechnet.
[III] Abweichende Bestimmungen sind zulässig.

1) Geltungsbereich. § 1214 ist anwendb bei NutzgsPfdR nach § 1213. Entspr anwendb, wenn PfdGläub **1** Nutzgen ohne Ermächtigg (zB bei ges PfdR) zieht (RG **105**, 409).

2) Gläubigerpflichten (I) – a) Nutzung mit hierzu notw Verwendgen im Rahmen u nach Regeln **2** ordngsm GeschFührg; keine übermäß Maßn u Aufw. Bei unterl od übermäß Nutzg SchadErsPfl. – **b) Rechenschaft** jederzeit, mind alljährl, aber nicht unnütz u zur Unzeit; §§ 259, 261 gelten.

3) Anrechnung (II). Der Reinertrag (bei Eigenverbrauch: gemeiner Verkehrswert abzügl Gewinngs- u **3** gewöhnl UnterhKosten; bei Verwertg: Verkaufspreis abzügl vorgenannter u Verwertgskosten) wird kr G angerechnet, so daß gesicherte Fdg von selbst getilgt wird, soweit der Reinertrag sie deckt. Anrechngsfolge: Kosten iS § 1210 II, Zinsen, HauptFdg.

4) Abweichende Vereinbarung (III), zB keine Pfl nach I, wenn dch Fruchtbezug Zinsen abgegolten **4** sein sollen. Zul auch, daß PfdGläub Nutzgen ohne Anrechng behält (vgl Köhler ZMR **71**, 3).

1215 *Verwahrungspflicht.* **Der Pfandgläubiger ist zur Verwahrung des Pfandes verpflichtet.**

1) Verwahrungspflicht fließt aus ges SchuldVerh zw Verpfänder u PfdGläub (vgl Übbl 3 vor § 1204). **1** Sie besteht nur, wenn PfdGläub (od ein Dr für ihn) Gewahrs hat; bei §§ 1205 II, 1206 also erst, wenn er unmittelb AlleinBes erlangt. Sie endet mit PfdRückg, auch wenn PfdR vorher erloschen. **Inhalt:** §§ 688 ff entspr anwendb, soweit nicht PfdRVorschr entgegsteht od sich daraus etwas ergibt, daß der PfdGläub das Pfd auch zu eigenem Nutzen verwahrt u es nicht aGrd bes Vertrauens erhält, sond weil zur PfdRBestellg notw (KG OLG **29**, 380). Deshalb keine HaftgsBeschränkg nach § 690 (KG aaO); Gläub darf Pfd entgg § 691 S 1 in Drittverwahrg geben u haftet dann entspr § 691 S 2; VerwendgsErs nach § 1216 statt § 693 (Düss HRR **36**, 726); § 697 nicht anwendb. IdR keine ErhaltgsPfl (vgl aber § 1218 Rn 1, § 1219 Rn 1), daher keine VersichergsPfl (KG aaO); Tiere sind zu füttern.

2) Verletzung: SchadErsPfl des PfdGläub, Verjährg § 1226. Verpfänder kann Schaden des von ihm **2** verschiedenen Eigtümers geltd machen (Vorbem 112 ff vor § 249); Eigtümer hat Anspr aus § 823, wobei PfdGläub iRv § 991 II haftet.

1216 *Ersatz von Verwendungen.* **Macht der Pfandgläubiger Verwendungen auf das Pfand, so bestimmt sich die Ersatzpflicht des Verpfänders nach den Vorschriften über die Geschäftsführung ohne Auftrag. Der Pfandgläubiger ist berechtigt, eine Einrichtung, mit der er das Pfand versehen hat, wegzunehmen.**

1   **Verwendungen** (Vorbem 5 vor § 994) sind zB Lagerkosten (Düss HRR **36**, 726). § 1216 gilt nicht für Verwendgen zur Nutzgsgewinng od aGrdv Vereinbg mit Verpfänder. – **a) Ersatzanspruch** nach §§ 683 ff. Unerhebl, od PfdGläub auf eigenen od Nutzen des Verpfänders bedacht war. Kein ErsAnspr, wenn Verpfänder bei Zahlgsunfähigk des Schu u Überlastg des Pfd keinen Nutzen von dessen Erhaltg hat. Verpfänder kann sich nicht dch Preisgabe des Pfd befreien. Verzinsg § 256; WegnahmeR § 258; Verjährg § 1226. Für ErsAnspr haftet Pfd gem § 1210 II. – **b) Ersatzpflichtig** ist der Verpfänder; der von ihm verschiedene Eigtümer aus GoA od §§ 994 ff, wenn deren Voraussetzgen ihm ggü erfüllt. Eigtümer u Verpfänder sind ggf GesSchu; AusglPfl nach RVerh zw ihnen.

1217 *Rechtsverletzung durch den Pfandgläubiger.* **¹ Verletzt der Pfandgläubiger die Rechte des Verpfänders in erheblichem Maße und setzt er das verletzende Verhalten ungeachtet einer Abmahnung des Verpfänders fort, so kann der Verpfänder verlangen, daß das Pfand auf Kosten des Pfandgläubigers hinterlegt oder, wenn es sich nicht zur Hinterlegung eignet, an einen gerichtlich zu bestellenden Verwahrer abgeliefert wird.**

ⁱⁱ Statt der Hinterlegung oder der Ablieferung der Sache an einen Verwahrer kann der Verpfänder die Rückgabe des Pfandes gegen Befriedigung des Gläubigers verlangen. Ist die Forderung unverzinslich und noch nicht fällig, so gebührt dem Pfandgläubiger nur die Summe, welche mit Hinzurechnung der gesetzlichen Zinsen für die Zeit von der Zahlung bis zur Fälligkeit dem Betrage der Forderung gleichkommt.

1   **1) Voraussetzungen. – a)** RVerletzg erfordert nicht SchadEintritt u liegt zB in Verletzg vertragl od ges Pfl, in unbefugter Nutzg od Gebr. – **b)** Abmahng, formlos ohne Androhg der ges RBehelfe mögl. – **c)** Fortsetzg der RVerletzg trotz Abmahng.

2   **2) Verpfänderrechte;** der von ihm verschiedene Eigtümer ist auf §§ 823, 1004 beschr, wobei PfdGläub im Rahmen des § 991 II haftet. – **a)** Anspr auf **Hinterlegung** entspr §§ 372 ff (Vollstr nach ZPO 883). Rückn des Pfd nur mit Zust des Verpfänders. Im Falle HintO 7 gilt § 233. Bei nicht hinterlegb Pfd Ablieferg an gem FGG 165 bestellten Verwahrer, der ggf nach § 1214 verpflichtet. – **b)** Vorzeitige **Einlösung** des Pfd, auch wenn Zeit zG des Gläub bestimmt war. Ist Verpfänder nicht pers Schu, so gilt § 1225. Verpfänder darf bei unverzinsl Fdg enttzg § 272 Zwischenzinsen abziehen; Berechng nach Hoffmannscher Methode: zu zahlende Summe x = gesicherte Fdg – [(x · ges Zinssatz · Unterschied an Tagen zw Fälligk u Zahlg): (100 · 365')]. – **c) Übergang** von I zu II u umgekehrt zul, solange eines noch nicht vollzogen.

1218 *Rechte des Verpfänders bei drohendem Verderb.* **¹ Ist der Verderb des Pfandes oder eine wesentliche Minderung des Wertes zu besorgen, so kann der Verpfänder die Rückgabe des Pfandes gegen anderweitige Sicherheitsleistung verlangen; die Sicherheitsleistung durch Bürgen ist ausgeschlossen.**

ⁱⁱ Der Pfandgläubiger hat dem Verpfänder von dem drohenden Verderb unverzüglich Anzeige zu machen, sofern nicht die Anzeige untunlich ist.

1   **1) Austauschrecht** des Verpfänders **(I),** nicht des von ihm verschiedenen Eigentümers (str). – **a) Verderb** ist Unbrauchbarwerden dch Substanzveränderg. **Wertminderung** ist Sinken des Preises inf äußerer Umstände (zB Kursverlust, technische Veraltg) od Substanzveränderg. – **b) Anspruch** auf Rückg Zug um Zug gg anderw Sicherh im Wert des Pfd zZ der Rückg; geringwertige Sicherh genügt, wenn sie Fdg des PfdGläub deckt. Für SicherhLeistg gelten §§ 232 I, 233–238, 240. – **c)** Bei Unvermögen zur SicherhLeistg kann gem § 242 verlangt werden, daß PfdGläub das Pfd zum Markt- od Börsenpreis verkauft (kein Verk iS § 1228) u sich aus Erlös befriedigt (RG **74**, 151) od damit and Sicherh anschafft (RG **101**, 47); uU diese VerkPfl auch ohne Anregg des Verpfänders (RG LZ **27**, 1339).

2   **2) Anzeigepflicht (II);** nicht bei Wertminderg. Bei Verletzg SchadErsAnspr. Für Schaden des vom Verpfänder verschiedenen Eigtümers gilt § 1215 Anm 2 entspr.

1219 *Rechte des Pfandgläubigers bei drohendem Verderb.* **¹ Wird durch den drohenden Verderb des Pfandes oder durch eine zu besorgende wesentliche Minderung des Wertes die Sicherheit des Pfandgläubigers gefährdet, so kann dieser das Pfand öffentlich versteigern lassen.**

ⁱⁱ Der Erlös tritt an die Stelle des Pfandes. Auf Verlangen des Verpfänders ist der Erlös zu hinterlegen.

1   **1) Versteigerungsrecht** des PfdGläub **(I). – a)** Verderb/Wertminderg wie in § 1218. SicherhGefährdg entspr § 237 S 1; weitere Sicherh (zB Bürgsch) bleiben unberücksichtigt, nur bei PfdR an mehreren Sachen desselben Verpfänders (§ 1222) entscheidet der Gesamtwert. – **b)** Öffentl Verst: §§ 383 III, 1220; §§ 1232 (str), 1236 bis 1246 gelten. – **c)** Aus § 242 kann sich VerstPfl ergeben (Düss HRR **36**, 726).

2   **2) Erlös (II)** tritt hins sämtl RVerh an Stelle des Pfd. PfdGläub hat keinen Anspr auf vorzeitige Befriedigg; bei PfdReife Befriedigg dch Aneigng. Hinterleg auf eigene Kosten kann nur Verpfänder, nicht der von ihm verschiedene Eigtümer (str) verlangen.

1220 *Androhung der Versteigerung.* ^I Die Versteigerung des Pfandes ist erst zulässig, nachdem sie dem Verpfänder angedroht worden ist; die Androhung darf unterbleiben, wenn das Pfand dem Verderb ausgesetzt und mit dem Aufschube der Versteigerung Gefahr verbunden ist. Im Falle der Wertminderung ist außer der Androhung erforderlich, daß der Pfandgläubiger dem Verpfänder zur Leistung anderweitiger Sicherheit eine angemessene Frist bestimmt hat und diese verstrichen ist.

^{II} Der Pfandgläubiger hat den Verpfänder von der Versteigerung unverzüglich zu benachrichtigen; im Falle der Unterlassung ist er zum Schadensersatze verpflichtet.

^{III} Die Androhung, die Fristbestimmung und die Benachrichtigung dürfen unterbleiben, wenn sie untunlich sind.

1) Androhung und Fristsetzung (I) sind einseit empfangsbedürft WillErkl. Bei ungerechtf (vgl I 1, III) 1 Unterl bzw Verst trotz SicherhLeistg (I 2) sind Verst u anschl EigtÜbertr unwirks; aber gutgl Erwerb mögl (§ 1244). Außerdem SchadErsPfl des PfdGläub.

2) Benachrichtigung (II). Zeit u Ort bevorstehender Verst sind anzugeben (vgl HGB 373 V). Verpfänder 2 soll mitbieten können. Bei Unterl SchadErsPfl, Verst aber wirks.

1221 *Freihändiger Verkauf.* Hat das Pfand einen Börsen- oder Marktpreis, so kann der Pfandgläubiger den Verkauf aus freier Hand durch einen zu solchen Verkäufen öffentlich ermächtigten Handelsmäkler oder durch eine zur öffentlichen Versteigerung befugte Person zum laufenden Preise bewirken.

1) Freihändiger Verkauf statt Verst nach § 1219 nach Wahl des PfdGläub zul; § 1220 gilt entspr. Börsen- 1 od Marktpreis: § 385 Rn 1. Verk hat an einer Stelle stattzufinden, die nach VerkehrsVerh als Börse od Markt des Verwahrgsorts in Frage kommt. PfdGläub darf selbst erwerben, aber nicht unmittelb übernehmen (RG JW 30, 134). Verk auch an Eigtümer, er erwirbt lastenfrei. Auch wenn laufder Preis nicht erzielt wird, erwirbt Käufer Eigt; aber uU SchadErsPfl des PfdGläub.

2) Verkaufsermächtigte: Handelsmäkler (HGB 93) mit Ermächtigg nach LandesR (zB *nds* AGBGB 4; 2 *rhpf* AGBGB 1), Kursmäkler (BörsenG 30, 34). **Versteigerungsbefugte:** GVz (§ 383 III), öff Versteigerer (GewO 34b V, VerstV), Notare (BNotO 20 III).

1222 *Pfandrecht an mehreren Sachen.* Besteht das Pfandrecht an mehreren Sachen, so haftet jede für die ganze Forderung.

1) Entstehung, wenn für dieselbe Fdg anfängl od nacheinander von demselben od verschiedenen Ver- 1 pfändern mehrere Sachen verpfändet werden; ferner nach Trenng von Bestandt (§ 1212 Rn 1).

2) Haftung. – a) Jede Sache haftet für gesamte Fdg. Keine Verteilg entspr § 1132 II; aber Vereinbg zul, 2 daß einzelne Sachen nur in best Höhe haften. – **b)** Verpfänder kann keine Sache zurückverlangen, solange PfdGläub nicht voll befriedigt (BGH BB 66, 179). Ausn nach § 242 mögl, wenn PfdGläub dch restl Pfd ausr gesichert (BGH WM 95, 375). – **c)** WahlR des PfdGläub bei PfdVerk: § 1230.

1223 *Rückgabepflicht; Einlösungsrecht.* ^I Der Pfandgläubiger ist verpflichtet, das Pfand nach dem Erlöschen des Pfandrechts dem Verpfänder zurückzugeben.

^{II} Der Verpfänder kann die Rückgabe des Pfandes gegen Befriedigung des Pfandgläubigers verlangen, sobald der Schuldner zur Leistung berechtigt ist.

1) Rückgabepflicht des Pfandgläubigers nach Erlöschen des PfdR (I); BewLast für Erlöschen (vgl 1 dazu Einf 1 vor § 1204) hat, wer Herausg verlangt. – **a) Verpfänder** hat Anspr auf Übertr des Bes am Pfd nebst Erzeugn (nach BGH NJW 79, 1203 zust Schubert JR 79, 418 grdsl auch, wenn er Eigtümer ggü kein BesR; aA Waldner MDR 79, 811, vgl auch Osterle JZ 79, 634 u Einf 5 vor § 985). Holschuld (Karlsr OLG 43, 18). ZbR des PfdGläub nach § 273, HGB 369 mögl (Bambg SeuffA 64, 48). Bei schuldh Unmöglichk muß PfdGläub Wert des Pfd ersetzen (RG 117, 57), bei Verpfändg fremder Sachen den BesWert (RG 116, 266). – Bei PfdR an Geld keine Aufrechng gg Anspr aus I (Bambg SeuffA 64, 48), da kein ZahlgsAnspr. – **b) Eigentümer,** der nicht zugl Verpfänder, hat Anspr aus § 985; **persönlicher Schuldner** hat keinen Anspr (RG 116, 226). – **c)** I gilt auch für Herausg des Übererlöses, der nach § 1247 S 2 an Stelle des Pfd tritt (Hbg OLG 35, 131).

2) Einlösungsrecht des Verpfänders (II). § 267 II unanwendb. Nur als Ganzes abtretb (RG SeuffA 83, 2 84); auch an Eigtümer (RG LZ 26, 698). Für Eigtümer, der nicht zugl Verpfänder, gilt § 1249. – **a)** Anspr auf Rückg Zug um Zug gg vollige Befriedigg (RG 92, 281); bei Klage auf Rückg genügt hilfsw Erbieten, die gerichtl festgestellte Schuld zu zahlen (RG 140, 346). PfdGläub kann ohne Angebot der PfdRückg pers Fdg einklagen (RG Recht 13, 3258); pers Schu, der zugl Verpfänder, kann Verurteilg Zug um Zug gg PfdRückg verlangen (BGH NJW 79, 1203). – **b)** War Verpfänder zugl Eigtümer u pers Schu, so erlöschen mit Rückg gg Befriedigg Fdg (§ 362) u PfdR (§§ 1252, 1253); war er zugl Eigtümer aber nicht pers Schu, so geht Fdg mit PfdR auf ihn über (§ 1225), das PfdR erlischt jedoch gem § 1256; war er weder Eigtümer noch pers Schu, so geht Fdg mit PfdR auf ihn über (§ 1225).

1224 *Befriedigung durch Hinterlegung oder Aufrechnung.* **Die Befriedigung des Pfandgläubigers durch den Verpfänder kann auch durch Hinterlegung oder durch Aufrechnung erfolgen.**

1   Verpfänder, der nicht pers Schu, kann PfdGläub dch Aufrechng mit eigener Fdg (nicht mit der des Schu) gg PfdGläub od Hinterlegg befriedigen.

1225 *Forderungsübergang auf den Verpfänder.* **Ist der Verpfänder nicht der persönliche Schuldner, so geht, soweit er den Pfandgläubiger befriedigt, die Forderung auf ihn über. Die für einen Bürgen geltenden Vorschriften des § 774 finden entsprechende Anwendung.**

1   **1) Übergang der Forderung auf den Verpfänder (S 1),** verzichtb (RG **71**, 329). – **a) Verpfänder** muß PfdGläub befriedigt haben, ohne pers Schu zu sein (RG Recht **18**, 245). Daher kein FdgsÜbergang nach S 1, wenn nach HGB 128 haftder Gter, der für Fdg gg Gesellsch Pfd bestellte, PfdGläub befriedigt; aus and Grd, zB § 426 II, FdgsÜbergang mögl (RG **91**, 277). Mit Fdg geht PfdR nach §§ 401, 412, 1250 auf Verpfänder über; war er zugl Eigtümer, so erlischt PfdR gem § 1256 u er hat HerausgAnspr aus § 985. War er NichtEigtümer, so hat er HerausgAnspr aus §§ 1227, 985; er erwirbt hier PfdR auch, wenn er bei Verpfändg bösgl war, idR 2   aber AufhebgsAnspr des Eigtümers zB aus § 823. – **b)** Befriedigt **persönlicher Schuldner** (unerhebl ob zugl Verpfänder od Eigtümer) den PfdGläub, so erlöschen Fdg u PfdR (§§ 362, 1252) u für PfdRückg gilt § 1223 Rn 1. – **c)** Befriedigt **Eigtümer,** der weder pers Schu noch Verpfänder, den PfdGläub, so gilt § 1249 Rn 3. – **d)** Befriedigt **anderer Dritter,** so Übergang von Fdg u PfdR nach §§ 426 II, 774, 1249 mögl.

3   **2) Entsprechende Anwendung von § 774 (S 2).** – **a)** § 774 I 2: Bei bloßer Teilbefriedigg nur Teilübergang u Erwerb eines dem PfdGläub nachgehden, der Befriedigg entspr PfdR. Bei Teilbefriedigg vor u nach KonkEröffng gilt § 774 Anm 2 f entspr. – § 774 I 3: pers Schu behält Einwendgen aus RVerh zum Verpfänder (vgl Übbl 3 vor § 1204), vgl RG **85**, 72; wg Einwand, Verpfänder habe PfdGläub wg GgFdg des pers Schu nicht befriedigen dürfen, vgl RG **59**, 207.

4   **b) Verhältnis mehrerer Sicherungsgeber** (vorbehaltl abw Vereinbg). – **aa) Mehrere Verpfänder:** Befriedigt ein Verpfänder, so erwirbt er mangels abw Vereinbg aus §§ 774 II, 426 dch PfdR gesicherten kopfteiligen AusglAnspr (BGH **108**, 179), denn der interessengerechte § 426 ist and als § 1173 erweiterort auszulegen. – Gibt Gläub ein Pfd frei, so haftet er einem and Verpfänder nicht (Ausn: Verstoß gg Abrede od 5   § 826); § 776 nicht anwendb (BGH WM **91**, 399). – **bb) Pfandrecht und Hypothek:** Befriedigt ein 6   SichgGeber, so gilt Rn 4 entspr (BGH **108**, 179). – **cc) Pfandrecht und Bürgschaft:** Befriedigt ein SichgGebr, so gilt Rn 4 entspr (BGH aaO; Ehlscheid BB **92**, 1290 [dort auch SichgEigt/GrdSch u PfdR]).

7   **3)** § 1225 entspr anwendb bei Befriedigg aus dem Pfd (RG Recht **18**, 244), nicht aber bei selbstd Regreß-Anspr (RG LZ **17**, 474).

1226 *Verjährung der Ersatzansprüche.* **Die Ersatzansprüche des Verpfänders wegen Veränderungen oder Verschlechterungen des Pfandes sowie die Ansprüche des Pfandgläubigers auf Ersatz von Verwendungen oder auf Gestattung der Wegnahme einer Einrichtung verjähren in sechs Monaten. Die Vorschriften des § 558 Abs. 2, 3 finden entsprechende Anwendung.**

1   **Verjährung** des Anspr des Verpfänders aus § 1215 (nicht and ErsAnspr) beginnt mit PfdRückg; fehlt solche, so Verj zugl mit Verj des RückgAnspr. Verj des Anspr des PfdGläub aus § 1216 beginnt mit Beendigg des ges SchuldVerh zw Verpfänder u PfdGläub. – Für Anspr des vom Verpfänder verschiedenen Eigtümers bzw gg ihn gelten die allg VerjVorschr.

1227 *Schutz des Pfandrechts.* **Wird das Recht des Pfandgläubigers beeinträchtigt, so finden auf die Ansprüche des Pfandgläubigers die für die Ansprüche aus dem Eigentume geltenden Vorschriften entsprechende Anwendung.**

1   **1) Eigentumsansprüche.** Für Besitzer besteht PfdRVermutg (§ 1006), wenn (was nicht vermutet wird) PfdFdg besteht; dies gilt auch ggü dem Eigtümer (Hbg SeuffA **60**, 192; aA KG OLG **10**, 127). – **a)** Bei BesEntzieh u -Vorenthaltg HerausgAnspr aus § 985 gg Eigtümer u Dritte (Kblz JurBüro **89**, 274) für Pfd u Erzeugn. SchadErsAnspr aus §§ 989 ff; geht vor PfdBestellg auf SchadErsBetr. Anspr auf Herausg od Ers von Nutzgen (die nicht Erzeugn) nur im Falle § 1213. – VerwendgsErsAnspr aus § 994 ff haben nicht Verpfänder, Eigtümer od pers Schu (W-Raiser § 164 II 6 c), sond nur and Besitzer. – **b)** PfdGläub hat ferner Anspr aus §§ 1004, 1005. – **c)** Bei gemschaftl PfdR gilt § 1011.

2   **2) Sonstige Rechte.** – **a)** Anspr als Besitzer aus §§ 858 ff, 1007 (RG **57**, 325). – **b)** Anspr aus §§ 812, 823 I (Stgt OLG **41**, 185). – **c)** Anspr aus PfdVertr. – **d)** SelbsthilfeR §§ 227 ff. – **e)** Rechte aus ZPO 766, 771, 805, 809 bei Pfdg dch Gläub des Verpfänders; zum Schutz von PfdR an EigtAnw in ZwVollstr vgl Frank NJW **74**, 2211.

1228 *Befriedigung des Pfandgläubigers durch Pfandverkauf; Pfandreife.* **I Die Befriedigung des Pfandgläubigers aus dem Pfande erfolgt durch Verkauf.**

II Der Pfandgläubiger ist zum Verkaufe berechtigt, sobald die Forderung ganz oder zum Teil fällig ist. Besteht der geschuldete Gegenstand nicht in Geld, so ist der Verkauf erst zulässig, wenn die Forderung in eine Geldforderung übergegangen ist.

1) Pfandverwertung (I). – **a)** Sie erfolgt dch **Pfandverkauf** nach §§ 1233 ff, Verfallklausel gem § 1229 **1** unzul. Bei vertragl Ausschl des PfdVerk entsteht kein PfdR, uU aber ZbR. Bei Verpfändg von Geld unmittelb Befriedigg dch Aneigng (Hbg Recht **23**, 349). PfdVerk erfordert unmittelb AlleinBes des FPfdGläub. – **b)** Sie ist **Recht,** nicht Pfl des PfdGläub (RG Recht **14**, 3013); wg Pfl aus § 242 vgl § 1218 Rn 1, § 1219 Rn 1. VerwertgsPfl für gewerbl PfdLeiher nach § 9 II VO v 1. 6. 76 (BGBl 1335). – Bei Unterl der Verwertg WidersprR des pers Schu gg ZwVollstr gem ZPO 777 u Einrede des Bürgen gem § 772 II.

2) Eintritt der Pfandreife (II). – **a)** Bei **Geldforderung** mit Fälligk, auch nur eines Teils (zB der Zinsen) **2** od wenn Schu nur Zug um Zug zu erfüllen hat. Weitere Voraussetzgen vereinb, jedoch and als bei § 1245 nur mit schuldr Wirkg, so daß vereinbgswidr PfdVerk rechtm iS von § 1242; Ausleggsfrage ob VerkBerechtigg fehlt, solange dem Gläub eines NutzgsPfdR allmähl Befriedigg aus den Nutzgen mögl. Unzul Vereinbarg, die Voraussetzgen der VerkBerechtigg ermäßigt; Vereinbg jederzeit Verwertbarkeit in Vereinbg jederzeitiger Fälligmachg dch Gläub umdeutb (KGJ **40**, 293). AnnVerzug des PfdGläub macht PfdVerk nicht unrechtm, aber SchadErsPfl des PfdGläub (RG LZ **30**, 118). § 9 I PfdLeiherVO v 1. 6. 76 (BGBl I 1335) reglt PfdReife nicht abw von II (BGH NJW-RR **87**, 317). – **b)** Bei **Nichtgeldforderung** mit Übergang in GeldFdg. In Fällen **3** der §§ 280, 283, 286 muß PfdGläub abwarten, bis Fdg in SchadErsFdg umgewandelt; hat er dagg die Wahl, Geld zu verlangen od war vertragl bei Nichterfüllg Geld zu zahlen, so VerkBerechtigg schon bei Fälligk der Leistg (RGRK/Kregel Rn 4). BefreigsAnspr des Bürgen wandelt sich in GeldFdg, sobald Bürge belangt w (RG **78**, 34).

1229 *Verbot der Verfallvereinbarung.* Eine vor dem Eintritte der Verkaufsberechtigung getroffene Vereinbarung, nach welcher dem Pfandgläubiger, falls er nicht oder nicht rechtzeitig befriedigt wird, das Eigentum an der Sache zufallen oder übertragen werden soll, ist nichtig.

1) Verfallklausel ist nichtig, wenn vor PfdREntstehg (Hbg SeuffA **65**, 244) od vor PfdReife (§ 1228 II) **1** vereinbart; Vereinbg nach PfdReife vorbeh § 138 gült. Ob ganzer PfdVertr nichtig, richtet sich nach § 139; idR wirks u dch Klausel nicht wucherisch (RG SeuffA **65**, 62). Entscheidt ist Verknüpfg von Nichteinlösg u Verfall. – **a) Unzulässig:** Vereinbg einer Wiedereinlösgfrist (Kiel SchlHA **24**, 149); Vereinbg, Pfd bei Nichteinlösg zum Börsen- od Marktpreis zu behalten (Mot **3**, 821); Vereinbg einer ÜbereignsgVerpfl als VertrStrafe nach § 342, da § 343 nicht ausreichd schützt. – **b) Zulässig:** Vereinbg, daß es PfdGläub freisteht, Pfd auch bei rechtzeitigem Befriedigsangebot zu erwerben (RG **130**, 229); unabhäng von Nichtbefriedigg des Gläub übernommene ÜbereignsgVerpfl (RG JW **35**, 2886); Vereinbg, Pfd freihänd für sich zu verkaufen (RG Gruch **48**, 414; vgl aber § 1245 II). – **c)** Bei Verpfändg von **Geld** ist Verfallklausel in Höhe der Schuldsumme zul; auch ohne sie AneignsgR des Gläub (§ 1228 Rn 1).

2) Keine entsprechende Anwendung auf nicht dch PfdR gesicherte Fdg (BGH NJW **95**, 2635). **2**

1230 *Auswahl unter mehreren Pfändern.* Unter mehreren Pfändern kann der Pfandgläubiger, soweit nicht ein anderes bestimmt ist, diejenigen auswählen, welche verkauft werden sollen. Er kann nur so viele Pfänder zum Verkaufe bringen, als zu seiner Befriedigung erforderlich sind.

1) Auswahlrecht ergänzt § 1222. PfdGläub kann vorbehaltl RMißbr frei wählen (BGH BB **66**, 179). Abw **1** Vereinbarg nur mit schuldr Wirkg mögl; von ihr abw Verk daher rechtm, uU aber SchadErsPfl (§ 1243 II).

2) Übermäßiger Verkauf unrechtm (§ 1243 I), vorbehaltl gutgl Erwerbs (§ 1244) unwirks u begründet **2** SchadErsPfl (vgl RG Recht **24**, 1237). Abw Vereinbg zul (RG JW **08**, 142). Anwendb auch bei Sachmenge.

1231 *Pfandherausgabe.* Ist der Pfandgläubiger nicht im Alleinbesitze des Pfandes, so kann er nach dem Eintritte der Verkaufsberechtigung die Herausgabe des Pfandes zum Zwecke des Verkaufs fordern. Auf Verlangen des Verpfänders hat an Stelle der Herausgabe die Ablieferung an einen gemeinschaftlichen Verwahrer zu erfolgen; der Verwahrer hat sich bei der Ablieferung zu verpflichten, das Pfand zum Verkaufe bereitzustellen.

1) Herausgabeanspruch des PfdGläub, der nur MitBes (§ 1206) hat, gg den mitbesitzden Verpfänder od **1** den, dem dieser MitBes übertr hat; PfdReife: § 1228 II. Anspr geht iF § 1206 Halbs 1 auf Einräumg des AlleinBes; iF § 1206 Halbs 2 auf Übertr des mittelb AlleinBes u Ermächtig des DrittBesitzers, das Pfd an PfdGläub allein herauszugeben (RG JW **38**, 867). Verpfänder hat Einreden aus § 1211. Bei Verpfändg nach § 1205 II hat Gläub den ihm abgetretenen HerausgAnspr. – Für Anspr gg Dr gelten die allg Vorschr (zB § 1227). Mitbes gleichrangiger Gläub: § 1232 Rn 2.

2) Ablieferungsanspruch des Verpfänders besteht in beiden Fällen des § 1206, jedoch nur unbeschadet der **2** R des Drittbesitzers. Verwahrer w im Streitfall vom ProzG (FGG 165 gilt nicht) bestellt. Gläub muß Klage ändern, wenn Verpfänder sich ggü Anspr aus S 1 auf S 2 beruft; ggü ZwVollstr des Anspr aus S 1 Verlangen nach S 2 nicht mehr stellb.

1232 *Nachstehende Pfandgläubiger.* Der Pfandgläubiger ist nicht verpflichtet, einem ihm im Range nachstehenden Pfandgläubiger das Pfand zum Zwecke des Verkaufs herauszugeben. Ist er nicht im Besitze des Pfandes, so kann er, sofern er nicht selbst den Verkauf betreibt, dem Verkaufe durch einen nachstehenden Pfandgläubiger nicht widersprechen.

1   **1) Verschiedenrangige Pfandrechte. – a)** Besitzt **vorrangiger** Gläub das Pfd, so hat nachrangiger gg diesen niemals HerausgAnspr u kann PfdVerk nicht selbst betreiben (nur sich anschließen). Kann od will vorrangiger Gläub PfdVerk nicht betreiben, so hat nachrangiger AblösgsR aus § 1249. – **b)** Besitzt **nachrangiger** Gläub das Pfd, so kann vorrangiger das Pfd zZw des PfdVerk herausverlangen. Kann od will vorrangiger Gläub PfdVerk nicht betreiben, so muß er dem nachrangigen das Pfd zum Verk belassen (RG **87**, 325), hat aber AblösgsR aus § 1249. – **c)** Bei rechtm PfdVerk **erlöschen** die and PfdR (§ 1242); Erlös tritt nach Maßg § 1247 an die Stelle des Pfd.

2   **2) Gleichrangige Pfandrechte. – a)** Bei gemschaftl Bes gelten §§ 741 ff; jeder kann Herausg zZw des PfdVerk verlangen (§ 749). – **b)** Besitzt einer, so haben die and mind die Stellg nachrangiger Gläub, stets aber MitwirkgsR bei PfdVerk. – **c)** Erlös gebührt ihnen nach Maßg ihrer Fdgen (vgl RG **60**, 73).

1233 *Ausführung des Verkaufs.* [I] **Der Verkauf des Pfandes ist nach den Vorschriften der §§ 1234 bis 1240 zu bewirken.**

[II] **Hat der Pfandgläubiger für sein Recht zum Verkauf einen vollstreckbaren Titel gegen den Eigentümer erlangt, so kann er den Verkauf auch nach den für den Verkauf einer gepfändeten Sache geltenden Vorschriften bewirken lassen.**

1   **1) Privater Pfandverkauf ohne Titel (I).** §§ 1234 ff regeln das VerkVerf; abw Vereinbg gem § 1245 zul, Abw auch gem § 1246 mögl. Verk erfolgt im eigenen Namen des PfdGläub für Rechng des Verpfänders, VerwertgsR ermächtigt Gläub auch zur Übereigng; Gläub w dch Versteigerer vertreten. Wg Sachmängel vgl § 461; für RMängel haftet Gläub, aber Schutz dch §§ 439, 1244, dch § 1242 II verliert RMängelhaftg an Bedeutg.

2   **2) Pfandverkauf mit Titel (II). – a)** Titel (Urteil, ProzVergl) muß sich gg Eigtümer (nicht gg von ihm verschiedenen Verpfänder od pers Schu; § 1248 aber anwendb) richten u auf Duldg der PfdVerwertg lauten (RG LZ **16**, 1427) u gesicherte Fdg angeben (BGH NJW **77**, 1240). Klage stützt sich auf PfdR, nicht auf Fdg; UrkProz u MahnVerf unzul (str); für Kosten nach ZPO 93 gilt § 1210 II (str). – **b)** Gläub kann PfdVerk nach §§ 1234–1240 od nach ZPO-Vorschr (nicht zu verwechseln mit Vollstr aus ZahlgsTit wg pers Fdg in PfdGgst) betreiben. Auch im letzteren Fall Pfändg nicht erforderl, daher ZPO 803–813 unanwendb, wohl aber ZPO 814, 816 I u III–IV (WarteFr läuft ab Vollstrbark des Titels), 817 I–III, 821–823, 825 (str). Anwendb: § 1230 S 2 statt ZPO 818, § 1236 statt ZPO 816 II, § 1239 statt ZPO 817 IV, § 1242 statt ZPO 806, § 1244, § 1247 statt ZPO 819, § 1248 (wobei Gutgläubigk zZ des Verk maßg, str), § 1249.

1234 *Verkaufsandrohung; Wartefrist.* [I] **Der Pfandgläubiger hat dem Eigentümer den Verkauf vorher anzudrohen und dabei den Geldbetrag zu bezeichnen, wegen dessen der Verkauf stattfinden soll. Die Androhung kann erst nach dem Eintritte der Verkaufsberechtigung erfolgen; sie darf unterbleiben, wenn sie untunlich ist.**

[II] **Der Verkauf darf nicht vor dem Ablauf eines Monats nach der Androhung erfolgen. Ist die Androhung untunlich, so wird der Monat von dem Eintritte der Verkaufsberechtigung an berechnet.**

1   **1) Verkaufsandrohung (I). – a)** Nach PfdReife (§ 1228 II) erforderl, um Eigtümer Einlösg zu ermöglichen. Gilt für Verk nach § 1235 I u II, ist aber abdingb (§ 1245). Androhg nur an Eigtümer, dabei gilt EigtVermutg des § 1248 (Ztpkt für Gutgläubigk: Androhg). Ort- und Zeitangabe überflüss, vgl aber § 1237. – Untunlichk richtet sich nach Einzelfall, zB Unkenntn von Eigtümer (vgl RG **145**, 212); BewLast
2   hat PfdGläub. – **b)** Bei Verstoß gg § 1234 PfdVerk rechtm, aber SchadErsPfl des Gläub (§ 1243 II), der BewLast hat, daß auch ohne Verstoß kein besseres Ergebn (RG JW **30**, 134). – **c)** SonderVorschr HGB 440, 623.

3   **2) Wartefrist (II)** ein Monat; nach HGB 368, 371, OLSchVO 22 III eine Woche. Abdingb (§ 1245), RFolgen bei Verstoß wie Rn 2 (RG **109**, 327; LG Osnabr WM **93**, 1628).

1235 *Öffentliche Versteigerung; freihändiger Verkauf.* [I] **Der Verkauf des Pfandes ist im Wege öffentlicher Versteigerung zu bewirken.**

[II] **Hat das Pfand einen Börsen- oder Marktpreis, so findet die Vorschrift des § 1221 Anwendung.**

1   **1) Verkaufsformen,** Verzicht erst nach PfdReife zul (§ 1245 II). – **a) Öffentliche Versteigerung (I)** nach § 383 III. KaufVertr kommt mit Zuschlag zustande (§ 156), Bieter hat keinen Anspr auf Zuschlag; Übereign nach §§ 929 ff; vgl auch § 1233 Rn 1. – **b) Freihändiger Verkauf (II)** statt öff Verst nach Wahl des PfdGläub iF II zul, vgl § 1221. Ebenso iF § 1240 II.

2   **2) Verstoß** gg § 1235 macht PfdVerk unrechtm (§ 1243 I), gutgl Erwerb unmögl (§ 1244; RG **100**, 276); auch SchadErsPfl des Gläub (§ 1243 II). Verh zum LadenschlußG im Hinbl auf VerstV 10 IV vgl BGH NJW **73**, 246.

1236 *Versteigerungsort.* **Die Versteigerung hat an dem Orte zu erfolgen, an dem das Pfand aufbewahrt wird. Ist von einer Versteigerung an dem Aufbewahrungsort ein angemessener Erfolg nicht zu erwarten, so ist das Pfand an einem geeigneten anderen Orte zu versteigern.**

Versteigerungsort; Ort gleich Ortschaft. Abw Vereinbg zul (§ 1245). Vereinbg über VerwahrgsOrt 1 enthält Abrede über VerstOrt. Ob angem Erfolg zu erwarten und welcher Ort geeignet (S 2), entscheidet PfdGläub nach Treu u Gl, bei Streit das Ger (§ 1246). Bei Verstoß gg § 1236 Verk rechtm, uU SchadErsPfl (§ 1243 II). **Verkaufsort** bei Verk zu Markt- od Börsenpreis: § 1221 Rn 1.

1237 Öffentliche Bekanntmachung.
Zeit und Ort der Versteigerung sind unter allgemeiner Bezeichnung des Pfandes öffentlich bekanntzumachen. Der Eigentümer und Dritte, denen Rechte an dem Pfande zustehen, sind besonders zu benachrichtigen; die Benachrichtigung darf unterbleiben, wenn sie untunlich ist.

1) Bekanntmachung erfolgt unter Berücksichtigg örtl Übg od bes Vorschr für Versteigerer, vgl für 1 gewerbl PfdLeiher § 9 IV VO v 1. 6. 76 (BGBl I 1334). Allg PfdBezeichng genügt, Benenng der Beteil nicht notw. Verzicht erst nach PfdReife zul (§ 1245 II). Bei Verstoß gg S 1 Verk unrechtm (§ 1243 I), aber gutgl Erwerb mögl.

2) Benachrichtigung an Eigtümer u dingl Berecht, auch an Inh eines AnwR. SonderVorschr: HGB 440 2 IV, 623 IV. Verzicht vor PfdReife zul (§ 1245 I). Bei Verstoß gg S 2 Verk rechtm, uU SchadErsPfl (§ 1243 II). Rückn der Benachrichtigg steht Unterl gleich. Wg Untunlichk vgl § 1234 Rn 1.

1238 Verkaufsbedingungen.
[I] **Das Pfand darf nur mit der Bestimmung verkauft werden, daß der Käufer den Kaufpreis sofort bar zu entrichten hat und seiner Rechte verlustig sein soll, wenn dies nicht geschieht.**
[II] **Erfolgt der Verkauf ohne diese Bestimmung, so ist der Kaufpreis als von dem Pfandgläubiger empfangen anzusehen; die Rechte des Pfandgläubigers gegen den Ersteher bleiben unberührt. Unterbleibt die sofortige Entrichtung des Kaufpreises, so gilt das gleiche, wenn nicht vor dem Schlusse des Versteigerungstermins von dem Vorbehalte der Rechtsverwirkung Gebrauch gemacht wird.**

1) Gesetzliche Verkaufsbedingungen (I), abdingb (§ 1245 I); auch für freihänd Verk. Sie sind in den 1 KaufVertr aufzunehmen, da nicht kr G enthalten (and ZPO 817). Barzahlsklausel: Zug um Zug gg Überg des Pfd. Verwirkgsklausel: Gläub hat gem § 360 RücktrR, wenn Barzahlg nicht erfolgt.

2) Rechtsfolgen des Verstoßes (II): Zahlgsfiktion, weder Ungültigk noch SchadErsPfl. Sind die Klauseln 2 nicht im KaufVertr enthalten od übt Gläub bei Nichtzahlg RücktrR nicht rechtzeitig aus, so gilt Kaufpr mit Aushändigg des Pfd an Ersteher als vom PfdGläub empfangen. Dies gilt nur zw Gläub einerseits u Eigtümer, pers Schu u am Pfd dingl Berecht andererseits; gg Ersteher hat Gläub weiterhin KaufAnspr. Wg der gesicherten Fdg u eines Übererlöses vgl § 1247 Rn 3. – Gläub gg Ersteher bei Nichtzahlg auch nach Schluß des VerstTermins RücktrR; dieser Rücktr ggü Eigtümer usw aber belanglos u läßt erwähnte RFolgen unberührt, Gläub w Eigentümer des zurückgegebenen Pfd.

1239 Mitbieten durch Gläubiger und Eigentümer.
[I] **Der Pfandgläubiger und der Eigentümer können bei der Versteigerung mitbieten. Erhält der Pfandgläubiger den Zuschlag, so ist der Kaufpreis als von ihm empfangen anzusehen.**
[II] **Das Gebot des Eigentümers darf zurückgewiesen werden, wenn nicht der Betrag bar erlegt wird. Das gleiche gilt von dem Gebote des Schuldners, wenn das Pfand für eine fremde Schuld haftet.**

1) Bieten dürfen: betreibder u nichtbetreibder PfdGläub, Eigtümer, Verpfänder, pers Schu, and Dr. § 1239 1 gilt auch bei freihänd Verk (BayObLG Recht 03, 2549; KGJ 31, 318). – **a)** Ersteigt betreibder Gläub selbst, so ist Zuschlag einseit Kausal- u AneignsGesch mit Gutglaubensschutz nach § 1244. Betreibder Gläub hat Stellg des Erstehers, ist aber nicht zur Barzahlg verpflichtet (and nichtbetreibder Gläub); vielm Regelg wie bei § 1238 II 1. Wg der gesicherten Fdg u eines Übererlöses vgl § 1247 Rn 3. – **b)** Ersteigt Eigtümer, so erwirbt er lastenfrei. – **c)** Versteigerer u seine Gehilfen vom Mitbieten, auch als Vertr für Dr, ausgeschl; vgl §§ 456 ff.

2) Zurückweisung der Gebote (II) des Eigtümers u des pers Schu, wenn Bietsumme nicht sofort bar 2 belegt w, dch Versteigerer od PfdGläub. Gebot des Verpfänders nur zurückweisb, wenn er zugl Eigtümer od gem § 1248 als solcher gilt. Zurückweisg bis Zuschlag zul, Unterl ohne RNachteile außer § 1238 II für Gläub.

1240 Gold- und Silbersachen.
[I] **Gold- und Silbersachen dürfen nicht unter dem Gold- oder Silberwerte zugeschlagen werden.**
[II] **Wird ein genügendes Gebot nicht abgegeben, so kann der Verkauf durch eine zur öffentlichen Versteigerung befugte Person aus freier Hand zu einem den Gold- oder Silberwert erreichenden Preise erfolgen.**

1) Gold- u Silbersachen. Feingehalt nicht maßg, solange noch als Gold- od Silbersache ansprechb. Auf 1 bloße Fassg nur anwendb, wenn diese nach VerkAnschauung Haupts (RG Recht 35, 7996). Keine Ausdehng auf and Edelmetalle. Erlös (§ 1247 Rn 1, 3) muß Metallwert zZ der Verst erreichen; Schätzg auf PfdKosten zul, aber nicht erforderl (and ZPO 813). – VerstBefugte iF II: § 1221 Rn 2.

2) Verstoß macht Verk unrechtm (§ 1243 I); gutgl Erwerb nur bei Zuschlag unter Wert in Verst (§ 1244), 2 nicht wenn II verletzt. – Kein Verzicht vor PfdReife (§ 1245 II).

1241 *Benachrichtigung des Eigentümers.* **Der Pfandgläubiger hat den Eigentümer von dem Verkaufe des Pfandes und dem Ergebnis unverzüglich zu benachrichtigen, sofern nicht die Benachrichtigung untunlich ist.**

1   **1) Benachrichtigung** bei jeder Art von Verk formlos nur an Eigtümer bzw den als Eigtümer geltden Verpfänder (§ 1248). Unverzügl: § 121 I. Unnöt, wenn untunl (§ 1234 Rn 1), Eigtümer selbst Ersteher od VerkVersuch erfolglos. – SonderVorschr: HGB 440 IV, 623 IV.

2   **2) Verstoß** ohne Wirkg auf Verk, uU SchadErsPfl (§ 1243 II). – Verzicht vor PfdReife zul (§ 1245 II).

1242 *Wirkungen der rechtmäßigen Veräußerung.* **¹ Durch die rechtmäßige Veräußerung des Pfandes erlangt der Erwerber die gleichen Rechte, wie wenn er die Sache von dem Eigentümer erworben hätte. Dies gilt auch dann, wenn dem Pfandgläubiger der Zuschlag erteilt wird.**

² Pfandrechte an der Sache erlöschen, auch wenn sie dem Erwerber bekannt waren. Das gleiche gilt von einem Nießbrauch, es sei denn, daß er allen Pfandrechten im Range vorgeht.

1   **1) Rechtmäßige Veräußerung** erfordert: – **a) Pfandrecht** des PfdGläub (RG **100**, 274), er braucht EigtVerh nicht zu kennen (Dresden OLG **6**, 126). – **b) Kaufvertrag** (bei Verst dch Zuschlagserteilg) u dingl **Erfüllungsgeschäft** nach §§ 929 ff zw PfdGläub u Ersteher; auch iF § 1233 II, ZPO 825 erlangt Erwerber erst mit Überg Eigt (RG **126**, 21). Ersteht betreibder Gläub: vgl § 1239 Rn 1. – **c) Beachtung** der in § 1243 I genannten Vorschr, soweit nicht Abw nach §§ 1245, 1247 zul. Gutgl Erwerb (§ 1244) macht Verk nicht rechtm.

2   **2) Rechtsfolgen: – a)** Ersteher erwirbt Eigt, das des bish Eigtümers erlischt. Rechte Dr am Pfd erlöschen gem II; allen PfdR vorgeher Nießbr auch bei Gutgläubigk des Erwerbers (§ 936). § 936 III gilt entspr (W- Raiser § 172 IV 3). § 935 nicht anwendb. § 1242 gilt auch, wenn Eigtümer ersteigert. – Über Fortsetzg dingl R am Erlös vgl § 1247. – **b)** Wandelt Ersteher (nur bei freihänd Verk mögl, § 461 Rn 1), so lebt PfdFdg wieder auf, PfdGläub erwirbt wieder PfdR u bish Eigtümer wieder Eigt (Nüßgens, Rückerwerb vom NichtBerecht S 170 ff).

1243 *Rechtswidrige Veräußerung.* **¹ Die Veräußerung des Pfandes ist nicht rechtmäßig, wenn gegen die Vorschriften des § 1228 Abs. 2, des § 1230 Satz 2, des § 1235, des § 1237 Satz 1 oder des § 1240 verstoßen wird.**

² Verletzt der Pfandgläubiger eine andere für den Verkauf geltende Vorschrift, so ist er zum Schadensersatze verpflichtet, wenn ihm ein Verschulden zur Last fällt.

1   **1) Unrechtmäßige Veräußerung (I).** – **a) Voraussetzung:** Verstoß gg die allg (§ 1242 Rn 1) od die in I genannten bes RechtmäßigkVoraussetzgen, sofern nicht nach §§ 1245, 1246 Abw zul. BewLast: wer sich
2   auf Unrechtmäßigk beruft. – **b) Rechtsfolgen:** Wirkgen des § 1242 treten nicht ein, dingl RLage am Pfd bleibt vorbehaltl § 1244 unverändert (RG **100**, 274) u gesicherte Fdg erlischt nicht (RG LZ **21**, 380); vgl § 1247 Rn 5. SchadErsPfl des PfdGläub bei Versch (insb wenn Erwerber gutgl Eigt erworben) aus §§ 823 ff (RG **100**, 274), uU §§ 990 ff (W-Raiser § 166 Anm 13) od pVV des PfdVertr, sofern bei rechtm Veräußerg höherer Erlös erzielt wäre (Ffm NJW-RR **86**, 44); bei Veräußerg von Gattgssache ist gleichartige zu leisten (RG JW **26**, 2847). BewLast: AnsprInh für Schaden; PfdGläub (idR ohne Berufg auf allg Erfahrgssatz; RG Warn **19**, 194) dafür, daß auch bei rechtm Veräußerg kein höherer Erlös (RG JW **30**, 134).

3   **2) Ordnungswidrige Veräußerung (II).** – **a) Voraussetzung:** Verstoß gg and als in I genannte Vorschr sowie gg nach §§ 1245, 1246 getroffene Regelgen. BewLast wie bei I. – **b) Rechtsfolgen:** Nur SchadErsPfl nach II, Veräußerg ist rechtsm; vgl auch § 1238 II. BewLast wie bei I.

1244 *Gutgläubiger Erwerb.* **Wird eine Sache als Pfand veräußert, ohne daß dem Veräußerer ein Pfandrecht zusteht oder den Erfordernissen genügt wird, von denen die Rechtmäßigkeit der Veräußerung abhängt, so finden die Vorschriften der §§ 932 bis 934, 936 entsprechende Anwendung, wenn die Veräußerung nach § 1233 Abs. 2 erfolgt ist oder die Vorschriften des § 1235 oder des § 1240 Abs. 2 beobachtet worden sind.**

1   **1) Gutgläubiger Erwerb.** Hatte Veräußerer kein PfdR od war Veräußerg unrechtm iS § 1243 I, so wird Ersteher unter folgden Voraussetzgen geschützt; – **a) Veräußerung als Pfand** (bei solcher als Eigt gelten § 932 ff unmittelb, auch § 935) entweder nach ZPO aGrd dingl Titels (§ 1233 II), od dch öff Verst (§ 1235 I, auch iF § 1219) od freihänd iF der §§ 1235 II, 1240 II u auch 1221. BewLast: Ersteher. – Bei and Veräußergsarten kein gutgl Erwerb mögl (RG **100**, 274), auch wenn Abw aGrd §§ 1245, 1246 erfolgte. –
2   **b) Guter Glaube** dh höchstens leicht fahrl Unkenntn vom Fehlen des PfdR (BGH **119**, 75), falls es tats fehlt, u Unrechtmäßigk iS § 1243 I (RG **100**, 274); guter Gl an Eigt belanglos. BewLast: wer EigtErwerb
3   bestreitet, muß bösen Gl beweisen. – Bei Bösgläubigk hat Ersteher Anspr gem §§ 433, 440. – **c) §§ 932–934, 936** müssen iü erfüllt sein. Da § 935 nicht anwendb, auch gutgl Erwerb bei PfdVeräußerg gestohlener usw Sachen, sofern sich nicht aus Kenntn des Diebstahls usw böser Gl hinsichtl PfdR ergibt.

4   **2) Rechtsfolgen.** Erwerb lastenfreien Eigt entspr § 1242 Rn 2. Dingl RLage am Erlös: § 1247 Rn 2; PfdGläub kann etwaiges PfdR am Erlös verwerten, sobald PfdReife eintritt. Über SchadErsPfl des PfdGläub vgl § 1243 Rn 1. – In nachträgl Gen der unrechtm Veräußerg dch die am Pfd dingl Berecht (insb

Eigtümer) kann Vereinbg liegen, Änderg der RLage herbeizuführen, wie sie bei rechtm Veräußerg bestehen würde (BGH NJW **95**, 1350); dch nachträgl Anordng gem § 1246 ist dies nicht erreichb (§ 1246 Rn 2).

1245 *Abweichende Vereinbarungen.* [I] **Der Eigentümer und der Pfandgläubiger können eine von den Vorschriften der §§ 1234 bis 1240 abweichende Art des Pfandverkaufs vereinbaren. Steht einem Dritten an dem Pfande ein Recht zu, das durch die Veräußerung erlischt, so ist die Zustimmung des Dritten erforderlich. Die Zustimmung ist demjenigen gegenüber zu erklären, zu dessen Gunsten sie erfolgt; sie ist unwiderruflich.**

[II] **Auf die Beobachtung der Vorschriften des § 1235, des § 1237 Satz 1 und des § 1240 kann nicht vor dem Eintritte der Verkaufsberechtigung verzichtet werden.**

1) Vereinbarungen nach **I** betr den Inhalt des PfdR mit dingl Wirkg u bleiben daher im Konk des 1 Eigtümers wirks (RG Gruch **48**, 409). Sie sind zw PfdGläub u Eigtümer (nicht Verpfänder als solcher, vgl aber § 1248) od dessen KonkVerw (RG **84**, 70) zu treffen u formlos gült. – **a) Inhalt.** Vereinbg über and Abw als von §§ 1234–1240 od § 1230 S 2 (allgM) nur mit schuldr Wirkg zul, so daß bei Verstoß nur SchadErsPfl aber keine Unrechtmäßigk der Veräußerg (vgl auch § 1228 Rn 2). Vereinbg nach **I** können Erleichtergen (eng auszulegen, RGJW **27**, 1467), zB freihänd Verk (RG **84**, 70), od Erschwergen (zB Mindsterlös) enthalten. Bei Erschwergen können Rechtmäßigk Voraussetzgen gewollt sein, deren Nichtbeachtg PfdVerk unrechtm machen (aber gutgl Erwerb entspr § 1244 mögl), iZw aber nur Bedeutg von OrdngsVorschr haben, bei deren Verletzg § 1243 II gilt. – **b) Zustimmung Dritter (I, 2, 3),** deren R nach § 1242 II erlöschen. Vor od nach Vereinbg u nur ggü Begünstigtem: bei Erschwerg also ggü Eigtümer, sonst ggü PfdGläub.

2) Zeitliche Einschränkung. Verzicht entgg **II** unwirks, so daß bei Nichteinhalt der genannten 2 Vorschr Veräußerg unrechtm u PfdGläub schadensersatzpfl. – Wg Vereinbg nach erfolgter unrechtm Veräußerg vgl § 1242 Rn 2.

1246 *Abweichung aus Billigkeitsgründen.* [I] **Entspricht eine von den Vorschriften der §§ 1235 bis 1240 abweichende Art des Pfandverkaufs nach billigem Ermessen den Interessen der Beteiligten, so kann jeder von ihnen verlangen, daß der Verkauf in dieser Art erfolgt.**

[II] **Kommt eine Einigung nicht zustande, so entscheidet das Gericht.**

1) Anspruch auf Abweichung (I) nur von §§ 1235–1240 (nicht von § 1234); im Konk uU Pfl des 1 PfdGläub, Zust des KonkVerw zu günstiger Verwertg als dch PfdVerk nachzusuchen (RG Recht **35**, 160). Interesse aller braucht nicht gleich groß zu sein; genügt, wenn im Interesse des einen ohne Nachteil für and. – Beteil sind: Eigtümer, PfdGläub u sonstige Dr, deren dingl Rechte nach § 1242 II erlöschen würden; nicht aber Verpfänder als solcher (vgl aber § 1248) u pers Schu. Bei Einigg gilt § 1245.

2) Entscheidung des Gerichts (II) im StreitVerf der FG nur über Art des PfdVerk; Antragszurückweisg 2 bei Streit über VerkBerechtigg (KGJ **24**, 1). Zum billigen Ermessen vgl BayObLG Rpfleger **83**, 393. Zustdgk: FGG 166. – Nicht mehr nach PfdVerk (Köln EWiR § 559 BGB 2/**95**, 753).

1247 *Erlös aus dem Pfand.* **Soweit der Erlös aus dem Pfande dem Pfandgläubiger zu seiner Befriedigung gebührt, gilt die Forderung als von dem Eigentümer berichtigt. Im übrigen tritt der Erlös an die Stelle des Pfandes.**

1) Rechtmäßiger Pfandverkauf; zur Rechtmäßigk vgl § 1242 Rn 1.

a) Barerlös. – aa) Die **gesicherte Forderung** zuzügl NebenAnspr u Kosten (§ 1210) gilt in Höhe des 1 nicht dch vorrang Rechte beanspruchten Erlöses als vom Eigtümer befriedigt. Sie erlischt, wenn Eigtümer zugleich persönl Schuldner; andernf erwirbt er sie (entspr § 1225; aA: § 1249). – **bb)** Übersteigt der **Erlös** 2 die Fdg nicht u bestehen keine vorrangigen Rechte, so wird PfdGläub AlleinEigtümer. – Übersteigt er die erstrang gesicherte Fdg des PfdGläub od deckt er die vorrang Rechte sowie (ganz od teilw) die Fdg des PfdGläub, so werden PfdGläub u Eigtümer MitEigtümer des Gesamterlöses (Quote des PfdGläub: ihm gebührder Anteil). Der MitEigtAnt des Eigtümers ist mit den gem § 1242 II erloschenen Rechten belastet. PfdGläub darf sich vorrang Rechte nicht übersteigden FdgsBetrag aneignen; Eigtümer erwirbt dadch entspr MitEigtAnt belastetes AlleinEigt am Rest. – Deckt Erlös nicht mehr als vorrang Rechte, so erwirbt Eigtümer mit diesen belastetes AlleinEigt; PfdR des PfdGläub erlischt ersatzlos.

b) Unbarer Erlös. – aa) Hat PfdGläub entgg § 1238 auf Kredit verkauft, so gilt der Kaufpr als vom 3 PfdGläub empfangen (§ 1238 II). Für gesicherte Fdg gilt Rn 1. Soweit ein Erlös dem PfdGläub nicht gebühren würde, erlangt der Eigtümer einen ZahlgsAnspr gg den PfdGläub, der mit den gem § 1242 II erloschenen Rechten belastet ist. Nach Zahlg des Kaufpr an PfdGläub gilt Rn 2. – Entspr, wenn PfdGläub selbst ersteht (§ 1239 I 2). – **bb)** Hat PfdGläub gem §§ 1245, 1246 auf Kredit verkauft, so ist die KaufprFdg der 4 Erlös. Für die gesicherte Fdg gilt Rn 1. Für die RLage an der KaufprFdg gilt Rn 2 entspr: MitGläub statt MitEigtümer (MüKo/Damrau Rn 7). PfdGläub darf alleine einziehen; danach gilt Rn 2.

2) Unrechtmäßiger Pfandverkauf. – a) Hat Ersteher kein Eigt erworben, so bleibt dingl RLage am Pfd 5 unverändert; PfdGläub ist ErlösEigtümer, ohne daß Fdg erlischt. Rückabwicklg u SchadErs. – **b)** Hat Ersteher nach § 1244 Eigt erworben, so erlischt die Fdg nicht u Eigtümer wird AlleinEigtümer des Erlöses, an dem sich auch PfdR des PfdGläub fortsetzt (RGRK/Kregel § 1244 Rn 7). Nach Eintritt fehler PfdReife treten die Wirkgen des rechtmäß PfdVertr ein (Jauernig Anm 4 a aa; str).

1248 *Eigentumsvermutung.* **Bei dem Verkaufe des Pfandes gilt zugunsten des Pfand-gläubigers der Verpfänder als der Eigentümer, es sei denn, daß der Pfandgläubiger weiß, daß der Verpfänder nicht der Eigentümer ist.**

1 **1) Eigentumsvermutung.** Soweit PfdGläub beim PfdVerk (auch nach § 1233 II; str) dem Eigtümer ggü Handlgen vorzunehmen hat, gilt für ihn der Verpfänder als Eigtümer; insb iF der §§ 1234, 1237, 1239 II, 1241, 1245, 1246 u Aushändigg von Übererlös. Nicht anwendb bei Erwerb des PfdR (§§ 1207 1208) od des Pfd (§§ 1239 I, 1244) sowie zG and Beteil.

2 **2) Kenntnis** des PfdGläub von NichtEigt des Verpfänders schließt Vermutg aus; grobfahrl Unkenntn unschädl. BewLast: wer sich auf die Kenntn beruft. – Währd Unkenntn abgegebene Erkl muß nach Kenntn nicht ggü Eigtümer wiederholt w; iF § 1233 II Ztpkt des Verk u nicht der RHängigk maßg (str). – Bei Verk trotz Kenntn Unrechtmäßig nur bei Verstoß gg § 1243 I, iü nur SchadErsPfl.

1249 *Ablösungsrecht.* **Wer durch die Veräußerung des Pfandes ein Recht an dem Pfande verlieren würde, kann den Pfandgläubiger befriedigen, sobald der Schuldner zur Leistung berechtigt ist. Die Vorschriften des § 268 Abs. 2, 3 finden entsprechende Anwendung.**

1 **1) Ablösungsrecht;** dingl Natur, bei Verletzg § 823 I (RG **83**, 390). Ausüb zul, sobald pers Schu zur Leistg berecht (§ 271; VerkAndrohg nicht erforderl) u solange Pfd Ersteher noch nicht übergeben; bei Zulässigk von Teilleistg (§ 266) auch Teilablösg mögl (vgl Rn 4). PfdGläub muß entgg § 267 II Leistg auch gg Widerspr des pers Schu annehmen, sonst AnnVerzug (RG **83**, 390). Befriedigg auch dch Aufr (nur mit eigener Fdg des Ablösden) u Hinterlegg (§ 268 II).

2 **2) Berechtigte.** – **a) Eigentümer;** auch wenn zugl Bürge, da dch Zahlg des Bürgen Hauptschuld nicht erlischt (§ 774). Bei Mehrh von Pfd jeder Eigtümer alleine (RG **83**, 390). – Dch Leistg des Eigtümers, der zugl pers Schu, erlöschen Fdg (§ 362) u damit PfdR (§ 1252); über Leistg des Eigtümers, der zugl Verpfänder vgl § 1223 Rn 2. – **b) Dinglich Berechtigte,** deren Rechte nach § 1242 II erlöschen würden; auch wenn sie als pers Mithafte für die Fdg zugl eigene Schuld bezahlen (RG **70**, 409). Auch Inh des pfähnl kaufm ZbR (str). Über AblösgsR des Verpfänders vgl § 1223 Rn 2. – **c) Nicht:** wer fremde Schuld nach § 267 bezahlt (RG BayZ **30**, 279); Besitzer als solcher (RG HansGZ **33**, 172); GrdstEigtümer ggü PfdR an Hyp (RG JW **03**, Beil 55); aus § 2034 berecht Miterbe ggü PfdR an and Miterbanteil (RG **167**, 299).

3 **3) Rechtsfolgen.** – **a)** Mit Befriedigg des PfdGläub gehen gesicherte Fdg u PfdR (bei Befriedigg dch Eigtümer vgl aber § 1256) auf den aus eigenen Mitteln Ablösden über (§§ 268 III, 412, 1250), u zwar ohne Rücks auf seine Willensrichtg (BGH NJW **56**, 1197); erst damit HerausgAnspr gg alten PfdGläub (§ 1251), denn § 1223 II gilt nur für Verpfänder. – Bei Mehrh von Pfd erwirbt voll ablösder Eigtümer eines Pfd ganze Fdg mit allen PfdR, daher alle Pfd an ihn herauszugeben (RG **83**, 390); bei Teilablösg gilt § 1225 Rn 3 hins aller 4 Pfd. Über AusglAnspr unter mehreren Verpfändern vgl § 1225 Rn 4. – **b)** Übergang darf nicht zum Nachteil des PfdGläub geltd gemacht w; bei Teilbefriedigg gilt daher § 1225 Rn 3 (Celle NJW **68**, 1139), so daß auch kein Anspr aus § 1251.

5 **4) Anwendbar** auf Ablösg einer gem § 20 II ZollG gesicherten Zollschuld, wobei für übergegangene öffr ZollFdg ordentl RWeg gegeben (BGH NJW **56**, 1197).

1250 *Übertragung der Forderung.* **¹ Mit der Übertragung der Forderung geht das Pfandrecht auf den neuen Gläubiger über. Das Pfandrecht kann nicht ohne die Forderung übertragen werden.**
² Wird bei der Übertragung der Forderung der Übergang des Pfandrechts ausgeschlossen, so erlischt das Pfandrecht.

1 **1) Übertragung der Forderung (I)** nach den dafür geltden Vorschr dch RGesch (§ 398), krG (§ 412) od dch gerichtl Beschl (ZPO 835) bewirkt auch ohne PfdÜberg kG den Übergang des PfdR **(S 1)**; neuer Gläub hat HerausgAnspr (§ 1251). Kein gutgl Erwerb des PfdR, wenn dieses (Reinicke NJW **64**, 2376) od die Fdg nicht bestand. § 1250 gilt auch iF § 1204 II. Bei Abtr einer TeilFdg od einer von mehreren gesicherten Fdgen haben die Gläub gleichrangige PfdRe. – PfdR für sich alleine nie übertragb **(S 2)**. PfdRAbtr idR nicht umdeutb in Abtr der Fdg mit PfdR (RG JW **38**, 44).

2 **2) Ausschluß des Pfandrechtsübergangs (II)** bewirkt Erlöschen des PfdR; and bei Abtr einer EinzelFdg aus laufdem KreditVerh (Baur/Stürner § 55 B VI 1; Wstm/Gursky § 67 I 1a). War PfdR mit Rechten Dr belastet, so deren Zust notw (§ 1255 II), sonst Ausschluß unwirks u PfdR übergegangen. – Kein Ausschluß, wenn sich bish Gläub nur Besitz vorbehält. Vorbeh der weiteren PfdVerwertg u Erlösverwendg für eigene Rechng zur Deckg der abgetretenen Fdg enthält keinen Ausschluß, sond Abtr des aus dem Pfd nicht gedeckten Teils der Fdg (RG **135**, 272).

1251 *Wirkung des Pfandrechtsübergangs.* **¹ Der neue Pfandgläubiger kann von dem bisherigen Pfandgläubiger die Herausgabe des Pfandes verlangen.**
² Mit der Erlangung des Besitzes tritt der neue Pfandgläubiger an Stelle des bisherigen Pfandgläubigers in die mit dem Pfandrechte verbundenen Verpflichtungen gegen den Verpfänder ein. Erfüllt er die Verpflichtungen nicht, so haftet für den von ihm zu ersetzenden Schaden der bisherige Pfandgläubiger wie ein Bürge, der auf die Einrede der Vorausklage verzichtet hat. Die Haftung des bisherigen Pfandgläubigers tritt nicht ein, wenn die Forderung kraft Gesetzes auf den neuen Pfandgläubiger übergeht oder ihm auf Grund einer gesetzlichen Verpflichtung abgetreten wird.

1) Herausgabeanspruch (I) in allen Fällen des PfdRÜbergangs geht auf Einräumg gleicher BesArt, wie 1
ihn bish PfdGläub hatte (iF § 1217 auf Abtr des HerausgAnspr gg Verwahrer usw); vgl auch §§ 1227, 985.

2) Rechtsfolgen der Herausgabe (II), nicht schon des RÜbergangs. – **a)** Für **neuen Pfandgläubiger:** 2
Eintritt in Verpfl aus ges SchuldVerh (Übbl 3 vor § 1204) ggü Verpfänder **(S 1)**; auch in ges Pfl ggü
Eigtümer als solchem (str). Kein Eintritt in bereits enstandene SchadErsVerpfl. War Pfd schon gem § 1217
hinterlegt usw, so muß neuer PfdGläub es dabei belassen; war noch nicht hinterlegt usw, so kann Verpfän-
der das nur bei Fortsetzg der PflVerletzg dch den neuen PfdGläub verlangen. – **b)** Für **bisherigen Pfand-** 3
gläubiger: Bürgenhaftg, wenn neuer PfdGläub (od dessen Nachmänner, W-Raiser § 170 II 1) ihn nach II 1
treffde Verpfl verletzt **(S 2)**: daher BesVorbeh (§ 1250 Rn 2) uU zweckm. Gilt nicht bei ges FdgÜbergang u
ges AbtrVerpfl **(S 3)**; bei Übertr nach ZPO 835 gilt ZPO 838.

1252 *Erlöschen durch Forderungswegfall.* Das Pfandrecht erlischt mit der Forderung, für die es besteht.

1) Erlöschen der gesicherten Forderung bewirkt Erlöschen des PfdR, sofern nicht SchadErsAnspr an 1
ihre Stelle getreten (§ 1210 Rn 1) od auch künft Fdg gesichert werden soll (§ 1204 II). PfdR erlischt iF
§ 1204 II, wenn feststeht, daß Fdg nicht mehr entstehen kann (BGH NJW **83**, 1120); zum Erlöschen der
zukünft RückgrFdg des Bürgen bei Sicherg des Anspr aus ZPO 945 vgl BGH NJW **71**, 701. Über Verj der
Fdg vgl § 223. Mit rückw Wiederaufleben der Fdg (zB bei Anfechtg) lebt auch PfdR wieder auf, sofern Pfd
noch nicht zurückgegeben (§ 1253). PfdR erlischt nicht, wenn PfdGläub eine Fdg des Schu gg ihn bezahlt,
statt gg gesicherte Fdg aufzurechnen (RG JW **12**, 749). – BewLast: wer Erlöschen geltd macht, muß
FdgsErlöschen beweisen (BGH NJW **86**, 2426). – Über Anspr auf PfdHerausg gg PfdGläub vgl § 1223 Rn 1.

2) Bei **Teillöschen** idR kein Anspr auf Rückg entspr Teils mehrerer Pfd (Kbg OLG **5**, 157); and uU bei 2
PfdR an Bargeld bzw Barkaution, wenn RestFdg dch verbleibden Betrag gedeckt (Stettin Recht **12**, 595).

1253 *Erlöschen durch Pfandrückgabe.* **I** **Das Pfandrecht erlischt, wenn der Pfandgläu-** **biger das Pfand dem Verpfänder oder dem Eigentümer zurückgibt. Der Vorbehalt der Fortdauer des Pfandrechts ist unwirksam.**

II **Ist das Pfand im Besitze des Verpfänders oder des Eigentümers, so wird vermutet, daß das** **Pfand ihm von dem Pfandgläubiger zurückgegeben worden sei. Diese Vermutung gilt auch dann,** **wenn sich das Pfand im Besitz eines Dritten befindet, der den Besitz nach der Entstehung des** **Pfandrechts von dem Verpfänder oder dem Eigentümer erlangt hat.**

1) Rückgabe des Pfandes (I) bewirkt Erlöschen des PfdR, auch wenn Fortbestand vorbehalten. Bei 1
Austausch (RG **67**, 423) od WiederRückg an PfdGläub (Celle NJW **53**, 1470) Neubestellg notw. Bei erneuter
BesErlangg inf Verpfändg für and Fdg keine Haftg für fortbestehde Fdg (BGH NJW **83**, 2140).

a) Rückgabe erfolgt iF § 1205 dadch, daß PfdGläub dem Verpfänder od Eigtümer seinen unmittelb od 2
mittelb AlleinBes od einf MitBes einräumt, zB dch Rückg des PfdRaumschlüssels (RG JW **14**, 681; vgl aber
RG **67**, 424); iF § 1206 dch Aufhebg des Mitverschlusses od in Abrede, daß Verpfänder allein Herausg vom
PfdHalter verlangen darf, u in Anweisg des PfdGläub an PfdHalter, an Verpfänder allein herauszugeben.

b) Rückg an **Eigentümer oder Verpfänder** notw, nicht an pers Schu od Dr. Genügd aber Herausg an 3
KonkVerw (RG Recht **12**, 1481) od BesMittler (RG **92**, 267) des Verpfänders od Eigtümers od an sonstigen
Dr auf Anweisg od mit Zust des Verpfänders od Eigtümers (RG **108**, 164).

c) Wille zur Rückg an Verpfänder od Eigtümer als solchen notw; nicht ausreichd Herausg an sie als ges 4
Vertreter eines ZweitPfdGläub od als BesDiener. Natürl Wille ausreichd, GeschFgk nicht erforderl (MüKo/
Damrau Rn 4; aA RGRK/Kregel Rn 2). – **aa) Rückgabemotiv** unerhebl, Wille zur PfdRAufhebg nicht
erforderl (RGSt **48**, 244). Erlöschen auch bei Rückg zur Leihe (KG OLG **2**, 80), Verwahrg, Reparatur; and
bei ganz kurzfristiger Aushändigg. Erlöschen auch bei Rückg infolge Irrtums (zB Fdg sei getilgt) od argl
Täuschg (als TatHdlg unanfechtb; uU Anspr auf Neubestellg od ErsLeistg; RG JW **12**, 459; **29**, 2514); nicht
aber bei Herausg an Eigtümer, wenn PfdGläub dessen Eigt unbekannt. – **bb)** Gibt **Dritter** (zB bish Gläub
nach FdgAbtr; TrHänder, RG Warn **14**, 58) heraus, so maßg, ob mit Willen des PfdGläub (RG **57**, 326;
Recht **21**, 104). – **cc) Wegnahme** dch Verpfänder od Eigtümer mit Zust des PfdGläub ausreichd (RG **67**,
423); auch wenn GVz nach ZPO 883 wegnimmt u an Verpfänder od Eigtümer übergibt.

2) Vermutung (II) der Rückg, wenn Verpfänder od Eigtümer unmittelb od and als dch PfdGläub 5
vermittelten mittelb Besitz hat. Sie gilt für jeden, ist aber widerlegb (ZPO 292); sie gilt nach WiederRückg
an PfdGläub nicht mehr (RG JW **12**, 911; vgl W-Raiser § 171 Anm 12).

1254 *Anspruch auf Rückgabe bei Einrede.* **Steht dem Pfandrecht eine Einrede entge-** **gen, durch welche die Geltendmachung des Pfandrechts dauernd ausgeschlossen wird,** **so kann der Verpfänder die Rückgabe des Pfandes verlangen. Das gleiche Recht hat der Eigentü-** **mer.**

1) Einreden gegen das Pfandrecht, sofern sie dauernd bestehen, sind: – **a)** Einreden gg das PfdR als 1
solches, zB §§ 821, 853, Verpfl zur Entpfändg, RMißbr. – **b)** Einreden gg die Fdg, die der Verpfänder nach
§ 1211 geltd machen kann, auch wenn pers Schu auf sie verzichtet hat.

2) Rechtsfolge. – a) Verpfänder u Eigtümer (dieser auch bei Verzicht des pers Schuldn auf Einrede) 2
haben HerausgAnspr als GesGläub (§ 428; aA Müller-Laube AcP **183**, 229). Hat Verpfänder BesR, so kann
er Leistg an sich u der Eigtümer Leistg an Verpfänder verlangen; hat er kein BesR, so umgekehrt (§ 986). –

b) PfdR erlischt erst mit Herausg (§ 1253). Rechte and PfdGläub bleiben bestehen; sie haben keine Anspr aus § 1254.

1255 *Aufhebung des Pfandrechts.* ᴵ **Zur Aufhebung des Pfandrechts durch Rechtsgeschäft genügt die Erklärung des Pfandgläubigers gegenüber dem Verpfänder oder dem Eigentümer, daß er das Pfandrecht aufgebe.**

ᴵᴵ **Ist das Pfandrecht mit dem Rechte eines Dritten belastet, so ist die Zustimmung des Dritten erforderlich. Die Zustimmung ist demjenigen gegenüber zu erklären, zu dessen Gunsten sie erfolgt; sie ist unwiderruflich.**

1   **1) Pfandrechtsaufgabe (I).** Einseit empfangsbedürft formlose (auch stillschw mögl) WillErkl ggü Eigtümer od Verpfänder (bei Mehrh ggü allen; Königsberg OLG **6**, 275), auch gg den Willen des and; nicht ggü pers Schu. AnnErkl u Rückg nicht erforderl.

2   **2) Zustimmung Dritter (II).** Einseit empfangsbedürft formlose (auch stillschw mögl) WillErkl vor od nach AufgabeErkl; iü gilt § 1245 Rn 1 entspr. Ohne Zust Aufgabe unwirks; bei Umgeh dch Rückg (§ 1253) SchadErsAnspr (§ 823) des Dr gg PfdGläub.

1256 *Zusammentreffen von Pfandrecht und Eigentum.* ᴵ **Das Pfandrecht erlischt, wenn es mit dem Eigentum in derselben Person zusammentrifft. Das Erlöschen tritt nicht ein, solange die Forderung, für welche das Pfandrecht besteht, mit dem Rechte eines Dritten belastet ist.**

ᴵᴵ **Das Pfandrecht gilt als nicht erloschen, soweit der Eigentümer ein rechtliches Interesse an dem Fortbestehen des Pfandrechts hat.**

1   **1) Zusammentreffen von Pfandrecht und Eigentum** ergibt sich, wenn PfdGläub AlleinEigt (nicht nur MitEigt, § 1009) am Pfd erwirbt, od wenn Eigtümer die gesicherte Fdg (zB dch Ablösg nach § 1249 od Abtr nach § 1250) erwirbt.

2   **2) Rechtsfolge.** IdR erlischt das PfdR **(I 1)**. – **Ausnahmen: a)** PfdR erlischt nicht, solange die gesicherte Fdg mit PfdR od Nießbr belastet ist **(I 2)**, auch wenn Eigtümer zugl pers Schu; es erlischt von selbst mit deren Fortfall, wenn es in diesem Ztpkt noch mit Eigt vereinigt. **b)** PfdR gilt als nicht erloschen, soweit Eigtümer rechtl Interesse am Fortbestand hat **(II)**; zB wenn nachrangige Rechte vorrücken würden (vgl auch RG **154**, 382; Eigtümer kann dann Herausg an nachrangigen Berecht ablehnen), wenn Eigtümer Fdg mit vorrangigem PfdR übertr will, wenn NichtEigtümer dem gutgl Eigtümer u später einem Dr PfdR bestellt (W-Raiser § 2 V 3 b). Gilt nicht für Dr (BGH **27**, 233: Untergang des VermieterPfdR bei Abtretg der MietzinsFdg an SichgEigtümer der dem VermieterPfdR unterliegden Sache). **c)** §§ 1976, 1991 II, 2143, 2175, 2377.

1257 *Gesetzliches Pfandrecht.* **Die Vorschriften über das durch Rechtsgeschäft bestellte Pfandrecht finden auf ein kraft Gesetzes entstandenes Pfandrecht entsprechende Anwendung.**

1   **1) Gesetzliches Pfandrecht. – a) Beispiele:** PfdR des aus Hinterlegg Berecht (§ 233; vgl RG **124**, 219; Henke AcP **161**, 3); des Verm (§ 559); des Verp (§ 592); des Pächters (§ 583); des WerkUntern (§ 647); des Gastw (§ 704); des Kommissionärs (HGB 397); des Spediteurs (HGB 410); des Lagerhalters (HGB 421); des Frachtführers (HGB 440); HGB 623, 674, 726, 752, 755; BinnSchG 89, 97, 103; FlößG 22, 28; DüngemittelG 1. – **b) Nicht** aber PfdR nach ADSp 50 Abs a (BGH **17**, 1: rgesch PfdR) u PfdgsPfdR.

2) Entsprechende Anwendung der §§ 1204 ff, soweit nicht SonderVorschr entggstehen.

2   **a) Entstehung.** Sie richtet sich nach SonderVorschr; §§ 1205–1208 sind nicht anwendb, da Wortlaut des § 1257 bereits entstandenes PfdR voraussetzt. – **aa) Gutgläubiger Erwerb** nur nach dem nicht entspr anwendb HGB 366 III; iü auch dann nicht entspr § 1207, wenn für Entsteh des ges PfdR Überg notw (zB § 647), denn BesÜberg erfolgt nicht zwecks Vfg über das Eigt, so daß ihr nicht gleiche Legitimationswirkg wie bei § 1207 zukommt (BGH NJW **92**, 2570; Düss NJW **66**, 2362; Köln NJW **68**, 304; Wiegand JuS **74**, 546; aA Erm/Küchenhoff Rn 3; RGRK/Kregel Rn 2; Baur/Stürner § 55 C II 2a; Wstm/Gursky § 68 I; Kunig JR **76**, 12). Die Entstehstatbestände enthalten auch keine Vfg, so daß ges PfdR nicht nach § 185 entsteh kann (BGH **34**, 125; Köln NJW **68**, 304; aA Bernöhr ZHR **135**, 144; Medicus Rn 594). Bestellg rechtsgeschäftl PfdR nach § 185 od § 1207 mögl (BGH **87**, 274). – Wg Anspr des WerkUntern auf VerwendgsErs vgl Vorbem 4 vor § 994. – **bb)** An **Anwartschaft:** § 929 Rn 39; wg aa) bedeuts bei EigtVorbeh.

3   **b) Rang.** § 1209 anwendb für ges PfdR untereinander u im Verh zu and PfdR (§ 1209 Rn 1). Anwendbark des § 1208 entfällt, soweit gutgl Erwerb nicht mögl (Rn 2). §§ 936, 932, 1208 gelten aber zG gutgl Erwerbers der Sache selbst od rechtsgeschäftl PfdR an ihr.

4   **c) Pfandrechtsverhältnis.** §§ 1210–1232 sind anwendb (Düss HRR **36**, 726: § 1216; Schlesw SchlHA **56**, 111: § 1218; Hbg SeuffA **65**, 244: § 1229) mit folgden Einschränkgen: § 1215 bei besitzlosem PfdR nur anwendb, wenn Gläub Pfd in Bes genommen hat (RG **102**, 77; JW **13**, 101), was Schu nicht verlangen kann. §§ 1211, 1224, 1225 anwendb, soweit ges PfdR an schuldnerfremden Sachen erwerbb.

5   **d) Verwertung.** §§ 1233 ff anwendb (Ffm Rpfleger **74**, 430), insb § 1247 (RG **119**, 269). § 1248 aber nur, soweit ges PfdR an schuldnerfremder Sache erwerbb.

6   **e) Ablösung, Übertragung, Einreden.** §§ 1249 (Celle NJW **68**, 1139), 1250, 1251, 1254 sind anwendb.

f) Erlöschen. – aa) § 1253 ist anwendb (BGH **87**, 274), sofern nicht SonderVorschr Ausn vorsehen (zB **7** HGB 440 III); neues ges PfdR sichert nicht alte Fdg (BGH aaO). Er gilt nicht bei besitzlosen ges PfdR; hier kann Rückg in Bes genommenen Pfd Aufgabe nach § 1255 bedeuten, auch kann in Überg an PfdGläub statt Verwirklichg des ges PfdR seine Aufhebg unter Bestellg rgesch PfdR liegen (Parteiwille maßg). – **bb)** §§ 1252, 1255, 1256 (Celle MDR **65**, 831) sind anwendb.

1258 *Pfandrecht am Anteil eines Miteigentümers.* [I] **Besteht ein Pfandrecht an dem Anteil eines Miteigentümers, so übt der Pfandgläubiger die Rechte aus, die sich aus der Gemeinschaft der Miteigentümer in Ansehung der Verwaltung der Sache und der Art ihrer Benutzung ergeben.**

[II] **Die Aufhebung der Gemeinschaft kann vor dem Eintritte der Verkaufsberechtigung des Pfandgläubigers nur von dem Miteigentümer und dem Pfandgläubiger gemeinschaftlich verlangt werden. Nach dem Eintritte der Verkaufsberechtigung kann der Pfandgläubiger die Aufhebung der Gemeinschaft verlangen, ohne daß es der Zustimmung des Miteigentümers bedarf; er ist nicht an eine Vereinbarung gebunden, durch welche die Miteigentümer das Recht, die Aufhebung der Gemeinschaft zu verlangen, für immer oder auf Zeit ausgeschlossen oder eine Kündigungsfrist bestimmt haben.**

[III] **Wird die Gemeinschaft aufgehoben, so gebührt dem Pfandgläubiger das Pfandrecht an den Gegenständen, welche an die Stelle des Anteils treten.**

[IV] **Das Recht des Pfandgläubigers zum Verkaufe des Anteils bleibt unberührt.**

1) Pfandrecht am Miteigentumsanteil (§ 1008) wird grdsätzl wie PfdR an einer Sache behandelt. – **1 a) Entstehung.** Rechtsgeschäftl dch Einigg u Einräumg des dem Verpfänder zustehen unmittelb MitBes od Übertr des mittelb MitBes unter Anzeige an Besitzer (§ 1205 II); ideeller Brucht einer Sache in ungeteiltem Eigt belastb (Erm/Küchenhoff Rn 4; aA MüKo/Damrau § 1204 Rn 4; Wstm/Gursky § 61 I 2), wobei abw von § 1206 Einräumg einf MitBes genügt (W-Raiser § 173 II 1). Gesetzl dch Verbindg usw von Sachen desselben od verschiedener Eigtümer, wenn eine zuvor mit PfdR belastet (vgl § 949 Rn 3). Gesetzl PfdR zB wenn Mieter nur MitEigtümer der eingebrachten Sache (RG **146**, 334). – **b) Entsprechende Anwendung. 2** § 1258 gilt gem § 1273 II auch für GesHandsanteil (RG **83**, 30; **84**, 395), soweit verpfändb (wg Miterbenanteil vgl § 1276 Rn 3; wg GesellschAnteil vgl § 719 Rn 3). – **c) Sondervorschriften.** PfdR am MitEigt der AnteilsInh am SonderVerm einer KapitalanlageGesellsch nur dch Verpfändg des Anteilsscheins unter Überg des (ev indossierten) Scheins (KAGG 18 III; vgl Schuler NJW **57**, 1049). PfdGläub kann nicht Aufhebg der Gemsch verlangen (KAGG 11); RücknAnspr (KAGG 11 II) aber mitverpfändb.

2) Teilhaberrechte hins Verwaltg (§§ 744–746) u BenutzgsArt (§§ 745, 746) sind zwecks Ausübg des **3** MitBes dem PfdGläub ausschl zugewiesen **(I),** nicht aber Benutzg selbst, die nach § 743 MitEigtümer zusteht (and iF §§ 1213, 1214). Vereinbgen der MitEigtümer über die BesVerh wirken auch ggü PfdGläub (§ 746; RG **146**, 337).

3) Rechtsfolgen. – a) PfdGläub kann Anteil nach Regeln über **Pfandverkauf** verkaufen **(IV).** – **b)** Pfd- **4** Gläub kann dch Betreiben der **Gemeinschaftsaufhebung** (§§ 749 ff) sich Pfd an Sache selbst od deren Erlös verschaffen. Vor PfdReife kann Aufhebg nur von MitEigtümer u PfdGläub gemeins verlangt w; nach PfdReife von PfdGläub allein, auch ohne Zust des MitEigtümers u ohne Bindg an Vereinbargen, die dieser mit and MitEigtümern über Ausschl der Aufhebg od KündFrist getroffen **(II).** Rechtskr Schuldtitel nicht erforderl (and § 751 S 2). ErsPfdR an bei Aufhebg an Stelle des Anteils tretden Ggst entsteht nicht krG, da PfdGläub nur Anspr auf Bestellg hat („gebührt", III); aA BGH **52**, 99 zur Vermeidg ungerechtf Rangverlustes des VertrPfdR dch unterschiedl Behandlg ggü PfdgsPfdR (vgl dazu Wellmann NJW **69**, 1903; Lehmann NJW **71**, 1545).

1259–1272 *Registerpfandrecht an Schiffen.* *(Aufgehoben und ersetzt durch das SchiffsRG.)*

Zweiter Titel. Pfandrecht an Rechten

Einführung

1) Aufbau des 2. Titels. §§ 1273–1278 enthalten allg Vorschr; §§ 1279–1290 enthalten SonderVorschr **1** für PfdR an Fdgen, die § 1291 auf PfdR an Grd-/RentenSch ausdehnt; §§ 1292–1296 enthalten Vorschr für PfdR an WertPap. – Die **Bezeichnung der Beteiligten** weicht von der im ZwVollstrR ab: Der aus dem verpfändeten Recht eine Leistg zu erbringen hat, heißt Verpflichteter (§ 1275) od Schuldn (§§ 1280 ff), im ZwVollstrR aber DrittSchuldn; der Verpfänder heißt Gläub, ihm entspricht im ZwVollstrR der (Vollstr)Schuldn; dem PfdGläub entspricht im ZwVollstrR der (Vollstr)Gläub.

2) Das **Vertragspfandrecht an Rechten** ist weitgehd dch SichgAbtr (§ 398 Rn 20) ersetzt, auf die **2** §§ 1273 ff nicht anwendb sind (Hbg OLG **26**, 203); bedeuts noch dch AGB-Banken 19. – **a) Entstehung 3** dch RGesch (§§ 1274 I ggf iVm 1280; 1292, 1293) od krG (zB §§ 233, 585 S 2; 1293 iVm 1257; HGB 399). – **b) Erlöschen** dch Eintritt auflösder Bdgg (§ 158 II); Fristablauf (§ 163); SchuldÜbn ohne Einwillig des RInh (§ 418); lastenfreier Erwerb (zB § 1292 Rn 4); rechtm Einziehg; Abtr der gesicherten Fdg mit Ausschl des PfdRÜbergangs (§§ 1273 II, 1250 II); Erlöschen der gesicherten Fdg (§§ 1273 II, 1252); Rückg einer Sache, deren Überg zur Verpfändg notw (§ 1278); PfdRAufhebg (§§ 1273 II, 1255); Vereinigg von PfdR u PfdGst (§§ 1273 II, 1256); Untergang des PfdGgst (Ausn: § 1276 Rn 1; § 1281 Rn 3). – **c) Verwertung. 4**

aa) Nach ZwVollstrR aGrd dingl Tit zur Duldg der PfdVerwertg gg RInh bei allen Rechten (§ 1277). **bb)** Dch Einziehg ohne Tit gg den Gläub bei Fdgen (§ 1282), Grd-/RentenSch (§ 1291), Order- u InhPap (§ 1294). **cc)** Dch PfdVerk bei OrderPap (§§ 1293, 1228 ff) u freihänd Verk bei InhPap (§§ 1295, 1221). **dd)** Dch ZwVollstr nach ZPO in den PfdGgst aGrd ZahlgsTit gg den pers Schuldn bei allen Rechten.

1273 *Grundsatz.* ᴵ Gegenstand des Pfandrechts kann auch ein Recht sein.
ᴵᴵ **Auf das Pfandrecht an Rechten finden die Vorschriften über das Pfandrecht an beweglichen Sachen entsprechende Anwendung, soweit sich nicht aus den §§ 1274 bis 1296 ein anderes ergibt. Die Anwendung der Vorschriften des § 1208 und des § 1213 Abs. 2 ist ausgeschlossen.**

1 **1) Recht (I).** PfdGgst kann jedes übertragb (§ 1274 II) VermR sein, soweit es nicht grdstgleiches Recht (Übbl 3 vor § 873) od MiteigtAnteil (§ 1258) ist od Verpfändg ges ausgeschl ist (zB PostG 23 III 4, IV 2, V 2); zB Fdg (auch an einer Fdg gg den PfdGläub; BGH **LM** § 610 Nr 1; Düss **WM 92**, 1937), GrdSch, AnwR, Miterbenanteil (§ 2033 Rn 14), ImmaterialgüterR (PatG 9; VerlG 28; GebrMG 13; GeschmMG 3; vgl aber UrhG 29), AktienR, GmbH-Anteile, PersGesellschAnteil (Schüller RhNK **80**, 97), Recht aus dem Meistgebot (ZVG 81). – **a) Verwertbarkeit** des Rechts seiner Art nach dch ZwVollstr (§ 1277) od Einziehg (§ 1282) erforderl. – **b) Rechtsgesamtheit:** § 1204 Rn 4 gilt entspr. – **c) Künftig entstehende Rechte** nur dch vorh Einigg für den Fall der Entstehg verpfändb. PfdR entsteht erst mit ihrer Entstehg (Köln NJW-RR **88**, 239), wenn dann alle weiteren Entstehgsvoraussetzgen (zB §§ 1274 I 2, 1280) erfüllt sind (RG **68**, 55). Ges Grdlage für Entstehg des Rechts muß bei Verpfändg schon vorhanden sein (RG **134**, 225; BVerwG NJW **57**, 314). Das Recht muß bestimmb sein; für Verpfändg künft Fdg gilt § 398 Rn 11 entspr (RG **82**, 227); für Verpfändg künft EigtümerGrdSch gilt § 1163 Rn 8, 17 entspr.

2 **2) §§ 1204 bis 1258** sind mit den sich aus **II** ergebden Einschränkgen auf rgesch u ges PfdR entspr anwendb (eingehd Planck/Flad Anm 2). – **a) Anwendbar:** §§ 1204 (RG **136**, 424), 1209, 1210 (KG OLG **29**, 377), 1211 (BGH **LM** § 610 Nr 1), 1213 I, 1214, 1219, 1220, 1221 (RGRK/Kregel § 1227 Rn 4; aA Breslau JW **28**, 2474), 1222, 1223 II (RG DJZ **29**, 442; PfdRAufhebg statt Rückg), 1224, 1225 (RG Recht **18**, 244), 1228 II 1 u 2 (KG OLG **29**, 377), 1229, 1249, 1250, 1252 (RG **100**, 277), 1254 (PfdRAufhebg statt Rückg), 3 1255, 1256 (RG **154**, 383), 1257, 1258 (vgl dort Rn 1). – **b) Unanwendbar:** §§ 1207 (§ 1274 Rn 2), 1208 4 (Ausn: wenn sich Erwerber auf § 892 berufen kann; zB bei falscher Löschg eines PfdR an GrdPfdR), 1212 (vgl aber §§ 1289, 1296), 1213 II (iZw kein NutzgsPfdR an zinstragendm Recht), 1246. – **c) Beschränkt anwendbar: – aa)** Wenn PfdR zugl Sache erfaßt (§ 952) od SachÜberg zur PfdRBestellg nöt (§ 1274 I 2): §§ 1205, 1206, 1215, 1216, 1217, 1218, 1223 I (RG **100**, 277), 1226, 1227 (RGRK/Kregel Rn 8), 1251, 1253. – **bb)** Vorschr über den PfdVerk, wenn dieser dch Vereinbg nach § 1277 zugel (§ 1277 Rn 3) od nach ZPO 844 angeordnet (§ 1277 Rn 2).

1274 *Bestellung.* ᴵ Die Bestellung des Pfandrechts an einem Rechte erfolgt nach den für die Übertragung des Rechtes geltenden Vorschriften. Ist zur Übertragung des Rechtes die Übergabe einer Sache erforderlich, so finden die Vorschriften der §§ 1205, 1206 Anwendung.
ᴵᴵ Soweit ein Recht nicht übertragbar ist, kann ein Pfandrecht an dem Rechte nicht bestellt werden.

1 **1) Die Verpfändung (I)** erfolgt grdsl nach ÜbertrRegeln. Unwirks Verpfändg uU in VerpflVertr (Übbl 1 d vor § 1204; Dresden Recht **10**, 3517) od ZbR (RG **124**, 28) umdeutb.

2 **a) Einigung zwischen Rechtsinhaber u Pfandgläubiger. – aa) Gutgläubiger Erwerb** vom Nichtberecht nur, wenn verpfändetes R selbst gutgl erwerbb, insb nach §§ 892 (KG OLG **46**, 61), 1138, 1155, 2366 u nach WertPapR (W-Raiser § 175 Fußn 20). Sonst nur Erwerb nach § 185 mögl. – **bb) Inhalt.** Die Einigg muß die Bestellg eines PfdR (§ 1204 Rn 1) für den PfdGläub (keine Bestellg zGDr; RG **124**, 221), das Pfd (§ 1273 Rn 1) u die gesicherte Fdg (§ 1204 Rn 6) umfassen (RG **148**, 349). VerpfändgsErkl kann liegen in: AbtrErkl (RG JW **28**, 174), Vorrangeinräumg dch Zessionar an PfdgsGläub (RG JW **34**, 221), Vertr über Hinterleg des HypBriefs bei Notar (RG HRR **32**, 1748). GrdSch nicht als Pfd bezeichnet, wenn AGB als Pfd die in Bes od VfgsGewalt des PfdGläub gelangdn „WertGgst" nennt (BGH **60**, 174; dazu Kollhosser JR 3 **73**, 315). – **cc) Form.** Die Einigg bedarf der für die RÜbertr erforderl Form (zB Schriftform gem § 792; Beurk gem GmbHG 15 III); nicht aber das GrdGesch (Übbl 4 vor § 1204), selbst wenn für AbtrVerpfl Formzwang besteht (RG JW **37**, 2118; Ertl DNotZ **76**, 68 zu XII). Verpfändg des AuflAnspr erfordert nicht Form des § 313 (BayObLG **76**, 190; Koch MittBayNot **76**, 161; Ertl DNotZ **77**, 81; str). Bei schriftl Erkl muß sich Verpfänder des Schriftstücks so entäußern, daß PfdGläub darüber verfügen kann (RG **148**, 349). Dem Formzwang unterliegt der notw Inhalt der Einigg (RG aaO) einschl etwaiger NutzgsVereinbg nach § 1213. Blankoverpfändg zul. PfdR entsteht ohne Rückwirkg mit vereinbgsgem Ausfüllg (RG JW **28**, 174).

4 **b) Weitere Erfordernisse,** sofern für RÜbertr erforderl. – **aa) Eintragung** im GB (§ 873), zB bei Verpfändg einer BuchGrdSch od BuchHypFdg (vgl aber § 1159; nicht aber bei Verpfändg eines AuflAnspr, Eintr (berichtigt) hier nur zul (nicht notw) bei eingetr AuflVormkg (BayObLG **67**, 297). – **bb) Sachübergabe** (I 2), zB des GrdPfdRBriefs (vgl Rn 6). Für die Überg gelten §§ 1205, 1206; unanwendb §§ 1207, 1208, da Sache nicht PfdGgst (Königsberg OLG **29**, 379). Verpfändg eines Sparguthabens erfordert nicht Überg des Sparbuchs (RG **124**, 217), einer VersFdg nicht der Police (RG **79**, 306) u eines Anspr gg Leihhaus nicht des PfdScheins (KG OLG **26**, 207). – **cc) Zustimmung Dritter,** zB nach AktG 68 II bei Verpfändg vinkulierter Namensaktie (Hbg OLG **26**, 206).

c) Einzelfälle; vgl auch §§ 1280 (Fdg), 1291 (GrdSch, RentenSch), 1292 (OrderPap), 1293 (InhPap).

5 **aa) Anwartschaftsrecht.** – Aus **bedingter Übereignung** bewegl Sachen dch Einigg u Überg nach §§ 1205 ff (vgl § 929 Rn 39). – Aus **Auflassung:** Bei AnwR iSv § 925 Rn 19, 20 dch Einigg entspr § 925

ohne Anzeige nach § 1280; GBEintr nur zul (nicht notw) bei eingetr AuflVormkg (Vollkommer Rpfleger **69**, 411; LG Mü II Rpfleger **69**, 425). Gen nach GrdstVG nicht erforderl (Mü RdL **60**, 178). Ebso VermR iSv § 925 Rn 21 (krit Vollkommer aaO Fußn 68). – Aus **Nacherbrecht:** § 2108 Rn 6; GBEintr zul (RG **83**, 438), aber nicht notw. – Zum **Erbvertrag** vgl aber Übbl 6 vor § 2274.

bb) Hypotheken. Verpfändg der gesicherten Fdg; mit ihr entsteht krG PfdR an allein nicht verpfändb 6 Hyp u ggf am HypBrief (§ 952). PfdR an Fdg ergreift mit bish Rang die nachträgl eingetr Hyp auch ohne Eintr des PfdR (BayObLG DJZ **32**, 685). Bei Übertr der verpfändeten Fdg folgt PfdR an ihr (§ 1250) u der Hyp u GB wird bzg PfdGläub unricht (Mü Rpfleger **89**, 18). Bei Erlöschen der Hyp dch Zuschlag ges Übergang des PfdR auf ErsSichgHyp nach ZVG 128 (RG **60**, 221). – **Buchhypothek:** Verpfändg der Fdg dch Einigg u Eintr (§§ 1154 III, 873). Bei GesamtHyp Eintr in allen GB (§ 1132 Rn 9). – **Briefhypothek:** Verpfändg der Fdg dch Einigg mit schriftl VerpfändgsErkl u BriefÜberg (§ 1154 I; vgl aber § 1159). Für die BriefÜberg gelten §§ 1205, 1206 (I 2); Abrede nach §§ 1154 I 1, 1117 II ausreichd bei Anzeige an GBA (W-Raiser § 175 Fußn 15). Schriftform der VerpfändgsErkl ersetzb dch Eintr (§ 1154 II), die ohne Bezugn auf EintrBew die gesicherte Fdg (KGJ **33**, 262), nicht aber ihren HöchstBetr (KG OLG **29**, 377), angeben muß. Teilverpfändg ohne Teilbriefbildg mögl (KG JW **36**, 1136).

cc) Pfandrecht. Verpfändg der gesicherten Fdg, mit ihr entsteht PfdR (AfterPfd) an allein nicht verpfändb PfdR. FdgsPfdGläub kann bei PfdReife seiner Fdg entspr § 1231 vom SachPfdGläub Herausg des Pfd verlangen; für VerstErlös gelten §§ 1247, 1287, 1288 II entspr (Wstm/Gursky § 71 II 6). Vor PfdReife entspr § 1251 Anspr auf MitBesEinräumg.

dd) GmbH-Anteile (dazu Kolkmann RhNK **92**, 1). Verpfändg dch Einigg idF GmbHG 15 III; Anmeldg 8 nach GmbHG 16 I nicht notw (Kolkmann aaO zu VIII 3; str). Teilverpfändg trotz GmbHG 17 VI unter Beachtg von GmbHG 17 I zul; kommt es nicht zur Verwertg, so bleibt Anteil ungeteilt. AbtrVoraussetzgen nach GmbHG 15 V gelten auch für Verpfändg; VeräußergsGen umfaßt auch Gen zur Veräußerg iRv PfdVerwertg (vgl dazu Contzen RhNK **67**, 682); TeilverpfändsgsGen umfaßt VeräußergsGen für verpfändeten Teil (Müller GmbH-RdSch **69**, 6). – PfdGläub erlangt **kein Mitverwaltungs- und Stimmrecht** (RG **157**, 52; BGH WM **92**, 1655). Übertr des StimmR nach hM unzul (Müller aaO 8 mwN; aA RG aaO); StimmRVollm zul, hindert aber Verpfänder nicht, selbst zu stimmen u Vollm aus wicht Grd zu widerrufen (Müller aaO 10), sofern Vollm nicht unwiderrufl erteilt (Kolkmann aaO zu VI 2b). – **Gewinnanspruch** gilt nicht als mitverpfändet (§ 1273 II 2); NutzgsPfd (bei dem Gewinnanteil dem PfdGläub ohne Rücks auf PfdReife zufließt) jedoch vereinb (Kolkmann aaO zu VI 1), dieses von Verpfändg der aus dem GeschAnteil entspringden vermögensr Anspr (für die §§ 1279ff gelten) zu unterscheiden. – Zur Verpfändg einer EinlageFdg vgl BGH **LM** GmbHG § 19 Nr 4; DB **76**, 1325; LG Osnabr DB **76**, 286.

ee) Namens- und Legitimationspapiere (Einf 2, 5 vor § 793). Verpfändg des verbrieften Rechts in der 9 Form des AbtrVertr (zB § 792) mit der Folge des § 952; beim Rektawechsel muß PapÜberg hinzutreten (vgl BGH NJW **58**, 302). Wg Lagerscheins vgl ADSp 48 Bc.

2) Unübertragbare Rechte (II). Soweit die Ausübg eines solchen Recht überlassen werden kann (zB 10 §§ 1059 S 2, 1092 I 2), ist das ÜberlassgsR verpfändb, ohne daß dadch ein PfdR am Recht selbst entsteht (KGJ **40**, 254). Unübertragbark kann sich ergeben aus: – **a) Gesetz.** ZB § 38; § 400 (auch bdgt pfändb Fdg); §§ 717, 719, HGB 105 II, 161 II (Verpfändg nur zul, wenn GesellschVertr die Übertr od Belastg erlaubt od die MitGter zustimmen; str, ob im GB eines GesellschGrdst eintragb [vgl Hamm NJW–RR **87**, 723; LG Hbg JurBüro **88**, 788; LG Stgt BWNotZ **85**, 162]); §§ 1059, 1092; §§ 514, 1098; subjdingl Rechte (§§ 1018, 1103 I, 1110) als untrennb vom Grdst; Hyp u PfdR als untrennb von der gesicherten Fdg (Rn 6, 7); §§ 1300, 1378 III vor Abtretbark; §§ 1419, 1487, 2033 II; unselbstd EinzelR wie AuseinandSAnspr (vgl Anspr auf AuseinandSGuth), Firma od ZeitgsTit (RG **95**, 236), vgl auch § 399 Rn 11 u WZG 8; wg VersFdg betr unpfändb Sache vgl VVG 15 u RG **135**, 159. – **b) Inhalt** (§ 399 Halbs 1); zB Anspr des Bausparers auf Auszahlg des Baudarlehns, vgl ferner § 399 Rn 4. – **c) Vertrag** (§ 399 Halbs 2), wenn UnübertragbarkVereinbg mögl (RG HRR **34** Nr 557). Vgl § 399 Rn 8 u Einl 14 vor § 854. Ist bei LebensVersicherg BezugsBerecht genannt, so Verpfändg nur mögl, wenn Nenng des Berecht widerrufb u ggü Versicherer widerrufen (RG **127**, 269).

1275 *Pfandrecht an Recht auf Leistung.* **Ist ein Recht, kraft dessen eine Leistung gefordert werden kann, Gegenstand des Pfandrechts, so finden auf das Rechtsverhältnis zwischen dem Pfandgläubiger und dem Verpflichteten die Vorschriften, welche im Falle der Übertragung des Rechtes für das Rechtsverhältnis zwischen dem Erwerber und dem Verpflichteten gelten, und im Falle einer nach § 1217 Abs. 1 getroffenen gerichtlichen Anordnung die Vorschrift des § 1070 Abs. 2 entsprechende Anwendung.**

1) Rechtsstellung des Schuldners eines verpfändeten Leistungsanspruchs. – **a) § 404:** Schuldn kann 1 PfdGläub alle Einwdgen entgghalten, die ihm ggü dem Gläub zustehen. – **b) § 405:** EinwdgsAusschl mögl (RG Warn **14**, 245). – **c) §§ 406, 407:** Kenntn des Schuldn von AnsprVerpfändg muß nicht dch die nach § 1280 notw Anzeige erlangt sein (RG **52**, 143); Unkenntn dagg trotz Anzeige mögl. Bei Verpfändg eines VergütgsAnspr gilt für Vereinbg zw DienstBerecht u DienstVerpfl, nach der letzterer seine Vergütg von abzuliefernden Einnahmen einbehalten darf, § 392 Rn 2 entspr. Abgabe eines SchuldAnerk in Kenntn, daß Gläub den Anspr verpfänden will, kann Verzicht auf Aufrechng zG des PfdGläub enthalten (RG **71**, 154). – **d) § 409:** Schuldn wird dem Gläub ggü befreit, wenn er nach Anzeige bei (ihm vom Gläub mitgeteilter) PfdReife an PfdGläub in Unkenntn, daß PfdR (zB inf Untergangs der gesicherten Fdg) erloschen, leistet (v Tuhr DJZ **07**, 605; vgl auch § 1288 Rn 4).

2) Bei Verpfändg von Hypothekenforderungen gelten §§ 404ff nur für pers Fdg u rückständ Zinsen/ 2 Nebenleistungen (§ 1159); für dingl Anspr (Hyp) vgl §§ 1156, 1157, 892 (RG Warn **14**, 245). – Die **Grund-/ Rentenschuld** fällt unter § 1275 (§ 1291). Bei Kenntn des PfdGläub vom Nichtbestehen der dch die Grd/

RentenSch gesicherten Fdg kann Eigtümer entspr § 1169 Verzicht auf PfdR verlangen (RG LZ **16**, 947). Auch and Einwdgen aus dem RVerh zw Eigentümer u Grd/RentenSchGläub wirken gem §§ 1157, 1192, 892 ggü PfdGläub nur, wenn er sie kannte (RG Warn **34**, 157).

1276   *Aufhebung oder Änderung des verpfändeten Rechtes.*   ^I Ein verpfändetes Recht kann durch Rechtsgeschäft nur mit Zustimmung des Pfandgläubigers aufgehoben werden. Die Zustimmung ist demjenigen gegenüber zu erklären, zu dessen Gunsten sie erfolgt; sie ist unwiderruflich. Die Vorschrift des § 876 Satz 3 bleibt unberührt.

^{II} Das gleiche gilt im Falle einer Änderung des Rechtes, sofern sie das Pfandrecht beeinträchtigt.

1   **1) Allgemeines. – a)** Keine **Aufhebung** od **Änderung** einer verpfändeten Fdg, wenn Schuld u Fdg sich in derselben Pers vereinigen (Konfusion), denn sie gilt zG des PfdR als fortbestehd (RG **77**, 254; KGJ **44**, 292). Zust des PfdGläub erfordert bewußte Erkl (Saarbr JBlSaar **62**, 139); Vfg ohne Zust nur relativ unwirks (BayObLG **67**, 295 mwN). – **b)** Bei **Übertragung** des Rechts bleibt PfdR vorbehaltl gutgl lastenfreien Erwerbs, der dch § 1276 nicht ausgeschl, bestehen.

2   **2) Einzelfälle. – a) Mietzinsforderung.** Aufhebg des MietVertr ohne Zust des PfdGläub ihm ggü wirks, PfdR ergreift nur bis zur Aufhebg entstandene MietzinsFdg (Posen OLG **31**, 358); rückw Aufhebg od unlautere Ersetzg dch neuen MietVertr ggü PfdGläub aber unwirks. Ebso Veräußerg der Mietsache an Mieter (Mü OLG **33**, 318), da nur Vfg über Mietsache u MietVerh erlischt (so daß keine Konfusion); wg 3   Veräußerg an Dr vgl § 573 Rn 4. – **b) Erbanteil** (§ 2033 Rn 4). Veräußerg des Erbanteil ohne Zust des PfdGläub ihm ggü wirks, da sie (auch bei Gutgläubigk des Erwerbers) PfdR nicht berührt. ErbauseinandS sowie Übertr sämtl Erbanteile auf einen MitE od Dr nur mit Zust des PfdGläub ihm ggü wirks, da mit Beendig der ErbenGemsch das PfdSubstrat entfällt u PfdGläub nach § 1258 III nur Anspr auf Bestellg eines ErsPfdR gg Verpfänder hat (BayObLG **59**, 58/59). Da die NachlGgst, an denen selbst kein PfdR entsteht, dem Erbanteil erst Inhalt u Wert geben, ist auch eine Vfg aller MitE über NachlGgst nur mit Zust des PfdGläub ihm ggü wirks (BayObLG **59**, 57). Wg Gefahr gutgl Erwerbs PfdR als VfgsBeschrkg im GB des NachlGrdst eintragb; nach Eintr darf Erwerber eines NachlGrdst od Rechts daran ohne Nachw der Zust des PfdGläub (Nachw aber erforderl für Löschg eines Rechts od wenn dem GBA bekanntes PfdR nicht eingetr) eingetr w (BayObLG **59**, 57/58). ZwVerst eines NachlGrdst erfordert Zust des PfdGläub od DuldgsTit gg ihn (BayObLG **59**, 60), dies gilt aber nur bei ZwVerst auf Antr eines pers Gläub od eines nach Eintr der Verpfändg eingetr dingl Berecht. – Gilt entspr bei Verpfändg eines PersonalGesellschAnteils (vgl § 1274 4   Rn 10). – **c) Verpfändung eines GmbH-Anteils.** Nicht unter § 1276 fallen GterBeschl (da PfdGläub kein StimmR hat; RG **139**, 227) u das PreisgabeR nach GmbHG 27 (hM). AuflösgsKl erfordert keine Zust des PfdGläub (Baumb/Hueck, GmbHG 61 Rn 15), wohl aber AntEntziehg nach GmbHG 34 II u Künd des 5   GesellschVertr (Baumb/Hueck, GmbHG § 15 Rn 49; hM). – **d) Anwartschaftsrecht.** § 1276 auf Aufhebg (zB dch Einigg zw VorbehVerk u VorbehKäufer) anwendb (Kollhosser JA **84**, 196; JZ **85**, 370; Tiedtke NJW **85**, 1305; **88**, 28; Reinicke JuS **86**, 957; Marotzke AcP **186**, 490; aA BGH **92**, 280; Wilhelm NJW **87**, 1785; Ludwig NJW **89**, 1458; Scholz MDR **90**, 679).

1277   *Befriedigung durch Zwangsvollstreckung.*   Der Pfandgläubiger kann seine Befriedigung aus dem Rechte nur auf Grund eines vollstreckbaren Titels nach den für die Zwangsvollstreckung geltenden Vorschriften suchen, sofern nicht ein anderes bestimmt ist. Die Vorschriften des § 1229 und des § 1245 Abs. 2 bleiben unberührt.

1   **1) Pfandverwertung** setzt PfdReife (§§ 1273 II, 1228 II) voraus. Befriedigg nach § 1277 auch mögl, wo §§ 1282, 1291, 1293 ff und Verwertgsarten vorsehen.

2   **2) Gesetzliche Verwertungsart (I). – a) Dinglicher Titel** auf Duldg der ZwVollstr in das Recht (RG **103**, 139) od auf Gestatt der Befriedigg aus dem Recht nach ZwVollstrVorschr gg den RInh; vollstrb Urk nach ZPO 794 I Nr 5, II genügt (KG JW **38**, 2494). Für die VerfKosten haftet das Pfd (§§ 1273 II, 1210 II). AGrd ZahlgsTit wg pers Fdg nur ZwVollstr in das Recht ohne Rücks auf PfdR (KG HRR **31**, 703). – **b) Zwangsvollstreckung** nach ZPO 828 ff, 857. Trotz schon bestehnden PfdR ist Pfändg erforderl (RG **103**, 139; str); für Rang aber PfdBestellg maßg. Abw können nicht nach § 1246 angeordnet werden. Ordnet das VollstrG nach ZPO 844 öff Verst an, so sind die Vorschr über den PfdVerk (insb § 1244) anwendb (KG JFG **6**, 273).

3   **3) Vereinbarte Verwertungsart (II).** Abw von der ges Verwertgsart (auch Entbehrlich des dingl Tit) können unter Beachtg von §§ 1229, 1245 II ohne für PfdRBestellg notw Form vereinbart w. Ist PfdVerk vereinbart, so gelten §§ 1243, 1244 (RG **100**, 276; KGJ **40**, 285); § 1244 aber nicht anwendb, wenn von §§ 1233 II, 1235, 1240 II abw Verk vereinbart (§ 1244 Rn 1).

1278   *Erlöschen durch Rückgabe der Sache.*   Ist ein Recht, zu dessen Verpfändung die Übergabe einer Sache erforderlich ist, Gegenstand des Pfandrechts, so finden auf das Erlöschen des Pfandrechts durch die Rückgabe der Sache die Vorschriften des § 1253 entsprechende Anwendung.

1   Notwendigk der SachÜberg zur PfdRBestellg: § 1274 Rn 4. – RückgVoraussetzgen: § 1253 Rn 2; RückgVermutg: § 1253 Rn 5. – PfdR an nach § 1292 verpfändeten OrderPap erlischt auch bei Rückg ohne Rückindossament; DchStreichen des PfdIndossaments schafft dann wechselm/scheckm Legitimation für Gläub (RGRK/Kregel Rn 1).

1279 *Pfandrecht an Forderungen.* **Für das Pfandrecht an einer Forderung gelten die besonderen Vorschriften der §§ 1280 bis 1290.**

§§ 1280–1290 gelten für PfdR an verpfändb Fdgen aller Art; nicht aber (weil keine Fdg) für PfdR an 1 GesellschAnteilen (RG **57**, 414) einschl des Anspr auf Herausg der nach AuseinandS zuzuteilden Ggst (RG **67**, 331), Erbanteilen (BayObLG **59**, 56), AnwR, dingl Rechten (RG **97**, 34). – Soweit §§ 1280–1290 nichts Abweichdes bestimmen, gelten §§ 1273–1278; für in Order- u InhPap verbriefte Fdgen enthalten §§ 1292ff weitere SonderVorschr. – Ist die verpfändete Fdg höher als die gesicherte, so ist iZw die ganze Fdg verpfändet; bei teilb Fdg auch Teilverpfändg mögl (Zunft NJW **55**, 442). Zur Verpfändg von SteuererstattgsAnspr Oswald DRiZ **78**, 18; vgl auch BGH **70**, 75 (Abtr).

1280 *Anzeige an den Schuldner.* **Die Verpfändung einer Forderung, zu deren Übertragung der Abtretungsvertrag genügt, ist nur wirksam, wenn der Gläubiger sie dem Schuldner anzeigt.**

1) **Verpfändungsanzeige** neben VerpfändgsVertr (§ 1274 Rn 2) erforderl, wenn zur RÜbertr AbtrVertr 1 ausreichd. § 1280 daher unanwendb, wenn RÜbertr weitere Erfordern wie insb GBEintr od SachÜberg (§ 1274 Rn 4); hier Schutz des Schuldn nach §§ 1275, 404. Anzeige nicht erforderl, wenn PfdGläub zugl Schu der verpfändeten Fdg (BGH **LM** § 610 Nr 1). – **a)** Die Anzeige ist **Wirksamkeitsvoraussetzung** für Entstehg des PfdR (Köln NJW-RR **90**, 485) u löst Wirkg von §§ 1275, 409 aus. Sie ist daher nur mögl, solange VfgsBefugn über die Fdg gegeben, u für KO 7, 15, 30 Nr 1 ist der Ztpkt der Anzeige maßg (RG **79**, 306; JW **02**, 185). Kenntn von Verpfändg ohne Anzeige bedeutgslos (RG **89**, 289). Mangels Anzeige unwirks Verpfändg nicht in Abtr umdeutb (RG **79**, 306); mögl aber ZbR an übergebener Urk (RG **51**, 83) od schuldr BefriedigsR (KG JW **19**, 117). – **b)** Verpfänder ist dem PfdGläub aus GrdGesch (Übbl 4 vor § 1204) **zur Anzeige verpflichtet** (RG HRR **30**, 216).

2) **Erfordernisse der Anzeige.** – **a)** **Formfreie** empfangsbedürft WillErkl, die schlüss od dch Stillschw 2 erklärb ist u erkennen lassen muß, daß Verpfänder Verpfändg gg sich gelten lassen will (Köln NJW-RR **90**, 485); Bezeichng als Abtr unschädl, wenn erkennb Verpfändg gemeint (RG **89**, 289). Anzeigeabsicht erforderl (RG LZ **33**, 521), nicht aber Kenntn der dingl Wirkg (RG JW **04**, 485). – **b)** Verpfänder od sein GesRNachf (RG JW **04**, 485) muß anzeigen, nicht der PfdGläub (RG **79**, 306). Er kann PfdGläub od Dr zur Anzeige bevollm (PfdVertr genügt dazu idR nicht; Köln aaO) od Anzeige eines NichtBevollm genehmigen (idR nicht dch bloßes Stillschw; RG SeuffA **86**, 118). Anzeige hat an den derzeit Schu der Fdg od dessen Bevollm zu erfolgen, bei Mehrh an alle (sofern nicht einer EmpfangsVollm hat).

1281 *Leistung des Schuldners vor Pfandreife.* **Der Schuldner kann nur an den Pfandgläubiger und den Gläubiger gemeinschaftlich leisten. Jeder von beiden kann verlangen, daß an sie gemeinschaftlich geleistet wird; jeder kann statt der Leistung verlangen, daß die geschuldete Sache für beide hinterlegt oder, wenn sie sich nicht zur Hinterlegung eignet, an einen gerichtlich zu bestellenden Verwahrer abgeliefert wird.**

1) § 1281 gilt nur **vor Pfandreife** (§ 1228 II). Er ist abdingb (§ 1284); zB stillschw dch Gestattg der 1 Unterverpachtg, so daß Unterpachtzins trotz ges PfdR des Verpächters nur an Pächter zu leisten (KG JW **32**, 1066).

2) **Leistung des Schuldners (S 1)** nur an Gläub u PfdGläub gemeins. – **a)** **Voraussetzungen.** Bei 2 Übereigng einer Sache (entspr bei Übertr eines Rechts) muß die Einigg (Inhalt: EigtÜbertr an Gläub) zw dem Schuldn auf der einen sowie Gläub u PfdGläub auf der and Seite erklärt werden (Blomeyer Rpfleger **70**, 228; die hM läßt aber bei bewegl Sachen Einigg zw Schuldn u Gläub genügen); Zust des PfdGläub zur Einigg zw Schuldn u Gläub genügt. Eine bewegl Sache muß Gläub u PfdGläub außerdem zu MitBes übergeben werden; dabei genügt trotz PfdRErwerb des PfdGläub (§ 1287) einf MitBes, denn Verpfl zu Überg zu MitBes iSv § 1206 würde (soweit überh mögl) Fdg zum Nachteil des Schu verändern (aA MüKo/Damrau Rn 2). Bei unbewegl Sache genügt Überg zu AlleinBes des Gläub, denn SichgHyp (§ 1287) erfordert nicht Bes (hM; aA Planck/Flad § 1287 Anm 2a). Wirkg: §§ 1287, 1288. – **b)** **Verstoß. aa)** Leistet 3 Schuldn in **Kenntnis der Verpfändung** an Gläub alleine, so wird dieser gleichwohl Eigtümer (MüKo/Damrau Rn 5; aA BayObLG **67**, 295 für Speziesschuld). Die Leistg hat aber keine ErfWirkg u PfdGläub erwirbt kein PfdR/SichgsHyp nach § 1287 (hM; aA Kuchinke JZ **64**, 149); bei Aufl nach Verpfändg eines GrdstÜbereignsAnspr muß deshalb GBA, das dies (zB aus Eintr der Verpfändg bei AuflVormkg) kennt, EintrBew des PfdGläub verlangen (BayObLG DNotZ **83**, 758; NJW-RR **87**, 793; aA Stöber DNotZ **85**, 587), die zugl Gen der Leistg enthält u SichgsHyp entstehen läßt, währd bei EigtUmschreibg ohne Gen AuflVormkg wg Fortbestehens des ErfAnspr nicht erlischt. Bei Gattgsschuld kann PfdGläub vom Schuldn nochmalige Leistg an sich u Gläub verlangen; bei Speziesschuld bzgl bewegl Sache kann er aus GrdGesch/ SchadErs MitBesEinräumg verlangen u dch Gen der Leistg PfdR entstehen lassen; bei GrdstÜbereignsg kann er SichgsHyp dch Gen entstehen lassen (war Verpfändg bei AuflVormkg eingetr, so müssen Dritterwerber gem § 888 zustimmen; vgl Stöber aaO). – **bb)** Leistet Schuldn in **Unkenntnis der Verpfändung** an Gläub 4 alleine, so wird dieser Eigtümer u verpfändeter Anspr mit PfdR erlischt (BayObLG **85**, 332; aA Stöber DNotZ **85**, 587); PfdGläub erwirbt am LeistgsGgst PfdR/SichgsHyp entspr § 1287 (Erm/Küchenhoff § 1287 Rn 5; Soergel/Mühl § 1287 Rn 12; aA MüKo/Damrau Rn 7; Planck/Flad § 1287 Anm 1; Stöber aaO). Bei Aufl vor Verpfändg eines GrdstÜbereignsAnspr muß GBA, das dies (zB aus Eintr der Verpfändg bei AuflVormkg) kennt, EintrBew des PfdGläub verlangen (BayObLG **85**, 332; NJW-RR **87**, 793), wenn er inf NichtEintr der SichgsHyp beeinträchtigt; bei EigtUmschreibg erlischt mit dem verpfändeten Anspr auch eine AuflVormkg, deren Löschg daher nicht mehr der Zust des PfdGläub bedarf.

5   **3) Leistung verlangen (S 2)** können Gläub u PfdGläub unabhäng voneinander aus eigenem Recht (RG **83**, 119; BGH **5**, 253). Jeder zur Mitwirkg verpfl (§ 1285), nicht aber zur Einziehg für beide. – **a)** Es kann nur **Leistung an beide** verlangt werden; bei Identität von Schuldn u PfdGläub kann Gläub nicht Leistg an sich verlangen (BGH **LM** § 610 Nr 1). Hinterlegg: §§ 372ff, Verwahrerbestellg: FGG 165 (über dessen RStellg Hoche NJW **55**, 162), vgl auch § 1217. – **b) Verfahrensrecht.** PfdGläub hat bei Klage gg Schuldn Sachbefugn. PfdGläub u Gläub können einzeln Konk des Schuldn beantragen u Fdg für gemschaftl Rechng anmelden (Kuhn/Uhlenbruck § 103 Rn 6d); beide zus haben einheitl StimmR für VglAnnahme (Kuhn/Uhlenbruck § 183 Rn 3e).

1282 *Leistung des Schuldners nach Pfandreife.* **I** Sind die Voraussetzungen des § 1228 Abs. 2 eingetreten, so ist der Pfandgläubiger zur Einziehung der Forderung berechtigt und kann der Schuldner nur an ihn leisten. Die Einziehung einer Geldforderung steht dem Pfandgläubiger nur insoweit zu, als sie zu seiner Befriedigung erforderlich ist. Soweit er zur Einziehung berechtigt ist, kann er auch verlangen, daß ihm die Geldforderung an Zahlungsstatt abgetreten wird.

II Zu anderen Verfügungen über die Forderung ist der Pfandgläubiger nicht berechtigt; das Recht, die Befriedigung aus der Forderung nach § 1277 zu suchen, bleibt unberührt.

1   **1)** § 1282 gilt nur **nach Pfandreife** (§ 1228 II) u ermöglicht PfdVerwertg ohne VollstrTit gg FdgsInh. Er ist abdingb (§ 1284); auch ohne abdingde Vereinbg ist PfdGläub daneben zur PfdVerwertg nach § 1277 befugt (II Halbs 2).

2   **2) Leistung des Schuldners (I 1)** nur an PfdGläub. – **a) Voraussetzungen.** Die Einigg (Inhalt: Eigt-Übertr auf Gläub) muß zw dem Schuldn u dem PfdGläub als ges Vertr des Gläub (bei Geld wg § 1288 II im eigenen Namen) erklärt werden. Bewegl Sachen sind dem PfdGläub, Grdst dem Gläub zu AlleinBes zu übergeben (vgl § 1281 Rn 2). Wirkg: §§ 1287, 1288. Schuldn darf mit Fdg gg PfdGläub (RG **58**, 108) u Gläub (§§ 1275, 406) aufrechnen. – **b) Verstoß.** Leistet Schuldn in Kenntn od Unkenntn der Verpfändg an Gläub, so gilt § 1281 Rn 3 bzw 4 entspr.

3   **3) Einziehungsrecht des Pfandgläubigers (I 1),** kein FdgsÜbergang. Über dieses unselbständ NebenR kann nicht für sich allein verfügt werden (str), seine Ausübg kann aber überlassen werden (MüKo/Damrau Rn 3). Hat Schuldn rechtm hinterlegt, so hat PfdGläub gg Gläub Anspr auf Einwilligg in Leistg an PfdGläub. – **a) Inhalt.** PfdGläub darf vom Schuldn Leistg an sich nach Rn 2 in voller Höhe der verpfändeten Fdg (Ausn: I 2) verlangen; darf kündigen (§ 1283 III), mahnen, in Verzug setzen, NebenR geltd machen (ist HypFdg od Grd/RentenSch verpfändet, kann PfdGläub ZwVerst des Grdst betreiben; RG Recht **09**, 1518), aufrechnen gg Fdg des Schuldn an ihn (RG **58**, 109), quittieren (auch löschgsfäh; BayObLG Recht **12**, 1181). Er muß sich Einreden, die Schuldn gg Gläub zustehen, entgegenhalten lassen. Bei PfdR an eigner Schuld Einziehg dch einf

4   Erkl, die Aufrechng entspr (Düss WM **92**, 1937). – **b) Verfahrensrecht.** PfdGläub hat bei Klage gg Schuldn SachBefugn; er muß PfdR sowie Bestand u Fälligk der gesicherten u der verpfändeten Fdg beweisen. Urt in diesem RStreit schafft nicht RKraft zw Schuldn u Gläub (RG **83**, 116). Er ist RNachf des Gläub iSv ZPO 727 (KGJ **42**, 4). Er darf Konk des Schuldn beantragen u die Fdg (auch GeldFdg in voller Höhe) anmelden (Kuhn/Uhlenbruck § 103 Rn 6d); er hat allein StimmR, bei ZwVergl aber Mitwirkg des Gläub notw (Kuhn/

5   Uhlenbruck § 183 Rn 3e). – **c) Andere Verfügungen (II)** des PfdGläub sind unwirks; insb Abtr (RG **97**, 39), Erlaß, Vergl, Novation, Anm an Zahlgs Statt. Gläub nicht benachteiligde Vfg mögl, insb wenn dch Vfg über verpfändete GeldFdg die gesicherte Fdg wie dch Zahlg getilgt wird (Karlsr OLG **15**, 394).

6   **4) Rechtstellung des Gläubigers. – a)** Er kann nur noch **Leistung an Pfandgläubiger** nach Rn 2 verlangen (RG **77**, 141) u insow auch kündigen (§ 1283 III), mahnen u in Verzug setzen. PfdGläub kann ihn auch zur Einziehg ermächtigen. Zieht Gläub nach dieser Maßg ein, kann Schuldn ihm ggü auch mit Fdg gg PfdGläub aufrechnen (RG LZ **21**, 380). – **b)** Keine **Mitwirkungspflicht** des Gläub ggü PfdGläub (§ 1285 I), aber Sorgf- u MitteilgsPfl des PfdGläub ggü Gläub (§ 1285 II).

7   **5) Abtretung an Zahlgs Statt (I 3),** das Verlangen des PfdGläub bewirkt sie noch nicht. PfdGläub gilt, soweit verpfändete GeldFdg besteht, als befriedigt, selbst wenn diese später nicht beitreibb (KG JW **38**, 2494). PfdGläub an HypFdg kann sich auf öff Glauben des GB auch berufen, wenn vor Abtr an ihn, aber nach Verpfändg u PfdReife Widerspr gg Richtigk des GB eingetr (RGRK/Kregel Rn 8).

1283 *Kündigungsrecht.* **I** Hängt die Fälligkeit der verpfändeten Forderung von einer Kündigung ab, so bedarf der Gläubiger zur Kündigung der Zustimmung des Pfandgläubigers nur, wenn dieser berechtigt ist, die Nutzungen zu ziehen.

II Die Kündigung des Schuldners ist nur wirksam, wenn sie dem Pfandgläubiger und dem Gläubiger erklärt wird.

III Sind die Voraussetzungen des § 1228 Abs. 2 eingetreten, so ist auch der Pfandgläubiger zur Kündigung berechtigt; für die Kündigung des Schuldners genügt die Erklärung gegenüber dem Pfandgläubiger.

1   **Kündigung der verpfändeten Forderung;** abdingb (§ 1284). – **Gläubiger** darf ihm zustehdes KündR vor u nach PfdReife alleine ausüben. Zust des PfdGläub (§§ 182–184) nur, wenn er NutzgsR (§ 1213) hat; §§ 182 III, 111 gelten, wenn Zust ggü Gläub od Künd unter Vorbeh nachträgl Zust erklärt. – **Pfandgläubiger** darf dem Gläub zustehdes KündR nach PfdReife alleine ausüben; gilt nicht für KündR aus VVG 165, da Umwandlg höchstpers GläubR (RGRK/Kregel Rn 5; aA MüKo/Damrau Rn 4). Vgl auch § 1286. – **Schuldner** muß ihm zustehdes KündR vor PfdReife ggü PfdGläub u Gläub gemeins ausüben, nach PfdR genügt auch Künd ggü PfdGläub (nicht aber nur ggü Gläub).

1284 *Abweichende Vereinbarungen.* **Die Vorschriften der §§ 1281 bis 1283 finden keine Anwendung, soweit der Pfandgläubiger und der Gläubiger ein anderes vereinbaren.**

Vereinbg zw PfdGläub u Gläub nur mit der Einschrkg aus § 1277 S 2 zul (RG **90**, 255); bei od nach **1** PfdRBestellg ohne eine für diese notw Form. Bedarf keiner Anzeige nach § 1280; Schuldn dch § 1275 geschützt.

1285 *Mitwirkung zur Einziehung.* **[I] Hat die Leistung an den Pfandgläubiger und den Gläubiger gemeinschaftlich zu erfolgen, so sind beide einander verpflichtet, zur Einziehung mitzuwirken, wenn die Forderung fällig ist.**

II Soweit der Pfandgläubiger berechtigt ist, die Forderung ohne Mitwirkung des Gläubigers einzuziehen, hat er für die ordnungsmäßige Einziehung zu sorgen. Von der Einziehung hat er den Gläubiger unverzüglich zu benachrichtigen, sofern nicht die Benachrichtigung untunlich ist.

1) Einziehungsrecht von Pfandgläubiger u Gläubiger zur Leistung an beide gem § 1281 od Ver- **1** einbg (§ 1284) begründet zw ihnen ggseit einklagb MitwirkgsPfl (I), vgl dazu § 1078 Rn 1.

2) Einziehungsrecht des Pfandgläubigers zur Leistung an sich gem § 1282 od Vereinbg (§ 1284). – **2** a) Einziehungspflicht des PfdGläub (II 1); da keine weitergehde InteressenwahrgsPfl, braucht er bei von Dr beantragter ZwVerst nicht zur Deckg der verpfändeten HypFdg mitzubieten (RG JW **10**, 20). Notf muß er die Fdg einklagen; aber nicht ohne Kostenvorschuß des Gläub (RG aaO), auf den aber kein Anspr (vgl auch § 1210 II); ZPO 841 gilt nicht. Bei schuldh Verletzg SchadErsPfl. Keine Pfl zur Beitreib der gesicherten Fdg außerh des Pfd (RG **169**, 323). – b) Benachrichtigungspflicht des PfdGläub (nicht des Schuldn) hins EinziehgsErgebn, auch über erfolglose Einziehg; nicht schon von Klage. Bei schuldh Verletzg SchadErsPfl.

1286 *Kündigungspflicht des Gläubigers.* **Hängt die Fälligkeit der verpfändeten Forderung von einer Kündigung ab, so kann der Pfandgläubiger, sofern nicht das Kündigungsrecht ihm zusteht, von dem Gläubiger die Kündigung verlangen, wenn die Einziehung der Forderung wegen Gefährdung ihrer Sicherheit nach den Regeln einer ordnungsmäßigen Vermögensverwaltung geboten ist. Unter der gleichen Voraussetzung kann der Gläubiger von dem Pfandgläubiger die Zustimmung zur Kündigung verlangen, sofern die Zustimmung erforderlich ist.**

Hat Gläub nach § 1283 I od abw von § 1283 III (§ 1284) alleiniges KündR, so kann bei Gefährdg der **1** Sicherh PfdGläub vom Gläub Künd (S 1) u Gläub von PfdGläub nach § 1283 I erforderl Zust (S 2) verlangen. Gefährdg kann schon bei FdgsEntstehg od PfdRBestellg bestanden haben. Klage auf Künd od Zust mögl, ZwVollstr nach ZPO 894. Bei schuldh Verletzg der Künd- od ZustPfl SchadErsPfl.

1287 *Wirkung der Leistung (dingl. Surrogation).* **Leistet der Schuldner in Gemäßheit der §§ 1281, 1282, so erwirbt mit der Leistung der Gläubiger den geleisteten Gegenstand und der Pfandgläubiger ein Pfandrecht an dem Gegenstande. Besteht die Leistung in der Übertragung des Eigentums an einem Grundstück, so erwirbt der Pfandgläubiger eine Sicherungshypothek; besteht sie in der Übertragung des Eigentums an einem eingetragenen Schiff oder Schiffsbauwerk, so erwirbt der Pfandgläubiger eine Schiffshypothek.**

1) Allgemeines. – a) Wirkungen der Leistung nach §§ 1281, 1282 (über Wirkg einer davon abw Leistg **1** vgl § 1281 Rn 3, § 1282 Rn 2): aa) Verpfändete Fdg u damit PfdR an ihr erlöschen. bb) Gläub erwirbt den LeistgsGgst (Ausn: § 1288 Rn 3, 4). Für gutgl Erwerb ist bei § 1281 der gute Gl des Gläub maßg; bei § 1282 der des PfdGläub, sofern Gläub nicht schon bösl (Hoche NJW **55**, 162). cc) PfdGläub erwirbt ErsPfdR am LeistgsGgst (Ausn: § 1288 Rn 2). PfdR an einer HypFdg wandelt sich bei Erlöschen der Hyp inf ZwVerst in PfdR an Anspr des HypGläub auf VerstErlös u an nach ZVG 128 eingetr SichgHyp (RG **60**, 221). – b) Entsprechende Anwendung: Wandelt sich der PfdGgst in eine Fdg, so entsteht nach allgM **2** krG am PfdGgst (zweifelh, § 1288 I 2 spricht gg einen so allg Grds; krit auch Wstm/Gursky § 72 I 3 a). PfdR am GmbH-Anteil soll sich am Anspr auf Einzielsentgelt (RG **142**, 378), LiquErlös od Abfindg fortsetzen. Zur Frage, ob ein ErsPfdR iF GmbHG 27 sich auf den Erlös od nur den Überschuß erstreckt, vgl Müller GmbHRdSch **69**, 34 Fußn 78, 81; iF GmbHG 27 III erlischt PfdR am GeschAnteil ersatzlos. – PfdR am Erbanteil setzt sich nach AuseinandS nicht an zugeteilten NachlGgst fort (RG **84**, 395).

2) Leistung bewegliche Sachen (Ausn: § 1288 Rn 2). Bei § 1281 kann PfdGläub vom Gläub verlangen, **3** daß er ein ErsPfdR an der Fdg (zweifelh, § 1288 I 2 überträgt (Wstm/Gursky § 72 I 3 a); bei Fortdauer einf MitBes erlischt ErsPfdR aber nicht nach § 1253 (MüKo/Damrau Rn 4; aA W-Raiser § 176 I). Nach PfdReife kann PfdGläub ErsPfdR nach §§ 1228 ff verwerten. – Bestand kein wirks PfdR an dem Pfd, so kein ErsPfdR sond uU ZbR (RG **66**, 24).

3) Leistung eines Grundstücks oder Grundstücksrechts. – a) War der Auflassungsanspruch ver- **4** pfändet (dazu Ludwig DNotZ **92**, 339), so entsteht mit Erwerb des Gläub als neuer Eigtümer krG SichgHyp für PfdGläub, sofern der Eintr GBBerichtigg ist (BayObLG NJW-RR **91**, 567). Sie geht einer dem Schu anläßl des Erwerbs bewilligten RestKaufHyp od GrdDbk am RestGrdst im Rang nach (BayObLG **72**, 46); für Dritte (zB KaufprFinanzierer; LG Fulda Rpfleger **88**, 252 abl Anm Böttcher) od den Gläub bewilligten GrdPfdR geht die SichgHyp vor (BGH **49**, 197), da unbelasteter VerschaffgsAnspr verpfändet. – Nach PfdReife kann PfdGläub SichgHyp nach § 1147 verwerten. – b) War die Rechtsstellung aus der Auflas- **5**

sung (§ 925 Rn 19–21) verpfändet, so ist eine Leistg nach §§ 1281, 1282 wg schon erklärter Aufl nicht mehr mögl, gleichwohl entsteht mit Eintr des Gläub als neuer Eigtümer krG entspr § 1287 SichgHyp für PfdGläub (Vollkommer Rpfleger **69**, 409 zu Fußn 36 mwN); für Eintr u Rang gilt Rn 3. PfdGläub kann dch Nachw der Verpfändg ggü GBA verhindern, daß EigtUmschreibg ohne seine Bewilligg erfolgt u damit Verlust der SichgHyp bei Weiterveräußerg mögl wird (vgl § 1281 Rn 4). – Nach PfdReife kann PfdGläub
6 SichgHyp nach § 1147 verwerten. – **c)** War der **Anspruch auf Bestellung eines Grundstücksrechts** od der **Berichtigungsanspruch** (§ 894) verpfändet, so entsteht mit Eintr des Rechts ErsPfdR an diesem ohne Eintr (Celle JR **56**, 145).

7 **4) Leistung eines eingetragenen Schiffs/Schiffsbauwerks od Luftfahrzeugs.** PfdGläub erwirbt SchiffsHyp (S 2) bzw RegPfdR (LuftfzRG 98 II). – Nach PfdReife kann PfdGläub nach Einf 6, 7 vor § 1204 verwerten.

1288 *Anlegung eingezogenen Geldes.* [I] Wird eine Geldforderung in Gemäßheit des § 1281 eingezogen, so sind der Pfandgläubiger und der Gläubiger einander verpflichtet, dazu mitzuwirken, daß der eingezogene Betrag, soweit es ohne Beeinträchtigung des Interesses des Pfandgläubigers tunlich ist, nach den für die Anlegung von Mündelgeld geltenden Vorschriften verzinslich angelegt und gleichzeitig dem Pfandgläubiger das Pfandrecht bestellt wird. Die Art der Anlegung bestimmt der Gläubiger.

[II] Erfolgt die Einziehung in Gemäßheit des § 1282, so gilt die Forderung des Pfandgläubigers, soweit ihm der eingezogene Betrag zu seiner Befriedigung gebührt, als von dem Gläubiger berichtigt.

1 **1) Bei Einziehung verpfändeter Geldforderung vor Pfandreife (I)** gem § 1281 Rn 2 od 4 erwirbt der Gläub das Eigt u der PfdGläub ein ErsPfdR am Geld. Danach ggseit MitwirkgsPfl zur mündelsicheren (§ 1807; EG 212) Anlegg des Geldes u Anspr des PfdGläub auf Bestellg eines PfdR zB am RückzahlgsAnspr gg die Bank.

2 **2) Bei Einziehung verpfändeter Geldforderung nach Pfandreife (II)** gem § 1282 Rn 2 ist zu unterscheiden: – **a)** Sofern der eingezogene Betrag dem **Pfandgläubiger ganz gebührt**, wird er Eigtümer des Geldes u die verpfändete Fdg erlischt samt nachrangigen PfdR (BayObLG Recht **12**, 1181). Erlöschen der gesicherten Fdg; abw davon Übergang auf Gläub nach §§ 1225, 1273 II, wenn dieser nicht ihr pers Schuldn war (RG Recht **18**, 246). Fällt der Vertr, auf dem die verpfändete Fdg beruhte (zB VersVertr), später inf Anfechtg weg, so kann der Schuldn seine Leistg vom PfdGläub kondizieren (MüKo/Damrau Rn 6; aA KG
3 Recht **35**, 2065). – **b)** Sofern der eingezogene Betrag dem **Pfandgläubiger teilweise gebührt**, werden er u der Gläub entspr § 1247 S 2 MitEigentümer des Gesamtbetrages u der Schu befreit (vgl W-Raiser § 176 II 2; aA Hbg Recht **22**, 1567 u hM: Schuldn muß überschießenden Betrag nochmals an Gläub zahlen u kann ihn vom AlleinEigentümer gewordenen PfdGläub kondizieren), denn er kann Umfang der EinziehgsBefugn nicht kennen (and daher bei Kenntn). PfdGläub kann sich seinen Anteil kr BefriediggsR aneignen; dch Trenng
4 erhält Gläub mit nachrangigen PfdR belastetes AlleinEigt am Überschuß. – **c)** Sofern der eingezogene Betrag dem **Pfandgläubiger gar nicht gebührt** (zB PfdR nicht entstanden od erloschen), wird Gläub Eigtümer des ganzen Betrages u Schuldn befreit (W-Raiser § 176 II 2); and bei Kenntn des Schuldn (vgl auch § 1275 Rn 1: § 409).

1289 *Erstreckung auf die Zinsen.* Das Pfandrecht an einer Forderung erstreckt sich auf die Zinsen der Forderung. Die Vorschriften des § 1123 Abs. 2 und der §§ 1124, 1125 finden entsprechende Anwendung; an die Stelle der Beschlagnahme tritt die Anzeige des Pfandgläubigers an den Schuldner, daß er von dem Einziehungsrechte Gebrauch mache.

1 **1) Zinsen,** die nach PfdRBestellg vertragl od gesetzl geschuldet werden u über die Gläub nicht schon vor PfdRBestellg verfügt hat (KG OLG **12**, 286), werden vom PfdR an verpfändeter Fdg krG erfaßt; rückständ Zinsen nur bei bes Vereinbg (Düss WM **84**, 1431). Die Erstreckg ist vertragl mit dingl (KG OLG **12**, 286) od bloß schuldr (KG Recht **14**, 2878) Wirkg ausschließb; dann nachträgl Zinsverpfändg mögl. Bei Ausschluß des PfdR an HypZinsen ergreift PfdR aber TilggsLeistg (RG Recht **14**, 3015). – § 1289 ist unanwendb bei NutzgsPfdR nach § 1213 (RG Warn **14**, 245), bei Verpfändg nur der ZinsAnspr (RG Warn **15**, 85) u bei Verpfändg einer HöchstBetrHyp mit eingerechneten Zinsen (RG Recht **14**, 2877); anwendb auf PfändgsPfdR (Düss aaO).

2 **2) Wirksam** wird die Haftg (auch bei ausdrückl Mitverpfändg; RG Warn **14**, 245) erst mit Anzeige des PfdGläub an Schuldn, daß er von EinziehgsR nach §§ 1281, 1282 Gebr macht. Sie **umfaßt** die nach PfdRBestellg verfallenen u noch nicht eingezogenen Zinsen zurück bis auf ein Jahr vor Anzeige (§ 1123 II) u die künftigen. Vfgen des Gläub nach PfdBestellg über den ZinsAnspr (Einziehg, Abtr, Verpfändg) sind ggü den PfdGläub nur unwirks, soweit sie sich auf eine spätere Zeit als den zZ der Anzeige laufden bzw folgden KalMonat erstrecken (§§ 1124, 1125).

1290 *Einziehung bei mehrfacher Verpfändung.* Bestehen mehrere Pfandrechte an einer Forderung, so ist zur Einziehung nur derjenige Pfandgläubiger berechtigt, dessen Pfandrecht den übrigen Pfandrechten vorgeht.

1 **1) Mehrheit vertraglicher Pfandrechte. – a)** Bei **ungleichrangigen** PfdR gewährt nur das erstrangige die Rechte aus §§ 1281 bis 1283. Nachrangige PfdGläub können nur Leistg an erstrangigen ifV § 1282 bzw an diesen u Gläub ifV § 1281 verlangen; an sich selbst nur mit Zust des erstrangigen (RG SeuffA **69**, 68;

BGH NJW **81**, 1671). Nachrangiger PfdGläub erlangt die Rechte erst, wenn die vorrangigen (zB inf Befriedigg dch nur teilw Einziehg) ausgeschieden sind (BayObLG SeuffA **57**, 25). – **b)** Bei **gleichrangigen** PfdR kann jeder PfdGläub nur Leist an alle verlangen (§ 432); gilt auch bei GeldFdg (str), sofern nicht nur verschiedene TeilFdg verpfändet.

2) Vertrags- und Pfändungspfandrecht. § 1290 gilt nicht, wenn verpfändete Fdg für Dr gepfändet u **2** zur Einziehg überwiesen wird. VertrPfdR setzt sich am Erlös fort, uU BereicherungsAnspr gg Dr nach dessen Befriedigg aus der Fdg. Erstrangiger PfdGläub hat (außer bei NutzgsPfdR od wenn PfdgsPfdGläub zugl nachrangiger VertrPfdGläub ist) entspr § 1232 kein WidersprR nach ZPO 771 (RG **87**, 321), wohl aber VorzugsR entspr ZPO 805. – **Mehrheit von Pfändungspfandrechten** ist in ZPO 804, 853 geregelt (dazu Stöber Rn 774ff).

1291 *Pfandrecht an Grund- oder Rentenschuld.* **Die Vorschriften über das Pfandrecht an einer Forderung gelten auch für das Pfandrecht an einer Grundschuld und an einer Rentenschuld.**

Bei Anwendg der Vorschr über das FdgsPfdR steht eine **Grundschuld** einer auf Kapitalzahlg gerichteten **1** Fdg (iFv § 1191 II einer solchen, bei der Zinsen/Nebenleistgen bedungen sind) u die **Rentenschuld** einer auf Geldrente gerichteten Fdg (bei der eine §§ 1201, 1202 entspr Ablösg bedungen ist) gleich; der GrdstEigtümer wird als Schuldn, die Renten werden als Zinsen angesehen. – **Verpfändung** erfordert neben der Einigg **2** über die Verpfändg der Grd/RentenSch bei BuchR GBEintr, bei BriefR schriftl VerpfändgsErkl (dch GBEintr ersetzb) u BriefÜberg (§ 1274 Rn 6 gilt entspr); für InhBriefGrd/RentenSch (§§ 1195, 1199) gilt § 1293. Brief alleine nicht verpfändb (BGH **60**, 174). § 1280 nur Verpfändg rückständ Zinsen u Renten anwendb (vgl § 1159). Verpfändg eines BriefR über vor seiner Eintr mögl, PfdR wird mit Eintr u BriefÜberg wirks (RG Warn **11**, 274). PfdR an dch Grd/RentenSch gesicherter Fdg ergreift Grd/RentenSch nicht (RG **135**, 272). Verpfändg zur Sicherg einer schon dch Hyp am gleichen Grdst gesicherten Fdg zul (KG OLG **45**, 230). – Über **Anwendbarkeit von § 1197** bei Verpfändg einer EigtümerGrdSch vgl § 1197 Rn 2, **3** 5. Über Umschreibg der GrdSch auf Eigtümer nach Befriedigg des PfdGläub vgl KG JW **35**, 1641.

1292 *Verpfändung von Orderpapieren.* **Zur Verpfändung eines Wechsels oder eines anderen Papiers, das durch Indossament übertragen werden kann, genügt die Einigung des Gläubigers und des Pfandgläubigers und die Übergabe des indossierten Papiers.**

1) Für **Orderpapiere** [Wechsel (WG 11 I); Scheck (ScheckG 14 I); Namensaktie (AktG 68 I); Namensin- **1** vestmentanteilsschein (KAGG 18 I); die kaufm OrderPap des HGB 363] bestehen folgde Verpfändgsmöglichk: – **a) Verpfändung nach § 1274** dch Einigg über Verpfändg der verbrieften Fdg u Überg des nicht- **2** indossierten Papiers nach §§ 1205, 1206 (hM). PfdGläub erwirbt nur gewöhnl PfdGläubR nach § 1273ff an der Fdg u damit nach § 952 am Papier, so daß er gg Einwendgen nicht wie bei Indossament geschützt (RG SeuffA **80**, 47). – **b) Verpfändung nach § 1292 mit offenem Pfandindossament** dch Einigg über **3** Verpfändg des Papiers (W-Raiser § 177 II 1a; E. Wolf § 14 A VIII f 1 aa; Stranz, WG¹⁴, Art 19 Anm 3; nach aA der Fdg: RGRK/Kregel Rn 7; Soergel/Mühl Rn 4; MüKo/Damrau Rn 4) u Überg des indossierten Papiers nach §§ 1205, 1206 (sofern nicht § 1205 I 2 gegeben; RG **126**, 352); Indossament wird bei allen OrderPap (hM) dch VerpfändgsVermerk entspr WG 19 I als PfdIndossament (auch blanko) gekennzeichnet. – PfdGläub erwirbt weitergehde Befugn als nach §§ 1273ff. Er kann alle Re aus dem Papier im eigenen Namen geltd machen (WG 19 I); es gilt die Vermutg von WG 16 I, ScheckG 19, HGB 365 I u Schutz gutgl Erwerbs nach WG 16 II, ScheckG 21, HGB 365 I; Einwdgen des Schuldn, die sich auf unmittelb Beziehgen zum Gläub begründen (zB dessen Befriedigg), können ihm nur entggehalten werden, wenn er beim Erwerb bewußt zum Nachteil des Schuldn handelte (WG 19 II, ScheckG 22, HGB 364 II); Einwdgen gg den Bestand des PfdR sind zul. Da Gläub Eigtümer bleibt, ist PfdGläub nicht zu außerh des Verpfändgszwecks liegden RHdlgen befugt (§ 1282 Rn 5); sein Indossament hat nur Wirkg eines VollmIndossaments (WG 19 I); er erwirbt gg Gläub keine wechselm/ scheckm Anspr (RG **120**, 210); veräußern darf er nur iFv §§ 1284, 1295. – **c) Verpfändung nach § 1292 mit verdecktem Pfandindossament** dch **4** Einigg u Überg wie Rn 3, nur daß Indossament keinen Verpfändgsvermerk enthält (Vollindossament, auch blanko). Das ist Verpfändg u nicht SichgÜbertr (KG JW **25**, 1523), denn nicht Indossament sond der auf Verpfändg gerichtete BegebgsVertr ist maßg (RG SeuffA **80**, 47; RG **117**, 69). PfdGläub erlangt gleiche RStellg wie bei Rn 3. Trotz seiner Stellg als Eigtümer im AußenVerh bleibt er im InnenVerh PfdGläub u erwirbt gg Gläub keine wechselm/ scheckm Anspr (RG **120**, 210; KG JW **25**, 1523). Außer iFv §§ 1284, 1295 keine VeräußergsBefugn (KG JW **25**, 1523); da sein Indossament abw von WG 19 I Vollindossament ist, kann Dr aber von ihm gutgl erwerben. – **d) Verpfändung nach § 1274 mit offenem** **5** **Vollmachtindossament** dch Einigg u Überg wie Rn 2, nur daß Indossament den VollmVermerk entspr WG 18 I gekennzeichnet (Baumbach-Hefermehl, WG u ScheckG¹⁴, WG 19 Rn 4; Stranz, WG¹⁴, Art 19 Anm 14; aA Soergel/Mühl Rn 7; Wstm/Gursky § 73 II 2b; MüKo/Damrau Rn 12), denn BegebgsVertr ist maßg (Rn 4).

2) Einzelfragen. – a) Soweit PfdR nach **AGB-Banken 19 II** wg DiskontiergsAuftr nicht entstanden **6** (Einf 11 vor § 1204), kann nachträgl (auch stillschw) Verpfändg erfolgen, wozu bloßes Nichtzurückfordern des WertPap idR aber nicht ausreicht (RG **126**, 348); mögl auch Verpfändg nach Rn 2 (Karlsr OLG **44**, 247). – **b)** Verpfändg von **Traditionspapieren** (§ 870 Rn 2) ist iZw Verpfändg der Ware selbst.

1293 *Pfandrecht an Inhaberpapieren.* **Für das Pfandrecht an einem Inhaberpapiere gelten die Vorschriften über das Pfandrecht an beweglichen Sachen.**

1   Für **Inhaberpapiere** [InhSchVerschreibg (§ 793); InhScheck (ScheckG 5); InhGrd/RentenSchBrief (§§ 1195, 1199); InhAktie (AktG 10 I); InhInvestmentanteilschein (KAGG 18 I), BSchuldbuchFdg (§ 1 G v 29. 3. 51, BGBl I 218; vgl LG Kstz WM **88**, 818, 1124), InhVerpflSchein (§ 807)] gelten §§ 1204–1258. –
2   **Verpfändung** dch Einigg über Verpfändg des Papiers (RG **58**, 10) u Überg des Papiers nach §§ 1205, 1206 (sofern nicht § 1205 I 2 gegeben) ohne Anzeige nach § 1280. In Verpfändg liegt Begebg eines noch nicht in Verkehr gebrachten InhPap (RG JW **13**, 200). Gutgl Erwerb nach § 1207, HGB 367 mögl; DepG zu beachten (§ 1207 Rn 1). Verpfl des PfdGläub zur Zinserhebg u Einforderg neuer Zinsbogen (§§ 1215, 1218, 1219). Schutz des PfdR aus § 1227 dch § 1006 I 2 erschwert. PfdR aus AGB-Banken 19 II gibt scheckm Sicherh nach ScheckG 22 (Stgt WM **71**, 288). Bei Verpfändg von Aktien bleiben mangels abw Vereinbg Stimm- u BezugsR beim Verpfänder, AGB-Banken 19 II erfaßt letztere aber als selbstd PfdGgst; entspr gilt für Gratis- u junge Aktien, sobald sie in Bes der Bank gelangen. Bei Aktienumtausch PfdRFortsetzg an
3   neuen Stücken (RG **116**, 203). – **Verwertung** dch Verk (§§ 1228 ff; oft § 1235 II mit § 1221), dch Einziehg (§ 1294) od nach § 1277.

1294   *Einziehung und Kündigung.*   **Ist ein Wechsel, ein anderes Papier, das durch Indossament übertragen werden kann, oder ein Inhaberpapier Gegenstand des Pfandrechts, so ist, auch wenn die Voraussetzungen des § 1228 Abs. 2 noch nicht eingetreten sind, der Pfandgläubiger zur Einziehung und, falls Kündigung erforderlich ist, zur Kündigung berechtigt und kann der Schuldner nur an ihn leisten.**

1   Bei OrderPap (auch bei Verpfändg nach § 1274) u InhPap hat PfdGläub mangels abw Vereinbg (§ 1284) in Erweiterg von § 1281 schon vor PfdReife alleiniges Einziehgs- u KündR, sobald verbriefte Fdg fällig u für Gläub kündb; Schu kann nur an PfdGläub leisten. EinziehgsR vor u nach PfdReife abw von § 1282 I 2 auch über den zur Befriedigg erforderl Betrag hinaus; dann auch Recht auf Abtr an Zahlgs Statt, dies aber nur iRv § 1282 I 3. § 1285 II anwendb (KG OLG **26**, 207). Wirkg der Einziehg: §§ 1287, 1288.

1295   *Freihändiger Verkauf von Orderpapieren.*   **Hat ein verpfändetes Papier, das durch Indossament übertragen werden kann, einen Börsen- oder Marktpreis, so ist der Gläubiger nach dem Eintritte der Voraussetzungen des § 1228 Abs. 2 berechtigt, das Papier nach § 1221 verkaufen zu lassen.**

1   Bei börsen- u marktgängigen OrderPap (auch bei Verpfändg nach § 1274) hat PfdGläub nach PfdReife Recht auf freihänd Verk nach § 1221 (nicht auf PfdVerst nach § 1235), EinziehgsR nach §§ 1294, 1281 ff u BefriediggsR nach § 1277 bestehen daneben. Auf freihänd Verk §§ 1234 ff anwendb, denn § 1221 ist an Stelle von § 1235 II angezogen, um doppelte Verweisg zu vermeiden (allgM); anwendb auch § 1244 (RG **61**, 333). PfdGläub kann Papier selbst erwerben, es aber mangels abw Vereinbg (bei der § 1229 zu beachten) nicht ohne weiteres zum Börsenkurs behalten.

1296   *Erstreckung auf Zinsscheine.*   **Das Pfandrecht an einem Wertpapier erstreckt sich auf die zu dem Papiere gehörenden Zins-, Renten- oder Gewinnanteilscheine nur dann, wenn sie dem Pfandgläubiger übergeben sind. Der Verpfänder kann, sofern nicht ein anderes bestimmt ist, die Herausgabe der Scheine verlangen, soweit sie vor dem Eintritte der Voraussetzungen des § 1228 Abs. 2 fällig werden.**

1   **1)** PfdR an **Wertpapieren** aller Art erstreckt sich abw von § 1289 auf dazugehörige Zinsscheine usw nur bei MitÜberg. Trotz MitÜberg sind sie dem Verpfänder od Eigtümer (vgl § 1254 Rn 2) herauszugeben (and bei NutzgsPfdR) u werden abmf fällig, wenn sie vor PfdReife fällig werden; HerausgAnspr dch AGB-Banken 21 I 2 abbedungen. Hat PfdGläub gem § 1294 vor PfdReife eingezogen, so muß er vorbehaltl § 240 wieder herausgeben. – Entspr anwendb auf Herausg von Zinsscheinen usw bei Hinterlegg von WertPap nach §§ 232 I, 234 II, ZPO 108 ff (RG **72**, 264; Bambg SeuffA **70**, 68).

2   **2) Selbständiges Pfandrecht an Zinsscheinen** usw zu InhPap mögl; gelten als selbstd InhPap, daher vom HauptPap getrennt verpfändb (RG **77**, 335). Zinserneuergsscheine keine selbstd InhPap (§ 803 Rn 4); dennoch HauptPap ohne sie verpfändb, was aber die Ausn bildet (RG **58**, 162).

Viertes Buch. Familienrecht

Bearbeiter: Prof. Dr. Diederichsen

Schrifttum

a) **Kommentare:** Rolland (Hrsg), FamR, 1994. – Johannsen/Henrich, EheR, 2. Aufl 1992. – b) **Lehrbücher:** Beitzke/Lüderitz, 26. Aufl 1992. – Dölle, 2 Bde 1964/65. – Finke/Garbe, FamR in der anwaltl Prax, 1995. – Gerhardt/v Heintschel-Heinegg/Klein, FamR in ger u anw Prax, 1995. – Gernhuber/Coester-Waltjen, Lehrb. d. FamR, 4. Aufl 1994. – Giesen FamR 1994. – Henrich FamR 5. Aufl 1995. – Schlüter, BGB FamR, 6. Aufl 1993. – D. Schwab FamR 8. Aufl 1995. – c) **Tabellen:** Brudermüller/Klattenhoff, Tab zum FamR, 11. Aufl 1995; Kemnade/Schwab (Hrsg), Aktuelle Leitlinien u Tab zu Unterh, VA u ZugewAusgl, 2. Aufl 1993.

Einleitung

1) Familie und Ehe sind die wichtigsten Grdlagen des GemeinschLebens. Auf ihnen bauen sich Gemein- **1** de u Staat auf. Sie stehen deshalb unter dem bes Schutz des Staates. Das sprechen auch die Verfassgen des Bundes u der Länder aus, so ua GG 6 I, *Bay* 124, *Hess* 4, *NRW* 4, *RhPf* 23. **Das BGB enthält keine Begriffsbestimmungen** von Ehe u Fam. Vgl iü Überbl 2 ff v § 1589. Unter **Ehe** ist aber in Anknüpfg an die christl-abendländ Trad nur die rechtl LebGemsch zw Mann u Fr zu verstehen, so daß gleichgeschl Partn kein R auf Eheschl haben (BVerfG 1. Sen 3. Ka NJW **93**, 3058 = FamRZ **93**, 1419; KG StAZ **94**, 220; vgl 53. Aufl mN; ferner Radloff FamRZ **94**, 21). Eine Korrektur dieser GrdVorstell kann nicht iW richterl RFortbildg erfolgen, sond müßte in einem Staat mit Gewaltenteilg dem GesGeber vorbehalten bleiben, bei dem wg GG 6 verfassgsänd Mehrh erfdl ist (vgl auch Otto StAZ **93**, 149; Willutzki MDR **93**, 117); die Gemeins VerfKomm hat die Ausweitg auf LebGemsch aller Art abgel (vgl Isensee NJW **93**, 2585). Zur Definition der Ehe vgl iü Einf 2 v § 1353. Auch bei der **Familie** geht das BGB nicht von der Fam als Gemsch aus, sond behandelt Rechte u Pflichten der FamMitgl als EinzelPers (Lit: Huffmann, Die Erfassg der Fam im ZivR, 1990). Es sieht daher in der Fam ledigl die Gesamth der dch Ehe u Verwandtsch verbundenen Personen, gebraucht den Begriff aber selbst schon nicht immer einheitl. Zum FamBegr BVerwG FamRZ **77**, 541. Im engsten Sinn versteht man darunter die Eheg u ihre Kinder, zB im Begr des FamNamens (§ 1355 I). Weiter als Familie ist der Begriff der **„Angehörigen"**, zB § 530; vgl. auch StGB 11 I Nr 1. Zur Mithaftg mittelloser Angehör: Honsell JuS **93**, 817. Gleichgeschlechtl LebPartn sind nicht FamAngeh (and LG Hann FamRZ **93**, 547 für § 569a). Die HausGemsch kann auch nichtfamilienangehörige Personen umfassen, §§ 617–619, 1619, 2028; durch die HausGemsch wird ein familienrechtl Verh nicht begründet. **Familienrecht im Sinne des BGB** ist der Inbegriff der Vorschr, die die Rechtsverhältnisse der durch Ehe oder Verwandtsch verbundenen Personen regeln. Hierunter wird auch das VormundschR gefaßt, das, historisch gesehen, mit dem eigtl FamR der Gedanke der Herrsch über Personen, die Munt, verbindet. Das FamR enthält personen- wie vermögensrechtl Vorschr.

2) Die Besonderheit des Familienrechts ergibt sich daraus, daß die Familie die wichtigste Zelle des **2** sozialen Organismus ist, die gesetzl Regelg also wie keine andere unmittelb das Leben des Einzelnen, mittelb aber auch den Staat berührt. Das staatl Interesse kommt mannigfach zum Ausdruck, so bes durch das in GG 6 verankerte GrundR, ferner zB in den Einkommensteuer-, Vermögen- und Erbschaftssteuergesetzen, vor allem aber im strafrechtl Schutz, zB StGB 169 ff, 217, 218 ff, 235 ff, 247, 257 ff (wg Beleidigg Schönke/Schröder StGB 23. Aufl Vorb 4 v § 185; BGH NJW **51**, 531; **54**, 847); im FamR dadch, daß im GgSatz zu den übrigen Teilen des PrivR die Vorschr **meist zwingendes Recht enthalten;** VertrFreih also nur, soweit ausdrückl anerkannt. – Das BGB hat das FamR nicht in sich abgeschlossen geregelt, sond faßt es als einen Teil des PrivR überhaupt, läßt also die allg Vorschr des ersten u zweiten Buches auch hier Anwendg finden, soweit nicht eine Sonderregelg wie zB bei der Eheaufhebg (EheG 28 ff) Platz greift oder der bes Charakter des FamR jene ausschließt (vgl § 194 II, §§ 200, 204). – Eine Sonderstellg nimmt das **EheG** ein; vgl. Einl 1 z EheG, auch Einf 1 vor § 1297. NebenGes ist das **PersonenstandsG** (vgl Schönfelder Nr. 113). Auf **verfahrensrechtlichem** Gebiet ist die Besonderheiten des FamR im 6. Buch der ZPO (§§ 606 ff) u in den §§ 35 ff FGG Rechng getragen (vgl Th-P, Einf v § 606; Bassenge/Herbst, Vorb v § 35; KKW, Freiw Gerichtsbk Teil A 13. Aufl; ferner die Einl vor §§ 1564, 1569, 1587, 1591, 1601, 1626, 1741, 1773, 1896, 1909 sowie Einf 10 Anh III zu § 1587b).

3) Im Ggsatz zu anderen Teilen des BGB sind im 4. Buch eine größere Reihe zT tiefgreifder **Änderungen 3 und Ergänzungen** erfolgt (vgl die ZusStellg in der 42. Aufl), von denen das GleichberechtiggsG v 18. 6. 57 (BGBl 609), in Kraft ab 1. 7. 58, das NEhelG v 19. 8. 69 (BGBl 1243), das 1.EheRG v 14. 6. 76 (BGBl 1421), hins des NamensR ab 1. 7. 76, iü ab 1. 7. 77 in Kr, u das SorgeRG v 18. 7. 79 (BGBl 1061) die wichtigsten sind. Das **UÄndG** v 20. 2. 86 (BGBl 301) ist am 1. 4. 86 in Kraft getr (ÜberG Bln v 13. 3. 86, GBl S 446), das **VAHRG** am 1. 4. 83 u das **VAwMG** am 1. 1. 87 (vgl Anh III u IV zu § 1587b).

4) Landesgesetzliche Vorbehalte: vgl 46. Aufl. **4**

5) Übergangsregelungen: EG 198–212. **Übergangsregelung DDR:** EG 234. **Internationales Privat- 5 recht:** EG 13–24. Zu RProbl mit **Ausländern** vgl Passauer FamRZ **90**, 14: **Polen** (vgl auch § 1610 Rn 2).

6) Reformen (Lit: Röwer FS Merz 1992, 515). Zu den RefBestrebgen früherer Legislaturperioden: **6** 46. Aufl. G üb die erleichterte Zuweisg der **Ehewohnung:** BT-Drucks 12/8383 sowie 13/196; BR-Drucks 307 u 1018/94 (vgl ZRP **94**, 413; FamRZ **95**, 340: Abschwächg des HärteErfordern); Coester FamRZ **93**, 249. **Kindschaftsrecht:** DAV **93**, 884; **94**, 755; **95**, 312; ZfJ **94**, 375; BT-Drucks 12/4024; Peschel-Gutzeit FuR

95, 85; Pardey Rpfleger **94**, 149; BMJ-Entw **KindRG** v 24. 7. 95. Vgl iü 53. Aufl. **Abstammungsrecht:** Mutschler FamRZ **94**, 65. **Unterhalt:** BT-Drucks 12/8217; Einf 36 v § 1601. **Sorgerecht:** Thesen der SorgeRKomm des Dt FamGTags (FamRZ **93**, 1164; Anw des Ki: Schnitzler FamRZ **95**, 397); zum Reg-Entw eines **MißhandlungsverbotsG:** BT-Drucks 12/6343. Entw der SPD: BT-Drucks 12/6783; der Grünen: BT-Drucks 12/5359; sa FamRZ **93**, 649 u 1167; zum **Umgang zwischen Vater und nichtehel. Kind:** § 1711 Rn 2; Schlüter FuR **94**, 341. Diskutiert wird zZt ferner die gesetzl Regelg des R der **Pflegekinder** (vgl Schwab/Zenz GA zum 54. DJT 1982; Simon NJW **82**, 1673; Knöpfel FamRZ **83**, 317; Salgo StAZ **83**, 89; Luther FamRZ **83**, 434) sowie die Vereinheitlichg des **Adoptionsrechts** innerh Europas (Einf 13 v § 1741); Abschaffg der ges **Amtspflegschaft:** BT-Drucks 12/7011 u 13/892; BR-Drucks 7/95; Beinkinstadt u Dickmeis DAV **93**, 1 u 751/755; vgl ferner DAV **93**, 1159ff; Knoll ZfJ **93**, 529; Richter FamRZ **94**, 5; zum Entw eines entspr **BeistandsschaftsG:** BT-Drucks 13/892; FamRZ **93**, 1040; Bienwald FamRZ **94**, 10; Dt Institut für VormschWesen DAV **93**, 1009; Wesche Rpfleger **95**, 240; Keller DAV **95**, 403; Mutschler u Knittel DAV **95**, 691 u 917; Zarbock ZfJ **95**, 395 u DAV **95**, 657; vgl iü § 1629 Rn 5; § 1631 Rn 11; Thesen des Juristinnenbunds: FamRZ **92**, 912; vgl iü § 1671 Rn 7; zur Verbesserg der RStellg des ungeborenen Ki: BR-Drucks 686/92; zum NamensR: § 1355 Rn 1; Schwangeren- u. **FamilienhilfeGEntwurf:** BT-Drucks 12/2605.

7   **7) Das Grundgesetz** hat in Art 6 Ehe u Fam unter den bes Schutz der staatl Ordng gestellt (V. Schmid, Die Fam in Art 6 GG, 1989; Loschelder FamRZ **88**, 333; Henrich, FS Lerche 1993 S 239). Zum Schutz der Ehe vgl Einf 10/11 vor § 1353, zum elterl SorgeR u KindesGrdRechten Einf 3–5 v § 1626. Der FamSchutz soll idR einwandergspolit Belange zurückdrängen (BVerfG 3. Ka 2. Sen NJW **94**, 3155). Zum **Stand familienrechtlicher Verfassungsbeschwerden:** FamRZ **93**, 652/53; FuR **93**, 115. Die **Europäische Menschenrechtskonvention (MRK)** von 1950 hat den Rang eines innerstaatl Ges (Frowein/Peukert, Komm 1985 Einf Rn 6). Für das FamR bedeuts der Anspr jedermanns auf Achtg seines FamLeb (Art 8), das Recht auf Heirat (Art 12) sowie das DiskriminiergsVerbot des Art 14, wonach die in der Konvention festgelegten Rechte u Freiheiten ohne Benachteiliggen zu gewährl sind, die im Geschlecht, in der Geburt od im sonst Status usw begründet sind. Dchaus zweifelh bleibt, in welchem Ausmaß nationalstaatl Regelgen dch so abstrakte Begriffe wie „Achtg" determiniert u in Fr gestellt w können (vgl zu einer derart Überprüfg im einz A. Brötel, Der Anspr auf Achtg des FamLeb, 1991 S 175ff; Ebert FamRZ **94**, 273; zum Probl europäischer Harmonisierg des FamR dch Art 8 MRK sa Golsong ua/Wildhaber, Internat Komm zur EMRK, 1992, Art 8 Rn 344ff; ferner Reeken ZfJ **93**, 425; zweifelh des weiteren, inwieweit die vom EuGH für eine konkr Entsch aufgestellten Prämissen auch im R der übr Konventionsstaaten gelten. Beispielsw ging es im Fall Marckx (s dazu unten) primär darum, ob die rechtl Integration eines nehel Ki in die mütterl Fam automat mit seiner Geburt mögl sein muß od von einer Anerkenng dch die Mutter abhäng sein darf – eine Frage, die sich für das dt Recht von vornh nicht stellt. Art 8 begründet Abwehrrechte des einz gg willkürl Eingr staatl Beh in sein FamLeb wie umgekehrt pos Verpflichtgen des Staates, zum Schutz der Fam best SchutzMaßn zu ergreifen (Brötel 69ff). Staatl Eingr sind nur dann rechtm, wenn sie den formellen u mat Erfordern von Art 8 II (gesetzl Grdl, Schutz der Gesundh od der Rechte u Freih and usw) entspr (Brötel 81ff). Zu dem für Art 8 relevanten FamBegr, einschl des Schutzes der PflegeFam vgl Brötel 47ff. Das FamLeb zw Elt u Ki setzt sich auch nach der Scheidg der elterl Ehe fort (Brötel 185ff), was Konsequenzen für die SorgeR- u UmgangsRegelg hat (zum gemeins SorgeR nach Scheidg: § 1671 Rn 6). Zu den Erfordern an den das mat R ergänzenden innerstaatl Gerichtsschutz Brötel 121ff. – Zum mat R **im einzelnen:** Bei der EhelkAnf sind unterschiedl Fr für Mann u Frau bestät worden (EuGH NJW **86**, 2176 Fall Rasmussen; vgl Frowein/Peukert Art 14 Rn 27; Brötel 125; zur unterschiedl Behandlg der Elt im dt R: § 1593 Rn 2). Den Staaten steht es frei, wie sie die Ehe schützen u ggü der nehel Verbindg (unten Rn 8ff) privilegieren wollen (Frowein/Peukert Art 8 Rn 13 u Art 12 Rn 7). Dagg ist die rechtl Stellg des nehel Ki derj des ehel Ki anzugleichen (Beitzke/Lüderitz § 21 II 2c). Das nehel Ki wird mit seiner Geburt, auch wenn die Elt dann nicht mehr zusleben, ipso iure Teil der mit den Elt gebildeten Fam (EuGH NJW **95**, 2153). Das gilt für die Beziehg des ne Ki zu seinen GroßElt mütterlseits (EuGH NJW **79**, 2449 = FamRZ **79**, 903 Marckx v Belgien) sowie zu seinem Vater (Brötel 49) u hier insb hins des in Zkft unzuläss Ausschl des mit der Mutter in nehel LebGemsch (unten Rn 8ff) zuslebden Vaters von der elt Sorge (Jayme NJW **79**, 2428; Strätz FamRZ **80**, 437; Kropholler AcP 185, 249 u 271; Brötel 253ff u 273ff; vgl unten § 1705 Rn 1 u 6; aA KG FamRZ **82**, 95; Sturm FamRZ **82**, 1556; and auch, wenn die Elt nicht zus leben; Celle FamRZ **94**, 1057) u seines grdsl Rechts auf Umgang mit dem Ki iRv § 1711 (dort Rn 1; Brötel 307ff); ferner für die ne Mutter hins der Amtspflegsch der §§ 1706, 1709, die gg das DiskriminiergsVerbot verstößt, weil sich die staatl ZwFürsorge hier nicht auf and alleinstehde sorgeberecht EltT erstreckt (Brötel 289ff). Zum ErziehgsR der Elt nach Art 2 des 1. ZusatzProt zur MRK: Frowein/Peukert S 282ff; Brötel 99ff; zum elterl ZüchtiggsR ebdort S 284 bzw 101. Eingr des Staates in das FamLeb sind iSv Art 8 II regelm legitim, wenn sie zZw des KiWohls erfolgen (Brötel 91ff). Unter diesem GesPkt sind die Regelgen u Handhabg von § 1632 IV (Brötel 409), der §§ 1666, 1666a (Brötel 370f) sowie des § 1671 (aA Koeppel FuR **93**, 64) bis auf den Rückgr auf unbewiesene Erfahrgssätze konventionskonform (Brötel 175ff); ebso die UmgangsRegelg des § 1634 (Brötel 219ff) mit folgdn Ausn: Konventionswidr ist der generelle Ausschl der GroßElt u nahestehder Pers vom persönl Umgang mit dem Ki (vgl § 1634 Rn 7) sowie die Rspr, soweit sie die Blockade des Umgangs dch Auswanderg des sorgeberecht EltT mit dem Ki auch ohne trift Grde zuläßt (§ 1634 Rn 4; Brötel 224ff u 240ff). Zur Freigabe nehelicher Ki zur Adopt: EuGH FamRZ **95**, 110 Fall Keegan; Brötel FamRZ **95**, 72; sa Kuntze FamRZ **95**, 655; Fahrenhorst FuR **95**, 107. Unhaltb ist danach die Nichtanhörg des Va, wenn die Mu das Ki annehmen will (aA noch Hamm NJW-RR **94**, 1227; vgl § 1747 Rn 5). Im AdoptionsR entspr § 1748 wg der Kumulation der EingrVorauss den Anfdgen der MRK, nicht dagg der Verzicht auf die Einwillig des nehel Vaters in § 1747 II 1 (Brötel 417ff, 428ff). Zum „Übereink ü die Rechte des Ki" = **UNO-Kinderkonvention;** Abdruck der Konvention: FamRZ **92**, 253; Ratifizierg dch G v 17. 1. 92 (BGBl I 121); Lit: Stöcker FamRZ **92**, 245; Baer NJW **93**, 2209; Münning ZfJ **92**, 553. RatifiziergsNachw: Schwenzer FamRZ **93**, 1036.

8   **8) Nichteheliche Lebensgemeinschaft (NeLebG)** (Lit: Gernhuber/Coester-Waltjen §§ 41ff; Hausmann, NeLebG u VermAusgl, 1989; Sandweg BWNotZ **91**, 61; Poll FamRZ **93**, 266; Müller-Freienfels FS

Gernhuber, 1993, S 737; Thofern, Die NeLebG im dt u it MietR, 1993; S. Voß, Ein GesVorschlag für die verm- u unterhrechtl Auseinands NeLebG, 1993; Schuhmann, NeLebG 1993; Theimer, Die fin Folgen der NeLebG, 1993; Steiner FamRZ **94**, 1293: NeLebG im VerwR; Grziwotz FamRZ **94**, 1217; Chr. Schreiber, NeLebG, 1995; vgl iü 50. Aufl).

a) Rechtsbeziehungen während des Zusammenlebens. Auch bei größter Eheähnlichk handelt es sich **9** **begrifflich** um nehel LebGemschen, da das entscheidde Merkm die rechtl Unverbindlk der LebBeziehg ist. Das Ges berücksicht sie in BSHG 122, wobei es auf das Motiv nicht ankommt (BVerwG DÖV **85**, 282: Pflegebedürftig; VerwG SchlH FamRZ **85**, 185); Vorauss: Gemeins Haush (BVerfG FamRZ **93**, 164; Hamm NJW-RR **94**, 773; OVG Hbg FamRZ **90**, 1288). Die Rspr hat iR der **rechtlichen Anerkennung** den Vorwurf **10** der Sittenwidrigk beim Geliebtentestament fallen lassen (BGH **53**, 369, 375; zur sonst Sittenwidrigk der Gestaltg des ZusLebens: § 138 Rn 50; Hamm FamRZ **88**, 618) u erkennt die Form nehel ZusLebens auch an bei Schenkgen (BGH NJW **91**, 830; BGH **112**, 259: selbst wenn einer der Partn noch verh ist), dingl WohngsRechten (BGH **84**, 36), bei der Aufn des Partn in die gemietete Wohng (BGH **92**, 213 = FamRZ **85**, 42 mit zu Recht krit Anm v Bosch; sa LG Bln FamRZ **86**, 269), selbst wenn Verm eine kathol Kirchengemeinde ist (Hamm NJW **92**, 513; LG Aach NJW **92**, 2897 = FamRZ **93**, 325 mAv Listl: And, wenn die Wo eindeut dem kirchl Bereich zuzuordn ist); als ErsMieter nach § 569a (Nachw Rn 20), im ReiseVertrR (LG Ffm NJW **82**, 1884), steuerl (BFH NJW **90**, 2712 u 1319; Müller DAV **90**, 17). Zum Schutz NeLebG in den **Verfassungen** der neuen BuLä: Dietlein DtZ **93**, 136. Zur Anerk im **Sozialrecht**: BSG NJW **91**, 380, 446 u 447; BVerwG NJW **11** **95**, 2802: begriffl Anfdgen an die NeLebG. Wohngeld: BVerwG NJW **95**, 1569. Der LebPartn ist nicht Pflegevater iS des BKiG (BSG NJW **93**, 1159). Schenkgs**Steuer**pflicht von Zuwendgen richt sich nach dem Einzelfall (vgl Grziwotz DStR **93**, 151). UnterhAufwendgen in einer NeLebG sind ggf nach EStG 33a I abzugsfäh (BFH BB **94**, 2478). **Arbeitslosenhilfe:** Bei echter eheähnl LebGemsch sind iR der BedürftkPrüfg nach AFG 137 II a Eink u Verm des LebPartn anzurechnen (BVerfG NJW **93**, 643; BSG NJW **88**, 2128; Seewald JZ **93**, 148; Luckey FuR **93**, 22); zu AFG 119 vgl BSG NJW **89**, 3036. Zinslose Darlehen sind nur **12** sittenwidr, wenn sie ausschließl die geschlechtl Hingabe des Empfängers belohnen (BGH NJW **84**, 2150). Kein Kostenersatz bei SchwangerschAbbruch (AG Bühl FamRZ **85**, 107). Innerh der NeLebG besteht **Deliktsschutz** u damit kein allg RechtfertiggsGrd für Verletzgen aus Rangeleien (Kblz NJW-RR **95**, 24); ferner **Besitzschutz** (AG Waldshut FamRZ **94**, 522 Wohng). Bei Anschaffg eines HaushGgst mit den Mitteln eines Partn entsteht grdsätzl kein **Miteigentum** (Hamm NJW **89**, 909; aA LG Aach FamRZ **83**, 61; vgl iü allg Leipold FS Gernhuber 1993, 695); and idR bei gemeins Finanzierg. Allerd besteht nach §§ 866, 1006, 1008 aGrd von Mitbesitz eine uU schwer zu widerlegde MitEigtVermutg (vgl Düss NJW **92**, 1706). Bei Übertragg eines MitEigtAnteils gg fin Beteiligg bei der Bebauung liegt ein ggseit Vertr vor (BGH NJW-RR **91**, 898). Bei einem ScheidgsUnterhVergl mit WiederverheiratgsKlausel kann eine NeLebG nach § 162 I den UnterhAnspr zerstören (Düss NJW **81**, 463). Diese fakt UnterhLast gilt nicht als außergewöhnl Belastg iSv EStG 33a I (BFH NJW **81**, 600; **91**, 2312 Homosex) u wird auch nicht iRv § 844 II anspruchsmindernd angerechnet (BGH **91**, **13** 357). Ausgeschl sind substantielle **Analogien** zum EheR wie gemeins Name; Unterh, auch nicht entspr § 1361 (Hamm FamRZ **83**, 273), als Folge davon auch keine Anspr aus § 843 I (Raiser NJW **94**, 2672; aA LG Zweibr NJW **93**, 3207); Gewährg von OrtsZuschl (BVerwG NJW **94**, 1168); PKV (aA Kblz NJW-RR **92**, 1348); EheWo (§ 1361b Rn 2); ehel GüterR; Ehelk der Kinder; ErbR (§ 1931 Rn 6); gemschaftl Test (BVerfG 3. Ka NJW **89**, 1986); Ausdehng der gesetzl FamKrankVers (BSG FamRZ **91**, 58; OVG Münst FamRZ **92**, 435); WwenSozVersorgg (BVerfG FamRZ **93**, 1419 OGG; Bosch FamRZ **93**, 1404). Begünstiggen nach dem EStG (BFH NJW **90**, 734) bzw dem ErbStG (BVerfG NJW **90**, 1593; Petzold, DNotZ **84**, 471) sind unzul (vgl aber § 2325 Rn 15). Ferner auch kein Anspr auf bez ArbFreistellg bei Niederkft der LebGefährtin (BAG NJW **87**, 2458). Versrechtl ist der nehel LebPartn nicht Repräsentant (BGH VersR **90**, 736). Umgek dürfen NeLebG nicht besser stehen als Ehen, so daß § 2325 III 2. HS für verfassgswidr erkl w ist (LG MöGladb FamRZ **85**, 428); ebso, daß Eheleuten nur ein Anspr auf ArbeitslHilfe zusteht (BVerfG NJW **85**, 374). Keine Verlobg iSv StGB 11 Nr 1a, wenn ein Partn noch verh ist (BayObLG FamRZ **83**, 277). Partner einer NeLebG haften der nur beschrkt analog § 1359 (Oldbg NJW **86**, 2259 = FamRZ **86**, 675 m zust Anm Bosch); zur HftgEinschrkg bei Kfzen ferner: Karlsr u Celle FamRZ **92**, 940 u 941; die EigtVermutg des § 1362 muß zw ihnen gelten (Thran NJW **95**, 1458 mN) u sie werden als FamAngehörige iSv § 1969 (Düss NJW **83**, 1566 = FamRZ **83**, 274 m abl Anm Bosch) anerk; dagg nicht iS v SGB X 116 VI (BGH **102**, 257 = NJW **88**, 1091 mAv Striewe = FamRZ **88**, 392 mAv Bosch) u VVG 67 II (aA LG Saarbr VersR **95**, 158 mN) u auch nicht iS der AVB für ReisegepäckVers (LG Düss FamRZ **83**, 1117). ErsZustellg mögl (BGH **111**, 1; Mayer/Rang NJW **88**, 811; aA noch BGH NJW **87**, 1562). Vollstr eines **Räumungstitels** ow auch gg den LebPartn (AG Neuss NJW **85**, 2427; Karlsr WuM **92**, 493; Hbg NJW **92**, 3308: bei Begr von Mitbesitz ohne Willen des Verm; aA LG NJW-RR **94**, 713; AG Schönau NJW **92**, 3308: Titel gg den LebGefährten erfdl). **Gemeinsames Kind** (Lit: Limbach **14** RdJB **88**, 170; Bosch FamRZ **91**, 1121; Reform: v Renesse RdJB **91**, 407): AufenthErlaubn für Ausl, sobald LebGefährtin ein Ki von ihm erwartet (BayVGH FamRZ **92**, 311: Da die Partn noch verh war, gerade im Hinbl auf dem vom Ger für maßgebl erkl GG problemat!; vgl iü Einl 7 v § 1297 u VOH m Nachw **94**, 810). Die Erteilg eines Doppelnamens ist de lege lata ausgeschl (BayObLG FamRZ **84**, 1146) u auch eine NamÄnd nach NÄG unzul (BVerwG NJW **86**, 2962; OVG Münst NJW **93**, 480; wN 51. Aufl). Zum Status des Ki: Klinkhardt StAZ **89**, 180. Zur Verfmäßigk von § 1705 S 1: dort Rn 1. Zur EhelErkl: § 1723 Rn 6; § 1738 Rn 1. Gemschaftl SorgeR erscheint jetzt verrechtl geboten: BVerfG NJW **91**, 1944 (§ 1738 Rn 1), im Widerspr zur Entsch zum UmgangsR NJW **81**, 1201 (vgl § 1711 Rn 2). Aber kein gemschaftl SorgeR, wenn Vater noch verh ist (Kln DAV **92**, 1125). Die Betr des KleinKi befreit nicht vom GrdWehrdienst (BVerwG NJW **85**, 821; **93**, 2065; einschrkd jetzt VG Kass NJW **92**, 1187). Der ne Vater kann mit Einverständn der Mu KlSprecher f das Ki w (VG Bln NJW **89**, 2413). Zur EhelErkl: § 1723 Rn 6; § 1738 Rn 1. Zum **Kind der Lebensgefährtin** besteht kein PflegekindschVerh iS BBesG 40 III, BKGG 2 I Nr 6 (OVG Kblz NJW **89**, 3032; RevEntsch BVerwG NJW **92**, 3252: and bis zum 7. 7. 89; vgl auch LSG Celle FamRZ **89**, 105). **Unterhaltsrechtliche 15** **Bedeutung:** Keine UnterhAnspr zw den LebPartn (Rn 13). Verlust von UnterhAnspr dch Aufnahme einer NeLebG dch einen geschiedenen Eheg gem §§ 1577, 1579 Nr 6 u 7: § 1577 Rn 5; § 1579 Rn 27 u 38, 39 (Nehlsen-v Stryk FamRZ **90**, 109); Wiederaufleben von UnterhAnspr trotz UnterhVerzicht nach Auflösg der

NeLebG: § 1585c Rn 10 u 13. Einfl der NeLebG auf UnterhAnspr des unterhberecht Ki: § 1602 Rn 8. Keine Herabsetzg der Leistgfhgk ggü UnterhAnspr der Elt (§ 1601 Rn 6) dch fin Zuwendgen ggü LebPartn (LG Bln FamRZ **92**, 1214); wohl aber ggü weiteren Ki (§ 1603 Rn 12). Zum Schutz vor **Mithaftung** des vermlosen LebPartn aus KreditVerpfl: § 138 Rn 37; Kln NJW-RR **95**, 1197.

16   b) Abwicklung

17   aa) Grdsätzl findet zwischen den Partn bei Trenng **kein Ausgleich** statt (BGH NJW **83**, 1055; FamRZ **81**, 531; Schlüter/Belling FamRZ **86**, 405). Mangels bes Vereinbg ist davon auszugehen, daß Zuwendgen ersatzl von demj erbracht w sollen, der dazu in der Lage ist; das gilt auch für im Interesse des ZusLebens eingegangene Schulden, auch wenn sie der Einrichtg eines gewerbl Betriebes des and Partn dienen (BGH FamRZ **83**, 1213). Kein AusglAnspr wg erbrachter Zahlgen auf einem gemeins Konsumentenkredit (LG Esn NJW-RR **90**, 837). Eine gemeins DarlSchuld muß beim Tod des einen Partn der and im InnenVerhältn allein tragen (BGH **77**, 55). Ein darüber geschlossener Vergl ist wirks, auch bei schon bestehder Trenngsabsicht (KG FamRZ **83**, 1117). Nach Auszahlg eines ZweckDarl u Trenng kann derj Partn Überlassg der gesamten Geldsumme verlangen, der den Zweck verwirkl kann (Karlsr FamRZ **83**, 1119 GeburtsDarl). Anspr aus Gesellsch, GesSchuld (Kln NJW-RR **95**, 1282), BürgschRückgriff (LG Bambg NJW **88**, 1219), ungerechtf Bereicherg (Saarbr FamRZ **79**, 796) od in Anwendg der Lehre vom Wegf der GeschGrdLage aGrd allein der neLebG ausgeschl. Das gilt iF des Todes des dch die baul Leistg Bereicherten u Unwirksamk einer ausgleichen test Zuwendg (LG Aach FamRZ **88**, 717) sowie auch dann, wenn das Leistgssubstrat etwa in Form baulicher Verbessergen bei Trenng noch vorh ist (Hamm FamRZ **90**, 625). Regelm besteht auch dann kein AusglAnspr, wenn Handwerksleistgen für das Haus des Partn erst nach Beendigg der Gemsch bezahlt w, wenn die Verpfl dafür aber im Interesse des ZusLebens schon vorher eingegangen w war (BGH NJW **83**, 1055). In AusnFällen besteht aber ein **Rückforderungsanspruch** aus § 812 I 2 Alt 2, insb nach Finanzierg von AlleinEigt des LebPartn (Stgt NJW-RR **93**, 1475) od nach unentgeltl Einräumg hälft MitEigt an einem Haus (Stgt Just **85**, 201; Karlsr NJW **94**, 948; krit Grziwotz MittBayNot **94**, 338); bei Übern von Altschulden des LebPartn (Karlsr FamRZ **94**, 377: Wegfall der GeschGrdl) od auch Leistgen an die Ki des LebPartners (Hamm FamRZ **94**, 380). Der nehel Partn kann jederZt aus der gemeins bewohnten **Wohnung** gewiesen w (§ 985), ohne daß dem Ausgewiesenen BesitzAnspr zustehen, wenn er nicht MitEigtümer od Mitmieter der Wohng ist (AG Bruchs NJW **81**, 1674; aA AG Waldshut-Tiengen NJW-RR **94**, 712), u ohne daß er ein ZurückbehR n § 273 wg Geldüberlassg hätte (Hamm NJW **86**, 728). Bei MitMiete besteht ein Anspr auf gemschaftl Kündigg aus GesellschR (LG Mü II FamRZ **92**, 1077; LG Karlsr FamRZ **95**, 94; AG Bad Hombg NJW-RR **92**, 1035), dagg kein Anspr auf Zust zur Entlassg aus dem MietVertr (AG Bln-Schöneb NJW-RR **93**, 1038). Zur gemeins Wohng bei Auflösg der NeLebG Thofern 95 ff; zur Hausratsteilg de lege ferenda Theimer ZRP **95**, 266. Nach Trenng besteht kein R auf Aufn eines neuen Partn in die gemeins angemietete Wo (aA AG Offenb FamRZ **92**, 1427). Zur Kündigg wg EigBed Thofern 74 ff.

18   bb) Etwas and gilt nur bei **besonderer Vereinbarung,** für die der Zuwendende beweispflichtig ist (BGH FamRZ **83**, 1213), etwa nach Begründg eines echten Mietvertrages untereinand od Gewährg eines Darl, bei Begrdg von MitEigt od GesGläubigersch iFv Oder-Kten (Celle FamRZ **82**, 63). Anspr auf Erfüllg eines SchenkgsVersprechens (Zahlg v mtl Geldrente u ErfüllsÜbern v Verpfl des Partners Dr ggü) kann an § 518 scheitern (BGH FamRZ **84**, 141); doch ist ein UnterhVersprechen ggü der Mutter des eig Kindes nicht in jedem Fall eine Schenkg (BGH NJW **86**, 374). Der AuslaufZtpkt eines solchen Verspr ist dch Auslegg zu bestimmen u richtet sich nicht automat nach der Beendigg der NeLebG (BGH aaO). Schenkgswiderruf (§§ 530, 531) setzt echte Schenkg, nicht bloß eine unbenannte Zuwendg voraus (vgl Hamm NJW **78**, 224). Bei Verlöbn Anspr aus §§ 1298 ff. Macht jmd zG des Partn größere Aufwendgen zu einem Ztpkt, zu dem dieser schon entschlossen war, das Verhältn aufzulösen, evtl § 826 (Celle NJW **83**, 1065). Aber kein SchadErsAnspr wg Verletzg des PersR, wenn verh Mann seiner Partn die Scheidg in Aussicht stellt (Pawlowski NJW **83**, 2809; aA Hamm NJW **83**, 1436). AuseinandSetzg nach **Gesellschaftsrecht** (§ 705 Rn 32) gem §§ 730 ff (1) bei ausdrückl od stillschw geschl GesVertr od (2) wenn die Part einen **gemeinschaftlichen Wert geschaffen** h, der von ihnen nicht nur für die Dauer der PartnBeziehg gemeins benutzt w, sond ihnen nach ihrer Vorstellg auch „gemeins gehören" sollte (BGH **77**, 55; Kln FamRZ **95**, 1142 Hauskauf; BGH **84**, 388: Gemeins Aufbau eines Untern; BGH NJW **80**, 1520; **81**, 1502; **85**, 1841; **86**, 51: Bebauung eines Grdst mit Mietshs; Hamm NJW **80**, 1530: Einrichtg eines HotelBetr). Da die formal-dingl Zuordng des Ggst eine gemschaftl Wertschöpfg nicht ausschließt (Hausmann S 601 ff), kann eine AuseinandS nach GesR auch dann erfolgen, wenn Inh des VermWerts ein Partn allein ist (BGH NJW **92**, 906 EigtWo; Kln FamRZ **93**, 432; DoppelhausBau; and noch BGH **77**, 57; NJW **83**, 2375), wobei wesentl Beitr des Partn, der nicht zum Eigt od MitEigt gew ist, einen AnhaltsPkt für die gemschaftl Wertschöpfg geben (BGH NJW **92**, 906/7). Selbst bei gemeins DarlAufn iHv 660000 DM braucht keine gemschaftl Wertschöpf vorzuliegen (BGH FamRZ **93**, 939 = DNotZ **94**, 857 mA Nicolai: Hauserwerb für die Ki der Kl). Ferner stellt keine gemschaftl Wertschöpfg ein auf den Namen eines Partn lautdes Kto (Düss NJW **79**, 1509) od die Renovierg eines **gemieteten** BauernHs dar (Mü FamRZ **88**, 58); dagg Auflösg eines gemeins MietVerh ggf nach § 723 (Rn 17), ohne daß die mietvertragl KündiggsFr auch für das Verhältn der Mitmieter untereinand gilt (LG Karlsr FamRZ **95**, 94). Konsequent die Bejahg v ErsatzAnspr f währd der Verlobg erbrachte Bauleistgen nach Ehescheidg wg Wegf der GeschGrdlag eines „KooperationsVertr eig Art" (Hamm FamRZ **83**, 494), selbst als BegleitAusgl zum ZugewAusgl nach gescheiterter Ehe (BGH NJW **92**, 427). Auflösg einer InnenGesellsch gibt allenf Anspr auf Geldabfindg (BGH NJW **83**, 2375). Zur Sittenwidrigk hälftiger VerlBeteiligg Hamm FamRZ **93**, 1200. Zur **Schenkungssteuerfreiheit** von AusglAnspr Grziwotz DStR **93**, 149/50.

19   cc) Zu einem Ausgl kommt es schließl, wenn im Ztpkt der Auflösg der NeLebG der eine Teil noch aus einem **über den Trennungszeitpunkt hinausgehenden Kredit** verpfl ist, der zur Ablösg vorgemeinschaftlicher Schulden des Partners (Ffm NJW **85**, 810; es sei denn die Ablösg geschieht schenkgsweise; Karlsr FamRZ **87**, 1095 krit dazu Koch FamRZ **87**, 240) od für einen VermGgst aufgenommen w, dessen wirtschaftl Nutzg nach der Trenng allein dem and Teil noch zugute kommt, was insb für Pkw-Käufe wichtig ist; zahlt der Schuldn nach Trenng den Kredit zurück, hat er auch ohne entspr Abrede Erstattgs-

Anspr gem §§ 670, 683 (BGH NJW **81**, 1502). Dabei spielt es keine Rolle, ob der Wagen vor der Trenng gestohlen od zerstört w ist (Celle NJW **83**, 1063). Wurde der Kredit teils zur Anschaffg eines Pkws für die Partn, teils im Interesse beider Teile verwendet, so sind die nach Auflösg der LebGemsch noch fäll Raten im InnenVerhältn nach dem jeweiligen VerwendgsZw aufzuteilen (Celle NJW **83**, 1063). Dagg besteht kein AusglAnspr gg den Partn nach Auflösg der NeLebG, wenn der Kredit zur Finanzierg v Aufwendgen für die Gemsch aufgen wurde, auch wenn er bei der Trenng noch nicht zurückbezahlt war (Oldbg NJW **86**, 1817). Nach Koch aaO ist jeder Kredit im Alleininteresse eines Partners ausschließl u in vollem Umfg u unabhäng vom TilggsUmfg bei Trenng v ihm allein zurückzuführen.

dd) Beim **Tod** eines Partn fällt der gesamte Nachl des Verstorbenen dessen gesetzl Erben an, auch wenn **20** darin wesentl wirtschaftl Werte des überlebden Partn enth sind (vgl Saarbr NJW **79**, 2050; Ffm FamRZ **81**, 253). Testamente zG des and sind zul (BGH NJW **83**, 674; BayObLG FamRZ **84**, 1153). Keine analoge Anwendg v § 2077 II (BayObLG FamRZ **83**, 1226), wohl aber v § 1969 (Nachw Rn 33) u vor allem § 569a II 1, so daß der überl Partn in den MietVertr des verst Mieters eintritt (BGH **121**, 116; zum gleichgeschl Partn Einl 1). Oder-Kten enth nicht zugl die stillschweigde Vereinbg, daß beim Tode eines Partn dem and das gesamte RestGuth zusteht (Celle FamRZ **82**, 63). Die Übertragg der betriebl Hinterbliebenenversorgg auf die LebGefährtin kann sittenwidr sein (BAG FamRZ **84**, .691). Bei Tötg scheiden ErsAnspr gem §§ 844 II, 845 aus (Ffm FamRZ **84**, 790). Ebso eine WwenRente gem RVO 1264 (Hess LSG FamRZ **83**, 62). Zum ErbR u ErbschStR vgl Grziwotz ZEV **94**, 267.

c) Partnerschaftsverträge (Lit: Tzschaschel, Vereinbgen bei NeLebG, 2. Aufl 1991; Grziwotz, Part- **21** nerschVertr für die ne LebGemsch, 2. Aufl 1994, Prakt RFragen des ne ZusLeb dtv 1993 sowie MittBayNot **89**, 182; Oberto FamRZ **93**, 1; Schreiber NJW **93**, 624) empfehlen sich für die gemeins Wohng u bei größeren VermZuwendgen, zB bei Finanzierg eines Pkws od einer größeren Reise. Zul sind auch vertragl UnterhRegelgen (§§ 759 ff) u Dienstverträge zB zw Arzt u med-techn Ass (LAG RhPf FamRZ **83**, 489). Eingeschrkte Verbindlk im EinkStR (BFH NJW **88**, 2135). Nicht verbindl sind idR Abreden ü den Gebr empfängnisverhütender Mittel; auch keine vertragl od delikt SchadErsAnspr daraus, selbst nicht bei Täuschg (BGH **97**, 372, wo allerd doch viell § 826 schon erfüllt war; krit auch Roth-Stielow JR **87**, 7). Sittenwidr das Verspr einer Abfindg bei Scheitern der ne Verbindg (Hamm NJW **88**, 2474). **Trennungs-** **vereinbarungen** zum Unterh der gemeins Ki bedürfen gem § 1615e I der vormschgerichtl Gen (Zweibr FamRZ **94**, 882/1549 mA Finger).

1. Abschnitt. Bürgerliche Ehe

Erster Titel. Verlöbnis

Einführung

1) Das Verlöbn ist **begrifflich** einmal der **Vertrag,** dch den sich zwei Personen verschiedenen Ge- **1** schlechts ggseit versprechen, künft die Ehe miteinand einzugehen (RG **61**, 267; str); zum and der **Braut-** **stand** als das dadch begründete famrechtl GemschVerhältn. Zur Rechtsnatur ausführl 43. Aufl. Höchstpersönl RGesch; desh keine Vertretg. In der GeschFähigk beschränkte Pers brauchen f die personenrechtl Folgen des Verlöbn Einsichtsfähigk, bedürfen aber für die wirtschaftl Risiken des Verlöbn der Zust ihres gesetzl Vertreters (so jetzt zu Recht Strätz Jura **84**, 457). Geheimer Vorbehalt unbeachtl (RG **149**, 148). Die bes RücktrVorschr des VerlöbnR verdrängen nicht die Anfechtg (aA LG Saarbr NJW **70**, 327). Sittenwidr ist Verlöbn mit Verheiratetem (BGH **170**, 72; Karlsr NJW **88**, 3023), auch wenn ScheidgsVerf betrieben w (BayObLG NJW **83**, 831); ebso Verlöbn mit einem Verlobten, u zwar auch in Form des bedingten Ehe-Verspr (RG **105**, 245); and wiederum, wenn Ehefr eines Verschollenen sich verlobt (SchlH OLG NJW **50**, 899). Die Nichtigk des Verlöbn schließt **analoge Anwendung der §§ 1298 ff** nicht aus (BGH FamRZ **69**, 474), wohl aber Ausschl f denj, in dessen Pers der NichtigkGrd vorliegt (Karlsr NJW **88**, 3023).

2) Das Verlöbn ist an keine **Form** gebunden, kann also auch in schlüss Weise erfolgen. Insbes kommt es **2** auch auf die Einhaltg übl Formen (Ringwechsel, Anzeige) nicht an (RG JW **28**, 3047).

3) Wirkungen. Das Verlöbn begründet die Verpfl zur Eheschließg (RG JW **17**, 848), die allerd weder **3** direkt noch indirekt erzwingb ist. Ein eheähnl Verhältn (Einl 8 v § 1297) ohne ernstl EheVerspr ist kein Verlöbn (BayObLG MDR **84**, 145). Keine güterrechtl Wirkgen, auch § 1357 nicht entspr anwendb. Zur steuerl Begünstigg zur UnterhAufwendgen BFH NJW **94**, 959. Keine WwenVersorgg (vgl Einl 13 v § 1297) od UnterhPfl, so daß auch § 844 II entfällt. Keine Anwendg des BUmzugsKostG (BVerwG NJW **95**, 1847). Wirkgen aber bei Rücktr, §§ 1298–1300, u Unterbleiben der Eheschl überhaupt, § 1301. Für den Fall, daß die Ehe geschieden w, hat der gesch Eheg ifv § 1575 I einen AusbildgsfinanziergsAnspr, falls er eine Schul- od BerufsAusbildg in Erwartg der Ehe nicht aufgen od abgebrochen hat. Vgl ferner §§ 2077, 2279 (letztw Vfg), §§ 2275, 2276, 2290 (ErbVertr), 2347, 2351, 2352 (Erbverzicht). Mitarbeit im Geschäft des Verlobten reicht f Ann eines GesellschVerhältn nicht aus (BGH FamRZ **58**, 15); ein solches ist aber mögl bei Gründg einer FamHeimstatt f Zukft (Düss DNotZ **74**, 169). Verlöbn gibt Zeugen- u GutachtenverweigergsR, ZPO 383 Nr 1 u 2, 385 I, 408 I, StPO 52 I Nr 1, 55, 61 Nr 2, 63, 76. Der Verl ist Angehöriger iS von StGB 11 I Nr 1a u passim. Entschädigg nach OEG 1 nur, wenn ein Tatbest des OEG die Eheschl verhind hat (BSG NJW **91**, 3299). Die Brautkinder genießen kein bes Vorrecht, sind also nehel, vgl aber EG 208 II, §§ 1740a ff; es kann ihnen u der Braut, deren Verlöbn durch Tod aufgelöst ist, uU im Wege der Namensänderg der FamName des Verstorbenen gewährt w.

4) Die Beendigung erfolgt durch Eheschl, Tod, Eintritt der auflösden Bedingg, nachträgl Unmöglichk, **4** AufhebgsVertr und Rücktr.

5) Übergangsrecht DDR EG 234 § 2; **IPR** EG 13 Rn 30; **Reform:** Carsten StAZ **73**, 81. **5**

1297 *Unklagbarkeit.* [1]Aus einem Verlöbnisse kann nicht auf Eingehung der Ehe geklagt werden.
[2]Das Versprechen einer Strafe für den Fall, daß die Eingehung der Ehe unterbleibt, ist nichtig.

1   Der Wille zur Eheschl soll frei sein. Damit würde sich eine Klagbark oder auch nur die mittelb Erzwingbark der Ehe durch eine VertrStrafe nicht vertragen. Vgl auch ZPO 888 II, 894 II. Wohl ist aber Klage auf Feststellg des Bestehens oder Nichtbestehens eines Verlöbn mögl, ZPO 256.

1298 *Ersatzpflicht bei Rücktritt.* [1]Tritt ein Verlobter von dem Verlöbnisse zurück, so hat er dem anderen Verlobten und dessen Eltern sowie dritten Personen, welche an Stelle der Eltern gehandelt haben, den Schaden zu ersetzen, der daraus entstanden ist, daß sie in Erwartung der Ehe Aufwendungen gemacht haben oder Verbindlichkeiten eingegangen sind. Dem anderen Verlobten hat er auch den Schaden zu ersetzen, den dieser dadurch erleidet, daß er in Erwartung der Ehe sonstige sein Vermögen oder seine Erwerbsstellung berührende Maßnahmen getroffen hat.
[2]Der Schaden ist nur insoweit zu ersetzen, als die Aufwendungen, die Eingehung der Verbindlichkeiten und die sonstigen Maßnahmen den Umständen nach angemessen waren.
[3]Die Ersatzpflicht tritt nicht ein, wenn ein wichtiger Grund für den Rücktritt vorliegt.

1   1) Der Rücktr ist eine einseit, empfangsbedürft **Willenserklärung**, die auch stillschweigd (Abbruch des Verkehrs, Einstellg des Briefwechsels) abgegeben w kann. §§ 346 ff sind nicht ow anwendb. Ob das Verlöbn fortbesteht, ist nur aus dem Verhalten der Verl zueinand zu beurt, nicht aber aus Erkl Dritten ggü (RG **141**, 360). Keine Stellvertretg im Willen. Der in der GeschFgk beschränkte Verl bedarf zum Rücktr nicht der Gen seines gesetzl Vertreters, wohl aber zu einem rechtsgült Verzicht auf SchadErsAnspr, der bei Wiederaussöhng vorliegen w (RG **98**, 13). RücktrErkl nicht einseit widerrufl (Warn **14**, 164). Die Folge des (auch grdlosen) Rücktr ist die Aufhebg des Verlöbn; auch der und Teil ist nicht mehr gebunden (Warn **14**, 164). Zur **nichtehelichen Lebensgemeinschaft:** Einl 8 v § 1297.

2   2) Folge des grdlosen Rücktr ist die **Schadensersatzpflicht des zurücktretenden Verlobten** wg Nichterfüllg des Eheversprechens, also nicht aus einer unerl Hdlg (RG **163**, 286; Düss FamRZ **62**, 429). Jedoch nicht Erfüllgs-, sond begrenztes negatives Interesse zu ersetzen (KG JW **25**, 2110). Anspr ist übertragb u vererbl. Verzicht zul, soweit § 138 nicht entgg steht. Keine Anspr bei einverständl Aufhebg des Verlöbn.

3   3) **Ersetzt wird a)** dem und Verl, dessen Elt sowie Dr, die an deren Stelle gehandelt h, zB PflegeElt od
4   Freunden, nur der dch die Aufwendgn od die Eingehg v Verbindlk entstandene Schaden (sa §§ 256 f). – **b)** Dem Verl weiterhin auch der dch sonstige sein Verm od seine Erwerbsstellg berührende Maßn entstandene Schad u die Aufwendgn, soweit sie angem waren. Ermessensfrage. Aufgabe gutgehender SteuerberaterPrax zZw, die VermAngelegenh der Verl zu ordnen, nicht angem (BGH NJW **61**, 1716). GesundhSchäd nur nach Rn 7.

5   4) **In Erwartung der Ehe** müssen **Aufwendungen** usw gemacht sein, also falls sie vernünftigerw unterblieben wären, wenn der VerlöbnBruch vorausgesehen worden wäre (Warn **14**, 254). Ist aber der mangelnde Heiratswille bekannt, so fehlt diese Voraussetzg (Warn **35**, 69). Ebso, wenn Heiratsrisiko bewußt übernommen w bei Ausreise aus Polen zu unbekanntem Mann (ZweibrFamRZ **86**, 354). Als in Erwartg der Ehe gemacht v jedoch auch solche Aufwendgen angesehen w müssen, die schon gemacht wurden, als das später wirks gewordene Verlöbn noch unwirks war (vgl RG **170**, 72). Ers kann verlangt werden für Anschaffgen aller Art im Hinblick auf die Errichtg eines Haushalts (Vorteilsausgleich, soweit sie andere Verwendg finden), uU auch Ankauf eines Geschäfts (RG aaO). Kosten für die Veranstaltg der Verlobgsfeier (OLG **14**, 243); für Dienste, wenn sie mit dem freien Beruf oder Gewerbe des Verlobten zushängen (BGH NJW **61**, 1716), für ArbLeistgen nur bei konkr Verdiensentgang (LG Gießen FamRZ **94**, 1522); Aufgabe des bisherigen Berufs oder der Stellg u damit auch der Verdienstausfall bis zur Wiedererlangg einer entspr Stellg nach Auflösg des Verlöbn (Warn **24**, 181), wenn es sich um eine angemessene Maßn handelt (Rn 4). Jedoch § 254 II zu berücks, wenn der Betreffde sich nicht um eine Stellg bemüht (Warn **14**, 254). Braut darf Erwerbsstellg im allg erst
6   aufgeben, wenn Heirat nahe bevorsteht (Warn **18**, 76; Mü HRR **38**, 1595). Vgl auch § 1575. **Zu verneinen** bei Aufwendgen, die nur anläßl Verlöbn m Rücks auf den nahen persönl Verkehr erfolgten (Kiel SchlHA **24**, 66), also GelegenhGeschenke im allg, Bewirtgs- u UnterhKosten (Celle OLGZ **70**, 326; Ffm NJW **71**, 470); bei Leistgen in der FreiZt zZw des Hausbaus auf dem Grdst des Verlobten (AG Augsbg FamRZ **87**, 1141); keine Erstattg des Nutzgswert für Wohngsüberlassg (Ffm NJW-RR **95**, 899); ferner bei Ausschlagg eines günstigeren Heiratsangebots (RG JW **02**, Beil 259) od Aufwendgen od SchadErs für Sterilisation bzw psychotherapeut Behdlg (Düss FamRZ **81**, 355) od für den Verdienstausfall dch Schwangersch (Hamm FamRZ **95**, 296/483 m zu Recht krit Anm Bosch); vgl aber § 1615 k u l, Sorge für Kind, solche für eine voraufgehende nehel LebGemsch (BGH JZ **60**, 320), finanzielle Beitr eines Verlobten zu den Kosten des vorehel ZusLebens hins Reisen, Miete, LebensUnterh usw (Düss FamRZ **81**, 770) od in Erwartg der Verlobg (OLG **18**, 249), da es insof an der Ursächlichk fehlt. Tätigk im Gesch von Angehörigen des und Verlobten ist idR zu vergüten (BAG FamRZ **60**, 361).

7   5) **Weitergehende Ansprüche** zB wg GesundhSchad, bei Täuschg ü die Ernstlichk des EheVerspr (RG Recht **20**, 2861) aus §§ 823 ff, insb §§ 825, 847 II. Zu den Zugewinn ergänzden AusglAnspr: § 1372 Rn 2. Anspr auch gg Dritte (vgl RG **58**, 255).

8   6) **Kein Anspr aus § 1298 bei wichtigem Grunde des Zurücktretenden**, III, dh bei Vorliegen erhebl Tatsachen, die bei einer sachl, die Umstände des einzelnen Falles berücksichtigden Würdigg geeignet gewesen wären, den zurücktretden Verlobten v der Eingehg des Verlöbn abzuhalten (RG JW **07**, 178). Der Grd kann auch in der eig Pers des Zurücktreten liegen (Mü DJ **38**, 198). Hat er ihn aber verschuldet, so bleibt er schadensersatzpfl (Königsbg HRR **37**, 555; § 1299 Rn 1). Sonst Verschulden unerhebl. Haben beide Verl

RücktrGrde, kein ErsAnspr. **Wichtige Gründe:** Bruch der Verlöbnistreue; Lieblosigk, die ernstl Zweifel an 9
einer späteren ehel Gesinng aufkommen lassen, Verzögerg der Eheschl ohne trift Grd; Krankh, soweit sie in
absehb Zeit unbehebb ist (RG HRR **33**, 1189); Weigerg, sich bei KrankhVerdacht ärztl untersuchen zu lassen
(KG JW **20**, 979); ernstere Zerwürfn zw SchwElt u Verlobten (RG Recht **15**, 1098); überh alle Grde, die zur
Anfechtg wg Irrtums od argl Täuschg berechtigen würden (Einf 1 v § 1297). **Kein** wicht Grd ist dagg das allg
LebRisiko, zB daß es mit einer Aussiedlerin aus Polen zur Eheschl kommt (Zweibr NJW-RR **86**, 1392).

7) **Beweislast:** Für wichtigen Grd der Zurücktretde (RG JW **25**, 2110), währd der Kl das Vorliegen eines 10
rechtswirks VerlöbnVertr, den Rücktr des and Teils, Schaden u Angemessenh zu beweisen hat.

1299 *Rücktritt aus Verschulden des anderen Teiles.* **Veranlaßt ein Verlobter den Rücktritt des anderen durch ein Verschulden, das einen wichtigen Grund für den Rücktritt bildet, so ist er nach Maßgabe des § 1298 Abs. 1, 2 zum Schadensersatze verpflichtet.**

1) Der SchadErsAnspr hat denselben Inhalt wie in § 1298. Er steht hier dem Zurücktretden zu, dessen 1
Rücktr durch das schuldh (§ 276) Handeln des veranlaßt ist, muß aber auch gg den gegeben sein, der
zwar aus wichtigem, jedoch von ihm verschuldetem Grunde vom Verlöbn zurücktritt. Beweispflichtig für
das Vorliegen des wicht Grundes hier der Kläger.

1300 *Beiwohnung.* [I]Hat eine unbescholtene Verlobte ihrem Verlobten die Beiwohnung gestattet, so kann sie, wenn die Voraussetzungen des § 1298 oder des § 1299 vorliegen, **auch wegen des Schadens, der nicht Vermögensschaden ist, eine billige Entschädigung in Geld verlangen.**
[II]**Der Anspruch ist nicht übertragbar und geht nicht auf die Erben über, es sei denn, daß er durch Vertrag anerkannt oder daß er rechtshängig geworden ist.**

1) Vorkonstitutionelles Recht (BVerfG NJW **72**, 571), wesh ein Ger die Vorschr auch als verfwidr 1
ansehen darf (BVerfG 1. Sen 3. Ka FamRZ **93**, 662); aufrechterhalten mit der Begrdg, die Vorschr schütze
die weibl Geschlechtsehre (BGH **20**, 195; **62**, 282). Nach AG Münst NJW **93**, 1720 wg Unterstellg der
gemind VerantwFähigk der Frau verfwidr; nach AG St Ingbert FamRZ **87**, 941 verfgem, wenn aus der
Verlobg gemschaftl Ki stammt. Einzelheiten 44. Aufl sowie Klose FuR **94**, 27. Weitergehde Anspr nicht
ausgeschl, so (abgesehen von §§ 1298, 1299) aus §§ 1615k ff, unerl Hdlg. **Reform:** BT-Drucks 12/6049.

2) **Voraussetzungen: a) Gültiges Eheversprechen,** so daß InaussichtSt der Scheidg der bisher Ehe 2
nicht ausr (LG Saarbr NJW **87**, 2241); nicht genügd auch Beiwohng vor Abschluß eines Verlöbn; bei
Zugrdelegg der Vertragstheorie (vgl Einf 1 v § 1297) muß der ges Vertr dem EheVerspr also wenigstens
nach Beiwohng zugestimmt h (RG **61**, 272). Bei Ungültigk des Verlöbn § 1298 Rn 7. – **b) Rücktritt** gem 3
§§ 1298, 1299. Rücktr allein reicht auch bei langer seel Erkrankg nicht (AG St Ingbert FamRZ **87**, 941). –
c) Unbescholtenheit bedeutet Unversehrth der Geschlechtsehre (vgl StGB 182 aF). Freiw früherer Ge- 4
schlechtsVerk mit Männern, auch mit einem früh Verlobten (Brschw NJW **53**, 1222; aM Düss JMBl
NRW **56**, 15), schließt Unbescholtenh regelm aus. Aus dem Begr „unbescholten" ist ein gewisses Bekannt-
werden erfdl (RG **149**, 147). Einzelh zu dem unzeitgemäßen Begr 44. Aufl. **Beweislast** bei der Kl, wenn
Tats vorliegen, die auf Bescholtenh hinweisen (sa Bambg FamRZ **67**, 334). – **d) Gestattung der Beiwoh-** 5
nung, sonst §§ 825, 847 II. – **e) Zum Schaden** vgl 44. Aufl. 6

3) Bei der **Bemessung der Höhe der Entschädigung,** die nach billigem Ermessen festzusetzen ist, 7
kommt es hauptsächl auf die verbliebenen Heiratsaussichten der Braut an (Warn **20**, 112). Einzeln zu früh
Auffassg 44. Aufl. Spätestens unter diesem GesPkt dürfte die Vorschr heute obsolet geworden s.

1301 *Rückgabe der Geschenke.* **Unterbleibt die Eheschließung, so kann jeder Verlobte von dem anderen die Herausgabe desjenigen, was er ihm geschenkt oder zum Zeichen des Verlöbnisses gegeben hat, nach den Vorschriften über die Herausgabe einer ungerechtfertigten Bereicherung fordern. Im Zweifel ist anzunehmen, daß die Rückforderung ausgeschlossen sein soll, wenn das Verlöbnis durch den Tod eines der Verlobten aufgelöst wird.**

1) BereichergsAnspr (§ 812 I 2 Alt 2). Er ist übertragb u vererbl. Steht nur dem Verlobten zu, Dritten ggf 1
§§ 812ff (aM Kiel SchlH **24**, 66). **Nachgiebiges Recht.** Im Zweif stillschw Verzicht bei Tod eines der Verl.
Zur Verdrängg der Vorschr bei Schenkgen innerh nehel LebGemsch: Kln FamRZ **95**, 1142.

2) **Voraussetzungen: a)** Gült EheVerspr (Einf 1 vor § 1297) zZ der Schenkg (BGH FamRZ **61**, 361). 2
Bestand früh Ehe noch, so genügt es für die RückFdg gem § 1301, wenn Schenkg selbst nach rechtskr
Scheidg erfolgte (wg § 141; vgl Fenn FamRZ **75**, 42) od Gläub die die Nichtigk begründen Tats (also
Bestehen der fr Ehe) nicht kannte (BGH FamRZ **69**, 474). – **b)** Unterbleiben der Eheschließß aus irgendei- 3
nem Grde. Wird diese wider Treu u Gl verhindert, was nicht ijF v §§ 1298 I, 1299 zu bejahen u vom
Empfänger zu beweisen ist (OLG **41**, 42), so § 815 anwendb (RG JW **25**, 2110; BGH **45**, 263; dazu
Göppinger JuS **68**, 405; aM Dölle § 6 VII 2: Verweis regele nur Ggst u Umfang der HerausgPfl, nicht deren
Voraussetzgen). Anwendb auch §§ 818ff, mAusn v §§ 819 II, 820. Zurückverlangt w können nur Geschen-
ke, also nicht Brautbriefe od sonst Aufwand, der seinen Grd in dem Verlöbn hat. Umgek braucht es sich
nicht um Geschenke im herkömml Sinne zu handeln, so daß Erlaß v SchadErs f Reparaturkosten anläßl eines
vom Beschenkten verschuldeten Unfalls hierunter fallen k (Kln NJW **61**, 1726). Anstandsgeschenke sind
nicht rückforderb (§ 814).

1302 *Verjährung.* **Die in den §§ 1298 bis 1301 bestimmten Ansprüche verjähren in zwei Jahren von der Auflösung des Verlöbnisses an.**

1 Die Verjährg **beginnt** bei einseit Rücktr mit Wirksamwerden der Erkl (§ 1298 Rn 1), sonst mit der Auflösg. Desh kann Eheschl mit Dritten also uU ohne Kenntn des and hiervon Verjährg in Lauf setzen. Ist ein Anspr auch aus unerl Hdlg gegeben, so richtet sich deren Verjährg nach § 852 (Warn **11**, 259).

Zweiter Titel. Eingehung der Ehe

1303 – 1322 *(Aufgehoben durch § 84 EheG 1938, bestätigt durch § 78 EheG 1946. Es gelten jetzt an deren Stelle §§ 1–15 EheG 1946, diese z T wieder aufgehoben dch 1. EheRG.)*

Dritter Titel. Nichtigkeit und Anfechtbarkeit der Ehe

1323 – 1347 *(Aufgehoben durch § 84 EheG 1938, bestätigt durch § 78 EheG 1946. Jetzt §§ 16–37 EheG 1946, diese z T wieder aufgehoben dch 1. EheRG.)*

Vierter Titel. Wiederverheiratung im Falle der Todeserklärung

1348 – 1352 *(Aufgehoben durch § 84 EheG 1938, bestätigt durch § 78 EheG 1946. Jetzt §§ 38–40 EheG 1946, diese z T wieder aufgehoben dch 1. EheRG.)*

Fünfter Titel. Wirkungen der Ehe im allgemeinen

Einführung

1 **1) Eherechtsdogmatik.** Die Ehe wurzelt in versch Lebensbereichen u gehört als Ggst wissenschaftl Erörterg der Theologie, Soziologie u and Disziplinen an. Im vorliegden Zushg geht es um den privatrechtl Gehalt der Ehe.

2 **a) Begriff.** Vgl zunächst Einl 1 v § 1297. Man wird die Ehe als die mit EheschlWillen eingegangene, staatl
3 anerk LebensGemsch zw Mann u Frau bezeichnen können (vgl Beitzke/Lüderitz § 5 I). Das 1. EheRG bestimmt als GgGewicht zu den Scheidgserleichtergen dch die ZerrüttgsVermutgen (§ 1566) in § 1353 I 1 nF ausdrückl, daß die **Ehe auf Lebenszeit** geschl w (BVerfG FamRZ **59**, 417; Vogel FamRZ **76**, 482). Die Ehe ist darüber hinaus stets **Einehe.** Begriffl kann zw 1 Mann u 1 Frau immer nur 1 Ehe bestehen (Hamm FamRZ **75**, 630). Aber im Ausl geschl polygame Ehen sind anzuerk, wenn das HeimatR der Eheg die Mehrehe gestattet (VerwG Gelsenk FamRZ **75**, 338 mAv Jayme; Cullmann FamRZ **76**, 313). Unangebracht ist die Identifizierg der Eheschließg mit dem dadch begründeten RVerhältn: Die Ehe kommt dch Vertr
4 zustande, sie ist aber nicht selbst Vertr, sond dieser bringt die v Staat geschützte LebGemsch zw Mann u Frau hervor, aus der sp später die Familie erwächst. Das BGB erkennt nur die **bürgerliche Ehe** (das EheG hat diese Überschrift bestehen lassen) an. Es gilt also die **obligatorische Zivilehe.** Die kirchl Verpflichtgen bleiben unberührt (§ 1588), wirken aber nicht auf die bürgerl Ehe ein. Ebso ist die Entscheidg geistl Gerichte in Ehesachen immer ohne weltl Wirkg, wie früher GVG 15 III ausdrückl sagte.

5 **b)** Zum **sittlichen Wesen** u zur Säkularisierg **der Ehe** ausführl 47. Aufl; ferner M. Lipp, Die eherechtl Pflichten u ihre Verletzg, 1988; Coester-Waltjen NJW **91**, 3205; Wysk, RMißbr u EheR, 1994.

6 **c)** Das Recht zur ehel LebGemsch (§ 1353 I) ist für beide Eheg ein **absolutes Recht.**

7 **aa)** Dieses löst analog §§ 1004 I, 823 I **Abwehr- und Unterlassungsansprüche,** aber auch unmittelb deliktsrechtl naturrestitutive SchadErsFolgen aus (vgl RG **72**, 130), u zwar jedes Eheg gg den and Eheg od beider Eheg gg Dritte, zB wenn der Dr einen v ihnen wider dessen Willen festhält od wenn er einem Eheg den FamNamen vorenthält (Königsbg JW **29**, 2096). Vgl §§ 845, 826 Anm 8 f. Mit dem sich aus § 1353 I ergebenden R auf ehel LebGemsch kann jeder Eheg (Karlsr Just **78**, 365; LG Saarbr FamRZ **67**, 288) mit der EhestörgsKl dem and Eheg od Dr ggü Angriffe auf den **räumlich-gegenständlichen Bereich** der Ehe (Lit: Riegel NJW **89**, 2798; Smid NJW **90**, 1344) abwehren, dh Entferng des ehebr Dr aus der ehel Wohng u Unterlassg derartiger Störgen (BGH **6**, 360; Mü FamRZ **73**, 93), auch währd des Getrenntlebens (Celle NJW **80**, 711; sa Smid NJW **83**, 2486 u JuS **84**, 101) u trotz eines ScheidgsAntr (Schlesw FamRZ **89**, 979). Der geschützte räuml Bereich erstreckt sich auf die ehel Wohng, die aber diese Eigensch bei Kündigg dch den Verm verliert (AG Mönchengladb FamRZ **88**, 1057 m abl Anm Ségas), einschließl des Grdst (Stgt FamRZ **80**, 49); bei gemeins BetrFührg auch auf die Geschäftsräume (Kln DAV **85**, 80), so bei gemeins aufgebautem Laden (Kln FamRZ **84**, 267). Der Schutz des äuß ggstdl LebBereichs dient dagg nicht dazu, bei versch Wohngen unvermeidl Begegngen im selben Haus zu verhindern (Düss FamRZ **91**, 705) od den and Eheg unter Druck zu setzen u ihn unmittelb od mittelb zur Erfüllg seiner ehel Pfl zu zwingen (BGH **34**, 84). Jeder staarl Zwang, etwa dch Auferlegg wirtschaftl Nachteile (BGH **46**, 397), ist mit dem sittl Wesen der Ehe unvereinb (BGH **37**, 41). Dem Eheg bleibt nur die allerd aus dems Grde gem ZPO 888 II unvollstreckb HerstellgsKl (Einf 20) od die Scheidg. Keine EhestörgsKl nach in der Ehewohng praktiziertem PartnTausch (Zweibr NJW **89**, 1614; aA Smid FamRZ **89**, 1144). Ggü dem EhestörgsAnspr gibt es keinen Räumgsschutz nach ZPO 721 I (Celle NJW **80**, 711). Unter Soldaten kann Ehebr Dienstvergehen sein (BVerwG FamRZ **93**, 951).

8 **bb) Schadensersatzansprüche** richten sich entwed **gegen den anderen Ehegatten oder gegen Dritte.** Die Ehe bringt eindeutige Pflichten hervor, wie zB die UnterhPfl, bei der SchadErsAnsprüche aus

Unmöglk, Verzug u pos FdgsVerl in Betr kommen (Einf 8 v § 1601; Einf 4 v § 1569) sowie wg Verl der AuskPfl (§ 1580 Rn 2; § 1605 Rn 22); wg weiterer Trennngs- u Scheidsfolgen vgl §§ 1361 ff sowie die Übersicht Einf 3 v § 1564. Zum Teil sind die ehel Pfl aber auch nur allg dch die ehel LebGemsch umschrieben, so daß sie der näh Konkretisierg bedürfen (BGH **LM** § 242 D Nr 4; § 1353 Rn 4–15). Zur SchadErsPfl bei ihrer Verletzg § 1353 Rn 16. Mit der ges Wertg v ZPO 888 II wird im allg ein SchadErsAnspr gg den and Eheg wie gg den Dr wg **Ehebruch** verneint (§ 823 Rn 18); and bei KiUnterschiebg (LG Baden-Baden NJW **92**, 1514). Zu den Kosten des **Ehelichkeitsanfechtungsprozesses** § 1615b Rn 3. Zum SchadErs bei **fehlgeschlagener Familienplanung:** Einf 2 v § 1591 sowie 47. Aufl; BGH **124**, 52 (Spermavernichtg) u 128 (fehlerh genet Beratg).

cc) Zum **Schenkungswiderruf** vgl § 1372 Rn 3. 9

d) Die Ehe steht unter bes **staatlichem Schutz (Art 6 I GG)** iS einer Institutsgarantie u der Freih der 10 PartnWahl (BVerfGE **36**, 161), auch nach Scheidg (BVerfGE **31**, 83). Den verfassgsrechtl Schutz genießt uU auch eine bigam Ehe nach Scheidg der 1. Ehe (LG Ffm NJW **76**, 1096). **Privilegien** aGrd GG 6 I: Steuerl 11 Abzugsfähig v UnterhLeistgen (BVerfG NJW **76**, 845); ZeugenEntschädigg gem ZuSEG 2 III (BVerfG FamRZ **78**, 871); Spielraum f Gefangenenpost (BVerfG NJW **76**, 1929); besond Besuchstage f erwtät Eheg (BVerfG NJW **76**, 1311).

2) Ehewirkungen. a) Die §§ 1353–1362 enthalten die **allgemeinen privatrechtlichen Folgen** der 12 Eheschl in persönl u vermögrechtl Hins (vgl Ramm FS Gernhuber 1993 S 793). Die Regelg gilt unabh vom Güterstd (Ausn: §§ 1435, 1458). Im Ggs zum EhegüterR (§ 1408) dchweg **zwingendes Recht** (RG **61**, 53). **Nicht erschöpfend:** Verj (§§ 194 II, 204 S 1); EhegErb- u PflichtteilsR (§§ 1371 I, 1931ff, 2303 II); gemschaftl Test (§§ 2265–2271); ErbVertr (§§ 2275 II, 2276 II); Konk (KO 2, 31 Z 2, 32 Z 2, 40 II Z 2) u Anf (AnfG 3 Z 2 u 4, 11 II Z 2). Wg der vermrechtl Wirkgen § 1363ff, 1408ff, 1415, 1483. Der dem AbzKäufer gewährte Schutz erstreckt sich auch auf seinen Eheg (BGH JR **75**, 467 mAv Haase). Dem Versicherer werden RückgrAnspr abgeschnitten (VVG 67 II, SGB X § 116 VI), selbst bei nachträgl Heirat der Unfallbeteiligten (BGH NJW **77**, 108).

b) Keine Wirkung der Eheschließung auf **aa) Geschäfts- und Prozeßfähigkeit.** Heirat macht nicht 13 mündig; aber Einschrkg der ges Vertretg (§§ 1633, 1649). Keine AufsichtsPfl f den and Eheg, aber uU SchadErsPfl bei Nichtunterbringg eines gemeingefährl Partn (RG **70**, 48). – **bb)** Kein allg **Vertretungs-** 14 **recht** unter Eheg. Also abgesehen v §§ 1357, 1429, 1454 (vgl auch §§ 1628, 1629 I 2) Vollm erforderl. Zum unbefugten Öffnen verschl Post BGH FamRZ **90**, 846. – **cc) Rechtsgeschäfte** der Ehel **miteinander** ow 15 zuläss (Sandweg BWNotZ **91**, 61): EheVertr (§ 1408), Darl, Schenkg (RG **108**, 122), Gesellsch- u DienstVertr (§ 1356 Rn 6ff). Vgl auch § 1372 Rn 2–11. Aber keine VertrStrafe zur Dchsetzg der §§ 1353ff (RG **158**, 300). Zur Sittenwidrigk der **Mithaftung:** § 138 Rn 37.

c) In and RGebieten: Im **öffentlichen Recht** zB StrafRPrivilegien (StGB 11 I Nr 1, 139 III, 247, 258 VI); 16 ZeugnVerweigergsR (ZPO 383 I Nr 2, StPO 52 I Nr 2). **Verwaltungsrecht:** Steiner FamRZ **94**, 1289. Im **Bestattungsrecht** hat der Wille des überlebden Eheg Vorrang (LG Mü I FamRZ **82**, 849 Umbettg). Zur **Aufenthaltserlaubnis** ausl Eheg vgl etwa VGH BadWü FamRZ **94**, 41.

3) Klagen aus der Ehe. Die Ehe ist ein RVerhältn (Einf 6) u gewährt als solches verschiedene KlageRe 17 für den Fall, daß die Ehe nicht funktioniert (vgl aber ZPO § 888 II).

a) Die Kl auf **Feststellung des Bestehens oder Nichtbestehens einer Ehe** ist Ehesache (ZPO 606 I). 18 Zust ist das FamG. Dritte haben keine unmittelb KlMöglk; das Bestehen einer Ehe kann aber inzident, zB iR eines ErbStr, vom ProzGer zu entsch sein (Hamm FamRZ **80**, 706).

b) Die Kl auf **Herstellung des ehelichen Lebens** (Lit: Stake JA **94**, 115) dient der Dchsetzg der sich aus 19 den §§ 1353ff ergebden wechselseit Anspr der Eheg, soweit sie persönl (nicht vermögrechtl) Natur sind, u schließt im allg andere Kl aus (RG **108**, 230; **151**, 159). Nicht ausgeschl allerd UnterlassgsKl aus § 823 gg Angriffe des and Eheg auf das PersönlkR (Oldbg OLGZ **68**, 139). – **aa)** Mit der **positiven Herstellungs-** 20 **klage** kann verlangt w: alles entspr § 1353 Rn 2–15, zB Mitbenutzg eines Zimmers (Hamm FamRZ **66**, 450); Unterrichtg über VermögVerhältn (§ 1353 Rn 15), aber nicht Auskft über das Verm im einz zur Vorbereitg des ZugewAusgl, insof § 1379 (Hbg FamRZ **67**, 100); Entferng des EhebrPartns aus der Ehewohng (Einf 7); nach § 1355 Führg des FamNamens; Übertragg der Leitg des Hauswesens (§ 1356). Im KlAntr u UrtAusspr ist anzugeben, welche ehel Pfl der Bekl erfüllen soll (RG **97**, 287). ZwVollstr ausgeschl (ZPO 888 II); trotzdem RSchutzinteresse zu bejahen (RG **163**, 384; BGH NJW **57**, 300). – **bb)** Ggstück zur 21 pos ist die auf Feststellg, daß der Kl gem § 1353 II zum Getrenntleb berecht ist, gerichtete **negative Herstellungsklage** (RG **150**, 70; weit Nachw 48. Aufl). Voraussetzg ist, daß die gericht Feststellg für die RStellg des Kl von Bedeutg ist (KG FamRZ **88**, 81). IdR fehlt das bes Feststellgsinteresse (Mü FamRZ **86**, 807). Ehesache (ZPO 606ff). Wichtigste Folge: Möglk einstw AnO gem ZPO 620ff.

c) Vermögensrechtliche Ansprüche (wie zB UnterhAnspr aus §§ 1360, 1361) sind dagg keine EheSa, 22 sond im gewöhnl ZivProz (allerd vor dem FamG; GVG 23a Z 2, 23b I Z 6) einzuklagen (Th-P Vorb III v § 606).

4) Gesetzesaufbau. Das 1. EheRG (Einl 3 v § 1297) hat die §§ 1564–1587 p eingefügt (ScheidVorauss; 23 nachehel Unterh; VA). Das 2. EheRG soll das R der Eheschl ins BGB zurückführen, das einstw aber noch im EheG geregelt ist, ebso wie die Vorschr zur Nichtigk u Aufhebg der Ehe.

5) Internationales Privatrecht EG 14; **interlokales Privatrecht** EG 14 Rn 4. 24

6) Übergangsvorschriften des BGB EG 199; des GleichberG Art 8 Teil I Z 1 sowie des 1. EheRG Art 12 25 Z 1, wonach für die persönl Rechtsbeziehgen der Eheg zueinander die Vorschr des 1. EheRG gelten, auch wenn die Ehe vor seinem Inkrafttr geschl ist. **Übergangsregelung DDR:** EG 234 § 3 Rn 2.

7) Nichteheliche Lebensgemeinschaft: Einl 8ff v § 1297. 26

1353 *Eheliche Lebensgemeinschaft.* [I]Die Ehe wird auf Lebenszeit geschlossen. Die Ehegatten sind einander zur ehelichen Lebensgemeinschaft verpflichtet.

[II]Ein Ehegatte ist nicht verpflichtet, dem Verlangen des anderen Ehegatten nach Herstellung der Gemeinschaft Folge zu leisten, wenn sich das Verlangen als Mißbrauch seines Rechtes darstellt oder wenn die Ehe gescheitert ist.

1   **1)** Trotz der mit dem Übergg vom Verschuldens- zum Zerrüttgsprinzip im ScheidgsR verbundenen Erleichterg der Eheauflösg gilt im Grdsatz weiterhin, daß eine **Ehe auf Lebenszeit** geschl wird, I 1. Die lebenslange Ehedauer ist untrennbarer Bestandteil des Ehebegriffs iSv GG 6 I (BT-Drucks 7/4361 S 6). Daraus folgt, daß die Verlobten ihre Erkl, die Ehe miteinand schließen zu wollen, nicht unter einer Bedingg 2 od Zeitbestimmg abgeben k (EheG 13 II). Zur **Schein- und Asylantenehe:** EheG 12 Rn 2 u 13 Rn 8 sowie § 1565 Rn 11.

3   **2)** Die **Verpflichtung zur ehelichen Lebensgemeinschaft,** I 2, ist a) in einer **Generalklausel** formuliert, die für das EheR eine ähnl Bedeutg hat wie § 242 für das VertrR. Sie macht die Verpflichtg der Eheg zur ehel LebGemsch aus einer rein sittl zu einer rechtl, die ggf iW der Klage auf Herstellg des ehel Lebens gg den and Eheg verfolgt w kann (Einf 17 vor § 1353). Seine Grenze findet dieses Herstellgsverlangen in einer mißbräuchl Ausnutzg od wenn die Ehe bereits gescheitert ist, II. Der and Eheg hat dann ein VerweigergsR. Zu parallelen GesellschVerhältn zw den Eheg u entspr AusglAnspr: § 1372 Rn 4.

4   **b) Inhalt.** Die ehel LebGemsch umfaßt die gesamten persönl wie die vermögensrechtl (Rolland Rn 6 mN) Verhältn der Eheg zueinander. Nach Auffassg des GesGebers kommt mit dem Begr der ehel LebGemsch die „Partnersch gleichen Rechts und gleicher Pflichten mit bes Anforderungen auf ggseit Rücksicht u Selbstdisziplin, auf Mitsprache u MitEntsch am besten zum Ausdr" (BT-Drucks 7/4361 S 7). Die ScheidgsErleichterg dch Einf des Zerrüttgsprinzips (§ 1565 I 1) u der ZerrüttgsVermutgen (§ 1566) haben grdsätzl nichts an dem **Katalog ehelicher Pflichten** innerh der bestehden Ehe geänd, mag es auch iR der Frage nach Aufhebg der ehel LebGemsch als Voraussetzg der Zerrüttg wesentl auf die individuelle LebAusgestaltg dch die Eheg ankommen (§ 1565 Rn 4–8). Abgesehen von dem wicht Ändergen in der Ber der Aufgabenteilg in der Ehe (§§ 1356 bis 1360) sollten ggü dem bish geltden R keine Ändgen eintreten (BT-Drucks 7/4361 S 7).

5   **aa)** Die Ehe ist **Geschlechtsgemeinschaft** u verpfl grdsl zum ehel Verkehr (BGH NJW 67, 1079; Ausn bei Strafhaft: Hamm FamRZ 85, 928); bei erzwungem Verk gewährt Schlesw FamRZ 93, 548 Schmerzensgeld. Ferner besteht Verpfl zur ehel Treue unabh davon, daß die Ehebr als ScheidgsGrd abgeschafft ist (EheG 42 I aF). Zur Bedeutg v Aids: Tiedemann NJW 88, 730. Maßnahmen der **Familienplanung** sollten nur aGrd entspr Vereinbgn der Eheg erfolgen, die jedoch keine rechtl Verbindlichk besitzen. SchwangerschAbbruch nur unter den gesetzl Vorauss; Zust des Ehem nicht erfdl (§ 1626 Rn 6), auch nicht bei Sterilisation (BGH 67, 48).

6   **bb)** Eine der Hauptpflichten der Eheg ist die **häusliche Gemeinschaft** (RG 53, 340). Weigerg kann gem § 1579 Nr 6 zum Ausschl des Anspr auf nachehel Unterh führen (BGH NJW 87, 1761; FamRZ 90, 492). Aus der Pfl zum ZusLeben ergibt sich die Verpfl, dem and bei sich ein Unterkommen zu besorgen (Celle NJW 7 56, 1842). **Wohnung und Hausrat** haben die Eheg, sow sich das nicht schon aus dem Güterstd ergibt, einand zum Gebrauch zu überlassen (BGH 12, 380) u darauft in **Mitbesitz** (§ 866 Rn 3). Zum MitBes an einer versteckten Münzsammlg Kbz NJW-RR 94, 1351. Darauf, wer Mieter ist, kommt es ebsowenig an (AG Trier FamRZ 93, 547) wie auf das Eigt; untereinand BesitzR iSv § 986, das ggf bis zur Scheidg fortbesteht (BGH NJW 78, 1529). Zur **Räumungsvollstreckung** ist Titel gg beide Eheg erfdl (LGe Hbg u Mannh NJW-RR 93, 146 u 147; Münzberg FS Gernhuber 1993, S 781; Becker-Eberhard FamRZ 94, 1296; aA Th-P ZPO § 885 Rn 4). Entspr besteht für die RäumgsKl gg den nicht vertr-beteil Eheg ein RSchutzinteresse (Schlesw NJW-RR 93, 274). Hausr kann unter Eheg n § 930 übereignet w, wobei die Ehe als gesetzl BesitzmittlgsVerh iSv § 868 wirkt (BGH 73, 253). Ein Eheg hat keinen Anspr darauf, daß der äußere ggständl Bereich der Ehe (Einf 7 vor § 1353) ihm erhalten bleibt; es sind die beiderseit berecht Interessen 8 abzuwägen (BGH 37, 38; FamRZ 72, 363). **Wohnsitz:** §§ 7 ff.

9   **cc) Das eheliche Zusammenleben berührende Entscheidungen** sind im ggseit Einvernehmen zu treffen (vgl § 1618a, § 1356 II 1). Keiner der Eheg hat die alleinige od letzte Entsch. In Fragen, die gemeins zu entscheiden sind, zB Gesuch um Versetzg (Mü FamRZ 67, 394), hat jeder Eheg auf die Ansicht des u dessen Belange sowie der der Fam Rücks zu nehmen. Dch Funktionsteilg können jedoch je einem Eheg eigenständ EntschSpielräume. Das gilt insb iR der HaushFührg (§§ 1356 I 2, 1357) u Kindererziehg (§ 1627).

10   **dd)** Aus I 2 folgt auch die Pfl zum **gegenseitigen Beistand,** insb zur Mithilfe im gemeins Haush (BGH JZ 60, 371) od Gesch des and Eheg (§ 1356 Rn 6); Nichtalleinlassen der hochschwangeren Frau (Warn 31, 110); Unterbringg des kranken Eheg in einer HeilAnst (RG 70, 50); Abhaltg vom Selbstmord (BGHSt 2, 150; BSG NJW 57, 1943) od strafb Hdlgen (BGHSt NJW 54, 1818; krit Geilen FamRZ 61, 157); aber umgek auch Abstandn von (Straf- od Steuer-)Anzeigen (BGH MDR 64, 911). Die BeistdsPfl enthält ferner die Verpfl, dem sücht gewordenen Eheg zu helfen (BGH FamRZ 67, 324); dagg keine Verpfl zur Pflege des schwerstbehind Eheg (BGH NJW 95, 1486). Die BeistandsPfl erstreckt sich außerdem auf die **Kindererziehung** (§§ 1626 ff); ggf auch bezügl der im Haush lebden erstehel Ki des Eheg (Karlsr FamRZ 61, 371; Hbg 11 FamRZ 67, 103). Zum **Wirtschaftsgeld** § 1360a Rn 1. Unabh vom Güterstd besteht die Verpfl der Eheg, das Eigt des and vor Schaden zu bewahren (RG 64, 278; vgl § 1359). **Steuern** (Lit: Rohn, EhePflen bei der EStVeranlagg, 1990; Donath RabelsZ 93, 401): Die Eheg sind zur Mitwirkg bei der StErkl (§ 1569 Rn 13) zZw der Gesamtveranlagg verpfl (BGH FamRZ 77, 40; NJW 83, 1545; Kln FamRZ 89, 1174), unabh von der Verteilg der UnterhLast (LG Fulda FamRZ 89, 1174) u ggf obwohl schon zwei getrennte Wohngen bestehen (Hamm FamRZ 94, 893). Die Verpfl zur Zust kann aus der gemeins Wahl der StKlasse resultieren (Kln FamRZ 93, 806). Sie endet, wo der StVort beim and Eheg, die Nachteile dagg beim Zustimmdn liegen würden (LG Bln FamRZ 92, 436) und dieser nicht bereit ist, sie dem and Eheg auszugl (Stgt FamRZ 93, 191). Wg der Widerrufsmöglk besteht die Verpfl zur gemeins steuerl Veranlag auch dann, wenn gg den

zustverpfl Eheg bereits bestandskräft StBescheide ergangen s (Düss FamRZ **90**, 160); vgl iü § 1569 Rn 14. Nach Trenng (AG Ravbg u Kblz FamRZ **80**, 681 u 685) u Scheidg **begrenztes Realsplitting** (§ 1569 Rn 14). Zur Beteilig an **Steuerrückerstattung:** § 1372 Rn 11. Zum **Mißbrauch** steuerl Gestaltgsmöglkten: BFH BB **93**, 920. Zum **Schadensersatz** Rn 16. Ggf besteht eine Pfl zur Duldg einer **Erwerbstätigkeit** des and **12** Eheg, sei es einer freiw (§ 1356 II), sei es einer erzwungenen, zB um UnterhPflichten ggü Kindern aus 1. Ehe nachzukommen (§ 1360 Rn 20; § 1603 Rn 11; LG Krefeld NJW **77**, 1349; Kln FamRZ **79**, 328). **Mitarbeitspflicht:** § 1356 Rn 8; RechenschaftsPfl: § 1357 Rn 24; **BGB-Gesellschaft:** § 705 Rn 27; § 1372 Rn 6.

ee) Ferner stellt die Verpfl zur ehel LebGemsch best Anfordergen an die **eigene Persönlichkeitsgestal-** **13** **tung:** Wiederherstell der eig Gesundh (RG **95**, 330); Einstellg v Alkohol- (Ffm FamRZ **82**, 484) od MedikamentMißbr (BGH **43**, 331); Zurückhaltg im Einsatz für eig GlaubensGemsch (KG FamRZ **54**, 145; sa BGH **33**, 145; **38**, 317; MDR **65**, 277). Ganz allg besteht die Pfl zur Rücksnahme auf den and Eheg (vgl § 1618a; RG **124**, 55); ferner zur Abstandn, dem and die eig Lebensformen aufzuzwingen (BGH NJW **60**, 1447) u nicht zuletzt auf Achtg der polit Anschauungen des and (Schlesw MDR **54**, 417).

ff) Die Pflicht zur ggseit Rücksnahme kann auch bedeuten, **vermögensrechtliche Ansprüche nicht** **14** **geltend zu machen,** die den Umst nach dem ehel ZusLeben widersprechen (RG JW **24**, 678; BGH **53**, 356). So dürfen nach Stellen des ScheidsAntr nicht Kl auf Herausg der Ehewohng nach § 985 erhoben (BGH **67**, 217) od dem vom Hof gewiesenen Ehem alle ArbGeräte weggen w (Celle FamRZ **71**, 28). Umfaßt die Betätigg im Unternehmen den räuml-ggst Bereich der Ehefr, so kann sie dch die Künd nicht daraus verdrängt w (BGH JZ **61**, 577 mAv Müller-Freienfels). Zur **Teilungsversteigerung** hins MitEigt: § 1365 Rn 8; hins AlleinEigt: § 1372 Rn 9. StillhalteVerpfl aus § 1353 ggü dem Eheg (§ 1359 Rn 2) braucht SchmerzensgeldAnspr ggü mitschädigdem Dr nicht zu verkürzen (BGH NJW **83**, 624). Ungehinderte Geltdmachg von SchadErsAnspr ggü Eheg ggf **nach Trennung und Scheidung** (BGH NJW **88**, 1208). Zum **Bankkonto:** § 1372 Rn 8. Iü schränkt die ehel LebGemsch unabh vom GütStd die **Verwaltungsbefugnis** ein, so daß der Eheg, der den und verläßt, nicht ow das als Ehewohng dienende Haus verkaufen (Mü FamRZ **69**, 151) od als Alleinmieter die ehel Wohng kündigen darf (Rn 6; § 1361 a).

gg) Eine **Auskunftspflicht** ü die eig VermVerhältn folgt für die nachehel Zeit aus den §§ 1379, 1386 III, **15** 1580, 1587 e I und k I; währd des Bestehens der Ehe ergibt sie sich, insb hins der eig VermVerhältn, unmittelb aus § 1353 (vgl NJW **77**, 219; BGH FamRZ **76**, 516; Schlesw SchlHA **74**, 112; Karlsr FamRZ **90**, 161: in großen Zügen).

c) Bei Verletzg der persönl Pfl aus der ehel LebGemsch kein **Schadensersatz** (BGH FamRZ **77**, 38; **16** Deutsch VersR **93**, 1045: allg LebRisiko; vgl Einf 8 v § 1353), auch nicht wg UnterhZahlgen an das EhebruchsKi (BGH NJW **90**, 706; § 823 Rn 18; and Celle FamRZ **92**, 556); wohl aber uU bei geschäftsmäß Hdlgen wie der Verletzg der Verpfl, der steuerl ZusVeranlagg zuzustimmen (BGH FamRZ **88**, 143). Dagg kein matrechtl KostErstattgsAnspr außerh ZPO 269 III 2 (BGH NJW **88**, 2032).

3) Verweigerung der Herstellung der Gemeinschaft, II. Die Vorschr ist anges der Neufassg der **17** ScheidgsBestimmgen (§§ 1564 ff) prakt obsolet geworden. IdR besteht für eine entspr gerichtl Feststellg des R auf Getrenntleben kein RSchutzInteresse (Karlsr FamRZ **89**, 79). Ausführl Kommentierg 50. Aufl Rn 17–22.

1354 *Entscheidungsbefugnis.*   *(Aufgehoben durch GleichberG Art. 1 Nr 5.)*

Vorbemerkung vor § 1355:

Gesetz zur Neuordnung des Familiennamensrechts (FamNamRG) v 16. 12. 93 (BGBl I 2054 ff)

1) Zweck und Inhalt des FamNamRG (Lit: § 1355 Rn 1). Das BVerfG (NJW **91**, 1602) hat die Regelg v **1** BGB 1355 II 2, wonach der Geburtsname des Mannes Ehename wurde, wenn die Eheg bei der Eheschl keine Best über den Ehenamen trafen, für unvereinb mit dem Gleichberechtigssatz von GG 3 II erkl u den GesGeber verpfl, das EhenamensR insow neu zu regeln. Die vom FamNamRG getroffene Regelg geht zwangsläuf weit über den eigtl Anlaß der Reform, näml die Streichg der SubsidiärGeltg des Mannesnamens, hinaus u hat im wesentl folgen Inh: Eheg sollen einen gemeins FamNamen best, der ein Geburtsname eines d Eheg sein kann, aber nicht ein aus den Namen der Ehepartn zusgesetzter Doppelname. Die Möglk, den bei der Best des Ehenamens übergangenen eig Namen als Begleitnamen weiterzuführen, bleibt erhl. Best die Eheg keinen Ehenamen, behalten sie jeweils ihren zZt der Eheschl gef ührten Namen. Ki erh den Ehenamen **2** ihrer Elt als Geburtsnamen. Wird kein Ehename geführt, erh sie den Namen des Vaters od der Mutter. Treffen die Elt hierüber keine Best, übertr das VormschG das BestR einem EltT. Das für diesen Fall ursprüngl vorgesehene LosVerf entf. Aufzählg der übr GesÄndergen: § 1355 Rn 2.

2) Inkrafttreten: Am 1. 4. 94 (Art 8 II FamNamRG), mit Ausn der Ermächtigg zum Erl von Verw- **3** Vorschr (Art 7 § 6, Art 8 I FamNamRG).

3) Übergangsregelung, Art. 7 FamNamRG. Für die Zt nach dem Inkrafttr besteht für **Altehen,** also **4** solche, die vor dem 1. 4. 94 zustande gekommen sind, ohne daß es eine Begrenzg in die Vergangenh gibt (BVerfG NJW **91**, 1602/4), namensrechtl eine ÜbergRegelg von 1 J, innerh dessen die Eheg gewünschte NamensÄnd vornehmen können. Die Regelg von Art 7 gilt nicht nur für Altehen u Abkömml daraus, sond auch hins der vom BVerfG seinerz bis zum Inkraftstr der gesetzl Neuregelg vorgesehenen eig ÜbergRegelg (vgl 53. Aufl § 1355 Rn 9). Diese ÜbergRegelg ist dch die des FamNamRG obsolet geworden. – **Form:** Die **5** im folgenden behandelten namensrechtl Erkl sind dchgäng ggü dem **Standesbeamten** abzugeben u **öffentlich zu beglaubigen,** wobei die Beglaubigg od Beurk auch vom StBeamten selbst dchgeführt w kann (§§ 1 I 3; 2 I 3; 3 S 1 Halbs 2; 4 S 1; 5 I 3; vgl PStG 15 c I). – **Frist:** Für die zur namensrechtl Angleichg der Altehen **6** (Rn 4) vorgesehenen Erkl besteht dchgäng eine Fr von 1 J nach dem Inkrafttr des FamNamRG, also **bis zum 31. 3. 1995** (§§ 1 I 1; 2 I 1; 3 S 1; 4 S 1); and im internat NamensR: 2 J (Rn 13). VerwVorschr zur Dchführg der ÜbergsRegelg BAnz **94**, 3594 = NJW **94**, X (Heft 40).

7 **a) Art. 7 § 1: Übergang vom Ehenamen zu getrennten Namen.** Die Vorschr bezieht sich (*arg* § 2) auf den alleinstehden Eheg, gilt also zunächst einmal iF der **Verwitwung oder Ehescheidung,** wenn der Eheg den Ehenamen beibehalten hat (§ 1355 IV 1). Den Namen des and (verst od gesch) Eheg kann er nicht annehmen. Die Vorschr gilt ferner auch innerh einer noch bestehden **Ehe**, in der die Neuregelg des NamensR zum Anlaß gen w kann, von dem (urspr konsentierten od nur dch die für verfassgswidr erkl Regelg von § 1355 II 2 zum gemeins Namen der Eheg gewordenen) Ehenamen wieder abzurücken. Ein solcher Eheg kann, sofern nicht eben dieser Name zum Ehenamen geworden ist, 1. seinen Geburtsnamen od 2. seinen zZt der Eheschl geführten Namen wieder annehmen, **I 1,** womit dieser allerd, sollte er als Begleitname fungiert haben, entfiele, **II.** Od er kann es beim Ehenamen belassen, aber 3. den nicht zum Ehenamen gewordenen Geburtsnamen bzw 4. den bei der Eheschl geführten Namen dem Ehenamen als Begleitnamen
8 voranstellen od anfügen, **I 2.** Sind vor der NamenswiederAnn geborene mj Ki vorh, so ist bei WiederAnn des Geburts- od des zZt der Eheschl geführten Namens der Geburtsname des Ki neu zu best, **III 1 Halbs 1. Frist:** 1 Mo nach WiederAnn des Geburts- od des vor der Ehe geführten Namens. – Dch **Verweisungen** auf §§ 1616 II u 1616a I u III, **III 1 Halbs 2,** sind die WahlMöglkten, die Form der NamensBest sowie die Geltg ggü weiteren Geschw konkretisiert (§ 1616 Rn 3, 5 u 7) sowie die Berücks der SelbstBestFähigk des Ki u der Einfl auf einen etwaigen Ehenamen des Ki (§ 1616a Rn 3 ff u 14 ff). Hat ein Eheg seinen GeburtsNa wieder angen, so kann dieser einem unter 5jähr Ki erteilt w, auch wenn ältere Geschw den bish FamNa beibeh (AG Bln-Schönebg StAZ **95**, 240). Dagg kein DoppelNa (AG Tüb StAZ **95**, 241). Keine entspr Anwendg findet § 1616 IV, **III 2,** so daß es, wenn die Elt von ihrem R auf NamensNeubestimmg keinen Gebr machen, beim bish Geburtsnamen des Ki bewendet.

9 **b) Art. 7 § 2: Anpassung des Ehenamens an die neuen Gestaltungsmöglichkeiten.** Die Vorschr findet nur Anwendg auf Eheg, die einen Ehenamen führen, also nicht auf solche, die etwa aGrd der vom BVerfG vorgesehenen ÜbergRegelg (§ 1355 Rn 9) schon vor Einführg von § 1355 I 3 den bish Namen beibehalten haben. Da nicht auszuschl ist, daß sich die Eheg bei der Wahl des Ehenamens von der verfassgswidr SubsidiärGeltg des Mannesnamens (§ 1355 Rn 9) haben beeinflussen lassen, eröffnet § 2 sämtl Alteheh (Rn 4) den **Ehenamen neu zu bestimmen, I 1.** Die in dieser Vorschr enth Verweisg auf § 1355 II, III u VI bedeutet, daß die Eheg den zum Ztpkt der Erkl über die Neuwahl gült, also zB währd der Ehe dch Adopt eines der Eheg geänd Geburtsnamen (§ 1355 Rn 2), zum neuen Ehenamen machen können. Die Verweisg auf § 1355 III kann dch Versehen nur eine auf die aF der BegleitnamensRegelg sein; als Verweisg auf den § 1355 III nF gibt sie keinen Sinn, weil die Erkl nicht „bei der Eheschl" erfolgen kann u die FrVerlängerg auf 5 J der in Art 7 § 2 S 1 gesetzten Fr von 1 J widerspräche. Desh ist die Bezugn als Redaktionsversehen zu werten u als Verweisg auf § 1355 IV nF zu verstehen. Danach eröffnet die Möglk der Korrektur der Wahl des Ehenamens auch eine neue Entsch über den **Begleitnamen** (§ 1355 Rn 6 ff). Es kann also 1. der bish Ehename als Begleitname weitergeführt w; ferner unabhäng vom Wortlaut des bish Ehenamens 2. der jetzige Geburtsname (Rn 2) oder 3. der zZt der Erkl über den Ehenamen geführte Name 4. dem Ehenamen vorgestellt od angefügt w. Die vom Ges eingeräumte „Neubestimmg" nach § 1355 IV dürfte es schließl auch gestatten, 5. unter Beibehaltg des bish Ehenamens nur die je nach dem Alter der Ehe versch Stellg des Begleitnamens vor od hinter dem Ehenamen zu veränd. Zur **Form:** Rn 5. Die Erkl über den Austausch des Ehenamens kann nur von beid Eheg **gemeinsam abgegeben** w, **I 2,** währd die Erkl über den Begleitnamen nur von dem Eheg, dessen Name nicht Ehename wird, allein abzugeben ist. Wird der bish von einem Eheg nur als Begleitname geführte Name zum Ehenamen, so gilt der Begleitname als widerrufen, **II** (vgl Rn 7). **Frist:** Rn 6.

10 **c) Art. 7 § 3: Anpassung des Kindesnamens.** Führen die Eheg einen gemeins Ehenamen, so teilt sich dieser dem Ki gem § 1616 I automat mit. Kommt es erst aGrd des ÜbergR zum gemeins Ehenamen (Rn 14), od wird dieser gem Art 7 § 2 ausgetauscht (Rn 9), so gilt § 1616a. Art 7 § 3 enth desh eine ÜbergRegelg nur für die Fälle, in denen die Eheg im Ztpkt des Inkrafttr des Ges, also am 1. 4. 94, **keinen Ehenamen** führten, also jeder seinen bish Ehenamen führte (§ 1355 Rn 9). Belassen es die Eheg dabei, was seine innere Rechtfertigg jetzt in § 1355 I 3 nF fände, so besteht ledigl ein Bedürfn für eine NeuBest des KiNamens. Diese wird dch Art 7 § 3 ermögl, wobei auch hier wiederum AusgangsPkt die dch die Entsch des BVerfG geschaffene ÜbergSituation ist, daß die Ki einen aus den Namen der beid Elt gebildeten **Doppelnamen** führen können (§ 1616 Rn 1), währd die Bildg solcher Doppelnamen iZkft nicht mehr zul ist (§ 1616 Rn 3 aE). Statt aber die unter der Herrsch der ÜbergRegelg des BVerfG geschl Ehen auf die zukünft Regelg festzulegen (was das BVerfG ausdrückl offengehalten hatte), räumt das FamNamRG in seiner ÜbergRegelg den Elt, die keinen Ehenamen führen, ein WahlR ein: Sie „können" 1. den Geburtsnamen des Ki nach der Neuregelg des § 1616 II 1 neu best, also dem Ki den Namen von Vater od Mutter geben, auch wenn das StA den bish geführten Namen bereits eingetragen hat (Ffm StAZ **94**, 382; aA Steding FamRZ **95**, 1047 mN). Dabei sind jedoch ijF die SelbstBestFähigk u eine evtl Ehe des Ki zu berücks (§ 1616a Rn 4 ff u 14 ff); die Elt müssen dies aber nicht u dürfen es desh offensichtl auch 2. unterlassen. AGrd der merkwürd Überlagerg der ÜbergRegelgen von BVerfG u FamNamRG (Rn 4) konnten die Elt sogar noch bis zum 31. 3. 94 solche die Reform überdauernden Doppelnamen schaffen (Coester FuR **94**, 5); aber doch wohl nur dch fristgerechte Erkl ggü dem StA (and Hamm FamRZ **95**, 439 für eine erst am 6. 4. 94 erfolgte Anzeige). Für **nach dem 1. 4. 94 geborene Kinder** ist die Wahl eines aus den Namen der Elt zusgesetzten DoppNa selbst dann nicht mehr zul, wenn vor diesem Ztpkt gebor Geschw diesen DoppNa erhalten h (vgl Schlesw ua StAZ **95**, 267 ff; § 1616 Rn 3). Die normalen Folgen der Säumn bei der Best des KiNamens (§ 1616 III) sind nach § 3 S 3 ausdrückl ausgeschl. Beim Doppelnamen bleibt es gleichf, wenn das zustberecht Ki, seine Elt iR der Vertretg bzw ihr ZustBefugn od das VormschG der NamensBest der Elt nicht folgen (§ 1616a Rn 8). **Form:** Rn 5; **Frist:** Rn 6.

11 **d) Art. 7 § 4: Isolierte Anpassung des Begleitnamens. aa) Aufnahme und Stellung des Begleitnamens.** Zur Neu- od ErstRegelg des Begleitnamens kann es bereits iZshg mit der NeuRegelg des Ehenamens kommen (Rn 9). Die vorliegende Best des § 4 betr den Fall, daß es die Eheg bei dem urspr gewählten Ehenamen belassen u der dabei mit seinem Namen übergangene Eheg ledigl eine Änd hins eines bereits bestehden Begleitnamens wünscht. Folgde Möglkten sind zu unterscheiden: 1. Hatte der Eheg, dessen

Name nicht Ehename geworden war, von einer Weiterführg seines Namens als Begleitname abgesehen, so kann er dessen Aufn als Begleitname, da dafür (wie schon nach bish R) eine Befristg nicht vorgesehen ist (§ 1355 Rn 9), jetzt nachholen; für diesen Eheg gilt also unmittelb § 1355 IV nF, allerd auch mit den dortigen Beschränkgen (§ 1355 Rn 6). Nach § 4 der ÜbergRegelg kann darü hinaus die Stellg eines bereits bestehenden Begleitnamens (vgl § 1355 Rn 7) veränd w, also 2. der bish angefügte Begleitname dem Ehenamen vorangestellt bzw 3. der bish vorangestellte Begleitname dem Ehenamen angefügt w. Dch diese Regelg ist Art. 12 Nr 2 des 1. EheRG überflüss, der im Anschl an die Reform von 1976 den nachträgl Wechsel von der Anfügg zur Voranstellg ermöglichte, u dementspr dch § 4 Satz 2 aufgeh w. Schließl kann der Eheg 4. nach dem ab 1. 4. 94 unmittelb geltden § 1355 IV 4 auch einen Altbegleitnamen dch Widerruf ablegen (§ 1355 Rn 10); er ist nicht etwa nach S 1 (*arg* „und") darauf beschr, den Widerruf mit einer Neugestaltg des Begleitnamens zu verbinden.

bb) Inhaltliche Gestaltung des Begleitnamens (§ 1355 Rn 6). Die ÜbergRegelg läßt die Veränd des 12 Begleitnamens nur in der Form des Widerrufs mit anschließder NeuErkl zu. Daraus ergeben sich iVm dem Umstd, daß in den **Verweisungen** in § 4 S 1 nicht alle Einschränkgen des § 1355 IV nF enth sind, best Modifikationen. Wer diese Einschrkgen will, muß es bei der bish Gestaltg des Begleitnamens belassen. Iü gilt folgdes: Hat sich der Geburtsname in der Zt zw der ErstAufn als Begleitname u der Erkl nach der Reform dch das FamNamRG geänd, so kann er nur in der Reformfassg Begleitname w (§ 1355 Rn 2). Hat die ggwärt Ehe bereits lange gedauert, besteht für den auch nach der Reform weiterh zuläss Rückgr auf den zZt der Ehescl geführten Namen idR kein Bedürfn; ein WertgsWiderspr des dies gleichwohl ermöglden Ges liegt auch darin, daß bei Änderg des Geburtsnamens auf dessen urspr Form nicht zurückgegriffen w darf. Da auf § 1355 IV 2 nicht verwiesen w, ist die Beibehaltg des Begleitnamens auch dann zul, wenn der Ehename aus mehreren Namen besteht. Dagg muß nach § 4 der ÜbergRegelg § 1355 IV 3 eingehalten w, wonach der Begleitname seinerz nur eingliedr sein darf (§ 1355 Rn 6). Wer also A=B-C heißt, wobei A=B der bish Begleitname ist, kann sich, wenn er am Begleitnamen etwas änd will, iZkft A-C od C-A, aber auch B-C oder C-B nennen, nicht aber C-A=B.

e) Art. 7 § 5: Internationales Privatrecht. Die Vorschr gibt eine 2-J-Fr für die uU erneute kollisions- 13 rechtl RWahl nach EGBGB Art 10 II sowie für den Nachholg der NamensBest nach einem ausl R gem EGBGB Art 10 III Nr 1 bei Ki, die vor dem 1. 4. 94 geboren sind.

f) Übergang von getrennten Namen zum Ehenamen. Dieser Fall ist in der ÜbergRegelg nicht 14 ausdrückl geregelt. Da die Beibehaltg ihrer bish geführten Namen bei der Eheschl nach der bish Gestaltg des EhenamensR aber nur iR der vom BVerfG dekretierten ÜbergRegelg – nach Erkl der SubsidiärGeltg des Mannesnamens (§ 1355 II 2 aF) als verfwidr – eintreten konnte (vgl § 1355 Rn 9), also erst unter 5. 3. 91, u das FamNamRG am 1. 4. 94 in Kr tritt, gilt für solche Ehepaare unmittelb die Neuregelg des § 1355 III 2, so daß ihnen ijF eine über die NormalFr des ÜbergR (Rn 6) hinausgehde, näml 5 J nach der Heirat zur Vfg stehde Fr zum Überg auf den Ehenamen zur Vfg steht. Sie ist allemal länger als die von Rn 9.

1355

Namensgestaltung bei Eheschließung, Verwitwung und Scheidung. [I] Die Ehegatten sollen einen gemeinsamen Familiennamen (Ehenamen) bestimmen. Die Ehegatten führen den von ihnen bestimmten Ehenamen. Bestimmen die Ehegatten keinen Ehenamen, so führen sie ihren zur Zeit der Eheschließung geführten Namen auch nach der Eheschließung.

[II] Zum Ehenamen können die Ehegatten durch Erklärung gegenüber dem Standesbeamten den Geburtsnamen des Mannes oder den Geburtsnamen der Frau bestimmen.

[III] Die Erklärung über die Bestimmung des Ehenamens erfolgt bei der Eheschließung. Wird eine Erklärung nach Satz 1 nicht abgegeben, kann sie binnen fünf Jahren nach der Eheschließung nachgeholt werden; in diesem Fall muß die Erklärung öffentlich beglaubigt werden.

[IV] Ein Ehegatte, dessen Geburtsname nicht Ehename wird, kann durch Erklärung gegenüber dem Standesbeamten dem Ehenamen seinen Geburtsnamen oder den zur Zeit der Erklärung über die Bestimmung des Ehenamens geführten Namen voranstellen oder anfügen. Dies gilt nicht, wenn der Ehename aus mehreren Namen besteht. Besteht der Name eines Ehegatten aus mehreren Namen, so kann nur einer dieser Namen hinzugefügt werden. Die Erklärung kann gegenüber dem Standesbeamten widerrufen werden; in diesem Fall ist eine erneute Erklärung nach Satz 1 nicht zulässig. Die Erklärung und der Widerruf müssen öffentlich beglaubigt werden.

[V] Der verwitwete oder geschiedene Ehegatte behält den Ehenamen. Er kann durch Erklärung gegenüber dem Standesbeamten seinen Geburtsnamen oder den Namen wieder annehmen, den er bis zur Bestimmung des Ehenamens geführt hat, oder seinen Geburtsnamen dem Ehenamen voranstellen oder anfügen. Absatz 4 gilt entsprechend.

[VI] Geburtsname ist der Name, der in die Geburtsurkunde eines Ehegatten zum Zeitpunkt der Erklärung gegenüber dem Standesbeamten einzutragen ist.

1) Ehename und Namensbeibehaltung, I (Lit: Coester FuR **94**, 1; Diederichsen NJW **94**, 1089; Wage- 1 nitz FamRZ **94**, 409; Wagenitz/Bornhofen, FamNamG Komm 1994; Wacke StAZ **94**, 209; Moritz ZfJ **94**, 262; Liermann FamRZ **95**, 199 „NamRichter"). Der Ehename ist Eheg vorbeh; nur sie können einen Ehenamen best. Nicht verh Paare haben keinen FamNamen u können ihn auch dann nicht bilden, wenn Ki aus dieser Verbindg hervorgegangen sind (vgl § 1617 sowie Einl 13 v § 1297). – **a)** Indem die Eheg einen gemeins Ehenamen best „sollen", behält das FamNamRG die **Namenseinheit der Familie** als rechtspolit Ziel bei. Allerd verzichtet das BGB in Zkft auf einen entspr Zwang (vgl Rn 4 sowie EheG 13a Rn 1) u erkennt auch das Interesse beid od auch nur eines Eheg, den bish Namen beizubehalten, an (BT-Drucks 12/ 3163 S 11 u 15). Sie können dies in der stärkeren Form dergestalt tun, daß jeder von ihnen den zZt der Eheschl geführten Namen auch nach der Eheschl weiterführt, I 3, bzw in einer abgeschwächten Form so, daß sie zwar einen gemeins Ehenamen führen, daß aber derj Eheg, dessen Name bei Wahl des Ehenamens übergangen w ist, seinen bish geführten Namen dem Ehenamen als Begleitnamen hinzufügt, IV. Zur **Weiterführung der bisherigen Namen, I 3,** bed es keiner ausdrückl Erkl der Eheg. Es bleibt bei deren bish Namen schon dann, wenn sie sich zur Wahl des Ehenamens überh nicht äußern. Nur wenn dch die Wahl des gemeins Namens für einen der Eheg eine NamensÄnd eintreten soll, bed es dazu der entspr Erkl. –

2 **b) Geburtsname, VI,** ist nicht der Name „bei der Geburt", sond der in der GeburtsUrk eines Eheg zum Ztpkt der Erkl über den Ehe- bzw Begleitnamen einzutragde Name. Vgl Rn 8. Verfkonform (Celle FamRZ **94,** 1322). Der Geburtsname ist von Bedeutg einmal beim Ehenamen (Rn 3) sowie beim Begleitnamen (Rn 6), spielt aber als FamName auch beim Ki (vgl §§ 1616, 1616a, 1617) u vor allem bei der Legitimation u iR der Adopt u deren Aufhebg eine Rolle, wenn in deren Zushg der Geburtsname geänd w (§§ 1720, 1737, 1740 f, 1757, 1765, 1767 II). Zum **Übergangsrecht:** Vorb v § 1355 Rn 4 ff; **DDR:** EG 234 § 3. **IPR:** EG 10.

3 **2) Wahl des Ehenamens. – a) Wahlmöglichkeiten, II** (verfkonform; Celle FamRZ **94,** 1322). IGgs zum RegEntw (BT-Drucks 12/3163 S 11 f) beschr die zum Ges gewordene Fassg des FamNamRG die WahlMöglk darauf, zum Ehenamen den **Geburtsnamen** (Rn 2) des Mannes od denj der Fr zu best. Also keine Weitergabe früher erheirateter Namen auf den Eheg (Ffm NJW-RR **95,** 132). Insb dch den Ausschl von dch Kombination der Namen von Mann u Fr gebildeten Doppelnamen soll verhindert w, daß sich das Namensgefüge in Deutschl nach wenigen Generationen grdlegd ändert (BT-Drucks 12/4982 S 18). Dagg kann, wie sich aus IV 2 ergibt, ow ein bereits als Geburtsname vorhandener Doppel- od mehrgliedr Name zum Ehenamen w („Brockdorff-Rantzau"; „Meier von der Heide"). Keine Möglk besteht dagg, außer dch Wahl des Ehenamens etwa dch frühere Eheschl verlorengegangene Geburtsnamen anläßl einer neuen Eheschl zu reaktivieren, zB in der Weise, daß B anläßl der Eheschl mit C unter Verzicht auf den Namen B sich seiners wieder mit dem Geburtsnamen A nennt; mögl ist dies nur als Begleitname, wenn Ehename C wird (Rn 6). – **b)** Die Wahl erfolgt dch Erkl **gegenüber dem Standesbeamten, II.** Nach EheG 13a l soll der StBeamte die Verl vor der Eheschl befragen, ob sie einen Ehenamen best wollen. – **c) Zeitpunkt:** Die Erkl zum Ehenamen erfolgt zur Vermeidg unnöt administrativen Aufwands u sonst notw NamensÄndergen bei Ki (BT-Drucks 12/5982 S 18) grdsl **bei der Eheschließung, III 1,** kann aber binnen 5 J nach der Eheschl in öff begl Erkl **nachgeholt** w, **III 2.** Damit soll den Eheg iSd rpolit Zielsetzg (Rn 1) die Möglk gegeben w, unter Berücks der evtl veränd LebUmstde sich auch noch nachträgl für einen gemeins Namen zu entsch (BT-Drucks 12/3163 S 13 u 16). Allerd erscheint die 5-J-Fr reichl willkür; viel näher hätte es gelegen, die Herstellg der wünschensw Namens-Einh bis zur Geburt des ersten Ki zu ermögl (vgl Coester Jura **91,** 584). **Keine Korrektur** der NamWahl (BayObLG NJW **93,** 337; Celle FamRZ **82,** 267 Anf); aber vgl NÄG 3.

6 **3) Begleitname, IV.** Zur Bedeutg des BeglNam vgl 53. Aufl Rn 4 ff. Keine NamVerdoppel bei Identität von EheNam und übergangenem eig Nam. Unzul also: „Müller-Müller" (53. Aufl Rn 16). **a) Gestaltung des Begleitnamens.** Währd es dabei bleibt, daß zum Begleitnamen der **Geburtsname** (Rn 2) **oder** der zZt der Erkl über die Best des Ehenamens **geführte Name** best w kann, **IV 1,** u zwar ersterer auch dann, wenn er bspw bei einer voraufgegangenen Eheschl zG eines gemeins von dem fr Eheg abgeleiteten Ehenamens aufgegeben w war, besteht das FamNamRG iGgs zum fr R auf der **Eingliedrigkeit des Begleitnamens, IV 2.** Besteht der als Begleitname in Betr kommde Geburts- od zum maßgebl Ztpkt geführte Name aus mehreren Namen, so kann nur einer dieser Namen hinzugefügt w, **IV 3.**

7 **b) Stellung des Begleitnamens, IV 1.** Währd im der Zt v 1. 7. 1958 bis zum 30. 6. 1976 der Begleitname dem Ehenamen angefügt u seit dem 1. 7. 1976 dem Ehenamen vorangestellt w mußte, überläßt das FamNamRG dem Eheg, der seinen bish geführten Namen dem gemeins Ehenamen zum Opfer bringt, die Wahl, ob er den Begleitnamen **voranstellen oder anfügen** will. Mit dieser Erweiterg der Namenskombinations-Möglkten sollte nicht ur der Praktikabilität od dem Wohlklang Rechng getr, sond zugl die bei der Wahl des Ehenamens vorgen Beschränkg der WahlMöglkten (Rn 3) kompensiert w (BT-Drucks 12/3163 S 12 sowie 12/5982 S 18).

8 **c)** Die Erkl über den BegleitNam erfolgt **gegenüber dem Standesbeamten, IV 1.** Vgl EheG 13a. Zum Inhalt der Erkl vgl Rn 10.

9 **d) Zeitpunkt.** Das Ges sagt nichts darüber, wann die Erkl über den Begleitnamen abgegeben w muß. Daraus wird geschl, daß für die Hinzufügg eines Begleitnamens **keine Frist** besteht u sie desh zu beliebiger Zt nach der Eheschl abgegeben w kann (BT-Drucks 7/3119 S 9), ggf also auch noch nach Auflösg der Ehe, mögl ist (AG Flensbg StAZ **78,** 221). Das ist eine gesgeberische Fehlleistg (MüKo/Wacke 20).

10 **e) Widerruf, IV 4.** Die Erkl über den Begleitnamen kann rückgäng gemacht, aber nicht wiederholt od sonst korrigiert w. Nach dem Sinn des Ges ist damit nur die pos Entsch, den Geburts- od zZt der Eheschl geführten Namen als Begleitnamen wieder aufzunehmen bzw beizubehalten, widerrufb. Nicht widerrufen w kann dagg die iü überflüss NegativErkl, (zunächst) keinen Begleitnamen führen zu wollen, sond es beim gemeins Ehenamen bewenden zu lassen. Inhalt des Widerrufs kann daher nur die Aufg eines zunächst gewählten Begleitnamens sein. Der Widerruf ermögl also nicht, den zunächst vorangestellten Begleitnamen dem Ehenamen anzufügen od einen nachträgl Wechsel vom Geburtsnamen zu dem bei der Eheschl geführten Namen vorzunehmen u umgek. Eine solche KorrekturMöglk eröffnet sich dem Eheg, dessen Name nicht zum Ehenamen geworden ist, abgesehen vom ÜbergR (vgl Vorbem Rn 11) nur iF der Verwitwg od Scheidg (Rn 12).

11 **f) Form, IV 5.** Die Bestimmg eines Begleitnamens u dessen Stellg (Rn 6 u 7) ebso wie der Widerruf dieser Erklärgen (Rn 10) müssen öff begl sein.

12 **4) Namensgestaltung bei Verwitwung und Scheidung, V.** Grdsl behält der verwitwete od gesch Eheg den Ehenamen bei, auch den nach II erheirateten Namen des and Eheg. Die Änderg des Status soll dem verw od gesch Eheg aber die Möglk geben, seinen Geburtsnamen od denj Namen wieder anzunehmen, den er bis zur Best des Ehenamens geführt hat, od unter Beibehaltg des Ehenamens nunmehr auf seinen Geburtsnamen dch Best zum Begleitnamen (Rn 6) zurückzugreifen (Gaaz StAZ **95,** 26: überfl). Für die Optionen von V sind vom Ges keine Befristgen vorgesehen (vgl BayObLG FamRZ **84,** 1224).

1356

Haushaltsführung und Erwerbstätigkeit. [1]Die Ehegatten regeln die Haushaltsführung im gegenseitigen Einvernehmen. Ist die Haushaltsführung einem der Ehegatten überlassen, so leitet dieser den Haushalt in eigener Verantwortung.

[II]Beide Ehegatten sind berechtigt, erwerbstätig zu sein. Bei der Wahl und Ausübung einer Erwerbstätigkeit haben sie auf die Belange des anderen Ehegatten und der Familie die gebotene Rücksicht zu nehmen.

1) Die Vorschr stellt HaushFührg u ErwTätigk in die Autonomie der Eheg. Damit wurde bewußt auf 1 ein **gesetzliches Leitbild** verzichtet (BT-Drucks 7/650 S 75; 7/4361 S 7). Die Eheg müssen also über die Bewältigg der in der Ehe u Fam anfalldn Aufg **Einvernehmen** erzielen. Zu überobligationsmäß **Pflegeleistungen**: § 1360b Rn 1.

2) Haushaltsführung, I. a) Einvernehmliche Regelung, I 1. Erfolgt eine vollständ Übertragg auf 2 einen Eheg (HaushFührgsehe), so ist die HaushFührg dessen Beruf, den II begriffl von der Erwtätigk unterscheidet. Auf die Feststell des wirtsch Werts der HaushFührg (Schacht FamRZ **80**, 107) kommt es vor allem bei Tötg u Verletzg des haushführdn Eheg an (§§ 843, 844 jew Rn 8ff; vgl § 1360 Rn 11). Kommt es zu keinem Einvern, obliegt die HaushFührg beiden Eheg (vgl BGH FamRZ **74**, 367). Beschränkgen der Autonomie der Eheg können sich vor allem aus dem UnterhR ergeben (Rn 5; § 1603 Rn 11). Zur RNatur des Einvern: 44. Aufl; Kurr FamRZ **78**, 2; Hepting, EheVereinbgen 1984. – **b)** Derj 3 Eheg, dem die HaushFührg überlassen w ist, leitet den Haush **in eigener Verantwortung, I 2.** Der and Eheg darf ihm grdsl nicht hineinreden od dch Verweiger des WirtschGelds (§ 1360a Rn 7) die HaushFührg unmögl machen. SchadErsAnspr gg Dr wg Behinderg der HaushFührg stehen dem haushführdn Eheg selbst zu (BGH **50**, 304); vgl iü §§ 844, 845. Dch die HaushFührg erfüllt der Eheg seine UnterhPfl ggü der Fam (§§ 1360 S 2, 1606 III 2). – **c) Umfang.** HaushFührg bedeutet Leitg u Ausführg (RG **152**, 4 225). Im AußenVerhältn zu Dr gilt § 1357 Rn 10–18. **Mithilfe** des and Eheg: § 1353 Rn 10; der Kinder: §§ 1618a, 1619. Ggf auch nach UnterhR. Entscheidd ist der Zuschnitt des Hauses, insb die Zahl der Ki sowie der Umfg der ErwTätigk der Eheg (BGH JZ **60**, 371; Stgt NJW **61**, 2113).

3) Erwerbstätigkeit, II. Das in II 1 eingeräumte **Recht** auf ErwTätigk steht nach II 2 unter der 5 Schranke der **Familienverträglichkeit.** Soweit HaushFührgsPfl nicht betroffen sind od Hilfen im Haush zur Vfg stehen, ist der haushführde Eheg erwberecht. Äußerste Grenze wohl bei KiWohlGefährdg (§ 1666 Rn 4–5). Zur Fam gehören nicht nur die in die häusl Gemsch aufgen Angehörigen, sond auch solche Pers, denen ggü eine sittl Verpfl zur Pflege u Betreuung besteht (BT-Drucks 7/4361 S 26). Eine **Verpflichtung** zur ErwTätigk kann sich aus dem UnterhR ergeben (§ 1360 Rn 14; § 1603 Rn 9), insb wenn der haushführde Eheg mj Ki aus einer früh Ehe unterhpflicht ist (BGH NJW **87**, 1549; Kln FamRZ **79**, 328).

4) Mitarbeit im Beruf oder Geschäft des anderen Ehegatten. a) Im Ggsatz zu § 1356 II aF ist sie 6 nicht mehr ges vorgeschrieben. Eine entspr **Verpflichtung** dazu kann sich aber aus der ehel BeistandsPfl ergeben (§ 1353 Rn 10; Lüke FS Bosch 1976 S 635), insb in Zwangssituationen, zB beim Aufbau eines AnwBüros od in einer ArztPrax (BGH FamRZ **59**, 454); bei Personalmangel od fehldn Mitteln für die Einstellg einer Hilfskraft (BGH **46**, 385). – **b) Rechtsfolgen.** Kein allg VertretgsR des mitarbeiten Eheg, 7 auch nicht bei freiw MitArb; es gelten vielm die allg Vertretgsregeln (§§ 164ff, 1357, HGB 56; sa Einf 14 v § 1353). Keine Verpfl zur Beschäftigg des arblosen Eheg, schon gar nicht im Interesse von dessen Gläub (BAG FamRZ **73**, 626 mA Fenn). Soweit MitArbPfl besteht, entspr Anspr des and Eheg, den dieser aber nur iW der HerstellgsKl dchsetzen kann (Einf 19ff vor § 1353). Dagg kein SchadErs (BGH **23**, 217). Verzicht auf MitArb zul (BGH FamRZ **62**, 357). Für SchadZufügen in Ausübg der MitArb haften die Eheg einand gem § 1359 (RG **148**, 303). Haftg Dr ggü vS des mitarbeiten Eheg gem §§ 823ff, des and Eheg gem §§ 278, 831 (Weimar JR **79**, 271). Zur SchadErsPfl Dr bei Tötg od Verletzg des mitarbeiten Eheg: §§ 844, 845. ErsAnspr steht dem verl Eheg selbst zu (BGH **50**, 304; **59**, 172). Zum UnfallVersSchutz: BSG FamRZ **77**, 709. – **c) Vergütung** (Lit: Fenn, Die MitArb in den Diensten FamAngehöriger, 8 1970; Lieb, Die EhegMitArb im Spanngsfeld zw RGesch, BereichAusgl u ges Güterstd, 1970; Burckhardt, Ausgl f MitArb eines Eheg im Beruf od Gesch des and, 1971; Giesen, Ehe, Fam u ErwLeben, 1977; Genthe FuR **92**, 207 u 346). **aa)** Aus der Üblichk der MitArb folgt nicht ow deren Unentgeltlk (Gernhu- 9 ber FamRZ **58**, 248). Vorrang haben ijF entspr, ggf dch Auslegg festzustelldte (BAG NJW **78**, 343) u ggf nachträgl (BGH FamRZ **89**, 732) **Vereinbarungen** zw den Eheg. Unentgeltlk ist anzunehmen, soweit die MitArb der UnterhPfl dient u der Beitrag nur dazu ausreicht, daß die Fam ihr Auskommen hat (Kropholler FamRZ **69**, 244), wie in einem Laden od in einer kl Landwirtsch (BGH FamRZ **66**, 492). Werden über den FamUnterh hinaus Werte geschaffen, können wir Üblk der MitArb die Eheg in der Ausgl in dem dch die MitArb erhöhten LebStandard od im evtl ZugewAusgl sehen (BGH **46**, 390; krit Hanau AcP **165**, 277). Die VergütgsPfl kann sich aus bes Umst ergeben, zB bei Schulden (vgl ZPO 805h II) od UnterhPflichten des mitarbeiten Eheg einem erstehel Ki ggü (KG JW **21**, 635). **bb) Vergütungsformen.** 10 In der Prax wird eine Vergütg vor allem geschuldet aGrd von **(1) Arbeitsverhältnissen** (Einf 5 v § 611; zum UnterArbVertr zw Eheg: Depping BB **91**, 1981), deren Bejahg die Gleichberechtigung nicht entgsteht (BVerfG NJW **57**, 417; FamRZ **62**, 107). Zur BeitrPfl im **Sozialversicherungsrecht**: BSG NJW **94**, 341 (Abgrenzg zum GesellschVerh). **Steuerrechtliche** Anerk solcher ArbVerh nur, soweit sie auch mit Dr vereinb w wären (vgl BFH NJW **89**, 319 u 2150; Genthe FuR **92**, 207); entsch ist, daß die vereinb Vergütg auch tatsächl gezahlt w (BFH NJW **64**, 1646; BB **68**, 1029), auch wenn der vereinb Lohn unübl niedr ist (BFH NJW **84**, 1487). Kein BetrAusgAbzug bei Zahlg des Gehalts auf ein Eheg-Od-Kto (BFH NJW **90**, 853). VersPfl v EhegBeschäftigten: Schulte BB **75**, 472. **(2) Ehegatteninnengesellschaft:** §§ 705 Rn 27; 1372 Rn 6. Abgrenzg zum ArbVerh: BSG BB **94**, 146. **(3) Ausgleichsanspruch wegen Wegfalls der Geschäftsgrundlage:** § 1372 Rn 4.

1357 *Geschäfte zur Deckung des Lebensbedarfs.* [I]Jeder Ehegatte ist berechtigt, Geschäfte zur angemessenen Deckung des Lebensbedarfs der Familie mit Wirkung auch für den anderen Ehegatten zu besorgen. Durch solche Geschäfte werden beide Ehegatten berechtigt und verpflichtet, es sei denn, daß sich aus den Umständen etwas anderes ergibt.

[II]Ein Ehegatte kann die Berechtigung des anderen Ehegatten, Geschäfte mit Wirkung für ihn zu besorgen, beschränken oder ausschließen; besteht für die Beschränkung oder Ausschließung kein ausreichender Grund, so hat das Vormundschaftsgericht sie auf Antrag aufzuheben. Dritten gegenüber wirkt die Beschränkung oder Ausschließung nur nach Maßgabe des § 1412.

[III]Absatz 1 gilt nicht, wenn die Ehegatten getrennt leben.

1/2 **1) a) Fassg:** 1. EheRG Art 1 Nr 4. **b) Zweck:** Ist die HaushFührg einem Eheg allein überlassen (§ 1356 I 2), u zwar idR demj, der kein eig Einkommen hat, so versetzt diesen Eheg erst die Rechtsmacht, Geschäfte mit Wirkg auch für den and Eheg zu besorgen, in die Lage, der ihm zugefallenen Aufg gerecht zu w (vgl aber auch § 1360a II 2) u damit zgl auch von ihm gefordertem Beitrag zum FamUnterh (§ 1360 S 2) zu leisten (BT-Drucks 7/650 S 98). Da aber die HaushFührg auch ggständl zw den Ehel aufgeteilt w kann (§ 1356 Rn 3), wird die Ehe aus den damit iZshg stehden Rechtsgeschäften zur Rechts- u HaftgsGemsch der Ehel (krit dazu Büdenbender FamRZ **76**, 663; sa Rn 4). Der Ausdruck „SchlüssGew" bezieht sich heute nicht mehr auf die umfassde HaushLeitg, sond auf die sich aus dem angem FamLebBedarf ergebde VerpflBefugn jedes Eheg.

3 **c) Konstruktion:** Die VerpflBefugn zu Lasten des and Eheg ist eig R jedes Eheg u im gesetzl Rahmen des FamBedarfs unabh von der Verteilg u dem Umfang der eig HaushFührgsBefugn. Tritt der mit dem Dritten abschließde Eheg als solcher, dh unter Offenbarg seines Status auf, wobei Erkennbark ausreicht (§ 164 I 2), so verpflichtet sich der das Gesch tätigde Eheg selbst (EigenVerpflichtg) u daneben auch den and Eheg dch Stellvertretg (§§ 164 I 1, 1357 I 2). Tritt der Eheg dem Dr ggü jedoch wie jeder and, nicht verheiratete Konsument auf, so wird der and Eheg aus der obj Tatsache, daß es sich um ein Gesch zur Deckg des FamBedarfs handelt, aGrd des dann als gesetzl VerpflichtgsErmächtigg wirkden § 1357 I 2 berecht u ver- **4** pflichtet. **d) Verfassungsrecht:** Die wechselseit VerpflErmächtigg zuslebder Eheg ist mit dem GG vereinb (BVerfG NJW **90**, 175 = FamRZ **89**, 1273; Derleder FuR **90**, 104; ausführl Begrdg der GgMeinig 49. Aufl). **5** **e) Berechtigung und Haftung:** iR der Geschäftsbesorgg gem § 1357 I 1 wird der and Eheg idR mitberecht (§ 432) u mitverpfl (§ 421), u zwar nicht nur hilfsw od beschrkt u nicht nur hins der vertragl, sond auch der vorvertragl Pflichten. Einzelheiten Rn 20–24. Ggf muß sich ein Eheg auch das Wissen des and zurechnen **6** lassen (BGH FamRZ **82**, 776). **f) SchlüssGew** hat auch der mj Eheg (EheG 1 II), gilt dagg nicht für Verlobte, in **7** eheähnl Verhältn oder bei absolut nichtiger Ehe; bei nichtiger Ehe EheG 27. **g) Zwingendes Recht** in allen Güterstden, also auch nicht dch EheVertr abänderb (Schlesw FamRZ **94**, 444); aber Möglk zur Beschrkg od **8** Ausschließg gem II. **h) Übergangsrecht:** Für Geschäfte vor dem 1. 7. 58 besteht die subsidiäre Haftg der Ehefr nicht (Arnold FamRZ **58**, 197; aA LG Bln FamRZ **57**, 320); für vor dem 1. 7. 77 geschl Geschäfte ist die **9** Frau nur unter den Voraussetzgn v § 1357 I 2 aF verpfl. **i)** Da die Berufg auf die SchlüssGew zur Abwehr eigener Verpflichtgen aus selbst abgeschl RGeschäften nicht mehr in Betr kommt, wesh nach der aF der Ehefr die **Beweislast** für die Vorauss der SchlüssGew trug, wenn sie aus einem von ihr abgeschl RGesch in Anspr gen w (Kass MDR **75**, 666), liegt die BewLast heute bei demj, der sich darauf beruft, also bei Geltdmachg von Berechtigen aus RGeschäften des Eheg jew der Eheg, bei seiner Inanspruchn der GeschGegner. Für die Umst iSv I 2 aE ist der in Anspr gen Eheg beweispfl.

10 **2) Voraussetzungen und Umfang, I 1 u III. a)** Währd sich nach § 1357 aF die Voraussetzg eines **gemeinschaftlichen Hauswesens** daraus ergab, daß die SchlüssGew nur für Geschäfte galt, die innerh des häusl WirksKr vorgen wurden, folgt das Erfordern heute aus III: bei Getrenntleben, dh bei Nichtbestehen der häusl Gemsch (§ 1353 Rn 6; § 1567 Rn 4), entfällt die wechselseit VerpflBefugn. Da Nichtbestehen des Hauswesens im GüterRReg nicht eintragb, muß Dr Bestehen auf eig Gefahr prüfen (Hamm FamRZ **75**, 346). **Begründung** des gemeinschaftl Hauswesens idR dch Schaffg eines Hausstandes (Ehewohng); zu bejahen aber auch bei Leben im Hotel, bei den SchwEltern od wenn sonst eig Haush fehlt; dann aber ggf entspr Einschränkg des Umfangs. Kein Verlust der SchlüssGew dch **vorübergehende Trennung,** ob bei längerer, ist Tatfrage. Entsch der beideseit Wille zur Aufrechterhaltg der häusl Gemsch, so daß längere AuslReise, Kriegsdienst, Gefangensch, SaisonArb, Strafhaft (Hamm FamRZ **75**, 346) u Unterbringg in HeilAnst (RG Gruch **54**, 1027) der Anwendbark v I nicht entggzustehen brauchen, ebsowenig ehewidr Beziehgn als solche (Hamm aaO). Die SchlüssGew ruht (KG RJA **13**, 120) jedoch, wenn die Eheg im jurist Sinne **getrennt leben,** dh wenn willentl nach außen, dem Partner od Dr ggü, die häusl Gemsch aufgegeben (vgl BGH **4**, 279) od das gemeins Hauswesen aufgelöst w. Zum Begr vgl § 1567 sowie Büdenbender FamRZ **76**, 669. Es kommt nicht darauf an, ob ein Recht dazu besteht (§ 1353 II). Grd u Schuldfrage gleichgült (OLG **6**, 155), ebso, ob ein Eheg den Haush selbst fortführt (Brschw OLG **43**, 35). Währd des GetrLebens kein Gutglaubensschutz Dritter (LG Tüb FamRZ **84**, 50; Dörr NJW **89**, 813; Rolland Rdn 7). Um Wiederaufleben vorzubeugen, ist (und als bei rechtskr Scheidg, KG DJ **34**, 1784) Beschrkg gem II u deren Eintr ins GüterRReg mögl (BayObLG FamRZ **59**, 505; Hbg MDR **57**, 164; aM Hamm MDR **51**, 740), folgericht auch Aufhebg der Beschrkg wg Grdlosigk (Mü JFG **14**, 224; aM OLG **21**, 213). Bringt Ehefr währd GetrLebens Kind ins Krankenhaus, eig Verpfl der Frau; Verpfl des Ehem nicht aus I wg Ruhens der SchlüssGew gem III, wohl aber gem §§ 683, 679, 1601 ff (Bielef FamRZ **67**, 335). Bei Wiederherstellg des ehel Hauswesens lebt SchlüssGew von selbst wieder auf (KG OLG **30**, 40). RVerpflichtgen werden dch eine spät Trenng nicht beseitigt (AG Beckum FamRZ **88**, 501).

11 **b)** Die VerpflBefugn erstreckt sich auf die **Geschäfte zur angemessenen Deckung des Lebensbedarfs der Familie.** Da § 1356 I 1 die Regelg der HaushFührg der Vereinbg der Eheg anheimstellt, die Aufteilg des "häusl WirkgsKr" unter die Eheg also wandelb ist u von Fall zu Fall versch sein kann, erschien dieser Begr dem GesGeber als der RSicherh abträgl; er wurde desh dch die oa Formulierg ersetzt (BT-Drucks 6/650 S 99). In der Sache ergeben sich daraus Abweichgn von der bisher RLage nur in Randbereichen. Keine Hftg für berufl bedingte Verpfl des Eheg (AG Augsbg FamRZ **87**, 819). **Beweislast:** Daß das Gesch innerh des angem FamBedarfs liegt, hat Dr zu beweisen.

aa) Geschäfte. Die SchlüssGew betrifft nur RGeschäfte, nicht tatsächl Handlgen. Unerhebl, ob für das **12** Gesch ein Bedürfn vorlag, zB bei gleichen Anschaffgen an mehreren Stellen od Doppelkäufen dch beide Eheg, falls nur das einz Gesch den angem LebBedarf der Fam nicht überschreitet (RG **61**, 78); aber uU Mißbr im Innenverhältn. Das Gesch ist nicht desh nichtig, weil der Dr auf Veranlassg des den Vertr schließden Eheg eine falsche Rechng ausgestellt h (RG **101**, 399). Die SchlüssGew bezieht sich auf schuldrechtl wie dingl Geschäfte (vgl aber Rn 22); sie ermächtigt zur Geltdmachg von HerausgAnspr uä. Ferner **13** fallen darunter gewisse Vor- u FolgeGesch wie Gaslieferg ab Eheschl (LG Kblz WM **90**, 445); GA-Auftr bezügl Wasserschaden (LG Ffm NJW-RR **93**, 1286); Anschreibenlassen (Esn NJW **68**, 1527), es sei denn der aufgelaufene GesBetr kann nur langfrist zurückgezahlt w (LG Saarbr NJW **71**, 626). Aus der Aufn eines HausfrKredits wird der Ehem nicht mitverpfl (Aach NJW **80**, 1472). Die bankübl MitVerpfl der Ehefr ist zul (Hamm NJW **91**, 2647; Knütel ZIP **91**, 493). Zu **Ratenkaufverträgen und VerbrKrG:** Schmidt FamRZ **91**, 629; Kliffmüller FuR **92**, 138; Derleder NJW **93**, 2401; Schanbacher NJW **94**, 2335. Gehört ein Gesch sachl zum angem FamBedarf, so kann es auch auf **Reisen** vorgen w. Bei **Haustürgeschäft** hat jeder Eheg ein eigenständ WiderrR (Brox FS Mikat 1989 S 841). Der Eheg ist kein WissensErklVertreter iS des **Versicherungsrechts** (BGH NJW **93**, 2112).

bb) Lebensbedarf der Familie. Zur Kritik am mißglückten Wortlaut der Vorschr vgl 50. Aufl. Die **14** Neufassg des G muß restriktiv dahingeh interpretiert w, daß dem LebBedarf der Fam nur solche Geschäfte angem s, über deren Abschluß vor ihrer Eingeh eine Verständigg zw den Eheg gewöhnl als nicht notw angesehen wird u über die idR auch keine vorher Abstimmg stattfindet (Kln FamRZ **91**, 434). Dieser Auslegg ist schon desh der Vorzug zu geben, weil es sonst gerade bei solchen Dingen, die mit einem erhebl finanziellen Aufwand verbunden sind, zu überraschden Doppelverpflichtgen der Ehel kommen kann. Sie entspricht auch der „Grundhaltg" des 1. EheRG, „daß das ehel Leben nicht nach gesetzl vorbestimmten Verhaltensmustern abläuft, vielm von der Übereinstimmg der Eheg abh ist" (BT-Drucks 7/650 S 99). Völlig unerfindl ist, warum das G umgestellt w mußte, wenn die Ersetzg des bish Eingrenzgskriteriums „häusl WirkgsKr" dch den neuen Begr „insow nicht zu einer Veränderg der Rspr führen" sollte (so ausdrückl Kniebes DRiZ **76**, 326). Nach Holzhauer JZ **85**, 685 soll sich die Verpfl des und Eheg nach der Angemessenh des Vorgehens bestimmen, so daß bei dringden Geschäften auch bl Eigenmächtig verpfl; das hat viel für sich, dagg spricht jedoch, daß sich ein eheinternes procedere im GeschVerkehr nicht erkennen läßt, auf dessen Schutz es aber gerade ankommt. Zu beachten ist, daß die im folgd zit Rspr aus der Zeit vor dem 1. EheRG auf den Begr „häusl WirkgsKr" abstellen mußte. Danach gehören zum angem LebBedarf der **15** Fam in erster Linie die **Haushaltsgeschäfte,** wobei sich der Umfang der Zulässigk nicht, da der RSicherh abträgl (BT-Drucks 7/650 S 99), nach der Art u Weise der Aufgabenteilg innerh der HaushFührg richtet, sond obj nach dem FamBedarf u äußeren Zuschnitt des Hauswesens (Büdenbender FamRZ **76**, 668). Die Gesch müssen tatsächl, nicht nur ihrer Art nach, dem fam LebBedarf dienen (AG Bochum FamRZ **91**, 435 Sammelbestellg). Es gehören daher dazu die Beschaffg v LebMitteln, Heizg, Beleuchtg, Hausrat (vgl dazu allg Leipold FS Gernhuber 1993, 695), einschl der Ersetzg v unbrauchb Gewordenem, Anschaffg einz EinrichtgsGgste (OLG **40**, 65), nicht der gesamten Einrichtg, wohl aber die Beschaffg v Kleidgsstücken f die Fam u den haushführden Eheg selbst (RG **61**, 78), f den und Eheg in beschr Umfang (OLG **21**, 212), auch f die im Hause lebde erwachsene Tochter (OLG **34**, 248), Ausgaben f die Kindererziehg, Spielzeug, Schulbücher u and Lernmaterial im übl Rahmen (LG Stgt MDR **67**, 45), ferner in AusnSituationen Annahme, Beurlaubg u Entlassg v Hauspersonal (RG JW **06**, 460), in ländl Kreisen auch f die Feldwirtsch (Marienwerder Recht **06**, 1378) od Warenbestellgen für einen kl WirtschBetr auf dem HausGrdst (LG Hann FamRZ **84**, 268); nicht Anschaffg eines Haustiers, wohl aber Beauftragg eines Tierarztes (AG Kerpen FamRZ **89**, 619); Beauftragg eines Wohnraummaklers (LG Brschw FamRZ **86**, 61); uU Untervermietg v Zimmern der Ehewohng (KG JW **32**, 3009); **Reparatur** des von der Fam genutzten Pkw (LG Freibg FamRZ **88**, 1052). Zur **ärztlichen Behandlung** Rn 19, 20. Zuziehg eines RA zur rechtzeit Beantragg einer BU-Rente (§ 1587 Rn 7) für den unfallbedingt bewußtl Eheg fällt unter § 1357 (VG Ffm NJW-RR **88**, 393).

Nicht in den Rahmen der Schlüsselgewalt fallen ferner, weil idR gemeins zu besprechde Angelegenh **16** der Ehel, BauVertr ü ein Wohnhaus (BGH FamRZ **89**, 35), DarlAufn zur Finanzierg eines Hausbaus (LG Aach FamRZ **89**, 1176), Kauf v Schmuck od kostb Teppichen, eines Videogeräts (LG Aach NJW-RR **87**, 712), das Anmieten der Wohng od eines Ferienappartements (Flensb NJW **73**, 1085; Kiel JW **33**, 185; aM Celle HRR **32**, 237), langfr Anpachten eines GartenGrdsts (Kblz NJW-RR **91**, 66), langfrist Verpachtg (OGH NJW **50**, 307), Kündigg eines PachtVertr (BGH NJW **51**, 309), Abrechng mit dem Gläub u Abg v Schuldanerkenntn (OLG **18**, 254), ProzFührg (Hbg NJW **53**, 991), Wechselzeichng u DarlAufn auch zZw der Haush (RG Recht **07**, 840); and uU bei Ratenkäufen (vgl vorstehd Rn 12). Außerh v § 1357 erfolgen ferner MietaufhebgsVertr (LG Kln FamRZ **90**, 744 L), Verkauf u Verpfänd v Möbeln, VersichergsVertr (Siegen VersR **51**, 168), Beitritt z Mieterverein (AG Marl FamRZ **88**, 283), Empfang der Geldschrankschlüssel des erkrankten Ehem von der HeilAnst (RG JW **10**, 574), Sammelbestellgen bei Versandhaus (AG Lüdensch MDR **75**, 843; sa Rn 15), rechnerisch zus-gefaßte Einzelbestellgen in einem Umfang, der eine vorher Verständigg der Eheg voraussetzt (AG Eschwege FamRZ **80**, 137), Abschl von ReiseVertr (Kln FamRZ **91**, 434 mN), Umzug zZw des Getrenntlebens (LG Aach FamRZ **80**, 996).

cc) Die für den angem FamBedarf getätigten RGeschäfte sind stets auch mit Wirkg für den and Eheg **17** vorgen, wenn sich nicht **aus den Umständen etwas anderes** ergibt, was der Dr auf eig Gefahr prüfen muß. So ist es mögl, sich auch bei Geschäften zur Deckg des angem FamBedarfs nur allein zu verpflichten (zB ggü Arzt). Das muß dann aber bes zum Ausdruck kommen. Gg die Regelg des § 1357 I sprechde Umst liegen nicht schon vor, wenn der Bezahlg aus Mitteln des das Gesch abschließden Eheg erfolgt (OLG **26**, 212), so daß der and Eheg z B vertragl SchadErsAnsprüche auch bei Bargeschäften hat, wenn ein Warenfehler vorlag, anders aber, wenn Ggstände zum eig Gebrauch gekauft w.

c) IdR spielt es keine Rolle, ob der kontrahierde Eheg **im eigenen Namen oder als Stellvertreter 18** auftritt, um die Wirkg des § 1357 auszulösen. Mögl aber auch die Beschränkg der RWirkgen auf die eig Pers od auf diej des Eheg dch entspr Erkl (Büdenbender FamRZ **76**, 667), ggf dch konkludentes Handeln (§§ 133, 157). Bei Minderjährigk eines Eheg §§ 107, 165, 139 (vgl Büdenbender FamRZ **76**, 669). Bei Überschreitg des angem FamBedarfs haftet der and Eheg nicht. Wollte der den Vertr schließde Eheg bei Überschreitg des angem LebBed (Rn 16) auch den and Eheg verpfl, so ggf §§ 177, 179 entspr (LG Bln NJW **69**, 141). Bei Getrenntleben ist selbst iF der MitVers der FamAngehörigen nicht automat v einer Erkl nur im Namen des and Eheg auszugehen (BGH NJW **91**, 2958). Bei Unterzeichng eines auf beide Eheg lautdn MietVertr nur dch einen Eheg keine Mithaftg des and Eheg (LG Mannh FamRZ **94**, 445).

19 **d)** Unter § 1357 I 2 u damit unter die MitVerpfl beider Eheg fällt neben der Beschaffg v **Medikamenten,** hins der Eheg: einschl der Pille (LG Itzehoe FamRZ **69**, 90; LG Mü FamRZ **70**, 314) **aa)** auch die **Zuziehung eines Arztes** u der Abschl eines **Krankenhausvertrags** (Peter NJW **93**, 1949) für die gemeins Ki, das Hauspersonal u die Eheg selbst (BGH **47**, 81; **94**, 1, 6; FamRZ **92**, 291/2). Medizin indizierte, unaufschiebb ärztl Behdlgen eines Eheg dienen ohne Rücks auf die Höhe der damit verbundenen Kosten der angem Deckg des LebBed der Fam (BGH **116**, 184 = FamRZ **92**, 291 Krebstherapie; KG NJW **85**, 682 Herzrhythmusstörgen; Schlesw FamRZ **94**, 444 Zahnarzt). Der Arzt kann den FreistellgsAnspr v ihm behandelten Ehefr
20 gg ihren Mann pfänden (KG NJW **80**, 1341). **bb) Keine Mitverpflichtung** des and Eheg gem I 2, 2. Halbs, insb weil „sich aus den Umst etwas and ergibt", auch für der Sache nach ggf notw Behdlgen (Rn 19): (1) bei abweichdem Willen des vertragschließdn Eheg, sei er ausdrückl erkl (BGH **116**, 184; Gernhuber³ § 19 IV 4), sei er konkludent geäußert, zB bei Bestehen einer kostendeckenden KrankVers (BGH **116**, 184; Kln MDR **93**, 55: ZahnA; vgl aber auch Rn 18) od bei beiderseit Erwerbstätigk (Büdenbender FamRZ **76**, 671 f). Keine MitVerpfl der Pat, wenn sie erkl, sie sei bei ihrem Ehem mitversichert (Kln VersR **94**, 107). Schließt ein leistgsfäh Ehem den gynäkolog BehdlgVertr im Namen seiner Fr, muß er eindeut offenlegen, wenn er seine MitVerpfl für die beanspr Wahlleistgen ausschl will (BGH **94**, 1, 3 f = JZ **85**, 680 mA Holzhauer). (2) Keine MitVerpfl ferner, unabh davon, wer von den beiden Eheg den BehdlgVertr abschließt (BGH **116**, 184), wenn die wirtsch Verhältn der Fam in ihrem Bezug zu der voraussichtl Höhe der BehdlgKosten die MitVerpfl des and Eheg ausschl, weil letzterer auch unterhrechtl für diesen SonderBed nicht aufzukommen braucht, zB wenn die Kosten für eine nicht dringl zahnärztl Behdlg den MoVerdienst des Mannes überschreiten (Karlsr FamRZ **67**, 41). (3) Die MitVerpfl des and Eheg kann auch ausgeschl sein, wenn sich Eheg über die in Frage stehdn Aufwendgen gewöhnl vorher abstimmen (Rn 14). Das gilt insb bei priv Behdlg für die Inanspruchn kostspieliger, wohl nicht indizierter Wahlleistgen (BGH **94**, 1), zB Zusatzleistgen wie EinzelZi (LG Bonn NJW **83**, 344); and 2-Bett-Zi für die Geburt eines gemeins Ki (LG Dortm NJW **85**, 922). Vgl ü oben unter (1). (4) Schließl gilt der Ausschl der VertrMacht gem III auch für die ärztl Behdlg von FamAngeh (BGH NJW **91**, 2958/9).

21 **3) Wirkungen. a)** Im **Außenverhältnis** werden dch Geschäfte, die iR der SchlüssGew von einem Eheg abgeschl w, **beide Ehegatten berechtigt und verpflichtet,** I 2, also immer nur Mithaftg (BGH NJW **91**, 2958/9), gleichgült ob der Abschl dch den Ehem od dch die Ehefr erfolgt u unabh davon, wem die HaushFührg ganz od zu dem Teil obliegt, auf den sich das Gesch bezieht. Zu den Probl dieser **Haftungsgemeinschaft** iS der §§ 421 ff vgl Büdenbender, FamRZ **76**, 667. War einer der Eheg bei Abschl des Gesch minderj, so wird er nicht verpfl, auch nicht bei ZahlgsUnfähigk des and Eheg (vgl Schlesw SchlHA **65**, 35); andernf würde der Mj dch die Heirat des Schutzes der §§ 107, 179 III verlustig gehen. Wohl aber wird der and Eheg verpfl (vgl § 165). Ein unterhaltsbezogenes Darlehn an den Sohn kann auch die SchwTo verpfl (AG Sulingen FamRZ **92**, 554). § 1357 entfaltet keine dingl Wirkgen (vgl G. Walter, EigtErw in der Ehe,
22 Konstanzer UnivReden 1981); desh kein automat **Miteigentum** (§§ 1008 ff) beid Eheg als mitverpflichtdn RGeschäften; wohl aber kr VertrAuslegg bei Erw von gemeins Haush (BGH **114**, 74; Leipold FS Gernhuber 1993, 695; Brötel Jura **92**, 470), wobei allerd im Regelfall vS des Verk wie des Käufers von dem gemeins EigtErwWillen der Eheg auszugehen ist (Kblz FamRZ **92**, 1303; aA Kick JZ **92**, 217), ohne Rücks auf den Güterstd, also auch bei GütTrenng (Mü NJW **72**, 542). Rfolgen: Jedem Eheg steht ZPO 771 zu (Schlesw FamRZ **89**, 88; vgl aber § 1362 Rn 7). Ferner gilt für SchadErsKl wg Zerstörg v Hausr, BrandVers usw nicht Gesamt-, sond MitGläubigersch (Kblz FamRZ **92**, 1303). Für die Auseinandersetzg der Eheg nach Scheidg HausratsVO 8 II (Anh zum EheG), soweit er im gesetzl Güterstd nicht dch § 1370 od
23 iR der GüterGemsch (§§ 1416ff) entkräftet w. **aa)** Aus dem Anspr **aus Geschäften nach § 1357 I 2** entsteht eine **Forderungsgemeinschaft** mit der Maßg, daß jeder Eheg gem § 432 klageberecht, die Kl jedoch auf Leistg an beide Eheg zu richten ist (Übbl 12 v § 420; § 432 Rn 2/3; aA Medicus Rz 89: § 428). Sachmängelgewährleistgsrechte stehen beiden Eheg zu, SchadErsAnsprüche dem jew Geschädigten (vgl aber Rn 22).
24 **bb)** Aus Geschäften, die iR des angem FamBedarfs liegen, werden beide Eheg **verpflichtet.** Sie haften für KaufpreisFdgen uä als Gesamtschuldn (§ 421). Auch wenn der haushführde Eheg die Mittel für den angem FamBedarf im voraus zur Vfg gestellt bekommen, aber anderweit ausgegeben hat (§ 1360a II 2), wird der and Eheg verpfl. Haftg des and Eheg auch für im Zushg mit dem GeschAbschl od der Abwicklg des Gesch begangene Pflichtverletzgen aus culpa in contrahendo od pos VertrVerletzg (§ 278), dagg nicht f unerl Hdlgen, die nur anläßlich des GeschAbschl erfolgen, zB Warendiebstähle. Mögl auch BereichergsAnspr gg den and Eheg (Schlosser FamRZ **61**, 294). **Vollstreckungsrechtlich** gelten § 1362 u ZPO 739 (vgl § 1362 Rn 7).

25 **b)** Im **Innenverhältnis** übt jeder Eheg die SchlüssGew aus eig Recht aus, soweit ihm die HaushFührg übertr ist (§ 1356 Rn 4), also bei Übertr der ges HaushFührg auf den einen Eheg ist nur dieser berecht u verpfl, für den angem LebBedarf der Fam Geschäfte zu tätigen, dh der Wirksamk entspr Gesch dch den and Eheg im AußenVerhältn. Bei Aufteilg der versch HaushFührgsfunktionen auf beide Eheg beschrkt sich im Innenverhältn die Befugn, Gesch abzuschließen, auf den zugewiesenen Bereich, zB Besorgg v Kinderkleidg dch die Ehefr, LebMittel dch beide usw. Sow die SchlüssGew reicht, ist der Eheg Weisgen des and nicht unterworfen. Es darf ihm dieses Recht auch nicht verkümmert w; der and Eheg muß also das erfordel WirtschGeld iR seiner UnterhPfl (§§ 1360, 1360a) im voraus zur Vfg stellen. Da die SchlüssGew auch iFv § 1356 I 2 ggü dem häusl WirkgsKr aF eingeschränkt ist (Rn 13–16), folgt aus der ehel LebGemsch (§ 1353 Rn 9), daß der haushführde Eheg den and Teil vor wicht Geschäften, insb dann, wenn deren Dchführg einen größeren Betrag erfordert, der erst zu sparen ist, unterrichten muß u diese selbst sich ijF im gegebnen Rahmen halten müssen. Aus § 1353 kann sich auch RechenschPfl ü die Ausgaben im einz ergeben. Eine

HerausgabePfl hins des Erlangten besteht nur iR des MitEigt (Rn 22); soweit im Innenverhältn ein Eheg über seine UnterhPfl hinaus zur Anschaffg v HaushGütern beiträgt, besteht, sof nicht § 1360b gegeben ist, ggf Anspr auf Überlassg zu AlleinEigt. Bei Überschreitgen des angem FamBedarfs gelten §§ 677 ff. Ggseit Haftg der Eheg gem § 1359.

4) Beschränkung und Ausschließung der Schlüsselgewalt, II. a) Durchführung erfolgt einseit dch 26 den Eheg od seinen gesetzl Vertreter (OLG **26**, 262), ohne daß jener der Ermächtigg dch das VormschG bedürfte, also ledigl aGrd eig Entschließg, u zwar ggü dem and Eheg od dem Dritten entspr § 168 S 3 (aA KG KGJ **32**, 34: nur ggü dem and) u ist damit wirks, ohne daß es zunächst darauf ankommt, ob die Maßn begründet ist. Der Eheg kann den und also nicht mehr verpflichten; das Recht auf HaushFührg im übr wird dadch aber nicht beschrkt. Mögl auch, daß Beschränkg od Ausschließg bei Vorliegen ernstl Gründe dch Zeitgsinserat ausgesprochen wird (RG **60**, 12). Auch zul, wenn wg GetrenntLeb die SchlüssGew ruht (Rn 9). Sie ist nur berecht, wenn Eheg zur Führg der Geschäfte nicht fäh ist od ernstl Gründe gg seinen guten Willen sprechen. Darauf kann uU ein Mangel an ehel Gesinng hinweisen (RG LZ **32**, 385). Ehebruchsverdacht genügt nicht (KGJ **53**, 20). Die Beschrkg kann zB dch Beschrkg der Geschäfte der Höhe nach, Ausschl gewisser Geschäfte uä erfolgen. Der and Eheg kann also auf diese Weise im Umfg der Ausschließg alleinige EntschBerechtig im Interesse der Aufrechterhaltg der Ehe verlangen. Begrenzg u Ausschl **Dritten gegen-** 27 **über** nur wirks, wenn im GüterRReg eingetr od dem Dr bekannt, II 2 iVm § 1412. Antragsberecht der ausschließde Eheg allein (§ 1561 II Z 4). RegGericht hat nicht zu prüfen, ob rechtm; sol sich der and Eheg nicht wehrt, besteht Beschrkg zu Recht (RG **60**, 15). In der beiderseit Beantragg der Eintr ist nicht ow eine allerd unzul grdsätzl Ausschließg der SchlüssGew zu sehen (Schlesw NJW **54**, 155). Der Eheg, der die Ausschließg beantragt h, kann Ausschließg u Beschrkg selbst wieder aufheben. **b) Abwehrmittel.** Gg 28 Ausschließg od Beschrkg kann sich der and Eheg dadch wehren, daß er beim VormschG die Aufhebg der Maßn beantragt, weil kein ausreichder Grd vorliegt, was freil nicht mehr mögl, wenn die Ehe rechtskr geschieden ist (KG DJ **37**, 1784). VormschG hat zu untersuchen, ob obj ein solcher Grd vorliegt, dh zZ der Entsch; ein früher vorhandener, dann aber weggefallener führt also zur Aufhebg (Hamm FamRZ **58**, 465; BayObLG FamRZ **59**, 505). Verschulden des in der SchlüssGew beschrkten Eheg nicht erfdl, ebsowenig ein Mißbr auf Seiten des beschränkten od ausschließden Eheg. **c) Verfahrensrecht.** Zustdigk FGG 45; es 29 entsch der Richter (RPflG 14 Z 1). Auch mj Eheg ist selbst antrags- u beschwerdeberecht (FGG 59); RMittel FGG 19, 20, 59, 60 I Z 6; Kosten KostO 97 I Z 1. Das VormschG kann die Maßn ganz od teilw aufheben. Eintritt der Wirksamk der Vfg FGG 53; keine rückw Kraft (OLG **30**, 39). Antr auf Löschg im GüterRReg kann entspr § 1561 II auch vom betroffenen Eheg gestellt w, nachdem Entsch des VormschG rechtskr. Eine HerstellgsKl gg die Maßn gem II dürfte am RSchutzBedürfn scheitern (vgl 35. Aufl Anm 5).

1358 *Kündigungsrecht des Mannes bei Diensten der Frau.* *(Aufgehoben dch Art I Z 7 GleichberG, § 1356 Rn 1. Wg Berechtigg der Frau zur Erwerbstätig § 1356 Rn 6.)*

1359 *Umfang der Sorgfaltspflicht.* **Die Ehegatten haben bei der Erfüllung der sich aus dem ehelichen Verhältnis ergebenden Verpflichtungen einander nur für diejenige Sorgfalt einzustehen, welche sie in eigenen Angelegenheiten anzuwenden pflegen.**

1) Die Haftgserleichterg erstreckt sich auf die Erfüllg aller sich aus dem ehel Verhältn ergebden Ver- 1 pflichtgen, also nicht nur derj aus §§ 1353 ff: mithin auf Schäden aus Pflichtverletzgen iR der HaushFührg od MitArb im Gesch (RG **148**, 303); bei Ausübg der Schlüsselgewalt (§ 1357); iR der UnterhPfl (RG **138**, 5); bei den sich aus dem GüterR ergebden Verpfl (s aber § 1435); hingg keine Anwendg auf die Geschäfte der Eheg, die nur anläßl der Ehe erfolgen, od auf die AuseinandS nach Auflösg der Ehe (aA Düss FamRZ **86**, 1240 ggseit ProzFührg). Grdsl ist § 1359 auch anwendb auf einen **Deliktsanspruch**, aber nicht, wenn Kfz-Fahrer 2 unter Verstoß gg VerkVorschr den Eheg verletzt od schädigt (BGH **53**, 352; **61**, 101). Doch kann aus § 1353 RPflicht folgen, den SchadErsAnspr nicht geltd zu machen (BGH **61**, 105; Jayme FamRZ **70**, 389; and Ffm FamRZ **87**, 381: stillschweigder Verzicht auf Anspr außerh des Vers-Schutzes). Entscheidd das Verhalten des schuld Eheg bei der SchadBewältigg, etwa indem er Darl bei Verwandten besorgt (BGH FamRZ **88**, 476), so daß die ZurückhaltgsPfl bei Scheidg der Ehe entfällt (BGH **63**, 58). Der AusglAnspr eines Dr gg den am Unfall mitschuld Eheg (Fahrer) wird dch § 1359 nicht berührt (BGH **35**, 322; Ffm NJW **71**, 1993; aM Stoll FamRZ **62**, 64). § 1359 gilt auch für Beschädigg des im Eigt des Eheg stehden Wohnhauses, aber nur bis zur Scheidg (Stgt FamRZ **83**, 68). **Dispositives Recht:** Haftgsverschärfg wie -erleichterg 3 mögl. Aber stillschweigde vorherige HaftgsFreistellg ist idR unzul Fiktion (BGH **41**, 81; Gernhuber § 22 I 5). Zur analogen Anwendg auf ne LebGemschaften: Einl 13 v § 1297.

2) Umfang der Haftung. Haftg jedenf für grobe Fahrlässigk, vgl § 277. 4

1360 *Verpflichtung zum Familienunterhalt.* **Die Ehegatten sind einander verpflichtet, durch ihre Arbeit und mit ihrem Vermögen die Familie angemessen zu unterhalten. Ist einem Ehegatten die Haushaltsführung überlassen, so erfüllt er seine Verpflichtung, durch Arbeit zum Unterhalt der Familie beizutragen, in der Regel durch die Führung des Haushalts.**

1) Familienunterhalt. a) Geltungsbereich. Die Vorschr zum FamUnterh gelten in ihrem ganzen Umfg 1 bei jedem Güterstd. **b) Berechtigung.** Aus § 1360 wird nicht die Fam als solche berecht, der auch die 2 Rfähig fehlen würde, sond jeder Eheg (BAG FamRZ **86**, 573) kann Zahlg an sich (nicht etwa in eine gemeins Kasse) verl. Dagg haben die Ki kein R aus § 1360, sond allein n §§ 1601 ff. **c) Leistungsfähigkeit.** 3 Falls ein Eheg zur Leistg v Unterh außerstande ist, unter den Vorauss der §§ 1601 ff, 1608 Inspruchn der Verwandten. Bei Erfüllg der UnterhPfl dch Dr ggf Ersatzanspr ggü dem unterhpflicht Eheg: Einf 19 v § 1601, § 1606 Rn 15 ff. **Überleitung:** Einf 21 v § 1601. **d) Dauer.** Vorauss der UnterhPfl ist eine gült, 4 bestehde Ehe mit ehel LebGemsch (§ 1353). Nach Trenng: § 1361; nach Scheidg: §§ 1569ff, die grdsl auch bei Eheaufhebg (EheG 37 I) u uU auch bei nichtiger Ehe gelten (EheG 26 Rn 1). Verhältn zum nachehel u

5 TrenngsUnterh: Einf 10 v § 1569 (ausführl 50. Aufl Rn 5). **e) Eigenschaften. aa)** Die Verpfl zum FamUnterh ist **zwingend.** Verzicht währd bestehder Ehe auch nicht einmal dch EheVertr zul (§§ 1360a III, 1614); and hins nachehel Unterh (§ 1585c Rn 9). Mögl aber forml Vereinbgen üb Umfg sowie Art u Weise des Unterh, was Nachteile haben kann, zB für Anspr aus §§ 842ff (Fenn FamRZ **75**, 344). Bedeuts ferner f WwenRente (BSG NJW **75** 712). **bb) Verjährung:** § 197. **cc) Pfändbarkeit:** ZPO 850b I Z 2 u II; TaschengeldAnspr: § 1360a Rn 4. **dd)** Strafrechtl Schutz: StGB 170b. **ee) Steuern:** § 1353 Rn 11; § 1569

6 Rn 10. Unterh als außergewöhnl Belastg: BFH NJW **89**, 2015. **f) Durchsetzung:** GVG 23a Z 2, 23b I Z 6; ZPO 253, 621 I Nr 5 (vgl Einf 9 v § 1569).

7   **2) Beitragsverpflichtung im einzelnen. a)** Jeder Eheg hat für den angem Unterh der Fam **seine Arbeitskraft und sein Vermögen einzusetzen, S 1.** Das heißt aber nicht, daß beide in gleicher Weise zu leisten od jeder Eheg in gl Höhe zum Unterh beizutragen hätte. Eine Verpfl zur Arbeit besteht nicht, sol u soweit der FamUnterh dch die Einkfte aus dem **Vermögen** aufgebracht w kann (Einzelh § 1603 Rn 3). Es besteht keine Verpfl zur **Pflege** eines schwerstbehind Eheg (BGH NJW **95**, 1486).

8   **b) Ehetypen.** Der GesGeb hat auf ein ges **Leitbild** bewußt verzicht u überläßt es den Ehel, jew „eine angem Regelg zu finden" (BT-Drucks 7/650 S 100). Die Art u Weise des zu leistden Unterh ist desh unterschiedl danach, wie die Ehel ihre Ehe ausgestalten; entscheid ist, welches Leitbild sie ihrer LebGemsch

9 zGrde legen. **aa)** Die **Haushaltsführungsehe** ist entw Hausfr- od HausmEhe. Der haushführde Eheg erfüllt dch die HausFührg seine ges UnterhPfl, **S 2,** weil die HausFührg regelm „eine gleichwert u nicht ergänzgsbedürft BeitrLeistg zum FamUnterh" darstellt (BT-Drucks 7/650 S 99). Zur Einschrkg der Wahl einer

10 HausHührgsehe Rn 14. Der **verdienende Ehegatte** muß dch Erwerbstätigk den für den Unterh erforderl Geldbedarf aufbringen. Zu Berufswechsel, Unterlassg v Berufswechseln usw: § 1603 Rn 9–10. Zum Umfg

11 seiner MitArb im Haush: § 1360a Rn 4. Zur HausHührg des **haushaltsführenden Ehegatten:** § 1356 Rn 2–4. Wg SchadErsAnspr bei Tötg od Verletzg vgl zunächst § 1356 Rn 2. Hins der HaushFührg keine GesamtGläubigersch mehrerer Berechtigter; Eheg u Ki stehen vielm eig Anspr zu, die nach Höhe u Dauer iR der §§ 844f ein selbständ Schicks h können (BGH NJW **72**, 1716; FamRZ **73**, 129). Wird die Ehefr dch unerl Hdlg an der Führg des Haush gehindert, steht der ErsAnspr ihr selbst zu (BGH **50**, 304; **51**, 111). Der haushführde Eheg kann auch wg nutzl aufgewendeter UrlaubsZt SchadErs beanspr, wenn nur der and Eheg erwtät ist (BGH FamRZ **80**, 873). Verhinderte HaushTätigk ist teils Erwerbsschaden, teils vermehrte Bedürfn (BGH NJW **74**, 41). Zur Verpfl, ggf neben od statt der HaushFührg erwtät zu werden, unten Rn

12 14. Zur MitArbeit im Beruf od Gesch des and Eheg: § 1356 Rn 6–10. **bb)** In der **Doppelverdienerehe** haben sich die Eheg um die Ki gemeins zu kümmern (BSG FamRZ **78**, 642). Die HaushTätigk ist auf beide gleichmäß bzw entspr der berufl Belastg zu verteilen. Die fakt Mehrbelastg der erwtät Hausfr wird dch den HausArbTg anerk (BAG FamRZ **79**, 424). Der finanz Beitr zum FamUnterh bestimmt sich nach dem Eink beider Eheg (§ 1360a Rn 1). Bei Zuvielleistg § 1360b. Verdient der eine Eheg genug, um den vollen FamUnterh zu bestreiten, ist der and ebenf voll erwtät Eheg grdsl nicht berecht, den dch freiw Tätigk erworbenen Verdienst für sich zu behalten (BGH NJW **74**, 1238). Bei verschieden hohem Eink haben beide Eheg entspr ihrem Eink finanz zum Unterh der Fam beizutragen (BGH FamRZ **67**, 380). Die BeitrPfl verringert sich aber entspr dem Umfg der außerd pers geleisteten HausArb (BGH NJW **57**, 537; vgl auch

13 BSG FamRZ **85**, 282 zur Berechng der WwerRente). **cc)** In der **Zuverdienerehe** geht der haushführde Eheg nur einer TeilZtBeschäftigg nach. Beteiligg am BarUnterh nur im Verhältn der beiderseit Einkfte (vgl Celle FamRZ **78**, 589), es sei denn, der Zuverdienst soll nur ein Taschengeld sichern (zu diesem: § 1360a Rn 4). Geringfüg Einkfte bleiben insb auch iR v ZPO 850c unberücks.

14   **c)** Unabh von einvernehml Regelgen v Haushführg u Erwtätigk kann sich für einen Eheg die **Verpflichtung zur Aufnahme einer Erwerbstätigkeit** od zum Ausbau einer TeilZt- zur VollZtBeschäftigg ergeben, u zwar **aa)** unmittelb aus **S 1,** wenn die ArbKraft des and Eheg (zB aus Alters- od KrankhGrden) zur Deckg des FamUnterh nicht ausr. Keine solche Verpfl dagg, wenn Ki nicht mehr im Hause sind u damit der and Eheg Unterh an ein vollj Ki aus seiner fr Ehe zahlen kann (Düss FamRZ **86**, 1027); **bb)** um **eigenen Unterhaltspflichten** nachzukommen (§ 1356 Rn 5).

1360a *Umfang der Unterhaltspflicht; Prozeßkosten.* [I]Der angemessene Unterhalt der Familie umfaßt alles, was nach den Verhältnissen der Ehegatten erforderlich ist, um die Kosten des Haushalts zu bestreiten und die persönlichen Bedürfnisse der Ehegatten und den Lebensbedarf der gemeinsamen unterhaltsberechtigten Kinder zu befriedigen.

[II]Der Unterhalt ist in der Weise zu leisten, die durch die eheliche Lebensgemeinschaft geboten ist. Die Ehegatten sind einander verpflichtet, die zum gemeinsamen Unterhalt der Familie erforderlichen Mittel für einen angemessenen Zeitraum im voraus zur Verfügung zu stellen.

[III]Die für die Unterhaltspflicht der Verwandten geltenden Vorschriften der §§ 1613 bis 1615 sind entsprechend anzuwenden.

[IV]Ist ein Ehegatte nicht in der Lage, die Kosten eines Rechtsstreits zu tragen, der eine persönliche Angelegenheit betrifft, so ist der andere Ehegatte verpflichtet, ihm diese Kosten vorzuschießen, soweit dies der Billigkeit entspricht. Das gleiche gilt für die Kosten der Verteidigung in einem Strafverfahren, das gegen einen Ehegatten gerichtet ist.

1   **1) Umfang des Familienunterhalts, I.** Vgl § 1360 Rn 1. **a)** Angem Unterh ist der **gesamte Lebensbedarf der Familie,** also alles, was notw ist zur Bestreitg der HaushKosten, der persönl Bedürfn beider Eheg u des LebBedarfs der gemeins Kinder u der ihnen gleichstehden Pers (§§ 1719, 1757), soweit sie unterhberecht sind (§§ 1602, 1603). Zum FamUnterh gehören demgem das **Wirtschaftsgeld** u die sonst Gelder für die iR der Haushführg v dem dazu verpfl Eheg zu bestreitden Ausgaben (§ 1356 Rn 4; § 1357 Rn 24; § 1649 Rn 3). Das Wirtsch- od HaushGeld hat idR nur den Zweck, dem haushführden Eheg die Besorgg der

Geschäfte des tägl Lebens zu ermögl, währd außergewöhnl Anschaffgen u Ausgaben grdsl nicht davon zu bestreiten sind; bei der Bemessg ist jedoch zu berücks, wenn nach der tatsächl Handhabg der Eheg der haushführde Teil auch solche Kosten trägt, die über den übl Rahmen hinausgehen (Celle FamRZ **78**, 589). Das WirtschGeld dient dem FamUnterh u muß damit den Beköstiggsaufwand u die übl Geschäfte des tägl Lebens, nicht aber Sonderkosten iSv § 1613 II decken (KG FamRZ **79**, 427). Das **Maß des Familienunterhalts** bestimmt sich nach dem, was nach den Verhältn beider Eheg f die Bedürfn der Fam erforderl ist, wobei ein obj Maßstab, zB der LebStil gleicher Berufskreise, anzulegen ist u das Eink beider Eheg die Grdlage bildet u die UnterhPfl nach oben begrenzt. Wieweit das Eink ganz aufzuwenden ist, hängt v seiner Höhe u davon ab, ob voraussehb einmalige hohe Ausgaben, zB Ausbildgskosten der Kinder, zu erwarten sind, die Rücklagen erfdl machen. Übersteigt das Eink am angem Unterh od vereinb die Ehel, sind bei Wahrg eines Mindeststandes grdsl zul ist, sparsamer zu leben, so verbleibt beim gesetzl Güterstd der unverbrauchte Rest demj Eheg, der diese Einkfte erzielt h (§ 1364), kommt aber ggf beim Zugew zum Ausgl (§§ 1371, 1372). **Überzahlungen** v Unterh: § 1360b; Einf 18 v § 1601. Zu **ehebedingten Zuwendungen:** § 1372 Rn 3.

b) Zum FamUnterh gehören als **Haushaltskosten** die Aufwendgen f Nahrg, Heizg, Beschaffg des **2** erforderl Wohnraums, nicht aber des Eigt daran (Bewertg des Wohnbedarfs eines Witwers: BGH NJW **85**, 49), also keine Verpfl zur Beschaffg eines Eigenheims (BGH NJW **66**, 2401), wohl aber Anschaffg u Erhaltg der Wohnungseinrichtg u der erforderl Ggste fürs Haus, wofür ggf Beträge außerh des WirtschGeldes zur Vfg z stellen sind, Bekleidg einschl ArbKleidg v Eheg u Kindern, aber auch nach den LebVerhältn der Ehel Schmuck u Luxusgarderobe (Bambg FamRZ **73**, 200), auch einmalige Aufwendgen wie Krankh- (ggf Anspr auf Freistellg v den Anspr des behandelnden Arztes; Hamm FamRZ **87**, 1142), Kur- u Ferienkosten (Düss FamRZ **67**, 43), Entlohng u Beköstigg v HausAngest, ferner Ausgaben zur Entspanng u Fortbildg, überh zur Pflege (auch nicht gemeins) geist, polit u kultureller Interessen (evtl aber Anrechng auf TaschenG, vgl unten Rn 4), also auch der Beiträge f derart Organisationen, Kirchensteuer (FG Hbg FRES **11**, 308), Erziegs- u Ausbildgskosten der Kinder (§ 1610 Rn 37–60), schließl die Kosten der Alterssicherg der Ehel (BGH FamRZ **60**, 225). Nicht hierher gehören aber UnterhGelder f **bedürftige Verwandte** des and Eheg. Handelt es sich um ein **Stiefkind,** für das die Mutter vor der Eheschl selbst gesorgt h, so w im allg eine stillschweigde Vereinbg angen w müssen, daß der Ehem ihr währd des Bestehens des gemeins Haush (Nürnb FamRZ **65**, 217) den erforderl Unterh zur Vfg stellt bzw ihnen ggü eine UnterhVerpfl übern (VG Schlesw FRES **4**, 132; Düss FamRZ **58**, 106; aM Schrade FamRZ **57**, 344), so daß wg dieser tatsächl erfolgden Zahlg die SozialBeh nicht z leisten braucht. Da jedoch eine gesetzl UnterhPfl nicht besteht (BGH JZ **69**, 704), kann der Stiefvater aus trift Grd die UnterhZahlg einstellen, so daß damit die Hilfsbedürftig des Stiefkindes iS der SozialhilfeBestimmgen wieder gegeben ist (BVerwG MDR **60**, 526; sa OVG Lünebg FamRZ **57**, 30). Daß ein Stiefvater den v seiner Ehefr in die Ehe eingebrachten Stiefkindern über das KiGeld u die KiZuschläge hinaus Unterh leistet, kann iRv BSHG 16 S 1 jedenf dann nicht vermutet w, wenn die wirtschaftl Lage der Fam derartige UnterhLeistgen bei Berücks der LebVerhältn nicht zuläßt (VG Schlesw FRES **4**, 73). Zum UnterhAnspr v **Eltern:** § 1601 Rn 6.

c) Die UnterhPfl erstreckt sich auch auf die **Befriedigung persönlicher Bedürfnisse** der Eheg. Sämtl **3** hierunter fallden LebErleichtergen (eig ArbZimmer, ärztl nicht gebotene Diät, vermehrter Kleiderbedarf usw) unterliegen der obj Beschrkg von Rn 1. Umstr ist, ob Ehel innerh einer intakten Ehe einen ggs **Ausbildungsfinanzierungsanspruch** haben (so Brühl/Göppinger/Mutschler 1. T Rdn 478; Jung FamRZ **74**, 516f mwNachw). Vorzug verdient die ggteil hM jedenf für den Normalfall; anders ist dagg zu entscheiden, wenn es sich ledigl um den Abschl einer bei Eheschl bereits begonnenen Ausbildg (Studium) handelt (BGH NJW **85**, 803). Nach Scheidg Ausbildgsfinanzierg gem § 1575 I. Kein Eheg kann einen best EinkAnteil für sich verlangen, also zB nicht die ArblosenVers od eine Rente f sich behalten; er hat vielm die Bedürfn der ges Fam entspr zu berücks, selbst wenn der GesBetr f alle nicht ausreicht. Aber zG eines Eheg sind die ihn allein treffden UnterhPflichten anzurechnen, jedenf soweit sie gleichrang wird, zB UnterhAnspr der gesch Ehefr. Ferner hat jeder Eheg Anspr auf einen angem Teil des GesamtEink als **Taschengeld** (TaschG), **4** dh auf einen GeldBetr, ü den er zur Befriedig reiner Privatinteressen frei verfügen k (RG **97**, 289), u zwar auch dann, wenn er arbeits- u leistgsfäh ist u somit eig Einkfte haben könnte (Mü FamRZ **81**, 449). Bei eig Einkften des UnterhBerecht besteht ein Anspr nur, wenn diese niedriger sind als der entspr Anspr (KG NJW-RR **92**, 707). Das TaschenG des haushführden Eheg, also iF der HausfrEhe (§ 1360 Rn 9) der Ehefr, ist regelm ohne nähere Bezifferg im WirtschGeld enthalten (vgl Rn 7), so wie der verdiende Eheg sein TaschenG einbehält. Andernf hat der nicht verdiende Eheg gg den and einen entspr Anspr. Die Höhe des TaschenG richtet sich nach Verm, Eink, Lebensstil u Zukunftsplang der Ehel, hängt also wesentl v Einzelfall ab. Ein Anspr besteht nur, wenn das Eink nur zur Deckg des notw FamUnterh ausreicht (Hamm FamRZ **86**, 357). Monatl DarlRaten mindern den Anspr (AG Recklinghausen FamRZ **91**, 1297). **Höhe** iü: 5% (Zweibr FamRZ **80**, 445; Hamm NJW-RR **90**, 1224 mN); 5–7% (Meier-Scherling FamRZ **59**, 392) des anrechenb Eink des UnterhSchu. Anspr auf TaschGRückstände auch nach Trenng (Hamm FamRZ **88**, 947). Die (verfkonforme, BVerfG FamRZ **86**, 773) **Pfändung** ist währd bestehder ehel LebGemsch nicht gem § 399, ZPO 851 ausgeschl (so zuletzt AG Diebg FamRZ **91**, 729), weil das TaschG als GeldAnspr iR der Gleichberechtgg ernst gen w muß u (entgg Soerg/Lange 8) auch nicht eine in Natur zu erbringde Leistg darstellt, sond gem ZPO 850b II bedingt zul (Kln FamRZ **95**, 309 mN; Sauer ua FamRZ **94**, 1441). Ein Teil des angebl TaschGAnspr bleibt für persönl Bedürfn von vornh unpfändb (Celle NJW **91**, 1960: 50 DM). Im DrSchuProz ist der Gläub f das Bestehen des TaschGAnspr darlegggs- u bewpfl (Hamm FamRZ **89**, 617 = Rpfleg **89**, 207 mA Otto). TaschGAnspr der Ki: § 1610 Rn 29.

2) Die Unterhaltsleistung. a) Deren **Art** ergibt sich aus der LebGemsch, II 1. Wenn II 2 idF des **5** 1. EheRG die Eheg verpfl, die erforderl Mittel im voraus zur Vfg zu stellen, so sollte damit nur eine Anpassg an die Aufg des Leitbildes der HausfrEhe vorgen w (BT-Drucks 7/650 S 100); iR einer Reform, die die Ausgestaltg der ehel Gemsch ganz dem Einvernehmen der Ehel überläßt, ist sie eigtl überflüss u jedenf auf die Haushführgs- u Zuverdienstehe zu beschränken (§ 1360 Rn 7 u 13). Iü darf sich auch der verdiende Eheg

nicht damit begnügen, die f den Unterh erforderl Geldmittel bereitzustellen, sond muß sich aktiv darum
6 kümmern, daß die Fam versorgt w. Der UnterhPfl wird also grdsätzl dch **Naturalleistung** genüge getan u
richtet sich auf Wohng, Verpflegg, Bekleidg, VersSchutz, sowie vS des haushführden Eheg (§§ 1356 I 2,
1360 S 2) auf die HaushFührg u die damit zushängden Besorggen, mag das Bewußtsein v dieser GrdVer-
pflichtg in Zeiten des materiellen Wohlstands auch etwas zurückgetreten sein. Es genügt, wenn die Ehel
einander die Möglk geben, den Unterh im Hause zu empfangen; die Gewährg einer Geldrente zw Ehel ist
7 grdsl ausgeschl (Warn **15**, 24). Anders bei Getrenntleben (§ 1361 IV 1). Bei teilw Trenng: § 1361 Rn 10. Der
verdiende Eheg hat das **Wirtschaftsgeld**, also mehr als die bloßen HaushKosten (vgl I) wg § 1356 I 2 ohne
vorherige Bitte des haushführden Eheg für einen angem Ztraum, der sich nach den eig Verdienstauszahlgen
richtet (Maßfeller DNotZ **57**, 350), im voraus zu entrichten, **II 2**. Andernf steht dem and Eheg die Leistgs-
Klage zu, bei grdsätzl Weigerg des verdienden Eheg auch die HerstellgsKl (Einf 20 v § 1353). Der haush-
führde Eheg muß das ihm treuhänderisch überlassene, nicht übereignete Geld f den FamUnterh verwenden.
Abzügl seines Taschengeldes (Rn 4) gebühren ihm Ersparn nur in Absprache mit dem and Eheg. Trotz
§ 1356 I 2 besteht in gewissem Umfang RechenschPfl; umgek ist aber übertriebene Kontrolle der Haush-
Führg unzul (vgl Nürnb FamRZ **60**, 64). Bei Streit über die Angemessenh muß der haushführde Eheg über
die Verwendg des WirtschGeldes abrechnen (Hbg FamRZ **84**, 583). Geltdmachg des Anspr auf WirtschGeld
dch einstw Vfg mögl (Düss FamRZ **83**, 1121). Anspr auf WirtschGeld nicht abtretb u damit un(ver)pfändb
(§ 1274 II, ZPO 851); iü gilt ZPO 850 d (Esn MDR **64**, 416) u f das WirtschGld selbst ZPO 811 Z 2. Ab
Trenng der Eheg kein Anspr mehr auf WirtschGeld (Hamm FamRZ **88**, 947); ein vorhandener Titel ist gem
ZPO 767 zu beseitigen (Hamm FamRZ **80**, 249; vgl § 1360 Rn 5). **Beweislast** für die Unvollständigk der
Zahlg bei länger zurückliegenden Rückständen beim haush-führenden Eheg (Kln FamRZ **84**, 1089).

8 **b) Zeitliche Abgrenzung, III.** Wg Geltdmachg des UnterhAnspr f die Vergangenh u Vorausleistgen f
die Zukft §§ 1613, 1614 III. Verzicht f die Zukft ist unzul, ebso Abfindg. Der UnterhAnspr erlischt mit dem
Tode eines der Eheg; vgl iü § 1615.

9 **3) Prozeßkostenvorschuß (PKV), IV** (Lit: Knops NJW **93**, 1237).

10 **a) Grundsätze. aa) Rechtsgrund.** Die Verpfl, dem and Eheg PKV zu leisten, ist trotz ihrer Vorläufigk,
weil es um einen ggwärt Bed geht, **Ausfluß der Unterhaltspflicht** (BGH **110**, 247) u nicht aus der ehel
FürsPfl abzuleiten (aA Künkel FamRZ **64**, 550). Desh enth IV eine abschließde Regelg (BGH **41**, 110) u ist
nicht etwa aus § 1353 zu erweitern. **Gläubiger** des PKV-Anspr ist der Eheg; mangels GesSchuldnersch
keine Haftg der GerKasse ggü (vgl aber §§ 1437 II, 1438 II, 1459 II, 1460 II).

11 **bb) Verhältnis zu öffentlich-rechtlichen Leistungen.** Der PKV hat nach dem zw Staat u Fam geltden
Subsidiaritätsprinzip Vorrang vor der **Prozeßkostenhilfe** gem ZPO 114 ff. Soweit Anspr auf PKV besteht,
gibt es daher keine PKH (Brem FamRZ **84**, 919). Doch setzt das die Realisierbark des PKV voraus; also
PKH, wenn auch dem and Eheg PKH zusteht (Rn 15). Leistgen der **Sozialhilfe** mindern den Anspr auf
PKV nicht (Düss FamRZ **75**, 418).

12 **cc) Anwendungsbereich.** Personell gilt IV nur unter Eheg (Rn 13); zum PKV zw Verwandten § 1610
Rn 33. Ggständl gilt IV sowohl bei Streitigk der Eheg untereinand, insb auch für das ScheidgsVerf (BT-
Drucks 7/4361 S 26 f), wie auch für Proz eines Eheg gg einen Dr. Vgl iü Rn 16.

13 **b) Voraussetzung der Vorschußpflicht** ist zunächst **aa)** eine wirks geschl **Ehe.** IV gilt auch unter getr
lebden Eheg (§ 1361 IV 4). Dagg kein Anspr auf PKV mehr nach Ehescheidg (BGH **89**, 33; FamRZ **90**, 280;
Schwab/Borth IV 36; krit Herpers FamRZ **84**, 465), wohl aber für RestitutionsKl sg ScheidgsUrt (Hamm
FamRZ **71**, 651). Und auch, soweit ZugewAusglAnspr als abgetrennte Folgesache nach Rechtskr der
Scheidg weiter verfolgt w (Nürnb FamRZ **90**, 421). PKV auch vom jetzigen Eheg zur Geltdmachg von
Anspr **gegen frühere Ehegatten** (Düss FamRZ **75**, 102 Zugew; Ffm FamRZ **83**, 588; Hamm FamRZ **89**,
277; Schwab/Borth IV 41; aA Düss FamRZ **84**, 388; MüKo/Wacke 28 für ZugewAusgl), aber nicht innerh
nehel LebGemsch (Einl 13 v § 1297).

14 **bb)** Der PKV hängt davon ab, daß der berecht Eheg **außerstande** ist, die **Kosten des Rechtsstreits**
selbst zu tragen. Unmaßgebl ist der Maßst von ZPO 114 ff; es entscheidet vielm die Billigk (Rn 20). PKV
wird daher nicht erst bei Beeinträchtigg des notw Unterh des UnterhBerecht geschuldet, sond ggf schon bei
Gefährdg von dessen angem Unterh (Hbg NJW **60**, 1768). Der PKV-Berecht hat grdsätzl ledigl „bereite
Mittel" einzusetzen (Karlsr MDR **58**, 932). Bei günst wirtschaftl Verhältn, also hinreichder Leistgsfähigk
des and Eheg kann der PKV-Berecht dsch dessen selbst der VeräußergsErlös aus dem gemeins Haus (Ffm
FamRZ **86**, 485). Auch besteht keine Obliegenh zu einer vorrangigen Veräußerg od Belastg des eig GrdBe-
sitzes (Karlsr MDR **67**, 402). Nur in AusnSituationen kann er auf die Auflösg prämienbegünst Sparguth zur
Finanzierg der Ehescheidg (Celle MDR **67**, 402) od auf die Veräußerg von Pfandbriefen verwiesen w (Mü
FamRZ **76**, 696). Dagg ist bei geringer Leistgsfähigk des VorschußVerpfl die Heranziehg eig Mittel bis zur
Grenze des notw Unterh u die Verwendg auch des eig VermStamms dch den Vorschußberecht erfdl
(MüKo/Wacke 22).

15 **cc) Die Leistungsfähigkeit** des auf PKV in Anspr genommenen Eheg entf bereits mit der Gefährdg
seines eig angem Unterh (KG FamRZ **85**, 1067; Kblz FamRZ **86**, 284). Er braucht sich nicht auf den notw
Unterh beschränken zu lassen u auf Güter des gehobenen Bedarfs zu verzichten (Kln MDR **63**, 680). Ggü
der Tilgg von DarlVerbindlken hat der PKV als Unterh Vorrang (Hamm FamRZ **86**, 1013; Karlsr FamRZ
87, 1062). Dagg gehen UnterhPfl der VorschußPfl vor (LG Brschw MDR **68**, 585). PKV kommt auch nicht
in Betr, wenn der UnterhSchuldn selbst (wenn auch unter AnO von Raten; Kln FamRZ **82**, 416) Anspr auf
PKH hat (Kblz FamRZ **86**, 284; Oldbg MDR **94**, 618; aA KG FamRZ **90**, 183 mN; oben Rn 11) od bei
einem entspr Proz hätte (Karlsr FamRZ **92**, 77; Düss FamRZ **93**, 1474). Dann uneingeschr PKH (BSG MDR
94, 512). Bei teilw Leistgsfähigk besteht PKV-Pfl nur für den Rest; PKV kann auch in **Raten** geschuldet w
(Ffm FamRZ **85**, 826).

16 **dd) Rechtsstreit** ist jedes GerVerf. PKV daher für zivilgerichtl einschl FGG-Verf (MüKo/Wacke 29;
Düss NJW **76**, 1851); ferner für arbeitsrechtl Streitigk (LAG Bln MDR **82**, 436); Strafsachen (vgl IV 2)

einschl PrivKl u NebenKl; VerwaltgsStreitigken (OVG Lünebg FamRZ **73**, 145) sowie im SozialR (BSG NJW **60**, 502; **70**, 352). PKV gibt es ferner für sämtl VerfHandlgen: LeistgsKl; Antr auf einstw AnO, einstw Vfg u Arrest; vollstreckb Urk für UnterhAnspr (Karlsr FamRZ **84**, 584); VollstrAbwehrKl (Ffm FamRZ **83**, 588); Kosten der einstw AnO nach ZPO 127a selbst (Ffm FamRZ **79**, 732) sowie schließl für die entspr RVerteidiggen (Kblz FamRZ **86**, 466). Zur Erstattg außergerichtl RVerfolggKosten: Kleinwegener FamRZ **92**, 755.

ee) Die PKV-Pfl besteht nur für RStreitig über **persönliche Angelegenheiten** (Lit: Koch NJW **74**, 87; **17** Schwab/Borth IV 38 ff). Je weiter dieser Begr gefaßt wird, desto weniger kommt PKH in Betr u umgek. Der RStreit braucht nicht lebwichtig zu sein, muß aber eine genügd enge Verbindg zur Pers u zu den persönl Bedürfn des Eheg haben, wofür bei Streit mit einem Dr die Beeinflussg der wirtschaftl od soz Stellg des Eheg für sich genommen nicht ausreicht (BGH **41**, 111). Auch auf vermwerte Leistgen gerichtete Anspr können persönl Angelegenh sein, sofern sie ihre Wurzel in der LebGemsch der Eheg haben (BGH **31**, 386).

Persönl Angelegenh **sind** Betreuung u Statussachen; Verf, die sich auf Ehre, Freih, Unterh u ähnl Anspr **18** beziehen (Brschw NJW **58**, 1728); solche betr die Wiederherstellg von Gesundh u ArbKraft, zB SchadErsAnspr wg fehlerh ärztl Behandlg (Ffm FamRZ **67**, 43), einschl SchmerzG (LG Hagen NJW **59**, 48). Ferner gehören hier sämtl die Ehe betr Verf: also Schutz des räuml-ggständl Bereichs der Ehe (Ffm FamRZ **82**, 606; vgl Einf 7 v § 1353); UnterhAnspr, auch zZw der Steuererstattg aus dem Realsplitting (Hamm FamRZ **89**, 277; § 1569 Rn 14). AuskVerl zur Vorbereitg der AuseinandS mit dem and Eheg (BGH **31**, 384). ZugewAusglAnspr (Ffm u Hamm FamRZ **81**, 164 u 275) wie die Verteidigg dagg (Kblz FamRZ **86**, 466), wobei Bevorschussg von GA-Kosten allerd einen entspr GerBeschl voraussetzen (Ffm FamRZ **82**, 714); Rückgewähr von WohnbeschaffgsKosten (Ffm FamRZ **83**, 588). Im VerwR: Führerscheinentziehg u Ausweisg, NachbarKl gg Baugenehmigg, wenn das auch vom and Eheg bewohnte Grdst vor Immissionen geschützt w soll (OVG Lünebg FamRZ **73**, 145).

Keine persönl Angelegenh sind dagg die Geltdmachg des gesellschrechtl AuseinandSGuth ggü Dr (BGH **19** **41**, 112); Anspr aus Mithaftg zus mit dem früh Eheg Dr ggü (Düss FamRZ **84**, 388); AufwendgsErsAnspr ggü früh Eheg (Nürnb FamRZ **86**, 697); vorzeit ErbAusgl (Kln FamRZ **79**, 178); Pflicht- (aA Kln FamRZ **61**, 122) u PflichttErgänz (Kln NJW-RR **89**, 967; § 2317 Rn 9); VerwR: Baugenehmigg.

ff) Entstehg u Umfang („soweit") der PKV-Pfl richten sich schließl nach der **Billigkeit**. Zu ihrer **20** Bedeutg bei Bedürftigk u Leistgsfähigk vgl Rn 14 f. Der PKV muß eine sachdienl ProzFührg ermögl; desh bei entspr Schwierigk od wirtschaftl Bedeutg Vorschuß auch für AnwKosten ohne AnwZwang u für VerkAnw (MüKo/Wacke 30). Die beabsicht RVerfolgg darf nicht mutwill od offensichtl aussichtsl sein (KG JW **25**, 2147). Desh kein PKV bei pünktl UnterZahlg (vgl Nürnb NJW-RR **93**, 327); dagg keine Vorwegn der Entsch dch Prüfg der ProzAussichten wie bei der PKH (Ffm FamRZ **59**, 63; Kln MDR **61**, 941; LG Bln FamRZ **66**, 513; aA Gernhuber § 21 IV 4; Pastor FamRZ **60**, 263; Schwab/Borth IV 46).

gg) Dauer der PKV-Verpfl. Eine VorschußPfl für den jew RZug besteht nicht mehr, wenn dieser **21** abgeschl ist (Mü FamRZ **76**, 696) od wenn der ganze RStr vor Zahlg beendet ist (BGH NJW **85**, 2265), es sei denn, der Schuldn war bereits vor dem Abschl des VerfAbschn in Verzug gesetzt worden (Bambg FamRZ **86**, 484; aA Schwab/Borth IV 50: MindErfordern einstw AnO); Folge: Anspr auf Ersatz des VerzugsSchad (Kln FamRZ **91**, 842 m abl Anm Knops). Keine Berufg auf die Rechtskr der Scheidg, wenn PKV-Antr rechtzeit gest w war (Ffm FamRZ **93**, 1465).

hh) Berechnung. Der PKV umfaßt die notw gerichtl u außergerichtl Kosten, dh Gebühren u Auslagen **22** (vgl GKG 65 I, BRAGO 16, 17), dagg nicht die Kosten einer RBeratg (Schwab/Borth IV 49). Die SchlüssigkPrüfg verlangt Untersuchg, inwieweit die vom RA zu berechnden Gebühren den eingeforderten PKV überh erreichn (Mü FamRZ **76**, 697).

c) Verfahren. aa) Zuständig ist das FamG (GVG 23a Nr 2, 23b I Nr 6), nicht das Ger der Haupts (so **23** noch Brschw NJW **59**, 2310).

bb) Zum PKV dch **einstweilige Anordnung:** ZPO 127a, 620 Nr 9, 621 f; bei rechtzeit Antr ggf auch **24** nach Beendigg der Inst (KG FamRZ **87**, 956). Vollstr daraus auch nach Beendigg des Proz u ungeachtet der KostEntsch (BGH **94**, 316; Rn 21). Die Zulässigk einer einstw AnO schließt RSchutzInteresse für Kl auf PKV nicht aus (Hamm FamRZ **78**, 816). Vor Anhängigk einer Ehesache (ZPO 620a II) Geltdmachg dch einstw Vfg (Düss NJW **78**, 895; aA Oldenbg FamRZ **78**, 526). Stellt sich währd des RStreits heraus, daß der VorschußBerecht die Kosten ganz od teilw selbst tragen muß, keine Abänderg der PKV-AnO (Bambg FamRZ **75**, 421). Wg Unabhängigk der KostEntsch (Rn 26) tritt eine einstw AnO trotz ZPO 620f auch bei abweichder KostEntsch nicht automat außer Kr (BGH **94**, 316/19); desgl kann darauf keine VollstrAbwehr-Kl gestützt w (KG FamRZ **81**, 464). Vielm darf aus einer einstw AnO auch nach Beendigg des RStr selbst bei einer gg den VorschußBerecht ergangenen KostEntsch die ZwVollstr betrieben w, soweit nicht die Vorauss für einen Rückzahlgs Anspr (Rn 26) vorliegen (BGH NJW **85**, 2263; Hamm FamRZ **77**, 466).

cc) Der Anspr auf PKV ist zweckgebunden (Rn 10) u desh wed abtretb, noch verpfändb od **pfändbar**; **25** Ausn: zG des GebührenGl (GerKasse, Anw). Auch keine **Aufrechnung** gg ihn (BGH **94**, 316). Wg Rn 15 kein VollstrPrivileg aus ZPO 850d (umstr).

d) Rückzahlungspflicht (Lit: Pastor FamRZ **60**, 46; Kuch DAV **81**, 7). **aa) Grundsätze.** Der PKV ist **26** eine vorl KostÜbern u die Verpfl dazu besagt nichts darüber, wie die Kosten eines RStreit unterhrechtl zw den Eheg zu verteilen sind. Auch die KostEntsch im RStreit besagt nichts über den endgült Verbleib eines gezahlten PKV. Die Frage ist nicht aus § 1353 (BGH NJW **88**, 2032), sond unterhrechtl zu entsch. Daher unterliegt der RückzahlgsAnspr auch nicht §§ 814, 818 III (Kalthoener/Büttner NJW **91**, 402).

bb) Der PKV **kann zurückgefordert werden,** wenn die ges Vorauss dafür von vornh nicht vorlagen **27** (BGH **110**, 247); ferner wenn sich (ggf auch erst nach der Scheidg; Saarbr NJW-RR **87**, 522) die wirtsch Verhältn des Vorschußempfängers wesentl gebessert haben (Hamm FamRZ **92**, 672: auch wenn die genauen Einkfte nicht abschließd geklärt s) bzw die Rückzahlg aus and Grden der Billigk entspr (BGH **56**, 92; **94**,

316/18; **110**, 247; AG Hildesh FamRZ **88**, 61). Diese Einschränkgen gelten auch bei GütGemsch (BGH FamRZ **86**, 40). Danach ist der gg einen Dr obsiegde Vorschußempfänger ow rückerstattgspflicht (MüKo/ Wacke 31). Unabh von §§ 814, 1360b kann iR der Billigk ein schutzwürd Vertrauen, den PKV später nicht zurückzahlen zu müssen, berücks w (BGH NJW **90**, 1476/77).

28   **cc) Rechtsnatur:** Famrechtl Anspr eig Art (Göppinger/Häberle Rn 565; Schwab/Borth IV 54). Kein BereichergsAnspr (aA Olzen JR **90**, 8), weil sonst stets § 818 III eingreifen würde.

29   **dd) Verfahren.** Die Rückzahlg ist dch selbstd ErstattgsKl vor dem FamG (Mü FamRZ **78**, 601) dchzusetzen. Bei Streitgken zw den Eheg kann der mat ErstattgsAnspr nicht im **Kostenfestsetzungsverfahren** geltd gemacht w, weil hier für die Berücks der Billigk kein Raum wäre (Düss u Mü NJW **72**, 830 u 1473f; KG FamRZ **87**, 1064; Oldbg NJW-RR **94**, 1411; aA Stgt FamRZ **87**, 968 sowie differenzierd **92**, 1462; vgl iü Cronauer Rpfleger **88**, 39). Dagg ist iF einer die Kosten nach Quoten verteildn KostEntsch im HauptsVerf bei der anschließden KostFestsetzg ein tatsächl geleisteter PKV voll auf die auf den PKV-Empfänger entfallde Quote anzurechnen (so Stgt FamRZ **87**, 968; Mü FamRZ **94**, 1605) u nicht nur entspr der Kostenquotelg in der KostEntsch des HauptsVerf (so Celle FamRZ **85**, 731) bzw. sogar nur insow, als der PKV die Kosten übersteigt, die der Empfänger nach der KostEntsch im Urteil selbst tragen muß (so Karlsr FamRZ **86**, 376; KG FamRZ **87**, 1064; dagg auch Schwab/Borth IV 52).

1360 b **Zuvielleistung.** Leistet ein Ehegatte zum Unterhalt der Familie einen höheren Beitrag als ihm obliegt, so ist im Zweifel anzunehmen, daß er nicht beabsichtigt, von dem anderen Ehegatten Ersatz zu verlangen.

1   **1)** Die **Auslegungsregel** gilt nicht nur für einmalige od lfde Leistgen, sond auch für Leistgen aus dem VermStamm (Warn **30**, 195), etwa zur Anschaffg eines Pkw (BGH NJW **83**, 1113), u bei vermehrter MitArb in Beruf od Gesch des an Eheg (bestr) sowie vor allem für überobligatormäß PflegeLeistgen, für die auch keine lfde VergütgsPfl besteht (BGH NJW **95**, 1486). Entspr Regelgen in §§ 685 II, 1620. Gilt auch bei getrennt lebdn Eheg (§ 1361 IV 4), nicht dagg nach Scheidg (Celle NJW **74**, 504). **Zweck:** Bei freiw Mehrleistg entspricht Ersatzverzicht der LebErfahrg; ferner dient die Ausschaltg ggseit ErstattgsAnspr dem Ehefrieden. Fehlt RückFdgsWille, dann weder §§ 677ff noch §§ 812ff (BGH **50**, 270), auch keine Schenkg, die widerrufl wäre (§ 530, EheG 73 aF), wohl aber Anrechng als Zuwendg n § 1380 (BGH NJW **83**, 1113).

2   Bei **Mehrleistung mit Erstattungsabsicht** folgt ErstAnspr nicht aus des famrechtl AusglAnspr (so Roth-Stielow NJW **70**, 1032), sond – insb nach der Scheidg – aus § 812 I 2, wobei dem § 818 III der § 819 I entggwirkt; ferner cessio legis gem § 1607 II 2 (vgl dort Rn 5). § 1360b ist lex specialis ggü sämtl Regreß-Anspr wie GoA, ungerechtf Bereicherg usw (Karlsr FamRZ **90**, 744).

3   **2) Widerlegbar.** Festzustellen also, ob eine ggteil Absicht zZ der BeitrLeistg vorlag (BGH **50**, 266). Ausdrückl Vorbeh unnöt, kann sich aus den Umst ergeben, zB der Höhe der Leistg (RG JW **09**, 660). Der zurückfordde Eheg hat höheren Beitr, als ihm obliegt, zu **beweisen**, desgl, daß zZ der Hingabe Ersatz beabs war.

1361 **Unterhalt bei Getrenntleben.** [1]Leben die Ehegatten getrennt, so kann ein Ehegatte von dem anderen den nach den Lebensverhältnissen und den Erwerbs- und Vermögensverhältnissen der Ehegatten angemessenen Unterhalt verlangen; für Aufwendungen infolge eines Körper- oder Gesundheitsschadens gilt § 1610a. Ist zwischen den getrennt lebenden Ehegatten ein Scheidungsverfahren rechtshängig, so gehören zum Unterhalt vom Eintritt der Rechtshängigkeit an auch die Kosten einer angemessenen Versicherung für den Fall des Alters sowie der Berufs- oder Erwerbsunfähigkeit.

[2]Der nichterwerbstätige Ehegatte kann nur dann darauf verwiesen werden, seinen Unterhalt durch eine Erwerbstätigkeit selbst zu verdienen, wenn dies von ihm nach seinen persönlichen Verhältnissen, insbesondere wegen einer früheren Erwerbstätigkeit unter Berücksichtigung der Dauer der Ehe, und nach den wirtschaftlichen Verhältnissen beider Ehegatten erwartet werden kann.

[3]Die Vorschrift des § 1579 Nr. 2 bis 7 über die Herabsetzung des Unterhaltsanspruchs aus Billigkeitsgründen ist entsprechend anzuwenden.

[4]Der laufende Unterhalt ist durch Zahlung einer Geldrente zu gewähren. Die Rente ist monatlich im voraus zu zahlen. Der Verpflichtete schuldet den vollen Monatsbetrag auch dann, wenn der Berechtigte im Laufe des Monats stirbt. § 1360a Abs. 3, 4 und die §§ 1360b, 1605 sind entsprechend anzuwenden.

1   **1) Allgemeines** (Lit: v § 1601). **a)** Der Anspr, trotz Trenng der Ehel bei Bedürftigk von dem and Eheg Unterh zu bekommen, ist grdsl unabhäng von einem **Trennungsverschulden.** Das ist verfassungskonform (BVerfG NJW **81**, 1771; BGH NJW **79**, 1348). Das Verschulden kann aber anspruchsausschließl wirken (vgl Rn 42 u 45). And als in § 1360 handelt es sich in § 1361 nicht um den FamUnterh, sond nur um den **gegenseitigen Unterhalt der Ehegatten,** da die FamEinh dch die Trenng zerfallen ist. Den Unterh für die gemeins Kinder (§§ 1601ff, bes 1606 III) fordert der getrennt lebde Eheg gem § 1629 II bzw III. Die **ehelichen Lebensverhältnisse** haben in der Vorschr eine doppelte Funktion: näml einmal hins der Höhe des zu leistdn Unterh (Rn 49–52), zum and für die Frage, ob der in der Ehe nicht erwerbstät Eheg nach der Trenng gehalten ist, eine ErwTätigk aufzunehmen (Rn 28–36). Die UnterhPfl findet ihre obere Grenze an der Angemessenh (§ 1360a I). Daraus folgt der **Grundsatz der Symmetrie:** Der getrennt lebde Eheg soll nicht besser gestellt w als der in Gemsch lebde. Außerdem kann der getr lebde Eheg unterhrechtl jedenf nicht schlechter stehen als ein geschiedener (BGH FamRZ **90**, 283/5). Im Rahmen des **BAföG** dürfen Eink u

Verm eines dauernd getr lebden Eheg nicht unabhäng vom Bestehen eines UnterhAnspr bedarfsmind berücks w (BVerfG NJW **95**, 1341). Ein **Unterhaltsverzicht** (vgl § 1585c Rn 9) braucht trotz Bezugs von SozHilfe nicht sittenwidr zu sein, wenn dadch die Ehe gerettet w soll (Kblz FamRZ **95**, 171).

b) Inhalt der Vorschr: I enth den Grds, daß bei GetrLeben sich nicht etwa jeder Eheg selbst zu unterhal- **2** ten hat, aber auch nicht umgek Unterh als Entschädigg für das GetrLeben od als Strafe f die Trenng zahlen muß; sond es besteht ein ggseit, dh ggf von jedem Eheg gg den and geltd zu machder Anspr, wenn dessen Voraussetzgen vorliegen, auf angem Unterh nach den Lebens-, Erwerbs- u VermVerhältn der Eheg. II gibt eine SchutzVorschr zG des nicht erwerbstät Eheg, III eine solche zG des an sich unterhpflichtigen Eheg, während IV in erschöpfender Weise den UnterhModus angibt; die Vorschr ü den FamUnterh sind (and als die allg Regeln) nur insow anwendb, als sie in Bezug gen sind (IV 4). **Geltungsbereich:** § 1361 gilt nur für die Zt des GetrLebens; nach der Scheidg: §§ 1569 ff. **Konkurrenzen:** §§ 1608, 1615l Rn 11.

c) Die bei jedem Güterstd, also auch in der GütGemsch (BGH **111**, 248) geltde Vorschr ist **zwingend** **3** insof, als f die Zukft nicht auf jeden Unterh verzichtet w kann, auch nicht gg Abfindg (vgl § 1614 Rn 2), wohl aber sind **Vereinbarungen** ü Art u Höhe des Unterh für die Zt des GetrLeb zul (BGH NJW **62**, 2102), soweit sie nicht sittenwidr sind, zB iV mit der Abrede, sofort ScheidsAntr zu stellen (Hbg MDR **72**, 53). Zul Abmachgen ü die Wohng (Rn 23–25) od sonstige Natural- statt Geldleistg, zB kostenl Überlassg eines Pkw (BGH FamRZ **65**, 125).

d) Für den **Unterhaltsumfang** kommt es, obwohl im Gesetz nicht ausdrückl gefordert, entspr den **4** §§ 1577, 1602 auf die Bedürftigk des UnterhBerecht (dazu Rn 11–17) sowie auf die Leistgsfähigk des Verpfl wie in §§ 1578, 1603 an (Rn 18–22). Iü sind in erster Linie die ehel LebVerh maßg (dazu Rn 50). Der Anspr richtet sich auf einen Teil des Eink des and Eheg, näml ½ bzw ⅗ (Rn 51). Der Grdsatz der virtuellen Halbierg bzw ⅗-Quotelg wird in doppelter Weise dchbrochen, näml nach oben dch eine mehr od minder stillschweigd anerkannte SättiggsGrenze wie nach unten dch den Selbstbehalt. Einschränkgen ergeben sich ferner iR der entspr Anwendg von § 1579 (dazu Rn 35–43), wie sich umgekehrt der UnterhAnspr dch Sonderbedarf erhöhen kann (Rn 50). **Sonderbedarf:** Rn 53.

e) Verfahren. Unabh von der Anhängigk eines Scheids- od sonst EheVerf kann vor dem FamG **5** TrenngsUnterh geltd gemacht werden (ZPO 621 I Z 5; GVG 23a Z 2). Ist ScheidsAntr gestellt, einstw AnO (ZPO 620 S 1 Z 6, 620a II 1); RückFdg ggf gem § 812 (BGH FamRZ **84**, 767/9; aA Ditzen FamRZ **88**, 349) mit entgg BGH **93**, 183 verschärfter Haftg ab Zustellg der neg FeststellgsKl (M. Schwab FamRZ **94**, 1567).

f) UnterhAnspr grdsl **nicht abtretbar** (LG Mü NJW **76**, 1796). Aber Übergang auf den Träger der **6** SozHilfe dch entspr Überleitgsanzeige (BSHG 90) bzw iRv BAföG 37 (Düss FamRZ **79**, 701; Seetzen, NJW **78**, 1350), dessen Leistgen Vorrang haben (Einf 21 vor § 1601), so daß die iRv § 1361 geschuldete Unterh-Leistg als Eink des Auszubildden anzurechnen ist (Düss FamRZ **81**, 39).

g) Geltungsdauer des Getrenntlebendenunterhalts: Ein währd des ZusLebens od währd eines früh **7** Getrenntl ergangenes Urt od geschloss UnterhVergl (Stgt FamRZ **82**, 1012) wirkt ggf nicht für die Zt des GetrLeb u nach der Rspr des BGH nicht für die Zt nach rechtskr Scheidg, so daß Einwände wie derj der kurzen Ehedauer nicht mehr iW der AbändgsKl geltd zu machen sind (§ 1360 Rn 5); währd eine einstw AnO gem ZPO 620 f auch in die Zt nach Scheidg fortwirkt. Im Falle v ZPO 629 d bleibt § 1361 bis zum Ztpkt des Wirksamwerdens des ScheidgUrt maßg (Parche NJW **79**, 139). Zu einer RSchutzlücke kann es inf des neuen ZPO 629a III kommen, wenn das UnterhVerf aus dem VerbundUrt in höherer Instanz anhäng ist, weil GetrLebdenUnterh nach rechtskr Scheidg nicht mehr geschuldet w u bestr ist, ob das BerufgsGer eine einstw AnO über den insow schon geltden ScheidsUnterh (§§ 1569 ff) erlassen kann (bejahd: Diede-richsen NJW **86**, 1465 Fn 78; Mörsch FamRZ **86**, 630; verneinend: Kemnade FamRZ **86**, 626) u der ScheidsUnterh eben noch in der höheren Inst anhäng ist (Mörsch FamRZ **86**, 629). – **Tod:** Der Verpfl **8** schuldet den vollen MoBetr auch dann, wenn der Berecht im Laufe des Mo stirbt, IV 3. Ist im voraus gezahlt (IV 2), kein § 812; Rückstände fallen in die Erbmasse. Stirbt der Verpfl, gilt Entsprechdes.

h) Die **Beweislast** richtet sich nach den BewMöglkeiten, so daß UnterhBerecht die Voraussetzgen des **9** Anspr einschl seiner Bedürftigk (Ffm NJW-RR **89**, 1234), der Verpfl seine LeistgsUnfähigk nachw muß; für AusnSituationen (zB Wegfall der Bedürftigk aGrd strafb Verhaltens) trägt derj die BewL, der die Behptg aufstellt (BGH FamRZ **83**, 671; Brühl FamRZ **84**, 753).

2) Voraussetzungen für den Unterhaltsanspruch, I 1: a) Völliges Getrenntleben bei bestehder Ehe. **10** Nicht erfdl, daß die Eheg vorher zusgeleb od überh die ehel LebGemsch aufgen haben (BGH NJW **82**, 1460). Die Tats, daß sie nicht, wie beabsichtigt, eine angem Wohng bezogen haben, berührt die vom beiderseit Eink bestimmten LebVerhältn nicht (BGH NJW **80**, 2349). Der Anspr besteht auch, wenn die Eheg währd ihres ZusLebens keine wirtsch Einh bildeten, sond aus getrennten Kassen wirtschafteten u ggseit auf nachehel Unterh verzichtet h (BGH FamRZ **89**, 838 m zu Recht abl Anm v Henrich). Zum Begr des GetrLebens: § 1567; GetrLeben innerh der ehel Wohng (§ 1567 I 2) reicht aus. Bei nur teilw Auflösg der LebGemsch (zB Weiterwohnen in ehel Wohng, MitArb im Gesch des UnterhPflichtigen, der den HptTeil des Unterh trägt) gilt § 1360a, wobei aber GesPkte des § 1361 zu berücks sind (BGH **35**, 302). Daher Anspr auf Geldrente, wenn häusl Gemsch mehr besteht (RG HRR **33**, 1762) od wenn Ehel ohne Trenng in Scheidg leben u der Eheg es ablehnt, sich von seiner Ehefr beköstigen zu lassen (KG NJW **73**, 1130). § 1361 gilt auch bei erhobener Scheidgs-, Aufhebgs- u NichtigkKl, bei letzterer wg EheG 23. Bei Beendigg der Trenng dch Wiederaufn der ehel LebGemsch: ZPO 767 (Düss NJW **92**, 2166).

b) Bedürftigkeit des Unterhaltsberechtigten. Der UnterhAnspr setzt aS des Berecht Bedürftigk vor- **11** aus. Zu Begr u Voraussetzgen vgl §§ 1577, 1602. Die Bedürftigk fehlt, soweit der Berecht sich aus eigenen Mitteln selbst unterh kann. Entspr mindert sich sein nach den ehel LebVerhältn festzustellder **Bedarf** (Rn 48). Die Bedürftigk bestimmt sich nach dem tatsächl bzw iW der Fiktion zuzurechnden eig Eink des UnterhBerecht. Einkfte aus eig Verm od ArbVerdienst sind idR anzurechnen. Aber Vorwegabzug v Unterh f nehel Ki des UnterhBerecht (Stgt FamRZ **87**, 1030). Zu berücks sind die Erw „Verhältn", dh ggf also auch

eine tatsächl vorhandene, aber nicht ausgenutzte VerdienstMöglk. Ggf ist ein planvoll betriebenes **Studium**
12 mit absehb Ende weiter zu finanz (Hamm FamRZ **95**, 170). Bedürftig liegt nicht vor, sol der Eheg über hinreichde **eigene Einkünfte** verfügt, aus denen er seinen Unterh bestreiten kann. Dabei spielt es grdsätzl keine Rolle, woher diese Eink stammen (zu DarlZinsAnspr gg den UnterhSchuldn Düss FamRZ **88**, 284). Auch sonstige VermVorteile können sich bedürftigkmindernd auswirken.

13 **aa)** Als eig Einkfte, die den Bedarf des UnterhBerecht mindern, kommen neben Einn aus seinem Verm vor allem Einkfte aus **zumutbarer Erwerbstätigkeit** in Betr. Für Einkfte aus unzumutb ErwTätig gilt § 1577 II entspr (BGH NJW **83**, 933; Nürnb MDR **80**, 401). Die **Zumutbarkeit** richtet sich nach § 1361 II (vgl Rn 28 ff). Soweit den Eheg hiernach eine ErwObliegenh trifft, er aber eine entspr **Erwerbstätigkeit nicht ausübt,** werden ihm die daraus erzielb Einkfte iW der **Fiktion** bedürftigkmindernd zugerechnet, obwohl sie ihm in Wirklichk nicht zufließen (§ 1577 Rn 4, 5; § 1602 Rn 7 mit § 1603 Rn 9). Geringere Anforderungen an die ArbPlSuche sind wg Sprachschwierigk evtl bei türk Ehefr angebracht (Oldbg FamRZ **88**, 170). Keine Fiktion bei Studium neben KiBt (FamRZ **95**, 877). Zum fiktiv zuzurechnden Entgelt bei **Haushaltsführung für den neuen Partner:** § 1577 Rn 5; vgl iü unten Rn 45. **Steuer:** (§ 1569 Rn 10–14). Vorteile wirken grdsätzl auch aS des UnterhBerecht einkommenserhöhd u damit bedarfsmindernd (vgl § 1603 Rn 5, 6; aA Kln FamRZ **83**, 706 für den erhöhten Ortszuschl u SteuerVort für Kinder aus einer früh Ehe). Nach Trenng Unterh nicht gem EStG 33a I als außergew Belastg abziehb (BFH NJW **89**, 2840). Zu **Sozialleistungen:** Rn 27. Zum Erziehgsgeld § 1577 Rn 3.

14 **bb)** KapVerm (auch Erbsch) ist zinsbringd anzulegen (Kblz FamRZ **90**, 51), u zwar ggf unter Umschichtg mit möglichst sicheren u hohen Erträgen (Stgt FamRZ **93**, 559). Aus dem **Vermögensstamm** braucht der UnterhBerecht dagg seinen Unterh nicht zu bestreiten. Die äußerste Grenze dafür bildet ijF § 1577 III (vgl § 1577 Rn 11). Im allg geht die Obliegenh bei GetrLeb jedoch weniger weit (BGH NJW **85**, 907).

15 **cc)** Zu den sonstigen bedarfsmindernden VermVorteilen gehört ferner **mietfreies Wohnen,** auch in einer den Elt gehörden Wohng (Ffm FamRZ **77**, 799). Vgl unten Rn 23–25.

16 **dd)** Die Bedürftig entfällt od verringert sich ferner, wenn der UnterhBerecht mit einem Dritten in einer **nichtehelichen Lebensgemeinschaft** (Einl 8 v § 1297) zulebt (Einzelheiten: § 1577 Rn 5). Von diesem BedürftigkMindersPosten ist die anderweitige Zurechng eines Konkubinats zu unterscheiden (vgl Rn 45, 46).

17 **ee) Schulden** erhöhen wed allg die Bedürftig u sind schon desh vom Eink des Berecht abzuziehen (so aber MüKo/Wacke 17), noch sind sie bedarfsneutral (so aber Heiß/Heiß 2.40). Vielm muß differenziert werden. Eigene UnterhPfl des Berecht betreffen den Bedarf eines Dr u erhöhen desh, insb wenn es um vorehel Ki geht, seine Bedürftig nicht (aA Stgt FamRZ **87**, 1031), weil sonst der UnterhSchu für fremde UnterhPfl aufkommen müßte (RGRK/Mutschler § 1610 Rdn 25). Davon ist der Fall zu unterscheiden, daß der Berecht von einer best ihm geschuldeten UnterhSumme eig UnterhPfl tilgen kann. Unabh vom Ztpkt der Entstehg v Schu sind lfde Zahlgen darauf einkmindernd zu berücks, wenn ihre Tilgg auch im Interesse des UnterhSchu liegt, also bei gemeins Verpfl (AG Pinnebg FamRZ **89**, 391), Beitr zur Finanzierg der bish EheWohng (Ffm FamRZ **81**, 955) od bei Verpfl, die als Folge der Trenng unumgängl waren (MüKo/Richter § 1577 Rdn 15).

18 **c) Leistungsfähigkeit** aS des UnterhVerpfl (vgl § 1603 Rn 2). Entscheidd also die Einkfte aus Verm u das, was er verdient od auch verdienen könnte (§ 1581 Rn 6; § 1603 Rn 9–14). Zu SozLeistgen Rn 27. Einkfte aus einer Nebtätig (§ 1603 Rn 5) w nicht berücks, wenn der UnterhBed des und Eheg dch dessen TeilZtTätigk gedeckt ist (Kblz FamRZ **91**, 1440). Führt der UnterhSchu seine LeistgsUnfähigk in verantwortgsloser od zumind grob leichtfert Weise herbei, kann er sich auf die Minderg od den Wegfall seines Eink nicht berufen (BGH FamRZ **85**, 158; **87**, 372). Wem die elt Sorge zugesprochen w, der darf seine Erwtätigk auf eine Halbtagsstelle reduzieren (KG FamRZ **90**, 293). Eine zeitweil Absenkg der für die UnterhBemessg maßgebl ehel LebVerhältn inf der Eröffng einer ArztPrax dch den bish als KrHausArzt tätigen UnterhSchu muß sich der unterhberecht Eheg gefallen lassen, wenn der Berufswechsel schon vor der Trenng geplant war (BGH FamRZ **88**, 256). Aber selbst dann darf die Gründgsphase eines KfzBetr nicht dch zögerndes Verh verlängert werden (Bambg FamRZ **89**, 392). Iü muß trotz Respektierg der berufl EntfaltgsFreih (Bambg FamRZ **89**, 93) für die Sicherstellg des MindBed von Eheg u mj Ki vorgesorgt werden. Andernf muß der UnterhSchu auf den Berufswechsel verzichten (Ffm FamRZ **89**, 279; and noch Saarbr FamRZ **81**, 676). Währd der Trenng besteht keine Obliegenh zur Veräußg des ererbten Hofes (Hamm FamRZ **94**, 895). **Trennungsmehrbedarf:** Mit der Trenng verbundene Nachteile sind vom UnterhBerecht hinzunehmen, wie Kosten für Besuche des beim Berecht lebden Ki (Ffm FamRZ **91**, 78) od wenn der 87j UnterhSchuldn in ein Altersheim zieht (Bambg FRES **3**, 54). Umgek besteht f einen Landwirt währd der TrenngsZt keine Obliegenh zur Veräußerg seines unrentablen Hofes (Schlesw FamRZ **85**, 809).
19 Anderers muß der UnterhSchuldn ggf auch auf den **Vermögensstamm** zurückgreifen, um den Trenngs-Unterh aufzubringen (BGH FamRZ **86**, 556) u als Landwirt etwa zur Teilverwertg des (jederzt wieder
20 auffüllbaren) Viehbestandes schreiten (BGH aaO). Dem UnterhSchuldn verbleibt v seinem Eink als **Selbstbehalt** ijF mind der notw Eigenbedarf, der ggü den Kindern unterschiedl hoch ist (§ 1603 Rn 8, 17 u 24) u ggü dem getrenntlebden Eheg je nachdem, ob der Verpfl erwerbstät ist od nicht, 1300 bzw 1150 DM beträgt (DüssTab NJW **92**, 1367; vgl iü § 1610 Rn 16). Selbstbeh ggü Anspr auf PKV: § 1360a Rn 15. Zur absoluten
21 LeistgsUnfähigk, insb bei eig **Sozialhilfebedürftigkeit:** § 1581 Rn 22; § 1603 Rn 8. Leistgsfähigkeitsmindernd wirken sich insb auch **Schulden** des UnterhVerpfl aus (§ 1603 Rn 18; § 1581 Rn 8). Zur UnterhVerpfl vgl Rn 50. Vor der Trenng mRücks auf Überstunden eingegangene KreditVerpfl verpflichten zur Fortsetzg der ÜberStden (Düss FamRZ **81**, 38). Vor Trenng mit Billigg des und Eheg eingegangene Verbindlkten muß dieser sich nach Maßg der hypothet fortgeschriebenen Ehekonzeption auch iRv § 1361 entgghalten lassen (BGH NJW **82**, 232; KG FamRZ **91**, 808) u ggf hinnehmen, daß jedenf die Schuldzinsen getilgt w (BGH NJW **82**, 1641). Ebso, wenn sonst die DarlRückzVerpfl die ehel LebVerhältn geprägt haben (Kblz FamRZ **91**, 459). Wenn die Ehel über ihre Verhältn gelebt haben, ist entsch das Verhalten der DrittGl vor der Trenng (Bambg FamRZ **92**, 1295). Zur unterhrechtl Bedeutg des GesSchuAusgl: § 1372 Rn 7.

Berücksichtigg v Raten aus Neuverpflichtgen dagg nur bis zur Grenze verständiger trenngsbedingter Anschaffgen (Düss FamRZ **74**, 90). Keine Berücks v Kredit zur Anschaffg eines Pkw, wenn dieser nicht notw gebraucht w (Ffm FamRZ **77**, 799). Hotelpächter, der mtl nur 528 DM erwirtschaftet, darf in seinem Betr keine GeschFührerin beschäftigen (Mü FamRZ **74**, 601). Scheidsbedingt erhöhte **berufsbedingte Auf-** 22 **wendungen** (Fahrtkosten dch Umzug zur neuen LebGefährtin) sind nur bedingt absetzb (AG GrGerau FamRZ **86**, 1207). Daneben ist bei bes beengten wirtschaftl Verhältn kein Raum für den ErwTätigenBonus (Kblz FamRZ **95**, 169). Vgl iü § 1603 Rn 6. **Betreuungsbonus** bei Versorgg gemeins Ki: § 1581 Rn 9.

 d) Ehewohnung (Lit: Blaese FuR **90**, 40). Währd sich § 1361b auf die vorläuf Benutzg der Ehewohng 23 bezieht, richtet sich deren **unterhaltsrechtliche Bedeutung für die Dauer des Getrenntlebens** nach § 1361. Zur unterhrechtl Bedeutg des **mietfreien Wohnens** allg: § 1578 Rn 7. Für die Dauer des GetrLebens braucht die ggf auch zu teure (Zweibr FamRZ **82**, 269) Ehewohng grdsl nicht aufgegeben od zur Steigerg der Einkfte verm zu werden, sol damit gerechnet werden darf, daß die ehel LebGemsch wieder aufgen wird (KG NJW **78**, 274), auch wenn das früh FamHeim als Wohng für den UnterhBerecht zu groß ist (BGH NJW **89**, 2809). Entfallen dch Veräußerg des Hauses, in dem sich die Ehewohng befand, finanz Belastgen, erhöht sich ggf die Leistgsfähigk entspr (Hamm FamRZ **90**, 47). Zum Einfl auf den eheangem Bed § 1578 Rn 24. Iü ist danach zu unterscheiden, in wessen Eigt die Ehewohng steht u wer von den beiden Eheg sie nach der Trenng weiter benutzt. – **aa)** Grdsl darf die bisher Ehewohng voll weiter finanziert 24 werden (Ffm FamRZ **78**, 433). Eine Obliegenh zur Veräußerg des dem **Unterhaltsschuldner allein gehö- renden** Hauses entsteht bei Ausschl der ZugewGemeinsch erst, wenn der MindUnterh des Berecht gefährdet ist (Düss FamRZ **87**, 281). In der Überlassg der Wo an den UnterhGläub liegt regelm das stillschweigde Übereinkommen, daß insoweit NaturalUnterh geleistet werden soll; jedoch hat der UnterhSchu dann auch die Wo instandzuhalten (BGH NJW **62**, 2102). Unterhmäß ist der WoWert quotenmäß auf die FamAngehör umzulegen (Hamm FamRZ **84**, 790). Zieht der Alleineigtümer aus der ehel Wo aus, kann er im Anspr auf NutzgsEntschädigg gg den und Eheg bestehen (Kln FamRZ **92**, 440). – **bb) Miteigentum.** Zu unterhunab- 25 häng AbwicklgProbl: § 1372 Rn 7 u 9. Auch das beiden Eheg gemeins gehörende HsGrdst braucht nicht veräuß zu werden (BGH FamRZ **89**, 1160), auch wenn das nach Abzug der GrdstLasten verbleibende RestEink nur den Selbstbehalt des UnterhVerpfl deckt (Düss FamRZ **82**, 268; Karlsr NJW **90**, 2070). Verteilg der fin Belastgen richtet sich ab endgült Scheitern der Ehe (Auszug u Trenng) nach der Nutzgsverteilg (Oldbg FamRZ **91**, 1057; Einzelh s unten). Tilggsleistgen braucht sich der UnterhBerecht aber nach Ablauf des TrenngsJ u einer zusätzl ÜberggsFr zum angem Verk des Grdst nicht mehr entgghalten zu lassen (Karlsr FamRZ **90**, 163). Unabh davon, wer von den Eheg nach der Trenng die Wohng benutzt, erfolgt für den der WoWert ausnutzden Teil eine Zurechng nur in Höhe des Betr, der anderweit für eine angem kleinere Wo als Mietzins gezahlt w müßte (vgl Zweibr FamRZ **89**, 390). Kann der überschießende Nutz-Wert (etwa dch eine zumutb Vermietg) wirtschaftl nicht realisiert werden, bleibt er (ähnl wie ggf die ArbKraft des unterhberecht Eheg) außer Betr (BGH NJW **86**, 1339; aA FamRZ **89**, 390: anteilige Zurechng). Ist die Ehe erkennb gescheitert, muß der unterhpfl Eheg der Verwertg des belasteten Grdst zust (Karlsr NJW **90**, 2070). **Bewohnt der Unterhaltsschuldner allein** das Haus weiter, was ihm jedenf zu Beginn der Trenng nicht zZw der Erhöhg seiner Leistgfähigk verwehrt w kann (Kblz FamRZ **91**, 1187), so erhöht es sich um seinen insow realisierten Nutzwert einschl der vermieteten Garage unter Abzug der Hausbelastgen (Kln FamRZ **81**, 1174) sein Eink (BGH NJW **86**, 1340; **89**, 2809), allerd ggf nicht mit dem vollen Wohnwert, sond mit dem für eine kleinere Wo als Mietzins angem, dem sog realisierten Nutzwert (Zweibr NJW **92**, 1903; Hamm FamRZ **94**, 1029). Er kann den Abzug nicht dadch vermeiden, daß er den UnterhGl auf das NutzgsEntg aGrd einer Neuregelg n § 745 II verweist (BGH NJW **86**, 1340); ebsowenig wie dieser über die Berücks beim TrenngsUnterh hinaus ein Nutzgsentgelt verl kann (BGH NJW **86**, 1339). Nur wenn der GebrVorteil beim TrenngsUnterh nicht berücks wird, kann jeder Eheg eine Neuregelg nach § 745 II verl (BGH **87**, 265/71) bzw (etwa wenn sonst kein Unterh beanspr w) auch direkt auf Zahlg einer Nutzgsvergütg geklagt werden (vgl BGH NJW **82**, 1753; Düss NJW-RR **89**, 1483). Deren GebrVorteile u Belastgen sind dann in eine evtl UnterhRegelg einzustellen. Mögl auch § 745 II mit anschließder AbändgsKl. Eine NutzgsEntschädigg scheidet idR dann aus, wenn das Haus ohnehin veräuß werden soll u der eine Eheg damit nur vorübergehd in der EheWo verbleibt (LG Mü I FamRZ **85**, 1256). Trägt der allein verdienende UnterhSchu die Lasten des im MitEigt stehden Hauses allein, währd der **Unterhaltsberechtigte darin wohnt**, wirkt dies aS des letzteren bedarfsmindernd, allerd nur iH fikt eheangem Mietkosten (Ffm FamRZ **94**, 1031), währd die Lasten aS des Schu einkmindernd zu berücks sind, ohne daß ein zusätzl Entgelt verl werden kann (Ffm FamRZ **86**, 358). Nach and Berechngweise wird der Wohnwert in Form der Kaltmiete bis zur sog Drittlobergrenze dem eig Eink des Berecht zugerechnet (Bambg FamRZ **92**, 560 m BerechngBsp). Unterhrechtl spielt es keine Rolle, daß der Berecht dch Bezahlg der HausVerbdlkeiten dch den and Teil ggf Verm bildet (Stgt FamRZ **92**, 203; vgl aber § 1372 Rn 7). Trägt der UnterhBerecht die Lasten allein, §§ 426, 748 bzw Abänderg der UnterhRegelg (Kln FamRZ **92**, 832). Wird das im MitEigt stehde Hs **verkauft** (Lit: Gerhardt FamRZ **92**, 1123) u der Erlös geteilt, darf der UnterhBerecht seinen Anteil wieder in WohngsEigt anlegen, ohne daß er auf eine anderweit höhere Rendite verwiesen werden dürfte (BGH FamRZ **86**, 439). – **cc) Mietwohnung.** Der UnterhBerecht kann auch dann, wenn er Mitmieter ist, vom UnterhSchuldn nur Freistellg, nicht Zahlg der Miete an sich selbst verl (Ffm FamRZ **90**, 49). Ggf besteht ein Anspr auf Befreiung v künft Mietvertpl u auf Mitwirkg bei der Kündigg (LG Aach FamRZ **95**, 1151). Vgl iü § 1361b u dort Rn 3. – **dd)** Bedeutg des Hauses für den **nachehelichen Unterhalt**: § 1578 Rn 7. 26

 e) Deckungsvermutung bei Sozialleistungen für Körper- oder Gesundheitsschäden, **I 1 HS 2:** 27 § 1610a.

 3) Zumutbarkeit der Erwerbstätigkeit, II. a) Der währd der funktionstücht Ehe nicht erwerbstät 28 Eheg kann auf eine eigene ErwTätigk nur dann verwiesen w, wenn diese von ihm nach seinen persönl Verhältn u den wirtschaftl Verhältn beid Eheg erwartet w kann. Mit dieser Einschränkg wird zG des haushführden Eheg (§ 1356 Rn 2) der BedürftigkMaßstab verändert. **Zweck:** Der bish Status des nicht erwerbstät Eheg soll aGrd der Aufhebg der häusl Gemsch nicht nachteil verändert w, weil dadch das endgült Scheitern der Ehe noch gefördert w könnte (vgl 45. Aufl Anm 2b bb). Inzw hat sich aber herausgestellt, daß die Trenng der Ehel in den allermeisten Fällen auch zur Scheidg der Ehe führt. Auszugehen ist desh von der grdsätzl **Obliegenheit zur Wiedereingliederung in das Erwerbsleben,** wobei nur der **Zeitpunkt** problemat ist: Der bish nicht verdienende Eheg ist ijF zu eig ErwTätigk verpfl, wenn er es bei fortbestehnder Gemsch ebenf gewesen wäre (§ 1360 Rn 14–19). Iü wird sich auch sonst der bish haushführde Teil alsbald nach einer angemessenen ArbStelle umsehen müssen, wenn der Eheg nur ein geringes Eink hat u wenn der UnterhBedürft nicht dch Kinder, Krankh usw an der ArbAufn verhindert ist. Im Hinbl auf § 1565 II u dessen Zweck ist die Aufn einer ErwTätigk vor Ablauf eines TrenngsJ vom nicht erwtät Eheg nicht ow zu verlangen (KG FamRZ **91,** 1188: KarenzZt 1 J). Aber spätestens bei unanfechtb, wenn auch noch nicht wirks Ehescheidg besteht eine erweiterte ErwObliegenh des unterhberecht Eheg (Düss FamRZ **80,** 997). Iü ist im DchschnFall der bisl nicht erwtät, aber erwfäh Frau **etwa 1 Jahr nach der Trennung** eine Umschulg (Kln NJW-RR **95,** 1157) od die intensive Suche nach einem ArbPlatz zuzumuten (BGH NJW **86,** 722/4; Hamm FamRZ **86,** 1108 u **88,** 1271; Oldbg FamRZ **86,** 1218; Kalthoener/Büttner NJW **89,** 804; and Düss FamRZ **80,** 245: wg § 1566 II nach 3 J; and wiederum Bambg FamRZ **86,** 682: bei MitArb im Betr des Eheg unmittelb nach der Trenng). Keine vollschichtige Ausweitg der ErwTätigk in den ersten 10 Mo nach der Trenng (Hamm FamRZ **88,** 1270; Schlesw NJW-RR **93,** 391: 1 J). Zum Umfang der Bemühgen: § 1574 Rn 16. Unter bes Umst (hohe Verschuldg, MitArb im Gesch) muß das Bemühen um eine ErwTätigk schon bald nach der Trenng einsetzen (Kblz FamRZ **94,** 1253). Ggf muß der UnterhBedürft auch bereits währd der TrenngsZt eine **Ausbildung aufnehmen.** Bei Verletzg dieser Obliegenh: Zurechng fikt Einkfte wie Rn 13 (Hbg FamRZ **91,** 1298) od Verlust des UnterhAnspr (§ 1573 Rn 10 sowie wg mutwill UnterhBed gem § 1579 Nr 3: BGH NJW **86,** 985; zum Umfang der Finanzierung dieser Ausbildg: BGH NJW **85,** 1695), etwa wenn sich der UnterhBerecht mRücks auf eine neue Bindg des Eheg auf eine entgült Trenng einstellen muß (BGH FamRZ **88,** 1145). Dagg kein AusbildgsUnterh für Weiterbildg einer approbienten Ärztin zur Psychotherapeutin (Düss FamRZ **91,** 76). **Arbeitslosengeld** aus unzumutb Tätigk ist ijF anzurechnen (aA Kln FamRZ **94,** 897).

29   **b)** Für die **Auslegung von § 1361 II** sind die §§ 1569 ff heranzuziehen (BGH NJW **85,** 1696; FamRZ **90,** 283/6). Im Zweifel dürfen die Eheg desh nicht schlechter gestellt w, als sie stehen würden, wenn sie geschieden wären. Aber keine automat Parallelisierg, so daß an die Bemühgen um Aufn einer Erwtätigk nicht dieselben strengen Anfdgen gestellt w dürfen (Stgt FamRZ **93,** 559) u iGs zu § 1570 uU auch die Versorgg eines nicht gemeins Kindes von der eig ErwTätigk entlastet.

30   **aa) Eheangemessene Erwerbstätigkeit (§ 1574 I u II).** Welche ErwTätigk erwartet w kann, richtet sich nach sämtl Umstden des Einzelfalles mit Ausn der TrenngsSchuld (vgl aber Rn 42). Entscheidd ist die **Gestaltung der Lebensgemeinschaft innerhalb der Ehe,** so daß ggf auch mit Vorrang vor BAföG (Düss FamRZ **83,** 585) ein nach dem gemeins gefaßten LebPlan begonnenes Studium auf Kosten des and Eheg fortgesetzt w darf (BGH NJW **81,** 1214).

31   **bb)** Als **persönliche Verhältnisse** sind neben der eig Ausbildg zu berücks: Alter, Krankh, Gebrechlichk usw. Zu den zu berücks persönl Verhältn gehört ferner die **Trennungsdauer** (Düss FamRZ **80,** 245), so daß trotz 36 J dauerndem GetrLeb inf ZwangsArb UnterhAnspr bestehen kann (Karlsr FamRZ **81,** 551). Hat jedoch zw den Eheg die ehel LebGemsch nur 6 Tage bestanden (Heirat währd eines Fronturlaubs) u haben beide Eheg währd der folgden 30j Trenng unabh voneinand für ihren Unterh gesorgt, so ist ein Unterh-Anspr n § 1361 ausgeschl (Hamm FamRZ **79,** 581). Bei längerem Getrennlt u ungünst wirtschaftl Bedingen kann auch von einem während der Ehe nicht erwerbstätig gewesenen Eheg die Aufn einer ErwTätigk verlangt w (Düss FamRZ **80,** 996). Zu berücks ist weiterhin die Tats u Dauer (Hamm FamRZ **94,** 1029) einer **früheren Erwerbstätigkeit** gleichgült, ob diese vor od währd der Ehe ausgeübt w ist; sie braucht auch nicht bis in die jüngste Zeit fortgesetzt w zu sein. Eine Lehrerin, die mit Ausn der SchwangerschUrl tät war, ist dazu auch iRv § 1361 verpfl, unabh von der Tats, daß ihren beiden Töchtern ggü gem § 1606 III 2 hierzu keine Verpfl bestünde (BGH NJW **81,** 2804). Nach über 6 J GetrLeben besteht eine Verpfl zur Aufn einer ErwTätigk,

32   wenn währd des GetrLebens vorübergehd gearbeitet w (Ffm FamRZ **80,** 144). Ob wg der früh ErwTätigk auch nach der Trenng eine ErwTätigk erwartet w kann, soll unter Berücks der **Dauer der Ehe** ermittelt w (BT-Drucks 7/650 S 101; BGH NJW **79,** 1452 m ausführl Begrdg; Schlesw SchlHA **79,** 37). Mit Rücks auf die Erleichterg der Scheidg dch das 1. EheRG kommt es im Ggs zu § 1361 aF nicht darauf an, wie lange die Ehe intakt war, sond darauf, wie lange sie tats gedauert hat (vgl demgü noch LG Ffm FamRZ **76,** 342). Entscheidd also, wie lange sZt die Berufstätigk gedauert hat; ob die Kenntn noch vorhanden sind; die Mögl besteht, eine dahingehde Stellg zu erhalten, u diese auch der soz Stellg der Eheg entspricht (Rn 28). Bei 18 J EheZt bis zur Trenng u 9jähr Unterbrechg der Berufstätigk als Buchhalterin besteht nach 1½jähr Trenng uU noch keine Pfl zur Aufn einer ErwTätigk (Düss FamRZ **80,** 245); ebsowenig nach 20 J u Betreuung vollj Ki (Düss FamRZ **82,** 924). Regelm wird der verdiende Eheg bis zur Aufn der Tätigk dch den bisl nicht erwtät Eheg zahlen müssen, darüber hinaus ggf einen Zuschuß, wenn der UnterhBerecht sich schlechter steht als in der Ehe (Nürnb NJW **62,** 919). Hat die Ehefr bis wenige Jahre vor der Ehe über längere Zt stdenw als Raumpflegerin gearbeitet, so ist ihr insb nach nur 4-monat ZusLeb eine solche TeilzeitArb

33   zumutb (BGH NJW **79,** 1452). **Kontinuität der Erwerbstätigkeit:** Voll anrechenb ist Eink auch bei Betreuung eines unter 15 J alten Kindes, wenn eine währd des Bestehens der ehel LebGemsch ausgeübte ErwTätigk nach der Trenng im wesentl fortgesetzt w (Düss FamRZ **80,** 685). Hat der Eheg die ErwTätigk dagg ledigl desh aufgen, weil der and Teil keinen Unterh zahlte, obwohl er gekonnt hätte, so bleibt Bedürftigk bestehen. Ehem kann also die Frau, die wg der bisher eig Berufstätigk nicht bereits gezwungen ist, ihre früh Tätigk nunmehr wiede auszuüben brauchen, nicht auf den aus ihrer Notlage erworbenen ArbVerdienst verweisen (LG Mü NJW **64,** 409;

34   LG Kln MDR **65,** 215). Eine **bisherige Halbtagsbeschäftigung** sollte idR, dh soweit dies mögl ist u keine HindergsGrde (Kinder, Krankh) vorh sind, zur Ganztagstätigk ausgedehnt w (and Stgt FamRZ **78,** 681: nur ausnahmsw). Eine Verpfl dazu besteht, wenn die Ehefr ihren Mann verläßt, die bish gemeins mit beiden

35   Tätigk als Hausmeister ausübte (Ffm FamRZ **81,** 1061 L). **Kindesbetreuung:** Es gelten insb die Grdsätze des § 1570 (BGH FamRZ **90,** 283/6; vgl § 1570 Rn 9 ff). Iü ist über die ErwObliegenh selbst bei 3 Ki immer nur aGrd einer umfassden Würdigg aller Umst zu entsch (BGH aaO). Eine währd der LebGemsch trotz zweier mj Ki ausgeübte Doppelverdienertätigk braucht nach der Trenng nicht ow fortgesetzt zu w (Mü

FamRZ **82**, 270). Ebso kann eine auch schon währd der Ehe ausgeübte ErwTätigk bei Vorhandensein eines 1½jähr von der Großmutter betreuten Ki jederzt wieder aufgegeben w; Anrechenbark diese Eink daher nur gem § 1577 II (Düss FamRZ **85**, 1039). Da iü der bish Status des nicht erwerbstät Eheg aGrd der Aufhebg der häusl Gemsch nicht nachteil veränd w soll (BT-Drucks 7/650 S 101), kann uU auch die Versorgg eines aus einer Vorehe stammden KleinKi von der eig ErwTätigk entlasten (Düss FamRZ **78**, 118), zweier 11 u 15 J alten Ki aus einer früh Ehe (BGH NJW **79**, 1452) od v 4 Ki (BGH NJW **79**, 1348) od auch eines sZt von beid Eheg übernommenen PflegeKi (BGH NJW **81**, 1782: 15 J; NJW-RR **95**, 1089: 6 J). Die Rspr neigte früher dazu, die Ehefr bei Versorgg eines Ki bis zu dessen 15. Geburtstag von jegl ArbPfl freizustellen (Bambg FamRZ **79**, 505; sa § 1570 Rn 12, 13). Nach neuerer Rspr ist aber auch schon iR des GetrLeb der Mutter eines 11j SchulKi die Übern einer TeilZtBeschäftigg, nicht unbedingt Halbtagsbeschäftigg, anzusinnen (BGH NJW **81**, 448; Karlsr FamRZ **82**, 755 10j Ki 40 Std im Mo). Einem 10j Ki im 5. SchulJ kann idR eine TeilZtBeschäftigg zugemutet w (Hamm FamRZ **81**, 460). Bei Versorgg eines vollj SchulKi ist eine ganztäg ErwTätigk mögl (Zweibr FamRZ **81**, 148). Die Betreuung von 2 Ki im Alter v 9 u 11 J läßt eine stundenw Tätigk als Übersetzerin zu (Mü FamRZ **81**, 461). Auch bei 2 schulpflicht Ki kommt eine TeilZt-Beschäftigg in Betr (BGH FamRZ **79**, 572) u ist für eine Kellnerin etwa geboten bei beträchtl Eheschulden (BGH NJW **82**, 232). Zur Einschrkg der ErwObliegenh bei Bt von 2 Ki, von denen das eine ein ProblKi ist, AG Hbg FamRZ **93**, 965. Eine Ehefr muß eine bish Tätigk ggf **bis zum 65. Lebensjahr** fortsetzen, so daß **36** ihr bei Inanspruchn des vorgezogenen Altersruhegeldes keine höherer UnterhAnspr gg ihren Ehem erwächst (KG FamRZ **81**, 1173).

4) Herabsetzung des Unterhaltsanspruchs aus Billigkeitsgründen, III. Die Loslösg der Unterh- **37** Anspr vom Verschulden (Rn 1) muß zur selben Beschränkg des TrenngsUnterh führen, wie sie für den Unterh nach der Scheidg gilt; der GesGeber läßt die dort vorgesehene **Härteklausel** des § 1579 daher auch hier gelten. Wg Einzelh vgl die dort Anm. **Übergangsrecht:** Für Zeiträume vor dem 1. 4. 86 ist § 1579 aF anzuwenden, wenn kein Härtefall vorliegt (BGH NJW **88**, 2376). Der an sich begründete UnterhAnspr entfällt, wird umfangmäß eingeschränkt od zeitl begrenzt unter folgd **Voraussetzungen:**

a) Die Inanspruchn des Verpfl muß **grob unbillig** sein, was dann anzunehmen ist, wenn einer der gesetzl **38** Grde des § 1579 I vorliegt. Allerd ist ijF eine **konkrete Billigkeitsabwägung** dchzuführen, insb auch im Verf der einstw AnO (ZPO 620 Nr 6). Besond Berücksicht verlangt auch hier die **Wahrung der Kindesbelange** (§ 1579 Rn 10–12), denen Vorrang aber nur zukommt, wenn es sich um gemschaftl Kinder handelt (zu nicht gemschaftl Ki Rn 27: Kindesbetreuung). Voraussetzg ist ferner Einvernehmen der Eheg über die Kindesbetreuung bzw eine SorgeREntsch gem § 1672 bzw ZPO 620 S 1 Nr 1 (Ffm NJW **82**, 585). Auch hier aber ggf nur ein Anspr auf TeilUnterh (Hamm FamRZ **80**, 247).

b) Im einzelnen gilt folgdes (wg Einzelh vgl § 1579 Rn 13–42): **39**

aa) Nr 1 des § 1579 kommt nicht in Betr; da nach § 1361 der Unterh iR einer noch bestehden Ehe geleistet **40** w, konnte rein begriffl nicht auf die **kurze "Ehedauer"** Bezug gen werden. Aus der Kürze der Ehe allein ergibt sich keine Rechtfertigg für den gänzl Ausschluß des UnterhAnspr (BGH NJW **79**, 1348 u 1452; Schlesw SchlHA **79**, 37; Düss FamRZ **79**, 701 u 800; Ffm FamRZ **79**, 700). Dagg kann der UnterhAnspr ausgeschl w, wenn die Ehel überh nur 3 Mo zusgelebt h (Celle FamRZ **90**, 519). Vgl iü 45. Aufl.

bb) Nr 2: Straftat ggü dem Verpfl od seinen Angehörigen; vgl § 1611 I, § 2333 Nr 3. Verwirkg also bei **41** Falschaussage iR des EhelichkAnfVerf über GeschlVerk (Brem FamRZ **81**, 953).

cc) Nr 3: Mutwillige Herbeiführung der Bedürftigkeit iSv Rn 11, zB dch Ausschlagg einer angebo- **42** tenen VerdienstMögl, Selbstverstümmelg, Wohngswechsel aufs Land mit entspr Verringerg der Anstellgschancen. Dagg liegt noch keine Mutwilligk in der Herbeiführg der Trenng nach 44 J dch Auszug aus der ehl Wohng (BGH NJW **86**, 1340); desgl nicht bei Aufn einer freiberufl Tätigk im Anschl an den Wehrdienst (Hamm FamRZ **90**, 50); auch nicht bei ArbStellenverlust inf Wohnortwechsel aus verständl Grden (Bambg FamRZ **88**, 285). Mutwille setzt Bezug zur UnterhPfl des and Eheg voraus; daher nicht ausr Selbstmordversuch; Aufg einer unzumutb Anstellg; Kapitalisierg einer WwenRente u Einrichtg des neuen Hausstandes anläßl der Eheschließg (Hamm FamRZ **80**, 882).

dd) Nr 4: Hinwegsetzen über schwerwiegende Vermögensinteressen des Verpflichteten: § 1579 **43** Rn 21. UnterhAnerk trotz Kenntn v der Strafanzeige schließt Berufg auf § 1579 aus (Nürnb FamRZ **92**, 673).

ee) Nr 5: Längere gröbliche Verletzung von Unterhaltspflichten in der Zeit vor der Trennung: **44** § 1579 Rn 22. UnterhVerstöße iR des GetrLeb reichen jedoch aus.

ff) Nr 6: Offensichtlich schwerwiegendes, eindeutig beim Unterhaltsberechtigten liegendes **45** **Fehlverhalten:** § 1579 Rn 23–34 u 43–46. Der AusschlußGrd liegt vor, wenn die Trenng ohne äuß Anlaß aus reiner Laune heraus geschieht, mit der einzigen Begrdg, „frei sein zu wollen" (AG Lahnstein FamRZ **85**, 188) od wenn die Ehefr die Fam verläßt u damit den Ehem neben seinen BerufPfl die volle HaushFührg u Kindererziehg überläßt (BT-Drucks 7/650 S 101 f). Der wichtigste Anwendgsfall liegt nach wie vor darin, daß der UnterhBedürft gg den Willen des and Eheg noch währd Bestehen der Ehe ein **eheähnliches Verhältnis mit einem Dritten aufnimmt**, sofern nicht der UnterhSchuldn bereits vorher sich seiners von den ehel Bindgen losgesagt hat (BGH NJW **81**, 1214; **82**, 1216 u 1461; **83**, 451; **84**, 297 u 2692). Dabei ist die später im VerbundUrt getroffene ihm günst SorgeRRegelg ohne Einfl auf den Ausschl des TrenngsUnterh (BGH NJW **83**, 451). Dem Ausschl des Anspr steht § 1593 nicht entgg (Ffm FamRZ **81**, 1063), jednf dann nicht, wenn (selbst noch in der RevInst) die Umschreibg gem PStG 15 I Nr 2, 60 nachgewiesen w (BGH NJW **83**, 451).

gg) Nr 7: Ebenso schwerwiegende Gründe: § 1579 Rn 35–42. Hierunter gehören insbes die Fälle des **46** ZusLebens mit neuem Partn u gemschaftl Ki (Stgt FamRZ **87**, 479); aber auch diej, in denen erst nach bereits länger vollzogener Trenng eine eheähnl Beziehg zu einem Dritten aufgen w od in denen die Nehelk des Ki der Ehefr unstr ist (aA Düss FamRZ **93**, 962).

47   **5) Art und Umfang des Unterhalts. a)** Die **Unterhaltszahlung** erfolgt auch bei wöchentl Entlohng des UnterhSchuldn in Form einer mtl im voraus zu entrichtden **Geldrente, IV 1 u 2.** Soweit Ehel innerh der Wohng getrennt leben u der Ehem die WohngsMiete bezahlt, erfüllt er insow seine UnterhPfl (Schlesw SchlHA **78**, 98 sowie oben Rn 23–25).

48   **b) Umfang:** Die UnterhRente richtet sich ihrer Höhe nach, soweit der Unterh nicht von dem Bedürft selbst aufgebracht w kann, grdsl auf den gesamten LebBedarf (§ 1360 Rn 1, § 1360a, § 1578 I). Dabei ist einers die Höhe der laufden UnterhRente zu bestimmen, anderers SondBed u ähnl zu berücks. Zum TrenngsBed einer in die **Türkei** zurückgekehrten Ehefr: Düss FamRZ **95**, 37.

49   **aa)** Die **Höhe des laufenden Unterhalts** bestimmt sich einers nach dem, was nach den Lebens-, Erwerbs- u VermVerhältn der Eheg angemessen ist (ehebezogener Bedarf). Sie muß ferner in einer bestimmten Quote des Eink des unterhpfl Eheg ausgedrückt w. Hierauf muß sich schließl der UnterhBerecht anrechnen lassen, wofür ihm eig Mittel zur Vfg stehen.

50   α) Der ehebezogene UnterhBed richtet sich danach, was **nach den Lebensverhältnissen und den Erwerbs- und Vermögensverhältnissen der Ehegatten angemessen** ist. Entsch sind die den LebStandard beid Eheg **prägenden Umstände** (vgl dazu § 1578 Rn 3 ff). Dabei kommt es nach der Rspr des BGH nicht auf die **Zeitpunkt** der Trenng, sond, da die Eheg an der Entwicklg der wirtschaftl Verhältn bis zur Scheidg gemschaftl teilhaben, auf die **aktuellen Einkommensverhältnisse** an (BGH FamRZ **88**, 256; **90**, 283/5). Desh darf nicht auf die beengte wirtschaftl Lage der Ehel währd des Hausbaus abgestellt w, wenn dieser bereits längere Zeit vor der Trenng abgeschl w ist (BGH FamRZ **90**, 283), wohl aber Teilhabe an LottoGew kurz vor der Trenng (Ffm FamRZ **95**, 874). Auch kann der unterhberecht Eheg nicht an einem währd des ZusLeb der Ehel im Interesse der VermBildg geübten Konsumverzicht festgehalten w, so daß das vor der Trenng gezahlte HaushGeld für die Best des ehengem UnterhBed allein ungeeignet ist. Vielm ist ein **objektiver Maßstab** anzulegen, bei dem eine nach den gegebenen Verhältn zu dürft LebFührg ebso außer Betr bleibt wie ein übertriebener Aufwand (BGH FamRZ **88**, 256/8; **90**, 283/5). **Prägend** wirken danach Eink, WohngsVerhältn (zB ZweitWo, vgl Schlesw NJW-RR **94**, 584), Reisen (BGH NJW **69**, 919), UnterhLeistgen ggü Ki aus früh Ehe (BGH NJW **91**, 2703) u **Unterhalt** für ein nach der Trenng der Eheg geborenes nehel Ki, der vom unterh-erhebl Eink des Verpfl vorweg abzuziehen ist (BGH NJW **94**, 190). Vgl iü § 1578 Rn 6–10; 13–18. **Nicht prägend** sind dagg mit der obigen Einschränkg die zur VermBildg aufgewendeten Betr (Hamm NJW **81**, 828); Einkfte aus einer zw Trenng u Scheidg aufgen ErwTätigk, es sei denn, sie wäre auch ohne die Trenng der Eheg aufgen worden (BGH FamRZ **84**, 149); Eink aus zum Unterh verwendeten Krediten (Mü NJW **93**, 2186) od aus einer unzumutb ErwTätigk (Düss FamRZ **85**, 1039); eine nach der Trenng angefallene Erbsch (Ffm FamRZ **86**, 165); das aus dem trenngsbedingten Verkauf des im MitEigt beid Eheg stehden FamHeims stammde Kapital (BGH FamRZ **86**, 440). Bei Heirat erst im RentAlter idR keine wesentl Änderg der bis dahin erworbenen LebStellg (Zweibr FamRZ **78**, 773). Bei schlechten EinkVerhältn in der Ehe gilt **nicht** ein am notw Selbstbeh orientierter **Mindestbedarf** (§ 1578 Rn 3). Bei außergewöhnl guten VermVerhältn ggf konkr Nachw des LebBed (Bsp: Hamm FamRZ **92**, 1175).

51   β) **Quotelung:** Dem voll unterhbedürft Eheg stehen nach der Quote (vgl § 1610 Rn 5–16) von dem NettoEink des UnterhPfl: ³⁄₇ u bei eig ErwTätigk od sonst eig Eink des UnterhBerecht ³⁄₇ des Unterschieds-Betr beid NettoEink zu, falls dasj des and Eheg höher ist. Der UnterhSatz von ³⁄₇ entspr virtuell einer Halbierg des Eink u berücks ledigl die höheren Aufwendgen des ErwTät (BGH FamRZ **79**, 692; **81**, 442; NJW **81**, 753; § 1578 Rn 29). Zu einer anderen **Halbierung** (ggf wiederum zuszurechnden) Einkfte kommt es grdsl im Rentenalter (DüssTab NJW **84**, 2330; vgl iü § 1578 Rn 30 sowie § 1361 Rn 4). Der **trennungsbedingte Mehrbedarf,** insb infolge doppelter HaushFührg (Düss FamRZ **81**, 772: ca 120%) kann grdsl geltd gemacht w, ist aber konkr darzulegen (§ 1578 Rn 39). Eine **Sättigungsgrenze** (§ 1578 Rn 22) wird von der Rspr expressis verbis verworfen (vgl Bambg FamRZ **81**, 670), prakt aber angewendet, zB dch Verwerfg der Quotenmethode (Hamm FamRZ **93**, 1085) od Herabsetzg des rechn Unterh (Düss FamRZ **83**, 279). Zum **Selbstbehalt** des UnterhSchuldn Rn 20.

52   γ) Wie beim nachehel Unterh kommt je nachdem, ob die eig ErwTätigk des UnterhBerecht die ehel LebVerhältn mit geprägt hat od nicht, die **Differenz- bzw Anrechnungsmethode** zur Anwendg (§ 1577 Rn 12). Bei beiderseit Eink od iR auch nur fiktiv zugerechneten Eink darf nach der Differenzmethode (³⁄₅ od ³⁄₇ des UnterschiedsBetr stehen dem UnterhGläub zu) nur vorgegangen w, wenn das beiderseits angenommene Eink die ehel LebVerhältn prägte. Die LebVerhältn eines getrenntlebder Eheg werden aber ggf auch dch eine nur erwartete, nicht wirkl aufgenommene ErwTätigk der Ehefrau mitbestimmt, so daß nur Differenz-Unterh verlangt w kann (Düss FamRZ **82**, 378). Haben die Eheg währd des ZusLebens jeder jew vom eig Verdienst gelebt, scheidet ein DifferenzUnterh aus (Zweibr FamRZ **82**, 269). Wurde die ErwTätigk erst nach der Trenng aufgen od war der UnterhGläub hierzu verpfl, so muß er sich den eig Verdienst ggf, ohne daß es darauf ankommt, ob die ErwTätigk gem II geboten ist (BGH NJW **82**, 2439), voll anrechnen lassen (BGH NJW **81**, 1782). **Einkünfte aus unzumutbarer Erwerbstätigkeit** werden nach § 1577 II angerechnet (BGH NJW **83**, 933; Düss FamRZ **85**, 1039). Ebso die fikt Vergüt für die von dem vollerwerbstät, zum DifferenzUnterh Berecht **einem neuen Lebenspartner erbrachten Versorgungsleistungen** (BGH NJW **95**, 962).

53   **bb)** Die Rente umfaßt nur den laufden Unterh u schließt einmalige Zahlgen wg **Sonderbedarfs** (§ 1613 Rn 10; § 1578 Rn 40) nicht aus (BT-Drucks 7/650 S 102), wie zB für Zahnersatz (Stgt FamRZ **78**, 684), sofern nicht der lfde Unterh so hoch ist, daß davon entsprechde Rücklagen gebildet w können (Schlesw SchlHA **79**, 222) od der SondBed dch Verteilg im lfden Unterh aufgefangen w kann, wie zB Arztkosten (Karlsr FamRZ **81**, 146 L). Zur Ermöglichg des GetrLeb entstandene **Umzugskosten** können nur iFv § 1565 II verlangt w (Kln FamRZ **86**, 163; sa Düss NJW **59**, 2311: Baukostenzuschuß).

54   **cc) Krankenversicherung** (§ 1578 Rn 43): Die Kosten dafür sind nicht mehr in der Quote der Düss Tab (§ 1610 Rn 5–16) enthalten u können desh grdsl zusätzl zum lfden Unterh geltd gemacht w (vgl BGH NJW **83**, 1552/4 u 2937, MüKo/Wacke 24). Höhe wie in § 1578 Rn 43, wobei bei Eheg v Beamten auch der Verlust der Beihilfe zu berücks ist. Bei entspr ErwObliegenh muß der UnterhBerecht auch für einen Teil

der KrVors selbst aufkommen (Düss FamRZ **86**, 814). Kein Anspr des UnterhBerecht auf Befreiung v den ärztl BehdlgsKost entspr § 329 (Düss NJW **91**, 2970; aA Hamm FamRZ **87**, 1142); Probl der Erstattgslücken ist offen (Kalthoener/Büttner NJW **91**, 2679). Bei nachträgl Erstattg (RVO 381 III 3) besteht Anspr aus § 812 (Düss FamRZ **81**, 549). Die Nichtaufklärg über den Wegfall v KrankenVersSchutz kann iü schadensersatzpfl machen (Kln FamRZ **85**, 926). Zur Bedeutg der KrankVers für das **begrenzte Realsplitting:** Böhmel FamRZ **95**, 270 (vgl § 1569 Rn 14). Zur **Pflegeversicherung:** § 1578 Rn 44.

dd) Vorsorgeunterhalt (§ 1578 Rn 45–58). Von der Rechtshängigk eines ScheidgsVerf an gehört auch **55** der VorsorgeUnterh, I 2, dh die Kosten einer angem Versicherg für den Fall des Alters sowie der Berufs- und Erwerbsunfähigk zum Unterh. Mit dieser Best soll eine Lücke in der „sozialen Biographie" eines Eheg geschl w, da der VA nur die Zeit bis zur Rhängigk des ScheidgsAntr erfaßt (§ 1587 II) u die in § 1578 III vorgesehene Verpfl, mit dem Unterh auch die Kosten einer angem Alters- sowie Berufs- u ErwUnfähigk-Vers zu tragen, erst ab Rechtskr des EheZt gilt (BT–Drucks 7/4361 S 27). Rhängigk ist gleichbedeutd mit dem Ende der EheZt iSv § 1587 II (Brem FamRZ **79**, 121). AnO gem I 2 nicht iW einstw AnO, da wg der Möglk der Nachzahlg keine akuten Nachteile zu befürchten s (Saarbr FamRZ **78**, 501; Stgt Just **79**, 19; and Hampel FamRZ **79**, 249; Karlsr FamRZ **78**, 501). I 2 insb bei ausbildgsbedingter Bedürftig (BGH FamRZ **86**, 1145). VorsUnterh bei Zahlg v KiUnterh dch beide Eheg Hbg FamRZ **89**, 394. Ältere Unterh-Vergl ü den lfden Unterh stehen einer AbändergsKl zur erstmaligen Geltdmachg der VorsUnterh nicht entgg (Einf 14 v § 1569 mN). I 2 gilt analog, wenn Eheg nicht getr leben u Scheidg aus § 1565 I 1 begehren. Keine einstw Einstellg der ZwVollstr mRücks auf die verfassgsrechtl Zulässigk der Vorschr (BVerfG FamRZ **80**, 337). Der Anspr auf VorsUnterh entfällt währd der Dauer des Bezugs v **Arbeitslosengeld** od -hilfe (Ffm FamRZ **87**, 1245).

ee) Zum **Aufstockungsunterhalt** bei beiderseit Einkften Rn 49 sowie § 1573 Rn 14–19. **Ausbildungs- 56 unterhalt** währd des GetrLeb nur, wenn die Eheg sich auf die Scheidg einstellen, anders aber Ausbildgs-Unterh auch gem § 1575 weitergezahlt w muß (BGH NJW **85**, 1695; aA Ffm FamRZ **81**, 1061 L) u erfolgr AusbildgAbschl wie Unterh daraus gesichert erscheint (Düss FamRZ **91**, 76; Kalthoener/Büttner NJW **91**, 2679). Zum AusbildgsUnterh iü: § 1578 Rn 44.

6) Gesetzliche Verweisungen, IV: Wg der zeitl Abgrenzg (§§ 1613–1615) vgl § 1360a Rn 8; zum **57** ProzKostVorsch § 1360a Rn 9–19. PKV unbill, wenn Ehefr Mann u Kinder verläßt, um mit einem and zuszuleben, eig Eink hat u der Ehem Schulden iHv 113 000 DM hat (Schlesw FamRZ **77**, 814). Für Zuviel-leistgen gilt § 1360b, wobei allerd gerade das GetrLeben ein Umst sein k, der gg die Absicht spricht, von Ersatz abzusehen. AuskunftsPfl ggf auch schon zZw der Trenng (AG Solingen FamRZ **87**, 821; sa § 1353 Rn 15) nach § 1605; konsequenter (wg Loslösg v TrenngsSchuld, sa Verweisg auf § 1575 in III) wäre § 1580 gewesen. Auch umgek besteht zL des UnterhBerecht AuskftsPfl (§ 1605 Rn 13).

1361a **Hausratsverteilung bei Getrenntleben.** [1]Leben die Ehegatten getrennt, so kann jeder von ihnen die ihm gehörenden Haushaltsgegenstände von dem anderen Ehegatten herausverlangen. Er ist jedoch verpflichtet, sie dem anderen Ehegatten zum Gebrauch zu überlassen, soweit dieser sie zur Führung eines abgesonderten Haushalts benötigt und die Überlassung nach den Umständen des Falles der Billigkeit entspricht.

[2]Haushaltsgegenstände, die den Ehegatten gemeinsam gehören, werden zwischen ihnen nach den Grundsätzen der Billigkeit verteilt.

[3]Können sich die Ehegatten nicht einigen, so entscheidet das zuständige Gericht. Dieses kann eine angemessene Vergütung für die Benutzung der Haushaltsgegenstände festsetzen.

[4]Die Eigentumsverhältnisse bleiben unberührt, sofern die Ehegatten nichts anderes vereinbaren.

1) Voraussetzg Getrenntleben, gleichgültig, aus welchem Grunde, vgl jedoch § 1361 Rn 10. Bezieht sich **1** ledigl auf den ehel Hausrat, HausratsVO 1 Rn 10–21 (Anh II z EheG). Ggsatz: die zum persönl Gebr eines Eheg bestimmten Ggstände, vgl ebda, die er ohne weiteres herausverlangen kann, kann sich auf einzelne Gegenstände beziehen (anders §§ 8, 9 HausratsVO, BayObLG FamRZ **72**, 465). Über die **Ehewohng** kann **2** dch einstw AnO entschieden w, sobald eine Ehesache anhäng ist (ZPO 620 Z 7). Wird die Ehewohng einem Eheg ganz zugewiesen, sof Beschw (ZPO 620c S 1). Erfolgt Hausratszuteilg gem ZPO 620, so auch § 1361a zu beachten (Celle NJW **59**, 2125). Zuweisg der Ehewohng vor Einleitg des Scheidgs-Verf jetzt gem **§ 1361b.** Hat der Ehem keinen Anlaß zur Trenng gegeben, ist er nicht verpfl, die Ehewohng aufzugeben, auch wenn sich die mj Kinder der Eheg bei der Mutter befinden (AG Mü FamRZ **78**, 894). **Zweck** des § 1361a ist nicht, den früheren LebStandard des jetzt getr lebenden Eheg aufrechtzuerhalten so daß ohne zusätzl Grde Herausgabe eines Pkw nicht verlangt w kann (Kln FamRZ **80**, 249). Bei Zuweisg eines Pkw Verpfl zum Abschl einer HaftPfl- u ggf auch einer VollkaskoVers dch den Begünst (Kblz FamRZ **91**, 1302). **Zuständig** für Kl auf Herausg des persönl Bed ist nicht das FamG, sond das ProzG (Düss FamRZ **78**, 358); ebso f NutzgsEntschädigg f dem Kl gehörenden Pkw (Ffm NJW–RR **88**, 133). Eine einstw Vfg auf Herausg von HaushGgstden ist unzul; in Eilfällen einstw AnO gem HausrVO (Düss FamRZ **78**, 358). **Vereinbarungen** ü Ehewohng u Hausr sind unabh v einem R zum Getrenntl zul (Knütel FamRZ **81**, 547 gg Düss FamRZ **81**, 545). § 1361a schließt die Vindikation (Zweibr FamRZ **91**, 848) wie **possessorische 3 Ansprüche** (Düss FamRZ **94**, 390) aus, weil das HausrVerf vor dem FamG materiellrechtl wie prozessual Vorrang hat (BGH NJW **83**, 47; Zweibr FamRZ **87**, 1146; Ffm FamRZ **88**, 399; Oldbg FamRZ **94**, 1254; aA KG FamRZ **87**, 1147; Hamm FamRZ **91**, 81 Einräumg v Mitbesitz; Hambitzer FamRZ **89**, 236), gibt aber keinen Anspr auf Rückschaffg des ges entzogenen Hausr (Kblz FamRZ **85**, 931). Streitig is eigenmächt entfernter Hausr unterfallen der HausrVO, u zwar auch hins des einstweil RSchutzes (BGH NJW **83**, 47; vgl auch Kobusch FamRZ **94**, 935). Die Unterscheidg von Bambg FamRZ **93**, 335 zw HausrRegelg u Rück-schaffgsAnspr aus §§ 861, 985 auf Wiedereinräumg von MitBes, für die das ProzGer zust sein soll, über-zeugt nicht (ebso Bergerfurth, vgl FamRZ **94**, 1088 f). Possessorischer Schutz jedoch, wenn ein HausrVerf

4 nicht mehr mögl ist (vgl AG Dinslaken FamRZ **94**, 521). Kein **Auskunftsanspruch** hins des Hausratsbestands (Celle FamRZ **86**, 490/92); and im HausrVerf (HausrVO 8 Rn 2).

5 **2) Herausgabepflicht, I, II, IV.** Obwohl grdsl Eigt maßgebl, entscheidet das FamG (Düss Rpfleger **78**, 443). Der Eigtümer kann also vom and Eheg die ihm gehörenden Sachen, was er darzutun hat, herausverlangen. Reicht der Hausrat für den zurückbleibenden od den sich trennenden Eheg nicht aus, so ist jeder Eheg verpflichtet, dem anderen unbeschadet seines Eigt Stücke zu überlassen. Voraussetzg dafür ist aber, daß dieser sie zur Führg eines abgesonderten Haushalts benötigt, also nicht, wenn der Eheg in ein möbliertes Zimmer in der elterl Wohng zieht, nicht Möbel zum Zwecke der Zimmervermietg, Dresd SeuffA **75**, 184. Transportkosten zu Lasten desjenigen, der die Herausg verlangt, KG JW **20**, 713, uU (Schuldfrage) auch des andern, Hamm HRR **29**, 1732, vgl aber auch Ffm NJW **60**, 1768. Durch die Herausg wird der Eheg unmittelbarer Besitzer (wichtig wg ZPO 739); er hat auch die Pflegekosten, KG OLG **21**, 215. Entscheidend für das HerausgVerlangen ist weiter, daß die Überlassg bei besonderer Berücksichtigg jedes Einzelfalles, vgl auch HausratsVO 9 (abgedr Anh II EheG), der Billigkeit entspricht. Zu berücks bem Entbehrlichk b dem Eheg, von dem Herausg verlangt w, ob der Fordernde bisher diese ihm nicht gehörden Ggste überwiegd od längere Zeit nicht benutzt hat (BayObLG NJW **72**, 949). Entscheidd ferner Verm u Einkünfte zur Beurteilg einer Neuanschaffg, wobei mögl, daß ein Eheg zwar ein Stück herauszugeben hat, das für den and einen bes FamWert besitzt, dieser aber einen gleichwert Ggst anschaffen muß. Vor allem aber zu berücks, bei welchem Eheg sich mj unverheiratete Kinder befinden, u trotz 1. EheRG die Schuldfrage. So wird die Ehefr, die die Ehewohng verläßt, weil der Mann dort die Ehebrecherin aufgen hat, nicht nur die eig Sachen verlangen können, sond auch, daß ihr der Mann eine den früh Verhältn entspr Wohng einrichtet, anderes wird der Mann, der die Frau in der Ehewohng zurückläßt u an der Trenng die Alleinschuld trägt, nur wirkl Entbehrliches verlangen können, aM Ffm NJW **60**, 1768, das den BilligGesichtspunkt zu wenig berücksichtigt. Die Teilg der HaushaltsGgstände, die den Eheg gemeinsam gehören, II, wofür die Vermutg der HausratsVO 8 II herangezogen w kann, Ffm NJW **60**, 1768, vgl aber auch bei gesetzl GüterstR § 1370, erfolgt ebenf nach Billigk unter Beachtg obiger Gesichtspunkte. Entspr HausrTeilgsBeschl des FamG verliert mit RechtskrR der Scheidg seine Wirksamk (LG Oldbg FamRZ **79**, 43). Einigen sich die Eheg über die Verteilg der Ggstände nach I und II, so werden durch diese Einigg die Eigentumsverhältnisse nicht berührt, IV. Weder im Fall der Scheidg noch des Todes eines Eheg steht also aGrd dieser Verteilg schon fest, wer Eigtümer ist; Beweis natürl nicht ausgeschl, jedoch keine Berufg auf § 1006 (Krebs FamRZ **94**, 281). Mögl aber auch, daß die Eheg bei der Verteilg auch eine EigtZuteilg vornehmen wollten, was dann der Behauptende zu beweisen hat. Allerdings wird sehr oft das HerausgVerlangen sich gerade auf das ihm Gehörende erstrecken; ein ZurückbehaltgsR wg Verwendgen, § 1000, wird durch § 1361a nicht ausgeschl, außer wenn es geradezu der Billigk widerspricht, KG FamRZ **60**, 71. HerausgAnspr höchstpersönl u unpfändbar.

6 **3) Verfahren, III.** Mangels Einigg entscheidet das FamG als Ger der freiw Gerichtsbark (HausrVO 18a). Offizialmaxime FGG 12. Im Ggs zu HausrVO 1, 2, 8 keine endgült EigtZuteilg; das FamG teilt die Ggstde nur zur vorläuf Benutzg währd der Trenng zu, wobei es für die dem and Eheg gehörden Ggstde auch eine Benutzgsgebühr festsetzen kann. Bei insges ausgewogner Aufteilg kann Beschw nicht darauf gestützt w, einzelne Ggstde seien anders zu verteilen gewesen (Zweibr FamRZ **83**, 1122). Kein Vorrang v ZPO 620 S 1 Z 7; das RSchutzInteresse f die Dchführg eines selbständ Verf gem § 1361a, HausrVO 18a besteht unabhäng von der Möglk einer einstw AO (Düss FamRZ **95**, 561) u bleibt auch nach Anhängigk der Scheidg erhalten (Kln FamRZ **86**, 703; Zweibr FamRZ **88**, 86). Anders als eine vor dem EheRStreit getroffene Regelg bleibt die im ScheidgsVerf getroff einstw AnO auch nach der Scheidg bis zu einer and Regelg bestehen (ZPO 620 Z 7, 620f).

1361b   *Zuweisung der Ehewohnung bei Getrenntleben.* [I]Leben die Ehegatten getrennt oder will einer von ihnen getrennt leben, so kann ein Ehegatte verlangen, daß ihm der andere die Ehewohnung oder einen Teil zur alleinigen Benutzung überläßt, soweit dies notwendig ist, um eine schwere Härte zu vermeiden. Steht einem Ehegatten allein oder gemeinsam mit einem Dritten das Eigentum, das Erbbaurecht oder der Nießbrauch an dem Grundstück zu, auf dem sich die Ehewohnung befindet, so ist dies besonders zu berücksichtigen; Entsprechendes gilt für das Wohnungseigentum, das Dauerwohnrecht und das dingliche Wohnrecht.

[II]Ist ein Ehegatte verpflichtet, dem anderen Ehegatten die Ehewohnung oder einen Teil zur alleinigen Benutzung zu überlassen, so kann er vom anderen Ehegatten eine Vergütung für die Benutzung verlangen, soweit dies der Billigkeit entspricht.

1 **1) Zweck:** Die dch das UÄndG eingefügte Bestimmg soll die Gesetzeslücke schließen, die das 1. EheRG dadch gelassen hatte, daß es einerseits nach § 1565 II für die Scheid grdsl das 1j GetrLeb der Ehel fordert, anderers die Zuweisg der Ehewohng dch einstw AnO in ZPO 620 S 1 Z 7, 620a II 1 für die meisten Fälle von dem Anhängigmachen eines bereits auf Trenng noch gar nicht schlüss ScheidsAntr abhäng macht. Illusion dürfte die vom GesGeber gehegte Hoffng sein, mit der neuen Best ließen sich persönl Spanngen zw den Eheg abbauen (BT-Drucks 10/2888 S 16); die Trenng hat sich rechtstatsächl als Vorspann der Scheidg entwickelt. – **Inhalt:** Die neue Vorschr enth in zwei Abs die Ermächtigg zur Zuweisg der Ehewohng an einen der Eheg vor Einleitg eines ScheidgsVerf, I, gg eine entsprechde AusglZahlg nach Billigk, II. § 1361b erlaubt nur eine **vorläufige** WohngsZuweisg (Maurer FamRZ **91**, 886), kommt also nicht in Betr, wenn ein religiös motiviertem Festhalten an der Ehe von beid eine Dauerlösg erstrebt wird (Bambg FamRZ **92**, 1299). Bei Mitmietersch besteht kein Bedürfn dch kein benutzgsunabhäng bl Umgestaltg des MietVertr (Zweibr 2 FamRZ **90**, 55). – **Rechtsfolgen:** Die Wohng kann ganz od mit einz Räumen dem einen Eheg und iF einer gleichzeit Entscheidg nach § 1672 den Kindern **zugewiesen** u der and Eheg entsprechd von der Benutzg dieser Räume ausgeschl w. Die bl WohngsZuweisg reicht als RäumgsTitel nicht aus (LG Itzehoe FamRZ **87**, 176 zu ZPO 620 S 1 Nr 7). Ggf besteht MitwirkgsPfl hins der erforderl Umräumg (vgl Ffm FamRZ **87**, 726). Vgl iü HausratsVO 2 Rn 3–8 (Anh II zu EheG). § 985 ist ausgeschl. Gleichzeit kann eine entspr

Vergütungspflicht angeordn w. Vgl dazu Rn 8 mit Weiterverweisg. Zur Bedeutg im **Unterhaltsrecht** s § 1361 Rn 23–25. Zu **§ 180 III ZVG** § 1372 Rn 9. Vgl iü § 1361a Rn 2–3, insb zum possessor **Besitzschutz.** Keine analoge Anwendg auf nehel LebGemsch (Einl 13 v § 1297; Brudermüller FamRZ **94**, 207), weil es bei diesen kein „GetrLeben" gibt (LG Hag FamRZ **93**, 187; AG Bln-Neukölln NJW-RR **93**, 133; aA LG Mü I NJW-RR **91**, 834). **Reform:** Einl 6 v § 1297.

2) Voraussetzungen der Wohnungszuweisung, I: a) Wohnung: Es muß sich um eine gemeins **3** Wohng der Ehel handeln; die EigtLage ist unerhebl (*arg* I 2). Auch Gartenhäuschen kann Wo sein (BGH FamRZ **90**, 987). Zuweisgsfäh ist auch eine gemeins Mietwohng. Vgl Wlecke, Bestandsschutz an der gemieteten Wo, 1995. Ohne Bedeutg ist, ob das NutzgsR dch VerwAkt begründet w ist (Stgt FamRZ **90**, 1354). Dch den Auszug iR der Trenng verliert die Wo nicht ihren Charakter als EheWo (Hamm FamRZ **89**, 739). Keine WohngsZuweisg, wenn beide Ehel ohnehin getr Wohngen haben.

b) Getrenntleben oder Trennungsabsicht. Zum GetrLeben: § 1567. Dch den Auszug eines Eheg **4** verliert die Wo nicht ihren Charakter als EheWohng (Hamm FamRZ **89**, 739), aber eine WohngsZuweisg kommt nicht mehr in Betr, wenn der and Eheg bereits endgült ausgezogen ist (KG NJW-RR **93**, 132) od die Eheg sonst getrennt leben, auch innerh der ehel Wohng (§ 1567 I 2), es sei denn, daß sich diese Regelg als untragb erwiesen hat. TrenngsAbs reicht aus, wobei auch der Eheg WohngsZuweisg an sich begehren kann, der seiners die Trenng gar nicht betreibt.

c) Notwendigkeit der Härtevermeidung. Die Ehewohng od einen Teil ders nicht zugewiesen zu **5** bekommen, muß für den Eheg eine **schwere Härte** bedeuten. Mit diesem Kriterium sollte die Eintritts- schwelle für die Inanspruchn des FamG bewußt hoch angesetzt w, obwohl der GesGeber damit seinem VersöhngsKonzept selbst widerspr (vgl Rn 1; zur Reform: Einl 6 v § 1297). HausratsVO 3 verlangt eine „unbillige" Härte; ein Unterschied dürfte kaum bestehen (NJW **86**, 1284 Fn 8). Deutl ist, daß für die WohngsZuweisg bloße Unbequemlichk nicht ausr, wie man umgek nach der auf Versöhng der Ehel gericht ratio legis eine unmittelb Gefahr für Leib u Leben wohl nicht mehr wird fordern dürfen (so dagg noch die Rspr nach der bish RLage: Kln FamRZ **80**, 275; **82**, 403; Ffm FamRZ **82**, 484; Zweibr FamRZ **84**, 391; aA Karlsr FamRZ **82**, 1220; **84**, 391); ebsowenig, daß das Frauenhaus die einzige Alternative wäre (so Richter JR **85**, 138). Ein unsubstantiierter Vortr („wiederholt bedroht, mißhand u vergewaltigt") reicht nicht aus (Düss FamRZ **88**, 1058; Schlesw NJW **90**, 2826). Bei schweren körperl Mißhandl der FamMitgl u schweren Störgen des FamLeb etwa dch Alkohol ist § 1361b allemal gegeben. Aber es dürften auch weniger gravierde Umst ausreichen, wie zB Ängstigg dch Morddrohg (Karlsr FamRZ **91**, 1440), dauernde Störg der Nachtru- he, Aufn des LebGefährten in die EheWo (Hamm FamRZ **93**, 1442), Mitbringen von Zechkumpanen, laute Musik, Rückkehr in die ehel Wo nach längerer Trenng (AG Esn FamRZ **93**, 1442) u ähnl. Dem Wohl der Ki, auch von StiefKi (Schlesw FamRZ **91**, 1301), kann entscheidde Bedeutg zukommen (Bambg FamRZ **95**, 560 mN); ebso gesundheitl Grde (Hamm FamRZ **93**, 1441). Insb kann das Therapiebedürfn verhaltensge- störter Ki bei beiderseit Alkoholismus der Elt entsch (KG FamRZ **87**, 850; Kblz FamRZ **87**, 852). Über alleinige Benutzg od Aufteilg der Ehewohng entsch das **Verhältnismäßigkeitsprinzip,** wobei beiden Eheg Beiträge zur wohnatmosphär Beruhigg abverlangt w können (Ffm FamRZ **87**, 159). An einer **schwe- ren Härte fehlt** es bei Unannehmlkten u Belästiggen, wie sie iZshg mit einer in Auflösg befindl Ehe regelm auftreten (Hbg FamRZ **93**, 190); bei dauernden Streitigkten der in der gemeins Wo getr lebden Ehel (Celle FamRZ **92**, 676) sowie wenn sich ein Eheg einseit aus der Ehe lösen will u hierzu die alleinige Weiterbenutzg der ehel Wohng anstrebt (BT-Drucks 10/2888 S 16: RMißbrauch). Geringere Anfdgen an die Härte bei freiw Auszug u Unterhaltg einer eig Wohng dch den AntrGegn (Kln FamRZ **87**, 77). – **Dingliche Rechtsposi-** **6** **tionen:** Im Rahmen der Härteprüfung ist bes zu berücks, wenn das Eigt an dem Grdst der Ehewohng bzw an dieser selbst dem and Eheg allein od gemeins mit einem Dr zusteht, I 2. Dasselbe gilt für ErbbauR, Nießbr, DauerwohnR od dingl WohnR. Für die Herabsetzg der Härteschwelle reicht die dingl RPosition als solche, so daß bes Bedeutg bekommt, wenn ein Eheg schon vor der Eheschl Eigtümer der Wo war (Hamm FamRZ **89**, 739). Die Zuweisg an den Eigtümer ist auch dann zul, wenn dieser die Wohng zur Schuldentilgg veräuß will (Hbg FamRZ **92**, 1298) od wenn der and Teil sie seit längerer Zt allein bewohnt (Kln FamRZ **94**, 632).

d) Antrag. Obwohl iGgs etwa zu § 1672 od auch HausratsVO 1 I nicht ausdrückl aufgeführt, setzt die **7** Regelg dch das FamG einen Antr voraus. „kann ... verlangen" ist zwar als Anspr formuliert (§ 194 I), bedeutet aber nicht, daß es einer entsprechen Kl bedürfte. VerfAntr, kein SachAntr; wird ein solcher gestellt, ist der Ri nicht daran gebunden (Zweibr FamRZ **87**, 508). Das Ger kann nicht gg den Willen beid Eheg die Wohng einem von ihnen zuweisen. Auch bei Zust des and Teils keine Zuweisg des **Mietvertrags** entspr HausrVO 5 II (Kln FamRZ **94**, 632).

3) Benutzungsvergütung, II (Lit: D. Meyer JurBüro **88**, 1645): Soweit ein Eheg, u sei es auch ohne **8** richterl Zuweisg nach seinem freiw Auszug (Ffm FamRZ **92**, 677; Brudermüller FamRZ **89**, 10) od aGrd einer Einigg der Eheg (Schlesw FamRZ **88**, 722 = JZ **88**, 1075 mAv Kotzur; bestr; vgl Dörr NJW **89**, 810 Fn 8) verpfl ist, dem and Eheg die EheWo ganz od teilw zur alleinigen Benutzg zu überlassen, kann in Übereinstimmg mit HausratsVO 3 I nach Billigk vom FamG eine Vergütg best w. Eine VergütgsRegelg nach II setzt eine BenutzgsRegelg nach I od den Auszug eines Eheg aGrd einer vertragl Vereinbg voraus (Hamm FamRZ **93**, 191). Wg Einzelh vgl Anh II zu EheG HausratsVO 2 Rn 3 u 5 Rn 2, 4, 8, 9. Bei **Miteigentum** beid Eheg ist die bish NutzgsVereinbg gem § 745 II zu and (BGH NJW **82**, 1753; **83**, 1845). In der Festsetzg der Vergütg gem II liegt inzident eine Neuregelg iSv § 745 II (Brudermüller FamRZ **89**, 10). Empfehlenswert ist die Berücks der Vergütg iR des TrenngsUnterh (vgl § 1361 Rn 24, 25; Brudermüller FamRZ **89**, 12). Gehört die Ehewohng dem weichen Eheg allein od zus mit einem Dr (zB den Schwieger- Elt), so wird die Festsetzg einer Vergütg idR der Billigk entspr (BT-Drucks 10/2888 S 16). Doch müssen für den Anspr aus II die Vorauss v I vorl, der AnsprSteller muß also dartun, daß nur dch seinen Auszug aus der Wo ein unerträgl Zustand beendet w konnte (AG Kln FamRZ **91**, 811 mA Garbes). Eine Benutzgsvergütg braucht uU auch dann nicht gezahlt zu w, wenn die mögl Trenng innerh der geräum Wo am Verh des sonst VergütgsBerecht gescheitert ist (Kln FamRZ **93**, 562). Zur Überprüfg bl der Billigk besteht kein Feststellgsinteresse (Düss FamRZ **88**, 410). **Höhe:** Brudermüller FamRZ **89**, 11 mNachw. Mögl auch die AnO einer **Abstandszahlung** (vgl HausrVO 5 Rn 2; and Brudermüller FamRZ **89**, 12 ff, der den Ausgl im Güter- u UnterhR sucht).

9   **4) Verfahren** (Nies MDR **94**, 8). Zust ist das FamG (ZPO 621 I Nr 7; HausrVO 1 II, 18a); auch f BenutzgsStr nach Einigg der Ehel (Kln FamRZ **87**, 77). Es gelten insb HausrVO 13 ff. GeschWert: Halbjahresmiete (KG u Mü FamRZ **88**, 98; Kln FamRZ **95**, 562 mN). Kosten analog HausrVO 20 (Bambg FamRZ **95**, 560). Kein RSchutzBedürfn, wenn beid Eheg zur sof Räumg verpfl sind (Oldbg FamRZ **93**, 1342). Der Ri kann die Wohng einem der Eheg insges od zT zuweisen. Er ist an den gestellten Antr (Rn 7) nicht gebunden. Der Zuweisgs- u VergütgsBeschl ist, auch jeder isoliert, nach HausrVO 14, 18a, ZPO 621 e nur befr anfechtb. HausEigtümer, MitEigtümer u Verm (aA Gottwald FamRZ **87**, 407) sowie sonst Dr iSv I 2 sind gem HausrVO 7 an dem Verf zu beteiligen (Kblz NJW **87**, 1559; Dörr NJW **89**, 811; aA Bergerfurth FamRZ **85**, 549). Zur Vorläufigk der WohngsRegelg Rn 1. § 1361 b erlaubt nur eine vorl WohngsZuweisg (Maurer FamRZ **91**, 886). Zusätzl sind ü HausrVO 13, 18a vorl AOen mögl (Ffm FamRZ **93**, 1343; Schlesw FamRZ **90**, 546: bei bes schwerer Härte). Bei Anhängigk des ScheidgsVerf hat ZPO 620 S 1 Nr 7 Vorrang, schon wg der Beschränkg der RbehelfsMöglkten nach ZPO 620 c (vgl Karlsr FamRZ **91**, 1440; aA KG FamRZ **90**, 183; Kln FamRZ **94**, 632). In diesem Verf sind der WohngsEigtümer u die Pers v HausrVO 7 nicht beteiligt (Hamm FamRZ **87**, 1277). Die Vorschr erübrigt nicht die endgült WohngsZuweisg gem ZPO 621 I Nr 7, 621 a I für den ScheidgsFall. Vorl AnOen zu § 1361 b mögl. Zul ist auch die Änderg der

10 Entsch aus § 1361 b. Zu § **180 III ZVG** § 1372 Rn 9. Räumt ein Eheg die Wo freiw, ist für die NutzgsEntschädigg das ProzG zust (Kblz FamRZ **89**, 85).

1362 *Eigentumsvermutungen.* [I] Zugunsten der Gläubiger des Mannes und der Gläubiger der Frau wird vermutet, daß die im Besitz eines Ehegatten oder beider Ehegatten befindlichen beweglichen Sachen dem Schuldner gehören. Diese Vermutung gilt nicht, wenn die Ehegatten getrennt leben und sich die Sachen im Besitze des Ehegatten befinden, der nicht Schuldner ist. Inhaberpapiere und Orderpapiere, die mit Blankoindossament versehen sind, stehen den beweglichen Sachen gleich.

[II] Für die ausschließlich zum persönlichen Gebrauch eines Ehegatten bestimmten Sachen wird im Verhältnis der Ehegatten zueinander und zu den Gläubigern vermutet, daß sie dem Ehegatten gehören, für dessen Gebrauch sie bestimmt sind.

1   **1) Zweck:** Die Gläub eines Eheg sollen vor einer Verschleier der EigtLage dch ein ZusWirken beider Eheg bewahrt w (BGH NJW **76**, 238). Zwingdes R bei jedem GütStd. Nicht verfassgswidr (aA Brox FamRZ **81**, 1125; Wolf FuR **90**, 216). Analog anzuwenden auf nehel LebGemsch (bestr; Einl 13 v § 1297). Bei GütGemsch greift § 1362 wg § 1416 erst, wenn feststeht, daß die Sache nicht zum GesGut gehört. § 1006 gilt ggü § 1362 nicht (RG SeuffA **62**, 367). Im Verh der Eheg zueinand gilt § 1006 (Oldbg FamRZ **91**, 814). Eine EigtÜbertragg kann unter Eheg gem § 930 erfolgen (BGH FamRZ **79**, 282). Im Konk entfällt KO 45 (BVerfG FamRZ **68**, 437; Brox FamRZ **68**, 406) u gilt allein § 1362. Kein AuskftsR des KonkVerw ggü Ehefr des GemSchu (BGH NJW **78**, 1002). Die Rechtsvermutgen des § 1362 sind **widerlegbar** (ZPO 292). Verzeichn des § 1377 entfaltet Vermut nur zw den Ehel. Zu den versch Formen des GläubZugriffs auf EhegVerm: Brandner FS Merz 1992, 3 ff. **IPR:** EG 16 II.

2) Voraussetzungen:

2   **a) Bewegliche Sachen,** auch Geld, Inh- u mit Blankoindossament versehene Orderpapiere, **I 3,** nicht Fordergen od Grdstücke.

3   **b)** Die Sachen dürfen **nicht ausschließlich zum persönlichen Gebrauch eines Ehegatten** bestimmt s, **II,** der zugl selbständ Vermut enthält (Rn 8).

4   **c)** Die Sachen müssen sich im **Besitz eines oder beider Ehegatten** befinden. Dann wird vermutet, daß der Schuldn zugl auch Eigtümer ist, so daß keine schuldnerfremde Sache in Anspr genommen w. Zur ZwVollstr Rn 10. Für die Pfändg des HerausgAnspr des EhegSchu reicht mittelb Bes des EhegSchu u ebenf, wenn keiner der Eheg (mehr) mittelb Besitzer ist (BGH NJW **93**, 935).

5   **d)** Negat Voraussetzg: Die Vermutg gilt nur, wenn die Eheg **nicht getrennt leben, I 2.** Kein GetrLeb bei auch längerer Strafhaft (Düss NJW-RR **95**, 963). Hat der Ehem als Eigt Sachen n § 1361 a an die Fr herausgegeben, gilt § 1006 zu deren Gunsten. Bei InAnspruchn der Eheg als GesamtSchu schadet Trenng dem Gläub wg § 1006 nichts.

6   **e)** Die Vermutg gilt nur für **Gläubiger** des Mannes wie der Frau, aber nicht im Verhältn der Eheg zueinand; insof § 1006 (RG **84**, 49). Dagg gilt die Vermutg bei SichergsÜbereign (RG **80**, 62) u auch zG eines KonkVerw bei unentgeltl Vfgen des GemSchu gegen seinen Eheg (BGH MDR **55**, 592).

7   **f)** Die Vermutg wird **widerlegt** (1) dch den Nachw v MitEigt (LG Aach NJW-RR **87**, 712; vgl § 1357 Rn 22) od (2) dadch, daß die Sachen dch den NichtSchuEheg erworben s, ohne daß dieser den Fortbestand seines Eigt beweisen müßte (BGH NJW **76**, 238). Bei Nachw seines vorehel Eigt greift zG des Nicht-Schu-Eheg auch § 1006 II ein (BGH NJW **92**, 1162). Nicht ausreichd, daß der NichtSchu gekauft hat, da das für den and geschehen sein k (Warn **20**, 43; sa § 1370). Zur Bestimmth v HausrÜbereignen BGH FamRZ **88**, 255. Ist das Eigt des NichtSchu nachgewiesen, so macht sich der Gläub bei trotzdem erfolgtem Zugriff schadersflicht (RG JW **11**, 368).

8   **3) Ausschließlich zum persönlichen Gebrauch eines Ehegatten bestimmte Sachen, II,** sind Kleider, Schmucksachen, ArbGeräte (§ 1477 Rn 2). MitGebrauch dch den and Eheg schließt II aus. Iü kommt es auf den Besitz hier nicht an; auch der and Eheg od ein Dr kann Besitzer s. Vermutg des II gilt im Verhältn zu Gläub eines od beider Eheg wie im Verhältn der Eheg zueinand. Die Vermutg des II gilt auch nach Auflösg der Ehe bis zur Beendigg der AuseinandS (BGH **2**, 82) u nach dem Tod eines Eheg im Verhältn der Erben zu den NachlGläub (Mü OLG **42**, 142). Der Eheg, der sich auf II beruft, muß **beweisen,** daß die Sache zu

seinem ausschließl pers Gebr best ist. Dafür, daß Frauenschmuck der Ehefr gehört, besteht ihrers keine Vermutg (BGH FamRZ **71**, 25). **Widerlegung** der Vermutg dch den Nachw, daß der Eheg, zu dessen 9 persönl Gebr die Sachen bestimmt sind, Eigt an ihnen nicht erworben h. Auch der Kapitalanlage dienende Schmucksachen sind nicht ausschließl zum pers Gebr best (BGH NJW **59**, 142). Auch kein EigtErw der Fr, wenn nach der ernstl Vereinbg die Schmuckstücke Eigt des Mannes bleiben sollen (KG OLG **44**, 67). Überläßt der Ehem seiner Fr von ihm geerbten Schmuck vorbehaltl zum Gebr, muß er beweisen, daß damit keine Übereigng gemeint war (RG **99**, 152). Die Vermutg des § 1362 wird nicht dch Vorlage eines Güt-TrenngsVertr widerlegt (LG Verd FamRZ **81**, 778).

4) Verfahrensrecht. § 1362 hilft nur ggü der Gefahr, die ZwVollstr in schuldnerfremde Ggstde zu 10 betreiben. Diese selbst orientiert sich am Gewahrsam (ZPO 808, 809, 883), so daß hierfür in ZPO 739 eine dem § 1362 entsprechde GewahrsVermutg geschaffen w ist. Es genügt also ein ZwVollstrTitel gg einen Eheg. Ist dieser nicht der Schu u gehört ihm die Sache, in welche die ZwVollstr betrieben w, allein od zu MitEigt (Schlesw FamRZ **89**, 88), so muß er iRv ZPO 771 die Vermutg des § 1362 I entkräften (and Baur FamRZ **58**, 253; Brennecke NJW **59**, 1260: Erinnerg gem ZPO 766). Spricht die Vermutg des II für einen Eheg, so ist die Pfändg des Ggst zG der Gläub des and Eheg unzul; ebso iF von I 2. In diesen Fällen ZPO 766. Gehört die Sache zum Gesamtgut, was bei allg GütGemsch vermutet w, so ist ein Titel gg den od die verwaltden Eheg erfdl (ZPO 740); bei Alleinverwaltg kann sich der nicht verwaltde Eheg analog ZPO 739 nicht auf seinen Besitz od Gewahrs berufen. Rechte Dritter werden dch ZPO 739 nicht berührt.

Sechster Titel. Eheliches Güterrecht

Einführung

1) Literatur: Börger, Ehel GüterR, 1989; RsprÜbers: Dörr NJW **93**, 2718. Zur **Entwicklung** des 1 Güterrechts ausführl 42. Aufl. An die Stelle des gesetzl Güterstdes der ehemännl Verwaltg u Nutnießg trat am 1. 4. 53 inf GG 117 I Gütertrenng, bis dch das am 1. 7. 58 in Kraft getretene GleichberG die Zugewinn-Gemsch gesetzl Güterstd geworden ist.

2) Verfahrensrecht. Vgl Einf 17 v § 1353. Sämtl Anspr aus dem ehel GüterR sind **Familiensachen** 2 (ZPO 621 I Z 8 u 9), für die das FamG ausschließl zust ist. Ansprüche werden isoliert od im VerbundVerf (ZPO 623 I, 629 I). **Zugewinnausgleich:** Die Abweisg einer negat FeststellgsKl über nicht beziff ZugewAusglFdg stellt posit ledigl fest, daß ein AusglAnspr dem Grde nach besteht (BGH NJW **86**, 2508). TeilKl sind zul (BGH NJW **94**, 3165).

3) IPR: EG 15, 16, vgl auch Anh zu EG 15. **Übergangsregelung DDR:** EG 234 § 4.   3

I. Gesetzliches Güterrecht

Grundzüge

1) Unter dem **gesetzlichen Güterrecht** versteht das BGB die Ordng der güterrechtl Verhältn unter den 1 Eheg, die mangels einer anderweit ehevertragl Vereinbg kraft Ges eintritt. Das war **bis 31. 3. 53** der Güterstd der ehemännl Verw u Nutzn. An seine Stelle trat v 1. 4. 53 **bis 30. 6. 58** der damalige außergesetzl Güterstd der Gütertrenng, bis mit dem Inkrafttr des GleichberechtG (Einl 3 zum 4. Buch) **ab 1. 7. 58** die **Zugewinngemeinschaft** zum ordtl gesetzl Güterstd wurde. Die **Gütertrennung** bleibt außerordentl gesetzl Güterstd, dh er tritt in best Fällen v Ges wg ein (§§ 1388, 1414, 1449, 1470); vgl § 1414 Rn 1–2. Für den ges Güterstd besteht eine Vermutg, auch f den Grdbuchrichter. Für eine ggteilige Behauptg trägt derj die **Beweislast**, der sich darauf beruft. Zu den **Konkurrenzen zu anderen Ausgleichsformen** § 1372 Rn 2–10. **Übergangsrecht:** Unten Rn 12. **IPR:** EG 15 u 16. **Steuern:** § 1378 Rn 2.

2) Übersicht: Im Güterstd der ZugewGemsch behält jeder Eheg sein Verm in seinem Eigt u in eig Verw 2 u zieht auch selbst die Nutzgen. Es besteht **keine gesetzliche Haftung für Schulden des anderen Ehegatten.** Zur Sittenwidrigk von Mitverpflichtgen: BGH NJW **93**, 322; LG Hbg FamRZ **93**, 196; Emmerich JuS **93**, 340; § 138 Rn 37.

a) Es besteht **kein gemeinschaftliches Vermögen** (§ 1363 II), auch bei der Auflösg der Gemsch zZw der 3 Teilg nicht (vgl aber § 1372 Rn 6, 8 u 9). Vielm erhält der Eheg mit dem kleineren Zugew eine von einem AuskftsAnspr flankierte (§ 1379) **Ausgleichsforderung** gg den and Eheg in Höhe des UnterschiedsBetr zw den jeweiligen Zugewinnen beider Eheg (§ 1378 I), die sich ihrers aus dem UnterschiedsBetr zw EndVerm (§ 1375) u AnfangsVerm (§ 1374) jedes Eheg errechnen (§ 1373). Dch Hinzurechng v erb- u schenkgsw hinzugekommenem Verm zum AnfgsVerm (§ 1374 II) wird erreicht, daß nur innerh der Ehe u ehehalber erworbenes Verm zum Ausgl gelangt. Umgek wird die AusglFdg begrenzt dch das bei Ende des Güterstds vorh Verm (§ 1378 II) u kann überdies auch noch mit einer BilligkEinrede beschränkt w (§ 1381). Die einz VermBestandteile bleiben nach dem Gesagten zugew-ausgl-rechtl bloße **Rechnungsgrößen.** Eine Ausn davon besteht ledigl im **Erbfall,** also wenn die Ehe dch Tod eines Eheg aufgelöst w. Hier wird der ZugewAusgl nicht im einz errechnet, sond dch pauschale Erhöhg des ErbR des überlebd Eheg um ¼, dh dch dingl Beteiligg am Nachl, verwirklicht (§§ 1371 I, 1931). Außerd kann der AusglGläub auch bei normaler Dchführg des ZugewAusgl unter Lebden uU Übertragg bestimmter VermGgste verlangen (§ 1383).

b) Wie bei der Gütertrenng **verwaltet** jeder Eheg sein Verm selbst (§§ 1363 II, 1364). Im Ggsatz zu ihr 4 bestehen aber gewisse **Verfügungsbeschränkungen** für Vfgen über das Verm im ganzen u über Hausrat (§§ 1365–1369). Um willkürl VermVermindergen u damit einer Schmälerg des AusglAnspr entggzuwirken, werden best benachteiligde Maßn entwed rein rechnerisch zurückgenommen (§ 1375 II) bzw kann der benachteiligte Eheg von dem Dr das Zugewendete zurückfordern (§ 1390). Nach 3-jähr Getrenntleben bzw in Fällen wirtschaftl Illoyalität kann **vorzeitiger Zugewinnausgleich** verlangt w (§§ 1385 ff).

5   **c)** Die **Nutznießung** liegt beim jeweiligen Eigtümer der einzelnen VermGgste, wobei die Eheg jedoch gem § 1360 eine Verpfl zur Verwendg ihres Verm für die Fam trifft.

6   **3)** Haben die Eheg in kleinen od mittleren Vermögensverhältn angefangen u zus oder jeder für sich erworben od auch die Frau durch die HausFührg beschränkt, wird die ZugewGemsch eine eher **gerechten Ausgleich** herbeiführen, der bes dann notw erscheint, wenn ein Eheg im Gesch od Beruf des and Eheg
7   mitgearbeitet hat (§ 1356 Rn 8). **a)** Im einz ergeben sich aber flgde Pkte der **Kritik** (Lit: Müller-Freienfels JZ
8   **57,** 685; Thierfelder FamRZ **59,** 389): **aa)** Der Schematismus der **erbrechtlichen Lösung** (§ 1371) sieht davon ab, ob tatsächl ein Zugew erzielt od dieser sogar auf Seiten des Längerlebden entstanden ist. Damit werden die (ggf auch vorehel) Kinder des vorverstorbenen Eheg benachteiligt (Ferid FamRZ **57,** 70; Lange NJW **57,** 1381). Als unzureich empfunden w auch die Nichtanrechng von Vorausempfängen sowie die bl AusbildgsVerpfl für Stiefkinder (§ 1371 Rn 5 u 7–11). Zur Kritik der erbrechtl Lösg im einzelnen sa Braga
9   FamRZ **57,** 334; Ulmer NJW **58,** 170; Bärmann JZ **58,** 225; Schopp FamRZ **65,** 409. **bb)** Die von der ZugewGemsch unterstellte Trenng der Gütermassen beider Eheg wird währd der Ehe idR dch zahlreiche **Zuwendungen der Ehegatten untereinander** überspielt, so daß der gleichförmige ZugewAusgl auch iF der Ehescheid zu Ungerechtigkeiten führt. Man muß sich jedoch im klaren darüber sein, daß es zu den Zielen des neuen gesetzl Güterstds gehörte, bei der VermAuseinandSetzg im Interesse der RKlarh den Streit darüber auszuschließen, ob u in welchem Maße ein Eheg an dem VermErwerb des and wirtschaftl beteiligt war (BGH **65,** 320). Ggü diesem and AusglMöglichkten, insb auch BereichergsAnsprüche (BGH NJW **76,** 2131) ausschalten AusschließlichkPrinzip (BGH **82,** 227; § 1372 Rn 2) hat die Rspr aber gleichwohl andere,
10   insb gesellschaftsrechtl Lösgen neben dem ZugewAusgl für unverzichtb angesehen (§ 1372 Rn 6). **cc)** Dogmat unbefriedgd sind die versch Nullsetzgen (§ 1373 Rn 3–4), die die wirtschaftl Beteiligg am Zugew des jew und Eheg zunächst oft ins Leere gehen lassen. Streitig können sich auch bei Abschätzg der VermWerte (§§ 1374 ff) ergeben, die die Grdlage für die **Berechnung des Zugewinns** sind, da die Ansichten der Sachverst hierüber oft auseinandergehen können. Inhabern von größeren Betrieben wird die Unsicherh über den Bewertg u damit die Ungewißh über die Höhe der AusglFdg, aber auch die Höhe des Erbteils u die Notwendigk der Bilanzierg nicht willkommen s. Bes Bedenken bestehen gg die ZugewGemsch bei Beteiligg eines Eheg an einer Personalgesellsch wg der diese belastden hohen Auszahlgsverpflichgen, wenn der and Eheg Auskehrg des Zugew verlangen k (Tiedau MDR **57,** 645; sa Tiefenbacher BB **58,** 565). Gütertrenng mit testamentar Versorgg des and Eheg wird dann vorzuziehen s. Ähnl bei bäuerl Besitz, so daß der
11   Verbd des nds Landvolks den gesetzl Güterstd abgelehnt h (RdL **57,** 645). **b) Abhilfe.** Jeder Verlobte muß prüfen, ob dch **Ehevertrag** (§§ 1408 ff) der gesetzl Güterstd ausgeschl od abgeändert w soll. Eine nicht minder schwier Frage ist für jeden Eheg, ob u ggf welche **letztwilligen Verfügungen** er für seinen Todesfall treffen soll, ebso, ob er, wenn seine Ehe dch Tod aufgelöst wird, die **Erbschaft antreten oder ausschlagen** soll (vgl Maßfeller Betr **57,** 624). Die Überleggen zur richt Anpassg an den individuellen Fall werden meist nicht ohne sachverst Beratg dchzuführen sein.

12   **4) Übergangsrecht.** Zur Geschichte des GüterR vgl zunächst Rn 1. Mit dem Inkrafttreten des **GleichberG** am 1. 7. 58 wurde die ZugewGemsch auch für Altehen der gesetzl Güterstd; die Eheg hatten ledigl ein bis zum 30. 6. 58 (bzw gem FamRÄndG Art 9 II Z 6 bis zum 31. 12. 61) befristetes, durch einseit Erklärg auszuübdes Recht zur Ablehng der ZugewGemsch, worauf reine Gütertrenng eintrat (GleichberG Art 8 I Z 3 u 4). Die ÜbergangsVorschr sind abgedruckt u kommentiert bis zur 41. Aufl.

1363 **Zugewinngemeinschaft.**   [1] **Die Ehegatten leben im Güterstand der Zugewinnge-meinschaft, wenn sie nicht durch Ehevertrag etwas anderes vereinbaren.**

[2] **Das Vermögen des Mannes und das Vermögen der Frau werden nicht gemeinschaftliches Vermögen der Ehegatten; dies gilt auch für Vermögen, das ein Ehegatte nach der Eheschließung erwirbt. Der Zugewinn, den die Ehegatten in der Ehe erzielen, wird jedoch ausgeglichen, wenn die Zugewinngemeinschaft endet.**

1   **1) Individueller Geltungsbereich.** Ehegatten, die ehevertragl nichts and, also insbes nur diej, die nichts vereinb haben, leben automat im gesetzl Güterstd. Mögl auch, daß der ges Güterstd im Übergang v einem and Güterstd vereinb w (§ 1408). Zum **Übergangsrecht** vgl Grdz 12 v § 1363 sowie 53. Aufl.

2   **2)** Der gesetzl Güterstd **beginnt,** falls kein EheVertr abgeschl wird, von Ges wg mit der Eheschließg, **I,** sonst mit Abschl eines dahingehenden EheVertr, u **endet** mit dem Tode eines der Eheg (§ 1371 Rn 1) bzw bei NichtigErkl, Aufhebg od Scheidg der Ehe (EheG 23, 37; § 1564), aber auch iF vorzeitigen ZugewAusgl (§ 1388) od Vereinbg eines anderweit bzw Ausschl des gesetzl Güterstds (§§ 1408 I, 1414). Vgl auch § 1372 Rn 1.

3   **3)** Zum **Grundsatz der Vermögenstrennung, II,** vgl zunächst Grdz 3 vor § 1363. Eine dingl Beteiligg eines Eheg am Verm des and findet weder währd des Bestehens der Gemsch noch bei ihrer Beendigg, auß bei einer solchen dch den Tod (§ 1371), statt. Jeder Eheg bleibt Eigtümer u Inh seines Verm, auch des nach der Eheschl erworbenen. Doch schließt das nicht aus, daß die Eheg Geschäfte miteinander wie mit Dr abschließen (vgl § 1372 Rn 2–11). Zur **Verwaltung** §§ 1364 ff. Für die vor u währd der Ehe entstandenen Verbindlkten **haftet** jeder Eheg allein mit seinem eig Verm; er braucht also nicht für die Schu des and Eheg einzustehen. Zur Mithaftg f Bankkredite: Reifner ZIP **90,** 427. Erst **bei Beendigung der Zugewinnge-meinschaft** (Rn 2) findet der **Zugewinnausgleich** statt, II 2. Dies geschieht nicht dch eine dingl Beteiligg, sond es besteht ledigl ein schuldrechtl ZahlgsAnspr gg den ausglpflicht Eheg (§ 1378).

4   **4) Vertragliche Änderung der Zugewinngemeinschaft** sind zulässig. **a)** Die ZugewGemsch kann dch EheVertr überh **ausgeschaltet** w (§§ 1408 I, 1414, 1415). – **b)** Darüber hinaus sind die einzelnen

Regelgen, wie zB die Bewertg, maßgebden Zeitpkte usw, weitgehd **dispositiv** (§ 1408 Rn 18–21). – **c)** Schließl können die güterrechtl Best dch zusätzliche Vereinbgen zw den Ehegg **überformt** w, dch Schaffg v MitEigt, Überlassg der VermVerw (§ 1413), GesellschVertr usw (§ 1372 Rn 2–11).

1364 *Selbständige Vermögensverwaltung.* **Jeder Ehegatte verwaltet sein Vermögen selbständig; er ist jedoch in der Verwaltung seines Vermögens nach Maßgabe der folgenden Vorschriften beschränkt.**

1) Zur ZugewGemsch allg § 1363 Rn 3. Jeder Eheg ist hinsichtl seines Verm selbständ, kann also dem and 1 Eheg ggü auch wie mit Dritten in rechtsgeschäftl Beziehgen treten (Einf 15 vor § 1353). Jeder Eheg handelt grdsätzl **im eigenen Namen.** Handeln mit Wirkg für den and nur iRv § 1357 od nach entspr Bevollmäch-tigg.

2) Verwaltungsrecht. a) Jeder Eheg verwaltet sein Vermögen selbständ u kann demgem Verfüggen, 2 auch solche über einen eintretden Zugew, allein treffen. Es besteht keine Verpfl der Eheg, ihr Verm so zu verwalten, daß ein mögl großer Zugew erzielt w (vgl aber Rn 3). **b) Überlassung der Verwaltung.** Ein Eheg kann aber die Verw seines Verm od eines Teiles dem andern zur Verw überlassen, was formlos geschehen u jederzeit widerrufen w kann (§ 1413). Ansprüche dann aus §§ 662 ff; mangels konkr Abspra-chen sind die Einkfte in einem solchen Fall für die ganze Fam anzulegen (Karlsr FamRZ **83**, 1250). In der uneingeschränkten Überlassg zur Verw über einen längeren Zeitraum liegt keine VermÜbertragg (Karlsr FamRZ **83**, 1250). Bei Erwerb gemschaftl Verm steht auch beid Eheg die Verwaltg gemschaftl zu, sofern nichts and vereinb w. Bei gemeins betriebenem ErwGesch evtl BGB-Gesellsch (§ 1356 Rn 10). **c) Rechts-streitigkeiten** führt jeder Eheg allein. Zum Schutz von Gläub eines Eheg wirken gg den and Eheg § 1362 I, ZPO 739. Bei Erwerb gemschaftl Vermögens steht auch beiden Eheg die Verw gemschaftl zu, sofern nichts anderes vereinb w. Bei gemeins betriebenem ErwerbsGesch evtl BGB-Gesellsch (§ 1356 Rn 18).

3) Beschränkungen der Verwaltung enthalten die §§ 1365–1369 bezügl RGeschäften über das Verm im 3 ganzen u HaushaltsGgständen. Mittelb Bindgen ergeben sich aus der ehel LebGemsch (vgl § 1353 Rn 5–15). Vgl iü die (unzureichden Schopp Rpfl **64**, 69) SchutzVorschr der §§ 1375 II, 1384, 1386, 1387, 1390.

1365 *Einschränkung der Verfügungsmacht über Vermögen im ganzen.* ¹**Ein Ehe-gatte kann sich nur mit Einwilligung des anderen Ehegatten verpflichten, über sein Vermögen im ganzen zu verfügen. Hat er sich ohne Zustimmung des anderen Ehegatten ver-pflichtet, so kann er die Verpflichtung nur erfüllen, wenn der andere Ehegatte einwilligt.**

II Entspricht das Rechtsgeschäft den Grundsätzen einer ordnungsmäßigen Verwaltung, so kann das Vormundschaftsgericht auf Antrag des Ehegatten die Zustimmung des anderen Ehegatten ersetzen, wenn dieser sie ohne ausreichenden Grund verweigert oder durch Krankheit oder Abwe-senheit an der Abgabe einer Erklärung verhindert und mit dem Aufschub Gefahr verbunden ist.

1) Die Vorschr enthält eine Beschränkg des sonst gem § 1364 von jedem Eheg selbstd ausgeübten 1 VerwaltgsR. Das absolute VeräußergsVerbot (BGH **40**, 218) soll nicht nur relativ den and Eheg vor einer Gefährdg seines AusglAnspr schützen, sond ist eine SchutzBestimmg im Interesse der FamGemsch u zur Erhaltg der wirtschaftl GrdLage der Familie. Da die Eheg aber ihre güterrechtl Beziehgen frei bestimmen können, kann ehevertragl (§ 1412 Rn 3) auch auf diese VfgsBeschränkg verzichtet werden (Lange FamRZ **64**, 546); mögl auch ein Verzicht auf die Beschränkg des § 1365 hins bestimmter Ggste (Mülke AcP **161**, 160; Knur DNotZ **57**, 470). Beschränkg nicht eintraggsfäh (BGH **41**, 370). Im einzelnen Falle kann auf Widerruf der Einwilligg forml verzichtet w, da keine Änderg des Güterstd (Reinicke BB **57**, 565). Der Eheg ist nicht verpfl, die Zust des and Eheg herbeizuführen, allenf deren Ersetzg gem II. § 1365 unanwendb, wenn ein Verlobter ein VerpflichtgsGesch eingegangen ist (*arg* I 2: „ohne Zust des and Eheg"). Dagg bedarf er der Zust, wenn nach Eheschl erfüllt w soll. Bei Verstoß gg § 1365 KlMöglichk auf vorzeit ZugewAusgl (§ 1386 II). Bei GrdstVeräußer muß Notar auf die VfgsBeschrkg des § 1365 aufklären (BGH **64**, 246). **Beweislast** für Voraussetzgen des § 1365 bei demj, der sich auf die Nichtigk beruft (BGH NJW **65**, 910). Zum **Übergangsrecht** 41. Aufl.

2) Einwilligungsbedürftig sind RGeschäfte, dch die sich ein Eheg zur Vfg über sein **Vermögen im gan-** 2 **zen** (vgl § 311) verpflichtet, **I 1.** Gemeint ist das AktivVerm, so daß die Vorschr auch auf RGeschäfte eines überschuldeten Eheg anwendb ist. Anders als bei § 311 ist § 1365 aber nicht berührt, wenn bl ein Bruchteil des Verm Ggst des RGesch ist (Hamm NJW **59**, 104; Düss JMBl NRW **59**, 53), wie sich aus dem GesZweck sowie dem Gebr des Wortes „Verm" in §§ 1376, 1377 ergibt (Schulz-Kersting JR **59**, 135; Tiedau MDR **59**, 81 gg Hoche NJW **58**, 2069). Nicht zustimmgsbedürft ist die das Verm ausschöpfde BürgschVerpfl (BGH FamRZ **83**, 455). Über die ZustBedürftigk als solche entscheidet **Zeitpunkt** des GeschAbschl (Hamm JMBl NRW **60**, 269). Für Vfgen **nach rechtskräftiger Scheidung** besteht das ZustErfordern nicht mehr (Hamm FamRZ **87**, 591), währd das vor diesem Ztpkt vorgen RGesch auch nach Scheidg zust-bedürft bleibt (BGH FamRZ **78**, 396; Saarbr FamRZ **87**, 1248). Vgl iü zur Kenntn Rn 10. Bei Teilrechtskraft inf Abtrenng des ZugewAusgl gem ZPO 628 entsprechde Anwendg v § 1365 (Hamm FamRZ **84**, 53). Umstr ist die Behandlg von 3 **Verträgen über Einzelgegenstände** (Nachw bei Benthin FamRZ **82**, 338; Schlechtriem JuS **83**, 587):

a) Nach der Gesamttheorie ist § 1365 entspr § 311 nur auf RGeschäfte anzuwenden, die das Verm en bloc 4 zum Ggst haben (Rittner FamRZ **61**, 10; Tiedau MDR **61**, 721). Da diese Auslegg den II ebso wie § 1367 5 zweckl erscheinen lassen würde u den GesZweck (Rn 1) nicht erfüllt, hat sich die Einzeltheorie dchgesetzt, wonach zustbedürft auch RGeschäfte über Einzelstücke sind, wenn sie das ganze oder **nahezu das ganze Vermögen** ausmachen (BGH **35**, 135; **43**, 174; **77**, 293; NJW **84**, 609). Bei Belastg eines das ganze Verm darstellden, bereits anderweit belasteten Grdst kommt es darauf an, ob die Belastg den verbleibden GrdstWert aufzehrt (BGH **123**, 93). Bei Erwerb verschiedener VermStücke kommt erst bei dem das letzte größere VermStück betr RGesch § 1365 zur Anwendg, Dölle § 52 I 1. Iü genügt es, wenn die Verpfl im wesentl das ganze Verm des Eheg betrifft, also nur Ggstände v verhältnismäß untergeordneter Bedeutg übr bleiben (RG **137**, 349). Feste Grenzen für den erforderl **Wertvergleich** sind zuläss (Dörr NJW **89**, 814 f). Bei einem kl Verm bleibt das Gesch zustimmgsbedürft, wenn dem Eheg 15% verbleiben; macht bei einem größeren Verm das verbleibde Verm 10% des urspr GesamtVerm aus, greift § 1365 idR nicht ein (BGH NJW **91**, 1739); bei einem Anteil v 30% keinesfalls (BGH **77**, 293/9). Ein Nießbr schöpft den GrdstWert gewöhnl aus (so zu Recht die RedAnm gg BGH FamRZ **66**, 22). Entscheid ist der obj GeschWert, nicht die Bedeutg des Ggst für die Fam od der von den Eheg dem Ggst beigelegte besond Wert (BGH **77**, 293/8; MüKo/Gernhuber 15). Das Verm im ganzen ist nicht betroffen, wenn zwar das einz VermStück v Wert veräuß w, aber Einkommen aus einem zum Verm gehörden gewerbl Betrieb vorh ist (BGH FamRZ **67**, 383 FrisörGesch). Dagg gehört **künftiges Arbeitseinkommen** aus einem sicheren ArbVerhältn wed zum Verm noch ist es in den WertVergl einzubeziehen (BGH **101**, 225 m Nachw der GgMeing; ausführl auch 46. Aufl). Nicht zu berücks ferner das StammR auch einer bereits lfden Rente (BGH NJW **90**, 112) od ein noch nicht fäll RentenAnspr (BGH Betr **75**, 1744). Im übrigen sind sämtl Ggste in den WertVergl nur insow einzubeziehen, als sie pfändb sind, weil der SchutzZw des § 1365 weiter geht als der VollstrSchutz (Ffm NJW **60**, 2190, Riedel Rpfleger **61**, 382, MDR **62**, 6, DRiZ **63**, 184), währd nach aA der pfändgsfreie Teil mitberücks w soll (KG NJW **76**, 717; Gernhuber § 35 II 4; Soerg-H Lange 17). Bei der Feststellg, ob über das ges Verm verfügt w, sind auf dem veräußerten Ggst ruhde dingl Belastgen abzuziehen (BGH **77**, 293); eine GrdSchuld unabh von der fortbestehenden Valutierg (Mü FamRZ **89**, 396). Ein WohnR hat keinen selbständ VeräußergsWert u bleibt bei der Feststellg des verbleibenden Verm außer Betr (Celle FamRZ **87**, 942). § 1365 gilt auch f Vfgen gg **Entgelt**, da die Ges nicht auf eine wirtschaftl Einbuße abstellt (BGH **35**, 145). Unberücks bleibt also das, was an die Stelle des VermGgst tritt, da es nur auf die Vfg ankommt, nicht auf das GgGesch (Eiselt JZ **60**, 563, Beitzke Betr **61**, 23, Mülke AcP **161**, 135, Gernhuber § 35 II 4; aA Wörbelauer NJW **60**, 795, der die Umsatz- u AnlageGesch v § 1365 ausnehmen will, od Boesebeck Betr **58**, 1147, Fischer NJW **60**, 939, Rittner FamRZ **61**, 1, Tiedau MDR **61**, 724, Reinicke BB **60**, 1004, die im einz mit Abweichgen voneinand wg der verbleibden Beteilig das Einbringen des Verm in eine KapGesellsch grdsl für zustfrei halten). Wird als GgLeistg für GrdstÜbereign dieses Grdst belastet, so bedarf das keiner Gen (entspr § 1821 I Z 1 Rn 10; Hamm FamRZ **59**, 6). § 1365 gilt ferner nicht für Vfgen iW der ZwVollstr, zB hins des Antr eines EhegGläub auf TeilgsVerst (LG Brschw NJW **69**, 1675). Desh läßt sich aus dem ZwVollstrR aber auch kein Arg gg die Einzeltheorie gewinnen (aA Liebs AcP **175**, 28). ZustBedürftig beschränkt sich nicht auf best typ RGeschäfte wie HofÜberg uä, geht umgek aber auch nicht weiter als die Vorschr begriffl voraussetzt. Daher gehören nicht hierher die Führg eines RStreits ü RGesch des § 1365, Vfgen v Todes wg (BGH FamRZ **69**, 323), Eingehg v ZahlgsVerbindlkten, die nicht unter § 1365 fallen, selbst wenn dadch das ganze Verm aufgezehrt w kann (Weimar MDR **62**, 696, Riedel DRiZ **63**, 186, aA Mülke AcP **161**, 144), aus denm Grde nicht die Abgabe eines Gebotes in der ZwVersteigerg (Freibg Rpfleger **73**, 302), ferner nicht Garantien (Ffm MDR **68**, 923), Bürgsch, SchuldÜbern, falls nicht UmgehgsAbsicht

6 vorliegt (vgl RG **54**, 284, Karlsr FamRZ **61**, 317). **Zustimmung erforderlich** für RGeschäfte, falls es im wesentl um das ganze Verm des Eheg geht: HofÜberg, Überlassg des Anwesens gg Altenteilsrente, Geschäftsverkauf, Einbringg v Grdst od und VermGgsten in eine Gesellsch, Bewilligg einer AuflassgsVormerkg, weil schon das VerpflGesch der Zust des und Eheg bedarf (aA BayObLG NJW **76**, 574; Tiedtke FamRZ **76**, 320). Ebso Kündigg zwecks Auflösg der Gesellsch u AuseinandS, Eiselt JZ **60**, 564, Beitzke Betr **61**, 25, ferner aGrd ausdehnder Auslegg v „Verfügg" die Zustimmg zu gesellschvertragl Änd der Abfindgs-Bedingen, Fischer NJW **60**, 942, bei Preisgabe nahezu des ges Verm, Gernhuber § 35 II 11; Heckelmann, Abfindgsklauseln in GesellschVertr, 1973, verlangt die Zustimmg des und Eheg zu jeder anfängl od nachträgl AbfKlausel, wenn der AbfAnspr das GesamtVerm darstellt u über ihn insges verfügt w. Zustbedürft ist weiterh ein ErbAuseinandSVergl, wenn GesHandsEigt in vollem Umfang auf einen Miterben übergehn u die übr Miterben in Geld abgefunden w sollen, BGH **35**, 135, dagg nicht bei realer Aufteilg eines Grdst unter den Miterben entspr dem GesamtHdsAnteil gem §§ 2042, 752 (Mü FamRZ **71**, 93, od Teilg dch Verk

7 gem § 753 (Reinicke Betr **65**, 1351). Zust erfdl bei Löschg einer Hyp (LG Brem FamRZ **59**, 244); freiw Rückgängigmachen eines GrdstKaufs (Oldbg MDR **65**, 485); Belastg des Grdst mit Nießbr (Schlesw JurBüro **85**, 1695) od wertausschöpfendem WohnR (BGH NJW **90**, 112); GrdSchuld (aA AG Emden NJW-RR **86**, 15 unter Verkenng des VfgsBegr!), wenn restl GrdstWert ausgeschöpft w (BayObLG NJW **60**, 821); Verwertg; **nicht dagegen** Begrdg einer EigtGrdSchu (Hamm DNotZ **60**, 320); Ändg der BezugsBerech-

8 tigg eine LebensVers (BGH FamRZ **67**, 383). **Zustimmungsbedürftig** aber (vgl auch § 1353 Rn 14) ist (im Ggsatz zum entspr Antr des Gläub eines in ZugewGemsch lebden Schuldn auf AnO der ZwVersteigerg; Kln NJW-RR **89**, 325f; KG FamRZ **92**, 846; Dörr NJW **91**, 1092) der **Antrag** eines Eheg **auf Teilungsversteigerung** gem ZVG 180 (Düss FamRZ **95**, 309 mN; LG Kln FamRZ **95**, 1144). Geltdmachg im Regelfall gem ZPO 771 (einschränkd Sudhof FamRZ **94**, 1152); sind die Voraussetzgen v § 1365 unstr, dann auch ZPO 766 (Ffm FamRZ **76**, 152). Voraussetzg aber, daß der AusglAnspr dch eine TeilgsVerst konkr gefährdet würde, was v den konkr Belastgen des Grdst abhängt (BayObLG FamRZ **85**, 1040). Keine Zust erfdl, wenn die TeilgsVerst auf einem PfdgsPfandR beruht (Kln NJW-RR **89**, 325; Düss NJW **91**, 851; Dörr NJW **91**, 1092). Der im Zuschl liegde VermVorteil kann Zugew sein (Düss FamRZ **95**, 1145: § 1381).

9 **b)** Währd die obj Theorie den Tatbestd, daß das RGesch rein äußerl prakt das ges Verm erfaßt, genügen läßt (LG Bln FamRZ **59**, 65, LG Brem FamRZ **59**, 244, Schulz-Kersting JR **59**, 138, Lorenz JZ **59**, 106, Weimar NJW **60**, 2002, Beitzke Betr **61**, 22, Gernhuber JZ **66**, 192 u wohl auch § 35 II 5 u 6), macht die herrschde **subjektive Theorie** die Gleichsetzg v EinzelGgsten mit dem Verm im ganzen davon abhäng, daß der Dritte positiv weiß od zumindest die Verhältn kennt, aus denen sich ergibt, daß dch das RGesch ü den einen Ggst im wesentl das ganze Verm erfaßt w (BGH **43**, 177; **77**, 295; FamRZ **69**, 322; NJW **84**, 609; Hamm NJW **60**, 1466; Ffm NJW **60**, 2002, Reinicke NJW **57**, 890, Finke MDR **57**, 515, Riedel DRiZ **63**, 185). In den Anfdgen härter läßt Mülke, AcP **161**, 149 parallel zu § 419 ua Kennen-müssen des Erwerbers genügen u wendet Braga FamRZ **67**, 652 die Grdsätze über den GutglErw vom Nichtberecht an. Aufteilg der VermÜbertr in versch Verträge spielt keine Rolle. Falls erst mehrere ErwVorgänge zus das Verm im

10 ganzen erfassen, muß jeder Erwerber um den Erw des und wissen (Hamm NJW **60**, 1466). Maßgebder

Zeitpunkt f die Kenntn ist nicht die Vollendg des RErwerbs, sond derj der Verpfl (BGH **106**, 253; FamRZ **90**, 970); verpflichtet sich also ein Eheg zur Übereign eines Grdst, das im wesentl sein ganzes Verm darstellt, ohne daß der VertrPartn dies weiß, so bedarf auch der ErfüllgsGesch trotz zwischenzeitl erlangter Kenntn nicht der Zust des and Eheg (BGH aaO; vgl Jost JR **89**, 506).

3) Rechtsgeschäfte ohne Einwilligung. 11

a) Nichtzustimmungsbedürftigkeit. Bedurfte das RGeschäft der Einwilligg des and Eheg nicht, zB 12 weil zZ des GeschAbschl nicht das ganze Verm betroffen war od mangels Kenntn des GeschGegners, so bedarf auch das ErfüllgsGesch keiner Zust (BGH NJW **89**, 1609). Ist die erforderl Einwilligg zum VerpflGesch erteilt, so deckt sie auch das ErfüllgsGesch (Tiedtke FamRZ **88**, 1009).

b) Folgen fehlender Einwilligung. Geht der Eheg die Verpfl ohne die erforderl Einw ein, hängt die 13 Wirksamk des Gesch von der Gen des and Eheg (§ 1366 I, IV; zur SchwebeZt s § 1366 II, III) bzw von ihrer Ersetzg ab (Rn 20). Ohne Zust u ohne Ersetzg darf der Eheg die Verpfl nur erfüllen, wenn der and Eheg hierin einwilligt, **I 2**. Das EinwErfordern bezieht sich aber von vornh nicht auf Verbindlkten, die vor der Eheschl eingegangen wurden (LG Karlsr NJW-RR **86**, 169). Erfüllt Eheg ohne die erfdl Einw, so ist die Vfg unwirks, u zwar auch, wenn sie in mehreren Teilakten nur über einz BestdTeile des Verm erfolgt. Es 14 handelt sich nicht um ein relatives, sond um ein **absolutes Veräußerungsverbot** (BGH FamRZ **64**, 25), so daß der RScheinschutz gem § 135 II keine Anwendg findet (§§ 135, 136 Rn 2); insow muß sich gutgläub Dritter also selbst vergewissern, ob sein VertrPartn verheiratet ist u im ges Güterstd lebt (Reinicke BB **57**, 566; krit Liessem NJW **89**, 497). Das Grdbuch gibt hierüber keine Auskft. Vgl § 1368 Rn 2.

c) Rechtsfolgen: aa) Bei Unwirksamkeit der Verfügung ist nicht nur der Eheg, der verfügt hat, sond 15 nach § 1368 auch der and Eheg berecht, die sich aus der Unwirksamk der Vfg ergebenden Rechte geltd zu machen (BGH FamRZ **64**, 25). Vgl § 1368 Rn 3–5. Im Grdbuch Eintragg eines AmtsWiderspr (BayObLG FamRZ **88**, 503). – **bb)** Bei **Nichterfüllung der** wg Nichtgenehmiggsbedürftig od Einwilligg wirks 16 **Verpflichtung** ggf SchadErs (BGH NJW **89**, 1609/10 unten), der aber ausscheidet bei erst nach Abschl des VerpflGesch erhaltener Kenntn von der GenBedürftig, weil hier wirks erfüllt w kann (BGH NJW **89**, 1609). Bei Täuschg über die ZustBedürftig od das Vorliegen der Einw ledigl Anspr auf das negat Interesse. Auch dann kein ErfüllgsAnspr, wenn sich der abschließde Eheg verpfl hat, für die Gen einzustehen (Reinicke BB **57**, 567). – **cc) Einseitige Rechtsgeschäfte:** § 1367. – **dd) Vorzeitiger Zugewinnaus-** 17 **gleich:** § 1386 II Nr 1.

4) Die Erteilung der Einwilligung des and Eheg (§§ 182ff) bedarf keiner Form, auch wenn der Vertrag 18 formbedürftig ist; ebso KG NJW **62**, 1062; kann auch durch schlüss Hdlg gegeben werden, zB durch Mitunterzeichng: grundbuchl Nachweis aber in Form de GBO 29. Die Einwilligg kann (im Ggsatz zu § 1366 III) sowohl dem and Eheg wie diesem GeschGegner ggü erkl w; umgek ist aber auch nur die diesen beiden ggü erkl Zust wirks (Schlesw NJW-RR **87**, 135). Hat ein Eheg dem anderen die Verw seines Verm überlassen, so liegt darin noch nicht die Einwilligg, wohl aber bei Erteilg einer GeneralVollm, die regelm wegen der Legitimation gegeben sein wird (vgl KG RJA **16**, 292). Bis zur Vornahme des Geschäfts kann der Eheg, der seine Einwilligg gibt, diese Einwilligg widerrufen, was sowohl dem Eheg wie dem Dritten erklärt w kann (§ 183); vgl bei VollmErteilg aber auch §§ 170ff. Auf Zust kann ein Eheg gg den andern nicht klagen, sond nur II. Durch die Einwilligg (§ 183) wird das Gesch bei Vornahme von vornherein wirks, so daß Widerruf des VertrGegners, (§ 1366 III) dann nicht mögl. Durch seine Einwilligg wird der andere Eheg nicht verpflichtet. Die **Verweigerung** der Gen kann nicht widerrufen w (BGH **125**, 355). **Tod und** 19 **Scheidung:** Stirbt der Eheg, dessen Zustimmg erforderl ist, so ist das Geschäft damit wirks; stirbt der abschließde Eheg, bedarf es weiter der Zustimmg, die auch weiter durch VormschG ersetzt w kann (Dittmann DNotZ **63**, 707), es sei denn der zustberecht Eheg wird Alleinerbe des Verfügden (Celle NJW-RR **94**, 646; aA Karlsr FamRZ **78**, 505). Endet der Güterstd dch Scheidg, so tritt keine Konvaleszenz ein (BGH JZ **78**, 401); die mit der Rechtskr des ScheidgsUrt eingetretene Beendigg des Güterstds (§§ 1372, 1564 S 2) heilt die Unwirksamk des Gesch nicht (BGH NJW **84**, 609).

5) Ersetzung der Zustimmung, II, also der Einwilligg zu künft u der Gen bei bereits abgeschl Gesch 20 (§§ 183, 184), kommt nur zu LebZten des ZustBerecht in Betr (BGH **125**, 355).

a) RGesch muß den **Grundsätzen einer ordnungsmäßigen Vermögensverwaltung entsprechen.** 21 Die Ordnngsmäßig ist am FamInteresse zu orientieren; Maßstab ist ein sorgs Wirtschafter mit rechter ehel Gesinng (vgl KG OLG **34**, 250). Nicht notw, daß das Gesch zur ordngsmäß Verwaltg erforderl ist (BayObLG FamRZ **63**, 521). Danach keine ZustErsetzg, wenn das Gesch für den Eheg zweckm od vorteilh ist, also seinen persönl Interessen entspricht, auch nicht, wenn nur ein Kind davon Vorteil hätte, zB der EltT ihm so eine Ausstattg zukommen lassen will, ohne daß auch die and gesichert sind. Anders, wenn Eheg die Landwirtsch od das Gesch nicht mehr betreiben kann, die rechte Leitg also fehlt; wenn der Sohn, dem der Hof übergeben wird, nicht nur die Elt, sond auch die Geschwister genügd versorgt od abfindet; od bei dauernd getrenntlebden Ehel Verkauf eines geringe Rendite abwerfden Mietshauses, um EigtWohng zu erwerben (BayObLG NJW **75**, 833).

b) Die Zustimmg des and Eheg muß ohne ausreichden Grd verweigert w. Entscheid dafür ist der Ztpkt 22 der vormschgerichtl Entsch (BGH NJW **78**, 1380; BayObLG NJW **68**, 1335). **Verweigerung** der Zust ausdrückl, dch Widerruf (§ 183), bei Erteilg unter Bedingg (vgl KG OLG **4**, 346) od so, daß sie nicht in der für das Gesch gehör Form nachgewiesen w kann; FeststellgsKl gg den and Eheg dann zu umständl. **Ohne** 23 **ausreichenden Grund:** Zu Recht wird Zust verweigert, wenn das RGesch die Interessen des zustberecht Eheg nicht innerh der gegebenen Möglich u wie übl berücksicht od wenn es ihm sogar schädl ist. Das kann auch vorliegen, wenn zu befürchten ist, daß der Ertrag voraussichtl nicht im Interesse der Fam verwendet od Unterh gefährdet wird. Mit Rücks auf den Schutzzweck (Rn 1) Verweiger uU auch dann berecht, wenn AusglAnspr dch das RGesch nicht gefährdet würde (FamAusschußBer S 6); erst recht natürl, wenn künft AusglAnspr konkret (etwa inf persönl Unzuverlässigk des verfügden Eheg, bei Anlagen u Beteiligg mit gesteigertem Risiko) gefährdet w (BayObLG NJW **75**, 833). Persönl Gründe, auch ideeller

Art wie der, daß das GesamtVermGesch den FamFrieden zu beeinträchtigen droht (Hamm FamRZ **67**, 573), können ausreichen (Reinicke BB **57**, 566). Aber nicht unsachl Grde; dann Verweiger ohne ausr Grd: Eheg will dch die Nichterteil etwas für sich erzwingen, zB Wiederherstell der ehel Gemsch od eine vermög-rechtl Besserstellg, auf die kein Anspr besteht (Hamm JMBl NRW **62**, 47). IjF ist eine **Interessenabwägung** erforderl, so daß Zuweisg der Ehewohng dch einstw AnO für sich kein R zur Verweiger der Zust zu der Veräußerg dieser Wohng gibt (Stgt NJW **83**, 634). Aber iR des ErsetzgsVerf keine Berücks v § 1381 (AG Hann FamRZ **85**, 70). Geringere Anfdgen an die GenErsetzg bei dauerndem Getrenntleben der Ehel (BayObLG NJW **75**, 833). Es reicht iR des ErsetzgsVerf aus, wenn sich aus den gesamten Umst bei Prüfg aller bereits vorliegden ErkenntnMittel konkrete AnhPkte dafür ergeben, daß ein AusglAnspr besteht, der
24 dch die Wirksamk der VermVfg gefährdet würde (BGH NJW **78**, 1380). – Dem Verweigersfall steht gleich, wenn der and Eheg dch Krankh od Abwesenh **an der Abgabe** der Erklärg **verhindert** ist. Dauernde Verhinderg nicht erfdl; genügd, daß Zust nicht rechtzeit eintreffen kann (vgl RG **103**, 126). Hinzukommen muß dann aber, daß mit Aufschub Gefahr verbunden, was sachl zu beurteilen ist; Ansicht des Eheg nicht ausreichd, zB bevorstehende Scheidg, AusglFdg jedoch nur dch Verwertg zu befriedigen, für die gerade besonders günstige Gelegenh. Ersetzg der Zust auch, wenn gesetzl Vertreter des Eheg sie verweigert; bei Krankh od Abwesenh dann aber Pflegerbestellg.

25 **6) Verfahren.** Statt Kl auf Zust gg den and Eheg sieht das G ein bes Verf zur Ersetzg der Zust vor. Die Ersetzg hat dieselbe Wirkg wie die Zust des Eheg; s dafür § 1366 III 3. Der ErsetzgsAntr kann (unter Ang der wesentl Einzelh des Gesch) vor od nach Abschl des Vertr gestellt w. Zustd ist ausschl das VormschG (FGG 45), nicht das FamG (BGH FamRZ **82**, 785), u zwar auch bei HofÜbergVertr. Es entsch der Richter, RPflG 14 Z 6. Antrberecht ist allein der abschl Eheg, nicht der Dritte. Im InnenVerh zu diesem kann allerd der vertragschl Eheg die Verpfl übernehmen, auf die Zust od deren Ersetzg hinzuwirken. Dann Kl des Dritten auf AntrStellg u ggf Vollstr gem ZPO 888. Das AntrR ist vererbl. Tod des AntrStellers unterbricht das Verf nicht. Der Erbe kann das ErsetzgsVerf gg den zustpfl Eheg fortführen (LG Mannh DNotZ **69**, 372). Ist zustpfl Eheg selbst Erbe, kann er Antr zurücknehmen (BayObLG DNotZ **63**, 732). Vor Entsch über den Antr ist Anhörg der Beteiligten zweckm, aber für die Wirksamk der Entsch unerhebl
26 (BayObLG **5**, 417). Kommt das Ger z dem Ergebn, daß kein Fall v § 1365 vorl, ein ErsetzgsVerf also nicht erforderl war, erteilt es ein entspr **Negativattest**. Da damit bez des zustbedürft Gesch der Anschein der RWirksamk entsteht, kann dagg der zustberecht Eheg Beschw einlegen mit dem Ziel, den Ersetzgs-Antr zurückzuweisen (LG Ffm FamRZ **92**, 1079). Iü kann das VormschG die Zust nur ersetzen od die
27 Ersetzg abl, nicht aber teilw ersetzen (KG JW **34**, 908) od an die Stelle des beantr ein and Gesch setzen. Die Ersetzg kann aber unter Bdggen od **Auflagen,** wodch der ausr Grd der Weigerg ausgeräumt w, erfolgen (BayObLG FamRZ **63**, 521; aA Staud- Felgentraeger Rdn 88). Unzul ledigl vorzeit ZugewAusgl, da dies den zustberecht Eheg des gesetzl vorgesehenen Entscheidszwanges (§§ 1385, 1386) entheben würde (Gern-huber § 35 IV 3; BayObLG NJW **75**, 833; aA Nienbg NdsRpfl **64**, 252). Entsch w mit Rechtskr wirks, FGG 53, jedoch hat VormschG bei Gefahr im Verzuge die Möglk, die sof Wirkg der stattgebden Entsch anzuordnen; dann wird sie mit Bekanntg an den AntrSteller wirks, FGG 53 II. Gg Ablehng einf Beschw, FGG 20, bei Stattgeben sofortige, FGG 60 Z 6. ProzGer ist an die Entsch des VormschG gebunden (Kassel OLG **15**, 404). Gebühren, KostO 97 I Z 1.

28 **7)** Dem **Grundbuchamt** ggü muß die Einwillig od Gen in gehöriger Form nachgewiesen werden (GBO 29). Eigene Ermittlgen anzustellen ist der Grdbuchrichter nicht verpfl (BGH **30**, 255/8). Anderers kommt es nicht nur auf das Wissen an, das sich aus den Eintraggsunterlagen ergibt (MüKo/Gernhuber 65). Den Nachw weiteren Verm od der Zust des Eheg zu verlangen, ist das GBA nur berecht, wenn sich im Ztpkt der Eintragg aus den Eintraggsunterlagen od sonst bekannten Umst konkr Anhaltspkte dafür erge-ben, daß die TatbestVorauss des VeräußergsVerbots gegeben sind (BGH **35**, 135/9; **64**, 246/50; BayObLG NJW **60**, 821; Zweibr FamRZ **89**, 869; LG Boch FamRZ **91**, 942; and die MindMeing, die für eine umfassdere Prüfgspfl des GBA eintritt, Soergel/H Lange 46). Handelt es sich um einen Ggst, der das ganze Verm ausmacht, so müssen sowohl Anhaltspkte dafür wie auch für die subj Seite (Rn 9) gegeben sein (BayObLG NJW **67**, 1614). Bei Verfügen nacheinand kommt es auf die letzte an (Riedel RPfleger **61**, 266). Hat GBA fälschlweise das genbedürft Gesch ohne Gen eingetragen, kann unter den Vorauss v GBO 53 I 1 ein AmtsWidersp eingetr w, wie auch der betroff Eheg Eintragg eines Widerspr erwirken kann (Hamm Rpfleger **59**, 349).

1366 *Genehmigung von Verträgen.* ¹Ein Vertrag, den ein Ehegatte ohne die erforderliche Einwilligung des anderen Ehegatten schließt, ist wirksam, wenn dieser ihn genehmigt.

ᴵᴵBis zur Genehmigung kann der Dritte den Vertrag widerrufen. Hat er gewußt, daß der Mann oder die Frau verheiratet ist, so kann er nur widerrufen, wenn der Mann oder die Frau wahrheitswidrig behauptet hat, der andere Ehegatte habe eingewilligt; er kann auch in diesem Falle nicht widerrufen, wenn ihm beim Abschluß des Vertrages bekannt war, daß der andere Ehegatte nicht eingewilligt hatte.

ᴵᴵᴵFordert der Dritte den Ehegatten auf, die erforderliche Genehmigung des anderen Ehegatten zu beschaffen, so kann dieser sich nur dem Dritten gegenüber über die Genehmigung erklären; hat er sich bereits vor der Aufforderung seinem Ehegatten gegenüber erklärt, so wird die Erklärung unwirksam. Die Genehmigung kann nur innerhalb von zwei Wochen seit dem Empfang der Aufforderung erklärt werden; wird sie nicht erklärt, so gilt sie als verweigert. Ersetzt das Vormundschaftsgericht die Genehmigung, so ist sein Beschluß nur wirksam, wenn der Ehegatte ihn dem Dritten innerhalb der zweiwöchigen Frist mitteilt; andernfalls gilt die Genehmigung als verweigert.

ᴵⱽWird die Genehmigung verweigert, so ist der Vertrag unwirksam.

1) Währd ohne erforderl Einwilligg vorgen einseit RGeschäfte unwirks sind, § 1367, läßt § 1366 jeden, **1** also den obligator wie den dingl, ohne Einwilligg geschl **Vertrag schwebend unwirksam** sein, dh es können daraus bis zur Erteilg der Gen od ihrer Ersetzg keine Rechte hergeleitet w. Allerd kann sich der vertragschl Eheg nicht einseit lösen, wohl aber umgek die Ersetzg der Zustimmg betreiben, § 1365 II. Der and Eheg hat die Möglichk, einen vorteilh erscheinden Vertr dch Gen vollwirks werden z lassen, § 1365 Rn 18, od einem nachteiligen Vertr die Gen z verweigern; dann Möglk der ZustErsetzg, § 1365 Rn 20. Der Dr hat ein in § 1366 II 2 eingeschränktes WiderrufsR bzw die Möglk zur Beschleunigg der Entscheidg, Rn 6–9. § 1366 gilt auch bei Vfgen über HaushGgstde, § 1369 III.

2) a) Die **Genehmigung des zustimmgsberechtigten Ehegatten,** die ohne Aufforderg nach III so- **2** wohl dem Eheg wie dem Dr ggü erklärt w kann u unwiderrufl ist, § 184 Anm 1, läßt den Vertr ex tunc wirks w, **I.** Endet der gesetzl Güterstd währd der Schwebezeit, §§ 1371 Rn 1, 1372 Rn 12, so ist z unter- scheiden: Der **Tod** des zustberecht Eheg läßt den Vertr ohne Gen wirks werden, da eine Bindg gem § 1365 **3** I 1 nicht mehr besteht (BGH NJW **82**, 1099). Stirbt der abschließde Eheg, so besteht schwebde Unwirksamk fort, der Vertr ist noch genehmiggsbedürft, u zwar auch, wenn der überlebde Eheg Alleinerbe des Verfügden ist (Karlsr FamRZ **78**, 505; Reinicke BB **57**, 567 f). Auch bei **Scheidung der Ehe** w der Vertr nicht **4** automat ex nunc wirks (BGH NJW **78**, 1380; aA BayObLG NJW **72**, 1470), da der ZugewAusgl für den zustberecht Eheg sonst ungünst w kann (Reinicke NJW **72**, 1786, Herm Lange JuS **70**, 503 f), insb bei konkr Gefährd des ZugewAusglAnspr (Karlsr FamRZ **76**, 695); ausr dafür auch, daß die Gefährdg eines etwaigen ZugewAusglAnspr sich nicht ausschließen läßt (BGH NJW **78**, 1380).

b) Die **Verweigerung der Genehmigung,** die ebfalls dem Eheg wie dem Dr ggü erkl w kann u Kenntn **5** vom Inhalt des zu genehmigden Gesch voraussetzt, so daß allgemeine Äußergen nicht ausreichen (BGH NJW **82**, 1099), macht den Vertr endgült unwirks, **IV,** sofern die Gen nicht nach § 1365 II ersetzt w. Der Vertr bleibt unwirks auch nach Beendigg des Güterstd. Das gilt sowohl, wenn der Güterstd dch den Tod eines Eheg aufgelöst w, Reinicke NJW **73**, 305, als auch dann, wenn der Güterstd dch Scheidg beendet w, Reinicke NJW **72**, 1786, aA BayObLG NJW **72**, 2272. Mit der Verweigerg der Gen ist auch der abschließde Eheg nicht mehr gebunden. Er kann also, da auch eine vorgen Vfg unwirks ist, dem Dr etwa schon übergebene Ggstde zurückfordern, § 985. Kein Schutz des guten Glaubens. Aber endgült Unwirksamk eröffnet den Weg der Umdeutg, § 140, in ein and RGeschäft, zB Konversion eines GrdstÜberg- in einen ErbVertr, BGH NJW **64**, 347.

3) Während des Schwebezustandes hat der Dritte zwei Möglichkeiten: **6**

a) Er kann **bis zur Genehmigung widerrufen, II.** Insofern ist er an keine Frist gebunden. Sein Recht **7** erledigt sich erst mit Gen od deren Verweigerg. Ferner muß man Verzicht auf das Recht annehmen, wenn der Dritte gemäß III auffordert; ebso Reinicke BB **57**, 567. Es besteht nicht, wenn der andere Eheg von vornherein eingewilligt hatte, § 1365 Rn 18, mag das auch dem Dritten unbekannt sein. Der Widerruf erfolgt nur ggü dem VertrGegner. **Voraussetzungen des Widerrufsrechts: aa)** Der Dritte darf nicht **8** gewußt haben, daß sein VertrGegner verheiratet ist; ob aus Fahrl, unerhebl; oder **bb)** dem Dritten war das zwar bekannt, aber der abschließende Eheg behauptete der Wahrh zuwider (obj WahrhWidrigk genügt, bei subj §§ 823, 826 mögl, s auch § 1368 Rn 2), der andere Eheg habe eingewilligt. Kannte der Dritte beim VertrAbschluß die Unrichtigk dieser Behauptg, so entfällt sein WiderrufsR. Hat der abschließende Eheg wahrheitswidrig erklärt, es bedürfe keiner Gen, weil er in Gütertrenng lebe, so liegt keine der beiden Voraussetzgen vor; WiderrufsR entfällt, der Dritte hätte sich Klarheit durch das GüterrechtsReg verschaffen können. Folge des Widerrufs: das RGesch kann nicht mehr genehmigt werden; der Abschluß ist wirkgs- los. Etwa schon Übergebenes besitzt der Dritte ohne RechtsGrd.

b) Der Dritte kann den abschließenden Ehegatten auffordern, die erforderliche Genehmigung **9** des anderen Ehegatten zu beschaffen, III, um den Schwebezustand zu beenden. Dann wird eine dem abschließenden Eheg (nicht aber solche ggü dem Dritten) vorher vom andern Eheg etwa erklärte Gen od Verweigerg der Zust unwirks: natürlich nicht aber die vor VertrSchluß gegebene Einwilligg, die für die Aufforderg keinen Raum läßt, auch wenn der Dritte von der Einwilligg nicht wußte, § 1365 Rn 18. Die Gen kann der andere Eheg nunmehr nur noch innerhalb von 2 Wochen nach Empfang der Aufforderung, § 130, deren vertragl Verlängerg aber mögl ist, Knur DNotZ **57**, 453, und nur dem Dritten ggüber erklären, andernf gilt sie als verweigert. Rechtsfolge Rn 5. Genehmigg entfällt aber, Aufforderg also ohne Wirkg, wenn Güterstd innerh dieser 2 Wochen endet. Wird Gen durch VormschG ersetzt, § 1365 Rn 25, so hat, wenn Aufforderg nach III ergangen ist, sein Beschl nur Wirksamk, wenn er vom abschließenden Eheg dem Dritten innerh der Zweiwochenfrist mitgeteilt wird.

4) Genehmigung, Widerruf, Verweigerung, Aufforderung sind einseitige empfangsbedürftige Wil- **10** lenserklärgen. An eine Form, insb die des RGeschäfts, zu dem sie hinzutreten, sind sie nicht gebunden. Genehmigg u Verweigerg sind unwiderrufl, RG **139**, 118.

1367 *Einseitige Rechtsgeschäfte.* Ein einseitiges Rechtsgeschäft, das ohne die erforder- liche Einwilligung vorgenommen wird, ist unwirksam.

Als einseit RGeschäfte, für die n §§ 1365, 1369 eine Einwilligg des and Eheg erforderl ist, kommen Derelik- **1** tion, Anfechtg, Kündigg u Rücktr in Betr, allenf auch, wenn ein Dr als Nichtberecht ein RGesch n § 1365 vorgen hat u das Eigtümer-Eheg das RGesch gen. Zum Nachw der Einwilligg §§ 111, 182; dem Eheg muß die Möglk zur Nachreichg gegeben w (RG **50**, 212). Dem GBA ggü muß die Einwilligg mit der Erkl zugehen (KG OLG **7**, 53). Ohne Einwilligg vorgenommene RGeschäfte sind unheilb unwirks, bleiben dies auch nach Beendigg des Güterstdes. Spätere Bestätigg ist als erneute Vornahme anzusehen.

1368 *Geltendmachung der Unwirksamkeit.* Verfügt ein Ehegatte ohne die erforderliche Zustimmung des anderen Ehegatten über sein Vermögen, so ist auch der andere Ehegatte berechtigt, die sich aus der Unwirksamkeit der Verfügung ergebenden Rechte gegen den Dritten gerichtlich geltend zu machen.

1 **1) Schutzvorschrift** für den Eheg, der nicht eingewilligt hat, da nur so sein Interesse am Vermögen od den HaushGgstden (§ 1369 III) sichergestellt ist. Er kann auch auf vorzeit Ausgl klagen (§ 1386 II Z 1). Verf gem § 1368 ist FamSache (BGH FamRZ **81**, 1045).

2 **2) Stellung des Dritten.** Der Dritte kann sich nicht auf die Vorschriften über den Erwerb vom Nichtberechtigten berufen. Er muß bei den Geschäften über Vermögen im ganzen oder Ggständen des ehel Haushalts damit rechnen, daß ihm ein Eheg ggübertritt, sich bei derlei Geschäften also vergewissern, ob das der Fall ist od nicht (§ 1365 Rn 11). Kein Schutz des guten Glaubens, ebso Maßfeller Betr **57**, 499, Finke JR **57**, 162 (aM Franck NJW **59**, 135, einschränkd Boehmer FamRZ **59**, 84), auch nicht, wenn der verfügende Eheg, der sich dann aber schadensersatzpfl machen würde, §§ 823 II, 826, das wider besseres Wissen versichert; auch §§ 309, 307 greifen ein, Boehmer FamRZ **59**, 6. Da es sich um den gesetzl Güterstd handelt, von dem jeder ausgehen muß, liegt es hier anders als in § 1422 Rn 5 dargelegt.

3 **3) Stellung des nicht verfügenden Ehegatten.** Hat er nicht zugestimmt u ist seine Zustimmg auch nicht dch das VormschG ersetzt w (§ 1365 II), so ist nicht nur das VerpflichtgsGesch, sond ebso die daraufhin vorgenommene Vfg unwirks (§ 1365 Rn 13, 14). Die Rechte aus dieser Unwirksamk kann auch der nicht zustimmde Eheg **im eigenen Namen** geltd machen, u zwar **auch nach der Scheidung** (BGH NJW **84**, 609) u **in jeder Verfahrensart,** also auch dch Arrest, einstw Vfg, negative FeststellgsKl, Widerspr gg ZwangsVollstr (ZPO 771), sowie ggü VerwBehörden. Anspr auf Feststellg der Nichtigk auch gg den Dritten hat **kein Zurückbehaltungsrecht** (aA Dölle § 52 III 3), auch nicht weg des gezahlten Kaufpreises, den er nur von seinem VertrGegner, nicht auch dem and Eheg zurückfordern kann; auch nicht wg eines SchadErsAnspr (dagg Boehmer FamRZ **59**, 6).

4 **Inhalt des Anspruchs:** Grundbuchberichtigg zugunsten des früh EigtümerEheg (BGH NJW **84**, 609). Ggstde kann der and Eheg vom Dritten herausverlangen, indem er im eig Namen auf Herausg an den Eheg od an sich selbst klagt (Zunft NJW **58**, 131); letzteres insb dann, wenn der verfügde Eheg die Sache nicht mehr zurücknehmen will (Rimmelspacher NJW **69**, 1998; aA Kln FamRZ **59**, 460: Herausg nur an beide Eheg od einen Sequester). Das **Urteil,** das ein Eheg erzielt, wirkt nicht für u gg den and (aA Reinicke BB **57**, 568); denn es handelt sich bei den Rechten der Eheg um selbständ RückfordersAnspr mit Schutzcharakter, der in Frage gestellt würde, wenn ein Eheg dch schlechte ProzFührg dem and das RückfordersR aus der Hand schlagen könnte (Brox FamRZ **61**, 284). Ein obsiegdes Urt hat aber materielle RechtsKrWirkg, so daß nicht and entschieden w kann; doch behält der and Eheg die Möglichk, selbst zu klagen, um die Vollstr in die Hand zu nehmen. Der Gläub kann sich dch negat FeststellgsKl gg eine nochmal Inanspruchn schützen (Baur FamRZ **58**, 257). Ein Verzicht des verfügden Eheg auf Kl od KlageAnspr bindet den and Eheg nicht (Bosch FamRZ **58**, 86).

5 **4) Stellung des verfügenden Ehegatten.** Der Eigtümer kann das nach Rn 3, 4 von dem and Eheg Erlangte wieder in Besitz nehmen, behält auch weiter die Verwaltg wg §§ 1363 II, 1364 (Ausn: § 1361a I 2). Iü kann auch der unwirks verfügde Eheg die Rechte aus der Unwirksamk der Vfg geltd machen, ohne daß dem Dritten ein ZurückbehaltsR zustünde.

1369 *Verfügungen über Haushaltsgegenstände.* ^IEin Ehegatte kann über ihm gehörende Gegenstände des ehelichen Haushalts nur verfügen und sich zu einer solchen Verfügung auch nur verpflichten, wenn der andere Ehegatte einwilligt.

^{II}Das Vormundschaftsgericht kann auf Antrag des Ehegatten die Zustimmung des anderen Ehegatten ersetzen, wenn dieser sie ohne ausreichenden Grund verweigert oder durch Krankheit oder Abwesenheit verhindert ist, eine Erklärung abzugeben.

^{III}Die Vorschriften der §§ 1366 bis 1368 gelten entsprechend.

1 **1)** Die nachgieb (§ 1365 Rn 1) Vorschr enthält die zweite Einschränkg der selbständ VerwBefugn über das eig Verm, § 1364. **Zweck:** Bestandschutz für die stoffl Substanz des FamZusLebens; erst in zweiter Linie Sicherg des ZugewAusglAnspr. Liegt MitEigt vor, muß der and Eheg bei Vfgen ohnehin mitwirken. Dagg zul ZwVollstr in im MitEigt stehde HausrGgstände, da Hausgut sonst im prakt Ergebn zu einer Sonder-VermMasse würde (K. Schmidt NJW **74**, 323 gg Krefeld NJW **73**, 2304). Die ratio legis erzwingt entspr Anwendg des § 1369 auf die Veräußerg od Belastg von HaushGgständen, die **dem anderen Ehegatten gehören,** stark umstr; wie hier Köln MDR **68**, 586, Schlesw SchlHA **74**, 111, LG Bln FamRZ **82**, 803, Lorenz JZ **59**, 107, Gernhuber § 35 III 1; aA Rittner FamRZ **61**, 193, Soergel/H Lange 16). Wirks Verpfl vor

2 Eheschließg macht Vfg zustfrei (Soergel/H. Lange 4; aA Bosch FamRZ **59**, 241). Bei **Getrenntleben** 3 § 1361a; § 1369 gilt weiter (Kblz NJW **91**, 3224; umstr; and 51. Aufl). Nach der **Ehescheidung** gilt nicht § 185 II (so aber Saarbr OLGZ **67**, 6), sond das RGesch bleibt zustbedürft (BayObLG FamRZ **80**, 571). Nach der Scheidung sind die berecht Belange des and Eheg nicht gem § 1368, sond iW der AusglZahlg nach HausrVO 8 III 2 zu berücks (Hamm FamRZ **72**, 297). Bei Tod § 1932. Das Eigt wird dch § 1369 nicht berührt; desgl nicht das VerwR, soweit es nicht ohnehin (vgl § 1356 I 2) dem haushaltsführden Eheg zusteht. § 1369 gilt in der fr **DDR** unabh von der Option der Eheg f ihren bish GütStd (EG Art 234 § 4 Rn 34).

4 **2)** Die Beschrkg des § 1369 bezieht sich auf bestimmte Objekte u auf best Handlgen. **a) Gegenstände des ehelichen Haushalts, I,** sind alle Sachen, die dem ehel Haush (Hauswirtsch u familäres ZusLeben) dienen, zB WohngsEinrichtg, HaushWäsche, Radio, Fernseher, Gartenmöbel, Wohnwagen (Kblz NJW-RR **94**, 516), auch Nahrgsmittel, Brennmaterial (sa HausrVO 1 Rn 12–13). § 1369 gilt für einz Ggstände wie auch für Sachgesamtheiten, zB Sichergsübereign der Wohngeinrichtg (BayObLG FamRZ **60**, 156), aber nicht für eine solche anläßl des Kaufs des Ggst (Bielefeld MDR **63**, 760). EigtLage unerhebl (vgl Rn 1), so daß

auch unter EigtVorbeh gekaufte Möbel unter die VfgBeschrkg fallen (Saarbr OLGZ **67**, 4), ebso der MiteigtAnteil an gemeins Sachen, nicht aber Rechte schlechthin wie schuldrechtl Anpr auf Lieferg v HaushGgständen (aA Erm-Heckelmann 5), das ArbBVerhältn der Hausgehilfin, so daß ein Eheg (auch iRv § 1357) auch allein kündigen k (Rittner, FamRZ **61**, 188). Ebso Kündigg der dch einen Ehg allein angemieteten Wohng ohne Zust dch den and (LG Stgt FamRZ **77**, 200); Ausschl der Kündigg dagg evtl nach § 1353 Rn 7. Unter die Bestimmg fallen ferner nicht die dem **persönlichen Gebrauch** nur eines Eheg bestimmten **5** Sachen, auch die für seinen Beruf erforderl. Bei Kfz, Haustieren usw ist also zu differenzieren (vgl Hbg MDR **61**, 690). Entscheidd die **Zweckbestimmung** (Widmg) innerh der einzelnen Ehe. Desh bezieht sich § 1369 **6** auch auf Luxus- u überfl Ggstände, aber zB nicht auf ererbte, zur Veräußerg best Möbel od als VermAnlage gedachte Ggstände (Soergel-Herm Lange 11). Ändg der Zweckbestimmg dch beide Eheg mögl. Nicht dem ehel Haush dienen auch Ggstände, die m Rücks auf die Trenng bes angeschafft w sind, wohl aber umgek diej, die im Hinbl auf die Errichtg eines Haush besorgt wurden. ErsatzAnspr (etwa aus HausrVersicherg) gehören ebenf hierher (Boehmer FamRZ **59**, 4, Dölle § 53 II; aA Rittner FamRZ **61**, 190), auch (nach der ratio legis) das BesitzR an geliehenen od gemieteten Sachen (aA Lorenz JZ **59**, 108), aber selbstverstdl nur, soweit es wie bei der Veräußerg um die Herauslösg aus dem ehel Haush geht, nicht bei iR des Schuldverhältns liegden Maßn wie Kündigg, Rückg usw. – **b) Einwilligungsbedürftig, I,** sowohl das VerpflGesch wie die Vfg, nach dem Sinn **7** v § 1369 auch dann, wenn Verpfl nicht, wie zB bei GebrÜberlVerträgen, auf eine Vfg gerichtet ist. Zu beachten, daß als lex specialis das HaushFührgsR (§ 1356 I 1) dem haushführden Eheg einen weiteren Spielraum schafft als dem and Eheg, den dieser auch nicht etwa mit der BesitzschutzKl (§§ 861, 866) wieder einengen kann (anders Soergel-Herm Lange 22, der § 1369 als Sonderregel vorgehen läßt). Es geht aber nicht darum, daß das HaushFührgsR die Befugn gäbe, die gem § 1369 erforderl Zust des and Eheg zu ersetzen, sond dieses macht die Zust überh überfl. Hins Erforderlichk der Zust kein Gutglaubensschutz (vgl Rn 10). Wg Anwendbark v § 1369 bei Trenng, Scheidg u Tod vgl Rn 2–3. Trotz des von § 1365 abw Wortlauts ist idR **8** anzunehmen, daß die **Einwilligung** zum VerpflGesch auch die Erfüllg deckt, Knur DNotZ **57**, 452 Anm 5. Wg der Einwilligg des and Eheg iü § 1365 Rn 18. Längeres Zuwarten mit der Geltdmachg der Unwirksamk wird im allg als Zustimmg aufgefaßt w müssen.

3) Ersetzung der Zustimmung des andern Ehegatten, II. Voraus Krankh bzw Abwesenh od ZustVer- **9** weigerg ohne ausreichd Grd. Entscheidd der GesamtUmst des Einzelfalls; unerhebl, ob Gesch den Grdsätzen einer ordngsmäß Verwaltg entspricht. ZustErsetzg danach in Notfällen u bei Entbehrlich des Ggst, es sei denn, die GgLeistg ist unangem niedr, es besteht die Besorgn, der Eheg werde den Erlös unsachgem verwenden od es ist sonst eine Schädigg des – auch bl ideellen (Hamm FamRZ **57**, 572, BayObLG FamRZ **68**, 317) – FamInteresses zu besorgen (vgl BayObLG FamRZ **60**, 157). Berecht ist die Verweigerg der Zust auch, wenn dch die Veräußerg der Anspr des and Eheg auf eine gerechte u zweckmäß Teilg nach Scheidg gefährdet würde (BayObLG FamRZ **80**, 1001). Vgl iü § 1365 Rn 22–24; wg des Verf dort Rn 25–27.

4) Fehlende Zustimmung trotz ZustBedürftigk führt zur Anwendg der §§ 1366 bis 1368, **III.** Wg der Gen **10** vgl § 1366, Unwirksamk einseit RGeschäfte ohne Einwilligg § 1367. Von Dritten kann der and Eheg die übergebenen Ggstände herausverlangen, § 1368 Rn 3–4. Der gute Glaube des Dr wird nicht geschützt, § 1365 Rn 14, 1368 Rn 2. Desh SchadErs aus §§ 823 II, 826 nur in seltenen AusnFällen denkb, Haftg aus culpa in contrahendo gar nicht (Zunft NJW **58**, 130; aA Ziege NJW **57**, 1581), da sonst Normzweck mittelb gefährdet würde: Handelt es sich um HaushGgstände, so muß VertrPartner sich stets Gewißh darü verschaffen, ob der Gegner verh ist oder die behauptete Zust des and Eheg vorliegt; er muß behauptete Gütertrenng im GüterRReg nachprüfen (anders von einer streng subj Theorie aus, vgl Scheld Rpfleger **73**, 280). An eine Frist ist die Geltdmachg der Unwirksamk nicht geknüpft (vgl aber Rn 7–8). Bei Nichteinhaltg des § 1369 kann unter den Voraussetzgen des § 1386 II Z 2 iVm § 1375 II vorzeit ZugewAusgl verlangt w.

1370 **Ersatz von Haushaltsgegenständen.** **Haushaltsgegenstände, die an Stelle von nicht mehr vorhandenen oder wertlos gewordenen Gegenständen angeschafft werden, werden Eigentum des Ehegatten, dem die nicht mehr vorhandenen oder wertlos gewordenen Gegenstände gehört haben.**

1) Ersatzbeschaffung von HaushGgständen (dazu § 1369 Rn 4–6). Wertlosigk nicht wörtl, sond bereits **1** dann, wenn Ggst den persönl Zwecken der Eheg nicht mehr genügt (LG Düss NJW **72**, 60), Modernisiergsabsicht reicht aus (Nürnb FamRZ **64**, 297). Gleichartigk od Gleichwertigk nicht erforderl (BayObLG FamRZ **70**, 31). HausrVO 8 II geht dem § 1370 nach (KG FamRZ **68**, 648). Nicht angeschafft sind ererbte Ggstde (Stgt NJW **82**, 585).

2) Wirkung: Eigt am ErsatzGgst hat der Eheg, dem der ersetzte bisher gehörte. Dch die Vorschr soll **2** verhindert w, Ermittlgen darüber anzustellen, ob Eigt gewollt war; vielm EigtErwerb ohne weiteres u unabhängig davon, mit wessen Mitteln die Ggstde erworben wurden.

3) Beweislast: Der die Ggstde für sich in Anspr nehmde Eheg braucht nur zu beweisen, daß er gleiche **3** Ggstde gehabt hat, sie nicht mehr vorhanden od wertlos geworden sind. Damit kann auch Vermutg des § 1362 I 1 widerlegt w. Bei HausrVerteilg wird dann das AlleinEigt iSv HausrVO 8 II feststehen. GgBeweis erfordert den Nachw, daß die Ggstde nicht Ersatz sein sollten.

1371 **Zugewinnausgleich im Todesfall.** **¹ Wird der Güterstand durch den Tod eines Ehegatten beendet, so wird der Ausgleich des Zugewinns dadurch verwirklicht, daß sich der gesetzliche Erbteil des überlebenden Ehegatten um ein Viertel der Erbschaft erhöht; hierbei ist unerheblich, ob die Ehegatten im einzelnen Fall einen Zugewinn erzielt haben.**

II Wird der überlebende Ehegatte nicht Erbe und steht ihm auch kein Vermächtnis zu, so kann er Ausgleich des Zugewinns nach den Vorschriften der §§ 1373 bis 1383, 1390 verlangen; der Pflichtteil des überlebenden Ehegatten oder eines anderen Pflichtteilsberechtigten bestimmt sich in diesem Falle nach dem nicht erhöhten gesetzlichen Erbteil des Ehegatten.

III Schlägt der überlebende Ehegatte die Erbschaft aus, so kann er neben dem Ausgleich des Zugewinns den Pflichtteil auch dann verlangen, wenn dieser ihm nach den erbrechtlichen Bestimmungen nicht zustünde; dies gilt nicht, wenn er durch Vertrag mit seinem Ehegatten auf sein gesetzliches Erbrecht oder sein Pflichtteilsrecht verzichtet hat.

IV Sind erbberechtigte Abkömmlinge des verstorbenen Ehegatten, welche nicht aus der durch den Tod dieses Ehegatten aufgelösten Ehe stammen, oder erbersatzberechtigte Abkömmlinge vorhanden, so ist der überlebende Ehegatte verpflichtet, diesen Abkömmlingen, wenn und soweit sie dessen bedürfen, die Mittel zu einer angemessenen Ausbildung aus dem nach Absatz 1 zusätzlich gewährten Viertel zu gewähren.

1   **1)** Die Vorschr enthält eine **Verbindung von Ehegüterrecht und Erbrecht.** Da es dem Gesetzgeber aber nicht um eine Verstärkg des ErbR ging, entscheiden bei der Auslegg von Zweifelsfragen idR die güterrechtl GesPkte. **Inhalt:** § 1371 regelt die Beendigg des gesetzl Güterstd dch Tod eines Eheg, der bei TodesErkl widerlegb vermutet w (Maßfeller Betr **57**, 499). **I** enthält die erbrechtl Lösg, näml den Ausgl des Zugew dch Erhöhg des ErbT des überl Eheg um ¼, der ggf dch eine Ausbildgshilfe an erbberecht Abkömml des Verstorbenen, die nicht seiner Ehe mit dem Überlebden entstammen, beschwert wird, **IV.** Damit sind im Interesse des Familienfriedens die Schwierigkeiten, die sich bei der Ermittlg des Wertes des Anfangs- und Endvermögens ergeben könnten, ausgeschaltet; allerd ist auch eine Lösg gewählt worden, die die Abkömml benachteiligt u uU das FamVermögen in familienfremde Hände gelangen läßt. Der Überlebde war, währd in den sonstigen Fällen der Beendigg des gesetzl Güterstd der Eheg nur eine AusglFdg erhält (§§ 1372, 1378), dingl am Nachl beteiligt u an dessen ordngsgemäßer Verwaltg u Verwertg interessiert, währd bei Gewährg einer AusglFdg mit ihrer baldigen Geltmachg, uU ohne Rücks auf den Nachl zu rechnen wäre. Die erbrechtl Lösg kommt nur für Erbfälle in Betracht, die frühestens am 1. 7. 58 eingetreten sind. **II** behandelt die Fälle, in denen der Überlebde weder Erbe geworden, noch mit einem Vermächtn bedacht worden ist, **III** die bes Folgen der Ausschlagg. Diese Fälle erhalten hins des ZugewAusgl die güterrechtl Lösg, dh sie werden den Fällen gleichgestellt, in denen der gesetzl Güterstd nicht dch Tod beendet wird; der überl Eheg erhält den kleinen PflichtT u kann ggf ZugewAusgl verlangen (§§ 1373ff). Die Erhöhg des gesetzl ErbT greift nur ein, wenn die Eheg im ZtPkt des Todes eines von ihnen im Güterstd der ZugewGemsch gelebt haben (§§ 1363–1370), also nicht bei Gütertrenng, GüterGemsch od einem sonstigen Güterstd, auch nicht, wenn der gesetzl Güterstd zw ihnen früher einmal gegolten hat. Wg ehevertragl Abänderungsmöglichk § 1408 Rn 18–21. Wg des Nachw, daß der Erblasser im gesetzl Güterstd gelebt hat, bei der Erbscheinsbeschaffg § 2356 II; da sich der ErbT der Eheg nach dem Güterstd richtet, hat ihn der Nachlaßrichter vAw zu ermitteln (§ 2358). In den Ländern der *fr Brit Zone* ist iFv II u III hins Stundg usw HöfeO 12 X zu beachten.

2   **2) Erbrechtliche Lösung, I. a) Voraussetzungen:** Die Verstärkg der erbrechtl Stellg des überl Eheg kommt, wie sich aus II ergibt, nur zur Anwendg, wenn der überl Eheg Erbe od VermächtnN ist (BGH **37**, 58). Da es um die Erhöhg des „gesetzl" ErbT geht, muß der überl Eheg auch „ges" Erbe sein. Dies bleibt er allerd auch bei Einsetzg als ges Erbe (§§ 2066, 2067 BGB) od bei Einsetzg auf den ges ErbT, ferner bei Berufg zum Vorerben (vgl BGH FamRZ **65**, 604) od Nacherben. Ausr auch die Eintr als ErsErbe od die Einsetzg auf ein Vermächtn. Dagg findet der ZugewAusgl gem II, III statt, wenn das Vermächtn so geringfüg ist, daß es prakt einen bl ErinnersgWert hat (Schwab JuS **65**, 435; vgl aber BGH **42**, 191f). Bei Einsetzg auf den gr PflichtT liegt Vermächtn vor (§ 2304); bei Einsetzg auf den kleinen PflichtT idR Enterbg, so daß II, III eingreifen. Die AOen des Erbl selbst werden dch die gesetzl Regelg in § 1371 nicht berührt; dem Überlebden steht es jedoch ijF frei, ob er sich damit zufrieden geben od ausschlagen will mit der Folge von II u III. Die im Test bzw Vermächtn getroffene Regelg wird jedenf nicht iSv I ergänzt.

3   **b) Wirkungen:** Der überl Eheg behält den Anspr auf den Voraus (§ 1932). Ihm steht aber kein Zugew-AusglAnspr zu. Stattdessen erfolgt der Ausgl auf erbrechtl Weise dch Erhöhg der Erbportion bzw des Pflichtteils. Der **gesetzliche Erbteil** des Überlebden wird **um ein Viertel erhöht.** Die Erhöhg erfolgt in jedem Fall, auch wenn ein Zugew überh nicht erzielt worden ist od der Überlebde sonst selbst ausgleichspfl gewesen wäre, weil er den höheren Zugew erzielt hat. Diese Folge, die insb für den Fall, in dem die aus der Ehe mit dem Überlebden stammden Kinder des Erbl unerfreul ist, kann nur dch letztw Vfg ausgeschaltet w; ein Recht des Miterben auf Herabsetzg (entspr § 1381) gibt es nicht. Demgem beträgt der gesetzl ErbT nach I iVm § 1931 neben Abkömmlingen ¼ + ¼ = ½, neben Elt u deren Abkömml u neben GroßElt ½ + ¼ = ¾. Treffen Abkömml von GroßElt mit diesen zus, erbt der Eheg das nach § 1926 III 1 frei werdende Achtel und erhält ⅞ (§ 1931 I 2). Sind nur entferntere Verwandte als die GroßElt des Erbl vorh, so erhält der überl 4   Eheg die ganze Erbsch (§ 1931 II). Dementsprechd erhöht sich in sämtl Fällen auch der Anspr des überl Eheg nach § 2303 I 2, II auf den **großen Pflichtteil** (BGH **37**, 58): ¼ bei Nachl neben Abkömml, ⅜ in den and Fällen, iF von § 1931 I 2 noch höher. Der große PflichtT ist ferner maßgebl für die PflichtTRestAnspr (§§ 2305, 2307) sowie für die PflichtTErgänzgsAnspr gem §§ 2325 ff (§ 2325 Anm 3) u iR der §§ 2306 I 1, 2318, 2319. Kann der erhöhte PflichtT geltd gemacht w, entfällt die ZugewAusglFdg. Die PflichtT von Abkömml u Elt richten sich ebenf nach dem großen PflichtT des Eheg, u zwar auch dann, wenn der überl Eheg zum Alleinerben eingesetzt ist (BGH **37**, 58).

5   **c)** Für die **Berechnung** des ErbT ist der ges Nachl zu berücksichtigen, also einschl eines etwa vorher erzielten Zugew. Anders als beim Zugew (§ 1380) findet auch dann, wenn dem überl Eheg von dem Verstorbenen Zuwendgen gemacht worden sind, eine Anrechng auf das zusätzl Viertel nicht statt. Hat ein Eheg vom and Eheg bereits zu Lebzeiten eine Zuwendg erhalten, die den ZugewAusgl ganz od zT vorwegnimmt, so kann der Anfall des erhöhten ErbT nur testamentar ausgeschl werden; zB dch Ausschluß von der Erbfolge od dch Beschränkg auf den PflichtT, II, auf den bei entspr Bestimmg auch Vorempfänge angerechnet werden müssen (§ 2315). Der PflichtT errechnet sich nach dem um die AusglFdg gekürzten Nachlaß (Reinicke Betr **60**, 1267). Zur Geltendmachg des erhöhten ErbT bei einem Hof iS der HöfeO vgl Lange NJW **57**, 1506.

6   **d) Rechtsnatur:** Das zusätzl Viertel ist kein bes ErbT u kann daher nicht (etwa wg IV) gesondert ausgeschlagen w (§ 1950). Es ist aber evtl beschwert dch die AusbildgsKosten von StiefAbkömml (Rn 7–11).

3) Der nach I zusätzl ErbT ist mit den **Ausbildungskosten der Stiefabkömmlinge** belastet, **IV** (Lit: **7** Rittner DNotZ **57**, 483), die nach dem verstorbenen Eheg erbberecht od erbersatzberecht sind, also **Kinder** aus früheren (nach § 1591 I 1 Halbs 2: auch nichtigen) Ehen, legitimierte (§§ 1719, 1723, 1736, 1740a) od als Kinder angen Personen (§§ 1741, 1754), nehel Kinder der verstorbenen Frau (§ 1705) u des verst Mannes (§ 1934a) u jeweils wieder deren Abkömml. Die Abkömml müssen im konkreten Fall gesetzl **erbberechtigt** od nehel erbersatzberecht sein, dürfen also nicht testamentar eingesetzt sein (and 41. Aufl), die Erbsch nicht ausgeschlagen (Boehmer FamRZ **61**, 47) od einen Erbverzicht erklärt haben, weder für erbunwürd erklärt noch von der Erbfolge ausgeschl sein (§ 1924 II). Der überl **Ehegatte** haftet nur, wenn er **8** seinerseits gesetzl Erbe geworden ist (Rn 2). Eine Verpfl aus IV entfällt demgem, wenn er TestamentsE od VermächtnNehmer ist. Beschwert wird nur das nach I gewährte Viertel, so daß IV auch nicht für den erhöhten PflichtT gilt. Der überl Eheg kann durch Ausschlag den Eintritt der Verpfl verhindern; doch ist eine Ausschlag nur der ErbTErhöhg nicht mögl (Rn 6). Ferner ist Voraussetzg für den Anspr die **Ausbil-** **9** **dungsbedürftigkeit** des Abkömml. Berechtigg u Umfang des AusbildgsAnspr richten sich damit nach § 1602 u § 1610 Rn 37–59. Insb umfaßt der Anspr neben den eigentl AusbildgsKosten auch die allg Lebenshaltgskosten. Kann der Abkömml seine Ausbildg zT selbst bestreiten, wozu er zunächst das ererbte Vermögen einsetzen muß, so ist der überl Eheg nur für den Rest verpfl. Ist noch ein leistgsfäh leibl EltTeil vorh, so haftet der überl Eheg in dem Umfang, in dem auch der verst Eheg für die AusbildgsKosten hätte aufkommen müssen. Für die **Zahlungsverpflichtung** des überl Eheg aus IV gilt § 1610 Rn 58. Die Verpfl **10** **beschränkt** sich (rechnerisch, nicht etwa gegenständl) von vornherein auf das nach I zusätzl Viertel, so daß es der sonstigen erbrechtl HaftgsBeschränkg nicht bedarf. Maßgebl ist der Wert des Nachl zZ des Erbfalls (§§ 2311 ff analog). Bei der Inanspruchn dch mehrere Abkömml ist das zusätzl Viertel nach dem Verhältn der sich ohne I ergebden Erbregelg zu verteilen. Ggf sind die Mittel für jüngere Stiefabkömmlinge zurückzuhalten. IV ist für den Erblasser u den überl Eheg **dispositiv.** Der Erbl kann den Anspr dch **11** Testament ausschließen u es im übrigen bei der gesetzl Erbfolge belassen; der überl Eheg kann die Entsteh des Anspr dch Ausschlag verhindern. Zur ehevertragl Festlegg der ZugewAusglFdg auf eine best Nachlquote Geißler BWNotZ **90**, 38.

4) Güterrechtliche Lösung, II. a) Voraussetzungen: Sie tritt ein, wenn der überl Eheg weder gesetzl **12** noch TestErbe (BGH **37**, 58) wird, noch mit einem Vermächtn bedacht ist (BGH **42**, 182). Der Ausschl von der Erbfolge kann dch Vfg von Todes wegen erfolgen (§ 1937 f), liegt im Zweifel aber auch dann vor, wenn der überl Eheg auf den PflichtT gesetzt ist (§ 2304), was für den zuerst versterbden Eheg das geeignete Mittel ist, den and Eheg von der die Kinder benachteiligden Erhöhg des gesetzl ErbT nach I auszuschließen. Unmittelb Anwendg von II ferner, wenn das EhegErbR wegen Anhängigk des ScheidgsVerf usw ausgeschl war (§ 1933), nach Entzug des PflichtT (§ 2335), Feststellg der Erbunwürdigk (§§ 2339 ff, 2345 I) od Erbverzicht (§ 2346). Den Fall der Ausschlag der Erbsch behandelt III (Rn 19, 20). Stirbt ein Eheg, nachdem die Voraussetzgen f die Scheidg der Ehe vorliegen u ScheidgsAntr gestellt w, ist für die Berechng des Zugew nach § 1371 II analog § 1384 der Ztpkt der Rhängigk des ScheidgsAntr maßgebl (BGH **99**, 304 = JR **87**, 327 mA Gernhuber). Ferner ist II analog anzuwenden bei **gleichzeitigem Tod** beider Eheg (etwa inf Flugzeug- **13** unglücks), weil eine Erhöhg des ErbT hier ausscheidet (and BGH **72**, 85; Werner FamRZ **76**, 251: Der jew Nachlaß beschrkt sich auf das Verm im TodesZtpkt beider Erblasser, was im Ergebn innerh der Zugew-Gemsch zu sehr die Gütertrenng auf Kosten des MitArb des and Eheg am Zugew außer Acht läßt). Die Kommorientenvermutg VerschG 11 steht der Analogie zu II nicht entgg; zu einem echten ZugewAusgl muß es nach dem GrdPrinzip der §§ 1363 ff immer dann kommen, wenn nicht ausdrückl die erbrechtl Lösg vorgeschrieben ist. Vermächtn iS von II ist nur das zugewandte, nicht das gesetzl Vermächtn etwa nach § 1969. Zur Berechng der fikt ZugewAusglFdg iRd **Erbschaftsteuer** BFH NJW **94**, 150.

b) Wirkungen: Wird der überl Eheg nicht Erbe u steht ihm auch kein Vermächtn zu, so erhält er in jedem **14** Fall nur den kleinen PflichtT; es bleibt ihm überlassen, daneben den ZugewAusgl geltd zu machen, wenn sich dies lohnt. Dagg hat er **kein Wahlrecht** zw dem kleinen u großen PflichtT dergestalt, daß er (bei gutem **15** VermErwerb innerh der Ehe) unter Beschränkg auf den kleinen PflichtT den ZugewAusgl wählen und (bei geringem Zugew, aber hohem AnfangsVerm des verst Eheg) dch Verzicht auf den ZugewAusgl den großen PflichtT erlangen könnte (BGH **42**, 182; NJW **82**, 2497 „Einheitstheorie"); der Ausdr „in diesem Falle" in II bezieht sich nicht auf das tatsächl „Verlangen" des Zugew, sond auf den ganzen Vordersatz, der auf den Umstand der Enterbg abstellt (ausführl zu dieser Streitfrage 41. Aufl). In allen diesen Fällen wird der Zugew auf Verlangen des überl Eheg ebso, wie wenn der Güterstd nicht dch den Tod beendet wird, ausgeglichen; es gelten also die §§ 1373 ff, soweit sie nicht wg ihrer Besonderh entfallen: Besondere Vorschr bestehen danach für die Verjährg (§§ 1378 IV 3, 1390 III 2), woraus ferner folgt, daß (and als nach I) hier entscheid ist, daß der Zugew des verstorbenen Eheg den des überl übersteigt (§ 1378 II). Die AusglFdg des überl Eheg ist eine Nachlaßverbindlich (ErblSchuld, § 1967 Rn 4) mit Vorrecht vor PflichtT, Vermächtnissen, Auflagen (KO 226). Sie ist also bei Berechng des PflichtT abzusetzen (§ 2311 Anm 2). Sie besteht grdsätzl auch nach altem Recht iF des ScheidgsAnspr des Verstorbenen aus Schuld des Überl, da ihre Entsteh nicht abhängig ist von Schuld, sond nur von den Voraussetzgen des § 1378 I. Mögl aber Verweigerg wg grober Unbilligk (§ 1381), die regelm bei Erbunwürdigk vorliegen wird. Mit der erbrechtl Lösg entfällt auch die nur dch sie begründete Erhöhg des Pflichtteils. Es bleibt also beim sog **kleinen Pflichtteil,** dh der Hälfte **16** des sich nach § 1931 ergebden ErbT (§ 2303), soweit das PflichtR überh besteht. Demgem ist dann auch der PflichtT der einz Kinder insow, als eine Erhöhg des ErbT des überl Eheg nach I nicht mehr herabgedrückt wird. Der PflichtT des einz Kindes, der nach der erbrechtl Lösg nach I ¼ der Erbsch ausmachen würde, beträgt also nach II ⅜. Auf die **Geltendmachung des Zugewinnausgleichs** gg die **17** Erben finden die §§ 1373–1383, 1390 Anwendg, ferner auch §§ 1384, 1387 für den Fall, daß der Erblasser während eines ScheidgsStreits od eines Streits um vorzeit Zugew verstorben ist (Soergel-Lange Rdn 23). Erbunwürdigk, Ausschluß des ErbR nach § 1933 usw stehen der Entsteh des AusglAnspr nicht entgg, begründen aber uU die Unbilligk nach § 1381. Die ZugewAusglFdg geht anderen Nachlaßverbindlich aus PflichtT, Vermächtn u Aufl im Range vor (*arg* § 1991 IV, KO 226 II).

18   **5)** Die **Ausschlagung der Erbschaft oder des Vermächtnisses, III,** stellt einen Unterfall von II dar, da der überl Eheg dadch nicht Erbe wird. Es gilt daher das in Rn 12–17 Gesagte auch hier. So darf der überl Eheg (nach der Ausschlagg) weder Erbe noch VermächtnNehmer sein; der ZugewAusgl findet daher nicht statt, wenn der überl Eheg zwar die Erbsch ausgeschlagen, aber ein ihm zugewendetes Vermächtnis behalten hat, od iF von § 1948 I. Ist der überl Eheg auch als Verwandter berufen, kann er als Eheg ausschlagen und Zugew verlangen (§§ 1951 I, 1934). III gibt ledigl einige SonderBest. Zur Ausschlagg im allgem §§ 1942 ff; insb hat die Ausschlagg fristgerecht zu erfolgen.

19   **a)** Im Falle einer Ausschlagg steht dem Eheg ein PflichtT grdsätzl nicht zu (Ausn § 2306 I 2). Eine Ausschlagg unter Vorbeh des PflichtT ist unwirks. **III Halbs 1** gibt dem ausschlagden Eheg abweichd von dieser Regelg unter der Voraussetzg, daß er bis zum Tode des and Eheg in ZugewGemsch gelebt hat, stets den **kleinen Pflichtteilsanspruch**, weil er ein schutzw Interesse an der Ausschlagg haben kann u in seiner Entschließg, ob er die Erbsch ohne AusglFdg od die AusglFdg ohne Erb-, aber mit Pflichtteil wählen will, frei sein soll. Dem überl Eheg steht also frei, den gesetzl ErbT od die Erbeinsetzg anzunehmen, od dch Ausschlagg die güterrechtl Lösg zu wählen. Ein WahlR dahin, dch Verzicht auf den ZugewAusgl sich den großen PflichtT zu verschaffen, steht ihm dagg nicht zu (Rn 15). Für den Fall der Ausschlagg eines Vermächtn gibt schon § 2307 I 1 den Anspr auf den PflichtT. Die Entscheidg, ob der überl Eheg ausschlagen soll, setzt stets eine **Interessenabwägung** voraus (vgl Soergel-Lange Rn 32; Maßfeller Betr **57,** 624; **58,** 563; Geißler BWNotZ **90,** 38). *Fall I:* Dem Eheg ist ein ErbT hinterlassen, der geringer als der PflichtT ist. Nimmt er an, so hat er den ErgänzgsAnspr in Höhe des Wertes des FehlBetr des nach I erhöhten PflichtT, jedoch keine AusglFdg (Rn 3); schlägt er aus, so hat er Anspr auf den Zugew (§§ 1371 II, 1378) u den nicht erhöhten PflichtT (Rn 14). *Fall II:* Übersteigt der ErbT nicht die Hälfte des gesetzl ErbT u nimmt der überl Eheg die Erbsch an, so gelten Beschränkgen u Beschwergen dieses ErbT als nicht angeordnet (§ 2306 I 1). *Fall III:* Ist der hinterlassene ErbT größer als der erhöhte PflichtT nach I, aber dch Nacherben, Vermächtnis u Auflagen beschränkt od beschwert, so kann sich der Erbe hiervon nur befreien, wenn er ausschlägt u seinen nicht erhöhten PflichtT verlangt (§ 2306 I 2). Daneben steht ihm dann aber die AusglFdg zu. Bei der Abwägg wird er evtl Streitig über die Höhe des Zugew, die Anrechng von Vorempfängen (§§ 1380, 2315), die Stundgsmöglichk (§ 1382) u evtl Einreden nach § 1381 in Rechng stellen, umgekehrt aber auch die günstigere Stellg im Konkurs (Baur FamRZ **58,** 256), die Erhöhg der AusglFdg dch Hinzurechng von unentgeltl Zuwendgen (§ 1375 II) u die Aussicht auf Sachwerte (§ 1383). *Fall IV:* Ist der Eheg auf den PflichtT gesetzt u ist das entgg der Regel des § 2304 eine Erbeinsetzg od VermächtnZuwendg (Rn 12), will er aber die güterrechtl Lösg wählen, so muß er ausschlagen, gleichgült, wie hoch die Zuwendg ist.

20   **b) Verzichtsvertrag.** Eine Ausn von der Regel des III Halbs 1, daß der Ausschlagde in jedem Fall den PflichtT erhält, besteht dann, wenn der überl Eheg dch Vertr mit dem and Eheg auf sein gesetzl ErbR einschl PflichtT od nur auf diesen verzichtet hat (§ 2346), um dem Erbl volle VfgsFreih auch hins seines PflichtT zu geben. Dann hat er, wenn er durch letztw Vfg des verstorbenen Eheg Erbe wird u er diese Erbsch ausschlägt, keinen PflichtTAnspr mehr, **III Halbs 2.**

1372 *Zugewinnausgleich in anderen Fällen.* **Wird der Güterstand auf andere Weise als durch den Tod eines Ehegatten beendet, so wird der Zugewinn nach den Vorschriften der §§ 1373 bis 1390 ausgeglichen.**

1   **1)** Im Ggs zu § 1371, der den ZugewAusgl bei Beendigg des gesetzl Güterstd dch Tod regelt, **a)** ordnet § 1372 für die sonst Beendiggsarten die **güterrechtliche Lösung** an, für die in den §§ 1373–1390 genaue Regeln gegeben w. Zum GerechtigkGehalt Grdz 7–9 v § 1363; sa § 1373 Rn 3–5. Anwendg der § 1372 ff auch bei **gleichzeitigem Tod** beider Ehel (§ 1371 Rn 13), dh die AusglAnspr fallen in die Erbmasse. Die güterrechtl Lösg geht davon aus, daß das Verm der Eheg getrennt, also selbstd geblieben ist u daß nach Beendigg des Güterstd ein Ausgl stattfindet.

2   **b) Verhältnis zu anderen Ausgleichsregelungen:** Der **Versorgungsausgleich** (§ 1587 III) u das **Hausratsverfahren** stellen die güterrechtl Vorschr grdsl verdrängende Sonderregelgen dar (zur HausrVO, abgedr Anh II z EheG, Einl 6; BGH **89,** 137, 142f). Zur ggstdl Abgrenzg: § 1375 Rn 3. Im übr gilt auch für den ZugewAusgl das **Ausschließlichkeitsprinzip,** dh es kommen, soweit er eingreift, daneben grdsätzl keine and AusglRegelgen in Betr (BGH **115,** 132; NJW **83,** 2933; FamRZ **92,** 160; aA Lipp JuS **93,** 94 mN; Ludwig FuR **92,** 201). Doch ist dieses Prinzip inzw in vielfält Weise dchbrochen (Rn 3–12). Unberührt bleiben auch ausglfremde Anspr wie beispielsw aus § 985 (vgl BGH FamRZ **90,** 1219) od zwar AusglAnspr, aber solche außerh der Ehe, wie zB, wenn **Verlobte** im Hinbl auf die Ehe erhebl Sach- u ArbLeistgen erbracht haben (BGH NJW **92,** 427). Im einz gilt folgdes (ausführl 54. Aufl):

3   **aa) Schenkungswiderruf:** § 530 Rn 4f, 531. Soweit ein Anspr gem § 531 II gg den and Eheg besteht, ist er als Aktivum u beim Schu als Passivum beim jew EndVerm zu berücks (§ 1375 Rn 3 u 4), nicht dagg beim AnfangsVerm (§ 1374 Rn 22). Zur Abgrenzg von **unbenannten Zuwendungen:** (Meincke NJW **95,** 2770): § 516 Rn 10; vgl ferner unten Rn 4 sowie § 1380. Zur Einbeziehg in den nachehel VermAusgl dch Vertr: Düss FamRZ **91,** 945. **Schwiegereltern:** Evtl SchenkgsWiderr (Karlsr FamRZ **89,** 978; Kln NJW **94,** 1540) od AusglAnspr (Oldbg NJW **94,** 1539; § 242 Rn 160). Größere GeldZuwendgen v Elt eines Eheg begründen ggf Anspr wg Wegfalls der GeschGrdl (BGH NJW **95,** 1889; vgl § 1374 Rn 21).

4   **bb) Geschäftsgrundlage:** § 242 Rn 158. Der grdsl Vorrang der §§ 1372 ff als leges speciales (aA Kühne FamRZ **78,** 221; Ludwig FuR **92,** 201) wird in AusnFällen dchbrochen dch Gewährg eines AusglAnspr aus schlüss Abschluß eines „bes famrechtl Vertr", dessen GeschGrdl mit Scheitern der Ehe entf, wenn der güterrechtl Ausgl schlechthin unangem ist (BGH **115,** 132; FamRZ **89,** 590; **94,** 503 u 1167). Im Ggs zum GesamtAusgl des ZugewAusgl dient diese Reglg dem Ausgl bestimmter Zuwendgen an den Partn (Düss FamRZ **95,** 1148). Verj: § 1378 Rn 11. Abwicklg nach GeschGrdl insb auch bei Zuwdgen v SchwElt: Rn 3.

cc) Ungerechtfertigte Bereicherung (§ 812 Rn 92) wird für Zuwendgen unter Eheg ebenf dch die 5 güterrechtl Regelg verdrängt (BGH **65**, 320; FamRZ **89**, 147; aA Lipp JuS **93**, 95). Anspr des Ehem gg SchwiegerElt wg WohngsAusbau: BGH NJW **85**, 313; **90**, 1789; umgek der SchwiegerElt: BGH NJW-RR **91**, 1154; Oldbg NJW **92**, 1461; sa Karlsr FamRZ **91**, 804.

dd) Gesellschaftsrecht: § 705 Rn 27 ff; § 1356 Rn 8 ff. ZugewAusgl ist Sonderregelg. Für das GesellschR 6 ist erst Raum, wo die VermVergemeinschaftg über die Gestaltg der ehel LebGemsch (§ 1353 I 2) hinausgeht (BGH **84**, 361; FamRZ **89**, 147). Ausdrückl Vereinbgen gehen schlüss GesellschAbreden vor (BGH FamRZ **95**, 1062 mN).

ee) Gesamtgläubigerausgleich (§ 430) hat Vorrang vor dem ZugewAusgl (AG Itzehoe FamRZ **91**, 441). 7 Die ggseit Anspr u Verpfl sind also beim EndVerm zu berücks (wie Rn 3). Keine NutzgsEntschädgg bei Auszug ggü dem and Eheg bei gemeins Altenteil (Hamm FamRZ **95**, 806). Dasselbe gilt für den **Gesamtschuldnerausgleich** (LG Gießen FamRZ **95**, 1071; vgl § 426 Rn 9). Zum Zustandekommen v GesSchulden dch Handeln nur eines Eheg: § 1357 Rn 21. Werden ges-schuldn eingegangene Verbindlkten beim EndVerm eines Eheg abgesetzt, hat der and Eheg einen (sein eig EndVerm nicht erhöhen) Freistellgs- bzw Regreß-Anspr (Karlsr FamRZ **91**, 1195). Iü ist eine Verrechng ggf unterhrechtl zu berücks (Mü NJW-RR **90**, 1414) u umgek (Kln FamRZ **95**, 1149). Wenn mit Rücks auf die Tilgg des gemschaftl Kredits der UnterhAnspr gekürzt w ist, bleiben ggf noch AusglAnspr (Kln FamRZ **91**, 1192). Zur Ausdehng einer FreistellgsVereinbg auf SteuerSchu BGH FamRZ **90**, 374. Vgl iü § 1375 Rn 4.

ff) Oder-Konten: §§ 428 Rn 3; 430 Rn 2. Zum BankVertr: § 675 Rn 7. § 430 enth einen eigenständ Anspr 8 auf hälft Teilhabe, nach Vfgen dch den and Eheg auf entspr Ausgl, der bei der endgült Trenng der Eheg entsteht u unabhäng vom EheGüterR geltd gemacht w kann (Karlsr FamRZ **90**, 629; Zweibr NJW **91**, 1835). Anspr od Valuta fallen, soweit am Stichtag vorhanden, in den jew Zugew (wie Rn 3). Die BewLast dafür, daß zw den Eheg „ein and bestimmt" war, trägt derj Eheg, dem mehr als die Hälfte zugeflossen ist (BGH NJW **90**, 705; FamRZ **93**, 413). Verwirkg des AusglAnspr: LG Mainz FamRZ **93**, 563. Eine **Bankvollmacht** (§ 167 Rn 9) über das AlleinKto eines Eheg ist uU von vornh auf Zwecke der ehel LebGemsch beschr (vgl Düss FamRZ **92**, 439) u gilt jedenf im InnenVerhältn nur bis zur Trenng der Ehel (BGH NJW **88**, 1208; FamRZ **89**, 834; Bambg FamRZ **91**, 1058). Der Ausgl erfolgt iW des ZugewAusgl (Zweibr FamRZ **86**, 64), ggf nach § 687 II (Düss FamRZ **92**, 439); vgl Rn 3. Gemeins **Wertpapierdepot:** Hamm FamRZ **90**, 750.

gg) Grundstücksmiteigentum der Eheg (Lit: Graba NJW **87**, 1725). Zur unterhrechtl Bedeutg: § 1361 9 Rn 25. RückFordAnspr wg treuhänd Überlassg der GrdstHälfte: Stgt NJW-RR **88**, 134. Zum SchenkgsWiderr: Rn 3. Iü fallen die MitEigtAnt in das jew EndVerm der Eheg (§ 1375 Rn 3). Die Ertragsabwicklg läuft unabhäng vom ZugewAusgl weiter (Kblz FamRZ **89**, 85). Im Zuge der Scheidg kann jeder Eheg Änderg der **Nutzungsvereinbarung** für das FamWohnheim verlangen (§ 745 Rn 5; sa BGH FamRZ **94**, 98). In der Weiterbenutzg dch einen Eheg allein kann eine konkludente Neuregelg liegen (Hamm FamRZ **89**, 740). Aufwendgen eines Eheg nach der Trenng können gem § 748 ausgegl w. Ein Anspr auf **Nutzungsentgelt** kann sich aus § 1361b II (dort Rn 8), aus einer Vereinbg der Eheg od aus einer aGrd der Trenng zu beanspruchden Neuregelg gem § 745 II ergeben (FamRZ **82**, 355; **86**, 436). Die Alleinnutzg löst regelm eine Verpfl zur Entsch des and Eheg aus (Celle NJW-RR **90**, 265), währd umgek bei aufgedrängter Alleinnutzg dem ausgezogenen Eheg kein NutzgsEntg zusteht (LG Itzehoe FamRZ **90**, 630). Jeder Eheg kann auch die Aufhebg der Gemsch dch Verkauf des Grdst (§§ 749, 753) od **Teilungsversteigerung** verlangen (§ 753 Rn 3). Letztere kann gem ZVG 180 III, insb zG den (ggf auch vollj; LG Bln FamRZ **87**, 1067) Ki verhindert w, wenn bes Umst vorliegen (LG Heidelbg FamRZ **91**, 588): wie Rückgang der schul Leistgen (LG Limbg FamRZ **87**, 1065); bei einer entspr Vereinbg der Eheg (BGH FamRZ **84**, 563) od wenn das Ergebn für den widersprechden Eheg schlechthin unzumutb ist (Mü FamRZ **89**, 980). RBehelf: ZPO 771; vgl auch § 1365 Rn 8. Die ZwVerst kann auch bei unentgeltl Zuwendg der EigtHälfte unzul sein (BGH **68**, 299). ZurückbehaltgsR gg die Aufhebg der Gemsch nur aus GgRen, die in der Gemsch wurzeln (BGH **63**, 348). Aber ggü AuszahlgsAnspr ZbR auch wg des ZugewAnspr (BGH FamRZ **90**, 254). Zur Teilg des VerstErlöses vgl BGH FamRZ **90**, 975. Zur Befreiung von GrdstBelastgen: BGH NJW **92**, 114; Koch FamRZ **94**, 537; o Rn 7. Neben EhegMitEigt kann eine EigHeimGes vorliegen, deren AuseinanderS dann gesellschrechtl Regeln folgt (K. Schmidt AcP **182**, 481; o Rn 6). Übertragg des Hausanteils auf Dr zZw der Umgeh der TeilgVerst ist nichtig (Schlesw NJW-RR **95**, 900).

hh) Hat ein Eheg dem and die Aufn von Bankkredit dch **Übernahme einer persönlichen Haftung** od 10 dch **Einräumung von dinglichen Sicherheiten** ermöglicht, so kann er nach Scheitern der Ehe Befreiung v solchen Verbdlkten nach AuftrR verl, wenn nicht vertragl etwas and best ist (BGH NJW **89**, 1920; Hamm FamRZ **92**, 437; aA Kln NJW-RR **94**, 52). Zur Sittenwidrigk der **Mitverpflichtung des einkommens- u vermögenslosen Ehegatten** bei BankKred im Außenverhältn: BVerfG FamRZ **94**, 151; BGH NJW **93**, 322 ff; Hbg FamRZ **93**, 956; Tiedtke FamRZ **93**, 431; Dörr NJW **93**, 2415; Heinrichsmeier FamRZ **94**, 129. Zur Bedeutg der Scheidg für ein ArbGebDarl vgl Kln FamRZ **93**, 955.

ii) Zum VerteilgsMaßst beim **Ausgleich von Steuerrückerstattungen:** Karlsr FamRZ **91**, 191 u 441; 11 Düss FamRZ **91**, 194 u **93**, 70; LGe Kln NJW-RR **91**, 1027; Stgt FamRZ **92**, 680; Dostmann FamRZ **91**, 760; Liebelt NJW **94**, 611; vgl iü §§ 1353 Rn 11; 1569 Rn 10; 1603 Rn 7. Rückübertragg von Verlusten: Kln FamRZ **95**, 92; Traxel BB **94**, 1762.

c) Zu den Möglkten der **vertraglichen Vermögensauseinandersetzung** vgl Göppinger, Vereinbgen 12 anläßl der Ehescheidg, 6. Aufl 1987, Rdn 490 ff. Zur Auslegg einer den Zugew u nachehel Unterh regelnden Vereinbg BGH FamRZ **88**, 43. Steuerrechtl führt die Beteiligg an GrdstErträgen nicht zu WerbgKost (BFH NJW **93**, 3221).

2) Beendigung des gesetzlichen Güterstandes außer durch Tod. In Betracht kommt die Beendigg 13 durch rechtskr Scheidg, Eheaufhebg, EheG 37 I, u Umst auch durch NichtigErkl der Ehe, EheG 26 I (falls das nicht der Fall ist, Einf 3 vor EheG 16), durch rechtskr Urteil auf vorzeitigen Ausgl der ZugewGemsch, §§ 1385–1388, u durch EheVertr, wenn nachträgl ein anderer Güterstd vereinbart, wenn er aufgehoben, wenn der Ausgl des Zugewinns ausgeschl wird, § 1414; eine Änd des ZugewAusgl kann aber im GüterRReg nicht eingetr w, BGH **41**, 370. Für den Fall der Scheidg enthält § 1384, für den des vorzeitigen Ausgleichs § 1387, für sämtl hier genannten Beendiggsfälle außer dem durch EheVertr enthalten §§ 1389, 1390 IV Sondervorschriften. Wegen der verfrechtl Seite Baur FamRZ **62**, 509.

1373 *Begriff des Zugewinns.* **Zugewinn ist der Betrag, um den das Endvermögen eines Ehegatten das Anfangsvermögen übersteigt.**

1　　**1) Zugewinn** ist nach der BegrBest des § 1373 der Betrag, um den das EndVerm (§ 1375) das Anfangs-Verm (§ 1374) übersteigt, also der nach Begleichg des Unterh u anderer Ausgaben im Verm eines Eheg verbliebene Überschuß, der währd der Ehe v ihm erworben w ist. Vor der Eheschl zw den künft Eheg zugewendete, aber wieder verausgabte Beträge gehören wed zum Anf- noch zum EndVerm (BGH FamRZ **90**, 2　972). Beachte: **a)** Der Zugew ist nur **Rechnungsgröße.** Weder bildet der gemeins od dch einen Eheg vor Beendig des Güterstds erworbene Zugew eine bes VermMasse eines od auch beider Eheg, noch wird anläßl die Beendigg eine VermMasse gebildet, die dann aufgeteilt würde. Der gesetzl Güterstd kennt vielm nur 2 VermMassen, die des Mannes u der Frau. Jeder dieser VermMassen fließt auch der Zugew zu, den der betr Eheg machte, u bleibt, sofern er nicht wieder verloren geht od aufgebraucht wird, in ihr u damit in der VfgsGewalt des gewinnden Eheg, § 1363 II, bis aGrd der vom and Eheg mit der Beendigg des Güterstds er-3　worbene AusglFdg der ZugewAusgl an diesen ausgekehrt w, § 1378. – **b)** Das AnfangsVerm wird mind mit 0 bewertet, so daß zB bei einer Verschuldg von 10000 DM bei Beginn des Güterstds u einem EndVerm v 4　20000 DM der Zugew nur 20000, nicht 30000 DM beträgt, § 1374 Rn 3. – **c)** Auch der **Zugewinn** beträgt mind 0, dh er kann **nie eine negative Größe** sein; Verluste eines Eheg sind insow nicht auszugleichen (Mü FamRZ **76**, 26). Damit evtl verbundene Ungerechtigkeiten, daß ein Eheg auf Kosten des and, der zB zZw des Unterh Schulden macht, den eig Zugew erhöht, lassen sich nur dch vorherige vertragl Sichergen (Darl, Gesellsch) vermeiden.

5　　**2)** Zum GerechtigkGehalt des ZugewAusgl s Grdz 6–10 vor § 1363. Keine Verpfl der Eheg, ihr Verm so zu verwalten, daß möglichst großer Zugew erzielt w; vgl aber die (unzureichden, Schopp Rpfleger **64**, 69) SchutzVorschr der §§ 1375 II, 1384, 1386, 1387, 1390. Umgek ist unerhebl, ob der Zugew erarbeitet wurde. Ggü der Feststellg des AnfangsVerm bei Berechng des EndVerm sich ergebde höhere od niedrigere Bewertgen von WirtschGütern wirken sich ebenf vorteilh od nachteil für den ausgleichsberecht Eheg aus. Das EndVerm kann dem Betrag nach das AnfangsVerm übersteigen, weil währd des Güterstds VermGgstände erworben wurden, bereits bei Ehebeginn vorhandene wertvoller geworden sind od der der Bewertg zGrde gelegte Geldwert geringer geworden ist, BGH **61**, 387. Vgl zur Bewertg § 1376.

1374 *Anfangsvermögen.* **[1]Anfangsvermögen ist das Vermögen, das einem Ehegatten nach Abzug der Verbindlichkeiten beim Eintritt des Güterstandes gehört; die Verbindlichkeiten können nur bis zur Höhe des Vermögens abgezogen werden.**

[2]Vermögen, das ein Ehegatte nach Eintritt des Güterstandes von Todes wegen oder mit Rücksicht auf ein künftiges Erbrecht, durch Schenkung oder als Ausstattung erwirbt, wird nach Abzug der Verbindlichkeiten dem Anfangsvermögen hinzugerechnet, soweit es nicht den Umständen nach zu den Einkünften zu rechnen ist.

1　　**1) a) Inhalt:** Die Vorschr definiert in I den für den Zugew (§ 1373 Rn 1) konstitutiven Begr des Anfangsvermögens u entzieht dem Zugew in II ganz best Vermögensbestandteile, an denen der and Eheg 2　nach dem GrdGedanken der ZugewGemsch keinen Anteil haben soll. – **b)** Berechng des AnfangsVerm: § 1376; Festlegg des AnfangsVerm dch Verzeichn: § 1377. Andernf **Beweislast** bei demj, der AnfVerm od 3　auch wertbildde Faktoren desselben geltd macht (BGH **113**, 325). – **c) Anwendungsbereich:** § 1374 gilt in allen Fällen, in denen der Güterstd nicht dch Tod beendet w ist (§ 1372); außerdem in Todesfällen, 4　wenn es zur güterrechtl Lösg kommt (§ 1371 II u III, dort Rn 12 u 18). – **d) Nachgiebiges Recht:** Die Eheg können dch formgebundenen **Ehevertrag** (§§ 1408, 1410) den Wert des AnfangsVerm ziffmäß anders, als nach I zu errechnen, festlegen, vorhandene Ggstde od nach II dem AnfangsVerm hinzuzurechnde Ggstde od Einkfte vom AnfangsVerm ausschl bzw später erworbene Ggstde od Einkfte zB aus einer best Nebentätigk entgg § 1375 dem AnfangsVerm hinzurechnen u dadch dem ZugewAusgl entziehen; auch können sie den Ztpkt für die Berechng des AnfangsVerm vor die Eheschl verlegen (Hbg NJW **64**, 1076; aA MüKo/Gernhuber 3).

5　　**2) Anfangsvermögen, I 1. Halbs,** ist **a) begrifflich** der Wert des Verm eines Eheg, das ihm bei Eintr des Güterstdes (§ 1363 Rn 2) gehört, also die Wertsumme aller VermGgstde abzügl der Verbindlkten. **Voreheliche Leistungen** zw Verlobten können BereichAnspr auslösen (Kln FamRZ **91**, 816), die ihrers beim AnfVerm zu berücks wären.

6　　**b) Umfang:** Zum AnfangsVerm gehören alle Positionen mit wirtschaftl Wert, dh alle dem Eheg zum Stichtag gehörden Sachen u obj bewertb Rechte (BGH NJW **80**, 229): so der RückerstattgsAnspr gem RVO 1304 aF (BGH NJW **95**, 523). Eine GrdRente nach dem BVersG ist iH der beim Eintr des Güterstdes bereits entstandenen EinzelAnspr zu berücks, Nachzahlgen also in voller Höhe, nicht dagg das StammR als solches, dh die Anspr auf künft fällige Einzelleistgen (BGH NJW **81**, 1038; aA Schwagerl NJW **82**, 1798). Fdgen fallen ow in das AnfangsVerm, etwa der Anspr aus dem LastenAusgl, auch wenn die Zahlgen erst in der Ehe realisiert w (AG Celle FamRZ **86**, 467). Gebäude, die ein Eheg auf fremdem Grdst errichtet hat, sind mit ihrem vollen Wert anzusetzen, wenn er vor dem BewertgsStichtag das Grdst gekauft hatte, mag auch der EigtErwerb selbst erst später erfolgen (Düss FamRZ **89**, 1181). Zum AnfangsVerm eines Eheg gehört auch das, was ihm der and Eheg vorehel schuldet (Hbg NJW **64**, 1076). Iü muß alles als AnfangsVerm berücks w, was bei späterem ErwerbsZtpkt zum EndVerm gehören würde (vgl § 1375 Rn 3). **Gemeinsames Vermögen** der Ehel ist jedem von ihnen mit der auf ihn fallden Quote zuzurechnen. Das gilt für Hochzeitsgeschenke an beide Eheg, MitEigtAnteil od TeilhabeAnspr bei Oder-Konten uä (vgl § 1372 Rn 8 u 9).

c) Zum Stichtag bestehde **Verbindlichkeiten** werden abgezogen. Darunter fallen alle priv u öff-r Schul- 7 den u dingl Lasten sowie Zinsen, soweit sie zum Stichtag bereits fällig waren. Soweit im Wege vorweggen Erbfolge (Rn 17) auf einen der Eheg ein HausGrdst übertragen wurde unter Vorbeh bzw dem Verspr eines **Nießbrauchs, Wohnrechts oder Leibgedinges**, bleiben diese Belastgn bzw Verpfl beim Anf- wie End-Verm unberücks, dh der Wert solcher Belastgn ist von dem übernommenen Verm nicht abzuziehen (BGH NJW **90**, 3018), unabh davon, ob der daraus Berecht vor Ende des GütStds gestorben ist (BGH FamRZ **90**, 1082) od nicht (BGH **111**, 8; ebd FamRZ **95**, 607). Unerhebl auch, ob der Anspr auf Beköstigg u Pflege dingl gesichert ist (BGH FamRZ **90**, 1082). Dagg sind beim Erwerb des Verm eingegangene Verpfl, **Ausgleichsbeträge an Dritte** zu zahlen, von dem übernomm Verm abzuziehen, u zwar bei künftiger Fälligk unter entspr Abzinsg (BGH NJW **90**, 3018; Hamm FamRZ **95**, 611). **Keine Verbindlichkeiten** ergeben sich aus bei Eheschl bereits bindenden erbrechtl Vfgen (vgl BGH FamRZ **69**, 207). **Bewertung** unbest Verbindlk u Kaufkraftschwund: § 1376 Rn 10–12.

d) Ausschluß eines negativen Anfangsvermögens, I 2. Halbs. Vermieden werden soll, daß ein Eheg 8 mit einer AusglFdg belastet wird, für die ein GgWert in seinem Vermögen nicht vorh ist; desh sorgt das Gesetz dafür, daß rechnerisch der Zugew nie höher sein kann als das EndVerm: Verbindlkten können nur bis zur Höhe des Vermögens abgezogen w, dh trotz vorhandener Schulden beträgt das **Anfangsvermögen mindestens 0**. Bsp: Bei Eintr des Güterstdes hat ein Eheg außer 20000 DM Schulden kein Vermögen; sein EndVerm beträgt 10000 DM; hinzugewonnen wurden also in der Ehe 30000 DM, so daß dem vermögensl and Eheg an sich 15000 DM als Ausgl zustünden, die nach § 1378 II auf 10000 DM zu kürzen wären. Nach I beträgt das AnfangsVerm aber 0 DM, der Zugew somit 10000 DM, die AusglFdg mithin nur 5000 DM. Daß der and Eheg dch seine MitArb in der Ehe auch 20000 DM Schulden abgearbeitet hat, bleibt unberücks. Die Regelg ist verfassgsrechtl bedenkl, weil sie die wirtschaftl gleichwertige MitArb des and Eheg ungl behandelt je nachdem, ob er Schulden abträgt od das AktivVerm vergrößert (vgl Soergel/Lange 8: rechtspolit bedenkl).

3) Hinzurechnung zum Anfangsvermögen von nach Eintritt des Güterstandes erworbenem 9 **Vermögen, II** (Lit: Battes, bei Bosch, Neuere Entwicklgen im FamR, 1990, S 49).

a) Zweck: An unentgeltl Zuwendgen soll der and Eheg nicht teilh, weil sie zumeist auf persönl Bezieh- 10 gen beruhn u nicht erarbeitet sind (BGH **68**, 45). Erreicht wird der Ausschl des and Eheg davon dadch, daß der VermErwerb **dem Wert des Anfangsvermögens zugeschlagen** wird. Die ratio legis der Vorschr ist nicht konsequent dchgeführt: Einers werden aus unentgeltl Erwerb stammde Gewinn- u Wertsteigergen dem Zugew zugeführt (Rn 13); anderers fällt nicht alles, dem die innere Beziehg zur ehel LebGemsch fehlt, ins AnfangsVerm (Rn 26).

b) Zeitpunkt: Maßgebl für die Wertberechng gem § 1376 I ist der des Erwerbs. Zum Kaufkraftschwund 11 § 1376 Rn 12.

c) Umfang der Hinzurechnung: aa) Soweit der erworbene VermögensGgst dingl belastet od der 12 VermErwerb mit der Übern von Verpfl verbunden ist, sind diese entspr abzusetzen (Rn 7). – **bb)** Dch II 13 wird der erworbene Ggst selbst aus der ZugewAusglRechng herausgehalten. **Gewinne** (Einkfte) daraus u spätere **Wertsteigerungen** des derart privilegiert erworbenen Ggstdes fallen dagg grdsl in den Zugew, auch wenn der Ggst vTw erworben wurde (BGH **87**, 367/74; aA Kblz FamRZ **85**, 286). Ausn: NachErbschAnwartsch (Rn 16). Auch die Wertsteigerg, die dch das allmähl Absinken des Werts eines vom Erbl od Schenkden angeordneten leblangen Nießbr eintritt, unterliegt nicht dem ZugewAusgl (BGH **111**, 8); zur Bewertg im AnfVerm Rn 7. Der nachträgl **Verlust** des ererbten od geschenkten Ggst steht der Anwendg von II nicht entgg, da es immer nur um RechngsPosten geht; desgl nicht, wenn der Ggst gg ein **Surrogat** eingetauscht wird. – **cc) Ausgleich negativen Anfangsvermögens:** Erwirbt ein Eheg mit negat Anfangs- 14 Verm privileg Verm nach II, so findet keine Verrechng iS von II statt (BGH NJW **95**, 2165 = FamRZ **95**, 990 mN; vor 54. Aufl). *Bsp.:* Hat der Eheg bei Eheschl 5000 DM Schulden u erbt er währd der Ehe 20000 DM, so betr sein AnfangsVerm 20000 DM, nicht 15000 DM.

d) Hinzurechnungstatbestände. Nur die im folgden aufgezählten Erwerbsfälle vergrößern das An- 15 fangsVerm; alles and, was in der Ehe erworben w, fällt in das EndVerm (vgl Rn 26 sowie § 1375 Rn 3).

aa) Erwerb von Todes wegen aGrd gesetzl od gewillkürter Erbfolge, Vermächtn, Pflichtt; ferner 16 Abfindgen für einen ErbVerz; das aus einer ErbAuseinandS bzw aGrd eines Vergl in einem ErbschStreit Erlangte (BayObLG **4**, 604); Befreiung von einer Verbindlk dch Konfusion (Düss FamRZ **88**, 287); Ab-findggsAnspr des weichden Erben gem HöfeO 12–14; Erlangg einer NacherbenAnwartsch, die aber trotz zwzeitl Wertsteigerg wg Näherrückens des Nacherbfalls entgg § 2313 beim Anfangs- u EndVerm mit dem gleichen Wert zu veranschlagn ist (BGH **87**, 367; krit Gernhuber FamRZ **84**, 1059). Nach Hamm FamRZ **94**, 1255 gehört auch die Auszahlg einer LebVers hierher. Dagg ist der Wert des AnfangsVerm um wertsteigernde Leistgn, die der Nacherbe im Hinbl auf den Nacherbfall erbracht hat u die seinen Zugew anderweit mindern, zu kürzen (Hamm FamRZ **84**, 481). Nicht vTw erworben ist die Vergütg des TestVollstr; sie fällt daher nicht ins AnfangsVerm.

bb) Erwerb mit Rücksicht auf ein künftiges Erbrecht ist idR anzunehmen bei vorzeit ErbAusgl gem 17 § 1934d; Hofübergabe; Übern eines Unternehmens dch einen Abkömml (BGH FamRZ **90**, 1082); vorzeit Übertragg von Grdsten vS der Elt eines Eheg (Rn 7) usw. Es kommt nicht darauf an, daß der begünst Eheg gesetzl od auch nur test Erbe ist; es genügt, daß die Übertr den Erwerb vTw ersetzen soll (Soergel/Lange 13). Vorwegn der Erbfolge u Unentgeltlk sind nicht gleichbedeutd (vgl BGH NJW **95**, 1349). II liegt aber grdsl nur vor, wenn der Erwerber keine od keine vollwert GgLeistg erbringt; dann kann der Erwerb auch in der RForm eines Kaufs vollzogen w (BGH **70**, 291). AusglZahlgen an erbberecht Geschw (BGH FamRZ **86**, 883; **90**, 1082) od die bei GutsüberlassgsVertr übl GgLeistgen (Leibgedinge: Verpflegg, Versorgg bis zum LebEnde, Freistellg v bestehdn Belastgn, Übern der Beerdiggskosten) stehen dem Erw mRücks auf ein künft ErbR nicht entgg, sond sind geradezu typ, so daß das Erlöschen des Altenteil für die Berechng des

Zugew ohne Bedeutg ist (Schlesw FamRZ **91**, 943) u II selbst noch bei einem gewissen Übergewicht der kapitalisierten GgLeistg anzuwenden ist (BGH FamRZ **90**, 1083). Vgl dazu iü Rn 7. Der Kauf einer NacherbenAnwartsch fällt auch dann nicht unter II, wenn er iR einer vorweggen ErbAuseinandS erfolgt (Hamm FamRZ **84**, 481).

18   **cc) Schenkungen.** Vorauss wie § 516, also Zuwendg u Einigg über die Unentgeltlich (Karlsr FamRZ
19   **74**, 306). – **(1) Zuwendung:** Schenkg od Ausstattg liegt nicht schon in unentgeltl Arb (BauMaßn) der Elt (BGH **101**, 229). Eine Schenkg ist bei der Ermittlg des AnfangsVerm mit ihrem vollen Wert anzusetzen; doch sind dingl Belastgen u mit der Schenkg verknüpfte schuldrechtl Verpfl abzuziehen. Abzusetzen sind auch vor Beendigg der Ehe enstandene PflichttErgänzungsAnspr, weil diese sonst ausglrechtl einseit zL des and Eheg gingen, obwohl sie aus der Schenkg resultieren u zugewschmälernd erfüllt w müssen (aA Stgt
20   FamRZ **90**, 750). – **(2) Unentgeltlichkeit** (§ 516 Rn 8) ist auch bei LebVers mögl (Hamm FamRZ **93**, 1446). Freiw Leistgen des ArbGeb sind idR keine Schenkg (Mü FamRZ **95**, 1069). Ist (aus steuerl Grden) ein Entgelt festgesetzt w, liegt eine (verdeckte) Schenkg nur vor, wenn die Part steuerrechtl das Scheingeschäft für ausr hielten, in Wirklichk also eine Schenkg wollten (BGH FamRZ **86**, 565/6; GgBsp: Karlsr FamRZ **93**, 1444). Bei **gemischter Schenkung** (§ 516 Rn 13) ist dem AnfVerm nur die Differenz zw dem VerkWert u der GgLeistg hinzuzurechnen (Bambg FamRZ **90**, 408). Wird aus baurechtl Grden das auf dem elterl Grdst eines der Eheg errichtete WohnHs in WoEigt überführt, ist iR dieser gem Schenkg nur der MitEigtAnteil
21   am Grdst unentgeltl zugewendet (BGH NJW **92**, 2566). – **(3) Schenkungen an beide Ehegatten** werden gemschaftl Vermögen u erhöhen die beid AnfangsVerm je nach den EigtAnteilen. Schenkgen dch die Elt eines Eheg: § 1372 Rn 3. Zuwendgen vS der SchwElt zur dauerh wirtsch Sicherg der Eheg sind wg deren evtl RückFdg nach den Grdsätzen des Wegf der GeschGrdl nicht dem AnfVerm zuzurechn (BGH NJW **95**,
22   1889). – **(4) Zuwendungen zwischen Ehegatten:** Auf echte (ausdrückl) Schenkgen, die ein Eheg dem and gemacht hat, findet II keine Anwendg (BGH **101**, 65; FamRZ **88**, 373; Ffm FamRZ **87**, 62; Grünenwald NJW **95**, 505 gg Kornexl NJW **94**, 622; aA auch Mü FamRZ **87**, 67; Lipp JuS **93**, 90). Sie sind also Zugew u können dem Zuwendenden wertmäß allenf dadch wieder zugute kommen, daß sich seine eig AusglVerpfl über § 1380 (dort Rn 1) mindert (krit Soergel/Lange 14) od daß ihm gg den beschenkten Eheg seiners ein ZugewAusglAnspr zusteht (vgl Karlsr FamRZ **81**, 556). Entspr gilt für unbenannte Zuwendgen (§ 1372 Rn
23   3) unter Eheg, auf die II ebenf nicht anzuwenden ist (BGH **82**, 234). – **(5) Widerruf der Schenkung:** § 1372 Rn 3. Wird die Eheg- od Schenkg Dr widerrufen, so entstehen unabhäng von der Frage der Anwendg von II aS des beschenkten Eheg RückgewährVerpfl, die seinen Zugew mindern (§ 1375 Rn 4).

24   **dd) Ausstattung:** § 1624.

25   **e) Den Umständen nach zu den Einkünften zu rechnender Vermögenserwerb** ist nicht dem AnfangsVerm hinzuzurechnen, sond wird, soweit er nicht für den FamUnterh verbraucht wird, Zugew. Hierunter fallen HaushZuschüsse, Kosten für den KrankenHsaufenth od eine ErholgsReise, WeihnGratifikationen, Nadelgeld. Für die Beurteilg sind wirtschaftl GesichtsPkte entscheid, die Absicht des Zuwendenden, die Verhältn des Empf u der Anlaß der Zuwendg. Zu den Einkften kann auch gerechnet w, was mRücks auf ein künft ErbR geleistet wurde, bspw die Zuwendg von Elt iHv 25000 DM anläßl der Heirat, des Führerscheinerwerbs usw (Zweibr FamRZ **84**, 276). Iü sind Geldzuwendgen naher Verwandter den Einkften nur zuzurechnen, wenn sie zur Deckg des laufend LebBed, nicht aber zur VermBildg best sind (BGH **101**, 229).

26   **4) Keine weiteren Hinzurechnungen zum Anfangsvermögen.** Das Ges hat die zum AnfangsVerm hinzuzurechnenden Erwerbsfälle enumeriert (Rn 16–24) u damit bewußt Abstand davon gen, alle nicht von den Eheg gemeins erwirtschafteten Ggstde aus dem Zugew auszuklammern. II ist daher **nicht analogiefähig** (BGH FamRZ **88**, 593). Im Wege des Umkehrschlusses muß gefolgert w, daß, sofern die Eheg ehevertragl nichts and vereinb haben (Rn 4), weitere Hinzurechngen zum AnfangsVerm nicht stattfinden (Gernhuber FamRZ **84**, 1053/7; abl Schwab FamRZ **84**, 429/34 f). Desh keine Anwendg von od Analogie zu II, sond Berücks als Zugew bei: Schmerzensgeld (BGH **80**, 384); Renten u Abfindgen nach dem BEG (Saarbr FamRZ **85**, 710; aA Schwab FamRZ **84**, 431; Gießler FamRZ **85**, 1258); Abfindg einer WwenRente wg Wiederverheiratg (BGH **82**, 149); Erstattg v RentVersBeitr nach der Ehescl (aA mit allerd nur r-polit richt Wertg AG Stgt FamRZ **90**, 1358); Lottogewinn (BGH **68**, 43). IGgs zu § 1418 II Z 2 kann auch der zuwendde Dr nicht best, daß etwas zum AnfangsVerm gehört.

1375   *Endvermögen.* [1]Endvermögen ist das Vermögen, das einem Ehegatten nach Abzug der Verbindlichkeiten bei der Beendigung des Güterstandes gehört. Die Verbindlichkeiten werden, wenn Dritte gemäß § 1390 in Anspruch genommen werden können, auch insoweit abgezogen, als sie die Höhe des Vermögens übersteigen.

[2]Dem Endvermögen eines Ehegatten wird der Betrag hinzugerechnet, um den dieses Vermögen dadurch vermindert ist, daß ein Ehegatte nach Eintritt des Güterstandes

1. unentgeltliche Zuwendungen gemacht hat, durch die er nicht einer sittlichen Pflicht oder einer auf den Anstand zu nehmenden Rücksicht entsprochen hat,

2. Vermögen verschwendet hat oder

3. Handlungen in der Absicht vorgenommen hat, den anderen Ehegatten zu benachteiligen,

[3]Der Betrag der Vermögensminderung wird dem Endvermögen nicht hinzugerechnet, wenn sie mindestens zehn Jahre vor Beendigung des Güterstandes eingetreten ist oder wenn der andere Ehegatte mit der unentgeltlichen Zuwendung oder der Verschwendung einverstanden gewesen ist.

1   **1)** § 1375 bestimmt den Umfang des Endvermögens, als den and Rechngsfaktor, der zur Errechng des Zugew erfordl ist (§ 1373). Nachgieb Recht; ehevertragl kann das EndVerm anders bestimmt w (sa

§ 1374 Rn 1). **Beweislast** wg § 1379 beim AusglKl, es sei denn, die erteilte Auskft ist unvollständ (Kblz FamRZ **88**, 1273).

2) Endvermögen, I 1, ist das Vermögen, das einem Eheg bei Beendigg des Güterstandes gehört; 2 maßgebl die Berechtigg, so daß Hausbau auf dem der SchwMutter gehörden Grdst für sich gen nicht den ZugewAusgl rechtfertigt, auch wenn FinA den Mann wirtschaftl als Eigter behandelt (Kln FamRZ **83**, 71). Berechng § 1376 II.

a) Gegenstand des Zugewinns ist mit Ausn v § 1374 II u dem, was in den VersorggsAusgl fällt (vgl 3 § 1587 III), grdsätzl alles, was an Verm innerh der Ehezeit hinzuerworben ist. Ein zugewinnausgleichs- freier „eheneutraler" Erwerb widerspricht dem Grdgedanken des ZugewAusgl (Gernhuber FamRZ **84**, 1057; and Schwab FamRZ **84**, 435). Zugew ist danach: Lottogewinn (BGH **68**, 43); Schmerzensgeld, vorbehaltl § 1381 (BGH **80**, 384); Wertsteigerg eines Grdst dch Bauleistgen der Ehel (Kln NJW-RR **95**, 707: nicht § 1374 II); VersorggsAnrechte, die mit Hilfe von Verm erworben wurden, über das der ZugewAusgl stattfindet (BGH NJW **92**, 1888: Nachentrichtg freiw Beitr mit Mitteln des vorzeit Zuge- wAusgl; Hohloch NJW **95**, 305). An Abfindgen sollte der Eheg nur insow teilhaben, als das damit aus- zugleichde Geschehen in die EheZt fällt (Gernhuber FS Lange 1992, 853). Es fallen darunter: die Wieder- verheiratsabfindg der Wwe gem RVO 1302 (BGH **82**, 149); die Abfindg einer SchadErsRente (BGH **82**, 145; zweifelh: Gernhuber NJW **91**, 2241), auch nach dem BEG (Saarbr FamRZ **85**, 710); eine Le- bensversicherg unterliegt dem ZugewAusgl auch dann, wenn sie zu dem Zweck abgeschl wurde, von der gesetzl AngestVersPfl befreit zu w (BGH **67**, 262); für die Zeit nach Inkrafttr des 1. EheRG (1. 7. 77) ist zu beachten, daß der ZugewAusgl nur noch für LebVersichergen auf Kapitalbasis erfolgt, währd sol- che auf Rentenbasis dem VersorggsAusgl (§§ 1587 III, 1587a II Z 5) unterliegen. Eine DirektVers iSv BetrAVG (Finger VersR **92**, 535) fällt auch dann in den ZugewAusgl, wenn das BezugsR zwar noch widerrufl (BGH **117**, 70), aber gem BetrAVG unverfallb ist (BGH FamRZ **93**, 1303). Entsprechdes gilt für die DirektVers eines GmbH-GeschF (BGH aaO). Zum EndVerm gehört auch ein Sparguthaben; be- ruft sich der Inh auf eine bl treuhänderische Verwaltg, so trägt er dafür die BewLast (BGH FamRZ **81**, 240f). Zugew ist das fortbestehde GrdstNutzgR (Celle FamRZ **93**, 1204). Zum Zugew dch TeilgsVer- steigerg § 1365 Rn 8. Dem ZugewAusgl unterliegt dagg nicht **Hausrat**, der nach der HausrVO, die in- sow eine abschließde SondRegelg enthält (§ 1372 Rn 2), verteilt w kann, es sei denn, er wurde aus- schließl zur Kapitalanlage angeschafft od diente dem Beruf eines Eheg (BGH **89**, 137, 145). Zur Ab- grenzg im einzelnen Rn 12 zu § 1 HausrVO (Anh II z EheG). Zum Zugew gehört ein im AlleinEigt eines Eheg stehder Wohnwagen (Düss FamRZ **92**, 60). Haben Eheg auf fremdem Grdst gebaut, so be- steht ein ZugewAnspr, wenn das Grdst einem der Eheg zum Stichtag bereits aufgelassen war, auch wenn anschließd der Kauf wieder rückgäng gemacht w ist (Kln FamRZ **83**, 813). Auf die Vererblichk kommt es für den VermBegr nicht an (BGH NJW **87**, 321; Gernhuber NJW **91**, 2239; and noch BGH **68**, 163), so daß ein lebenslanger Nießbr dem Zugew unterfällt (aA Stgt FamRZ **86**, 466). Dagg gehören künftige Anspr nicht zum EndVerm wie die Übergangsbeihilfe gem SVG 12 I (BGH NJW **83**, 2141) od die AusglZahlg von Berufssoldaten (SVG 38 I), soweit sie nach dem Stichtag des § 1384 in den Ruhe- stand getreten sind (BGH NJW **82**, 1982); ferner nicht der Wert künft gesetzl Renten- u PensionsAnspr (vgl Krfld NJW **74**, 368), da sie dem VersorggsAusgl unterliegen (§ 1587 Rn 5), ebsowenig LebVersi- cherg auf Rentenbasis (§ 1587a II Z 5) im Ggs zu solchen auf Kapitalauszahlg, auch wenn zZw der Al- tersversorgg (Nürnb NJW **76**, 899). Auch die Anwartsch aus einem ErbVertr unterliegt nicht dem Zu- gewAusgl (Koblz FamRZ **85**, 286). Die Anwartsch eines Soldaten auf Zeit auf Übergangsgebührnisse gem SVG 11 ist bei der Berechng des ZugewAusgl ebenf nicht zu berücks (BGH NJW **80**, 229; aA 39. Aufl mNachw). Zur **Grundrente** § 1374 Rn 6. Der Inkassobestand einer als Gesellsch betriebenen Ver- sAgentur, der nicht übertragb od vererbb ist, ist rein subjektbezogen u fällt damit aus dem ZugewAusgl heraus (Kblz FamRZ **79**, 131).

b) Bei der Feststellg des EndVerm sind die **Verbindlichkeiten** abzuziehen, jedoch (wie sich aus I 2 4 ergibt) idR nur soweit, als AktivVerm vorh ist; das EndVerm kann also grdsl äußerstenf 0 betragen, nicht passiv sein. Schulden bleiben mithin insof außer Betr, als sie das AktivVerm überschreiten (§ 1373 Rn 4). Unerhebl ist, ob im EndVerm noch dieselben Ggstde od Ersatzstücke des AnfgVerm vorhanden sind, überh welches Schicksal dieses gehabt hat (§ 1374 Rn 13), also auch ob es ganz verloren gegangen od sich vollst, den Ggstden u Werten nach, verändert hat. Bei Berechng des Zugew werden nur Werte, nicht Ggstände verglichen; auch das EndVerm ist eine Rechngsgröße. Schulden sind voll abzusetzen; nicht etwa nur TeilBerücks m Rücks darauf, daß sie sich bereits f den nachehel Unterh mindernd ausge- wirkt h (BGH NJW-RR **86**, 1325). Gleichgült auch der Grd der Verbindlk, so daß Darl zur Anschffg v Hausr auch dann voll abgesetzt w kann, wenn der AusglBerecht die Ggstde im HausrVerf gg Zahlg einer geringeren Summe übern h (BGH NJW-RR **86**, 1325). Absetzb auch am Stichtg fällige UnterhVer- pfl, auch solche der Eheg untereinand (Hamm FamRZ **92**, 679), insb ausgeurteilte UnterhRückstde (Cel- le FamRZ **91**, 944), sowie nicht einklagb, aber sittl bindendes gesetzl Renten- u PensionsAnspr (Ffm FamRZ **90**, 998). Vom EndVerm jedes Eheg sind entspr § 426 I **Gesamtschulden** zur Hälfte abzusetzen, auch wenn nach Umschuldg ein Eheg AlleinSchu geworden ist (BGH FamRZ **91**, 1162). Hat dagg ein Eheg im Innenverhältn die GesSchuld allein zu tilgen od ist der and Eheg zur anteiligen Schuldtillg nicht in der Lage, so kann der AlleinSchu auf Leistg in Anspr genommene Eheg wg § 421 S 2 den GesamtBetr absetzen (Ffm FamRZ **85**, 482). Bei Tilgg dch einen Eheg allein ist es eine Frage der Ausleg, ob ihm gg den and ein AusglAnspr zustehen soll (BGH FamRZ **88**, 373). Bei Geltdmachg der ges Tilgg im ZugewAusgl steht dem tilgden Eheg kein AusglAnspr (§ 1372 Rn 7) mehr zu (LG Hildesh NJW-RR **92**, 1285). Zu den Verbindlkten gehören nicht **negative Kapitalkonten** aus Beteiligtgen an AbschreibgsGes (BGH FamRZ **86**, 37), wohl aber unabhäng von ihrer Fälligk vor dem Berechngsstichtag entstandene **Steuer- schulden** (Mü FamRZ **84**, 1096), wobei zu berücks ist, daß trotz gemeins Veranlagg der unterhbedürft Eheg gg den ausglpflicht Eheg idR einen FreihalteAnspr hat, so daß die ges StSchuld den Zugew des letzteren verringert (Hbg FamRZ **83**, 170). StVerbdlken aus dem zZw der Befriedigg der Zugew-

AusglFdg erfdl werdden Verk eines BetriebsGrdst sind bei der Bewertg des EndVerm zu berücks (Düss FamRZ **89**, 1181; § 1376 Rn 10). Evtl gem § 1587b III aufzubringde Beträge bleiben unberücks (Celle FamRZ **81**, 1067; vgl dazu iü: § 1587b Rn 31).

5 **3) Dem Endvermögen hinzuzurechnende Beträge, II. Zweck:** Es soll verhindert w, daß die Erziel eines Zugw u damit ein Ausgl gg den and Eheg vereitelt w. **Abschließende Aufzählung,** so daß auch ein auf UnterhZahlgen zurückzuführder Minussaldo gem I voll vom EndVerm abzusetzen ist (Karlsr FamRZ **86**, 167). **Auskunftsanspruch:** § 1379. Hinzuzurechnen sind dagg:

6 **a) Unentgeltliche Zuwendungen, II Nr 1.** Dahin gehören nicht nur Schenkgen, sond auch Stiftgen, ferner Ausstattgen, insow sie übermäßig sind, vgl Einf 1 vor § 516 u §§ 516 Rn 5ff, 1624 Rn 3. Schenkg kann auch bei Vertr zG Dritter vorliegen, § 516 Anm 1; gemischte Schenkg, § 516 Rn 13, ist nur mit dem als Schenkg anzusehenden Betrag hinzuzurechnen. Abfindungsklauseln in GesellschVertr, wonach beim Ausscheiden eines (Eheg)Gesellschafters u Fortsetzg der Gesellsch unter den übr eine Abfindg (§ 738 Rn 4ff) nur teilw oder überh nicht stattfinden soll, stellt nur dann eine unentgeltl Vfg zG der MitGesellschafter dar, wenn sie nicht für alle Gter gleichm gilt (Erm-Bartholomeyczik § 1375 Rdn 8, § 1376 Rdn 6–10); dagg für vollen Schutz Heckelmann, Abfindungsklauseln in GesellschVertr (1973) mit Beginn der 10-J-Frist iSv III bei Ende des Güterstds (ebso Reuter JuS **71**, 289; differenzierd Karsten Schmidt FamRZ **74**, 521). Schenkgen an den andern Eheg bleiben schon wg III außer Betr; zur Anrechng § 1380. Wird die Schenkg anläßl der Scheidg widerrufen, so kommt sie bei Rückgewähr in das Vermögen des Schenkers zurück, was sich auf seinen Zugew auswirkt, den sie bis dahin ohne Zurechngsmöglich verminderte. Keine Hinzurechng findet statt, wenn mit der unentgeltl Zuwendg einer sittl Pflicht oder einer auf den Anstand zu nehmden Rücks entsprochen wurde; s dazu §§ 534 Anm 1, 1425 II. Einer solchen entspricht auch die aus Billigk gebotene Schenkg zur Wahrg des FamFriedens (vgl KG JW **36**, 393); auch die Grdst-Schenkg an die gemeins einzige Tochter (Mü FamRZ **85**, 814). Hierher gehört auch die Ausstattg, sofern sie nicht übermäß ist.

7 **b)** Hinzuzurechnen ist ferner, **was verschwendet wurde, Nr 2.** Keine Verschwndg, wenn betrogener Ehem aus Enttäuschg, Wut u Verärgerg 15621 DM ausgibt (Schlesw FamRZ **86**, 1208).

8 **c)** Schließl bleiben **in Benachteiligungsabsicht vorgenommene Handlungen** vermögensmindergsmäßig auß Betr, **Nr 3;** vgl § 2287 Anm 2b. Erforderl mehr als Vorsatz (RG **57**, 162). Die BenachteiligsAbs muß als Erfolg gewollt sein, als leitender, wenn auch nicht ausschließl BewegGrd (KG FamRZ **88**, 171). Erkenntn allein genügt nicht (RG **126**, 297). Dolus eventualis ausreichd. Bei entspr Selbstschädig dch Selbstmord evtl keine Anwendg (Ffm FamRZ **84**, 1097). Eine BenachteiliggsAbs dürfte fehlen, wenn der Eheg die aus einer mißglückten Steuermanipulation ihm zugeflossenen VermVorteile gem § 812 I 2 2. Alt an seine Elt zurückgewährt (vgl BGH FamRZ **86**, 565/67).

9 **4) Gemeinsames zu 3a–c, II, III.** Schadensersatzfordergen auf Grund unerlaubter Handlgen, für die RegEntw I eine gleiche Regelg traf, fallen nicht unter II, müssen also von beiden Eheg getragen werden. Da Verbindlichkeiten vom EndVerm abzuziehen sind, I 1, genügt es für II, daß eine Verbindlichk nach Nr 1–3 bei Beendigg des Güterstandes eingegangen ist; die Hinzurechng bewirkt jedoch, daß praktisch ein Abzug nicht stattfindet. Bestand eine solche Verbindlichk bereits bei Eintritt des Güterstandes (Schenkgs-Verspr also in der Form des § 518, sonst II), wurde sie aber erst später erfüllt, so belastet sie nicht das End-, sond das Anfangsvermögen, § 1374 I, so daß II nicht zum Zuge kommt. Praktische Bedeut von II aber gering, da, um die Gläub nicht zu benachteiligen, Höhe der AusglFdg durch den Wert des Vermögens begrenzt wird, der nach Abzug der Verbindlichk bei Beendigg des Güterstandes vorhanden ist, § 1378 II. Ist also das Vermögen des Eheg überschuldet, so fällt die aGrd von II errechnete AusglFdg zT aus. Beispiel: Anfangsvermögen 0, Endvermögen 10000 DM , Schulden 15000 DM, iS v II Z 1 unentgeltl zugewendet 10000 DM. Auszugehen von 20000 DM Endvermögen – 15000 DM = 5000 DM; AusglFdg von 2500 DM fällt aus, da sie nach Abzug der vorhergehenden Verbindlichk von 15000 DM ohne Deckg. Verhalten nach II gibt uUmst Klage auf vorzeitigen ZugewAusgl, § 1386 II; mit Rechtskr des Urteils tritt Gütertrenng ein, § 1388. Keine Hinzurechng, wenn Vermögensminderg mindestens 10 Jahre vor Beendigg des Güterstd eingetreten ist. Da die Eingehg der Verbindlichk zur VermMinderg genügt, kommt es auf Ztpkt der Eingehg an; die Erfüllg kann weniger als 10 Jahre zurückliegen. Auch keine Hinzurechng, wenn der andere Eheg mit der unentgeltl Zuwendg od Verschwendg einverstanden war, III. Beweispflichtig für diese Tatsachen der Eheg, der sich darauf beruft.

10 **5) Passives Endvermögen, I 2.** Von dem Grds, daß die Schulden nur bis zur Höhe des Endvermögens abgezogen w (Rn 4), macht I 2 eine Ausnahme, wenn ein Dritter vom benachteiligten Eheg in Anspr genommen w kann, weil dem Eheg gemäß § 1378 II eine AusglFdg nicht zusteht, § 1390. Es wäre folgendermaßen zu rechnen: Unterstellt AnfangsVerm 0. Bei Beendigg des Güterstandes AktivVermögen 15000 DM, Schulden 20000 DM = Endvermögen – 5000 DM zuzügl 10000 DM unentgeltl Zuwendg = + 5000 DM. Die Hälfte ist die ausgefallene AusglFdg bei einem AnfangsVerm dieses u einem Zugewinn des geschädigten Eheg von 0; durch Zahlg von 2500 DM könnte also der Dritte eine Herausg des Erlangten abwenden, § 1390 I 2; vgl Zahlenbeispiele bei Maßfeller Betr **57**, 502.

1376 *Wertermittlung des Anfangs- und Endvermögens.* [1]Der Berechnung des Anfangsvermögens wird der Wert zugrunde gelegt, den das beim Eintritt des Güterstandes vorhandene Vermögen in diesem Zeitpunkt, das dem Anfangsvermögen hinzuzurechnende Vermögen im Zeitpunkt des Erwerbes hatte.

[II]Der Berechnung des Endvermögens wird der Wert zugrunde gelegt, den das bei Beendigung des Güterstandes vorhandene Vermögen in diesem Zeitpunkt, eine dem Endvermögen hinzuzurechnende Vermögensminderung in dem Zeitpunkt hatte, in dem sie eingetreten ist.

[III]Die vorstehenden Vorschriften gelten entsprechend für die Bewertung von Verbindlichkeiten.

IV Ein land- oder forstwirtschaftlicher Betrieb, der bei der Berechnung des Anfangsvermögens und des Endvermögens zu berücksichtigen ist, ist mit dem Ertragswert anzusetzen, wenn der Eigentümer nach § 1378 Abs. 1 in Anspruch genommen wird und eine Weiterführung oder Wiederaufnahme des Betriebes durch den Eigentümer oder einen Abkömmling erwartet werden kann; die Vorschrift des § 2049 Abs. 2 ist anzuwenden.

1) Bewertungsgrundsätze (Lit: R Schröder, Wertermittlg des Auf- u EndVerm beim ZugewAusgl **1** 1991); Währd § 1373 den Begr des Zugew u die §§ 1374, 1375 angeben, wie die für den ZugewAusgl maßgebl RechngsGrößen Anfangs- u EndVerm gebildet w, gibt § 1376 deren Bewertg an. Es handelt sich um **nachgiebiges** Recht; Abänd bei Eintr od währd des Güterstd dch nicht zu beurkundden EheVertr (§§ 1408, 1410). IR des ZugewAusglVerf können sich die Eheg nach prozrechtl Vorschr auf einen bestimmten Wert des Anfangs- od EndVerm bzw auch nur einz VermGgste einigen. Sofern es nicht dazu kommt, ist der **wirkliche Wert** der einz VermGgste im BewertgsZtpkt zu ermitteln, wobei das G abgesehen von IV keine best **Bewertungsmethode** vorschreibt, deren Wahl dech Sache der TatRi ist (BGH FamRZ **86**, 39). IdR entscheidet der **Verkehrswert**, also der bei einer Veräußerg voraussichtl erzielb VeräußergsPr, so daß sich der Kaufmann nicht auf den Buchwert, der Grdst-Eigtümer nicht auf den EinhWert berufen kann. Anderers kommt es nicht darauf an, daß sich der (Verk)Wert sogleich realisieren ließe (BGH NJW **92**, 1103 KapLebVers; FamRZ **92**, 918 EinFamHs). Auch die Steuerwerte sind nicht maßgebd. Eine Bewertg zum Liquidationswert ist nur gerechtf, wenn die Liqu zwangsläuf Folge des ZugewAusgl ist (BGH NJW **93**, 2804; **95**, 2781). Im **Prozeß** müssen die Wertangaben des AusglBerecht hins des AnfgsVerm wg § 1377 I substantiiert bestr w; beim EndVerm entsch ü die Notwendigk der BewAufn die eig Sachkunde des Ger (BGH **107**, 236).

2) Bewertung einzelner Gegenstände. a) Grundstücke (Lit: Lau ZMR **78**, 5; Rössler/Langner u a, **2** Schätzg u Ermittlg v GrdstWerten, 6. Aufl; Zimmermann/Heller, Der VerkWert von Grdst, 1995): Unerhebl sind die HerstellgsKosten (BGH **10**, 171; **17**, 236). Maßgebl der Substanzwert, ggf modifiziert dch den Ertragswert (BGH JZ **63**, 320; NJW **70**, 2018; WPM **77**, 302). Die Bewertg kann nach der WertermittlgsVO betr des VerkWertes v Grdsten idF v 15. 8. 72 (BGBl 1416/ Sartorius I Nr. 310) erfolgen (BGH NJW **90**, 112/ 3), wobei das Ergebn des bei Miethäusern in Betr kommden ErtragswertVerf allerd krit zu würdigen ist (Ffm FamRZ **80**, 576). Zur BewWürdigg v GA des GA-Ausschusses: Oldbg FamRZ **92**, 451. Auch darf ein Mittelwert zw Sach- u Ertragswert zGrde gelegt w (BGH FamRZ **86**, 39 EigtWohng). Bei ungünst Marktlage ist entscheidd, ob der Preisrückgang als vorübergehd einzuschätzen ist (BGH FamRZ **92**, 918; vgl Rn 1). Ein vorübergehder Preisrückgang braucht nicht dch einen rezessionsbedingten Abschlag berücks zu w, wenn der VermGgst überh nicht zum Verkauf anstand, sond zB zu WohnZw benutzt w sollte (BGH FamRZ **86**, 40; Celle FamRZ **92**, 1300). Für die Wohnflächenberechng entscheidet die tatsächl Nutzg od NutzgsAbsicht (Celle FamRZ **81**, 1066). Bei Belastg des Grdst mit einem befr dingl WiederkaufsR kommt es darauf an, ob die AusglFdg ohne Liquidierg des Grdst befried w kann (BGH NJW **93**, 2804). Bei zur Versilberg zwingder Wertermittlg ggf § 1382 (Hohloch NJW **95**, 305). Bewertg eines der Mietpreisbindg unterliegden MehrFam-Hauses: Düss FamRZ **89**, 280. ErbbauRBewertg: BayObLG **76**, 239. **Landwirtschaftliche** Grdste: Steffen RdL **76**, 116; vgl iü Rn 4. Bei der Bewertg v **Heimstätten** ist der obj ErwerbsPr (RHeimstG 15) anzusetzen. Zu berücks also, daß der Heimstätter in der freien Vfg ü dieses Eigt beschr ist; anderers kommt es auf die im Augenbl der Bewertg realisierb Veräußerbark nicht an, sond dann allenf Stundg (BGH NJW **75**, 1021).

b) Unternehmen und Gesellschaftsbeteiligungen (Lit: Großfeld, Untern- u AnteilsBewertg im Ge- **3** sellschR 3. Aufl 1994; Niehues BB **93**, 2241; Klingelhöffer, Die Ehescheidg des Untern, 1992; sa Hptfach-Aussch DW WirtschPrfg **44**, 423; Buchner/Englert BB **94**, 1573; Kraus-Grünewald BB **95**, 1839): Zu ermitteln ist der Firmenwert einschl stiller Reserven. Ein neg GeschWert kommt nicht in Betr (vgl dagg zum SteuerR Bachem BB **95**, 350 mN). Der Wert der Beteiligg an einer PersGesellsch ist, da der GesellschAnteil grds unveräußerl ist (§ 719), das zum Stichtag festgestellte AuseinandSGut (§ 738). Zu den AbfindgsKlauseln Rn 7. Am einfachsten ist die Bewertg auch hier, wenn sich hypothet ein Verkaufserlös feststellen läßt (BGH NJW **82**, 2441); andernf erfolgt die Bewertg mit Hilfe der Ertragswertmethode, so daß die in Zukft mögl NettoEinn aus dem Untern, kapitalisiert auf den Stichtag der Bewertg, den UnternWert darstellen (ausführl Bsp: Düss FamRZ **84**, 699 Druckerei). Die Ertragsprognose ist aber nicht unproblemat (Rid aaO). Bedenkl ist das ErtragswertVerf als ausschließl Methode auch dann, wenn aGrd einer einheitl Bewertg von Grdst u Schuhgeschäft der Ertragswert um 200000 DM unter dem Substanzwert liegt u trotzdem der Ertragswert zGrde gelegt w (Kblz FamRZ **83**, 166). Zur Bewertg eines HandwBetr Bambg FamRZ **95**, 607.

c) Land- und fortwirtschaftlicher Betrieb, IV (Lit: Kroeschell, Bewertg landwirtschaftl Betriebe **4** beim ZugewAusgl, 1983; ferner FamRZ **86**, 468; Köhne AgrarR **86**, 41; Damm, Bewertg landwirtsch Betriebe beim ZugewAusgl 1986 u AgrarR **87**, 209; Reform: Faßbender AgrarR **90**, 243). Abweichend vom allg BewertgsGrds (Rn 1) wird nicht der Verkehrs-, sond der **Ertragswert** zGrde gelegt (Schlesw SchlHA **81**, 147). Zur Ermittlg desselben sind iW statischer Verweisg nur die bei Verkündg des GleichBerG geltden landesrechtl Regelgn heranzuziehen (BVerfG NJW **85**, 1329; zu den gesetzgeber Konsequenzen: Stöcker u Rinck AgrarR **86**, 65 u 69). Der dch G v 14. 9. 94 (BGBl I 2324) eingef IV 2. Hälfte des 1. Halbs beschränkt mRücks auf BVerfG **67**, 348 u NJW **89**, 3211 (vgl 53. Aufl) die Anwendg des ErtragswVerf auf die Fälle, in denen der ld- od forstw Betr auch als solcher dch den Eigtümer od einen Abk (Überbl 2 u 4 v § 1589) bewirtsch w. Die Berücks entfernterer Verwandter überschreitet die verfrechtl zuläss Opfergrenze des möglicherw ausglberecht Eheg. Das ErtragswPrivileg soll darüber hinaus nur noch dem Eheg zugute kommen, der als Eigtümer aus § 1378 I in Anspr gen wird. Das hat zur Folge, daß ggf eine zweistuf Berechng erfolgen muß (Einzelh BT-Drucks 12/7134 S 7f). Für die künft Fortführg der ldwirtsch Bewirtschftg ist der Eigt bewpflicht (BGH FamRZ **89**, 1276). Bei Bewertg nach II sind die den Veräußergs-lös mindernden Steuern (EStG 14ff) zu berücks (BGH FamRZ **89**, 1276). Voraussetzg für die Anwendg von IV ist iü, daß der Betr sowohl beim Anfangs-, vgl auch § 1374 II, wie beim EndVerm zu berücks ist. Er ist also – ggf nachträgl, § 1377 – für das AnfangsVerm mit dem Verkehrswert anzusetzen, wenn er währd des Güterstd verkauft wurde. Währd der Ehe hinzuworbene landw Nutzflächen sind im EndVerm mit dem

VerkW anzusetzen, es sei denn der Erwerb war zur Erhaltg der Lebfähigk des Betr erfdl (BGH **113**, 325; Schipprowski FuR **92**, 225). VerkW uU auch maßg, wenn Bauland aus dem land- od forstwirtsch Betr angegliedert w kann, ohne die BetrFortführg zu gefährden (vgl BGH **98**, 382) od auch f Zuckerrübenaktien (BGH **113**, 325). Wg Ermittlg des Ertragswertes § 2049 Rn 3 sowie EG 137 (BT-Drucks 12/7134 S 6). Keine entspr Anwendg von IV iRv §§ 1477 II, 1478 (BGH FamRZ **86**, 776). Für Härtefälle bleiben §§ 1381, 1382 (BT-Drucks 12/7134 S 8).

5   **d) Andere Vermögenswerte** sind nach ihrem VeräußergsWert zu bewerten. Für **Aktien** ist der Kurswert (mittlerer Tageskurs des nächstgelegenen Börsenplatzes) maßgebl (and LG Bln FamRZ **65**, 438: „Wahrer Wert"). Bei Aktienpaketen Aufschl zul. **Dauerrechte** wie Nießbr (BGH FamRZ **88**, 593; KG FamRZ **88**, 171), WohnR (Kblz FamRZ **88**, 64), Renten usw sind zu kapitalisieren (vgl aber § 1374 Rn 7). Vgl Schneider/Schlund/Haas, Kapitalisiergs- u VerrentgsTab, 2. Aufl 1992; Schlund BB **93**, 2025. Leasing bleibt unberücks (Brauckmann FamRZ **91**, 1271). **Forderungen** sind zum NennBetr anzusetzen; bedingte, ungewisse od unsichere Rechte sind zu schätzen; § 2313 ist nicht entspr anzuwenden (BGH NJW **83**, 2244). Bei fehlder Fälligk u Verzinslichk findet wed bei Fdgen noch bei Verbindlk (aA BGH NJW **90**, 3018) eine Abzinsg statt (and Gernhuber NJW **91**, 2240f, der danach differenziert, ob das Geld in den Händen der Eheg gewinnbringend verwaltet w sollte). Zum AnwartschR des Nacherben: § 1374 Rn 9. Beim aktiven Handelsvertreter ist der AusglAnspr n HGB 89b am Stichtag eine bl Chance ohne aktuellen VermWert (BGH **68**, 163). Die Anwartsch aus einer **Kapitallebensversicherung** ist nur dann mit dem Rückkaufswert anzusetzen, wenn am Stichtag die Fortführg des VersVertr nicht zu erwarten ist u auch dch eine Stundg der AusglFdg nicht ermögl w kann (BGH NJW **95**, 2781). Für die auf dieser Prognose beruhde Wertermittlg gibt es iRv ZPO 287 II versch Methoden, die vom RevGer nur beschr nachgeprüft w (vgl mN dazu anschaul BGH NJW **95**, 2781). Bei einer gemischten KapLebVers, dh mit gespaltenem BezugsR je nach Erstversterben, ist bei beid Eheg ein aufschiebd bzw auflösd bedingtes Anrecht in den Zugew einzustellen (BGH **118**, 242; Hohloch NJW **95**, 304; Voit FamRZ **92**, 1385 u 93, 508).

6   **3) Sonderprobleme der Bewertung. a)** Bei Unternehmen (Lit: Reimann FamRZ **89**, 1248; Wollny BB **91**, Beil 17; Großfeld, Untern- u Anteilsbewertg im GesellschR, 3. Aufl 1994; Kraus-Grünewald BB **95**, 1839), UnternBeteiliggen usw ist auch der **Goodwill** als der innere, nicht unmittelb auf Sachwerte rückführb Wert mit zu berücks (BGH **75**, 195). Bei **personenbezogenen Unternehmen,** insb **freiberuflichen Praxen** (Frielingsdorf, PraxWert, WertBest in Arzt- u ZahnA-Prax, 1989; Kotzur NJW **88**, 3239; Klinglehöffer FamRZ **91**, 882; vgl iü die vom Vorstand der BÄrzteKa beratene Richtlinie zur Bewertg v ArztPrax, Dt ÄrzteBl **84**, 1987, B 671; zur steuerrechtl Behdlg NJW **95**, 1273), kommt es darauf an, ob ihr Wert dch Übertr bzw Vererbg obj realisierb ist, was anzunehmen ist, wenn Praxisverkäufe übl sind bzw vorkommen zu einem über den Sachwert der Einrichtg liegden Preis (BGH FamRZ **77**, 40 VermessgIng). Auch bei kleineren HandwerksBetr darf ein Goodwill nur dann angesetzt w, wenn Betriebe der in Frage stehden Art als Ganzes veräußert u dabei Preise erzielt w, die über den reinen Substanzwert hinausgehen (BGH **70**, 224 Bäckerei). Bei ledigl höchstpersönl Nutzbark bleibt die EinkQuelle wie beim unselbstd Erwerbstät unberücks (BGH **68**, 163 HGB 89b), zB bei einem Architekturbüro (Mü FamRZ **84**, 1096). Bei einer **RA-Sozietät** (Eich, Die Bewertg von AnwPraxen, 1995) entscheidet über den Goodwill der SozietätsVertr (Saarbr FamRZ **84**, 794; Ffm FamRZ **87**, 485), so bspw eine RentenVerpfl ggü früh Sozius (AG Weilbg NJW-RR **86**, 229). Vgl iü den Ausschußbericht der BRAK-Mitt **86**, 119. Zur Bewertg des Goodwills eines KG-Anteils: Schlesw FamRZ **86**, 1208; einer ArztPrax: BGH NJW **91**, 1547; Kblz FamRZ **88**, 950.

7   **b) Abfindungsklauseln** in GesellschVertr (Lit: Reimann FamRZ **89**, 1248; DNotZ **92**, 472), wonach iF des Ausscheidens eines Gesellschafters die stillen Reserven u der Goodwill bei der Festsetzg der Abfindg wertmäß unberücks bleiben sollen (§ 738 Anm 2d), wirken sich grdsätzl wertmindernd aus (BGH **75**, 195). Angesichts der verschiedenen LösgsVorschläge (Vollwert: Kohl MDR **95**, 871; Klauselwert; Mittelwert zw beiden; vorl Lösg entspr § 2313 II 1; Einsetzg des Vollwerts mit nachträgl Korrektur entspr § 2313 I 2) u der Notwendigk, den ZugewAusgl ggf im VerbundVerf zu erledigen, empfiehlt es sich am ehesten, vom Vollwert auszugehen u Risikoabschläge nur dann vorzunehmen, wenn ein Ausscheiden als Gesellschafter naheliegt (Benthin FamRZ **82**, 344 mN). Denn der maßgebl Wert wird dch die WeiternutzgsMöglk dch den Inh bestimmt, so daß für den BewertgsStichtag nicht der Erbfall unterstellt w darf (BGH NJW **87**, 321). In einer AbfindgsKlausel kann auch eine dem EndVerm hinzuzurechnde Schenkg liegen (§ 1375 Rn 6).

8   **c) Maßgebende Zeitpunkte: aa)** Beim **Anfangsvermögen** (§ 1374 I) ist für die Bewertg der Eintritt des Güterstd (§ 1363 Rn 2) maßgebd, für die übergeleiteten Güterstde (§ 1363 Rn 1) der 1. 7. 58, dh der Tag des Inkrafttr des GleichberG (Art 8 I Nr 3–5; Grdzüge 12 v § 1363). Beim AnfangsVerm zuzurechndes Verm (§ 1374 II) der Ztpkt des Erwerbs. Auf den Liquidationswert am Stichtag ist auch dann abzustellen, wenn das **9** kaufmänn Untern 3 J später ohne Erlös liquidiert wurde (BGH NJW **82**, 2497). – **bb)** Maßgebder Ztpkt für das **Endvermögen** ist die Beendigg des Güterstd (§ 1372 Rn 13); wird letzterer vorzeit beendet, so gelten die früher liegdn Ztpkte der §§ 1384, 1387. Ist bei der Berechng des EndVerm eine Wertmindrg hinzuzurechnen (§ 1375 II), so ist der Wert im Ztpkt des Eintritts der Verminderg maßg. Bei wirtsch sinnvoller Verwertg ist ggf ein späterer BewZtpkt zGrde zu legen u die AusglFdg zu stunden (BGH **117**, 70).

10   **d)** Die für das Anfangs- u EndVerm maßgebden Ztpkte gelten auch für die **Bewertung von Verbindlichkeiten,** die iü nach ihrem NennBetr anzusetzen sind, bei Ungewißh Schätzg. Belasten sie das Anfangsod das ebenso hinzuzurechnde Verm, ist weder der Ztpkt ihrer Entstehg noch ihrer Erfüllg entscheidd, sond ob sie zum maßgebden BewertgsStichtag vorhanden waren. Fällt eine solche Verbindlichk später (zB dch Erlaß) weg, so ändert das am AnfangsVermWert nichts. Schwebt hingg währd des Stichtags ein RStreit über die Verbindlichk u stellt sich später heraus, daß sie nie bestanden hat, so ist sie zu streichen, selbst wenn sie bei Aufstellg des AnfangsVerm (§ 1377) aufgeführt war. Umgekehrt ermäß sich das AnfangsVerm, wenn sich später herausstellt, daß es mit einer erst später erkannten od geltd gemachten Verbindlichk belastet war. Wg der Beweislast für die Höhe des AnfangsVerm: § 1377 Rn 4. Bei Beendigg des Güterstd vorhandene Verbindlk werden mit dem Wert in dem Ztpkt angesetzt, der für die Berechng des EndVerm maßg ist. Beim VerkW sind mit der Veräußg verbundene Kosten ebso wie die bei der Veräuß gem EStG

14 ff anfallden **Steuern** abzusetzen (Dörr NJW **91**, 1092; vgl iü § 1378 Rn 2). Die StSchuld aus der Veräußg eines BetrGrdst zZw der Befriedigg des ZugewAnspr ist ggf zu schätzen (Düss FamRZ **89**, 1181). Wertmindernd kann sich auch eine latente StLast auswirken, dh bei einer zZt nicht beabsicht Veräußerg anfallde ErtragsSt, insb dann, wenn bei der Wertermittlg Beträge angesetzt w, die sich nur dch Veräuß des Betr erzielen lassen (BGH FamRZ **89**, 1276/79; NJW **91**, 1547/ 51; Tiedtke FamRZ **90**, 1188). Beim aktiven Handelsvertreter ist der AusglAnspr (HGB 89 b) am Stichtag eine bl Chance u hat noch keinen VermWert (BGH **68**, 163).

4) Kaufkraftschwund (v Olshausen FamRZ **83**, 765). Vgl zunächst § 1373 Rn 5 aE. Es handelt sich bei **11** Anfangs- u EndVerm ledigl um für den Stichtag festgestellte Rechngsgrößen (vgl § 1373 Rn 1, 2). Wird also das zum AnfangsVerm eines Eheg gehörige Grdst währd des Güterstds wertvoller, so ist das echter Wertzuwachs, also Zugew, der ggf zum Ausgl führt. Dagg ist, was vAw zu berücks ist (Düss FamRZ **81**, 48), die allein dch die Geldentwertg eingetretene nominale Wertsteigerg des AnfangsVerm nur **unechter Zugewinn**, der nicht auszugleichen ist (BGH **61**, 385, Anm Herm Lange JZ **74**, 295; Hamm FamRZ **73**, 654); denn die Werterhöhg ist hier nur scheinb, näml die Folge davon, daß bei der Differenzrechng Anfangs- u EndVerm mit einem äußerl gleichen, in Wahrh aber unterschiedl Maßst bewertet w. Die ehel LebGemsch rechtfertigt es nicht, die im allg als VermVerlust zu verbuchde Geldentwertg zum Vorteil des insow dann ausgleichsberecht Eheg ausschlagen zu lassen (aA Godin MDR **66**, 722). Aus dem Prinzip des Nominalismus (§ 245 Anm 2) folgt ledigl die Erfüllbark v GeldBetr- od Geldsummenschulden zum Nennwert in der gesetzl WährgsEinh, dagg nicht, daß ein erst später entstehder AusglAnspr zu einer Beteiligg an einem nicht währd des Güterstds hinzugewonnen od veränderten Sachwert führt (BGH **61**, 392). Zur Berücks des KaufKrSchwundes wird das **gesamte Anfangsvermögen** umgerechnet, also nicht festgestellte Gebrauchsgüter ausgeschieden od unter Unterscheidg von Ggstden, die sich gleicherw im Anf- wie im EndVerm befinden (Hamm FamRZ **84**, 275). Die **Berech- 12 nung** des KaufkrSchwundes der DM erfolgt unter Heranziehg des statist Jahrbuchs für die BuRep Dtschl dadch, daß man nach der Formel „(Wert des AnfVerm bei Beginn des Güterstds × LebenshaltsIndex zum Ztpkt der Beendigg des Güterstds): LebenshIndex zZt des Beginns des Güterstds" den EinsatzBetr für das AnfangsVerm gewinnt, der dann von dem Wert des EndVerm abgezogen w u den realen Zugew ergibt (BGH **61**, 393; Gernhuber § 36 VI; krit Stuby FamRZ **67**, 187, wg der Beziehg der Indexzahlen auf verbrauchb Güter. Vgl iü § 1381 Rn 7). Bei Berücks des KaufkrSchwundes sind nicht EinzelGgste herausgreifb, sond ist auf das gesamte AnfVerm abzustellen (BGH WPM **75**, 28). Ist Geld im AnfVerm enthalten, muß dieses ebenf umgerechnet w (Ffm FamRZ **83**, 395; aA Gernhuber FamRZ **84**, 1060). Beträgt das AnfVerm wg der Schulden 0 (§ 1374 Rn 3), ändert daran auch die Geldentwertg nichts; insb dürfen nicht die Schulden zum NominalBetr gerechnet u evtl AktivVerm umgerechnet w (Hbg FamRZ **83**, 168); der Wert des EndVerm ist in einem solchen Fall der auszugleichde Zugew (BGH NJW **84**, 434 RevEntsch). Ggstde, die im Laufe des Güterstd erworben w u gem § 1374 II dem AnfVerm hinzuzurechnen sind, werden mit dem für den ErwerbsZtpkt maßgebden Faktor umgerechnet (BGH **101**, 65; Gernhuber FamRZ **84**, 1061 mNachw; aA v Olshausen NJW **87**, 2814).

Preisindex für die Lebenshaltung 13
1985 = 100

(Quelle: Statist. Jahrb 1995 S 636)

1958	1959	1960	1961	1962	1963	1964	1965	1966	1967	1968
38,8	39,1	39,7	40,7	41,8	43,1	44,1	45,6	47,2	47,9	48,5

1969	1970	1971	1972	1973	1974	1975	1976	1977	1978	1979
49,5	51,1	53,7	56,6	60,4	64,5	68,4	71,5	73,9	75,8	78,7

1980	1981	1982	1983	1984	1985	1986	1987	1988	1989	1990
82,8	88,1	92,7	95,8	98,0	100	99,8	99,9	101,0	103,9	106,7

1991	1992	1993	1994*)
110,5	114,9	119,3	122,8

*) *Die obigen Werte beziehen sich auf die alten Bundesländer. Der Preisindex für die Lebenshaltung im Gebiet der früheren DDR ab 1991 findet sich a. a. O. S. 640.*

1377 *Verzeichnis des Anfangsvermögens.* [1] **Haben die Ehegatten den Bestand und den Wert des einem Ehegatten gehörenden Anfangsvermögens und der diesem Vermögen hinzuzurechnenden Gegenstände gemeinsam in einem Verzeichnis festgestellt, so wird im Verhältnis der Ehegatten zueinander vermutet, daß das Verzeichnis richtig ist.**

[II] **Jeder Ehegatte kann verlangen, daß der andere Ehegatte bei der Aufnahme des Verzeichnisses mitwirkt. Auf die Aufnahme des Verzeichnisses sind die für den Nießbrauch geltenden Vorschriften des § 1035 anzuwenden. Jeder Ehegatte kann den Wert der Vermögensgegenstände und der Verbindlichkeiten auf seine Kosten durch Sachverständige feststellen lassen.**

[III] **Soweit kein Verzeichnis aufgenommen ist, wird vermutet, daß das Endvermögen eines Ehegatten seinen Zugewinn darstellt.**

1) GleichberG Art 1 Z 9. Da seit Beginn des Güterstandes idR längere Zeit verstrichen sein wird, erleichtert **1** § 1377 die Feststellg des Ausgangspunktes für die Berechng des Zugewinns, indem er Beweiserleichtergen an die Aufstellg eines Inventars knüpft; die Aufnahme eines derartigen Verzeichnisses also empfehlenswert, vgl auch Anm 4. Aber keine Verpflichtg zu seiner Aufstellg. Gesetz überläßt es vielm den Eheg, ob sie sich ggseitig über den Bestand ihres AnfangsVerm Ausk geben wollen. Eine solche Verpflichtg besteht auch nicht währd des Bestehens des Güterstandes, da das zu einer Quelle von Streitigk werden könnte, sond erst nach seiner Beendigg, § 1379 S 1. Wohl kann uU aber die Verweigerg der Unterrichtg über den Bestand des Vermögens Klage auf vorzeitigen ZugewAusgl zur Folge haben, § 1386 III.

2 **2) Inhalt des Verzeichnisses, I,** soll den Bestand u den Wert des Anfangsvermögens, §§ 1374 I, 1376 I, also auch die Angabe der Verbindlichk enthalten; desgl die dem Vermögen hinzuzurechnenden Ggstände, § 1374 II, u deren Wert zZ des Erwerbs, § 1376 I.

3 **3) Die Aufnahme des Verzeichnisses, II.** Es ist, damit es Wirkg für die spätere Berechng des Zugewinns hat, Rn 4, gemeinsam aufzustellen. Jeder Eheg kann die Mitwirkg des anderen verlangen; notf im Prozeßwege, ZPO 888 I, jedoch muß die MitwirkgsPfl auch dann als erfüllt angesehen w, wenn der andere Eheg Vorbehalte macht, die mit Rücks auf die spätere Benutzg des Verzeichnisses zweckmäßigerw zu begründen sind, Buchwald BB **58**, 493. Zur Mitwirkg genügt nicht Übersendg eines solchen Verzeichnisses an den anderen Eheg od Vorlage; die Eheg od ihre Bevollmächtigten müssen vielm persönl zusammenkommen, auf Verlangen muß das Vermögen in seinen einzelnen Bestandteilen nachgewiesen und das Verzeichnis unter Angabe des Tages von beiden Teilen unterzeichnet werden, RG **126**, 106. Auch öff Beglaubigg der Unterzeichng kann verlangt werden, § 129 Anm 1. Jeder Eheg, also auch der andere, kann verlangen, daß das Verzeichnis durch die zust Behörde, den zust Beamten od Notar aufgenommen wird, § 1035. Jeder Eheg kann auf seine Kosten den Wert der VermGgstände und Verbindlichk unter Beachtg von § 1376 durch Sachverst feststellen lassen; er hat auch die Kosten vorzuschießen. Erwirbt ein Eheg Verm, das dem AnfangsVerm zuzurechnen ist, § 1374 II, Ergänzg des Verzeichnisses zweckmäßig, um III auch insof zu vermeiden.

4 **4) Wirkung, I, III.** Die Aufstellg eines solchen Verzeichnisses bewirkt, daß im Verhältnis der Eheg zueinander seine Richtigk bis zum Beweise des Ggteils durch den bestreitenden Eheg vermutet wird, I; die Eheg können aber auch vereinbaren, daß von der vorgenommenen Bewertg ausgegangen werden soll, eine andere ausgeschl wird, so daß dann der Beweis der Unrichtigk, soweit diese Erkl nicht etwa wg §§ 119 ff anfechtbar ist, entfällt. Ist kein Verzeichnis aufgenommen, so wird, solange GgBeweis nicht geführt, vermutet, daß ein AnfangsVerm nicht vorhanden war, das gesamte EndVerm eines Eheg also sein Zugew ist, III. Es genügt dann bei der AuseinandS für die Begründg der AusglFdg die Darlegg des Endvermögens des anderen Eheg, die der fordernde Eheg gemäß § 1379 durchsetzen kann, und die des eigenen Zugewinnes. Es empfiehlt sich also, daß alle Eheg, die seit dem 1. 7. 58 im gesetzl Güterstd leben, für diesen Tag ein AnfangsVermVerz aufstellen od es schleunigst nachholen.

1378 *Ausgleichsforderung.* [I]**Übersteigt der Zugewinn des einen Ehegatten den Zugewinn des anderen, so steht die Hälfte des Überschusses dem anderen Ehegatten als Ausgleichsforderung zu.**

[II]**Die Höhe der Ausgleichsforderung wird durch den Wert des Vermögens begrenzt, das nach Abzug der Verbindlichkeiten bei Beendigung des Güterstandes vorhanden ist.**

[III]**Die Ausgleichsforderung entsteht mit der Beendigung des Güterstandes und ist von diesem Zeitpunkt an vererblich und übertragbar. Eine Vereinbarung, die die Ehegatten während eines Verfahrens, das auf die Auflösung der Ehe gerichtet ist, für den Fall der Auflösung der Ehe über den Ausgleich des Zugewinns treffen, bedarf der notariellen Beurkundung; § 127 a findet auch auf eine Vereinbarung Anwendung, die in einem Verfahren in Ehesachen vor dem Prozeßgericht protokolliert wird. Im übrigen kann sich kein Ehegatte vor der Beendigung des Güterstandes verpflichten, über die Ausgleichsforderung zu verfügen.**

[IV]**Die Ausgleichsforderung verjährt in drei Jahren; die Frist beginnt mit dem Zeitpunkt, in dem der Ehegatte erfährt, daß der Güterstand beendet ist. Die Forderung verjährt jedoch spätestens dreißig Jahre nach der Beendigung des Güterstandes. Endet der Güterstand durch den Tod eines Ehegatten, so sind im übrigen die Vorschriften anzuwenden, die für die Verjährung eines Pflichtteilsanspruchs gelten.**

1 **1) Gg** die **Verfassungsmäßigkeit** der §§ 1378 ff bestehen keine Bedenken (BGH WPM **78**, 1390). Wird der Güterstd auf and Weise als dch Tod beendet (§ 1372) od kommt es bei Beendigg dch Tod zur güterrechtl Lösg (§ 1371 Rn 12), so w der Zugew jedes Eheg berechnet (§§ 1373 ff) u der Betr, um den der Zugew des 2 einen Eheg den des and übersteigt, dch Beteiligg des and am Überschuß ausgeglichen. Eine dingl Beteiligg findet im Ggsatz zur erbrechtl Lösg (§ 1371 I) nicht statt; die Beteiligg besteht ledigl in einer **auf Geld gerichteten persönlichen Forderung, I.** Daran ändert auch § 1383 nichts, wonach auf Antr das FamG best Ggstde in Anrechng auf die AusglFdg übertragen k. **Steuern** (W. Müller DAV **95**, 284f): Aufwendgen für den ZugewAusgl sind keine außergewöhnl Belastg iSv EStG 33 (BFH FamRZ **94**, 890; Ausn BFH BStBl II **89**, 706), auch nicht Verzugszinsen od bei Zinsen für einen zur Erfüllg der AusglVerpfl aufgen Kredit (BFH DB **93**, 1855). Zur latenten StLast auf den ZugewAusglAnspr vgl Fischer-Winkelmann FuR **93**, 1. Vgl iü § 1376 Rn 10. Die ZugewAusglSchuld ist iSv ErbStG NachlVerbdlk (BFH NJW **93**, 2461). Das Interesse an der Übertr v Sachen ist iü genügd dch die ggständl Teilg des **Hausrats** gewahrt (HausratsVO 3 8 ff, abgedr Anh II zum EheG). Für die Entstehg der AusglFdg ist die Ursache f den Zugew ohne Belang, da der Ausgl in der LebGemsch seinen Grd hat; berufl MitArb u HaushFührg stehen gleich. Desh Ausgl auch 4 bei unentgeltl MitArb od Arb des Mannes auf dem Hof seiner Mutter (BGH NJW **66**, 2111). Die AusglFdg **entsteht** erst mit der Beendigg des Güterstds (§ 1372 Rn 13). Von diesem Ztpkt an ist sie vererbl (BGH NJW **95**, 1832) u übertragb, **III,** währd die Pfändbk entgg ZPO 851 zunächst bleibt (ZPO 852 II). Vor diesem Ztpkt sind auch Vfgen nur eingeschränkt zul (Rn 13, 14). Die AusglFdg wird erst am Tage nach dem Eintr der RKraft des ScheidsVerbundUrt (Ffm FamRZ **82**, 806), bei vorzeit ZugewAusgl gem § 1388 (vgl Celle FamRZ **83**, 171) mit Rechtskr des ZugewAusglUrt **fällig** (§ 271 I), kann jedoch auf Antr dch das 5 FamG gestundet w (§ 1382). **Verzinsung** daher nicht nach §§ 288, 291, sond erst nach Inverzugsetzg nach Rechtskr. Sie ist konkursrechtl nicht bevorzugt (KO 61 Z 6; für ZwangsVergl KO 183, VerglO 75).

Umgek geht sie aber auch nicht den gewöhnl NachlFdgen nach (Reinicke Betr **60**, 1269), hat also auch nicht den schlechteren Rang des PflichttAnspr (KO 226 II Z 4). Wg § 1372 haben iF des Todes des sonst AusglBerecht dessen Erben keine AusglFdg (aA Bärmann AcP **157**, 172ff). Bei **Wiederheirat** der Eheg 6 untereinand od mit Dr bleibt der ZugewAusglAnspr bestehen; ggf ist die Verj gehemmt (Nürnb MDR **80**, 668). ErlediggsErkl steht Geltdmachg des ZugewAusgl aus der 1. Ehe nicht entgg (Hamm FamRZ **81**, 1065). Die **Klage** erfordert Angaben über das beiderseit Anf- u EndVerm, um daraus den Überschußsaldo ermitteln 7 zu k; es kann nicht einfach die Hälfte der in der Ehe gem Zugewenden zurückverl w (Oldbg FamRZ **91**, 814). Eine **Nachforderungsklage** ist nach rechtskr Entsch nur dann zul, wenn im ErstProz erkennb war, daß nur 8 eine TeilFdg geltd gemacht wurde (aA Düss FamRZ **84**, 795). Die ZugewAusglFdg kann auch iW eines **Zurückbehaltungsrechts** geltd gemacht w, auch wenn für die konnexen Fdgen unterschiedliche Ger-Zustdgken bestehen (Keller JR **85**, 322), es sei denn der AusglSchuldn befriedigt das SichergsBedürfn iaR und Weise (BGH **92**, 194 = FamRZ **85**, 48/153 mAv Seutemann). **Aufrechnung** mit nicht vor das FamG gehörenden GgFdgen zul (Kln NJW-RR **92**, 1287). **Sicherung** des Anspr: § 1389 Rn 4.

2) Höhe der Ausgleichsforderung. Die AusglFdg beträgt nach I iVm den Vorschr ü Anfangs- u 9 EndVerm (§§ 1374–1376), wonach der Zugew zunächst f jeden Eheg getrennt festzustellen ist, die Hälfte des ZugewÜberschusses des and Eheg. Diese starre Lösg ist als Ausgl dafür gewählt w, daß Eheg mittelb auch an dem Verlust des and beteiligt sind (§ 1373 Rn 3, § 1374 Rn 3, § 1376 Rn 10). Wg Ausgl v Härten hins der Höhe § 1381, wg Stundg § 1382. **Begrenzung der Ausgleichsforderung durch den Vermögenswert, II:** Um 10 die Gläub des and Eheg zu schützen, kann die AusglFdg (trotz §§ 1384, 1387) nie höher sein als die zur Vfg stehde Aktivmasse des ausglpflichtigen Eheg. Die Gläub gehen der Fdg vor. Das wird (wg §§ 1374 I Halbs 2, 1375 I) prakt insb iF von § 1375 II, wenn dem EndVerm der Betr zugerechnet wird, um den das Verm verringert w ist (Beispiel § 1375 Rn 9). Für die ausgefallene AusglFdg kann sich der berecht Eheg iFv § 1390 beim Dr Ersatz verschaffen (§ 1375 Rn 10; Reinicke BB **57**, 760 m ZahlenBsp). Für die Feststellg des Verm iSv II gilt der BerechngsStichtag des § 1384 auch nicht analog (BGH NJW **88**, 2369), so daß auch nach Rhängigk des ScheidgsAntr u möglicherw auf Verschwendg beruhde Verbindlk die AusglFdg begrenzen. II wird auch nicht dadch berührt, daß der ausglberecht Eheg gem § 1389 eine SicherhLeistg erlangt hat (BHG NJW **88**, 2369). Berechng der **Erbschaftsteuer:** § 1371 Rn 13.

3) Verjährung, IV, in Anlehng an § 2332 (dort Rn 2). Zur Beschleunigg der Abwicklg u wg Gefahr 11 unvermeidb BerechngsSchwierigk nach längerer Zeit ist die VerjFrist auf **3 Jahre** bemessen. Sie beginnt mit dem Ztpkt, in dem der Eheg (bzw sein GebrechlkPfleg; Ffm FamRZ **87**, 1147) von der Beendigg des Güterstd erfährt. Bei Möglk der AnschlBerufg bleibt die Rkraft bis zum Abschl des BerufgsVerf in der Schwebe (BGH **107**, 236; NJW **80**, 702). Bei Beendigg dch Scheidg u in gleichstehden Fällen (§ 1372 Rn 12) sowie bei Erwirkg eines Urt auf vorzeit Ausgl (§ 1388) entscheidd also, wann der berecht Eheg von dem rechtskr Urt Kenntn erlangt. Mündl Mitteilg genügt. Ebso RechtsMVerzicht in Anwesenh der Parteien (Kln FamRZ **86**, 482 mN). Nicht notw Kenntn v der AusglBerechtig; hierv wird sich der Eheg vielm sofort gem § 1379 die erforderl Kenntn verschaffen müssen. Kenntn ist nicht mit Dchführg des ZugewAusgl beauftr Anw des ScheidgsVerf unerhebl (BGH NJW **87**, 1766). Rechtsirrtum (zB über Eintr der Rechtskr des ScheidgsUrt bei PKH-Antr mit der Möglk der Wiedereinsetzg) kann Kenntn ausschl (BGH **100**, 203). Ohne Kenntn verj die Fdg in 30 J seit Beendigg des Güterstd. Für Unterbrech u Hemmg gelten die allg Vorschr (§§ 202ff); mithin Hemmg dch Stundg (§§ 1382, 202 I) od bei vorzeit Ausgl (§§ 1385ff) solange die Ehe besteht (§ 204 S 1). Unterbrech dch jede auf Geltdmachg des Zugew, also nicht notwendigerw auf Zahlg gerichtete LeistgsKl (BGH FamRZ **94**, 751), unabh v späterer Klerweitg (AG Straubing FamRZ **95**, 1070); ferner dch Anerkenng, die auch in der Erteilg der Auskunft (§ 1379) bzw der Bereitwillig dazu (Hbg FamRZ **84**, 892) liegen k, nicht dagg dch Erhebg der Klage auf Zahlg des PflichtT (BGH NJW **83**, 388) od AuskKl (vgl RG **115**, 27); vielm StufenKl erforderl (BGH FamRZ **95**, 797). Nach Erlaß des AuskUrt bei Nichtweiterbetr des RStr Verj in 3 J (Nürnb NJW-RR **95**, 1091). Zu den Erfordern der demnächst Zustellg iSv ZPO 270 III nF Celle FamRZ **78**, 414; ausreichd 2 Mo (Schlesw SchlHA **79**, 22). Gehen beide Eheg versehentl davon aus, daß sie MitEigtümer eines Grdst sind, steht der VerjEinrede die Einwand unzul RAusübg entgg (Kln FamRZ **82**, 1071). Ebso, wenn die Eheg nach ihrer Scheidg fast 3 J zusleben (AG Viechtach FamRZ **91**, 192). Wird Güterstd dch Tod beendet u ist der überl Eheg von der Erbfolge ausgeschl (§ 1371 II) od wählt er das güterrechtl Lösg gem § 1371 III (vgl § 1371 Rn 12 u 18), so gelten außer die VerjVorschr des PflichttAnspr, **IV 3**. Zur Kenntn der Beendigg des Güterstd, dh vom Tod des and Eheg, muß also ggf auch die von der letztw Vfg hinzukommen (§ 2332 I), dch die der Überl enterbt od zur Ausschlagg veranlaßt w. Berechtigte Zweifel an der Wirksamk der letztw Vfg werden verjährgsrechtl spätestens mit der Ablehng des Antr des überl Eheg auf Erteilg eines Erbscheins behoben (BGH NJW **84**, 2935). Keine VerjHemmg dadch, daß AusglFdg erst nach der Ausschlagg geltd gemacht w kann (§ 2332 III). Steht dem Bekl nicht nur als AusglBerecht, sond auch als AusglPflichtigem ein Anspr gg den Kl auf AuskErteilg über das EndVerm zu, so kann diesem Anspr der Verj seiner eig AusglFdg nicht entgggstehen (Mü NJW **69**, 881). Zur Unterbrechg der Verj iFv IV 3 vgl BGH NJW **93**, 2439. Die VerjFr des IV gilt auch bei **vertraglicher** Regelg des AusglAnspr (Karlsr FamRZ **84**, 894). Dagg keine analoge Anwendg auf den famrechtl AusglAnspr (Wiek FamRZ **90**, 1239; aA LG Kln FamRZ **89**, 510) od auf AusglAnspr wg ehebedingter Zuwendgen (BGH FamRZ **94**, 228; aA LG Düss NJW **93**, 541).

4) Vertragliche Abänderung, III (Lit: Kiethe MDR **94**, 639). Zwingd ist II (Rn 10); ferner wg § 225 keine 12 Erschwerg der Verj der AusglFdg (Rn 11).

a) Vor Beginn u **vor Beendigung des Güterstandes** ist die gesetzl Regelg des § 1378 dch formgebunde- 13 nen EheVertr abänderb (§§ 1408, 1410). Darin kann der ZugewAusgl ganz ausgeschl w, dann gilt Güter-trenng (§ 1414), od Herauf- od Herabsetzg der Beteiligsquote. Zuläss also statt der Hälfte ein geringerer Teil des Überschusses, Ausschl der Überschreitg eines best HöchstBetr, best Quote des Überschusses vorab u für den Rest hälft Teilg, Ausschl best VermMassen v der AusgPflicht uä. § 1408 ggü § 310 lex specialis. Bei Benachteiligg v Gläub eines Eheg od v dessen erbberecht Verwandten aber möglicherw Nichtigk n § 138 I. IdR keine GläubAnfechtg des Änderungs-, sond allenf des nachfolgden AuseinandSVertr (vgl BGH **57**, 126).

14   **b)** Auch Abändergen **anläßlich des Ehescheidungsverfahrens** sind grdsätzl zul, bedürfen aber seit dem 1. EheRG ebenf der not Beurk bzw iFv § 127a der Aufn der Erkl in das gerichtl VerglProt, **III 2.** Zur äuß problemat Abgrenzg: Gaul FS Lange 1992, 829; Brix FamRZ **93**, 12. Die Vorschr gilt auch für Vereinbgen, die nach dem Scheidgstermin, aber noch vor RKraft des ScheidgsUrt getroff w, auch wenn sie nur die Bewertg einzelner Ggste des EndVerm betreffen (AG Viechtach FamRZ **91**, 570). Das FormErfordern entfällt, wenn der Güterstd bereits dch EheVertr aufgehoben war (Düss FamRZ **89**, 181). Iü wird ein Bedürfn, darüber hinaus forml Vereinbargen ü den ZugewAusgl zuzulassen (so noch BGH **54**, 38), nicht mehr ankerkannt, **III 3**. Die Vorschr bezieht sich in einschränkder Auslegg nur auf das FormErfordern, so daß not Vereinbgen der Eheg vor Anhängigk des ScheidgsVerf (zB ein Erlaß) wirks sind (BGH **86**, 143), soweit sie im Hinbl auf ein konkr beabsicht ScheidgsVerf getroffen w (Soerg/Lange 11). Unwirks ist eine schriftl Vereinbg ü die Beteiligg der ausglberecht Ehefr am Erlös aus dem Verk eines zum Verm des Mannes gehörden ForschgsInstituts (BGH FamRZ **83**, 160). Ein privatschriftl Verzicht auf den ZugewAusgl wird auch nicht nach § 242 wirks, wenn er mit einem RechtsmittelVerz verbunden war (BGH FamRZ **77**, 37). Iü droht bei Übervorteilg nach wie vor Nichtigk n §§ 138 II od 123 (BGH **54**, 43).

15   **c) Nach Beendigung des Güterstandes** kann über den AusglAnspr nach allg Vorschr verfügt w (§ 398). Die früh Ehel können (abgesehen von II) forml jede Art Vereinbarg über die AusglFdg treffen. Kein automat **Erlaß** (§ 397) bei Wiederheirat der Eheg (Nürnb MDR **80**, 668). In einem echten Erl liegt eine steuerpflicht u ggf eine n § 528 rückforderb Schenkg.

1379 *Auskunftspflicht bei Beendigung des Güterstandes.* [1]Nach der Beendigung des Güterstandes ist jeder Ehegatte verpflichtet, dem anderen Ehegatten über den Bestand seines Endvermögens Auskunft zu erteilen. Jeder Ehegatte kann verlangen, daß er bei der Aufnahme des ihm nach § 260 vorzulegenden Verzeichnisses zugezogen und daß der Wert der Vermögensgegenstände und der Verbindlichkeiten ermittelt wird. Er kann auch verlangen, daß das Verzeichnis auf seine Kosten durch die zuständige Behörde oder durch einen zuständigen Beamten oder Notar aufgenommen wird.

[2]Hat ein Ehegatte die Scheidung beantragt oder Klage auf Aufhebung oder Nichtigerklärung der Ehe erhoben, gilt Absatz 1 entsprechend.

1   **1) a) Gegenstand der Auskunft** ist das EndVerm, aber nur zum richtigen Stichtag (Hamm FamRZ **93**, 194). Kein AuskftsR hins des AnfVerm (Karlsr FamRZ **81**, 458; Nürnb FamRZ **86**, 272); auch nicht in AusnFällen aus § 242 (Karlsr FamRZ **86**, 1105; aA Schlesw FamRZ **83**, 1126) od analog § 1379 (Düss OLGZ **65**, 271), da´dieses von jedem Eheg nachgewiesen werden muß, sofern keine Aufstellg gemacht worden ist (§ 1377). Keine AuskPfl ferner hins des Verbleibs bestimmter VermGgste, selbst bei konkr Verdachtsmomenten (aA AG Detmold FamRZ **88**, 1165; AG Landstuhl FamRZ **89**, 509). Um aber eine evtl AusglFdg berechnen zu können, bedarf jeder Eheg der Kenntn des EndVerm des anderen. Nur insofern ist mit dem gesetzl Güterstd eine OffenbargsPfl hins des eig Verm verbunden. **IPR:** EG 15 Rn 25; AuskAnspr im **Ausland:** Stgt NJW **90**, 641 Griechenld; Ffm NJW-RR **91**, 583 Kroatien.

2   **b) Verfahren.** Zuständ für AuskftsKl das **FamG.** Erfdl ein konkr **Antrag,** der hins der Vorlage v Belegen u zur Wertermittlg einen vollstreckgsfäh Inh hat (Karlsr FamRZ **80**, 1119; Büttner FamRZ **92**, 629). Ist ScheidgsAntr gestellt, kommt Geltdmach des AuskftsAnspr nur innerh des Entscheidgsverbundes (Einf 6 v § 1564) u als StufenKl in Betr (Hamm FamRZ **93**, 984/**94**, 49 mA Vogel; aA Ffm FamRZ **87**, 299). Beschw gg Festsetzg eines Zwangsgeldes zur Erzwingg der Auskft gem ZPO 888 zum FamSen des OLG (Düss FamRZ **78**, 129). Der nach § 1379 auskftsberecht Eheg kann auch vor vollständ AuskftsErteilg auf ZugewAusgl klagen (BGH WPM **78**, 1390). **Beschwerdewert:** BGH FamRZ **91**, 315 ff; **92**, 535: Abwehrinteresse.

3   **c) Einschränkungen der Auskunftspflicht.** Die AuskPfl besteht auch bei kurzer Ehe u wenn die ehel LebGemsch nicht in vollem Umfg hergestellt werden konnte (BGH NJW **72**, 433); auch bei schwersten Eheverfehlungen (Nürnb FamRZ **64**, 440). Insb hängt die AuskPfl nicht davon ab, ob ein LeistgsverweigergsR gem § 1381 besteht (BGH **44**, 163). Doch kann das Verlangen nach Ausk rechtsmißbräuchl sein, wenn unzweifelh ist, daß inf der Einr eine AusglFdg nicht besteht (BGH NJW **72**, 433; **80**, 1462). Ferner entfällt Ausk, wenn klar erkennb, daß kein Zugew erzielt worden ist (Mü NJW **69**, 881; Kblz FamRZ **85**, 286). Es besteht grdsl ein **Zurückbehaltungsrecht** des Eheg, bis der and Teil seiners Ausk erteilt (Gernhuber NJW **91**, 2240 mN; aA Ffm NJW **85**, 3083).

4   **2) Auskunftspflicht** besteht für beide Eheg wechselseit nach Beendigg des Güterstds u, um über Scheid u Scheidgsfolgen einheitl u gleichzeit entscheiden z können (BR-Drucks 266/1/71 S 9), nach ScheidgsAntr bzw Kl auf EheAufhebg od -NichtigErkl, **II.** Die Rhängigk des ScheidgsAntr bleibt für die Auskft auch nach langjähr Getrenntleben maßg (Hamm FamRZ **87**, 701). Die Ausk ist WissensErkl u muß vom Ausk-Schuldn persönl unterschrieben w (Mü FamRZ **95**, 737).

5   **a) Umfang, I 1:** Die Auskft umfaßt nur den Bestand des EndVerm am Stichtag (Rn 1), nicht die Wertberechng (BGH FamRZ **89**, 157). Die Angaben iR dieser allg AuskftsPfl müssen hins der wertbildden Faktoren so bestimmt sein, daß der and Eheg die VermWerte ungefähr selbst ermitteln kann (Celle NJW **75**, 1568). Die geschuldete Auskft muß ein geordnetes Verzeichn mit einer zusfassden Darstellg der Einn u Ausgaben sowie des Verm, aufgeschlüsselt in EinzelBetr od jedenf in eine Einkfts-, Ausg- u Anlagearten zum Stichtag (Hamm FamRZ **81**, 482) od eine ordngsmäß Zusammenstellg des EndVerm (Aktiva u Passiva) sein, dh Umsätze u Gewinne, Lage, Größe, Art u Bebauung v Grdsten, Fabrikat, Typ, Bauj u KmStand v Kfzen (Schlesw SchlHA **79**, 17), bei Münz- u BriefmSammlg Angabe der Werte (Stgt FamRZ **82**, 282), so daß daraus die ZugewAusglFdg errechnet w kann (Hamm FamRZ **76**, 631); dagg keine Angabe über einz VermTransaktionen, bei Aufklärgsweigerg dann aber ggf eidesstattl Bekräftigg des vorgelegten Verzeichn (BGH FamRZ **76**, 516). Kommt es für die Bewertg des EndVerm auf die Ertragslage eines dazugehörden Untern od einer -Beteiligg an, umfaßt der AuskftsAnspr die Vorlage der zur Beurteilg der Ertragslage benötigten Bilanzen nebst Gewinn- u VerlRechngen (BGH **75**, 195), bei einer ZahnarztPrax entspr EStG

4 III eine Gewinnberechng (Kblz FamRZ **82**, 280); bei RA-Sozietät Vorlage des GesVertr (Hamm NJW **83**, 1914). Der AuskftsAnspr erstreckt sich auch dann auf den inneren Wert eines GesellschAnteils, wenn das AuseinandSetzgsguthaben lt GesellschVertr nur dem buchmäß Guth entsprechen soll (Düss FamRZ **81**, 48). Bei landwirtschaftl Untern genügt nicht Vorlage der Einheitswertbescheide, sond ist Auskft über die BetrFlächen, Nutzgsart u Bonität des Bodens, sämtl BetrMittel usw erfdl (Düss FamRZ **86**, 168). Der AuskftsAnspr erfordert (wg § 1375 II) bei Krediten Angabe des konkr Verwendgszwecks (Düss FamRZ **86**, 168) u umfaßt überh auch die dem EndVerm gem § 1375 II u III hinzuzurechnen Beträge, die sich aus VermTransaktionen des AuskftsSchuldn vor dem Berechngsstichtag ergeben (aA BGH **82**, 132 mNachw, der aber bei Spielbankbesuchen ein entspr AuskftsR aus § 242 einräumt; wie hier: Bambg u Karlsr FamRZ **80**, 573 u 1119). AuskftsAnspr jedenf dann, wenn der Berecht Tats vorträgt, die Hdlgen n § 1375 II nahelegen (Düss FamRZ **82**, 805). Widersprüchl Angaben im RStr recht Ann, daß das vorgelegte Verzeichn nicht ordngsmäß (Düss FamRZ **79**, 808). Keine AuskftsPfl hins VermGgstden, die nach der **HausrVO** verteilt w (BGH **89**, 137). Der AuskftsAnspr berechtigt nicht, die Vorlage v **Belegen** zu KontrollZw zu verl (Karlsr FamRZ **86**, 1105).

b) Davon zu unterscheiden ist das zusätzl R der **Wertermittlung** iSv I 2: Die Eheg haben sich ein 6 BestandsVerzeichn vorzulegen (§ 260 I), das auch die Werte u Verbindlichk (§ 1376 II, III) enthält, die erforderlichenf unter Heranziehg v Sachverst zu ermitteln sind, deren Begutachtg der AuskftsSchuldn zu dulden u zu unterstützen hat (Mü FamRZ **82**, 279). Die mit der Erteilg der Auskft od mit der Wertermittlg verbundenen Kosten fallen dem AuskftsPflicht zur Last (BGH **64**, 63). Die Kosten der Wertermittlg dch einen Sachverst **I 2 Halbs 2** hat dagg der AuskftsBerecht zu tragen (BGH **84**, 31; Karlsr FamRZ **95**, 736; aA mit erwägensw Grden Mü FamRZ **82**, 279). Der and Eheg kann verlangen, bei Anfertigg des Verzeichn (auch nachträgl) zugezogen zu werden, ferner (außer bei geringer Bedeutg) Abgabe einer eidesstattl Vers, wenn Grd zu der Ann besteht, daß das Verzeichn nicht mit der erforderl Sorgf aufgestellt ist (§ 260 III). Dagg kein Anspr n § 260 II, wenn sich der AuskftsSchuldn aus RGrden weigert, einen dem and Eheg bekannten VermGgst in die Auskft einzubeziehen (Düss FamRZ **82**, 281). Vgl ü die Anm zu dem entspr § 2314. Wg der Aufn des Verzeichn dch Notar od zust Beamten § 1377 Rn 3. Erfüllt der and Eheg seine Verpfl nicht, so Stufenklage (ZPO 254) ggf innerh des EntschVerbundes (BGH FamRZ **79**, 690), die auch wg Unterbrechg der Verjährg zweckm (§ 1378 Rn 11); sa §§ 259–261 Anm 4a, 6.

1380 *Anrechnung von Vorausempfängen.* [1]Auf die Ausgleichsforderung eines Ehegatten wird angerechnet, was ihm von dem anderen Ehegatten durch Rechtsgeschäft unter Lebenden mit der Bestimmung zugewendet ist, daß es auf die Ausgleichsforderung angerechnet werden soll. Im Zweifel ist anzunehmen, daß Zuwendungen angerechnet werden sollen, wenn ihr Wert den Wert von Gelegenheitsgeschenken übersteigt, die nach den Lebensverhältnissen der Ehegatten üblich sind.

[2]Der Wert der Zuwendung wird bei der Berechnung der Ausgleichsforderung dem Zugewinn des Ehegatten hinzugerechnet, der die Zuwendung gemacht hat. Der Wert bestimmt sich nach dem Zeitpunkt der Zuwendung.

1) Zuwendungen zwischen Ehegatten, die über den Wert von GelegenhGeschenken hinausgehen, 1 erfolgen meist, um den anderen Eheg sicherzustellen; sie wären dann im allg dem AnfangsVerm des and Eheg zuzurechnen (§ 1374 II). Wendet man § 1374 II auf Schenkgen unter Ehegatten an (§ 1374 Rn 22), verliert § 1380 wesentl an Bedeutg (Lipp JuS **93**, 90). In der Regel stellen EhegSchenkgen im Sinne nach die vorweggenommene Erfüllg einer etwa gegebenen AusglFdg dar. Würden sie bei deren Berechng nicht berücksichtigt, so erhielte der begünstigte Eheg neben der Zuwendg die ungekürzte AusglFdg. Eine Anrechng erfolgt, außer wenn der Güterstd durch Tod beendigt ist u die erbrechtl Lösg eintritt (§ 1371 Rn 2) od es nicht bestimmt ist, auch nicht I 2 eingreift. Die Zuwendgen müssen zw Eheg erfolgt sein, also nicht zw Verlobten, auch nicht unter einem and Güterstd gemacht worden sein, insb also nicht vor Beginn des gesetzl. Zum **Schenkungswiderruf:** § 1372 Rn 3. Zu unbenannten Zuwendgen § 1374 Rn 22. BGH **82**, 227 beschränkt § 1380 auf die Fälle, in denen dem ZuwendgsEmpfänger auch eine AusglFdg zusteht (Hepting FamRZ **83**, 781). Zur Möglk, auch bei **überschüssigen Zuwendungen,** wenn also der ZuwendgsEmpf selbst ausglpflicht ist, die Schenkg ausglrechtl hälftig zu berücks, vgl Lipp JuS **93**, 92f. Behauptet der AusglSchuldn, er habe vor dem Stichtag des § 1384 zZw der **vorzeitigen Erfüllung** des 2 ZugewAusglAnspr geleistet, so trifft ihn dafür die BewLast (Düss FamRZ **88**, 63).

2) Die Anrechnung, I. Anrechngspflichtig sind entspr dem Zweck der Vorschr nur unentgeltl **Zuwen-** 3 **dungen** unter Lebenden, wobei unerhebl, ob sie aus dem AnfangsVerm (§ 1374 Rn 2 u 6) od dem Zugew stammen, u nur dann, wenn vor od bei der Zuwendg durch einseitige, empfangsbedürftige Erkl die Anrechng bestimmt wurde; spätere Bestimmg erfordert das Einverständn beider Eheg. Ist eine solche Bestimmg nicht getroffen, so erfolgt bis zum Beweis des ggteiligen Willens des zuwendenden Eheg die Anrechng gem I 2; sa Motzke NJW **71**, 182. Ausgenommen von der Anrechng Gelegenheitsgeschenke, die den Wert von nach den Lebensverhältnissen der Eheg übl Geschenken nicht übersteigen, also Geburtstags-, Weihnachtsgeschenke u dgl; für Höhe obj Maßstab entspr Eheg in ähnl Verhältnissen. Nicht gleichbedeutd mit das übl Maß übersteigenden Geschenken überh, FamRAusschußBer S 12; denn darunter kann in begüterten Kreisen auch eine Lebensversicherg, eine kostbare Zimmereinrichtg fallen; sie ist jedoch kein GelegenhGeschenk, also anzurechnen. Auch nach § 1360b nicht rückforderbarer überschießder Unterh kann Zuwendg iSv § 1380 sein (BGH NJW **83**, 1113).

3) Anrechnung, II (Brüning NJW **71**, 922), erfolgt entspr § 2315 II dch Zurechng des zugewendeten Betr 4 zum Zugew des Zuwendden. Entscheidd ist der Wert des ZuwendgsGgst iZtpkt der Schenkg, **II 2.** Nachträgl Wertschwankgen sind ohne Bedeutg (MüKo/Gernhuber 21), ebso wie der zwzeitl Verlust des Ggst. Bei der Berechng des Zugw beim AusglBerecht bleibt der Vorempfang unberücks. Er wird erst von der AusglFdg abgesetzt.

1381   **Leistungsverweigerung wegen grober Unbilligkeit.** [1]Der Schuldner kann die Erfüllung der Ausgleichsforderung verweigern, soweit der Ausgleich des Zugewinns nach den Umständen des Falles grob unbillig wäre.

[2]Grobe Unbilligkeit kann insbesondere dann vorliegen, wenn der Ehegatte, der den geringeren Zugewinn erzielt hat, längere Zeit hindurch die wirtschaftlichen Verpflichtungen, die sich aus dem ehelichen Verhältnis ergeben, schuldhaft nicht erfüllt hat.

1   **1)** VerfBeschw anhäng (NJW 87, 823). § 1378 I bestimmt als AusglAnteil des and Eheg am überschießden Zugew des ausglpfl Eheg starr die Hälfte, da dies der SchicksalsGemsch am besten entspricht, eine Festsetzg dch den Richter bei Uneinigk über die Höhe eine Quelle v Streitigk wäre u den Richter vor eine schwer lösb Aufg stellen würde. Diese Lösg kann aber in manchen Fällen einem gerechten Ausgl grob widersprechen. Für sie gibt § 1381 ein VerweigergsR, dh eine dauernde **Einrede** gg die AusglFdg, nicht aber gg die AuskPfl, § 1379 Rn 3. BGH FamRZ **65**, 554. Voraussetzg ist, daß die Dchsetzg der AusglFdg ein grob unbill Ergebn brächte, Rn 2. Schwier Zahlgslage reicht nicht aus; dafür kommt Stundg in Betr, § 1382. Die Rechtsfolge ist die Herabsetzg ("soweit") od der gänzl Ausschl der AusglFdg. Abbedingg v § 1381 dch EheVertr unzul (str), zul aber Verzicht auf die entstandene Einr, vgl § 1378 III. Bei Beendigg der Zugew-Gemsch dch Tod steht LeistgsVerweigR iFv § 1371 II u III dem Erben zu. Nach Einf des ZerrüttgsPrinz in das ScheidgsR fehlt iR des ZugewAusgl eine ÜbergangsVorschr wie 1. EheRG Art 12 Z 3 III S 3, wonach iF nicht erfolgr HeimtrenngsKl der VersorggsAusgl gekürzt w kann (Einf 17 vor § 1587); da auch der VA auf dem ZugewAusglPrinz beruht, ist die Vorschr iF **langjähriger Trennung** der Ehel analog anzuwenden, so daß es der ausdehnden Anwendg v § 1381 nicht bedarf (so Hoffmann NJW **79**, 969). Bei Doppelehe nicht entscheidd, wenn eine ehel LebGemsch nicht verwirklicht w ist, sond ob der 2. Eheg bösgläub war (BGH NJW **80**, 1462).

2   **2) Voraussetzung für das Verweigerungsrecht** ist **grobe Unbilligkeit** des ZugewAusgl. Die Gewährg der dem and Eheg zustehden Hälfte muß in vollem Umfang od zT dem GerechtigkEmpfinden in unerträgl Weise widersprechen (BGH FamRZ **92**, 787), was nur in AusnFällen zutrifft u genaue Prüfg sämtl Umst erforderl macht. Der BGH stellt die von ihm formulierten Sondertatbestde im konkreten Fall sachverhaltsmäß oft selbst wieder in Frage, vgl BGH **46**, 343, NJW **70**, 1600. § 1381 schafft keine allg Korrekturmöglk, die in § 1378 I getroffene starre Regelg in individuell zu findde Lösgen zurückzuverwandeln, so daß auch das dch bes Tüchtigk Erworbene od ein VermWert auszugl ist, dem jegl innere Beziehg zur ehel LebGemsch fehlt (aA Celle FamRZ **92**, 1300). Eine Typisierg ist wünschenswert, aber nicht dchführb in Anknüpfg an dem ZugewAusgl fremde GesPkte wie ScheidgsTatbestde, Kleinheyer FamRZ **57**, 283, od gar § 242, Thiele JZ **60**, 394. Vor allem jedoch darf sie nicht daran hindern, stets sämtl Umst des einz Falles z
3 berücks. **Eheverfehlungen** sind nicht mehr zu berücks, wenn die Ehe im Einverständn beider Eheg ohne Klärg der Schuldfrage aus beiderseit gleicher Schuld gesch w ist (BGH FamRZ **77**, 38). Das LeistgsverweigergsR kann aber dch ein schuldh, zur Trenng der Eheg führdes Verhalten ausgelöst w, wenn der aus-
4 glpflicht Eheg den ges Zugew erst nach der Trenng erzielt h (BGH FamRZ **80**, 877). – **a)** Ein Bsp f grobe Unbilligk gibt **II**; der Eheg, der den geringeren Zugew hat, soll bei eigener, länger andauernder **schuldhafter Nichterfüllung seiner wirtschaftlichen Verpflichtungen,** die sich aus der Ehe ergaben, nicht auch noch Anspr auf ZugewAusgl haben. Ist der Mann schuldh seiner Arbeit nicht nachgegangen, hat er nicht genügd f Unterh insb der Kinder (Düss FamRZ **87**, 821) gesorgt, hat er trotz ausr Verdienst nicht seinen Teil zum FamUnterh beigesteuert, einen übergroßen Teil f sich verbraucht, u hat umgek die Frau f die Fam gesorgt u Rücklagen aus ihrer Arb machen können, die sie vielleicht nur desh aufgen h, so hat der Mann keinen Anspr auf einen Teil v ihnen. Hat anderers die Frau ihre HaushPfl verletzt, od sich ihrer MitArbPfl entzogen, § 1356 II, so gilt das gleiche, vgl § 1360 S 2. Hat sie den Haush schuldh nur unzureichd versehen, so wird jedenf der volle Ausgl unbill sein. Wg Klage auf vorzeit Ausgl in diesem Fall
5 § 1386 I. – **b)** Jegl **schuldhafte Beeinflussung der Vermögenslage** zu Lasten des ausglpfl Eheg, insb also die Tatbestde des § 1375 II Z 2 u 3, soweit die Zurechng zum EndVerm zB wg Nichtberechenbark der Summen unterblieb, od and den Zugew beeinträchtigde Eheverfehlgen, Verzögerg der ScheidgsKl über den Ztpkt des eigtl ZugewEintr hinaus, LG Fbg FamRZ **63**, 647, aM Nürnb FamRZ **64**, 440. Auch schuldh VermVerluste können ein VerweigR begründen, insb bei leichtsinn GeschGebaren des AusglBerecht selbst. Dagg begründet § 1381 nicht schon der Konk als solcher; sa § 1386 Rn 1. Unbilligk jedoch mögl, wenn ein Eheg alles Erworbene ausgegeben, der and Eheg aber stets gespart h, Maßfeller-Reinicke Anm 7. –
6 **c)** Sonstige **grobe Pflichtverletzungen gegenüber dem anderen Ehegatten,** soweit sie einen gewissen Bezug zum Verm aufweisen, zB Berücks der Kosten des Ehescheidgs- u AnfechtgProz (Kln FamRZ **91**, 1192; Bosch FamRZ **66**, 565); ferner bei Erbunwürdigk gem § 2339, insb bei des Verwerfl Tötg des Ehes (Karlsr FamRZ **87**, 823), od wenn ein Eheg dch pflichtwidr Verhalten den and Eheg zur Stellg des Scheidgs-Antr bestimmt, um günst ZugewAusgl zu erzielen (BGH **46**, 352); ferner Inanspruchn des Eheg auf Unterh für das Ehebruchskind, dessen Ehelk später erfolgr angefochten w ist (Hamm FamRZ **76**, 633), od f 4 EhebrKinder v versch Männern (Celle FamRZ **79**, 431). Ehewidr Verh ausschließl auf nicht wirtsch Gebiet reicht nach dem GrdGedanken des ZugewAusgl nicht aus, insb wenn beide Eheg die wirtschaftl Lasten der Ehe getragen haben (Düss NJW **81**, 829); § 1381 ist nicht als Scheidgsstrafe gedacht (Gernhuber § 36 V 6; Wiegmann FamRZ **90**, 627). And die Rspr, die bes grobe u sich über längere Zeit erstreckde rein persönl PflVerstöße, zB vielfache (Hamm FamRZ **89**, 1188/90, 627 m zu R krit Anm Wiegmann) jahrel schw Ehebr od Verschw vorehel GeschlechtsVerk mit Vater des Ehem (AG Schweinf NJW **73**, 1506), uU genügen lassen will (BGH **46**, 352). Auf jeden Fall wäre dann umgek z berücks, wenn der Ehebrecher den Zugew des and Eheg unmittelb (§ 1356 II) od mittelb miterarbeitet h. Vor allem würden geschlspezif Unterschiede beim Ehebr nicht überzeugen (vgl etwa Hamm FamRZ **89**, 1188 u Bambg FamRZ **90**, 408). Neuerdings wird auch erwogen, den ZugewAusgl zu versagen, wenn ein Partner grdlos aus der Ehe ausgebrochen ist (Mikosch MDR **78**, 886). Kein Fall v § 1381, wenn währd 10j Ehedauer u 4 Kindern die Ehefr ¾J vor Ende des Gütstds Verhältn zu and Mann aufnimmt (Kln FamRZ **79**, 511 L), od auch der vom and Eheg hinge-
7 nommene Ehebr (Düss NJW **81**, 829). – **d) Unechter Zugewinn,** dh der scheinb Zugew aGrd der

Geldentwertg ist iGgs zur 33. Aufl sowie Reinicke BB **57**, 763; Soergel-Lange § 1376 Rn 9; Mü NJW **68**, 798, kein Anwendgsfall v § 1381, da der KaufkrSchwund ein wirtschaftl Sachverh von universaler Bedeutg ist (BGH **61**, 390; § 1376 Rn 11–13). Dagg fallen unter § 1381 andere **Bewertungsunbilligkeiten** wie ein ggü dem für die ZugewBerechng maßgebl Wert eines Grdst niedrigerer Verkaufserlös (Hbg FamRZ **88**, 1166). – **e)** Einen VerweigGrd kann dagg die **eigene Versorgungslage des Ausgleichspflichtigen** lie- **8** fern, da der ZugewAusgl auch der Sicherstellg des Eheg dienen soll. Ausgl des Zugew kann danach unterbleiben, wenn der Schuldn dch Zahlg ggü dem AusglGläub unterhaltsberecht od seine unterhaltsrechtl VersorggsLage auf die Dauer in Frage gestellt würde; eine solche Überschreitg der Opfergrenze ist ihm nicht zumutb, wenn umgek die VersorggsLage des AusglGläub bei Nichterfüllg der AusglFdg ungefährdet bleibt (BGH NJW **73**, 749). Negative Voraussetzg: Die Herabsetzg od Stundg od beides zus würden nicht genügen, die dch die Befriedigg des AusglAnspr eintretde Gefährdg der wirtsch Existenz des Schuldn zu vermeiden (BGH NJW **70**, 1600). Ein VerweigergsR des AusglSchuldn besteht auch dann, wenn er aGrd des gemeins LebPlans der Eheg keine VersorggsAnwartschaften erworben hat u ihm der ausglberecht Eheg mangels Leistgsfähigk keinen Unterh zahlen kann (Ffm FamRZ **83**, 921). – **f)** Grdsl können auch überobli- **9** gationsmäß **Mehrleistungen** des AusglSchuldners **während der Ehe** grobe Unbillig begründen, so zB wenn währd relativ kurzfr ZusLeben der Ehel der AusglBerecht wirtschaftl kaum etwas beiträgt, aus dem Verm des and Eheg fabrikneue PKWs finanziert bekommt u sich um gemeins krankes Kind unzureichd gekümmert hat (LG Wiesbaden FamRZ **73**, 658); bei zuviel gezahltem Unterh u ungerechtf in Anspr genommenem Wohnraum trotz ZPO 323 III (Celle FamRZ **81**, 1066). Dagg gleichen sich Leistgen ggü den vorehel Kindern des and Eheg ggsei aus (Hamm FamRZ **73**, 656).

3) Verfahrensrechtliches. Bekl muß sich ggü der AusglKl auf VerweigR berufen (Einrede!) u Vorliegen **10** v VerweigGrden, Rn 2–9, beweisen. Zul aber auch, § 1381 iW negat FeststellgsKl, ZPO 256, geltd z machen. Es entsch das FamG. Bei ZugewAusgl in Unkenntn des LeistgVR § 813 I 1, Soergel/H Lange 21.

1382 **Stundung der Ausgleichsforderung.** [I]Das Familiengericht stundet auf Antrag eine Ausgleichsforderung, soweit sie vom Schuldner nicht bestritten wird, wenn die sofortige Zahlung auch unter Berücksichtigung der Interessen des Gläubigers zur Unzeit erfolgen würde. Die sofortige Zahlung würde auch dann zur Unzeit erfolgen, wenn sie die Wohnverhältnisse oder sonstigen Lebensverhältnisse gemeinschaftlicher Kinder nachhaltig verschlechtern würde.

[II]Eine gestundete Forderung hat der Schuldner zu verzinsen.

[III]Das Familiengericht kann auf Antrag anordnen, daß der Schuldner für eine gestundete Forderung Sicherheit zu leisten hat.

[IV]Über Höhe und Fälligkeit der Zinsen und über Art und Umfang der Sicherheitsleistung entscheidet das Familiengericht nach billigem Ermessen.

[V]Soweit über die Ausgleichsforderung ein Rechtsstreit anhängig wird, kann der Schuldner einen Antrag auf Stundung nur in diesem Verfahren stellen.

[VI]Das Familiengericht kann eine rechtskräftige Entscheidung auf Antrag aufheben oder ändern, wenn sich die Verhältnisse nach der Entscheidung wesentlich geändert haben.

1) Zweck: § 1381 gibt die Möglichk eines Härteausgleichs ggü der Fdg u ihrer Höhe, § 1382 ggü ihrer **1** sofortigen Fälligk (§ 1378 Rn 4, 5). Die StundgsMöglk wurde dch das UÄndG erweitert, um den AusglSchuldn nicht zur Verschleuderg des in der Ehe erarbeiteten Vermögens zu zwingen; außerd wurde die wirtschaftl Verwertg der FamWohng dem Interesse gemeinschaftl Kinder untergeordnet (BT-Drucks 10/2888 S 12f). Dems Zweck dient die Neufassg v ZVG 180 (§ 1372 Rn 9). Verweigerg gem § 1381 nur mögl, wenn die dch § 1382 gegebenen Möglk erschöpft sind (BGH NJW **70**, 1600). Stundg nur mögl bei ZugewAusgl gem §§ 1372ff u dem insof gleichgestellten gem § 1371 II, ferner bei vorzeit ZugewAusgl n §§ 1385, 1386, nicht aber bei Erhöhg des gesetzl Erbteils nach § 1371 I, da dann ErbauseinandSetzg. Zum Begriff der **Stundung:** § 271 Anm 4a.

2) Voraussetzungen der Stundung, I: a) Erforderl ein entspr **Antrag** des AusglSchu, der für die ganze **2** Fdg od für einen Teil gestellt, auch im Zushg mit einer Verweigerg des Ausgl gem § 1381 vorgebracht w kann, V.

b) Der Antr ist begründet, wenn die sofort Zahlg **zur Unzeit** erfolgen würde, **I 1.** Dch dieses (BVerfG **3** NJW **81**, 108 entnommene) Merkm, das an die Stelle des „besonders hart treffen" der aF getreten ist, soll klargestellt w, daß auch andere als wirtschaftl Belange zu berücks sind (BT-Drucks 10/2888 S 16f). Die sof Zahlg erfolgt zur Unzeit, wenn der GeschBetrieb des AusglSchu gefährdet ist, wenn er VermStücke verschleudern müßte u der AusglSchu den ZahlgsAufschub braucht, um einen VermGgst zum VerkWert veräuß zu können. „Zur UnZt" aber auch, wenn Belange der geschied Eheg selbst od die **Wohn- oder** **4** **sonstigen Lebensverhältnisse gemeinschaftlicher Kinder** nachhalt verschlechtert würden, **I 2.** Hierdch soll vor allem verhindert w, daß der Verpfl das FamHeim, in dem er mit dem gemschaftl Ki wohnt, wg der AusglFdg sofort veräuß muß (Finger JR **85**, 2: wohngsbezogene Verdinglichg des ZugewAusgl), obw es ihm nicht mögl ist, den Ki nach der Veräußerg vergleichb WohnVerhältn zu bieten. Den Ki sollen in der ScheidgsPhase zusätzl Schwierigkten dch Umzug od SchulWechsel nach Möglk erspart bleiben (BT-Drucks 10/2888 S 17). Die Vorschr bezieht sich auch auf vollj, noch im Haush lebde Ki (krit Weychardt DAV **84**, 846). Zur Beeinträchtigg sonstiger LebVerhältn: NJW **86**, 1285.

c) Die Stundg muß die **Interessen des Gläubigers** berücks, dh: auch dem AusglGl zumutb s. Da er nach **5** dem GrdGedanken der ZugewGemsch den Zugew mitverdient hat, ist ihm die Stdg nur ausnahmsw zuzumuten. Zumutbark also zu verneinen, wenn er auf den AusglBetr angewiesen ist. ScheidgsSchuld des einen od and kann berücks w (arg a maiore aus § 1381); ebso wirtschaftl Verhalten beider Eheg vor u nach Scheidg. Ggf Vermeidg der Stdg dch Übertragg v VermGgsten (§ 1383 Rn 2).

6 **3) Zuständigkeit und Verfahren bei unstreitiger Ausgleichsforderung, I–IV.** Zuständig FamG, GVG 23 b I Nr 10, ZPO 621 I Nr 9. Örtl Zustdgk FGG 45; sa ZPO 621 II, III. Es handelt sich um eine besondere Art der richterl Vertragshilfe. Mündl Verhandlg; FamG hat auf gütl Einigg hinzuwirken, FGG 53 a. Bei VerglAbschluß NiederSchr entspr ZPO 160 III Nr 1, 159. In den Vergl kann außer der Stundgs-Vereinbg und der Verzinsg der gestundeten Fdg, II, auch die Verpflichtg des Schu zur Zahlg der Ausgleichs-forderg, desgl die Übertragg bestimmter Ggstände auf den Gläub in Anrechng auf seine Fdg, § 1383, aufgenommen werden, FGG 53 a I. Aus dem Vergl ist die ZwVollstr, die nach den Vorschr der ZPO erfolgt, mögl, FGG 53 a IV. In dem Vergl des FamG kann auch ein etwa anhängiger RStreit über die AusglFdg, V, beigelegt werden. Einigen sich die Parteien nicht, so entscheidet das FamG; nachdem es die gemäß I erhebl Tatsachen vAw festgestellt hat, FGG 12. Es kann auf Stundg bis zu einem bestimmten Termin od auf Ratenzahlg erkennen. Auf Antrag des Gläub kann es auch die Verpflichtg des Schu zur Zahlg **7** der AusglFdg aussprechen, FGG 53 a II. Anzuordnen ist die **Verzinsg**, II, über deren Höhe das FamG ohne Bindg an den gesetzl Zinssatz (BayObLG FamRZ **81**, 392) ebso wie über eine vom Gläub beantragte SicherhLeistg nach billigem Ermessen entscheidet, IV; es ist also bezgl der Verzinsg nicht an § 246, bzgl der **8** SicherhLeistg nicht an §§ 232 ff gebunden. Außerd erstreckt sich der Ermessensspielraum des FamG auch auf die **Fälligkeit** der Zinsen, weil auch schon regelmäß ZinsZahlgen den Verpfl zur Veräußerg des FamHeims zwingen können (BT-Drucks 10/2888 S 17). FamG kann erforderlichenf währd des Verf einstw AOen treffen, die nur mit der EndEntsch angefochten w können, FGG 53 a III. Seine Entsch wird erst mit der Rechtskr (FGG 53 a II 1), iR des EntschVerbundes darüber hinaus erst mit Rechtskr des Scheidsauss-spruchs wirks (ZPO 629 d). Im isolierten Verf (ZPO 621 I Z 9) u bei unstr AusglFdg entsch der RPfleger, innerh des ZugewProz dagg der FamRichter (ZPO 623, 629; RPflG 3 Z 2 a, 14 Z 2). Beschw binnen Notfr v 1 Mo (ZPO 621 I, III) zum OLG. Daneben ist im StundgsAntr bei unbestr AusglFdg auch innerh des EntschVerbundes mögl; dann entsch der FamRichter bei stattgebder Scheidg einheitl dch VerbundUrt **9** (ZPO 629 I). **Rechtsbehelfe:** Anfechtg zus mit der Scheidg dch Berufg (ZPO 511), dagg keine Rev (ZPO 629 a I). Gg die Entsch n § 1382 als selbstd FamSache befr Beschw (ZPO 621 e I, III); weitere Beschw allenf als UnzulässigkBeschw (ZPO 621 e II 2). Bei Zustdgk des RPfleg befr Erinnerg (RPflG 11 iVm ZPO 621 e III).

10 **4) Zuständigkeit bei streitiger Ausgleichsforderung, V.** Soweit die AusglFdg str ist, insb also soweit ein VerweigergsR geltd gemacht u desh das Ger angerufen w (§ 1381 Rn 10), kann der Schu StdgsAntr nur beim FamG stellen, zweckmäßigerw als HilfsAntr, u spätestens in der letzten TatsInst. Das FamG entsch iR des Verbunds (ZPO 623, 629) od bei selbständ Geltdmachg des AusglAnspr nach Scheidg im Urt (ZPO 621 Z 8, 629 I od 621 a II). IjF entsch der Ri (RpflG 14 Z 2). Die nachträgl Anrufg des FamG wg Stdg der AusglsFdg, üb die ein rechtskr Urt vorliegt, ist unzul; der Antr muß abgewiesen w, da das G die Anrufg **11** verschiedener Ger ausdrückl („nur") ausschließt (Ausn in Rn 12). **Rechtsbehelfe:** In der Verbindg mit Anfechtg der Entsch ü die AusglFdg od im EntschVerbund Berufg zum OLG; bei isolierter Anf nur der Entsch ü den StundgsAntr Beschw z OLG (ZPO 621 a II 2, 621 e, 629 a II).

12 **5) Nachträgliche Aufhebung od Änderung der Stundungsentscheidung, VI.** Die eigene Entsch, denen auch die vor dem FamG abgeschlossenen Vergleich, soweit sie die Stundg betreffen, gleichstehen müssen, sowie die Entsch des ProzeßG – das ist nach dem 1. 7. 77 stets das FamG – über die Stundg (aber natürl nur diese) kann FamG aufheben od ändern, wenn sich die Verhältnisse nach der früheren Entsch wesentl geändert haben. Es genügt also nicht jede Änderg, wohl aber nachträgl eingetretene ArbUnfähigk des Gläub, drohender VermVerfall des Schu, allg Verteuerg der Lebenshaltgskosten, bes günstige Anlage-möglichk auf Seiten des Gläub, Beerbg des Schuldners, wobei dann die seiner Pers liegenden Gründe wegfallen, sich seine Erben auch nicht auf eigene ungünstige Vermögensverhältnisse berufen können (Ge-rold NJW **60**, 1744). Die Ändergen können also sowohl in der Person der Parteien wie in den allg Verhält-nissen liegen; sie können für die Hinausschiebg des endgültigen Zahlgstermins oder die Höhe der Raten-zahlg von Bedeutg sein. Haben die Verhältnisse bereits zur Zeit der StundgsEntsch vorgelegen, so Änderg unzuläss; die Stundg kann nicht auf diesem Wege ein zweites Mal zur Entsch gestellt werden, auch dann nicht, wenn sie fehlerh war. So auch, wenn erst in späterem Verf die Änderg der Verhältnisse droht abzeichne-te (vgl RG **126**, 242). Alles das gilt insb auch für den vor dem ProzeßG versäumten Stundgsantrag. Lag aber währd des Verf vor dem ProzeßG Anlaß für eine Stundg überh nicht vor u hat sich die Lage des Schu erst nach dem Ztpkt, in dem letztmalig der Stundgsantrag hätte gestellt w können, wesentl geändert, so muß er auch trotz **V** beim FamG erstmalig gestellt w können, weil Schu sonst ohne Grund schlechter gestellt wäre, als wenn Fdg unstreitig; das FamG erkennt dann erstmalig auf Stundg (Maßfeller Betr **57**, 527). Demgemäß wird man auch beim FamG ggü dem Urteil des ProzeßG unter den Voraussetzgen von VI VollstrSchutzan-trag nach ZPO 765 a, 813 a, ZVG 30 a zulassen müssen (Baur FamRZ **58**, 255; aA Gernhuber § 36 VII 7 Fn 30: ZPO 775 Z 2 entspr). RBehelf wie Rn 9.

13 **6) Einstweilige Anordnungen.** Solche kann FamG, falls dafür ein Bedürfn besteht, treffen, FGG 53 a III 1; insb also bei einer voraussichtl Änderg der StundgsEntsch zG des Schu die ZwVollstr vorl einstellen. Die einstw AO des FamG kann nur mit der Entsch angefochten werden, FGG 53 a III 2.

1383 *Übertragung von Vermögensgegenständen.* [1]**Das Familiengericht kann auf An-trag des Gläubigers anordnen, daß der Schuldner bestimmte Gegenstände seines Ver-mögens dem Gläubiger unter Anrechnung auf die Ausgleichsforderung zu übertragen hat, wenn dies erforderlich ist, um eine grobe Unbilligkeit für den Gläubiger zu vermeiden, und wenn dies dem Schuldner zugemutet werden kann; in der Entscheidung ist der Betrag festzusetzen, der auf die Ausgleichsforderung angerechnet wird.**

[2]**Der Gläubiger muß die Gegenstände, deren Übertragung er begehrt, in dem Antrage bezeich-nen.**

[3]**§ 1382 Abs. 5 gilt entsprechend.**

1) Die AusglFdg ist eine GeldFdg (§ 1378 Rn 2); § 1383 ändert daran nichts (*arg* I Halbs 2). Daß Schu 1 seinerseits die AusglVerpfl dch Herg bestimmter Ggstde verringern u Gläub zur Annahme verpflichtet w könnte, sieht das G nicht vor (vgl aber § 1378 Rn 12). Das Verf auf Zuteilg v VermGgsten ist ein zusätzl Verf der freiw Gerichtsbark mit zusätzl Geschäftswert (Schlesw SchlHA **79**, 58).

2) Voraussetzungen. Der Gläub kann über die Zuteilg nach HausratsVO 8f hinaus Interesse an der 2 Zuteilg von Ggständen haben, zu denen gerade er eine ganz bes Beziehg hat, währd das beim Schu nicht der Fall ist. Der Gläub kann aber, um einer langwierigen Abwicklg zu entgehen, die zudem vielleicht bei der Vermögenslage des Schu erhebliche Unsicherheiten in sich birgt, auch ganz od teilw eine Abwicklg in Sachwerten vorziehen. In beiden Fällen kann für ihn bei anderer Handhabg eine grobe Unbilligk gegeben sein. Sein Begehren aber nur dann berechtigt, wenn die Zuteilg dem Schu zuzumuten ist. Das wird in beiden Fällen im allg zu verneinen sein, wenn es sich etwa um Ggstände handelt, die lange in der Familie des Schu waren. Immerhin kann im zweiten Fall die Ablehng eines derartigen Naturalausgleichs ohne ganz bcs Grd die Abweisg des Stundgsantrags des Schu zur Folge haben, wenn dadurch nämlich die Härte der baldigen Zahlg für ihn ganz od zT entfällt; demgemäß kann der Gläub einen Stundgsantrag mit seinem Erbieten, Ggst an Erfüllgs Statt anzunehmen, uU auffangen. „Gr Unbilligk" verlangt strengen Maßst, so daß Übertr v Ferienhaus in Österr abgel w (Hamm FamRZ **78**, 687).

3) Verfahrensrecht. Zust FamG (GVG 23b Z 10, ZPO 621 I Z 9); es entscheidet der Rpfleger u nur iFv 3 III der Richter (RPflG 14 Z 2; dazu Habscheid NJW **70**, 1776). Erforderl **Antrag** des Gläub. Ist Zugew-AusglFdg str, dann Aussetzg des Verf od Zurückweisg des Antr, dagg nicht Entsch unter Vorbehalt (Kln FamRZ **76**, 28). Antr muß Ggste, die übertr w sollen, bestimmen, also genügd eindeut bezeichnen. § 1383 ist Recht des Gläub; dem Ger fehlt daher die rechtsgestaltde EntschMacht wie nach der HausratsVO. Desh kann es bei dem Versuch, eine gütl Einigg herbeizuführen, auf die Hinnahme anderer Ggstr hinwirken, ist aber ohne Antr nicht befugt, in der Entsch and Ggste zu übertr. In der Entsch ist der Betrag anzugeben, der mit der Übertr abgegolten ist. Iü gilt für das Verf FGG 53a (s § 1382 Rn 6). Ist auf Übertr eines Grdst rechtskr erkannt, so gilt damit die EiniggsErkl vS des Schu als abgegeben (ZPO 894, FGG 53a IV), so daß der GrdbuchRPfleger einzutr hat; daneben Nachw der notariell beurk EiniggsErkl des AusglGläub erfdl (Meyer-Stolte Rpfleger **76**, 6). Wg Rechtsbehelfen § 1382 Rn 9 u 11.

1384 *Berechnungszeitpunkt bei Scheidung.* **Wird die Ehe geschieden, so tritt für die Berechnung des Zugewinns an die Stelle der Beendigung des Güterstandes der Zeitpunkt der Rechtshängigkeit des Scheidungsantrags.**

1) Abweichender Berechnungszeitpunkt für den Zugewinn zur Durchführung des Entscheidsver- 1 bundes (ZPO 623, 629). Noch früherer BerechngsZtpkt bei vorzeit Ausgl (§ 1387). Nach § 1376 II wird das EndVerm, das für die Beurteilg der Höhe des Zugew maßg ist (§ 1373) nach dem Stichtag der Beendigg des Güterstdes berechnet; das wäre die Rechtskr des ScheidgsUrt (§ 1372 Rn 12). Um zu verhindern, daß der 2 ausgleichspflicht Eheg den Zugew zum Nachteil des and zu verringern sucht, u da auch kein Grd besteht, den and Eheg an weiterem Zugew zu beteiligen, wenn ein Verf eingeleitet ist, das mit der Scheidg der Ehe endet, ist in diesem Falle für die Berechng des EndVerm u damit des Zugew jedes der beiden Eheg der **Zeitpunkt des Scheidungsantrags maßgebend** (ZPO 253 I, 622 nF). Das gilt auch bei längerem, selbst 5- od 9j (Hamm NJW **80**, 1637; FamRZ **92**, 1180) Ruhen des ScheidgsVerf (Ffm FamRZ **82**, 1013; Karlsr Just **76**, 33) od wenn Antr zwar abgewiesen od zurückgen, die Ehe aber auf WiderAntr geschieden w (BGH **46**, 215; Heckelmann FamRZ **68**, 59; vgl aber Reinicke BB **67**, 521; aA RGRK 9). Bei mehrf Anhängigk entscheidet dasj ScheidgsVerf, das schließl zur Scheidg führt (BGH NJW **79**, 2099; Kblz FamRZ **81**, 260); das gilt selbst bei zwischenzeitl Versöhng (BGH FamRZ **83**, 350). Bewertgsstichtag ist das EndVerm ist der Tag der Zustellg des ScheidgsAntr (Mü FamRZ **82**, 279). Unerhebl der Ztpkt des Beginns des Getrenntlebens (vgl aber §§ 1385, 1387). Der Anspr auf einen best Zugew kann dch einstw Vfg gesichert w (Ullmann NJW **71**, 1294). Die Beendigg des Güterstdes selbst tritt nicht mit Stellg des ScheidgsAntr, sond erst mit Rechtskr des Urt (ZPO 629 nF) ein, so daß auch dann erst die AusglFdg entsteht (§ 1378 III). Mehr als sein Verm nach Abzug der Verbindlk braucht der AusglPflichtge aber auch hier nicht herauszugeben (§ 1378 II), so daß die Vorverlegg des BerechngsZtpktes uU wirkgsl bleibt. Desh kann der ausglberecht Eheg Sicherh-Leistg verlangen (§ 1389), möglicherw auch ggü Dr (§ 1390 IV).

2) Gleichgestellte Fälle. Wie die Scheidg ist auch die Eheaufhebg, EheG 37 I, unter den Voraussetzgen 3 von EheG 26 auch die Ehenichtigk zu behandeln. Entspr Anwendg v § 1384, wenn nach Einleitg des ScheidgsVerf ein Eheg stirbt (§ 1371 Rn 13). Vgl iü § 1378 Rn 4.

1385 *Vorzeitiger Ausgleich bei Getrenntleben.* **Leben die Ehegatten seit mindestens drei Jahren getrennt, so kann jeder von ihnen auf vorzeitigen Ausgleich des Zugewinns klagen.**

1) Zu §§ 1385, 1386. Vorzeit ZugewAusgl vertragl (§ 1414) od im Klagewege dch **Gestaltungsurteil.** 1 StufenKl auf Auskft u Zahlg des AusglBetrags kann zwar mit der GestaltgsKl verbunden w, über sie darf aber erst entsch w, wenn zuvor rechtskr dch TeilUrt auf vorzeit ZugewAusgl erkannt u damit die Beendigg des gesetzl Güterstd herbeigeführt w ist (Celle FamRZ **83**, 171). Wg der auch für den bekl Eheg mit der Auflösg der ZugewGemsch verbundenen Vorteile beträgt der **Streitwert** idR ¼ des zu erwartden Zugew-Ausgl (BGH NJW **73**, 369; sa Schlesw SchlHA **79**, 180). Die **Voraussetzungen** sind in den §§ 1385, 1386 erschöpft aufgezählt. Vorzeit ZugewAusgl daher nicht bei AnO einer Betreuung (§ 1896), Pflegerbestellg (§ 1911), Konk, Überschuldg, gewagten Geschäften od solchen, die den bish Zugew ganz od zT aufs Spiel setzen. Ein Recht zum GetrLeben wird nicht mehr vorausgesetzt (BT-Drucks 7/650 S 102). Zur Verwendg der aus dem vorzeit ZugewAusgl stammden Mittel für den Erwerb v Anwartsch in der ges RentVers: § 1587 Rn 45.

2　**2) Vorzeitiger Ausgleich bei Getrenntleben.** Letzteres berecht nicht schlechthin zum vorzeit Ausgl, sond nur, wenn es mind 3 J angedauert hat (dazu Otten FamRZ **58**, 447). **Zweck:** Mit Aufhebg der ehel Gemsch fehlt die Grdlage für eine Beteiligg am Zugew; 3-J-Frist soll eine Trenng nur um des vorzeit ZugewAusgl willen verhindern (BT-Drucks 7/650 S 102). Besonders der Eheg, der den niedrigeren Zugew gemacht hat, wird ein Interesse am vorzeitigen Ausgl haben. Aber auch der Eheg, der ausgleichen müßte, wird, wenn er weiteren Zugew zu erwarten hat od von den Beschrkgen, §§ 1365 ff, frei sein will, die ZugewGemsch beenden, auch ein VerweigergsR, § 1381, festgestellt wissen wollen.

1386 *Vorzeitiger Zugewinnausgleich in sonstigen Fällen.* [I] **Ein Ehegatte kann auf vorzeitigen Ausgleich des Zugewinns klagen, wenn der andere Ehegatte längere Zeit hindurch die wirtschaftlichen Verpflichtungen, die sich aus dem ehelichen Verhältnis ergeben, schuldhaft nicht erfüllt hat und anzunehmen ist, daß er sie auch in Zukunft nicht erfüllen wird.**

[II] **Ein Ehegatte kann auf vorzeitigen Ausgleich des Zugewinns klagen, wenn der andere Ehegatte**

1. ein Rechtsgeschäft der in § 1365 bezeichneten Art ohne die erforderliche Zustimmung vorgenommen hat oder

2. sein Vermögen durch eine der in § 1375 bezeichneten Handlungen vermindert hat

und eine erhebliche Gefährdung der künftigen Ausgleichsforderung zu besorgen ist.

[III] **Ein Ehegatte kann auf vorzeitigen Ausgleich des Zugewinns klagen, wenn der andere Ehegatte sich ohne ausreichenden Grund beharrlich weigert, ihn über den Bestand seines Vermögens zu unterrichten.**

1　**1) Allgemeines.** § 1386 will vor einem schädl Verhalten des and Eheg schützen. Er enthält drei Fälle der vorzeit Auflösg. Vgl ü § 1385 Rn 1. Kein vorzeit Ausgl bei sonst Gefahr der Verkürzg der AusglFdg, sond nur § 1389 (Ffm FamRZ **84**, 895).

2　**2) Schuldhafte Nichterfüllung der wirtschaftlichen Verpflichtungen, I,** die sich aus dem ehel Verhältn ergeben, dazu § 1381 Rn 4, berechtigt zur Klage auf vorzeitigen Ausgl, wenn das längere Zeit hindurch geschehen ist, worunter eine geraume, nicht zu knappe Zeitspanne zu verstehen, und ferner anzunehmen ist, daß Eheg sie auch in Zukunft nicht erfüllen wird. Das auch dann zu bejahen, wenn der Mann einmal Unterh zahlt, einmal wieder nicht od die Frau nur ab u zu ihren Hausfrauenpflichten nachkommt, ohne daß Anzeichen für eine wirkl Änderg des Verhaltens gegeben sind; das eine längere Zeit hindurch beibehaltene Verhalten wird also oft die Annahme nahelegen, daß es auch weiterhin geschieht. Entscheidd die Sachlage bei der letzten mdl Verhandlg der letzten Tatsacheninstanz. Geschützt wird durch I vor allem der ausgleichspfl Eheg, der mit der vorzeitigen AusglKlage, durch die der andere Eheg vom künftigen Zugew ausgeschl wird, vgl § 1387, auch die Feststellg verbinden kann, daß er trotz seines gehabten Zugewinns zum Ausgl nicht verpflichtet ist, § 1381.

3　**3) Ausgleichgefährdendes Verhalten, II.** Verfügt ein Eheg ohne Einwilligg des anderen über sein Verm im ganzen, § 1365, macht er übermäßige unentgeltl Zuwendgn an Dritte, verschwendet er sein Verm od benachteiligt er den andern Eheg, § 1375 II, u ist eine erhebl Gefährdg der künftigen Ausgleichsforderg zu besorgen, kann auf vorzeitigen Ausgl geklagt werden. Das ist vor allem dann der Fall, wenn zu befürchten ist, daß das vorhandene Verm die AusglFdg nicht deckt, § 1378 II; dabei wird auch das künft Verhalten u die allg Möglichk von Verlusten, die gerade bei der bes Erwerbsart des Eheg eintreten können, nicht außer Betr bleiben; der ausgleichsberecht Eheg braucht dann das vergrößerte Risiko für seine Fdg nicht hinzunehmen. KlageR auch bei Besorgnis weiterer Verletzgn. Klagevoraussetzg aber nicht, daß eine AusglFdg wirkl vorhanden ist („künftige"). Klage entfällt selbst bei erhebl Gefährdg der künftigen AusglFdg, wenn der andere Eheg mit der unentgeltl Zuwendg od der Verschwendg einverstanden war od 10 Jahre seit dem das Vermögen vermindernden Verhalten vergangen sind, § 1375 II. Zeitpkt der Beurt der Gefährdg: letzte mdl Verh über die Kl auf vorzeit Zugew (Ffm FamRZ **84**, 895).

4　**4) Verweigerung der Unterrichtung über das Vermögen, III.** Eine Pfl zur Auskft ü das Verm besteht nur nach Beendigg des Güterstdes bzw im Scheidgsfall (§ 1379). In einer richt LebGemsch aber wird ein Eheg den and über den Bestand seines Verm **unterrichten** (§ 1353 Rn 15), was nicht so weit geht wie die AuskftsPfl (§ 1379 Rn 4). Erfordert Angaben über die wesentl Bestandteile des Verm, deren Wert, auch 5 Verbleib; aber kein Recht auf Einsicht in die Geschäftsbücher, auf Belegen der Angaben mit Unterlagen (Celle FamRZ **83**, 171), Nachw u Angaben im einzelnen. KlVoraussetzg außerd, daß Eheg sich **ohne ausreichenden Grund beharrlich weigert.** Weigerg kann berecht s, wenn zu befürchten, daß der and Eheg einen unlauteren od geschäftsschädigden Gebr davon macht. Für die Beharrlk ist der feste Wille erfdl, nicht aber Wiederholg. Es besteht dann der Verdacht, daß er sich seiner Verpfl entziehen will, den and Eheg an dem Zugew zu beteiligen.

1387 *Berechnungszeitpunkt bei vorzeitigem Ausgleich.* **Wird auf vorzeitigen Ausgleich des Zugewinns erkannt, so tritt für die Berechnung des Zugewinns an die Stelle der Beendigung des Güterstandes der Zeitpunkt, in dem die Klage auf vorzeitigen Ausgleich erhoben ist.**

1　Der **abweichende Berechnungszeitpunkt für den Zugewinn** gilt für die Fälle der §§ 1385, 1386. **Zweck:** Es soll verhindert w, daß nach Klageerhebg der Zugew zum Nachteil des and Eheg verringert w; desh Abweichg v § 1376 II. Berechng des EndVerm u damit des Zugew bereits auf den Ztpkt der KlErhebg (ZPO 253 I, V). Tatsächl endet aber auch hier der Güterstd erst mit Rechtskr des Urt (§ 1388), so daß auch erst dann die AusglFdg entsteht (§ 1378 III). Jedoch bleibt, falls Kl dchdringt, der Zugew beider Eheg nach dem Ztpkt der KlErhebg außer Betr. Wird auch auf Scheidg geklagt, so ist ggf gem ZPO 621 III an das

FamG der ScheidgsSache zu verweisen, dieses hat aber den Ztpkt der früh KlErhebg zGrde zu legen, sofern diese Kl dchdringt (and bei vorverlegtem ScheidgsAntr; vgl § 1384 Rn 2); uU Rückn der Kl auf vorzeit ZugewAusgl empfehlensw, wenn Ausgl gem § 1384 günstiger. Wird dagg währd eines lfden ScheidgsVerf Kl auf vorzeit ZugewAusgl erhoben, so ist der BerechngsZtpkt gem § 1384 maßgebd (Hamm FamRZ **82**, 609). Ztpkt der Rechtskr des Urt f den Stichtag des Zugew unerhebl. Vgl ferner § 1384 Rn 1. Aufhebg der ZugewGemeinsch dch ProzVergl läßt Ztpkt der KlErhebg nur dann maßgebl s, falls GestaltgsKl auf vorzeit ZugewAusgl erhoben war (Zweibr OLG **74**, 214).

1388 *Eintritt der Gütertrennung.* **Mit der Rechtskraft des Urteils, durch das auf vorzeitigen Ausgleich des Zugewinns erkannt ist, tritt Gütertrennung ein.**

1) Die Rechtskraft des Urteils auf vorzeitigen Zugewinnausgleich hat zur Folge, daß der gesetzl 1 Güterstd endet (KG FamRZ **95**, 39: verfkonform). Am Zugew vom Berechngsstichtag an, § 1387, nehmen die Eheg nicht mehr teil, da das idR nur weiteren Streit ergeben würde; so also auch, wenn ein Eheg weiter im Beruf od Geschäft des anderen Eheg mitarbeitet, falls nicht ein gesellschähnl Verhältn anzunehmen ist, § 1356 Rn 18; dieses wird hei Fortsetzg der Mitarbeit durch die Klage nicht ohne weiteres berührt, da dann nur die Wirkg einer Sicherstellg des bisher Erworbenen hätte. Güterrechtl tritt mit Rechtskraft des Urteils Gütertrenng ein. Söhnen sich die Eheg zB nach Getrenntleben wieder aus, so Fortsetzg der ZugewGemsch nur ehevertragl mögl.

2) Wirkung gegen Dritte. Eine §§ 1449 II, 1470 II entspr Vorschr fehlt; vgl auch Meyer FamRZ **57**, 285. 2 Erman-Bartholomeyczik Anm 1 u Maßfeller-Reinicke § 1412 Anm 6 rechtfertigen das damit, daß Rechte Dritter nicht beeinträchtigt werden, weil beim gesetzl Güterstd end Rechte Dritten ggü nicht mehr Rechte hat als bei Gütertrenng. Das mag zutreffen. Der Rechtsverkehr ist durch die Unterlassg des Gesetzgebers aber insof erschwert, als der Dritte sich über die Behauptg des verfügenden Eheg, er lebe in Gütertrenng, die VfgsBeschrkgen der §§ 1365, 1369 gelten für ihn nicht, aus dem Register keine Klarh verschaffen kann. Auch eine solche Gütertrenng muß deshalb als eintraggsfähig angesehen werden, Einf 2, 3 vor § 1558, ebso Dölle §§ 46 II 2c, 62 III 1, 65 III 4.

1389 *Sicherheitsleistung.* **Ist die Klage auf vorzeitigen Ausgleich des Zugewinns, auf Nichtigerklärung oder Aufhebung der Ehe erhoben oder der Antrag auf Scheidung der Ehe gestellt, so kann ein Ehegatte Sicherheitsleistung verlangen, wenn wegen des Verhaltens des anderen Ehegatten zu besorgen ist, daß seine Rechte auf den künftigen Ausgleich des Zugewinns erheblich gefährdet werden.**

1) Sicherheitsleistung (Lit: S. Frey, Sicherg des kftg ZugewAusgl, 1990; Derleder FuR **94**, 164: GrdstVer- 1 äußerg) kann sowohl bei Erhebg der Klage auf vorzeit Ausgl (§§ 1385, 1386) als auch bei einer Kl auf NichtigErkl od Aufhebg der Ehe, insb iF des ScheidgsAntr (ZPO 622) verlangt werden. **Zweck:** Schutz vor einer nach § 1378 II beachtl VermVerminderg (MüKo/Gernhuber 2; aA BGH NJW **88**, 2369; Soergel/H Lange 2) u Dchsetzg des ZugewAusgl (Hbg FamRZ **82**, 284). Berecht ist nicht nur der Kl od AntrSt, sond auch der and Eheg. Erfolgt grdsl dch Klage, Gefährdg kann aber auch einstw Vfg erfordern. **Voraussetzun-** 2 **gen:** Erhebg der AusglKlage (ZPO 253 I, V) u Besorgn erhebl Gefährdg des zu erwarten Ausgl dch den and; Tatfrage. Wird insb bei § 1386 II zu bejahen s, aber auch bei § 1386 III, da dort G von Benachteiliggsverdacht ausgeht (§ 1386 Rn 5). Höhe der Sicherh richtet sich nach der zu sichernden vermutl Fdg, hins deren Höhe der and Eheg iRv § 1379, also ggf auch schon nach Beantragg der Scheidg, zur AuskErteilg verpflichtet ist. Soweit ein Eheg eigenmächtig sich Ggstände angeeignet hat, entfällt in dieser Höhe sein Anspr auf SicherhLeistg. Art der SicherhLeistg §§ 232ff; § 1382 IV gilt hier nicht. Abzulehnen, wenn Klage offensichtl aussichtslos, einstw Vfg auf Widerspr aufzuheben, wenn sich Aussichtslosigk im HauptVerf herausstellt. Ist genügende Sicherh nicht erlangb (Hbg NJW **64**, 1078) od der Schuldn mit der Gestellg von Sicherh in Verzug, so kann der Anspr aus § 1389 dch AnO des dingl Arrests (ZPO 916ff) gesichert w (Kln FamRZ **83**, 709; aA Hbg FamRZ **82**, 284; KG FamRZ **94**, 1478). Voraussetzg des Verzugs, daß kein ZurückbehaltgsR (wg Herausg v Schmuck, Rent-VersPapieren, Geburts- u HeiratsUrk) besteht (Ffm FamRZ **83**, 1233). **Vollstreckung** gem ZPO 887; nach 3 Übergang des WahlR auf den Gläub ggf SicherhLeistg dch Hinterlegg v Geld auf Kosten des Schu (Düss FamRZ **84**, 704). Verwertg der Sicherh erst nach Fälligk der AusglFdg u bei EinredeFreih. Nach aA erfolgt die 4 Sicherg unmittelb u ggf iR des Verbunds (AG Detm FamRZ **94**, 1387) dch **Arrest** zur Sicherg des ZugewAusglAnspr ab Rhängigk des ScheidgsAntr (Düss FamRZ **94**, 114; Karlsr FamRZ **95**, 822; Ditzen NJW **87**, 1806; and Düss FamRZ **91**, 351: einstw Vfg; ebso Ullmann NJW **71**, 1294; Kohler FamRZ **89**, 797; hM: Sichergs-Schutz nur für die gem § 1378 III 1 bereits entstandene AusglFdg; vgl KG FamRZ **86**, 1107 mN; Hbg FamRZ **88**, 964). Bei Fortdauer des ZugewAusglStr keine Rückgabe der freiw Sicherh nach Rkraft der Scheidg (Kln FamRZ **88**, 1273). **Haftung:** Ein RA verstößt gg seine SorgfPfl, wenn er trotz konkr Hinweise auf eine 5 Vereitlgsabsicht keine Maßn zur Sicherg der Vollstreckbk des AusglAnspr ergreift (Hamm FamRZ **92**, 430).

1390 *Ansprüche des Ausgleichsberechtigten gegen Dritte.* [1]**Soweit einem Ehegatten gemäß § 1378 Abs. 2 eine Ausgleichsforderung nicht zusteht, weil der andere Ehegatte in der Absicht, ihn zu benachteiligen, unentgeltliche Zuwendungen an einen Dritten gemacht hat, ist der Dritte verpflichtet, das Erlangte nach den Vorschriften über die Herausgabe einer ungerechtfertigten Bereicherung an den Ehegatten zum Zwecke der Befriedigung wegen der ausgefallenen Ausgleichsforderung herauszugeben. Der Dritte kann die Herausgabe durch Zahlung des fehlenden Betrages abwenden.**

[II]**Das gleiche gilt für andere Rechtshandlungen, wenn die Absicht, den Ehegatten zu benachteiligen, dem Dritten bekannt war.**

III Der Anspruch verjährt in drei Jahren nach der Beendigung des Güterstandes. Endet der Güterstand durch den Tod eines Ehegatten, so wird die Verjährung nicht dadurch gehemmt, daß der Anspruch erst geltend gemacht werden kann, wenn der Ehegatte die Erbschaft oder ein Vermächtnis ausgeschlagen hat.

IV Ist die Klage auf vorzeitigen Ausgleich des Zugewinns oder auf Nichtigerklärung, Scheidung oder Aufhebung der Ehe erhoben, so kann ein Ehegatte von dem Dritten Sicherheitsleistung wegen der ihm nach den Absätzen 1 und 2 zustehenden Ansprüche verlangen.

1   **1) Allgemeines.** Der AusglAnspr wird der Höhe nach im Interesse der Gläub des AusglPflichtgen durch den Wert seines Vermögens begrenzt, das nach Abzug der Verbindlichk bei Beendigg des Güterstandes vorhanden ist, § 1378 Rn 10. Wird nach § 1375 II dem EndVerm des AusglPflichtigen die durch ihn veranlaßte VermMinderg hinzugerechnet, ist es mögl, daß die AusglFdg ganz od zT ausfällt, § 1375 Rn 9. § 1390 gibt dem ausgleichsberechtigten Eheg einen Anspr gg den dritten Empfänger. Der Eheg geht ihm vor, um zu verhindern, daß sein Anspr durch unentgeltl Hingabe von VermGgständen an den Dritten, I, oder in unlauterem ZusWirken mit ihm, II vereitelt wird. Gleichgültig, ob EndVerm aktiv od passiv ist, § 1375 I 2 u dort Rn 10. § 1390 kann ehevertragl nicht ausgeschl werden.

2   **2) Anspruch bei unentgeltlichen Zuwendungen, I.** Wegen unentgeltl Zuwendg § 1375 Rn 6. Das Vorliegen von § 1375 Z 1 genügt nicht; die Zuwendg muß in der Abs gemacht sein, den ausgleichsberechtigten Dritten zu benachteiligen. Kenntnis des Empfängers von BenachteiliggsAbs nicht erforderl. AnfG 3 hilft nicht, da Fdg insoweit sie durch das Verm des Pflichtigen nicht gedeckt ist, nicht zur Entstehg gelangt, Eheg also insow auch nicht Gläub wird. Zur Berechng, insb der Möglichk eines negativen Endvermögens u des Ausfalls des Berechtigten § 1375 Rn 9, 10. Der Berecht hat, soweit nach § 1378 II seine AusglFdg nicht zur Entstehg gelangt ist, Anspr auf Herausg nach den Vorschr der ungerechtfertigten Bereicherung, §§ 812 insb 818 ff. Der Dritte kann statt der Herausg Zahlg des fehlenden Betrages, der der Zuwendg an ihn entspricht, wählen.

3   **3) Anspruch bei anderen Rechtshandlungen, II,** die in BenachteiliggsAbs vorgenommen wurden, vgl § 1375 Rn 8; hier jedoch nur, wenn auch dem Dritten der benachteiligungsabsicht bekannt war. Hierfür genügt ein Annehmen od Kennenmüssen nicht; erforderl, daß der Dritte von der BenachteiliggsAbs des Eheg gewußt hat, u zwar im Zeitpkt der Vornahme der RechtsHdlg, wobei bei Notwendigk mehrerer Hdlgen zur Vollendg der Zeitpkt entscheidet, in dem die RWirkg eintritt. BewLast für die Kenntnis hat der Eheg.

4   **4) Verjährung des Anspruchs gegen den Dritten, III.** In 3 Jahren seit Beendigg des Güterstandes § 1372 Rn 12; unerhebl, wann der Berecht Kenntnis davon erhält. Endet der Güterstd durch Tod u hat der überl Eheg die güterrechtl Lösg gewählt, § 1371 Rn 12–20; keine Hemmg der Verj deshalb, weil der Anspr erst nach Ausschlagg der Erbsch od des Vermächtnisses, also erst nach Ablauf der Sechswochenfrist, § 1944, geltd gemacht w kann; vgl auch § 1378 Rn 11 u § 2332 Anm 3.

5   **5) Sicherheitsleistung, IV.** Hat ein Eheg Klage auf vorzeitigen Ausgl des Zugewinns oder auf Scheidg, Aufhebg, NichtigErkl seiner Ehe gg seinen Eheg erhoben, kann er gleichzeitig vom Dritten, der herausgabepflichtig nach I oder II ist, SicherhLeistg verlangen, ohne daß er Gefährdg seines Anspr darzutun braucht, den das G offensichtl unterstellt. Das gilt etwa bei unentgeltl Übertragg eines Grdst auf die Lebensgefährtin (AG Meppen NJW-RR **94**, 4). Vgl im übrigen § 1389.

1391–1407 *(Entfallen, GleichberG Art 1 Z 9.)*

II. Vertragsmäßiges Güterrecht

Grundzüge

1   Der das ehel GüterR beherrschende **Grundsatz der Vertragsfreiheit** bietet die Möglichk, die durch das G bis ins einzelne durchgebildete GüterGemsch od auch die Gütertrenng durch EheVertr zu vereinbaren, aber auch in einzelnen Bestimmgen Abweichgen von diesen zu treffen, ebso wie einzelne Bestimmgen der ZugewGemsch geändert w können, zB §§ 1363 Rn 4, 1374 Rn 1, 1375 Rn 1, 1378 Rn 12; vgl auch § 1412. Auch die ZugewGemsch kann ehevertragl zB bei Übergang von der Gütertrenng oder GütGemsch vereinbart werden. Die ehevertragl Vereinbargen brauchen sich auch nicht an den GleichberGrds, GG 3 II, zu halten, Reinicke NJW **53**, 683, Dölle JZ **53**, 360, Knur DNotZ **57**, 466, Finke MDR **57**, 579. Vgl auch § 1421. ErrGemsch u FahrnisGemsch hat der Gesetzgeber im GleichberG im Ggsatz zum BGB nicht mehr geregelt; über die Möglichk ihrer Vereinbg § 1409 Rn 1. – Im Verhältn der Ehegatten zueinander hat derjenige das Vorhandensein einer ehevertragl Bindg zu beweisen, der sich darauf beruft. Der Dritte wird durch die Bestimmg über die Eintragg ins GüterrechtsReg geschützt, § 1412. Wg der **Übergangsbestimmungen** vgl Grdzüge 2 v § 1414; Grdzüge 3 v § 1415 u bei § 1519. **IPR:** EG 15. Ehel können nach GütTrenng auch mit erbsch-steuerrechtl Rückwirkg ab dem Tag der Eheschl ZugewGemsch vereinb (BFH NJW **89**, 2911).

1. Allgemeine Vorschriften

1408 *Ehevertrag; Grundsatz der Vertragsfreiheit.* [I]Die Ehegatten können ihre güter-rechtlichen Verhältnisse durch Vertrag (Ehevertrag) regeln, insbesondere auch nach der Eingehung der Ehe den Güterstand aufheben oder ändern.

[II]In einem Ehevertrag können die Ehegatten durch eine ausdrückliche Vereinbarung auch den Versorgungsausgleich ausschließen. Der Ausschluß ist unwirksam, wenn innerhalb eines Jahres nach Vertragsschluß Antrag auf Scheidung der Ehe gestellt wird.

1) Wirksamkeitsvoraussetzungen. Für den EheVertr gelten die allg Grdsätze. Demgemäß Bedingg, **1** ZeitBest, Anfechtg mögl. VertrParteien sind die Ehel, auch nach Eingeh der Ehe, zB zul Vereinbg von Gütertrenng (RG **88**, 322); ferner die Verlobten, nicht aber Dritte, etwa iR einer Schenkg. Geschäftsunfähig: § 1411. Stellvertretg zul, auch Abschl dch den von der Fr bevollm Ehem (RG **79**, 282). Form: § 1410. Wirkg ggü Dr: § 1412. Im Verhältn untereinand können die Eheg schuldrechtl auch Rückwirkg vereinb. **Gläubigeranfechtung** (KO 29 ff; AnfG 3; vgl Jaeger/Henckel KO[9] § 29 Rn 46 ff): Vereinbg von Gütertrenng unter Aufhebg der GütGemsch nicht, ggf aber der AuseinandSVertr (BGH **57**, 123), soweit er mit einer VermEntäußerg verknüpft ist (RG Gruch **52**, 1167; vgl § 1437 Rn 2). Dagg nicht, wenn ein R auf Aufhebg der GütGemsch bestand (RG **57**, 87). Selbst bei großer VermVerschiedenh ist die Vereinbg der GütGemsch keine Schenkg (BayObLG Recht **09** Nr 90), wohl aber uU in Verbindg m anschließder Güt-Trenng (RG **87**, 301). Keine Anf bei Vereitlg od Mindg v VerwandtenUnterhAnspr (Soergel/Gaul 21 mwN); evtl aber §§ 823, 826. Bei Verbindg m **Erbvertrag** ggf § 139 (Stgt FamRZ **87**, 1034). **Landwirtschaftlicher Betrieb** (Lit: Schwab u Langenfeld, in: Ges Regelg der Scheidsfolgen u vertragl Gestaltgsmöglk f den landw Betr, Passau 1989, S 1 u 37): Vgl § 1376 Rn 4.

2) Dauer des Ehevertrages. Auch hier gelten die allg Grdsätze. Er kann also nicht einseitig aufgehoben **2** werden, auch nicht bei Getrenntleben. Wird die Ehe nicht geschl, so entfällt der Vertr; wird sie für nichtig erkl, so entfällt an sich die Voraussetzg. Es gelten jetzt aber, wenn auch nur im Eheg bei der Eheschl gutgl war, Scheidungsfolgen, wenn er nicht die NichtigkFolgen wählt, vgl EheG 26 Rn 3–8. Bei Scheidg fällt der EheVertr für die Zukunft weg; ebso bei Aufhebg, EheG 37. Die Vereinbg u alsbald Wiederaufhebg der GütGemsch zZw allein der GrdstEigtÜbertragg ist weg GesUmgeh nichtig (aA Stgt NJW-RR **90**, 837).

3) Gegenstand des Ehevertrages (Lit: Langenfeld, Hdb der EheVertr u ScheidungsVereinbg, 2. Aufl **3** 1989 sowie FamRZ **94**, 201; Zöllner, Vermrechtl FolgenVereinbgen für den Scheidfall, FS Lange 1992, 973; zur Abgrenzg speziell ggü § 1378 III 2 vgl dort Rn 14) ist die Regelg der vermögensrechtl Verhältn der Eheg iS des 6. Titels u der im Anschl an die Ehescheidg vorgesehene VersorggsAusgl iS des 7. Titels (§§ 1587 ff). **a)** Zur Regelg der **güterrechtlichen Verhältnisse** der Eheg od Verlobten gehören nicht **4** solche, die sich aus den persönlichen Ehewirkgen, §§ 1353–1362, ergeben, wie Verträge über die UnterhPfl, Abmachgen über die Höhe der BeitragsPfl, § 1360, Anstellg der Frau gg Ausgleich im Geschäft des Mannes, RG Recht **15**, 2516. Werden sie in einem EheVertr mitgeregelt, so gelten trotzdem insof nicht §§ 1408 ff, sond die EhewirkgsVorschr. Sind solche mitgeregelte Vereinbgen nichtig, so entscheidet über die Gültigk des Ehevertrages § 139. Ebensowenig gehören hierher Verträge über die vermögensrechtl Verhältnisse der Ehegatten nach Aufhebg des Güterstandes, RG DJZ **08**, 647, soweit sie nicht etwa ändernd in das bestehende GüterR eingreifen. Künft Gläub (anders § 1480) können nach Abänderg des Güterstdes sich nicht auf den früheren, ihnen günstigeren berufen u deshalb anfechten, BGH **57**, 126. Die Abgrenzg gegenüber sonstigen vermögensrechtl Verhältnissen der Eheg, die zw ihnen ebenf bestehen können, stößt oft auf Schwierigkeiten. Entscheidend ist, ob die Regelg das GüterR gerade als solches verändert, RG Gruch **63**, 616, wobei die Änderg allg sein od auch nur für einen einzelnen Ggstand gelten kann, RG JW **11**, 154, od ob die Ehegatten diese auch treffen können, ohne gerade als Ehegatten u damit güterrechtl gebunden zu sein, so zB eines gemeins GrdStErwerbs für einen Hausbau, wobei zB Gemsch, Gesellsch, aber auch Vollm vorliegen kann, was auch die Umst ergeben können, BGH FamRZ **69**, 78, vgl auch Staud-Felgentraeger 9. Ein **Ehevertrag liegt vor** bei Aufhebg od Änderg des gesetzl Güterstandes, bei Vereinbg der GütGemsch **5** od eines anderen Güterstandes, bei Wiederherstellg des gesetzl od vertragl Güterstandes nach seiner Ausschließg od Änderg. Zuläss ist die auf den Tag der Eheschl rückwirkde Wiederherstellg der ZugewGemsch nach GütTrenng (BFH NJW **94**, 343; Hoebbel NJW **94**, 2135). Ein EheVertr liegt ferner vor bei Verträgen, die die Zugehörigk zum Vorbehaltsgut ändern (RG **87**, 59). Der Geschäftswert v EheVertr, dch die die ZugewGemsch ausgeschl od aufgeh w soll, bestimmt sich n KostO 39 III (Hamm RPfleger **79**, 153). Als EheVertr ist auch anzusehen, was wg § 2276 II wichtig, die Vereinbg des sonst ohnehin geltenden gesetzlichen Güterstandes durch Verlobte, vgl RG **133**, 20, die Bestätigg einer früheren vertragl Regelg über den Güterstd, KG RJA **15**, 287, die Klarstellg des gesetzl Güterstandes bei Zweifeln, RGRK Anm 3 zu § 1432 aF, die Vereinbg, daß zwar der gesetzl Güterstd, aber mit dem zZ des VertrSchlusses sich ergebenden Inhalt gelten, spätere gesetzl Änderg also ausgeschl bleiben sollen, Celle FamRZ **61**, 446. Aus dem oben **6** hervorgehobenen Grunde **hingegen kein Ehevertrag:** einzelne Schenkgen, falls diese den Güterstd nicht etwa umgestalten, RG **108**, 124, Gewährg von Darlehn, RG **78**, 207, TrHdVerhältn, Warn **15**, 135, GesellschVertr hins einzelner VermStücke, RG HRR **40**, 1236, Geschäftseinlagen. Ein unentgeltl Zugew-AusglVerzicht kann **nichtig** sein, wenn er unklar („alles Verm ist AnfangsVerm") ist (Stgt FamRZ **83**, 498 = DNotZ **83**, 693 mAv Kanzleiter).

b) Ausschließung des Versorgungsausgleichs, II (Lit: Eichenhofer DNotZ **94**, 213). **7**

aa) Abgesehen v ParteiVereinbgen iZushg mit der Scheidg (§ 1587o) gibt § 1408 II den Ehel allg, dh vor **8** der Eheschließg od währd des Bestehens der Ehe, aber nicht mehr nach Anhängigk des ScheidgsVerf (dann nur noch genehmiggsbedürft Vereinbg; Kblz FamRZ **89**, 407), die Möglk, den VA iS der §§ 1587 ff auszuschließen, **S 1.** Zum Gesetzeszweck Hillermeier FamRZ **76**, 580, unter Betong der bes BeratgsPfl der Notare (§ 1410; BeurkG 17), um die Eheg vor übereilten u unzweckmäß Entschlüssen zu bewahren (sa

1393

9 Reinartz NJW **77**, 82 f). **Nachteile des Ausschlusses:** (1) Der Ausschl des VA bringt die Gefahr mit sich,
jegliche Alters- u Invaliditätsversorgg zu verlieren; er schneidet den bei einer späteren Scheidg evtl AusglBe-
recht iF, daß dieser keine eig Rechte aus der SozVers hat, von allen deren Leistgen (RehabilitationsMaßn,
Renten an Versicherte u Hinterbliebene, KrankenVersSchutz bzw Beiträge zur KrVers) ab. Das gilt insb für
die Geschiedenen-Witwen-Rente (RVO 1265), die mit dem 1. 7. 77 weggefallen ist (vgl Kniebes/Kniebes
DNotZ **77**, 294). (2) Der Ausschl führt uU auch zum Verlust v ZugewAusglAnsprüchen (§ 1414 S 2). (3)
Ggf kann der Ausschl des VA dch entspr UnterhPflichten abgefangen w (§§ 1569ff), die sich iF des Todes
des UnterhPflichtigen gg dessen Erben fortsetzen (§ 1586 b I). Fehlt es jedoch an einer entspr Erbmasse, so
ist wiederum zu beachten, daß für Scheidgen ab 1. 7. 77 die Gesch-Wwen-Renten weggefallen sind. Für
Beamte vgl dagg BeamtVG 22.

10   **bb) Inhaltlich zulässig** ist nicht nur der vollständ **Ausschluß** (negative Regelg), sond auch die Modifi-
zierg od ein TeilAusschl des VA (positive Regelg). Dies ist inzw hM (BGH NJW **86**, 2316; Kblz FamRZ **86**,
273 mN; zur GgMeing mN 45. Aufl). **Modifikationen** sind jedoch nur unter dem GesPkt des Vertrauens-
schutzes zul. Unzul sind insbes über den Rahmen der § 1587, 1587a II hinausgreifde Vereinbgen, wie die
Einbeziehg außerh der EheZt erworbener Versorggsanrechte (Kblz FamRZ **86**, 273); ferner darf eine Ver-
11 einbg nicht zu einem gem § 1587 o I 2 unzul Supersplitting führen (BGH NJW **90**, 1363). **Zulässig** ist dagg
der Ausschl des VA für Randversorggen (AG Lörrach NJW **80**, 58: beiderseit betriebl Ruhegeldzusagen; vgl
iü Gruntkowski MittRhNotK **93**, 14); ferner die Reduzierg der BeteiliggsQuote (BGH NJW **86**, 2316 etwa
31%: 69%); ferner eine bei Trenng der Ehel getroff Vereinbg, daß in den VA nur die bis zu einem best Ztpkt
vor dem EheZtEnde erworbenen Anwartsch einbezogen w. Zul ist auch der VA-Ausschl mit RücktrVorbe-
halt (Langenfeld NJW **78**, 1505) od unter einer Bedingg, zB derj, daß einer der Eheg sich im Alter mit
seinem eig Verm angem versorgen kann; daß eine zu erwartde Erbsch anfällt (Reinartz NJW **77**, 83); daß
eine ausgeübte Erwerbstätig (Doppelverdienerehe!) fortgesetzt w usw. Zul der teilw Ausschl v Unterh u
VA u der vollst Ausschl des ZugewAusgl bei einer ggf auch geringerwert Ersatzregelg (Kln FamRZ **95**,
929). Zul auch die Verkürzg der EheZt u der Ausschl des VA f die Zukft (AG Bln-Charl FamRZ **83**, 76).
Unter Berücks u iR des angegebenen Prinzips zuläss auch der Ausschl des VA bezügl Randversorggen, wie
zB der Verzicht auf eine kaum ins Gewicht fallden betriebl Ruhegeldzusage. Bei nachträgl
Ändern der güterrechtl Verhältn ist aber stets die Einschränkg v § 1587 Rn 33 zu beachten. Grdsl dürften
auch keine Bedenken bestehen gg ein Ausweichen auf den schuldrechtl VA (Kniebes/Kniebes DNotZ **77**,
286f; vgl aber zu dessen Nachteilen § 1587 f Rn 3). Zul auch die Vereinbg eines RücktrR, das auch wiederum
auf best RücktrGrde beschränkt w kann (Kniebes/Kniebes DNotZ **77**, 288). Unzul der einseit Ausschl bei
ungeklärter Erwerbslage; ferner der Verzicht auf den VA für den Scheidgsfall, aber Dchführg des VA für
den Fall, daß der ausglpflicht Eheg nach der Scheidg stirbt (vgl NJW **77**, 223). Läßt man den teilw od einseit
Ausschl des VA zu, so treten Schwierigk auf hins der Frage, ob § 1414 S 2 gilt u Gütertrenng eintritt, sowie
hins der Dchführg des VA gem FGG 53 d (vgl Kniebes/Kniebes DNotZ **77**, 285f). Der vollst Ausschl des
VA ist idR verfehlt bei der HaushFührgs- u Zuverdienstehe (vgl § 1360 Rn 7 u 13). Allerd ist die These v
Ruland NJW **76**, 1715, der Ausschl des VA sei unsittl, sof nicht gleichzeit eine anderweite Sicherg des
schwächeren Eheg vereinb w ist, allg auf Ablehng gestoßen (Scheld JurPrax **77**, 11; Kniebes/Kniebes
DNotZ **77**, 284; Hoffmann NJW **77**, 235; MüKo/Kanzleiter Rdn 19). Einmal können ggf §§ 1569 ff helfen
(Reinartz NJW **77**, 82); zum und müßte für Abwäggen gem § 138 die Dauer der Ehe bekannt sein. Es dürfte
aber keinem Zweifel unterliegen, daß die Rspr ähnl, wie sie den Unzulänglichkeiten des ehel GüterR dch die
Ann v EhegInnengesellschaften abgeholfen hat, Versorgungsausbeutgen etwa über die Lehre vom Wegf der
GeschGrdlage korrigiert; denn nach der eindeut Wertg der §§ 1587ff gehören die auch nur von einem Eheg
in der Ehezeit erworbenen Versorggstitel wirtschaftl beiden Ehel. Problemat daher auch die Änderg der
AusglQuote beim öffrechtl VersorggsAusgl (krit unter prakt GesPkten auch Langenfeld NJW **78**, 1506).
Um Überraschgen dch nachträgl Anfechtgen (zB gem § 119 II) vorzubeugen, empfiehlt es sich, die jew
Motivationen der Eheg in den VertrText mit aufzunehmen, zB daß die Eheg eine Doppelverdienerehe ohne
Kinder zu führen beabsichtigen od daß sie sich kirchl Eheauffassgen verpfl fühlen, eine HausfrEhe führen
wollen u der VA nur wg entspr gesellschaftsrechtl Verpflichtgen des Ehem ausgeschl w soll (krit zu dieser
Empfehlg Reinartz NJW **78**, 271). Zur Gestaltg v **Gegenleistungen** f den Ausschl des VA vgl Grunt-
kowski MittRhNotK **93**, 14ff. Zul ist der isolierte Ausschl des VA ohne gleichzeit Regelg der güterrechtl
12 Verhältn. Wed Getrenntleb noch die **konkrete Scheidungsabsicht** stehen der Wirksamk des Ausschl entgg
(BGH FamRZ **83**, 459; Ffm FamRZ **86**, 1005 mN; Düss FamRZ **87**, 953; Lörrach NJW **80**, 58; vgl auch
BVerfG NJW **87**, 179); insb bedarf der Ausschl auch in einem solchen Falle keiner famgerichtl Gen (Mü FamRZ
13 **81**, 465). **Zeitpunkt:** II 1 gilt wg § 1587 o II 3 nicht mehr nach Rhängigk des ScheidgsAntr (Düss FamRZ
14 **86**, 68). Unzul die **Vorabgenehmigung** der Vereinbg außerh der Scheidg u Erlangg einer höheren Be-
standsKr (Ffm NJW **79**, 1368). **Sittenwidrig** (Einzeln bei Eichenhofer DNotZ **94**, 222 ff) ist ein wechselseit
Verzicht auf Zugew, VA u nachehel Unterh, wenn er sich alleinig als einseit Verz vS der Ehefr nach 20j Ehe
darst (Kln FamRZ **81**, 1087); erst recht, wenn obendrein u im vorhinein auch noch auf das SorgeR für das
gemeins Kind verzichtet w (Ffm FamRZ **83**, 176); ferner nach AG Solingen FamRZ **90**, 635, wenn Verzicht
auf nachehel Unterh u Ausschl des VA am Tage vor der mRücks auf die bestehde Schwangersch geschl Ehe
vereinb w. Zur Übern von ZahlgsVerpfl für den Fall der Scheidg: § 1564 Rn 8. Keine Sittenwidrig des
Totalausschlusses, wenn er anläßl der Fortführg der Ehe mit der von einem and Mann schwangeren Frau
erfolgt (Hamm FamRZ **95**, 40); wenn er mit der dch die Geburt eines Ki auflösd bedingten ZahlgsVerpfl
verbunden wird (aA AG Lörrach FamRZ **94**, 1456); wenn potentiell ausglberecht Eheg eine TeilVersorgg
hat u sie dch Teilbeschäftigung zur Vollversorgg ausbauen kann (Bambg FamRZ **84**, 483) od wenn eine eig
Versorgg aufgebaut w kann (Hbg FamRZ **91**, 1317). War der Aufbau einer eig Altersversorgg **Geschäfts-
grundlage,** wird ein NotVerz auf den VA ab Geburt des ersten Ki unwirks (Mü FamRZ **95**, 95).

15   **cc) Wirkung:** Schließen die Eheg den VA aus, so tritt gem § 1414 S 2 automat Gütertrenng ein (Lit:
Kanzleiter FS Rebmann 1989 S 561), auch wenn die Eheg diese Wirkg nicht bedacht od gewollt hatten (dann
allerd Anfechtgsmögl n § 119 I). Der gesetzl Güterstd u damit der ZugewAusgl bleibt dagg erhalten, wenn
sich aus dem EheVertr etwas and ergibt. Braucht nicht ausdrückl zu geschehen, sond kann sich auch aGrd

einer Auslegg (§ 157 BGB) ergeben. Im Zweifel lassen alle Vereinbgen, die den VA nicht einschränkgslos ausschließen, sond nur iR einer Modifikation, den gesetzl Güterstd unangetastet. Empfehlensw die ausdrückl Best im EheVertr, welcher Güterstd in Zukft gelten soll, ebso wie Isoliergsklausel iSv § 139 bei Verbindg mit and Regelgen angebracht ist (Langenfeld NJW **78**, 1504). Zu den verfahrensrechtl Konsequenzen Philippi FamRZ **82**, 1057.

dd) Wiederherstellung des Versorgungsausgleichs, II 2: Der Ausschl des VA steht unter einer **Sperr-** 16 **frist** von 1 Jahr; er ist unwirks, wenn innerh v 1 J nach VertragsSchl Antr auf Scheidg der Ehe gestellt w, **S 2.** Zwingdes Recht (Ruland Rdn 591); nicht verfassgswidr (Stgt NJW **83**, 458; aA Gelsenk FamRZ **78**, 598). Der Ausschl des VA steht unter der auflösden Bedingg (§ 158 II) der Stellg des ScheidgsAntr (Kniebes/ Kniebes DNotZ **77**, 288). **Zweck:** Sinnvoll ist die JahresFr angesichts des langs Anwachsens v Versorggs-Anwartsch eigtl nur für Ehel nach längerer Ehedauer; in einer kriselnden Ehe soll ein Versöhngsversuch, den der scheidgswill Eheg nur gg Vereinbg des VA-Ausschl zu unternehmen bereit ist, nicht einseit zu Lasten des and Eheg gehen; denkb auch, den Ausschl nach § 1408 sogl mit einer dch den Scheidgsfall bedingten Vereinbg gem § 1587o zu verbinden (Reinartz DNotZ **78**, 272). Die Fr soll verhindern, daß „die Möglk, den VA in einem EheVertr auszuschließen, m Rücks auf eine bevorstehde Scheidg der Ehe mißbraucht wird" (BT-Drucks 7/4694 S 13; Rolland § 1587o Rdn 7; zu eng daher insow Ruland Rdn 591). Zweifelsfragen der Auslegg sind desh aus dem bes Schutzbedürfn des an sich ausglbrecht Eheg zu entsch. Erfolgte der Ausschl dch Verlobte, beginnt die JahresFr frühestens mit der Eheschl (D. Schwab DNotZ-SondH **77**, 66; aA MüKo/Kanzleiter Rdn 20). Evtl Genehmiggen wirken auf den Ztpkt des VertrSchl zurück (§ 184 I). Vormschgerichtl Gen gem § 1411 (arg § 1408 II: In einem „EheVertr"; vgl aber Bergerfurth FamRZ **77**, 441). Für die Zerstörg des VA-Ausschl kommt es auf die **Zustellung des** von einem bei dem FamG zugelassenen RA unterschriebenen (BGH FamRZ **87**, 365 mAv Bosch; Düss NJW **80**, 2317) **Scheidungsantrags** an den AntrGegn an (BGH NJW **85**, 315). Die Unwirksamk tritt auch dann ein, wenn der ScheidgsAntr vor Ablauf der JahresFr bei Ger eingereicht w u die Zustell demnächst erfolgt, wobei aber die sich aus GKG 65 I ergebden Verpflichtgen nicht dch Nachlässigk verzögert w dürfen (BGH FamRZ **92**, 1405; Zweibr FamRZ **95**, 745). Ist bei Vereinbg des VA-Ausschl ScheidgsAntr bereits gestellt, gilt II 2 analog; die Vereinbg kann allenf nach § 1587o genehmigt w (BGH NJW **87**, 1768). Umgek wird ein währd eines ScheidgsVerf nach § 1408 II 1 vorgen VA-Ausschl dch Rückn des ScheidgsAntr nicht wirks (aA Kblz FamRZ **86**, 1220). Im übrigen Einreich des ScheidgsAntr mit demnächstiger Zustellg gem ZPO 270 III ausreichd (BGH NJW **85**, 315/7 „unbeschadet"; Bambg FamRZ **84**, 483). Mitteilg des ProzKostHilfeGesuchs mit der Erkl, daß ScheidgsAntr nur bei Bewilligung v PKH gestellt w soll, nicht ausr (Bambg FamRZ **84**, 483). Ebsowenig, wenn im PKH-Verf kein Gebr von der sofort Zust gem GKG 65 VII Nr 3–4 gem w (BGH NJW **85**, 315/7) od wenn die AntrSchrift v einem nicht postulationsfäh Anw stammt (BGH FamRZ **87**, 355). Wird der ScheidgsAntr später zurückgen, bleibt der VA-Ausschl wirks (BGH NJW **86**, 2318 mN insb auch der Gg-Meing). And bei unbegründetem ScheidgsAntr (Stgt NJW **83**, 458; aA Ffm NJW-RR **90**, 582 mN). Der ausgleichsberecht Eheg, der – evtl nur um die Ehe zu retten u dem and Teil Versöhngsversuche zu erleichtern – auf den VA verzichtet hat, kann nicht gezwungen w, die Ehe dch eig Antr aufzulösen, nur um den inzw als verfehlt erkannten Ausschl des VA rückgäng machen zu können. Nicht überzeugt daher MüKo/Kanzleiter Rdn 21, der auf die Ernstlichk des ScheidgsAntr abstellen will. Insow kommt dem II 2 der Charakter eines an eine bes Form gebundenen Rücktr zu; der VA-Ausschl wird aber auch unwirks, wenn der and Eheg ScheidgsAntr stellt. Ein erneuter VA-Ausschl bedarf wiederum not Beurk. Wird der Ausschl des VA gem II 2 rückgäng gemacht, entfällt auch die Wirkg v § 1414 S 1, dh es tritt automat der gesetzl Güterstd in Kraft (v Maydell FamRZ **77**, 181). Für zweitl Verfüggen gilt § 161 (Rolland Rdn 17; Kniebes/Kniebes DNotZ **77**, 288). **Nach Fristablauf** ggf noch Berufg auf α) § 138 od **Anfechtung** (§§ 119, 123), wenn zB der dch den VA-Ausschl begünstigte Ehem von Anfang an nicht die Absicht hatte, auf seine Geliebte zu verzichten; wenn im Anschl an den VA-Verzicht entsprechde Vermögensschichtgen vorgenommen wurden, die den fortbestehden Anspr auf ZugewAusgl schmälern uä (vgl MüKo/Kanzleiter Fn 56, der auf die Frage des Bevorstehens der Scheidg § 119 I anwenden will); od β) **Rechtsmißbrauch,** was aber voraus, daß der ScheidgsAntr binnen einer angem Fr nach Erkenntn des unredl Verh des and Eheg gestellt wurde (BGH NJW **93**, 1004).

ee) Übergangsregelung. Im Rahmen der dch § 1408 nF gelassenen DispositionsFreih sind auch Vereinb- 17 gen über den Ausschl des VA, die vor dem 1. 7. 77 formgerecht getroffen w sind, wirks; die Fr des II 2 beginnt allerd erst am 1. 7. 77 (Reinartz NJW **77**, 84; Bergerfurth FamRZ **77**, 441; D. Schwab DNotZ-SondH **77**, 66). Vgl ü Einf 17 vor § 1587.

4) Vertragsfreiheit und ihre Schranken. Vgl auch § 1409 Rn 1 sowie zum **Verzicht auf nacheheli-** 18 **chen Unterhalt** § 1585c. An dem Grds der VertrFreih hat das GleichberG nichts geändert, so daß auch eine solche Regelg gewählt w kann, die dem GleichhGrds nicht entspricht, Grdz 1 vor § 1408. Die Eheg sind frei in zeitl (Rn 1), wie inhaltl Beziehg. Auch der Inhalt des gesetzl Güterstandes kann also vertragl geändert werden. Mögl zB Vereinbg einer anderen AusglQuote als der Hälfte (Maßfeller Betr **58**, 564), Befreiung von den Vfgsbeschrkgen der §§ 1365, 1369 (BGH NJW **64**, 1795, Lange FamRZ **64**, 546) auch dahingehd, daß zB nur bei dem MannesVerm (mit Rücks auf seine Tätigk) die Befreig eintreten soll, Knur DNotZ **57**, 470 Anm 42, Änderg der Bestimmgen über das Anfangs- od Endvermögen, anderer Zeitpkt für Bewertg des AnfangsVerm, Hbg NJW **64**, 1078, Annahme eines Anfangsvermögens, das noch gar nicht vorhanden ist, wodurch sich der begünstigte Eheg einen bestimmten Voraus sichert, andere Bewertgsmaßstäbe als die des § 1376, insb hins der Berücksichtigg von Wertschwankgen, Einigg über die heranzuziehenden Sachverst, Zahlgsvereinbgen über den Ausgl, andere Arten des Ausgleichs, etwa eine Rente, Nießbr, Abschichtg mit einem bestimmten VermStück, Ausschließg der erb- od güterrechtl Lösg für den Erbfall, Ausschließg od Beschrkg des ZugewAusgleichs für den Fall der Scheidg, Lange FamRZ **64**, 546, Johannsen **LM** § 1412 Nr 1, vgl auch Kohler BB **59**, 929, des Zugewinns aus GeschVerm, Finke MDR **57**, 579, aus einer bestimmten Arbeit, einer Erfindg, die Herausnahme bestimmter Ggstände aus dem Ausgl, zB den Firmenwert; allerdings kann hins solcher Herausnahmen bei einem späteren Ausgl leicht der Einwurf erhoben werden, daß für das herausgenommene VermStück unverhältnismäßig mehr als für das sonstige Gut getan worden wäre, also § 1375 II Z 3, so daß Ausschl des gesetzl Güterstandes oft vorzuziehen. Die völlige Ausschließg des Zugewinns bewirkt Gütertrenng, § 1414, s dort. Für die VertrFreih bestehen jedoch

19 folgende **Beschränkungen: a) allgemeiner Art**, §§ 134, 137, 138 I od weil die Vereinbg mit dem Wesen der Ehe unvereinb wäre, nichtig zB eine Abänderg der zum Schutze Dritter getroffenen Vorschr, zB § 1437 II, aber auch, daß die AusglFdg in unbegrenzter Höhe also höher als das aktive Endvermögen zur Entstehg kommen kann, § 1378 Rn 9 (Finke MDR **57**, 579); unzulässig die ehevertragl Ausschluß der Rechte der Abkömmlinge, die nur von einem der Eheg abstammen, § 1371 IV, ebso Gernhuber § 37 IV 8, RGRK Anm 18, aM Dölle § 57 IV 2 Anm 5; in diese kann nur ihr Elternteil durch letztw Vfg, ErbVertr eingreifen.

20 – **b) Besondere Beschränkungen** enthalten §§ 1409, 1518. – **c)** Die Frage, ob nur die **ehevertragliche Bestimmung, die im Widerspruch mit dem von den Ehegatten vereinbarten Güterrecht steht,** unwirks ist od ob sie den ganzen Vertr unwirks macht, wird in dieser Allgemeinh verneint w müssen, da § 1414 diese Folge selbst dann nicht eintreten läßt, wenn bei Bestehen des gesetzl Güterstandes der Zugew-Ausgl ausgeschl wird, dann vielm Gütertrenng eintritt; ebso Finke MDR **57**, 580. Es wird also bei Bestimmgen, die dem bestehenden od gewählten Güterstd widersprechen, durch Auslegg zu ermitteln sein, welche Art GüterR tatsächl besteht, ob die Bestimmgen nicht derart widerspruchsvoll sind, daß das nicht mögl ist, oder ob der VertrTyp feststeht, es sich aber um zu ihr zwingd gehörige Nebenbestimmgen handelt, wie zB über den Zeitpkt des Entstehens der AusglFdg u die Unmöglichk, vorher sich zu einer Vfg über sie zu verpflichten, § 1378 III. Jedenfalls widerspricht die Überlassg der Verwaltg beider Vermögen an einen Eheg nicht dem gesetzl Güterstd, selbst wenn damit eine Vfgsbefugn verknüpft wird, da sein Zweck, der Zugew-Ausgl, dadurch nicht geändert wird; wohl aber eine Bindg der Eheg entspr §§ 1365, 1369 bei Gütertrenng, da einer solchen Bindg § 137 entggsteht, RGRK 15, Dölle § 43 C 2 III b (bei aa), aM 24. Aufl. Die vom Gesetz zur Wahl gestellten Güterstde können also mannigf abgeändert werden; aber frei ausgestaltete andersartige GüterVertrtypen nicht mögl, Dölle § 43 C III b (bei cc), Gernhuber § 32 III, Beitzke FamR § 13 IV 4, weitergehd Zöllner FamRZ **65**, 113.

1409 Beschränkung der Vertragsfreiheit. Der Güterstand kann nicht durch Verweisung auf nicht mehr geltendes oder ausländisches Recht bestimmt werden.

1 Im Rahmen der güterrechtl VertrFreih kann auf einen der VertrTypen des BGB (Gütertrenng, Güt-Gemsch) im ganzen verwiesen w. Dagg ist die Verweisg auf ein nicht mehr bestehdes od ausländ GüterR unzul; der EheVertr ist nichtig (§ 134). Jedoch zul iR v § 1408 Rn 18–21 die Aufn früh od ausl Einzelregelgen (MüKo/Kanzleiter 1).

1410 Form des Ehevertrags. Der Ehevertrag muß bei gleichzeitiger Anwesenheit beider Teile zur Niederschrift eines Notars geschlossen werden.

1 **1)** In Erweiterg der **Formerfordernisse** von § 128 (RG **69**, 133) ist für den Abschl des EheVwertr vorgeschrieben: **a) gleichzeitige Anwesenheit** beider Teile. Jedoch Vertretg, auch dch den and Eheg, mögl (§ 1408 Rn 1). Weder Vollm noch Gen bedürfen der Form des § 1410 (§§ 167 II, 182 II). Gesetzl Vertretg: § 1411.

2 **b) Abschluß** des EheVertr **vor dem Notar** (BeurkG 56 III), auch des VorVertr (RG **48**, 186). Eintrag im GütRReg zur Wirksamk nicht erfdl (Einf 1 v § 1558). Ersatz der Form dch ProzVergl (§ 127a). Ehe-VertrForm reicht für den urkdl damit verbundenen ErbVertr (§ 2276 II). Die FormVorschr erstreckt sich auf alle Nebenabreden, die nach dem Willen der Part Bestand des EheVertr sein sollen (Kiethe MDR **94**, 641; aA Kanzleiter DNotZ **94**, 279f).

3 **2)** Wird die vorgeschr Form nicht eingehalten, Nichtigk des EheVertr (§ 125). Die Nichtigk des damit verbund ErbVertr richtet sich nach § 139 (§ 1408 Rn 1).

1411 Eheverträge beschränkt Geschäftsfähiger und Geschäftsunfähiger. [I]Wer in der Geschäftsfähigkeit beschränkt ist, kann einen Ehevertrag nur mit Zustimmung seines gesetzlichen Vertreters schließen. Dies gilt auch für einen Betreuten, soweit für diese Angelegenheit ein Einwilligungsvorbehalt angeordnet ist. Ist der gesetzliche Vertreter ein Vormund oder Betreuer, so ist außer der Zustimmung des gesetzlichen Vertreters die Genehmigung des Vormundschaftsgerichts erforderlich, wenn der Ausgleich des Zugewinns ausgeschlossen oder eingeschränkt oder wenn Gütergemeinschaft vereinbart oder aufgehoben wird. Der gesetzliche Vertreter kann für einen in der Geschäftsfähigkeit beschränkten Ehegatten oder einen geschäftsfähigen Betreuten keinen Ehevertrag schließen.

[II]Für einen geschäftsunfähigen Ehegatten schließt der gesetzliche Vertreter den Vertrag; Gütergemeinschaft kann er nicht vereinbaren oder aufheben. Ist der gesetzliche Vertreter ein Vormund oder Betreuer, so kann er den Vertrag nur mit Genehmigung des Vormundschaftsgerichts schließen.

1 **1) Beschränkt geschäftsfähige und unter Betreuung stehende geschäftsfähige Ehegatten** können **a)** einen **Ehevertrag nur selbst abschließen.** Der ges Vertreter ist dazu niemals befugt, **I 4**, wobei bedeutgslos, welchen Inh der Vertr hat. Ggf § 177. Die AnO der Bt als solche schränkt die EheVertrFähigk nicht ein (§ 1896 Rn 2). An dieser Fähgk soll sich aber selbst dann nichts änd, wenn der geschfäh Betreute unter einem entspr EinwVorbeh (§ 1903) steht (BT-Drucks 11/4528 S 105), wobei zweifelh ist, wie es zu dieser Situation überh kommen soll. Mangels konstitutiver Feststellg der GeschUnfähigk empfehlen sich kombinierte Erkl nach I u II. **b)** Doch ist die **Zustimmung des gesetzlichen Vertreters** erforderl:

2 **aa)** beim Mj gem **I 1** ijF (§§ 1629 I, 1705 S 2, 1793 S 1); **bb)** beim Betreuten nur, wenn dafür ein EinwVorbeh angeordnet ist (§ 1903 I 1), **I 2**. Die Vorschr stellt klar, daß entgg § 1903 III 1 die Zust des Betr auch dann erfdl ist, wenn der EheVertr dem Betreuten ledigl einen rechtl Vort bringt. Zustbefugt ist der Betr nur bei entspr AufgKreis nach §§ 1896 II 1, 1902 (dort Rn 3). Für die vor VolljkEintr erkl Verweigerg der Gen dch seinen ges Vertreter trägt der bei Abschl des EheVertr mj Eheg die Beweisl (BGH FamRZ **89**, 476).

c) Vormd u Betr bedürfen ihrers noch der **Genehmigung des Vormundschaftsgerichts** (§§ 1828–1830), **3** wenn der ZugewAusgl ausgeschl od eingeschrkt od GütGemsch vereinb od aufgeh w soll. Bl Änden des GütGemschVertr fallen nicht darunter, falls darin nicht tats eine Aufhebg liegt. Zustdkg: FGG 43 II. Entsch dch RPfleger (RPflG 3 Z 2a).

2) Für **Geschäftsunfähige** schließt der ges Vertreter den EheVertr ab, **II 1**, wobei er die ZugewGemsch **4** aufheben od den ZugewAusgl ausschließen, nicht dagg GütGemsch vereinb od aufh, wohl aber abänd darf. Vormd u Betr (Rn 2) bedürfen der Gen des VormschG, **II 2** (Rn 3).

1412 *Wirkung gegenüber Dritten.* [1]**Haben die Ehegatten den gesetzlichen Güterstand ausgeschlossen oder geändert, so können sie hieraus einem Dritten gegenüber Einwendungen gegen ein Rechtsgeschäft, das zwischen einem von ihnen und dem Dritten vorgenommen worden ist, nur herleiten, wenn der Ehevertrag im Güterrechtsregister des zuständigen Amtsgerichts eingetragen oder dem Dritten bekannt war, als das Rechtsgeschäft vorgenommen wurde; Einwendungen gegen ein rechtskräftiges Urteil, das zwischen einem dem Ehegatten und dem Dritten ergangen ist, sind nur zulässig, wenn der Ehevertrag eingetragen oder dem Dritten bekannt war, als der Rechtsstreit anhängig wurde.**

[2]**Das gleiche gilt, wenn die Ehegatten eine im Güterrechtsregister eingetragene Regelung der güterrechtlichen Verhältnisse durch Ehevertrag aufheben oder ändern.**

1) Zur Wirksamk des EheVertr bedarf es einer Eintr im GüterRReg nicht (Königsbg OLG **15**, 406), ebso **1** wie auch die Eintr für einen unwirks EheVertr keine heilde Wirkg hat (anders § 313 S 2). Der Dritte kann aber davon ausgehen, daß zw Eheleuten der gesetzl Güterstd gilt. Beurteilt sich das ehel GüterR nach einer ausländ ROrdng, so ist die ZugewGemsch nicht der gesetzl Güterstd u bedarf als vereinbarter der Eintr (BayObLG FamRZ **79**, 583). Abweichgen sind ihm ggü (anders zwischen den Ehegatten) nur wirks, wenn sie eingetragen sind od ihm bekannt waren (**I**). Anderers braucht der Dr nicht damit zu rechnen, daß eine von der Eintr abweichde Regelg getroffen w ist, sod diese Vereinbg nicht eingetr ist, es sei denn, sie ist ihm sonst bek geworden (**III**). Kein Schutz des guten Glaubens hingg bei § 1368. Ähnl Regelg in EheG 27.

2) Anwendungsgebiet. a) Ehevertragl Ausschließg des gesetzl Güterstdes, so daß Gütertrenng gilt **2** (§ 1414). Eintr zul (BGH FamRZ **76**, 443). Auch bei Beendigg kr Ges ist Eintr sinnvoll (vgl § 1388 Rn 2). – **b)** Ehevertragl Änderg des gesetzl Güterstd, der als solcher bestehen bleibt (Grdz 1 vor § 1408); wird dabei **3** Zugew ausgeschl, tritt Gütertrennung ein (§ 1414). Bsp etwa Beschrkg des ZugewAusgl auf den Todesfall (Kln FamRZ **94**, 1256). – **c)** Ehevertragl Aufhebg der im GüterRReg eingetragenen vertragl Regelg, also zB **4** bei Aufhebg der GütGemsch u gesetzl Eintritt subsidiären Güterstdes mangels anderer Vereinbg (§ 1424). Ebso (vgl §§ 1449 II, 1470 II) bei Beendigg der eingetragenen Regelg kraft G (§§ 1447–49, 1469, 1470). – **d)** Ehevertragl Änderg im GüterRReg eingetragener vertragl Regelg, auch bei Änderg der Verwaltgs- **5** Befugn, ebso die kr AnO eines Dr eintretde Änderg (§ 1418 II Z 2, 3, IV). – **e)** Entspr anwendb: Beschrkg **6** od Ausschl der ehel Vertretgsmacht (§ 1357 II 2), Einspruch u Widerruf der Einwilligg zum selbstdgen Betr eines ErwerbsGesch (§§ 1431 III, 1456 III).

Nicht anwendbar, wenn eine vertragl od aus anderen Gründen eingetretene Regelg, die an sich der **7** Eintragg bedurft hätte, aber nicht eingetragen wurde, aufgeh od geändert wird, Planck Anm 3 zu § 1435 aF. Der Dritte ist gg Verändergen selbst dann nicht geschützt, wenn er von dem ursprüngl Zustand, zB der nicht eingetragenen GütGemsch, auf die er sich verlassen hat, die nun aber aufgeh ist, durch die Ehel Kenntnis erlangt hat, aber Haftg aus Erweckg eines Rechtsscheins od § 826 mögl.

3) Voraussetzungen für die Wirksamkeit der Veränderungen. Entweder **a)** muß die Eintragg (auf die **8** Bekanntmachg od die Kenntnis des Dritten von der Eintragg kommt es nicht an) im GüterRRegister, §§ 1558 ff, zZ der Vornahme des Rechtsgeschäftes, bei genbedürft Geschäften also zZ des Abschl, nicht der Gen (RG **142**, 59), oder des Eintritts der Rechtshängigkeit bestehen. Die Eintragg muß vollständ sein; andernf § 1421 Rn 2. Zu dem, was **einzutragen** ist, vgl KKW FGG 161 Rn 3. Ehel GüterRVereinbgen sind nur iR der ges VertrTypen eintraggsfäh, also nicht Modifikationen der Gütertrenng in Richtg auf die Zugew-Gemsch (Schlesw FG Prax **95**, 154). Einzutragen ist zB bei GütGemsch die VerwBefugnis (§ 1421; Dölle § 68 III, aM Haegele Justiz **57**, 431); bei VorbehGut nicht nur die Tats, daß solches vorhanden ist, sond auch die letztw Vfg, die Anordng des Zuwendenden, § 1418 II Z 2, ferner die genügend deutl Bezeichng der Gg-stände, zB ErwerbsGeschäft, Landgut, nicht aber alles im einzelnen dazu Gehörige; denn die Eintragg wirkt dann bereits, wenn bei der im Verkehr aufzuwendenden Sorgf ihre Tragweite im allg erkannt w kann. Es kann auch auf ein bei den Registerakten befindl Verzeichn Bezug gen w (§ 13 Bundesratsbestimmg v 3. 11. 1898). Oder

b) der Dritte hat Kenntnis von den Verändergen, auch wenn sie nicht eingetragen sind. Auch hier genügt **9** Kenntn der tatsächl Verhältnisse im allg, ohne daß der Dritte im einzelnen alle rechtl Folgergen daraus zu ziehen braucht; Kennenmüssen genügt nicht.

4) Der **Schutz** bezieht sich nur auf rechtsgeschäftl Handeln, so daß § 1412 für die ZwVollstr nicht gilt, **10** sond der Abschl des EheVertr auch anderweit nachgewiesen w kann. Schutz erstreckt sich nicht auf die Ehegatten untereinander, Rn 1, auch nicht Dritte untereinander, die im Vertrauen auf die Richtigk der Eintragg miteinander ein RGesch abschließen. Ferner nur auf Einwendgen gg RGeschäfte u Urteile, nicht aber einen Erwerb durch ZwVollstr, Hbg OLG **30**, 42; ebsowenig bei Anspr aus unerl Hdlg od gesetzl UnterhR. In diesen Fällen kommt es also stets auf die Sachlage an. – Der Dritte kann sich auf die Eintragg, so wie sie aus dem Register hervorgeht, berufen, um davon abweichende Einwendgen zu entkräften, muß sich freilich dann auch solche aus dem zu seinen Gunsten angenommenen GüterR entgghalten lassen. Auch äußert sich der Schutz nur darin, daß die Wirksamk des RGeschäfts od Urteils vom Registerstande beurteilt wird, ermöglicht aber nicht Befriedigg aus dem Vermögen des anderen Eheg, das dann seinem Zugriff unterlegen hätte, vgl Colmar OLG **11**, 282; im Fall des II versagt der Schutz ferner, wenn die Eintragg nicht der wirkl Sachlage entspricht, zB ein nichtiger EheVertr eingetragen ist, da auch dann die wahre Sachlage gilt u die falsche Eintragg zu Lasten des Dritten geht. Zum GutglErw § 1422 Rn 5. Der GutglSchutz schützt nicht vor dem Anspr auf Herausg des Erlangten gem § 816 I 2 (BGH **91**, 288).

11   **5) Ende des Schutzes:** mit der Änderg der Eintragg der Scheidg, Aufhebg, Nichtigk der Ehe, vgl auch EheG 27, mit der Wohnsitzverleg des Mannes ohne Eintragg an seinem neuen Wohnsitz, § 1559.

1413 *Widerruf der Überlassung der Vermögensverwaltung.* **Überläßt ein Ehegatte sein Vermögen der Verwaltung des anderen Ehegatten, so kann das Recht, die Überlassung jederzeit zu widerrufen, nur durch Ehevertrag ausgeschlossen oder eingeschränkt werden; ein Widerruf aus wichtigem Grunde bleibt gleichwohl zulässig.**

1   **1) Vermögensverwaltung durch einen Ehegatten: a) Zulässigkeit und Anwendungsbereich.** Jeder Eheg kann dem and sein Verm zur Verw überlassen. § 1413 betr deren Widerruf u stellt f dessen Ausschl ein FormErfordern auf. Die Vorschr gilt f beide Eheg u allg, also auch f die ZugewGemsch- u GütGemsch. –
2   **b) Vertragsinhalt.** Die VermVerwÜberlassg (auch hins bl VermTeile) erfolgt dch schuldrechtl Vertr
3 (Lange FamRZ **64**, 546); gleichzeit NießbrEinräumg zul (Soergel/Gaul 2). – **c) Zustandekommen** des Vertr auch dch schlüss Handeln; doch ist stets RBindgsWille beid Eheg erfdl (RG JW **38**, 3112). Keine VermVerw iS § 1413 mit automat Haftg f ungeklärte Differenzen von Einnahmen u Ausgaben dadch, daß ein Eheg mit Billigg des and alle finanziellen Angelegenh der Ehel erledigt (BGH FamRZ **88**, 42). Auch Erteilg v BankVollm mit Erledigg der finanziellen Angelegenh dch einen Eheg, Vereinnahmg v Bargeldern iR der MitArb in einer ZahnarztPrax reichen nicht aus (BGH NJW **86**, 1870/71). Keine Vermutg f Überlassg, wenn Eheg in gutem Einvernehmen leben (RG Recht **17**, 64) od wenn ein Eheg das Verm einvernehml in Händen hat (BGH **31**, 204 f), wohl aber bei längerer Duldg der VermMaßn. Ist ein Eheg in der GeschFähigk beschr, Einwilligg des ges Vertr erfdl; bei Eintr der Beschrkg währd der Überlassg, § 672
4 analog. **Beweislast:** Wer sich auf die Überlassg beruft (vgl BGH FamRZ **88**, 42). – **d) Form.** Die Überlassg bedarf nicht der ehevertragl Form (§ 1410), ebsowenig nachträgl Abänderg, wohl aber der Ausschl
5 des Widerrufs. – **e) Widerruf der Überlassung** ist jederzeit forml mögl (RG **91**, 363), auch bei Güter-Gemsch (Soergel/Gaul 5). **aa)** Soll er ausgeschl od eingeschr w, ist das jedoch nur dch (nicht im GüterRReg einzutragen) **Ehevertrag** mögl, da es sich dann um eine schwerwiegde Entsch handelt, die das GüterR als solches ändert. Ein derart Ausschl würde zB den Güterst der ZugewGemsch dem früh der Verw u Nutzng
6 annähern. **bb)** Auch für den Fall des ehevertragl Ausschl des Widerrufs bleibt dieser **aus wichtigem Grunde** mögl, zB bei dauerndem Verstoß des Verwalters gg seine Pfl bei der Verwendg der Eink, verweigerter RechenschLegg od Einleitg der Scheidg.

7   **2) Rechtsstellung des Verwalters. a)** Richtet sich nach dem der Überlassg zugrunde liegden RVerhältn, meist **Auftrag** gem §§ 662 ff (RG **87**, 108), mögl aber auch entgeltl GeschBesorgg (§ 675). Also: Einers Bindgg an Weisgen (§ 665); Ausk- u RechenschPfl (§§ 666, 260), wobei auf letztere verzicht w kann, auch konkludent (RG JW WarnR **15** Nr 277), es sei denn, es tauchen nachträgl Zweifel an der Zuverlässigk des Verw auf (RG JW **38**, 1892); HerausgabeAnspr (§ 667), wobei jedoch unbelegte Ausgaben dch den bl (also unabhängg von § 1413) wirtschaftden Eheg keinen eigständigen famrechtl Anspr auf Rückzahlg (BGH NJW **86**, 1870) od SchadErs (BGH FamRZ **88**, 42) begr; Verzinsg des f sich verwendeten Geldes (§ 668); anderers Vorschuß- u AufwendgsErsAnspr (§§ 669, 670); VergütgsAnspr nur bei bes Vereinbg. ZurückbehaltgsR nur eingeschr (RG **160**, 59). Im Gegensatz zu § 672 erledigt sich die VerwÜbertr mit dem Tode, iZw auch
8 bei Konk des Überlassden (KO 23). – **b)** Dch Überlassg wird der Verw **Besitzer** u kann sich demgem auch ggü dem and Eheg, der lediglich mittelb Besitzer ist, verbotener Eigenmacht erwehren (Dresd JW **21**, 686; Celle FamRZ **71**, 28). Im Außenverhältn Dr ggü wird der überlassde Eheg nur iR der von ihm dem Verw gegebenen **Vollmacht** verpfl (§§ 164 I 1, 167); der Verw wird persönl nicht verpfl, allenf gem §§ 177 ff. Iü können Ermächtiggen zur Verfügg im eig Namen erteilt w (§ 185). Im Innenverhältn gehört zur ordngsgem Verwaltg, daß der Verw aus den Einkünften des ihm übertragenen Gutes die dieses belastend Schulden begleicht. Er muß außerd die erfdl ErsAnschaffgen machen. Die Verwendg der VermEinkünfte erfolgt, soweit sie nicht dem FamUnterh zufließen (§ 1360), nach Weisg. Ohne bes Auftr darf der Stamm des Verm (auch zu UnterhZahlgen) nicht angegriffen w. In der Duldg derartiger Vfgen kann eine Ermächtigg
9 liegen (Warn **20**, 14). – **c) Haftung** des Verw dem and Eheg ggü etwa bei Eigenverwertg von VermWerten des and (BGH FamRZ **88**, 42), iü aber gem § 1359 nur beschr (RG **87**, 108; aM Dölle § 43 C V 2a; Gernhuber³ § 32 IV 2 wegen AuftrR: § 276). VertrHaftg des überlassden Eheg aus VerwGesch gem § 278, außerh ders gem § 831 (RG **91**, 363).

2. Gütertrennung

Grundzüge

1   **1) Wesen der Gütertrennung.** Den Inhalt der Gütertrenng regelt GleichberG ebsowenig wie das BGB. Ihr Wesen besteht darin, daß sich die Eheg in vermögensrechtl Beziehg wie Unverheiratete gegenüberstehen. Es gibt nur zwei Vermögensmassen, das Mannes- u das Frauenvermögen. Jeder verwaltet seinVermögen allein, soweit er nicht die Verw dem andern überläßt, § 1413. Jeder nutzt auch allein, soweit er nicht aus den Einkünften zum FamUnterh beizutragen hat, § 1360. Jeder Eheg hat grdsätzl Alleinbesitz an seinen Sachen, RG JW **14**, 147; **22**, 93, der andere auch nicht Mitbesitz. Aufgrund der ehel LebensGemsch hat

aber ein Eheg regelm dem anderen (anders bei Getrenntleben od wenn dem anderen Eheg der Beherrschgs-
wille fehlt, § 854 Anm 2) Wohngs- u Hausratsbenutzg zu gestatten (§ 1353 Rn 6, 7), so daß es idR ohne
ausdrückl Vereinbg des stillschweigenden Abschl eines entspr Gebrauchsüberlassgsvertrages nach Art der
Leihe nicht bedarf (Rolland § 1353 Rdn 13; and noch BGH **12**, 380). Für die Durchführg der ZwVollstr gilt
allerdings im Rahmen der Vermutg des § 1362 nur der Schu als GewahrsInhaber od Besitzer, ZPO 739.
Überläßt ein Eheg zum Verm des anderen gehörige Sachen einem Dritten, so sind sie iS von § 935 abhanden
gekommen, vgl Hbg OLG **43**, 354. Eheg können RGeschäfte miteinander abschließen, Einf 15 vor § 1353 u
§ 1408 Rn 3–6. Jeder Eheg führt seinen RStreit allein u bedarf einer Vollm, wenn er einen solchen des
anderen Eheg führt. Trotz dieser völligen Selbständigk legt das Wesen der Ehe den Eheg doch auch
weitgehende Verpflichtgen zG der Familie u des andern Teils auf, die sich aus §§ 1353–1362 ergeben. Insbes
haben beide zum FamUnterh, jeder in seiner Weise, beizutragen, § 1360, wobei iZw angenommen wird,
daß für die Hingabe eines Mehr der Wille, Ersatz zu verlangen, fehlt, § 1360b. Die Eheg sind ferner einander
zur Mitarbeit in Beruf u Geschäft verpflichtet, hier allerdings nicht mit der Aussicht des ZugewAusgleichs,
§§ 1371 I, 1378, so daß sie auf andere Sichergen, insbes gleiche Beteiligg am gemeins Erworbenen nach
gesellschaftsrechtl Grdsätzen werden bedacht sein müssen (§ 1356 Rn 8 ff; § 1372 Rn 6; § 1414 Rn 4). Auch
die ehel LebensGemsch u die daraus folgende Rücks aufeinander legt einer RAusübg in vermögensrechtl
Beziehg gg den anderen Eheg Schranken auf, Einf 8 vor § 1353. Eine Vfgbeschränkg bzgl des Hausrats
besteht nicht; Beseiteschaffen der FamHabe nicht mehr strafb (fr StGB 170a). Wg ehevertragl Vfgsbe-
schränkgen § 1408 Rn 18; gg Dritte aber nur so weitgehd wie bei ZugewinnGemsch wg § 137.

2) Zum **Übergangsrecht**, wenn die Eheg beim Inkrafttr des **GleichberG** im Güterstd der Gütertrenng **2**
lebten, vgl die 41. Aufl.

1414 *Eintritt der Gütertrennung.* Schließen die Ehegatten den gesetzlichen Güterstand
aus oder heben sie ihn auf, so tritt Gütertrennung ein, falls sich nicht aus dem Ehever-
trag etwas anderes ergibt. Das gleiche gilt, wenn der Ausgleich des Zugewinns oder der Versor-
gungsausgleich ausgeschlossen oder die Gütergemeinschaft aufgehoben wird.

1) **Gütertrennung tritt ein a)** bei Ausschließg des gesetzl Güterstandes im EheVertr vor Eheschl, **1**
ohne daß Gütertrenng ausdrückl vereinbart zu sein braucht (Zöllner FS Lange 1992, 981); – **b)** bei Aufhebg des gesetzl Güterstandes,
ohne daß im EheVertr ein and Güterstd vereinbart w; – **c)** bei ehevertragl Ausschließg des Zugewinns,
wenn die Eheg im gesetzl Güterstd leben, da dann die der ZugewGemsch eigentüml vermögensrechtl
Gemsch entfällt. Damit entfällt dann auch die erbrechtl Lösg im Falle der Beendigg der Ehe durch Tod,
§ 1371 I; also kein erhöhter Erb- od Pflichtteil. Gütertrenng tritt nur dann nicht ein, wenn der GüterVertr
etwas anderes ergibt, etwa wenn nur §§ 1365, 1368 od die erbrechtl Lösg des ZugewAusgl (§ 1371 I)
ausgeschl w; vgl § 1408 Rn 18; – **d)** mit Ausschluß des VersorggsAusgl (§§ 1414 S 2, 1587 ff) idR, aber
nicht zwingd (Lit: Kanzleiter FS Rebmann 1989 S 561). Ausdrückl od iW den Auslegg festzustellder Kon-
kludenz kann auch bei gänzl Ausschl des VersorggsAusgl der gesetzl (!) Güterstd der ZugewGemsch beibe-
halten w; einer bes Vereinbg bedarf es hierzu nicht (aA Reinartz NJW **77**, 83). Zur Zulässigk des VA-
Ausschl unter Beibehaltg des gesetzl Güterstd vgl NJW **77**, 223; – **e)** Bei Aufhebg der GüterGemsch,
ohne daß im aufhebenden EheVertr ein anderer Güterstd vereinbart ist; – **f)** mit Rechtskraft des Urt,
durch das auf vorzeitgen Ausgl der ZugewGemsch erkannt ist, § 1388; – **g)** mit Rechtskraft des
AufhebgsUrt bei bisheriger GüterGemsch, §§ 1449 I, 1470 I; – **h)** durch einseitge Erklärg, die jeder
Eheg bis zum 30. 6. 58 (in dem FamRÄndG Art 9 Abschn II Z 6 genannten Falle bis zum 31. 12. 61, Grdz 11
vor § 1363) dem AmtsG ggü abgeben kann, wenn die Eheg am 31. 3. 53 im damaligen gesetzl Güterstd der
Verw u Nutzg gelebt haben, ebso wenn sie ohne EheVertr zw dem 1. 4. 53 u dem Verkündgstag des
GleichberG (21. 6. 57) die Ehe geschlossen haben, GleichberG Art 8 I Z 3, 4; desgl in den Fällen der Z 5, vgl
11 vor § 1363; – **i)** bei ehevertragl Vereinbarg der Gütertrenng. Nur in den Fällen h und i wird **2**
vereinbart u erklärt, daß Gütertrenng gelten soll, in den Fällen a–g tritt sie von selbst als **subsidiärer**
Güterstand ein. In den Fällen a–g braucht auch aus dem Register nicht ersichtl zu sein, daß Gütertrenng
gilt, wohl aber der rechtl Vorgang, aGrd dessen sie von Gesetzes wg eintritt, so daß für den Dritten
Erkennbark besteht; vgl auch § 1412 Rn 2, 1449 II, 1470 II. Die Überleitg des früheren Güterstandes in
Gütertrenng (oben g) braucht nicht, kann aber auf Antrag eines Eheg eingetragen werden, GleichberG Art 8
I Z 3 II, 4, 5 II.

2) **Gütertrennung endet** durch Tod, Scheidg, Aufhebg, NichtigErkl der Ehe, ferner durch EheVertr. **3**

3) Gütertrenng schließt die Begrdg einer **Ehegatteninnengesellschaft** (sa § 1372 Rn 6) nicht aus (BGH **4**
WPM **73**, 1242). Insbes kann wg Wegf der **Geschäftsgrundlage** ein vertragl AusglAnspr entstehen (§ 242
Rn 159). Es kommt maßgebl auf den Zw der Zuwdg an (Düss FamRZ **95**, 1146).

---

3. Gütergemeinschaft

Grundzüge

1) Die Regelung des BGB und ihre Änderung durch das Gleichberechtigungsgesetz. Die Güt- **1**
Gemsch, vom BGB „allg GütGemsch" im Ggsatz zu der jetzt im G nicht mehr aufgenommenen ErrGemsch
u FahrnisGemsch genannt, war vor 1900 in Norddeutschland (vor allem Ost- u Westpreußen, Posen,
Pommern, Schlesw-Holstein, Westfalen), Hessen, Bay, Teilen des Rheinlandes und Thüringens weit ver-
breitet. Das BGB hat sie trotzdem, vor allem wg des geringen Schutzes der Frau, nicht zum gesetzl Güterstd
erhoben. Zum Für u Wider vgl Mot IV 147 ff. An dieser Grundeinstellg zur GütGemsch hat sich auch heute

nichts geändert, Begr zum RegEntw II S 33, Bericht des FamRAusschusses S 4, s Schrifttumsverzeichn vor Einl vor § 1297. – Bei der GütGemsch, die nur durch EheVertr, § 1415, vereinb w kann od kraft der landesgesetzl Überleitg, EG 200 Anm 1, eintreten konnte u deren Vereinbg regelm keine Schenkg ist, § 1408 Rn 1, da es idR an der Einigg über die unentgeltl Zuwendg fehlt, wird das eingebrachte u später erworbene Vermögen der Eheg gemschaftl Vermögen, **Gesamtgut,** §§ 1416, 1419, dessen Einkünfte vor denen des VorbehGutes zum FamUnterh, § 1360, zu verwenden sind, § 1420, u das nach der Regelg des BGB grdsätzl der Verw des Mannes unterlag, § 1443 aF, die allerdings zG der Frau in bes wichtigen Fällen eingeschränkt war, §§ 1444–1448 aF, auch einige Sonderrechte ähnl wie beim früh gesetzl Güterstd der Frau vorbehielt, §§ 1449–1454 aF. Der Mann war der Frau für seine Verw nur in AusnFällen verantwortl, § 1456 aF. Durch das **GleichberG** ist die Stellg der Frau grdsätzl geändert worden, indem es die Verw des Gesamtgutes durch einen der Eheg vorsieht, also durch den Mann od die Frau, §§ 1422 ff, od durch beide gemschaftl, §§ 1450 ff. Eheg sollen das im EheVertr bestimmen, enthält dieser keine Bestimmg, so haben beide Eheg die

2 Verw, § 1421. **Neben dem Gesamtgut sind noch 4 weitere Vermögensmassen möglich:** Sondergut des Mannes u der Frau, VorbehGut des Mannes u der Frau, §§ 1417, 1418. Ebenso wie das Vermögen sind auch die **Schulden** (vgl Riering, Gemschaftl Schulden, 1991, S 124 ff) grdsätzl gemeinsame, §§ 1437 ff, 1459 ff, sie sind Gesamtgutsverbindlichkeiten; neben diese Haftg tritt aber für die Schulden des nicht verwaltenden Eheg, die dem GesGut zur Last fallen, noch die persönl Haftg des verw Eheg, bei gemschaftl Verw die persönl Haftg beider Eheg, §§ 1437 II, 1459 II. Mit Rücks auf die Verschiedenh der Verbindlichkeiten u der Vermögensmassen bedarf es im Innenverhältn einer AusglPfl, §§ 1441–1446, 1463–1466. Die Beendigg tritt mit Auflösg der Ehe, Ehevertr od Urteil, §§ 1447–1449, 1469, 1470, ein. Danach kommt es zur Auseinandersetzg, dh es liegt zunächst ebenf eine Gemschaft zur gesamten Hand vor, § 1471, in der die Verw gemeins geführt wird, § 1472; nach Berichtigg der Verbindlichkeiten aus der Masse wird der Überschuß geteilt, §§ 1475, 1476. Erfolgt die Auflösg der Ehe durch den Tod eines Ehegatten, so tritt nach der Änderg des GleichberG bei beerbter Ehe fortgesetzte GüterGemsch nicht mehr ohne weiteres, sond nur dann ein, wenn es die Eheg im EheVertr vereinbart haben, §§ 1483–1518, vgl Vorbem vor § 1483. Für die **Witwerrente** gem RVO 1266 werden der ArbEinkft unabh v der GütGemsch demj zugerechnet, der sie tatsächl zum FamUnterh beigesteuert h (BSG FamRZ **80**, 676). Wohnt nach Trenng der Ehel der eine Eheg in dem zum GesGut gehörden **Haus,** hat der and Eheg keinen Anspr auf Nutzgsentschädigg (Düss FamRZ **84**, 1098).

3 **2) Der Inhalt der 3. Abteilung** ist durch das GleichberG dahin geändert, daß Mann u Frau gleichgestellt worden sind, Rn 1. Dem trägt die Änderg der bisherigen Bestimmg Rechng, die im wesentl sonst unverändert geblieben ist, soweit sie Verweisgen auf Vorschr des früh Güterstandes enthalten, jedoch ergänzt sind. Hinzugefügt sind solche über die gemeins Verw des Gesamtgutes. Die Abteilg enthält jetzt allg Vorschr, §§ 1415–1421, die über die Verw des Gesamtgutes durch den Mann u die Frau, §§ 1422–1449, die gemschaftl Verw des Gesamtgutes durch die Eheg, §§ 1450–1470, die AuseinandS des Gesamtgutes, §§ 1471–1482, die fortgesetzte GütGemsch, §§ 1483–1518.

4 **3)** Zum **Übergangsrecht,** wenn die Eheg beim Inkrafttr des **GleichberG** im Güterstd der allg GüterGemsch lebten, vgl die 41. Aufl. Auf einen zw dem 1. 4. 55 u dem 1. 7. 58 vereinb Güterstd der allg GütGemsch finden die §§ 1450 ff Anwendg (BayObLG FamRZ **90**, 411). Zur fortgesetzten **westfälischen Gütergemeinschaft:** Hamm NJW-RR **93**, 71.

a) Allgemeine Vorschriften

1415 *Vereinbarung durch Ehevertrag.* **Vereinbaren die Ehegatten durch Ehevertrag Gütergemeinschaft, so gelten die nachstehenden Vorschriften.**

1 **1) Eintreten der Gütergemeinschaft** nur dch EheVertr (§ 1408), wodch gleichzeit der gesetzl Güterstd ausgeschl w (§ 1363 I). Zum Wechsel aus dem ges Güterstd § 1478 Rn 4. Abschluß dch beschrkt GeschFähig mögl, dch GeschUnfäh dagg nicht einmal dch seinen gesetzl Vertr (§ 1411). Form § 1410; ebso wie bei Änderg Eintragg ins GüterRReg erfdl, um Wirkg gg Dr zu haben (§ 1412). Die Begründg der GütGemsch kann eine Schenkg enth (BGH **116**, 178).

2 **2) Beendigung der Gütergemeinschaft** außer dch Tod (§ 1482), Eheauflösg (§ 1564, EheG 26, 37) od EheVertr (§ 1408 I) auch dch AufhebgsUrt (§§ 1447–1449, 1469); im letzteren Fall tritt Gütertrennung ein (§§ 1449, 1470). Keine Beendigg aus anderen Grden (§ 1447 Rn 1), insb wg Wegfall der GeschGrdLage, wenn zB ein Eheg unter den gesetzl Voraussetzgen vom ErbVertr zurücktritt (BGH **29**, 129), od dch Konk (KO 2). Falls im EheVertr vereinbart, schließt sich beim Tod eines Eheg fortges GütGemsch an (§ 1483).

1416 *Gesamtgut.* [1] **Das Vermögen des Mannes und das Vermögen der Frau werden durch die Gütergemeinschaft gemeinschaftliches Vermögen beider Ehegatten (Gesamtgut). Zu dem Gesamtgut gehört auch das Vermögen, das der Mann oder die Frau während der Gütergemeinschaft erwirbt.**

[II] **Die einzelnen Gegenstände werden gemeinschaftlich; sie brauchen nicht durch Rechtsgeschäft übertragen zu werden.**

[III] **Wird ein Recht gemeinschaftlich, das im Grundbuch eingetragen ist oder in das Grundbuch eingetragen werden soll, so kann jeder Ehegatte von dem anderen verlangen, daß er zur Berichtigung des Grundbuchs mitwirke. Entsprechendes gilt, wenn ein Recht gemeinschaftlich wird, das im Schiffsregister oder im Schiffsbauregister eingetragen ist.**

1 **1)** Dch die GütGemsch entsteht eine **Gemeinschaft zur gesamten Hand** (RG **129**, 120), also nicht etwa eine neue RPersönlichk; vielm sind beide Eheg Eigtümer. Aus der GütGemsch folgt nicht eine allg Vertre-

terEigensch des einen für den and Eheg (RG **89**, 360). Zur Verwaltg § 1421. Neben der GütGemsch ist weitere Gesamthand, zB in Form einer oHG, nur dch Begrdg von VorbehGut (§ 1418) in der Form des § 1410 mögl (BGH **65**, 79 mAv Beitzke FamRZ **75**, 574; Schünemann FamRZ **76**, 137; aA Tiedtke FamRZ **75**, 675). Bei rechtswidr Eingr in das GesGut ist jeder Eheg verletzt, also auch zur Stellg des StrafAntr (StGB 77) berecht (RGSt **34**, 64). Sol GütGemsch besteht, keine Vfg über den Anteil, keine Quotenrechte, kein Anspr auf Teilg. Ebsowenig ist die Begrdg von Rechten an GesGutsSachen zG eines Eheg mögl (41. Aufl mN). Zur ZwVollstr § 1459 Rn 3.

2) Umfang des Gesamtgutes, I. Hierzu gehört das ges Mannes- u FrauenVerm, das eingebrachte wie **2** das währd der Ehe erworbene, auch die Erbsch eines Eheg, die AusglFdg aus einer ZugewGemsch, der Anteil am GesGut einer beendigten fortges GütGemsch aus früh Ehe (RG **125**, 347), die EigtAnwartsch aus VorbehKauf (RG JW **25**, 353), die Nutzgen des Ges- u SondGuts, der ArbVerdienst u Einkfte aus einem ErwGesch, der delikt SchadErsAnspr auf Ers des Verdienstausfalls in einem in das Gesamtgut fallden ErwGesch (BGH NJW **94**, 652) sowie nach Aufhebg v § 847 I 2 auch ein SchmerzGeldAnspr (aF nach früh R RG **96**, 96). Wird den Eheg ein Grdst zu MitEigt aufgelassen, so sind sie als MitEigtümer in GütGemsch einzutragen, ohne daß es einer erneuten Auflassg an sie als MitEigtümer zur ges Hand bedarf (BGH **82**, 346). Im HandelsReg ist nur der das zum GesGut gehörde **Handelsgeschäft** verwaltde Eheg als Kaufm einzutr (BayOblG BB **78**, 423); and natürl, wenn die „Ehel" evtl sogar mit dem Zusatz „in GütGemsch" firmieren (BayOblG FamRZ **92**, 61). Nicht zum GesGut gehören das SondGut (§ 1417) u das VorbehGut (§ 1418). Für die Zugehörig zum GesGut besteht eine **Vermutung,** die Zugehörig zu einer and VermMasse ist also vom Behaupten zu beweisen. Keine Ann, daß bzgl eines ErwGesch daneben eine BGB-Gesellsch besteht (BGH FamRZ **94**, 295). Zur **Betriebsaufspaltung** bei ehel GütGemsch BFH NJW-RR **94**, 542.

3) Der Eintritt der Gesamtguteigenschaft, II (Hofmann FamRZ **72**, 117), vollzieht sich kr Ges., ohne **3** daß es einer rechtsgeschäftl Übertragg bedarf, u zwar bei einem EheVertr vor Eheschl mit dieser, währd der Ehe mit Abschluß des EheVertr, bei Erw nach Abschl mit dem Erw. Der Erw kr G hat zur Folge, daß es auf den Willen des Erwerbden, für die Gemsch zu handeln, u auf sein Wissen um ihr Bestehen nicht ankommt (RG **90**, 288). Handelt er im eig Namen, so erwirbt er zwar selbst Eigt, das aber unmittelb zum gemschftl Eigt wird (RG **84**, 327). Eintragg ins Grdbuch also ohne Zust des and Eheg (BayOblG MDR **54**, 306). Beim Erw vom Nichtberecht (§§ 932, 892) allein Gutgläubigk des erwerbden Eheg erhebl; Bösgläubigk des and Eheg unschädl (RG Gruch **47**, 667). II unanwendb bei Umwandlg von VorbehGut in GesGut; bei Grdst also Auflassg erfdl.

4) Gütergemeinschaft im Grundbuch, III. Die Eintragg im Grdb (GBO 47) erfolgt aGrd einer entspr **4** Auflassg an beide Eheg (BGH FamRZ **82**, 356). Eintragg von BruchteilsEigt unstatth (RG **155**, 344), es sei denn, die Eheg erwerben das Grdst zu MitEigt u die Bruchteile werden VorbehGut (BayOblG FamRZ **82**, 285). Bei Erwerb dch die GütGemsch kr Ges (Rn 3) wird das GrdB unricht: Eintr eines Widerspr (RG **108**, 281); BerichtiggsAnspr (§ 894; ZPO 894), auch des nicht verwaltden Eheg (KG JW **34**, 1580). Vgl iü, auch zum Schiffs- u SchiffsbauReg usw 48. Aufl sowie MüKo/Kanzleiter 24 ff.

1417 *Sondergut.* ^I **Vom Gesamtgut ist das Sondergut ausgeschlossen.**
II Sondergut sind die Gegenstände, die nicht durch Rechtsgeschäft übertragen werden können.
III Jeder Ehegatte verwaltet sein Sondergut selbständig. Er verwaltet es für Rechnung des Gesamtgutes.

1) Wg der versch VermMassen Grdz 1, 2 v § 1415. Dch EheVertr kann SondGut nicht begründet w, auch **1** nicht dch Bestimmg des VermZuwenders. Verwandlg von SondGut in GesGut ist auch ehevertragl nicht mögl, wohl aber in VorbehGut. Eintragg der SondGutsEigensch ins Grdbuch unzul.

2) Der Umfang des Sonderguts, II, ist gesetzl erschöpfd festgelegt: es gehören nur die dch RGesch **2** unübertragb Ggstände dazu, also zB nicht abtretb u unpfändb Fdgen (§§ 399, 400); unpfdb Gehalts- u UnterhAnspr iSv ZPO 850ff (Posen OLG **8**, 336); der Anteil an der OHG, auch wenn er von einem Eheg dch Einbringg eines zum Gesamtgut gehörden VermStückes erworben wird (BGH **LM** § 260 Nr. 1); ebso der Anteil an KG als persönl haftender Gesellschafter (BGH **57**, 128), so daß steuerrechtl der and Eheg an Einkften daraus nicht beteiligt ist (BFH BB **61**, 778); Nießbr (§ 1059); pers Dienstbark (§ 1092); die Rechte aus §§ 1103 II, 1111 II; der Anteil an der bestehenden fortgesetzten GütGemsch (BayOblG **5**, 107 u 287; str); schließl das UrheberR. **Nicht hierzu gehören** Rechte, die nicht ihrem Wesen nach, sond nur kr ParteiVer- **3** einbg od auch nur wg Zugehörig zu einem Vermögensinbegriff unübertragb sind. Demgem fallen ins GesGut: die dem Vorerben angefallene Erbsch; der Anteil an ungeteilten Nachl gem § 1416 II (BayOblG OLG **41**, 55); ebso der Erbhof mit Wegfall des RErbhG, falls er nicht zum VorbehGut erklärt war (BayOblG NJW **53**, 224; sa Lutter AcP **161**, 163); die Nutzgen aus unübertragb Rechten; das AuseinandS-Guthaben ob die Abfindg nach Auflösg einer PersGesellsch (RG **146**, 282); pers Dienstbark, soweit sie f beide Ehel gemeins bestellt w wie zB WohnR (BayOblG JW **32**, 3005), od Reallast f die Ehel als GesamtBe-recht (BayOblG **67**, 480).

3) Rechtliche Behandlung. Jeder Eheg bleibt Eigtümer seines SondGutes, das er auch selbst verwaltet; **4** demgem führt er auch selbst RStreitig. Die Verw erfolgt für Rechng des GesGutes. Die Nutzgen fallen diesem zu, soweit sie dch RGesch übertragen w können, **II;** sie sind ebso wie die des GesGutes in erster Linie zum FamUnterh zu verwenden. Soweit die Lasten aus den Einkften des SondGutes beglichen zu werden pflegen, trägt sie das GesGut (§§ 1440 S 2, 1442 S 1, 1462 S 2, 1464 S 1). Wg der Haftg des SondGutes §§ 1437 Rn 4, 5, 1459 Rn 3. Eintragg im Grdbuch § 1421 Rn 2.

1418 *Vorbehaltsgut.* [I] Vom Gesamtgut ist das Vorbehaltsgut ausgeschlossen. [II] Vorbehaltsgut sind die Gegenstände,

1. die durch Ehevertrag zum Vorbehaltsgut eines Ehegatten erklärt sind;
2. die ein Ehegatte von Todes wegen erwirbt oder die ihm von einem Dritten unentgeltlich zugewendet werden, wenn der Erblasser durch letztwillige Verfügung, der Dritte bei der Zuwendung bestimmt hat, daß der Erwerb Vorbehaltsgut sein soll;
3. die ein Ehegatte auf Grund eines zu seinem Vorbehaltsgut gehörenden Rechtes oder als Ersatz für die Zerstörung, Beschädigung oder Entziehung eines zum Vorbehaltsgut gehörenden Gegenstandes oder durch ein Rechtsgeschäft erwirbt, das sich auf das Vorbehaltsgut bezieht.

[III] Jeder Ehegatte verwaltet das Vorbehaltsgut selbständig. Er verwaltet es für eigene Rechnung.

[IV] Gehören Vermögensgegenstände zum Vorbehaltsgut, so ist dies Dritten gegenüber nur nach Maßgabe des § 1412 wirksam.

1   1) Jeder Eheg kann **Vorbehaltsgut** haben, das in seinem alleinigen Eigt bleibt, also nicht ins GesGut fällt. Er hat auch das alleinige **Verwaltungs- und Verfügungsrecht, III,** u ist auch bei gemeins Benutzg unmittelb Besitzer (RG JW 22, 93), Besitzübertragg auf den and Eheg wie auf jeden Dr. Verwaltg erfolgt **für eigene Rechnung;** die Nutzgen fallen also dem Eheg zu u sind nur hilfsw, also nach den Einkünften des GesGuts, zum FamUnterh zu verwenden (§ 1420). Zur ZwVollstr genügt ein Titel gg den Eigtümer (ZPO 739). VorbehGut wirkt ggü Dr nur nach § 1412, **IV.** Dch EheVertr kann VorbehGut überh ausgeschl w, eine dahingehde Best eines Dr also unwirks gemacht w (Stgt JW 32, 1402). Wg der Umwandlg von SondGut in VorbehGut § 1417 Rn 1.

2   2) **Begründung von Vorbehaltsgut** nach der erschöpfden Aufzählg nur nach **II;** keine ausdehnde Auslegg (RG 87, 100). Demgem fallen der ArbVerdienst, ebso persönl GebrGgstände nicht in das VorbehGut; § 1362 gilt dafür nicht. Einkünfte aus einem nach §§ 1431, 1456 betriebenen ErwGesch werden GesGut, soweit der EheVertr nichts and bestimmt. VorbehGutsEigensch kann nur dch EheVertr geänd w
3   (§ 1408). **Vorbehaltsgut entsteht nur a)** dch **Ehevertrag, Nr 1.** Mögl für einz Ggst, für Inbegriffe, nach
4   dem ErwGrd, zB Schenken unter den Eheg; **b)** dch **Bestimmung Dritter, Nr 2,** ggf auch gg den Willen der Betroffenen, wobei genügt, wenn klar erkennb ist, daß etwa ein Zuschuß nicht GesGut werden soll. Der Ggst wird ohne weiteres VorbehGut, kann aber dch EheVertr zu GesGut gemacht w. Die Best kann von Todes wg dch Erbfolge, Vermächtn, PflichtT erfolgen od dch Erwerb unter Lebden u bedarf dann als solche
5   keiner bes Form; **c)** als **Ersatzstück, Nr 3,** als dessch dem Eigtümer des VorbehGuts die Möglichk gegeben w, sich dieses ungeschmälert zu erhalten u frei zu verwalten (RG 72, 165). Der Ersatz beschränkt sich auf drei Formen: (1) aGrd eines zum VorbehGut gehörden R (Früchte, Mietzinsen, Erfüllg von Fdgen), aber nicht ursprüngl Erwerb wie GrdstErw dch AusschlußUrt (RG 76, 360); (2) Ersatz für Zerstörg, Beschädigg, Entziehg (EnteigngsEntschädig, VersSumme); (3) dch sich auf das VorbehGut objektiv (ggständl auf das VorbehGut) u subjektiv (Abschluß für das VorbehGut) beziehde RGesch, wobei wirtschaftl Zusammenhang genügt (RG 87, 100), zB Kauf von Inventar aus Mitteln des VorbehGuts, Vergl über UnfallVers iRd ErwGesch (RG 72, 165). Ausführl 41. Aufl.

1419 *Gemeinschaft zur gesamten Hand.* [I] Ein Ehegatte kann nicht über seinen Anteil am Gesamtgut und an den einzelnen Gegenständen verfügen, die zum Gesamtgut gehören; er ist nicht berechtigt, Teilung zu verlangen.

[II] Gegen eine Forderung, die zum Gesamtgut gehört, kann der Schuldner nur mit einer Forderung aufrechnen, deren Berichtigung er aus dem Gesamtgut verlangen kann.

1   1) Die GütGemsch ist keine BruchteilsGemsch, wie zB das MitEigt (§§ 1008ff), sond als Gemsch zur gesamten Hand entspr der Gesellsch (vgl § 719) gestaltet. Auch die Vorschriften über Gesamtschuldner u GesGläub (§§ 420–430) sind unanwendb.

2   2) Eine **Verfügung über den Anteil am Gesamtgut** ist ebso wie die über den Anteil an den einzelnen Ggsten nichtig, **I.** Unwirks ist auch die Vfg über den Anspr auf AuseinandS (KG JW 31, 1371); dagg auch die Vfg über den Anspr auf das AuseinandSGut nach beendeter GütGemsch (§ 1471 II). Desh ist wirks auch die vor der AuseinandS eingegangene Verpfl, bestimmte ihm zufallde Ggstände Dr zu überlassen. Der Anteil ist unpfändb (ZPO 860 I) u gehört nicht zur KonkMasse (KO 1). Der Eheg kann aber, wenn nicht fortges GütGemsch eintr, über seinen Anteil von Todes wg verfügen (BayObLG 60, 254). Verboten ist auch die **Teilung** währd bestehder GütGemsch; es bleibt nur die AufhebgsKl (§§ 1447ff, 1469f). Vfg über Grdst iRv § 2113 II zul, da sonst auch eigener GesGutsAnteil blockiert wäre (BGH NJW 76, 893).

3   3) **Aufrechnung, II,** ist mit Fdgen gg u aus dem GesGut zul. Unzul ist die einseit AufRechng des Gl gg eine GesGutsFdg (§§ 1437–1440, 1459–1462), nicht aber die Aufrechng im Einverständn mit dem Eheg (AufrechngsVertr), wodch auch nicht zum GesGut gehörde Fdgen gg GesGutsVerbindlichk aufgerechnet w können.

1420 *Verwendung zum Unterhalt.* Die Einkünfte, die in das Gesamtgut fallen, sind vor den Einkünften, die in das Vorbehaltsgut fallen, der Stamm des Gesamtgutes ist vor dem Stamm des Vorbehaltsgutes oder des Sondergutes für den Unterhalt der Familie zu verwenden.

1   Die **Reihenfolge** der Verwendg von Einkünften für den FamUnterh (§ 1360) ist unabhäng davon, wer das GesGut verwaltet. Zunächst sind zu verwenden die in das GesGut fallden Einkünfte (§ 1416 Rn 2), auch solche aus dem SondGut eines Eheg (§ 1417 Rn 4). Einkfte aus den and VermMassen u diese selbst nur

hilfsw, also wenn die Einkfte des GesGuts nicht ausreichen; Reihenfolge: Einkfte aus VorbehGut jedes Eheg, Stamm des GesGuts, dann gleichsteh Stamm von Vorbeh- od SondGut entspr § 1606 III 1. Zum Unterh kann der aus der Ehewohng ausgezogene Eheg unmittel Zahlg eines anteil Nutzgsentgelts an sich selbst verl (Bambg FamRZ **87**, 703). § 1420 gilt auch für den TrenngUnterh (BGH **111**, 248).

1421 *Verwaltung des Gesamtgutes.* **Die Ehegatten sollen in dem Ehevertrag, durch den sie die Gütergemeinschaft vereinbaren, bestimmen, ob das Gesamtgut von dem Mann oder der Frau oder von ihnen gemeinschaftlich verwaltet wird. Enthält der Ehevertrag keine Bestimmung hierüber, so verwalten die Ehegatten das Gesamtgut gemeinschaftlich.**

1) Mögl **Verwaltung** dch einen Eheg, also Mann od Frau (§§ 1422–1449), od gemschaftl Verwaltg 1 (§§ 1450–1470), wenn im EheVertr über die VerwBefugn keine Bestimmg getroffen wurde. Ggf ist dies unter Berücks der bisher Übg dch Auslegg zu ermitteln (BayObLG FamRZ **90**, 411). AuseinandS (§§ 1471 ff) u fortges GütGemsch (§§ 1483 ff) in beiden Fällen gleich. Unzul ist die Vereinbg eines selbstd VerwR jedes Eheg (BayObLG NJW **68**, 896; umstr); ebso abwechselnde Verw, mögl aber stillschw Bevollmächtig.

2) Ins **Güterrechtsregister** ist außer GütGemsch auch VerwBefugn einzutragen (§ 1412 Rn 8). Bei 2 fehler Eintr muß Dr von gemschaftl VerwBefugn der Eheg ausgehen. Im Grdbuch wird VerwBefugnis nicht eingetr (§ 1416 Rn 4).

b) Verwaltung des Gesamtgutes durch den Mann oder die Frau

1422 *Inhalt des Verwaltungsrechts.* **Der Ehegatte, der das Gesamtgut verwaltet, ist insbesondere berechtigt, die zum Gesamtgut gehörenden Sachen in Besitz zu nehmen und über das Gesamtgut zu verfügen; er führt Rechtsstreitigkeiten, die sich auf das Gesamtgut beziehen, im eigenen Namen. Der andere Ehegatte wird durch die Verwaltungshandlungen nicht persönlich verpflichtet.**

1) **Rechtsstellung des Verwalters.** Ihm steht allein die Verw des GesGutes zu; er ist dadch auch 1 verpflicht, alles Zweckdienl zur Erhaltg des GesGutes zu tun. Er hat zB ein vorhandenes StimmR im Interesse des GesGutes auszuüben, Fdgen rechtzeitig geltd zu machen, Schulden zu bezahlen, die zum GesGut gehörigen Ggstände in polizeimäßigem Zustand zu erhalten, für Versichergen, wo es angebracht ist, Sorge zu tragen, aber auch Hdlgen u RGeschäfte vorzunehmen, die das GesGut verbessern könnten, ggf auch auf die Zust des und Eheg hinzuwirken (§ 1426). Er führt Verw aus eig Rechte im eig Namen, und zwar auch mit Wirkg für das GesGut, nicht aber mit Wirkg für den and Eheg persönl, u zwar auch dann nicht, wenn er die gem §§ 1423 ff erfdl Zust gegeben hätte, **S 2.** Handeln im Namen des nicht verwaldten Eheg u damit dessen persönl Verpflichtg nur bei Vollm od Genehmigg (§§ 164, 167, 174), andernf gelten §§ 177–180; denn der Verwalter ist nicht Vertr des nicht verwaldten Eheg (RG SeuffA **71**, 31). Mit Wirkg für das GesGut kann er VerpflGesch eingehen u über Ggstände des GesGuts verfügen, ohne Zust des and Eheg mit Ausn der Geschäfte der §§ 1423–1425; vgl auch §§ 1426–1428, 1434. Einseit RGeschäfte, die Aktiva des GesGuts betreffen, können wirks nur ihm ggü vorgenommen w (Kbg OLG **18**, 172), währd solche, die Passiva betreffen, soweit sie sich auf eine Verbindlk des nicht verwaldten Eheg beziehen, allerd auch ihm ggü vorzunehmen sind, andernf wirken sie nur ggü Verw u GesGut. Die Zahlgseinstellg des Verw wirkt hins des GesGutes auch als die des nicht verwaldten Eheg, nicht aber umgek (KO 2 I). Der Verw ist dem and Eheg ggü zur ordngsmäß Verw verpflichtet, allerd mit Haftgseinschränkg des § 1359, hat auf Verlangen auch Ausk zu erteilen u uU Ers zu leisten (§ 1435; vgl auch § 1447 Z 1, 3, 4). Widerruf der Überlassg der VermVerw gem § 1413 Rn 5. Dch Eintritt der GütGemsch erlangt der verw Eheg **Besitz** nicht von Ges wg, 2 wohl aber ein R auf Inbesitznahme der zum GesGut gehör Ggstände; das R richtet sich gg alle, auch gg den and Eheg, der auch Ausk- u OffenbargsPfl hat (§§ 260, 261). Nach Inbesitznahme dch den Verw, die im allg mit der Einbringg der Sachen erfolgen wird, hat nichtverwberecht Eheg nur mittelb Besitz (RG **105**, 20), außer bei den zu seinem persönl Gebr bestimmten Sachen. Der Verw kann sich der Eigenmacht des and Eheg ggü erwehren.

2) **Der nicht verwaltungsberechtigte Ehegatte** ist von der Verw des GesGuts ausgeschl, ein Wi- 3 dersprR gg Vfgen des Verw hat er nicht (Kbg OLG **2**, 70). Eine selbstd Stellg hat er nur in den Fällen §§ 1428–1433, außerd ist seine Zust bei des bedeuts RGeschäften erfdl (§§ 1423–1425), die allerd ersetzt w kann (§ 1426). Der Verw kann dem and Eheg aber in einz Fällen die Verw übertr (RG **60**, 147); sofern das nicht ehevertragl geschehen ist, kann er die Ermächtigg jederzeit widerrufen. Soweit eine Ermächtigg nicht vorliegt, sind Vfgen des nicht verwaldten Eheg über Ggstände des GesGuts solche eines NichtBerecht (§ 185), Vfgen von Todes wg werden davon aber nicht betroffen. Nimmt der Verw eine Leistg an, die zum GesGut geschuldete Leistg an, die versehentl an diesen Eheg bewirkt w, so wird dadch die GesGutsFdg nicht getilgt. Da der Eheg aber für GesGut erwirbt, I 1, BereichergsAnspr des Leistden gg GesGut (BGH NJW **57**, 1635; § 1434 Rn 1). Zum WiderrufsR u § 502 vgl BayObLG FamRZ **94**, 173. Rechtsgeschäftl verpflichten, u zwar auch zu Vfgen über das GesGut, kann sich der and Eheg und kann demgem also auch verklagt w, da seine GeschFgk dch den Güterstd nicht berührt wird. Hierdch werden aber weder das GesGut noch der Verw verpflichtet, falls er nicht etwa zustimmt od das Geschäft ohne Zust für das GesGut wirks ist (§ 1438). Hingg fließt der Erwerb aus diesem Geschäft dem GesGut zu, von dem es nur nach den Vorschr über die ungerechtf Bereicherg herausverlangt w kann (§ 1434). Demgem also mögl GrdstErwerb dch den nicht verwberecht Eheg unter Übernahme der darauf lastden Hypotheken (KGJ **30**, 207). GBA muß entspr § 1416 Rn 4 eintragen, auch wenn an ihn in Erfüllg eines von ihm ohne Zust des Verw geschl KaufVertr aufgelassen ist, u zwar als GesGut, nicht, außer wenn VorbehGut, auf den Namen eines Eheg (BayObLG MDR **54**, 306, vgl RG **155**, 344). Ein VerwAkt kann auch gg den nicht verwaldten Eheg gerichtet werden (BayVGH FamRZ **88**, 1275).

4　　3) Der Verw führt **Rechtsstreitigkeiten** im eig Namen (ausführl 41. Aufl). Zur ZwVollstr ist ein Urt gg ihn erfdl u genügd (ZPO 740 I). Bei Klage gg beide Eheg sind diese hins GesGutsVerbindlich notw Streitgenossen (ZPO 62). Soweit ProzHandlgen eine Vfg enthalten (zB Vergl), bedarf der Verw iRd §§ 1423–1425 der Zust des and Eheg. Ausn v § 1422: § 1428.

5　　4) Handelt der Verw den §§ 1423–1425 zuwider, so gelten für den **Schutz Dritter** die allg Vorschr über den Rechtserwerb vom NichtBerecht. Grobe Fahrlk (§ 932 II) liegt regelm vor, wenn GütGemsch im GüterRReg eingetragen ist (§ 1412 Rn 10); bei § 892 ist maßgebd, ob der Verfügde als AlleinEigt eingetr ist u der Dr weiß, daß jener in GütGemsch lebt (RG **177**, 189). Handelt der nicht verwberecht Eheg § 1422 zuwider, gilt Entsprechdes.

1423 *Geschäfte über das Gesamtgut im ganzen.* Der Ehegatte, der das Gesamtgut verwaltet, kann sich nur mit Einwilligung des anderen Ehegatten verpflichten, über das Gesamtgut im ganzen zu verfügen. Hat er sich ohne Zustimmung des anderen Ehegatten verpflichtet, so kann er die Verpflichtung nur erfüllen, wenn der andere Ehegatte einwilligt.

1　　**Der Einwilligung des nicht verwaltungsberechtigten Ehegatten,** die auch stillschw gegeben w kann (§ 1365 Rn 18), bedarf die Verpflichtg zur Vfg über GesGut im ganzen (§ 1365 Rn 2–10), nicht aber die Prozeßführg über derartige Geschäfte (§ 1422 Rn 4); Vfgen von Todes wg, sowie ein der Beschrkg der §§ 1423 ff nicht unterliegendes RGesch, selbst wenn durch dessen Erfüllg das GesGut aufgezehrt würde (RG **54**, 283), falls nicht etwa § 1423 umgangen w sollte (Karlsr FamRZ **61**, 317). Wegen des Schutzes des gutgläubigen Dritten (§ 1422 Rn 5). Der ohne Einwilligg handelnde Verwalter wird, soweit nicht unerl Hdlg vorliegt, auch nicht persönl verpflichtet; wohl aber der nicht verwberechtigte Eheg im umgekehrten Falle (§ 1422 Rn 3). Durch Erteilg der Einwilligg verpflichtet sich der andere Eheg nicht persönl, § 1422 Rn 1, wohl aber Verw, der zustimmt, §§ 1438 I, 1437 II. Ehevertragl Ausschluß zul, soweit es sich um entgeltl Geschäfte handelt (vgl § 1365 Rn 1; ebso Gernhuber § 32 III 6); Grenze § 138.

1424 *Geschäfte über Grundstück, Schiff oder Schiffsbauwerk.* Der Ehegatte, der das Gesamtgut verwaltet, kann nur mit Einwilligung des anderen Ehegatten über ein zum Gesamtgut gehörendes Grundstück verfügen; er kann sich zu einer solchen Verfügung auch nur mit Einwilligung seines Ehegatten verpflichten. Dasselbe gilt, wenn ein eingetragenes Schiff oder Schiffsbauwerk zum Gesamtgut gehört.

1　　**1) Zweck:** Sicherg der Fam gg Verlust des die ExistenzGrdl billdn Grdbesitzes. Nicht zwingd, sond abgesehen von unentgeltl Vfgen (aA LG Siegen NJW **56**, 671) nur dch EheVertr abänderb (RG **159**, 363), da sonst Umgehg dch GeneralVollm. Betrifft nur Vfgen unter Lebden. ProzführgsR u Schutz v or: § 1422 Rn 4, 5. Einwilligg des nicht verwberecht Eheg (§ 1423 Rn 1) kann auch forml (and ggü GBA; GBO 22) u ohne Kenntn von der Notwendigk der Einwillgg erteilt werden (RG **108**, 281).

2　　**2) Zustimmgsbedürft** sind, auch wenn der and Eheg dem VerpflGesch bereits zugest hatte (MüKo/ Kanzleiter 2), dann allerd mit der Folge des § 1437, **Verfügungen über Grundstücke,** eingetr Schiff, SchiffsBauw, ErbbauR (ErbbRVO 11) sowie jedenfalls gleichstehde Rechte (EG 196). Vfgen (Überbl 3 d bb vor § 104) **sind:** Veräußerg; Belastg, auch von ErbbR (BGH NJW **68**, 496); VormkgsBewilligg (Staud/ Thiele 9; aM BayObLG NJW **57**, 1521); Grdbuchberichtigg; Teile eines im MitEigt von Eheg u Dr stehden Grdst; ErbAuseinandS od Vfg über ErbschAnteil, wenn ein Grdst dazu gehört (aA Soergel/Gaul 6); Bewil- **3** ligg höherer HypZinsen; **nicht** dagg: Vfg über ein GrdstR, zB Löschg einer Hyp; Übern beschränkt Hyp beim GrdstErw; Belastg des Grdst beim Erw zZw der Sicherstellg des Kaufpr mit Hyp (RG **69**, 177) od Nießbr (BGH NJW **57**, 1187); Umwandlg von GrdSch u Hyp; Vermietg u Verpachtg. lü § 1821 Rn 9–11. Jeder Eheg kann ohne Zust des and die Auflassg entggnehmen (BayObLG MDR **54**, 306). Wg Eintr § 1416 Rn 4.

4　　**3) Verpflichtung** zur Vfg iS v Rn 2 erfordert ebenf Zust, da die Verpfl des Verw GesGutsverbdlk wäre (§ 1437) u damit doch den and Eheg belasten würde. Unwirks desh UmgehgsGesch wie Übern einer VertrStrafe od der Haftg für die Erteilg der Einw des and Eheg (Planck § 1445 Anm 21; aM RG JW **24**, 539). Zustbedürft auch Nebenabreden wie Zusicherg der GrdstGröße (RG JW **03**, Beil 125), so daß ein derart fehlerh Vertr beide Eheg nicht bindet. Dagg Haftg aus § 463, wenn Verw allein bei VorVerhdlgen falsche Zusicherg gegeben hat u beide Eheg abgeschl haben (RG **99**, 121). Einwilliggsfrei ist der WeiterVerk eines Grdst dch den Verw vor Auflassg u Eintr (RG **111**, 187), wenn also nur über den schuldrechtl Anspr verfügt wird, selbst wenn dieser dch Vormkg gesichert ist (BGH MDR **71**, 916).

1425 *Schenkungen* [I] Der Ehegatte, der das Gesamtgut verwaltet, kann nur mit Einwilligung des anderen Ehegatten Gegenstände aus dem Gesamtgut verschenken; hat er ohne Zustimmung des anderen Ehegatten versprochen, Gegenstände aus dem Gesamtgut zu verschenken, so kann er dieses Versprechen nur erfüllen, wenn der andere Ehegatte einwilligt. Das gleiche gilt von einem Schenkungsversprechen, das sich nicht auf das Gesamtgut bezieht.

[II] Ausgenommen sind Schenkungen, durch die einer sittlichen Pflicht oder einer auf den Anstand zu nehmenden Rücksicht entsprochen wird.

1　　**1)** GleichberG Art 1 Z 9; Inhalt = § 1446 aF. **Zweck** Schenkgen liegen idR außerh ordnungsgemäßer Verw u sollen desh nur mit Zust des and EheG erfolgen. Zwingde Vorschr, KGJ **52**, 109. GBA hat ohne Berücks v GBO 29 nach allg Erfahrgssätzen das zugrde liegde VerpflGesch darauf z prüfen, ob die beantr Eintr schenkgshalber erfolgt, KG OLG **33**, 341, od dch II gerechtf ist, BayObLG HRR **35**, 1314. Wg

Einwillig des and Eheg § 1423 Rn 1, aber keine Ersetzg, § 1426; Folgen der ZuwiderHdlg §§ 1427, 1428, 1434, 1435 S 3, 1447 Z 1, sa § 1423 Rn 1; auch der gutgl Beschenkte ist herausgabepflichtig, § 816 I 2. Wg § 1804 sind Schenkgen des Verw, außer gem II, nicht mögl, wenn and Eheg unter Vormsch steht, RG **91**, 40.

2) Ob iSv I 1 u II **Schenkung** vorliegt, § 516, ist den Umst zu entnehmen, kann also auch gegeben sein **2** bei BürgschÜbern, RG **54**, 284, Sichergsabtretg einer Hyp, BayObLG HRR **35**, 1314, Löschg einer EigtümerGrdSch, KG OLG **33**, 341, vgl § 2113 Anm 2, Ausstattg, soweit sie nach § 1624 Schenkg ist od zB vom Vater dem Kind der Frau aus früh Ehe gegeben w, sofern nicht Anstandsschenkg, § 534, vorliegt, II. Auch die Vfg, dch die wirks abgegebenes SchenkgsVerspr erfüllt w, bedarf der Einwilligg des and Eheg. Gemschaftl Schenkg kann Verwalter allein widerrufen, § 530.

3) Das **Schenkungsversprechen**, I 2, bedarf der Einwilligg des and Eheg, u zwar gleichgült, ob etwas **3** aus GesGut, Sonder- od VorbehGut versprochen w, da für sämtl Verbindlk das GesGut haftet, § 1437, das nicht belastet w soll. Anders nur, wenn inf der Übereigng eine schuldrechtl Verpflichtg nicht entstehen kann, wenn also zB der Verwalter aus seinem VorbehGut etwas schenkw übereignet, wobei auch das gg I 2 verstoßde SchenkgsVerspr wirks w kann.

1426 *Ersetzung der Zustimmung des anderen Ehegatten.* **Ist ein Rechtsgeschäft, das nach den §§ 1423, 1424 nur mit Einwilligung des anderen Ehegatten vorgenommen werden kann, zur ordnungsmäßigen Verwaltung des Gesamtgutes erforderlich, so kann das Vormundschaftsgericht auf Antrag die Zustimmung des anderen Ehegatten ersetzen, wenn dieser sie ohne ausreichenden Grund verweigert oder durch Krankheit oder Abwesenheit an der Abgabe einer Erklärung verhindert und mit dem Aufschub Gefahr verbunden ist.**

Inhalt = § 1447 aF. Wg der Voraussetzgen u des Verf vgl § 1365 Rn 20–27. **Ersetzung** der Zust, wenn die **1** Maßn ordngsmäßiger Verwaltg entspricht, die sich aus ZweckmäßigkErwägen u den wirtschaftl Interessen der Fam ergibt (KG OLG **34**, 250). Ersetzg daher Übertragg von BauGrund zur Ablösg eines PflichtteilsAnspr u Gewinng einer Hilfskr in einem landwirtsch Betr (BayObLG FamRZ **83**, 1127); ferner zur Gewährg einer Ausstattg (BayObLG **23**, 160). Dagg **keine Ersetzung** bei Schenkg aus dem GesGut **2** (§ 1425); bei wirtsch Nachteilig f den and Eheg (§ 1365 Rn 23). Wg Verhinderg dch Abwesenh § 1911 Rn 3. Kein eig AntrR des Dritten; Verwalter kann aber aGrd des RGesch dem Dr ggü zur Herbeiführg der Ersetzg verpfl sein. Vollstr eines solchen Urt gem ZPO 888. Für Unterlassg der Herbeiführg der Ersetzg haftet der Verw im InnenVerh aus § 1435. Gen ist auch dann einzuholen, wenn noch andere behördl Gen **3** fehlen, da diese unabhäng voneinand sind (BayObLG NJW **55**, 1719). Ersetzg erfolgt dch Richter des VormschG, (RPflG 14 Z 6) u hat dieselbe Wirkg wie die dch den and Eheg gegebene Zust, verpflichtet ihn also nicht persönl (§ 1422 Rn 1).

1427 *Rechtsfolgen fehlender Einwilligung.* **[I]Nimmt der Ehegatte, der das Gesamtgut verwaltet, ein Rechtsgeschäft ohne die erforderliche Einwilligung des anderen Ehegatten vor, so gelten die Vorschriften des § 1366 Abs. 1, 3, 4 und des § 1367 entsprechend.**

[II]Einen Vertrag kann der Dritte bis zur Genehmigung widerrufen. Hat er gewußt, daß der Ehegatte in Gütergemeinschaft lebt, so kann er nur widerrufen, wenn dieser wahrheitswidrig behauptet hat, der andere Ehegatte habe eingewilligt; er kann auch in diesem Falle nicht widerrufen, wenn ihm beim Abschluß des Vertrages bekannt war, daß der andere Ehegatte nicht eingewilligt hatte.

GleichberG Art 1 Z 9; entspricht § 1448 aF. Vgl §§ 1366, 1367. Währd des SchwebeZustd kann Dritter **1** zur Beschaffg der Gen auffordern, I iVm § 1366 III, od iRv II widerrufen. Die Ersetzg dch das VormschG iFv §§ 1423, 1424, vgl § 1426, muß nach Aufforderg innerh 2 Wo v Verwalter dem Dritten mitgeteilt w. Widerruf vS des Dritten nur ggü dem VertrGegner, II 1; inhaltl Entsprechg zu II 2 in § 1366 II. Ist Gen verweigert, so w das RGesch auch nicht dch Beendigg der GütGemsch wirks. Läuft dagg die 2-Wo-Frist noch u erhält Verwalter den VfgsGgst bei der AuseinanderS, so wird die Vfg wirks, § 185 II 1. Bei Unwirksamk des RGesch kann Verwalter den Ggst selbst zurückfordern, ohne daß ihm ein ZurückbehaltsgsR entgegesetzt w könnte, § 1434 Rn 1 aE. Keine persönl Verpfl des Verwalters dch ein solches Gesch, § 1423 Rn 1.

1428 *Verfügungen ohne Zustimmung.* **Verfügt der Ehegatte, der das Gesamtgut verwaltet, ohne die erforderliche Zustimmung des anderen Ehegatten über ein zum Gesamtgut gehörendes Recht, so kann dieser das Recht gegen Dritte gerichtlich geltend machen; der Ehegatte, der das Gesamtgut verwaltet, braucht hierzu nicht mitzuwirken.**

GleichberG Art 1 Z 9; entspricht § 1449 aF. Ausn v § 1422 (dort Rn 4), zum Schutz des and Eheg gg iSv **1** §§ 1423–25 unbefugte RGeschäfte des Verwalters. Zwingd Recht. Klage im eig Namen auf Herausg an sich selbst od den Verwalter, der die Sache anschließß ijF wieder in Besitz nimmt. Schutz Dritter § 1422 Rn 5. Bei gutgl Erwerb dch Dritten fällt evtl BereichergsAnspr, § 816 I 2, unter § 1428. Nach dem Zweck des **Revokationsrechts** kein ZurückbehR des Dritten wg der ins GesGut bewirkten GgLeistg, hM, aA Dölle §§ 70 VI 4 u 71 II 3. Verwalter kann auch seiners klagen, § 1427 Rn 1 aE. Urteile ggs ohne RechtskrWirkg, str, Soergel-Gaul 6 mNachw. Haftg des GesGuts f die Kosten der Revokation, § 1438 II, die aber nur aGrd eines Urt gg den Verwalter geltend gemacht w kann, ZPO 740 I.

1429 *Notverwaltungsrecht.* **Ist der Ehegatte, der das Gesamtgut verwaltet, durch Krankheit oder durch Abwesenheit verhindert, ein Rechtsgeschäft vorzunehmen, das sich auf das Gesamtgut bezieht, so kann der andere Ehegatte das Rechtsgeschäft vornehmen, wenn mit dem Aufschub Gefahr verbunden ist; er kann hierbei im eigenen Namen oder im Namen des verwaltenden Ehegatten handeln. Das gleiche gilt für die Führung eines Rechtsstreits, der sich auf das Gesamtgut bezieht.**

1   GleichberG Art 1 Z 9; Inhalt = § 1450 aF. **Notverwaltungsrecht** f einz RGesch, die sich auf das GesGut beziehen, einschließl §§ 1423–25. Dagg keine allg Vertretgsbefugn, RG **89**, 360; sa Einf 14 vor § 1353. Der nichtverwaltgsberecht Eheg ist nicht verpfl, aber kann handeln od klagen, u zwar entw gem § 164 I 1, so daß nicht er, sond der Verwalter u daß GesGut verpfl w, § 1437, od im eig Namen, so daß er sich dann auch persönl verpfl, währd das Erworbene ijF ins GesGut fällt. Kosten wie § 1428 Rn 1. Hat Eheg sich iR des NotVerwR auf RStreit eingelassen, so kann er nicht zurück, Stettin OLG **4**, 404; vgl aber § 1433 Rn 2.
2   **Voraussetzung:** Verhinderg (nicht bloßes Nichtwollen, RG **103**, 126, dann § 1430) des Verwalters wg Krankh od Abwesenh; ferner obj Gefahr im Verzug zZ der Vorn des Gesch, zB drohde Verjährg; s § 1365 Rn 24.

1430 *Ersetzung der Zustimmung des Verwalters.* **Verweigert der Ehegatte, der das Gesamtgut verwaltet, ohne ausreichenden Grund die Zustimmung zu einem Rechtsgeschäft, das der andere Ehegatte zur ordnungsmäßigen Besorgung seiner persönlichen Angelegenheiten vornehmen muß, aber ohne diese Zustimmung nicht mit Wirkung für das Gesamtgut vornehmen kann, so kann das Vormundschaftsgericht die Zustimmung auf Antrag ersetzen.**

1   **1)** GleichberG Art 1 Z 9; Inhalt = § 1451 aF. Die zwingde **Schutzvorschrift** zG des nichtverwaltgsberecht Eheg gibt ihm die Möglk, zur Sicherstellg notwend persönl Belange das GesGut in Anspr z nehmen, indem Zust des Verwalters ersetzt w. Kein KlageR des Dritten auf Zust; der and Eheg hat erforderl Zust selbst herbeizuführen. **Verfahren** vgl § 1365 Rn 25–27.
2   **2) Voraussetzungen: a)** Zu den **persönlichen Angelegenheiten** (§ 1360a Rn 13–15), gehört auch
3   Kündigg eines Mietverhältn, um den Ehestörer z entfernen, BayObLG NJW **65**, 348. **b)** Das RGesch darf
4   nicht bloß zweckm od vorteilh, sond muß **notwendig** s, wie zB Ausstattg des erstehel Kindes. **c)** Der Eheg braucht zur Vorn des RGesch die **Zustimmung des Verwalters,** damit es dem GesGut ggü wirks werden kann, § 1438 I, zB Verwertg v GesGut zur Beschaffg v Mitteln f die persönl Angelegenh, ProzKostVorsch f ScheidgsStr, Aufn v Darl, wenn die flüss Mittel nicht ausreichen, § 1360a IV. Zust z RStreit ist erforderl,
5   da GütGemsch ProzFgk nicht berührt; Kostenhaftg des GesGuts § 1438 II. **d) Verweigerung ohne ausreichenden Grund,** also Nichtwollen des Verwalters; sonst § 1429; sa § 1365 Rn 20.
6   **3) Wirkung.** Ersetzg kann nur f das RGesch im ganzen erfolgen, KG JW **34**, 908, sonst Ablehng. Sie hat die Wirksamk des Gesch ggü dem GesGut zur Folge. Im Ggs zu § 1429 tritt der nicht verwberecht Eheg nur im eig Namen auf. Wirkg wie § 1429 Rn 1.

1431 *Selbständiges Erwerbsgeschäft.* **[1]Hat der Ehegatte, der das Gesamtgut verwaltet, darin eingewilligt, daß der andere Ehegatte selbständig ein Erwerbsgeschäft betreibt, so ist seine Zustimmung zu solchen Rechtsgeschäften und Rechtsstreitigkeiten nicht erforderlich, die der Geschäftsbetrieb mit sich bringt. Einseitige Rechtsgeschäfte, die sich auf das Erwerbsgeschäft beziehen, sind dem Ehegatten gegenüber vorzunehmen, der das Erwerbsgeschäft betreibt.**

[2]Weiß der Ehegatte, der das Gesamtgut verwaltet, daß der andere Ehegatte ein Erwerbsgeschäft betreibt, und hat er hiergegen keinen Einspruch eingelegt, so steht dies einer Einwilligung gleich.

[3]Dritten gegenüber ist ein Einspruch und der Widerruf der Einwilligung nur nach Maßgabe des § 1412 wirksam.

1   **1)** GleichberG Art 1 Z 9. Inhalt = § 1452 aF. Der nichtverwberecht Eheg bedarf zur Aufn eines Erwerbs-Gesch keiner Einwilligung des and, sa § 1356 I 2, unterliegt jedoch bzgl des GesGuts den VfgsBeschrkgen (§ 1422 Rn 3), die bestehen bleiben, wenn Verwalter in den Betr des ErwGesch nicht eingewilligt od die Einwilligg widerrufen hat, III. **Zweck** also: Einwilligg des Verwalters befreit and Eheg v den Beschrkgen des § 1422. Ohne Einwilligg haftet GesGut grdsl nicht, es sei denn, Einspr gg den Betr od Widerruf waren bei Eintr der Rechtshängigk eines RStreits gg den Nichtverwalter im GüterRReg nicht eingetr; f Verwalter dann nur WidersprKl, ZPO 774. Wg Haftg des GesGuts nach § 1440 S 2 u des Verwalters persönl bis zur Beendigg der GütGemsch, § 1437 u (im InnenVerh gilt § 1441 Z 2), ist Einwilligg des Verwalters auch dann erhebl, wenn ErwGesch zum VorbehGut gehört.
2   **2) Selbständiges Erwerbsgeschäft** (Begr § 1822 Rn 11) liegt vor, wenn Eheg verantwortl Unternehmer im wirtschaftl Sinne ist, heute auch der Freiberufler (MüKo/Kanzleiter 3), wie der RA od Arzt (BGH **83**, 76), ebso Landwirt (BayObLG FamRZ **83**, 1128), ohne Rücks, ob der Eheg selbst arbeitet od sich eines Bevollm (Prokurist) bedient, es sei denn, dies ist der verwberecht Eheg u das ErwGesch gehört z GesGut. Selbständ dch einen Eheg betrieben wird ein ErwGesch auch dann, wenn es von beiden Eheg gemschaftl geführt w (BayObLG FamRZ **83**, 1128); ebso, wenn Eheg mit AlleinGeschFührgsBefugn (HGB 115 I) ein z GesGut gehör ErwGesch als OHG betreiben; ferner Teilhabersch an OHG auch bei ausgeschl Vertretg (RG **127**, 114); ebso Beteiligg als persönl haftder Gesellschafter an einer KG; nicht dagg die bloße Kapitalanlage als Kommanditist, stiller od GmbH-Gesellschafter.
3   **3)** Die forml, auch stillschw mögl u iFv II (also bei Kenntn, nicht bloß fahrl Unkenntn) unterstellte u inhaltl nicht beschränkb **Einwilligung des Verwalters** bewirkt, daß es seiner Zust zu einz RGeschäften u

RStreitigk nicht mehr bedarf, die der GeschBetr mit sich bringt, vgl HGB 343, 344, dh (sa § 112) alle gewöhnl, aber auch außergewöhnl Geschäfte iR des GeschBetr wie Übern des HandelsGesch vom ausgeschiedenen Gesellschafter, BayObLG OLG **43**, 356, od GrdstVeräußerg, dagg nicht GeschAufg selbst od Auflösg der OHG, RG **127**, 115. In Abweichg v § 1422 Rn 1 sind einseit RGeschäfte, die sich auf das ErwGesch beziehen, ijF dem GeschInh ggü vorzunehmen, I 2. Der nichtverwberecht Eheg ist f alle RStreitigk iR des GeschBetr aktiv u passiv legitimiert; ZwVollstr ins GesGut, ZPO 741; sa § 1433 Rn 2. Verw k Einwendg, es handle sich nicht um GeschSchuld, nur iW der WidersprKl erheben, ZPO 774. Das im GeschBetr Erworbene fällt ins GesGut. Haftg beider Eheg u des GesGuts, §§ 1438 I, 1437 II, u zwar auch über die Beendigg der GütGemsch hinaus, da die Verbindlk dem GesGut zur Last fallen, § 1442 S 2.

4) Jederzeit mögl sind forml **Einspruch** gg den Betr des ErwGesch u ebso **Widerruf** der Einwillig. **4** Mißbr jedoch Grd für Ehezerrüttg od f AufhebgsKl, § 1447 Rn 3. Erklärg ggü dem nichtverw Eheg, aber zur Wirksamk ggü Dritten Eintr im GüterRReg notw, III, auf eins Antr des Verwalters, § 1561 Z 3. Folge: Haftg v GesGut u Verwalter ausgeschl (Rn 1).

1432 *Annahme einer Erbschaft; Ablehnung von Vertragsantrag oder Schenkung.* [I]Ist dem Ehegatten, der das Gesamtgut nicht verwaltet, eine Erbschaft oder ein Vermächtnis angefallen, so ist nur er berechtigt, die Erbschaft oder das Vermächtnis anzunehmen oder auszuschlagen; die Zustimmung des anderen Ehegatten ist nicht erforderlich. Das gleiche gilt von dem Verzicht auf den Pflichtteil oder auf den Ausgleich eines Zugewinns sowie von der Ablehnung eines Vertragsantrags oder einer Schenkung.

[II]Der Ehegatte, der das Gesamtgut nicht verwaltet, kann ein Inventar über eine ihm angefallene Erbschaft ohne Zustimmung des anderen Ehegatten errichten.

1) GleichberG Art 1 Z 9; entspricht § 1453 aF. Die in I genannten RGesch sind **persönlicher Art** u **1** bedürfen desh nicht der Zust des Verwalters. Für die mit dem Erwerb verbundenen Verbindlk haften gleichw GesGut, § 1438 I, u Verw, § 1437 II. Persönl, freil nicht vertretgsfeindl Gesch sind Erbverzicht, § 2346, Ausschlagg, § 1945, 1953, 2176, 2180, sowie Annahme v Erbsch od Vermächtn, §§ 1946 ff, 2180, die, soweit nicht VorbehGut, §§ 1418 II Z 2, 1439, z GesGut werden, da sie f die NachlSchulden haften. Desh kann auch Verwalter HaftgsBeschrkg herbeiführen, §§ 1970, 1975, 1990 ff, 2014 ff, 2186, KO 218, VerglO 113, ZPO 780. Nicht zustbedürft ferner Anfechtg v Ann od Ausschlagg, §§ 1954 ff, 2308, Verzicht auf den angefallenen, nicht den zukftgen Pflicht (§§ 2303 ff, nicht §§ 2346 ff) od ZugewAusgl aus einem früh gesetzl Güterstd, §§ 1378 III, 1371 II, III u schließl die Ablehng, eines VertrAntr u v Schenkgen. In beiden Fällen kann der NichtVerwalter aber auch ohne Zust des Verwalters annehmen, was nicht ggü GesGut wirks w (§ 1422 Rn 3), obwohl das so Erworbene darein fällt, § 1461 I, währd es umgek nur aus Bereicherg haftet, § 1434. Außerh v § 1418 II Z 2 ist Widerruf ggü Verwalter z erkl, § 531, da GesGut betroffen. Eine NacherbenAnwartsch eines Eheg begründet kein MitwirkgsR des and Eheg bei Verfgen des Vorerben u fällt nach Beendigg des Güterstd aus dem GesGut (LG Frankth FamRZ **83**, 1130).

2) Inventar können beide Eheg ohne ggs Zust errichten, II. Die InvFrist ist ggü dem Verwalter z **2** bestimmen, § 2008 I. Das dch einen Eheg errichtete Inv wirkt auch f den and Eheg, ebso das v einem Eheg erwirkte GläubAufgebot u AusschlUrt, ZPO 999.

1433 *Fortsetzung eines Rechtsstreits.* **Der Ehegatte, der das Gesamtgut nicht verwaltet, kann ohne Zustimmung des anderen Ehegatten einen Rechtsstreit fortsetzen, der beim Eintritt der Gütergemeinschaft anhängig war.**

1) GleichberG Art 1 Z 9; Inhalt = § 1454 aF. In Ausn v § 1422 Rn 4 führt der nichtverwberecht Eheg **1** in eig Namen einen bei Eintr der GütGemsch **anhängigen Rechtsstreit** weiter. Aber Umstellg des Antr auf Leistg an Verw, ZPO 265 analog. Urt wirkt f u gg Verw, der als NebIntervenient beitreten kann, ZPO 66 (hM: 69) wg ZPO 265 II. Erteilg der VollstrKl f den Verw, ZPO 742. Haftg des GesGuts § 1438. Vergl, Verzicht, Aufrechng mit einer z GesGut gehör Fdg nur mit Zust des Verw, da der Nicht-Verw ü GesGut, zu dem der eingekl Anspr gehört, § 1416 I, nicht verfügen k.

2) § 1433 **entsprechend anwendbar** bei Führg eines RStr iFd Verhinderg des Verw (§ 1429) u Weg- **2** fall der Verhinderg währd des RStr, ferner bei Fortführg eines RStr f das mit Zust des Verw betriebene selbständ ErwerbsGesch, § 1431, nach Widerruf der Zust.

1434 *Ungerechtfertigte Bereicherung des Gesamtgutes.* **Wird durch ein Rechtsgeschäft, das ein Ehegatte ohne die erforderliche Zustimmung des anderen Ehegatten vornimmt, das Gesamtgut bereichert, so ist die Bereicherung nach den Vorschriften über die ungerechtfertigte Bereicherung aus dem Gesamtgut herauszugeben.**

An Stelle v § 1455 aF dch GleichberG Art 1 Z 9. **Grundgedanke:** Alles, was ein Eheg währd der Ehe **1** dch Leistg v Drittem erwirbt, wird GesGut (§ 1416), währd das vom and Eheg nicht gen RGesch als solches dem GesGut ggü unwirks ist; daher Herausg aus dem GesGut gem §§ 812 ff. Bei Bereicherg in sonst Weise §§ 812 ff unmittelb. Als RGesch des Verw kommen allenf Gesch nach §§ 1423–25 in Betr, sofern Zust des and Eheg nicht ersetzt worden ist (§ 1426); denn daraus haften weder GesGut noch Verw persönl (§ 1423 Rn 1). Wohl aber eben Haftg v GesGut u Verw (§ 1437 II) aus ungerechtf Bereicherg. RGesch des and Eheg (außer iFv §§ 1429, 1431, 1432) ohne Zust od ZustErsetzg (§ 1430) verpflichten zwar den nicht verwberecht Eheg persönl, nicht aber das insof allenf ungerechtf bereicherte GesGut (§ 1422 Rn 3); VertragsHaftg mit VorbehGut schließt hier BereicherungsHaftg des GesGuts nicht aus (Colmar OLG **8**, 336). Hat nicht verwberecht Eheg dch Ann der Leistg ü eine GesGutsFdg verfügt, so fließt die Leistg ins GesGut, ohne daß dch die Ann die Fdg getilgt würde. Für die Bereicherg haftet der nicht verwberecht Eheg nicht persönl; sie kann nur gg den Verw geltd gemacht w (BGH NJW **57**, 1635; sa § 1422 Rn 3). Kein ZurückbehaltgsR des Dritten ggü dem die Unwirksamk des RGesch geltd machden Eheg (aA Stettin JW **30**, 1013), wohl aber Möglk der Aufrechng mit dem BereichergsAnspr.

1435 *Pflichten des Verwalters.* **Der Ehegatte hat das Gesamtgut ordnungsmäßig zu verwalten. Er hat den anderen Ehegatten über die Verwaltung zu unterrichten und ihm auf Verlangen über den Stand der Verwaltung Auskunft zu erteilen. Mindert sich das Gesamtgut, so muß er zu dem Gesamtgut Ersatz leisten, wenn er den Verlust verschuldet oder durch ein Rechtsgeschäft herbeigeführt hat, das er ohne die erforderliche Zustimmung des anderen Ehegatten vorgenommen hat.**

1   **1)** GleichberG Art 1 Z 9 hat Pflichten u Haftg des Verw iSv § 1456 aF verstärkt. Entgg der früh Regelg ist der Verw dem and Eheg f die Verwaltg des GesGuts verantwortl. Analoge Anwendg iFv § 1429 mRücks auf die allg Fassg („der Eheg"). Abdingb. Bei Mißbr der VerwBefugn § 1447 Z 1. IdR kein SchadErs bei Dchführg der Trenng (§ 1567), auch nicht in landwirtschaftl Betr (BGH FamRZ **86**, 42).

2   **2) Pflichten des Verwalters. a) Ordnungsmäßige Verwaltung** des GesGuts, dh treuhänderisch im Interesse der Ehe, Erhaltg u Mehrg des GesGuts (vgl RG **124**, 325); aber Ehe keine ErwerbsGemsch, also: Sicherg der GesGutsGgste vor Gefahr (RG **76**, 136); Erfüllg v UnterhPfl ggü dem and Eheg (RG Warn **16**, Nr 21). Mißbr des VerwR liegt vor bei Umgehg v § 1424 dch Unterwerfg unter sof ZwVollstr iSv ZPO 740
3   (BGH **48**, 369). – **b)** Nach **S 2** Pfl zur **Unterrichtung**, iW der HerstellgsKl (Stgt FamRZ **79**, 809; Einf 20 vor § 1353), u zur **Auskunftserteilung**, iW der LeistgsKl erzwingb (§§ 260, 261; ZPO 888, 889); ZPO 888 II steht nicht entgg (Gernhuber § 38 VI 6 Fn 16). RSchutzBedürfn jedoch nur bei begrdtem Anlaß.
4   Untersch zu § 1379, weil im gesetzl Güterstd jeder Eheg sein Verm selbst verwaltet. – **c) Ersatzpflicht**, **S 3**, ohne zusätzl Verschulden bei Zustimmgsbedürftigk (§§ 1423–25) u sonst bei Verschulden, wobei jedoch zu berücks, daß jede Verwaltg Risiken enthält, ferner § 1359, evtl Ausgl dch and günstigere Gesch od ErsAnspr gg Dritte. ErsLeistg erst nach Beendigg der GütGemsch (§ 1446).

1436 *Verwalter unter Vormundschaft.* **Steht der Ehegatte, der das Gesamtgut verwaltet, unter Vormundschaft oder fällt die Verwaltung des Gesamtguts in den Aufgabenkreis seines Betreuers, so hat ihn der Vormund oder Betreuer in den Rechten und Pflichten zu vertreten, die sich aus der Verwaltung des Gesamtgutes ergeben. Dies gilt auch dann, wenn der andere Ehegatte zum Vormund oder Betreuer bestellt ist.**

1   Dch (nur noch bei Mj mögl) Vormsch, Betreuung u Pflegsch (§§ 1773 ff, 1896 ff, 1909 ff) wird der Güterstd nicht berührt; aber AufhebgsKl (§ 1447 Z 1 u 4). Ausüb der Verwaltg dch Vormd od Betr, wenn diese in seinen AufgKreis fällt (§ 1896 Rn 22). Vormd u Betr verpfl das GesGut (§ 1437). Haftg ggü Mdl:
2   § 1833; des Betr: Einf 13–16 v § 1896; dem and Eheg ggü n § 1435. Ist der and Eheg Vormd od Betr, **S 2**, so handelt er im Namen des Verw. Gem §§ 1423–25 erfdl Zust erteilt er sich unabh v § 181 selbst (hM). Haftg wie Rn 1, ohne § 1359.

1437 *Gesamtgutsverbindlichkeiten; persönliche Haftung.* [I]**Aus dem Gesamtgut können die Gläubiger des Ehegatten, der das Gesamtgut verwaltet, und, soweit sich aus den §§ 1438 bis 1440 nichts anderes ergibt, auch die Gläubiger des anderen Ehegatten Befriedigung verlangen (Gesamtgutsverbindlichkeiten).**

[II]**Der Ehegatte, der das Gesamtgut verwaltet, haftet für die Verbindlichkeiten des anderen Ehegatten, die Gesamtgutsverbindlichkeiten sind, auch persönlich als Gesamtschuldner. Die Haftung erlischt mit der Beendigung der Gütergemeinschaft, wenn die Verbindlichkeiten im Verhältnis der Ehegatten zueinander dem anderen Ehegatten zur Last fallen.**

1   **1)** Die §§ 1437–44, die dch GleichberG Art 1 Z 9 den §§ 1459–65 aF entnommen w sind, regeln die **Schuldenhaftung** innerh der GütGemsch, u zwar §§ 1437–40 das Außenverhältn der Eheg zu den Gläub mit Ausn in §§ 1438–40, die §§ 1441–44 das Innenverhältn zw den Eheg. Es gibt entspr dem **Gesamthandsprinzip** (§§ 1416 Rn 1, 1419) allein Verbindlkten der Eheg, nicht des GesGuts; dieses u die SonderVerm der Eheg sind nur HaftgsObjekt. Solche persönl Verpfl eines od der Eheg heißen **Gesamtgutsverbindlichkeiten** (§§ 1437, 1459), wenn dafür das GesGut haftet. Für gemeins eingegangene Verbindlk gelten die allg Vorschr, insb also § 427. Die unter Ehel vereinb Beschrkg der Haftg ggü Dritten ist nichtig; zul dagg eine die Haftg auf das GesGut beschrkde od dessen Haftg ausschließde Vereinb mit dem Gläub. § 1437 bestimmt als **Prinzip** die gesamtschuldner (§§ 421 ff) Haftg des GesGuts, I, u (als Ggstück zu seiner umfassden VerwBefugn) des Verw, II, auch für die Schulden des nicht verwberecht Eheg. Zuständ ist das FamG auch f den Anspr des Gläub (BGH **76**, 305).

2   **2) Gesamtgutsverbindlichkeiten** sind begriffl diej Schulden der Eheg, wg derer ihre Gläub Befriedigg aus dem GesGut verlangen können (BGH FamRZ **86**, 41), also: **a)** sämtl Schulden des Verw,
3   EntstehgsGrd od -Ztpkt u davon, ob sie sich auf sein Vorbeh- od SondGut beziehen. Ggf § 1357; – **b)** grdsl auch sämtl Schulden des and Eheg, unabh vom (vertragl od gesetzl) RGrde, also auch die aus unerl Hdlg, Rückgewähr aGrd AnfG (RG Gruch **48**, 1017), u unabh vom LeistgsGgst, also auch Verpfl zur Herausg (RG JW **04**, 176), ferner alle vor Eintr der GütGemsch entstandenen, die danach entstandenen nur nach

Maßg der §§ 1438–40, insb also nicht bei Fehlen der erfdl Zust (§ 1438 I). Bei Tod eines Eheg keine Begrdg von GesGutsVbdlk mehr (BayObLG FamRZ **89**, 1119). **Beweislast** für Nichtvorliegen einer GesGutsVerbindlk bei dem Behaupdten; Besonderh § 1438 Rn 1.

3) Persönliche Haftung des Verwalters mit Vorbeh- u Sondergut für: **a)** alle in seiner Pers entstande- **4** nen Schulden (Rn 2); – **b)** die Schulden des and Eheg (Rn 3) als GesamtSchu neben ihm; Ausn §§ 1438–40, **5** dann Haftg gem Rn 6. Bei Beendigg der GütGemsch FortHaftg f dem GesGut auch im Verhältn der Eheg zueinand zur Last fallde Schulden (vgl §§ 1441–44), f die übr Wegf der Haftg (II 2). Beweisl beim Verw; ggf ZPO 767. Grd der Beendigg gleichgült; zul also auch Vereinbg der Beendigg zZw, sich dieser Haftg im Hinbl auf eine best Verpfl des and Eheg z entziehen (Hbg OLG **30**, 49).

4) Persönliche Haftung des Nichtverwalters mit Vorbeh- u (soweit pfändb) SondGut für: **a)** die in **6** seiner Pers entstandenen GesGutsVerbindlk, also soweit Verw als Bevollm aufgetreten ist (Mü OLG **14**, 228); – **b)** die in seiner Pers entstandenen Verbindlk, soweit nicht GesGutsVerbdlk (Rn 5). Keine Haftg f die pers **7** Schulden des Verw, auch nicht die in dessen Pers entstandenen GesGutsVerbindlk (RG **89**, 364); Ausn § 1480.

5) Zur **Zwangsvollstreckung** ins GesGut genügt grdsl Urt gg den Verw (ZPO 740 I), selbst wenn er **8** ohne Zust des and Eheg nicht vfg durfte (RG **69**, 181), ferner auch ifv §§ 1428/29. Hat nicht verwberecht Eheg Gewahrs, Klage gg ihn nicht erfdl, da Gewahrs kein WidersprR gibt (bedeuts aber f ZPO 743). Vgl iü § 1431 Rn 3, § 1433 Rn 1. Verurt des Verw zur Duldg der ZwVollstr ins GesGut wirkt wie LeistgsUrt (RG JW **09**, 321, Seuff A **65**, 16), Urt zur Zahlg aus GesGut gibt aber auch nur R zur Vollstr in dieses.

6) Dch den **Konkurs** des Verw keine Auflösg der GütGemsch, aber Anspr auf AuseinandS (§ 1447 Z 3). **9** GesGut gehört zur KonkMasse (KO 2 I); KO 16, 151 unanwendb. Übr Bleibds wird wieder GesGut. Keine Beschrkg des KonkVerw §§ 1423/24. Konk des NichtVerw erstreckt sich nicht auf GesGut (KO 2 I 2), auch Anteil am GesGut gehört nicht zur Masse (KO 1 I, ZPO 860 I). Verw hat hins GesGut AussondR. AufhebgsKl nur ifv § 1448.

1438 *Haftung des Gesamtgutes.* [I]Das Gesamtgut haftet für eine Verbindlichkeit aus einem Rechtsgeschäft, das während der Gütergemeinschaft vorgenommen wird, nur dann, wenn der Ehegatte, der das Gesamtgut verwaltet, das Rechtsgeschäft vornimmt oder wenn er ihm zustimmt oder wenn das Rechtsgeschäft ohne seine Zustimmung für das Gesamtgut wirksam ist.
[II]Für die Kosten eines Rechtsstreits haftet das Gesamtgut auch dann, wenn das Urteil dem Gesamtgut gegenüber nicht wirksam ist.

1) Haftg des GesGuts f Verbindlk des Verw folgt aus § 1437 I; § 1438 enthält Einschrkg der Haftg des **1** GesGuts f Verbindlk des nicht verwberecht Eheg. Mit der beschrkten Haftg aus RGesch des nicht verwberecht Eheg bringt § 1438 die **1. Ausnahme** vom Grds des § 1437 I, daß das GesGut auch f die Schulden des nicht verwberecht Eheg haftet. Haftg uneingeschrkt f vor Eintr der GütGemsch entstandene Verbdlk (§ 1437 Rn 3), für solche danach hingg nur, wenn a) VerwZust erteilt od ersetzt (§ 1430) od b) RGesch auch ohne Zust wirks (§§ 1429/31/32/34, 1357). Dann gleichgült, ob RGesch Ges-, Vorbeh- od SondGut des nicht verwberecht Eheg betr (Ausn § 1439); es haften GesGut u Verw (§ 1437 II 1). Beweis für a od b, wer sich darauf beruft. Vereinbg ü HaftgsBeschrkg mit Gläub § 1437 Rn 1, dagg nicht zw Ehel; zul Erteilg der Zust unter dieser Bedingg.

2) Prozeßkosten des Verw sind GesGutsVerbindlk (Haftg § 1437 I); II erweitert Haftg für Kosten aus **2** Ziv-, Straf-, Verw- u FGGVerf auch des nicht verwberecht Eheg, selbst wenn Urt nur gg ihn wirkt, dh Proz wg Vorbeh- od SondGut bzw Gesch, dem Verw nicht zugest hat. PKV § 1360a IV.

1439 *Keine Haftung bei Erwerb einer Erbschaft.* Das Gesamtgut haftet nicht für Verbindlichkeiten, die durch den Erwerb einer Erbschaft entstehen, wenn der Ehegatte, der Erbe ist, das Gesamtgut nicht verwaltet und die Erbschaft während der Gütergemeinschaft als Vorbehaltsgut oder als Sondergut erwirbt; das gleiche gilt beim Erwerb eines Vermächtnisses.

Als **2. Ausnahme** v § 1437 I keine Haftg des GesGuts f iRd GütGemsch anfallde ErbschErwerbskosten **1** (§§ 1967ff, 2130, 2147, 2192, öff Abgaben, VorbehPfl, EheG 70), soweit Erw als Vorbeh- (§ 1418 II Z 2) od SondGut (§ 1417, zB GesellschAnt, RG **146**, 282). Zust des Verw nicht erfdl. Wg Haftg § 1437 Rn 7.

1440 *Haftung für Vorbehaltsgut oder Sondergut.* Das Gesamtgut haftet nicht für eine Verbindlichkeit, die während der Gütergemeinschaft infolge eines zum Vorbehaltsgut oder Sondergut gehörenden Rechtes oder des Besitzes einer dazu gehörenden Sache in der Person des Ehegatten entsteht, der das Gesamtgut nicht verwaltet. Das Gesamtgut haftet jedoch, wenn das Recht oder die Sache zu einem Erwerbsgeschäft gehört, das der Ehegatte mit Einwilligung des anderen Ehegatten selbständig betreibt, oder wenn die Verbindlichkeit zu den Lasten des Sondergutes gehört, die aus den Einkünften beglichen zu werden pflegen.

1) Als **3. Ausnahme** v § 1437 I keine Haftg des GesGuts (S 1) f Verbindlk des nicht verwberecht Eheg aus **1** zum Vorbeh- od SondGut gehörigen Ggstden: Steuern, ungerechtf Bereicherg, Reallast, Haftg aus §§ 833, 836. Dagg GesGutsVerbindlk bei Erweiterg der UnterhPfl dch Vorbeh- od SondGut (§ 1604 S 2); Innenverhältn § 1441 Z 2.

2) Ausn: Haftg des GesGuts (S 2) bei Zugehörigk zu einem v Verw gen, zum VorbehGut gehörden **2** selbstdg ErwGesch (§ 1431 Rn 1) u Verbindlk iRv § 1417 III 2, also Erhaltgs- u NutzgsGewinnsKosten, öff u priv Lasten, Versicherg.

1441 *Schuldenhaftung im Innenverhältnis.* **Im Verhältnis der Ehegatten zueinander fallen folgende Gesamtgutsverbindlichkeiten dem Ehegatten zur Last, in dessen Person sie entstehen:**

1. die Verbindlichkeiten aus einer unerlaubten Handlung, die er nach Eintritt der Gütergemeinschaft begeht, oder aus einem Strafverfahren, das wegen einer solchen Handlung gegen ihn gerichtet wird;

2. die Verbindlichkeiten aus einem sich auf sein Vorbehaltsgut oder sein Sondergut beziehenden Rechtsverhältnis, auch wenn sie vor Eintritt der Gütergemeinschaft oder vor der Zeit entstanden sind, zu der das Gut Vorbehaltsgut oder Sondergut geworden ist;

3. die Kosten eines Rechtsstreits über eine der in den Nummern 1 und 2 bezeichneten Verbindlichkeiten.

1   **1)** Vgl zunächst § 1437 Rn 1. Der der GütGemsch zGrde liegde Gedanke, daß die Ehel auch vermögensrechtl auf Gedeih u Verderb verbunden s, läßt grdsl alle GesGutsVerbindl dem GesGut zur Last fallen; **Grundsatz:** GesGutsVerbindlk = GesGutsLasten. Die §§ 1441–44 sind **Ausnahmen** davon. Wird eine solche Verbindlk aus dem GesGut getilgt, so ist zu diesem Ersatz zu leisten (§§ 1445/46; sa §§ 1475 II, 1476 II). § 1441 abdingb.

2   **2)** Zum GesGut Ersatz zu leisten ist gem **Z 1:** iFv §§ 823 ff, StrafVerf, PrivatKl. Verbindlk sind: SchadErs, Buße, Geldstrafe, StrafVerf- u VerteidigerKosten, währd Haftkosten dem UnterhVerpfl zur Last fallen (§ 1360). Gilt nur für nach Eintr der GütGemsch begangene unerl Hdlg, sonst endgült Belastg des GesGuts
3   (§ 1437 Rn 3). **Z 2:** Verbindlk des verwberecht Eheg, soweit sich RGesch auf sein Vorbeh- od SondGut bezieht u mit Zust des Verw od (aGrd der §§ 1429/31/32, sa § 1440 S 2) ihm ggü wirks ist. Nicht hierher gehören §§ 1439, 1440 S 1, da dafür das GesGut überh nicht haftet. Verbindlk des Verw bez seines Vorbeh- od SondGuts fallen ihm selbst zur Last. Jeder Eheg trägt die dch Besitz v VorbehGut begrdten od erweiterten UnterhPfl (§ 1440 Rn 1). Im Ggs zu Z 1 auch vor Eintr der GütGemsch entstandene Verbindlk.
4   **Z 3:** RStrKosten wg Angelegenh der Z 1 od 2 unterliegen dens Grdsätzen; sonst § 1443. Ausn zu Z 2 u 3 § 1442.

1442 *Verbindlichkeiten des Sondergutes und eines Erwerbsgeschäfts.* **Die Vorschriften des § 1441 Nr. 2, 3 gelten nicht, wenn die Verbindlichkeiten zu den Lasten des Sondergutes gehören, die aus den Einkünften beglichen zu werden pflegen. Die Vorschriften gelten auch dann nicht, wenn die Verbindlichkeiten durch den Betrieb eines für Rechnung des Gesamtgutes geführten Erwerbsgeschäfts oder infolge eines zu einem solchen Erwerbsgeschäft gehörenden Rechtes oder des Besitzes einer dazu gehörenden Sache entstehen.**

1   Ausn v § 1441 Z 2 u 3 bei zum SondGut (§ 1417) gehörden Verbindlk der Art von § 1440 Rn 2 od § 1431 Rn 2, soweit ErwGesch f Rechng des GesGuts geführt w, es also zum Ges- od SondGut (§ 1417 III 2) gehört, nicht aber zum VorbehGut.

1443 *Prozeßkosten.* [I]**Im Verhältnis der Ehegatten zueinander fallen die Kosten eines Rechtsstreits, den die Ehegatten miteinander führen, dem Ehegatten zur Last, der sie nach allgemeinen Vorschriften zu tragen hat.**

[II]**Führt der Ehegatte, der das Gesamtgut nicht verwaltet, einen Rechtsstreit mit einem Dritten, so fallen die Kosten des Rechtsstreits im Verhältnis der Ehegatten zueinander diesem Ehegatten zur Last. Die Kosten fallen jedoch dem Gesamtgut zur Last, wenn das Urteil dem Gesamtgut gegenüber wirksam ist oder wenn der Rechtsstreit eine persönliche Angelegenheit oder eine Gesamtgutsverbindlichkeit des Ehegatten betrifft und die Aufwendung der Kosten den Umständen nach geboten ist; § 1441 Nr. 3 und § 1442 bleiben unberührt.**

1   **1)** Weitere Ausn iS v § 1441 Rn 1 hins Kosten v RStreitig, soweit nicht §§ 1441 Z 3, 1442 eingreifen. Für Dritte handelt es sich um GesGutsVerbindlk (§ 1438 II). PKV § 1360a IV.

2   **2)** Kosten aus RStreitig der Eheg untereinand, I, fallen nach ProzGesetzen od Vereinbg den Eheg selbst zur Last. Ist Verw dazu außerstd, trägt sie das GesGut.

3   **3)** Bei RStreitig eines Eheg mit einem Dritten, II, bleibt es beim Grds § 1441 Rn 1, wenn den Verw die Kosten treffen (Ausn: § 1441 Z 3), dh sie fallen dem GesGut zur Last. Bei Kosten zL des nicht verwberecht Eheg Überwälzg auf GesGut iFv §§ 1428/29/31/33, ferner §§ 1437/38, 1440 S 2, sofern nicht § 1441 Z 3 od RStreit aussichtslos. Kostenlast beim nicht verwberecht Eheg also für RStreitig aus RGesch, denen Verw nicht zugest hat.

1444 *Kosten der Ausstattung der Kinder.* [I]**Verspricht oder gewährt der Ehegatte, der das Gesamtgut verwaltet, einem gemeinschaftlichen Kind aus dem Gesamtgut eine Ausstattung, so fällt ihm im Verhältnis der Ehegatten zueinander die Ausstattung zur Last, soweit sie das Maß übersteigt, das dem Gesamtgut entspricht.**

[II]**Verspricht oder gewährt der Ehegatte, der das Gesamtgut verwaltet, einem nicht gemeinschaftlichen Kind eine Ausstattung aus dem Gesamtgut, so fällt sie im Verhältnis der Ehegatten zueinander dem Vater oder der Mutter zur Last; für den Ehegatten, der das Gesamtgut nicht verwaltet, gilt dies jedoch nur insoweit, als er zustimmt oder die Ausstattung nicht das Maß übersteigt, das dem Gesamtgut entspricht.**

1) Die dispositive Vorschr regelt Verhältn der Eheg (auch iFv § 1429) bei Gewährg einer **Ausstattung** 1 (§ 1624 Rn 1), zu der Einwillig des and Eheg nicht erfdl, solange Ausstatt das den Umst entspr Maß nicht übersteigt, dh keine Schenkg vorliegt (§§ 1624 I, 1425).

2) Ausstatt **a) an gemeinschaftliches Kind, I,** fällt dem GesGut zur Last (§ 1441 Rn 1), auch Übermaß- 2 ausstattg, wenn and Eheg zugest hat; **b) an nicht gemeinschaftliches Kind** dch den Verw, **II,** belastet 3 grdsl Vorbeh- u SondGut v Vater bzw Mutter, v Verw ijF. Handelt es sich um Kind des NichtVerw, so fällt diesem zur Last ohne seine Zust nur die angem Ausstattg; das Mehr ist dann Schenkg des Verw aus dem GesGut, für die Verw Ersatz leisten muß (§ 1435 S 3); ÜbermaßZuwendg ist unwirks (§§ 1425/27/28).

1445 *Ausgleichung zwischen Vorbehalts-, Sonder- u. Gesamtgut.* [I]Verwendet der Ehegatte, der das Gesamtgut verwaltet, Gesamtgut in sein Vorbehaltsgut oder in sein Sondergut, so hat er den Wert des Verwendeten zum Gesamtgut zu ersetzen.

[II]Verwendet er Vorbehaltsgut oder Sondergut in das Gesamtgut, so kann er Ersatz aus dem Gesamtgut verlangen.

Ersatzleistung. Entspricht § 1466 aF; Fassg u Anpassg GleichberG Art 1 Z 9. Änd dch forml EheVertr 1 zul: **Zweck:** Währd bei Verwendg v GesGut in VorbehGut des nicht verwberecht Eheg u umgek eine ErsLeistg nur über unger Bereicher, Auftr u GoA in Betr kommt, gibt § 1445 **verschuldens- und entreicherungsunabhängigen** Anspr. Verwendet also der Verw GesGut in sein VorbehGut (entspr ZugehörigkVermutg § 1416 Rn 2), insb wenn ihm die Verbindlk zur Last fällt (§§ 1441 f), so hat er den Wert des Verwendeten zum GesGut zu ersetzen, **I.** Bei Verschulden: § 1435 S 2. Ebso kann er im umgek Fall Ersatz aus dem GesGut verl, **II.** Aber bei Verwendg auf Unterh evtl §§ 685, 1360 b (vgl BGH **50,** 266). Zu ersetzen der Wert zZ der Verwendg. Fälligk § 1446.

1446 *Fälligkeit des Ausgleichsanspruchs.* [I]Was der Ehegatte, der das Gesamtgut verwaltet, zum Gesamtgut schuldet, braucht er erst nach der Beendigung der Gütergemeinschaft zu leisten; was er aus dem Gesamtgut zu fordern hat, kann er erst nach der Beendigung der Gütergemeinschaft fordern.

[II]Was der Ehegatte, der das Gesamtgut nicht verwaltet, zum Gesamtgut oder was er zum Vorbehaltsgut oder Sondergut des anderen Ehegatten schuldet, braucht er erst nach der Beendigung der Gütergemeinschaft zu leisten; er hat die Schuld jedoch schon vorher zu berichtigen, soweit sein Vorbehaltsgut und sein Sondergut hierzu ausreichen.

1) Entspr inhaltl § 1467 aF; GleicherG Art 1 Z 9. Die Vorschr bezieht sich auf alle Fälle, in denen ein 1 Eheg obligator, nicht dingl (Hbg OLG **21,** 232) etwas zum GesGut od dem and schuldet, also iFv § 1445 usw. Zinsen §§ 288, 291; Verjährg § 204.

2) Grundsatz: Erst die Beendigg der GütGemsch läßt **Schulden** v Verw u NichtVerw an das GesGut fäll 2 w; anders sowiet Vorbeh- u SondGut zur Berichtigg ausreichen, was Verw nicht erst bei der ZwVollstr, sond bereits im Proz beweisen muß (Hbg OLG **14,** 228). **Forderungen** an das GesGut vS des Verw fäll bei GütGemschEnde, vS des and Eheg nach allg Grdsätzen. Hinausschub der Fälligk hindert nicht FeststellgsKl, Arrest u einstw Vfg (Kbg OLG **2,** 70).

1447 *Aufhebungsklage des nicht verwaltenden Ehegatten.* Der Ehegatte, der das Gesamtgut nicht verwaltet, kann auf Aufhebung der Gütergemeinschaft klagen,

1. **wenn seine Rechte für die Zukunft dadurch erheblich gefährdet werden können, daß der andere Ehegatte zur Verwaltung des Gesamtgutes unfähig ist oder sein Recht, das Gesamtgut zu verwalten, mißbraucht;**
2. **wenn der andere Ehegatte seine Verpflichtung, zum Familienunterhalt beizutragen, verletzt hat und für die Zukunft eine erhebliche Gefährdung des Unterhalts zu besorgen ist;**
3. **wenn das Gesamtgut durch Verbindlichkeiten, die in der Person des anderen Ehegatten entstanden sind, in solchem Maße überschuldet ist, daß ein späterer Erwerb des Ehegatten, der das Gesamtgut nicht verwaltet, erheblich gefährdet wird;**
4. **wenn die Verwaltung des Gesamtguts in den Aufgabenkreis des Betreuers des anderen Ehegatten fällt.**

1) Dch GleichberG Art 1 Z 9 wurden §§ 1468–1470 zu den **§§ 1447–1449.** Abgesehen v den hier gen Fällen 1 endigt GütGemsch auch dch EheVertr u EheAuflösg. Für die AuseinandSetzg im Entscheidgsverbund ist dann der Stand des GesGuts zZ der letzten mdl Verh maßg (Karlsr FamRZ **82,** 288). Fortges GütGemsch bei Tod eines Eheg nur iFv entspr EheVertr (§ 1483). Tatsächl od gestattetes Getrenntleben, Konk, Pflegerbestellg u TodesErkl haben als solche keine auflösde Wirkg. Kehrt f tot Erklärter zurück, gilt GütGemsch weiter (außer bei Wiederverheiratg). Angesichts der gesetzl fest umgrenzten AufhebgsGrde AufhebgsKl auch nicht wg Verletzg der VertrPflichten od Fortfall der GeschGrdlage (BGH **29,** 135). Wg der Wirkg der EheNichtigk EheG 26 Rn 2–7. Aufhebg hat ScheidgsWirkg (EheG 29). Nach Beendigg der GütGemsch Anspr auf GrdbuchBerichtigg (Colmar OLG **9,** 331; sa § 1416 Rn 4).

2) § 1447 ist **Schutzvorschrift** zG des nicht verwberecht Eheg. Vertragl Ausschl unzul (§ 138). Vermö- 2 gensrechtl Anspr, keine Ehesache. Verw kann bis zur letzten mdl Verh KlageVorauss beseitigen; Folge des Anerbietens, aufhebden EheVertr abzuschließen, unter sof Anerk: ZPO 93. Wird Ehe währd des RStreits aufgelöst, ist Haupts erledigt. Ausübg der Verw kann eingeschränkt, uU ganz untersagt w; dagg wg konstitutiver Wirkg v § 1449 keine vorl Aufhebg der GütGemsch dch einstw Vfg.

3   **3) Die einzelnen Fälle. Nr 1:** Verwaltgsunfähigk bei dauernder Abwesenh ohne entspr VollmErteilg, da § 1429 keine ausr Abhilfe; ferner iFv § 1910 u wenn obj ordngsmäß Verwaltg fehlt (wg der dann wahrscheinl Auswirkg auf FamUnterh Z 2). Verschulden nicht erfdl. Mißbr bei Gesch der §§ 1423–25 ohne Zust des and Eheg, ferner bei BenachteiliggAbs od Verstößen gg § 1435. Hinzukommen muß eine erhebl Gefährdg der Rechte des and Eheg f die Zukft, dh die Besorgn, daß der gefährdde Zustd andauert od gefährdde Hdlgen weiterhin in Aussicht stehen; entscheidd Sachlage zZ der letzten mdl Verh. Tatfrage; Berücksichtig

4   des ges Verhaltens der Verw. **Nr 2:** Verletzg der Pfl, zum FamUnterh (dh für Eheg u gemschaftl Kinder) beizutragen (§ 1360), schon dann, wenn nicht mind in dem sich aus einer ordngsmäß Verwaltg ergebden

5   Umfang zum Unterh beigetr w. Vgl iü zu Z 1. **Nr 3:** Starke, nicht nur drohde (Hbg OLG **12**, 313) Überschuldg des Verw (nicht v dessen VorbehGut), wobei gleichgült, ob die GesGutsverbindlkeiten im Verhältn der Eheg zueinand dem Verw zur Last fallen od nicht. Verschulden nicht erfdl (Hbg OLG **8**, 337).

6   Späterer, aber nicht notw schon in Aussicht stehder Erwerb des NichtVerw muß erhebl gefährdet s. **Nr 4:** beschränkt die Aufhebg als bl Ergänzg zu Nr 1 auf den Fall, daß die GesGutVerw in den AufgKr des Betr fällt (§ 1896 Rn 22). Vgl BT-Drucks 11/4528 S 106 u 203 f.

1448 *Aufhebungsklage des Verwalters.*   **Der Ehegatte, der das Gesamtgut verwaltet, kann auf Aufhebung der Gütergemeinschaft klagen, wenn das Gesamtgut infolge von Verbindlichkeiten des anderen Ehegatten, die diesem im Verhältnis der Ehegatten zueinander zur Last fallen, in solchem Maße überschuldet ist, daß ein späterer Erwerb erheblich gefährdet wird.**

1   Zunächst § 1447 Rn 1. Als Ggstück zu § 1447 Z 3 **Aufhebungsklage des Verwalters** zZw der Befreiung v Verbindlk iSv § 1437 Rn 5, dh aus unerl Hdlg des NichtVerw usw (§§ 1441–44); dagg nicht solche, für die dieser nur mit seinem Vorbeh- u SondGut haftet (§§ 1438–40). Verschulden nicht erfdl. Erhebl Gefährdg, wenn späterer Erwerb zur Deckg herangezogen w müßte. Wirkgen des AufhebgsUrt § 1449 I u Erlöschen der VerwHaftg (§ 1437 II 2).

1449 *Wirkung des Aufhebungsurteils.*   [1]**Mit der Rechtskraft des Urteils ist die Gütergemeinschaft aufgehoben; für die Zukunft gilt Gütertrennung.**

[2]**Dritten gegenüber ist die Aufhebung der Gütergemeinschaft nur nach Maßgabe des § 1412 wirksam.**

1   Zunächst § 1447 Rn 1. **Gestaltungsurteil** also keine vorl Vollstreckbark; auch nicht Verj unterworfen, da kein Anspr iSv § 194. **Wirkungen:** Mit Rechtskr (s aber § 1479) Eintr der Gütertrenng, nicht der ZugewGemsch (zu den Mot Soergel-Gaul 2); ferner Erlöschen der Haftg des Verw (§ 1437 II 2). Zur Wirkg gg Dritte Eintr im GütRReg erfdl (§ 1412); AntrR jedes Eheg ohne Mitwirkg des and (§ 1561 II Z 1). Eintr jedoch nur, wenn GütGemsch selbst eingetr war. GütTrenng auch dann, wenn ScheidgsUrt im Wiederaufn-Verf aufgeh w (Stgt SJZ **49**, 115).

     c) Gemeinschaftliche Verwaltung des Gesamtgutes durch die Ehegatten

1450 *Gemeinschaftliche Verwaltung durch die Ehegatten.*   [1]**Wird das Gesamtgut von den Ehegatten gemeinschaftlich verwaltet, so sind die Ehegatten insbesondere nur gemeinschaftlich berechtigt, über das Gesamtgut zu verfügen und Rechtsstreitigkeiten zu führen, die sich auf das Gesamtgut beziehen. Der Besitz an den zum Gesamtgut gehörenden Sachen gebührt den Ehegatten gemeinschaftlich.**

[2]**Ist eine Willenserklärung den Ehegatten gegenüber abzugeben, so genügt die Abgabe gegenüber einem Ehegatten.**

1   **1)** Die **§§ 1450–1470** eingefügte dch GleichberG Art 1 Z 9; das früh Recht kannte keine gemschaftl Verw des GesGuts dch beide Eheg, sond nur die AlleinVerw dch den Mann. Heute führt fehlde Vereinbg automat zur gemschaftl Verw (§ 1421 S 2). Zu gg das GesGut gerichteten **Verwaltungsakten** VGH Mü NJW-RR **88**, 454. Zur Sicherg von RücküberlassgsAnspr Grziwotz MittBayNot **93**, 74.

2   **2) Rechtsstellung der Ehegatten.** Vorschr entspr § 1422; sa den iR der AuseinandS der GütGemsch entspr § 1472 I (dort Rn 1). **a)** Die Eheg können für das GesGut jeder allein erwerben (§ 1416 I 2), iü aber nur **gemeinschaftlich handeln.** Braucht nicht gleichzeit zu geschehen. Der and Eheg kann auch konkludent od testamentar (BGH NJW-RR **89**, 1225) genehmigen; stillschw Zust insb dann, wenn ein Eheg dem and prakt die Verw in best Angelegenh überläßt. Genehmigt der and nicht, so Unwirksamk gem § 1460 I; aber § 179 bzgl Vorbeh- u SondGut des Handelnden; iü Haftg des GesGuts iFv §§ 1454–56. Verweiger der Mitwirkg zu RGeschäften, die eine ordngsmäß Verw mit sich bringt, berecht zur AufhebgsKl (§ 1469 Z 2). Zu unwiderrufl Verteilg der VerwGeschäfte EheVertr erfdl (§ 1413), ebso bei unwiderrufl GeneralVollm. Drittwirkg nur gem § 1412. Anders hingg bei widerrufl Bevollmächtigg f einz Gesch od die jederzeit

3   widerrufl Überlassg eines Teils der Verw (vgl RG **133**, 351 f). Bei Alleinerwerb v Grdst dch einen Eheg zu dessen Gunsten Vormerkg zul (BayObLG NJW **57**, 1521), aber Anspr des and auf Berichtigg (§ 1416 III), **b)** Soweit Geschäfte das GesGut angehen, kann grdsätzl auch nur **beiden Ehegatten gemeinsam gegenüber**

4   **gehandelt** w; Ausn: II (ähnl HGB 125 II 3). **c)** Aus der Verpfl zum gemschaftl Handln folgt die Pfl zur **Mitwirkung** (§ 1451) u die Notwendigk v deren Ersetzg dch das VormschG (§ 1452). Absehen ferner notw iFv §§ 1454, 1455 u 1458.

5   **3) Verwaltungsgegenstände: a)** Das GesGut betreffde **Rechtsgeschäfte** (Ausn § 1455) sind von beiden gemeins abzuschließen. Gilt (arg „insb") für Verträge u einseit WillErkl; insb müssen die Ehel auch Verfügen, zB GrdschAbtretg (BayObLG DNotZ **63**, 49), gemschaftl vornehmen; fehlt die erforderl Einwillig, dann § 1453 I. Schuldverträge verpfl beide Eheg (GesGutsverbindlk, § 1459 II). Zur Wirksamk v WillErkl ggü beiden Eheg genügt Abgabe ggü einem von ihnen, **II**, zB VertrAnn, Anfechtg, Aufrechng, Künd. Entspr steht Kenntn eines Eheg (WillMängel, Bösgläubigk usw) der Kenntn beider gleich. Für Anfechtbark genügt also Irrt eines der Eheg. II gilt nicht für Zustellgen. **b)** Jeder Eheg hat Anspr auf Einräumg v **6 Mitbesitz** (§ 866) an den zum GesGut gehörden Ggst, jedoch nicht bzgl persönl GebrauchsGgst. GesGuts-Vermutg (§ 1416) geht § 1362 (dort Rn 1) vor. **c)** Das GesGut betreffende **Rechtsstreitigkeiten** haben **7** beide gemschaftl zu führen (notw Streitgenossen, ZPO 62). ZwVollstr in GesGut nur bei Titel gg beide Eheg (ZPO 740 II); nicht ausr DuldgsTitel gg and Eheg (Deggendorf FamRZ **64**, 49). Die Geltdmachg eines in das Gesamtgut fallden SchadErsAnspr dch einen Eheg allein erfordert eine entspr Ermächtigg (BGH NJW **94**, 652).

4) Schutz Dritter § 1412. VerwBefugn ergibt sich aus dem GütRReg; fehlt eine solche Eintr, sind beide **8** Eheg berecht (§§ 1421 Rn 2, 1412 Rn 8).

1451 *Mitwirkungspflicht beider Ehegatten.* Jeder Ehegatte ist dem anderen gegenüber verpflichtet, zu Maßregeln mitzuwirken, die zur ordnungsmäßigen Verwaltung des Gesamtgutes erforderlich sind.

Zunächst § 1450 Rn 1. Statuierg der ggseit, nicht Dr ggü bestehd (vgl BGH NJW **58**, 2061) **Mitwir- 1 kungspflicht** beider Eheg (sa § 1472 Rn 2) ist erfdl, da grdsätzl nur beide Eheg gemschaftl zur Verw berufen s. Über Umfg u Art der Mitwirkg § 1450 Rn 2–7. Erfdl ist Mitwirkg zu allen, entspr Verpfl aber nur zu den Maßn iR einer ordngsm Verw; dazu §§ 1426 Rn 1–3, 1435 Rn 2. Aus § 1451 ergibt sich Verpfl jedes Eheg den und ggü zur ordngsm Verw, evtl zu Übertr v Befugnissen (§ 1450 Rn 2). MitwirkgsPfl entfällt iFv §§ 1450 II, 1454–56. Keine Klage auf Mitwirkg; aber iF grdloser Weigerg Ersetzg dch VormschG (§ 1452) bzw uU AufhebgsKl (§ 1469 Z 2).

1452 *Ersetzung der Zustimmung.* [I] Ist zur ordnungsmäßigen Verwaltung des Gesamt-gutes die Vornahme eines Rechtsgeschäfts oder die Führung eines Rechtsstreits erfor-derlich, so kann das Vormundschaftsgericht auf Antrag eines Ehegatten die Zustimmung des anderen Ehegatten ersetzen, wenn dieser sie ohne ausreichenden Grund verweigert.

[II] Die Vorschrift des Absatzes 1 gilt auch, wenn zur ordnungsmäßigen Besorgung der persönli-chen Angelegenheiten eines Ehegatten ein Rechtsgeschäft erforderlich ist, das der Ehegatte mit Wirkung für das Gesamtgut nicht ohne Zustimmung des anderen Ehegatten vornehmen kann.

1) Zunächst § 1450 Rn 1. Da die Eheg grdsl gemeins handeln müssen (§ 1450 Rn 2), muß das VormschG **1** eingreifen, falls ein Eheg seine Mitwirkg grdlos verweigert. Zwingdes Recht. **Ersetzung der Zustim-mung** erfolgt dch den Richter (RPflG 14 Z 6) u hat die Wirksamk des Gesch od RStreits dem GesGut u dem verweigernden Eheg ggü zur Folge (§§ 1459 II 1, 1460 I). Zustdgk u Verf § 1365 Rn 25–27. AntrR beider Eheg, nicht des Dr. Bei Nichtersetzg haftet diesem das Sond- u VorbehGut des handelnden Eheg.

2) Rechtsgeschäft oder Rechtsstreit, I, soweit zur ordngsm Verw des GesGuts erfdl (dazu §§ 1426 **2** Rn 1, 1435 Rn 2). Grdlose Verweigerg genügt (dazu § 1365 Rn 22, 23); Gefahr braucht mit dem Aufschub nicht verbunden zu sein. ZustErsetzg auch bei RStreit (§ 1450 Rn 7), dessen ErfolgsAuss zu prüfen ist (BayObLG FamRZ **90**, 411), u zwar dch Begrdg einer alleinigen ProzführgsBefugn des handelnden Eheg, ggf auch Ersetzg der Zust zu verfrechtl Erkl wie Vergl, KlRückn u dgl. Ausr Grd für ZustVerweigerg auch ideelle Motive (BayObLG FamRZ **90**, 411), zB bei Klage gg Sohn das Verhältn des Verweigernden zu diesem (Celle FamRZ **75**, 621).

3) Persönliche Angelegenheiten, II (dazu § 1360a Rn 13–15). UmkehrSchl zu § 1452 I: RStreitig in **3** pers Angelegh ohne Zust des and Eheg zul (BayObLG FamRZ **65**, 49). Zur ordngsmäß Besorgg § 1430 Rn 3.

1453 *Verfügung ohne Einwilligung.* [I] Verfügt ein Ehegatte ohne die erforderliche Ein-willigung des anderen Ehegatten über das Gesamtgut, so gelten die Vorschriften des § 1366 Abs. 1, 3, 4 und des § 1367 entsprechend.

[II] Einen Vertrag kann der Dritte bis zur Genehmigung widerrufen. Hat er gewußt, daß der Ehegatte in Gütergemeinschaft lebt, so kann er nur widerrufen, wenn dieser wahrheitswidrig behauptet hat, der andere Ehegatte habe eingewilligt; er kann auch in diesem Falle nicht widerru-fen, wenn ihm beim Abschluß des Vertrages bekannt war, daß der andere Ehegatte nicht einge-willigt hatte.

1) Zunächst § 1450 Rn 1. **Zu I** vgl § 1427 Rn 1 u Weiterverweisgen. Bezieht sich nur auf Vfg, weil **1** schuldrechtl Verpfl iGgs zu § 1427 I schon mangels Mitwirkg des and Eheg für GesGut unwirks sind (vgl § 1450 Rn 2 u 5). Gutglaubensschutz (§§ 892f, 932ff) eingeschränkt wg MitBes (§§ 935, 1450 Rn 6).

2) Zu II vgl § 1427 II u § 1366 II sowie dort Rn 6–9. **2**

1454 *Verwaltungsrecht bei Verhinderung eines Ehegatten.* Ist ein Ehegatte durch Krankheit oder Abwesenheit verhindert, bei einem Rechtsgeschäft mitzuwirken, das sich auf das Gesamtgut bezieht, so kann der andere Ehegatte das Rechtsgeschäft vornehmen, wenn mit dem Aufschub Gefahr verbunden ist; er kann hierbei im eigenen Namen oder im Namen beider Ehegatten handeln. Das gleiche gilt für die Führung eines Rechtsstreits, der sich auf das Gesamtgut bezieht.

1   Zunächst § 1450 Rn 1. **Notverwaltungsrecht** u (wg § 1451) -Pfl. Wg Entsprechg s § 1429 u Rn 1, 2 RGeschäfte (auch ProzFührg) des nicht verhinderten Eheg im eig Namen berechtigen u verpfl GesGut. RStreit gg ihn wg ZPO 740 II unzweckmäß. Weitergehde Befugn bzgl tatsächl Handeln § 1455 Z 10.

1455 *Verwaltungshandlungen ohne Mitwirkung des anderen Ehegatten.* Jeder Ehegatte kann ohne Mitwirkung des anderen Ehegatten

1. eine ihm angefallene Erbschaft oder ein ihm angefallenes Vermächtnis annehmen oder ausschlagen;
2. auf seinen Pflichtteil oder auf den Ausgleich eines Zugewinns verzichten;
3. ein Inventar über eine ihm oder dem anderen Ehegatten angefallene Erbschaft errichten, es sei denn, daß die dem anderen Ehegatten angefallene Erbschaft zu dessen Vorbehaltsgut oder Sondergut gehört;
4. einen ihm gemachten Vertragsantrag oder eine ihm gemachte Schenkung ablehnen;
5. ein sich auf das Gesamtgut beziehendes Rechtsgeschäft gegenüber dem anderen Ehegatten vornehmen;
6. ein zum Gesamtgut gehörendes Recht gegen den anderen Ehegatten gerichtlich geltend machen;
7. einen Rechtsstreit fortsetzen, der beim Eintritt der Gütergemeinschaft anhängig war;
8. ein zum Gesamtgut gehörendes Recht gegen einen Dritten gerichtlich geltend machen, wenn der andere Ehegatte ohne die erforderliche Zustimmung über das Recht verfügt hat;
9. ein Widerspruchsrecht gegenüber einer Zwangsvollstreckung in das Gesamtgut gerichtlich geltend machen;
10. die zur Erhaltung des Gesamtgutes notwendigen Maßnahmen treffen, wenn mit dem Aufschub Gefahr verbunden ist.

1   **1)** Zunächst § 1450 Rn 1. Die Vorschr enthält iR der §§ 1454–56 die 2. Ausn vom Grdsatz der gemeins Verw des GesGuts dch beide Eheg (§ 1450). Hdlgen gem § 1455 wirken trotz der allein Vornahme dch einen Eheg für u gg das GesGut. Beweislast beim Handelnden.

2   **2) Zustimmungsfreiheit gemäß Nr 1 u 2:** Ann u Ausschlagg v Erbsch u Vermächtn sowie Verzicht auf
3   Pflichttteil u ZugewAusgl in Übereinstimmg mit § 1432 I (vgl dort Rn 1). **Nr 3:** Inventarerrichtg wg Haftg ijF einer dem und Eheg (nicht dem Vorbeh- od SondGut) angefallenen Erbsch; InvFr auch ggü dem
4   NichterbenEheg (§ 2008 I). Vgl iü § 1432 Rn 2. **Nr 4:** Ablehng v VertrAntr od Schenkg als pers Angelegenh
5   (§ 1432 I 2 u Rn 1). **Nr 5 u 6** aus der Natur ihrer Zielrichtg ggü dem and Eheg: Vorn eines sich auf das GesGut beziehen ein- od zweiseit RGesch jeder Art wie Künd, Mahng, Löschgsbewilligg zG des Vorbeh-Guts und Eheg; ferner gerichtl Geltdmachg eines zum GesGut gehörden Rechts gg den and Eheg.
6   KlageAntr: Leistg zum GesGut. **Nr 7:** Fortsetzg eines schon bei Eintr der GütGemsch anhäng RStr (§ 1433 u
7   Anm). Wg der Folgen zG des and Eheg evtl ZPO 69. **Nr 8:** Alleiniges RevokationsR iGgs zu § 1428 (vgl
8   Anm dort u § 1453) mit automat RechtskrErstreckg. Kosten des RStreits § 1460 II. **Nr 9:** WidersprR ggü der ZwVollstr in das GesGut gem ZPO 732, 766, 767, 771 (bei Verstoß gg ZPO 740 II), 773, 884, 781–86; nach Abschl der ZwVollstr entspr BereichAnspr (BGH **83**, 76). Das entspr Recht des and Eheg bleibt
9   unberührt. **Nr 10:** Notw Maßn zur Erhaltg des GesGuts (§ 1472 Rn 2). Erweiterg ggü § 1454 auf tatsächl Maßn, die Verminderg u Schaden vom GesGut abwenden können. Fehlt Gefahr, so allenf § 1452 I bei RGeschäften u RStr.

1456 *Selbständiges Erwerbsgeschäft eines Ehegatten.* [I]Hat ein Ehegatte darin eingewilligt, daß der andere Ehegatte selbständig ein Erwerbsgeschäft betreibt, so ist seine Zustimmung zu solchen Rechtsgeschäften und Rechtsstreitigkeiten nicht erforderlich, die der Geschäftsbetrieb mit sich bringt. Einseitige Rechtsgeschäfte, die sich auf das Erwerbsgeschäft beziehen, sind dem Ehegatten gegenüber vorzunehmen, der das Erwerbsgeschäft betreibt.

[II]Weiß ein Ehegatte, daß der andere ein Erwerbsgeschäft betreibt, und hat er hiergegen keinen Einspruch eingelegt, so steht dies einer Einwilligung gleich.

[III]Dritten gegenüber ist ein Einspruch und der Widerruf der Einwilligung nur nach Maßgabe des § 1412 wirksam.

1   Zunächst § 1450 Rn 1. 3. Ausn v Grds des § 1450. Zwingd im Interesse des VerkSchutzes (vgl Zöllner FamRZ **65**, 118). Entspricht § 1431 (vgl Anm dort). Zum gemeins Betr eines ErwGesch dch beide Eheg Beck DNotZ **62**, 348. ArztPrax ist ErwGesch (BGH **83**, 76). Zur Abgrenzg v geschäftsbezogenen u privaten RGesch („mit sich bringt") f den Fall der KreditAufn BGH **83**, 76.

1457 *Ungerechtfertigte Bereicherung des Gesamtgutes.* Wird durch ein Rechtsgeschäft, das ein Ehegatte ohne die erforderliche Zustimmung des anderen Ehegatten vornimmt, das Gesamtgut bereichert, so ist die Bereicherung nach den Vorschriften über die ungerechtfertigte Bereicherung aus dem Gesamtgut herauszugeben.

1   Zunächst § 1450 Anm 1. BereichergsHaftg des GesGuts (§ 1434 u Anm). Rechtsfolgenverweisg. GesGut haftet auch im Innenverhältn (*arg e contrario* § 1463).

1458 *Vormundschaft über einen Ehegatten.* Solange ein Ehegatte unter elterlicher Sorge oder unter Vormundschaft steht, verwaltet der andere Ehegatte das Gesamtgut allein; die Vorschriften der §§ 1422 bis 1449 sind anzuwenden.

Zunächst § 1450 Rn 1. **Minderjährigkeit** führt iGgs zu § 1436 zur **alleinigen Verwaltung** dch den and 1
Eheg mit der Folge, daß statt §§ 1450 ff die §§ 1422–49 gelten, insb hins der Haftg § 1437 u nicht § 1459;
damit verringerte pers Haftg des Mündels (vgl §§ 1459 Rn 2, 1437 Rn 7). Verlust der VerwBefugn vGw;
desh keine ÄndergsEintr hins der VerwBefugn im GüterRReg. Bei Bt: § 1469 Nr 5. Haben beide Eheg
gesetzl Vertr, dann gemschaftl Verw dch diese.

1459 *Gesamtgutsverbindlichkeiten; persönliche Haftung.* [1]**Die Gläubiger des Mannes
und die Gläubiger der Frau können, soweit sich aus den §§ 1460 bis 1462 nichts anderes
ergibt, aus dem Gesamtgut Befriedigung verlangen (Gesamtgutsverbindlichkeiten).**

[II]**Für die Gesamtgutsverbindlichkeiten haften die Ehegatten auch persönlich als Gesamtschuldner. Fallen die Verbindlichkeiten im Verhältnis der Ehegatten zueinander einem der Ehegatten
zur Last, so erlischt die Verbindlichkeit des anderen Ehegatten mit der Beendigung der Gütergemeinschaft.**

1) Zur Entsteh u Bedeutg der §§ 1450–70 vgl zunächst § 1450 Rn 1. Die **§§ 1459–1462** entsprechen den 1
§§ 1437–40 bei der EinzelVerw (vgl jew deren Anm) u regeln die **Haftung gegenüber Dritten** nach den
gleichen Grdsätzen wie bei der Verw des GesGuts dch einen Eheg. Nach dem Grds v § 1459 sind sämtl
Schulden jedes einz Eheg GesGutsverbindlichkeiten (I) u für diese wiederum haften beide Eheg als Gesamt-
Schu (II). In dieser Verknüpfg liegen Gefahren, die nur dch drei Ausn abgeschwächt w sind: Uneingeschrkt
dchgeführt würde dieses Prinzip näml dazu führe, daß Eheg dch konkurrierde VerwRechte sich wechsel-
seit unbeschrkt verschulden könnten, was bewußt vermieden w sollte (BT-Drucks II/3409 S 25 f; BayObLG
NJW **68**, 896). Vielm wird die Haftg des GesGuts dch die Ausnahmen der §§ 1460–62 mittels zusätzl
Voraussetzgen eingeschrkt, insb dch das ZustimmgsErfordern bei einseit eingegangenen Schuldverpflichtgen (§ 1460). Trotzdem liegt die Gefahr dieser Art v GütGemsch noch in persönl Haftg für und Verbindlichkten, weil jeder Eheg dch die Person des and ohne eig Zutun mit schwerwiegden Schulden belastet w
kann (Rn 3), die sich nur dch Beendigg des Güterstd wieder beseitigen lassen (II 2).

2) **Gesamtgutsverbindlichkeiten** (Begriff: § 1437 Rn 2, 3) sind grdsätzl alle Schulden vom Ehem u 2
Ehefr gleichgült: welcher Art (Geld, Sachen, sonst Leistgen); ob aus Vertr, Delikt usw; aus der Zeit vor
Eintr der GütGemsch; auch UnterhVerpfl des Eheg, so daß die hins Stiefkindern gemachte Einschrkg in
§ 1360 a Rn 2 entfällt; NachlSchulden, wenn die Erbsch nicht ins VorbehGut (§ 1418 II Z 2), sond ins
GesGut fällt (§ 1416 I). Wird etwas zur GesGutsVerbindlk, **haften** beide u insb also auch der and Eheg 3
automat **als Gesamtschuldner persönlich** mit jew Vorbeh- u SondGut (sa §§ 1437 Rn 6, 7, 1438 Rn 1).
Aber keine Erstreckg eines nur gg eine der gemschaftl verwalten Eheg ergangenen Titels entspr ZPO 742
(Stgt FamRZ **87**, 304). Die prakt Bedeutg der Haftg beider liegt vor allem darin, daß das Bestehen einer
GesGutsVerbindlk materiellrechtl auch im Proz gg nur einen Eheg festgestellt w kann (BGH FamRZ **75**,
405; aA Tiedtke FamRZ **75**, 538). Die pers Haftg erlischt erst mit Beendigg der GütGemsch (§ 1470), jedoch
nur f die Verbindlk der §§ 1463–65. Abw Vereinbg mit Gläub mögl.

3) **Zwangsvollstreckung** setzt Titel gg beide Eheg voraus (ZPO 740 II); vgl iü § 1450 Rn 7. Ein persönl 4
Schuldtitel gg den einen wirkt nicht nach ZPO 325 gg den and Eheg (Ffm FamZR **83**, 172). **Konkurs** über
das Verm eines Eheg berührt GesGut nicht (KO 2 II); aber selbstd Konk ü GesGut (KO 236 a–c). Vgl auch
VerglO 114 a u b.

1460 *Haftung des Gesamtgutes.* [1]**Das Gesamtgut haftet für eine Verbindlichkeit aus
einem Rechtsgeschäft, das ein Ehegatte während der Gütergemeinschaft vornimmt,
nur dann, wenn der andere Ehegatte dem Rechtsgeschäft zustimmt oder wenn das Rechtsgeschäft
ohne seine Zustimmung für das Gesamtgut wirksam ist.**

[II]**Für die Kosten eines Rechtsstreits haftet das Gesamtgut auch dann, wenn das Urteil dem
Gesamtgut gegenüber nicht wirksam ist.**

1) Zunächst § 1459 Rn 1. Ggü der starken Ausdehg der GesGutsverbindlkten (§ 1459 Rn 1, 2), die m 1
Rücks auf die gemschaftl Verw (§§ 1450 Rn 2, 1451 Rn 1) die Regel bilden, beschrkt § 1460 die **Haftung
des Gesamtguts aus Rechtsgeschäften** eines Eheg auf die Fälle, in denen der and Eheg zugestimmt hat, **I,**
bzw in denen diese Zust dch das VormschG ersetzt w (§ 1452). Bei unerl Hdlg auch iRv RGeschäften (wofür
allerd Täuschg über den Güterstd nicht ausr) haftet GesGut u damit auch der unbeteiligte Eheg (§ 1459 Rn 2,
3), ebso bei rechtsgeschäftl Verbindlk, die ohne Zustimmg des and wirks sind (§§ 1454–56) bzw vor dem
Eintr der GütGemsch entstanden, ferner ijF aus unger Bereicherg des GesGuts (§ 1457).

2) **Kosten eines Rechtsstreits, II,** eines oder beider Eheg stets GesGutsverbindlk (sa § 1438 Rn 2). Zul 2
Erstreckg eines KostFestsetzgsBeschl auf den and Eheg (Ellw FamRZ **76**, 152 L = BWNotZ **75**, 126). Ein
gg die bekl Ehefr erlassener KostenfestsetzgsBeschl kann bei gemeins Verwaltg des GesGuts auf den klagdn
Ehem umgeschrieben w (Nürnb JurBüro **78**, 762).

1461 *Keine Haftung bei Erwerb einer Erbschaft.* **Das Gesamtgut haftet nicht für
Verbindlichkeiten eines Ehegatten, die durch den Erwerb einer Erbschaft oder eines
Vermächtnisses entstehen, wenn der Ehegatte die Erbschaft oder das Vermächtnis während der
Gütergemeinschaft als Vorbehaltsgut oder als Sondergut erwirbt.**

Zunächst § 1459 Rn 1. Erwirbt ein Eheg Erbsch od Vermächtn vor Beginn der GütGemsch, so GesGuts- 1
verbindlk (§ 1416 I 1) u damit persönl Haftg des and Eheg auch f die NachlaßSchu (§ 1459 Rn 3). Einschränkg der Haftg ledigl bei Erwerb währd der GütGemsch; s aber § 1457.

1462 *Haftung für Vorbehalts- oder Sondergut.* Das Gesamtgut haftet nicht für eine Verbindlichkeit eines Ehegatten, die während der Gütergemeinschaft infolge eines zum Vorbehaltsgut oder zum Sondergut gehörenden Rechtes oder des Besitzes einer dazu gehörenden Sache entsteht. Das Gesamtgut haftet jedoch, wenn das Recht oder die Sache zu einem Erwerbsgeschäft gehört, das ein Ehegatte mit Einwilligung des anderen Ehegatten selbständig betreibt, oder wenn die Verbindlichkeit zu den Lasten des Sondergutes gehört, die aus den Einkünften beglichen zu werden pflegen.

1 Zunächst § 1459 Rn 1. Haftg jedes Eheg für Verbindlk des and aus der Zeit vor Beginn der GütGemsch, mögen die Ggstände dann auch ehevertragl Vorbeh- od SondGut sein (§ 1459 Rn 2, 3). Dagg keine Haftg des GesGuts für Verbindlk, die währd der GütGemsch zL des Vorbeh- oder SondGutes eines Eheg gehen; Unterausnahme in S 2, weil SondGut für Rechng des GesGuts verwaltet w (§ 1417 III 2).

1463 *Haftung im Innenverhältnis.* Im Verhältnis der Ehegatten zueinander fallen folgende Gesamtgutsverbindlichkeiten dem Ehegatten zur Last, in dessen Person sie entstehen:
1. die Verbindlichkeiten aus einer unerlaubten Handlung, die er nach Eintritt der Gütergemeinschaft begeht, oder aus einem Strafverfahren, das wegen einer solchen Handlung gegen ihn gerichtet wird;
2. die Verbindlichkeiten aus einem sich auf sein Vorbehaltsgut oder sein Sondergut beziehenden Rechtsverhältnis, auch wenn sie vor Eintritt der Gütergemeinschaft oder vor der Zeit entstanden sind, zu der das Gut Vorbehaltsgut oder Sondergut geworden ist;
3. die Kosten eines Rechtsstreits über eine der in den Nummern 1 und 2 bezeichneten Verbindlichkeiten.

1 Zunächst § 1450 Rn 1. Vgl iü die Anm zu § 1441, ferner §§ 1464–66.

1464 *Verbindlichkeiten des Sondergutes und eines Erwerbsgeschäfts.* Die Vorschriften des § 1463 Nr. 2, 3 gelten nicht, wenn die Verbindlichkeiten zu den Lasten des Sondergutes gehören, die aus den Einkünften beglichen zu werden pflegen. Die Vorschriften gelten auch dann nicht, wenn die Verbindlichkeiten durch den Betrieb eines für Rechnung des Gesamtgutes geführten Erwerbsgeschäfts oder infolge eines zu einem solchen Erwerbsgeschäft gehörenden Rechtes oder des Besitzes einer dazu gehörenden Sache entstehen.

1 Zunächst § 1450 Rn 1. Vgl iü Anm zu § 1442.

1465 *Prozeßkosten.* [1]Im Verhältnis der Ehegatten zueinander fallen die Kosten eines Rechtsstreits, den die Ehegatten miteinander führen, dem Ehegatten zur Last, der sie nach allgemeinen Vorschriften zu tragen hat.

[2]Führt ein Ehegatte einen Rechtsstreit mit einem Dritten, so fallen die Kosten des Rechtsstreits im Verhältnis der Ehegatten zueinander dem Ehegatten zur Last, der den Rechtsstreit führt. Die Kosten fallen jedoch dem Gesamtgut zur Last, wenn das Urteil dem Gesamtgut gegenüber wirksam ist oder wenn der Rechtsstreit eine persönliche Angelegenheit oder eine Gesamtgutsverbindlichkeit des Ehegatten betrifft und die Aufwendung der Kosten den Umständen nach geboten ist; § 1463 Nr. 3 und § 1464 bleiben unberührt.

1 Zunächst § 1450 Rn 1. Vgl iü Anm zu § 1443. Der dort f den RStreit des NichtVerw mit einem Dr ausgesproch Grds, daß dieser Kosten tragen muß (§ 1443 II 1), gilt hier f jeden Eheg, II 1.

1466 *Ausstattung nicht gemeinschaftlicher Kinder.* Im Verhältnis der Ehegatten zueinander fallen die Kosten der Ausstattung eines nicht gemeinschaftlichen Kindes dem Vater oder der Mutter des Kindes zur Last.

1 Zunächst § 1450 Rn 1. Die Kosten der Ausstattg f ein nicht gemschaftl Kind trägt der EltT des Kindes, u zwar auch, wenn der and Eheg zugestimmt h u sie das GesGut entspr Maß nicht übersteigt. Vgl iü § 1444. Ausstattg gemschaftlicher Kinder § 1450.

1467 *Ausgleichung zwischen Vorbehalts-, Sonder- u. Gesamtgut.* [1]Verwendet ein Ehegatte Gesamtgut in sein Vorbehaltsgut oder in sein Sondergut, so hat er den Wert des Verwendeten zum Gesamtgut zu ersetzen.

[2]Verwendet ein Ehegatte Vorbehaltsgut oder Sondergut in das Gesamtgut, so kann er Ersatz aus dem Gesamtgut verlangen.

1 Zunächst § 1450 Rn 1. Vgl iü Anm zu § 1445.

1468 *Fälligkeit des Ausgleichsanspruchs.* Was ein Ehegatte zum Gesamtgut oder was er zum Vorbehaltsgut oder Sondergut des anderen Ehegatten schuldet, braucht er erst nach Beendigung der Gütergemeinschaft zu leisten; soweit jedoch das Vorbehaltsgut und das Sondergut des Schuldners ausreichen, hat er die Schuld schon vorher zu berichtigen.

Zunächst § 1450 Rn 1. Vgl iü Anm zu § 1446. Für Fdgen ggü dem GesGut gelten die allg Grdsätze. Die **1** Fälligk v Schulden eines Eheg zum GesGut schiebt § 1468 hinaus. Herausg v Sachen sofort.

1469 *Aufhebungsklage.* **Jeder Ehegatte kann auf Aufhebung der Gütergemeinschaft klagen,**

1. **wenn seine Rechte für die Zukunft dadurch erheblich gefährdet werden können, daß der andere Ehegatte ohne seine Mitwirkung Verwaltungshandlungen vornimmt, die nur gemeinschaftlich vorgenommen werden dürfen;**
2. **wenn der andere Ehegatte sich ohne ausreichenden Grund beharrlich weigert, zur ordnungsmäßigen Verwaltung des Gesamtgutes mitzuwirken;**
3. **wenn der andere Ehegatte seine Verpflichtung, zum Familienunterhalt beizutragen, verletzt hat und für die Zukunft eine erhebliche Gefährdung des Unterhalts zu besorgen ist;**
4. **wenn das Gesamtgut durch Verbindlichkeiten, die in der Person des anderen Ehegatten entstanden sind und diesem im Verhältnis der Ehegatten zueinander zur Last fallen, in solchem Maße überschuldet ist, daß sein späterer Erwerb erheblich gefährdet wird;**
5. **wenn die Wahrnehmung eines Rechtes des anderen Ehegatten, das sich aus der Gütergemeinschaft ergibt, vom Aufgabenkreis eines Betreuers erfaßt wird.**

1) Zunächst § 1450 Rn 1. Entspricht § 1447. Erschöpfde u zwingde Aufzählg der **Aufhebungsgründe.** **1** Der SondKonkurs über das GesGut (KO 236a–c) beendet die GütGemsch ebsowenig wie der Konk ü das Verm eines Eheg (KO 2 II) od der Wegfall der GeschGrdlage zB bei Rücktr von einem mit einem EheVertr verbundenen ErbVertr od auch eine pos VertrVerletzg (BGH **29**, 135). Keine Aufhebg des Güterstdes dch einstw Vfg (§ 1447 Rn 2).

2) Ziffer 1 u 2: Verstoß gg die Pfl zum gemschaftl Handeln dch eigenmächt Handeln (Z 1) bzw beharrl **2** Weigerg zur MitArb (Z 2). Im Ggs zur ZustErsetzg zu EinzelGesch (§ 1452) in Z 2 beharrl Sichversagen (§ 1451 Rn 1). In Z 1 (vgl § 1450 Rn 2) genügt die Möglk einer Gefährdg (vgl § 1447 Rn 3). **Ziffer 3 u 5:** § 1447 Rn 4 u 6. **Ziffer 4:** § 1448 Rn 1. Überschuldg des SondVerm des and Eheg nicht ausr.

1470 *Wirkung des Aufhebungsurteils.* [I]**Mit der Rechtskraft des Urteils ist die Gütergemeinschaft aufgehoben; für die Zukunft gilt Gütertrennung.** [II]**Dritten gegenüber ist die Aufhebung der Gütergemeinschaft nur nach Maßgabe des § 1412 wirksam.**

Zunächst § 1450 Rn 1. Vgl iü § 1449 mit Anm. Rechtsgestaltdes AufhebgsUrt bewirkt Gütertrenng. **1**

d) Auseinandersetzung des Gesamtgutes

Vorbemerkung

§§ 1471–1473 regeln den RZustand von der Beendigg der GütGemsch bis zur **Auseinandersetzung,** **1** §§ 1474–1481 währd dieser. Die Vorschriften über die Gemsch (§§ 741 ff) sind mit den sich aus §§ 1471 ff ergebden Abweichgen anwendb. Beendiggsgründe §§ 1447 Rn 1, §§ 1469 f. Die §§ 1471 ff gelten stets (§ 1482), außer wenn fortges GütGemsch vereinb ist (§ 1483). Der Eintritt der AuseinandSGemsch wird ins Grdbuch im Wege der Berichtigg eingetr (KGJ **50**, 150). Verfahren: FGG 99. Die AuseinandS im EntschVerbund (ZPO 621 I Z 8, 623), wobei Stand des GesGuts zZ der letzten mdl Verh zGrde zu legen ist (Karlsr FamRZ **82**, 286). Das AG, also (soweit das RPflG 16 Z 8 fordert) der Richter, vermittelt auf Antr die AuseinandS (FGG 86–98), soweit das LandesR diese Aufgabe nicht und Behörden (Notaren) zuweist, (FGG 193; BNotO 20 IV). Vorlage der Handelsbücher gem HGB 260. Nachweis des LandesR 41. Aufl.

1471 *Auseinandersetzung.* [I]**Nach der Beendigung der Gütergemeinschaft setzen sich die Ehegatten über das Gesamtgut auseinander.** [II]**Bis zur Auseinandersetzung gelten für das Gesamtgut die Vorschriften des § 1419.**

1) Recht auf Auseinandersetzung, I. Jeder Eheg hat nach Beendigg der GütGemsch, (§§ 1447, 1469 f) **1** ein Recht auf AuseinandS hins des GesGuts, primär dch vertragl Einigg (§ 1474), andernf dch Klage. Sofern nicht fortgesetzte GütGemsch besteht (§ 1483), findet die AuseinandS auch ggü den Erben statt (§§ 2039, 2040), so daß ggf ein doppeltes GesHandsVerh am Nachl u am GesGut besteht, für die jew deren bes Vorschr gelten. Vor der AuseinandS ist NachlGgst ledigl der Anteil als solcher (RG **136**, 21). Reihenfolge der AuseinandS: erst das GesGut, dann der Nachl. Das R auf AuseinandS ist nicht einseit verzichtb (RG **79**, 345); wohl aber ist seine vertragl Beschrkg/RG **89**, 292) u die Korrektur des AuseinandSErgebn dch § 242 bei gescheiterter Ehe (BGH FamRZ **87**, 43) mögl; ggf auch entspr Anwendg v § 749 II u III.

2) Das GesHandsVerhältn dauert, wie sich aus der entspr Anwendg v § 1419 ergibt, unter Wahrg seiner **2** Identität als **Liquidationsgemeinschaft** fort. **II.** Wg der Unterschiede vgl §§ 1472 f. § 1419 erstreckt sich auch auf den Erwerb v Früchten (RG Gruch **49**, 955). Der Erwerb der Eheg fließt nun nicht mehr zum GesGut (Ausn § 1473). Die in der Pers eines Eheg entstehnden Verbindlkten werden nicht mehr GesGutsverbindlkten. Außerd ist die ZwVollstr in den Anteil am GesGut (im ganzen, nicht in den einz Ggstänen) nunmehr mögl (ZPO 860 II). Dieser gehört demgemäß auch zur KonkMasse (KO 1 I). Zur AuseinandS zw den AnteilsBerecht außerh des Konkurses KO 16 I, 51.

1472 *Gemeinschaftliche Verwaltung des Gesamtguts.* [I]**Bis zur Auseinandersetzung verwalten die Ehegatten das Gesamtgut gemeinschaftlich.**

[II]**Jeder Ehegatte darf das Gesamtgut in derselben Weise wie vor der Beendigung der Gütergemeinschaft verwalten, bis er von der Beendigung Kenntnis erlangt oder sie kennen muß. Ein Dritter kann sich hierauf nicht berufen, wenn er bei der Vornahme eines Rechtsgeschäfts weiß oder wissen muß, daß die Gütergemeinschaft beendet ist.**

[III]**Jeder Ehegatte ist dem anderen gegenüber verpflichtet, zu Maßregeln mitzuwirken, die zur ordnungsmäßigen Verwaltung des Gesamtgutes erforderlich sind; die zur Erhaltung notwendigen Maßregeln kann jeder Ehegatte allein treffen.**

[IV]**Endet die Gütergemeinschaft durch den Tod eines Ehegatten, so hat der überlebende Ehegatte die Geschäfte, die zur ordnungsmäßigen Verwaltung erforderlich sind und nicht ohne Gefahr aufgeschoben werden können, so lange zu führen, bis der Erbe anderweit Fürsorge treffen kann. Diese Verpflichtung besteht nicht, wenn der verstorbene Ehegatte das Gesamtgut allein verwaltet hat.**

1   **1) Gemeinschaftliche Verwaltung, I.** Die Verw des GesGuts steht den Eheg nunmehr bis zum AuseinandSTag, nicht nur bis zur ÜbernahmeErkl (Stgt NJW **50**, 70), gemeins zu. Ein wesentl Unterschied macht sich also nur bei bisheriger Verw dch einen Eheg bemerkb. § 1422 entfällt u damit auch die §§ 1423–1425. Beide Eheg sind gleichberecht (RG **136**, 19). Entspr § 748 tragen die Eheg die Kosten u Lasten der Verw im Verhältn zueinander zur Hälfte. Wg der Nutzgen § 1473. Auch der Eheg, der bisher nicht mitverwaltet hatte, kann verlangen, daß ihm der Mitbesitz eingeräumt u Ausk u Rechensch erteilt w, es sei denn es herrscht zw ihnen Feindselig (Hamm FamRZ **79**, 810). Verfügen über GesGut haben gemeins zu erfolgen, auch die Verpachtg (RG **136**, 22); Ausnahmen III 2. Halbs u IV; andernf §§ 177ff, 182–185 (RG **139**, 122); § 2040 Anm 2). Demgemäß ist an beide Eheg zu leisten; jeder Eheg kann nur Leistg an beide fordern od aber Hinterleg entspr § 2039 (BGH FamRZ **58**, 459). Einseit RGeschäfte sind beiden Eheg ggü vorzunehmen. Jeder verpflichtet, sofern er nicht Vollm des und Eheg hat, nur sich selbst, also weder das GesGut noch den und persönl; ZwVollstr wg eines solchen Gesch gem ZPO 860 II (RG Recht **26**, 1680), in das GesGut also nur, wenn die Eheg sich gemschftl verpflichten (§ 427). Rechtsstreitigken sind von den Eheg gemeins zu führen (RG **108**, 285); Ausn wie oben bei der Vfg. Klagen wg Zahlg aus dem GesGut sind wg ZPO 743 auf Leistg gg beide od auf Leistg gg den einen u Duldg der ZwVollstr gg den anderen zu richten. Ein LeistgsUrt gg beide kommt nur in Betr, wenn der bisher nicht verwberecht Eheg für die GesGutsverbindlk auch persönl haftet; ist das nicht der Fall, kann er nur auf Duldg in Anspr genommen w, da die AuseinandS nichts an seiner Haftg ändert u er dadch auch nicht Vertreter des GesGuts wird (RG **89**, 360). Wg Umschreibg des Titels auch gg den and Eheg ZPO 744. Über Anspr auf NutzgsEntsch nach Auszug aus der EheWo entsch das FamG (Kln FamRZ **93**, 713).

2   **2) Mitwirkungspflicht, III.** Haftg aus § 1359. Keine Möglichk der Ersetzg dch VormschG, sond nur Kl auf Mitwirkg. Zur MitwirkgsPfl gehört auch Zurverfüggstell des Unterh; ebso die Duldg der ZwVollstr (RG **118**, 131). Ohne Mitwirkg kann jeder Eheg die zur Erhaltg des GesGuts notwend Maßregeln treffen, also zB Antr auf Grdbuchberichtig, evtl Kl aus GesGutsFdgen. Ein Dr kann sich auf die MitwirkgsPfl nicht berufen (BGH FamRZ **58**, 459).

3   **3) Alleinverwaltung, II.** Der gutgläub bisherige Verwalter soll geschützt w, auch der Dritte. Der Verwalter bleibt also im Falle seiner Gutgläubig (§ 122 II, nicht § 1359) berecht, die Verw fortzuführen. Die nur ihm ggü abgegebene WillErkl ist wirks. Bösgläubig bei Kenntn von Scheidg. Bei fehlder Gutgläubig §§ 177ff, 677. Haftg § 1359.

4   **4) Nach dem Tod eines Ehegatten** führt der überlebe Eheg, der bisher allein od gemeins verwaltet hat, im Interesse der Erben die Verwaltg fort, **IV.** Entfällt, wenn die Erben selbst Fürsorge treffen können. Daher überh nur bei Gefahr im Verzuge (§§ 1365 Rn 24, § 1429 Rn 1). Wg ordngsmäß Verw vgl §§ 1365 Rn 21, § 1426 Rn 1. Im Ggsatz zu II besteht hier eine Verpfl zur Verw. Vgl auch § 672. Da Fortdauer der Pflichten als Eheg, Haftg n § 1359.

1473 *Surrogation.* [I]**Was auf Grund eines zum Gesamtgut gehörenden Rechtes oder als Ersatz für die Zerstörung, Beschädigung oder Entziehung eines zum Gesamtgut gehörenden Gegenstandes oder durch ein Rechtsgeschäft erworben wird, das sich auf das Gesamtgut bezieht, wird Gesamtgut.**

[II]**Gehört eine Forderung, die durch Rechtsgeschäft erworben ist, zum Gesamtgut, so braucht der Schuldner dies erst dann gegen sich gelten zu lassen, wenn er erfährt, daß die Forderung zum Gesamtgut gehört; die Vorschriften der §§ 406 bis 408 sind entsprechend anzuwenden.**

1   **1)** Die Vorschr gilt nur für die Zeit nach Beendigg der GütGemsch bis zur AuseinandS (Vorb 1 v § 1471) u macht eine Ausn von der Regel, daß jeder Eheg für sich erwirbt. Das Erworbene fällt kraft G ohne bes Übertr ins GesGut bei **drei Erwerbsarten, I:** – a) auf Grd eines zum GesGut gehörden Rechtes, gleichgült, ob kraft G (Früchte, Zinsen, Zuwachs) od dch RGesch (Mietzins, auf Abzahlg gekaufte Ggstde; RG JW **25**, 353); nicht aber der originäre Erwerb dch AusschlußUrt (vgl RG **76**, 360). – b) Ersatz für Zerstörg, Beschädig, Entziehg, zB EnteignsEntschädigg, Anspr wg ungerecht Bereicherg, VersSumme. – c) dch RGeschäft, das sich auf das GesGut bezieht. Wirtschaftl Zushg genügt; nicht erforderl, daß auch mit Mitteln des GesGuts erworben w (vgl RG **92**, 139), zB bei Verkauf v GesGut, Abtretg v Fdgen aus Mitteln des GesGuts, Kauf mit Mitteln des GesGuts.

2   **2) Schutz Dritter, II.** Ist Beendigg der GütGemsch ins GüterRReg eingetragen, so müßte der Dr die Zugehörigk der Fdg zum GesGut stets gg sich gelten lassen (§ 1412 I), braucht es nach **II** aber nur dann,

wenn er von der Zugehörigk wirkl Kenntn erlangt hat; Kennenmüssen steht nicht gleich (RG **135**, 251). Gilt nur bei einer dch RGesch erworbenen Fdg.

1474 *Durchführung der Auseinandersetzung.* **Die Ehegatten setzen sich, soweit sie nichts anderes vereinbaren, nach den §§ 1475 bis 1481 auseinander.**

Die AuseinandS erfolgt nach §§ 1475–1481, FGG 99 od dch eine **Vereinbarung,** dch die aber nicht die 1 Rechte Dritter beschränkt w dürfen (§ 1480). Keine Form nach § 1410, wohl aber ggf Einhalt der für in der Vereinbg enthaltene einz Vollzugsgeschäfte vorgesehenen Form, so daß Zuteilg eines Grdstücks an einen Eheg der Auflassg bedarf (RG **57**, 432); bloße Berichtigg dagg, wenn ein Eheg das GesGut gg Abfindg der übr Erben übernimmt (RG **88**, 116). Bei AuseinandS im KlWege keine GestaltsFreih des Richters (BGH FamRZ **88**, 813; Meyer JurBüro **88**, 973). Zust für Anspr aus dem AuseinandSVertr das FamG (BGH FamRZ **80**, 989). Zur Teilgsreife des GesGuts BGH FamRZ **88**, 813. And als bei Überführg ins Vorbehgut ist der Erwerb eines GesGutsGrdst iR der Teilg steuerfr (BFH Fres **11**, 1).

1475 *Berichtigung der Gesamtgutsverbindlichkeiten.* [1]**Die Ehegatten haben zunächst die Gesamtgutsverbindlichkeiten zu berichtigen. Ist eine Verbindlichkeit noch nicht fällig oder ist sie streitig, so müssen die Ehegatten zurückbehalten, was zur Berichtigung dieser Verbindlichkeit erforderlich ist.**

[2]**Fällt eine Gesamtgutsverbindlichkeit im Verhältnis der Ehegatten zueinander einem der Ehegatten allein zur Last, so kann dieser nicht verlangen, daß die Verbindlichkeit aus dem Gesamtgut berichtigt wird.**

[3]**Das Gesamtgut ist in Geld umzusetzen, soweit dies erforderlich ist, um die Gesamtgutsverbindlichkeiten zu berichtigen.**

1) Zunächst **Berichtigung der Gesamtgutsverbindlichkeiten** (§§ 1437, 1459), **I 1,** auch der Ersatz- 1 Anspr aus §§ 1445 II, 1446 I, 1467 II, so daß Gläub auch ein Eheg sein kann (BayObLG NJW **71**, 2314). Berichtigg gem §§ 362 ff, 372 ff, 387 ff, 397. Berichtigg auch dch SchuldÜbern dch einen u Entlassg des and Eheg aus der Hftg (BGH NJW **85**, 3066). Im Ggsatz zu § 1372 Rn 7 findet kein selbständ GesamtSchuAusgl statt (Zweibr FamRZ **92**, 821). Der Eheg, dem die GesGutsverbindl im InnenVerh allein zur Last fällt (§§ 1441–1444, 1463–1466), kann nicht Erfüllg verlangen, **II,** wohl aber (wg §§ 1480, 1476 II) der and Eheg. Soweit eine GesGutsverbindlk noch nicht fäll od (auch außergerichtl) streit ist, auch darüber, wem sie im InnenVerh zur Last fällt, wird das zur Berichtigg Erforderl zurückbehalten, **I 2,** in gemeins Verw (§ 1472); also keine Hinterlegg od SicherhLeistg. SchutzVorschr f die Ehel; kein Anspr Dritter. Wg der Haftg der Eheg untereinander § 1481.

2) **Verwertung des Gesamtgutes, III,** entspr §§ 753, 754, soweit es zur Berichtigg der GesGutsver- 2 bindlk erforderl ist. Auch bei ErsAnspr eines Eheg an das GesGut. Da er Geld verlangen kann, braucht er nichts in Natur zu übernehmen; III geht dem § 1477 II vor (RG **73**, 41; **85**, 1).

1476 *Teilung des Überschusses.* [1]**Der Überschuß, der nach der Berichtigung der Gesamtgutsverbindlichkeiten verbleibt, gebührt den Ehegatten zu gleichen Teilen.**

[2]**Was einer der Ehegatten zum Gesamtgut zu ersetzen hat, muß er sich auf seinen Teil anrechnen lassen. Soweit er den Ersatz nicht auf diese Weise leistet, bleibt er dem anderen Ehegatten verpflichtet.**

1) Die **Teilungsmasse** bildet der Überschuß, **I,** der sich nach Berichtigg der GesGutsverbindlk u Zurück- 1 behaltg des dafür etwa Erforderl sowie Übernahme bestimmter Ggstände dch einen Eheg (§§ 1476 I, 1477 II) ergibt. Hinzuzurechnen auch das, was ein Eheg zum GesGut schuldet (§§ 1435 S 3, 1441–1444, 1445 I, 1446, 1463–1466, 1467 I, 1468, 1477 II). Für Entnahmen bedeutgslos, ob sie mit od ohne Einwilligg des and Eheg erfolgt sind (BGH **57**, 129). Von diesem Überschuß gebührt jedem Eheg die Hälfte (BGH FamRZ **76**, 338), gleichgült, wieviel er eingebracht od währd der GütGemsch erworben hat. Ausn § 1478.

2) **Anrechnung, II.** Hat ein Eheg Ersatz zum GesGut zu leisten (Rn 1), muß er sich bei der Teilg diese 2 Summe auf seinen Anteil anrechnen lassen, hat aber auch ein R darauf, daß eine solche Verrechng erfolgt. Übersteigt die Schuld das Teilgsguthaben, so haftet er dem and Eheg persönl, also auch mit seinem VorbehGut. Andere Vereinbg mögl (§ 1474).

1477 *Durchführung der Teilung.* [1]**Der Überschuß wird nach den Vorschriften über die Gemeinschaft geteilt.**

[2]**Jeder Ehegatte kann gegen Ersatz des Wertes die Sachen übernehmen, die ausschließlich zu seinem persönlichen Gebrauch bestimmt sind, insbesondere Kleider, Schmucksachen und Arbeitsgeräte. Das gleiche gilt für die Gegenstände, die ein Ehegatte in die Gütergemeinschaft eingebracht oder während der Gütergemeinschaft durch Erbfolge, durch Vermächtnis oder mit Rücksicht auf ein künftiges Erbrecht, durch Schenkung oder als Ausstattung erworben hat.**

1) Die **Teilung erfolgt** entspr §§ 752–754, 755 II u III, 756, 757 (§ 755 I ist dch § 1475 ersetzt) grdsätzl 1 dch Teilg in Natur (§ 752), hilfsw dch Verkauf (§ 753). Wg Beteiligg an einer OHG RG **146**, 284.

2) Für jeden Eheg und seine RNachfolger (RG DJZ **24**, 141) u TestVollstr (RG **85**, 4) besteht, wenn nichts 2 anderes vereinb ist (§ 1474), ein GestaltgsR (keine Verpfl) auf **Übernahme von Gegenständen, II** (Lit: Kotzur BWNotZ **87**, 134). Das ÜbernR wird nicht dadch ausgeschl, daß sich die GrdstVerhältn dch ein FlurbereiniggsVerf geänd h (Bambg FamRZ **83**, 72). Das R auf Übern eines Grdstück berechtigt (zZw der

Verhinderg einer Teilsversteiger) zur Zustimmg zur AuseinandS dem Grde nach bereits vor Rkraft des ScheidsUrt (AG Aach FamRZ **90**, 57) sowie zur DrittwidersprKl nach ZPO 771 (BGH FamRZ **87**, 43). Liegen die Voraussetzgen der Übern bei beiden Eheg vor, so heben sich die Rechte auf. ÜbernahmeR nur bei – a) nach ihrem Zweck u den Umst ausschließl zum persönl Gebrauch des übernehmdn Eheg bestimmten bewegl Sachen; gelegentl MitGebr dch den and Eheg steht nicht entgg. Für die erforderl pers Beziehg reicht Übertragg der HaushFührg (§ 1356 I 1) nicht aus; – b) den nicht nur teilw in die GütGemsch eingebrachten Ggständen. Hierbei finden die SurrogationsBest der §§ 1418 II Nr 3, 1473 I keine Anwendg. Aber ein Grdst, hins dessen ein ÜbereignsAnspr bestand, ist als eingebr anzusehen (Düss FamRZ **93**, 194); – c) den währd der GütGemsch dch Erbfolge, Vermächtn, Schenkg u ähnl Zuwendgen erworbenen Ggstden, nicht aber deren Surrogate (Hbg OLG **7**, 405).

3   **3) Durchführung.** Die Übernahme erfolgt dch formlose (Mü FamRZ **88**, 1275) empfangsbedürft Erkl ggü dem and Eheg. Sie ist unwiderrufl u bis zur Beendigg der AuseinandS mögl. Sie ist ausgeschl, wenn gerade dieser Ggst einem Gläub des GesGuts herauszugeben od wenn seine Verwertg zur Schuldentilgg, die stets vorgeht, erforderl ist (§ 1475 Rn 2). Die Übern kann schon verlangt w, wenn feststeht, daß der Ggst nicht zur Schuldendeckg (§ 1475) benötigt w (RG **85**, 10; Bambg FamRZ **87**, 825). Kein ÜbernR, wenn unklar, welche eingebrachten Grdste den den Gläub geschuldeten Betrag repräsentieren (Ffm FamRZ **84**, 170). Besteht ein ÜbernR, so kann der Eheg dann auch nicht der auf Antr des and eingeleiteten ZwVerst

4   widersprechen (RG **73**, 41). Zum Erwerb dch den Eheg ist noch die Übereigng erforderl (§ 1474 Rn 1). Der **Übernahmewert** bestimmt sich in erster Linie nach dem Ztpkt, den die Part vereinbaren (zB Ztpkt der ÜbernErkl); andernf nach dem Ztpkt der Übern, also etwa der Eintragg des Übernehmers im Grdbuch, ggf nach der letzt mdl Verh (BGH FamRZ **86**, 41 f). Dabei muß der inflationsbedingte Einbringgswert, der zur Ermittlg der realen Wertsteigerg des GesGutes benötigt w (BGH **84**, 333), stets auf den gleichen Ztpkt bestimmt w (BGH FamRZ **86**, 42). Das gilt auch für § 1478 I, also f die Bewertg der v der and Seite eingebrachten Ggste (aaO). Falls Einigg nicht mögl, Ermittlg dch Sachverst, notf Klage; keine Anwendg v FGG 164 (BayObLG JW **23**, 759). Zur Bewertg v landwirtschaftl Betr Bölling FamRZ **80**, 754. Die Rechte aus §§ 1477 II u 1478 I, näml einers dem GesGut den Wert des zu übernehmdn Ggst zu ersetzen u anderers jeder Part aus dem GesGut den Wert der in die GütGemsch eingebrachten Ggste zu erstatten, können nebeneinand geltd gemacht w (BGH **84**, 333/38; FamRZ **86**, 41). Bei der Bewertg landwirtschaftl Grdst

5   keine Analogie zu § 1376 IV (BGH FamRZ **86**, 776). **Wertersatz** nicht unbedingt dch Einzahlg, sond soweit mögl dch Verrechng (BGH FamRZ **88**, 926).

1478 *Auseinandersetzung nach Scheidung.* [I]Ist die Ehe geschieden, bevor die Auseinandersetzung beendet ist, so ist auf Verlangen eines Ehegatten jedem von ihnen der Wert dessen zurückzuerstatten, was er in die Gütergemeinschaft eingebracht hat; reicht hierzu der Wert des Gesamtgutes nicht aus, so ist der Fehlbetrag von den Ehegatten nach dem Verhältnis des Wertes des von ihnen Eingebrachten zu tragen.

[II]Als eingebracht sind anzusehen

1. die Gegenstände, die einem Ehegatten beim Eintritt der Gütergemeinschaft gehört haben;
2. die Gegenstände, die ein Ehegatte von Todes wegen oder mit Rücksicht auf ein künftiges Erbrecht, durch Schenkung oder als Ausstattung erworben hat, es sei denn, daß der Erwerb den Umständen nach zu den Einkünften zu rechnen war;
3. die Rechte, die mit dem Tod eines Ehegatten erlöschen oder deren Erwerb durch den Tod eines Ehegatten bedingt ist.

[III]Der Wert des Eingebrachten bestimmt sich nach der Zeit der Einbringung.

1   **1) Zweck** der Vorschr ist eine auf Billigk beruhe Modifikation des Grdsatzes der Halbteilg (§ 1476 I), um demj, der weniger eingebracht hat u dch sein Verhalten nicht nur die Auflösg der Ehe, sond auch die Beteiligg an dem vom and Eheg in die Ehe eingebrachten Verm erzwingen könnte, nicht noch Vorteile daraus ziehen zu lassen (BT-Drucks 7/650 S 102 f). Das gleiche gilt bei Aufhebg der Ehe (EheG 37). Auch eine der Beendigg der GütGemsch nachfolgde Scheidg löst das WahlR der Eheg (Rn 2) aus; an der sachgem Ausübg des R zur Aufhebg der GütGemsch würde ein Eheg gehindert, wenn er befürchten müßte, mit einem früheren Erfolg der AufhebgsKl das bei Scheidg zustehde WahlR einzubüßen (BT-Drucks aaO S 103). Kein zwingdes R. Da wg § 1376 IV bei landwirtschaftl Betrieben ein ZugewAusgl prakt nicht stattfindet u da anderers § 1478 dem einheiratdn Eheg iF der Ehescheid mit dem Hof als eingebrachten Gut die Substanz seiner oft langjähr ArbLeistg wieder entzieht, bedarf es der Möglk, iR eines EheVertr Regelgn über die AuseinandS des GesGutes nach der Scheidg zu treffen. Verneint man mit Bölling FamRZ **80**, 754 die Anwendbark v § 1376 IV iRv §§ 1477, 1478, so bedarf es keiner güterrechtl Vereinbg, um den geschiedenen Eheg an dem VerkWertZuwachs zu beteiligen. Mit der sich aus § 1478 ergebdn Maßg bleiben die übr Vorschr über die AuseinandS unberührt (RG **73**, 41); also auch das ÜbernahmeR des § 1477 II (BGH NJW **52**, 1330). Das GesHandsVerh (§ 1471 Rn 2) dauert auch hier bis zur AuseinandS fort. Vor Rückerstatt des Wertes des Eingebrachten müssen erst die GesGutsVerbindlichk gem § 1475 berichtigt w, außer wenn der Ggst zur Schuldendeckg nicht benötigt w (§ 1477 Rn 3).

2   **2)** Ist die Ehe geschieden, hat jeder Eheg das R zur Gestaltg der AuseinandS gem § 1478, **I.** Dieses **Wahlrecht** kann bis zur Beendigg der AuseinandS ausgeübt werden u geht auch dch eine anders gerichtete Klage nicht verloren. Es ist vererbl. Macht einer der Ehel von dem WahlR Gebrauch, ist auch der and daran gebunden; sie müssen sich nicht über das einzuschlagde Ziel einigen. Auch bei Wahl der Rückerstattg bleibt

3   es iü hins der Verteilg des Überschusses bei § 1476. Der Anspr geht nur auf **Wertersatz**, nicht auf Zurückgabe des Eingebrachten, schließt aber das ÜbernahmeR aus § 1477 II nicht aus (Rn 1); insof ist ledigl der Wert zZ der Übernahme der Teilmasse zu ersetzen (§ 1477 Rn 3), währd der Wert des Eingebrachten sich nach dem nominellen Wert (Bölling FamRZ **82**, 234) zur Zeit der Einbringg bestimmt, **III.** Keine entspr

Anwendg v § 1376 IV (BGH FamRZ **86**, 776). Geldentwertg zu berücks (BGH **84**, 333 mAv Bölling FamRZ **82**, 993; § 1376 Rn 11–13), dh der WertErsAnspr wird um die unechte Wertsteigerg erhöht (Karlsr FamRZ **82**, 286 mAv Bölling). Ein evtl Fehlbetrag fällt nicht mehr jedem zur Hälfte zur Last (so das GleichberG), sond im Verhältn zum Wert des Eingebrachten (BT-Drucks 7/650 S 103; Bsp: Soerg-Gaul Rn 9). Der WertersatzAnspr kann im VerbundVerf geltd gem w (BGH NJW **82**, 2373).

3) Eingebracht sind, **II**, gem Nr 1: Ggstände, die dem Eheg beim Eintr der GütGemsch gehört haben, **4** auch wenn Erwerb unter einer Bedingg erfolgte u die Bedingg erst nach Beginn der GütGemsch eintrat. Hierher gehört die ZugewAusglAnspr eines Eheg gg den und bei Wechsel vom ges Gütstd in denj der GütGemsch (BGH NJW **90**, 445). Zu Nr 2 vgl § 1374 Rn 6–12. Nr 3: Mit dem Tode des Eheg erlöschde Rechte, zB Leibrente, od dch den Tod eines Eheg bedingte Rechte, zB LebensVers, deren Fälligk der Versicherte erlebt.

1479 *Auseinandersetzung nach Aufhebungsurteil.* **Wird die Gütergemeinschaft auf Grund der §§ 1447, 1448 oder des § 1469 durch Urteil aufgehoben, so kann der Ehegatte, der das Urteil erwirkt hat, verlangen, daß die Auseinandersetzung so erfolgt, wie wenn der Anspruch auf Auseinandersetzung in dem Zeitpunkt rechtshängig geworden wäre, in dem die Klage auf Aufhebung der Gütergemeinschaft erhoben ist.**

Der Eheg, der das Urt erwirkt hat, hat zur Vermeidg der Prozeßverschleppg u VermManipulation **1** (Heckelmann FamRZ **68**, 65) das Recht zur **Wahl des Auseinandersetzungszeitpunkts:** – a) Beendigg der GütGemsch, also RKraft des AufhebgsUrt (§§ 1449 I, 1470 I); – b) den in § 1479 genannten Ztpkt der Rechtshängigk, so daß dann zB Grdstücke, die währd des AufhebgsRStreits erworben w, nicht ins GesGut fallen (Kbg HRR **38**, 1113). WahlR bis Beendigg der AuseinandS. § 1479 entspr § 1387. Besondere Wirkgen: Erwerb fällt bis auf § 1473 I nicht mehr ins GesGut. Wirkg aber nur zw den Eheg, nicht ggü Dritten. Ehevertragl Ausschluß ist nichtig, mögl aber Verzicht auf das schon entstandene WahlR.

1480 *Haftung nach der Teilung gegenüber Dritten.* **Wird das Gesamtgut geteilt, bevor eine Gesamtgutsverbindlichkeit berichtigt ist, so haftet dem Gläubiger auch der Ehegatte persönlich als Gesamtschuldner, für den zur Zeit der Teilung eine solche Haftung nicht besteht. Seine Haftung beschränkt sich auf die ihm zugeteilten Gegenstände; die für die Haftung des Erben geltenden Vorschriften der §§ 1990, 1991 sind entsprechend anzuwenden.**

1) Vor der Teilg sind zunächst die GesGutsverbindlichkten zu berichtigen (§ 1475 Rn 1). Geschieht das **1** nicht, so besteht – unabhäng v der Möglk der Anfechtg der Teilg wg GläubBenachteilig (BGH **57**, 126) – im Verhältn zu Dritten eine dch EheVertr nicht auszuschließde erweiterte Haftg (§ 1480). Zur Wirkg im Innenverh § 1481. § 1480 kommt wg der Haftg jedes Eheg für alle GesGutsverbindlk (§ 1459 Rn 3) bei der GütGemsch mit gemeinsamer Verw nur insof in Betr, als die persönl Haftg mit Beendigg der GütGemsch erlischt (§ 1459 II 2). Zust FamG (BGH FamRZ **80**, 551).

2) Voraussetzungen: – a) Die Teilg des GesGuts ist erfolgt, wenn GesGut als solches nicht mehr besteht **2** u insgesamt od in einz Bestandteilen einem Eheg als SonderEigt zugewiesen ist (RG **75**, 295). Ggste von unerhebl Wert bleiben dabei unberücks (RG **89**, 366). Beendigg der Teilg Tatfrage. Sie ist auch erfolgt, wenn einz Ggstde vereinbargsgem unverteilt im MitEigt bleiben (RG JW **17**, 102), nicht aber schon mit der Zuweisg einzelner Ggstde (RG **89**, 407). – b) Von den GesGutsverbindlkten (§ 1437 Rn 2, 3, § 1459 Rn 2) **3** muß ein Rest übriggeblieben sein, was iFv § 1475 I 2 nicht zutrifft. – c) Dem nicht persönl haftend Eheg **4** muß etwas aus dem GesGut zugeteilt sein, was nicht der Fall ist bei unentgelt Verzicht od wenn er dafür aus einem and Vermögen, also nicht dem GesGut, etwas erhalten hat (RG **75**, 295). Beweist er, daß er aus dem GesGut nichts erhalten hat, ist die Kl aus § 1480 abzuweisen (RG **89**, 360). Der Haftg kann er sich aber nicht dch Aufgabe des einmal Zugeteilten entziehen (RG **89**, 367).

3) Wirkungen. Persönl Haftg als GesSchuldner (§§ 421–425), auch des bisher nicht verwberecht u damit **5** nicht pers haftden Eheg, für die in der Pers des Verwalters entstandenen GesGutsverbindlk (§ 1437 Rn 2) od eines der bisher gemschaftl verwaltden Eheg, sof deren Haftg mit Beendigg der GütGemsch erloschen war (§§ 1437 II 2, 1459 II 2). § 1480 setzt Titel gg den neu haftden Eheg voraus (ZPO 750 I); bl Duldg nicht ausreich. Der aus § 1480 Haftde kann entspr §§ 1990, 1991 die **Befriedigung verweigern,** soweit das ihm **6** aus dem GesGut Zugeteilte nicht ausreicht, **S 2;** er haftet nur mit den ihm zugeteilten Ggsten (RG Gruch **48**, 1021). HftgsBeschrkg muß im Urt vorbehalten w (ZPO 780 I, 781, 785, 786).

1481 *Haftung der Ehegatten untereinander.* [1]**Wird das Gesamtgut geteilt, bevor eine Gesamtgutsverbindlichkeit berichtigt ist, die im Verhältnis der Ehegatten zueinander dem Gesamtgut zur Last fällt, so hat der Ehegatte, der das Gesamtgut während der Gütergemeinschaft allein verwaltet hat, dem anderen Ehegatten dafür einzustehen, daß dieser weder über die Hälfte der Verbindlichkeit noch über das aus dem Gesamtgut Erlangte hinaus in Anspruch genommen wird.**

[2]**Haben die Ehegatten das Gesamtgut während der Gütergemeinschaft gemeinschaftlich verwaltet, so hat jeder Ehegatte dem anderen dafür einzustehen, daß dieser von dem Gläubiger nicht über die Hälfte der Verbindlichkeiten hinaus in Anspruch genommen wird.**

[3]**Fällt die Verbindlichkeit im Verhältnis der Ehegatten zueinander einem der Ehegatten zur Last, so hat dieser dem anderen dafür einzustehen, daß der andere Ehegatte von dem Gläubiger nicht in Anspruch genommen wird.**

1   **1)** Die Vorschr regelt (statt § 426) die Folgen einer Inanspruchn nach § 1480 im InnenVerh. Die EinstandsPfl des § 1481 gibt dem Eheg nur ein R auf Befreiung od Rückgriff, nicht aber auf SicherhLeistg od dem Dr ggü die Einrede der Vorausklage. Zur entspr Anwendg der Vorschr bei noch nicht geteiltem GesGut: Zweibr FamRZ **92**, 821.

2   **2)** Der **Alleinverwalter** hat dem and Eheg dafür einzustehen, daß dieser von dem Gläub nicht über das aus dem GesGut Erlangte hinaus u nicht höher als bis zur Hälfte der Verbindlk (§ 1476 I) in Anspr genom-
3   men w, **I.** Bei vorausgegangener **gemeinschaftlicher Verwaltung** erübrigt sich die Beschrkg auf den
4   Wert des Erlangten, da jeder die Hälfte der Verbindlk zu tragen hat, **II.** Bei **Alleinverbindlichkeiten** eines Eheg gem §§ 1441–1444, 1463–1466 hat dieser ohne Rücks auf die Verwaltgsform dem and dafür einzustehen, daß dieser nicht in Anspr genommen w, **III.**

1482 *Eheauflösung durch Tod.*   Wird die Ehe durch den Tod eines Ehegatten aufgelöst, so gehört der Anteil des verstorbenen Ehegatten am Gesamtgut zum Nachlaß. Der verstorbene Ehegatte wird nach den allgemeinen Vorschriften beerbt.

1   Mit dem Tode eines Eheg endet die GütGemsch. Der Anteil des verstorbenen Eheg am GesGut gehört, ebso wie sein Vorbeh- u Sondergut, **zum Nachlaß.** Es gelten die allg erbrechtl Bestimmgen (§§ 1922 ff). Die Erben des Verstorbenen haben sich mit dem überlebden Eheg nach §§ 1471–1481 auseinanderzusetzen, es sei denn, der überl Eheg wird Alleinerbe (BGH **26**, 381), währd bei Vorerbsch die GesHand erst nach AuseinandS erlischt (BayObLG FamRZ **88**, 542; K. Schmidt FamRZ **76**, 685 f). Für alle ab 1. 7. 58 vereinb GütGemsch tritt fortgesetzte GütGemsch nur noch ein, wenn das im EheVertr gesagt ist (§ 1483). Wg des früh Rechts 35. u 41. Aufl.

e) Fortgesetzte Gütergemeinschaft

Vorbemerkung

1   **Zweck:** Die fortges GütGemsch, die nur noch auf Grd EheVertr eintritt (§ 1483), deren Vorschriften aber zwingden Charakter haben (§ 1518), soll es dem überlebden Eheg, der bisher in GütGemsch gelebt hat, bis zu seinem Tode, seiner Wiederverheiratg (§§ 1493, 1494) od der dch sein Erkl herbeigeführten Ablehng od Aufhebg (§§ 1484, 1492) ersparen, den gemschaftl Abkömmlingen ihren Anteil am GesGut sofort herauszugeben. Es findet vielm eine Vereinigg des GesGuts in seiner Person statt, die bisher bestehde GütGemsch setzt er mit den gemschaftl Abkömmlingen fort, wobei er die rechtl Stellg des allein verwaltden Eheg, die anteilsberecht Abkömml die des and Eheg haben (§ 1487 I). Das GesGut ist FamVermögen, das den Fam-Mitgliedern erhalten bleiben soll u an dem nicht zur Fam Gehörige keinen Anteil haben sollen. Erbrechtl
2   Gesichtspkte scheiden mithin für das GesGut aus (§ 1483 I 3). Die fortges GütGemsch unterscheidet **4 Vermögensmassen:** Das GesGut (§ 1485), das Vorbeh- u Sondergut des überlebden Eheg (§ 1486), die Vermögen der anteilsberecht Abkömmlinge. – Ins **Güterrechtsregister** wird die fortges GütGemsch nicht eingetragen, da dieses nur über die währd der Ehe bestehnden güterrechtl Verhältn Ausk gibt (Vorb 3 vor § 1558).
3   Wg der Eintragg ins **Grundbuch** § 1485 Rn 5. – Zum **Landesrecht** vgl 41. Aufl; zur **HöfeO** Soerg-Gaul Rdn 4 vor § 1483.

1483 *Eintritt der fortgesetzten Gütergemeinschaft.*   [1]Die Ehegatten können durch Ehevertrag vereinbaren, daß die Gütergemeinschaft nach dem Tode eines Ehegatten zwischen dem überlebenden Ehegatten und den gemeinschaftlichen Abkömmlingen fortgesetzt wird. Treffen die Ehegatten eine solche Vereinbarung, so wird die Gütergemeinschaft mit den gemeinschaftlichen Abkömmlingen fortgesetzt, die bei gesetzlicher Erbfolge als Erben berufen sind. Der Anteil des verstorbenen Ehegatten am Gesamtgut gehört nicht zum Nachlaß; im übrigen wird der Ehegatte nach den allgemeinen Vorschriften beerbt.

[2]Sind neben den gemeinschaftlichen Abkömmlingen andere Abkömmlinge vorhanden, so bestimmen sich ihr Erbrecht und ihre Erbteile so, wie wenn fortgesetzte Gütergemeinschaft nicht eingetreten wäre.

1   **1)** Falls im EheVertr vereinb u nicht §§ 1506, 1511, 1517 vorliegen, wird zw den nach §§ 1923, 1924 erbberecht gemschaftl (mj, vollj, verheirateten od led) Abkömml u dem überlebden Eheg die GütGemsch fortgesetzt („beerbte Ehe"). Mögl die Auslegg, daß Abkömml zugl Schlußerben s sollen (BayObLG FamRZ **86**, 1151). ScheidgsBerechtig schließt im Ggsatz zur Berechtig, auf Aufhebg der Ehe zu klagen (§ 1509 S 2), die Fortsetzg der GütGemsch nicht aus. § 1483 unterscheidet, ob nur gemschaftl Abkömml vorhanden sind (I) od auch einseit Abkömml des Verstorbenen (II).

2   **2)** Sind **nur gemeinschaftliche Abkömmlinge** vorhanden, **I,** erfolgt eine Beerbg des Verstorbenen nur hinsichtl seines Vorbeh- u SondGuts. Im übr findet eine AuseinandS nicht statt (vgl § 1503 Rn 2). Zur Zusammensetzg des GesGuts § 1485 Rn 1–3. Pflichtteilsergänz (§§ 2325 ff) nur aus Vorbeh- u SondGut, da diese allein den Nachlaß bilden.

3   **3)** Sind neben den gemschaftl **auch einseitige Abkömmlinge** des Verstorbenen vorh, **II,** zB Kinder aus früheren Ehen, ändert sich für den überlebden Eheg u die gemschaftl Kinder nichts, die nicht gemschaftl Abkömml sind hingg von der fortges GütGemsch ausgeschlossen; sie erben so, als wenn fortges GütGemsch nicht eingetreten wäre, dh sie erben zusätzl zum Vorbeh- u SondGut auch aus dem GesGut. Die AuseinandS hat zuerst mit ihnen zu erfolgen (§ 1471). Eine AuseinandS findet nicht statt, wenn der einseit Abkömml nur pflichtteilsberecht od VermächtnNehmer ist; der Wert des Anteils wird dann geschätzt. Der NachlRichter hat vAw zu prüfen, ob gemschaftl Abkömml vorhanden sind (BGH **63**, 35).

1484 *Ablehnung der fortgesetzten Gütergemeinschaft.* [I]Der überlebende Ehegatte kann die Fortsetzung der Gütergemeinschaft ablehnen.

[II]Auf die Ablehnung finden die für die Ausschlagung einer Erbschaft geltenden Vorschriften der §§ 1943 bis 1947, 1950, 1952, 1954 bis 1957, 1959 entsprechende Anwendung. Steht der überlebende Ehegatte unter elterlicher Sorge oder unter Vormundschaft, so ist zur Ablehnung die Genehmigung des Vormundschaftsgerichts erforderlich. Dies gilt auch für die Ablehnung durch den Betreuer des überlebenden Ehegatten.

[III]Lehnt der Ehegatte die Fortsetzung der Gütergemeinschaft ab, so gilt das gleiche wie im Falle des § 1482.

Eine ausdrückl AnnahmeErkl ist nicht erforderl, ggf aber unwiderrufl (§ 1943). Nur der Eheg hat das 1 einseit, auch nicht ausschließb (§ 1518) **Ablehnungsrecht, I.** Wg der Abkömml §§ 1491, 1495 f, 1517. Auf die Ablehng finden die erbrechtl Vorschr Anwendg. AblehngsFrist v 6 Wo (§ 1944) beginnt nicht mit der Kenntn vom Tode, sond mit der Kenntn vom Eintritt der fortges GütGemsch, auch wenn die Unkenntn auf RUnkenntn beruht (BGH **31**, 209). Steht der überlebde Eheg unter elterl Sorge od Vormsch, so muß der gesetzl Vertreter die Ablehng erklären od ihr zustimmen, das VormschG genehmigen (§§ 1643, 1828 ff), **II 2.** Entspr gilt bei Ablehng dch den Betr, **II 3,** unabh v der AnO eines EinwVorbeh (§ 1896 Rn 27). Der geschäftsfäh, nicht unter EinwVorbeh stehde Betreute lehnt selbst ab (BT-Drucks 11/4528 S 106). Wirkg der Ablehng § 1482 Rn 1, **III.** Für den Fall einer Ablehng kann der and Eheg über das GesGut von Todes wg verfügen.

1485 *Gesamtgut.* [I]Das Gesamtgut der fortgesetzten Gütergemeinschaft besteht aus dem ehelichen Gesamtgute, soweit es nicht nach § 1483 Abs. 2 einem nicht anteilsberechtigten Abkömmling zufällt, und aus dem Vermögen, das der überlebende Ehegatte aus dem Nachlasse des verstorbenen Ehegatten oder nach dem Eintritte der fortgesetzten Gütergemeinschaft erwirbt.

[II]Das Vermögen, das ein gemeinschaftlicher Abkömmling zur Zeit des Eintritts der fortgesetzten Gütergemeinschaft hat oder später erwirbt, gehört nicht zu dem Gesamtgute.

[III]Auf das Gesamtgut finden die für die eheliche Gütergemeinschaft geltenden Vorschriften des *§ 1438 Abs. 2, 3 entsprechende Anwendung.*

1) a) Zum **Gesamtgut** gehören, **I: aa)** das bisherige GesGut (§§ 1416 I, 1435 S 3, 1445, 1446, 1467) abzügl 1 desjenigen, was einem nicht gemschaftl Abkömml zufällt (§ 1483 II) u ein auf Pflichtteil gesetzter gemschaftl Abkömml zu fordern hat (§ 1511 II); **bb)** das Vermögen, das der überlebde Eheg aus dem Nachl des 2 verstorbenen Eheg erhält, also auch Vermächtn u Pflichtt, ferner was er nach dem Eintritt der fortges GütGemsch erwirbt, insb also auch Nutzgen des SondGuts, nicht aber des VorbehGuts. – **b)** Nicht zum 3 GesGut ghören das Vorbeh- u SondGut des überl Eheg (§ 1486) u das Verm des Abkömml, gleichgült, wann es erworben w, **II,** auch nicht Nutzgen daraus.

2) Wirkung. Der Übergang vollzieht sich ohne Übertraggsakt (§ 1416 II; die Verweis auf § 1438 ist 4 Redaktionsfehler!). Es besteht GesamthandsEigt (RG **129**, 120). Die Zugehörigk des Verm des überl Eheg wird vermutet (§ 1416 Rn 2).

3) Register: Eine Eintragg der fortges GütGemsch im GüterRReg findet nicht statt (2 vor § 1483), wohl 5 aber im Grdbuch (§ 1416 III, GBO 35 II, 47). Zur Entbehrlichk der Zust der Abkömml zur Umschreibg KG JW **35,** 2515. Ins HandelsReg kann nur der überl Eheg als Inh des zur fortges GütGemsch ghördn HandelsGesch eingetragen w (KG JFG **6,** 193).

1486 *Vorbehaltsgut; Sondergut.* [I]Vorbehaltsgut des überlebenden Ehegatten ist, was er bisher als Vorbehaltsgut gehabt hat oder was er nach § 1418 Abs. 2 Nr. 2, 3 als Vorbehaltsgut erwirbt.

[II]Sondergut des überlebenden Ehegatten ist, was er bisher als Sondergut gehabt hat oder was er als Sondergut erwirbt.

Der überl Eheg behält als **Vorbehaltsgut** nur, was bisher VorbehGut war, u Erwerb nach § 1418 II Z 2, 1 3, **I;** vertragl Zuweisgen zum VorbehGut sind weder dch EheVertr (§ 1518) noch dch Vertr mit den Abkömml zuläss. Bisheriges **Sondergut** bleibt solches, neues wird gem § 1417 gebildet; Nutzgen daraus fallen ins GesGut. Da das Verm der Abkömml dch die fortges GütGemsch nicht berührt w (§ 1485 II), haben sie kein Vorbeh- od SondGut.

1487 *Rechtsstellung des Ehegatten und der Abkömmlinge.* [I]Die Rechte und Verbindlichkeiten des überlebenden Ehegatten sowie der anteilsberechtigten Abkömmlinge in Ansehung des Gesamtgutes der fortgesetzten Gütergemeinschaft bestimmen sich nach den für die eheliche Gütergemeinschaft geltenden Vorschriften der §§ 1419, 1422 bis 1428, 1434, des § 1435 Satz 1, 3 und der §§ 1436, 1445; der überlebende Ehegatte hat die rechtliche Stellung des Ehegatten, der das Gesamtgut allein verwaltet, die anteilsberechtigten Abkömmlinge haben die rechtliche Stellung des anderen Ehegatten.

[II]Was der überlebende Ehegatte zu dem Gesamtgut schuldet oder aus dem Gesamtgut zu fordern hat, ist erst nach der Beendigung der fortgesetzten Gütergemeinschaft zu leisten.

1) Der überl Eheg, gleichgült, ob er bisher Verwalter, Mitverwalter od nicht verwberecht Eheg war, hat 1 die rechtl Stellg des Verwalters bei der GütGemsch, die anteilsberecht Abkömml die des and Eheg, **I**

2. Halbs. Sie haben nicht nur eine Anwartsch, sond ein selbstd R am GesGut (RG **75**, 414). Andere Vorschr als in I genannt sind nicht anwendb mit Rücks auf die Stellg der Abkömml od weil andere (§§ 1488, 1489, 1500, 1487 II) an ihre Stelle getreten sind.

2　**2) Entsprechend anwendbar, I,** sind: **§ 1419:** Die fortges GütGemsch ist Gemsch zur gesamten Hand (RG **129**, 120); keiner der Beteiligten kann über seinen Anteil am GesGut od an den einz dazu gehör Ggständen verfügen. Anteile unpfändb (ZPO 860 I 2). Vgl aber § 1497 Rn 2. Der überl Eheg kann über seinen Anteil am GesGut letztw verfügen, soweit nicht Rechte der Abkömml verkürzt w (KG JW **31**, 1369);

3　denn das VfgsVerbot des § 1419 gilt nur für Geschäfte unter Lebden (BGH FamRZ **64**, 423). – **§ 1422:** Der überl Eheg hat Besitzschutz auch ggü den Abkömml, die nur mittelb Besitz haben. Er führt RStreitig im

4　eig Namen. – **§§ 1423–1426:** Die Abkömml haben bei Bestehen der fortges GütGemsch keine AuskunftsR, sond sind auf ZustimmgsR beschränkt. Sie muß von allen Abkömml erteilt w. Die Übern der Haftg dafür, daß sie erteilt wird, verstößt nicht gg § 138 (RG JW **24**, 539). Bei Mj od Vormsch §§ 1643, 1821 I Z 1. Ist der überl Eheg selbst gesetzl Vertreter, so steht § 181 nicht entg, daß er die Erkl für die Kinder abgibt (BayObLG DNotZ **52**, 163). Iü reicht es aus, wenn der zur Hälfte am GesGut Beteiligten den widersprechen

5　Beteiligten auf Zust verkl (BGH NJW-RR **91**, 1410). – Das RevokationsR aus **§ 1428** hat nur der Abkömml,

6　der nicht zugestimmt hat; er muß Leistg an das GesGut verlangen. – **§ 1435 S 1, 3:** Zur ordngsmäß Verw gehört im allg nicht die Übertr des GesGuts an einen Abkömml, um die anderen auszuzahlen (KG OLG **42**, 88); anders wenn der überl Eheg das GesGut nicht mehr halten kann (BayObLG **14**, 624). Erschwerg allein genügt nicht (BayObLG **22**, 5). Zur Haftg BGH **48**, 373.

7　**3) Forderungen und Schulden des überlebenden Ehegatten, II,** gleichgült, ob sie vor od nach Eintritt der fortges GütGemsch entstanden sind, sind erst nach deren Beendigg fällig. Die Verpfl zur Gewährg von **Unterhalt** an die Abkömml richtet sich nach den allg Vorschr. Der Unterh für diese ist keine Last des GesGuts (RG JW **07**, 23). Der überl Eheg kann Mittel aus dem GesGut dafür verwenden. – Schulden u Fdgen des verstorbenen Eheg an bzw ug das GesGut sind sofort zu berichtigen. – Hinsichtl der Abkömml gelten die allg Vorschr.

1488 Gesamtgutsverbindlichkeiten. Gesamtgutsverbindlichkeiten der fortgesetzten Gütergemeinschaft sind die Verbindlichkeiten des überlebenden Ehegatten sowie solche Verbindlichkeiten des verstorbenen Ehegatten, die Gesamtgutsverbindlichkeiten der ehelichen Gütergemeinschaft waren.

1　**1)** Für die **Gesamtgutsverbindlichkeiten** haftet der überl Eheg persönl (§ 1489); die §§ 1499, 1500 regeln die Frage, ob im Innenverhältn ein Ausgl stattfindet od aber eine GesGutslast vorliegt. GesGutsVer-

2　bindlk der fortges GütGemsch sind: **a)** sämtl Verbindlk des überl Eheg, gleichgült, wann sie entstanden sind u ob sie vor Eintr der fortges GütGemsch solche des überl Eheg waren, also auch die, die sein Vorbeh- u

3　SondGut betreffen, ferner die UnterhPfl ggü seinem Kind (KG JW **37**, 3159); – **b)** die Verbindlk des verstorbenen Eheg, die GesGutsVerbindkl der ehel GütGemsch waren, gleichgült, ob sie im InnenVerh der Eheg dem GesGut zur Last fielen (§§ 1441–1444, 1463–1466); vgl § 1437 Rn 2, 3, § 1459 Rn 2, 3. Keine

4　GesGutsVerbindlk die des verstorbenen Eheg gem §§ 1460–1462. – **c)** Verbindlk der anteilberecht Abkömml sind niemals GesGutsVerbindlk.

5　**2)** Zur **Zwangsvollstreckung** ins GesGut ist ein gg den überl Eheg ergangenes Urteil erforderl u genügd (ZPO 745 I); die Abkömml können auf Duldg verklagt w (RG **148**, 250). Für ein währd der allg GütGemsch ergangenes Urt gilt ZPO 744. Im **Konkurs** der überl Eheg gehört das GesGut zur KonkMasse, eine AuseinandS findet nicht statt (KO 2 III). Besonderh KO 236, 214–234. Der Konk der Abkömml berührt das GesGut nicht.

1489 Persönliche Haftung für die Gesamtgutsverbindlichkeiten. [I] Für die Gesamtgutsverbindlichkeiten der fortgesetzten Gütergemeinschaft haftet der überlebende Ehegatte persönlich.

[II] Soweit die persönliche Haftung den überlebenden Ehegatten nur infolge des Eintritts der fortgesetzten Gütergemeinschaft trifft, finden die für die Haftung des Erben für die Nachlaßverbindlichkeiten geltenden Vorschriften entsprechende Anwendung; an die Stelle des Nachlasses tritt das Gesamtgut in dem Bestande, den es zur Zeit des Eintritts der fortgesetzten Gütergemeinschaft hat.

[III] Eine persönliche Haftung der anteilsberechtigten Abkömmlinge für die Verbindlichkeiten des verstorbenen oder des überlebenden Ehegatten wird durch die fortgesetzte Gütergemeinschaft nicht begründet.

1　**1)** Währd § 1488 den Umfang der GesGutsverbindlichkeiten der fortges GütGemsch angibt, regelt § 1489 die **persönliche Haftung des überlebenden Ehegatten, I.** Dieser haftet für die GesGutsverbindlkten der fortges GütGemsch persönl. Anders als in § 1437 II 2 endet diese Haftg nicht mit der Beendigg der fortges

2　GütGemsch. Es besteht aber die Möglichk der **Haftungsbeschränkung, II,** u zwar zum Schutze a) des überl Eheg gg den Zugriff auf sein nicht zum GesGut gehör Vermögen, falls das GesGut nicht ausreicht, b) der GesGutsGläub, denen der überl Eheg bei Beginn der fortges GütGemsch nicht persönl haftete, gg den Zugriff der Gläub auf das GesGut, die diese Mögk erst wg § 1488 erlangt haben. Voraussetzg der HaftgsBeschrkg ist aber, daß der überl Eheg nicht etwa schon ohne den Eintritt der fortges GütGemsch persönl gehaftet hätte (vgl 41. Aufl). HaftgsBeschrkg entspr §§ 1967 ff; an die Stelle des Nachlasses tritt das GesGut im Bestande zZ des Eintritts der fortges GütGemsch, einschließ Surrogate (§ 1473), aber ohne Berücksichtigg des späteren Erwerbs (§ 1485 I). Mittel der Haftungsbeschränkg: GesGutsverwaltg (§§ 1975, 1981–1988),

GesGutskonkurs (§ 1975, KO 236), UnzulänglichkEinreden aus §§ 1989, 1990, aufschiebde Einreden aus §§ 2014, 2015. Aufgebot der GesGutsGläub ZPO 1001. Verlust der HaftgsBeschrkg §§ 2005, 2006. Vorbeh der beschränkten Haftg im Urt ZPO 305 II; ZwVollstr ZPO 786.

2) Eine **Haftung der Abkömmlinge** besteht nicht, **III,** soweit sie sich nicht aus anderen Gründen ergibt **3** (zB als Erben, Bürgen, gemschaftl Verpflichtg).

1490 *Tod eines Abkömmlings.* **Stirbt ein anteilsberechtiger Abkömmling, so gehört sein Anteil an dem Gesamtgute nicht zu seinem Nachlasse. Hinterläßt er Abkömmlinge, die anteilsberechtigt sein würden, wenn er den verstorbenen Ehegatten nicht überlebt hätte, so treten die Abkömmlinge an seine Stelle. Hinterläßt er solche Abkömmlinge nicht, so wächst sein Anteil den übrigen anteilsberechtigten Abkömmlingen und, wenn solche nicht vorhanden sind, dem überlebenden Ehegatten an.**

Entspr dem GrdGedanken (Vorbem 1 v § 1483) ist der Anteil des verstorbenen Abkömmlings **unvererb- 1 lich,** so daß dieser darüber weder von Todes wg verfügen kann, noch der Anteil zu seinem Nachlasse gehört. Die Erben, also auch der Eheg des Abkömml (KGJ **44,** 108), erhalten davon nichts; den Gläub des Verstorbenen haftet der Anteil ebenf nicht (vgl § 1487 Rn 2). Die fortges GütGemsch wird vielm mit den Abkömmlingen des Verstorbenen fortgesetzt, die im Falle der gesetzl Erbfolge als seine Erben berufen wären (§ 1924 III), soweit sie nicht nach §§ 1491, 1506, 1511, 1517 ausgeschl sind. Sind solche Personen nicht vorhanden, so wächst der Anteil den übr Abkömml, nicht dem überl Eheg, nach Maßg von deren gesetzl ErbR nach dem verstorbenen Eheg (§ 1503) mit dingl Wirkg u ohne AusschlaggsMöglk an. Der Anteil des letzten Abkömml wächst dem überl Eheg an. Das nehel Kind eines Sohnes ist nicht gesetzl Erbe u erhält desh nur einen Anspr auf Wertabfindg (Stgt JR **76,** 196). Stirbt der anteilsberecht Abkömml nach Beendigg der fortges GütGemsch, ist § 1490 trotz § 1497 I unanwendb; das dann bestehde Recht an der AuseinandsetzgsGemsch ist nach allg Grdsätzen vererbl (BayObLG MDR **67,** 673).

1491 *Verzicht eines Abkömmlings.* [I]**Ein anteilsberechtigter Abkömmling kann auf seinen Anteil an dem Gesamtgute verzichten. Der Verzicht erfolgt durch Erklärung gegenüber dem für den Nachlaß des verstorbenen Ehegatten zuständigen Gerichte; die Erklärung ist in öffentlich beglaubigter Form abzugeben. Das Nachlaßgericht soll die Erklärung dem überlebenden Ehegatten und den übrigen anteilsberechtigten Abkömmlingen mitteilen.**

[II]**Der Verzicht kann auch durch Vertrag mit dem überlebenden Ehegatten und den übrigen anteilsberechtigten Abkömmlingen erfolgen. Der Vertrag bedarf der notariellen Beurkundung.**

[III]**Steht der Abkömmling unter elterlicher Sorge oder unter Vormundschaft, so ist zu dem Verzichte die Genehmigung des Vormundschaftsgerichts erforderlich. Dies gilt auch für den Verzicht durch den Betreuer des Abkömmlings.**

[IV]**Der Verzicht hat die gleichen Wirkungen, wie wenn der Verzichtende zur Zeit des Verzichts ohne Hinterlassung von Abkömmlingen gestorben wäre.**

1) Der § 1517 behandelt den **Verzicht** vor, § 1491 denj nach Eintritt der fortges GütGemsch. **Zweck: 1** Ausn vom VfgsVerbot der §§ 1487 I, 1497 II, 1419 I, um eine Abschichtg zu ermöglichen; der Verzicht kann näml von einer GgLeistg abhäng gemacht w (RG **75,** 263). Für das so aus dem GesGut überlassene Grdstück gelten §§ 434, 439 II (RG SeuffA **86,** 167). Der Verzicht kann nicht dch Vertr (etwa zG Dritter) ausgeschl w (§ 1518, str). Er ist eine Verfügg (BGH **1,** 304), die sich auf den gesamten Anteil beziehen muß, unter einer Bedingg erfolgen kann u der Anfechtg (BayObLG NJW **54,** 928) u GläubAnf (Stettin JW **34,** 921) unterliegt. Er ist bis zur Beendigg der AuseinandS (vgl § 1484 Rn 1) ist Gen des VormschG erfdl, **III 1 u 2** (§§ 1643 III, 1828 ff); Zustdgk FGG 36, 43. Bei verheirateten Abkömml ist deren GüterR zu beachten.

2) Form: Der Verzicht kann erfolgen a) einseit in öff beglaubigter Erkl (§ 129) ggü dem für den verstor- **2** benen Eheg zust NachlG (FGG 72, 73), **I,** u zwar auch dch einen Bevollm. Mitteilg des NachlG, **I 3,** nur OrdngsVorschr. b) dch notariell beurk (§ 128) Vertrag mit dem überl Eheg u den anteilsberecht Abkömml, **II** (krit zum FormErfordern van Venrooy FamRZ **88,** 561).

3) Wirkung: Anwachsg mit dingl Wirkg wie § 1490 Rn 1, wesh § 419, ZPO 729 unanwendb sind (LG **3** Mü MDR **52,** 44). Der Verzicht erstreckt sich auch auf die Abkömml des Abkömml. Verzichten alle Abkömml, so ist die fortges GütGemsch beendet.

1492 *Aufhebung durch den überlebenden Ehegatten.* [I]**Der überlebende Ehegatte kann die fortgesetzte Gütergemeinschaft jederzeit aufheben. Die Aufhebung erfolgt durch Erklärung gegenüber dem für den Nachlaß des verstorbenen Ehegatten zuständigen Gerichte; die Erklärung ist in öffentlich beglaubigter Form abzugeben. Das Nachlaßgericht soll die Erklärung den anteilsberechtigten Abkömmlingen und, wenn er überlebende Ehegatte gesetzlicher Vertreter eines der Abkömmlinge ist, dem Vormundschaftsgerichte mitteilen.**

[II]**Die Aufhebung kann auch durch Vertrag zwischen dem überlebenden Ehegatten und den anteilsberechtigten Abkömmlingen erfolgen. Der Vertrag bedarf der notariellen Beurkundung.**

[III]**Steht der überlebende Ehegatte unter elterlicher Sorge oder unter Vormundschaft, so ist zu der Aufhebung die Genehmigung des Vormundschaftsgerichts erforderlich. Dies gilt auch für die Aufhebung durch den Betreuer des überlebenden Ehegatten.**

1 Neben der Ablehng (§ 1484) kann jederZt die **Aufhebung** der fortges GütGemsch ggü allen Abkömml erfolgen. Entspr Verpfl dazu nach § 1493 II. Sie hat (im Ggs zu § 1491 Rn 3) die Beendigg der fortges GütGemsch u damit die AuseinandS zur Folge. Form: § 1491 Rn 2. Bei elt Sorge, Vormsch u Betr (vgl § 1484 Rn 1) VormschGGen erfdl. Wiederherstellg nicht mögl.

1493 *Wiederverheiratung des überlebenden Ehegatten.* ¹Die fortgesetzte Gütergemeinschaft endigt mit der Wiederverheiratung des überlebenden Ehegatten.

ᴵᴵDer überlebende Ehegatte hat, wenn ein anteilsberechtigter Abkömmling minderjährig ist, die Absicht der Wiederverheiratung dem Vormundschaftsgericht anzuzeigen, ein Verzeichnis des Gesamtguts einzureichen, die Gütergemeinschaft aufzuheben und die Auseinandersetzung herbeizuführen. Dies gilt auch, wenn die Sorge für das Vermögen eines anteilsberechtigten Abkömmlings zum Aufgabenkreis eines Betreuers gehört. Das Vormundschaftsgericht kann gestatten, daß die Aufhebung der Gütergemeinschaft bis zur Eheschließung unterbleibt und daß die Auseinandersetzung erst später erfolgt.

1 **1)** Bei **Wiederverheiratung** des überl Eheg endet die fortges GütGemsch von selbst, **I,** mit der Folge der AuseinandS (§ 1497). Auch keine Wiederherstellg, wenn Ehe nichtig ist.

2 **2)** **Pflichten des überlebenden Ehegatten, II.** AnzeigePfl bei mj anteilsberecht Abkömml, **II 1,** od wenn dieser vollj ist u unter Betreuung steht, **II 2.** Das VormschG (Zustdgk FGG 36, 43, RPflG 3 Z 2a) kann gestatten, daß die Aufhebg bis zur Eheschließ unterbleibt u die AuseinandS erst später erfolgt.
3 Aufschiebdes Ehehindern (EheG 9). Das **Verzeichnis** muß vollständig die VermStücke u auch die Schuldverbindlkten enthalten, aber nicht Belege od einen RechenschBericht. Ist das Verzeichn ungenügd, nicht § 1682 II 1, sond Verweigerg des Zeugn nach EheG 9. Wg der Aufhebg der GütGemsch § 1492, wg der Dchführg der AuseinandS §§ 1497ff.

1494 *Tod des überlebenden Ehegatten.* ¹Die fortgesetzte Gütergemeinschaft endet mit dem Tode des überlebenden Ehegatten.

ᴵᴵWird der überlebende Ehegatte für tot erklärt oder wird seine Todeszeit nach den Vorschriften des Verschollenheitsgesetzes festgestellt, so endet die fortgesetzte Gütergemeinschaft mit dem Zeitpunkt, der als Zeitpunkt des Todes gilt.

1 **Tod.** Beendigg kr G, keine AbändergsMöglk (§ 1518). AuseinandS §§ 1497ff. Der Anteil des Eheg am GesGut gehört zu seinem Nachl bzw zur NachlKonkMasse (BayObLG OLG **33,** 341). Die **Todeserklärung** bzw Feststellg des TodesZtpkts (VerschG 39ff) beendet die fortgesetzte GütGemsch in dem im Beschl festgesetzten Ztpkt des Todes (VerschG 9, 23, 44), **II,** auch wenn der Eheg lebt. Wird der Beschl aufgeh, weil der Verschollene die TodesErkl überlebt, so werden damit deren Wirkgen rückw beseitigt. Entspr gilt bei nachträgl Feststellg eines and TodesZtpkts.

1495 *Aufhebungsklage eines Abkömmlings.* Ein anteilsberechtigter Abkömmling kann gegen den überlebenden Ehegatten auf Aufhebung der fortgesetzten Gütergemeinschaft klagen,

1. wenn seine Rechte für die Zukunft dadurch erheblich gefährdet werden können, daß der überlebende Ehegatte zur Verwaltung des Gesamtgutes unfähig ist oder sein Recht, das Gesamtgut zu verwalten, mißbraucht;
2. wenn der überlebende Ehegatte seine Verpflichtung, dem Abkömmling Unterhalt zu gewähren, verletzt hat und für die Zukunft eine erhebliche Gefährdung des Unterhalts zu besorgen ist;
3. wenn die Verwaltung des Gesamtguts in den Aufgabenkreis des Betreuers des überlebenden Ehegatten fällt;
4. wenn der überlebende Ehegatte die elterliche Sorge über den Abkömmling verwirkt hat oder, falls sie ihm zugestanden hätte, verwirkt haben würde.

1 **1)** Währd der überlebde Eheg Möglk der Aufhebg nach § 1492 hat, müssen Abkömml **Aufhebungsklage** erheben. Streitw ca die Hälfte vom GesGutsAnteil (NJW **73,** 50). Klageberecht jeder einz, anteilsberecht Abkömml (§ 1483 Rn 1), u zwar zu Nr 3 jeder, zu Nr 1, 2, 4 derj Abkömml, in dessen Pers die Voraussetzgen vorl. Bei Anerbieten eines AufhebgsVertr ZPO 93. AufhebgsGrde erschöpfd, also nicht genügd Volljährig, Verheiratg des Abkömml, Konk des überlebden Eheg.

2 **2)** **Aufhebungsgründe.** Verschulden nicht erforderl. **Nr 1–3** wie § 1447 Nr 1, 2, 4; dessen Nr 3 fehlt,
3 weil der spätere Erwerb der Abkömml nicht in die fortges GütGemsch fällt. **Nr 1:** Für Mißbr ausreichd, wenn das GesVerhalten des überlebden Eheg die nöt Beachtg der Rechte des Abkömml vermissen läßt, so wenn er sich sof ZwVollstr unterwirft, um die Notwendigk v dessen Einwilligg (§§ 1424, 1487) zu umge-
4 hen (BGH **48,** 369). **Nr 4:** Verwirkg der elterl Sorge (obsolet; früher: § 1676), nicht ihr Ruhen (§§ 1673ff) od § 1666; bei § 1666 II aber evtl § 1495 Nr 2. Geschützt ist auch der vollj Abkömml (*arg* „zugestanden hätte").

1496 *Wirkung des Aufhebungsurteils.* Die Aufhebung der fortgesetzten Gütergemeinschaft tritt in den Fällen des § 1495 mit der Rechtskraft des Urteils ein. Sie tritt für alle Abkömmlinge ein, auch wenn das Urteil auf die Klage eines der Abkömmlinge ergangen ist.

Urt mit rechtsgestaltder Wirkg; keine vorl Vollstreckbark; vgl iü § 1449 Rn 1. Beitritt macht and Ab- 1
kömml zu streitgenöss Nebenintervenienten (ZPO 61, 69). Ztpkt der KlageErhebg erhebl für die Ausein-
andS (§§ 1498, 1479).

1497 *Rechtsverhältnis bis zur Auseinandersetzung.* [I]Nach der Beendigung der fort-
gesetzten Gütergemeinschaft setzen sich der überlebende Ehegatte und die Abkömm-
linge über das Gesamtgut auseinander.
[II]Bis zur Auseinandersetzung bestimmt sich ihr Rechtsverhältnis am Gesamtgut nach den
§§ 1419, 1472, 1473.

1) In den Fällen der §§ 1492–1495 hat jeder Beteiligte einen klagb Anspr auf AuseinandS, **I.** Sterben od 1
verzichten alle Abkömml, so wachsen ihre Anteile dem überlebden Ehег an, so daß es keiner AuseinandS
bedarf (§§ 1490 Rn 1; 1491 Rn 3). Ebso iF der Beerbg des überl Eheg dch den einz Abkömml (KG FJG **1**,
358). Dch die AuseinandS werden Erb- u PflichttRe der Abkömml ggü dem überl Eheg nicht berührt. Gen
des VormschG für AuseinandS dch Vormd od Pfleger nicht erfdl, es sei denn für damit zushänge GrdGe-
schäfte (KGJ 38 A 219). Zum MannesVorR beim AnerbenR in Wü vgl BGH **125**, 41. Verf Vorbem v
§ 1471. Die LiquidationsGemsch wird auf Antr ins GB eingetragen.

2) **Rechtsverhältnis der Teilhaber am Gesamtgut, II. Zu § 419:** Vgl § 1471 Rn 2. Das GesHandsVerh 2
dauert als LiquidationsGemsch bis zur AuseinandS fort. Keine Abtretg des AuseinandSAnspr, da als Vfg
über den Anteil unzul (KG JW **31**, 1371), wohl aber des Anspr auf das AuseinandSGuth, in die sich die
unwirks Vfg über den Anteil umdeuten läßt (BGH FamRZ **66**, 443). Auch Verzicht auf Anteil bis zur
AuseinandS mögl (§ 1491 Rn 1). Auch jetzt keine persönl Haftg der Abkömml (Hbg SeuffA **75**, 31); vgl aber
§§ 1498, 1480. Wg Pfändbark u Konk vgl § 1471 Rn 2. ZwVollstr ZPO 745 II. Wg Liquidations- u Miter-
benGemsch § 1471 Rn 2. – **Zu § 1472:** Die Verwaltg steht dem überl Eheg u den Abkömml gemeins zu (RG 3
139, 121), jedoch Kl eines Abkömml auf Ersatz zum GesGut mögl (§ 1472 Rn 1). Inwiew ein verh Ab-
kömml der Mitwirkg seines Eheg bedarf, entscheidet das für diese Ehe geltde GüterR (RG **125**, 347). Die
Erben des überl Eheg sind zur Ausk verpfl (§§ 681, 666), wenn sich dieser die Verw allein angemaßt h (Warn
28, 42). Zur Mitwirkg zu Maßn einer ordngsmäß Verw (§ 1472 III) kann auch die Duldg der ZwVollstr in
das GesGut seitens der Abkömml gehören (RG **148**, 250).

1498 *Durchführung der Auseinandersetzung.* Auf die Auseinandersetzung sind die
Vorschriften der §§ 1475, 1476, des § 1477 Abs. 1, der §§ 1479, 1480 und des § 1481 Abs. 1,
3 anzuwenden; an die Stelle des Ehegatten, der das Gesamtgut allein verwaltet hat, tritt der
überlebende Ehegatte, an die Stelle des anderen Ehegatten treten die anteilsberechtigten Ab-
kömmlinge. Die in § 1476 Abs. 2 Satz 2 bezeichnete Verpflichtung besteht nur für den überleben-
den Ehegatten.

Es gilt Entspr wie bei der AuseinandS nach Beendigg der GütGemsch. Im Ggs zu den Eheg (§ 1518), 1
können die Beteiligten für die AuseinandS abweichde Anordngn treffen. Dch die Teilg des GesGut verlie-
ren die Abkömml ihr ErbR gg den überl Eheg. **§ 1475 II** wird dch §§ 1499, 1500 ergänzt. **§ 1476 I:** Die 2/3
eine Hälfte des Überschusses erhält der Eheg, die and die Abkömml, die n § 1503 unter sich teilen. Das ErbR
des überl Eheg ggü dem verstorbenen wird also nicht berücks (BayObLG **13**, 619), ebsowenig, wenn
einseitige Abkömml einen Teil des GesGuts bei Eintr fortges GütGemsch erhalten h (§ 1483 Rn 3). **§ 1476** 4
II 2 bezieht sich nur auf den überl Eheg (§ 1498 S 2), weil die Abkömml dch die fortges GütGemsch persönl
nicht verpflichtet w (§ 1497 Rn 2). An Stelle des ÜbernahmeR n **§ 1477 II** treten §§ 1502, 1515. Im AusnFall 5
des § 1480 können auch die Abkömml persönl verpfl w; vgl aber auch §§ 1481, 1500. Eine Einbuße hat der
überl Eheg zu tragen.

1499 *Verbindlichkeiten zu Lasten des überlebenden Ehegatten.* Bei der Auseinan-
dersetzung fallen dem überlebenden Ehegatten zur Last:
1. die ihm bei dem Eintritte der fortgesetzten Gütergemeinschaft obliegenden Gesamtgutsver-
bindlichkeiten, für die das eheliche Gesamtgut nicht haftete oder die im Verhältnisse der Ehe-
gatten zueinander ihm zur Last fielen;
2. die nach dem Eintritte der fortgesetzten Gütergemeinschaft entstandenen Gesamtgutsverbind-
lichkeiten, die, wenn sie während der ehelichen Gütergemeinschaft in seiner Person entstanden
wären, im Verhältnisse der Ehegatten zueinander ihm zur Last gefallen sein würden;
3. eine Ausstattung, die er einem anteilsberechtigten Abkömmling über das dem Gesamtgut ent-
sprechende Maß hinaus oder die er einem nicht anteilsberechtigten Abkömmlinge versprochen
oder gewährt hat.

1) Von dem unausgesprochenen **Grundsatz**, daß alle GesGutsVerbindlken der fortges GütGemsch auch 1
im InnenVerh dem GesGut zur Last fallen, bringen §§ 1499, 1500 **Ausnahmen**, die der sich darauf Berufde
zu beweisen hat. **Nr 1** betrifft die vor Eintr der fortges GütGemsch entstandenen GesGutsVerbindlken. Da 2
währd der ehel GütGemsch das GesGut für alle Verbindlk des Verwalters, im gemschaftl Verw wieder Eheg
haftet (§§ 1437 I, 1459 I), betrifft Halbs 1 bei früh Verw dch einen Eheg nur die Verbindlk des nicht
verwberecht Eheg als Überlebden aus §§ 1438–1440, bei früh gemeinsamer Verw die Verbindlk aus
§§ 1460–1462, soweit sie den Überlebden treffen. Wg Halbs 2 §§ 1441–1444, 1463–1466. – **Nr 2:** Vgl 3
§§ 1441, 1442, 1443 I, 1463, 1465 I. – **Nr 3:** Vgl §§ 1444, 1466. 4

2) **Wirkung.** Der überl Eheg kann Berichtigg aus dem GesGut nicht verlangen (§§ 1498, 1475 II), ggf 5
ErsLeistg zum GesGut (§§ 1487, 1445 I, 1467 I).

1500 *Verbindlichkeiten zu Lasten der Abkömmlinge.* [I]Die anteilsberechtigten Abkömmlinge müssen sich Verbindlichkeiten des verstorbenen Ehegatten, die diesem im Verhältnisse der Ehegatten zueinander zur Last fielen, bei der Auseinandersetzung auf ihren Anteil insoweit anrechnen lassen, als der überlebende Ehegatte nicht von dem Erben des verstorbenen Ehegatten Deckung hat erlangen können.

[II]In gleicher Weise haben sich die anteilsberechtigten Abkömmlinge anrechnen zu lassen, was der verstorbene Ehegatte zu dem Gesamtgute zu ersetzen hatte.

1   Ausnahme zu Lasten der Abkömml von dem Grds § 1499 Rn 1. Beweislast wie dort. Die Erbenhaftg der Abkömml wird dch § 1500 nicht berührt. Wg der dem verstorbenen Eheg zur Last fallden Verbindlk vgl
2   §§ 1441–1444, 1463–1466; wg seiner ErsPfl zum GesGut §§ 1445, 1446, 1467, 1468. Wg der **Anrechnung** vgl § 1476 Rn 2; jedoch keine persönl Haftg der Abkömml wg § 1489 III. Die AnrechngsPfl entf, wenn der überl Eheg von den Erben des verstorbenen Eheg Deckg erlangt hat od hätte erlangen können; ebso wenn der überl den verstorbenen Eheg beerbt hat.

1501 *Anrechnung von Abfindungen.* [I]Ist einem anteilsberechtigten Abkömmlinge für den Verzicht auf seinen Anteil eine Abfindung aus dem Gesamtgute gewährt worden, so wird sie bei der Auseinandersetzung in das Gesamtgut eingerechnet und auf die den Abkömmlingen gebührende Hälfte angerechnet.

[II]Der überlebende Ehegatte kann mit den übrigen anteilsberechtigten Abkömmlingen schon vor der Aufhebung der fortgesetzten Gütergemeinschaft eine abweichende Vereinbarung treffen. Die Vereinbarung bedarf der notariellen Beurkundung; sie ist auch denjenigen Abkömmlingen gegenüber wirksam, welche erst später in die fortgesetzte Gütergemeinschaft eintreten.

1   **1)** Die **Anrechnung, I,** bezieht sich nur auf den einst Verzicht od VerzichtsVertr nach § 1491, nicht § 1517, bei dem die Abfindg aus dem GesGut die GgLeistg ist. Da der Anteil des verzichtden Abkömml den übr anteilsberecht Abkömml anwächst (§ 1491 IV, 1490 S 3), erfolgt Ausgl dergestalt, daß die Abfindg von dem auf die Abkömml entfallden Anteil abgezogen, der Anteil des überl Eheg also nicht belastet w. Für den ungedeckten Teil keine persönl Haftg der Abkömml. Ausgleich unter den Abkömml § 1503.

2   **2) Abweichende Vereinbarung, II:** Form § 1491 Rn 2; bei Vereinbg erst nach Aufhebg der fortges GütGemsch, keine Form. Ist der überl Eheg gesetzl Vertr des Abkömml, Pflegerbestellg erfdl (§§ 1629 II, 1795, 1909); Gen des VormschG nur erfdl, wenn die Vereinbg die Verteilg der Abfindg im Verh der Abkömml zueinand betrifft (§ 1503 II), da das erbrechtl Charakter h.

1502 *Übernahmerecht des überlebenden Ehegatten.* [I]Der überlebende Ehegatte ist berechtigt, das Gesamtgut oder einzelne dazu gehörende Gegenstände gegen Ersatz des Wertes zu übernehmen. Das Recht geht nicht auf den Erben über.

[II]Wird die fortgesetzte Gütergemeinschaft auf Grund des § 1495 durch Urteil aufgehoben, so steht dem überlebenden Ehegatten das im Abs. 1 bestimmte Recht nicht zu. Die anteilsberechtigten Abkömmlinge können in diesem Falle diejenigen Gegenstände gegen Ersatz des Wertes übernehmen, welche der verstorbene Ehegatte nach § 1477 Abs. 2 zu übernehmen berechtigt sein würde. Das Recht kann von ihnen nur gemeinschaftlich ausgeübt werden.

1   **1)** Das **Übernahmerecht des überlebenden Ehegatten, I,** geht weiter als § 1477 II. Der überl Eheg kann es zur Teilg kommen lassen (§§ 1477 I, 1498) od das GesGut bzw einz GgStde übernehmen, u zwar zum gemeinen Wert im Ztpkt der Übern, den er gem § 1492 dch Aufhebg der fortges GütGemsch selbst best kann. Er hat aber kein ÜbernR ggü den einseit Abkömml des verstorbenen Eheg (RG **118**, 388). Zur Dchführg der Übern § 1477 Rn 3. Kein ÜbernR am EhegHof (HöfeO § 8 I 2, IV). Das ÜbernR ist unvererbl; der Eheg kann aber letztw bestimmen, daß der zum Erben eingesetzt Abkömml in die Übern dch einen and willigt (BGH FamRZ **64**, 425).

2   **2) Übernahmerecht der Abkömmlinge, II.** Das ÜbernR des überl Eheg entfällt, wenn die fortges GütGemsch dch Urt aufgeh wird (§ 1495) od sich die an sich begründete Aufhebgskl nach Erhebg erledigt (§ 1498, 1479); dann haben die Abkömml ein vererbl u gemeinschaftl auszuübdes ÜbernR. Umfang § 1477 Rn 2. Vgl auch § 1515.

1503 *Teilung unter den Abkömmlingen.* [I]Mehrere anteilsberechtigte Abkömmlinge teilen die ihnen zufallende Hälfte des Gesamtguts nach dem Verhältnisse der Anteile, zu denen sie im Falle der gesetzlichen Erbfolge als Erben des verstorbenen Ehegatten berufen sein würden, wenn dieser erst zur Zeit der Beendigung der fortgesetzten Gütergemeinschaft gestorben wäre.

[II]Das Vorempfangene kommt nach den für die Ausgleichung unter Abkömmlingen geltenden Vorschriften zur Ausgleichung, soweit nicht eine solche bereits bei der Teilung des Nachlasses des verstorbenen Ehegatten erfolgt ist.

[III]Ist einem Abkömmlinge, der auf seinen Anteil verzichtet hat, eine Abfindung aus dem Gesamtgute gewährt worden, so fällt sie den Abkömmlingen zur Last, denen der Verzicht zustatten kommt.

1) Teilung unter den Abkömmlingen, I. Abänderb iRv §§ 1512–1516. An Stelle der vor Beendigg der **1** fortges GütGemsch verstorbenen Abkömml treten die dch sie mit dem verstorbenen Eheg verwandten Abkömml (§§ 1924, 1927). Anteilsberecht Abkömml §§ 1482, 1483 jew Rn 1.

2) Ausgleichung des Vorempfangenen, II. Gemschaftl Abkömml haben zZt der Beendigg der Güt- **2** Gemsch nur Vorempfänge aus dem Vorbeh- u SondGut der verstorb Eheg ausgeglichen, die Ausgleichg hins des GesGuts erfolgt erst jetzt (§ 1483 Rn 2); waren auch einseit Abkömml vorh, so erfolgt nur diesen ggü der Ausgl sofort, die Ausgleich untereinand unterblieb zunächst ebenf (§ 1483 Rn 3). Nunmehr ist das Vorempfangene, dh was der Abkömml aus dem GesGut vom verstorb od überl Eheg erhalten hat, auszugleichen entspr §§ 2050, 2051 I, 2053–2057. Abweichde AnO der Eheg sind unwirks (§ 1518). Keine AusglPfl ggü dem überl Eheg.

3) Verzicht eines Abkömmlings, III. Vgl §§ 1491, 1501; nicht § 1517. Vgl weiterh § 1501 Rn 1. **3**

1504 *Haftungsausgleich unter Abkömmlingen.* **Soweit die anteilsberechtigten Abkömmlinge nach § 1480 den Gesamtgutsgläubigern haften, sind sie im Verhältnisse zueinander nach der Größe ihres Anteils an dem Gesamtgute verpflichtet. Die Verpflichtung beschränkt sich auf die ihnen zugeteilten Gegenstände; die für die Haftung des Erben geltenden Vorschriften der §§ 1990, 1991 finden entsprechende Anwendung.**

Wird bei Teilg eine GesGutsVerbindlk nicht berichtigt, haften die Abkömml persönl (§ 1498 Rn 6). **1** Werden sie über den sich aus S 1 ergebden Bruchteil v den Gläub in Anspr gen, können sie v den übr Abkömml Ersatz verl. Diese haften jedoch nicht als GesSchu u nur entspr der Größe ihres Anteils am GesGut. Wg der HaftgsBeschrkg § 1480 Rn 6.

1505 *Ergänzung des Anteils des Abkömmlings.* **Die Vorschriften über das Recht auf Ergänzung des Pflichtteils finden zugunsten eines anteilsberechtigten Abkömmlinges entsprechende Anwendung; an die Stelle des Erbfalls tritt die Beendigung der fortgesetzten Gütergemeinschaft, als gesetzlicher Erbteil gilt der dem Abkömmlinge zur Zeit der Beendigung gebührende Anteil an dem Gesamtgut, als Pflichtteil gilt die Hälfte des Wertes dieses Anteils.**

§ 1505 trifft Vorsorge gg eine Verkürzg des Anteils des Abkömml am GesGut dch Schenkgen über **1** §§ 1512 ff hinaus. Es wird so angesehen, als ob der verstorb Eheg erst zZt der Beendigg der fortges GütGemsch gestorben wäre (vgl § 1503 I). Nur entspr Anwend von §§ 2325–2332, weil kein wirkl Erbfall (Vorbem 1 vor § 1483); da Schenkgen ohne Zust zurückgefordert w können (§ 1425 Rn 1) sind hier nur solche des Verwalters mit Zust des and Eheg, sowie bei gemschaftl Verw solche beider Eheg zu berücks. Die Schenkg gilt im allg als von jedem Eheg zur Hälfte gemacht (vgl § 2331). Nachlaß iS jener Bestimmung ist die Hälfte des GesGuts zZt der Beendigg der fortges GütGemsch (RG JW **11**, 996). Den Anspr kann jeder Abkömml für sich geltd machen. §§ 2325–2332 finden ü auf den ErgänzgsAnspr hins des Vorbeh- u SondGuts des verstorb Eheg unmittelb Anwendg (§ 1483 Rn 2), ebso wenn der überl Eheg stirbt.

1506 *Anteilsunwürdigkeit.* **Ist ein gemeinschaftlicher Abkömmling erbunwürdig, so ist er auch des Anteils an dem Gesamtgut unwürdig. Die Vorschriften über die Erbunwürdigkeit finden entsprechende Anwendung.**

Erbunwürdigk hat ow Anteilsunwürdigk zur Folge, **S 1**, die ggf auch allein festgestellt w kann. § 1506 **1** bezieht sich auf die Anteilsunwürdigk v gemschaftl Abkömml ggü dem verstorb Eheg, ist aber auch entspr anwendb bei Erbunwürdigk des überl Eheg (Dölle § 81 VI 2b). Die §§ 2339–2345 sind entspr anzuwenden, **2** **S 2.** Erblasser iS dieser Vorschr ist der verstorbene Eheg. Verfügen von Todes wg (§ 2339) sind auch die gem §§ 1511–1515 sowie die zu diesen erforderl ZustimmgsErklärgen des and Eheg. Der GesGutsAnteil des Erbunwürd kommt den and (auch einseit) Abkömml zugute (§ 2344 II).

1507 *Zeugnis über Fortsetzung der Gütergemeinschaft.* **Das Nachlaßgericht hat dem überlebenden Ehegatten auf Antrag ein Zeugnis über die Fortsetzung der Gütergemeinschaft zu erteilen. Die Vorschriften über den Erbschein finden entsprechende Anwendung.**

1) Entsprechende Anwendung v §§ 2353 ff mit Ausn der §§ 2357, 2363 f, 2368. **1**

2) Antrag. Zuständ NachlG FGG 72, 73, EG 147. Antragsberecht ist – **a)** bei bestehder fortges Güt- **2** Gemsch mRücks auf das allein ihm zustehde VerwR nur der überl Eheg (Hbg OLG **14**, 234), ferner wg GBO 35 II der Gläub, der im Besitz eines vollstreckb Titels ist (ZPO 792, 896; sa GBO 14, 40); – **b)** nach **3** beendigter fortges GütGemsch jeder Abkömml für sich (KG JW **35**, 1437), auch jeder Erbe des zweitverstorbenen Eheg (KG OLG **40**, 155); kein FortsetzgsZeugn, das nur über die fortges GütGemsch Ausk gibt. Vorzulegen ist der EheVertr sowie der urkundl Nachw (StandesRegAuszüge) über den Tod des Eheg u das Vorhandensein gemschaftl Abkömml, die iF der gesetzl Erbfolge als Erben berufen wären (§ 1483 I). Gem § 2356 ist ua eidesstatl zu versichern, daß eine Aufhebg der Vereinbg n § 1483 od die Fortsetzg ausschließde Vfgen (§§ 1509, 1511, 1516) nicht vorliegen (KG OLG **18**, 271) u daß kein RStreit über das Bestehen der fortges GütGemsch anhäng ist.

3) Das Zeugnis enthält Name, Stand u Wohnort beid Eheg, Todestag des Verstorbenen, Bescheinigg, **4** daß nach dessen Tod zw dem überl Eheg u den gemschaftl Abkömml die GütGemsch fortges w ist, ferner, falls das Zeugn erst nach beendigter fortges GütGemsch beantr wurde, den Vermerk, daß diese inzw beendigt w ist. Zweckmäß, aber nicht erfdl, auch die Namen der gemschaftl Abkömml; zul auch Berichtigg des Zeugn, daß ein Abkömml weggefallen u sich alle Anteile in der Hand des überl Eheg vereinigt haben. Erfdl auch Angabe der nicht gemschaftl Abkömml u Bruchteile des früh GesGuts, das nunmehr GesGut der fortges GütGemsch ist (KG DNotZ **34**, 616). Schweigen darüber beweist, daß nur gemschaftl Abkömml vorh. Nicht in das Zeugn gehört die Größe der Anteile der Abkömml. Auch Negativzeugn sind zu erteilen. Zeugn u Erbschein sind voneinand unabh (KG OLG **6**, 319), können auch verbunden w (KG OLG **14**, 237). Ein Erbschein ist auch zu erteilen, wenn Vorbeh- u SondGut nicht vorh s. Einsichtnahme in das Zeugn FGG 78, 85. Zust für das Zeugn der fortges GütGemsch der RPfleg (RPflG 3 Z 2c). Gebühren KostO 109, 107. Zu den landesrechtl AusfVorschr 42. Aufl.

5   **4) Wirkung.** Dch Zeugn wird nur bewiesen, daß fortges GütGemsch eingetr ist (KG OLG **6**, 319); ob sie noch fortbesteht, darüber muß Dritter sich selbst Gewißh verschaffen. Haftg aus § 839 nur f Schäden aus der Verwendg eines unricht Zeugn, nicht dagg aus falscher Beurt der RLage (BGH **63**, 35).

1508 (entfällt, GleichberG Art 1 Z 13; ließ Ausschließ der fortgesetzten GütGemsch durch EheVertr zu, während jetzt stets Vereinbarg für ihr Eintreten erforderl, § 1483 u § 1482 Rn 1).

1509 *Ausschließung der fortgesetzten Gütergemeinschaft durch letztwillige Verfügung.* **Jeder Ehegatte kann für den Fall, daß die Ehe durch seinen Tod aufgelöst wird, die Fortsetzung der Gütergemeinschaft durch letztwillige Verfügung ausschließen, wenn er berechtigt ist, dem anderen Ehegatten den Pflichtteil zu entziehen oder auf Aufhebung der Gütergemeinschaft zu klagen. Das gleiche gilt, wenn der Ehegatte auf Aufhebung der Ehe zu klagen berechtigt ist und die Klage erhoben hat. Auf die Ausschließung finden die Vorschriften über die Entziehung des Pflichtteils entsprechende Anwendung.**

1   **1)** § 1509 bezieht sich auf die Beendigg der Ehe dch Tod (Wirkg § 1510), nicht dch Scheidg od Eheaufhebg, die ohnehin die GütGemsch beendigen. Ausschließg ggü den Abkömml § 1511.

2   **2) Voraussetzungen: a)** Formell erfolgt die Ausschließg dch letztw Vfg (§§ 1937, 2299). **b)** Materiell: **aa)** Berechtigg zur PflichttEntzieh dem and Eheg ggü (§§ 2335–2337), die zZt der Errichtg der letztw Vfg
3   vorliegen u angegeben werden muß (§ 2336 II); **bb)** Berechtigg, auf Aufhebg der GütGemsch zu klagen (§§ 1447, 1448, 1469), wodch das PflichttR nicht berührt w. Wohl aber kann in dem Ausschl der fortges GütGemsch die PflichttEntzieh liegen. Keine Eintragg der Ausschließg ins GüterRReg (KG OLG **40**, 79).

1510 *Wirkung der Ausschließung.* **Wird die Fortsetzung der Gütergemeinschaft ausgeschlossen, so gilt das gleiche wie im Falle des § 1482.**

1   Wg der Wirkgen der Ausschließg n § 1509 vgl § 1482 Rn 1. Die Nichtigk der Ausschließg kann jeder geltd machen (KG OLG **6**, 163).

1511 *Ausschließung eines Abkömmlings.* [I]**Jeder Ehegatte kann für den Fall, daß die Ehe durch seinen Tod aufgelöst wird, einen gemeinschaftlichen Abkömmling von der fortgesetzten Gütergemeinschaft durch letztwillige Verfügung ausschließen.**

[II]**Der ausgeschlossene Abkömmling kann, unbeschadet seines Erbrechts, aus dem Gesamtgute der fortgesetzten Gütergemeinschaft die Zahlung des Betrags verlangen, der ihm von dem Gesamtgute der ehelichen Gütergemeinschaft als Pflichtteil gebühren würde, wenn die fortgesetzte Gütergemeinschaft nicht eingetreten wäre. Die für den Pflichtteilsanspruch geltenden Vorschriften finden entsprechende Anwendung.**

[III]**Der dem ausgeschlossenen Abkömmlinge gezahlte Betrag wird bei der Auseinandersetzung den anteilsberechtigten Abkömmlingen nach Maßgabe des § 1500 angerechnet. Im Verhältnisse der Abkömmlinge zueinander fällt er den Abkömmlingen zur Last, denen die Ausschließung zustatten kommt.**

1   **1)** Währd §§ 1509, 1510 den Ausschl der fortges GütGemsch überh regeln, sind in §§ 1511ff die Möglk der Bestimmg der Rechte der Abkömml ggü der fortges GütGemsch dch letztw Vfg eines Eheg geregelt. AnOen gem § 1511ff können auch für den Fall getroffen w, daß der Abkömml einer and ihm vom Erblasser auferlegten Beschrkg (zB TeilgsAnO) widerspricht (RG LZ **15**, 1657).

2   **2)** Die **Ausschließung, I,** erfolgt dch letztw Vfg (§ 1509 Rn 2), auch stillschw, zB dch ggseitige Erbeinsetzg der Eheg, auch als Vorerben (KGJ **26** A 57). Die Ausschließg kann sich auch auf alle gemschaftl, auch noch nicht geborene od erzeugte Abkömml (§ 1482 Rn 1) erstrecken (KG OLG **40**, 78). Der and Eheg muß zust (§ 1516). Stirbt dieser, so ist Ausschließg ohne Wirkg; ebso, wenn die Ehe aus and Grden ihr Ende findet.

3   **3) Wirkungen. a)** Der ausgeschloss Abkömml gilt als vor der Beendigg der fortges GütGemsch gestorben, **II;** an seine Stelle treten seine anteilsberecht Abkömml (§ 1503 Rn 1), soweit diese nicht auch ausgeschl sind (Rn 2). Er kann aber sof nach Eintritt der Ausschl ggü dem GesGut entspr GeldBetr (§ 2303 I 2) verlangen. Maßgebd für die Berechng dieses Anspr ist der Wert des GesGuts zZt der Beendigg der GütGemsch. Ggteilige AnOen vS des Eheg sind unwirks (§ 1518). Vgl iü §§ 2303ff; unanwendb §§ 2304–2306. Pfändbark ZPO 852 I.

4   **b)** Der Anteil des ausgeschloss Abkömml kann nicht Dr zugewendet w (§ 1514), sond fällt n § 1490 an, iFv dessen S 3 gilt § 1482 (BayObLG **13**, 613).

5   **c) Anrechnung** des gezahlten Betrags ggü den Abkömml, **III,** erfolgt n § 1501 (§ 1500: Redaktionsversehen). Vgl iü §§ 1503 III, 1501 Rn 1.

1512 *Herabsetzung des Anteils.* **Jeder Ehegatte kann für den Fall, daß mit seinem Tode die fortgesetzte Gütergemeinschaft eintritt, den einem anteilsberechtigten Abkömmlinge nach der Beendigung der fortgesetzten Gütergemeinschaft gebührenden Anteil an dem Gesamtgute durch letztwillige Verfügung bis auf die Hälfte herabsetzen.**

Die **Kürzung des Anteils** erfolgt dch zustbedürft (§ 1516) Vfg, dch Belastg des Anteils mit einer **1** Geldsumme od Herabsetzg des Anteils bis auf die Hälfte. Der Abkömml behält auch dann die Rechte aus §§ 1419, 1472, 1473, 1497 weiter, erhält also bei der AuseinandS nur einen auch den geringeren Lasten entspr kleineren Teil; der Eheg kann ihn nicht lediglich auf eine GeldFdg iH der Hälfte seines Anteils verweisen (RG **105**, 243). Wirkg der Herabsetzg: Anwachsg gem § 1490. Zuwendg an Dr § 1514.

1513 *Entziehung des Anteils.* [1] **Jeder Ehegatte kann für den Fall, daß mit seinem Tode die fortgesetzte Gütergemeinschaft eintritt, einem anteilsberechtigten Abkömmlinge den diesem nach der Beendigung der fortgesetzten Gütergemeinschaft gebührenden Anteil an dem Gesamtgute durch letztwillige Verfügung entziehen, wenn er berechtigt ist, dem Abkömmlinge den Pflichtteil zu entziehen. Die Vorschriften des § 2336 Abs. 2 bis 4 finden entsprechende Anwendung.**

[2] **Der Ehegatte kann, wenn er nach § 2338 berechtigt ist, das Pflichtteilsrecht des Abkömmlinges zu beschränken, den Anteil des Abkömmlinges am Gesamtgut einer entsprechenden Beschränkung unterwerfen.**

1) **Entziehung, I.** Unter den allg Voraussetzgen v § 1512 Rn 1. Berechtigg zur PflichttEntziehg **1** §§ 2333, 2337. Wirkg: Währd des Bestehens der fortges GütGemsch bleibt der Beteiligte in der sich aus § 1487 ergebden Stellg; nach ihrer Beendigg § 1490 S 2 u 3 bzw § 1514. Dafür haftet der Abkömml für die GesGutsVerbindlichk bei der AuseinandS nicht; auch keine Anrechng (§§ 1499, 1500).

2) **Beschränkung in wohlmeinender Absicht, II.** Entspr Beschrkg bedeutet Einsetzg der Erben des **2** Abkömml als Nacherben u Ernennng eines TestVollstr. Auch in diesem Falle bleibt der Abkömml währd des Bestehens der fortges GütGemsch Beteiligter. Beschränkte ZwVollstr ZPO 863 III.

1514 *Zuwendung des entzogenen Betrags.* **Jeder Ehegatte kann den Betrag, den er nach § 1512 oder nach § 1513 Abs. 1 einem Abkömmling entzieht, auch einem Dritten durch letztwillige Verfügung zuwenden.**

Wg der letztw Vfg § 1509 Rn 2. Zustimmg des and Eheg erfdl (§ 1516). Es kann nur ein zahlenmäß **1** bestimmter od dem Wert des entzognen Anteils entsprechder **Geldbetrag zugewendet** w, nicht aber der Anteil od ein Ggst des GesGuts. Der Dr wird nicht Beteiligter der fortges GütGemsch. Dr kann auch der überl Eheg od ein Abkömml sein. Geltmach §§ 2147ff entspr.

1515 *Übernahmerecht eines Abkömmlings.* [1] **Jeder Ehegatte kann für den Fall, daß mit seinem Tode die fortgesetzte Gütergemeinschaft eintritt, durch letztwillige Verfügung anordnen, daß ein anteilsberechtigter Abkömmling das Recht haben soll, bei der Teilung das Gesamtgut oder einzelne dazu gehörende Gegenstände gegen Ersatz des Wertes zu übernehmen.**

[2] **Gehört zu dem Gesamtgut ein Landgut, so kann angeordnet werden, daß das Landgut mit dem Ertragswert oder mit einem Preise, der den Ertragswert mindestens erreicht, angesetzt werden soll. Die für die Erbfolge geltenden Vorschriften des § 2049 finden Anwendung.**

[3] **Das Recht, das Landgut zu dem in Absatz 2 bezeichneten Werte oder Preise zu übernehmen, kann auch dem überlebenden Ehegatten eingeräumt werden.**

Das **Übernahmerecht der Abkömmlinge, I, II,** hat Vorrang vor § 1502. Voraussetzgen § 1512 Rn 1. **1** Anteilsberechtigte Abkömml § 1483 Rn 1. Begr des Landguts u Ertragswert § 2049, EG 137. Bezügl EhegHof HöfeO 8 II. Dchführg der Übern § 1477 Rn 3. ÜbernR ist vererbl. Das **Übernahmerecht des 2** **überlebenden Ehegatten, III,** entf iFv §§ 1495, 1502 II.

1516 *Zustimmung des anderen Ehegatten.* [1] **Zur Wirksamkeit der in den §§ 1511 bis 1515 bezeichneten Verfügungen eines Ehegatten ist die Zustimmung des anderen Ehegatten erforderlich.**

[2] **Die Zustimmung kann nicht durch einen Vertreter erteilt werden. Ist der Ehegatte in der Geschäftsfähigkeit beschränkt, so ist die Zustimmung seines gesetzlichen Vertreters nicht erforderlich. Die Zustimmungserklärung bedarf der notariellen Beurkundung. Die Zustimmung ist unwiderruflich.**

[3] **Die Ehegatten können die in den §§ 1511 bis 1515 bezeichneten Verfügungen auch in einem gemeinschaftlichen Testamente treffen.**

Auf die Zust sind §§ 182–184 entspr anwendb. Sie ist auch dann erfdl, wenn die letztw Vfg für den and **1** Eheg vorteilh ist. Sie muß zu LebZten des Verfügenden ergehen w u ist unwiderrufl. Der zustimmde Eheg kann aber trotzdem später die Fortsetzg der GütGemsch ablehnen (§ 1484). Die ZustErkl muß notariell beurk sein (§§ 128, 125; gerichtl Beurk dch BeurkG 56 I gestrichen). Der Zust gleichzuachten ist es, wenn **2** die Eheg die Vfgen gem §§ 1511–1515 in einem gemschaftl Test (§ 2265) treffen, **III,** desgl im ErbVertr (§§ 2275 II, 2276 II); die einseit letztw Vfg des Zustimmden genügt nicht (BayObLG **28**, 318). Die Zust kann nicht dch einen Vertreter abgegeben w, wohl ist aber Vertretg in der Erkl denkb. Ein GeschUnfäh kann nicht zustimmen. Der Widerruf der letztw Vfg bedarf nicht der Zust.

1517 *Verzicht eines Abkömmlings auf seinen Anteil.* ¹Zur Wirksamkeit eines Vertrags, durch den ein gemeinschaftlicher Abkömmling einem der Ehegatten gegenüber für den Fall, daß die Ehe durch dessen Tod aufgelöst wird, auf seinen Anteil am Gesamtgute der fortgesetzten Gütergemeinschaft verzichtet oder durch den ein solcher Verzicht aufgehoben wird, ist die Zustimmung des anderen Ehegatten erforderlich. Für die Zustimmung gelten die Vorschriften des § 1516 Abs. 2 Satz 3, 4.

II Die für den Erbverzicht geltenden Vorschriften finden entsprechende Anwendung.

1   Unterschied zu § 1491 dort Rn 1. Gemeinschaftl Abkömml § 1483 Rn 1. Zustimmg § 1516 Rn 1, 2; es gelten aber nicht § 1516 II 1 und 2. Die ZustErkl des and Eheg ist nicht erfdl, wenn der VerzichtsVertr dch beide abgeschl ist. Nur in diesem Falle behält der VerzichtsVertr beim Tode des and Eheg seine Wirkg, ErbverzichtsVorschr §§ 2346ff. Der VerzichtsVertr erstreckt sich mangels ggteiliger Bestimmg auch auf die Abkömml des Verzichtden (§ 2349). Wird zG eines Dr verzichtet (§ 2350 I), so kann das nur der überl Eheg od ein anteilsberechtigter Abkömml sein.

1518 *Zwingendes Recht.* Anordnungen, die mit den Vorschriften der §§ 1483 bis 1517 in Widerspruch stehen, können von den Ehegatten weder durch letztwillige Verfügung noch durch Vertrag getroffen werden. Das Recht der Ehegatten, den Vertrag, durch den sie die Fortsetzung der Gütergemeinschaft vereinbart haben, durch Ehevertrag aufzuheben, bleibt unberührt.

1   **1)** Wirtschaftl ersetzt der Anteil der Abkömml am GesGut ihr ErbR; § 1518 schützt sie vor einer Verkürzg dieses R über die sich für die Eheg aus §§ 1511–1515 ergebden Möglk hinaus (sa § 1509). Mittelb Bschrkgen allerd mögl (§ 1511 Rn 1; KG JW **31**, 1369). Der überl Eheg kann ü seinen Anteil am GesGut der fortges GütGemsch letztw verfügen.

2   **2)** Gem § 134 **nichtig** sind alle **Anordnungen** der Eheg, die mit den §§ 1483–1517 in Widerspr stehen, mögen sie dch letztw Vfg, Erb- od EheVertr getroffen sein, u zwar auch dann, wenn dadch die Abkömml
3   besser gestellt w (RG JW **16**, 43); zul aber die Aufhebg des die fortges GütGemsch anordnenden EheVertr, S 2. Aufhebg ebenf dch EheVertr. Nichtig kann von den Abkömml u dem überl Eheg geltd gemacht w (KG OLG **6**, 162). Unzul die einseit Einsetzg des Eheg zum Alleinerben (Warn **08**, 163); die Befreiung des überl Eheg von den sich aus §§ 1423–1425 gem § 1487 ergebden Beschrängen; die Beschrkg des VerwR des überl Eheg (§§ 1487, 1422) dch Überweisg der Verw an einen TestVollstr od die Verweisg des Abkömml auf einen schuldrechtl Anspr nach dem Tode des Letztverstorbenen (RG **105**, 242). Zul aber der Vertrag des überl Eheg mit einem Dr, zB die Beschrkg seines VerwR zG des TestVollstr (RG JW **16**, 43), die Vfg des überl Eheg v Todes wg über seinen Nachlaß, also auch seinen Anteil am GesGut (BGH NJW **64**, 2298; FamRZ **85**, 278).

4./5. Errungenschaftsgemeinschaft und Fahrnisgemeinschaft

1519–1557 entfallen *(GleichberG Art 1 Z 15). Zur Unzulässigk, auch weiterhin ErrGemsch u FahrnGemsch ehevertragl zu vereinbaren, § 1409 Rn 1. Übergangsrecht GleichberG Art 8 I Z 7 (bis zur 41. Aufl). Literatur: Hardt FamRZ **89**, 1147.*

III. Güterrechtsregister

Einführung

1   **1) Die Eintragung im Güterrechtsregister bewirkt,** daß der Dritte die eingetr Tats gg sich gelten lassen muß, auch wenn er sie nicht kennt; denn da die Eintr ihm die Möglichk bietet, sich von der Tats Kenntn zu verschaffen (§ 1563), hat er die Folgen der Nichtkenntn zu tragen. Auf die Veröffentlichg der Eintr (§ 1562), kommt es nicht an. Ist die Tats nicht eingetragen, so muß der Dr sie nur dann gg sich gelten lassen, wenn er sie kennt (§ 1412). Jeder Eheg hat also ein Interesse an der Eintr. Desgl an der Berichtigg einer Eintr, deren Unrichtigk ihm bekannt ist; denn jene muß er dann nach Treu u Gl gg sich gelten lassen. Anders als zB im HandelsReg (FGG 132), keine Erzwingg der Eintr dch den RegRichter. Die Eintr hat nur beurkundden Charakter; dem GüterRReg kommt öff Glaube nicht zu (§ 1412 Rn 10). Gibt auch nur Ausk über die güterrechtl Verhältn des Bestehens der Ehe.

2   **2)** Der Kreis der **eintragungsfähigen Tatsachen** beschränkt sich entgg BGH **41**, 370 nicht auf solche, dch deren Nichtkenntn Dritte benachteiligt w können (so jetzt BGH **66**, 203 mit krit Anm v Gottschalg NJW **76**, 1741 auf VorleggsBeschl Celle NdsRPfl **75**, 236). Es kann nicht der Sinn des GleichberG sein, daß der häufigste EheVertr, die Vereinbg der Gütertrennug, nicht mehr registrierfäh ist. Der Zweck des GüterR-Reg ist neben dem VerkSchutz auch die VerkErleichterg (Celle aaO).

3   **a) Eintragungsfähig** sind danach: **aa)** EheVertr, deren Änderg u Aufhebg, u zwar auch, wenn sie dch Urt erfolgt (§§ 1412 II, 1449 II, 1470 II, EG 16 I), VorbehGutsEigensch (§ 1418 IV); – **bb)** Änderg u Ausschließg des gesetzl Güterstdes zZw v § 1412 (BGH NJW **76**, 1258), u zwar auch die dch Urt (§ 1388 Rn 2); – **cc)** Beschränkg u Ausschl der SchlüsselGew (§ 1357 II); – **dd)** Einspr gg den Betrieb eines Erwerbs-

Gesch bei GütGemsch u Widerruf der Einwilligg (§§ 1431 III, 1456 III); – **ee)** als Konsequenz aus BGH NJW **76**, 1258 u iGgsatz zu BGH **41**, 377 jetzt wohl auch die Beseitigg der VfgsBeschrkg des § 1365 I od die Änderg des ZugewAusgl. – Vgl iü auch Anm z § 1412 u § 1408 Rn 3.

b) Nicht eintragungsfähig sind: in sich widerspruchsvolle EheVertr (Colmar RJA **6**, 55; vgl aber auch 4 § 1408 Rn 21); der Eintritt der fortges GütGemsch, da das GüterRReg nur über Tats währd des Bestehens der Ehe Auskft gibt (BayObLG Recht **16**, 1135); die Aufhebg einer vertragl Regelg, wenn letztere sZt nicht eingetr w ist (§ 1412 Rn 7).

c) Der RegRichter hat nicht zu **prüfen**, ob die abgegebenen Erklärgen, wenn sie inhaltl zul sind, zutreffen 5 (KGJ **45** A 194). Der Nachweis der Eheschl kann dch die HeiratsUrk, aber auch dch die Beurkundg des Notars in der notariellen Urk (§ 1410) erbracht w, daß ihm die VertrSchließden als Ehel bekannt s (KG OLG **30**, 134). Die Eintr nicht eintraggsfähiger Tats ist vom RegRichter abzulehnen.

d) Eine Eintr wird **wirkungslos** dch eine entspr GgEintr od auch dch eine jener widersprechde Eintr. 6 Eine Eintr büßt ihre spätere Wirksamk nicht etwa dadch ein, daß sie bereits vor der Eheschl erfolgt ist (aM KG RJA **1**, 12: unzul).

3) Ergänzende Vorschriften zu den §§ 1558–1563 in FGG 161, 162, 127–130, 142, 143; vgl iü GBO 33, 7 34. IPR EG 16, Kosten: KostO 81. Zu weiteren ErgänzsG, insb landesrechtl Vorschr 42. Aufl.

4) Reform: Das weitgehd funktionslos gewordene GüterRReg sollte abgeschafft w (Reithmann DNotZ 8 **84**, 459 mN).

1558 *Zuständiges Registergericht.* **[I]Die Eintragungen in das Güterrechtsregister sind bei jedem Amtsgericht zu bewirken, in dessen Bezirk auch nur einer der Ehegatten seinen gewöhnlichen Aufenthalt hat.**
[II]Durch Anordnung der Landesjustizverwaltung kann die Führung des Registers für mehrere Amtsgerichtsbezirke einem Amtsgericht übertragen werden.

1) Anknüpfg der Zustdgk an den MannesWohns in § 1558 I aF (mit Rücks auf BVerfG NJW **83**, 1968) dch 1 IPRG Art 2 Z 2 beseitigt. **Zuständig** ist das **Amtsgericht**, in dessen Bezirk auch nur einer der Eheg seinen gewöhnl Aufenth hat. Gewöhnl AufenthOrt entsch insb bei mehreren Wohns. Fehlt ein inländ AufenthO, so ist eine Eintragg nicht mögl; dem Dr kann also nur seine Kenntn der güterrechtl Verhältn entggehalten w (§ 1412). Eintr bei einem unzust Ger ist unwirks. Auch bei einem Kaufm ist für die güterrechtl Verhältn allein das GütRReg maßg (RG **63**, 245). Über die eintraggsfäh Tatsachen Vorbem 2–4; zur Wirkg der Eintrag Vorbem 1. Bei Verlegg des AufenthO: § 1559.

2) Zuständig der **Rechtspfleger** (RPflG 3 Z 1 e), jedoch VorlagePfl, wenn Anwendg von nicht im 2 Geltgsbereich des RPflG geltdem Recht in Betr kommt, also nicht bei Staatenlosen, auf die Recht der BRep anzuwenden (vgl EG 29 u Anh).

1559 *Verlegung des gewöhnlichen Aufenthalts.* **Verlegt ein Ehegatte nach der Eintragung seinen gewöhnlichen Aufenthalt in einen anderen Bezirk, so muß die Eintragung im Register dieses Bezirks wiederholt werden. Die frühere Eintragung gilt als von neuem erfolgt, wenn ein Ehegatte den gewöhnlichen Aufenthalt in den früheren Bezirk zurückverlegt.**

Dch **Verlegung des gewöhnlichen Aufenthalts,** also Aufgabe u Neubegründg, verliert die bisher 1 Eintragg ihre Wirkg, u zwar auch dann, wenn im Inland kein gew AufenthO mehr besteht od der gew AufenthO gerade nur in einen and GerBezirk verlegt w. Die bisher Eintr ist aber wg des mögl Wiederaufle- 2 bens dch **Rückverlegung** nicht zu löschen, S 2. Ist sie gelöscht, so kann sie nicht wiederaufleben. Die Wiederholg der Eintr muß beim RegGer des neuen AufenthO erfolgen. Antr § 1561 II Z 2. Verlegt ein Eheg den AufenthO, währd der and am bisher Ort wohnen bleibt, bedarf es der Eintr im neuen Bez, obwohl nach § 1558 für die urspr Eintr viell der Aufenth des and Eheg maßg war.

1560 *Antrag auf Eintragung.* **Eine Eintragung in das Register soll nur auf Antrag und nur insoweit erfolgen, als sie beantragt ist. Der Antrag ist in öffentlich beglaubigter Form zu stellen.**

1) Die Eintr soll nur auf **Antrag** erfolgen. Die Eheg haben es also in der Hand, ob sie überh eintragen 1 lassen (Vorbem v § 1558). Ihr Antr umgrenzt auch den Umfang der Eintr, so daß sie die Teile des EheVertr best können, die eingetr w sollen. Demgem genügt auch die teilw Vorlegg des EheVertr, aus der sich aber dessen Gültigk ergeben muß.

2) Form des Antrags, S 2, öffentl Beglaubigg (§ 129, BeurkG 39 ff), andernf Nichtigk des Antr. Der 2 Antr kann mit dem EheVertr verbunden, also auch schon vor Eheschl gestellt w. Nur (Kln OLG **83**, 267) der beurk Notar gilt als zur Stellg des EintrAntr ermächigt (FGG 161, 129).

3) Eintragung. Der RegRichter (§ 1558 Rn 2) hat die Zustdgk, die formellen Voraussetzgen der An- 3 meldg u die inhaltl Zulässigk zu prüfen, nicht aber, ob der angegebene Inhalt zutreffd ist (Vorbem 5 v § 1558). Die Fassg der Eintr bestimmt der RegRichter (BayObLG **3**, 562); es genügt zB Eintr, daß Güter- trenng od GütGemsch gelten soll. Der Antr auf Eintr der Gütertrenng darf nicht wg Nichtbezahlg eines Kostenvorschusses zurückgew w (Ffm FamRZ **94**, 254). Form der Eintr FGG 161, 130. Die Eintr behält auch dann ihre Wirkg, wenn sie ohne ordngsmäß Antr (Rn 2) erfolgt ist, da § 1560 nur OrdngsVorschr; sie ist dann aber vAw zu löschen (FGG 161, 142, 143). Außerd ggf Haftg des Beamt (§ 839).

1561 *Antragserfordernisse.* [1]**Zur Eintragung ist der Antrag beider Ehegatten erforderlich; jeder Ehegatte ist dem anderen gegenüber zur Mitwirkung verpflichtet.**

[2]**Der Antrag eines Ehegatten genügt**

1. **zur Eintragung eines Ehevertrages oder einer auf gerichtlicher Entscheidung beruhenden Änderung der güterrechtlichen Verhältnisse der Ehegatten, wenn mit dem Antrag der Ehevertrag oder die mit dem Zeugnis der Rechtskraft versehene Entscheidung vorgelegt wird;**
2. **zur Wiederholung einer Eintragung in das Register eines anderen Bezirks, wenn mit dem Antrag eine nach der Aufhebung des bisherigen Wohnsitzes erteilte, öffentlich beglaubigte Abschrift der früheren Eintragung vorgelegt wird;**
3. **zur Eintragung des Einspruchs gegen den selbständigen Betrieb eines Erwerbsgeschäfts durch den anderen Ehegatten und zur Eintragung des Widerrufs der Einwilligung, wenn die Ehegatten in Gütergemeinschaft leben und der Ehegatte, der den Antrag stellt, das Gesamtgut allein oder mit dem anderen Ehegatten gemeinschaftlich verwaltet;**
4. **zur Eintragung der Beschränkung oder Ausschließung der Berechtigung des anderen Ehegatten, Geschäfte mit Wirkung für den Antragsteller zu besorgen (§ 1357 Abs. 2).**

1   **1) Antragsberechtigung.** AntrErfordern u Form § 1560. Aussetzg u Benachrichtigg FGG 127, 130 II, 161. Beschw bei Zurückweisg FGG 19, 20 II. Kosten der Eintragg KostO 29, 81, 86.

2   **2) Antrag eines Ehegatten, II,** genügt – **a)** zur Eintr eines EheVertr, wenn der EheVertr vorgelegt w
3   (§ 1560 Rn 1); – **b)** zur Eintr einer auf einer gerichtl Entsch beruhden Änderg der güterrechtl Verhältn
4   (§§ 1388 Rn 2, 1449 II, 1470 II). Dann muß aber die Entsch mit RechtskrZeugn vorgelegt w. Wg Unzulässigk der Änderg der güterrechtl Verhältn iW der einstw Vfg (§§ 1385 Rn 1, 1447 Rn 2, 1469 Rn 1); – **c)** zur Wiederholg der Eintr bei einem and RegGericht § 1559. Dann muß jedoch eine öff begl Abschr der früh
5   Eintr vorgelegt w, die nach Aufgabe des bish Wohns erteilt ist; – **d)** zur Eintr des Einspruchs gg selbständ Betrieb eines ErwerbsGesch, ebso zur Eintr des Widerrufs der Einwilligg zu einem derart Gesch, falls die Eheg in GütGemsch leben (§§ 1431, 1456). AntrBerecht bei Verw dch einen Eheg dieser, bei gemschaftl Verw der Eheg, der das ErwerbsGesch nicht betreibt. Es genügt die Anmeldg als solche, da die Erkl formlos
6   dem and Eheg ggü abgegeben w (Form § 1560 S 2); – **e)** bei Entziehg der SchlüssGew (§ 1357 II); Antr in Form des § 1560 genügt. Hebt VormschG auf, so Antr des and Eheg; jedoch Nachw der Rechtskr erfdl (FGG 53, 60 I Z 6, 31). Einzelh § 1357 Rn 25–28.

7   **3) Antrag beider Ehegatten, I,** ist in allen übr Fällen erfdl, insb also bei Eintr der VorbehGutseigensch (§ 1418), soweit nicht aus EheVertr hervorgeht. Der and Eheg ist zur Mitwirkg verpfl u kann darauf verklagt w (ZPO 894).

1562 *Öffentliche Bekanntmachung.* [1]**Das Amtsgericht hat die Eintragung durch das für seine Bekanntmachungen bestimmte Blatt zu veröffentlichen.**

[2]**Wird eine Änderung des Güterstandes eingetragen, so hat sich die Bekanntmachung auf die Bezeichnung des Güterstandes und, wenn dieser abweichend von dem Gesetze geregelt ist, auf eine allgemeine Bezeichnung der Abweichung zu beschränken.**

1   Bis auf die zu II genannten Fälle ist die ganze Eintr bekanntzugeben. Unterbleiben beeinträchtigt nicht die Wirksamk der Eintr, die demgem auch nicht vom Ztpkt der Veröff abhängt. Bekanntmachg hat auch dann zu erfolgen, wenn Änderg aGrd eines Urt od kr Ges (§ 1561 Rn 3).

1563 *Registereinsicht.* **Die Einsicht des Registers ist jedem gestattet. Von den Eintragungen kann eine Abschrift gefordert werden; die Abschrift ist auf Verlangen zu beglaubigen.**

1   Die kostenl (KostO 90) Einsicht ins GüterRReg steht jedem frei, ohne daß ein berecht Interesse glaubh gemacht zu w braucht; anders bei Einsicht in die RegAkten (FGG 34). Zur RegEinsicht gehören auch Schriftstücke, auf die Eintr Bezug nimmt. Wg der vom RegGer auszustelldn Zeugn FGG 162, GBO 33, 34.

Siebenter Titel. Scheidung der Ehe

Schrifttum: Bergerfurth, Der EhescheidProz 9. Aufl 1994; Göppinger, Vereinbgen anläßl der Ehescheidg, 6. Aufl 1988; Rahm/Künkel, Hdb des FamGVerf, 2. Aufl 1987 Losebl; Schwab, Handb des ScheidgsR, 3. Aufl 1995; Johannsen/Henrich, EheR 2. Aufl 1992; Baumeister/Fehmel ua, FamGerbk, Komm, 1992; Langenfeld, Hdb der EheVertr u Scheidgsvereinbgen 2. Aufl 1989; Tzschaschel, Vereinbgen bei Trenng u Ehescheidg, Hdlbger MustVertr, 3. Aufl 1992; Krenzler (dtv), 1992; Dethloff, Die einverständl Scheidg, 1994; Müller/Traxel, Trenng u Scheidg im Ziv- u SteuerR, 2. Aufl 1995.

Einführung

1   **1)** Die Scheidg ist einer der Tatbestde für die Auflösg einer Ehe; wg der Unterschiede zur Aufhebg vgl Einf 1 vor EheG 28. Aufhebg der ehel Gemsch od Trenng von Tisch u Bett kennt das BGB nicht mehr.

2   **2)** Das **1. EheRG** hat, auch für Altehen verf-konform (BVerfG NJW **80**, 689), das **Schuldprinzip** v EheG 42, 43 aF dch das **Zerrüttungsprinzip** ersetzt (BT-Drucks 7/650 S 75), so daß nunmehr das Scheitern der Ehe einziger ScheidgsGrund ist (§§ 1565, 1566), u auch die Regelg der Scheidgsfolgen weitgehd von der Schuldfrage gelöst (vgl aber § 1565 Rn 1).

3) Die **Wirkungen der Scheidung** sind nur zT im 7. Titel geregelt, näml der nachehel Unterh **3** (§§ 1569ff) u der VA (§§ 1587ff). NamensR: § 1355 IV; EhegüterR: §§ 1363ff; elterl Sorge: § 1671; UmgangsR: § 1634. Mit der Scheidg entfallen die allg Ehewirkgen (§§ 1353ff) ebso wie Erb- u PflichttR ggü dem and Eheg, zT schon mit Stellg des ScheidsAntr (§§ 1931ff, 2077, 2268, 2279, 2303 II). Mit RKraft des ScheidsUrt entf auch die VerjHemmg für Anspr der Eheg ggeinand (§ 204 S 1). Die Scheidg ist im FamBuch einzutr (PStG 14 Nr 2). Eine aufgrd der Eheschl erworb Staatsangeh w dch die Scheidg nicht beeinfl. Die BezugsBerecht aus einer LebensVers bleibt idR bestehen (BGH NJW **76**, 290; vgl Hoffmann FamRZ **77**, 222). Anspr auf Übertr des Kfz-SchadFreihRabatts: LG Freiburg FamRZ **91**, 1447. SchadErs-Anspr: Einf 8 v § 1353 u Einf 3 v § 1569. Sozversrechtl Auswirkgg der Ehescheidg: Hufer NJW **77**, 1272. ArbR: BAG FamRZ **82**, 693. **Scheidungswirkungen außerhalb der Ehescheidung:** bei Ehenichtigk u Eheaufhebg (EheG 26 u 37); ferner nach TransSexG 16 II.

4) Verfahrensrecht (Lit: Bergerfurth, Der Ehescheidgsprozeß u die and EheVerf, 8. Aufl 1992): Es **4** gelten GVG 23b, ZPO 606ff, 621ff. Vgl iü die Verweisgen Einl 2 v § 1297. **Anwaltszwang:** ZPO 78 II. Scheidgsfolgesachen (elterl Sorge, Unterh, VA, Hausr usw) werden vAw bzw auf Antr im **Entscheidungsverbund** zus mit der Scheidgssache verh u entsch (ZPO 623, 629). Für KiUnterh gilt **Prozeßstandschaft** (§ 1629 Rn 22). **Kosten** des ScheidgsVerf: ZPO 93a. **Rechtsmittel** gg den Scheidgsausspr auch ohne Beschwer zZw der Aufrechterh der Ehe (BGH FamRZ **87**, 264). Folgeregelgen (zur elterl Sorge, zum Unterh usw) sind auch isoliert anfechtb. **Einstweiliger Rechtsschutz** (Lit: Gießler, Vorl Rechtsschutz in **5** Ehe-, Fam- u Kindschaftssachen, 2. Aufl 1993; Eckebrecht MDR **95**, 9 u 114): Einstw AO ab Anhänggkt des ScheidgsAntr ZPO 620ff; vorl AO in FGG-Angelegenh (Einf 8 v § 1626; KKW § 19 Rn 30ff), zB auch **Belästigungsverbot** (Düss FamRZ **95**, 183).

5) IPR: EG 17. Ausländ Privatscheidgen: EG 6 Rn 21; 17 Rn 35ff. **Anerkennung ausländischer 6 Scheidungen** EG 17 Rn 29. **Überleitungsrecht DDR** EG 234 § 1.

6) Wg **Übergangsvorschriften** vgl 1. EheRG Art 12 Nr 3ff. Das am 1. 7. 77 in Kraft getretene **7** ScheidgsR gilt auch für die vor diesem Ztpkt geschl Ehen (1. EheRG Art 12 Nr 3 I), was **verfassungskonform** ist (BVerfG FamRZ **78**, 173 sowie 670/1; **80**, 319; BGH NJW **78**, 2250 u **79**, 979). Der UnterhAnspr eines Eheg, dessen Ehe nach dem bish gelten Vorschr gesch w, bestimmt sich auch künft nach bisherigem R. Vgl §§ 58ff EheG. Noch unter dem alten R getroffene UnterhVereinbgen bleiben unberührt (1. EheRG Art 12 Nr 3 II). Ebso kommt ein VA bei den vor dem 1. 7. 77 gesch Ehen nicht in Betr (1. EheRG Art 12 Z 3 III; nicht verfassgswidr: BVerfG NJW **78**, 629). Zum ÜbergangsR beim VA Einf 17 v § 1587.

I. Scheidungsgründe

1564 *Scheidung durch Urteil.* **Eine Ehe kann nur durch gerichtliches Urteil auf Antrag eines oder beider Ehegatten geschieden werden. Die Ehe ist mit der Rechtskraft des Urteils aufgelöst. Die Voraussetzungen, unter denen die Scheidung begehrt werden kann, ergeben sich aus den folgenden Vorschriften.**

1) Scheidung nur durch Urteil, S 1. Ausgeschl ist die Privatscheidg, auch aGrd ausländ Rechts (BGH **1** **82**, 34; Dethlof, Die einverständl Scheidg, 1994). Scheidg setzt das Bestehen einer Ehe voraus. Auch eine nichtige od aufhebb Ehe (EheG 16ff, 28ff) kann gesch w, nicht aber eine Nichtehe (zum Untersch Einf 1 v EheG 16). Das ScheidgsVerf (Einf 4 v § 1564) wird nur auf Initiative der Eheg eingeleitet, nicht mehr dch ScheidgsKl, sond auf **Antrag eines oder beider Ehegatten** (vgl BT-Drucks 7/650 S 91). Außerd soll über Scheidgssache u Folgesachen (UnterhRegelg, elt Sorge usw) im Verbund verh u entsch w (vgl Einf 4 v § 1564).

2) Auflösung der Ehe mit Rechtskraft des Urteils, S 2. Das Urt ist **rechtsgestaltend.** Mit der **2** **Rechtskraft** (Th-P ZPO 629a Rn 2) ist die Ehe mit Wirkg für die Zukunft aufgelöst. Wg der Wirkgen im einz Einf 3 vor § 1564.

3) Die **Scheidungsvoraussetzungen** ergeben sich erschöpfd aus den §§ 1565–1568, **S 3.** Trotz der amtl **3** Überschr vor § 1564 gibt es **nur noch einen einzigen Scheidgsgrund,** näml den, daß die Ehe gescheitert ist (§ 1565 I 1). An die Stelle der Aufzählg einz Scheidgsgründe in EheG 42–48 aF ist damit eine **General- 4 klausel** getreten. Alld kann das **Scheitern der Ehe auf dreifache Weise bewiesen** werden: einmal dch den unmittelb Nachw, daß die LebGemsch der Eheg nicht mehr besteht u erwartgsgemäß auch nicht mehr wiederhergestellt w kann (§ 1565 I 2); sodann mittelb dch die beiden Zerrüttgsvermutgen nach 1- bzw 3jähr GetrLeben der Ehel (§ 1566), das im ersten Fall für eine Scheidg auf beiderseit Wunsch der Eheg, im zweiten Fall auch für die Scheidg gg den Willen des and Eheg ausreicht. Das materielle ScheidgsR berücksichtigt **5** **Härtefälle** in doppelter Weise: vor Ablauf einer 1jähr TrennungsFr zG des aus der Ehe herausstrebden Eheg (§ 1565 II) u umgek iS der Ehebindg zG desj Eheg, der die Scheidg ablehnt (§ 1568). Stellt man auf die **6** versch **Fristen** ab, so ergibt sich das folge Bild: Eine Ehe kann idR nur gesch w, wenn die Ehel 1 J getrennt gelebt h; eine Scheidg davor setzt voraus, daß die Fortsetzg für den die Scheidg begehrden Eheg unzumutb ist (§ 1565 II). Haben die Ehel 1 J getr gelebt, so sind sie im beiderseit Einständn ow zu scheiden (§§ 1565 I 1, 1566 I). Fehlt es an einem solchen Einständn, dh ist einer der Ehel gg die Scheidg, so kann der and Eheg diese gleichwohl dchsetzen, wenn die Ehel 3 J getr gelebt haben (§§ 1565 I 1, 1566 II). Ggf verlängert sich diese Frist weiter, wenn mj Kinder vorh sind od auf Seiten des sich gg die Scheidg wehrden Eheg ein Härtefall vorliegt (§ 1568). Übergg v einem zum and ZerrüttgsBeweisGrd ist ow zul, so daß ein Scheidgs- 7 Verf als einverständl (§ 1566 Rn 2–5) beginnen u als streit enden k, ebso wie die einverständl Scheidg nach 1jähr Getrenntl der Ehel an den Erfordern des ZPO 630 I vorbei gem § 1565 I erreicht w kann (Hbg FamRZ **79**, 702). Zur vertragl **Erschwerung der Scheidungsvoraussetzungen** dch ScheidgsAusschl od Scheidgs- **8**

verzicht: Knütel FamRZ **85**, 1089; Richter JR **87**, 17; Wolf FS Rebmann 1989 S 703. Unzul ist ein (auch nur zeitl begrenzter) vertragl ScheidgsAusschl (BGH NJW **90**, 703), wohingg auf die Geltdmachg best Scheidgs-Umst (zB auf ein bereits abgelaufenes mehrjähr Getrenntleben) verzichtet (BGH **97**, 304) bzw die Scheidg auch dch Übern einer AbfindgsVerpfl erschwert w kann (BGH NJW **90**, 703; Hamm FamRZ **91**, 443; and

9   Oldbg FamRZ **94**, 1454: § 138). Vgl iü § 1585c Rn 3; zu Abfindgen: § 1585 Rn 4ff. Problemat ist die **Vereinbarung des Schuldprinzips** in Ehe- u Scheidgsverträgen (vgl Herb FamRZ **88**, 123 mNachw).

1565   ***Zerrüttungsprinzip; Mindesttrennungsdauer.*** [I]**Eine Ehe kann geschieden werden, wenn sie gescheitert ist. Die Ehe ist gescheitert, wenn die Lebensgemeinschaft der Ehegatten nicht mehr besteht und nicht erwartet werden kann, daß die Ehegatten sie wiederherstellen.**

[II]**Leben die Ehegatten noch nicht ein Jahr getrennt, so kann die Ehe nur geschieden werden, wenn die Fortsetzung der Ehe für den Antragsteller aus Gründen, die in der Person des anderen Ehegatten liegen, eine unzumutbare Härte darstellen würde.**

1   **1)** Zur Einf des **Zerrüttungsgrundsatzes** vgl Einf 2 v § 1564. Grdlage für die Auflösg der Ehe für die Zukft ist nicht mehr ein dem einz Eheg zum Vorwurf gemachtes ehewidr Verhalten, sond der Umst, daß die Ehe – aus welchen Gründen auch immer – gescheitert ist. Es kann desh grdsl auch derj Eheg die Scheidg beantr, auf dessen Verhalten die Zerrüttg ganz od teilw zurückzuführen ist (BT-Drucks 7/4361 S 28). Eine Ehe ist oRücks auf ein Verschulden eines od beider Eheg an der Zerstörg der ehel Gemsch immer dann zu scheiden, wenn sie gescheitert ist, [I]1. Allerd wird die Ehe nicht vAw gesch, sond nur auf **Antrag** eines od beider Eheg (§ 1564 S 1); den Ehel steht es also auch frei, die Ehe trotz ihres Scheiterns (etwa aus religiösen Grden od um der gemeins Kinder willen) weiterzuführen. Bei Vorliegen der Voraussetzgen ist zu scheiden; die „kann"-Formulierg trägt ledigl den §§ 1565 II, 1568 Rechng (Schwab FamRZ **76**, 492). Das G gibt eine begriffl Umschreibg des Ehescheiterns, [I]2, u erschwert die Scheidungsvoraussetzgen für den aus der Ehe herausstrebden Eheg, wenn die Ehel weniger als 1J getrennt gelebt haben, II. Scheitern iSv § 1565, dh geschieden werden, kann auch die von Anfang an zerrüttete Ehe (ausführl Schwab FamRZ **76**, 498). Zw den verschiedenen Scheiternsformen besteht **kein Rangverhältnis** (vgl 53. Aufl). Ein **Verschulden** eines Eheg am Scheitern der Ehe behält Bedeutg iR des IPR (Karlsr FamRZ **95**, 738) sowie der § 1565 II, 1566, 1569 Rn 1, 1579 Nr 2, 5 u 6, 1587c, d und h sowie § 1381, ggf auch SchuldAusspr gem ausländ (Mü NJW **78**, 1117; aA Ffm FamRZ **77**, 813; Zweibr FamRZ **80**, 781), zB griech R (Hamm NJW **78**, 2452; Ffm FamRZ **81**, 783). Zum **Schenkungswiderruf** § 1372 Rn 3. Zur Bedeutg der ScheidgsVorauss im **Erbrecht:** BGH NJW **95**, 1082.

2   **2) Die Ehe ist** nach der gesetzl Begriffsbestimm **unter der doppelten Voraussetzung gescheitert,** daß die Eheg keine LebGemsch mehr haben u deren Wiederherstell auch nicht mehr zu erwarten ist, [I]2. Das Scheitern kann nur **auf Grund konkreter Umstände,** angen w; allg gehaltene Formuliergen reichen dafür nicht aus (Brem FamRZ **77**, 808). Das ScheidgsUrt hat vielm, wenn nicht die VermutgsTatbestde des § 1566 eingreifen, im einz darzulegen, inwief die LebGemsch der Eheg nicht mehr besteht u warum keine Aussicht vorhanden ist, daß die Eheg sie wiederherstellen. Eine dramat Entwicklg der ehel Beziehg wird nicht vorausgesetzt (Zweibr FamRZ **89**, 981). Der ScheidgsGrdTatbestd behält Bedeutg für die Fälle, in denen nach 1jähr GetrLeb aber vor Ablauf der 3-J-Fr des § 1566 II der eine Eheg gg den Willen des and gesch w will, u ferner, wenn ein od auch beide Eheg gesch w möchten, bevor sie 1J getr gelebt haben (§ 1565 II). Die Beurt, ob eine Ehe gescheitert ist, setzt eine Retrospektive (Eheanalyse) u eine Prognose dch das FamG voraus:

3   **a)** Für die **Aufhebung der Lebensgemeinschaft** kommt es auf das Maß der Gemeinsamkeiten an, das sich die Eheg erhalten haben. Das FamG muß desh die LebVerh der Eheg im Einzelfall prüfen (BT-Drucks 7/650 S 105). Es entsch nicht ausschließl die **häusliche Gemeinschaft**, die fehlen kann, ohne daß die LebGemsch aufgeh zu sein braucht, wie umgek trotz Bestehens der häusl Gemsch die Ehe gescheitert sein kann (Karlsr NJW **78**, 1534; Schwab FamRZ **79**, 15). Für die Aufhebg der LebGemsch kommt es in diesem Zushang weder auf deren Dauer noch auf die Motivation der Trenng an. Letztl muß die Ehe auch gesch w, in der sich ein Eheg der ehel LebGemsch aus Grden entzieht, die allein in seiner Pers liegen. Dem Erfordern der Aufhebg der LebGemsch muß auch bei dauernder Betreuung des einen Eheg dch den and inf geistiger Erkrankg Genüge getan w (BGH FamRZ **79**, 469).

4   **b) Die Vorausschau, daß die Wiederherstellung der ehelichen Lebensgemeinschaft nicht zu erwarten ist,** erfolgt in tatrichterl u daher nur bedingt revisibler Würdigg (BGH NJW **78**, 1810) der gesamten Umstde der konkr Ehe (Kblz FamRZ **78**, 31; Bsp: BGH FamRZ **79**, 1003).

5   **aa)** Der **Maßstab** ergibt sich **objektiv** aus den Mindestanforderungen an eine auf ggs Liebe, Achtg u Treue aufgebaute LebGemsch (vgl § 1353), wobei es nicht darauf ankommt, ob die Ehe ihre soz Funktion, zB die Kindererziehg, noch erfüllen k (funktionaler ZerrüttgsBegr), sond nach dem personalen Zerrüttgs-Begr darauf, ob die konkr Ehe nach den psycholog Gegebenh noch eine Chance hat (Schwab FamRZ **76**, 495f). Es sind etwa auch bei einer nur unter VersorggsGesPkten geschlossenen Ehe unter Rentnern (AG Landstuhl FamRZ **85**, 1042), **strenge** Maßst anzulegen, damit nicht der mit den Vermutgen des § 1566 verfolgte Zweck unterlaufen w (Ffm FamRZ **77**, 801). Die Zerrüttg muß so tief sein, daß die Wiederherstellg einer dem Wesen der Ehe entspr LebGemsch nicht mehr zu erwarten ist. Daß beide Eheg gesch w wollen, ist nur ein Indiz für das Scheitern der Ehe (BT-Drucks 7/650 S 107; Kblz FamRZ **80**, 253). Entscheidd ist, ob die **Ehekrise überwindbar** erscheint u den oder dem einen Eheg jegl **Versöhnungsbereit-**

6   **schaft** fehlt. Die **einseitige Zerrüttung** reicht aus, etwa bei völligem Verlust des Gefühls der inneren Bindg an den and Eheg (Stgt FamRZ **78**, 690); nicht dagg die bl Erklärg des AntrSt, er werde nicht mehr zu seiner Fam zurückkehren (BGH NJW **78**, 1810).

7   **bb) Indizien für die Zerrüttung** (vgl 53. Aufl): Unvereinbk der Charaktere (BT-Drucks 7/4361 S 28); anderweit dauerh Partnerbindg (Ffm FamRZ **77**, 801); Beleidiggen; Ehebruch; Homosexualität (Hamm

FamRZ **78**, 190); dauernde Lieblosigk; Mißhandlgen; strafb Handlgen; Trunks; Vernachläss des Haush u der Ki; Haß gg nicht gemeins Ki des Eheg (BGH NJW **78**, 1810). Der Bejahg der Zerrüttg stehen nicht entgg: einmalige Zärtlichkten; sachl Briefe; mitmenschl Achtg ggü alkoholkrankem Eheg (Schlesw SchlHA **78**, 81); KrankenhBesuch beim todkranken Eheg (Schlesw FamRZ **77**, 802). **Nicht ausreichend für die** 8 **Zerrüttung** ist die einverständl ScheidgsAbs, u sei sie auch noch so ernsth erkl (Schwab FamRZ **76**, 497; Schröder FamRZ **77**, 768); ferner unfallbedingte **Demenz** (BGH NJW **89**, 1988).

    cc) Beweislast für scheidsbegünst Umstde: AntrSt, für scheidshemmende Umstde: AntrGegner.   **9**

3) Scheidung ohne einjähriges Getrenntleben, II. a) Zweck: II ist zG des an der Ehe festhaltden Eheg 10 SchutzVorschr, zG des scheidgswilligen Eheg Härteklausel. Keine absolute Scheidgssperre, sond nur Scheidgserschwernis iF der Nichttrenng (Schlesw NJW **78**, 52), damit der Scheidgswillige es nicht in der Hand hat, den dch eig Verh geschaffenen ZerrüttgsTatbestd zur Scheid auszunutzen (Kblz FamRZ **78**, 33; and Schwab FamRZ **76**, 504: Prüfg der Ernsthaftigk des Scheidgswillens; Brüggemann FamRZ **78**, 93: Verhind leichtf Scheidgen). **b) Anwendungsbereich:** II ist nicht auf streit Scheidgen beschr, sond auch bei 11 einverständl Scheidg zu prüfen (Kln FamRZ **77**, 717) u dient damit auch dem Zweck, verdeckten Konventionalscheidgen entggzuwirken (Schlesw SchlHA **78**, 50). II befreit auch nicht vom VerbundVerf (Karlsr FamRZ **94**, 1399). Vor Prüfg der unzumutb Härte ist festzustellen, ob die Ehe iSv I gescheitert ist (Kblz FamRZ **78**, 31; krit Oldbg FamRZ **78**, 188). II findet keine Anwendg, dh Scheidg erst nach Ablauf der 12 Trenngsfr, auf **Fehl- und Scheinehen**, bei denen überh keine ehel LebensGem begr wurde bzw mit der Eheschl der Zweck verfolgt wurde, dem ausländ Eheg eine AufenthErl zu verschaffen (BGH FamRZ **81**, 127/9; Karlsr FamRZ **86**, 680 mN), u zwar auch wenn AntrSt sich darü getäuscht hat (aA AG Offenb FamRZ **93**, 810). Entspr – verfassgskonf (BVerfG FamRZ **84**, 1205 u 1206) – vor Ablauf des Trenngjahrs keine PKH (Kln u Celle FamRZ **84**, 278 u 279; Karlsr FamRZ **88**, 91). Die Trenngsfr beginnt bei solch Scheinehen erst mit der Kundgabe der Scheidgsabsicht (KG NJW **82**, 112; sa KG FamRZ **87**, 486).

b) Voraussetzungen für die Scheidg ohne Trenngsjahr: **aa)** Die Eheg leben **noch nicht 1 Jahr getrennt.** 13 Entsch das Getrenntleben, nicht die Dauer der Ehe. Für das GetrLeben gilt § 1567, insbes auch dessen II (Hamm FamRZ **78**, 190). Aber auch Scheidg ohne jegl Trenng mögl (Oldbg NJW **78**, 1266; Karlsr FamRZ **78**, 592). Ablauf des TrenngsJ währd der Rev genügt nicht (BGH NJW **81**, 449). **bb) Unzumutbare Härte.** 14 Sie muß sich auf die Fortsetzg der Ehe, auf das Weiter-miteinander-verheiratet-sein, nicht bloß auf die Fortsetzg des ehel ZusLebens beziehen (Ffm NJW **78**, 892; Nürnb FuR **93**, 230; bestr). Es muß sich um ZerrüttgsGrde bes Art od von bes Schweregrad iSv I handeln; es braucht aber kein KausalZusghg zw I u II zu bestehen (Ffm FamRZ **78**, 115). Zum Verh von I u II Schwab FamRZ **76**, 503; Diederichsen NJW **77**, 275; Brüggemann FamRZ **78**, 93 mN. An die unzumutb Härte sind **strenge Anforderungen** zu stellen (Mü 15 NJW **78**, 49). Dem AntrSt darf nicht zuzumuten sein, mit der Scheidg bis zum Ablauf des TrenngsJ zu warten. Es muß sich um eine AusnSituation ggü der bloß gescheiterten Ehe handeln (Ffm MDR **78**, 317). Desh keine vorzeit Scheidg bei bl Schwierigkten, Unstimmigk od ehetyp Zerwürfn (Hamm FamRZ **79**, 511). Der Ann einer unzumutb Härte steht nicht entgg, daß die Ehefr die Trunks des Ehem über Jahre hinweg ertragen h (KG FamRZ **78**, 897) oder daß dch die räuml Trenng Gelegenh zu Tätlichkeiten entfallen ist (BGH NJW **81**, 449). Die HärteGrde sind zu **substantiieren**, so daß die schlichte Behauptg der Trunks 16 (AG Pinneg FamRZ **82**, 407), Schläge bekommen zu haben (Schlesw SchlHA **78**, 36) oder „übelster" Beschimpfg nicht ausreicht (Saarbr FamRZ **78**, 114).

c) Umstände nach II können sein: Gewalttätgkten gegen Eheg u Fam (Stgt FamRZ **88**, 1276); Alkohol- 17 Mißbr (Mü u Schlesw NJW **78**, 49 u 51; Bambg FamRZ **80**, 577); Sex: dauernde Verweigerg des GeschlVerkehrs (Hamm FamRZ **79**, 511 Phimose); homosex Beziehgn; GeschlVerkehr mit Stieftochter (Schlesw SchlHA **77**, 187); ehebrech Verh, auch ohne Bekanntw in der Öffentlich (Düss u Saarbr FamRZ **78**, 27 u 415; Hamm NJW **78**, 168); Verh m Schwager (Oldbg FamRZ **92**, 682); Aufn eines Dritten unmittelb nach Auszug des Ehem (Karlsr FamRZ **92**, 1305); Nichtzahlg von Unterh u Schikanen (Hamm FamRZ **79**, 586).

d) Die Unzumutbark muß **in der Person des anderen Ehegatten** liegen. Doch geht der Anspr auf 18 vorzeit Scheidg der berecht Ehefr nicht verloren, wenn sie von ihrem neuen Lebensgefährten ein Ki erwartet (Rstk FamRZ **93**, 808). **Beantragen beide Eheleute die Scheidung** oder stimmt der and Eheg dem ScheidgsAntr zu (ZPO 630), so ist die unzumutb Härte auf beiden Seiten festzustellen (Stgt NJW **78**, 546; Düss, Hamm ua FamRZ **78**, 26ff; aA Kblz u Karlsr FamRZ **78**, 33 u 590). Liegt die Härte nur bei einem Eheg, so Scheidg ohne Abweisg des and Antr (Stgt NJW **78**, 52/430 mA Heinz/Stillner u **79**, 167).

e) Für II reichen nicht aus: Unkenntn vorehel Umstände (Nürnb FamRZ **90**, 630 Vorstrafen); bei 19 Eheschl bekannte Nervenkrankh (Düss FamRZ **93**, 809); auf psych Krankh beruhdes FehlVerh (Brdbg FamRZ **95**, 807); Lieblosigkten (Stgt NJW **77**, 546); ständ Reibereien, Ehebr als solcher (Ffm FamRZ **78**, 45; aA Düss FamRZ **78**, 27); Zuwendg zu einem neuen Partner (Kln FamRZ **92**, 319), es sei denn, es ist ein Ki unterwegs (Düss FamRZ **92**, 319). Verlust von II bei gleichen Verfehlgen wie eig ehebrech Beziehgn (Hamm NJW **78**, 168).

1566 *Zerrüttungsvermutungen.* [1]Es wird unwiderlegbar vermutet, daß die Ehe gescheitert ist, wenn die Ehegatten seit einem Jahr getrennt leben und beide Ehegatten die Scheidung beantragen oder der Antragsgegner der Scheidung zustimmt.

[2]Es wird unwiderlegbar vermutet, daß die Ehe gescheitert ist, wenn die Ehegatten seit drei Jahren getrennt leben.

1) Fristenscheidung. § 1566 gibt keinen selbständ ScheidgsGrund; geschieden wird vielm stets aus 1 § 1565 I 1, also weil die Ehe zerrüttet ist. Geänd wird ledigl das **Beweisthema:** Statt des unmittelb Nachw, daß die Ehe gescheitert ist, muß das GetrLeben von 1 bzw 3 J sowie ggf die ScheidgsZust dch den and Eheg nachgewiesen w. Die **Vermutungen** v I u II sind **unwiderleglich** (ZPO 292 S 1). Das Ger kann also iFv I nicht die Feststellg treffen, daß die Ehe trotz 1j GetrLebens der Eheg noch zu retten sei, u desh die Scheidg verweigern, ebsowenig wie iFv II der an der Ehe festhaltde Eheg mit dem Nachw zugelassen w, die Ehe sei trotz 3j Trenng der Eheg noch nicht gescheitert (vgl aber § 1568 u ZPO 614). **Zweck:** Die Vermutgen entlasten die Part davon, dem Ger die ehel Verhältn in allen Einzelh offenzulegen, u den Richter von der Feststellg der Zerrüttg der Ehe (§ 1565 Rn 2ff). Das Ger hat aber streng auf die **Einhaltung der Trennungsfristen** zu achten (BT-Drucks 7/650 S 112). Liegen bei Rhängigk des ScheidgsAntr die Voraussetzgen des § 1566 nicht vor, Abweisg des Antr als unbegründet mögl. Es reicht aber aus, wenn die Vorauss des 1- bzw 3j GetrLebens am Schluß der mdl Verhdlg gegeben sind.

2   **2) Die beiden Formen einverständlicher Scheidung nach 1 Jahr Getrenntleben, I. – a) Zweck** der Jahresfr: Es soll übereilten Scheidgen vorgebeugt w (BT-Drucks 7/650 S 112 u 7/4361 S 11). 1-jähr GetrLeben ersetzt den Nachw der Ehezerrüttg; GgBeweis ausgeschl (Rn 1). Die Erfordern des GetrLebens richten
3   sich nach § 1567. – **b) Konventionalscheidung:** Gem ZPO 630 muß bereits die ScheidgsAntrSchr gemeins Vorschl der Eheg zur SorgeR- und UnterhRegelg sowie zum Ehewohng u zum Hausr enth; ferner müssen vor ScheidgsAusspr entspr VollstreckgsTitel geschaffen w (Th-P § 630 Rn 16). Scheitert der Versuch einer einverständl Scheidg, ist Übergr ist zur einfachen Scheidg aus §§ 1565 I, 1566 I mögl (Hambg FamRZ **79**, 702;
4   Rn 4). – **c)** Die zweite Form konsentierter Scheid erfolgt unabhäng von den Zwängen von ZPO 630 im **normalen Verbundverfahren** (Einf 4 v § 1564). Vorauss: 1-jähr GetrLeben (§ 1567) u beiders Scheidgs- Antrag bzw Zust des and Eheg zur Scheidg, beide anwaltl Vertretg vorausetzt. Schlüssiges Verh mögl, doch reichen dafür die bloße Mitwirkg bei der Regelg der Scheidgsfolgen (AG Mosbach FamRZ **77**, 810) od die Erkl, dem ScheidgsAntrag nicht entgegenzutreten, nicht aus (Stgt NJW **79**, 662; Zweibr FamRZ **90**, 59). RMittel zZw des Widerrufs der Zust zul (BGH **89**, 325).

5   **3) Einseitige Scheidung nach 3 Jahren Getrenntleben, II,** ermögl die Scheidg auch gg den Willen des and Eheg u unabhäng vom Nachw, daß die Ehe gescheitert ist (Rn 1). Auch für Altehen verfkonf (BVerfG NJW **80**, 689). Härtefälle: § 1568. Unterh v 3 J gibt es keinerlei Zerrüttgsvermutgen (AG Landst FamRZ **95**, 931).

1567 **Getrenntleben.** [I]Die Ehegatten leben getrennt, wenn zwischen ihnen keine häusliche Gemeinschaft besteht und ein Ehegatte sie erkennbar nicht herstellen will, weil er die eheliche Lebensgemeinschaft ablehnt. Die häusliche Lebensgemeinschaft besteht auch dann nicht mehr, wenn die Ehegatten innerhalb der ehelichen Wohnung getrennt leben.

[II]Ein Zusammenleben über kürzere Zeit, das der Versöhnung der Ehegatten dienen soll, unterbricht oder hemmt die in § 1566 bestimmten Fristen nicht.

1   **1)** Die Vorschr enth eine **gesetzliche Bestimmung des Begriffs „Getrenntleben".** Auf ein R zum GetrLeben kommt es nicht an (vgl aber § 1353 II). GetrLeben ist ein tats Zustand; seine Herbeiführ ist also Realakt. Erforderl ein entspr Trenngwille (Rn 7), den auch ein GeschUnfähiger äußern k (BGH NJW **89**,
2   88). Die sich an das GetrLeben anknüpfden **Rechtsfolgen** beruhen idR auf dem Ges: §§ 1357 III, 1361ff, 1362 I 2, 1385, 1566, 1629, 1672, 1678; steuerl EinzelVeranl nach EStG 26 I (BFH NJW **73**, 2079); zur Bedeutg iR der BetrAV: BAG FamRZ **95**, 1139. **Schadensersatz** (Einf 8 v § 1353) bei Trenng zur Unzeit, aber nicht schon wg Einstell der Mitarbeit in einem landwirtsch Betr (BGH FamRZ **86**, 40). Zur Klage auf **Herstellung des ehelichen Lebens** Einf 19ff v § 1353.

3   **2) Voraussetzungen des Getrenntlebens, I 1:**

4   **a) Nichtbestehen der häuslichen Gemeinschaft.** Es gilt der Grds der totalen Trenng: Mit Rücks auf die Zerrüttgsvermutgen in § 1566 müssen in allen Lebensbereichen die Gemeinsamk aufgegeben sein (Kln u
5   Ffm FamRZ **78**, 35 u 595). Es genügt nicht, wenn nur wesentl Merkmale der häusl Gemsch nicht mehr vorliegen (Brüggemann FamRZ **78**, 92; aA Damrau NJW **77**, 1623). **Getrenntleben** ist auch **in derselben Wohnung** mögl, I 2. Doch genügen dafür getrenntes Schlafen und Essen nicht (BGH FamRZ **69**, 80; NJW **79**, 105). Vielm muß nach obj Krit die Trenng nach außen deutl w (Kln FamRZ **82**, 807). Auch bei dauernder Hilfsbedürftig des einen Eheg inf geist Erkrankg muß der scheidwill Eheg die Aufhebg der häusl Gemsch im nach den Umst weitestmögl Umfang herbeiführen (BGH NJW **79**, 1360). I 2 kann auch erfüllt w, wenn einem Eheg, um der Verwahrlosg der Ehewohng vorzubeugen, der ges Haush bleibt (Stgt FamRZ **92**, 1435 Alkoholism des and Eheg). Bei ausschl Versorgg durch die eig Mutter des Eheg stehen gelegentl gemeins Mahlzeiten I 2 nicht entgegen (BGH NJW **78**, 1810). Zugeständnisse an gemeinsch Hdlgen sind im Int gemeins Ki zu machen, wenn sich die Eheg iü auf sachl Kontakte beschr (Karlsr FamRZ **80**, 52; Düss
6   FamRZ **82**, 1014; Kln NJW **87**, 1561). Zur **Hausratsteilung und Zuweisung der Ehewohnung** vor Einl des ScheidgsVerf: §§ 1361a, b; Einf 5 v § 1564.

7   **b) Trennungsabsicht. aa)** Die Aufgabe der häusl Gemsch muß sogleich od später dem Willen mind eines der beid Eheg entspr. Zur RNatur Rn 1. GetrLeben setzt voraus, daß ein Eheg die häusl Gemsch erkennb nicht herstellen will; auf das Fehlen der ehel Gesinng kommt es für die Feststellg des GetrLebens nicht an (BGH NJW **89**, 88). Auf den Willen kommt es auch an, wenn eine häusl Gemsch nicht bestanden hat (BGH **38**, 266). Entspr ist bei Eheschl mit einem in einem Pflegeheim Untergebr entscheidd, ob irgendwann einmal ein Bekenntn zur ehel LebGemsch geäußert w ist (Hamm FamRZ **90**, 166). Bei beiders Trenngswil-
8   len entsch für § 1566 der zuerst geäußerte Wille. – **bb)** Der Trenngwille muß ferner **nach außen erkennbar** in Erscheing treten, was insb dann wicht ist, wenn die Trenng zunächst aus berufl Grden als Seemann, Wissenschaftl, Schauspieler (RG **164**, 332) oder aus and Grden wie Strafhaft (BGH **38**, 266) erfolgte bzw von Anfg an bestand (KG FamRZ **78**, 342) u der Wille zur Aufg der häusl Gemsch erst später hinzukam (BGH **4**, 279). Auch der zurückgeblieb Eheg kann in solchen Fällen die Trenng dch Hdlgen bewirken, die nach außen zum Ausdr bringen, daß er die häusl Gemsch nicht wieder aufn will: durch entspr Erkl, zB wenn bei Strafhaft ScheidgsAntr gestellt w (Bambg FamRZ **81**, 52) od wenn ein Eheg, der sich berufl im Ausl aufhält, den and anläßl einer ernsth AuseinandSetzg nach Hause schickt (Hamm FamRZ **78**, 190); ferner dch Wegräumen der dem abwesden Eheg gehörden Sachen usw; nicht ausr dagg die Einstellg des BriefVerk. Eine Mitteilg an den and Eheg ist dagg nicht erforderl (BT-Drucks 7/650 S 114). Glaubte ein Eheg, der and sei tot, so fehlt es am AufhebgsWillen (Brschw FamRZ **54**, 51).

3) Ein der Versöhnung dienendes Zusammenleben über kürzere Zeit, II, unterbr oder hemmt den 9
Lauf der TrenngsFr nicht; diese läuft also weiter. **Zweck:** Erleichterg von VersöhngsVersuchen (BT-
Drucks 7/650 S 114). II gilt für § 1565 II entspr (Celle u Kln FamRZ **79**, 234 u 236).

a) Voraussetzungen: aa) Zusammenleben über kürzere Zeit. Entsch ist die Relation zu den jew 10
maßgebl TrenngsFristen (§ 1566 I u II) sowie die Art der ZerrüttgsGrde (§ 1565 Rn 7 u 17). Unzul jedoch,
auf ein ZusLeben über kürzere Zeit daraus zu schließen, daß die Ehe am Ende doch scheiterte (and Kln
FamRZ **79**, 236). Unberücks bleiben gelegentl Besuche sowie ein von vornh begrenztes ZusSein (RG **160**,
285), zB während eines gemeins Urlaubs. Nicht mehr kürzere Zt ist ZusLeben über 3 (Zweibr FamRZ **81**, 146;
Hamm NJW-RR **86**, 554; aA Düss FamRZ **95**, 96) oder gar 4 Monate (Kln FamRZ **82**, 1015). **bb) Aussöh-** 11
nungsversuch (vgl Rn 12). Das ZusLeben muß der Versöhng dienen, dh es muß subj die Abs vorliegen, die
Ehe zu retten. Dahinterstehde Motive (Liebe, Mitleid, pers Not usw) schließt die AussöhngsAbsicht nicht
aus. Bloßer AussöhngsVers, wenn Rückkehr unter Bedingg (zB das Trinken aufzugeben) oder Befristg
(Urlaub) erfolgt.

b) Echte Versöhnungen führen dagg zu einem KumuliergsVerbot: Haben die Eheg nach einer Zt der 12
häusl Trenng die Gemsch wieder aufgen und trennen sie sich dann erneut, so beginnt die Fr von neuem zu
laufen (Hamm NJW-RR **86**, 554). Beweislast für die zwzeitl Aussöhng beim Gegn des ScheidgsAntr (Celle
FamRZ **79**, 234; Mü FamRZ **90**, 885).

1568 *Härteklauseln.* **Die Ehe soll nicht geschieden werden, obwohl sie gescheitert ist,
wenn und solange die Aufrechterhaltung der Ehe im Interesse der aus der Ehe hervor-
gegangenen minderjährigen Kinder aus besonderen Gründen ausnahmsweise notwendig ist oder
wenn und solange die Scheidung für den Antragsgegner, der sie ablehnt, auf Grund außergewöhn-
licher Umstände eine so schwere Härte darstellen würde, daß die Aufrechterhaltung der Ehe auch
unter Berücksichtigung der Belange des Antragstellers ausnahmsweise geboten erscheint.**

1) Die Vorschr sieht die **Aufrechterhaltung der Ehe** trotz ihres Scheiterns in zwei Fällen vor: im 1
Interesse mj Ki u wg untragb Härte für den and Eheg. Dagg hat der GesGeber eine allg RMißbrKlausel
abgelehnt (BT-Drucks 7/650 S 117). Vermieden w soll nicht die Scheidg schlechthin, sond nur die Scheidg
zur Unzeit (BVerfG NJW **81**, 108 unter Aufhebg der urspr Befristg der Härteklauseln in II). § 1568 setzt
voraus, daß die Ehe gescheitert ist, u sei es auch nur aGrd der ZerrüttgsVermutgen des § 1566. Trotz
Formulierg als Soll-Vorschr muß das FamG bei Vorliegen der Vorauss die Ehescheidg abl. **Zeitschranken:** 2
Als ScheidgsSperre wirkt § 1568 nur so lange, wie die besond Härte vorliegt; danach kann der abgewiesene
Eheg erneut auf Scheidg antragen (BT-Drucks 7/650 S 116), etwa wenn sich das mj Ki an die Umggsregelg
(§§ 1672, 1634) gewöhnt od der ScheidgsGegn seines neuen Anschluß gefunden hat.

2) Aufrechterhaltung der Ehe zugunsten minderjähriger Kinder. Es muß sich um gemsch (leibl 3
oder Adoptiv)Ki handeln, nicht dagg um StiefKi. **Notwendig:** Die Verweigerg der Scheidg muß das einz
Mittel sein, dem Ki zu helfen. Vermögensrechtl Interessen (Unterh, ErbAnspr) reichen ebensowenig aus
wie das allg Int der Ki daran, daß sich ihre Elt nicht scheid lassen od sich nicht anderweit wiederverheiraten.
Ein Härtefall besteht aber bei ernsth Gefahr der Selbsttötg des Ki (Hambg FamRZ **86**, 469). Die Int mehrerer
mj Ki können die ScheidgsResistenz der Ehe erhöhen.

3) Schwere Härte für den Scheidungsgegner. a) Zweck dieser HärteKl ist es, dem and Eheg Zeit zu 4
geben, sich auf die Auflösg der Ehe einzustellen (BT-Drucks 7/4361 S 13); die Vorschr gewährt also nur
einen zeitl begrenzten Ehebestandsschutz. Auch bleiben Umst, die schon dch die Trenng u Zerstörg der ehel
Verhältn eingetreten sind, außer Betr (Nürnb FamRZ **79**, 819). Die Verweigerg der Scheidg muß das einz
Mittel sein, um den Eheg vor einer für ihn dch die Scheidg sonst entstehden unerträgl Lage zu bewahren
(Hamm FamRZ **89**, 1188). Zum Nachw der Härte bedarf es eines substantiierten Vortrags (Zweibr FamRZ
82, 293).

b) Außergewöhnliche Umstände können sein: schwere Krankh (Karlsr FamRZ **79**, 512); langjähr 5
gemeins Pflege eines behind Ki (Hamm FamRZ **85**, 189); besond aufopfergsvolle Leistgen des scheidgsun-
will Eheg (BGH NJW **79**, 1042). **Keinen Härtefall** begründen dagg: psych steuerb Depressionen (Stgt 6
FamRZ **92**, 320) oder weil psych labiler Alkoholiker sich Halt v der Ehe verspr (Schlesw NJW **78**, 53);
dauernde Hilfsbedürftigk inf geist Erkrankg (BGH NJW **79**, 469); Herzkrankh (Düss FamRZ **78**, 36);
hohes Alter u Einsamk nach der Scheidg (Nürnb FamRZ **79**, 819); Selbstmordgefahr (BGH NJW **81**, 2808;
FamRZ **84**, 560; aA KG FamRZ **83**, 1133), vor allem nicht, wenn der Selbstmordgefahr in zumutb Weise
dch eine Psychotherapie begegnet w kann (Hamm FamRZ **90**, 60); das relig Bekenntn (Stgt FamRZ **91**, 334/
950 mA Bosch u Hauffe; AG Schorndorf FamRZ **92**, 568); bloße Eifers; Verlust der gesellsch Stellg (aA
Schwab FamRZ **76**, 505); Nachteile als gesch Frau in einem kl Ort (Hamm FamRZ **77**, 802); Verlust der
Ehewohng (BGH NJW **84**, 2353); Versagg der Unterstützg bei der Betreuung eines nervenkrank Ki (Celle
FamRZ **78**, 508/898 m abl Anm Ambrock); idR wirtsch Int, zB Festhalten an der Ehe allein aus Ver-
sorggsGrden zZw, die Witwenrente zu beziehen (Düss FamRZ **80**, 780); um im Genuß der Beamtenbeihilfe
zu bleiben (BGH NJW **81**, 2516); zur Vermeidg von Versorggsunsicherh beim VA (BGH FamRZ **85**, 912)
od zur Verbesserg des VA (Karlsr FamRZ **89**, 1304); zur Abwendg der Ausweisg als Ausl (Karlsr FamRZ
90, 630; Kln FamRZ **95**, 997).

c) Belange des Antragstellers sind in die Abwägg einzubez. Es kommt darauf an, für wen die Härte, 7
gesch od nicht gesch zu werden, überwiegt (BT-Drucks 7/650 S 117).

d) Die AufrErhaltg der Ehe muß **geboten** sein. IjF ist für die Anwendg von § 1568 Vorauss, daß der 8
Eheg, der sich auf die Härteklausel beruft, aus innerer Bindg an der Ehe festhält (BT-Drucks 7/4694 S 9),
währd es nicht darauf ankommt, ob der AntrSt bei Versagg der Scheidg zum and Eheg zurückkehrt
(Ambrock FamRZ **78**, 318). Zum Fall beiders lebensbedrohter Erkrankg Hamm NJW-RR **89**, 1159. Die
AufrErhaltg der Ehe scheidet aus, wenn der AntrGegner selbst dch Alkoholabusus u Beschimpfen die

erforderl Ehesolidarität vermissen läßt (Kln NJW **82**, 2262) od wenn dem scheidgsunwill Eheg die Bereitsch zur WiederAufn der ehel LebGemsch selber fehlt (BGH FamRZ **85**, 905).

II. Unterhalt des geschiedenen Ehegatten

Einführung

1   **1) Vermögensrechtliche Wirkungen der Scheidung im allgemeinen.** Insof regeln §§ 1569ff nur das UnterhR der gesch Eheg u die UnterhVerträge (§ 1585c). Ergänzt werden die Bestimmgen dch § 1629 II. Wg der vermögensrechtl Wirkgen im übr Einf 3 vor § 1564. Diese einschließl des UnterhR gelten **auch bei Eheaufhebung** (EheG 37 I, 39 II 2 nF) **und Ehenichtigkeit** (EheG 26 I nF). Zu der vor dem 1. 7. 77 schuldlos gesch **Beamtenehefrau** vgl 45. Aufl; zur Geschiedenenversorgg der nach dem 1. 7. 77 geschiedenen Eheg v Beamt vgl BeamtVG 22 II. Im übr gilt für nach dem gen Ztpkt gesch Ehen der VersorggsAusgl gem §§ 1587a II Z 1, 1587b II.

2   **2) Nacheheliche Ansprüche.** (Lit: vor § 1601). **a) Rechtsnatur des Unterhaltsanspruchs** (vgl Diederichsen NJW **93**, 2265): Es handelt sich nicht um eine Scheidgsstrafe, sond um eine Nachwirkg der Ehe (krit Holzhauer JZ **77**, 73: „UnterhEhe"), also um einen famrechtl begründeten, vom Güterstd unabhäng (Mü FamRZ **88**, 1276) obligator Anspr. Wg Besonderh des UnterhAnspr Einf 6–17 v § 1601.

3   **b) Ersatzansprüche. aa)** Neben dem ges UnterhAnspr kann ein **Schadensersatzanspruch des Unterhaltsberechtigten** aus § 823 bestehen (Einf 8 v § 1353), zB wenn der gesch Eheg mit einer GeschlKrankh angesteckt worden ist (RG **85**, 335). Ein Anspr aus § 826 ist gegeben, wenn sich der Mann dch Veräuß seines Verm od wesentl Teile zur Erfüllg seiner UnterhVerpfl unfäh gemacht hat; auch gg den ihm dabei behilfl Dr (RG **74**, 224). Der Mann muß sich so behandeln lassen, als hätte er die Veräuß nicht vorgen (RG 4   SeuffA **77**, 6). Vgl AnfG 3 Z 1; StGB 170b, § 823 II. – **bb) Zugunsten des Unterhaltsschuldners** entsteht ohne Rücks auf ZPO 323 II, §§ 814, 818 (BGH **83**, 278) ein **unterhaltsrechtlicher Erstattungsanspruch,** wenn der UnterhGläub für einen UnterhZahlgsZtraum gleichzeit od nachträgl bewilligt eine Alters- (Kln NJW **80**, 2817) od EU-Rente bezogen hat (BGH NJW **89**, 1990; **90**, 709/12: unabh v ZPO 323 II). Zum Verhältn v **Versorgungsausgleich** u Unterh: Einf 1 v § 1587. Der Weiterempfang von austituliertem Unterh trotz Wegfalls der Bedürftigk kann außerd zum **Schadensersatz** aus § 826 verpfl 5   (BGH NJW **86**, 1751). Vgl iü Einf 8 v § 1601. – **cc)** Wg **Ersatzansprüchen Dritter** Einf 19–22 v § 1601.

6   **c)** Zur **Unterhaltszahlung unter Vorbehalt** Einf 14 v § 1601.

7   **d) Obliegenheiten.** Die Ehel treffen im Zushg mit u nach der Scheidg wechselseit UnterhObliegenh: **aa) des Unterhaltsverpflichteten,** sich leistgsfäh zu halten (§ 1581 Rn 5); **bb) des Unterhaltsberechtigten,** die UnterhLast soweit wie zumutb zu verringern (§ 1569 Rn 13, 14; § 1577 Rn 4).

8   **3) Verhältnis zu anderen Rechtsinstituten: a)** UnterhAnspr u **Versorgungsausgleich:** Einf 1 v § 1587. **b)** zu **Sozialhilfe** (BSHG 90) u öff **Ausbildungsförderung** (BAföG 36, 37; AFG 38, 40): Dieckmann FamRZ **77**, 92 sowie Einf 23 vor § 1601. Zur Anrechng von UnterhAnspr auf eine **wiederauflebende Witwenrente** vgl LSG Celle FamRZ **93**, 489.

9   **4) Verfahrensrecht.** Vgl Einf 4f v § 1564 u Einf 33 v § 1601.

10   **a)** Der UnterhAnspr des gesch Eheg ist **Scheidungsfolgesache** (ZPO 621, 623, 629). **Keine Identität** zw Trenngs- u GeschUnterh (BGH **103**, 62 = FamRZ **88**, 370/700 m treffder Krit v Schmitz); gilt auch 11   für ProzVergl (BGH NJW **82**, 2072). Zur unbefriedigden Situation für die Inverzugsetzg: § 1585b Rn 4. **b)** Der UnterhAnspr kann auch **außerhalb des Verbunds** geltd gem w. Selbstständ Geltdmachg etwa, wenn 12   sich die UnterhBerechtigg erst nach der Scheidg einstellt. **c) Zuständigkeit:** FamG (GVG 23b I Nr 6). Gilt auch für vertragl UnterhAnspr, die an die Stelle von gesetzl getreten s (RG **149**, 29); ebso für gem BSHG 90, 91; BAföG 37 übergegangene bzw übergeleitete Anspr (Einf 21 v § 1601). Zum UnterhVergl: 13   § 1585c Rn 15. **d)** Währd des ScheidgsVerf **einstweilige Anordnungen** (Lit: Gießler, Vorläuf RSchutz in Ehe-, Fam- u KindschSachen, 1987) gem ZPO 620 Nr 6. Bei über den mat-rechtl UnterhAnspr hinausgehder einstw AnO § 812 I 1 (BGH NJW **84**, 2095). Trotz Rn 10 gilt AnO auch für die Zt nach Rkraft des ScheidgsUrt (BGH NJW **85**, 42) bis ZPO 620f. Iü Beseitig dch negat FeststllgsKl (BGH NJW **83**, 1330; Braeuer FamRZ **84**, 10). Zur verschärften Haftg gem § 818 IV: § 1361 Rn 5. UnterhVergl im AnOVerf tritt bei Beendigg des EheVerf ohne EheAuflösg außer Kr (Ffm FamRZ **83**, 202), sonst idR wohl stillschweigd befr bis zur Scheidg (§§ 163, 157). Außerh des ScheidgsVerf NotUnterh iW einstw Verfügg 14   gem ZPO 940 (Gießler Rn 694ff). **e)** Im Ggsatz zu § 1360a IV besteht nach Scheidg **kein** Anspr auf 15   **Prozeßkostenvorschuß** (BGH **89**, 33 = FamRZ **84**, 465 mA Herpers). **f) Unterhaltsklage** gem ZPO 253, 621 I Nr 5, 621a. Bei den Anspr aus §§ 1569ff handelt es sich um einen **einheitlichen Anspruch** mit der Folge, daß sich die Abweisg der Kl regelmäß auf sämtl UnterhTatbestde bezieht (BGH FamRZ **84**, 353). Bei AnsprKombination (§ 1569 Rn 4) v § 1570 u 1576 muß wg der Subsidiarität des letzteren jeder TeilBetr beziffert w (BGH NJW **84**, 2355; Ausn: BGH NJW **94**, 935). Bei Ändg der Verhältn **Abänderungsklage** (Einf 33 v § 1601), insb auch wg nachträgl HerabsetzgsGrde aus § 1579 (KG FamRZ **90**, 187). Abgrenzg zu ZPO 767: BGH FamRZ **90**, 1095. Das FamG ist ohne Bindg an das AusgangsUrt zu einer Ändg der Quotierg befugt (BGH FamRZ **90**, 981). Zum Verhältn v ElementarUnterh u VorsorgeUnterh: § 1578 Rn 58. Im AbÄndVerf liegt die **Beweislast** für das Vorl eines and als des dem Titel zGrde liegden Bedarfs wie beim Wechsel der AnsprGrdlage beim UnterhGl (BGH NJW **90**, 2752; Zweibr FamRZ **89**, 16   1192). **g)** Bei Anf der VA-Regelg kann iW der **Berufung** auch ein über den im VerbundUrt anerk Unterh hinausgehder Betr geford w (BGH **85**, 140).

17   **5) IPR** EG 18; **interlokales Privatrecht** EG 18 Rn 21; **Übergangsregelung DDR** EG 234 § 5. UnterhBed **Polen:** Kblz FamRZ **92**, 1428. Unterh **Türkei:** FamRZ **93**, 974ff.

6) Wg **Übergangsregelungen** zum **1. EheRG** (Art 12 Nr 3 Abs 2) sowie zum **UÄndG** (Art 6 Nr 1) vgl **18** 52. Aufl.

1. Grundsatz

1569 *Anspruch auf Unterhalt.* **Kann ein Ehegatte nach der Scheidung nicht selbst für seinen Unterhalt sorgen, so hat er gegen den anderen Ehegatten einen Anspruch auf Unterhalt nach den folgenden Vorschriften.**

1) a) Die Vorschr spricht den **Grundsatz** aus, daß ein gesch Eheg dann Anspr auf Unterh hat, wenn er **1** nicht für sich selbst sorgen kann. Keine selbstd AnsprGrdl; die UnterhBerechtigg ergibt sich vielm erst aus den §§ 1570 ff. Das 1. EheRG verwirklicht die **Abkehr vom Verschuldensprinzip** (Einf 2 v § 1564) und in der Ausgestaltg des nachehel UnterhR (krit dazu Hienstorfer NJW 83, 204). Allerd können die Eheg iR der für den Scheidgsfall zuläss UnterhVereinbgen (Rn 9) evtl UnterhAnsprüche vom Fehlen einer Scheidgs-schuld abhäng machen (Walter NJW 81, 1409; FamRZ 82, 7; Ludwig DNotZ 82, 651). Nach dem Ges gilt dagg unabh vom Verschulden des einen od anderen: a) Jeder Eheg ist nach der Scheidg grdsl gehalten, für sich selbst zu sorgen **(Grundsatz der Eigenverantwortung).** b) Wenn aber eine BedürfnLage in Verbindg mit der Ehe steht, ist der and Eheg unterhaltspflichtig **(Grundsatz der Mitverantwortlichkeit).** Zu den leitden Prinz Einf 3 v § 1564. Die Bedürftigk braucht **nicht ehebedingt** zu sein (BGH NJW 82, 40 u 929). Die §§ 1569 ff gelten erst für die Zeit **nach der Scheidung,** dh unabh davon, daß über das Bestehen des UnterhAnspr bereits im Entscheidgsverbund verhandelt wird (Einf 6 v § 1564), erst nach Eintr der Rechtskr des ScheidgsAusspr.

b) Der Anspruch endet mit dem Wegf eines seiner Erfordern (Rn 4) sowie mit dem **Tod** des Berecht. **2** Tod des Verpfl: § 1586 b. Zum Verhältn zum VA: Einf 1 v § 1587. Der UnterhTitel enthält idR keine **zeitliche Beschränkung;** Korrektur ggf nach ZPO 323, 767. And, wenn UnterhPfl von vornh nur vor-übergehd besteht. Zu Erstattg u SchadErs bei überzahltem Unterh: Einf 3–5 v § 1569.

c) Verjährung: 4 J (§§ 197, 218 II). Zur **Verwirkung:** Rn 7. **3**

2) Schema des nachehelichen Unterhaltsanspruchs **4**

a) Als **Anspruchsgrundlage** ist je nachdem, ob der den UnterhAnspr zur Entsteh bringende Tatbestd für sich genommen ausreicht, die UnterhPfl zu begründen, od ob er nur an and, originäre UnterhTatbestde anknüpft, zw **Stammunterhalt und Anschlußunterhalt** zu unterscheiden. UnterhAnsprüche wg Kindes-betreuung (§ 1570), wg Alters od Krankh im Ztpkt der Scheidg (§§ 1571 Nr 1, 1572 Nr 1) sowie wg Nichterlangg einer angem Erwerbsstellg (§ 1573 I) od zZw der Nachholg einer Ausbildg (§ 1575) begründen aus sich heraus den UnterhAnspr im Anschl an die Scheidg; in den übr Fällen (§§ 1571 Nr 2 u 3, 1572 Nr 2–4, 1573 III u IV) wächst der UnterhAnspr dem gesch Eheg erst im Anschl an eine anderweit begründete od (iFv § 1573 IV od § 1586 a I) sogar nicht vorhandene UnterhPfl zu. § 1576 kann bald Stamm-, bald AnschlUnterh sein. Der unterhaltsbedürft Eheg kann also die versch AnsprGrdlagen miteinander **kombinieren,** zB Betreu-ung eines gemeins Kindes läßt Halbtagsbeschäftigg zu, aber es ist keine Stellg zu finden, wobei die Teilbeträge ggf zu beziffern sind (BGH NJW 84, 2355; Hbg FamRZ 95, 879: UnterhAufteilg in einem ScheidgsVergl), od **nacheinander** abrufen, zB zunächt Kindesbetreuung, dann Krankh, dann Alter (vgl NJW 77, 354). Bei Austausch der AnsprGrdlage Beweisl beim Berecht (Einf 15 v § 1569). Davon zu unterscheiden ist die **Konkurrenz** der UnterhTatbestände: zB eine kränkl Frau betreut die gemeins Kinder, Unterh gem §§ 1570, 1572; od die zunächt erwerbstät Frau, die außerd die Kinder betreut, wird arbeitslos (§§ 1570, 1573). Die Überlagerg der versch AnsprGrdlagen ist desh wicht, weil der Tatbestd der Kindesbetreuung in wesentl Pkten privilegiert ist (§ 1570 Rn 2) u nur die Anspr aus § 1573 V u im Zushg m § 1578 I 2 restringiert w können (vgl BGH FamRZ 90, 492; KG FamRZ 92, 948 mA Weber). Zu den sich daraus ergebden Schwierigkeiten Derleder/Derleder FamRZ 77, 591. Die anspruchsbegründenden Tatsachen sind Kindesbetreuung (§ 1570), Alter (§ 1571), Krankh (§ 1572), Arbeitslosigk u unzulängl Verdienst (§ 1573 I u II), Ausbildg (§ 1575) u Billigk (§ 1576). Die AnsprGrdlagen sind in den §§ 1570 ff abschließd aufgezählt (Kniebes DRiZ 76, 327). Zu ihrem Verhältn zum AufstockgUnterh vgl § 1573 Rn 14. Wg and AnsprGrdlagen u Ansprüche vgl Rn 9.

b) Entspr § 1602 setzt der nachehel UnterhAnspr auf seiten des gesch Eheg **Bedürftigkeit** voraus **5** (§ 1577).

c) Auf seiten des UnterhPflichtigen muß entspr § 1603 **Leistungsfähigkeit** vorhanden sein (§ 1581). **6**

d) Anspruchshindernde bzw -vernichtde **Einwendungen** können sich aus Verwirkg (BGH 84, 280; 103, **7** 62; § 242 Rn 108; zur Verwirkg der Verwirkg bei jahrelangen UnterhZahlgen Hamm FamRZ 94, 704), aus der kurzen Ehedauer, Straftaten ggü dem UnterhSchuldn u ähnl ergeben (§ 1579), dagg nur in AusnFällen aus einer neuen Eheschließg aS des UnterhVerpflichteten (§§ 1582, 1583) u nur iF mangelnder Leistgsfähigk aS des UnterhSchuldn aus der Tats, daß der Unterhaltsberecht Eheg eigene unterhaltspflicht Verwandte hat (§ 1584). Dagg erlischt der UnterhAnspr mit der Wiederheirat od dem Tod des Berecht (§ 1586 I), wieder-um iGgs zum Tod des Verpflichteten, der die UnterhVerpflichtg zur Nachlaßverbindlichk werden läßt (§§ 1586 b, 1967).

e) Umfang und Art der Unterhaltsleistung ergeben sich aus den §§ 1578, 1585, wobei neben dem in **8** Form einer Rente zu leistden laufden Unterh auch Sonderbedarf (vgl § 1585 b I) bezahlt w muß.

f) An die Stelle des gesetzl UnterhAnspr kann eine von den Eheg für die Zeit nach der Scheidg getroff **9** **Unterhaltsvereinbarung** (BGH FamRZ 88, 43), idR also ein **Scheidungsvergleich,** treten. Auch ein **Un-terhaltsverzicht** ist zuläss (Einzelheiten § 1585 c). Ferner treten neben den primären UnterhAnspr **Sekun-däransprüche auf Auskunft** (§ 1580), **Sicherheitsleistung** (§ 1585 a) **u** ggf **Schadensersatz** wg Nichter-füllg der UnterhPfl (§§ 280, 286 ff; vgl auch Einf 3 v § 1569), schließl **Obliegenheiten** (Einf 7 v § 1569).

10   **3) Steuern** (§§ 1353 Rn 11; 1360 Rn 1; 1603 Rn 7. Lit: Arens/Spicker, Maßgeblk des StR für famr Anspr, 1990; Müller/Traxel, Trenng u Scheidg im Ziv- u StR, 1992; Liebelt NJW **94**, 609; Weychardt DAV **95**, 149). Unterh als außergewöhnl Belastg: Arens/Oltmanns FamRZ **94**, 1371. Zur **Einkommensteuererstattung** gemeins veranlagter Eheg bei Trenng u Scheidg: § 1372 Rn 11; zw dem UnterhSchu u seinem neuen Eheg: Kln FamRZ **95**, 55.

11   **a)** Für die **Bedarfsermittlung** nach dem „ehel LebVerhältn" ist, weil sich diese nach der Rspr bis zur Scheidg erstrecken (§ 1578 Rn 11), grdsl auf das tatsächl, auf der Grdl der konkr Besteuerg verfügb Netto-Eink des Eheg abzustellen, der währd der Ehe dch seine Erwtätig allein die für den Unterh der Eheg benötigten Mittel erwirtsch h, also regelm die StKl I (std Rspr des BGH, zuletzt NJW **90**, 1477; FamRZ **90**, 503, 979 u 1085; **91**, 304; gg die InstGer u die berecht Krit in der Lit, die den Rückgg der Einkfte dch die Ändg der StKl erst bei der Leistgsfähigk berücks; Luthin FamRZ **88**, 1112f; Hampel FamRZ **89**, 118). Ledigl wenn sich der Wechsel in die StKl I inf rascher Wiederverheiratg als nur vorübergehd erweist, soll für den UnterhBed StKl III maßg bleiben (BGH NJW **88**, 2105), obw die Wiederheirat nun wiederum schlechterd kein die ErstEhe prägder Umst sein k (Weychardt FamRZ **88**, 929).

12   **b)** Für die **Leistungsfähigkeit** (§ 1581 Rn 5 ff) entscheidet grdsl die tatsächl Besteuerg (Bsp: Hbg FamRZ **91**, 196), so daß bei gesch Eheg gewöhnl StKl I zGrde zu legen ist (BGH FamRZ **83**, 152; NJW **88**, 2101 u 2105; Hampel FamRZ **89**, 118). UnterhAufwendgen sind außergewöhnl Belastg iS EStG 33a I (BFH NJW **89**, 2840). Steuerrechtl anerk Werbgskosten vermindern das unterherhebl Eink nur, soweit sie das f den LebBed verfügb Eink tats verringern (BGH FamRZ **85**, 357). Entspr Pauschalabzüge in einem UnterhVgl sind jedoch für die Eheg verbindl (BGH FamRZ **86**, 790). Das unterhrechtl relevante Eink richtet sich nach der steuerl Belastg des korrespondierden VeranlaggsJ (Ffm FamRZ **89**, 1300). Versehentl Wahl der StKl I im Jahr der Trenng vermindert die Leistgsfähigk (Kblz NJW-RR **89**, 1481). Steuerl Splittingvorteile aus einer **Wiederverheiratung** des UnterhSchu werden nach der Rpsr nicht der neuen Fam vorbehalten, sond sind wie beim KiUnterh (§ 1603 Rn 7) auch bei der Bemessg des Unterh eines früh Eheg zu berücks (unten Rn 14 aE).

13   **c) Steuerliche Obliegenheiten. aa)** die UnterhPartn sind verpfl einand zu helfen, steuerrechtl Vorteile zu erlangen (§ 1353 Rn 11 sowie § 1603 Rn 7), insb die StLast so gering wie mögl zu halten (Hamm FamRZ **87**, 489). Bei **Wiederverheiratung** darf sich der UnterhSchu nicht in die StKl V einstufen lassen, um seinem erwtät Eheg die Einstufg in die günstigere StKl III zu ermögl (BGH NJW **80**, 2251); wohl aber, selbst bei günstigerem Eink, in die StKl IV (Kbl FamRZ **88**, 402). Ggf ist das JahresEink fiktiv um den entgangenen Steuervorteil zu erhöhen (Hamm FamRZ **93**, 1089). Es besteht kein Anspr auf Zust zur Abweichg vom HalbteilgsGrdsatz beim kinderbedingtem AusbildgsFreiBetr u Körperbehindertenpauschale (BGH FamRZ **88**, 607). Zur Verpfl zur Vorlage von StErkl u –Bescheid Ffm FamRZ **89**, 1300.

14   **bb) Begrenztes Realsplitting** (BegrRealSpl) gem EStG 10 I Z 1: Der UnterhSchu ist auch im Interesse des UnterhGl gehalten, den StVorteil daraus in Anspr zu nehmen; für die UnterhBemessg ist die jew tats StBelastg abzuziehen u das sich danach ergebde NettoEink zGrde zu legen (BGH FamRZ **83**, 670/73). Dagg wird auch bei mißbräuchl Vorenthaltg der Zust des UnterhBerecht der SondAusgAbzug aS des UnterhSchu versagt (BFH NJW **91**, 125). Der UnterhSchu trägt das Risiko, daß das BegrRealSpl ungünstiger ist als die Geltdmachg des Unterh als außergewöhnl Belastg (Hamm FamRZ **88**, 1059). Insof kann die Hinzuziehg eines StSachverständ angebr sein (Buob FamRZ **81**, 233). Zur KrankVers innerh des BegrRealSpl: Böhmel FamRZ **95**, 270. **Zustimmung** bedeutet nicht Unterzeichng der Anlage U (Hamm FamRZ **90**, 1244; Stgt FamRZ **93**, 206 mwN; aA Hamm FamRZ **93**, 205). Vor allem besteht keine Verpfl, falsche UnterhBetr zu unterschreiben (Stgt FamRZ **93**, 206). Der UnterhGl braucht seine Zust iü nur **Zug um Zug** gg eine bindde Erkl des UnterhSchu, den Gl von den ihm entstehden steuerl Nachteilen freizustellen, zu erteilen (BGH NJW **83**, 1545; **85**, 195). Aber kein ZurückbehR des UnterhBerecht bei Nichtzahlg des lfden Unterh dch den Schuldn (Hamm FamRZ **91**, 832). Aber Zug um Zug gilt auch, soweit steuerrechtl noch zw für die GesVeranlagg der gesch Eheg (Hamm FamRZ **90**, 291). ZustVerpfl auch bei Streit über Anrechenbark v Leistgen auf den Unterh (Hamm FamRZ **90**, 1004). Aber bei Unstimmigk über die Höhe des Unterh kann die Zust der Höhe nach beschrkt w (Hamm FamRZ **91**, 830). Doch berechtigen auch langwierige Ausein- andS um Modalitäten des BegrRealSpl nicht zur generellen Ablehng (Hbg FamRZ **91**, 831). Versagg der Zust verpfl zum SchadErs (Kln NJW-RR **87**, 456 FamSache). Der UnterhGl darf seine Zust auch nicht von der Zusage einer Beteilig an der StErsparn abhäng machen (BGH FamRZ **84**, 1211). Zust ist ggf auch nach Zahlg einer UnterhAbfindg zu erteilen (Hamm FamRZ **88**, 1176). Die Zust kann nach ZPO 894, nicht 888, erzwungen w (Ffm FamRZ **89**, 1321); bei Abhängigk von SicherhLeistg Rkraft mit Erteilg der vollstreckb Ausfertigg des rechtskr Urt (BFH NJW **89**, 1504). Zu den **steuerlichen Nachteilen** (ZusStellg Kalthoener/ Büttner NJW **89**, 2780), von denen der UnterhSchu den UnterhGl freizustellen hat, gehören auch die Kosten für die Hinzuziehg eines StBeraters (BGH FamRZ **88**, 820); Verlust des KiGeldZuschl gem BKGG 11a (Ffm FamRZ **91**, 834) sowie die vom FinAmt festgesetzten, auf den UnterhLeistgen beruhenden EinkStVorauszahlgen (Bambg FamRZ **87**, 1047; AG Mannh FamRZ **88**, 842). Treffen begr Realsplitting u ZusVeranlagg mit einem neuen Eheg zus, braucht der UnterhSchu höchstens den steuerl Nachteil auszuglei- chen, der dch die Besteuerg der UnterhBezüge bei getrennter Veranlagg entstanden wäre (BGH NJW **92**, 1391; FamRZ **92**, 1050), es sei denn es liegt eine entspr VerpflErkl vor (Hamm FamRZ **99**, 638/1086 mA Philippi). Ein Anspr auf Ersatz auch der Steuern, die sich aus eig Eink des UnterhBerecht ergeben, besteht nicht; auch muß dieser Möglkten zur Verringerg der StLast (etwa bei Erwerb einer EigtWo) ausnutzen (Karlsr FamRZ **92**, 67). Verzichtet ein UnterhSchu für das komde J auf das begrenzte RealSpl, muß er den UnterhGl davon unterrichten (AG Lüdinghausen FamRZ **90**, 72); nicht muß dieser gg den Vorauszahlgsbe- scheid RMittel einlegen, solange noch nicht feststeht, ob der UnterhSchu das Realspl wählt (so aber Kln FamRZ **88**, 951). Ggf muß der UnterhGl aber gg den Vorauszahlgsbescheid RMittel einlegen (Kln FamRZ **88**, 951). Eine Verpfl zum Ausgl sonstiger Nachteile besteht nur bei entspr Substantierg. **Sicherheitslei- stung** nur bei Besorgn, daß der UnterhSchu seiner NachteilsAusglVerpfl nicht nachkommt (BGH NJW **83**, 1545; Vogt NJW **83**, 1525). Ist die Zust ohne die entspr NachteilÜbernErkl erteilt, so hat der UnterhSchu dem Gl gleichwohl die tatsächl (Hbg NJW-RR **86**, 805) erwachsenden Nachteile bar (Kln FamRZ **88**, 1059) auch nachträgl auszugl (BGH NJW **86**, 254). Eine **Vereinbarung** über die Erstattg ist ggf ausleggsfäh (Hamm FamRZ **89**, 638/1086 mAv Philippi). Der StErstattgsAnspr steht den Eheg nach dem Verhältn des jew von ihnen an das FinA gez Betr zu (BFH NJW **91**, 2103). Der UnterhGl hat nicht automat **Anteil am Steuervorteil** des UnterhSchu; die StErsparn aS des Schu ist vielm erst bei einer UnterhNeubemessg zu berücks (BGH FamRZ **84**, 1211). Im Falle v § 1582 I ist dem unterhberecht gesch Eheg die Beteiligg am Splittingvorteil über § 1579 Z 7 wegzunehmen (BGH NJW **85**, 2268; FamRZ **90**, 981; Stgt FamRZ **90**, 753). **Steuerrückerstattungen:** § 1372 Rn 11.

2. Unterhaltsberechtigung

1570 *Unterhalt wegen Betreuung eines Kindes.* **Ein geschiedener Ehegatte kann von dem anderen Unterhalt verlangen, solange und soweit von ihm wegen der Pflege oder Erziehung eines gemeinschaftlichen Kindes eine Erwerbstätigkeit nicht erwartet werden kann.**

Schrifttum: Derleder/Derleder FamRZ **77**, 587; Miesen MDR **81**, 542; Limbach NJW **82**, 1721.

1) Dem Eheg gebührt Unterh, wenn er nicht erwerbstät sein u damit nicht für sich selbst sorgen kann, 1 weil er ein gemeinschaftl Kind der gesch Ehel erzieht od pflegt. Es kommt ausschließl auf die Betreuungsbedürftig an; Vater u Mutter sind als sorgeberecht EltTeile insow völl gleich zu behandeln (vgl KG FamRZ **82**, 386). Grdsätzl besteht ein Recht, die eig Kinder selbst zu betreuen; keine Verpfl, Pflege u Erziehg einem Erzieher od Hauspersonal zu überlassen, um selbst erwerbstät sein zu können. Die Scheidg kann Anlaß geben, den iR der Ehe verfolgten LebPlan (vgl §§ 1356, 1360) zu korrigieren u nach vorheriger Erwerbstätigk in Haush zu wechseln u umgek. – Zu den UnterhVorauss iü vgl § 1569 Rn 4–9. AnschlUnterh evtl gem §§ 1571 Nr 2, 1572 Nr 2, 1573, 1576 S 1. Zur **Erziehungsrente:** § 1587 Rn 20. Die Entsch ü das SorgeR 2 enthält dch § 1570 eine wesentl vermögensrechtl Komponente (vgl NJW **77**, 354). Zudem ist der Anspr in mehrf Hins ggü den übr UnterhTatbestden **privilegiert** (vgl §§ 1577 IV 2, 1579, 1582 I 2 und 3, 1586a I sowie § 1581 Rn 7 hins der Übern der HaushFührg dch den UnterhSchu in dessen neuer Ehe). Aus dem Ges ergibt sich kein Kausalitätserfordern (aA Dieckmann FamRZ **77**, 94), so daß die Privilegien des § 1570 auch dann eingreifen, wenn der UnterhBerecht zunächst unabh von der Betreuung der Kinder gearbeitet hat u er später nach den §§ 1571ff unterhbedürft wird, weil er einen Unfall erleidet. Der UnterhAnspr aus § 1570 bleibt auch dann erhalten, wenn derj aus § 1572 wg Alkoholismus ausgeschl wäre u die Betreuung des Ki zeitw nicht ausgeübt w kann (Düss FamRZ **87**, 1262). – Eine zeitl **Begrenzung des Unterhaltstitels** 3 kommt nur in Betr bei hinreichd sicheren Anhaltspkten (Karlsr FamRZ **79**, 821). **Betreuen beide Ehegat-** 4 **ten** gemeinschaftl Kinder, so verbleibt dem erwtät Eheg, der v dem and Eheg auf Unterh in Anspr genommen w, nicht etwa der volle eig Unterh (so noch Hamm FamRZ **80**, 255) od kann der UnterhSchu vorweg ¼ seines Eink abziehen (so KG FamRZ **82**, 386). Vielm ist festzustellen, ob u in welchem Umfg dem Unterh-Schu in dem umgek Fall, daß er seiners UnterhAnsprüche geltd machen würde, trotz der KiBetreuung eine ErwTätigk zumutb wäre (Rn 12, 13); das aus einer ErwTätigk, die über das danach gebotene Maß hinausgeht, erworbene (Mehr)Eink ist bei der UnterhBemessg nur nach Treu u Gl unter Berücks der Umstde des Einzelfalles anzurechnen (BGH FamRZ **81**, 1159/ 60; **82**, 146/48 u 779/80; NJW **83**, 1548). – **Unterlassene** 5 **Erwerbstätigkeit:** Soweit der sorgeberecht EltT neben der Betreuung des gemeinschaftl Kindes zu einer eig Erwerbstätigk verpfl ist u er diese nicht ausübt, mindert das daraus erzielb Eink seine Bedürftig (§ 1577 Rn 1). Bei Verweigerg ist der Unterh entspr zu kürzen (*arg* „soweit"). – **Beweislast:** Die AnsprVoraussetz- 6 gen sind vom UnterhGl nachzuweisen. Doch trägt der UnterhSchu die BewLast dafür, daß die Betreuung eines noch nicht 8-jähr Ki die Aufn einer ErwTätigk erlaubt (BGH NJW **83**, 1427); ebso Abw vom Regelfall wie daß SchulKi unter 10 J nicht der Betreuung bedürften (Hamm FamRZ **94**, 446). Für das Vorliegen der die Betreuung größerer bzw eines vollj Ki erfdl machden Umstde ist dagg wieder der UnterhBerecht darleggs- u beweispfl (BGH NJW **85**, 429; **90**, 2752 regelmäß TablettenEinn). Im übr aber besteht keine Vermutg, daß ein mj Kind die Erwerbstätigk ausschließt (BT-Drucks 7/650 S 122). – Ist der UnterhAnspr 7 nur zum Teil aus § 1570, zum and Teil aber aus § 1576 gerechtfertigt, so ist der Teil zu **beziffern** (BGH NJW **84**, 2355). – Zum **Unterhaltsverzicht** § 1585c Rn 9–13. 8

2) Voraussetzungen: a) Gemeinschaftliches Kind. Vgl zunächst § 1568 Rn 5. Dch nachfolge Ehe 9 legitimierte sowie adoptierte Kinder stehen gleich, nicht dagg vor- u außerehel Kinder aus einer Eheg sowie gemschaftl Pflegekinder (BGH NJW **84**, 1538) od Stiefkinder (ausführl zu letzteren BT-Drucks 7/650 S 123 u 7/4361 S 29). Vorschr aber auch anzuwenden, wenn nachehel geborenes Kind von gesch Eheg stammt (Düss FamRZ **82**, 611). § 1570 soll auch gelten, wenn die Ehefr den Ehem von der rechtzeit Anfechtg der Ehelk des Ki abgehalten hat (BGH NJW **85**, 428: dann aber § 1579 Rn 25).

b) Notwendigkeit von Pflege oder Erziehung. 10

aa) Die Begr der **Betreuung** sind dieselben wie in § 1606 III, um zum Ausdr zu bringen, daß bei bes 11 Pflegebedürftig der UnterhAnspr auch nach Eintr der Volljährigk fortbestehen kann (Rn 20). Die Betreuung muß den UnterhBerecht ans Haus binden, weil sonst eine ErwTätigk mögl ist.

bb) Notwendigkeit. Pflege u Erziehg müssen **objektiv erforderl** sein, so daß wed rein tats (etwa iR 12 des UmgangsR) erbrachte Leistgen zählen noch subj vom sorgeberecht EltT bloß beabsicht BtLeistgen. Die widerrechtl Vorenthaltg des Ki begründet keinen Anspr aus § 1570 (Ffm FamRZ **95**, 234). **Entscheidend für den Grad der Freistellung** von der ErwTätigk **sind** Alter und Zahl der zu betreuenden Kinder, ferner die Entwicklg des Ki sowie die ErwMöglkten aS des UnterhBerecht: **α) Alter:** Die ältere Rspr, wonach die 13 Mutter bis zum 14. od 15. LebJ des Ki völlig freigestellt war (41. Aufl), ist überholt. Eine völlige Freistellg von jeder ErwTätigk kommt grdsl nur bis zur Einschulg des (jüngsten) Ki in Betr (KG FamRZ **95**, 355), u auch das nur, falls das Ki nicht im KiGarten ist (and Kblz FamRZ **89**, 627: ohne günst BetreuungsMöglk uä keine ErwObliegenh, solange das Ki im GrdSchulalter ist). Die gesunde Entwicklg eines Ki **unter 8 Jahren** erfordert es idR, daß sich ihm ein EltT jederzt (Schulausfall, Krankh) widmen kann (BGH NJW **89**, 1083; Überbl über die versch Leitlinien der OLG: Kalthoener/Büttner NJW **89**, 804). Ob eine ErwObliegenh **bis zum 11. Lebensjahr** des Ki besteht, richtet sich nach den konkr Umst wie Alter, GesundhZustd, ArbMarktChance, berufl Tätigk währd der Ehe (BGH NJW **81**, 448; **82**, 326; **84**, 2358); Vorhandensein einer BetreuungsPers währd der berufsbedingten Abwesenh (BGH NJW **89**, 1083) usw. Die Betreuung fast erwachsener od vollj gesunder Ki begründet grdsl keinen UnterhAnspr mehr; ist das betreute Ki **16 Jahre**, so ist im allg davon auszugehen, daß ein weiterer Aufschub der Aufn einer vollen ErwTätigk nur bei Vorliegen bes Grde gerechtfert ist (BGH FamRZ **84**, 149; **85**, 50; Düss FamRZ **85**, 815; Zweibr FamRZ **89**, 1192). Die Betreuung eines 17jähr Schülers erlaubt eine Ganztagsbeschäftigg (BGH FamRZ **88**, 265); erst recht bei **Volljährigkeit** (Zweibr FamRZ **81**, 148). – β) **Zahl: Bei 1 Kind** ist ohne Vernachlässigg der elt Aufgaben eine Halbtagstätigk zumutb bei Betreuung eines 8j (Stgt FamRZ **79**, 588), 10j (KG FamRZ **82**, 386) od eines 13j (BGH FamRZ **88**, 56; Kln FamRZ **82**, 706); bei 10j (Hamm FamRZ **81**, 460) bzw 11–15j SchulKi mind eine TeilZtArb (BGH FamRZ **82**, 148; Nürnb NJW **80**, 1473). Wird die Betreuung einer 12j dadch nicht beeinträcht, ist auch eine freiw aufgenommene VollZtTätigk nicht unzumutb (Hamm FamRZ **86**, 360). **2 Kinder:** Bei 6- u 8j Ki brauchen die Vorauss des BetreuungsUnterh nicht näher begründet zu w (BGH FamRZ **88**, 145); ebsowenig bei 8- u 9j (Oldbg FamRZ **90**, 170). Iü entsch über die Zumutbark der Aufn einer ErwTätigk die ges pers Verhältn (BGH FamRZ **82**, 147). Desh ErwFreistellg etwa einer Mutter von 11- u 13j mRücks auf günst finanz Verhältn u darauf, daß ihre frühere ErwTätigk 13 J zurückliegt (BGH NJW **84**, 2358) od einer 50j Mutter bei 11- u 12j Ki (BGH FamRZ **82**, 147) bzw 11- u 14j (Ffm FamRZ **82**, 818). Dagg ist bei 11- u 18j Ki eine stundenw Alten- od FamPflegeTätigk zumutb (BGH NJW **81**, 2462); bei 9- u 11j die stundenw Tätigk als Übersetzerin (Mü FamRZ **81**, 461); bei 8j Schülerin u 15j Lehrling eine ErwTätigk von 1 Std tägl (Nürnb MDR **80**, 229); bei 8- u 13j Ki keine HalbtgTätigk (BGH FamRZ **90**, 989). Bei noch **mehr Kindern** entsch die Betreuungsbedürftigk des jüngsten Ki. Wird dieses 8 J alt, ist idR eine HalbtagsTätigk zumutb (Bambg FamRZ **88**, 725). – γ) **Problemkinder** begründen einen überdchschnittl BetreuungsBed (BGH NJW **84**, 2355), so bei 14j autist (Celle FamRZ **87**, 1038) od taubstummen Ki (Ffm FamRZ **87**, 175). – δ) **Günstige Betreuungsmöglichkeiten** dch KiTagesstätten, Ganztagsschulen, Verwandte usw erhöhen die Zumutbark für die Aufn einer ErwTätigk; ggf auch die Betreuung dch den LebGefährten des UnterhBerecht, so daß dieser auch bei 4- bis 6j Ki auf eine halbtäg außerhäusl Berufstätigk verwiesen w kann (Kblz FamRZ **87**, 1269); erst recht bei 8- bis 12jähr Ki (Celle NJW-RR **92**, 776). Der sorgeberecht EltT wird für die eig Erwtätigk freigesetzt, wenn das Ki nicht betreut w kann od nicht betr zu w braucht inf eig Wohng, Unterbringg in Internat od JugHaft, Klinik usw. Über Fortbestand u Umfg des UnterhAnspr entsch, ob die Verhindg nur vorübergehd od von längerer Dauer ist. – ε) Neben den **Beschäftigungsmöglichkeiten** (TeilZtBeschäftigg, HeimArb usw) kann es für die **Zumutbark** darauf ankommen, ob die ErwTätigk auch schon währd der Ehe neben der KiBetreuung ausgeübt w (Karlsr FamRZ **80**, 365; Dieckmann FamRZ **77**, 94). Bei unzumutb Arb nur teilw Anrechg der Einkfte (Düss FamRZ **80**, 685; § 1577 Rn 14 ff). – ζ) **Mangelfälle** begründen gesteigerte Anfdgen für den UnterhGl (§ 1581 Rn 25). Die Betreuung einer 15 ½j läßt sich dann auch neben einer VollErwTätigk bewält (BGH NJW **83**, 1548; Mü FamRZ **83**, 1548; Mü FamRZ **83**, 21; Karlsr FamRZ **83**, 716).

19   cc) **Zeitpunkt.** And als bei den EinsatzZtpkten des Alters- od KrankhUnterh kann sich den UnterhAnspr auslösde Betreuungsnotwendigk jederzt ergeben. Sie entsteht bspw später für die bei Scheidg noch nicht unterhberect, von ihrem gesch Mann schwangere Frau mit der Entbindg od wenn der gesch Eheg das zunächst anderweit (bei Verwandten od in einem Heim) untergebrachte Ki später zu sich nimmt (BT-Drucks 7/650 S 122). Der UnterhAnspr lebt wieder auf, wenn nach Abschl der Betreuung das Ki (etwa inf eines Unfalls) erneut der Pfl bedarf, od sie dauert von vornherein über die Erreichg der Volljährigk hinaus an (Rdn 15). Nach **Wegfall der Betreuungsbedürftigkeit** muß sich der UnterhBerecht um eine Ganztagsstelle bemühen, ggf auch unter Aufg einer krisensicheren TeilZtArb (Celle NJW-RR **94**, 1354).

20   **3) Ergänzung und Ablösung des Betreuungsunterhalts.** Ist der UnterhBerecht dch die KiBetr nur teilw an einer Erwtätigk gehind, wird der Anspr uU dch einen solchen aus § 1573 II (dort Rn 14) ergänzt (BGH NJW **90**, 1847; FamRZ **91**, 305). Ablösg des BetrUnterh ggf dch denj nach §§ 1572 Z 2, 1573 III, 1575, 1576.

1571   *Unterhalt wegen Alters.*   **Ein geschiedener Ehegatte kann von dem anderen Unterhalt verlangen, soweit von ihm im Zeitpunkt**
1. der Scheidung,
2. der Beendigung der Pflege oder Erziehung eines gemeinschaftlichen Kindes oder
3. des Wegfalls der Voraussetzungen für einen Unterhaltsanspruch nach den §§ 1572 und 1573
wegen seines Alters eine Erwerbstätigkeit nicht mehr erwartet werden kann.

1   **1)** Der **Unterhaltsanspruch wegen Alters hängt** unbeschadet der Voraussetzgen in § 1569 Rn 4 **von dreierlei ab:** vom Alter (Rn 2), vom Vorliegen des EinsatzZtpktes (Rn 3–6) u dav, daß wg Alters eine Erwerbstätigk nicht mehr erwartet w kann (Rn 7). Dagg hängt der Anspr nicht davon ab, daß die Bedürftigk ehebedingt ist, so daß er auch bei Eheschließgen älterer Pers in Betr kommt (BGH NJW **82**, 929; **83**, 683). **Beweislast** dafür, daß keine angem Erwtätigk zu finden ist, liegt beim UnterGl (BT-Drucks 7/650 S 123). Der Nachw angemessener aber fehlgeschlagener Bemühgen (dch Zeitgsanzeigen, ArbAmt, Vorstellg usw) reicht aus. Versagt § 1571, dann UnterhAnspr ggf nach §§ 1572, 1573, 1575, 1576. Iü ist das LebAlter auch bei Feststellg dessen, was als angem Erwerbstätigk anzusehen ist, zu berücks (§ 1574 Rn 6). Ausbildg, Fortbildg od Umschulg kann nicht mehr verlangt w, wenn sie dch das inzw erreichte Alter des gesch Eheg überholt würde (§ 1574 Rn 14). Verhältn zum **Versorgungsausgleich:** NJW **77**, 355; Einf 1 v § 1587; Bedeutg der **Rente:** § 1578 Rn 18; **Rückerstattung u Schadensersatz:** Einf 3 v § 1569; § 1569 Rn 9.

2) Alter. Im Ggs zu den Anspr aus der SozVersicherg wird kein best Alter vorausgesetzt, unterhalb 2 dessen ein UnterhAnspr ausgeschl wäre. Vielm kommt es auf die altersmäß Erwerbsunfähig an. Einer 54j Frau ist eine volle ErwTätigk jedenf dann zumutb, wenn sie gesundheitl dazu in der Lage ist u auch währd der Ehe mitverdient h (Kln FamRZ **80**, 1006); einer 53j auch nach 31 Ehej (Kblz FamRZ **92**, 950). Die Best gibt auch dem gesch Eheg einen UnterhAnspr, der vor Erreichen der f eine Versorgg maßgebl Altersgrenze wg seines LebAlters, insb nach einer langen Berufsunterbrechg, nicht mehr in eine angem ErwTätigk (vgl § 1574 II) vermittelt w kann (BT-Drucks 7/650 S 123) od bei dem aus AltersGrden auch die Aufn einer ehe-angem BerufsAusbildg ausscheidet (BGH NJW **87**, 2740 mN). In diesen Fällen besteht desh ein Unterh-Anspr wg Alters schon vor Erreichen der Altersgrenze. Dann ggf Kosten für eine AltersVersicherg Teil des LebBedarfs (§ 1578 Rn 45), die in den sonst Fällen des AltersUnterh dagg idR ausscheidet (Hamm FamRZ **87**, 829). Bei Fehlverwendg des AltersVorsorgeUnterh ggf entspr Kürzg des AltersUnterh (Hamm aaO). Auf die Dauer der Ehe kommt es für den AltersUnterh nicht an. Insb nicht erfdl, daß die Eheg gemeins alt gew sind (Düss FamRZ **78**, 342: Eheschl mit 76 bzw 65 J). Ist das Alter nur vorübergehder HindergsGrd, dann Unterh gem § 1573 I (Kalthoener/Büttner NJW **89**, 805). Entscheidd sind entw die obj Umst, wenn die Ausübg eines Berufes zB an ein best Alter geknüpft ist (Tänzerin, Mannequin), od die subj Umst, so daß zB die WiederAuf einer Tätigk als Krankenschwester wg der damit verbundenen seel Belastgen altersbe-dingt unzumutb u somit nicht mehr zu erwarten sein mag. Die altersbedingte Freistellg von der einen Berufstätigk befreit aber nicht von der Verpfl, und iSv § 1574 II angem Tätigkeiten aufzunehmen.

3) Einsatzzeitpunkte. Das Alter (od iFv § 1572 die Krankh) berecht noch nicht für sich allein; vielm muß 3 die Unzumutbark der Aufn einer Erwerbstätigk gerade zu best Ztpkten bestehen, dh am Ende der Ehe od in deren Nachwirkbereich, so daß etwa der Anspr auf Unterh wg Kindererziehg gem § 1570 nach Abschl der Erziehgstätigk von einem solchen aus § 1571 Nr 2 abgelöst w kann. RGrd für die UnterhLeistg ist dann nicht mehr die Erziehg der gemschaftl Kinder, sond das Alter des gesch Eheg iVm den nachehel erbrachten, aber in der Ehe wurzelnden Erziehgspflichten. Denn bei der Kindererziehg u –pflege handelt es sich um eine Aufg, die beiden Eheg aus der Ehe erwachsen ist, aber nur von einem Eheg aGrd v § 1671 nach der Scheidg für beide fortgeführt wird (BT-Drucks 7/650 S 129). Es genügt, wenn das Alter, die Krankh usw zum EinsatzZtpkt vorliegt, die Bedürftigk sich aber erst später einstellt (Mü FamRZ **93**, 564 mN). **a) Nr 1:** 4 **Scheidung.** Maßgebl der Ztpkt, in dem die Entsch über den ScheidgAntr rechtskr wird. Vorher Unterh-Verpfl nach §§ 1360, 1361, die ggf dch einstw AnO geregelt w kann (ZPO 620 Nr 6). Die Scheidg spielt in diesem Zusgh ledigl eine Rolle zur Fixierg des Ztpkts; scheidgsbedingte Erwerbsunfähig allenf gem § 1572 Nr 1 zu berücks. **b) Nr 2 Beendigung der Betreuung eines gemeinschaftlichen Kindes,** weil dieses sich 5 selbstd macht, zB auszieht (ggf auch vor Erreichg der Volljährigk), in eine HeilAnst eingewiesen w, stirbt, adoptiert w uä. Vgl § 1570 Rn 10–14; entgg dem Wortlt ist auf den Ztpkt abzustellen, in dem die Vorauss für einen Anspr aus § 1570 entfallen (BGH NJW **90**, 2752), bei der Betreuung eines EinzKi idR also, wenn dieses das 15. od 16. LebJ vollendet h (BGH NJW **90**, 1172/4; § 1570 Rn 13). **c) Nr 3: Wegfall der** 6 **Anspruchsvoraussetzungen nach den §§ 1572, 1573.** Bekommt der Eheg Unterh, weil er bei Scheidg od als die Kinder nicht mehr erziehgsbedürft waren krank war, dann würde dieser Anspr entfallen, wenn der Eheg wieder gesund wird. Entsprechd, wenn er Unterh nach § 1573 bezogen hat, weil er keine angem ErwTätigk zu finden vermochte. Z 3 berücksichtigt die Situation, daß der Eheg im Augenbl seiner Gesundg bzw dem Angebot einer ihm angem Beschäftigg altersmäß nicht mehr zu arbeiten braucht. Insof löst dann der UnterhAnspr aus Z 3 denj nach §§ 1572, 1573 ab. Der Anspr ist immer nur AnschlußUnterh (Stgt FamRZ **82**, 1015).

4) Nichterwartung der Erwerbstätigkeit. Die Aufn einer Erwerbstätigk kann wg Alters ausgeschl sein 7 unter obj u subj Gesichtspunkten (vgl bereits Rn 2). Sie ist schlechthin nicht mehr zu erwarten bei Erreichg der berufsspezifischen Altersgrenzen. Iü entscheiden der ArbMarkt, die örtl Gegebenheiten, wobei Wohns-Wechsel idR verlangt w kann, die zeitl Umst als obj Gegebenheiten, die persönl Disposition, Belastbark, Dauer der Berufsfremdh, aber auch psych Widerstandskraft als subj Kriterien. Ggf ist Teilzeitbeschäftigg zu erwarten. Tritt der AltersUnterh an die Stelle eines TeilUnterhAnspr (§ 1569 Rn 4) zB wg Kindesbetreuung mit teilw zumutb Erwerbstätigk, so wird die vorhandene Bedarfslücke nicht etwa dch § 1570 geschl (Dieck-mann FamRZ **77**, 95).

1572 *Unterhalt wegen Krankheit oder Gebrechen.* **Ein geschiedener Ehegatte kann von dem anderen Unterhalt verlangen, solange und soweit von ihm vom Zeitpunkt**

1. der Scheidung,
2. der Beendigung der Pflege oder Erziehung eines gemeinschaftlichen Kindes,
3. der Beendigung der Ausbildung, Fortbildung oder Umschulung oder
4. des Wegfalls der Voraussetzungen für einen Unterhaltsanspruch nach § 1573

an wegen Krankheit oder anderer Gebrechen oder Schwäche seiner körperlichen oder geistigen Kräfte eine Erwerbstätigkeit nicht erwartet werden kann.

1) Zweck der Vorschr ist es, die auf eine innerh der Ehe od des ihr noch zugerechneten nachehel Rahmens 1 erworbene Krankh zurückzuführde Erwerbsunfähigk dch Gewähr eines UnterhAnspr gg den and Eheg auszugleichen. Dagg ist die Ehebedingth der Krankh keine Voraussetzg des Anspr (BGH NJW **82**, 40; BT-Drucks 7/650 S 124; vgl iü § 1579 Rn 41). Aber Begrenzg der UnterhPfl gem § 1579 Rn 40. Die Anwendg der Best ist an **drei Voraussetzungen** geknüpft: an das Vorliegen einer Krankh od gleichgestellter Leiden (Rn 2–5), zum sog EinsatzZtpkt (Rn 6–7), u daran, daß aGrd der Behinderg eine ErwTätigk nicht erwartet w kann (Rn 8).

2) Krankheit. Zum **Begriff** vgl § 616 Rn 13 sowie das SozVersR (Hbg FamRZ **82**, 702). Unfallfolgen u 2 Körper- bzw GesundhVerletzgen iSv § 823 gehören dazu. Die Erkrankg darf nicht nur vorübergehder Natur sein. Wer erwtät ist, kann wg kurzfrist KrankHsAufenth, Kuren uä keinen Anspr aus § 1572 herlei-

ten. Das Kriterium der dauerh Beeinträchtigg ist jedoch nicht gleichbedeutd mit Unheilbark. Auch braucht der Berecht nicht schlechth erwunfäh zu sein. Die Möglk einer ErwUnfähigkRente rechtfertigt nicht eine Aussetzg des Verf (Düss FamRZ **82**, 821). Wg Ehebedingth der Krankh Rn 1. Ausreichd, wenn die Krankh im EinsatzZtpkt (Rn 6–7) schon bestand, aber noch nicht erkannt war. Das gilt jedoch nicht für die bl KrankhVeranlagg, ebsowenig für eheferne Verschleißerscheingen. Sie können nicht mehr als Nachwirkgen
3 der Ehe u damit als ausgleichsbedürft angesehen w. **Alkoholsucht** kann Krankh sein; der Süchtige muß allerd Entziehgskur machen (Stgt FamRZ **81**, 963); sonst § 1579 Z 3 (dort Rn 18). Werden die Kosten der Suchtbehdlg von der KrVers übern, besteht ein Bedarf allenf für die Anschaffg von Kleidg u für Taschen-
4 geld (Hamm FamRZ **89**, 631). Eine **Unterhaltsneurose** (§ 1602 Rn 20; § 1579 Rn 19) stellt keine Krankh dar (Hbg FamRZ **82**, 702); ebsowenig depress Reaktionen nach der Trenng (Hamm FamRZ **95**, 996). Einer
5 Krankh stehen entspr den VersorggsGrdsätzen der RVO, AVG, BeamtVG andere **Gebrechen oder Schwäche** der körperl od geist Kräfte gleich (BT-Drucks 7/650 S 124). Wer aus gesundh Grden nur noch einfache bis mittelschwere Arb verrichten k, diese aber ganztags, hat keinen Anspr n § 1572, sond nur einen – gem § 1573 V kürzgsfäh! – Anspr auf AufstockgsUnterh (Düss FamRZ **87**, 1254).

6 **3) Einsatzzeitpunkte.** Wg Nr 1, 2 u 4 vgl § 1571 Rn 3–6 mit der Maßg, daß an Stelle des Alters „Krankh" zu lesen ist. Später eintretde, etwa zum Ztpkt der Scheidg nicht absehb Krankh u ErwUnfähigk fallen nicht in den Risikobereich des and Eheg (Brschw FamRZ **79**, 1020; Düss FamRZ **93**, 331). Für Nr 1 genügt es, wenn die im EinsatzZtpkt vorhandene Krankh sich in nahem zeitl Zushg mit der Scheid verschlimmert, zB bei im ScheidgsZtpkt bereits vorh Gelenksabnutzg, Kreislaufstörg usw (BGH NJW **87**, 2229); wenn sich im ScheidgsJ ein Unterschenkelgeschwür bildet (Stgt FamRZ **83**, 501) od die Krankh nach der InkubationsZt ausbricht. Bei Nr 2 reicht aus, wenn die Krankh nach Scheidg, aber währd der Kinderer-ziehg erworben worden od der Grd für die Beendigg der KiBetreuung ist (Kblz FamRZ **89**, 286). Doch gibt es nur TeilAnschlUnterh, wenn der UnterhBerecht schon währd der KiBt halbschicht hätte arb müssen (Düss NJW-RR **94**, 1415). Für Nr 4 ErwUnfähigk inf Medikamentenabhängigk, wenn zunächst Unterh-
7 Anspr gem § 1573 I bestand (BGH FamRZ **88**, 927). **Nr 3: Beendigung der beruflichen Bildung** (zu den Formen vgl § 1610 Rn 38–60 insb dd–ff) ermöglicht normalerw Übern der unterhaltsrechtl Eigenverant-wortg (vgl § 1569 Rn 1). Ist der Eheg zu diesem Ztpkt aber krank, so muß der and Eheg trotz der Scheidg wiederum beispringen; denn die sich aus der Ehe fortleitde Mitverantwortlich (§ 1569 Rn 1) wirkt nach, wenn der Eheg, um sich selbstd unterhalten zu können, sich ausbilden, fortbilden od umschulen läßt (BT-Drucks 7/650 S 124). **Nr 4:** Ausbr einer Psychose 4 J nach Scheid (Hamm FamRZ **94**, 104). Die Weiter-zahlg v Unterh trotz Wegfalls der Vorauss des § 1570 kann bei einer dann eintretden Erkrankg des Berecht weiterh unterhpflicht machen (BGH NJW **90**, 2752).

8 **4) Zur Nichterwartung der Erwerbstätigkeit** vgl zunächst § 1571 Rn 7, obwohl die Grenzen hier noch schwieriger zu ziehen sind als dort. Nicht vorausgesetzt wird, daß die Krankh od das ihr gleichstehde Leiden den gesch Eheg schlechthin erwerbsunfäh macht. Der Anspr ist bereits dann gegeben, wenn der gesch Eheg eine angem Tätigk (§ 1574), also nicht notw der früh Tätigk (BGH NJW **91**, 224), nicht auszuüben in der Lage ist (BT-Drucks 7/650 S 124) od aGrd der Krankh keine reale BeschäftiggChance besteht (Ffm FamRZ **94**, 1265). Eine teilw Berufsunfähigk rechtfertigt dagg einen UnterhAnspr n § 1572 nicht, wenn statt des erlernten Berufs eine angem Berufstätigk mögl ist (Hamm FamRZ **80**, 258). Der Anspr ist aber wiederum gegeben, wenn der gesch Eheg, obgleich er krank war, in Überschätzg seiner Kräfte eine Erwerbstätigk übernimmt, die er nach einiger Zeit wieder aufgeben muß. Hins der subj Kriterien der persönl Zumutbark gelten ähnl Grdsätze, wie sie iR der SchadMindergsPfl bei Körper- u GesundhSchäden entwickelt sind (§ 254 Rn 35–39). Der Unterh wird nur geschuldet, „sol u soweit" die ErwTätigk nicht erwartet w kann. Übt der gesch Eheg zu Beginn der Krankh bereits eine ErwTätigk aus, die ihm eine nachhaltige UnterhSicherg bietet, so entfällt § 1572 (vgl Rn 9). Aber auch, wenn die Krankh überwunden ist, besteht kein UnterhAnspr mehr. Ggf kann der gesch Eheg auf eine TeilErwTätigk verwiesen w. Reichen die Einkfte aus einer vollschicht, angem Tätigk nicht zum vollen Unterh aus, kommt Aufstockgs-Unterh nach § 1573 II in Betr (BGH NJW **91**, 224). Eine befr EU-Rente (§ 1587a Rn 38) berechtigt zum Unterh nach § 1572, so daß der Unterh nicht gem § 1573 V befr werden kann (Nürnb FamRZ **92**, 682).

1573 *Unterhalt bis zur Erlangung angemessener Erwerbstätigkeit.* [I]Soweit ein ge-schiedener Ehegatte keinen Unterhaltsanspruch nach den §§ 1570 bis 1572 hat, kann er gleichwohl Unterhalt verlangen, solange und soweit er nach der Scheidung keine angemessene Erwerbstätigkeit zu finden vermag.

[II]Reichen die Einkünfte aus einer angemessenen Erwerbstätigkeit zum vollen Unterhalt (§ 1578) nicht aus, kann er, soweit er nicht bereits einen Unterhaltsanspruch nach den §§ 1570 bis 1572 hat, den Unterschiedsbetrag zwischen den Einkünften und dem vollen Unterhalt verlangen.

[III]Absätze 1 und 2 gelten entsprechend, wenn Unterhalt nach den §§ 1570 bis 1572, 1575 zu gewähren war, die Voraussetzungen dieser Vorschriften aber entfallen sind.

[IV]Der geschiedene Ehegatte kann auch dann Unterhalt verlangen, wenn die Einkünfte aus einer angemessenen Erwerbstätigkeit wegfallen, weil es ihm trotz seiner Bemühungen nicht gelungen war, den Unterhalt durch die Erwerbstätigkeit nach der Scheidung nachhaltig zu sichern. War es ihm gelungen, den Unterhalt teilweise nachhaltig zu sichern, so kann er den Unterschiedsbetrag zwischen dem nachhaltig gesicherten und dem vollen Unterhalt verlangen.

[V]Die Unterhaltsansprüche nach Absatz 1 bis 4 können zeitlich begrenzt werden, soweit insbe-sondere unter Berücksichtigung der Dauer der Ehe sowie der Gestaltung von Haushaltsführung und Erwerbstätigkeit ein zeitlich unbegrenzter Unterhaltsanspruch unbillig wäre; dies gilt in der Regel nicht, wenn der Unterhaltsberechtigte nicht nur vorübergehend ein gemeinschaftliches Kind allein oder überwiegend betreut hat oder betreut. Die Zeit der Kindesbetreuung steht der Ehedauer gleich.

1) a) Zweck: Die Schwierigk, nach Scheidg eine geeign Tätigk zu finden, u eine darauf zurückzuführde 1
BedürfnLage steht idR im Zushg mit der Ehe, weil sie darauf beruht, daß der Berecht währd der Ehe aGrd
einverständl Arbeitsteilg (vgl unten Rn 3) nicht od nur teilw erwerbstät gewesen ist u sich desh nach der
Scheidg zunächst um eine angem u unterhaltsrechtl befriedigd vergütete ErwTätigk bemühen muß (BT-
Drucks 7/650 S 125). **b) Subsidiarität:** Negat Voraussetzg aller Anspr aus § 1573 ist, daß ein UnterhAnspr 2
nicht bereits nach §§ 1570–1572 besteht (§§ 1570 Rn 21; 1572 Rn 8). Gilt auch hins zu erwartender Teilzeit-
beschäftigg im Verhältn zum KrankhUnterh (Stgt FamRZ **79**, 1018). Wenn der gesch Eheg ein gemeinschaftl
Kind zu versorgen hat od wg Alters od Krankh eine ErwTätigkeit nicht zu erwarten ist u er aus diesem Grd
bereits Unterh von dem gesch Partner bekommt, so bedarf es einer weiteren AnsprGrdl nicht mehr. Die
versch Anspr unterscheiden sich dadch, daß anders als bei den vorgelagerten UnterhGründen der gesch
Eheg iFv § 1573 sich um eine angem ErwTätigk bemühen muß (Rn 6). Allerd können sich Überschneidgn
ergeben, wenn auch der alters- od krankheitsbedingt nicht zu voller ErwTätigk verpfl Eheg zu einer
Teilzeitbeschäftigg verpfl ist; vermag er iR dieser Verpflichtg keine angem ErwTätigk zu finden, gilt insow
§ 1573. Ab Erreichg der Altersgrenze ist der UnterhAnspr auf § 1571 zu stützen (BGH FamRZ **88**, 817). Zur
Erwerbsobliegenheit: § 1603 Rn 9–14; § 1577 Rn 4.

2) Unterhalt wegen Fehlens einer angemessenen Erwerbstätigkeit nach der Scheidung, I. Der 3
UnterhAnspr besteht grdsl, sol u soweit der gesch Eheg nach der Scheidg keine angem ErwTätigk zu finden
vermag. Aber **Begrenzungsmöglichkeit** nach V (vgl Rn 28).

a) Der Anspr setzt zunächst voraus, daß der Eheg im Ztpkt der Scheidg **nicht oder nicht voll erwerbs-** 4
tätig ist. Dadch soll den währd der Ehe nicht erwerbstät gewesenen Eheg der Anspr auf einen den wirt-
schaftl Verhältn der Ehe im Ztpkt der Scheidg entsprechen Unterh so lange eingeräumt w, bis er dch eine
angem ErwTätigk sich selbst unterhalten kann. Es kommt nicht darauf an, ob der Eheg gerade wg der Ehe
nicht erwerbstät gewesen ist; ebsowenig, wie lange er vor der Scheidg nicht od in dem nicht mehr angem
Beruf erwerbstät war (BGH NJW **80**, 393). Gg mutwill (zB währd des GetrLebens der Ehel im Hinbl auf die
bevorstehde Scheidg) herbeigeführte Bedürftigk hilft § 1579 I Nr 3.

b) Weitere Voraussetzg des Anspr ist, daß der gesch Eheg nach der Scheidg **keine angemessene Er-** 5
werbstätigkeit zu finden vermag (§ 1574 Rn 16). **aa)** Was als angem ErwTätigk in Betr kommt, ergibt
sich aus § 1574 Rn 3–10. Dem Eheg darf keine Tätigk angesonnen w, die seine frühere soz Lage ungünst
verändern würde (BT-Drucks 7/650 S 125; Zweibr FamRZ **81**, 148). Studium innerh der Ehe darf nach
deren Scheidg fortgesetzt w, auch wenn vorher erfolgr Tätigk als Industriekaufm (Hamm FamRZ **78**, 899
zweifelh). Entscheidd ist, ob der soz Zuschnitt der ehel LebGemsch darauf ausgerichtet war, dem Eheg das
höhere Bildsniveau eines Akademikers zu verschaffen (BGH FamRZ **80**, 126). Das ist nicht der Fall, wenn
Antiquitätenhändler das Abitur erst nach der endgült Trenng der Eheg ablegt u Medizinstudium aufnimmt
(Düss FamRZ **80**, 585). **bb)** Die Ehefr v 50 J, die 20 J im erlernten Beruf als kaufm Angest nicht mehr tät
war, kann idR Unterh n I verlangen, wenn ihr gesch Mann als Bautechniker ein NettoEink v 4197 DM hat
(Zweibr FamRZ **81**, 148). Dch die Formulierg „zu finden vermag" soll zum Ausdr gebracht w, daß der 6
Eheg sich **um eine Erwerbstätigkeit bemühen** muß. Die Tats allein, daß er nicht erwerbstät ist, soll den
Anspr nicht auslösen; es muß vielm hinzukommen, daß seine Bemühgen, eine ErwTätigk aufzunehmen,
erfolglos geblieben sind (BT-Drucks 7/650 S 125). Bei bes gut bezahlter TeilZtStelle braucht eine 45j Fr uU
nicht den Wechsel in eine VollZtStelle auf sich zu nehmen (Düss FamRZ **91**, 194). Für die Erfolglosigk der
Bemühgen zur Erlangung eines angem berechten geeigneten Eheg ist nicht ZPO 287 II zugute (BGH NJW **86**, 3080). Der 7
UnterhKl ist **beweispflichtig;** die UnterhKl ist abzuweisen, wenn bei sachgerechteren Bemühgen eine
nicht ganz abzuweisende BeschäftiggsChance bestünde (Oldbg FamRZ **88**, 724). Zum Umfang der Bemüh-
gen vgl § 1574 Rn 16. Der UnterhAnspr setzt erst ein, wenn überh keine angem Tätigk mögl, so daß frühere
UnivDozentin sich um anderweit Verwertg ihrer Sprachkenntn bemühen muß (BGH FamRZ **84**, 988).
cc) Bei Abweisg der Kl muß feststehen, daß bei genügden Bemühgen eine **reale Beschäftigungschance** 8
bestanden hätte (BGH FamRZ **87**, 912). Zum Beweis: Rn 12. **dd) Verhältnis von I zu II:** I gilt auch dann, 9
wenn der unterhberecht Eheg wg der ArbMarktlage nur eine Teilbeschäftigg findet (BGH NJW **88**, 2369).
Bei fiktivem ErwEink des UnterhBedürft gilt dagg II (BGH FamRZ **88**, 927; NJW **90**, 1477).

c) Maßgebl **Zeitpunkt** für I ist die Scheidg od einer der and gesetzl benannten EinsatzZtpkte (Hamm 10
FamRZ **94**, 1392). Der zeitl Zushg fehlt, wenn die Erwerbslosigk 2½ J nach der Scheidg eintr (BGH NJW
88, 2034). Doch steht diesem Ztpkt gleich, wenn eine angem ErwTätigk bei Abschluß der Erziehg eines
gemschaftl Kindes, nach Heilg einer der ErwTätigk entggstehden Krankh usw nicht zu finden ist, **III.** Die
BedürfnLage daraus, daß der zunächst aus and Gründen unterhaltsberecht Eheg nicht sogleich eine angem
ErwTätigk findet, steht noch im Zushg u innerh des Nachwirkgsbereichs der Ehe (BT-Drucks 7/650 S 127).
Hat allerd der Eheg vor III Unterh bezogen, um eine bessere Ausbildg zu erlangen, als er vorher hatte, so
bleibt diese inzw erworbene Steigerg seiner berufl Möglichkeiten bei der jetzt fäll Suche nach angem
ArbMöglichkeiten außer Betr (§ 1575 III). Hat der unterhaltsberecht Eheg iZw des § 1575 einen ehedem
sicheren ArbPlatz aufgegeben u findet nun keine Stellg, so ist der UnterhAnspr ggf n § 1579 Z 7 zu kürzen,
da das Risiko des Bildgsstrebens u der Fehlprognose nicht einseit vom UnterhPflichtigen getragen w soll
(Dieckmann FamRZ **77**, 93). Für den Fall schließl, daß eine zunächst erlangte angem ErwTätigk nachträgl
ganz od teilw entfällt, gilt nicht I, sond IV (vgl Rn 20–27). Die **Bemühungen um Erlangung einer** 11
Erwerbstätigkeit (Rn 6) müssen im Zushg mit der Trenng der Ehel (§ 1361 Rn 28), spätestens jedoch mit
der Scheidg einsetzen. Im UnterhUrt ist eine Prognose über deren Erfolg erforderl; die Verletzg der
Erwerbsobliegenh gem § 1361 II währd der TrenngsZt genügt nicht für die Ann, daß keine angem ErwTä-
tigk zu finden sein wird (BGH FamRZ **86**, 1085/86: aber ggf § 1579 Z 3). Dem AnsprSteller obliegt ledigl
die Suche nach einer ihm angem (§ 1574 Rn 3) ErwTätigk (BGH NJW **87**, 898/99). Die BewAnfordergen 12
dürfen nicht überspannt werden, sond müssen den Umst des Falles entspr; **Beweis** ist als geführt anzusehen,
wenn nach tatrichterl Würdigg eine BeschäftiggsChance prakt nicht bestanden hat (BGH aaO). Die Unterh-
Kl darf nicht schon abgewiesen werden, wenn zureichende Bemühgen nicht bewiesen sind, sond erst dann,
wenn feststeht od nicht auszuschließen ist, daß bei ausr Bemühgen eine reale BeschäftiggsChance (Rn 8)

bestanden hätte (BGH FamRZ **86**, 885/86; NJW **87**, 898/99). Zu vor der Scheidg angebrachten Bemühgen: § 1361 Rn 26; zur dadch bedingten Mutwilligk der Bedürftigk: § 1579 Rn 17–20.

13   **d) Dauer.** Der Anspr besteht grdsl **aa)** ohne feste zeitl Beschrkg; vgl aber V (Rn 28–36); jedoch **bb)** inhaltl begrenzt, näml nur, **solange und soweit** keine angem ErwTätigk zu finden ist. Die Verurt des UnterhSchu ist auf den ZtRaum zu beschränken, den das Ger für erforderl hält, daß der UnterhBerecht eine Anstellg findet (Karlsr FamRZ **83**, 716). Bei einer Fr mit geringer prakt Berufserfahrg zB 5½ Mo (Düss FamRZ **91**, 193). Hat der gesch Eheg eine ihm eröffnete, iSv § 1574 angem ErwTätigk eine zureichde Grde wie Krankh, Alter usw ausgeschlagen, so entfällt von da an die UnterhVerpfl des and Eheg. Es tritt voll die Eigenverantwortg des gesch Eheg in Kraft (§ 1569 Rn 1). Bei Einkommen unterhalb des angem Unterh verbleibt TeilAnspr gg den and Eheg gem II (Rn 14).

14   **3) Aufstockungsanspruch, II. a)** Übt der unterhaltsberecht gesch Eheg bei Scheidg eine angem ErwTätigk aus od findet er sie später bzw werden ihm fikt Einkfte aus einer ihm an sich obliegden ErwTätigk zugerechnet (BGH NJW **90**, 1477; FamRZ **90**, 979) u reichen die Einkünfte daraus zum vollen Unterh iSv § 1578 nicht aus, so hat der and leistgsfäh Eheg den UnterschiedsBetr zw den Einkften u dem vollen Unterh dch Zahlg einer entspr Geldrente (§ 1585 I 1) auszugleichen. Der AufstockgsUnterhAnspr des erwerbstät Eheg ist nicht verfassgswidr (BVerfG NJW **81**, 1771) u wird gerade auch bei angem ErwTätigk geschuldet (BGH NJW **82**, 1869). § 1577 II steht dem DifferenzUnterh nicht entgg (Hamm FamRZ **81**, 558). **Zweck:** Die Vorschr schafft somit einen Anreiz, auch solche Tätigkeiten zu übernehmen, die den angem Unterh nicht in vollem Umf erbringen, u entspricht insof dem Grds der Eigenverantwortg; indem der and Eheg verpfl bleibt, die Differenz zum angem Unterh zu zahlen, entspricht die Best dem Grds der Mitverantwortlich (§ 1569 Rn 1). Der Kritik v Dieckmann FamRZ **77**, 86 an der Lebensstandardgarantie hat das UÄndG dch Einfügg des § 1573 V u seine Möglk einer **zeitlichen Begrenzung** des AufstockgsUnterh Rechng getragen (Rn 28–36). **b) Konkurrenzen:** (1) Zum Verhältn v II zu I Rn 9. (2) Im Verh v II zu I u IV haben die beiden zuletzt gen AnsprGrdlagen Vorrang, insb also bei ArbLosigk des UnterhBerecht (BGH NJW **88**, 2034). (3) §§ 1570–1572 gelten (wg § 1573 V!) nicht ausschließl, wenn der UnterhGläub wg KiBetreuung, Alter, Krankh (KG FamRZ **92**, 948 mA Weber) von vornh nur zu einer TeilZtBeschäftigg verpfl ist; er kann dann den dch seinen eig Verdienst nicht gedeckten Teil des vollen Unterh aus II beanspr (so jetzt BGH NJW **90**, 1847 = FamRZ **90**, 492 unter Aufg der Rspr, zu § 1570; BGH FamRZ **93**, 789 hins Krankh). Der Anspr unterliegt aber der KürzgsMöglk v V (BGH FamRZ **87**, 691/93; **88**, 265/67; **93**, 789/91). (4) Schließl legt der Leitsatz von BGH FamRZ **93**, 789 nahe, daß es auch zu einer Kombination von Anspr aus den §§ 1570–1572 mit solchen aus § 1573 I u II kommen kann, beispielsw wenn eine krankh-bedingt geschuldete u ausgeübte TeilErwtätig (in einer Boutique) eheangem ist (Ausgl nach §§ 1570 u 1573 II?) u mit einer nicht erreichbaren Vollzeitbeschäftig als Bürokraft, die trotz Krankh zumutb wäre, konkurriert (Ausgl nach § 1573 I?). **c) Erfordernis des Einkommensgefälles.** Der AufstockgsUnterh kommt auch bei Doppelverdienerehen in Betr (KG FamRZ **81**, 156), wird aber nur geschuldet, wenn der UnterhBerecht dch seine eig ErwTätig nicht den vollen angemessenen Unterhalt selbst verdient, so daß eine Aufstockg selbst bei großen EinkUnterschieden entfallen kann (Ffm FamRZ **80**, 141), wie sie umgekehrt bei einem geringen EinkGefälle aus-

15   scheidet. **Kein Aufstockungsunterhalt** desh bei geringen EinkDifferenzen (AG Bln-Charl FamRZ **81**, 1182; AG Starnbg FamRZ **79**, 590; aA Hamm FamRZ **82**, 70); erst recht nicht, wenn die Eheg währd des ZusLeb jed von seinem eig Verdienst gelebt hat u der nicht verbrauchte Teil der Eink angespart wurde (Zweibr FamRZ **82**, 269); wohl aber bei einer EinkDifferenz von 1000 DM (Celle FamRZ **80**, 581). Für die Bestimmg der ehel LebVerhältn ist ein obj Maßst anzulegen (§ 1578 Rn 2–3; aA Luthin FamRZ **83**, 929).

16   **d) Berechnung des Aufstockungsunterhalts** (Lit: Hampel FamRZ **81**, 851; **84**, 627; v Hornhardt NJW **82**, 17; Büttner FamRZ **84**, 534; Weychardt NJW **84**, 2328; bei beiderseit BarUnterhPfl der Elt: Hamm FamRZ **88**, 1270/**89**, 507 mAv Däther; Jacob FamRZ **89**, 924; zur sprachl Form des MethodenGgsatzes A. Mayer FamRZ **92**, 138) erfolgt **nach dem Ehetyp** der Parteien (vgl § 1360 Rn 8–13), der dch die Gestaltg der Erwerbstätigk beider Eheg in der Ehe **geprägt** wird. Dabei kommt es nicht darauf an, ob die Eheg zu irgendeiner Zeit eine WirtschGemsch gebildet h (Düss FamRZ **83**, 1139). Ferner ist der maßgebl **Zeitpunkt** die Scheidg (BGH NJW **81**, 1782; **84**, 292; § 1578 Rn 11, 12). Kein Aufstockgs-Unterh also, wenn die EinkDifferenz erst 2 J nach der Scheidg entsteht (Hbg FamRZ **86**, 1001). Die Einkommen beider Eheg können auch fiktiv sein (Stgt FamRZ **83**, 1233). In der Rspr macht sich deutl eine **Tendenz** zur Überwindg des Ggsatzes zw der (im flgden zGrde gelegten) **Differenz- und Anrechnungsmethode** bemerkb (vgl Luthin FamRZ **83**, 1237; Stgt FamRZ **83**, 1233; Ffm FamRZ **86**, 1103: mittlerer Wert als UnterhBed; KG FamRZ **86**, 1109: Unterh nach tatsächl Bed wie über der BedDeckg liegdem Eink; Düss FamRZ **87**, 70; AG Charl FamRZ **90**, 170 mA Rupsch: anges der Absicht der meisten Hausfr, später wieder ins ErwLeben zurückzukehren, ist die Anrechngsmethode im Grds verk; zu der in Mü praktizierten **Additionsmethode** vgl Gerhardt FamRZ **93**, 261). Elegant ist es auch, die dch den Wegfall der KiBetr erhöhte Fähigk des betreuenden EltT, BerufsEinkfte zu erzielen, den ehel LebVerhältn zuzurechn u dadch zu einer Erhöhg des gemeins LebBed u zur Anwendg der DifferenzMeth zu gelangen (AG Stgt FamRZ **93**, 333; Laier FamRZ **93**, 392). Vgl iü auch schon die Tendenz in BGH **89**, 108; NJW **84**, 294. Zu kompliziert wird der Methodenunterschied bei ehel nur angelegter Teilbeschäftigg (vgl Hamm FamRZ **87**, 1249). Grdsl and daher K. Chr. Maier FamRZ **92**, 1381, der nicht nach dem Ehetyp, sond danach differenziert, ob ein Mangelfall vorliegt (dann DiffMeth) od nicht (dann AnrechngsMeth). AnrechngsMeth auch bei der Geschied-WwenRente: § 1577 Rn 12. **Zu unterscheiden** ist folgdermaßen, wobei zu beachten ist, daß bei langdauerndem ScheidgsVerf trotz zwischenzeitl Aufn einer Erwerbstätig eine HaushführgsEhe vorliegen kann, weil die Tätigk in der Ehe nicht angelegt war (KG FamRZ **84**, 900):

17   **(1)** Bei **Doppelverdienerehen** wird die Differenzmethode angewandt, dh der ergänzde Unterh beträgt entspr dem allg Aufteilgsschlüssel der Düss Tab (§ 1578 Rn 21 u 29), begrenzt dch den vollen Unterh (§ 1578 Rn 22), **3/7 des Unterschiedsbetrags** der anrechngsfäh NettoEink beider Eheg, wenn das des Schuldn höher ist (BGH NJW **81**, 753; Hamm FamRZ **81**, 558; and Stgt FamRZ **81**, 667: die Hälfte; Karlsr FamRZ **82**, 486: 3/7 der Summe beider Eink abzgl des Eigenverdienstes des Berecht). Die Verteuerg der LebHaltgsKosten rechtfertigt keinen Zuschlag (Hamm FamRZ **82**, 297). KiUnterh darf nicht vorweg vom

Eink abgezogen w (Hbg FamRZ **86**, 1001). Doppelverdienerehen liegen auch vor, wenn die mit Verlust betr Pension der Fam nur kostenl Wohnen ermögl h (Hamm FamRZ **94**, 248) od bei zw-zeitl Bezug einer ErwUnfähigkRente (Zweibr FamRZ **86**, 1214) od wenn die Ehefr jahrelang im Untern des Mannes mitgearbeitet hat, ohne daß ihr förml ein eig Lohn ausgezahlt w (Düss FamRZ **83**, 400); wenn sie eine währd der Ehe ausgeübte, wg Kindesbetreuung unzumutb ErwTätigk nach der Ehescheidg beibehält (Düss FamRZ **86**, 170; and Düss FamRZ **85**, 1039: § 1577 II); od wenn sie nach der Trenng, aber vor Scheidg (Rn 10), wieder erwerbstät wird (BGH NJW **82**, 2439); dagg nicht, wenn Pflegegeld für die Betreuung von PflegeKi vornehml deren Unterh diente (Hamm FamRZ **94**, 516). Die DiffMethode ist uU bei Spätaussiedlern (Hamm FamRZ **84**, 1102) unsachgerecht, ferner wenn der in Anspr genommene Eheg über die Versorgg zweier gemeins Ki hinaus voll erwtät ist, währd der and Eheg als Rentn einer Berufstätigk nicht nachgeht (Zweibr FamRZ **83**, 505). Das maßgebl Eink darf bei der Differenzberechn u der Leistgsfähigk (§ 1581) grdsl nicht unterschiedl beurt w (BGH NJW **84**, 1237). Insbes ist bei beiden Eheg der Berufsbonus (zB ⅟₇ des eig NettoEink) in Ansatz zu bringen (BGH NJW **86**, 1342/44). Entspr verringert sich das bereinigte NettoEink den Vorwegabzug angemessener KrankVersBeitr (Karlsr FamRZ **80**, 367). Außerd darf der UnterhSchu ggf den zur Finanzierg des ZugewAusgl aufgenomm Kredit absetzen (BGH NJW **86**, 1342/44). Zur Beschrkg des AufstockgsUnterh bei höheren Eink § 1578 Rn 22.

(2) Dagg wird der AufstockgsUnterh bei **Haushaltsführungsehen**, in denen die Erwerbstätig des **18** unterhbedürft Eheg also – real od fiktiv (BGH FamRZ **85**, 908) – erst nach der EheScheidg einsetzt, so daß davon auszugehen ist, daß die ehel LebVerhältn nur dch das Eink des einen Eheg geprägt w sind (BGH FamRZ **82**, 255/57; **83**, 144/46; NJW **84**, 294: Aufn der ErwTätigk trotz Betreuung v 5 Kindern nur, weil Ehem keinen Unterh zahlt), nach der AnrechngsMethode berechnet, dh das Eink des von Anfang an erwerbstät Eheg wird nach dem allg TeilgsSchlüssel (§ 1578 Rn 21) aufgeteilt u von der auf den Berecht entfallenden Quote dessen eig Eink abgezogen (BGH NJW **81**, 1782). Allerd ist diese Bemessg ggf nach den Umst des Einzelfalles, insb unter Berücks eines konkret dargelegten trenngsbedingten MehrBed aS des UnterhBerecht, nach ZPO 287 zu modifizieren (BGH NJW **82**, 1873/75; Hbg u Düss FamRZ **82**, 925 u 927; Kblz FamRZ **86**, 363: ⅓ des bereinigten NettoEink). Zu entspr Ergebn gelangt man, indem man in der Quote v ½ zG des UnterhSchu zum Ausdruck kommden **Erwerbstätigenbonus** (§ 1578 Rn 21) auch bei dem Ansatz des (ggf: fiktiv) anzurechnden eig Eink dem UnterhBerecht zugute kommen läßt (so BGH FamRZ **85**, 908/910). Dens Effekt hat es, wenn der Berecht v seinem (fikt) Eink vor Anwendg der Anrechngsmethode ½ anrechngsfrei beläßt (Düss FamRZ **85**, 1262). Zu den verschied Methoden der Ermittlg des MehrBed § 1578 Rn 24–27. Mit Rücks auf letzteren, auf die Gleichwertigk der HausfrauenTätigk u darauf, daß der Anreiz f die Aufn einer ErwTätigk nach der Scheidg prakt genommen wird, wenden manche Gerichte auch in diesen Fällen die Differenzmethode an (Kln FamRZ **82**, 706). Das verdient Zust: Die „ehel Verh" sind anges des Scheiterns der Ehe u der ScheidgsFolgen in ihrem Fortwirken in die Zt nach der Scheidg ijF bloße Fiktion. Die sie mitprägende HaushaltsTätigk der Frau bekommt dch den Zwang zur Aufn einer ErwTätigk gerade unter dem auch vom BGH betonten GgseitigkPrinzip ledigl eine and Richtg. Eine Einschrkg der Anrechng ist jedenf auch dann geboten, wenn der Eigenverdienst zuzügl der Unterh-Leistg nicht einmal den Selbstbehalt des Berecht erreicht (Ffm FamRZ **82**, 376).

(3) Entspr kann es zu einer Kombination der beiden AnrechngsMethoden bei der **Zuverdienstehe 19** kommen, wenn dem UnterhGläub nach der Scheidg die Ausübg einer VollZtArb obliegt, so daß hins der bereits in der Ehe ausgeübten TeilZtBeschäftig die Differenzmethode Anwendg findet, das nachehel MehrEink dagg nicht bedarfserhöhd, sond nach der Subtraktionsmethode nur bedarfsdeckd zu berücks ist (Düss FamRZ **82**, 489). Nach BGH NJW **85**, 1026/29 unter ee) wird zunächst der volle UnterhBedarf ermittelt (fiktiv fortgesetztes TeilZtEinkommen + anteilige Differenz zum Eink des UnterhSchu) u davon das tatsächl Eink aus der GanztagsBeschäftig abgezogen; der UnterschiedsBetr macht den Anspr gem II aus.

4) Nachträglicher Verlust der angemessenen Erwerbstätigkeit, IV. Der Verlust der ArbStelle kann **20** Anspr aus I u II auslösen, wenn zw Scheidg u Eintritt der Erwerbslosigk ein zeitl Zushg besteht (BGH NJW-RR **93**, 706). Verliert der unterhaltsberecht Eheg eine zunächst gefundene angem ErwTätigk dagg außerh dieses zeitl Zushg ganz od teilw wieder, so kann das in den Bereich seiner Eigenverantwortg od in den Bereich der Mitverantwortg des einen Eheg fallen (vgl § 1569 Rn 1); je nachdem erneuert sich sein Unterh-Anspr od hat er für sich selbst zu sorgen. Der GesGeber hat den Verlust der angem ErwTätigk nach Scheidg ebso wie die Nichterlangg einer derart Stellg währd einer best Karenzzeit (vgl Rn 10) als zum Nachwirkgs-bereich der Ehe gehörd angesehen u die Entsch darüber, ob der Verlust der Einkommensquelle von dem gesch Eheg selbst zu tragen od dch einen entspr UnterhAnspr gg den leistgsfäh Eheg auszugleichen ist, danach getroffen, ob es dem gesch Eheg gelungen war, seinen Unterh dch die ErwTätigkeit nach der Scheidg **nachhaltig zu sichern**. Vgl zu diesem Begr, der in den §§ 1575 I und 1577 IV wiederkehrt, Vogt FamRZ **77**, 105, sowie unten Rn 24, 25. Entscheidd ist die Eigng der jew ErwTätigk zu eben diesem Zweck; nach der wörtl Anwendg der Vorschr müßte der and Eheg stets Unterh zahlen, weil es bei Wegfall der ErwTätigk der gesch Eheg eben offensichtl nicht gelungen ist, den Unterh zu sichern. Darauf kann es aber nicht ankommen (vgl Rn 24, 25). **Befristungsmöglichkeit** nach V (Rn 28).

a) Voraussetzungen, S 1: **21**

aa) Der gesch Eheg muß **nach der Scheidung** einer **angemessenen Erwerbstätigkeit** nachgegangen **22** sein. Unerhebl, ob sie bereits vor der Scheidg begonnen hatte od erst danach (BGH NJW **85**, 430). Die Beschäftiggsfiktion (§ 1577 Rn 4) steht gleich (Bambg FamRZ **84**, 897). Dagg steht der angem ErwTätigk die Bedarfsbefriedigg innerh einer nehel LebGemsch nicht gleich (BGH NJW **87**, 3129). Handelte es sich bei der weggefallenen Beschäftigg nicht um eine angem ErwTätigk (vgl Rn 5), verblieb es ohnehin bei I; iF der Anrechng gem § 1577 II 2 dagg IV 1 analog.

bb) Unverschuldeter Wegfall der Einkünfte aus der Erwerbstätigkeit gleichgült, ob aGrd Entlassg, **23** Konkurses des Unternehmens, eig Unfalls (ohne Ersatzberechtig) od ähnl. Entscheidd ledigl, daß der Wegfall der Einkfte dem gesch Eheg nicht vorwerfb ist (*arg* „trotz seiner Bemühgen"), so daß Anspr auch dann zu bejahen ist, wenn der gesch Eheg die ArbStelle wieder verliert, weil er dch die jahrelange Unterbrechg seiner Berufstätigk währd der Ehe den Anfordergen der übernommenen Tätigk nicht gerecht w kann; weil er wg seines Alters an der weiteren Ausübg der übernommenen u zunächst zufriedenstelld bewältigten Tätigk gehindert ist; weil eine alte Krankh wieder hervortritt u ihm eine weitere ErwTätigk vorerst unmögl macht (Bspe aus BT-Drucks 7/650 S 127). Dagg findet IV 1 keine Anwendg, wenn der gesch Eheg die angem Tätigk von sich aus kündigt, ohne eine neue Stelle zu haben; wenn er schuldh KündiggsGrde setzt usw.

24 **cc)** Der Unterh darf dch die ErwTätigk **nicht nachhaltig gesichert** gewesen sein. War er das, so kommt bei Wegfall der bish Anstellg kein Anspr gg den früh Eheg mehr in Betr; vielm ist der gesch Eheg in diesem Fall selbst dafür verantwortl, seinen Unterh zu verdienen. *Beispiel:* Betreuung eines 12j; trotzdem Aufn einer VollZtBeschäftigg, die nach Geburt eines nehel Ki aufgegeb w; anschließd Arbeitslosigk (Hamm FamRZ **86**, 360). Zum Begr der Nachhaltigk (sa §§ 1575 I, 1577 IV) Vogt FamRZ **77**, 105. Nachhalt war die Sicherg nur, wenn der gesch Eheg eine Dauerbeschäftigg hatte, nicht nur eine vorübergehde Tätigk. Keine nachhalt Sicherg desh bei zeitl befrist ArbBeschaffgsMaßn (Ffm FamRZ **87**, 1042), wohl aber uU bei SaisonArb, wenn Wiederbeschäftigg sicher. Entscheidd, ob nach obj Maßstab u allg LebErfahrg die übernommene ErwTätigk als nachhalt angesehen w konnte, wobei es auf die tatsächl Dauer der Tätigk nicht entscheidd ankommt, sond darauf, ob zu erwarten war, die Tätigk werde auf Dauer ausgeübt w können. Eine nachhalt UnterhSicherg liegt nur vor, wenn die Tätigk eine Zeit lang ein stetiges Eink erbringt (BGH RzW **63**, 274). Bei der Ausleg des Begr „nachhaltig" ist auf die Rspr zu BEG 75, der dens Ausdr verwendet, zurückzugreifen (BT-Drucks 7/650 S 127). Für die Beurt, ob eine ErwTätigk den Unterh nachhalt sichert, ist der frühest mögl **Zeitpunkt** die Scheidg (BGH NJW **85**, 430/31). Iü ist wed der Ztpkt des Beginns der ErwTätigk noch derj der letzten mdl Verhdlg für sich allein maßg. Vielm sind iW einer **objektiven vorausschauenden Betrachtung** vom Standpkt eines optimalen Betrachters aus auch schon damals bestehende, aber erst später zutage tretende Umst einzubeziehen (BGH NJW **88**, 2034) u ist festzustellen, ob die ErwTätigk im Ztpkt ihrer Aufn nach obj Maßstäben u allg LebErfahrg mit einer gewissen Sicherh als dauerh angesehen w konnte od ob befürchtet w mußte, daß der Berecht sie dch außer seiner EntschließgsFreih liegde Umst in absehbarer Zt wieder verlieren würde (BGH NJW **86**, 375). Danach ist die nachhalt Sicherg zu bejahen bei völlig unerwartetem Konk des ArbGeb (vgl BGH NJW **86**, 375); bei erfolgr Bestehen einer vereinb ProbeZt, auch wenn dann später das ArbVerhältn doch aufgelöst w (BGH RzW **63**, 273). Dagg liegt keine nachhalt Sicherg des Unterh vor bei latent bestehder Krankh des Bedürft, die diese dazu zwingt, die Stellg in absehb Zt wieder aufzugeben (vgl BGH NJW **86**, 375); bei Überschätzg der eig Leistgsfähigk, etwa trotz Alters od Krankh (Celle FamRZ **83**, 717); wenn die vorher unsichtb KrankhSymptome 2 Tage nach Dienstantritt zum Ausscheiden zwingen (BGH NJW **85**, 1699); bei Fehlen notwendiger Branchenkenntn u des notw Startkapitals für den Betr einer Diskothek (BGH NJW **86**, 375/76); bei Eintr in eine bes krisenanfällige Branche (BGH RzW **58**, 267); trotz 5jähr ErwTätigk, wenn bei Aufn der ErwTätigk absehb war, daß bis zum Eintr des RentAlters kein ausreichdes Altersruhegeld erreicht w konnte (Kblz NJW-RR **86**, 555).

26 **dd) Ausreichende Bemühungen** um eine nachhaltige Sicherg versprechde ErwTätigk (§ 1574 Rn 16). Die Sicherg muß trotz der Bemühgen nicht gelungen sein. Bezieht sich vor allem auf die Erlangg der ErwTätigk selbst, gilt aber auch dafür, die einmal erlangte ArbStelle nicht selbstverschuldet einzubüßen (Rn 23). Übernimmt der gesch Eheg eine ErwTätigk, von der feststeht, daß sie voraussichtl nicht auf Dauer ausgeübt w kann, darf er sich nicht darauf berufen, diese Tätigk sei nicht nachhalt gewesen, wenn er bei entspr Bemühen eine Tätigk gefunden hätte, die ihm eine nachhaltige Sicherg gewährt hätte (BT-Drucks 7/650 S 128). Den Schutz des IV verliert, wer sich mit Jobs durchschlägt od seinen ArbPlatz inf Straftaten, Pflichtwidrigk uä verspielt (Dieckmann FamRZ **77**, 90).

27 **b) Teilverlust der nachhaltigen Unterhaltssicherung** führt zu einem Anspr auf Zahlg des UnterschiedsBetr zw dem nachhalt gesicherten u dem vollen Unterh, **S 2.** Unterhaltspflichtiger Eheg kann von dem gesch Eheg den Wechsel in eine Stelle mit einer Vergütg, die dem angem GesamtUnterh entspricht, bei Zumutbark verlangen. **Beispiel:** Angem Unterh = 1200 DM; Eink aus nachhalt gesicherter Erwerbstätigk = 900 DM; RestAnspr gem II = 300 DM. Wird der gesch Eheg zB entlassen, behält er den Anspr auf 300 DM, bekommt aber vom unterhaltspflicht Eheg nicht mehr. Eine Überleitg des Anspr auf die Träger von Arbeitslosen- od Sozialhilfe (AFG 140; BSHG 90) scheidet wg der Zweckbestimmg des AuffüllAnspr aus, der den ehel LebStandard gewährleisten soll (so zu Recht Dieckmann FamRZ **77**, 87).

28 **5) Die zeitliche Begrenzung der Unterhaltsansprüche nach Abs 1–4, V.** (Lit: Diederichsen NJW **86**, 1286; Giesing FamRZ **86**, 937). Über V können auf die Dauer ungerechtf Anspr auf Ausgl geringer EinkUnterschiede beschnitten u der UnterhPfl von den Folgen konjunktureller Arbeitslosigk entlastet w. Geltdmachg der UnterhBeschrkg bei der erstmal UnterhFestsetzg od auch iR einer (Hilfs)FeststellgKl (Düss FamRZ **92**, 951). Zum ProzRisiko u der Gestaltg des **Klageantrags** bei einer bereits vom UnterhKl befürchteten zeitl Begrenzg des EhegUnterh: Christel FamRZ **86**, 627. Bei ungekl Verhältn wie einer befr EU-Rente (§ 1587a Rn 38) kann die Reduzierg des Unterh einem AbänbergVerf vorbeh w (Nürnb FamRZ **92**, 662). Zur Berücks von V bei Abänderg von UnterhVgl: § 1585c Rn 8.

29 **a) Die limitierbaren Ansprüche.** Der zeitl Begrenzg unterliegen nur Anspr auf **Arbeitslosenunterhalt**, dh wg Nichterlangg einer angem ErwTätigk, u auf Zahlg von **Aufstockungsunterhalt** (§ 1573 I u II). Andere UnterhAnspr (§§ 1570–1572, 1576) können zwar nach den §§ 1578, 1579, aber nicht nach § 1573 V reduziert w, was zu der Befürchtg Anlaß gegeben hat, der unterhbedürft Eheg werde vermehrt in den KrankhUnterh ausweichen (Weychardt DAV **84**, 842; Finger JR **85**, 3). Ledigl dann, wenn **Anschlußunterhalt** (§ 1569 Rn 4) gefordert wird u es sich dabei wiederum um Arblosen- od AufstockgsUnterh handelt, kommt auch dafür die zeitl Beschränkg in Betr (vgl oben Rn 10–12).

30 **b) Unbilligkeit des zeitlich unbefristeten Unterhalts.** Die zeitl Begrenzg der UnterhAnspr hängt davon ab, daß ein zeitl unbegrenzter UnterhAnspr unbillig wäre. Die Befristg soll Ausn bleiben (BT-Drucks 10/4514 S 21). Die BilligkPrüfg hat sämtl Umst des Einzelfalles einzubeziehen mit Ausn eines FehlVerh des Berecht, dessen Rfolgen abschließd in § 1579 geregelt sind (BT-Drucks 10/4514 S 21; Richter

JR **85**, 137; § 1579 Rn 5). Die NichtwiedereingliedergFähigk ins Berufsleben schließt die zeitl Begrenzg des Unterh nicht aus (BGH FamRZ **90**, 860; KG FamRZ **92**, 948 mA Weber). In die BilligkPrüfg ist einzubeziehen, in welcher Zt der UnterhBerecht sich auf den Wegfall od die (beispielsw zusätzl nach § 1578 vorgenommene) Reduzierg des Unterh einstellen kann (Rn 36). Für eine Verlängerg bzw die vollständ Erhaltg der UnterhAnspr auch in der Zkft können ggü einer sonst angebrachten UnterhEntziehg beispielsw sprechen das hohe Alter des UnterhBerecht od auch eine aufopfergsvolle Pflege, die er dem UnterhPfl od Angeh von ihm hat zuteil w lassen (BT-Drucks 10/2888 S 18). Eine zeitl Begrenzg kommt auch dann in Betr, wenn die Ehefr dch die Heirat einen UnterhAnspr aus einer früh Ehe verloren h (Düss FamRZ **87**, 1254) od eine WwenRente nicht wieder auflebt (Schlesw FamRZ **93**, 72). Für den AufstockgsUnterh kommt es darauf an, ob ehebedingte UnterhNachteile fortwirken u desh BilligkGrde für eine **dauerhafte Lebensstandardgarantie** 31 sprechen (Düss FamRZ **88**, 839). Eine solche scheidet desh aus, wenn der UnterhBerecht dch die Ehe keine berufl Nachteile erlitten hat (Schlesw FamRZ **89**, 1092). Kein Nachteil ist der heiratsbedingte Verlust eines wg Leistgsunfähigk des früh Ehem ohneh wertl UnterhTitels (Kalthoener/Büttner NJW **89**, 2782). Die BewL für das Fehlen ehebedingter Nachteile trägt beim UnterhSchu (BGH FamRZ **90**, 857). Nach dem Gesetz sind vor allem **vier Gesichtspunkte** zu berücks, die sich bald pos, bald negat auswirken können u auch keineswegs je für sich genommen den Ausschl geben. Es sollten damit ledigl die wichtigsten Fälle einer **ehebedingten Bedürftigkeit** aufgegriffen w (BT-Drucks 10/4514 S 21):

aa) Ehedauer (Lit: Diederichsen FS Müller-Freienfels 1986 S 99): Sie wird man konsequenterw (wie in 32 § 1579 Rn 13) von der Eheschließg bis zur Zustellg des ScheidgsAntr rechnen müssen. Keine Einrechnung einer früheren EheZt mit dem UnterhBerecht (Karlsr FamRZ **89**, 511). Iü auch keine schemat zeitl Begrenzg der UnterhPfl nach der Ehedauer (BT-Drucks 10/2888 S 18). Auch nicht automat Ausschl der zeitl Begrenzg beispielsw nach 9 (Düss FamRZ **92**, 951) od 10 J (BGH FamRZ **90**, 857; allenf Grenzbereich; aA dagg Hahne FamRZ **85**, 115; Giesing FamRZ **86**, 938). Aber keine zeitl Begrenzg mehr nach 32 EheJ (BGH FamRZ **87**, 691/93). Nach 9j kinderloser Ehe Begrenzg des Unterh auf die Länge der Ehe (Hbg FamRZ **87**, 1250). Die **Kindesbetreuungszeiten** sollen mit eingerechnet w, **V 2**, was bei andauernder KiBetreuung nur dch eine 33 ZkftsPrognose mögl ist. Für die iR der Ehedauer zu berücks KiBetreuung spielt es anderers keine Rolle, ob dem Berecht für diese Zt ein Anspr auf BetreuungsUnterh zustand (BT-Drucks 10/4514 S 21).

bb) Gestaltung von Haushaltsführung und Erwerbstätigkeit innerh der Ehe. Vgl dazu §§ 1356, 34 1360. Hierbei werden sich zw Arblosen- u AufstockgsUnterh Unterschiede ergeben. Die ehebedingte Arblosigk verdient eher Schutz als die Aufrechterhaltg eines erst dch die Ehe geschaffenen EinkGefälles (vgl BT-Drucks 10/2888 S 18). Wurde die ErwTätigk nach Eheschl fortgesetzt, verliert der AufstockgsUnterh nach der Scheidg bei kurzer Ehedauer relativ rasch seine Berechtigg, sofern das EinkGefälle nicht ehebedingt ist (Brschw FamRZ **79**, 1020). Ebso bei EheZt deutl unter 10 J (Hamm FamRZ **86**, 908). Bei währd der Ehe unterbrochener u erst nach der Scheidg wieder aufgen ErwTätigk würde die Kompensation etwaiger berufl Nachteile einer zeitl Begrenzg eher entgegstehn. And wiederum, wenn dem UnterhBerecht die ErwStelle aGrd eines zwzeitl Konk od aus konjunkturellen Grden ohnehin verloren gegangen wäre (vgl BT-Drucks 10/2888 S 18) od bei ArbGeb-bedingter ArbZtEinschrkg (Hamm aaO). Befr auf 5 J bei 18 J Ehe, aber unregelm Beschäftigg des UnterhSchu (Kln NJW-RR **95**, 1157).

cc) Kindesbetreuung, V 1 Halbs 2, schließt eine zeitl Limitierg des Unterh nicht aus, sond ist nur ein 35 Umst bei der BilligkAbwägg (Düss FamRZ **94**, 756; and Giesing FamRZ **86**, 937); UnterhHerabsetzg od Begrenzg daher zul, wenn die KiBetr für den Berecht mit keinerlei wirtsch Nachteile verbunden war (Karlsr FamRZ **89**, 511). Der KiBetreuungsSchutz kommt demjen Eheg nicht zugute, der das Ki gg den Willen des and EltT od entgg einer gerichtl SorgeRRegelg betreut (BT-Drucks 10/4514 S 21).

c) Rechtsfolgen. Eine sofortige Versagg des Unterh kommt nicht in Betr, sond nur seine **zeitliche** 36 **Begrenzung.** Sie führt somit zu einer SchonFr für den Berecht, die es ihm ermögl soll, sich wirtschaftl u psycholog auf die vom Ger festgesetzte ZtGrenze für den Unterh einzustellen (BT-Drucks 10/2888 S 18) bzw den Anschl an das vorgezogene Altersruhegeld zu finden (Celle FamRZ **87**, 69). Desh ist die zeitl Begrenzg des AufstocksUnterh angebracht, wenn der UnterhBerecht mit Wahrscheinlk dch die eig ErwTätigk den rel LebStandard erreichen u (Düss FamRZ **87**, 162). Begrenzg des Unterh beispielsw auf 5 J (Hamm FamRZ **80**, 258) od 4 J (Schlesw FamRZ **89**, 1092) bzw 21 Mo nach Rechtskr der Scheidg (Ffm FamRZ **86**, 683); auf 4 J bei 9 J Ehe (Hamm FamRZ **90**, 413); auf gut 2 J bei 5½ J Ehedauer u Fehlen ehebedingter Nachteile (Kblz FamRZ **87**, 160 SozHilfe); Begrenzg des AufstocksUnterh unter dens Umst (Kinderlosigk, keine berufl Nachteile) auf 16 Mo bei einer EheZt von 3 J 4 Mo (Hamm FamRZ **87**, 707); auf 7 J bei 4 J Ehe (AG Mülheim FamRZ **86**, 1216); bei 13 J Ehe Herabsetzg auf die Hälfte nach 2 J u gänzl Wegfall nach insges 3 J (Düss FamRZ **87**, 945). Abschmelzg des UnterhAnspr zB in folgder Weise: 15 Mo unbeschrkt, dann Reduzierg auf die Hälfte, nach insges 4 J gänzl Wegfall (Hamm FamRZ **86**, 908).

1574 *Angemessene Erwerbstätigkeit.* [I]*Der geschiedene Ehegatte braucht nur eine ihm angemessene Erwerbstätigkeit auszuüben.*

[II]*Angemessen ist eine Erwerbstätigkeit, die der Ausbildung, den Fähigkeiten, dem Lebensalter und dem Gesundheitszustand des geschiedenen Ehegatten sowie den ehelichen Lebensverhältnissen entspricht; bei den ehelichen Lebensverhältnissen sind die Dauer der Ehe und die Dauer der Pflege oder Erziehung eines gemeinschaftlichen Kindes zu berücksichtigen.*

[III]*Soweit es zur Aufnahme einer angemessenen Erwerbstätigkeit erforderlich ist, obliegt es dem geschiedenen Ehegatten, sich ausbilden, fortbilden oder umschulen zu lassen, wenn ein erfolgreicher Abschluß der Ausbildung zu erwarten ist.*

1) Das Prinzip der Eigenverantwortlich verpflichtet den gesch Eheg dazu, nach der Scheidg für den eig 1 Unterh selbst zu sorgen; von diesem Grds werden in den §§ 1570ff Ausnahmen gemacht für den Fall notwend Kindererziehg, wg Alters, Krankh usw (§ 1569 Rn 1). Die Vorschr des § 1574 enthält für den Fall,

daß der gesch Eheg dem Grunde nach verpflichtet ist, seinen Unterh selbst aufzubringen, eine **inhaltliche Beschränkung der Verpflichtung zur Aufnahme einer Erwerbstätigkeit** auf angem berufl Beschäftiggen. Die Bestimmg enthält somit keine oder bloße AnsprGrdl, sond ist bloße HilfsVorschr für die Tatbestds-Merkmale „ErwTätigk nicht erwartet w kann" u „kann Unterh verlangen, soweit" usw in den §§ 1570 ff. Der gesch unterhaltsbedürft Eheg kann von dem leistgsfäh and Eheg nicht auf jede, sond nur auf eine bestimmte ErwTätigk verwiesen w. Die Beschränkg geschieht dch das Wort „angem", **I.** Wenn aGrd der FallUmstde die Aufn allein solcher berufl Tätigkten in Betr kommt, die nach II als nicht angem anzusehen sind, kann insow eine ErwTätigk nicht erwartet w (BGH NJW **83**, 1483), was de lege ferenda korrigiert w sollte. Der Begr „angem" wird in II dch fünf Merkmale konkretisiert u in III dch die Verpflichtg zur
2 Ausbildg, Fortbildg oder Umschulg erweitert. Die hier aufgeführten Verpflichtungen sind ihrer RNatur nach **Obliegenheiten** (BGH NJW **84**, 1685; Einl 4 vor § 241); ihre Nichtbeachtg führt zum Verlust des Unterh-Anspr gg den leistgsfäh früh Eheg. Insges kommen **drei** solcher **Verpflichtungen im eigenen Interesse** in Betr: sich um die Erlangg einer angem, den Unterh nachhalt sichernden ErwTätigk zu bemühen (§ 1573 Rn 26; unten Rn 16), die so erlangte ErwTätigk nicht dch eig verantwortbares Versagen zu gefährden (§ 1573 Rn 23) u sich ggf der Ausbildg seiner Fähigkeiten zu unterziehen, um für eine solche angem ErwTätigk geeignet zu sein (Rn 11).

3   **2)** Der gesch Eheg muß prinzipiell, soweit er nicht dch die §§ 1570–1572 entlastet wird, nach dem Grds der Eigenverantwortg (§ 1569 Rn 1) eine ErwTätigk auch dann aufnehmen, wenn er iR einer Haushfführgs-Ehe (§ 1360 Rn 7) währd der Ehe nicht erwerbstät war. Auf seinen Arbeitswillen kommt es nicht an. Jeder ist nach seinen Kräften verpflichtet. Der gesch Eheg braucht aber nur eine ihm angem ErwTätigk auszu-üben. Die **Angemessenheit der Erwerbstätigkeit, II,** bestimmt sich nach fünf verschiedenen teils obj, teils subj Merkmalen. Trotz dieser KonkretisierungsHilfe bleibt die Entscheidg immer Sache des Einzelfalles u der Berücksichtigg seiner konkr Umst (BT-Drucks 7/650 S 128). Das FamG hat unter Berücks aller Umst eine umfassde Abwägg vorzunehmen (BGH NJW **84**, 1685; **91**, 1049). Als gesetzl **Leitgesichtspunkte** sind in Betr zu ziehen:

4   **a)** Die **berufliche Ausbildung,** die der gesch Eheg vor od in der Ehe genossen hat, auch wenn sie erst währd der Ehe oder nach ihrer Scheidg abgeschl worden ist, seien es handwerkl, kaufmänn, akadem od sonst Berufe. Dabei ist ggf iS der Angemessenh dem iR einer fast 25j gestiegenen Sozialprestige der urspr Ausbildg Rechng zu tragen (BGH NJW **91**, 1049). Es muß unter obj u subj GesichtPkten sinnvoll sein, an die frühere Ausbildg anzuknüpfen, also vom wirtschaftl Standpkt aus, etwa unter dem Aspekt zukünft Berufschancen, unter Berücks der körperl u psych Leistgsfähigk des gesch Eheg usw. Hat er die Ausbildg noch nicht abgeschl, ist ggf der Abschl nachzuholen, als Pfl iRv III od als Anspr darauf iRv § 1575. Eine Beschäftigg ist zumutb, wenn sie zwar außerh des erworbenen Berufsbildes liegt, aber dessen Status angem ist (BT-Drucks 7/650 S 126).

5   **b)** Zu berücks sind ferner die bei Scheidg vorhandenen (Schumacher DRiZ **76**, 343) **Fähigkeiten** des gesch Eheg, also die Geschicklichk u das Können, das er aGrd seiner Ausbildg oder gerade auch unabh von ihr in der Ehe od im Beruf oder Gesch des and Eheg (vgl § 1356 Rn 8) oder eines Dritten, zB iR einer Teilzeitbeschäftigg währd der Ehe, erworben hat. Dabei ist an Fähigkeiten gedacht, die mangels besonderer Ausbildg die berufl Qualifikation ausmachen (BT-Drucks 7/650 S 128). So kann eine kaufm Angest, die mit einem RAnw verh war, uU als Bürovorsteherin in einer AnwKanzlei tät werden, od ein Handwerker, der in einem Hotelbetrieb hineingeheiratet hat, nach der Scheidg als Hotelier tät bleiben. Eig Kinder lassen trotz ganz andersgearteter berufl Herkunft den Zugang zu den sozialpfleger Berufen (Kindergärtnerin, Aushilfs-lehrerin, SozHelferin uä) zu. Eine Krankenschwester, die in der Ehe Abitur gemacht hat u studiert, braucht nach der Ehe dieses Studium nicht aufzugeben (KG FamRZ **78**, 692). Der GesGeber hat aber nicht nur an Fähigkeiten gedacht, die der Ausbildg entsprechen soz Status überragen; angemessen in diesem Sinne ist nicht nur die Tätigk, die der konkr Ausbildg u den konkr Fähigkeiten entspricht, sond auch jede and Tätigk, die zwar außerh des erworbenen Berufsbildes liegt, aber dessen Status angem ist (BT-Drucks 7/650 S 128). Es mag daher für jemanden, der eine abgeschl Ausbildg als Mechaniker besitzt, dchaus angem sein, nach jahrelanger MitArb in einem FriseurGesch als Friseur weiter tät zu sein.

6   **c)** Sofern die Jahre nicht schon der Aufn einer ErwTätigk schlechthin entggstehen (§ 1571), ist eine ErwTätigk nur angem, wenn sie dem **Lebensalter** des gesch Eheg entspricht. So kann zB eine Tätigk, die erhebl körperl od psych Kräfte erfordert, im Hinbl auf das LebAlter nicht mehr angem sein, währd nach den übr Merkmalen die Ausübg dieser ErwTätigk zu erwarten wäre. Bei manchen Berufen kann eine Wieder-Aufn des alten Berufes schon nach den dafür aufgestellten od praktizierten Alterserfordernissen ausscheiden (Pilot, Mannequin, Schauspielerin), bei and scheitert die Rückkehr an der inzw nicht mehr vorhandenen Leistgsfähigk (Berufssportler, Masseuse, Krankenschwester, Landwirt).

7   **d)** Zu berücks ist ferner der **Gesundheitszustand** des gesch Eheg (BGH FamRZ **86**, 1085). Er soll nicht auf ErwTätigkeiten verwiesen w können, die seinem GesundhZustand nicht angem sind. Eine ehem Sekre-tärin braucht bei einem schweren Bandscheibenschaden, der ihr eine sitzde Tätigk verbietet, nicht in ihren alten Beruf zurück, ebsowenig jmd in einen stehd ausgeübten Beruf, der beinamputiert ist (Zahnarzt, Friseuse uä). Am häufigsten werden hier zwischenzeitl eingetretene Unfallfolgen die Ausübg des erlernten Berufes unmögl machen. Gesundheitliche Hindern, die eine wesentl schlechtere Position ggü Mitbewerbern darstellen, reichen aus.

8   **e)** Die von dem gesch Eheg zu übernehmende ErwTätigk muß schließl auch **den ehelichen Lebensver-hältnissen entsprechen.** Dieser GesPkt dient dazu, ehebedingten Statusändergen im UnterhaltsR Rechng zu tragen (Schumacher DRiZ **76**, 344). Die ehel LebVerh bestimmen sich nicht nach den Umst zZt der Trenng, sond unter Einbeziehg der Entwicklg bis zur Scheidg (BGH NJW **84**, 1685; vgl aber § 1578 Rn 3, 11–18).

9   **aa)** Desh kommt es entscheidd auf die **Dauer der Ehe** an. Mit zunehmender Ehedauer sollen die ehel LebVerhältn immer mehr berücks w (KG FamRZ **84**, 899; Kblz FamRZ **90**, 751: 23 J; offengel in BGH NJW

83, 1483), so daß sie nach einer Ehe von langer Dauer mehr als die and Merkmale die Angemessenh einer Erwerbstätigk bestimmen u die Statusverbesserg in der Ehe verhindert, daß der UnterhBerecht auf seinen Berufsstatus zu Beginn der Ehe zurückfällt (Hamm FamRZ **93**, 970). Das führt dazu, daß ein Eheg, dessen ehel LebVerhältnisse seinen selbst erworbenen berufl Status erhebl übersteigen, nach längerer Ehe oft eine den ehel LebVerhältn angem ErwTätigk nicht mehr finden wird. Darin liegt eine Bevorzugg der Frauen, deren Ehemänner einen außerordentl berufl Aufstieg erreicht haben (zB BGH NJW **83**, 1483: Chemigraph heiratet Verkäuferin u wird später Prof). Würden sie aber bei Scheid darauf verwiesen, eine ErwTätigk anzunehmen, deren Angemessenh sich allein nach ihrer Ausbildg u ihren Fähigkeiten bestimmt, so würde insow der Wert ihrer Leistgen für die Verbesserg der ehel LebVerhältn unberücks bleiben (BT-Drucks 7/650 S 129). Nach 20 Ehej braucht die gesch Frau eines gutsituierten Arztes, RAs, Kaufmanns, nicht mehr in ihren erlernten Beruf als Sekretärin, kaufmänn Angest, med-techn Assistentin uä zurückzukehren (KG FamRZ **84**, 898: DiplIng/FremdSprachKorrespondentin); eine über 20 J im BäckereiUntern ihres Mannes für die ges Buchhaltg mehrerer Filialen verantwortl Fr braucht nicht wieder als Angest zu arbeiten (BGH FamRZ **88**, 1145); eine 50j Erzieherin nach 23 J Ehe u guten wirtsch Verhältn in der Ehe nicht Verkäuferin od Telephonistin zu w (Kblz FamRZ **90**, 751). Da es auf die ehel LebVerhältn ankommt, kann in diesem Zushg berücks werden, in welchem Umfang sie an dem Aufbau der Praxis, des Gesch usw persönl od dch Entlastg ihres Mannes in and Bereichen beteiligt war, so daß die Rückkehr in den früh Beruf evtl auch schon nach verhältnismäßig kurzer Ehedauer auszuschließen ist od umgek trotz erhebl langer Ehe ow zumutbar erscheint. Entspr gilt für den gesch Ehem. Haben Eheg ihre LebensGemsch von Beginn der Ehe an so gestaltet, daß die Ehefr wie bisher als Chefsekretärin arbeitete u der Ehem wie bisher seinem Psychologie-studium nachging, so ist die erwerbstät Ehefr auch nach der Scheidg dem Studenten zum weiteren Unterh verpfl (BGH NJW **80**, 393 = JR **80**, 200 mAv Mutschler). IjF soll verhindert w, daß dem gesch Eheg nach der Scheidg eine ErwTätigk angesonnen w, die im Hinbl auf seinen, auch von ihm erarbeiteten od dch Erbsch mitfinanzierten (Schlesw FamRZ **82**, 703) **Lebenszuschnitt in der Ehe** nicht mehr angem wäre (BT-Drucks 7/650 S 129). Umgek gilt dies aber auch für Heiraten unter Stand, soweit der and Teil dch seine ErwTätigk das LebNiveau der Familie bestimmt hat. Wer sich als Akademiker von seinem Eheg, der als ungelernter Arbeiter tät ist, unterhalten läßt, hat bei Scheitern keinen Anspr darauf, nur in seinem erlernten Beruf als Lehrer, Jurist usw tät zu sein, sond muß ggf jede gebotene Arb annehmen. Angem ist eine Tätigkeit aber nicht allein desh, weil sie vor der Ehe od in den ersten 9 Ehejahren ausgeübt w ist (BGH FamRZ **86**, 1085: Programmiererin; and noch Celle FamRZ **80**, 581: Vermutg der Angemessenh; vgl iü 46. Aufl). Die Bereitsch einer 45j Frau, sich zur MTA ausbilden zu lassen, kann die Angemessenh festlegen (Schlsw FamRZ **82**, 704). Für die Fr eines Betriebsleiters (DiplIng) ist eine Tätigk als Verkaufshilfe in einem gehobenen EinrichtgsHaus nicht angem (BGH NJW-RR **92**, 1282; and Hbg FamRZ **85**, 1261). Angem f die Fr eines ObStudDirektors ist eine Tätigk in Presse, Rdfk, Touristik, Dolmetscherin (BGH NJW **86**, 985). Hat eine Friseuse vor der jetzigen kurzen Ehe in unterdchschnittl finanz Verhältn gelebt, sind ihr bei Krampfadern leichtere Frauenarbeiten, insb auch Reiniggs-, Pflege- u Küchendienste, zumutb (Hamm FamRZ **80**, 258). Für eine 56j braucht PutzArb nicht angem zu sein, wenn sie diese in der Ehe nur übern h, um das gemeins Haus mitzufinanzieren (Zweibr FamRZ **83**, 600). War die Ehe darauf abgestimmt, daß die Fr eines kl Handwerkers studierte, muß dieser ggf auch nach Scheidg das Studium weiter finanzieren (Hamm FamRZ **80**, 1123).

bb) Die das Niveau der als angem in Betr kommden ErwTätigk bestimmde Ehedauer wird idR zG des **10** gesch Eheg theoret verlängert, indem bei der ehel LebVerhältn auch die Dauer der **Pflege oder Erziehung gemeinschaftlicher Kinder** (vgl § 1570) Berücksicht findet, da es sich hierbei um eine ehebedingte Aufgabe beider Eheg handelt, die prakt nur von einem wahrgen w. Es erscheint desh geboten, diese Zeit der nachehel Kinderbetreuung der Ehedauer gleichzustellen, so daß die ehel LebVerhältnisse um so stärker zu berücks sind, je länger die Kinderbetreuung gedauert hat, mag auch die Ehe selbst nur von kurzer Dauer gewesen sein (BT-Drucks 7/650 S 129). Zur Dauer der Kindesbetreuung § 1570 Rn 14, 15. Ein auswärts wohnder Student bedarf keiner Betreuung. An nachehel Statussteigergen des unterhpflichtigen Eheg darf sich der unterhberecht Eheg nicht mehr orientieren.

3) Der gesch Eheg ist iR seiner Bemühgen um die Erlangg einer angem Beschäftig (Rn 16) ggf auch **11** gehalten, sich **ausbilden, fortbilden oder umschulen** zu lassen, soweit dies zur Aufn einer angem ErwTätigk erforderl ist u ein erfolgreicher Abschl der Ausbildg zu erwarten ist, **III.** Die Vorschr behandelt die Verpflichtg des gesch Eheg, eine Ausbildg zu machen; den entspr Anspr gewährt § 1575. – Verfassgsrechtl bestehen gg III keine Bedenken, da die Obliegenh sich auf die Ausbildg zu einer den Eheverhältn „angem" Erwerbstätigk beschrkt (Schlesw FamRZ **82**, 704 gg 41. Aufl). – III gilt iR v § 1361 nur eingeschränkt (Karlsr FamRZ **84**, 1018 Promotion). – Die **Kosten** der (Zusatz-)Ausbildg kann der and Eheg zu übernehmen (§ 1575). Keine Rückzahlg nach Abbruch der Ausbildg wg § 812 I 2 (mind § 818 III), unabh von den Grden. – **Rechtsfolgen** der Unterlassg: Erzwingb ist die Erfüllg der Obliegenh nicht; der Einwand führt aber zur Herabsetzg bzw zum gänzl Fortfall der UnterhPfl aus fikt Eink (§ 1577 Rn 4) bzw mutwill Bedürftigk (§ 1579 Rn 19). Der UnterhBerecht muß konkr Vorschläge machen, wie er die f die angem ErwTätigk erforderl berufl Qualifikation erlangen will, andernf er auch nicht angem Tätigk übernehmen muß (Hbg FamRZ **85**, 1261). – **Voraussetzungen:**   **12**

a) Als Ziel der **Ausbildung, Fortbildung oder Umschulung** kommen nur anerkannte Berufsbilder in **13** Betr (vgl § 1610 Rn 40). Die Begr Fortbildg u Umschulg haben dieselbe Bedeutg wie im AFG (BT-Drucks 7/ 650 S 132). Obj Hindern wie numerus clausus uä dürfen nicht vorhanden, ein dafür erforderl Wohngs-wechsel muß zumutb sein. Der Beruf muß dem Neigen des gesch Eheg entsprechen, wobei dch eine vor der Ehe einmal eingeschlagene Berufsrichtg keine Vermutgen entstehen. Der gesch Eheg kann wählen zw Aufn einer neuen Ausbildg od der Fortsetzg der vorzeitg abgebrochenen. Auf keinen Fall kann der gesch Eheg von dem leistgsfäh Teil auf den für diesen wirtschaftl günstigsten Weg verwiesen od in dauerndem Wechsel von einer Ausbildg in die and getrieben werden, was ohnehin nicht empfehlensw ist, wenn der and Eheg gem § 1575 den den bish LebVerhältn der Ehel angem Unterh zu zahlen hat und nicht etwa nur den § 1610 II entsprechenden. Eine währd der Ausbildg angebotene angem Beschäftigg braucht der UnterhBerecht nicht anzunehmen, es sei denn es handelt sich um eine sichere Stellg (Dieckmann FamRZ 77, 90). Schließl kann der and Eheg die Aufn einer Berufsausbildg od Umschulg nur im angem zeitl Abstand von der Scheid od den ihr gleichstehden EinsatzZtpkten verlangen. Bei absehb Fristen für Kindererziehg, Heilg einer Krankh usw bedarf es einer rechtzeitg ggseit Abstimmg, was nach Erlangg der BerufsbildgsFreih geschehen soll; sonst evtl Verwirkg des Einwandes aus III.

14   **b)** Die Aufn der Ausbildg muß **für eine angemessene Erwerbstätigkeit erforderlich** sein. Es darf mit der vorhandenen Berufsausbildung eine angem ErwTätigkeit nicht zu erlangen sein. Erforderlich zu verneinen, wenn 41-jährige währd des Getrenntl im letzten EheJ Studium der Vor- u Frühgeschichte aufnimmt (BGH NJW 84, 1685). Der and Eheg trägt auch nicht das Risiko, daß nach Vollz der Ausbildg eine Anstellg in dem neuen od besser qualifizierten Beruf auch tatsächl gefunden wird (§ 1575 III). III gilt ferner nicht für die Fälle, in denen der unterhaltsberecht Eheg nach Beendigg seiner Weiterbildg ein Alter erreicht haben würde, in dem eine ErwTätigkeit von ihm nicht mehr erwartet w kann. Die Obliegenh, sich ausbilden zu lassen, besteht auch bei mittlere LebAlter (Schlesw FamRZ 82, 703) u hat ua Wartezeit, AusbildgsZt u späteres Beschäftiggsrisiko miteinand zu korrelieren (Schlesw FamRZ 82, 703).

15   **c)** Die **Erwartung eines erfolgreichen Abschlusses** hängt nicht allein von den geist u körperl Fähigkeiten, also von der Intelligenz u einer Anlage für die berufsspezif Geschicklichkeiten ab, sond auch von den äuß Umst wie der Tats, daß der gesch Eheg noch Kinder (auch vorehel) zu betreuen hat, sei es auch nur in den Ferien, daß sein GesundhZustand nicht ausreicht, daß er sich nicht mehr in der Gemütslage für ein richtiges Lernen befindet. Auf keinen Fall kann es jedoch, will man die Obliegenh nicht aufheben, darauf ankommen, ob der gesch Eheg die erforderl Bereitsch zur Ausbildg, Fortbildg od Umschulg besitzt.

16   **4) Bemühungen um Erlangung einer angemessenen Erwerbstätigkeit.** In verschiedenen Bestimmungen wird der gesch Eheg verpflichtet, bei Gefahr des Verlustes von UnterhAnspr gg den früheren Eheg sich um die Erlangg einer angem Beschäftigg zu kümmern (vgl § 1573 Rn 6 u 26), was auch in denj Fällen gilt, in denen von dem gesch Eheg trotz Kindererziehg, Alters, Krankh usw („soweit") eine daneben herlaufde ErwTätigk verlangt wird (§§ 1570, 1571, 1572, 1576). Der Eheg kommt dieser Obliegenh (Rn 2) nach, wenn er unter Einsatz aller Mittel angem Anstrenggen unternimmt u ggf beweist (Hamm FamRZ 80, 258), um die ihm zumutb ErwTätigk zu finden u aufnehmen zu können. Vorstellgen beim ArbAmt, ZeitgsAnnoncen, Bewerbgen auf Anzeigen, Vorstellgsbesuche, probeweiser ArbBeginn, Wiederherstellg der Gesundh u was sonst üblicherw unternommen w, um eine Beschäftigg zu finden, ggf auch im Bereich der priv HauswirtschHilfe u Altenpflege (Hamm FamRZ 86, 1108/9), muß auch von dem gesch Eheg erwartet w. Auf der and Seite ist er nicht gehalten, Dinge zu tun, die von vornh aussichtslos sind, wie zB Bewerbg auf einen Chefsekretärinnenposten bei bl Verpflichtg zu einer Halbtagsbeschäftigg, od die ihm für den Fall ihrer Verwirklichg aus and Gründen nicht zumutb sind, wie zB Bemühgen, auswärts eine HalbtagsStellg zu bekommen, wenn ihm im Hinbl auf die hohen WohngsKosten, das Klima, die schul Leistgen des zu betreuenden Kindes od Ähnliches ein Wohngswechsel nicht angesonnen w kann. Angesichts des sonst drohden Verlustes des UnterhAnspr sind die Anfordergen nicht zu hoch anzusetzen; umgek dürfen sie aber im Hinbl auf die Eigenverantwort des gesch Eheg u der angestrebten Entlastg des leistgsfäh Eheg nicht nachlässig gehandhabt w. Es muß das ernsth Bemühen, den angem Unterh, auch wenn nur eine TeilVerpflichtg besteht, selbst zu besorgen, in jeder Hins deutl erkennb werden. Indizien für fehlde ArbBereitsch: Schreibfehler in Bewerbgen u Bewerbg um qualifikatmäß nicht in Betr kommde Stellen (Bambg FamRZ 88, 1277/89, 397 mAv van Els). Ist wie iFv § 1573 eigtl eine ganztäg ErwTätigk zu finden, Obliegenh des gesch Eheg, so sind von ihm erhöhte Anstrenggen zu unternehmen, eine im Betr beruf Stellg zu finden. Es geht nicht um die optimale berufl Entfaltg nach der Scheidg, sondern um die Abwägg der Belange beider Eheg; ggf muß Neiggsstudium, das währd der Ehe vom Ehem finanziert w, nach der Scheidg u nicht rechtzeit Abschluß allein bezahlt w (Ffm FamRZ 79, 591).

1575   *Ausbildung, Fortbildung oder Umschulung.*   [I]**Ein geschiedener Ehegatte, der in Erwartung der Ehe oder während der Ehe eine Schul- oder Berufsausbildung nicht aufgenommen oder abgebrochen hat, kann von dem anderen Ehegatten Unterhalt verlangen, wenn er diese oder eine entsprechende Ausbildung sobald wie möglich aufnimmt, um eine angemessene Erwerbstätigkeit, die den Unterhalt nachhaltig sichert, zu erlangen und der erfolgreiche Abschluß der Ausbildung zu erwarten ist. Der Anspruch besteht längstens für die Zeit, in der eine solche Ausbildung im allgemeinen abgeschlossen wird; dabei sind ehebedingte Verzögerungen der Ausbildung zu berücksichtigen.**

[II]**Entsprechendes gilt, wenn sich der geschiedene Ehegatte fortbilden oder umschulen läßt, um Nachteile auszugleichen, die durch die Ehe eingetreten sind.**

[III]**Verlangt der geschiedene Ehegatte nach Beendigung der Ausbildung, Fortbildung oder Umschulung Unterhalt nach § 1573, so bleibt bei der Bestimmung der ihm angemessenen Erwerbstätigkeit (§ 1574 Abs. 2) der erreichte höhere Ausbildungsstand außer Betracht.**

1   **1) Ausbildungsunterhalt** ist bewußt der staatl AusbildgsFördg an die Seite gestellt u bietet ggü der öff-r Fördg einen doppelten Vorteil (Dieckmann FamRZ 77, 92f): der Unterh ist an die ehel LebVerhältn zu bemessen u es gelten nicht die für die staatl Fördg vorgesehenen Altersgrenzen (BT-Drucks 7/650 S 131).

2   § 1575 gewährt einen Anspr; eine entspr Obliegenh des gesch Eheg, sich ausbilden zu lassen, sieht § 1574 III

3   vor. Ziel der Ausbildg ist die Erlangg einer **angemessenen Erwerbstätigkeit,** wobei I auch in Frage kommt, wenn der Eheg eine n § 1574 II angemessene ErwTätigk an sich finden könnte (BGH NJW 85, 1695). Iü geht es iGgs zu § 1574 II um die Ausbildg, Fortbildg od Umschulg der entwickelb Anlagen (Schumacher DRiZ 76, 346).

4   **2) Fortsetzung der durch die Ehe unterbrochenen Ausbildung, I.** Wer in Erwartg der Ehe od währd der Ehe eine Schul- od Berufsausbildg nicht aufnimmt od unterbricht, soll vom and Eheg Unterh verlangen können, wenn er diese od eine entspr Ausbildg wieder aufnimmt. Zum Unterh gehören nach § 1578 II auch die Kosten dieser Ausbildg.

a) Voraussetzungen, S 1: 5

aa) Schul- oder Berufsausbildung. ZusStellg der Ausbildgsgänge: BT-Drucks 7/650 S 130. Eine 6 Ausbildg setzt einen Ausbilder voraus, so daß BuchhdlgsBetr selbst dann keinen Anspr gem I rechtfertigt, wenn er die Zulassg zu einer berufsqualifizierden Prüfg ermöglicht (BGH NJW **87**, 2233).

bb) Die Schul- od Berufsausbildg muß **in Erwartung der Ehe oder während der Ehe abgebrochen** 7 sein. Das ist nicht der Fall, wenn die Fr vor der Eheschl ihre Ausbildg mit der mittl Reife abgeschl hatte u in einem Reisebüro tät war (Ffm FamRZ **79**, 591). Von einem Abbruch im Hinbl auf die Ehe kann nur dann die Rede sein, wenn die Leistgen in der Schule od der Berufsausbildg zu der berecht Erwartg Anlaß gaben, daß das Ausbildgsziel bei Fortsetzg der Ausbildg erreicht w wäre. Das Gesetz macht einen Unterschied danach, ob die Ausbildg vor od in der Ehe abgebrochen wurde. Bei einem Abbruch in der Zeit vor der Eheschließg muß nachgewiesen w, daß die Nichtvollendg der Ausbildg von der bevorstehenden Eheschließg veranlaßt war. Dies braucht nicht der einzige Anlaß gewesen zu sein. Voraussetzg ernsth Heiratsabsicht. Es genügt, wenn der Verlobte ArbStelle an einem Ort hat, wo die begonnene Ausbildg mangels Schule od Ausbildgs-Anst von dem and Teil nach der Eheschl ohnehin nicht fortgesetzt werden könnte. Kein Fall von I, wenn die Ausbildg abgebrochen wurde, bevor die Ehepartner überh bekannt war od zZw einer nehel LebGemsch. Wird die Ausbildg dagg in die Ehe hineingezogen u dann währd der Ehe abgebrochen, so bedarf es nicht des Nachweises, daß die Ausbildg wegen der Ehe unterbrochen wurde, weil diese Verknüpfg nur schwer festzustellen wäre. Der GesGeber hat daher bewußt in Kauf genommen, daß auch solche Eheg nachträgl ihre Berufsausbildg vom leistgsfäh u Eheg bezahlt bekommen, bei denen and Gründe, wie zB Unzufriedenheit mit dem zunächst angestrebten Beruf od eine psych u stationär zu behandelnde Erkrankg (BGH NJW **80**, 393) ursächl für den Abbruch waren (BT-Drucks 7/650 S 131). Dem Abbruch steht die **Nichtaufnahme** einer Schul- od Berufsausbildg gleich. Kommt immer nur für feste Berufspläne in Betr, deren Verwirklichg bereits dch konkrete Maßn wie Anmeldg bei der Ausbildgsstätte, Beschaffg v Unterkft uä (Bambg FamRZ **81**, 150) in die Wege geleitet w war. Strenge Anfordgn. BewLast für die Abs, eine best Schule zu besuchen od einen best Beruf zu ergreifen, liegt bei demj Eheg, der Anspr aus I herleitet. IdR muß Schulanmeldg uä vorgelegen haben; ü dürfen keine obj Hindernisse vorh gew sein wie numerus clausus.

cc) Aufnahme der Ausbildung. Grdsl dieselbe, die sZt begonnen od abgebrochen wurde, od eine 8 entspr, gleichwert (Düss FamRZ **80**, 586). Die Entsprechg bezieht sich also nicht auf das Fach, sond auf die Vergleichbark des soz Status (Schlesw SchlHA **84**, 163). Grenze etwas weiter als iR von § 1610 Rn 46 zu ziehen. Ein im wesentl abgeschl Studium kann nur fortgesetzt w; keine Wiederholg des Studiums in einem and Fach auf Kosten des and Eheg. Keine Entsprechg zw Kunststudium, für das mittlere Reife ausr, u einem Medizinstudium (Düss FamRZ **80**, 586). I erfaßt auch den Fall der bereits bei Getrenntleb aufgenommenen Ausbildg (BGH NJW **85**, 1695).

dd) Die Aufnahme der Ausbildg muß **sobald wie möglich** erfolgen. Warte- u Überleggsfristen sind 9 berecht; zul daher die zwzeitl Pflege eines schwer erkrankten Angehör. Ggf hat der UnterhBerecht ZwZeiten (zB Beginn des Studienjahres 3/4 J nach der Scheidg) dch eigene nicht unbedingt angemessene (Dieckmann FamRZ **77**, 91) ErwTätigk zu überbrücken.

ee) Die Ausbildg muß zu einem Beruf führen, der zu einer **nachhaltigen Unterhaltssicherung** führt 10 (vgl dazu § 1573 Rn 24). Darleggs- u beweispflichtig ist der UnterhKl, wobei bes strenge Anfdgen bei Aufn eines Studiums gelten (Ffm FamRZ **85**, 712).

ff) Der **erfolgreiche Abschluß der Ausbildung** muß zu erwarten sein, dh es müssen konkr Berufsaus- 11 sichten nach AusbildgsAbschl bestehen (Kalthoener/Büttner NJW **89**, 805). Die vorhandenen Zeugn aus der vollzogenen AusbildgsZt müssen aus der damaligen Sicht die Voraussicht eines erfolgreichen Abschl rechtfertigen. Keine Fachgutachten über die jetzige Leistgsstärke. Wohl aber sind die Umst zu berücks, die in der ZwZeit eingetreten sind u die einem erfolgreichen Abschl der Ausbildg aus jetziger Sicht uU entggstehen: Alter, Krankheiten; anderweit zeitraubde Beschäftiggen, auf die zu verzichten keine Bereitsch besteht. Der Anspr ist nicht unmittelb erfolgsabhäng, so daß bei nicht bestandener Prüfg Unterh nicht zurückgezahlt zu werden braucht; wohl aber ZPO 323 bzw 767 bei längerem erfolgl Studium (BGH NJW **86**, 985) u insb bei wiederholtem Nichtbestehen v ZwPrfgen (Hamm FamRZ **88**, 1280).

gg) Grdsl besteht **keine Altersschranke,** so daß auch eine 46j Frau WiederAufn eines (and) Studiums 12 verlangen k (Hamm FamRZ **83**, 181).

b) Dauer, S 2. Der Anspr besteht längstens für die Zeit, in der eine solche Ausbildg im allg abgeschl 13 wird, also zB nicht Mindeststudiendauer, sond mittlere Studiendauer (Einzelheiten § 1610 Rn 46). Es gilt ferner das GgseitigkPrinzip, wonach Unterhaltsberecht ggf nachweisen muß, daß er den von dem and Eheg gezahlten Unterh tats zur Ausbildg verwendet (vgl § 1610 Rn 44, 45).

3) Unterhalt für u Kosten von einer **Fortbildung oder Umschulung** braucht der leistgsfäh Eheg dem 14 gesch Eheg nur zu zahlen zum Ausgleich ehebedingter Nachteile, **II.** Im Ggs zu § 1574 III, wo Ausbildg, Fortbildg u Umschulg iR der Obliegenheiten des gesch Eheg zusgefaßt sind, werden sie hier wg unterschiedl Behandlg getrennt:

a) Dauer von Fortbildg u Umschulg sind nicht bes geregelt; sie richten sich nach den Anfdgen des 15 ArbMarktes, nach öff Recht idR 2 Jahre; bei berufsbegleitendem Unterricht keine zeitl Begrenzg.

b) Weiter müssen Fortbildg u Umschulg den Zweck haben, **durch die Ehe erlittene Nachteile** auszu- 16 gleichen, um den Anspr nicht allein von einer Willensentschließg des gesch Eheg abhängen zu lassen. Der Eheg, der wg der HaushFührg in langjähr Ehe nicht für seinen berufl Aufstieg sorgen konnte, den er bei ununterbrochener ErwTätigk erfahrgsgem erzielt hätte, soll sich nicht auf eine nach § 1574 an sich angem ErwTätigk verweisen lassen müssen (BT-Drucks 7/650 S 132). Bei Eheschließg eines Westdeutschen mit einer SowjBürgerin ist zu vergl, was f eine Stellg die Frau in Rußl gehabt hätte u welche ihr in der BuRep offensteht (BGH FamRZ **84**, 989). Ferner kein Ersatz der Kosten für einen 2. Beruf (zB Medizinstudium einer Steuergehilfin; Ffm FamRZ **95**, 879), auch wenn dieser währd des Bestehens der Ehe geplant war, wenn gesch Eheg für einen Beruf, der ihn angem ernähren kann, voll ausgebildet ist (Bielef NJW **73**, 2211; aA Dieckmann FamRZ **77**, 92). Auch kein Anspr auf Finanzierg eines in der Ehe begonnenen Neiggsstudiums (Archäologie) für eine Fr, die ihre 3 Ki nach der Scheidg v ihrem Mann versorgen läßt (Ffm FamRZ **79**, 591).

17   **4) Rückstufung bei Arbeitslosigkeit, III.** Wer trotz Aus-, Fortbildg u Umschulg u unter Zubilligg einer gewissen Frist zZw der Stellensuche nach der erworbenen Qualifikation (Düss FamRZ **87**, 708) keine angem ErwTätigk findet u desh weiterhin Unterh von dem and Eheg bezieht, soll den auf Kosten des and Eheg erzielten höheren Ausbildgsstand diesen ggü nicht geltd machen dürfen, weil es nicht gerechtfertigt erscheint, den verpflichteten Eheg mit dem Risiko zu belasten, ob der UnterhBerecht die Berufsstellg erlangt, zu der er sich hat ausbilden lassen (BT-Drucks 7/650 S 132).

1576   *Unterhalt aus Billigkeitsgründen.*   **Ein geschiedener Ehegatte kann von dem anderen Unterhalt verlangen, soweit und solange von ihm aus sonstigen schwerwiegenden Gründen eine Erwerbstätigkeit nicht erwartet werden kann und die Versagung von Unterhalt unter Berücksichtigung der Belange beider Ehegatten grob unbillig wäre. Schwerwiegende Gründe dürfen nicht allein deswegen berücksichtigt werden, weil sie zum Scheitern der Ehe geführt haben.**

1   **1) Die positive Billigkeitsklausel** soll sicherstellen, daß jede ehebedingte UnterhBedürftigk erfaßt wird u es dch das in den §§ 1570–1575 verwirklichte Enumerationsprinzip nicht zu Ungerechtigkeiten kommt, weil nicht ausgeschl wäre, daß eine Ehefr keinen Unterh bekommt, die in der Ehe weit über ihre Rechtspflichten hinaus dem Ehem od sonst FamAngehör ggü besondere Leistgen erbracht od Belastgen auf sich genommen hat u dann mit der Scheidg konfrontiert wird (BT-Drucks 7/4361 S 17). § 1576 ist ggü den UnterhAnspr aus §§ 1570ff **subsidiär;** das FamG muß also zB den UnterhAnspr aus § 1570 verneinen, ehe er ihn aus § 1576 bejaht (BGH NJW **84**, 1538). Bei bl Teilrechtfertig aus §§ 1570, 1576 **Bezifferung** erfdl (BGH NJW **84**, 2355). Um zu verhindern, daß das ScheidgVerschulden in die UnterhTatbestände Einlaß findet, ist in **S 2** ausdrückl gesagt, daß die Gründe, die zum Scheitern der Ehe geführt haben, nicht allein deswegen berücks w dürfen; denn Fehlverhalten im menschl Bereich soll nicht zu wirtschaftl Sanktionen führen (BT-Drucks aaO). Die Vorschr zwingt nicht dazu, die Zerrüttgsursachen ausfind zu machen, um damit die Sachverhalte ausschließen zu können, die nach S 2 nicht berücks w dürfen; vielm ist ledigl zu prüfen, ob ein von dem Eheg, der Unterh nach § 1576 begehrt, vorgetragener bes Umst desh nicht zu berücks ist, weil er ein Fehlverhalten im personal-mitmenschl Bereich darstellt (BT-Drucks 7/4361 S 31). S 2 soll sicherstellen, daß der Unterh ausschließl nach wirtschaftl Gesichtspkten gewährt wird (BT-Drucks 7/4361 S 32). Grdsätzl keine Ausdehng der UnterhTatbestände der §§ 1570ff auf dem Wege über § 1576 (vgl zum LückenProbl Schumacher MDR **76**, 882f; Diederichsen NJW **77**, 357). Desh kommt BetrUnterh für ein nicht gemschaftl Ki (§ 1570 Rn 9) od KrankhUnterh außerh der EinsatzZtPkte (Kalthoener/Büttner NJW **91**, 402; umstr) u AusbildgsUnterh zur Finanzierg eines Studiums gem § 1576 nicht in Betr, da die §§ 1573ff insow keine Lücke enthalten (Düss FamRZ **80**, 585). Zum Ausschl des UnterhAnspr aus BilligkGrden (negative BilligkKlausel) vgl § 1579 sowie unten Rn 5, 6.

2   **2) Anspruchsvoraussetzungen: a)** Die Aufn einer ErwTätigk kann von dem gesch Eheg aus and Gründen als Alter, Krankh usw nicht erwartet werden, sofern diese **sonstigen Gründe schwerwiegend** sind. Es kommen alle möglichen, auch Verbindgen von Grden in Betr mit Ausn derj, die zum Scheitern der Ehe geführt haben; diese dürfen nicht für sich allein berücks w, S 2. Beispiele: MitArb im Beruf od Gesch des and Eheg (§ 1356 Rn 8); Tod od gefährl Krankh eines ggf auch nicht gemschaftl Kindes, zB bei Betreuung eines 32j mongoloiden Kindes nach 11j Ehe (Düss FamRZ **80**, 56), es sei denn, die Mutter hat auf Wunsch des Ehem währd der Ehe das Ki in ein Heim gegeben (Kln FamRZ **80**, 1006); Hilfestellgen ggü dem and Eheg nach der Scheidg; Abnahme der gemschaftl Kinder über längere Zeiten, wenn dem and Eheg die elterl Sorge zugesprochen war; Pflege od besondere, insb aufopfersbereite Zuwendg zu Angehör des and Eheg vor oder nach der Scheidg; bes loyales Verhalten in Zeiten besonderer Bedrängn (Teilen der Emigration; Nichtabwenden iF einer längeren Strafhaft); starke finanz Belastgen aus der Zeit der Ehe bzw dem Nachwirkgsbereich der Ehe zB dch Unterstütz von gemschaftl Kindern, so daß die eig Einkfte gemindert 3 sind. § 1576 kann auch eingreifen weg Betreuung eines **Pflegekindes,** wenn dieses behindert ist, od iVm and Umst, wie steuerl Geltdmachg des beh Ki u Betreuung auch der erstehel Ki des UnterhSchu (Stgt FamRZ **83**, 503); ferner wenn Eheg das PflegeKi gemeins aufgenommen h (BGH NJW **84**, 1538) bzw der auf Unterh in Anspr genommene Eheg der Aufn zugestimmt u dadch ein entspr UnterhVertrauen beim and 4 Eheg erzeugt h (BGH NJW **84**, 2355); Unterh kann aber nicht verlangt w weg Betreuung eines eig Ki des UnterhGl unter dem GesPkt, daß dieses währd der Ehe **Stiefkind** des UnterhSchu war (aA Celle FamRZ **79**, 239; aA auch, aber jedenf im Ergebn wie hier Bambg u Kln FamRZ **80**, 587 u 886).

5   **b)** Die Versagg des UnterhAnspr muß unter Berücksichtigg der Belange beider Eheg **grob unbillig** sein. In diese in jedem Fall neben der Voraussetzg von Anm a anzustellden Abwägg sind als negative Faktoren 6 auch die unter § 1579 I fallden AusschlußGesPkte zu berücks (BGH FamRZ **84**, 361). Grdsätzl soll nach **S 2** die Zubilligg von Unterh auch nicht schon weg eines **ehelichen Fehlverhaltens** ausgeschl sein (BT-Drucks 7/4361 S 31f). Das schließt jedoch nicht aus, ein solches im Rahmen der Gesamtabwägg als einen gg die AnsprZuerkenng sprechden Umst zu berücks (BGH NJW **84**, 1538). Erforderl ist eine Abwägg der beiderseit Belange, wobei sich die Waagschale eindeutg zG des unterhaltsberecht Eheg senken muß, was idR bei den unter Rn 2f angeführten Grden der Fall sein wird, wenn der and Eheg den Unterh ohne Schwierigkeiten aufbringen kann. Je entsaggsvoller das iRv § 1576 angeführte Verhalten des gesch Eheg ist, desto leichter sind dem and Eheg aber auch nachehel finanz Opfer zumutb. Insges muß es sich jedoch um gewisse AusnFälle handeln. Die Vorschr darf nicht zu einem allg BilligkUnterh abgeflacht w, wonach immer derj

Eheg dem and Unterh schuldet, der ihn leichter aufbringen kann als der and. Gründe, die iR von § 1579 zum Ausschl des UnterhAnspr führen würden, stehen iR von § 1576 bereits der Begründg eines UnterhAnspr entgg. Die Vorschr bezieht sich nicht nur auf ehebedingte UnterhBedürftig (aA Hillermeier FamRZ **76**, 579; vgl NJW **77**, 357 Fn 43; ausführl Dieckmann FamRZ **77**, 97f). Kein UnterhAnspr wg Betreuung eines EhebrKindes nach erfolgr EhelichkAnf (Celle FamRZ **79**, 238), es sei denn nach mehrf eig Ehebrüchen des Ehem u wenn der SchwangerschAbbruch in dem von ihm genährten Vertrauen auf eine erfolgen unterblieb (Ffm NJW **81**, 2069 = FamRZ **82**, 299). Ebso setzt der BilligkUnterh wg der Betreuung vorehel Kinder die Schaffg eines vom UnterhSchu mit zu verantworten VertrauensTatbestds voraus (Düss FamRZ **81**, 1070), so daß grdsl kein Unterh weg Betreuung vorehel Kinder geschuldet w (BGH FamRZ **83**, 800 RevEntsch zu Düss).

c) Umfang und Dauer. Der UnterhAnspr kommt nur in Frage, **soweit und solange** die ErwTätigk **7** nicht erwartet w kann. Das hängt von der Schwere u Dauerhaftigk der geltd gemachten Umst ab. Je unbilliger der BilligkUnterh, desto mehr muß zG des UnterhSchu angen werden: also auf seiner Seite höherer Selbstbehalt, aS des UnterhGläub strengere Anfordergen an die Zumutbark einer Erwerbstätigk usw (Düss FamRZ **80**, 56). Nur in den seltensten Fällen wird auf § 1576 ein UnterhAnspr gestützt w können, der dann in einen solchen nach § 1571 mündet; wohl aber kommt das in Betr, wenn zw der Erreichg der Altersgrenze u dem Scheidgs- od sonst EinsatzZtpkt nur eine verhältnismäß kurze Zeitspanne liegt u die ErwTätigk den gesch Eheg beispielsw zu einem vorübergehden Wohnungswechsel zwingen würde.

1577 *Einkünfte und Vermögen des Unterhaltsberechtigten.* [I]Der geschiedene Ehegatte kann den Unterhalt nach den §§ 1570 bis 1573, 1575 und 1576 nicht verlangen, solange und soweit er sich aus seinen Einkünften und seinem Vermögen selbst unterhalten kann.

[II]Einkünfte sind nicht anzurechnen, soweit der Verpflichtete nicht den vollen Unterhalt (§ 1578) leistet. Einkünfte, die den vollen Unterhalt übersteigen, sind insoweit anzurechnen, als dies unter Berücksichtigung der beiderseitigen wirtschaftlichen Verhältnisse der Billigkeit entspricht.

[III]Den Stamm des Vermögens braucht der Berechtigte nicht zu verwerten, soweit die Verwertung unwirtschaftlich oder unter Berücksichtigung der beiderseitigen wirtschaftlichen Verhältnisse unbillig wäre.

[IV]War zum Zeitpunkt der Ehescheidung zu erwarten, daß der Unterhalt des Berechtigten aus seinem Vermögen nachhhaltig gesichert sein würde, fällt das Vermögen aber später weg, so besteht kein Anspruch auf Unterhalt. Dies gilt nicht, wenn im Zeitpunkt des Vermögenswegfalls von dem Ehegatten wegen der Pflege oder Erziehung eines gemeinschaftlichen Kindes eine Erwerbstätigkeit nicht erwartet werden kann.

1) Bedürftigkeit des geschiedenen Ehegatten. Vgl zunächst § 1602. Die Vorschr betr den gesch Eheg, **1** der unter den Voraussetzgen u im Umfg der §§ 1570ff unterhbedürft ist (Graba FamRZ **89**, 566), und regelt, in welchem Umfang der gesch Eheg sich Einkfte u vorhandenes Verm auf den UnterhAnspr anrechnen lassen muß (BT-Drucks 7/650 S 135). I enthält den Grds der Anrechng von Einkften u Verm, wobei III von letzterem wieder eine Ausn für den Fall macht, daß die VermVerwertg unwirtschftl od unbill ist; II u IV regeln Einzelheiten der Anrechng, näml die Anrechnung bei nicht voller UnterhLeistg vS des Verpflichteten u Einkften, die den vollen Unterh übersteigen, sowie den späteren Wegfall eines im EinsatzZtpkt den Unterh scheinb sichernden Vermögens. Zur Klärg der beiderseit Einkommensverhältnisse AuskAnspr gem § 1580. Zur UnterhRückerstattg bei **nachträglicher Rentenzahlung** an den UnterhBerecht: Einf 4 vor § 1569. Zum **Bedarf** im einz: § 1578.

2) Grundsatz der Anrechnung, I. Grdsl sind Einkfte, die der unterhaltsberecht Eheg hat, ebso wie sein **2** Vermögen auf den UnterhAnspr gg den and Eheg anzurechnen; dh dessen Verpflichtg mindert sich um den Betr, der zum Unterh des Berecht aus dessen eig Einkften u Verm zur Verfügg steht. I bezieht sich nur auf **Einkünfte aus zumutbaren Anstrengungen** (Aufwendgen, ErwTätigk). Das ergibt sich aus der Entstehgsgeschichte (BT-Drucks 7/4361 S 32). Die Einkfte aus unzumutb Anstrenggen u damit die **Ausnahmen** von der Anrechenbark behandeln II (Rn 14–25) u III (Rn 11). Selbst wenn also der UnterhSchuldn nicht den vollen Unterh (§ 1578) leistet, richtet sich die Berücks von Einkften des UnterhBerecht aus einer iR der §§ 1570ff zumutb ErwTätigk nach I, nicht n II.

a) Einkünfte (vgl auch § 1361 Rn 11–17; § 1578 Rn 5–18; § 1602 Rn 2–9 u § 1603 Rn 2–15) sind **aa)** alles, was **3** dem gesch Eheg dch eig Arbeit, aus seinem Verm (zur Darlegg von Miet- u KapitalEinkften Hamm FamRZ **93**, 1085), aber evtl unter Berücks der ZinsabschlSt iHv 30% (Mü FamRZ **94**, 1459), od aGrd von Freigebigkeiten Dritter, sei es auch aGrd eig Leistgen wie Stipendien, Preise uä zufließt, auch **Schmerzensgeld** u Erträge daraus (BGH FamRZ **88**, 1031; krit Voelskow FamRZ **89**, 481: nur in Fällen, die aS des UnterhBerecht zum UnterhVerlust gem § 1579 Nr 2–7 führen). Entscheidd ist auch aS des Berecht das bereinigte NettoEink (§ 1603 Rn 6) unter Berücks eines ErwtätigkBonus (§ 1578 Rn 21). Als eig Eink zuzurechnen sind Einkfte als Tagesmutter (AG Essen NJW-RR **95**, 1026); ferner **Wohngeld** (BGH NJW **80**, 2081; § 1602 Rn 8); ferner **BAföG** (Hamm FamRZ **87**, 600). **Kindergeld** u ZählKiVorteil bleiben, weil sich deren Ausgl im Verhältn zu den Ki vollzieht (§ 1602 Rn 10–28), im Verh der Eheg zueinand grdsl unberücks (Karlsr FamRZ **88**, 1272). Bedürftig wie Leistgsfähigk der Eheg werden also unabh von den Modalitäten der KiGAuszahlg bestimmt. Ausn: Mangelfälle u wenn zB in der Zahlg von staatl PflegeG das KiG für den Bedarf des Ki nicht eingesetzt zu werden braucht (BGH NJW **84**, 2355). Eig Eink ist ferner beim **Pflegegeld** der Erziehungsanteil (BGH NJW **84**, 2355; FamRZ **87**, 259/61: BSHG 69 III, IV; krit Wendt FamRZ **87**, 1106; Joh/Henr/Voelskow 3). Leistgen, die ein UnterhBerecht nach dem **KindererziehungsleistungsG** erhält, sind auf den Bedarf anzurechn (BGH NJW **92**, 364; Hamm FamRZ **92**, 582). Vgl iü KJHG 39 (Einf 60ff v § 1626). Dagg ist das **Erziehungsgeld** (Einf 30 v § 1601) nicht anrechenb (vgl aber § 1603 Rn 5; und auch hins des VerfüggGrd iRv ZPO 940 [Düss FamRZ **93**, 962]) u stellt das Berliner FamGeld kein unterhrechtl beachtl Eink dar (KG FamRZ **90**, 1120). Ebsowenig wg ihrer Subsidiarität die **Arbeitslosenhilfe** (BGH NJW **87**, 1551). Ferner nicht darlehensw od sonst im Belieben des Dr stehe Leistgen (RG **72**, 199). Dagg sind **Arbeitslosengeld** u **Krankengeld** voll anrechenb, auch wenn die diese Einkfte auslöse Berufstätig überobligationsmäß war (Hbg FamRZ **92**, 1308). **Blindengeld:** §§ 1578a, 1610a Rn 3 u 6. Zum steuerl **Realsplitting:** §§ 1353 Rn 11 u 1569 Rn 14. **Rente:** Zur Bedeutg für die ehel LebVerhältn § 1578 Rn 18. Die Bedürftig wird dch den Antr auf EU-Rente allein nicht ausgeschl; der UnterhSchu kann entspr UnterhKredit anbieten u sich zur Sicherg den evtl RentNachzahlgs-Anspr abtreten lassen (BGH NJW **83**, 1481). Die nach der Scheidg bezogene Altersrente, insb die aus dem **VA** (§ 1587b), vermindert die Bedürftig (BGH **83**, 278, FamRZ **88**, 1156: ZPO 767; Einf 1 v § 1587) ebso wie eine aGrd des VA erhöhte EU-Rente (Hamm FamRZ **86**, 362) ab Nachzahlg (BGH FamRZ **90**, 269/72), die dann bedarfskürzd auf einen angem Zeitraum umzulegen ist (Hbg FamRZ **91**, 953). Keine Anrechng von nach BVersG, RVO, BeamtVG usw (Nachw bei Jung FamRZ **74**, 534) **wiederauflebenden Hinterbliebenenrenten,** so daß eine Wwe im Verhältn zu ihrem gesch 2. Ehem iSv § 1577 als einkommensl anzusehen ist (BGH FamRZ **79**, 211 u 470; BSG NJW **72**, 735; Hamm FamRZ **87**, 598; Brem FamRZ **89**, 746). Diese Subsidiarität auch wiederauflebder WwenRenten (RVO 1291 II) gilt auch iRv UnterhPfl aus ScheidgsVergl (BGH NJW **79**, 815), wird aber dch § 242 eingeschränkt bei erhebl Schieflagen (Hamm FamRZ **85**, 604), etwa wenn das GesamtEink der Wwe das des UnterhSchuldn erhebl übersteigt (Kblz FamRZ **87**, 1154; AG Saarbr FamRZ **91**, 1197). Einkfte aus dem **Zugewinn** od dem TeilgsVerstErlös (AG Bln Charl DAV **82**, 562) sind ow anzurechnen (BGH NJW **85**, 909; **86**, 1342/43; FamRZ **86**, 441; damit ist die ggteilige Auffassg überholt, wonach Erträge im Zushg mit der Vermögensauseinandsetzg der Eheg auf beiden Seiten unberücks bleiben; vgl. KG FamRZ **85**, 486 mNachw). Ein Abzug zum Ausgl eines inflationsbedingten Wertverlustes des VermStamms kommt nicht in Betr (BGH FamRZ **86**, 441; aA noch Saarbr u Stgt FamRZ **85**, 477 u 607). Zur Anlageobliegenh Rn 8. Zur Bedeutg von **Schulden** des UnterhBerecht § 1361 Rn 17. Zur **Zumutbarkeit** der Anrechng: Rn 14 u 17. Zum **Erwerbstätigenbonus:** § 1578 Rn 21.

4   Auf die **fiktiven Einkünfte,** dh auf das, was bei unterhaltsrechtl richtigem Verhalten des UnterhGläub an finanz Mitteln selbst aufzubringen wäre, ist auch abzustellen, wenn der Berecht ihm zustehde Beträge v dritter Seite einzuziehen unterläßt (BGH NJW **80**, 395), zB dch Leerstehenlassen od kostenl Überlassg einer Wohng an vollj verdienende Ki (BGH NJW **90**, 709). Dagg kein mittelb Zwang zur InAnspruchn vorgezogenen Altersruhegelds (Karlsr FamRZ **81**, 452). Zum **Alterserfordernis** iü: § 1571 Rn 2. Zurechng fiktiver Einkfte dagg ferner iF einer **Unterhaltsneurose** (§ 1572 Rn 4; § 1579 Rn 19; § 1602 Rn 20), wobei die erzielb Einkfte nach den Anlagen zum FremdrentenG geschätzt w können (Düss FamRZ **81**, 255). Einkünfte aus der **Unterlassung zumutbarer Erwerbstätigkeit** (§ 1603 Rn 9–13): Übernommen zu w braucht nur eine angem ErwTätig (§ 1574 Rn 3; Raiser NJW **86**, 1919: BemühgsAusmaß). Eine ohne Gew betriebene Gaststätte muß zG eines abh BeschäftigVerh aufgegeben w (Stgt FamRZ **91**, 1059), ebso eine nach 3 J ohne Gew betr Boutique (Hamm FamRZ **95**, 1144). Nach 25j Ehe entspricht es den ehel LebVerhältn, dch entspr UnterhZahlgen dem and Eheg zu gestatten, sich in Ruhe nach einer iS v § 1574 II angem ErwTätig umzusehen (Düss FamRZ **85**, 816: 3 J nach Trenng). Auf die Erziel eigener Einkfte dch Erteilg von NachhilfeStden od Nebentätigk in früherem Beruf als kaufmänn Angest kann ein Student währd der AbschlPhase seines Studiums nicht verwiesen w (BGH NJW **80**, 395). Fiktive eig Einkfte des UnterhBerecht entlasten den UnterhSchuld so lange nicht, als sie zus mit dem UnterBeitr des UnterhVerpfl aS des UnterhGl dessen Selbstbehalt nicht überschreiten (Kblz FamRZ **80**, 583; Ffm FamRZ **80**, 589 L). Der UnterhBedürft muß darlegen u beweisen, daß er erfolgl alle tatsächl vorhandenen Möglkten ernstl ausgeschöpft hat, um eine ihm zumutb Erwerbstätig zu finden; die Meldg beim ArbAmt allein reicht nicht aus (BGH NJW **86**, 718/20; Düss FamRZ **81**, 255 u 1008; Mü FamRZ **81**, 154). Der Umfg der Erwerbsbemühgen richtet sich nach obj u subj Bedinggen, wobei der Richter besondere Aufmerksamk der ArbBereitsch schenken muß (BGH NJW **86**, 718/20). Zu den Anfordergen an eine ernsth ArbPlatzsuche sa Hamm FamRZ **92**, 63; zur KarenzZt nach Bestehen einer berufsqualifizierden Prüfg: Celle FamRZ **92**, 569. Anderers können obj Gegebenhten (wie der Gesundh-Zustd des Berecht) den Schluß zulassen, daß eine reale ArbMöglk nicht besteht (Düss FamRZ **87**, 1259). **Beweislast** f die konkr unternommenen Anstrenggen liegt beim UnterhGl (Zweibr FamRZ **82**, 1016). Die Einkommensfiktion ist aber nur zul, wenn das Ger zu dem Ergebn kommt, daß etwaige Bemühgen um eine ErwTätig auch Erfolg gehabt hätten. Die **Kausalität** einer solchen Unterlassg darf nicht gem ZPO 287 II verneint w (BGH NJW **86**, 3080; aA Karlsr FamRZ **85**, 1045). Eine Ehefr muß als bedürft angesehen w, wenn nicht der Tatrichter zu der Überzeugg gelangt, sie werde die für die angem ErwTätig erforderl Vorbildg erfolgr erwerben (§ 1374 III), sei f den fragl Beruf persönl (altersmäß, gesundheitl usw) geeignet u werde nach der Lage auf dem ArbMarkt eine Anstellg finden (BGH NJW **84**, 1813; **86**, 985). Zur Erwerbsobliegenh bei **Kindesbetreuung** § 1570 Rn 12–19. Zum **Betreuungsbonus:** § 1581 Rn 9. Auch für fikt anzurechnde Einkfte gilt der **Erwerbstätigenbonus** (§ 1578 Rn 21). Anderers gilt ggf auch der **Krankenvorsorgebedarf** des UnterhBerecht (§ 1578 Rn 43) dch die Fiktion als gedeckt (Kln FamRZ **93**, 711; Hamm FamRZ **94**, 107).

5   Bei ZusLeben in einer **nichtehelichen Lebensgemeinschaft** (Einf 26 v § 1353) verringert sich – abgesehen v dem GesPkt grober Unbilligk (dazu § 1579 Rn 27 u 38, 39) – die Bedürftig (1) dch tatsächl Zuwendgen vS des Dr nicht nur dch finanz Mittel (BGH NJW **89**, 1083), sond auch dch Übernahme der Wohngsmiete od der sonst Wohngskosten (BGH NJW **83**, 683), also zB 20–25% Ersparn bei den LebHaltgsKost (Hbg FamRZ **87**, 1041), sowie (2) dch die Annahme eines **fiktiven Entgelts** für die dem Dr gewährte Wohng (Hamm FamRZ **84**, 498) bzw in dessen Haush erbrachten unterhaltswerten Leistgen (BGH NJW **80**, 124 u 1686), wobei es zwar auf den Umfg der Betreuungs- u Versorggsleistgen (BGH FamRZ **80**, 879; NJW **89**, 1083/5) wie auf die geringe Größe der Wohng ankomm k (Hamm FamRZ **93**, 1450), aber weder auf eine entspr Abrede der neuen Partn noch (entspr ZPO 850h II) auf die Höhe evtl freiw Zuwendgen (BGH NJW **80**, 1686; **83**, 683), wohl aber darauf, daß der neue Partn wirtsch überh in der Lage ist, die ihm erbrachten Leistgen zu vergüten (BGH FamRZ **87**, 1011 mAv Luthin; Nürnb FamRZ **81**, 954; Hamm FamRZ **86**, 1102 mN; Celle FamRZ **94**, 1324), was keine reine Tatfrage ist, sond eine wertde Feststellg voraussetzt (BGH **89**, 108/12; NJW **87**, 122; **89**, 1083/4). Die **Höhe** des fikt Entgelts richtet sich nicht nach dem Anteil des Dr am Arbeits- od Mehraufwand des UnterhBerecht, sond es ist auf den obj Wert abzustellen, den die HaushFührg u die sonst Versorggsleistgen für den Partn haben, wobei die Grdsätze der Bemessg v SchadErsRenten bei Verletzg od Tötg v Hausfrauen herangezogen w können (BGH NJW **84**, 2358; Kbl NJW **91**, 183). Bei einem Zeitaufwand v tägl 2 Std u einem fikt NettoEntgelt v 6 DM pro Std, entsteht ein AnrechngsBetr v 360 DM

(Mü FamRZ **79**, 34); bei tägl 2–3 Std à 10 DM: 750 DM (Hamm NJW **81**, 464; Schlesw SchlHA **81**, 81; and Kblz NJW-RR **89**, 1479: 400–500 DM). Zu höheren Anrechnungsbeträgen gelangt man, wenn das FamG die für die Bemessg v SchadErsRenten (Rn 1) entwickelten Richtlinien zugrunde-legt (BGH FamRZ **84**, 663 unter Bezug auf BGH **86**, 372; NJW **79**, 1501; VersR **82**, 951). Der Unterh-Schuldn schuldet Unterh nur noch in Höhe der Differenz zw dem als gedeckt erachteten Mindestbedarf u dem vollen Unterh iSv § 1578 (BGH FamRZ **84**, 155). **Beweislast** für die Bedürftigk: Beim UnterhGl (BGH NJW **95**, 1148/50); ebenf dafür, daß seine jetzige Situation schlechter ist als diej der EheZt (AG Lörrach FamRZ **81**, 463). Bei AnhaltsPkten für das Vorliegen einer neuen Partnersch trägt der unterhbe-recht Eheg die BewL dafür, daß keine nehel LebGemsch besteht (BGH NJW **95**, 1148/50). Das gilt auch bei getrennter Wohng, aber Erbringg sonstiger eheähnl Leistgen (Ffm FamRZ **79**, 438). Die hier entwickelten Grdsätze gelten auch iR des **Getrenntlebens** (§ 1361 Rn 11–17).

bb) Schuldverpflichtungen des UnterhBerecht erhöhen nur ausnahmsw seine Bedürftigk (vgl § 1361 **6** Rn 21); sie vermindern aber regelm, soweit vorh, seine anrechenb Einkfte. KreditVerbdlk aus einem nach Ehescheidg dchgeführten Hausbau erhöhen die Bedürftigk grdsl nicht (BGH NJW **92**, 1045).

b) Obliegenheit zur Vermögensverwertung. **7**

aa) Der gesch Eheg muß grdsl auch, bevor er den and Eheg in Anspr nehmen kann, **vorhandenes Vermögen verwerten,** um seinen Unterh aufzubringen. Es sind also nicht nur die Zinsen aus einem Kapital zu verwerten, sond das Kapital selbst, soweit die Einkfte daraus zum Unterh nicht ausreichen. Verm iS dieser Bestimmg ist nicht nur der Bestd erheblicher Werte, die den ges Unterh des Berecht nachhalt zu sichern geeignet wären (so iFv IV), sond alles, was iZusgh u im Vergleich zu dem von dem and Eheg sonst aufzubringden monatl GeldBetr wesentl ins Gewicht fallen würde. Solange der JahresUnterhBetr nicht erreicht wird, läßt sich von Verm nicht sprechen. Dann aber sind auch EinzelGgste Vermögen, zB Hausrat, wenn die Verwertg zur Erzielg von Unterh wirtschaftl gerechtf ist (RG SeuffA **73**, 137). **Zugewinn** (wg **8** Anrechng effektiver Einnahmen daraus: Rn 3) muß, soweit es dem UnterhBerecht zumutb ist (BGH FamRZ **95**, 540 f), eink-relevant u damit bedarfsmind angelegt w (BGH FamRZ **88**, 145; zu früh Modifika-tionen: 52. Aufl). Zul sind ggf gewisse Rücklagen für Not- u KrankhFälle. Bei der Anlage in Haus- od WoEigt erfolgt ggf Anrechng fiktiver, erzielb KapEinkfte (Düss FamRZ **85**, 392; Bambg FamRZ **92**, 1305). Zum **mietfreien Wohnen:** § 1578 Rn 7. Bei Verwertg eines **Hauses** müssen evtl RückgewährAnspr der Elt **9** eines Eheg berücks w (BGH FamRZ **88**, 145). Verwertg eines **Miteigentumanteils am Haus** nicht dch KreditAufn, sond gem § 753, so daß eine Anrechng nicht stattfindet, solange der and Eheg im Hause wohnt (BGH NJW **84**, 2358). Hintertreibt eine gesch Ehefr die Verwertg des gemeins Hauses, so ist sie bedarfsmäß so zu stellen, als beziehe sie die Hälfte aus dem angelegten Erlös (Ffm FamRZ **92**, 823). Grdsätzl darf der Erlös aus dem Verkauf des im MitEigt beider Eheg stehden Hauses zum Erwerb von WohngsEigt verwen-det w, auch wenn die anderweit Anlage des Kapitals mehr Gewinn bringen würde od gebracht hätte (BGH FamRZ **86**, 439). Darin liegt grdsl auch kein Fall v § 1579 Nr 3 (Kblz NJW-RR **89**, 1482). Ein **Pflichtteils-** **10** **anspruch** (§ 2303 I) muß idR geltd gem w (BGH NJW **93**, 1920). Dagg mindert die Befugn zur Verwendg des KiVerm gem § 1649 II den Bedarf nicht (Celle FamRZ **87**, 1038).

bb) Die Zumutbarkeit der Vermögensverwertung wird parallel zu § 1581 S 2 (vgl dort Rn 29) dch **III** **11** näher konkretisiert. Den Stamm des Verm braucht der Berecht dann nicht anzugreifen, wenn die Verwertg unwirtschaftl od unbillig wäre. **α) Unwirtschaftlich** ist die Verwertg dann nicht, wenn der Erlös für die voraussichtl LebDauer des Berecht zum Unterh ausr (RG **97**, 278). Unwirtschlk liegt auch bei Veräuß einzelner VermBestdteile wie Aktien, Grdsten u dgl zur Unzeit vor (arg „soweit"). Vgl iü § 1602 Rn 4; § 1603 Rn 3. **β)** Für die Feststellg der **Unbilligkeit** ist ein gerechter **Ausgleich zwischen den beiderseiti-gen Interessen** erforderl (BT-Drucks 7/4361 S 32). Bedeuts ist, (1) welches Verm der and Eheg besitzt u (2) daß dem UnterhGläub eine VermReserve für plötzl auftretend SondBedarf verbleiben muß (BGH NJW **85**, 907). Unbill ist es idR, wenn der UnterhBerecht sein Verm auflösen müßte, währd der and Eheg den UnterhPfl aus seinen lfden Einkften erfüllen kann. Anderers steht bei gr Verm ein Sammlerinteresse dessen Verwertg nicht entgg (Kln FamRZ **82**, 1018). Zur Verwendg von Zugew Rn 8 f. **γ)** Eine **Obliegenheit zur Vermögensumschichtung** aGrd einer „umfassden ZumutbarkPrfg" besteht, wenn die tatsächl Anlage des Verm sich als eindeut unwirtsch darstellt (vgl § 1361 Rn 14). Dabei muß tatrichterl festgestellt werden, welche Rendite bei einer and Anlageform erzielt werden könnte (BGH NJW **92**, 1044/6). Ferner dürfen von den evtl KapErträgen Kosten u Steuern abgezogen werden; unzul ist aber ein Abzug zum Ausgl inflations-bedingter Wertverluste (BGH FamRZ **86**, 687). Auch die Herkunft des Verm kann eine Rolle spielen. So braucht ein ererbtes GrdstVerm nicht um einer höheren Rendite willen umgeschichtet zu werden (BGH FamRZ **86**, 560). Bei Verneing einer UmschObliegenh müssen nicht nur die tatsächl erzielten Einnahmen bedarfsmindernd berücks w, sond je nach Anlageart der davon betroff Bedarfsbereich: zB der eheangem WohnBed (BGH NJW **92**, 1044/6).

c) Berechnungsmethode (vgl Luthin FamRZ **83**, 1236; Weychardt NJW **84**, 2328): Die Berücksichtigg **12** zumutb Einkfte aS des UnterhBerecht erfolgt unterschiedl danach, ob es sich um eine Doppelverdienerehe gehandelt hat, diese Einkfte also bereits die ehel LebVerhältn mit geprägt haben, od nicht (Haushaltsführgs-Ehe). Im ersten Fall bemißt sich der Unterh nach einer Quote von 40% bzw ³/₇ der Differenz beider Einkfte, sog **Differenzmethode** (BGH NJW **82**, 43; **84**, 1238). Nimmt der Berecht dagg erst nach der Trenng (BGH NJW **83**, 933) bzw nach der Scheidg eine ErwTätigk auf od erlangt er sonstige Einkfte, die sich auf den LebStandard währd der Ehe nicht mehr ausgewirkt haben, so sind diese Einkfte nicht bei der Bildg der Quote zu berücks, sond erst nach Bildg der Quote von dieser abzuziehen, sog **Anrechnungsmethode.** Das Ergebn ist aber ijF vom Tatrichter auf seine Angemessenh hin zu überprüfen (BGH NJW **81**, 1609; **82**, 1875; **83**, 1429; krit Hampel FamRZ **84**, 627). Vgl iü auch § 1361 Rn 49 u § 1578 Rn 31. **Rechenbeispiel:** Einkfte des M 3000 DM, der F 900 DM. Differenzmethode: (3000–900) × ³/₇ = 900 DM. Abzugsmethode: 3000 × ³/₇ – 900 = rd 386 DM. Bei beiderseit ErwTätigk soll die AnrechngMethode auch bei der Geschiedenen-WwenRente iF von Altscheidgen gelten (BSG NJW **91**, 2790; **92**, 1254; Einf 3 v § 1587; vgl aber Henrich FamRZ **92**, 1074: in Wirklk eher Differenzmethode).

13   **d) Umfang und Dauer** dieser Beschränkg des UnterhAnspr hängen davon ab, wie lange u in welcher Höhe die Einkfte zufließen bzw das Verm reicht (*arg* „sol u soweit"). Bes gesetzl Beachtg hat der **Wegfall des Vermögens nach Scheidung** gefunden, **IV.** Der Grds besagt, daß der UnterhAnspr entfällt, wenn das Verm nach einer im Ztpkt der Scheidg nachträgl anzustellenden Prognose dem UnterhBerecht eine nachhalt UnterhSicherg bot, die sich in der Zukft gleichwohl als trügerisch erwiesen hat, **S 1.** Der Wegfall des Verm steht in keinem Zushg mit der Ehe, wird also vo deren Nachwirkgen nicht erfaßt, so daß es ungerechtfert wäre, ein derart Risiko des gesch Eheg im UnterhR abzusichern (BT-Drucks 7/650 S 136). Zur Nachhaltig § 1573 Rn 24. Dieser EinsatzZtpkt der Scheidg verschiebt sich entspr der allg Regelg des § 1570, wenn im Ztpkt des VermWegfalls von dem Eheg wg der Pflege od Erziehg eines gemschaftl Kindes eine ErwTätigk nicht erwartet w kann, **S 2,** da die ErzZt als Nachwirkg der Ehe vollst der Ehedauer hinzugerechnet wird u dies auch für den VermWegfall gelten soll.

14   **3) Einkünfte aus nicht gebotenen Anstrengungen, II.** Die rechtspolitisch verfehlte (vgl Schwab aaO; Mutschler FamRZ **82,** 105) Vorschr setzt mangelnde LeistgsFähigk des UnterhSchuldn (§ 1581) voraus. Mit unzumutb Aufwand vom UnterhBerecht erzielte Einkfte sind zT anrechngsfrei (S 1), zT werden sie nach Billigk angerechnet (S 2). – Der **Zweck** von S 1 liegt nicht in der Bestrafg des seiner UnterhPfl nicht nachkommden Schuldn (so noch die 43. Aufl), sond da der vom UnterhSchuldn geschuldete Unterh regelm hinter dem vollen Unterh des § 1578 zurückbleibt, gestattet die Vorschr dem Berecht, die Einkfte aus unzumutb Anstrenggen zunächst zur Aufrechterhaltg des ehel LebStandards zu verwenden (BGH NJW **83,** 933). – **Einkunftsart:** Die Regelg gilt vornehml für Einkfte aus einer ErwTätigk (einschl Arbeitslosengeld daraus; Stgt NJW **80,** 2715), die dem Berecht entweder nach § 1574 I u II) od die von ihm nicht erwartet w kann (§§ 1570–1573, 1575, 1576; 1361 II); ferner für sonstige nicht gebotene Maßn, etwa Untervermietg (Schwab S 34; Mutschler FamRZ **82,** 105; Krenzler FamRZ **83,** 653; aA Dieckmann FamRZ **77,** 98). Auch der (an III gemessen) unzumutb Einsatz eig Verm ist analog II zu behandeln (MüKo/Richter 13). – II gilt ferner nur für **Einkünfte aus unzumutbaren Anstrengungen** (BGH NJW **83,** 935 mNachw; Griesche FamRZ **81,** 848). Soweit eine ErwTätigk etwa trotz Alters od Krankh zumutb ist, entfällt bereits die UnterhVerpfl (§§ 1571, 1572: „sol u soweit"). Kriterium der Unzumutbark: Der UnterhBerecht ist unterhrechtl nicht gehindert, die Tätigk jederZt zu beenden (BGH NJW **83,** 936). Einkfte, die die ehel LebVerh mitgeprägt haben, sind idR nicht überobligatmäß (Hamm FamRZ **90,** 998). Zumutb ist auch die trotz Betr eines KlKi aus dem Bedürfn nach Selbstverwirklichg ausgeübte Erwtätigk (Kln FamRZ **90,** 1241). Unzumutb ist dagg der Verzicht auf den JahresUrl (Hamm NJW-RR **94,** 1094) od die WiederAufn einer berufl Tätigk, wenn sie früh als ehegem vorgesehen erfolgt (BGH FamRZ **88,** 148f). Anderers kommt es auf das Motiv der wirtschaftl Anstrengg nicht an: Die Vergünstig von II setzt nicht voraus, daß die Aufn einer ErwTätigk dch die Säumn od unvollständ Erfüllg vS des UnterhSchu veranlaßt wurde, gilt also auch für Einkfte aus einer nicht gebotenen Arbeit, die aus Neigg, zum Abbau drückder Lasten od zur Erhöhg des eig LebStandards aufgenommen w ist (BGH NJW **83,** 933). – **Anwendungsbereich:** II gilt auch für den VorsorgeUnterh (BGH FamRZ **88,** 145) sowie iR des TrenngsUnterh (§ 1361 Rn 52) u ist analog anzuwenden auf den Fall, daß der voll erwerbstät Mann die Kinder zugesprochen bekommt u die Frau nach den §§ 1571 ff unterhberecht ist (Griesche FamRZ **81,** 850f).

15   **a) Die Feststellung des nach Satz 1 anrechnungsfreien Betrages** erfolgt in sechs Schritten:

16   **(1)** Tatbestandsmäß wird vorausgesetzt, daß eine UnterhVerpfl besteht, der UnterhSchuldn mit seinen Leistgen dem Berecht den ehel LebStandard nicht gewährleistet u der Berecht eig Einkfte hat, um deren Anrechng auf seinen UnterhAnspr es geht. Dagg brauchen die unzumutb Anstrenggen nicht dch das Verhalten des UnterhSchu veranlaßt w zu sein (BGH NJW **83,** 933).

17   **(2)** Man stellt dann zunächst fest, in welcher Höhe es sich um Einkfte aus **unzumutbaren** Anstrenggen handelt (Rn 2 m Verweisgen), zB aus Untervermietg od aus einer n § 1570 überh nicht od nur zT mit dch gebotenen Tätigk (BGH FamRZ **90,** 989). Ist der voll erwerbstät UnterhBerecht nur eine Halbtagsbeschäftigg zumutb, so ist der AnrechngsBetr wg der niedr Besteuer v Halbtagsbeschäftiggen mehr als die Hälfte seines tatsächl NettoEink (Düss FamRZ **84,** 800).

18   **(3)** Als nächstes wird der **geschuldete Unterhalt** ermittelt, dh der Unterh, den der Berecht ohne Rücks auf die in unzumutb Weise erzielten Einkfte zu beanspruchen hat. Die Berechng dieses QuotenUnterh erfolgt nach den allg Grdsätzen, also gem § 1578 Rn 2. Abzustellen ist auf den vom UnterhVerpfl geschuldeten u nicht auf den von ihm tatsächl geleisteten Unterh (Ffm FamRZ **84,** 799 mNachw). Die unzumutb erzielten Einkfte bleiben auß Betr. Dagg werden Einkfte aus zumutb Tätigk berücks. Anzurechnen sind auch fiktive Betr wg Versorgg eines LebGefährten (BGH NJW **83,** 935).

19   **(4)** Sodann wird der **volle Unterhalt** festgestellt. Das ist der angemessene, dh der gesamte sich nach den ehel LebVerhältn ergebde LebBedarf (§ 1578), einschl der Zusatzaufwendgen für KrankVers u AltersVorsorge sowie des trenngsbedingten MehrBed (Stgt FamRZ **90,** 753; § 1578 Rn 26). Der volle Unterh richtet sich ausschließl nach den ehel LebVerhältn u ist als **Bedarf** unabh von dem jetzigen Eink der Eheg (Schwab FamRZ **82,** 821). Der ehebedingte Bed (Kln FamRZ **92,** 322) wie der trenngsbedingte MehrBed müssen konkret dargelegt w; dann aber § 287 ZPO (BGH NJW **83,** 936). Bei der Best des voll Unterh bleiben die Einkfte des UnterhBerecht aus unzumutb Anstrenggen auß Betr (Ffm FamRZ **82,** 820). **Wohnbedarf:** Abschlag v 10% in den neuen BLä (Düss FamRZ **92,** 573).

20   **(5)** Anrechngsfrei bleiben nun die Einkfte in Höhe der **Differenz zwischen dem vollen und dem geschuldeten Quotenunterhalt** (BGH NJW **83,** 933 L 3; Ffm u Düss FamRZ **84,** 798 u 800). Beträgt zB der den ehel LebVerhältn angemessene LebBedarf mtl 1500 DM, schuldet der UnterhVerpfl aber (wg UnterhLasten ggü Ki) nur 900 DM, so werden 600 DM nicht angerechnet. Die Einkfte des UnterhBerecht lassen in dieser Höhe seinen UnterhAnspr unverändert.

21   **(6)** Nach BGH NJW **83,** 936 L 6 können schließl auf dem Wege über die **Billigkeitswertung nach § 1581** Einkfte aus unzumutb ErwTätigk trotz § 1577 II 1 angerechnet w. Will man jedoch den Unterschied zw II 1 u 2 nicht aufgeben, muß sich diese Korrektur auf Fälle grober Unbilligk beschränken (Krenzler

FamRZ **83**, 656), etwa wenn der Berecht seinen voll Unterh hat, währd dem Verpfl nur der kl Selbstbehalt bleibt. Richtiger dürfte es sein, in derart Mangelfällen die ErwObliegenh des UnterhBerecht im Rahmen der §§ 1570 ff noch weiter zu verstärken (§ 1570 Rn 12, 13; § 1581 Rn 5–7). Eine aus freien Stücken aufgenommene ErwTätigk gibt im allg Anlaß zu der Frage, ob nicht die Grenzen des Zumutb zunächst zu eng gezogen w sind (BGH NJW **81**, 2804; **83**, 934; vgl aber auch Mutschler FamRZ **82**, 105 Sp 2).

b) Anrechnung der den vollen Unterhalt übersteigenden Einkünfte, S 2. Die Einkfte, deren Erziel **22** dem UnterhBerecht nicht zuzumuten ist u derer er auch nicht zur Auffüllg seines voll UnterhBedarfs nach II 1 bedarf, sind insow anzurechnen, als dies unter Berücks der beiderseit wirtschaftl Verhältn der Billigk entspricht. S 2 übernimmt damit nur einen von der Rspr schon zu EheG 58, 59 entwickelten Grds (BGH FamRZ **79**, 211; NJW **80**, 2082 u 2251; **82**, 2664). Die **Handhabung von S 2** erfolgt in drei Schritten:

(1) Bei der Ermittlg des anrechngsfäh Betr iSv S 2 werden **sämtliche unzumutbaren Einkünfte** be- **23** rücks, soweit sie nicht nach S 1 anrechngsfrei sind. Es spielt auf dieser Stufe der Anwendg von S 2, dh bei der Erfassg der anrechngsfäh Einkfte, keine Rolle, was der UnterhSchuldn tatsächl leistet od wozu er verpfl ist. Wenn der UnterhSchuldn zur Zahlg des voll Unterh verpfl ist, so daß von vornherein keine Einkfte nach S 1 anrechngsfrei bleiben, erfolgt die Anrechng insges nach S 2 (Zweibr FamRZ **83**, 713). Ferner gilt S 2 auch, wenn der UnterhSchuldn ggf erst dch ZwVollstr zur Leistg gebracht w muß (Krenzler FamRZ **83**, 655).

(2) Die Anrechng u damit die Herabsetzg der materiellen UnterhVerpfl des UnterhSchuldn erfolgt nach **24** **Billigkeit.** Dieser entspricht es regelm, den nach der 1. Stufe ermittelten Betr zur Hälfte auf den Unterh-Anspr anzurechnen (Leitlinien Hamm NJW **84**, 2333 Nr 32; Hamm FamRZ **81**, 362 u **92**, 1427; KG FamRZ **81**, 869; Ffm FamRZ **82**, 820; aA Schwab S 36: Anrechng nur bei bes Begründg; Griesche FamRZ **81**, 850: meist Anrechng). Doch verbietet sich jede Schematisierg od sonstige feste Quoten (Ffm FamRZ **84**, 798). **Kriterien** für den Umfang der Anrechng können sein: vor allem die Eink- u VermVerhältn der Eheg (Stgt FamRZ **80**, 1003; KG FamRZ **95**, 355 Ergebn: ungefähr gleiche Einkfte der Eheg); weitere UnterhPfl ggü Kindern od und Verwandten; Art u Ausmaß der Anstrengen zur Erzielg der unzumutb Einkfte. Für die AnrechngsFreih können sprechen: Veranlassg der Aufn der unzumutb ErwTätigk wg Säumn des Unterh-Schuldn; Betreuungsmehrbedarf der vom UnterhBerecht versorgten Kinder (Düss FamRZ **80**, 685), insbes bei Pflege eines behinderten Kindes. Anrechng von mehr als der Hälfte kann in Betr kommen, wenn dch eine ErwTätigk die GrdLage des UnterhAnspr beeinträchtigt wird, also die Erziehg od Pflege gemschaftl Kinder, die HeilgsChancen für eine Krankh; wenn ledigl der LebStandard, zB dch Hauskauf, verbessert w soll (Ffm FamRZ **82**, 818); wenn der LebStandard des Verpfl (etwa wg sonstiger UnterhVerpfl) ggü demj des Berecht deutl zurückbleibt. Anzurechnen sind Einkfte, die iS eines ProzBetrugs (§ 1579 Nr 2) verheimlicht w sind (Hamm FamRZ **94**, 1035).

(3) Der zur Anrechng kommde Teil des Eink aus unzumutb Tätigk ist nicht iW der Differenzmethode in **25** die abschließe UnterhBemessg einzubeziehen, sond von dem UnterhBetr, den der unterhpfl Eheg ohne Berücks des Eink aus unzumutb Tätigk schulden würde, iW des **Direktabzugs** abzurechnen (BGH NJW **83**, 933 L 5).

4) Beweislast für fehlde Einkfte u überh für seine Bedürftigk trägt der UnterhBerecht (Düss FamRZ **80**, **26** 997; Holzhauer JZ **77**, 74; Brühl FamRZ **81**, 828); ferner dafür, daß die Wohngsgewährg an den neuen Partn dch ein dafür entrichtetes Entgelt seine Bedürftigk nicht mindert (BGH NJW **83**, 683), sowie f die Angemessenh der Forderg sowie die Unwirtschaftlich der VermVerwertg. Der UnterhVerpflichtete muß seine Leistungsunfähigk beweisen; ferner, daß er iSv II den vollen Unterh leistet. Der Beweiserleichterg für Abwäggen dient § 1580.

1578 *Maß des Unterhalts; Lebensbedarf.* [1] **Das Maß des Unterhalts bestimmt sich nach den ehelichen Lebensverhältnissen. Die Bemessung des Unterhaltsanspruchs nach den ehelichen Lebensverhältnissen kann zeitlich begrenzt und danach auf den angemessenen Lebensbedarf abgestellt werden, soweit insbesondere unter Berücksichtigung der Dauer der Ehe sowie der Gestaltung von Haushaltsführung und Erwerbstätigkeit eine zeitlich unbegrenzte Bemessung nach Satz 1 unbillig wäre; dies gilt in der Regel nicht, wenn der Unterhaltsberechtigte nicht nur vorübergehend ein gemeinschaftliches Kind allein oder überwiegend betreut hat oder betreut. Die Zeit der Kindesbetreuung steht der Ehedauer gleich. Der Unterhalt umfaßt den gesamten Lebensbedarf.**

[2] **Zum Lebensbedarf gehören auch die Kosten einer angemessenen Versicherung für den Fall der Krankheit sowie die Kosten einer Schul- oder Berufsausbildung, einer Fortbildung oder einer Umschulung nach den §§ 1574, 1575.**

[3] **Hat der geschiedene Ehegatte einen Unterhaltsanspruch nach den §§ 1570 bis 1573 oder § 1576, so gehören zum Lebensbedarf auch die Kosten einer angemessenen Versicherung für den Fall des Alters sowie der Berufs- oder Erwerbsunfähigkeit.**

1) Die Vorschr bestimmt **Maß und Umfang des zu leistenden Unterhalts,** u zwar einmal im Hinbl auf **1** den dabei anzuwendden Maßst (ehel LebVerhält), zum and hins der einzubeziehden Aufwendgen (für Vers usw). Der Grds ergibt sich aus I 4: Der Unterh umfaßt den gesamten LebBedarf; dessen Höhe wiederum richtet sich nach den ehel LebVerh, I 1, sowie nach einer Schonfrist ggf nach den für den UnterhBerecht allein angem LebStandard, I 2 u 3. Zum LebBedarf werden eine Reihe von Aufwendgen gerechn, die heutzutage selbstverständl erscheinen, so vor allem solche für eine angem Kranken- sowie Alters- u BU- u EU-Vers, II u III, aber auch die Kosten für best BildgsMaßn, II, soweit dafür eine Verpfl (§ 1574 III) od ein Anspr besteht (§ 1575).

2) Das **Maß des Unterhalts** bestimmt sich für die unmittelb NacheheZt ijF nach den ehel LebVerhältn **2** (Rn 3), kann aber nach einer ÜbergangsZt unter weiteren Voraussetzgen auf den angem LebBedarf herabgesetzt werden (Rn 33). Kommt es auf die ehel LebVerhältn in der früh **DDR** an, so sind diese entspr zu projizieren (BGH FamRZ **95**, 473).

3   **A. Nach den ehelichen Lebensverhältnissen (eLV), I 1** (Lit: Derleder FuR **90**, 9), bestimmt sich das UnterhMaß, um insb dann, wenn dch die gemeins Leistg der Eheg ein höherer SozStatus erreicht worden ist, den nicht erwtät Eheg daran teilnehmen zu lassen (BT-Drucks 7/650 S 136; BGH FamRZ **88**, 256/8). **Zweck** von I 1 ist somit eine **Lebensstandardgarantie** (BVerfG FamRZ **81**, 745/51; BGH NJW **83**, 1733; Luthin FamRZ **88**, 1110; Graba FamRZ **89**, 568). Im Ggsatz zu § 1610 I entsch nicht der LebZuschnitt des Bedürft, sond Berufs-, Eink- u VermLage beider Parteien, so daß der Einwand entfällt, dch Eingeh einer nehel LebGemsch (Einl 8 v § 1297) mit einem finanz schlechter gestellten neuen Partn begebe sich der unterhbedürft Eheg auf dessen LebStandard (BGH NJW **89**, 1083/6). Zur Feststell der eLV ist ein obj Maßst anzulegen, also wed auf ein sehr kostspieliges noch auf ein übertrieben spars Leben abzustellen, sond auf den – ggf iW von ZPO 287 festzustellen (BGH NJW **83**, 1733; FamRZ **88**, 256) – LebStandard, der vom Standpkt eines vernünft Betrachters nach dem soz Status der Eheg im Regelfall gewählt wird (Graba FamRZ **89**, 571; and Luthin FamRZ **88**, 1110: Maßst die tats frühere LebGestaltg). Eine währd der Ehe praktizierte Ausgabenbeschrkg verliert für den ScheidgUnterh ihre Verbindlk (Hamm FamRZ **93**, 1089). Der Maßst der eLV erlaubt **nicht,** zG des nicht erwtät Eheg in Höhe des notw Selbstbehalts einen **Mindestbedarfssatz** einzusetzen (BGH **104**, 168; **109**, 72; BGH NJW **95**, 963 = FamRZ **95**, 346/472/667 m zu Recht krit Anm Luthin u Becker; vgl dagg Gutdeutsch FamRZ **95**, 1064; Kblz FamRZ **91**, 444; aA Hamm FamRZ **95**, 173 mA Luthin, ebso FamRZ **95**, 472; Kblz FamRZ **95**, 605: MindBed 1300 DM; Spangenberg FamRZ **95**, 1038). Vielm ist nach Auffassg des BGH der eheangem Bedarf ijF dch **Quotierung** der die eLV prägden Einkfte zuzügl konkret nachgewiesener trenngsbedingter Mehrkosten festzustellen (BGH NJW **95**, 963; Rn 5). Etwas and gilt für den UnterhPflicht in echten Mangelfällen (§ 1581 Rn 26 u 22). Die eLV unterliegen **tatrichterlicher** Würdigg (BGH FamRZ **84**, 150; sa Walter JZ **84**, 238). **Beweislast** über UnterhBerecht (BGH FamRZ **84**, 150). Bei Nichtfeststellg der eLV ist im AbänderngsVerf der angem Unterh ohne Bindg festzustellen (BGH FamRZ **87**, 257). Zur erfdl Objektivierg der Verhältn bei Scheidgn in der früh **DDR**: EG Art 234 § 5 Rn 2. Zur

4   **Feststellung der Höhe des Unterhaltsanspruchs** sind verschiedene gedankl Schritte auseinanderzuhalten:

5   **a) Bedarfsermittlung nach den ehelichen Lebensverhältnissen** (Lit: Derleder, 8. Dt FamGTg, Brühler Schr z FamR Bd 6, 1990, S 40; Krenzler FamRZ **90**, 221) erfordert in jedem Einzelfall eine **konkrete Feststellung der Einkommens- und Vermögensverhältnisse** (BGH **104**, 158/168; NJW **95**, 963). Iü ist die **Rechtsprechung des BGH** zT in kaum nachvollziehb Weise **inkonsequent** (Luthin FamRZ **88**, 1112). Das gilt für die Bestimmg der für die eLV maßgebl **Steuerklasse** (§ 1569 Rn 11), vor allem aber auch für den maßgebl Ztpkt (Rn 11) sowie für die Berücks von sich außerh der Ehe vollziehen Entwicklgen (unten Rn 13–18).

6   **aa)** Bei der Feststellg der für die eLV maßgebden VermUmst kommt es jew darauf an, ob sie die eLV **nachhaltig geprägt** haben. Es sind wie bei der Leistgsfähigk (§ 1603 Rn 5) alle Eink heranzuziehen (BGH NJW **94**, 935), auch solche aus Glücks- u GeschicklkSpielen (Oldbg FamRZ **88**, 89 Spielbank; Düss NJW **93**, 3078 regelmäß Skatgewinn), auch wenn der Gewinn 3 Mo vor der Trenng anfällt (Ffm FamRZ **95**, 874: 1 Mio DM im Lotto). Iü ist auf einen längeren, sich nach der Dauer der Ehe richtden Ztraum abzustellen. Vor allem entscheidet das bis zur Ehescheidg tatsächl (BGH FamRZ **85**, 908/10; **88**, 256) u **nachhaltig erreichte Einkommen** (BGH **89**, 108/10; FamRZ **85**, 161/2), in einer Haushfürgsehe also das ArbEink des erwerbstät Eheg (BGH FamRZ **86**, 783). Für die BedErmittlg spielt es keine Rolle, woher die Einkfte stammen u wem sie zuzuordnen sind (Hamm FamRZ **93**, 1089). Die eLV werden nur dch tatsächl erzieltes, nicht dch fikt Eink geprägt (off gelassen in BGH FamRZ **88**, 256/57). Haben beide Eheg ArbEink gehabt od Rente bezogen, so bestimmt die eLV das **Gesamteinkommen**, also die Summe der beiderseit Einkfte im Ztpkt der Scheidg (BGH NJW **82**, 2439; **83**, 683), auch wenn die Ehefr ihren Mann 10 J nach der Trenng nicht auf Unterh in Anspr gen hat (BGH NJW **86**, 718). Prägd können UnterhLeistgen an ein Ki aus einer fr Ehe od KredittilggLeistgen aus ehebedingten EinkQuellen wirken (BGH NJW **91**, 2703 Bauherrenmodell; Graba FamRZ **92**, 384). **Arbeitslosigkeit** führt hins der eLV nur bei verantwortgsl od leichtfert Verh zur Fiktion entspr eLV (Karlsr FamRZ **94**, 754; vgl iü § 1581 Rn 6). Bei **Selbständigen** ist auf die dchschnittl EinkEntwicklg über einen längeren Ztraum (idR 3 J) abzustellen (Einzelh § 1603 Rn 5). Ein GaststättenBetr, der keinen Gew abwirft, prägt die ehel Verh nicht (Stgt FamRZ **91**, 1059); vgl § 1577 Rn 4. Bedingt nur prägen auch AuslZulagen, die Eheg FamRZ **91**, 940 m zutr Krit v Fricke auch iü). Zu berücks ist, daß bei Aufg eines Untern aus AltGründen damit eine Absenkg des LebStandards verbunden ist (BGH NJW **94**, 935 Leibrente). Dagg sind auch strukturell bed EinkRückgänge in ungünst Entw der MarktVerh in der LandWirtsch ggf dch die unterh-rechtl ErwObliegenh (§ 1581 Rn 6) auszugl (BGH FamRZ **93**, 1304). Beim **Soldat** auf Zt prägen die Übergangsgebühren gem SVG 11 (vgl § 1603 Rn 5) zusätzl zum ErwEink die eLV (Kln FamRZ **91**, 353: abzügl von VermBildgsAnteilen). Bei **Beamten** gehört zu den eLV neben den BeihilfeAnspr auch der Anspr auf beitragsfreie Invaliditäts- u Altersvorsorge (BGH FamRZ **89**, 483); ferner der inf der Wiederverheirat erhöhte Ortszuschl sowie KiZuschläge für die gemeinschaftl, aber auch die Ki aus einer neuen Ehe (BGH FamRZ **90**, 981; sehr probl!); desgl KiGeld für gemschaftl Ki (BGH FamRZ **90**, 979). Die eLV prägder **Kindesunterhalt** ist vor der Quotierg des Eheg-Unterh vom Eink abzuziehen (BGH FamRZ **90**, 979; zu Ausn: Hbg FamRZ **86**, 1001; **92**, 1187); liegt kein Mangelfall vor, auch für vollj Ki (BGH NJW **90**, 1477). Bedarfserhöhend bzw -mindernd können sich

7   auswirken (BGH NJW-RR **96**, 1002). Der Vorteil **mietfreien Wohnens** ist unterhrechtl nur zu berücks, soweit er nicht dch damit verbundene Belastgen u Unkosten aufgezehrt w (BGH NJW **92**, 2477; **95**, 1148; FamRZ **95**, 869). Auch in geerbtem Haus (BGH FamRZ **88**, 145), wobei die Prägg der eLV nicht dadch beseitigt wird, daß der eine Eheg zZw der Trenng aus dem Haus ausgezogen ist (BGH NJW **86**, 1342). Für den Wohnwert kommt es grdsl auf den obj Mietwert an (BGH FamRZ **86**, 48), dagg Schätzg bei trenngsbedingtem Brachliegen v WoRaum (Hamm FamRZ **93**, 1089). Was die Einschrkg im WoKomfort, die Vermietg v WoTeilen od den WoWechsel anlangt, gelten für den nachehel Unterh strengere Grdsätze (BGH FamRZ **88**, 145/9; **89**, 1160/1; Karlsr FamRZ **93**, 1091). Obergrenze für die Anrechng: ⅓ des zur Vfg stehden UnterhBetr (BGH FamRZ **89**, 1160/63). Vgl iü zunächst

§ 1361 Rn 23–25. Wird das Haus nach einem die Ehe prägden Wohnen verk, ist dem Eink der Zinsertrag aus dem VerkErlös hinzuzurechnen (Kblz FamRZ **89**, 59; Ffm FamRZ **90**, 62). Anderers können die Zins- u Tilgsleistgen eines Hauses ihre eheprägde Kraft verlieren, wenn sich mit der Scheidg die gemeins LebPlang als gescheitert erweist u das fremdfinanz Haus verk werden mußte (Stgt FamRZ **84**, 1105). Entspr bleiben, wenn der UnterhGl seinen MitEigtAnteil auf den UnterhSchuldn übertragen hat, Hauslasten (Schlesw FamRZ **89**, 629) u DarlKosten zZw des Erw des GrdstAnteils unberücks (Karlsr FamRZ **93**, 1091).

bb) Da es auf die nachhalt Prägg ankommt, scheiden Umst, die der konkr Ehe nicht ihr Gepräge gegeben **8** haben, bei der Beurt aus. Zum Begr der eLV gehört eine gewisse Dauer. Desh bleiben von vornh nur **vorübergehende Umstände** auß Betr (BT-Drucks 7/650 S 136), wie zB zeitw Einschränkgen in der Lebführg aus einem Konsumkredit (Hamm FamRZ **90**, 998) od zZw des Hausbaus (BGH NJW **84**, 1237; **88**, 2376); auch StRückerstattgen (BGH NJW **88**, 2101/2). Iü sind fortbestehde Verbindlkten **eheprägende Schulden**, ohne daß es darauf ankommt, wer bei der Trenng eine damit finanzierte Anschaffg behält (Mü FamRZ **95**, 233).

cc) Unzumutbare oder überobligationsmäßige Anstrengungen in der Ehe od der ihr zuzurechnden **9** Zt danach prägen die eLV nicht, weil sie jeder Zt ohne unterrhrechtl Nachteile eingestellt werden dürfen (BGH FamRZ **83**, 146/9; **88**, 256). Auß Betr bleiben desh Einkfte aus einer nicht gebotenen Untervermietg (Graba FamRZ **89**, 569) sowie aus einer in der Ehe (BGH FamRZ **84**, 365), in der TrenngsZt (BGH NJW **83**, 933) od nach der Scheidg ausgeübten, aber zB wg des Alters der Ki unzumutb (§ 1570 Rn 10–14) Erwerbstätigk des haushführenden Eheg. Unzumutbark liegt auch vor, wenn die Erwtätigk trotz Betreuung von 4 Ki nur ausgeübt wurde, weil der Ehem keinen Unterh zahlte (BGH NJW **84**, 294). Einkmäßig auszuscheiden sind auch **Nebeneinkünfte** aus außerh der DienstZt (dch schriftsteller Tätigk, Vortr od Unterricht) erbrachten Leistgen, sofern der gesch Eheg damit nichts zu tun hat (Mü FamRZ **82**, 801; aA Schlesw FamRZ **82**, 705), gleichgült, ob die Tätigk schon währd der Ehe od erst danach aufgen worden ist (Kln FamRZ **82**, 269 mAv Büttner: Betreuung eines Stiftg). Keine Anrechng auch, wenn die Nebtätigk bereits vor od währd der TrenngsZt aufgegeben w (Ffm FamRZ **90**, 62). And aber, wenn die Nebentätig die eLV mitgeprägt hat, wie bei einem Komponisten, der nur aus VersorggsGrden Prof geworden ist (BGH NJW **82**, 1986); bei NebEinkften eines Prof als BetrArzt u ArbMediziners (BGH FamRZ **88**, 156). BewL für die den eLV zuzurechnenden NebEinkften liegt beim UnterhBerecht (Ffm FamRZ **90**, 62). **Überstunden** (zur Bedeutg für die Leistgsfähigk: § 1603 Rn 5) können den ehel Bedarf prägen (BGH FamRZ **82**, 779 Schachtmeister; **83**, 886 Cheffahrer; Hbg FamRZ **86**, 1212 AssArzt). Das gleiche gilt für Vergütgen aus BereitschDienst u and übl ZusatzArb (BGH FamRZ **88**, 145/8).

dd) Maßgeblicher Ort für die Best der eLV ist regelm das AufenthLand u dessen soz Verhältn (BGH **78**, **10** 292; **85**, 25). Nicht prägd wirken zeitl beschrkte **Auslandsaufenthalte** (Ffm NJW-RR **93**, 966: 2 J kurz vor Scheidg).

ee) Maßgebender Zeitpunkt für die prägde Kraft von Umst ist nach der Rspr grdsl nicht die Trenng der **11** Eheg, sond verfkonform (BVerfG 1. Sen 1. Ka FamRZ **93**, 171) die **Rechtskraft des Scheidungsurteils** (BGH **89**, 108; NJW **82**, 1869 u 1870; **87**, 1555/6; Graba FamRZ **89**, 569; NJW **89**, 2787; krit Spangenberg DAV **90**, 507 mN; noch wiederum and Krenzler FamRZ **90**, 222: § 1566; was aber schon wg der unterschiedl Zielsetzg der Vorschr nicht überzeugt; außerd Manipulationsmögl). Der Ztpkt der ScheidgsRkr soll auch bei langjähr GetrLeben gelten (BGH NJW **81**, 753; aA Düss FamRZ **81**, 887; **82**, 927; Hampel FamRZ **81**, 852; **84**, 622), selbst bei erhebl Veründgen im berufl Werdegg des UnterhSchu (Hamm FamRZ **90**, 1361 vom WerkstLeiter zum GewLehrer); Selbstdgk nach 11 J Getrenntleben (Kln FamRZ **95**, 876). Die zweitl Veräußerg eines Hauses hindert nicht dessen Berücks bei Best der eLV (Hamm FamRZ **95**, 1152). Der ScheidgsZtpkt ist auch für den Differenz- (BGH NJW **81**, 753) u VorsorgeUnterh maßg (BGH NJW **81**, 2192). Kapital- u und VermErträge, insb aus einer vor od in der Ehe angefallenen **Erbschaft** (BGH FamRZ **88**, 1145) od aus einem Pflichtteil (BGH FamRZ **82**, 996), können prägd gewirkt haben. Dagg scheiden als prägde Umst alle Trenngs- u NachscheidgsUmst aus, wie eine währd des GetrLebens angefallene Erbsch (Ffm FamRZ **86**, 165) od der erst dch die Scheidg bedingte auf dem VA beruhende Teil der Rente (BGH NJW **87**, 1555; Kblz FamRZ **88**, 1171). Nur ganz ausnahmsw kann für die Best des UnterhMaßes nach den eLV auch **12** einmal der **Zeitpunkt der Trennung** der Ehel maßg sein, wenn näml die Trenng zu einer völligen Umstellg der LebVerhältn geführt hat, wobei die Beweisl dafür bei demj liegt, der sich darauf beruft (BGH FamRZ **83**, 352). Im Rahmen von I 1 bleibt danach auß Betr, wenn das Eink eines od beider Eheg währd des GetrLebens eine unerwartete, im Normalverlauf erhebl abweichende Entwicklg genommen, etwa einen mit dem früh LebVerhältn nicht mehr vergleichb, ungewöhnl Aufschwung erfahren hat (BGH NJW **82**, 1870): zB Wechsel eines Schullehrers zum Prof an pädagog Hochschule (LG Ffm FamRZ **76**, 342); Aufbau eines gutgehden PelzGesch (BGH NJW **82**, 1870). Außer Betr bleiben dagg berufl Dispositionen, die der UnterhSchu unter Verletzg seiner ErwObliegenh getroff h (BGH NJW **92**, 2477). Zu Recht meldet Ewers FamRZ **94**, 816 Krit an der Auff des BGH (NJW **94**, 190) an, ein nach der Trenng der Ehel geborenes nehel Ki des Ma präge die eLV. Zum Einfl des **Versorgungsausgleichs** auf die eLV vgl Ffm FamRZ **93**, 811 sowie Rn 18.

ff) Nach der Rspr sind aus der Sicht des ScheidsZtpkts **vorhersehbare Umstände,** also zukünft Entwickl- **13** gen, die die eLV iS der Prägg günst od ungünst beeinfl, insb also **Einkommensänderungen** nach der Scheidg, bei der Bemessg des nachehel Unterh zu berücks, wenn ihnen eine Entwicklg zGrde liegt, die aus der Sicht zum Ztpkt der Scheidg **mit hoher Wahrscheinlichkeit zu erwarten** war u wenn diese Erwartg **die ehelichen Lebensverhältnisse bereits mit geprägt** hat (BGH NJW **87**, 1555; **88**, 2034; **90**, 3020; krit Luthin FamRZ **88**, 1112 mN; richtig mE Hampel FamRZ **89**, 121: Ausscheiden aller trenngsbedingter Umst). Außer Betr bleiben dch die **Wiedervereinigung** bedingte Wertsteigergen v Grdst (Hamm FamRZ **93**, 972).

(1) Für die erst **nach der Trennung oder Scheidung aufgenommene Erwerbstätigkeit** des Unter- **14** **haltsberechtigten** kommt es darauf an, ob sie das Ehebild prägte od nicht (BGH NJW **87**, 58). Wenn der Eheg ohne die Trenng nicht erwerbstät geworden wäre, wirken sich die Einkfte aus dieser Erwtätigk auf die eLV nicht aus (BGH FamRZ **84**, 149; **88**, 256; Graba FamRZ **89**, 569). Vom beiderseit Eink wird die Ehe dagg geprägt, wenn eine noch in der Ehe in dem erlernten Beruf aufgenommene Halbtagsbeschäftigg nach der Trenng zur VolltagsArb ausgebaut wird (BGH NJW **82**, 1869). Sogar eine überh erst nach der Trenng od Scheidg aufgen Erwtätigk kann die eLV bestimmen, wenn sie schon währd des ZusLebens der Ehel **geplant oder vorauszusehen** war (BGH **89**, 108/12). An der für die Prägg erforderl Wahrscheinlk dafür fehlt es, wenn die Erwtätigk dch den UnterhBerecht erst 2 J nach der Scheidg aufgen worden ist (BGH FamRZ **86**, 783/5 mAv Luthin). Zur weiteren Vorauss der **Zumutbarkeit:** Rn 9).

15   (2) Ferner wird dch Fortschreibg der eLV dem gesch Eheg ein unterhrechtl **Ausgleich für die scheidungsbedingte Nichtteilnahme an der normalen Berufsentwicklung bzw an den Karrierechancen** des and Eheg gewährt (Lit: Luthin FamRZ **87**, 462; Schwenzer FamRZ **88**, 1114), obwohl die eLV im Wortsinn gerade nicht von dem berufl Aufstieg geprägt waren, sond es sich um eine „Studentenehe", „Hauptmannsehe" usw gehandelt hat. Trotzdem soll der Berecht an der erst nach der Scheidg erreichten berufl Anfangsstellg des UnterhSchu als AssArzt teiln (BGH NJW **86**, 720; Nürnb FamRZ **85**, 393); ebso an dem Wechsel vom Schweißer zum GewerkschSekretär (BGH FamRZ **91**, 307) od vom angest Ober- zum frei praktizierden Arzt (BGH FamRZ **88**, 145 mAv Hoppenz), auch wenn der Wechsel (Gründg einer Prax) mit der Trenng zeitl zusfällt (BGH FamRZ **88**, 927/9). Zu den eLV gehört danach ferner die Entwicklg vom SparkAngest zum geschführden Direktor (BGH FamRZ **88**, 259/62) u vom BetrArzt zum ArbMediziner (BGH FamRZ **88**, 156/9). Erst recht natürl der nach der Trenng ohne zusätzl LebLeistg erfolgte Aufstieg dch **Lohnerhöhung** (Karlsr FamRZ **88**, 507), Ändg der Dienstalterssstufe (BGH NJW **90**, 3020) od dch **Regelbeförderung** als Beamter (RG **75**, 124; Dieckmann FamRZ **77**, 84), wobei die heutige Beförderungs-Prax zu berücks ist, so daß die Oberstleutnantspension zGrde zu legen ist, wenn der UnterhSchu bei Scheidg noch Hptmann war (BGH FamRZ **82**, 684; vgl ferner Kln FamRZ **93**, 711: Beförderg zum MinRat). Nicht recht nachzuvollziehen ist, wie dch Wiederheirat u dch Erhöhg der KiZahl vermittelte Steigergen eines

16 **Zuschlags** die gesch Ehe geprägt w sein soll (so aber BGH FamRZ **90**, 503; NJW **90**, 3020). **Außer Betracht** bleibt eine nach der Trenng der Ehel eingetretene (Düss FamRZ **92**, 1439), **im Scheidungszeitpunkt noch ungewisse berufliche Entwicklung** u vor allem die darauf beruhden **unerwarteten Einkommenssteigerungen**, wenn sie eine außergewöhnl, währd des ZusLebens nicht geplante u nicht vorhergesehene Entwicklg darstellen (BGH FamRZ **88**, 145): also die Berufg in die GeschFührg eines Untern (Düss FamRZ **92**, 1439); der Aufstieg eines BetrIng zum GmbH-Geschführer (BGH NJW **90**, 2886); der Aufstieg aus einem mittelständ Untern in die GeschFührg eines int Konzerns (Hamm FamRZ **94**, 515); eine nach der Scheidg erfolgte Beförderg aus der Endstufe des gehobenen in die Eingangsstufe des höheren Dienstes (Saarbr FamRZ **82**, 711); die Ernenng eines stellvertr zum leitden Amtsleiter (Hamm FamRZ **90**, 413); der Aufstieg vom kaufm Sachbearbeiter zum AbtBerLeiter 3 J nach Scheidg (Hamm FamRZ **90**, 65); ebso die Anstellg als Systemprogrammierer, wenn der UnterhSchu im Ztpkt der Scheidg nach abgeschl Studium befr als wiss Mitarbeiter angest war (BGH NJW **85**, 1699); ferner der nur dch zusätzl Schulg erreichte Aufstieg vom Reviersteiger zum Ing (Hamm FamRZ **89**, 870); schließl EinkVerbessergen 3 J nach Scheidg aus dem nach Trenng vollzogenen Wechsel vom Angest zum selbständ HandelsVertr (Stgt FamRZ **91**, 952 mA Franke).

17   (3) Der **Wegfall der Belastung mit Kindesunterhalt** wird unabh vom Alter der Ki im Ztpkt der Scheidg seiner Elt als ein die eLV von vornh prägder Umst gewertet (BGH NJW **90**, 2886 = FamRZ **90**, 1085 mA Scholz unter Aufgabe seiner fr Rspr) mit der Folge, daß sich die Leistgsfähigk des UnterhSchu u der LebBedarf des UnterhBerecht entspr erhöhen, sofern nicht die freiwerdden Mittel der VermBildg od and nicht dem LebBed zuzurechnden Zwecken gedient hätten (BGH FamRZ **90**, 1090). Die eLV können auch v UnterhLasten nicht gemschaftl Ki od der Elt eines Eheg geprägt gewesen s (Dieckmann FamRZ **90**, 1337).

18   (4) Die eLV werden dch das **zukünftige Renteneinkommen** geprägt, u zwar nicht nur, wenn im Ztpkt der Scheidg das Ausscheiden aus dem ErwLeben unmittelb bevorstand (BGH FamRZ **86**, 441), sond überh, wenn die Grdlage des RentBezugs in der Ehe gelegt worden ist u mit diesen Bezügen (Unfallrente) schon zum Ztpkt der Scheidg zu rechn war, sowohl bei der Altersrente (BGH NJW **88**, 2101) als auch bei einer Invaliditätsrente (Hamm FamRZ **87**, 597), so daß darauf beruhde EinkVerbessergen nicht etwa nur iR der Fortschreibg der allg Lebhaltgskosten zu berücks sind (BGH NJW **87**, 1555). Das Absinken der Rente inf des VA mindert daher den ehel LebBed (aA Hamm FamRZ **95**, 1151). Eheprägend kann eine EU-Rente auch dann sein, wenn die MindestwarteZt erst dch den **VA** erfüllt worden ist (BGH FamRZ **87**, 913). Inkonsistent zu dieser Rspr soll eine der UnterhBerecht mehr als 3 J nach der Scheidg gewährte Altersrente die eLV nicht prägen (BGH NJW **88**, 2101); währd iü die auf den VA beruhde Rente bedürftigkeitmindernd wirkt (BGH FamRZ **89**, 159; vgl auch Kblz NJW-RR **89**, 1482). Zur Bedeutg der Rente für die Bedürftigk § 1577 Rn 3.

19   **b) Festlegung der Anteile am eheangemessenen Bedarf** (Lit: Limbach, 7. Dt. FamGTag 1988 S 26). Nach Hinzurechng bzw Ausscheiden alles dessen, was die eLV der Eheg einers geprägt, anderers nicht mit bestimmt hat (vgl im einz Rn 5–18), steht das GesamtEink fest, das für den eheangem Bedarf zur Vfg gestanden hat. Grdsl wird davon ausgegangen, daß mangels entgg-gesetzter Anhaltspkte währd des ZusLebens jeder Eheg am ehel hälftig beteiligt war (BGH NJW **82**, 41; **83**, 1731/4; FamRZ **88**, 265/7; **89**, 842;

20 Luthin FamRZ **88**, 1113; Hampel FamRZ **89**, 114f). Dabei gibt es für diesen **Halbteilungsgrundsatz** im G keine Grundlage (Weychardt FamRZ **89**, 239; vgl iü dazu Richter, FS Rebmann 1989 S 675). Der verdiende Eheg ist nach den §§ 1360ff nicht zur Verdienstteilg, sond zu „angem Unterh" verpfl; auch die Konzeption des TaschengeldAnspr (§ 1360a Rn 4) widerspricht ihm. Der HalbteilgsGrds wird aber den Verhältn gerecht, soweit die Eheg in gleicher Weise am ehel LebStandard teilgen haben, vornehml bei niedrigeren u mittleren Eink, Renten u Pensionen. Als Dogma verstanden (wie in den inzw zT überholten Entsch v Hamm FamRZ **89**, 742, 870 u 1087) ist der HalbteilgsGrds dagg abzulehnen. Er wird desh insb von der Rspr zu Recht jedenf der Sache nach **eingeschränkt:**

21   (1) **Erwerbstätigenbonus** (Graba NJW **93**, 3033; Gutdeutsch FamRZ **94**, 346; Krit Fischer-Winkelmann FuR **94**, 212 u 361; Riegner FamRZ **95**, 641): Schon bei Bestimmg des unterh-pflicht (eheangem) Eink wird dem erwtätigen UnterhSchu unter Berücks des dch die Ausübg seiner berufl Tätigk gewöhnl höheren Aufwands u als Anreiz zur Erwtätigk eine höhere Bedarfsquote als dem nicht erwät and Eheg zugebilligt (BGH NJW **82**, 41; **88**, 2369; FamRZ **85**, 908). Dem erwtät UnterhSchu soll ein die Hälfte des verteilgsfäh Eink

„maßvoll übersteigder Betr verbleiben" (BGH FamRZ 89, 842; 90, 503; 91, 304). Dabei hat sich in der Prax die Düss Tab (NJW 88, 2352) mit einer **Aufteilung** des in der Ehe erzielten bereinigten NettoEink u damit des die eLV bestimmenden Bedarfs **im Verhältnis von 4/7 zu 3/7** dchgesetzt (BGH zuletzt FamRZ 91, 304/5 u 1414; vgl ferner FamRZ 88, 256/9 u 265/7 mAv Ewers; krit auch Kalthoener/Büttner NJW 89, 804 u 2279). Der ErwtätBonus darf nur von ErwEinkften, nicht von sonst Eink wie Miete, Zinsen usw abgezogen w (BGH FamRZ 89, 1160/63; 91, 1163/66; zu MischEinkften: Gerhardt u Gutdeutsch FamRZ 94, 1158 u 1161). Im übr erfolgt die Quotierg nach Bereinigg des NettoEink, also Vorwegabzug anderweit ZahlgsVerpfl, auch des KiUnterh (Karlsr FamRZ 88, 1272 u 92, 1438; aA hins des KiUnterh Hbg FamRZ 91, 953). Bei ausr Eink wird bisw zG einer indiv BedBest von einer Quotierg überh abgesehen (Rn 22). Der LebBed kann dann konkr dch Feststellg der zur Aufrechterhaltg des ehel LebStandards erforderl Kosten ermittelt werden (BGH FamRZ 82, 1187; 87, 691; krit Luthin FamRZ 88, 1110). Im kl u gr Selbstbeh (§ 1581 Rn 22) ist jew ein Erwtät Bonus von 100 DM enthalten (Hbg FamRZ 91, 953). Übt auch der **Unterhaltsberechtigte** eine berufl Tätigk aus, wird ihm ebenf der berufsbedingte Mehraufwand zugebilligt u verbleibt ihm von seinem Eink ein entspr Teil anrechngsfrei (BGH NJW 85, 1026; FamRZ 89, 842; 90, 503 u 1090; 91, 304); ebso bei Zurechng fikt Einkfte aus Verletzg einer ErwObliegenh (BGH FamRZ 90, 979; 91, 307/10). Bei Krankh kann Pflegegeld unberücks bleiben (BGH FamRZ 90, 981). Dagg unterliegt Eink aus mietfr Wohnen u aus KapVermögen voll der Halbteilg (Kblz FamRZ 90, 51). Wenn keiner der Eheg eine Erwtätig ausübt, ist eine ungl Quotierg unzuläss (BGH NJW 88, 2442; FamRZ 84, 662/4).

(2) Ferner hat der BGH für UnterhAnspr ggü **Spitzenverdienern** zwar eine **Sättigungsgrenze** nicht **22** anerk (and die OLGSen Ffm FamRZ 92, 823: seit Mitte 1990 mtl 3 000 DM), prakt aber dasselbe Ergebn dch die Maxime erzielt, daß eine obere Grenze angen werden könne, „in seltenen AusnFällen bei bes hohen Einkften als Beschrkg des Unterh auf die Mittel, die eine einz Pers auch bei Berücks höherer Anspr für billigensw LebBed sinnv ausgeben kann" (BGH NJW 82, 1645; 83, 683), so daß der eheangem Bed dadch nach oben begrenzt w kann, daß für die Feststellg des nach dem LebStandard des in der Ehe zu verteilden Eink alle EinkTeile auß Betr bleiben, die nicht zum laufden Unterh, sond zur **Vermögensbildung** verwendet wurden (Celle FamRZ 80, 581; Bambg FamRZ 81, 668; Düss NJW 82, 831; Hamm FamRZ 82, 170). Dabei kommt es auf die nachhalt Prägg (Rn 6) u nicht darauf an, ob die Ausgaben notw waren, so daß auch LebVersBeiträge das für die eLV maßgebde Eink mindern können (BGH NJW 92, 1044/5). Bei höherem Nettoverdienst kommt regelm in Betr, daß er jedenf teilw zur VermBildg best war. Da dies jedoch nach Auffassg des BGH kein Erfahrgssatz ist, darf nicht pauschal eine VermBildgsrate abgesetzt werden, sond ist allenf eine konkr Schätzg zul (BGH FamRZ 87, 36/39). Dabei kann ein hoher ZugewAusgl die Annahme hoher VermBildgsquoten rechtfert (Hamm FamRZ 82, 170), wie anderers zu beachten ist, daß Sparleistgen häuf nur zu größeren Lebhaltgskosten wie Urlaubsreisen u Kfz dienen (BGH NJW 83, 1733). An übermäß hoher VermBildg braucht sich der unterhberecht Eheg nach der Scheidg nicht festhalten zu lassen (Kblz FamRZ 93, 199). Als Alternative zu der künstl Herabsetzg der für UnterhZwecke zur Vfg stehden Mittel läßt sich der angem **Unterhaltsbedarf** bei günst finanz Verhältn unter ZugrdeLegg typ wirtsch Verhaltensweisen bei überdchschnittl Verhältn nach konkr Bedarfsposten **individuell bestimmen** (Hamm FamRZ 83, 924; Kblz FamRZ 85, 479 sowie 93, 199; Kln FamRZ 94, 1323 Checkliste!; ausführl mit Details auch Eschenbruch/Loy FamRZ 94, 665).

(3) Da mit der Scheidg der gemeins LebPlan der Ehel gescheitert ist, **entfallen** solche **Bedürfnisse, die 23 allein in der Lebensgemeinschaft der Ehegatten begründet** waren (Schwab FamRZ 82, 456). Unter diesem Gespkt bleiben früh großart **Geschenke** ebso außer Ansatz wie eine aufwend Gestaltg des **Urlaubs** (Ffm NJW 82, 833). Schließl wird auf die subj Selbsteinschätzg der Eheg zurückgegriffen, wie sie in der Zubillig eines konkr Unterh währd des GetrLebens dch den UnterhSchu zum Ausdr kommt (Düss NJW 82, 831).

c) **Trennungs- oder scheidungsbedingte Umstände aa) erhöhen** oder **vermindern den Bedarf 24** jedes Eheg individuell (BGH FamRZ 86, 437; Graba FamRZ 89, 572; Kalthoener/Büttner NJW 89, 2790). Zum **trennungsbedingten Mehrbedarf** Rn 39. Die am ehel Eink orientierte Bedarfsquotierg braucht also nicht dem vollen UnterhBed des Berecht (vgl § 1577 II 1, 1578 I 1) zu entspr (Hampel FamRZ 81, 853; 84, 626; 89, 113; Schwab/Borth IV 614); der trenngsbed Mehrbed ist regelmäß erst zu berücks, wenn zusätzl Mittel dafür zur Vfg stehen. Im Regelfall stellt der QuotenUnterh die Obergrenze der Belastg des Schu dar (Hbg FamRZ 92, 1308). Entfallen die Belastgen für das FamHeim (§ 1361 Rn 23), die dessen Wohnwert überstiegen, dch den Verk, haben WohnWt u Belastgen keinen Einfl mehr auf die eLV (Hamm FamRZ 90, 886). – **bb)** Zu beachten ist, daß der **eheliche Lebensstandard nach der Trennung der Eheleute in aller 25 Regel nicht wieder erreicht** wird u vielf selbst dann nicht, wenn der vorh haushführde Eheg eine Erwtätig aufnimmt (Hamm FamRZ 81, 460). Erst recht gilt dies natürl, wenn sich nach einer Doppelverdienerehe (§ 1360 Rn 10) der eine Eheg auf die KiBetreuung konzentriert od wenn Zuschüsse von Elt od NebEinnahmen wegfallen (Dieckmann FamRZ 77, 84f). **Bedeutung** hat die Feststellg des ges od vollen UnterhBed daher prakt nur für die Fälle einer meist unerwarteten Steigerg der nachehel Leistgsfähigk des UnterhSchu dch Erbsch, Berufswechsel uä. Das UnterhAufkommen verbessert sich aber auch, wenn der Umzug an den ArbOrt die vorh notw Fahrtkosten überflüss macht (BGH NJW 82, 2063). Der volle Bed ist ferner iR eig Einkfte des UnterhBerecht von Bedeutg (§ 1577). – **cc) Mehrbedarf entsteht** (Hampel 26 FamRZ 81, 851/3; 84, 621/4f) vor allem dch zusätzl Miete (BGH FamRZ 83, 886; Düss FamRZ 85, 1262/3); BetreuungsPers für gemeins Ki. Zur Änderg der SteuerKl § 1569 Rn 11. **dd)** Bedarfssteigergen wird iü 27 teilw dch bl Fortschreibg des Bed entspr der Erhöhg des Preisindex Rechng getragen (Düss FamRZ 85, 1263; Hamm FamRZ 87, 600; Luthin FamRZ 83, 1236/7 u 87, 462). IjF sind bei der BedBemessg nach der Scheidg beim UnterhSchu eingetretene EinkVerbessergen zu berücks (BGH FamRZ 87, 459; Düss FamRZ 88, 67). Iü werden bei der Beurt des Bedarfs diese Grdsätze angewendet wie bei Verminderg der Leistgsfähigk (BGH FamRZ 88, 147 m krit Anm v Hoppenz).

d) **Bildung des bereinigten Nettoeinkommens:** § 1603 Rn 6; § 1581 Rn 8. Zu berücks ist die Höhe der 28 StBelastg (§ 1569 Rn 12), bei Nichtberechenbk Verweig des UnterhSchu auf ZPO 323 (BGH NJW 82, 1986). **Berufsbedingte Aufwendungen** sind abzuziehen (§ 1603 Rn 6), u zwar neben dem ErwtätBonus

(Rn 21; Mü FamRZ **93**, 328; Düss FamRZ **94**, 1049). Nur dürfen dem Erwtätigen neben dem Bonus von ½ nicht pauschal weitere 5% belassen w (BGH FamRZ **90**, 979; NJW **90**, 2886). Auch werden LebVers-Beiträge, die der DarlTilggg für eine zahnärztl PraxEinrichtg dienen, nicht vom Eink abgezogen (Hamm FamRZ **91**, 1310). Dagg wird **Kindesunterhalt vorweg abgezogen** (zur Begrdg Bambg FamRZ **81**, 59); ebso bei nehel Ki, wenn die Unterhbelastg bereits die eLV geprägt hat (BGH NJW **87**, 1551). Das gilt auch für nach der Trenng geborene ne Ki; deren Unterh ist vom unterh-erhebl Eink vorweg abzuziehen (BGH NJW **94**, 190). Ferner auch derj vollj Ki (BGH FamRZ **90**, 979), wenn entspr Leistgsfähigk gegeben ist (BGH NJW **85**, 2713). Dagg kein Vorwegabzug für Ki aus einer späteren Ehe des UnterhSchu (BGH NJW **87**, 1551). Unterbleibt der Vorwegabzug, ist der nach Abzug des Selbsthalts für den UnterhSchu verbleibde Betr unter Berücks des RangVerh nach dem Verh der BedBeträge zw den UnterhBerecht aufzuteilen (BGH NJW **87**, 1551). Zum Vorwegabzug in Mangelfällen § 1581 Rn 13. Da in den UnterhT-ab u Richtlinien der OLG (§ 1610 Rn 4–19) der **VorsorgeUnterhalt** des III nicht enthalten ist (BGH NJW **81**, 1556), ist er, soweit geschuldet (Rn 45), ebenf vor der Quotelg vom Eink abzuziehen. Zum KrankVorsorgeUnterh Rn 42.

29   **e)** Die **Höhe der Unterhaltsrente** (vgl § 1361 Rn 46–49) kann je nach dem maßgebl eLV u dem tatsächl jetzigen Eink des UnterhPflicht über od unter dem TabMindestrichtsatz zum angem EigenBed eines UnterhBerecht liegen (BGH NJW **84**, 1537). Der Unterh des Berecht wird unter Zubilligg des Erwerbstätigen-bonus (Rn 21) errechn u beträgt damit in Abweichg vom HalbteilgsGrds grdsl ⅔ **vom anrechenbaren Nettoeinkommen des erwerbstätigen Unterhaltsschuldners** (BGH NJW **90**, 2886; FamRZ **91**, 304; and beim KiUnterh: § 1603 Rn 6), nach oben begrenzt dch den vollen Unterh (Rn 19–27). Der QuotenUnterh bleibt regelm hinter diesem zurück (BGH NJW **84**, 1238), führt in einem solchen Fall aber nicht zu einer Bedarfsminderg aS des UnterhBerecht (Ewers FamRZ **88**, 268; vgl Rn 25). Die Quotierg ist nicht zwingend (and zB KG FamRZ **87**, 283). Dem erwtät UnterhSchu muß ledigl ein der verteilgsfäh Eink maßvoll übersteigender Betr verbleiben (BGH NJW **89**, 1992), so daß die Beibehaltg des strengen Halb-teilgsGrds in diesen Fällen mit der Rspr des BGH nicht vereinb ist (zB Karlsr FamRZ **88**, 507). Der **30**   **Halbteilungsgrundsatz** (Lit: Richter FS Rebmann 1989 S 675) gilt jedoch, wenn der Erwtätigenbonus entfällt, insb also bei Pensionären u Rentnern (BGH NJW **82**, 2442; **83**, 683; Karlsr FamRZ **81**, 551). Aber auch sonst bedürfen in Fällen, in denen das Eink nicht auf Erwtätig beruht, Ausn vom Grds der Halbteilg nach der Rspr einer bes Begründg (BGH FamRZ **82**, 894; **84**, 662/4), die nicht in gesellschaftl Verpfl, wohl **31**   aber in bes Belastgen inf Krankh liegen kann (BGH NJW **84**, 2358). **Hat der Unterhaltsberechtigte ebenfalls Einkommen**, so kommt es darauf an, ob es sich um eine Doppel- od Alleinverdienerehe gehandelt hat (§ 1573 Rn 16–19). Lebt der UnterhBerecht im **Ausland**, so sind die GeldBetr maßg, die am AufenthOrt zur Aufrechterhaltg des gebührden LebStandards erfdl sind (BGH FamRZ **87**, 682; Hbg FamRZ **86**, 813; Karlsr FamRZ **87**, 1149: **Polen**; vgl auch § 1610 Rn 2).

32   **f)** Zum Versuch einer **Ehegattenunterhaltstabelle:** Ehlert FamRZ **80**, 1085; **82**, 131; **85**, 771.

33   **B. Bemessungsherabsetzung auf den angemessenen Lebensbedarf, I 2** (Lit: Hahne FamRZ **85**, 124; Diederichsen NJW **86**, 1287; Giesing FamRZ **86**, 937). Die Bemessg des UnterhAnspr nach den ehel LebVerhältn kann zeitl begrenzt u danach auf den angem LebBed abgestellt w, soweit eine zeitl unbegrenzte Bemessg n den ehel LebVerhältn unbill wäre. Mit dieser dch das UÄndG eingefügten ReduziergsMöglk hat der GesGeber der Kritik an der uU leblängl LebStandardgarantie (Dieckmann FamRZ **77**, 83; Weychardt DAV **84**, 843; Willutzki ZfJ **85**, 8 f) Rechng getragen (BT-Drucks 10/2888 S 12 u 18). Daß die Ehe gesch ist, muß sich letztl auch dahin auswirken können, daß der and Eheg sich nicht mehr in vollem Umfag auf die mit ihr verbundenen wirtsch Vorteile stützen kann. Entspr ist die Funktion von I 2 die einer **Einwendung.** Von der UnterhReduktion n I 2 sind im Ggs zu § 1573 V (vgl dort Rn 29) **sämtliche nachehelichen Unterhaltsansprüche** betroffen (BGH FamRZ **86**, 886/88: § 1572; Bosch FamRZ **84**, 1168).

34   **a) Voraussetzungen der Bedarfsbegrenzung.** Der GesGeber stellt wörtl auf dieselben Kriterien wie bei der Befristg des Arblosen- u AufstockgsUnterh ab (§ 1573 Rn 28–35): u zwar auf die Ehedauer, der die KiBetreuung wiederum gleichstehen soll, auf die Gestaltg von HaushFührg u ErwTätigk sowie nochmals, verselbständigt u mit vorrangiger Bewertg, auf die KiBetreuung. Alle diese zuzügl ggf weiterer Kriterien haben jedoch nur iR einer allg BilligkPrüfg Bedeutg. Keine Berücks findet in diesem Zushang ein **Fehlverhalten** des UnterhBerecht; hierf gilt die Regelg des § 1579 als lex specialis (BT-Drucks 10/4514 S 22; Hahne FamRZ **85**, 116; § 1579 Rn 5). Nach langer **Ehedauer** (Lit: Diederichsen FS Müller-Freienfels 1986 S 99) soll die Scheidg, wenn der and Eheg entsprechd leistgsfäh ist, nicht zu einer Senkg des LebStandards führen, auch wenn der UnterhBerecht eine LebStellg gerade erst dch die EheSchließg erlangt hat. Herabsetzg aber auch nach einer Ehe von 12 J mögl (Kln FamRZ **93**, 565). Bei nicht langer Ehedauer ist entscheid, inwieweit die Bedürftigk **ehebedingt** ist (BGH FamRZ **86**, 886/88). Auch das Alter od ein schlechter GesundhZust des Berecht, die aufopfergsvolle Pflege des UnterhSchuldn od eines seiner Angeh können f eine dauerh od längere LebStandardgarantie sprechen (BT-Drucks 10/2888 S 18f). Die Zt der **Kindesbetreuung steht der Ehedauer gleich, I 3.** Vgl § 1573 Rn 33. Zur Gestaltg von **Haushaltsführung und Erwerbstätigkeit** vgl § 1573 Rn 34.

35   **b) Bemessung der Schonfrist** nicht komplementär zur Ehedauer (BT-Drucks 10/2888 S 18). Auch keine sof Abstandn vom Maßstab der ehel LebVerhältn dch Herabsetzg der SchonFr zur 0. Eine Rolle kann die Zt spielen, die der Berecht braucht, um sich auf die Senkg des Unterh einzustellen (BGH FamRZ **86**, 886/88; Hahne FamRZ **85**, 117); aber dies kann nicht ijF den Ausschlag geben, weil sonst der Berecht die UnterhReduzierg in der Hand hätte. Die **Beweislast** für die für eine längere SchonFr sprechden Umst liegen beim Berecht.

36   **c)** Mit dem **angemessenen Lebensbedarf** als ErsMaßstab bestimmt sich die UnterhHöhe nicht mehr nach der LebStellg des Berecht innerh der Ehe, sond allein nach seiner eig eheunabhäng LebStellg. Allerd auch dies wiederum nur insof, als sie unterhalb der LebStellg innerh der Ehe geblieben ist; Verbessergen der eig LebStellg über die ehel LebVerhältn hinaus führen nicht etwa zu einer Anhebg des vom and Eheg geschuldeten Unterh. Die Bemessg des Unterh nach den ehel LebVerhältn bleibt insof stets die oberste Grenze (Hahne FamRZ 85, 116). Die Situation ist derj der Reduzierg des VolljUnterh auf den bloßen AusbildgsUnterh vglbar (§ 1610 Rn 38). Doch im Ggs zu diesem fehlen für den LebAbschnitt des Unterh-Berecht nach Absehen von den ehel LebVerhältn verallgfäh obj AnknüpfgsPkte. In der Tat sollten denn auch nach dem Willen des GesGebers die Nachteile eines festen ErsMaßstabes vermieden u es sollte der Ger ermögl w, „die dem Einzelfall gerecht werdende BemessgsGrdLage auszuwählen" (BT-Drucks 10/4514 S 22). Mit den Worten „angem LebBed" sollte darauf hingew w, daß der Berecht nach der zeitl Begrenzg mehr als das Existenzminimum, also mehr als den notw Unterh, beanspr kann (aaO). In vielen Fällen wird dem Berecht nach der ÜbergangsZt derj LebStandard zuzumuten sein, der seinem LebStandard vor der Ehe entspr. Gewährleistet der zugebilligte ElementarUnterh ohneh schon nur das ExistMinimum, kommt eine Herabsetzg des Kr- u AltVorsorgeUnterh in Betr (BGH FamRZ 89, 483/6f). Jedenf dürfte es idR nicht angem sein, den vorehel LebStdd zu unterschreiten (BGH FamRZ 86, 886/89). In and Fällen wird sich die LebStellg als AnknüpfgsPkt anbieten, die der Berecht ohne die Ehe hätte, was den Ausgl ehebedingter Nachteile gewährleisten würde. Zum **Mindestbedarf** als Untergrenze vgl Rn 3; § 1581 Rn 26.

d) Verfahrensrecht: Über die BedBefristg ist grdsl zus mit dem UnterhAnspr zu entsch. Denn die Grde, **37** die für eine zeitl Begrenzg sprechen (wie eine nicht lange Ehedauer, Kinderlosigk, nicht ehebdgte Bedürf-tigk usw) werden regelm bereits im ersten UnterhProz vorliegen u bekannt sein. Zum ProzKostenRisiko u entsprecher AntrGestaltg: Christl FamRZ 86, 627). Ist ohne BedBefristg entsch w, so kommt nur eine AbändKl in Betr, in deren Rahmen Umstde des § 1578 I 2 u 3 BGB nF aber nur berücks w können, wenn sie nach Schluß der mündl Verh od nach den dieser gleichgestellten Ztpkten entstanden sind (BT-Drucks 10/4514 S 22; Hahne FamRZ 85, 117). Dasselbe gilt für die Fälle erfolgter UnterhBefristg, wenn sich die hierf vom Ger zugrde gelegten Umst (zB die KiBetreuung) wesentl geänd haben. Kann der Berecht nach der ÜbergFr seinen (herabgesetzten) angem Bed aus eig Einkften voll bestreiten, so ist der UnterhTitel von vornh zu befr (oder später iW der VollstrAbwehrKl (ZPO 767) zu beseitigen.

3) Der Unterh umfaßt den **gesamten Lebensbedarf, I 4:** Nur noch den des gesch Eheg, nicht denj **38** gemschaftlicher Kinder, der sich nach § 1610 II selbstd entwickelt, auch wenn der gesch Eheg das Kind gem § 1570 betreut; dieser ist vielm nach §§ 1626 II, 1671 geltd zu machen; wg Geltdmachg vor Entsch ü elterl Sorge § 1629 Rn 18. Zum Umfang des EhegLebBedarfs vgl § 1360a Rn 3, 4; zur Befriedigg persönl Bedürf-nisse § 1361 mAnm sowie § 1610. Der Eheg muß sich Einkfte u Verm im Umf von § 1577 anrechnen lassen. Zum Unterh gehört der gesamte LebBedarf, also auch evtl Mehr- u Sonderbedarf (vgl § 1361 Rn 45). **Trennungsbedingter Mehrbedarf** (Rn 24; Lit: Spangenberg u Gleixner FamRZ 91, 269 u 1011) ist konkr **39** darzulegen (BGH NJW 82, 1873; 90, 1477 u 3020; Saarbr FamRZ 85, 478 mit ZusStellg der in Fr kommden Posten), u zwar sowohl beim Berecht (BGH NJW-RR 90, 578) als auch beim Verpfl (BGH FamRZ 90, 979). Einer Schätzg dch das Ger gem ZPO 287, von dem „großzüg Gebrauch" gemacht w kann (BGH NJW 95, 963/64), müssen aber doch ijF konkr Darleggen zGrde liegen (BGH NJW 91, 1290); pauschalierte Zuschläge od Herabsetzgen der Anteilsquote sind unzul (BGH NJW 90, 1477; NJW-RR 90, 578). MehrBed wird nur berücks, soweit er iR der eLV angem ist: notw Kurkosten bei dauerndem Leiden (RG JW 11, 155); auch wenn die Krankh dch gr Fahrlk zB inf Unfalls verursacht ist; und bei Mutwillen: § 1579 Rn 17ff. LebBedarf ferner Unterh zZw der Ausbildg (§ 1575) sowie die Kosten dafür (II).

a) Der UnterhAnspr umfaßt auch **Sonderbedarf** (Begr § 1613 Rn 10; vgl ü § 1361 Rn 50), wie Umzugs- **40** kosten zZw der Aufn einer ErwTätigk (vgl § 1361 Rn 29; dagg keinen **Prozeßkostenvorschuß 41** (BGH **89,** 33); auch nicht Rücklagen für das Alter (RG **152,** 359), vgl insof jedoch III u §§ 1587ff.

b) Geschuldet werden ferner die Kosten einer Schul- od Berufs**Ausbildung,** einer Fortbildg od Um- **42** schulg, II (AG Mannh FamRZ 80, 690: verfassgswidr), gleichgült, ob die Ausbildg von dem gesch Eheg (§ 1575) od vom UnterhVerpfl selbst (§ 1574 III) verlangt w od ob sie neben den HindergsGrden für eine eig ErwTätigk des berecht Eheg (§§ 1570ff) herläuft.

c) Krankenversicherungsunterhalt (KrU), II. Zum LebBedarf gehören auch die in der ⅗-Quote nicht **43** enthaltenen (Düss FamRZ **82,** 610) u daher vor deren Anwendg (u zwar auch iR der Differenzmethode) abzuziehen (BGH NJW 83, 1552) ijF zweckgebundenen Kosten für eine angem **KrVers** (§ 1361 Rn 54). Unzul ist Kl auf Zahlg von unbest Betr zur Abdeckg des KrankhRisikos (Kln FamRZ 86, 577). Auszahlg des KrU grdsl an den UnterhGl (BGH NJW 83, 1552). **Höhe** (Lit: Husheer FamRZ 91, 264; Leopold BB 94, 1151 DurchschnBeitr über 12,15%): Grdsl besteht ein Anspr auf Fortsetzg der KrVers aus der Ehe; der Berecht braucht sich nicht auf die jew kostgünstigste Vers verweisen zu lassen (Husheer FamRZ 91, 264). Für die Frau eines Beamt ist eine auch den Wegfall der Beihilfe ausgleichende priv KrVers angem (BGH NJW 83, 1552), die uU mehr als die Hälfte des ElementarUnterh ausmacht (BGH FamRZ 89, 483). Im Rahmen der gesetzl KrVers erlischt mit rechtskr Scheidg die FamVers; dem unterhberecht gesch Eheg bleibt aber ein R zur **freiwilligen Weiterversicherung,** wobei der Beitritt der KrKasse innerh einer **Ausschlußfrist** v 3 Mo nach Rkraft der Scheidg angezeigt werden muß (SGB V 9 I 2 u II, 10, 188; bis 31. 12. 88 gem RVO 176b: 1 Mo). Auf diese Möglk muß der RA seinen Mandanten hinweisen (Hamm NJW 88, 2383). Die BeitrHöhe richtet sich gem SGB V 240, 241, 250 II nach einem je nach VersTr wechselnden Prozentsatz der Einn aus UnterhZahlg (zB Hamm FamRZ **82,** 172). Fiktive Deckg des KrUBed: § 1577 Rn 4.

d) Pflegevorsorgeunterhalt (Lit: Gutdeutsch FamRZ **94,** 878) ist aGrd des am 1. 1. 95 in Kr getretenen **44** PflegeVersG neuart, sich nach den Regeln des KrU richter Bed (Rn 43). Der BeitrSatz betr 1%, ab 1. 7. 96 1,7%. Wg Einzelh s Gutdeutsch aaO.

e) AltersVorsorgeunterhalt (VU), III (Lit: Hampel FamRZ **79,** 249; Gröning FamRZ **82,** 459; **83,** 331; **45 84,** 736; Jacob FamRZ **88,** 997; Christl/Sprinz FamRZ **89,** 347; Gutdeutsch FamRZ **89,** 451; Kl Chr Maier, Der VU, 1993, sowie FamRZ **92,** 1259; v Maydell, FS Gernhuber 1993, 725).

aa) Begriff. Als VU sind zum LebBedarf des UnterhBerecht die Kosten einer angem Alters- u Berufs- **46** bzw ErwUnfähigkVers hinzuzurechnen. Der VU soll im Ergebn die dch den VA geschaffene VersorggsLa-ge ergänzen; im Umfang knüpft er jedoch nicht an § 1587 II, sond als Unterh an die ehel LebVerhältn an

(BGH NJW **81**, 2192). Der VU ist ein zusätzl, in der ³/₇-Quote nicht enthaltener Teil des ges LebBedarfs (BGH FamRZ **82**, 781).

47   **bb) Zweck:** Wird der gesch Eheg nach der Scheidg wieder erwtät, kann er auf den ihm im VA (§§ 1587ff) übertragenen VersorggsAnrechten aufbauen u seine Versorgg dch eig Beitr erhöhen. Übt er aber eine ErwTätigk nicht aus, würde eine Lücke in seiner „soz Biographie" entstehen. Um dies zu vermeiden, verpfl III den leistgsfäh Eheg, dem UnterhBerecht auch die Beitr zu zahlen, die dieser für eine angem Alters- u Invaliditätsvorsorge braucht (BT-Drucks 7/650 S 136). Da der VA die EheZt nach Rhängigk des ScheidgsAntr nicht mehr berücks (§ 1587 II), besteht ein Anspr auf VU ab diesem Ztpkt auch bereits bei **Getrenntleben** (§ 1361 I 2; dort Rn 55).

48   **cc)** Der VU ist nach allg Meing **verfassungskonform** (BGH NJW **81**, 1556; **83**, 1547; ausführl Maier S. 47ff; aA Mannh FamRZ **80**, 690; **82**, 1088). Doch bestehen insow Bedenken, als bei ZugrdeLegg der gewöhnl BerechngsPrinzipien regelmäß nicht einmal der HalbteilgsGrds eingehalten werden kann (Verhältnismäßigk) u weil innerh der Ehe eine Verpfl zum Aufbau einer Altersvorsorg für den Eheg nicht besteht, außerdem der VU in den meisten Fällen an der fehlden LeistgsFähigk scheitert (Gleichh).

49   **dd) Form** der Alters- u Invaliditätsvorsorge nicht notw die ges RentVers, sond priv VorsorgeMöglk etwa, wenn der geschuldete VU hinter der MindBeitrHöhe (RVO 1387 I, 1388; AVG 114 I, 115 I) zurückbleibt, so daß nur eine HöherVers mögl wäre (RVO 1234; AVG 11); oder wenn die Vorsorge bereits iW einer priv Kapital- od RentVers begonnen wurde (BGH FamRZ **81**, 442/3).

50   **ee) Rang.** Trotz einheitl Beurt der LeistgsFähigk (BGH NJW **82**, 2438) kommt dem ElementarUnterh ggü dem VU Vorrang zu (BGH FamRZ **81**, 442), so daß er eine entspr zusätzl LeistgsFähigk des Unterh-Schuldn voraussetzt (Rn 51). Da somit in Mangelfallen der ElementarUnterh vorgeht u die Zubilligg von VU idR den laufden Unterh verkürzt (Rn 53–57), kann VU in der Praxis meistens überh nicht geltd gemacht werden.

51   **ff) Voraussetzungen.** Die allg Erfordern der UnterhPfl müssen erfüllt sein. **Leistungsfähigkeit:** VU schuldet ggf auch, wer selbst bereits Rente bezieht (Kblz FamRZ **89**, 59). Doch muß der MindBed des Verpfl gedeckt sein (Düss FamRZ **81**, 671). Der Schu ist nicht mehr leistgsfäh, wenn er neben dem ElementarUnterh VU nur unter Gefährdg der BilligSelbstBeh (§ 1581 Rn 23) aufbringen könnte (and 52 Rahm/Stollenwerk IV 543.2; Bambg FamRZ **82**, 389: angem Selbstbeh). **Bedürftigkeit:** Bei einer LebZt-Beamtin reicht die Mögk einer Einbuße dch Beurlaubg wg KiBetreuung (Kln FamRZ **87**, 1257). Ferner kein Ausschl von VU, wenn die Versorgg des UnterhSchu in Mietshäusern besteht, an denen der UnterhGl unterh-rechtl partizipiert (Mü FamRZ **83**, 925). VU auch iFv §§ 1571, 1572, da der VersorgAltersbegriff mit der Altersgrenze der gesetzl RentVers nicht ident zu sein braucht (BT-Drucks 7/650 S 137). Problemat ist es wohl, daß sich der UnterhBerecht eine Altersvorsorge aus unzumutb ErwTätigk auch nur iRv § 1577 II anrechnen lassen muß (so BGH FamRZ **88**, 145 mAv Hoppenz). An der Vorsorgebedürftigk soll es ferner erst dann fehlen, wenn für den UnterhGl eine Altersversorgg zu erwarten ist, die diej des UnterhSchu erreicht (BGH FamRZ **81**, 442/5; **88**, 1145/7f); dies widerspr dem Ausgangsprinzip eheunabhäng, allein unterhbezogener Höhe des VU. **Dauer:** VU wird so lange geschuldet, wie auch der UnterhBerecht dch ErwTätigk AltVorsorge getroff hätte (Ffm FamRZ **90**, 1363: längstens 65 J).

53   **gg) Höhe des Vorsorgeunterhalts.** Der VU ist nicht an dem den ehel LebVerhältn (§ 1578 I 1) entspr LebBedarf des UnterhBerecht im Alter od bei Invalidität auszurichten, sond bemißt sich nach dem ElementarUnterh, der dem Berecht zusteht (BGH NJW **81**, 2192). Es gibt **verschiedene Berechnungsmodelle.**

54   α) Eine einstuf Berechng ist mögl, wenn der UnterhSchu den VU ohne Beeinträchtigg seiner eig eheangem Bedürfn aufbringen k (Mü FamRZ **94**, 1459). Am verbreitetsten ist die **Berechnung in zwei Stufen** (BGH NJW **81**, 1566; FamRZ **82**, 781). Zuerst wird der ElementarUnterh, wie er oRücks auf den VU zu zahlen wäre (Rn 29–31), aS des UnterhGl wie NettoEink aus vers-pflicht ErwTätigk behandelt u dch Hinzurechnen von Lohnsteuer u ArbNAnteil der SozAbgaben, aber ohne KrankenVers (BGH NJW **83**, 2937; dazu Gutdeutsch FamRZ **89**, 453), zu einem fikt BruttoEink hochgerechnet. Die Umrechng läßt sich entspr der Nettolohnveinbgen betr Regelg von SGB IV § 14 od einf mit Hilfe der vom OLG Brem entwickelten u von Gutdeutsch/Hampel (FamRZ **92**, 2684 = FamRZ **92**, 1028) fortgeführten **Bremer Tabelle** vornehmen (NJW **94**, 237 = FamRZ **94**, 83; Stand: 1. 1. u 1. 7. 94; NJW **95**, 645f = FamRZ **95**, 146f = DAV **95**, 66ff Stand: 1. 1. 95; früh Tab: 53. Aufl). Dieses Verf beherrscht die Praxis (Kalthoener/Büttner Rdn 313) u wird auch vom BGH gebilligt (BGH FamRZ **82**, 255; 465 u 1187; **83**, 888; **85**, 471). Auf das fikt BruttoEink wendet man nunmehr den jeweil BeitrSatz der gesetzl RentVers (seit 1. 1. 87: 18,7%) an u stellt so den VU fest. Auf der 2. Stufe wird der VU vom NettoEink des UnterhSchu abgezogen u mit der ³/₇-Quote der endgült ElementarUnterh des Berecht bestimmt. Erst auf dieser Stufe erfolgt auch die Direktabzug mietfreien Wohnens aS des UnterhBerecht, so daß letzteres die Höhe des VU nicht beeinflußt (Mü FamRZ **87**, 169). Bei überdurchschnittl Eink des UnterhPfl entfällt die 2. Stufe; es verbleibt somit beim ursprüngl errechneten ElementarUnterh, wenn der Berecht nicht mehr als die Hälfte des zu verteilden Eink des UnterhSchu erh (BGH FamRZ **82**, 1187; **88**, 1145/8; Joh/Henr/Voelskow § 1361 Rdn 51). Ist der GrdUnterh anderweit, also vor allem iRv **Differenzunterhalt** (Düss FamRZ **83**, 400; krit zur Berechng Luthin FamRZ **83**, 929), inf der Zurechng einer tatsächl nicht ausgeübten ErwTätigk (BGH NJW **82**, 1873) od dch ein eheähnl Verhältn gedeckt (§ 1577 Rn 5; § 1579 Rn 38), so ist der VU auf der GrdLage des tatsächl geschuldeten Teils des ElementarUnterh zu berechnen (BGH NJW **82**, 1987). Der UnterhBerecht muß dann einen Teil des VU selbst aufbringen (BGH NJW **82**, 1873). Umgek muß der UnterhSchu auf den AufstockgsUnterh zusätzl VU zahlen (Ffm FamRZ **84**, 487). Errechnet sich der DifferenzUnterh gem § 1573 II nach der AnrechngsMethode, weil die Ehefr währd der Ehe nicht erwtät war, so ist der GesamtUnterh dadch zu berechnen, daß die Differenz zw ElementarUnterh u Eigenverdienst des UnterhGl mit derj aus dem VU vom ElementarUnterh u vom EigVerdienst addiert wird (KG FamRZ **82**, 1021).

55   β) Abzuwarten bleibt, ob sich anstelle der BremTab die Berechng anhand einer **mathematischen Formel** (Jacob FamRZ **88**, 997) dchsetzt. Diese ist im Prinzip richtiger, weil sie ohne den störenden Ansatz

zweier unterschiedl NettoEinkBetr auskommt u damit zu hohe VU-Betr vermeidet; anderers bedarf auch sie verschied Modifiziergen (Gutdeutsch FamRZ **89**, 451; Rahm/Stollenwerk IV S 281 Fußn 16). Die einstuf Berechngsweise kann etwa iF einer BedKürzg dch nichtprägde, also anzurechnde EinKfte stattfinden (Mü FamRZ **92**, 1310).

γ) Die bish BerechngsVerf sind unnöt kompliz. Weg des zusätzl VorsBed sind die VU-Fälle regelm **56** Mangelf u somit nach § 1581 zu beurt. Die Ermittlg des genauen RentVersBeitr ist desh entbehrl. Stattdessen ist Richtschnur die Verteilg des NettoEink die Billigk. Ausgehend von der Wertg, die Gesamtbelastg des UnterhSchu nicht über ½ seines NettoEink steigen zu lassen, hat Maier (Rn 45) einen **einfachen Schlüssel** zur Verteilg des nach Abzug des KrankenVersUnterh (KrU) verbleib Eink entwickelt: ElementarUnterh: 40%, Eigenanteil des UnterhSchu: 53%, VU: 7%. Der KrU kann dabei genau passend nach folgder Formel (im einz dazu Maier aaO) berechnet w (N: NettoEink, S: VersSatz): KrU = N: (2,5 : S + 1).

hh) Zweckbindung. Beim VU handelt es sich um zweckgebundene UnterhBestandteile (BGH NJW **82**, **57** 1983). Der UnterhSchu kann Nachw verlangen, daß VersBeitr abgeführt werden. Aber keine Verurt zur Leistg an den SozVersTr gg den Willen des UnterhBerecht (BGH NJW **83**, 1547). Wird der VU aGrd eines Titels an den UnterhGl gezahlt u von diesem zweckwidr verwendet, kann Zahlg unmittelb an den VersTr nur mit der AbändKl geltd gemacht werden (BGH NJW **87**, 2229). Dagg kein Wegfall der UnterhPfl od Anspr aus § 812 (Hamm FamRZ **91**, 1056). Verwendet der UnterhGl den VU zweckwidr, wird der UnterhSchu insow später frei (BGH FamRZ **82**, 1187/89; Karlsr FamRZ **78**, 501; and BGH FamRZ **87**, 684/ 1130 m zu Recht krit Anm v Weychardt: ledigl § 1579 Z 3). Art u Weise der Vorsorge (ges RentVers, priv LebVers) bestimmt der UnterhGl selbst (BGH FamRZ **83**, 152/3 f). Doch muß er sich innerh der Zweckbindg halten; also keine Tilgg v Annuitäten zum Erw v ImmobilienVerm (Ffm FamRZ **90**, 414; and Düss NJW **82**, 831 im Sondfall günst wirtsch Verh u einem kurz vor der Altersgrenze stehden UnterhBerecht). Allerd gilt auch hierbei das Erfordern der Eheangemessenh. Für die spätere UnterhBedürftigk braucht die zweckwidr Verwendg des VU nicht kausal geworden zu sein, zB wenn die priv LebVers das Invaliditätsrisiko von vornherein nicht gedeckt hätte (BGH FamRZ **87**, 684/6); dann ggf § 1579 Z 3 (dort Rn 17).

ii) Verfahrensrecht. Der UnterhGl kann Elementar- u VU in getrennten Verf geltd machen (BGH FamRZ **58** **82**, 1187). Zur Geltdmachg reicht Nachw der Vorsorgebedürftigk aus, Substantiierg hins der VersorggsArt nicht erfdl (BGH NJW **82**, 1986). Hins des Verhältn von Elementar- und VU Bindg wed an den Antr (BGH FamRZ **89**, 485; Kblz FamRZ **89**, 59) noch an ein Anerk (BGH NJW **85**, 2713/6). Der VU ist im Urt selbständ zu **tenorieren** (BGH FamRZ **81**, 442; NJW **82**, 1986). Wurde der VU in einem rechtskr abgeschlossenen UnterhProz od in einem UnterhVergl nicht berücks, dann mangels im Vorbehalts im ErstProz nur AbändKl mögl (BGH **94**, 145; Zweibr FamRZ **81**, 675; Auswirkgen: Gröning FamRZ **84**, 736; Brüchert FamRZ **85**, 235); für die Zulässigk einer nachträgl Kl bestehen erhebl Anfdgen (vgl Karlsr NJW **95**, 2795). Aber unabh von ZPO 323 NachFdg v VU, wenn zuvor Unterh nur über freiw gezahlte Betr hinaus tenoriert w ist (BGH NJW **91**, 429).

1578a Deckungsvermutung bei Sozialleistungen. Für Aufwendungen infolge eines Körper- oder Gesundheitsschadens gilt § 1610a.

Vgl die Kommentierg bei § 1610a. Das nach BSHG 69 III, IV gezahlte PflegeG anläßl der Betr eines **1** schwerbehind Ki ist auf den UnterhBed des betreuenden gesch Eheg anzurechn (Hbg FamRZ **92**, 444).

1579 *Ausschluß des Unterhaltsanspruchs bei grober Unbilligkeit.* **Ein Unterhaltsanspruch ist zu versagen, herabzusetzen oder zeitlich zu begrenzen, soweit die Inanspruchnahme des Verpflichteten auch unter Wahrung der Belange eines dem Berechtigten zur Pflege oder Erziehung anvertrauten gemeinschaftlichen Kindes grob unbillig wäre, weil**

1. **die Ehe von kurzer Dauer war; der Ehedauer steht die Zeit gleich, in welcher der Berechtigte wegen der Pflege oder Erziehung eines gemeinschaftlichen Kindes nach § 1570 Unterhalt verlangen konnte,**
2. **der Berechtigte sich eines Verbrechens oder eines schweren vorsätzlichen Vergehens gegen den Verpflichteten oder einen nahen Angehörigen des Verpflichteten schuldig gemacht hat,**
3. **der Berechtigte seine Bedürftigkeit mutwillig herbeigeführt hat,**
4. **der Berechtigte sich über schwerwiegende Vermögensinteressen des Verpflichteten mutwillig hinweggesetzt hat,**
5. **der Berechtigte vor der Trennung längere Zeit hindurch seine Pflicht, zum Familienunterhalt beizutragen, gröblich verletzt hat,**
6. **dem Berechtigten ein offensichtlich schwerwiegendes, eindeutig bei ihm liegendes Fehlverhalten gegen den Verpflichteten zur Last fällt oder**
7. **ein anderer Grund vorliegt, der ebenso schwer wiegt wie die in den Nummern 1 bis 6 aufgeführten Gründe.**

1) Negative Härteklausel im Unterhaltsrecht im Ggs zur pos BilligkKlausel des § 1576, die einen **1** UnterhAnspr aus BilligkRücks begründet (§ 1576 Rn 5). Fassg: UÄndG 1986, bei dem leider nicht der gesgeberische Mut aufgebracht w ist, die **Konkubinatsfälle** u ihre unterhrechtl Konsequenzen zu vereinheitl (vgl jetzt: § 1577 Rn 5 sowie § 1579 Rn 15, 26, 27 u 38, 39). **Anwendungsbereich:** Die für den nachehel Unterh konzipierte Vorschr gilt, mit Ausn von Z 1, auch für den GetrLebdenUnterh (§ 1361 III); dagg nicht für UnterhAnspr aus AltScheidgen nach EheG 58 I (BGH FamRZ **85**, 1016: kurze Ehedauer). In seinem Bereich ist EheG 26 II lex specialis (Hamm FamRZ **87**, 947). Die Vorschr gilt auch f Steuerrerstattgs-Anspr des unterhberecht Eheg (AG Gr-Gerau FamRZ **91**, 1202 zweifelh!).

a) Zweck: Die Härteklausel greift dort ein, wo die ZumutbarkGrenze eines schuldunabhäng Unterh- **2** Anspr überschritten ist, u gewährleistet damit die Verfassgsmäßig eines grdsl schuldunabhäng UnterhR

(Häberle FamRZ **86**, 311); UnterhAnspr werden desh in schwerwiegden Fällen ausgeschl od begrenzt. Obwohl schon mit § 1579 aF nicht das Schuldprinzip wieder aufleben sollte (BT-Drucks 7/4361 S 32), hat das UÄndG 1986 die auf der Grdlage der früh Z 4 (jetzt gleichlautd: Z 7) ergangene Rspr in den neuen Z 4–6 gesetzl positiviert (BT-Drucks 10/2888 S 12). Die „neuen" AusschlGrde der Z 4–6 sollen nur verdeutl, daß auch and Formen des FehlVerh als die ehel Untreue ansprmindernd wirken können (BT-Drucks 10/4514 S 20). Gleichzeit ist der vom BVerfG NJW **81**, 1771 gem GG 2 I für verfassgswidr erklärte II aF, wodch die UnterhAusschlGrde des früh I dch die bl Tats der Kindesbetreuung schlechthin neutralisiert wurden, in der Formel von der Wahrg der Kindesbelange aufgegangen.

3   **b) Inhalt:** Keine schemat Begrenzg der UnterhPfl auf notdürft Unterh od Beschneiden der UnterhAnspr hins grob verschuldeten MehrBed (EheG 65 aF) bzw schlechthin Verwirkg bei unsittl LebWandel (EheG 66 aF), sond Anpassg der UnterhVerpfl an die Umst des Einzelfalles. Der UnterhAnspr wird bei Vorliegen eines der GrdTatbestde der §§ 1571–1573, 1575 in sieben Fällen ausgeschl bzw umfangmäß ud zeitl verkürzt. Die Z 1–5 betr Umst bis zur Scheidg; die übr Z können auch dch Umst nach Trenng u Scheidg verwirklicht w (vgl allerd auch Rn 22).

4   **c)** In der **Rechtsfolge** (Rn 43–46) können die AusschlTatbestde als rechtsvernichtde Einwendg (BGH NJW **91**, 1290/91) zum gänzl Ausschl, zu einer bl Mindergr od zeitl Begrenzg des UnterhAnspr führen. Doch stehen die UnterhEinwände v vornh unter den zwei Einschränkgen, daß die negat wirkden Umst die UnterhGewährg insges grob unbill erscheinen lassen müssen u daß sie nicht dch die Kindesbelange kompensiert w. Der gesch Eheg kann sich iFv § 1579 auch nicht an seine Verwandten halten (§ 1611 III analog).

5   **d) Konkurrenzen:** UnterhBegrenzgen können sich neben § 1579 auch aus der Verletzg von Unterh-Obliegenh ergeben (§ 1574 Rn 2, § 1577 Rn 4), wie aus der mangelden Leistgsfähigk des UnterhSchuldn (§ 1581 Rn 5). Hierbei handelt es sich um nicht mit § 1579 konkurrierde Tatbestde. In der RFolge konkurrieren aber die §§ 1573 V, 1578 I 2 (vgl § 1573 Rn 28 u § 1578 Rn 33) mit denj aus § 1579. Obwohl auch dort BilligkEntscheidgn u obendrein auch unter denselben BilligkKriterien zu treffen sind u die RFolgen in sämtl Vorschr zT ident sind, findet ein Fehlverhalten des UnterhBerecht ausschl irV § 1579 Berücks. Zul, aber wenig vernünft ist die Kombination sämtl Vorschr; idR führt bereits die Anwendg von § 1579 zu den vom FamG für erfdl gehaltenen UmterhBeschränkgen.

6   **e) Beweispflichtig** für das Vorliegen der KlauselTatbestde ist der UnterhSchuldn (vgl im einz bei den versch Ziff) einschl der negat Tats eines eig Nichtverschuldens in Z 6 (vgl in Rn 34). Für die Kindeswohlbelange ist dagg der Berecht beweispfl. Im Verf auf Erl einer einstw Vfg muß der AntrSt den Anspr glaubh machen u damit die von dem AntrGegn vorgetragenen Voraussetzgen f eine UnterhReduktion ausräumen (Düss FamRZ **80**, 157: Sitzenlassen des Ehem mit 2 kl Ki). Zur KlArt: Einf 15 v § 1569. Zum **Prozeßkostenrisiko:** Christl FamRZ **86**, 627. **Detektivkosten** gehen ggf zL des Berecht (StgtFamRZ **89**, 888).

7   **f)** Zum **Übergangsrecht** vgl Einf 10–12 v § 1564 sowie Einf 18–26 v § 1569. Wg Ausschl des Unterh bei selbstverschuldeter Bedürftigk u Verwirkg bei Altehen: 35. Aufl sowie EheG 65, 66. Grdsätzl spielt es keine Rolle, ob die unterhaltsschmälernden Tatbestde des § 1579 bereits vor dem 1. 7. 77 bzw vor dem 1. 4. 86 verwirkl w sind (Brüggemann FamRZ **77**, 584). § 1579 ist ab 1. 4. 86 idF des **UÄndG** anzuwenden. Doch ist dabei zu berücks, daß auch bereits nach der aF sämtl RFolgen (Versagg, Herabsetzg u zeitl Begrenzg) mögl waren (45. Aufl Anm 3a). Soweit im Anschl an BGH NJW **83**, 1548 vor Inkrafttr des UÄndG der UnterhRStreit in „bes schweren Härtefällen" **ausgesetzt** w mußte, sind die Verf jetzt auf der Grdl der neuen Regelg abzuschl. Kommt das FamG nur zur Herabsetzg od zeitl Begrenzg des Unterh, können erhebl Rückstde aufgelaufen sein (Weychardt DAV **84**, 848). Abgesehen v den Fällen besond Härte ist auf vor dem 1. 4. 86 liegende Umst § 1579 aF anzuwenden (BGH NJW **88**, 2376).

8   **2) Die Billigkeitsprüfung:** Die Bestimmg macht den Ausschl des UnterhAnspr davon abhäng, daß auf der WirklichkEbene obj Sachverhalte wie kurze Ehedauer, vorsätzl Delikte usw gegeben sind u daß um dieser Tatbestde willen die Inanspruchn des UnterhVerpfl auf der WertgsEbene grob unbill wäre.

9   **a) Grobe Unbilligkeit** verlangt AusnSachverh; § 1579 darf nicht dazu führen, die gesetzl UnterhGrdRegelg in ihr GgTeil zu verkehren (BGH NJW **80**, 2247). Dagg setzt der Tatbestd nicht voraus, daß der Berecht in der Lage ist, seinen Unterh auch nur zu Teilen selbst zu verdienen, sond die Härteklausel auch eingreift, wenn der bedürft Eheg der SozHilfe anheimfällt. Grobe Unbilligk aber um so eher zu bejahen, je besser die Chancen des dem Grde nach UnterhBerecht sind, für sich selbst aufzukommen, mag das auch nur der notdürft Unterh sein. Das Gesetz zählt in § 1579 nur die unterhbeschränkenden Umstde auf; ijF ist aber eine **Abwägung erforderlich**, die auch die zG des UnterhAnspr sprechenden Momente berücks, so daß zB die kurze Ehedauer in gewissem Umfang kompensiert w kann dch den Verlust eines UnterhAnspr gem EheG 58 inf der Eheschl (aber nicht, wenn der UnterhTitel ohneh nichts mehr wert war; BGH FamRZ **89**, 483/6) od sonst mit der Ehe verbund Nachteile (Hamm FamRZ **80**, 258). Als verschuldensneutralisiert sind das Großziehen mehrerer Ki u eine längere Ehedauer zu berücks (BGH NJW **81**, 754; **86**, 723 f; GgBsp: AG Weilburg NJW-RR **95**, 3). Mehrf Ehebrüche 3 J nach Eheschl, die erst im ScheidgsVerf bekannt geworden sind, können dch eine insges 17 J dauernde Ehe kompensiert w (Düss FamRZ **86**, 62). Ob u inwieweit die Inanspruchn gem § 1579 grob unbill wäre, ist in erster Linie Sache des **Tatrichters** (BGH NJW **84**, 2693).

10   **b) Wahrung der Kindesbelange** (Lit: Henrich FamRZ **86**, 401). **a)** Im Rahmen der Abwägg finden bes Berücks die Belange eines dem UnterhBerecht anvertrauten gemschaftl Kindes. Im Ggs zu § 1579 II aF, dch den die Tats der KiBetreuung auch stärkste UnterhAusschlGrde neutralisierte u jeweils den Anspr auf den vollen Unterh wiederherstellte, was dch den BVerfG NJW **81**, 1771 für Fälle besonderer Härte für verfassgswidr erkl w war, stellt die KiBetreuung nach der nF des § 1579 nur ein, allerd mit Vorrang zu behandelndes Moment in der BilligkGesamtabwägg dar. Fälle, in denen trotz KiBetreuung dch den unterhbedürft EltT eine UnterhReduktion in Betr kommt, liegen vor allem vor bei Abhaltg von einer berecht EhelichkAnfechtgsKl (BGH NJW **85**, 428); bei Ausbrechen aus einer völlig intakten Ehe (Zweibr FamRZ **85**, 186); wenn die von einem ReduktionsGrd des § 1579 belastete Mutter von der Betreuung des Ki weitgehd dch die

GroßElt entlastet w (BGH NJW **83**, 1552). Jegl Beschneidg nachehel UnterhAnspr aus BilligkGrden setzt voraus, daß dies unter Wahrg der KiBelange geschehen kann. Mit der Ersetzg des noch im RegEntwurf vorgesehenen Ausdrucks „Berücksichtigg" dch „Wahrg" soll der **Vorrang der Kindesbelange** ggü den Interessen der UnterhPflicht gewährleistet w (BT-Drucks 10/4514 S 20). Daher keine Versagg von Unterh mit der Begrdg, die unterhbedürft Mutter bekäme dann ohneh SozH (BGH NJW **90**, 253). Ferner keine Herabsetzg der UnterhFdg, wenn die ernsth Gefahr besteht, daß die Kl zur Deckg ihres eig Existenzmini-mums den Unterh der Ki mit einsetzt (Düss FamRZ **86**, 912) od wenn der neue LebPartnr zur Deckg des MindBed nicht in der Lage ist (Hamm FamRZ **93**, 1450). Dagg schließen die KiBelange in keinem Fall die Anwendg v Nr 1–7 schlechthin aus. Versagg des nachehel Unterh also auch m Rücks auf eine sozio-ökonom Gemsch (Hamm FamRZ **92**, 956; vgl Rn 39). **b)** Es muß sich um ein **gemeinschaftliches Kind** handeln. **11** Ein unstr von einem Dr gezeugtes Kind ist nicht gemschaftl (Hamm FamRZ **81**, 257; Celle FamRZ **81**, 268; aA Kln FamRZ **81**, 553 wg § 1593). Das Kind muß dem Unterh beanspruchenden EltT **anvertraut** sein, was eine Absprache bzw das Einverständn der Elt od eine entsprechde SorgeRRegelg dch das FamG voraussetzt. Verhindert werden soll damit vor allem, daß sich ein Eheg dch Usurpation der Kinder UnterhAnspr gg den and Eheg sichert (BVerfG NJW **81**, 1771; Beschl NJW **80**, 1686/88; Hamm NJW **81**, 59; Diederichsen NJW **80**, 1674). **c) Abwägung.** Im Einzelfall kann problemat sein, **in welcher Höhe und bis zu welchem** **12** **Zeitpunkt** Unterh erfdl ist, um die KiBelange zu „wahren". IdR wird man den UnterhAnspr auf den (wie nach § 1578 I 2 nF gekürzten) eheneutralen, angem Unterh mindern, in Mangelfällen auch auf den notwend Unterh. § 1579 läßt es auch zu, trotz KiBetreuung, weil eine Halbtagsbeschäftig bereits hinr Eink gewährl (KG FamRZ **90**, 746) od wg der Schwere des HärteGrdes **den Unterhalt ganz zu versagen** (Limbach ZRP **85**, 130; Weychardt DAV **84**, 844, beide zum RegEntwurf), wie aus der Ablehng des im RAusschuß gemachten Vorschlag hervorgeht, selbst in Fällen einer außergewöhnl u für den UnterhSchuldn unerträgl Härte dürfe der Unterh nur auf den zur KiBetreuung erfdlen Betr herabgesetzt w (BT-Drucks 10/4514 S 20), hervorgeht. IjF dürfte der AufstockgsUnterh am wenigsten dch die Tats der KiBetreuung geschützt sein. Die KiBelange können auch bei Ausschl v Unterh gewahrt s, wenn der UnterhBerecht sein Ausk in einer festen **Beziehung zu einem neuen Partner** findet (Kblz NJW-RR **89**, 5). Die Beschränkg des Härteeinwands allein dch das Betreuungsinteresse des Kindes macht deutl, **daß nach der Beendigung der Kindesbetreuung der Härtegrund uneingeschränkt durchgreift** (Hamm NJW **81**, 60; Diederichsen NJW **80**, 1673; Finger JR **85**, 5). Steht der UnterhBerecht etwa wg einer schweren Kränkg des Unterh-Schuldn an sich überh kein Unterh zu u erhält er ihn nur aGrd der KiBetreuung zugesprochen, so verliert er den bish Unterh mit Abschl der KiBetreuung, u zwar unabhäng davon, wesh diese endet. Ihm stehen weitere UnterhAnspr nicht einmal dort zu, wo im Normalfall das Ende der KiBetreuung als EinsatzZtpkt für ZusatzAnspr auf Alters- od KrankhUnterh zur Vfg stehen. Insof erfolgt die KiErziehg dch in gewissem Umfang auf eig Risiko u kann desh mittelb zur erhöht Aufn iner ErwTätigk auch gg das KiInteresse beitragen (Weychardt DAV **84**, 844). Das folgt letztl aus einem Umkehrschluß zu § 1579 Nr 1; denn nur dort neutralisiert die unterhaltserhalte KiBetreuung den UnterhAusschlGrd insges. Nicht ausgeschlossen ist auch der umgek Vorgang, daß ein UnterhAusschlGrd erst im Anschl an eine darauf gestützte reichtskr Abweisg der UnterhKl dch eine spätere KiBetreuung neutralisiert w. Das kann etwa der Fall sein, wenn ein vollj Kind nach einem Unfall betreuungsbedürft wird (BGH NJW **85**, 909). Zu einer entsprechden Wieder-herstellg an sich verwirkter UnterhAnspr kann es bei einem mj Kind insb nach Abänderg der SorgeREnt-scheidg (§ 1696) kommen.

3) Die einzelnen Ausschlußtatbestände. a) Nr 1: Kurze Ehedauer (Lit: Diederichsen, FS Müller- **13** Freienfels 1986 S 99; vgl ferner dazu bereits § 1574 Rn 9; Handhabg von Nr 1 dch die Rspr, näml Prüfg der KiBelange u der groben Unbilligk zusätzl zur kurzen Ehedauer, ist verfkonform: BVerfG NJW **93**, 455); wird berechnet von der Eheschließg bis zur Zustellg des EhescheidsAntr (BGH NJW **81**, 754; **90**, 1847 u 3020; Ffm NJW-RR **91**, 902). Zeiten vorehel ZusLebens (AG Charl FamRZ **86**, 704) od die Dauer einer früh Ehe der Parteien werden nicht mit eingerechnet (Hamm FamRZ **89**, 1091). Auf die Rechtskr des Scheidgs-Urt kann es idR nicht ankommen (so aber Hamm FamRZ **79**, 38), da diese innerh der normalen Verbund-Entsch nicht feststeht. Beim Ztpkt der förml Zustellg des ScheidgsAntr bleibt es auch, wenn im PKH-Verf der ScheidgsAntr bereits früher zugeleitet w war (Kln FamRZ **85**, 1046). Für Nr 1 unmaßgebl ist auch, ob die Eheg bei langer Ehedauer tatsächl nur kurz zusgelebt haben (BGH NJW **80**, 2247); vgl dazu aber Rdn 37. Die TrenngsFristen des § 1566 sind für Nr 1 desh ohne Bedeutg (and AG Landstuhl FamRZ **88**, 621 für den Fall, daß wg Scheidgsunwillig der Ehefr die 3-J-Fr des § 1566 II abgewartet w mußte); ebso erfolgl ScheidgsVerf (BGH NJW **82**, 2442), auch für das UÄndG (BGH FamRZ **86**, 886/87). Kurze Ehedauer liegt absolut vor, wenn die Ehe zB nur wenige Monate bestanden hat, zB 6 Wo (BGH FamRZ **81**, 944); 14 Mo (Zweibr FamRZ **80**, 1125); 16 Mo (Düss FamRZ **80**, 1009) bzw knapp 20 Mo (Hamm FamRZ **79**, 292), auch bei Eheschließg in vorgerücktem Alter (Hamm FamRZ **88**, 400). Eine 19monat (Düss FamRZ **81**, 56) od nicht mehr als 2jähr Ehedauer ist idR kurz, eine solche von 5 J (BGH NJW **83**, 683), 6 J (Düss FamRZ **78**, 342), von 7 J (Kblz FamRZ **80**, 583) od von 4 J 7 Mo regelmäß nicht mehr kurz (BGH NJW **81**, 754), wobei Ausn dchaus denkb sind (Kln FamRZ **92**, 65: kurze Ehe bei Dauer v über 4 J). Als krit ZtRaum gilt eine Ehedauer von **3 Jahren,** von wo ab die kurze Dauer idR verneint wird (Karlsr FamRZ **79**, 705; KG FamRZ **81**, 157). Diese Rspr ist gerade anges der sehr viel läng Dauer v 2. u weiteren Ehen u deren unterhrechtl Nachrangigk (§ 1582) anges v GG 6 außerordentl zweifelh. Unterhalb v 3 J kommt es darauf an, ob die Parteien ihre LebFührg in der Ehe bereits aufeinand eingestellt hatten (BGH NJW **82**, 2064), was zu bejahen ist, wenn Ehefr m Rücks auf die Eheschl eine Wwenrente (Düss FamRZ **92**, 1188) od ArbStelle (Celle FamRZ **87**, 69) u Wohng aufgibt u KG-Beteilig für ein Darl an den Eheg kündigt (BGH FamRZ **86**, 886). Regelm nicht mehr kurz ist eine Ehedauer von 43, 41 od 39 Mo (BGH NJW **81**, 754; **82**, 823 u 929); 4 J (Zweibr FamRZ **83**, 1138). Iü ist die Frage, ob eine Ehe von kurzer Dauer war, nicht nach festen abstrakten Maßstäben, sond vor allem im Übergangsbereich (Ehedauer: 2 J 173 T) „in verstärktem Maße der tatrichterl Würdigg überl" (BGH NJW **82**, 2064) u desh nach der LebSituation der Eheg im Einzelfall zu beurteilen (BGH NJW **81**, 754). So kommt es darauf an, ob bereits eine wechselseit Abhängigk der LebPositionen der Eheg begründet w ist (Celle FamRZ **79**, 708; AG Fürth FamRZ **95**, 1156) u ist für die Frage der groben Unbilligk eine Relation herzustellen zw der EheZt u der Dauer einer evtl Berufsunterbrechg bzw and Umst: War die Ehefr zB 4 J von einer insges 5 J dauernden Ehe erwerbstät, so kann es grob unbill sein, wenn sie jetzt aGrd der relativ kurzen Unterbrechg der Berufstätigk Unterh verlangt. Bei nur 9-Mo-Zusleben inf Suchtbehandlg war selbst eine EheZt von 4 J 5 Mo noch kurz (Ffm NJW **89**, 3226). Kurze Ehedauer ferner bei 3 J 1 Mo, wenn keine berufl Verändgen innerh der Ehe (Hamm FamRZ **88**, 1284). Auch nach 3 J u 9 Mo war eine Ehe noch kurz, wenn die Ehefr schon viele Jahre vor der Eheschl psychisch krank war, keiner geregelten ErwTätigk nachging u die Ehepartner ihre LebDispositionen nicht in nachhalt Weise aufeinand eingestellt haben (Kln FamRZ **85**, 1046). Ferner kein Unterh nach einer Ehe von 2 J u 7 Mo, wenn keine ehebedingten Berufsnachteile, weil Arblosigk erst bei Trenng eingetreten ist (Kln NJW-RR **86**, 72). Kurze Ehe auch bei knapp 3 J, wenn anläßl der Eheschl kapitalisierte WwenRente der Fr zum EigtErwerb eines jetzt von ihr bewohnten Hauses benutzt wurde (Hamm FamRZ **84**, 903). Entscheid auch nicht die Zt des vorehel ZusLeb (aA KG NJW **79**, 168); kein UnterhAnspr also, wenn nach 15jähr Konkubinat eine dann geschl Ehe bereits innerh 1 J wieder gesch w, wohl aber, wenn umgek bei längerer Ehe die Eheg nur kurze Zt ausgelebt haben. Entscheidd auch das **Alter bei Eheschließung:** im vorgerückten Alt ist die kurze Ehedauer eher zu verneinen, weil die mögl Dauer der Ehe von vornh begrenzt ist (BGH NJW **82**, 823). Anderers werden in einer Altersehe im allg keine weitgesteckten gemeins LebZiele mehr verwirkl, so daß sie die LebUmst nicht so veränd wie bei jüng Eheg (BGH NJW **82**, 2064). Auch bei RentnEhen u selbst gr EinkGefälle ist ein Ausschl od eine Beschränkg des Unterh nach Nr 1 mögl (Celle FamRZ **79**, 708; AG Ludwbg FamRZ **92**, 442). Standen bei der Eheschl VersorggGesPkte im VorderGrd, kann auch eine 4 J 2 Mo dauernde Ehe kurz gewesen s (Hamm FamRZ **92**, 326; Hbg FamRZ **81**, 54: 3½ J bei 10 Mo ZusLeben). Ebso können bei sehr jungen Ehel selbst 3 J kurz sein (Bambg FamRZ **81**, 160); ebso mit Rücks auf ein ZusLeb von bloß 10 Mo ggf auch 3½ J bei Rentn (Hbg FamRZ **81**, 54). Bei der **Einbeziehung der Kinderbetreuungszeiten** in die

14 Ehedauer, **2. Halbs**, ist zunächst von der tatsächl EheZt auszugehen u anschließd die zur Wahrg der KiBelange gesetzl vorgesehene Abwägg vorzunehmen (BVerfG NJW **89**, 2807; BGH FamRZ **90**, 492 unter Aufg v FamRZ **87**, 572; Schlüter/Vennemann FuR **90**, 49). Einzurechnen ggf auch Zten überobligationsmäß Anstrenggen des UnterhBerecht iRv §§ 1573 II, 1575 I (Schlesw FamRZ **84**, 588), also Zten, in denen wg eig ErwTätigk ein Anspr aus § 1570 nicht bestand (Schlesw FamRZ **84**, 1101). Ferner ist zu berücks, wenn der Berecht seine ErwTätigk trotz KiBetreuung überh aufrechterh (BGH FamRZ **90**, 492).

15   **b) Nr 2: Straftaten** gg den Verpflichteten od einen von dessen nahen Angehör (sa §§ 1611 I, 2333 Nr 3). Als Delikte kommen nur Verbrechen, dh rechtswidr Taten, die im Mindestmaß mit einer FreihStrafe von 1 J od mehr bedroht sind (StGB 12 I), wie Mord; Totschl, auch der Versuch, wobei aber selbst daran die Reaktion des Opfers darauf für Nr 2 entsch sein k (Düss NJW **93**, 3078); od Vergehen, dh rechtswidr Taten, die im Mindestmaß mit einer geringeren FreihStrafe od mit GeldStr bedroht sind (StGB 12 II), wie eine (nicht provozierte: Düss FamRZ **83**, 585) Körperverletzg (Kblz FamRZ **91**, 1312); Verleumdg sex KiMißbr (Hamm FamRZ **95**, 808); Nötigg dch Drohg mit Offenlegg der HomoSex (KG FamRZ **92**, 571: aber entscheidd Reaktion des UnterhSchu darauf); Diebstahl (Hamm FamRZ **94**, 168) u Unterschlagg, unabh davon, daß AntrDelikte (StGB 247), weil sonst mittelb Zwang zur Strafverfolgg. Sämtl Beteiliggsformen. Wg StGB 170b Rn 22. Anzeige des Ehem beim StaatssicherhDienst der DDR wg beabsicht Fluchthilfe schließt den UnterhAnspr aus (Kln NJW-RR **86**, 686). Bes bedeuts der **Betrug** (StGB 263), zB (auch nur versuchter; Düss FamRZ **89**, 61) ProzBetrug zum Nachteil des UnterhSchu dch Verschweigen eig Einkfte (Schlesw NJW-RR **87**, 1481; Celle FamRZ **91**, 1313), zB als Barfrau (AG Altötting FamRZ **85**, 1048), od Verschweigen des Wegf der AnsprVoraussetzgen (BGH FamRZ **90**, 1095) nicht aus aber zB Verschweigen eig ehebrecher Beziehgen bei Abschl eines ScheidsVergl (vgl BGH FamRZ **73**, 182), wohl aber Falschaussage über GeschlVerk im EhelAnfVerf (Brem FamRZ **81**, 953) sowie vehementes Bestreiten des ZusLebens mit dem neuen Partn (Hamm FamRZ **93**, 566). Bei den Vergehen muß es sich darüber hinaus um bes schwere vorsätzl Vergehen handeln, was nicht innerh der Straftat innerh nach RGütern erfordert, sond den Bezug zum UnterhVerpfl, dh es ist der Grdsatz der Verhältnismäßigk zu wahren (BGH NJW **84**, 296 u 306; Hamm NJW-RR **88**, 8). Danach berecht fahrl Tötg eines Angehör ebsowenig zur UnterhVerweiger wie eine gewöhnl UrkFälsch od Untreue. Bes schwere Fälle aber stets dann anzunehmen, wenn der verbrecher Wille seinen Vorteil gerade aus der familienrechtl Beziehg sucht, also die Straftat unter Ausnutzg des familiären Vertrauens geschieht usw. Währd das StrafR dieses idR als Grd für eine Einschränkg des staatl StrafAnspr behandelt, bewirkt seine Ausnutzg iR der nachehel UnterhBerechtigg regelmäß eine Verwirkg des UnterhAnspr iSv Nr 2. Wiederholte, schwere Beleidiggen u Verleumdgen (Strafanzeige wg Mord) reichen für Nr 2 aus, wenn sie nachteilige Auswirkgen auf die persönl u berufl Entfaltg sowie Stellg des UnterhSchuldn in der Öfftlk haben (BGH NJW **82**, 100). Rechtskr Verurteilg nicht erfdl, aber ggf für die zivilrechtl BewWürdigg verbindl. Keine Berufg mehr auf Nr 2 nach rechtskr Freispruch. Vorausgesetzt wird **Verschulden** (BGH NJW **82**, 100); vermind Schuldfähigk reicht aus (Hamm NJW **90**, 1119), Psychose dagg befreit (Hamm FamRZ **95**, 808). Nr 2 setzt nicht voraus, daß gg den Täter ein ErmittlgsVerf eingeleitet w (Hamm NJW **90**, 1119), ist aber nicht mehr anwendb nach rechtskr Freispr od

16 wenn die StA das ErmittlgsVerf wg Schuldunfhgk eingest hat (Bambg FamRZ **79**, 505). Die Straftat muß sich **gegen die Verpflichteten** selbst **oder einen nahen Angehörigen** richten. Es reicht aus, wenn sie auch eine der genannten Personen verletzt, mag auch der Hauptgeschädigte ein Dr sein. Zum Begr der Angehör vgl Einl 1 v § 1297. Grobe Beleidiggen ggü der neuen Fam des Verpfl ausreichd (BGH NJW **75**, 1558), ebso unerl Abtreibg eines gemschaftl Kindes. Nah sind Angeh nur, soweit sie dem UnterhVerpflichteten nahestehen, so daß es nicht auf den Grad der Verwandtsch, sond auf die soz Verbundenh ankommt. UnterhAusschl od -Herabsetzg grdsl **nur für die Zukunft;** bereits entstandene UnterhAnspr werden dch das Delikt nicht berührt (BGH NJW **84**, 296). Der Tatmonat selbst wird aufgegliedert (Göppinger JR **84**, 156).

17   **c) Nr 3: Mutwillige Herbeiführung der Bedürftigkeit** (vgl bereits § 1361 Rn 26 u 39) setzt eine rein unterhaltsbezogene **Mutwilligkeit** voraus u liegt daher nicht vor bei Trenng nach 44 EheJ (BGH NJW **86**, 1340) u im allg auch nicht, wenn die Scheidg selbst (u damit mittelb auch die Bedürftigk) mutw herbeigeführt w, wohl aber, wenn ein Eheg angesichts der bevorstehenden Scheidg seine bis dahin ausgeübte ErwTätigk aufgibt, um nach der Scheidg einen UnterhAnspr zu erlangen (BT-Drucks 7/650 S 138), es sei denn, es handelte sich um eine nicht angem ErwTätigk (§ 1573 Rn 5). Mutwillig verlangt keinen Vorsatz, ein leichtfertiges Verhalten des UnterhBerecht reicht aus (BGH NJW **81**, 2805), wobei sich der Eheg unter gr Mißachtg dessen, was jedem einleuchten muß, od in Verantw- u Rückslosigk über die Möglk des Eintritts der Bedürftigk hinweggesetzt haben muß (BGH FamRZ **86**, 560; **88**, 1033; **90**, 989). IdR wird es sich um bewußte Fahrlässigk handeln (BGH NJW **81**, 2805). Voraussetzg ist eine unterhbezogene Mutwillig, zB Verbrauch des (ggf auch ererbten; Kblz FamRZ **90**, 51) Verm v 67000 DM (BGH FamRZ **84**, 367); Ausgabe des währd des ScheidgsVerf ausgeglichenen Zugew f luxuriöse Zwecke (Karlsr FamRZ **83**, 506); zur Verwendg des ZugewAusgl zum Hauserwerb § 1577 Rn 9; zweckwidr Verwendg des VorsorgeUnterh (vgl § 1578 Rn 57), es sei denn zZw des Unterh aus Not (BGH NJW **87**, 2229/31); Verlust des ArbPlatzes inf Arbeitsscheu, Selbstverwirklichstendenzen (Kln FamRZ **85**, 930); Selbstmordversuch (BGH FamRZ **89**, 1054). Bei **Krankheit:** bereits die Infektion (Tiedemann NJW **88**, 733: Aids) bzw Unterlassg therapeutischer **18** Maßn (Celle FamRZ **80**, 256 Diabetes). Bei **Alkoholismus** (vgl BVerwG NJW **80**, 1347) od chron Drogen-Mißbr (BGH FamRZ **88**, 375) müssen (1) die Vorstellgn u Antriebe, die zur AlkAbhängigk selbst geführt h, unterh-bezogen sein (BGH NJW **87**, 1554/55) od (2) die Mutwillig muß darin liegen, daß der UnterhBedürft es unterlassen h, gg seine Sucht BekämpfgsMaßn zu ergreifen (BGH NJW **81**, 2805; Stgt FamRZ **81**, 963; Düss FamRZ **87**, 1262). Keine Mutwillig liegt vor, wenn die Willensschwäche verhind, die Entziehg-Behdlg durchzustehen (BGH FamRZ **88**, 375). Ferner liegt keine Mutwillig in dem Erwerb v Altersver-sorggen (BGH FamRZ **90**, 989) od eines Eigenheims statt einer lukrativen Anlage ererbten Verm (BGH FamRZ **86**, 560) od bei Unvorsichtigk im StraßenVerk od beim Sport (aA Schumacher MDR **76**, 884). Zum Probl der schuldh Herbeiführg einer Trunks vgl BVerwG NJW **80**, 1347. Nicht jede krankh Alkohol- u Drogensucht führt zu einer mutw Bedürftigk; aber Beschrkg des Unterh auf den MindestBed (Düss FamRZ **81**, 1177). Nr 3 kann auch dadch erfüllt w, daß einer **Unterhaltsneurose** (§ 1602 Rn 20; § 1572 Rn 4) **19** nachgegeben w (Hbg FamRZ **82**, 702). Vor allem kann eine mutw Bedürftigk auch dadch verursacht w, daß der UnterhBedürft schon in der Vergangenh eine erfdl Ausbildg (§ 1574 III) hätte absolvieren können (BGH NJW **86**, 987; Hbg FamRZ **91**, 445; § 1361 Rn 26). And, wenn das Alter des unterhberecht Eheg (50 J) die Aufn einer eheunangem Tätigk empfehlensw erscheinen läßt (BGH NJW-RR **92**, 1283). **Beweislast** auch **20** für Mutwillig beim UnterhSchu (BGH FamRZ **89**, 1054).

d) Nr 4: Hinwegsetzen über schwerwiegende Vermögensinteressen des Verpflichteten führt un- **21** ter dem GesPkt der Verwirkg zur UnterhReduktion, weil der UnterhBerecht dch sein Verhalten die Einkfte beeinträcht, aus denen er Unterh begehrt. Dabei kommt es nicht darauf an, daß ein Schaden wirkl eingetre-ten ist; die bl VermGefährdg reicht aus (Häberle FamRZ **86**, 312). Zu den **Vermögensinteressen** gehören auch EinkInteressen (Weychardt DAV **84**, 845; Häberle FamRZ **86**, 311), StErsparn dch gemeins Veranlagg (vgl Celle FamRZ **94**, 1324) od die Gefahr des Wegf der BetrRente (Kblz FamRZ **91**, 1312). Danach fällt unter Nr 4 das Abhalten des Ehem von der Erhebg einer unstreit berecht EhelichkAnfKl (BGH NJW **85**, 428); ferner geschäftl Schädiggen anläßl der Auflösg von GeschBeziehgen wie jedes sonstige Untergraben der berufl Stellg eines Selbständ (AG Darmst FamRZ **79**, 507; bei etwa saisonbetonter MitArb im ErwGesch des Verpfl die Trenng zur Unzeit (Häberle FamRZ **86**, 312); das Anschwärzen des Unterh-Schuldn bei dessen Behörde (Zweibr FamRZ **80**, 1010) od ArbGeb (AG Darmst FamRZ **79**, 507; BVerfG FamRZ **81**, 747; Mü FamRZ **82**, 270; Kblz FamRZ **91**, 1312). Für Nr 4 besteht **keine Zeitgrenze,** so daß der den Unterh ausschließe Tatbestd auch nach Scheidg der Ehe verwirkl w kann (BT-Drucks 10/2888 S 20). Zum Verlust des Arbeitsplatzes geeignete (Zweibr FamRZ **89**, 63) od führende **Denunziationen** (Hamm FamRZ **87**, 946) ebso wie wissentl falsche od leichtfert **Strafanzeigen** fallen unter Nr 4 (Mü FamRZ **82**, 271); dagg nicht eine Strafanzeige wg tatsächl Verletzg der UnterhPfl (Stgt FamRZ **79**, 40). Ebso stellt das Betreiben eines Verf wg Abgabe einer falschen eidesstattl Vers keinen AusschlGrd dar (Mü FamRZ **81**, 154). Nichtaufklärg über die **Aufnahme einer Erwerbstätigkeit** kann zum völl Verlust des UnterhAnspr führen (Düss FamRZ **88**, 841: fälschl Nr 2, 7). Zur **Mutwilligkeit** Rn 17. UnterhBezogenh wird hier nicht vorausgesetzt (Häberle FamRZ **86**, 312).

e) Nr 5: Längere gröbliche Verletzung von Unterhaltspflichten in der Zeit vor der Trennung. **22** Vgl § 1587c Rn 15–19; § 1587h Rn 6. UnterhPflVerletzgen fallen unter Nr 2, soweit sie strafb sind. Das Hinwegsetzen über eig UnterhVerpflichtgen dch Herbeiführg der Trenng, indem der UnterhGl zu einem neuen Partn zieht, fällt regelm unter Nr 6. In Betr kommen Verstöße gg die MitArbPfl im Beruf od Geschäft des und Eheg (§ 1356 Rn 8). Vernachlässig der HaushFührg od der Sorge f die Kinder währd der Ehe reicht nach der Fassg der Vorschr dch das UÄndG aus (zum früh R: 45. Aufl Anm 2d bb). Nr 5 erfaßt Verstöße gg §§ 1360, 1360a („FamUnterh"), muß aber analog angewendet w bei Verstößen gg § 1361 ebso wie bei nachehel UnterhPflVerletzg ggü den gemschaftl, ggf auch bei dem UnterhSchuldn befindl Kindern, also sowohl bei Verletzg von auf NaturaI- wie auf BarUnterh gerichteten Verpflichtgen, od auch bei einem nachehel Rollenwechsel von UnterhGl u -Schuldn. **Längere Zeit** bedeutet: nicht nur gelegentl u richtet sich nach den Umst des Einzelfalls (Häberle FamRZ **86**, 312: nicht unter 1 J; Weychardt DAV **84**, 845: etwa 3 J). **Gröblich** erfordert nicht mehr als Fahrlk (aA Häberle FamRZ **86**, 312: mind grobe Fahrlk).

f) Nr 6: Offensichtlich schwerwiegendes, eindeutig beim Unterhaltsberechtigten liegendes **23** **Fehlverhalten gegen den Unterhaltsschuldner.** Richtiger die Formulierg des BGH: ein „schwerwiegdes u klar bei dem unterhbedürft Eheg liegdes Fehlverhalten" (BGH NJW **79**, 1348 u 1452; **80**, 1686; **82**, 1461; **84**, 2633; ferner FamRZ **81**, 439; **83**, 569; **84**, 356). Zur Kritik an der GesFormulierg, die iü nur diese Rspr des BGH positivieren sollte, vgl 54. Aufl. Krit unter dem GesPkt der Benachteiligg von Hausfr: Wiegmann NJW **82**, 1369; restriktiv auch Wellenhofer-Klein FamRZ **95**, 905.

aa) Das Fehlverhalten kann im Bestehlen u tats Angriffen gg den Eheg liegen (Hamm FamRZ **94**, 168), **24** vor allem aber in **Ehewidrigkeiten**, also in Verstößen gg die Pfl aus den §§ 1353 ff, weil darüber hinaus-gehde echte Delikte bereits von Nr 2, vermrechtl Schädiggen des UnterhSchuldn von Nr 4 u Verstöße gg eig UnterhVerpflichtgen von Nr 5 erfaßt w. Nr 6 liegt vor, wenn sich der Eheg einem obj vernünft u zumutb Vorschl zur Begründg eines gemeins Wohns (§ 1353 Rn 6) ohne sachl Grde verschließt (BGH NJW **87**, 1761; FamRZ **90**, 492). Dagg nicht bei abredewidr Nichtgebrauch v Antikonzeptiven u Verweigerg der **25**

Abtreibg (Stgt FamRZ **87**, 700), wohl aber liegt Nr 6 vor bei ggf auch nur bedingt vorsätzl (Oldbg FamRZ **91**, 448) **Kindesunterschiebung,** die wg § 1593 ggf erst iW der AbÄndgsKl geltd gem w kann (Ffm

26 FamRZ **88**, 62); ferner bei Abhaltg von der EhelkAnfechtg (BGH NJW **85**, 428). Hauptanwendgsfall von Nr 6 sind **Verstöße gegen die eheliche Treuepflicht,** mit od ohne Begrdg einer ehehnl Gemsch (BGH NJW **84**, 2358 u 2692; Kblz FamRZ **86**, 999; Celle NJW-RR **88**, 1097; Kalthoener/ Büttner NJW **89**, 809). Nr 6 kann bereits bei einmaligem Verstoß gg die ehel TreuePfl, insb bei **Ehebruch** (§ 1353 Rn 5) erfüllt sein (Düss FamRZ **86**, 62: 3x; aA Hamm FamRZ **86**, 908; Häberle FamRZ **86**, 313, allerd wieder eingeschränkt bei wechselnden Partn). Erst recht reichen für Nr 6 aus ein intimes Verhältn mit einem Dr (BGH NJW **86**, 723); auch ehebrecher Beziehgen unabhäng von der Anzahl der Partn (BGH FamRZ **83**, 670: 4 od 9) od auch Ausbrechen aus der intaken Ehe mit wechselnden EhebrPartn nach der Trenng (Hamm FamRZ **87**, 600: Herabsetzg trotz Betreuung v 7 j Ki); vor allem aber auch Ehebr mit 3 Männern u anschl erfolgr EhelkAnf (Celle FamRZ **87**, 603). Nr 6 kann auch bei tiefer Zuneigg zu einem Dr auch ohne Sex zu bej sein

27 (KG FamRZ **89**, 868/1180/**90**, 407 mA Finger u Diener). Die Voraussetzg dieser Nr ist aber vor allem zu bejahen bei **Aufnahme einer nichtehelichen Lebensgemeinschaft mit einem Dritten aus der Ehe heraus** (vgl aus der Zt vor Inkrafttr des UÄndG: BGH NJW **81**, 1214; **82**, 2664; **83**, 1548; **84**, 297; **86**, 722; FamRZ **84**, 664; krit AG Melsungen NJW **84**, 2370), wobei die Ehewidrigk einer solchen Untreue währd der Ehe (vgl § 1353 Rn 5) auch die AusschlVoraussetzgen für die Zt nach der EheScheidg begründet (BGH NJW **83**, 1458 u 1552; **84**, 297 u 2692; Bambg FamRZ **87**, 1153: versehentl Nr 7). Der Staat kann nicht seine Hand dazu reichen, daß ein Eheg unter Aufrechterhaltg der vermrechtl Vorteile aus der Eheschl die Partn-Wahl korrigiert. Das Fehlverhalten liegt darin, „daß ein Eheg sich gg den Willen des und von diesem trennt u mit einem and Partn eine eheähnl Gemsch eingeht od ein auf Dauer angelegtes intimes Verhältn begründet" (BGH NJW **86**, 722). Auf die geschlechtl Kontakte kommt es nicht entscheidd an (Hamm FamRZ **81**, 162). Das Entscheidde ist, daß der Unterh begehrde Eheg sich dg den Willen des und von der Ehe abkehrt u einem and Partn zuwendet, dem er die seinem Eheg geschuldete Hilfe u Betreuung zuteil w läßt (BGH FamRZ **82**, 467 f mNachw). Dagg findet die Verpfl zur ehel Tr mit der Scheidg ihr Ende (BGH NJW **83**, 1548; **89**, 1083). Aber selbstverständl entlastet von Nr 6 nicht ein nochmaliger Partnerwechsel (Hamm

28 FamRZ **89**, 1091). Unter Nr 6 können schließl auch **Verstöße gegen die** WohlverhaltensPfl iR der **Umgangsregelung** (§ 1634 Rn 14, 15) fallen (Häberle FamRZ **86**, 313): etwa fortgesetzte schuldh Vereitelg des berecht Umgg (Nürnb FamRZ **94**, 1393 mN); Auswanderg nur zZw der Vereitelg des Umggs; nicht dagg, wenn die Übersiedlg in die Karibik (auch bei Täuschg ü die AuswandergsAbsicht) geschieht, um Abstand von der ehel Situation zu bekommen (BGH NJW **87**, 893 zu Nr 4 aF). **Ungerechtfertigte Vorwürfe** wie

29 sex KiMißbr können Nr 6 begr (KG FamRZ **95**, 355 verneint). Fehlverhalten gg **Angehörige** des Unterh-Schuldn sind AusschlGrde, soweit auch der UnterhSchuldn selbst davon berührt w (Häberle FamRZ **86**, 314).

30 **bb) Einseitigkeit des Fehlverhaltens.** Nur das ausschließl bei dem UnterhBedürft liegde Fehlverhalten führt zur UnterhReduktion. Es bedarf also ijF einer **Verschuldensanalyse** (BGH NJW **81**, 2806; Düss FamRZ **80**, 1118). Es handelt sich um eine Ausnvorschr (KG FamRZ **78**, 685). Als grobe Verantwortgslosigk ist es gewertet w, wenn eine 18j Ehefr nach viertelj Ehedauer aGrd von BagatellStreitigkten ohne ernsth Versuch, die Anfangsschwierigkten einer jg Ehe zu bewältigen, zu einem and Mann zieht (Hamm FamRZ **79**, 508); wenn sich die Ehefr weigert, mit Ehem u Kind ihr Jungmädchenzimmer zu verlassen u mit der Fam in eine auch ihr genehme Wohng zu ziehen, nur weil ihre Elt nicht einverstanden sind (Hamm FamRZ **80**, 247). Die Einseitigk des FehlVerh wird nur bei **Verschulden des Unterhaltsschuldners** ausgeräumt (BGH NJW **82**, 100). Kein Versch bei krankhbedingten VerhAuffälligk des UnterhSchu (BGH FamRZ **89**, 1279). **Abwendung von der Ehe:** Es kommt entscheidd darauf an, ob die Hinwendg zu dem Dr eine evidente Abkehr aus einer intakten Ehe od die reaktive Flucht aus einer bereits gescheiterten Ehe ist (Ffm FamRZ **81**, 455) u ob dem and Eheg eine Chance zur Rettg der Ehe gegeben wurde (Ffm FamRZ **94**, 169). Die Aufn eines auf längere Dauer angelegten intimen Verhältn ist jedoch dann nicht als Bruch der ehel Solidarität anzusehen, wenn der and Eheg sich vorher seiners von seinen ehel Bindgen losgesagt (BGH NJW **81**, 1214) u etwa Beziehgen zu einem Dr aufgen hatte (Kblz FamRZ **86**, 999); wenn der auf Unterh in Anspr genommene Ehem als erster SchdsAbsichten geäußert u selbst den Auszug seiner Ehefr gewünscht hat (BGH NJW **81**, 1782); wenn sich die Eheg schon rd 4 Mo vor der Hinwendg zu dem Dr einverständl getrennt haben (BGH NJW **82**, 2806); wenn sich der Ehem um eine „and Partie" für seine pakistan Ehefr kümmert (KG FamRZ **82**, 1031). Nr 6 liegt auch dann vor, wenn der unterhpfl Eheg die Beziehg zu einem and Partn in einem Ztpkt aufnimmt, in dem, ohne daß der UnterhSchuldn davon Kenntn hat, der unterhbedürft Eheg bereits lange Zt intime Beziehgen zu einem Dr unterhielt (BGH NJW **86**, 722). Ist eine Ehe bereits zerrüttet, so reicht das Verlassen des Eheg u die Zuwendg zu dem Dr für die Versagg des Unterh nicht aus (BGH NJW **89**, 1083; Karlsr FamRZ **81**, 551). Nimmt die Ehefr Beziehgen zu einem and Mann erst nach dem unheilb Scheitern der Ehe auf, liegt ebenf kein Fall für Nr 6 vor (BGH FamRZ **81**, 752). Die Einseitigk der Verfehlg wird nur beseit, wenn zw dem ehel Fehlverhalten beid Partn ein **innerer Zusammenhang** besteht (Häberle FamRZ **86**, 314). Bei verwerfl Äußergen kommt es darauf an, ob sie auf einer

31 verständl Verärgerg beruhen (BGH NJW **82**, 1460). Steht ein schwerwiegdes Fehlverhalten fest, sind nur **konkrete Gegenvorwürfe** ehel Verfehlgen von einigem Gewicht zu berücks, „die dem Unterh begehrden Eheg das Festhalten an der Ehe erhebl erschwert haben u sein eig Fehlverhalten in einem milderen Licht erscheinen lassen" (BGH NJW **82**, 1461; **86**, 723). Bloße ehel Streitigkten (zB über das Rasenmähen) reichen nicht aus (BGH NJW **86**, 723).

32 **cc) Evidenzerfordernis:** Für den Ausschl od die Einschränkg des UnterhAnspr ist eine gewisse Evidenz der Schuld erfdl. Eheverfehlgen, deren Ursachen u Vorwerfbark nicht exakt ermittelt w können, reichen nicht aus (Kln NJW **79**, 768).

33 **dd)** Für Nr 6 kommt ein vorehel FehlVerh nicht in Betr (Kln FamRZ **94**, 1253). Iü besteht **keine Zeitgrenze,** so daß auch ein Fehlverhalten nach Scheidg den Unterh ausschl kann (BT-Drucks 10/2888 S 20). Aber die Hauptmasse der Eheverfehlgen fallen mit der Scheidg u oft auch bereits ab Trenng der Ehel weg (Häberle FamRZ **86**, 314). Trotz der Nichtidentitätslehre des BGH (Einf 10 vor § 1569) hat der Ausschl

des TrenngsUnterh in aller Regel auch den Ausschl des GeschUnterh zur Folge, auch wenn AusschlGrd etwa der Verstoß gg spezifisch ehel Pfl war (Häberle FamRZ **86**, 314). Auf die **Dauer des Fehlverhaltens** kommt es nur für die BilligkPrüfg u. der Anwendg der RFolgen an. Der **spätere Wegfall der Voraussetzungen** von Nr 6 begründet idR keine AbändergsKl. Der einmal verwirkte UnterhAnspr lebt nicht wieder auf (Hamm NJW **81**, 59; Düss FamRZ **82**, 700), so daß die Aufhebg der nehel Partnersch nicht zur Entstehg des UnterhAnspr führt (Zweibr FamRZ **83**, 1039), auch nicht, wenn das Verhältn bereits nach 2 Mo wieder beendet w (Celle FamRZ **82**, 697). Das ist ggf und iFv Nr 7.

ee) Beweislast: Der UnterhSchu, der die Herabsetzg des Unterh anstrebt, hat zu beweisen, daß es sich 34 um ein einseit Fehlverhalten des UnterhBerecht handelt, u muß dementspr etwaige GgVorwürfe ausräumen, die dem Fehlverhalten des UnterhBerecht den Charakter eines einseit FehlVerh nehmen könnten (BGH FamRZ **82**, 463 u 466; **83**, 670/71); die GgVorwürfe müssen aber hinreich substantiiert s (BGH FamRZ **83**, 670), wobei allerd keine hohen Anfordergen an die Substantiierung zu stellen s (BGH FamRZ **82**, 463). Nach Bambg FamRZ **85**, 598 indizieren Aufn od Fortsetzg einer außerehel Intimbeziehg den einseit Ausbruch aus der Ehe.

g) Nr 7: Ebenso schwer wiegende Gründe wie in Nr 1–6. Dabei erfüllt ein für die Nr 1–6 nicht 35 ausreichder Grd idR nicht den AuffangTatbestd der Nr 7 (BGH NJW **87**, 1761/63; Ausn: KG NJW **91**, 113).

aa) Die Nr betrifft im wesentl Sachverh **ohne vorwerfbares persönliches Fehlverhalten** des Unterh- 36 Gläub (Celle FamRZ **86**, 910; Hamm FamRZ **87**, 600; Häberle FamRZ **86**, 314; Kalthoener/Büttner NJW **89**, 809). Das FamG erhält einen **Ermessensspielraum**, um die allg GerechtigkErwartg zuwiderlaufde Ergebn zu vermeiden (Vogel FamRZ **76**, 484 zur wortgl Nr 4 aF). Damit bezieht sich die AusschlVorschr auf inner- wie auf nachehel Vorgänge (vgl Dieckmann FamRZ **77**, 104f). Ausgeschl sind ledigl Umst, die erfolgl iR einer EheaufhebgsKl geltd gem worden sind (BGH NJW **83**, 1427). Die HärteKl muß immer dann Anwendg finden, wenn Umst vorliegen, die es für den UnterhSchu **unzumutbar** erscheinen lassen, **weiterhin auf Unterhalt in Anspruch genommen zu werden** (BT-Drucks 10/2888 S 20; Düss FamRZ **87**, 487). Jedenf in schweren Fällen kann Unterh überh versagt werden, auch wenn dies zur Folge hat, daß der unterhbedürft Eheg auf **Sozialhilfe** verwiesen w (Kblz FamRZ **89**, 632).

bb) Die UnterhUnbilligk kann sich **aus objektiven** in der Ehe **oder in der Person eines der Ehegatten** 37 **liegenden Umständen** ergeben. So ist eine zeitl Begrenzg des UnterhAnspr in Ergänzg von Nr 1 (oben Rn 3) mögl, wenn die Ehel (inf Strafhaft) tats **nur wenige Monate zusammengelebt** haben (BGH FamRZ **88**, 930). Entspr gilt trotz langer Ehe für kurzes ZusL inf Sucht (Celle FamRZ **90**, 524: 20 J zu 3 Mo). Auch bei einer reinen **Berufstätigenehe** dürfte auf Dauer gesehen Nr 7 vorliegen (vgl Dieckmann FamRZ **87**, 981 gg BGH FamRZ **87**, 572). Aus der Sicht des UnterhGl zuläss Gestaltgen des eig Lebens können in Parallele zu der Rspr zur Bloßstellg (BGH NJW **81**, 1782; **89**, 1083/5 f) die Fortzahlg von Unterh unzumutb machen: **Geschlechtsumwandlung** (aA Mü NJW **86**, 937); **Prostitution** (vgl Schlesw SchlHA **77**, 170), einschl Telefonsex (Karlsr NJW **95**, 2796); Zuhälter; Rauschgifthandel usw, so daß in letzteren Fällen der UnterhSchu nicht auf den Nachw fehler Bedürftig beschr ist. Nr 7 kann auch bei nicht mutwill herbeigef Bedürftig vorliegen (Kln FamRZ **92**, 1311 selbstverschuldeter Stromschlag). Als UnbilligkGrd wird auch die **Nichterschließung anderweiter Versorgungsmöglichkeiten** dch den UnterhBerecht gewertet, so die Nichtgeltdmachg anderweit UnterhAnspr (vgl AG Landstuhl FamRZ **88**, 731 mAv Roelen) u die **Unterhaltsneurose** (Düss NJW-RR **89**, 1157; FamRZ **90**, 68; § 1602 Rn 20). Hierher gehört auch die Abstandn von der Eheschl mit dem neuen LebPartn (Rn 39). Umgek kann ein **besonders loyales Verhalten des Verpflichteten** währd od nach der Ehe zur Aufhebg seiner UnterhPfl führen, zB wenn er von einer EheaufhebgsKl Abstand gen hatte u der bisher Eheg aGrd seiner Behinderg ohnehin zum größten Teil auf öff Hilfe angewiesen ist (Celle FamRZ **86**, 910; aA Düss FamRZ **87**, 595).

cc) Am häufigsten folgt die UnterhUnbilligk aus einer **neuen Partnerbeziehung des Unterhaltsbe-** 38 **rechtigten** (ZusStellg der versch Fälle: BGH NJW **89**, 1083/5; Graba FamRZ **89**, 574; Nehlsen-v Stryk FamRZ **90**, 109; zur Bedeutg iR der PKH: BVerfG **1**. Sen 3. Ka NJW-RR **93**, 1090; zur SondProblematik des langjähr ZusLeb der UnterhBerecht mit einer Frau: BGH NJW **95**, 655). Beweisl für das Bestehen u Fortbestehen des eheähnl Verh liegt beim UnterhSchuldn (BGH NJW **91**, 1290). Die Unterscheidg der versch Sachgestaltgen ist vor allem desh wichtig, weil der Leistgsfähigk des neuen Partn eine unterschiedl Bedeutg zukommt. Das bl Eingehen einer intimen Beziehg nach der Scheidg erfüllt den Tatbest von Z 7 nicht (Rn 41). Vorausgesetzt wird immer eine gewisse (ggf iW der BewAufn festzustellde; Hamm FamRZ **91**, 828) **Intensität der Verbindung** (Hamm FamRZ **88**, 729), wobei es nicht darauf ankommt, ob die Partn eine gemeins Wohng od eine gemeins Haush unterh (BGH NJW **84**, 2693; Kblz u Hamm FamRZ **88**, 295 u 730). Sie kann auch bei getrennten Wo in dems Mietshaus vorliegen, wenn sich die Partn als Verlobte bezeichn u aus der Verbdg bereits ein Ki hervorgegangen ist (BGH NJW **84**, 2692). Die Begr eines 2. Wohnsitzes beim LebPartn reicht aus (AG Königstein FamRZ **92**, 1439). Aber von einer eheähnl Verbdg kann dann nicht gesprochen werden, wenn ohne gemeins Haushführg eine Wohn-, jedoch keine Wirtsch-Gemsch unterh wird (BGH NJW **81**, 2805). Trotzd kann **nach langjähriger Partnerschaft** auch dann der UnterhAnspr entfallen (Zweibr NJW **93**, 1660), auch wenn sich die feste soz Verbindg auf gemeins WoEnden, FreiZt, Ferien u Teiln an FamFeiern beschr (Hamm FamRZ **94**, 1591). Jedenf muß das Erscheingsbild der Verbdg in der Öfftlk dazu führen, daß die Fortdauer der UnterhBelastg für den UnterhSchu dch die damit verbundene Beschrkg seiner Hdlgs- u LebGestaltgsFreih unzumutb wird (BGH NJW **83**, 1548/51; **84**, 2692; FamRZ **95**, 540: verneint). Zu den Kriterien der Unzumutbark: Luthin FamRZ **86**, 1166. **Einzelfälle:** 39 **(1)** Hat sich der UnterhBerecht **schon während der Ehe einem neuen Partner zugewandt**, ohne daß ihm ein FehlVerh iS von Z 6 zur Last fällt, so kann trotz Wegfalls des EhebrVorwurfs für die Zt nach der Scheid eine uneingeschränkte Inanspruchn auch für den nachehel Unterh unzumutb sein (BGH NJW **83**, 1548/50 u 1552; **84**, 297; FamRZ **91**, 542), ohne daß es dabei auf die wirtsch Lage des neuen Partn entscheidd ankommt (BGH NJW **89**, 1083/5 unter bb; abschwächd Graba FamRZ **89**, 574: Unerheblk der Gewährleistg gerade des ehel LebStandards). – **(2)** Die neue Partnersch des UnterhBerecht erfüllt 7, wenn sie wg bes, etwa kränker od anstöß BegleitUmst geeign ist, den Verpfl in außgewöhnl Weise zu treffen, ihn in der

Öfflk **bloßzustellen oder** in seinem Ansehen **zu schädigen** (BGH NJW **81**, 1782; **89**, 1083/5 f unter cc). Auch hier kann es auf die VermSituation des Partn nicht ankommen. – **(3)** Grobe Unbillig liegt ferner vor, wenn der UnterhGl **von der Eheschließung mit dem neuen Partner** nur desh **absieht,** um nicht den UnterhAnspr gg den gesch Eheg zu verlieren (BGH NJW **80**, 124; **82**, 1997; **83**, 1548/50; FamRZ **87**, 1011/4), es sei denn, es liegen dafür beachtl Grde vor, wofür auch wirtsch GesPkte wie Arbeitslosig od Überschuldg des Partn in Betr kommt (BGH NJW **84**, 2692/3; **89**, 1083/6 unter dd). – **(4)** Auch bei legitimer Abstandn von der Eheschl mit dem neuen Partn muß sich der UnterhBerecht gleichw **auf die** mögl außerehel **Unterhaltsgemeinschaft verweisen lassen,** wenn kein verständl Grd dafür ersichtl ist, daß die Partn nicht zu einer „ehegleichen ökonom Solidarität" (AK/Derleder Rdn 7) gelangen, also innerh der UnterhGemsch gemeins wirtschaften u der den Haush führde Partn wie in einer Ehe von dem and unterh wird. Dieser UnbilligkGrd setzt voraus, daß der neue Partn so weit leistgsfäh ist, daß der UnterhBerecht sein volles, also eheangem Auskommen findet (BGH FamRZ **87**, 1011/13 mAv Luthin; NJW **89**, 1083/6; Kln NJW-RR **94**, 1030; Kalthoener/Büttner NJW **89**, 809). Eine Verbdg mit einem wirtsch weniger potenten Partn als dem früh Eheg führt nicht zu einer Herabsetzg des Bedarfsmaßst iS von § 1578 I 1 (BGH aaO). Bei dieser Variante hat die Leistgsfähig Vorrang ggü der Dauer der neuen Beziehg. Die Bedeutg dieses GesPkts bei gleichgeschlechtl Partnersch wurde in BGH NJW **95**, 655/56 offengelassen. – **(5)** Schließl kann umgek auch die Dauer der nehel Verbdg ggü der mangelnden Leistgsfähig das Übergewicht bekommen. Lassen die Eink- u VermVerhältn des neuen LebPartn eine iS des § 1578 ausreiche UnterhGemsch nicht zu, dann liegt Nr 7 trotzdem vor, wenn sich die nehel **Lebensgemeinschaft** in einem solchen Maße **verfestigt** hat, daß das nichtehel ZusLeben „gleichs an die Stelle einer Ehe getreten" ist (Mü FamRZ **90**, 1243; Düss FamRZ **91**, 450; Schlesw NJW-RR **94**, 457). Bei berufsbedingter Trenng reicht eine 2jähr FreiZtGemsch aus (Kblz FamRZ **91**, 1314; and Celle FamRZ **92**, 569 AuslMontage). Entscheidd ist, ob nach dem Erscheings-bild der Beziehg in der Öfflk (BGH NJW **84**, 2692/3; Luthin FamRZ **86**, 1166) die Beteiligten diese LebForm bewußt auch für ihre weitere Zukft gewählt h (BGH NJW **89**, 1083/6 unter ff). Für dieses Erfordern der **Endgültigkeit** (Kblz NJW-RR **89**, 1479) wird idR ein ZusLeben von einer gewissen Dauer vorausgesetzt (BGH FamRZ **83**, 996; and „im Einzelfall" beispielsw Düss NJW **92**, 2302); idR wird eine **Mindestdauer** von 2–3 J nicht unterschritten werden dürfen (BGH NJW **89**, 1086; Oldbg FamRZ **92**, 443: mind 3 J; Häberle FamRZ **86**, 315: 1–2 J; RGRK/Cuny Rdn 4: 4–6 J; Düss FamRZ **94**, 176; AG Menden FamRZ **91**, 712: 1 J 4 Mo). Dementspr ist Nr 7 nach 5jähr ZusLeben bejaht worden (Nürnb FamRZ **85**, 396). UnterhAusschl aber auch schon vorh mögl, wenn aus der Verbdg ein Ki hervorgegangen ist u dem ZusLeben ledigl die formale Eheschl fehlt (Hamm FamRZ **89**, 631). Nicht dagg schon bei gemeins Hauser-werb (AG Gr-Gerau FamRZ **92**, 327). Der Eintr der Verfestigg rechtf eine **Abänderungsklage** (Düss NJW-RR **91**, 1347), es sei denn, die Beziehg bestand schon bei Abschl einer UnterhVereinbg u hat sich dann ledigl verfestigt (Düss FamRZ **94**, 170).

40   **dd)** Schließl dient Nr 7 auch der sonst **Korrektur gesetzlich an sich begründeter Unterhaltsansprü-che** unter dem GesPkt der Billigk, wenn die aus der UnterhPfl erwachse Belastg des Verpfl die **Grenze des Zumutbaren übersteigt** (vgl Bambg FamRZ **88**, 930), zB bei vorehel GesundhSchädig u gegenwärt TablettenAbh (Hamm FamRZ **94**, 1037; AG Esn FamRZ **94**, 706 u **95**, 880); ferner wenn etwa aus Glau-bensüberzeugg von vornherein Herstellg der ehel LebGemsch ausgeschl sein sollte (BGH FamRZ **94**, 558 verh koptischer Christ) od bei nicht ehebedingter, weil schon bei Eheschl bestehder Krankh (Oldbg NJW **91**, 3222; AG Rastatt FamRZ **91**, 824); bei Deckadresse zur Verheimlichg eines neuen LebPartn (Hamm FamRZ **95**, 880); od wenn die ErwUnfähig (§ 1572) darauf beruht, daß der neue LebGefährte der Frau diese niedergestochen hat (Düss FamRZ **87**, 487), od um dem Vorbestraften od Alkoholiker Unterh wg Nichterlangg einer ErwStellg abzuschneiden (§ 1573 Rn 11; § 1575 Rn 17). Nr 7 auch zur Korrektur der Ergebn von § 1582, insb wenn das Privileg dieser Vorschr den früh Eheg besser stellt, als er ohne die erneute Eheschl des UnterhSchu gestanden hätte (Karlsr FamRZ **87**, 387), od bei auf der Wiederheirat beruhden Steuervorteilen (BGH NJW **85**, 2268; Brschw FamRZ **95**, 356; § 1569 Rn 14).

41   **ee) Keine den Unterhaltsausschluß rechtfertigende Gründe** liegen dagg vor bei langjähr GetrLeben (BGH NJW **81**, 753); bei unerk geblieb vorehel Erkrankg (BGH NJW **94**, 1286 Psychose); wenn der UnterhSchu nach Scheidg von seiner 2. seine 1. Ehefr wieder heiratet (Zweibr FamRZ **83**, 1138); bei Strafanzeige wg unerl Waffenbesitz unmittelb nach Ausweisg aus der Ehewohng (Celle FamRZ **87**, 69); Mitteilg an Polizei über Kfz-Benutzg unter AlkEinfl u Aufforderg, sich psychiatr untersuchen zu lassen (Bambg FamRZ **87**, 1264). Nicht unter Nr 7 fällt ferner die Tats der Eingehg einer intimen Beziehg als solche, weil die Verpfl zu ehel Treue mit der Scheidg ihr Ende gefunden h (BGH NJW **83**, 1548/50; **89**, 1083/5 unter aa); ebsowenig das jahrel Bestehen eines solchen Verhältn, auch wenn es im Bekanntenkreis des **42** Ehem bekannt ist (BGH FamRZ **95**, 540). Auch daß ein Dr aus dem gezahlten Unterh mit unterh wird, stellt für sich genommen keinen Grd nach Nr 7 dar; denn der Berecht kann grdsl über den ihm zustehden Unterh frei verfügen (BGH NJW **89**, 1085).

43   **4) Rechtsfolgen** (vgl Rn 4). **a) Umfang der Unterhaltsbegrenzung:** Der nachehel Unterh wird dem unterhbedürft gesch Eheg versagt, herabgesetzt od zeitl begrenzt. Die Wahl des UnterhReduktionsmittels u das Ausmaß der UnterhReduzierg sind Sache **tatrichterlichen Ermessens.** Bei **Versagung** wird die UnterhKl abgewiesen. Gänzl UnterhAusschl auch bei schwerer Behinderg der UnterhGläub zul (BGH FamRZ **88**, 930; sa Hamm FamRZ **86**, 1219). Die **Herabsetzung** bedeutet eine umfangmäß Begrenzg, so daß je nach der Schwere etwa von Verfehlgn ein Abschlag von dem eigtl geschuldeten Unterh vorzunehmen ist (Hamm FamRZ **80**, 247) od mit Rücks auf die Kindesbelange ein an sich indizierter vollständ UnterhAusschluß teilw rückgäng gemacht wird. Bei Betreuung eines noch nicht schulpfl Ki idR keine Herabsetzg wg Nr 1 (Bambg FamRZ **88**, 727). Ehebrecherische Beziehgn zu 4 od 7 Männern führen bei vorgerücktem Alter (55 J), nach 30jähr ehel ZusLeben, Aufziehn v 4 Ki u relativ guten EinkVerhältn des Ehem zu einer Kürzg des (Trenngs-)Unterh um ⅓ (BGH FamRZ **83**, 670; Hamm FamRZ **90**, 633: auch ohne Ki). Überraschdes 2monat ZusZiehn mit einem and Mann währd eines KurAufenth des Ehem reduziert den UnterhAnspr auf den **Mindestbedarf** (Hamm MDR **85**, 674), auf den sich der UnterhAnspr bei an sich indiziertem gänzl Ausschl auch aus der nachehel Solidarität reduzieren k (Ffm FamRZ **87**, 161). Bei überdchschnittl EinkVerhältn u Betreuung eines gemschaftl Ki führt nehel weiteres Ki zur Reduzierg des Anspr auf angem MindUnterh (Kln FamRZ **91**, 707). Ebso Beschränkg auf den MindBed zur Wahrg der Kindesbelange, wenn ZusLeben mit Dr bereits länger dauert als die Ehe (Düss FamRZ **86**, 684; **88**, 509); ebso bei versuchtem ProzBetrug (Rn 15) trotz Bt zweier mj Ki (Hamm FamRZ **94**, 1115). Zur Reduzierg des Unterh aGrd kurzer Ehedauer bereits BGH NJW **82**, 2064/65; FamRZ **80**, 981; Stgt FamRZ **79**, 1022, so daß ein weniger als 2 J langes ZusLeben dazu führen kann, daß nur die Hälfte des Unterh geschuldet w (Hamm FamRZ **80**, 683). Die **zeitliche Begrenzung** bedeutet, daß eine unbefristete UnterhZubilligg ihrers unbill wäre, dh die UnterhZahlgsPfl entf nach Ablauf einer best, im UrtTenor konkret festzulegden Fr. Mögl auch die Begrenzg der UnterhVerpfl bis zur Scheidg, also für die Dauer des GetrLeb (Bambg FamRZ **86**, 1104); auch bei Betreuung 10j Tochter (Oldbg FamRZ **86**, 1218). Bei stundenw Erwtätig trotz Betr eines KlKi Begrenzg des UnterhAnspr nach Nr 1 auf 10 J (Kln FamRZ **90**, 1243). Zur zeitl Limitierg nach altem Recht vgl bereits Hbg FamRZ **81**, 54; KG FamRZ **81**, 157; Schapp FamRZ **80**, 218. **Verbindung** 44 **der Reduktionsmaßnahmen:** Die verschied DrosselgsMöglkten können, soweit dies mögl ist, auch miteinand kombiniert w, zB Herabsetzg des Unterh um die Hälfte, nach Ablauf von 3 J gänzl Wegfall uä.

b) Zeitliche Geltung der familiengerichtlichen Entscheidung zur Unterhaltsreduktion. Im Grds 45 schließt das Vorliegen eines der in Nr 1–7 genannten Umst den UnterhAnspr in dem vom FamG angenommenen Umfang insges u für immer aus, es sei denn, die für den Ausschl maßgebden Annahmen w dch Nichtig- od RestitutionsUrt (ZPO 579, 580) korrigiert. Ändergn in Einzelh führen dagg grdsl nicht zur Abänderg einer aGrd von § 1579 ergangenen Abweisg der UnterhKl, so daß ein Wechsel des EhebrPartn die Anwendg v § 1579 nicht etwa beendet (Hamm FamRZ **87**, 600) u es beispielsw nicht ausreicht, wenn nach strafrechtl Verurteilg ein nachträgl StrafErl ausgesprochen w od nach mutwill Herbeiführg der Bedürftigk der ehem ArbGeber zweitl in Konkurs gegangen ist usw. Treten umgek aber Umstde iS der Nr 2–4, 6 u 7 nach Rechtskr eines Urt gem §§ 1570 ff ein, dann ZPO 323 bzw 767. Die VerwirkgsTatbestde des § 1579 führen idR zum **endgültigen Verlust** des UnterhAnspr in dem vom FamG angeordn Umfang (Lit: Luthin FamRZ **86**, 1168 mN). Doch gilt dies nicht hinsichtl der im Ztpkt der Verwirkg schon geschuldeten Beträge (Hbg MDR **56**, 295). Endgült Verlust insb, wenn nur die Kindesbelange zur Aufrechterhaltg der an sich gänzl ausgeschlossenen UnterhBerechtig Anlaß gegeben haben. Nach Wegfall der KiBetreuung entsteht dann auch kein Anspr auf AnschlUnterh (§ 1569 Rn 4) mit neuer BilligkPrüfg. **Dagegen** können verwirkte 46 UnterhAnspr uU wieder aufleben (Kalthoener/Büttner NJW **89**, 809). Insb der UnterhAusschl aGrd einer festen soz Verbindg (Rn 38, 39) braucht **nicht endgültig** zu sein. Allerd wird dch die Auflösg des nehel Verhältn wieder eines unterhrechtl die Lage vor Eintr der die Unzumutbk begründden Umst wieder hergest (BGH FamRZ **87**, 689). Doch können UnterhAnspr, die aGrd des Bestehens einer nehel LebGemsch versagt w sind, etwa aGrd einer langen Ehedauer wieder aufleben, weil letztere nach Zerbrechen der das Auskommen bisher gewährleistden eheglleichen ökonomischen Solidarität innerh der ZumutbarkPrüfg ein und Gewicht erh (BGH NJW **86**, 722/24) ebso wie die KiWohlbelange (BGH FamRZ **87**, 1238). Der UnterhAnspr ist in solchen Fällen unter Einbeziehg der Kindesbelange umfassd neu zu prüfen (BGH FamRZ **87**, 1238). Die Beendigg der nehel LebGemsch stellt nicht die unterhrechtl Lage wie vor Eintr der Unzumutbark wieder her; erforderl ist vielm eine völlig neue Prüfg des UnterhAnspr n § 1579, insb auch unter Berücks der zw-zeitl Dispositionen des UnterhSchu (BGH NJW **87**, 3129). Die wiederauflebde WwenVersorgg ist ggü dem n § 1579 gekürzten UnterhAnspr subsidiär (BGH FamRZ **86**, 889; ausführl dazu Dieckmann FamRZ **87**, 231).

1580 *Auskunftspflicht.* **Die geschiedenen Ehegatten sind einander verpflichtet, auf Verlangen über ihre Einkünfte und ihr Vermögen Auskunft zu erteilen. § 1605 ist entsprechend anzuwenden.**

1) Die Bestimmg ergänzt das neue ScheidgsUnterhR dch einen entspr **Auskunftsanspruch.** Denn nur bei 1 Kenntn von den Einkften des and Eheg ist es mögl, die versch Voraussetzgen der UnterhBerechtigg hinreichd genau zu bestimmen. Zur AuskftsPfl iR der bestehdn Ehe § 1353 Rn 15, währd des GetrLebens § 1361 Rn 54 (Düss FamRZ **80**, 260: § 1580 analog). Innerh des Verhandlgsverbundes gilt § 1580 von der Rhängigk des ScheidgsAntr an; der Anspr kann mit einer StufenKl geltd gemacht w (BGH NJW **82**, 1645). Der AuskAnspr besteht wechselseit, also sowohl dem UnterhBerecht ggü wie dem UnterhVerpflichteten. Er ist nicht nur gegeben, wenn die Part ledigl über die Höhe des Unterh streiten, besteht aber nur, wenn die Auskft für den UnterhAnspr relevant ist (BGH NJW **85**, 1699) u wenn die von den wirtschaftl Verhältn der Part unabhäng Voraussetzgen vorliegen (BGH FamRZ **82**, 1189/92). Also kein AuskAnspr, wenn die Leistgsfähigk des unterhpflicht Eheg auch für hohe Betr auß Str steht (BGH NJW **94**, 2618; Ffm FamRZ **95**, 556) od umgek feststeht, daß ein UnterhAnspr ausgeschl ist (§ 1605 Rn 6), zB weil die UnterhBerecht ihren Unterh dch eig ErwTätigk über 4 J hinweg nachhalt sichern konnte (AG Hbg FamRZ **95**, 555). Zum **Umfang:** § 1605 Rn 15–19 sowie §§ 259–261 m Anm. **Anwendungsbereich:** § 1580 gilt sinngem auch f Altehen (BGH FamRZ **82**, 1189/92; aA Düss FamRZ **79**, 1021) sowie im Verhältn der Elt zueinand, die von einem vollj gemsch Ki in Anspr gen w (vgl § 1605 Rn 13). **Verpflichtung zur unverlangten Informa-** 2 **tion:** Bei Aufnahme einer ErwTätigk währd des Proz (Hbg FamRZ **87**, 1044); Überschreiten der im UnterhVergl vorgesehenen Zuverdienstgrenze (Hamm FamRZ **94**, 1265); Aufn eines längeren nehel ZusLebens (Kblz FamRZ **87**, 1156), Erbschaft (Hamm FamRZ **94**, 1119) sowie bei Weiterempfang titulierten Unterh trotz Wegf der Bedürftigk ist der UnterhGl ggf n § 826 schadersatzpflichtig (BGH NJW **86**, 1751; einschränkd NJW **86**, 2047/49: nur bei Hinzutreten besond Umst). Also nicht schon bei Einschrkg der Rückführg von DarlVerbdlk (Bambg FamRZ **94**, 1178). Ggf auch Wegf des UnterhAnspr (§ 1579 Rn 21).

2) Im Zushg der **entsprechenden Anwendung, S 2,** ist § 1605 II nicht anzuwenden, wenn die 1. Auskft 3 zZw der Geltmachg von TrenngsUnterh erteilt wurde (AG Mühldorf FamRZ **88**, 1173).

3. Leistungsfähigkeit und Rangfolge

1581 *Unterhalt nach Leistungsfähigkeit.* Ist der Verpflichtete nach seinen Erwerbs- und Vermögensverhältnissen unter Berücksichtigung seiner sonstigen Verpflichtungen außerstande, ohne Gefährdung des eigenen angemessenen Unterhalts dem Berechtigten Unterhalt zu gewähren, so braucht er nur insoweit Unterhalt zu leisten, als es mit Rücksicht auf die Bedürfnisse und die Erwerbs- und Vermögensverhältnisse der geschiedenen Ehegatten der Billigkeit entspricht. Den Stamm des Vermögens braucht er nicht zu verwerten, soweit die Verwertung unwirtschaftlich oder unter Berücksichtigung der beiderseitigen wirtschaftlichen Verhältnisse unbillig wäre.

1   **1) a) Inhalt und Zweck:** Die Vorschr des § 1581 hat eine **Doppelfunktion.** Sie enth mittelb (vgl die Überschr) entspr dem allg Schema von UnterhAnspr als allg Vorauss für die UnterhPfl des gesch Eheg das **Erfordernis der Leistungsfähigkeit** (vgl §§ 1603; 1569 Rn 6). Diese wird vom lfden Eink, vom vorh Verm u dch die ErwFähigk des UnterhPfl best (BGH FamRZ **85**, 158; Rn 5). Ihrem unmittelb Wortlt nach reduziert die Vorschr dagg nur die UnterhVerpfl in den sog **Mangelfällen** (Rn 14) auf den **Billigkeitsunterhalt** (S 1), weil der UnterhSchu nicht wg seiner UnterhVerpfl SozHilfe in Anspr nehmen soll (Graba FamRZ **89**, 233; Kalthoener/Büttner FamRZ **89**, 574; krit dazu Dieckmann FamRZ **79**, 139), u schränkt die Verpfl zur Verwertg des VermStamms unter wirtsch u BilligGesPkten ein (S 2). § 1581 ist **negative Billigkeitsklausel,** dh sie wirkt nicht ansprbegründd wie § 1576, sond immer nur iS einer Verkürzg der UnterhVerpfl (Erman/Dieckmann 2).

2   **b) Bedeutung der Leistungsfähigkeitsgrade.** Bei voller Leistgsfähigk gilt § 1578; bei eingeschrkter Leistgsfähigk erfolgt mHv § 1581 eine stufenw UnterhBemessg; der strikte Anspr auf Leistg des angem Unterh verwandelt sich unter Aufrechterhaltg seiner Identität (BT-Drucks 7/650 S 139) in einen Billigk-Anspr (BGH NJW **79**, 1985; **83**, 1733; **90**, 1172). Begr u Vorauss der Leistgsfähigk sind dieselben wie in § 1603 (unten Rn 5–13). Mit Rücks auf die unterhrechtl Eigenverantwortlk jedes Eheg nach der Scheidg (§ 1569 Rn 1) reduziert § 1581 S 1 die Mitverantwortg des and Eheg auch im Bereich der Leistgsfähigk. Währd im Verhältn insb zu unterhberecht Kindern mit den versch Selbstbehalten im wesentl rein betragsmäß unterschieden w (§ 1603 Rn 24), **ändern sich** im nachehel Unterh **die materiellrechtlichen Voraussetzungen,** unter denen der UnterhVerpfl dem and Teil Unterh schuldet (Rn 25).

3   **c)** Die **Bemessung des Unterhaltsanspruchs nach Billigkeit** erfolgt **stufenweise** (BGH NJW **79**, 1985; **83**, 1733; **86**, 2758; Graba FamRZ **89**, 233 u 575; MüKo/Richter 3; Soergel/Häberle 3; Schwab/Borth IV 767): Zunächst ist an Hand von § 1578 der volle UnterhBed des gesch Eheg zu ermitteln, außerd die UnterhAnspr der Ki, damit alle zu berücksichtigden Anspr zu dem insges für UnterhZahlgen verfügb Betr in Relation gesetzt w können. Hierbei dürfen keine BilligkErwäggen angestellt w. Erst auf der zweiten Stufe findet dann die Anpassg der Verpfl an die eingeschr Leistgsfähigk des Verpfl dch Kürzg des Anspr nach BilligkGesPkten statt, wobei dann allerd doch wieder auch die die Leistgsfähigk konstituierenden Momente modifiziert w können.

4   **d) Beweislast** für die mangelnde Leistgsfähigk liegt beim UnterhSchu (Graba FamRZ **89**, 575 mN; Rolland 11). Er muß ferner den Umfang sonstiger Verpfl u die Gefährdg des eig angem Unterh darlegen u beweisen (BGH NJW **80**, 2083). Für die innerh der BilligkAbwägg maßgebden Umstde ist jeder Eheg für die ihm günst Tats beweispfl (Baumgärtel/Laumen, Hdb der BewLast, Bd 2 1985, § 1581 Rn 4; Soergel/Häberle 23).

5   **2) Leistungsfähigkeit. a)** Für Begr u **Voraussetzungen** der Leistgsfähig des UnterhVerpfl, insb hins der Einnahmen aus Erwerbstätig, der SozLeistgen sowie der VermErträgn gilt für den nachehel Unterh grdsl dasselbe wie beim KiUnterh (§ 1603 Rn 4–15). Für die Leistgsfähigk kommt es nicht darauf an, daß die finanz Mittel dieselben sind wie zZt der Ehe, so daß auch Eink nach einem Berufswechsel od aus inzw 6 geerbtem Verm leistgsfäh macht. Im allg obliegt es dem UnterhPfl, nach der Scheidg nicht weniger zu arbeiten als vorher, aber auch nicht mehr (Kblz FamRZ **86**, 363). Einkfte aus Nebentätigkten sind jedoch nur soweit zumutb u nach Tr u Gl einzubeziehen (BGH FamRZ **80**, 984). Für die **Unterlassung zumutbarer Erwerbstätigkeiten** gilt im Prinzip Entsprechdes wie beim KiUnterh (§ 1603 Rn 9–14). Wer also seine ErwFähigk nicht einsetzt, muß sich fiktiv so behandeln lassen, als habe er das Eink, das er ohne Aufgabe des ArbPlatzes od bei erfolgversprechder Suche nach einem neuen ArbPlatz erzielen würde (BGH NJW **82**, 2491; FamRZ **88**, 597). Doch dürfen die Anfordergen ggü dem gesch Eheg nicht allg so hoch angesetzt w wie ggü unverheirateten mj Ki (Erm/Dieckmann 7). Ggf trotz Betreuung von Ki ist Aufn einer ErwTätigk abends od an Wochenenden zumutb (Kblz NJW-RR **93**, 325). Nach Hamm FamRZ **94**, 1461 entsch die ges Wertg des § 1582. Die Aufn eines Studiums entlastet nur, wenn es im Einvern mit dem and Eheg aufgen w ist (Karlsr FamRZ **81**, 559; and SaarbrZ FamRZ **81**, 676: entscheidd die Zumutbark des Verzichts auf den berufl Aufstieg). Entspr keine LeistgsUnfähigk bei Aufgabe des ArbPlatzes zZw weiterer Ausbildg (BGH NJW **80**, 2414; **81**, 1609; vgl iü Rn 8). Ggf ist ein Berufswechsel erst nach Bildg entspr Rücklagen bzw Aufn von Kredit zul, etwa bei Niederlassg eines angestellten KrankenHsOberarztes als frei praktizierder Facharzt (BGH FamRZ **88**, 145 mAv Hoppenz). Aber wer sich mit 40 J selbständ macht, kann sich ggü einem bl 7 Anspr auf AufstockgUnterh auf seine eingeschrkte Leistgfähig berufen (Mü FamRZ **92**, 441). Keine Erhöhg der Leistgsfähigk dch WohngsGewährg vS des neuen Partn (Hamm FamRZ **89**, 1305). Eine Obliegenh, Freibetr ggü dem SozAmt (BSHG 81) geltd zu machen, besteht nicht (Düss NJW **89**, 3288; bestät BGH DAV **90**, 682). Die **Übernahme der Betreuung** der in 2. Ehe geborenen Ki kann zur Verminderg der UnterhVerpfl ggü der 1. Ehefr führen (Kln FamRZ **95**, 353; vgl § 1603 Rn 11).

8   Die LeistgsUnfähig des UnterhSchu ist grdsl auch dann zu beachten, wenn sie **verschuldet** ist (BGH NJW **82**, 1812/2853 m krit Anm v Roth-Stielow; **82**, 2491; FamRZ **83**, 995; **87**, 372). Die Vorschr über die ausnahmsw Unbeachtlk der Bedürftigk (zB § 1579 Z 3) sind auf den UnterhVerpfl nicht zu übertr (BGH

FamRZ **85**, 158; aA Düss FamRZ **81**, 1177; Stgt FamRZ **82**, 1076; Kln FamRZ **84**, 1108). Aber die Berufg auf die eig LeistgsUnfähigk kann dem UnterhSchu nach Tr u Gl versagt sein bei unterhbezogenen Straftaten (Düss FamRZ **94**, 1049), Aufgabe des ArbPlatzes od bewußter Zerstörg der wirtschaftl Existenz, um sich der UnterhPfl zu entziehen; hierzu sowie zu Alkoholismus, vorzeit Ruhestand usw vgl § 1603 Rn 15. UnterhEntziehgsAbsicht ist nicht erfdl; es reicht verantwortgsl, zumind leichtfertiges Verhalten in bezug auf die UnterhPfl (BGH FamRZ **85**, 158; **88**, 597/9; Soergel/Häberle 5).

b) Betreuungsbonus. aa) Gemeinsame Kinder. Wird der gesch Eheg von dem and auf Unterh in **9** Anspru gen u betreut er selbst gemeins Ki, so findet keine Monetarisierg des naturaliter geleisteten Betreuungsaufwands statt; auch kein pauschaler Abzug der Hälfte des Eink (BGH NJW **82**, 2664). Absetzb ist vielm nur der **konkret nachgewiesene Mehraufwand** (BGH FamRZ **80**, 994; **83**, 689; Hbg FamRZ **85**, 290). Anderers hat BGH NJW **86**, 2054 den Abzug von 300 DM vom NettoEink als Betreuungsbonus gebilligt. Denkb auch ein FreiBetr von 15% wg mRücks auf die KiBetreuung überobligationsmäß ErwTätigk (Schlesw FamRZ **90**, 518; krit Kalthoener/Büttner NJW **91**, 404f). Zum Teil wird der Betreuungsbonus auch nach Tr u Gl unter Berücks der bes Umst des jew Einzelfalls individuell festgesetzt (so Kblz NJW-RR **89**, 1481). IjF sind abzugsfäh die tats Kosten einer Fremdbetreuung des gemeins Ki (Kln FamRZ **81**, 366). ErziehgsUrl zZw der Betreuung eines Säuglings aus 2. Ehe entlastet unterhrechtl, wenn gleichzeit 2 mj Ki aus der 1. Ehe betreut w (Kblz FamRZ **89**, 286). Zur Leistgsfähigk bei **beiderseitiger Kindesbetreuung** § 1570 Rn 4. – **bb) Übernahme der Haushaltsführung und Betreuung von Kindern aus einer neuen 10 Ehe** unter Aufgabe der bish ErwTätig entlastet den UnterhPfl grdsl nicht (Joh/Henr/Voelskow 4), jedenf wenn dem gesch Eheg ein UnterhAnspr aus § 1570 zusteht (BGH FamRZ **87**, 252).

c) Ermittlung des Nettoeinkommens wie § 1603 Rn 5f. **Schulden:** Zu berücks sind die sonst Ver- **11** pflichtgen des UnterhSchu (§ 1603 Rn 18). Das ist noch keine Frage der Billigk (Rolland Rn 2; Erm/Dieckmann 12; aA MüKo/Richter 9; Soergel/Häberle 11), schließt aber auch nicht aus, daß bereits bei der Ermittlung der Leistgsfähigk des UnterhSchu nicht alle Verbindlkten leistgsfähigkmindernd berücks w können. Nicht zu berücks sind Luxusschulden od solche Verbindlkten, die leichtfertig od ohne verständl Grd eingegangen sind (BGH NJW **82**, 380). Iü ist für die Berücks eine auf den Einzelfall abstellde **umfassende Interessenabwägung** erfdl (Einzelh Soergel/Häberle 17; MüKo/Richter 9: Berücks auch schutzwürd Interessen des DrGl), u zwar auch bei aus der EhePartn ggü seines neuen EhePartn ggü (Kredit)Verpfl (BGH NJW **84**, 1238). Entscheid ist ein vernünft TilggsPlan (§ 1603 Rn 18). Der Schuldabtrag für Aufwendgen anläßl der Wiederheirat ist absetzb (Schles SchlHA **81**, 81); dagg nicht (wg §§ 1381, 1382) Kredite zur Finanzierung des ZugewAusgl (Hbg FamRZ **86**, 1212; aA Hamm FamRZ **85**, 483). **Hausunkosten:** § 1361 Rn 23–25. Ggf muß das Hs veräußert w, so daß die Aufwendgen dafür entfallen (Kln FamRZ **82**, 706; KG FamRZ **84**, 900; Düss FamRZ **87**, 833). Zu anderweit UnterhVerpfl: Rn 13. Zur unterhrechtl Bedeutg von **Gesamtschulden:** § 1372 Rn 7. **Überobligationsmäßige Einkünfte,** zB trotz Bt des gemeins Ki erworbene, sind entspr § 1577 II 2 anrechngsfrei (Hamm FamRZ **94**, 1036; and Hamm FamRZ **94**, 1114: Einschrkg des Unterh-Bed).

d) Steuern: §§ 1569 Rn 12; 1603 Rn 7. Wiederverbedingte StrVort können zum Unterh des neuen Eheg **12** verwendet w (Hamm FamRZ **94**, 1592).

e) Zusammentreffen mit anderweiten Unterhaltspflichten. Zu den das NettoEink mindernden **13** Verpfl (Rn 11) gehören auch andere UnterhVerpfl, soweit sie dem gesch Eheg ggü nicht nachrangig sind; also auch die UnterhPfl dem von ihm adopt Ki seines neuen EhePartn ggü (Hamm FamRZ **92**, 321). Dieses RangVerhältn wird durch § 1581 nicht verändert (Rn 25). Es ergibt sich für das Verhältn zum Ki des UnterhVerpfl aus § 1609 u ggü einem neuen Eheg des UnterhSchu aus § 1582. Obwohl der Anspr des gesch Eheg an sich gleichen Rang mit UnterhAnspr von mj Ki hat, mögen diese aus der gesch od aus einer neuen Ehe des UnterhSchu stammen od nichtehel sein (Hamm FamRZ **95**, 996), erfolgt in der Prax ein **Vorwegabzug des Kindesunterhalts** (§ 1578 Rn 28), gg den auch im Mangelfall keine Bedenken bestehen, soweit nur der MindBed des Ki (§ 1610 III) abgezogen w (Soergel/Häberle § 1578 Rn 35) bzw soweit die dadch bewirkte Verteilg nicht im Mißverhältn zum LebBed von Elt u Ki steht (vgl BGH NJW **81**, 753; **82**, 1983; **83**, 2937; **87**, 1551). Ein Vorwegabzug hat desh gem § 1609 II 2 zu unterbleiben, wenn die Einkfte des Verpfl nicht ausreichen, um den angem Unterh des unterhberecht Eheg zu gewährleisten (BGH NJW **86**, 985/7).

3) Voraussetzungen der Einschränkung der Unterhaltspflicht, S 1. Der UnterhVerpfl muß außer- **14** stande sein, gleichzeit für sich selbst u für den gesch Eheg den iSv § 1578 eheangem Unterh zu leisten **(Mangelfall).**

a) Was der **Unterhalt des Berechtigten** ist, richtet sich nach dem Bed der ehel LebVerhält (§ 1578 **15** Rn 3ff) u nach der Bedürftigk des Berecht (§ 1577 Rn 1). Da es iRv § 1581 in der Mehrzahl um extreme Mangelfälle geht, kann man sich idR bei der Festsetzg des BerechtUnterh mit der Einsetzg der TabWerte für den Ki- u EhegUnterh begnügen (DüssTab NJW **88**, 2352; Graba FamRZ **89**, 234; Heiß/Heiß I 4.8).

b) Gefährdung des eigenen angemessenen Unterhalts des Verpflichteten ist die Einstiegsgrenze **16** dafür, daß der strikte QuotenAnspr des Berecht in den BilligkAnspr umschlägt. Der UnterhVerpfl schuldet nur noch Unterh nach Billigk, wenn er außerstande ist, zugl den nach § 1578 berechneten vollen Unterh des Berecht zu leisten u sich selbst angem zu unterh. Wann der eig angem Unterh des Verpfl gefährdet ist, richtet sich nicht nach dem generellen Maßst des angem od großen Selbstbehalts (so Weychardt DAV **79**, 321; Künkel DAV **88**, 655; Kalthoener/Büttner FamRZ **89**, 574; Graba FamRZ **89**, 575 sowie 49. Aufl), sond der eig angem Unterh des Verpfl ist gefährdet, wenn ihm bei Erfüllg des QuotenUnterh weniger als der **volle Unterh iSv § 1578 I** bliebe (so jetzt in einer GrdsEntsch BGH **109**, 72 = NJW **90**, 1172 = FamRZ **90**, 260/64; Düss FamRZ **90**, 1364: je nach ErwTätig ½ od ½; Hampel FamRZ **84**, 621; **89**, 1115; Erm/Dieckmann 14; Soergel/Häberle 12; and noch BGH FamRZ **89**, 705/8). Mit dieser Entsch hat der BGH die ohnehin fragwürd "Ideologie des gemeins Wegs zum SozAmt" (Erm/Dieckmann 19) aufgegeben. In der Prax überwiegen die Fälle, in denen sich die Part die Scheidg wirtsch nicht leisten können (anschaul dazu MüKo/Richter 1); dch die obige Konzeption wird der "Mangelfall" nunmehr zum dogmat Regelfall, weil auch bei unveränd EinkVerhältn schon wg des trenngsbedingten Mehraufwands das Konsumniveau der ehel

LebVerhältn nach der Scheidg in aller Regel nicht wieder erreicht w (BGH FamRZ **90**, 264 f). Das bedeutet, daß in einer den Grdsen in § 1578 Rn 2 ff entspr Weise der eheangem Bed auch des UnterhPflicht zu best ist. Dazu gehören die Kosten für die Kranken- u Invaliditätsvorsorge (§ 1578 Rn 42 u 45), soweit sie nicht bereits vom Lohn abgezogen w; ferner der trenngsbedingte Mehraufwand. Da der Maßst des § 1578 individuell ist, kann der eheangem Bed den gr Selbstbehalt übersteigen od unterschreiten (Soergel/Häberle 12). Vgl iü unten Rn 26.

17   **4) Billigkeitsabwägung. a) Bedeutung.** Dadch, daß BGH **109**, 72 die Grenze für die Gewährg bl BilligkUnterh nach vorn, näml vom angem zum vollen Unterh verschoben hat (Rn 16), wird in Zkft nur noch in Fällen voller Leistgsfähigk QuotenUnterh geschuldet; in den zahlenmäß weit überwiegden Fällen eingeschränkter Leistgsfähigk entsch BilligkGesPkte. Damit kann ein nach den §§ 1570 ff noch so sorgfält

18 begründeter Anspr jederzeit wieder in Frage gestellt w. – **b) Kriterien der Billigkeitsbeurteilung** (MüKo/Richter 12 ff). Entscheidd sind die Umst des Einzelfalls (Erm/Dieckmann 16). Im Rahmen der BilligkAbwäg sind bes die **Bedürfnisse** u die **Erwerbs- und Vermögensverhältnisse** der gesch Eheg zu berücks. Mit dem Begr der Billigk verträgt es sich nicht, diese beiden gesetzl BilligkKriterien als abschließd zu betrachten (aA Joh/Henr/Voelskow 10). Im Prinzip gilt bei der Abwägg der einz Umstde iRv S 1 **für beide Ehegatten der gleiche Maßstab** (BGH NJW **85**, 1695). Wenn der UnterhBerecht das aus dem MitEigt übern Hs nicht zu veräuß braucht, ist der UnterhPflicht seiners ebenf nicht gezwungen, den bei der VermAuseinandS erhaltenen Betr zu UnterhZwecken einzusetzen (MüKo/Richter 16). Doch ist hins der ErwAnstrenggen nach dem Grds der EigVerantwortg (§ 1569 Rn 1) bei vergleichb Opferlage von dem Berecht ein verstärkter Einsatz zu fordern (Joh/Henr/Voelskow 8). Ein arbeitsl Lehrer darf sich zum Computerfachmann umschulen lassen, auch wenn das vom ArbAmt gezahlte UnterhGeld aus § 1570 nicht abdeckt (Karls NJW-RR **89**, 1230). Auch bereits in den UnterhVorauss enth BilligkAbwäggen können dch § 1581 nochmals überhöht w. Das gilt etwa für die Beurteilg von Schulden des UnterhSchu (Rn 11), aber auch iRv § 1579 für den Anlaß, der zur Ehescheidg geführt hat (bestr); ein BilligkKriterium kann näml im Zushang mit and Momenten dchaus ein and Gewicht erh, soll die BilligkAbwäg nicht vorzeit verbraucht

19 w. – **c) Maßgebder Zeitpunkt** der für die BilligkAbwägg zu berücks Umstde ist der ZtRaum der jew Inanspruchn des UnterhSchu; im Proz entsch die letzte mündl Verhandlg, wobei allerd eine vorhersehb

20 zukünft Entwicklg zu berücks ist. – **d) Verfahrensrechtlich** unterliegt die BilligkAbwägg nur eingeschrkt revisionsrechtl Überprüfg. Sie muß aber den angewendeten Maßst erkennen lassen u die vom Gesetz vorgegebenen Wertgn einhalten, die sie nicht in ihr Ggteil verkehren darf (BGH NJW **83**, 1735/5). Außerd hat die tatrichterl Entsch den gesetzl vorgegebenen Ermessensspielraum auszuschöpfen (BGH NJW **90**, 1172).

21   **5) Rechtsfolgen nicht vorhandener bzw eingeschränkter Leistungsfähigkeit.**

22   **a) Absolute Leistungsunfähigkeit.** Hat der UnterhSchu überh kein Eink od reichen seine Einkfte nicht einmal od gerade zur Deckg seines **eigenen notwendigen Unterhaltsbedarfs** aus, so besteht mangels Leistgsfähigk überh keine UnterhPfl, den Ki ggü nach § 1603 II (dort Rn 16 u 24) nicht, dem gesch unterhbedürft Eheg ggü nach dem GrdGedanken von § 1581 nicht (Rn 1), ohne daß es einer BilligkAbwägg bedürfte, so daß keine UnterhPfl besteht, soweit der InAnsprGen inf der UnterhLeistgen **selbst sozialhilfebedürftig** würde (BGH **111**, 194). Der **Mindestselbstbehalt** (§ 1610 Rn 16) ist dem UnterhPfl zu MindVersorgg zu belassen (Kalthoener/Büttner FamRZ **89**, 574 f; Joh/Henr/Voelskow 9). Der UnterhSchu kann ihn grdsl auch dann beanspr, wenn der SelbstbehBetr mehr ausmacht als die eheangem Bed (BGH NJW **88**, 1722; FamRZ **90**, 260; Düss FamRZ **91**, 198; Hbg FamRZ **93**, 1453; Graba FamRZ **89**, 233). Der MindSelbstbehalt beruht nicht auf der indiv LebStellg des UnterhPflicht, sond ist generalisierter UnterhBed u kann desh in Richtsätzen u Leitlinien festgelegt w (BGH NJW **82**, 1050; Soergel/Häberle 19). Eine UnterhPfl besteht nicht, soweit der InAnsprGen inf des geleisteten Unterh selbst sozhilfebedürft würde. An die Stelle des leistgsunfäh UnterhVerpfl treten die Verwandten des unterhbedürf Eheg (§ 1584 S 2). Auch wenn solche nicht vorh od sie ihrers nicht leistgsfäh sind, kommen UnterhAnspr, von ganz außergewöhnl Ausn abgesehen, nicht in Betr (and Joh/Henr/Voelskow 7: immer BilligkUnterh).

23   **b) Teilweise Leistungsfähigkeit.** Reicht das Eink über die Deckg des notw EigBed des UnterhPfl hinaus, aber immer noch nicht zur Deckg des vollen UnterhBed des gesch Eheg, der gleichrang berecht Ki u des eig angem Unterh des Verpfl, so nach § 1581 S 1 eine **Billigkeitsentscheidung** erfdl. Sie hat **drei Bezugspunkte:** Einmal müssen die Grenzen festgelegt w, ab wann nur BilligkUnterh geschuldet w, wann also ein **Mangelfall** gegeben ist (dazu oben Rn 16), sowie ferner, bis wohin die Inanspruchn des UnterhSchu auch in Mangelfällen zu rechtfert ist, also wie hoch der **Billigkeitsselbstbehalt** als das dem UnterhSchu auch in Mangelfällen zum EigenVerbr verbleibde Eink sein soll (Rn 24). Schließl bedarf es der Entwicklg von **Kriterien,** die die **Billigkeitsabwägung** inhaltl (Rn 18) u hins der RFolgen (Rn 25) best.

24   **aa) Untere Haftungsgrenze für den Billigkeitsunterhalt: Billigkeitsselbstbehalt.** Die BilligkEntsch erfaßt ggf auch den angem Unterh des Verpfl (Soergel/Häberle 14). BGH **109**, 72 = NJW **90**, 1172 = FamRZ **90**, 260/65 hat jedoch das bish in Mangelfällen praktizierte automat Beschrkg des unterhverpfl Eheg auf den notw od den in der Lit befürworteten Mittelwert zw notw u angem Selbstbehalt (vgl Mutschler FamRZ **82**, 105; MüKo/Richter 21; s aber unten) verworfen. Das, was dem UnterhSchu im Regelfall auch unter BilligkGesPkten verbleiben soll, ist nach dieser Entsch nicht der notw EigBed, u zwar selbst dann nicht, wenn der unterhberecht Eheg mit mj Ki zuslebt, u grdsl auch der **große Selbstbehalt** (§ 1610 Rn 16). Letzterer bietet **allenfalls** einen **Anhalt** für die Zugriffsgrenze beim BilligkUnterh, also für die untere Grenze des dem UnterhPflicht zu belassden Eink. Daß die unterhberecht gesch Eheg auf diese Weise gezwungen w, in stärkerem Maße öffrechtl Mittel für den Unterh in Anspr zu nehmen, hat der BGH aaO unter Bezug auf BVerfG FamRZ **84**, 346 ausdrückl hingen. Je nach den Umstden des Falles kann der dem UnterhPflicht zu belassde Teil seines Eink aber auch unter dem gr Selbstbehalt liegen (BGH **109**, 72). Aber dies soll offensichtl nicht bereits dann der Fall sein, wenn aS des UnterhBerecht nicht einmal der notw UnterhBed gedeckt ist. Nur wenn der unterhberecht Eheg (der sich als Erwachsener in Notsituationen im allg besser zu helfen weiß als ein Ki; MüKo/Richter 22) im Einzelfall aus bes Grden ähnl hilfl u bedürft ist

wie ein mj Ki, kann der BilligkUnterh das Eink des UnterhSchu ausnahmsw auch einmal bis zur Grenze von dessen eig **notwendigen Selbstbehalt** ausschöpfen (BGH **109**, 72; krit dazu Derleder FuR **90**, 166; Rn 22). Zu beachten ist, daß damit ledigl StützPkte für die tatrichterl Entsch gegeben sind. IRv § 1581 S 1 ist als **billiger Selbstbehalt** ein Betr zu finden, der dem UnterhSchu in Mangelfällen unter BilligGesPkten verbleiben soll. Da die BilligkEntsch **individuell** getroffen w muß, kann er iGgs zu den sonstigen Selbstbehalten nicht pauschaliert w (and 49. Aufl Anm 5 b dd). Insow sind zum gr Teil **frühere Entscheidungen überholt**, die den UnterhSchu iRv § 1581 pauschal den angem UnterhEigBed (Ffm FamRZ **84**, 282) bzw einen MittelBetr zw notw u angem EigBed beließen (so aber auch jetzt noch Karlsr u Hbg FamRZ **93**, 1452 u 1453) bzw pauschal bei beiders Arbeitslosigk bzw Betreuung mj Ki dch den UnterhBerecht den Unterh-Schu auf den notw Selbstbehalt herabdrückten (Düss FamRZ **89**, 982). In Zkft bekommt der unterschiedl HaftgsMaßst ggü dem gesch Eheg u ggü mj Ki nach § 1603 II neues Gewicht.

bb) Rechtsfolgen der Billigkeitsabwägung. Die BilligkEntsch nach S 1 kann nicht das Rangverhältn 25 mehrerer UnterhBerecht ändern (BGH NJW **85**, 2268; Düss FamRZ **82**, 1076; Soergel/Häberle 18) u auch nicht nichtbestehde UnterhAnspr begründen (Rn 1). Sie ermögl ihrem Ggst nach aber nicht nur eine and VerteilgsQuote als § 1578 vorsieht (Rn 26), sond auch eine **schärfere Beurteilung der materiellrechtlichen Unterhaltsvoraussetzungen** bei beiden Eheg. So kann für beide Eheg eine Wohnsitzverlegg od ein ArbPlatzwechsel in Betr kommen (AK/Derleder 5); der UnterhPflicht kann auf unterwertige ErwTätigkten verwiesen w (BGH **75**, 272/75); wie umgek der unterhberecht Eheg nach § 1581 gehalten sein kann, eine nach § 1570 an sich noch nicht zu erwartde (BGH FamRZ **83**, 569; **87**, 46) od eine iS von § 1574 eigtl nicht eheangem ErwTätigkeit aufzunehmen (Erm/Dieckmann 16; MüKo/Richter 15). Einkfte aus einer unzumutb ErwTätigk können entgg § 1577 voll angerechnet w (Stgt FamRZ **78**, 681; Soergel/Häberle 15), ebso wie freiwill Zuwendgen Dr (Rolland 4) od KiGeld (Karlsr FamRZ **85**, 936). Ggf ist die Dringlichk der Bedürfn iRd Billigk erneut zu überprüfen. Das gilt für berufsbedingte Aufwendgen (Kfz) u die Berücks von Kreditverbindlkten ebso wie für Unterhaltsaufwendgen, die unter dem BilligkGesPkt ganz außer acht gelassen od gekürzt w können (BGH NJW **81**, 1556; Erm/Dieckmann 18; MüKo/Richter 14). Ggf ist der UnterhVerpfl zu einer Umschuldg anzuhalten, wenn damit eine fühlb Entlastg erreicht w kann (Göppinger/ Wenz Rn 1204). Als am wenigsten stabil gg BilligkEinwände dürfte sich der AufstockgsUnterh (§ 1573 Rn 14) erweisen (Erm/Dieckmann 21). – Rein betragsmäß kann ein BilligkMoment auch ledigl zu einer **Änderung der Verteilungsquote** (§ 1578 Rn 29) führen bis hin zur Verneing des UnterhAnspr, etwa wenn 26 einem 80jähr Rentner, der von seiner 26 J jüngeren Frau nach 18jähr Ehe verlassen w ist, die Rente in vollem Umfang belassen wird (Kln FamRZ **80**, 1006). In **extremen Mangelfällen,** wenn also der notw Mindest-Bed der Beteiligten (Ki: unterste Stufe der Düss Tab; unterhberecht Eheg: notw EigenBed; ebso Bambg FamRZ **93**, 66 u 1093) nicht gedeckt w kann (vgl dazu auch Böhnert DAV **91**, 800 u **92**, 21), erzwingen die sich aus § 1603 II bzw §§ 1581, 1582, 1609 II ergebden unterschiedl hohen Selbstbehalte u unterschiedl Rangstufen **mehrstufige Berechnungen** (Kalthoener/Büttner Rn 83 ff; Deisenhofer FamRZ **90**, 580; Karlsr FamRZ **93**, 708; § 1609 Rn 3). Od es unterbleibt entgg Rn 13 der Vorwegabzug des KiUnterh u entgg § 1578 Rn 3 wird beim UnterhBerecht ein MindBedSatz angen (Bambg FamRZ **93**, 1093). In Wirklk hat der BGH in seiner neuesten Entsch NJW **92**, 1621 = FamRZ **92**, 539 den „bill" Unterh doch mit dem iS v § 1603 II notw Unterh gleichgesetzt (so Graba FamRZ **92**, 542). Graba stellt zu Recht auch fest, daß in Mangelfällen mit Ki der erforderl 2-Stufen-Berechng (§ 1609 Rn 3) der Boden entzogen wird, wenn für den Selbstbeh des Verpfl nicht ein fester Betr zur Vfg steht. Dieser kann auch and festgelegt werden (zB Ffm FamRZ **92**, 775 f: 1600 DM als AnhPkt).

6) Einsetzung des Vermögens. Aus der Bezugn auf die VermVerhältn in S 1 ergibt sich, daß der 27 UnterhVerpfl auch sein Verm einsetzen muß, um seiner laufden UnterhPfl zu genügen (BGH **75**, 272/8; MüKo/Richter 7; Soergel/Häberle 20). Der Einsatz von VermErträgn steht dabei ledigl unter der Einschrkg von S 1 (Rn 28); für die Verwertg des VermStamms ergeben sich die Grenzen aus S 2 (Rn 29). Greifen dessen Ausn nicht, hat der Verpfl auch den Stamm seines Verm zur Befriedigg der UnterhFdg des gesch Eheg einzusetzen (Erm/Dieckmann 1).

a) Vermögenserträge. Was der UnterhSchu an Einkften aus vorhandenem Verm erzielt, stärkt seine 28 Leistgsfähig. VermErtr sind desh für den eig wie für den Unterh des gesch Eheg nach den Grdsen von S 1 einzusetzen. Zu den VermErtr zählen auch **Nutzungen,** zB die GebrVorteile aus einem selbst genutzten EigHeim (vgl BGH FamRZ **86**, 434 u 437; Graba FamRZ **85**, 657; vgl § 1361 Rn 24 f). Entspr der Fiktion von Einkften aus nicht genutzter ArbKraft (oben Rn 6) sind im Prinzip auch nicht erzielte Einkfte aus Verm leistgsfähigkerhöhd zu berücks (vgl BGH FamRZ **86**, 437/9), insb wenn der UnterhSchu eine eindeut unwirtsch Form der VermAnlage gewählt hat (vgl BGH FamRZ **86**, 439 u 560). Doch findet die Fiktion eine doppelte Begrenzg dadch, daß der UnterhSchu aGrd von S 2 vorrang zur Verwertg des VermStamms verpfl (Rn 27) u er insof dann ohne Fiktion leistgsfäh ist u daß ihm anderers die Verwertg gleichf nach S 2 bei Unwirtschaftlk od Unbilligk erspart w. Die Fiktion von VermEinkften darf desh nicht zu einem VerwertgsDruck führen, der dem eingeschrkten VerwertgsGebot von S 2 widerspr (Erm/Dieckmann 9).

b) Verwertung des Vermögensstamms. – aa) Grundsatz. Entspr dem VerwandtenUnterh (§ 1603 Rn 29 3) muß auch im Verhältn der gesch Eheg zueinand, wenn das ErwEink nicht ausr, zur Begrdg der Leistgsfähigk auf den Stamm des Verm zurückgegriffen, dh es müssen **Vermögensstücke veräußert** w. Der VerwertgsZwang kann auch zur bl Umschichtg des Verm verpfl, wenn dadch ein höherer Ertrag zu erwarten ist (Erm/Dieckmann 9a). Ggf hat sich der Schu dch Beleihg des Verm die erfdl Mittel für den Unterh zu verschaffen (BGH NJW **82**, 1641). Wurde der LebUnterh währd der Ehe überwiegd aus dem Verm bestritten, so muß der VermStamm auch für den nachehel Unterh angegriffen w (Ffm FamRZ **88**, 1285). Ggf muß das als FamHeim erworbene **Haus** veräußert w (Rn 11); ebso ein unrentables Frachtschiff (Kblz FamRZ **85**, 812) od ein unrentabler Hof, auch wenn der UnterhPflicht mit solchen VermStücken weitgehd seinen Beruf verliert (BGH FamRZ **86**, 556/7; RevEntsch zu Schlesw FamRZ **85**, 809 mAv Zieroth). – **bb) Einschränkung der Verwertungsobliegenheit, S 2.** Die VerwertgsSperre entspr § 1577 30

III (dort Rn 11). In der Heranziehg einer aus der Veräußerg von Verm erlangten Leibrente liegt keine
31 Verwertg des VermStamms (BGH NJW **94**, 935 Verlag). – **Unwirtschaftlichkeit** liegt vor, wenn dch die Verwertg des Verm die Leistgsfähigk des Verpfl nicht od nicht auf eine gewisse Dauer hergestellt würde od wenn der Verkauf von VermGgstden zZt nur erhebl unter Wert dchführb wäre. Der Verlust eines vorher-
32 sehb Wertzuwachses kann ausr (Erm/ Dieckmann 9 d; aA BGH **75**, 272/8). – **Unbillige Härte** ist gegeben, wenn dch die VermVerwertg eine erhebl Unsicherh in der wirtsch Existenz des Verpfl selbst eintreten würde (BT-Drucks 7/650 S 141); sie liegt dagg nicht darin, daß die Belastg mit der UnterhPfl den Verpfl bes hart trifft (dann uU § 1579). Im Ggs zu dieser Vorschr muß sich die Härte gerade aus dem VerwertgsZwang ergeben, etwa weil der UnterhSchu bes Beziehg zu dem VermGgstd hat, die das Interesse an der Erhaltg des Ggstdes ggü dem Interesse des Berecht an der Dchsetzg seines UnterhAnspr vorrang erscheinen läßt. Iü gilt für die BilligkAbwägg Entspr wie zu S 1 (Rn 18), so daß bei beiderseit unwirtsch Verwertgsmöglk eher der UnterhBerecht veräußern muß (Joh/Henr/Voelskow 8).

1582 *Zusammentreffen von Ansprüchen eines geschiedenen und eines neuen Ehegat-
ten.* [1]Bei Ermittlung des Unterhalts des geschiedenen Ehegatten geht im Falle des § 1581 der geschiedene Ehegatte einem neuen Ehegatten vor, wenn dieser nicht bei entsprechender Anwendung der §§ 1569 bis 1574, § 1576 und des § 1577 Abs. 1 unterhaltsberechtigt wäre. Hätte der neue Ehegatte nach diesen Vorschriften einen Unterhaltsanspruch, geht ihm der geschiedene Ehe-
gatte gleichwohl vor, wenn er nach § 1570 oder nach § 1576 unterhaltsberechtigt ist oder die Ehe mit dem geschiedenen Ehegatten von langer Dauer war. Der Ehedauer steht die Zeit gleich, in der ein Ehegatte wegen der Pflege oder Erziehung eines gemeinschaftlichen Kindes nach § 1570 unter-
haltsberechtigt war.

[II]§ 1609 bleibt im übrigen unberührt.

1 **1)** Die Vorschr regelt die **Unterhaltskonkurrenz nach Wiederverheiratung des unterhaltspflichti-
gen Ehegatten,** den Fall also, daß der gesch u der neue Eheg von dem unterh-verpflichteten Eheg Unterh verlangen, ohne daß dieser in der Lage ist, beide Anspr zu befriedigen. Die Konkurrenzsituation entsteht also nur, wenn der unterhpflicht Eheg den UnterhPfl aus der früh u der neuen Ehe nicht gleichzeit nach-kommen kann. Ist der verpfl Eheg voll leistgsfäh, so taucht das Probl der UnterhKonkurrenz nicht auf.

2 **a) Zweck:** Die Regelg soll ausschließen, daß der neue Eheg vor dem gesch Eheg des Verpfl bevorzugt wird (BT-Drucks 7/650 S 142 f; 7/4361 S 33). Das Ges wählt hierzu aber nicht die Gleichstellg, sond den Weg einer **doppelten Privilegierung** des früh Eheg: der gesch Eheg hat Vorrang, wenn nicht der neue Eheg des UnterhVerpfl nach einer fiktiven (!) Scheidg seiner unterh-berecht wäre, I 1. Diese Best läßt § 1575 unerwähnt, weil die dort vorausgesetzte hypothet Betrachtg für die bestehende Ehe ausscheidet (Rolland Rn 7). Aber auch für den fikt Fall der Scheidg wird der in den Fällen der KiBetreuung, Krankh, des Alters usw. bestehende Gleichrang nochmals zG des früh Eheg dchbrochen, wenn dieser bes wertvolle UnterhGrde (KiBetreuung, lange Ehedauer od die Billigkklausel) für sich ins Feld führen kann, I 2. Wg Einzelh vgl 47. Aufl Anm 2.

3 **b)** Die Vorschr ist **verfassungsrechtlich** unbedenkl, soweit der MindBedarf des neuen Ehepaars gesi-chert ist (BGH FamRZ **87**, 916; Ffm FamRZ **87**, 1155; überh unbedenkl: Stgt FamRZ **81**, 1181; Düss FamRZ **82**, 1076). Verfmäß Bedenken weckt die Vorschr, soweit der gesch Eheg Vorrang auch hins seines angem Unterh vor dem MindUnterh des neuen Eheg des UnterhSchu haben soll, insbes wenn BilligkUn-terh vor KiBetreuungsUnterh rangiert (Johannsen/Henrich/Voelskow Rn 3). Im übrigen kennt GG 6 I nicht Ehen verschiedener Klassen; die Benachteiligg im UnterhR macht die 2. Ehe aber zu einer solchen 2. Kl. Wenn BT-Drucks 7/650 S 143 u 7/4694 S 12 sich demggü darauf berufen, der neue Eheg habe mit dem Bestehen derartiger UnterhPfl rechnen müssen u in der neuen Ehe sei ggf zu Kinder zu verzichten, so braucht die Kenntn keinesweges immer vorh zu sein. Im übrigen verstößt ein fakt Verbot von Haushführgs-ehe u von Kindern f die 2. Ehe eklatant gg GG 6 I u widerspricht auch dem hohen Rang, den das Ges selbst der KiBetreuung einräumt. Die leichte Scheidbark v Ehen wertet die jew früh zG der bestehenden psychol ab. Der Vorrang erscheint insb für diejenigen Fälle verfassungsrechtl bedenkl, in denen der bevorrechtete Eheg die Ehe selbst (schuldh) zerstört h (vgl Dieckmann FamRZ **77**, 163; Hamm FamRZ **82**, 69). Nicht verfwidr ist der Vorrang des früh Eheg hins seines Anspr auf KiBetreuungsUnterh, auch wenn in der neuen Ehe Ki zu betreuen s (BVerfG NJW **84**, 1523). Noch nicht entsch ist die Frage, ob der Vorrang auch insow verfmäß ist, als dem gesch Eheg der notwend Unterh gewährt w kann (Johannsen/Henrich/Voelskow Rn 5).

4 **c) Anwendungsbereich:** Auf UnterhAnsprüche gem EheG 58 ff ist I 2 nicht analog anzuwenden; dh es besteht Gleichrangigk des UnterhAnspr der altgesch Ehefr mit der neuen Ehefr (Ffm FamRZ **79**, 41; Oldbg FamRZ **80**, 53; Düss FamRZ **80**, 1013; **86**, 471 u 1002; Kln FamRZ **83**, 508; aA Engelhardt JZ **76**, 579; 47. Aufl). § 1582 gilt auch für **mehrfache Scheidung.** Zur Wiederheirat des 1. Eheg AG Bochum FamRZ **90**, 1003. Ist der gesch Eheg **teilweise erwerbstätig,** so gilt sein Vorrang nur noch für den beanspr ÜberschußBetr. Entspr gilt für den teilw erwerbstät neuen Eheg.

5 **2) Gleichen Rang** haben gesch u neuer Eheg, wenn letzterer im (hypothet) Scheidgsfall entspr §§ 1569 ff unterhberecht wäre u der gesch Eheg es seiner nicht nach den §§ 1570, 1576 ist u seine Ehe auch nicht lange gedauert h. Zur BedBemessg u Kürzg vgl Gutdeutsch FamRZ **95**, 327.

6 **3) Unterhaltsvorrang mangels Scheidungsunterhaltsberechtigung auf seiten des neuen Eheg, I 1.** Der früh Eheg bleibt ggü dem neuen Eheg vorrang unterhaltsberecht, wenn dem 2. Eheg des Unterhaltsver-pflichteten die Voraussetzgen fehlen, unter denen er seiner iF der Scheidg Unterh begehren könnte. Da die 2. Ehe in Wirklichk besteht u damit ein Anspr aus § 1360 kommt nur eine entspr Anwendg der UnterhVor-schriften des ScheidgsR in Betr. Liegen die Voraussetzgen für eine UnterhGewährg vor, sind die Unterh-Anspr des 1. u 2. Eheg des UnterhSchuldn gleichrang, sofern nicht der 1. Eheg den Vorrang nach I 2 erlangt. Bei der Prüfg, ob die Erfordern des ScheidgsUnterh in der Pers des neuen Eheg erfüllt sind, müssen alle diej Voraussetzgen unbeachtet gelassen w, die mangels tatsächl Scheidg nicht erfüllt sein können, wie zB

der Ztpkt der Scheidg n § 1572 Z 1 od die nachhalt UnterhSicherg dch ErwTätigk iSv § 1573 IV, ebso der Ausbildgszwang gem § 1574 III, zumal der virtuell entspr UnterhAnspr des neuen Eheg n § 1575 aus der UnterhHypothese ausgeklammert wird. Fragwürd ist, warum der beim gesch Eheg iRv I 2 privilegierte UnterhAnspr aus § 1576 in der Pers des 2. Eheg nur zur Gleichrangigk führen u, falls auch der 1. Eheg seinen Anspr daraus herleitet, sogar wieder nachrang w soll.

4) Vorrang wegen Kindesbetreuung, Ehedauer und für den Billigkeitsunterhalt, I 2. 7

a) Ggü dem an sich n § 1360 unterhaltsberecht neuen Eheg genießt der UnterhAnspr des gesch Eheg 8 Vorrang, soweit er auf die **Betreuung gemeinschaftlicher Kinder** gestützt w, u zwar selbst dann, wenn der neue Eheg ebenf Kinder zu erziehen od zu pflegen hat. Nicht verfassgswidr (BVerfG NJW 84, 1523). Währd die Kinder aus versch Ehen ihrers unterhaltsrechtl gleichgestellt sind (§ 1609 I), sind es ihre unterhaltsbedürft Elt nicht; hier hat der gesch Eheg den Vorrang ggü dem neuen Eheg. **Grund:** Ein gesch Eheg, der Kinder aus der gesch Ehe betreut, erfüllt damit eine Aufg, für die der UnterhPfl als anderer EltTeil ebenf aufzukommen hat. Das gibt seinem UnterhAnspr eine bes starke Grdlage, so daß die Billigk verlangt, ihm den Vorrang zu verleihen (BT-Drucks 7/650 S 143). Nach Schlesw NJW 83, 2216 L verfassgswidr.

b) Vorrang hat auch der auf die pos **Billigkeitsklausel** gestützte UnterhAnspr (§ 1576), weil dieser überh 9 nur in solchen Fällen in Betr kommt, in denen aS des gesch Eheg ein erhebl, bes schutzwürd Vertrauen vorliegt, das dem UnterhAnspr des neuen Eheg von vornh den Rang abläuft.

c) Auch dadch, daß die gesch **Ehe lange bestanden** hat, verstärkt sich die Grdl des UnterhAnspr so, daß 10 es unbill wäre, dem unterhaltsbedürft gesch Eheg das Maß von Sicherg vorzuenthalten, das ihm ein Vorrang gewährt. Je länger eine Ehe dauert, um so stärker ist die Frage der wirtschaftl Sicherg des Eheg, der den Haush führt, mit dem Bestand dieser Ehe verbunden; denn er hat wg dieser Aufg seine eig berufl Entwicklg u anderweit soziale Sicherg vernachläss müssen. Da die Ehe auf LebensZt angelegt ist, soll er nicht gezwungen s, den Einsatz seiner ArbKraft in der Ehe schon von der bloßen Mögl bestimmen zu lassen, daß die Ehe später scheitert (so die amtl Begrdg BT-Drucks 7/650 S 143). Anderers muß dies wg GG 6 I auch für die neue Ehe gelten, so daß auch deren prospektive Dauer für die Beurt, ob die Erstehe lange gedauert h, berücks w muß. Solange nicht der KiBetreuungsUnterh in Frage steht, ist auch der Vorrang der langen Ehedauer in I 2 verfassgskonform (BGH NJW 85, 1029). Maßgebl für die Berechng Rhängigk des Scheidgs-Antr (BGH FamRZ 83, 886). Lange Ehedauer wird verneint bei 8 J (BGH NJW 83, 1733); dagg bejaht zB bei 15 (BGH FamRZ 83, 886) u 14 J (Hamm FamRZ 82, 70; aA Kblz FamRZ 83, 281). Wenn Kinder aus der Ehe hervorgegangen sind, wird in den meisten Fällen die weitere Pflege od Erziehg der Kinder von der gesch Frau übern, die vor der Scheidg Hausfr u nach der Pflege od Erziehg der Kinder nicht erwerbstät werden kann. Es entspricht der Billigk, die Zt, in der ein Eheg nach der Scheidg desh nicht erwerbstät sein k, wie die Zt der Ehedauer zu behandeln, I 3. Eine ErwTätigk wird in dieser Zt aus Grden, die in der Ehe liegen, nicht aufgenommen. Um den Kindern aus gesch Ehen auch nach der Scheidg eine möglichst gute Entwicklg zu sichern, soll sich kein Eheg bei der Entsch, ob er die Pflege od Erziehg der Kinder übernimmt u ob er daneben noch erwerbstät sein kann, von der Sorge bestimmen lassen, daß sein Unterh anschließd dch Ansprüche eines weiteren Eheg des Verpflichteten gefährd w könnte (BT-Drucks 7/650 S 143 f).

5) Die **Berechnung des vorrangigen Unterhalts** erfolgt nicht nach der Proportionalformel aus BT- 11 Drucks 7/4961 S 33 f (dazu ausführl 47. Aufl), sond nach BGH **104**, 158 so, daß zunächst der Bedarf sämtlicher minderjähr Kinder, dann der gem § 1578 I zu bemessende Bedarf (also nicht etwa nur: der MindBed) des nach § 1582 privilegierten geschied Eheg sichergestellt w und erst nach Abzug des Selbstbehalts des UnterhSchu ein etwaiger RestBetr für den neuen Eheg zur Verfügg steht. Vgl iü § 1609 Rn 3. Zur Teilh am steuerl Splittingvorteil § 1569 Rn 14.

1583 **Gütergemeinschaft mit neuem Ehegatten.** Lebt der Verpflichtete im Falle der Wiederheirat mit seinem neuen Ehegatten im Güterstand der Gütergemeinschaft, so ist § 1604 entsprechend anzuwenden.

1) Leistungsfähigkeit bei Gütergemeinschaft in der neuen Ehe. Die dch 1. EheRG Art 1 Z 20 eingef 1 Bestimmg regelt den Fall, daß der unterhaltspflicht Eheg nach der Scheidg wieder geheiratet hat u mit dem neuen Eheg im Güterstd der GütGemsch (§§ 1415 ff) lebt. Regelsproblem ist, ob das Gesamtgut (§ 1416) für die UnterhSchulden des früher schon einmal verh Eheg haftet. Die Vorschr bestimmt die entspr Anwendg von § 1604, wobei statt „Verwandten" gelesen werden muß: „Verwandte od früherer Eheg". Für die Bewertg der Leistgsfähigk bleibt die sich innerh der neuen Ehe ergebde UnterhPfl (§ 1360) außer Betr (vgl dazu § 1582). Wg Einzelheiten vgl Anm zu § 1604.

2) Zu unterscheiden sind 2 Fälle: a) Nur der unterhaltspflicht gesch Eheg hat seinen 1. Eheg zu versorgen 2 u evtl daneben noch Kinder od und Verwandte. In diesem Fall bestimmt sich seine Leistgsfähig dem gesch Eheg ggü so, wie wenn das GesGut dem unterhaltspflicht Eheg allein gehörte (§ 1604 S 1 analog). Das kann zu einer erhebl Verbesserg der UnterhSituation auf seiten des gesch Eheg führen. **b)** Auch der and Eheg der 3 2. Ehe hat für Verwandte od einen früh Eheg zu sorgen. Jetzt ist der Unterh aus dem GesGut so zu gewähren, wie wenn die Bedürft zu beiden Eheg in dem VerwandtschVerhältn ständen, auf denen die UnterhPfl des verpflichteten Eheg beruht (§ 1604 S 2 analog). Das bedeutet, daß dem wieder verheirateten UnterhSchuldn für seine UnterhVerpflichtg zwar das GesGut als Verm zugerechnet w; seine Leistungsfähigk iS des UnterhR braucht dadch aber nicht größer zu werden, weil auch die UnterhPflichten gegen den neuen Eheg mitberücks w müssen, wobei sehr schnell die Grenze der nach § 1581 zu bestimmden Leistgsfähigk des UnterhSchuldn erreicht w kann. Da die dem neuen Eheg ggü unterhaltsberecht Personen im Verwandtsch-Grad an die dem gesch Eheg Unterhaltspflichtigen angeglichen w (§ 1604 S 2), wird dessen UnterhAnspr nur von solchen Pers bedroht, die mit ihm gleichrang sind (vgl § 1582 Rn 2), dh also von mj unverheirateten Kindern u einem früh Eheg des neuen Ehepartners des UnterhSchu (BT-Drucks 7/650 S 144).

1584 *Rangfolge mehrerer Unterhaltspflichtiger.* **Der unterhaltspflichtige geschiedene Ehegatte haftet vor den Verwandten des Berechtigten. Soweit jedoch der Verpflichtete nicht leistungsfähig ist, haften die Verwandten vor dem geschiedenen Ehegatten. § 1607 Abs. 2 ist entsprechend anzuwenden.**

1   1) Die dch 1. EheRG Art 1 Z 20 an Stelle v EheG 63 aF eingef Bestimmg betrifft das **Zusammentreffen von Unterhaltsansprüchen** des gesch Eheg gg den früh Ehepartner u gg eig Verwandte. **Grundsatz** ist, daß der unterhaltspflicht Eheg vorrang haftet, S 1. Nur wenn er nicht leistgsfäh ist, haften die Verwandten vor ihm, S 2. Iü gilt für die Fälle der verhinderten od erschwerten Dchsetzg die allg Ersatzhaftsregelg mit ihrem gesetzl FdgsÜbergang, S 3. Ist der gesch Eheg, weil es an den Voraussetzgen der §§ 1570ff fehlt, ggü dem und Eheg nicht unterhaltsberecht, dann haften die Verwandten nach den allg Vorschr (§§ 1601ff, vor allem § 1606). Hinsichtl des ZusTreffens verschiedener Verpflichtgen vgl § 1581 Rn 5, 8 u 10.

2   2) Die **vorrangige Haftung des geschiedenen Ehegatten gegenüber Unterhaltspflichten von Verwandten, S 1,** erscheint um so mehr gerechtfert, als die UnterhTatbestde der §§ 1570ff jedenf überwiegd eine ehebedingte Bedürftigk voraussetzen. Für diese Ehefolgen einzustehen, ist dem gesch Eheg eher zuzumuten als den unterhaltspflicht Verwandten des Berecht (BT-Drucks 7/650 S 144).

3   3) Dagg haften die Verwandten des unterhaltsberecht Eheg iF der **Eigenbedarfsgefährdung des verpflichteten Ehegatten** vorrang, **S 2.** Das Opfer, notfalls auch unter Einschränkg des eig angem Bedarfs Unterh zu leisten (§ 1581), kann von dem Verpflichteten billigerw nur dann verlangt w, wenn der Bedarf des Berecht anders nicht zu decken ist. Sind in einem solchen Fall aber unterhaltspflicht Verwandte des berecht Eheg vorhanden, so besteht kein Bedürfn für die Inanspruchn des verpflicht Eheg. Der **Austausch des Haftungsvorrangs** entspricht iü der Rangfolge iR der bestehdn Ehe (BT-Drucks 7/650 S 144f) u 4 bringt damit die Identität des innerehel u nachehel UnterhAnspr zum Ausdr (vgl § 1360 Rn 5). **a)** Die Verwandten haften nur, soweit die UnterhLeistg dch den gesch Eheg dessen **eigenen angemessenen Unterhalt gefährden** würde. Wg Einzelheiten § 1581 Rn 13. Kann der UnterhPflichtige wenigstens einen Teil des dem und Eheg zustehdn Unterh ohne Gefährdg des Bedarfs erbringen, so bleibt es insow bei seiner vorrang Haftg. Nur wg des Restes kann u muß sich der Berecht dann an seine unterhaltspflicht 5 Verwandten halten (BT-Drucks 7/650 S 145). **b)** Die **Verwandten haften vorrangig;** das bedeutet, daß sie gg den unterhaltsverpfl Eheg keinen ErsatzAnspr haben, u zwar auch nicht rückwirkd in dem Falle, daß sich nachträgl seine VermLage bessert. Dann nur Rückkehr zum Prinzip des S 1 für die Zukunft. AbändergsKl gem ZPO 323. Beweispflichtig für die Leistgsunfähigk des unterhaltsverpfl Eheg im RStreit gg die in Anspr genommenen Verwandten der unterhaltsberecht Eheg (Düss FamRZ **82,** 611). Sind unterhaltspflicht Verwandte nicht vorh, so haftet wiederum der unterhaltspflicht gesch Eheg. Vgl auch § 1608 Rn 3.

6   4) **Ersatzhaftung der Verwandten bei erschwerter Durchsetzbarkeit des Unterhaltsanspruchs,** 7 **S 3. a)** Ist der RVerfolgg bezügl des UnterhAnspr des gesch Eheg im Inland ausgeschl od erschwert, so haften die Verwandten dem gesch Eheg subsidiär auf Unterh (§ 1607 II 1 entspr). Das kann der Fall sein, wenn ein inländ Urt im Ausl vollstreckt w müßte od wenn sich der unterhaltspflicht Eheg der Dchsetzg des UnterhAnspr dch ständ Wechsel von Aufenth u Arbeitsplatz od dch Nichtausnutzg einer an sich bestehdn 8 Erwerbsmöglk entzieht. Wg Einzelh § 1607 Rn 3–5. **b) Gesetzlicher Forderungsübergang.** Da iF der Leistgsunwillig der UnterhSchuldn unterhaltspflicht bleibt, geht der UnterhAnspr des gesch Eheg kraft Gesetzes auf den an seiner Stelle leistdn Verwandten über (§ 1607 II 2 entspr), wobei der Übergg nicht zum Nachteil des Berecht geltd gemacht w darf (§ 1607 II 3 entspr).

4. Gestaltung des Unterhaltsanspruchs

1585 *Art der Unterhaltsgewährung.* [I]**Der laufende Unterhalt ist durch Zahlung einer Geldrente zu gewähren. Die Rente ist monatlich im voraus zu entrichten. Der Verpflichtete schuldet den vollen Monatsbetrag auch dann, wenn der Unterhaltsanspruch im Laufe des Monats durch Wiederheirat oder Tod des Berechtigten erlischt.**

[II]**Statt der Rente kann der Berechtigte eine Abfindung in Kapital verlangen, wenn ein wichtiger Grund vorliegt und der Verpflichtete dadurch nicht unbillig belastet wird.**

1   1) **Art der Unterhaltsgewährung.** Die Bestimmg regelt, in welcher Weise der nach den §§ 1570ff dem Grde nach u nach den §§ 1581ff der Höhe nach bestimmte Unterh zu leisten ist, näml grdsätzl dch Geldrente, I 1, in AusnFällen auch dch Kapitalabfindg, II. Zulässig auch eine UnterhRegelg dch **Arbeitsvertrag,** wenn die ArbPfl ernsth gewollt ist (BGH NJW **84,** 2350).

2   2) **Unterhaltsrente in Geld, I 1.** Die UnterhLeistg erfolgt nur in Geld; § 1612 I 2 hier nicht anwendb. Eine andere Art der Leistg kann aber vereinb w (§ 1585c). Im Ggs zur aF ist jetzt vom „laufden" Unterh die Rede, um klarzustellen, daß der Berecht uU neben der Rente auch eine einmalige Zahlg wg Sonderbedarfs (§ 1585b I) verlangen k (BT-Drucks 7/650 S 146). Anders als iFv § 1602 (vgl dort Rn 20) ist grdsl davon auszugehen, daß die **Rente lebenslänglich zu gewähren** ist, es sei denn, es ist bei Beschaffg des Unterh Titels absehb, daß die Unterh-Berechtigg iS der §§ 1570ff zu einem best Ztpkt mit Sicherh entfällt. Das ist etwa der Fall, wenn bei Unterh wg der Erziehg eines normal entwickelten 15jähr Kindes (§ 1570) schon jetzt feststeht, daß nach 3 Jahren die Betreuung besteht sein w u der gesch Eheg anschließd auch keinen Unterh gem §§ 1571ff verlangen w, weil er in seinen früh Beruf zurückkehren kann. Zeitl beschränkter UnterhTitel ebenf ausreichd iFv § 1575 bei festen Ausbildungszeiten, wenn § 1573 auszuschließen. Aufhebg bzw Abänderg des UnterhTitels bei Verändergen der die UnterhPfl begründdn Umst gem ZPO 3   323. Die Zahlg findet **monatlich im voraus** statt, I 2, also jew zum 1. eines jeden Mo. Der UnterhSchuldn hat den geschuldeten Betr auf das vom Berecht angegebene Konto zu überweisen. Der Verpflichtete schul-

det den vollen MonatsBetr auch für den Mo, in dem der Berecht wieder heiratet od stirbt, **I 3**, obwohl der UnterhAnspr in diesen Fällen grdsl erlischt (§ 1586 I). **Vorauszahlungen** für mehr als ½ J sind unzul; ebso Aufrechngen über 6 Mo für die Zukft (BGH **123**, 49).

3) Abfindung in Kapital, II. a) Anspruch auf Abfindung. Statt der Rente kann der Berecht eine auf **4** Geldzahlg, nicht auf Leistg eines best VermGgstdes gerichtete (Glückst FamRZ **78**, 781) Kapitalabfindg verlangen, wenn auch nicht Grd dafür vorliegt u der Verpflichtete dadch nicht unbill belastet w. **Zweck:** Es gehört zum Ziel des neuen ScheidgsR, auch die wirtschaftl Verbindg gesch Ehel so bald wie mögl zu lösen, damit jeder von ihnen unbelastet einen neuen Lebensweg beschreiten k (BT-Drucks 7/650 S 146). Nur der Berecht kann die Abfindg verlangen, nicht der Verpflichtete gg den Willen des UnterhGläub, um ihn nicht den Risiken der wirtschafl Entwicklg auszusetzen. Regelg dch Vertr jederzeit, auch nachdem Rente bereits zu laufen begann (§ 843 Anm 6), mögl (§ 1585 c). Kapitalabfindg kann verlangt w, **aa)** wenn ein **wichtiger 5 Grund** vorliegt, zB um dem UnterhBerecht eine selbstd Stellg (ErwerbsGesch) zu ermöglichen, nicht mehr dagg zur Ermöglichg einer Ausbildg, soweit darauf ein selbstd UnterhAnspr besteht (§ 1575); wohl aber bei Auswanderg. Wird Abfindg unmittelb vor Wiederheirat gezahlt, dann ggf § 812 I 2. **bb)** Der Verpflichtete **6** darf dadch **nicht unbillig belastet** werden, dh er muß die geforderte Abfindg unschwer leisten können (BT-Drucks 7/650 S 146). Vgl iü Rn 7. **b) Freiwillige Scheidungsabfindungen:** § 1564 Rn 8. Vorsicht bei **7** gesch Beamt (BVerwG NJW **91**, 2718). Dch die Vereinb einer einmaligen UnterhZahlg verlieren Beamt bzw Angest des öff Dienstes ihren Anspr auf einen erhöhten OrtsZuschl aus BBesG 40 II Nr 3 bzw BAT 29 B II Nr 3. Vgl ferner § 1586 b Rn 1 aE u den Hinweis auf VAHRG 5.

1585 a *Sicherheitsleistung.* **[I]Der Verpflichtete hat auf Verlangen Sicherheit zu leisten. Die Verpflichtung, Sicherheit zu leisten, entfällt, wenn kein Grund zu der Annahme besteht, daß die Unterhaltsleistung gefährdet ist oder wenn der Verpflichtete durch die Sicherheitsleistung unbillig belastet würde. Der Betrag, für den Sicherheit zu leisten ist, soll den einfachen Jahresbetrag der Unterhaltsrente nicht übersteigen, sofern nicht nach den besonderen Umständen des Falles eine höhere Sicherheitsleistung angemessen erscheint.**

[II]Die Art der Sicherheitsleistung bestimmt sich nach den Umständen; die Beschränkung des § 232 gilt nicht.

1) Zweck der dch 1. EheRG Art 1 Z 20 an Stelle v EheG 62 I 2 eingef Vorschr ist es, dem UnterhBerecht **1** einen Anspr auf SicherhLeistg ohne weitere Voraussetzgen zu gewähren, da derj, der sich seiner UnterhPfl zu entziehen sucht, die entspr Anstalten idR so treffen wird, daß sein Vorgehen dem Betroffenen so lange wie mögl verborgen bleibt u es dann für SicherhMaßn in aller Regel zu spät sein wird (BT-Drucks 7/650 S 146). Der grdsl voraussetzgslose Anspr auf SicherhLeistg, **I 1,** entfällt bei fehlder Gefährdg der Unterh-Leistg od unbill Belastg des UnterhPflichtigen, **I 2.** Sinn der neuen Regelg war es, dafür dem Verpflichteten die BewLast aufzuerlegen. II legt die Art der SicherhLeistg fest, **I 3** bestimmt die Höhe des zu sichernden Betr. Keine analoge Anwendg v § 1585 a auf den UnterhAnspr des getr lebden Eheg (Düss FamRZ **80**, 1116).

2) Der Anspruch auf Sicherheitsleistung entsteht mit der UnterhVerpflichtg u ist dieser akzessor, **I 1. 2** Es bedarf nicht des Nachw eines bes SichergsGrdes, daß sich der Schuldn seiner UnterhPfl zu entziehen sucht, zB sein Verm auf einen Dritten verschiebt uä. Ist aber nicht schon bei Verurteilg zur Entrichtg der UnterhRente auf SicherhLeistg erkannt worden, so kann der Berecht nunmehr nur noch SicherhLeistg verlangen, wenn sich die VermögensVerhältn des Verpflichteten erhebl verschlechtert haben; dasselbe gilt für eine spätere Erhöhg der ursprüngl bestimmt Sicherh (ZPO 324 nF). Die Verpfl zur **Sicherheitslei- 3 stung entfällt,** wenn – wofür UnterhVerpflichteter BewLast trägt –, für die UnterhLeistg **keine Gefähr- dung** besteht, was regelm dann der Fall ist, wenn der UnterhPflichtige über eine feste ArbStelle u geregeltes Einkommen verfügt, od die SicherhLeistg den Verpflichteten **unbillig belasten** würde, **I 2.** Letzteres kann der Fall sein, wenn jmd, der eine selbst Tätigk ausübt, seine wirtschaftl Existenz in Frage gestellt sieht, wenn dch Anfdg einer SicherhLeistg sein Kredit entspr stark eingeschränkt w (BT-Drucks 7/650 S 146).

3) Höhe der Sicherheitsleistung, I 3. Die Vorschr geht bei dem Betr, für den Sicherh zu leisten ist, von **4** dem einfachen JahresBetr der UnterhRente als **Regelhöhe der Sicherheit** aus. Dieser obj Maßstab soll dem Ger die Festsetzg der Sicherh erleichtern u trägt dem SicherBedürfn des UnterhBerecht insof ausreichd Rechng, als die Sicherh für den Notfall eine ZugriffsMöglk eröffnet, die von den laufden, auch iW der ZwVollstr erfolgden Zahlgen unberührt bleibt (BT-Drucks 7/650 S 147). Für UnterhZahlgen von geringerer Dauer ist eine niedrigere Sicherh zu leisten. Eine die Regelhöhe überschreitde Sicherh kommt unter **5 besonderen Umständen** in Betr, zB bei Gefährdg des UnterhAnspr dch verschwenderische Lebensführg.

4) Die Art der Sicherheitsleistung richtet sich nach den Umst, wobei die Beschrkgen auf best Formen, **6** wie sie § 232 vorsieht, nicht gilt, **II.** Der Richter kann also auch eine an sich bietde Art der SicherhLeistg auferlegen od zulassen, wobei dem Ger ein möglichst weiter Spielraum gelassen w soll, um den Umst des Einzelfalles gerecht zu werden (BT-Drucks 7/650 S 147). Neben den Möglkeiten von § 232 kommen in Betr: Verpfändg der Anspr aus einer LebensVers, Bürgsch zahlgskräft Verwandter des UnterhSchuldn. Dagg kann die Abtretg künft Lohn- od GehaltsAnspr nicht angeordnet w, da sie über die bl Sicherg der UnterhFdg hinausgehen würde, auch nicht ggü dem bösw Schuldn (BT-Drucks 7/650 S 147 f).

1585 b *Unterhalt für die Vergangenheit.* **[I]Wegen eines Sonderbedarfs (§ 1613 Abs. 2) kann der Berechtigte Unterhalt für die Vergangenheit verlangen.**

[II]Im übrigen kann der Berechtigte für die Vergangenheit Erfüllung oder Schadensersatz wegen Nichterfüllung erst von der Zeit an fordern, in der der Unterhaltpflichtige in Verzug gekommen oder der Unterhaltsanspruch rechtshängig geworden ist.

III Für eine mehr als ein Jahr vor der Rechtshängigkeit liegende Zeit kann Erfüllung oder Schadensersatz wegen Nichterfüllung nur verlangt werden, wenn anzunehmen ist, daß der Verpflichtete sich der Leistung absichtlich entzogen hat.

1 **1)** Im allg kann **Unterhalt für die Vergangenheit** nicht verlangt w. Die Vorschr macht von diesem Grds im Verhältn der gesch Eheg zueinand **3 Ausnahmen,** näml hins von Sonderbedarf, I, sowie hins des allg UnterhAnspr vom Ztpkt des Verzuges bzw der Rechtshängigk an, II, wobei die beiden letzteren Anspr einschließl entspr SchadErsAnspr wg Nichterfülllg auf 1 Jahr vor der Rechtshängigk begrenzt sind, soweit nicht auf seiten des UnterhSchuldn Absicht vorliegt, III. **Zweck:** Die Befriedigg von Bedürfnissen einer zurückliegden Zeit ist nicht mögl u desh besteht im Grds keine Notwendigk, darauf gerichtete Anspr fortbestehen zu lassen. Die strikte Einhaltg dieses Grds würde aber dazu führen, daß Bestand u Verwirklichg von UnterhAnsprüchen weitgehd der Willkür des Verpflichteten anheimgegeben würden (BT-Drucks 7/
2 650 S 148). II u III sind auf **vertragliche** UnterhRegelgen analog anzuwenden (BGH **105**, 250).

3 **2) Sonderbedarf, I,** (zB Kosten einer unerwarteten Operation) entsteht uU, ohne daß es nach den tats Gegebenheiten mögl ist, den Verpflichteten zuvor in Verzug zu setzen od ihn zu verklagen; desh Regelg wie in § 1613 II; dortselbst auch zum Begr u der Einschrkg gem III. Beim EhegUnterh ist über die Außergewöhnlk u Nichtvoraussehbark des Bedarfs hinaus zu prüfen, inwiew der UnterhBerecht an dem SondBed selbst zu beteiligen ist, wofür das Verhältn v UnterhRente u Höhe des SondBed u dessen Zweck (zB Umzugskosten zZw der Aufn einer Erwtätigk des UnterhGl) entscheidd ist (BGH NJW **83**, 225 zu EheG 58).

4 **3) Sonstiger Unterhalt für die Vergangenheit** od SchadErs wg Nichterfülllg kann nur nach Begründg von SchuVerzug od Rechtshängigk des UnterhAnspr geltd gemacht w, **II.** Es soll verhindert w, daß der Verpflichtete dch Nichtleistg währd der Zt, für die der Unterh bestimmt ist, willkürl auf den Bestand des UnterhAnspr einwirken k (BT-Drucks 7/650 S 149). **Verzug:** §§ 284 f (vgl auch § 1613 Rn 3 ff). Die Geltdmachg (Hamm NJW-RR **95**, 1157) od Mahng wg TrenngsUnterh setzt den Schu nach BGH **103**, 62 nicht auch wg eines künft Anspr auf nachehel Unterh in Verzug; nach BGH FamRZ **92**, 920 ebsowenig die Mahng wg nachehel Unterh, die vor dem Eintr der RKraft erfolgt. Die InstGer haben versucht, dieser Konsequenz der Nichtidentitätsthese (Einf 10 v § 1569) auszuweichen. So sollte eine Mahng bereits vor Rechtskr der Scheidg mögl (Celle FamRZ **91**, 1202) u überh nicht erfdl sein, wenn die Ehel noch kurz vor der Rkraft der Scheidg eben den nachehel Unterh verh h (Karlsr FamRZ **90**, 70). Die starre Haltg des BGH ist nur erklärl, weil die Nichtidentitätsthese als Dogma behandelt w, u vom Zweck der Mahng her nicht erfdl. Da der Ztpkt der Rkr oft schwer festzustellen ist, bedeutet die höchstrichterl Rspr zudem unnöt MehrArb u führt zwangsläufig zu UnterhAusfällen beim Berecht (vgl zur Krit auch Spangenberg u Bentert FamRZ **93**, 23 u 890). Rhängigk dch KlErhebg ZPO 261; auch bei EntggTreten gg ZwVollstrGgKl des UnterhSchu (Karlsr FamRZ **88**, 400). SchadErs beispielsw wg Inansprchn eines Kredites (Zinsen), Spätfolgen einer verschleppten Krankh usw.

5 **4) Absichtlicher Leistungsentzug, III.** Auch bei Verzug des UnterhSchuldn muß der gesch Eheg weiter um seine Anspr besorgt bleiben; er hat sie, wenn er sie verwirklichen will, spätestens innerh 1 J rechtshäng zu machen, wofür PKH-Gesuch nicht ausreicht (Schlesw FamRZ **88**, 961). Diese zeitl Einschrkg fällt fort, wenn sich der Verpfl der Leistg absichtl entzogen hat, weil der so handelnde Eheg keinen Schutz verdient (BT-Drucks 7/650 S 149). Aktives Hintertreiben der UnterhVerpfl nicht erfdl; es genügt jedes zweckgerichtete Verh, Tun od Unterl, des Schu, das die zeitnahe Realisierg der Unterhschuld verh od zumind wesentl erschwert hat (BGH **105**, 250). III gilt für UnterhAnspr, darauf gestützte SchadErsAnspr u SonderBed. Vors genügt nicht; ausreichd aber die Anführg von Tats, die auf Abs hindeuten (*arg* „anzunehmen ist"). Auf die nachträgl Ausgleich der dch das Realsplitting entstandenen steuerl Nachteile (§ 1569 Rn 9) ist III nicht anwendb (BGH NJW **86**, 254). III gilt aber auch für den auf den SozHilfeTräger übergegangenen UnterhAnspr (BGH FamRZ **87**, 1014). **Verzugsschaden** kann unabhäng v III geltd w (Hamm FamRZ **95**, 613).

1585 c   *Unterhaltsverträge.*   Die Ehegatten können über die Unterhaltspflicht für die Zeit nach der Scheidung Vereinbarungen treffen.

1 **1) a) Zweck:** Die Vorschr trägt dem Bedürfn Rechng, eine rechtl gesicherte Versorggsmöglichk dch Vereinbg vor der Scheidg zu geben. Zur Vermeidg unnöt Streits im ScheidgsVerf u im Interesse des Ausschl späterer UnterhStreitigkeiten erscheint eine möglichst frühzeit u endgült vertragl Lösg der unterhaltsrechtl Beziehgen der Eheg für die Zeit nach der Scheidg sogar erwünscht (BT-Drucks 7/650 S 149). **b) Verfahrensrecht:** ZPO 623, 630 (Einf 6 v § 1564; § 1566 Rn 4). Ein Austausch des Anspr aus § 1361 gg den aus § 1569 ist
2 auch dch Vereinbg mögl (Einf 10 v § 1569). **c) Übergangsrecht:** UnterhVerträge, die vor dem Inkrafttr des EheG 1938 abgeschl sind, sind als gült anzusehen, soweit sie nicht rechtskr für nichtig erkl waren (RG **159**, 157). Unter der Geltg von EheG 72 aF geschl UnterhVereinbgen bleiben unberührt (1. EheRG Art 12 Z 3).
3 Vgl iü Einf 20 v § 1569. **d)** Zum **Steuerrecht** s Göppinger, Vereinbgen anläßl der Ehescheidg, 5. Aufl 1985, Rn 318 ff. Zu **Scheidungsabfindungen:** § 1564 Rn 8. Vorsicht bei gesch Beamt (BVerwG NJW **91**, 2718; Ortszuschl der Stufe 1) sowie bei Angest u Arb im öff D (vgl BBesG 40 II Nr 3; BAT 29 B III).

4 **2) Unterhaltsverträge a) im allgemeinen.** Wg der UnterhVerträge für die Zeit des Bestehens der Ehe vgl § 1360 Rn 5. **Für die Zeit nach der Scheidung** der Ehe abgeschl UnterhVerträge sind gült, soweit nicht etwa ihr Inhalt im Einzelfall gem §§ 134, 138 gg das Ges od die guten Sitten verstößt (BT-Drucks 7/
5 650 S 149). **Rechtsnatur:** Der Anspr aus der vertragl Regelg bleibt der gesetzl UnterhAnspr, der dadch nur ausgestaltet w (BGH **31**, 218; FamRZ **86**, 790; **87**, 1012; BFH NJW **74**, 1351: EStG 12 Nr 2). Bei Änd der Verhältn bleibt der Vergl aber RGrdl; Abänd nur nach ZPO 323 od 767 (Celle FamRZ **92**, 582), wobei sich die Anpassg an veränd Verhältn nach mat Recht, insb dem GeschGrdlFortfall richtet (BGH GrS **85**, 64/73; BGH FamRZ **95**, 665). Vgl unten Rn 8. Aber AusleggFrage: Bei völl Unabhängigk der Geldrente von Bed u Leistgfähigk ggf § 759 (Schlesw FamRZ **91**, 1203).

b) Unterhaltsvereinbarungen eines Ehegatten mit einem Dritten für den Fall der Scheidg werden von **6** § 1585 c nicht erfaßt. Vgl §§ 759 ff. Verspr ist, auch in Form einer Bürgsch für nachehel UnterhPfl, sittenwidr, wenn es eingegangen w ist, um den begünst Eheg zur Scheidg zu bewegen (Nachw 50. Aufl); heute anges der Möglk einseit Zerrüttg (§ 1565 Rn 6) ohne Bedeutg. Zul sind auch Altersversorggszusagen dem aus der Ehe ausscheidden Eheg ggü (BGH NJW **62**, 1294); ebso Freistellgen vom KiUnterh (KG FamRZ **74**, 449; Einf 18 v § 1601 u § 1614).

c) Kinder erwarben aus einem bis zum 1. 7. 77 geschl ScheidgsVergl ihrer Elt unmittelb Anspr, wenn es **7** sich um einen Vertr zG Dr handelte (BGH FamRZ **80**, 342; vgl ü 49. Aufl). Vgl nunmehr: § 1629 II 2 u III.

d) Gegenstand des Vertrags ist **aa)** idR nicht die Begründg eines eig vertragl Anspr, sond die Ausgestaltg **8** des bestehenden gesetzl UnterhAnspr (Rn 5). Die Eheg können Abänddergen von §§ 1570 bis 1585 b vereinb, u zwar solche, dch die das gesetzl Maß bestimmt, aber auch von dem gesetzl Grdl abgewichen w, zB UnterhZusagen für fest Fristen od Jahre unabh von den Voraussetzgen der §§ 1570 ff. Zul ist die Koppelg des nachehel Unterh an das Verschuldensprinzip (Walter NJW **81**, 1409; FamRZ **82**, 7). Zu Wertsichergsklauseln § 245 Rn 22; Göppinger Rn 289 ff. Zum Sonderfall eines RentVerspr nach 25jähr Getrenntleben: BGH FamRZ **93**, 1047. Ein auf der unricht Beratg dch den Anw des begünst Eheg beruhdes nachteiliges UnterhVerspr ist nichtig (Düss FamRZ **89**, 635). Ein dch ProzVergl titulierter Anspr auf nachehel Unterh kann über ZPO 323 entspr § 1573 V zeitl nur begrenzt w, wenn der UnterhSchu beweist, daß dem Eheg kein zeitl unbegrenzter Unterh zustehen sollte (BGH NJW **95**, 1891).

bb) Unterhaltsverzicht (Lit: O. Frey, Der Verz auf den nachehel Unterh, 1988; Bosch, FS Habscheid **9** 1989, 23; Meder FuR **93**, 12). Zur AnwHaftg bei falscher Beratg BGH NJW-RR **93**, 706. In der längeren NichtInansprn des and Eheg liegt idR kein konkludenter UnterhVerz (OVG Kbnz FamRZ **92**, 235); ebso nicht in der Erkl, zu eig Arb verpfl zu sein (Schlesw FamRZ **93**, 72). Ztpkt: Zul ist der UnterhVerz schon vor Eheschl (Hamm FamRZ **82**, 1215 mA Bosch), auch wenn ein Ki unterwegs ist (Celle FamRZ **89**, 64; and Hamm FamRZ **89**, 398). Auslegg: Ein UnterhVerz für den ScheidgsFall wirkt auch nach Zurückn des ScheidgsAntr fort (Hbg FamRZ **81**, 968). Die Vereinbg von Unterh nur für die KiBt deckt nicht KiBt in späterer nehel LebGemsch (BGH FamRZ **95**, 726). Ein UnterhVerz enth idR keinen Vorbeh, bei veränd wirtschaftl Verhältn doch Unterh verlangen zu können (Hamm FamRZ **93**, 973). Ein UnterhVerz außer für den NotBed (§ 1610 Rn 16) ist regelmäß dahin auszulegen, daß der Fall der Not nicht erst dann vorliegt, wenn elementare Bedürfn nicht mehr befriedigt w können, sond schon dann, wenn es um den notw Unterh geht (§ 1610 Rn 8); dh der UnterhSchu muß in solchen Fällen trotz des Verz für die elementaren Bedürfn des and Eheg aufkommen (BGH NJW **81**, 51; Karlsr FamRZ **85**, 1050). § 1614 steht dem UnterhVerz nicht entgg (Zöllner FS Lange 1992, 979 f). Zur Sittenwidrigk: § 138 Rn 47. Bei mangelnder RKenntn kommt es ggf auf eine hinreich lange ÜberleggsFr an (Kln FamRZ **95**, 997). Für die Beurt der Sittenwidrigk kann die spätere Entwicklg indizielle Bedeutg haben (Hamm FamRZ **91**, 88). Unzul ist ein Verz auf den UnterhAnspr ggü 3. Ehem, um in den Genuß des WwenGeldes aus der Versorgg des 1. Ehem zu kommen (VG Darmst FamRZ **94**, 1558). Zur Sittenwidrigk von GlobalVerz auf Unterh, ZugewAusgl u VA: § 1408 Rn 14. Die Grenzen werden gelockert, wenn die Eheschl im wesentl zZw der Legitimierg des gemschaftl Ki erfolgte (BGH NJW **85**, 1833; FamRZ **90**, 372; aA Kln FamRZ **90**, 634; Bosch FS Habscheid 1989, 34 ff). Der Berufg auf den UnterhVerz kann jedoch § 242 entggstehen: etwa wenn die dch den UnterhVerz motivierte Eingeh einer neuen Ehe scheitert (Kln NJW **91**, 2776); wenn der zZw der BedBefriedigg überlassene Betrieb unverschuldet wenig später liquidiert w muß (Mü FamRZ **85**, 1264). Treuwidr kann auch die Berufg auf einen UnterhVerz mRücks auf die lange Ehedauer sein (BGH NJW **87**, 2739). **Sozialrecht:** Der UnterhVerz hat nach Abschaffg der **10** GeschWwenVersorgg (Einf 3 v § 1587) nur mehr eine beschr Fortwirkg für die eig AltVersorgg. Zu beachten ist insb, daß ein UnterhVerz auch die Beitr zur eig Alterssicher g erfaßt (vgl § 1578 III). Zur Bedeutg eines UnterhVerz für das Wiederaufleben einer WwenRente: BSG NJW **84**, 326. Vgl ü 54. Aufl Rn 12. Zur Bedeutg des UnterhVerz für die AltVersorgg des and Eheg: VAHRG 5 Rn 3. Ein **Unterhaltsverzicht** ist **11** auch **für den Kindesbetreuungsunterhalt** (§ 1570) zul. Dch seinen Verz wird „ledigl verschärft auf die ges Regel des § 1569 abgehoben" (BGH FamRZ **91**, 306/7). Doch kann, wenn dem Verz überwiegde schutzwürd Belange gemschaftl Ki entggstehen, in der Berufg auf den UnterhVerz ein Verstoß gg Treu u Gl liegen (BGH FamRZ **87**, 46). Der leistgsfäh Eheg kann sich auf den UnterhVerz nicht berufen, solange u soweit das Wohl des von dem and Eheg betreuten gemeinschaftl Ki den Bestand der UnterhPfl erfordert (BGH FamRZ **92**, 1403; NJW **95**, 1148 mwN). Das kann etwa der Fall sein, weil in der bish kinderlosen Ehe ein Ki geboren w (BGH NJW **85**, 1835; Hbg FamRZ **91**, 1317: 3 Ki); weil das Ki behindert ist (Hbg FamRZ **92**, 444); weil der Verzichtde wg der KiBt auf SozHilfe angewiesen ist (BGH FamRZ **91**, 306; NJW **92**, 3164); weil auf die beabsichtigte günst Verwertg von GrdBesitz verzichtet wird (BGH NJW **87**, 776). Die **Höhe** des **12** KiBtUnterh trotz UnterhVerz richtet sich nicht nach § 1578, sond ist ausschließl am KiWohl zu orientieren u desh so zu bemessen, daß dem EltT ermögl wird, sich dem Ki zu widmen, ohne eine ErwTätigk aufzunehmen (BGH NJW **92**, 3164; **95**, 1148). Dabei ist die Reduzierg auf den Notbedarf nicht ausgeschl (Bambg NJW **91**, 2776), aber nicht bei behindertem Ki (Hbg FamRZ **92**, 444). **Zeitliche Begrenzung des Unterhalts:** Die **13** Anwendg von § 242 statt § 138 führt dazu, daß der UnterhVerz nur zeitw ausgesetzt w, nämlich solange dem gesch Eheg dch die KiBt eine ErwTätigk nicht mögl ist (BGH FamRZ **91**, 306; NJW **92**, 3164). Dabei hat das FamG die künft Entwicklg der Verhältn vorausschauend zu berücks, so daß zB 11 Mo vor der Vollendg des 8. LebJ des Ki der Mutter kein unbefr Unterh mehr zugesprochen w darf (BGH NJW **95**, 1148).

e) Die UnterhVerträge bedürfen an sich keiner besonderen **Form** (krit Joh/Henr/Voelskow 4). Wird aber **14** unter Verzicht auf ZPO 323 eine Rente versprochen, so § 761 (RG **150**, 390). Wird eine UnterhVereinbg mit formbedürft und Vereinbgen (§§ 1378 III 2, 1587 o II 1 usw) verbunden, so bedarf auch sie zur Vermeidg der Nichtigk (§§ 125, 139) der entspr Form (Hbg FamRZ **85**, 290; Langenfeld DNotZ **83**, 160). Soll ein UnterhVerz nach dem Willen der Parteien notariell beurk w, ist die Vereinbg vor der Beurk gem § 125 S 2 nicht wirks (Karlsr FamRZ **83**, 174), auch nicht als VorVertr (Karlsr NJW **95**, 1561). Für **Prozeßvergleich 15** besteht im ScheidgsVerbundVerf beiders AnwZwang (Zweibr FamRZ **85**, 1071), worauf sich der Verpfl aber ggf wg RMißbr nicht berufen k (Hamm FamRZ **79**, 848).

16   **f) Nach Vertragsschluß veränderte Umstände** sind, soweit der Vertr od seine Ausleg das nicht ausschließen, zu berücks, wenn es sich um eine wesentl Veränderg handelt (RG **145**, 119). Vgl. Einf 18 v § 1601. Zul ist die Umstellg der VerteilgsQuote v 2/5 auf 3/7 (BGH FamRZ **87**, 1012). Wurde vertragl auf Unterh nach Rechtskr des ScheidgUrt verzichtet, so lebt der UnterhAnspr auch bei Notlage nicht wieder auf (BayObLG FamRZ **67**, 224). Entspr schließt Verzicht auf AbändergsKl grdsl ZPO 323 aus (LG Hbg FamRZ **75**, 497); aber Abändg auch hier mögl, wenn der eig Unterh des UnterhSchu nicht mehr gesichert ist (Zweibr FamRZ **82**, 302; Kln FamRZ **89**, 637). Iü grdsätzl keine Anwendg der Grdsätze ü den Wegfall der GeschGrdlage auf einen UnterhVerzicht (Düss FamRZ **84**, 171).

17   **g)** Der Anspr auf **Sicherheitsleistung** (§ 1585a) ist zwar nur für die gesetzl UnterhPfl vorgesehen, kann aber auch bei der vertragl gegeben sein, wenn Anspr gefährdet (RG Recht **20**, 2432). Nach ZPO 620 Z 6 kann nur ein nach den §§ 1360ff, 1570ff bestehder Anspr dchgesetzt w, nicht aber, wenn die UnterhFrage von dieser gesetzl Grdl losgelöst wurde (BGH **24**, 276). Vgl auch ZPO 620f.

5. Ende des Unterhaltsanspruchs

1586   *Wiederheirat oder Tod des Berechtigten.* [1]Der Unterhaltsanspruch erlischt mit der Wiederheirat oder dem Tod des Berechtigten.

[2]Ansprüche auf Erfüllung oder Schadensersatz wegen Nichterfüllung für die Vergangenheit bleiben bestehen. Das gleiche gilt für den Anspruch auf den zur Zeit der Wiederheirat oder des Todes fälligen Monatsbetrag.

1   **1) Wiederverheiratung oder Tod des Unterhaltsberechtigten** bringen seinen UnterhAnspr zum Erlöschen, I. Soweit ein bereits begründeter UnterhAnspr noch nicht erfüllt ist, bleibt er bestehen, II. Keine
2 entspr Anwendg v I auf die Begrdg einer eheähnl Gemsch (BGH NJW **80**, 124/5; FamRZ **81**, 753). Das Gesetz trifft iGgs zu EheG 69 II aF keine Regelung mehr über die **Bestattungskosten;** diese (auch die der Feuerbestattg, RG **139**, 394) trägt der Erbe (§ 1968). Sind sie von ihm nicht zu erlangen, gilt an sich § 1615 II ggü Verwandten. Soweit Unterh von früherem Eheg aufgebracht wurde, muß er trotz Abschaffg der diesbezügl Best des EheG für die Bestattgkosten aufkommen. Die Gesetzeslücke ist dch (die in der 50. Aufl ausführl begründete) entspr Anwendg v § 1615 II zL des unterhaltspflicht Eheg zu schließen.

3   **2) Mit der Wiederverheiratung** setzt ein neuer UnterhAnspr gem §§ 1360ff ein. Wiederheirat bedeutet für den bish UnterhAnspr einen selbstd ErlöschensGrd, I. UnterhAnspr lebt auch nicht mehr auf, wenn die neue Ehe dch Tod des 2. Eheg, Wiederheiratg nach TodesErkl, Aufhebg od Scheidg aufgelöst w, wohl
4 aber bei deren Nichtigk u iF der Auflösg unter den Voraussetzgen des § 1586a. § 1586 enthält nachgieb Recht; Weiterzahlg des Unterh trotz Wiederverheiratg kann also vereinb w (§ 1585c). Zur Wiederheirat des Verpflichteten u dem Einfluß auf seine UnterhVerpflichtg vgl §§ 1582, 1583. Der UnterhAnspr erlischt ferner iF der **Todes** des UnterhGläub. Ein UnterhBedarf entsteht nicht mehr. Wg der Bestattgskosten Rn 2. Zum Tod des Verpflichteten § 1586b.

5   **3) Fortbestehen des Unterhaltsanspruchs, II.** In Übereinstimm mit der Regelg beim VerwandtenUnterh (§ 1616 I) bleiben Ansprüche auf UnterhRückstände u auf SchadErs wg Nichterfülllg der UnterhPfl auch nach dem Tod des UnterhGläub bestehen (vgl § 1585b) u können ggf von seinem Erben weiterverfolgt w. Das gleiche gilt für die bei Wiederheirat od Tod fäll Monatsrate (§ 1585 I 3).

1586a   *Wiederaufleben des Unterhaltsanspruchs.* [1]Geht ein geschiedener Ehegatte eine neue Ehe ein und wird die Ehe wieder aufgelöst, so kann er von dem früheren Ehegatten Unterhalt nach § 1570 verlangen, wenn er ein Kind aus der früheren Ehe zu pflegen oder zu erziehen hat. Ist die Pflege oder Erziehung beendet, so kann er Unterhalt nach den §§ 1571 bis 1573, 1575 verlangen.

[2]Der Ehegatte der später aufgelösten Ehe haftet vor dem Ehegatten der früher aufgelösten Ehe.

1   **1) Wiederaufleben des Unterhaltsanspruchs** trotz Wiederheirat iF der Auflösg der neuen Ehe dch Tod des neuen Ehepartn (Saarbr FamRZ **87**, 1046), Scheidg usw. Als Ausn zu § 1586 I kommt nur für den Fall des § 1570 in Betr, wenn also der Berecht Kinder aus der Ehe zu erziehen od zu pflegen hat, deren and EltT er jetzt auf Unterh in Anspr nimmt, **I 1.** Die Voraussetzgen des Wiederauflebens können bereits im Ztpkt der Auflösg der neuen Ehe gegeben sein od auch erst später eintreten. Unterh gem § 1570, solange Betreuung dauert; anschließd UnterhAnspr uU aus §§ 1571–1573 od 1575, **I 2,** aber nur als AnschlUnterh (§ 1569 Rn 4), so daß kein Unterh aus § 1573 geschuldet w, wenn die Betreuung eines älteren Kindes die ErwTätigk nicht hindert (vgl wg Einzelh Dieckmann FamRZ **77**, 167). Desh sind Alter, Krankh usw nie für sich genommen, also unabh von der Kindesbetreuung, ausreichd, um den dch die Wiederverheiratg erloschenen UnterhAnspr gg den früh Eheg erneut entstehen zu lassen. Aus einem zw den früh Eheg geschl alten UnterhVergl kann nicht erneut vollstr w (BGH NJW **88**, 557). Unzul eine neg FeststellgsKl des früh Ehem aGrd ledigl der neuen Heirat seiner gesch Fr (Karlsr FamRZ **89**, 184).

2   **2) Zusammentreffen von Unterhaltsansprüchen aus mehreren Ehen, II.** Die Kollisionsnorm soll die gesamtschuldnerische Haftg mehrerer Exgatten vermeiden (vgl BT-Drucks 7/4361 S 35 u 7/4694 S 12; Hillermeier FamRZ **76**, 579). Subsidiarität der Haftg des Eheg aus der früher aufgelösten Ehe gilt nur für den Fall der Kinderbetreuung u des darauf gg den ehem Eheg gestützten UnterhAnspr; dagg spielt es keine Rolle, woraus der UnterhAnspr gg den späteren Eheg begründet ist. Die Zahl der Ehen spielt keine Rolle, auch nicht, wenn gg einen ZwischenEheg kein UnterhAnspr besteht. Zurücktreten der UnterhFdg gg den früh Eheg auch dann, wenn von diesem zB 2, vom nächsten Eheg nur 1 Kind zu betreuen ist. Die Kollision

kann auch nur teilw bestehen, so wenn gg 2. Eheg ein UnterhAnspr nur zu ⅓ des LebBedarfs besteht, gg den 1. Eheg dagg ein voller UnterhAnspr. Zur Inanspruchn des 1. Eheg bedarf es keiner rechtskr Abweisg einer UnterhKl gg den vorrang haftenden 2. Eheg (Hamm FamRZ **86**, 364).

1586b **Tod des Verpflichteten.** [1]**Mit dem Tod des Verpflichteten geht die Unterhaltspflicht auf den Erben als Nachlaßverbindlichkeit über. Die Beschränkungen nach § 1581 fallen weg. Der Erbe haftet jedoch nicht über einen Betrag hinaus, der dem Pflichtteil entspricht, welcher dem Berechtigten zustände, wenn die Ehe nicht geschieden worden wäre.**

[2]**Für die Berechnung des Pflichtteils bleiben Besonderheiten auf Grund des Güterstandes, in dem die geschiedenen Ehegatten gelebt haben, außer Betracht.**

1) Wird eine Ehe dch Tod aufgelöst, so erlischt damit die ggseit UnterhPfl der Eheg für die Zukft 1 (§§ 1615 I, 1360a III). Ist die Ehe gesch, so geht die UnterhPfl iF des Todes des Verpfl nicht unter, sond als Nachlaßverbindlichk auf die Erben über. **Grund** für diese unterschiedl Regelg: Der Eheg hat grdsl erbrechtl Ansprüche an den Nachlaß, die zumindest wirtschaftl betrachtet ein Äquivalent für den verlorenen Unterh darstellen; da der gesch Eheg von solchen gesetzl Anspr ausgeschl ist, muß als Ers die **passive Vererblichkeit seines Unterhaltsanspruchs** anerkannt w (BT-Drucks 7/650 S 151). Vertragl Abändergen zul (RG **162**, 301). Wg des VersorggsAusgl §§ 1587ff. Die BeitragsPfl gem EheG 60 III aF endet beim Tode des Verpflichteten, nicht dagg ein LeibrentenVerspr (Karlsr NJW **62**, 1774). Ist die Wwe eines Beamt als Erbin zur Unterhzahlg an dessen früh Ehefr verpfl, ist die Kürzg der beamtrechtl Versorgg nicht auszusetzen (VAHRG 5 Rn 4 Anh III zu § 1587b).

2) Übergang der Unterhaltpflicht auf die Erben, I 1. Da NachlVerbindlichk, HaftgsBeschrkg gem 2 §§ 1967ff, ZPO 780 mögl (RG **162**, 300); bei fortgesetzter GütGemsch gem § 1489 (vgl auch §§ 1488, 1499, 1500). Die Verbindlk der Erben ist keine famrechtl mehr, sond eine erbrechtl; trotzdem iS spezieller Vorschr noch als „gesetzl UnterhAnspr" anzusehen. Desh zB Anpassg der UnterhRente an den LebHaltgsIndex (Celle FamRZ **87**, 1038).

3) Umfang von Erbenverpflichtung und -haftung. Gilt auch bei vertragl Regelg des Unterh, soweit 3 nicht von gesetzl Unterh abgewichen w sollte (OGH NJW **49**, 145).

a) Wegfall der Beschränkung des Unterhaltsanspruchs wegen Leistungsunfähigkeit, I 2. Mit dem 4 Tod des UnterhSchuldn kommt seiner Leistgsfähigk keine Bedeutg mehr zu (§ 1581). Mußte sich der Berecht bish im Hinbl auf den Eigenbedarf des Verpfl od den Bedarf weiterer UnterhBerechtigter mit einem BilligkUnterh begnügen, soll er nunmehr den vollen angem Unterh verlangen können (BT-Drucks 7/650 S 151f). Auch die Bedürfn mj od unverheirateter Kinder od eines neuen Eheg des Verpflichteten bleiben jetzt außer Betr, da deren UnterhAnspr mit dem Tode des UnterhSchu erloschen sind (§§ 1615 I, 1360a III). Deren Belangen wird dch die Beschrkg der ErbenHaftg in I 3 hinreichd Rechng getragen.

b) Voraussetzg der ErbenHaftg bleibt weiterhin die **Bedürftigkeit des Berechtigten.** Insb sind Änder- 5 gen, die sich aGrd des Todes des Verpfl ergeben, mitzuberücks, etwa der Erwerb öff-rechtl od privatrechtl VersorggsAnspr, LebensVers uä, soweit dadch der angem LebBedarf des UnterhBerecht sichergestellt wird (BT-Drucks 7/650 S 152).

c) Beschränkte Erbenhaftung, I 3. Währd sich der Berecht n EheG 70 aF eine Herabsetzg der Rente 6 nach Billigk gefallen lassen mußte, begrenzt I 3 die Haftg des Erben auf den fiktiven Pflichtteil des Unterh-Berecht. Der gesch Eheg soll nicht mehr erhalten, als er gehabt hätte, wenn seine Ehe statt dch Scheidg dch den Tod des Verpflichteten aufgelöst worden wäre (BT-Drucks 7/650 S 152). Keine Hftg mit dem Pflichtt-ErgänzgsAnspr (AG Bottrop FamRZ **89**, 1009). **Berechnung** des fiktiven Pflicht als HaftgsQuote (vgl 7 § 2303 Rn 5ff): Fingiert wird zunächst der Fortbestand der gesch Ehe bis zum Tode des Verpflichteten. Auszugehen ist somit vom GesamtNachl, nicht etwa von dem Verm, das der UnterhSchu zZt der Scheidg der Ehe besessen hat. FiktionsZtpkt führt ferner dazu, daß evtl Wiederheirat des Verpflichteten unberücks bleibt. Entsprechdes gilt, wenn 2 unterhberecht gesch Eheg u ein überlebder Eheg zustreffen (BT-Drucks 7/650 S 153). Ein PflichttVerz des unterhberecht Eheg vor der Scheidg läßt die Haftg der Erben nicht entfallen (Grziwotz FamRZ **91**, 1258 mN; differenziard and Dieckmann FamRZ **92**, 633).

d) Nichtberücksichtigung güterrechtlicher Besonderheiten, II. Da der Güterstd auf die Höhe des 8 einem Eheg gg den and zustehden UnterhAnspr währd der Ehe u nach Scheidg ohne Einfluß ist, ist es unangebracht, die HaftgsQuote des Erben je nachdem, in welchem Güterstd die gesch Ehel gelebt haben, unterschiedl zu bemessen; abgesehen davon ist im ges Güterstd der Zugew nach Scheidg schon ausgeglichen (BT-Drucks 7/650 S 154).

III. Versorgungsausgleich

Einführung

Schrifttum: Borth, VA in der anwaltl u fam-gerichtl Prax, 2. Aufl 1992; Ruland, Probl des VA in der betriebl Altersversorgg u priv RentVers, 1982; Ruland/Tiemann, VA u steuerl Folgen der Ehescheidg, 1977; VDR/Ruland (Hrsg), Handb der ges RentVers, 1990; Eißler, VA 1991/92; Zimmermann, VA bei betr AltVersorgg, 1978; Glockner/Uebelhack, Die betriebl Altersversorgg im VA, 1993; Gruntkowski, MittRhNotK, 1: VA in der not Prax. RsprÜbers: Dörr NJW **93**, 2718; Dörr/Hansen NJW **94**, 2803; Hohloch NJW **95**, 702. – **VA-Tabellen für 1995**, NJW Beil zu H 7/1995 sowie für das 2. HalbJ: NJW **95**, 2336 (Bergner); FamRZ **95**, 208; vgl ferner Einl v § 1297 sowie § 1 BarwertVO Rn 8. Wg früh Fundstellen: 54. Aufl.

1) Verhältnis von Unterhaltspflicht und Versorgungsausgleich (VA). Mit der Scheidg entf die 1 meist Ehewirkgen (Einf 3 v § 1564). Bestehen bleibt vielf ein UnterhAnspr (§§ 1569ff). Die dafür vorausges

Bedürftigk (§ 1577) soll dann aber jedenf nach Erreichen der AltGrenze dch den VA u die nach Scheidg weiter betriebene AltVorsorge (vgl §§ 1361 I 2, 1578 III) beseitigt od abgebaut w. Insow AbändKl (BGH FamRZ **88**, 817) bzw VollstrGgKl (BGH **83**, 278; FamRZ **88**, 1156). Dauert die UnterhBedürftigk auch nach ZahlgsBeginn der im VA ausgezahlten AltVersorgg an, so ist der UnterhSchu nicht im Umfg der dch den VA eingetretenen Verkürzg der eig Versorgg von der UnterhPfl befreit (BGH NJW **80**, 396; Kblz FamRZ **82**, 1078). Zu berücks ist aber, daß er nach seiner eig Pensionierg od Rentisierg seiners vermind leistgsfäh ist (§ 1581 Rn 5 ff). Auch gehört zum LebBedarf des UnterhBerecht jetzt nicht mehr der Vorsor-
2 geUnterh (§ 1578 III). Zur UnterhÄhnlich des schuldr VA: § 1587g Rn 3. Erstattg von UnterhLeistgen bei nachträgl Rentenbewilligg: Einf 4 v § 1569.

3   **2)** Mit Einf des VA ist die **Geschiedenenwitwenrente** weggefallen, wonach sich die Wwe u die gesch Frau eines verstorbenen Rentners dessen Rente nach dem Verhältn der jeweil EheZten teilen mußten. Der Wegfall ist verfassgskonform selbst dann, wenn kein VA stattfindet (BVerfG NJW **86**, 2697). Zu Übergangsfällen: 46. Aufl; zur Anrechg auf den Unterh: § 1577 Rn 12. Die ZusatzversorggsEinrichtgen beschränken die GeschWwnRenten in zuläss Weise auf die vor dem 1. 7. 77 schuldl od aus überwiegdm Verschulden des verstorbenen Eheg gesch Ehefr (BGH NJW **85**, 2701). Ein umfassder **Unterhaltsverzicht** (auf Anspr aus EheG 58 ff; zu § 1585c vgl dort Rn 12) hat auch den Verlust v Anspr auf GeschWwnRente (RVO 1265 I 1) zur Folge (BSG FamRZ **75**, 578; **76**, 628), es sei denn, er hatte im Hinbl auf die wirtsch Verhältn der Eheg nur deklarator Charakter (BSG NJW **93**, 3285). And bei Unwirksamk des Vergl zB gem § 779 (BSG NJW **90**, 1135). Ferner schließt der UnterhVerz nicht ijF auch einen Anspr nach RVO 1265 I 2 aus (BSG NJW **91**, 2790 mN; sa BSG FamRZ **93**, 1073), zB wenn der UnterhVerzicht ins Leere ging, weil der UnterhSchu ohnehin nicht leistgsfäh war (BSG FamRZ **85**, 1127). Uneinheitl ist die Rspr beim sog deklarat UnterhVerz (vgl BSG NJW **89**, 2009 ff = FamRZ **89**, 1290 ff). Zur Anwendg v § 1587c Nr 1 vgl dort Rn 6. Zu Vorauss u Berechg der für nach dem 30. 6. 77 Geschiedene in Betr kommenden **Erziehungsrente:** M. Schmidt FuR **93**, 222.

4   **3) Grundgedanken des VA. a) Begriffliches.** Leitdes Prinzip des VA ist, daß derjen Eheg, der in der Ehe die werthöheren VersorggsAnrechte angesammelt hat, die Hälfte des Wertunterschiedes an den and Eheg auskehren muß. Zu diesem Zweck sind zunächst einmal die für den VA in Frage kommden Ver-
5 sorggsBerechtigen zu erfassen (§ 1587 Rn 4–23) u zu bewerten (§ 1587a Rn 15). Besondere Schwierigk bereitet hierbei die Unterscheidg zw **dynamischen und nichtdynamischen** VersorggsLeistgen. Währd letztere währd des gesamten Rentenbezugs auf einen bestimmten Betr lauten (zB mtl 750 DM), werden dynamische Leistgen in bestimmten Abständen an die Entwicklg der Löhne, die volkswirtschaftl Produktivität od and Bezugsgrößen des Wachstums des Bruttosozialprodukts angepaßt. Um sie auf einen gleichen Wertmaßst zu beziehen, müssen nichtdynam Anrechte in dynam umgerechnet w. Dies erfolgt nach dem Prinzip, daß man errechnet, welches Altersruhegeld in der gesetzl RentVers herauskäme, wenn man die nichtdynamisierte Versorgg als Beitrag zur gesetzl RentVers einzahlen würde (§ 1587a Rn 69, 70 u 91 sowie die BarwertVO im Anh II zu § 1587a).

6   **b) Prinzipien des VA** sind der **Zugewinnausgleichsgedanke,** wonach beide Eheg an der währd der EheZt von beiden od beide auch nur von einem von ihnen geschaffen Alters- u Invaliditässicherg teilhaben
7 sollen (BT-Drucks 7/650 S 155). Daneben steht der **Versorgungsgedanke:** Es war das erklärte Ziel der Reform von 1977, vor allem der gesch Hausfr eine eigenständ soz Sicherg zu verschaffen (BT-Drucks 7/
8 4361 S 18). Nach Auffassg von BGH **74**, 38/46/80; FamRZ **88**, 935 resultiert der VA dagg aus der ehel UnterhPfl u dient so der **Unterhaltssicherung** im Alter. Nichttragd für den VA ist das Versichergsfallprinzip (BGH NJW **80**, 396).

9   **4)** Für die **konstruktive Durchführung des VA** bedient sich das Gesetz mehrerer verschied Gestaltgs-Formen. Am nächsten hätte in allen Fällen die ggständl Teilg sämtl vorhandener VersorggsAnrechte gelegen, weil damit auch im VA selbst die Qualität der jeweil Versorgg erhalten bliebe. Doch verbot sich diese Methode schon aus GesichtsPkt eines unzul KontrahiergsZwangs bspw für private LebVersicherer (BT-Drucks 7/4361 S 39). Der VA erfolgt als **Wertausgleich** in öffrechtl Form (§ 1587b I u II; VAHRG 1 II u III sowie 3 b I Z 1 u 2) oder subsidiär als **schuldrechtlicher VA** iRd §§ 1587f–1587n u VAHRG 2. Im einz
10 ist zu unterscheiden: **a)** Beim **Rentensplitting** erfolgt der VA dch reale Aufteilg in der Weise, daß das FamG die der beidrseit VersorggsWerte in der gesetzl RentVers zur Hälfte auf den im VA nach übersteigden RentAnwartsch zur Hälfte auf
11 den versorggsrechtl schlechter stehden Eheg überträgt (§ 1587b I 1). – **b)** Beim **Quasi-Splitting** begründet das FamG zG des ausgleichberecht Eheg iHd AusglBetr RentAnwartsch in der gesetzl RentVers, währd die
12 Pensionsanwartsch des ausgleichspflicht Beamten entsprechd gekürzt w (§ 1587b II). – **c)** Die für beschränkt verfassgswidr erklärte dritte Form (§ 1587b III aF), näml die AnO der Entrichtg von Beitr zur Begründg von RentAnwartsch (§ 1587b III 1 aF), die vornehml für Standes- u Zusatzversorggen, LebVers usw in Betr kam, ist heute dch das VAHRG u das VAwMG dch mehrere and AusglFormen ersetzt w, näml dch die **Realteilung** von VersorggsAnrechten, wann immer die dafür maßgebde Regelg dies vorsieht (VAHRG 1 II); dch das **Quasi-Splitting,** wenn sich die auszugleichde Versorgg **gegen einen öffentlichrechtlichen Versorgungsträger** richtet (VAHRG 1 III); dch **erweitertes Splitting, Quasi-Splitting bzw erweiterte Realteilung,** also dch Heranziehg real teilgsfähiger VersorggsAnrechte zum Ausgl nicht teilb Anrechte (VAHRG 3 b I Nr 1) sowie dch die **Verpflichtung zur Entrichtung von Beiträgen in der gesetzlichen Rentenversicherung,** soweit wirtschaftl zumutb (VAHRG 3 b I Nr 2), womit prakt § 1587b III 1 aF im
13 verfassgsrechtl zul Umfang wieder hergestellt w ist. – **d)** Für den **schuldrechtlichen VA** schließl ist kennzeichnd, daß der Eheg, dessen auszugleichde Versorgg diejen des and Eheg übersteigt, letzterem erst im RentFall eine **Ausgleichsrente** in Geld iHd Hälfte des UnterschiedsBetr zahlt (§ 1587f–1587n; VAHRG 2). –
14 **e)** Schließl können die Eheg iZshg mit der Scheidg den VA auch dch **Vereinbarung** regeln (§ 1587o).

15   **5) Verfahrensrecht.** Vgl zunächst Einf 4 v § 1564. Das FamG (BVerfG NJW **83**, 2812) regelt den VA im Verf nach FGG 53b–53g, ZPO 621a I vAw mit der Mögk der Abtrenng (ZPO 623, 629; 628). Ein **Antrag** ist aber in den folgden Fällen erfdl: §§ 1587b IV, 1587d I u II, 1587f, 1587l, VAHRG 2, 3a V 1 u IX 3, 9, 10,

10a; VAwMG Art 4 § 1 I 1. Das FamG holt bei den jew VersorggsTrägern **Auskunft** ein (FGG 53b II, SGB X 74 Nr 2b). Umfang: bei mangelnder betriebl Ausstattg ist ein ArbGeb nicht verpfl, die VersorggsAnrechte des ArbN zu berechnen (Ffm FamRZ **91**, 579; sa Glockner FamRZ **88**, 777). Ausk ggü RA: § 1587o Rn 3ff; Ausk unter Eheg: § 1587e. Kann mangels Kontenführg die Pers des AusglPflicht nicht festgestellt w, unterbleibt der VA insges (Schlesw FamRZ **90**, 527). Über die Form des VA (§ 1587b, VAHRG 1ff) entsch die letzte TatsVerhdlg (BGH NJW **83**, 1908; FamRZ **88**, 1253). Bei unvollst Regelg keine Ergänzg (BGH FamRZ **91**, 1425). Die Entsch über den schuldr VA bleibt bis zur Dchführbkt hinausgeschoben (BGH NJW **84**, 610). Feststellgen dazu im VerbundVerf nur, soweit sie jetzt schon mögl sind (BGH NJW **82**, 387; **84**, 610); stattdessen evtl Abfindg gem § 1587l (Stgt FamRZ **89**, 760). Beschw gg VA-Regelg: ZPO 621e; BeschwBerechtigg wg mögl Nachteile im schuldrechtl VA: BGH FamRZ **95**, 293. Vollstr: FGG 53g III. Rechtskr: BGH FamRZ **89**, 264. Bindg und Gerichte: BSG NJW **91**, 3237. Korrektur der VA-Regelg: VAHRG 10a; VAwMG Art 4 § 1 (52. Aufl Anh IV zu § 1587b). Nachträgl VA iF einer AuslScheidg: BGH NJW **93**, 2047. **Haftung** des FamRichters: v Maydell FamRZ **77**, 183; Udsching NJW **78**, 289; des RA: Hamm FamRZ **91**, 149; **94**, 376 (Versäum einer mögl Vereinbg nach § 1587o); für die Richtigk von Auskünften: LG Aachen NJW **83**, 830; Düss NJW **86**, 1763; priv ArbGeb: Hamm FamRZ **85**, 718; Karlsr NJW **86**, 854.

6) Internationales Privatrecht EGBGB 17 III. VA u **Ausland:** EGBGB 17 Rn 25–26. **Übergangsrege-** 16 **lung DDR:** EG 234 § 6; dort Anh III zur VA-ErgänzRegelg. Zur Beschrkg **ausländischer Versorgungen** auf den sch-r VA: BVerfG FamRZ **92**, 1036; Düss FamRZ **94**, 903 ital Beamter.

7) Übergangsrecht. Der VA gilt auch für Ehen, die vor dem Inkrafttr des 1. EheRG geschl w sind, aber 17 nach dem 1. 7. 77 gesch w (BVerfG NJW **80**, 692). **1. EheRG Art 12 Ziff 3 Abs 3** stellt in S 1 Altehen, die noch nach EheG 42ff aF gesch w sind, vom VA überh frei, ebso in S 2, wenn vor Inkrafttr des 1. EheRG künftige UnterhAnspr dch Übertragg v VermGgsten endgült abgefunden w sind bzw die dem VA unterliegenden Versorggsanrechte Ggst eines Vertr waren. Schließl konnte der AusglAnspr auf Antr des AusglVerpfl in den Fällen herabgesetzt w, in denen die Ehe allein wg des Widerspr des and Eheg (EheG 48 II aF) nicht gesch w durfte, S 3. Zur Kommentierg dieser Best vgl 48. Aufl sowie Joh/Henr/Hahne Rn 30ff v § 1587. Als TrennsgZt iSv **Satz 4** rechnet unabh davon, ob der Scheidg ein sonst Hindern entggstand, auch die Zt nach Inkrafttr des Ges bis zur Zustellg des ScheidgsAntr (BGH FamRZ **91**, 177). Die Herabsetzg des VA muß begründet w (BGH aaO).

8) Am 1. 1. 92 sind das **Rentenreformgesetz (RRG) 1992** vom 18. 12. 89 (BGBl I S 2261), das Gesetz 18 zur Änderg des BeamtVG (**BeamtVGÄndG**) vom 18. 12. 89 (BGBl I S 2218) sowie das **Renten-Überleitungsgesetz (RÜG)** vom 25. 7. 91 (BGBl I S 1606), dch das die REinh in der ges Rent- u UnfVers hergest w, in Kr getreten. Dch das RRG werden RVO, AVG u RKnG vereinheitl u als **Buch VI** in das **SGB** eingegliedert. Zum Inh u zu den wesentl Änderg en: § 1587a Rn 34–47, 128–132; § 1587b Rn 19–20 u 40 sowie bei den jew gesetzl Bestimmgen. Vgl iü die 50. Aufl, dortselbst in Anm c) auch die Berücks der bereits zum erstgenannten ReformGes in GerEntsch vor dem 1. 1. 92. Nach EG 234 § 6 soll der **VA ab 1. 1. 92** (Inkrafttr des RRG) auch bei Scheidgen **im Beitrittsgebiet (frühere DDR)** dchgeführt w. Das **RÜG** hat dazu einen gr Teil der Vorschr des RRG bereits vor ihrem Inkrafttr geänd. Das gilt insb für das SGB VI. So wird in **Art 1** den vers-rechtl Besonderh des BeitrGebiets Rechng getragen zB dch eig Bezugsgrößen u BeitrBemessgsgrenzen Ost (SGB VI 228a), NachVers im BeitrGebiet (SGB VI 233a), Berücks v Beitr- u BerücksZten wg KiErziehg im BeitrGebiet (SGB VI 249a), SondVorschr zu EntgeltPkt-Ost (SGB VI 254d) usw. **Art 2** enthält das ÜbergsR für Renten nach den Vorschr des BeitrGebiets, deren Besonderh also jew iR eines VA bei Anwendg der §§ 1587ff zu berücks sind. **Art 3 und 4** regeln als AAÜG u VersorggsRuhensG die Überführung der Anspr u Anwartsch aus Zusatz- u Sonderversorggssystemen des BeitrGebiets u deren Ruhen bei StrafVerf. Art 31 enthält das **VA-ÜberleitungsG (VAÜG):** vgl dazu Anh IV zu EG 234 § 6. Zur **RentenanpassgV 1992:** § 1587a Rn 35. Zur Verwendg von Beamten u Ri im BeitrGebiet: § 1587a Rn 119. Zur wünschenswerten **Reform** des Stichtagsprinzips: § 1587 Rn 38; Einf der Realteilg bei Beamten: 19 Schulz-Weidner FuR **93**, 313.

1. Grundsatz

1587 *Voraussetzungen.* [1]Zwischen den geschiedenen Ehegatten findet ein Versorgungsausgleich statt, soweit für sie oder einen von ihnen in der Ehezeit Anwartschaften oder Aussichten auf eine Versorgung wegen Alters- oder Berufs- oder Erwerbsunfähigkeit der in § 1587a Abs. 2 genannten Art begründet oder aufrechterhalten worden sind. Außer Betracht bleiben Anwartschaften oder Aussichten, die weder mit Hilfe des Vermögens noch durch Arbeit der Ehegatten begründet oder aufrechterhalten worden sind.

[II]Als Ehezeit im Sinne der Vorschriften über den Versorgungsausgleich gilt die Zeit vom Beginn des Monats, in dem die Ehe geschlossen worden ist, bis zum Ende des Monats, der dem Eintritt der Rechtshängigkeit des Scheidungsantrags vorausgeht.

[III]Für Anwartschaften oder Aussichten, über die der Versorgungsausgleich stattfindet, gelten ausschließlich die nachstehenden Vorschriften; die güterrechtlichen Vorschriften finden keine Anwendung.

1) Die Vorschr bestätigt in I 1 das Prinzip des VA u scheidet entspr dem ZugewGedanken (Einf 6 vor 1 § 1587) eheneutral erworbene VersorggsAnrechte aus, I 2. In II wird sodann der Begriff der EheZt dch eine techn Definition für die Zwecke des VA handhabbar gem. Endl enthält III den Grdsatz der **Ausschließlichkeit des VA,** der besagt, daß für die dem VA unterworfenen VersorggsAnrechte das EhegüterR nicht anwendb ist, wie umgek, was den **Anwendungsbereich** des VA anlangt, dieser unabh vom jew Güterstd,

2 in dem die Ehel gelebt h, stattfindet (BT-Drucks 7/4361 S 19). Der VA wird auch dchgeführt für **nichtige Ehen** (EheG 26 I), setzt dann aber einen Antr voraus (Ruland Rdn 33), ebso iF der **Aufhebung der Ehe** (EheG 37 I, 39) und – ledigl durch § 1587c Nr 1 eingeschränkt – auch iF einer **Doppelehe** iSv EheG 20, 26

3 III (BGH FamRZ **82**, 475; Stgt FamRZ **86**, 1006; vgl § 1587c Rn 5). Der VA ist iF einer Abtrennung auch nach **Wiederheirat** der geschiedenen Eheg dchzuführen (Kblz FamRZ **81**, 60), ohne daß automat §§ 1587b IV od c vorliegen (Kblz FamRZ **81**, 973 L). Zur anschließden Wwenversorgg: VAHRG 5 Rn 4. Vgl iü Rn 28.

4 **2) Gegenstand des Versorgungsausgleichs, I 1,** sind

5 **a)** alle **Versorgungen,** dh bereits ausgezahlte Pensionen, Renten, betriebl Ruhegelder usw (*arg* § 1587a II Nr 1: Bei einer „Versorgg" usw) sowie sämtl **Anwartschaften oder Aussichten auf eine Versorgung wegen Alters oder Berufs- oder Erwerbsunfähigkeit,** auch ausländ (BGH NJW **82**, 1939). Zum **Versorgungszweck** im Ggsatz zu and Zw BGH FamRZ **88**, 936. Anderweit ZwBest (zB Schaffg eines FinanziergsInstruments für die GmbH) od bl Absichten (Abfindg bei Eintr des VersorggsFalls) reichen nicht aus, um eine betriebl VersorggsZusage dem VA zu entziehen (BGH NJW **93**, 1262). Der bevorstehende Wegfall einer VersorggsAnwartsch steht ihrer Einbeziehg in den VA nicht entgg (Oldbg FamRZ **84**, 1023). Bei Wechsel vom Ausl in die BuRep u umgek können VersorggsAnwartsch entstehen bzw verloren gehen

6 (Kblz FamRZ **85**, 401). Die Begr **Anwartschaft** u **Aussicht** sollten mRücks auf das BetrAVG danach unterschieden w, ob sie Leistgsvorstufen mit od ohne RAnspr sind (Bergner VDR-Hdb 27/6 u FamRZ **81**, 1049). Eine Auss liegt etwa beim SondZuschl der Versorgg beim BeamtSichVerein des Dt Bk- u Bankier-Gew (Düss FamRZ **92**, 68) od bei einer erst nach EheZtEnde bewilligten, aber in den Voraus bereits vor dem Stichtag erfüllten Invaliditätsrente vor (BGH FamRZ **89**, 35). Welche Versorggstitel im einz ausgleichspflichtig sind, ergibt sich aus der Bezugn auf § 1587a II; dort sind die verschiedenen iR des VA zu berücksichtigden Vermögenswerte aufgezählt. Die Bezugn ist jedoch nicht abschließd (Rolland Rdn 5; v Maydell FamRZ **77**, 175); daß auch Versorggen zu berücks sind, ergibt sich aus § 1587a V. Ausgleichs-

7 pflichtig sind nur Versorggen wg Alters, Berufs- od Erwerbsunfähigk. Für eine **Altersversorgung** ist kennzeichnd, daß die Leistg von einer best Altersgrenze bis zum (zeitl unbest) Tode des Begünstigten zugesagt wird. Die **Berufsunfähigkeit (= BU)** ist die Minderg der individuellen berufl Erwerbsfähigk. **Erwerbsunfähigkeit (= EU)** liegt vor, wenn der Betroff inf Krankh, Gebrechen od Schwäche seiner körperl od geist Kräfte auf nicht absehb Zeit überh keine, also auch nicht mehr in einem and Beruf, ErwTätigk mehr ausüben kann (SGB VI 44 II). Auf die Ausgestaltg der Versorgg im einz kommt es nicht an; auch reicht es aus, wenn sie nur eines der gen Risiken absichert. Im einz gehören unter den VA:

8 **aa)** Bereits gewährte Versorggen od Versorggsanwartschaften aus einem öff-rechtl DienstVerhältn od aus einem ArbVerhältn mit Anspr auf Versorgg nach beamtenrechtl Vorschriften od Grdsätzen (§ 1587a II Nr 1). Ausgleichspflicht sind danach die **Pensionen von Beamten,** Richtern auf Lebenszeit, Berufs- u **Zeitsoldaten** (BGH **81**, 100; zur Bewertg bei letzteren § 1587a Rn 114; zur Dchführg des VA § 1587b Rn 48) u sonst Personen, die in einem auf LebensZt begründeten öff-rechtl ArbVerhältn stehen u beamtenrechtl gleichgestellt sind, insb also die Dienstordnungsangestellten der SozVersTräger; nicht Empfänger gnadenw gewährter UnterhBeitr (Rn 21), Gerichtsreferendare (ggf V), wohl aber kommunale Wahlbeamte (und noch die urspr Fassg BT-Drucks 7/650 S 161), Emeritenbezüge entpflichteter Professoren (vgl dazu den MinRdErl NdsRPfl **79**, 261), Versorggsbezüge der Bu- u LaMinister, der parlam Staatssekr, des WehrBeauftr, der Abgeordneten des BT, der Landtage (Kblz FamRZ **86**, 172: auch bl Abfindgen nach weniger als 8jähr Zugehörigk) usw (Ruland Rdn 58), Versorggsbezüge der Geistlichen u sonst Bediensteten der als öff-rechtl Körpersch anerk ReligionsGemschaften, ferner Stellenzulagen für fliegendes Personal der BuWehr (BGH NJW **82**, 2377); dagg nicht der iR der Änd v BeamtVG 55 dch das 2. HStruktG Art 2 § 2 I zur Wahrg des Besitzstandes des Beamt gezahlte AusglBetrag, soweit es sich um den Ausgl der Ruhegehaltsminderg für vorehel erworbene RentAnspr handelt (BGH **90**, 52/64; aA Düss FamRZ **84**, 595: Bewertg gem V).

9 **bb)** Renten od Rentenanwartschaften aus der **gesetzlichen Rentenversicherung,** die den gesetzl Rentenanpassgen unterliegen (§ 1587a II Nr 2), also alle Anrechte auf Berufs- od ErwerbsunfähigkRente sowie Altersruhegeld nach der RentVers (SGB VI; vgl Einf 18 v § 1587), u zwar auch dann, wenn ein nach SGB VI 210 begründeter Antr auf BeitrErstattg vor EheZtEnde gestellt w (BGH NJW **86**, 1932). Unter diese Rubrik fallen also alle PflichtVers der der VersPfl unterliegden Arbeiter, Angest, Seeleute, Bergleute usw, auch KnappschAusglLeistgen n SGB VI 239 u Leistgszuschläge für UntertageArb gem SGB VI 238 (Hamm FamRZ **80**, 898); schließl Renten aus der gesetzl RentVers, die nur desh gezahlt w, weil der Versicherte inf eines ArbUnfalls od einer Wehrdienstschädig bzw gleichgestellter Umst die WarteZt fiktiv erfüllt hat (SGB VI 53, 245), weil die Vorsorge- die Entschädiggselemente überwiegen (Ruland/Tiemann Rdn 60).

10 Hierher gehören nicht Leistgen nach dem KindererziehgsleistgsG (Rn 20).

11 **cc)** Alle Leistgen, Anwartsch od Aussichten auf **Leistungen der betrieblichen Altersversorgung** (§ 1587a II Nr 3), unabh von den Formen, in denen sie auftreten können (BT-Drucks 7/4361 S 38; vgl auch BetrAVG 1), also innerbetriebl Ruhegelder in Form unmittelb VersorggsZusagen, auch zur Abgeltg von GehaltsFdgen (BGH NJW **93**, 1262; vgl Rn 5). Nicht als Leistgen der betriebl Altersversorgg sond ggf n § 1587a II Nr 4 auszugl sind Pensionszusagen ggü OrganPers rechtsfäh Gesellsch (BGH NJW **93**, 1264 sub bb). Unter Nr 3 fallen jedoch wiederum Anspr u Anrechte gg Unterstützgs- u Pensionskassen od sonst überbetriebl Einrichtgen, auch wenn die Erwartg n BetrAVG 1 IV keinen RAnspr auf die Leistg begründet (BGH FamRZ **86**, 339); ferner die Zusatzversorgg des Verbandes der Diözesen Dtschl (Hamm FamRZ **91**,

12 954: Nr 3b); weiterhin insbes die **Zusatzversorgung des öffentlichen Dienstes** (Lit: Hautmann, Die Zusatzversorgg im öff Dienst u ihre RVerhältn, 1985). Mit dieser wird für die Angest u Arbeiter im öff Dienst zusätzl zu ihrer GrdVersorgg in der ges RentVers eine weitere VersorggsLeistg geschaffen, so daß sich ihre Gesamtversorgg zu ihrem vorherigen Einkommen etwa so verhält wie beim Beamt dessen Ruhegehalt zum Gehalt (Lit: Strehuber FamRZ **79**, 765; Kohl SchlHA **79**, 25; Schaub/Schusinski/Ströer § 41;

13 Einzelheiten § 1587a Rn 84–90). Die **Ausgleichsrente** gem VBL-Satzg 97c II, 99 III fällt wed in den öffrechtl VA (KG FamRZ **86**, 915; Hbg FamRZ **87**, 75; aA AG Charl FamRZ **86**, 916) noch in den

schuldrechtl VA (Celle FamRZ **87**, 72; aA Mü FamRZ **88**, 72). Nicht in den VA einzubeziehen ist ferner die AusglRente gem VBL-Satzg 56 I (AG Lahnstein NJW-RR **87**, 201). Dagg gehören ferner hierher die Versorggsleistgen, die dch gemeins Versorggseinrichtgen für einz Wirtsch- od Unternehmensgruppen aufgebracht w, bei denen die Teiln an der Versorggseinrichtg dch einen Beschäftiggswechsel innerh der angeschl Unternehmen nicht berührt w (BT-Drucks 7/650 S 158 u 7/4361 S 38). **Ausnahme:** freiw Versi- 14 chergen in der RentenVers, zB des GeschFührers einer GmbH, die bereits unter bb) fallen. Dagg fallen Anrechte auf Zahlg eines KapitalBetr aus einer **Lebensversicherung** auch dann nicht unter den VA, wenn die Vers zur Befreiung von der gesetzl AngestVers abgeschl w od iR einer betriebl Altersversorgg besteht (BGH FamRZ **84**, 156) u eine Kapital-LebensVers mit RentenwahlR nur, wenn das WahlR bis zur Rechtshängigk des ScheidgsAntr ausgeübt w ist (BGH **88**, 386). Vgl iü § 1375 Rn 3.

dd) Sonstige Renten oder ähnliche wiederkehrende Leistungen, die der Versorgg wg Alters od Be- 15 rufs- bzw Erwerbsunfähigk zu dienen bestimmt sind, od Anwartsch od Aussichten hierauf (§ 1587a II Nr 4), soweit sie nein beitrbezogen sind, wie die Renten aus berufsständ VersorggsEinrichtgen zB der Ärzte (Einzeln § 1587a Rn 92–102). Ferner sind hiernach ausglpfl Beitr der HöherVersicherg (SGB VI 269, 234), der hüttenknappschaftl ZusatzVers im Saarl (vgl BT-Drucks 7/4361 S 39); evtl Pensionsrückstellgen für einen Eheg im Betr des and (BGH FamRZ **95**, 1062). Dem VA unterliegt auch die Alterssicherg der **Landwirte**, für die jedoch das **ALG**, das als Art 1 des **ARSG 1995** mit Wirkg v 1. 1. 95 an die Stelle des GAL getreten ist (ausführl Darstellg: Greßmann/Klattenhoff FamRZ **95**, 577; vgl ferner BT-Drucks 12/5700 u 5889). Nicht unter den VA fallen die LandAbg- u die ProduktionsAufgRente (Greßmann/Klattenhoff aaO 578 mN).

ee) Renten od Rentenanwartschaften **auf Grund eines Versicherungsvertrages,** der zur Versorgg des 16 Versicherten wg Alters, Invalidität, auch wenn Zeitrente od kombiniert m HinterblVersorgg, eingegangen wurde (§ 1587a II Nr 5), aber nur solche auf Rentenbasis, auch wenn es sich um eine befreiende LebensVers handelt (vgl BGH **67**, 262), dagg nicht diej auf Kapitalbasis (auch wenn auf Rentenbasis umstellb), weil sich hier der VersorggsZw nicht eindeut feststellen läßt (BT-Drucks 7/650 S 158; Stgt FamRZ **83**, 815 mNachw; v Maydell FamRZ **77**, 175; Plagemann SGb **78**, 55 zum ManipulationsArg v Ruland NJW **76**, 1716). Wird nach EheZtEnde das KapitalwahlR ausgeübt, entfällt VA insoweit; keine Analogie zu § 1587h Nr 2 (Hbg FamRZ **87**, 721). Ferner gehören hierher Leistgen aus der priv UnfallVers, soweit sie keinen Entschädiggs-Charakter haben (v Maydell FamRZ **77**, 176; aA Maier DAngVers **76**, 439), also die BerufsunfähigkRente aus einer LebVers (Karlsr FamRZ **82**, 615). BU-ZusatzVers die unter über das EheZtEnde hinaus fortbestehen PrämienzahlgsPfl sind nicht in den öf VA einzubeziehen (BGH NJW **86**, 1344 mN), es sei denn, sie wird wg Eintr des VersFalls vor EheZtEnde bereits in Form einer laufden Rente gezahlt (BGH FamRZ **93**, 299); dann Bewertg u Umrechng gem § 1587a II Nr 5b u III Nr 2 (ebd Rn 106 u 112).

ff) Sonstige Leistungen und Anwartschaften, die der Alters- u Invaliditätssicherg dienen (vgl 17 § 1587a V), insb ausländ u internat Vers- u Versorggswerke (v Maydell FamRZ **77**, 176), Leibrenten, die der Alterssicherg dienen u nicht unentgeltl sind (bestr) u Altenteilansprüche (Rolland Rdn 12; v Maydell FamRZ **77**, 176; aA Maier DAngVers **76**, 439; Ruland NJW **76**, 1713). Doch können auch lebenslange Renten Entgelt sein ohne Versorggscharakter (vgl BGH FamRZ **88**, 936). Zum Leibgeding: Rn 21.

b) Nicht versorgungsausgleichspflichtig sind Anwartschaften od Aussichten, die weder mit Hilfe des 18 Vermögens noch dch Arb der Eheg begründet od aufrechterhalten w sind, I **2.** Dch **Arbeit** sind diej 19 Versorggstitel begründet, die dem Eheg allein als Folge seiner Beschäftig (als Beamter, ArbN usw) zustehen. Entscheidd ist, ob Leistgen Versorggs- od Entgeltcharakter haben (BGH FamRZ **88**, 936). **Mit** 20 **Hilfe des Vermögens** sind Altersversorgen geschaffen, die ausschließl od zusätzl zu and Mitteln entstehen, zB priv RentenVers, HöherVersicherg u Beiträgen zur gesetzl RentVers (s Rn 9; § 1587a Rn 45), auch mit Hilfe eines Darl (Celle FamRZ **79**, 826). Ausgleichspflichtig ist nur die Versorgg, die mHv Verm geschaffen w ist, das innerh der EheZt erworben wurde (Ruland Rdn 55; aA Voskuhl/Pappai/Niemeyer S 16). **Nicht ausgleichspflichtig sind** in einem Leibgeding (AltenT) ausbedungene SachLeist- 21 gen u WohnR (BGH FamRZ **93**, 682; anod BGH FamRZ **82**, 909). BerufsunfähigkVersicherungen, da ihre Aufrechterhaltg jew nur auf dem letzten Beitrag beruht, so daß kein echter Versorggswert anwächst (BGH FamRZ **88**, 488; BR-Drucks 191/77 S 13f); and dagg iF der Invalidität (vgl Anh II zu § 1587a, BarwertVO § 1 Rn 5). Weiterhin unterliegen nicht der AusglPfl Leistgen nach dem KindErziehgLeistgG v 12. 7. 87 (BGBl I 1585), weil sie nicht wg Alters, sond als Anerk gezahlt w (BGH NJW **91**, 1825); ferner nicht Waisenrenten (BR-Drucks 191/77 Beschl S 6), die zB iR einer betriebl Altersversorgg versprochene Hinterbliebenenversorgg, da der VA ja eine eigenständ Versorgg schaffen soll (Schusinski/Stifel NJW **77**, 1265), alle Entschädiggsleistgen (BT-Drucks 7/650 S 155), zB aus der UnfallVers, nach dem BVG, BEG, BSeuchG, HäftlHilfeG, LAG, AltspararG usw (vgl Ruland Rdn 59), SchadErsRenten od DienstunfallFürs-Leistgen u unfallbedingte Versorggserhöhgen bei öff-rechtl Dienstverhältn (§ 1587a II Nr 1 S 4); gnadenhalber einem RuhestandsBeamt vom BuPräs gewährte UnterhBeitr (Kln FamRZ **94**, 1462 zweifelh!); priv InvaliditätsVers vor Eintr des VersFalles (Düss NJW-RR **86**, 941); priv Zuwendgen Dritter, zB Schenkg einer LebensVers, Rente aus Anerk gezahlt w (BGH NJW **91**, 1825), reine Hinterbliebenenrenten (BGH FamRZ **92**, 166) insb Anspr auf wiederaufgelebte Hinterbliebenenrenten (zB SGB VI 46 III) od -pensionen (BBG 164 III), vgl iü § 1587a Rn 109; einmalige Abfindgen, soweit es sich nicht um die Kapitalisierg von RentenAnspr iSv § 1587 I 1 handelt (Ruland NJW **76**, 1716 Fn 46). Zur befreienden LebVers: Rn 16. Nicht iR des VA ausgleichspflichtig sind im Ggs zu Versorggsrenten (§ 1587a II Nr 5) auch KapitalVers (VVG 165 II), weil bei ihnen eine Abgrenz nach dem Bestimmgszweck u damit auch eine Zuordng zum Bereich der Versorgg nicht mögl erschien (BT-Drucks 7/650 S 158); sie unterliegen dem ZugewAusgl (oben Rn 14; § 1375 Rn 3). Nach Friederici NJW **79**, 2550 sind sie jedenf dann in den VA einzubeziehen, wenn der Vorsorgecharakter festgestellt w kann. Dem VA unterliege weiterhin nicht Zinserträge aus Kapital od Vermietg, weil sie nicht auf Invalidität od Alter beruhen (Bergner DRentVers **77**, 91). Bei GrdstVerkäufen auf Leibrente uä kommt es darauf an, ob zeitl unabsehb Altersversorgg oder Sonderform der Ratenzahlg beabsichtigt ist (vgl Rn 17). Draußen vor bleiben ferner dementspr Kaufpreisraten aus einer Verm- od Unternehmensveräußerg, Deputate (iGgs zum Alteneil der Landwirte), Künstlerhilfen u ähnl Ehrensolde, Abfindgen (Ruland Rdn 59).

Noch nicht unverfallb betriebl VersorggsAnwartsch werden im schuldrechtl VA ausgeglichen (§ 1587f
22 Nr 4). Dch **Schenkung von seiten Dritter** finanzierte Versorggsanrechte unterliegen der AusglPfl, es sei
denn, der Dr zahlt schenkw unmittelb an den VersorggsTräger freiw Beitr (BGH FamRZ **83**, 262) od es
liegt wirtschaftl ein Vorgang vor, der einer Direktleistg an den VersTr gleichkommt, wie zB Schenkg der
VersBeitrMarken (BGH NJW **84**, 1542); keine Analogie zu § 1374 II u auch nicht entscheidd die Zweckbe-
23 stimmg der zugewendeten Geldmittel (BGH NJW **84**, 1542; aA Kln FamRZ **84**, 64). Nicht unter I 2 fallen,
dh voll im VA zu berücks sind freiw BeitrZahlgen des Ehem in die ges RentVers zG der Ehefr währd der in
die EheZt fallden TrenngsZt (BGH FamRZ **87**, 48).

24 **3) Ehezeit, II. A. Bedeutung. a) Ehedauer** u versorggsrechtl relevante ErwTätigk brauchen sich nicht
zu decken. Vom AusglPrinzip her (Einf 6 vor § 1587) ist es ledigl gerechtfert, den Eheg an dem Zugew an
Alterssicherg teilhaben zu lassen, der innerh der Ehe erworben wurde. Der Begründg von VersorggsAn-
rechten währd der EheZt steht dabei deren Aufrechterhaltg gleich, sofern die Bedinggen für die spätere
Versorgg wenigstens teilw währd der EheZt erfüllt worden sind. Anderers bleiben Versorggen, auf die ein
Anrecht od eine Aussicht erst nach der Scheidg begründet wurde, für den VA selbst auß Betr, wenn für die
25 Versorgg BemessgsZten angerechnet werden, die in die EheZt fallen (BT-Drucks 7/650 S 155). **b)** Es
kommt nicht auf die Zt des ehel ZusLeb an, so daß das **Getrenntleben** den VA nicht ausschließt, sond
26 ledigl iR von § 1587c, Art 12 Nr 3 III S 3 u 4 des 1. EheRG berücks wird (BGH **75**, 241). **c)** Bei **mehrfacher**
Ehe mit demselben Partn werden Anrechte aus der vor dem 1. 7. 77 rechtskr gesch Ehe nicht in den VA
27 einbezogen (BGH NJW **83**, 37; vgl aber auch BGH NJW **83**, 1317). Vgl iü Rn 3 aE. **d)** Bei der Bewertg von
VersorggsAnrechten gilt das **Prinzip der Gleichwertigkeit** aller Ehe- u VersorggsAufbauZten, so daß es
keine Rolle spielt, ob ein Anrecht in der EheZt **begründet** oder nur **aufrechterhalten** worden ist. Dem-
entspr ist ein Beamt auch ausglpflicht, der überh erst nach den zur Erlangg der Höchstpension erforderl
ruhegehaltsfäh DienstJ geheiratet hat. Dagg findet ein VA nicht statt, wenn eine gesetzl Rente bereits
vollständ vor der EheZt erworben worden ist u in die EheZt ledigl Steigergen aGrd der gesetzl RentAnpass-
gen fallen (Düss FamRZ **79**, 595). Das Gleichwertigkprinzip gilt auch insof, als unabhäng davon, wie sich
eine Versorgg aufbaut, hineinfallde EheZten VA-rechtl gleich viel bringen, so daß bei gleicher berufl Stellg
des AusglPflicht mehrere ausglberecht Eheg für die gleiche Anzahl von EheJ gleich viel an Versorgg erh
(ausführl 48. Aufl).

28 **B. Berechnung der Ehezeit. a) Feststellung.** Die EheZt kann nicht dch ZwischenEntsch festgestellt
werden, sonst Beschw (Stgt NJW **78**, 1489; Hamm FamRZ **80**, 897). Die isolierte Festlegg im Verf ist dagg
nicht beschwerdefäh (Hbg FamRZ **80**, 1133; Ffm NJW-RR **89**, 1236). Aus rentenberechgstechn Grden wird
im VA mit **vollen Monaten** gerechnet. Bei **Wiederheirat** (Rn 2) bedarf es getrennter Entscheidgen für
beide EheZten (BGH NJW **94**, 579).

29 **b) Beginn:** Die Ehe beginnt VA-rechtl nicht am Tage des tats Eheschlusses, sond jew auf den MoErsten
zurückdatiert. Bei Verheiratg Asylsuchder beginnt die EheZt iSv II mit dem Mo der AntrStellg auf Asyl-
Bew (Bambg FamRZ **82**, 505). Zur Nachentrichtg v Beitr im Mo der Eheschl: Rn 45.

30 **c) Ende:** Zwingdes Recht; II gilt auch iR von VA-Vereinbgen gem § 1587o (KG FamRZ **94**, 1038; Celle
FamRZ **94**, 1039). Die EheZt endet an sich erst mit der Rechtskr des ScheidgsUrt (§ 1564 S 2). Für den VA
gilt dagg ein bes Begr der EheZt; sie dauert nur bis zum Ende des Mo, der dem Eintr der Rhängigkeit des
ScheidgsAntr vorausgeht, um auf den Stichtag bezogene VersorggsAusk u zugl das VerbundVerf zu ermögl
(Einf 6 vor § 1564). Der ScheidgsAntr muß von einem bei dem FamG zugel RA eingereicht werden; iGgs zu
ZPO 187 (BGH NJW **84**, 926) keine Heilg (Stgt FamRZ **81**, 789). Der Ztpkt des Eheendes kann sich
vorverlagern dch eine später auf Scheidg umgestellte EheaufhebgsKl (BGH FamRZ **89**, 153) bzw dch förml
Zustell von ScheidgsAntr u PKH-Gesuch, wenn nicht deutl wird, daß sich die Zustellg nur auf das PKH-
Gesuch beziehen sollte (BGH FamRZ **87**, 362/4), währd der formlose Zugang des ScheidgsAntr mit PKH-
Gesuch nicht genügt (BGH FamRZ **82**, 1005; Düss FamRZ **81**, 564). Auch nach einem gerichtl TrenngsVerf
nach ital R ist auf den ScheidgsAntr abzustellen (BGH FamRZ **94**, 825). Nach einem RestitutionsVerf (ZPO
31 590 I) entsch die Rhängigk des ursprüngl ScheidsAntr (Schlesw FamRZ **82**, 1081). Bei **mehreren Schei-**
dungsanträgen gilt als Maxime, daß das Ende der EheZt dch die Rhängigk desj ScheidgsAntr bestimmt
wird, der den zur Scheidg führden RStreit eingeleitet hat (BGH NJW **82**, 2379; **86**, 1040; **91**, 2490; FamRZ
90, 384/5; zur Haftg des Anw: Hamm FamRZ **91**, 844). Entspr entsch der ursprüngl ScheidgsAntr iF der
Aussetzung od des tats Stillstands **des Scheidungsverfahrens,** auch wenn die Akte weggelegt wurde
(BGH NJW-RR **93**, 898), u zwar auch in Übergangsfällen (BGH NJW **80**, 1161; FamRZ **81**, 944/45; **83**, 38/
39). Ausn aber nach § 242 (BGH NJW **86**, 1040; **91**, 2490; Joh/ Henr/Hahne 30). Bei vorbehaltloser
Versöhng der Eheg ist für das Ende der EheZt der Ztpkt maßg, an dem von einer Partei die Fortsetzg des
Verf beantr wird, wenn die Eheg das ScheidgsVerf übereinstimmd irrig als erled angesehen u mehrere J in
ehel Gemsch zugelebt haben (BGH NJW **86**, 1040). Entspr der Ausgangsmaxime entsch der 2. Scheidgs-
Antr, wenn die fortbestehde Rhängigk eines früh ScheidgsVerf übersehen u die Ehe aGrd eines neuen,
selbstd Verf geschieden w (BGH NJW **91**, 2490). Problemat kann werden, ob ein später gestellter Scheidgs-
Antr des and Eheg GgAntr in dem schon rechtshäng Verf ist od ein selbstd Verf einleitet (BGH FamRZ **83**,
32 38/40). Auch im Verhältn von **Scheidungsantrag und Scheidungswiderklageantrag** bestimmt sich das
EheZtEnde nach der in Rn 31 genannten Maxime nach demj Antr, der den zur Scheidg führden Rstreit
ausgelöst hat. Für das Abstellen auf den ursprüngl ScheidsAntr ist Vorauss dessen wirks Zustellg (Celle
FamRZ **81**, 790). Dagg braucht er nicht in der mündl Verhandlg gestellt w zu sein (BGH NJW **82**, 280). Der
ursprüngl ScheidsAntr bleibt auch maßgebl, wenn er abgewiesen u die Ehe auf den Antr des Gegn gesch
wird (Karlsr FamRZ **80**, 1121). Die Maßgebl des ursprüngl ScheidsAntr setzt allerd ein einheitl Verf
voraus, so daß für II der WiderKlAntr maßgebl ist, wenn der ScheidgsAntr vor Zustellg des WiderKlAntr
zurückgen w ist (BGH FamRZ **79**, 905; **83**, 38/40). Wurde der frühere ScheidsAntr dagg erst nach Zustellg
des WiderKlAntr zurückgen, so bestimmt ersterer das EheZtEnde auch dann, wenn das ScheidgsVerf wg
des ZusLeb der Eheg zum Stillstand gekommen war (Kln FamRZ **92**, 685: aber wg der Versorggslücke evtl
33 § 242; and Hamm FamRZ **91**, 844: maßgebl der WiderKlAntr). **Beweislast** für Zustellgsdatum beim dch

die längere Ehedauer begünstigten Eheg (BGH NJW **89**, 2811). **Vereinbarung:** Eheg können vereinbaren, daß in den VA nur die bis zu einem best Ztpkt vor dem EheZtEnde erworbenen Anwartsch einbezogen w (§ 1408 Rn 11). Doch darf das nicht zur Folge haben, daß dem AusglBerecht mehr Anwartsch in der ges RentVers übertragen w, als ihm nach der ges Regelg zuständen (BGH NJW **90**, 1363; vgl § 1587o Rn 13).

C. Berücksichtigung von nach Ehezeitende eingetretenen Änderungen (Lit: Bergner NJW **89**, 34 1975). Zur maßgebden RentBemessgsGrdl: § 1587a Rn 36. **a) Bedeutung für die Wertermittlung** 35 **(§ 1587a). aa) Gesetzes-, Satzungs- und ähnliche generelle Änderungen** nach EheZtEnde. Bei Änderegen der VersorggsVorschr ist auf die zum Ztpkt der Entsch (ggf erst währd der 3. Inst in Kr getretenen; BGH FamRZ **93**, 415) geltden RLage, nicht auf die für das EheZtEnde maßgebl abzustellen (BGH **90**, 52; Karlsr FamRZ **83**, 79; Michaelis FamRZ **85**, 550). Das gilt für Gesetze wie das 2. HStruktG mit der Neufassg von BeamtVG 55 (BGH **90**, 52) u dem Wegfall des örtl SondZuschl für Bln (BGH FamRZ **84**, 992); die Berücks von KiErziehgsZten (BGH NJW **86**, 1169) u das 20. RentAnpassG mit der Einfügg von SGB VI 71 IV (BGH FamRZ **86**, 447), vor allem aber auch für das BeamtVG (BGH FamRZ **93**, 414; Saarbr FamRZ **94**, 758: BBVAnpG 1991) sowie für das **RRG 1992** (§ 1587a Rn 34; Ruland NJW **92**, 78). Zur Rückwirkg des RRG 1992 **bei Ehezeitende vor dem 1. 1. 92** (BGH NJW **93**, 465 = FamRZ **93**, 294): § 1587a Rn 35 (Ermittlg der EP); § 1587a Rn 91 (Umrechng nicht volldynam Anrechte). Der Ztpkt der Entsch über den VA ist ferner entscheidd bei Änderegen der maßgebl nicht gesetzl VersorggsOrdng (BGH NJW **83**, 38; FamRZ **86**, 976), etwa der VBL-S (BGH NJW **83**, 38), einer berufsständ Versorgg (BGH FamRZ **90**, 382 RAnw) od einer betriebl VersorggsOrdng, bei der etwa die fremde Richtlinie für die eig VersorggsOrdng übern w (Mü FamRZ **91**, 338), ledigl die Versorgghöhe dch BetrVereinbg geändert w (BGH FamRZ **86**, 976) od eine Umgruppierung stattfindet (Kblz FamRZ **81**, 901 BuBahn; aA Mü FamRZ **81**, 281).

bb) Änderungen individueller Umstände in den Verhältnissen der Ehegatten nach EheZtEnde 36 können zur **Durchbrechung des Stichtagsprinzips** u zu einer Vorwegn der BilligkKontrolle nach VAHRG 10a (vgl dort Rn 19–21) führen (vgl dazu ausf 53. Aufl). Aus Grden der ProzÖkonomie sind alle nachehezeitl veränd Umst, die zu einer Abänderg der rechtskr Entsch nach VAHRG 10a führen würden, bereits im ersten Verf zu berücks, es sei denn, sie stehen zum Ztpkt der ErstEntsch noch nicht endgült fest (BGH NJW **89**, 29 = FamRZ **88**, 1148; Joh/Hahne 36f). Die Berücks im ErstVerf ist oRücks auf das Wesentlkts-, Antr- und Alterserfordern von VAHRG 10 II, IV u V mögl (BGH NJW **89**, 29 u 529). Im 37 ErstVerf sind **zu berücksichtigen:** bei **Beamten** Versetzg in den Ruhestand wg DienstUnfähigk (BGH FamRZ **89**, 727; Hamm NJW-RR **90**, 1291), auch vorzeit Ruhestand (BGH NJW **95**, 136); Beurlaubg ohne Dienstbezüge (BGH FamRZ **88**, 940); Verlängerg der TeilZtBeschäftigg (BGH FamRZ **89**, 1060); Ausscheiden aus dem BeamtenVerh mit anschl NachVersich: Wechsel als Chefarzt in eine PrivKlinik (BGH **89**, 34); bei Aberkenng des Ruhegehalts (BGH NJW **89**, 29, 529 u 2811); nach strafr Verurteilg (BGH NJW **89**, 32). Bezieht ein Ehegatte im Ztpkt der Entsch eine (vorzeit) **laufende Versorgung**, so ist diese u nicht das auf das EheZtEnde bezogene niedrigere fikt Altersruhegeld zuGrde zu legen, wenn die Versorgg gesichert erscheint (BGH **110**, 224; FamRZ **94**, 92: EU-Rente; Hamm FamRZ **94**, 1526; § 1587a Rn 49; § 5 BarwVO Rn 1; and noch BGH **98**, 390); zur lfden Rente vgl § 1587a Rn 49. **Berufsständische Versorgungswerke:** Dagg ist nicht auf den tats ZahlBetr sond auf den bei EheZtEnde erreichten Wert der Versorgg abzustellen, auch wenn die Versorgg bei Entsch des FamG bereits gezahlt w (BGH NJW-RR **95**, 1 Bay ÄrzteVersorgg). Vgl iü zur Maßgeblk der **vorläufigen Durchschnittsentgelte** § 1587a Rn 91. Berücks wird die Beitrags- freistellg in der Arztversorgg wg Übersiedelg ins Ausl (BGH NJW-RR **89**, 1477). Zu nachehezeitl Änderegen 38 bei der **betrieblichen Altersversorgung:** § 1587a Rn 63–65 u 77. Eine **Vorwegberücksichtigung** von nachehezeitl Umst im ErstVerf **scheidet aus,** einmal bei Umst, deren Auswirkg auf die BilligkEntsch sich im Laufe der Zeit noch wieder abschwächen kann (BGH NJW **89**, 29), also zB wenn die Part noch verhältnismäß jung sind (BGH aaO 32/3 u 529); zum and bei tats nachehel Veränderegen der Versorgghöhe, wenn sie keinen Bezug zum ehezeitl Erwerbstatbestd haben (vgl Joh/Hahne 37), wie Änd der Besoldgsgrup- pe; der Dienstalterssstufen; Einkommenshöhe; BemessgsGrdlge (BGH FamRZ **91**, 1421/24); Stellenzulagen für fliegdes BuWehrpersonal (BGH NJW **82**, 2377; FamRZ **86**, 975); berufl Aufstieg insb Beförderegen nach dem Stichtag (BGH **110**, 224/27; Übern als Beamter (BGH NJW **84**, 1612) od Berufssoldat (BGH **81**, 100) bzw eines Widerrufsbeamten als Beamter auf Probe (BGH NJW **82**, 1754; and Kblz FamRZ **90**, 760); Erkl des Piloten, aus der BuWehr auszuscheiden (BGH NJW **82**, 2379; zweitl Ausscheiden aus dem Betr (BGH **93**, 222); Herabsetzg der VersorggsLeistg inf wirtschl Schwierigk der Fa (Mü-Augsburg FamRZ **81**, 281); Suspendierg eines Beamt, über dessen endgült Entferng aus dem Dienst noch nicht entsch ist (vgl Hamm FamRZ **88**, 625). Der richt Kern der Rspr auch des BGH liegt in der rpolit Fordergn nach einer durchdachten **Modifizierung des Stichtagsprinzips.** Zur regellosen Auflösg desselben vgl Ruland NJW **92**, 80. Zur Berücks veränderter Umstde im **Abänderungsverfahren nach § 10a VAHRG** vgl dort Rn 5–11. 39

cc) Nachentrichtung von Beiträgen. Bei der gem SGB VI 197 bis zum Ablauf der jew mögl Nachent- 40 richtg von RentVersBeitr werden im VA ow die Beitr berücks, die währd des EheZt für in die EheZt fallde Zten entrichtet worden sind. Werden Beitr im ScheidsVerf od nachher für die EheZt nachentrichtet, fallen sie (auch iFv ZPO 628 I Nr 2) nach dem auf den HandlgsZtpkt abstellden sog **In-Prinzip** nicht in die EheZt, selbst wenn die damit belegten VersorggsZten solche der EheZt sind (BGH **81**, 196; FamRZ **83**, 683; NJW **85**, 2024) unter Verwerfg des Für-Prinzips, wonach darauf abzustellen ist, für welchen ZtRaum die Beitr entrichtet w sind (VDR-Hdb/Bergner 27/18 m RechBsp zum RRG; Schmeiduch FamRZ **83**, 119; zur Geltg des Für-Prinzips bei § 1587b: dort Rn 53). Es sind also unabhäng vom Einverständn des and Eheg (BGH FamRZ **83**, 683/4) alle Anwartsch auszugl, die dch BeitrZahlg (unerhebl der Ztpkt der AntrStellg od Bewilligg; BGH **81**, 196/210) währd dem EheZt erworben werden gleichgült, ob damit ehel od vorehel Zten in der RentVers aufgefüllt werden. Im letzteren Fall keine Abänderg nach VAHRG 10a (Joh/Henr/Hahne Rdn 19); auch keine Erstreckg auf dadch anrechenb gewordene vorehel AnrechngZten (Karlsr FamRZ **87**, 284). Zu den sich aus der unterschiedl Stichtagsregelg von II u § 1384 ergebden Konsequenzen Hahne aaO Rdn 20. Das In-Prinzip gilt auch für die Nachentrichtg von PflBeitr (Hamm FamRZ **83**, 729; Kln FamRZ **84**, 63 m abl Anm v Schmeiduch), auch eines selbständ Erwerbstät (BGH NJW **85**, 2024). Da die VersTr ihre Auskft auf der GrdLage des Für-Prinzips erteilen, müssen die Eheg dem FamG mitteilen, wenn best EntgPkte zusätzl berücks werden sollen od, obwohl sie in die EheZt fallen, nicht (Bergner SGb **78**, 136). RentAnwartsch, die dch freiw geleistete BeitrNachZahlgen im EheschließgsMo, aber vor der tats Eheschließg erworben w sind, unterfallen nicht dem VA (BGH FamRZ **93**, 292). Keine Anwend des In-Prinzips bei Nachentrichtg von Beitr zG des ausglberecht dch den ausglpfl Eheg nach EheZtEnde (Zweibr FamRZ **84**, 911). Beim VA bleiben ferner Anwartsch auß Betr, die zwar in der EheZt, aber mit Mitteln des **vorzeitigen Zugewinnausgleichs** erworben worden sind (BGH NJW **92**, 1888). Zur Nachzahlg v Beitr f Zten der **Heiratserstattung**: § 1587b Rn 3.

41   **b) Bedeutung für die Form des Versorgungsausgleichs (§ 1587b).** In welcher Form der VA sich vollzieht, richtet sich nach den tats Verhältn zZt der Entsch der letzten **Tatsacheninstanz** über den VA, so daß nachträgl Ändergen in der Dchführg des VA voll Rechg getragen werden kann (BGH **81**, 100/23; **90**, 52/7). Denn hierf hat das Stichtagsprinzip keine Bedeutg. Härten id Folge § 1587c Rechg zu tragen (Hamm FamRZ **86**, 1222). Das gilt für den ZtSoldaten (vgl § 1587b Rn 48–49) gleichgült, ob er nach Ende der EheZt nachversichert od Beamt bzw Berufssoldat gew ist. Der VA wird nach der versorggsrecht Situation dchgeführt, in der er sich zZt der Entsch dch das FamG od OLG befindet (BGH NJW **82**, 379). Dies gilt auch für den VA nach VAHRG 1 III, wenn der Beamt nach EheZtEnde ausgesch u bei einem berufsständ VersorggsWerk nachvers worden ist (Kln FamRZ **85**, 1050). Das bl Vorliegen der NachVersVorauss reicht nicht aus (BGH FamRZ **82**, 154/5). In solchen Fällen auch keine Aussetzg des Verf (BGH NJW **83**, 1908). Dchführg des VA zL des NachVersAnspr analog § 1587b II (Joh/Henr/Hahne Rdn 42 mN). Wer am EheZtEnde Widerrufsbeamt war, aber vor der tatrichterl Entsch Beamt auf Probe geworden ist, gleicht dch QuasiSplitting aus (BGH NJW **82**, 1754) zL des neuen Diensthern (BGH NJW **82**, 379). Fällt eine Anwartsch auf landwirtschaftl Altersgeld für den ausglpflicht Eheg nach dem Bewertgsstichtag, aber vor dem für die letzte tatrichterl Entsch maßgebden Ztpkt weg, weil die landwirtschaftl Tätig aufgegeben u die erfdl WeiterVersErkl nicht abgegeben worden ist, so fällt der VA ersatzl aus (BGH FamRZ **86**, 892; krit Joh/Henr/Hahne Rdn 39). Inkonsequent ist es nach allem, wenn ein nach EheZtEnde in ein BeamtVerhältn übernommener AusglSchu den VA nach § 1587b I vollziehen soll (so BGH NJW **84**, 1612). Auf Grd v BeitrErstattg **erloschene Anrechte** werden auch bei Verstoß gg VAHRG 10d nicht ausgeglichen (BGH NJW **92**, 312; **95**, 135). RFolgen ggü dem ZahlgsEmpf: keine entspr Anwend von VAHRG 3b (BGH aaO); aber evtl ZugewAusgl (Joh/Henr/Hahne VAHRG 10d Rn 2) od §§ 823, 826; bei Verstoß gg VAHRG 10d ggü dem VersorggsTr: §§ 134, 135 passen mangels RGesch nicht, aber teleolog Reduktion von SGB VI 211 VI 2 (vgl MüKo/
42   Gräper 10: Aufhebg des LeistgsBescheids); sonst jedenf: § 839. **Umstände, die erst nach dem für die letzte tatrichterliche Entscheidung maßgeblichen Zeitpunkt** eintreten, bleiben im ErstVerf unberücks u damit VAHRG 10a überlassen; so eine nach Abschl des Verf vor dem OLG erfolgte NachVers (BGH NJW **89**, 35).

43   **4) Ausschließlichkeitsgrundsatz, III.** Für Versorggstitel, die gem Rn 4–17 dem VA unterliegen, gelten ausschließl die §§ 1587–1587p; es finden weder daneben noch an ihrer Stelle die güterrechtl Vorschr Anwendg, so daß zB Versorggswerte, die aGrd von § 1587c außer Betr bleiben, nicht iR des Zugew-Ausgl ausgeglichen w müssen. Entsprech unterbleibt der ZugewAusgl auch insow, als die Eheg den VersorggsAusgl dch Vereinbg ausgeschl haben (Ruland/Tiemann Rdn 29). Schließl scheidet auch der Ausgl des Verlusts einer Anwartsch (dch Auszahlg nach Eheschl) aus (Düss FamRZ **82**, 84).

2. Wertausgleich von Anwartschaften oder Aussichten auf eine Versorgung

1587a *Ausgleichspflichtiger Ehegatte; auszugleichende Versorgungsansprüche.* [I]Ausgleichspflichtig ist der Ehegatte mit den werthöheren Anwartschaften oder Aussichten auf eine auszugleichende Versorgung. Dem berechtigten Ehegatten steht als Ausgleich die Hälfte des Wertunterschiedes zu.

[II]Für die Ermittlung des Wertunterschiedes sind folgende Werte zugrunde zu legen:

1. Bei einer Versorgung oder Versorgungsanwartschaft aus einem öffentlich-rechtlichen Dienstverhältnis oder aus einem Arbeitsverhältnis mit Anspruch auf Versorgung nach beamtenrechtlichen Vorschriften oder Grundsätzen ist von dem Betrag auszugehen, der sich im Zeitpunkt des Eintritts der Rechtshängigkeit des Scheidungsantrags als Versorgung ergäbe. Dabei wird die bis zu diesem Zeitpunkt zurückgelegte ruhegehaltfähige Dienstzeit um die Zeit bis zur Altersgrenze erweitert (Gesamtzeit). Maßgebender Wert ist der Teil der Versorgung, der dem Verhältnis der in die Ehezeit fallenden ruhegehaltfähigen Dienstzeit zu der Gesamtzeit entspricht. Unfallbedingte Erhöhungen bleiben außer Betracht. Insofern stehen Dienstbezüge entpflichteter Professoren Versorgungsbezügen gleich und gelten die beamtenrechtlichen Vorschriften über die ruhegehaltfähige Dienstzeit entsprechend.
2. Bei Renten oder Rentenanwartschaften aus der gesetzlichen Rentenversicherung ist der Betrag zugrunde zu legen, der sich am Ende der Ehezeit aus den auf die Ehezeit entfallenden Entgeltpunkten ohne Berücksichtigung des Zugangsfaktors als Vollrente wegen Alters ergäbe.
3. Bei Leistungen, Anwartschaften oder Aussichten auf Leistungen der betrieblichen Altersversorgung ist,
   a) wenn bei Eintritt der Rechtshängigkeit des Scheidungsantrags die Betriebszugehörigkeit andauert, der Teil der Versorgung zugrunde zu legen, der dem Verhältnis der in die Ehezeit fallenden Betriebszugehörigkeit zu der Zeit vom Beginn der Betriebszugehörigkeit bis zu der in der Versorgungsregelung vorgesehenen festen Altersgrenze entspricht, wobei der Betriebszugehörigkeit gleichgestellte Zeiten einzubeziehen sind; die Versorgung be-

rechnet sich nach dem Betrag, der sich bei Erreichen der in der Versorgungsregelung vorgesehenen festen Altersgrenze ergäbe, wenn die Bemessungsgrundlagen im Zeitpunkt des Eintritts der Rechtshängigkeit des Scheidungsantrags zugrunde gelegt würden;

b) wenn vor dem Eintritt der Rechtshängigkeit des Scheidungsantrags die Betriebszugehörigkeit beendet worden ist, der Teil der erworbenen Versorgung zugrunde zu legen, der dem Verhältnis der in die Ehezeit fallenden Betriebszugehörigkeit zu der gesamten Betriebszugehörigkeit entspricht, wobei der Betriebszugehörigkeit gleichgestellte Zeiten einzubeziehen sind.

Dies gilt nicht für solche Leistungen oder Anwartschaften auf Leistungen aus einem Versicherungsverhältnis zu einer zusätzlichen Versorgungseinrichtung des öffentlichen Dienstes, auf die Nummer 4 Buchstabe c anzuwenden ist. Für Anwartschaften oder Aussichten auf Leistungen der betrieblichen Altersversorgung, die im Zeitpunkt des Erlasses der Entscheidung noch nicht unverfallbar sind, finden die Vorschriften über den schuldrechtlichen Versorgungsausgleich Anwendung.

4. Bei sonstigen Renten oder ähnlichen wiederkehrenden Leistungen, die der Versorgung wegen Alters oder Berufs- oder Erwerbsunfähigkeit zu dienen bestimmt sind, oder Anwartschaften oder Aussichten hierauf ist,

a) wenn sich die Rente oder Leistung nach der Dauer einer Anrechnungszeit bemißt, der Betrag der Versorgungsleistung zugrunde zu legen, der sich aus der in die Ehezeit fallenden Anrechnungszeit ergäbe, wenn bei Eintritt der Rechtshängigkeit des Scheidungsantrags der Versorgungsfall eingetreten wäre;

b) wenn sich die Rente oder Leistung nicht oder nicht nur nach der Dauer einer Anrechnungszeit und auch nicht nach Buchstabe d bemißt, der Teilbetrag der vollen bestimmungsmäßigen Rente oder Leistung zugrunde zu legen, der dem Verhältnis der in die Ehezeit fallenden, bei der Ermittlung dieser Rente oder Leistung zu berücksichtigenden Zeit zu deren voraussichtlicher Gesamtdauer bis zur Erreichung der für das Ruhegehalt maßgeblichen Altersgrenze entspricht;

c) wenn sich die Rente oder Leistung nach einem Bruchteil entrichteter Beiträge bemißt, der Betrag zugrunde zu legen, der sich aus den für die Ehezeit entrichteten Beiträgen ergäbe, wenn bei Eintritt der Rechtshängigkeit des Scheidungsantrags der Versorgungsfall eingetreten wäre;

d) wenn sich die Rente oder Leistung nach den für die gesetzlichen Rentenversicherungen geltenden Grundsätzen bemißt, der Teilbetrag der sich bei Eintritt der Rechtshängigkeit des Scheidungsantrags ergebenden Rente wegen Alters zugrunde zu legen, der dem Verhältnis der in die Ehezeit fallenden Versicherungsjahre zu den insgesamt zu berücksichtigenden Versicherungsjahren entspricht.

5. Bei Renten oder Rentenanwartschaften auf Grund eines Versicherungsvertrages, der zur Versorgung des Versicherten eingegangen wurde, ist,

a) wenn es sich um eine Versicherung mit einer über den Eintritt der Rechtshängigkeit des Scheidungsantrags hinaus fortbestehenden Prämienzahlungspflicht handelt, von dem Rentenbetrag auszugehen, der sich nach vorheriger Umwandlung in eine prämienfreie Versicherung als Leistung des Versicherers ergäbe, wenn in diesem Zeitpunkt der Versicherungsfall eingetreten wäre. Sind auf die Versicherung Prämien auch für die Zeit vor der Ehe gezahlt worden, so ist der Rentenbetrag entsprechend geringer anzusetzen;

b) wenn eine Prämienzahlungspflicht über den Eintritt der Rechtshängigkeit des Scheidungsantrags hinaus nicht besteht, von dem Rentenbetrag auszugehen, der sich als Leistung des Versicherers ergäbe, wenn in diesem Zeitpunkt der Versicherungsfall eingetreten wäre. Buchstabe a Satz 2 ist anzuwenden.

III Bei Versorgungen oder Anwartschaften oder Aussichten auf eine Versorgung nach Absatz 2 Nr. 4, deren Wert nicht in gleicher oder nahezu gleicher Weise steigt wie der Wert der in Absatz 2 Nr. 1 und 2 genannten Anwartschaften, sowie in den Fällen des Absatzes 2 Nr. 5 gilt folgendes:

1. Werden die Leistungen aus einem Deckungskapital oder einer vergleichbaren Deckungsrücklage gewährt, ist die Regelaltersrente zugrunde zu legen, die sich ergäbe, wenn der während der Ehe gebildete Teil des Deckungskapitals oder der auf diese Zeit entfallende Teil der Deckungsrücklage als Beitrag in der gesetzlichen Rentenversicherung entrichtet würde;

2. werden die Leistungen nicht oder nicht ausschließlich aus einem Deckungskapital oder einer vergleichbaren Deckungsrücklage gewährt, ist die Regelaltersrente zugrunde zu legen, die sich ergäbe, wenn ein Barwert der Teilversorgung für den Zeitpunkt des Eintritts der Rechtshängigkeit des Scheidungsantrags ermittelt und als Beitrag in der gesetzlichen Rentenversicherung entrichtet würde. Das Nähere über die Ermittlung des Barwertes bestimmt die Bundesregierung durch Rechtsverordnung mit Zustimmung des Bundesrates.

IV Bei Leistungen oder Anwartschaften oder Aussichten auf Leistungen der betrieblichen Altersversorgung nach Absatz 2 Nr. 3 findet Absatz 3 Nr. 2 Anwendung.

V Bemißt sich die Versorgung nicht nach den in den vorstehenden Absätzen genannten Bewertungsmaßstäben, so bestimmt das Familiengericht die auszugleichende Versorgung in sinngemäßer Anwendung der vorstehenden Vorschriften nach billigem Ermessen.

VI Stehen einem Ehegatten mehrere Versorgungsanwartschaften im Sinne von Absatz 2 Nr. 1 zu, so ist für die Wertberechnung von den sich nach Anwendung von Ruhensvorschriften ergebenden gesamten Versorgungsbezügen und der gesamten in die Ehezeit fallenden ruhegehaltsfähigen Dienstzeit auszugehen; sinngemäß ist zu verfahren, wenn die Versorgung wegen einer

Rente oder einer ähnlichen wiederkehrenden Leistung einer Ruhens- oder Anrechnungsvorschrift unterliegen würde.

VII Für die Zwecke der Bewertung nach Absatz 2 bleibt außer Betracht, daß eine für die Versorgung maßgebliche Wartezeit, Mindestbeschäftigungszeit, Mindestversicherungszeit oder ähnliche zeitliche Voraussetzungen im Zeitpunkt des Eintritts der Rechtshängigkeit des Scheidungsantrags noch nicht erfüllt sind; Absatz 2 Nr. 3 Satz 3 bleibt unberührt. Dies gilt nicht für solche Zeiten, von denen die Rente nach Mindesteinkommen in den gesetzlichen Rentenversicherungen abhängig ist.

VIII Bei der Wertberechnung sind die in einer Versorgung, Rente oder Leistung enthaltenen Zuschläge, die nur auf Grund einer bestehenden Ehe gewährt werden, sowie Kinderzuschläge und ähnliche familienbezogene Bestandteile auszuscheiden.

1   **1) Inhalt:** Die Vorschr gibt in I die **Rechtsgrundlagen für den öffentlich-rechtlichen VA,** indem sie in I 1 die Pers des AusglPflicht u in I 2 den Umfang der AusglPfl auf die Hälfte des Wertunterschieds der von beid Eheg in der Ehe erworbenen VersorggsAnrechte festlegt, wofür die von jedem Eheg erworbenen

2   VersorggsAnrechte getrennt zu saldieren sind. Auf welche Weise die ggständl unterschiedl VersorggsAnrechte zu **bewerten** sind, bestimmt **II,** wobei dreierlei zu beachten ist: Für die Saldierg ist bei den verschied VersorggsAnrechten jew ein **fiktiver Wert** festzustellen, näml die VersorggsLeistg, die sich ergäbe, wenn zum EheZtEnde der VersorggsFall eingetreten wäre. Ferner behandelt das G in den Nr 1–5 die prakt **häufigsten** u damit auch am häufigsten im VA relevanten **Arten von Versorgungsanrechten** (ges Rentenvers, BeamtVersorgg, betriebl Altersversorgg, berufsständ u and Versorggen u priv RentenVers), wesh es der Auffangklausel in V bedarf; gleichzeit regelt II, wie der **Ehezeitanteil** jedes einz VersorggsAnrechts zu ermitteln ist, da nur dieser in den VA einbezogen werden darf (§ 1587 I 1), wobei es entgg dem Wortlaut („Ztpkt des Eintr der Rhängigk des ScheidgsAntr") gem § 1587 II auf das Ende der vorhergehden Monkommt (BGH **82,** 76/70; FamRZ **82,** 1005). Mit den verschied BewertgsMaßst in II wird sichergestellt, daß die einz VersorggsWerte vor der Saldierg **auf den gleichen Wertmaßstab gebracht** sind. Dabei bleibt eine unterschiedl **Besteuerung** auß Betr (BGH FamRZ **88,** 709/10; **89,** 725 u 846), grdsl auch iR von § 1587c

3   (dort Rn 6); zur Beseitig von Verzerrgen ist der GesGeber verpfl (BVerfG NJW **80,** 692/6 u 2569/72); and Bergner NJW **90,** 678: Lösbark des Probl mH des AbändgVerf nach VAHRG 10a I. Dem Ziel, die verschied VersorggsAnrechte auf einen Nenner zu bringen, dient ferner **III.** Hier werden die qualitativen Unterschiede ausgegl, die sich dadch ergeben, daß best VersorggsAnrechte **dynamisch** sind (BeamtVersorgg, ges RentVers usw), and dagg (wie LebVers) nur unvollkommen od gar nicht (vgl zu dieser Unterscheidg

4   § 1587a III Nr 2 S 2, unten Rn 108, 109, sowie die **BarwertVO,** Anh II zu § 1587a). Einer solchen Anpassg an Wertverändergen der DM bedarf es insb auch bei Leistgen der betriebl Altersversorgg, die häufig nicht

5   dynamisch sind, **IV.** Entspr ist eine Auffangklausel für Versorggen notwend, die einen im G nicht ausdrückl behandelten BewertgsMaßst zugrde legen, damit auch diese VersorggsAnrechte dem VA u seinen Be-

6   rechngsMethoden unterworfen werden können, **V.** Der Besonderh des BeamtR, daß Beamt, Ri u Soldaten aus mehreren aufeinand folgden öffentl Dienst- od privatrechtl ArbVerhältn Doppelversorggen erwerben können, trägt **VI** in Ergänzg von II Nr 1 dadch Rechng, daß er die Berücks der beamtenrechtl Kürzgs-

7   Vorschr auch iR des VA vorschreibt. Ferner wird II insges dch **VII** dahin ergänzt, daß es für die Bewertg von VersorggsAnrechten nicht darauf ankommen soll, ob die zeitl Vorauss für den Anspr auf die VersorggsLeistg bereits im Ztpkt der Dchführg des VA erfüllt sind. Eine Ausn davon macht II Nr 3 S 3 für die noch

8   verfallb betriebl AltVersorggsAnrechte; sie werden in den schuldrechtl VA verwiesen. Schließl sind bei der Wertberechng, weil nur vorübergehd gezahlt, fambezogene Zuschläge u Erhöhgen auszuscheiden, **VIII.**

9   Maßgebl für die Bewertg ist die **Gesetzeslage zum Zeitpunkt der Entscheidung** (Einzelh auch zur Berücks von nach Ende der EheZt eingetretenen Verändgen individueller Umst: § 1587 Rn 34–45).

10 **2) Feststellung des Ausgleichsschuldners und Umfang der Ausgleichspflicht, I. a) Ausgleichspflichtig** ist derj Eheg mit den werthöheren Anrechten, **S 1.** Das G geht also davon aus, daß beid Eheg VersorggsAnrechte zustehen. Der VA findet aber auch dann statt, wenn nur einer von ihnen in der Ehe

11 erwerbstät war u desh auch nur in seiner Pers VersorggsAnrechte bestehen. Ferner spricht das G nur von „Anwartsch od Aussichten"; auszugl sind jedoch auch bereits **laufende Versorgungen,** soweit sie in der EheZt erworben sind (BGH **82,** 66). Bei ihnen erübr sich eine fiktive Wertermittlg; maßg ist der tatsächl erreichte Wert (Joh/Henr/Hahne Rdn 5).

12 **b) Feststellung der Ausgleichspflicht, I, II. aa)** Zur Feststellg des Wertunterschieds der VersorggsTitel beid Eheg bedarf es der Bewertg jedes einz VersorggsAnrechts, II. Als Wert sind im Grds die aGrd des Anrechts od der Aussicht für den Bewertgsstichtag (§ 1587 Rn 28) **fiktiv errechneten Versorgungsleistungen** anzusetzen. Für die erfaßten Versorggsarten ist dabei jew ein den Eigenarten der betr Versorgg angepaßter UmrechngsMaßst vorgesehen (BT-Drucks 7/650 S 156). Das G gibt für die bei der Ermittlg des Wertunterschieds zGrde zu legden Werte genaue Bewertgsrichtlinien, die unabhäng davon anzuwenden sind, wie der VA im Ergebn gem § 1587b zu vollziehen ist. Selbst für den schuldrechtl VA (§§ 1587f–1587n) gelten im Prinzip dies Grdsätze (§ 1587g II 1). Die **Bewertungsmethode** (vgl VDR-Hdb/Bergner 27/8) ist entwed ein BerechngsVerf (wie in II, III u IV) od, soweit solche Berechngen nach der Gestaltg der

13 Versorggszusage nicht vorgen w können, geschieht die Bewertg nach billigem Erm (wie in V). **bb)** Im VA zu berücks sind nicht die gesamten von jedem Eheg bish erworbenen VersorggsAnrechte, sond nur derj Teil, der innerh der EheZt begr od aufrechterhalten ist (§ 1587 I 1). Dieser **Ehezeitanteil** läßt sich in den seltensten Fällen direkt berechnen, indem die in der Ehe zur Versorgg geleisteten Beitr addiert w; idR bedarf es der **zeitratierlichen Methode,** mit deren Hilfe – eben pro rata temporis – die innerh der gesamten BeschäftiggsZt insges erreichb VersorggsAnrechte zu der EheZt ins Verhältn gesetzt w (vgl Glockner

14 FamRZ **80,** 309). **cc)** Hat das FamG für beid Eheg getrennt deren eheztl erworbenen VersorggsAnrechte ggf dch Summierg festgestellt, so ist die Differenz der beiden Summen der **Wertunterschied** an VersorggsRechten. Davon steht dem Eheg mit den eheztl wertniedrigeren VersorggsAnrechten die **Hälfte** zu, **S 2.**

Der VA wird vAw vollzogen (Einf 15 vor § 1587); wie dies geschieht, ergibt sich aus §§ 1587b, 1587f, VAHRG 1, 2. Ggf erfolgt der VA auch dch Vereinbg (§ 1587o).

3) Wertermittlung, II. A. Bewertung beamtenrechtlicher und diesen gleichgestellter Versor- 15
gungen, Nr 1. Grdrechtswidr BerechngsErgebn ist dch Anwendg der Härteklausel entggzuwirken
(§ 1587c Rn 1). **a) Betroffener Personenkreis. aa)** Die Bewertgsmethode von Nr 1 bezieht sich unabhäng 16
von der Pers des Dienstherrn, sofern dieser nur gem BRRG 121 die DienstherrenEigensch besitzt (Bund,
Länder, Körpersch des öff Rechts, Gemeindeverbände usw; Ausn: ausländ u internat Behörden) auf **Beam-
te, Richter, Soldaten,** ordentl, außerordentl u auch außerplanmäß **Professoren,** einschl entpflichteter
Prof, deren Dienstbezüge den beamtrechtl Versorggsbezüge gleichstehen, **S 5,** so daß bei Scheidg eines
aktiven Hochschullehrers der VA auf der Grdlage nicht des BeamtRuhegehalts, sond der Emeritenbezüge
dchzuführen ist (BGH NJW **83,** 1784; aA Deumeland ZBR **83,** 339). Da aber innerh der Beamt nach dem
Versorgungsstatus unterschieden wird (Beamt auf LebZt, auf Zt, auf Probe usw) u dieser einigen Beamt
fehlt, muß dies auch im Rahm der VersorggsAnrechte haben Ehrenbeamt, keine Beamt iS dieses nach
Nr 1 u desh VA-rechtl nur mit dem NachVersAnspr zu veranlagen (§ 1587 Rn 36, 37) sind **Widerrufsbe-
amte** (BGH FamRZ **82,** 362) u die diesen VA-rechtl gleichgestellten **Zeitsoldaten** (BGH FamRZ **81,** 856),
Probeärzte, Probeingenieure, Lektoren, wiss Assistenten (Karlsr FamRZ **83,** 408). **Beamte auf Probe**
haben eine unter Nr 1 fallde VersorggsAussicht (BGH NJW **82,** 1754). **bb)** Wiederum nach Nr 1 werden 17
dagg bewertet Anrechte von Pers mit Anspr auf **Versorgung nach beamtenrechtlichen Vorschriften
oder Grundsätzen,** also Arb u Angest der in SGB VI 5 I u IV, 6 I genannten öffrechtl od privrechtl
Einrichtgen u priv ArbGeb, vor allem die in ihren AnstellgsBedinggen die Gleichbehandlg mit Beamt
zusagen. Tatsächl Befreiung v der ges RentVersPfl führt zu Nr 1; üi ist die VersFreih Indiz f eine beamtähnl
Versorgg (BGH FamRZ **94,** 232/3). Nicht erfdl ist, daß die VersorggsZusage zugl eine Befreiung von der
VersPfl in der gesetzl RentVers enth (Mü FamRZ **84,** 908; Düss FamRZ **91,** 1205 mN; Joh/Henr/Hahne Rdn
35 mN). Nicht ausr, daß der ArbN vom ArbGeb nur einen Zuschuß zu den Leistgen der gesetzl RentVers
erh (Hbg FamRZ **80,** 165). Da es hier nur um die Bewertg der beamtähnl Versorgg geht, spielt ferner die
Rechtsform des VersorggsTr keine Rolle, so daß Nr 1 auch auf privrechtl organisierte ArbGeb Anwendg
findet (BGH FamRZ **94,** 232) unabhäng davon, daß der VA nicht nach § 1587b II (Kln FamRZ **83,** 78; Düss
FamRZ **91,** 1205) u auch nicht nach VAHRG 1 III erfolgt, auch wenn der VersorggsTr überwiegd aus öff
Mitteln finanz wird (BGH FamRZ **85,** 794/5), sond zB n VAHRG 3b (Düss FamRZ **91,** 1205). Dch die
VersorggsZusage werden die Angest nicht zu Beamten. Soweit die Vorauss von Nr 1 vorliegen, haben
deren BewertgsVorschr **Vorrang** ggü denen von Nr 3 für die betriebl AltVersorgg (BGH FamRZ **94,** 232).
Zu den Trägern solcher Versorggen gehören bei entspr beamtähnl Ausgestaltg der jew Versorgg Bund,
Länder, Gemeinden, Gemeindeverbände, Tr der SozVers, BuAnstalt f Arb, Dt BuBank, LZentralbanken,
westdt LaBank, öff RelGemsch, kommunale Spitzenverbände wie der Dt Städtetag od der Dt LKreistag, od
die bayr ev-luth LKirche (Celle FamRZ **83,** 191), die Max Planck-Gesellsch hins ihrer wiss Mitarb (BGH
FamRZ **86,** 248; Celle FamRZ **83,** 1146; Mü FamRZ **84,** 908), staatl anerkannte Fachhochschulen (Kln
FamRZ **84,** 400), and priv Schulen u Lehranstalten (BGH FamRZ **85,** 794; Kln FamRZ **83,** 78), Sparkassen
(Ruland/Tiemann Rdn 213), Heilstätten, Theater usw; dagg **nicht:** die Versorgg eines Pfarrers der evfrei-
kirchl Gemeinde (Celle FamRZ **95,** 812). Zur Zusatzversorgg des öff Dienstes **VBL** s Rn 84. **Regierungs-** 18
mitglieder von Bund u Ländern, parlamentar Staatssekretäre usw werden nach V behandelt (Rn 113;
Einzelheiten Joh/Henr/Hahne 243).

b) Gegenständlicher Anwendungsbereich. Nr 1 bezieht sich auf Beamt- u beamtähnl Pensionsan- 19
wartsch u -aussichten (BGH **81,** 100/2). Auch bereits gewährte Versorggen fallen darunter. Zum **Zusam-** 20
mentreffen mehrerer Versorgungsanrechte sowie bei Verwendg in der fr **DDR:** vgl Rn 116ff. Zu den
ruhegehaltsfäh Dienstbezügen gehören das **Grundgehalt,** der **Ortszuschlag** (wg VIII) f Ledige, jährl
SondZuwdgen (BGH NJW **92,** 313), ruhegehaltsfäh Amts- u Stellenzulagen sowie örtl SondZuschläge. Der
BlnZuschlag ist dch das 2. HaushStrukturG ab 1. 1. 82 entfallen (BGH FamRZ **84,** 992). Auf die Erfüllg der
WarteZt (gem BeamtVG 4 mind 5 J) kommt es n VII nicht an. Außerh der EheZt erworbene Versorggen
bleiben außer Betr (Brem FamRZ **80,** 267), auch wenn bei Begr der BeamtEigensch nach der Ehe bei der
Versorgg in die EheZt fallde J als ruhegehaltsfäh anerk w (BGH NJW **84,** 1612). Nicht einbezogen werden
ferner VerlUnterhBeitr (BeamtVG 38) u unfallbedingte Erhöhgen der Bezüge, schließl auch nicht der
degressive AusglBetr nach dem 2. HaushStrukturG Art 2 § 2, der Beamt gewährt w, die gleichzeit Pen-
sions- u RentAnspr haben u vor dem 1. 1. 66 ins BeamtVerhältn übern w sind (BGH FamRZ **84,** 565).

c) Berechnungsgrundlagen. Das entscheidde Problem bei der Bewertg der BeamtVersorgg ergibt sich 21
daraus, daß die verschied DienstJ des Beamt für seine Versorgg unterschiedl zu Buche schlagen. Sein
Ruhegehalt besteht gem BeamtVG 14 in einem Prozentsatz der ruhegehaltsfäh Dienstbezüge, der aber seiner
Höhe nach wiederum von der Anzahl der zurückgelegten DienstJ abhängt (Einzelh in den Komm zum
BeamtVG v Kümmel/Werhahn sowie Stegmüller/Schmalhofer/Bauer, jew 28. ErgLiefg 1992). Währd nach
der bish Fassg die AnfangsdienstJ zu einem prozentual stärkeren Ansteigen des RuheGeh als die späteren
führten, gilt aGrd des BeamtVÄndG v 18. 12. 89 (BGBl I 2218) mit Wirkg v 1. 1. 92 eine linealisierte
RuheGehSkala, wonach das RuheGeh in jedem J um dens Betr, näml 1,875% der ruhegeh-fäh Dienstbezüge
steigt. Da aber die Höchstgrenze v 75% regelm nach 40 Dienstjahren erreicht ist, tragen die letzten DienstJ
nichts mehr zur Steigerg des RuheGeh bei. Würde man für den VA wörtl darauf abstellen, welche Anteile
von der Altersversorgg des Beamt „in der EheZt ... begründet" worden sind, so würden die späteren
DienstJ unterbewertet. Deshalb muß nach wie vor die in der ges DienstZt erdiente Versorgg gleichmäß auf
die einz J der DienstZt verteilt werden (vgl § 1587 I „aufrechterhalten"). Dies geschieht dch dem fiktiven 22
Rückgr der für den betroff Beamt maßgebl **Gesamtzeit,** dh der Zt von seinem Eintr in das BeamtVerhältn
bis zum voraussichtl Ende wg Erreichen der Altersgrenze. Im Ergebn ist der Betr zu ermitteln, der sich im
Ztpkt des Eintr der Rhängigk des ScheidgsAntr als Versorgg ergäbe. Die Berechng erfolgt nach der
jeweiligen für den betroff Beamt gelten **Versorgungsregelung** (BeamtVG, SVG, AbgG usw), bei den 23
beamtähnl Versorggen nach der jew Satzg od dem maßgebl EinzelVertr. Auszugehen ist bei dem Beamt,

der am Ende der EheZt noch im aktiven Dienst steht, von seiner **tatsächlichen Besoldungsgruppe und Dienstaltersstufe**, dh von dem Betr, der sich als Versorgg ergäbe, wenn er zu diesem Ztpkt mit seinem ggwärtigen Dienstgrad aus Altersgrden in den Ruhestand träte. Stellenzulagen sind auch dann zu berücks, wenn deren RuhegehaltsFgk erst nach EheZtEnde angeordn wurde, vorausgesetzt, daß der Beamt die individuellen Vorauss dafür bei EheZtEnde erfüllte (BGH FamRZ **95**, 27 Polizeizulage). Ohne Einfl auf die Bewertg sind nach Ende der EheZt eintretde Besoldgserhöhgn inf **Beförderung** od Ansteigens der Dienstaltersstufen. An ihnen soll der ehg nach dem GrdGedanken des § 1587 I VA-rechtl nicht teilhaben (BT-Drucks 7/650 S 156), auch wenn vorher bereits ein entspr Anspr begr war (BGH FamRZ **87**, 918). Anderers ist BeamtVG 5 III, wonach die niedr BesoldgsGr zGrde zu legen ist, wenn eine Beförderg weniger als 2 J zurückliegt, nicht anzuwenden, weil die für die Pension geltde Sperrfrist als „ähnl zeitl Vorauss" iSv VII 1 unbeachtl ist (BGH NJW **82**, 222). Das gilt auch für Soldaten (BGH NJW **82**, 2377); zur Stellenzulage des fliegden Personals der BuWehr: Rn 129. Zur Berechng der neuart **ruhegehaltsfähigen Dienstzeit** (BeamtVG 14) sowie zu den AnrechngsZten vgl Joh/Henr/Hahne Rdn 52 ff. Zur Wahrg des Besitzstands nach BeamtVG 85 ist eine VerglBerechng erfdl (BGH FamRZ **93**, 414; Ruland NJW **92**, 81 f). BesitzstandswahrgsVorschr dürfen sich im VA im Ergebn nicht nachteilig auswirken (Mü FamRZ **92**, 448: BeamtVG 78 I). Die Berücks nach BeamtVG 57 bleibt im VA einer 2. Ehe uU unberücks (Oldbg FamRZ **95**, 298 m A Kemnade). Die bei Dienstunfähigk vor dem 55. LebJ relevanten ZurechngsZten bleiben bei Berechng des EheZtAnteils der Versorgg außer Betr (BGH FamRZ **82**, 36/41; KG FamRZ **85**, 612; Hamm NJW-RR **91**, 1291). Gem BeamtVG 12 I Nr 1 zu berücks **Ausbildungszeiten** zählen zur ruhegehaltsfäh DienstZt, auch wenn der Beamt bish keinen entspr Antr gestellt hat (BGH NJW **81**, 1506; FamRZ **83**, 999) u ohne Rücks

24   darauf, ob die Hinzurechng der Ausbildgs- u sonst Zeiten gem BeamtVG 11, 12 für den Eheg des Beamt günst ist (BGH NJW **84**, 1548). Die **Beurlaubung** ohne Dienstbezüge muß ebso wie die **Teilzeitbeschäftigung** bei der Bewertg auch hins des über die EheZt hinaus bewilligten ZtRaums insoweit berücks w, als sie die ruhegehaltsfäh DienstZt verkürzt (BGH NJW **86**, 1934 u 1935), wobei die für die nachehel Zt bewilligte Dienstverkürzg zu einer höheren Bewertg des ehezeitl erlangten Teils der Versorgg führen kann (MüKo/Maier Rdn 81). Hins der weiteren Entwicklg ist am FGG 12 zu ermitteln, weil das Stichtagsprinzip des § 1587 II nicht die Berücksichtigg individueller Umstde bei der Bewertg ausschließt, wie zB die endgült

25   Aufgabe der dienstl Tätigk aus gesundheitl Grden (BGH FamRZ **88**, 940; sa Celle FamRZ **85**, 716 m A Minz). Da für die GesamtZt auf die individuelle Altersgrenze des Beamt abzustellen ist, sind die **vorgezogenen Altersgrenzen** für Polizeibeamt, Soldaten, Düsenflugzeugpiloten (Oldbg FamRZ **81**, 678), auch derj der BuWehr (BGH NJW **82**, 2377), zu beachten (BGH NJW **82**, 2374), es sei denn, etwa aGrd von ÜbergangsVorschr gelten and Altersgrenzen (BGH NJW **82**, 2379). Eine vorgezogene Altersgrenze führt wg der kürzeren GesamtZt zu einem höheren auszugleichden EheZtAnteil, was dadch gerechtfertigt ist, daß

26   die Versorgg in kürzerer Zt erdient wird als bei der normalen Altersgrenze (Joh/Henr/Hahne Rdn 64). Für
27 **Wahlbeamte** ist die GesamtZt die Zt, für die sie in das Amt gewählt sind (BGH NJW **92**, 177 mN; FamRZ **95**, 414); Wiederwahl vor d f die letzte TatsInst maßgebl Verhdlg ist zu berücks (BGH aaO). Zu den **Abgeordneten** vgl AbgG 25 a sowie BGH FamRZ **88**, 380; Ruland NJW **87**, 351; MüKo/Maier Rdn 70 u unten Rn 113. Ferner kann die fiktive Berechng der Versorgg mit dem Rückgr auf die GesamtZt unterbleiben, wenn der Beamt im Ztpkt des § 1587 II bereits pensioniert ist; in diesem Fall ist unter Berücksichtigg von VIII, also unter Herausrechng der fambezogenen Bestandteile, der Berechng des EheZtAnteils die

28 **laufende Versorgung** zGrde zu legen (vgl BGH FamRZ **82**, 33 u 36). Dies gilt auch für den Berufssoldat auf eig Antr vorzeit in den Ruhestand (Celle FamRZ **95**, 810) bzw der Beamt wg Dienstunfähigk vorzeit (BGH **82**, 66; zur BerechngsWeise BGH NJW **95**, 136; Joh/Henr/Hahne Rdn 66) od als Wahlbeamt in den einstweil Ruhestand versetzt w ist (Ffm FamRZ **84**, 182; aA Minz DRV **85**, 599), auch wenn sich dadch der EheZtAnteil vergrößert (BGH NJW **92**, 313).

29   **d)** Die eigentl **Berechnung** erfolgt in zwei Schritten. Zunächst wird das **fiktive Ruhegehalt** errechnet, also der Betr ermittelt, der sich im Ztpkt des Eintr der Rhängigk des ScheidgsAntr als Versorgg ergäbe. Zur
30   Berücks von Ruhens- u AnrechngsVorschr: Rn 116. Sodann wird dafür der **Ehezeitanteil**, also der dem VA unterliegde Teil der Versorgg, dadch berechnet, daß das fikt Ruhegehalt mit der ruhegehaltsfäh DienstZt in der Ehe multipliziert u dch die (bis zur Altersgrenze erweiterten) GesamtdienstZt dividiert wird (Bsp: MüKo/Maier Rdn 99).

31   **e) Veränderungen nach Ehezeitende:** § 1587 Rn 34–47, insb zum **BeamtVGÄndG:** 50. Aufl Einf 18 v § 1587.

32   **B. Bewertung von Versorgungsanrechten in der gesetzlichen Rentenversicherung, Nr 2** (Lit: Pelikan, RentVers mit VA im ScheidgsFall, 8. Aufl 1992; Eißler, VA, 1991; VDR-Hdb/Bergner 27/133 S 797 ff; Wilmerstadt, Das neue RentenR [SGB VI], 1992). Zur **Auskunft:** Einf 15 v § 1587; § 1587o Rn 4–9.

33   **a) Berechnung des Ehezeitanteils von Rentenanrechten.** Für die Bewertg von Anrechten aus der ges RentVers wird der Betr zGrde gelegt, der sich am Ende der EheZt (§ 1587 Rn 30) aus den in die EheZt fallden anrechngsfäh VersZeiten fiktiv als Altersruhegeld ergäbe (vgl Ruland NJW **92**, 78). Zur Dchführg des VA in der **früheren DDR:** vgl Einf 18 v § 1587 sowie EG 234 § 6 u dort Anh III.

34   **aa) Rentenberechnung ab 1. 1. 92 gem SGB VI 63 ff** (Lit: VDR-Hdb/Michaelis 24/1 ff; Schmeiduch FamRZ **91**, 377; v Einem BB **92**, 206; Ruland NJW **92**, 1 u 77; Kreikebohm FuR **92**, 24). Vgl § 1587 Rn 35. Zur RentBerechng davor: 50. Aufl. Zur Überleitg des RentR auf das BeitrGebiet: EG Art 234 § 6 Rn 1. Das **RRG 1992** hat die Unterscheidg zw Arb-, Angest- u knappschaftl RentVers (RVO, AVG u RKnG) beseit (Ruland ZRP **89**, 380). Die RentVers arbeitet nicht mit DM, sond mit **Entgeltpunkten (= EP),** die sich daraus ergeben, daß der der BeitrEntrichtg zGrde liegde Betr (dh das Individualentgelt des einz Versicherten, die sog BeitrBemessgsGrdlage) dch das BruttodurchschnEntgelt aller Versicherten im selben KalenderJ geteilt wird (SGB VI 63 II, 70 I). Dabei ergeben je 100 der früheren WertEinh 1 EP. Hat also ein ArbNehmer in einem J genauso viel verdient wie der Durchschn aller ArbNehmer dieses J, dann wird seinem VersKonto 1 EP gutgeschrieben. Hat er 20% mehr verdient, erscheinen auf seinem Kto 1,2 EP, bei geringerem Prozentsatz entspr weniger (vgl VDR-Hdb/Michaelis 24/20 ff). Zur Umrechng des AusglBetr in EP: vgl

§ 1587b Rn 17. Der Vorteil dieser BerechngsMethode zeigt sich in der **Rentenformel** (Ruland NJW 92, 6 u 35 78; VDR-Hdb/Michaelis 24/18). Sie ergibt sich aus SGB VI 64 u lautet: „MoRente = persönl EP × RentArtFaktor × aktueller RentWert". Sie stellt keine Verbindg mathemat Größen dar, sond ist die Kurzfassg der gesetzl Bestimmgen zur Berechng der Rente, wobei jeder darin enth Begr in einer eig Vorschr definiert w. Der MoBetr der Rente ergibt sich also aus einer Multiplikation folgder Faktoren: (1) Persönl EP (SGB VI 66; Einzelh Rn 36), die unter Berücks des sich nach dem Alter richtden Zugangsfaktors, der je nach dem Ztpkt der Inanspruchn der Rente diese verkürzt od erhöht (SGB VI 77), ermittelt w. Ein zG od zL des Versicherten dchgeführter VA wird dch Zuschläge od Abschläge von EP berücks (SGB VI 66 I Z 4, 76); (2) der (an die Stelle des bish SteigergsSatzes tretde) RentFaktor (SGB VI 67). Er beträgt beispielsw für die Alters- u die EU-Rente 1,0, für die BU-Rente dagg nur 0,6667. Da es im VA um die Altersrente geht (Rn 38) u der RentArtFaktor für diese 1,0 beträgt, spielt er iRv § 1587a II Z 2 keine Rolle (Schmeiduch FamRZ **91**, 383); u schließl (3) der aktuelle RentWert (SGB VI 68), dh die monatl Altersrente, die sich aus den Beitr eines DurchschnVerdieners für 1 KalenderJ ergibt (zZt gilt: 1 EP = 38,39 DM MoRente). Der aktuelle RentWert wird dch RechtsVO bestimmt (SGB VI 69). Gem § 1587 II ist der für das Ende der EheZt bestimmte Wert maßg. Dies gilt auch dann, wenn im Ztpkt der Entsch über den VA die wirkl Werte bereits bekannt sind (BGH FamRZ **91**, 173; aA Mü/Augsbg FamRZ **92**, 1191; Saarbr FamRZ **92**, 1192: jew ZuGrdelegg neuer Rechengrößen). Zur **Rundung** von RentBetr: SGB VI 123 (Kblz FamRZ **89**, 1312). **Werte** in der RentVers ab 1. 1. 94 vgl **BeitragssatzVO 1994** (FamRZ **94**, 82 = NJW **94**, 843); BeitrSatz: 19,2%. Die EP werden nach dem **vorläufigen Durchschnittsentgelt** errechnet; nur soweit iZshg mit der RentenRReform 1992 für die J vor 1991 kein vorl DurchschnEntg best w, ist auf die endgült DurchschnEntg zurückzugreifen (BGH NJW **93**, 465; Kemnade FamRZ **95**, 298). Vgl unten Rn 91 u iü die Weiterverweisgen in § 1587 Rn 35. In noch nicht abgeschl Fällen mit einem EheZtEnde vor dem 1. 1. 92 sind neue RentenAusk einzuholen (BGH FamRZ **95**, 88/90). Zur RentAnpassg von 1992: NJW **92**, 1946 = FamRZ **92**, 1026; 1993: FamRZ **93**, 1038.

Die „persönl" EP (Rn 35) ergeben sich aus der Summe aller währd bestimmter **rentenrechtlicher Zeiten** 36 (Schmeiduch FamRZ **91**, 379) erworbenen Anrechte (SGB VI 70ff, 122). Man unterscheidet: BeitrZten, beitrfreie u beitrgeminderte Zten (SGB VI 54). Zu den beitrfreien Zten gehören Anrechngs-, Zurechngs- u ErsZten. Beitrfreie Zten begründen RentAnwartsch erst, wenn sich eine fiktive Rente berechnen läßt, also zB nicht, wenn ein Eheg nur AusbildgsZten zurückgelegt hat (vgl SGB VI 54 IV, 58 I Z 4). In **Anrechnungszeiten** (früher: AusfallZten) konnte wg Krankh, Schwangersch od Muttersch, Arbeitslosig od Ausbildg keine versplicht Tätigk ausgeübt w (SGB VI 58, 252f). Dauerte eine HochschulAusbildg länger als die als AusfallZt anrechenb Höchstdauer, so ist auch zur Ermittlg des EheZtAnteils die anrechenb AusfallZt vom Beginn der HochschulAusbildg an zu rechnen (Karlsr FamRZ **86**, 473). Die Begünstigg von PflBeiträgen bei einer längeren Berufsausbildg als 48 KalMo bedarf eines Antr (SGB VI 256 I; Ruland NJW **92**, 79). **Zurechnungszeiten** stellen den Versicherten bei vorzeit BU od EU so, als hätte er bis zum 60. LebJ (bis 1. 1. 92: 55. LebJ) Beitr entrichtet (SGB VI 59). Sie sind im VA auch dann zu berücks, wenn der Eheg bereits bei Eheschl eine BU- od EU-Rente bezog, wenn sie noch in die EheZt fielen (BGH FamRZ **86**, 337; aA Bergner NJW **86**, 1733). Wird der Eheg währd der Ehe erwerbsunfäh u liegt das EheZtEnde vor dem 60. LebJ, sind beim VA nur die auf die EheZt entfallen EP der ZurechngsZt zu berücks (vgl Ffm FamRZ **82**, 619; Düss FamRZ **89**, 67). Zten, in denen der Vers wg Kriegsdienst, Gefangensch, Flucht, Internierg od NS-Verfolgg an der Entrichtg von Beitr gehind war, werden nur noch bis 31. 12. 91 als **Ersatzzeiten** (VDR-Hdb/Grandi 23/79ff) anerk (SGB VI 250). Rechtl anerk werden **Berücksichtigungszeiten** wg Pflegetätigk (SGB VI 57, 177; vgl Straub FamRZ **92**, 760) u **Kindererziehung** (SGB VI 56, 249). Vgl dazu BVerfG NJW **92**, 2213 = FamRZ **92**, 1038; Binne FamRZ **93**, 516; Lenze FuR **92**, 328; Gitter FS Gernhuber 1993 S 651. Sie können gem SGB VI 71 zu einer günstigeren Bewertg der beitragsfreien u beitragsgeminderten Zten führen (Schmeiduch FamRZ **91**, 379). Kindererziehg wird auch dann berücks, wenn das EheZtEnde vor dem 1. 1. 86 liegt (BGH NJW **86**, 1169 mAnm Dieth; aA Düss FamRZ **86**, 366). Kommt es überh nicht zur Betreuung bzw wechselt die BetreuungsPers im 1. LebJ des Kindes, so scheidet eine AnrechngsZt aus (Hamm NJW-RR **91**, 1291); eine Aufteilg der ErziehgsZt auf versch BetreuungsPers scheidet nach dem RRG aus (and noch Karlsr FamRZ **86**, 818). Bei einer Beamtin sind die ErzZten ggf nur bei ihren Anw in der ges RentVers zu berücks (Celle FamRZ **95**, 1158). Soweit beitragsfreie Zten beamtrechtl od dem gleichgestellt als ruhegehaltsfäh anerk w, bleiben sie bei der rentenrechtl GesamtleistgsBewertg unberücks (SGB VI 71 IV). Vgl zur neueren Überleitgsproblematik bei RVO 1260c u einem EheZtEnde nach dem 1. 1. 80 BGH FamRZ **86**, 447 u 50. Aufl Rn 37 mwN. **Wartezeiten** sind MindVersZten (VDR-Hdb/Grandi V/143). Der Bezug einer 37 Rente hängt von einer bestimmten Dauer der Zugehörig zur VersGemsch ab. Sie ist bei den versch Renten (Rn 38) unterschiedl lang (SGB VI 50): für die Regelaltersrente 5 J. Für die Ermittlg des VersorggsWerts iR des VA stellt sich die Einhaltg der erfdl WarteZt zum maßgebl Stichtag kein Erfordern dar (§ 1587a VII; unten Rn 128). Zur WarteZtErfüllg dch VA: SGB VI 52; § 1587b Rn 19; Ruland NJW **92**, 82f.

Von den versch **Rentenarten** (SGB VI 33) scheiden best Renten für den VA von vornh aus, zB die Rente 38 wg Todes (SGB VI 46ff). Bedeut haben insb die Renten wg Alters (Regelaltersgrenze, Altersrente für langjähr Vers usw) u die Rente wg vermind ErwFähigk, vor allem als Rente wg Berufs- u ErwUnfähigk (**BU u EU**; SGB VI 35ff u 43ff). Bedeut haben jew Vorauss (hins der Bewertg von PflBeitr in Form der EP, der Altersgrenzen, PflBeitr- u WarteZten) u unterschiedl RFolgen (zB Hinzuverdienstgrenzen). Für den VA ist aber stets die Altersrente zu ermitteln, so daß die and Rentenarten nur mittelb, zB über die ZurechngsZten (Rn 36) für die Feststellg des EheZtAnteils der Altersrente Bedeutg haben (Rn 45).

bb) Die **Berechnung des Ehezeitanteils** (VDR-Hdb/Bergner 27/18) erfolgt zweistufig: (1) Zunächst ist 39 fiktiv unter Berücks aller rentenrechtl Zten (SGB VI 54) die Vollrente wg Alters (SGB VI 42 I, 35) auszurechnen, die am Ende der EheZt (§ 1587 Rn 30) zu zahlen wäre. Auf die Erfüllg von WarteZten kommt es iR dieser Bewertg gem VII nicht an (Rn 128). Auf den Ztpkt des EheZtEndes ist (ebso wie beim aktuellen RentWert in SGB VI 68) auch für den beleggsfäh GesamtZtRaum abzustellen (SGB VI 72 II 1 Z 1). Das bedeutet, daß die für die beitrfreien u beitrgemind Zten (Rn 36) iR der GesamtleistgsBewertg (SGB VI 84) ausgeworfenen EP, was die BeitrDichte anlangt, nur auf die Zt bis Eheende umgelegt w. (2) Der auf diese Weise aus allen Zten bis zum Ende der EheZt errechneten fiktiven Altersrente sind nunm gem § 1587a II Z 2 die „auf die EheZt entfallden EP" zu entnehmen. Das geschieht nach SGB VI 124 II dadch, daß die Gesamtzahl der EP mit den EheMo multipliziert u dch die Zt bis zum Eheende dividiert w.

40   **cc) Zur Berücks von SteigerungsBetr der Höherversicherung:** Rn 101. Das Recht zur HöherVers soll ab 1. 1. 92 nur noch denj Vers erh bleiben, die bis dahin bereits davon Gebrauch gemacht od das 50. LebJ vollendet haben (SGB VI 234). Die Bewertg erfolgt nach § 1587a II Z 4c. Zum In-Prinzip bei der **Nachentrichtung** von Beitr: § 1587 Rn 45. Zur Zuordng von MindEntgeltPkten bei geringem ArbEntgelt: SGB VI 262 II. Änderg der tatsächl Verhältn zw EheZtEnde u der Entsch über den VA kann gem § 1587 Rn 34ff, solchen nach Erlaß der VAG-Entsch gem VAHRG 10a Rechng getragen w (Schmeiduch FamRZ **91**, 381 u **41**   382). Da für den VA die Altersgrenze zu berechnen, also so zu tun ist, als ob der vers Eheg die Regelaltersgrenze erreicht hätte (Rn 38), bleibt der **Zugangsfaktor** (Rn 35) gem § 1587a II Z 2 von vornherein außer Betr, da er bei der Regelaltersgrenze 1,0 beträgt u sich somit auf das Ergebn der Berechng überh nicht auswirken kann. Das muß auch dann gelten, wenn die Altersrente vorzeit od erst nach Vollendg des 65. LebJ in Anspr genommen w; die Änderg des Zugangsfaktors (SGB VI 77) soll nach der gesetzl Wertg von II Z 2 eheneutral bleiben. Ob sich dies dchhalten läßt, ist allerd zweifelh (vgl Schmeiduch FamRZ **91**, 378 u 383). Richtig erscheint, daß eine außerh der EheZt erworbene Erhöhg des Zugangsfaktors dem gesch Eheg nicht zugute kommen soll. Wenn aber der Zugangsfaktor wg vorzeit Ausscheidens aus dem ErwLeben die Rente verringert, ist nicht einzusehen, warum dem VA bewußt die volle Altersrente zGrde gelegt w bzw, wenn sich erst später die Änderg des Zugangsfaktors herausstellt, eine Abänderg nach VAHRG 10a ausgeschl sein soll.

42   **b) Anwendungsbereich. aa) Versicherter Personenkreis** (SGB VI 1–8; 228ff): Arb u Angest, selbständ Tätige usw, soweit nicht VersFreih wie bei den Beamt (SGB VI 5) od Befreiung von der VersPfl bei best berufsständ Versorggen (SGB VI 6) vorliegt. Die VersEigensch kann schließl auch begründet w dch freiw Vers (SGB VI 7) u dch **Nachversicherung** etwa von Beamt, die zunächst versfrei waren u dann ohne Versorgg aus dem Dienst ausgeschieden sind (SGB VI 5, 6, 8 II, 230 I; VDR-Hdb/Bergner 27/94ff). Dabei entsteht eine RentAnwartsch (§ 1587 Rn 6) erst dch Entrichtg der NachversBeitr (BGH NJW-RR **88**, 1410), so daß die VersorggsAnwartsch des entlassenen, aber noch nicht nachvers Beamt analog § 1587b II iH der zu erwartden NachversAnwartsch ausstatg tritt ab 1. 1. 92 eine echte BeitrVerpfl (SGB VI 277f, 181 I; VDR-Hdb/Dederer/Grintsch 33/127ff). In die gesetzl RentVers kann man schließl auch dch die iR eines **VA** übertragenen oder begründeten RentAnwartsch aufgen w, auch wenn man vorher nicht darin vers war (SGB VI 8). Doch lassen sich allein aGrd des VA schon wg anderer versrechtl ZugangsVorauss (WarteZten) keine Renten erwerben (VDR-Hdb/Bergner 27/83). Wie die Knappsch sind auch die Handwerker in das SGB VI integriert, iGgs zu den Landw u Künstlern (RGRK Art 12 u 14); doch werden die VersorggsAnrechte der Künstl nach § 1587a II Z 2 bewertet, währd Landw unter **43**   Z 4 fallen (MüKo/Maier 288). **bb) Versicherungsträger** sind gem SGB VI 125f LVA, BfA, Seekasse, **44**   BuKnappsch. Zur Zustdgk bei Mehrfachversicherten: SGB VI 142. **cc) Ausland:** Renten, die bei ausländ SozVersTrägern erworben wurden, werden nach V bewertet. Nach dem FremdrentenG sind ausländ BeitrZten den dt VersZten gleichzustellen. Vgl iü EGBGB 17 Rn 25–26.

45   **c) Rentenbestandteile.** Das ausglpflicht Anrecht beruht auf Pflicht- od freiw Beitr, auf einer NachVers (Rn 42) od auf Erhöhen der EP dch beitrgemind, beitrbefreite u BerücksZten (Rn 36). Dem Ggstd nach unterfallen der Bewertg nach Z 2 nur RentAnrechte, die den gesetzl RentAnpassgen unterliegen (SGB VI 65, 68 III), also Renten u entspr Anwartsch wg Alters, BU u EU (Joh/Henr/Hahne Rn 135ff; vgl oben Rn 38). Zur HöherVers Rn 40. Dagg scheiden dch VA erworbene EP (Rn 42) von der Einbezieg begriffsmäß aus. Außer Betr bleiben ferner Kinderzuschüsse (SGB VI 270) u KiGeldAusglBetr sowie Hinterbl- u **46**   Verletztenrenten aus der gesetzl UnfallVers, die überh nicht in den VA fallen. Bei **Ruhen** einer gesetzl Rente wg gleichzeit Zahlg einer ges Unfallrente ist trotzd der zukünft fiktive Betrag der ges Rente zu ermitteln **47**   (Joh/Henr/Hahne Rn 143). Nach **Beitragserstattung** (SGB VI 210), die zB bei Nichterfüllg der WarteZt (Rn 37) in Betr kommt, entf der VA insow (Hbg FamRZ **80**, 1028); bei versehentl Erstattg entf das Splitting, nicht aber der VA als solcher (Stgt FamRZ **83**, 285; Joh/Henr/Hahne 144). Dch **Heiratserstattung** (bis 31. 12. 68) verlorengegangene RentAnrechte sind auch berechngsmäß erled (Düss FamRZ **82**, 84); **48**   vgl aber § 1587b Rn 3. Mögl aber freiw Nachentrichtg iZshg mit der Scheidg (Joh/Henr/Hahne Rn 127 u 146) u ab 1. 1. 92 **bis 31. 12. 95 freiwillige Nachzahlung** (SGB VI 282; BT-Drucks 11/4124 S 204). Wird **49**   **bei Ehezeitende bereits eine Rente gezahlt** (Einzelh VDR-Hdb/Bergner 27/20ff; § 1587 Rn 37), so tritt bei einer Altersrente (Ruland NJW **92**, 81: „endgült" Rente) diese mit ihrem WertVerhältn an die Stelle der fikt Versorgg (BGH NJW **82**, 229; **84**, 2364; **90**, 1480; FamRZ **94**, 92; Hamm FamRZ **91**, 954; Schmeiduch FamRZ **91**, 384 u 385). Bei vor 1992 ermittelten Renten können nachträgl dch Umrechng der WertEinh (Rn 34) gem SGB VI 307 den einz Zten EP zugeordnet w (BT-Drucks 11/4124 S 234). Bei Bezug einer BU- od EU-Rente ist die fikt Altersrente maßg, wenn diese später höher sein wird als die jetzt bezogene Rente (BGH FamRZ **84**, 675; NJW **89**, 1995). Ist ausnahmsw die tats bezogene Rente höher als das fikt errechnete Altersruhegeld, ist sie bei Altersrenten auf Dauer, wg der rentenrechtl Besitzstandssicherg, für den VA maßg (BGH FamRZ **82**, 33/36; **84**, 673). Das gilt auch, wenn der Eheg noch keine 55 J alt ist (Bambg FamRZ **90**, 73) u der EU-Rente eine ZurechngsZt zGrde liegt (BGH NJW **89**, 1995; vgl auch VDR-Hdb/Bergner 27/24; Schmeiduch FamRZ **91**, 382). Allerd ist ijF nicht der volle ZahlBetr, sond nur der EheZtAnteil in die AusglBilanz einzustellen, wenn das Anrecht nicht in vollem Umfg in der EheZt erworben ist (BGH FamRZ **85**, 688/9; **89**, 35/6). Zur Berechng des Anteils bei EU- u VBL-Rente Zweibr FamRZ **86**, 174.

50   **C. Bewertung betrieblicher Altersversorgungen, Nr 3** (Lit: Ruland, Probleme des VA in der betriebl Altersversorgg u priv RentVers, 1982; Glockner/Uebelhack, Die betriebl Altersversorgg im VA, 1993; Neef NJW **84**, 343; Glockner FamRZ **88**, 777; Schneider/Schlund/Haas, Kapitalisiergs- u VerrentgsTab 2. Aufl 1992). Zu Zusatz- u Sonderversorggssystemen des BeitrGebiets, dh der **früheren DDR** vgl RÜG Art 3 (Einf 18 v § 1587).

51   **a) Gegenstand.** Vgl zunächst § 1587 Rn 11–14. Hierher gehören sämtl Leistgen der Alters-, Invaliditäts- u HinterblVersorgg (zu letzterer Rn 109), die einem ArbN aus Anlaß seines ArbVerhältn gewährt werden.

Keine Rolle spielt die Rechtsform, ob es sich also um die Zusage einer unmittelb Versorgg handelt, die auf eine eig LeistgsPfl des ArbGeb zielt (BetrAVG 7 I 1), od um eine mittelb Versorgg, bei der auf Kosten des ArbGeb zG des ArbN eine LebVers mit direkten VersLeistgen an den ArbN abgeschlossen wird (BetrAVG 1 II), od bei der die Zusage auf Pensions- od Unterstützgskassenleistgen gerichtet ist (BetrAVG 1 III bzw IV). Ferner gehören hierher überbetriebl VersorggEinrichtgen wie die Zusatzversorggkasse des BauGew (Mü FamRZ **91**, 1450; Celle FamRZ **94**, 1463, vgl Rn 79). Auch bei EheZtEnde bereits laufde betriebl Ruhegelder sind gem Nr 3 auszugl (BGH NJW **82**, 229). Dagg unterfallen vom ArbGeb finanz befreiende LebVers dem VA nicht (BGH FamRZ **84**, 156), ebsowenig ein Anspr auf BeitrErstattg (Hamm FamRZ **81**, 572) od Abfindgn ohne laufde Versorgg (Joh/Henr/Hahne Rn 181). Zum Zustandekommen betriebl Ruhegeldzusagen dch G, TarifVertr, BetrVereinbg od EinzelArbVertr vgl Ruland/Tiemann Rn 121. Zu ArbN-finanzierten Versorggen Soergel/Zimmermann Rn 102. Betriebl Altersversorggen gem Nr 3 sind auch die Anspr gg die priv-rechtl Pensionskassen bei Großbetr (BGH FamRZ **87**, 52/576 mAv Glockner ZDF); ferner die VersorggsZusage einer ev-freikirchl Gemeinde für den von ihr angest Pfarrer (Celle FamRZ **95**, 812). Bei Abweichgen von vom ArbG geschloss direkten LebVers von der dem ArbN zugesagten Versorgg entsch für den VA grdsl letztere (BGH FamRZ **93**, 793). Als **Versorgungsaussichten** auszugl **52** sind auch Anrechte, die ohne RechtsAnspr unter dem Vorbeh der Freiwilligk u des jederzeit Widerrufs gewährt w (BGH FamRZ **86**, 336; Joh/ Henr/Hahne Rn 175). Unter Nr 3 fallen insb auch die (auf TarifVertr **53** beruhen) Anspr gg die **Zusatzversorgungskassen des öffentlichen Dienstes** (unten Rn 84–90). Die AusglVorschr gilt schließl auch für **Anrechte des Ausgleichsberechtigten**, soweit die LeistgsVoraussetzgen (Rn 54–56) erfüllt sind; verfallb Anrechte dagg unterliegen ebenf nur dem schuldrechtl VA (BGH **84**, 158/180 ff; umstr; ausführl dazu Ruland Rn 82 ff). Bei der Zusatzversorgg des öff Dienstes führt dies aS des AusglBerecht dazu, daß auch bei ihm (unter der Vorauss der Erfüll der WarteZt) nur die stat Rente zGrde zu legen ist (BGH **84**, 158/95).

b) Leistungsvoraussetzungen der betriebl Altersversorgg sind neben dem Eintr des **Versorgungsfalls 54** (Erreichen der Altersgrenze, Eintr von Invalidität usw) iZshg mit dem VA die **Unverfallbarkeit** (Einzelh dazu unten Rn 75–83) u die Einhaltg einer sich nach der jew VersorggsRegelg richtden **Wartezeit** (zw 5 u 20 J; vgl DAV **85**, 567). Solange die WarteZt nicht erfüllt ist, ist die Zusatzversorgg weder aS des AusglPflicht **55** noch aS des AusglBerecht in den öff VA einzubeziehen. Erwirbt der AusglBerecht später doch noch VersorggsAnspr daraus, erfolgt ggf der schuldrechtl RückAusgl (BGH FamRZ **86**, 250). Die WarteZt kann ab einem bestimmten LebAlter rechnen, aber auch mit der ArbAufn beginnen u prakt mit der Betriebszugehörigk parallel laufen (BGH NJW **84**, 234). Die BetrZugehörigk wird vGw weder dch Wehrdienst noch dch Mutterschutz unterbrochen. Wird schon eine WarteZt nicht erfüllt, die niedr als die UnverfallbarkFr ist, so scheidet der öffrechtl VA aus, da die WarteZt als erste Stufe der Unverfallbark bezeichnet werden kann (BGH FamRZ **82**, 899/903). Zum Fall der längeren Warte- als der UnverfallbarkFr s Joh/Henr/Hahne Rn 193). Wird der vorgesehene WarteZt wg des fortgeschrittenen Alters des ausgeschied ArbN voraussichtl nicht mehr erfüllt, unterbl der VA trotz VII 1. Halbs (Schwab/Hahne S 971 f). Die Dauer der BetrZugehörigk wird dch **Teilzeitbeschäftigung** nicht verkürzt (MüKo/Maier 261). **Vordienstzeiten 56** (dh aus einem vorangegangenen ArbVerhältn; vgl Rn 59) können die WarteZt abkürzen, die Unverfallbark beschleunigen od die LeistgsHöhe beeinflussen (BGH FamRZ **85**, 263; **86**, 338). Das ist eine Frage der VertrAuslegg (BGH NJW **84**, 234). Will der ArbG die Anrechng beschr, muß er dies in einer nach 1972 getroffenen Ruhegeldregelg zum Ausdr bringen (BGH FamRZ **83**, 1001). Ist die Anrechng der VordienstZten ledigl der formale Weg, um wg des erhebl ArbEinsatzes aus BilligkGrden bei vorzeit eintretder EU zu erhöhen, so ist die volle BetrRente in den (schuldrechtl) VA einzubeziehen (BGH FamRZ **86**, 338/40 f).

c) Zur **Bewertung der betrieblichen Versorgungsanwartschaft** wird gem Nr 3 S 1a und b unter- **57** schieden, ob die BetrZugehörigk andauert od beendet ist. Abgesehen davon kommt es auch auf die übr LeistgsVoraussetzgen (Rn 54–56) u die Unverfallbark an (Rn 75–83). Schließl ist nach den versch Versorggs-Typen zu unterscheiden (Rn 60–62). Soweit innerh eines privatrechtl ArbVerh eine beamtähnl Versorgg vorliegt, ist Nr 1 lex specialis ggü Nr 3 (BGH FamRZ **94**, 232; oben Rn 17).

aa) Die **Betriebszugehörigkeit** hat in Nr 3 eine doppelte Funktion. Sie ist einmal pos bzw negat **58** TatbestdsMerkmal f die Anwendg v Nr 3 S 1 a und b, zum anderen aber auch Grdlage f die Berechng selbst, insb was die gleichgestellten Zten anlangt. Für das Andauern bzw die Beendigg ist die tats BetrZugehörigk maßg, also Dienstantritt u Ausscheiden aus dem Betr, nicht etwa die MindestwarteZt (Hamm FamRZ **91**, 955) od die KündiggsZtpkt. Eine etwaige BetrÜbernahme ist unerhebl (BetrAVG 1 I 2); vgl aber §613a Rn 17. Unerhebl ist im Hinbl auf BetrAVG 2 I auch die Dauer der Mitgliedsch bei versch Versorggswerken eines Untern (Zweibr FamRZ **88**, 1288). Die BetrZugehörigk wird nach Mo berechnet. Zur Berechng iF einer Unterbrechg des ArbVerhältn vgl Düss FamRZ **81**, 682. Der EheZtAntl ist umstr, wenn auf der Grdl der Zugehörigk zum Betr zu ermitteln, wenn die Mitgliedsch in der Pensionskasse erst währd der BetrZugehörigk begonnen hat (Celle FamRZ **95**, 366; Glockner FamRZ **94**, 900; aA Düss FamRZ **94**, 517). Eingerech- **59** net werden in die BetrZugehörigk die sog **gleichgestellten Zeiten**. Das sind vertragl vereinb Vordienst-Zten (Rn 56) od ges erlaubte FehlZten, also Unterbrechgen der BetrZugehörigk in Erfüllg gesetzl Pfl (SoldVersG 8 III; ArbPlSchG 6 II; ZDG 78; KatastrophSchG 9; ZivSchutzG 10; MuSchG 10). Für die Gleichstellg muß gefordert w, daß die fikt Zten nicht nur für den Ztpkt, sond auch für die Höhe der VersorggsZusage Bedeutg haben; sie bleiben auß Betr, soweit sie nur die Unverfallb od die WarteZt berühren (BGH FamRZ **85**, 263/4; **86**, 338/41; **91**, 1416/7). Die Einrechng erfolgt entspr § 1587 II nach Mo (Joh/Henr/Hahne 196) u iü nur in dem von der jew VersorggsRegelg vorgesehenen Umfang (BGH **93**, 222/36 f), zB nach VBL-S 42 II 2 a nur zur Hälfte. Die Einbeziehg kann auch dch Vereinbg erfolgen (vgl Rn 83).

bb) Typen der Zusatzversorgung (Joh/Henr/Hahne Rn 198 ff). Zum Zutreffen unterschiedl Versorg- **60** gen allg Bergner NZS **93**, 482. **α)** Die **Gesamtversorgung** (Lit: Trey NJW **78**, 307; Strehuber FamRZ **79**, 764; v Maydell FamRZ **81**, 516; Ruland/Tiemann Rdn 293 ff) gewährt zusätzl zur GrdVersorgg (ges Rente, befreiende LebVers usw) u unter Anrechng eine weitere Versorgg, zB eine BetrRente (Mü FamRZ **91**, 338/9 mwN). Der für die Prax wichtigste u nach Nr 3 auszugleichde (BGH **81**, 152/55 f) Fall ist die Zusatz-

sorgg des öff Dienstes (Rn 84). Zur Ermittlg des EheZtAnteils unten Rn 67, 68. Vgl zum Ausgl einer
61 **mehrstufigen Gesamtversorgung** BGH FamRZ **94**, 23. β) Bei der **limitierten Gesamtversorgung**
(BGH FamRZ **95**, 88) darf die Summe aus der ges Rente u der betriebl AltersVersorgg eine vertragl
62 festgesetzte Höchstgrenze nicht übersteigen; andernf wird die betriebl Versorgg entspr gekürzt. γ) Schließl
kann die Zusage sich nach ArbEntgelt, TarifGr u Dauer der BetrZugehörigk richtde feste DM-Betr vorse-
hen.

63 **cc) Zeitpunkt für die Berechnung** der vollen Versorgg u der dafür maßg Umst ist das **Ende der
Ehezeit** (§ 1587 Rn 30), so daß es trotz des entggstehden Wortlts in Nr 3 auf das Ende des dem „Eintr der
64 Rhängigk des ScheidAntr" vorausgehden Mo ankommt (BGH **93**, 222; NJW **86**, 1040). Zu **Änderungen**
65 **zwischen Ehezeitende und letzter Tatsachenverhandlung:** § 1587 Rn 34ff. Das Stichtagsprinzip ist
außer Kraft gesetzt kr ausdrückl Vorschr für die Unverfallbark; hierf ist nach Nr 3 S 3 auf den Ztpkt der VA-
Entsch abzustellen (Rn 77).

66 **dd)** Die **Bewertung bei andauernder Betriebszugehörigkeit, Nr 3a,** erfolgt in drei Schritten: (1) Die
fortdauernde BetrZugehörigk führt dazu, daß die Höhe der Versorgg noch nicht feststeht. Zu der desh fikt
Ermittlung der vollen Versorgung ist infdessen zu errechnen, was der Eheg bei fortdauernder BetrZuge-
hörigk mit Eintr des Versorggsfalls an Zusatzrente erhielte. Soweit sich die **endgültigen Bemessungs-
grundlagen** (Gehalt, Halbtags- od VollZtBeschäftig usw) nicht feststellen lassen, sind die Umst zum
Ende der Ehezeit maßg, **Nr 3a letzter Halbs** (vgl Rn 63). Diese BemessgsGrdlagen sind bis zur Erreichg
der **festen Altersgrenze** fortzuschreiben, auch wenn eine Gehaltserhöhg mit Sicherh zu erwarten ist
(Ruland Rdn 62). Eine flexible vertragl Regelg schließt die Ann einer festen AltGrenze nicht aus (Hamm
67 FamRZ **89**, 290). (2) **Ehezeitanteil.** Zur Ermittlg des auf die EheZt entfallden Teils der vollen Versorgg ist
nach der pro-rata-temporis-Methode die volle Versorgg nach dem Verhältn der in die EheZt fallden Be-
trZugehörigk zu der insges mögl BetrZugehörigk zu kürzen. Das geschieht in Anlehng an BetrAVG 2 (BT-
Drucks 7/4361 S 38) nach der Formel: Versorgg multipliziert mit der BetrZugehörigk in der Ehe geteilt dch
die GesZt der BetrZugehörigk. Dabei bestimmt Nr 3a 2. Teil des 1. Halbs ausdrückl, daß die der BetrZuge-
68 hörigk gleichgestellten Zten (Rn 59) einzubeziehen sind. Bei **Gesamtversorgungszusagen** (Rn 60) ist nicht
nach der HochrechngsMethode zu verf, wonach Grdversorgg u GesVersorgg hochgerechnet werden u erst
die Differenz pro rata temporis aufgeteilt w (Glockner FamRZ **80**, 308; **89**, 802; Soerg/Zimmermann 156;
Brschw FamRZ **95**, 363: HochrechngsMethode bei Anrechng eines bl fikt SozVersRentAntls wie beim
Essener Verband; vgl zur Diskussion der versch Methoden Zweibr FamRZ **84**, 1238; Mü FamRZ **89**, 338;
KG FamRZ **93**, 570), sond nach der **VBL- Methode,** welche die bei Festaltersgrenze hochgerechnete
volle GesVersorgg im Zt/Zt-Verhältn aufteilt u damit den EheZtAnteil der GesVersorgg gewinnt. Von
diesem wird sodann der EheZtAnteil der die Grdversorgg bildenden gesetzl Rente abgezogen. Die Differenz
ist der EheZtAnteil der betriebl Altersversorgg. Diese Methode findet nicht nur auf die Versorgg der VBL
Anwendg (BGH **93**, 222 = FamRZ **85**, 363/5; Celle FamRZ **82**, 389; Karlsr FamRZ **82**, 394), sond ebenf auf
priv betriebl Zusatzversorggen, die auf demselben GesVersorggsSystem beruhen (BGH FamRZ **91**, 1416
mN u eingehder Begrdg; Karlsr FamRZ **90**, 888 TÜV Baden; Ffm FamRZ **90**, 1247 BeamtVersVerein des
Dt Bk- u BankierGew; Mü FamRZ **91**, 576 BayernVers). Die VBL-Methode ist auch auf VersorggZusagen
mit Limitiergsklauseln (Rn 61) anzuwenden, wenn das betriebl Ruhegeld u die ges Rente den vertragl best
HöchstBetr überschreiten (BGH FamRZ **91**, 1421/23; **95**, 88/89; Dörr NJW **92**, 953). Bei der Ermittlg des
EheZtanteil AusglBetr ist jew auf die konkr BemessgKriterien eines jeden AnR abzustellen. Bezieht ein
Eheg aus der Zusatzversorgg des öff Dienstes als umlagebezogenes AnR eine BetrRente u zusätzl einen aus
der GesVersorgg abgeleiteten AusglBetr, so kann sich wg der Berücks gleichgestellter Zten (Rn 59) bei der
GesVersorgg für beide AnRe ein unterschiedl Zt-Zt-Verhältn ergeben (BGH FamRZ **92**, 791). Sind die ges
RentAnwartsch teilw vor der BetrZugehörigk erworben w, können sie zur Hälfte von der hochgerechneten
GesVers vorweg abgezogen, sodann der EheZtAntl der verbleibden GesVers zeitratierl ermittelt u hiervon
der hälft Antl der die eheztl BetrZugehörigk entfallden ges RentVers abgezogen w (BGH FamRZ **95**, 88/
90 RWE 1989; Mü FamRZ **91**, 338/40; mit Modifikationen auch Oldbg FamRZ **95**, 359 für die VBL;
Bergner NZS **93**, 482ff). Bei großer Diskrepanz zw fikt VersorggsRente u tats gezahltem Betr ggf Herab-
69 setzg des AusglBetr gem § 1587c Nr 1 (BGH FamRZ **85**, 797). (3) Währd die volldynam Zusatzversorgg
unmittelb zu den EP der ges RentVers hinzugerechnet w kann, bedarf es **bei nicht volldynamischen
Versorgungsanrechten** erst einer entspr **Umrechnung, IV,** um die Vergleichbark des betriebl Versorggs-
70 Anrechts mit den dynamisierten Anrechten herzustellen (MüKo/Maier Rdn 274). Die Vorschr sichert die
Anwendg der **BarwertVO** (Anh II zu § 1587a) auf alle Leistgen der betriebl Altersversorgg, die nicht
volldynam sind (BT-Drucks 7/4361 S 40) u ist eigtl als weiterer Satz von II Nr 3 bzw III zu lesen (Soergel/
Zimmermann 326), so daß das FamG den Wert nicht individuell bestimmen darf, sond an die Tab der
BarwertVO gebunden ist (BGH FamRZ **85**, 1119; **86**, 976).

71 **ee)** Die **Bewertung bei beendeter Betriebszugehörigkeit, Nr 3b,** erfolgt theoret ebenf in drei Schrit-
ten. Zu Grde zu legen ist der Teil der erworbenen Versorgg, der dem Verhältn der in die EheZt fallden Betr-
Zugehörigk zu der ges BetrZugehörigk entspr, wobei wiederum der BetrZugehörigk gleichgestellte Zten
einzubeziehen sind (Rn 59). Die Beendigg kann dch Erreichen der Altersgrenze, Eintr der Invalidität od
Ausscheiden aus dem Betr vor Eintr des VersorggsFalles mit unverfallb VersorggsAnrechten verursacht w
sein. Die Berechng erfolgt auch n Nr 3b, wenn die BetrZugehörigk nach EheZtEnde vorzeit dch Tod endet
(BGH **110**, 224) od wenn trotz fortdauernder BetrZugehörigk kr BetrVereinbg die berücksfäh DienstZt
endet (Brschw FamRZ **95**, 363). In diesen Fällen ist die Höhe der erworbenen Anrechte bekannt, so daß sie
ihrem effektiven Betr nach zGrde gelegt w können, ohne daß hypothet Berechngen für einen zukünft Ztpkt
erfdl sind (BGH **84**, 158/67; BT-Drucks 7/4361 S 38). Andernf ergibt sich der Wert gem BetrAVG 2 I–IV;
die Höhe der in der Ehe erworbenen Anspr ergibt sich pro rata temporis aus dem Verhältn der in die EheZt
fallden BetrZugehörigkDauer zu der GesZt der BetrZugehörigk, die mit dem Ausscheiden des ArbN
unveränderl feststeht. Zu Einzelh vgl iü MüKo/Maier Rn 278ff. Zu Nr 3b wird insb der EheZtAnteil der
72 qualifiz VersRente (VBL-S 44a) berechnet (Rn 89). Bei **Direktversicherungen** kann der ArbGeb nach
BetrAVG 2 II 2 seine VersorggsLeistg auf die geleisteten Prämien beschr (versvertragl Lösg); hier erfolgt die

Bewertg nicht nach Nr 3b, sond nach Nr 4b (Joh/Henr/Hahne Rdn 192). Zur Bewertg der gg den Beamt- **73** VersVerein des Dt **Bank-** u Bankiersgewerbes bestehenden Anrechte einschl Überschußrente u Sond-Zuschl: Mü FamRZ **89**, 186; Schlesw FamRZ **89**, 189.

ff) Wird **bei Ehezeitende die Betriebsrente bereits gezahlt**, so ist der EheZtAnteil der Zusatzver- **74** sorgg des öff Dienstes ebenf nach der VBL-Methode (Rn 68) zu ermitteln (Kblz FamRZ **89**, 983; Karlsr FamRZ **90**, 1250). Von dem tats RentZahlBetr kann jedoch dann ausgegangen werden, wenn sich die Zusatzversorgg nach RentBeginn isoliert von der Rente aus der ges RentVers entwickelt (BGH NJW **82**, 229; VersorggsAnst der BuPost). Der tats RentBetr ist ferner maßgebd, wenn der VersFall rückw auf einen Ztpkt vor dem Ende der EheZt festgestellt w (Karlsr FamRZ **82**, 79).

d) Unverfallbarkeit. aa) Bedeutung. Die Unverfallbark betr die Frage, ab wann der ArbN bei vorzeit **75** Beendigg des ArbVerhältn seine VersorggsAnwartsch behält. Die Antwort entscheidet unmittelbar auch über die Einbeziehg eines Anspr auf betriebl Altersversorgg in den VA. Nach **II Nr 3 S 3** sind näml noch nicht unverfallb VersorggsAnrechte im schuldrechtl VA auszugleichen (§ 1587f Nr 4). In den öff-r VA sollen keine VersorggsAnrechte einbezogen w, die sich später möglicherw nicht verwirkl, wesh noch verfallb Anrechte in den öff-r VA nur mit ihrem stat Wert einbezogen w dürfen (BGH FamRZ **82**, 899/904; Mü FamRZ **91**, 336/41; BT-Drucks 7/4361 S 38). Verfallb Anrechte iSv Nr 3 dürfen schon bei der Bewertg nicht mit in den öffrechtl VA einbezogen w, gleichgült, ob es sich um solche des AusglPflicht od um solche des Berecht handelt (BGH **84**, 158/186f; FamRZ **83**, 267 u 1001; Düss FamRZ **81**, 682). Besondere Bedeutg hat es, daß iR der Unverfallbk auch die **Dynamik** (dazu im Anh II zu § 1587a: BarwVO 1 Rn 6–11) zu **76** berücks ist (Begründg: Celle FamRZ **89**, 402/4f). Wenn II Nr 3 S 3 die betriebl AltVersorgg in den schuldr VA verweist, so bedeutet dies für die nicht voll dynam Anrechte aus einer betr Versorggszusage nicht, daß sie vom FamG überh nicht im öff VA zu berücks sind, sond ledigl, daß sie, soweit sie als stat bereits ggwärt Versorggswert besitzen, nach der BarwVO in dyn, also den Anwartsch der ges RentVers u der BeamtVersorgg vergleichb Versorggsanrechte umgerechnet w müssen (BarwVO 3 Rn 2). **Maßgebende Zeitpunkte: 77** Vgl § 1587 Rn 41. Für die Feststellg der Unverfallbk entsch gem Rn 130 der Ztpkt der letzten mdl Verh in der TatsInst (BGH **93**, 222/25; FamRZ **91**, 1421/24). Unverfallbk mit der Folge der Anwendbark von Nr 3a daher mit Eintr des VersFalls, etwa bei Tod des noch im öff Dienst beschäft Eheg (BGH NJW-RR **86**, 1199). Für die Berechg des EheZtAnteils einer gehaltsabhäng AltVersorgg bleibt aber das bei EheZtEnde bezogene Geh auch dann maßg, wenn es bis zum Ztpkt der Entsch weiter gestiegen ist. DynamisiergZu-wächse in der Zt zw EheZtEnde u letzter mdl Verhdlg können bei der Umrechng nach BarwVO 2 nicht berücks w (BGH FamRZ **91**, 1421/24; Dörr NJW **92**, 953; vgl § 1587 Rn 43). Tritt die Unverfallbark nach rechtskr Entsch über den VA ein, ggf Abänderg nach VAHRG 10a I Nr 2 (Hahne FamRZ **87**, 221).

bb) Begrifflich liegt Unverfallbark vor, wenn die Anwartsch auf die betr Altersversorgg dem ArbN **78** auch dann verbleiben, wenn er vor Eintr des VersFalls aus dem ArbVerhältn ausscheidet, so daß sie nach den maßgebl VersorggsBedingen dch die künft betriebl Entwicklg des Versicherten nicht mehr beeinträcht w können (vgl BetrAVG 2). Es kommt also nicht auf den Grad der Wahrscheinlich des Eintr der Unverfall-bark an (BGH **84**, 158/67; **93**, 222/24f). Unverfallbk liegt auch dann vor, wenn sich der ArbGeb ein an ein Verschulden des ArbN geknüpftes KündiggsR vorbeh hat (Hamm FamRZ **89**, 290) od ohne Zusicherg eines RAnspruchs gewährt und als jederZt widerrufl bezeichnet werden, weil solche Klauseln nach der Rspr des BAG (NJW **80**, 79) ohnehin nur ein an sachl Grde gebundenes WiderrufsR gewähren (Hamm FamRZ **81**, 803). Auch Aussichten auf BetrRenten, die von UnterstützgsKassen zu zahlen sind, können gem BetrAVG 1 IV unverfallb w (Düss FamRZ **81**, 682). Zur Dynamik Rn 76.

cc) Anwendungsbereich. Bestimmgen zur Unverfallbark: BetrAVG 2; anderweit tarifvertr Festleggen **79** sind jedoch zul (BetrAVG 17 III). So ist in der ZusatzVersKasse des Baugewerbes VVaG der unverfallbTeil der Anwartsch nach WarteZten gestaffelt zu ermitteln (Celle FamRZ **94**, 1463).

dd) Die unterschiedl Behandlg verfallb u unverfallb Anwartsch gilt auch für die **Zusatzversor- 80 gung des öffentlichen Dienstes** (BGH **81**, 152/55f; FamRZ **84**, 668), u zwar auch nach Inkrafttr des VAHRG (BGH FamRZ **86**, 247) u des VAwMG (BGH FamRZ **88**, 822; Anh IV zu § 1587b). Ausnahmsw **81** kann der VersorggsAnspr vor Eintr des VersFalls unverfallb w (Schlesw FamRZ **85**, 945). Insbes für die öff dienstl Zusatzversorgg kommt es gem BetrAVG 1 u 2 auf die **Unverfallbarkeit dem Grunde und der Höhe nach** an (wg Einzelh s Joh/Henr/Hahne Rdn 185ff; Ruland Rdn 86ff). Um in den öff VA einbezogen zu w, muß die Anwartsch hins der Erfüllg der zeitl Voraussetzgen (Grd) u des gesicherten VersorggsWerts (Höhe) von der künft Entwicklg unabhäng sein. Dem entspr innerh der VBL-S vor Eintr des VersFalls nur die Anwartsch auf die stat VersRente (VBL-S 44), allerd mit dem jew höchsten Wert als qualifizierter VersRente (VBL-S 44a) bzw als Besitzstandsrente nach VBL-S 92 (BGH **84**, 158, 160ff/167 = FamRZ **82**, 899; BGH **93**, 222; MüKo/Maier Rdn 286). Dagg bleibt die dynam VersorggsRente (VBL-S 37) bis zum Eintr des VersFalls verfallb, so daß ihr Ausgl im schuldrechtl VA erfolgen muß (BGH **84**, 175; NJW **84**, 234/6 u 2879/81). Darauf, daß ein Ausscheiden aus dem öff Dienst statist gesehen unwahrscheinl ist, kommt es nicht an (BGH FamRZ **88**, 822/4). Daran hat sich, weil es sich um ein BewertgsProbl handelt, auch dch das VAHRG nichts geänd (BGH FamRZ **88**, 822), auch wenn der Ausgl der VBL-Rente selbst jetzt gem VAHRG 1 III dch Quasi-Splitting erfolgt (VAHRG 1 Rn 8). Bei der Einbeziehg nur der werthöchsten stat VersRente verbleibt es trotz der Fiktion in VBL-S 37 IV schließl auch, wenn ein PflVersicherter aus dem ArbVerhältn ausscheidet, wenn er seine bisher Beschäftig aGrd von G od Tarifvertr von einem best Ztpkt an nicht mehr ausüben darf (BGH FamRZ **84**, 671 Flugkapitän). Auch der abzuschmelzende AusglBetr nach VBL-S 97c unterliegt nicht dem öffrechtl VA (BGH FamRZ **88**, 1251; **90**, 276; § 1587f Nr 4). **Ausnahmen 82** dagg: Unverfallbark bei einer Frau nach Vollendg des 60. LebJ (Schlesw FamRZ **85**, 945); Vollendg des 62. LebJ in der Zusatzversorgg des Landes Bln (BGH FamRZ **86**, 341); wenn der Berecht kurz vor der Altersgrenze steht (Karlsr FamRZ **82**, 394 L); ferner bei Eintr des VersFalls wg BU des Vers (BGH **84**, 158/67), oRücks darauf, daß ein erneuter VersFall (EU) zu einer Neuberechng der Rente führt (BGH FamRZ **90**, 1339); od iF seines Todes, weil dann (zG der Hinterbl) die Anwartsch unverfallb w (BGH FamRZ **86**, 894). Vgl ü VAHRG 10a Rn 10.

83   **ee) Dispositivität.** Da das G nur MindErfordern enth (BetrAVG 1), können ArbGeb u ArbN die Unverfallbark früher eintreten lassen, was im VA zu beachten ist (Ruland/Tiemann Rdn 123). Anwartsch auf Leistgen der betriebl Altersversorgg können auch dann unverfallb sein, wenn sie ohne Zusicherg eines RAnspr gewährt u als jederZt widerrufl bezeichnet werden, weil BAG NJW **80**, 79 die Widerrufsmögk beschr hat (Hamm FamRZ **81**, 803; ferner BGH FamRZ **86**, 336 u oben Rn 51). Im Proz ist die Verfallbark RFrage u kann von den Beteil nicht unstreit gestellt w (BGH FamRZ **87**, 55). Zu den gleichgestellten Zten: Rn 59.

84   **e)** Die **Zusatzversorgung des öffentlichen Dienstes** (§ 1587 Rn 12/13), welche die Gleichstellg mit der Versorgg der Beamten bezweckt (BGH **93**, 17), stellt eine **aa) Sonderform** der betriebl Altersversorgg dar (BGH **81**, 152/55f; FamRZ **82**, 899/901), die zwar von öffrechtl organisierten ZusatzversorggsKassen gewährt u von Umlagen der beteil öffrechtl ArbGeb finanz werden (BetrAVG 18), deren SatzgsBestimmgen aber die RNatur priv AGB haben (BGH **81**, 152/62f; FamRZ **82**, 899). Ausn: bay ev-luth LaKirche (Celle FamRZ **83**, 191). Es besteht PflVers für den ArbN. Bei Wechsel innerh des öff Dienstes wird das VersVerhältn übergeführt; bei Ausscheiden Mögk zu freiw Weitervers mit eig Beitr od Weiterführg als
85   beitragsfreie Vers. **Hierher gehören** (Übersicht BT-Drucks 10/6294 S 14) die Versorgg der VersorggsAnstalt des Bu u der Länder **VBL** (vgl BGH **84**, 158); diej der Dt BuPost VAP (BGH **93**, 222); der BuBahn-VersAnstalt Abt B BVA/B (BGH NJW **83**, 38); der Rundfunk- (BGH NJW **85**, 2708 Bay; Brem FamRZ **85**, 943) u Fernsehanstalten (BGH FamRZ **87**, 52 ZDF); der VersorggsAnstalten der dt Bühnen- und Kulturorchester (BGH **85**, 1235); der kommunalen (BGH **84**, 158; FamRZ **84**, 668; Hamm FamRZ **80**, 271) u kirchl ZusatzversorggsKassen (Schlesw FamRZ **80**, 1132), insb kommunaler VerkehrBetr (BGH FamRZ **84**, 1212
86   Bln). **Nicht** unter Nr 3, sond unter Nr 4b gehören die Altershilfe f Landw nach dem GAL (dazu Rn 97), ebsowenig die hüttenknappschaftl Zusatzversorgg im Saarl (Saarbr FamRZ **81**, 974: Nr 4d).

87   **bb) Maßgebliche Bewertungsregelung.** Die Zusatzversorgg des öff Dienstes kennt verschied Rentenformen (Rolland Rdn 95ff). Soweit sie gesamtversorggsbezogen sind, wird der EheZtAnteil automat nach Nr 3 pro rata temporis ermittelt. Das gilt insb für die nur iZshg mit einer PflVersRente (VBL-S 37) u damit als Gesamtversorgg gezahlte **Versorgungsrente** (VBL-S 40–43), die dynam ist, u zwar auch nach Ändg v VBLS 56 dch die 18. u 19. SatzgÄnd (BGH FamRZ **90**, 984), u die desh bei jeder Änderg der GrdVersorgg
88   neu berechnet w muß (VBLS 56). Bestimmt sich die Rente dagg nach einem **Bruchteil entrichteter Beiträge**, dann soll darauf, ohne daß die Versorgg dadch ihren Charakter, Versorgg iSv Nr 3 zu sein, einbüßt, so daß es etwa bei den VerfallbarkRegeln verbleibt (Mü FamRZ **83**, 1042; Joh/Henr/Hahne Rdn
89   205; Soergel/Zimmermann 156), währd für die Berechg des EheZtAnteils Nr 4c Anwendg finden, **II Nr 3 S 2,** dh sich auch der EheZtAnteil nach der EheZt fallden Beitr richten. Hierunter fallen neben der MindVersorggsRente nach VBL-S 40 IV (BGH **84**, 158/71) u der f Altfälle (1. 1. 67) gezahlten (vgl Bergner DSozV **80**, 199) Besitzstandsrente nach VBL-S 92 (BGH **84**, 171f), die die einf statische **Versicherungsrente** nach VBL-S 44 I (BGH FamRZ **82**, 899/901), bei der auch der Geldentwert im allg nicht zu einer Anpassg führt (BGH NJW-RR **94**, 1433), währd sich der EheZtAnteil bei der qualif VersRente nach VBL-S 44a gem II Nr 3b berechnet (Schwab/Hahne VI 131; Hbg FamRZ **91**, 201 u **94**, 1467 für die gleichstrukturierte BuBahnVersAnst bzw die Hbg Hafen- u Lagerhaus AG (and noch Mü FamRZ **83**, 1042: II Nr 4c). Da die VersorggsRente nach VBLS 40 gem VBLS 56 angepaßt w, kann sie im Laufe des RentBezugs die Höhe der stat Besitzstandsrente übersteigen; v diesem Ztpkt an wird dann deren Betr maßg (BGH **84**, 172; FamRZ **90**, 380). Zur Bedeutg des **RRG 1992** (Rn 34ff) für die Umrechng nicht volldynam Anrechte in **Altfällen:** Rn 91.

90   **cc)** Zur Bedeutg der **Verfallbarkeit** bei den Zusatzversorggen des öff Dienstes oben Rn 81; Rolland Rdn 96ff. Zur Berechg des EheZtAnteils bei der GesVersorgg Rn 68.

91   **f) Dynamisierung von Leistungen der betrieblichen Altersversorgung, IV.** Die Vorschr sichert die Anwendg der BarwertVO auf alle Leistgen der betriebl Altersversorgg, die nicht volldynam sind (BT-Drucks 7/4361 S 40) u ist eigtl als weiterer Satz von II Nr 3 bzw III zu lesen (Soergel/Zimmermann 326). Die Bewertg erfolgt nach der BarwVO selbst dann, wenn die Versorggsleistgen der betriebl Altersversorgg aus einem individuellen Deckgskapital od einer verglbaren Deckgsrückl gewährt w (Karlsr FamRZ **93**, 1212). Die Anwend v III Nr 2 bedeutet, daß bei der Bewertg ungleichmäßiger Wertsteigergen das Altersruhegeld zGrde zu legen ist, das sich ergäbe, wenn ein Barwert der Teilversorgg für den Ztpkt des Eintr der Rechtshängigk des ScheidgsAntr ermittelt u als Beitrag in der gesetzl RentVers entrichtet würde. Bei Versorggseinrichtgen für einzelne Wirtsch- od Unternehmensgruppen, bei denen die Teilnahme an der Versorggseinrichtg dch einen Beschäftiggswechsel innerh der angeschl Unternehmen nicht berührt w, ist die gesamte bei den der Versorggseinrichtg angeschl Untern zurückgelegten BeschäftiggsZt maßg (BT-Drucks 7/650 S 158). Bei der Umrechng stat Anwartsch in dynam AnR ist auf das **vorläufige Durchschnittsentgelt** (vgl Anh I zu § 1587a) auch dann abzustellen, wenn im Ztpkt der gerichtl Entsch das endgült DchschnEntg schon festgesetzt ist (vgl BGH FamRZ **91**, 173; Kemnade FamRZ **95**, 363; aA Karlsr FamRZ **95**, 361). Ledigl iR v Altfällen (vgl o Rn 35 aE), also **Ehezeitende vor dem 1. 1. 92,** erfolgt die **Umwertung nicht volldynamischer Anrechte** iS v III u IV nach den auf der Grdl des neuen RentR ermittelten Rechengrößen (BGH NJW **93**, 465 = FamRZ **93**, 294 mN; Ffm FamRZ **92**, 1443; KG u Kln FamRZ **93**, 570 u 572; Kblz NJW-RR **93**, 9; Bergner NJW **93**, 435; aA Klattenhoff FuR **92**, 233). RentAuskfte auf der Grdl des alten Rechts können daher nicht mehr als EntschGrdl dienen (BGH NJW **92**, 1888; **93**, 465/66). Zur Anwendg des RRG 1992 allg: oben Rn 35.

92   **D. Bewertung sonstiger Renten und ähnlicher wiederkehrender Leistungen, Nr 4.** Die Vorschr erfaßt in Form einer **Generalklausel** sonst Anrechte auf Versorgsleistgen wg Alt, BU u EU, die also nicht den für die in den vorangehenden Nr erfaßten Versorggsanrechten gegebenen BewertMaßst unterliegen. Die Art der Benenng ist unmaßgebl. Für die Anwendg der Vorschr werden vornehml Anrechte auf unmittelb od mittelb betriebl Ruhegeldleistgen, auf Renten aus berufsständ Versorggseinrichtgen sowie Renten aus der Zusatzversorgg der VersorggsAnst des Bundes u der Länder in Betr kommen (BT-Drucks 7/650 S 157; Lit: Schaub/Schusinski/Ströer S 244; Ruland Rdn 125ff), soweit sie rein beitragsbezogen sind u nicht

bereits unter Z 3 fallen, aber auch die Altershilfe für Landwirte nach dem GAL, (vgl dazu Kirchner, Soziale Sicherh in der Landwirtsch **77**, 497), Renten u Rententeile aus Steigergsbeträgen für Beiträge der Höherversicherg, u insb Renten aus ausländ SozVersichergen, Versorggen aus internat Organisationen, Leibrenten usw (Ruland NJW **76**, 1717; vgl. auch § 1587 Rn 15). Für die Bewertg dieser Versorggstitel wird auf die verschiedenen Bemessgsarten der Renten abgestellt. Steigt der Wert der Versorgg nicht in gleicher od nahezu gleicher Weise wie der Wert von Beamtenpensionen u Renten aus der gesetzl RentenVers, so ist die Berechnungsangleichg gem III zu beachten (Rn 107). Bisw kann nur im Einzelfall entschieden w, ob An- **93** wartschaften **dynamisch oder statisch** (vgl dazu Anh II BarwVO 1 Rn 7–11 m RsprNachw) u damit nach § 1587a II Z 4 od III zu bewerten s. Zur mehrstuf Berechng beim Wechsel einer Versorgg von einer teildynam zu einer volldynam vgl Nürnb FamRZ **95**, 815 BayAV; vgl dazu auch Mü FamRZ **95**, 816. Als **94** maßgebl Altersgrenze ist auf die ggf dch die Regelpraxis festzustellde **faktische Altersgrenze** abzustellen (BGH FamRZ **85**, 1236/38 bayr Not: 70 J).

Nr 4a) Bemißt sich die Rente od Leistg ausschließl **nach der Dauer einer Anrechnungszeit**, so ist der **95** Betr der Versorggsleistg zGrde zu legen, der sich aus der in die Ehezeit fallden AnrechngsZt ergäbe, wenn bei Eintr der RechtsAntr der ScheidsAntr der Versorggsfall eingetreten wäre. Die Bewertg entspricht dem in Nr 2 angewandten Prinzip. Solch eine rein zeitabhäng Rente, bei der die Versorgg ausschl von der Dauer der Zugehörigk zu der VersEinrichtg abhängt, stellt jetzt die Alterssicher der Landw dar, weil die BerechngsVorschr von ALG 23 die direkte Zuordng des AnR zu einz ZtAbschn ermögl (Greßmann/ Klattenhoff FamRZ **95**, 579; vgl § 1587 Rn 15). Vgl aber zur Bestandsrente Rn 100. Für die ÜbergFälle (sog Zugangsrente) enth die ALG 23, 97, 99 unabh v § 1587a II BewertgsVorschr auch für die Berechng des EheZtAntl (Greßmann/Klattenhoff FamRZ **95**, 581 ff).

Nr 4b) Bemißt sich die Rente od Leistg **nicht oder nicht nur nach der Dauer einer Anrechnungszeit 96 und auch nicht nach den für die gesetzlichen Rentenversicherungen** geltden Grdsätzen (Buchst d) od anders ausgedrückt: Steigt die RentAnwartsch währd der VersZeit ähnl wie bei den BeamtPensionen in ungleichen Stufen an, so wird der TeilBetr der vollen bestimmgsmäß Rente od Leistg zGrde gelegt, der dem Verhältn der in die Ehezeit fallden, bei der Ermittlg dieser Rente od Leistg zu berücksichtigden Zeit zu deren voraussichtl Gesamtdauer bis zur Erreichg der für das Ruhegehalt maßgebl Altersgrenze entspricht. Nach Z **97** 4b ist insb die Anwartsch auf Altersgeld nach dem GAL zu bewerten (BGH FamRZ **84**, 42; Bambg FamRZ **91**, 1065: BeitrNachentrichtg; BT-Drucks 7/4361 S 38), auch wenn sie noch nicht „unverfallb" ist (Celle FamRZ **81**, 166). Ein VA findet nicht, u zwar auch nicht iW des Quasi-Splittings gem HRG 1 III statt, wenn nach Ende der EheZt weg Aufg der landwirtschaftl Tätigk die PflMitgliedsch endet u eine freiw BeitrEntrichtg nicht erfolgt (BGH FamRZ **86**, 892) u sei es auch inf eines entspr Verzichts (BGH FamRZ **87**, 1016); VA dagg innerh der 2 J-Fr n GAL 27 I (AG Landau FamRZ **87**, 722). Zur volldynam VersorggsAnwartsch **98** von Abgeordn des Dt BT § 1587a Rn 27. Ferner bieten Bspe die berufsständ Versorggseinrichtgen der freien Berufe, also der Ärzte, beispielsw der Ärztekammer Hbg (Hbg FamRZ **80**, 1028 u **86**, 1006); Nordrhein Ärzteversorgg (BGH NJW **83**, 1378); die erweiterte Honorarverteilg der KassÄrztl Vereinigg Hess (Ffm FamRZ **85**, 1269 Apoth); Nds (Brem FamRZ **95**, 44); das Versorggswerk der Ärztekammer des Saarl (Saarbr FamRZ **88**, 958; NJW-RR **92**, 649); bayer Notare (BGH FamRZ **85**, 1236); RAe in NRW (BGH NJW **92**, 174); StBerater u StBevollm im Saarl (Saarbr FamRZ **92**, 449); Seelotsen (BGH FamRZ **88**, 51 voll dynam) usw. Entspr Anwendg v Buchst b auch auf den SockelBetr der Bay ApothekVersorgg (BGH FamRZ **89**, 35/6 f). Auf die Bewertg des EheZtAnteils hat es keinen Einfl, wenn sich der bei der ÄrzteVersorgg Nds versich Eheg nach EheZtEnde beitragsfrei stellen läßt (Celle FamRZ **88**, 77). In der grdsl nach **99** Z 3 zu behandelnden betriebl Altersversorgg werden teilw feste, nicht nach der Dauer der BetrZugehörigk variable Renten gezahlt, wobei die Teiln an der Versorggseinrichtg nach Ablauf einer best WarteFr od sof mit Begründg des BeschäftiggsVerhältn beginnen kann. Für solche Fälle ist – soweit nicht bereits Z 3 eingreift – eine Bewertg der AnwartschR ähnl der in Z 1 angebracht. Da der Versorggsleistg im Hinbl auf die Beschäftig insgesamt gewährt w, kann das Anrecht o die Aussicht hierauf nur zu dem Teil als in der Ehe begründet angesehen w, der dem Verhältn der in die Ehe fallden Zeit der Beschäftigg zu deren voraussichtlicher Gesamtdauer, dh unter Hinzurechng auch einer noch ausstehden Zeit bis zur Erreichg der für das Ruhegehalt maßgebl Altersgrenze, entspricht. Daher ist das dem Ausgl unterliegde Anrecht mit einem verhältnismäß TeilBetr der vollen bestimmgsmäß Rente od Leistg zu bewerten (BT-Drucks 7/650 S 157 f). Die maßgebl Altersgrenze ist bei bayer Notaren das 70. LebJ (Nürnb FamRZ **84**, 1113). Ob nach der Berechng noch eine Dynamisierg erfdl ist, III (Rn 107), richtet sich danach, ob die auszugleichde Leistg nach ihrer RGrdlage an wirtschaftl Veränderugen angepaßt w muß, dann ist eine Dynamisierg nicht mehr notw (Ruland Rn 333). Im Bereich der Alterssicher für **Landwirte** gilt die proportional-lineare Rentenformel **100** (vgl Rn 99) nicht für die **Bestandsrenten,** die bereits vor dem 1. 1. 95, also vor dem Inkrafttr des ASRG (§ 1587 Rn 15) bestanden; sie werden gem ALG 94 IV, 98 nicht neu best sond ledigl umgewertet. Dabei ist der EheZtAntl gem § 1587a II Nr 4b zu best (Greßmann/Klattenhoff FamRZ **95**, 580; ausführl auch zum EhegZuschlag).

Nr 4c) Bemißt sich die Rente od Leistg nach einem **Bruchteil entrichteter Beiträge,** so wird der Betr **101** zGrde gelegt, der sich aus den für die Ehezeit entrichteten Beiträgen ergäbe, wenn bei Eintr der Rechtshängigk des ScheidgsAntr der Versorggsfall eingetreten wäre. Der Wert des AnwartschR enspricht also der Rente, die bei Eintr des Versorggsfalles im Zeitpkt der Scheidg aus den für Zeiten der Ehe entrichteten Beiträgen zu zahlen wäre (BT-Drucks 7/650 S 158). Ein solches Bemessgsprinzip gilt gem RVO 1261 aF für die iR des RRG weggefallene Höherversicherg (VDR-Hdb/Bergner 27/29) sowie gem VBL-S 44 I; für die Apothekerkammer Westf-Lippe (Hamm FamRZ **86**, 70); f die ArchKam BadWürtt (BGH FamRZ **91**, 310/ 11 f); f die Nds Zahnärzteversorgg (Celle FamRZ **86**, 913); f die Bayer (BGH NJW **83**, 337; NJW-RR **95**, 1) u die Hess Ärzteversorgg (BGH FamRZ **89**, 951; **92**, 165; Ffm NJW-RR **92**, 649; and Mü-Augsbg FamRZ **92**, 186: Bewertg wie eine priv LebVers gem II Nr 5). Vgl iü Rn 112. Nach Ffm NJW-RR **90**, 1224 ist bei letzterer für die Ermittlg des EheZtAnteils von dem völl Wegf der BeitrZahlg bei EheZtEnde auszugehen. Zu den letzteren § 2 BarwVO Rn 8. Sol ein VersFall nicht vorliegt, kommt bei reinen Invalidenversicherugen ein öff-rechtl VA nicht in Betr, später allenf ein schuldrechtl (D. Schwab FamRZ **78**, 12 u Handb Rz 586; aA

Trey FamRZ **78**, 11). Zur Versorgg der dt **Kulturorchester** Rn 85. Deren Bewertg erfolgt gem Z 4 c i Vm Tab 1 der BarwVO (BGH FamRZ **85**, 1119 u 1235). Unverfallbark u damit Einbeziehg in den öffrechtl VA erst nach Zurücklegg v 120 BeitrMo (Ffm FamRZ **86**, 476 L).

102   **Nr 4 d)** Bemißt sich die Rente od Leistg nach den **für die gesetzlichen Rentenversicherungen geltenden Grundsätzen,** was vor allem für die hüttenknappschaftl Zusatzversichergn im Saarl (BGH FamRZ **84**, 573), aber auch f die BadWürtt Ärzteversorgg gilt (Karlsr FamRZ **90**, 1252), dann wird der TeilBetr der sich am Bewertgsstichtag (§ 1587 Rn 30) ergebden Rente wg Alters zGrde gelegt, der dem Verhältn der in die Ehezeit fallden Versichergsjahre zu den insges zu berücksichtigden VersJahren entspricht. Dabei bleibt auch hier für die Zwecke der Bewertg außer Betr, ob im Ztpkt der Scheidg die Wartezeit für die Rente bereits erfüllt ist (BGH FamRZ **84**, 574). Für die Ermittlg der gesamten bis zum Bewertgsstichtag erworbenen Rente sind sämtlich dem Rentensystem innewohnden Faktoren zGrde zu legen, also auch die vor der Ehe liegden VersJahre mit heranzuziehen. Für die Ermittlg des sich aus der Ehe ergebden RententeilBetr ist dagg auf das Verhältn der in der Ehe angesammelten Werteinheitensumme zu der Gesamtsumme der von Versicherten angesammelten Werteinheiten abzustellen (BT-Drucks 7/4361 S 39).

103   **E. Anrechte auf Rentenansprüche aus Lebensversicherungsverträgen, Nr 5.** Bei Renten u Anwartsch aGrd eines priv VersVertr, also LebVers auf RentBasis, ist wieder zu unterscheiden je nachdem, ob die PrämienzahlgsPfl aus dem VersVerhältn über den Eintritt der Rechtshängigk des ScheidgsAntr hinaus fortbesteht od nicht. Ungleichmäß Wertsteigergen werden dch III ausgeglichen (Rn 107). Es geht in diesem Zushg nur um Anrechte auf Versorggsrenten; Kapitalversichergn (VVG 165 II) unterliegen dem Zugew-Ausgl (§§ 1372 ff). Gleichgült ist, von wem der VersVertr geschl w ist. Es wird nicht vorausgesetzt, daß der Versorggsempfänger selbst VersNehmer ist, so daß Nr 5 auch die Fälle erfaßt, in denen ein Dritter eine VersorggsVers abgeschl hat, aus der die Leistgn unwiderrufl an den und Eheg erfolgen sollen (BT-Drucks 7/650 S 158); ggf hat dieser auszugleichen, andernf der WiderrufsBerecht. Soweit dies allerd vS des ArbGebers als Form der betriebl Altersversorgg geschehen ist, erfolgt die Bewertg nach Nr 3. Ferner unterliegt eine vS eines Dr dem einen Eheg unentgeltl zugewendete LebensVers überh keiner AusglPfl (§ 1587 I 2). Die Lösg, auch Anwartschaften aGrd eines privaten VersVertrages real zu teilen, wurde vom Gesetzgeber **104** verworfen (zur Begrdg vgl BT-Drucks 7/4361 S 39). Zum **Anwendungsbereich** vgl zunächst § 1587 Rn 16. Nach Nr 5 werden vor allem Berufs- u ErwUnfähigkRenten bewertet sowie entsprechde Zusatz-Vers, bei denen kein DeckgsKapital anwächst, sol das Risiko noch nicht eingetr ist; AltersVers, deren Leistgn ausschließl aus einem DeckgsKap gewährt w, sind nach III Nr 1 als der spezielleren Best zu **105** bewerten (Ruland Rdn 315). **a) Fortbestehen der Prämienzahlungspflicht** führt dazu, daß von dem RentenBetr auszugehen ist, der sich nach vorheriger Umwandlg in eine prämienfreie Versicherg als Leistg des Versicherers ergäbe, wenn in diesem Ztpkt der VersFall eingetreten wäre (vgl VVG 174 II). Dieser Umrechng bedarf es desh, weil die Anwartschaften in der gesetzl RentenVers aGrd der höheren Leistgn teurer sind als die Anwartschaften auf eine Altersrente in einer privaten LebensVers (ZahlenBspe bei Böhmer StAZ **76**, 240). An Stelle des vertragl RentenBetr ist daher von dem Betr auszugehen, der sich für das Alter des Eheg, auf den die Vers genommen ist, als Rentenleistg des Versicherers ergäbe, wenn die bis zur Scheid auf die Vers entfallde Prämienreserve als einmalige Prämie angesehen würde. Die bl Gleichsetzg des AnwartschR aus einer solchen Vers mit dem RentenBetr, wie er sich bei Eintr des VersFalles im Ztpkt der Scheidg ergäbe, wäre nicht sachgerecht, weil der Anspr des Versicherten auf den damit in Ansatz gebrachten Gesamtwert der vereinbarten VersLeistg von der weiteren Prämienzahlg abhängt, also zT erst dch weitere, nachehel Leistgn erworben wird (BT-Drucks 7/650 S 158). Es handelt sich um eine hypothet Umwandlg, so daß es nicht darauf ankommt, ob der VersVertr die Umwandlg in eine prämienfreie Vers bei EheZtEnde tatsächl schon zuläßt (BGH NJW **86**, 1344). Auch kommt der Stornoabzug n VVG 174 IV nicht in Betr (BGH aaO). Sind die VersPrämien auch für die Zeit vor der Ehe gezahlt w, so ist der RentenBetr entspr **106** geringer anzusetzen. **b)** Bei bereits **beendigter Prämienzahlungspflicht** wird von dem RentenBetr ausgegangen, der sich als Leistg des Versicherers ergäbe, wenn in diesem Ztpkt der VersFall eingetreten wäre. Eine PrämienzahlgsPfl besteht dann nicht mehr, wenn der VersFall bereits eingetreten ist, sowie bei Versichergn mit einmaliger Prämie, wenn diese schon geleistet ist, od bei sonst Versichergn nach Umwandlg in eine prämienfrei Vers (VVG 174). Bsp: BGH FamRZ **94**, 559. In diesem Falle ist der Wert der Anwartsch auf die vertragl VersLeistg bereits voll erworben, so daß der Wert des AnwartschR für die Zwecke des Ausgl mit dem RentenBetr gleichgesetzt w kann, der sich bei Eintritt des VersFalles am Bewertgsstichtag als Leistg des Versicherers ergäbe (BT-Drucks 7/650 S 158). Auch hier ist von einem entspr geringeren Wert auszugehen, wenn auf die Vers Prämien bereits für eine Zeit vor der Ehe geleistet w sind.

107   **4) Anpassung ungleichmäßiger Wertsteigerungen an volldynamische Versorgungssysteme, III.** Währd manche Versorggsanrechte dynamisiert sind, dh zB den steigden Einkommen angepaßt werden, wie Anwartschaften auf Beamtenpension od auf eine Rente aus der gesetzl RentenVers (vgl Einf 5 vor § 1587), bleiben and Ansprüche gleichs statisch, indem sie nicht mitsteigen od -fallen. Das gilt vornehml für Anspr aus betriebl Altersversorgg od aus einer priv Versicherg. Für sie bedarf es daher einer qualitativen An- **108** gleichg. Zu den **volldynamischen Leistungen** in diesem Sinne sowie insb zum BeamtVV des dt BankGew vgl § 1 BarwVO Rn 7–8 (Anh II zu § 1587a), zuletzt BGH FamRZ **92**, 1051 u NJW-RR **92**, 1027 zum BeamtVV des Dt BankGew. Vgl zur **Prüfung** der Volldynamik die **Tabelle** von Gutdeutsch FamRZ **94**, **109** 612). **Nicht dynamische Leistungen** (§ 1 BarwVO Rn 9) u damit nach der BarwVO umzurechnen sind beispielsw das betriebl Ruhegeld nach der RWE-Neuregelg vom Febr 1989 (BGH FamRZ **95**, 88/91); die MindZusatzRente der BuBahnVersAnst (Schlesw SchlHA **82**, 27) sowie Anrechte nach der LeistgsOrdng des „Essener Verbandes" trotz wiederholter Anhebg der Leistgssätze (Hamm FamRZ **80**, 898 u **81**, 569). Für die Angleichg nichtdynam an dynam Versorggsanrechte unterscheidet das Gesetz danach, ob die Leistgn aus einem Deckgskapital od vergleichb Deckgsrücklage gewährt werden soll od nicht. Zur versichmathemat Bedeutg der beiden BerechngVerf: BGH FamRZ **92**, 165/66 f. Die **Umrechnung** zZw der Dynamisierg erfolgt dabei in beiden Ziff so, daß von dem Altersruhegeld auszugehen ist, das sich ergäbe, wenn man das tatsächl od fiktiv zu errechnde Deckgskapital für die auszugleichde Versorgg als Beitrag zur gesetzl RentenVers entrichten würde; damit liegen für alle Versorggsanrechte Werte vor, die einander qualitativ entsprechen u desh miteinander vergleichb sind (BT-Drucks 7/4361 S. 39 f). Das Ziel, dem dynamisierten Versorggswert entsprechde Werte zu gewinnen, ist also in beiden Ziff dasselbe; nur um den (dann hypothetisch in die gesetzl RentVers einzuzahlenden) Ausgangswert festzustellen, bedarf es unterschiedlicher Methoden: Ist bereits ein Deckgskapital od eine Deckgsrücklage vorh, aus der die Versorgg gewährt w soll (Nr 1), so kann man aus diesen Betr zur Ermittlg der entspr SozVersRente verwenden; fehlt es daran (Nr 2), so ist zunächst der Barwert des betr Versorggstitels festzustellen. Ist mit einer Alt- u Invaliditätsversorgg eine **Hinterbliebenenversorgung** kombiniert, so ist der diese betreffde WertAnt nicht nur bei der Ermittlg des Barwerts, sond auch bei einer Umrechng auf der Grdlage des DeckgKap unberücks zu lassen (BGH FamRZ 92, 165; FamRZ 91, 1066/67; Dörr NJW 92, 953; aA Mü-Augsbg FamRZ 92, 186/89).

a) Bei Leistungen, die **aus einem Deckungskapital oder einer vergleichbaren Deckungsrücklage** 110 gewährt werden, ist das Altersruhegeld zGrde zu legen, das sich ergäbe, wenn der währd der Ehe gebildete Teil des Deckgskapitals od der auf diese Zeit entfalle Teil der Deckgsrücklage als Beitrag in der gesetzl RentenVers entrichtet w wäre, **Nr 1.** Man stellt also fest, wieviele EP (Rn 34) mit diesem DeckgsKap od dieser Deckgsrücklage zu „kaufen" wären. Die für die Umrechng erforderl Faktoren w jährl bekanntgemacht (SGB VI 188; vgl Anh I zu § 1587a). Nach Nr 1 erfolgt die Bewertg auch bei **Teildynamik,** also 111 wenn Versorggen in der Anwartsch- u in der Leistgsphase wed stat noch volldynam sind (BGH FamRZ 89, 155; 91, 310); desh werden nach Nr 1 die HöherVers in der Ärzte- (Celle FamRZ 84, 293) u Zahnärzteversorgg Nds bewertet (BGH FamRZ 89, 155); ferner die Ärzteversorgg Hess (and Ffm NJW-RR 90, 1224: Z 2; Rn 111); Zahnärzteversorgg Nds u SchlH; ApothVersorgg Hess, Nordrhein, Westf-Lippe; TierärzteVersorgg Nordrhein, Hess, SchlH, Nds; Architektenversorgg Bad-Württ (BGH FamRZ 91, 310), Hbg u SchlH (BGH FamRZ 91, 310); RA-Versorgg Bay (and Karass/Karass FamRZ 90, 115).

b) Werden die Leistgn **nicht oder nicht ausschließlich aus einem Deckungskapital** od einer Deckgs- 112 rücklage gewährt, so ist der Barwert der Versorgg für den Bewertgsstichtag (§ 1587 Rn 30) zu berechnen; alsdann wird festgestellt, welche Rente sich ergäbe, wenn dieser Barwert bzw die Deckgsrücklage als Beitrag zur gesetzl RentenVers entrichtet würde **Nr 2.** Das gilt insb f die Hess Ärzteversorgg (BGH NJW 93, 465; FamRZ 92, 165; vgl oben Rn 101) sowie für die betriebl AltVers der Fa Gruner & Jahr (BGH FamRZ 95, 293). Der Erleichterg der Berechng des Barwerts dient die **BarwertVO** (Anh II zu § 1587a). Um die Berechng des Barwertes zu erleichtern, werden die Berechngsfaktoren dch RechtsVO der BReg bestimmt, um eine Wertermittlg auch ohne versichergsmathemat Kenntnisse zu ermögl (BT-Drucks 7/4361 S 40). Zu Altfällen mit EheZtEnde vor dem 31. 12. 91: Rn 91. Zu beacht ist ferner, daß ggü III Nr 2 die Einheitlk der BarwBildg bei betriebl Versorggen nach IV Vorrang h (Karlsr FamRZ 93, 1212; Rn 91).

5) **Wertbestimmung nach billigem Ermessen, V.** Bemißt sich die Versorgg nicht nach den rechneri- 113 schen Bewertgsmaßstäben der II bis IV, so bestimmt das FamG die auszugleichde Versorgg in sinngemäßer Anwendg der Berechnungsbewertg nach billigem Erm. Dieser **Auffangtatbestand** erscheint notw, weil es angesichtet der Vielzahl unterschiedlicher Versorggstitel, insb auch im internat Ber, u der unüberschaubaren Zahl von Berechnungsmodalitäten unmögl erscheint, alle Berechnungsmodalitäten im G aufzuführen u für sie geeignete Bewertgsmaßstäbe zu entwickeln. V eröffnet den Gerichten die Möglichk, in Fällen, die im G nicht ausdrückl geregelt sind, die Bewertg in sinngemäß Anwendg der vorhandenen Vorschr nach billigem Erm vorzunehmen u damit eine dem Einzelfall gerecht werdde Lösg zu finden (BT-Drucks 7/4361 S 40). Entspr dieser Zielsetzg kommt die Bestimmg nur zur Anwendg, wenn sich für den zu bewertden Versorggstitel aus den vorstehden Absätzen kein BewertgsMaßst ergibt. So kann das FamG bei Ausgleich ausländischer Anwartschaften einen gemV nach bill Ermessen festgesetzen Rentenwert zugrdelegen, der den dt Rentenwerten vergleichb ist; Dchführg des Ausgl in solchen Fällen gem § 1587b III od IV (Bambg NJW 79, 497). Keine Anwendg v V auf die Bayer Ärzteversorgg (BarwVO 1 Rn 9); ferner wenn die Bewertg nach II bis IV auf tatsächl, rechnerische od rechtl Schwierigk stößt, etwa weil ein ArbGeber od ein SozVers-Träger seiner AuskPfl nach FGG 53b II nur unvollkommen genügt od, weil ein SozVersAbkommen mit der DDR fehlt, die Feststellg des Umfangs der AusglPfl unmögl ist (AG Lüneburg NdsRpfl 78, 14). Die Bewertg erfolgt gem V bei privaten, nicht aus einem DeckgsKap gezahlten RentVersichergen mit fortbestehder PrämienzahlgsPfl; Leibrenten zZw der Altersversorgg u AlteneilsAnspr, die weder von der Dauer einer AnrechngsZt noch von BeitrZahlgen abh sind. Zur Bewertg v **Abgeordnetenversorgungen** Rn 27, von RegiergsMitgl Rn 18. Schließl ist bei **Zeitsoldaten** die Bewertg der auf der DienstZt beruhden Versorggs- 114 anrechte aGrd fiktiver NachVers gem § 1587a II Z 2 iVm V vorzunehmen (BGH 81, 100; AG Celle FamRZ 79, 51, mAv Schwab; Bambg FamRZ 79, 827; Hbg u Brem FamRZ 81, 275/77; aA Hamm FamRZ 80, 701: Bewertg gem II Nr 1); Bewertg gem II Nr 2 auch dann, wenn der Eheg bis zur letzten mdl Verhdlg Berufssoldat od LebensZtBeamt geworden ist (BGH FamRZ 81, 856/61/1049 m krit Anm v Bergner; Karlsr FamRZ 81, 277 L). VerfBeteiligt ist die BuRep, vertreten dch die Wehrbereichsverwaltg, nicht das Wehrbereichsgebührnisamt (Karlsr FamRZ 81, 277 L). Zu **ausländischen** Versorggen: Einf 16 v § 1587. Zur 115 Dchführg des VA § 1587b Rn 48, 49.

6) **Berücksichtigung von Ruhens- und Anrechnungsvorschriften im Beamtenversorgungsrecht,** 116 **VI.**

a) **Beamtenrechtliche Regelung. aa)** VI trägt der Besonderh des BeamtR Rechng, daß Beamt, Ri u 117 Soldaten **mehrere Versorgungen** erwerben können u daß Zten früh Dienst- od BeschäftiggsVerhältn die ruhegehaltsfäh DienstZt der später erworbenen BeamtVersorgg erhöhen (BeamtVG 10, 11). Die dadch entstehden Überversorggen werden dch die RuhensVorschr der BeamtVG 53–56 verhindert, in denen zugl die versch MehrfachversorggsFälle bezeichnet w: VerwendgsEink entsteht, wenn ein bereits VersorggsBerecht aus einer erneuten Verwendg im öff Dienst Eink bezieht (BeamtVG 53). Ferner können VersorggsBezüge mit außerh des öff Dienstes erzieltem Eink zutreffen (BeamtVG 53a), mit Renten aus der ges RentVers (BeamtVG 55) od mit Versorggen aus zw- bzw zwischenstaatl Verwendg (BeamtVG 56). **bb)** Dem 118 beamtrechtl AlimentationsGrds entspr es, daß die öff Hand Kumulierg von Versorggen verhindert (BGH FamRZ 83, 358/9). Dies geschieht in ganz unterschiedl Weise. Selten wird eine Versorgg voll auf die and angerechnet wie etwa eine ges Rente auf die bay ev Pfarrerbesoldg (Celle FamRZ **83**, 191; Nürnbg FamRZ **95**, 98). In and Fällen werden neben der neuen Versorgg die früh VersorggsBezüge nur bis zu einem best **Höchstbetrag** gewährt, während der übr Teil der Versorgg ruht. Das ist etwa der Fall bei dem erneut im öff Dienst verwendeten RuhestandsBeamt (BeamtVG 54 II; SVG 55 II) u auch bei zw- od überstaatl Wiederverwendg des Beamt (BeamtVG 56; SVG 55 b). Beim ZusTreffen von VersorggsBezügen mit Renten entsch die Endstufe der BesoldgsGruppe, aus der sich das Ruhegeld berechnet (BeamtVG 55). Auf freiw Beitr

119 beruhde Rententeile w iW einer VerhältnRechng ausgeschieden (BGH FamRZ **95**, 413). **cc) Aufbauhilfe im Beitrittsgebiet.** Bei Verwendg v Beamt u Ri aus dem fr BuGebiet im Beitrittsgebiet gilt die **Beamtenversorgungs- Übergangs-Änderungsverordnung** v 24. 7. 91 (BGBl I 1709): Doppelte Berücksichtigg als ruhegehaltfäh DienstZt (§ 3); bei Verwendg v Beamten u Ri im Ruhestand Ausschl v BeamtVG 53 u Erhöhg der ruhegehaltsfäh DienstZt (§ 4). Die Verdoppelg der ruhegehaltsfäh DienstZt hat aber auf die Berechng des Zt/Zt-Verhältn zur Ermittlg des auf die Ehe entfallden VersAntl keinen Einfl (BGH FamRZ **95**, 28).

120   **b) Im VA** sind diese beamtversorggsrechtl Kürzgen grdsl zu beachten (Rn 120–127). Aus dem Hinw auf II Z 1 folgt, daß nicht nur VersorggsAnwartsch, sond auch Versorggen gemeint sind (Soergel/Minz 331). Vorauss ist aber immer, daß ein **Konkurrenzverhältnis** überh vorliegt. Die Konkurrenz setzt voraus, daß die Erfordern der AusglPfl für jede der zutreffden VersorggsArten vorliegt. Beide Versorggen müssen desh zumind teilw in der EheZt erworben sein (BT-Drucks 7/650 S 158). Dagg brauchen die PensionsVorauss im einz noch nicht während der EheZt erfüllt zu sein (BGH FamRZ **88**, 273). Auch kommt es auf die Erfüllg der

121 WarteZten (Rn 37) nicht an (BGH FamRZ **83**, 358). Keine Konkurrenzsituation ergibt sich dagg hins des laufden Eink neben einem Ruhegehalt (Joh/Henr/Hahne 78 hins des VerwendgsEink nach BeamtVG 53). Die wg der Wiederverwendg erfolgde tats Kürzg des Ruhegehalts wird im VA also nicht berücks (Rolland 45 ff). Daran hat sich dch Einf v BeamtVG 53 a nichts geänd. Da es für den VA auf die AltersVersorgg ankommt, muß für die Anrechng von ErwEink außerh des öff Dienstes schon desh dasselbe gelten, weil die

122 Anrechng mit Vollendg des 65. LebJ endet. Schließl wirkt sich das Ruhen des Altersruhegeldes auch nicht aus, wenn dieses mit einer Rente aus der ges UnfallVers zustrifft (Ruland/Tiemann Rn 209 f; Kemnade Anm zu Hamm FamRZ **87**, 493).

123   **aa) Beim Zusammentreffen mehrerer beamtenrechtlicher Versorgungsanrechte** (zum Begr § 1587 Rn 8), **Halbs 1,** ergeben sich wg der Gleichartigk u einheitl BewertgsMöglk nach II Z 1 keine Schwierigk. Nicht hierunter fallen DienstVerhältn zu ausl Staaten od zw- od überstaatl Organisationen (BGH FamRZ **88**, 273/941 mA Schmitz; BerichtiggsBeschl FamRZ **89**, 263). Die Anwendg der RuhensVorschr hat Vorrang vor der Ermittlg des EheZtAnteils. Es werden zunächst die vollen (also auch die außerh der Ehe erworbenen) miteinand konkurrierden Versorggen bzw VersorggsAnrechte (diese auf die Altersgrenze hochgerechnet) ermittelt. Sodann wird die Höchstgrenze errechnet (vgl BeamtVG 54 II; SVG 55 II). Das Ruhegehalt aus dem früh DienstVerh wird um den Betr gekürzt, um den die Summe aus alter u neuer Versorgg den HöchstBetr übersteigt, während die neue Versorgg unangetastet bleibt. Schließl wird die sich so aus der neuen u der gekürzten früh Versorgg ergebde Gesamtversorgg im Verhältn der in die Ehe fallden DienstZten zur ges DienstZt aufgeteilt (hM; and Soergel/Minz Rn 335: gesonderte Aufteilg der Versorggen im jew Zt/ZtVerhältn).

124   **bb) Beim Zusammentreffen beamtenrechtlicher Versorgungsanrechte mit Anwartschaften in der gesetzlichen Rentenversicherung, Halbs 2,** ergeben sich daraus Schwierigk, daß die Quotierg nach dem Zt/ZtVerhältn für die solchermaßen heterogen zugesetzte GesamtVersorgg nicht paßt, weil bei der gesetzl RentVers der Eheanteil nach dem Verhältn der WertEinh zu berechnen ist (BGH FamRZ **83**, 358/60). Aus diesem Grd kann nicht einfach eine „GesamtVersorgg" nach der EheZt quotiert w, sond muß bei Anwendg der RuhensVorschr der Eheanteil nach den jew maßgebden Regeln gesondert bewertet w (BGH NJW **83**, 1313 = FamRZ **83**, 358/463 m krit Anm v Kemnade, Müller-Bütow u Hoppenz; zust dagg Hahne). Sind die RentenAnwartsch insges vor der EheZt erworben, so bleibt BeamtVG 55 beim VA außer

125 Betr, dh der and Eheg braucht das Ruhen der früh Versorgg nicht mit zu tragen (BGH FamRZ **83**, 361). Sind die **Rentenanwartschaften** dagg vollständ od auch nur teilw **innerhalb der Ehezeit erworben,** so ist rechenmäß folgdermaßen zu verfahren (BGH NJW **83**, 1313 = FamRZ **83**, 358 m *Rechenbeispiel* 362 f; bestätigt dch BGH FamRZ **83**, 1005; NJW-RR **86**, 939; zust auch Hahne FamRZ **83**, 467). Ausführl Darstellg des BerechngsVerf in Düss FamRZ **84**, 559/9 f sowie mit der zutreffden Einschränkg, dem ehezeitl Kürzgsanteil nicht doppelt zu berücks, bei Schmitz FamRZ **89**, 123. Für die Monate Jan bis Nov u für Dez müssen getrennte RuhensBerechngen dchgeführt w, weil sich nach dem SZG, dem Ges über die Gewähr einer jährl SondZuwendg in der Fassg v 23. 5. 75 (BGBl I 1173, 1240), im Dez die VersorggsBezüge verdoppeln, ebso die Höchstgrenze gem BeamtVG 55 II (SZG 7, 9 S 2). Da die Höchstgrenzen innerh des Jahres unterschiedl sind, muß als nächstes der dchschnittl monatl KürzgsBetr festgestellt w. Dabei ist auch dann, wenn das EheZtEnde vor dem 1. 1. 92 liegt, das **RRG 1992** zu berücks (BGH FamRZ **93**, 294 u 414/16; § 1587 a

126 Rn 35). Bei der Ermittlg der VersorggsAnwartsch sind einheitl die RuhensVorschr der **BeamtVG 55** bzw SVG 55 a anzuwenden. **BeamtVG 10 II aF** (vgl 47. Aufl) ist zum 1. 1. 82 außer Kr getreten. Ein für das Entfallen von BeamtVG 10 II aF gezahlter AusglBetr ist, weil er bis 1992 abgeschmolzen wird (Art 2 § 2 S 3 HStruktG), nicht in den öffrechtl VA einzubeziehen (BGH **90**, 52). Auch wenn das EheZtEnde vor dem 1. 1. 82 liegt, gilt ausschließl BeamtVG 55, u zwar auch dann, wenn sich der Beamte bei EheZtEnde bereits im Ruhestand befand (BGH FamRZ **85**, 689).

127   **cc) Halbs 2 gilt ferner für rentenähnliche wiederkehrende Leistungen.** Hierzu gehören die der RuhensVorschr des **BeamtVG 56** ausgesetzten VersorggsAnrechte aus DienstVerhältn zu ausl Staaten sowie **zwischen- oder überstaatlichen Organisationen,** wie insb Anwartsch ggü der **EG,** deren Bewertg sich nach II Nr 4 b od V richtet (BGH FamRZ **88**, 273/5 u 941 mAv Schmitz; BerBeschl FamRZ **89**, 263). Auch beim ZusTreffen einer BeamtVersorgg mit der **Zusatzversorgung des öffentlichen Dienstes** (BeamtVG 55 I, SVG 55 a I jew 2. Alt) gelten die gleichen Grds (vgl BGH FamRZ **88**, 48; Einzelh bei Johannsen/Henrich/Hahne Rn 83). Bei der Ruhensberechng ist eine zur Kürzg führde statische VersRente

nur mit ihrem nach der BarwertVO dynamisierten Wert zu berücs (BGH FamRZ **87**, 798; **88**, 48 m *Rechenbeispiel*). Bei freiw WeiterVers od SelbstVers in der ZusatzVersorgg des öff Dienstes bedarf es einer entspr Modifizierg von BeamtVG 55 IV Nr 1 (BGH FamRZ **88**, 49).

7) Berücksichtigung zeitlicher Voraussetzungen, VII. a) Da im VA auf die AltersVersorgg abgestellt **128** wird, ist grdsl davon auszugehen, daß Anwartsch u Aussichten zum VollR erstarken. Desh erkl **VII 1 erster Halbsatz** für die Zwecke der Bewertg eines Anrechts die Einhaltg der dafür vorgesehenen **Wartezeiten** (Rn 37) od sonstiger MindestZtErfordern zum BewertgsStichtag (§ 1587 Rn 30) grdsl für unerhebl; die versorggswirtschaftl Sperrwirkg solcher ZtErfordern bleibt im VA ohne Wirkg (BT-Drucks 7/650 S 159; 7/4361 S 35). Es spielt also iRv § 1587a keine Rolle, ob versorggsspezif WarteFr bereits zum EheZtEnde erfüllt sind. Das gilt für die 5- bzw 2-JFr von BeamtVG 4 I 1 Z 1 u 5 III; für die MindestBeschäftiggsZt von SVG 18 I (AG Kamen FamRZ **78**, 787); in der ges RentVers für die 5-JFr der Regelaltersrente od der sonst Fr von SGB VI 50 (Rn 36 u 37); in der landw Altershilfe für die Fr von GAL 3 III (Ffm FamRZ **86**, 176); in der ZusatzVersorgg des öff Dienstes für VBL-S 38; bei berufsständ VersorggEinrichtgen für die Unverfallbark (BGH NJW **92**, 174 RAversorgg NRW). Steht allerd fest, daß die WarteZt nicht erfüllt w kann, besteht gar keine Anwartsch u eine Einbeziehg scheitert schon aus diesem Grde (VDR-Hdb/Bergner 27/7). Nicht zu **129** den außer Betr zu lassden MindestBeschäftiggsZten gehören tats VerwendgsZten, so daß die Stellenzulage für fliegdes Personal entgg VII nur zu berücks ist, wenn sie bereits bei EheZtEnde ruhegehaltsfäh war (BGH FamRZ **86**, 975). Ebso setzt die Anerkenng als AnrechngsZt (Rn 36) voraus, daß ein Hochschulabschluß vor EheZtEnde (nicht unbedgt in die EheZt) fällt (Hbg FamRZ **87**, 285).

b) Von der Nichtberücks zeitl Vorauss macht VII zwei **Ausnahmen: aa)** Für die **Unverfallbarkeit** bei **130** der betriebl Altersversorgg u der Zusatzversorgg des öff Dienstes kommt es auf den Ztpkt der letzten TatsEntsch an, **VII 1 zweiter Halbsatz** (Rn 77). Obwohl die Vorauss der Unverfallbark den Warte- u MindestBeschäftiggsZten ähnl sind, soll es bei noch verfallb Anrechten bei dem in II Nr 3 S 3 vorgesehenen schuldrechtl VA bleiben (Rn 75–83). **bb)** In der **gesetzlichen Rentenversicherung** hängt die Einbeziehg **131** von Renten aus **Mindestentgeltpunkten** bei geringem ArbVerdienst (Joh/Henr/Hahne 156) davon ab, daß ihre zeitl Vorauss zum EheZtEnde erfüllt sind, **VII 2.** Das gilt für die Zuerkenng von Renten dch Anhebg von PflBeitr gem Art 2 § 54b AnVNG u Art 2 § 54a ArVNG, bei denen die Zuerkenng der Rente 25 anrechnsfäh PflVersJ ohne AnrechngsZt voraussetzt. **cc)** Das Erfordern der **Halbbelegung** für die An- **132** rechng beitragsl Zten ist dch das RRG mit Wirkg vom 1. 1. 92 abgeschafft. Da es keine AnrechngsVorauss mehr gibt, können alle zurückgelegten AnrechngsZten (Rn 36) berücks w. Da diese aber iR des VA nur auf die VersJ bis zum Ende der EheZt umgelegt w, iR der GesamtleistgsBewertg aber eine Umlegg bis zum KalenderMo vor dem Rentenbeginn erfolgt (vgl SGB VI 70ff, 74), sind AbändEntscheidgen nach VAHRG 10a unerläßl, wenn in den belegsfäh ZtRäumen vor EheZtEnde eine hohe Zahl von EP erworben wurden (Schmeiduch FamRZ **91**, 379).

8) Familienbezogene Bestandteile, VIII (Lit: Strehhuber FamRZ **79**, 767), der jew Versorggsregelg **133** wie Erhöhgsbeträge aGrd bestehder Ehe, Kinderzuschläge uä müssen, soweit sie nicht gerade mRücks auf den gesch Eheg des AusglPflicht gewährt w sollen, bei der Wertberechng ausscheiden. Im einz ist iGgs zum Angest (Ruland/Tiemann Rdn 168) beim Beamten der Ortszuschlag für Alleinstehde (BBesG 40 I u III) zGrde zu legen, auch wenn der gesch Beamte den Ortszuschl der Stufe 2 behält (Ffm FamRZ **88**, 404), bei der AltersVersorgg f Landw unterliegt bei der Umstellg der BesStandsRente auch der EhegZuschlag entgg GAL 4 I 1 ebenf dem VA (ALG 98 VII); vgl dazu Greßmann/Klattenhoff FamRZ **95**, 580 sowie 581 ff für die ÜbergFälle. Kinderzuschüsse zu den Renten der ges RentVers (SGB VI 270) bleiben auß Betr. Zur Deckgsrücklage der Nds Zahnärzteversorgg Celle FamRZ **86**, 913.

Anhang I zu § 1587a

Bekanntmachung der Rechengrößen der Sozialversicherung für 1995

Zu § 1304c RVO v 12. 12. 94 (BGBl I 3806): FamRZ **95**, 208 (vgl iü die Nachw Einf v § 1587). DchschnEntg 1993: 48178 DM; vorl DchschnEntg 1995: 50972 DM. Bezugsgröße (SGB IV 18 I) 1995: 48720 DM; Bezugsgröße Ost: 39480 DM.

Anhang II zu § 1587a

Verordnung zur Ermittlung des Barwerts einer auszugleichenden Versorgung nach § 1587a Abs. 3 Nr. 2 und Abs. 4 des Bürgerlichen Gesetzbuchs (Barwert-Verordnung)

Vom 24. Juni 1977 (BGBl I S. 1014), geändert durch VO vom 22. Mai 1984 (BGBl I S. 692) und durch Rentenreformgesetz vom 18. Dezember 1989 (BGBl I S. 2261/2388)

Einführung

1) Die BarwertVO wurde aGrd der Ermächtigg in § 1587a III Z 2 S 2 erlassen (24. 6. 77, BGBl I 1014). **1** **Zweck:** Sie dient der Umrechng von stat bzw nicht voll dynam Versorggstiteln in dynam Versorggsanrechte. Die auf die EheZt entfallenen u in den Ausgl einzubeziehden Versorggstitel müssen, um miteinand vergleichb zu sein, einheitl in Monatsrenten ausgedrückt w. Die MoRente kann aber nicht in allen Fällen unmittelb aus der Anwartsch errechnet w, weil sonst der dahinterstehde Versorggswert u damit ein wesentl

GesPkt des AusglGedankens unberücks bliebe (BR-Drucks 191/77 S 11). Die BarwertVO ermöglichte zunächst an Hand von 4 Tabellen, den Barwert nichtdynam VersorggsTitel festzustellen, um mit seiner Hilfe dann die daraus hypothet zu gewinnde SozVersRente (vgl § 1587a III Z 2 S 1 u IV) zu errechnen, was wiederum nach der jew Bek des BMA (vorstehd Anh I zu § 1587a) geschieht. Nach der ursprüngl Fassg der BarwertVO wurden alle nicht volldynam Anrechte einheitl wie statische bewertet. Sie wurden ausnahmslos so behandelt, als bliebe der am Ende der EheZt maßgebde Wert währd der AnwartschPhase u währd der anschließden Leistgsphase unveränd. Damit wurde der Tatsache nicht Rechng getragen, daß es **neben statischen** u volldynamischen Anrechten auch **Zwischenformen von teildynamischen Anrechten** gibt. Da nach § 1 III aF die Barwertberechg auf der Grdlage der Tab eine individuelle vers-mathemat Berechng

2 verbot, war die starre Regelg mit dem GleichhSatz unvereinb (BGH **85**, 194 = NJW **83**, 336). Die am 1. 6. 84 in Kraft getretene **Barwert-Änderungs-VO** schafft desh zusätzl Umrechnungsregeln für Versorggen, die nur in der Anwartsch- od nur in der Leistgsphase volldynam sind, deren Wert also nur in einer dieser beiden Phasen in gleicher Weise steigt wie der Wert einer insges volldynam Versorgg (BR-Drucks 145/84 S 15). Zur Frage, welche Anrechte ggständl in Betr kommen, vgl § 1 Rn 3–11. Die BarwÄndVO sieht keine bes Bewertg für Versorggen vor, die zwar in beiden Phasen dynam sind, deren Wertsteigerg aber hinter der Wertentwicklg einer volldynam Versorgg zurückbleibt. Insow wird auf die beabsichtige Gesamtneuregelg

3 des VA verwiesen (BR-Drucks 145/84 S 15). Contra legem ist die Entwicklg individueller Dynamisiergssätze bei Teildynamik im LeistgsZtraum (and AG Friedbg FamRZ **84**, 1026: Hess Apothekerversorgg).

4   **2) Aufbau der BarwÄndVO:** In ihrer Systematik lehnt sich die Novelle weitgehd an den Aufbau der urspr BarwVO an. Für die Bewertg der Versorggen wird danach **unterschieden,** ob es sich um lebenslange od zeitl begrenzte Versorggen handelt, ferner um Anwartsch od bereits laufde Versorggen. Kombiniert mit dem Umfang der jew Dynamisierg behandelt daher § 2: Anwartschaften auf eine lebenslange Versorgg, deren Wert zumind bis zum Leistgsbeginn nicht in gleicher Weise steigt wie der Wert einer volldynam Versorgg; § 3: Anwartsch auf eine lebenslange Versorgg, deren Wert nur bis zum Leistgsbeginn in gleicher Weise steigt wie der Wert einer volldynam Versorgg; § 4: Anwartsch auf eine zeitl begrenzte Versorgg; § 5: bereits laufende, lebenslange od zeitl begrenzte Versorggen, deren Wert zumind ab Leistgsbeginn nicht in gleicher Weise steigt wie der Wert einer volldynam Versorgg. Dem § 2 sind die Tab 1–3, dem § 3 die Tab 4–6, dem § 5 die Tab 7 zugeordnet.

5   **3) Bewertungsprinzipien.** Soweit für die als Versorgg zu zahlenden Renten ein Deckgskapital gebildet w, läßt sich das in der gesetzl RentVers hypothet ergebde mtl Altersruhegeld ermitteln, indem man feststellt, was sich als SozVersRente ergäbe, wenn das DeckgsKap als Beitr in die gesetzl RentVers eingezahlt würde (§ 1587a III Z 1). Wird dagg für die Versorgg kein DeckgsKap gebildet, so muß ein best Barwert ermittelt w, den dieses Anrecht besitzt, u dieser wird dann – wiederum hypothet – in die gesetzl RentVers

6 eingezahlt (§ 1587a III Z 2 S 1). Der Ermittlg dieses Barwertes dient die BarwertVO mit ihren verschiedenen **Tabellen** (Einzelheiten § 1 BarwVO Rn 13, 14). Vor Anwendg der Tab sind diej Teile der Versorgg auszuscheiden, die nicht in der EheZt erworben sind. Die in den Tab festgelegten Faktoren (Vervielfacher, Werte) beruhen auf versichergsmathemat Grdsätzen. Sie berücksichtigen, daß der Wert einer Versorgg der Gesamtwert der wahrscheinl noch ausstehden Versorggsleistg ist, vermindert um noch zu erbringe Beiträge. Da beides vom Lebensalter der Versicherten abhängt, sind die Kapitalisiergsfaktoren entsprechd zu staffeln, wobei zusätzl der Zinseffekt zu berücks ist (BR-Drucks 191/77 S 15). Wer am MoErsten Geburtstag h, hat am Ende der EheZt, wenn diese gem § 1587 II bis zum Ende des Mo vor dem GebTg läuft, noch nicht das neue LebAlter iS der Tab 1 erreicht (Düss FamRZ **84**, 1111). Keine Aufrundg also (Hamm FamRZ **85**, 945). Die Berechng des Barwertes erfolgt dch die Vervielfachg der zu erwartden od bereits laufden Jahresrente mit dem Vervielfacher, der in der für die best Versorggsart vorgesehenen Tab angegeben ist (sa § 1 Rn 13). Dabei kann es in AusnFällen dazu kommen, daß der fiktive RentVersBetr trotz der Dynamisierg größer ist als die Ausgangsversorgg. Um dies zu verhindern, enthält § 6 eine Höchstbetragsregel. Zu den BewertgsGrdsätzen im übr vgl BR-Drucks 145/84 S 16f.

Auf Grund des durch Artikel 1 Nr. 20 des Ersten Gesetzes zur Reform des Ehe- und Familienrechts vom 14. Juni 1976 (BGBl. I S. 1421) eingefügten § 1587a Abs. 3 Nr. 2 und Abs. 4 des Bürgerlichen Gesetzbuchs in der im Bundesgesetzblatt Teil III, Gliederungsnummer 400–2, veröffentlichten bereinigten Fassung verordnet die Bundesregierung mit Zustimmung des Bundesrates:

§ 1. Barwert zur Errechnung des Versorgungsausgleichs. (1) *Für die Ermittlung des Wertunterschiedes ist bei*

a) den in § 1587a Abs. 2 Nr. 3 des Bürgerlichen Gesetzbuchs bezeichneten Leistungen oder Anwartschaften auf Leistungen der betrieblichen Altersversorgung,

b) den in § 1587a Abs. 2 Nr. 4 des Bürgerlichen Gesetzbuchs bezeichneten sonstigen Renten oder ähnlichen wiederkehrenden Leistungen, die der Versorgung wegen Alters oder Berufs- oder Erwerbsunfähigkeit zu dienen bestimmt sind, oder Anwartschaften hierauf

die Regelaltersrente zugrunde zu legen, die sich ergäbe, wenn ihr Barwert als Beitrag in der gesetzlichen Rentenversicherung entrichtet würde. Dies gilt nicht, wenn ihr Wert in gleicher oder nahezu gleicher Weise steigt wie der Wert der in § 1587a Abs. 2 Nr. 1 und 2 des Bürgerlichen Gesetzbuchs bezeichneten Versorgungen und Anwartschaften (volldynamische Versorgungen) und sie daher mit diesen unmittelbar vergleichbar sind; dies gilt ferner nicht in den Fällen des Buchstaben b, wenn die Leistungen ausschließlich aus einem Deckungskapital oder einer vergleichbaren Deckungsrücklage gewährt werden. Einer Anwartschaft steht die Aussicht auf eine Versorgung gleich.

(2) Absatz 1 ist entsprechend anzuwenden, wenn die Leistungen aus den in § 1587a Abs. 2 Nr. 5 des Bürgerlichen Gesetzbuchs bezeichneten Renten oder Rentenanwartschaften auf Grund eines Versicherungsvertrages nicht oder nicht ausschließlich aus einem Deckungskapital oder einer vergleichbaren Deckungsrücklage gewährt werden.

(3) Der Barwert ist nach Maßgabe der folgenden Vorschriften aus den Tabellen zu ermitteln, die dieser Verordnung anliegen.

1) Vgl zunächst § 1587 a Rn 107–112. Die Vorschr des § 1 bestimmt den sachl Anwendgsbereich der **1** BarwertVO, dh sie legt fest, auf welche Versorggstitel die BarwertVO anzuwenden ist (I 1 u II). Das sind einmal die Leistgen der betriebl Altersversorgg (§ 1587 a II Z 3), ferner die versch sonst Renten od ähnl wiederkehrden Leistgen des AuffangTatbestd § 1587 a II Z 4 u schließl die priv VersVerträge (§ 1587 a II Z5). Nach dieser Aufzähl werden von der Bewertg dch die BarwertVO wiederum ausgen sämtl Versorggsanrechte, die bereits voll dynamisiert sind (I 2 erster Halbsatz) also zu § 1587 a II Z 4 (also der Leistgen, deren Höhe sich nach der Dauer einer Anrechngszeit od nach einem Bruchteil entrichteter Beiträge bemißt usw), die ausschließl aus einem Deckgskapital od einer vergleichb Deckgsrücklage gewährt w (I 2 zweiter Halbs). Die schwierige Gliederg des I erklärt sich ua daraus, daß der VO-Geber bei der Versorgung nur für den Fall der Invalidität unterscheiden wollte: die betriebl Versorggszusagen sollten ijF ausgeglichen werden, weil sie nach § 1587 a III Z 3 S 3 ohnehin nur in den VersorggsAusgl einbezogen w, wenn sie unverfallb sind, so daß sie einen tatsächl Versorggswert darstellen, auch wenn der ArbN aus dem Betrieb ausscheidet (§ 2 Rn 10), währd bei der priv BerufsunfähigkVers (vgl dazu Rn 12 sowie § 1587 Rn 20) vor Eintr des VersFalles kein DeckgsKap vorh ist (BR-Drucks 191/77 S 14f). Schließl verpflichtet III dazu, bei der Ermittlg des **2** Barwertes die übr Vorschr der BarwertVO anzuwenden u die ihr beigefügten Tabellen zu benutzen. Bei der Benutzg der Tab ist auf das wirkl **Lebensalter** abzustellen; § 1587 II gilt insow nicht (Ffm FamRZ **82**, 1081).

2) Sachlicher Anwendungsbereich. Umrechngspflichtig nach der BarwertVO sind gem I u II: **a)** dem **3** Verwirklichgsgrad nach alle Versorggen, Anwartschaften u Aussichten darauf, I 3 (vgl § 1587 Rn 5, 6), sowie **b)** dem Ggst nach: **4**

aa) Alle Anrechte auf Versorgg wg Alter u Invalidität; § 1 I 1 a erwähnt zwar iGsatz zu Buchst b nur die **5** betriebl „Alters" Versorgg, meint aber sämtl VorsorgeMaßn, also alle Versorggsanrechte, für die kein Deckgskapital gebildet ist u deren Wert nicht od nicht in nahezu gleicher Weise steigt wie die Anwartschaften u Leistgen in der gesetzl RentVers. Das sind die Versorggstitel iSv § 1587 a III Z 2 u II Z 4, also die privaten RisikoVers (§ 1587 a III Z 2) sowie vor allem die bestandsd Versorggseinrichtgn wie zB die Versorggswerke der Ärzte, Notare usw, soweit sie nicht (ausnahmsw) Zusagen auf dynamisierte Renten bieten (§ 1587 a II Z 4); ferner die nicht voll dynam Leistgen der betriebl Altersversorgg (§ 1587 a II Z 3 u IV), gleichgült ob sie wg Alters und Berufs- od ErwUnfähigk od nur für den Alters- oder Invaliditätsfall versprochen sind. Kein Deckgskapital entsteht bei der selbstd BerufsunfähigkVers (Rn 11). Sie ist vor dem VersFall nicht ausglpflichtig (BR-Drucks 191/77 S 13f); doch ist die bereits laufende Invaliditätsrente nach der BarwertVO umzurechnen (§ 1587 a III Z 2). Der BarwVO unterliegen mangels Vergleichbark mit der gesetzl RentVers BetrRenten, die eine jährl Anpassg iH der Steigerg der Lebenshaltgskosten nur unter Berücks der Leistgsfähigk des Untern vorsehen (Celle FamRZ **81**, 369).

bb) Dagg unterliegen der UmrechngsPfl nach **der BarwertVO** diej Versorggstitel **nicht,** die überh **6** nicht ausgleichpflicht sind (§ 1587 Rn 18–23) sowie solche Anrechte, deren Wert in gleicher od nahezu gleicher Weise steigt wie SozVersRenten od BeamtPensionen, **I 2 erster Halbsatz.** In diesen Fällen ist nach Sinn u Zweck der Regelg des VersorggsAusgl eine Umrechng der Anwartsch in Anwartschaften der gesetzl RentVers nicht sachgerecht, da die volldynam Anwartschaften der betriebl Altersversorgg mit denen aus der gesetzl RentVers bereits vergleichb Größen darstellen. Die Umrechng mit einem best Kapitalisiergsfaktor würde dazu führen, daß die vorhandene Gleichwertigk beseitigt wird (BR-Drucks 191/77 S 13). Zu diesen dynamisierten Rentenanrechten, die somit der BarwertVO nicht unterliegen, gehören beispielsw: Die Renten aus der Zusatzversorgg des öff Dienstes nur zum Teil (vgl § 1587 a Rn 85) vor allem also die an die BeamtVersorggsbezüge angebundene Versorggsrente iGgs zur nichtdyn Besitzstandsrente (AG Pinnebg FamRZ **79**, 716), die Altershilfe f Landwirte (vgl § 1587 a Rn 86 u 97), ferner auch Versorggen iS des § 1587 a II Z 4, die nach beamtenrechtl Grdsätzen od der gesetzl RentVers entspr gewährt w, zB innerh der berufsständ Versorggswerke. Solche dynam Versorggen sind nicht nach der BarwertVO zu kapitalisieren, sond mit ihrem monatl RentBetrag unmittelb in die AusglRechng einzusetzen (BR-Drucks 191/77 S 12). **„Voll- 7 dynamisch"** bedeutet, daß sowohl die Anwartschaften als auch die Leistgen regelmäß der allg Einkommensentwicklg angepaßt w (BR-Drucks 191/77 S 12). Für die Bejahg einer Dynamik im AnwartschStadium reicht es nicht aus, wenn das Ruhegeld langfristig nur jew im Umfang der Inflationsrate ansteigt (BGH FamRZ **95**, 88/91 RWE 89) od wenn sich die Beitr nach dem Eink der Mitgl richten (BGH **85**, 194/99; FamRZ **88**, 488), selbst wenn die Beitr an eine regelmäß allg BemessgsGrdlage gekoppelt s (BGH FamRZ **87**, 1241). Anrechte der priv Altersversorgg, die im Anwartschstadium aGrd ihrer Koppelg an die tarifl Lohnentwicklg an sich dynam sind, deren Dynamik aber bei einem vorzeit Ausscheiden aus dem Beschäftiggsverhältn endet, sind nur mit dem stat Wert in den öff VA einzubeziehen (BGH NJW **89**, 2812; FamRZ **91**, 1421/23 f). Zur Umrechng von VersAnrechten, die **im Anwartschaftsstadium statisch und im Leistungsstadium volldynamisch** sind: Kln u Mü FamRZ **93**, 1458 u 1459. Dagg bedarf es in diesen Fällen einer Umrechng mit Hilfe der BarwVO nicht, wenn zum EheZtEnde die Rente bereits bewill ist (BGH FamRZ **89**, 35/7 BayApothVersorgg; BGH NJW **92**, 175 Bezirksärztekammer Trier). Soweit Versorggsleistgen nach ihrer gesetzl od satzgsmäß Grdlage dynam sind, kommt es nicht darauf an, daß der Anpassgssatz der gleiche ist wie derj in der gesetzl RentVers od in der BeamtVersorgg. Auch ist eine jährl Anpassg nicht gesetzl vorgeschrieben. Zu den versch Formen der Anpassg: Glockner FamRZ **88**, 779. Ausreichd zur Annahme einer vergleichb Dynamik, wenn die Abweichg in der Anpassg längerfrist weniger als 1,5–3% beträgt (BGH FamRZ **87**, 1241/3); ausreichd auch in der BeamtVersorgg entsprecher Wertzuwachs (BGH NJW **84**, 1548). Die KostDämpfgMaßn haben bei der erweit Honorarverteilg der KassÄrzte in Hess nicht zum Verlust der Volldynamik geführt (Ffm NJW-RR **92**, 649/50 f). Nicht ausreichd aber, wenn eine berufsständ Versorggseinrichtg hinter den Anpassgen der Altersruhegelder od BeamtPensionen ständ zurückbleibt (Ruland/Tiemann Rdn 182) od wenn es dem Ermessen des Versorggsträgers überl ist, ob, wann u mit welchem Anpassgssatz er angleichen will (Voskuhl/Pappai/Niemeyer S 36). Vgl zur **Prüfung** der Volldynamik die **Tabelle** bei Gutdeutsch NJW **95**, 311 = FamRZ **95**, 20. **Voll dynamisch sind** die Bay **8** Ärzte- u ApothVersorgg (Bambg NJW-RR **93**, 646 mit zeitl Differenzierg; and Karlsr FamRZ **94**, 902: für vor der SatzgsÄndg zum 1. 1. 85 entrichtete Beitr im Leistgsteil nicht volldyn); die Nordrhein Versorgg (BGH NJW **83**, 1378); diej v Westf-Lippe (BGH FamRZ **83**, 998); das Versorggswerk der Ärztekammer Hbg (Hbg FamRZ **80**, 1028), die Versorggen der Zahnärztekammer Bln (KG FamRZ **82**, 714), der Ärzte, Zahn- u Tierärzte in BaWü (Karlsr FamRZ **82**, 716; **83**, 1239) u die nds Ärzteversorgg (Celle FamRZ **83**, 933); BezÄrztekammer Trier FamRZ **93**, 573; VersorggWerk der RAe NRW (BGH NJW **92**, 174); ArchitektKa NRW (Düss FamRZ **90**, 1006); die Versorgg beim BeamtVersVerein des Dt Bank- u BankierGew (BGH FamRZ **92**, 1051); die von der Hbger Spark gezahlte ZusVersorgg (Celle FamRZ **93**, 208/812 mA Schmeiduch); die Versorgg der Nestlé-Pensionskasse u der Allg Alpenmilch (Celle FamRZ **95**, 366; aA Hamm FamRZ **94**, 1465). Eine Versorggszusage, die an die Höhe des zuletzt bezogenen DienstEink anknüpft u für die LeistgsZt Erhöhgen entspr den gesetzl RentAnpassgen vorsieht, ist volldynam (Kblz FamRZ **80**, 1022).

9   **Nicht voll dynamisch** ist die betriebl Altersversorgg der Neuregelg der RWE-AG von 1989 (BGH FamRZ **95**, 91), des „Essener Verbandes" (Hamm FamRZ **80**, 898 u **81**, 569; Brschw FamRZ **95**, 363); die Anrechte auf Beihilfen der ZusVersKasse des Baugewerbes (Celle FamRZ **94**, 1463); die Werksrente der Thyssen Stahl AG (Düss FamRZ **93**, 813), ferner die Bayer Ärzteversorgg (BGH **85**, 194 mNachw; NJW **83**, 339), die hess Zahnärzteversorgg (BGH FamRZ **88**, 488), ebso wie die Bay ArchitektVersorgg; zu beiden § 2 BarwVO Rn 8. Zur Aufwertg einer BetrRente mit einer Anpassg jew nach 3 J (BetrAVG 16) vgl Düss FamRZ **83**, 193. Die Versorgg der dt Kulturorchester war nach BGH FamRZ **85**, 1119 im AnwartschStadium statisch u im LeistgsStadium teildynam; and jetzt Mü FamRZ **95**, 816: im RentTeil volldynam. Nicht volldynam sind wg des ÜberschußRentAnteils Anwartsch beim BeamtVersVerein des Dt Bk- u BankierGew (Mü FamRZ **88**, 407; Celle u Ffm FamRZ **90**, 1245 u 1247; Düss FamRZ **92**, 68; noch and Schlesw FamRZ **89**, 189: in beiden Teilen stat) sowie III (dort Rn 110–111) Anwartsch beim rhein-westf TÜV u and, die im AnwStadium an das jew Gehalt anknüpfen u nach dem Ausscheiden aus dem Betr vor Erreichg der AltGrenze die SteigMöglk beendet sein lassen; sie sind insg nur mit ihrem stat Wert in den VA einzubeziehen u gem BarwVO 2 II iVm

10   Tab 1 umzurechn (BGH NJW-RR **93**, 642; Hamm FamRZ **89**, 1196). – Ferner werden von der BarwertVO ausgen, unterliegen also der UmrechngsPfl nicht, diejenigen nicht (voll) dynam Versorggen iSv § 1587a II Z 4 („sonstige Renten"), die **ausschließlich aus einem Deckungskapital oder einer vergleichbaren Deckungsrücklage** gewährt w, was der gesetzl Regelg in § 1587a III entspricht (BR-Drucks 191/77 S 16), **I 2 zweiter Halbsatz**. Bei priv RentVersichergen für den Fall des Alters wird stets ein DeckgsKap aus den von den Versicherten eingezahlten Beiträgen gebildet, so daß hier ohne Ausn nach § 1587a III Z 1 verfahren w kann, also die Umrechng in ein Altersruhegeld der gesetzl RentVers an Hand des geschäftsplanmäß DeckgsKap erfolgt (BR-Drucks 191/77 S 13). Zur Bewertg v Versorggen, die in der Anwartsch- wie in der

11   Leistgsphase **weder statisch noch dynamisch** sind: § 1587a Rn 111. **Kein Deckungskapital** in diesem Sinne entsteht bei der selbstd BerufsunfähigkVers, also wenn ein privater VersVertrag nur für den Fall der Invalidität abgeschl wird (Celle FamRZ **80**, 464). Die Aufrechterhaltg der Vers beruht hier auf dem jew letzten Beitr, so daß die Vers keinen echten Versorggswert darstellt, der im VersorggsAusgl berücksichtigt w könnte. Erst iF der Invalidität wird vom Versicherer ein DeckgsKap gebildet, das aber nicht als Grdlage für eine Umrechng nach § 1587a III Z 1 genommen w kann, da es im wesentl nicht aus den Beiträgen des Versicherten gebildet wird (BR-Drucks 191/77 S 14). Die Beschränkg des 2. Halbs auf den Buchst a bedeutet nicht, daß die aus einem DeckgsKap od einer vergleichb Deckgsrücklage gewährte betriebl Altersversorgg nach der BarwertVO umgerechnet w; der VO-Geber konnte sich vielm in Halbs 2 mit dem Buchst b begnügen, weil bereits über die Verweisg in § 1587a IV auf III Z 2 sichergestellt war, daß die aus einem DeckgsKap od einer vergleichb Deckgsrücklage gewährten Leistgen der betriebl Altersversorgg nach der BarwertVO zu bewerten sind, denn das ist in § 1587a III Z 2 negatives TatbestMerkm („werden die Leistgen nicht od nicht ausschließl . . .").

12   **3)** Für die **privaten Rentenversicherungsverträge** (§ 1587a II Z 5) gelten die Grdsätze des I entsprechd, soweit die Versorggsleistgen aGrd des VersVertr nicht od nicht ausschließl aus einem DeckgsKap od einer vergleichb Deckgsrücklage gewährt w, **II.** Da für Altersrenten stets Deckgsrücklagen aus den Beitr der Versicherten gebildet w, bleiben hierfür nur die reinen **Berufsunfähigkeitsversicherungen** übr. Aber auch sie sind nach der BarwertVO nur zu kapitalisieren, wenn bereits Leistgen daraus gewährt w, das versicherte Risiko also eingetreten ist (BR-Drucks 191/77 S 16f; Rn 11; aA AG Celle FamRZ **80**, 59). Zum maßgebl Zeitpkt § 1587 Rn 30.

13   **4)** Der Barwert ist jew nach den der VO beigegebenen **Tabellen** zu errechnen. Vgl dazu Einf 6 vor § 1. Andere BerechngsGrdlagen sind unzul (MüKo/Maier § 1587a Rdn 354). Soweit eine lebenslange Versorgg wg Alters u Invalidität zugesagt w ist, die zumind bis zum Leistgsbeginn nicht volldynam ist, gilt Tab 1, bei entspr Bedingen einer nur die lebenslange Versorgg wg Alters betr Anwartsch Tab 2 u für die entspr bl Invaliditätsversorgg Tab 3. Die Bewertg einer umgek nur bis zum Leistgsbeginn volldynam Anwartsch erfolgt für die lebenslange Alters- u Invaliditätsversorgg nach Tab 4, für die isolierte Altersversorgg nach Tab 5 u für die bl Invaliditätsversorgg n Tab 6. Tab 7 gibt den Multiplikator für eine bereits laufende lebenslange u zumindest ab Leistgsbeginn nicht volldynam Versorgg. Zum maßgebl Ztpkt § 1587 Rn 30.

14   Nach der BarwVO iVm der Bek des BMA (Anh I zu § 1587a) sind mind **4 Rechenvorgänge** dchzuführen, näml 1. Umrechng der MoRente in eine Jahresrente; 2. Errechng des Kapitalwertes dieser Jahresrente mit Hilfe der Tab der BarwVO; 3. Umrechng des KapWertes in Werteinheiten aGrd der gesetzl RentVers mit Hilfe der Nr 5 der Bek des BMA; 4. Umrechng der WE in eine SozVersRente aGrd der Nr 2 der Bek des BMA (vgl das Bsp in § 2 Rn 6). Es lassen sich diese Berechngen aber mit Hilfe von Tab auch auf eine einzige Rechng reduzieren (vgl Ruland/Tiemann Rdn 203ff; Bergner NJW **84**, 2335, **85**, 1326 u 2012, **88**, 683, deren Ausführgen sich aber zT auf die Zeit vor Erlaß der BarwÄndVO beziehen u desh nicht auf teildynam Versorggen bezogen w dürfen).

§ 2. Barwert einer zumindest bis zum Leistungsbeginn nicht volldynamischen Anwartschaft auf eine lebenslange Versorgung. (1) *Der Barwert einer Anwartschaft auf eine lebenslange Versorgung, deren Wert zumindest bis zum Leistungsbeginn nicht in gleicher Weise steigt wie der Wert einer volldynamischen Versorgung, wird ermittelt, indem der Jahresbetrag der nach § 1587a Abs. 2 Nr. 3 oder 4 des Bürgerlichen Gesetzbuchs auszugleichenden Versorgung mit dem Kapitalisierungsfaktor vervielfacht wird, der sich aus den anliegenden Tabellen 1 bis 3 ergibt.*

(2) *Ist eine Versorgung wegen Alters und Berufs- oder Erwerbsunfähigkeit zugesagt oder besteht aus sonstigen Gründen hierauf eine Anwartschaft, so ist die Tabelle 1 anzuwenden. Für jedes Jahr, um das der Beginn der Altersrente vor der Vollendung des 65. Lebensjahres liegt, sind die Werte der Tabelle 1 um 8 vom Hundert, mindestens jedoch auf die sich nach Absatz 3 Satz 1 und 2 ergebenden Werte, zu erhöhen. Für jedes Jahr, um das der Beginn der Altersrente nach der Vollendung des 65. Lebensjahres liegt, sind die Werte der Tabelle 1 um 5 vom Hundert, höchstens aber um 25 vom Hundert, zu kürzen. Steigt der Wert der Versorgung ab Leistungsbeginn in gleicher Weise wie der Wert einer volldynamischen Versorgung, so sind die Werte der Tabelle 1 um 60 vom Hundert zu erhöhen.*

(3) *Ist nur eine Altersversorgung zugesagt oder besteht aus sonstigen Gründen hierauf eine Anwartschaft, so ist die Tabelle 2 anzuwenden. Für jedes Jahr, um das der Beginn der Altersrente vor der Vollendung des 65. Lebensjahres liegt, sind die Werte der Tabelle 2 um 14 vom Hundert zu erhöhen. Für jedes Jahr, um das der Beginn der Altersrente nach der Vollendung des 65. Lebensjahres liegt, sind die Werte der Tabelle 2 um 9 vom Hundert, höchstens aber um 75 vom Hundert, zu kürzen. Steigt der Wert der Versorgung ab Leistungsbeginn in gleicher Weise wie der Wert einer volldynamischen Versorgung, so sind die Werte der Tabelle 2 um 55 vom Hundert zu erhöhen.*

(4) *Ist nur eine Versorgung wegen Berufs- oder Erwerbsunfähigkeit zugesagt oder besteht aus sonstigen Gründen hierauf eine Anwartschaft, so ist die Tabelle 3 anzuwenden. Für jedes Jahr, um das das Höchstalter für den Beginn der Rente wegen Berufs- oder Erwerbsunfähigkeit vor der Vollendung des 65. Lebensjahres liegt, sind die Werte der Tabelle 3 um 6 vom Hundert zu kürzen. Für jedes Jahr, um das das Höchstalter nach der Vollendung des 65. Lebensjahres liegt, sind die Werte der Tabelle 3 um 3 vom Hundert zu erhöhen. Steigt der Wert der Versorgung ab Leistungsbeginn in gleicher Weise wie der Wert einer volldynamischen Versorgung, so sind die Werte der Tabelle 3 um 65 vom Hundert zu erhöhen. Der erhöhte Wert darf bei Tabelle 3 jedoch nicht den Vervielfacher übersteigen, der sich bei der Anwendung der Tabelle 1 ergäbe. Bei einer steigenden Anwartschaft richtet sich der Jahresbetrag der auszugleichenden Rente nach der Versorgung, die sich bei Eintritt der Berufs- oder Erwerbsunfähigkeit im Höchstalter ergäbe.*

(5) *Ist der Wert einer Tabelle zu erhöhen oder zu kürzen, weil der Beginn der Altersrente oder das Höchstalter für den Beginn der Rente vor oder nach Vollendung des 65. Lebensjahres liegt, so ist diese Erhöhung oder Kürzung zunächst ohne Rücksicht darauf durchzuführen, ob der Wert der Versorgung ab Leistungsbeginn in gleicher Weise steigt wie der Wert einer volldynamischen Versorgung. Steigt der Wert einer Versorgung ab Leistungsbeginn in gleicher Weise wie der Wert einer volldynamischen Versorgung, so ist der nach Satz 1 erhöhte oder gekürzte Wert um den maßgebenden Vomhundertsatz zu erhöhen.*

1) Die Vorschr regelt die Ermittlg des Barwerts einer Anwartsch auf eine **lebenslange Versorgung,** bei **1** der die Leistgen also im Ggsatz zu § 4 nicht zeitl begrenzt sind, sond deren Lauf erst mit dem Tod des Begünst endet u deren Wert zumind bis zum Leistgsbeginn nicht in gleicher Weise steigt wie der Wert einer volldynam Versorgg. **Inhalt:** I spricht den BerechngsGrdsatz aus, daß der Barwert einer auszugleichden **2** Versorgg dch Vervielfachg des JahresRentBetr mit zu erwartden Rente mit einem in den Tab angegebenen Faktor zu ermitteln ist, und regelt, welche 3 Tab für die betr Anwartsch maßgebd sind. Sodann wird nach dem Inh der Versorgg, dh dem abgedeckten Versorggsrisiko unterschieden: II betrifft die umfassde Versorgg, näml die Kombination v Alters- u Invaliditätsversorgg, III die reine Alters- u IV die reine Invaliditätsversorgg. Die **Gliederung der jeweiligen Abs. 2–4** ist einheitl: S 1 regelt jew, welche Tab im einzelnen **3** anwendb ist; S 2 u 3, um welchen Prozentsatz die Werte der einz Tab zu erhöhen od zu kürzen sind, wenn der Beginn der Altersrente od das Höchstalter für den Beginn der Rente vor od nach Vollendg des 65. LebJ liegt. In S 4 wird – u das ist ggü der bisher Fassg der BarwVO neu – geregelt, um welchen Prozentsatz die Werte der einz Tab zu erhöhen sind, wenn der Wert der Versorgg ab Leistgsbeginn in gleicher Weise steigt wie der Wert einer volldynam Versorgg. IV 5 regelt schließl, daß die erhöhten Werte bei einem nur teilw Leistgsangebot (nur Versorgg weg Berufs- od ErwUnfähigk) nicht höher sein dürfen als der Vervielfacher, der sich bei Anwendg der Tab über das umfassde Leistgsangebot (Versorgg zusätzl auch weg Alters) ergäbe. IV 6 entspricht IV 5 der bisher BarwVO. V enthält eine ergänzde Regelg für den Fall, daß eine Erhöhg od Kürzg mit einer weiteren Erhöhg zutrifft. Eine **Erhöhung der Tabellenwerte** gem II u III kann ange- **4** bracht s, wenn eine stat Rente wenige Mo nach EheZtEnde aGrd vorgezogenen Altersruhegelds gezahlt w (Karlsr FamRZ **88**, 845).

2) Berechnungsgrundsatz für alle nicht volldynamischen, **lebenslangen Versorgungen, I,** ist, daß zur **5** Ermittlg des Barwerts einer n § 1587a II Z 3 od 4 ausgleichspflicht Versorgg deren JahresBetrag mit einem best Kapitalisiergsfaktor vervielfältigt w, der sich für die jew Versorggen der in II–IV behandelten Art aus den in den Anlagen zur BarwVO mitgeteilten Tab 1–3 ergibt. Der RechtsGrd für die jew Leistg spielt keine Rolle, so daß es gleichsteht, ob die Versorgg dch Vereinbg zugesagt wurde od ein Anspr darauf rechtl anders, zB kraft Ges, begründet ist.

3) Auf die **Versorgungen wegen Alters- und Berufs- oder Erwerbsunfähigkeit** ist zunächst **a)** die **6** **Tabelle 1** anzuwenden, II 1 (Bsp: BGH FamRZ **85**, 1119 u 1235 dt Kulturorchester mit stat AnwartschSta- dium u im Leistgsstadium zu vernachlässigender Teildynamik).

b) Wird die **Versorgungsleistung früher oder später als** mit 65 Jahren ausbezahlt, so muß im Anschl **7** an die Multiplikation mit dem Vervief aus Tab 1 der gewonnene Betr nochmals verändert w, näml **erhöht,** wenn der Beginn der Altersrente vor Vollendg des 65. LebJ liegt, u **gekürzt,** wenn die Rente erst nach Vollendg der gen Altersgrenze ausbezahlt w soll, II 2 und 3. Der **Zweck** dieser Regel liegt wiederum darin, den sich nach der Frist bis zum Anfall der Versorgg richtden Kapitalwert der in Aussicht stehenden Rente an die herangezogenen od hinausgeschobenen Verfallzeiten anzupassen (Einf 4, 5 v § 1). Dementspr sind für jedes Jahr, um das der Beginn der Altersrente **vor der Vollendung des 65. Lebensjahres** liegt, die Werte (= Vervielf) der Tab 1 um 8% mind jedoch auf die sich nach III 1 u 2 ergebenden Werte, zu erhöhen, II 2. Es ist also zunächst der Barwert nach der Tab 1 iVm der Faktorenerhöhg zu berechnen. **Zweck** der Mindesterhöhg: Die Barwerte für eine Versorgg wg Alters- und Berufs- od ErwUnfähigk dürfen nicht geringer sein als die Barwerte für eine Versorgg nur wg Alters. Nach Tab 1 käme ein Barwert in Betr, der dem 7,14-fachen JahresBetr der Rente entspricht, währd sich im selben Fall unter Anwendg von Tab 2 der 7,31-fache JahresBetr ergibt, näml 4,3 + 5 × 14% (BR-Drucks 191/77 Beschl S 3). Nach dem Grds der

Mindesterhöh ist der letztere Wert maßg. – Für jedes Jahr, um das der Beginn der Altersrente **nach der Vollendung des 65. Lebensjahres** liegt, sind die Werte der Tab 1 um 5% zu kürzen, höchstens jedoch um 25%, **II 3.** Es ist entspr wie oben dargestellt zu verfahren.

8   **c)** Bei Versorggen, die **ab Leistungsbeginn volldynamisch** sind, sind die Werte der Tab 1 um 60% zu erhöhen, **II 4. Verfassungskonform** (BGH FamRZ **88**, 488). Das gilt für die Bayer Architektenversorgg (Mü FamRZ **85**, 294; Nürnb FamRZ **90**, 1251) wie für die Hess Ärzte- (Ffm FamRZ **84**, 1024) u Zahnärzte- (BGH FamRZ **88**, 488) wie f die Bayer Ärzteversorgg (Kblz FamRZ **85**, 293); ferner f die Zusatzversorgg der RWE (Hamm FamRZ **85**, 1054; Kln FamRZ **93**, 572); wobei eine nur geplante SatzgsÄnd keine niedrigere Bewertg rechtfertigt (Brem FamRZ **85**, 295). Bei Anpassg der lfden Versorggsleistgen an die Steigerg der LebHaltgsKosten liegt eine **Teildynamik** vor, zu deren Bewertg die Faktoren der Tab 1 um 30% erhöht w können (Celle FamRZ **85**, 297 u 1052).

9   **4)** Auf die **isolierte Altersversorgung** ist die **Tabelle 2** anzuwenden, **III 1.** Die Vervielfacher u damit die Ergebn der Kapitalisierg sind hier etwas niedriger als in Tab 1, weil eine Versorgg, die neben der Alterssicherg auch das Invaliditätsrisiko abdeckt, naturgem wertvoller ist. Für jedes Jahr, um das der Beginn der Altersrente vor der Vollendg des 65. LebJ liegt, sind die Werte der Tab 2 um 14% zu erhöhen, **III 2.** Für jedes Jahr, um das der Beginn der Altersrente nach der Vollendg des 65. LebJ liegt, sind die Werte der Tab 2 um 9% zu kürzen, höchstens jedoch um 75%, **III 3.** Um 55% sind die TabWerte zu erhöhen, wenn der Wert der Versorgg ab Leistgsbeginn in gleicher Weise **steigt wie** der Wert einer **volldynamischen Versorgung, III 4.**

10   **5)** Vgl zunächst § 1 Rn 1–4. Für die **isolierte Invaliditätsversorgung** (Berufs- od Erwerbsunfähigk) gilt die **Tabelle 3, IV 1. Zweck:** Bei den betriebl (zu den privatversichergsmäß vgl § 1587 Rn 16 mit Weiterverweisen) Versorggszusagen nur für den Fall der Invalidität ist ggü der Altersruhegeldzusage zu berücks, daß die Wahrscheinlichk für den Eintr des Risikos erhebl niedriger anzusetzen ist, so daß die Zusage also einen geringeren Versorggswert besitzt als ein Anrecht auf eine gleich hohe AltersÄnd keine niedrigere (BR-Drucks 191/77 S 14); ist der Risikofall aber bereits eingetreten, so gilt § 4. Die TabWerte sind um 6% zu kürzen für jedes Jahr, um das das Höchstalter für den Beginn der Rente vor der Vollendg des 65. LebJ liegt, **IV 2,** u entspr um 6% zu erhöhen für jedes Jahr, um das das Höchstalter nach der Vollendg des 65. LebJ liegt, **IV 3.** Ist der Versorgg ab Leistgsbeginn volldynam, so sind die Werte der Tab 3 um 65% zu erhöhen, **IV 4.** Der erhöhte Wert darf jedoch nicht den Vervielf übersteigen, der sich bei Anwendg v Tab 1 ergäbe, **IV 5,** so daß jjF eine Kontrollrechng nach Tab 1 dchzuführen ist. Die Vorschr gewährleistet, daß bei nur teilw (sich nur auf die Invalidität
11 beziehdem) Leistgsangebot nicht höhere Werte herauskommen als bei einem umfassden LeistgsAngeb. Bei einer **steigenden Anwartschaft** richtet sich der JahresBetr der auszugleichden Rente nach der Versorgg, die sich bei Eintr der Berufs- od ErwUnfähigk im Höchstalter ergäbe, **IV 6.**

12   **6) Zusammentreffen mehrerer Erhöhungs- oder Kürzungsvorschriften, V.** Die TabWerte können erhöht od verkürzt w, weil der Beginn der Altersrente od das Höchstalter für den RentBeginn vor od nach Vollendg des 65. LebJ liegen; außerd kann eine weitere Erhöhg stattfinden, weil der Versorggswert ab Leistgsbeginn volldynam ist. Hier sind techn zwei Möglkten der Verknüpfg denkb: Bei der additiven Verknüpfg wird aus den jew maßgebl Prozentsätzen ein einheitl Vomhundertsatz gebildet, um den dann der Wert der Tab zu erhöhen od zu kürzen ist. Das Ges sieht dagg die **multiplikative Verknüpfung** vor, bei der der zweite Zuschlag aus dch den ersten Zuschl erhöhten (bzw bei Abschlägen: gekürzten) Wert berechnet wird; denn der zweite Zuschl muß die erfolgte Änderg des Ausgangswerts mitberücks.

§ 3. Barwert einer nur bis zum Leistungsbeginn volldynamischen Anwartschaft auf eine lebenslange Versorgung. (1) *Der Barwert einer Anwartschaft auf eine lebenslange Versorgung, deren Wert nur bis zum Leistungsbeginn in gleicher Weise steigt wie der Wert einer volldynamischen Versorgung, wird ermittelt, indem der Jahresbetrag der nach § 1587a Abs. 2 Nr. 3 oder 4 des Bürgerlichen Gesetzbuches auszugleichenden Versorgung mit dem Kapitalisierungsfaktor vervielfacht wird, der sich aus den anliegenden Tabellen 4 bis 6 ergibt.*

(2) Ist eine Versorgung wegen Alters und Berufs- oder Erwerbsunfähigkeit zugesagt oder besteht aus sonstigen Gründen hierauf eine Anwartschaft, so ist die Tabelle 4 anzuwenden. Für jedes Jahr, um das der Beginn der Altersrente vor der Vollendung des 65. Lebensjahres liegt, sind die Werte der Tabelle 4 um 4,5 vom Hundert, mindestens jedoch auf die nach Absatz 3 Satz 1 und 2 ergebenden Werte, zu erhöhen. Für jedes Jahr, um das der Beginn der Altersrente nach der Vollendung des 65. Lebensjahres liegt, sind die Werte der Tabelle 4 um 4 vom Hundert, höchstens aber um 20 vom Hundert, zu kürzen.

(3) Ist nur eine Altersversorgung zugesagt oder besteht aus sonstigen Gründen hierauf eine Anwartschaft, so ist die Tabelle 5 anzuwenden. Für jedes Jahr, um das der Beginn der Altersrente vor der Vollendung des 65. Lebensjahres liegt, sind die Werte der Tabelle 5 um 6 vom Hundert zu erhöhen. Für jedes Jahr, um das der Beginn der Altersrente nach der Vollendung des 65. Lebensjahres liegt, sind die Werte der Tabelle 5 um 6 vom Hundert, höchstens aber um 60 vom Hundert, zu kürzen.

(4) Ist nur eine Versorgung wegen Berufs- oder Erwerbsunfähigkeit zugesagt oder besteht aus sonstigen Gründen hierauf eine Anwartschaft, so ist die Tabelle 6 anzuwenden. Für jedes Jahr, um das das Höchstalter für den Beginn der Rente wegen Berufs- oder Erwerbsunfähigkeit vor der Vollendung des 65. Lebensjahres liegt, sind die Werte der Tabelle 6 um 8 vom Hundert zu kürzen. Für jedes Jahr, um das das Höchstalter nach der Vollendung des 65. Lebensjahres liegt, sind die Werte der Tabelle 6 um 6 vom Hundert zu erhöhen. Der erhöhte Wert darf jedoch nicht den Vervielfacher übersteigen, der sich bei Anwendung der Tabelle 4 ergäbe. Bei einer steigenden Anwartschaft richtet sich der Jahresbetrag der auszugleichenden Rente nach der Versorgung, die sich ohne Berücksichtigung der Dynamik bei Eintritt der Berufs- oder Erwerbsunfähigkeit im Höchstalter ergäbe.

1   **1)** Die Vorschr regelt die Ermittlg des Barwerts einer Anwartsch auf eine **lebenslange Versorgung,** deren Wert **nur bis zum Leistungsbeginn** in gleicher Weise steigt wie der Wert einer **volldynamischen** Versorgg. Steigt der Wert der Versorgg auch nach dem Leistgsbeginn in dieser Weise, so ist die Versorgg insges volldynam u damit nicht umzuwerten. Im Aufbau entspricht § 3 im übr weitgehd § 2.

2) Für eine **nur bis Leistungsbeginn volldynamische Versorgung** richten sich die Vervielfacher nach 2 den Tab 1–6, **I,** die sich wiederum nach den verschiedenen VersorggsInhalten unterscheiden, näml Tab 4 für die Gesamtversorgg, **II 1.** Eine priv betriebl AltVersorgg, die im AnwartschStadium dch Koppelg an die tarifl Lohnentwicklg an sich dyn ist, wird mit ihrem stat Wert in den öff VA einbezogen, wenn die Dynamik bei einem vorzeit Ausscheiden aus dem BeschäftiggsVerh endet (BGH NJW **89,** 2812 u FamRZ **91,** 1421; wNachw 51. Aufl); Tab 5 f die isolierte AltersVersorgg, **III 1,** Tab 6 f die bl Invaliditätsversorgg, **IV 1.** Im übr gilt hins Erhöhg u Kürzg das § 2 Rn 6–11 Gesagte entspr. **IV 5** stellt klar, daß bei der Errechng der Versorgg, die sich bei Eintr der Berufs- od ErwUnfähigk im Höchstalter ergibt, die Dynamik nicht berücks w darf, da diese bereits bei den Kapitalisiergsfaktoren der Tab 6 berücks ist.

§ 4. Barwert einer Anwartschaft auf eine zeitlich begrenzte Versorgung. (1) *Zur Ermittlung des Barwertes einer Anwartschaft auf eine zeitlich begrenzte Versorgung ist zunächst nach § 2 oder § 3 zu verfahren. Der danach ermittelte Betrag ist gemäß Absatz 2 zu kürzen.*

(2) *Für jedes Jahr, um das die in der Versorgungsregelung vorgesehene Laufzeit 10 Jahre unterschreitet, ist ein Abschlag von 10 vom Hundert vorzunehmen. Wird eine Versorgung allein wegen Berufs- oder Erwerbsunfähigkeit nur bis zu dem in der Versorgungsregelung vorgesehenen Höchstalter gewährt, ist ein Abschlag von 50 vom Hundert vorzunehmen, wenn sich nicht nach Satz 1 ein höherer Kürzungsbetrag ergibt. Der Barwert ist jedoch nicht höher als die Summe der vom Ende der Ehezeit an noch zu erwartenden Leistungen, wenn unterstellt wird, daß der Versorgungsfall zum Ende der Ehezeit eingetreten ist.*

1) Ggst der Vorschr sind die **zeitlich begrenzt laufenden Versorgungen.** Die Feststellg des Barwertes 1 erfolgt in zwei Schritten: zunächst ist gem §§ 2 od 3 festzustellen, welchen Wert die Versorggsleistg hätte, wenn sie lebenslang zu gewähren wäre, **I.** Sodann wird dieser Wert je nach der Dauer der Laufzeit gekürzt, **II.**

2) Die (hypothetische) **Feststellung des Barwertes der Lebenslangleistungen** erfolgt gem **I 1** einers, je 2 nachdem, ob es sich um eine bis zum Leistgsbeginn nicht volldynam Anwartsch auf eine Lebenslangversorgg (dann § 2) od um eine nur bis zum Leistgsbeginn volldynam Anwartsch auf eine Lebenslangversorgg (dann § 3) handelt; anderers nach dem VersorggsInh: Bei Versorggen weg Alters und Invalidität gilt entwd § 2 II mit Tab 1 oder § 3 II mit Tab 4, bei isolierter AltersVersorgg § 2 III mit Tab 2 bzw § 3 III mit Tab 5 u bei isolierter Invaliditätsversorgg § 2 IV mit Tab 3 bzw § 3 IV mit Tab 6. Der nach § 2 ermittelte Betr für eine Lebenslangversorgg ist zu kürzen. **I 2** (vgl Rn 3–7).

3) Kürzung. Die Feststellg des Barwertes nach § 2 hat nur hypothet Wert, da § 2 für die Lebenslangver- 3 sorgg gilt. Bei zeitl begrenzt lfden Leistgen ist der LebenslangBetr nach **II** zu kürzen, **I 2.** Doch gilt dies nur für Renten mit einer kürzeren LaufZt als 10 J; bei längeren LaufZten scheidet eine Kürzg aus. Solche Renten sind wie Lebenslangversorggen zu behandeln, sofern sie auch kein Höchstalter vorsehen. Die Kürzg erfolgt nach feststehenden Prozentsätzen, näml 10% (pro Jahr) bzw 50% (des GesamtBetr). Anwartschaften auf eine reine Invaliditätsversorgg werden je nach der Art ihrer zeitl Begrenzg entw nach II 1 od nach II 2 gekürzt. Die in Frage kommden Abschläge richten sich nach Rn 4–6; außerd ist ein HöchstBetr festgesetzt (Rn 7).

a) Die **zeitliche Begrenzung** der Versorggsleistg wird idR dadch berücks, daß **für jedes Jahr,** um das 4 die in der Versorggsregelg vorgesehene Laufzeit 10 J unterschreitet, ein **Abschlag von 10%** vorzunehmen ist, **II 1.** Der **Grund** für die 10-J-Begrenzg liegt darin, daß die DchschnittsLaufZt einer zeitlang laufenden Rente sich nach der Statistik auf ca 10 J erstreckt, so daß eine Rente mit längerer LaufZt prakt einer lebenslangen Rente gleichkommt; in diesen Fällen wäre also eine Kürzg nicht mehr gerechtf (BR-Drucks 191/77 S 18).

b) Wird eine Versorgg allein wg Berufs- od ErwUnfähigk nur bis zu dem in der Versorggsregelg 5 vorgesehenen **Höchstalter** gewährt (§ 2 Rn 10, 11), ist ein Abschlag von 50% vorzunehmen, wenn sich nicht nach S 1 ein höherer KürzgsBetr ergibt, **II 2. Zweck:** Der Wert einer Anwartsch auf eine reine Invaliditätsversorgg, die längstens bis zu dem in der Versorggsregelg festgelegten Höchstalter gewährt wird, ist erhebl geringer als der Wert einer lebenslang zu gewährden Versorgg dieser Art; die Kürzg um 50% entspricht dem geringeren Wert (BR-Drucks 191/77 S 18). Hat man die isolierte Invaliditätsversorgg gem § 2 Rn 10, 11 errechnet u gem § 4 II 2 gekürzt, so ist eine Kontrollrechng nach § 4 II 1 (Rn 4) dchzuführen. Ist der dabei ermittelte KürzgBetr größer als der nach Rn 5 errechnete, so gilt der Abschlag der Kontrollrechng, **II 2 a. E.** Es gilt also jew der höhere KürzgsBetr od anders gesagt der niedrigere Barwert 6 (BR-Drucks 191/77 Beschl S 4). Zusätzl enthält II 3 nochmals eine Begrenzg des Barwerts.

c) Höchstbetrag. Der Barwert ist in den Fällen von II 2 u 3 nie höher als die Summe der vom Ende der 7 EheZt an noch zu erwartden Leistgen, wenn unterstellt wird, daß der Versorggsfall zum Ende der EheZt eingetreten ist, **II 3.** Das entspricht § 5 II 3. **Zweck:** Bei zeitl beschränkten Leistgen ist auch unter Anwendg der KürzgsVorschr des II nicht auszuschließen, daß der Barwert höher ist als die Summe der noch ausstehenden Leistgen. (BR-Drucks 191/77 Beschl S 5).

§ 5. Barwert einer bereits laufenden, zumindest ab Leistungsbeginn nicht volldynamischen Versorgung. (1) *Der Barwert einer bereits laufenden lebenslangen Versorgung, deren Wert zumindest ab Leistungsbeginn nicht in gleicher Weise steigt wie der Wert einer volldynamischen Versorgung, wird ermittelt, indem der Jahresbetrag der nach § 1587a Abs. 2 Nr. 3, 4 oder 5 des Bürgerlichen Gesetzbuchs auszugleichenden Leistung mit dem Kapitalisierungsfaktor vervielfacht wird, der sich aus der anliegenden Tabelle 7 ergibt.*

(2) *Zur Ermittlung des Barwertes einer bereits laufenden Versorgung, deren Wert zumindest ab Leistungsbeginn nicht in gleicher Weise steigt wie der Wert einer volldynamischen Versorgung und die zeitlich begrenzt ist, ist zunächst nach Absatz 1 zu verfahren. Von dem danach ermittelten Betrag ist für jedes Jahr, um das die Restlaufzeit 10 Jahre unterschreitet, ein Abschlag von 10 vom Hundert vorzunehmen. Der Barwert ist jedoch nicht höher als die Summe der vom Ende der Ehezeit an noch zu erwartenden Leistungen.*

1) Währd die §§ 2–4 die Fälle behandeln, in denen das versicherte Risiko noch nicht eingetreten ist, regelt 1 § 5 die Fälle, in denen **bereits Leistungen aus der Versorgungszusage gewährt** werden. Nach dem Grd der Versorggsleistg (Alter od Invalidität) braucht hier nicht unterschieden zu werden. Es kommt entscheidd auf die Höhe der lfden Leistgen an (BR-Drucks 191/77 S 19 zu § 5 des Entw). I behandelt die laufden lebenslangen Leistgen, deren Wert er nicht in gleicher Weise steigt wie der Wert einer volldynam Versorgg; II regelt die schon laufden, zeitl begrenzten Versorggsleistgen. **Zeitpunkt:** Ob es sich um eine laufde Versorgg handelt, richtet sich nicht nach dem Ende der EheZt, sond nach dem Ztpkt der Entsch über bzw der Abänd des VA (Hamm FamRZ **94**, 1526; vgl § 1587 Rn 37). Ausnahmsw kann der Richter auf andere Ztpkte abstellen, zB iRv § 1585c (BR-Drucks 191/77 Beschl S 7 f).

2 2) Der Barwert einer **bereits laufenden lebenslangen Versorgungsleistung** wird dadch ermittelt, daß der JahresBetr der nach § 1587a II Nr 3, 4 od 5 auszugleichden Leistg mit dem Kapitalisiergsfaktor der **Tabelle 7** vervielfacht wird. Anschließend ist wie in § 2 Rn 6 zu verfahren.

3 3) Eine **bereits laufende, zeitlich begrenzte Versorgungsleistung** wird in einem doppelten Berechngsverf kapitalisiert. Bsp n AG Charl FamRZ **86**, 916: VBL-Satzg 97c II (vgl dazu jedoch § 1587 a
4 Rn 81). **a)** Zunächst wird nach I zu verfahren, dh es wird der Barwert festgestellt, als sei die Versorgg
5 lebenslang, II 1. Vgl Rn 2. **b)** Hat man den Kapitalwert einer hypothet bereits laufden, zeitl begrenzten Lebenszeitversorgg errechnet, so ist von dem ermittelten Betr für jedes Jahr, um das die RestlaufZt 10 J unterschreitet, ein Abschlag von 10% vorzunehmen, II 2. Zur Begrdg der 10-J-Fr u wg eines Bsp vgl § 4
6 Rn 4. **c) Höchstgrenze:** Der Barwert ist nicht höher als die Summe der vom Ende der EheZt an noch zu erwartden Leistgen, II 3. Zum Zweck der Vorschr § 4 Rn 7.

§ 6. Höchstbetrag des Barwerts. Der nach den vorstehenden Vorschriften ermittelte Barwert ist soweit zu kürzen, als im Einzelfall die Entrichtung des Barwerts als Beitrag in der gesetzlichen Rentenversicherung aus dieser zu einer höheren Rente führen würde, als sie der Berechnung des Barwerts zugrunde gelegen hat.

1 Die vom RAusschuß eingef Vorschr setzt einen zu ermittelnden **Höchstbetrag des Barwertes** fest. Sie kommt nicht zur Anwendg, wenn bereits die immanenten HöchstBetrRegelgen (§§ 2 II 2 u 3, III 3, IV 4, 3 II 2 u 3, III 2 u 3, IV 2–4, 4 II 3 u 5 II 3) ein Überschreiten des dynamisierten Betr ggü der Ausgangsversorgg verhindern. **Zweck:** Die Umrechng nicht volldynamisierter Versorggen in eine Rente der gesetzl RentVers über den Barwert soll die Vergleichbark bewirken. Diese ist aber dann nicht mehr gegeben, wenn die Umrechng einen höheren Betr in der gesetzl RentVers ergibt, als der Nennwert der umzurechnden Rente ausmacht. Da dies nach den bish Bestimmgen der BarwertVO iVm der Bek des BMA (Anh I zu § 1587a) eintreten kann u die gesetzl Ermächtig zum Erlaß der BarwertVO jedenf nicht die Befugn zur Erhöhg des Wertes einer stat Rente bei der Umrechng erfaßt, bedurfte es einer entspr Restriktion (BR- Drucks 191/77 Beschl S 8 f mit einem RechngsBsp, wonach eine bereits laufde Monatsrente von 100 DM nach der Dynamisierg einen MoBetr von 102,51 DM ergibt).

§ 7 der urspr BarwertVO, Art 2 der BarwÄndVO enthalten die **Berlin-Klausel,**

§ 8 BarwertVO sowie Art 3 BarwÄndVO deren **Inkrafttreten** (1. 7. 77 bzw 1. 6. 84).

Tabellen

(Auf den Abdruck der 7 Tabellen, deren Zahlenwerk sich nicht ändert, muß aus Platzgründen verzichtet werden. Sie sind abgedruckt in der Gesetzessammlung von Aichberger, SGB-RVO, Nr. 540, sowie bis zur 50. Aufl in diesem Kommentar.)

1587b *Übertragung und Begründung von Rentenanwartschaften durch das Familiengericht.* [I] Hat ein Ehegatte in der Ehezeit Rentenanwartschaften in einer gesetzlichen Rentenversicherung im Sinne des § 1587a Abs. 2 Nr. 2 erworben und übersteigen diese die Anwartschaften im Sinne des § 1587a Abs. 2 Nr. 1, 2, die der andere Ehegatte in der Ehezeit erworben hat, so überträgt das Familiengericht auf diesen Rentenanwartschaften in Höhe der Hälfte des Wertunterschiedes. Das Nähere bestimmt sich nach den Vorschriften über die gesetzlichen Rentenversicherungen.

[II] Hat ein Ehegatte in der Ehezeit eine Anwartschaft im Sinne des § 1587a Abs. 2 Nr. 1 gegenüber einer Körperschaft, Anstalt oder Stiftung des öffentlichen Rechts, einem ihrer Verbände einschließlich der Spitzenverbände oder einer ihrer Arbeitsgemeinschaften erworben und übersteigt diese Anwartschaft allein oder zusammen mit einer Rentenanwartschaft im Sinne des § 1587a Abs. 2 Nr. 2 die Anwartschaften im Sinne des § 1587a Abs. 2 Nr. 1, 2, die der andere Ehegatte in der Ehezeit erworben hat, so begründet das Familiengericht für diesen Rentenanwartschaften in einer gesetzlichen Rentenversicherung in Höhe der Hälfte des nach Anwendung von Absatz 1 verbleibenden Wertunterschiedes. Das Nähere bestimmt sich nach den Vorschriften über die gesetzlichen Rentenversicherungen.

[III] *Soweit der Ausgleich nicht nach Absatz 1 oder 2 vorzunehmen ist, hat der ausgleichspflichtige Ehegatte für den Berechtigten als Beiträge zur Begründung von Anwartschaften auf eine bestimmte Rente in einer gesetzlichen Rentenversicherung den Betrag zu zahlen, der erforderlich ist, um den Wertunterschied auszugleichen*); dies gilt nur, solange der Berechtigte die Voraussetzungen für ein Altersruhegeld aus einer gesetzlichen Rentenversicherung noch nicht erfüllt. Das Nähere bestimmt sich nach den Vorschriften über die gesetzlichen Rentenversicherungen. Nach Absatz 1 zu übertragende oder nach Absatz 2 zu begründende Rentenanwartschaften sind in den Ausgleich einzubeziehen; im Wege der Verrechnung ist nur ein einmaliger Ausgleich vorzunehmen.*

[IV] Würde sich die Übertragung oder Begründung von Rentenanwartschaften in den gesetzlichen Rentenversicherungen voraussichtlich nicht zugunsten des Berechtigten auswirken oder wäre der Versorgungsausgleich in dieser Form nach den Umständen des Falles unwirtschaftlich, soll das

Familiengericht den Ausgleich auf Antrag einer Partei in anderer Weise regeln; § 1587 o Abs. 1 Satz 2 gilt entsprechend.

^V **Der Monatsbetrag der nach Absatz 1 zu übertragenden oder nach Absatz 2, 3 zu begründenden Rentenanwartschaften in den gesetzlichen Rentenversicherungen darf zusammen mit dem Monatsbetrag der in den gesetzlichen Rentenversicherungen bereits begründeten Rentenanwartschaften des ausgleichsberechtigten Ehegatten den in § 76 Abs. 2 Satz 3 des Sechsten Buches Sozialgesetzbuch bezeichneten Höchstbetrag nicht übersteigen.**

^{VI} **Bei der Übertragung oder Begründung von Rentenanwartschaften in der gesetzlichen Rentenversicherung hat das Familiengericht anzuordnen, daß der Monatsbetrag der zu übertragenden oder zu begründenden Rentenanwartschaften in Entgeltpunkte umzurechnen ist.**

*) III 1 Halbs 1 dch Entsch des BVerfG BGBl 83, 375 = NJW 83, 1417 f verfassgswidr erkl; an seiner Stelle jetzt das VAHRG (Anh III zu § 1587 b).

1) Vollziehung des Versorgungsausgleichs durch das Familiengericht (Lit: Löschau FuR 94, 125).   1

a) Zweck: Das versorggsmäß Schicksal des AusglBerecht soll von demjen des Verpfl gelöst u der Berecht   2
ggf sofort nach Dchführg des VA gg Invalidität od bei Alter gesichert sein. Der Verpfl soll sich über seine eig VersorggsLage klar werden u seine Anrechte evtl wieder aufstocken (BT-Drucks 7/650 S 159). Die Einzelh der Übertragg u Neubegründg von RentAnwartsch in der gesetzl RentVers u der Wiederaufstockg bestimmen sich nach den jeweil VersorggsVorschr der ges RentVers bzw des BeamtVersorggsR. Also zB keine automat Gleichstellg v im VA erworbenen Anwartsch mit solchen aus PflBeiträgen für den Erw einer EU-Rente (BSG FamRZ **90**, 1346).

b) Zum gedankl Zushang eines der Feststellg der maßgebl VersorggsWerte u der Person des AusglPfl: 3
§ 1587a Rn 10–14; anderers zu den verschied **Durchführungsformen des VA:** Einf 9–14 v § 1587. Die Vorschr des § 1587 b betr iGgs zum schuldrechtl VA der §§ 1587 f–n, VAHRG 2 u unter Vorgabe bestimmter HöchstBetr, V, den **öffentlichrechtlichen VA** dch Splitting, I, Quasi-Splitting, II, sowie ferner dch (an die Stelle des vom BVerfG NJW **83**, 1417 für verfassgswidr erklärten III 1) RealTeilg, zusätzl Quasi- Splitting bzw BeitrEntrichtg u erweiterten Ausgl, VAHRG 1 II u III, 3b (Anh III zu § 1587 b) od bei Unwirtschaftlichk dieser AusglFormen den VA in anderer Weise, IV. Vgl iü Rn 30. Zur Berücks **nach Ehezeitende eingetretener Umstände** für die Form des VA vgl § 1587 Rn 34–47. Zur einksteuerrechtl Behandlg des VA: BFM FamRZ **82**, 104. Zur Dchführg des VA bei **Auslandsbeziehung** Einf 16 v § 1587. Zur **Nachzahlung von Beiträgen** für Zten der **Heiratserstattung** (§ 1587a Rn 47): Straub FuR **93**, 212.

c) Auslegung und Anwendungshilfen (dazu ausführl 46. Aufl):   4

aa) Der öffrechtl VA dch Splitting, Quasi-Splitting usw findet (trotz des Gesetzeswortlauts: „Anwartsch")   5
auch dann statt, wenn einer von den beid Eheg (BGH NJW **80**, 396) od auch beide bereits **Rente oder Pension beziehen** (BGH FamRZ **85**, 1119; § 1587 Rn 5; § 1587a Rn 11) bzw auch schon vor Eingeh der Ehe bezogen haben (BGH NJW **82**, 989). Für das Zusplitten von Anwartsch zG des ausglberecht Rentners gilt das VersicherungsFallprinzip, wonach Wertverbessergen nur bis zum Eintr des VersFalls berücks w können, insoweit nicht (BGH NJW **80**, 396). Anders nur bei VAHRG 3b I Z 2 (vgl Eckert NJW **79**, 753).

bb) Der dingl VA erfolgt überh u in der jeweil VersorggsArt stets **nur bis zur Hälfte des Wertunter-**   6
schieds der für beide Eheg gesondert errechneten VersorggsAnwartsch (Stgt FamRZ **79**, 837; Hbg FamRZ **80**, 271; § 1587a Rn 14). Ausn: VAHRG 3b I Z 1. Zur HöchstBetrRegelg Rn 53.

cc) Bei der Anwendg von § 1587 b besteht zw den versch Abs (mit Ausn von III 3) eine **zwingende**   7
Rangfolge, die auch dch das VAHRG unverändert geblieben ist (BGH NJW **83**, 2443; Bergner DRV **83**, 228; vgl aber Einf 9 v VAHRG 1): I hat Vorrang vor II, dieser wiederum vor den aStv III 1 getretenen AusglFormen des VAHRG. Die Worte „des nach Anwendg von I noch verbleibenden Wertunterschieds" sollen bewirken, daß immer dann, wenn bei dem ausglpflicht Eheg Anwartsch in der gesetzl RentVers vorhanden sind, zunächst geprüft wird, ob insof eine Übertragg nach I stattzufinden hat (BT-Drucks 7/4361 S 41). Umgek dürfen nicht Anrechte, die der AusglForm des II unterfallen, dadch ausgegl werden, daß aSt des Quasi-Splitting mehr RentAnwartsch in der gesetzl RentVers nach I übertr werden (BGH FamRZ **86**, 250). Ausn: VAHRG 3b I Z 1. Was nicht iRv I u II ausgegl werden kann, fällt über den dch das VAHRG ersetzten § 1587 b III der RealTeilg bzw dem Quasi-Splitting gem VAHRG 1 II bzw III (Bsp: Hbg FamRZ **85**, 80) u was jetzt immer noch nicht ausgegl ist, dem schuldrechtl VA nach VAHRG 2 anheim. Die jeweils niedrigere AusglForm darf immer nur dann gewählt w, wenn der VA in der vorhergehden AusglArt nicht dchführb ist, etwa weil der AusglBerecht selbst in dieser VersorggsArt (zB in der gesetzl RentVers) mehr Anrechte besitzt als der AusglPflicht. Vgl iü Einf 3 vor VAHRG 1 (Anh III zu § 1587 b). Der Vorrang von I vor II ist **verfassungswid-**   8
rig (VerhältnmäßigkPrinz), wenn er dazu führt, daß einem Beamt unter Wegn wertvoller Versorggsanrechte gg seinen Dienstherrn Anrechte in der RentVers, die seine AusglPfl mit begründen, belassen werden, mit denen er mangels Erreichg der WarteFr versorggsmäß voraussichtl nichts anfangen kann (aA Düss FamRZ **89**, 190; and Karlsr FamRZ **88**, 1068: § 1587c Z 1, der aber nur für Individualhärten gilt).

dd) Der **VA** vollzieht sich **immer nur in einer Richtung** (Rn 35), näml vS des AusglPflicht zum   9
AusglBerecht, so daß dieser nicht verpfl werden kann, gg den Erwerb zB von Anspr aus einer betriebl Altersversorgg, in deren Bereich ihm weniger zusteht als dem AusglPflicht, wertvollere RentAnwartsch in der gesetzl RentVers, in der er mehr hat als der AusglSchuldn, hinzugeben (Bsp: Celle FamRZ **85**, 1052). Da somit immer nur ein einmaliger, nie ein wechselseit VA stattfindet, ist **vorweg festzustellen, wer** von den beid Eheg **ausgleichspflichtig** ist (Bergner DRV **77**, 97).

ee) Auf seiten des AusglBerecht sind die Anwartsch aus der gesetzl RentVers u BeamtVersorgg stets als   10
Einheit zuzufassen.

ff) Ein „übersteigen" iSv I u II liegt auch dann vor, wenn der AusglBerecht seiners überh keine Anrechte in   11
der BeamtVersorgg od RentVers erworben hat (BGH NJW **80**, 396).

12   **2) Übertragung bestehender Rentenanwartschaften aus der gesetzlichen Rentenversicherung durch Renten-Splitting, I 1.** Das Splitting gilt sowohl für RentAnwartsch wie für bereits zur Auszahlg gelangte Renten (Rn 5). **Ausland:** EGBGB 17 Rn 25–26.

13   **a) Grundsatz.** Hat ein Eheg in der EheZt RentAnwartsch in einer gesetzl RentVers iSv § 1587a II Z 2 (§ 1587 Rn 9, 10) erworben u übersteigen diese die Anwartsch iS der Z 1 u 2 des § 1587a II, also vor allem die zu erwartden BeamtPensionen u Anwartsch aus der gesetzl RentVers, die der and Eheg in der EheZt erworben hat, so erfolgt der VA dadch, daß das FamG auf den vorsorggsrechtl benachteiligten Eheg RentAnwartsch in Höhe der Hälfte des Wertunterschieds überträgt. Dch Splitting kann (auch iFv IV) nie mehr als die Hälfte der in der EheZt erworbenen RentAnrechte verloren gehen (Rn 6).

14   **b) Voraussetzungen:** Das Rentensplitting setzt grdsätzl voraus, daß die in der EheZt erworbenen VersorggsTitel des einen Eheg höher sind als die des and Eheg. Das ist auch dann der Fall, wenn der ausglberecht Eheg überh keine VersorggsAnrechte besitzt (BT-Drucks 7/650 S 160 u 7/4361 S 40 u 42). Weiterh muß aS des AusglPflicht eine Rente od RentAnwartsch aus einer dt gesetzl RentVers vorhanden sein; andere VersorggsAnrechte können nur iFv VAHRG 1 II real geteilt w. Das Splitting setzt ferner voraus, daß die dafür vorgesehenen VersorggsAnrechte aus der gesetzl RentVers insges höher sind als der Wert der dem and Eheg aus ges RentVers u BeamtVersorgg zustehden Versorgg. Andere VersorggsAnrechte werden wohl bei der AusglPfl, also bei der Wertberechng berücks, beim Rentensplitting selbst bleiben sie dagg außer Betr. Nur wenn die Anrechte des AusglPflicht aus der ges RentVers den Wert der Versorgg des AusglBerecht in der Beamt- u RentVersorgg zus, also innerh dieser engeren Gruppe von VersorggsAnrechten, übersteigen, findet das Rentensplitting statt. Bspe: BT-Drucks 7/650 S 159f sowie **15** 7/4361 S 42. Der VA ist auch bei **geringfügigem Ausgleichsbetrag** dchzuführen (and nach dem inzw aufgehobenen VAHRG 3c).

16   **c) Zum Verfahrensrecht:** Einf 15 v § 1587. Die Übertragg erfolgt auf das RentKto des AusglBerecht. Sind einer weibl Versicherten iR der Heiratserstattg die ArbNAnteile erstattet w, ist ihr RentKto bei demj VersTräger zu führen, der sZt die BeitrAnteile erstattet hat (Hamm FamRZ **81**, 467). Zur **neuen Tenorierung** des aktuellen RentWerts für die alten u neuen BuLä vgl Ruland NJW **92**, 82.

17   **d) Rechtsfolgen** (Lit: Ruland/Tiemann Rdn 365 ff). **aa) Übergang des Versorgungsanrechts.** Die Rente od RentAnwartsch geht im Umfang ihrer Übertr mit der Rechtskr der Entsch des FamG auf den and Eheg über (FGG 53 g I, ZPO 629 d). Die iZushg mit RÜG 3 I Nr 5 erfgde **Umrechnung in Entgeltpunkte, VI** (vgl § 1587a Rn 34) verdeutlicht, daß mit dem VA kein feststehder DM-Betr, sond ein dynam Wert gutgeschrieben od in Abzug gebracht w. Wicht wg der unterschiedl aktuellen RentWerte Ost u West (BT- **18** Drucks 12/405 S 173). Vgl iü Anh IV zu EG Art 234 § 6 Rn 6. – **bb)** Die Entsch des FamG ist bindd. **Abänderungsmöglichkeit** aber gem VAHRG 10a, 13; VAwMG Art 4 § 1 (Anh III u IV zu § 1587b). Zur **19 Haftung** des FamRi Einf 15 v § 1587. – **cc)** Die **versicherungsrechtlichen Folgen** des Splittings ergeben sich aus SGB VI 76. Entspr dem auszugleichden Betr werden von dem VersKto des AusglSchu EP (§ 1587a Rn 34) abgebucht u auf dem in der EheZt pro Jahr nicht mehr als 2 EP begründet w (RechenBsp: BT-Drucks 11/ 5530 S 44). Zur Umrechng der Gutschr in EP: SGB VI 76 IV (RechenBsp: VDR-Hdb/Bergner 27/62). Dafür zust ist der jeweil RentVersTräger (SGB VI 125). Die dch den VA übertragenen RentAnwartsch stehen solchen aus PflBeitr gleich, so daß dch sie auch die Vorauss einer EU-Rente erfüllt w können (SozG Stgt FamRZ **88**, 882). Zu den Besonderh der knappschaftl RentVers: SGB VI 86 (SozG Hann FamRZ **81**, 910). Zur Auswirkg des Splittings auf eine bereits laufde Rente: SGB VI 100 I (BSG FamRZ **82**, 1008). Erhöhg einer lfden Altersrente auch bei Auflösg des Verbundes erst ab Wirksamk der VAEntsch (BSG FamRZ **91**, 934). Schutz des SozVersTr gem § 1587p. Zur Erfüllg von WarteZten (§ 1587a Rn 37) dch den VA: SGB VI 52 (ausführl mit RechenBspen: VDR-Hdb/Bergner 27/63 ff). **Rentenprivileg:** In Abweichg von SGB VI 76 wird gem SGB VI 101 III eine laufde Rente erst gekürzt, wenn der AusglBerecht seiner Leistgn aus dem VA in Anspr nimmt (VDR-Hdb/Bergner 27/74 mit Einzeln). Vgl iü VAHRG 10a Rn 28. – **20 dd)** Der AusglVerpfl kann die **Minderung** seiner RentAnwartsch ganz od teilw dch Entrichtg von Beitr wieder **ausgleichen** (SGB VI 187 I Z 1). Zur ZahlgsZtpktFiktion u zur früh BereitErkl: Rn 40. Bei bindder Bewilligg einer Altersvollrente ist die Wiederauffüllg der RentAnwartsch nicht mehr mögl (SGB VI 76 IV). – **21 ee)** Die Rechtsfolgen des Splittings, dh die Kürzg der Versorgg des AusglVerpfl nach VAHRG 4 ff unterbleiben ganz od teilw, wenn der **Ausgleichsberechtigte stirbt und keine oder nur geringfügige Leistungen aus dem Versorgungsausgleich erhalten hat** od wenn er aGrd des VA u die dadch bedingte geringere LeistgsFähigk des AusglVerpfl **weniger Unterhalt** bezieht. Die Kürzg der Versorgg unterbleibt ebso, wie es zu entspr Nachzahlgn nur kommt, wenn entspr **Anträge** gestellt w (VAHRG 9).

22   **3) Neubegründung von Rentenanwartschaften in der gesetzlichen Rentenversicherung (Quasi-Splitting), II.** Der Tatbestd betr die ausglpflicht BeamtPension, also den Fall, daß ein Eheg als Beamter od in einem dem Beamten gleichgestellten DienstVerhältn VersorggsAnrechte erworben hat, die allein od zusammen mit Anrechten in der ges RentVers einen höheren Wert erreicht haben als die von dem and Eheg erworbenen Anrechte aus einem öff-rechtl DienstVerhältn u in der ges RentVers zus (BT-Drucks 7/4361 S 41).

23   **a) Zweck:** Eine RealTeilg beamtrechtl VersorggsAnspr kommt schon desh nicht in Betr, weil der gesch Eheg die ihm übertr PensionsAnwartsch, ebn weil er nicht selbst Beamter ist, gar nicht ausbauen könnte. Aus diesem Grde mußte hier eine and Form des VA gefunden w (BT-Drucks 7/650 S 160). Das FamG begründet für den ausglberecht Eheg im Umfang des AusglBetr RentAnwartsch in der gesetzl RentVers, was eine entsprechde Kürzg der Pensionsanrechte des Beamten zur Folge hat.

24   **b) Voraussetzungen:** Der ausglpflicht Eheg muß **Beamter** sein. War der ausglpflicht Eheg bei EheZt-Ende Beamter auf Widerruf, erfolgt der VA gem II, wenn er iZtpkt der Entsch des FamG LebZtBeamter ist (Hamm FamRZ **80**, 701). Auch beim Beamt auf Probe erfolgt der VA nach II (BGH NJW **82**, 1754), ebso bei dem einem Beamt auf Probe gleichgestellten wiss Ass (Karlsr FamRZ **83**, 408) u schließl auch dann, wenn der Beamt nach EheZtEnde aus dem BeamtVerhältn ausscheidet (zur Nachversicherg: § 1587a Rn 42), der Eintr in die gesetzl RentVers aber wg Gewährg eines UnterhBeitr auf Zt aufgeschoben ist (Bambg FamRZ **84**, 803; Hamm FamRZ **84**, 1237; Kblz FamRZ **86**, 1223 mN u 1224). Zu den **Zeitsolda-** 25 **ten** Rn 48. II findet ferner Anwendg auf Versorgggen von gem SGB VI 5, 230 I **beamtenrechtlich gleich- gestellten Körperschaften und Verbänden** (BT-Drucks 7/4361 S 41), insges also auf Bund, Länder, Gemeindeverbände, Gemeinden, Träger der SozVers, Bundesanstalt für Arb, Dt Bundesbank, aber auch die als öffrechtl Körpersch anerkannten Religionsgesellsch, also auch die ev-luth Landeskirchen (Celle FamRZ **83**, 191). Zu den **Spitzenverbänden und Arbeitsgemeinschaften** vgl Ruland NJW **92**, 83; zu den Spit- zenVerbden kommunaler Untern: Klattenhoff, Dr Rspr Beil Heft 19/1991 S 22. Zusätzl Voraussetzg ist, daß 26 es um eine beamtrechtl Versorgg innerh dieser VersorggsTräger geht (Hbg FamRZ **80**, 165). Keine An- wendg von II dagg auf Versorgggen nach **beamtenrechtlichen Grundsätzen** iS v § 1587a II Nr 1, dort Rn 17, (Düss FamRZ **91**, 1205) sowie auf PrivSchulen (BGH NJW **85**, 2711), priv-rechtl organisierte Fachhochschulen (BGH FamRZ **87**, 918) od auf Prof der Max-Planck-Gesellsch (BGH NJW **85**, 794; FamRZ **86**, 248).

c) Durchführung: Die RentAnwartsch in der gesetzl RentVers wird dch die Entsch des FamG begrün- 27 det; das Urt bzw der Beschl des FamG wirkt also konstitutiv (SGB VI 8 I Z 2, 76). Die Gutschrift erfolgt gem VI in EP (Rn 17). Die Begrdg v Anwartsch kann nicht bei der BuKnappsch erfolgen (Hamm FamRZ **82**, 1081 mAv Schmeiduch). Kein BeschwR des Trägers der VersorggsLast, wenn der ausglpflicht Beamte inzw den Dienstherrn gewechselt hat (Hamm FamRZ **82**, 829).

d) Folgen (Lit: Ruland/Tiemann Rn 413ff). Vgl Rn 17–21. Sind aGrd eines vom FamG gem II vorgen 28 rechtskr VA RentAnwartsch in der ges RentVers begründet worden, so bedeutet dies, daß der Berecht, obwohl er keine Beitr zu der gesetzl RentVers entrichtet hat, als in dem Zweig der Arb- oder AngestVers versichert gilt, in dem sein Kto geführt wurde (Rn 27). Nach Eintr des VersFalls erhält der AusglBerecht RentLeistgen entspr der für ihn aus dem VA begründeten RentAnwartsch, u zwar auch dann, wenn er bereits eine Rente bezieht (Schmeiduch FamRZ **77**, 773). Die Aufwendgen, die dem VersTräger aGrd der nach II begründeten RentAnwartsch entstehen, werden von dem zust Träger der VersorggsLast, also dem Dienstherrn des Beamt, erstattet (SGB VI 225). Entspr werden verf-konform (BVerfG NJW **80**, 692; **88**, 1015 L; OVG Kblz FamRZ **91**, 994) dem ausglpflicht Beamt mit der Einschränkg v VAHRG 5 die VersorggsBezüge gekürzt (BeamtVG 57 I 1), nicht dagg seine Dienstbezüge, u zwar auch dann nicht, wenn dem ausglberecht Eheg vor der Pensionierg des Verpfl eine Rente gewährt wird. Der KürzgsBetr erhöht od vermindert sich um die Prozentsätze, um die sich die Versorgg nach dem Ende der EheZt erhöht od vermindert (BeamtVG 57 II). Zur Kürzg bei Leistgen an Hinterbl BeamtVG 57 III. **Besitzstandswahrung:** Bezieht der Beamte schon Ruhegehalt, so erfolgt die Kürzg ferner erst, wenn aus der Vers dem ausglberecht Eheg bei Eintr der Rechtskr u Wirksamk der Entsch zum VA gem ZPO 629d (Ffm FamRZ **81**, 565) die Rente gewährt wird (BeamtVG 57 I 2). Dieses verfassgsgem (BVerwG NJW-RR **94**, 1219) Pensionstenpri- vileg kommt bei Versetzg in den Ruhestd wg Dienstunfähigk nach Scheidg nicht in Betr (BVerwG NJW- RR **95**, 962) u entf, sobald dem AusglBerecht vom RentVersTr eine Rente gewährt w; auf deren Dauer kommt es nicht an (BVerwG NJW-RR **94**, 1218). Vgl iü VAHRG 10a Rn 28. Auch die Anrechng der fikt Rente beim Zustreffen von VersorggBezügen mit Renten (BeamtVG 55 I 3) ist verf-konform (BVerwG NJW **92**, 852). Zum Besitzstandsschutz bei VA-Abändgen vgl VAHRG 10a Rn 2. – In jedem Fall kann der Beamte die Kürzg seiner VersorggsBezüge dch entspr Kapitalbeträge an seinen Dienstherrn vermeiden (BeamtVG 58). Rückzahlg iF des Todes des AusglBerecht gem VAHRG 8 (Anh III zu § 1587b). Beim Ausscheiden des Beamten aus dem BeamtVerhältn wird er mit entspr geringeren Werten nachversichert (SGB VI 8, 181ff). Bei Änd der BerechngsGrößen wird auf Antr der zu leistde Betr neu festgesetzt (FGG 53e III). Im Fall des **Todes des Ausgleichsberechtigten** unterbleibt die Kürzg der BeamtVersorgg des 29 AusglPflicht ganz od teilw u kann es zu entspr Rückzahlgen kommen gem VAHRG 4ff (vgl Rn 21 sowie Anh III zu § 1587b). Zur RückFdg von VersorggsBezügen sa BVerwG NJW **93**, 1282.

4) Versorgungsausgleich durch Anordnung von Beiträgen zur Begründung von Rentenanwart- 30 **schaften, III 1 erster Halbsatz,** ist dch BVerfG NJW **83**, 1417 für verfwidr erkl u **durch das VAHRG** (abgedr u komment in Anh III zu § 1587b) ersetzt w.

a) Gegenstand des VA nach dem VAHRG sind hier berufsständ Versorgggen, die betriebl Altersversorgg 31 einschl der Zusatzversorgg des öff Dienstes, LebVers, aber auch priv-rechtl AnstellgsVertr eines Lehrers an einer nichtöff Schule unter Befreiung von der gesetzl RentVers (Kln FamRZ **83**, 78). – Die **Verpflichtung zur Entrichtung von Beiträgen** in der gesetzl RentVers kann vom FamG nach wie vor angeordnet werden iFv VAHRG 3b I Z 2. Auch vertragl Verpfl zur BeitrZahlg bleiben iR der §§ 1408 II, 1587o weiterh zul (Ruland FamRZ **83**, 567), bedürfen aber der not Beurk bzw der Gen des FamG (aA LG Freibg FamRZ **84**, 180). – **Wirkung:** Gezahlte Beitr wirken sich leistgsrechtl wie freiwill Beitr aus, werden also erst auf 32 einen späteren VersFall angerechnet (BSG MDR **84**, 787). Dagg keine Neufestsetzg gem FGG 53e III (Hbg FamRZ **88**, 1177). Keine steuerrechtl Berücks (BFH NJW **84**, 1783). – **Rückabwicklung:** VAHRG 7. 33 **Übergangsrecht:** ebendort Rn 2. Was die **Technik des VA durch Anwendung des VAHRG** anlangt vgl Rn 7, 8. Zu III S 1 **zweiter Halbsatz** vgl VAHRG 1 Rn 2 aE.

b) Verhältnis zu anderen Ausgleichsformen. Der VA gem VAHRG 1 I (früher: § 1587b III) kommt 34 an Stelle von I u II od auch in Ergänzg zu diesen in Betr. Sind überh nur VersorggsAnrechte iSv § 1587 II Nr 1 u 2 (also aus der BeamtVersorgg u aus der gesetzl RentVers) im Spiel, erfolgt der VA dch Splitting od Quasi-Splitting je nach dem Vorhandensein des einen od and VersorggsTyps. Bestehen daneben unverfallb Anrechte aus einer betriebl Altersversorgg od eine LebVers, die aber wertmäß ggü der Beamten- u Renten- versorgg von untergeordneter Bedeutg sind, dann erfolgt hins dieser Werte zusätzl ein VA gem VAHRG 1 II u III, 3b sowie 2. Kommen diese and VersorggsWerte aber an diej aus der Beamt- od gesetzl RentVers- Versorgg heran od übersteigen sie sie gar, dann findet allein den VA nach dem VAHRG statt. Nach I an sich 35 zu übertragde od nach II an sich zu begrüdde RentAnwartsch sind in den VA nach dem VAHRG einzube- ziehen; iW der Verrechng ist **nur ein einmaliger Ausgleich** vorzunehmen, **III 3.** Dadch soll gewährleist

werden, daß der Eheg, der bei einer Gesamtbetrachtg des Wertes aller auszugleichden VersorggsAnrechte ausglpflicht ist, nicht etwa vorab über I Anwartsch in einer gesetzl RentVers übertr bekommt u erst im Ggzug dch RealTeilg, neues Quasi-Splitting od modifizierten schuldrechtl VA (VAHRG 1 II u III; früher: § 1587b III) VersorggsAnrechte abgeben muß. Es soll vielm ijF nur in einer Richtg der Wertunterschied ausgegl w, der sich bei der GgÜberstellg aller VersorggsAnrechte ergeben hat (BT-Drucks 7/4361 S 41 f). III 3 verbietet darüber hinaus TeilEntscheidgen ü den VA (KG FamRZ **81**, 289 mN) u gilt auch im Verhältn zw schuldrechtl u öffrechtl VA (AG Flensbg SchlHA **81**, 39). Bei Berücks verfallb Anwartsch hat III 3
36 Vorrang vor § 1587a II Nr 3 S 3 (§ 1587a Rn 76). Nach der ursprüngl Fassg von III u derj des VAHRG war ein **Super-Splitting,** dh der Ausgl von unter III fallden Versorggen dch Mehrübertragg von RentAnwartsch als nach I od II an sich zul, nicht erlaubt (BGH **81**, 152). Nunmehr ist der erweiterte Zugriff auf RentAnwartsch aber auch auf and VersorggsAnrechte zur Vermeidg des schuldrechtl VA in gewissem Umfang gesetzl zugelassen (VAHRG 3b I Nr 1).

37 c) Lag zum Ztpkt des Inkrafttr des HRG am 1. 4. 83 eine rechtskr Entsch gem § 1587b III vor bzw ist eine seinerZt noch nicht rechtskr Entsch dch Nichteinlegg v Rechtsm rechtskr geworden, so kann daraus die ZwVollstr betrieben w, sol diese nicht aGr einer VollstrGgKl tw unzul erkl w ist (vgl oben Rn 31–33). Insbesondere aber kann ein solches Urt vS des AusglSchu auch freiw erfüllt w. In diesen Fällen gilt die bisherige RLage: Die Zahlg zur Begrdg v RentenAnwartsch richtet sich zunächst nach dem im Tenor der VA-Entsch genannten Betr; werden aber die BerechgsGrößen geänd, so wird der zu leistde Betr auf Antr
38 **neu festgesetzt** (FGG 53 e III). **Die Verpflichtung erlischt** mit dem Tode des Berecht (§ 1587 e II), ferner, sobald gem § 1587g I 2 der schuldrechtl VersorggsAusgl verlangt w kann (§ 1587 e III), dagg nicht mit dem Tode des Verpflichteten (§ 1587 e IV). Zahlt der AusglBerecht selbst die Beitr, was versrechtl zul ist (Bergner DtRentVers **77**, 9; Rolland § 1587d Rdn 7), hat er gg den AusglPflicht nach Inführg des HRG wohl nicht mehr einen ErstattgsAnspr gem §§ 670, 683, 679 (and für die Zt vor Erlaß des VAHRG: Ruland/
39 Tiemann Rn 454). Die Ehel können über rechtskr festgestellte BeitrZahlgen abändernde **Vereinbarungen** gem § 1587o treffen (BayObLG NJW **81**, 1519). Gem III geleistete Zahlgen bilden keine außergewöhnl Belastgen od Werbgskosten (BFH NJW **84**, 1783).

40 **d) Vorgezogener Bewertungszeitpunkt für Rentenbeiträge** (oben Rn 20; Ruland NJW **92**, 83). Nach bish Recht hatten die AusglBeteil mit der **Bereiterklärung** die Möglk, im Falle von § 1587b III 1 für den AusglBerecht bzw in den Fällen von I u II für sich selbst dch VA verlorene Anwartsch in der ges RentVers zu dem Preis zurückzukaufen, der zum Ztpkt der BereitErkl galt. Das RInstitut ist selbst für Übergangsfälle dch die noch günstigere Neuregelg in SGB VI 187 obsolet geworden (Ruland NJW **92**, 83f). Danach können ua Beitr gezahlt w zur Auffüllg VA-geminderter eig RentAnwartsch od zur Begr von RentAnwartsch aGrd einer Entsch des FamG od aGrd einer vom FamG gen Vereinb (SGB VI 187 I). In Ausn zu SGB VI 181 I wird dabei für die Berechng dieser Beitr nicht der ZahlgsZtpkt zGrde gelegt, sond fiktiv der Ztpkt des Endes der EheZt (§ 1587 Rn 30), wenn die Zahlg bis zum Ende des 3. KalMo (bei gewöhnl Aufenth im Ausl: 6. Mo) nach Zugang der Mitteilg der Rechtskr der Entsch des FamG erfolgt (SGB VI 187 V). Die Fiktion gilt auch zG des AusglBerecht (VDR-Hdb/Bergner 27/49). Entgg SGB VI 187 V wird iF v VAHRG 3b I Nr 2 (vgl dort Rn 17) auf den tats ZahlgsZtpkt von SGB VI 187 III abgestellt, wenn sich für das Jahr der Entsch ein geringerer Betr errechnet (Ffm FamRZ **93**, 1457).

41 **5) Ausgleich in anderer Weise, IV.** Der VA muß nicht immer dch Übertr od Neubegründg von RentAnwartschaften erfolgen. Neben dem schuldrechtl VA (§ 1587f Nr 5; VAHRG 2) kann das FamG einen Ausgl auch in anderer Weise vornehmen, wenn sich die Übertr od Begründg von RentAnwartschaften in der gesetzl RentenVers voraussichtl nicht zG des Berecht auswirken würde od der VA in dieser Form nach den Umst des Falles unwirtschaftl wäre. IV gilt auch iR v VAHRG 3b (dort Rn 2).

42 **a) Voraussetzungen** für den anderweit VA:

43 **aa) Voraussichtlich nicht vorteilhafte Auswirkung** für den Berecht. Es genügen Anzeichen, sichere Prognose nicht erfdl. Ausr, wenn vorauszusehen, daß der Berecht die kleine Wartezeit v 60 Monaten nie erreichen wird; ist in einem solchen Fall gleichwohl fiktive NachVers erfolgt, kann der ArbNAnteil der Beiträge zurückverlangt w (SGB VI 210). Für die Auslegg des „voraussichtl" kommt es nicht darauf an, ob die nachteilige Entwicklung dem Berecht erst noch betrieben w muß (AG Schwetzingen NJW **78**, 55). Vorteilslosigk auch, wenn die Rente des Berecht ruht, weil sie mit einer Unfallrente zustrifft u der WertAus-
44 gl nur den ruhden Teil der Rente vergrößern würde (Ruland/Tiemann Rn 464). Mit Rücks auf VAHRG 5 liegt bei **Wiederheirat** kein Fall von IV vor (BGH NJW **83**, 1317; Dörr NJW **90**, 2724). Vorteilhaftigk auch, wenn der AusglBerecht bereits eine Rente bezieht, wenn diese sich aGrd des VA erhöht (Hamm FamRZ **91**,
45 954). Der voraussichtl unvorteilh Auswirkg steht alternativ die **Unwirtschaftlichkeit** des gewöhnl VA gleich. Das kann einmal unter allg GesichtsPkten, also obj, der Fall sein, wenn zB absehb ist, daß die Renten der betr Versorgg dem vollstd Geldwertverfall prakt ohne Wert sein w, zB iF einer geplanten Auswanderg od bei einer völlig andersart (zB auf GrdBesitz hin) strukturierten Altersversorgg. Obj unwirtschaftl sind auch Minirenten, die unverhältnismäß starken Verwaltgsaufwand erfordern. Es genügt aber auch Unwirtschaftlich nach den Umst des Falles, dh nach den persönl Gegebenheiten des Berecht, wenn zB der AusglBerecht u der AusglVerpflichteten ausschließl Anrechte auf eine Beamtenversorgg besitzen u dem AusglBerecht mit Anwartschaften in einer gesetzl RentenVers nicht gedient wäre (BT-Drucks 7/4361 S 42), weil er mit den WarteZtMo aus dem VA (SGB VI 52) nicht die WarteZt v 60 Mo erreicht. Im Ggsatz zum früh R (vgl AG Lüneburg NJW **78**, 379) können WarteZten nicht immer dch Entrichtg freiw Beitr erfüllt w (SGB VI 7 II).
46 Aber **keine** Unwirtschaftlk, wenn beide Eheg beamtete Lehrer sind u der AusglBerecht durch den VA die kl WarteZt erfüllt (BGH NJW **84**, 1549); wenn strafentlassener AusglBer die WarteZt noch erfüllen kann (Celle FamRZ **80**, 1032) od wenn ein ausglpflicht Rentner dch den VA eine größere Verkürzg seiner eig Versorgg erleidet als die Befreiung von der UnterhVerpfl ausmacht (BGH NJW **80**, 396; vgl aber
47 VAHRG 5). **Supersplitting:** Zur Unzulässigk n § 1587b: 51. Aufl. Vgl jetzt VAHRG 3b Rn 7. Unzul ferner, die zwingende Reihenfolge zw Splitting u Quasi-Splitting (§ 1587b Rn 7) zG des Splittings zu dchbrechen (BGH FamRZ **86**, 250).

Zur Berechng des VA bei **Zeitsoldaten** § 1587a Rn 114. Steht spätestens zZ der Entsch des OLG (BGH **48** NJW **83**, 1908) über den VA fest, daß die Nachversicherg in der gesetzl RentVers vorgenommen w, so ist der VA dch Splitting gem I dchzuführen (BGH NJW **82**, 379). Steht aber nicht fest, ob der ZtSoldat Beamter bleibt od nachversichert w, so erfolgt der VA nicht mehr analog II (so noch BGH **81**, 100), sond dch direktes Quasi-Splitting gem II u zwar auch, wenn Zeitsoldat inzw Probe-Beamt ist (BGH FamRZ **87**, 921; vgl auch BGH FamRZ **88**, 1253). Ist ein Beamt vor Ende der EheZt aus dem öff Dienst ausgeschieden, erfolgt der VA im neuen VersorggsSystem, zB gem HRG 1 III innerh der Ärzteversorg (Kln FamRZ **85**, 1050). Zu **Änderungen nach Ehezeitende** § 1587 Rn 46. VAHRG 1 III gilt auch, wenn gem AVG 125 I **49** die NachVers aufgeschoben ist (vgl dort Rn 9).

bb) Antrag einer Partei, also nicht des Berecht, sond auch des Ausgleichpflichtigen. Die Zweckmä- **50** ßigk eines solchen Antr wird sich idR erst im Laufe des AusglVerf herausstellen, nachdem die Grdlagen für den VersorggsAusgl offen liegen.

b) Rechtsfolge: Versorgungsausgleich in anderer Weise. Echte Ermächtigg, keine bl Verweisg auf **51** § 1587f Nr 5. In aller Regel wird das FamG auf den schuldrechtl VA (§ 1587f Nr 5) ausweichen. Das FamG muß entscheiden, auf welche and Weise der VA dchzuführen ist (BGH NJW **83**, 512), so daß es unzul ist, die Dchführg des VA ledigl abzulehnen (Celle FamRZ **80**, 1032). Unzul aber auch die gesetzl nicht vorgesehene Begründg od Übertr von Anwartschaftsrechten in der gesetzl RentenVers (2. Halbs iVm § 1587o I 2). Denkb die Übertr gegenwärtiger VermWerte wie Wertpapiere od auch die Einräumg von GrdPfandrechten, sofern damit ein echter Versorggswert, dh eine Sicherg auf längere Sicht verbunden ist, kann trotz § 1378 vor allem iZushg mit dem ZugewAusgl sinnvoll sein. Zul in AusnFällen auch die Verpfl Dr zur Entrichtg von Beitr in die gesetzl RentVers, zB bei Zeitsoldaten (Rn 48). Zum Ausgl geringer VBL-Anwartsch kann eine geringfüg **52** Erhöhg der Realteilg in der Ärzteversorg in Betr kommen (Karlsr FamRZ **83**, 1239). Die Ausgleichg nach § 1587a V (vgl dort Rn 113–115) bewerteter **ausländischer Versorgungsanrechte** erfolgt unabh von den Voraussetzgen des IV gem § 1587b III od gem §§ 1587f Nr 5, 1587b IV (Bambg NJW **79**, 497). Das FamG kann aber Schwierigkten in der Feststellg ausländischer VersorggsAnwartsch wg FGG 12 nicht dadch ausweichen, daß es den schuldrechtl VA anordnet (aA Kln FamRZ **86**, 689 m zutr Anm Kemnade).

6) Ausgleichshöchstbetrag, V. Der MonatsBetr der gem I zu übertragen od gem II bzw HRG 1 III **53** (Anh III zu § 1587b) zu begründden Rentenanwartschaften in den gesetzl RentenVers darf zusammen mit dem MoBetr der in den gesetzl RentenVers bereits begründeten Rentenanwartschaften des ausgleichsberecht Eheg den in SGB VI 76 II 3 bezeichn HöchstBetr nicht übersteigen (wg Einzelh Ruland NJW **92**, 82). Auch ein Ausgl dch Supersplitting od BeitrZahlung (VAHRG 3b) scheidet aus (Düss NJW-RR **91**, 1477). In solchen Fällen findet vielm auch nach Inkrafttr des VAwMG (Hamm FamRZ **88**, 957) nur der schuldr VA gem § 1587 für Nr 2 bzw VAHRG 2 statt. **Zweck:** Es soll verhindert werden, daß der ausgleichsberecht Eheg dch den VA mehr Rentenanwartschaften erhält, als er im günstigsten Fall hätte erreichen können, wenn er währd der ganzen Ehedauer versichert gewesen wäre (BGH FamRZ **89**, 720). Währd für unmittelb geleiste te Beitr die BeitrBemessgsGrenze aus SGB VI 159 gilt, ermittelt der HöchstBetr für die VArechtl ermittelten Zuschläge nach SGB VI 76 II 3 (VDR-Hdb/Bergner 27/55–61 m RechBspen). In den Auskften der SozVersTr (FGG 53 II) wird der jew HöchstBetr unter Berücks der Ehedauer ausgewiesen. Auch dch ParteiVereinbg können höhere Anwartschaften nicht begründet w (arg § 1587o I 2). Der dem schuldrechtl VA anheimgegebene, öfftlrechtl nicht mehr ausglfäh Restwert muß im Tenor als rechtsmittelfäh Feststellgs- Anspr ausgespr w (Brem FamRZ **79**, 829). Beruht die Auskft des VersorggsTr auf einer inzw überholten GesLage, ist ggf auf die Rev die BerufsEntsch aufzuheben u die Sache zurückzuverweisen (BGH FamRZ **88**, 51). V ist auch iR v VAHRG 3b zu beachten (vgl dort Rn 2; BGH FamRZ **89**, 720). Bei Mißachtg von V trotzdem Bindg des VersTrägers (BSG NJW **91**, 3237).

Anhang I und II zu § 1587b

Vom Abdruck der Tab zum Verhältn von monatl Rente, Werteinheiten, Monaten für die Wartezeit u dem erforderl **1** *Kapitalaufwand (bisl: Anh I) sowie der Tab zum Verhältn v Barwert od Deckgskapital u monatl dynam Rente (bisl: Anh II) wird aus drucktechn Grden Abstand genommen. Die Tab sind abgedruckt in den entspr Tabellenwerken (vgl LitNachw Einf v § 1587).*

Anhang III zu § 1587b
Gesetz zur Regelung von Härten im Versorgungsausgleich (VAHRG)

Vom 21. Februar 1983 (BGBl I S. 105) in der Fassung des **VAwMG** (vgl Anh IV zu § 1587b), des Rentenre- formgesetzes vom 18. Dezember 1989 (BGBl I 2261/2388) und des Rentenüberleitungsgesetzes vom 25. Juli 1991 (BGBl I 1606)

Einführung

1) Das BVerfG hat § 1587b I und II grdsätzl für verfassgskonform erkl, allerd mit der Einschränkg, daß **1** die Regelg in einzelnen Härtesituationen korrekturbedürft sei, näml vor allem dann, wenn beim Ausgl- Pflicht eine Kürzg seiner RentAnrechte erfolgt, ohne daß sich der Erwerb des VersorggsSchutzes aS des Berecht, inf von dessen Vorversterben, angemessen auswirkt (BVerfG NJW **80**, 692). Nach **§ 1587b III 1 Halbs 1** idF des 1. EheRG sollte der VA für den größten Teil der nicht unter das Splitting u Quasi-Splitting von § 1587b I u II fallden VersorggsAnrechte (insb die berufsständ Versorggen von Ärzten, Apothekern usw, die Zusatzversorgg des öff Dienstes, betriebl Ruhegeldzusagen usw) dadch ausgeglichen werden, daß der AusglSchuldn verpfl wurde, iHd AusglBetr zG des AusglBerecht dch **Beitragszahlung** Anwartsch in der gesetzl RentVers zu begründen. Diese Regelg ist für verfassgswidr erkl worden (BVerfG NJW **83**,

1417). Das daraufhin geschaffene **VAHRG** wurde in seiner ursprüngl Fassg wg des modifizierten schuld-rechtl VA, der den AusglBerecht iFd Vorversterbens des ausglpflicht Eheg schutzlos ließ (VAHRG 2 aF) ebenso wie wg Fehlens einer gerechten Übergangsregel wiederum für verfassgswidr erkl (BVerfG NJW **86**, 1321). Nunmehr hat das **VAwMG**, das zusätzl dadch veranlaßt war, daß für das VAHRG ursprüngl eine Befristg bis zum 31. 12. 86 bestand, einen insges den Anfordergen der verfassgsgerichtl Rspr angepaßten RZustand geschaffen (vgl Einf 1 v VAwMG 1 im Anh IV zu § 1587b; ferner Ruland FamRZ **83**, 566).

2   **2) Inhalt des VAHRG. a) Zusätzliche Formen des VA.** Vgl zunächst Einf 9–14 v § 1587. **aa)** Die AO der BeitrEntrichtg in der gesetzl RentVers (§ 1587b III 1 aF) wird ersetzt **(VAHRG 1 I)** einmal dch die allerd nur bei entspr Regelg des in Frage stehenden VersorggsWerks mögl **Realteilung (VAHRG 1 II)** sowie ferner bei sämtl gg einen öff-rechtl VersorggsTräger gerichteten VersorggsAnrechte dch **Quasi-Splitting (VAHRG 1 III).** **bb)** An sich fällt der Rest der auszugleichenden VersorggsAnrechte dem schuldrechtl VA anheim (VAHRG 2). Doch sieht nunmehr **VAHRG 3b I Nr 1** bis zu bestimmten HöchstBetr eine **Erwei-terung von Splitting, Quasi-Splitting und Realteilung** vor, also den Zugriff auf VersorggsAnrechte, die nach dem für § 1587b I u II, VAHRG 1 II u III geltden HalbteilgsGrds (Einf 9–13 v § 1587) VA-rechtl an sich erschöpft sind. Ferner ist nach **VAHRG 3b I Nr 2** bei wirtschaftl Zumutbark auch wiederum die **Verpflichtung des VA-Schuldners zur Entrichtung von Beiträgen in die gesetzliche Rentenversi-cherung** mögl. **cc)** Soweit der VA auch in diesen Formen nicht dchgeführt werden kann, findet der **schuldrechtliche VA** statt **(VAHRG 2),** der nunmehr über den Tod des Verpfl hinaus in Form einer **verlängerten Ausgleichsrente** mit Anspr gg den VersorggsTräger perpetuiert wird **(VAHRG 3a).**

3   **b) Ergänzungen und Modifizierungen der allgemeinen Versorgungsausgleichsregelung aa)** Ein Absehen vom VA bei geringfüg AusglBeträgen kommt nicht mehr in Betr (vgl unten zu VAHRG 3c). **4** **bb)** In den **VAHRG 4–10** werden – auf weitere 8 J begrenzt – die wirtschaftl nachteil Folgen des dingl VA in best **Härtefällen** zurückgenommen: beim vorzeit Tod des Berecht wird die Kürzg reduziert (VAHRG 4); bei fortdauernder UnterhVerpfl die ungekürzte Versorgg gewährt; ggf werden BeitrZahlgen rückerstattet **5** usw. **cc)** Die Vorschr des **VAHRG 10a** regelt die **Abänderung rechtskräftiger VA-Entscheidungen.** **6/7** **dd) VAHRG 10b–10d** betreffen die Verringerg des VerwaltgsAufwands. **ee)** In **VAHRG 11 I** wird das **8** Verfahrensrecht für den Gesamtbereich des VA verallgemeinert, in **II** dem FamG eine über FGG 12 hinausgehde allg Ermächtigg zur **Auskunftseinholung** erteilt. **ff) VAHRG 13** enth eine in sich geschlosse-ne Regelg der **zeitlichen Geltung des VAHRG,** die dch das VAwMG Art 4 § 1 leiie dch das VAwMG Art 4 § 1 ledigl insof ergänzt wird, als dort die Voraussetzgen für eine nachträgl Korrektur einer vom FamG getroffenen VA-Regelg bis zum 31. 12. 89 erleichtert wird.

9   **3) Rangfolge der einzelnen Ausgleichsarten:** Vgl zunächst § 1587b Rn 7. Können zum VA versch VersorggsanRechte außerh der gesetzl RentVers u der BeamtVersorgg herangezogen w und konkurrieren damit mehrere AusglArten nach VAHRG 1 ff miteinand, so sind alle in Betr kommden Versorggen des AusglPflgen anteilmäß zum Ausgl heranzuziehen, u zwar quotiert nach dem WertVerh der ehezeitl erwor-benen Anrechte zum AusglBetr (BGH NJW **94**, 48 = FamRZ **94**, 90 m sämtl Nachw: unter Abl der Rangfolgemethode). Einschränkg: Verbleibt nach Anwendg dieser Quotiergsmethode ein schuldr auszu-gleicher RestBetr, der nicht aGrd v VAHRG 3b öff-rechtl ausgegl w kann, ist ein Interesse des ausglbe-recht Eheg an der Erlangg einer eigenständ Vers höher zu bewerten als das Interesse der Versorggsträger an einer gleichmäß Belastg. Konsequenz: Heraufsetzg einz Quoten nach dem Ermessen des FamG (BGH aaO).

10   **4) Verfahren.** Soweit die VersorggsWerke RealTeilg vorsehen (§ 1 II HRG) od ein Quasi-Splitting nach § 1 III HRG stattfindet, sind die VersorggsTräger analog FGG 53b II 1 am VA-Verf zu beteiligen (Bergner DRV **83**, 221 u 226). Zur BeschwBefugn des SozVersTr: BGH NJW-RR **91**, 258 VAHRG 1; FamRZ **90**, 1099: 3c.

11   **5) Die zeitliche Geltung** des VAHRG folgt aus dessen § 13. Vgl die Anm dort. Das VAHRG gilt in der jew maßgebl Fassg (BGH FamRZ **88**, 936) in jeder Instanz, auch wenn die VorInst es noch nicht angewandt hat (BGH NJW **84**, 611), u auch, wenn der AusglPflicht vor dem 1. 4. 83 verstorben ist (Düss FamRZ **84**, **12** 179). Zum **Übergangsrecht** vgl ebenf VAHRG 13 sowie VAwMG Art 4 § 1 (Anh IV zu § 1587b).

I. Maßnahmen zur Beseitigung der Beitragszahlungspflicht im Versorgungsausgleich

VAHRG 1   *Ersetzung der Bareinzahlung durch Realteilung und Quasi-Splitting.*

I Sind im Versorgungsausgleich andere als die in § 1587b Abs. 1 und 2 des Bür-gerlichen Gesetzbuchs genannten Anrechte auszugleichen, so gelten an Stelle des § 1587b Abs. 3 Satz 1 des Bürgerlichen Gesetzbuchs die nachfolgenden Bestimmungen.

II Wenn die für ein Anrecht des Verpflichteten maßgebende Regelung dies vorsieht, begründet das Familiengericht für den anderen Ehegatten ein Anrecht außerhalb der gesetzlichen Rentenver-sicherung (Realteilung). Das Nähere bestimmt sich nach den Regelungen über das auszugleichen-de und das zu begründende Anrecht.

III Findet ein Ausgleich nach Absatz 2 nicht statt und richtet sich das auszugleichende Anrecht gegen einen öffentlich-rechtlichen Versorgungsträger, so gelten die Vorschriften über den Aus-gleich von Anrechten aus einem öffentlich-rechtlichen Dienstverhältnis (Quasi-Splitting) sinnge-mäß.

1   **1) Die Verpflichtung zur Entrichtung von Beiträgen** als dritte Form des VA wird dch **I** (iVm VAHRG 13 I u III) **ersetzt** (vgl § 1587b Rn 30; Einf 1 vor VAHRG 1). An ihre Stelle treten die Realteilg v **II**, das Quasi- Splitting v **III** u der modifizierte schuldr VA v VAHRG 2 sowie dessen Ersatz in VAHRG 3b.

Dch das VAHRG wird dagg nicht berührt die Berechngsweise der VersorggsAnrechte u die Dchführg des **2** VA dch Splitting u Quasi-Splitting in der gesetzl RentVers u bei der BeamtVersorgg, ebso wie die Berücksichtigg einer evtl Unwirtschaftlichk des VA u der HöchstBetrRegelg. Es gelten also unveränd weiter die §§ 1587, 1587a sowie § 1587b I, II, IV u V. Es entfällt dch das VAHRG auch keineswegs der gesamte § 1587b III; nur an die Stelle der AusglArt „BeitrZahlgsPflicht" treten auch AusglArten. Insbesondere bleibt § 1587b III insof von Bedeutg, als die Vorschr den AnwendgsBereich der VAHRG 1ff festlegt, also bestimmt, welche Anrechte dch die Quasi-Splitting u für den modifizierten schuldrechtl VA überh in Betr kommen. Das bedeutet ferner, daß das Prinzip des Einmal-Ausgleichs des § 1587b III 3 unveränd weiter gilt (§ 1587b Rn 34–36): Es ist zunächst festzustellen, welcher Eheg ausglpfl ist; u unabhäng davon, ob der ausglberecht Eheg in einer VersorggsArt mehr Anrechte hat als der and, vollzieht sich der VA auch weiterh immer nur in einer Richtg. § 1587b III 1 Halbs 2 ist zwar nicht aufgehoben, kann aber mangels der Möglichk, noch BeitrZahlgen anzuordnen, nicht mehr angewendet w. Bezieht der AusglBerecht bereits ein Altersruhegeld, so erhöht sich dieses also unabhäng von § 1587b I 1 Halbs 2, wenn Anrechte nach § 1587b III 1 auszugl sind, soweit dies jetzt in der Form von VAHRG 1 II od III geschieht. § 1587b III 1 Halbs 2 gilt jedoch für Vereinbgen ü den VA weiter, so daß es unzul ist, iRv § 1587o die BeitrEntrichtg zu vereinb, wenn der AusglBerecht bereits ein bindd festgesetztes Altersruhegeld bezieht (Bergner DRV **83**, 219).

2) Realteilung, II. Das FamG begründet für den ausglberecht Eheg ein Anrecht außerh der gesetzl **3** RentVers, wenn die maßgebde VersorggsRegelg dies vorsieht. Der AusglBerecht erhält somit Versorggs-Anrechte derselben Qualität, wie sie der AusglVerpfl hat; damit ist der Trend des 1. EheRG zur Dchführg des VA in der gesetzl RentVers dchbrochen. Mit Zustimmg des VersorggsTr konnten auch schon bislang an sich § 1587b III unterfalle Anrechte dch Realteilg ausgeglichen w (BGH NJW **82**, 2496). In der **Ausgestaltung** der Realteilg hat der VersTr einen relativ gr Spielraum (Bambg NJW-RR **93**, 646). Die Realteilg ist noch nicht vorgesehen, wenn die Versorggsregelg eine Abtretg der Versorgsleistg zuläßt (BGH FamRZ **85**, 799 Nordwestdt Kraftwerke).

a) Grdsl einzige **Voraussetzung** für die RealTeilg ist, daß die dingl Teilg der VersorggsAnrechte von **4** dem jew VersorggsTräger für den Scheidgsfall eines Versorggsnehmers vorgesehen ist, **II 1.** Ob dies der Fall ist, entscheidet das G bzw der jew VersorggsTräger (dch Satzg, VertrGestaltg usw) selbst. Bei der Dt BeamtVers ist mit der privversvertragl Leibrente auch die BerufsunfähigkZusatzVers real teilb (BGH FamRZ **94**, 559). Allerd müssen ijF gewisse MindAnfdgen eingeh sein (Rn 5). Zur HöherVers in der gesetzl RentVers Rn 10. Die RealTeilg ist nicht auf öff-rechtl Versorggen beschrkt. Zur RealTeilg bei den priv LebVers Frels VersR **83**, 112. Die Bay Ärzteversorgg verlangt für die Realteilg, daß der AusglSchu Mitgl, der ausglberecht Eheg zumind Arzt ist (BGH FamRZ **88**, 1254; Mü FamRZ **91**, 956 mit gleichzeit SuperSpl: VAHRG 3b Rn 10); das Versorggswerk der LÄrzteKa Hess, daß beide Eheg Mitgl sind (Ffm FamRZ **89**, 70). Die VersorggsAnst für Ärzte, Zahnärzte u Tierärzte BaWü verlangt für die RealTeilg vor, unabh davon, ob beide Eheg dem Versorggswerk angehören; ebso hins der erweiterten Honorarverteilg die KassÄrztl Vereinigg Hess (BGH FamRZ **89**, 951/1281 mA Held); ferner das Ärzteversorggswerk in Hess (AG Gr-Gerau FamRZ **83**, 936). Real zu teilen ist ggf auch eine bereits lfde Rente (Nürnb FamRZ **89**, 1097). Fehlt eine Realteilgsmöglk, kann dessen Ergebn gleichw erreicht w idR mit Hilfe einer Vereinbg n § 1587o (AG Bln-Charl FamRZ **83**, 80). Bei unterlassener Realteilg Beschw des VersorggsTr (Karlsr FamRZ **89**, 984). Nach ALG 43 I 1 hängt die RealTeilg bei **Landwirten** zusätzl davon ab, daß beid Eheg iSd ALG berücksfäh AnR erworben haben, gleichgült ob innerh od außerh der Ehe (Greßmann/Klattenhoff FamRZ **95**, 583). Hat der ausglberecht Eheg auch AnR in der ges RentVers erworben, sieht das FamG auf seinen **Antrag** von der RealTeilg ab (ALG 43 I 2). Der Ausgl erfolgt dann nach VAHRG 1 III (zur ratio legis Greßmann/Klattenhoff FamRZ **95**, 583 unter V 2). Die RealTeilg erfolgt schließl auch in Altfällen, also bei einem EheZtEnde vor 1995, wenn beid Eheg nach 1994 in der LandwVersorgg vers sind od wenn sie ein früh Quasi-Splittung nach VAHRG 10a dch die RalTeilg ersetzen wollen (ALG 110).

b) Das Nähere bestimmt sich nach den vom FamG zu beachtden (Ffm FamRZ **89**, 70) jew Regelgen ü das **5** auszugleichde u das zu begründde Anrecht, **II 2.** So kann sich etwa aus der Satzg die Halbierg des Barwerts als Berechnungsmethode ergeben (Bambg FamRZ **85**, 942 Bayer Ärzteversorgg). Die FamG haben aber zu überprüfen, ob die jew VersorggsOrdng best **Mindestanforderungen** erfüllen, zB die Unabhängigk der Versorgg vom Tod des Verpfl (BGH FamRZ **88**, 1254; **89**, 951 u 1281, vgl iü Dörr NJW **90**, 2722); bei Übertragg einer BU-ZusVers der DBV [Rn 4], ob nicht der ausglberecht Eheg unversicherb ist (BGH FamRZ **94**, 559); ob das für die Realteilg vorausges 2%ige Übersteigen der Bezugsgröße (SGB IV 18) gewährl ist (Karlsr FamRZ **93**, 1212). In der VersorggsOrdng ist eine HärteRegelg für den Fall des Vorversterbens des ausglberecht Eheg zu treffen (§ 4 Rn 3). Ihr versehentl Fehlen in der VersorggsOrdng schließt die Dchführg des VA dch Realteilg nicht aus, wenn davon auszugehen ist, daß die Satzg entspr ergänzt w (BGH FamRZ **93**, 156). Zum Verfahren der Realteilg in der priv RentVers ausführl Ellger FamRZ **86**, 513. Bsp für die Dchführg: Celle FamRZ **85**, 939, 942 (Provinzial LebensVers); Mü FamRZ **91**, 576/8 (BayVers). Innerh der Versorgg für **Landwirte** erfolgt die RealTeilg, indem zL der vom AusglPfl erworbenen AnR für den AusglBerecht ein AnR bei der für ihn zust landw Alterskasse begr w (ALG 43 II). Zu den leistgsrechtl Auswirkgen (Zu- u Abschläge, WarteZten, Rentnerprivileg usw): Greßmann/Klattenhoff FamRZ **95**, 584ff mN.

3) Quasi-Splitting, III. Findet eine RealTeilg gem Rn 3 nicht statt u richtet sich das auszugleichde **6** Anrecht gg einen öff-rechtl VersorggsTräger, so greift die Vorschr über den Ausgleich von Anrechten aus einem öff-rechtl DienstVerhältn sinngem. Das G verwendet für diesen Vorgang auch denselben Ausdr (vgl § 1587b Rn 22). Dem Quasi-Spl n III steht nicht entgg, daß der ausglpflicht Eheg verstorben ist u der VersorggsTr damit keine Möglk mehr h, zum Ausgl seiner Aufwendgen Versorggen zu kürzen (BGH NJW **86**, 185; FamRZ **86**, 894; NJW-RR **86**, 1198).

a) Gegenstand des Quasi-Splittings. Im Ggs zur RealTeilg gem II beschränkt sich das Quasi-Splitting **7** auf auszugleichde Anrechte gg einen inländ (BT-Drucks 9/2296 S 12) **öffentlich-rechtlichen Versor-**

gungsträger (zur Begrdg vgl Bergner DRV 83, 221). Dabei kommt es ausschließl auf die **Rechtsform des Versorgungsträgers** an, also als Körpersch, Anst od Stiftg des öff R (BGH **92**, 152), u nicht auf das RechtsVerhältn zw ihm u dem Versicherten an, so daß ggf auch ein eigen priv RechtsVerhältn beruhe Anrechte, wenn sie sich nur gg einen öff-rechtl VersorggsTr richten, iW des Quasi-Splittings auszugl sind (BT-Drucks 9/2296 S 12). VersorggsTr iSd VAHRG ist derj, der die VersorggsZus abgibt u im Versorggs-Fall die zugesagten Leistgen gewährt; danach ist das ZDF ör (BGH **99**, 10/14f), eine städt Stiftg („Hbger öff Bücherhallen") priv VersTr (BGH FamRZ **93**, 299). Sind iW des Qu-Spl **bei mehreren Versorgungsträgern in unterschiedlicher Höhe bestehende Anwartschaften** auszugleichen, erfolgt eine entspr Quotierg (BGH FamRZ **84**, 1214/ 16; Saarbr FamRZ **92**, 70). Führt diese Aufteilg bei einem VersorggsTr zur Unterschreitg des Grenzwerts v VAHRG 3c S 1, findet diese Vorschr keine Anwendg (BGH FamRZ **91**, 8 314; vgl iü VAHRG 3b Rn 23). **Durch Quasi-Splitting sind auszugleichen:** die **Abgeordnetenversorgung** (BGH FamRZ **88**, 380/81f; Ruland NJW **87**, 351), also Anwartsch der Mitgl des Dt BT (so schon Mü FamRZ **86**, 1114) sowie des Nds Landtags (BGH FamRZ **88**, 380), wobei die HöchstBetrRegelg der RVO 1304a I 4, 5, AVG 83a I 4, 5 zu beachten s mit der Folge der schuldrechtl VA v Restbeträgen (BGH FamRZ **88**, 380/81f); die Anwartsch aus der VersorggsOrdng des Bayer (BGH **92**, 152) Bremer (Brem FamRZ **85**, 943), des Hess Rdfunks (Brem FamRZ **84**, 602) wie des Südwestfunks (Kblz FamRZ **87**, 717); öffrechtl VersorggsTräger ist auch das **ZDF,** dessen privatrechtl Pensionkasse ist jedoch in sinngem Anwendg v § 1587b II auszugleichen (BGH NJW-RR **87**, 66); dem VAHRG 1 III folgen ferner Anrechte auf AltersVersorgg gg die landw Alterskassen nach dem ALG, wenn eine RealTeilg ausscheidet, weil entgg ALG 43 I 1 ledigl ein Eheg AnR in der Alterssicherg für Landw erworben h od weil ein Eheg entgg Rn 5 für die gesetzl RentenVers optiert h (vgl zum fr Recht: 54. Aufl); berufsständische VersorggsEinrichtgen wie die bayer Notarversorgg (Nürnb FamRZ **84**, 1113); die Ärzteversorgg Westf-Lippe (BGH FamRZ **83**, 998) sowie der LÄrzteKammer Hess (Ffm FamRZ **85**, 1269); die ZusatzVersorgg im Schornsteinfegerhandwerk; die hüttenknappschaftl ZusatzVersorgg der Saar, auch wenn der AusglSchuldn die WarteZt noch nicht erfüllt h (BGH FamRZ **84**, 573); Ansprüche aus der gemeins AusglKasse im Seelotswesen (BGH FamRZ **88**, 51); solche aus der HöherVers in der gesetzl RentVers; die Versorgg der Abgeordneten u schließt, sol nicht dch SatzgsÄnderg die RealTeilg ermögl w, Anspr gg die Träger der ZusatzVersorgg des öff Dienstes **VBL,** ferner der VersorggsAnst der Stadt Hann (BGH NJW **84**, 2879); sowie der Zusatzversorggskasse der Bayer Gemeinden (Zweibr FamRZ **84**, 1238; Bambg NJW-RR **93**, 646 Arzt); ferner Aussichten auf Ruhegelder nach dem Hbg RuhegeldG (Hbg FamRZ **85**, 80); auch Anwartsch der betriebl Altersversorgg gdw der Norddt LaBank (Celle FamRZ **85**, 939); ferner ggü einem als Anst des öff R organisierten Untern der PrivVers wie der Landschaftl Brandkasse Hann (Celle FamRZ **84**, 1240); der Barmer Ersatzkasse (AG Langenfeld FamRZ **84**, 1240) od der Berliner Verkehrsbetriebe, EigenBetr v Bln (BGH FamRZ **84**, 1212). Soweit LebVersUnternehmen als Anst des öffR organisiert sind (BayVers, OVA in BaWü, Provinzial in SchlH), erfolgt der Ausgl ebenf nach III (Bergner DRV 83, 222). Zu den LebVers auf Kapitalbasis § 1587 9 Rn 14. Nach III auszugleichen sind ferner ohne Umweg über § 1587b II, weil HRG 1 III den Fall ow trifft, VersorggsAnrechte v **Zeitsoldaten, Beamten auf Widerruf** u aus dem öff Dienst ausgeschiedenen Beamten, 10 bei denen die **Nachversicherung aufgeschoben** ist (§ 1587b Rn 49). Anrechte aus der **Höherversicherung** in der gesetzl RentVers sind nach Abzinsg mangels einer gesetzl AO der RealTeilg ebenf nach III 11 auszugl; zur Kürzg u ihrer Abwendg in diesem Fall Bergner DRV 83, 224f. Noch **verfallbare Anrechte** der betriebl AltersVersorgg bleiben weiterh dem schuldrechtl VA überlassen (§ 1587a II Z 3 S 3) u unterliegen nicht etwa dem Quasi-Splitting nach III (BT-Drucks 9/2296 S 12). Das gilt insbes auch für die Zusatz-Versorgg des öff Dienstes (BGH FamRZ **86**, 247), so daß nur die Anrechte auf die stat VersRente dch Quasi-Splitting auszugl ist, die dynam VersorggsRente dagg weiterh dem schuldrechtl VA unterliegt (Bergner DRV 83, 223; vgl dazu § 1587a Rn 81). Keine Anwendg von HRG 1 III auf die Max-Planck-Gesellsch 12 (Kemnade FamRZ **83**, 1148; vgl VAHRG 2 Rn 2). Da es nur auf die Rechtsform des VersorggsTr ankommt, ist die **Anwendung von HRG 1 III ausgeschlossen** bei gemeindl Eigenbetrieben (and noch KG FamRZ **84**, 907); privat Fachhochschulen (and Kln FamRZ **84**, 400); bei der als VersVerein geführten Pensionkasse einer öffrechtl Anst (Mü NJW-RR **86**, 942) u auch, obw sie weitgeh aus öff Mitteln finanziert w, bei der Max-Planck-Gesellsch (BGH FamRZ **86**, 248); ebso bei der kathol Fachhochschule NRW (BGH aaO).

13   **b) Sinngemäße Anwendung der Vorschriften über das Quasi-Splitting.** Gemeint sind nicht nur die Vorschr des BGB (also § 1587b II u VI), sond vor allem auch die beamtrechtl Regelgen (BeamtVG 57, 58) über die Kürzg der Versorgg u deren Abwendg (vgl dazu § 1587b Rn 28 sowie § 10a VAHRG Rn 2 u Bergner DRV 83, 222f). Der jew VersorggsTr, also nicht mehr nur der Dienstherr des Beamt, sond alle nach III betroffenen öff-rechtl VersorggsTr (Rn 7, 8), haben dem RentenVersTräger im Verhältn der jew VersorggsAnwartsch (Ffm FamRZ **86**, 1006 L) die von diesem dem ausglberecht Eheg aGrd des Quasi-Splittings erbrachten Leistgen zu erstatten (SGB VI 225 iVm der VAErstattgsVO). Keine entspr Anwendg findet BeamtVG 22, da die Vorschr nicht an das Quasi-Splitting, sond an den schuldrechtl VA anknüpft (BT-Drucks 9/2296 S 12).

VAHRG 2 *Schuldrechtlicher Versorgungsausgleich.* Soweit der Ausgleich nicht nach § 1 durchgeführt werden kann, findet der schuldrechtliche Versorgungsausgleich statt.

1   In VAHRG 2 ist dessen **bisheriger Satz 2 entfallen,** wonach in best Fällen die Abfindg der schuldrechtl AusglRente ausgeschl wurde. Nach Auffassg des GesGebers ist der AusglSchuldn gg eine mit dem Abfindgsverlangen verbundene, nach Summe od Ztpkt unbill Belastg in ausr Weise dch die Neufassg des 2 § 1587l geschützt (BT-Drucks 10/5447 S 10). Zur Geschichte der Vorschr: 46. Aufl. § 2 findet **Anwendung:** auf die M-Planck-Ges (Joh/Henr/Hahne § 1587a Rn 30); auf die Stiftg „Hbger öff Bücherhallen" (BGH FamRZ **93**, 299); ferner wenn der AusglPflicht in Polen lebt, auch wenn die Übersiedlg erst nach EheZtEnde erfolgt ist (BGH NJW **89**, 1197). Ferner fällt unter die Vorschr ein schrittw abzubauender AusglBetr der Zusatzversorgg des öff Dienstes (Hbg FamRZ **88**, 1063).

VAHRG 3 *Sinngemäße Anwendung der Versorgungsausgleichsvorschriften.* Soweit die Vorschriften des Bürgerlichen Gesetzbuchs über den Versorgungsausgleich auf einen Ausgleich nach diesem Gesetz nicht unmittelbar anzuwenden sind, gelten sie sinngemäß.

Die Vorschr hat ledigl klarstellde Funktion, um die dchgäng Anwendg der Vorschr des VA zu sichern. **1** **Unmittelbar anwendbar** sind die §§ 1587, 1587a, 1587c, 1587g-k. **Sinngemäß anwendbar** sind die §§ 1587b III 3 u IV, 1587e I, 1587p (BT-Drucks 9/2296 S 14). Vgl iü § 1 HRG Rn 1, 2.

Ia. Verlängerung des schuldrechtlichen Versorgungsausgleichs

Im Anschluß an den Abschn I des VAHRG werden als **neu eingefügte Abschnitte Ia und Ib** in Gestalt **1** des VAHRG 3a und der VAHRG 3b und 3c Vorschr über die Verlängerg des schuldrechtl VA nach dem Tode des AusglPflicht sowie über die Regelg des VA in and Weise (näml dch Supersplitting u Abstandn von der Dchführg des VA bei MiniAusglBeträgen) zT neu eingeführt, zT dch Änderg der bish Bestimmungen (VAHRG 7) entspr modifiziert. Die folgden Ziffern entspr der Beziffrg v Art 2 VAwMG.

VAHRG 3a *Verlängerung des schuldrechtlichen Versorgungsausgleichs beim Tode des Verpflichteten.* [1] Nach dem Tod des Verpflichteten kann der Berechtigte in den Fällen des schuldrechtlichen Versorgungsausgleichs von dem Träger der auszugleichenden Versorgung, von dem er, wenn die Ehe bis zum Tode des Verpflichteten fortbestanden hätte, eine Hinterbliebenenversorgung erhielte, bis zur Höhe dieser Hinterbliebenenversorgung die Ausgleichsrente nach § 1587g des Bürgerlichen Gesetzbuchs verlangen. Für die Anwendung des § 1587g Abs. 1 Satz 2 des Bürgerlichen Gesetzbuchs ist nicht erforderlich, daß der Verpflichtete bereits eine Versorgung erlangt hatte. Sind mehrere Anrechte schuldrechtlich auszugleichen, so hat jeder Versorgungsträger die Ausgleichsrente nur in dem Verhältnis zu entrichten, in dem das bei ihm bestehende schuldrechtlich auszugleichende Anrecht zu den insgesamt schuldrechtlich auszugleichenden Anrechten des Verpflichteten steht. Eine bereits zu entrichtende Ausgleichsrente unterliegt den Anpassungen, die für die Hinterbliebenenversorgung maßgebend sind.

[II] Absatz 1 findet keine Anwendung, wenn die für das auszugleichende Anrecht maßgebende Regelung in dem Zeitpunkt, in dem der Anspruch nach Absatz 1 bei dem Versorgungsträger geltend gemacht wird,
1. für das Anrecht eine Realteilung vorsieht, oder
2. dem Berechtigten nach dem Tod des Verpflichteten einen Anspruch gewährt, der dem Anspruch nach Absatz 1 bei Würdigung aller Umstände allgemein gleichwertig ist.

[III] Absatz 1 findet keine Anwendung in den Fällen des § 1587f Nr. 5 in Verbindung mit § 1587b Abs. 4 des Bürgerlichen Gesetzbuchs. In den Fällen des § 1587f Nr. 5 in Verbindung mit § 1587o des Bürgerlichen Gesetzbuchs gilt Absatz 1 insoweit nicht, als die vereinbarte Ausgleichsrente die nach dem Gesetz geschuldete Ausgleichsrente übersteigt und der Versorgungsträger nicht zugestimmt hat.

[IV] Eine an die Witwe oder den Witwer des Verpflichteten zu zahlende Hinterbliebenenversorgung ist in Höhe der nach Absatz 1 ermittelten und gezahlten Ausgleichsrente zu kürzen. Die Kürzung erfolgt auch über den Tod des Berechtigten hinaus. Satz 2 gilt nicht, wenn der Versorgungsträger nach Absatz 1 nur Leistungen erbracht hat, die insgesamt zwei Jahresbeträge der auf das Ende des Leistungsbezugs berechneten Ausgleichsrente nicht übersteigen. Hat er solche Leistungen erbracht, so sind diese auf die an die Witwe oder den Witwer des Verpflichteten zu zahlende Hinterbliebenenversorgung anzurechnen.

[V] Ist eine ausländische, zwischenstaatliche oder überstaatliche Einrichtung Träger der schuldrechtlich auszugleichenden Versorgung, so hat die Witwe oder der Witwer des Verpflichteten auf Antrag die entsprechend den vorstehenden Absätzen ermittelte Ausgleichsrente zu entrichten, soweit die Einrichtung an die Witwe oder den Witwer eine Hinterbliebenenversorgung erbringt. Leistungen, die der Berechtigte von der Einrichtung als Hinterbliebener erhält, werden angerechnet.

[VI] In den Fällen der Absätze 1, 4 und 5 gelten § 1585 Abs. 1 Sätze 2 und 3, § 1585b Abs. 2 und 3, § 1587d Abs. 2, § 1587h und § 1587k Abs. 2 Satz 1 des Bürgerlichen Gesetzbuchs entsprechend.

[VII] Der Versorgungsträger wird bis zum Ablauf des Monats, der dem Monat folgt, in dem er von der Rechtskraft der Entscheidung über die Ausgleichsrente nach Absatz 1 Kenntnis erlangt,
1. gegenüber dem Berechtigten befreit, soweit er an die Witwe oder den Witwer des Verpflichteten Leistungen erbringt, welche die um die Ausgleichsrente nach Absatz 1 gekürzte Hinterbliebenenversorgung übersteigen;
2. gegenüber der Witwe oder dem Witwer des Verpflichteten befreit, soweit er an den Berechtigten nach Maßgabe eines gegen den Verpflichteten gerichteten Vollstreckungstitels, der diesen wegen des bei dem Versorgungsträger begründeten Anrechts zur Zahlung einer Ausgleichsrente verpflichtete, oder auf Grund einer Abtretung nach § 1587i Abs. 1 des Bürgerlichen Gesetzbuchs Leistungen erbringt, welche die Ausgleichsrente nach Absatz 1 übersteigen. Nach Ablauf des Monats, der dem Monat folgt, in dem der Berechtigte den Versorgungsträger zur Zahlung der Ausgleichsrente aufgefordert und ihm eine beglaubigte Abschrift des Vollstreckungstitels übermittelt hat, findet Nummer 1 keine Anwendung; Nummer 1 findet ferner insoweit keine Anwendung, als der Versorgungsträger in dem dem Tod des Verpflichteten vorangehenden

Monat an den Berechtigten auf Grund einer Abtretung nach § 1587i des Bürgerlichen Gesetzbuchs Leistungen erbracht hat;

3. gegenüber dem Berechtigten befreit, soweit er an die Witwe oder den Witwer des Verpflichteten nach Maßgabe einer gemäß Absatz 9 Satz 3 ergangenen einstweiligen Anordnung Leistungen erbringt, welche die um die Ausgleichsrente nach Absatz 1 gekürzte Hinterbliebenenversorgung übersteigen; gegenüber der Witwe oder dem Witwer des Verpflichteten wird er befreit, soweit er an den Berechtigten nach Maßgabe einer solchen einstweiligen Anordnung Leistungen erbringt, welche die Ausgleichsrente nach Absatz 1 übersteigen. Nach Ablauf des Monats, der dem Monat folgt, in welchem dem Versorgungsträger die einstweilige Anordnung zugestellt worden ist, finden die Nummern 1 und 2 keine Anwendung.

VIII Der Berechtigte und die Witwe oder der Witwer des Verpflichteten sind verpflichtet, einander und dem nach Absatz 1 verpflichteten Versorgungsträger die Auskünfte zu erteilen, die zur Feststellung eines Anspruchs nach den vorstehenden Absätzen erforderlich sind. Die Träger einer im schuldrechtlichen Versorgungsausgleich zu berücksichtigenden Versorgung sind einander, dem Berechtigten und der Witwe oder dem Witwer des Verpflichteten verpflichtet, diese Auskünfte zu erteilen. Ist der Wert eines Anrechts von dem Wert eines anderen Anrechts abhängig, so hat der Träger des anderen Anrechts dem Träger des einen Anrechts die erforderliche Auskunft über den Wert des anderen Anrechts zu erteilen. § 1605 des Bürgerlichen Gesetzbuchs gilt entsprechend.

IX Über Streitigkeiten entscheidet das Familiengericht. In den Fällen des Absatzes 1 hat das Gericht die Witwe oder den Witwer des Verpflichteten, in den Fällen des Absatzes 4 den Berechtigten zu beteiligen. Das Gericht kann auf Antrag des Berechtigten oder der Witwe oder des Witwers des Verpflichteten im Wege der einstweiligen Anordnung die Zahlung der Ausgleichsrente nach den Absätzen 1 und 5 und die an die Witwe oder den Witwer des Verpflichteten zu zahlende Hinterbliebenenversorgung regeln. Die Entscheidung nach Satz 3 ist unanfechtbar; im übrigen gelten die §§ 620a bis 620g der Zivilprozeßordnung entsprechend.

1 1) Was nach dem Tode des Verpfl mit dem AusglAnspr geschieht, war umstr. Nach hM erlosch der Anspr auf AusglRente mit dem Tode des Verpfl, so daß der Berecht in vielen Fällen unversorgt blieb (vgl Palandt 46. Aufl § 1587k Anm 3). Mit dem neu eingefügten VAHRG 3a soll diese VersorggsLücke geschlossen w, indem der **schuldrechtliche Versorgungsausgleich über den Tod des Verpflichteten hinaus verlängert** wird (BT-Drucks 10/5447 S 10f), u zwar nicht ggü den vermögensrechtl vielf „unzuverlässigen" Erben des AusglSchuldn od wg der unerwünschten RStreitigk auch nicht gg die Hinterbl des Verpfl, sond indem der Anspr auf Weiterzahlg der AusglRente sich grdsl gg den Träger der auszugleichden Versorgg richtet (BT-Drucks 10/5447 S 10f m ausführl Begr). Dessen schutzwürd Interessen werden dadch berücks, daß die Fortdauer des AusglAnspr an die Erfordern der HinterblVersorgg innerh der jew schuldrechtl Versorgg, um die es geht, gebunden w (Rn 5). Ausschl des verläng schuldrechtl VA in 4 Fällen (unten **2** Rn 14 u 18). Die Vorschr des VAHRG 3a gilt ab 1. 1. 87 als DauerR (§ 13 VAHRG Rn 4 u 12). Die Vorschr ist **nicht** mRücks darauf **verfassungswidrig,** daß sie sich auf bereits vor dem Inkrafttr der Regelg gesch Ehen bezieht (BVerfG NJW **93**, 2923).

3 2) **Inhalt der verlängerten Ausgleichsrente.** Der VersorggsTräger kann nach dem Tode des AusglSchuldn nur insow auf Fortzahlg der AusglRente in Anspr gen w, als der Berecht von ihm auch ohne Scheidg der Ehe beim Tode des Eheg eine HinterblVersorgg erhalten hätte, **I 1** (zur VerfBeschw eines Untern: FamRZ **93**, 653 = FuR **93**, 115).

4 a) Das bedeutet folgdes: (1) Sieht die für die auszugleichde Versorgg maßgebde Regelg eine Witwen- od **5** Witwerversorgg vor, so kommt dies **zwingend** auch dem ausglberecht Eheg zugute. Der verlängerte schuldrechtl VA kann nicht isoliert dch die VersorggsSatzg ausgeschl w (BT-Drucks 10/5447 S 11). (2) Anderers kann der Berecht von dem VersorggsTräger die AusglRente **nur unter den Voraussetzungen und bis zur Höhe der fiktiven Hinterbliebenenversorgung** verlangen. Erforderl ist den ijF, daß die für die auszugleichde Versorgg maßgebl Regelg überh eine HinterblVersorgg vorsieht (Wagenitz FamRZ **87**, 5). Entspr wirken sich auch etwaige RuhensVorschr für den Fall der Wiederverheirag zL des verlängerten **6** schuldrechtl VA aus (BT-Drucks 10/5447 S 11). (3) Eine iF der Wiederverheiratg nur der Witwe od dem Witwer zugedachte Abfindg kann der nur aus dem verlängerten schuldrechtl VA Berecht mangels An- **7** sprGrdLage nicht verlangen. (4) Leistgen, die auf die HinterblVersorgg nach deren Regelg anzurechnen sind, werden auch iF der Fiktion des verlängerten schuldrechtl VA angerechnet. Die dem Berecht geschuldete AusglRente darf also die um die anzurechnenden Leistgen verminderte fiktive HinterblVersorgg nicht **8** übersteigen (BT-Drucks 10/5447 S 11). (5) Unangerechnet bleiben naturgem die Leistgen aus dem öffrechtl VA (BT-Drucks 10/5447 S 11).

9 b) Iü bestimmen sich **Voraussetzungen und Umfang des verlängerten schuldrechtlichen Versorgungsausgleichs nach § 1587g, I 1.**

10 aa) **Voraussetzungen:** Der Berecht muß selbst eine Versorgg erlangt od die sonst Voraussetzgen des § 1587g I 2 erfüllt haben. Abweichd davon gilt aber zG des AusglBerecht folgdes: Hatte der Verpfl im Ztpkt seines Todes die schuldrechtl auszugleichde Versorgg noch nicht erlangt, so soll der AusglBerecht iR des verlängerten schuldrechtl VA die AusglRente erhalten, obwohl nach § 1587g I 2 der verst Eheg seiners zur Zahlg noch nicht verpfl gewesen wäre, **I 2.** Diese Regelg trägt dem Schutzbedürfn des Berecht Rechng, der mit dem Tode des Verpfl vielf die Mögl verliert, einen Anspr auf nachehel Unterh zu realisieren (BT-Drucks 10/5447 S 11). Der Dchführg der verläng schuldrechtl VA steht entg, daß die betr VersorggsZusage ihrers die HinterblVersorgg davon abhäng macht, daß die Ehe noch besteht (Karlsr FamRZ **88**, 1290).

11 bb) **Höhe:** Maßgebd ist der AusglBetr, den der AusglSchuldn im Ztpkt seines Todes erbracht hat od hätte erbringen müssen. IF von I 2 ist die Höhe der AusglRente fiktiv zu ermitteln; sie bestimmt sich nach

§ 1587g II 1 iVm § 1587a (BT-Drucks 10/5447 S 11). Der ProzentS der HinterblVersorgg ist nicht gleichbedeutd mit der AusglRente (Wagenitz FamRZ **87**, 6; vgl oben Rn 4ff). Der jeweils ermittelte AusglBetr ist **12** vom VersorggsTräger automatisch in der Weise **anzupassen,** in der die HinterblVersorgg an die fortlaufde Entwicklg anzugleichen ist, **I 4.** Dadch werden Korrekturen gem § 1587g II 2 nicht ausgeschl; nach Korrektur gilt dann wieder S 4 (Wagenitz FamRZ **87**, 6).

cc) Anteilige Haftung mehrerer Versorgungsträger. Im Todesfalle wird die einheitl AusglRente des **13** VA-Verpfl ggf auseinandergerissen (Wagenitz FamRZ **87**, 6). Sind mehrere Versorggen des Verpfl schuldrechtl auszugleichen, schuldet jeder VersorggsTräger nur den Teil der nach § 1587g einheitl zu ermittelnden AusglRente, der dem Verhältn des EheZtAnteils des bei ihm begründeten Anrechts zu den EheZtAnteilen der schuldrechtl auszugleichden Anrechte entspr, **I 3.** Dabei sind auch solche schuldrechtl auszugleichden Anrechte des Verpfl zu berücks, die keine HinterblVersorgg vorsehen, weil dem VersorggsTräger, der eine HinterblVersorgg vorsieht, nicht zum Nachteil gerechnet w kann, daß eine HinterblVersorgg bei einem and VersorggsTräger fehlt (BT-Drucks 10/5447 S 11).

3) Ausschluß des verlängerten schuldrechtlichen Versorgungsausgleichs bei bestimmten Versor- 14 gungsarten, II. Die Vorschr schließt den verlängerten schuldrechtl VA **in 2 Fällen** aus, in denen dem VAGedanken auf and Weise genügt w.

a) Vorrang der Realteilung, Nr 1: Ein verlängerter schuldrechtl VA findet nicht statt, wenn der VA **15** dch Realteilg iS von VAHRG 1 II verwirkl w kann. Dch diese Regelg soll den privatrechtl organisierten VersorggsTrägern die Mögl gegeben w, dch Einf der Realteilg kalkulatorische Schwierigk bei der Durchf des verlängerten schuldrechtl VA zu vermeiden (BT-Drucks 10/5447 S 11). **Maßgeblicher Zeitpunkt** für **16** den Ausschl ist die tatsächl (nicht bloß: die mögl) Realteilg der verlängerten schuldrechtl VA beim VersorggsTräger. Im Augenbl der Geltdmachg muß die and AusglForm mit postmortaler Wirkg (Wagenitz FamRZ **87**, 6f) zG des Berecht gesichert sein. Privatrechtl organisierten VersorggsTrägern bleibt dadch eine gewisse AnpassgsFr. Dagg ist die vom RegEntw vorgesehene Best, daß Leistgen nach VAHRG 3a I von diesen VersorggsTrägern erst ab 1. 1. 88 verlangt w können (BT-Drucks 10/5447 S 11f), nicht Gesetz geworden. Ist zweitel nach Durchf des öffrechtl VA die maßgebl VersorggsRegelg dahin geänd w, daß sie nunmehr eine Realteilg vorsieht, so kann der Berecht iW der Abänderg der Entsch über den öffrechtl VA eine **nachträgliche Realteilung** erwirken (VAHRG 10a I Nr 3).

b) Gleichwertiger Versorgungsanspruch, Nr 2: Zu einem verlängerten schuldrechtl VA soll es ferner **17** dann nicht kommen, wenn die für das auszugleichde Anrecht maßgebde Regelg selbst einen Anspr gewährt, der dem verlängerten schuldrechtl VA „im wesentl gleichwertig" ist (BT-Drucks 10/5447 S 12). Damit sollen unnöt AnsprKonkurrenzen (insb zu BeamtVG 22 II) vermieden w (Wagenitz FamRZ **87**, 7). Für die **Feststellung der Gleichwertigkeit** ist unter Anlegg eines großzüg VerglMaßst eine qualitative Gesamtwürdigg beider Regelgen erfdl; ein Vergl der Vor- u Nachteile, die sich aus der einen u der and Regelg für den Berecht im konkr Einzelfall ergeben würden, ist dagg weder erfdl noch ausr (BT-Drucks 10/5447 S 12).

4) Ausschluß des verlängerten schuldrechtlichen Versorgungsausgleichs bei an sich gebotenem **18** öffrechtl VA bzw entspr Parteivereinbg, III.

a) Zweck: Nach § 1587f Nr 5 erfolgt der schuldrechl VA in zwei Fällen, näml dann, wenn er vom FamG **19** wg voraussichtl nicht vorteilh Auswirkg für den Berecht od wg Unwirtschaftlk angeordnet w ist (§ 1587b IV), sowie dann, wenn die Part selbst iR einer gem § 1587o getroffenen Vereinbg den schuldrechtl VA gewählt haben. Würde auch in diesen Fällen die Verlängerg des schuldrechtl VA gelten, so wären damit Manipulationen zum Nachteil der SozialVers mögl. Das Ausweichen vom öffrechtl in den schuldrechtl VA soll desh in diesen Fällen nicht auch die Wirkgen des verlängerten schuldrechtl VA haben (BT-Drucks 10/ 5447 S 12).

b) Bei Verweisung eines an sich dem Splitting oder Quasi-Splitting unterliegenden Anrechts in 20 den schuldrechtlichen Versorgungsausgleich (§ 1587f Nr 5 iVm § 1587b IV) wird nach dem Tode des Verpfl an den Berecht keine AusglRente gezahlt. Damit wird sichergestellt, daß sozialversrechtl Best, nach denen die Übertr od Begr von Anwartsch, etwa aGrd fehler Erfüllg der WarteZt, zu keinen VersorggsLeistgen an den Berecht führen, nicht über die Verlängerg des schuldrechtl VA umgangen w können u dem VersorggsTräger zudem die mit dem öffrechtl VA verbundene Mögl genommen w, zu LebZten des Verpfl dessen Versorgg zu kürzen (BT-Drucks 10/5447 S 12).

c) Die Vereinbarung des schuldrechtlichen Versorgungsausgleichs durch die Parteien (§ 1587f **21** Nr 5 iVm § 1587o) kann nicht zu einer Ausdehng der Anrechte aus der gesetzl SozialVers benutzt w (vgl § 1587o Rn 13). Das muß auch für den verlängerten schuldrechtl VA gelten. Verhindert w soll, daß die Eheg die schuldrechtl VA vereinbaren u dadch dem VA-Schuldn seine Rente ungeschmälert belassen, währd der AusglBerecht anschließend in den Genuß des vollen verläng schuldrechtl VA gelangt (Wagenitz FamRZ **87**, 7). Desh hat in Zukunft der auf verlängerten schuldrechtl VA in Anspr gen VersorggsTräger bei Vorlage entspr Vereinbgen zu prüfen, ob u in welcher Höhe das bei ihm begründete Anrecht ohne PartVereinbg schuldrechtl auszugl gewesen wäre (BT-Drucks 10/5447 S 12).

5) Kürzung der Hinterbliebenenversorgung um die verlängerte Ausgleichsrente, IV. **22**

a) Zweck: Die **Kürzungsregelung** dient der Vermeidg von Mehrbelastgen des VersorggsTrägers. Sie **23** ist für die ges RentVers, nicht dagg f die priv Versorggsträger (Wagenitz FamRZ **87**, 7), **zwingendes Recht,** um in den Fällen der §§ 1587b V, 1587f Nr 2 etwaige AnwendgsSchwierigk im Bereich der gesetzl RentenVers od BeamtVersorgg zu vermeiden (BT-Drucks 10/5447 S 13). Etwaige gleichwohl bestehde Mehrbelastgen des VersorggsTrägers können dch Einf der RealTeilg vermieden w und sind desh hinzunehmen (BT-Drucks 10/5447 S 13).

b) Hinterläßt der AusglSchuldn außer dem geschiedenen Eheg eine Witwe bzw einen Witwer, so muß **24** verhindert w, daß die Verlängerg des schuldrechtl VA zu einer Doppelbelastg des VersorggsTrägers führt.

Der VersorggsTräger soll aus dem verlängerten schuldrechtl VA nicht über die von ihm zugesagte Hinterbl-Versorgg hinaus in Anspr gen w. Die verlängerte **Ausgleichsrente** wird desh **auf eine daneben geschuldete Witwen- bzw Witwerversorgung angerechnet, S 1.** Eine Benachteiligg des überlebden Eheg liegt darin desh nicht, weil bei Durchf des an sich gebotenen öffrechtl VA seine Witwen- bzw Witwerversorgg
25 ebenf entspr verkürzt w wäre (BT-Drucks 10/5447 S 12). Eine Mehrbelastg des VersorggsTrägers bleibt, wenn der AusglSchuldn keine Witwe hinterläßt, deren Versorgg verkürzt w könnte. Diese Mehrbetr sollen dadch wieder ausgegl w, daß es umgekehrt bei der **Kürzung der Hinterbliebenenversorgung auch dann**
26 sein Bewenden hat, **wenn der Ausgleichsberechtigte stirbt, S 2.** Die Kürzg entfällt nach der GrdRegel von VAHRG 4 ledigl dann, wenn die RentLeistgen iR des verlängerten schuldrechtl VA **2 Jahresbeträge**
27 der letzten, dh für den Todesmonat geschuldeten AusglRente, **nicht übersteigen, S 3.** Ledigl die iR des verlängerten VA **bereits erbrachten Leistungen** sind in einem solchen Fall auf die Witwen- od Witwer-versorgg **anzurechnen, S 4.**

28   **6) Ausländische Versorgungträger, V.** Da VersorggsTräger, die nicht der Jurisdiktion der Gerichte der BuRep unterliegen, vom inländ GesGeber nicht zu Leistgen verpfl w können, wird der verlängerte schuldrechtl VA in solchen Fällen, wenn also das schuldrechtl auszugleichde Anrecht bei einer ausländ, zwischen- od überstaatl Einrichtg begründet ist, ausnahmsw gg die Hinterbl gerichtet. Soweit die **Witwe oder der Witwer** von der ausländ Einrichtg VersorggsLeistgen erh, hat sie od er die **Ausgleichsrente**
29 **unmittelbar an den ausgleichsberechtigten geschiedenen Ehegatten** zu zahlen, **S 1.** Voraussetzg ist ein entspr **Antrag** des AusglBerecht. Ob die AusglRente überh u in welcher Höhe sie gezahlt w muß, ist nach VAHRG 3a I–IV zu ermitteln, also so, als ob es sich bei dem ausländ VersorggsTräger um eine inländ VersorggsEinrichtg handelte. Die AusglRente darf allerd den von der Witwe bzw dem Witwer tats erhalte-nen Betr nicht übersteigen, auch wenn dieser etwa aGrd devisenrechtl Besonderh niedriger als die in der ausl, zwischen- od überstaatl VersorggsOrdng vorgesehenen HinterblVersorgg ist (BT-Drucks 10/5447
30 S 13). Leistgen, die der AusglBerecht von der ausl Einrichtg als Hinterbl seines geschied Eheg unmittelb erh, wie beispielsw eine Geschiedenenwitwenrente, werden angerechnet, **S 2.**

31   **7) Verweisungen über Einzelheiten der Rentenzahlung, VI.** Der verlängerte schuldrechtl VA will eine mit dem Tode des Verpfl eintretde VersorggsLücke schließen, den Berecht jedoch grdsl nicht besser stellen, als wenn der Verpfl noch lebte (BT-Drucks 10/5447 S 13). Desh gelten für den gg den Versorggs-Träger gem VAHRG 3a I u IV od iF von VAHRG 3a V gg die Witwe bzw den Witwer des AusglSchuldn
32 gerichteten Anspr auf **Ausgleichsrente** folgde Verweisgen: Die AusglRente ist **monatlich** im voraus zu entrichten u wird zum vollen mtl Betr auch im Todesmonat geschuldet (§ 1585 I 2 u 3). Wird die AusglRen-te nicht gezahlt, kann **Nachzahlung** für die Vergangenh nur bei Rhängigk od SchuldnVerzug (Karlsr FamRZ **93**, 75) bzw absichtl LeistgsEntzug verlangt w (§ 1585b II u III). Eine wesentl Änderg der Verhältn kann auf Antr zur **Abänderung** auch rechtskr Entsch des FamG führen (§ 1587d II). **Nichtentstehung des Anspruchs:** Bei fehlder Bedürftigk, Verhinderg der Entsteh eig VersorggsAnrechte aS des Berecht u bei Verletzg von UnterhPfl dch den Berecht gelangt der Anspr auf die AusglRente überh nicht zur Entsteh (§ 1587h). Mit dem **Tode des Ausgleichsberechtigten** erlischt er (§ 1587k II 1).

33   **8) Vermeidung von Doppelleistungen, VII.**

34   **a) Zweck:** Für die Vergangenh kann die Zahlg der AusglRente gem § 1585b II, VAHRG 3a VI ab Verzug bzw Rhängigk verlangt w (vgl Rn 32). Hinterläßt der Verpfl eine Witwe od einen Witwer, so ergibt sich bei Streit über die Höhe der AusglRente u über die Höhe der HinterblVersorgg für den VersorggsTrä-ger die Gefahr, Doppelleistgen erbringen zu müssen. Dieses Risiko soll dem VersorggsTräger nach VII abgen w, ohne zugl Leistgen an den Berecht od an Witwe od Witwer des AusglSchuldn bis zu einer rechtskr Entsch des FamG zu blockieren (BT-Drucks 10/5447 S 13). Die Lösg ist in einer dreifach – näml nach der Kenntn des VersorggsTrägers, relativ nach der Person des Betroffenen (Hinterbl bzw AusglBerecht) u nach der Zt – gestuften Regelg gefunden w (Wagenitz FamRZ **87**, 7f). Das Gesetz billigt dem VersorggsTräger SchuldnSchutz zu, wenn unter Berücks des rechtskr gewordenen Titels über VersorggsLeistgen sei es an die Hinterbl (Witwe od Witwer), sei es aGrd des verlängerten schuldrechtl VA an den berecht geschiedenen Eheg im Ergebn Zahlgen zu Unrecht erfolgt sind.

35   **b) Schuldnerschutz gegenüber dem Ausgleichsberechtigten, Nr 1.** Solange keine einstw AO er-geht, kann der VersorggsTräger, gg den der gesch Eheg des Verpfl den verlängerten schuldrechtl VA geltd macht, die HinterblVersorgg an die Witwe bzw den Witwer des Verpfl mit befreiender Wirkg ggü dem gesch Eheg des Verpfl in vollem Umfang auszahlen. War jedoch der Verpfl aGrd eines vollstreckb Titels wg des mit dem VersorggsTräger bestehden Anrechts nicht zur Zahlg einer AusglRente verpfl, so kann der VersorggsTräger diese AusglRente an den Berecht mit befreiender Wirkg ggüb Witwe bzw Witwer des Verpfl auszahlen. Leistet er in diesem Fall trotz Kenntn von dem gg den Verpfl erwirkten Titel die Hinterbl-Versorgg ungekürzt weiter, so kommt ihm für diese Leistgen kein SchuldnSchutz zugute (BT-Drucks 10/ 5447 S 13f). Nach Erl einstw AO: vgl Rn 36, 37.

36   **c) Schuldnerschutz auf Grund Vollstreckungstitels gegen den Verpflichteten, Nr 2.**
Der VersorggsTräger wird **gegenüber der Witwe oder dem Witwer des Ausgleichspflichtigen,** also iR der HinterblVersorgg, **befreit,** wenn er sich an einen VollstrTitel, insb eine einstw AO hält, welche die Zahlg der AusglRente u die Kürzg der HinterblVersorgg anordnet (BT-Drucks 10/5447 S 14), od wenn er die AusglRente aGrd einer Abtretg nach § 1587i zahlt (BT-Drucks 10/6369 S 19), **S 1.** Der SchuldnSchutz nach Nr 1 versagt jedoch unter Berücks der EDV-AnpassgsModalitäten mit Ablauf des dch die Übermittlg einer begl Abschr des VollstrTitels folgden Mts bzw bedarf es des SchuldnSchutzes iF des § 1587i bis zum Tode des AusglPfl überh nicht, wenn die VersorggsAnspr in Höhe der AusglRente an den Berecht abge-treten waren, **S 2.**

37   **d) Schuldnerschutz bei Vertrauen auf eine einstweilige Anordnung, Nr 3.**
Soweit das FamG gem VAHRG 3a IX über die AusglRente u eine entspr Kürzg der HinterblBezüge eine einstw AO erlassen hat (Einzelh dazu unter Rn 42), wird der VersorggsTräger frei, u zwar ggü dem

AusglBerecht, soweit er aGrd der einstw AO Leistgen erbracht hat, welche die um die AusglRente nach VAHRG 3a I gekürzten HinterblVersorgg übersteigt, **S 1 erster Halbs**, u ggü der Witwe od dem Witwer des Verpfl, soweit der VersorggsTräger in Ausführg der einstw AO mehr an AusglRente gezahlt hat, als nach VAHRG 3a I in Wirklichk zu zahlen war, **S 1 zweiter Halbs**. Nach Ablauf des der Zustellg der einstw AO folgden Mts finden Nr 1 u 2 keine Anwendg mehr, **S 2**. Dh der VersorggsTräger kann sich auf die einstw AO verlassen; auf den sonstigen SchuldnSchutz kommt es damit nicht mehr an. Soweit der VersorggsTräger nach diesen Regelgen Leistgen an die Witwe bzw den Witwer des Verpfl mit befreiender Wirkg ggü dem Berecht erbracht hat, bleiben Anspr des Berecht gg die Witwe bzw den Witwer aus §§ 812 ff unberührt (Karlsr FamRZ **93**, 75) wie umgek auch BereichergsAnspr der Hinterbl gg den AusglBerecht bei überhöhten Leistgen an diesen (BT-Drucks 10/5447 S 14).

9) Wechselseitige Auskunftsansprüche, VIII. Die Effektivität des verlängerten schuldrechtl VA für **38** den Berecht u die erfolgreiche RVerteidigg der Witwe bzw des Witwers des AusglPfl hängen nicht zuletzt von der Möglk ab, sich über die für den schuldrechtl VA relevanten Tats Klarh zu verschaffen. Entspr gilt für den od die beteiligten VersorggsTräger. Desh statuiert das Gesetz umfangreiche **zusätzliche Auskunftsrechte unter den Beteiligten** (BT-Drucks 10/5447 S 14). Zur wechselseit AuskVerpfl sind der AusglBerecht u die Witwe bzw der Witwer des AusglSchuldn sowie diese ggü dem nach VAHRG 3a I verpfl VersorggsTräger, **S 1**. Mehrere VersorggsTräger sind untereinand wie iü auch nach S 1 auskberecht u -verpfl, **S 2**. Auch wenn der Wert eines Anrechts von dem Wert eines and Anrechts abhängt, besteht eine wechselseit AuskPfl unter den VersorggsTrägern, **S 3**. Damit wird das Recht des Trägers einer Gesamtversorgg klargestellt, von einem and VersorggsTräger Ausk über die Höhe der HinterblVersorgg zu erlangen, die der Berecht von diesem Träger erhielte, wenn die Ehe des Berecht mit dem Verpfl nicht gesch w wäre (BT-Drucks 10/5447 S 14). Iü gilt für die versch AuskAnspr § 1605 entspr, **S 4**. Ihrem Umfang nach erstreckt sich die AuskPfl auch auf die gem § 1587h maßgebden persönl Verhältn (BT-Drucks 10/5447 S 14).

10) Verfahrensrecht, IX. **39**

a) Für Streitigk über den verlängerten schuldrechtl VA einschl der AuskAnspr ist das FamG **zuständig**, **40** **S 1**. Örtl Zustdgk: ZPO 621 II 2, FGG 45 III. Früh Anhängigk eines Verf auf schuldr VA reicht bei Wechsel des gewöhnl Aufenth nicht aus (BGH NJW **91**, 1744). Für den Erlaß eines LeistgsTitels über die HinterblVersorgg bleibt das SozGer, VerwGer, ArbGer usw zust, das ggf bis zur Entsch des FamG aussetzen muß (Wagenitz FamRZ **87**, 8 Fn 34).

b) Das FamG hat in den Fällen von VAHRG 3a I die Witwe od den Witwer des Verpfl, in den Fällen von **41** 3a IV den Berecht an dem Verf zu **beteiligen**, **S 2**. Zur Beteiligg des VersorggsTrägers Wagenitz FamRZ **87**, 8 Fn 34a.

c) Der ausglberecht gesch Eheg kann ebso wie die Witwe bzw der Witwer des Verpfl beim FamG eine **42** **einstweilige Anordnung** über die vorl Zahlg der AusglRente nach VAHRG 3a I u V sowie über die Kürzg der HinterblVersorgg erwirken, **S 3**. Für das einstw AO-Verfahren gelten hins, wie im RegEntw vorgesehen, die Vorschr über die einstw AO in der HausrVO, sond ZPO 620a–620g, **S 4** (BT-Drucks 10/6369 S 19). Voraussetzg ist ein **Antrag**. Die einstw AO ist vAw zuzustellen (ZPO 621c I 2, 329 III). KostenEntsch nach FGG 13a. Die Regelg dch einstw AO ist **unanfechtbar**, **S 4**.

Ib. Regelung des Versorgungsausgleichs in anderer Weise

VAHRG 3b *Anderweitige Formen des Versorgungsausgleichs.* **I** **Verbleibt auch** **nach Anwendung des § 1587b des Bürgerlichen Gesetzbuchs und des § 1 Abs. 2 und 3 noch ein unverfallbares, dem schuldrechtlichen Versorgungsausgleich unterliegendes Anrecht, kann das Familiengericht**

1. **ein anderes vor der Ehezeit erworbenes Anrecht des Verpflichteten, das seiner Art nach durch Übertragung oder Begründung von Anrechten ausgeglichen werden kann, zum Ausgleich heranziehen. Der Wert der zu übertragenden oder zu begründenden Anrechte darf, bezogen auf das Ende der Ehezeit, insgesamt zwei vom Hundert des auf einen Monat entfallenden Teils der am Ende der Ehezeit maßgebenden Bezugsgröße (§ 18 des Vierten Buches Sozialgesetzbuch) nicht übersteigen;**
2. **den Verpflichteten, soweit ihm dies nach seinen wirtschaftlichen Verhältnissen zumutbar ist, verpflichten, für den Berechtigten Beiträge zur Begründung von Anrechten auf eine bestimmte Rente in einer gesetzlichen Rentenversicherung zu zahlen; dies gilt nur, solange der Berechtigte die Voraussetzungen für eine Vollrente wegen Alters aus der gesetzlichen Rentenversicherung noch nicht erfüllt. Das Gericht kann dem Verpflichteten Ratenzahlungen gestatten; es hat dabei die Höhe der dem Verpflichteten obliegenden Ratenzahlungen festzusetzen; § 1587d Abs. 2, § 1587e Abs. 3 und § 1587f Nr. 3 des Bürgerlichen Gesetzbuchs gelten entsprechend.**

II Absatz 1 findet auf die in § 3a Abs. 5 bezeichneten Versorgungen keine Anwendung.

1) Gesetzeszweck: In erster Linie dient die Vorschr dem Interesse des Berecht an einer eigenständ **1** Sicherg dch Vermeidg des schuldr VA unverfallb VersorggsAnrechte (BGH NJW **89**, 1859; **92**, 3234). Zugleich wird aber auch dem Interesse des VersorggsTrägers Rechng getragen, später verläng schuldr VA gewähren zu müssen (BT-Drucks 10/6369 S 19). Der Schutz des AusglBerecht hat Vorrang, so daß das Ger den VA in den Formen des VAHRG 3b I nicht gg den Willen des AusglBerecht dchführen darf (BGH NJW **92**, 3234) od wenn die Eheg den schuldr VA vereinb haben (BGH NJW **89**, 1859). Iü handelt es sich um eine **Ermessensentscheidung** (BGH NJW **92**, 3234), die aber ausgeschl ist iFv II (Rn 24) u entspr § 1587b IV **2**

eingeschränkt w, dh kein erweitertes Splitting, wenn sich der schuldr VA nicht zG des Berecht auswirken würde od unwirtsch wäre (Karlsr FamRZ **88**, 954 u 1290; AG Rastatt FamRZ **90**, 1365). Unwirtschaftlk verlangt ein Mißverhältn den AusglSchu abverlangten Leistg zu dem dch die BeitrZahlg eintretden Erfolg (Düss FamRZ **91**, 1205). Unter Umst ist auch iRv VAHRG 3 b nicht der GesBetr auszugl, weil auch hier die **Höchstbetragsregelung** des § 1587 b V (dort Rn 53) gilt (Nr 1: BGH FamRZ **89**, 720; Nr 2: Düss FamRZ **91**, 1205). **Keine Analogie** bei nach EheZtEnde erloschenem Anrecht (BGH NJW **92**, 312; **95**, 135;

3 § 1587 Rn 41). Kein **Beschwerderecht** des Trägers der betriebl AltVersorgg gg die Dchführg des Super-Splittings (Kln FamRZ **88**, 511) od gg die NichtAnO der BeitrZahlg zur Begrdg v Anrechten in der ges RentVers (Ffm FamRZ **88**, 533) noch gg die Versagg des öff VA gem § 3 b (BGH NJW **89**, 1858; FamRZ **91**, 175), auch wenn der Ausschl v § 3 b auf einer Vereinbg der Part gem § 1587 o beruht (BGH NJW **89**, 1859). Es besteht auch kein BeschwR wg Einwänden gg die Bewertg der betriebl AltersVers iHinbl auf deren späteren schuldrechtl RestAusgl (BGH FamRZ **95**, 157). Eine auf die Anwendg v Nr 2 beschr Beschw erlaubt bei untrennb Zushg auch die Abändg der Entsch zu Nr 1 (Hamm NJW-RR **89**, 1240).

4   **2) Dem anderweitigen Versorgungsausgleich offene Versorgungsanrechte.** Der anderw VA nach VAHRG 3 b kommt nur in Betr, soweit nach Dchführg des VA gem § 1587 u VAHRG 1 II u III noch ein **restlicher Ausgleichsanspruch** des Berecht verbleibt, der **schuldrechtl auszugleichen** wäre. IdR wird dies dann der Fall sein, wenn aS des Verpfl noch ein unverfallb, gem VAHRG 2 schuldrechtl auszugleichdes Anrecht vorliegt, welches nicht bereits ganz od zT dch den öffentl WertAusgl in den bish Formen aufgezehrt ist. Beispiele: eine unverfallb priv betriebl Altersversorgg; schuldrechtl auszugleichde Restanrechte, wenn aS des Berecht der HöchstBetr in der gesetzl RentVers gem § 1587 b V überschritten ist u der

5 verbleibde Betr nach § 1587 f Nr 2 schuldrechtl auszugl wäre (BT-Drucks 10/6369 S 19) usw. Weitere Voraussetzgen für den anderw Ausgl nach § 3 b ist, daß das an sich schuldrechtl auszugleichde Anrecht **unverfallbar** ist (vgl dazu § 1587 a Rn 75–83; Bergner SozVers **87**, H 3 sub 1.1.2).

6   **3)** Für den **anderweitigen Ausgleich** sieht VAHRG 3 b **zwei Formen** vor: das erweiterte Splitting, Quasi-Splitting u die erweiterte RealTeilg gem Nr 1 (vgl zum Super-Splitting nach bish Recht: § 1587 b Rn 36, 46; § 1587 o Rn 13) sowie die AO der Entrichtg von Beitr zur gesetzl RentVers gem Nr 2 (vgl zur früh RLage: § 1587 b Rn 30; Einf 1 v § 1 VAHRG).

7   **a) Erweiterter öffentlichrechtlicher Ausgleich durch erweitertes Splitting** („Super-Splitting") **und Quasi-Splitting sowie erweiterte Realteilung, Nr 1.**

8   **aa) Überschreitung des Halbteilungsgrundsatzes** (BT-Drucks 10/6369 S 17 Sp 2 unten). Grdsl behält jeder Eheg von seinen in der Ehe erworbenen Anrechten jew die Hälfte. Der anderw Ausgl kann aber dadch erfolgen, daß das FamG zum Ausgl eines an sich schuldrechtl VA unterliegdn Anrechts ein anderw

9 Anrecht des Verpfl zum Ausgl heranzieht, **S 1.** α) Zu den auf diese Weise **ausgleichbaren Anrechten** gehören diej nach VAHRG 2 od der den HöchstBetr nach § 1587 b V überschreitde u gem § 1587 f Nr 2 schuldrechtl auszugleichde Betr (Rn 4). Dagg nicht ausländ Anrechte (Hamm FamRZ **89**, 759). β) Das zum erweiterten Ausgleich herangezogene Anrecht muß auch ohne den erweiterten VA schon auszugl sein. Ein Anrecht, das ausschließl außerh der EheZt erworben wurde u daher im VA überh nicht zu berücks ist, scheidet auch f den erweiterten Ausgl aus. Iü können aber neben rein innerh der Ehe angesammelten VersorggsAnwartsch auch wenigstens teilweise vor der Ehe erworbene Anrechte des Verpfl zum erweiterten Ausgl herangezogen w (BT-Drucks 10/5447 S 15). Dagg scheiden Anrechte, die nach der EheZt erworben w sind, f den erweiterten Ausgl aus (aA Bergner SozVers **87**, 60). Die zusätzl herangezogenen Anrechte müssen ihrer RNatur nach dem Splitting, dem Quasi-Splitting oder der Realteilung zugänglich sein. Nur schuldrechtl auszugleichde Anrechte können nicht herangezogen w. In Betr kommen daher nicht nur Anwartsch in der gesetzl RentVers, sond auch Anwartsch auf BeamtVersorgg, ferner berufsständ Versorgngen wie ÄrzteVersorgg (Karlsr FamRZ **94**, 1180), ZusatzVersorgg im öff Dienst, u auch eine real teilbare priv Vers oder betriebl AltersVersorgg (BT-Drucks 10/5447 S 15; Bergner SozVers **87**, 60).

10   **bb) Durchführung des erweiterten Splittings usw** (vgl Ruland NJW **87**, 348). Soweit sie in der EheZt erworben sind, werden Anrechte zunächst nach § 1587 b I od II, VAHRG 1 II u III ausgeglichen. Hierbei ist ein schuldrechtl auszugleichder AusglAnspr übriggeblieben. Nur hins eines solchen RestBetr kommt § 3 b in Betr (BT-Drucks 10/6369 S 19). Bei diesem entscheiden die dynamisierten (also ggf nach der BarwertVO umgerechneten) Werte (Wagenitz FamRZ **87**, 3 mit BerechnungsBsp). Der eigtl erweiterte Ausgl findet dadch statt, daß zusätzl zu dem im öffrechtl VA dem Berecht übertragene od f ihn begründete Anrechte sodann zL eines and, öffrechtl auszugleichden Anrechts des Verpfl f den Berecht darü hinaus weitere, dch den bereits dchgeführten VA f diesen an sich erledigte Anrechte übertr od begründet w, u zwar (iW des erweiterten Splittings od Quasi-Splittings) in der gesetzl RentVers (Bsp eines solchen Super-Splittings: Celle FamRZ **87**, 391) od (dch erweiterte RealTeilg) beim Träger einer and, real teilb Versorgg, zB in der BayÄrzteVersorgg (Mü FamRZ **91**, 956). Im Ergebn wird damit dem Verpfl die an sich schuldrechtl auszugleichde Versorgg (zB die priv Betriebsrente) ungeschmälert belassen; statt dessen wird sein Anrecht in der gesetzl RentVers, aus der BeamtVersorgg od beim Träger der real teilb Betriebsrente über den HalbteilgsGrds hinaus u ggf bis zur vollen Höhe (Wagenitz FamRZ **87**, 3) vermindert (BT-Drucks 10/6369 S 19). Auf das erweiterte Splitting finden § 1587 b I, auf das erweiterte Qu-Spl § 1587 b II analoge Anwendg (Wagenitz FamRZ **87**, 2). Doch gilt der HöchstBetr v § 1587 b V auch hier (BGH FamRZ **89**, 720 f). Rfolgen

11 v Splitting u Qu-Spl wie § 1587 b Rn 17 ff u 28 f. Zur **Rangfolge:** Rn 23.

12   **cc) Einhaltung des Grenzbetrages, Nr 1 S 2.** Der erweiterte Ausgl in Form des erweiterten Splittings, Quasi-Splittings usw darf dem AusglPfl nicht zuviel von seinen nach wie vor als ihm vortvoller angesehenen splittingsfäh Anrechten wegnehmen (ausführl dazu Wagenitz FamRZ **87**, 3 f). Desh macht das Gesetz hier bestimmte Einschränkgen. Der GrenzBetr bis zu dem insges der erweiterte Ausgl vorgen w darf, ist auf **2% der am Ende der Ehezeit maßgebenden monatlichen Bezugsgröße** festgesetzt w (vgl zu den **Tabellen** LitHinweis vor § 1587). Damit soll einers das Interesse des Verpfl am Erhalt seiner öffrechtl VersorggsAnrechte hinreichd gewahrt bleiben, anderers f den Berecht an Stelle des schuldrechtl VA dieser erweiterte öffrechtl VA zu einer eigständ Versorgg führen (BT-Drucks 10/6369 S 19). Der GrenzBetr bemißt sich nach dem Gesamtergebn. Für mehrere dem schuldrechtl VA unterliegde Anrechte ist der GrenzBetr nur einmal auszuschöpfen (BGH FamRZ **92**, 921; Celle FamRZ **95**, 366). Die Höhe der schuldrechtl auszugleichden Anrechte ist unbeachtl. Aber wenn sie den GrenzBetr von 2% der Bezugsgröße um ein mehrf übersteigen, können sie nur unter Beachtg des GrenzBetr nach Nr 1 dch erweitertes Splitting, Quasi-Splitting od erweiterte RealTeilg ausgegl w (BT-Drucks 10/6369 S 19f). Zur Kombination beid erweiterter AusglFormen vgl Rn 23. Zur Beachtg des HöchstBetr: Rn 10. **13**

b) Verpflichtung zur Entrichtung von Beiträgen in der gesetzlichen Rentenversicherung, Nr 2. **14**

aa) Die Vorschr entspr § 1587 b III aF u beruht auf der Entsch des BVerfG NJW **86**, 1321, wonach innerh **15** best ZumutbarkGrenzen die BeitrZahlgsVerpfl als Form des öffrechtl Ausgl dchaus verfassgskonform u geboten sein kann. Die zum Gesetz gewordene Fassg versucht, sich mit Hilfe unbest RBegriffe innerh dieses Rahmens der Verfassgsmäßigk zu halten (BT-Drucks 10/6369 S 20). Zum Verhältn zur Abfindg vgl § 1587 l Rn 6. Zu beachten ist, daß der BeitrSatz nicht in jedem J gleich hoch ist, so daß es sinnv sein k, die 3-Mo-Fr von SGB VI 187 V verstreichen zu lassen (Glockner FamRZ **95**, 341).

bb) Der AusglPfl kann vom FamG unter den Voraussetzgen von Rn 4, 5 verpfl w, f den Berecht Beitr zur **16** Begründg von Anrechten auf eine best Rente in der gesetzl RentVers zu zahlen, **S 1 erster Halbs.** (SGB VI 187 I). Die **Umrechnung** der RentAnwartsch in EP (§ 1587 a Rn 34) u der EP in Beitr erfolgt n SGB VI 187 (Einzelh VDR-Hdb/Bergner 27/46 f). Zur **Zahlungszeitpunktfiktion:** § 1587 b Rn 40. Vgl zu den Aus- **17** wirkgen iü VDR-Hdb/Bergner 27/80 ff. α) Im Ggs zum RegEntw ist **kein Höchstbetrag** vorgesehen, bis zu dem die Begründg von Anrechten dch BeitrZahlg angeordn w kann (BT-Drucks 10/6369 S 20; vgl aber Rn 2). Die Zumutbark ist auch nicht etwa an 10% des einsetzb Verm festzumachen (Hamm FamRZ **90**, 1255; aA Mü FamRZ **88**, 955). β) Es wird vielm als tatbestandl Vorauss individuell ausschließl auf die **18** **wirtschaftliche Zumutbarkeit der Beitragszahlungen** f den Verpfl abgestellt (Hamm FamRZ **90**, 1255; Joh/Henr/Hahne 25). Damit bleibt der Verpfl nicht nur vor unbill Belastgen verschont, sond ihm werden über die vom BVerfG gezogenen ZulässigkGrenzen hinaus nur solche VermOpfer abverlangt, die zu seiner wirtsch GesSituation in einem angem Verhältn stehen, also weder seinen angem Unterh gefährden noch den Stamm seines Verm angreifen. Die Grenze der wirtsch Zumutbark deckt sich dabei mit dem in § 1587 l I eingef Maßst (BT-Drucks 10/6369 S 20). Vgl dazu § 1587 d Rn 4 sowie § 1587 l Rn 8. Die wirtsch Zumutbark kann sich ua daraus ergeben, daß den Pflichtigen keinerlei UnterhPfl treffen (Düss FamRZ **88**, 404). Unzumutb ist die Entrichtg v Beitr zum Ausgl noch nicht endgült gesicherter BetrRentAnrechte (Brschw FamRZ **88**, 406) od wenn dch die Beitr der angem Unterh u der Stamm des Verm des UnterhPflicht gefährdet würden (Hamm FamRZ **89**, 400). Ferner bleibt eine EigtWohng einschl eines evtl VerkErlöses außer Betr (Mü FamRZ **88**, 955), es sei denn, das im MitEigt beid Eheg stehde Hs soll iRd VermAuseinandS sowieso veräuß w (Celle FamRZ **95**, 366 mN). Im Rahmen der wirtsch Zumutbark ist die Möglk v **19** Ratenzahlgen (Rn 20) mitzuberücks (Wagenitz FamRZ **87**, 4 f). γ) Die AO kommt nur sol in Betr, wenn der Berecht die Vorauss f ein Altersruhegeld aus einer gesetzl RentVers noch nicht erfüllt, **S 1 zweiter Halbs.** BeitrZahlg scheidet nicht schon aus, wenn der Berecht die Altersgrenze überschritten hat, sond erst mit der Erteilg eines bindenden Altersruhegeldbescheids (SGB VI 187 IV; Düss FamRZ **91**, 1205).

cc) Das FamG kann dem Verpfl **Ratenzahlungen** gestatten, wobei es auch deren Höhe festsetzen muß, **20** **S 2 erster Halbs.** Die Möglk von RatenZahlgen erfolgt innerh der Prüfg der wirtsch Zumutbark u ist desh **von Amts wegen** zu berücks (BT-Drucks 10/6369 S 20). Bei zu niedr bemessenen Raten liegt uU Unzumutbark vor (Wagenitz FamRZ **87**, 5 Fn 17).

dd) Iü gelten hins der **Änderung** einer rechtskr Entscheidg des FamG, des **Erlöschens** des Anspr auf **21** BeitrEntrichtg sowie hins des Übergangs nicht getilgter BeitrZahlgsVerpfl in den schuldrechtl VA die Vorschr der §§ 1587 d II, 1587 e III iVm §§ 1587 g I 2 u 1587 f Nr 3 entspr, **S 2 zweiter Halbs.** Eine gleichzeit Inanspruchn des Verpfl aus dem BeitrZahlgsTitel u aus dem von dem Berecht beantragten schuldrechtl VA ist damit ausgeschl (BT-Drucks 10/6369 S 20). Maßgebd für das Erlöschen des Anspr auf BeitrEntrichtg ist nicht allein der Eintr der Vorauss v § 1587 g I 2; vielm müssen außerdem die allg Vorauss f den schuldr VA erfüllt sein (BGH FamRZ **88**, 936). Das FamG hat bei der Entsch über den schuldrechtl VA die Entsch über die BeitrZahlg aufzuheben (FGG 53 f, VAHRG 11 I). Die zitierten **Verweisungen** waren **22** ledigl wg ihrer Bezugn auf § 1587 b III erfdl. Iü gelten f die BeitrZahlg nach VAHRG 3 b I Nr 2 alle übr Regelgen der §§ 1587 ff sowie die mit der BeitrZahlg zuhängden Vorschr des SozVersR unmittelb (BT-Drucks 10/6369 S 20).

c) Rangfolge. aa) Der Ausgl nach VAHRG 3 b I selbst ist ggü § 1587 b I u II, VAHRG 1 I u II **subsidiär;** **23** erst wenn nach Anwendg der genannten Vorschr ein schuldrechtl auszugleichder Betr übr bleibt, findet die Vorschr Anwendg (Joh/Henr/Hahne 6). **bb)** Dann entstehen versch Rangprobleme (vgl Dörr NJW **90**, 2723), sei es, daß mehrere gleichart Rangrechte nach § 3 b I Nr 1 auszugl sind, aber der GrenzBetr zum Ausgl aller nicht ausr, sei es, daß bei einem od mehreren schuldrechtl auszugleichden Anrechten des Verpfl auch der Berecht über Anrechte verfügt, sei es schließl, daß unterschiedl AusglFormen (RealTeilg, Quasi-splitting, erweitertes Splitting, BeitrZahlg, schuldrechtl VA) aufeinand treffen. Das FamG entsch sämtl Fälle, weswg diese auch nicht differenziert zu w brauchen, unter Berücks der Interessen der Part u einem GesPkt der Praktikabilität nach pflichtgem **Ermessen** (BT-Drucks 10/6369 S 19; Joh/Henr/Hahne 19; MüKo/Maier 26; Soergel/Schmeiduch 17), insb also die Frage der Auswahl, welches von mehreren Anrechten bei versch VersorggTr herangezogen w (BGH FamRZ **92**, 921; NJW-RR **92**, 1027). Ein Anrecht, dem eine HinterblVersorgg fehlt, muß im Interesse des Gl dch den erweiterten dingl VA ausgegl w, und im schuldrechtl VA zu vermeiden (Hamm FamRZ **90**, 173/75; Wagenitz FamRZ **87**, 4; vMaydell FuR **90**, 62). Eine Quotierg wird idR wg des zu hohen VerwaltgsAufwands ausscheiden (vgl Soergel/Schmeiduch Rn 18; and Ffm FamRZ **86**, 1006 L; vgl jetzt aber Einf 9 v VAHRG 1). Aus demselben Grd sollten eher die Anrechte herangezogen w, die nach § 1587 b I od II bzw VAHRG 1 II od III ohnehin auszugl sind (MüKo/ Maier 26/27). Nach der Rangfolgenmethode findet bei ZusTreffen unterschiedl AusglFormen mit GgRechten des Berecht iS der Vermeidg des schuldrechtl VA eine Verrechng statt (Gutdeutsch/Lardschneider

FamRZ **83**, 850f; Bergner SozVers **87**, 67; vMaydell FuR **90**, 60). Das Super-Splitting nach Nr 1 kann seinem Umfang nach immer nur unter Beachtg des GrenzBetr erfolgen (Rn 12). Daneben ist gem Nr 2 iR der Zumutbark (Rn 18) die AO der BeitrZahlg in der gesetzl RentVers für weitere AusglBetr mögl, dh an sich dem schuldrechtl VA überantwortete RestBetr können ganz od zT zusätzl nach Nr 2 dch AO von BeitrZahlgen ausgegl w (BT-Drucks 10/6369 S 19f), so daß nur ein evtl dann immer noch vorhand Rest dem schuldrechtl VA überlassen bleibt.

24   **4) Ausschluß des anderweitigen Versorgungsausgleichs für Anrechte bei ausländischen Versorgungseinrichtungen, II.** Anrechte, die bei and als inländ VersorggsTrägern begründet sind (vgl VAHRG 3a V u dortselbst Rn 28–30), entziehen sich vielf einer verläßl Bewertg. Dies beruht zT auf ihrer von der Typik inländ Anrechte abweichden Ausgestaltg u Leistgsbreite. Zum Teil folgt dies aus den sich im Streit- od Insolvenzfall möglicherw ergebden DchsetzgsProblemen. Desh nimmt § 3b II solche Anrechte (nicht nur „Versorggen"; Bergner SozVers **87**, H 3 sub 1.1.3) von den AusglMechanismen des § 3b I aus u beläßt sie im schuldrechtl VA, der den bes Problemen dieser Anrechte in flexibler Weise Rechng trägt (BT-Drucks 10/6369 S 20; krit Bergner SozVers **87**, H 3 sub 1.1.3).

VAHRG 3c   *Absehen vom Versorgungsausgleich bei geringfügigem Ausgleichsbetrag.*

Die Vorschrift ist durch Art 30 RÜG (Einf 18 v § 1587) mit Wirkung vom 1. 1. 92 aufgehoben (vgl 51. Aufl).

II. Auswirkungen des Versorgungsausgleichs in besonderen Fällen

Einführung

1   Die §§ 4–10 HRG nehmen die wirtschaftl nachteil Folgen des dingl VA in best Härtefällen zurück (vgl Einf 4 vor § 1 HRG).

VAHRG 4   *Reduktion der Kürzung beim Tod des Berechtigten, Nichtübersteigen von zwei Jahresbeträgen und Erstattung im Falle der Nachversicherung.*

[I] **Ist ein Versorgungsausgleich gemäß § 1587b Abs. 1 oder 2 des Bürgerlichen Gesetzbuchs durchgeführt worden und hat der Berechtigte vor seinem Tod keine Leistungen aus dem im Versorgungsausgleich erworbenen Anrecht erhalten, so wird die Versorgung des Verpflichteten oder seiner Hinterbliebenen nicht auf Grund des Versorgungsausgleichs gekürzt.**

[II] **Ist der Berechtigte gestorben und wurden oder werden aus dem im Versorgungsausgleich erworbenen Anrecht Leistungen gewährt, die insgesamt zwei Jahresbeträge einer auf das Ende des Leistungsbezuges ohne Berücksichtigung des Zugangsfaktors berechneten Vollrente wegen Alters aus der Rentenversicherung der Arbeiter und der Angestellten aus dem erworbenen Anrecht nicht übersteigen, so gilt Absatz 1 entsprechend, jedoch sind die gewährten Leistungen auf die sich aus Absatz 1 ergebende Erhöhung anzurechnen.**

[III] **Wurde der Verpflichtete nach Durchführung des Versorgungsausgleichs vor dem 1. Januar 1992 nachversichert, so sind insoweit dem Rentenversicherungsträger die sich aus Absatz 1 und 2 ergebenden Erhöhungen vom Dienstherrn zu erstatten; § 290 Satz 2 des Sechsten Buches Sozialgesetzbuch gilt entsprechend.**

1   **1)** Die Vorschr korrigiert dch **Rückausgleich** die mit dem VA zL des AusglPfl verbundene Kürzg seiner eig VersorggsBezüge **in drei Fällen:** bei Vorversterben des AusglBerecht, wenn dieser überh keine, I, od nur geringfüg Leistgen aus dem VA erhalten hat, II, u schließl bei einem ehem Beamten, dessen dch NachVers geschaffene Versorgg in der ges RentVers mRücks auf den vorzeit Tod des AusglBerecht nach den GesPkten von I u II unverdient gekürzt w ist, III. Unzul ist ein selbständ FeststellgVerf (BVerwG NJW **90**, 1866).

2   **2)** Im Falle des **Vorversterbens des Ausgleichsberechtigten, I, a)** unterbleibt die Kürzg der dem
3   AusglPfl zustehden Versorgg unter zwei **Voraussetzungen: aa)** Der VA ist dch **Renten-Splitting** (§ 1587b I) **oder Quasi-Splitting** dchgeführt w, wobei es gleichgült ist, ob es sich um ein Qu-Spl gem § 1587b II od VAHRG 1 III handelt (VAHRG 10). Dagg findet iF der Realteilg n VAHRG 1 II der § 4 I VAHRG keine Anwendg; es soll Sache des VersorggsTrägers sein, gg verfassgswidr Härten selbst Vorsorge
4   zu treffen (BT-Drucks 9/2296 S 16; vgl VAHRG 1 Rn 5). - **bb)** Der AusglBerecht hat vor seinem Tode **keine Leistungen** aus den im VA erworbenen Anrechten erhalten. Zum LeistgsBegr Rn 7. Auch an Hinterbliebene dürfen keine Zahlgen erfolgt sein (OVG Kblz NJW-RR **86**, 373: dann allein: II). Wird über einen RentenAntr erst nach dem Tode des Berecht entschieden u die Rente bis zum Todesmonat an den RNachfolger gezahlt (SGB 56, 58), liegt kein Fall von I, sond von II vor.

5   **b) Rechtsfolgen.** Der RückAusgl erfolgt dadch, daß bei Renten SGB VI 76, bei einer BeamtenVersorgg BeamtVG 57 I u bei Entscheidgen nach VAHRG 1 III die sinngem Anwendg v BeamtVG 57 I 1 entfällt. Die Kürzg entf frühestens mit dem Ablauf des Mts, in dem der AusglBerecht gestorben ist, wirkt sich aber so aus, als habe ein VA nicht stattgefunden. Der RückAusgl erfolgt ggf rückw zum 1. 7. 77, gilt also für sämtl VA-Fälle (VAHRG 13 II). Die Feststellg von I ist nicht in einem gesond Verf unmittelb nach dem Tode des Berecht zu treffen, sond erst, wenn für den AusglSchuldn od seine Hinterbl Versorggsleistgen zu erbringen sind (LSG Brem FamRZ **88**, 514). § 4 I gibt keinen Anspr auf Rückübertragg von Anwartsch gg den RentVersTr vor Eintr des VersFalls (BSG FamRZ **89**, 971; **90**, 619).

3) Vorversterben nach geringfügigen Leistungen, II. Ein RückAusgl erfolgt auch dann, wenn der 6
Berecht gestorben ist u aus dem VA Leistgen gewährt wurden od werden, die einen best GrenzBetr nicht
übersteigen. Verfassgskonform (BVerfG NJW **89**, 1983; BSG FamRZ **88**, 1043).

a) Als **Leistungen** iS von II, aber auch v I (vgl Rn 4), kommen nicht nur Rentenleistgen in Betr, sond 7
auch Regelleistgen nach SGB VI 13–32 wie RehaLeistgen (BSG FamRZ **93**, 1430). Überggsgeld, HaushHil-
fen, Reisekosten usw, insb aber auch Leistgen an Hinterbliebene (Bergner DRV **83**, 235) wie Halbwaisen-
rente; der zu der Rente des AusglBerecht erbrachte KiZuschuß ist dabei um das dem Berecht zustehde
KiGeld zu mind (BSG FamRZ **92**, 1411; LSG Nds FamRZ **90**, 1116). Iü ist auf den in der Halbwaisenrente
enth, dem KiZuschuß entsprechden ErhöhgsBetr die KiZuschußErstattgsVO nicht anwendb (BSG FamRZ
92, 1413). Für den Leistgsbegriff ist in Zukft an SGB I 23 I anzuknüpfen (Klattenhoff FuR **91**, 294).

b) Ein RückAusgl kommt nur in Betr, wenn der **Grenzbetrag von zwei Jahresbeträgen** nicht über- 8
schritten w ist. Es kommt nicht auf die (geringer) Höhe der vom FamG auf das Ende der EheZt bezogenen
(§ 1587 II) übertragenen od begründeten Gutschrift an; entscheidd ist vielm die Höhe der dynamisierten
Gutschrift der gem SGB VI 67 Z 1, 76 **auf das Ende des Leistungsbezugs berechneten Rente** (Be-
rechngsBspe bei Bergner DRV **83**, 234 f), die zur Berechng des Grenzwerts verdoppelt w muß. Dabei soll
der maßgebl 2-J-Betr der Altersrente ohne den Zuggsfaktor (§ 1587a Rn 35) ermittelt w (BT-Drucks 11/
4124 S 235); das entspr § 1587a II Z 2 (vgl dort Rn 41). Der GrenzBetr ist für jede AusglArt (Splitting,
Quasi- Splitting, BeitrEntrichtg) gesond festzustellen. Der GrenzBetr kann auch dch Leistgen überschritten
w, die für die Dauer der SchutzFr nach § 1587p an den ausglpflicht Eheg bewirkt wurden (BSG FamRZ **90**,
874).

c) Ist der GrenzBetr errechnet, muß festgestellt w, **in welcher Höhe** aus den im VA erworbenen 9
Anrechten **Leistungen gewährt** wurden. Zum Begriff der Leistgen Rn 7. Aus dem im VA erworbenen
Anrecht sind die Beträge gezahlt, die aus der einzelnen Gutschrift stammen (SGB VI 76); eine Aufteilg der
Leistgen auf das StammRecht u das im VA erworbene Anrecht ist auch dann vorzunehmen, wenn die
WarteZt (SGB VI 52) u damit die AnsprVoraussetzgen für eine Rente erst unter Berücks der Gutschr aus
dem VA erfüllt w (Bergner DRV **83**, 235).

d) Anrechnung der gewährten Leistungen. Wird der GrenzBetr nicht überschritten, so ist die Ver- 10
sorgg des AusglPfl ungekürzt zu zahlen; doch sind die aus dem VA erbrachten Leistgen anzurechnen.
Wurden sie nach Rechtskr der Entsch zu § 1587b I od II bewilligt, ist es unerhebl, ob sie auch ohne VA aus
eig Recht des AusglBerecht hätten gewährt w können (BSG FamRZ **93**, 1430). Dies geschieht in der Weise,
daß mtl die Differenz zw der ungekürzten u der gekürzten Rente des AusglPfl solange von der ungekürzten
Rente abgezogen w, bis die an den AusglBerecht erbrachten Leistgen „zurückgezahlt" sind (BerechngsBsp
bei Bergner DRV **83**, 236). Werden lfde Leistgen an Hinterbl (WitwRente, Halbwaisenrente gem SGB VI
46, 48) gezahlt, die insges den GrenzBetr nicht überschreiten, w unter Anrechng der Leistgen aus dem VA
die Rente an den AusglPfl unverkürzt, aber unter Anrechng der HinterblLeistgen gezahlt; die unverkürzte
Zahlg der Versorgg setzt nicht das Ende des LeistgsBezugs voraus (Bergner DRV **83**, 236 f; aA Michaelis-
Sander DAngVers **83**, 108).

4) Nachversicherung, III. Ist ein Beamt geschieden worden u anschließ aus dem BeamtVerhältn 11
ausgeschieden, so ist seine PensionsAnwartsch dch Quasi-Splitting verkürzt (§ 1587b II) u für ihn iW der
NachVersicherg eine entsprechd niedrigere Vers in der gesetzl RentVers begründet w (SGB VI 8). Auch hier
kann es sein, daß sich das Vorversterben des ausglberecht Eheg dahin auswirkt, daß dieser aus dem VA
keine od nur geringfüg Vorteile gezogen hat, so daß es einen Härtefall bedeutet, wenn es aS des AusglPfl
beim vollen dch den VA bewirkten Verlust seiner RentBezüge verbleibt. I u II greifen hier bereits ihrem
Wortlaut nach ein, so daß der nachversicherte ehem Beamte aus der RentVers die ungekürzte bzw nur um
den AnrechngsBetr verkürzte Rente ausgezahlt bekommt. In III war desh ledigl ergänzd zu regeln, daß der
Dienstherr dem RentVersTr über § 1587b II hinaus die auf II u II ergebden LeistgsErhöhgen zu erstatten
hat (BT-Drucks 9/2296 S 14). Die zeitl Beschrkg auf den 1. 1. 92 sowie den 2. HS beruhen auf dem RRG
1992 u stellen eine FolgeÄndg zu SGB VI 225, 290 dar; ab 1992 gibt es kein ErstattgsVerf mehr (BT-Drucks
11/5530 S 71).

VAHRG 5 *Ungekürzte Versorgung bei Unterhaltsverpflichtung.* [I] Solange der Be-
rechtigte aus dem im Versorgungsausgleich erworbenen Anrecht keine Rente
erhalten kann und er gegen den Verpflichteten einen Anspruch auf Unterhalt hat oder nur deshalb
nicht hat, weil der Verpflichtete zur Unterhaltsleistung wegen der auf dem Versorgungsausgleich
beruhenden Kürzung seiner Versorgung außerstande ist, wird die Versorgung des Verpflichteten
nicht auf Grund des Versorgungsausgleichs gekürzt.

[II] § 4 Abs. 3 gilt entsprechend.

1) Ein Härtefall ergibt sich auch dann, wenn jmd trotz seiner dch den VA gekürzten Rente **dem anderen** 1
Ehegatten unterhaltspflichtig ist, dieser aber aus den ihm im VA zugeflossenen VersorggsAnrechten
noch keine Versorgg erhält. Daß hier der VA zu einer Verringerg der unterhrechtl LeistgsFähigk des
AusglPflicht führen soll, ist nicht einzusehen, sol der AusglBerecht aus den ihm übertragenen VersorggsAn-
rechten keinerlei Vorteile zieht. Diesem Härtefall trägt der (verfassgskonforme; BSG FamRZ **87**, 380) I
dadch Rechng, daß dem UnterhPfl insow die unverkürzte Versorgg belassen w, ebso wie dem nach Scheidg
aus dem DienstVerhältn ausgeschiedenen Beamt, II.

2) Voraussetzungen der unterhaltsbedingten Rücknahme der Kürzung, I. 2

a) Dem AusglBerecht muß gg den AusglVerpfl ein **Anspruch auf Unterhalt** nach den §§ 1569ff zuste- 3
hen. Maßgebd ist allein die Tats der UnterhPfl; es kommt nicht darauf an, in welcher Höhe der Unterh-
Anspr besteht (BVerwG NJW-RR **94**, 1219). Die versorggsauslbedingte Kürzg der Rente wird also auch
dann zurückgenommen, wenn der UnterhBetr geringer ist als die dem UnterhPfl dch Aussetzen der Kürzg

zugute kommde Erhöhg seiner Rente. Der AusglPfl erhält auch dann seine ungekürzte Rente, wenn er inf mangelnder LeistgsFähigk (zum Selbstbehalt § 1581 Rn 20) zivilrechtl nur eingeschr unterhpfl ist. Dagg kein zeitl befr RückAusgl bei ohnehin fehlder Leistgsfähigk. Anspr aus einer UnterhVereinbg (§ 1585c) reicht aus, es sei denn, sie ist sittenwidr, näml nur zu dem Zweck geschlossen, dem AusglPfl zur Zahlg der ungekürzten Versorgg zu verhelfen. Dch einen UnterhVerzicht entfällt die Möglichk, § 5 HRG anzuwenden (BSG NJW-RR **95**, 840), es sei denn, der Verzicht ist nichtig (§ 138) od erfolgte gg Gewährg einer angem Abfindg (BSG NJW **94**, 2374; BGH **126**, 202; aA VGH Bad-Württ FamRZ **89**, 515). Ob für den UnterhAnspr ein VollstrTitel vorliegt od nicht, ist ebenf unerhebl. Keine Anwendg v § 5, wenn der AusglBerecht einen Anspr auf nachehel Unterh nicht geltd macht h u der AusglPflicht auch keinen nachehel Unterh leistet (VGH Bad-Württ FamRZ **91**, 1363 L) od wenn die ZahlgPfl aus einem UnterhVergl dch AbändgKl beseitigt w kann (OVG RhPf NJW **89**, 2831); ggf Aussetzg des Kürzgs- od NachzahlgsVerf, aber nur, wenn die Verändergen zum Wegfall der UnterhPfl führen, da es auf die Höhe des UnterhAnspr

4 iRv § 5 HRG nicht ankommt. ManipulationsMöglk auch dch Anerk- u VersäumnUrt. Der VGH Mannh NJW **89**, 1876 lehnt die Analogie zu § 5 auch iF v § **1586b** ab, was aber im Hinbl auf die ratio legis der Vorschr ebenf nicht einleuchtet. Keine Analogie dagg bei Wiederverheiratg der geschied Ehel; stirbt der AusglPflicht, erhält die Wwe nur das aGrd des VA gekürzte Wwengeld (BVerwG FamRZ **91**, 429). Zur Dchführg des VA bei Wiederheirat: § 1587 Rn 3.

5   **b) Kein Rentenbezug des Ausgleichsberechtigten.** Der Verpfl erhält die ungekürzte Versorgg nur sol ausbezahlt, wie der Berecht aus der Gutschr keine Rente erhalten „kann"; das bedeutet, daß er die von ihm zu erbringen Voraussetzgen für einen RentBezug aus dem VA erbringen, ggf also auch das vorzeit Altersruhegeld in Anspr nehmen muß (aA Bergner DRV **83**, 239). Im Falle einer RentNachzahlg entscheidet nicht der Ztpkt der tats Zahlg, sond der RentBeginn. Nach dem eindeut Wortl („Rente") steht der Bezug von Übergangsgeld zur RehabilitationsMaßn (RVO 1240 ff) dem RentBezug nicht gleich (Bergner DRV **83**, 239; aA Michaelis-Sander DAngVers **83**, 109).

6   **3) Der Anspruch auf ungekürzte Versorgung** besteht nur sol, wie der AusglBerecht unterhberecht ist. Die ungekürzte Versorgg **beginnt** frühestens mit Ablauf des Mts, in dem die Voraussetzgen v § 5 HRG vorliegen (RVO 1290 I 1). Sie **endet** mit dem Ende des Mts, in dem die Voraussetzgen des § 5 HRG weggefallen sind. Hierf reicht die tats Einstellg der UnterhLeistg nicht aus, weil § 5 HRG nur den Anspr auf Unterh voraussetzt (Rn 3). Der Bescheid über die Zahlg der ungekürzten Rente w ggf, näml wenn der Verpfl seine MitteilgsPfl nach § 9 III HRG verletzt hat, mit Rückwirkg aufgehoben (vgl §§ 48, 50 SGB X).

7   **4)** Die Aussetzg der Kürzg erfolgt auch iF der **Nachversicherung** eines aus dem BeamtVerhältn ausgeschiedenen Beamten, soweit er dem AusglBerecht ggü unterhpfl ist u dieser aus dem VA noch keine Rente erhält, **II.**

VAHRG 6 *Nachzahlungen in Unterhaltsfällen.* **Sind Nachzahlungen zu leisten, so erfolgen sie in den Fällen des § 5 an den Verpflichteten und an den Berechtigten je zur Hälfte.**

1   Dadch, daß § 5 HRG mit rückw Kr bereits ab 1. 7. 77 gilt (§ 13 II HRG), können vermehrt die Fälle eintreten, in denen sich herausstellt, daß dch Vorversterben des ausglberecht u zugl unterhberecht Eheg unter HärtegesichtsPkten dieser zu wenig Unterh bekommen u der and Eheg aus einer geschmälerten eig Versorgg zuviel Unterh geleistet hat. Die Kürzg ist in solchen Fällen nachträgl dchzuführen, aber idW, daß **Nachzahlungen je zur Hälfte** an den Verpfl u an den Berecht zu leisten sind. Dch diese vereinfachte Regelg soll vermieden w, daß im einzelnen geprüft w muß, wer von beiden jew die finanz Nachteile dch die Kürzg erlitten hat (BT-Drucks 9/2296 S 15). § 6 gilt ferner, wenn die UnterhVerpfl erst nach Rentenbeginn entsteht od wenn eine ZtRente des AusglBerecht endet. Zu Nachzahlgen w es wg der Dauer des VerwaltgsVerf ferner dann kommen, wenn die Rente erstmals ohne Kürzg festgestellt w muß. Die Halbierg der RentNachZahlg gilt für sämtl auf VAHRG 5 beruhde Nachzahlgen, die bis zur Aufn der lfden Zahlgen angefallen sind (BSG NJW **92**, 2110 = FuR **92**, 119 mA Klattenhoff). Zu sozialsversrechtl Belastgen des NachzahlgsAnspruchs (§§ 51 ff SGB I) vgl Bergner DRV **83**, 240. Die Vorschr enthält dispositives R; die Part können also abweichde Quotelg vereinb.

VAHRG 7 *Rückzahlung von Beiträgen.* **Sind auf Grund der Versorgungsausgleichs für den Berechtigten Beiträge zu einer gesetzlichen Rentenversicherung geleistet worden, sind dem Leistenden vom Rentenversicherungsträger die Beiträge unter Anrechnung der gewährten Leistungen zurückzuzahlen, wenn feststeht, daß aus dem durch die Beitragszahlungen begründeten Anrecht keine höheren als die in § 4 Abs. 2 genannten Leistungen zu gewähren sind.**

1   **1) Zweck:** Zur AnO der Entrichtg v Beiträgen kann es aGrd der Entsch des BVerfG NJW **83**, 1417 aus § 1587b III 1 nicht mehr kommen (BVerfGG 31 II 1). Dadch wurde die Regelg von VAHRG 7 über die **Rückzahlung erbrachter Beitragszahlungen** in den Härtefällen von VAHRG 4 aber auch in der aF nicht ggstandslos. Denn die nicht mehr anfechtb VA-Entscheidgen bleiben unberührt (BVerfGG 79 II, 95 III 3). Aus ihnen kann zwar nicht mehr vollstreckt w (ZPO 767); aber bereits geleistete Zahlgen sind nicht ohne RGrd erfolgt, so daß sie nur nach VAHRG 7 zurückgefordert werden können. Nach der Neufassg des VAHRG dch das VAwMG können nunmehr auch iW der Abfindg nach VAHRG 2 iVm 1587l od aGrd einer AnO von BeitrZahlgen nach VAHRG 3b Z 2 für den Berecht Anrechte in der ges RentVers begründet werden. VAHRG 7 nF bezieht diese Fälle in die RückzahlgsPfl ein (BT-Drucks 10/6369 S 20). Der Anspr ist gg den jew Träger der SozVers zu richten u vor den SozGer geltd zu machen (VAHRG 9 Rn 2).

2   **Übergangsrechtlich** gilt folgdes (Ruland FamRZ **83**, 567): (1) Ist aGrd rechtskr gewordener Entsch des FamG zum VA dieser dch Einzahlg von Beitr vollzogen, so bleibt es dabei. Keine steuerrechtl Berücks (BFH

NJW **84**, 1783) od Rückzahlg aus ungerechtfBereicherg (BVerfGG 79 II 4), es sei denn, es handelt sich um den Führer der VerfBeschw, der auch einen entspr Anspr auf Zust zur Rückzahlg gg den and Eheg hat (Hamm FamRZ **85**, 402). Im übrigen Rückabwicklg allenf gem VAHRG 7 (Anh III zu § 1587b). (2) Liegt eine rechtskr Verurt des VA-Schuldn zur Entrichtg von Beitr vor, ist aber noch nicht gezahlt worden, bleibt die Entsch von dem Beschl des BVerfG unberührt (BVerfGG 79 II 2); der AusglSchu muß ZwVollstrGgKl erheben (ZPO 767). Ist er gestorben, besteht ebenf keine Möglk, auf das VAHRG zurückzugreifen (Hamm FamRZ **84**, 399 Ärzteversorgg). (3) Ist das VA-Verf noch nicht rechtskr abgeschl, kommt die AnO der Entrichtg von Beitr nicht mehr in Betr. Es gilt VAHRG 1 I. Wg **Einzelheiten** vgl § 1587b Rn 37–40.

2) Voraussetzungen für die Rückzahlung: 3

a) Beitragszahlungen nach § 1587b III sind nicht nur die nach dieser Best erfolgten Leistgen, sond auch 4 solche, die aGrd einer Parteivereinbg nach § 1587o erbracht w sind (Bergner DRV **83**, 241; Michaelis-Sander DAngVers **83**, 112).

b) Eine Rückzahlg kommt erst in Betr, wenn der AusglBerecht **tot** ist. Es besteht keine Möglk, etwa 5 mRücks auf die NichtigkErkl v § 1587b III 1 HS 1 dch BVerfG NJW **83**, 1417 bereits bezahlte Beitr zurückzuverlangen.

c) Die Rückzahlg setzt ferner voraus, daß der **Grenzbetrag des § 4 II HRG nicht überschritten** ist (§ 4 6 Rn 8). Eine Rückzahlg kommt solange nicht in Betr, wie die Überschreit noch mögl ist ("feststeht"). Ist die kleine WarteZt bei Eintritt der Erwerbsunfähigk nicht erreicht u die WarteZt für das Altersruhegeld nicht mehr erfüllb, ist immer noch eine BeitrErstattg mögl (SGB VI 210). Ebso scheidet die Rückzahlg aus, wenn evtl ansprberecht Hinterbliebene dch den entrichteten Beitr vorh sind (VAHRG 4 Rn 10).

3) Rückzahlung. Blockieren die aus den entrichteten Beitr erbrachten Leistgen die Rückzahlg nicht, weil 7 sie den GrenzBetr nicht überschreiten, sind diese aber jedenf auf die zurückzuzahlden Beitr anzurechnen. – **a)** Zurückzuzahlen ist der **tatsächlich gezahlte Beitrag** abzgl der gewährten Leistgen, nicht dagg der Betr, 8 der sich aGrd der Dynamisierg der RentAnwartsch im Ztpkt der Rückzahlg ergeben würde (BT-Drucks 9/2296 S 15). – **b)** Die Beitr werden **an den Leistenden** zurückgezahlt, also idR an den AusglVerpfl. 9 Ist ausnahmsw der AusglBerecht gezahlt, muß auch an ihn zurückgezahlt w, allerd ohne daß seinem Erben od sonst einem Dr ein AntrR zusteht (Bergner DRV **83**, 243; aA Michaelis-Sander DAngVers **83**, 112). War bereits Antr gestellt, erfolgt ein Übergang nach § 9 III HRG.

VAHRG 8 *Rückzahlung von Kapitalbeträgen zur Abwendung der Versorgungskürzung.* Ein zur Abwendung der Kürzung gezahlter Kapitalbetrag ist unter Anrechnung der gewährten Leistung zurückzuzahlen, wenn feststeht, daß aus dem im Versorgungsausgleich erworbenen Anrecht keine höheren als die in § 4 Abs. 2 genannten Leistungen zu gewähren sind.

Der AusglVerpfl kann die dch den VA eingetretene Minderg seiner BeamtVersorgg od Rente gem SGB 1 VI 187, BeamtVG 58 dch Zahlg entspr Beträge abwenden (§ 1587b Rn 20 u 28 aE). Wird die Versorgg nach § 4 HRG ungekürzt gezahlt, weil sich der VA nachträgl ganz od zT als unnöt herausgestellt hat, können auch die **zur Abwendung der Kürzung gezahlten Beträge zurückverlangt** w. Zu den **Voraussetzungen** § 4 Rn 2–4 u 6–10. Der Verpfl kann nicht dch Stehenlassen des zur KürzgsAbwendg gezahlten Betr seine ungekürzte Rente aufstocken (Bergner DRV **83**, 243).

VAHRG 9 *Rückausgleichsverfahren.* **I** Über Maßnahmen nach §§ 4 bis 8 entscheidet der Leistungsträger auf Antrag.

II Antragsberechtigt sind der Verpflichtete und, soweit sie belastet sind, seine Hinterbliebenen. In den Fällen des § 5 kann auch der Berechtigte den Antrag stellen.

III Ansprüche nach §§ 4 bis 8 gehen auf den Erben über, wenn der Erblasser den erforderlichen Antrag gestellt hatte.

IV Der Antragsberechtigte und der Leistungsträger können von den betroffenen Stellen die für die Durchführung von Maßnahmen nach §§ 4 bis 8 erforderliche Auskunft verlangen.

V In den Fällen des § 5 hat der Verpflichtete dem Leistungsträger die Einstellung der Unterhaltsleistungen, die Wiederheirat des Berechtigten sowie dessen Tod mitzuteilen.

1) Die Vorschr regelt das Verf des RückAusgl, der NachZahlg u der ZurückZahlg v Beitrags- u Kürzgs- 1 abwendgsZahlgen. Danach entscheidet über die Maßn nach den §§ 4–8 HRG stets die FamG, sond der jew LeistgsTräger. Gg dessen Entscheid steht der Rechtsweg jew zu den Sozial-, Verwaltgs- u ArbGerichten 2 offen. **Leistungsträger** ist der zust RentVersTräger in den Fällen der §§ 4–6 HRG, wenn ein RentSplitting n § 1587b I stattgefunden hat, sowie ifv BeitrZahlgen nach § 7 HRG u der KürzgsabwehrZahlgen nach RVO 1304a VI, § 8 HRG; LeistgsTr ist der Träger der BeamtVersorgg bzw der beamtenähnl Versorgg in den Fällen der §§ 4–6 HRG, wenn der VA dch Quasi-Splitting nach § 1587b II stattgefunden hat, u ifv § 8 HRG, wenn ein Beamter die KürzgsabwendgsZahlg nach BeamtVG 58 vorgenommen hat; schließl ist LeistgsTräger der öff-rechtl VersorggsTräger iSv § 10 HRG, der die VersorggsZahlg, in den Fällen der §§ 4–6 HRG, wenn der Ausgl iW dch Quasi-Splittings nach § 1 III HRG stattgefunden hat, od ifv § 8 HRG, wenn ein KapitalBetr analog BeamtVG 58 gezahlt wurde. Zust RentVersTr ist in den Fällen der §§ 4, 5 u 8 HRG der VersTräger, der die Rente zahlt. Iü gelten die allg Vorschr über die Zuständigk bei Stellen eines LeistgsAntr unter Berücks des Wohnsitzprinzips.

2) Antragserfordernis, I. a) Der RückAusgl erfolgt **nicht von Amts wegen**, obwohl der RentenVers- 3 Träger gehalten ist, nach SGB I 14 auf die Möglk der AntrStellg hinzuweisen. Hat der AusglPfl bish noch keine Rente bezogen, reicht der RentenAntr aus, ohne daß es eines zusätzl Antr nach I bedarf. – **b) Antrags-** 4

berechtigt sind der AusglPfl u, sow sie beispielsw wg Minderg ihrer HinterblRente belastet sind, auch seine Hinterbl, **II 1.** Hat die Kürzg des VA zu unterbleiben, um den AusglPfl für die UnterhAnspr des geschiedenen Eheg leistgsfäh zu machen (§ 5 HRG), so kann auch der Berecht den Antr stellen, **II 2.**
5 Dasselbe muß für evtl Anspr auf Nachzahlg gem § 6 HRG gelten. **c)** Für die Geltdmachg besteht keine Frist. **Verjährung** in 4 J (SGB I 45).

6   **3)** Die Anspr aus den §§ 4–8 gehen auf den **Erben** über, wenn der Erbl den erfdl Antr gestellt hatte, **III**, wobei der Kreis der Hinterbl iSv II nicht ident zu sein braucht mit den Erben (§§ 1922ff; SGB VI 46, 48).

7   **4)** Zur Durchführg v Maßn nach §§ 4–8 HRG können der AntrBerecht (Rn 4) u der LeistgsTräger (Rn 2) von den betroffenen Stellen die erfdl **Auskunft** verlangen, **IV.** Im Falle des Vorversterbens muß der AusglPfl wissen, welche Leistgen der Berecht aus der übertragenen od begründeten Anwartsch erhalten hat; der AusglPfl hat ein entspr AuskR ggü dem RentVersTr seines verstorbenen früh Eheg. Der LeistgsTr braucht ein AuskR etwa, um unvollständ Nachw des AntrSt zur Beschleunigg des Verf selbst zu ergänzen. „Betroffene Stellen" sind jew der AntrSt, der Leistde od der geschied Eheg des AntrSt.

8   **5)** Unterbleibt die Kürzg der Versorgg mRücks auf eine ggü dem AusglBerecht bestehde UnterhPfl (§ 5 HRG), besteht für den AusglPfl eine **Mitteilungspflicht:** Er muß dem LeistgsTräger mitteilen, wenn er die UnterhLeistg eingestellt od wenn der Berecht wiedergeheiratet hat bzw gestorben ist, **V.** Mit dem Wegfall der UnterhPfl entf der Anspr auf die ungekürzte Versorgg. Kommt der AusglPfl dieser MitteilgsPfl nicht od nur verspätet nach, wird der Bescheid mit Rückwirkg aufgeh u hat der AusglPfl die überzahlten Betr zu erstatten (SGB X 50).

VAHRG 10 *Härteausgleich beim Quasi-Splitting nach dem HRG.* **In den Fällen** des § 1 Abs. 3 gelten die §§ 4 bis 9 sinngemäß.

1   Die §§ 4–9 HRG gleichen Härten aus, die dch das Quasi-Splitting nach § 1587b II eintreten, wenn der AusglBerecht inf seines Vorversterbens keine od nur geringe Vorteile aus dem VA erlangt hat od der AusglPfl KapitalBetr aufgewendet hat, um die Kürzg seiner Versorgg zu vermeiden. Derartige Härten können aber auch iF des Quasi-Splittings nach § 1 III HRG eintreten, wenn also ein auszugleichdes Anrecht gg einen öff-rechtl VersorggsTräger dch Quasi-Splitting ausgeglichen w ist u der AusglBerecht vor Inanspruchn der Leistgen aus dem VA stirbt usw. Zur RealTeilg VAHRG 1 Rn 5; § 4 Rn 3.

II a. Abänderung von Entscheidungen über den Versorgungsausgleich

VAHRG 10a *Abänderung rechtskräftiger Versorgungsausgleichsentscheidungen.*
I Das Familiengericht ändert auf Antrag seine Entscheidung entsprechend ab, wenn

1. ein im Zeitpunkt des Erlasses der Abänderungsentscheidung ermittelter Wertunterschied von dem in der abzuändernden Entscheidung zugrunde gelegten Wertunterschied abweicht, oder
2. ein in der abzuändernden Entscheidung als verfallbar behandeltes Anrecht durch Begründung von Anrechten ausgeglichen werden kann, weil es unverfallbar war oder nachträglich unverfallbar geworden ist, oder
3. ein von der abzuändernden Entscheidung dem schuldrechtlichen Versorgungsausgleich überlassenes Anrecht durch Begründung von Anrechten ausgeglichen werden kann, weil die für das Anrecht maßgebende Regelung eine solche Begründung bereits vorsah oder nunmehr vorsieht.

II Die Abänderung findet nur statt, wenn

1. sie zur Übertragung oder Begründung von Anrechten führt, deren Wert insgesamt vom Wert der durch die abzuändernde Entscheidung insgesamt übertragenen oder begründeten Anrechte wesentlich abweicht, oder
2. durch sie eine für die Versorgung des Berechtigten maßgebende Wartezeit erfüllt wird, und
3. sie sich voraussichtlich zugunsten eines Ehegatten oder seiner Hinterbliebenen auswirkt.
Eine Abweichung ist wesentlich, wenn sie 10 vom Hundert des Wertes der durch die abzuändernde Entscheidung insgesamt übertragenen oder begründeten Anrechte, mindestens jedoch 0,5 vom Hundert des auf einen Monat entfallenden Teils der am Ende der Ehezeit maßgebenden Bezugsgröße (§ 18 des Vierten Buches Sozialgesetzbuch) übersteigt.

III Eine Abänderung findet nicht statt, soweit sie unter Berücksichtigung der beiderseitigen wirtschaftlichen Verhältnisse, insbesondere des Versorgungserwerbs nach der Ehe, grob unbillig wäre.

IV Antragsberechtigt sind die Ehegatten, ihre Hinterbliebenen und die betroffenen Versorgungsträger.

V Der Antrag kann frühestens in dem Zeitpunkt gestellt werden, in dem einer der Ehegatten das 55. Lebensjahr vollendet hat oder der Verpflichtete oder seine Hinterbliebenen aus einer auf Grund des Versorgungsausgleichs gekürzten Versorgung oder der Berechtigte oder seine Hinterbliebenen auf Grund des Versorgungsausgleichs Versorgungsleistungen erhalten.

VI Durch die Abänderungsentscheidung entfällt eine für die Versorgung des Berechtigten bereits erfüllte Wartezeit nicht.

VII Die Abänderung wirkt auf den Zeitpunkt des der Antragstellung folgenden Monatsersten zurück. Die Ehegatten und ihre Hinterbliebenen müssen Leistungen des Versorgungsträgers gegen sich gelten lassen, die dieser auf Grund der früheren Entscheidung bis zum Ablauf des Monats erbringt, der dem Monat folgt, in dem er von dem Eintritt der Rechtskraft der Abänderungsentscheidung Kenntnis erlangt hat. Werden durch die Abänderung einem Ehegatten zum Ausgleich eines Anrechts Anrechte übertragen oder für ihn begründet, so müssen sich der Ehegatte oder seine Hinterbliebenen Leistungen, die der Ehegatte wegen dieses Anrechts gemäß § 3a erhalten hat, anrechnen lassen.

VIII Hat der Verpflichtete auf Grund einer Entscheidung des Familiengerichts Zahlungen erbracht, gelten die Absätze 1 bis 7 entsprechend. Das Familiengericht bestimmt, daß der Berechtigte oder der Versorgungsträger den zuviel gezahlten Betrag zurückzuzahlen hat, der Versorgungsträger unter Anrechnung der dem Berechtigten oder seinen Hinterbliebenen zuviel gewährten Leistungen. § 1587d des Bürgerlichen Gesetzbuchs gilt zugunsten des Berechtigten entsprechend.

IX Die vorstehenden Vorschriften sind auf Vereinbarungen über den Versorgungsausgleich entsprechend anzuwenden, wenn die Ehegatten die Abänderung nicht ausgeschlossen haben.

X Das Verfahren endet mit dem Tod des antragstellenden Ehegatten, wenn nicht ein Antragsberechtigter binnen drei Monaten gegenüber dem Familiengericht erklärt, das Verfahren fortsetzen zu wollen. Nach dem Tod des Antraggegners wird das Verfahren gegen dessen Erben fortgesetzt.

XI Die Ehegatten oder ihre Hinterbliebenen sind verpflichtet, einander die Auskünfte zu erteilen, die zur Wahrnehmung ihrer Rechte nach den vorstehenden Vorschriften erforderlich sind. Sofern ein Ehegatte oder seine Hinterbliebenen die erforderlichen Auskünfte von dem anderen Ehegatten oder dessen Hinterbliebenen nicht erhalten können, haben sie einen entsprechenden Auskunftsanspruch gegen die betroffenen Versorgungsträger. Die Ehegatten und ihre Hinterbliebenen haben den betroffenen Versorgungsträgern die erforderlichen Auskünfte zu erteilen.

XII Hat der Verpflichtete Zahlungen zur Abwendung der Kürzung seines Versorgungsanrechts geleistet, sind die unter Berücksichtigung der Abänderung der Entscheidung zuviel geleisteten Beträge zurückzuzahlen.

1) Zur Entstehgsgeschichte der Vorschr: 51. Aufl. Die Abänderg der VA-Regelg ist unabhäng davon, ob **1** die Entsch über den VA im Verbund, als abgetrennte FolgeSa od im isolierten Verf erfolgt ist (Hamm FamRZ 92, 826/7). Im Interesse der materiellen Gerechtigk kann damit die Rkraft der fr Entsch dchbrochen werden (BT-Drucks 10/5447 S 16ff u 10/6369 S 21; BGH NJW 93, 1650). Unzul ist es, zur Vermeidg eines späteren AbändergsVerf nach VAHRG 10a vor Unverfallbark die dynam VersorggsRente des öff Dienstes in den VA miteinzuziehen (BGH FamRZ 88, 822). Kein AbändgsVerf, wenn die Part im ErstVerf den FamG ggü übereinstimmd den wirks Ausschl des VA behaupt haben (Hbg FamRZ 89, 73). Das AbÄndg-Verf hat **Vorrang** ggü dem schuldrechtl VA (Kln FamRZ 90, 294), es sei denn, die Änd des WertAusgl hat keine Auswirkgen auf die Höhe des schuldr VA (Mü FamRZ 93, 574). **Geltungsdauer:** Die Befr dch VAHRG 13 II ist aufgeh. Zur Abänddg des VA nach dem **RRG** 1992: Ruland NJW 92, 84; nach dem **ALG 1995:** VAHRG 1 Rn 4. Zum Verhältn zur AbändgsMöglk n VAwMG Art 4 § 1 vgl dort Rn 2 der Einf.

Wirkungen der Abänderung: Vgl Rn 26, 27ff u 45. Im übr gilt das Pensionärs- u RentnPrivileg **2** (§ 1587b Rn 19 u 28) nicht nur für Erst- sond auch für AbändgsEntsch des FamG (Kln FamRZ 94, 907 zu BeamtVG 57 I; Joh/Henr/Hahne 50; Michaelis/Sander DAngVers 87, 95 zu SGB VI 101 III).

2) Abänderungsverfahren. Die Vorschr v Nr 1 eröffnet eine Abänderg immer schon dann, wenn ein im **3** Ztpkt des Erl der AbändEntsch ermittelter Wertunterschied von dem Wertunterschied abweicht, der in der früh Entsch zGrd gelegt w ist bzw wenn ein nachträgl SatzgsÄnd beim VersorggsTräger der bish nur mögl schuldrechtl VA dch Änd der AusglForm vermieden w kann. Vorauss f die Abänderg ist ein entspr **Antrag**, der kein SachAntr ist, sond nur Verf einleitet (BGH FamRZ 89, 264; vgl iü unten Rn 22–25). Worauf die Abweichg des früher zGrd gelegten von dem neu ermittelten Wertunterschied beruht, ist unerhebl. Abzuändern sind auch rein **negative Entscheidungen**, bei denen also die abzuändernde Entsch den VA verneint hat (Kblz FamRZ 87, 950; Hamm FamRZ 92, 826: auch bei inzw überholter Anwendg v KollisionsR). Erfdl ist eine einf VerglRechn. Das abändernde Ger muß den VA nach § 1587a völlig **neu berechnen.** Zur Wertermittlg eines dynam RentAnR nach dem RRG: VDR-Hdb/Bergner 27/28. Zustdgk: Nicht das Ger der Ehesache, sond FGG 45 (BGH FamRZ 88, 1160). Bei einem inzw wg Dienstunfähigk in den vorzeit Ruhestd versetzten Beamt ist die tats gewährte Versorgg zGrde zu legen; Härten für den AusglPflicht ist nach III Rechng zu tragen (Bambg u Celle FamRZ 89, 756 u 985). Bei der Neuberechng muß das Ger **von Amts wegen** sämtl seit der ErstEntsch eingetretenen rechtl od tatsächl Umstde, ggf auch kumulativ (Einzelh Rn 5–11) berücks, die sich rück w den auf die EheZt bezogenen Wert der Versorgen veränd haben (BT-Drucks 10/6369 S 22). Das Ergebn des in dieser Weise neu errechneten Wertunterschieds hat das Ger sodann mit dem in der ErstEntsch zGrde gelegten Wertunterschied zu **vergleichen.** Vor der eigtl Abänderg ist die ErheblichkSchwelle des II zu berücks (Rn 14) u die BilligkPrüfg III vorzunehmen (Rn 19–21). Die **Abänderung** selbst erfolgt „entsprechd", dh nach Maßg des im Ztpkt der Abändergs-Entsch neu ermittelten Wertunterschieds. Erforderl ist desh eine **Totalrevision der früheren Entscheidung** (BGH FamRZ 89, 264; 90, 276; NJW 91, 1827). Tatsächl Veränder ist also ebso wie Versäumn des Ger bei der Amtsermittlg auch dann iW der Abänd Rechn zu tragen, wenn diese Fehler bereits dch RMittel hätten ausgeräumt w können (Ruland NJW 87, 349). Bei der Korrektur ist auch eine geänd höchstrichterl Rspr zu berücks (Celle FamRZ 89, 985 BeamtVG 55). Soweit Umstde keiner erneuten Überprüfg unterliegen (unten Rn 8, 9), wie zB HärteGrde iSv § 1587c, wird die früh Entsch unter Beibehaltg der früh HerabsetzgsQuote nur entspr dem veränd Wertunterschied abgeänd. Denn es besteht keine Veranlassg, die RKraft der früh Entsch auch insow zu dchbrechen u den alten Verfahrensstoff mit den dann bestehden erhebl Beweisschwierigk wieder aufzurollen (BT-Drucks 10/6369 S 21). Damit besteht auch keine Möglk, sZt versehentl überh nicht vorgebrachte BilligkGrde nachträgl im AbändergsVerf zu berücks, wohl aber solche, mit denen der AusglVerpfl im ersten Verf ausgeschl war, weil er sZt ausglberecht war (§ 1587c Rn 3). Soweit BilligkErwäggen anzustellen sind, geschieht dies nur noch in den von III gezogenen Grenzen

(Rn 19–21). Nach Bergner NJW **90**, 678 läßt sich mit Hilfe des AbändVerf auch das Probl der unterschiedl **Besteuerung** der versch VersorggsAnR (§ 1587c Rn 6) lösen. Beispiele zur **Tenorierung** bei Änd der früh

4 Entsch zG des AusglBerecht wie des AusglSchuldn: BT-Drucks 10/5447 S 18. Die Rspr läßt die **Berück-sichtigung von nach Ehezeitende eingetretenen Veränderungen neuerdings schon im Erstverfahren,** u zwar ohne die Einschrkgen von § 10a, zu (BGH NJW **89**, 29). Ausführl dazu § 1587 Rn 34–47.

5 **3) Grundvoraussetzungen der Abänderung, I Nr 1–3.** Das Ges führt in I Nr 1–3 versch **Abände-rungsgründe** auf, wobei Nr 1 u 2 Umstde betr, welche die früher getroffene VA-Entsch von vornherein od nachträgl im Ztpkt der Abänderg als mat unrichtig erscheinen läßt u Nr 2 nur ein bes hervorgehobener Unterfall von Nr 1 ist, währd sich Nr 3 ledigl darauf bezieht, daß in der ZwZt statt des sZt nur mögl schuldrechtl jetzt der dingl VA mögl ist. Wenn mehrere Grde, die nach den Nr 1–3 eine Abänderg rechtfertigen, **zusammentreffen,** so werden sie vom FamG vAw umfassd berücks (Rn 3) u führen somit zu einer Abänderg, in deren Rahmen der VA, wenn auch stets bezogen auf das Ende der EheZt, völlig neu berechnet w (BT-Drucks 10/6369 S 22). Zul ist die analoge Anwendg von § 10a I, um nachträgl **eingetretene Härten gem § 1587c Nr 1** zu berücks (Düss FamRZ **93**, 1322).

6 **a) Abweichen von dem früher ermittelten Wertunterschied, Nr 1.** Ob das der Fall ist, wird ermittelt dch einen Vergl, bei dem die Werte der in der EheZt erworbenen VersAnrechte beider Eheg, aktualisiert auf den ErkenntnStd zum Ztpkt der AbändEntsch, ggügestellt w (BGH FamRZ **89**, 725).

7 **aa) Abänderungsgründe sind** danach einmal strukturelle Veränd der Versorgg wie die Einf der Netto-Ges-Vers dch die 19. Änd der VBL-Satzg (BGH FamRZ **94**, 92) sowie vor allem auch solche Abweichgen, die sich aus der nachträgl Korrektur früherer Rechen- od RFehler ergeben. Hierher gehört die Ändg der Berechng des EheZtAnteils dch Rückgängigmachg der Heiratserstattg (offengelassen in BGH NJW-RR **95**, 961). Über Nr 1 ist ferner eine Korrektur v Entsch mögl, die auf der Grdl unrichtiger Auskfte eines VersorggsTräger ergangen sind, u zwar auch dann, wenn die frühere Auskft des VersorggsTrägers auf falschen tats Annahmen beruhte od sonstige Fehler enthielt. Das Ger muß also Fehler od Unterl beseit, die sich in den früher erteilten Auskften der VersorggsTräger niederschlagen haben (Bergner SozVers **88**, 87). Dasselbe gilt auch für Rechen- od RAnwendgsFehler des Ger bei der Berechn u Saldierg der EheZtbezogenen Versorggen. Auch solche Rechenfehler od RAnwendgsFehler des Ger bilden einen AbändGrd (BT-Drucks 10/6369 S 21). Abänderg also bei Unkenntn der Beteiligten vom VorhSein bestimmter Versorggsanrechte (Mü FamRZ **91**, 576); bei versehentl Nichteinbeziehg von VersorggsAnrechten (BGH FamRZ **88**, 276); bei irrtüml Ann, der AusglPfl sei in der ges RentVers statt in der ÄrzteVersorgg nachvers worden (BGH FamRZ **89**, 264) od wenn Splitting fehlerh versagt w ist, weil der AusglBerecht bereits eine Rente bezog (Kblz FamRZ **87**, 950). Einen Unterfall

8 von Nr 1 stellt Nr 2 dar (BT-Drucks 10/6369 S 22). **Berücksichtigungsfähig** sind nach EheZtEnde erfolgte **Nachversicherung** (aA Düss FamRZ **88**, 1062); ferner RentBewilligg nach vorgezogenem **Ruhestand** (Hamm FamRZ **90**, 173); sowie Versetzg eines Beamt in den vorzeit Ruhestd wg Dienstunfähigk (Nürnbg FamRZ **90**, 759). Wenn derart Umst schon iR v § 1587 Rn 43 berücks w, dann erst recht im eigtl AbÄndgVerf.

9 **bb) Bei der Abänderung nicht berücksichtigungsfähig ist** alles, was keinen Bezug zum EheZtAnteil der Versorgg hat, wie zB eine Beförderg od Laufbahnänderung nach EheZtEnde; unterschied Besteuerg v BeamtPension u Rente (Kblz FamRZ **92**, 687). Keiner erneuten Überprüfg unterliegen ferner Umstde iSv § 1587c (BGH NJW **89**, 1999), soweit sie also bei Erl der ErstEntsch bereits obj gegeben waren (Kln FamRZ **90**, 294), od des Art 12 Nr 3 III 3 u 4 des 1. EheRG, also zB UnterhPflVerletzgen währd der Ehe od lange TrenngsZten, die zu einem Ausschl od einer Herabsetzg des VA geführt haben od hätten führen können (BT-Drucks 10/6369 S 21).

10 **b) Änderung in der Verfallbarkeit eines Anrechts, Nr 2.** Als Unterfall von Nr 1 stellt es einen weiteren AbändGrd dar, wenn ein Anrecht im Ztpkt der früh Entsch entweder tats noch verfallb war od fälschl als verfallb angesehen u desh dem schuldrechtl VA überlassen w. Tritt nunmehr nachträgl die Unverfallbark ein od ergibt sich, daß die Versorgg von vornherein als unverfallb hätte angesehen w müssen, soll nunmehr öffrechtl ausgegl w. Vorauss ist allerd, daß ein solches Anrecht den Formen des öffrechtl WertAusgl unterliegt, also zB iW der RealTeilg od nach VAHRG 3b dch erweiterten Ausgl od BeitrZahlg ausgegl w kann (BT-Drucks 10/6369 S 21 f). Unverfallb ist etwa die Versorggsrente n VBL-S 40 schon bei BU (BGH FamRZ **90**, 1139). IRv Nr 2 kann sich das Bedürfnis nach Abänd sowohl für den AusglBerecht wie auch für den AusglSchuldn ergeben, für letzteren, wenn aGrd der Behandlg einer ZusatzVersorgg aS des AusglBerecht als verfallb in der abzuänd Entsch zu viel von seinen eig Anrechten übertr wurden. Hier soll der AusglSchuldn nicht auf den ledigl schuldrechtl RückAusgl angewiesen sein, sond er darf die frühere VA-Entsch korrigieren lassen (ausführl dazu BT-Drucks 10/5447 S 18 m TenoriergsBsp).

11 **c) Abänderbarkeit wegen nachträglicher Änderung der Ausgleichsform, Nr 3.** Eine früh Entsch soll schließl auch dann abgeänd w können, wenn sie ein Anrecht dem schuldrechtl VA überlassen hat, das iW der RealTeilg od des Quasi-Splittings hätte ausgegl w können, auch wenn diese Möglk erst nachträgl inf Einf der RealTeilg od aGrd eines Statuswechsels eines VersorggsTrägers geschaffen w sind. In beiden Fällen soll der VA entspr, dh in den nun mögl öffrechtl AusglFormen nachgeholt w (BT-Drucks 10/6369 S 22). Das entspr nicht nur dem SichergsBedürfn des Berecht, sond gibt auch den VersorggsTrägern die Möglk, für Altfälle, für die nunmehr der verlängerte schuldrechtl VA geschaffen w ist, die RealTeilg od das Quasi-Splitting zu beantragen. Ein Wechsel der Versorggsart liegt zB vor, wenn der Beamte nach dem VA ausgeschieden u nachversichert w ist; aber nicht in einer Beförderg (Ruland NJW **87**, 349). Die SatzgsAuto-nomie läßt es zu, die Realteilg usw ab jedem belieb Ztpkt vorzusehen, so daß zB Altfälle ganz ausgeschl w können. IdR ist aber davon auszugehen, daß die nachträgl Dchführg der RealTeilg nicht dadch ausgeschl w soll, daß die Ehe bereits vor Erl der Änd gesch wurde (vgl BGH FamRZ **93**, 174). Der Antr kann sofort nach Eintritt der Vorauss gestellt w (BT-Drucks 10/5447 S 18). IjF ist freil die Altersgrenze v V zu beachten. Weitergehde AbändgsMöglk gem VAwMG Art 4 § 1.

12 **4) Zusätzliche Voraussetzungen der Abänderung, II.**

13 **a)** Die sich aus I ergebden AbändMöglk sollen nicht unbeschränkt zul sein. II knüpft desh die Geltdmachg der in I aufgeführten AbändGrde an bes weitere Vorauss, mit denen die **Abänderungsvoraussetzungen**

objektiviert w sollen: Danach ist die Abänd gem Nr 1 nur innerh best ErheblichkGrenzen zul (Rn 14, 15). Auch wenn deren Erfordern nicht eingehalten sind, kann die Abänd gem Nr 2 von dem Berecht gleichwohl durchgesetzt w, wenn dadch eine für ihn günst WarteZt erfüllt wird (Rn 17). Und schließl setzt nach Nr 3 jede Abänd voraus, daß sie sich zG eines der beid gesch Eheg od eines Hinterbl auswirkt (Rn 18).

b) Erheblichkeitsprüfung, II S 1 Nr 1. Die Abänd findet nur statt, wenn sie zur Übertr od Begr von 14 Anrechten führt, deren Wert insges vom Wert der dch die abzuänd Entsch insges übertr od begr Anrechte **wesentlich abweicht.** Hierbei kommt es nicht auf BilligkGesichtsPkte an. Den Ger wird vielm ein **fester Maßstab** an die Hand gegeben. **Zweck:** Damit wird der Dchsetzg mat Gerechtigk hinreichd Raum gegeben, unnöt Streitigk werden vermieden u die FamG von BagatellVerf entlastet (BT-Drucks 10/6369 S 22). Der Wert der Anrechte, die dch die früh Entsch insges übertr od begründet w sind, ist mit dem Wert der Anrechte zu vergl, die nach der Neuberechng dem Berecht insges zu übertr od f ihn zu begr wären (vgl Rn 3). Die Differenz beid Werte muß **objektiv wesentlich** sein. Das ist nach S 2 der Fall, wenn die 15 Differenz **10%** des Wertes der dch die früh Entsch übertr od begr Anrechte übersteigt (BVerfG u BGH NJW **93,** 1057 u 1650: verfkonform; vgl dazu v Maydell FuR **93,** 146). Dabei ist das „od" iS v „u" zu verstehen, so daß es auf die Differenz zw dem GesBetr der Anrechte ankommt, die dch eine Ändg zu übertragen u zu begründen wären, von dem GesBetr, der dch die ErstEntsch übertr u begrdten Anrechte (BGH NJW **91,** 1827). IjF muß die Differenz jedoch mehr als 0,5% des auf 1 Mo bezogenen Teils der am Ende der EheZt maßgebden Bezugsgröße betragen. Bei einem 1987 gestellten ScheidgsAntr sind dies ca 15 DM. **Tabelle** 16 mit mtl Bezugsgrößen u Grenzwerten: vgl die Nachw in der Einf v § 1587. Die spätere Gutschrift v 1 KinderErziehgsJ rechtfertigt keine Abänderg (Ruland NJW **87,** 350). Bei den 10% handelt es sich um einen MindestBetr für jegl Ändg (Düss FamRZ **88,** 959). Das Scheitern des ör WertAusgl an der WesentlksGrenze hindert nicht eine Verrechng im schuldrechtl VA (Celle FamRZ **93,** 1328).

c) Wartezeitvorteile, S 1 Nr 2. Wird die ErheblichkGrenze der Nr 1 nicht überschritten, so daß eigtl 17 eine Abänderg gem Nr 1 ausgeschl ist, so kann der berecht Eheg die Abänd gleichwohl beantragen, wenn dadch für seine Versorgg maßgebde WarteZt erfüllt wird. Zu den WarteZten allg vgl § 1587b Rn 19; ZusStellg bei Dörr NJW **88,** 101. Hierfür reicht im Einzelfall schon ein kleinerer Betr aus (BT-Drucks 10/5447 S 18).

d) Begünstigungserfordernis, S 1 Nr 3. IjF ist eine Abänd nur zul, wenn sie sich voraussichtl **zugunsten eines Ehegatten oder seiner Hinterbliebenen** auswirkt. Nach den Gesetzesmaterialien zu den aus 18 dem RegEntw stammden Vorschr (vgl BT-Drucks 10/5447 S 19) ist das BegünstiggsErfordern auf die jew in Frage stehde AusglForm zu beziehen. So ist eine Abänd der rechtskr ErstEntsch in den Formen des § 1587b I u II sowie der VAHRG 1 u 3b I u II Nr 1 in allen Fällen ausgeschl, in denen die ErstEntsch im nachhinein gesehen nicht zu einer soz Absicherg geführt hat u auch eine Abänd in Form einer zusätzl Aufstockg dem Berecht nicht zu einem Erwerb einer Versorgg verhelfen würde, etwa weil er trotz allem die vorgesehene WarteZt nicht erreicht. Dagg ist in solchen Fällen nicht auch die Anwendbark von § 1587b IV ausgeschl. Der Berecht kann beanspr, daß das FamG den ihm formal zustehden Restwert zB in Form einer Abfindg ausgleicht (BT-Drucks 10/5447 S 19).

5) Billigkeitskontrolle, III. Nach den objektivierten AbändVoraussetzgen v I u II eröffnet III die 19 Möglk, die Abänd an BilligkErwäggen scheitern zu lassen. Der Vorschr kommt die Funktion eines bloßen Korrektivs zu. Eine Abänd findet nur statt, wenn sie unter Berücks der beidseit wirtschaftl Verhältn **grob unbillig** wäre. Damit soll an den aus § 1587c vertrauten Maßst angeknüpft u die Anwendg der BilligkKlausel auf AusnFälle beschr w (BT-Drucks 10/6369 S 22). Mit der eigenständ BilligkKlausel wird ein Wiederaufleben einer früh AuseinandS der gesch Eheg um die Anwendg v § 1587c ausgeschl (vgl oben Rn 3). Mögl aber ggf die Geltdmachg der Ungleichbesteuerg (BGH NJW **95,** 136; vgl Rn 3). Die gr Unbilligk kann vor allem dch eine bewußt in Schädigsabsicht vorgen Versorggsverkürzg hervorgerufen werden, währd ein bl Verschu nicht ausr (BGH NJW **89,** 29 u 529). Eine Abänderg zum derzeit Ztpkt ist grob unbill, wenn die VersRente des einen Eheg unverfallb geworden ist, die des andd Eheg dagg noch nicht (Hamm FamRZ **94,** 1468). Iü besteht **keine Obliegenheit** des AusglPflicht, berufl Veränden zu unterl, 20 damit sich die eheztbezogene Versorgg nicht verringert (BGH NJW **89,** 34; Bergner SozVers **87,** 97). Ggst der Prüfg ist insb der **Versorgungserwerb nach der Ehe,** womit die BilligkAbwägg auf die nachehel 21 Entwicklg der VersorggsSituation der Eheg konzentriert w (BT-Drucks 10/6369 S 22). Nicht grob unbillig sind idR selbstverschuldete Versorggsverluste zB dch Disziplinarvergehen (BT-Drucks 10/5447 S 17; Ruland NJW **87,** 350). Verbleibt dem AusglPflicht auch nach der Abändg ein Ruhegehalt v über 3000 DM, ist f BilligkErwäggen kein Raum (Nürnbg FamRZ **90,** 759).

6) Antragsberechtigte, IV. Berechtigt, den nach I erfdl Antr auf Abänd der ErstEntsch zu stellen, sind 22 vor allem die **Ehegatten.** Antrberecht sind ferner die **Hinterbliebenen** beid Eheg, nicht nur iGgs zum RegEntw diej des AusglVerpfl (BT-Drucks 10/6369 S 22 m ausführl Begr). Hinterbl sind die Angeh eines Eheg, auf deren Versorgg sich die Abänd der VA-Entscheid vorteilh od nachteil auswirken kann, zB die Wwe des Versicherten auch ggü dessen gesch 1. Fr (BGH FamRZ **93,** 173). Da V eine Abänd erst bei VersorggsBezug od fortgeschrittenem LebAlter der Eheg zuläßt, soll das AntrR nicht desh ausgeschl w, weil der dch die Abänd unmittelb begünst Eheg vor dem in V normierten AntrZtpkt verstirbt. Die uU auch für die Versorgg der Angeh bedeuts Abänd kann desh auch von diesen selbst noch beantr w (BT-Drucks 10/6369 S 22). Den betroffenen **Versorgungsträgern** steht ein AntrR vornehml desh zu, um Manipulationen der Eheg zL des VersorggsTr zu verhindern (ausführl dazu BT-Drucks 10/5447 S 19).

7) Antragszeitpunkt, V, und Antragsinhalt. 23

a) Die Vorschr ermögl den Eheg, den VA rechtzeit vor Rentenbeginn an die aktuellen Verhältn anzupas- 24 sen. Im Hinbl auf die mögl Dauer eines AbändVerf wird die AntrBefugn von **Ehegatten,** die noch keine VersorggsLeistgen beziehen, an die Vollendg des **55. Lebensjahres** geknüpft (BGH NJW **89,** 34). Dieser Ztpkt liegt deutl unter dem derzeitigen dchschnittl RentenzugangsAlt in der gesetzl RentVers. Der in V normierte späte AntrZtpkt gilt für alle Fallgestalten von I. **Zweck:** Das zeitl Hinausschieben dient der Verfahrenskonzentration u der Vermeidg von mehreren möglw sogar ggläufigen AbändEntscheidgen (BT-Drucks 10/5447 S 20). Ein im RegEntw vorgezogenes AntrR für die bes Fälle nachträgl Unverfallbark von VersorggsAnrechten hat der RAusschuß für nicht notwend u im Hinbl auf die Belastg der FamG als nicht wünschensw abgelehnt (BT-Drucks 10/6369 S 23). Alternativ zum LebZtErfordern bei einer vorangegangenen NegativEntsch (Rn 3) der Bezug von Versorggleistgen, die auch nicht aus dem VA zu stammen brauchen (Hamm FamRZ **92**, 826/8).

25   **b) Inhalt des Abänderungsantrags.** Es bedarf keines beziff Antr, da das AbändVerf wie das Ausgangs-Verf dem AmtsermittlgsGrds folgt. Da jed die Einleitg des AbändVerf vom Antr eines Betroffenen abhängt, ist dieser gehalten, die Vorauss, ähnl wie seine Beschwer bei Einlegg eines RMittels gg den VA, schlüss darzutun. Umgek tritt aber auch bei einem best Antr keine BindgsWirkg dergestalt ein, daß dem Ger Grenzen hins der Höhe u der AusglForm gesetzt sind. Das Ger hat vielm vAw auch bei der Abänd eine der RLage entspr Entscheidg zu treffen (BT-Drucks 10/5447 S 20; vgl auch BGH FamRZ **84**, 990).

26   **8) Wirkungslosigkeit der Abänderungsentscheidung für erworbene Wartezeiten, VI.** Die dch eine VA-Entsch einmal begründete WarteZt entfällt dch eine AbändEntsch nicht wieder. Die SchutzVorschr zG des Berecht gilt auch dann, wenn die vorausgehde Entsch ihrers bereits eine AbändEntsch war (BT-Drucks 10/5447 S 20). Beruht der WarteZtErwerb allerd auf Arglist, zB bei Verschweigen eig Anrechte dch den AusglBerecht, so gilt die auf dem VertrauensGrds beruhde Vorschr nicht (§ 242).

27   **9) Rückwirkung der Abänderungsentscheidung, VII.**

28   **a)** Als Ausn von dem Grds, daß VA-Entscheidgen erst nach Eintr der RKraft Wirkgen für die Zkft entfalten, tritt die GestaltgsWirkg der Abänd bereits im Ztpkt des **der Antragstellung folgenden Monatsersten** ein, **S 1.** Die Regelg verfolgt den **Zweck,** die Gefahr von Verfahrensverzögergen zu bannen u gibt dem jeweil Berecht einen mat Anspr auf den ihm von Rechts wg zustehden VersorggsTeil (BT-Drucks 10/5447 S 20). So kann der Verpfl, der bereits eine gekürzte Versorgg erh, währd der Berecht noch keine Versorgg bezieht, die zu Unrecht erfolgten KürzgsBetr rückw vom VersorggsTräger verlangen. Ähnl gilt im umgek Fall für den Schutz pensionierter Berecht, die bish zu wenig Versorgg bezogen haben. Hat schließl der pensionierte Berecht zuviel Versorgg bezogen, so kann auch der VersorggsTräger diese Betr mit der Einschränkg des § 818 III zurückfordern. Das **Pensionärs- und Rentnerprivileg** (§ 1587b Rn 19 u 28) gilt auch dann, wenn dch eine AbändEntsch gem § 10a der VA-bedingte KürzgsBetr zu einem Ztpkt erhöht w, in dem der Betroffene bereits Rente bezieht (BGH NJW **95**, 657 ZusVers des öff Dienstes).

29   **b) Schutz des Versorgungsträgers vor doppelten Leistungen.**

30   **aa) Befreiungswirkung von Leistungen auf Grund der früheren Entscheidung.** Die Eheg u ihre Hinterbl müssen Leistgen des VersorggsTrägers gg sich gelten lassen, die dieser aGrd der früh Entsch bis zum Ablauf des Mo erbringt, der dem Mo folgt, in dem er von dem Eintr der AbändEntsch Kenntn erlangt hat, **S 2.** Die Vorschr betr den Fall, daß für bei Part die Wirkgen des VA in Form des LeistgsBezugs u der Kürzg bereits eingetreten sind od rückw für sich überschneidde ZtRäume eintreten werden, zB iF einer RentenNachzahlg. Auf Grd von S 2 darf der VersorggsTräger aGrd der früh Entsch mit befreiender Wirkg an den bish RInhaber leisten u beim and entspr Kürzgen vornehmen. Der an die Kenntn geknüpften (vgl dazu BSG FamRZ **85**, 595; § 1587p Rn 1) vollen MoFrist bedarf es zur techn Umstellg der AuszahlgsAOen (BT-Drucks 10/5447 S 20). Demj Eheg, der zG des and zuviel an Versorgg eingebüßt hat, steht ein BereichergsAnspr zu (BT-Drucks 10/5447 S 20 f).

31   **bb) Schuldnerschutz bei Leistungen aus dem verlängerten schuldrechtlichen Versorgungsausgleich, S 3.** Die im RAusschuß neu eingefügte Bestimmg schützt einen bereits nach VAHRG 3a in Anspr genommenen VersorggsTräger vor DoppelLeistgen, wenn ein Anrecht nachträgl unverfallb od real teilb geworden ist u desh nach S 1 rückw dch Splitting, Quasi-Splitting od RealTeilg ausgeglichen werden kann. Der im RegEntw enthaltene zusätzl AbändAusschlußGrd (BT-Drucks 10/5447 S 19 zu 4) wurde damit zu einer AnrechngsVorschr umgeformt (BT-Drucks 10/6369 S 23).

32   **10) Abänderung der rechtskräftigen Versorgungsausgleichsentscheidung nach Beitragszahlungen durch den Ausgleichsschuldner in die gesetzliche Rentenversicherung, VIII.**

33   **a) Abänderbarkeit der Anordnung der Entrichtung von Beiträgen, S 1.** Die Vorschr von VII gelten auch in den Fällen, in denen der Verpfl aGrd einer AO des FamG gem § 1587b III 1 od in Form einer anderw Zahlg aGrd von § 1587b IV BeitrZahlgen in die gesetzl RentenVers erbracht hat, weil nach Auffassg des GesGebers für eine Differenzierg zu den übr AbändFällen von § 1587b I u II sowie VAHRG 1 kein sachl RechtfertiggsGrd besteht (BT-Drucks 10/5447 S 21). Es kann sich iFv § 1587b III nur um vor der Entscheidg des BVerfG ergangene BeitrZahlgsAOen handeln (vgl § 1587b Rn 30, 31). Für ZahlgsVereinbg der Part nach § 1587o gilt IX (vgl Rn 38).

34   **b) Die Änderungsentscheidung.**

35   **aa)** Stellt sich an Hand veränderter Umstde heraus, daß der **Berechtigte zu wenig erhalten** hat, wird ihm dch AbändEntscheidg der fehlde Wert in der für ihn zweckmäß AusglArt verschafft, wobei nunmehr eine RealTeilg od ein Quasi-Splitting nach VAHRG 1, der Ausgl nach VAHRG 3b od über § 1587b IV weitere Zahlgen angeordnet w können. Wurden umgek **dem Verpflichteten zuviel Zahlungen auferlegt,** sind je nach Fallgestaltg rückzahlgspflichtig der Berecht od der VersorggsTräger, **S 2,** wobei letzterer die Berecht zuviel gewährte Leistgen auf den RückzahlgsBetr anrechnen darf (VAHRG 7). Erklärt sich der VersorggsTräger zur Rückzahlg nicht bereit, entscheidet das FamG. Dabei kann es auch dem Berecht die Rückzahlg auferlegen, wenn etwa Anrechte in einer PrivatVersicherg geschaffen wurden (BT-Drucks 10/5447 S 21). Der rückzahlgspflicht VersorggsTräger kann auch solche Leistgen anrechnen, die er an Hinterbl des Berecht erbracht hat (BT-Drucks 10/6369 S 23). Eine Verzinsg des RückzahlgsBetr ist nicht vorgesehen.

36   Wird der Berecht dch die Rückzahlg in seiner LebFührg unangemessen beeinträcht, kann das FamG entspr § 1587d das **Ruhen der Rückzahlungsverpflichtung oder Ratenzahlungen** anordnen, **S 3.**

bb) Soweit es sich um teilw noch nicht erfüllte Beitragszahlungen gem § 1587b III 1 handelt, beste- 37 hen die AbändMöglk nach VAHRG 10a u nach Art 2 § 1 VAwMG nebeneinand (BT-Drucks 10/5447 S 21). Zul StufenKl zur Vorbereitg des AbändgsVerf (Hoppenz u Dörr FamRZ 87, 428f u 1093).

11) Abänderung von Versorgungsausgleichsvereinbarungen, IX. Haben die Eheg eine Vereinbg 38 über den VA geschl, etwa eine AbfindsZahlg aGrd einer im nachhinein gesehen zu hoch angesetzten Versorgg, soll auch insow eine Abänd mögl sein (BT-Drucks 10/5447 S 21), es sei denn, die Part haben die Abänd ausdrückl ausgeschl. Für die Abänd von vor dem 1. 1. 87 getroffenen Vereinbgen gilt IX nur nach Maßg von VAHRG 13 I Nr 3 (BT-Drucks 10/6369 S 23; vgl § 13 Rn 5).

12) Tod des antragstellenden Ehegatten bzw des Antragsgegners, X. Auch nach dem Tode eines 39 Eheg soll die VA-Entscheid abgeänd w können, soweit sich dies zG des antragden Eheg auswirken kann. Bei Beschw dch den VersorggsTr ist das Verbot der Schlechterstellg des Rmittelführers zu beachten (BGH FamRZ **90**, 1339). **Zweck:** Es bedurfte neben dem gem VAHRG 3 entspr anwendb § 1587e IV einer gesond Regelg, weil letztere Vorschr nur den AusglAnspr des Berecht gg den Verpfl erfaßt, nicht aber die Fälle, in denen zG des Verpfl entw ein teilw Rückausgl od sogar eine Umkehr der AusglPfl eintritt (BT-Drucks 10/5447 S 21). Das Gesetz unterscheidet danach, wann von den geschied Eheg stirbt. **a) Beim Tod des Antrag-** 40 **stellers** endet das Verf in Übereinstimm mit § 1587e II, sofern nicht ein and AntrBerecht, also die Hinterbl od ein VersorggsTräger (VAHRG 10a IV), binnen einer AusschlFr (BT-Drucks 10/6369 S 23) von 3 Mo nach dem Tode des ASt ggü dem FamG erkl, das Verf mit dem Ziel einer Abänd der VA-Entsch fortsetzen zu wollen, S 1. **b)** Beim **Tod des Antragsgegners** wird das Verf gg dessen Erben, nicht gg die Hinterbl 41 (BT-Drucks 10/6369 S 23), fortgesetzt, S 2. Betreibt der VersorggsTr das Verf, sind prakt beide Eheg AntrGegner (BGH FamRZ **90**, 1339).

13) Auskunftspflichten, XI. Zur Ermöglich der Änderg der VersorggsAusglEntscheid, näml um die 42 Erfolgsaussichten eines AbändVerf abwägen zu können, räumt das Gesetz den AntrBerecht (oben Rn 22) über §§ 1580, 1587e I, die nicht für Hinterbl gelten, AuskAnspr ein (BT-Drucks 10/5447 S 21). Zul Stufenkl zur Vorbereitg des AbändgsVerf (Hoppenz u Dörr FamRZ 87, 428f u 1093).

a) Wechselseit auskpflicht u auskberecht sind von der Person her **Ehegatten und ihre Hinterbliebenen** 43 (BT-Drucks 10/6369 S 23), **S 1,** sowie subsidiär, näml dann, wenn die zur Wahrnehmg ihrer Rechte erfdl Auskfte von dem and Eheg od dessen Hinterbl nicht zu erlangen sind, der entsprechde **Versorgungsträger, S 2.** Umgek haben aber auch die Eheg u ihre Hinterbl den betroffenen VersorggsTrägern die erfdl Auskfte zu geben, **S 3.**

b) Umfang der Auskunftspflicht, S 1. Zu erteilen sind die Auskfte, die zur Wahrnehmg der Rechte in 44 AbändVerf erfdl sind, also über die in die Abänd einzubeziehende VersorggsAnrechte (BT-Drucks 10/5447 S 22).

14) Rückzahlung von zu Unrecht an den Versorgungträger zum Zwecke der Abwendung von 45 **Versorgungskürzungen erbrachter Leistungen, XII.** Der AusglPfl hat gem SGB VI 187 das Recht, die dch das Rentensplitting nach § 1587b I u gem BeamtVG 58 die dch das Quasi-Splitting eingetretene Kürzg der Rente bzw VersorggsBezüge ganz od teilw dch Entrichtg zusätzl Beitr bzw KapitalBetr an den Rent-VersTräger bzw Dienstherrn zu vermeiden (vgl § 1587b Rn 20 u 28). **Zweck:** Die Vorschr stellt sicher, daß sich eine zG des ausglpfl Eheg erfolgte Abänd auch auf Leistgn auswirkt, die dieser Eheg zur Abwendg dieser VAbedingten Kürzg seiner Versorgg erbracht hat (BT-Drucks 10/6369 S 23). Die unter Berücks der Abänd zuviel geleisteten Beträge sind von dem jew VersorggsTräger zurückzuzahlen.

II b. Maßnahmen zur Verringerung des Verwaltungsaufwands

VAHRG 10b *Sofortige Beitragszahlungspflicht des Versorgungsträgers bei Quasi-Splitting.*

VAHRG 10c *Vereinfachtes Ausgleichsverfahren bei Widerrufsbeamten und Zeit-soldaten.* *(§§ 10b, 10c VAHRG sind durch Art 62 Ziff 3 des RRG [vgl Einf 18 vor § 1587] mit Wirkung zum 1. 1. 92 gestrichen worden. Die in den Vorschriften enthaltenen Regelungen sind sachgerecht den §§ 183, 185 und 225 SGB VI eingegliedert worden [BT-Drucks 11/4124, S. 235; VDR-Hdb/Bergner 27/132]. Ausführliche Kommentierung: 50. Aufl.)*

VAHRG 10d *Verbot von Beitragserstattungen bis zum Abschluß des Versorgungsausgleichsverfahrens.* Bis zum wirksamen Abschluß eines Verfahrens über den Versorgungsausgleich ist der Versorgungträger verpflichtet, Zahlungen an den Versorgungsberechtigten zu unterlassen, die auf die Höhe eines in den Versorgungsausgleich einzubeziehenden Anrechts Einfluß haben können.

Mit Erstattg der hierf geleisteten Beitr (SGB VI 210) od Aufwendgen erlöschen VersorggsAnspr u das 1 Recht zur freiwill WeiterVers. Nach Erlöschen können solche VersorggsAnrechte dann nicht mehr in den VA einbezogen w. Das ist in Fällen hinzunehmen, in denen die Auszahlg bereits vor RHängigk des Scheid-Antr erfolgt ist, weil dann zum EheZtEnde keine ausgleichb Anrechte iSd §§ 1587ff mehr bestehen. **Zweck:** Mit der neuen Vorschr § 10d soll verhindert w, daß dem VA die Grdl entzogen w, weil sich ein Eheg noch im Laufe des VA-Verf die geleisteten Beitr zurückzahlen läßt u damit einen VA unmögl macht (BGH FamRZ **92**, 45). **Betroffene Anrechte:** Die Vorschr beschr sich nicht auf Erstatten innerh der 2 gesetzl RentenVers, sond gilt für alle Arten von VersorggsAnrechten, soweit bei ihnen Auszahlgen vorgen sind (BT-Drucks 10/6369 S 23). **Zeitpunkt:** Sobald der VersorggsTräger von einem VA-Verf Kenntn erh, 3 darf er keine ErstattgsBescheide mehr erlassen u keine Auszahlgen vornehmen, sol die Entsch über den VA nicht gem ZPO 629d wirks geworden ist (BT-Drucks 10/6369 S 23). **Rechtsfolgen:** § 1587 Rn 41. Der VA ist auch dann dchzuführen, wenn das FamG dem VersorggsTr mitgeteilt hatte, das Verf werde von den Part

4 nicht betr (Hbg FamRZ **94**, 899). **Inkrafttreten:** 1. 1. 87 (VAHRG 13 Rn 4).

III. Auskunftspflicht im Versorgungsausgleich

VAHRG 11 *Geltung der Versorgungsausgleichsverfahrensvorschriften; Auskunftseinholung durch das Gericht.* [I] Entscheidet nach diesem Gesetz das Familiengericht, so gelten die verfahrensrechtlichen Vorschriften über den Versorgungsausgleich entsprechend, soweit sie nicht unmittelbar anzuwenden sind.

[II] Das Gericht kann über Grund und Höhe der Versorgungsanwartschaften und Versorgungen von den hierfür zuständigen Behörden, Rentenversicherungsträgern, Arbeitgebern, Versicherungsunternehmen und sonstigen Stellen sowie von den Ehegatten und ihren Hinterbliebenen Auskünfte einholen. Die in Satz 1 bezeichneten Stellen, die Ehegatten und ihre Hinterbliebenen sind verpflichtet, den gerichtlichen Ersuchen Folge zu leisten.

1 **1)** Nach VAHRG 3 sind die matrechtl Vorschr über den VA auf die im VAHRG getroffenen AusglRegelgen, soweit sie nicht bereits unmittelb gelten, sinngem anzuwenden. **I** enth jetzt die bish fehlde entspr **pauschale Verweisungsvorschrift für die Geltung der verfahrensrechtlichen Vorschriften** im VA-Verf vor dem FamG (BT-Drucks 10/6369 S 23f). Es gelten auch die kostenrechtl Vorschr über den VA. Für die Fälle VAHRG 4–9, 10b und 10c bleibt der jew, nach Art der Versorgg gegebene RWeg zur Soz-, Verwod ArbGerichtsbark mit den dortigen VerfVorschr bestehen (BT-Drucks 10/6369 S 24).

2 **2) Auskunftseinholung durch das Gericht, II.** Einzelh Einf 15 v § 1587. Nach FGG 53b II kann das FamG nur bei den VersorggsTrägern Ausk einholen. Daneben haben der RA nach AuskVO 1 (§ 1587o

3 Rn 4–9) u die Eheg selbst im wechselseit AuskR (§ 1587e I). Schließl besteht **für die Ehegatten und deren Hinterbliebenen** im Interesse der Beschleunig des gerichtl Verf (BT-Drucks 10/5447 S 22) eine AuskPfl unmittelb dem Ger ggü. Die AuskPfl besteht nicht nur iR der §§ 1587ff, sond auch iR des verlängerten schuldrechtl VA u der Abänd von Entsch über den öffrechtl VA (VAHRG 3a VIII, 10a XI).

4 Die AuskPfl besteht unabh v d Begründeth des ScheidgsAntr (Karlsr FamRZ **94**, 1330; Brschw FamRZ

5 **95**, 300 mN). Sie wird gem FGG 33 dch ein vorher anzudrohendes (Stgt FamRZ **86**, 705) **Zwangsgeld** erzwungen, dessen Festsetzg nur aGrd eindeut AuskftsVerlangens zul ist (Brem FamRZ **84**, 713; Karlsr FamRZ **89**, 651) u nach FGG 19 (nicht ZPO 621e) anfechtb ist (Brem FamRZ **84**, 713). Nach KG FGPrax **95**, 152 Androhg auch ggü öffr VersorggsTr. Zul ist es aufzugeben, die aus der Mitteilg des SozVersTr ersichtl VersLücken aufzuklären (Hbg FamRZ **93**, 350).

IV. Übergangs- und Schlußbestimmungen

VAHRG 12 Dieses Gesetz gilt nach Maßgabe des § 13 Abs. 1 des Dritten Überleitungsgesetzes auch im Land Berlin.

VAHRG 13 *Zeitliche Geltung des Härteregelungsgesetzes.* [I] Es treten in Kraft
1. die §§ 4 bis 10 mit Wirkung vom 1. Juli 1977;
2. die §§ 3a, 3b, 10a und 10d am 1. Januar 1987; § 10a Abs. 9 gilt für vor dem 1. Januar 1987 geschlossene Vereinbarungen, jedoch mit der Maßgabe, daß sie nur abgeändert werden können, soweit die Bindung an die Vereinbarung auch unter besonderer Berücksichtigung des Vertrauens des Antragsgegners in die getroffene Vereinbarung für den Antragsteller unzumutbar ist; wurde im Zusammenhang mit der Vereinbarung über den Versorgungsausgleich auch anderes geregelt, findet eine Abänderung nicht statt, es sei denn, daß die Regelung im übrigen auch ohne den Versorgungsausgleich getroffen worden wäre;
3. die §§ 10b und 10c am 1. Januar 1988;
4. die übrigen Vorschriften dieses Gesetzes mit Wirkung vom 1. April 1983.

[II] *(Aufgehoben durch Art 30 Nr 2b RÜG, Einf 18 v § 1587; vgl Rn 11).*

1 **1) Zweck:** VAHRG 13 soll den zeitl GeltgsBereich der einzelnen – bish u neuen – Vorschr des VAHRG vollständ u aus sich heraus verständl darstellen (BT-Drucks 10/5447 S 22). Zum Verhältn zu den Überg-Vorschr v VAwMG Art 4 vgl ebdort Einf 2 (Anh IV zu § 1587b).

2 **2) Inkrafttreten der verschiedenen Vorschriften des VAHRG:**

3 **a) I Nr 1:** Die dch das VAwMG bis auf § 7 inhaltl unveränd gebliebenen Vorschr der **§§ 4–10 VAHRG** sind **mit Rückwirkung zum 1. 7. 1977,** also sachl zus mit dem 1. EheRG, dch das der VA eingeführt w, in Kr getreten. Die RückgängMachg v Kürzgen aGrd des Todes des AusglBerecht, die Rückzahlg v Beitr usw kommt also für sämtl g ergangenen VA-Entsch in Betr. Aus dem Wegfall von VAHRG 13 III aF folgt zugl, daß diese Vorschr **auch nach dem 31. 12. 1986 fortgelten,** aber nur **bis zum 31. 12. 1994, II** (vgl unten Rn 11, 12).

4 **b) I Nr 2:** Die Vorschr trägt der Entsch des BVerfG NJW **86,** 1321 Rechn (BT-Drucks 10/6369 S 24). Die dch das VAwMG geschaffenen Vorschr über die Verlängerg des schuldrechtl VA (VAHRG 3a) bzw über die Regelg des VA in and Weise (VAHRG 3b, 3c) sowie über die Abänd von VA-Entsch (VAHRG 10a) u

das Verbot von BeitrErstattgen währd des laufden VA-Verf (VAHRG 10d) sind **am 1. 1. 1987 in Kraft getreten, 1. Teilsatz.** Die VAHRG 3a u 3b u vor allem die AbänderungsMöglk n 10a gelten auch für Sachverh, die bereits am 31. 12. 86 vorgelegen haben, soweit sie über diesen Ztpkt hinaus fortdauern. So kann der Berecht von dem Träger der schuldrechtl auszugleichden Versorgg auch dann eine AusglRente nach VAHRG 3a beanspr, wenn der Verpfl bereits vor dem 1. 1. 87 verstorben ist. Die im RegEntw zG privrechtl organisierter VersorggsTräger enthaltene zeitl Einschränkg (AusglRente erst ab 1. 1. 88) ist nicht in das Gesetz aufgenommen w (BT-Drucks 10/5447 S 11 f u 22). VAHRG 3b gilt auch für bereits vor dem 1. 1. 87 anhäng u noch nicht abgeschlossene VA-Verf (BT-Drucks 10/5447 S 22). VAHRG 10a IX, der sich **5** auf die Abänderg v **Versorgungsausgleichsvereinbarungen** bezieht, gilt auch für Vereinbgen, die v den Eheg vor dem 1. 1. 87, also vor dem Inkrafttr des VAwMG, getroffen wurden, jedoch unter einschränkden Voraussetzgen, näml in Anlehng an die ÜbergRegelg in Art 6 Nr 1 UÄndG (vgl dazu Einf 21–26 v § 1569) mit der Maßg, daß sie nur abgeänd w können, soweit die Bindg an die Vereinbg auch unter Berücks des Vertrauens die AntrGegn in die getroffene Vereinbg für den ASt unzumutb ist, **2. Teilsatz.** Die Abänd **6** einer VA-Vereinbg ist **ausgeschlossen,** wenn im Zushang mit der Vereinbg auch anderes geregelt w, es sei denn, daß die Regelg iü auch ohne den VA getroffen w wäre, **3. Teilsatz.** Bei **künftigen Vereinbarungen 7** haben es die Eheg in der Hand, die gesetzl AbändMöglk dch eine bes Abrede auszuschließen (BT-Drucks 10/6369 S 24).

c) I Nr 3: Die Vorschr über die Maßn zur Verringerg des VerwaltgsAufwands dch **Ersetzung des 8 Erstattungsverfahrens** dch AO der sof BeitrZahlg bei best Höchstbetr (VAHRG 10b) u iF der Nachversicherg von WiderrufsBeamt u ZtSoldaten (VAHRG 10c) treten **erst zum 1. 1. 1988** in Kr, um den VersorggsTrägern hinreichd Zt für die zur Umsetzg dieser Vorschr notw techn Vorkehrgen zu gewähren. Dabei eröffnet VAHRG 10a eine **Abänderung auch solcher Entscheidungen** über den öffrechtl VA, die **9** bereits **vor dem 1. 1. 1988 ergangen** sind. Die Abänd wirkt in diesem Fall allerd für Leistgen od Kürzgen aGrd des VA erst ab 1. 1. 88, auch wenn die Abänd im Hinbl auf die neue Vorschr bereits vor diesem Ztpkt beantr w sein sollte (BT-Drucks 10/5447 S 22).

d) I Nr 4: Sämtl and dch das VAwMG ungeänd gebliebenen Best des VAHRG sind **ab 1. 4. 1983 in Kraft 10** u bleiben es gem II bis zum 31. 12. 1994 (BT-Drucks 10/5447 S 22). Das gilt für die Ablösg der Beitr-ZahlgsPfl des § 1587b III (VAHRG 1–3) u insb auch für die neu gefaßte Vorschr des VAHRG 2, die nicht zuletzt aGrd der Entsch des BVerfG NJW **86,** 1321 in der Neufassg rückw vom 1. 4. 83 an gilt, so daß im Ggs zur Fassg noch des RegEntw (BT-Drucks 10/5447 S 22 zu Nr 6 unter 2) die Vorschr nicht etwa für dem 1. 1. 87 vorausgehde ZtRäume in der alten Fassg mit ihrem modifizierten schuldrechtl VA anzuwenden ist.

3) Dauerrecht. II sah das AußerKrafttreten der §§ 4–10a zum 31. 12. 94 vor (vgl 50. Aufl). Mit der **11** Aufhebg von II dch das RÜG (Einf 18 v § 1587) werden die befr Regelgen des VAHRG insges in DauerR überführt, nachdem sie sich in der Prax bewährt haben u verfassgsrechtl bestätigt w sind (BT-Drucks 12/405 S 173f).

Anhang IV zu § 1587b
Gesetz über weitere Maßnahmen auf dem Gebiet des Versorgungsausgleichs (VAwMG)

Vom 8. Dezember 1986 (BGBl I S 2317)

Das VAwMG ist, soweit es sich auf die §§ 1587ff u auf das VAHRG bezieht, in jew Zushg berücks. Die **1** *Übergangsregelung des Art 4 hat sich dch ZtAblauf erled. Soweit erfdl, ist auf die Komm in der 52. Aufl zurückzugreifen.*

1587c *Ausschluß des Versorgungsausgleichs.* Ein Versorgungsausgleich findet nicht statt,

1. soweit die Inanspruchnahme des Verpflichteten unter Berücksichtigung der beiderseitigen Verhältnisse, insbesondere des beiderseitigen Vermögenserwerbs während der Ehe oder im Zusammenhang mit der Scheidung, grob unbillig wäre; hierbei dürfen Umstände nicht allein deshalb berücksichtigt werden, weil sie zum Scheitern der Ehe geführt haben;
2. soweit der Berechtigte in Erwartung der Scheidung oder nach der Scheidung durch Handeln oder Unterlassen bewirkt hat, daß ihm zustehende Anwartschaften oder Aussichten auf eine Versorgung, die nach § 1587 Abs. 1 auszugleichen wären, nicht entstanden oder entfallen sind;
3. soweit der Berechtigte während der Ehe längere Zeit hindurch seine Pflicht, zum Familienunterhalt beizutragen, gröblich verletzt hat.

1) Negative Härteklausel. a) Inhalt und Zweck. Wie beim Anspr auf nachehel Unterh (§ 1579) tritt **1** ein vAw zu beachtder (Mü FamRZ **85,** 79) gänzl od teilw **Verlust des Versorgungsausgleichsrechts** unter Billigk- u VerwirkgsGesichtspkten ein. Der VA findet nicht statt, wenn er unter Berücksichtig verschiedener Umst grob unbill wäre, Nr 1, soweit der Berecht im Hinbl auf die Scheidg ausgleichspflichtige VersorggsAnrechte aufgegeben hat, Nr 2, u soweit der AusglBerecht währd der Ehe FamUnterhPflichten gröbl verletzt hat, Nr 3. **Keine Enumeration** der HärteGrde, weil Nr 1 eine Generalklausel enth (Joh/Henr/Hahne Rdn 2). § 1587c betr die individuelle Zumutbark des VA u darf desh **nicht** zur **Korrektur des VA** – sei es in Einzelh (Ausgl von Anwartsch, für die die WarteZt noch nicht erfüllt ist; BGH FamRZ **84,** 574; NJW-RR **89,** 965 SVG 55c), sei es im GrdKonzept – benutzt w, ihn also zB auf Fälle der Bedürftigk zu beschr (so Frh Schwab FamRZ **77,** 770) od dem VA überh auszuschl, wenn in einer Doppelverdienerehe nur der eine Eheg eine Altersversorg aufgebaut hat (Hamm FamRZ **81,** 574) od beide Eheg währd der gesamten EheZt Beamte waren (BGH FamRZ **89,** 492) bzw rentenversichergspfl gearbeitet haben u somit keine ehebedingten VersorggsNachteile entstanden sind (Hbg NJW **82,** 242; Düss FamRZ **87,** 162), od schließl um Härten zu mildern, die ganze Berufsgruppen treffen (Oldbg FamRZ **81**, 678 Strahlflugzeugführer). Anderers dient § 1587c auch dazu, evtl mit dem Splitting od Quasi-Splitting verbundene GrdRechtsverletzgen zu verhindern (BVerfG NJW **80**, 692), denen die Ger dch Anwendg der Härteklausel entggwirken müssen (BVerfG 1. Sen 1. Ka NJW **93**, 1059), zB bei ungleich hohen VersorggsBezügen zweier Beamt nach Dchführg des VA (BVerfG NJW **84**, 2147; Wagenitz FamRZ **86**, 18) od bei Umkehrg der AusglPfl inf eheunangem Berechng der ruhegehaltsfäh GesZt (BVerfG 1. Sen 1. Ka NJW **93**, 1059). Beabsichtigt ist iR des § 1587c eine **Gesamtabwägung** aller in Betr kommden Umst, auch wenn sie keinen wirtschaftl Bezug aufweisen (BGH FamRZ **83**, 32; Joh/Henr/Hahne Rdn 2). Unerhebl ist, in welchem Güterstd die Eheg gelebt haben (BT-Drucks 7/4361 S 43f). Zu vor dem 1. 7. 77 liegden BilligkUmst vgl Einf 17 v § 1587, wobei die Grde der Übergangsregelg Vorrang haben (Stgt FamRZ **86**, 1006). Die Härteklauseln der §§ 1587c u h sind jew lex specialis ggü dem allg **Verwirkungs**einwand (§ 242 Rn 87; BGH NJW **92**, 3293). Darl- u **Beweislast** für die die Anwendg der Härteklausel rechtf Umst liegen beim AusglPfl (BGH FamRZ **88**, 709/10; **89**, 1060/61). Keine Anwendg von § 1587c mehr nach dem **Tod** des ausglpflicht Eheg (Ffm FamRZ **95**, 299).

2 **b)** Die Härteklausel wirkt nicht beiderseits, sond erlaubt nur **Herabsetzung oder Ausschluß zugunsten des Verpflichteten** (BGH FamRZ **82**, 1193; **85**, 687; NJW **92**, 312; aA Eichenhofer FuR **94**, 67). Anders also als bei § 1375 II kann der AusglBetr nie erhöht w, wenn der AusglPflicht wg der Scheidg VersorggsAnrechte hat entfallen lassen (BGH FamRZ **87**, 48; aA Karlsr FamRZ **86**, 917; Rolland Rdn 16), weil dem Verpfl die wirtschaftl EntscheidgsFreih u berufl Mobilität erh bleiben sollten (BT-Drucks 7/650 S 163).

3 **c) Verfahrensmäßiges.** Die Härteklausel kann regelm erst geprüft w, wenn ermittelt ist, welche VersorggsAnrechte die Part in der Ehe erworben h (Karlsr Just **84**, 286). Sie greift ggf nur hins eines Teils der AusglVerpfl ein (BT-Drucks 7/650 S 162). Auf Grd der „Soweit"-Fassg kann ein **gänzlicher oder nur teilweiser Ausschluß** des VA erfolgen. § 1587c erlaubt auch Teilentscheidgn zB über das Splitting, wenn die Härteherabsetzg nur wg betriebl Ruhegelds in Betr kommt (BGH NJW **84**, 120). Zul ferner die **Herabsetzung einzelner VA-Anteile** wie der auf die stat VersRente ermittelte AusglBetr bei voraussichtl ZuvielAusgl (BGH FamRZ **88**, 822/25). Zu den BerechngsModalitäten vgl Joh/Henr/Hahne Rdn 4f. Aber die BilligkKlausel des § 1587c Nr 1 ermögl es nicht, best Anwartsch des ausglberecht Eheg unberücks zu lassen u damit eine Erhöhg des AusglBetr zu bewirken (BGH FamRZ **87**, 48). Auch eine zeitl beschr BU-Rente ist auszugl, wenn der AusglSchu sich auch hins seiner Altersrente dann noch besser steht als der AusglBerecht (Karlsr FamRZ **82**, 615). Keine Abänderg gem VAHRG 10a I Nr 1 allein aGrd einer and Einschätzg der Härte des VA (BGH NJW **89**, 1999). Erstmalige Geltdmachg mit der **Beschwerde** ist zul (Hamm FamRZ **91**, 1451). Keine Beschwer des AusglBerecht, wenn sein auf § 1585c gestütztes AusschlBegehren unberücks bleibt; ggf Erneuerg des Begehrens iR eines Verf nach VAHRG 10a, falls sich die Richtg des VA änd (BGH NJW **92**, 3399). Zum Umfg des rechtl Gehörs: BVerfG FamRZ **92**, 1151.

4 **2) Grobe Unbilligkeit, Nr 1,** ist AuffangTatbest (BGH **74**, 83) u **Generalklausel.** Sie kommt nur in Betr, wenn aGrd bes Verhältn die starre Dchführg des öffrechtl WertAusgl dem Grdgedanken des VA in unerträgl Weise widersprechen würde (BGH **74**, 38/83; NJW **82**, 989; **86**, 1935; FamRZ **89**, 1062). Das kann nur an Hand bestimmter, vom AusglPflichtigen vorzutragder (BGH NJW **88**, 1839) Umst festgestellt w. Härtefälle sind nur in eng zu begrenzden Ausnahmefällen zuzulassen (BT-Drucks 7/4361 S 43). Bei der Abwägg ist ein strengerer Maßst anzulegen als bei § 242 (BGH FamRZ **81**, 756). Allg BilligkErwäggen reichen nicht aus. Feststellg gr Unbilligk ist daher weitgehd Sache des TatRi (BGH **74**, 84; NJW **81**, 1733), der die Härte auch nach ZtAbschnitten differenzieren kann (Hbg FamRZ **84**, 398). Zum AbändVerf bei **nachträglich aufgetretenen Härtegründen:** VAHRG 10a Rn 5.

5 **a)** Zu berücks sind in erster Linie **die beiderseitigen Verhältnisse.** Hierbei sind sämtl Umst des Einzelfalls, insb Veranlagg, GesundhZustand (BGH FamRZ **81**, 756), VersichergsMöglk u vorhandene VersorggsAnrechte zu berücks, ferner bei langer Ehe der evtl Verlust an WarteZten (Ffm FamRZ **90**, 1259). Kein Fall von Nr 1 liegt vor, wenn beide Eheg währd der Ehe erwtät waren u eig, für sich gesehen ausreichde VersAnR erworben h (BGH FamRZ **95**, 413). Der Anwendg der Härteklausel steht nicht entgg, daß der AusglPflichtige eine höhere Altersversorgg behält als der Berecht (Hbg FamRZ **88**, 628). Gr Unbilligk, wenn der ausglberecht Eheg aGrd seiner eig fortdauernden Erwerbstätig bei Erreichen der Altersgrenze eine unverhältnism hohe Rente ggü dem inzw erwerbsunfäh und Eheg erhielte (BGH NJW **82**, 224) od wenn er sich iGgs zu dem erwerbsunfäh Eheg eine **Altersversorgung noch aufbauen** (BGH NJW **81**, 1733; FamRZ **82**, 475; **88**, 489) od ausbauen kann (Karlsr FamRZ **94**, 904). In diesem Zushg ist auch eine wiederaufgelebte WwenRente nach dem verstorbenen 1. Ehem zu berücks (BGH NJW **89**, 1998). Ausschluß od Herabsetzg des VA nach Nr 1 ist auch dann mögl, wenn der ausglberecht Eheg erst kurz vorher die dt **Staatsangehörigkeit** erworben h (BGH NJW **82**, 1940; vgl aber auch Stgt FamRZ **84**, 291), insb wenn die Eheschließg gg Entgelt ausschließl den Zweck hatte, dem türk Ehem den Aufenth in der BRD zu ermögl (Bln-Charl FamRZ **78**, 38). Gr Unbilligk ferner bei **Strafhaft** währd der gesamten Ehe (Kln NJW-RR **92**, 67; AG Cham FamRZ **78**, 37), es sei denn, dem and Eheg war die StrafZt bei Eingehen der Ehe bekannt (Celle FamRZ **80**, 1032). Nicht jedes **Ungleichgewicht in der Aufgabenverteilung** in der Ehe rechtfertigt eine Reduzierg des VA; wesentl ist, welche Plang der ehel LebGemsch zugrde lag (KG FamRZ **82**, 78). Grdsl findet der ungekürzte VA auch in einer lebensplanmäß auf das **Studium** ausgerichteten Ehe statt (Kln FamRZ **81**, 574). Aber Reduktion des VA, wenn ein Eheg erwerbstät ist u der and sein Studium fortsetzt (KG FamRZ **80**, 800; Ausn bei Bezug von BAföG; Hamm FamRZ **94**, 1472) od wenn sich ein Eheg einer im Ergebn seine VersorggsChancen erhöhden Fachschulausbildg (Ffm FamRZ **82**, 1088) od einem entspr Studium unterzieht (Kln FamRZ **94**, 1473), währd der ausglpfl Eheg seine ErwTätig krankhhalber einschränken muß (Ffm FamRZ **94**, 1472). Erst recht natürl, wenn ein Eheg dem and dch versichergspflicht ErwTätig u uU neben der HaushFührg u KiBetreuung (BGH FamRZ **89**, 1060) das Studium **ermöglicht** (BGH FamRZ **88**, 600; Kblz NJW **86**, 1762; Hamm FamRZ **88**, 516), wenn die Ehe gesch wird nach Abschl des Studiums (BGH NJW **84**, 302), aber auch, wenn es unabgeschl bleibt (BGH NJW-RR **87**, 578) od der

AusglBerecht in einer neuen Ehe zunächst nicht beabsicht, den akadem Beruf auszuüben (Hamm FamRZ **86**, 72), od ihn nicht ausgeübt hat (Kln NJW **94**, 1028) bzw wenn das Studium (hier: der fr Künste) keine berecht qualifiz ErwChancen eröffnet (Kln FamRZ **89**, 1197). Vertrödeln des Studiums (bis zum 50. LebJ) od der Promotion ist regelm Ausschl- od HerabsetzgGrd (Hamm FamRZ **91**, 1451 u NJW-RR **92**, 323). Abgesehen von der Illoyalität ist in diesen Fällen entscheid, daß der AusglBerecht sich aGrd der Ausbildg selbst eine angem Altersversorgg aufbauen kann (Celle FamRZ **79**, 595). Kein Ausschl des VA, wenn akad Volkswirt aus der von seiner Ehefr geteilten polit Aufassg 12 J als HilfsArb tät ist (Düss FamRZ **94**, 906). Grob unbill kann ein VA auch bei **phasenverschobener Ehe** sein, wenn die erwerbstät Fr desh ausglpflicht wird, weil der wesentl ält Ehem bereits Altersversorgg bezieht u dadch innerh der EheZt keine Altersversorgg mehr aufgebaut hat (Kln FamRZ **88**, 849). Grobe Unbilligk ferner zu bejahen, wenn bei einer **Doppelehe** der zweif VA zu einem nahezu vollständ Verlust der eig Versorgg des Verpfl führen würde (BGH NJW **83**, 176), es sei denn, wg ZusLeb mit der 2. Ehefr kommen dem AusglPflicht deren Versorggs-Anrechte zugute (Zweibr FamRZ **83**, 1145).

b) Im Rahmen der beiderseit Verhältn ist insb der **beiderseitige Vermögenserwerb während der Ehe** 6 **oder im Zusammenhang mit der Scheidung** zu berücks. Für eine Kürzg reicht nicht aus, daß nach Durchf des VA der ausglber Eheg (dch Wiederaufleben der Gesch-Wwenrente) besser dasteht als der AusglVerpfl (Mü FamRZ **93**, 1320). Eine Kürzg des VA kommt unter dem GesPkt **wirtschaftlichen Ungleichgewichts** (BGH NJW **81**, 394; **92**, 175/6) vielmehr erst in Betr, wenn der Berecht bereits eine ausr Versorgg od entspr hohes (Mill)Verm (Kln FamRZ **92**, 322) hat, währd der Verpfl auf die von ihm erworbenen Anrechte dringend angewiesen ist (BGH FamRZ **89**, 491 mN). Überdchschnittl Erträgn aus Verm sind gg die GehaltsEinkfte des VA-Schu abzuwägen (Düss FamRZ **94**, 1470). Keine gr Unbilligk liegt in der **Belastung mit Schulden** aus der Ehe (Karlsr FamRZ **88**, 70) od wenn der Berecht es **unterlassen** h, bei bestehender LebGemsch als selbstd Erwerbstät eine eig **Altersvorsorge** zu treffen (Hamm FamRZ **81**, 574); ebsowenig darin, daß der ausglberecht Eheg Scheidg beantr u dadch gem § 1408 II 2 eine VA-AusschlVereinbg unwirks macht (BGH FamRZ **85**, 45). Kein Fall v Nr 1 ferner, wenn erst die Berücks v KiErziehgZten VApflicht macht (Hamm FamRZ **92**, 956). Eherechtl unbegr **Zuwendungen an den Ausgleichsberechtigten** begr die gr Unbillig, etwa bei Nachentrichtg freiw Beitr zur RentVers (BGH FamRZ **88**, 364) od bei angem Beteiligg an dem einzign nennenswerten VermGgstd, wenn dieser auch nicht dem ZugewAusgl unterliegt (Schlesw FamRZ **82**, 311), od auch dch Entlastg des AusglBerecht von der UnterhLast, so daß dieser seine zT hohen Einnahmen als Reitlehrer überwiegd für sich verwenden konnte, währd die ausglpflicht Ehefr als Grdschullehrerin für ihren eig Bedarf aufgekommen ist u außerd noch die beiden Ki betreut h (Kln FamRZ **86**, 580). Aber keine gr Unbilligk bei den dingl VA nicht abdeckden Abschl von LebVersichergen zG des AusglBerecht (Saarbr FamRZ **82**, 394). Erfdl ist ggf ein **Vermögensvergleich** u Berücks der für die beiderseit VersorggsLage maßgebden Grde. Zuwendgen iR eines Vergl der Parteien über den ZugewAusgl sind nur zu berücks, wenn das dem AusglPflicht verbleibde Verm bek ist (BGH FamRZ **89**, 491). So wird der VA reduziert, wenn der Grd für die fehlde Altersversorgg nicht die Ehe ist u der AusglBerecht nur unwesentl zum FamHaush beigetr hat (Stgt NJW **82**, 241). Ein **vorzeitiger Ruhestand** führt nur in AusnFällen zu Ziff 1 (BGH **82**, 66; FamRZ **90**, 1341), ggf aber zu VAHRG 10a (BGH FamRZ **89**, 492 u 728). Insb sind **eigene Renten** zu berücks. Auch Unfallrenten, obw sie dem VA nicht unterliegen (Celle FamRZ **89**, 1098; Belchaus FamRZ **73**, 342; Ruland NJW **76**, 1719). Entsprechdes gilt für den **Erwerb eigenen Vermögens** in der Ehe od auch nach der Scheidg (BGH FamRZ **88**, 940). Nr 1 gilt desh insb, wenn der ausglberecht Eheg Verm hat (Hbg **78**, 278 iran Kfm) od Verm erworben h, das wg Vereinbg von Gütertrenng güterrechtl nicht auszugl ist (Hamm FamRZ **87**, 951; Hbg FamRZ **88**, 628); auch bei Zuwendg von dr Seite (Hamm FamRZ **87**, 627). Grobe Unbilligk liegt vor allem vor, wenn bei Gütertrenng der Eheg KapitalVerm gebildet u nur der Verm Eheg eine ausglpflicht Versorgg begr hat (Kblz FamRZ **83**, 508), selbst wenn die VermBildg dch eine **Erbschaft** geschieht (BGH FamRZ **88**, 47) od der ausglberecht Eheg mietfrei in einem ererbten Hs wohnt (Mü FamRZ **95**, 299). Für Nr 1 nicht ausreich dagg die bl Aussicht auf eine Erbsch (Stgt FamRZ **79**, 831) od die neue Eheschließg mit gut verdienendem Eheg (BGH FamRZ **83**, 35; KG FamRZ **82**, 1025). Waren beide Eheg währd der Ehe voll berufstät u haben sie das erworbene **Vermögen untereinander aufgeteilt,** kann der VA unterbleiben, wenn beide Eheg ihn ablehnen (Celle NJW **79**, 1659); ebso wenn iR der VermAuseinanderS dem AusglBerecht ein ggü der Rente des AusglPflicht höherwertiges ErbbauR zugewendet w (Stgt Just **78**, 408). Im Rahmen der Prüfg der beiderseit VermVerhältn ist auch das bei Durchf des VA herauskommde **Versorgungsergebnis** zu berücks. Die Bedürftigk des AusglBerecht ist nicht Vorauss des VA. Bei Wiederaufleben der GeschiedenenWwenRente (Einf 3 v § 1587) keine automat Anwendg v § 1587 c Nr 1 (Mü NJW-RR **93**, 778). Eine gr Unbillig kann aber darin liegen, daß die Durchf des VA nicht zu einer ausgewogenen soz Sicherh beider Eheg beiträgt, sond im Gteil zu einem erhebl wirtschaftl Ungleichgewicht zL des AusglPflicht, wozu es allerd nicht ausr, daß der AusglBerecht wirtschaftl besser gestellt ist als der AusglPflicht (BGH FamRZ **82**, 910). Für die Frage der hinr Sicherg bleiben Leistgn nach dem OEG auß Betr (Ffm NJW-RR **90**, 262). Nr 1 aber ggf bei vorzeit Ruhestd des Beamt, wenn der and Eheg noch die Möglk hat, eine unverhältnmäß hohe Rente zu erlangen (BGH **82**, 66; FamRZ **89**, 727). So kann über Nr 1 die verkürzte Bewertg von AusfallZten dch das 20. RentAnpassG, die nach EheZtEnde eingetreten sind, berücks w (Stgt FamRZ **80**, 594). Ferner liegt eine gr Unbillig vor, wenn die Durchf des VA inf der Umstellg der Rente dazu führen würde, daß der AusglBerecht eine höhere Rente bekäme als dem AusglVerpfl verbliebe (Brem FamRZ **80**, 1129). Zur Anwendbark v Nr 1 bei noch verfallb dyn Anrechten: Saarbr FamRZ **92**, 1313. Mit Hilfe von Nr 1 kann ferner geholfen w, wenn der Beamte nach Ende der EheZt aus dem BeamtVerhältn ausgeschieden ist (Hamm FamRZ **86**, 1222); währd keine gr Unbillig darin liegt, daß ein Eheg vor, der and nach EheZtEnde vorzeit pensioniert wird (Düss FamRZ **87**, 491). Das landwirtschaftl Altersgeld ist auch dann auszugl, wenn der Inhaber des Hofes der bewirtschaftete Hof dem AusglBerecht gehört (BGH FamRZ **87**, 923). Kein Fall von Nr 1 liegt darin, daß der **Ausgleichsberechtigte** im Alter über mehr Verm (Karlsr FamRZ **92**, 689) od über eine geringfügig **höhere Versorgung** verfügt als der AusglPflicht (BGH NJW **86**, 1935; FamRZ **95**, 413: 34 DM). Die unterschiedl **Besteuerung** (§ 1587 a Rn 2) v BeamtPension u Rente aus der ges RentVers ist, sol der Versorggsfall für beide Seiten noch nicht eingetr ist, grdsl kein Fall v § 1587 c; Abhilfe nur dch den GesGeb (BGH NJW **95**, 136: and nur, wenn sich die Auswirkgen der UnglBehdlg annähernd sicher voraussehen lassen; vgl iü auch VAHRG 10 a Rn 3). Zur Bedeutg v VAHRG 10 a in diesem Zushg: Bergner u Dörr NJW **90**, 680 u 2727. Über Nr 1 kann der Ausgl v **Bagatellbeträgen** vermieden w (BGH NJW **82**, 989; Zweibr FamRZ **87**, 722). Für die Anwendg v Nr 1 reicht es nicht aus, wenn als Folge der mit dem VA verbundenen Verringerg der Altersbezüge der **notwendige Eigenbedarf** des AusglPflicht in Frage gestellt w, weil dieser auf seine Anrechte dringd angewiesen ist u vielleicht sogar zur Inanspruchn von SozHilfe gezwungen würde (BGH NJW **81**, 1733; **82**, 989; FamRZ **86**, 252). Etwas gilt nur dann, wenn der VA ein erhebl wirtschaftl Ungleichgewicht zL des AusglSchuldn zur Folge hätte, was nicht schon dann der Fall ist, wenn auch der AusglBerecht ohne ausreichde eig Alterssicher dasteht (BGH NJW **87**, 1018/19) od sich die Versorgg der Ehefr dch ein nicht in den VA falldes (Karlsr FamRZ **80**, 168) Leibgedinge beträchtl verbessert (BGH FamRZ **82**, 909/10); wohl aber, wenn der AusglBerecht sich auch in der Ehe selbst unterh konnte (Hamm FamRZ **82**, 310) bzw wenn er selbst eine ausreichde Versorgg hat (Stgt FamRZ **80**, 593), u erst recht natürl, wenn der ungekürzte VA zur **Unterhaltsabhängigkeit,** dh zu einem Unterh-Anspr des AusglPflicht gg den AusglBerecht führen würde (BGH FamRZ **87**, 255; Joh/Henr/Hahne Rdn 10).

7   **c) Schwere personale Verfehlungen** können die gr Unbilligk begr, auch einmalige Vorgänge (BGH NJW **90**, 2745) wie Beteiligg an Mordversuch am VA-Verpfl (Zweibr NJW-RR **87**, 389; Ffm FamRZ **90**, 1259) od vorsätzl Tötg gemeins Ki (Hbg NJW **82**, 1823; Nürnbg FamRZ **82**, 308), dann aber Verschu erfdl (BGH NJW **90**, 2745); ferner **Kindesunterschiebung** (BGH NJW **83**, 117; Karlsr FamRZ **94**, 1474: bei 2 Ki Verkürzg des VA auf ⅓), allerd nur nach rechtskr EhelichkAnfechtg (BGH NJW **83**, 824), bei geflissentl Hintertreibg der EhelichkAnfechtg dch den and Teil (BGH NJW **83**, 119) od bei Verschweigen erhebl Zweif an der tats nicht bestehden Vatersch des Ehem (Hamm NJW **92**, 1515). Dagg nicht automat Ausschl od Herabsetzg des VA, wenn die ausglberecht Fr ein im Ehebr empfangenes Ki vom AusglSchuldn mehrere J lang als eig Ki ansehen läßt (BGH FamRZ **87**, 363). Z 1 liegt vor, wenn der AusglBerecht das Gesch, für dessen Verbdlkten der ausglpflicht Eheg haftet, dem neuen LebGefährten in die Hände gespielt h (Karlsr FamRZ **90**, 527). Außerh der Z 1 bleiben **Auseinandersetzungen** zw den Ehel, zB über das Öffnen einer Schlafzimmerfenstertür (BGH FamRZ **85**, 1239), Herumhantieren mit Pistolen (Hamm FamRZ **81**, 473) od nach 20jähr Ehe Kreditaufnahme unter UnterschrFälschg (Nürnbg FamRZ **86**, 580).

8   **d)** Umst, die **zum Scheitern der Ehe geführt** haben, dürfen nicht allein schon desh berücks w, **2. Halbs.** Mit dieser Vorschr soll das VerschPrinzip des alten ScheidgsR auch für diesen Bereich der ScheidgsFolgen ausgeschaltet werden (BGH NJW **83**, 118). Desh grdsl keine Herabsetzg des VA bei bl **Ausbruch aus der Ehe,** um nach fast 26 J Erfüllg der HausfrauenPfl mit einem and Partn zuzuleben (BGH NJW **83**, 165). Auch die beabsicht Eheschließg mit dem neuen Partn u die Teilhabe an dessen Alterssicherg rechtfertigen keine Herabsetzg des VA (BGH NJW **83**, 166 = FamRZ **83**, 804 mAv Scheld; NJW **84**, 2358/61). Trotzdem kann **eheliches Fehlverhalten** auch ohne wirtschaftl Relevanz (BGH FamRZ **82**, 798) die Herabsetzg des VA begr. Das Fehlverhalten muß den Ehepartn aber so belastet haben, daß die Durchf des VA unerträgl erscheint (BGH NJW **83**, 117). Dabei ist ein Rückgr auf § 1381 zul, nicht dagg auf § 1579 (BGH NJW **83**, 118f). Kein Fall von Nr 1 bei 2½jähr **Alkoholmißbrauch** (Hbg FamRZ **84**, 396).

9   **e)** Bei Altehen konnte bereits das **länger dauernde Getrenntleben** über die Sonderregelg in Art 12 Nr 3 III 3 u 4 1. EheRG hinaus die gr Unbilligk begr (BGH FamRZ **82**, 475; **83**, 36; **84**, 467; **85**, 280). Eine länger dauernde Trenng kann aber auch dann, wenn die TrenngsZt nach dem Inkrafttr des 1. EheRG (1. 7. 77) liegt, Anlaß zur Prüfg sein, ob die Herabsetzg des VA nach Nr 1 geboten ist (BGH NJW **93**, 588), weil die Eheg sonst gezwungen wären, die Scheidg zZw der Erhaltg von VersorggsAnteilen alsbald dchzuführen, was dem Ziel der Eheerhaltg widerspr (Joh/Henr/Hahne Rdn 23), so daß demggü der Gesichtspkt zurücktreten muß, daß die Eheg ihre AusglPfl nicht manipulieren sollen (Ruland NJW **76**, 1719 Fn 81). Aber 5 j (BGH NJW **93**, 588) od die Beschrkg der Ehe auf die WoEnden (Mü FamRZ **86**, 1116) od eine 27j Trenng rechtfertigen für sich allein weder den Ausschl noch die Herabsetzg des VA (Mü MDR **79**, 936), insb dann, wenn der ausglberecht Eheg währd der Trenng ehebedingte Lasten (KiBetreuung) zu tragen hatte (Karlsr FamRZ **81**, 572) od der ausglpflicht Eheg die Trenng verschuldet h. Entscheid ist also für die Reduzierg des VA, daß zusätzl zur Kürze der LebGemsch sonstige Umstde hinzutreten, etwa wenn die Ehel in 34½jähr Ehe nur am Anfang wenige Mo zusgelebt haben u dann inf des Krieges vollständ voneinand abgeschnitten waren (BGH FamRZ **85**, 280) od wenn der ausglberecht Eheg die Trenng dch ehel Fehlverhalten allein verschuldet hat (Mü FamRZ **85**, 79; aA Joh/Henr/Hahne Rdn 25) od beide Eheg sich nach der Trenng wirtschaftl verselbständ haben (Düss FamRZ **80**, 64).

10   **f)** Der VA findet grdsätzl auch bei **kurzer Ehedauer** statt (umstr; vgl Joh/Henr/Hahne Rdn 27 mN). Keine Analogie zu § 1579 Nr 1 (BGH FamRZ **81**, 944; Hamm FamRZ **85**, 78). Wohl aber gr Unbilligk bei extrem kurzer Ehe, zB 6 Wo (BGH FamRZ **81**, 944) od 1 Mo u nur 6täg ZusLeb (KG NJW **79**, 168), wenn es also zu einer Leb- u VersorggsGemsch prakt gar nicht gekommen ist (KG FamRZ **82**, 1090) od wenn wg der kurzen Ehe der VA im Bagatellbereich bliebe (Schlesw FamRZ **80**, 1132). Dagg keine kurze Ehedauer bei einer EheZt von 46 Mo, auch wenn der AusglSchuldn davon über 35 Mo in der DDR inhaftiert war (KG FamRZ **81**, 680). Keine Reduktion des VA ferner bei kurzer Ehedauer, nur weil beide Eheg währd der Ehe voll erwerbstät waren.

11   **3) Verwirkung des Versorgungsausgleichs durch Aufgabe eigener Versorgungsanwartschaften, Nr 2.** Der VA scheidet aus, soweit der Berecht in Erwartg der Scheidg od nach der Scheidg dch Handeln od Unterlassen bewirkt hat, daß ihm zustehde VersorggsAnrechte, die nach § 1587 I auszugleichen wären, nicht entstanden od entfallen sind, so daß sich dadch die eig AusglBerecht vergrößert. Die Vorschr bezieht

12 sich nur auf den Berecht, nicht auf den Verpfl (Rn 2). **Voraussetzungen: a)** Die **Einwirkung auf die eigene Versorgungslage** kann dch Tun od Unterlassen erfolgen. Aufgabe von VersorggsAnrechten dch Erl (§ 397) od Kündigg steht also dem Unterlassen dch Versäumg von Fristen, Hinnahme einer ungerechtf Kündigg, Beurlaubg als Beamt, Einstellg freiw RentenbeitrZahlg ohne Not uä gleich. Der Verzicht auf wirtschaftl wertl Anwartsch ist dagg belanglos, also auch ohne Nachteile für den AusglBerecht. **b)** Die 13 Schmälerg der eig Versorgg muß **in bewußtem Zusammenhang mit der Scheidung** erfolgen (BT-Drucks 7/650 S 162; 7/4361 S 44; BGH FamRZ **82**, 909; **84**, 467; **86**, 658), also treuwidr u mind mit bedingtem Vorsatz, daß dch das eig Verhalten die erhöhte AusglPfl des and Eheg entsteht (Ffm FamRZ **81**, 908; Karlsr FamRZ **83**, 818; Rolland Rdn 24). Keine Verwirkg daher bei NichtAufn einer ErwTätigk vor Inkrafttr des 1. EheRG (Zweibr FamRZ **83**, 600). Bei gerechtfert and Motiven wird die Erhöhg des AusglAnspr bl in Kauf genommen, etwa bei BeamtBeurlaubg (BGH NJW **86**, 1934) od StellgsAufg zZw des Wohngswechsels zum neuen Partn (Ruland NJW **76**, 1719). NichtAufn einer ErwTätigk nach Trenng begründet den VA-Ausschl nur, wenn der Berecht zu arbeiten verpfl war (Joh/Henr/Hahne Rdn 32). **c)** Die 14 Einwirkg auf die VersorggsLage kann **vor oder nach** einer vorab dchgeführten **Scheidung** erfolgen, hätte im letzteren Fall aber noch den EheZtAnteil der Versorgg beeinflussen müssen, etwa wenn im VA-Verf auf die letzte mündl Verh abzustellen ist (Joh/Henr/Hahne Rdn 33).

4) Verletzung der Unterhaltspflicht, Nr 3. Diese Beschrkg folgt aus dem GrdGedanken des VA, der 15 sich gerade daraus rechtfert, daß die auszugleichenden Versorggstitel dch beiderseit Aufgabenerfüllg in der Ehe von beid Eheg gemeins erzielt worden sind (BT-Drucks 7/650 S 163). **a)** In Betr kommt die **Verlet-** 16 **zung der Bar- oder Naturalunterhaltpflicht** dem and Eheg ggü (§§ 1360, 1360a) einschließl § 1361 (off gel BGH NJW **86**, 1934; FamRZ **89**, 1060), wie auch diej gem §§ 1601ff ggü gemschaftl Ki (Celle FamRZ **87**, 837). Strafbark u Bestrafg gem StGB 170b nicht erfdl. Die UnterhPfl muß über längere Zt, also nicht nur vorübergehd od gelegentl, verletzt w sein. Das ist überh nicht der Fall, wenn der Unterh-Schu unabh von den Grden nur beschr leistgsfäh war. **b) Verschulden** erfdl (*arg* „gröbl"); nicht unbedingt 17 grobe Fahrlässigk (so aber Celle FamRZ **81**, 576). Ggf wird die UnterhPflVerletzg dch das Verhalten des AusglSchu kompensiert (Rolland Rdn 32). Keine VA-Kürzg, wenn UnterhVerletzg auf hirnorganischer WesensVeränd beruht (Stgt FamRZ **81**, 1193). Gröblich verlangt eine bes Rücksichtslosigk u daß UnterhBerecht in Not geraten ist (Karlsr FamRZ **88**, 70), so daß Wegzug zu neuem Partn nach Paris nicht ow ausreicht (BGH NJW **86**, 1934). Fehlt es am Verschulden, so Ausschl ggf n Nr 1, wenn AusglVerpfl die Ehefr ist, die eine ErwTätigk nur aus Not aufgen hat (Stgt FamRZ **81**, 1193). Gröbl Verletzg verlangt Nichtleistg in größerem Umfang, so daß die Fam dadch in ernste Schwierigken geraten ist (Celle FamRZ **81**, 576) od nur dann nicht, weil der ausglpflicht Eheg dch seine Berufstätigk die Fam davor bewahrt hat (Hbg FamRZ **84**, 712), etwa weil der unterhpflicht Ehem einen unrentablen HandwerksBetr nicht aufgegeben hat (BGH FamRZ **87**, 49). Kein Ausschl des VA bei bl Streit über UnterhSpitzen. Nr 3 greift auch nicht stets schon dann ein, wenn sich ein Eheg der vereinb Aufgabenteil innerh der Ehe (vgl § 1356 Rn 3) entzieht. Haben die Eheg aber über längere Zt mit einer bes Aufgabenteilg gelebt, dann ggf Anscheins-Bew hins der zw ihnen getroffenen Aufgabenverteilg u entspr auch der UnterhPflVerletzg (BT-Drucks 7/4361 S 44). Keine gröbl Verletzg der UnterhPfl, wenn bei einer Ehedauer v 25 J u 5 Ki die Ehefr in den letzten 7–8 J in ihrer Haushführg versagt (Bambg FamRZ **79**, 522) od in einer 28j Ehe die Ehefr 10 J lang jährl 6 Wo wg Alkoholismus in einer Anstalt zubringt (Celle FamRZ **81**, 576). **c)** Die UnterhPflVerletzg 18 muß **während der Ehe,** dh in der EheZt gem § 1587 II erfolgt sein; Ztpkt der Trenng der Eheg unerhebl (Joh/Henr/Hahne Rdn 37). **d)** Die Kürzg gem Nr 3 beschr sich nicht auf die auf die Zt der UnterhPflVer- 19 letzg entfallden Anwartsch; vielm kann der VA ganz od teilw ausgeschl w (BGH FamRZ **87**, 49). **e)** Be- 20 weislast: Rn 1.

1587 d Ruhen der Verpflichtung zur Begründung von Rentenanwartschaften.

[1]Auf Antrag des Verpflichteten kann das Familiengericht anordnen, daß die Verpflichtung nach § 1587b Abs. 3 ruht, solange und soweit der Verpflichtete durch die Zahlung unbillig belastet, insbesondere außerstande gesetzt würde, sich selbst angemessen zu unterhalten und seinen gesetzlichen Unterhaltspflichten gegenüber dem geschiedenen Ehegatten und den mit diesem gleichrangig Berechtigten nachzukommen. Ist der Verpflichtete in der Lage, Raten zu zahlen, so hat das Gericht ferner die Höhe der dem Verpflichteten obliegenden Ratenzahlungen festzusetzen.

[2]Das Familiengericht kann eine rechtskräftige Entscheidung auf Antrag aufheben oder ändern, wenn sich die Verhältnisse nach der Scheidung wesentlich geändert haben.

Ein **Ruhen der Ausgleichspflicht** kommt nur bei der Verpflichtg zur Entrichtg von Beiträgen 1 (§ 1587b III) in Betr; nachdem diese AusglForm dch BVerfG NJW **83**, 1417 für verfassgswidr erkl w u dch VAHRG 1 I (Anh III zu § 1587b) ersetzt w ist, **gilt § 1587d nur noch für Altfälle,** in denen vor dem 1. 4. 83 eine Entsch gem § 1587b III getroffen w u diese auch rechtskr geworden ist (§ 1587b Rn 30–33) u auch keine VollstrAbwehrKl erhoben w. Erfolgt der VA dch Rentensplitting od fiktive NachVers (§ 1587b I u II), so wirkt die AusglPfl unbedingt mit Rechtskr des Urt bzw Beschl (ZPO 629d). Für den schuldrechtl VA gilt § 1587h. Für VAHRG 3b I Z 2 bedarf es des § 1587d nicht, weil die Zumutbark dort bereits Tatbest-Vorauss für die Verpfl zur Entrichtg v Beitr ist (vgl dort Rn 18). Vgl iü zur Kommentierg des § 1587d, insb v dessen II: 50. Aufl.

1587 e Auskunftspflicht; Erlöschen des Ausgleichsanspruchs. [1]Für den Versorgungsausgleich nach § 1587b gilt § 1580 entsprechend.

[2]Mit dem Tode des Berechtigten erlischt der Ausgleichsanspruch.

[3]Der Anspruch auf Entrichtung von Beiträgen (§ 1587b Abs. 3) erlischt außerdem, sobald der schuldrechtliche Versorgungsausgleich nach § 1587g Abs. 1 Satz 2 verlangt werden kann.

[4]Der Ausgleichsanspruch erlischt nicht mit dem Tode des Verpflichteten. Er ist gegen die Erben geltend zu machen.

1   **1)** Die Vorschr betrifft Randbereiche des VA. So haben beide Eheg hins des VA u den damit in Zushg stehden VermFragen einen wechselseit AuskAnspr, I. Zur Bedeutg der Auskfte für das **Verfahren vor dem Familiengericht** Einf 15 v § 1587 u Rn 5. Mit dem Tode des Berecht erlischt ein noch nicht vollzogener Anspr auf VA, II. Der Anspr auf Entrichtg von Beiträgen zum Aufbau einer Altersversorgg (§ 1587 b III) erlischt außerd, sobald der schuldrechtl VA gem § 1587 g I 2 verlangt w kann, III. Dagg erlischt der AusglAnspr nicht mit dem Tode des Verpflichteten, sond ist nunmehr gg dessen Erben geltend zu machen, IV.

2   **2)** Der verfassgskonforme (BVerfG FamRZ **78**, 769) **Auskunftsanspruch, I,** den jeder Eheg unabh von dem Verhalten gg den and Eheg hat, wird gewährt, damit sich die Beteiligten über die beiderseits begründeten Anrechte u auszugleichde Versorgg Klarh verschaffen können (BT-Drucks 7/650 S 163). Das RSchutzinteresse besteht unabhäng von den AuskMöglkten des FamG (Nürnbg FamRZ **95**, 300) u ist auch unabh davon, ob der Berecht weiß, daß der Verpfl währd der EheZt im öff Dienst bei einer best Behörde tät war (Ffm FamRZ **82**, 185). Der Anspr setzt nicht Rhängigk des ScheidgsAntr voraus (Brem FamRZ **79**, 834; aA Schlesw SchlHA **79**, 125; Kln FamRZ **86**, 918); ggf auch bei funktionierder Ehe (Kln FamRZ **86**, 918; § 1353 Rn 12), weil davon Entscheidgn ü eigene Altersvorsorge u der Entschluß, sich scheiden zu lassen bzw dem Scheidgsbegehren des and Eheg zuzustimmen, abhängen können (ebso v Maydell FamRZ **77**, 177). Anspr auf Ausk besteht ow über eig, vom and Eheg begründete Anrechte (Düss FamRZ **90**, 46). Der AuskftsAnspr besteht auch währd eines anhäng Verf (Schäfer MDR **77**, 990). Ein AuskftsAnspr besteht nicht, wenn der VA nicht dchzuführen ist (BGH FamRZ **81**, 533). Bes wicht ist der AuskftsAnspr hins betriebl Ruhegeldzusagen, die prakt bei einem großen Teil der ArbN insb von GroßUntern gegeben sind u im VA nur berücks w können, wenn der Berecht (der idR der AusglPflicht ist!) sie offenbart. Für die Dchsetzg der AuskftsAnspr sind die FGG-Vorschr, insb ZPO 621 e, maßgebl (BGH FamRZ **81**, 533), so daß eine AuskftsKl unzul wäre (Zweibr FamRZ **85**, 1270), aber dch Auslegg als FGG-Antr behandelt w k (Düss FamRZ **80**, 811; Bambg FRES **3**, 114). Der Anspr kann selbständ od auch (vergleichb mit der StufenKl) in VerbundVerf dchgesetzt w, so daß er als Teil der Folgesache dem Anw-Zwang unterliegt; die TeilEntsch ergeht ohne KostEntsch (Hbg FamRZ **81**, 179). Vollstr des Beschl gem ZPO 888 auf Antr (Hbg FamRZ **78**, 787), in Verbindg mit FGG 53 g III (KG FamRZ **79**, 297; Düss FamRZ **80**, 813; Hamm FamRZ **80**, 899; Vogel MDR **79**, 273). Ausschließl Zuständigk des FamG (ZPO 621 I Z 6).

3   **Inhalt:** Pfl nicht nur zu Angabe der VersNr u Stellg des Antr auf Kontenklärg (Schlesw SchlHA **80**, 71), sond auch zur richt u vollständ Ausfüllg der Formulare (Hamm NJW **78**, 2560; KG FamRZ **79**, 297). Üb die Pfl zur Vorlage von Belegen u zur Versicherg der Richtigk der Auskft an Eides statt §§ 1587 e I, 1580, 1605 I 2 u 3, 260 f. AuskPfl ggü dem Ger u dessen Recht zur Einsichtn in schriftl Unterlagen gem FGG 12 u 15. Die AnO des FamG an einen Eheg, dem Ger Auskft über für den VA erhebl Umstde zu geben, insb die bei der BfA erhältl Vordrucke für Anträge auf Kontenklärg (Klärg des VersVerlaufs, Feststellg der Beitragszeiten, Ersatz- u AusfallZten usw) vollständ ausgefüllt vorzulegen, ist nicht n FGG 33 erzwingb (umstr;

4   41. Aufl Einf 5 v § 1587 mNachw). Die **Vollstreckung** eines ZwGeldes obliegt gem ZPO 888 I dem Gläub
5   (BGH FamRZ **83**, 578). Der gg den and Eheg gerichtete AuskftsAnspr ist zu verwechseln mit dem **Auskunftsrecht des Familiengerichts gegenüber dem Versorgungsträger** (FGG 53 b II; VAHRG 11 II; vgl dazu Einf 5 v § 1587. Ggü dem Versorggsträger bestehen unterschiedl Auskftsrechte der Eheg: Auskftsberecht ist ijF nur der unmittelb Begünstigte ggü dem Dienstherrn des Beamten bzw ArbGeb des ArbN aus deren FürsPfl (Voskuhl/Pappai/Niemeyer S 25 u 31); ggü dem SozVersTräger nur gem SGB VI 109 III (VDR-Hdb/Bergner 27/35). Zum AuskftsAnspr des Versicherten dch seinen RA § 1587 o Rn 4. Kein Ausk-
6   Anspr mehr nach rechtskr Entsch ü den VA (BGH NJW **82**, 1646). Nach rechtskr ungerechtf Ablehng des VA AuskftsAnspr analog § 1587 e zur Dchsetzg v SchadErsAnspr (Karlsr FamRZ **82**, 1028).

7   **3)** Der **Tod des Berechtigten** läßt den AusglAnspr erlöschen, **II,** weil sich damit die Notwendigk, für diesen eine eigenständ Alters- u Invaliditätssicher zu begründen, erledigt (BT-Drucks 7/650 S 163 f). Gilt iF des Ausgl dch Entrichtg von Beiträgen zu einer gesetzl RentenVers (§ 1587 b III), ebso wenn Anwartsch-Übertr od -begründg in Betr kommen (§ 1587 b I u II) u noch nicht vollzogen sind (BT-Drucks 7/4361 S 45), was prakt jedoch nur ifv ZPO 628 in Betr kommt. Die Rfolge kann dann dch ErgänzgBeschl ausgespr w (Ffm FamRZ **90**, 296). Ausn § 1587 k II 2. Tod des Berecht vor Rechtskr des ScheidgsUrt erledigt den Rechtsstr (ZPO 619) u hindert das Wirksamwerden der Entsch ü den VA; der AusglVerpflichtete behält sämtl Versorggstitel ungeschmälert. Dagg macht der Tod des Berecht rechtskr vollzogene Maßn des VersorggsAusgl nicht rückgäng, so daß zB nach einem wirks Rentensplitting der übertr Rentenanteil nicht etwa wieder an den weiterlebden ausgleichspflichtigen Eheg zurückfällt, auch wenn dieser die ihm verbliebene VersorggsAnwartsch wieder aufgestockt hat. Die übertr od neu begründete RentenAnwartsch geht
8   vielm abgesehen von evtl Hinterbliebenenversorgg kraft Zweckerreich unter. Auch **Wiederheirat** des Berecht beseitigt VA (iGgs zu § 1586 I) nicht, auch nicht die erneute Eheschl mit dem AusglPflichtigen.

9   **4) Erlöschen durch Wechsel zum schuldrechtlichen Versorgungsausgleich, III.** Der Anspr auf Entrichtg von Beiträgen zum Aufbau einer Altersversorgg (§ 1587 b III) erlischt ebenf, sobald aGrd des Eintritts des VersFalles (§ 1587 g I 2) der schuldrechtl VA verlangt w kann, dh es müssen die allg Voraussetzgen f den schuldrechtl VA erfüllt s (BGH **81**, 152: zu § 1587 f; BGH FamRZ **86**, 339: zu HRG 2). Andernf könnte gleichzeit u aus der Entsch über die Entrichtg von Beiträgen u aus dem Entsch über den Anspr aus dem schuldrechtl VA vollstreckt werden u dies zu untragb Belastgn des Verpflichteten führen. Außerd nützen die zwangsw eingetriebenen Beiträge dem Berecht jetzt nichts mehr, nachdem bei ihm die Voraussetzgen für den Bezug einer Rente bereits vorliegen u eine Vers ausscheidet (BT-Drucks 7/4361 S 45). Der öff-rechtl VA dch BeitrZahlg scheidet aus, wenn iZtpkt der gerichtl Entsch der ausgl-berecht Eheg auf Dauer erwerbsunfäh ist u die AusglPflicht die auszugleichde Betriebsrente bereits bezieht (Kblz FamRZ **81**, 898). Soweit nunmehr der schuldrechtl VA stattfindet (vgl § 1587 f Z 3), hebt das FamG seine auf § 1587 b III gegründete Entsch wieder auf (FGG 53 f). **III gilt nur noch für Altfälle** (vgl § 1587 d Rn 1 mit Weiterverweisen).

5) Der **Tod des Verpflichteten** wirkt grdsätzl nicht befreiend; der AusglAnspr ist nunmehr, u zwar auch 10 iF, daß gg einen Dr ein evtl Anspr n § 844 II bestünde (Kblz FamRZ **82**, 175), gg die Erben geltd zu machen, **IV** (BGH FamRZ **85**, 1240; **89**, 36). ZPO 239 ff gelten entspr (BGH FamRZ **84**, 469). Für die Erben gelten die Regeln ü die Prozeßstandschafter, obwohl sie im eigtl Sinne iFv § 1587b I u II nicht sind; die Versorgsanrechte werden zG des AusglBerecht als fortbestehd angesehen (BGH NJW **82**, 1939). Denn IV betrifft nicht nur den Anspr auf Entrichtg v Beitr zu einer gesetzl RentVers (§ 1587b III; über dessen dch VAHRG eingeschränkten Anwendgsbereich vgl § 1587b Rn 30, 31), sond auch § 1587b I u II, ferner jetzt auch den VA gem VAHRG 1 III (BGH NJW **86**, 185; FamRZ **86**, 894). Zur Auswirkg des Todes auf die Verfallbark einer Zusatzversorgg § 1587a Rn 77. Stirbt der AusglVerpflichtete vor rechtskr Scheidg, gelten ZPO 619, 629d (vgl Rn 7); ebso erledigt sich das Verf zur Dchführg des VA in der Haupts, wenn der Verpflichtete zwar nach der formellen Rechtskr des ScheidgsAusspr, aber noch vor dessen Wirksamk stirbt (Mü FamRZ **79**, 48). Eines VersorggsAusgl bedarf es hier nicht, weil der AusglBerecht in vollem Umfang die Witwer- bzw Witwenversorgg des jew Versorggstitels des verstorbenen Ausgleichpflichtigen erhält. Evtl bereits getroffene Ruhensanordngen (§ 1587d) bleiben einstw bestehen, sof nicht unbeschrkte Erben-Haftg eingetreten ist. Dagg keine analoge Anwendg, soweit Erben selbst unbill belastet od außerstande gesetzt würden, Unterh aufzubringen, die ratio legis des § 1587d die frühere, auch nach Scheidg fortwirkg personenrechtl Bindg zw Berecht u Verpflichtetem ist, an der es ggü den Erben fehlt (BT-Drucks 7/4361 S 45). Diesen bleiben als SchutzMaßn DürftigkEinr, Antr auf NachlKonk od NachlVerw (§§ 1953 I, 1975, 1990). Stirbt der AusglVerpflichtete, nachdem die Entsch ü den VersorggsAusgl rechtskr geworden ist, kann sich IV nur auf die Entrichtg v Beitr in Altfällen (vgl § 1587b Rn 31) beziehen, da die beiden and Formen des WertAusgl bereits dch das GestaltgsUrt des FamG vollzogen sind. Nur wenn das FamG die Ehe vor der an sich zum Minimalverbund gehörden Entsch ü den VersorggsAusgl rechtskr gesch hat (ZPO 628, 623 III), besteht das aufzuteilde Versorggsanrecht des Verstorbenen fiktiv über seinen Tod hinaus (Ruland/Tiemann Rdn 484). Stirbt der AusglPflicht nach Abtrenng des VA-Verf nach rechtskr Scheidg, so tritt keine Erledigg des VA ein u wird das Verf bei anwaltl Vertretg auch nicht unterbrochen; im Hinbl auf Hinterblie-benenAnspr sind ggf die Wwe od Ki des Verstorbenen zu ermitteln u zuzuziehen (Ffm FamRZ **81**, 474). Ist der AusglVerpfl nach Abtrenng der inzw rechtskr Scheidg in der DDR gestorben, findet kein fikt VA nur eines unberührt gebliebenen RentStammR statt (Hbg FamRZ **83**, 512 mAv Oellrich). Bei Tod des Aus- 11 glPflicht erledigt sich ein **Auskunftsbegehren;** das entspr gg die Erben gerichtete Verlangen betrifft einen and VerfGgst (BGH FamRZ **86**, 253).

3. Schuldrechtlicher Versorgungsausgleich

1587 f *Antrag auf schuldrechtlichen Versorgungsausgleich; Voraussetzungen.* **In den Fällen, in denen**

1. die Begründung von Rentenanwartschaften in einer gesetzlichen Rentenversicherung mit Rücksicht auf die Vorschrift des § 1587b Abs. 3 Satz 1 zweiter Halbsatz nicht möglich ist,
2. die Übertragung oder Begründung von Rentenanwartschaften in einer gesetzlichen Rentenver-sicherung mit Rücksicht auf die Vorschrift des § 1587b Abs. 5 ausgeschlossen ist,
3. der ausgleichspflichtige Ehegatte die ihm nach § 1587b Abs. 3 Satz 1 erster Halbsatz auferlegten Zahlungen zur Begründung von Rentenanwartschaften in einer gesetzlichen Rentenversiche-rung nicht erbracht hat,
4. in den Ausgleich Leistungen der betrieblichen Altersversorgung auf Grund solcher Anwart-schaften oder Aussichten einzubeziehen sind, die im Zeitpunkt des Erlasses der Entscheidung noch nicht unverfallbar waren,
5. das Familiengericht nach § 1587b Abs. 4 eine Regelung in der Form des schuldrechtlichen Ver-sorgungsausgleichs getroffen hat oder die Ehegatten nach § 1587o den schuldrechtlichen Ver-sorgungsausgleich vereinbart haben,

erfolgt insoweit der Ausgleich auf Antrag eines Ehegatten nach den Vorschriften der §§ 1587g bis 1587n (schuldrechtlicher Versorgungsausgleich).

1) Der schuldrechtliche Versorgungsausgleich ist **subsidiär,** setzt also voraus, daß ein vAw dchzu- 1 führder öffrechtl VA ausscheidet (Joh/Henr/Hahne 7 ff). Subsidiarität auch ggü VAHRG 10a (Kln FamRZ **90**, 294). § 1587f enthält enumerativ die **fünf Tatbestände,** in denen ein schuldr VA stattfindet. Hinzuk jetzt VAHRG 2 (Anh III zu § 1587b). Abschließde Aufzählg (BGH **81**, 190 ff). Analoge Anwendg unzul, so daß eine AusglRente auch nicht für die Zt bis zur Rechtskr des öffrechtl VA zugesprochen w darf (BGH NJW **87**, 1018). Allen Fällen des § 1587f ist gemeins, daß bei ihnen der an sich vorrangige versicherungsrechtl VersorggsAusgl dch Rentensplitting, fiktive NachVers od Anordng von Beitragsleistg zu einer gesetzl RentenVers (§ 1587b I–III), wenn auch aus unterschiedl Grden (zur Begrdg des SubsidiaritätsPrinz vgl Ruland Rdn 492), nicht stattfinden kann od soll. Die Vorschr hat damit, insof sie an andere Tatbestände anknüpft, im wesentl eine Klarstellgsfunktion. Dch das Wort „insow" wird festgelegt, daß der schuldrechtl VersorggsAusgl nur für den Teil der auszugleichden Versorgg stattfindet, für den die Voraussetzgen dieser Vorschr vorliegen; iü bleibt es beim öff-rechtl VA zw den Eheg (BT-Drucks 7/4361 S 46; KG FamRZ **81**, 60). Die Art u Weise, in welcher der schuldrechtl VA erfolgt, bestimmen die §§ 1587g–1587n. Insb setzt er 2 ijF, u zwar auch dann, wenn er bereits iZushg mit dem ScheidgsVerf vorgen w soll (§ 1587g Rn 22), den **Antrag eines Ehegatten** voraus (Bgrdg BT-Drucks 7/4361 S 46); in der 1. Inst. Hat FamG nur über den öffr VA entsch, kann der Antr auf schuldr VA nicht erstmals in der BeschwInst gestellt w (KG u Hamm FamRZ **81**, 60 u 375). Antr ist bf VerfVorauss (Einf 15 v § 1587), wesh kein bez+f Antr vorausgesetzt w (Hamm FamRZ **90**, 889), wie umgek ein bez Antr die Entsch nicht in der Höhe begrenzt (Düss FamRZ **85**, 720). Nicht ausr die Bitte, „den VA dchzuführen" (Düss FamRZ **88**, 410). Über die Fälle, in denen auch der 3 schuldrechtliche VA **unzulänglich** bleibt, vgl § 1587l Rn 2; die **Nachteile des schuldrechtlichen Ver-**

sorgungsausgleichs sind vor allem: (1) Der Ausgl findet nur auf Antr statt. (2) Währd der AusglBerecht beim WertAusgl im Prinzip u idR (näml abgesehen von § 1587b III) sogl mit der Scheid Versorggswerte zugewendet erhält, erfolgt der schuldrechtl VersorggsAusgl erst, wenn beide Eheg eine Versorgg erlangt haben od doch wenigstens der AusglPflicht (§ 1587g I 2). Die Eheg bleiben also trotz der Scheid aneinander gebunden. Daraus folgt ferner, daß der AusglBerecht die Versorgg nicht nach seinen eig Versorggsbedürfn erhält. (3) Die Zahlg der AusglRente erlischt iF des Todes des AusglPflicht, u zwar auch iFv VAHRG 2 (Kblz FamRZ **85**, 497 m RedAnm), bzw hängt von der Leistgsfähigk seines Nachlasses ab (§ 1587k Rn 6) bzw davon, ob das Versorggswerk, dem der verstorbene ausgleichspflicht Eheg angehörte, entsprechde Hinterbliebenenleistgn zG des gesch Eheg vorsieht. Das ist nach BeamtVG 22 II der Fall, im allg aber wohl (zB bei Versorggswerken von WirtschUnternehmn od freiberufl Vereiniggen) ausgeschl (Böhmer AnwBl **78**, 124). (4) Der schuldrechtl VA schneidet den AusglBerecht von wicht Leistgen der gesetzl RentVers (Hinterbliebenenrenten, RehabilitationsMaßn, KrankenVersSchutz bzw. Beiträge zur KrankVers) ab. Unzul ist es, die

4　schuldr VA dch zusätzl Splitting gem § 1587b IV zu kompensieren (§ 1587b Rn 46). **Steuer:** Der AusglPflichtige kann die gem § 1587g gezahlte Rente als dauernde Last iSv EStG 10 I Nr 1a abziehen, währd sie

5　der AusglBerecht gem EStG 22 Z 1 S 1 zu versteuern hat (NJW **81**, 2560). **Voraussetzungen** des schuldrechtlichen VA: (1) Überhang an Versorggstiteln aS eines Eheg (§§ 1587 I, 1587a I 1). (2) Es muß ein Fall von § 1587f vorliegen. (3) Beim AusglPflichtigen muß der Vers- od Versorggsfall eingetreten sein (§ 1587g I 2). (4) Auch der AusglBerecht muß entw eine Versorgg erlangt haben od wg Krankh eine angem Beschäftig nicht ausüben können und das 65. J vollendet haben (§ 1587g I 2). (5) Der AusglVerpfl muß noch leben (UmkSchl aus §§ 1587e IV, 1587k, 1587m). (6) Antrag (§ 1587i). (7) Es darf keiner der AusschlTatbestd des

6　§ 1587h vorliegen. Eine Ergänzg haben die §§ 1587f ff nunmehr dch den **modifizierten schuldrechtlichen Versorgungsausgleich des Härteregelungsgesetzes** erfahren, der subsidär an die Stelle des bisher Ausgl n

7　§ 1587b III 1 tritt (Einzelheiten Anh III zu § 1587b, insbes HRG 2). Zum **Verfahrensrecht** Einf 15 v § 1587.

8　**2) Voraussetzungen.** Der schuldr VA findet vor allem in den in § 1587f Nr 1–5 vorgesehenen Fällen statt, darüber hinaus aber auch immer dann, wenn sich dem öffr VA Hindern entggstellen, wie uU bei **auslän-**

9　**schen Versorgungsanwartschaften** (vgl dazu Einf 16 v § 1587). **Nr 1:** Die **Begründung von Rentenanwartschaften** in einer gesetzl RentenVers ist m Rücks darauf, daß der Berecht bereits einen VersFall darstellt, **nicht mehr möglich** (§ 1587b III 1 zweiter Halbsatz). Wenn der Berecht schon die Voraussetzgen für ein Altersruhegeld erfüllt, ist eine „Versicherg" insow schon begriffl ausgeschl. Insof bleibt nur noch der schuldrechtl VersorggsAusgl übr. Maßgebl der Schluß der mdl Verhdlg. Vollendet der Berecht das 65. LebJ nach Eintr der Rechtskr, so § 1587e III, FGG 53f analog (Böhmer StAZ **76**, 241). Der Übergang in den schuldrechtl VA gem Nr 1 erfolgt **nur noch bei Altfällen** (§ 1587b Rn 30, 31 u Einf 1 v § 1 VAHRG), also in Fällen, in denen zum 1. 4. 83 eine (ggf allerd auch erst danach rechtskr gewordene) Entsch gem § 1587b III 1 vorlag. Ist erst danach über VersorggsAnwartsch zu entsch, die nicht dem § 1587b I od II unterfallen, so ist nach HRG 1 II u III zu entsch und erst bei deren Nichtanwendbark der modifizierte schuldrechtl VA n HRG 2

10　anzuordnen (Anh III zu § 1587b). **Nr 2:** Die Übertr od Begründg von Rentenanwartschaften in einer gesetzl RentenVers ist m Rücks darauf ausgeschl, daß sonst der in § 1587b V bezeichnete **zulässige Rentenhöchstbetrag überschritten** wäre (§ 1587b Rn 53). Gesonderte Feststellg im VerbundUrt zuläss (BGH NJW **82**, 387).

11　**Nr 3:** Der ausgleichspflicht Eheg hat die ihm zur Begründg von RentenAnwartsch in einer gesetzl RentenVers **auferlegten Zahlungen** iSv § 1587b III 1 erster Halbsatz **nicht erbracht,** dh wenn Umstde eintreten, die die rentenbegründende od -steigernde Wirkg v weiteren Beitr zur gesetzl RentVers ausschließen (BGH **81**, 152). Auch hier bleibt, da es zur Begründg der RentenAnwartsch nicht mehr kommen kann, nur übr, den ausglberecht Eheg dch den schuldrechtl VersorggsAusgl quasi zu entschädigen. Vgl iü § 1587b Rn 30, 31 m Verweisgen. Findet der Ausgl nunmehr gem Nr 3 schuldrechtl statt, hebt das FamG die auf § 1587b III

12　gegründete Entsch auf (FGG 53f). Unerhebl ist, aus welchen Grden die Zahlg unterbliebn ist. **Nr 4:** Versorggstitel aGrd der **betrieblichen Altersversorgung,** die im Ztpkt der Entsch des FamG über die Scheidg u den VersorggsAusgl (ZPO 629 I, 621 I Nr 6) **noch verfallbar** u damit in ihrer Realisierg bei Erreichen der Altersgrenze zum Bewertgsstichtum (§ 1587 Rn 30) unsicher sind, lassen sich, will man das Risiko vermeiden, daß der ausgleichsberecht Eheg etwas gezahlt bekommt, was im Ergebn gar keinen echten Versorggswert bot, nur iW des schuldrechtl Ausgl im Ztpkt der tatsächl erbrachten Versorgg verrechnen (§ 1587a II Nr 3 S 3). Unter Nr 4 fallen die AusglBetr n VBL-S 97c u d II (BGH FamRZ **90**, 276 u 380). Vgl iü § 1587a Rn 75. Der schuldrechtl VA n Nr 4 setzt nicht voraus, daß der hier AusglBerecht es auch im öffrechtl VA gewesen ist (BGH **84**, 191), so daß auch derj, der wg Nichteinbeziehg einer Anwartsch in der Zusatzversorgg des öff Dienstes, die dem AusglBerecht zustand (vgl § 1587a Rn 80–82), zuviel ausgeglichen hat, obligator RückAusgl verlangen kann (BGH **84**, 158, 190f). In den schuldrechtl VA sind auch unter Widerrufsvorbehalt gewährte Unterstützgskassenleistgen einzubeziehen; bei Widerruf reichen §§ 1587d II u g III aus (Kblz FamRZ **83**, 608). Zum schuldrechtl VA bei **Verzicht** auf betriebl AltersvorggsAnwartsch

13　§ 1587c Rn 11. **Nr 5:** Das FamG hat in den Fällen, in denen sich die Übertr od Begründg von Rentenanwartschaften voraussichtl **nicht zugunsten des Berechtigten auswirken** würde od der VA in dieser Form nach den Umst des Falles **unwirtschaftlich** wäre (§ 1587b IV), eine Regelg in der Form des schuldrechtl VA getroffen (vgl § 1587b Rn 51) od die Eheg haben selbst den **schuldrechtlichen Versorgungsausgleich vereinbart** (§ 1587o m Anm).

1587 g *Anspruch auf Rentenzahlung.* [1]Der Ehegatte, dessen auszugleichende Versorgung die des anderen übersteigt, hat dem anderen Ehegatten als Ausgleich eine Geldrente (Ausgleichsrente) in Höhe der Hälfte des jeweils übersteigenden Betrags zu entrichten. Die Rente kann erst dann verlangt werden, wenn beide Ehegatten eine Versorgung erlangt haben oder wenn der ausgleichspflichtige Ehegatte eine Versorgung erlangt hat und der andere Ehegatte wegen Krankheit oder anderer Gebrechen oder Schwäche seiner körperlichen oder geistigen Kräfte auf nicht absehbare Zeit eine ihm nach Ausbildung und Fähigkeiten zumutbare Erwerbstätigkeit nicht ausüben kann oder das fünfundsechzigste Lebensjahr vollendet hat.

II Für die Ermittlung der auszugleichenden Versorgung gilt § 1587a entsprechend. Hat sich seit Eintritt der Rechtshängigkeit des Scheidungsantrags der Wert einer Versorgung oder einer Anwartschaft oder Aussicht auf Versorgung geändert oder ist eine bei Eintritt der Rechtshängigkeit des Scheidungsantrags vorhandene Anwartschaft oder Aussicht auf Versorgung weggefallen oder sind Voraussetzungen einer Versorgung eingetreten, die bei Eintritt der Rechtshängigkeit gefehlt haben, so ist dies zusätzlich zu berücksichtigen.

III § 1587d Abs. 2 gilt entsprechend.

1) Allgemeines. – a) Gegenstand des schuldrechtl VA sind der Sache nach dieselben VersorggsAnrechte 1 wie beim öffrechtl VA (§ 1587 Rn 4). Im Ggs zu diesem gelangen im schuldr VA aber nicht Anwartsch u Aussichten, sond nur **Vollrechte** zum Ausgl, wobei die Gewährg von Leistgen unter WiderrufsVorbeh (wg III) dem schuldr VA nicht iW steht (Kblz FamRZ **83**, 608 Unterstützgskasse). Auch ausl Versorggen können auf diese Weise ausgegl w (Kln FamRZ **86**, 689). – **b) Inhalt.** Die Vorschr I 1 erfüllt drei Funktionen: sie gibt 2 die Form an, in der in den Fällen der §§ 1587 f u VAHRG 2 der anstelle des öffrechtl VA dchzuführde schuldr VA vollzieht, enth zugl die **Anspruchsgrundlage** für die AusglRente u best schließl deren Höhe mit der Hälfte des jew die VersorggsWerte des and Eheg übersteigden Betr. Die Form der Rentenzahlg wird dch die Möglk der Abtretg der VersorggsAnspr u der Abfindg des Berecht ergänzt (§§ 1587i, 1587l). I 2 legt die Erfordern für die Fälligk des AusglRentAnspr fest. Nach II 1 gilt für die Ermittlg der auszugleichen Versorgg die BewertgsGrdNorm des öffrechtl VA, wobei II 2 es ermögl, nach Ende der EheZt eingetretenen Ändergen der VersorggsWerte Rechng zu tragen, währd III die AusglRentRegelg ihrers der Möglk zur Abänderg dch das FamG unterwirft. Zum Anspr auf **Auskunft:** §§ 1580, 1587k I. – **c) Rechtsnatur:** Der 3 schuldr VA begründet einen unterhaltsähnl Anspr auf eine Geldrente (BT-Drucks 7/4361 S 47), was zB in den Verweisgen des § 1587k I zum Ausdr kommt. Doch setzt er keine Bedürftigk des Berecht voraus (vgl aber § 1587h Nr 1); ebsowenig aS des Verpfl Leistgsfähigk, so daß der Anspr selbst dann besteht, wenn der Verpfl dch die Zahlg unter den unterhrechtl EigBed gerät (Hamm NJW **91**, 184). Zu weiteren Unterschieden MüKo/Maier 2. Zur **Überleitung** des Anspr auf das SozAmt Hamm FamRZ **90**, 889; Einf 21 v § 1601. – **d) Verhältnis zum Unterhalt** (Einf 1 v § 1587). Der AusglAnspr hat Vorrang vor etwaigen Unterh-4 Anspr des ausglberecht Eheg u auch Dr (Celle FamRZ **82**, 501). Da sich die Höhe der AusglRente nach dem Umfang der in der Ehe erworbenen VersorggsTitel bemißt, reicht sie vor allem bei kurzer Ehe nicht aus, um allein od iZshg mit den im öffrechtl VA übergegangenen VersorggsAnrechten den eheangem Unterh sicherzustellen, so daß der ausglpflicht Eheg neben der AusglRente unter den Voraussetzgen der §§ 1570 ff auch noch reguläre Unterh leisten muß. Die AusglRente mindert dann die Bedürftigk des UnterhBerecht u die Leistgsfähigk des AusglPflicht (§§ 1577, 1581). – **e) Dispositives Recht:** FälligkZtpkt wie die Voraus-5 setzgen für die Dchführg des schuldrechtl VA können dch die gesch Eheg vertragl modifiziert w, ohne daß die Vereinbg der Gen bedarf (Karlsr FamRZ **89**, 762).

2) Ausgleichsrente, I 1. a) Saldierung. Der schuldrechtl VA geschieht dadch, daß an die Stelle der an 6 sich geschuldeten dingl Teilhabe an den vorhandenen VersorggsAnrechten des AusglPflicht wertmäß eine entspr Fdg auf Zahlg einer Geldrente aus dem eig VersorggsAufkommen des AusglPflicht tritt. Ausglpflicht ist immer nur der Eheg, dessen schuldrechtl auszugleichde Versorggen die des and übersteigen. Die bereits im öffrechtl WertAusgl ausgeglichenen Versorggen werden von der Rente nicht mehr erfaßt (and hins der Berechng; Rn 12). Da die Hälfte auszugleichen ist, findet eine Saldierg der Anrechte beid Eheg statt (Einzelh mit Bspen Joh/Henr/Hahne 2 f).

b) Voraussetzungen: aa) Berechtigter ist derj Eheg, dessen schuldrechtl auszugleichde Versorgg gerin-7 ger ist als die des and Eheg. Der Anspr kann auch demj zustehen, der im öffrechtl VA ausglpflicht war (BGH **84**, 158/91; MüKo/Maier 6). – **bb)** Die **Höhe der Ausgleichsrente** richtet sich nach dem an sich geschuldeten, aus den Grden von § 1587f Nr 1–5, VAHRG 2 aber nicht mögl öffrechtl VA, näml auf die Hälfte des Wertunterschieds der von beid Eheg in der EheZt jeweils erworbenen VersorggsAnrechte, I 1. Die AusglRente berechn sich nach dem BruttoBetr, so daß der einbehaltene KrankVersBeitr (vgl LSG NW NJW-RR **89**, 966) nicht vorher abzuziehen ist (BGH NJW **94**, 1214). Bei **sich abbauender Rente** wie zB beim AusglBetr nach VBL-S 97c ermäß sich auch der RentAntl auf 1 mit jeder Verringerg des RentBetr (BGH FamRZ **90**, 276 u 380); vgl § 1587d. Zur Tenorierg der Abschmelzg nach Art 2 § 2 I des 2. HStruktG vgl Celle FamRZ **92**, 690. Für die Ermittlg des auszugleichden VersorggsWerts gilt gem II 1 § 1587a Entspr (Rn 9). Dabei ist gem II 2 nach dem BewertgsStichtag (§ 1587 Rn 30) eingetretenen Verändergen Rechng zu tragen (Rn 11 ff). – **cc) Fälligkeit** (Rn 15).

3) Ermittlung der auszugleichenden Versorgung, II. 8

a) Die **Bewertung** der in den schuldr VA einzubeziehden VersorggsAnrechte erfolgt wie im öffrechtl 9 VA, **S 1** (§ 1587a Rn 15–106). Dabei kann in den Fällen des § 1587f Nr 1–3 ow auf die im öffrechtl VA-Verf ermittelten Werte zurückgegriffen w, währd es bei § 1587f Nr 4 u 5 einer (erneuten) Wertberechng bedarf. Hängt die Pers des AusglPflicht od die Höhe der AusglPfl von nicht volldynam Anrechten ab, bedarf es bei ihnen der Umrechng mit Hilfe der BarwertVO (Rotax MDR **84**, 623; Joh/Henr/Hahne 14 mBspen). Ist der Vergl mit einer dynam Rente erfdl, braucht die statische BetrRente nicht in eine dynam umgerechnet zu w (BGH FamRZ **85**, 263; Düss FamRZ **85**, 720; Hamm FamRZ **94**, 1528), da Ändergen dch II 2 u III Rechng getr w kann (Joh/Henr/Hahne 13 mN).

b) Maßgeblicher Zeitpunkt für die Ermittlg des Werts eines VersorggsAnrechts ist, wie die Verweisg 10 auf § 1587a klarstellt, grdsl auch hier **aa)** das **Ende der Ehezeit** (BGH NJW **82**, 387). Der ausglberecht Eheg soll ausgeschl bleiben vor allem, was nicht auf einer gemeins LebLeistg in der Ehe beruht (BT-Drucks 7/4361 S 47). Soweit also Bewertgen bereits im öffrechtl VA stattgefunden haben, können sie auch der Berechng im schuldr VA zGrde gelegt w; Veränderge wird iRv II 2 Rechng getr. Das EheZtEnde bleibt desh für sämtl individuellen BewertgsGrdlagen entscheidd, so daß beispielsw die bei Rhängigk des ScheidgsAntr erreichte Gehalts- u Dienstalterstufe des Beamt maßgebl bleibt u eine in der ZwZt nach der

Scheidg aussgesprochene Beförderg nicht zu berücks ist, auch wenn dadch nachträgl seine in der EheZt erlangte Versorgg aufgebessert w (Bergner DRV **77**, 77; Voskuhl/Pappai/Niemeyer S 79; MüKo/Maier 21). Aber von diesem Grds der Maßgeblichk der EheZt gibt es versch Ausn, in denen den seit EheZtEnde eingetretenen Verändergen in der Versorggslage Rechng getr w.

11   **bb) Berücsichtigung eingetretener Veränderungen bei der auszugleichenden Versorgung, S 2.** Die Anwendg von II 2 hängt nicht davon ab, ob der obligator VA iZshg mit dem dingl VA, im Verbund-Verf od zeitl u verfrechtl unabhäng davon stattfindet. **Zweck** der Regelg ist es, nachträgl Wert- od Bestandsverändergen einer Versorgg Rechng zu tragen u bei dem uU lange Zt nach der Scheidg liegden schuldr VA nicht an das starre Stichtagsprinzip gebunden zu sein (vgl BT-Drucks 7/4361 S 46). Doch soll der Grds des rein ehezeitbezogenen Erwerbs gewahrt bleiben; nur solche Verändergen dürfen desh beachtet w, die sich rückw auf den Bestand od den Wert des Anrechts auswirken u die Höhe des EheztAntls verändern (Joh/Henr/Hahne 16). Diese Grdsätze folgen daraus, daß für die Höhe der AusglRente die Hälfte des „jew" übersteigden Betr maßgebl ist. Desh muß es auf den Bestand u den Wert einer Versorgg im Ztpkt der Entsch des FamG über den schuldr VA ankommen. Dynamisierte VersorggsAnrechte gehen also iH ihres jew ZtWerts in die Berechng des AusglRentAnspr ein (MüKo/Maier 8). Eine BetrRentAnwartsch ist nicht nach den Werten bei EheZtEnde, sond nach den aktuellen RentWerten, also ggf auch in der tats gezahlten Höhe, in die neue Berechng einzubeziehen (Hamm FamRZ **94**, 1526). Entspr stellt es keine Dchbrechg des Stichtagsprinzips (vgl § 1587 Rn 36ff) dar, wenn im ErstVerf über den schuldrechtl VA das vorzeit Ende der BetrZugehörig (dch Tod des Ehemanns) auch dann berücks w, wenn es bis zu dem für die letzte tatrichterl Entsch maßgebden Ztpkt eingetreten ist (BGH **110**, 224). Die Stellenzulage nach dem BesoldgsstrukturG 1990 ist auch dann zu berücks, wenn das EheZtEnde vor dem 1. 1. 90 liegt (Celle FamRZ **93**, 1328).

12   **cc) Gegenständlich** beziehen sich die zu berücks Umstde vor allem auf **Veränderungen des Werts einer auszugleichenden Versorgung,** also im Bereich der BeamtVersorgg auf Erhöhgen des Grdgehalts der iü weiterh maßgebl ursprüngl Besoldgsgruppe; im Bereich der ges RentVers auf die jährl RentAnpassgen (Hamm FamRZ **90**, 889); im Bereich der betriebl Altersversorgg auf Leistgsanpassgen der Versorggssatzg gem BetrAVG 16 od darauf, daß eine am Bewertgsstichtag noch verfallb Anwartsch auf eine BetrRente inzw unverfallb geworden ist bzw dem Versorggssystem latent innewohnde Ändgen (Weitergabe von Überschußanteilen uä) eingetreten sind (Hamm FamRZ **94**, 1528); bei PrivRentVersichergen auf Erhöhgen dch ÜberschußAntle (vgl insges Joh/Henr/Hahne 17; Ruland/Tiemann Rn 509ff). II 2 dient der Herstellg eines richtigen VA-Ergebn u damit insow zugl auch in gewissem Umfang der Korrektur des öffrechtl VA (Joh/Henr/Hahne 19 mN). Dagg sind die AbändMöglkten dch VAHRG 10a abschließd geregelt; es findet iR des schuldr VA keine Neuberechng auch der bereits ör ausgegl Anrechte statt, so daß insow fehlgegangene Entsch über den ör VA nicht mit Hilfe des schuldr VA korrigiert w können (BGH NJW **93**, 330). Zu unterschiedl Werten kann es kommen, weil die tats Versorgg ggü der auf das EheZtEnde fiktiv berechneten höher ist od dahinter zurückbleibt (vgl BGH FamRZ **87**, 145; Karlsr u Kblz FamRZ **83**, 605 u 607), etwa weil der EheZtAntl sich wg des geänd Zt/ZtVerhältn geänd hat (Hahne FamRZ **87**, 225) od weil entgg der ursprüngl Annahme WarteZten nicht erfüllt sind (Rolland 8; Ruland/Tiemann Rn 521; aA Voskuhl/Pappai/Niemeyer S 73) od wg Veränderg der gesversorggsfäh Zt u des Vomhundertsatzes (Karlsr FamRZ **83**, 605 Verkürzg der gesamtversorggsfäh Zt inf vorzeit Berentg), was bei Inanspruchn des vorgezogenen Altersruhegelds dch 13 beide Eheg zu einer erhebl niedrigeren AusglRente führen kann (Kblz FamRZ **83**, 607). – Zu berücks ist ferner der **Wegfall einer vorhandenen Versorgung.** Er liegt zB im Ausscheiden aus dem BeamtVerhältn od im Wegfall der Halbbelegg, die zum EheZtEnde noch gegeben war (Joh/Henr/Hahne 20). Der Wegfall kann bei Verstoß gg Tr u Gl (§ 162) unbeachtl sein, so wenn der AusglPflicht auf währd der EheZt erworbene Anrechte 14 auf eine betriebl Altersversorg verzichtet (Karlsr FamRZ **86**, 917). Schließl ist der **Eintritt der Voraussetzungen einer zum Stichtag fehlenden Versorgung** zu berücks. So entspricht dem Wegfall der BeamtVersorgg beim Ausscheiden aus dem BeamtVerhältn der dch Nachversicherg entstehde Zuwachs an Versorggsanrechten in der gesetzl RentenVers. Hinzu getreten ist eine betriebl Altersversorgg, die nach Scheidg der Ehe eingeführt w, ist in der EheZt liegde Zten leistgssteigernd berücks (MüKo/Maier 27). Dagg kommen dem and Eheg auch im schuldr VA Versorggsverändergen dch Laufbahnwechsel od dch Übertritt eines Widerrufsbeamten od ZtSoldaten in ein LebZtBeamt- od Berufssoldatenverhältn nicht zugute (Joh/Henr/Hahne 21; and Kblz FamRZ **90**, 760 im dingl VA für den Übergang vom Probebeamten zum LebZtBeamten).

15   **4) Fälligkeit, I 2, und Zahlungsdauer bei der Ausgleichsrente.** I 2 regelt den Ztpkt, von dem ab die 16 AusglRente verlangt w kann (BGH **81**, 190). **a) Zweck:** Die Zahlg der AusglRente soll aus der eig Versorgg des AusglSchu erfolgen, dh die dafür von ihm aufgewendeten Geldmittel sollen ihm aGrd seiner eig Altersversorg zufließen. Desh entsteht die ZahlgsVerpfl erst, wenn der ausglpflicht Eheg seiners gg den Träger der SozVers, gg seinen Dienstherrn od ArbGeber einen entspr Anspr auf Versorgg erlangt hat. Vorher besteht allenf ein Anspr auf Abfindg (Rn 22). Außerd dient die AusglRente unmittelb der Versorgg des AusglBerecht u kann desh von diesem erst dann verlangt w, wenn auch er die VersorggsVoraussetzgen erfüllt.

17   **b) Voraussetzungen.** Der Versorggsfall allein in der Pers des AusglBerecht löst den Anspr auf die 18 AusglRente nicht aus. Vielm müssen auf beid Seiten best Erfordern erfüllt sein: **aa) Beim Verpflichteten** ist erfdl, daß er die schuldrechtl auszugleichde **Versorgung** (Rn 1) erlangt hat, gleichgült ob als Alters- oder Invaliditätsversorgg (BGH FamRZ **87**, 145). Die Versorgg darf ferner nicht außerh der EheZt begründet od eine solche sein, die bereits im öffrechtl WertAusgl berücks w ist, weil der schuldr VA auf Teilhabe an der 19 bish nicht vom VA erfaßten Versorgg gerichtet ist (MüKo/Maier 11). **Erlangt haben** bedeutet bindde Festsetzg u tats Gewährg, nicht schon Erfüllg der jew AnsprVoraussetzgen (Celle FamRZ **95**, 812/14 mN des Streitstd); so daß der AusglBerecht das Risiko einer Hinausschiebg der Altersgrenze (SGB VI 34 II) trägt (Joh/Henr/Hahne 7; aA MüKo/Maier 10). Eine ruhde Versorgg wird nicht ausgeglichen, es sei denn, sie 20 wird von einer and (ggf ihrers nicht ausglpflicht) Leistg überlagert (BGH FamRZ **88**, 936). – **bb) Der Berechtigte** (ausführl dazu MüKo/Maier 12ff) muß entweder ebenf eine **Versorgung erlangt** haben, wobei allerd die BU-Rente nicht ausr (Joh/Henr/Hahne 8), od auf nicht absehb Zt (= innerh der nächsten

2 J) wg **Krankheit oder** and körperl od geist **Gebrechen** eine zumutb ErwTätigk nicht mehr ausüben können (= ErwUnfähigk iS BSG **14**, 83 u 207; **26**, 240 u 288; Hamm FamRZ **94**, 1528), wobei geringfüg Einkfte (½ der monatl Bezugsgröße; Schmeiduch FamRZ **90**, 27) unberücks bleiben; od er muß das **65. Lebensjahr** vollendet haben.

c) Zahlungsart und –dauer. Die Geldrente ist monatl im voraus (§§ 1585 I 2, 1587k I) in regelmäß **21** stillschweig vereinb Abweich von § 270 dch Überweis auf das BankKto des Berecht zu zahlen, u zwar nicht erst ab Rkraft (Düss FamRZ **85**, 720), sond ab Verzug (Kln FamRZ **85**, 403: Mahng) bzw Rhängigk des Anspr auf die AusglRente (BGH NJW **85**, 2706/7) u ggf auch für den Mo, innerh dessen der RentAnspr dch Wiederheirat od Tod des Berecht erlischt (§§ 1585 I 3, 1587k I).

5) Verfahren (Einf 15 v § 1587). **a)** Geltdmachg des Anspr auf AusglRente nach FGG (ZPO 621 I 1 Z 6, **22** 621 a I 1). Erfdl ein **Antrag** (§ 1587 f Rn 2), auch bei Geltdmachg im Verbund (Böhmer StAZ **76**, 241), was regelmäß an der Nichterfüll der Voraussetzgen scheitert; doch bei frz Militärrente evtl bereits Anspr auf Abfindg gem § 1587l (Stgt FamRZ **89**, 760). Vor Fälligk (Rn 15) auch kein FeststellgsUrt (Düss FamRZ **81**, 565). Wg **Tenor** MüKo/Maier 31; Joh/Henr/Hahne 25). **Beschwerde** befr: ZPO 621 e I.

b) Änderung der Entscheidung zur AusglRente (nicht der Regelg des öffrechtl VA!) **bei wesentlicher 23 Änderung der Verhältnisse, III.** Die entspr Anwendbark von § 1587 d II ermögl es aber, in gewissen Umfang zus mit der früh Entsch zum schuldrechtl auch diej zum öffrechtl VA zu korrigieren (Einzelh Joh/ Henr/Hahne Rn 26); TotalRev der VA-Regelg dagg nur nach VAHRG 10 a Rn 3 (BGH NJW **93**, 330; vgl iü Rn 12). Erfdl Änderg der Höhe der AusglRente nach oben od unten um mind 10% (Ruland/Tiemann Rn 526) dadch, daß ein weiteres VersorggsAnrecht schuldrechtl auszugleichen ist, daß eine BU- in eine Altersrente umgewandelt wurde od nachträgl Vorgänge nach Rn 11. Der Unterschied zu II 2 liegt ledigl darin, daß die Änderg hier erst nach rechtskr Festsetzg des AusglAnspr eintritt (Joh/Henr/Hahne 23). Gg (pos od negat) Entsch nach III keine weitere Beschw (FGG 53g II; BGH NJW **84**, 2364). Doch sind auch die AbändergsEntsch ihrers wiederum abänderb (arg I 1: „jew" übersteigden Betr).

1587 h Ausschluß des Ausgleichsanspruchs. Ein Ausgleichsanspruch gemäß § 1587 g besteht nicht,

1. **soweit der Berechtigte den nach seinen Lebensverhältnissen angemessenen Unterhalt aus seinen Einkünften und seinem Vermögen bestreiten kann und die Gewährung des Versorgungsausgleichs für den Verpflichteten bei Berücksichtigung der beiderseitigen wirtschaftlichen Verhältnisse eine unbillige Härte bedeuten würde. § 1577 Abs. 3 gilt entsprechend;**
2. **soweit der Berechtigte in Erwartung der Scheidung oder nach der Scheidung durch Handeln oder Unterlassen bewirkt hat, daß ihm eine Versorgung, die nach § 1587 auszugleichen wäre, nicht gewährt wird;**
3. **soweit der Berechtigte während der Ehe längere Zeit hindurch seine Pflicht, zum Familienunterhalt beizutragen, gröblich verletzt hat.**

1) Die dem § 1587 c entsprechende Vorschr ordnet den **Verlust des Ausgleichsanspruchs in 3 Fällen** an, **1** näml soweit der Berecht seinen angem Unterh ow aus eig Mitteln bestreiten kann und der VersorggsAusgl für den Teil eine unbill Härte bedeuten würde, Nr 1; soweit der Berecht eig ausgleichspflichtige Versorggen aufgegeben od ihre Entstehg verhindert hat, Nr 2; schließl in dem Fall, daß der Berecht währd der Ehe längere Zeit hindch seine Pfl, zum FamUnterh beizutragen, gröbl verletzt hat, Nr 3. Vgl. im einz die Anm zu § 1587 c. Die KürzgsVorschr des § 1587 h gilt auch beim modifizierten schuldrechtl VA nach VAHRG 2 (Anh III zu § 1587 b).

2) Fehlende Bedürftigkeit, Nr 1. Der weniger weitgehde AusschlTatbestd überschneidet sich mit **2** § 1587 c Nr 1, so daß das Probl entsteht, ob in Fällen, in denen der WertAusgl ausgeschl wäre, der schuldrechtl VA stattfinden kann. Da letzterer subsidiär ist, muß § 1587 c Nr 1 analog gelten (Celle FamRZ **82**, 501). **a)** Grdsätzl hängt der VA nicht davon ab, daß der AusglBerecht iS des UnterhaltsR bedürf ist **3** (§ 1602 I). Eine Durchbrechg dieses Grds erschien aber aus BilligkGrden angebracht, wenn der Berecht seinen angem Unterh auch im Alter od trotz Krankh ow bestreiten kann u die Gewährg des Ausgl für den Verpflichteten in Anbetr der beiderseit wirtschaftl Verhältn eine unbill Härte bedeuten würde. Dann Wegfall der ZahlgsPfl, uU auch nur hins eines TeilBetr (BT-Drucks 7/650 S 166). Der angem Unterh des ausglberecht Eheg bestimmt sich nach § 1578 u dem Ztpkt der Entsch ü den schuldrechtl VA (Celle FamRZ **82**, 501). Bestreiten des eig Unterh aus eig Mitteln ggf auch, wenn nach Wiederheirat UnterhAnspr gg den neuen Eheg besteht (Ruland NJW **76**, 1720). **b)** Zusätzl zur Bedürfnislosigk muß die AusglVerpflichtg aS **4** des Verpflichteten eine **unbillige Härte** bedeuten. Dieses zusätzl Merkm unterscheidet den ZahlgsAnspr aus dem schuldrechtl VA von einem regulären UnterhAnspr (vgl § 1587 g Rn 2). Die Härte muß wirtschaftl bedingt sein u soll nicht daraus hergeleitet w, daß der Berecht schuldh das Scheitern der Ehe verursacht hat. Zu berücks sind schließl die **beiderseitigen wirtschaftlichen Verhältnisse**, die jeden von den Eheg treffden Verbindlichkeiten, insb auch UnterhPflichten. Eine unbill Härte liegt entspr § 1587 d I 1 vor, soweit der AusglSchuldn dch die Zahlg der AusglRente außerstande gesetzt würde, sich selbst u die mit dem AusglBerecht gleichrang Berecht angem zu unterhalten (Celle FamRZ **82**, 501). Maßg f die unbill Härte der Ztpkt der Geltdmachg der AusglRente (BGH NJW **84**, 610); treten später entspr Umst ein, Abänderg gem §§ 1587 d II, 1587 g III (arg „soweit"). Hins der Verwertg des VermStammes gilt § 1577 III entspr (Eichenhofer FuR **94**, 72).

3) Verhinderung des Entstehens eigener Versorgungsansprüche durch den Berechtigten, Nr 2. 5 Es bedarf einer weitergehden AusschlußKlausel als in § 1587 c Nr 2, da sich die AusglPfl beim schuldrechtl VA nach den schließl gewährten Versorggen bestimmt, also auch dch einen nach der Scheidg erfolgden Wegfall von Versorggsanrechten berührt wird (BT-Drucks 7/650 S 167). Verhindert also ein Eheg nach Scheidg der Ehe die Verwirklichg eines Anrechts od einer Aussicht auf Versorgg, wird er sich, soweit es um die eig AusglBerechtigg geht, ijF so behandeln lassen müssen, als ob ihm eine Versorgg, wie sie aGrd der erworbenen Anrechte zu erwarten war, gewährt würde. Dieser generelle Ausschl des AusglAnspr rechtfertigt sich daraus, daß ein für die VersorggsBerechtigg ursächl Verhalten des Eheg nach Ehescheidg allein seinem Risikobereich zuzuordnen ist. Für Einwirkung auf Versorggsberechtiggen währd bestehder Ehe soll es dagg auch hier darauf ankommen, ob sie in einem bewußten Zushg mit der bevorstehden Scheidg gestanden haben (BT-Drucks 7/650 S 167). Keine Analogie bei Ausübg des KapitalwahlR bei der LebVers (Hbg FamRZ **87**, 721).

6   **4)** Wg **Vernachlässigung der Unterhaltspflichten, Nr 3,** vgl § 1587c Rn 15–19. Analoge Anwendg bei Verletzg der nachehel UnterhPfl (Ruland Rdn 539).

1587 i *Abtretung von Versorgungsansprüchen.* [I]**Der Berechtigte kann vom Verpflichteten in Höhe der laufenden Ausgleichsrente Abtretung der in den Ausgleich einbezogenen Versorgungsansprüche verlangen, die für den gleichen Zeitabschnitt fällig geworden sind oder fällig werden.**

[II]**Der Wirksamkeit der Abtretung an den Ehegatten gemäß Absatz 1 steht der Ausschluß der Übertragbarkeit und Pfändbarkeit der Ansprüche nicht entgegen.**

[III]**§ 1587d Abs. 2 gilt entsprechend.**

1   **1)** IdR erfolgt der schuldrechtl VA dch Zahlg einer Geldrente (§ 1587g I 1). Der Berecht kann aber auch vom Verpflichteten in Höhe der laufden AusglRente **Abtretung der in den Ausgleich einbezogenen Versorgungsansprüche** verlangen, die für den gleichen Zeitraum fäll geworden sind od fäll werden, I. Also keine Abtretg künftiger RentAnspr für VA-Rückstände (Hamm FamRZ **87**, 290). Im Ggs zu § 1585a I 2 bedarf es hier keiner Einschränkg der Abtretg, weil damit für den Verpflichteten keinerlei Nachteile verbunden sind; idR sind seine Verhältn dem ZahlgsSchuldn ohnehin bekannt, insb wenn sich die Anspr gg öff Rechtsträger richten. Nachteile für Beruf od Fortkommen sind kaum noch zu befürchten, weil seine berufl Laufbahn bei Versorggsgewährg regelmäß abgeschl ist (BT-Drucks 7/650 S 167). Dch die Abtretg wird der prakt Unterschied zum eigentl VA beseitigt; denn damit wird der AusglBerecht Inhaber des RentenAnspr gg die RentenVers usw. Da zw Abtretbark u Pfändbark Parallelität besteht, kann der AusglBerecht den RentenAnspr des Verpflichteten auch iW der ZwVollstr pfänden; RechtsschutzBedürfn dafür vorh, wenn er bereits im Besitz eines Vollstreckgstitels ist, währd er nach I erst auf Abtretg klagen müßte. Der Wirksamk der Abtretg an den Eheg steht der Ausschl der Übertragbark u Pfändbark als Ausn zu §§ 399, 400 nicht entgg, II. An Dritte darf der VersorggsAnspr nach wie vor nicht abgetreten w. Das FamG kann auch hier, da der Anspr auf eine AusglRente in seiner Bedeutg einem UnterhAnspr nahekommt (BT-Drucks 7/4361 S 47) entspr ZPO 323 eine rechtskr Entscheidg auf Antr aufheben od ändern, wenn sich die Verhältn nach der Scheid wesentl geändert haben, III (vgl § 1587d Rn 8). Stirbt der Berecht, so erlischt der AusglAnspr; die nach § 1587i I abgetretenen Anspr gehen nicht unter, sond fallen an den Verpflichteten zurück (§ 1587k II 2). Die Höhe der Beitr zur KrankVers bestimmt sich nach dem GesamtBetr, also einschl des abgetretenen Teils der Rente (LSG NW NJW-RR **89**, 966; zur Fragwürdigk dieses Ergebn hat BVerfG FamRZ **95**, 664 nicht Stellg genommen).

2   **2)** Der **Abtretungsanspruch, I,** kann im Streitfall zugleich mit dem entspr ZahlgsAnspr gerichtl geltd gemacht werden (vgl ZPO 260). Dadch ist es mögl, das zw den gesch Eheg insow bestehde Rechtsverhältn in einem einz Verf abschließd zu bereinigen (BT-Drucks 7/650 S 167). Die AbtretgsPfl bezieht sich nur auf die in den Ausgl einbezogenen VersorggsAnspr. Also keine Abtretg von VersorggsAnsprüchen, die vor od nach der Ehezeit (§ 1587 II) erworben w sind. Darüber hinaus ist die AbtretgsPfl dahin beschr, daß die einz Raten der Versorggsbezüge nur jew wg u in Höhe der für den gleichen Zeitabschnitt wie die Bezüge der zu entrichtden AusglRente abgetreten w müssen. Sind Rückstände aufgelaufen, weil der AusglAnspr erst nachträgl geltd gemacht wird od der AusglSchuldn nicht gezahlt hat, so kann desh nicht Abtretg des Anspr auf künft Versorggsbezüge verlangt w; es gelten vielm die allg Dchsetzgsregeln.

3   **3) Ausschluß der allgemeinen Übertragungsbeschränkungen, II.** Versorggsansprüche dürfen idR kr Gesetzes nicht übertr w (vgl § 400; ZPO 850 II u IIIb); daneben kann die Abtretg privatrechtlicher Versorgungsansprüche (also zB betrieblicher Ruhegeldzusagen) dch Vereinbg zw Gläub u Schuldn ausgeschl w (§ 399). Allen diesen Beschrkgen kann die Abtretg wg des Anspr auf AusglRente von der Natur dieses Anspr her nicht unterworfen sein. Soll der Anspr die soziale Unbillig, die in dem einseit od verschieden großen Anwachsen von Versorggsanwartschen für eine gemeinschaftl Lebensleistg liegt, tatsächl ausgleichen, so muß der Anspr unbeschr dchsetzb sein u insb zu einer unbeschr Abtretg entspredcher Versorggsansprüche an den Berecht führen können (BT-Drucks 7/650 S 168). Da es sich hier um nichts anderes als ein „nachgeholtes Splitting" handelt, liegt auch kein Widerspr darin, daß § 1587h Z 1 den angem Unterh des AusglVerpflichteten schützt, währd der AusglBerecht n § 1587i II in den dch die Pfändgsfreigrenzen zG des Schuld gezogenen Schutzraum eindringt (BT-Drucks 7/4361 S 47).

1587 k *Anwendbare Vorschriften; Erlöschen des Ausgleichsanspruchs.* [I]**Für den Ausgleichsanspruch nach § 1587g Abs. 1 Satz 1 gelten die §§ 1580, 1585 Abs. 1 Satz 2, 3 und § 1585b Abs. 2, 3 entsprechend.**

[II]**Der Anspruch erlischt mit dem Tod des Berechtigten; § 1586 Abs. 2 gilt entsprechend. Soweit hiernach der Anspruch erlischt, gehen die nach § 1587i Abs. 1 abgetretenen Ansprüche auf den Verpflichteten über.**

1   **1)** Die Bestimmg enthält für den AusglAnspr nach § 1587g I 1 **Verweisungen auf andere Vorschriften,** I, u regelt den Fall des Todes des Berecht, II.

2) Der schuldrechtl VA unterliegt den Vorschr des allg SchuldR; er entspricht weitgehd dem nachehel 2 UnterhAnspr, in den er nach Erreichen der Altersgrenze uä ganz od zT übergeht (§ 1587g Rn 2 sowie Einf 1 vor § 1587). Desh finden die Vorschr über den UnterhAnspr des gesch Eheg auf den schuldrechtl AusglAnspr weitgehd entspr Anwendg, **I.** So haben beide Eheg einen **Auskunftsanspruch** hinsichtlich ihrer Einkünfte u ihres Verm gg den and Eheg, soweit davon der AusglAnspr abhängt (§ 1580m Anm). **Zahlung** der AusglRente **für die Vergangenheit** kann nur ab Rhängigk od Verzug (§§ 284, 285) verlangt w (KG u Hamm FamRZ **87**, 287 u 290). Die Rente ist **monatlich im voraus zu zahlen**; u der Verpflichtete schuldet den vollen MonatsBetr auch dann, wenn der Berecht im Laufe des Mo **wieder heiratet oder stirbt** (§ 1585 I 2 u 3). Ist der Verpflichtete seinen Verbindlichkeiten aus dem schuldrechtl VA nicht nachgekommen, kann der Berecht Erfüllg bzw SchadErs wg Nichterfüllg auch noch **für die Vergangenheit** verlangen, soweit sich der AusglPflichtige in Verzug (§§ 284, 285) befand od der AusglAnspr rechtshängig (ZPO 263) geworden war (§ 1585b III), allerd auch hier mit der Einschrkg, daß für mehr als 1 J vor der Rechtshängk fäll gewordene AusglAnsprüche Erfüllg u SchadErs wg Nichterfüllg nur verlangt w kann, wenn anzunehmen ist, daß der Verpflichtete sich der Leistg absichtl entzogen hat (§ 1585b III). Vgl dazu § 1585b Rn 4, 5. An die **Mahnung** sind keine strengen Anfdgen zu stellen; insb ist, weil auch der bl VerfAntr genügt (§ 1587f Rn 2), keine Bezifferg erfdl (Hamm FamRZ **90**, 889).

3) Mit dem **Tod des Berechtigten** erlischt der AusglAnspr, **II 1**, da nunmehr eine Versorgg nicht mehr 3 erforderl. Bezieht sich ledigl auf den RentenAnspr gem § 1587g I 1; wg des allg VersorggsAusglAnspr vgl § 1587e II. Der beim Tode angebrochene MonatsBetr wird voll geschuldet (§§ 1585 I 3, 1587k I). Ansprü- 4 che auf Erfüllg od SchadErs wg Nichterfüllg für die Vergangenh bleiben bestehen. Soweit danach der Anspr erlischt, fallen die iRv § 1587i I abgetretenen Anspr an den Verpflichteten zurück, **II 2**. Automat Rückfall ohne Entsch des FamG od Kondiktion gg die Erben; gleichw ausgezahlte Beträge können aus dem Nachl gem § 812 zurückverlangt w. Anders als der UnterhAnspr (§ 1585 I 3) bleibt der RentenAnspr iF der 5 **Wiederheirat** des Berecht unberührt; der schuldrechtl VA soll dem Berecht fehlde eigene Versorggsanwartsche ersetzen, die Versorggsberechtiggen würden dch eine Heirat aber ebenf nicht berührt (BT-Drucks 7/650 S 168). Der Anspr auf AusglRente endet dagg und als n § 1587e IV 1 die Anspr aus dem öff-r VA mit dem 6 **Tod des Verpflichteten** (BGH FamRZ **89**, 950). RestAnspr sind gg die Erben geltd zu machen (BGH aaO; Dörr NJW **90**, 2730f).

1587l Abfindung künftiger Ausgleichsansprüche. ^{I}Ein Ehegatte kann wegen seiner künftigen Ausgleichsansprüche von dem anderen eine Abfindung verlangen, wenn diesem die Zahlung nach seinen wirtschaftlichen Verhältnissen zumutbar ist.

^{II} Für die Höhe der Abfindung ist der nach § 1587g Abs. 2 ermittelte Zeitwert der beiderseitigen Anwartschaften oder Aussichten auf eine auszugleichende Versorgung zugrunde zu legen.

^{III} Die Abfindung kann nur in Form der Zahlung von Beiträgen zu einer gesetzlichen Rentenversicherung oder zu einer privaten Lebens- oder Rentenversicherung verlangt werden. Wird die Abfindung in Form der Zahlung von Beiträgen zu einer privaten Lebens- oder Rentenversicherung gewählt, so muß der Versicherungsvertrag vom Berechtigten auf seine Person für den Fall des Todes und des Erlebens des fünfundsechzigsten oder eines niedrigeren Lebensjahres abgeschlossen sein und vorsehen, daß Gewinnanteile zur Erhöhung der Versicherungsleistungen verwendet werden. Auf Antrag ist dem Verpflichteten Ratenzahlung zu gestatten, soweit dies nach seinen wirtschaftlichen Verhältnissen der Billigkeit entspricht.

1) Entspr der Regelg beim nachehel UnterhAnspr (§ 1585 II) kann der AusglBerecht nach § 1587l von 1 dem ausglverpfl Eheg die **Abfindung künftiger Ausgleichsansprüche** verlangen, wenn diesem die Zahlg nach seinen wirtschaftl Verhältn zumutb ist.

a) Der **Zweck** des AbfindgsAnspr entspr dem GrdAnliegen des 1. EheRG, die Ehel nach der Scheidg 2 endgült auseinanderzubringen, was beim schuldrechtl VA wg des Fortbestehens von Ansprüchen nicht gelingt. Ferner steht sich der AusglBerecht iF der Zahlg einer Abfindg insof besser als bei der bloßen Geltmachg der AusglRente nach § 1587g, als er dch die Abfindg auch für den Fall versorgt ist, daß bei ihm selbst die Voraussetzgen des VersorggsFalles eintreten, bevor der AusglSchuldn eine Versorgg erlangt (BT-Drucks 7/660 S 168f). Dagg spielt das AbfindgsR iGgs zu früher wg VAHRG 3a keine Rolle mehr für den Fall des Vorverversterbens des AusglSchuldn. Im übrigen hat das VAwMG dch die an die Stelle des früh Ausschlusses des AbfindgsR bei „unbill Belastg" des AusglSchuldn getretene „wirtschaftl Zumutbark" als pos TatbestdsVoraussetzg das AbfindgsR weiter eingeschränkt (BT-Drucks 10/6369 S 18).

b) Inhalt: Das Gesetz räumt dem AusglBerecht unter der Voraussetzg wirtschaftl Zumutbark für den 3 AusglSchuldn einen **Anspruch** ein, **I.** Außerd trifft es, um Übervorteilgen des Berecht auszuschließen, Bestimmgen über die Höhe der Abfindg, **II,** sowie über die Form der Abfindg, **III.** **Kein Abfindungsrecht** 4 **des Verpflichteten,** weil die Abfindg idR nicht zum Aufbau einer Versorgg ausreicht, wie sie der Berecht aGrd des VA erhalten würde. Der Verpfl ist dadch nicht unbill belastet, weil es ihm unbenommen bleibt, dch Abschl einer priv RentVers Vorsorge dafür zu treffen, daß ihm bei Eintr des VersorggsFalles ausreichde Mittel zur Vfg stehen (BT-Drucks 7/650 S 169). Die Abfindg wird **an Erfüllungs Statt** gewährt (§ 364 I), 5 so daß der Berecht das Risiko der mit der Abfindg begründbaren soz Sicherg trägt (§ 1587n).

c) Konkurrenz zur AO von Beiträgen gem VAHRG 3b I Z 2: Letztere zul vAw u wenn RentVersTrä- 6 ger sich weigern, abfindgsweise erhaltene Betr als Beitr entgegzunehmen (SGB VI 187). Umgek ist Abfindg günstiger zZw der Begründg priv LebVers u bei Ausl ausländ VersorggsAnrechte usw iFv VAHRG 3b II (Wagenitz FamRZ **87**, 5).

2) Voraussetzungen der Abfindung, I. a) Ein **künftiger Ausgleichsanspruch,** dessen Abgeltg dch die 7 AbfindgsZahlg verlangt werden kann, liegt bereits dann vor, wenn ein schuldrechtl auszugleichdes Anrecht unverfallb ist (zB eine frz Militärrente; Stgt FamRZ **89**, 760), jedoch erst nach Eintritt der FälligkVoraussetzgen des § 1587g I 2 geltd gemacht w kann. Keine Abfindg noch nicht unverfallb gewordener Anrechte auf betriebl Altersversorgg (BGH FamRZ **84**, 668). Für Vergl über Rückstde gelten die II u III nicht.

8   **b)** Vom FamG pos festzustellde Voraussetzg des AbfindgsAnspr ist, daß dem ausglpflicht Eheg die Zahlg der Abfindg **nach seinen wirtschaftlichen Verhältnissen zumutbar** ist. Der AusglSchuldn ist idR bereits dch die übr ScheidgsFolgekosten belastet, so daß eine uU hohe AbfindgsZahlg seine wirtschaftl LeistgsFähigk erhebl beeinträchtigt. Entscheid sind die gesamten wirtschaftl Verhältn des AusglPflicht, wobei auch die RatenZahlg gem III 3 als EntlastgsMöglk zu berücks ist (BT-Drucks 10/6369 S 18). ZumutbarkGrenzen wie in VAHRG 3b I Z 2 (vgl dort Rn 18; ferner § 1587d Rn 4). Wg VAHRG 3a ist überholt Karlsr **84**, 287, wonach bereits der Schutz des AusglBerecht gg das Risiko des Vorversterbens des AusglSchuldn dch BeamtVG 22 II ausreichen sollte, um dessen unbill Belastg zu begründen. Unzumutbark aber dann, wenn ein Ungleichgewicht bei Liquidation des Verm der Ehel dadch eintritt, daß der ausglpflicht Ehem dch die Abfindg gezwungen würde, seinen GrdBesitz fast vollständ zu verwerten (Ffm FamRZ **84**, 182).

9   **3) Höhe der Abfindung, II.** Die Bestimmg entspricht § 1587o des RegEntw (vgl BT-Drucks 7/650 S 169f). Grdlage der Bemessg ist der gem § 1587g II ermittelte **Zeitwert** der beiderseit Versorggstitel; dch die Bezugn wird insb sichergestellt, daß die nach Eintr der Rechtshängigk des ScheidsAntr eingetretenen Wertänderg en berücksichtigt w. Zeitwert bedeutet also Wert im Ztpkt der AbfindgsEntsch (BT-Drucks 7/4361 S 47). Die Bewertg der versch Versorggstitel richtet sich nach deren jew Eigenheiten. Es gelten über § 1587g II 1 die Bestimmgen von § 1587a. Bei einer Versorgg aus einem öff-rechtl DienstVerhältn muß daher für die Abfindg die Summe der Beiträge maßg sein, die für eine Nachversicherg in der gesetzl RentenVers für die gesamte in die Ehe fallde ruhegehaltsfäh Dienstzeit aufzuwenden wäre. Die Höhe der Beiträge richtet sich nach der Höhe der jew gezahlten Bezüge. Bei als ruhegehaltsfäh anerk Dienstzeiten, in denen nur ein UnterhZuschuß uä gezahlt wurde (BBG 112–116a), ist von den zu diesem Ztpkt gezahlten Dienstbezügen auszugehen. Für die Berechng sind jew die vollen NachVersBeiträge einschl des ArbGeberAnteils anzusetzen. Entspr ist bei Anwartschaften aus der gesetzl RentenVers zu verfahren. Für Ersu Ausfallzeiten in der Ehe sind Beiträge iH der vor diesen Zeiten zuletzt entrichteten Beiträge od, wenn zuvor Beiträge nicht entrichtet worden sind, in der Höhe anzusetzen, in der im Anschl an die Ersatz- u Ausfallzeit währd der Ehe der erste Beitr entrichtet w ist. Bei den sonst Versorggen ist entspr zu verfahren. Fehlt eine Anknüpfgsmöglk wie bei den beitragslosen Versorggseinrichtungen, so ist darauf abzustellen, welche Beiträge bei Begründg od Aufrechterhaltg eines gleichwert Anrechts in der privaten RentenVers für die in die Ehe fallde Anrechnungs- od BeschäftiggsZt aufzuwenden gewesen wäre (vgl im einzelnen BT-Drucks 7/650 S 169f, deren sachl Inh die Fassg von II nur sprachl vereinfachen sollte, BT-Drucks 7/4361 S 47).

10   **4) Form der Abfindung, III.** Dem Zweck der Abfindg, dem Berecht eine eigenständ Zukunftssicherg aufzubauen, entspricht die Zweckbindg für die Anlage der Abfindg. Desh Anspr auf Barabfindg ausgeschl. Abfindg nur in Form der Zahlg von Beiträgen zur gesetzl RentenVers od priv LebensVers; kein volles WahlR: BeitrEntrichtg zur SozVers nur, wenn die gesetzl RentVers eine solche Möglk vorsehen (Maier S 155f). Die für die priv LebVers notw Voraussetzgen, näml der Abschl eines entspr VersVertr, sind vom Berecht zu schaffen. Um sicherzustellen, daß die Anlage der Abfindg zu einer ähnl ZukunftsSicherg führt, wie sie die gesetzl RentenVers bieten, muß der VersVertr vom Berecht auf seine Pers für den Fall des Todes u des Erlebens des 65. od eines niedrigeren LebensJ abgeschl sein u vorsehen, daß Gewinnanteile zur Erhöhg der VersLeistgen verwendet w (BT-Drucks 7/650 S 169). Die Vorschr enthält kein Verbot der Barabfindg;

11 die Parteien können Barabfindg vereinb, das FamG sie nach § 1587b IV anordnen (Ruland Rdn 549). Die AnO von **Ratenzahlgen, S 3,** soll ausschließen, daß das Abfindgsverlangen schon daran scheitert, daß dem

12 Verpflichteten die Leistg der Abfindg an einer Summe nicht mögl ist (BT-Drucks 7/650 S 169). Nur auf **Antrag,** weil FGG-Verf (BT-Drucks 7/4361 S 48).

1587 m   *Tod des Berechtigten.*   **Mit dem Tod des Berechtigten erlischt der Anspruch auf Leistung der Abfindung, soweit er von dem Verpflichteten noch nicht erfüllt ist.**

1   Keine allg zeitl Befristg des Anspr auf Abfindg, sond allg VerjährgsVorschr, da eine Ausschlfrist mit dem Ziel nicht vereinb, jedem Eheg eine eigenständ, von der Versorgg des and Eheg unabhäng Versorgg zu verschaffen (BT-Drucks 7/4361 S 48). Aber mit dem **Tod des Berechtigten** erlischt der Anspr auf Leistg der Abfindg, soweit er von dem Verpflichteten noch nicht erfüllt ist. Denn wenn der Berecht stirbt, entfällt jeder Grd für eine weitere Abfindgsleistg; daher kein Übergang des Anspr auf die Erben (BT-Drucks 7/650 S 170). Wie iFv § 1587k I wird man allerd auch hier wg SchadErsAnspr § 1585b II analog anwenden müssen. Hins des Todes des Verpflichteten vgl § 1587k Rn 6.

1587 n   *Anrechnung auf Unterhaltsanspruch.*   **Ist der Berechtigte nach § 1587 l abgefunden worden, so hat er sich auf einen Unterhaltsanspruch gegen den geschiedenen Ehegatten den Betrag anrechnen zu lassen, den er als Versorgungsausgleich nach § 1587g erhalten würde, wenn die Abfindung nicht geleistet worden wäre.**

1   Abgefundene AusglAnsprüche sind **auf den Unterhalt anzurechnen.** Da die Abfindg nicht notwendigerw eine Versorgg iH des VA gewährleistet, bedarf es einer Regelg, die sicherstellt, daß eine Doppelinanspruchnahme des abfindden Verpflichteten ausgeschl ist. Hat sich der Berecht wg der künft AusglAnsprüche abfinden lassen, so muß ihn allein das wirtschaftl Risiko treffen, ob bei Eintr des Versorggsfalles eine Versorgg iH der AusglRente besteht (BT-Drucks 7/650 S 170). Soweit neben dem urspr geschuldeten VA noch UnterhAnsprüche bestanden hätten (Einf 1 vor § 1587), bleiben diese trotz der Abfindg bestehen.

4. Parteivereinbarungen

1587 o *Vereinbarungen über den Ausgleich; Form.* [1]Die Ehegatten können im Zusammenhang mit der Scheidung eine Vereinbarung über den Ausgleich von Anwartschaften oder Anrechten auf eine Versorgung wegen Alters oder Berufs- oder Erwerbsunfähigkeit (§ 1587) schließen. Durch die Vereinbarung können Anwartschaftsrechte in einer gesetzlichen Rentenversicherung nach § 1587 b Abs. 1 oder 2 nicht begründet oder übertragen werden.

[2]Die Vereinbarung nach Absatz 1 muß notariell beurkundet werden. § 127 a ist entsprechend anzuwenden. Die Vereinbarung bedarf der Genehmigung des Familiengerichts. Die Genehmigung soll nur verweigert werden, wenn unter Einbeziehung der Unterhaltsregelung und der Vermögensauseinandersetzung offensichtlich die vereinbarte Leistung nicht zur Sicherung des Berechtigten für den Fall der Erwerbsunfähigkeit und des Alters geeignet ist oder zu keinem nach Art und Höhe angemessenen Ausgleich unter den Ehegatten führt.

1) Zweck: Die Bestimmg stellt in Parallele zum EhegüterR (§ 1363 Rn 4) die **Privatautonomie im 1 Bereich des Versorgungsausgleichs** wieder her (vgl BT-Drucks 7/4361 S 22; Lit: Eichenhofer FuR **94**, 353). Die Eheg können, wenn sie nicht schon mind 1 J vor Stellen des ScheidgsAntr (§ 1408 II 2) den VA autonom geregelt haben, im Zushg mit der Scheid eine Vereinbg über den Ausgl von Anrechten auf eine Versorgg wg Alters od Berufs- bzw Erwerbsunfähigk schließen. Doch liegt eine solche Vereinbg nur vor, wenn innerh einer vertragl Scheidgsfolgenregel die VA ausdrücklich einbezogen worden ist (BGH FamRZ **89**, 1062; vgl dagg BVerfG [Ka] FamRZ **90**, 384). Vereinbgen gem § 1587 o können **zweckmäßig** sein, 2 wenn der WertAusgl gem § 1587 b I u II einschl VAHRG 1 II u III, 3 b, 3 c nur zu einer unzureichden Versorgg führen bzw die Versorgg des ausgleichspflicht Eheg inf des VA unzureichd würde od wenn umgek der ausgleichsberecht Eheg bereits ausreichd gesichert ist (Reinartz NJW **77**, 81) bzw wenn er mehr erhalten soll, als er über den WertAusgl erhalten würde. Haben die Eheg den VA nach § 1408 II ausgeschl od nach § 1587 o eine entspr. vom FamG genehmigte Vereinbg getroffen, findet insow eine Entscheidg über den VA nach § 1587 b, VAHRG 1 ff nicht statt (FGG 53 d S 1). Damit die Eheg sinnvoll beraten w u sie eine 3–9 solche Vereinbg schließen können, müssen die Beteil Kenntn über die Höhe der erworbenen VersorggsAnrechte haben. Desh gewährt **§ 109 III SGB VI** ein **Recht auf Auskunft** über die Höhe der auf die EheZt entfallenen RentAnwartsch (S 1). Die zuvor geltde 2. VO über die Erteilg von RentAuskften an Versicherte (vgl 52. Aufl Rn 3–9) ist dch Art 83 Nr 17 RRG 1992 aufgeh w. Währd nach dem bish Recht die Ausk grdsl nur über RAe u Notare erteilt wurde, können nunm die Versicherten diese Ausk auch unmittelb verlangen. Zur Zustdgk: Schmieduch FamRZ **91**, 386. Erfdl ist ein Antr des Berecht. Der Versicherte braucht nicht darzulegen, aus welchen Grden er diese Aufk benöt u daß er daran ein berecht Interesse hat. Bei Mißbr gelten die allg Grds des VerwR (BT-Drucks 11/5530 S 46). Hat der Versicherte seine AuskPfl ggü dem Eheg nicht od nicht vollständ erfüllt, so kann letzterer auch unmittelb Ausk von dem VersTräger einholen, die dann auch dem Versicherten mitgeteilt w (SGB VI 109 III 2 u 3). Die Befugn zur Offenbarg der VersDaten besteht gem SGB X 74 Nr 1 b, wenn der Versicherte seiner AuskPfl nach §§ 1580, 1587 e I, 1587 k u VAHRG 3 a VIII, 10 a XI nicht entspr hat. Die Möglk dieser RentAusk besteht nur in Fällen, in denen kein Verf über den VA beim FamG anhäng ist, weil sonst gem FGG 53 b II, VAHRG 11 II vAw die Verpfl besteht, die auf die EheZt entfallde Höhe eines RentR beim VersTräger zu ermitteln (Kass Komm zum SozVersR/Polster, 1991 ff, SGB VI 109 Rn 12).

2) Zeitpunkt der Vereinbarung. Die Eheg können in einem jederzeit vor od währd der Ehe zu schließ- 10 den notariell beurk (§ 1410) EheVertr dch eine ausdrückl Vereinbg auch den VA ausschließen (§ 1408 II 1). Vgl dazu § 1408 Rn 7. Wenn sich aus dem EheVertr nichts and ergibt, hat der Ausschl des VA die Folge, daß zw den Ehel Gütertrenng eintritt (§ 1414 S 2). Allerd ist der gänzl Ausschl des VA unwirks, wenn innerh 1 Jahres nach VertrSchl die Scheidg der Ehe beantragt w ist (§ 1408 II 2). Iü können die Eheg auch im **Zusammenhang mit der Scheidung** über den gesetzl VA dann allerd gem § 1587 o genehmigungsbedürft Vereinbgen treffen, also sow vor wie nach Stellg des ScheidgsAntr (BGH NJW **87**, 1768); auch noch nach Scheidg, wenn dem ScheidgsAntr vorab stattgegeben w ist (ZPO 628), dagg nicht mehr, wenn über den VA in Form einer Entsch gem § 1587 b I, II, VAHRG 1, 3 b rechtskr (FGG 53 g I, ZPO 629 d) entsch wurde (Plagemann NJW **77**, 844). Die zwischenzeitl Aufgabe der Scheidgsabsicht steht dem Fortwirken einer getroffenen Vereinbg idR wohl (Ausleggsfrage!) nicht entgg (Langenfeld DNotZ **83**, 142). Nach Rechtskr können Vereinbgen gem § 1587 o noch getroffen w, wenn der ausgleichspflicht Eheg gem § 1587 b III zur BeitrZahlg in die gesetzl RentenVers verurteilt worden ist (BayObLG NJW **81**, 1519; Ruland NJW **76**, 1715; Reinartz NJW **77**, 82), ebso wenn der schuldrechtl VA stattfindet. Dagg wird dch VAHRG 10 a kein neuer Dispositionsspielraum eröffn; Abänderg der urspr VA-Regelg also nur dch das FamG. Unzul die Erteilg der Gen vor Einreichg des ScheidgsAntr (Kniebes/Kniebes DNotZ **77**, 293). Zul die hilfsw Verbindg v Vereinbgen n § 1408 II u § 1587 o; dagg keine Umdeutg (Langenfeld DNotZ **83**, 141).

3) Zulässiger Inhalt einer Versorgungsausgleichsvereinbarung, II 4 (vgl Gruntkowski MittRh- 11 NotK **93**, 22 ff m Formuliergshilfen), soweit sie nicht nach § 1408 (vgl dort Rn 7), sond im Zushang mit der Scheidg getroffen wird. Für die Bewertg von Versorgsgsanrechten bleibt es bei der EheZt iSv § 1587 II (dort Rn 30). Ein Verzicht auf den Ausgl von nach der Trenng erworbenen RentAnwartsch darf nicht dazu führen, daß mehr Anwartsch übertr w als dem AusglBerecht zustehen (Nürnbg FamRZ **95**, 177). Die vom FamG iR der Gen (Rn 19) vorzunehmde **doppelte Inhaltskontrolle** der Vereinbg erstreckt sich teils auf Eigng u Angemessenh (Udsching NJW **78**, 290) der von den Eheg getroffenen Ersatzlösg, dh einers ist die Form des VA-Surrogats (Rn 12, 13) zu überprüfen u anders die Einhaltg einer gewissen Äquivalenz sicherzustellen (Rn 14–17). Oberstes Prinzip ist dabei die **Versorgungsgewährleistung.** Doch soll die Gen nur bei **offensichtlicher** Nichteignung u Unangemessenh verweigert w. Damit soll der VereinbgsSpielraum der Eheg erweitert u das FamG von der Verpfl entbunden w, einen bis ins einzelne gehden Vergl zw der vereinb u der gesetzl vorgesehenen Leistg vorzunehmen (BT-Drucks 7/4361 S 49). Doch darf das FamG auch in einem DurchschnFall nicht einfach nur eine Rentenschätzg vornehmen (Ffm NJW **79**, 1609); denn die Beurteilg, ob es sich um einen DurchschnFall handelt, kann oft nicht ohne Hilfe des VersorggsTrägers erfolgen (Udsching NJW **78**, 291).

12 **a) Ersatzformen für den gesetzlichen VA:** Entspr dem Prinzip der VersorggsGewährLeistg kommen als Surrogate für die gesetzl AusglFormen der §§ 1587b, VAHRG 1ff grdsätzl nur zur Alters- u Invaliditätsvorsorge **geeignete** Institute in Betr. Zuläss ist die Vereinbg des schuldrechtl VA (§ 1587f Z 5). Bl vertragl Abwandlgen des ges schuldrechtl VA (zB hins Fälligk) bedürfen keiner Gen (Karlsr FamRZ **89**, 762). Wg der mit dem schuldr VA verbundenen Gefahren (vgl § 1587f Rn 3; Langenfeld DNotZ **83**, 154) hat Karlsr FamRZ **82**, 503 der Vereinbg des schuldrechtl VA ohne zusätzl Ausgl für das Risiko des Vorversterbens des AusglSchu die Gen versagt; diese Entsch ist nach Einführg von VAHRG 3a überholt. Ferner ist trotz Aufhebg von § 1587b III 1 HS 1 zul die Verpfl zur Zahlg von Beitr zur Begründg von Anwartschaften in der gesetzl RentVers (vgl SGB VI 187; Langenfeld DNotZ **83**, 140), es sei denn, der AusglBerecht bezieht bereits ein bindend festgesetztes Altersruhegeld (Bergner DRV **83**, 213). Auch muß das FamG vor Erteilg der Gen die LeistgsFähigk des AusglSchu überprüfen (Udsching NJW **78**, 292). Zum Vollzug einer solchen Vereinbg Rn 20. Finanziergskosten sind als Werbgskosten abziehb (BFH NJW **94**, 2567). Im Rahmen von § 1587o kommt ferner der Abschl einer priv LebVers in Betr; mangels VersorggsEigng kann eine darauf gerichtete Vereinbg aber nicht gen w, wenn der Fall der ErwerbsUnfähigk nicht bedacht worden ist (Karlsr FamRZ **82**, 395). Zul ferner die Übertr von GrdBesitz od Unternehmensbeteiliggen sowie auch die sof Zahlgen auslöse schuldrechtl Abtretg eines Teils einer bereits bezogenen Rente (Düss FamRZ **82**, 718).

13 Schlechthin unzul sind Vereinbgen mit dem Inhalt der **Begründung oder Übertragung von Anwartschaften in der gesetzlichen Rentenversicherung, I 2.** Die Vorschr gilt auch iR einer Vereinbg n § 1408 II (BGH NJW **90**, 1363; § 1408 Rn 11). Unzul ist es, dch Vereinbg die Richtg des VA zu änd, dh den an sich AusglPflicht zum AusglPflicht zu machen (BGH FamRZ **90**, 384). Ferner können die Part Anwartsch aus der ges RentVers nicht konstitutiv begr oder übertr, u zwar weder unmittelb dch eig Vfg noch mittelb dch eine entspr Verpfl der RentVersTräger (Kblz FamRZ **83**, 406) od des FamG. Die DisposBefugn der Part wird dadch begrenzt, daß die Vereinbg wed unmittelb noch mittelb dazu führen darf, daß der ges gebotene VA sich zG des AusglBerecht erhöht (BGH FamRZ **90**, 273 u 384). § 1587o soll den Eheg nicht die ihnen auch sonst fehlde Befugn zur Vfg über ihre öff-rechtl VersorggsAnwartsch geben (BT-Drucks 7/650 S 171). Im Ggsatz zur Befugn des FamG gem VAHRG 3b Z 1 ist daher unzul die Vereinbg eines Super-Splittings, dch das dem AusglBerecht mehr RentAnwartsch in der ges RentVers übertr w sollen, als ihm nach dem VA zustehn (BGH FamRZ **81**, 1051), ebso wie eines Super- Quasisplittings, sie wird auch nicht dch Gen des FamG wirks (Celle FamRZ **81**, 563; Brem FamRZ **81**, 973; Ffm FamRZ **83**, 405). Unzul die Vereinbg, die KinderErziehgsZt aS u zG der Ehefr nicht zu berücks (Düss FamRZ **87**, 839). Der auf die beidierseit betriebl AltVersorgg beschränkte Ausschl des VA ist gem I 2 unzul, wenn der ausglberecht Ehem die werthöheren Anrechte erworben h u die Vereinbg dazu führen würde, daß zu hohe Anrechte in der ges RentVers begrdet od übertr würden (BGH FamRZ **88**, 153). Nicht gen-fähig ist dagg die Verpfl zur schuldrechtl Rückgängigmachg des VA iF der Wiederheirat (Stgt FamRZ **86**, 1007). Unbedenkl sind dagg Vereinbgen über die Ausklammerg bestimmter VersorggsAnrechte aus dem VA wie einer 3½-monatigen ausglmindernden Tätigk bei 15jähr Ehe (AG Mossbach FamRZ **77**, 810) od die Herabsetzg der AusglQuote zB auf 45% (AG Düss NJW **78**, 647). In Zweifelsfällen muß das Ger die dch I 2 gezogene Grenze dadch feststellen, daß zunächst ermittelt w, ob u zG welches Eheg u in welcher Höhe RentAntw zu übertr od zu begründen wären (BGH FamRZ **90**, 384).

14 **b) Äquivalenz** (vgl Stellungn des Verbandes DtRentVersTräger FamRZ **79**, 761). Nach der ges Wertg (*arg* § 1408 II 2 u „vereinb Leistg") ist ein **entschädigungsloser Verzicht** auf den VA, dh der gänzl Ausschl jegl VA ohne GgLeistg unerwünscht (wertvolle FallGrBildg bei Langenfeld DNotZ **83**, 146). Doch können auch nackte ggseit VerzErkl beid Eheg gen w, wenn die AngemessenhPrüfg zu dem Ergebn führt, daß der AusglBerecht auf den ihm an sich zustehdn Zuwachs an VersorggsAnrechten nicht angewiesen ist (vgl Oldbg FamRZ **95**, 744 beiderseit Berufstätig; AG Münst NJW **78**, 1592; vgl auch Bergner u Rohde NJW **77**, 1753 u 1763) od wenn ein teilw Verzicht mit § 1587c Z 1 begründet w (Hbg FamRZ **91**, 202). Gen-fähig sind desh Vereinbgen, dch die der VA nach beidseit ErwTätigk währd der gesamten Ehedauer mit nicht zu hohen unterschiedl Nettoverdiensten ausgeschl w (AG Stgt NJW **78**, 893), od wenn der AnwartschVerlust dch Neuheirat mit wohlhabden Mann ausgeglichen w, wobei das FamG der beabsicht Zuwendg v GrdstEigt uä gem FGG 12 vAw nachgehen muß (BGH NJW **82**, 1463). Zul auch ein Verzicht, wenn u soweit der VA ohnehin (etwa gem § 1587c) ausgeschl wäre (vgl AG Kamen FamRZ **78**, 122), wobei persönl BilligkWertgen der Eheg, auch wenn sie für § 1587c nicht ausreichen würden, den Verz rechtfertigen können (BGH NJW **82**, 1464). Nach § 138 I nichtig wäre ein den § 1587a ff widersprechder Verz, der den and Eheg im Alter der SozHilfe auslieferte (Ruland NJW **76**, 1715). Erfolgt der Verzicht auf den VA wg **15** Wiederheirat der Eheg, Wegf der GeschGrdl bei erneuter Scheidg (BGH NJW **94**, 579). **Maßstab** für die Äquivalenz, dh für die Beurteilg der Rechtfertigg der Abweichg von ges vorgesehenen VA, ist, ob der dem and Eheg als Ersatz gewährte Vorteil unter Einbeziehg der UnterhRegelg u die übr VermAuseinandS zu einem **angemessenen Ausgleich** unter den Eheg führt. Da nach verhältnism kurzer Ehedauer keine für die Altersvorsorg ausreichde Absicherg erwartet w kann (BT-Drucks 7/4361 S 49), genügt bei kurzen Ehen uU die Zahlg eines GeldBetr (Plagemann SGb **78**, 98). Keine Sittenwidrigk ferner bei teilw Ausschl des VA dch Verkürzg der EheZt gg Finanzierg des Studiums (Hamm FamRZ **90**, 416). Im übrigen steht auch das AngemessenhErfordern unter dem GesichtsPkt der VersorggsGewährleistg. Desh keine Gen, wenn von der dch den AusglSchu inges gezahlte Geldsumme jährl nicht für den Ausgl der für den VA maßgebl Wertdifferenz iHv 271 DM übr bleibt (BGH NJW **87**, 1768/69). Bei Vereinbg der schuldrechtl VA spielt das Risiko, daß der AusglSchu vorverstirbt, nach Einf v VAHRG 3a keine Rolle mehr (dadch überholt: Karlsr **16** FamRZ **82**, 503). Zur Angemessenh gehört bei unsicherer Vermögenslage des AusglSchu ggf auch die **17** Vereinbg v **Sicherheitsleistung.** Im übrigen können angem iSv II 4 auch **Vorteile nicht unmittelbar wirtschaftlicher Art** sein, so daß ein Verzicht auf den VA gen-fähig ist, wenn die ausglpfl Ehefr die

Betreuung des schwerbehind gemeins Ki übern (Oldbg FamRZ **90**, 295) od wenn Ehem die Sorge für den gemeins Sohn übernimmt u der Frau dadch die weitere ErwTätigk ermögl bei iü ungefähr gleich hohen NettoEink (Düss FamRZ **81**, 285). Zul ist ferner die Vereinbg, bestimmte (zB ausländ) BeitrZeiten in der ges RentVers gg eine entspr Erhöhg der UnterhZahlgen unberücks zu lassen, um RStreit gem FGG 53 c zu vermeiden. Zul ferner eine nicht anpassgsfäh Anwartsch iHv mtl 0,88 DM iR des VA zu vernachlässigen (AG Düss FamRZ **79**, 148). Dagg kann der Ausschl des VA nicht mit Rücks auf die Wiederverheiratg der Eheg miteinand gen w, weil die Eheschl kein Äquivalent für den Verlust von RentAnwartsch von mtl 1245 DM darstellt (BGH NJW **83**, 1317/19).

4) Durchführung der VA-Vereinbarung. a) Form: Die Vereinbg (nicht die Wiederherstellg des ges **18** VA dch Aufhebg einer solchen Vereinbg; Karlsr FamRZ **95**, 361) bedarf der notariellen Beurk, **II 1,** welcher der gerichtl Vergl auch hier gleichgestellt ist (§ 127 a), **II 2.** Dadch wird eine angem **Beratung** der Part vor Abschl der Vereinbg sichergestellt (BT-Drucks 7/650 S 171). Der Notar hat die Beteil ggf an einen Rentenberater weiterzuverweisen (BT-Drucks 7/4361 S 49). Soweit der FamRichter die Protokollierg übernimmt, trifft ihn die BelehrgsPfl v BeurkG 17, 1 II (Udsching NJW **78**, 294). Bei Beurk gem § 127 a **Anwaltszwang** (BGH NJW **91**, 1743). Die Einigg der Part muß wie der ProzVergl protokolliert, vorgelesen u gen w (Düss FamRZ **87**, 1160). Der Formmangel wird dch die gerichtl Gen der Vereinbg nicht geheilt (BGH NJW **91**, 1743).

b) Genehmigung, II 3. Die Vereinbg bedarf, um den AusglBerecht vor Übervorteilgen zu schützen **19** (BT-Drucks 7/4361 S 49; BGH NJW **82**, 1463; **87**, 1769 u 1771), der Gen des FamG, was nicht verfassgswidr ist (BVerfG NJW **82**, 2365). Eine gem § 1408 II 2 unwirks gewordene Vereinbg kann nicht gen w (Hbg FamRZ **91**, 1067). Die Gen erfolgt **von Amts wegen,** also ggf auch nach Abrücken des einen Eheg von der zuvor getroff Vereinbg (BGH NJW **87**, 1770). Zum Umfang der gerichtl ErmittlgsPfl BGH FamRZ **94**, 234. Wird die Gen **versagt,** so finden die §§ 1587–1587 n Anwendg. IdR entbindet der AusglVorschl der Eheg das FamG nicht von der Einholg der Auskfte (Udsching NJW **78**, 291 f). Die Eheg haben auch die Möglk, neue Vereinbgen an die Stelle der mißbilligten zu setzen; ebso können Anreggen des FamG zur Änderg der Vereinbg noch iR des GenVerf berücks w. Wird die gen Vereinbg später, dh im Anschl an die Scheidg von den Parteien geänd, so bedarf auch dies der Gen des FamG, Genehmigg liegt auch dann nicht, wenn Vergl vor dem FamG geschl w, in dessen Mitwirkg, vielm bedarf es der gesonderten Gen des Vergl dch das FamG, die aber zus mit dem ScheidgsUrt (ZPO 629 I) erteilt w kann (AG Mosbach FamRZ **77**, 810; and noch die 37. Aufl). Ausnahmsw vor einem and Ger iR eines anderweit Verf in einen ProzVergl einbezogene Vereinbg über den VersorggsAusgl bedarf ebenf der Gen dch das FamG. Die Verweiger der Gen ist nicht selbstd anfechtb (FGG 53 d S 2), u zwar auch nicht iVm der Beschw gg die Ablehng der VorwegEntsch über den ScheidgsAntr iRv ZPO 628 I Z 3 (Saarbr FamRZ **78**, 344). **Zeitpunkt:** Die Gen ist vorrang insof, als iF ihrer Erteilg eine Entsch ü den VA nicht od nur im Umfg der Vereinbg erfolgt (FGG 53 d S 1). Die Versagg erfolgt dch isoliert Beschl od iR des VerbundUrt (BGH NJW **82**, 1463). Dagg keine VorabGen v Vereinbgen zum VersorggsAusgl außerh eines anhäng ScheidgsVerf (Ffm NJW **79**, 1368); vielm bleibt hier nur der Weg des § 1408 (Friederici FamRZ **78**, 665). Ist das VA-Verf in der **2. Instanz** anhäng, ist für die Gen das OLG zust (BGH NJW **82**, 1464), das ggf auch nach höchstrichterl Klärg wichtiger AusleggsProbl genehmigen k (Düss FamRZ **84**, 1115). In der RevInst entsch wiederum das FamG (BGH aaO).

c) Vollzug der nach I 1 getroffenen **Vereinbarung** je nach deren Inh gem § 1587 b, VAHRG 1 ff, wobei **20** § 1587 o I 2 nicht entg steht, weil das Splitting bzw Quasi-Splitting dch das FamG geschieht (vgl AG Düss dafür vorgesehenen Form, Mehrzahlg von Unterh usw od iR der übr VermAuseinandS. Die gen Vereinbg stellt iFv ZPO 794 I Z 1 od 5 einen ZwVollstrTitel dar od ist AnsprGrdLage für eine entspr LeistgsKl. Ist der AusglSchu aGrd einer Vereinbg verpfl, dch Zahlg zG des ausglberecht Eheg Anwartsch in der ges RentVers zu begründen, so wird der dafür erfdl Betr vom RPfleger errechnet u gesond festgesetzt (FGG 53 e). Damit ist dann ein vollstrfäh Titel vorhanden (BT-Drucks 7/4361 S 72; Rolland Rn 40). Zu Einzelh des Vollzugs vgl Rn 21.

5) Rechtsfolgen. An Parteivereinbgen über den VA, die formgült geschl u vom FamG genehmigt w **21** sind, ist aGrd v FGG 53 d das FamG u, sobald die Ehe rechtskr gesch ist, auch der VersorggsTräger gebunden. Keine Dchführg des VA also, wenn die Eheg für ungeklärte FehlZten in der ges RentVers den schuldrechtl VA vereinb h (Ffm FamRZ **87**, 494). Keine Bindg dagg, wenn die Vereinbg einen absolut unzul Inh h, zB bei einem vom FamG nicht beachteten Verstoß gg I 2, und ist aGrd von §§ 134, 138, 142 I od § 139 (zB iVm § 1378 III 2; BGH FamRZ **91**, 681) nichtig. Letztere Einschränkg ist erforderl, weil der FamRi idR Manipulationen zu Lasten der SolidarGemsch der in den gesetzl RentenVers Versicherten u der öff-rechtl Dienstherren nicht zuverläss erkennen kann (vgl BT-Drucks 7/4361 S 48). Eine nichtige Vereinbg wird also dch die fam-gerichtl Gen nicht wirks (BGH NJW **91**, 1743). Das VA-Verf ist in diesem Fall fortzusetzen (BGH FamRZ **91**, 681). Bei Fehlen einer Klausel, daß sich der Ausgleichsverpflichtete der sof ZwVollstr unterwirft (ZPO 794 I) muß aus der Vereinbg geklagt w, falls sich der Verpflichtete weigert, den Ausgl auf die versprochene Art vorzunehmen. Begründet die Vereinbg die Verpfl zur Zahlg v Beitr zur gesetzl RentVers (§ 1587 b III), so ist der hierfür erforderl Betr dch das FamG festzusetzen (FGG 53 e II). Dabei ist der Träger der gesetzl RentVers, an den die Zahlg zu leisten ist, zu bezeichnen (FGG 53 e II 2 iVm I). Ändern sich die Berechnungsgrößen, so wird der zu leistde Betr auf Antr neu festgesetzt (FGG 53 e III analog). Werden bei Abschl der Vereinbg strittige RFragen später dch höchstrichterl Entscheidgen geklärt, weder Anfechtg noch Berufg auf Wegf der **Geschäftsgrundlage** (BGH NJW **87**, 1770); and aber für vor Inkrafttr des HRG übernommene ZahlgsVerpfl (Schlesw FamRZ **86**, 70: ZPO 767). Die Gen kann v jedem Eheg, nicht dagg vom VersorggsTräger (Kln FamRZ **88**, 182), incidenter mit der **Beschwerde** gg die Feststellg des FamG, aGrd der Vereinbg finde ein VA nicht statt, angegriffen w (Düss FamRZ **81**, 804; Stgt FamRZ **82**, 1079), aber nicht mehr nach Rechtskr des ScheidgsUrt (Ffm FamRZ **83**, 610), ihre Verweigerg dagg nur dch Beschw gg das den VA enthaltende VerbundUrt (BGH NJW **82**, 1463), nicht dagg selbständ (FGG 53 d S 2). Erhöhg od Vermindg der Versorggsbezüge richtet sich auch dann n **BeamtVG** 57 II, wenn dch die getroff Vereinbg der VA der Höhe nach begrenzt w sollte (BVerwG

NJW **87**, 1566). Gg ZahlgAnspr aus VA-Vereinbgen findet grdsl keine **Aufrechnung** statt (vgl Mü FamRZ **93**, 814). **Haftung:** Einf 15 v § 1587. Kreditkosten zur Finanzierg der Vereinbg können **steuerlich** WerbgsKo sein (BFH NJW **94**, 2567).

5. Schutz des Versorgungsschuldners

1587 p *Leistung an den bisherigen Renteninhaber.* Sind durch die rechtskräftige Entscheidung des Familiengerichts Rentenanwartschaften in einer gesetzlichen Rentenversicherung auf den berechtigten Ehegatten übertragen worden, so muß dieser eine Leistung an den verpflichteten Ehegatten gegen sich gelten lassen, die der Schuldner der Versorgung bis zum Ablauf des Monats an den verpflichteten Ehegatten bewirkt, der dem Monat folgt, in dem ihm die Entscheidung zugestellt worden ist.

1   **Zweck:** In Anlehng an den unmittelb nur ggü priv LebVers anwendb § 407 **Schutz des Versicherungsträgers vor der Gefahr doppelter Leistung.** Um möglichen, sachl nicht gerechtfertigten Benachteiliggen der Träger der gesetzl RentenVers zuvorzukommen, soll der RentenVersTräger mit befreiender Wirkg an den bisher Gläub der Rentenleistg zahlen dürfen, bis er dch Zustellg der Entsch von dem Übergang des Rechts od der Anwartsch Kenntn erlangt hat, wobei der SchuldnSchutz mRücks auf die Verwendg elektronischer Datenverarbeitungsanlagen einen Mindestspielraum von 1 Mo eine HöchstZt von fast 2 Mo nach Zustellg der Entsch eingeräumt erhalten hat (BT-Drucks 7/4361 S 50). Ein solcher Schutz ist nur noch beschrkt erfdl, nachdem die VersTr Beteiligte des VersorggsAusglVerf geworden sind. Iü kommt es nicht unbedingt auf die Rechtskr, sond iHinbl auf ZPO 629d auf die Wirksamk der Entsch über den VersorggsAusgl an (Bergner SGb **78**, 141). Da eine Verpfl der FamG, dem RentVersTr vom Eintr der RKraft Mitteilg zu machen, nicht besteht (Pillhofer FamRZ **83**, 390), kann es nicht auf den Ztpkt einer solchen Mitteilg ankommen (so aber BSG FamRZ **83**, 389). Der Kenntn vom Eintr der RKr steht aber das Kennenmüsen gleich (BSG FamRZ **83**, 699). Sind bereits beide Eheg Rentn, muß der ausglberecht Eheg eine ungekürzte RentZahlg an den ausglpflicht Eheg bis zum Ablauf des der Mitteilg (richtig: KenntnVermutg) folgenden Mo gg sich gelten lassen (BSG FamRZ **83**, 389); auch bei unzul Rechtsm zum BGH soll die SchutzFr in einem solchen Fall erst mit dem Eingang der RKrMitteilg des FamG beim VersTr beginnen (BSG FamRZ **85**, 595). Spätestens 2 Mo nach Kennenmüssen des VersorggsTr ist also dessen Schutz zu Ende (Baltzer/Joedt SGb **82**, 417). Unberührt bleiben Anspr des AusglBerecht gg den AusglPfl aus §§ 812, 407 analog (Hamm FamRZ **90**, 528). Die innerh der SchutzFr des § 1587p gezahlten Betr sind in den GrenzBetr v VAHRG 4 II einzurechn (dort Rn 8; Anh III zu § 1587b).

Achter Titel. Kirchliche Verpflichtungen

1588 Die kirchlichen Verpflichtungen in Ansehung der Ehe werden durch die Vorschriften dieses Abschnitts nicht berührt.

1   Das BGB behandelt nur die bürgerl Ehe, vgl Überschrift des 1. Abschnitts vor § 1297. Die kirchl Verpflichtgen der Kirchenangehörigen bestimmen sich nach den innerkirchl Gesetzen u Ordngn. Die Versagg von RegreßAnspr eines Ki gg einen Mönchsorden bei mangelnder Leistgfgk des Vaters (BVerfG NJW **92**, 2471 = FamRZ **92**, 531) ist zweifelh.

Zweiter Abschnitt. Verwandtschaft

Überblick

1   **1) Inhalt und Systematik des 2. Abschnitts:** Der 1. Titel enthält die allg Vorschr zur **Verwandtschaft.** In Ausführg des VerfassgsAuftr (GG 6 V) ist der den nehel Kindern gewidmete früh 6. Titel im 2. Titel aufgegangen, welcher nunmehr sowohl die ehel (§§ 1591–1600) als auch die nehel **Abstammung** (§§ 1600a–o) enthält; ebso wie der 3. Titel über die **Unterhaltspflicht** neben den allg Vorschr der §§ 1601– 1615 die Besonderheiten für das nehel Kind u seine Mutter (§§ 1615a–o) enthält; der 4. Titel regelt gleichfalls das **allgemeine Rechtsverhältnis zwischen Eltern und Kind** gleichgült, ob ehel od nehel (§§ 1616–1625); der 5. und 6. Titel enthalten die **elterliche Sorge** für ehel (§§ 1626–1698b) u nehel Kinder (§§ 1705–1711) u der 7. Titel deren **Legitimation** (§§ 1719–1740g); der 8. Titel schließl die **Annahme als Kind** (§§ 1741–1772). Zur **UNO-Kinder-Konvention:** Stöcker FamRZ **92**, 245 u 253 (Text). – **Reform:** Schwenzer FamRZ **92**, 121 sowie GA A z 59. DJT 1992: Die Unterscheidg zw ehel u nehel Abstammg soll aufgegeben w (vgl dazu auch BVerfG NJW **92**, 1747).

2   **2) Verwandtschaft** iS des BGB geht über die dch Blutsbande vermittelte hinaus u umfaßt: **a)** die auf Abstammung beruhende genet od **Blutsverwandtschaft** (Lit: Frank FamRZ **92**, 1365), einschließl der nehel (§ 1589; EheG 4 Rn 3; zum Begr des Abkömml: § 1606 Rn 8. **b)** die **Schwägerschaft** als Verwandtsch inf Eheschließg (§ 1590); **c)** die auf Dekret beruhende **Annahme als Kind** (§§ 1741 ff). Das BGB kennt dagg nicht die auf Taufe u Patensch beruhende geistl Verwandtsch u macht auch keinen Unterschied zw Verwandtsch aus dem Mannes- od Frauenstamm. Weitergehd ist der Begr der **Angehörigen;** hierzu gehören auch der Eheg u Verlobte (vgl §§ 530, 1969), nicht dagg der Partner einer nehel

LebGemsch (Einf 27 v § 1353). Zum R des **Stiefkindes:** Conradi FamRZ **80**, 103; Horstmann (Hrsg), 3 StiefFam/ZweitFam, 1994; vgl iü § 1371 Rn 7; § 1632 Rn 13; § 1741 Rn 10.

3) Sprachgebrauch des BGB: Wg **Verwandtschaft** Rn 2. **Leibliche Verwandte** (§ 1764 III) sind die in 4 § 1589 Genannten. **Abkömmlinge** (§§ 1483 ff, 1924 ff) sind sämtl Verwandte absteigender Linie. **Kinder** sind die Abkömml 1. Grades, ehel wie nehel. Iü werden die Begr **Eltern**, GroßElt usw im allg übl Sinne gebraucht. **Geschwister** sind ohne Unterschied die vollbürtigen u halbbürt (1 gemeins EltT).

4) Verwendung der Begriffe außerhalb des BGB: Gem EG 51 in GVG, ZPO, StPO, KO, AnfG; 5 ferner in den nach dem BGB in Kr getretenen Ges, zB FGG, JWG, WehrPflG (BVerwG NJW **63**, 314), auch in den LandesGes, desgl in der HöfeO. Vgl auch StGB 11 I Z 1. Bei früh Ges evtl Auslegg (RGSt **60**, 246), ebso bei rechtsgeschäftl Erklärgen (KG OLG **4**, 135; Warn **15**, 121).

5) Rechtliche Bedeutung der Verwandtschaft für UnterhPfl (§§ 1601 ff), RechtsVerh zw Eltern u 6 Kindern (§§ 1616 ff), ErbR (§§ 1924 ff) u PflichttR (§§ 2303 ff), Berufg zum Vormd (§§ 1776, 1899, 1900), Auswahl als Vormd (§ 1779 II 3), Anhörg von Verwandten bei gewissen Gelegenheiten (§§ 1695 I, 1847, 1862 I 2, 1847, 1915), anderers Ausschließg der Vertretgsmacht des gesetzl Vertreters bei RGeschäften des Kindes od Mündels mit seinen Verwandten (§§ 1629 II 1, 1795), Ausschließg von der Mitwirkg als Richter, Notar, UrkBeamter (zB BeurkG 3 I Z 3, 6 Z 3 und 4, 7 Z 3, ZPO 41 Z 3, StPO 22 Z 3), desgl in vielen and Gesetzen. Die nächste Verwandtsch begründet ein Eheverbot (EheG 4, 21).

6) Klage auf Feststellung des Verwandtschaftsverhältnisses iRv ZPO 256 mögl; fällt nicht unter 7 ZPO 640 ff, es sei denn es geht um die Abstammung (Einf 5 v § 1591; § 1593 Rn 8, 9). Kl auf Feststellg des Nichtbestehens eines Elt-Kind-Verhältn darf nicht wg fehlden RSchutzInteresses abgewiesen w (BGH NJW **73**, 51).

7) Übergangsrechtlich bestimmt sich die Verwandtsch seit dem 1. 1. 00 nach BGB (BayObLG **1**, 583) 8 sowie seit dem 1. 7. 70 nach Art 12 § 1 NEhelG (vgl 41. Aufl). Soweit es für RVerhältnisse, die sich nach dem vor dem NEhelG gelten R bestimmen, darauf ankommt, unter welchen Vorauss ein Mann als Vater anzusehen ist, beurteilt sich die Vatersch ebenf nach den §§ 1600a ff (Art 12 § 2 NEhelG). Vgl 41. Aufl Vorb 2 v § 1600a. Für die Feststellg der Vatersch nach neuem R hat ein vor dem 1. 7. 70 ergangenes (abweisdes) GiltvaterschUrt keine Wirkg (Oldbg DAVorm **76**, 494). Eine vor Inkrafttr des NEhelG erfolgte VaterschAnerk od vollstreckb UnterhVerpfl begründet dagg ebso wie eine rechtskr Verurteilg zur Unterh-Zahlg (vgl §§ 1708, 1718 aF) die VaterschFeststellg auch iS des neuen R; allerd kann die Vatersch dch Kl od FeststellgsAntr angefochten w (Art 12 § 3 NEhelG). Vgl dazu 41. Aufl Anh zu § 1600o.

8) IPR EGBGB 19–21. **Interlokales Privatrecht** EG 19 Rn 17. **Übergangsrecht DDR** EG 234 § 7. 9

Erster Titel. Allgemeine Vorschriften

1589 ***Verwandtschaft.*** **Personen, deren eine von der anderen abstammt, sind in gerader Linie verwandt. Personen, die nicht in gerader Linie verwandt sind, aber von derselben dritten Person abstammen, sind in der Seitenlinie verwandt. Der Grad der Verwandtschaft bestimmt sich nach der Zahl der sie vermittelnden Geburten.**

1) Wg des Begr der Verwandtsch vgl Übbl 2, des Geltgsgebiets Übbl 5 v § 1589. Die Vorschr behandelt 1 nur die Verwandtsch ieS, die in der Abstammg (Einf 1 v § 1591), also dem Blutsband, ihren Grd hat.

2) Verwandtschaft in gerader und in Seitenlinie; Gradesnähe, I. In gerader Linie sind Pers miteinand 2 verwandt, deren eine von der and abstammt, in der Seitenlinie sind, die nicht in gerader Linie verwandt sind, aber von derselben Pers abstammen, zB Geschwister. Das gilt für die ehel wie nehel Pers, da auch die nehel Geburt Verwandtsch vermittelt. Ehelich sind auch durch nachfolgende Ehe legitimierte Kinder § 1719, u Kinder aus nichtigen Ehen, § 1591. Die Nähe der Verwandtsch wird durch die Zahl der sie vermittelnden Geburten bestimmt, **S 3**, die also bei Verwandtsch in der Seitenlinie über den gemschftl StammEltTeil hinweg gezählt w muß, wobei ledigl dessen Geburt nicht mitgezählt w (Soerg/Gaul 4). Demgemäß sind die Eltern mit den Kindern im 1., die Enkel mit den Großeltern im 2. Grad in gerader Linie, ehel u nehel Geschw im 2. Grad in der Seitenlinie, Geschwisterkinder im 4. Grad in der Seitenlinie verwandt. Die Verwandtsch entsteht stets erst durch die Geburt, die Leibesfrucht hat keine Verwandtsch; sie endet v G wg etwa dch Ann als Kind (§§ 1755, 1756).

3) Verwandtschaft des nichtehelichen Kindes. Einf vor § 1705. Nach Wegfall des bish II gilt der bish I 3 (jetzt § 1589) auch für das nehel Kind, ergibt also die rechtl Verwandtsch zw dem nehel Kind u seinem Vater sowie deren Verwandten, vgl Art 12 § 1 NEhelG (Übbl 8). Mehrere nehel Kinder ders Mutter u desselben Erzeugers sind vollbürt (fr nur halbbürt) Geschwister. W das nehel Kind auf Antr des Vaters für ehel erkl, § 1723, so erstrecken sich nunmehr diese Wirkgen auch auf die Verwandten des Vaters, da § 1737 weggefallen.

1590 ***Schwägerschaft.*** **[1]Die Verwandten eines Ehegatten sind mit dem anderen Ehegatten verschwägert. Die Linie und der Grad der Schwägerschaft bestimmen sich nach der Linie und dem Grade der sie vermittelnden Verwandtschaft.**

[2]Die Schwägerschaft dauert fort, auch wenn die Ehe, durch die sie begründet wurde, aufgelöst ist.

1   **1) Schwägerschaft, I.** Ein Eheg ist mit den Verwandten des and verschwägert, dh also mit seinen Schwiegereltern (aufsteigende Linie), den Kindern des and Eheg (Stiefkinder, absteigende Linie) u den in der Seitenlinie mit seinem Eheg Verwandten (§ 1589 Rn 2). Dch die Aufhebg von § 1589 II besteht also auch eine Schwägersch des nehel Kindes u seiner Verwandten mit der Ehefr seines Vaters sowie der Ehefr des nehel Kindes zu dessen Vater u seinen Verwandten. Hingg **keine Schwägerschaft** zw den Eheg selbst, den Verwandten eines Eheg mit den Verwandten des anderen, den Verschwägerten eines Eheg mit dem and Eheg, dem Eheg des Annehmden mit dem Angenommenen, wohl aber iGgsatz zu § 1763 aF zw dem Eheg des Kindes mit dem Annehmden, § 1754. Voraussetzg der Schwägerschaft ist eine gültige Ehe; desh auch keine Schwägersch aGrd eines Verlöbn, einer Nichtehe (EheG 11 Rn 11–15), einer für nichtig erkl Ehe; sol die Nichtigk auf NichtigkKlage nicht ausgesprochen ist, wird Ehe u damit Schwägersch als bestehd angesehen (RGSt **41**, 113). Der Eheg ist mit den Verwandten des and Eheg in dem **Grade** verschwägert, wie dieser mit ihnen verwandt ist.

2   **2) Dauer der Schwägerschaft, II:** Die Auflösg der Ehe, vgl auch EheG 4, beendet die Schwägersch nicht, die durch die Ehe begründet wurde. Hingg kann eine Schwägersch nach Auflösg der Ehe nicht mehr entstehen; mithin ist der erste Ehem nicht mit den Kindern seiner früh Frau aus 2. Ehe verschwägert.

Zweiter Titel. Abstammung

Einführung

1   **1) Inhalt.** Der 2. Titel behandelt die Abstammg, worunter das G nicht die Herkunft aus der Vorfahrenreihe, sond enger diej von des Elt, also das Kind-Elt-Verhältn, versteht. Danach wird zw ehel (§§ 1591 ff) u nehel Abstammg (§§ 1600 a ff) unterschieden. Währd das BGB urspr (im 6. Titel, §§ 1705 ff aF) die rechtl Stellg der unehel Kinder zusfaßte, systematisiert das NEhelG (Überbl 1 v § 1589) in der Weise, daß Abstammg, Unterh, Name u ErbR des nehel jew im Anschl an die entspr Verhältn des ehel Kindes geregelt w. So geschieht es auch bei der Abstammg (vgl §§ 1591 ff, 1600 a ff). Dch die Abstammg wird der **Personenstand** vermittelt, dh die Zugehörig zu einer best Fam. Die dafür maßgebden Umst (Geburt, Heirat, Tod, Adoption, Legitimation, Scheidg) u die damit zushängden Umst (Staatsangehörig) werden urkdsmäß dch das PStG geregelt. Ein **Recht auf Kenntnis der eigenen Abstammung** ist gesetzl nicht ausdrückl gere-
2 gelt, spielt aber in versch Bereichen eine Rolle (vgl § 1591 Rn 6–8; § 1758; LSG Hess NJW **89**, 2710) u ist grdsl aus GG 1 u 2 anzuerkennen (Kleineke, Das R auf Kenntn der eig Abstammg, Diss Gött 1976; Mansees NJW **88**, 2984; Hassenstein FamRZ **88**, 120; Oberloskamp FuR **91**, 263; Gaul, in: Fam in Geschichte u Ggwart, Symp. f FW Bosch 1982; aA Gottwald FS Hubmann 1985, S 111; Deichfuß NJW **88**, 113; Koch FamRZ **90**, 569). Entspr hat das nehel Ki gg seine Mutter, deren Intimsphäre insow zurücktreten muß (BVerwG NJW **83**, 2954), einen höchstpersönl **Auskunftsanspruch** auf Benenng des leibl Vaters (BVerfG 1. Ka NJW **88**, 3010; Starck JZ **89**, 177; Lorenz JuS **95**, 571; einschrkd Hamm FamRZ **91**, 1229 u LG Saarbr DAV **91**, 338: Interessenabwägg); nach and ist AnsprGrdl § 1618 a (LG Duisbg DAV **92**, 1129; MüKo/Hinz 4; Staud/Coester 21 zu § 1618 a; aA AG Schwetzingen DAV **92**, 88). Auch zur Vorbereitg v Erb- bzw ErbersatzAnspr (LG Saarbr NJW-RR **91**, 1479). Zum Verlust v UnterhVorsch: Einf 28 v § 1601. Ggf Anspr auf Benenng v mehreren Männern (LG Münst FamRZ **90**, 1031). Desh wohl kaum Vertretg dch das JA (Zweibr NJW **90**, 719; Staud/Coester § 1618 a Rn 31; and LG Essen FamRZ **94**, 1347: kein Anspr des Ki bei Kl des JA aus monetären GesPkten; grdsl aA auch AG Gemünden FamRZ **90**, 200). Keine KindschSache (Saarbr NJW-RR **91**, 643). Vgl ü § 1707 Rn 3. Die BewLast dafür, daß die Mu den Namen kennt, liegt beim AuskKl (Kln FamRZ **94**, 1197). Beim scheinehel Ki (§ 1593 Rn 1) Feststellg der außerehel Abstammg (Düss NJW **90**, 1244; § 1600 n Rn 3) erst nach EhelkAnf. Dagg kein AuskAnspr iF der Legitimation dch nachflgde Eheschl (Oldbg FamRZ **92**, 351). Der **Scheinvater** hat dagg einen Anspr gg die KiMutter auf Benenng des Erzeugers iRv § 1600 a S 2 zur Durchsetzg seines Anspr aus § 1615 b (AG Philippsbg DAV **88**, 426; LG Bn MDR **93**, 655; sa LG Kiel FamRZ **93**, 115; aA LG Paderborn NJW-RR **92**, 966; LG Ansbach NJW-RR **93**, 135; Karst JuS **93**, 633; 52. Aufl; einschränkd Oldbg FamRZ **94**, 651: nur unter den Vorauss des § 826). BVerfG NJW **89**, 891 (= BGBl **89**, 253) hat die Regelg der §§ 1593, 1598 iVm § 1596 insow als mit dem GG für unvereinb erkl, als auch dem vollj Ki die gerichtl Klärg seiner Abstammg ausnlos (also selbst bei Einverständn der Elt od nach Aufwachsen in einer PflegeFam) verwehrt ist (Lit: Enders NJW **89**, 881; Ramm NJW **89**, 1594; Starck JZ **89**, 338; Coester-Waltjen Jura **89**, 520; Münder RdJ **89**, 456). VorlBeschl hins des Laufs der AnfFr unabh von der Kenntn des Ki: FamRZ **93**, 653 = FuR **93**, 115. Zum SchadErs bei **fehlgeschlagener Familienplanung** ggü dem Arzt: BGH NJW **80**, 1450; **84**, 2625; Düss NJW **95**, 788 Sterilisation; Harrer FuR **90**, 206; nach mißglücktem SchwangerschAbbruch aus Notlagenindikation: BGH NJW **95**, 1609. Zum
3 **Schutz des ungeborenen Lebens:** BVerfG FamRZ **93**, 899. Zum **Internationalen Privatrecht** EG 19, 20. Zur Anerk **ausländischer Urteile** vgl LG Hbg FamRZ **93**, 980. **Reform:** Einl 6 v § 1297.

4   **2) Verfahrensrechtliches. a)** Der **Beweis für die Abstammung** wie auch über die Eheschl der Elt wird bei ordngsgemäßer Führg des Geburts- u des FamBuches (PStG 60) sowie dch die begl Abschr aus diesem, ferner dch standesamtl Urk (PStG 66) erbracht; jedoch ist der Nachw der Unrichtigk der beurkundeten Tatsache zul. Die Geburt eines Kindes ist dem Standesbeamten, in dessen Bez es geboren ist, binnen 1 Wo anzuzeigen (PStG 16). Um alle Geburten zu erfassen, ist die AnzeigePfl eingeh geregelt (PStG 17–19 a). Es erfolgt sodann Eintr im Geburtenbuch, u zwar wird eingetragen Vor- u FamName der Elt, deren Beruf, Wohnort sowie religiöses Bekenntn, Ort, Tag u Stde der Geburt, Geschlecht u Vorname des Kindes sowie der Vor- u FamName des Anzeigden nebst dessen Beruf u Wohnort (PStG 21). Bei Zwillings- u Mehrgeburten ist jede Geburt bes einzutragen, wobei die Eintragg auch die Zeitfolge der Geburten erkennen lassen müssen (PStG 23). An Randvermerken wird vom StBeamten die Anerkenng der Vatersch (PStG 29) eingetr sowie wenn die Abstammg od der Name des Kindes geändert w (PStG 30, 31 a), ferner die Legitimation des Kindes dch nachfolgde Heirat (PStG 31).

b) Die **prozessuale Feststellung** des Bestehens od Nichtbestehens eines Elt-Kind-Verhältn zw den Part, 5 vor allem iR der Anfechtg der Ehelichk u der Feststellg der Vatersch, aber auch der Feststellg der Wirksamk einer Anerkenng der Vatersch u deren Anfechtg sind – im Ggs zur AuskKl gg die Mu iS v Rn 2 (Düss DAV **91**, 944). Zur isolierten AbstammgsFeststellgKl: Frank GedächtnSchr Arens 1993. – **Kindschaftssachen** (KindschProz); sie unterliegen verfrechtl bes Bestimmgen: ZPO 640–641k. Zust ist das **AG** (GVG 23a Z 1); Berufg zum **OLG** (GVG 119 Z 1), u zwar auch dann, wenn das AG in einem Urt zugl über die Feststellg der Abstammg u die Leistg von Unterh entschieden hat (BGH NJW **73**, 849) od wenn im Verf gem ZPO 643 isoliert gg die Verurteilg zur Leistg des RegelUnterh Berufg eingelegt w (BGH FamRZ **74**, 249; Düss NJW **81**, 2476). Zum StreitW einer solchen Klagenverbindg (KG NJW **73**, 1050. Zustdgk des VormschG: FGG 43, 36. Im **Ehelichkeitsanfechtungsprozeß** (§§ 1593ff) klagen der Eheg der KiMutter gg das Ki (§ 1594), die Elt des Ehem (§ 1595a) od das Ki selbst (§ 1596). Zur Schlüssigk der Kl Mü FamRZ **82**, 1239. Streithilfe dch einen Dr, der als Vater des Ki benannt w, ist zul (Celle FamRZ **76**, 158; Hamm FamRZ **80**, 392); der Dr kann auch gg ein der AnfKl stattgebdes Urt RMittel einlegen (BGH **76**, 299). Zur Beschw des obsiegden Kl BGH NJW **94**, 2696. **Kosten:** § 1615b Rn 3. Im **Vaterschaftsprozeß** (§ 1600a, 1600n) klagt das nehel Ki auf Feststellg der Vatersch gg einen best Mann; dieser kann aber auch seiners negat AbstammgsKl erheben, wogg die pos FeststellgsWiderKl des Ki zul ist (Hbg DAV **75**, 231). Im Verf gem § 1600n wird das Ki dch einen AmtsPfl vertreten; die elterl Sorge der Mutter ruht (§ 1630), so daß sie im Proz nicht als gesetzl Vertr, sond als Zeugin zu vernehmen ist (KG DAV **77**, 174). An der Feststellg der Vatersch besteht ein RSchutzinteresse auch dann, wenn das nehel Ki inzw adoptiert ist (Celle DAV **80**, 940). **Haftung** des Anw: Hamm FamRZ **95**, 245 (KlAbweisg).

Im AbstammgsProz gilt der **Untersuchungsgrundsatz** (ZPO 640ff). Zum VaterschBew Rn 9ff. Entspr 6 dem AmtsermittlgsPrinzip sind BlutGrGA auch bei übereinstimmder Aussage der Beteil einzuholen (Schlesw DAV **82**, 350). Nach **§ 372a ZPO** (Frank FamRZ **95**, 975) besteht die verfrechtl zul (BVerfG JZ **56**, 406) Möglk der Vornahme einer Blut- bzw erbkundl **Untersuchung auch gegen den Willen** des Untersuchten; auch bei Gefahr einer Strafverfolg wg Inzests (Hamm NJW **93**, 474) u bei Zeugen Jehovas (Düss FamRZ **87**, 51); ggf aller Männer einer WohnGemsch nebst KiMutter (KG FamRZ **87**, 294). Zul auch eine 2. Blutprobe (Hbg DAV **87**, 359 mA Künkel). Urt in KindschSachen wirken **für und gegen alle** (vgl 7 § 1593 Rn 6; § 1600a Rn 8). Bei neuem GA **Restitutionsklage** gem ZPO 641i (BGH FamRZ **80**, 880; 8 Braun FamRZ **89**, 1129). Sie setzt voraus, daß spätestens bis zum Schluß der letzten mdl Verh vor dem Tatrichter (BGH NJW **82**, 2128) ein **neues Abstammungsgutachten** vorgelegt w. Zu den Anfordergen BGH DAV **89**, 697; ausr, wenn aGrd des GA evtl iVm den früh Bew (Mü DAV **81**, 140) möglw eine and Entsch ergangen wäre (BGH DAV **80**, 741). Hierf kommen nicht nur BlutGr- od erbbiolog GA in Betr; auch ein auf die bish ProzAkten gestütztes TragZtGA (BGH FamRZ **89**, 374) od auch ein Zeuggsunfähigk-GA reichen aus (BGH NJW **84**, 2630).

3) Abstammungs- oder Vaterschaftsbeweis. Währd die Pers der Mutter in aller Regel feststeht (zu 9 einem Fall der KiUnterschiebg BayObLG DAVorm **79**, 50), spielt die Feststellg der Vatersch in der Praxis eine große Rolle. Bei einem in eine bestehde Ehe hineingeborenen Kind, das allein aGrd dieser Tats als ehel angesehen w (§ 1591 I 1), wird die Nichtabstammg dch sog EhelichkAnfechtgsKl geltd gemacht (§ 1593); ihr Erfolg hängt v dem Nachw ab, daß es den Umst nach offenb unmögl ist, daß die Frau das Kind v dem Manne empfangen h (§ 1591 I 2). Beim nehel (also außerh einer gült Ehe geborenen) Kind geht es umgek um die Suche nach dem Vater. Sofern die Vatersch nicht anerkannt w (§§ 1600a–1600m), ist sie gerichtl festzustellen (§§ 1600a, 1600n), u zwar ggü dem Manne, der das Kind gezeugt hat (§ 1600 I). In beiden Verf, also bei der EhelkAnfechtg wie bei der gerichtl Feststellg der Vatersch, tauchen unabh v der Verschiedenh der ProzZiele dieselben BewAufgaben auf: beim **positiven Vaterschaftsbeweis** wird ein best Mann als Erzeuger des Ki nachgewiesen, währd beim **negativen Vaterschaftsbeweis** ein best Mann als Vater ausgeschl w. Logisch würde vorweg zu klären sein, ob die Mutter mit dem EvtlVater geschlechtl verkehrt hat (§§ 1591 Rn 4; 1600n Rn 11), woran sich der eigtl VaterschBew anschließt, näml der Nachw, daß das Ki aus dieser Beiwohng stammt. Er ist nur mit Hilfe entspr Sachverst anhand best **Begutachtungsmethoden** 10 (Rn 11–17) mit unterschiedl BewWert (Rn 18) zu führen. **Richtlinien** der ArbGemsch der Sachverst für AbstammgsGA: DAV **94**, 21 = Ritter FamRZ **94**, 872 (Stand: 26. 11. 93); vgl dazu Mutschler FamRZ **95**, 842. Vgl ferner Martin/Kramer DAV **94**, 11. **Gutachterverzeichnisse:** DAV **94**, 181. Private AbstammgsGA: Reichelt ua FamRZ **95**, 777.

a) Tragezeitgutachten ziehen Schlüsse aus der Verbindg von SchwangerschDauer u den ReifeMerkm 11 des Ki. Ungeeign für den pos VaterschNachw. Dagg läßt sich bei ungewöhnl kurzen od langen TrageZten die Vatersch (eines zB währd best Mo abwesden Mannes) ausschließen bzw die Vatersch eines Mannes für wahrscheinlicher als die eines und erkl machen. Einzelh: § 1592 Rn 1.

b) Blutgruppenuntersuchungen (Richtlinien des BGA: DAV **91**, 175; Lit: Hummel ZfJ **89**, 80; Bonte/ 12 Huckenbeck DAV **89**, 817) beruhen auf der Vererblichk von Bluteigensch, die serolog klassifizierb u unveränderb sind. Das BlGrGA ermögl den negat VaterschBew, wenn die als Vater bezeichnete Pers nicht über die erfdl (dh die auch bei der Mutter nicht vorhandenen) BlutMerkm verfügt. „Stumme Gene“, dh nur verdeckt vorhandene Anlagen, lassen sich dch Einbeziehg u Verwandter aufdecken (AG Duisbg DAV **88**, 192; Pulverer DAV **77**, 424).

c) Beim **erbkundlichen Gutachten** wird die Blutsverwandtsch dch charakterist deskriptive Merkm (wie 13 Formg von Kopf, Gesicht u Wirbelsäule, Pigmentierg, aber auch Schmeckfähigk), die vererbb sind, nachgewiesen. Der BewWert dieses Verf hängt naturgem vor der Stärke der Mutter-Ki-Ähnlk ab (Kblz DAV **75**, 227; Keiter NJW **65**, 1995). Im früh KiAlter unsicher; ausgeschl bei Mongoloiden (DAV **76**, 400). Ggü HLA- u DNS-GA braucht es wg seiner geringf AussageKr nicht eingeholt zu w (Hbg DAV **92**, 521).

d) Die GAen Rn 11–13 lassen sich jew ergänzen dch **statistische Aussagen** darüber, mit welcher Wahr- 14 scheinlk angesichts des BewBefundes eine Pers als Vater bejaht od ausgeschl w kann (Hummel DAV **83**, 829). **aa)** Zur serolog **Zweistufen-Begutachtung:** Rittner NJW **74**, 590. **bb)** Auch erbbiolog GA können 15/16 dch statist Methoden ergänzt w (Kln NJW **68**, 202).

17   **e) DNA-Analyse** (Lit: A. Reichelt, Verf, Zulässig u Auswirkgen der DNA-Technologie, 1992; Simon MDR **91**, 5; Böhm ua FamRZ **92**, 275 ff sowie DAV **92**, 907 u **93**, 697 Multilocus-Sonden; Brinkmann DAV **94**, 110) enth statist Aussagen, die eine Würdigg aller BegleitUmst nicht überflüss macht (vgl BGH NJW **92**, 2976). Richtlinien des BuGesundhA: DAV **93**, 689 m Stellgnahme v Krawczak/Schmidtke. Sie ermögl den pos VaterschNachw (Rn 9). Serolog gewonnene Ergebn lassen sich verstärken (Celle NJW **90**, 2942) sowie Mutationen u dadch vorgetäuschte VaterschAusschl aufdecken (BGH NJW **91**, 749). Neumutation ist ausgeschl bei 6fachem DNA-Ausschl (Hamm DAV **94**, 109). Trotz hoher Genauigk (vgl AG Betzdorf u Karlsr FamRZ **90**, 907 u 1145) u wesentl geringeren Kosten ggü den herkömml AbstammgNachw-Methoden (DAV **91**, 477) bestehen gewisse Vorbehalte (vgl BGH NJW **91**, 751 mN; ferner Hummel NJW **90**, 753; Ritter FamRZ **91**, 648; Hummel/Mutschler NJW **91**, 2929; vgl ferner DAV **91**, 169, 172, 173 u 315), die allerd wiss-theoret zweifelh sind (Reichelt FamRZ **91**, 1265). Nach der Rspr besteht jedenf zZt keine generelle Verpfl des Ger, ein DNA-GA einzuholen (BGH NJW **91**, 2961 = FamRZ **91**, 426/28; Karlsr DAV **92**, 991); Ausn: § 1600o Rn 14. Zum DNA-GA in **Defizienzfällen** (Fälle mit verstorbenen EltT od Putativvater) vgl Rittner ua DAV **92**, 105; Bonte ua FamRZ **92**, 278. Eindeut Ergebn ermögl die DNA-An auch in den Prostitutionsfällen v § 1600o Rn 19 (Hbg DAV **92**, 968).

18   **f) Beweiskonkurrenzen. aa) Beweiswert** der versch GA-Methoden: § 1600o Rn 14. Widersprechde Ergebn mehrerer GA müssen ggeinand abgewogen w (BGH FamRZ **77**, 538). Im übr können die Resultate mehrerer GA iS eines AdditionsBew die VaterschWahrscheinl verstärken (BGH FamRZ **75**, 685). Zur Kombination der WahrscheinlkResultate serolog u anthropolog Befunde: Brem NJW **84**, 672; serolog u DNA: Celle NJW-RR **92**, 1218. Die biostatist GA haben, wenn sie aGrd absolut anerk Ausschlußtypen ergehen, Vorrang vor den and Methoden (Kln NJW **66**, 405). Zum BewWert des erbkundl GA: Rn 13; derj der DNA-Analyse Rn 17. **bb) Mehrere Gutachten.** Grdsl ist zunächst eine BlutGrUntersuch anzuordnen. Deren Ergebn hat bei Eindeutigk Vorrang vor den TragZtGA (Ffm DAV **76**, 29) u vor den erbkundl Befunden (BGH NJW **51**, 558; Stgt NJW **74**, 1482; Kln DAV **75**, 344), wesh letztere mehr den Charakter von HinwGA haben (Kln DAV **76**, 348) u überh nur einzuholen sind, wenn alle and Möglkten ausgeschöpft sind (BGH FamRZ **56**, 150). Anderers können ggü unentschied WahrscheinlkWerten ÄhnlkGA den Ausschlag geben (BGH NJW **76**, 328); ebso bei Widerlegg der Auss von Zeugen (BGH FamRZ **61**, 306) od der KiMutter (BGH NJW **64**, 1179). Die Vatersch kann auch ausschl auf einen ZeugenBew gestützt w, wenn der Putativvater tot ist (AG Bonn DAV **80**, 300). **cc) Verzicht auf weitere GA:** Keine unzul Vorwegn der BewWürdigg, wenn das Ger bei hoher VaterschWahrscheinlk von der Untersuch weiterer Blutmerkmale (BGH FamRZ **75**, 682 u 683; Kblz DAV **80**, 100) od von der Einholg eines erbbiolog GA (Celle DAV **90**, 388) od einer DNA-Analyse (Hamm FamRZ **93**, 472: § 1600m) absieht (vgl § 1600o Rn 9). Zur Gleichwertigk von BlutGr- u DNA-Sachverständ beim Ausschl vgl BGH NJW **93**, 866 (zu StPO 244 IV).

I. Eheliche Abstammung

Vorbemerkung

1   **1)** Der Untertitel stellt die **Voraussetzungen der ehelichen Abstammung** auf (§ 1591) u gleichzeit die Vermutg, daß der Mann innerh der EmpfängnZt (§ 1592) der Fr beigewohnt hat (§ 1591 II 1). Das währd der Ehe geborene Kind wird also als ehel angesehen, falls nicht seine Ehelichk mit der Begründg angefochten wird, daß es den Umst nach offenb unmögl ist, daß die Fr das Ki von dem Manne empfangen hat. Die Anfechtg der Ehelichk kann der Mann (§ 1594), nach seinem Tode unter den Voraussetzgen des § 1595a seine Elt, unter denen des § 1596 I das Ki nach der Anfechtgskl (§ 1599) geltd machen. An deren Stelle tritt nach dem Tode des Ki u dem des Mannes (hier aber nur für das Kind) der Antr beim VormschG (§ 1599 II).

1591 *Ehelichkeitsvoraussetzungen; Vaterschaftsvermutung.* [I]**Ein Kind, das nach der Eheschließung geboren wird, ist ehelich, wenn die Frau es vor oder während der Ehe empfangen und der Mann innerhalb der Empfängniszeit der Frau beigewohnt hat; dies gilt auch, wenn die Ehe für nichtig erklärt wird. Das Kind ist nicht ehelich, wenn es den Umständen nach offenbar unmöglich ist, daß die Frau das Kind von dem Manne empfangen hat.**

[II]**Es wird vermutet, daß der Mann innerhalb der Empfängniszeit der Frau beigewohnt habe. Soweit die Empfängniszeit in die Zeit vor der Ehe fällt, gilt die Vermutung nur, wenn der Mann gestorben ist, ohne die Ehelichkeit des Kindes angefochten zu haben.**

1   **1)** Ein Kind, das währd der Ehe od innerh v 302 Tg nach ihrer Auflösg geboren ist, ist bis zur rechtskr Feststellg seiner NEhelichk ein eheliches (§ 1593). § 1591 gibt die Voraussetzgen im einz an u regelt die BewFragen. Bei Totgeburten gelten §§ 1591 ff nicht, so daß Ehem RegreßAnspr auch vorher EhelkAnfechtg hat (Gernhuber § 45 I 4 Anm 3). Die Regeln über die Ehelichk sind zwingd; NEhelichk kann also nur nach Anfechtg der Ehelk u rechtskr Feststellg, nicht dch Anerkenng aller Beteiligten geltd gemacht w (RG **2**   DJ **38**, 1317). Zum **Auskunftsanspruch:** Einf 2 v § 1591.

3   **2) Vaterschaftsvermutung** (Lit: Gaul FS Gernhuber 1993 S 619). – **a) Tatbestand. aa)** Beiwohng des Ehem innerh der EmpfängnZt (§ 1592), wofür nach II 1 ihrers eine Vermutg best (Rn 4). **bb)** Empfängn vor od währd der Ehe. **cc)** Geburt währd der Ehe od innerh von 302 Tg nach ihrer Auflösg. – **b) Rechtsfolge** ist die tats Vermutg der Kausalität zw diesen Umst u damit der Vatersch des Ehem, worauf sich der Status der ehel Abstammg gründet. – **c) Widerlegung** der Vermutg u damit der EhelichkVoraussetzg iR der ijF erforderl EhelichkAnfKl: **aa)** direkt dch neg AbstammgsBeweis (Einf 9 v § 1591) od **bb)** indirekt dch Widerlegg der Beiwohngsvermutg ggf ohne Einholg eines SachverstGA (AG Westerstede FamRZ **94**, 645).

3) Beiwohnung des Mannes innerh der Empfängniszeit wird vermutet, **II.** Zum Begr: § 1600 o Rn 6. Fällt **4** die Empfängniszeit, § 1592, in die Zeit vor der Ehe, so greift die Vermutg nicht durch, wenn der Mann anficht, II 2; ggü der Anfechtg muß also die Beiwohng vor der Ehe vom Kinde bewiesen werden; kann es diesen Beweis nicht führen, greift Anfechtg durch. Die Vermutg der Beiwohng gilt auch dann, wenn der Mann vor der Geburt des Ki gestorben ist (RG LZ **15**, 977). Ist der Mann für tot erkl, so wird die Vermutg der Beiwohng, II 1, durch die Vermutg, daß der Mann in dem im Beschl über die TodesErkl bezeichneten Zeitpkt verstorben ist, beseitigt (RG **60**, 199), lebt aber wieder auf, wenn er zurückkehrt. Vermutg kann durch einfachen Gegenbeweis, den der Anfechtende zu führen hat, dann also auch das Kind, § 1596, entkräftet w (Brüggemann FamRZ **64**, 342). Nachweis, daß der Mann nicht beigewohnt haben kann, also nicht erforderl (RG JW **21**, 26). Keine Entkräftg, wenn Eheg getrennt leb od ScheidgsVerf schwebt (ZPO 606 I, 620 Z 5); aber Umkehr der BewLast bei Getrenntleben denkbar (Warn **31**, 127). Bei künstl Befruchtg (Rn 7) muß statt der Beiwohng mit Hilfe der ärztl Unterlagen die Insemination bewiesen w (Beitzke/Lüderitz § 22 I 3).

4) Offenbare Unmöglichkeit, daß die Frau das Kind von dem Manne empfangen hat, I 2. Den **5** Umst nach offenbar unmögl ist es dann, wenn die Folgerg der Nichtehelichk derartig zwingd ist, daß die Annahme des Ggteils mit dem gesunden Menschenverstande unvereinbar ist, BGH **7**, 116 (zu der Ausdrucksweise der Anthropologen Harrasser NJW **50**, 564). Also zwar strenge Anfordergen an den Beweis zu stellen, doch dürfen diese nicht überspannt werden, so daß „große Wahrscheinlichk" genügt (RG **167**, 271). Nicht ausreichd sind Nachweis des Gebrauchs empfängnisverhütender Mittel, coitus interruptus, jahrelange Kinderlosigk bei dauerndem Geschlechtsverkehr, Warn **31**, 144, Getrenntleben, regelähnl Blutgen, Ähnlichk des Kindes mit einem dritten Mann, mit dem Frau währd der Empfängniszeit Geschlechtsverkehr hatte, vgl aber auch unten. Hingg kann offenbare Unmöglichk nachgewiesen werden durch Abwesenh währd der EmpfängnZt (§ 1592 Rn 1) oder Zeuggsunfähigk des Mannes, Schwangersch der Frau vor dem Geschlechtsverkehr mit dem Manne (Warn **13**, 373), durch den Reifegrad (vollständige Ausreifg erfordert 240 Tage) des Kindes (RG JW **10**, 477, Neust MDR **58**, 241, Gewicht im Verhältn zur Tragezeit), Zugehörigk zu einer anderen Rasse, Blutgruppenuntersuchg u erbbiolog Gutachten. Es sind alle BewMöglichkeiten des Für u Wider zu erschöpfen (Inquisitionsmaxime, ZPO 640, 616 I); vgl auch Teplitzky NJW **65**, 334, Schröder FamRZ **65**, 178, sowie Einf 9–18; sa BGH NJW **64**, 1184 (Ergänzg früheren Gutachtens aGrd neuerer Forschgsergebnisse). Vom Nachw offenbarer Unmöglk hängt auch die Zulässigk einer RestitutionsKl gg eine rechtskr EhelkAnfAbweisg ab (Kln FamRZ **81**, 195).

5) Fortpflanzungsmedizin (Lit: Laufs, FortpflanzungsMed u ArztR 1992; Coester-Waltjen FamRZ **92**, **6** 369; Beitzke/Lüderitz § 22 IV mN; Soerg/Gaul § 1591 Rn 28 ff; Kienle ZRP **95**, 201; zur Befruchtgs- u Gentechnologie: Coester-Waltjen FamRZ **84**, 230; PersStReg: Hohloch StAZ **86**, 153; Mansees, ErbR des Ki nach künstl Befr, 1991). Vertr zZw künstl Befr u Verschleierg der genet Zugehörigk sind nichtig (AG Essen FamRZ **92**, 936).

a) Künstliche Insemination, dh die außergeschlechtl Befruchtg der Eizelle mit dem Mannessamen ist **7** **aa)** eine **homologe,** wenn der Samen von dem Ehem der Frau stammt. Sie steht für die Anwendg von I 1 der Beiwohng gleich, wobei unerhebl ist, ob sie ohne od gar gg den Willen des Ehem (Soerg/Gaul 30) od sogar in strafb Weise postmortal stattfand (MüKo/Mutschler § 1589 Rn 5). Dagg wird die künstl Befruchtg iGgs zur Beiwohng nicht ihrs nach II 1 vermutet; ist also die BeiwohngsVermutg widerlegt, muß nachgewiesen w, daß eine künstl Insemination mit dem Samen des Ehem stattgefunden hat (vgl Rn 4). **bb)** Die **8** **heterologe Insemination** (Lit: Kienle ZRP **95**, 201), die mit dem Samen eines und als dem des Ehem erfolgt, läßt das Ki zunächst gem § 1591 ehel sein, berecht aber zur EhelichkAnfechtg; nach BGH **87**, 169 selbst dann, wenn der Ehem der Insemination zugest hat (vgl aber § 242 Rn 76; § 1593 Rn 11; zu den Konsequenzen Soerg/Gaul 34). Bis zur Dchführg der zur Schwangersch führden Insemination ist die Zust des Ehem seiner Ehefr ggü frei widerrufl (BGH NJW **95**, 2028 = FamRZ **95**, 861). Keine KostenÜbern in nehel LebensGem (VGH Mü NJW **93**, 3013; Einl 8 v § 1353). **Unterhalt:** Einf 14 v § 1601.

b) Ersatzmutterschaft (vgl zum Ausdr § 13a AdoptVermG; Einf 5 v § 1741) soll die fehlde GebärFähigk **9** einer (Ehe)Fr dadch ersetzen, daß die and Fr das Ki austrägt u es nach der Geburt an die WunschElt (zZw der Adoption) herausgibt. Die ErsMuttersch ist dch § 1 I **EmbryonenschutzG** v 13. 12. 90 (BGBl I 2746) **verboten. aa)** Die Fälle lassen sich nach den beteil Pers, Eizellen u Samen beliebig variieren (vgl MüKo/ **10** Mutschler 49a); zB spricht man von Ei- und Samenspende, wenn sie ausschließl im Interesse der austragden Frau erfolgen, die das Ki auch behalten soll. Die ErsMuttersch kommt vornehml in **zwei Formen** vor: (1) Die **Tragemutter** erh das mit dem Samen des Ehem befruchtete Ei der Ehefr. (2) Bei der **übernommenen Mutterschaft** wird der ErsMu ihre eig, mit dem Samen des Ehem befruchtete Eizelle wieder eingepflanzt. Die Situation ist nicht and als bei natürl GeschlVerk des Ehem zZw der Erzeugg eines Ki für seine Ehe (LG Fbg NJW **87**, 1486). **bb) Rechtsfolgen.** Ist die ErsMu nicht verh, ist das Ki in beiden Fällen ihr ne Ki u das **11** ne Ki des Ehem der WunschElt. Ist die ErsMu verh, gilt das Ki iRv § 1591 als ehel Ki ihres Ehem; nach der Anf ist es das ne Ki der ErsMu. Diese ist iF der übernommenen Muttersch echte Mu, als TrageMu gilt sie als Mu. De lege lata steht ihr ein AnfR in keinem Fall zu, auch nicht analog §§ 1591, 1593 (Beitzke/Lüderitz § 22 IV 5; aA Kollhosser JA **85**, 556; vgl auch Coester-Waltjen FamRZ **92**, 371; noch weitergehd Bilsdorfer MDR **84**, 805: automat Zuordng zu den genet Elt). Den Status eines ehel Ki beid WunschElt erlangt das Ki nur dch Adoption (§ 1741). Die Vereinbgen der WunschElt mit der ErsMu sind gem § 134 nichtig (vgl Rn 9; aA Coester-Waltjen FamRZ **92**, 371: allenf § 138) u geben desh weder Anspr auf Abg noch umgek auf Abn des Ki. Sie beschr insb nicht die AbstammgsVorschr. Die Entgeltabsprache ist obendrein sittenwidr (Hamm NJW **86**, 781). Angesichts der eindeut RLage fehlt auch jede Grdl für einen Vertrauensschutz (aA noch Coester-Waltjen NJW **82**, 2534: Anspr auf Zahlg des KiUnterh gg die WunschElt). **Unterhalt:** § 1593 Rn 11.

6) Zum SchadErs wg fehlgeschlagener **Sterilisation:** Vorbem 46 f v § 249; § 328 Rn 22; Einf 8 v § 1353 **12** sowie 17 v § 1601. Zur **Geschlechtsumwandlung:** Pfäffling/Junge, GeschlUmwdlg, 1992, sowie § 1 Rn 11; zur elt Sorge eines jetzt dem weibl Geschl zugeordn früh Vaters: Schlesw FamRZ **90**, 433; zum Vornamen § 1616 Rn 18.

1592 *Empfängniszeit.* [I]Als Empfängniszeit gilt die Zeit von dem einhunderteinundachtzigsten bis zu dem dreihundertundzweiten Tage vor dem Tage der Geburt des Kindes, mit Einschluß sowohl des einhunderteinundachtzigsten als des dreihundertundzweiten Tages.

[II]Steht fest, daß das Kind innerhalb eines Zeitraums empfangen worden ist, der weiter als dreihundertundzwei Tage vor dem Tage der Geburt zurückliegt, so gilt zugunsten der Ehelichkeit des Kindes dieser Zeitraum als Empfängniszeit.

1   **1) Empfängniszeit.** Mittlere TrageZt eines vollreifen Ki: 268 Tg. Berechng §§ 187 I, 188, Tag der Geburt nicht mitgerechnet; bei ungewöhnl langer Dauer der Geburt der Tag, an dem für gewöhnl der Geburtsvorgang beendet gewesen wäre (Mü JW **29**, 2291); bei Zwillingen Geburt des 1. Kindes. **II:** Keine Vermutg für die Ehelichk; vielm muß das bewiesen werden; schärfste Beweisanfordergen da eine über 302 Tage hinausgehde Tragezeit äußerst selten; offenb Unmöglichk bei einer Tragezeit von 332 Tagen, Flensbg (LG) SchlHOLG **56**, 350. Nachw der längeren Tragzeit kann auch im Verf zur Berichtgg des Geburtenbuches geführt w, Hamm OLGZ **65**, 106. Kürzere SchwangerschDauer anerk bei obj Merkmalen extremer Frühgeburt (Kblz DA Vorm **76**, 194); zu einer TrageZt von weniger als 181 Tg (25 Wo) vgl Dehnert DAVorm **76**, 612. VaterschNachw bei einer TrageZt zw 27 u 28 Wo AG Schweinf DAVorm **76**, 630.

2   **2) Tabelle zur Berechnung der Empfängniszeit** in jeder GesSammlg bei § 1592; sie enthält nur das Schema für jeden Monatsersten eines Normaljahres. Die übr Tage sind dch entspr Fortzählen jeder Spalte leicht zu ermitteln. In Schaltjahren ist, wenn die Geburt in die Zt v 1. März bis einschl 28. August fällt, dem Anfangs- und Endtage in der Tab je 1 Tag, wenn sie dagg in die Zt v 29. Aug bis einschl 27. Dez fällt, nur dem Anfangstag 1 Tag zuzuzählen; fällt die Geburt auf den 29. Febr, so ist Empfängniszeit 3. Mai bis einschl 1. Sept.

1593 *Geltendmachung der Nichtehelichkeit.* Die Nichtehelichkeit eines Kindes, das während der Ehe oder innerhalb von dreihundertundzwei Tagen nach Auflösung oder Nichtigerklärung der Ehe geboren ist, kann nur geltend gemacht werden, wenn die Ehelichkeit angefochten und die Nichtehelichkeit rechtskräftig festgestellt ist.

1   **1) Zur Verfassgsmäßigk** Einf 2 v § 1591. **Zweck:** Vor rechtskr Feststell ist niemandem die Berufg auf die NEhelk erlaubt, auch nicht incidenter. Einzeln Rn 4. Die Vorschr schränkt also den Wirkgsbereich der Nichtehelichk ein, aber wiederum nur iR ihrer TatbestdsVoraussetzung. Zuläss daher die Berufg auf die NEhelk außerh der zeitl Begrenzg (unten Rn 3) u soweit gar keine „Geltdmachg" iSv § 1593 vorliegt (unten Rn 4). Zu den SchlüssigkAnfordergen an die **Ehelichkeitsanfechtungsklage** vgl Mü FamRZ **87**, 969; Karlsr DAV **89**, 416; **Kosten:** § 1615b Rn 3. Zur **Vertretung des Kindes** im Anfechtungsprozeß § 1629 Rn 12. **Anwaltshaftung:** Rn 4. Zur **Reform:** Beitzke FS Müller-Freienfels 1986, S 31; Deichfuß FuR **91**, 275 AnfR der Mu. Zur Problematik der **„scheinehelichen" Kinder:** Deinert DAV **88**, 989 (Stellgn dazu DAV **89**, 203ff u 353 m weit Nachw). Sa Einf 2 v § 1591. Zur **Vaterschaftsanerkennung** vor NehelkFeststellg § 1600b Rn 3. Zum **Auskunftsanspruch** von Ki u Scheinvater über den leibl Vater: Einf 2 v § 1591. **Unterhalt:** Vor EhelkAnf gelten §§ 1601ff, u zwar auch, wenn die Nichtabstammg vom Ehem unstr ist (KG NJW-RR **94**, 1161). Danach: Rn 6. Zum UnterhRegreß: § 1615b u unten Rn 6. **Umgangsrecht:** § 1634 Rn 4. Keine EhelichkAnf, sond nur **Anfechtung der Anerkennung,** wenn das Ki dch Heirat ehel gew ist (BGH NJW **95**, 594; § 1719 Rn 4).

2   **a) Anfechtungsberechtigt** sind der Ehem (§ 1594) o Rücks darauf, ob er die elt Sorge hat u ob konkr AnhaltsPkte für die Ann bestehen, das Ki stamme nicht von ihm (Kln FamRZ **93**, 106); nach seinem Tode seine Elt bzw bei eig Nichtehelichk seine Mutter (§§ 1595a, 1599 I); das Kind unter den Vorauss der §§ 1596, 1598, wobei m Rücks auf § 1934c zugl auch die VaterschFeststellgsKl gem § 1600n erhoben w kann (KG DAVorm **77**, 606); **jedoch nicht die Frau,** wed als Ehefr noch als Mutter (BVerfG-Ka FamRZ **93**, 1422; KG FamRZ **85**, 1156; krit dazu müg GG 3 II Gernhuber § 45 II 2; Finger NJW **84**, 846; der EuGH läßt jedenf unterschiedl AnfFr zu, vgl Einl 7 v § 1297; zur Ref Rn 1); der nehel Erzeuger (BGH **80**, 218) u iGgs zu § 1595a aF der StaatsAnw. Zul ist die Nebenintervention des als nehel Erzeuger behaupteten Mannes (ZPO 66, 67, 640h); doch ist dieser nicht befugt, als Streithelfer unabh von dem bekl Kind Berufg einzulegen (Hamm FamRZ **78**, 928; aM BGH **76**, 299). Entspr wird er auch nicht beigeladen (BGH **83**, 391). Stirbt der Mann währd des Proz, so Aufn des Verf dch seine Elt (ZPO 640g); vgl iü § 1599 II 2. Bei Tod des Ki § 1599 II 1.

3   **b) Geltdmachg** der NEhelk hat zur Voraussetzg die Anfechtg der Ehelk (§ 1599 I u II) u ihre rechtskr Feststellg (Rn 5, 6), sowie **Geburt des Kindes in bestimmtem Zeitraum,** näml währd der Ehe od innerh v 302 Tagen nach deren Auflösg. Zu dem für die Berechng maßgebl Ztpkt der Rechtskr des ScheidsUrt: Bentert FamRZ **92**, 1372. Die NEhelk eines nicht binnen dieser ZtSpanne geborenen Kindes kann unbeschr geltd gemacht w. Demgem sind auch die Voraussetzgen des § 1592 im Verf zur Berichtigg des Geburtenbuches (PStG 47) festzustellen (Hamm OLGZ **65**, 106). Unbeschr Geltdmach auch bei dem Kind, das nach dem in der TodesErkl festgestellten Ztpkt empfangen ist (BVerfG NJW **59**, 1028; Neust NJW **52**, 940). Erfolgt TodesErkl nachträgl, so kann das mangels Feststellg der NEhelk zunächst als ehel geltd sie Kind wg VerschG 9 I 1 nehel werden, was dann v jedermann geltd gemacht w kann (BSozG FamRZ **60**, 438 u 440). Auch iü ist der Bew des TodesZtPkts unerläßl (Düss StAZ **74**, 209).

4   **c) Vor rechtskr EhelichkAnfechtg** ist die **Berufung auf die Nichtehelichkeit** unzuläss. Das gilt selbst dann, wenn unter den ProzBeteil feststeht, daß das Kind nehel ist (RG **157**, 356), wie bei der Übertragg eines Erbteils dch Vergl (BayObLG FamRZ **81**, 196). Unzul ist auch die Kl auf Feststellg, daß das Ki nicht von dem Ehem seiner Mutter, sond v dem Kl abstammt (BGH **80**, 218). Solange keine Freistellg v der Unterh-

Pfl, u zwar auch nicht iW der Aussetzg des UnterhVerf (Hamm FamRZ **87**, 1188) od einstw Einstellg der ZwVollstr (Stgt DAVorm **80**, 115), u auch kein Ers für vom Scheinvater dem Kinde gewährten Unterh (vgl § 1615b Rn 2; § 200 Anm 2 sowie Rn 8 v § 1353). Im ScheidsProz ist die Berufg darauf, das Kind sei im Ehebruch erzeugt, zul (hL; aA BGH **45**, 356); ebso entfällt der Anspr auf TrennsUnterh gem § 1361, wenn das Kind unstr nicht von dem Ehem stammt (Ffm FamRZ **81**, 1063 mAv Bosch). Keine Berücks der außerehel Abstammg bei Verteilg der elt Sorge iFv § 1671 (Schwoerer JZ **62**, 443; Boehmer JZ **62**, 731; Gernhuber § 45 I 5; aA BayObLG NJW **62**, 740). Die Erhebg der EhelkAnfKl schließt UmgangsBerecht nicht aus (BGH NJW **88**, 1666). Auch iR der Überleitg von UnterhAnsprüchen auf den SozHilfeTräger begründet die nicht rechtskr festgestellte Nichtabstammg keinen Härtefall (LG Kln DAVorm **74**, 651). Da das Kind bis zur Feststellg des Ggteils als ehel gilt, kann es den die EhelichkAnfechtg betreibdn Vater auf Unterh in Anspr nehmen vor dem FamG (Stgt DAVorm **78**, 217) u auch bei eig AnfKlage ProzKostVorschuß vom Scheinvater verlangen (KG NJW **71**, 197; § 1610 Rn 33. Zu dessen späterer Erstattg BGH NJW **64**, 2151; **68**, 446). § 1593 gilt auch **in anderen Bereichen:** Desh vor Anerk od Feststellg keine AuskPfl des nehel Va gem BKGG 19 I (BayObLG NJW **91**, 2919). Trotz Beseitigg des AnfR des StaatsAnw als Vertreter allgem Interessen ist auch ein Dr iRv Anspr auf **Schadensersatz** a § 1593 gebunden (vgl BGH MDR **60**, 210). Dagg steht die Vorschr nicht einer SchadErsKl gg einen Arzt wg fehlgeschlagener Sterilisation (Feuerborn FamRZ **91**, 515) od gg einen RA wg Versäumg der AnfFr (§ 1594) od der Streitverkündg (BGH NJW-RR **87**, 898) entgg (BGH **72**, 299; aA Kln NJW **67**, 1090 m abl Anm Dunz; sa Tiedtke FamRZ **70**, 232). Der RA würde sich mit seinem eig Verh in Widerspr setzen, dürfte er sich auf die fehlde Dchführg des AnfProz berufen. Zum SchadErs gg den Eheg wg **Kindesunterschiebung:** § 1353 Rn 16. **Vaterschaftsanerkenntnis vor Rechtskraft** des Ehelichkeitsanfechtungsurteils: § 1600b Rn 3. Berücks der NEhelk auch iRv § 1565 II (Bambg FamRZ **85**, 1069).

2) Rechtskräftig festgestellt wird die NEhelk, falls die Anf der Ehelichk dch Kl erfolgt (§ 1599 I), dch **5** das rechtskr gewordene stattgebde Urt im StatusProz (Rn 2) bzw dch Beschl des VormschG (§ 1599 II; FGG 56 c, 60 I Z 6). Bei vorheriger Zurückn der AnfKl od des Antr beim VormschG gilt § 1599 III; bei Tod einer ProzPart währd des Verf keine Rechtskr inter omnes (ZPO 628, 640g u h). Der Dritte, der nach einem Erfolg der AnfKl als Vater in Anspr gen w kann, ist nicht befugt, unabh vom bekl Kind Berufg einzulegen (Ffm NJW **79**, 1256). **Wirkung:** Bei Abweisg der AnfKl pos Feststellg der Ehelichk inter omnes; Geltd- **6** machg der Nichtabstammg auch aGrd anderer AnfRechte (Rn 2) ausgeschl, es sei denn die Abweisg erfolgte wg Versäumg der AnfFr (vgl § 1596 II iGgs zu § 1594 II od IV). Umgek gilt das Kind nach rechtskr lebzeitig dchgeführter Anf mit Rückwirkg auf den Tag der Geburt als **nichtehelich**. Randvermerk im Geburtenbuch (PStG 30); dieser ist für die WiederAufn des EhescheidgsProz Urk iSv ZPO 580 Z 7b (KG NJW **76**, 245; aA BGH **34**, 77). Der Beginn der Fr für die RestitutionsKl wird dch § 1593 aufgehalten (Nürnb NJW **75**, 2024). Ab jetzt kann sich jedermann auf die NEhelk berufen. Das Kind verliert UnterhAnspr gg den Scheinvater (BayObLG NJW **61**, 1414); stattdessen: § 1601 ff, 1615 a ff. Das Ki steht unter elterl Sorge der Mutter, der grdsätzl das JA als Pfleger zur Seite steht (§§ 1705, 1706, 1709). Die vom Scheinvater abgeleitete dt Staatsangehörigk (RuStAG 4 I Nr 1) fällt ex tunc fort (VG Düss NJW **86**, 676). **Unterhaltsregreß:** Küppers, Der Regr des Ehem nach der außerehel Zeugg eines zeitw ehel Ki, 1993; Einf 17 ff v § 1601. Unterhaltsanspr des Scheinvaters gg den Erzeuger: § 1615b I 1; BereichsAnspr gg das Ki scheitern regelm an § 818 III (Ffm FamRZ **90**, 558). Für die RGeschäfte des Scheinvaters gelten §§ 177 ff. – **Wiederherstellung 7 der Ehelichkeit** dch RestitutionsKl analog ZPO 641 i (BGH **61**, 186).

3) Klage auf Feststellung der nichtehelichen Vaterschaft (§ 1600 n) ist iGgs zum VaterschAnerk **8** (Rn 4 aE) immer erst nach rechtskr Feststellg der NEhelk mögl. Daneben auch keine Kl gg den Vater aus ZPO 256 auf posit Feststellg der Vatersch, um der EhelkAnf zuvorzukommen. Da KlAbweisg zur Feststellg der NEhelk führen würde, wäre damit die Befriedsfunktion der §§ 1591, 1593 unterlaufen. Zul dagg posit FeststellgsKl für die außerh der ZtGrenze geborenen Kinder (Rn 3), da hier die Vermutg der §§ 1591 I, 1592 nicht gilt. Der als außerehel Erzeuger in Betr kommde Mann kann im EhelkAnfProz dem bekl Kind als **9** nicht streitgenöss (BGH **92**, 275) **Nebenintervenient** beitreten u selbständ RMittel einlegen (BGH **76**, 299; FamRZ **82**, 47); auch Berufgseinlegg u ProzBeitr miteinand verbinden (Hamm DAV **84**, 700). EhelkAnf u AnerkAnf betreffen nicht dens StreitGgst (Hbg DAV **84**, 610).

4) Einwendungen gegen die Ehelichkeitsanfechtung sind a) **Versäumung der Anfechtungsfrist:** **10** § 1594. b) **Rechtsmißbrauch.** Ein solcher liegt noch nicht automat vor, wenn Ehem **mit heterologer 11 Insemination** (§ 1591 Rn 8) **einverstanden** war (BGH **87**, 169; Celle NJW **92**, 1516; AG Wesel FamRZ **86**, 493; aA Düss FamRZ **88**, 762; AG Lüdenscheid NJW **86**, 784; AG Norderstedt DAV **91**, 419; Giesen JZ **83**, 552; vgl auch Coester-Waltjen FamRZ **92**, 371 f), wohl aber, wenn der künstl Befruchtg bes ernsth Vorbereitgsgespräche mit dem Arzt vorausgingen (AG Diebg NJW **87**, 713). Hatte die EhelkAnfKl Erfolg, so kann in der Zust zur Fremdinsemination immer noch die vertragl Übern der UnterhPfl ggü dem so gezeugten Ki liegen (LG Duisbg NJW **87**, 1485). Und, wenn die künstl Insemination erst nach der Trenng der Ehel vorgen w (LG Zwickau NJW **95**, 787) u natürl, wenn das Ki aus einem Ehebr stammt (Coester-Waltjen FamRZ **87**, 198) od selbst die Ehelk angefochten hat (Hamm NJW **94**, 2424). Vgl zum RMißbr ferner § 242 Rn 76 sowie zur künstl Befruchtg allg § 1591 Rn 6. BewL für RMißbräuchlk beim AnfGegner (BGH FamRZ **93**, 695).

1594 *Anfechtungsfrist für den Ehemann.* [1]**Die Ehelichkeit eines Kindes kann von dem Mann binnen zwei Jahren angefochten werden.**

[2]**Die Frist beginnt mit dem Zeitpunkt, in dem der Mann Kenntnis von den Umständen erlangt, die für die Nichtehelichkeit des Kindes sprechen. Sie beginnt frühestens mit der Geburt des Kindes.**

[3]**Auf den Lauf der Frist sind die für die Verjährung geltenden Vorschriften der §§ 203, 206 entsprechend anzuwenden.**

1   **1) Natur der Frist I, III.** Die zeitl Beschrkg der EhelAnf ist mit dem GG vereinb (BVerfG NJW **75**, 203; BGH FamRZ **91**, 325). Durch Nichteinhaltg der Frist, die jetzt 2 Jahre beträgt (früher ein Jahr), erlischt AnfechtsgsR, also Ausschlußfrist; jedoch die Verjährgsbestimmungen der §§ 203, 206 entspr anwendbar. Stillstand der RPflege u Verhinderg durch höhere Gewalt wird also nicht miteinrechnet; so auch OGH **3**, 168. Fristhemmg s gemäß § 4 G v 28. 12. 50, BGBl 821, § 202 Anh, vgl auch Brschw MDR **50**, 350, Halle NJ **50**, 408. AnfechtgsFr gehemmt, bis für das bekl Kind ein ProzPfleger bestellt ist (Kln DAVorm **76**, 348). Hat Ehem währd Fristhemmg Kind als das seine gelten lassen, sind auch innere Beziehgen zw beiden entstanden, kann Anfechtg RechtsMißbr s (BGH **LM** § 1598 Nr 2; s aber auch Rn 5). Höhere Gewalt (dazu auch § 203 Anm 1) bei plötzl Krankh (Hbg HansRGZ **36**, B 29), unzutr bzw mißverständl behördl od gerichtl Auskünften (Hamm FamRZ **77**, 551), uU auch, wenn aus dem Kriege zurückkehrder Ehem sich darauf verlassen hat, daß das nach dem Gesetz ehel Kind dch Führg einer Vormsch ihm ein nehel behandelt w (RG JW **27**, 1195); wenn Mann nicht feststellen k, ob Kind überh noch lebt (Celle NdsRpfl **61**, 31); nicht Strafhaft (Schlesw SchlHA **49**, 367). Zur Fristhemmg, wenn Ki in der UdSSR, BGH FamRZ **82**, 917. Fristhemmg auch dch Verzögerg der Pflegerbestellg od der Entscheidg ü PKH-Gesuch od bei unricht PerStBeurkundg (RG **160**, 92). Versch des Prozeßbevollm ist dem AnfechtgsKl zuzurechnen (BGH **31**, 347 gg RG **158**, 360); Beweis der Nichteinhaltg der Frist hat das Kind zu führen, so daß, falls Nichteinhaltg nicht erwiesen, Klage nicht abgewiesen w kann (BGH **LM** Nr 1). Anfechtg dch KlErhebg beim AG (GVG 23 a Z 1); RmittelGer: OLG (GVG 119 Z 1). Dch Kl vor dem unzust Ger wird Frist gewahrt, wenn verwiesen w (vgl BGH **35**, 374). Nach EhelkAnf besteht ggf ein AuskAnspr über die Pers des leibl Vaters (Einf 2 v § 1591).

2   **2) Frist, II, III.** Beginn frühestens mit der Geburt, keinesf aber eher, als bis der Mann von ihr erfährt (BGH **10**, 111). Erforderl zunächst, daß er weiß, daß die Geburt in die Ehe od in die 302 Tg nach Auflösg od NichtigErkl fällt (RG JW **38**, 2017), was zB bei einem Seefahrer verneint w kann, auch wenn er von der
3 Schwangersch Kenntn hatte (Stgt DAV **85**, 1015). Sodann muß er von den Umst **Kenntnis erlangen**, die obj den Verdacht der NichtEhelk begrden, dh die den Schluß auf die ne Abstammg für jeden Verständ nahelegen (RG **162**, 18; vgl auch § 1600h Rn 2). Hinsichtl dieser Umst muß Gewißh, nicht bloß ein Verdacht bestehen (BGH NJW **73**, 1875). Auch entspr Verdachtsäußergen aGrd v Vermutgen od Gerüchten dch den Mann selbst setzen die Fr nicht in Gang (Zweibr FamRZ **84**, 80). AlkoholEinfl bei Mitteilg dch die Mu schadet dem Fristbeginn jedoch nicht (Hamm FamRZ **94**, 186). Bei der Beurt der für die Nehelk sprechden Umstde ist nicht von medizin-naturw Spezialkenntn, sond von dem bei einem verständ Laien idR vorauszusetzden ErkenntnStand auszugehen (BGH NJW **80**, 1335). Entsch ist die **objektive Sicht** eines verständ Betrachters unabh vom individuellen Bildgstand des anfechtden Mannes (BGH NJW **90**, 2813) u seiner pers Überzeugg (Ffm DAV **79**, 657). Danach reicht zur Ingangsetzg der Fr aus die Kenntn von Ehebr der Frau währd der EmpfängnZt (RG **163**, 72) bei gleichzeit ehel Verk (vgl Stgt DAV **74**, 103); Kenntn, daß die Mu währd der EmpfZt mit einem and Mann 2 Wo in Url war (Hamm FamRZ **92**, 472). Vollreife bei nur 7 Mo TragZt (BGH **9**, 336; Neust MDR **61**, 769; währd es nicht ausreicht, wenn der Kl von der Tats, daß der Bekl bei der Geburt die Merkm voller Reife aufwies, keine sichere Kenntn hatte; Mü FamRZ **84**, 1128); Geburt des Kindes 11 Mo nach dem letzten ehel Verk (Kln MDR **58**, 165) sowie signifikante abweichde Erbmerkmale, Augenfarbe uä (Hamm NJW **60**, 2244). Kenntn eines Ehebr setzt AnfFr dann nicht in Gang, wenn die Möglichk einer nehel Empfängn ganz fern liegt, dh wenn der ehebrecher Verk unter BegleitUmst stattfindet, nach denen eine Empfängn in hohem Maße unwahrscheinl ist, wie uU GeschlVerk währd der Monatsblutg der Frau (BGH NJW **78**, 1629) od ehebr Verk in der Ann des Ehem, die Pille sei noch nicht abgesetzt (Düss NJW **89**, 777). **Fristhemmung,** wenn im EhescheidgsUrt die Feststellg enthalten ist, aus der Ehe seien keine Kinder hervorgegangen (Ffm FamRZ **84**, 414); ferner solange dch unricht Sachbehdlg des Ger die Bestellg eines Pfl für das bekl Ki verzög w (BGH NJW **95**, 1419); wenn der Mann auf fehlerh Hinw des Ger (OLG Thür OLG-NL **95**, 182) od auf die Erkl des JA vertraut, es werde selbst im Nam des Ki die EhelkAnf betreiben (BGH NJW **94**, 2752). Eine bereits in Gang gesetzte Fr entfällt wieder, wenn die Überzeugg von den maßgebl Umst (etwa unter dem Eindr beeideter Aussagen) verständigerw aufgegeben w durfte (BGH **61**, 195). Erschwerte Voraussetzgen dafür, wenn die Ehefr GeschlVerk mit einem and Mann währd der EmpfängnZt eingestanden hat (BGH ZBlJugR **76**, 414). Dann reicht die bl Versicherg der Fr, der Mann sei der leibl Vater, nicht aus, um Fr zu hemmen (Zweibr FamRZ **84**, 81); wohl aber bei Verharmlosg des Ehebr u ständ Betong der Ähnlk des Ki mit dem Vater (Ffm DAV **85**, 1022). Falsche Schlußfolgergen hindern FrAblauf nicht, zB wenn er trotz obj begründeter Zweifel das Kind für ehel hält, ebsowenig Rechtsunkenntn etwa, daß Kind auch ohne Anfechtg als nehel gelte (BGH **24**, 134). Ferner keine FrHemmg dadch, daß die Mutter erkl, es sei dch sie bereits AnfKl erhoben (Ffm DAV **85**, 1024). Auch läuft die Fr (auch iSv § 203) unabh vom Stand medizin Forschg (BGH NJW **75**, 1465 mAv Braun NJW **75**, 2196).

4 **Beweislast:** Es gilt der eingeschrkte UntersuchgsGrds (ZPO 616 I, 640 I, 640 d); Nichterweislichk der Kenntn geht zL des Kindes; doch ist dabei der KlVortr zu verwerten (BGH FamRZ **90**, 507). Nennt der Vater einen best Ztpkt der KenntnErlangg, so ist es Sache des bekl Kindes nachzuweisen, daß der Vater schon früher vom Umst Kenntn erlangt hat, die gg die Vatersch sprechen (Kblz DAVorm **76**, 632). Die BewLast dafür, welchen KenntnStand der Ehem der Mutter iZtpkt der Geburt des Kindes hatte, trifft das Kind (BGH NJW **78**, 1629). Beruft sich der AnfBerecht auf den Wegfall seiner urspr vorhandenen Kenntn maßgeblicher Umst (BGH **61**, 195), so ist er beweispflicht (mißverständl BGH FamRZ **78**, 495). Zur FrWahrg genügt Einreichg der EhelkAnfKl bei Ger innerh v § 1594, wenn Zustellgsmangel gem ZPO 295 geheilt w (BGH NJW **72**, 1373).

5   **3) Fristversäumung** hindert Feststellgsklagen jeder Art, Frantz DR **43**, 65. **Anerkennung beseitigt Anfechtungsrecht nicht,** auch Verzicht auf Anf unerhebl (BGH **2**, 130; NJW **79**, 418; Beitzke JR **62**, 85; Schwoerer NJW **61**, 2291; unrichtig Köln NJW **61**, 2312; denn durch FamRÄndG § 6 v 12. 4. 38 wurden die §§ 1596 II 2, 1598, 1599 aF aufgeh). Ein dahingehender Wille gewinnt nur durch Verstreichenlassen der Frist od nach dem Tode des Mannes, § 1595a II 2, seine Bedeutg.

6   **4) Übergangsrecht:** 41. u. 54. Aufl.

1595 *Höchstpersönliche Anfechtung.* [1]Die Anfechtung der Ehelichkeit kann nicht durch einen Vertreter erfolgen. Ist der Mann in der Geschäftsfähigkeit beschränkt, so bedarf er nicht der Zustimmung seines gesetzlichen Vertreters.

[2]Für einen geschäftsunfähigen Mann kann sein gesetzlicher Vertreter mit Genehmigung des Vormundschaftsgerichts die Ehelichkeit anfechten. Hat der gesetzliche Vertreter die Ehelichkeit nicht rechtzeitig angefochten, so kann nach dem Wegfalle der Geschäftsunfähigkeit der Mann selbst die Ehelichkeit in gleicher Weise anfechten, wie wenn er ohne gesetzlichen Vertreter gewesen wäre.

Höchstpersönliches Recht, I 1. Desh grdsl keine Vertretg. ProzVollm: ZPO 609, 640 I. Als beschr 1 gesch-fäh kommt dem BtG nur noch der **minderjährige** Ehem in Betr (§ 1600d Rn 1). Für den **Geschäftsunfähigen** handelt sein ges Vertreter, **II 1**, mit PersSorge (also nicht AbwesenhPfleger); bei **Betreuung** eines GeschUnfäh der Betreuer, falls entspr AufgKreis (§§ 1902, 1896 Rn 22ff). Ist die Geschfähig unklar, gilt Rn 1; ein EinwVorbeh ist ausgeschl (§ 1903 II). Vormschgerichtl Gen dch RPfleger; sie muß vor Ablauf der Fr erteilt s (§ 1828). Bei FrVersäumg dch ges Vertr läuft 2-J-Fr erneut, wenn der Ehem GeschUnfähigk verliert, **II 2**.

1595a *Anfechtungsrecht der Eltern des Mannes.* [1]Hat der Mann bis zum Tode keine Kenntnis von der Geburt des Kindes erlangt, so können die Eltern des Mannes die Ehelichkeit anfechten. Nach dem Tode eines Elternteils steht das Anfechtungsrecht dem überlebenden Elternteil zu. War der Mann nichtehelich, so steht das Anfechtungsrecht nur seiner Mutter zu. Die Eltern können die Ehelichkeit nur binnen Jahresfrist anfechten. Die Frist beginnt mit dem Zeitpunkt, in dem ein Elternteil Kenntnis vom Tode des Mannes und der Geburt des Kindes erlangt. Auf den Lauf der Frist sind die für die Verjährung geltenden Vorschriften der §§ 203, 206 entsprechend anzuwenden.

[2]Ist der Mann innerhalb von zwei Jahren seit der Geburt des Kindes gestorben, ohne die Ehelichkeit des Kindes angefochten zu haben, so ist die Vorschrift des Absatzes 1 anzuwenden. Das Anfechtungsrecht der Eltern ist ausgeschlossen, wenn der Mann die Ehelichkeit des Kindes nicht anfechten wollte.

[3]Die Vorschriften des § 1595 Abs. 1, Abs. 2 Satz 1 gelten entsprechend.

1) Nach dem Tode des Mannes steht seinen Elt ein befr AnfR zu. Wäre der anfechtgsberecht Mann selbst 1 ein nehel Kind, so wären seine Elt, nach § 1589 II auch sein nehel Vater anf-berecht. Der Zusatz I 3 stellt insof also den alten Zustand wieder her, als er dem Vater nicht nur ein subsidiäres AnfechtgsR gibt.

2) Anfechtungsberechtigt, I, II, sind nach dem Tode des Mannes seine Elt als notwend StrGen (ZPO 2 62). ProzVollm also von beiden (ZPO 640 I, 613). Ist ein EltT gestorben, hat der überlebende das AnfR; war der anfechtgsberecht Mann nehel, so Rn 1. Anfechtg kann nicht durch einen Vertreter erfolgen. Der in der GeschFähig beschränkte EltT gilt als voll geschäftsfähig (§ 1595 I), auch prozeßfähig (Brühl FamRZ 62, 11); ist der EltT geschäftsunfähig, so bedarf sein gesetzl Vertreter der Gen des VormschG, § 1595 II 1; läßt dieser die Frist verstreichen, so kann der EltT die Anf nach Gesundg nicht mehr nachholen, da § 1595 II 2 hier nicht anwendb. § 206 trifft nicht zu.

3) Ein Anfechtungsrecht der Eltern ist nur gegeben, wenn **a)** der Mann bis zu seinem Tode keine 3 Kenntnis von der Geburt des Kindes erlangt hatte, **I 1.** Kennenmüssen unerhebl. Klagevoraussetzg, von den Eltern zu beweisen. **b)** Oder der Mann innerh von zwei Jahren seit Geburt des Kindes gestorben ist, ohne 4 angefochten zu haben, **II 1,** für ihn also die AnfFrist noch lief, § 1594 II 2. Entscheidd nur der Zeitpkt der Geburt, nicht ob Mann Kenntnis von Umst erlangt hat, die für die NEhelichk sprechen, § 1594 II 1, also ob die Frist für den Mann überh schon zu laufen begonnen hat. Gesetz unterstellt vielm, daß im Falle II 1 keine Vermutg für den Willen des Mannes, das Kind als sein eigenes gelten lassen zu wollen, spricht; kann aber durch den Nachweis widerlegt werden, daß der Mann die Ehelichk des Kindes nicht anfechten wollte, II 2, also Nachweis der Kenntnis des Mannes von der NEhelichk, nicht nur der Umst, die bei obj Beurteilg für diese sprechen (§ 1594 Rn 3), u seines Entschlusses, von einer Anf abzusehen. Beweispfl das Ki.

4) Frist, I. Ein Jahr. Beginn mit dem Zeitpkt der Kenntnis sowohl vom Todeszeitpkt des Mannes als 5 auch der Geburt des Kindes; entscheidd also der, an dem auch das zweite Ereignis (Tod od Geburt) zur Kenntnis gekommen ist u zwar, da bereits die Kenntnis eines Elternteils genügt, zur Kenntnis desselben Elternteils („und", vgl Staud-Lauterbach Anm 13). Die Frist läuft auch dann, wenn den Eltern die Umst, die für die NEhelichk des Kindes sprechen, nicht bekanntgeworden sind. Wird der Mann für tot erkl od der Zeitpkt seines Todes festgestellt, Versch 23, 44, so Fristhemmg entsprchd § 203 II bis zur Rechtskr des Beschlusses. Auch sonst Fristhemmg unter den Voraussetzgn von §§ 203, 206, I 6.

5) Die Anfechtung erfolgt durch Klageerhebg beim AG (§ 1594 Rn 1) gg das Kind, § 1599 I, nach dem 6 Tode des Kindes durch Antrag beider Eltern od des überl Elternteils od iF des I 3 der Mutter des Mannes bei dem VormschG, § 1599 II 1.

6) Tod des Mannes während des Anfechtungsrechtsstreites. Der RStreit ist in der Haupts erledigt, 7 wenn kein Elternteil mehr lebt (ZPO 640g I, 619). Lebt auch nur ein Elternteil, so wird der RStreit unterbrochen, ZPO 640g, 239. Die Eltern (notw Streitgenossen, Rn 2) der überl Elternteil, die Mutter des nehel anfechtsberecht Mannes können das Verf aufnehmen, ZPO 250, jedoch nur innerh eines Jahres seit Unterbrechg, aM Gernhuber § 45 IV 3 Anm 2; seit Kenntnis wenigstens eines EltT von der Geburt u dem Tod des Mannes, widrigenf die Haupts auch dann als erledigt anzusehen ist, ZPO 640g III. Stirbt das Kind, so ist Haupts stets erledigt, gleichgült, ob es Kl od Bekl war. Die Elt haben für den bekl Mann kein AufnahmeR. Vgl auch § 1599 Rn 5.

1596 *Anfechtungsrecht des Kindes.*   [1]Das Kind kann seine Ehelichkeit anfechten, wenn

1. der Mann gestorben oder für tot erklärt ist, ohne das Anfechtungsrecht nach § 1594 verloren zu haben,
2. die Ehe geschieden, aufgehoben oder für nichtig erklärt ist oder wenn die Ehegatten seit drei Jahren getrennt leben und nicht zu erwarten ist, daß sie die eheliche Lebensgemeinschaft wiederherstellen,
3. die Mutter den Mann geheiratet hat, der das Kind gezeugt hat,
4. die Anfechtung wegen ehrlosen oder unsittlichen Lebenswandels oder wegen einer schweren Verfehlung des Mannes gegen das Kind sittlich gerechtfertigt ist oder
5. die Anfechtung wegen einer schweren Erbkrankheit des Mannes sittlich gerechtfertigt ist.

[2]In den Fällen des Absatzes 1 Nr. 1 bis 3 kann das Kind seine Ehelichkeit nur binnen zwei Jahren anfechten. Die Frist beginnt mit dem Zeitpunkt, in dem das Kind von den Umständen, die für seine Nichtehelichkeit sprechen, und von dem Sachverhalt Kenntnis erlangt, der nach Absatz 1 Nr. 1, 2 oder 3 Voraussetzung für die Anfechtung ist. Die für die Verjährung geltenden Vorschriften der §§ 203, 206 sind entsprechend anzuwenden.

1   **1)** PflegBestellg zZw der EhelkAnf, wenn zw Ki u PersSorgBerecht ein erhebl InteressenGgsatz besteht (BayObLG FamRZ **89**, 314). Das AnfR des Ki ist auf die aufgezählten Fälle beschrkt, was nicht verfassgskonform ist (Einf 2 vor § 1591). Die Anf erfolgt dch KlErhebg (§ 1599l; ZPO 640 II Z 2) nach dem Tode des Mannes dch Antr beim VormschG (§ 1599 II). Stirbt das Kind währd des RStreits, in dem es Kl ist, so stets Erledigg der Haupts (§ 1595a Rn 7). Erledigg der HauptS tritt auch ein, wenn in einem späteren Verf mit umgekehrter PartRolle der beantragte FeststellgsAusspr erfolgt (Kln FamRZ **81**, 486). Hat der Mann bereits eine AnfKlage dchgeführt, so wirkt das abweise Urt auch für das Kind (ZPO 640h S 1), so daß es auch von seiner KlBerechtigg nach I Z 2–5 nicht mehr Gebr machen kann (Baur FamRZ **62**, 511 Fußn 41). BGH **43**, 94 läßt eine nach fr Recht rechtskr abgewiesene AnfKlage der StA einer Wiederholg dch das Kind trotz ZPO 643 (jetzt 640h) nicht entgstehen.

2   **2) Die Fälle der Anfechtungsberechtigung, I.** AnfR des Kindes nur gegeben, **a)** wenn Mann gestorben od für tot erkl ist, da dann eine Störg des FamFriedens nicht mehr zu befürchten, **Nr 1.** Nach Zweibr

3   NJW **92**, 51 ist die Einschr, daß der Ehem sein AnfR noch nicht verloren h darf, verfwidr; **b)** wenn die Ehe geschieden, aufgeh, für nichtig erkl worden ist; auch wenn sie durch Wiederheirat nach TodesErkl aufgelöst wurde, EheG 38 II, Beitzke JR **62**, 87. Ferner wenn die Ehegatten seit drei Jahren getrennt sind u eine Wiederherstellg der ehel LebensGemsch nicht zu erwarten ist, **Nr 2**; insof ähnl § 1565 Rn 4–8, § 1566 Rn 6; allerdings tiefgreifende Zerrütt hier nicht Tatbestdsmerkmal, wird aber idR Grd der langen Trenng sein. Nr 2 ist insof verfassgswidr, als sie dem vollj Ki die ger Klärg seiner Abstammg ausnlos verwehrt (BVerfG NJW **89**, 891; sa § 1598 Rn 1). Es besteht daher ein AnfR, wenn die Anf wed für die Störg des FamFriedens noch für die Beeinträchtigg der Ehe der Mutter kausal sein k (Düss NJW **90**, 1736). Nr 2

4   entfaltet auch keine Sperrwirkg iF der VaterschAnerk (§ 1719 Rn 4). **c)** Wenn die Mutter den Erzeuger geheiratet hat; denn nur nach durchgeführter Anfechtg wird das Kind durch nachf Ehe legitimiert, **Nr 3**.

5   **d)** Bei ehrlosem od unsittl Lebenswandel des Manndes od wenn er sich eine schwere Verfehlg gg das Kind hat zuschulden kommen lassen, **Nr 4**, zB einer UnterhPflVerletzg (BGH NJW **82**, 177), vorausgesetzt, daß die Anfechtg sittl noch gerechtfertigt ist, was bei langem Zurückliegen, allerd nicht bei Nachwirkgen für das Kind, der Fall sein kann. Hat sich aber das Verhalten des Mannes gebessert, liegt die schwere Verfehlg gg das Kind lange zurück u wirkt nicht mehr nach, so wird AnfR zu verneinen sein. Nichtzahlg v Unterh reicht ferner nicht aus, wenn Motiv dafür die sichere Kenntn von der Nichtzeugg war (Oldbg

6   FamRZ **89**, 426). **e) Nr 5:** Das ProzG hat nachzuprüfen, ob Anfechtg sittl gerechtf ist, das VormschG, § 1597 I, ob Anfechtg im Interesse des Kindes liegt. Wenn der Mann an einer schweren Erbkrankh leidet u sich daraus eine sittl Rechtfertigg der Klage für das Kind ergibt, zB wenn im Interesse seiner Heiratsaussichten gezeigt w soll, daß ein verwandtschaftl Zusang nicht gegeben ist. Erbkrankheiten ua angeborner Schwachsinn, Schizophrenie, manisch-depressiver Irrsinn, erbl Fallsucht, Veitstanz, schwere erbl Mißbildg, nicht Lungentuberkulose, BayObLG FamRZ **68**, 257. Stets SachverstGutachten erforderl. Bei d und e sind auch die berecht Interessen des Mannes (langjährige Erziehg, Unterh, Verbundenh mit dem Kind) zu berücksichtigen.

7   **3) Anfechtungsfrist, II.** Nur die Anfechtg nach den Tatbestdn I Nr 1–3 (oben Rn 2–4) ist fristgebunden, also binnen 2 J geltd z machen (Rn 1). Anschließdes Ruhen des Verf schadet nicht (Kln FamRZ **92**, 1220).

8   **Fristbeginn:** Kenntn des Kindes von den Umst, die für seine NEhelichk sprechen (§ 1594 Rn 2, 3) u von einem Sachverhalt iSv I Nr 1–3. Die Fristen können also für die versch Tatbestde unterschiedl laufen. Regelm

9   kommt es gem § 166 I auf die **Kenntnis des gesetzlichen Vertreters** des Ki (vgl § 1597 Rn 5) an (Hamm DAV **87**, 535; Bambg FamRZ **92**, 220 mN; aA Rstk DAV **95**, 388/776 mA Helbig); läßt dieser die Fr verstreichen (§ 1598), so ist das Ki bis zur Volljk ehel (Neust FamRZ **65**, 80). Entscheid die Kenntn desj gesetzl Vertr, der auch befugt ist, das Kind in dem EhelichkAnfRStreit rechtswirks zu vertreten (Kln DAVorm **76**, 638; Mü DAVorm **79**, 859; Kblz DAV **83**, 735). Die AnfFr lebt nicht wieder auf, wenn die zur Anf berecht KiMu sie hat verstreichen lassen u dann ein ErgänzgPfleg best w (Hamm DAV **88**, 65) od wenn ein ges Vertr best w (Bambg FamRZ **92**, 220). Desh FrBeginn unabh v der Kenntn der Mutter erst mit Bestellg des ErgänzgsPfleg (Hamm DAV **87**, 535; Nürnb NJW-RR **87**, 389; aA Hamm DAV **88**, 65).

10   **Hemmung** des in Gang gesetzten Fristlaufs iFv §§ 203, 206, insb also wenn es an der gesetzl Vertretg des Kindes fehlt, so nach Ehescheidg vor Übertr der elterl Sorge auf die Mutter (KG FamRZ **74**, 380; Kblz DAV **83**, 735), da die währd der Ehe nur unvollst Vertretgsm (§ 1629 II 1, 1795 I Z 3) mit der Scheidg nicht automat wg Fortfalls der vorher angen Befangenh zur Vollvertretg erstarkt (§ 1629 Rn 14; aA Beitzke § 26 III 2a). Hemmg aGrd Rechtsirrtums, wenn das Ki im ScheidgsUrt als legitimiert behandelt w (Schlesw DAV **84**, 703). Einreich des PKH-Gesuchs am letzten Tag der Fr dch Pfleger bewirkt ebenf die Hemmg der AnfFr

(KG FamRZ **78**, 927). **Beweislast** für Nichteinhaltg der Frist: bekl Vater (KG FamRZ **74**, 380). Eine zeitl 11
Begrenzg der Anfechtg nach Z 4 u 5 ist in keinem Falle vorgesehen; hier kann aber ZtAblauf die Zulässigk
der Anf insofern beeinfl, als ihre sittl Rfertigg schwinden kann (Verwirkg).

1597 *Anfechtung durch den gesetzlichen Vertreter des Kindes.* [I]*Ist das Kind minder-
jährig, so kann der gesetzliche Vertreter des Kindes die Ehelichkeit mit Genehmigung
des Vormundschaftsgerichts anfechten.*

[II]*(Aufgehoben durch VolljkG Art 1 Z 5.)*

[III]**Will ein Vormund oder Pfleger die Ehelichkeit anfechten, so soll das Vormundschaftsgericht
die Genehmigung nur erteilen, wenn die Mutter des Kindes einwilligt. Die Einwilligung kann
nicht durch einen Vertreter erklärt werden. Ist die Mutter in der Geschäftsfähigkeit beschränkt, so
bedarf sie nicht der Zustimmung ihres gesetzlichen Vertreters. Die Einwilligung der Mutter ist
nicht erforderlich, wenn sie geschäftsunfähig oder ihr Aufenthalt dauernd unbekannt ist, wenn sie
die elterliche Sorge verwirkt hat oder das Unterbleiben der Anfechtung dem Kinde zu unverhält-
nismäßigem Nachteile gereichen würde.**

[IV]**Ist das Kind volljährig, so gilt § 1595 entsprechend.**

1) Die Vorschr enth die sachlrechtl Vorauss für die Anf dch das Ki. Für das vollj Ki gilt IV (Rn 16). Das mj 1
Ki ficht seine Ehelichk dch seinen gesetzl Vertr, ggf nach Einwillg der Mutter, mit Gen des VormschG an
(Rn 2). ProzVorauss: ZPO 640b.

2) Anfechtung durch das minderjährige Kind, I. 2

a) Zweistufigkeit: Zu unterscheiden sind die Vorentscheidg darüber, ob die Ehelichk angefochten w soll 3
u die Führg des AnfProz selbst (BGH NJW **75**, 345; LG Ravbg DAV **90**, 467). **aa)** Die Entsch über die Anf 4
gehört zur **Personensorge** (§ 1626 I 2). Sie darf einem ErgänzsPfl (Rn 10) gem §§ 1629 II 3, 1796 II nur bei
konkr nachgewiesenem erhebl InteressenGgs zw Sorgeberecht u Ki übertr w (BGH NJW **75**, 345: Ehem;
BayObLG FamRZ **89**, 314; Bambg FamRZ **92**, 220: Mutter). Er setzt voraus, daß das Unterbleiben der Anf
zu einem unverhältnmäß Nachteil für das Ki führen würde (BayObLG FamRZ **94**, 1196). **bb)** Die Führg des 5
AnfProz erfolgt in **Vertretung** des Ki (§ 1629 I 1). Für den PersSorgeBerecht wird hier ein ErgPfl bereits
unter den Vorauss von §§ 1629 II 1, 1795 I Nr 1 u 3 bestellt. Iü enth die PflBestellg für die AnfEntsch (Rn 4)
zugleich auch die Entziehg der VertrMacht für den AnfProz (KG NJW **66**, 1320).

b) Gesetzlicher Vertreter ist der PersSorgeBerecht (Ffm FamRZ **69**, 106; vgl GA DAV **84**, 277 u **86**, 6
479). **aa)** Das ist die **Mutter** beim Tod des Ehem (§ 1681) od wenn ihr das PersSorgeR nach § 1680 zufällt od 7
bei Scheidg nach § 1671 übertr w (Düss NJW **65**, 400). Dagg reichen wg § 1795 I Nr 3 für ihr AlleinVer-
tretgsR nicht aus: ein vorl SorgeR gem § 1672 od ZPO 620 Nr 1; die rechtskr Ehescheidg als solche (BGH
NJW **72**, 1708; Zweibr FamRZ **80**, 911). Vielm ist in diesen Fällen ein Pfl zu bestellen, was vor allem für den
Beginn der AnfFr von Bedeutg ist (§ 1596 Rn 9). Iü kann der Mu die Entsch über die Anf u für den AnfProz
entzogen w (Rn 3). **bb)** Der **Ehemann**, gg den sich die AnfKl des Ki richtet, kann das Ki im AnfProz nicht 8
vertr (vgl §§ 1629 II 1, 1795 II, 181). Das Ki erh einen Pfl (§ 1909), gleichgült ob dem Mann das PersSorgeR
allein od zus mit der Mu zusteht, deren Vertretg ihrers §§ 1629 II, 1795 I Nr 3 entggstehen (MüKo/
Mutschler 5). Hat nach der Scheidg der Ehem das SorgeR übertr bekommen, Bestellg eines Pfl für die
AnfEntsch selbst (Rn 4) nur, wenn die Anf im Interesse des Ki liegt (BGH NJW **75**, 345); zur Durchf des
Proz (Rn 5) ist ijF ein Pfl erfdl. **cc) Vormund:** §§ 1773ff. **dd) Ergänzungspfleger** für die Entsch über die 9/10
Anf der Ehelichk selbst nur nach §§ 1629 II 3, 1796 II, 1909 I 2 bei erhebl InteressenGgs (Rn 4); für den
AnfProz dagg: Rn 5. Auch wenn der Mann sorgeberecht, reicht seine Stellg als potentieller ProzGegner nicht aus,
weil es im Interesse des Ki liegen kann, bei dem bish Vater zu bleiben (BGH NJW **75**, 345/47; BayObLGZ
78, 254). Pflegerbestellg aber, wenn sich der Vater wg Tötg der Mu in Strafh befindet (LG Ravbg DAV **90**,
467) od wenn er nach Verlust seines eig AnfR dasj des Ki ausüben will (Soerg/Gaul 8). Zur ErgPflegsch für
die sorgeberecht Mu vgl Rn 4, wobei natürl unter den Vorauss von § 1796 II auch eine Pflegsch für die
ProzFührg bei der Mu in Betr kommt. **ee) Adoptiveltern.** Zum RSchutzbedürfn: MüKo/Mutschler § 1599 11
Rn 1.

c) Einwilligung der Mutter, III 1, bei Vertrg des Ki dch Vormd od Pfl (Rn 9 u 10). Höchstpers Entsch, 12
so daß die Mu hierin nicht vertreten w kann, **III 2,** u sie bei eig Beschrkg in der GeschFgk auch nicht der
Zust ihres gesetzl Vertr bedarf, **III 3.** Erlöschen des EinwillgsErfordern, **III 4,** bei GeschUnfgk, Unbe-
kannth ihres Aufenth, Verwirkg der elt Sorge (§ 1666 Rn 7) od wenn das Unterbleiben der Anf für das Ki
mit unverhältnism Nachteilen verbunden wäre, zB in den Fällen von § 1596 Nr 4 u 5 od wenn dadch eine
Legitimierg des Ki (§§ 1719, 1596 I Nr 3) vereitelt würde (MüKo/Mutschler 8). Vormschgerichtl Gen ohne
die erfdl Einwillg der Mu ist wirks (SollVorschr).

d) Genehmigung des Vormundschaftsgerichts ist KlVorauss, die ggf – allerd unter Beachtg der AnfFr 13
(BGH FamRZ **66**, 504) – nachgeholt (Soerg/Gaul 9) u noch währd des AnfVerf überprüft w kann (Ffm NJW
64, 1864). **aa) Verfahren.** Zust ist der Ri (RPflG 14 Nr 3a), auch in den Fällen von § 1596 I Nr 4 u 5 hins der sittl 14
Rechtfertigg das ProzGer. Anhörg des Ki (FGG 50b), auch eines 7jähr (Hamm FamRZ **84**, 81), des JA (SGB
VIII 50 I, FGG 49 I Nr 1a). BeschwR: Gesetzl Vertr, JA, der gesetzl Vater u das mj Ki nach Vollendg des
14. LebJ (FGG 20, 57, 59). Bei Aufhebg der ErgPflegsch wird die Gen ggstandsl (BayObLGZ **78**, 256).
bb) Das VormschG prüft, unter Abwägg der konkr Vor- u Nachteile, ob die Anf dem **Interesse des** 15
Kindes entspricht. Dabei kommt der Feststellg der blutsmäß Abstammg im Anschl an BVerfG FamRZ **89**,
255 bes Gewicht (Soerg/Gaul Nachtr 9), aber kein Vorrang zu (Hamm FamRZ **84**, 81; aA LG Bln DAV **84**,
498 wenn das Ki außerh der ehel Gemsch geboren ist). Im Gegenteil kann das KiWohl für die Beibehaltg der
Zugehörigk zu der bish Fam u damit gg die Klärg der wirkl Abstammg sprechen (LG Bln DAV **82**, 582), zB
wenn keine konkr Möglk besteht, die wirkl Vatersch festzustellen (BayObLG FamRZ **95**, 185). Umgek hat
die Klärg der Abstammg Vorrang, wenn die EhelichkAnf nach Auflös der Ehe keine Nachteile befürchten

läßt (LG Frankth FamRZ **83**, 733) od sogar Vorteile (Unterh!) ggü der gelebten Gemsch (LG Bln DAV **76**, 640) od wenn sich der ehel Vater wg Tötg der Mu in Strafh befindet (LG Ravbg DAV **90**, 467). Die Gen ist nicht schon zu versagen, wenn der Scheinvater in die Adoption dch den angebl Erzeuger eingewill hat (LG Oldbg FamRZ **82**, 833). Der Ablauf der Fr nach § 1596 I Nr 1–3 hindert die Erteilg der Gen nicht, wenn die unbefristete Anf nach Nr 5 wg einer schweren Erbkrankh mögl ist (BayOblG DAV **88**, 1025).

16   **3) Anfechtung durch das volljährige Kind, IV,** erfolgt als höchstpersönl (§ 1595 I 1) dch das Ki selbst mit einer entspr neuen AusschlFr (§ 1598). § 1595 II: Ist das vollj Ki geschäftsunfäh, Anf mit Gen des VormschG dch den Betr (§§ 1896, 1902).

1598 *Anfechtung durch das Kind nach Volljährigkeit.* **Hat der gesetzliche Vertreter eines minderjährigen Kindes in den Fällen des § 1596 Abs. 1 Nr. 1 bis 3 die Ehelichkeit nicht rechtzeitig angefochten, so kann das Kind, sobald es volljährig geworden ist, seine Ehelichkeit selbst anfechten; die Anfechtung ist nicht mehr zulässig, wenn seit dem Eintritt der Volljährigkeit zwei Jahre verstrichen sind.**

1   **Fristversäumung durch den gesetzlichen Vertreter.** In den Fällen § 1596 I Nr 1–3 läuft eine 2-Jahresfrist, die, da idR das Kind noch mj sein wird, durch den gesetzl Vertreter (§ 1597 Rn 3) gewahrt w muß. Die Vorschr ist, sow ab Volljährigk des Ki für dieses eine kenntnisunabhäng neue AnfFr von 2 J zu laufen beginnt, mit **GG** 1 I, 2 I **unvereinbar** (BVerfG FamRZ **94**, 881; Schlesw FamRZ **94**, 122; vgl ferner § 1596 Rn 3 sowie 53. Aufl). Fehlte ein gesetzl Vertr, kommt es auf die Kenntn des Ki an (BayOblG FamRZ **93**, 840). Der Vollj kann auch eine Anf gemäß § 1596 I Nr 4, 5 nachholen, da hierfür eine Fristbegrenzg nicht gegeben ist (§ 1596 Rn 7).

1599 *Anfechtung durch Klage oder Antrag.* [I]**Der Mann und die Eltern des Mannes fechten die Ehelichkeit des Kindes durch Klage gegen das Kind, das Kind ficht die Ehelichkeit durch Klage gegen den Mann an.**

[II]**Ist das Kind gestorben, so wird die Ehelichkeit durch Antrag beim Vormundschaftsgericht angefochten. Dasselbe gilt, wenn das Kind nach dem Tode des Mannes seine Ehelichkeit anficht.**

[III]**Wird die Klage oder der Antrag zurückgenommen, so ist die Anfechtung der Ehelichkeit als nicht erfolgt anzusehen.**

1   **1) Anfechtung seitens des Mannes. a) Das Kind lebt, I.** Anfechtg, dh Ausübg eines GestaltgsR durch einen verfrechtl Akt (aM Gaul FamRZ **63**, 631, der die rechtsgeschäftl Seite leugnet, desgl Ffm FamRZ **64**, 520: bloße ProzHdlg; wie hier Gernhuber § 45 VI 1 Fußn 1, RGRK 9. Aufl § 1596 Anm 2) erfolgt durch Klage gg das Kind, ZPO 640 II Z 2, auch im Wege der Widerklage im Rahmen von ZPO 640 c. Zust AG, GVG 23 a Z 1, Rechtsmittelinstanz OLG, GVG 119 Z 1, örtl Zustdgk ZPO 640 a, falls kein allg Gerichtsstand. AnfFrist 2 Jahre, § 1594. Bei beschränkter GeschFgk od GeschUnfähigk des Mannes § 1595, ZPO 640 b. Stirbt der Mann währd des RStreits, so wird der RStreit unterbrochen, beide Eltern od der überl Elternteil, war der Mann nehel, die Mutter, können ihn innerh eines Jahres aufnehmen, ZPO 640 g u § 1595 a Rn 7. Sind beide Eltern gestorben od stirbt das Kind, so ist AbstammgsRStreit in der Haupts
2   erledigt, ZPO 640 g, 628. **b) Das Kind ist gestorben, II.** Anfechtg erfolgt durch Antr beim VormschG. Er geht auf Feststellg, daß das Kind nicht das des Kl ist, u bringt ein Verf vor dem VormschG in Gang. Keine bes Form, Frist wie zu a. War bereits Klage erhoben u ist diese durch den Tod des Kindes in der Haupts erledigt, oben a, so muß die Frist durch die Klage als gewahrt angesehen werden, Maßfeller StAZ **61**, 246, falls Antr demnächst beim VormschG gestellt wird. Zustdgk FGG 43, 36. Es entscheidet der Richter, RPflG 14 Z 3 a. VormschG wird im übrigen vAw tätig, FGG 12, doch kann Mann der Verwendg von ehelkeitsfeindl Tats, die er nicht vorgebracht hat, widersprechen, ZPO 640 d entspr. Ungeklärtes geht zu Lasten des AntrSt. Die Vfg des VormschG, in der es über die Ehelichk entscheidet, wird erst mit Rechtskr wirks, FGG 56 c. Gegen die Vfg sofortige Beschw, FGG 60 I Z 6, u zwar bei Stattgeben durch jeden, dessen Recht durch die Vfg beeinträchtigt ist, FGG 20 I; bei Ablehng nur Mann beschwerdeberechtigt, FGG 20 II. Kosten für Verf beim VormschG KostO 94 I Z 7.

3   **2) Anfechtung seitens der Eltern. a) Das Kind lebt, I.** Stirbt ihr Sohn währd eines AnfRStreits, so können die Eltern innerh eines Jahres den mit dem Tode des Mannes unterbrochenen RStreit aufnehmen, ZPO 640 g, s § 1595 a Rn 7. Haben sie selbst (od der überl Elternteil) ein AnfR, § 1595 a, so ist von ihnen Klage gg das Kind zu erheben. Klagefrist ein Jahr (§ 1595 a Rn 5). Bei beschränkter GeschFgk od GeschUnfgk §§ 1595 a III, 1595 I, II 1. Stirbt währd des RStreits der noch überl Elternteil od stirbt das Kind, so Erledigg der Haupts, ZPO 640 I. Die Haupts erledigt sich auch, wenn der Mann Bekl im AnfRStreit war u stirbt, da ZPO 640 g dann nicht eingreift. In diesem Fall kann das Kind beim VormschG seine Ehlichk anfechten, die Eltern des Mannes durch Klageerhebg, falls nicht, wie dann meist, der Mann nicht anfechten wollte, § 1595 a II. Erheben die Eltern Klage, kann das Kind, wenn es auch anfechten will, seiners nur Widerklage erheben, ZPO 640 c, damit 2 Verf, die sich möglicherw widersprechen, vermieden werden, ebso Gernhuber § 45 VI 6 Fußn 9; das etwa beim VormschG vom Kind schon anhängig gemachte Verf hat
4   sich dann erledigt, RGRK Anm 10. **b) Das Kind ist gestorben, II.** Haben die Eltern ein selbst AnfechtungsR, § 1595 a, u trifft die sich aus § 1595 a II 2 ergebde Einschränkg nicht zu, können sie Antr beim VormschG stellen, II 1. Wg FrWahrg bei schon vorher laufdem RStreit oben Rn 2.

5   **3) Anfechtung seitens des Kindes. a) Der Mann lebt, I.** Kl gg den Mann, auch dch WiderKl, ZPO 640 c, soweit sie wg FrAblaufs iF der Zurückn der Kl v Bedeutg sein kann, Köln NJW **72**, 1721 mwN, aA Schlesw NJW **63**, 766. Frist, soweit eine solche in Betr kommt, 2 J. KlErhebg, falls Kind mj, nur mit Gen des VormschG, § 1597, ZPO 640 b, wenn vollj, §§ 1597 IV, 1598. Tod des Kindes bewirkt Erledigg der

Haupts (§ 1595a Rn 7); es könnte nur noch der Mann u nach dessen Tod seine Elt anfechten, falls AnfFristen noch nicht abgelaufen, die dch die Kl des Kindes nicht gewahrt w. **b) Der Mann ist gestorben, II.** Das **6** Kind ficht dch Antr beim VormschG an; auch hier FrWahrg dch die etwa schon vorher gg ihn erhobene Kl, die sich dch den Tod in der Haupts erledigt h. Die Elt können den RStr, in dem er Bekl war, nicht aufnehmen. Wg Verf, Entsch, Kosten Rn 2. Nach erfolgr EhelkAnf Wiedererlangg der Ehelk nur dch RestitutionsKl (Hamm FamRZ **86**, 1026; vgl Einf 7 v § 1591).

4) Zurücknahme der Klage oder des Antrags, III, hat zur Folge, daß die Anf als nicht erfolgt **7** angesehen wird. Rückwirkende Beseitigg, vgl auch § 212 I. Kann also, falls Frist noch läuft, wiederholt werden, da in Rücknahme weder Verzicht noch Anerkenntnis zu sehen ist, zumal der ein solches vorsehende § 1598 aF bereits durch Art 2, § 6 FamRÄndG v 12. 4. 38 aufgeh ist u von einer Wiedereinführg ausdrückl abgesehen wurde, Begr RegEntw zu Art 1 Nr 5 FamRÄndG.

1600 *Ehelichkeit bei Wiederverheiratung der Mutter.* [1]Wird von einer Frau, die eine zweite Ehe geschlossen hat, ein Kind geboren, das nach den §§ 1591, 1592 ein eheliches Kind sowohl des ersten als des zweiten Mannes wäre, so gilt es als eheliches Kind des zweiten Mannes.

[2]Wird die Ehelichkeit des Kindes angefochten und wird rechtskräftig festgestellt, daß das Kind kein eheliches Kind des zweiten Mannes ist, so gilt es als eheliches Kind des ersten Mannes.

[3]Soll geltend gemacht werden, daß auch der erste Mann nicht der Vater des Kindes ist, so beginnt die Anfechtungsfrist frühestens mit der Rechtskraft der in Absatz 2 bezeichneten Entscheidung.

Zweite Ehe der Frau. Wird von einer Frau, die eine zweite Ehe eingegangen ist, wobei unerhebl bleibt, **1** aus welchem Grunde die erste Ehe aufgelöst ist, nach dem weiten Wortlaut sogar, ob sie überh aufgelöst ist, innerh von 302 Tagen, § 1592, ein Kind geboren, so wäre es nach § 1591 ein eheliches Kind sowohl des 1. wie des 2. Mannes. I entscheidet diesen Konflikt dahin, daß es dann – entspr der allg Lebenserfahrg – als das des 2. Mannes gilt. Dieser kann die Ehelichk aber unter den allg Voraussetzgn, §§ 1593, 1594, 1599, anfechten. Wird rechtskr festgestellt, daß das Kind nicht das des 2. Ehemannes ist, so wird vermutet, daß es das Kind des 1. Mannes ist, II, der nach Rechtskr jenes Urt auch seiners die Ehelichk anfechten kann. In diesem Falle beginnt die Frist, abgesehen von der in § 1594 II erforderten Kenntn, an Stelle der dort genannten Geburt des Kindes frühestens mit der Rechtskr der Entsch, die die Nichtehelichk des Kindes ggü dem 2. Mann feststellt.

II. Nichteheliche Abstammung

Vorbemerkung

1) Inhalt: Der Untertitel II regelt die nehel Abstammg unter möglichster Annäherg an die ehel, also die **1** Feststellg der Vatersch mit Wirkg für u gg alle (§ 1600a). Hierzu genügt die Anerk als solche, ohne daß sie einer gerichtl Anerk bedarf (§§ 1600a–e), die aber ähnl wie die Ehelichk angefochten w kann (§§ 1600g–m). Erfolgt eine Anerk nicht, bleibt nur die Kl (§ 1600n), um die nehel Vatersch für u gg alle festzustellen. **Verfahrensrecht:** Einf 4–8 v § 1591. **Reform:** Überbl 1 v § 1589.

2) Verhältn von VaterschFeststellg u **Adoption:** Einf 3 v § 1741. **IPR:** EG 20. **Übergangsrecht: 2** NEhelG Art 12 § 3 (41. Aufl, Anh zu § 1600o). Die Anf eines vor dem 1. 7. 70 erkl VaterschAnerk ist an keine Fr gebunden (BayObLG NJW-RR **92**, 776).

1600 a *Feststellung der Vaterschaft.* Bei nichtehelichen Kindern wird die Vaterschaft durch Anerkennung oder gerichtliche Entscheidung mit Wirkung für und gegen alle festgestellt. Die Rechtswirkungen der Vaterschaft können, soweit sich nicht aus dem Gesetz ein anderes ergibt, erst vom Zeitpunkt dieser Feststellung an geltend gemacht werden.

1) Feststellung der Vaterschaft mit Wirkg für u gg alle nur dch Anerk (§ 1600b) od gerichtl Entsch **1** (§ 1600n), die auch nach Ann als Ki erfolgen kann (Engler ZfJ **72**, 194). Die Feststellg der nehel Vatersch ist einheitl, kann also nicht auf best RWirkgen (zB die UnterhVerpfl des Mannes) beschr w (BGH **60**, 247; NJW **73**, 2251). Währd das ehel Ki selbst bei offenb Unmöglk der Abstammg von dem Ehem seiner Mutter in die Ehe hineingeboren wird, hat die Notwendigk der VaterschFeststellg beim nehel Ki die **Sperrwirkung des § 1593:** Bis zu diesem Ztpkt kann niemand geltd machen, daß jemand Vater eines best nehel Ki ist. Vgl aber Rn 11 u 12 sowie § 1593 Rn 4. Die VaterschFeststellg ist Vorauss für alle Anspr gg den nehel Vater: auf Unterh (BGH NJW **73**, 1367), Erbersatz (§§ 1934a ff), auch des nehel Mutter (§§ 1615k ff), ferner für den Regreß (§ 1600b). Vor Feststellg der Vatersch besteht auch keine AuskPfl gem BKGG (BayObLG FamRZ **92**, 118). **Ausnahmen:** Ohne vorherige VaterschFeststellg ist die Eingehg einer vertragl Unterh- **2** Verpfl wirks (BGH **64**, 136). Zul auch der Regreß des Scheinvaters bei kollusivem Zuwirken des Erzeugers mit der Mutter (AG Euskirchen FamRZ **90**, 198 mN u Anm Schröder). Zum **Auskunftsanspruch** des Scheinvaters: Einf 2 v § 1591.

2) Anerkennung. Zum Verhältn zur gerichtl Feststellg Rn 8. **a) Voraussetzungen** einer rechtsgült **3** Anerk: §§ 1600b–e. Anerkannt w kann nur ein **nichteheliches Kind.** Zul allerd die Anerk für den Fall wirks EhelichkAnf (§ 1600b Rn 3). Eine Anerk ist unzul, wenn die Vatersch bereits dch einen und anerkannt od rechtskr festgestellt w (§ 1600b III); doch ist eine Anerk währd eines FeststellgsVerf gg einen Dr zul mit

4 der Wirkg der Erledigg der Haupts. – **b) Zeitpunkt:** Anerk nur zu LebZten des Ki, aber schon vor dessen Geburt zul (§ 1600b II). Nach seinem Tode Feststellg nur dch das VormschG (§ 1600n II). Die Anerk im StatusProz bedarf weder einer gerichtl Nachprüfg noch einer Bestätigg dch AnerkUrt, erfordert aber
5 Verlesg u Gen der protokoll Erkl (Hamm FamRZ **88**, 101). Vgl iü § 1600b Rn 3. – **c) Wirkungen:** Keine Erzwingg der Anerk; sie hat konstitutive Bedeutg für die Feststellg der Vatersch. Unterh gem §§ 1601ff, 1615a ff, auch für die Vergangenh (§ 1615d). Zum **Regreß:** § 1615b Rn 3. Anspr der Mutter: § 1615k u l.
6 UmgangsR: § 1711. – **d) Unwirksamkeit:** § 1600f. **Anfechtung** des Anerk dch Kl (§§ 1600g ff), wobei aber gg den anerkennden Mann eine VaterschVermutg spricht (§ 1600m).

7   **3) Gerichtliche Feststellung.** Wird die Vatersch nicht anerkannt, kann sie mit Wirkg ggü jedermann nur auf Kl dch rechtsk Urt festgestellt w (§ 1600n I), nach dem Tode von Mann od Ki dch Beschl des VormschG (§ 1600n II). Die Kl eines Mannes, daß das Ki von ihm gezeugt ist, wie auch dessen eig Kl ist nur zul, wenn
8 das Ki weder ehel (§ 1593), noch von einem and Mann anerkannt ist (S 1, vgl § 1600b III). Zum **Verfahren** Einf 5 ff v § 1591 sowie zum RSchutzBedürfn für die FeststellgsKl trotz VaterschAnerk od Bereitsch dazu: § 1600n Rn 2. Das Ki kann die Antr auf Feststellg des Bestehens der Vatersch u zur Verurt auf Zahlg von RegelUnterh miteinand verbinden (ZPO 643). Das **Urteil wirkt für und gegen alle, S 1,** also ein das Bestehen der Vatersch rechtsk feststelldes Urt auch gg einen Dr, der die Vatersch für sich in Anspr nimmt, selbst wenn er am RStreit nicht teilgen hat (ZPO 641k). Gebunden ist iRv StGB 170b auch der **Strafrichter** (Stgt u Hamm NJW **73**, 2305 u 2306). Zu den Wirkgen iü: Rn 5 u 9ff.

9   **4) Wirkungen der Vaterschaftsfeststellung** (vgl Rn 1). – **a) Umfang.** Anerk wie gerichtl Feststellg bewirken in gleicher Weise für u gg alle, daß der Anerkennde bzw gerichtl festgestellte Mann der Vater des Ki ist. Der Standesbeamte vermerkt die Vatersch am Rande des Geburtseintrags des Ki (PStG 29 I), bei
10 ausländ Erzeuger mit Angabe seiner Staatsangehörigk (Hamm NJW **75**, 499). – **b) Zeitpunkt: aa) Vaterschaftsfeststellung, S 2.** Die RWirkgen der Vatersch können erst von deren Feststellg an geltd gemacht w, vorher kann sich niemand auf die Vatersch des Mannes berufen. Insb kann das Ki gg ihn nicht Kl auf Unterh erheben od der Scheinvater Rückgr nehmen (Kln FamRZ **78**, 834). Auch kein PflichtAnspr (BGH **85**, 274).
11 – **bb) Ausnahmsweise Rückwirkung** dch Vorwirkg der VaterschVermutg bzw dch Vorwegn des Proz-Ergebn bei den einstw UnterhVfgen zG von Ki u Mutter (§ 1615o; ZPO 641d) u hins der EhelichErkl auf Antr des Ki (§ 1740e II; dazu Knur FamRZ **70**, 270). Auch Anspr auf KiGeld rückw (BSG FamRZ **83**, 270). Mögl gleichzeit Feststellg der Vatersch u Verurteilg zum RegelUnterh (ZPO 643). § 1600a verhindert nicht das Entstehen des UnterhAnspr (§ 1615d) u dessen Übergang (§ 1615b); er kann ledigl erst nach Feststellg der Vatersch geltd gemacht w. Vorwirkg auch insof, als vor VaterschFeststellg eines Verstorbenen das nehel
12 Ki als unbek Erbe (§ 1960) anzusehen ist (Stgt NJW **75**, 880). – **cc) Vaterschaftsfeststellungsunabhängige Wirkungen** sind das Eheverbot (EheG 4 Rn 3) u die Strafbark wg Blutschande (StGB 173).

1600b *Anerkennungserklärung.* [I]Eine Anerkennung unter einer Bedingung oder einer Zeitbestimmung ist unwirksam.

[II]**Die Anerkennung ist schon vor der Geburt des Kindes zulässig.**

[III]**Ist die Vaterschaft anerkannt oder rechtskräftig festgestellt, so ist eine weitere Anerkennung unwirksam.**

1   **1) Rechtsnatur und Bedeutung der Anerkennung.** Das VaterschAnerkenntn ist ein einheitl, dh es gibt keine TeilVatersch (BGH **64**, 133). Es ist Wissens- u WillensErkl zugleich, daß der Anerkennende aGrd seiner Beiwohng in der EmpfängsnZt das Kind als von ihm erzeugt ansieht. Daher die verstärkte Vermutg des § 1600m S 1, die nur dch GgBew entkräftet w kann. Die Erkl, die einseit, nicht empfangsbedürft u unwiderrufl ist, wie aus der Sache folgt (also nur unwirks, § 1600f, od anfechtb, § 1600g ff, sein k), enthält aber auch rgeschäftl Elemente, so daß Gesichtspkte der WillErkl, §§ 1600h II, 1600m S 2 nicht ganz außer Betr bleiben können. Vgl auch die entspr Behandlg in NEhelG Art 12 § 3.
2   Die Bedeutg der Anerkenng besteht in ihrer Wirkg auf die Stellg des Kindes für u gg alle, § 1600a. Anders als § 1718 aF schließt sie jedoch nicht die Einr des MehrVerk aus, sond begründet nur die Vermutg des § 1600m S 1, die aber dch vollen GgBew entkräftet w kann. Entspr dieser Bedeutg kann der Anerkennde die Anerkenng nur selbst erklären; sie ist höchstpersönl, § 1600d I. Bevollmächtigg ist ausgeschl, § 1600d III. Formbedürft § 1600e. Bedeutg hat die Anerkenng ferner für die UnterhVerpfl, § 1600a Rn 9, bzgl der Abwehr der Anerkenng dch Dritte, III. Ist das Anerkenntn unwirks, was nur ifv § 1600f in Betr kommt, so kann es immerhin ein Geständn der Beiwohng enthalten. Unzul ist im StatusProz ein AnerkUrt (Hamm DAV **87**, 805; FamRZ **88**, 854).

3   **2) Bedingungs- und zeitbestimmungsfeindlich, I.** Vgl Einf 6 vor § 158. Zul ist die Anerk der nehel Vatersch unter der Rechtsbedingg wirksamer EhelkAnfechtg (BGH **99**, 236; KG FamRZ **95**, 631) u damit auch vor Anhängigk des EhelAnfVerf (AG Tüb DAV **92**, 363). Inanspruchn auf Unterh dann erst mit Eintr dieser RBedingg mögl (LG Dortm NJW-RR **90**, 12). Hinsichtl der Frist f ZustErkl bleibt es bei § 1600e III 2 (LG Stgt DAV **93**, 87). § 1593 steht der vorweg erkl Anerk nicht entgg, da ein solches Anerk keine „Geltdmachg" der Nehelk ist u das Anerk dem Ki (wg § 1600c u ErbR) ausschließl nützt, insb iF des Todes des ne Vaters vor Rechtskr des AnfUrt. Nach § 209 II DA 1958f StaBeamt werden derart Anerk vorläuf zu den Akten gen (and DA 1968 § 209, sa § 372 VIII). Die Vatersch kann in diesem Fall am Rande des
4 Geburtseintrags erst nach rechtskr Feststellg der Vatersch vermerkt w (BGH aaO). Sonst **Zusätze** sind hins der Wirksamk des Anerk nach § 139 zu beurt (BGH **64**, 129); derj, die Wirkgen des Anerk sollten sich auf das dt Recht beschr, ist zul, soweit damit weitergehde Wirkgen eines ausländ Rechts abgeschnitten w sollen (BGH StAZ **75**, 309).

5   **3) Eine Anerkennung vor der Geburt des Kindes, II,** ebso wie die erfdl Zust dazu (§ 1600e) können im Interesse der baldigen Klärg des PersSt schon vor der Geburt des Ki u damit auch vor wirks Feststellg seiner

Nehelk erkl w (Rn 3). Bei Fehl- od Totgeburt erledigt sich diese Anerkenng, nicht aber die Kosten für die Entbindg u die UnterhKosten für die Mutter vor u nach der Geburt, §§ 1615k u l, ggf auch nicht die Beerdiggskosten, §§ 1615m, n. Keine entspr Anwendg v II auf die EhelichkErkl (KG NJW **84**, 876).

4) Keine weitere Anerkennung, III. Eine solche verbietet sich schon mRücks auf die Wirkg der **6** Feststellg der Vatersch für u gg alle (§ 1600a S 1), die nicht dch einen Privatakt aufgeh w kann. Sie wäre erst dann mögl, wenn die bish Anerkenng unwirks (§ 1600f) od mit Erfolg angefochten wäre (§§ 1600g ff), was aber dch einen Dr nicht mögl ist (§ 1600g I; sa ZPO 641k), od das die Vatersch rechtskr feststellde Urt im WiederAufnVerf aufgeh w (sa ZPO 641i). Zur Behandlg gleichwohl im Geburtenbuch vermerkter Doppelanerkenngn vgl BayObLG StAZ **75**, 14.

1600c   *Zustimmung des Kindes.*   [I]Zur Anerkennung ist die Zustimmung des Kindes erforderlich.
[II]Die Zustimmung ist dem Anerkennenden oder dem Standesbeamten gegenüber zu erklären.

1) Zweck: Das Kind braucht sich den Anerkennden nicht als Vater aufzwingen zu lassen. Es kann sich **1** desh dch ein VaterschFeststellgsVerf zuvor davon überzeugen, ob der anerkwillige Mann sein Va ist (KG DAV **91**, 864) u sich erst recht gg die Anerkenng dch einen (auch ausländ, BGH FamRZ **75**, 273; Düss FamRZ **73**, 213) Nichterzeuger wehren. Ohne Zustimmg ist die Anerkenng unwirks, § 1600f. Umgek trägt das ZustErfordern dem Interesse des Kindes daran Rechng, daß Vatersch alsbald feststeht, währd andernf ein längeres Verf notw wäre. Für ein noch nicht 14j nehel Ki kann die Zust nur dch einen Vormd od Pfleg (§ 1706 Z 1) erkl w (KG FamRZ **86**, 724/25; Zweibr FamRZ **87**, 1077).

2) Die **Zustimmung** ist einseit empfangsbedürft WillErkl (BGH NJW **95**, 2346) u erfolgt dch das Kind, **2** I, ggf für dieses dch den gesetzl Vertr (§ 1600d II). Eine Zust der Mutter ist nicht vorgesehen, so daß sie auch nicht widersprechen, sond nur anfechten kann (§ 1600g). Krit dazu Lange NJW **70**, 297. Keine ZustErkl dch einen Bevollm (§ 1600d III). **Zustimmungsgegner:** Erkl (ähnl §§ 1726 II, 1748 I) dem StBeamt (wg ZugangsNachw zweckmäß; Stenz DAV **84**, 458) wie dem Anerkennden ggü. Zulässig auch vor der Anerkenng, auch vor Geburt des Ki (vgl § 1600b II), wobei dann Pfleger zust muß (§ 1912 I 2). Wg Beurk § 1600e. ZustErfordern entfällt nach dem Tode des Ki (§ 1600n II).

1600d   *Vertretung.*   [I]Wer in der Geschäftsfähigkeit beschränkt ist, kann nur selbst anerkennen; er bedarf hierzu der Zustimmung seines gesetzlichen Vertreters. Für einen Geschäftsunfähigen kann sein gesetzlicher Vertreter mit Genehmigung des Vormundschaftsgerichts anerkennen.
[II]Für ein Kind, das geschäftsunfähig oder noch nicht vierzehn Jahre alt ist, kann nur sein gesetzlicher Vertreter der Anerkennung zustimmen. Im übrigen kann ein Kind, das in der Geschäftsfähigkeit beschränkt ist, nur selbst zustimmen; es bedarf hierzu der Zustimmung seines gesetzlichen Vertreters.
[III]Ein geschäftsfähiger Betreuter kann nur selbst anerkennen oder zustimmen; § 1903 bleibt unberührt.
[IV]Anerkennung und Zustimmung können nicht durch einen Bevollmächtigten erklärt werden.

1) Vaterschaftsanerkennung gem § 1600a: **a)** des **Minderjährigen, I 1** (vgl § 1597 Rn 2–3). Nur er **1** kommt nach Abschaffg der Entm noch als GeschFhgkBeschränkter in Betr (§ 106). Anerk, wie die des Vollj, nur höchstpers, IV. Erfdl ist aber die ebenf pers Zust des ges Vertr. Andernf ist die Anerk unwirks (§ 1600f). **b)** des **Geschäftsunfähigen, I 2,** u zwar auch des geschunfäh Betreuten (BT-Drucks 11/4528 **2** S 107), dch den ges Vertr, wobei sich iF der Betreuung diese auf die Pers- u VermSorge erstrecken muß (§ 1896 Rn 27; Böhmer StAZ **92**, 69). Vorauss ferner Gen des VormschG, das vor Erteilg der Gen prüfen muß, ob Vatersch vorliegt, so daß es iZw doch auf den eigtl angem § 1600n hinausläuft (Soergel/Gaul 3). Gen vor der Anerk erfdl (§ 1831); sonst ist die Anerk unwirks (Lange NJW **70**, 299). **c)** des **geschäftsfähi- 3 gen Betreuten:** Rn 6.

2) Zustimmung des Kindes zur Anerkennung, II, iSv § 1600c ohne vormschgerichtl Gen: **a)** Bei **4** **Geschäftsunfähigkeit oder unter 14 Jahren** dch den ges Vertr, **II 1,** idR also dch das JA (§§ 1706 Z 1, 1709). **b)** Bei 14–17j eig Zust des **Jugendlichen, IV,** aber Zust des ges Vertr dazu, **II 2.** Ist zustberecht die **5** mit dem Anerkennenden verh Mutter, ist, wenn nicht überh § 1719 gilt, PflegerBestellg erfdl (LG Bln StAZ **85**, 14; Gymnich StAZ **74**, 165). Nachträgl Zust gült (§ 184). Fr: § 1600e III.

3) Anerkennung und Zustimmung des Betreuten, III (§ 1896), nur höchstpers, also weder für **6** §§ 1600a, b noch für § 1600c kommt eine Vertretg dch den Betreuer (§ 1902) in Betr. Ist allerd ein Einw-Vorbeh angeordn, der sich auf diese Angelegenh erstreckt (§ 1903 Rn 9), muß auch der Betr zust. Bei GeschUnfgk des Betreuten gelten für die Anerk I 2 (Rn 2) u für die Zust I 1 (Rn 2).

4) Zustimmung des gesetzlichen Vertreters, bei getrennter Pers- u VermSorge wg UnterhVerpfl **7** Zust beider Vertr erfdl. Zweck: Nachprüfg, ob schwerwiegde Zw an der Vatersch bestehen (§ 1600o II 2). Form: § 1600e I 2. Fr: § 1600e III. Die Zust ist nicht anfechtb (KG NJW-RR **87**, 388).

5) Anerkennung und Zustimmung sind, auch iFv ZPO 641c, **höchstpersönlich, IV,** u können desh **8** nicht dch den Vertr erfolgen. Keine Unterscheidg in Vertretg im Willen u Vertretg in der Erkl (Soergel/Gaul 5).

1600 e   *Form der Erklärungen.* [I]Die Anerkennungserklärung und die Zustimmungserklärung des Kindes müssen öffentlich beurkundet werden. Die Zustimmung des gesetzlichen Vertreters zu einer solchen Erklärung ist in öffentlich beglaubigter Form abzugeben.

[II]Beglaubigte Abschriften der Anerkennungserklärung sind außer dem Standesbeamten auch dem Kind und der Mutter des Kindes zu übersenden.

[III]Die Zustimmung des Kindes und seines gesetzlichen Vertreters sowie die Zustimmung des gesetzlichen Vertreters des Anerkennenden können bis zum Ablauf von sechs Monaten seit der Beurkundung der Anerkennungserklärung erteilt werden. Die Frist beginnt nicht vor der Geburt des Kindes.

1   **1) Anerkennungs- u Zustimmungserklärung.** Mit Rücks auf die Bedeutg der Anerkenng der Vatersch fordert das G für die Anerkenngs- (§ 1600b Rn 1, 2) u die ZustimmgsErkl des Ki (§ 1600c) **öffentliche**
2   **Beurkundung, I 1,** iSv ZPO 415. **a) Zuständigkeit.** Die Urk muß errichtet w dch einen Notar (BNotO 20); das AG (BeurkG 62 Nr 1; RPflG 3 Nr 1 f), wohl auch beim Ki (Firsching RPfleg **70**, 15); den StBeamt (PStG 29 a I; BeurkG 58); den entspr ermächtigten Beamt u Angest des JA (SGB VIII 59 I; BeurkG 59; das ProzGer, bei den VaterschKl anhäng ist (ZPO 641 c). Im Ausl die dtsch KonsularBeamten (KonsG 2, 10); zur Zustdgk ausländ Behörden: EG 11. Zu den Erfordern Zweibr u BayObLG DAVorm **79**, 456 u 459. **b)** Die ZustErkl
3   des ges Vertr (§ 1600d I u II) sind in **öffentlich beglaubigter Form** abzugeben (§ 129), also dch Notar (BeurkG 40), BKonsuln (KonsG 2, 10), StBeamten mögl, PStG 29 a I 2. Auch die Zust des ges Vertr zur Anerkenng seitens des Mannes, der nach § 114 beschr geschäf ist (§ 1600d I 1), ebso die zur Zust des Kindes, das älter als 14 Jahre ist (§ 1600d II 2), bedarf der öff Beglaubigg. Innerh eines VaterschProz: ZPO 641 c. Wenn die Beurk auch dch die damit verbundene Belehrg dem Anerkennden die Bedeutg der Sache vor Augen führen soll, so ergibt sich dadch für die Richtigk der Anerkenng nichts. GgBew (§ 1600m), bleibt mögl. Mit der Anerkenng kann die UnterhVerpfl (entspr ZPO 643) anerkannt w (ZPO 794 I Z 5, 642c Z 2), die aber nur
4   dann wirks ist, falls das auch bei der Anerk der Fall ist. Wg Anfordergen an **ausländische** öff Urk BayObLG StAZ **79**, 263.

5   **2) Kenntnis von der Anerkennungserklärung, II,** die ja keine empfangsbedürft WillErkl ist (§ 1600b Rn 1), erhalten der StBeamte, vgl auch PStG 29 II, sowie Mutter u Kind dch die beurk Stelle, die begl Abschr der AnerkenngsErkl **übersendet.** Die ÜbersendgsPfl erstreckt sich auch auf nicht ausdrückl VaterschAnerk (LG Bn DAV **87**, 131). Mutter u Kind erhalten damit nicht nur sichere Kenntn, sond mit dem Ztpkt des Bekanntw der Erkl beginnt für die Mutter die AnfechtsFr, § 1600h IV. Anerkenng in geheimer Urk iGgs zu früher (Maßfeller StAZ **61**, 125) nicht mehr mögl (Hamm FamRZ **85**, 1078 mN). Die Mutter behält das Recht, ggf auch iW der Beschw die Geheimhaltg des Namens des Erzeugers ihres Kindes dchzusetzen (BayObLG ZBlJugR **78**, 526).

6   **3) Frist für Erteilung der Zustimmungen, III.** Es ist im GgSatz zum bisher R nicht erforderl, daß die Zust des ges Vertr des Anerkennden bereits im Ztpkt der Anerkenng vorliegt. Zuläss also, daß zB ein in der GeschFgk beschr Kind, § 1600d II 2, vor der Zust seines ges Vertr seiners zustimmt. Möglichk der Zust aber befristet: 6 Monate seit Beurk der AnerkenngsErkl, von der Mutter u Kind Nachricht dch die beurkundde Stelle erhalten haben, II. Ist Anerkenng schon vor der Geburt erfolgt, § 1600b II, so FrBeginn erst mit der Geburt, III 2. Bei vorher EhelkAnf beginnt die Fr erst mit Rkraft des FeststellUrt (AG Tüb DAV **90**, 161). Bei AuslGeburt entsch Einreise nach Dtschl (AG Bln-Schö DAV **91**, 700).

1600 f   *Unwirksamkeit der Anerkennung.* [I]Die Anerkennung ist nur dann unwirksam, wenn sie den Erfordernissen der vorstehenden Vorschriften nicht genügt oder wenn sie angefochten und rechtskräftig festgestellt ist, daß der Mann nicht der Vater des Kindes ist.

[II]Sind seit der Eintragung in ein deutsches Personenstandsbuch fünf Jahre verstrichen, so kann nicht mehr geltend gemacht werden, daß die Erfordernisse der vorstehenden Vorschriften nicht vorgelegen haben.

1   **1)** Die Anerk wirkt für u gg alle (§ 1600a). Ihre Beseitigg (vgl §§ 1600g ff) u damit die Wiederherstellg des fr Zustands setzt die Klage des Vaters, Kindes od der Mutter, ggf deren Antr beim VormschG, u ein entspr rechtskr Urt voraus. Anders ist es iFv § 1600f: Ist die Anerk unwirks, gilt sie als nicht erfolgt, ohne daß es eines bes Verf bedarf. Zul allerd FeststellgsKl (ZPO 640 II Z 1); wenn Wirksamk Vorfrage ist, dann Aussetzg (ZPO 154). Konvaleszenz des unwirks Anerk ausgeschl, Anerkenng muß wiederholt w; § 1600b III steht nicht entgg. UnwirksamkGrde in § 1600f abschließd (*arg* „nur“). Desh führt das bewußt wahrheitswidr VaterschAnerk i Ggs zum früh R nicht zur Unwirksamk (Krefeld DAVorm **74**, 261; sa Köln NJW **74**, 953), sond nur zur Anfechtg, die hier dch Klage erfolgen muß (§ 1600l) u mit der die obj Unrichtigk der Anerkenng geltd gemacht w. Insof kann auch der bei Anerk Bösgläub anfechten, hat aber die Vermutg des § 1600m S 1 gg sich. Sa § 1600g Rn 1. Iü setzt die AnfKl eine Anerkenng iS der §§ 1600a ff voraus; Aufgabe der Verteidigg im VaterschProz mit anschließder Verurteilg reicht nicht (Stgt DAVorm **75**, 548).

2   **2) Unwirksamkeitsgründe, I. a)** Die Anerk muß nach Art u Weise, hins der Zust des Kindes, der ges Vertr sowie der Gen des VormschG, ferner hins der Rechtzeitigk der Erkl u ihrer Form den Vorschr der §§ 1600b–e entsprechen. Ist das in allem der Fall, so liegt eine rwirks Anerk vor, mag sie auch inhaltl unricht od gar bewußt falsch sein. Hier bliebe nur Anfechtg, die aber beim Mann grdsätzl nicht Willensmängel, sond nur die obj Unrichtigk der Anerk u damit die Entkräftg der Vermutg des § 1600m S 1 zum Ggst haben k. Auch keine Anf (§§ 119 ff) der erforderl ZustErkl.

3   **b)** Unwirks ist die Anerk auch dann, wenn sie dch Kl od Antr beim VormschG angefochten u rechtskr festgestellt ist, daß der Mann nicht der KiVater ist. AnfechtsBerecht auch hier § 1600g; also nicht der wirkl Vater seines fälschl anerkannten Kindes. Keine weiteren Erschwern für den Mann als § 1600m.

3) Ausschlußfrist, II. Die in Rn 2, 3 gen UnwirksamkGrde können **5 Jahre** nach Eintr in ein dtsch [4] PersStandsbuch nicht mehr geltd gemacht w. Das gilt auch für das selbst erklärte VaterschAnerk eines geschäftsunfäh Mannes, wodch allerd die AnfMöglk gem § 1600h nicht berührt w (BGH NJW **85**, 804). Ebso wirkt die AusschlFr trotz bewußt unricht Anerk bei Legitimation dch Eheschließg (Düss FamRZ **94**, 381).

1600 g *Anfechtungsberechtigte.* [1]Berechtigt, die Anerkennung anzufechten, sind der Mann, der die Vaterschaft anerkannt hat, die Mutter und das Kind.

[II]Ist der Mann innerhalb eines Jahres seit dem Wirksamwerden der Anerkennung gestorben, ohne die Anerkennung angefochten zu haben, so können die Eltern des Mannes anfechten. § 1595a Abs. 1 Satz 2, 3, Abs. 2 Satz 2 gilt entsprechend.

1) Eingef dch Art 1 Z 9 NEhelG. Ist die Anerkenng der Vatersch fehlerfrei u damit wirks (vgl § 1600f [1] Rn 1), steht demj, der sie nicht gelten lassen will, nur der Anf zur Vfg. Die Anf wird iW der **Statusklage** (§ 1600I I, ZPO 640 II Z 2) dchgeführt. Nur dch ein rechtskr Urt, worin festgestellt w, daß der Mann nicht der Vater des Kindes ist, kann die Wirkg des Anerk für u gg alle (§ 1600a) wieder beseitigt u die Anerkennung unwirks w (§ 1600f I). Vorschr des § 1600g bestimmt den Kreis der **Anfechtungsberechtigten** (Rn 2–5). Eines bes, über die obj Unrichtigkt des Anerk hinausgehden **Anfechtungsgrundes** bedarf es nicht. Die wirks Anerkenng hat die Vermutg zur Folge, daß das Kind von dem anerkennden Manne gezeugt ist (§ 1600m S 1). Diese Vermutg muß also entkräftet w. Das kann, außer iF des § 1600m S 2, nicht dch Anf wg eines Willensmangels (§§ 116ff) bei Abg der AnerkErkl, sond nur dch den Nachw geschehen, daß das Kind nicht das des Anerkennden, die Anerkenng also unricht ist.

2) Der Kreis der AnfBerecht ist beschr. **Anfechtungsberechtigte,** sind **a)** der Mann, der anerkannt hat. [2] An weitere Voraussetzgen zB Kenntn von neuen Tats ist seine Anf nicht geknüpft. Sie wird sogar dadch nicht ausgeschl, daß er wissentl unricht anerkannt hat. Die Erben des Mannes sind, abgesehen von den Eltern, unten d, nicht anfberecht. **b)** Die Mutter hat ein AnfR, da der Mann dch die Anerkenng ein VerkR [3] erlangen kann, § 1711, auch eine EhelichErkl mögl wird, § 1723. **c)** Das Kind, obwohl seine Zust zur [4] Anerkenng erforderl war, § 1600c. Bes AnfGrde, vgl § 1596, sind nicht vorgesehen. Weiteren Pers außer den Eltern, unten Rn 5, steht ein AnfR nicht zu, auch nicht dem Mann, der seiners behauptet, der Vater des Kindes zu sein; vgl auch ZPO 641k. Der AnfKl des Ki steht die Rechtskr eines die AnfKl des Mannes abweisden Urt nicht entgg (Düss NJW **80**, 2760). **d)** Die **Eltern** haben zu Lebzeiten des Mannes kein AnfR, [5] obwohl sie als dessen Erben UnterhSchu w können. Sie erhalten aber ein selbständiges AnfechtgsR, wenn der Mann innerh eines Jahres seit dem Wirksamwerden der Anerkenng, dh dem Ztpkt, in dem allen Erfordern der Anerkennung, §§ 1600bff, vor allem auch § 1600e III, genügt ist, starb, ohne bis dahin seine Anerkenng angefochten zu haben, **II.** Dieses AnfR bleibt nach dem Tode eines ElternT beim Überlebden; wenn der Mann, der anerkannt hat, selbst nicht ehel ist, hat es nur seine Mutter, II 2. Die Eltern haben aber kein AnfR, wenn der Mann die Ehelichk des Kindes nicht anf wollte, II 2 iVm § 1595a II 2; vgl auch dort Rn 4. Sind beide Eltern gestorben, so geht diese AnfR auf die Erben der Eltern über, auch wenn sie UnterhSchu w können, sond erlischt. Stirbt der Mann im Laufe eines AnfStreites, so können die Eltern od der übr gebliebne klageberecht ElternT den dch den Tod unterbrochenen RStreit binnen eines Jahres aufnehmen, § 640g.

1600 h *Anfechtungsfristen für Mann, Eltern und Mutter.* [1]Der Mann, der die Vaterschaft anerkannt hat, seine Eltern und die Mutter des Kindes können die Anerkennung binnen Jahresfrist anfechten.

[II]Für den Mann beginnt die Frist mit dem Zeitpunkt, in dem ihm die Umstände, die gegen die Vaterschaft sprechen, bekannt geworden sind. Leidet die Anerkennungserklärung unter einem Willensmangel nach § 119 Abs. 1, § 123, so endet die Frist nicht, solange nach den §§ 121, 124, 144 ein Anfechtungsrecht bestehen würde.

[III]Für die Eltern des Mannes beginnt die Frist mit dem Zeitpunkt, in dem einem Elternteil der Tod des Mannes und die Anerkennung bekannt geworden sind.

[IV]Für die Mutter des Kindes beginnt die Frist mit dem Zeitpunkt, in dem ihr die Anerkennung bekannt geworden ist.

[V]Die Fristen beginnen nicht vor der Geburt des Kindes und nicht, bevor die Anerkennung wirksam geworden ist.

[VI]Auf den Lauf der Fristen sind die für die Verjährung geltenden Vorschriften der §§ 203, 206 entsprechend anzuwenden.

1) Die Anfechtgsfristen des § 1600h sind **Ausschlußfristen;** sie betragen **1 Jahr, I.** ZPO 641i ermöglicht [1] es nicht, von der Einhaltg der AnfFr abzusehen (BGH **81**, 353). Auch keine Verlängerg der Fr entspr § 1594 dch Ausweichen auf die EhelkAnf (BGH NJW **95**, 594; § 1593 Rn 1). Die VerjVorschr der §§ 203, 206 sind entspr anwendb, **VI.** Ist die Fr aus Versch des ProzBevollm versäumt w, so geht das zu Lasten des AnfBerecht (BGH **31**, 342). Auch das Versch des nur mit der Beratg des AnfBerecht betrauten RA ist keine höhere Gewalt (BGH **81**, 353). Fristen beginnen nicht vor der Geburt des Kindes, und nicht vor dem Wirksamk der Anerkenng, **V;** vgl dazu § 1600f Rn 2, 3. Liegt diese vor der Geburt, Beginn also mit der Geburt, § 1600b II. Auch bei bewußt wahrwidr Anerk beginnt die Fr mit dem Wirkswerden der VaterschAnerk (KG NJW-RR **95**, 70). Gewahrt w die Fr dch rechtzeit, ZPO 270 III, Einreich der Kl od Antr beim VormschG, § 1600l; auch wenn das AG od VormschG nicht zust, ist die Fr gewahrt, falls das Ger an das zust verweist u nicht abweist (§ 1594 Rn 1 aE). Im Falle der Ablehng eines Antr auf PKH muß innerh von 2 Wo Beschw eingelegt w (Jena FamRZ **94**, 1596). Unkenntn v der gesetzl Regelg führt nicht zu einer Änderg des Fristenlaufs (AG Hbg DAV **83**, 314). Die ZwVollstr aus einem obj unricht Anerk ist nicht sittenwidr (AG Coburg DAV **85**, 154).

2   **2) Fristbeginn für den Mann, II.** S 1 entspricht § 1594 II 1, dessen Grdsätze entspr gelten (BGH FamRZ **88**, 278); s dort Rn 2–4 wg des Ztpkts, in dem Kenntn von Umst, die gg die Vatersch sprechen, erlangt ist. Als solche kommen vor allem MehrVerk in der EmpfängnZt in Betr; entspr Eingeständn der KiMu (NJW-RR **95**, 966). Kenntn v anderweit Intimkontakten ausr (Mü FamRZ **87**, 307). Trotz Kenntn des MehrVerk der KiMutter beginnt die AnfFr nicht, wenn besondere Umst eine Herkft des Ki daraus als gänzl fern liegd erscheinen lassen, etwa wenn die KiMu mitteilt, nach Auskft eines Arztes sei der and Mann zeugsunfäh (BGH FamRZ **89**, 169). Ähnlich zw ohnehin Verwandten begründet keine Kenntn (Stgt DAV **85**, 1017). Leidet die AnerkenngsErkl unter einem Willensmangel nach § 119 I, ist sie dch argl Täuschg od Drohg, § 123, zustande gekommen, soll die Fr gemäß I u II 1 nicht eher ablaufen, als nach den allg Vorschr, §§ 121, 124, 144 abgelaufen wäre. Wenn also ein Willensmangel auch nicht die Unwirksamk der AnerkenngsErkl zur Folge hat (§ 1600 f Rn 2, 3), so w doch durch diese FrErstreckg dem Rechng getragen. Im Ggsatz zu § 166 I kommt es auf die Kenntn des Anfechtenden selbst an (Düss DAVorm **82**, 596). Die in Gang gesetzte Fr kann wieder entfallen, wenn die KiMu ihr MehrVerkGeständn widerruft (Düss FamRZ **95**, 315).

3   **3) Fristbeginn für die Eltern, III.** Entspr § 1595 a I. Ausschlaggebd Kenntn von Tod des Mannes u der Anerkenng, die wirks sein muß. Erforderl die Kenntn mind eines ElternT von beiden Ereign (§ 1595 a Rn 5).

4   **4) Fristbeginn für die Mutter, IV.** Der Ztpkt, in der ihr die Anerkenng bekannt geworden ist; spätestens also § 1600 e II.

1600 i   *Anfechtungsfrist für das Kind.*   ¹Das Kind kann binnen zwei Jahren anfechten, nachdem ihm die Anerkennung und die Umstände bekannt geworden sind, die gegen die Vaterschaft sprechen.

²Hat die Mutter des Kindes den Mann geheiratet, der das Kind anerkannt hat, und ist die Anerkennung im Zusammenhang mit der Eheschließung oder nach der Eheschließung erfolgt, so kann das Kind, falls die Ehe geschieden, aufgehoben oder für nichtig erklärt ist, noch binnen zwei Jahren, nachdem ihm die Scheidung, Aufhebung oder Nichtigerklärung bekannt geworden ist, anfechten. Dies gilt entsprechend, wenn die Ehegatten seit drei Jahren getrennt leben und nicht zu erwarten ist, daß sie die eheliche Lebensgemeinschaft wiederherstellen.

³Hat die Mutter einen anderen Mann geheiratet und hat dieser das Kind gezeugt, so kann das Kind noch binnen zwei Jahren, nachdem ihm dies bekannt geworden ist, anfechten.

⁴§ 1600 h Abs. 5, 6 gilt entsprechend.

⁵Die Anfechtung ist auch nach Ablauf der Frist zulässig, wenn sie wegen einer schweren Verfehlung des Mannes gegen das Kind, wegen ehrlosen oder unsittlichen Lebenswandels oder einer schweren Erbkrankheit des Mannes sittlich gerechtfertigt ist.

1   **1)** Währd bei bestehder Ehe das AnfR des Ki im Interesse der Ehe eingeschränkt ist (§ 1596), fällt hier diese Rücksichtn weg. Das Ki ist ebso wie die Mutter u der Vater, der anerk hat, zur Anf der Anerk berecht (§ 1600 g) u diesen ggü hinsichtl der Frist für die Geltdmachg, daß der Mann nicht sein Vater ist, begünstigt. Der AnfKl des Ki steht die Rechtskr des die VaterschAnerkAnfKl des Mannes abweisden Urt nicht entgg (Düss FamRZ **80**, 831).

2   **2)** Die **Regelfrist** beträgt 2 Jahre, um dem Kind eine ausr Überleggszeit zu gewähren, so insb auch, ob der wirkl Vater w ermittel w können, dessen Zahlgkraft u -willigk für das weitere Schicksal des Kindes im allg ausschlaggebd sind. Wg des Bekanntwerdens der Umst § 1600 h Rn 2. Für diese Fr u sämtl und dieses § gelten §§ 203, 206, jedoch tritt an Stelle von § 206 bei mj Kindern, die vollj w, § 1600 k IV 2.

3   **3) Fristen in besonderen Fällen. a)** Die Mutter heirat den Mann, der im Zushang mit der Eheschl od nach dieser ihr Kind anerkannt hat, obwohl es nicht sein Kind ist. W diese beabsichtigte FamGemsch dch Scheidg, Eheaufhebg od NichtigErkl zerstört, hat das Kind, auch wenn die RegelFr schon abgelaufen sein sollte, eine neue AnfFr von 2 Jahren, die mit der Kenntniserlangg des Kindes von der Scheidg, Aufhebg od NichtigErkl beginnt. Ebso, wenn die Eheg seit 3 Jahren getrennt leben u eine Wiederherstellg der ehel LebensGemsch nicht **4** zu erwarten ist (§ 1596 Rn 3). **b)** Wenn die Mutter den Erzeuger des Kindes geheiratet, aber ein and Mann die Vatersch für das Kind bereits anerkannt hat, **III.** Auch hier läuft für das Kind, unabhäng von I, eine bes AnfFr von 2 Jahren. Das Kind erhält dadch die Möglichk, nach erfolgreich dchgeführter Anf der bisherigen Anerkenng, die das verhindert, § 1600 b III, legitimiert zu w, § 1719. Die Fr beginnt, wenn dem Kind die **5** Heirat der Mutter u daß deren Mann sein Erzeuger ist, bekannt wird. Das können versch Ztpkte sein. **c)** Von jeder FrBeschrkg ist die Anf frei, wenn der Mann sich einer schweren Verfehlg gg das Kind schuld gemacht hat od einen ehrlosen od unsittl Lebenswandel führt, vgl § 1596 Rn 5, od an einer schweren Erbkrankh leidet (§ 1596 Rn 6) u in diesen Fällen die Anfechtg auch sittl gerechtf ist, **V.**

1600 k   *Anfechtung durch Vertreter.*   ¹Wer in der Geschäftsfähigkeit beschränkt ist, kann die Anerkennung nur selbst anfechten; er bedarf hierzu nicht der Zustimmung seines gesetzlichen Vertreters. Für ein in der Geschäftsfähigkeit beschränktes minderjähriges Kind kann nur der gesetzliche Vertreter mit Genehmigung des Vormundschaftsgerichts anfechten.

²Für einen Geschäftsunfähigen kann sein gesetzlicher Vertreter mit Genehmigung des Vormundschaftsgerichts die Anerkennung anfechten. Der Betreuer eines Geschäftsfähigen kann die Anerkennung nicht anfechten.

III Will der Vormund oder Pfleger eines minderjährigen Kindes die Anerkennung anfechten, nachdem die Mutter des Kindes den Mann geheiratet hat, der das Kind anerkannt hat, so gilt § 1597 Abs. 3 entsprechend.

IV Hat der gesetzliche Vertreter eines Geschäftsunfähigen die Anerkennung nicht rechtzeitig angefochten, so kann nach dem Wegfall der Geschäftsunfähigkeit der Anfechtungsberechtigte selbst die Anerkennung in gleicher Weise anfechten, wie wenn er ohne gesetzlichen Vertreter gewesen wäre; dies gilt nicht für das Anfechtungsrecht der Eltern des Mannes, das Kind anerkannt hat. Hat der gesetzliche Vertreter eines minderjährigen Kindes die Anerkennung nicht rechtzeitig angefochten, so kann das Kind selbst innerhalb von zwei Jahren seit dem Eintritt der Volljährigkeit die Anerkennung anfechten.

1) Die Anf ist höchstpersönlich (vgl § 1595 Rn 1). 1

a) I 1 ist wg Abschaffg von § 114 dch das BtG ab 1. 1. 92 obsolet (vgl aber Rn 7). Es kommt nur noch **I 2** 2 in Betr, wonach ein **Minderjähriger** sein Anerk wg der Berücks des KiWohls nur dch seinen ges Vertr mit Gen des VormschG anfechten kann (vgl §§ 1597 Rn 2–3; 1600d Rn 1). **aa)** Ges Vertr ist regelm das JA 3 (§§ 1706 Z 1, 1709). **bb)** Gen des VormschG; auch bei Kl (ZPO 640b S 2); innerh der AnfFr auch noch nach 4 KlErhebg (Soerg/Gaul 5). Das Ger prüft, ob die Anf im Interesse des Mj liegt u überh aussichtsvoll ist. Es entsch der Ri (RPflG 14 Z 3b). **cc)** Einwillig der **Mutter** erfdl, wenn sie den Mann, der die Vatersch anerk 5 h, geh h, **III** iVm § 1597 III (dort Rn 6). **b)** Für einen **Geschäftsunfähigen** kann nur sein ges Vertr mit Gen 6 des VormschG (einschl ZPO 640b) anfechten, **II 1** (§ 1595 II). Es entsch der RPfl (RPflG 3 Z 2a). **c)** Bei **Betreuung** (§ 1896) eines GeschFäh kann dieser nunm selbst anfechten (Rn 1), nicht sein Betr, **II 2**. Ein EinwVorbeh kann nicht angeord w (I 1 iVm § 1903 II). Bei Bt eines GeschUnfäh: Rn 6.

2) Fristversäumnis, IV. Fr: §§ 1600h, i. **a)** Nach Wegfall der **Geschäftsunfähigkeit** entsteht eig AnfR 8 des vorherigen GeschUnfäh, **IV 1**, mit selbstd AnfFr ab Wegfall der GeschUnfgk u Kenntn von den Umstden, die gg die Vatersch sprechen (§ 1600h II). Gilt nicht für die Elt des Mannes, der anerk hat (vgl § 1595a Rn 2). **b) Minderjähriger.** Versäumt der ges Vertr die AnfFr (§ 1600i Rn 2–5), so läuft für das Ki 9 von seiner Volljährigk ab eine neue 2-J-Fr, **IV 2** (vgl § 1598).

1600l *Geltendmachung der Anfechtung.* I Der Mann, der die Vaterschaft anerkannt hat, ficht die Anerkennung durch Klage gegen das Kind, das Kind und die Mutter des Kindes fechten die Anerkennung durch Klage gegen den Mann an.

II Ist der Mann oder das Kind gestorben, so wird die Anerkennung durch Antrag beim Vormundschaftsgericht angefochten; jedoch fechten die Eltern des Mannes bei Lebzeiten des Kindes die Anerkennung durch Klage gegen das Kind an.

III Wird die Klage oder der Antrag zurückgenommen, so ist die Anfechtung als nicht erfolgt anzusehen.

1) Allgemeines. Der dch die Anerkenng für u gg alle wirkde RSchein, daß der Anerkennde der Vater des 1 Kindes ist § 1600m S 1, kann nur auf Kl, nach Tod des Mannes (Ausn, wenn seine Eltern noch leben) od des Kindes auf Antr beim VormschG, aufgeh w. Kl od Antr haben nicht die damal Erkl des Anerkennden als solche u die Umst der Abg der Erkl zum Ggst, sond die Feststellg, daß das Kind nicht das des Anerkennden ist, die dann wiederum Wirkg für u gg alle hat, ZPO 641k. Gelingt die Entkräftg der Vermutg des § 1600m S 1 nicht, so wird die Kl abgewiesen; der Mann, der das Kind als das seinige anerkannt hat, gilt weiter mit Wirkg für u gg alle, § 1600a, als der Vater des Kindes (§§ 1600f Rn 2, 3, 1600g Rn 1). Das ist allen AnfKlagen, gleichgült, wer Kläger od Bekl ist, gemeins.
Die Vorschr ist der über die Anf der Ehelichk, § 1599, nachgebildet, stimmt fast wörtl mit ihr überein. 2 Verfahrensrechtl gelten ZPO 640 ff. Mögl die Verbindg der Kl auf Feststellg der Unwirksamk mit der AnfKl, ZPO 640c iVm 640 II Z 1. Inquisitionsmaxime, die aber dch Widerspr des Anfechtden gg Verwendg nicht vorgebrachter Tats eingeschränkt w kann, soweit diese die Anf unterstützen, ZPO 640d. Ist der Mann od das Kind gestorben, ist also das Verf nur einseit mögl, so Antrag beim VormschG, **II.** Nur die Anf der Eltern des verstorbenen Mannes wird mit Kl durchgeführt. Die Vfg des VormschG wird entspr dem Urt auf AnfKl erst mit Rechtskr wirks, FGG 56c I. ProzKosten ZPO 93c.

2) Anfechtung seitens des Mannes. Zur Schlüssigk müssen konkrete Umstde vorgetragen w, die gg die 3 Vatersch sprechen (Hamm FamRZ **82**, 956). Für das BerufsVerf ist Beschwer Voraussetzg (Mü FamRZ **87**, 171). **a) Das Kind lebt,** vgl § 1599 Rn 1. Kl richtet sich gg das Kind, der Mutter ist aber die Kl mitzuteilen, 4 ZPO 640e, u sie zur mdl Verh zu laden. Sie kann dann dem Kind od dem Mann zur Unterstützg beitreten, ist also streitgenöss Streitgehilfin, ZPO 69, 62; braucht sich aber auch nicht zu beteiligen. **b) Ist das Kind** 5 **gestorben oder stirbt es während des Rechtsstreits,** Wg ihres selbstd AnfR § 1600g Rn 2.

3) Anfechtung seitens der Eltern des Mannes, II. Wg ihres selbstd AnfR § 1600g Rn 5. Bei Lebzeiten 6 des Kindes fechten sie dch Kl gg das Kind an. Ist das Kind gestorben, Antr beim VormschG; es entscheidet der Richter, RPflG 14 Z 3b. Das Kind kann WiderKl erheben, ZPO 640c; RechtsSchBedürfn zu bejahen, da Kläger Kl zurücknehmen kann, III. Vgl im übr § 1599 Rn 3, 4; wg Fortsetzg der Kl des verstorbenen Mannes § 1600g Rn 5.

4) Anfechtung seitens des Kindes erfolgt entspr dem § 1599 Rn 5, 6 Gesagten. 7

5) Anfechtung seitens der Mutter dch Kl gg den Mann, nicht das Kind. Dieses ist jedoch unter Mitteilg 8 der Kl zur mdl Verh zu laden, ZPO 640e S 2. Fr ein Jahr, FrBeginn Bekanntw der Anerkenng, § 1600h I, IV. Die Eltern der Mutter haben keine Möglichk, deren AnfStreit nach ihrem Tode fortzusetzen; stirbt die Mutter, so ist der RStreit erledigt, ZPO 640 I, 628.

1600 m   *Vaterschaftsvermutung im Anfechtungsverfahren.* **In dem Verfahren über die Anfechtung der Anerkennung wird vermutet, daß das Kind von dem Manne gezeugt ist, der die Vaterschaft anerkannt hat. Die Vermutung gilt nicht, wenn der Mann die Anerkennung anficht und seine Anerkennungserklärung unter einem Willensmangel nach § 119 Abs. 1, § 123 leidet; in diesem Falle ist § 1600o Abs. 2 Satz 1 und 2 entsprechend anzuwenden. Die Empfängniszeit bestimmt sich nach § 1592.**

1   **1) Die Vermutung, S 1.** And als die Anerkenng nach § 1718 aF, der die Berufg auf MehrVerk der Mutter innerh der EmpfängnZt ausschloß, läßt die Anerkenng diese Behauptg u den dahingehdn Bew zu. Immerhin schafft die Anerkenng auch hier die Vermutung, daß das Kind vom Anerkennenden gezeugt ist, die nur dch den Bew des vollen GgTeils entkräftet w kann, Schwerwiegde Zweifel an der Vatersch, § 1600o II 2, genügen nicht. GgBew zB, wenn der Anfechtde der Frau überh nicht od jedenf nicht in der EmpfängnZt, für die § 1592 maßg ist, beigewohnt hat. MehrVerk, auch wenn der and Mann nicht ausgeschl w kann, die Behauptg empfängnverhütder Mittel, sei es seitens des Mannes, sei es seitens der Frau, reichen nicht aus, wohl aber erfolgreicher Bew dch Blutgruppen, erbkundl Gutachten § 1591 Rn 5, für den die Untersuch nach ZPO 372a die Möglichkeit gibt. Kommt das Ger zu einem non-liquet, so ist kein voller GgBew erbracht; die AnfKlage ist abzuweisen, da die Vermutg nicht voll entkräftet ist; so auch Gernhuber § 57 IV 6, aM Odersky § 1600n IV 3 C m IV 5 (Anerkenng unwirks). Ausschl Zust, ZPO 641a.

2   **2) Die Vermutung gilt nicht,** wenn die AnerkenngsErkl dch Irrt, § 119 I, Drohg od Täuschg, § 123, zustande gekommen ist, was der Anfechtde zu bew hat. Der Mann hat in dem AnfStreit dann die Stellg, als wenn er die AnerkenngsErkl nicht abgegeben hätte; vielm gilt § 1600o II S 1 u 2. Es kommt also darauf an, ob der Mann in der EmpfängnZt beigewohnt hat, bejahendenf ob schwerwiegde Zweifel an seiner Vatersch verbleiben. Steht dagg die Vatersch aGrd der BewAufn fest, erfolgt keine ausdr Feststellg gem ZPO 641h, sond Abweisg der AnerkAnfKl (Hamm FamRZ **94**, 649).

1600 n   *Gerichtliche Feststellung der Vaterschaft.* [I] **Ist die Vaterschaft nicht anerkannt, so ist sie auf Klage des Kindes oder des Mannes, der das Kind gezeugt hat, gerichtlich festzustellen.**
[II] **Nach dem Tode des Mannes ist die Vaterschaft auf Antrag des Kindes, nach dem Tode des Kindes auf Antrag der Mutter vom Vormundschaftsgericht festzustellen.**

1   **1)** Das gerichtl FeststellgsVerf verfolgt ausschließl das Ziel, den wirkl Vater zu ermitteln, wenn die Vatersch nicht schon vorher anerk wurde. In dem evtl voraufgegangenen EhelkAnfVerf braucht der als außerehel Erzeuger in Betr kommde Mann nicht beigeladen zu w (BGH **83**, 391). Das für u gg alle wirkde Urt nach § 1600n ist bei Feststellg der Vatersch zugl Grdlage für die UnterhVerpfl des Mannes, zu der auf Antr gem ZPO 643 im selben Verf verurt w kann (Lit: Demharter FamRZ **85**, 977), allerd nur zu RegelUnterh, währd Abweichgn dem Verf gem ZPO 643a vorbehalten sind (Zweibr FamRZ **80**, 1066), währd umgek der gesetzl Fordergsübergg n § 1615b iRv ZPO 643 zu beachten ist (BGH NJW **81**, 393). Dieser Antr auf Zahlg v RegelUnterh bleibt auch dann zul, wenn sich Haupts dch Anerk der Vatersch erledigt (Hamm FamRZ **72**, 268). FeststellgsVerf ist KindschSache, ZPO 640, zust das AG, GVG 23a Z 1, ZPO 641a. VerfR ZPO 640ff, 641ff (Inquisitionsmaxime). Bei unbekanntem Aufenth des EvtlVaters öff Zustellg gem ZPO 203 (Stgt DAVorm **74**, 614). Sobald Kl einger, ist einstw AnO auf Unterh od entspr Sicher-Leistg mögl (ZPO 641d; vgl Brühl FamRZ **70**, 226). Kl schon neben derj aus § 1596 zul (KG DAVorm **77**, 606). Über Berufg zum OLG Rn 3 vor § 1600a. WiederAufn analog ZPO 579 I Z 4, wenn Bekl inf öff Zust von dem VaterschProz nichts erfahren hat (Hamm FamRZ **81**, 205).

2   **2) Klageberechtigte, Klagevoraussetzung.** Das Kind, für das idR der Pfleger handelt, §§ 1706 Z 1, 1709, gg den Mann, der Mann gg das Kind. Die Mutter hat keine KlBerechtigg, ist aber unter Mitteilg der Klage zum Termin zu laden u hat die Möglichk, als streitgenöss Nebenintervenient beizutreten, ZPO 640e. Voraussetzg jeder Kl ist, daß die Vatersch nicht schon wirks, § 1600f, anerkannt ist, sei es vom Mann od einem Dr, der tatsächl nicht der Vater ist, § 1600a Rn 4, auch § 1600b III, auch kein rechtskr FeststellgsUrt vorliegt; Folge: Wirkg für u gg alle, § 1600a. Klagt das Kind gg den vermeintl Vater, beabsichtigt es aber für den Fall des Unterliegens einen Dr als Vater in Anspr zu nehmen, kann es, solange keine rechtskr Entsch vorliegt, den Dr dch Streitverkündg in den schwebdn RStreit mit den andern hineinziehen, ZPO 641b. Die hierzu Berecht klagen auf Feststellg der Vatersch. Mögl auch negat FeststellgsKl (ZPO 640, 641h; aA Gravenhorst u Damrau FamRZ **70**, 127 u 287). RSchutzBedürfn für VaterschFeststellgsKl von seiten des Ki auch bei Bereitsch des als Vater in Anspr Genommenen zur urkundl Anerk (KG FamRZ **94**, 909) od wenn VaterschAnerk vorl u ledigl wg Nichterteilg der Zust des Ki, das insof ein WahlR h, keine Wirksamk erlangt (Nürnbg BtPrax **95**, 74; Brüggemann FamRZ **79**, 384; AG Dillingen DAV **77**, 509).

3   **3) Nach dem Tode des Mannes** nicht befristeter u unabh vom ErbErsAnspr des § 1934c mit RSchutzinteresse versehener (Düss FamRZ **76**, 226 mAv Bosch) Antr des Kindes auf Feststellg beim VormschG, **II.** Der Antr ist jedoch unzul, sol die Ehelk des Ki nicht mit Erfolg angefochten ist (Düss NJW **90**, 1244). Es entsch der Richter (RPflG 14 Z 3d); dagg sof Beschw (FGG 60 Z 6) an LG (Celle FamRZ **71**, 379). BeschwBerechtigt nur die Pers gem FGG 55b I (KG FamRZ **95**, 428 mN). Wicht für die Geltdmachg v Waisenrente (LG Hbg DAVorm **80**, 298) sowie erbrechtl Anspr vS des Kindes, nicht etwa Kl gg die Erben des Verstorbenen. Wird FeststellgsKl versehentl beim AG anhäng gemacht, Verweisg an VormschG (BGH NJW **74**, 494). Über die Zulässigk eines Antr n II kann gesondert entsch w; gg diese Entsch Beschw gem FGG 19ff (LG Hbg DAV **80**, 298). Vor AnO einer BlutUntersuch (ZPO 372a) beweismäß Feststellg des

4   GeschlVerk (Stgt Just **74**, 378). **Nach dem Tode des Kindes** hat nur die Mutter das AntrR; bleibt entscheidde Vorfrage von ErsAnspr der Mutter gg den Mann auf Ers des Unterh, den sie bisher dem Kinde

5   gewährte. Es entsch der Richter, RPflG 14 Z 3c. Stirbt eine Partei **während des Rechtsstreites,** ist

6   Feststellgs- u RegelUnterhBegehren in der Haupts erl u Verf nach II einzuleiten (Stgt FamRZ **73**, 466). Nach

dem Tod v **Mann, Mutter und Kind** ist eine gerichtl VaterschFeststellg unzul (BayObLG FamRZ **82**, 1129).

1600o *Gesetzliche Vaterschaftsvermutung.* [I] **Als Vater ist der Mann festzustellen, der das Kind gezeugt hat.**

[II] **Es wird vermutet, daß das Kind von dem Manne gezeugt ist, welcher der Mutter während der Empfängniszeit beigewohnt hat. Die Vermutung gilt nicht, wenn nach Würdigung aller Umstände schwerwiegende Zweifel an der Vaterschaft verbleiben. Die Empfängniszeit bestimmt sich nach § 1592.**

1) a) **Ziel des Verfahrens** ist die gerichtl Feststellg der **biologischen Vaterschaft.** Desh ist nicht einf 1 derj als Vater festzustellen, für den relativ die größte Wahrscheinlichk spricht (BGH **61**, 174; vgl aber Rn 20). Für die VaterschFeststellg gibt es zwei versch Wege (Rn 4), die vom Ger eindeut auseinandgehalten w müssen (BGH NJW **78**, 1684). Umfg u **Wirkungen** der VaterschFeststellg: § 1600a Rn 1, 5 u 8.

b) **Beweisfragen. aa)** Die **Beweislast** für seine Abstammg von dem bekl Mann trägt das Kind (Büden- 2 bender FamRZ **75**, 189). **bb) Beweismaß:** Zweck der Vorschr war es, den Ri bei der BewWürdigg freier zu 3 stellen (BT-Drucks V/2370 S 37f), so daß er sich ggf mit einem geringeren GewißhGrad begnügen darf (BGH **61**, 169). Es bedarf nicht des Nachw einer an Sicherh grenzden Wahrscheinlk der Vatersch, sond ein darunter liegder WahrscheinlichkGrad soll hierf ausr (BGH NJW **74**, 2046). Der hier zGrde zu legde WahrscheinlkBegr ist nicht ders wie derj der biostatist Methoden (BGH NJW **76**, 367). Wahrscheinlkten von 10–90% geben weder einen pos noch einen negat Hinw auf die Vatersch (BGH NJW **73**, 2249). Ausschlaggebd dann zB die Glaubwürdigk der Mutter u ÄhnlichkGA (BGH NJW **76**, 367). Für II 2 kommt es nicht darauf an, daß die schwerwiegden Zweif der Ann einer offenb Unmöglk nahekommen (BGH NJW **73**, 2249). **cc) Beweisthemen.** Die Vatersch kann auf zwei versch Wegen gerichtl festgestellt w (BGH 4 NJW **76**, 369; **78**, 1684): (1) Das Ki kann seine Abstammg direkt nach I nachweisen. Das setzt voraus, daß das Ger aGrd der dchgeführten BewAufn von der Vatersch des in Anspr gen Mannes voll überzeugt ist (Hamm FamRZ **94**, 648), u sei es auch erst nach Ausräumg zunächst bestehder Zweif (Brschw DAV **80**, 553; Rn 9). (2) Läßt sich die Vatersch trotz Erschöpfg der zur Vfg stehden BewMittel nicht mit Sicherh entsch, dann greift zG des Ki II 1 ein: Bei nicht beseit od nachgewiesener Beiwohng wird vermutet, daß das Ki aus diesem GeschlVerk stammt. Demggü stellt die Regelg des II 2 eine BewErleichterg zG des in Anspr gen Mannes dar (Brschw DAV **81**, 51): Verbleiben schwer Zw an der Vatersch des Mannes, führt das zur Abweisg der Kl. Das Ki darf also gar nicht erst schwerw Zw an der Vatersch des Bekl aufkommen lassen od muß diese wieder beseit. Die Vermutg von II 1 gilt nicht bei Ungewißh, ob schwerw Zw vorhanden sein könnten, falls weiter aufgeklärt würde (BGH NJW **74**, 2046; FamRZ **76**, 85). Das SpanngsVerhältn zw der vollen richterl Überzeugg nach I u schwerw Zw iSv II 2 wird dadch gelöst, daß vom RevGer entschieden w, wann iSv ZPO 616, 640 die zur Vfg stehende BewMittel erschöpft sind (Rn 8 u 14). **dd)** Zum **Beweiswert** 5 der versch GA-Methoden: Rn 14 sowie Einf 18 v § 1591. **ee) Beweisvereitelung** dch den in Anspr gen 6 Mann führt idR zur Ablehng schwerw Zw (BGH **121**, 266). Das gilt auch dann, wenn das HeimatR des Mannes diesem ein Recht zur Verweiger von Blutuntersuchgen gibt (KG DAV **85**, 1001; vgl auch Stgt DAV **78**, 636). **ff)** Die **Rechtskraft** der EhelichkAnf steht einer BewAufn über die Erzeugersch des früh 7 Scheinvaters nicht entgg (Ffm NJW **88**, 832).

c) **Verfahrensfragen.** Zum Umfang der UrtBegr: Zweibr DAV **91**, 102. Mit der Rev ist die Entsch des 8 TatRi nur wg Verstoßes gg VerfVorschr, Denkgesetze od ErfahrgsSätze sowie wg ZuGrdeLegg eines zu hohen od zu geringen IrrtRisikos angreifb (BGH **61**, 169). Damit behält sich der BGH insb die Kontrolle über den Einsatz der versch SachverstMethoden vor (zuletzt BGH NJW **91**, 749 zur DNA-Analyse; vgl iü Rn 14). Bei neuem GA RestitutionsKl (Einf 8 v § 1591).

2) Der Fortschritt der naturwissenschaftl Forschg (Einf 9–17 v § 1591) ermögl nicht selten den **positiven** 9 **Vaterschaftsnachweis, I** (Einf 9 v § 1591). Der bekl Mann ist unmittelb als Vater festzustellen. Vorauss dafür sind allerd die Ausschöpfg aller zur Vfg stehden BewMittel (Rn 14) sowie hohe VaterschPlausibilitäten: 99,85% (BGH FamRZ **74**, 88; Hbg DAV **85**, 147); 99,99% (KG DAV **91**, 763). 99,94% (Hamm DAV **92**, 1354); 99,98% dch DNA (AG Hbg DAV **92**, 1355). I dient prakt zur Begründg eines Verzichts auf die Fortsetzg der BewAufn mit weiteren BewMitteln (vgl BGH NJW **74**, 2046; **78**, 1684; FamRZ **91**, 426 sowie Rn 14). Daß zunächst Zweif an der Vatersch bestanden, hindert nach deren Ausräumg die Anwendg v I dagg nicht (Rn 4).

3) **Vaterschaftsvermutung, II 1.** Sie greift nur ein, wenn folgde **Voraussetzungen** erfüllt sind: a) **Bei-** 10/11 **wohnung.** Ders Begr wie in § 1591 Rn 4. Nachw des Samenergusses nicht erfdl (Stgt u Hbg DAV **74**, 233 u 601). Die Beiwohng muß zur vollen richterl Überzeugg nachgewiesen w. Dafür kann auch ein klares BlutGrGA Bew erbringen (Hamm FamRZ **94**, 648). Die BewLast liegt beim Ki (BGH **40**, 372). Für den Nachw kommen auch die med GA in Betr; aber solche, die dem Ger für I nicht ausgereicht haben, dürfen auch nicht iRv II 1 als Indizien für den GeschlVerk herangezogen w (BGH NJW **76**, 369). Erbbiolog GA „Vatersch wahrscheinl“ reicht zum Nachw der Beiwohng nicht aus (BGH FamRZ **74**, 85). Die Vermutg II 1 gilt nicht bei künstl Samenübertragg. **b)** Die Beiwohng muß innerh der **Empfängniszeit** erfolgt sein: 12 § 1592. Beiwohng außerh ders reicht für II 1 nicht; doch kann mit Hilfe eines TrageZtGA (Einf 11 v § 1591) eine and EmpfängnZt nachgewiesen w (Kblz DAV **76**, 194: Extrem frühe Geburt; Soergel/Gaul 13). **c) Die** 13 **Vermutg darf nicht entkräftet sein. aa)** Dies geschieht einmal dch den GgBew als **negativer Vaterschaftsbeweis** (Einf 9 v § 1591), sei es, daß die Erzeugg „den Umstden nach offenb unmögl“ ist (§ 1591 I 2; dort Rn 5), sei es, daß der in Anspr gen Mann aGrd der VaterschGA als Vater ausgeschl wird (Einf 9–18 v § 1591). **bb)** Die VaterschVermutg ist ferner entkräftet, wenn **schwerwiegende Zweifel** an der Vatersch verbleiben, II 2 (Rn 14–23). Dadch kann die VaterschVermutg ausgeschaltet w, ohne daß die Anfordergen an einen strikten GgBew eingehalten zu w brauchen (Rn 3).

14   **4) Schwerwiegende Zweifel an der Vaterschaft, II 2. a)** Vor Feststellg der Vatersch ebso wie vor Abweisg der VaterschKl hat das Ger **sämtliche** nach Lage des Falles vernünftigerw für die Ermittlg des AbstammgsVerhältn dienl u zur Vfg stehden **Beweise zu erheben** (BGH **61**, 168; NJW **73**, 2250; vgl aber Rn 3 u 8). Die Anfordergen sind außerordentl hoch. Das Ger muß der Behauptg des in Anspr gen Mannes nachgehen, er sei impotent (BGH FamRZ **77**, 538). Von Amts wg u ohne konkr AnhaltsPkte für MehrVerk (KG NJW **74**, 609) sind serolog GA mit statist Auswertg einzuholen, einschl des HLA-Systems (BGH NJW **78**, 1684); ferner anthropolog GA (KG FamRZ **73**, 270; Hbg FamRZ **75**, 107), aber nicht mehr bei einer VaterschWahrscheinlk v 99,85% (BGH FamRZ **74**, 88; vgl auch Rn 9); ebsowenig Vernehmg von MehrVerkZeugen bei 99,99...% Wahrscheinlk nach I bewiesener Vatersch (BGH NJW **94**, 1348); wohl aber, wenn es um die Glaubwürdigk der Aussage der Mutter geht, keinen MehrVerk gehabt zu haben (BGH NJW **74**, 606/1427 mAv Maier). Bei höchster VaterschWahrscheinlk ist TrageZtProblemen nachzugehen (BGH NJW **87**, 2296; and zB KG DAV **88**, 620). DNA-Analyse (Einf 17 v § 1591) ist idR geeign, schwwiegde Zweif auszuschl (Reichel FamRZ **91**, 1269f). Nach der Rspr „kann" sie, muß aber nicht vom Ger zur Ergänzg des BewErgebn herangezogen w (BGH NJW **91**, 749; FamRZ **91**, 426/8); das Ger muß dagg selbst bei höchster serolog Wahrscheinlk eine DNA-Analyse einholen, wenn dies beantr w (Hamm DAV **91**, 947) od wenn das Ger aGrd der serolog GA nicht iSv Rn 9 die volle Überzeugg von der Vatersch erlangt h (BGH NJW **91**, 2961; aA Hummel/Mutschler NJW **91**, 2929). Auch die InstGer wehren sich gg diese Übersteigerg der BewAnfdgen, indem sie den Antr auf Einholg eines DNA-GA als wg bereits erfolgter Feststellg der Vatersch ungeeign BewMittel (so KG DAV **91**, 763) od iR der PKH als mutwil qualifizieren (Hamm FamRZ **92**, 455). Angebotene MehrVerkZeugen sind ijF einzubeziehen (BGH FamRZ **88**, 1037), selbst bei einer VaterschPlausibilität von über 99,94% (BGH NJW **90**, 2312; vgl auch DAV **88**, 805).

15   **b)** Vor Bejahg schwer Zw iSv II 2 sind **alle Umstände zu würdigen.**

16   **aa)** Auch bei extrem hoher Wahrscheinlk können bei bes AnhaltsPkten schwerw Zw bestehen bleiben u umgek (BGH **61**, 172f). Entscheidd ist desh, welche Tats geeign sind, beim Ri schwerw Zw an der Vatersch zu begründen (zu Einzelkomplexen: Rn 18ff). **Umstände nach II 2** können sein: Bei einem 72j trotz einer VaterschWahrscheinlk v 99,8% die Behauptg der ZeuggsUnfgk u von MehrVerk (BGH NJW **74**, 1428); Beiwohng nachweisl nur an sterilen Tagen der Frau; GeschlVerk mit einem and Mann nur, wenn er Zweif an der Vatersch begründet (BGH FamRZ **89**, 1067); non liquet für die Wahrscheinlk des MehrVerk (BGH NJW **76**, 367); ungewöhnl niedr Zeitspanne zw Beiwohng u Geburt des voll ausgereiften Ki (Rn 14); Ausschlüsse in best UnterGr des Serosystems (Stgt ZBIJR **77**, 177; Hbg DAV **82**, 680); wenn die Mutter früher einen and Mann als Vater bezeichnet hat (Lüderitz FamRZ **66**, 615); GebrMachen v ZeugnVerwR dch

17   die Mutter (Karlsr DAV **74**, 449). **Keine Umstände im Sinne von II 2** sind: der Einwand der Einn von Anti-Baby-Pillen (Mü DAV **94**, 732/3) od des Gebr empfängnisverhüder Schutzmittel (BGH FamRZ **74**, 644); Beschrkg auf die ggseit Berühr der GeschlTeile (vgl Celle NJW **90**, 2942); nur einmaliger GeschlVerk innerh der EmpfängnZt (Hbg DAV **79**, 296); geringe WahrscheinlkWerte in der Serostatistik (Düss DAV **74**, 109 dann: erbbiolog GA; vgl Rn 3).

18   **bb)** Ein allg **Mehrverkehrsverdacht** reicht nicht aus (BGH FamRZ **75**, 686; **76**, 85). Nicht nachgewiesener, aber **möglicher Mehrverkehr** kann schwerw Zw begründen (BGH NJW **73**, 2249; Leipold FamRZ **73**, 73), die aber ausgeräumt w können, wenn die GAen einen deutl Hinw auf die Vatersch erbringen (Düss FamRZ **71**, 377 u 379; Kblz DAV **75**, 225). II 2 liegt daher nicht vor, wenn Vatersch „wahrscheinl" ist (BGH FamRZ **76**, 85), vor allem aber bei hohen WahrscheinlkWerten (Hbg DAV **75**, 229). Für die Ann des MehrVerk genügt Wahrscheinlk (Leipold FamRZ **73**, 73). Indizien für MehrVerk: Sof Hingabe dch die Mutter; deren übr Lebenswandel; gleichzeit Intimverhältn zu einem and (als Erzeuger ausgeschl) Mann (KG FamRZ **74**, 467).

19   **cc) Dirneneinwand:** Der Nachw, daß die Mutter Prostituierte od sonst eine leicht zugängl, zu wechselndem GeschlVerk neigde Pers ist, begründet schwerw Zw, die nur unter erhöhten BewAnfdgen auszuräumen sind (BGH NJW **77**, 2120; Soerg/Gaul 21). IjF wirkt sich der GeschlVerk mit einer Vielzahl and Männer auf die im serostatist GA zGrde gelegte AusschlWahrscheinlk aus (BGH NJW **82**, 2124; vgl dazu Karlsr DAV **74**, 557; Hummel DAV **74**, 597; Ritter DAV **75**, 12), wesh dem Sachverst anzugeben ist, von welchem Sachverh er ausgehen soll (Hamm DAV **84**, 727/30). Es bleibt selbst bei Prostituierten bei II 1 bei bes hohen WahrscheinlkWerten (Brschw DAV **76**, 43), im Falle seltener ÄhnlkMerkm (Karlsr DAV **74**, 446) u vor allem bei einer Kombination von beiden (Stgt NJW **76**, 1158). Dagg gilt II 2, wenn der angebl Erzeuger serostatist ledigl nicht auszuschließen ist u das erbbiolog GA die Vatersch für sehr wahrscheinl hält (Celle FamRZ **71**, 375; and BayObLG FamRZ **73**, 463). Zur DNA-Begutachtg: Einf 17 v § 1591.

20   **dd)** Der **erwiesene Mehrverkehr** mit einem best Mann währd der gesetzl EmpfängnZt schließt die Vermutg von II 1 aus (Hbg DAV **82**, 680f; sa BGH NJW **76**, 367; aA BT-Drucks V/2370 S 38), es sei denn, der and Mann kann dch BlutGrGA eindeut ausgeschl w (KG DAV **79**, 586; Brschw DAV **80**, 553) od die Abstammg vom Bekl bleibt trotz des MehrVerk sehr wahrscheinl (KG FamRZ **71**, 97). Bleibt es auch bei Heranziehg and Umstde bei relat gleicher Wahrscheinlk (Rn 1), so ist die Kl abzuweisen (Soerg/Gaul 19; and offenb BGH StAZ **74**, 325; DAV **81**, 274/7). Dagg gilt wieder II 1, wenn es gelingt, den die schwerw Zw begründden Umstd zu neutralisieren (Rn 9). Zur Veränderg der Ausschlußwahrscheinlk: Rn 19.

21   **ee)** Beim MehrVerk mit leibl **Brüdern** können die grdsl bestehden schwerw Zw dch ergänzde DNA-Analyse ausgeräumt w (Einf 17 v § 1591; and noch Schlesw DAV **84**, 398). Dagg bleiben wissenschaftl nicht zu behebde Zw bei der Inanspruchn eines eineiigen **Zwillings** als Vater, was allerd den Verk beider innerh der EmpfängnZt voraussetzt (BGH FamRZ **89**, 1067; Hamm FamRZ **95**, 245: MehrVerk außerh ders). Diese Zweif lassen sich auch nicht dch die DNA-Anal klären (Celle FamRZ **94**, 650).

22   **ff)** Zu den zusätzl Schwierigkten mit **ausländischen** BevölkergsGruppen: Kln NJW **73**, 562. Die serostatist Auswertg von BlutGrGA ist auch bei Beteiligg von Türken mögl (BGH NJW **80**, 636; KG FamRZ **75**, 285; DAV **76**, 32 u **80**, 204); ferner bei: Kaukasiern (Mü NJW **84**, 1826 u DAV **85**, 70). Weitere Nachw der Beteiligg fremder BevölkergsGr: 50. Aufl Rn 19.

gg) Auch für **Inzestfälle** gibt es Tab (AG Aachen DAV **86**, 450; Hummel DAV **87**, 59 u 348). Zum **23** VaterschNachw bei **Mongolismus:** Pfeiffer u AG Lüb DAV **77**, 163 u 210. Zur **Superfecundatio** (Doppelschwangersch inf Befruchtg von 2 Eiern dch 2 Väter) u zum crossing-over bei **zweieiigen Zwillingen:** Karlsr DAV **90**, 155; Rittner DAV **78**, 96. Serostatist VaterschAusschlüsse, die dch **Mutationen** vorgetäuscht w, können dch WahrscheinlkWerte von über 99,99% in den übr BlutGrSystem (BGH DAV **81**, 274/77) od heute auch dch die DNA-Analyse aufgedeckt u dadch neutralisiert w (BGH NJW **91**, 749; Einf 17 v § 1591).

Dritter Titel. Unterhaltspflicht

Einführung

Schrifttum: Göppinger/Wax, UnterhR, 6. Aufl 1994; Kalthoener/Büttner, Rspr zur Höhe des Unterh, 5. Aufl 1993, sowie NJW **93**, 1826; Köhler/Luthin, Hdb des UnterhR, 8. Aufl 1993; Heiß ua, UnterhR, Hdb für die Prax, 3. Aufl 1992; Wendl/Staudigl, Das UnterhR in der famgerichtl Prax, 2. Aufl 1990; Fröschl JuS **93**, 146, 405, 587 u 669; Stollenwerk, UnterhR, alphabet Hdb; Hampel, Bemessung des Unterh, 1994. RsprÜbers: Kalthoener/Büttner NJW **94**, 1829; **95**, 1788. **Tabellen:** Vgl Einl v § 1297; § 1610 Rn 4–19.

1) Rechtsnatur. Der ges UnterhAnspr ist im FamR begründet, näml im VerwandtschVerh (Übbl 2 v **1** § 1589), stellt aber zugl ein ges SchuldVerh dar (vgl Einl 24 v § 241, Einf 5 v § 305), wobei die Anwendbk der Vorschr der §§ 241 ff im einz problemat sein k (Staud/Kappe Vorb 78 ff v § 1601) und zT auch dch das UnterhR selbst modifiziert w (zB §§ 1613, 1614). UnterhAnspr entst in jed Ztpkt, in dem ihre Vorauss vorl, neu (BGH **85**, 16/25). UnterhArten: Betreuungs- und BarUnterh (§ 1610 Rn 3). UnterhLeistgen können die eig Leistgsfhgk begrden (§ 1603 Rn 5). UnterhPfl **zwingend** (§ 1360 Rn 5; Ausn: Rn 14), insbes keine **2** Entbindg mRücks auf GG 12 I (OVG Münst FamRZ **75**, 60 Berufsfortbildg). **Anspruchsschema** vgl **3** § 1569 Rn 4. Zur bess Handhabg der zahlreich unbest RBegr haben die Ger **Bedarfstabellen** und Leitlinien entwickelt (§ 1610 Rn 4). Rechtsdogmat bedenkl ist es, daß im UnterhR zunehmd Entsch unter der Ann von **Fiktionen** getroffen w müssen (Spangenberg FamRZ **94**, 1565; vgl § 1603 Rn 9). Zu den unterhrechtl Auswirkgen der **Pflegeversicherung:** Büttner FamRZ **95**, 193.

2) Anwendungsbereich. Die §§ 1601 ff betr vom Wortlt her nur die UnterhPfl zw Verwandten in **4** gerader Linie (§ 1589 S 1), gelten aber auch bei Adopt (§ 1754 Rn 3) od bl ScheinEhelkt (§ 1593 Rn 4). Im übr enth sie allg Voraussetzgen jeder UnterhPfl, so daß die Erfordern von Bedürftigk u Leistgsfähigk (§§ 1602, 1603) etwa auch für die §§ 1360 ff gelten. Für **nichteheliche Kinder** gelten die §§ 1601 ff im **5** Verh zur Mu abschl, im Verh zum Vater mit den sich aus den §§ 1615 a ff ergebden Modifiziergen. Vgl § 1593 Rn 1 u 6.

3) Besonderheiten des Unterhaltsanspruchs. – **a)** Nebenverpflichtg auf **Auskunft:** § 1605. – **6** **b)** Rechtsfolgen in **anderen Bereichen.** Ehel GüterR: §§ 1381 II, 1386 I, 1447 Nr 2, 1469 Nr 3, 1495 Nr 2; nachehel Unterh: § 1579 Nr 5; VA: §§ 1587 c Nr 3, 1587 h Nr 3; KindschaftsR: §§ 1666 III, 1748 I; Adopt: § 1748 I 1; ErbR: §§ 2271 II, 2294, 2333 Nr 4, 2334. Beratg dch das JugA: Einf 29 v § 1626. StrafR: StGB 170 b. VerwR: SGB I 48 I 1; PaßG: 7 I Nr 5, 8, 10; AusländG: 62 II; GewO: 57 a, 58. – **c)** Verjäh- **7** **rung:** §§ 194 Rn 11, 197 Rn 8; Hemmg: § 204 Rn 3; Unterbrechg: § 208 Rn 5. **Verwirkung:** §§ 242 Rn 108; 1611. – **d) Schadensersatz** bei **aa)** Verletzg von UnterhPflichten: SchuldnerVerz § 1613 Rn 7; **8** Unmöglichk nicht nur bei NaturalUnterh denkb, zB bei fehlerh Begründg einer KrankenVers (Schlesw FamRZ **83**, 394; sa v Krog FamRZ **84**, 539; DAV **85**, 625). Zur Beschrkg der AufrechnMöglk gem § 394 BGH **123**, 49. **bb)** bei Tötg des UnterhPfl: § 844 II (vgl LG Ulm FamRZ **76**, 225 nehel Vater). – **9** **cc)** SchadErs bei Belastg mit UnterhVerpfl: Vorbem 47 v § 249; Einf 8 v § 1353 (Lit: Roth NJW **94**, 2402); **10** insbes dch Fehler von RA iR der EhelkAnf (§ 1593 Rn 4) od im UnterhProz (Ffm FamRZ **91**, 1047) bzw von Ärzten dch unterl od fehlgeschl SchwangerschAbbr (BGH NJW **92**, 1556). – **e) Verzinsung** von **11** UnterhAnspr ab Verzug bzw RHängigk (BGH FamRZ **87**, 352; Hamm FamRZ **88**, 952). – **f) Pfändbar- 12** **keit** ges UnterhAnspr: ZPO 850 b I Nr 2 u II, auch v Rückständ (BGH **31**, 218). Demgem grdsl wed Abtretg von (§ 400 Rn 3) noch Aufrechg geg UnterhAnspr (§ 394; Ausn: BGH NJW **93**, 2105). Pfändgsgrenzen: ZPO 850 d. **Konkurs** des UnterhSchuldn: Jaeger/Henckel, KO, 9. Aufl, § 3 Rn 110 u 117. – **g) Familienleistungsausgleich:** § 1602 Rn 10 ff. **Steuerrecht.** Berücks v UnterhAufwdgen iRv EStG **13** 33, 33 a I: BMF NJW **95**, 2537; ein an mehrere UnterhBerecht gezahlter UnterhBetr ist auf die Empf nach Kopfteilen aufzuteilen (BFH NJW **90**, 855). Vgl iü § 1569 Rn 10 ff; 1603 Rn 7. Zur Behdlg von KiBetr-Kosten gem EStG 33 c: NJW **95**, 1273.

4) Vertragliche Unterhaltsregelungen sind zul (arg § 1615 e, ZPO 630); sie konkretisieren und modifi- **14** zieren idR die ges UnterhPfl hins der unbest GesBegr, der Art der UnterhGewähr usw, ändern aber ihre RNatur nicht (RG **164**, 65; BGH NJW **86**, 374), so daß die Vorschr über die ges UnterhPflichten fortgelten, insb also das Verzichtsverbot des § 1614 (iGgs zu § 1585 c Rn 7) und die Beschränkg der Abfindg iFv § 1615 e. Zu § 1613: dort Rn 9. **Formlos** zul; aber bei Abbedingg wesentl UnterhErfordern Übergang zum LeibrentenVerspr (RG **150**, 385; Holzhauer FS Lukes 1989 S 675); vgl iü § 1629 III 2; ZPO 794 I Nr 1 u 5 sowie zur Mitwirkg des JugA Einf 54 v § 1626. Stillschweig Abschl mögl, insb dch regelm UnterhZahlgen; aber Zahlgsdauer von 10 Mo nicht ausr (Karlsr FamRZ **81**, 384). Mögl ist auch die Begründg außerges UnterhPflichten ggü StiefKi (BVerwG NJW **60**, 1267; Hamm NJW **88**, 830; zw PflegeKi und -Elt (BGH FamRZ **86**, 669) od innerh nehel LebGemsch (BGH NJW **86**, 374; Einl 8 v § 1297); vor allem aber als Vertr zG Dr bei heterologer Insemination (§ 1591 Rn 8) als Verpfl des Ehem zG des Ki, für den mit EhelkAnfechtg dch das Kind die GeschGrdlage entfallen k (BGH NJW **95**, 2028 u 2031 = FamRZ **95**, 861 u 865). **Freistellung** von UnterhLasten: § 1606 Rn 18. UnterhVereinbgen unterliegen der Lehre von der **Geschäftsgrundlage:** § 242 Rn 111; unten Rn 33.

15　　**5) Ersatzansprüche für Unterhaltsleistungen** (Deutsch VersR **95**, 609; zur fehlgeschlagenen Fam-Plang: Einf 2 v § 1591).

16　　**a) Unterhaltszahlungen unter Vorbehalt** haben folgde Wirkgen (BGH FamRZ **88**, 259/63 f): Ausschl der AnerkWirkg iS v § 208 (oben Rn 7); Offenhaltg der RückFdgsMöglk aus unger Bereicherg (§ 814); nur ausnahmsw Verlust der TilggsWirkg (§ 362 I). Übl zur Abwendg der ZwVollstr aus vorläuf vollstreckb Urt (BGH FamRZ **84**, 470/7).

17　　**b)** Bei **Zahlung nicht geschuldeten Unterhalts** ist zu unterscheiden: **aa)** Bei **Überzahlungen:** §§ 1360b, 1361 IV 4, 1614 II. Darüberhinaus ggf Anspr aus § 812 gg den UnterhEmpf (Mertens FamRZ
18 **94**, 601). – **bb)** Bei **Weiterempfang von Unterhalt** trotz Wegfalls der Bedürftigk ggf BereicherungsHaftg (BGH **118**, 383) od SchadErs (BGH NJW **86**, 1751); ebso bei Verletzg der Verpfl zur unaufgeforderten Information bzw der AuskftsPfl (§ 1605 Rn 8 u 22). **Titulierter Unterhalt** kann zurückgefordert w nach erfolgr Abänderungs- bzw negat FeststellgsKl insb ggü einstw AO gem § 812 (BGH NJW **84**, 2095; Mü FamRZ **83**, 1043). Zum EntreicherungsEinwand BGH NJW **92**, 2415. Verschärfte Haftg nach § 818 IV nicht schon ab RHängigk der Feststellgs- (BGH **93**, 183) od AbänderungsKl (BGH NJW **86**, 2057; Zweibr FamRZ **95**, 175), sond erst ab RHängigk der BereicherungsKl selbst (dagg zu Recht Kohler FamRZ **88**, 1005), die allerd mit der FeststellgsKl verbunden w kann (BGH FamRZ **89**, 850). Trotz AuskR besteht darü hinaus auch bei Zahlg auf rkräft UnterhTitel ggf **Schadensersatzanspruch** aus § 826 (Düss FamRZ **85**, 599;
19 §§ 1580 Rn 2, 1605 Rn 10). – **cc)** Ein **familienrechtlicher Ausgleichsanspruch** kann zG desj EltT entstehen, der für den Unterh eines gemeins Ki in der Absicht aufkommt, dafür von dem and EltT Ersatz zu verl (§ 1606 Rn 17).

20　　**c) Ersatzansprüche Dritter** (vgl § 1602 Rn 8). – **aa) Gesetzlicher Forderungsübergang** (cessio legis) iS von § 412 bei Leistgen nachrang haftder Verwandter od des Scheinvaters: §§ 1607 II 2, 1615b I 1; iR des
21 SozR: Rn 23 ff. – **bb) GoA:** §§ 670, 683, 679 Rn 4 **und ungerechtfertigte Bereicherung:** § 812 Rn 25 ggü dem eigtl UnterhSch. Vorauss dieser Anspr ist die Tilgg der UnterhVerpfl (§§ 362 I, 267 Rn 7). § 1607 II ist nicht lex specialis, so daß ein Umkehrschluß nicht gerechtf ist (aA AG Hbg FamRZ **74**, 657). Aber ein Ersatz scheidet aus, soweit die Leistgen des Dr über die mat UnterhVerpfl hinausgehen (Hamm FamRZ **80**, 480). Iü ist der Regreß entspr § 1606 III 1 (Hamm FamRZ **73**, 40) sowie § 1612 II, u insb 1613 beschrk (BGH NJW **84**, 2158; Celle NJW-RR **95**, 136). Das gilt auch für den famr AusglAnspr zw Elt (§ 1606 Rn
22 17). Zuständ: FamG (BGH FamRZ **78**, 770). – **cc) Freistellung** von UnterhAnspr: § 1606 Rn 18.

23　　**6) Sozialleistungen und Unterhalt** (Lit: Fuchs, ZivilR u SozialR, 1992; Hänlein, Heranziehg Unterh-Pflichtiger bei langwährder Pflegebedürftigk 1992; Seetzen NJW **94**, 2505; Staud/Kappe Vorbem 155 ff vor §§ 1601 ff). **a)** Beide stehen in engem Zushg, weil die Fürsorge für HilfsBed zu den Pfl des SozStaats gehört (BVerfG NJW **75**, 1691) u außerd der Staat aus sozpolit Grden immer mehr urspr familiäre Aufg übern hat (UnterhSicherg, AusbildgsFörderg usw). Die Überschneidngen werden techn verschied gelöst, je nachdem, ob die SozLeistg subsidiär ist od nicht. Im ersten Fall geht ein evtl daneben bestehder zivrechtl UnterhAnspr im Wege der cessio legis od Überleitg auf den VersorggsTräger über (Brüggemann DAV **93**, 217); im and Fall erlischt dch Befriedigg auch den zivrechtl UnterhBed in sonst uU gegebener UnterhAnspr.

24/25　　**b) Arten der Sozialleistung: – aa) Sozialhilfe** (SozH) w nach dem BSHG als Hilfe zum LebUnterh od als Hilfe in bes LebLagen gewährt. Regelsätze (BSHG 22): FamRZ **93**, 1288; **94**, 1310; FuR **94**, 227; **95**, 241; DAV **94**, 45; **95**, 939. Schonvermögen: § 1603 Rn 3. Gegüber der ges UnterhPfl ist die SozH nachrang (Schellhorn, Das Verh von SozHR u UnterhR, 1994). Überschr aber der sozhilferechtl FreiBetr den unterhrechtl SelbstBeh, findet der FordersÜbergg nicht statt (Hbg FamRZ **91**, 1298). Cessio legis: Bei Leistg von SozH gehen etwaige UnterhAnspr des SozHEmpf gegen den Eheg od Verwandten gem BSHG 91 seit dem 27. 6. 93 kr Ges auf den Träger der SozH über (vgl zur Heranziehg UnterhPflichtiger in der SozH die Empfehlgen des Dt Vereins f öff u priv Fürs, FuR **95**, 62; sowie zur Neuregelg Schellhorn FuR **95**, 10; Künkel FamRZ **94**, 540; Treptow DAV **94**, 451; Brudermüller FuR **95**, 17; zur Höhe: Fröhlich FamRZ **95**, 772). Einer Überleitg nach BSHG 90 (vgl zu dieser VGH Mannh NJW **91**, 2922) bed es nur noch bei Anspr auf Hrsg von Schenkgen gem § 528 (BVerwG NJW **92**, 3312; Brähler-Boyan/Mann NJW **95**, 1867), denen sich der Beschenkte nicht durch Rückg des Gesch an den Schenker entziehen kann (BGH **125**, 283), bei Beihilfe und Bereicherg. Umfang: Der ges Übergg erfaßt auch vor dem 27. 6. 93 entstandene UnterhAnspr (BGH FamRZ **95**, 871); ferner gesetzl wie vertragl UnterhAnspr (Rn 14); sind letztere GgLeistgen für die Übertragg v VermWerten (AltenteilVertr usw), fallen sie nicht unter BSHG 91 I 1 (BVerwG NJW **94**, 64), sond bedarf es der Überleitg (Schellhorn ua FuR **93**, 262; Münder NJW **94**, 494; Scholz FamRZ **94**, 1). Von Dritten (Ärzten, Heimpflege usw) abgerechnete Leistgen sind „gewährt“, wenn der SozHTr sie durch Bescheid bewill hat (BGH NJW **86**, 724; **92**, 1393; aA Kabath DAV **93**, 1137). Rückwirkg: Der AnsprÜbergg wirkt auf den Beginn der SozH zurück erstens iF des Verzugs des UnterhSchu (§ 1613 I), zweitens sow es um SonderBed geht (§ 1613 II) u drittens, wenn der Träger dch unverzgl RWahrgsAnz den UnterhSchu von dem SozHBed schriftl unterrichtet h. Zur Unverzüglk: BGH DAV **88**, 415; FamRZ **89**, 1054; NJW **90**, 1853. Personenkreis: Der Übergg findet nicht statt ggü GroßElt u Enkeln od Elt von Schwangeren (BSHG 91 I 3); hier muß sich die SozHLeistg dann bedarfsmind auswirken (Staud/Kappe § 1602 Rn 72; aA BGH **115**, 228/30). Inhalt: Der übergegang Anspr bleibt seiner RNatur nach ein solcher aus § 1360 ff, 1569 ff, 1601 ff. Kein Übergg des AuskftsAnspr (BGH NJW **86**, 1688; **91**, 1235; Ffm NJW-RR **95**, 902). Zur GeltendMachg des übergg UnterhAnspr bed es einer entspr Mitteilg dch den SozHTr, mit der er seine Forderg konkretisiert. Verhältn von UnterhBerecht u SozHTr (Celle NJW **94**, 2771; Künkel FamRZ **94**, 541 ff): Liegt bereits ein von dem UnterhBer erwirkter VollstrTitel vor, genügt bl Umschreibg (ZPO 727). Andernf MahnVerf od Kl beim FamG bzw bei der allg ZivProzAbteilg des AG (unten Rn 33). Die bl Bewilligg von SozH hindert den UnterhBer nicht an der eig Kl für künft Unterh (BGH NJW **82**, 232 u FamRZ **92**, 797; Celle NJW **94**, 2771; Kln FamRZ **95**, 820), auf die ihn der SozHTr auch verweisen k. Anderers ist dieser insow auch selbst klbefugt (Derleder/Bartels FamRZ **95**, 1111: als ProzStdSchafter), so daß er Verurteilg des UnterhSchu auch zu künft Unterh erreich k, die aber bdgt ist dch die tats Gewährg der

SozH in entspr Höhe (BGH NJW **92**, 1624). Dagg ist die Rückübertragg des dch tats SozHGewährg übergegangenen Anspr od gewillk ProzStandsch des HilfeEmpf unzul (Schellhorn ua FuR **93**, 269; Seetzen NJW **94**, 2507; Hbg FamRZ **94**, 1428; Karlsr FamRZ **95**, 615; Mü FamRZ **95**, 625; Brudermüller FamRZ **95**, 1035; sa Beinkinstadt DAV **95**, 545; aA Hamm FamRZ **94**, 1530 und **95**, 438; Wohlgemuth FamRZ **95**, 335; Ffm FamRZ **95**, 622; Düss u Brem FamRZ **95**, 818 u 821; Ott FamRZ **95**, 456; Brüggemann DAV **95**, 137 hins Rückabtretg; Mü FamRZ **94**, 1531; Kblz FamRZ **95**, 169 hins ProzStandsch). Ebso entspr Abführgs-Erkl des SozH-Empfängers (BGH NJW **94**, 1733 = DAV **94**, 877 mA Strohal). Zur Geltdmachg v Unterh bei lfdem Bezug v SozH u Zahlgen an den SozHTr: BGH FamRZ **95**, 1131. Einheitl RWeg: Das ZivGer entsch nicht nur über die Vorauss des UnterhAnspr, sond auch über den Ausschluß des FordergsÜbergs und seine Begrenzg aus sozrechtl Grden (Schellhorn ua FuR **93**, 263 u 265ff). Ein Verzicht auf Unterh ist nach RWahrgsAnzeige und fortlfder SozHLeistg unwirks (BGH **20**, 127; Hamm DAV **80**, 217). – **bb) Wohn-** 26 **geld** ist ein Zuschuß zu den Aufwendgen für Wohnraum; seine Höhe richtet sich nach den dem WoGG (idF v Art 5 des JStG 1996 v 11. 10. 95 BGBl I 1383) beigef Tab (FamRZ **90**, 594). Zur Anrechng auf den UnterhBed: § 1602 Rn 8. Keine cessio legis od Überleitg. – **cc) Arbeitslosenhilfe** (ArblH) gem AFG 134ff 27 hat ihren Grd in der soz Fürsorge u setzt Bedürftigk voraus (BSG FamRZ **89**, 381/734/1077 mA Klinger). Gleichw geleist ArblH hat das ArbAmt unverz anzuzeig mit der Wirkg eines entspr FordergsÜbergs auf den Bund, so daß insow die UnterhBedürftigk fortbest (BGH NJW **87**, 1551). Unterbl die Anz, muß die bewilligte ArblH dagg auf den UnterhAnspr angerechnet werden (Schlesw FamRZ **85**, 68; aA Staud/Kappe § 1602 Rn 79). Bedeutg der ArblH f die Leistgfhgk: § 1603 Rn 5. – **dd) Unterhaltsvorschuß** (UVG in der 28 Fassg des JahressteuerG 1996; vgl BT-Drucks 13/2100 S 93; Lit: Scholz, UVG-Komm, 2. Aufl 1992) soll die für die bei ihren Elt lebden Ki erforderl Barmittel unabhäng von der SozH zur Verfügg stellen, die ihrers erst eingreift, wenn der alleinstehde EltTeil nicht in der Lage ist, aSt des und EltTeils für den KiUnterh aufzuk (BT-Drucks 8/2774 S 11). Der EltTeil soll von der Erwerbstätigk freigest werden und sich nicht um die Hereinholg des KiUnterh kümmern müssen (Köhler NJW **79**, 1812). Zum Verhältn zur Hilfe zum LebUnterh gem BSHG 11, 12 vgl BVerwG DAV **95**, 254. Höhe: RegelBed abzgl des halben ErstKiG (zu beachten ist die Neufassg v UVG 2 dch Art 9 des JahresStG 1996; vgl DAV **95**, 898!). Zahlgsdauer: längstens 6 J. Der Anspr auf UV entfällt bei Verweigerg der zur Dchführg des Ges erforderl Auskft, insb also bei Weigerg, den Vater des Ki zu benennen (BVerwG NJW **92**, 1522; VGH BaWü DAV **93**, 329) od bei der Feststellg seines Aufenth mitzuwirken (OVG Münst NJW **84**, 2542). Sow für das Ki Leistgen erbr werden, geht ein evtl UnterhAnspr gem UVG 7 auf das Land über (Celle FamRZ **93**, 356); die Rückübertragg ist unzul, Einziehungsermächtig nur ausnw (Mü, Nürnb ua FamRZ **95**, 1170ff; Stgt NJW-RR **95**, 843). Bei Inanspruchn des UnterhSchu für die Vergangenh nur unter den Vorauss von § 1613 bzw gem UVG 7 II, wenn ihm die Bewilligg der UnterhLeistg unverz schriftl mitgeteilt w ist (Stgt DAV **92**, 1361). Bei Erhöhg des ZahlBetr wirkt jedenf die Anzeige in der früh Höhe fort (Oldbg FamRZ **94**, 1557). Zur KlErhebg dch den UnterhBerecht nach AnsprÜbergang: Nürnb FamRZ **95**, 817. Das UVG gilt teils unter Übern, teils unter Ablösg des zT günstigeren UnterhSichG seit 1. 1. 92 auch in der ehem DDR (vgl 53. Aufl). – **ee) Kindergeld** (KiG): § 1602 Rn 10. – **ff) Erziehungsgeld** (ErzG) nach dem BErzGG 29 (Aichberger SGB/RVO Nr 901; Zmarzlik FuR **92**, 313) soll einem EltTeil die Betreug des Ki in seiner 30 ersten LebPhase ermögl. Höhe: 600 DM mtl. Da es dem ErzBerecht ungeschmälert zugute kommen soll (BT-Drucks 10/3792 S 18), mindert es die Bedürftigk des ErzBerecht nicht u wird ihm nicht als Eink angerechnet (Zweibr FamRZ **87**, 820; Hamm FamRZ **95**, 805; § 1577 Rn 3; krit Staud/Kappe § 1602 Rn 66). Zur Verfmäßigk der Vorrangigk Niemeyer FuR **93**, 215; auch die Anknüpfg des Anspr auf ErzG an die PersSorge ist verfgem (BVerfG FamRZ **94**, 363; BVerfG-KA NJW-RR **94**, 2); ebso die Anrechng des EhegEink (BSG NJW **93**, 3346). Beim UnterhPfl ist das ErzG jedenf mj unverh Ki ggü als Eink zu berücks unabh davon, für welches Ki es gewährt w (Schlesw FamRZ **89**, 997; Düss u Ffm FamRZ **91**, 592 u 594). Zum ErzG für nehel Väter: VGH Mannh NJW **95**, 475. – **gg) Jugendhilfe:** Einf 20ff u 60ff v 31 § 1626. Zur Fortdauer der UnterhPfl der Elt bei Unterbringg des Ki iR der freiw ErziehgsHilfe: Einf 56 v § 1626. – **hh) Ausbildungsförderung** nach dem **BAföG** ist die Übern des AusbildgsUnterh durch den 32 Staat, der aber in dem Umfang, in dem ein entspr UnterhAnspr des Azubi gg seinen Eheg od gg die Elt besteht (§§ 1360a Rn 3; 1574 Rn 11; 1610 Rn 37ff), diesen Anspr nach dem Muster der SozH iW der cessio legis auf sich übergehen läßt (BAföG 37). Vgl oben Rn 25 sowie § 1602 Rn 9. GgBsp: Hamm NJW-RR **94**, 964.

7) Verfahrensrecht (Lit: Rahm/Künkel/Stollenwerk, Hdb des FamGerVerf, 3. Aufl ab 1990; Eschen- 33 bruch, Der UnterhProz, 1992). Zust: GVG 23a Nr 2, 23b I Nr 5, FamG auch nach FordÜbergg (Rn 21/23); dagg ProzAbt für UnterhAnspr gg Großeltern (BGH NJW **78**, 1633). RSchutzbedürfn für Titulierg auch bei regelm Zahlg (Hamm FamRZ **92**, 577 u 831), ggf aber nur für den über den nach KJHG 59, 60 (Einf 54 v § 1626) titulierten Unterh hinausgehden Betr (Karlsr NJW-RR **94**, 68). Ein beziff KlAntr bezieht sich auf den gesamten Unterh (BGH FamRZ **90**, 863), sofern er nicht ausdrückl als TeilKl bezeichn wird od Nachforderg vorbeh bleibt (BGH **94**, 145). Bei mehreren UnterhGl ist Aufteilg erfdl (BGH FamRZ **93**, 945). RegelUnterh: § 1615f Rn 9. Bei Unklarh über Leistgsfähigk od Bedürftigk: AuskunftsKl (§ 1605), zZw sofortig Rhängigk auch des ZahlgsAnspr iVm der ZahlgsKl iW der StufenKl (Hbg FamRZ **83**, 602; KG NJW-RR **92**, 450). Schätzg der Leistgfhgk nach ZPO 287 II: § 1603 Rn 5; BGH FamRZ **93**, 789. Ges Vertr bei GetrLeben der Elt: §§ 1629 II, 1672; im ScheidgsVerf ProzStandsch gem § 1629 III (dort Rn 22/23); bei gesch Ehe: § 1671. AbändergsKl bei wesentl Änd der Verh (Th/P ZPO 323 Rn 19), zB bei Vorrücken in eine höh AltStufe der DüssTab sowie Erhöhg der TabSätze (vgl BGH NJW **95**, 534), ggf auch unter 10% (Düss FamRZ **93**, 1103). Nachforderg ohne Bindg an die ErstEntsch (BGH FamRZ **86**, 661). Anpassg von UnterhRenten Mj: vereinf Verf (§ 1612a Rn 12). Abändg von UnterhVgl ohne Rücks auf ZPO 323 I nach den Grds der GeschGrdlage (BGH NJW **92**, 1621; FamRZ **94**, 696; Rn 14). Zur Identität von Mj- u VolljUnterh § 1601 Rn 4. Einstw AO bzw Verfügg (Gießler, Vorl RSchutz in Ehe-, Fam- u KischaftsSa, 1987): ZPO 620ff bzw 940 (Beschrkg auf NotUnterh: Kln FamRZ **95**, 824). ProzStandsch wie oben. Keine UnterhVerfügg bei lfder SozH (Düss FamRZ **92**, 1321; Bambg FamRZ **95**, 623; umstr). UnterhSicherg dch Arrest: Düss FamRZ **81**, 44 u 67. Außerkraftsetzg der einstw AO dch jederzeit zul negat FeststellgsKl (BGH FamRZ **89**, 850; **91**, 180). Berufg:

GVG 119 I Nr 1; ZPO 640, 643 I. Der für ehel u ne Ki untersch Instanzenzug ist verfwidrig (BVerfG NJW **92**, 1747). Vollstr: Büttner FamRZ **94**, 1433. Rückford überzahlten Unterh: Rn 17 ff.

34   **8) Beweislast** (Lit: Baumgärtel/Laumen, Hdb d Beweisl, Bd 2 1985, S 415; Rahm/Künkel/Stollenwerk IV Rn 705). GrdRegel: Jede Part hat die ihr günst NormVorauss zu behaupten u zu beweisen (Klauser MDR **82**, 529); auch im Verf der einstw Vfg od AO (Baumgärtel/Laumen Rn 10 v § 1601 mN). **Unterhaltsbe-rechtigter:** Verwandtsch; Bedürftigk, insb ErwUnfähigk u Nichtverfügbark anrechenb eig Einkfte od Verm (Baumgärtel/Laumen § 1602 Rn 2 mit Einschränkgen; Düss FamRZ **81**, 56); Nichtleistgsfähigk der übr Verwandten iFv §§ 1603 II 2, 1608 S 2 (BGH NJW **81**, 923; Hbg FamRZ **82**, 627; Kln FamRZ **83**, 714). Vgl iü § 1606 Rn 6. **Unterhaltsverpflichteter:** LeistgsUnfähigk trotz § 1605 (hM; BGH FamRZ **80**, 770; Hbg FamRZ **82**, 627), einschl sämtl seine Leistgfähigk mindernden Umst (BGH **109**, 211), also dafür, daß er best Einkfte nicht (mehr; Karlsr FamRZ **90**, 535) hat u auch nicht in zumutb Weise erzielen kann (BGH FamRZ **80**, 126; Düss FamRZ **81**, 480); unterhrelevant eingegangene Schu (BGH NJW **92**, 1624); eink-mindernde steuerl Aufwendgen (BGH FamRZ **80**, 770); bei Selbständ (§ 1603 Rn 10) Entwicklg des Be-triebs über mehrere J (Stgt FamRZ **83**, 1267); LeistgsFähigk des betreuenden EltT zur Heranziehg zum BarUnterh (BGH NJW **81**, 923); Gefährdg des eig Unterh bei vorrangig u das Vorhandensein gleichrangig haftder UnterhPfl (Kln FamRZ **83**, 714). Bei leugnender **Feststellungsklage** (Rn 29) gilt die regelmäß BewLastVerteilg (Hbg FamRZ **89**, 1112). Bei einstw AO genügt der Vortr, ihr liege kein UnterhAnspr zGrde (Hbg FamRZ **82**, 702); anschließd normale BewLastVerteilg (BGH NJW **77**, 1638; Düss u Hbg FamRZ **81**, 480 u 982; Stgt NJW **81**, 2581). **Abänderungskläger** (Rn 28): Für die für die Festsetzg des Unterh maßg sowie für die die wesentl Verhältn ändernden Umstde (BGH FamRZ **87**, 259; Düss FamRZ **81**, 587; Zweibr FamRZ **84**, 728); also auch für die im früh Verf vom Gegner zu beweisden Tats (Zweibr FamRZ **81**, 1102), zB die LeistgsFähigk des UnterhSchu (Hbg FamRZ **89**, 885). Iü bleibt es, wenn wesentl Änderg feststeht, bei der allg BewLastVerteilg (Stgt FamRZ **83**, 1233; Baumgärtel/Laumen Rn 9 v § 1601), so daß der UnterhSchu die BewLast für sein derzeit Eink trägt (Düss FamRZ **81**, 587). **Beweisvereitelung,** falsche od unvollständ Angaben führen zur BewLastUmkehr bzw mind zur Berücks iRv ZPO 286 (BGH NJW **81**, 923/5). Vgl iü die Anm zu §§ 1601 ff.

35   **9) Übergangsrecht:** 48. Aufl.

36   **10) IPR:** EG 18; wg Haager UnterhÜbereink Anh EG 18. **Interlokales Privatrecht:** EG 18 Rn 21. **Überleitungsrecht DDR:** EG 234 §§ 8, 9. **Unterhaltsbedarf im Ausland:** § 1610 Rn 2.

37   **11) Reform:** Schwenzer FamRZ **89**, 685, **92**, 121 sowie v Münch/Schwenzer, 10. DtFamGTag 1994 S 55 ff; Köhler FamRZ **90**, 922; Schulte FamRZ **91**, 639; Schlüter/Kemper FuR **93**, 245; Battes FuR **93**, 253. **KindesunterhaltsG** § 1602 Rn 17.

I. Allgemeine Vorschriften

1601   *Verwandte in gerader Linie.*   **Verwandte in gerader Linie sind verpflichtet, einan-der Unterhalt zu gewähren.**

1   **1)** Die UnterhPfl zw Eltern u Kindern beruht nicht auf der elterl Sorge, sond auf dem verwandtschaftl Verhältn (Einf 1), so daß es f die UnterhPfl gleichgült ist, ob die Elt das SorgeR haben od nicht. Auch eine Namensänderg ist ohne Belang (Kblz DAV **82**, 591).

2   **2)** Der **Kreis der Verpflichteten** erstreckt sich auf alle in gerader ab- u aufsteigder Linie miteinand Verwandten oRücks auf den Grad der Verwandtsch (s aber §§ 1606 ff). Aber Einschränkg schon bei GroßElt iR der Regreßschranke im SozialhilfeR (Einf 25 v § 1601). Nicht unterhpflicht sind Verwandte in der Seitenlinie, also Geschwister, Verschwägerte (§ 1590), Stiefvater ggü Stiefkindern (BGH NJW **69**, 2007; vgl aber § 1360a Rn 2). Zur heterologen Insemination § 1593 Rn 11. Soweit Geschw u Verschwägerte freiw
3 Unterh geleistet haben, steht einer RückFdg § 814 entgg. Die **Dauer der Unterhaltspflicht** ist grdsl, wenn ihre tatbestdl Vorauss gegeben sind, unbegrenzt, beschränkt sich ggü dem volljj Ki jedoch grdsl auf den AusbildgsUnterh (§ 1610 Rn 37; vgl auch § 1602 Rn 20; prinzipiell and BGH **93**, 123; BSG FamRZ **85**,
4 1251). Darstellg des VolljUnterh: Oelkers/Kreutzfeldt FamRZ **95**, 136. Zw dem Mj- u dem VolljUnterh besteht **Identität** (BGH FamRZ **83**, 582), so daß vorh VollstrTitel grdsl fortwirken u folgerichtig das volljähr gewordene Ki auch AbändergsKl erheben k (BGH NJW **84**, 1613). Doch kann die elterl UnterhPfl
5 auch später wieder aufleben, etwa bei schweren Unfallschäden des Kindes. Aber kein Unterh iFv § 1611, bei UnterhNeurosen od Bt eig Ki (§ 1602 Rn 20).

6   **3) Unterhaltspflicht gegenüber Eltern** (Lit: Hänlein, Heranziehg UnterhPflicht bei langwährder PflBedürftigk Vollj, 1992; Luthin FamRZ **93**, 731; Günther FuR **95**, 1; vgl auch BVerwG FamRZ **95**, 803). Es gelten and Maßst als im Verh zu den Ki (Oldbg FamRZ **91**, 1347), was sich insb in einem „maßvoll erhöhten" SelbstBeh (je nachd, ob es sich um ein verdiendes od ein haushführdes Ki handelt von derZt 1900 bzw 1300 DM) widerspiegelt (vgl BGH NJW **92**, 1393). **a)** Die **Bedürftigkeit** v Elt (§ 1602 I) beruht gewöhnl darauf, daß sie nicht imstande sind, die Kosten der Heimunterbringg im Alter (in vollem Umfg) aufzubringen (AG Rheinbach FamRZ **92**, 1336). Die PflKosten sind kein SondBed (§ 1613 Rn 11).

7   b) Die UnterhPfl ihrer Ki setzt bei jedem einz von ihnen **Leistungsfähigkeit** gem § 1603 I voraus (vgl dazu Heinle FamRZ **92**, 1337 u FuR **93**, 331 jew mRsprNachw). Zum SchonVerm: § 1603 Rn 3; zum Selbstbeh: § 1610 Rn 16. Dem Ki stehen eig Eheg nicht UnterhAnspr in einer Höhe zu, die es ihm erlauben, daraus den Unterh für seine Elt zu bez (§ 1360a Rn 2). Verdienen beide Eheg, steht auch nicht der Verdienst des unterhpflicht Eheg für denj seiner Elt zur Vfg. Vielm steht zur Erfüllg von UnterPfl nur der Anteil am GesEink zur Vfg, der den angem LebBed der Fam übersteigt u nach dem Verhältn der von beiden Eheg für den FamUnterh aufzubringden Beträge auf den UnterhSchu fällt (so richt Henrich in seiner Anm zu LG

Bielef FamRZ **92**, 589; ebso Fischer zu LG Esn FamRZ **93**, 731; Renn/Niemann FamRZ **94**, 473). **c) Um-** 8
fang: Kein Anspr auf PKV od Berufsausbildg (§ 1610 Rn 33 u 37).

1602 *Unterhaltsberechtigte.* ¹Unterhaltsberechtigt ist nur, wer außerstande ist, sich selbst zu unterhalten.

II Ein minderjähriges unverheiratetes Kind kann von seinen Eltern, auch wenn es Vermögen hat, die Gewährung des Unterhalts insoweit verlangen, als die Einkünfte seines Vermögens und der Ertrag seiner Arbeit zum Unterhalte nicht ausreichen.

1) Vorbemerkung zu §§ 1602, 1603. Die Vorschr geben die Voraussetzgen für das Eintreten der Un- 1
terhPfl unter Verwandten gerader Linie (§ 1601). Zum Aufbau des AnsprSystems vgl § 1569 Rn 4. Bei mehreren UnterhPflichtigen § 1606; bei mehreren UnterhBerecht § 1609. Bei wesentl Ändergen der Voraussetzgen der UnterhPfl hilft beiden Teilen ZPO 323, nehel Kindern auch ZPO 642b. **Verfahrensrecht** u **Beweislast:** Einf 33 u 34 v § 1601. Unterhaltsberecht ist nur, wer außerstande ist, sich selbst zu unterh, u nur demj ggü, der seiners leistgsfäh ist. Wg RückFordgAnspr: Einf 17ff v § 1601.

2) Bedürftigkeit, I. Nur wer außerstande ist, sich selbst zu unterhalten, ist unterhberecht. Zur **Höhe des** 2
Bedarfs § 1610. **Altenpflegebedarf:** § 1613 Rn 11. **a) Voraussetzungen der Bedürftigkeit** (vgl auch 3
Einf 27 v § 1601):

aa) Vermögenslosigkeit, so daß etwa vorhandenes Verm zu verwerten ist (Warn **21**, 101), auch zZw der 4
Ausbildg bei gesicherten EinkVerhältn der Elt (Düss FamRZ **90**, 1137). Aber keine ganz unwirtschaftl Verwertg (vgl BGH FamRZ **57**, 120; aA Staud/Kappe 122 u 126); wohl aber Einziehg ausstehder Fdgen (Warn **08**, 221) u überh vermögensrechtlicher Anspr (v Mohrenfels FamRZ **81**, 521). Geringe Kapitalreserve für Krankh uä schließt Bedürftigk nicht aus. **Mietfreies Wohnen** (Graba FamRZ **95**, 385) erhöht nicht nach 5
dem obj Mietwert, sond in unterh-angemessenem Umfang das Eink, wobei Kosten bis zur Höhe des fiktiven Eink anzurechnen sind (Graba FamRZ **85**, 657; Gerhardt FamRZ **93**, 1139; § 1603 Rn 5).

bb) Erwerbsunfähigkeit. Der Berecht hat seine ArbKraft zu verwerten (vgl §§ 1360 Rn 8, 1603 Rn 9). 6
Das gilt ggf auch für ein mj Ki, insb nach Beendigg der Ausbildg (Karlsr FamRZ **88**, 758). Grdlose Aufg der Arb macht nicht bedürft (aA Hoppenz NJW **84**, 2327). Standesvorurteile sind unbeachtl. Zur **Arbeitslosig-**
keit unten Rn 20; bei gleichförm Wechsel zw ErwTätigk u Arblosigk ist f die EinkBerechng das JahresEink zGrde zu legen (Hamm FamRZ **86**, 1102). Unter dem GesPkt der Zumutbark nicht ow Verpfl zum Abbruch begonnener Ausbildg (sa § 1610 Rn 37). ArbeitslHilfe ist aS des UnterhBerecht idR nicht als Eink zurechenb (BGH NJW **87**, 1551: Subsidiär SozLeistg). Zur Bedürftig **volljähriger Kinder:** Rn 20. Bei 7
UnterhNeurosen (Rn 20) u Arbeitsunwilligk gilt hins des Abstellens auf **fiktive Einkünfte,** ihrer Berechng u der Beweislast dasselbe wie bei der Leistgsfähigk (vgl §§ 1603 Rn 9–13, 1577 Rn 4, 5). Besonderes Augenmerk muß das Ger auf die subj Arbeitsbereitsch des AnsprStellers richten (BGH NJW **86**, 718/20).

b) Leistungen Dritter. Freiw Leistg befreit nicht von der UnterhVerpfl, wenn der Dr nicht den Unterh- 8
Schu entlasten will (BGH FamRZ **93**, 417/9); ebsowenig, wenn Kind bei einem wohlhabden Stiefvater wohnt (KG DR **41**, 1161) od die aus öff Mitteln gewährte Unterstützg (Einf 23ff v § 1601), denn niemand braucht sich auf Almosen verweisen zu lassen (RG **72**, 199); anders, falls der Dr gewillt u dauernd imstande ist, den Unterh zu leisten (RG **105**, 166), zB innerh einer nehel LebGemsch (Einl 8 v § 1297; Kblz FamRZ **91**, 1469; aA Celle FamRZ **93**, 352). Anzurechnen sind ferner Leistgen aus einem (von den Elt) eingerichteten AusbildgsFonds (Ffm FamRZ **93**, 98). Darl vS der Elt nimmt dem Ki nicht die Bedürftigk. Zu den **Umgangskosten** § 1634 Rn 41. Zur Bedeutg rückw Bewilligg von **Renten:** Staud/Kappe 22 ff. Zum Verhältn v Bedürftigk u **Sozialhilfe** Einf 25 v § 1601; **Arbeitslosenhilfe:** Einf 27 v § 1601. Für Contergan-Renten gilt nunm § 1610a, so daß Hamm FamRZ **86**, 1101 insow überholt ist; gelingt der GgBew, ist die Rente anrechenb (vgl Staud/Kappe 67). **Wohngeld** (Einf 26 v § 1601) ist anrechenb Eink, dem aber ggf ein erhöhter Wohnbedarf ggüsteht (BGH FamRZ **82**, 587/90; NJW **83**, 684 mN; Schlesw SchlHA **85**, 101). Anrechenb ist auch das iR v RehabMaßn vom ArbA gem AFG 56 gewährte **Ausbildungsgeld** (Mü FamRZ **92**, 213; sa Oldbg FamRZ **89**, 531 zur behinderungsunabhäng BerufsausbildgBeihilfe gem AFG 40 I 1) sowie ein **Stipendium** (Bambg FamRZ **86**, 1028 Studienbülf). Währd der Ableistg von **Wehrdienst** besteht ein UnterhAnspr nicht schon bei überdchschnittl günst wirtsch Lage der Elt, sond nur im Einzelf für bes, konkr nachzuweisdn UnterhBed wie Bezug wiss Zeitschr, VereinsBeitr, Musikunterricht (BGH NJW **90**, 713). Entspr muß für den **Zivildienst** gelten, ggf also Unterh für WohnBed (BGH NJW **94**, 938), sowie bei **Heimunterbringung** eines Mj iR der Freiw ErzHilfe (Hbg DAV **85**, 75; Einf 26ff v § 1626). Zuwendgen innerh einer **nichtehelichen Lebensgemeinschaft** (Einl 8 v § 1297) wie WohngsGewährg, fikt HaushführgsVergüt usw mindern die Bedürftigk (Staud/Kappe 49f). Die Möglk einer **Kreditaufnahme,** u zwar auch eines reinen Personalkredits, kann u/o die Bedürftigk ausschl od vermind (Hbg FamRZ **80**, 912). Zur **Kostenersparnis** dch Aufenth des Ki beim nicht sorgeberecht EltT: § 1634 Rn 42. **Unterhaltsvorschuß** u **Erziehungsgeld:** Einf 28 u 30 v § 1601.

Der Anrechng unterliegt das zum Ausgl für erhöhten Bed an geistig u körperl Behinderte gezahlte 9
Landespflegegeld jedenf hins des behindersbedingten MehrBed (BGH FamRZ **93**, 417, vgl § 1610a Rn 4). Ebso muß sich ein ehel Kind eine **Waisenrente** anrechnen lassen, die es nach seinem Stiefvater erhält (BGH NJW **81**, 168; Hamm DAVorm **78**, 453 u FamRZ **80**, 479). Bei Nichtbetreuung dch den barunterhpflicht EltT Anrechng zur Hälfte (Düss FamRZ **86**, 587). Ebso ist anzurechnen ein **Kinderzuschuß** zur ErwUnfähigkRente der Mutter (RVO 1262, AVG 39) iH des fikt staatl KiGeldes (BGH NJW **81**, 172; Mü FamRZ **78**, 931; Hamm FamRZ **80**, 890; iGgs zu dem dem erwerbsunfäh Stiefvater ausgezahlten KiZuschuß (BGH NJW **81**, 167; krit Fuchs FamRZ **82**, 762). Zum **Kindergeld-Ausgleichsbetrag** DAV **82**, 438. Keine Anrechng der kindbezogenen Bestandteile der Dienstbezüge, wie **Ortszuschlag** (BBesG 40 III; Celle FamRZ **93**, 838 mN; im ArbR: BAG DAV **84**, 900; vgl auch BVerwG NJW **93**, 1410; Mohrmann DAV **84**, 861), einschließl des UnterschiedsBetr gem BeamtVG 50 I (BGH FamRZ **84**, 376; sa § 1615g

mwNachw). Zum Blindengeld: § 1610a. Im Ggs zu dem für öff Leistgen geltden Subsidiaritätsprinzip (Einf 21 v § 1601) sind **BAföG-**Leistgen auf den UnterhAnspr anzurechnen, mindern also die Bedürftigk des Ki seinen Elt ggü, sofern keine Überleitg stattgefunden h (Einf 32 v § 1601). Ebso sind darlehensw gewährte BAföG-Leistgen anrechenb Eink (BGH NJW **85**, 2331; KG FamRZ **85**, 962). Der Vollj ist gehalten, zur Entlastg der Elt BAföG-Darl in Anspr zu nehmen (BGH NJW-RR **86**, 1262); nicht dagg der mj UnterhBerecht (Hamm FamRZ **87**, 91).

10   **c) Familienleistungsausgleich nach dem Jahressteuergesetz (JStG)** 1996 vom 11. 10. 95, BGBl I 1250 (Lit: BMF DAV **95**, 897ff; Kruhl BB **95**, 1161, 1669 u 2032 [insb zur EntstehgsGeschichte]; Niermann/ Plenker DB **95**, 1930; Nolte DAV **95**, 899ff; Wichmann FamRZ **95**, 1342; zur fr RLage: 54. Aufl). Inkrafttr: EStG 21. 10. 95; BKGG: 1. 1. 96 (JStG 96 Art 41 I u VII).

11   **aa) Inhalt des JStG: Kindergeld (KiG)** u steuerl **Kinderfreibetrag** werden im neuen dualen System funktionell aufeinand bezogen u beide im EStG verankert (Rn 13). Hierzu mußten die bish versch **Kindesbegriffe** des KiG- u EStRechts harmonisiert w (EStG 32, 63). Berücks werden Ki grdsl bis zum 18. LebJ, arbeitsl Ki u Ki in der Ausbildg bis zum 27. LebJ, behind Ki ohne Altersbegrenzg. Ki mit eig EinkfteiHv wenigstens 12000 DM werden grdsl nicht berücks (EStG 32 IV). Famrechtl relevant ist ferner die Abschaffg des KiG in seiner bish Form sowie des KiGZuschl. Das BKGG wurde formell aufgehoben (JStG Art 41 VIII), sein Inh aber weitgehd in das EStG Abschn X §§ 62ff überführt (BT-Drucks 13/1558 S 160). Das BKGG nF (JStG Art 2) betr nur noch SondFälle wie außerh Dtschld nach BeamtRRG 123 a Tätige, ins Ausl entsandte EntwicklgsHelfer, Vollwaisen usw, die das KiG nicht als Steuervergüt erh können, so daß es als SozLeistg dch die FamKassen (Rn 15) ausgezahlt w muß (BT-Drucks 13/1558 S 163).

12   **bb) Zweck:** Zur Umsetzg der Entsch des BVerfG NJW **92**, 3153, wonach das Existenzminimum des StPflicht u seiner Fam der EStG nicht unterworfen w darf, dient der FamLeistgsAusgl der wirtschaftl Entlastg von KiUnterh dch steuerl Freistellg eines EinkBetr iH des Existenzminimums eines Ki. Soweit das KiG dafür nicht erfdl ist, dient es der Förderg der Fam (EStG 31 S 1 u 2). KiG wird nicht für die Existenz des Ki gezahlt, sond soll UnterhLasten mind (BT-Drucks 13/1558 S 165; vgl iü 54. Aufl Rn 11 mN).

13   **cc)** Die **Verwirklichung des Familienleistungsausgleichs** erfolgt dch die steuerl Freistellg eines Eink-Betr iH des Existenzminimums eines Ki dch entspr Verminderg der StBelastg od dch monatl Auszahlg des KiG. Zur Kombination beid Verf kann es kommen, wenn das ausgezahlte KiG die gebotene steuerl Freistellg nicht in vollem Umfang bewirkt (Rn 14). Nicht dchgesetzt hat sich die Abschaffg des KiFrBetr zG eines einheitl KiG (so der SPD-Entw, BT-Drucks 13/1558 S 140). Es besteht vielm ein echtes **Wahlrecht,** das KiG od den KiFrBetr in Anspr zu nehmen (BT-Drucks 13/1558 S 139; Kruhl BB **95**, 2033; Nolte DAV **95**, 904). Entsch sich allerd derj EltT, der das Ki in Obhut hat, für das KiG, bleibt der and EltT auf die Geltmachg des KiFrBetr beschr. Zw ehel u ne Ki wird beim FamLeistgsAusgl kein Unterschied gemacht. –

14   **(1)** Wird der FamLeistgsAusgl dch Inspruchn des **Kinderfreibetrags** verwirkl (EStG 31 S 1, 32), so wird für jedes Ki bei jedem der berücks Ki bei jedem der steuerpfl EltT iJ 1996 ein Betr von 261 DM für jeden KalenderMo, in dem die KiGVorauss vorgelegen haben, bei der Veranlagg vom Eink abgezogen, so daß sich bei Eintragg des FrBetr auf der LohnStKarte die vom ArbG auszuzahlde Vergüt entspr erhöht. Bei gemeins Veranlagg von Eheg beträgt der KiFrBetr 522 DM. Wird die gebotene steuerl Freistellg dch das KiG nicht in vollem Umfang bewirkt, so ist bei der Veranlagg zur ESt der KiFrBetr abzuziehen (EStG 31 S 4). In diesen Fällen sind KiG od vergleichb Leistgen – u zwar auch, soweit sie dem StPflicht iW eines zivilrechtl Ausgl zustehen – zu verrechnen (EStG 31 S 4 u 5, 36 II). Nimmt also der eine EltT das KiG in Anspr, muß sich der and EltT auf seinen FreiBetr den auf ihn entfallden Betr, um den bspw iRv § 1615g I 1 seine UnterhVerpfl herabgesetzt ist, anrechnen lassen. Wird nach ausl Recht ein höheres KiG gezahlt, so beschr sich die Verrechng auf die Höhe des inl KiG (EStG 31 S 6). Iü kann auf Antr der KiFrBetr eines EltT auf den and EltT **übertragen** w (Niermann/Plenker DB **95**, 1933 mBsp), wenn dieser zustimmt od wenn er seiner UnterhPfl nicht nachkommt; desgl auch StiefEltT od GroßElt, wenn sie das Ki in ihren Haush aufgen haben (EStG 32 VI 5 u 6). Für VeranlaggsZrRäume ab 1997 erhöhen sich die FreiBetr auf 288 bzw 576 DM (EStG 52 Abs 31 a). –

15   **(2) Auszahlung des Kindergelds** (EStG 62ff iVm einer geplanten KiGAuszahlgsVO). Die (zZw der Anwendbark der AO, BT-Drucks 13/1558 S 140) gewählte Qualifizierg als „steuerl Freistellg" u „StVergüt" ist irreführd; es handelt sich bei fehlden Einkften um echte SozLeistgen (Einf 24 V § 1601). Auch wenn die Konzeption des Gesetzgebers eine and gewesen sein u der Steuerfreibetrag des barunterhaltspflichtigen EltT bei InspruchN des KiG dch den and EltT entfallen sollte, kann ersterer nach verfassgskonformer Auslegg doch nicht gezwungen w, die Sozleistg „KiG" vorzufinanzieren. Erfdl ist ein Antr (EStG 67). Die AnsprBerechtigg setzt Wohns od gewöhnl Aufenth im Inland od unbeschr EinkStPflichtigk voraus. Ein Ausl od sein Eheg hat nur Anspr auf KiG bei AufenthBerechtigg od -Erlaubn (EStG 62). Vgl iü zur fr Rspr 54. Aufl Rn 12. Für jedes Ki wird nur einem Berecht KiG gezahlt, bei mehreren Berecht (EStG 64) an denj, der das Ki in seinen Haush aufgen hat (Obhutsprinzip; BT-Drucks 13/1558 S 165). Bei Aufn in den gemeins Haush von Elt, StiefEltT, PflegeElt od GroßElt bestimmen diese untereinand den Berecht, ggf das VormschG. KiG erh ggf auch derj, der dem Ki eine UnterhRente zahlt (EStG 64 III). KiG wird nicht gezahlt, wenn für das Ki Anspr auf KiZulagen aus der gesetzl UnfallVers, auf KiZuschüsse aus der ges RentVers od im Ausl Anspr auf diese od dem KiG ähnl Leistgen zustehen (EStG 65). Das KiG wird von der **Familienkasse** dch Bescheid festgesetzt u mtl ausgezahlt (EStG 70, 71). FamKasse ist idR das örtl zust ArbAmt (vgl BKGG 7 II, FinVerwG 5), für die Angeh des öff Dienstes, ArbN des Staats usw die jew jur Pers des öff Rechts, wobei in den Abrechngen der Bezüge u des ArbEntgelts das KiG gesondert auszuweisen ist (EStG 72). Bei and ArbN setzt die FamKasse das KiG fest; ausgezahlt wird es in der bescheinigten Höhe dann vom jew ArbG (Niermann/Plenker DB **95**, 1931 f). Das Verf wird dch VO näher geregelt (EStG 73). Bei nicht mehr als 50 ArbN befreit die FamKasse den ArbG auf Antr von der Pfl zur Auszahlg des KiG. **Höhe** (EStG 66): Das KiG betr für das 1. u 2. Ki jew 200 DM, für das 3. Ki 300 DM u ab dem 4. Ki jew 350 DM mtl u wird vom Beginn des Mo bis zum Ende des Mo gezahlt, in dem die AnsprVorauss erfüllt sind bzw wegfallen. Die Vorauss für das KiG wie für den KiFreiBetr müssen künft also mtl vorliegen (MoPrinzip; EStG 31 S 3, 66 II). Das KiG wird rückw nur für die letzten 6 Mo vor Beginn des Mo gezahlt, in dem der Antr auf KiG eingegangen ist. Ab dem VeranlaggsZtRaum 1997 erhöhen sich die KiGSätze für die ersten beid Ki auf jew 220 DM mtl (EStG 52 Abs 32a). In SondFällen kann das KiG an den Eheg od an das Ki des KiGBerecht od an sonstige unterhgewährde Pers od Stellen ausgezahlt w, wenn der KiGBerecht seiner ges UnterhPfl nicht nachkommt od wenn er mangels Leistgsfähigk (§ 1603) nicht unterhpflicht ist (EStG 74). – Währd der KiFrBetr für alle Ki konstant ist, steigert sich das KiG nach der Anzahl der Ki, wobei sich ein **Zählkindvorteil** daraus ergibt, daß bei jedem KiGBerecht auch Ki aus und Verbindgen (vorehel, ne u Ki aus 1. Ehe usw) mitgezählt w, so daß es zu unterschiedl KiGSätzen führen kann je nachdem, wer das KiG ausgezahlt bekommt (vgl Brüggemann ZFJ **86**, 229; Schmitz/Pfeiffer DAV **87**, 161 sowie unten Rn 17).

cc) Hinsichtl des KiG steht dem ArbG kein **Zurückbehaltungsrecht** zu (EStG 73 II). Eine **Aufrech-** **16** **nung** mit Anspr auf Rückzahlg od Erstattg von KiG ist bis zur Hälfte der Anspr auf laufdes KiG zul (EStG 75). Der **Pfändung** unterliegt der Anspr auf KiG nur wg ges UnterhAnspr eines Ki (EStG 76). Vgl iü 54. Aufl Rn 18.

dd) Verhältnis von Kindergeld und Kinderfreibetrag zum Unterhaltsrecht. Was von der bish Rspr **17** relevant bleibt, muß neu entsch w (vgl wg Einzelh 54. Aufl Rn 14–17; Staud/Kappe 57ff). Eine Regelg sollte dch das geplante **KindesunterhaltsG** erfolgen, mit dem allerd bish nur die Gleichstellg nehel u ehel Ki im UnterhR beabs zu sein scheint (Vgl Wichmann FamRZ **95**, 1244 mN). Bei der Eingruppierg in die DüssTab (§ 1610 Rn 12) bleibt das vom UnterhSchu bezogene KiG unberücks (Ffm FamRZ **82**, 734). Ferner hat die vom Zweck des FamLeistgsAusgl (Rn 12) diktierte Erhöhg von KiG u KiFrBetr auf das Existenzminimum des Ki (!) mE die Konsequenz einer AuskehrgsPfl, so daß insow unabhängig vom Selbstbehalt die LeistgsPfl des UnterhSchu begründet sein kann. Das gilt insb in Mangelfällen für die Auskehrg des ZählKiVorteils (Rn 15) als MindUnterh (so schon bish die Rspr; vgl Stgt FamRZ **84**, 86 mAv Wenz; Celle FamRZ **91**, 853; einschränkd dagg BGH NJW **86**, 186; **87**, 657). Iü muß ein Ausgl zw den Elt je danach stattfinden, wem KiG u KiFrBetr zufließen. Der st-rechtl (Rn 14) u zivrechtl (§ 1615g I 1; BGH NJW **92**, 1621/4) HalbteilsgGrde ist dch den st-rechtl FamLeistgsAusgl zivrechtsdogmat nicht festgeschrieben, so daß es dabei bleiben muß, daß eine und als hälft Anrechg stattfinden kann, zB wenn die Elt entgg § 1606 III 2 ihrer UnterhPfl mit unterschiedl Anteilen genügen (BGH FamRZ **81**, 26 u 347/9). IGgs zu BGH NJW **81**, 2462 u 2694 sowie FamRZ **84**, 1000 ist aber entspr Rn 12 das Dogma zu überprüfen, daß ZählKiVorteile zw den Elt nur hins gemeins Ki aufzuteilen sind, solche für nicht gemeins Ki aber unberücks bleiben (vgl BGH NJW **81**, 2462.

ee) Übergangsregelungen: EStG 78 zur vorl Weitergeltg bish KiGGewährgen bis zur Vorlage der **18** FestsetzgsBescheinigg der FamKasse; zur Weitergeltg von KiGGewährgen für Enkel od Geschw; für Ki, die am 31. 12. 1995 das 16. LebJ vollendet haben; zur Nachzahlg u RückFdg von KiG u KiGZuschl für Berecht mi geringem Eink; zum Weiterbezug von KiG im Gebiet der früh DDR. Hins der verfconformen (BVerfG NJW **94**, 2817) Kürzg bei Besserverdienenden empfehlen Volk/Volk MDR **95**, 762 WidersprEinlegg.

d) Eigene Einnahmen des Kindes sind grdsätzl auf seinen UnterhAnspr anzurechnen, indem sie seine **19** Bedürftigk verringern, u zwar beim mj Ki voll auf den BarUnterhAnspr gg den nicht sorgeberecht EltT (Stgt FamRZ **81**, 993), abzügl eines großzüg bemessenen Taschengeldes u evtl MehrAufwendgen (Kln FamRZ **95**, 55), beim im Hause des einen EltT lebden Vollj anteilmäß ggü beiden EltT (Düss FamRZ **85**, 1165: 2/5 u 3/5). **Ausbildungsvergütungen** sind nach Kürzg um den ausbildgsbedingten konkr nachzuweisden (and DüssTab § 1610 Rn 15) MehrBed auf den von den Elt zu leistden Unterh anzurechn, bei Mj idR zur Hälfte auf den Bar- u NaturalUnterh (BGH NJW **81**, 2462). Anderers ist idR zugleich auch ein großzügigeres Taschengeld anzusetzen (Ffm FamRZ **78**, 822; Brem FamRZ **79**, 539 L; Mü DAVorm **79**, 588). Zu Einnahmen aus **Ferienjobs** währd des Studiums § 1610 Rn 59.

e) Verschulden der Bedürftigk hindert UnterhBerechtigg nicht; s aber § 1611. Ein vollj Kind, das in sei- **20** nem erlernten Beruf keine Anstellg findet, muß jede Arbeit, auch berufsfremde u einfachste Tätigkten (Ffm FamRZ **87**, 188) unter Niveau (Ffm FamRZ **87**, 408), jede Tätigk, die seinen geist u körperl Fähigk entspr (AG Mannh NJW-RR **90**, 263), ergreifen, ehe es seine Elt in Anspr nimmt (Zweibr FamRZ **84**, 291 u 1250). Hins der ArbKr gelten dies Maßstäbe wie im Verh der Elt zu mj Ki (Hamm FamRZ **90**, 1385; Oldbg FamRZ **91**, 1091; § 1603 Rn 19ff). Auch eine **Unterhaltsneurose** begründet keine Bedürftig (Düss FamRZ **81**, 255; vgl § 1579 Rn 37), so daß auch ein gut verdiender Fabrikant seinem 33j Sohn, der keine Ausbildg beendet h, nicht unterhpflicht ist (Düss FamRZ **82**, 518). Wurde das Ki iR psychotherapeutischer Behandlg in seiner AnsprHaltg verstärkt, ist ihm uU eine gewisse Schonfrist einzuräumen (Ffm FamRZ **87**, 408). Ebso ggf für die **Arbeitsplatzsuche** (Hamm FamRZ **87**, 411: 3 Mo). Auch an die Bedürftigk wegen **Betreuung eines Kindes** sind strenge Anfordergen zu stellen. Die Rspr der OLGe steht derart begründeten UnterhAnspr aber eher positiv ggü (vgl Ffm FamRZ **82**, 732; Brem, Hbg u Celle FamRZ **84**, 84, 607 u 1254; Düss FamRZ **89**, 1226: noch nicht einmal Anrechng des ErziehgGelds). Auch der BGH erkennt die Bedürftigk an u schränkt UnterhAnspr der Tochter nur über § 1611 bei Muttersch aus Arbeitsscheu u schrankenloser Selbstverwirklichg ein (BGH **93**, 123; zust Göppinger JR **85**, 241; krit dazu Derleder JZ **85**, 438). Unter dem Verallgemeinergsaspekt erscheint mir diese Rspr verfassgsrechtl, methodisch (UmkehrSchl zu § 1570) u fam-rechtspolit äußerst bedenkl (vgl iü 44. Aufl; krit auch Ditzen FamRZ **89**, 240; aA Staud/Kappe 13ff). Die Generationenablösg ist nicht mehr gewährleistet. Es droht im UnterhR eine ähnl Entwicklg wie im SozHilfeR. § 1615 l, III 2 ist unergieb, weil dort die UnterhPfl nicht begründet, sond nur (in SondFällen?) für mögl erkl w. In BGH FamRZ **85**, 1245 wird bei 1 ehel u 2 nehel Ki (16, 7 u 2 J) unter Bezugn auf den ObliegenhMaßstab v § 1603 II jedenf die Aufn einer TeilZtErwTätig gefordert. Hamm FamRZ **90**, 1385 verweist die Mutter eines 10j Ganztagsschülers, Karlsr FamRZ **88**, 200 die Mu v 2 nehel Ki auf die Ausnutzg der nicht dch die KiErziehg ausgefüllte Zt zur ErwTätig. Auch iF des Ausschl von UnterhAnspr gg den geschied Eheg gem § 1579 nicht etwa Inanspruchn v Verwandten (Beckmann FamRZ **83**, 863). Vor Inanspruchn ihrer Elt muß eine verheiratete Lehrerin ganztags arbeiten u die KiBetreuung dem Ehem unter Aufgabe von dessen HalbtagsTätigk überlassen (AG Lahnstein FamRZ **86**, 199). Nach BSG FamRZ **85**, 1251 ist ein UnterhAnspr bei **anhaltender Arbeitslosigkeit** nicht ausgeschl. Das ist im Hinbl darauf, daß die Elt auf die Berufswahl des Vollj keinen Einfl haben (§ 1610 Rn 41), ebenf bedenkl; iF des BSG: Studium der RWiss, Packer, Diplompolitologe m Wunsch zu promovieren. Nach längerer Arbeitslosigk ist dem vollj

Ki jedwede Arb zumutb (Kln FamRZ **86**, 499; AG Mannh FamRZ **89**, 1217). Ebso jeder Ortswechsel (Kln FamRZ **83**, 942). Es gelten dies Maßst wie nach § 1603 Rn 20, 21 für Elt ggü mj Ki (Schlegel FamRZ **86**, 856). Vgl iü oben Rn 6, 7. **Alkoholismus:** § 1611 Rn 3.

21   **3) Erhöhte Unterhaltspflicht der Eltern II,** ist ggü mj, unverheirateten Kindern gegeben. Ein Kind ist auch nach Auflösg der Ehe nicht unverheiratet; anders nach NichtigErkl der Ehe. Daß den Eltern die elterl Sorge zusteht od das Kind hauszugehörig ist, ist nicht Voraussetzg (§ 1601 Rn 1). Das Kind braucht zwar nicht den Stamm seines Vermögens anzugreifen (Ausn im Falle der Leistgsunfähigk der Eltern, § 1603 II 2, vgl auch oben Rn 1), wohl aber die Einkünfte seines Vermögens, wozu auch die Abfindg gem § 844 II gehört (RG **151**, 101), u sonstige Einkünfte (Schrade FamRZ **57**, 346; aA Staud/Kappe 155), wobei freilich zu berücksichtigen ist, daß das Kindesvermögen zu erhalten ist (§ 1649 I), es sich hier also nur um die Einkünfte aus dem Kindesvermögen abzügl der VerwKosten handeln kann (§ 1649 Rn 2, 3). Eig ArbVerdienst des Ki entlastet die Verpflichteten. Für das mj Ki besteht keine ErwObliegenh; es braucht seinen UnterhBed also auch dann nicht dch eig ErwTätigk zu decken, wenn es keiner Ausbildg nachgeht (Staud/ Kappe 156; aA Düss NJW **90**, 1798). Vgl zur Ausbildungsvergütg oben Rn 19; § 1610 Rn 59.

22   **4)** Im allg keine **Rückforderung geleisteten gesetzlichen Unterhalts seitens des Verpflichteten** bei Besserg der Verhältnisse des Unterstützten; denn der Grd zur Zahlg ist durch die spätere Besserg nicht weggefallen. Anders wenn es sich nur um ein Helfen aus einer von vornherein als vorübergehd anzusehden Notlage handelt od die VermLage unrichtig eingeschätzt wurde, zB Unkenntnis einer Rentenberechtigg. Dann liegt Darl bzw § 812 vor. Bei Täuschg durch den Berechtigten hilft auch im Falle der urteilsmäßigen Festsetzg § 826. Wegen ErsAnspr Dritter vgl Einf 19 vor § 1601.

1603 *Voraussetzungen der Unterhaltsverpflichtung.* [1]Unterhaltspflichtig ist nicht, wer bei Berücksichtigung seiner sonstigen Verpflichtungen außerstande ist, ohne Gefährdung seines angemessenen Unterhalts den Unterhalt zu gewähren.

[II]Befinden sich Eltern in dieser Lage, so sind sie ihren minderjährigen unverheirateten Kindern gegenüber verpflichtet, alle verfügbaren Mittel zu ihrem und der Kinder Unterhalte gleichmäßig zu verwenden. Diese Verpflichtung tritt nicht ein, wenn ein anderer unterhaltspflichtiger Verwandter vorhanden ist; sie tritt auch nicht ein gegenüber einem Kinde, dessen Unterhalt aus dem Stamme seines Vermögens bestritten werden kann.

1   **1)** Vgl zunächst § 1602 Rn 1. Für die UnterhPfl der Eheg untereinand gilt nicht § 1603, sond §§ 1360, 1361, nach Scheidg § 1581 Rn 5. Läßt sich der UnterhAnspr nicht bereits anhand der Kenntn über das Eink des UnterhVerpfl bemessen, besteht ein **Auskunftsanspruch** (§ 1605). **Beweislast:** Einf 34 v § 1601.

2   **2) Leistungsfähigkeit des Verpflichteten, I.** Entspr dem bei § 1602 Rn 2 ff Gesagten kommt es bei der Beurteilg der Leistgsfähigk auf Verm u Einkfte des UnterhSchuldn an:

3   **a)** Das **Vermögen** des UnterhVerpfl ist zu UnterhZwecken heranzuziehen, vornehml dch seine Erträge, Entnahmen usw, uU aber auch der VermStamm (BGH **75**, 272/8), ohne die Einschränkg von § 1581 I 2, soweit dadch nicht die angem, ggf leblange eig Unterh des Schu gefährdet wird (BGH NJW **89**, 524; LG Duisbg FamRZ **91**, 1086). Soweit die Verwertg zu wirtsch zumutb Beddingen mögl ist, muß der UnterhSchu seine MitEigtAnteil an einem FerienHs veräuß, auch wenn dadch seine Leistfähigk nur vorübergehd erhöht wird (BGH FamRZ **86**, 48). Künftiges Verm ist nur bei naheliegdem sicheren Erw zu berücks (vgl RG JW **04**, 295). Nicht zu berücks ist solches Verm, über das der Pflichtige nicht verfügen kann. Veräußert der UnterhSchu Verm, um sich seiner UnterhPfl zu entziehen, ist die Veräußerg als nicht geschehen anzusehen (§ 826) u entspr Rn 9 fiktiv zu verfahren; ebso ggf bei unbereckt VermBildg auf Kosten des UnterhBerecht (Hbg DAV **76**, 162; vgl Rn 18). Zur Anfechtg unterh-rechtl ungerechtfert VermVfgen: RG **57**, 81; Zweibr OLGZ **65**, 305. Der Schu muß zur Herstellg seiner Leistgfähigk Fordergen geltd machen, zB RückFdgAnspr aus einer Schenkg (RG LZ **15**, 1096). Dagg besteht bei entspr Verfallklausel im Test keine Obliegenh zur Geltdmachg des PflichtteilsAnspr (BGH NJW **82**, 2771). Zur Erfüllg seiner UnterhPfl muß der Schu ggf Kredit aufnehmen (BGH NJW **82**, 1641). Best VermBestandteile wie der Wohnwert eines eig Hauses werden dem UnterhSchu wie Einnahmen zugerechn (Rn 5). Umgek wird vorh Verm uU als **Schonvermögen** behandelt, näml zur Bildg v Rücklagen für unvorhergesehene Ausgaben, u unterh-rechtl ausgespart (AG Wetter FamRZ **91**, 852: ggü UnterhAnspr v Elt; vgl auch zum BSHG BVerwG NJW **93**, 1024 u 1026: behindertengerechte EigtWohng u MitEigtAnt als SchonVerm). Aber kein R, auf Kosten des UnterhBerecht Verm zu bilden (Rn 5, 6 u 18).

4   **b)** Bei den für die Leistgfähigk maßgebden **Einkünften des Verpflichteten** ist zw seinen Einn u dem, was für UnterhZwecke nicht zur Verfügg steht, zu unterscheiden:

5   **aa)** Grdsätzl sind sämtl **Einnahmen** des UnterhPfl unterh-rechtl relevantes Eink, unabh von ihrer Herkft u ZweckBest (BGH NJW **81**, 1313), also Gehalt, ArbLohn einschließ **Arbeitslosengeld**, nicht dagg -hilfe (ersteres ist wie ArbEink zu behandeln; letztere setzt ihrers Bedürftkg voraus u scheidet damit als Eink aus; vgl BGH NJW **87**, 1551; Kalthoener/Büttner Rn 415 f), Rente, Gewinnbeteiligen usw. Zum Eink zählen auch Einkfte aus dem Verm, wie Zinsen, Dividende, MietErtr usw, aber auch VermEntnahmen (Stein FamRZ **89**, 343), **Leibrenten**, Altenteile und sonstige priv **Rentenzahlungen aus Anlaß von Vermögensübertragungen** (BGH NJW **94**, 935 einschl Zins- und Tilggsanteil bei UnternÜbertragen; Stgt u Köln FamRZ **83**, 185 Grdst). Ferner auch regelm Spielgewinne (Düss NJW **93**, 3078 Skat). Zur Berechng des NettoEink eines **Beamten:** Hbg FamRZ **85**, 1142. Zum Eink des akt wie des RuhestdBeamt gehören unabh von ihrer FamBezogenh alle Bestdteile seiner Bezüge wie OrtsZuschl (BGH FamRZ **83**, 49), auch für StiefKi (BGH NJW **89**, 1033); AuslZulagen (BGH FamRZ **80**, 342); BlnZulage (Hamm FamRZ **92**, 1427); FliegerAufwEntschädigg (BGH NJW **94**, 134; s aber Rn 6); Fliegerzulagen (Hamm FamRZ **91**, 576); beim GerVollzieher Dienstbezüge, Vergüt u Entschädigg (Kln FamRZ **87**, 1257); beim Soldaten auch Übergangsgebühren u ÜbggBeihilfen (BGH FamRZ **87**, 930). Zum Eink gehören bei **Abgeordneten** u Gemein-

deratsMitgl (aA Hamm FamRZ **80**, 997) steuerfreie AufwandsEntschädiggen (BGH FamRZ **86**, 780) u sonst Pauschalen (Stgt FamRZ **94**, 1251); SitzgGelder abzügl ParteiAbführgen u Aufwand (BGH FamRZ **83**, 670; Bambg FamRZ **86**, 1144). Beim **Arbeitnehmer** gehören zum Eink Urlaubs- u WeihnGeld bzw das 13. MoGehalt (BGH NJW **91**, 1049); auch der Jahreswagen der Automobilbranche (AG Stgt FamRZ **90**, 194) sowie der PrivAnteil des Nutzwerts eines von der Firma überlass Pkw (Hamm FamRZ **92**, 1427) od Telephons stellen einkwerte Vorteile dar (Kln FamRZ **91**, 489), ohne daß es darauf ankommt, ob der UnterhSchuldn darauf auch priv angewiesen wäre (aA Karlsr FamRZ **90**, 533). Bei schwanken Bezügen ist aus einem längeren Ztraum ein DchschnittsEink zu errechnen (BGH NJW **84**, 1614). Bei Auslösgen u Spesen werden die dem Eink hinzuzurechnden Erspar mit ⅓ der NettoBetr bewertet (Hamm NJW **92**, 1369). Vergüten für **Überstunden** werden, wenn sie in dem vom UnterhSchu ausgeübten Beruf übl sind u regelm anfallen, unterhrechtl in vollem Umfg herangezogen (BGH NJW **80**, 2251; **82**, 2664 Schachtmeister; **83**, 2321 Cheffahrer). Ihre Aufgabe rechtfertigt allerd nicht ohne weiteres die Ann eines entspr fikt Eink iS von Rn 10 (Müller DAV **87**, 86; Kalthoener/Büttner NJW **89**, 806). Entspr gilt für langjähr ausgeübten berufstyp Schichtdienst (Hbg DAV **92**, 1121) sowie für and **Zusatzverdienste** aus literar Tätigk, wiss Gutachten usw (Hamm FamRZ **95**, 606: §1577 II sinngem). **Gratifikationen** zB anläßl eines Dienstjubiläums sind auf 1 J umzulegen (Hbg FamRZ **85**, 1260). Ebso der JWagen (Strohal FamRZ **95**, 459). **Abfindungen** insb aus Anlaß der Aufhebg des AnstellgVertr sind iR einer spars Wirtschführg zur Deckg des UnterhBed von UnterhBerecht zu verwenden (BGH NJW **82**, 822; Mü FamRZ **95**, 809: §1581) u dazu ggf auf einen längeren Ztraum, idR einige Jahre, umzulegen (BGH NJW **87**, 1554; Düss FamRZ **90**, 1364; Kblz FamRZ **91**, 573), es sei denn sie wurde ohne Verantwlosigk zB zur Tilgg von Schu verbraucht (Celle FamRZ **92**, 590). **Vermögenswirksame Leistungen** sind unabh, ob sie vom ArbG od ArbN stammen, unterhpflicht Eink (Mayer/Mayer FamRZ **93**, 258 mN; aA Becker FamRZ **93**, 1031). Dem gfü ist die staatl Sparzulage dem ArbN zu belassen (BGH NJW **80**, 2251; **92**, 1624/5). **Nachzahlungen** (zB v Renten) erhöhen die Leistgfähigk für den künft ZtRaum (BGH NJW **85**, 486). Bei **Freiberuflern und selbständigen Unternehmern** (Lit: Kleffmann FuR **94**, 159 sowie §1578 Rn 6) ist idR unter Ausklammerg der Anlaufphase (Kln NJW-RR **95**, 1157) das DchschnittsEink der letzten (BGH NJW **85**, 911) 3 J zGrde zu legen (BVerfG FamRZ **93**, 169 mA Compes; BGH NJW **82**, 1642 u 1645; **83**, 1554). Das gilt auch bei Fehlen gesicherter Erkenntn wie den Auswirkgen der GesundhRef auf eine ArztPrax (Brem FamRZ **95**, 935). Bei schubart Realisierg von Gewinnen ist auf längeren Ztraum abzustellen (BGH NJW **85**, 910). Zur Ermittlg des unterhrechtl Eink bei einer ArztPraxGemsch: Karlsr FamRZ **90**, 1234. Zu problemat BetrAusgaben: Nickl DAV **86**, 103. Ggf ist das Eink zu schätzen, wobei die PrivEntnahmen AnhaltPkte für das unterhrechtl relevante Eink geben (Düss FamRZ **83**, 397; Kln FamRZ **90**, 310), insbes bei konkr Hinweisen auf steuerl Manipulationen (Hamm FamRZ **93**, 1088); aber nicht, wenn der UnternGewinn diese Entn wirtschaftl nicht rechtfertigt (Kln FamRZ **83**, 87; Zweibr NJW **92**, 1902). Bei ineinand geschachtelten Untern sind die Aufwendgen zu ermitteln, die erforderl sind, um das in der Fam gelebte Konsumniveau aufrechtzuerhalten (Kln FamRZ **93**, 64). Bei einem Taxifahrer können die Tankbelege zur Grdlage der Schätzg gem werden (Schlesw DAV **80**, 220); bei einem Landwirt ist ggf aGrd von VerglBerechngen das erzielb Eink festzustellen (AG Dillingen DAV **82**, 575). Auch **Krankengeld** ist unter Abzug von Mehrbedarf Eink; ebso erhöhtes KrHausTageG (Brem FamRZ **91**, 86). **Unterhaltszahlungen** von Seiten Dritter sind ihrers unterh-pflicht Eink (FamRZ **81**, 383; Hamm FamRZ **88**, 1270 m GgMeingen u einschränkd FamRZ **92**, 91). Der den EigenBed des UnterhSchu übersteigde Teil kann zur Deckg seiner eig UnterhVerpfl herangezogen werden (Bambg FamRZ **83**, 75). Das gilt vor allem iR der erweiterten UnterhPfl nach II (BGH NJW **80**, 934; Mü FamRZ **80**, 284/618 mA Köhler). Erlangt der unterhpflicht EltT inf Wiederverheiratg seines einen UnterhAnspr gg seinen Eheg, so ist ihm im Verhältn zu seinen unterhbedürft Ki von seinem ArbEink weniger als der übl SelbstBeh (Rn 8) zu belassen (BGH NJW **82**, 1590). Auch die NichtGeldmachg berecht UnterhAnspr erhöht das Eink entspr fikt (Bambg FamRZ **83**, 210). Unterh muß auch aus einem sich gg den neuen Eheg richtden **Taschengeldanspruch** (§1360a Rn 4) bezahlt w (BGH NJW **86**, 1869; and noch Stgt FamRZ **80**, 393). **Sozialleistungen für Körper- und Gesundheitsschäden** erhöhen grdsl ebenf die Leistgfähigk (vgl BGH NJW **81**, 1313; **83**, 1783; FamRZ **82**, 898; Einzelh: 51. Aufl; doch gilt dafür jetzt **§1610a** (vgl dort). Aus dieser Vorschr folgt, daß nur bei Gelingen des GgBew die SozLeistg für Unterh-Zwecke zur Vfg steht. Eink von Pflegepersonen (Einf 32 u 42 v §1626) ist für Anspr anderer Ki jedenf der für den Unterh des PflegeKi nicht verbrauchte Teil des **Pflegegeldes** (vgl BGH FamRZ **84**, 769; Karlsr FamRZ **87**, 1074; vgl auch Wendt FamRZ **87**, 1106). Überobligationsmäß Pflegeleistgen erhöhen wie sonst **freiwillige Zuwendungen Dritter** die LeistgsFähigk nicht (BGH NJW **95**, 1486 mN). **Erziehungsgeld** (Einf 30 v §1601; Einf 42 v §1626) begründet mind iF v §1603 II die Leistgfähigk (Nürnbg FamRZ **94**, 1402 mN); ebso, u zwar auch über II hinaus, Leistgen nach dem **KindererziehungsleistungsG** (vgl §1577 Rn 3 mN). Zur Bedeutg von **Kindergeld, Zählkindvorteil, kindbezogenen Zulagen** usw für die Leistgfähigk: §1602 Rn 17. Die Leistgfähigk erhöhen schließl **Schwarzarbeit** (Kalthoener/Büttner NJW **91**, 404; Staud/Kappe 40; aA AG Viechtach FamRZ **90**, 1139); **Schmerzensgeld** (BGH NJW **89**, 524; Voelskow FamRZ **89**, 481); der **Wohnwert** eines eig Hauses od sonst mietfr Wohnen (§1602 Rn 5) ohne Rücks auf die steuerl Behdlg (BGH FamRZ **86**, 48; Mü FamRZ **84**, 173; Bambg FamRZ **87**, 1181; vgl §1602 Rn 5). Ein wieder verspielter SpielbkGewinn begründet fikt die Leistgfähigk (Oldbg FamRZ **88**, 89). **Spielgewinn:** §1578 Rn 6. Zur Leistgfähigk des Angehörigen eines Mönchsordens: §1588 Rn 1.

    bb) Bereinigtes Einkommen (zur Ausdrucksw Staud/Kappe 33). Von den dem UnterhSchuldn zufließ- **6** den Mitteln stehen best Einnahmen von vornh nicht für UnterhZwecke zur Verfügg. Sie sind desh vorweg abzuziehen. Bei Freiberuflern u Höherverdienenden sind dies Beiträge zu einer angem **Kranken- und Altersvorsorge** mind in Höhe der SozVersBeitr eines unselbständ ArbN (Bambg FamRZ **87**, 1181); bei NichtSelbständ nur in Ausnfällen (BGH NJW **80**, 935). Nicht abzugsfäh sind Aufwendgen zum Ausgl der dch VA eingetretenen Verluste (Bambg FamRZ **90**, 1138). Im Ggsatz zum Trenngs- u ScheidgsUnterh (§1578 Rn 29) gibt es **keinen Erwerbstätigenbonus** (Düss FamRZ **94**, 1049; Staud/Kappe 51). **Berufsbedingte Aufwendungen** sind konkr nachzuweisen; und allenf bei Abändg eines bereits pauschalierden ProzVergl (BGH NJW **86**, 2054). Schätzg nach ZPO 287 auch bei MehrAufw zur Erhaltg der fliegerischen LeistgFähgk (BGH FamRZ **94**, 21). Auch die DüssTab (§1610 Rn 12) sieht weitgehde Pauschalisiergen vor (vgl Kalthoener/Büttner NJW **92**, 1806). Die Pauschale v 5% kann damit bestr w, es entstünden höhere bzw niedrigere Aufwendgen (Kalthoener/Büttner NJW **93**, 1826). Für die Feststellg des unterhrechtl relevanten Eink entsch nicht die steuerl Anerk, so daß bei einem Beamten ArbZimmer, Telephon usw nicht abgezogen w können (Bambg FamRZ **87**, 1295); GewerkschBeitr nur, wenn kein Mangelfall vorliegt (Kln FamRZ **85**, 1166). Abzugsfäh sind die **Fahrtkosten** zur ArbStelle. Bei größerer Entferng besteht aber eine Obliegenh zum Umzug in die Nähe des ArbPlatzes (Kblz FamRZ **94**, 1609), es sei denn, die MehrKost werden, zB dch Vermietg der bish Wohng, kompensiert (BGH NJW-RR **95**, 129). Bereinigg des Eink auch um die Kosten der krankh- od berufsbedingten Anschaffg u Unterhaltg eines **Pkw** bei einem Beinamputierten (BGH FamRZ **82**, 579) od abzügl priv Nutzg bei einem BetrIng (BGH NJW **82**, 1869). Im übr muß sich der UnterhSchu kostengünstiger VerkMittel bedienen, wenn der eig Pkw der Grd ist, keinen ausr Unterh zu zahlen (BGH FamRZ **89**, 483), zB bei einer Entferng von 3 km (Karlsr FamRZ **81**, 783). Bei berecht Benutzg eines eig Pkw Abzug entspr ZSEG 9 III von 0,40 DM für den pro PkwAufwand (BGH NJW **94**, 190; Hamm NJW **95**, 239: 0,42 DM). Nicht abzugsfäh sind die Aufwendgen, die zur **allgemeinen Lebenshaltung** gehören: Kleidg u Url (BGH NJW **82**, 822); priv Unfall- u HaftPflVers (Schlesw SchlHA **78**, 81). Zu den Umgangskosten: § 1634 Rn 41. Zur Berücks von **Schulden** u insb auch Aufwendgen zur der VermBildg: Rn 18. Zuwendgen innrh einer **nichtehelichen Lebensgemeinschaft:** Einl 15 v § 1297. Zum EinkSchutz bei gleichzeit **Betreuung von Kindern:** § 1606 Rn 22 ff. Bei **überobligationsmäßigen Anstrengungen** wie vollschichtiger Berufstätigk trotz schwerer Krankh bleibt ein Teil des Eink anrechngsfrei (Hamm NJW **93**, 3273 mN).

7   **cc) Steuern** (§ 1569 Rn 10–14. – Lit: Arens/Spieker, Maßgeblk des StR f famr Anspr, 1990; dauernde Last: F Meyer NJW **87**, 1869; zur steuerl Abschreibg Durchlaub FamRZ **87**, 1233; Doerges u Nickl FamRZ **85**, 761 u 1219; Müller DAV **87**, 857; **88**, 491 u 961; **89**, 5; Altfelder, Steuerl Gestaltg des Eheg- u KiUnterh, 1987; Schulze zur Wiesche, Vereinbgen unter FamAngehör u ihre steuerl Folgen, 7. Aufl). Zu den für Zwecke der UnterhFestsetzg wicht Unterlagen aus dem BesteuergsVerf ausführl: Berning DAV **86**, 197; ferner Christian DAV **86**, 561 u 681. Zu Wertgsdivergenzen zw Steuer u UnterhR Nickl NJW **86**, 2544. Zu berücksfäh **Abschreibungen:** Staudinger/Kappe 55 ff; Abschreibgen nach den Afa-Tab sind vom Brutto-Eink abzuziehen (Brem FamRZ **95**, 935). Zur Einholg steuerrechtl Sachverst**Gutachen** im UnterhProz Nickl NJW **89**, 2091. Zu den verfechtl Grenzen der staatl Besteuergsgewalt dch **steuerliche Verschonung des Existenzminimums** BVerfG NJW **92**, 3153 = JZ **93**, 306 mAv Starck. Zur Ermittlg der unterhrechtl anrechenb StLast bei **Selbständigen:** Fischer-Winkelmann/Maier FamRZ **93**, 880; Blaese FamRZ **94**, 216; Arndt/Schumacher NJW **94**, 961. Beruft sich der UnterhSchu für seine LeistgsUnfähigk auf sein steuerpflicht Eink aus Gewerbe, so muß er seine Einnahmen u Aufwendgen im einz nach nur steuerl beachtl u unterhrechtl bedeutsamen Aufwendgen abgrenzen (BGH NJW **80**, 2083; **85**, 910). Zur Leistgsfähigk des beherrschenden Gesellschafters einer GmbH Nickl FamRZ **88**, 132. Ist das Eink nicht dchgäng nach dem höchsten St-Satz zu versteuern, ist der MehrjahresDchschnitt nur aus den nach Abzug der auf das einzelne Jahr entfallenden Steuern zu bilden (BGH NJW **85**, 910). Iü kann vom mtl NettoEink des abgelaufenen KalenderJ ausgegangen w, wenn sich das Eink nicht wesentl veränd hat (Mü FamRZ **84**, 173). Der UnterhSchu muß sich das NettoEink anrechnen lassen, das sich unter Zugrdelegg der für ihn günstigsten **Steuerklasse** ergäbe (Hamm FamRZ **80**, 155; Schlesw FamRZ **83**, 828; Bambg FamRZ **87**, 1031; aA Kln FamRZ **89**, 65: Wahl der StKl IV/IV steht der wiederverht UnterSchu frei). Der steuerl Splittingvorteil aus einer **Wiederverheiratung** wird nicht der neuen Fam vorbehalten, sond kommt ggf iW der AbÄndgKl (BGH NJW **88**, 2101) auch unterhberecht Kindern aus einer früh Ehe (BGH NJW **86**, 2758) sowie dem früh Eheg zugute (BGH FamRZ **80**, 984; **85**, 911; **88**, 145/8 u 817/929 m zu Recht krit Anm v Weychardt), es sei denn, es liegt ein Mangelfall vor; dann insow § 1579 Z 7 (BGH FamRZ **88**, 145 mA Hoppenz). Es ist also regelmäß die tatsächl Steuerschuld zugrde zu legen (BGH FamRZ **83**, 152; **88**, 486 u 818), was insb dann gelten soll, wenn der Zeitraum der Einstufg in StKl I relativ kurz war (BGH NJW **88**, 2105). Wählt der UnterhSchu SteuerKl V u überläßt damit seinem neuen Eheg mit der StKl III den Splittingvorteil allein, so ist unterhrechtl die tatsächl einbehaltene Steuer um einen entspr Abschlag zu korrigieren (BGH NJW **80**, 2251; Düss FamRZ **86**, 66; aA Düss FamRZ **84**, 1103; Schlesw FamRZ **85**, 713: St-Vorteil steht im Mangelfall der neuen Fam zu). Die Wahl einer ungünst StKlasse muß wirtschaftl begründet sein; sonst ist sie unbeachtl (Kblz FamRZ **86**, 1029). Die Höherbesteuerg alleinstehender Väter u Mütter (EStG 32a) ist mit GG 3 I, 6 I unvereinb (BVerfG NJW **83**, 271; die aus diesem Urt im Ergebn erhöhte Leistgsfähigk wirkt sich allerd erst nach einer entspr GesÄndg aus. Nach FG Brem NJW **86**, 745 ist EStG 33a II Z 1 mit insow niedr FreiBetr verfassgswidr. Zum begrenzten **Realsplitting** § 1569 Rn 14. Zur unterhrechtl Bedeutg des **Kinderfreibetrags:** Schreiben des BMF NJW **93**, 1693; ferner ausführl Beinkinstadt DAV **95**, 159. SteuerErsparn aus dem **Bauherrenmodell** verbleiben dem UnterhSchu (vgl FamRZ **87**, 36 zu § 1361). **Steuerrückzahlungen** (vgl § 1569 Rn 14) begründen grdsätzl f die Zukft eine entspr höhere Leistgsfähigk (KG DAV **78**, 751); ebso kinderbedingte Steuervorteile, auch aus EStG 7b (Ffm FamRZ **80**, 183). Unberücks bleiben aber LohnStErstattg aus der Zahlg v VersBeitr, die bei der Bemessg des Unterh nicht berücks w sind (Düss FamRZ **84**, 1092). Steuerl Vorteile aus Vermietgsverlusten verbleiben dem UnterhSchu, wenn auch die Tilggsleistgen nicht eink-mindernd berücks w sind (Ffm FamRZ **88**, 1054).

8   **dd) Selbstbehalt:** Zur Deckg seines eig Bedarfs darf der UnterhVerpfl von seinen mtl NettoEinkften als unterhrechtl damit nicht mehr verfügb Eink einen best Betr behalten, der bei der Berechng des Unterh-Anspr die UnterhBerecht folgl die Leistgsfähigk mind (BGH FamRZ **86**, 153/4; **88**, 1039/41). Damit soll ein gew Vorrang des Verdienenden berücks w ihm seine ArbFreude erhalten bleiben. Der SelbstBeh darf vom TatRichter ohne starre Bindg (BGH NJW **92**, 1393/4) nach Tab u RiLinien bemessen werden (BGH NJW **84**, 1614) u wird in seiner Höhe danach gestaffelt, ob der UnterhSchu erwerbstät ist od nicht, wobei die Teiln an einer Umschulg dch das ArbAmt der Erwtätigk gleichsteht (Hamm FamRZ **84**, 727). Zum and erfolgt die Staffelg bei der famrechtl Stellg der unterhberecht Ki gesetzl zwingd mit unterschiedl Beträgen nach I u II (BGH NJW **89**, 523). Vgl zum SelbstBeh ggü volljj Ki: unten Rn 17; ggü mj Ki: Rn 24. Vgl zur **Höhe** der versch Selbstbeh ggü mj u volljj Ki: § 1610 Rn 16; ggü dem getrenntlebden bzw gesch Eheg: § 1361 Rn 20 (DüssTab NJW **95**, 2973 ab 1. 1. 96: je nach Erwtätigk 1300 bzw 1150 DM) u § 1610 Rn 16; § 1581 Rn 24 ff; ggü den Elt: § 1610 Rn 16. Die Höhe des Selbstbeh richtet sich ggf auch nach

dem WohnBed (§ 1610 Rn 16). Jede UnterhPfl findet materiellrechtl ihre Grenze bei der **absoluten Leistungsunfähigkeit** des UnterhSchu, also dort, wo diesem nicht mehr die Mittel für den eig notw LebBed verbleiben, wo er also dch die Leistg v Unterh seiners überh od vermehrt **sozialhilfebedürftig** würde (BGH **111**, 194; Schellhorn FuR **91**, 341). Str **gesundheitsbedingte Erwerbsunfähigkeit** muß dch SachverstGA geklärt w (Zweibr FamRZ **93**, 440).

c) Bei **Unterlassung zumutbarer Arbeitsleistungen** ist dem UnterhSchu die Berufg auf seine Leistgs- **9** Unfähigk nach Treu u Glauben versagt u auf die **fiktiven Einkünfte** abzustellen (BGH **75**, 272; NJW **80**, 935; **82**, 175; FamRZ **84**, 374; sa § 1360 sowie § 1361 Rn 13), dh ihn trifft die Obliegenh, im Interesse des UnterhGläub seine ArbKr so gut wie mögl einzusetzen; tut er dies nicht, so muß er sich die Einkfte anrechnen lassen, die er bei gutem Willen dch zumutb ErwTätigk erzielen könnte (BGH NJW **81**, 1609). Das gilt auch in Ost-West-Fällen (BGH NJW **94**, 1002; § 1610 Rn 19). Das fikt Eink orientiert sich nicht an den untersten berufl Möglkten, sond an den bei entspr Einsatz erzielb Einkften (Düss FamRZ **91**, 220; Bambg FamRZ **95**, 436 Schaustellergehilfe); bei Krankh ggf Tätigw in and Berufen (Hamm FamRZ **95**, 438). Hierfür sind die berufl Fhgkten u die sich daraus ergebden Beschäftiggsmöglkten konkr festzustellen (Düss NJW **94**, 672). Unzumutb ist der Verzicht auf den JahresUrl (Kln FamRZ **84**, 1108). Zu Überstunden Rn 5. Die verfrechtl zul (BVerfG NJW **85**, 1211) EinkFiktion setzt aber voraus, daß dem UnterhSchu ein **verantwortungsloses, zumindest leichtfertiges Verhalten** zur Last zu legen ist (BGH NJW **85**, 732; FamRZ **87**, 372/74 u 930/33; Hbg DAV **88**, 720; Karlsr NJW-RR **92**, 1412). Dies liegt vor, wenn sich ein UnterhSchuldn bei nicht schwerwiegder Erhöhg der Leberwerte ins soz Netz fallen läßt (Mü FamRZ **94**, 1406). Das Verschulden braucht nicht gerade dem UnterhGl ggü zu bestehen (BGH FamRZ **81**, 540).

aa) Bei **Arbeitslosigkeit** greift die EinkFiktion nur bei verantwl od leichtf verurs ArbPlatzVerlust (Rn 15). **10** Zur Differenzierg bei kurzfr u langfr Arblosigk Brdbg OLG-NL **95**, 180. **Wird dem Unterhaltsschuldner gekündigt**, so hat er die Rechte aus KSchG u BetrVG voll auszuschöpfen (Ffm FamRZ **83**, 392). Die Fiktion setzt voraus, daß der UnterhVerpfl die mit dem ArbPlatzverlust verbundene Minderg seiner Leistgsfähigk bewußt in Kauf gen hat (Ffm FamRZ **93**, 203). Bei schwieriger AuftrLage muß ein ArbN eine 10%ige Lohnkürzg hinnehmen, um einer Entlassg zu entgehen (Celle FamRZ **83**, 704). Zur Kündigung wg Straftat: Rn 15. Aber keine EinkfteFiktion, wenn der UnterhSchu dch **eigene Kündigung** derj des ArbGeb nur zuvorkommt (Schlesw FamRZ **84**, 1093); wenn die freiw Aufgabe des ArbPlatzes dch Kündigg wirtschaftl vernünft erscheint (Zweibr FamRZ **94**, 1488) od sonst ein anerkennensw Motiv vorlag (Karlsr FamRZ **83**, 717); wenn sie aus GesundhGrden erfolgte (Hbg DAV **88**, 718) od um die eig Chancen im SorgeRVerf zu verbessern (Ffm FamRZ **87**, 1144). Auf ArbUnfähigk kann sich der UnterhSchu nicht berufen, wenn er in verantwl od leichtf Weise eine vers-pflicht Arb verloren od ausgeschlagen hat, die ihm währd seiner Krankh Lohnfortzahlg od KrGeld verschafft hätte (BGH NJW **88**, 2239). Die Voraussetzg des verantwl od leichtf Verh für die Fiktion fortdauernder Leistgsfähigk gilt auch für die eingeschränkte Leistgsfähigk inf **Arbeitsplatz- oder Berufswechsels** (BGH FamRZ **87**, 372). Bei einem nicht zwingd gebotenen Wechsel in eine weniger gut bezahlte ArbStellg wird der höhere Verdienst beim ArbGeb zGrde gelegt (LG Esn DAV **84**, 1043; AG Hbg DAV **84**, 908), wie bei bl Fahrlehrertätigk eines Kfz-Ing (Zweibr FamRZ **83**, 1039); Mithilfe im Gesch des Eheg statt entlohnter anderweit Tätigk (LG Kbl u Paderb DAV **76**, 87 u 223); ebso bei Herabsetzg der Stundenzahl bei einem Lehrer (BGH FamRZ **84**, 374). Aber ijF ist eine GütAbwägg erfdl; der Wechsel in eine geringer entlohnte Tätigk kann gerechtf sein, wenn dadch der ArbPlatz gesicherter ist als zuvor (Karlsr FamRZ **93**, 836) od der Wechsel vom leitden Angest zum selbst RA bereits früher geplant war und der MindUnterh der Ki gesichert bleibt (Zweibr NJW-RR **95**, 69). Keine EinkFiktion ferner, wenn Lehrerin wg berufl Probl Berufswechsel anstrebt (Stgt FamRZ **93**, 992) od 36j DDR-Mathematiker seinen urspr Berufswunsch Med verwirkl (Ffm NJW **93**, 905). Bei freiw Einschränkg der Leistgsfähigk muß für die ÜbergangsZt dch Bildg v KreditAufn den UnterhPfl Rechng getragen w (BGH NJW **82**, 1050; FamRZ **87**, 372). Das gilt insb bei **Selbständigmachen** in der vagen Hoffng, nach einer ÜbergangsZt einen höheren Verdienst zu erzielen als vorher (Hbg FamRZ **82**, 412). Doch werden anges der allg ArbZeitBegrenzh vom UnterhSchu nicht mehr überdchschnittl Anstrengen erwartet, so daß ein mit 70 WoStden angest KlinObArzt sich selbständ machen darf (Ffm FamRZ **90**, 786). Zur Aufg v ÜberStden: Rn 5. Die Erstausbildg hat uU Vorrang ggü dem KiUnterh (KG FamRZ **81**, 301). Aber auch GG 12 I gibt kein Recht, zZw nicht hinreichd konkretisierter ArbPlatzSicherg Aufwendgen für die eig berufl Weiterqualifizierg zu machen (Saarbr FamRZ **90**, 306) od zwecks **weiterer Ausbildung** den Beruf aufzugeben (Düss FamRZ **95**, 755: auch nicht als Mutter zum Ausgl ehebedgter Nachteile) u seine Angehör der SozHilfe zu überantworten (OVG Münst FamRZ **75**, 60; KG DAV **79**, 49; AG Bruchsal DAV **84**, 804). Entspr wird nach berufsqualifizierdem Abschl die Aufn eines **Studiums** unterhrechtl nicht anerkannt: Ing Maschinenbaustudium (Ffm FamRZ **79**, 621); Verwaltgs-Angest Jura (Karlsr FamRZ **81**, 559); Elektriker IngStudium (Bambg FamRZ **89**, 93). Das gilt auch ggü nehel Ki (Kstz DAV **77**, 386). Eine unterhrechtl Entlastg des Schu muß aber für die **Examenszeit** gelten, so daß insow bish ausgeübte Nebtätigk nicht fortges zu w braucht (Hamm FamRZ **92**, 469). Doch darf der unterhpfl Student die RegelstudienZt nicht überschreiten (LG Bln DAV **85**, 157; AG Brühl FamRZ **95**, 438: 25 Sem), es sei denn, die AusbildgsBedürftigk dauert aGrd eines Unfalls fort (BGH NJW-RR **87**, 706). Dagg muß ein Ki wie der betreuende EltT UnterhMindergen hinn bei sinnvollen **Umschulungsmaßnahmen** (LG Kln DAV **75**, 35; iF v AFG 44: AG Altenkirchen FamRZ **93**, 1452), wie Ausbildg eines arbeitsl Lehrers zum Computerfachm (Karlsr FamRZ **89**, 627); bei Verschaffg anerkennenswerter AufstiegsMöglk (Düss FamRZ **78**, 256); bei Aufgabe des ersten Berufs im Einverständn der Eheg (BGH NJW **83**, 814). **Berufsaufgabe:** Ggf muß ein selbständ Untern eine besser bezahlte abhäng Arb annnehmen (Kblz FamRZ **84**, 1225) u hierzu beispielsw den unrentablen Betr eines Frachtmotorschiffs aufgeben (Kblz FamRZ **85**, 812). LeistgsUnfhgk dagg, wenn der Betrieb inf Gewerbeuntersag aufgegeben w mußte (Ffm FamRZ **95**, 98). Entsprechdes gilt f einen zumutb **Ortswechsel**, zB von Italien nach Dtschl (KG FamRZ **84**, 592). **Kausalität:** Die EinkFiktion ist nur berecht, wenn das Ger zu dem Ergebn kommt, daß entspr Bemühgen um eine ErwTätigk auch Erfolg gehabt hätten, was ggf nach ZPO 287 II zu beurt ist (Karlsr FamRZ **85**, 1045). Unterhrechtl nicht zurechenb ist bei einem ArbVerhältn im Ausl ein nicht erkannter **Währungsverfall** (BGH **104**, 158 Südafrika). Auch bei unverschuldeter Arbeitslosigk muß der UnterhSchu **alles Zumutbare unternehmen,** um seine Leistgsfähigk wieder herzustellen. Die Meldg beim ArbAmt reicht nicht aus (Düss FamRZ **80**, 1008). Bemühen um eine neue ArbStelle sind uU entbehrl, wenn das ArbAmt eine Umschulg bewill hat (Düss FamRZ **84**, 392). Zur Beurteilg der realen Beschäftiggschancen unter Berücks der angespannten ArbMarktlage in den **Beitritts-ländern** vgl BGH NJW **94**, 1002. **Dauer der Fiktion:** Die Zurechng erfolgt nur solange, wie der Unterh-Schu sich nicht hinreichd um einen neuen ArbPlatz bemüht (Schlesw FamRZ **85**, 69). Iü Abänderg nach angem Zeit (Karlsr FamRZ **83**, 931; Hamm NJW **95**, 1843: knapp 2 J); bei Eintritt nachhaltiger Arbeitslosigk (KG NJW **85**, 869); bei Nachw, daß der früh gekünd ArbPl auf Dauer aus gesundheitl Grden nicht hätte gehalten w können (Hamm FamRZ **90**, 772). Nach 6 J nicht mehr Fiktion der Beibehaltg des ArbPlatzes mit sämtl Lohnerhöhgen (Kblz FamRZ **86**, 93).

11   **bb)** Weder berecht die Schließg einer **neuen Ehe** zur Aufgabe der BerufsTätigk (Ffm FamRZ **79**, 622), noch stellt die **Übernahme der Haushaltsführung** in der neuen Ehe von der BarUnterhPfl frei. In kinderl Ehe ist mind eine TeilZtBeschäftigg zumutb (Brem FamRZ **79**, 623). Auch für den UnterhAnspr des (auch nehel; LG Düss DAV **84**, 316) Ki ggü dem wiederverh EltT, der innerh der neuen Ehe die HaushFührg übernimmt, ist auf die fikt Einkfte abzustellen, u zwar gleichgült, ob es sich dabei um die BarUnterhPfl des Vaters (Krfld NJW **77**, 1349) od der Mutter handelt (Schlesw FamRZ **94**, 1404) u ob ein zu betreuendes Ki aus der neuen Ehe stammt (Schlesw NJW-RR **90**, 1028) od adoptiert ist (BGH NJW **82**, 175). Unerhebl ist ferner, ob das geringere ArbEink auf einer mit der jetz Eheg getroffenen Vereinbg über die HaushFührg und ErwTätigk beruht (BGH FamRZ **81**, 341) u der Ehefr eine bessere Ausbildg ermögl soll (LG Gött DAV **77**, 771). Auf die Leistgsfähigk und Verwandter, insb auch des sorgeberecht EltT, kommt es nicht an (BGH NJW **82**, 1590). Zur LeistgsUnfähigk kann aber die **Betreuung eines Kleinkindes** führen, etwa wenn beide EltT in guten wirtschaftl Verhältn leben u der Vater den Barbedarf ow allein bestreiten k (Stgt FamRZ **80**, 393). Auch mj Geschw ggü kann die KiBetreuung Vorrang haben, jedenf solange das neue Ki noch nicht einmal 1 J ist (Stgt FamRZ **84**, 611; Hamm DAV **85**, 74). Erst recht hat die KiBetreuung ggü dem AusbildgsAnspr vollj Halbgeschwister Vorrang. Hier setzt die UnterhPfl erst jenseits des Selbstbehalts ein (BGH NJW **87**, 1549). Ggü den mj Ki aus seiner früh Ehe trifft den wiederverh EltT ggf die Obliegenh zur Aufn eines **Nebener-werbs** (Stgt FamRZ **94**, 1403). Der neue Eheg muß dem unterhpfl EltT eine solche gem § 1356 II 2 zumutb Nebentätigk ermögl, damit er den UnterhPfl seinen Ki ggü genügen kann, zB als Kellner (BGH **75**, 272), Taxifahrer, Nachtportier (Stgt FamRZ **83**, 185), Buchhalterin (BGH NJW **82**, 175) od (selbst bei Betreuung von 2 KleinKi) als Aushilfe (Mü FamRZ **87**, 93). Die ErwObliegenh besteht auch ggü vollj Ki, wenn die Mutter die Betreuung teilw übertragen kann (Kln NJW-RR **86**, 627). Bei den zumutb Nebenbeschäftiggen kommt es weder auf die frühere gehobene Stellg als Beamter an, noch kann sich der UnterhSchu auf GG 6 od darauf berufen, der neue Ehem dulde als muslim Ausländ die Arb der Ehefr nicht (Ffm NJW **82**, 1233).

12   **cc)** Entsprechendes gilt für die **nichteheliche Lebensgemeinschaft** (Einl 8 v § 1297). Der EltT kann sich seiner BarUnterhPfl wed unter Berufg darauf entziehen, eine berufl Tätigk gefährde die neue Bezieh (Kln FamRZ **81**, 488), noch dch Übern der Hausmannsrolle (Zweibr NJW-RR **91**, 709). Wohl aber kann die **Betreuung eines Kindes** aus der Bezieh ggü den UnterhAnspr eines ält Geschw entlasten (Düss FamRZ **91**, 592; Ffm FamRZ **92**, 979).

13   **dd) Höhe der fingierten Einnahmen:** Bankbote 500 DM (Hbg DAV **80**, 225); Portier 1174 DM (Hbg FamRZ **92**, 713); Chemotechniker 2000 DM (Lünebg DAV **78**, 207); Kunstmaler leistgsfäh für MindUnterh (Schlesw SchlHA **79**, 21); RA 1800 DM (Hbg DAV **78**, 462) bzw 2000 DM (Mü FamRZ **81**, 154). Bei Beschäftiggsverhältn aus steuerl Grden im gastronom Betr des nehel LebPartners kann das BetriebsErgebn zGrde gelegt w (Hamm DAV **84**, 606). Von den fikt zu ermittelnden Einkften verbleibt dem UnterhSchu grdsl der notw **Selbstbehalt** (Hamm FamRZ **80**, 73; **95**, 438). Dagg ist der Selbstbehalt nicht abzuziehen, wenn der Unterh des barunterhpfl EltT dch dessen neuen Eheg sichergestellt ist (BGH NJW **82**, 1590/92; Mü FamRZ **87**, 93; aA Ffm/Kass NJW **87**, 1560). Ist dies nicht der Fall, muß bei Berechng der UnterhVerpfl aGrd des fikt Eink ggf berücks w, daß von dem gedachten Eink evtl die neue Fam des UnterhSchu mit leben muß (BGH NJW **85**, 318).

14   **d)** Hingg werden **nicht gefordert unwirtschaftliche Maßnahmen** wie verlustreicher Verkauf des nicht genügde Einkfte abwerfden Gesch (RG Recht **11**, 3330); bei einem Studenten KreditAufn unmittelb vor dem Examen (LG Hbg DAVorm **75**, 305) bzw Abbruch des Studiums (Warn **21**, 128), es sei denn nach 30 Sem (AG Hann DAVorm **75**, 45). Zur UnterhPfl von Studenten vgl allg Barth ZBlJugR **76**, 343. Die Zurechng des erzielb Eink unterbleibt uU auch, wenn gelernte Friseuse mit ihrem neuen Ehem einen zunächst noch mit unzureichdem Ertrag arbeiten FrisSalon aufbaut (Schlesw SchlHA **79**, 110). Unberücks bleiben ferner jederzeit entziehb freiw Zuwendgen Dr (RG LZ **21**, 304) sowie Erwerb aus unsittl Geschäften, soweit damit deren Fortsetzg vorausgesetzt w, es sei denn der UnterhSchu tut dies von sich aus. Berücksichtigg von Sonderzulagen kann die Zurechng dch den VerwendgsZw aufgebraucht w.

15   **e) Verschulden** (vgl auch § 1581 Rn 8). Eine tats LeistgsUnfgk ist grdsl auch dann beachtl, wenn der UnterhPfl sie schuldh herbeigeführt h (BGH NJW **85**, 732; **93**, 1974; FamRZ **87**, 930/3). Nur schwerwiegde Grde, die sich aus einem verantwortgsl, zumind aber leichtfert u gg den UnterhBerecht gerichteten Verhalten des UnterhSchu ableiten lassen, können nach Tr u Gl zur Versagg der Berufg auf die LeistgsUnfgk führen (BGH NJW **94**, 1002/3; Schlesw u Düss NJW-RR **94**, 1095 und 1097). Hierzu bed es einer auf den Einzelfall bezogenen Wertg (BGH NJW **93**, 1974; **94**, 258; krit zu dieser Rspr Raiser FamRZ **94**, 817; Born FamRZ **95**, 523). Die Rspr hat insb Bedeutg für die Fälle der Arblosigk (Rn 10). Ow unterhbezogen ist eine **Straftat** n StGB 170b (Düss FamRZ **80**, 718). Iü bed es auch hier, etwa iF des ArbPlVerlustes wg Schrottdiebstahl beim ArbGeb, der Würdigg aller Umstde des Einzelfalls (BGH NJW **93**, 1974). Eine Herabsetzg der UnterhPfl ist auf die voraussichtl Dauer der Strafhaft zu beschr (BGH NJW **82**, 1812). Bei Verl des ArbPl inf ArbAntritts unter Einfl von **Alkohol** können die Voraus einer unterhrechtl Leichtfertigk auch bei bewußter Fahrlässigk vorliegen, der Vorwurf einer groben unterhbezogenen Verantwortgslosigk kann aber dch die Persönlk des UnterhSchuldn (zB mRücks auf seine Jugendlk) ausgeräumt w (BGH NJW **94**, 258). Einem Berufskraftfahrer ist eine alkoholbedgte VerkStraftat ow zuzurechnen (Bamberg FamRZ **87**, 699). Bei Alkoholabhängigk erfolgt keine automat EinkFiktion wie Rn 9; doch wird vielf verlangt, daß der Alkoholi-ker Maßn zur Beseitigg seiner Abhängigk trifft (Düss FamRZ **85**, 310). **Ruhestand** (Lit: W. Müller DAV

87, 583): EinkEinbußen muß der UnterhBerecht auch bei vorzeit Pensionierg od Rentisierg grdsl ohne Überprüfg ihrer gesundheitl Rechtfertigg hinnehmen (BGH FamRZ **84**, 663), so daß auch bei Pensionierg inf Alkoholabhängigk nicht fiktiv auf die früh BeamtBezüge zurückzugreifen ist (Ffm FamRZ **85**, 1043).

3) Bei **Gefährdung des eigenen angemessenen Unterhalts, I,** findet die UnterhVerpflichtg ihr Ende; bei **16** teilw Gefährdg tritt teilw Befreiung ein. Die and verpflichteten Verwandten treten ein (§ 1607 I). Der später wieder leistgsfäh gewordene Verpflichtete braucht nicht nachzuzahlen. Vgl zu derart **Mangelfällen**: Mutschler DAV **94**, 129; Beinkinstadt DAV **94**, 1. Bei Änderg in der Leistgsfähigk ZPO 323. Zum angem Unterh vgl § 1610 I (für die gesch Eheg hingg § 1578 Rn 2, 3). Eine schon bestehende Beeinträchtigg wird nicht gefordert (RG JW **01**, 321), jedoch sind fernliegde Erwartgen dieser Art nicht zu berücksichtigen (RG JW **04**, 295).

a) Selbstbehalt (Rn 8) ggü vollj Kindern: 1600 DM (Düss Tab § 1610 Rn 16), als angem EltUnterh, der **17** dch UnterhAnspr vollj Ki nicht gefährdet werden darf (BGH NJW **89**, 523). Zw erwerbstät u nicht erwtät Schuldn wird nicht unterschieden (Karlsr FamRZ **86**, 592).

b) Schulden (Lit: Hoppenz FamRZ **87**, 324; Bernreuther FamRZ **95**, 770; vgl §§ 1361 Rn 17; 1581 Rn 8 u **18** 10). **aa)** Grdsätzl wird die Leistgsfähigk dch anderweit Verpflgen des UnterhSchu gemindert. UnterhVerpflgten haben ggü and Verbdlkten keinen Vorrang (Staud/Kappe 159). Es bedarf daher eines Ausgl der Belange v UnterhBerecht, UnterhVerpfl u dritten Gläub (BGH FamRZ **82**, 157; **84**, 657; **86**, 254/7). Entscheidd ist eine **Interessenabwägung** nach Zweck der Verbindlk, deren EntstehgZtpkt u Dringlichk (BGH NJW **82**, 380; FamRZ **86**, 254/57; Hamm NJW-RR **95**, 1092 m Einzeln zur Abwägg), wobei der vollstreckgsrechtl Vorrang von UnterhSchu nur ein AbwäggElement darstellt (BGH NJW **84**, 2351). Hins der Vermeidbark kommt es auf die Kenntn des UnterhSchu von der UnterhVerpfl an (BayObLG NJW **61**, 38), was insb für den AusbildgUnterh (§ 1610 Rn 37, 38) gilt (Bambg FamRZ **88**, 1087). Schulden zZw des Glücksspiels bleiben unberücks (Hamm FamRZ **92**, 1178), ebso solche aus dem Betr einer offenb zum Scheitern verurt Geschenkboutique (Kln FamRZ **94**, 1406). Eine bes Rolle spielt der Ztpkt der SchuEntstehg auch bei Bauschulden (Nürnb FamRZ **86**, 501). BereitstellgZinsen für die beabs Bebauung eines Grdst sind jedenf nach AuseinandBrechen der Fam nicht mehr zu berücks (BGH FamRZ **83**, 670). Anschaffgn im PrivBereich muß der UnterhSchu im maßvollen Rahmen halten (Hamm DAV **78**, 358), so daß Aufwendgen für polit Partei (KG FamRZ **78**, 937) od im Mangelfall für die Gewerksch (Kln NJW-RR **86**, 295) unterhrechtl nicht mehr anerk w. Zur Absetzbark v PKH-Raten: Karlsr FamRZ **88**, 202 u 400; Kblz FamRZ **91**, 438. Bei gr Verschuldg des UnterhPflicht erfolgt die Berücks von Schu nur iR eines vernünft **Tilgungsplans**. Für die Höhe der als Eink-mindernd anerk Tilggraten ist bei auseinandgebrochener Fam zu fragen, wieviel iF der Fortdauer der FamGemsch bei verantwvoller Abwägg der UnterhBelange u der FremdGläubInteressen verständigerw für die SchuTilgg aufgewendet worden wäre (BGH NJW **82**, 232). Nach Möglk sollen wenigstens die lfd anfallden SchuZinsen beglichen w (BGH NJW **82**, 1641), auch ggü UnterhAnspr mj Ki (Hamm NJW **95**, 1843). Ggf besteht eine Obliegenh, mit der Gläub iR eines SchuldenreguliergsAbk zur Aussetzg der Pfdgen zu gelangen (Hamm FamRZ **93**, 1088). Dem UnterhVerpfl steht schließl kein R zur **Vermögensbildung** auf Kosten des UnterhBerecht zu (Bambg FamRZ **85**, 1141), so daß diesem im Ggsatz zu den Zinsen TilggLeistgen für eine EigtWo nicht entgg-gehalten w können (Ffm NJW-RR **88**, 522; LG Hbg DAV **76**, 295) noch AfA (KG FamRZ **81**, 38). Anderers werden Tilggen auf ein HypDarlehen anerk, wenn der Hausbesitz zur Schaffg zusätzl EinkQuellen erworben wurde (Kln FamRZ **81**, 489). Andere **Unterhaltsverpflichtungen** muß sich der UnterhBerecht nach den hierf maßgebl RangVorschr (§§ 1609, 1582) voll leistgsfähigmindernd entgghalten lassen (Hbg FamRZ **84**, 190), so daß sein Anspr nur aus den übr bleibden Mitteln befried w kann (Staud/Kappe 178). Dagg besteht iRv § 1603 II Gleichrangigk. – **bb)** Zur Belegg anderweit bestr Schulden: Oldbg DAV **84**, 473. Die **Beweislast** liegt beim UnterhSchu (BGH FamRZ **90**, 283).

4) Erweiterte Unterhaltspflicht der Eltern gegenüber minderjährigen unverheirateten Kindern, 19 II. Unverheiratet vgl § 1602 Rn 21. Das körperl od geist behinderte vollj Kind steht nicht gleich (BGH NJW **84**, 1813).

a) aa) Die Erweiterg der Verpflichtg tritt dadurch ein, daß sie nicht vor der Gefährdg des angem Unterh **20** Halt macht, sond (nach Abzug der Schulden) **alle verfügbaren Mittel** heranzuziehen sind, mithin Einschränkg der Elt auf das zur Existenz unbedingt Erforderl (RG JW **03**, Beil 29). Aber das Hausgeld des Strafgefangenen bleibt diesem (BGH NJW **82**, 2491), es sei denn, für den dch das HausG zu deckden Bed ist der Eheg des Inhaftierten unterhpflicht (Zweibr FamRZ **90**, 553). Bei der gleichmäß Verteilg ist auf die Erhaltg der ArbKraft des Ernährers Rücks zu nehmen (vgl RG **57**, 76; Celle NdsRpfl **76**, 261). Der **21** UnterhSchu hat eine erhöhte ArbeitsPfl zu gesteigerter, ggf dem Zeitaufwand einer vollschicht ErwTätigk entspr (Hamm NJW-RR **94**, 901) **Ausnutzung seiner Arbeitskraft** (Rn 9); er darf sich nicht auf UmschulgsMaßn des ArbAmts beschr, sond muß sich zusätzl jeder Art benehmen (Hamm FamRZ **95**, 756), ein nicht mehr vermittelb arbl Arzt zB um die Tätigk eines HilfsArb (LG Stgt FamRZ **95**, 1029). Der Schu muß, statt eine Kündigg zu riskieren, ggf im Betr eine unterwert Arb übern (AG Düss FamRZ **91**, 1222 Packer) u sich bei Arblosigk besonders intensiv um Arb bemühen (Hbg FamRZ **84**, 924) u ist ggf auch verpfl, in zumutb Grenzen einen Orts- u Berufswechsel vorzunehmen (BGH NJW **80**, 2414), muß also notf auch Beschäftigen annehmen, die seinem bish Werdegang nicht entspr (LG Gött DAV **90**, 152; AG Hann DAVorm **74**, 391). Alkoholismus (Hamm NJW-RR **94**, 965) od der Beitr zu einer Armutssekte macht die Erfüllg der UnterhPfl nicht unzumutb (Hamm NJW **91**, 1961). Wechsel vom Elektr vom verdienstlosen Studenten erst nach Sicherstellg des Unterh (Bambg FamRZ **89**, 93). Ggf Unterbrechg des Studiums u Rückkehr in den fr HandwBeruf (Hbg FamRZ **91**, 106). Zur Sicherstellg des MindestBed ist ggf zusätzl zu einer Vollschicht eine Nebtätigk aufzunehmen (Hbg FamRZ **90**, 784 Kellner; Kblz FamRZ **91**, 1474 elt Betr). Betreut ein SozHEmpfänger Ki, für die ihm das SorgeR zusteht, so besteht ggü weiteren Ki keine ErwObliegenh (LG Hagen FamRZ **91**, 365). Ferner brauchen die Grenzen der Leistgsfähigk nicht ausgeschöpft zu w, wenn dadch die Betreuung des zweitehel Ki gefährdet würde (Celle DAV **84**, 482); ebso wenn eine zumutb HalbtgBeschäftigg nicht über den SelbstBeh hinausführen würde (Karlsr FamRZ **84**, 1251). Zum Erziehgsgeld: Rn 5. Der **Vermögensstamm** braucht selbst zur Befriedigg des MindBed des Ki **22** nur in dem Maße herangezogen zu werden, daß der notw EigBed des UnterhSchu unter Berücks seiner voraussichtl LebDauer u künft ErwChancen bis an das LebEnde gesichert bleibt (BGH NJW **89**, 524 querschngelähmter Schu). Zur Sicherstellg des UnterhBedarfs ist ggf unbelastetes Grdst zu verwerten (AG Ravbg DAVorm **76**, 229); der Verwertg steht nicht entgg, daß dadch künft Preissteigergen nicht mehr ausgenutzt w können (BGH **75**, 272). Anderweit **Schulden** können nur bis zu den Sätzen der DüssTab **23** (§ 1610 Rn 13–15) berücks w (and Kln FamRZ **82**, 1105: notw KiBed); nur ausnw müssen sich die Ki mit geringeren UnterhBetr bescheiden (BGH FamRZ **90**, 266).

24   **bb) Selbstbehalt:** Der MindestBed Unterhpflichtiger richtet sich nach den SozHilfeSätzen (BGH NJW **84**, 1614; Mutschler DAV **94**, 655). Zur Höhe: § 1610 Rn 16. Heraufsetzen des SelbstBeh kommen bei Schwerstbehinderg der Verpfl (Stgt FamRZ **94**, 1407); sowie ferner in Betr, wenn für den Sorgeberecht u gleichrang Unterhberecht der angem Unterh gewährl ist (Hbg FamRZ **86**, 294). Umgek dagg Herabsetzg, wenn der WohnBed anderweit, zB dch nehel Zusleben des sorgeberecht EltT mit einem und gedeckt ist (Ffm FamRZ **85**, 957; Düss NJW-RR **91**, 1284) od wenn ein Koch in der Gaststätte wohnt (Zweibr FamRZ **85**, 289). Der SelbstBeh darf auch dann unterschritten w, wenn der UnterhSchu in ländl Gegd mit geringen LebhaltgKosten lebt (Mü FamRZ **89**, 1326; aA Düss FamRZ **90**, 1028). Zur Heranziehg des UnterhSchu iH jedenf des KiGelds: § 1602 Rn 17.

25   **b) Keine erweiterte Unterhaltsverpflichtung, – aa)** wenn der Unterh des Kindes aus dem Stamm seines **eigenen Vermögens** bestritten w kann (Ausn v § 1602 II); hinterlegtes Verm (§ 1667 II 4) ist vom **26** VormschG freizugeben (BayObLG **1**, 315); – **bb)** wenn **andere leistungsfähige Verwandte** vorhanden sind, II 2. Desh sind zu deren Leistgsfhgk entspr Feststellgen erfdl (Düss NJW **94**, 672). Beweislast: Einf 31 v § 1601. Ein und unterhaltspflicht Verwandter kann auch der and EltT sein, wenn er seiners leistgsfäh iSv § 1603 I ist, dh wenn er neben der Betreuung des Kindes (§ 1606 III 2) auch dessen Barbedarf ohne Gefährdg seines angem Unterh tragen kann (BGH NJW **80**, 935; **91**, 697; § 1606 Rn 25). Das unterh-erhebl Eink darf dabei nicht wg der Betreuung vorweg dch Erhöhg des Selbstbeh fikt herabgesetzt w, sond das neben der KiBetrg zumutb erzielte Eink ist nach Billigk anzurechn (BGH NJW **91**, 697; Hamm FamRZ **80**, 819). Die GrMutter kommt ow als leistgsfäh Verwandte in Betr (Oldbg FamRZ **80**, 1148).

1604   *Einfluß des Güterstandes.* Besteht zwischen Ehegatten Gütergemeinschaft, so bestimmt sich die Unterhaltpflicht des Mannes oder der Frau Verwandten gegenüber so, wie wenn das Gesamtgut dem unterhaltspflichtigen Ehegatten gehörte. Sind bedürftige Verwandte beider Ehegatten vorhanden, so ist der Unterhalt aus dem Gesamtgut so zu gewähren, wie wenn die Bedürftigen zu beiden Ehegatten in dem Verwandtschaftsverhältnis ständen, auf dem die Unterhaltpflicht des verpflichteten Ehegatten beruht.

1   **1) Allgemeines.** § 1604 regelt die Besonderheiten, die sich für die Bemessg der Leistgsfähigk des Verpflichteten mit Rücks auf die GütGemsch ergeben. Bei dem gesetzl Güterstd der ZugewGemsch keine Besonderh. – Entspr anwendbar bei Wiederverheiratg des Verpflichteten, EheG 68.

2   **2) Gütergemeinschaft; §§ 1437 ff, 1459 ff.** Der Verpflichtete wird unter Außerachtlassg der Rechte des anderen Eheg insof als AlleinEigtümer des GesGutes angesehen. Hat ein Eheg Sonder- od VorbehGut, so sind diese Vermögensmassen nur bei der Beurteilg seiner eigenen Leistgsfähigk zu berücksichtigen. Auch wenn die UnterhPfl bei der GütGemsch durch den Besitz von Sonder- od VorbehGut begründet worden ist, ist sie eine GesGutsverbindlichk, §§ 1437 I, 1459 I, wg des Innenverhältnisses vgl §§ 1441 Z 2, 1463 Z 2. Für die Verpflichtgen des nicht verwberechtigten Eheg haftet auch der andere persönl, bei gemschaftl Verw haften beide persönl, §§ 1437 II 1, 1459 II 1; Erlöschen dieser Haftg vgl §§ 1437 II 2, 1459 II 2. Sind ggü beiden Eheleuten UnterhBerechtigte vorhanden, S 2, so werden sie als mit beiden Eheg verwandt angesehen u danach die Rangordnung der Berechtigten aufgestellt, § 1609.

1605   *Auskunftspflicht.* [I]Verwandte in gerader Linie sind einander verpflichtet, auf Verlangen über ihre Einkünfte und ihr Vermögen Auskunft zu erteilen, soweit dies zur Feststellung eines Unterhaltsanspruchs oder einer Unterhaltsverpflichtung erforderlich ist. Über die Höhe der Einkünfte sind auf Verlangen Belege, insbesondere Bescheinigungen des Arbeitgebers, vorzulegen. Die §§ 260, 261 sind entsprechend anzuwenden.

[II]Vor Ablauf von zwei Jahren kann Auskunft erneut nur verlangt werden, wenn glaubhaft gemacht wird, daß der zur Auskunft Verpflichtete später wesentlich höhere Einkünfte oder weiteres Vermögen erworben hat.

1   **1)** Die dch das 1. EheRG eingef Vorschr normiert den schon vorher von der gerichtl Praxis gewährten vermögensrechtl (BGH FamRZ **82**, 787) **Auskunftsanspruch** von Verwandten in gerader Linie. Hinsichtl der AuskPfl unter Eheg § 1353 Rn 15 u bei Trenng § 1361 IV 3; nach Scheidg § 1580, bez Versorgg § 1587e I. Der soz-rechtl AuskftsAnspr gem BSHG 90, 91, 116 I hat Vorrang (Düss FamRZ **85**, 734; Baur FamRZ **86**, 1175). **Zweck:** Der UnterhBerecht u der -Verpflichtete sollen sich rechtzeit Gewißh über die ggseit Einkommens- u VermVerhältn verschaffen können, soweit dies zur Feststellg eines UnterhAnspr od einer UnterhVerpfl erforderl ist. Dadch werden die Beteiligten in die Lage versetzt, einen RechtsStr zu **2** vermeiden od in einem Proz ihre Fdgen richt zu bemessen u zu begründen u Einwendgen vorzubringen (BT-Drucks 7/650 172). Desh entfällt das RSchutzBedürfn für eine AuskWiderKl nicht schon im Hinbl darauf, daß iR der LeistgKl die Bedürftigk des Kl zu prüfen ist (Kblz FamRZ **93**, 1098). ZwVollstr setzt konkrete Fassg des AuskftsUrt u damit einen auch den fragl Ztraum festlegden (Ffm FamRZ **91**, 1334) **bestimmten Klageantrag** voraus (Karlsr FamRZ **83**, 631; Büttner FamRZ **92**, 629). Unzul also AuskftsVerlangen „bis zum Ztpkt der letzten mdl Verh" (AG Besigheim FamRZ **84**, 816). Es besteht keine allg **3** OffenbargsPfl hins des Verm (Stgt FamRZ **78**, 717). Der AuskftsAnspr aus §§ 1361 IV 4, 1605 ist einer Regel dch **einstweilige Anordnung** n ZPO 620 S 1 Nr 4 u 6 nicht zugängl (Stgt FamRZ **80**, 1138; Düss

FamRZ **83**, 514; Hamm FamRZ **83**, 515; aA van Els FamRZ **95**, 650). Umgek wird das RSchutzinteresse für die AuskftsKl dch eine einstw AnO auf UnterhZahlg nicht ausgeschl (Düss FamRZ **81**, 42). Bei wechselsei- 4 tigen AuskftsAnspr **kein Zurückbehaltungsrecht** (Bambg FamRZ **85**, 610; Kln FamRZ **87**, 714; Staud/ Kappe 13). Auch § 1611 steht dem AuskVerlangen nicht entg (Ffm FamRZ **93**, 1241). Wg **überzahlten** 5 **Unterhalts** kann Auskft nur verlangt w, wenn die Voraussetzgen des SchadErsAnspr gegeben sind (BGH NJW **83**, 2318). **Keine Auskunftspflicht** besteht, soweit eine BarUnterhPfl überh (Hbg FamRZ **82**, 628) 6 od weg bestimmter VermTeile entfällt (Ffm FamRZ **86**, 165: Erbsch währd des Getrenntlebens), dh wenn feststeht, daß die begehrte Auskft den UnterhAnspr unter keinem GesPkt beeinfl kann (BGH NJW **82**, 2771), etwa weil der AnsprSteller Leistgn nach dem AFG erhält (Düss NJW-RR **86**, 1453) od weil mit der Zahlg v 800 DM die Sättiggsgrenze erreicht ist (BGH NJW **83**, 1429). Nach rechtskr Ablehng von Unterh-Anspr AuskR erst nach Beseitigg des Urt (Kln NJW-RR **87**, 834). Umgek besteht AuskftsPfl bei entspr Einfl auf die UnterhHöhe auch bei zugestandenem JahresEink v 250000 DM (BGH NJW **82**, 1645). Eine AuskftsKl ist mutwill, wenn zu Zweif an der LeistgsUnfähigk der Bekl kein Anlaß besteht (Schlesw FamRZ **86**, 1031). Die AuskftsPfl besteht (wg ZPO 323) auch, wenn ein UnterhTitel bereits vorliegt (Stgt Just **78**, 7 74), u ist **altersunabhängig**, so daß auch ein 79-jähr Rentner über NebEinkfte als Anstreicher Auskft erteilen muß (Ffm FamRZ **85**, 481). – In gewissen Grenzen ist auch eine Verpfl zur **unaufgeforderten** 8 **Information** anzuerkennen (BGH FamRZ **88**, 270; NJW **88**, 1965; Brüne FamRZ **83**, 657; Hoppenz FamRZ **89**, 337), zB über den Abbruch einer Ausbildg (Kblz NJW-RR **87**, 391); ü die Aufn einer ErwTätigk (Hbg FamRZ **87**, 1044); über die Einschrkg der Rückführg der DarlVerbdlkten, die einkmindernd berücks w waren (Bamberg NJW-RR **94**, 454). Die vertragl Übern einer Verpfl zur unaufgeforderten AuskErteilg begründet keinen vertragl Ausk-, sond allenf einen SchadErsAnspr (Bambg FamRZ **90**, 755). Bei Nichter- 9 füllg der AuskPfl **Stufenklage** (Hamm FamRZ **86**, 1111; ggf mit den vollen Kostenlast des AuskftsSchuldn; Ffm FamRZ **87**, 85; vgl zur StufenKl iü Einf 33 vor § 1601), BereichersAnspr (AG Rüsselsheim FamRZ **85**, 605; Tintelnot FamRZ **88**, 242) bzw sogar **Schadensersatz** aus § 826 (BGH FamRZ **88**, 270: WiederAufn einer die Leistungsfähigk begründden ErwTätigk dch den UnterhSchu; Düss FamRZ **85**, 599; Kblz NJW-RR **87**, 1033: Verletzg der MitteilgsPfl (!) hins des ZusLebens mit neuem Partn). In der weiteren EntggNah- 10 me einer dch ProzVergl festges (Celle FamRZ **92**, 582) od rechtskr zuerkannten UnterhRente nach Aufn einer ErwTätigk liegt jedoch ohne Hinzutreten besonderer Umst keine sittenwidr Schädigg (BGH NJW **86**, 2047: rechtspolit mE bedenkl; ebso Staud/Kappe 9); AG Hersbruck FamRZ **85**, 633 differenziert zw gänzl Wegfall der UnterhPfl beispielsw wg Übern des UnterhGl ins SoldatenVerhältn auf Zt (dann SchadErs) u allen und Veränderngen (insow § 1605 u ZPO 323 III). Ggf Schätzg der SchadHöhe n ZPO 287 (Düss DAV **85**, 505). Die Grdse über die Verpfl zur ungefragten Mitteilg gelten nicht ow für Verbessergen der EinkVer-hältn des UnterhSchu (Düss FamRZ **95**, 741). Zur InformationsPfl hins der Leistgsberechtig beim **Kin-**dergeld BayObLG FamRZ **85**, 631; vgl dazu iü § 1602 Rn 10. Bei Übergang des UnterhAnspr auf **Sozial-** 11 **hilfeträger** kein Übergg des AuskAnspr (Einf 21 v § 1601). AuskftsAnspr ist **keine Feriensache** (BGH NJW **87**, 2237). Zum **Streitwert**: BGH FamRZ **88**, 156, 494 u 495; NJW-RR **88**, 836. Der **Beschwerde-** 12 **wert** des AuskBekl bemißt sich nach seinem Abwehrinteresse, dh nach dem für die Ausk notw Zeit- u ArbAufwand (BGH FamRZ **93**, 1423; **94**, 1519; **95**, 349 GS), auch wenn die Unterlagen später zur ESt ohnehin erstellt w müssen (BGH FamRZ **92**, 425); ausnw nach seinem GeheimInteresse (BGH FamRZ **89**, 730 u 731); bei der eidstattl Vers nach dem Zt- u KostAufwand (BGH FamRZ **92**, 663). Weitere Rspr NJW-RR **93**, 1026ff. Zur vorl **Vollstreckbarkeit** Mü FamRZ **90**, 84 mA Gottwald. Zu dem nicht auf Überleitg beruhenden (vgl Einf 21 v § 1601) **Auskunftsersuchen des Sozialhilfeträgers** gem BSHG 116 vgl BVerwG FamRZ **93**, 1067; OVG Lünbg NJW **90**, 1062; jedoch keine cessio legis (Einf 25 v § 1601).

2) Voraussetzungen, I 1. a) Verwandte in gerader Linie § 1589 Rn 2. Analoge Anwendg im Verhältn 13 der Elt zueinand, soweit es um die BarUnterhPfl des und ElkT geht (BGH NJW **88**, 1906: § 242); auch ggü einem ein Ki betreuenden EltT (Kln FamRZ **92**, 469). Aber keine AuskPfl, wenn der EltT ggü dem vollj Ki zur Ausk bereit ist (AG Bayreuth FamRZ **92**, 715). Auch keine AuskWiderKl dem Ki ggü über Eink des und EltT (Ffm FamRZ **87**, 839). Der AuskAnspr besteht wechselseit, also unabh davon, wer von wem Unterh begehrt, ob Kinder von Elt od umgek, u unabh davon, ob als UnterhGläub od -Schuldn (LG Düss FamRZ **76**, 218 mAv Mutschler). Eine AuskftsPfl nachrangig haftder Verwandter (Großvater) besteht nur, wenn feststeht, daß alle vorrangig haftden Verwandten (§ 1606) leistgsunfäh sind (LG Osnabr FamRZ **84**, 1032). Die AuskftsPfl besteht ferner nicht ggü Verwandten in der Seitenlinie, also etwa ggü Geschwistern, auch wenn von deren Leistgsfähigk zB die Höhe der eig UnterhPfl ggü den Elt abhängt. Im Wege des Auskfts-Anspr kann verlangt w, daß der UnterhSchu seine Einkfte dem Amt f AusbildgsFörderg mitteilt (Karlsr FamRZ **79**, 170). b) AuskftsPfl bezieht sich auf **Einkünfte und Vermögen,** nicht auf and Umst, insb keine 14 AuskPfl bezügl die Eink von Ehepartn (Karlsr FamRZ **93**, 1481) od Kindern des Verwandten. Auch braucht über den Verbleib v früh VermGgsten nicht Rechensch gegeben zu w (Düss FamRZ **81**, 893; Hbg FamRZ **85**, 394), weil sich die AuskftsPfl auf einen Ztpkt u nicht auf einen Zeitraum bezieht (Karlsr FamRZ **86**, 271). Die Ausk soll sich nicht ijF auf die gesamten Einkfte u das ges Verm erstrecken, sond muß nur insow erteilt w, wie sie zur Feststellg eines UnterhAnspr od einer UnterhVerpfl **erforderlich** ist (BT-Drucks 7/ 650 S 172; Schlesw SchlHA **79**, 222; vgl dazu oben Rn 1). Die Auskft ist **schriftlich** zu erteilen; die Gewährg von Einsicht in die maßgebl Unterlagen reicht nicht aus (Stgt FamRZ **91**, 84).

3) Umfang: a) Vorlage einer systemat Aufstellg der erforderl **Angaben,** die dem Berecht ohne übermäß 15 ArbAufwand die Berechng des UnterhAnspr ermöglicht (BGH NJW **83**, 2243). Der Anspr bezieht sich dem Wortlt nach nur auf Einkfte u Verm, ist aber sinngem auch auf die hierfür maßgebden Umst zu ergänzen, zB kann substantiierte Auskft über die Fortdauer der für die ArbUnfähigk seinerzeit maßgebden Beschwerden verlangt w (Schlesw FamRZ **82**, 1018: § 1572) od üb den Verbleib des iR des ZugewAusgl dem UnterhBe-recht zugeflossenen Kapitals, um ggf eine AbändKl begründen zu k (Karlsr FamRZ **90**, 756); ferner über gewinnmindernde Zweitbetriebe in der ehem DDR (Celle FamRZ **92**, 1440). AuskftsAnspr auch hins der Einkfte iSv § 1603 Rn 4–6, also zB BEG-Rent (BGH NJW **83**, 1783); AufwandsEntschädig u Sitzsgelder eines Abgeordn (Bambg FamRZ **86**, 1144); bei Geltdmachg v krankhbedingtem MehrBed Pflegegeld (Oldbg FamRZ **91**, 827; vgl aber § 1610a). Der Anspr wird nicht dch Übergabe der Lohn- u EinkStErkl 16 erfüllt (Düss FamRZ **81**, 42). Über die Vorlage der **Lohnsteuerkarte** hinaus muß bei Zweif eine detaillierte ArbGebVerdienstbescheinigg vorgelegt w (Ffm FamRZ **87**, 1056). Der AuskftsPflicht hat idR über seine EinkVerhältn für die Zeit etwa der letzten 12 Mo vor KlErhebg Auskft zu erteilen. Angaben über 1 Mo reichen desh nicht aus, um den Berecht auf das Verf der eidesstattl Vers zu verweisen (BGH NJW **83**, 2243). Die AuskPfl erstreckt sich auch auf Steuerrückerstattgen (Düss FamRZ **91**, 1315).

17   **b)** Ein **selbständig tätiger** UnterhSchuldn, Freiberufler od selbständ Unternehmer od GmbH-Gesch-Führer m GewBeteiligg (BGH NJW **82**, 1642) genügt der AuskPfl nicht dch ziffmäß Aneinandreihg v Einn u einz Kostenarten (Stgt FamRZ **91**, 84), sond er muß dch Aufschlüsselg v Einn u Ausgaben (Karlsr FamRZ **78**, 779) seine Eink- u VermVerhältn über einen längeren, nicht unbedingt sich mit dem ZtRaum, für den Unterh begehrt w, deckden (BGH NJW **83**, 1554) Zeitraum – idR 3 Jahre (BGH NJW **82**, 1645) – innerh v 6 Mo nach Ablauf des GeschJ (Bambg FamRZ **89**, 423; Mü FamRZ **92**, 1207) u unabh vom Std der BilanzArb (AG Lingen DAV **78**, 652) offenlegen (Schlesw SchlHA **79**, 124), also eine Bilanz- bzw Gewinn- u Verlust-rechng vorlegen sowie ggf Einzeltitel erläutern, u zwar so, daß nicht steuerrechtl od and, sond gerade die unterhaltsrechtl Relevanz dargestellt w (Hamm FamRZ **80**, 455; **92**, 1190). Einnahmen–Überschuß-Rechng für ein einzelnes Jahr nicht ausreichd (Stgt FamRZ **83**, 1267). Es ist Aufgabe des Ger, über die unterhrechtl Relevanz bzw allein steuerrechtl beachtl Aufwendgen zu befinden (Hamm FamRZ **83**, 1232). Der Ausk-Anspr darf nicht zum KontrollR entarten (Schlesw FamRZ **81**, 53; vgl dagg die ErweitergsVorschl bei Fischer-Winckelmann/Maier FuR **92**, 14).

18   **c)** Bei **unselbständig** tät ArbN muß die selbstverständl vorzulegde Bescheinigg des ArbGeb v diesem unterzeichnet s (Stgt FamRZ **78**, 717). Der Arbeitslose erfüllt mRücks auf seine Verpfl, die eig Arbeitskr iR des Zumutb auszunutzen (§ 1603 Rn 9–12), seine AuskftsPfl nicht schon dadch, daß er den Antr auf Zahlg v ArbeitslGeld od -Hilfe vorlegt (Stgt Just **78**, 74). Vielm muß Auskft auch darüber gegeben w, welche Bemühgen entfaltet wurden, um eine ErwTätigk zu finden (Brschw FamRZ **87**, 284).

19   **d) Beschränkung der Auskunftspflicht.** Steht von vornh nur ein beschrkter UnterhAnspr in Frage, weil der UnterhBerecht über eig Eink verfügt, so erstreckt sich die AuskPfl nur auf die diese UnterhSpitze betreffde Leistgsfähigk. Die Auskft erstreckt sich also nicht ijF auf das ges Verm, sond nur „soweit", wie sie zur Feststellg des UnterhAnspr erfdl ist (BGH NJW **82**, 2771 mNachw; Düss FamRZ **81**, 893). Sie schrumpft auf Null, soweit unterhaltsrelevantes Verm nicht vorhanden ist (Kblz FamRZ **81**, 163). Keine Auskft über PflichtteilsAnspr, wenn aGrd einer testamentar Verfallklausel die Geltdmachg des PflTeils unzumutb ist (BGH NJW **82**, 2771). Soweit für die Berechg des UnterhAnspr v Bedeutg, muß auch über persönl Verhältn wie Wiederverheiratg, Kinder aus der neuen Ehe usw Auskft erteilt w (Bambg FamRZ **86**, 492). Aber keine AuskftsPfl hins der Frage, warum der UnterhSchu seiner neuen Ehefr den Betr (Fisch-zucht) überläßt u wieviel Gewinn letztere daraus erzielt (Bambg FamRZ **86**, 685).

20   **4) Zusatzverpflichtungen.** Über die Höhe der Einkfte, nicht über VermGgstde (Hbg FamRZ **85**, 394), sind auf Verlangen **Belege,** insb Bescheinigen des ArbGebers, **vorzulegen, I 2.** Ausk u Vorlage von Belegen sind zwei getrennte Anspr (Mü FamRZ **93**, 202); daher bes Tituliereg erfdl (Düss FamRZ **78**, 717) u dazu genaue Bezeichng der Belege im KlAntr (BGH NJW **83**, 1056). Vorlage des Originals; Gl kann Kopie anfertigen (KG FamRZ **82**, 614). Urk in fremder Sprache sind auf Kosten des UnterhSchu zu übersetzen (Kblz FamRZ **90**, 79). Insb bei Fehlen einer Verdienstbescheinigg u Beschäftigg im Ausl Vorlage des ArbVertr (BGH NJW **93**, 3262; Mü FamRZ **93**, 202). Von einem selbständ Gewerbetreibenden ebso wie v dem GeschFührer einer GmbH mit Gewinnbeteiligg (BGH NJW **82**, 1642) kann neben einer Kopie der EinkStErkl (BGH NJW **82**, 1642) die Vorlage des EStBescheids verlangt w (BGH FamRZ **82**, 151; LG Wuppt DAV **84**, 395), es sei denn, die Einkfte sind bereits in and Weise ausreichd belegt (BGH NJW **82**, 1642), es besteht MißbrGefahr (BGH NJW **82**, 1642). Bei gemeins Veranlagg mit der neuen Ehefr dürfen die

21   ausschließl diese betreffden BetrAngaben abgedeckt od unkenntl gemacht w (BGH NJW **83**, 1554). Keine Vorlage von GeschBüchern (Staud/Kappe 42; bestr), v KtoAuszügen v Banken uä. Die entspr Anwendg der §§ 260, 261, **I 3**, bedeutet, daß der AuskPflichtige dem Berecht ein **Verzeichnis** seiner Einkfte u Ausgaben **vorzulegen,** wobei es für die Vorlage der Gewinn- u VerlRechng nicht darauf ankommt, daß die Bilanziereg idR erst sehr viel später erfolgt (Düss DAVorm **82**, 689), u sofern Grd zu der Annahme besteht, daß das Verzeichn nicht mit der erfordl Sorgf aufgestellt w ist, eine entspr **eidesstattliche Versicherung** abzuge-

22   ben hat. **Verstoß gegen die Auskunftspflicht:** Bei Verzug (Kblz DAV **87**, 704) od schuldh Nichterfüllg der AuskPfl Verpfl zum **Schadensersatz** (BGH NJW **84**, 868; Karlsr FamRZ **85**, 155, 158; aA Ffm **85**, 732; Bambg FamRZ **90**, 1235) bzw kann das Ger von dem vom UnterhKl behaupteten NettoEink (bei Zahnarzt:

23   10000 DM) ausgehen (Wuppt DAVorm **78**, 457). **Vollstreckung** gem ZPO 888; aber kein ZwGeld zur Erzwingg nach Erteilg der Auskft (Schlesw SchlHA **79**, 228).

24   **5) Beschränkung der Auskunftspflicht, II.** Grdsl soll die Ausk erneut nur nach Ablauf v 2 J seit der letzten Ausk verlangt w können, da ein erneutes AuskVerlangen nur der Abänderg der UnterhRente dienen soll, sich innerh dieser Fr aber idR die Lebenshaltgskosten u die Löhne u Gehälter nicht in dem nach ZPO 323 vorausgesetzten Umfg ändern (BT-Drucks 7/650 S 172). Vermieden werden muß einers eine unzul Verkürzg des RSchutzes für den AuskBegehrden (Mü FamRZ **93**, 594), anderers eine unzumutb Mehrbelastg des AuskPflicht. Dementspr leitet sich die SperrFr nicht aus der Feststellg der UnterhPfl, sond aus der früheren Ausk her. Desh kann die Fr nicht an die letzte mündl Verh im VorProz anknüpfen (so aber Hbg FamRZ **84**, 1142), im schriftl Verf an die den Part zum Vortrag gesetzte abschließde Fr (so AG Esn FamRZ **93**, 593) od bei einem Vergl an den Ztpkt von dessen Abschluß (so Karlsr FamRZ **91**, 1470; Düss NJW **93**, 1079) od an den Ztpkt der letzten AuskErteilg (so Hamm FamRZ **92**, 595), sond die Fr beginnt bei EinkAuskften mit dem Ablauf des ZtRaums, für den die Ausk erteilt w ist, und bei VermAusk mit dem der Ausk zGrde liegden Stichtag (Staud/Kappe 54). Für eine nur vorläuf UnterhRegelg (Karlsr FamRZ **92**, 684) od einen bis zum Eintr der Volljk befr Vergl gilt II nicht (Hamm FamRZ **90**, 657). Liegt aGrd AuskftsErteilg über das Eink ein rechtskr UnterhUrt vor, kann über das Verm Auskft nur verlangt w, wenn glaubh gemacht wird, daß solches inzw erworben wurde (Hbg FamRZ **84**, 1142). Auskft vor Ablauf v 2 J auch bei atyp EinkEntwicklg (Hamm FamRZ **91**, 594). Wg des schnellen Anstiegs der Eink geringere Anfordergen auch in den neuen BuLä (BezG Erf FamRZ **94**, 719).

1606 *Reihenfolge der Unterhaltsverpflichteten.* [I]Die Abkömmlinge sind vor den Verwandten der aufsteigenden Linie unterhaltspflichtig.

[II]Unter den Abkömmlingen und unter den Verwandten der aufsteigenden Linie haften die näheren vor den entfernteren.

[III]Mehrere gleich nahe Verwandte haften anteilig nach ihren Erwerbs- und Vermögensverhältnissen. Die Mutter erfüllt ihre Verpflichtung, zum Unterhalt eines minderjährigen unverheirateten Kindes beizutragen, in der Regel durch die Pflege und Erziehung des Kindes.

1) Unterhaltskonkurrenzen. 1

a) Anderweitig Verpflichtete. Vor den in § 1606 genannten Verwandten ist der **Ehegatte** des UnterhBe- 2 dürft unterhpflichtig (§ 1608); auch der geschiedene, soweit überh eine UnterhPfl besteht (§§ 1569 ff; EheG 63 I, 58 ff aF). Im Falle der **Kindesannahme** ist nur noch der Annehmende verpfl (§ 1754, § 1755 Rn 3).

b) Voraussetzung für die Inanspruchn v Verwandten ist, daß der **jeweils vorher Haftende nicht** 3 **leistungsfähig** ist od die RVerfolgg gg ihn unmögl ist. Dann tritt bei eig Leistgsfähigk der nach ihm haftde Verwandte ein (§ 1607).

c) Verfahren. Mehrere UnterhVerpfl können als **Streitgenossen** verklagt w (ZPO 59 ff), was sich zur 4 Vermeidg unterschiedlicher Berechngn der Anspr empfehlen k. **Prozeßführungsbefugnis:** Ein geschiedener Eheg hat im Ggs zu § 1360 gg den and Eheg keinen Anspr auf Leistg v Unterh für gemeinschaftl Kinder (Hamm NJW **75**, 1711; aA Hbg FamRZ **75**, 503). Vgl iü Rn 19.

d) Unterhaltsausgleich. Soweit ein Verwandter an Stelle eines and Verwandten Unterh leistet, ohne 5 dazu verpfl zu sein, findet kraft Ges ein FordgsÜbergang statt (§ 1607 II 2). Wg der AusfallHaftg u dem famrechtl AusglAnspr unter Elt Rn 15–18.

e) Beweislast (Einf 31 v § 1601). Für das Vorhandensein näherer od gleich naher Verwandter Beweisl 6 beim Bekl; dagg muß der Kl beweisen, daß die vor od neben dem Bekl verpflichteten Verwandten als UnterhSchuldn ausscheiden (RG **57**, 69, 76; LG Mü FamRZ **82**, 1116; Klauser MDR **82**, 534). Im Falle v § 1606 III 1 hat das Ki (auch in einem gg dieses gerichteten AbändVerf; KG FamRZ **94**, 765) die maßgebden Erwerbs- u VermVerhältn beider Elt zu beweisen, insb die LeistgsUnfähigk des am Proz nicht beteiligten EltT. Das vollj Ki genügt aber seiner DarleggsLast, wenn es dartut, daß es das ihm Mögliche u Zumutb getan hat, um den HaftgsAnteil den und EltT zu ermitteln; auf eine ledigl fikt LeistgsFähigk des and EltT braucht es sich nicht verweisen zu lassen (Ffm FamRZ **93**, 231). Behauptet Kl das Eink des Bekl mit Nichtwissen, muß dieser sein Eink (trotz § 1605) im einz darlegen (BGH NJW **87**, 1201; Hbg FamRZ **91**, 1092). Hierzu ggf AuskftsKl (§ 1605) gg die Elt, aber nicht AuskWiderKl des in Anspr gen EltT ü Eink des and EltT (Ffm FamRZ **87**, 839). Im Falle v § 1606 III 2 braucht nur die Betreuung nachgewiesen zu w. Beweisl für die günst EinkVerhältn aS des betreuenden EltT beim UnterhBekl (BGH NJW **81**, 923, 924). Verklagt ein vollj Student einen EltT allein auf vollen Unterh, hat er die mangelnde Leistgsfähigk des and EltT zu beweisen (Hbg FamRZ **82**, 627). Sache des verkl EltT ist es, seine eig LeistgsUnfähigk nachzuweisen (Hbg FamRZ **82**, 627).

2) Rangfolge innerhalb der Verwandten. Zum Begr der Verwandtsch Überbl 2 v § 1589. Mehrere 7 Verwandte der gleichen Stufe haften nicht als GesamtSchuldn, sond **anteilig, III 1**. Das gilt für Kinder den Elt ggü (Rn 8) ebso wie für GroßElt untereinand (Rn 9). Für die anteilige Haftg kommen nur die leistgsfäh Verwandten in Betr; fällt einer v ihnen ganz od teilw aus, erhöht sich bei entspr Leistgsfähigk (§ 1603 I) die Haftg des od der and Verwandten. Der Art nach brauchen die UnterhLeistgn **nicht gleich** zu sein (arg III 2). Die tatsächl Betreuung entlastet aber uU die GroßElt nicht, auch zum BarUnterh beizutragen (Limbg DAV **78**, 359).

a) Abkömmlinge (vgl BVerwG NJW **94**, 2164), also Kinder, Enkel usw, ehel wie nehel, haften dem 8 UnterhBedürft vor dessen Elt u GroßElt, **I.** Haftg nach Gradesnähe, so daß unter den Abkömml wiederum die näheren vor den entfernteren haften, **II,** also Kinder vor den Enkeln usw.

b) In zweiter Linie haften die **Verwandten aufsteigender Linie,** wiederum die näheren vor den entfer- 9 teren, **I, II,** die Elt also vor den GroßElt, wobei bei Leistgsunfähigk des Vaters vor dessen Elt die Mutter haftet, deren Privileg aus III 2 insoweit entfällt (AG Hbg DAV **75**, 249).

3) Haftung der Eltern. 10

A) Grundsätze der Gleichrangigkeit, Gleichwertigkeit, Anteilmäßigkeit und Ausfallhaftung. 11 Die Grdsätze gelten unabhäng davon, ob das Kind mj od vollj ist, ob die Elt miteinand verheiratet sind, getrennt leben od geschieden sind, ob sie beide erwerbstät sind od nur einer v ihnen.

a) Die Elt haften als gleich nahe Verwandte der aufsteigden Linie **gleichrangig, III 1,** aber wg der subj 12 unterschiedl Voraussetzgn der UnterhPfl (§ 1603) nicht als GesamtSchuldn, sond nur anteilig (Rn 14). Das gilt auch für die BerufsausbildgsKost (Bremerhaven FamRZ **77**, 72; § 1610 Rn 37), wobei der BarUnterh der Mu ggf aus deren TaschenGAnspr gg ihren 2. Ehem gerechtf s kann (Düss FamRZ **92**, 1099). Die Höhe richtet sich nach dem Bed u nicht etwa nach den Vorauss des BAföG (Celle FamRZ **93**, 1235). Auch nicht miteinand verh Elt haften gleichrang; § 1615 f regelt ledigl die Haftgsart (Staud/Kappe 9).

b) BarUnterh u Kindesbetreuung sind grdsl **gleichwertig** (BGH NJW **78**, 753; BSG FamRZ **68**, 458; 13 BayObLG FamRZ **84**, 1141). Das G geht in **III 2** von der dch das 1. EheRG überholten Vorstellg aus, daß die **Mutter** die KiBetreuung übernimmt u dadch ihre UnterhPfl erfüllt (§ 1356 Rn 1–5). III 2 gilt analog (Kln FamRZ **79**, 328) **auch für den Vater, der das Kind betreut** (BGH NJW **85**, 1460; AG Kerpen FamRZ **95**, 825; vgl §§ 1356 I 2, 1360 S 2; §§ 1360 Rn 2, 1570 Rn 11), was allerd nicht ausschließt, daß er im Ergebn auch für den Barbedarf aufkommen muß (BGH NJW **80**, 934); vgl Bambg NJW **95**, 1433; anteilig, wobei die Summe der Einkfte beid Elt die EinkGr der Düss Tab best u die KiBt wertd Rechng zu tragen ist. Keine Befreiung nach III 2 bei völl Übertragg von KiPflege u Erziehg auf einen Dr (KG FamRZ **89**, 778), ohne daß ein nennensw Rest an eig BetrLeistgn verbleibt (Hamm FamRZ **91**, 104). Bei Auszug des mj Ki keine automat Umwandlg in GeldAnspr (Nürnb FamRZ **92**, 983). **Kindergeld** wird unter den Elt ebenf nach III 2 ausgegl (§ 1602 Rn 14). Bezieht die Mutter für ein weiteres Ki ein erhöhtes KiGeld, so muß sie mind den Zählkindvorteil abführen (Bambg FamRZ **80**, 923; Hbg FamRZ **83**, 418); Einzelh § 1602 Rn 10–18. Da **volljährige Kinder** nicht mehr der „Pflege u Erz" bedürfen, findet auf sie III 2 grdsl keine analoge Anwendg (BGH NJW **94**, 1530 = FamRZ **94**, 696; vgl iü § 1610 Rn 23).

14   **c)** Der Umfang der Haftg richtet sich individuell u damit **anteilig** nach den Erwerbs- u VermVerhältn jedes EltT (§ 1603), so daß die Barleistgen der Elt nur in AusnFällen gleich hoch sein w. Der Verzicht auf Inanspruchn eines EltT auf dessen HftgsAnt berührt nicht das Maß der UnterhPfl des and EltT nach dessen EinkVerhältn (Bambg FamRZ **90**, 554). Auch die Nichtdurchsetzbark einer Verurt aGrd fikt Eink entlastet grdsl nicht (aA Karlsr/Frbg NJW-RR **91**, 903). Erfüllt ein EltT den WohnBed (vgl § 1610 Rn 14), Anrechng auf den UnterhAnspr gg diesen EltT in angem Umfg. Zur Darl- u BewL: Rn 6.

15   **d) Ausfallhaftung, familienrechtlicher Ausgleichsanspruch und Freistellung vom Unterhalt.**

16   **aa) Grundsatz.** Soweit Unterh von dem verpfl (leistgsfäh!) EltT nicht zu erlangen ist, kann das Ki den and EltT entspr v dessen Leistgsfähigk in Anspr nehmen, ohne daß es darauf ankommt, ob der and EltT leistgsunfäh ist. § 1603 II hat insow Vorrang vor §§ 1606 III 1, 1603 I. Die AusfallHaftg des betreuenden EltT gilt bereits ab Gefährdg des angem UnterhBed des baruntrhpfl EltT (Hamm FamRZ **90**, 903). Sie gilt auch hins des AusbildgsUnterh, wenn dem and EltT fikt Eink zuzurechn wäre (Kblz FamRZ **89**, 307; § 1603 Rn 9–13). Auch iF des Todes des einen besteht eine Ausfallhaftg des and EltT (LG Stgt FamRZ **68**, 215). So muß sich ein Vater an den Internatskosten beteiligen, wenn sie inf notwendiger FortbildgsMaßn zG der Mutter entstehen (Düss DAV **81**, 153). Ist ein baruntrhpflicht EltT überh nicht leistgsfäh, so hat der and EltT idR den nach seinen EinkVerhältn doppelten Satz der Düss Tab (§ 1610 Rn 5) zu zahlen (Brem NJW **78**, 2249). Iü gilt dann § 1607. In der Prax hat die AusfallHaftg des and EltT entgg Rn 14 die Wirkg einer gesamtschuldner Haftg, allerd ohne § 426. Desh erkennt die Rspr in solchen Fällen einen famrechtl Ausgl-Anspr an (Rn 17). Bei Betreuung v je 1 Ki dch jeden EltT kann der allein leistgsfäh EltT ggü der UnterhKl des and Ki jedenf einen erhöhten EigenBed geltd machen (Schlesw FamRZ **88**, 418).

17   **bb)** Ein EltT, der für den ebenf unterhpflicht and EltT einspringt, tut dies in aller Regel nicht, um den and EltT zu entlasten (Stgt FamRZ **61**, 179; Hamm FamRZ **64**, 581). Ihm steht desh, wenn er das Kind allein unterhält in der Absicht, dafür von dem and EltT Ersatz zu verl, gg den insoweit primär verpflichteten and EltT ein **familienrechtlicher Ausgleichsanspruch** zu (BGH **31**, 329; **50**, 266; FamRZ **81**, 761; **84**, 775; Ffm FamRZ **87**, 1185; krit A. Roth FamRZ **94**, 793). Ebso bei Versorgg eines nehel Ki der Frau dch deren Ehem (LG Kiel FamRZ **94**, 653); bei falsch Berücks des KiGeldes (BGH DAV **88**, 609) od bei Beiträgen zu einer vom and EltT abgeschl AusbildgVers zG des gemsch Ki (Stgt NJW-RR **92**, 706). Der famrechtl AusglAnspr besteht nur für BarUnterh, nicht als Ersatz für geleistete Betreuung (BGH NJW **94**, 2234; aA H. Scholz FamRZ **94**, 1314). Er unterliegt ferner (ebso wie Anspr aus §§ 683, 812) den Schranken des § 1613 (BGH NJW **84**, 2158; **88**, 2375; Düss FamRZ **86**, 180; allerd genügt zur Inverzugsetzg auch für den AusglAnspr die gerichtl Geltdmachg des KiUnterh als ges Vertreter (BGH NJW **89**, 2816). Der Anspr besteht nicht, soweit der EltT damit nur eine ihm dch (wenn auch falsche, aber) rechtskräft Entsch auferlegte Verpfl ggü dem Ki erfüllt (BGH NJW **81**, 2348; FamRZ **94**, 1102). Kein AusglAnspr des NaturalUnterh leistden EltT gg den and EltT, wenn der BarUnterh nach dem BSHG sichergestellt wurde (Kln FamRZ **85**, 1168). Auch kein Anspr der Mutter auf Auszahlg v an den Vater erbrachten Leistgen der MutterschHilfe gem RVO nach erfolgr EhelkAnfechtg (AG Ludwigshafen FamRZ **83**, 163). Der AusglAnspr verjährt gem § 197 in 4 J (BGH **31**, 329). Zur Zulässigk der Aufrechng Stgt DAV **85**, 414. Bei nachträgl Erfüllg des titulierten UnterhAnspr ggf § 812 zG des ausglberecht EltT (Düss NJW-RR **91**, 1027). Zustdgk: Einf 20 v § 1601. Ein Übergg von der elt ProzStdsch (§ 1629 Rn 22) zum famrechtl AusglAnspr ist de lege lata kaum mögl (aA Gießler FamRZ **94**, 800).

18   **cc)** Die Elt können von der Regelg des III abweichende Vereinbgen treffen, insb untereinand einen **Freistellungsanspruch** begründen, dh sich verpfl, den and EltT v UnterhAnspr des Ki iS einer Erfüllgs-Übern (§§ 329, 415 III) freizuhalten, ohne daß dies als Schenkg anzusehen ist (Hamm FamRZ **80**, 724). Solche Abreden verstoßen nicht gg die guten Sitten, auch wenn sie äußerl mit dem SorgeRegelgsVorschl der Elt verbunden w (BGH NJW **86**, 1167), vor allem auch dann nicht, wenn der UnterhSchu die Fr für eine berecht EhelkAnfechtg versäumt hat (AG Karlsr FamRZ **89**, 312). FreistellgsVereinbgen sind aber dann n § 138 I nichtig, wenn sich die Mutter iR v § 1671 den angebl „Mutterbonus" abkaufen läßt (BGH NJW **86**, 1167) bzw überh die Zust des and EltT zur SorgeRÜbertragg erreicht w soll (Hbg FamRZ **84**, 1223) od wenn zu dem Vorschl der Elt betr das SorgeR eine anstöß Verbindg besteht, zB wenn dch die Freistellg ein ständ Anreiz geschaffen w soll, das UmggsR nicht auszuüben (BGH NJW **84**, 1951 = JR **84**, 499 mA Göppinger) od überh darauf zu verzichten (Karlsr FamRZ **83**, 417). Keine Nichtigk der FreistellgsVereinbg gem §§ 134, 1614 (Stgt FamRZ **92**, 716), auch wenn deren Erfüllg dch den Versprechden wirtschaftl gefährdet erscheint (KG FamRZ **85**, 1073). Vgl iü § 1614 Rn 1. Solche Freistellgen sind im Verhältn zw dem Ki u dem begünstigten EltT ijF ohne Wirkg, so daß letzterer ow aus §§ 1601 ff zu verurt ist. Das Kind ist dch den ScheidgsVergl seiner Elt nicht gehindert, überh (BGH NJW **86**, 1168) od erhöhten UnterhBed gg beide EltT dch Kl geltd zu machen (LG Bln FamRZ **73**, 98; Fbg FamRZ **74**, 463). Der InAnsprGenommene hat dann aber aus der FreistellgsVereinbg gg den and EltT einen Anspr auf Erstattg u iü auf Freistellg. Hat der betreuende EltT dem und ggü die UnterhLast allein übern, entfällt dessen UnterhPfl dem Ki ggü nur, wenn der betreuende EltT dem Ki seiners kraft Ges baruntrhpflicht ist od soweit er die Leistgen n § 267 für den and EltT erbracht h (Düss FamRZ **82**, 1108; and Lüb MDR **77**, 493: Haftg erst bei Leistgsunfähigk des Versprechden). FreistellgsVereinbgen sind nach GeschäftsGrdlageGrdsätzen an veränd Verhältn anzupassen (Brschw FamRZ **82**, 91 mN), wobei allerd nicht jeder erhöhte UnterhBed des Ki einen Wegfall der GeschGrdlage bedeutet (Stgt Just **74**, 14). Kein ges FreistellgsAnspr bei Täuschg anläßl gemeins Adoption (Karlsr FamRZ **88**, 1270). **Vollstreckung** des FreistellgsAnspr: ZPO 887 (Hbg FamRZ **83**, 212).

19   **B) Klageberechtigung.** Das *vollj Kind* klagt im eig Namen. Steht das Ki unter elt Sorge u leben die Elt getrennt od sind *gesch*, klagt derj EltT, der die gesetzl Vertretg f das Ki hat (§ 1629 Rn 15–20 u 22, 23).

Dementspr die nehel Mutter (§ 1705), u falls das Ki einen Pfleger hat, dieser (§ 1706 Z 2). Leben die Elt nicht getrennt, so kann das mj Ki gg einen EltT nur dch einen Pfleger vorgehen (§ 1629 II 1 iVm § 1795 I Z 1, 3). Es kann auch ein EltT für das im Haush befindl Ki den FamUnterh einklagen, der dann an den Kl zZw der Versorgg des Ki zu zahlen ist (§ 1360 Rn 2, 3). Klagt das Ki gg beide Elt, so Wahl zw AG des allg Gerichtsstandes v Vater od Mutter (ZPO 35a); diese dann StrGenossen (ZPO 59).

4) Die verschiedenen Fallsituationen der Elternhaftung. Die jew fam-rechtl Regelg ist auch maßgebl 20 für and Bereiche (BVerwG NJW **85**, 2543: Ortszuschlag einer Beamtin). Zu unterscheiden ist zw intakten u nicht mehr intakten Ehen (BGH NJW **85**, 1460: Tötgsschaden).

a) Innerh der funktionierden **Ehe** hängt die Gestaltg der elterl UnterhPfl von dem jew Ehetyp ab (vgl 21 Anm zu §§ 1356, 1360). In der **Haushaltsführungsehe** erfüllt der die Kinder betreuende EltT dch die Haushführg auch seine UnterhVerpfl ggü den Ki (§ 1360 S 2, III 2 direkt od analog; vgl Rn 13). In der **Doppelverdiener- und Zuverdienstehe** bestehen Anspr des Ki auf Betreuung u BarUnterh ggf gg beide Elt. Dann gilt Rn 28 entspr.

b) Kindesbetreuung durch einen Elternteil. Die für Mutter wie Vater gleichermaßen geltde Vorschr 22 des III 2 (vgl Rn 13) wälzt die BarUnterhLast auf den and EltT ab, der die erfdl Geldmittel regelm dch ErwTätigk aufbringen muß, soweit nicht Einkfte aus dem KiVerm od dessen Arbeit ausreichen (§§ 1649, 1602 II). Die KiBetreuung erfolgt eigenhänd od ggf dch Einspringen v Verwandten (LG Kblz DAV **76**, 407) od dch Einsatz v Hilfspersonal. Soweit der betreuende EltT die Versorgg des Ki auf diese Weise erfüllt, hat er für die dadch entstehden Mehrkosten selbst aufzukommen. Der Vater muß sich aber an den InternatsKost beteiligen, wenn sie inf notwend FortbildgsMaßn zG der Mutter entstehen (Düss DAV **81**, 153). Übergg zu Rn 23 fließend.

c) Erwerbstätigkeit neben der Kindesbetreuung. IjF anrechenb, u zwar zur Hälfte (BGH **70**, 151; 23 § 1602 Rn 14), ist das dem SorgeBerecht ausgezahlte KiGeld. Iü kommt es auf die Betreuungszurechng u das Verhältn der Einkfte beider Elt an (wertvolle ZusStellg der verschiedenen Meingen KG DAV **79**, 110):

aa) Zurechnung der Fremdbetreuung. Der NaturalUnterh wird idR auch dann als dem BarUnterh des 24 and EltT gleichwert angesehen, wenn der SorgeBerecht erwerbstät is u bei der Pflege des Ki der Hilfe Dritter (Verwandter, Nachbarn, Hilfspersonal) bedient. Eine **Beteiligung am Baruntterhalt** kommt dann nicht in Betr (BGH NJW **81**, 1559; LG Karlsr DAV **90**, 243). Wird die mütterl Sorge u Pflege ausreichd gewährt, bleibt das ArbEink der geschied Mutter, soweit es das des Vaters nicht nachhaltig übersteigt (Rn 25), also außer Betr (Wiesb FamRZ **74**, 199). Keine Anrechng desh bei 11-jähr, dessen SchulZt sich mit der ArbZt der Mutter deckt, wenn Vater 1572 DM u Mutter 600–700 DM verdient (Schlesw SchlHA **78**, 51). Entscheidd ist nicht, wann, sond daß die Mutter ihren BetreuungsPfl nachkommt (Kln FamRZ **79**, 1053). Von manchen Ger wird die Minderg der ErwTätigk der Pflegeleistg (n der ErwTätigk monetarisiert u dem Barbedarf des Ki hinzugerechnet (LG Hanau DAV **76**, 279) bzw als zusätzl Eink des betreuenden EltT gewertet (Nürnb FamRZ **79**, 737 L; weit Nachw 44. Aufl). Das ist anges der BarbeteiliggsPfl n Rn 25 ein nicht zu verfolgender Nebenweg (dagg auch Derleder/Derleder NJW **78**, 1133: die Aufn einer ErwTätigk soll allenf sorgerechtl Konsequenzen h). Für die **Kosten** der Fremdbetreuung muß der sorgeberecht EltT grdsl allein aufkommen, zB für KiTagesstätte od Tagesmutter (Bambg FamRZ **81**, 992; LG Augsbg FamRZ **70**, 90; AG Schwalbach DAV **77**, 43). Das gilt auch bei Beaufsichtig eines verhaltensgestörten Ki dch eine Rentnerin (Hamm DAV **78**, 746).

bb) Beteiligung am Barunterhalt bei ungleichgewichtigen Einkommen beider EltTeile. Zu den 25 versch KonstruktionsMöglkten vgl Bambg FamRZ **95**, 566. Der barunterhpflicht EltT hat, wenn er leistgsfäh ist, gem § 1610 III den Mindestbedarf des Ki auch dann allein aufzubringen, wenn die neben der KiBetreuung erwerbstät Mutter ein höheres Eink hat als er (KG FamRZ **79**, 171; Schlesw SchlHA **80**, 113); denn man kann davon ausgehen, daß mit dem Eink des Sorgeberecht auch der LebBed des Ki steigt u dieser insow von dem betreuenden EltT mitgedeckt w. Eine zur tatsächl Versorgg hinzutretde BarUnterhPfl des SorgeBerecht kommt aber insow in Betr, als sein Eink das des and EltT nachhaltig übersteigt (BGH NJW **80**, 2306). Dabei dürfen nicht einf schemat die NettoEinkfte beider Elt einand gügestellt w (Karlsr FamRZ **93**, 1116 Berücks v Wohnkomfort im eig Haus als zusätzl UnterhLeistg des besser verdienden EltT). Liegt ein solches erhebl Ungleichgew zum Nachteil des nicht sorgeberecht EltT vor, so ist eine wertende Betrachtsweise geboten (Oldbg FamRZ **89**, 423). Sind die Erw- u VermVerhältn aS der betreuenden Mu wesentl günstiger als beim Va, so muß sich die Mu am BarUnterh beteiligen (BGH NJW **84**, 303; Hbg FamRZ **92**, 591). Keine Beteiligg bei einer EinkDifferenz v wenigen 100 DM (Hamm FamRZ **81**, 487). Die Feststellg der UnglGewichtig erfolgt ggf unter Einbeziehg auch fikt Einkfte (vgl Düss FamRZ **92**, 92; Bambg FamRZ **95**, 566). Ggf kommt nur eine **Teilanrechnung** der Einkfte in Betr, etwa bei VollErwtätig eines FamRichters neben der Bt zweier 10- u 12j Ki (Kln FamRZ **93**, 1115). **Betreut** die Mu in einer neuen Ehe **Geschwister** des unterhberecht Ki, muß sie die gewählte Rollenverteilg hinn (BGH FamRZ **80**, 43; Hamm FamRZ **92**, 467). Insow dann also keine Fiktion v Einkften (Düss FamRZ **93**, 1117: Teilerwtätig). Aber härtere Aufdgen, wenn es um den MindestUnterh geht (Karlsr FamRZ **93**, 1118). Vgl § 1603 Rn 26. Zur erweiterten UnterhPfl gem § 1603 II: dort Rn 26. Zur **Beweislast:** Rn 6 sowie Einf 31 v § 1601. Für den **Anrechnungsumfang** gilt unten Rn 28 entspr.

d) Verpflichtung zur Übernahme einer Erwerbstätigkeit neben der Kindesbetreuung. Insow eine 26 solche Pfl besteht, hat sich der betreuende EltT am BarUnterh des Ki zu beteiligen. Ist das (jüngste) **Kind 15 Jahre alt** geworden, so ist dem sorgeberecht EltT mindestens eine **Halbtagstätigkeit** zumutb (Düss FamRZ **78**, 855; **80**, 19; and Düss NJW **80**, 1001 u diesem zustimmd mind für den Fall, daß der and EltT leistgsfäh ist u ein ebso hohes Eink h, BGH NJW **80**, 2306; AG Kerpen FamRZ **95**, 825: doppelt so hoch). Bei schlechten EinkVerhältn des unterhberecht behinderten u arbeitsl Vaters ist die Mu eines 17j Lehrl zur Übern einer **Ganztagsarbeit** verpfl (Ffm FamRZ **73**, 139). Ebso bei 17- u 12j Töchtern, die sich bei sonst nicht mehr angem Unterh des Vaters zu ⅓ ihres Bedarfs an die Mu halten müssen (KG FamRZ **77**, 818). Iü müssen evtl schärfe Anfordergen in § 1570 Rn 12–14 auch hier gelten. Verfehlt ist es, III 2 auf vollj Schüler zu übertragen (Rn 13; aA aber Kln FamRZ **83**, 746; **84**, 1139) od gar auf Studenten (so aber Düss FamRZ **92**, 981). IjF trifft den bisher sorgeberecht EltT im Umfg seiner Leistgsfähigk eine Verpfl zur Beteiligg am BarUnterh nach Beendigg des Schulbesuchs u wenn das Ki eine auswärt Universität besucht (Kln FamRZ **84**, 1139). Zum **Umfang der Anrechnung** vgl Rn 28.

27   **e) Unterbringung des Kindes außer Hause** in einer Anst, in einem Internat, bei den GroßElt (KG FamRZ **84**, 1131) od bei PflegeElt. Hier scheidet insb, wenn die betreuende GrMutter für das Ki SozHilfe in Anspr nimmt (Hamm FamRZ **90**, 307), die Regelversorg gem III 2 v Natur aus, sofern die anderweit Versorgg des Ki nicht demj EltT, dem die Betreuung des Ki obliegt, als Eigenleistg zuzurechnen ist (vgl dazu Rn 22). Der betreuende EltT, auch die nehel Mutter, hat in einem solchen Fall der UnterhPfl ebenf gem III 1 nachzukommen (BVerfG NJW **69**, 1617). Das gilt auch, wenn der Vater (Tierarzt) ggü der Mutter (JustAngest) überdchschnittl Einkfte erzielt (Kblz FamRZ **81**, 300). Aber keine Beteiligg am BarUnterh bei vorübergehdem KrankhAufenth des Ki (LG Zweibr FamRZ **91**, 479). Befinden sich die gemeins Kinder in einem Internat u sind beide Elt erwerbstät, so haben beide die Kost eink-anteilsmäß zu tragen (Düss DAV **85**, 706; AG Duisbg DAV **76**, 353). Werden die Kost der AnstUnterbringg teilw dch die BeamtBeihilfe gedeckt, so ist diese als UnterhBeitr des beihilfeberecht EltT zu werten (Bambg FamRZ **79**, 624). Auch **Beaufsichtigungskosten** fallen bei beiderseit ErwTätigk beiden Elt anteilig zur Last (AG GrGerau FamRZ **85**, 1071).

28   **f) Voll anrechenbare Erwerbstätigkeit beider Eltern** in der Doppelverdiener- od geschiedenen Ehe, bei vollj u diesen gleichstehden Kindern (vgl Rn 25, 26). Es wird das GesamtEink beider Elt festgestellt (§ 1610 Rn 27). Davon werden trenngsbedingte Mehraufwendgen für die Führg mehrerer Haush – oft pauschaliert (zB zus 20%) – abgezogen. Der sich nach der Düss Tab (§ 1610 Rn 5) ergebende UnterhBed des Ki wird bei hinreichden VermVerhältn der Elt anteilig nach den jeweiligen Eink beider Elt aufgeschlüsselt (KG FamRZ **84**, 1131). Mjen Geschw von der Mutter erbrachte Betreuungsleistgen rechtfertigen auf ihrer Seite keine fikt Kürzg ihrer Einkfte (BGH FamRZ **88**, 1041). Im Bereich kleinerer u mittlerer Eink sind die Haftgsquoten erst nach dem Abzug der für den eig Unterh erforderl Beträge, dh dem angem eig Bedarf (bei vollj Ki: mtl 1600 DM), unter Verhältn der verbleibenden Mittel zu bestimmen (BGH FamRZ **86**, 151/52 u 153; Düss FamRZ **84**, 1134 mit gutem RechenBsp; Stgt FamRZ **84**, 1251; Kln FamRZ **85**, 90), weil sonst anges eines tabellarisch feststehden UnterhBed der weniger verdienende im Verhältn zum and EltT verstärkt herangezogen würde. Die Grenze bildet die sich nach der Düss Tab ergebende UnterhBelastg bei alleiniger BarUnterhVerpfl (Ffm FamRZ **87**, 190). Entspr den Haftgsanteilen wirken auch Ausbildgsvergütg, die das Ki erhält, u staatl KiGeld anteilig entlastend (Düss FamRZ **84**, 1136/38). Der barunterhpflicht Mutter bleibt der gr Selbstbehalt (§ 1610 Rn 16), wenn f den sorgeberecht Vater u dessen gleichrangig UnterhBerechtigte der angem Unterh gewährl ist (Hbg FamRZ **86**, 294).

29   **g) Bei einem behinderten Kind** liefert III 2 keinen geeign VerteilgsMaßst. Bei Verteilg des erhöhten BarBed sind die erhöhten Betreuungsleistgen, aber auch eine mtl Beihilfe des Dienstherrn der Mutter zu berücks (BGH NJW **83**, 2082).

1607   ***Ersatzhaftung.*** [I]**Soweit ein Verwandter auf Grund des § 1603 nicht unterhaltspflichtig ist, hat der nach ihm haftende Verwandte den Unterhalt zu gewähren.**

[II]**Das gleiche gilt, wenn die Rechtsverfolgung gegen einen Verwandten im Inland ausgeschlossen oder erheblich erschwert ist. Der Anspruch gegen einen solchen Verwandten geht, soweit ein anderer Verwandter den Unterhalt gewährt, auf diesen über. Der Übergang kann nicht zum Nachteile des Unterhaltsberechtigten geltend gemacht werden.**

1   **1) Zur Reihenfolge** innerh der Verwandtsch: § 1606 Rn 7–9. § 1607 betrifft den Fall der **Ersatzhaftung für einen** an sich verpflichteten, aber wg LeistgsUnfähigk ausfallden and **Verwandten.** Entspr Anwendg bei Ausfall eines v mehreren MitVerpflichteten (RG **52**, 193). Eltern trifft neben der ErsatzHftg n § 1607 noch die AusfallHftg (§ 1606 Rn 15, 16). Zur Beweislast § 1606 Rn 6. Vorschr ü den RegelUnterh (§ 1615 f) auf die ErsatzHftg der GroßElt nicht anwendb (Schweinf DAV **74**, 617). Hins des angem Unterh entsch die LebStellg der KiElt (LG Ravsbg FamRZ **86**, 93 L).

2   **2) Ersatzhaftung bei Leistungsunfähigkeit, I.** GroßElt haften erst, wenn die BarUnterhPfl der Elt deren Mindestselbstbehalt (§ 1603 Rn 8 u 17) beeinträchtigen würde (LG Kleve FamRZ **88**, 1085). Da der Leistgsunfähige nicht unterhpflicht ist (§ 1603 I), hat der ErsatzSchuldn einen ErstattgsAnspr gg ihn, wenn er wieder zu Vermögen kommt. Der ErsSchuldn kann nur für die Zukft, also für vergebl f seinem Vormann beigetriebene Beträge in Anspr genommen w.

3   **3) Ersatzleistung bei erschwerter Durchsetzbarkeit des Anspruchs, II,** in zwei Fällen:

4   **a)** Die **Rechtsverfolgung,** auch ZwVollstr, gg den eigtl UnterhSchu ist im Inland **ausgeschlossen,** zB mangels inländ Zustdgk.

5   **b)** Die RVerfolgg ist **erheblich erschwert,** zB bei Nichtausnutzg der ArbKraft (Karlsr FamRZ **91**, 971; § 1603 Rn 9) od häuf Wechsel des Wohnsitzes (AG Alsf DAV **74**, 519). Anders als bei I besteht hier die UnterhVerpfl, so daß der **Unterhaltsanspruch** v Ges wg (§ 412) **auf den ersatzweise in Anspruch Genommenen übergeht, II 2.** Gilt auch, wenn die Ehefr KiUnterh an Stelle des eigtl verpfl Ehem leistet in der Absicht, entgg § 1360 b vom Ehem Ersatz zu verl (BGH **50**, 270). Vorauss ist aber immer die Behinderg der RVerfolgg (BGH NJW **89**, 2816). Erst recht bei Leistg nach Scheidg (Celle NJW **74**, 504). Zu ErsAnspr Dritter Einf 19–21 v § 1601. Kurze Verj gem § 197 (RG **72**, 341; BGH **31**, 329; Karlsr OLGZ **65**, 137). Der Übergang kann nicht zum Nachteil des UnterhBerecht geltd gemacht w, **II 3.** Nach NichtigkErkl der Ehe kein ErsatzAnspr gg die eigentl unterhpflicht Ki (BGH **43**, 1).

1608   ***Vorrang der Haftung des Ehegatten.***   **Der Ehegatte des Bedürftigen haftet vor dessen Verwandten. Soweit jedoch der Ehegatte bei Berücksichtigung seiner sonstigen**

Verpflichtungen außerstande ist, ohne Gefährdung seines angemessenen Unterhalts den Unterhalt zu gewähren, haften die Verwandten vor dem Ehegatten. Die Vorschriften des § 1607 Abs. 2 finden entsprechende Anwendung.

1) Die Vorschr gibt die Stellg des **Ehegatten** innerh der UnterhPflichtigen bei bestehder Ehe an. Wg der **1** UnterhPfl nach Scheidg, NichtigErkl u Aufhebg im Verhältn zu derj der and Verwandten vgl § 1584, EheG 26, 37, 39 II 2. Das ZusTreffen des Anspr des Eheg mit denen anderer Bedürftiger regelt § 1609 II. § 1608 gilt (trotz Fehlens einer entspr AusbildgsKostenÜbernPfl unter Eheg iRv § 1360a) auch für den Ausbildgs-Unterh (Staud/Kappe 9) und damit auch iRv BAföG 11 II (BVerwG NJW **92**, 3052). Dagg keine Anwendg der Vorschr auf eine nehel LebGemsch des Bedürft (Ausn: § 1602 Rn 8).

2) Reihenfolge. Falls der Eheg unterhaltspfl ist, gilt folgendes: **a) In erster Linie** ist ein Eheg dem and **2** Eheg zum Unterh verpfl (§§ 1360, 1361). Das gilt jedoch idR nicht für die Berufsausbildg (§ 1360a Rn 3), so daß hierfür die Elt vorrang aufkommen müssen (Hbg FamRZ **89**, 95). **b) In zweiter Linie:** Eine vorl Grenze **3** findet die UnterhPflicht des Eheg in seiner Leistgsfähigk (§ 1603 Rn 2 u 16; aM RG JW **04**, 176). Dann haften bei Bedürftigk des Berechtigten die Verwandten, S 2, u zwar iF des S 2 ohne einen ErsAnspr gg den Eheg, an dessen Stelle sie treten, zu haben (§ 1607 Rn 2), aber nur iR der Verpflichtg des Eheg (BGH **41**, 113). Die Verwandten können verlangen, daß der Eheg, für den sie eintreten, einen Tilggsplan seiner Schulden aufstellt, der möglichst seine UnterhPflicht berücksichtigt, auch wenn er für den and Eheg schon eine hohe Versicherg eingegangen ist (Warn **17**, 249). Zu den sonst Verpflichtgen zählt nicht die UnterhPfl ggü dem nehel Kind (§ 1609 Rn 3). Der Leistgsunfähigk steht der Fall des § 1607 II gleich, **S 3**; hier aber ErsAnspr (vgl auch § 1607 Rn 3–5). **Beweispflichtig** für die Leistgsunfähigk des and Eheg wie für die der Verwandten (Kln FamRZ **90**, **4** 54) ist der den Unterh in Anspr nehmde Eheg (vgl RG **67**, 60; Einf 31 vor § 1601).

1609 *Reihenfolge bei mehreren Bedürftigen.* [1]Sind mehrere Bedürftige vorhanden und ist der Unterhaltspflichtige außerstande, allen Unterhalt zu gewähren, so gehen die minderjährigen unverheirateten Kinder den anderen Kindern, die Kinder den übrigen Abkömmlingen, die Abkömmlinge den Verwandten der aufsteigenden Linie, unter den Verwandten der aufsteigenden Linie die näheren den entfernteren vor.

[II]**Der Ehegatte steht den minderjährigen unverheirateten Kindern gleich; er geht anderen Kindern und den übrigen Verwandten vor. Ist die Ehe geschieden oder aufgehoben, so geht der unterhaltsberechtigte Ehegatte den volljährigen oder verheirateten Kindern sowie den übrigen Verwandten des Unterhaltspflichtigen vor.**

1) Auf das **Vorhandensein mehrerer Bedürftiger** kann der Verpflichtete sich nur berufen, wenn der **1** Vor- od Mitberechtigte seine UnterhAnspr auch tatsächl geltd macht. Leistet ein Dritter, wenn auch freiw, so wird der Unterstützte nicht berücksichtigt, RG JW **04**, 340. § 1609 kommt auch zur Anwendg, wenn ein Vor- u Mitberechtigter erst später seinen Anspr geltd macht (BGH NJW **80**, 935), mit der sich aus § 1613 ergebenden Einschränkg kann er dann das von dem anderen Berechtigten auf seine Kosten Erlangte nach §§ 812ff herausverlangen (Mü OLG **30**, 58; Dölle § 86 VI; RGRK Anm 3), währd dem Verpflichteten gg ein rechtskr Urteil, das ihn bei der neuen Sachlage zu hoch belastet, ZPO 323 hilft (BGH NJW **80**, 935). Das RangVerhältn änd sich nicht, wenn ein and UnterhBerecht einen rechtskr Titel erstr h (BGH NJW **92**, 1624/ 5 mN; Düss FamRZ **82**, 526). Zur **Höhe des Bedarfs:** des Eheg (vgl Hamm FamRZ **91**, 970: 73% des Selbstbeh des UnterhSchu) der Ki: § 1610 Rn 13.

2) Rangordnung. Bei ZusTreffen mehrerer Gleichberechtigter erfolgt Teilg des zur Vfg Stehenden unter **2** Berücks des gewohnh-rechtl entwickelten **Selbstbehalts** (§§ 1603 Rn 8 u 17, 1610 Rn 9 u 16) durch indiv Vorwegberechn nach Köpfen (Bedarfsbemessg, Bedürftigk u LeistgsFähigk; Stgt FamRZ **91**, 1092), jedoch unter Berücksichtigg des Bedarfs des Berechtigten u seiner etwaigen sonstigen Mittel, mithin nicht ohne weiteres zu gleichen Teilen. Es gilt folgende – auch für den Richter verbindl (zB AG Altena FamRZ **85**, 196 m krit Anm Bosch) – Rangordng, wobei zw leibl u adoptierten (BGH FamRZ **84**, 378) sowie ehel u nehel kein Unterschied besteht: **a)** Zunächst die mj unverh, ehel od ne (BGH NJW **92**, 1624) Ki, denen der Eheg (Mann **3** od Frau) gleichsteht, nicht aber das geistig od körperl behinderte vollj Kind (BGH NJW **84**, 1813; **87**, 1549). Unter den Begr „Eheg" gehören (*arg* § 1582 II) im Grdsatz alle Ehepartner des Unterhaltspflichtig, die ehem (geschiedenen) u der ggwärt. BGH **104**, 158 schränkt II 1 nunmehr aber dahin ein, daß in Mangelfällen der Gleichrang der Ki mit dem Eheg nur für den n § 1582 privileg gesch Eheg gilt. Diese verf-gerichtl gebilligte (BVerfG NJW **84**, 1523; krit Frenz NJW **93**, 1103) Ungleichbehandlg führt dazu, daß dem neuen Eheg ein UnterhAnspr nur insow zusteht, als zuerst der UnterhBed sämtlicher Ki u des gesch Eheg sowie der Selbstbehalt des UnterhSchu befriedigt ist (BGH aaO). Das gilt auch bei Berechng des PfdgsFreiBetr (Kln NJW-RR **93**, 393) sowie dann, wenn der neue Eheg des UnterhSchu ebenf f ein mj Ki zu sorgen h (BGH NJW **92**, 1621). Bestehen neben den UnterhAnspr der Ki aber nur solche des 2. Eheg, so gilt wieder der Gleichrang von II (Hamm u Kln FamRZ **93**, 1237 u 1239). Vgl iü § 1582 Rn 11. Zum Vorwegabzug des KiUnterh ü § 1578 Rn 28; § 1581 Rn 13. Die mj unverh Kinder stehen untereinand in gleichem Rang, gleichgült, aus welcher Ehe sie stammen. Da der unterhberecht Eheg mit mj Ki gleichrang is u dem UnterhSchu ggü diesen ein and SelbstBeh zusteht als ggü dem gesch Eheg (vgl §§ 1581 Rn 24ff; 1610 Rn 16), ist eine **zweistufige Mangelbedarfsrechnung** vorzunehmen (BGH NJW **92**, 1621/22 = FamRZ **92**, 539/40): (1) BedErmittlg für den gesch Eheg auf der Grdlage des BilligSelbstbeh des UnterhSchu (§ 1581 Rn 24ff); (2) Berechng des KiUnterh auf der Grdl des notw SelbstBeh (§ 1610 Rn 16) u des ermittelten EhegUnterh unter anteilmäß Kürzg im Verh zum GesBed sämtl Berecht. Dabei läßt der BGH das KiG entgg seiner Grdregel (§ 1602 Rn 14) ganz auß Betr. Den vollj od verheirateten (vgl § 1602 Rn 3) Kindern u den übrigen Verwandten geht der Eheg vor, **II 2**, jedenf bis zur Höhe des angem EigenBed (Hamm NJW **91**, 238). Dieser Vorrang ist stillschweig abbedungen, wenn Ehel vor der Trenng gemeins beschließen, ihrem vollj Kind ein Studium zu finanzieren (Ffm FamRZ **84**, 176). – **b)** Nach den mj Kindern u dem Eheg kommen die anderen Kinder, sowohl vollj wie **4**

verheiratete. Bei hinreicher Leistgsfähigk kann auch der an vollj Ki geleistete Unterh vorweg abgezogen w; nur bei mangelnder Leistgsfähigk steht II 2 dem Vorwegabzug entgg (BGH NJW **85**, 2713; **86**, 985/87). Zur
5 Berechng vgl Düss FamRZ **93**, 730 u die Anm v Luthin. – **c)** Danach folgen die übrigen Abkömml, also Enkel
6 u Urenkel. – **d)** Schließl folgen die Anspr der Verwandten aufsteigender Linie nach Gradesnähe, die sich gem § 1589 S 3 errechnet. BerechngsBsp Ffm FamRZ **78**, 721.

1610 *Angemessener Unterhalt.* ¹Das Maß des zu gewährenden Unterhalts bestimmt sich nach der Lebensstellung des Bedürftigen (angemessener Unterhalt).

II Der Unterhalt umfaßt den gesamten Lebensbedarf einschließlich der Kosten einer angemessenen Vorbildung zu einem Beruf, bei einer der Erziehung bedürftigen Person auch die Kosten der Erziehung.

III Verlangt ein eheliches Kind, das in den Haushalt eines geschiedenen Elternteils aufgenommen ist, von dem anderen Elternteil Unterhalt, so gilt als Bedarf des Kindes bis zur Vollendung des achtzehnten Lebensjahres mindestens der für ein nichteheliches Kind der entsprechenden Altersstufe festgesetzte Regelbedarf. Satz 1 ist entsprechend anzuwenden, wenn die Eltern nicht nur vorübergehend getrennt leben oder ihre Ehe für nichtig erklärt worden ist.

1 **1)** Der UnterhAnspr wird ggständ u inhaltl dch den **Unterhaltsbedarf** best. Wenn die übr Vorauss für einen UnterhAnspr (Verwandtsch, Bedürftig, Leistungsfähigk) erfüllt sind, ist über den **Unterhaltsumfang** zu entsch. Dieser richtet sich einers nach dem UnterhMaß (Rn 20), anderers danach, was ggständ u nach den persönl Verhältn (Heimunterbringg, Behinderg ua) zum LebBed des UnterhBerecht gehört
2 (Rn 25). Zum **Altenpflegegeld** § 1613 Rn 11. Zur Höhe des **Unterhaltsbedarfs im Ausland:** DAV **90**, 202. Zu den **Verbrauchergeldparitäten:** Gutdeutsch/Zieroth u Internat PreisVgl FamRZ **93**, 1152 u 1158. Entscheidd sind die dch das ausl DevisenR vorgezeichneten ErfüllgsMöglkten (BGH FamRZ **90**, 992). Holland (Hamm FamRZ **94**, 1132); ⅓ der Betr der DüssTab: Jamaika (AG Hbg DAV **91**, 679); **Polen** (Celle NJW **91**, 1428 = FamRZ **90**, 1390 mN sowie FamRZ **93**, 103; Karlsr FamRZ **91**, 600; Hamm FamRZ **93**, 839; Nürnb FamRZ **94**, 1133; and Düss DAV **91**, 198: ½ der DüssTabSätze; vgl auch KG FamRZ **94**, 759); **Türkei** (Celle FamRZ **91**, 598). Ggf ist in den TabSätzen nicht berücksichtigter Bed gesond auszuwerfen wie Schulgeld (Hamm FamRZ **91**, 104 Philippinen). Zur fr **DDR:** Rn 19 sowie EG Art 234 § 8. **Regelsätze der Sozialhilfe:** Einf 25 v § 1601.

3 **a)** Die Bedürftig des UnterhBerecht umfaßt als UnterhBed den **Betreuungs- und Barbedarf** (vgl §§ 1606 III 2, 1610, 1612 I). Lebt das unterhberecht Ki bei keinem EltT, so ist von den Elt neben dem BarUnterh auch der NaturalUnterh in Geld auszugl; bei Betreuung dch Dr, zB dch die Großmutter als Vormd, verdoppelt sich also der MindBed nach der DüssTab (Celle NdsRpfl **85**, 16). Der UnterhBarBed betr die Frage, welche einz Kostenfaktoren iRv UnterhAnspr geltd gemacht werden dürfen. Grdsätzl hat der UnterhBedürft einen Anspr darauf, daß sein gesamter LebBed von dem UnterhPfl gedeckt wird (Rn 25). Wohngsgewährg dch den barunterhpflicht EltT mindert den Anspr des Ki entspr (Düss FamRZ **91**, 1049).

4 **b)** **Bedarfstabellen und Unterhaltsrichtlinien** (Lit: vgl Einl v § 1297; krit Klinghöffer ZRP **94**, 383). In der Praxis haben sich BedTab u UnterhRichtlinien dchgesetzt (BGH FamRZ **86**, 151), in denen nicht nur der Bed von Ki pauschaliert wird, sond in denen gleichzeit auch Richtlinien für die Gewinng des bereinigten, also zur Verteilg auf die verschied UnterhBedürfn in Frage kommenden NettoEink gegeben werden, der EigBed des UnterhPfl sowie die Aufteilg des für UnterhZwecke zur Vfg stehen Eink üü, insb also auch unter getrleb od gesch Eheg festgesetzt wird. Solche Tab u Richtlinien dienen vor allem der **Pauschalierung.** Die meisten OLG haben sich auf best unterhrechtl Maximen geeinigt, die regelm veröffentl w. Sie stützen sich zumeist mit größeren od geringeren Abweichgen auf die DüssTab. Im Verh zu and Verwandten, insb für UnterhAnspr von Elt (§ 1601 Rn 6), gelten ggf and Maßst (Oldbg FamRZ **91**, 1347).

5 **c) Düsseldorfer Tabelle** (NJW **92**, 1367 = FamRZ **92**, 398 = DAV **92**, 437; Ändgen zum 1. 1. 96: NJW **95**, 2972; vorzügl Gesamtdarstellg mit Bspen Scholz FamRZ **93**, 125). Sie gliedert sich in drei Abschn betr den KiUnterh, den EhegUnterh u Mangelfälle (A–C) u wird ergänzt dch entspr Düss **Leitlinien** (NJW **88**, 120; Stand: 1. 12. 92: NJW **93**, 308 = FamRZ **93**, 35 = DAV **93**, 45 = FuR **93**, 33). Zum KiUnterh der DüssTab: Herlan DAV **92**, 773.

6 **aa)** Der KiUnterhTab liegt folge **Konzeption** zGrde: Es handelt sich um eine BedarfsTab, dh sie weist nur den **Barbedarf** des Ki aus, dem, will man den GesBedarf haben, jeweils in gleicher Höhe der BetreuungsUnterh des sorgeberecht EltT hinzuzurechnen wäre (Rn 3). Die in der Tab zunächst genannten Bedarfssätze für **nichteheliche Kinder** verschied Altersstufen sind diej dch amtl festgesetzten RegBed (§ 1615f Rn 8); der Bed orientiert sich an dem unteren ArbNEink u wird bei höherem Verdienst des nehel Vaters dch prozentuale Zuschl zum RegUnterh ergänzt (§ 1615f Rn 2, 3 mit der insow ergänzten DüssTab). Für die **ehelichen Kinder** übernimmt die DüssTab entspr § 1610 III 1 die unterschiedl BedBemessg entspr den 3 Altersstufen der RegBedVO (bis 6, 7–12, 13–18 J) u steigert den darauf entfallenen UnterhBed nach 9 NettoEinkGr des baruntrhpflicht EltT (2300 bis 8000 DM). Die Tab ist bezogen auf 1 (getr lebden od gesch) Eheg u 2 Ki; verändert sich die Zahl der (ggf auch nachrang; Brschw FamRZ **95**, 356) UnterhBerecht, erfolgen Ab- u Zuschl iH eines ZwBetr bzw Einstufg in eine niedrigere od höhere EinkGr. Wer zB
7 nur für 1 Ki unterhpflicht ist, steigt um 2 EinkStufen (Düss DAV **84**, 486). Von den TabSätzen **gedeckter Bedarf:** Die höh BedSätze der DüssTab decken grdsl zusätzl Bedürfn im Bereich von Ausbildg, FreiZt, Erholg u Kultur ab, also zB KiFahrrad (Hess VGH FamRZ **93**, 489 L; vgl üü § 1613 Rn 10), jedoch ggf **nicht Krankenversicherung** (Rn 30), **Sonderbedarf** (vgl dazu § 1613 Rn 10) **und Sonderfälle** (Rn 27–32). Bei **Einkommen oberhalb der höchsten Einkommensgruppe** der Tab hat der UnterhGl einen höheren Bed individuell darzulegen (Ffm FamRZ **93**, 98).

8 **bb)** Die Tab arbeitet ferner mit verschied techn Ausdr: Unter **Eigenbedarf** versteht man den Betr, der zur Deckg des Bed des UnterhSchu erfdl ist. Man unterscheidet den **angemessenen** EigBed als das, was man zum Leb iSv § 1603 I braucht, vom **notwendigen** EigBed od MindBed als dem zur Existenz unbe-

dingt notw, also dem, was dem UnterhSchu auch bei Anspann aller seiner Kräfte iSv § 1603 II an finanziel- len Mitteln verbleiben soll, um sein Leb zu fristen. In der DüssTab wird der notw EigBed auch als **9** **Selbstbehalt** (§ 1603 Rn 8) bezeichnet; nach anderen versteht man darunter den Betr, der dem UnterhSchu jeweils unangetastet verbleibt, u differenziert demzufolge zw großem u kleinem od auch angem u notw Selbstbehalt (vgl etwa Rahm/Künkel/Stollenwerk IV. 512). Vgl zum Selbstbehalt iü §§ 1603 Rn 8, 1585c Rn 13: Notbedarf. Zur **Höhe** der Selbstbehalte: unten Rn 16. Vom Selbstbehalt zu unterscheiden ist der **Be-** **10** **darfskontrollbetrag** der DüssTab, der eine gleichmäß EinkVerteilg zw dem UnterhPfl u den versch UnterhBerecht gewährleisten soll, so daß dem Schu bei höherem Eink dem einz UnterhBerecht ggü jeweils mehr verbleibt als sein jew Selbstbehalt; wird er unter Berücks des EhegUnterh unterschritten, ist für die Best des KiUnterh der TabBetr der nächst niedrigeren Gr anzusetzen, deren BedKontrollBetr dann seiners nicht unterschritten werden darf. In **Mangelfällen** reicht das Eink des UnterhSchu zur Deckg des Bed aller **11** nicht aus. Hier ist unter Einbeziehg des KiGeldes die nach Abzug des notw EigBed des UnterhSchu verbleibde VerteilgsMasse im Verhältn ihrer jew BedSätze auf die UnterhBerecht gleichmäß zu verteilen (DüssTab NJW 92, 1368 m RechBsp; vgl. auch § 1602 Rn 17). Bei Beteiligg eines unterhberecht Eheg muß im Verhältn zu diesem zusätzl eine BilligkAbwägg erfolgen (§ 1581 Rn 21–26).

d) Übersicht über die Unterhaltssätze der Düsseldorfer Tabelle (Stand: 1. 1. 96) **12**

aa) Bedarfssätze: Der MindestBarBed **Minderjähriger** beträgt bis zum 6. LebJ: 349 DM, vom 7. bis 12. **13** LebJ: 424 DM, vom 13. bis 18. LebJ: 502 DM u steigert sich nach 9 EinkStufen (dazu Köhler FamRZ 92, 715) bis 665, 805 bzw 945 DM. Vgl. zum **Regelbedarf** iü Rn 21. Die UnterhRichtsätze beziehen sich auf einen ggü einem Eheg u 2 Ki UnterhVerpfl. Verringert od vergrößert sich die Zahl der UnterhBerecht, werden Zu- od Abschläge in Höhe von ZwBeträgen od dch Herabstufg in eine höhere od niedr EinkGr gemacht. Bei nur einem UnterhBerecht ist der Bed aus der um 2 Stufen höh EinkGr der Tab zu entnehmen. In den BedSätzen sind Beitr zur KrankKasse nicht enth. Der UnterhBed **volljähriger** Ki, die noch im **14** Haush eines od beider EltT wohnen, wird idR dch einen Zuschl iH der Differenz der 2. u 3. AltStufe der jew EinkGr nach Maßg der Summe der Einkfte beider Elt festgestellt (DüssTab NJW 92, 1367; vgl dagg Karlsr FamRZ 92, 344; Hbg FamRZ 92, 212: keine Anwendg v § 1606 III 2 sond v III 1; dort Rn 14). **Ausbil-** **15** **dungsbedarf:** Ein Ki mit eig Haush bzw ein nicht bei den Elt lebder **Student** hat idR einen Bed von 1050 DM (DüssTab NJW 95, 2973); berufsbedingte Aufwendgen nur iH der MindPauschale von 90 DM (Düss FamRZ 92, 1610). Lebt er bei den Elt u EltT: 730 DM (Stgt FamRZ 91, 1092). In dem BedSatz ist der im Laufe des Studiums schwankde Ausbildgaufwand als DchschnittBed voll erfaßt (DüssTab FamRZ 86, 1242; 87, 1181). Auf den BedSatz ist eine **Ausbildungsvergütung**, verkürzt um einen ausbildgbedingten MehrBed (pauschalisiert: 150 DM) anzurechn (DüssTab NJW 95, 2973).

bb) Höhe des Selbstbehalts. Vgl zur Begrdg u Dogmatik des Selbstbeh: oben Rn 9 sowie § 1603 Rn 8. **16** Die mtl Selbstbeh enth keine KrKassBeitr. Angem EigenBed ggü vollj Ki: 1800 DM (vgl § 1603 Rn 17), der sich ggü UnterhAnspr v Elt maßvoll erhöht (BGH NJW 92, 1392/3; LG Mü FamRZ 92, 714: um 30%; AG Altena FamRZ 93, 835: 1800 DM); notw Selbstbeh ggü mj Ki des erwerbstät UnterhSchu: 1500 DM (DüssTab NJW 95, 2973; Naumbg DAV 94, 722: 1000 DM), des nicht erwtät UnterhSchu: 1300 DM (so jetzt auch Karlsr[16] FamRZ 94, 145); ebso ggü dem getrenntlebden u gesch Eheg (vgl aber zum BilligkSelbst- beh: §§ 1581 Rn 24ff; 1609 Rn 3); angem Selbstbeh ggü Elt (vgl § 1601 Rn 7): 50% des über den notw Selbstbeh hinausgehden verteilgsfäh Eink, mind aber 2000 DM (LG Boch FamRZ 94, 841); vgl auch LG Münst FamRZ 94, 843: „vernünft eig LebFührg"; der angem Selbstbeh gilt in der Doppelverdienerehe (LG Bn FamRZ 94, 846). Gehen die **Wohnkosten** über ⅓ des notw EigenBed hinaus (DüssTab: 650 DM), so kann dieser entspr höher angesetzt w (Bambg FamRZ 93, 66). Der **Notbedarf** spielt iR v § 1585c Rn 13 u im einstw VfgVerf (Einf 33 v § 1601) eine Rolle, wo er in Anlehng an die SozHilfeSätze zu bemessen ist (Hamm FamRZ 92, 582).

e) Bedarfstabellen und Unterhaltsrichtlinien (zu früheren Fassgen: 54 Aufl): **Unterhaltsrechtliche 17** **Leitlinien und Tabellen der Oberlandesgerichte** (Stand: Febr 1995) **NJW Beilage** zu Heft 11/95. – Vgl **18** als zusätzl Fundstellen (Stand: 1. 1. 95) Brdbg FamRZ 94, 1513; Dresd FamRZ 95, 273; Mü Erg NJW 95, 2150 = FamRZ 95, 656 = DAV 95, 941; Naumbg FamRZ 95, 212; Schlesw NJW 95, 2335 u 2833; Thür Tab (Jena) FamRZ 95, 148. Der RegelUnterhBed mj Ki richtet sich im Gebiet der **früheren DDR** ab 1. 1. 96 nach Art 3 der 5. AnpV (1955): vgl § 1612a Rn 11; Anh zu §§ 1615f, 1615g. Zur Höhe der BedSätze vgl Rn 21. In den **Ost-West-Fällen,** in denen der UnterhSchuldn in den alten, das unterhberecht Ki in den **19** neuen BuLä lebt (Maurer DtZ 93, 134), gehen die Ger der alten BuLä bei der Bemessg des UnterhBed dagg zunehmend von einem gleich hohen Bed wie in den alten BuLä aus u lehnen einen Abschlag von den Sätzen der DüssTab (Rn 13) ab (Ffm NJW 91, 2777; Mü FamRZ 91, 977; Stgt u Kblz FamRZ 92, 215; AG Herne- Wanne u AG Charl FamRZ 91, 857 u 858; Kln FamRZ 92, 1215; aA KG FamRZ 92, 597: jedenf bei höh Eink; Karlsr FamRZ 94, 1410: Sächs RegelBedVO; AG Gr-Gerau FamRZ 91, 476; vgl iü Wicharski DtZ 92, 379). Zu den Besonderh im Land Bln: KG FamRZ 92, 1468. Berliner Tab als VorTab zur DüssTab: NJW 95, 2974. Im umgek Fall (Va: Ost/Ki: West) richtet sich der Bed des Ki nach der DüssTab (LG FamRZ 94, 394), währd der Va nur seinen Bed nach den örtl Verhältn zGrde legen kann. In BGH FamRZ 94, 372 hat Dresd (ebso DAV 94, 108) auch für das Ki die Sächs UnterhTab zGrde gelegt. Leben UnterhGl u -Schu in den neuen BuLä, erfordert ein gerechter InteressenAusgl einers den Aufbau einer Existenz, anderers die Teiln am westdt MindLebStandard (Ffm FamRZ 92, 1467). BedFestsetzg bei Aufenthwechsel: EG 234 § 8 Rn 8. Zur interlokalrechtl Probl der versch Bedarfssätze bei AufenthWechseln: Rauscher StAZ 91, 8f.

2) Unterhaltsmaß. Währd sich das UnterhMaß unter verh wie gesch Eheg nach den ehel LebVerhältn **20** richtet (§§ 1360a, 1361, 1578, EheG 58), best sich der angem LebBed im Verhältn zw Elt u Ki nach der **Lebensstellung des Bedürftigen, I.** In der Praxis überwiegt die Pauschalierg des UnterhBed an Hand des Eink; vgl zum **Tabellenunterhaltsbedarf** Rn 12 u 17.

a) Beim minderjährigen Kind richtet sich gem III der Mindestbedarf als **Regelbedarf** nach der RegUV **21** (Anh zu §§ 1615f, 1615g, § 1) u beträgt entspr den versch Altersgruppen ab 1. 1. 96 mit Vorrang vor sämtl gerichtl BedTab (Rn 13 u 17) ab 1. 1. 96: 349/424/502 DM sowie im BeitrGebiet 314/380/451 DM (DAV **95**, 895). Vgl. zur neuen RLage im AltBuGebiet u in den neuen BuLä: DAV **95**, 907 ff bzw 911 ff. Iü ist für den LebBed des mj Ki die LebStellg seiner Elt maßg, also deren berufl u soz Stellg einschließl v Verändgen, die sich dch eine neue Heirat ergeben (Düss FamRZ **91**, 973); ggf aber auch (etwa bei eig Verm) die EinkVerhältn des Ki selbst. Im Fall des Todes eines EltT gilt bei FremdBt der dopp TabSatz (Hamm FamRZ **91**, 107), währd bei Versorgg dch die GrMutter vielf die verwandtschaftl Beziehgen im VorderGrd stehen dürften (Karlsr FamRZ **93**, 1353). Zum nehel Ki: § 1615 c. Die vermögensmäß Stellg der Elt ist insb auch bei Inanspruchn der GroßElt maßgebl (LG Mü FamRZ **82**, 1116). Bei mittleren Eink best sich das LebNiveau des Ki im Regelfall nach dem Eink beid Elt. Allerd sind bei der BedFestsetzg auch erzieherische GesichtsPkte zu berücks, die selbst bei sehr großem Wohlstand eines od beid EltT UnterhBegrenzen nach oben zulassen (BGH NJW **69**, 919; Bambg FamRZ **81**, 668; BGH NJW **83**, 1429: mit KiGeld 842 DM). Halten sich nach Scheidg der elterl Ehe die Einkfte beid Elt im mittleren Bereich u ist das Eink des NaturalUnterh leistdn EltT nicht höher als das des and, so ist aus dem beiderseit Eink kein Mittelwert zu bilden, sond, auch wenn der sorgeberecht EltT eig ArbEink hat, grdsl auf die EinkVerhältn des zum BarUnterh verpfl EltT abzustellen (BGH NJW **81**, 1559 mN; LG Kblz DAV **85**, 320). Im Bereich des KiUnterh stellen bei dchschnittl Eink vermwirks Leistgen ow bedarfsbestimmendes unterhpflicht Eink dar (BGH FamRZ **92**, 797; Mayer/Mayer FamRZ **94**, 616; aA Becker FamRZ **93**, 1031). Bei mangelnder berufl Tüchtigk kann für die Höhe des UnterhBed nicht auf ein fikt Eink (§ 1603 Rn 9) abgestellt w (Karlsr FamRZ **93**, 1481).

22   **b)** Die Unterhaltg **volljähriger Kinder** kommt **aa) außerhalb der Ausbildung** (zu dieser Rn 37) nur ausnahmsw in Betr, etwa nach einem zur ErwUnfähigk führden Unfall. Nicht dagg generell bei Erwerbslosigk od Betreuung eig Ki (Rn 47 u § 1602 Rn 20). Zur Bedürftigk bei BuWehr u ZivDienst: § 1602 Rn 8. Kommt ausnahmsw doch ein UnterhAnspr in Frage, hat das vollj Ki eine eig LebStellg, auch eine 31j u bei ihrer Mutter lebde Tochter (Karlsr FamRZ **86**, 496). Konnte das unterhbedürft vollj Ki sich in seiner bish LebStellg wirtschaftl nicht behaupten, entspr der Bedarf ggf nur dem angem od sogar nur notw EigBed (vgl § 1602 Rn 20). Jedenf keine Partizipation an der LebStellg der Elt. Entscheidd sind die Umstde des Einzelfalls (Bambg FamRZ **94**, 255: aGrd eines Nervenleidens erwunfäh BkKaufm).

23   **bb) Während der Ausbildung** beschr sich die UnterhGewährg für Ki vermögder Elt nicht der Funktion des AusbildgsUnterh entspr auf den eben dazu erfdl Betr (so 46. Aufl mN). Vielm ist die LebStellg von Azubis od Studenten nach wie vor von derj ihrer Elt abgeleitet; die LebBed geht daher bei vermögden Elt über den RegBedSatz hinaus (Stgt FamRZ **88**, 1086) u berecht zur Befriedig auch gehobenen LebBed, nicht jedoch zur Teilhabe am Luxus u zur Ermöglichg einer der LebFührg der Elt entspr LebGestaltg (BGH NJW **69**, 920; FamRZ **86**, 151; **87**, 58: mtl 1700 DM; Ffm FamRZ **87**, 1179; Düss FamRZ **94**, 767: GrenzBetr 1400 DM; Hamm FamRZ **95**, 1005: 1300 DM). Lebt der Azubi im Haush des and EltT, so kann insb in den ersten J nach Eintr der Volljährigk in tatrichterl Würdigg eine entspr Anwendg des § 1606 III 2 u damit die Anwendg der für Mj geltdn Grdse in Betr kommen (BGH NJW **81**, 2462; Karlsr FamRZ **91**, 1471). Iü ist für die Best des UnterhBed die Summe der Eink beid EltT zGrde zu legen (BGH FamRZ **83**, 473; **86**, 151; **88**, 1039). Dies gilt insb, wenn beide Elt erwerbstät sind u auch dann, wenn das Ki noch im Haush der Elt lebt, wobei tats erbrachte BtLeistgen dann auf den UnterhAnteil des betreuenden EltT angerechnet w können (BGH FamRZ **94**, 696).

24   **c)** Für die LebStellg unterhbedürft **Eltern** gilt vor Erreichg der Altersgrenze Entsprechdes wie Rn 22; eine Verarmg im Alter spielt dagg für die Frage der angem LebStellg keine Rolle.

25   **3)** Der UnterhAnspr erstreckt sich auf den **gesamten Lebensbedarf, II,** einschl der Kosten für die Erziehg u Berufsausbildg (Rn 37). Zu erwartde Ausgabensteigergen sind einzubeziehen; iü wird Schwankgen im LebBed dch AbändKl Rechng getragen (Einf 28 vor § 1601).

26   **a)** Maßg ist stets nur der **eigene** LebBed des UnterhBerecht, so daß auf dem Umweg über den UnterhAnspr nicht eine Erweiterg der in den §§ 1601 ff festgesetzten personellen Grenzen erreicht werden kann (Rn 31). Auch keine Korrelation des Bedarfs mit der LeistgsFähigk des UnterhSchu; er hat abgesehen vom Selbstbehalt (Rn 9) u in den Grenzen der §§ 1581, 1609 den Bedarf des Berecht selbst dann zu befriedigen, wenn dieser höher ist als sein eig (BGH FamRZ **86**, 48).

27   **b) Umfang des Unterhaltsbarbedarfs.** Zur Best bedienen sich die Ger idR der BedTab (Rn 4). Ggf ist von der Summe der Einkfte beid Elt auszugehen (Hamm FamRZ **91**, 104; Bambg FamRZ **95**, 566; vgl § 1606 Rn 28). Der UnterhBed u seine Abweichgen von den TabWerten ist aber **konkret festzustellen,** insb bei **überdurchschnittlichem Einkommen** (vgl Kln FamRZ **94**, 1323 Check-Liste!). Zum BarBed (Rn 6) der Tab gehören in allererster Linie die zum Leb unentbehrl Aufwendgen für Ernährg, Bekleidg, **28** Reinigg, Hausr, Unterkft usw (BGH FamRZ **84**, 769/72). Zur Berechg des **Wohnkostenanteils:** BGH FamRZ **88**, 921/5; Hbg FamRZ **91**, 472. MehrBed ist ggf Nachhilfeunterricht (§ 1613 Rn 11) od der Besuch einer PrivSchule (Hbg NJW-RR **86**, 432; Düss FamRZ **91**, 806) od der Bed eines in einem **Heim** (Celle DAV **82**, 571) od in einer PflegeFam untergebrachten Ki stellt laufdn, nicht SondBed dar (aA Hamm DAV **88**, 913), richtet sich aber nicht nach dem UnterhTab (Hamm DAV **82**, 271; Ffm DAV **83**, 515). Ebso bei Unterbringg in einer Tagespflegestätte wg ErwTätigk der Mutter (Celle DAV **86**, 435). Auch bei Unterbringg in einer Heil- u Pflegeanstalt entspr der UnterhBed den dort anfalldn Kosten (BGH FamRZ **86**, 48 **29** mN; Hamm FamRZ **87**, 742). Ferner gehören zum LebBed in angem Umfang auch Aufwendgen für Spielzeug (vgl BVerwG NJW **93**, 1218) sowie zur Pflege geist Interessen (MusikUnterr, Bücher, Theater uä) u sonstiger Belange (Sport, VereinsBeitr usw), zu deren Deckg bzw je nach Entwicklg des Ki **Taschengeld** geschuldet wird, dessen Höhe zu best ausschl Sache der elterl Sorge ist (§ 1626; Vorschl Kunz **30** DAV **89**, 813: nach den Altersstufen der Düss Tab gestaffelt 1, 1–5 u 5–10% der BedSätze). Gewöhnl ist das Ki bei einem EltT in dessen **Krankenversicherung** mitvers. Ist dies der barunterhpflicht EltT, so muß er entspr Krankenscheine besorgen (Brem FamRZ **84**, 415); doch kann das Ki ab 1. 1. 89, sofern es das 15. LebJ vollendet hat, selbst Leistgen beantr, so daß auch eine entspr einstw Vfg gg den UnterhSchu auf Beschaffg u Herausg des KrScheins insow nicht mehr in Betr kommt (AG Altena FamRZ **89**, 1313). Ist das Ki bei keinem EltT mitvers, besteht ein Anspr auf BeitrFinanzierg zusätzl zum TabUnterh (KG FamRZ **88**, 760;

Karlsr FamRZ **89**, 533; Hamm FamRZ **90**, 541; **95**, 1219; Rabaa/Ruck DAV **87**, 13). Die Absicht der Kündigg der KrVers muß dem UnterhGl mitgeteilt werden; sonst SchadErs (Kblz FamRZ **89**, 1111). Der Begr LebBed ist keineswegs allumfassd iS der ges wirtschaftl Existenz (Mü NJW **50**, 602). **Nicht zum** **31** **Lebensbedarf gehören** desh Schulden, auch nicht eig Unterh- (RG LZ **18**, 217) bzw SchadErsVerpfl des UnterhBerecht; der dch das ZusZiehen mit einem LebPart entstehe MehrBed (Kln FamRZ **82**, 834) od Altersrücklagen (RG **152**, 359). Zum **Sonderbedarf:** § 1613 Rn 10 u 11 (AuslStudium). **32**

c) Zum **Prozeßkostenvorschuß** (PKV) vgl zunächst § 1360a IV, der die gesetzl Wertg für die Einbe- **33** ziehg in die UnterhPfl enthält (vgl dort Rn 9–19; Roth-Stielow NJW **65**, 2046). Der Anspr auf PKV ist als Sonderbedarf (nach aA § 1360a IV analog; Karlsr FamRZ **89**, 534) danach weder personell auf mj Kinder (wie hier: Celle NdsRpfl **85**, 283; Hbg DAV **88**, 432; grdsl aA Stgt FamRZ **88**, 758; Düss FamRZ **86**, 698; Hbg FamRZ **90**, 1141) noch sachl auf Angelegenh der PersSorge (so Arnold FamRZ **56**, 5) beschränkt. Er besteht zG der Kinder ggü ihren Elt (Kln FamRZ **84**, 723 u **86**, 1031 mN), auch ggü dem betreuenden EltT (Kblz FamRZ **95**, 558), dagg nicht umgek auch der Elt ggü ihren Ki (Mü FamRZ **93**, 821; Pohlmann NJW **56**, 1404; LG Heilbr FamRZ **93**, 465 nehel Elt; aA Celle NJW **56**, 1158), u hat Vorrang ggü der ProzKostHilfe (Kln FamRZ **79**, 964; Ffm FamRZ **85**, 959; Bln DAVorm **75**, 378; aA Düss FamRZ **90**, 420), auch im Verhältn des nehel Kindes zu seiner Mutter für die VaterschFeststellgKl (Karlsr Just **76**, 429) u wenn das Ki der EhelkAnfKl des Vaters nicht entgegtritt (Celle NJW-RR **95**, 6). Neben der allg wie Leistgsfähigk (Ffm NJW **81**, 2129; Schlesw FamRZ **91**, 855) bes **Voraussetzungen** aber: **aa)** daß es sich **34** um eine persönl lebwicht Angelegenh handelt. Dazu gehören vor allem UnterhProz, auch Kl gg den UnterhSchu selbst (Karlsr FamRZ **91**, 1471); ferner auch PassivProz des UnterhBerecht (Nürnb FamRZ **65**, 517), also HaftPflProz wie zB die Inanspruchn des Ki aus einer von ihm vorsätzl begangenen unerl Hdlg (Kln FamRZ **79**, 850); ferner ErbschProz (Celle FamRZ **78**, 822), EhelkAnf (Mot IV 697, BGH **57**, 234; AG Elmsh FamRZ **91**, 841 mN; aA Kblz FamRZ **76**, 359), RFolgen eines Bruchs des LehrVertr (BAG FamRZ **67**, 149), auch RStreit ü schwere Unfallfolgen (Bamb MDR **53**, 556; BSG NJW **70**, 352) sowie Schmerzensgeld (Kln FamRZ **94**, 1409) u Kriegsdienstverw (BVerwG FamRZ **74**, 370). Kein PKV dagg zG **volljähriger Kinder** (Hamm FamRZ **95**, 1008 mN), insb aber nicht für deren ScheidgsProz (Düss FamRZ **92**, 1320; aA KG NJW **82**, 112; Hamm FamRZ **82**, 1073; Rn 36); MieterhöhgsStr (LG Brem FamRZ **92**, 983); RäumgRStr (aA LG Brem FamRZ **92**, 984) od AuskKl zZw der Geltdmachg von Aus- bildgsUnterh (LG Heilbr FamRZ **93**, 465; aA Mutschler DAV **93**, 720). – **bb)** Ferner darf die RVerfolgg **35** nicht mutwill od offensichtl aussichtsl sein (Ksl MDR **50**, 623). Kein Ersatz für UnterhProzKosten, wenn sonst günstigere Möglk zur RVerfolgg (JWG **46**, 51 aF; jetzt: SGB VIII 38, 59 I Z 3) zur Vfg standen (Mü FamRZ **90**, 312). – **cc)** Der RStreit darf nicht eig Interessen des Verpfl verletzen od sonst für ihn **unzu-** **36** **mutbar** sein. Damit ist die Billigk, auf welche die Rspr abstellt (BGH NJW **64**, 2152; BVerwG FamRZ **74**, 370), konkretisiert. Das ist zB der Fall, wenn ein Kind v einem EltT auf PKV zur Dchführg der Ehescheidg gg den and EltT in Anspr gen wird (Köln FamRZ **59**, 20; Celle NJW **63**, 1363), od auch bei InAnsprn von Hilfe zur Scheidg v SchwKi (Rn 34).

4) Der UnterhPflicht zur Last fallde UnterhBedarf umfaßt auch die **Erziehungs- und Ausbil-** **37** **dungskosten** (Lit: Paulus, Der Anspr auf Fin einer Ausbildg, 1984; Schwab FS Jauch, 1990, S 201). Der hierauf gerichtete Anspr besteht seiner Natur u der Zielsetzg des VolljkG nach trotz des entggstehenden Wortlauts nur im Verh der Kinder zu den Elt, dagg nicht umgek. § 1610 II gilt für ehel wie ne Kinder (Hann FamRZ **76**, 380; LG Karlsr FamRZ **82**, 536). Bei Mj wird die Ausbildg allein vom SorgeBerecht verantwortl festgelegt; der and EltT muß idR diese Entsch auch dann hinnehmen, wenn sie sich kostensteigernd auswirken. Aber ggf muß der sorgeberecht EltT zur Aufbringg der Mehrkosten beitragen (Nürnb FamRZ **93**, 837). Vgl iü § 1631a Rn 5.

a) **Angemessene Vorbildung zu einem Beruf.** Eine Verpfl zur Übernahme der Ausbildgskosten dch **38** die Elt besteht nur unter den Voraussetzgen der flgden Anm. Dazu gehört nach Herabsetzg des Volljährigk- Alters nicht mehr die Erziehgsbedürftigk. Die Elt schulden auch nicht schlechthin nur irgend„eine" Aus- bildg (Hamm FamRZ **89**, 1219) od AusbildgsUnterh, weil sie die 1. Ausbildg ihres Ki nichts gekostet h (BGH FamRZ **81**, 437). Der UnterhVerpfl braucht ledigl die Kosten einer „angem" Berufsvorbildg aufzu- bringen. Darin stecken subj wie obj Modifikationen des AusbildgsAnspr. Da es sich um einen Kosten- ÜbernAnspr handelt, bestimmt sich die LeistgsPfl der Elt an den obj für eine best Ausbildg erforderl Kosten, so daß der uU vor Erreich der Volljk aGrd des elterl Eink höhere UnterhAnspr mit Eintr der Volljk auf die erforderl Betr herabsinkt. Anspr auf Berufsausbildg haben Söhne wie Töchter in gleicher Weise; ein AussteuergsAnspr der Töchter (§ 1620 aF) besteht nicht mehr. Soweit der Staat iR des **BAföG 39** die AusbildgsKosten übernimmt, bestehen im Umfang des § 1610 u unter der Einschränkg v § 1613 u BAföG 36, 37 ErstattgsAnsprüche (vgl Einf 32 v § 1601).

aa) Gefordert werden können nur die Ausbildgskosten für einen **Beruf,** dh ein innerh der Gesellsch an **40** best Merkmalen verfestigtes TätigkFeld, das zugleich zur Sicherg des eig LebUnterh u desj einer Fam geeig- net ist. Damit scheiden Anspr insoweit aus, als Berufsziele angestrebt w, die keinen gefestigten Ausbil- dungsgang aufweisen wie Schriftsteller, Funktionär, Medizinsoziologe (OVG Hbg FamRZ **80**, 947; proble- mat OVG Hbg FamRZ **78**, 447: Schulpsychologe) bzw als sozial minderwert gelten (Dirne, Eintänzer). Keine angem Vorbildg zu einem Beruf erwirbt man dch 2-jähr Dienst als Soldat aZ (BGH NJW **92**, 501). Auch die Fortführg der **Schulbildung** über die gesetzl SchulPfl hinaus setzt Leistgsfähigk der Elt u entspr Begabg u Leistgswillen aS des Ki voraus (Hbg FamRZ **86**, 382). Für PrivSchule ist uU besonderes finanz Opfer zumutb, wenn es um Erreich des HptschulAbschl geht (Hbg FamRZ **86**, 1033 mN). Voraussetzg ist iü, daß der Berecht ein konkr Berufsziel anstrebt. Die Elt sind verpfl, auch eine angem Frist für die Zeit der **Suche nach einem Ausbildungsplatz** zu finanz (KG FamRZ **85**, 419; Saarbr NJW-RR **86**, 295). Für echte **Wartezeiten** bis zur Erlangg eines Studienplatzes muß sich ein volljj Ki dagg grdsl selbst unterh; für ein berufswegbezogenes, die reguläre WoArbZt aber nicht ausschöpfdes Praktikum besteht nur ein Anspr auf TeilUnterh (Ffm NJW **90**, 1798). „Ein" Beruf ist jedenf insof als Zahlwort zu verstehen, daß kein Anspr besteht auf Finanzierg eines Doppelstudiums (vgl VGH Bad-Württ FamRZ **80**, 628).

41   **bb) Die Berufswahl** (Lit: Münder ZBlJugR **75**, 286; Güllemann MDR **75**, 793) muß angem sein. Welcher Beruf dies im Einzelfall ist, bestimmt sich einers nach der Leistgsfähigk der Elt, anders nach Neiggen u Begabg des Kindes (Hamm FamRZ **84**, 504; Bambg FamRZ **88**, 1087). Die Elt sind nicht verpfl, außerh der öff AusbildgsFörderg größere finanz Opfer f die Ausbildg des Kindes auf sich zu nehmen. Das gilt insb dann, wenn sich mehrere Kinder in der Ausbildg befinden. Ändergen des Studienplans sind n § 1618a mit den Elt zu beraten (Ffm FamRZ **84**, 193). Bei Wahl eines Berufes, den die Elt aGrd ihrer finanz Möglkten nicht zu finanzieren brauchten, haben sie bei Übernahme der Ausbildgskosten dch den Staat od Dr jedenf den Teil zu erstatten, den sie iR einer ihren EinkVerhältn angemessenen Berufsausbildg aufzubringen gehabt hätten. Das folgt aus dem das ges UnterhR beherrschden Grds, daß mangelnde Leistgsfähigk nur soweit befreit, wie sie reicht. Solange das Kind **minderjährig** ist, bestimmt der SorgeBerecht den Beruf. Maßg ist das Kindeswohl. Vgl § 1631a. Die Elt dürfen mit ihrem Kind weder zu ehrgeiz noch umgek einer deutl Begabg ggü unangem nachläss sein. Sonst SorgeMißbr: § 1666 Rn 9. Bes Bedeutg wird hier regelmäß dem Wunsch des Kindes zur Entfaltg vorhandener Anlagen zukommen, schon um einen evtl Anspr auf ZweitAusbildg (Rn 57) nach Erreichg der Volljk v vornh zuvorzukommen. Dagg bleiben bei **volljährigen** Kindern die Wünsche der Elt prinzipiell außer Betr, so daß sie die Ausbildgsfinanzierg nicht unter dem Gesichtspkt versagen können, der Sohn solle statt zu studieren das väterl Gesch übern od erst einmal etw Prakt erlernen uä. Nicht entscheidd auch der Stand der Elt, so daß der Berecht in Selbstverantwortg einen gehobeneren wie auch einen niedrigeren Berufsstand anstreben kann. Der Berecht hat seine Berufsziele mit den Elt zu besprechen, aber die eigtl Entscheidgg trifft er grdsl allein (Düss FamRZ **78**, 613; Stgt FamRZ **88**, 758 Komponist). Angem ist ein von ihm erwählter Beruf allerd nur dann, wenn er seinen intellektuellen u konstitutionellen Anlagen entspricht.

42   Die Berufswahl muß in einer **Prognose** nach Begabg, Fähigkten, Neiggen, Leistgswille, Ausbildgsmöglkten u vorh Mitteln als vernünft erscheinen, wenn Fremdmittel dafür in Anspr genommen w sollen. Auch leistgsfäh Elt sind nicht verpfl, ein „ins Blaue hinein" aufgen Studium zu finanzieren (Stgt NJW **79**, 1166; vgl

43   aber Düss FamRZ **81**, 702). **Eignung** auch Erfordern iR des BAföG (OVG Bln FamRZ **76**, 559; OVG Brem NJW-RR **86**, 430: nicht jeder Abiturient muß studieren). Wer aGrd schlechter schul Leistgn die Schule verlassen mußte, kann nicht (etwa mit Hilfe v NachhilfeUnterr) auf eine UnivAusbildg lossteuern (vgl Dieckmann FamRZ **79**, 334). Aber kein Monopol des staatl Schulsystems (Ffm FamRZ **85**, 1167). Kein AusbUnterh, wenn vorh zwei AusbildgsVersuche ohne zureichen Grd abgebrochen w sind (Hamm FamRZ **89**, 1219; vgl auch OVG Bln FamRZ **80**, 86). Die Elt sind nicht verpfl, begabgsmäß abwegige Berufswünsche ihrer Kinder zu finanzieren u sich so zu Gehilfen offensichtlicher Fehlentwicklgen u zwangsläuf Enttäuschgen zu machen. Über die Angemessenh eines Berufswunsches wird es naturgem am leichtesten zu unterschiedl Auffassgen zw Elt u Kindern kommen. Zur Entsch darüber ist bei Mj das VormschG, bei Vollj das ProzGer im UnterhStr zust. Kein Grd zur Versagg der Ausbildg sind ungünst Anstellgsaussichten, da die Elt das ArbPlatzrisiko nach Abschl der Ausbildg nicht zu tragen brauchen (Rn 47).

44   **cc)** Da die Kosten für die Berufs-„vorbildg" aufzubringen sind, kann die Zahlg davon abh gemacht w, daß die Ausbildg den jeweils hierfür aufgestellten Plänen einigermaßen entspr absolviert wird. Es herrscht das **Gegenseitigkeitsprinzip:** Dem Anspr auf eine uU kostspielige, den Anlagen entspr Ausbildg korrespondiert die Obliegenh (BGH NJW **87**, 1557/58) des UnterhBerecht zu einem entspr Leistgswillen (Zweibr FamRZ **85**, 92) u dazu, mit gebotener Sparsamk u PflTreue dem selbstgesteckten Ziel nachzustreben (BGH NJW **84**, 1961; Schlesw FamRZ **86**, 201: vollj Gymnasiast). Ausgeschl ist es danach auch, daß der Berecht Zahlg der für eine best Berufsausbildg erforderl Summe verlangt, die so finanzierte Zeit jedoch zu and Zwecken (Reisen, Jobs, Bummeln, andersart Ausbild usw) ausnutzt. Auch **entfällt der Anspruch** auf AusbildgsUnterh spontan (Zweibr FamRZ **95**, 1006), wenn zw den AusbildgsAbschn größere Lücken entstehen (Ffm FamRZ **94**, 1611) od wenn ein Student zweimal dch die ZwPrüfg gefallen ist (Karlsr FamRZ **94**, 1342). Der AusbildgsBerecht hat seine Ausbildg im allg an den für seinen Ausbildgsgang aufgestellten Plänen auszurichten (BGH FamRZ **84**, 777), dh die lehrplanmäß Studienveranstaltgen zu absolvieren (Kln FamRZ **86**, 382; vgl BGH NJW **87**, 1557: ZPO 286). Bei einem defizitären Leistgsbild entfällt der Unterh-

45   Anspr (Hamm FamRZ **95**, 1007). Den unterhpflichtigen Elt steht infolged das Recht zu einer gewissen **Kontrolle** der Berufsvorbereitg zu, so daß Vorlage v Zeugn verlangt w kann (Celle FamRZ **80**, 914), ebso wie iRv § 1612 II 1 auch dem vollj Kind ggü eine gewisse Überwachg der Lebensführg zul ist (Brem NJW **76**, 2265). Freil darf nicht kleinl Erfüllg des AusbildgsSolls verlangt w, vielm ist dem UnterhBerecht ein gewisser Spielraum in der Gestaltg seiner berufl Bildg auch hier einzuräumen. So kann ein einmaliger Wechsel des Studienorts der Ausbildg dchaus förderl sein, so daß damit verbundene Verzögergen u Mehrkosten hinzunehmen sind. Entspr gilt für ein AuslStudium (BGH FamRZ **92**, 1064). Umgek muß sich der Berecht bei Verschlechterg der wirtschaftl Verhältn seiner Elt (RG LZ **21**, 306) od eig Verstößen gg das GgseitigkPrinz auf einen weniger kostspieligen Beruf od Ausbildgsort verweisen lassen (KG OLG **16**, 1).

46   **dd) Ausbildungsdauer.** Die UnterhPfl läuft grdsl bis zur **Erreichung des Regelabschlusses,** also GesellenPrüfg, Diplom, RegStudienZt (Hamm FamRZ **94**, 387). Nach deren Ablauf wird allenf noch in eingeschränktem Umfg Unterh geschuldet (Hamm FamRZ **81**, 493), nach erhebl Überschreitg (4 Sem) gar nicht mehr (Hamm NJW **82**, 2325). Nach 2 Sem anderweit Studiums aufgenommenes Jurastudium muß innerh der Fördergshöchstdauer v 9 Sem abgeschl w (LG MöGladb NJW **81**, 178). Angerechnete Semester aus dem Studium einer früheren Fachrichtg sind unterhaltsrechtl zum Abzug zu bringen (vgl OVG Münst FamRZ **76**, 297). Auch fallen über die ordtl (nicht: Mindest-)Studienzeit hinausgehden Kosten grdsl nicht den Elt zur Last (Warn **15**, 146). Ausn: Kampagnesystem etwa bei der 1. jur StaatsPrfg (OVG Bln FamRZ **80**, 945) od Unterbrech der Ausbildg dch Krankh od iRv § 1619 (sa Rn 48) od bei Erschwerg der Studienbedinggen dch Scheidg der Elt (Hamm FamRZ **86**, 198). Hat der Auszubildende in der Vergangenh keinen Leistgswillen gezeigt u war insof nicht bedürftig, bestehen auch bei Erhöhg der Anstrengen nur ausnahmsw u wenn ein erfolgreicher Abschl der Ausbildg zu erwarten ist UnterhAnspr (Ffm FamRZ **86**, 498). Krankheitsbedingte **Verzögerungen** gehen zL des UnterhPflicht (Hamm FamRZ **90**, 904). Auch bei sonst AusbildgsVerzögerungen muß evtl gefragt w, inwiew sie dch Einfln der Elt (ÜberFdg) von diesen

47   mitzuverantw s (Kln FamRZ **90**, 310). Die Elt tragen hins des erlernten Berufes nicht das **Anstellungsrisiko** (BSG FamRZ **85**, 1251; Dresd OLG NL **94**, 247 Rinderzüchter; vgl ferner §§ 1601 Rn 3; 1602 Rn 20).

Scheitert die Einstellg in den öff Schuldienst, keine Verpfl zur Finanzierg der Zusatzausbildg zum Schulpsychologen (vgl OVG Münst FamRZ **80**, 515). Die Zust der Elt zu einer best Berufsausbildg verpfl diese, die Kosten bis zum RegelAbschl auch dann zu tragen, wenn sie dem Berufswunsch urspr nicht hätten zuzust brauchen (vgl Augsbg FamRZ **63**, 448). Nichtbestehen der Prüfg ist grdsl Risiko des UnterhBerecht (vgl OVG Münst FamRZ **76**, 296), so daß ein Studienwechsel nach endgült Nichtbestehen der Abschlußprüfg begriffl ausscheidet (BVerwG FamRZ **80**, 505); also kein Philosophiestudium nach Scheitern in der AbschlPrüfg der gehobenen FinanzVerw (LG Zweibr FamRZ **75**, 296). Ausn bei nicht zu vertretd Versagen (AG Karlsr DAVorm **74**, 523; sa Düss FamRZ **81**, 298). Die **Promotion** gehört idR nicht zum RegAbschl u braucht infolgd selbst bei Anstreben einer ak Laufbahn nicht fin zu werden (AG Königst FamRZ **92**, 594). IjF dann TeilZtArb zumutb (Hamm FamRZ **90**, 904). Zu dem im Anschl an das Examen Notw gehört eine gew **Bewerbungszeit** (Hamm FamRZ **90**, 904), doch nicht schlecht das Warten auf Anstellg.

ee) Entspr gilt für die **Weiterbildung** od gestufte Ausbildg (Brem FamRZ **89**, 892), die unter dem Prinzip **48** der Einheitlichk des Ausbildgsgangs steht, wofür ein sachl u zeitl Zushang erfdl ist, nicht aber ein von vornherein bestehder einheitl Berufsplan (BGH FamRZ **90**, 149). Für die privrechtl UnterhPfl der Elt kommt es nicht auf die BAföG-FördergsRichtlinien an u auch nicht auf eine automat Gleichstellg nichtstudierter Ki mit Geschw mit Abitur, sond im wesentl auf die echte Begabg des Ki u auf die wirtschaftl LeistgsFähigk der Elt unter Berücks ihrer finanz Verpfl (BGH **69**, 190). **Voraussetzungen** (ZusFassg in BGH NJW **95**, 718): **(1)** **49** GrdErfordern bleibt natürl die zur Erreichg des erstrebten AusbildgsZiels erforderl **Fähigkeiten und Neigungen** des Ki (Schlesw FamRZ **92**, 593). Die benöt Begabg fehlt idR, wenn Ausbildgsteilziele nicht od nur unter Wiederholgen erreicht werden, wie mittlere Reife (Hamm FamRZ **78**, 446; Karlsr FamRZ **90**, 1386), Teilprüfgen (Stgt NJW **79**, 1166), Abitur (Oldenbg FamRZ **85**, 1282). Nichtbestehen eines Sprachentests zur Aufn in die betriebl Fortbildg hindert nicht akadem Sprachenstudium (BGH NJW **94**, 2362). **(2)** Von einer **50** Weiterbildg kann nur gesprochen werden, wenn ein **sachlicher Zusammenhang** zw den verschied Ausbildgsstufen besteht. Fachhochschulausbildg bzw prakt u Studium müssen dem Bereich des Berufssparte angehören od jedenf so zushängen, daß das eine für das and eine fachl Ergänzg, Weiterführg od Vertiefg bedeutet od daß die Fachschul- od prakt Ausbildg eine sinnvolle Vorbereitg auf das Studium darstellt (BGH NJW **89**, 2253 = FamRZ **89**, 853/5), zB KfzLehre/FachObSchule f Techn/MaschBauStudium (Düss FamRZ **90**, 1387). Fach- u berufsbezogene Ausbildgsgänge zur Erlangg der Hochschulreife stehen dabei einer nur schul Ausbildg gleich (Hamm FamRZ **92**, 592: vom ElektroInstallateur zum -Ing). Dh keine Verweisg auf eine ErwTätigk, wenn der berufsbezogene Ausbildgsgang noch nicht abgeschl ist (Ffm FamRZ **87**, 1069), es sei denn bei mittelmäß Begabg (Karlsr FamRZ **87**, 1070). Weiterbildg setzt Bestehen des vorangehden AbschlExamens voraus (vgl BVerwG FamRZ **78**, 72). Der fachl Zushg (ausführl Darstellg der früh Rspr: 48. Aufl) wurde **bejaht** für: Bauzeichnerin – Architekturstudium (BGH FamRZ **89**, 853); IndustrieKfm (Hbg FamRZ **83**, 639; Bankkaufm – RWiss (BGH NJW **92**, 501); BWL (Brem FamRZ **89**, 892) od WirtschPädagogik (Celle FamRZ **81**, 584); **verneint:** Finanzinspektorin – Psychologiestudium (BGH FamRZ **81**, 344); Philologe – Psychologiestudium mit dem Berufsziel Schulpsychologie (OVG Münster NJW **88**, 2058); Industriekaufm – Medizinstudium (BGH FamRZ **91**, 1044) bzw – Maschinenbaustudium (BGH NJW **93**, 2238); SpeditionsKaufm – RWiss (BGH FamRZ **92**, 1407). In letzteren Fällen liegt eine ZweitAusbildg vor mit eigenständ UnterhVorauss (Rn 57). Auf den sachl Zushg kommt es aber nicht an, wenn schon die Lehre keine angem Berufsausbildg darstellte (BGH NJW **93**, 2238) od die begabgsunterschreitde handwerkl Lehre aus Rücksn ggü dem Unterh der Mutter gemacht wurde (Düss FamRZ **94**, 1546). **(3)** Der Anspr auf Weiterbildgs- **51** Unterh besteht nur, solange noch ein **zeitlicher Zusammenhang** mit der GrdAusbildg vorh ist. Dieser verlangt, daß der Azubi nach dem Abschl der fachl od schul GrdAusbildg bzw der Lehre das Studium mit der gebotenen Zielstrebigk aufnimmt. Übt er im Anschl an die Lehre den erlernten Beruf aus, obwohl er mit dem Studium beginnen könnte, u wird der Entschl zum Studium auch sonst nicht erkennb, so wird der Zushg u damit die Einheitlichk des Ausbildgsgangs aufgeh (BGH NJW **89**, 2253). Am zeitl Zushg fehlt es, wenn nach einer mit 19 abgeschl Kfz-Lehre mit 24 J ein PH-Studium aufgen wird (BGH FamRZ **81**, 346); wenn zw Beendigg der Lehre u Aufn des Studiums 6 (Hamm FamRZ **94**, 259) bzw auch nur 2 J liegen (Karlsr FamRZ **94**, 260); wenn KiGärtnerin als Sekretärin tät war u 3 J im Ausl gelebt hat (Mü FamRZ **76**, 59) od wenn nach AusbildgsAbschl eig GewerbeBetr aufgemacht wurde (AG Niebüll FamRZ **74**, 487). Das Fehlen des zeitl Zushg kann nicht dadch ausgegl w, daß Unterh nur für einen Teil des Studiums zugespr w; der AusbildgsUnterh kann für die StudDauer nur insges bejaht od verneint w (BGH FamRZ **90**, 149). **(4)** Die AusbGänge **52** Abitur-Studium u **Abitur-Lehre-Studium** sowie Lehre-Abitur-Stud sind unterhrechtl gleich zu beh. Ebso der in der DDR gäng Ausbildgsweg FachArb mit Abitur u anschl Studium (KG FamRZ **94**, 1055). Dagg besteht grdsl kein UnterhAnspr in den Fällen Realschule-Lehre-Fachoberschule-Fachhochschulstudium (BGH NJW **95**, 718 mN auch der bish instgerichtl Rspr). Nach der neueren Rspr des BGH kommt es in den Ab-L-St-Fällen nicht mehr darauf an, daß die Entsch zur Weiterbildg schon von vornh bestand od eines bes, die Weiterbildg erfordernde Begabg des Ki schon währd der ersten Ausb deutl wurde. Der Einheitlichk des Ausbildgsgangs steht nicht entgg, wenn der Eigenart dieses Bildgswegs entspr der Entschl zur Aufn des Hochschulstudiums erst nach Beendigg der Lehre od des Fachschulstudiums gefaßt w (BGH **107**, 376 = NJW **89**, 2253 = FamRZ **89**, 853/4 unter Aufgabe von BGH **69**, 190 u FamRZ **80**, 1115; ebso Brem FamRZ **89**, 892; aA VGH Mü NJW **90**, 2576). Ffm FamRZ **95**, 244 hat den UnterhAnspr auch f die Abfolge Mittlere Reife-Ausbildg zur Erzieherin-Fachabitur-Studium der SozPädagogik bejaht, auch wenn der Entschl zu studieren erst kurz vor Beginn des Studiums gefaßt w. Die Elt bleiben voll unterhpfl nach Ausbildg ihres Sohnes zum Realschule-Lehre-Fachabitur-HochschulStudium gelten (Hamm FamRZ **90**, 196), so daß es auch hier nicht Reserveoffizier bei der **Bundeswehr** (BGH NJW **92**, 501). Die GlStellg der AusbildgsGänge gilt n § 1615a auch für nehel Ki (LG Freibg FamRZ **90**, 308). **(5)** Die Elt brauchen für die Weiterbildg nur in den Grenzen **53** ihrer wirtschaftl LeistgsFähigk aufzukommen, wobei die Prüfg der **wirtschaftlichen Zumutbarkeit** in den Abitur-Lehre- Studium-Fällen bes Gewicht erh, weil die Elt dch diesen Ausbildgsweg in ihren wirtschaftl Belangen stärker betroffen sein können als beim herkömml Ausbildgsweg (BGH NJW **89**, 2253).

ff) Aus der Natur der geist Entwicklg zu einem best Beruf hin sind zur Ausbildg (abweich von Rn 46) in **54** gewissem Umfang auch Umwege zu rechnen, auf denen das endgült Berufsziel erreicht, was freilich nicht

auf eine allg Orientiergsphase hinauslaufen darf (aA Hbg FamRZ **83**, 523: 10½ Mo). Aus diesem Grde kann sich der KostenPfl der Elt bei einem **Wechsel des Ausbildungsziels** in gewissen Grenzen ggü der berufsspezif Normalbelastg erweitern. Voraussetzg ist jedoch eine vS des Berecht verständ begründete u mit einer klaren Berufsalternative verbundene Entsch. Bricht er eine begonnene Ausbildg ab, ohne zum Beginn einer best u entschlossen zu s, od arbeitet er auch in der neuen Ausbildg ohne Energie, so können die Elt ihre UnterhZahlgen einstellen. Eine Tochter darf die begonnene kaufmänn Lehre auch gg den Willen des UnterhPflicht noch nach 1 J abbrechen, die Schulausbildg fortsetzen u anschließd SozialWiss studieren (Düss FamRZ **79**, 543). Ein Studienwechsel an der Univ wird idR nur nach dem 1. od 2. Sem in Betr kommen u in der 2. Hälfte des Studiums überh ausgeschl sein (vgl BVerwG FamRZ **80**, 292). Der UnterhBerecht hat dann nur die Wahl zw der Fortsetzg der begonnenen Ausbildg, deren Abbruch u der Selbstfinanzierg einer and. Ein UnterhAnspr besteht auch dann nicht mehr, wenn der Auszubildde nach 2 ½ J das 3. Studium beginnt (Hamm NJW **81**, 767) od auch dch einen 2. Fachrichtgswechsel zu der zuerst aufgenommenen Ausbildg zurückkehrt (vgl VerwG Düss FamRZ **80**, 516). Der UnterhAnspr besteht aber weiter, wenn das
55 Erststudium aus gesundheitl Grden abgebrochen werden mußte (Zweibr FamRZ **80**, 1058). Bei einem **Wechsel des Ausbildungsortes** muß sich ein Student vorh darüber unterrichten, ob die neue Hochschule
56 Leistgsnachweise der vorherigen anerk (vgl VerwG Schlesw FamRZ **80**, 294). Zum **Auslandsstudium** BVerwG FamRZ **80**, 290. Währd der Ableistg des freiw soz J (Zweibr NJW-RR **94**, 1225) bzw des **Parkstudiums** besteht keine UnterhPfl (Kblz NJW **91**, 300; sa Kln FamRZ **81**, 809; Celle FamRZ **83**, 641).

57   **gg)** Haben die Elt ihrem Ki eine dessen Begabg u Fähigken, Leistgswillen u Neiggen entspr Berufsausbildg zukommen lassen, so sind sie oRücks auf die Kosten, die sie dafür haben aufwenden müssen, ihrer UnterhPfl nachgekommen u desh insb iGgs etwa zu einer Weiterbildg (Rn 48) nicht verpfl, noch Kosten für eine **Zweitausbildung** zu tragen (BGH **69**, 190; FamRZ **89**, 853/4). Das Ki ist dann nicht mehr außerstande, sich selbst zu unterh (§ 1602 I). Das gilt bei mangelnder Berufseigng u -neigg ebso wie bei fehler angem Verdienstmögl in der erlernten Beruf u auch dann, wenn sich bei dem Berecht eine zunächst nicht erwartete BildgsFähigk herausstellt **(Spätentwickler)** od weil die Leistgsanfordergen für best Berufe erhebl gesenkt wurden od die Erstausbildg nicht dem eigtl Berufswunsch des Ki entsprach, so daß eine Apothekenhelferin nicht Ausbildg zur Kosmetikerin verlangen kann (Ffm FamRZ **82**, 1097); ein Elektriker nicht AusbildgsUnterh für eine weiterführde Schule (Kblz FamRZ **89**, 308); nach Banklehre nicht für Sport- u Kunststudium (Ffm FamRZ **84**, 926). Weitere Bspe 48. Aufl. Dagg besteht ein **Recht** auf eine Zweitausbildg, wenn sich der Berufswechsel als erfdl erweist (RG **114**, 54), insb, weil der erlernte Beruf aus gesundh Grden nicht ausgeübt w kann (Karlsr FamRZ **90**, 555 Bäcker; GgBsp: Ffm FamRZ **94**, 257: mRücks auf staatl UmschulgsFördg) od weil der UnterhBerecht aus körperl od geist Grden (zB dch Unfall) den Anfordergen des erlernten Berufs nicht mehr gewachsen ist (BGH **69**, 190/4); aber auch, wenn das Ki die ErstAusbildg auf Wunsch der Elt beendet h (BGH FamRZ **91**, 931 Arzthelferin) od die Elt das Ki in einen unbefriedigenden, seiner Begabg nicht hinreichd Rechng tragden Beruf gedrängt haben (BGH FamRZ **91**, 322), selbst wenn das inzw vollj Ki bereits aGrd der ErstAusbildg erwtät war (Bambg FamRZ **90**, 790); schließl bei einer umgek vom Ki gewünschten absolut untergewicht Ausb wie FachArb nach Abitur mit DchschnNote v 1,7 (OVG Hbg NJW **90**, 727).

58   **hh)** Die Ausbildgskosten werden beim Vollj idR dch Zahlg einer mtl **Rente** an den UnterhBerecht getragen, deren Höhe sich nach dem Bedarf der Elt einers, anderers nach den Richtlinien der staatl Ausbildgs-Fördergn bestimmt (vgl Rn 23). Wohnt der Berecht am Ausbildgsort bei seinen Elt (was diese ggf über § 1612 II verlangen können), reduziert die Naturalleistg den Anspr uU auf ein Taschengeld. Zur Beeinfl des Ki dch die Art der UnterhGewährg: § 1612 Rn 5. Wohnt das Ki bei dem and EltT, so wirkt sich dies bedarfsmindernd aus (KG FamRZ **82**, 516). Ist der StudAbschl mit hinreicher Sicherh zu ermitteln, Befristg des Anspr (Ffm FamRZ **89**, 83).

59   **ii)** Zureicher **eigener Verdienst** od sonst Eink des Berecht sind wg der unterschiedl Interessenlage (BAföG, LernPfl usw) nicht analog § 1577 II (so aber BGH NJW **95**, 1215), sond unmittelb nach Billigk auf die Verpfl der Elt anzurechn. Das gilt auch für das mit einem Stipendium verbundene Büchergeld (Kblz NJW-RR **92**, 389: aber GgBew mögl). Vgl iü § 1602 Rn 19. Gelegentl NebEinnahmen, insb aus FerienArb, sollten, solange sich keine Kollisionen iSv Rn 44 ergeben, dem Berecht voll verbleiben, im Ggsatz zu relativ hohen Einkften, die anzurechnen s (Kblz FamRZ **89**, 1219). Vor allem hat der Berecht kein R, dch Kombination der versch EinkQuellen den eig LebStandard aGrd v II über denj der Elt zu verbessern. Stipendium iHv mtl 588 DM (Hamm FamRZ **94**, 1279) u sonst größere Einnahmen aus Ferienjobs (auf 2 J verteilt: 376 DM mtl) sind iJf anzurechnen (Düss FamRZ **86**, 590). Von einem Oberschüler (KG FamRZ **82**, 516) od Studenten kann, außer bei dürft Verhältn der Elt, nicht verlangt w, daß er einen Teil der Studienkosten selbst verdient (Hbg FamRZ **81**, 1098). Anderers ist neben einem musikpädagog Studium die Erteilg v MusikStden zumutb (Hamm FamRZ **88**, 425). Auch keine Bedürftigk iSv § 1602, wenn Ausbildg (zB Abendgymnasium) die ArbKraft des Auszubildden nicht voll in Anspr nimmt u gleichzeit Berufstätigk mögl ist (VerwG Kass FamRZ **75**, 655). Entsprechd wie die 4jähr Verpfl als Zeitsoldat den Anspr auf AusbildgsUnterh nicht ausschließt, muß der UnterhBerecht sich aber die gg die BuWehr erworbenen Anspr anrechnen lassen (Hann FamRZ **80**, 288). Auch der **Ehegatte** haftet vor den Elt (§ 1608 S 1; § 1360a Rn 3).

60   **b)** Der Unterh umfaßt auch die **Erziehungskosten.** Erzbedürft ist der UnterhBerecht bis zur Erreichg der Volljk (§ 2). Zu den Erziehungszielen u -mitteln § 1631 Rn 3–13. Die dabei entstehden Kosten sind iR ihrer UnterhPfl v den Elt zu tragen. Die Düss Tab ist insow dann uU nicht ausreichd (Rn 27–32). Zu beachten ist deren BestimmgsR; aber Inanspruchn hins Kosten f die Bildgsreise einer Oberprima nach Israel (Wiesb FamRZ **64**, 637) zweifelh. Bedienen sich die Elt zur Erziehg fremder Hilfe, gleichgült ob freiw (Internat) od aGrd staatl Eingriffs (Einf 60 v § 1626; § 1666 Rn 19), fallen grdsl ihnen die Kosten dafür z Last. Die Kosten für den Besuch eines Kinderhortes dch ein schulpflicht Ki obliegen dem sorgeberecht EltT u dürfen dem barunterhpflicht EltT idR nicht zusätzl angelastet w (Ffm FamRZ **80**, 183). Anderers muß der barunterhpflicht EltT die von dem and, allein sorgeberecht EltT getroff Entsch, das Ki eine Privatschule besuchen zu lassen, uU mitfinanzieren (BGH NJW **83**, 393). Zu den ErzKosten gehören auch Mehraufwendgen zum

Ausgl angeborener od erworbener gesundheitl od geist Mängel u Fehlentwicklgen (TaubstummenAnst, Rehabilitation nach Unfall, krankheitsbedingter NachhilfeUnterr usw). Zur Ermittlg der steuerl abzugsfäh **Kinderbetreuungskosten** Geiß/App FamRZ 92, 1138. Nicht zum erstattgsfäh ErzBed gehören die BtKosten für die Beaufsichtigg des Ki währd der Berufstätigk des Sorgeberecht (Hamm FamRZ 89, 534).

5) Regelbedarf für Kinder aus geschiedenen Ehen oder bei Getrenntleben der Eltern, III. Die 61 Bestimmg bezweckt eine Verbesserg der RStellg des ehel Kindes u eine Verringerg der Zahl der AbändergsKl (BT-Drucks 7/4361 S 51). Die Gleichstellg von ehel u nehel Kindern erfolgt nur, soweit eine vergleichb Situation vorliegt, wenn näml die Elt getrennte Haushalte führen, das Kind bei dem einen EltTeil, gleichgült ob Vater od Mutter, lebt u es gg den and EltTeil einen UnterhAnspr geltd macht. Nur iR dieser Fallgestaltg soll dem Kind die Darleggs- u BewLast für die Höhe seines Unterh genommen w; es soll mind den für ein nehel Kind der entspr Altersstufe festgesetzten **Regelbedarf** (§ 1615f) verlangen können (Ffm DAVorm 78, 590). Dem gesetzgeberischen Anliegen entspricht heute die **Düsseldorfer Tabelle** (Rn 5 u 12). III macht eine den Altersstufen des § 1 RegelUnterhVO (Anh zu §§ 1615f, 1615g) entsprechde altersmäß Abstufg erforderl (BT-Drucks 7/4791 S 12). Die UnterhVerpflichtg beider Elt wird dadch nicht verändert. Das Kind kann einen höheren UnterhBed als den RegelBed fordern; umgek bleibt dem in Anspr gen EltTeil unbenommen, zB die mangelnde Bedürftigk des Kindes aGrd eigener VermögensEinkfte geltd zu machen. Trotz „gilt" keine Fiktion, sond bl **Vermutung** hins des Bed, aber auch der Leistgsfähigk des EltT. Zu deren Widerlegg muß der EltT seine Bemühgen um Sicherg seiner Leistgsfähigk nachweisen (Karlsr FamRZ 87, 504). Die Vorschr gilt nur, wenn die Elt gesch sind (§ 1564), **S 1,** od getr leben (§ 1567), **S 2,** od die Ehe für nichtig erkl w ist (EheG 23). Ferner muß das Kind in den Haush des einen gesch Eheg aufgen w sein. Gilt auch, wenn es mit dem einen EltT bei dessen Eltern lebt, dagg nicht, wenn es bei den GroßElt od sonst Verwandten untergebracht ist. Auf den konkr darzulegden Bedarf ist in einem solchen Fall aber die WohnKostErsparn anzurechnen (Kln DAV 84, 698).

1610a Vermutung unterhaltsrechtlicher Bedarfserfüllung von Sozialleistungen.

Werden für Aufwendungen infolge eines Körper- oder Gesundheitsschadens Sozialleistungen in Anspruch genommen, wird bei der Feststellung eines Unterhaltsanspruchs vermutet, daß die Kosten der Aufwendungen nicht geringer sind als die Höhe der Sozialleistungen.

1) Vermutung (Lit: Drerup ZfSh/SGB 91, 337; Diederichsen, FS Gernhuber 1993 S 597; zur berecht 1 Kritik Staud/Kappe 5ff). **a) Zweck** der am 23. 1. 91 in Kraft getretenen Vorschr (BGBl I S 46) ist es, Körper- u GesundhBeschädigten die BewLast dafür abzunehmen, daß dafür empfangene SozLeistgen tats zur Deckg des konkr schadensbdgten MehrAufw erfdl sind u benutzt w. Im Streit um den behindergsbdgten MehrBed soll die Erleichterg der BewFührg außerd einvernehml Lösgen zw den Beteil erleichtern (BT-Drucks 11/6153 S 5f). Da nach der Rspr grdsl alle Einkfte bei der Bestimmg des UnterhBed heranzuziehen sind, oblag es bish dem Bezieher der SozLeistg, den dch die Behinderg verursachten MehrBed konkr nachzuweisen. Davon ist er in Zkft befreit. Durch die ör Zweckbestimmg soll stärkere Geltg verschafft u die unterhrechtl vermittelte finanzielle Teilhabe an fremden Körper- u GesundhSchäden, für die es an jeder familiären GgLeistg fehlt, zurückgedrängt w, ohne daß sich der GesGeber dazu entschließen konnte, wie in BErzGG 9 S 1 das ErziehgsGeld, auch die übr SozLeistgen unterhrechtl auszuklammern (vgl Kalthoener NJW 91, 1031). Vgl iü SGB I § 54 III Nr 3: Soz Geldleistgen zum Ausgl des Mehraufwands v Körper- u GesundhSchäden sind **unpfändbar.**

b) Geltungsbereich. aa) Die Vorschr gilt für den UnterhBerecht wie für den UnterhVerpfl, wirkt sich 2 also ggf bedürftigerhöhend od leistgsfähigkmindernd aus. Nach der ratio legis v § 1603 II 1 kann die Vermutg nicht ggü UnterhAnspr mj unverh Ki gelten (Diederichsen aaO S 614). **bb)** Die Vermutg gilt für 3 **Sozialleistungen** an Körper- u GesundhBeschädigte (zum Begr: § 823 Rn 4–5), analog wohl auch für priv Unfallrenten (aA BGH NJW 95, 1487; Künkel FamRZ 91, 1132); dagg nicht für SchmerzGeld, für SozLeistgen mit EinkErsatzfunktion (BT-Drucks 11/6153 S 7) od für indirekte staatl Hilfen wie Steuervergünstiggen zB dch FreiBetr für Schwerbehind u schon gar nicht für BedFestsetzgen (aA Stgt FamRZ 94, 1407). Die gen Leistgen zählen voll zum unterhrechtl relevanten Eink (Künkel aaO). Zur Contergan-Rente § 1602 Rn 8. Steht der Zweck der Leistg, schädiggbedgte Mehraufwendgen u -belastgen zu kompensieren, fest, wird die Anwendg von § 1610a nicht dadch ausgeschl, daß die SozLeistg daneben auch immaterielle Beeinträchtiggen ausgl soll; vielm kommt insof dem v Widerlegg der Vermutg (Rn 6) in Betr (Künkel FamRZ 91, 1132f). **Unter § 1610a fallen** danach Blindengeld, insb auch Leistgen des VersorggR: GrdRente nach BVG 4 31 (Hamm FamRZ 91, 1198); SchwerstbeschädZulage (BVG 31 V); Pflegezulage (BVG 35); Führzulage (BVG 14); Kleider- u Wäschezuschuß (BVG 15); orthopäd Mittel (BVG 11 III); Heil- u KrankBehdlg, Badekuren (BVG 18); PflegeG gem BSHG 69 (Hamm FamRZ 95, 1193). Zu beachten ist, daß der Anwendgsbereich v § 1610a dadch wesentl erweit worden ist, daß das BVG seiners entspr anwendb ist (ZusStellg bei Künkel FamRZ 91, 1132 Fn 9): SVG 80; ZivDienstVG 50; BGSG 59; HäftlHilfeG 4 u 5; BSeuchG 51; SchwBehindG 31 III 1 Nr 1 iVm AusglAbgVO 1 ff usw. § 1610a muß auf priv-rechtl EntschädiggsLeistgen analog angewendet w (Diederichsen aaO S 601). **Nicht unter § 1610a fallen:** die ArbUnfallrente u RVO 547, 580 (Schlesw SchlHA 92, 216); das VersorggKrankG (BVG 16ff); die BerufsSchadAusglRente gem BVG 30 (Hamm NJW 92, 515); die AusglRente nach BVG 32 (BT-Drucks 11/6153 S 7); SteuerpauschBetr für Behind gem EStG 33b (Hülsmann FuR 91, 219); Pflegegeld n LaPflegeG (BGH FamRZ 93, 417; Kalthoener/Büttner NJW 93, 1827; § 1602 Rn 9), soweit es als Entgelt für die Pflege empfangen wird (Hamm FamRZ 94, 895). Zur **teilweisen Vermutung** bei Doppelfunktion wie bspw der Verletztenrente Brudermüller/Klattenhoff FuR 93, 333. **cc) Umfang.** Die Vermutg betrifft nur Höhe der 5 SozLeistg, nicht den Grd (Rn 3). ME kann die Vermutg nicht iR v § 1603 II gelten.

2) Widerlegung der Vermutung (Drerup aaO 345; Staud/Kappe 20ff). Dem Gegner des Beschäd 6 obliegt es, substantiiert darzulegen u zu beweisen, daß die SozLeistg den tatsächl schad-bedgten Mehraufwand übersteigen. Trägt er nichts od unsubstantiiert vor, bleibt die SozLeistg unberücks. Soll der Zweck der Vorschr (Rn 1) nicht in sein Ggteil verk werden u § 1610a prakt leerlaufen, darf der Empfänger nicht gezwungen werden, positiv darzulegen, wie er die SozLeistg im einz verwendet, u zwar wed iW der AuskKl, so daß § 1605 insow restrikt auszulegen ist, noch gelten hier die Grdsätze über den NegativBew (aA Hamm FamRZ **91**, 1198; Kalthoener NJW **91**, 1037; Künkel FamRZ **91**, 1133; Hülsmann FuR **91**, 219). Vielm darf das Ger nur einen GgBew zulassen, der sich auf die tatsächl anderweit Verwendg od auf den Thesaurierg der SozLeistg bezieht (Drerup NJW **91**, 683). Beim PflegeG von BSHG 69 reicht der Nachw aus, daß die PflegLeistg unentgeltl erbracht wurde (Hamm FamRZ **95**, 1193). Beim sog Tunnelblick (Einschr des Gesichtsfeldes) reicht zur Widerleg der Vermutg nicht der Nachw, daß der Blinde nicht betreuungsbedürft ist (Schlesw FamRZ **92**, 471). Iü kann die SozLeistg auch dch krankhbedingte Mehraufwendgen aufgezehrt w (vgl Hamm FamRZ **90**, 405). Gelingt die Widerleg der Vermutg, gelten zG des Beschäd immer noch die bisher Erleichtergen, vor allem also die Berücks des ideellen AusglZwecks u das Gebot großzüg Schätzg (BT-Drucks 11/6153 S 6; Hülsmann FuR **91**, 219).

7   **3) Überleitung.** § 1610a ist auch für **Unterhaltszeiträume vor dem Inkrafttreten** (Rn 1) zu berücks (Schlesw NJW-RR **92**, 390), ggf dch Wiedereröffng der Verh (ZPO 156), in der RevInstanz dch Zurückverweisg (ZPO 565 IV, 549), in nicht abgeschloss UnterhVerf einheitl für die Zeit vor u nach InKrTreten von § 1610a (Hamm FamRZ **91**, 1199); in abgeschlossenen UnterhVerf dch AbändKl nach ZPO 323 (BT-Drucks 11/6153 S 8; Kalthoener NJW **91**, 1037).

1611   *Beschränkung oder Wegfall der Unterhaltsverpflichtung.* [1]Ist der Unterhaltsberechtigte durch sein sittliches Verschulden bedürftig geworden, hat er seine eigene Unterhaltspflicht gegenüber dem Unterhaltspflichtigen gröblich vernachlässigt oder sich vorsätzlich einer schweren Verfehlung gegen den Unterhaltspflichtigen oder einen nahen Angehörigen des Unterhaltspflichtigen schuldig gemacht, so braucht der Verpflichtete nur einen Beitrag zum Unterhalt in der Höhe zu leisten, die der Billigkeit entspricht. Die Verpflichtung fällt ganz weg, wenn die Inanspruchnahme des Verpflichteten grob unbillig wäre.

[2]Die Vorschriften des Absatzes 1 sind auf die Unterhaltspflicht von Eltern gegenüber ihren minderjährigen unverheirateten Kindern nicht anzuwenden.

[3]Der Bedürftige kann wegen einer nach diesen Vorschriften eintretenden Beschränkung seines Anspruchs nicht andere Unterhaltspflichtige in Anspruch nehmen.

1   **1)** Vgl zunächst § 1610. Entspr Regelg in EheG 65, 66. Nur in AusnFällen völl Wegfall des Unterh, sonst UnterhHerabsetzg (Beitr). Beides kommt aber bei mj unverheirateten Kindern nicht zur Anwendg, **II**; zB wenn Mj keiner Ausbildg nachgeht (Hbg FamRZ **95**, 959). Jedoch haben die Eltern iF des § 1612 II gewisse Möglichk, auf den Lebensstil u damit die UnterhKosten einzuwirken. Auch dieser Unterh umfaßt den gesamten Lebensbedarf (§ 1610 Rn 25), einschl des AusbildgsUnterh. Bewpfl für § 1611 ist der UnterhSchu (RG JW **11**, 405). Der Bedürft kann dch Inspruchn anderer UnterhPflichtiger die Beschrkg nicht ausgleichen, **III**. Analoge Anwendg v III geboten bei InAnsprNahme v Kindern od Elt dch einen Eheg, dessen UnterhAnspr gg den and Eheg an §§ 1361 III, 1579 I Nr 4 scheitert (Beckmann FamRZ **83**, 863). Zur Inanspruchn der Elt weg Betreuung eines nehel Kindes § 1602 Rn 20.

2   **2) Beschränkung und Entziehung, I.** Die Vorschr steht dem AuskAnspr nicht entgg (§ 1605 Rn 4). Sie
3   betrifft folgde Fälle: **a)** Der UnterhBerecht ist dch sein **sittliches,** nicht nur einfaches **Verschulden** bedürft geworden, zB Spiel-, Trunk- od Drogensucht (Celle FamRZ **90**, 1142; AG Altena DAV **95**, 265 mA van Els: Sich-treiben-lassen in den **Alkohol**). Die Folgen des sittl Versch müssen noch fortdauern. Währd der Minderjährigk begangene Hdlgen sind wg II dem UnterhAnspr des Vollj nicht entggzusetzen (BGH NJW **88**, 2371). Bei Unterbrech des KausalZushang entfällt § 1611 (RG JW **10**, 477), so zw schul Versagen u einer zur halbseit Lähmg führden, ohne erfdl Operation (Kln FamRZ **90**, 310) od wenn zw dem Lebenswandel u der Bedürftigk kein Zushang besteht. Der Tatbestd von § 2333 Z 5 allein genügt also nicht zur
4   Beschrkg des Unterh. **b)** Gröbl Vernachlässigg der eigenen UnterhPfl des nunmehr Bedürft ggü dem jetzt Verpfl, zB der Vater hat sich seiner UnterhPfl ggü den jetzt in Anspr genomm Ki inf AlkohSucht entzogen
5   (AG Germersheim FamRZ **90**, 1387). **c) Schwere Verfehlung** (vgl Kotzur FS Gernhuber 1993 S 690; Finger FamRZ **95**, 969) gg den UnterhVerpfl od einen seiner nahen Angeh (§ 530 I; § 1579 Rn 16). Der UnterhAnspr hängt grdsl nicht positiv vom WohlVerh des UnterhBerecht ab (Ffm FamRZ **93**, 1241). Voraus für die Beschrkg od Entzieg des Unterh ist vielm umgek ein schwerer Schuldvorwurf (Ffm FamRZ **91**, 1477), der aber grdsl eine umfassde Abwägg aller maßgebl Umst voraussetzt, die auch das eig Verhalten des unterhpfl EltT angem berücks (BGH FamRZ **95**, 476; Bambg FamRZ **94**, 459). Mit dieser Einschrkg kommen als schw Verfehlgen in Betr: tiefgreifde Kränkgen, die einen groben Mangel an verwandtschaftl Gesinng und menschl Rücksichtn erkennen lassen (Göppinger/Wax/Stöckle Rn 1468). Darunter fallen: tats Angriffe, Bedrohgen; Denunziationen zZw berufl od wirtschaftl Schädigg (Celle FamRZ **93**, 1235; vgl iü § 1579 Rn 15); schuldh erhobener Vorwurf sex Mißbr u ProzBetrug (Hamm FamRZ **95**, 958); eine sich in schweren Beleidiggen äußernde tiefgreifde Verachtg des UnterhVerpfl (Hamm FamRZ **93**, 468); die Erkl der Unterh begehrden Tochter, der (tödl erkrankte) Vater existiere als Mensch u Pers überh nicht mehr (vgl Schütz Anm zu Bambg FamRZ **92**, 717/1338). Nichtkümmern um die eig Ki nach der Ehescheidg stellt eine schwere Verfehlg später unterhbedürft Elt dar (LG Hann FamRZ **91**, 1094). Dagg reichen **nicht:** Taktlosigkten (AG Eschweiler FamRZ **84**, 1252); Ablehng jegl Kontakts mit dem UnterhVerpfl (BGH FamRZ **91**, 322/23; Mü FamRZ **92**, 595; Celle FamRZ **93**, 1235; Düss FamRZ **95**, 957; Meder FuR **95**, 23; aA Ffm FamRZ **90**, 789), insb wenn auch der UnterhVerpfl seiner EltVerantwortg nur unzureichd nachgekommen ist (AG Regbg FamRZ **93**, 1240) u wenn die Elt möglicherw für den Abbruch der Beziehgen selbst allein od mitverantwortl sind (Mü FamRZ **92**, 595; Bambg[2] FamRZ **94**, 1054); uU bei Unterh für vollj Ki: Verfehlgen aus der Zt der Mjk (BGH FamRZ **88**, 159/63; NJW **95**, 1215).

3) Geschuldet wird nur ein **Beitrag zum Unterhalt,** der der **Billigkeit** entspricht. Zu berücks also die 6 Schwere der Verfehlg, insb des sittl Versch, aber auch der Erziehgsfehler des Verpfl, seine Belastg u die Länge der Dauer im Verhältn zu seiner Leistgsfähigk. Einen gewissen Anhalt können auch die amtl Unterstützgssätze geben. Nur wenn im Einzelfall dieser Beitr, der auch zeitl beschr w kann, aus bes Grden grob unbill wäre, kann er ganz wegfallen. Die Beschrkg od der gänzl Wegfall geschieht aus familienrechtl Grden, so daß eine mögl Belastg der öff Hand hier zurücktreten muß. Für geschiedene Eheg EheG 65, 55 aF, § 1579. Bei 2000 DM Rente kann Mutter 180 DM an alkoholsücht Sohn zahlen (Hbg FamRZ **84**, 610).

4) Für **Ehegatten** gelten §§ 1361 III, 1579; bei Altscheidgen EheG 65, 66.   7

1612 *Art der Unterhaltsgewährung.* [1]Der Unterhalt ist durch Entrichtung einer Geldrente zu gewähren. Der Verpflichtete kann verlangen, daß ihm die Gewährung des Unterhalts in anderer Art gestattet wird, wenn besondere Gründe es rechtfertigen.

[II]Haben Eltern einem unverheirateten Kinde Unterhalt zu gewähren, so können sie bestimmen, in welcher Art und für welche Zeit im voraus der Unterhalt gewährt werden soll. Aus besonderen Gründen kann das Vormundschaftsgericht auf Antrag des Kindes die Bestimmung der Eltern ändern. Ist das Kind minderjährig, so kann ein Elternteil, dem die Sorge für die Person des Kindes nicht zusteht, eine Bestimmung nur für die Zeit treffen, in der das Kind in seinen Haushalt aufgenommen ist.

[III]Eine Geldrente ist monatlich im voraus zu zahlen. Der Verpflichtete schuldet den vollen Monatsbeitrag auch dann, wenn der Berechtigte im Laufe des Monats stirbt.

1) Grundsätzlich, I 1: Entrichtg einer **Geldrente,** nicht als Darl (Graba FamRZ **85**, 118), auf ein vom 1 UnterhGläub benanntes Kto (Hamm NJW **88**, 2115). Im Urt ist ihre Dauer zeitl zu begrenzen (Einf 26 v § 1601). Andere Art der Unterhaltsgewährg (zB volle od teilweise **Naturalleistung** wg § 1614 aber nicht 2 Abfindg), wenn besondere Gründe, ist es nun in seiner od des Berechtigten Pers vorliegen, zB dieser unwirtschaftl ist, wenn das vollj Ki sich noch in der Ausbildg befindet (Hamm FamRZ **87**, 1028) od für den Verpflichteten eine Gewährg in Geld unverhältnism schwieriger ist als in Natur, **I 2.** Jedoch genügen ZweckmäßigkGründe od die Tats, daß die Naturalverpflichtg für den Verpflichteten billiger ist, für sich allein nicht. Der Verpflichtete hat das Verlangen derart zu stellen, daß er dem Berechtigten im einzelnen mitteilt, wie er sich die Durchführg denkt, ihm auch das etwa erforderl Reisegeld für die Durchführg des Planes zur Vfg stellt. Bei Weigerg kann das ProzeßG angerufen werden (KG JW **34**, 2999). Dieses entsch allein die Fr, ob ein UnterhAnspr besteht (Celle FamRZ **94**, 1194). Im UnterhRechtsStr ist das ProzGer an 3 die Bestimmg der Elt **gebunden,** bis sie dch das VormschG geänd w ist (BGH NJW **81**, 574). Klage auf GeldUnterh daher erst zul, wenn das VormschG das Angeb der Elt auf Unterh in natura geänd hat (Zweibr FamRZ **79**, 64; and KG NJW-RR **89**, 648; Düss KG NJW-RR **91**, 1028 m zweifelh Unterscheidg zw „WirksamkFeststellg" u „Ändg"). Eine wirks Best nach II 1 gilt auch ggü dem Träger der Ausbildgsförderg nach Übergang des Anspr gem BAföG 37 (BGH NJW **81**, 574). Liegt ein Urt auf Geld- od Naturalleistg vor, so hilft bei Änderg der Verhältnisse ZPO 323. Bisw besteht auch ein Recht des UnterhPflicht, Unterh anders als in Geld zu erbringen. Eine Best der Elt, dem Ki NaturalUnterh zu gewähren, macht auch die Barbeträge (Taschengeld, Sachaufwendgen) zu einem Teil desselben u verbietet eine selbstd Geltdmachg (BGH NJW **81**, 574).

2) Unterhaltsgewährung von Eltern an unverheiratete Kinder, II 1.   4

a) Zweck: Dch die Best der Naturalverpflegg im Hause werden die Elt wirtschaftl entlastet u soll ihnen 5 ein weitergehder Einfluß verschafft w, als das bei UnterhGewährg in Geld mögl wäre (KG JW **35**, 1438). Der Vorschr kommt nach der Herabsetzg des VolljährigkAlters erhöhte Bedeutg zu (AG Mettmann FamRZ **75**, 709). Es wird damit eine gewisse Überwachg der LebFührg und eine steuernde Einflußn auch auf das vollj Kind vS der Elt anerk (Brem NJW **76**, 2265; and noch die VorInst LG Brem FamRZ **78**, 458 m krit Anm Bosch). Die EinflMöglk von II 1 soll gerade nach Herabsetzg des VolljkAlters unbedachte Entscheidgen des Kindes verhindern od erschweren (LG Hbg NJW **77**, 201) u sicherstellen, daß die Elt Einfl auf die LebFührg des Ki nehmen können (BGH NJW **81**, 574; Ffm FamRZ **76**, 705; Schütz NJW **92**, 1086; Kotzur FS Gernhuber 1993 S 683; grdsl aA Schwerdtner NJW **91**, 2543: restrikt Auslegg).

b) Gilt für mj wie vollj Kinder, auch ggü vollj unverh Tochter mit nehel Ki (LG Lüb FamRZ **87**, 1296), 6 ggü nehel Ki im Verhältn zum Vater aber wg §§ 1615a, 1615f I 1 erst ab Volljährigk. Dann sind an die Abänderbark auch geringere Anfdgen zu stellen (BayObLG FamRZ **91**, 597: StudOrt; Hamm NJW **85**, 1348), so daß Best v NaturalUnterh dch den Vater etwa voraussetzt, daß das Ki bei ihm aufgewachsen ist (AG Sinsheim NJW **85**, 1347). Vgl iü Buchholz FamRZ **95**, 705: Altersstufen.

c) Bestimmungsberechtigt sind bei minderj ehel Kind dessen Elt; sie müssen sich ggf einigen (§ 1627 7 S 2; BGH NJW **84**, 305). Mißlingt das, Regelg mit Hilfe des VormschG (BGH NJW **83**, 2200). Kein BestR ggü geschiedener Tochter (Kln FamRZ **83**, 643) od ggü vollj Behinderten Ki gg die AufenthBest des GebrechlkPflegers (BGH NJW **85**, 2590). Bei getrenntlebden od **geschiedenen Eltern** besteht ggü dem 8 volljährigen Kind ein **einseitiges Bestimmungsrecht** jedes **Elternteils,** soweit Belange des Elt u EltT nicht berührt w (Hamm FamRZ **90**, 1028) od die Grde für die UnterhBest so schwer wiegen, daß der and EltT sie hinnehmen muß (BGH **104**, 224; vgl auch BGH NJW **84**, 305). Das einseit BestR muß insb dann gelten, wenn der in Anspr genommen EltT bereit u imstande ist, den ges Unterh in seiner Wohng zu leisten (BGH **104**, 224; Hamm FamRZ **81**, 997) od wenn der and EltT nicht leistgsfäh u damit auch nicht unterhpflicht ist (Hbg FamRZ **82**, 628; Ffm NJW **87**, 2381). Schutzwürd Belange des and EltT sind etwa dann berührt, wenn der and EltT mit dem Ki bis zur Volljk zugelebt h (vgl BGH **104**, 224; Hamm FamRZ **88**, 1089; Schwenzer FamRZ **85**, 168). Der bish auf BarUnterh in Anspr genommen EltT kann nicht ow dem and EltT die Rolle des NaturalUnterh Leistenden wegnehmen (AG Solingen FamRZ **86**, 497). Bei gleich berecht, aber einand widersprechden NaturalUnterhBest beider Elt entsch das Ki (LG Bln FamRZ **88**, 977). Beim Minderjähri-

gen kann der nicht sorgeberecht EltT ohne Zust des Sorgeberecht, der das AufenthBestR hat, nicht bestim-
9 men, daß das Ki den Unterh in seinem Haus entggnehmen soll (Hamm FamRZ **82**, 837). Der **nicht
sorgeberechtigte Elternteil** hat ein BestR nur, **solange das Kind in seinen Haushalt aufgenommen** ist,
II 3. Dieses BestR gilt insb bei ohne SorgeRRegelg getr lebden Elt (Stgt FamRZ **91**, 595). Handelt es sich um
ein nehel Kind, das in den väterl Haush aufgen ist, so braucht der RegelUnterh in Geld nicht gezahlt zu w
(§ 1615 f I 1); an seine Stelle tritt die Unterhaltg beim UnterhSchuldn. Keine nach II 3 wirks UnterhBest, wenn
der nicht sorgeberecht Vater das mj Kind entführt u in seinem Haush verborgen hält (KG FamRZ **85**, 730).

10   **d) Inhalt der Bestimmung:** Sie beschränkt sich auf Art u Zeit der UnterhGewährg, nimmt dem Kind
also nicht etwaige Anspr gg den and EltT (Stgt FamRZ **84**, 308). Die Best muß den gesamten Lebensbedarf
(Wohng, Verpflegg, Taschengeld) umfassen (BGH NJW **83**, 2198; **84**, 305), darf aber in sich unterschiedl
Leistgen enthalten: Gewährg v Wohng od Verpflegg + Geldrente (BayObLG NJW **79**, 1712). Zul auch die
Best, daß das Ki den Unterh in Natur von Dritten, zB dem Gutsübernehmer, in Empfang nehmen soll (KGJ
53, 25) od von der Mutter aus vom Vater zur Vfg gestellten Mitteln (Warn **13**, 188). Bei Geldzahlgen auch
Best eines längeren Ztraums als von 1 Mo mögl. Das Angeb muß hinr bestimmt s, allg Angeb von Kost u
Logis reicht dafür nicht (Hamm FamRZ **89**, 1331). Die Best ist ungült, wenn die AnO für das Kind
unausführb ist (RG **57**, 77), weil es zB in einer psychiatr Klinik ist od sich in der DDR befindet od solange
die Mutter dem Vater das Kind vorenthält (BayObLG **58**, 13). Die Best kann sich auch auf die beitragsfr
MitVers der Ki iR der FamVers beziehen (Düss FamRZ **94**, 396/926 mA van Els: § 1618 a).

11   **e) Form der Bestimmung:** Sie kann auch dch schlüss Verhalten (zB Angebot, „zu Hause zu wohnen u
unterhalten zu w") erfolgen (BGH NJW **83**, 2198), was aber die grdsätzl **Anerkennung der eigenen
Unterhaltspflicht** voraussetzt (Hamm FamRZ **84**, 503; aA Berkenbrock FamRZ **86**, 1055). Leisten die Elt
ihrem mj Kind NaturalUnterh, so bedarf es nach Eintritt der Volljährigk keiner erneuten ausdrückl Best,
insb keines konkr Sachleistgsangebots (KG FamRZ **82**, 423). Keine Best liegt in der teilw Erbringg von
NaturalLeistgen unter Offenlassg der Art der Erfüllg der UnterhPfl iü (BGH FamRZ **93**, 417).

12   **f) Bestimmungszeitpunkt** steht dem UnterhSchuldn frei. Eine Best erst im einstw VfgsVerf muß ebso
berücks w (Düss FamRZ **81**, 703) wie im VollstrVerf iRv ZPO 767 (Hbg Recht **13**, 1891) od in der
BerufgsInst iR eines AbänderngsVerf (Hbg FamRZ **82**, 1112).

13   **g) Wirkung der Bestimmung:** Hat der unterhpflicht EltT eine zuläss Best getroffen, so ist er befreit,
wenn das Ki den Unterh nicht in der bestimmten Form entggnimmt, zB wegläuft (Hbg SeuffA **68**, 238).
Dagg entfällt die BarUnterhBedürftig eines 7jähr Ki nicht, wenn der v den Elt bestimmte NaturalUnterh
nicht gwährt w kann, weil sich das Ki gg den Willen seiner Elt bei seiner Großmutter aufhält (BGH FamRZ
88, 386). Die elterl Best, das vollj, nicht verheir Ki habe Unterh in Natur entggzunehmen, bewirkt, daß der
Anspr des Ki auf BarUnterh ab Zugang der Erkl unbegründet ist (Hbg FamRZ **84**, 87). Soll nicht das
VormschG entspr II 2 entsch hat, ist das ProzGer im UnterhRStreit an die Best gebunden (BGH NJW **84**,
305), bei Best von NaturalUnterh eine auf Zahlg gerichtete **Klage** also unbegründet (and AG Kln FamRZ
79, 949: unzul). Der Berecht kann seinen UnterhAnspr dann nur dch Annahme der angebotenen Sachleistg
verwirkl; tut er das nicht, haben die Elt ihrer UnterhPfl gleichwohl genügt (OVG Kblz FamRZ **74**, 226).
Ein mj unverh Kind verliert seinen UnterhAnspr, wenn es gg den Willen der Elt außerh des EltHauses
Wohng nimmt (LG Hagen NJW **75**, 263). Das ergibt sich aus dem Zweck v II 1 u der AbhilfeMöglk v II 2;
die GgMeing führt dazu, daß das mj Ki den Elt im Widerspr zu deren AufenthBestR die Form des
zugewendeten Unterh entgg § 1612 aufzwingen könnte. Liegt dagg ein Verstoß gg II 3 vor od ordnet der
UnterhSchu etwas Unausführbares an, so gilt die UnterhGewährg trotz dieses Angebots als verweigert u
der Berecht kann sofort auf Unterh klagen (RG JW **11**, 53 u Rn 16). Die Best der Elt, dem Ki NaturalUnterh
zu leisten, schließt Anspr Dritter n §§ 670, 679, 683 aus (Hamm NJW **83**, 2203); Verwandte, bei denen
sich das Ki versorgen läßt, haben keinen ErstattgsAnspr gg die Elt (Ffm FamRZ **76**, 705). Leistet ein
geschiedener EltT nach II 1 NaturalUnterh, so wird dadch nicht zugleich der UnterhAnspr der Ki gg den
and EltT getilgt (Stgt FamRZ **84**, 308). Zur AuskftsPfl gem AFG 144 III: Brem FamRZ **86**, 931. Die dem Ki
ggü getroffene Best gilt auch im BAföG (Kln FamRZ **88**, 1089).

14   **h) Änderung der Bestimmung** unter Berücks der Grundberechtigg (Rn 6) u von Treu u Gl jederzeit
mögl (Zweibr FamRZ **88**, 204). Der UnterhSchuldn kann sich aber selbst gebunden haben; so ist eine entspr
(auf Geldzahlg gerichtete!) Vereinbg zw getrennt lebden od gesch Elt bindd (BGH NJW **83**, 2200; Hbg
15 FamRZ **84**, 505). Sie wird dagg **hinfällig,** wenn die gewählte Art der UnterhGewährg undchführb gewor-
den ist (BayObLG FamRZ **90**, 905) od wenn die gemeins NaturalUnterhBest dch einseit Loslösg des damit
belasteten EltT nicht mehr erreichb ist (BGH NJW **85**, 1339; **92**, 974) od nach zweizeitl ZivDienst (Hamm
FamRZ **90**, 1389). Bei offenb Rmißbr der Änderg Anrufg des VormschG entbehrl (Kln FamRZ **85**, 829).

16   **3) Änderungsbefugnis des Vormundschaftsgerichts, II 2,** nur dann, wenn eine wirks, dh an sich zuläs-
sige Bestimmung dch die Elt vorliegt. Ist das nicht der Fall, sofort Kl vor dem ProzG; der ÄndgsAntr nach II 2
ist in einem solchen Fall wg fehlen RSchutzBedürfn ohne sachl Prüfg zurückzuweisen. An der hierfür
erforderl offensichtl Unwirksamk fehlt es, wenn die von einem EltT getroff Best wg fehler Rücksichtn auf
die Interessen des and EltT nur möglicherw unwirks ist (KG u BayObLG FamRZ **89**, 780 u 1222).

17   **a) Besondere Gründe** müssen vorliegen, ehe das VormschG die Best der Elt abänd (Pachtenfels MDR
93, 1029). Dabei ist es § 1618 a zu beachten u eine Gesamtwürdigg, insb auch der wirtsch Interessen der Elt
(BayObLG FamRZ **89**, 660), vorzunehmen (BayObLG FamRZ **87**, 1298 Streit um TelBenutzg). Verschul-
den nicht erfdl (BayObLG FamRZ **86**, 930). An die Voraussetzgen sind strenge Anfordergen zu stellen (LG
Bonn FamRZ **85**, 516), geringere dagg bei getrenntlebden od geschied Elt im Verhältn zu volljähr Ki (LG
Freibg FamRZ **84**, 1255) od im Verhältn v Vater zu nehel Ki (Hamm FamRZ **85**, 642).

18   **aa) Nicht ausreichend** die einseit Entsch des vollj Ki (KG FamRZ **90**, 791); der Wunsch des Ki nach
selbständ LebFührg (Mannh NJW **76**, 245 L) od die Begrdg eines eig Hausstandes, wenn dafür nicht ihrers
trift Grde vorliegen (Ffm FamRZ **82**, 1231). Nicht ausr für eine Änderg der getroff UnterhBest die von den
Beteiligten zu bewältigde Generationenkonflikt, also der Wunsch des Ki nach Lösg vom EltHaus

(BayObLG FamRZ **85**, 513), wobei auch kein bes Grd die nicht übermäß beanspruchte Heranziehg des Ki zu häusl Arbeit ist (LG Düss FamRZ **85**, 517); gelegentl Wortentgleisgn (Ffm FamRZ **82**, 1231); pers Spanngen (Karlsr NJW **77**, 681); nicht einmal eine tiefgreifde Entfremdg, wenn sie dch Zeitablauf (BayObLG NJW-RR **95**, 1093) od ein rücksloses od provoziertes Verh des Ki verurs worden sind (KG FamRZ **90**, 791). Auch kann das Ki nicht Unterh in Form einer Geldrente verlangen, wenn es die Zerrüttg des familiären Verhältn selbst verursacht h (vgl LG Brem FamRZ **77**, 654), insb ggü den Bemühgen der Elt um Verbesserg der schul Leistgen u Drosselg v Alkoholkonsum (Hamm FamRZ **86**, 386: „den Aufstand proben"); wenn die Trenng v der Fam dch das Ki allein u eigenmächtig herbeigeführt w ist (Ffm FamRZ **80**, 820); wie überh FamZerwürfnisse, die v den Elt weder verschuldet sind noch ihrer Sphäre zugeordnet w können, nicht ausreichen (Ffm FamRZ **79**, 955). Ebsowenig gelegentl Erziehgsfehler (Kln NJW **77**, 202). Die Unzumutbark kann nicht damit begründet w, daß das Ki den ihm angebotenen NaturalUnterh ablehnt (Zweibr FamRZ **88**, 205). Zweifelh die Änd der elterl UnterhBest bei Erreichen befriedigender schul Leistgen außerh des EltHauses nach Schulrelegation wg dreif Nichterreichens des Klassenziels (Mannh DAV **76**, 102); wie umgek die Versagg der Änd, wenn 22j Studentin zu einem 40j Mann gezogen ist (BayObLG NJW **79**, 1712). Auch das vollj Ki muß sich eine gewisse Kontrolle seiner AusbildgsBemühgen gefallen lassen (AG Schwetzingen Rpfleger **82**, 224). Trotz gew Entfremdg muß auch ein geist leistgbehind 27j ggf NaturalUnterh entggnehmen (BayObLG FamRZ **91**, 1224). Versagg der Abändg der elt Best auch nach Selbstmordversuch u **krankhafter** Appetitlosigk einer vollj Schülerin bei versöhnl Haltg der Elt u beengten wirtsch Verhältn (BayObLG FamRZ **89**, 660).

bb) Ausreichend für eine Änderg der elt Best sind ggf unter Abwägg der GesamtUmst: Ohrfeigen u **19** Herabwürdigg der vollj (Zweibr FamRZ **86**, 1034) od fast vollj Tochter dch den Vater (BayObLG NJW **77**, 680); überh unangem körperl Züchtigg (LG Trier FamRZ **84**, 815); fehlde Toleranz ggü der sich vom streng kathol EltHaus unter dem Einfl eines Schulfreundes emanzipierenden Tochter (Ffm NJW **77**, 1297); Nichtakzeptieren des Freundes einer erwachsenen Tochter (LG Kiel FamRZ **84**, 193); Hausverbot für den Freund der 20j Tochter währd der Abwesenh des verww Vaters (Hbg FamRZ **89**, 309); bes unerquickl FamVerhältn (KG OLG **42**, 90); unangem ÜberwachgsMaßn der Elt; tiefgreifde Entfremdg zw Vater u Tochter (BayObLG NJW-RR **92**, 1219; Hbg FamRZ **90**, 1269 nach 5j ZusLeben mit ihrem Freund) bzw Adoptivtochter (Hbg FamRZ **83**, 1053) od zw Elt u vollj Sohn nach 5j Trenng (BayObLG FamRZ **79**, 950); Aufzwingen des EltWillens ggü 25j Sohn (KG NJW **69**, 2241); menschenunwürd Beeinträchtigg der LebFührg u Entwicklg der KiPersönlk iGgs zu bl pers Spanngen u vereinzelten Erziehgsfehlern (LG Brschw DAV **81**, 126); obj unangem Erziehgsmittel zu zweifelh ErzZielen (LG Hildesh DAV **84**, 189); Notwendig eines auswärt Studiums wg Fehlens der gewählten Fachrichtg am häusl Studienort (Hbg FamRZ **87**, 1183); scheidgsbedingt fehlder Kontakt zu dem bestimmden EltT u Erforderlk eines Studienortswechsels (BayObLG FamRZ **89**, 1222); Wohnortwechsel u Verlust des Kontakts zur Mu (Schlesw NJW-RR **91**, 710). Kein NaturalUnterh unter dem GesPkt einer erhebl Verschuldg im Vertrauen darauf, daß die Tochter bei den GroßElt bleibt (Zweibr FamRZ **81**, 494). Abänd auch ggü nehel Vater, wenn dieser sich um die Tochter nie gekümmert h (AG Sinsheim NJW **85**, 1347). Die Darl- u **Beweislast** für das Vorliegen eines bes Grdes trifft das Ki. Allg psycholog Wertgen (wie: der Vater tyrannisiere mit seiner dominierden Art die Fam) reichen nicht aus; aStv Wertgen sind Tats vorzutragen (BayObLG NJW-RR **92**, 1219).

b) Verfahren. Zustdgk FGG 43, 36; zustdg ist das VormschG, nicht (trotz Fassg v GVG 23b I Nr 5, **20** ZPO 621 I Nr 4: Streitigk, die die UnterhPfl „betreffen") das FamG (vgl aber Bosch FamRZ **77**, 55); der gedankl Zushg zu § 1666 ist ebso stark wie zum UnterhR. Zum Verhältn der Ger zueinand: Rn 3. De lege ferenda ist einheitl Zustdgk am FamG wünschensw. Rpfleger entscheidet (RPflG 3 Nr 2a), sofern es nicht um mj Ki geht u die Elt unterschiedl Auffassg sind (RPflG 14 Nr 5). Antr- u BeschwR FGG 59. Pflegerbestellg nicht erfdl (Hbg OLG **2**, 93). Zum Umfg der gerichtl ErmittlgsPfl iRv FGG 12 Ffm FamRZ **78**, 259. Gebühren KostO 94 I Nr 1. Das VormschG entsch grdsätzl ohne Rückwirkg (Hamm DAV **86**, 438) nur über Art u Zeitabschnitte der UnterhGewährg, nicht aber über die Höhe der UnterhLeistg (KGJ **53**, 25) u die kalendermäß Termine (KG HRR **28**, 1710). Insof ist das ProzGer zust (KG JW **36**, 679), vor dem auch Berufg auf LeistgsUnfähigk (BayObLG Recht **09**, 3091). Zul auch eine vorläuf AnO des VormschG (LG Karlsr Rpfleger **84**, 100) mit entspr BindgsWirkg f das ProzGer (Hamm FamRZ **86**, 386, 387f; aA Brem Rpfleger **85**, 439: formell rechtskr Entsch). VormschG kann auch noch währd des UnterhProz entsch; ZPO 263 gilt nicht (Mannh DAV **76**, 102). Aber **keine Rückwirkung** der Entsch des VormschG (Hamm, Hbg u KG FamRZ **86**, 386, 833 u 1033; aA Düss FamRZ **94**, 460). ProzG ist gebunden, sow Entsch des VormschG sich in den zuläss Grenzen hält (RG JW **03**, Beil 29); umgek ist sie nicht vollstreckb, sond kann nur im Klageweg verwirklicht w. Zul auch die **Aussetzung** des UnterhProz bis zur Entsch des VormschG (Hbg FamRZ **83**, 643).

4) Zahlungsweise, III. Soweit die Eltern nichts anderes bestimmen konnten (Rn 10), ist die unter **21** Verzicht auf Pf-Beträge gerundete (BGH NJW **90**, 503) Geldrente für 1 Monat vorauszuzahlen, entspr der Einkommenslage kann aber auch Zahlg für kürzere Abschnitte gestattet werden. Der Ausdr „mtl im voraus" gibt nur die UnterhPeriode an (Bambg FamRZ **80**, 916); zweckmäßig ist aber die Festsetzg der Fälligk jew zum MoAnfang, nicht nach dem Geburtsdatum des Kindes (LG Bln DAV **76**, 299). Zahlg „zum 1." bedeutet, daß der Gläub jew am 1. des Mo über das Geld verfügen k (AG Überlingen FamRZ **85**, 1143; aA Kln FamRZ **90**, 1243: bl Absendedatum). Keine ProzKostHilfe dafür, den Vater, der den Unterh regelm in der Mitte des Mo zahlt, zur Zahlg am MoAnfang zu zwingen (Schlesw SchlHA **78**, 19). Entscheid für die Haftg für den mtl Zahlgsabschnitt, daß der Gläub den Monatsanfang erlebt (vgl § 760 III); also keine Berufg auf Wegfall der Bedürftigk (sa § 1614 II). Ebso kein BereicherungsAnspr, wenn im Laufe des Mo Volljährigk eintritt. Befreiend wirkt nur die Überweisg auf das abredemäß bestimmte Kto (Ffm FamRZ **83**, 1268). Zur Leistg unter Vorbehalt BGH FamRZ **84**, 470. Zahlgen werden zunächst auf den lfd Unterh, dann auf Rückstde verrechnet (AG Ulm FamRZ **84**, 415). UnterhLeistgen nach **Polen** in Zloty mögl (Bytomski FamRZ **91**, 783).

1612 a *Anpassung von Unterhaltsrenten.* [I]Ist die Höhe der für einen Minderjährigen als Unterhalt zu entrichtenden Geldrente in einer gerichtlichen Entscheidung, einer Vereinbarung oder einer Verpflichtungsurkunde festgelegt, so kann der Berechtigte oder der Verpflichtete verlangen, daß der zu entrichtende Unterhalt gemäß den Vorschriften des Absatzes 2 der allgemeinen Entwicklung der wirtschaftlichen Verhältnisse angepaßt wird. Die Anpassung kann nicht verlangt werden, wenn und soweit bei der Festlegung der Höhe des Unterhalts eine Änderung der Geldrente ausgeschlossen worden ist oder ihre Anpassung an Veränderungen der wirtschaftlichen Verhältnisse auf andere Weise geregelt ist.

[II]Ist infolge erheblicher Änderungen der allgemeinen wirtschaftlichen Verhältnisse eine Anpassung der Unterhaltsrente erforderlich, so bestimmt die Bundesregierung nach Maßgabe der allgemeinen Entwicklung, insbesondere der Entwicklung der Verdienste und des Lebensbedarfs, durch Rechtsverordnung (Anpassungsverordnung) den Vomhundertsatz, um den Unterhaltsrenten zu erhöhen oder herabzusetzen sind. Die Verordnung bedarf der Zustimmung des Bundesrates. Die Anpassung kann nicht für einen früheren Zeitpunkt als den Beginn des zweiten auf das Inkrafttreten der Anpassungsverordnung folgenden Kalendermonats verlangt werden. Sie wird mit der Erklärung wirksam; dies gilt nicht, wenn sich die Verpflichtung zur Unterhaltszahlung aus einem Schuldtitel ergibt, aus dem die Zwangsvollstreckung stattfindet.

[III]Der Unterhaltsbetrag, der sich bei der Anpassung ergibt, ist auf volle Deutsche Mark abzurunden, und zwar bei Beiträgen unter fünfzig Pfennig nach unten, sonst nach oben.

[IV] *(Aufgehoben durch Art 8 des Jahressteuergesetzes 1996 vom 11. 10. 1995 BGBl I 1384).*

[V]Das Recht des Berechtigten und des Verpflichteten, auf Grund allgemeiner Vorschriften eine Änderung des Unterhalts zu verlangen, bleibt unberührt.

1 **1) Zweck:** Währd sich in der funktionierten Fam der Ausgl der steigdn ArbEntgelte u LebhaltgsKosten automat vollzieht, bedarf es bei Kindern gesch od getrennt lebder Elt u WaisenKi einer schemat Anpassg von UnterhTiteln, die dch die wirtsch Entwicklg überholt sind, in einem ggü ZPO 323 vereinf Verf (BT-Drucks 7/4791 S 7; prakt Hinweise: Knittel DAV **95**, 913). Die Dynamisierg erfolgt an Hand der AnpV (Rn 10–11) iW **prozentualer Angleichung** der UnterhRente an erhebl Ändergen der allg wirtsch Verhältn.

2/3 **2) Anpassung. a) Voraussetzungen, I 1: aa) Unterhaltsansprüche,** nicht auch and langfristige Verbindlkten, **bb) Minderjähriger,** wobei entscheidd ist, daß die UnterhRente für den Mj best ist; er braucht
4 nicht im Titel ausgewiesen zu sein (BT-Drucks 7/5311 S 4). **cc) Unterhaltstitel.** Die Anpassg gilt für UnterhRegelgn jeder Art (Bambg FamRZ **87**, 855), also für gerichtl Entscheidgn, ProzVergl u VerpflUrk
5 gem ZPO 794 I Z 1 u 5, KonsG 10 u SGB VIII 59 I 1 Z 3 (Einf 54 v § 1626). **dd)** Die erleichterte Anpassg darf nicht **ausgeschlossen** sein, I 2, was dch **Vereinbarung** wg §§ 134, 1614 I prakt nur in Betr kommt, wenn die UnterhRente den gesetzl Anspr erhebl übersteigt (Arnold JR **77**, 140; Bsp Hamm NJW **80**, 1112). Ausschl der Anpassg auch bei **anderweitiger Anpassungsregelung,** insb also beim RegelUnterh (ZPO 642b) od wenn sonst eine UnterhRente in Anlehng etwa an die DüssTab (§ 1610 Rn 5–16) neu festgesetzt
6 wird (Bambg JurBüro **78**, 133). **ee)** Die **Ausschlußfrist,** IV, für Anpassgen von UnterhRenten, die in den letzten 12 Mo festgesetzt od geänd w sind, hat sich nicht bewährt (Staud/Kappe 29; Wichmann FamRZ **95**, 1245) u ist dch das JStG 1996 abgeschafft w. Vgl iü 54. Aufl.

7 **b) Rechtsfolgen.** Liegen die AnpassgsVorauss vor, so besteht ein Anspr darauf, daß die UnterhRente
8 nach Maßg der gem II erlassenen AnpV der allg Entwicklg der wirtsch Verhältn angeglichen wird. **aa) Berechtigter** können UnterhGl wie -Schu sein. Die Herabsetzg von UnterhRenten kann in Zten wirtsch
9 Rezession Bedeutg erlangen. **bb)** Die Anpassg erfolgt nach II dch **prozentuale Erhöhung oder Herabsetzung** der UnterhRente. Bei anrechenb Leistgen wie dem KiGeld ist nach der **Bruttomethode** zu verfahren: Der ungekürzte UnterhBetr wird um den festgelegten Prozentsatz erhöht; dann erst werden die anrechenb Leistgen abgezogen (LG Kstz DAV **81**, 607; and LG Ulm FamRZ **89**, 1329: nach der Nettomethode wird der im Titel konkret ausgewiesene mtl ZahlgsBetr dynamisiert). Der errechnete UnterhBetr ist auf volle
10 DM **abzurunden, III. cc) Wirksamwerden der Anpassung, II 4,** bei nicht titulierten UnterhAnspr mit Zugang (§ 130) der AnpassgsErkl des Berecht. Von diesem Ztpkt an schuldet der UnterhPfl den sich nach der AnpV ergebnen höheren od niedrigeren UnterhBetr. Kommt der UnterhSchu der geänd UnterhPfl nicht nach, ggf Verzugsfolgen (§§ 284ff). Liegt ein **Vollstreckungstitel** vor, erfolgt dessen Abänderg nach dem vereinf Verf (Rn 13).

11 **3) AnpassungsVO, II.** ErmächtiggsGrdl: **II 1.** Die VO darf die ermittelten Eink- u LebBedIndikatoren nicht erhebl über- od unterschreiten. Zust des BR, **II 2,** zuZw der Berücks regionaler Besondern in der wirtsch Entwicklg (BT-Drucks 7/4791 S 13). Die Fr von bish mind 3 Mo zw dem Inkrafttr der VO u dem Wirksamw der ÄndSätze, **II 3,** soll den Betroffenen die Möglk zu einer gütl Einigg u den JugÄ ausr Gelegenh zur Überprüfg der Fälle geben. Sie ist entspr EG 234 § 8 II dch Art 8 Nr 2 des JStG 1996 auf eine MindFr v 2 Mo herabgesetzt w (vgl BT-Drucks 13/2100 S. 93). Vgl iü ZPO 641o. Die **AnpV 1992** v 19. 3. 92 (BGBl I 535) ist am 31. 3. 92 in Kr getr. Die Erhöhg um 16% in § 1 entspr der Erhöhg der RegUV (Anh zu § 1615f u g). Zur Begrdg: Kalthoener/Büttner NJW **92**, 1806. Die Beschrkg der Geltg der AnpV auf die alten BuLä beruht auf EG 234 § 8. Die AnpVOen für die neuen BuLä sehen eine Erhöhg der UnterhRenten Mj nach dem 30. 6. 92 um 32% vor (Nachw FamRZ **92**, 1026; DAV **92**, 1053). Nach der **AnpV 1995** v 25. 9. 95 (BGBl I 1190) können UnterhRenten für Mj nach Maßg des § 1612a für ZtRäume nach dem 31. 12. 95 um **20%** erhöht w. Vgl zu den Auswirkgen insb iVm der Erhöhg des KiG (§ 1602 Rn 13): DIV DAV **95**, 907ff. IGgs zur 4. AnpV erfolgt die Erhöhg für das ges BuGebiet.

12 **4) Vereinfachtes Verfahren:** ZPO 641l–641t. Überprüfg der Titel in regelm Abständen (2 J). Wurde eine frühere AnpassgsMöglk versäumt, ist ohne AbändKl eine Anpassg nach mehreren AnpV zul (LG Bln DAV **87**, 120). Soweit ein UnterhTitel im zeit- u kostensparen AnpassgsVerf abgeänd w kann, scheidet gem ZPO 323 V eine AbändKl (Einf 28 v § 1601) aus (Karlsr FamRZ **86**, 582), es sei denn, diese würde zu

einem wesentl abweichden UnterhBetr führen (Hamm FamRZ **87**, 91: 50%). Im letzteren Fall AbändKl im Anschl an die Anpassg (BGH FamRZ **82**, 915). Doch können bei einer wg individueller Verändergen zul AbändKl auch die allg wirtsch Veränd berücks w (Soerg/Häberle 13). Iü bleiben die proz Möglkten (ZPO 323, 767), Ändergen des Unterh zu verlangen, unberührt, **V.** Das gilt insb für Ausgangstitel mit unzureichden UnterhBetr; sie sollen zunächst iW der AbändKl korrigiert w (KG FamRZ **76**, 90; Köhler NJW **76**, 1533).

1613 *Unterhalt für die Vergangenheit.* [1]Für die Vergangenheit kann der Berechtigte Erfüllung oder Schadensersatz wegen Nichterfüllung nur von der Zeit an fordern, zu welcher der Verpflichtete in Verzug gekommen oder der Unterhaltsanspruch rechtshängig geworden ist.

[2]Wegen eines unregelmäßigen außergewöhnlich hohen Bedarfs (Sonderbedarf) kann der Berechtigte Erfüllung für die Vergangenheit ohne die Einschränkung des Absatzes 1 verlangen. Der Anspruch kann jedoch nach Ablauf eines Jahres seit seiner Entstehung nur geltend gemacht werden, wenn vorher der Verpflichtete in Verzug gekommen oder der Anspruch rechtshängig geworden ist.

1) Zweck des Nachforderungsverbots: Schutz des Schuldn gg hohe NachFdgen; Nötigg des Bedürft 1 zur Geltdmachg des Unterh in der Ggwart. **Anwendungsbereich:** I bezieht sich auf die UnterhPfl gem §§ 1601ff, einschl des ErsAnspr aus § 1607 II 2 u des famrechtl AusglAnspr (§ 1606 Rn 17); desgl auf Anspr aus GoA od Bereicherg bzw auf SchadErs (Einf 8 u 21 v § 1601), insb wg Nichterfüllg von NaturalUnterh (Staud/Kappe 18); ferner auf UnterhAnspr unter Eheg (§§ 1360ff). Für UnterhAnspr gesch Eheg enth § 1585b u EheG 64 entspr Vorschr. I gilt auch für ErsAnspr des SozHilfeTr (Einf 25 v § 1601); ferner für den FamAusgl zw den Elt (Kln FamRZ **93**, 806; Einf 19 v § 1601). Die Einschränkgen von I gelten dagg **nicht** für NachholBed (§ 1610 Rn 1) sowie für vertragl geregelte UnterhAnspr (Rn 9); für SchenkgsRückFdg gem § 528 I 1 (Düss FamRZ **84**, 887); bei Verletzg v UnterhVerspr (RG **148**, 71; **164**, 69) od wg SchlechtErfüllg einer KrankenkostenvorsorgeVerpfl (Schlesw FamRZ **83**, 394 zweifelh). II gilt als allg RGedanke jedoch auch für SondBed bei AltScheidgen (BGH NJW **83**, 224).

2) Grundsatz: Kein Unterhalt für die Vergangenheit, u zwar auch nicht, wenn der UnterhGl desh 2 Schulden gemacht hat. Auch keine rückwirkde Teilhabe an RentennachZahlgen des UnterhSchu (BGH NJW **85**, 487). **Ausnahmen** von dem genannten Grds enth (abgesehen von §§ 1585b u 1615d) I u II bei

a) Verzug des Unterhaltsschuldners (Lit: Brüggemann FS Bosch 1976 S 89). **Voraussetzungen:** 3 §§ **284, 285.** Das erfdl **Verschulden** fehlt nicht schon dann, wenn dem UnterhSchu bei Mahng die für die Höhe des Unterh maßgebden Umstde noch nicht bekannt waren (Stgt FamRZ **84**, 1234).

aa) Mahnung: § 284 Rn 15. Grdsl entbehrl bei ZahlgsVerpfl in Unterhvergl (Mü FamRZ **95**, 1293). 4 **Person:** Bei mj UnterhBerecht erfolgt die Mahng dch den gesetzl Vertr, ausnw auch (zB § 1629 II 2) dch den nicht sorgeberecht EltT (KG FamRZ **89**, 537). Eine Mahng dch Vertreter ohne VertrMacht ist unwirks (Kblz NJW-RR **92**, 1093; vgl aber § 180 S 2 u Ffm FamRZ **86**, 592; Zweibr FamRZ **92**, 1464). Das vollj Ki muß selbst mahnen. **Bestimmtheit:** § 284 Rn 17, 18. Bei mehreren Ki konkr Bezifferg erfdl (Hamm FamRZ **95**, 106). Zu Bestimmth, Stufenmahng (KG FamRZ **94**, 1344), Zuviel- u MinderFordg, MehrFdg u Wiederholg der Mahng: § 284 Rn 17ff.

Mahnungsersetzende Wirkg: § 284 Rn 21. Ferner: Der forml Zugang der KlSchr (BGH FamRZ **85**, 5 371), das PKH-Gesuch (BGH FamRZ **83**, 892); StufenKl u Antr auf einstw AnO (Rn 8); Zustellg eines Antr beim VormschG gem § 1612 II 2 (Hbg FamRZ **93**, 102); jedoch nicht die Einl eines StrafVerf gem StGB 170b (BGH NJW **87**, 1149) od die isolierte Aufforderg zur Erteilg von Ausk (AG Weilburg NJW-RR **87**, 519). Die **Rechtswahrungsanzeige** (Einf 25 u 32 v § 1601) wirkt nicht zG des UnterhBerecht als Mahng (Düss FamRZ **78**, 436), wohl aber umgek die Mahng des UnterhGl im Verhältn zw SozHilfeTr u Unterh-Schu (Schlesw SchlHA **79**, 127; Hamm FamRZ **90**, 307: ohne ErgPfl).

Wegfall des Mahnungserfordernisses: § 284 Rn 24, insb bei **Unterhaltsverweigerung** dch den Un- 6 terhSchu (BGH FamRZ **83**, 370f; Hamm FamRZ **80**, 916), allerd nur mit Wirkg für die Zkft (BGH NJW **85**, 486); bl Nichtleistg reicht hierfür nicht aus (BGH FamRZ **83**, 352); and ggf bei Verlassen der Fam ohne mahnfäh Anschr (Schlesw FamRZ **85**, 734). Bei UnterhVertr: Rn 9. Zur Begr des SchuVerz reicht auch eine **Selbstmahnung** des UnterhSchu aus, auch das Versprechen einer best UnterhSumme für mehrere Berecht (Zweibr FamRZ **87**, 1301). Dagg kein automat Verzug aGrd der FälligkVorschr des § 1612 III (Karlsr FamRZ **81**, 384). **Zurücknahme** der Mahng: Rn 7.

bb) Verzugswirkungen. Der UnterhSchu kommt dch eine Mahng für die Zeit **ab Zugang der Mah-** 7 **nung** in Verz, also weder rückw für den ges Mo noch erst mit dem Beginn des FolgeMo (BGH FamRZ **90**, 283). Entspr von der endgült LeistgsVerweigerg an (BGH NJW **85**, 486). Wg des BestimmthGebots (Rn 4) begr die Mahng den Verz nur iH der geforderten UnterhBetr, auch wenn dem Berecht mehr Unterh zustand (BGH FamRZ **82**, 887/90; **90**, 283/5). Nach Inverzugsetzen kann der Berecht außer dem rückständ Unterh gem §§ 286, 288, 291 auch Ers des **Verzugsschadens** und **Zinsen** verlangen (Hbg, Mü u Hamm FamRZ **84**, 87, 310 u 478; Ffm FamRZ **85**, 704; aA Celle FamRZ **83**, 525 mAv Brüggemann; sa DAV **75**, 453). Zur Wirkg auf den famrechtl AusglAnspr § 1606 Rn 17. **Wegfall des Verzugs:** § 284 Rn 28ff; BGH FamRZ **95**, 725. Die versehentl (Hbg FamRZ **93**, 102) od einseit **Zurücknahme der Mahnung** ist wirkgslos; ggf aber Erl gem §§ 397, 151 (BGH FamRZ **88**, 478; Hamm FamRZ **90**, 520). Verzug entfällt auch, wenn sich der UnterhGl stillschweigd mit einem niedrigeren UnterhBetr zufrieden gibt (Hamm FamRZ **89**, 310). Die Mahng verliert ihre Wirkg auch dch **Verwirkung** (Hbg FamRZ **90**, 1271). Vgl iü Rn 8.

b) Rechtshängigkeit des UnterhAnspr (ZPO 261 I u II, 696 III, 700 II), auch dch **Stufenklage** (BGH 8 FamRZ **90**, 283). Vgl iü oben Rn 5 u wg der Wirkgen Rn 7. Der Verz endet rückw dch Rückn der

UnterhKl, auch dch Zurückweisg eines Antr auf eine UnterhAnO; vgl iü BGH NJW **83**, 2318; § 212 II analog.

9   **c) Vertraglich festgelegter Unterhalt.** Die Geltdmach rückständ Unterh ist dann nicht an die vorherige InverzugSetzg des UnterhSchu gebunden, wenn der UnterhAnspr in best Höhe dch Vertr der Part geregelt w ist (RG **164**, 65; Karlsr u Brem FamRZ **81**, 384 u 972). Dasselbe gilt für vertragl vorweggen UnterhErhöhgen. Hat sich der UnterhSchu vertragl verpfl, den jew geltden RegBedSatz zu zahlen, dann muß er auch ohne Mahng den dch die RegUnterhVO (Anh zu §§ 1615f, 1615g) erhöhten Betr zahlen (Oldbg u Düss FamRZ **79**, 627 u 1057), wofür auch eine ScheidgsVereinbg zw den Elt ausr (Mü FamRZ **79**, 1057). Dasselbe gilt bei Anknüpfg der vertragl UnterhVerpfl an den LebhaltgsIndex (Kln FamRZ **83**, 178).

10   **d) Sonderbedarf, II** (Lit: Puls DAVorm **75**, 574; zum GetrLeben § 1361 Rn 50) – abgesehen von Bedürftigk u LeistgsFhgk (KG FamRZ **93**, 561) – unter **zwei Voraussetzgen:**

11   **aa)** wenn dieser „unregelmäßig", dh **nicht mit Wahrscheinlichkeit vorauszusehen** war und desh bei der Bemessg der laufden UnterhRente iRd RegBed (§ 1610 Rn 7) nicht berücks w konnte, so daß selbst außergewöhnl hohe Einzelausgaben bei Voraussehbark kein Sondbed zu sein brauchen. Bei größeren voraussehb Ausg ist also der lfde Unterh so zu bemessen, daß genügd SpielR für eine vernünft Plang bleibt (BGH NJW **82**, 328). Auch bei den Kosten für NachhilfeUnterr kommt es auf die pädagog Indikation (Zweibr FamRZ **94**, 770) sowie auf die Vorhersehbark u Kalkulierbark an (Düss FamRZ **81**, 75; Hamm FamRZ **91**, 857; AG Viechtach FamRZ **91**, 1233 ggf Beteiligg des SorgeBerecht trotz § 1606 III 1). Desh stellen auch Kosten f Kindergartenbesuch keinen SondBed dar (AG Wunsiedel DAV **86**, 184); ferner ist BrillenAufpreis kein SondBed (AG Ulm FamRZ **84**, 415); ebsowenig Kosten f Zahnbehdlg (Zweibr FamRZ **84**, 169; und bei voraussichtl mehrjähr kieferorthopäd Behdlg: Karlsr FamRZ **92**, 1317) od nach erfolgt Behdlg Einzeltherapie einer psychogenen Erkrankg (aA Saarbr FamRZ **89**, 1224); Klavieranschaffg (AG Karlsr FamRZ **88**, 207); Urlaub (Ffm FamRZ **90**, 436) od Kosten f Schullandheim (Stgt DAV **84**, 485) od Austauschschüler (Karlsr FamRZ **88**, 1091) od AuslStudium (Hamm NJW **94**, 2627). Vom vorherseh Krankh-Kosten dürfen nicht durch nachträgl Verteilg auf einen längeren Zeitraum zu lfdem UnterhBed fingiert w (BGH aaO). Kein SondBed sind **Altenpflegekosten** (LG Hagen FamRZ **89**, 1330; AG Hbg FamRZ **91**, 1086; aA AG Hagen FamRZ **88**, 755). Vom Ki zu erstattde **Prozeßkosten** sind kein SondBed (AG Sinzig FamRZ **90**, 1268); zum **PKV:** § 1610 Rn 33. Außergerichtl RVerfolggKosten sind kein SondBed (aA Kleinwegener FamRZ **92**, 755).

12   **bb)** Der Bedarf muß im Verhältn zum lfd Unterh **außergewöhnlich hoch** sein, so daß unter beengten wirtschaftl Verhältn eine unvorhergesehene Ausgabe eher SondBed ist als bei gehobenem LebZuschnitt. Im Zweif soll es im Interesse der Beruhigg der Verhältn bei der lfd UnterhRente sein Bewenden haben (BGH NJW **82**, 328). Eine funktionsbezogene Betrachtsw grenzt danach ab, ob die betr Ausgabe von einer vorausschauenden BedPlang dch Bildg von Rücklagen im lfd Unterh einkalkuliert werden konnte (Düss FamRZ **90**, 1144; Celle NJW-RR **91**, 201; Vogel FamRZ **91**, 1134). SondBed kann sein: Erstausstattg eines Säuglings (Hamm NJW **80**, 1287; Kblz FamRZ **89**, 311). Die Notwendigk der Aufwendgen muß dargelegt w; ggf muß der Sorgeberecht seiners einen Teil davon tragen (Hamm FamRZ **93**, 995). LGe Heilbr FamRZ **90**, 556; Zweibr FamRZ **91**, 479; Stgt u OLG Nürnb FamRZ **93**, 994 u 995; Büdenbender FamRZ **75**, 283; aA LGe Aurich DAV **88**, 544; Ellwangen FamRZ **90**, 558; Verden u Boch FamRZ **91**, 479 u 1477; AG Reutlingen DAV **93**, 724 bei nehel Ki); Ski– (Hbg FamRZ **91**, 109) u Klassenfahrt (Hamm FamRZ **92**, 346; AG Charl DAV **87**, 371: ins Ausl; BVerwG NJW **95**, 2369: SozH), insb wenn die UnterhRente unverhältnmäß niedr ist (KG FamRZ **93**, 561 ZahnBehdlg; AG Charl FamRZ **87**, 1075); ProzKostVorschub (Stgt FamRZ **88**, 207; vgl §§ 1610 Rn 33–36; 1360a Rn 9–19); Umzugskosten (BGH NJW **83**, 224 m weit Bspen; Düss FamRZ **82**, 1068); kieferorthopäd Behdlg (Bad Kreuzn DAVorm **74**, 516; aA AG Stgt-Bad Cannstatt DAV **84**, 487), wenn die einz BehdlgsMaßn nicht v vornh festgelegt w kann (Düss FamRZ **81**, 76); medizin od heilpädagog Behdlg (Hamm DAVorm **78**, 746); medizin verordneter KurAufenth (Kln FamRZ **86**, 593); Anschaffg eines teuren Musikinstruments zur BerufsAusbildg (Ffm FamRZ **95**, 631); behindergsbedingte Anschaffg eines Fahrradergometers u einer Schreibmaschine (Kln FamRZ **90**, 310); Anschaffg von neuem Bettzeug wg Staubmilbenallergie (Karlsr FamRZ **92**, 850). Dagg **nicht:** Schultüte (and BVerwG NJW **93**, 2192); Zimmereinrichtg für das dem Kinderbett entwachsene Ki (Kblz FamRZ **82**, 424); Konfirmation (Hamm FamRZ **91**, 110 u 1352; Karlsr FamRZ **95**, 1009; aA Ffm FamRZ **88**, 100; Karlsr FamRZ **91**, 1349) od Kommunion (Düss FamRZ **90**, 1144; Hamm FamRZ **91**, 857; Karlsr FamRZ **91**, 1351 Bewirtg; aA Kln FamRZ **90**, 89); Einrichtg einer eig Wohng der studierenden Tochter (AG Kln FamRZ **83**, 829).

13   **cc)** Unerhebl ist, ob der SondBed dch ein **Verschulden** des sorgeberecht und EltTeils entstanden ist (aA LG Stgt FamRZ **65**, 518); der eintretde EltTeil hat RückgrAnspr gg den SorgeBerecht. NachhilfeStden sind SondBed nur, wenn der Mj nicht seine EigenVerantwortlk verletzt hat (Ffm FamRZ **83**, 941). Die Notwendigk der Aufwendgen muß dargelegt w; ggf muß der SorgeBerecht seiners einen Teil davon tragen (Hamm FamRZ **93**, 995). SondBed ist nicht, was billiger hätte erworben w können wie Sprachkursus mit Urlaubscharakter (Brschw FamRZ **95**, 1010).

14   **dd) Entstehungszeitpunkt:** Der UnterhAnspr wg SondBed entsteht noch nicht, wenn sich die Notwdgk der Anschaffg eines best WirtschGuts mehr od mind deutl abzeichnet, sond erst, wenn der UnterhGläub seiners verpfl ist, den Preis für das anzuschaffde Gut zu bez (Karlsr FamRZ **90**, 88).

15   **ee) Geltendmachung** in einer Summe (Kln FamRZ **86**, 593) u nur bis 1 Jahr seit Entstehg, darüber hinaus nur, wenn vor Ablauf des Jahres der Schu in Verz gesetzt od der Anspr rechtshäng geworden ist, **II 2.** Analoge Anwendg auf dch ScheidgsVereinbg übernommene UmzugsKost (Ffm FamRZ **87**, 1143).

16   **3) Besonderheiten.** Grdsl gilt Einf vor § 1601. Auf den Anspr für die Vergangenh kann aber verzichtet w (BGH NJW **87**, 1546); zur Vererbg § 1615 I; Verj: 197 Rn 8; Verwirkg: Schlesw NJW-RR **94**, 582; AG Weilbg FamRZ **92**, 216.

1614 *Verzicht auf den Unterhaltsanspruch; Vorausleistung.* ¹Für die Zukunft kann auf den Unterhalt nicht verzichtet werden.

²Durch eine Vorausleistung wird der Verpflichtete bei erneuter Bedürftigkeit des Berechtigten nur für den im § 760 Abs. 2 bestimmten Zeitabschnitt oder, wenn er selbst den Zeitabschnitt zu bestimmen hatte, für einen den Umständen nach angemessenen Zeitabschnitt befreit.

1) Mit Rücks auf die sittl Grdl der UnterhPfl (Einf 1 vor § 1601) u das öff Interesse (RG **86**, 268) **1** **zwingende Vorschrift.** Ausn für Abfindgs Vertr des nehel Kindes (§ 1615e); doch besteht iR v Unterh-Vereinbgen ein gewisser Spielraum (Hamm FamRZ **81**, 869). § 1614 gilt auch für den UnterhAnspr der Eheg (§§ 1360, 1361); hins geschiedener Eheg u ihnen Gleichgestellter vgl § 1585c Rn 4. Zul jedoch **Frei-stellungsvereinbarungen** zw den Elt (vgl dazu § 1606 Rn 18), von denen aber der UnterhAnspr des Ki nicht berührt w. Ihm ggü sind daher unwirks Vereinbgen ü UnterhZahlg auf ein SperrKto (aA Ffm FamRZ **94**, 1131 mit Berichtigg in Heft 21 S II) od Bindg an best TabSätze (Celle FamRZ **94**, 1131) **Unterhaltsver-zicht für die Vergangenheit** ausdrückl od stillschweigd zul. Vergl ü UnterhRückst kann wirks s auch bei Nichtigk desj f die Zukft (Kblz MDR **71**, 497). Ein Verzicht auf KiUnterh innerh eines zw Eheg geschl VermVergl setzt eindeut Vertretg voraus (BGH FamRZ **87**, 934). Weder Verzicht noch Verwirkg liegen darin, daß UnterhAnspr eines nehel Ki 15 J (BGH FamRZ **81**, 763) u derj eines ehel Ki 2½ J nicht geltd gemacht w (Mü FamRZ **82**, 90). **DDR:** Ein UnterhVerzicht für die Zukft war auch n FGB 21 unwirks (Hamm DAV **92**, 362). Vor dem Beitritt geleistete Vorauszahlgen sind ebso unerhebl wie zw den Elt getroffene FreistellgsVereinbgen (LG Oldbg FamRZ **93**, 233).

2) **Kein Verzicht für die Zukunft, I:** gleichgült, ob vollst od teilw (RG JW **02**, 72), entgeltl od **2** unentgeltl (RG JW **05**, 682), ob die Parteien den (obj vorliegden) Verzicht bezweckt haben (RG JW **19**, 825), der Verzichtde zZ der Abgabe der Erkl nicht bedürft war od der Vertr (bzw Vergl) vormschgerichtl genehmigt war (RG **50**, 96); unzul mithin auch Abfindgs- u SchiedsVertr (ZPO 1025). § 1614 gilt auch, wenn ehel Kinder in einem gerichtl Vergl unterh der Bedarfssätze der Düss Tab (§ 1610 Rn 13–15) geblieben sind, zB bei einer Unterschreit der Sätze der Düss Tab um ⅓ (Kln FamRZ **83**, 750). In solchen Fällen kann entspr AbändergsKl erhoben w (Schlesw SchlHA **79**, 190). Wg vertragl Übern der UnterhPfl dch Dr § 1602 Rn 8. § 1614 widerstreitde Vertr sind wg § 134 ow nichtig. Hins des gesetzl UnterhAnspr ist vertragl Regelg nur innerh des gesetzl gelassenen Spielraums der Angemessenh zul (Warn **19**, 69); unterschreiten die vereinb Beträge das gesetzl Maß, gilt § 1614 (Kiel DAVorm **76**, 93). Unzul desh eine Vereinbg, daß der kindbezoge-ne Anteil zum Ortszuschl voll angerechnet w soll, wenn dies einen Verzicht auf ⅓ des UnterhAnspr für die Zukft bedeutet (Oldbg FamRZ **79**, 333). Dagg verstößt eine Vereinbg, wonach 50 DM vom UnterhSchu in zG des Berecht abgeschl AusbildgVers eingez werden soll, nicht gg § 1614 (Kln FamRZ **83**, 750; Celle NdsRPfl **91**, 244). Verzicht auch mögl für die Vergangenh (§ 1613 Rn 15). § 1614 gilt nicht für das gesetzl Maß überschreitde Festsetzgen.

3) **Vorausleistungen, II.** Der über den in § 760 II genannten Zeitabschnitt (im allg 3 Monate, vgl aber **3** auch § 1612 Rn 21) hinaus Leistende handelt auf eig Gefahr, muß also nochmals leisten, wenn nach Ablauf des Zeitabschnitts Bedürftig vorliegt. Hinterlegte Sicherh befreit nur, wenn das Ki die hinterl Betr erlangt (Kblz NJW-RR **90**, 264).

1615 *Erlöschen des Unterhaltsanspruchs.* ¹Der Unterhaltsanspruch erlischt mit dem Tode des Berechtigten oder des Verpflichteten, soweit er nicht auf Erfüllung oder Schadensersatz wegen Nichterfüllung für die Vergangenheit oder auf solche im voraus zu bewir-kende Leistungen gerichtet ist, die zur Zeit des Todes des Berechtigten oder des Verpflichteten fällig sind.

²Im Falle des Todes des Berechtigten hat der Verpflichtete die Kosten der Beerdigung zu tragen, soweit ihre Bezahlung nicht von den Erben zu erlangen ist.

1) **Höchstpersönlicher Anspruch.** Mit dem Tode des Berecht od Verpfl muß desh der Anspr wegfallen, **1** weil die Voraussetzgen in deren Pers vorliegen müssen. Entspr anwendb auf Eheg (§ 1360a III), hingg nicht bei Geschiedenen (§ 1586b; EheG 69, 70), u den ihnen Gleichgestellten (EheG 26, 37, 39 II 2). Gilt auch für das nehel Kind (§ 1615a); vor Inkrafttr des NEhelG: NachlVerbdlk (BGH NJW **75**, 1123). § 1615 ist im Falle des Todes des Schenkers entspr anwendb (§ 528 I 3).

2) **Der Unterhaltsanspruch erlischt, I,** außer wenn es sich um Anspr für die Vergangenh (vgl § 1613 **2** Rn 2) od bereits fällige Leistgen handelt (§ 1612 Rn 21).

3) **Beerdigungskosten für den Berechtigten, II.** Sind diese (auch die einer Feuerbestattg) von dem an **3** sich verpfl Erben (§ 1968) nicht zu erlangen, so hat sie der UnterhVerpfl iR der §§ 1610, 1611 zu tragen. Danach bemessen sich auch Ort u Ausstattg des Grabes (RG **139**, 393). Der UnterhVerpfl erlangt iF des II einen ErsAnspr gg den Erben, Elt untereinand ggf aus § 683 (AG Neust FamRZ **95**, 731). Vgl iü § 1586 Rn 2.

II. Besondere Vorschriften für das nichteheliche Kind und seine Mutter

1615a   *Anwendung der allgemeinen Vorschriften.*   **Für die Unterhaltpflicht gegenüber nichtehelichen Kindern gelten die allgemeinen Vorschriften, soweit sich nicht aus den folgenden Bestimmungen ein anderes ergibt.**

1   **1)** Vgl zunächst Einf 5 v § 1601 (Lit: Müther MDR **95**, 325); wg **Übergangsregelung** dort Rn 35. Währd das BGB in seiner früh Fassg den UnterhAnspr nehel Kinder rein schuldrechtl auffaßte (§§ 1708 ff aF), führt das NEhelG die UnterhPfl ggü nehel Kindern auf ihre natürl Grdlage zurück, wie schon in der neuen Systematik (Untertitel der allg UnterhVorschr) zum Ausdr gebracht w, daß näml für die UnterhPfl ggü ne Ki die allg UnterhVorschr unter Verwandten unmittlb zur Anwendg kommen. Ehel u ne Kinder stehen sich also unterhrechtl gleich. So auch bei Pfändg gg den UnterhSchu (ZPO 850 d II a, b), bei PKV (KG FamRZ **71**, 44; vgl § 1610 Rn 33). Die für die ne Kinder bestehenden SonderVorschr passen ledigl ihre UnterhAnspr ihrer bes
2   Lage an. Zur Verbindg mit der AbstammgsFeststellgsKl vgl § 1600a Rn 5. **Ist der Vater nicht festgestellt worden,** hat die Mutter dch Erwerbstätigk u persönl Betreuung f das Kind zu sorgen; zur Berücks der Mitversorgg dch GroßElt BGH FamRZ **76**, 143. AuskAnspr des Ki zur Pers seines Va: Einf 2 v § 1591.

3   **2) Unterhaltsrechtliche Folgen für die nichtehelichen Kinder.** Unterhberecht ist das nehel Kind, wenn es sich nicht selbst erhalten kann, § 1602 I; eine Altersgrenze besteht nicht, jedoch hat der Vater bis zum vollendeten 18. LebensJ des Kindes grdsätzl den RegelUnterh zu zahlen, außer wenn das Ki in den väterl Haush aufgen ist, § 1615 f I. Zur UnterhHöhe § 1615 f Rn 2. Im Rahmen des § 1606 III ist auch die Mutter unterhpflichtg, desgl die Elt von Va u Mu, §§ 1601, 1606 II, falls sie zur Leistg imstande sind, § 1603. Alle diese Pers sind auch den Abkömml des Kindes unterhaltsverpfl u umgek; denn entspr § 1601 ist die Unterh-Verpfl ganz allg ggs. Ggü Fdg auf AusbildgsUnterh (§ 1610 Rn 37) hat UnterhSchuldn bis zur Erteilg hinreichder Informationen ü den Fortgg der Ausbildg Leistgs-VerweigerngsR (LG Freibg FamRZ **83**, 1165).

1615b   *Übergang des Unterhaltsanspruchs.*   **[1]Der Unterhaltsanspruch des Kindes gegen den Vater geht, soweit an Stelle des Vaters ein anderer unterhaltspflichtiger Verwandter oder der Ehemann der Mutter dem Kinde Unterhalt gewährt, auf diesen über. Der Übergang kann nicht zum Nachteile des Kindes geltend gemacht werden.**
[II]Absatz 1 gilt entsprechend, wenn ein Dritter als Vater dem Kinde Unterhalt gewährt.

1   **1)** Währd § 1709 II aF den UnterhAnspr nur bei Befriedigg dch die Mutter od unterhpfl mütterl Verwandte auf diese übergehen ließ, zieht § 1615b unter Berücks der zu dieser Frage entwickelten Rspr den Kreis viel weiter. Da der UnterhAnspr des Kindes übergeht, bleiben ihm auch seine rechtl Besonderh. Verfrechtl ZPO 644. Zustdg ProzAbt des AG, nicht FamG (Mü FamRZ **78**, 349; Brem FamRZ **84**, 511). Der gesetzl FdgsÜbergang ist in ZPO 643 zu beachten u nicht dem AnpassgsVerf n ZPO 643a vorzubehalten (BGH NJW **81**, 393; Karlsr DAV **82**, 214 mN). Zum sonst Regreß § 1600a Rn 1. Zum **Auskunftsanspruch** ü die Pers des leibl Vaters Einf 2 v § 1591.

2   **2) Forderungsübergang kraft Gesetzes,** § 412, bei Unterh seitens der Mutter od ihrer od des Vaters Verwandten in aufsteigder Linie (Großeltern), ebso seitens des Ehem der Mutter (Stiefvater), **I,** od seitens des als Vater geltden Ehem der Mutter, **II.** Desgl auf den Mann, der die Vatersch anerkannt, aber mit Erfolg angefochten hat, der als Vater dch Urt festgestellt ist, wenn Urt im WiederAufnVerf aufgeh wurde, der auf einstw Vfg od AnO hin, § 1615o, ZPO 641 d, od auch sonst als Vater geleistet hat, zB ohne ausdrückl Anerkenng, aber ohne der wirkl Vater zu sein. Der UnterhRückgr setzt aber beim Scheinvater nicht nur die negat Feststellg seiner Vatersch, sond darüber hinaus auch die Klärg der Vatersch des angebl Erzeugers voraus, die nicht als Vorfrage im RegreßProz erfolgen k (BGH **121**, 299; Küppers NJW **93**, 2918; zur Reform: Karst ZRP **94**, 380). **Höhe:** Übergg nur in dem Rahmen, in dem der Vater leisten mußte (§§ 1615f, g) u auch geleistet h, wobei NaturalUnterh nach den UnterhTab (§ 1610 Rn 4 ff) umzurechn ist (AG Kln FamRZ **91**, 735), also auch f SondBed (§ 1613 Rn 10) wie Babystausstattg (LG Heilbr FamRZ **90**, 556; § 1613 Rn 12). FdgsÜbergang von entspr Erstattgsabsicht abhäng (vgl § 1607 Rn 5; Brüggemann DAV **85**, 774), die bei fakt Unterschiebg des Ki dch die pers- u vermsorgeberecht Mu leicht fehlen kann (vgl LG Saarbr DAV **91**, 867). Anspr darf grdsl nicht dadch beeinträchtigt w, daß der Schu sein Eink auf eine Vermögensbildg verwendet (Kblz FamRZ **77**, 68). Übergang von Geburt od UnterhLeistg an. §§ 1593, 1600a stehen der Entsteh des Anspr nicht entgg, wohl aber seiner Geltdmach (BGH **24**, 12); sol also das Kind als ehel Kind aGrd von §§ 1591 ff angesehen w od die Vatersch gem § 1600a mit Wirkg für u gg alle noch festst feststeht, besteht kein RückgriffsAnspr des Scheinvaters gg den angebl Erzeuger (Kln FamRZ **78**, 834); nach EhelkAnf dch das Ki nach Scheidg aber auch dann, wenn der nehel Vater v seiner Vatersch keine Kenntn hatte (LG Boch FamRZ **86**, 298). II schließt delikt Anspr des Scheinvaters gg die ihn
3   dch Täuschg zur Eheschließg veranlassde Ehefr nicht aus (BGH **80**, 235). **Familienrechtlicher Ausgleichsanspruch:** Zur UnterhLeistg, deren Erstattg der Scheinvater v Erzeuger verlangen kann, gehören nicht nur der ProzKostVorsch f die AnfKl (BGH NJW **64**, 2151; **68**, 446), sond sämtl **Kosten der Ehelichkeitsanfechtung** (BGH **57**, 229; LG Lünebg FamRZ **91**, 1095; aA AG Ettenheim FamRZ **92**, 558; AG Aschaffbg FamRZ **92**, 1342 m abl Anm Goes: RAGebühren nicht, weil nicht erfdl; LG Detm FamRZ **92**, 98: keine AnfKosten, wenn Vatersch zuvor anerkannt w war), unabh davon, ob das Ki vor Eheschl (LG Düss FamRZ **93**, 997) od danach gezeugt w (BGH **103**, 160), ggf aber nur Zug um Zug gg Abtretg des SchadErsAnspr gg die Mu (LG Düss aaO). Der KostenerstattgsAnspr des Scheinvaters ist unabhäng von der
4   LeistgsFähigk des Erzeugers (LG Dortm FamRZ **94**, 654). **Verjährung:** 4 J (§ 197); dagg 30 J für SondBed u den EhelkAnfKostErsatz (BGH **103**, 160). Die Verj beginnt wg §§ 1593, 1600a nicht vor Rechtskr des AnfUrt (BGH **48**, 361), u zwar auch, wenn das nehel Ki als Erbe seiner Mutter Anspr gg den Vater geltd
5   macht (BGH FamRZ **81**, 763). Erhält Scheinvater v der Pers des Erzeugers erst später Kenntn, beginnt Verj

erst von diesem Ztpkt an (Kblz FamRZ **60**, 365). Zahlt nehel Vater auf Anraten des JugA an dieses, wird er dem Scheinvater ggü gem §§ 407, 412 frei (LG Bochum FamRZ **80**, 938). Der BereichergsAnspr des Scheinvaters gg das Ki scheitert idR an § 818 III (BGH NJW **81**, 2183), währd er an den Träger der SozHilfe nach Überleitg geleistete Zahlgen zurückverlangen k (BGH **78**, 201). Die Reihenfolge der UnterhVerpflichteten ergibt außer für den RegelUnterh § 1606. Bringt den Unterh der Träger der SozHilfe auf, kann dieser den Überg des Anspr auf sich dch schriftl Anz an den Verpflichteten bewirken (BSHG 90 f). II trifft auf ihn nicht zu, da er nicht als Vater leistet. Der auf den Stiefvater übergegangene Anspr ist frei **abtretbar**, kann also insb auf das Ki zurückübertragen w (BGH NJW **82**, 515).

3) Nicht zum Nachteil des Kindes, I 2. So zB, wenn Vater dch Befriedig der übergegangenen Anspr **6** für die Zukunft das Kind nicht mehr unterhalten könnte, KG RJA **16**, 15. Besteht die Möglk, daß der UnterhSchu in der Lage ist, sow den lfd als auch den auf den Dr übergegangen UnterhAnspr zu befriedigen, wird erst im VollstrVerf entsch, ob Übergg zum Nachteil des Kindes (Kblz FamRZ **77**, 68).

1615 c *Bemessung des Unterhalts.* **Bei der Bemessung des Unterhalts ist, solange das Kind noch keine selbständige Lebensstellung erlangt hat, die Lebensstellung beider Eltern zu berücksichtigen.**

1) a) Der vom Vater zu leistde BarUnterh richtet sich allein nach seinem unterhrelevanten Eink (§ 1603 **1** Rn 2); Einkünfte der sorgeberecht Mu, die das Ki betreut, sind entgg dem Wortlt von § 1615 c nicht zu berücks (hM; vgl LG Kiel FamRZ **94**, 262; LG Bln DAV **94**, 884; and die bis zur 53. Aufl vertr Mittelwerttheorie, die mit der Rspr des BVerfG zu GG 6 V nicht mehr vereinb erscheint). **b)** Begrenzg die Unterh bis **2** zur Erreichg einer **selbständigen Lebensstellung** dch das Ki: Beruf usw; vgl iü § 1602 Rn 20.

2) Die Abweichg vom RegUnterh (§ 1615 f sowie Anh) erfolgt in Form von individuell berechnetem **3** Unterh bzw dch Zuschläge zum od Abschläge vom RegUnterh (§ 1615 h, ZPO 642 d; vgl § 1615 f Rn 3–4).

1615 d *Unterhalt für die Vergangenheit.* **Das Kind kann von seinem Vater Unterhaltsbeträge, die fällig geworden sind, bevor die Vaterschaft anerkannt oder rechtskräftig festgestellt war, auch für die Vergangenheit verlangen.**

Zweck: Die über § 1613 I hinausgehende Vorschr ist erforderl, weil der Inanspruchn des richt Vaters **1** § 1593 entggsteht od der zunächst unbekannte Vater festgestellt w muß (§ 1600n). Vgl auch § 1615 b Rn 2–5. Der Nachzahlg der früher fällig gewordenen Unterhaltsbeträge steht gem § 204 **nicht** die **Verjährung** währd der Minderjährig entgg (BGH **76**, 293 mAv Kemper DAVorm **80**, 527; Weinh DAVorm **78**, 797), noch kommt eine **Verwirkung** in Betr (Mü FamRZ **86**, 504). Nachzahlg gilt nur für die vor Anerkennung od rechtskr Feststellg fäll gewordenen Beträge. Deren Stundg u Erlaß § 1615 i, ZPO 642 e, f. Fällig automat vom Tage der Geburt an, auch wenn die blutmäß Abstammg erst Jahre nach der Geburt im StatusProz festgestellt w (SozG Hbg DAVorm **77**, 142), jew zum 1. jeden Monats, so daß es iGgs zu § 1613 wed des Verzugs nicht derRechtshängigk bedarf, damit das ne Kind UnterhAnspr gg seinen nachträgl festgestellten Vater geltd machen kann (Hbg DAVorm **76**, 404). Ist der Vater inzw verstorben, Geltdmachg gg den Nachl (Weinh DAVorm **78**, 797). § 1615 d auch auf Sonderbedarf, § 1613 II, sofern er vorher entstanden ist, zu beziehen. Auch § 1615 b auf die vorher entstandenen Anspr anwendb. Für nach Anerkenng od rechtskräft Feststellg entstehde Anspr gilt § 1613 I (LG Mü FamRZ **74**, 473).

1615 e *Vereinbarungen für die Zukunft; Abfindungsverträge.* **[1]Das Kind kann mit dem Vater sowie mit den Verwandten des Vaters eine Vereinbarung über den Unterhalt für die Zukunft oder über eine an Stelle des Unterhalts zu gewährende Abfindung treffen; das gleiche gilt für Unterhaltsansprüche des Vaters und seiner Verwandten gegen das Kind. Ein unentgeltlicher Verzicht auf den Unterhalt für die Zukunft ist nichtig.**

[2]Die Vereinbarung bedarf, wenn der Berechtigte nicht voll geschäftsfähig ist, der Genehmigung des Vormundschaftsgerichts. Der Betreuer des Berechtigten kann die Vereinbarung nur mit Genehmigung des Vormundschaftsgerichts treffen.

[3]Ein Abfindungsvertrag, der zwischen dem Kinde und dem Vater geschlossen wird, erstreckt sich im Zweifel auch auf die Unterhaltsansprüche des Kindes gegen die Verwandten des Vaters.

[4]Diese Vorschriften gelten für die Unterhaltsansprüche der Abkömmlinge des Kindes entsprechend.

1) Die Vorschr läßt **Unterhaltsvereinbarungen** über die dch §§ 134, 1614 gezogenen Grenzen zu. Sie betr **1** nicht einseit VerpflErkl des Vaters (Odersky FamRZ **71**, 138). Entspr Anwendg dagg auf AbfindgsVergl bei Tötg des Vaters (Soerg/Häberle 4). **Form:** Zur Wirksamk nicht erfdl, auch nicht §§ 761, 780, es sei denn, es liegt gar keine UnterhPfl vor (RG **150**, 391); aber mind Schriftform zweckmäß wg der vormschgrichtl Gen (Rn 5) bzw not Beurk wg Vollstreckbark (ZPO 794 I Z 5). Erleichterte Beurk dch das JA: Einf 53–54 v § 1626. Zum ÜbergangsR: 48. Aufl. Ehem **DDR:** § 1614 Rn 1.

2) Zulässig sind gem I 1 im Hinbl auf die UnterhPfl des Vaters wie die des Ki: **a) Vereinbarungen über 2 den laufenden zukünftigen Unterhalt**, also über Art, Höhe, Beschrkg auf best ZtRaum wie Ausbildg od eig ErwEink des Ki (LG MöGladb DAV **76**, 90). Auslegg: Die bl Bestätigg der UnterhPfl ist deklarator Anerk, das nicht dem § 1615 e unterfällt (KG NJW **71**, 434; LG Bln FamRZ **72**, 315; § 1822 Rn 18); and Vereinbgen, welche die besonders eingeschrkte LeistgsFähigk des Vaters berücks (KG FamRZ **73**, 275; LG Bln DAV **74**, 460). – **b) Abfindungsverträge** bezwecken idR die endgült Abgeltg sämtl UnterhAnspr mit **3** dem Ziel, auch die Berufg auf die GeschGrdl od ZPO 323 auszuschließen. Denkb aber auch, daß der AbfindgsVertr nur die Kapitalisierg der bis zu einem best Ztpkt zu zahldn UnterhRente darstellt (BGH **2**,

379). **Berechnung** der Abfindg: DAV **83**, 475. Ein AbfindgsVertr kann vor der Geburt des Ki geschlossen w (§ 1912 Rn 4). **Erstreckung:** AbfindgsVertr bringen iZw auch UnterhAnspr des Ki gg die Verwandten des Vaters, **III**, wie auch spätere UnterhAnspr der Abkömml des Ki, **IV,** zum Erlöschen.

4　　**3) Einschränkungen. a)** Nichtig ist ein **unentgeltlicher Verzicht** für die Zkft, **I 2.** Auch kann die nehel Mutter nicht den Erzeuger von seiner UnterhPfl ggü dem Ki freistellen (Hamm FamRZ **77**, 556). Unentgeltlichk (§ 516 Rn 8–10) setzt wenigstens teilw Fehlen einer GgLeistg u das Bewußtsein der VertrPart davon voraus (BGH **5**, 305), also auch bei gemischter Schenkg (§ 516 Rn 13), etwa bei Teilverzicht od wenn die Beträge absichtl zu niedr festgesetzt w. Verzicht auf Umgang ist keine die Unentgeltlichk ausschließde GgLeistg (LG Landau DAV **77**, 325). **b)** Die rechtskr Verneing der Vatersch führt zur Unwirksamk der Vereinbg mit den Folgen aus §§ 779, 812, evtl 1615 b (Soerg/Häberle 11), es sei denn, der Vergl wurde auch wg Unsicherh der AbstammgsVerhältn geschl.

6　　**4) Vormundschaftsgerichtliche Genehmigung, II,** dch RPfl (vgl § 1822 Rn 1) sowohl für UnterhVereinbgen wie für AbfindgsVertr (Rn 2 u 3) erfdl, auch für den gerichtl Vergl (RG **56**, 333); dagg nicht für zur Erhaltg des UnterhTitels geschl Stillhalteabkommen bei vorübergehder Arbeitslosigk des Vaters (aA Pardey
7　　FamRZ **87**, 873). **a) Voraussetzungen: aa) Mangelnde Geschäftsfähigkeit, I 1:** Betr nach Abschaffg von
8　　§ 114 nur noch Anspr des mj Ki. **bb) Betreuung, II 2:** Betr Anspr des nehel Betreuten (§ 1896) gg seinen Vater wie umgek Anspr des ehel od nehel Betreuten gg eig nehel Ki. Die Vorschr stellt zum Schutz des Betreuten sicher, daß auch der Betr für die UnterhVereinbg od Abfindg die Gen des VormschG braucht, auch wenn sie nach § 1822 Z 12 nicht erfdl wäre, gleichgült ob der Betreute mit Zust des Betr od dieser selbst in Vertretg des Betreuten (§ 1902) die Vereinbg trifft. Dagg bedarf die Vereinbg des geschfäh Betreuten keiner Gen, es sei denn
9　　es besteht ein EinwVorbeh gem § 1903 (BT-Drucks 11/4528 S 107). **b)** Für die **Genehmigung** ist das Wohl des UnterhBerecht maßg. Grdsl ist der für den Berecht weniger gefahrvolle Weg zu wählen (RG **85**, 418). Das VormschG, das sich der Unterstützg des JA bedient (Einf 43 v § 1626), hat die gesamten Umstde zu berücks: Alter u Gesundh der Beteil, Erw- u VermVerhältn, jetzige u künft LebStellg der Mutter, Entwicklg der Bedürfn, insb voraussichtl ErziehgsAufwand, ProzKostenrisiko (KG FamRZ **73**, 275), bevorstehde Adoption (LG Kln DAV **77**, 134). Evtl Vorteile (sofortiger KapitalErw) sind gg Nachteile (Geldentwertg) abzuwägen. Kapitalauszahlg muß gesichert sein, ggf dch UnterwerfgsKl gem ZPO 794 I Z 5 (Göppinger DRiZ **70**, 148).

1615 f **Regelunterhalt; Festsetzung des Regelbedarfs.** ¹Bis zur Vollendung des achtzehnten Lebensjahres hat der Vater dem Kinde mindestens den Regelunterhalt zu zahlen; dies gilt nicht, solange das Kind in den väterlichen Haushalt aufgenommen ist. Regelunterhalt ist der zum Unterhalt eines Kindes, das sich in der Pflege seiner Mutter befindet, bei einfacher Lebenshaltung im Regelfall erforderliche Betrag (Regelbedarf), vermindert um die nach § 1615 g anzurechnenden Beträge. § 1612 Abs. 1 Satz 2 ist auf den Regelunterhalt nicht anzuwenden.

II Der Regelbedarf wird von der Bundesregierung mit Zustimmung des Bundesrates durch Rechtsverordnung festgesetzt. Er kann nach dem Alter des Kindes und nach den örtlichen Unterschieden in den Lebenshaltungskosten abgestuft werden.

1　　**1) a) Pauschalunterhalt.** Grdsätzl stehen ehel u nehel Kinder sich jetzt hinsichtl des UnterhAnspr gleich. Im Grds entscheiden also §§ 1602, 1603. Ledigl zur Erzielg einer gewissen Gleichmäßigk u dem Kind Erschwergen, näml zeitraubende UnterhProzesse, vgl §§ 1602, 1603, 1606 III, z ersparen, schuldet der Vater dem nehel Kind bis zu dessen vollendeten 18. LebJ **mindestens den Regelunterhalt.** Nach Vollendg des 18. LebJ gelten die allg Grdsätze, insb die §§ 1602, 1610, so daß die begonnene Ausbildg auf Kosten des nehel Vaters abgeschl w darf (Hdlbg DAVorm **75**, 190). Die flgden Erläutergen entsprechen der bisher RLage u sind wg Fehlens des geplanten **KindesunterhaltsG** noch nicht an das **JahressteuerG** 1996 angepaßt w (VG) dazu § 1602 Rn 10–18.

2　　**b) Unterhaltshöhe: aa) Bei niedrigem Einkommen:** RegUnterh (§ 1615 f mit der im Anh zu § 1615 g abgedr RegUnterhVO). Der RegUnterh ist nur der MindUnterh, den ehel nehel Vater zu leisten hat, wenn beide EltT der untersten EinkGruppe zuzurechnen sind. Der tats zu leistde Unterh kann darunter od darüber liegen. – **bb) Bei noch geringerer Leistungsfähigkeit:** Abschläge (§ 1615 h bzw § 1603 Rn 24). – **cc) Bei höherem Einkommen:** Prozent Zuschl zum RegUnterh (*arg* ZPO 642 d; § 1615 c Rn 1).

3　　**c) Berechnung.** Die Prax wird beherrscht v UnterhTab (§ 1610 Rn 4 ff; vgl ferner Hdlbger BedTab DAV **79**, 721 sowie 48. Aufl). Durchgesetzt hat sich auch im NehelUnterh die **Düsseldorfer Tabelle** (§ 1610 Rn 5 u 12; Soergel/Häberle § 1615 c Rdn 5). Da deren letzte Fassg nur eine Verschieb der jew EinkGruppen u der dazugehörigen UnterhBetr vorgen hat, ist vom **Landkreistag Baden-Württemberg** auf der Grdlage einer prozent Umrechg eine **Modifizierung** der DüssTab vorgen worden zur Neufestsetzg der RegBedSätze für nehel Ki (RdSchreiben v 21. 7. 81, Stand: 1. 7. 92; DAV **92**, 439 = ZfJ **92**, 280; ferner Herlan ZfJ **90**, 506 zum Karlsr Modell). Der UnterhSchu kann sich dch willkür Verringergen seines
4　　Eink nicht seiner angem UnterhPfl entziehen (§§ 1603 Rn 9–12, 1615 h Rn 4). Das gilt auch f den Wegf v Zuschlägen wg Aufg des ArbPl zZw der ZweitAusbildg (LG Brschw DAV **85**, 918). Od das Kind erhebt Klage auf best UnterhBetr, insb den **Sonderbedarf** wie schwere Erkrankg (Gött NJW **55**, 224), Heimunterbringg wg Krankh (LG Hbg FamRZ **61**, 35), Geisteskrankh (LG Brschw NJW **65**, 351), ProzKostVorsch f Kl auf Gewährg v SozHilfe f den Besuch eines KiGartens (VGH Bad-W DAVorm **79**, 311). Umstellg eines bezifferten UnterhTitels auf den RegelUnterh u umgek in den Grenzen von ZPO 323 zul (Gieß FamRZ **73**,
5　　548). **I 2** geht davon aus, daß sich das Kind in der **Pflege der Mutter** befindet. Bedient sich diese dazu dritter Pers, muß sie die dadch entstehden Kosten selbst tragen, so wenn eine Nervenärztin mit eig Praxis ihren 9j Sohn v einer Haushälterin betreuen läßt (Hann DAVorm **78**, 454).

6　　**2) Regelunterhalt, I.** Diesen soll der Vater des Kindes vorrang vor der Mutter u ohne Berücksichtigg des Eink mindestens leisten, grdsätzl auch ohne sich auf seine Leistgsunfähig od Nichtbedürftigk des Kindes, Odersky II, J. Müller ZBlJR **71**, 139 gg Bursch ZBlJR **71**, 88, berufen zu können. Ausgl § 1615 h, vgl aber auch BVerfG NJW **69**, 1617. Ermäßiggen im Rahmen des § 1615g. Diese Art LeistgsVerpfl endet mit Vollendg des 18. LebensJ des Kindes, also dem Ztpkt, in dem angenommen w kann, daß es sich selbst erhalten kann. Soweit Unterh über das 18. LebensJ hinaus erforderl ist, ist Eigenverdienst des Kindes, zB eine Praktikantenvergüt (LG Oldbg DAVorm **75**, 36), heranzuziehen u grdsätzl die Leistgsfähigk des Vaters zu berücsichtigen, §§ 1602, 1603. Ende der UnterhPfl § 1615. Die Höhe des RegelUnterh best sich nach dem **Regelbedarf.** Dieser entspricht dem f den Unterh eines Ki, das von der Mutter versorgt w, bei einf LebHaltg im Regelfall erfdl Betr (BR-Drucks 605/90 S 45), vermindert um die Beträge, die § 1615g ergeben. Erhöhte Kosten, die dch Unterbringg an anderer Stelle, zB in einem Heim, notw w, sind darin nicht berücs (Rn 1). RegUnterh ist in Geld zu zahlen (§ 1612 I 1). Zul Abrundg des Betr analog RegUnterhVO 5 (Bln DAVorm **75**, 552). Eine Gewährg in and Art ist nur mögl u dann ist Kl auf Zahlg des 7 RegUnterh abzuweisen, wenn das Kind **in den väterlichen Haushalt aufgenommen** ist, I 1 aE, § 1612 II 3, was in sämtl Fällen familienähnl ZusLebens der Fall ist (Karlsr FamRZ **84**, 417; KG FamRZ **86**, 1039) od wenn der Vater dch Beiträge den Haush mitfinanziert (Düss FamRZ **94**, 654).

3) Festsetzung des Regelbedarfs, II, der für die Höhe des RegelUnterh maßg ist, erfolgt dch RechtsVO 8 der BReg (abgedr Anh zu §§ 1615f, 1615g), mit Zustimmg des BRats, die sich ihrers um statist BAmt alle 2J ein GA zur Höhe des Regelbedarfs erstatten läßt (NEhelG Art 12 § 24), u nach LebAlter u bei größeren örtl Unterschieden auch in den Lebenshaltgskosten abstufen kann. Zu den RegUnterhV der **neuen Bundesländer** vgl § 1610 Rn 19 sowie EG Art 234 § 9.

4) Verfahrensrecht. UnterhAnspr können nur gg jemanden geltd gemacht werden, der die Vatersch 9 anerk hat od dessen Vatersch gerichtl festgestellt ist (§ 1600a). Vgl iü Einf 23ff v § 1601. Das Ki kann statt auf einen best UnterhBetr auf Leistg des RegUnterh klagen (vgl ZPO 642ff). Verbindg von VaterschFeststellg u Verurt zur Zahlg von RegUnterh: ZPO 643. Diese KlVerbindg ist auch nach Rückabtretg eines gem § 1615b auf den Stiefvater übergegangenen Anspr zul (BGH NJW **82**, 515). Bei Neufestsetzg des RegUnterh vereinf Verf: § 1612a Rn 13.

1615 g *Anrechnung von Kindergeld u. ä. auf den Regelbedarf.* [1]Das auf das Kind entfallende **Kindergeld, Kinderzuschläge und ähnliche regelmäßig wiederkehrende Geldleistungen, die einem anderen als dem Vater zustehen, sind auf den Regelbedarf zur Hälfte anzurechnen. Kindergeld ist jedoch nur dann anzurechnen, wenn auch der Vater die Anspruchsvoraussetzungen erfüllt, ihm aber Kindergeld nicht gewährt wird, weil ein anderer vorrangig berechtigt ist. Leistungen, die wegen Krankheit oder Arbeitslosigkeit gewährt werden, sind nicht anzurechnen.**

[II]**Eine Leistung, die zwar dem Vater zusteht, aber einem anderen ausgezahlt wird, ist in voller Höhe anzurechnen.**

[III]**Waisenrenten, die dem Kinde zustehen, sind nicht anzurechnen.**

[IV]**Das Nähere wird von der Bundesregierung mit Zustimmung des Bundesrates durch Rechtsverordnung bestimmt.**

1) Vgl zum **JStG 1996** zunächst § 1615f Rn 1. **a) Zweck:** Da der Anspr des Ki von seiner Bedürftigk 1 abhängt (§§ 1602, 1615a), ist der Vater von seiner UnterhPfl zu entlasten, soweit das Ki bereits dch bedarfsmindernde SozLeistgen sichergestellt ist. Dies geschieht nicht erst in der ZwVollstr od gar dch HerabsetzgsKl nach § 1615h, sond dch **Anrechnung,** dh die SozLeistgen sind unmittelb von dem an sich geschuldeten RegUnterh abzuziehen. Zum Verf Rn 4. **– b) Anwendungsbereich:** Die Vorschr bezieht sich 2 dem Wortlt nach nur auf den gem § 1615f geschuldeten **Regelunterhalt,** wird aber auch auf die Fälle der Leistg von RegUnterh mit Zu- u Abschlägen angewendet u bietet entspr Wertgn auch für die Berechng von echtem IndividualUnterh, insb auch vollj nehel Ki (Soerg/Häberle 3) u ggf auch ehel Ki (§ 1606 Rn 28). Hinsichtl der anzurechnden Leistgn kommen nur die **Sozialleistungen des Familienlastenausgleichs** in Betr, also alles, was den Elt od Dr wg des zu versorgden Ki gewährt wird, währd eig Anspr des Ki, insb Waisenrenten iR der Berechng des IndividualUnterh (§§ 1602, 1615a) od dch entspr Abschläge vom RegUnterh (§ 1615h) zu berücs sind (MüKo/Köhler). Die wichtigste SozLeistg in diesem Zushg ist das **Kindergeld** (§ 1602 Rn 10). Es wird entspr der GrdWertg in § 1606 III 2 grdsl auf den RegUnterh zur Hälfte angerechnet (Rn 10), ausnahmsw gänzl (Rn 8) od überh nicht (Rn 12). **Das auf das Kind entfallende** KiG ist bei mehreren Ki gem BKGG 12 IV der Betr, der bei gleichm Verteilg des für alle Ki an den Berecht geleisteten Betr auf 1 Ki entfällt (Rn 10). Dabei werden nur die Ki des UnterhPflicht berücs, weil der Vater keinen Vorteil dch Ki haben soll, die von einem und abstammen (LG Detmold DAV **81**, 463 mAv Weychardt; MüKo/Köhler 8; RGRK/Mutschler 11; Soerg/Häberle 9; aA LG Mü II DAV **77**, 188). Zur entspr Problematik bei ehel Ki: § 1602 Rn 15. BKGG 12 ist auf and gestaffelte Leistgn grdsl entspr anzuwenden (Erman/Holzhauer 4). Zum ZählKiVorteil vgl iü RegUnterhV 4 Rn 4. **– c) Beweislast** für die Tats, daß dem Ki KiG zufließt u für 3 die sonst anrechenb Betr liegt beim Vater (LG Ffm DAV **79**, 438; bestr). **– d) Verfahren:** ZPO 642–644 (vgl iü 4 51. Aufl Einf 2 v § 1 RegUnterhV; Göppinger[5] Rn 3176ff). Die Anrechng von SozLeistgen erfolgt nicht im Verf über den GrdTitel des RegUnterh, sond im zweiten VerfAbschn der RegUnterhBetrFestsetzg dch den RPfleger (Göppinger[5] Rn 709; RGRK/Mutschler 18; AK/Derleder 2; aA LG Regbg FamRZ **77**, 343; Erman/Holzhauer 17). Bei Pfändg u Überweisg des KiGAnspr kann die Anrechng nur über ZPO 766 erfolgen (Odersky FamRZ **71**, 564; Soerg/Häberle Rn 7).

2) Grundvoraussetzungen der Anrechnung, I 1. a) Es geht nur um die Anrechng von Leistgen, die 5 **einem anderen als dem Vater zustehen.** Es kommt desh grdsl nicht darauf an, ob auch der Vater ansprberecht ist. Etwas anderes gilt insow gem I 2 nur für das KiG (Rn 10). Keine Vorauss für die Anrechng ist, daß die and dem Ki unterhpflicht ist. Desh ist das StiefElt, PflegeElt od Geschwistern wg Aufn des Ki in ihren Haush geleistete KiG (BKGG 3 II) anzurechnen. Ferner kommt es für die Anrechng nicht darauf an, daß die dem and zustehde Leistg tats beantr od gewährt w. Nicht anzurechnen sind dagg nicht dchsetzb Leistgen (Soerg/Häberle 4). **– b)** Angerechnet werden können nur **regelmäßig wiederkehrende Geldlei-** 6

stungen, also nicht einmalige, unregelm gewährte od vorübergehde (dh für weniger als 6 Mo gewährte) Leistgen. Vgl RegUnterhV 2 Rn 4.

7   **3) Gegenstand und Umfang der Anrechnung.** Ob u in welcher Höhe die UnterhSchuld dch Anrechng von Leistgen vermindert w, ergibt sich abschließd aus § 1615 g ü über dessen IV iVm RegUnterhV 2, 3 u 4. Zu den GrdVorauss der Anrechng Rn 5 f.

8   **a) Volle Anrechnung, II,** findet statt bei **Leistungen, die nur dem Vater zustehen, die aber an einen anderen ausgezahlt werden,** weil in diesen Fällen die Auszahlg an den Dr einer Leistg des Vaters auf den von ihm geschuldeten RegUnterh gleichzusetzen ist (Soerg/Häberle 11). II wird hins der anzurechnden Leistg dch **§ 3 RegUnterhV** präzisiert. Auf den RegUnterh voll anzurechnen sind auch Leistgen, die an sich nach § 1615 g zu den nicht od nicht voll anrechenb Leistgen gehören. Grd: Sie stehen einer Zahlg aus dem Verm des Vaters gleich. Gemeint sind Leistgen für das Ki bei Krankh od Arbeitslosigk des Vaters; desgl wenn das Ki von der dem Vater geschuldeten SozHilfe unterhalten wird. Die Auszahlg an den Dr erfolgt gem SGB I 48, 49 bei Verletzg der UnterhPfl dch den Vater bzw bei Unterbringg auf AnO einer Beh, zB des ArbAmtes, das einen Teil des Arbeitslosengeldes unmittelb an das Pflegeheim bzw an eine sonst tats für den Unterh aufkommde Person überweist. Die Auszahlg an Dr kann aber auch auf einer (gem SGB I 53 II Nr 2 zul) Abtretg dch den Vater beruhen (LG Marbg DAV **71,** 19; LG Schweinf DAV **73,** 82). Bei Pfändg u Überweisg des KiGAnspr kann die Anrechng nur über ZPO 766 erfolgen (Odersky FamRZ **71,** 564; Soerg/Häberle 7).

9   **b) Beschränkte Anrechnung. aa) Zur Hälfte** auf den RegBed (§ 1615 f II) anzurechnen sind KiG, KiZuschläge u ähnl GeldLeistgen. Zu den GrdVorauss der Anrechng vgl Rn 5. Die hälftige Anrechng hängt weder davon ab, von wem das Ki versorgt w, noch wie das KiG od die and Leistgen tats verwendet werden (Soerg/Häberle 10). Zum **Kindergeld** vgl zunächst § 1602 Rn 10 ff. Zur hälftigen Anrechng kann nur das
10   auf das unterhberecht Ki entfallde KiG kommen (Rn 2). Je größer die Zahl der einzubeziehden Ki, desto
11   höher der AnrechngsBetr. Voraussetzgen für die Anrechng sind, daß auch der **Vater die Anspruchsvoraussetzungen für das Kindergeld erfüllt und daß ein anderer als der Vater es erhält, I 2.** Das ist meistens die Mutter, bei der sich das Ki aufhält, können aber auch Dritte sein, zB PflegeElt, GroßElt usw. Die vorrangige Berechtigg ders ergibt sich regelm aus BKGG 3 II u III. Im Verhältn der Elt zueinand best diese selbst u iF der Nichteinigg das VormschG, wem von ihnen das KiG auszuzahlen ist (BKGG 3 III u IV; maßgebl Erwäggen dabei: LG Karlsr DAV **76,** 598). Die Bestimmg dch das VormschG ist keine iSv II
12   (Burdenski/v. Maydell/Schellhorn SGB-AT 1976 § 48 Rn 33). Soll der nehel Vater BezugsBerecht sein, muß dies dem Wohl aller (auch seiner ehel) Ki entspr (Düss DAV **77,** 333). Erhält der Vater das KiG ausgezahlt, steht es ihm zur Leistg des RegUnterh zVfg, so daß eine Anrechng hier naturgem ausscheidet. Steht dagg das KiG nur ihm zu, wird es aber gem SGB I §§ 48, 49 wg Verletzg seiner UnterhPfl od bei
13   Unterbringg an das Ki od einen Dr ausbezahlt, ist diese Leistg voll anzurechnen (Rn 8). **Kinderzuschläge:**
14   Vgl RegUVO § 2 Rn 3 ff. Was anrechenb **ähnliche Geldleistungen** sind, bestimmt zunächst RegUnterhV § 2 Nr 3 (vgl dort Rn 4). Die Ermächtigg in § 1615 g I 1 geht weiter als die Aufzählg in RegUnterhV 2; desh kann letztere nicht als abschließd u eine Analogie ausschließd angesehen w (so aber BR-Drucks 271/70 u die hM). Vielm sind alle Geldleistgen anzurechnen, die dem KiG ähnl sind, so daß insb der zB der Mutter im öff Dienst gezahlte **erhöhte Ortszuschlag** anzurechnen ist (so mit ausführl Begr Erman/Holzhauer 7; LG Kleve DAV **86,** 357; aA LG Stgt DAV **83,** 400; LG Dortm FamRZ **92,** 99; vgl auch Ffm FamRZ **79,** 1053).
15   Zum erhöhten Ortszuschlag, der der Vater bekommt: RegUnterhV 4 Rn 5. **bb) Erhöhte Leistungen für Kinder wegen Auslandsaufenthalts** des Berecht werden gem RegUnterhV § 2 IV nur iH des entspr Inlandsbetrags angerechnet (Einzelh RegUVO 2 Rn 10).

16   **c) Nicht anzurechnen sind** (vgl Göppinger[5] Rn 718 ff), aber ggf geeignet, Zuschläge od Abschläge vom
17   RegUnterh (§§ 1615 c, 1615 h) zu begründen: **aa) Sozialhilfeleistungen,** es sei denn, sie werden dem Vater gewährt (Rn 8), weil sie subsidiär sind u damit bürgerl-rechtl UnterhVerpflichtgen unberührt lassen (BSHG 2; Rn 21 or § 1601); ebso Leistgen nach dem HäftlingshilfeG zG polit Gefangener (Aichberger SGB/RVO
18   Nr 944). **bb) Steuervorteile** ua (zB nach BAföG 25, 29) wg des Ki gewährte Vergünstiggen, da sie keine „Leistgen" sind (BT-Drucks 7/2370 S 50). Auch der KiGZuschlag nach BKGG 11 a stellt nichts and als einen
19   einkbezogenen SteuerVort dar (Ffm FamRZ **91,** 834). **cc) Nicht regelmäßig wiederkehrende,** sond
20   einmalig, unregelmäß od nur vorübergehd (weniger als 6 Mo) gewährte Geldleistgen (*arg* I 1). **dd) Kindergeld, wenn der Vater überhaupt nicht die Anspruchsvoraussetzungen erfüllt, I 2,** was insb bei ausl Wohns des Vaters in Betr kommt (vgl BKGG 1). Eine Anrechng entf selbstverständl auch, wenn das KiG ganz an den Vater ausgezahlt w. Es kann in einem solchen Fall die LeistgsFähigk des Vaters erhöhen u einem HerabsetzgsAntr nach § 1615 h den Boden entziehen bzw umgek einen Zuschlag zum RegUnterh rechtfert (§ 1615 c Rn 3). Wird der Vater bei der Gewährg des KiG ledigl dch einen vorrangig Berecht verdrängt, gilt
21   der GrdTatbestd der Anrechng (Rn 10). **ee) Sozialleistungen wegen Krankheit oder Arbeitslosigkeit, I 3,** von Mutter, Stiefvater od einem GroßEltT werden nicht angerechnet, weil solche kinderbedingten Leistgen zur Erleichterg der bes Belastgen des Kranken od Erwerbsl u damit nicht auf dessen UnterhPfl
22   bezogen gewährt w (Erman/Holzhauer 8). I 3 wird präzisiert dch **§ 2 II RegUnterhV:** Nach dessen **S 1** sind der AuslKiZuschlag für BuBeamte u tarifvertragl u ähnl KiZulagen, wenn sie wg Dienst-, Berufs- od ErwUnfähigk od wg GesundhStörg gewährt w, nicht anzurechnen. Dazu gehören in der gesetzl RentVers die KiZuschüsse (SGB VI 270; zu ihrem Auslaufen vgl VDR/Ruland, Handb der gesetzl RentVers, 1990, 19/ 54), KiZuschläge an Schwerstbeschädigte (BVersG 33 b; SVG 80) u SozLeistgen nach AFG 44 II Nr 1, 47 I 2, 68 IV, 86 I, 111, 139 bei Fortbildg u Umschulung, Schlechtwettergeld, ArbeitslGeld u -hilfe. Eine Leistg wg Krankh liegt auch bei krankhbedingter Frühinvalidität vor (LG Essen DAV **72,** 105).
23   Nach **S 2** bleibt schließl der KiZuschuß (SGB VI 270) zu einem wg Arbeitslosigk vorzeit gewährten
24   Altersruhegeld (SGB VI 237) von der Anrechng ausgen. **ff) Waisenrenten** des Ki sind nach **III** anrechngsfrei, ebso karitative Zuwendgen, die dem Ki aGrd eig ErwTätigk od sonst **aus eigenem Recht** zustehen, zB nach dem UnterhSichergsG für Angeh von BuWehrPflicht od LehrlVergütgen.

25   **4) Ermächtigung der Bundesregierung, IV:** Abdruck der VO im folgnd Anh.

Anhang zu §§ 1615 f, 1615 g

Verordnung zur Berechnung des Regelunterhalts (RegUV)

in der Fassung der 5. VO über die Anpassung und Erhöhung von Unterhaltsrenten für Minderjährige vom 25. 9. 1995, BGBl I 1190 – Auszug – (zu früheren VOen 51. u 54. Aufl.)

– Auszug –

Einführung

Die VO gibt aGrd der Ermächtigg in §§ 1615 f II, 1615 g IV **Ausführungsbestimmungen** zu den **1** genannten Vorschr (§§ 1615 f Rn 6, 1615 g Rn 25). Zum **Übergangsrecht DDR:** EG 234 § 9; vgl iü den Hinweis unten § 1 Rn 1 aE. Zum **Verfahren:** § 1615 g Rn 4. **Inkrafttreten** der VO: 30. 9. 95.

1 *Festsetzung des Regelbedarfs.* *Der Regelbedarf eines Kindes (§ 1615 f Abs. 1 Satz 2 des Bürgerlichen Gesetzbuchs) beträgt*

1. bis zur Vollendung des sechsten Lebensjahres

   a) . . . h) . . . (vgl 54. Aufl);
   i) für die Zeit vom 1. Juli 1992 bis zum 31. Dezember 1995 monatlich 291 Deutsche Mark;
   j) ab 1. Januar 1996 monatlich 349 Deutsche Mark;

2. vom siebten bis zur Vollendung des zwölften Lebensjahres

   a) . . . h) . . . (vgl 54. Aufl);
   i) für die Zeit vom 1. Juli 1992 bis zum 31. Dezember 1995 monatlich 353 Deutsche Mark;
   j) ab 1. Januar 1996 monatlich 424 Deutsche Mark;

3. vom dreizehnten bis zur Vollendung des achtzehnten Lebensjahres

   a) . . . h) . . . (vgl 54. Aufl);
   i) für die Zeit vom 1. Juli 1992 bis zum 31. Dezember 1995 monatlich 418 Deutsche Mark;
   j) ab 1. Januar 1996 monatlich 502 Deutsche Mark.

VO 1 setzt für einf LebHaltg (vgl § 1610 Rn 6 u 7) den **Regelbedarf** für ein Ki fest, das sich in der Pflege **1** seiner Mu befindet. Währd das im FamVerband lebde ehel Ki lfd an EinkSteigergen seiner Elt teilnimmt, ist das ne Ki ggü seinem Vater auf eine nachträgl Anpassg der UnterhRente beschr. Die dadch begründete Benachteilig wird dch die Neufestsetzg der RegBedSätze ausgegl. Darauf, daß heute viele Ki in nehel LebGemschaften aufwachsen (Einl 8 v § 1297) u sich damit für sie die Situation ähnl wie für ehel Ki darstellt, hat der GesGeb noch nicht reagiert. Zur **Reform** vgl Einl 6 v § 1297. Zur Ermittlg des RegBed: 51. Aufl Rn 3 v VO 1. RegBed ist nicht dasselbe wie RegUnterh, da die nach § 1615 g, VO 2 genannten Beträge darauf anzurechnen sind (§ 1615 f 2). VO 2 stimmt also den RegBed auf den einz Fall ab. Neufestsetzg des Unterh im konkr Fall (ZPO 642 b) nur bei Änd des RegBed, also iF einer Änd v VO 1 od 2 (§ 1615 f II 1). Daß VO 1 auch die früh geltden RegBedSätze enthält, soll der Prax die Berechng v UnterhRückständen erleichtern. Zum RegelBed im Gebiet der früh **DDR:** § 1610 Rn 18 u 21; ebdort Rn 19 zu den Ost-West-Fällen.

2 *Anrechnung von Leistungen.* [1] *Auf den Regelbedarf sind nach Maßgabe des § 1615 g Abs. 1 Satz 1 und 2 des Bürgerlichen Gesetzbuchs die folgenden Leistungen anzurechnen:*

1. das Kindergeld;

2. der Auslandskinderzuschlag nach § 56 des Bundesbesoldungsgesetzes in Höhe des nach Nummer 1 anzurechnenden Betrages;

3. Kinderzulagen und ähnliche Leistungen, die auf Grund von Tarifverträgen, Personalordnungen, Satzungen, Betriebsvereinbarungen, Einzelarbeitsverträgen oder entsprechenden Regelungen gewährt werden, wenn sie als Leistungen für Kinder ausgewiesen sind und ihr Betrag gleichbleibend ist;

4. der Kinderzuschuß zu einer Rente wegen Alters in der gesetzlichen Rentenversicherung und nach bundes- oder landesrechtlichen Vorschriften, die diese Vorschriften für anwendbar erklären;

5. der Kinderzuschlag zur Unterhaltshilfe und zur Beihilfe zum Lebensunterhalt aus dem Härtefonds zuzüglich des Erhöhungsbetrages zum Sozialzuschlag nach § 269 Abs. 2, § 269 b Abs. 2 Nr. 2, §§ 301 bis 301 b des Lastenausgleichsgesetzes oder nach Vorschriften anderer Gesetze, die diese Vorschriften für anwendbar erklären; als Erhöhungsbetrag zum Sozialzuschlag ist höchstens der nach Anwendung des § 269 b Abs. 3 Lastenausgleichsgesetzes verbleibende, nach der Zahl der Kinder aufgeteilte Betrag anzusetzen.

[II] *Die in Absatz 1 Nr. 2 und 3 bezeichneten Leistungen sind nicht anzurechnen, wenn sie wegen Dienst-, Berufs- oder Erwerbsunfähigkeit oder wegen einer Gesundheitsstörung gewährt werden. Die in Absatz 1 Nr. 4 bezeichneten Leistungen sind nicht anzurechnen, solange die Altersrente wegen Arbeitslosigkeit vorzeitig geleistet wird (Sechstes Buch Sozialgesetzbuch).*

[III] *Die Vorschriften der Absätze 1 und 2 gelten entsprechend, wenn auf Grund einer außerhalb des Geltungsbereichs dieser Verordnung erlassenen Vorschrift für das Kind eine Leistung gewährt wird, die einer der in Absatz 1 bezeichneten Leistungen vergleichbar ist.*

[IV] *Wird in den Fällen des Absatzes 1 Nr. 2 und 3 nach inländischen Vorschriften oder Regelungen für das Kind eine höhere Leistung gewährt, weil der Berechtigte sich außerhalb des Geltungsbereichs dieser Verordnung aufhält, so ist die Leistung nur in Höhe des Betrages zu berücksichtigen, der dem Berechtigten im Inland zustehen würde.*

1 **1) Anrechnung.** Der RegBed, dessen Höhe § 1 bestimmt, vermindert sich um bestimmte SozLeistgen, soweit sie den Unterh des Ki decken. § 2 I nennt die hier in Betr kommden Leistgen grdsl abschließ (vgl § 1615 g Rn 14), II die Fälle, in denen eine Anrechng nicht stattfindet.

2/3 **2) Angerechnet wird: I: Nr 1. Kindergeld:** § 1615 g Rn 10 ff. **Nr 2. Auslandskinderzuschlag** nach BBesG 56 (Sartorius Nr 230) iH des nach Nr 1 anzurechnden Betr, den Beamt, Ri u Soldaten als Ausgl für die bes Belastgen in der LebFührg im Ausland erh. Da die Empf dieses AuslKiZuschl gem BKGG 8 I Nr 3 vom Bezug des KiG ausgeschlossen sind, werden sie dch die Anrechenbark des AuslKiZuschl den 4 kigeldberecht InlandsBeamt gleichgestellt (BR-Drucks 401/79 S 5). **Nr 3. Kinderzulagen und ähnliche Leistungen** aGrd von TarifVertr, Satzgen, EinzelArbVertr u entspr Regelgen. Für die Ann ähnl Leistgen kommt es nicht auf die Bezeichng, sond nur darauf an, ob sie eine dem KiG vergleichb UnterhErleichtergsFunktion haben (Soerg/Häberle Rn 5). Vorauss ist, daß die Zulagen als Leistg für Ki ausgewiesen u der Betr gleichbleibd, also weder einmalig od nur vorübergehd ist (§ 1615 g Rn 14), u daß er im voraus feststellb u bestimmb ist. Daß er aGrd neuer Vereinbg geänd w kann, steht der Anrechng nicht 5 entgg. **Nr 4. Kinderzuschuß für Altersrente.** Die Bestimmgen sind für entspr anwendb erkl zB im 6 HandwerkerVersG 1 V (v 5. 9. 1960, BGBl I 737). **Nr 5. Kinderzuschlag** zur UnterhHilfe u Beihilfe zum LebUnterh aus dem Härtefonds (LAG 269 II, 301 a) unter Einbeziehg des SozZuschlags (LAG 269 f Abs 2 Nr 2) u des Ausgl für bes Härtefälle (LAG 301 b), ebso aGrd anderer G, die diese Vorschr für anwendb erklären (zB § 10 II des 14. LAG ÄndG, § 12 FlüchtlingshilfeG, § 44 I, V ReparationsschädenG).

7 **3) Ausgeschlossen von der Anrechnung, II,** sind Leistgen nach I Nr 2 u 3 (oben Rn 3 u 4), die der Mutter od einem sonstigen BezugsBerecht gewährt w wg **a) Dienst-, Berufs- oder Erwerbsunfähig-** 8 **keit, II 1:** Vgl § 1587 Rn 7, 1587 a Rn 38. **b) Krankheit** (§ 1615 g I 3), also nach I wg GesundhStörgen, mag es sich dabei um ein Leiden inf eines Unfalls od um ein akutes od chronisches Leiden handeln, demgem also alle Leistgen der gesetzl Kranken- od UnfallVers, auch wenn die Verletztenrente als Dauerrente festgestellt od zu einer solchen geworden ist (vgl § 1615 g Rn 21).

9 **4) Vergleichbare ausländische Leistungen, III.** Bei einer Leistg, die mit einer der in I bezeichneten Leistgen in den Vorauss vergleichb ist (vgl die ähnl Regelg in BKGG 8 I Nr 3) u aGrd einer Vorschr gewährt w, die in der BuRep nicht gilt, finden I u II entspr Anwendg. Die Anrechng nach III erfordert, daß die Leistgen aGrd einer Vorschr u nicht aGrd eines EinzelVertr gewährt w (LG Nürnb Fürth DAV 73, 77); dann aber Anrechng gem I Nr 3 (Odersky FamRZ 73, 530; Soerg/Häberle § 1615 g Rn 6). Fälle: Das Ki lebt in der BuRep, der für die Leistg Bezugsberecht im Ausl; Beschäftigg des Berecht bei einer supranationalen Organisation im Inland, zB als Angeh des Natozivilpersonals (Art 30 NatozivilpersonalO); Bezugsberecht u Ki leben im Ausl. Vorauss ist immer, daß UnterhStatut dt Recht ist (EG 20).

10 **5) Angleichung ausländischer an inländische Leistungen, IV.** Erh der Berecht zum Ausgl des Mehraufwands außerh des GeltgsBereichs der VO einen höheren KiZuschl od eine höhere KiZulage (I Nr 2 u 3), so wird diese Leistg auf den RegUnterh nur in dem Umfang der entspr inländ Regelg angerechnet. Zweck: Nur dann bleibt dem Ki die höhere KiZulage, währd bei voller Anrechng der Vater einen ungerechtfert Vorteil hätte. Unerhebl, ob sich das Ki ebenf außerh des GeltgsGebiets der VO aufhält.

3 **Anrechnung bei Auszahlung an einen anderen.** *Eine Leistung, die dem Vater für das Kind zusteht, jedoch einem anderen ausgezahlt wird (§ 1615 g Abs. 2 des Bürgerlichen Gesetzbuchs), ist auch dann auf den Regelbedarf anzurechnen, wenn sie nicht zu den Leistungen gehört, die nach § 2 anzurechnen sind.*

1 AusführgsVorschr zu § 1615 g II. Vgl dort Rn 8.

4 **Keine Anrechnung von dem anderen zustehender Leistung.** *Steht eine Leistung für das Kind dem Vater und einem anderen anteilig zu oder steht neben der einem anderen zustehenden Leistung aus dem Vater für das Kind eine Leistung zu, so ist die dem anderen zustehende Leistung nicht auf den Regelbedarf anzurechnen. Dies gilt auch dann, wenn die dem Vater zustehende Leistung nicht zu den Leistungen gehört, die nach § 2 anzurechnen sind.*

1 **1) Zweck:** Ausschluß einer Doppelbegünstigg; der Vater soll nicht zusätzl zu dem für das nehel Ki gewährten soz Vorteil einen weiteren dch Anrechng der dem and zustehden Leistg erh (Lüdtke-Handjery NJW 75, 1635).

2 **2)** Eine **Verkürzung des Unterhaltsanspruchs** des Ki auf RegUnterh wird zusätzl zu den Nichtanrechngsfällen nach § 2 II u III **in zwei Fällen ausgeschlossen** (unten a und b), wobei es nicht darauf ankommt, daß die dem Vater u dem Dr gezahlten Betr gleich hoch sind (Jung gg LG Landshut FamRZ 75, 506). Für die Nichtanrechng reicht es iü aus, daß dem Vater die Leistg für das Ki zusteht; es kommt nicht 3 darauf an, daß er sie auch geltd macht (LG Würzbg NJW 78, 1168; LG Trier DAV 80, 854). Ausschluß also **a)** wenn die Leistg für das Ki anteilig dem Vater u einem and zusteht (zB nach früh Recht, wenn beide Elt 4 Beamte waren) od **b)** wenn neben dem and (idR: der KiMutter) **auch dem Vater für das Kind eine Leistung zusteht.** Als „eine Leistg", die dem Vater zusteht u desh die Anrechng ausschließt, gilt auch, wenn aS des Vaters das nehel Ki als **Zählkind** mitgezählt w (§ 1602 Rn 13) u sich dadch das KiG für seine nachgeborenen Ki entspr erhöht (LGe Brem DAV 89, 526; Hannover DAV 90, 480 u 532 sowie 93, 849; Kass DAV 92, 1134; AG Hbg-Altona DAV 92, 225; Soerg/Häberle 1615 g Rn 17; aA LGe Kln DAV 86, 180; Bonn DAV 87, 532; Lüneb FamRZ 94, 187; Erman/Holzhauer § 1615 g Rn 15). Einseit ZählKiVorteile aS 5 der Mutter bleiben außer Betr (LGe Tübingen u Heilbronn DAV 82, 74 u 372; Mertes Rpfleger 82, 129; aA Wagner Rpfleger 85, 223). Wg ehel Ki: § 1602 Rn 14 ff. Eine dem Vater zustehde Leistg iSv § 4 u damit die Anrechenbark der dem and zustehden Leistgen ausschließd stellt auch der kibezogene Anteil des **erhöhten Ortszuschlags** aS des Vaters dar (hM; LG Freibg DAV 80, 973; LG Stgt DAV 83, 400; AG Dieg DAV 86,

278; aA LG Bonn DAV **78**, 363/430 m abl Anm v Kemper; AG Hambg DAV **78**, 591); ferner der **Sozialzuschlag** (LG Kblz DAV **77**, 440).

5 Abrundung. *Der Betrag, der sich bei der Anrechnung von Leistungen ergibt, ist auf volle Deutsche Mark abzurunden, und zwar bei Beträgen unter fünfzig Pfennig nach unten, sonst nach oben.*

Abrundg auch bei Zuschlägen zum RegUnterh (LG Hann DAVorm **75**, 45).   1

6 und 7 *betr die Berlinklausel und das Inkrafttreten der VO am 1. 7. 1970.*

1615 h *Herabsetzung des Regelunterhalts.* [1]**Übersteigt der Regelunterhalt wesentlich den Betrag, den der Vater dem Kinde ohne Berücksichtigung der Vorschriften über den Regelunterhalt leisten müßte, so kann er verlangen, daß der zu leistende Unterhalt auf diesen Betrag herabgesetzt wird. Vorübergehende Umstände können nicht zu einer Herabsetzung führen. § 1612 Abs. 1 Satz 2 bleibt auch in diesem Falle unanwendbar.**
[II]**Die Herabsetzung des Unterhalts unter den Regelunterhalt läßt die Verpflichtung des Vaters, dem Kinde wegen Sonderbedarfs Unterhalt zu leisten, unberührt.**

1) Der ne Vater hat grdsätzl oRücks auf seine Leistgsfähigk mind den RegelUnterh zu leisten (§ 1615 f). 1 Diese starre Regelg wird dch die **Ausnahmevorschrift** des § 1615 h aufgelockert, jedoch nur für den Fall, daß der Vater wesentl zu hoch belastet w. Dieses Erfordern u das Außerachtlassen bl vorübergehder Umst (I 2) sollen ein häuf Hin- u Herschwanken des Unterh mit jedesmaligem neuen Verf verhindern, weil sie dem Sinn des RegUnterh (§ 1615 f Rn 1) widersprächen. An dem RegUnterh als solchem (§ 1615 f Rn 2) ändert § 1615 h nichts (I 3). Wenn dieser aber nach 18 Jahren entfällt, gelten unmittelb die HerabsetzgsMöglkten der §§ 1602, 1603, 1615 c auch dann, wenn vorher Zuschlag gezahlt wurde. Die Herabsetzg kommt auch neben der Anrechng v Kindergeld in Betr (Kiel DAVorm **78**, 466). Unabh v § 1615 h führt auch die dem Ki gezahlte 2 **Ausbildungsvergütung** zur Herabsetzg des RegUnterh (LG Itzehoe FamRZ **84**, 1039 mAv Wax).

2) Voraussetzung ist, daß der Vater dch den RegUnterh **wesentlich mehr leistet,** als er sonst (dh gem 3 §§ 1601 ff) leisten müßte. Sache des Einzelfalles. Zu berücks sind: sonstige UnterhVerpfl (vgl BVerfG NJW **69**, 1342 u 1617), auch ggü and nehel Kindern (diese dürfen nicht besser gestellt w als die ehel), erwerbsmindernde körperl od geist Gebrechen des Vaters, längere Strafhaft (LG Stgt DAV **89**, 528 mN), zB 3 J (Ba-Ba DAVorm **76**, 115). Bei Prüfg seiner Leistgsfähigk darf der nehel Vater auch einen Teil der Einkfte, die auf außergewöhnl Anstrenggen (literar Tätigk eines Beamten, Übern bes unbeliebter Arbeiten uä) beruhen, vorweg in Abzug bringen, um nicht jeden Anreiz f außergewöhnl Einsatz verloren gehen zu lassen (Odersky FamRZ **74**, 565). Eig Einkommen des Kindes kann zur Herabsetzg führen (Bursch ZBlJR **71**, 88; sa §§ 1615 a, 1602 II); ebso wenn die Mutter wesentl besseres Eink als der Vater hat, so daß die Regel des § 1606 III 2 ihre UnterhPfl nicht zureichd umschreibt. Vgl iü § 1603 Rn 19. Dagg rechtfertigen bl **vorübergehende Umstän-** 4 **de** die Herabsetzg nicht, I 2. Zu solchen den RegelUnterh unberührt lassden Belastgen gehören solche doch Hausbau, auch bei kinderreicher Fam (Northeim DAVorm **76**, 112); ebso ist uU niedr tatsächl Verdienst belanglos, da vom UnterhSchu verlangt w muß, daß er seine Fähigk in wirtschaftl sinnvoller Weise einsetzt, um seiner UnterhPfl in angem Höhe nachzukommen (Bln DAVorm **74**, 393; § 1603 Rn 9). Herabsetzg des RegUnterh bei Strafhaft v 18 Mo (LG Hof DAVorm **80**, 664), dagg nicht bei Arbeitslosigk, sol sie nicht ½ J überschreitet (AG u LG Esn DAVorm **80**, 482), es sei denn sie ist erkennb auf längere Zt angelegt (LG Boch DAV **85**, 156). Desh hindert Übertr eines gut gehden ElektroGesch auf Ehefr nicht die Festsetzg angem Zuschl (Arnsbg DAVorm **74**, 465). Hat der UnterhSchuldn einen Beruf erlernt (Postlehre), muß er seine FortbildgsMöglken auf die UnterhPfl abstimmen (Oberh DAVorm **79**, 431). Die Aufn eines Studiums rechtfertigt auch nicht unter dem GesPkt v GG 12 die Herabsetzg des RegelUnterh (LG Hildesh u Oldbg DAV **88**, 545 u 547), geschweige denn die Herabsetzg der UnterhPfl insges auf null (Stade DAVorm **79**, 429), wohl aber Fortsetzg u Abschl des Studiums (LG Kleve FamRZ **87**, 631; krit dazu Brüggemann FamRZ **88**, 127). Auch ein Zweitstudium ist kein Grd zur Herabsetzg des RegelUnterh (Münst DAVorm **76**, 647). Vgl iü § 1603 Rn 10.

3) Der **Sonderbedarf** (§ 1613 II) w dch eine Herabsetzg nicht betroffen, **II.** Doch langdauernder u sehr 5 hoher SondBedarf (zB langer KrankenAufenth) kann auf die Festsetzg des Abschlags vom RegUnterh zurückwirken (vgl §§ 1615 a, 1603).

4) Verfahrensrecht. Vgl § 1615 f Rn 9. Folgde Fälle sind zu unterscheiden: **a)** Über Höhe u Ändergen der 6 UnterhPfl können Amtspfleger (§ 1706 Z 2) u Vater sich in vollstreckb Urk **einigen.** Die Verpfl zur Zahlg eines dem RegUnterh entspr Betrags iR eines Vergleichs bedeutet hins neuer RegBedVO keine Neufestsetzgssperre iSv § 1615 h (Gö DAVorm **74**, 469). **b)** Erfolgt die Verurtg zum **Regelunterhalt zugleich mit** 7 **der Vaterschaftsfeststellung** (ZPO 643), so Möglk zur Herabsetzg erst dch bes Kl (ZPO 643 a I). **c)** Beim 8 **gewöhnlichen Unterhaltsprozeß** (ZPO 642, 642 a) kann, um AbändergsKl zuvorzukommen, von vornh RegUnterh abzgl eines Abschlags verlangt w (ZPO 642 d). Umgek sind vS des Bekl HerabsetzgsGrde, die bereits zZ der UnterhKl bestehen, dort geltd zu machen (ZPO 767 II). Ist der Unterh erst dch Urt u Beschl festgestellt, so kann er nur noch unter den Vorauss v ZPO 323 im KlWege herabgesetzt w. **d)** Nach 9 **Änderung der RegelunterhaltsVO** (§ 1615 f II) jew Neufestsetzung dch Beschl (ZPO 642 b), wobei in diesem Verf (selbst begründete) HerabsetzgsAntr nicht berücks werden können (Stade DAVorm **74**, 674). Die AbändergsKl (ZPO 323) ist mit dem Ziel einer Neufestsetzg des Vomhundertsatzes gg den der UnterhPfl zGrde liegden Titel, nicht gg die Beschl des Rpflegers n ZPO 642 a, b u c zu richten (Wax FamRZ **84**, 1040).

1615 i *Stundung und Erlaß rückständiger Unterhaltsbeträge.* [1]Rückständige Unterhaltsbeträge, die fällig geworden sind, bevor der Vater die Vaterschaft anerkannt hat oder durch gerichtliche Entscheidung zur Leistung von Unterhalt verpflichtet worden ist, können auf Antrag des Vaters gestundet werden, soweit dies der Billigkeit entspricht.

[II]Rückständige Unterhaltsbeträge, die länger als ein Jahr vor Anerkennung der Vaterschaft oder Erhebung der Klage auf Feststellung der Vaterschaft fällig geworden sind, können auf Antrag des Vaters erlassen werden, soweit dies zur Vermeidung unbilliger Härten erforderlich ist. Der Erlaß ist ausgeschlossen, soweit unbillige Härten durch Herabsetzung des Unterhalts unter den Regelunterhalt für die Vergangenheit oder durch Stundung vermieden werden können.

[III]Hat ein Dritter an Stelle des Vaters Unterhalt gewährt und verlangt der Dritte vom Vater Ersatz, so gelten die vorstehenden Vorschriften entsprechend. Die Bedürfnisse und die wirtschaftlichen Verhältnisse des Dritten sind mit zu berücksichtigen.

1   **1) Rückständige Unterhaltsbeträge,** dh die vor der Anerkenng od der rechtskr Verurteilg zur Unterh-Zahlg fäll geworden sind; der UnterhAnspr entsteht mit der Geburt. Rückstände entstehen demgem auch, bevor die unricht Anerkenng auf Anf, § 1600l, oder die rechtskr gerichtl Feststellg der Vatersch, § 1600n, iW der WiederAufn, ZPO 641i, beseitigt od die Ehelichk eines Kindes mit Erfolg angefochten ist, § 1599. Eine **Verwirkung** kommt nur außerh des Regelgsbereichs v § 1615i in Betr (BGH FamRZ **81**, 763).
2   **Übergangsregelung:** § 1615i ist nicht anwendb auf vor dem 1. 7. 70 fällig gewordenen UnterhAnspr (Art 12 § 1 NEhelG); verfassgskonform (BVerfG NJW **79**, 539).

3   **2) Stundung, I.** BilligEntsch. In Betr kommen insb Ratenzahlgen. Zu berücksichtigen, daß sofortige Zahlg den Vater bedeutd schwerer trifft, als eine laufde, zudem Steuerermäßiggen u Kindergeld für solche Rückstände im allg nicht erlangt w können. Umst des Einzelfalles maßg, also die sonst Verpfl des Vaters, seine wirtschaftl Lage, ferner aus welchen Grden die Rückstände aufgelaufen sind, insb ob der Vater sich der Feststellg seiner Vatersch entzogen hat, od ob der, da ein Dritter zunächst als Vater festgestellt u in Anspr gen wurde, mit seiner Vatersch nicht zu rechnen brauchte (AG Hbg DAV **83**, 66). Keine Stundg von Rückständen, die nach Anerkenng od gerichtl Entsch, Urt u auch einstw Vfg fäll geworden sind.

4   **3) Erlaß, II.** Ggü Stundg erhebl erschwerte Voraussetzgen. Stets vorher zu prüfen, ob nicht Stundg od Herabsetzg des RegelUnterh für die Vergangenh genügen. Es muß auch dann noch eine unbillige Härte vorliegen. Wesentl, von wann ab der Vater mit seiner Inanspruchn rechnen mußte (LG Heilbr DAVorm **81**, 301). Desh Erl überh nur mögl, wenn die UnterhBetr länger als ein Jahr vor Anerkenng oder Erhebg der VaterschKl fäll geworden sind. Summierg v Rückständen zG v Polenaussiedler reicht nicht aus (Augsbg DAVorm **75**, 493); ebsowenig wenn die Vatersch erst nach 18 J festgest w, der Va aber von Anfang an mit einer Inanspruchn rechnen mußte (LG Ulm FamRZ **95**, 633). Ferner kein Erlaß, wenn UnterhVerpflichteter zum Bademeister u Masseur ausgebildet wird u erwartet w kann, daß er nach Abschl der Ausbildg neben dem lfd Unterh Rückstände abzahlen kann (Kassel DAVorm **78**, 361). Erlaß bejaht bei dauernder Arbeitslosigk u UnterhPfl ggü 5 Pers (LG Gött FamRZ **85**, 199).

5   **4) Unterhaltszahlung durch Dritten, III.** Die Vorschriften über Stundg u Erlaß gelten auch für die Rückstände, die dadch entstanden, daß ein Dritter an Stelle des Vaters den Unterh geleistet hat, zB der Ehem der Mutter, der zunächst das Kind für das seinige hielt, bis auf Anf festgestellt wurde, daß ein and der Vater ist (Rn 1) od auch aus GeschFührg ohne Auftr u daß dieser Dr, auf den der UnterhAnspr übergegangen ist, § 1615b, nunmehr Ers aus diesem Gesichtspkt od ungerechtf Bereicherg verlangt; ebso Odersky § 1615k Anm II 4, aM Brüggemann FamRZ **71**, 143 II a, der § 843 IV heranzieht. In diesem Falle sind nicht nur die wirtsch u sonstigen Verhältnisse des Vaters (Rn 4), sond auch die des Dr zu berücks.

6   **5) Verfahrensrecht.** Ebso wie die Herabsetzg des Unterh w Stundg u Erlaß iW der Kl geltd gemacht. Zustdgk: AG (GVG 23a Nr 2). Der Vater kann dies nicht bereits in dem mit dem KindschProz verbundenen RegelUnterhVerf tun (ZPO 643 I), wohl aber unabhäng von ZPO 323 auf Änderg od Erlaß klagen bzw über die isolierte Stundg auch dch den RPfl entsch lassen (ZPO 643a). Das Ger kann die Stundg des rückständ Unterh von einer SicherhLeistg abhäng machen (ZPO 642e). Änd sich nach der Entsch, die der Herabsetzg stattgegeben hat, die Verhältn wesentl od kommt der Vater mit seinen UnterhLeistgen in Verzug, so kann ohne mdl Verh auf Antr des Berecht die frühere StundgsEntsch geänd w, wogg sof Beschw zuläss ist (ZPO 642f). Zust Rpfl: RPflG 20 Nr 11. Im AbändVerf kann Stundg od Erlaß ebenf geltd gemacht w, aber nur, wenn die Änderg nach Schluß der letzten Verhdl eingetreten ist (ZPO 323 II).

1615 k *Entbindungskosten.* [1]Der Vater ist verpflichtet, der Mutter die Kosten der Entbindung und, falls infolge der Schwangerschaft oder der Entbindung weitere Aufwendungen notwendig werden, auch die dadurch entstehenden Kosten zu erstatten. Dies gilt nicht für Kosten, die durch Leistungen des Arbeitgebers oder durch Versicherungsleistungen gedeckt werden.

[II]Der Anspruch verjährt in vier Jahren. Die Verjährung beginnt, soweit sie nicht gehemmt oder unterbrochen ist, mit dem Schluß des auf die Entbindung folgenden Jahres.

1   **1) Anspruch auf Erstattung der Entbindungskosten** gg den n § 1600a feststehenden Vater. Gleichgült, ob das Ki scheinehel (§§ 1591ff) ist (Brüggemann FamRZ **71**, 142) od tot geboren w od ob es sich um eine Fehlgeburt handelt (§ 1615n). Zurechngsfähigk des Schwängerers unerhebl (Dölle § 104 I 3). Seiner Rechtsnatur nach handelt es sich um einen **Ersatzanspruch eigener Art,** bei dem es auf Leistgsfähigk (AG Limbg FamRZ **87**, 1192) u Bedürftigk nicht ankommt (hM; AG Gött FamRZ **88**, 1204; and 47. Aufl); übertragb; vererbl; bedingt pfändb (ZPO 850b I Z 2); bei Vorleistg dch das SozAmt überleitb (BVerwG NJW **90**, 401).

Bei Leistg dch Verwandte § 1607 II analog (aA Gernhuber[3] § 60 I 1). Außerh vertragl Zusage besteht kein Anspr des KrankHsTrägers gg den Erzeuger auf Übern der EntbindgKosten (LG Kln NJW **91**, 2354).

2) Entbindungskosten: Kosten für Hebamme, Arzt, Klinik, einschließl von inf einer Komplikation bes **2** hoher Kosten, Pflegerin, Medikamente. Entstehen dch Schwangersch od Entbindg weitere notwend Aufwendgen, so hat auch diese der Mann zu tragen. Hierzu gehören ärztl Vor- u Nachuntersuchgn, mit der Schwangersch zus-hängende Krankh, SchwangerschGarderobe (AG Krfld FamRZ **85**, 1181) usw. Dagg gehören die Kosten für die Krankenhausunterbringg des Ki nach der Geburt zu dessen Unterh (LG Aach FamRZ **86**, 1040). Zur Babyausstattg § 1613 Rn 12. Ersetzt werden nur die wirkl **entstandenen Kosten. 3** Der Anspr ermäßigt sich daher um die Leistgen, die die Mutter tatsächl (LG Brem FamRZ **93**, 107) v and Stellen erh hat, **I 2**: also Zahlgen aGrd der Sozial- od einer PrivVers; ebso um die Beihilfe f Frauen in BeamtStellg od im öff Dienst, aGrd v TarifVertr od auch freiw erfolgde Leistgen (Brüggemann FamRZ **71**, 144), soweit nicht eine Überleitg stattfindet (Einf 21 v § 1601).

3) Verfahren. Bei Einverständn der Mutter Beratg u Unterstützg dch JA (Einf 27 v § 1626). Hat ein Dr, **4** der nicht Vater des Ki ist (§ 1615i Rn 5), die Kosten des § 1615k gezahlt, so hat er einen Anspr gg den Vater (§ 1615l III 4, ZPO 644 II). Verpfl zur Zahlg der EntbindsKost kann beauftr Beamt des JA beurk; bei sofort Unterwerfg Vollstr daraus. Vollstreckb Ausfertigg erteilt der JA-Beamt (SGB VIII 59 I).

4) Verjährung, II. 4 Jahre. Sol Vatersch nicht anerk od rechtskr festgestellt ist, wg § 202 I Hemmg (RG **5** **136**, 193). Unterbrechg §§ 208 ff. Beginn mit Schluß des J, das auf die Entbindg folgt.

1615 l *Unterhalt der Mutter aus Anlaß der Geburt.* [1]Der Vater hat der Mutter für die Dauer von sechs Wochen vor und acht Wochen nach der Geburt des Kindes Unterhalt zu gewähren.

IISoweit die Mutter einer Erwerbstätigkeit nicht nachgeht, weil sie infolge der Schwangerschaft oder einer durch die Schwangerschaft oder die Entbindung verursachten Krankheit dazu außerstande ist, ist der Vater verpflichtet, ihr über die in Absatz 1 bezeichnete Zeit hinaus Unterhalt zu gewähren. Das gleiche gilt, soweit von der Mutter wegen der Pflege oder Erziehung des Kindes eine Erwerbstätigkeit nicht erwartet werden kann. Die Unterhaltspflicht beginnt frühestens vier Monate vor der Entbindung; sie endet spätestens drei Jahre nach der Entbindung.

IIIDie Vorschriften über die Unterhaltspflicht zwischen Verwandten sind entsprechend anzuwenden. Die Verpflichtung des Vaters geht der Verpflichtung der Verwandten der Mutter vor. Die Ehefrau und minderjährige unverheiratete Kinder des Vaters gehen bei Anwendung des § 1609 der Mutter vor; die Mutter geht den übrigen Verwandten des Vaters vor. § 1613 Abs. 2, § 1615d und § 1615i Abs. 1, 3 gelten entsprechend. Der Anspruch erlischt nicht mit dem Tode des Vaters.

IVDer Anspruch verjährt in vier Jahren. Die Verjährung beginnt, soweit sie nicht gehemmt oder unterbrochen ist, mit dem Schluß des auf die Entbindung folgenden Jahres.

1) Zweck: Die Vorschr begründet für die nehel Mutter neben den Anspr auf SonderBed (§§ 1615k u m) **1** einen UnterhAnspr, u zwar für 14 Wo einen regulären UnterhAnspr unter dem GesPkt, daß währd dieser Zt ihre Bedürftig auf der Schwangersch u Entbindg beruht, I, sowie aGrd Art 6 des Schwangeren- u FamHÄndG v 21. 8. 95 (BGBl I, 1050) mW vom 1. 10. 95 einen auf 40 Mo befristeten außergewöhnl UnterhAnspr bei nachzuweisder schwangerschbdgter ErwUnfähigk, II. **Rechtsnatur:** Rn 9.

2) Allgemeiner Unterhalt, I. a) Voraussetzungen: aa) Nehel Schwangersch bzw die Geburt des Ki; **2** **bb)** ferner LeistgsFähigk des Vaters (§ 1603), wobei dieser zur Erfüllg des Anspr aus § 1615l nicht sein Studium aufzugeben braucht (Ffm FamRZ **82**, 732); sowie **cc)** Bedürftig der Mutter (§ 1602), wofür die Schwangersch nicht kausal gewesen zu sein braucht. Einschränkg der Bedürftig bei nehel LebGemsch mit einem Dr (LG Oldenbg FamRZ **90**, 1034). **b) Dauer:** 6 Wo vor u 8 Wo nach der Geburt.

3) Außerordentlicher Unterhalt, II. Voraussetzungen, wofür die BewLast bei der Mutter liegt, **3** neben deren allg Bedürftig u LeistgsFähigk des Vaters (Rn 2): **a) mangelnde Erwerbstätigkeit** sowie **4** **b) als Folge der Schwangerschaft,** wobei das Gesetz 2 Fälle unterscheidet: **aa)** Die Mutter kann inf von **5** Komplikationen bei der **Schwangerschaft** od dch eine von dieser bzw dch die Entbindg verursachten **Krankheit** nicht erwerbstät sein, **II 1.** Das gleiche gilt, wenn die Mutter zwar erwerbsfäh ist, aber nicht erwerbstät sein k, weil von der Mu **wegen der Pflege oder Erziehung des Kindes eine Erwerbstätig-** **6** **keit nicht erwartet werden kann, II 2.** Zweck der GesÄnd (Rn 1): Die Mu braucht nicht mehr nachzuweisen, daß sie nicht od nur beschr erwtät ist, weil das Ki andernf nicht versorgt w kann (BT-Drucks 13/1850 S 24). Iü entspr die GesFormulierg zwar dem § 1570 (dort Rn 10), doch ergeben sich in der Anwendg zwangsläuf Divergenzen. Weitere k können allenf berücks w, soweit sie von den Anspr gen Mann stammen. Auch die Befristg des UnterhAnspr (Rn 8) hat automat zur Folge, daß die Abstufgen beim KiAlter (§ 1570 Rn 13) nur bedingt gelten, ebso wie auch die anderweit VersorggsMöglkten für das Ki (§ 1570 Rn 16) sowie die Zumutbk von Beschäftiggen (§ 1570 Rn 17) für die ne Mu modifiziert bleiben. Die Entsch darüber, ob die mögl Versorgg der Verwandten od in einer Tagesheimstätte in Anspr gen w, steht nicht im Belieben der Mu (vgl die Nachw zu dieser Kontroverse bei der aF: 54. Aufl), sond ist wie in § 1570 Rn 16 in gewissem Grade zu objektivieren ("nicht erwartet w kann"). Die eig Versorgg kann insb aGrd einer Krankh des Ki erfdl sein (AG Lahnstein FamRZ **86**, 100). **bb) Kausalität.** Schwangersch, Krankh u KiVer- **7** sorgg lösen den UnterhAnspr nur aus, wenn sie für die ErwUntätigk ursächl geworden sind. Mitursächlich reicht aus. Auch die Krankh muß schwangersch- od entbindgsbdgt sein; andernf besteht nur der Anspr aus I. Hat die Mutter vorher eine ErwTätigk ausgeübt, kann regelm davon ausgegangen w, daß sie ohne die Schwangersch erwtät geblieben wäre (LG Verden FamRZ **91**, 481). Das KausalitätsErfdn gilt iF v II 2 nur eingeschr dch die ErwartgsKlausel (Rn 6), so daß die Mu auch dann einen Anspr haben k, wenn sie bereits vorher erwerbsl war od ein und Ki betreute (and noch Hamm FamRZ **89**, 619). **c) Dauer, II 3:** 4 Mo vor u **8**

3 J nach der Entbindg. Hierdch wird eine VollBt des Ki dch seine Mu bis zum KiGartenalter ermögl (BT-Drucks 13/1850 S 24). Für schwangerschbdgte ErwAusfälle vorher od nachher kann die Mutter den Vater nicht in Anspr nehmen.

9
10
4) Es handelt sich bei I u II um echte Unterhaltsansprüche, auf die die Vorschr des VerwandtschUnterh (§§ 1602–1615) anzuwenden sind, **III 1. – a)** Allg Vorauss der Anspr sind also Bedürftigk der Mutter u LeistgsFähigk des Vaters (Rn 2). Der Anspr entf also bei Lohnfortzahl an die Mutter. Für die Höhe gilt § 1610, wobei der Verdienstausfall einen AnhaltsPkt gibt. Aufwendgen zur Sicherg des LebUnterh bei selbstd tät Müttern (zB dch Einstellg eines Vertreters in der Betriebsleitg, Praxisvertretg usw) fallen nicht unter § 1615k, sond unter § 1615l (LG Hbg FamRZ **73**, 301 mAnm Büdenbender; aA LG Waldshut NJW **73**, 1417). Zahlsweise: § 1612. Abtretbark: § 400. **Auskunft:** § 1605. **Verfahren:** Beurk u Vollstr: § 1615k Rn 4. Einstw Vfg: § 1615o II. Pfändbark: ZPO 850b; Privilegien: ZPO 850c u d. Vgl iü § 1615k Rn 4.

11
b) Unterhaltskonkurrenzen. aa) Rangverhältnis mehrerer Unterhaltsschuldner, III 2. Der Vater des nehel Ki haftet vor den Elt u den and Verwandten der Mutter. Diese kommen nur bei LeistgsUnfähigk des Vaters zum Zuge. Die vorrang Haftg des nehel Vaters besteht auch ggü dem Ehem od gesch Ehem der Mutter (Kblz FamRZ **81**, 92; aber nicht über den ZtRaum v I u die Einschrkg v II hinaus (Düss FamRZ **95**, 690). Der UnterhAnspr der Mutter geht auch bei Betreuung eines nehel Ki dem Anspr aus § 1361 vor
12
(Hamm NJW **91**, 1763). **bb) Reihenfolge mehrerer Bedürftiger, III 3.** Die nehel Mutter rangiert hinter der Ehefr auch nach Scheidg der Ehe (§ 1609 II) sowie hinter ehel sowie nehel mj Ki des Vaters. Auch der Anspr des nehel Ki selbst hat also Vorrang vor dem Anspr seiner Mutter. Dagg hat sie Vorrang vor den Anspr vollj od verh, ehel od nehel Ki des Vaters (Celle FamRZ **90**, 1146).

13
c) Weitere Verweisungen, III 4: aa) Unterhalt für die Vergangenheit sowie für **Sonderbedarf** (neben § 1615k) nach Feststellg der Vatersch ohne Inverzugsetzg: §§ 1613 II, 1615d; aber gem § 1613 II 2
14
Geltdmachg innerh von 1 J (AG Krfld FamRZ **85**, 1181 mAnm Köhler). **bb) Änderung** auch bei Anspr-Übergang: §§ 1615i I u III, 1607 II.

15
d) Tod des Vaters, III 5: Haftg seiner Erben (§ 1967), auch wenn der Vater vor Geburt des Ki stirbt (§ 1615n).

16
5) Verjährungsfrist, IV 1: 4 J. **Beginn:** Nicht ab Fälligk jeden MoBetr zum Jahresende (§§ 1612 III 1, 197, 201), sond einheitl mit dem Schluß des auf die Entbindg folgden J, **IV 2. Hemmung und Unterbrechung:** §§ 202ff. Hemmg danach insb nach §§ 202, 1600a S 2 bis zur Feststellg der Vatersch (Kblz FamRZ **60**, 365; LG Wuppt NJW **66**, 782).

1615 m   *Beerdigungskosten für die Mutter.* Stirbt die Mutter infolge der Schwangerschaft oder der Entbindung, so hat der Vater die Kosten der Beerdigung zu tragen, soweit ihre Bezahlung nicht von dem Erben der Mutter zu erlangen ist.

1
Die Beerdiggskosten, § 1968 Anm 1, treffen an sich den Erben. Nur, wenn ihre Bezahlg von dem Erben nicht zu erlangen ist, hat der Vater subsidiär diese Kosten zu tragen. Höhe der Kosten mit Berücksichtigg der Lebensstellg der Mutter. Der Tod muß als Folge der Schwangersch od Entbindg eingetreten sein. Keine Kostentragg des Vaters, wenn Tod inf Abtreibg der Mutter, außer wenn Vater daran beteiligt.

1615 n   *Tod des Vaters; Tot- und Fehlgeburt.* Die Ansprüche nach den §§ 1615k bis 1615m bestehen auch dann, wenn der Vater vor der Geburt des Kindes gestorben oder wenn das Kind tot geboren ist. Bei einer Fehlgeburt gelten die Vorschriften der §§ 1615k bis 1615m sinngemäß.

1
1) Der Tod des Vaters, auch der vor der Geburt des Kindes, ändert nichts an der Verpfl, die Entbindgskosten u damit zushängde weitere Aufwendgen, § 1615k, Unterhalt für die Mutter, § 1615l, Beerdiggskosten für sie, wenn sie infolge der Schwangersch od Entbindg gestorben ist, § 1615m, zu tragen; sie treffen seine Erben. Entspr bestimmt für den Unterh der Mutter § 1615l III 5, dort Rn 1.

2
2) Tot- und Fehlgeburt. Auch in diesen Fällen trägt der Vater, ggf seine Erben, die Entbindgskosten nebst etwaigen weiteren Aufwendgen, § 1615k, Unterh für die Mutter, § 1615l, u die Beerdiggskosten § 1615m. Allerd w eine Feststellg, wer Vater ist, mangels einer Anerkenng vor der Geburt, § 1600b II, schwierig sein. Es muß dann die Vermutg des § 1600o helfen. Erstattg der Kosten f Fehlgeburt auch dann, wenn sie Folge eines gg den Willen des nehel Vaters dchgeführten SchwangerschAbbruchs war (AG Brake FamRZ **76**, 288). Kein KostErsatz f SchwangerschAbbruch (AG Bühl FamRZ **85**, 107).

1615 o   *Einstweilige Verfügung gegen den Mann.* [I] Auf Antrag des Kindes kann durch einstweilige Verfügung angeordnet werden, daß der Mann, der die Vaterschaft anerkannt hat oder der nach § 1600o als Vater vermutet wird, den für die ersten drei Monate dem Kinde zu gewährenden Unterhalt zu zahlen hat. Der Antrag kann bereits vor der Geburt des Kindes durch die Mutter oder einen für die Leibesfrucht bestellten Pfleger gestellt werden; in diesem Falle kann angeordnet werden, daß der erforderliche Betrag angemessene Zeit vor der Geburt zu hinterlegen ist.

[II] Auf Antrag der Mutter kann durch einstweilige Verfügung angeordnet werden, daß der Mann, der die Vaterschaft anerkannt hat oder der nach § 1600o als Vater vermutet wird, die nach den §§ 1615k, 1615l voraussichtlich zu leistenden Beträge an die Mutter zu zahlen hat; auch kann die Hinterlegung eines angemessenen Betrages angeordnet werden.

[III] Eine Gefährdung des Anspruchs braucht nicht glaubhaft gemacht zu werden.

1) Währd die einstw AO nach ZPO 641 d den laufden Unterh sicherstellt u zwar sol, bis das Kind gg den **1** Mann einen and (nicht nur vorläuf vollstreckb) Titel über den Unterh hat, die AO aufgeh w (ZPO 641 e I) od außer Kr tritt (ZPO 641 f), ermöglicht die einstw Vfg nach § 1615 o abgesehen von der Sicherg der Mutter im GeburtsZtraum die **Sicherstellung des Kindesunterhalts für die ersten 3 Monate.** Unterh braucht noch nicht fäll zu sein, da die einstw Vfg bereits vor der Geburt beantr u erlassen w kann, was für Rückstände. Dagg keine Vfg nach § 1615 o nach Ablauf der 3 Mo od für UnterhRückstde (LG Düss FamRZ **72**, 48). **Zuständig** das AG (GVG 23 a Z 3). ZPO 926, 936 gelten auch hier (Holzhauer FamRZ **82**, 109). **Berufung** n GVG 72 zum LG (Ffm FamRZ **84**, 512 mAv Büdenbender), nicht zum OLG, auch nicht bei zwzeitl VaterschFeststellgsKl (Göppinger/Wax, UnterhR 4. Aufl Rn 3210). Hinterlegg iFv I u II bei dem für die Mutter zust AG (HinterlO 1 II).

2) Einstweilige Verfügung zu Gunsten des Kindes, I. Um bald UnterhZahlg sicherzustellen, w and **2** als sonst (vgl § 1615 f Rn 9) für derart Zahlgen darauf verzichtet, daß die Vatersch des in Anspr Genommenen rechtskr feststeht. **a)** Es genügt für die einstw Vfg auf Zahlg des Unterh f die ersten 3 Mo neben der **3** **Glaubhaftmachung** der Schwangersch u des Ztpkts der Geburt der Nachw, daß der Mann anerkannt hat od nach § 1600 o II als Vater vermutet w, weil er der Mutter währd der EmpfängnZt beigewohnt h. Zur DNA-Pränataldiagnostik Reichelt FamRZ **94**, 1303. Entgegng: Glaubhaftmachg schwerwiegder Zweifel (§ 1600 o II 2). **b)** Glaubhaftmachg der Gefährdg des UnterhAnspr f die ersten 3 Mo nicht erforderl (LG **4** Düss FamRZ **72**, 48). **c)** Einstw Vfg für UnterhAnspr nur in dem dch § 1615 o materiell beschr **Umfang 5** zul, also gewöhnl RegelUnterh f die ersten 3 Mo (§ 1615 f), der die SäuglingsErstausstattg umfaßt (LG Düss FamRZ **75**, 279 m abl Anm Büdenbender), od voraussichtl (zB bei festgestellten Embryonalschäden) entstehder Sonderbedarf (§§ 1615 a, 1601, 1610 II). **d) Geltendmachung** des vor die Geburt vorgezogenen **6** UnterhAnspr des Kindes erfolgt dch die Mutter od (unabh von § 1912) dch den Pfleger (I 2), zu dessen Gunsten mit der Geburt des Kindes ggf ein Wechsel der VertretgsBefugn eintritt (ZPO 241 I, §§ 1706 Z 2, 1709); vgl Büdenbender FamRZ **75**, 283.

3) Einstweilige Verfügung zu Gunsten der Mutter, II, für die Anspr aus §§ 1615 k, 1615 l, ohne daß **7** es auch hier der Glaubhaftmachg der Gefährdg bedarf. AntrSteller u Zahlgsempfänger ist die Mutter, bei deren Minderjährigk ihr gesetzl Vertreter (Elt, Vormd). Keine rückwirkde Geltdmachg dch einstw Vfg (AG Charl FamRZ **83**, 305).

Vierter Titel. Rechtsverhältnis zwischen den Eltern und dem Kinde im allgemeinen

Einführung

1) Der 4. Titel behandelt das RVerh zw Eltern u Kindern im allg, ehel wie nehel, Übbl 1 vor § 1589, also **1** ohne Rücks auf deren Alter, währd die Titel 4 u 5 die elterl Sorge zum Inhalt haben, welche die Minderjährigk des Ki (§ 2) voraussetzt u vormundschaftl ausgestaltet ist. Wg der Systematik Übbl 1 vor § 1589.

2) Ergänzende Bestimmungen. Die Vorschr des I. Untertitels haben ihren Grd in dem Verwandtsch- **2** Verh von Elt u Ki. Denselben RGrd haben ua der den Wohnsitz des ehel Ki betr § 11; Verj v Anspr zw Elt u Ki (§ 204); das UmgangsR (§ 1634 Rn 1 u 4); die EinwilliggsErkl zur EhelErkl (§§ 1727, 1740b) u zur KiAnnahme (§§ 1746, 1747); der UnterhAnspr (§§ 1601 ff); Einwirkg der Elt auf die Bestellg des Vormds, Berufg der Elt zur Vormsch über Vollj (§ 1899); Erb- u PflichttR (§§ 1924 ff, 2303); ErbersatzAnspr (§ 1934a). Das Ki hat ein ZeugnVerweigergsR (ZPO 383 I Z 3; StPO 52 I Z 3). Schließl beeinfl das Elt-Ki-Verhältn die Strafbark gewisser Hdlgen (zB StGB 174 I Z 3, 221 II, 235, 247, 258 VI).

3) IPR EG 19, 20. **Innerdeutsches Kollisionsrecht** EG 19 Rn 17. **Übergangsrecht DDR** EG 234 § 10. **3**

4) Kindesnamensrecht. a) Vgl zunächst Vorbem v § 1355. Lit: § 1355 Rn 1. Die NamRVorschr enth, **4** abgesehen von den vom Ges selbst eingeräumten Wahlmögl (wie § 1616 Rn 3, 1616a), **zwingendes Recht.** Daher kommen **Doppelnamen** nur noch überggsrechtl (Rn 5) vor (vgl § 1616 Rn 3); auch innerh nehel LebGemsch kommen DoppNamen für gemschaftl Ki nicht in Betr (Einl 14 v § 1353; § 1617 Rn 1). Auch keine Übern eines Zwischennamens (Karlsr NJW-RR **90**, 737). Das Ki hat das R u die Pfl, den ihm nach den §§ 1616 ff, 1719, 1737, 1747 f, 1757, 1765 zukommden Namen zu führen. Nachträgl NamensÄnd bei den Elt: § 1616a. Vgl iü Rn 6. **Namensschutz** § 12. **IPR:** EG 10 Rn 26 ff. **Übergangsrecht:** Vorbem 10 v **5** § 1355; fr **DDR:** EG 234 § 3.

b) Vor- u Nachname des FindelKi bestimmt die zust VerwBehörde (PStG 25). Zur ör **Namensänderung 6** **nach § 3 NÄG:** §§ 1616 Rn 18 betr VornÄnd; 1617 Rn 4; 1618 Rn 2; 1757 Rn 1. Bei Anwend v NÄG 3 ist psych GA nicht erfdl (BVerwG NJW **93**, 3154). Zum KlageR gegen die NamensÄnd BVerwG NJW **94**, 144. Die Bejahg eines wicht Grundes für die NamensÄnd in **Stiefkindfällen** widerspr der detaillierten Namensregelg im FamilienR (BVerwG NJW **83**, 1866 ff; **93**, 3154; FamRZ **83**, 809; **86**, 903 ff; umstr; and jetzt BVerwG NJW **94**, 1425: „Förderlk" für das KiWohl statt „Erfdlk" soll ausr; vgl 53. Aufl. § 1616 Rn 5). Der nicht sorgeberecht EltT, dessen Na das Ki aufgeben soll, ist gem VwGO 65 II beizuladen (Hess VGH FamRZ **95**, 568 mA Geisler). Unzul ist auch die NamAngl bei Rückwechsel der gesch sorgeberecht Mu zu ihrem MädchenNam (OVG Münster NJW **95**, 1231) sowie bei PflegeElt (aA OVG Lünebg StAZ **87**, 77), auch wenn eine Behinderg der Ki einer Adoption im Wege steht (aA BVerwG FamRZ **87**, 807; Salgo StAZ **87**, 254). Mögl dagg die Änd eines ausländ FamNamens nach Erlangg der dt Staatsangeh (VG Darmst NJW **93**, 1412).

1616 **Familienname des ehelichen Kindes.** [1] **Das eheliche Kind erhält den Ehenamen seiner Eltern als Geburtsnamen.**

II Führen die Eltern keinen Ehenamen, so bestimmen sie durch Erklärung gegenüber dem Standesbeamten den Namen, den der Vater oder den die Mutter zur Zeit der Erklärung führt, zum Geburtsnamen des Kindes. Die Erklärung muß öffentlich beglaubigt werden. Die Bestimmung der Eltern gilt auch für ihre weiteren Kinder.

III Treffen die Eltern binnen eines Monats nach der Geburt des Kindes keine Bestimmung, überträgt das Vormundschaftsgericht das Bestimmungsrecht einem Elternteil. Absatz 2 gilt entsprechend. Das Vormundschaftsgericht kann dem Elternteil für die Ausübung des Bestimmungsrechts eine Frist setzen. Ist nach Ablauf der Frist das Bestimmungsrecht nicht ausgeübt worden, so erhält das Kind den Namen des Elternteils, dem das Bestimmungsrecht übertragen ist.

IV Ist ein Kind nicht im Inland geboren, so überträgt das Vormundschaftsgericht das Bestimmungsrecht einem Elternteil nach Absatz 3 nur dann, wenn ein Elternteil oder das Kind dies beantragt oder die Eintragung des Namens des Kindes in ein deutsches Personenstandsbuch oder ein amtliches deutsches Identitätspapier erforderlich wird.

1   **1) Vorrang des Ehenamens, I.** Wie bish soll auch künft, wenn die Elt miteinand verh sind u einen Ehenamen führen, dieser auch FamName ihrer Ki sein. Dies ist nur bei Ehel mögl (§ 1355 Rn 1). Das Ki erh den Ehenamen seiner Elt automat; für ein BestR der Elt ist insow kein Raum.

2   **2) Bestimmung des Kindesnamens durch die Eltern, II.** Entschließen sich die Eheg nicht zur Führg eines gemeins Ehenamens, haben also versch Namen (§ 1355 Rn 1), so muß der Geburtsname der aus der Ehe hervorgehden Ki dch die Elt bes best w, II. Können sich die Elt nicht auf den Namen eines von ihnen beid als Geburtsname des Ki einigen, übertr das VormschG die Best einem EltT, III. Zur Problematik der Namensidentität mit dem einen u der NamensVerschiedenh des Ki ggü dem and EltT für die SorgeRRegelg 3 iF der Scheidg vgl Coester FuR **94**, 6. ÜbergRegelg: Vorbem 10 v § 1355. – **a) Wahlmöglichkeiten, II 1.** Im Gegensatz zu den vielfält NamGestaltgsMöglkten, wie sie noch der RegEntw vorsah (BT-Drucks 12/3163 S 13), beschr das FamNamRG die Namenswahl auf den Namen, den der Vater od den die Mutter zZt der Erkl (Rn 6) führt. Dies entspr der Beschr der Namenswahl bei der Eheschl (§ 1355 Rn 3) u dient iü der NamensEinh in der Fam. Name bedeutet FamNa, so daß nicht auch der BegleitNa eines EltT zum KiNa w kann (Coester FuR **94**, 5; aA Wagenitz/Bornhofen S 95 Rn 38; Steding FamRZ **95**, 1047). Auch iü hat der GesGeber den Bedenken gg eine Namensinflation Rechg getr u die für die erste Generation verlockde Möglk, aus den Namen von Vater u Mutter einen **Doppelnamen** zu bilden u damit die Zugehörigk des Ki zu beid EltT einen iuzfäll Ausdr zu verleihen, verworfen (BT-Drucks 12/5982 S 17; vgl iü Vorbem 4 v § 1616). DoppNamErteilg auch nicht, wenn ein früh geborenes Ki unter der AuffangRegelg des BVerfG einen solchen erh hat (Oldbg u Hamm NJW **95**, 537 u 1908; Schlesw StAZ **95**, 267; aA AG Bonn u Tüb 4 StAZ **95**, 76; Gaaz StAZ **95**, 26 f). Mögl aber span Doppelname (Düss StAZ **95**, 41). – **b) Das Recht zur Namensbestimmung** ist Ausfluß des elt SorgeR (BT-Drucks 12/3163 S 13; aA Coester FuR **94**, 5; Gernhuber/Coester-Waltjen⁴ § 54 I 1: unmittelb Ausfluß des EltR) u steht damit **beiden Eltern gemeinschaftlich** zu (BGB 1626 Rn 14). Ledigl wenn sich die Elt nicht einigen können, best der vom VormschG ausgesuchte 5 EltT den Namen des Ki allein, III. – **c) Die Erkl** erfolgt **gegenüber dem Standesbeamten** u muß, was ebenf dch den StBeamten erfolgen k (PStG 15 c analog), **öffentlich beglaubigt w, II 1 u 2.** Die Erkl ist 6 unwiderrufl (vgl BT-Drucks 12/3163 S 18 zu § 1757 nF). – **d) Frist.** Die Elt haben den KiNamen **binnen 1** 7 **Monat** nach der Geburt des Ki zu best (*arg* III 1; Rn 8). – **e) Verbindlichkeit der Namensbestimmung für weitere Kinder, II 3.** Die Best der Elt für das erste Ki gilt für sämtl Geschw. Gleichgült ist, ob es sich um leibl od AdoptivGeschw handelt u wie der Name dieses wurde: dch EltWahl nach II, aGrd der gem III 1 erfolgten Zuweisg des BestR auf einen EltT, III 2, od gem III 4 nach Ablauf der vom Ri gesetzten Fr. Ist das erste Ki gestorben, dürften gg eine anderweit NamensBest bei weiteren Ki keine Bedenken bestehen (Gernhuber/Coester-Waltjen § 54 I 1).

8   **3) Bestimmung des Kindesnamens durch einen Elternteil allein, III.**

9   **a) Übertragung des Bestimmungsrechts, III 1. aa) Verfahren.** Unterlassen die Elt die NamensBest aus welchen Grden auch immer, wobei ein Verschulden nicht vorausgesetzt w, so übertr das VormschG das BestR einem EltT. Von dem Bedürfn erfährt das VormG dch **Mitteilung des Standesbeamten** (PStG 21 a); es entsch dann vAw, also ohne daß es eines **Antrags** bedarf. Ledigl wenn das **Kind nicht im Inland geboren** ist, setzt die Übertr des BestR den Antr eines EltT od des Ki voraus, es sei denn, es wird die Eintr des Namens des Ki in PersStandsBüchern od in ein amtl deutsches Identitätspapier erfdl, **IV.** Auch in diesen Fällen hat aber das gemeins BestR der Elt Vorrang. Das VormschG soll beide EltT anhören u zunächst versuchen, eine einvernehml Regelg zu erreichen (FGG 46 a S 1). Die Entsch des VormschG bedarf keiner 10 Begr u ist unanfechtb (FGG 46 a S 2). – **bb) Ermessen.** Für die Übertr des EntschR auf einen EltT gelten die Grdsätze v BGB 1628. Dieses Verf tritt an die Stelle der ursprüngl vorgesehenen LosEntsch (vgl dazu BT-Drucks 12/3163 S 13), mit der ihrers sachl GesichtsPkten bei der NamensBest nicht einmal dann hätte Rechng getr w können, wenn sie vorh sind.

11   **b) Ausübung des Namensbestimmungsrechts. aa) Namenswahl.** Für den mit der NamensBest betrauten EltT gilt, was die WahlMöglkten w anlangt, dasselbe wie zuvor für die NamensBest dch beide 12 EltT, **III 2.** Das gilt insb auch für die Verbindlk der Best für weitere Ki (Rn 7). **bb) Fristsetzung.** Das VormschG kann dem EltT für die Ausübg des BestR eine Fr setzen, **III 3.** Zu gerichtl Fr vgl KKW¹³ FGG 16 Rn 30. Die Länge der Fr richtet sich nach den Umstden der Unstimmigk zw den Elt. Versäumt der bestberecht EltT seiners die Fr, erh das Ki automat seinen Namen, **III 4.**

13   **4) Vorname** (Lit: Sturm ÖsterrStA **87**, 18; Seibicke StAZ **91**, 278; **92**, 329 sowie Vorn, 2. Aufl 1991; Diederichsen StAZ **89**, 337 u 365; Lizek StAZ **89**, 357; vgl iü 48. Aufl).

14   **a) Das Bestimmungsrecht** steht als Ausfl der el Sorge beiden Elt gemeins zu (§§ 1626 II, 1627), so daß bei einseit Best ggf das Geburtbuch zu bericht ist (BayObLG FamRZ **95**, 685). Beim ne Ki bes die Mu allein (§ 1705). Bei Nichteinigg der Elt § 1628 I. **Anzeigepflicht:** PStG 16, 17. Das materielle VornR wird vom

GewohnhR u § 1666 beherrscht. Die Rspr ist zT absurd: „La Toya" unzul, „Latoya" zul (AGe Darmst u Deggendf StAZ **94**, 195 u 357) od als einz männl Vorn „Micha" unzul, „Sascha" zul (Stgt u LG Brem StAZ **93**, 355).

b) Aus deren Ordngsfunktion heraus ist die **Anzahl** der Vorn, wenn nicht ein bes Interesse nachgewiesen **15** wird, auf 4 zu beschr (and Kln StAZ **88**, 82: 7). Unzul sind mehr als 2-gliedr VornKombinationen mit Bindestr. **Geschlechtsoffenkundigkeit:** Knaben ist ein männl, Mädchen ein weibl Vorn zu geben, ggf auch gebräuchliche ausländ (Hamm NJW-RR **95**, 845 „Chelsea"; Ffm StAZ **95**, 173 „Nicola Andrea"). Bei ausländ od geschlneutralen Vorn zusätzl (BVerfG StAZ **83**, 70 „Heike"; Karlsr NJW-RR **89**, 1030 „Eike"). Als ausschließl männl Vorn erlaubt: „Kai" (Celle StAZ **88**, 106); dagg nicht einmal in Vbdg mit einem sonst weibl Vorn für Mädchen: „Arne" (Kln StAZ **89**, 285); od für Jungen iVm einem sonst männl Vorn: „Christin" (LG Münst MDR **93**, 150) od „Simona" (LG Brem StAZ **95**, 43). Als kathol ZusatzVorn auch bei Jg erlaubt: „Maria" (BayObLG FamRZ **86**, 197), nicht dagg: „Rosa" (AG Mü StAZ **93**, 50). Die Prax der geschl-eindeut ZusatzVorn ist sprachwiss unhaltb, da es in der BuRep nicht mehr verbindl Rufnamen gibt. Die VornGebg darf iü nicht die allg Sitte u Ordng verletzen (BGH **29**, 256). **Unzulässig** sind willkürl, anstöß, unverständl, ganz ungebräuchl od zur Kennzeichng ihres Trägers ungeeign Bezeichngn; Bspe dafür: „Moon Unit" (AG Bln-Schönebg StAZ **88**, 139); „Stone" (AG Ravbg StAZ **94**, 195; and offenb AG Bayreuth StAZ **93**, 356 „Pebbles"); „Verleihnix" (AG Krfld StAZ **90**, 200); „Windsbraut" (LG Ravbg StAZ **85**, 166); Klicklaute afrikan Buschmänner (LG Münst StAZ **84**, 129 mAv Flatau); Bezeichng eines Indianerstamms (AG Tübingen StAZ **95**, 45); Ortsnamen, auch ausl wie „Woodstock" (AG Ulm StAZ **90**, 74); gäng Nachn (Ffm StAZ **90**, 18 auch nicht bei Verwandtsch), berühmte od Heiligennamen (Düss StAZ **85**, 250 „Hemmingway"; Ffm StAZ **85**, 106 „Schröder"; LG MöGladb StAZ **85**, 166 „Jesus"; LG Oldbg NJW-RR **92**, 391 „Martin-Luther-King"); gleiche Vorn für Geschw (AG Augsbg StAZ **84**, 130; aA AG Duisbg StAZ **89**, 11). Als ungeeign wird auslGgstdBezeichngn wie „Sonne" (aA BayObLG StAZ **94**, 315), allg Gattgs-, insb Tierbezeichngn (BayObLG StAZ **86**, 248 „Moewe"), od Adelsprädikate anzusehen (Zweibr FamRZ **93**, 1242 „Maximilian Lord"). **Ausnahmen** sind nur zul zur Pflege landsmannschaftl od fam Brauchtums, wie in Ostfriesld derj, Ki die FamNamen v Vorfahren als Vorn zu erteilen (BGH **29**, 256 „ten Doornkaat"). Weithin akzeptiert werden **ausländische** Vorn, wobei die ausländ GeschlZuordng beibehalten werden muß (BGH **73**, 239), ebso wie die Schreibw (Hamm FamRZ **94**, 396 Josephin,e"). Bei klangl GeschlNeutralität od Mißverständlk Zusatz eines geschl-eindeut Vorn erfdl (BGH aaO „Aranya"). Mangels verbindl Rufn ist auch diese Prax zweifelh; zB „Maitreyi Padma" (Karlsr StAZ **87**, 224). Iü haben die Elt **kein freies 16 Vornamenserfindungsrecht** (äuß umstr; aA zB Zweibr NJW **84**, 1360 „Pumuckl" u NJW-RR **88**, 712 „Tamy Sarelle"; BayObLG u Stgt StAZ **87**, 168 u **88**, 82 „Kaur"; Düss StAZ **89**, 280 „Sunshine"; Hamm StAZ **89**, 376 „Decembres Noelle" für ein Weihn geborenes Mädchen). Die GgMeing verbietet ledigl ungeeign (zB Interjektionen), anstöß, lächerl u das Kindeswohl beeinträchtigde Bezeichngn (Staud/Coester Rdn 113 ff; Maßfeller/Hepting, PStG, 25. Lfg 1988, § 21 Rdn 98). Der Zusatz eines gebräuchl geschl-spezif Vorn nützt jedoch anges des Fehlens eines verbindl Rufnamens nichts. Unzul sind Doppelg (AG Brem StAZ **91**, 255 „Tom Tom" u **Namenszusätze:** Neckn, Übern, Titel, Begleit- u ZwNamen des einen EltT (AG Duisbg StAZ **89**, 51), „jun" (AG Cobg-Bd Kreuzn StAZ **90**, 106f), griech Buchst (aA LG Aach StAZ **90**, 197) u röm Ziff, es sei denn, dies entspr altem Herkommen (LG Ffm NJW-RR **90**, 1094).

c) Änderung des Vornamens gem NÄG 3 I, aGrd v Adoption (§ 1757 II 1) u bei Geschlechtsumwandlg **18** (**TranssexuellenG** v. 10. 9. 80, BGBl 1654; Lit: Sab Augstein StAZ **81**, 10) iVm dauernder Fortpflanzgsunfähigk (Hamm FamRZ **83**, 491), wobei die Altersschranke v 25 J bei der kl Lösg für verfwidr erkl w ist (BVerfG NJW **93**, 1517). Zul die Hinzufügg eines Vorn bei Übertritt zum Islam (VGH Mü NJW **93**, 346). Unzul VornÄndg aGrd des NÄG nach Scheidg der Ehe mit einem Ausl (OVG Münst StAZ **90**, 881); nach eigenmächt VornGebg dch die PflegeElt (aA BVerwG FamRZ **87**, 807); anderweit Benenng im Verwandten- u BekKr (BVerwG StAZ **89**, 263 Harry); aGrd der Erkenntn, daß der gewählte VorNa zu dem Ki nicht paßt (OVG Lünebg FamRZ **94**, 1346) od aGrd einer ReinkarnationsErfahrg (VG Münst StAZ **87**, 80); wg seel Belastg der GroßElt (aA VGH Ksl NJW-RR **88**, 711). Anspr- u Antrberecht ist der Mj; keine Kl der Elt im eig Namen (BVerwG NJW **88**, 2400). **Führung eines falschen Vornamens** berecht auch bei langj gutgl **19** NamFührg nicht zu einer NamÄndg (VG Brem StAZ **87**, 107). Beeinfl des Ki zur inkorrekten Namführg ist SorgeRMißbr (§ 1666 Rn 7).

1616a **Nachträgliche Namensänderungen bei den Eltern.** **I** Bestimmen die Eltern einen Ehenamen, nachdem das Kind das fünfte Lebensjahr vollendet hat, so erstreckt sich der Ehename auf den Geburtsnamen des Kindes nur dann, wenn es sich der Namensänderung anschließt. Ein in der Geschäftsfähigkeit beschränktes Kind, welches das vierzehnte Lebensjahr vollendet hat, kann die Erklärung nur selbst abgeben; es bedarf hierzu der Zustimmung seines gesetzlichen Vertreters. Die Erklärung kann nur vor Eintritt der Volljährigkeit abgegeben werden. Die Erklärung ist gegenüber dem Standesbeamten abzugeben; sie muß öffentlich beglaubigt werden und bedarf, wenn das Kind das vierzehnte Lebensjahr nicht vollendet hat, der Genehmigung des Vormundschaftsgerichts.

II Für eine Änderung des Ehenamens der Eltern oder eine Änderung des Familiennamens eines Elternteils, der Geburtsname eines ehelichen Kindes geworden ist, gilt Absatz 1 entsprechend. Eine Änderung des Familiennamens eines Elternteils infolge Eheschließung erstreckt sich nicht auf den Geburtsnamen des Kindes.

III Eine Änderung des Geburtsnamens erstreckt sich auf den Ehenamen des Kindes nur dann, wenn sich auch der Ehegatte der Namensänderung anschließt. Absatz 1 Satz 4 gilt entsprechend.

1) a) Zweck: Die Vorschr bezieht sich nur auf das **eheliche Kind,** das einen Geburtsnamen nach § 1616 **1** bekommen hat, u regelt die Auswirkungen, die eine Änd des FamNamens der Elt auf den Geburts- u Ehenamen ihrer gemeins ehel Ki mit sich bringt (BT-Drucks 12/3163 S 17), wobei die versch Abs der Best dem Umstd Rechng tragen, daß die Elt zu dem gemeins Ehenamen überh erst gelangen konnten, nachdem sie schon eine längere Zt miteinand verh waren, I, u daß anderers auch bei Vorliegen eines gemeins Ehenamens der Elt von Anfang an sich dieser später wieder änd kann, II, u dies beides ggf zu einem Ztpkt, zu dem auch bereits ihre Ki verh sind u einen eig Ehenamen führen, III. Dazu, daß auch ältere Ki mit einer NamensÄnd ihrer Elt konfrontiert werden können, obw die NamensÄnd für Eheg auf 5 J nach der Eheschl begrenzt ist (§ 1355 III 2), kann es dadurch kommen, daß die Elt sich erst längere Zt nach Geburt ihrer Ki zur Heirat entschl. Im übrigen trägt das Ges für die Erstreckg eines nachträgl Ehenamens auf ein Ki dessen LebAlter u seiner wachsden SelbstBestFähigk Rechng u erstreckt einen nachträgl Ehenamen der Elt teils automat auf das Ki, teils macht es die Erstreckg von der Zust des Ki abhäng, I. Die vom GesGeber ursprüngl vorgesehene Befugn des Ki, nach Eintritt der Volljährigk seinen Geburtsnamen von sich aus zu änd (§ 1616b des RegEntw), ist in der endgült GesFassg als obsolet gestrichen w (BT-Drucks 12/5982 S 19). – **b) Mehre**re **Kinder.** Aus dem Zweck von § 1616 II 2, den Geburtsnamen für sämtl aus der Ehe der Elt stammden Ki einheitl sein zu lassen (§ 1616 Rn 7), würde an sich folgen, daß das in § 1616a betroffene Ki bei mehreren Geschwistern immer nur das älteste ist u daß sich die **Anschließung der nachgeborenen Kinder** danach richte, wie die Frage für das erste Ki entsch w ist. Einer solchen Automatik würde sich aber das in § 1616 I 2 anerkannte SelbstBestR des Ki widersetzen. Zu unterschiedl Namen kann es ohnehin kommen, wenn die Eheg mehrerer Ki iFv III 1 die Frage der Anschließg unterschiedl beantw.

3 **2) Erstreckung des nachträglichen Ehenamens auf das Kind, I.** – **a)** Ehel haben gem § 1355 III 2 die Möglk, binnen 5 J nach der Eheschl, nachdem sie zunächst jeder den bei der Heirat geführten Namen beibehalten haben, zu einem gemeins Ehenamen überzuwechseln (§ 1355 Rn 5). Tun sie dies, so soll das Ki an dieser NamensÄnd ggf teiln. Naturgem greift die Vorschr nur ein, wenn das Ki nicht bereits den Namen desj EltT trägt, auf den sich die Eheg nachträgl als Ehenamen einigen; nur dann bedarf es einer Anpassg. Zu den merkwürd Konsequenzen, wenn man die Anschließg auch bei Namensidentität verlangt, vgl Coester 4 FuR **94**, 4. Iü unterscheidet das Ges nach versch **Altersstufen:** Ein Ki, das bei der nachträgl Begründg des Ehenamens seiner Elt unter 5 J alt ist, erh den Ehenamen automat (*arg* I 1). Nach Vollendg des 5. LebJ ist zur NamensErstreckg iJF erfdl, daß sich das Ki der **Namensänderung anschließt, I 1.** Dabei wird das Ki bei Abg dieser Erkl dch seine Elt vertreten (§ 1629 BGB); es bed seiner PflBestellg, wohl aber der Gen des VormschG (Rn 7). Nach Vollendg des 14. LebJ kann das Ki die Anschließg nur selbst erkl, bed hierzu aber 5 der Zust seines gesetzl Vertr, I 2. Das sind idR seine Elt (vgl BGB 1626 Rn 14), uU aber auch ein Vormd od Pfleger (vgl BGB 1666 Rn 19; 1671 Rn 9). – **b)** Die AnschließgsErkl ist insow **befristet,** als sie von dem Ki nur vor Eintritt seiner Volljk erkl w kann, **I 3.** Ist das Ki 18 J alt geworden, besteht zivilrechtl keine Möglk mehr, den geänd Namen der Elt zu übern. Das muß insb auch in dem Fall gelten, daß das Ki bereits seiners verh ist (Rn 19). Die Regelg befremdet dch den WertgsWiderspr, der darin liegt, daß bei Mj gerade 6 auf die Fähigk zur SelbstBest abgestellt w. – **c) Form.** Die AnschließgsErkl ist öff zu bgl (§ 129; SGB VIII 7 59 I Nr 5; PStG 15c analog) u ggü dem StBeamten (Zustgk PStG 31 a I) abzugeben, **I 4.** – **d)** Die **vormund**schaftsgerichtliche **Genehmigung** ist erfdl für eine AnschließgsErkl, welche die Elt als gesetzl Vertr für ihr noch nicht 14 J altes Ki abgeben, **I 4.** Vom Zweck dieser Best her, näml dem KiWohl zu dienen (BT-Drucks 12/4982 S 19), hätte der die Verweigerg der NamensAnschließg dch die Elt dem vormschgerichtl GenErfordern unterworfen werden müssen, zumal die Namensidentität sämtl FamMitgl das rpolit Ziel des 8 GesGebers war (vgl § 1355 Rn 1). – **e)** Die **Verweigerung der Zustimmung** zur NamensÄnd sei es vS der Elt od des Ki, sei es vS des VormschG führt dazu, daß das Ki seinen bish Geburtsnamen behält. Die Elt od sogar auch nur ein EltT kann auf diese Weise die vom Ges in § 1616 I vorgesehene Ausweitg des Ehezum FamNamen blockieren u die NamensUngleichh innerh der Fam dchsetzen. Eine Ersetzg der elt Vertr kommt allenf nach § 1666 in Betr (vgl aber auch § 1678). Zur Entziehg des VertretgsR nach §§ 1629 II 3, 1796 vgl Coester FuR **94**, 4. Zum ÜbergR vgl Einf FamNamRG Rn 10.

9 **3) Andere Namensänderungen auf seiten der Eltern, II.** Neben der nachträgl Wahl eines gemeins Ehenamens kann sich der Ehename der Elt des Ki od auch nur eines EltT änd, wobei jedesmal das Problem auftritt, ob sich auch diese NamensÄnd auf das Ki erstrecken. Das Ges übernimmt für sämtl Namenswechsel auf der EltSeite unter Ausschl des VerwRWegs (VG Brschw FamRZ **95**, 1226) die in I für die nachträgl Wahl eines Ehenamens getroffene Regelg. Iü unterscheidet es danach, ob sich der Ehename der Elt ändert, der gem § 1616 I zugl FamName des Ki ist, od nur der FamName desj EltT, von dem das Ki bei Namensverschiedenh seiner miteinand verh Elt seinen Geburtsnamen ableitet.

10 **a) Änderungen des Ehenamens der Eltern, II 1,** sind relevant in den Fällen, in denen gem § 1616 I der Ehename der Elt zum Geburtsnamen des Ki geworden ist (BGB 1616 Rn 1). Zu einer solchen Änd des Ehenamens kann es iW der verwaltgsrechtl NamensÄnd beider Eheg kommen (vgl § 1616 Rn 18); ferner nach Legitimation eines verh EltT, der nehel geboren ist, inf nachträgl Eheschl von seinen eig Elt bzw dch seine EhelErkl (vgl §§ 1720 I nF, 1737 S 1, 1740f II 1); ferner iF der Adopt eines EltT (§ 1757 I u II), soweit in diesen Fällen die damit verbundene Änd des Geburtsnamens des betr EltT auf den and EltT u damit auf den Ehenamen dchschlägt, III (vgl unten Rn 14 u §§ 1757 III, 1767 II).

11 **b) Ändert sich allein der Familienname eines Elternteils,** so ist dies für das Ki zunächst in den Fällen relevant, **aa)** in denen die Elt keinen Ehenamen führen, jeder EltT also seinen **zur Zeit der Eheschließung geführten Namen** gem § 1355 I 3 weiterführt (§ 1355 Rn 1), wenn von der NamensÄnd derj EltT betroffen ist, dessen Namen das Ki gem § 1616 II **als Geburtsnamen erhalten** hat (§ 1616 Rn 2). Die Fälle der NamensÄnd sind dieselben wie in Rn 10, nur daß sich die NamensÄnd aS des einen EltT mangels Ehenamens auf den Namen des and EltT nicht auswirkt. Hat das Kind gem § 1616 II den Namen dieses von der 12 NamensÄnd nicht betroffenen EltT erh, spielt sie auch für das Ki keine Rolle. – **bb)** Die Auswirkungen von NamensÄnd iRd Verwitwg bzw der **Ehescheidung der Eltern** hat das Ges nicht ausdrückl geregelt. Doch folgt aus der Gesamtregelg v II, daß sich eine aus diesem Anlaß vollzogene NamensÄnd bei einem od auch beid EltT, also die Aufg des Ehenamens unter Rückkehr zum Geburts- od zu dem vor der Eheschl geführten 13 Namen (§ 1355 Rn 12), auf den Namen des Ki nicht auswirkt. Vgl iü Einf 6 v § 1616. – **cc)** Eine nach Scheidg der Elt mit der **Wiederverheiratung** eines EltT verbundene NamensÄnd (§ 1355 I 1 u 2) bleibt für

das Ki namensrechtl ohne Einfl, **II 2**. Das gilt sowohl für den Fall, daß die Elt des Ki einen Ehenamen geführt haben, wie für den Fall, daß sie in der Ehe ihren davor geführten Namen beibehalten hatten (vgl § 1355 Rn 1).

4) Erstreckung der Namensänderung auf den Ehenamen des Kindes, III. Die Vorschr entspr BGB 14 1617 IV (vgl dort Rn 13). Die NamensÄnd bei den Elt ist unabhäng vom Alter des Ki. Doch kann es sich nach I 3 der NamensÄnd bei seinen Elt nur bis zu seiner Volljährigk anschließen (Rn 5). III bezieht sich nur auf den Fall, daß das Ki zu diesem Ztpkt bereits verh ist, gilt also nur für einen ZtRaum von 2 J, wenn näml das Ki mit 16 J geheiratet hat (EheG 1 II). – **a)** Dabei ist es zunächst gleichgültig, ob das Ki seinen Namen von 15 beid od nur von einem EltT ableitet (§ 1616 I od II), währd es einen Unterschied macht, ob in der Ehe nach § 1355 I 1 od I 3 verfahren wurde: **aa)** Ist der Name des Ki in seiner eig Ehe zum **Ehenamen** geworden 16 (§ 1355 I 1 u 2 sowie II), können die Eheg nur dch gemeins Erkl auf den neuen Geburtsnamen seiner ihrer Beziehg einschwenken, **III 1**. Ist der Eheg des Ki damit nicht einverstanden, bleibt letzterem aber die Möglk, sich der NamensÄnd seiner Elt anzuschl u deren neuen Namen als eig Begleitnamen zu führen (§ 1355 IV 1). Vorauss dafür ist allerd, daß das Ki bei seiner Eheschl nicht bereits eine Option zG eines and Namens getroffen hat (§ 1355 IV 4). Ledigl wenn Begleitname u Geburtsname des Ki ident sind, kann es im Anschl an die NamensÄnd der Elt mit diesen gleichziehen. **bb)** Ist **der Name des Ehegatten des Kindes** 17 **zum Ehenamen geworden,** so bleibt es dabei. Das Ges sieht eine erneute Wahl des Ehenamens nicht vor. Daß die Eheg sich vielleicht bei der Wahl des Ehenamens für denj des Ki entsch hätten, wenn sie gewußt hätten, daß dieser sich änd würde, ist nicht berücks w. **cc)** Hat das Ki dagg in seiner Ehe von vornherein den 18 **vor der Verheiratung geführten Namen beibehalten** (§ 1355 I 3), so führt die gem I 2 erfolgte Anschließg an die NamensÄnd seiner Elt dazu, daß sich sein Name ändert. Derj des Eheg bleibt davon unberührt, kann aber zum Anlaß gen w, daß nunm beide den neuen Geburtsnamen des Ki nach § 1355 III 2 nachträgl zum Ehenamen machen (§ 1355 Rn 5). Währd der Eheg des Ki diesen Vorgang zum Anlaß nehmen kann, seinen Geburtsnamen bzw den zur Zt der Eheschl geführten Namen zum Begleitnamen zu machen bzw in dieser Form beizubehalten (§ 1355 Rn 6), ist diese Möglk dem sich der NamensÄnd seiner Elt od eines EltT anschließden Ki versagt: Mit der Übern des neuen Namens als Ehenamen verliert es, wenn diese versch waren, seinen bish geführten Namen ebso endgült wie seinen ursprüngl Geburtsnamen.

b) Anschließungserklärungen, III 2. Die NamensÜbernErkl ist ebso wie die Erkl des Eheg des Ki, sich 19 der NamensÄnd anzuschließen, öff zu begl u dem StBeamten ggü abzugeben. Das Ki u sein Eheg müssen die Anschließg an die NamensÄnd der Elt bzw SchwiegerElt **gemeinsam erklären**. Die Verweisg im letzten Halbs v III 4 läuft leer, soweit man im dt Recht frühestens mit 16 J die Ehe eingehen k (EheG 1 II). Im übrigen dürfte die Übertr der NamensÄnd auf den Ehenamen von Ki prakt ohne Bedeutg bleiben, weil es dch Beschränkg der Verweisg in III 2 offenb ü bei I 3 sein Bewenden haben soll; währd nach dem ursprüngl RegEntw eine Fr für die AnschließgsErkl nicht bestehen sollte (BT-Drucks 12/3163 S 17), kann mit einem Umkehrschl aus III 2 kaum begr w, warum die VolljkGrenze v I 3 dann nicht gelten sollte, wenn das Ki bei Änd des Ehenamens seiner Elt bereits verh war.

1617 *Familienname des nichtehelichen Kindes.* [I]**Das nichteheliche Kind erhält den Familiennamen, den die Mutter zur Zeit der Geburt des Kindes führt. Als Familienname gilt nicht der gemäß § 1355 Abs. 4 dem Ehenamen hinzugefügte Name.**

[II]**Eine Änderung des Familiennamens der Mutter erstreckt sich auf den Geburtsnamen des Kindes, welches das fünfte Lebensjahr vollendet hat, nur dann, wenn es sich der Namensänderung anschließt. Ein in der Geschäftsfähigkeit beschränktes Kind, welches das vierzehnte Lebensjahr vollendet hat, kann die Erklärung nur selbst abgeben; es bedarf hierzu der Zustimmung seines gesetzlichen Vertreters. Die Erklärung kann nur vor Eintritt der Volljährigkeit abgegeben werden. Die Erklärung ist gegenüber dem Standesbeamten abzugeben; sie muß öffentlich beglaubigt werden und bedarf, wenn das Kind das vierzehnte Lebensjahr nicht vollendet hat, der Genehmigung des Vormundschaftsgerichts.**

[III]**Eine Änderung des Familiennamens der Mutter infolge Eheschließung erstreckt sich nicht auf das Kind.**

[IV]**Ist der frühere Geburtsname zum Ehenamen des Kindes geworden, so erstreckt sich die Namensänderung auf den Ehenamen nur dann, wenn die Ehegatten die Erklärung nach Absatz 2 Satz 1 und 4 gemeinsam abgeben.**

1) Die Vorschr knüpft für den FamNamen des nehel Ki in I traditionsgem an den Namen der Mutter an 1 (Hauser StAZ **92**, 297). Erst iRv NamÄnd bei der Mu wird gem II stufenw auch dem KiWillen Rechng getr. Zum KiNamen innerh einer ne LebGemsch: Einl 14 v § 1297. Nehel Ki haben auch unter Berücks von BVerfG NJW **91**, 1602 (Vorbem 1 v § 1355) keinen Anspr nach NÄG 3 auf Bildg eines Doppelnamens (BVerwG NJW **93**, 1670). KiName bei Legitimation dch nachf Ehe: § 1720; dch Ehelicherkl: §§ 1737, 1740 f. Den **Vornamen** (vgl § 1616 Rn 10) best die Mu als Ausfluß des SorgeR (§§ 1626 II, 1705 S 2). Kein R 2 zur Einfln dch den ne Vater (OVG Münst NJW **86**, 2964). **IPR:** EG 10 Rn 35. 3

2) Grundsatz, I 1. Das nehel Ki erhält den FamNamen, den die Mu zZ der Geb des Ki führt. Das ist entw 4 der GebName der Frau od ein Name, den sie dch Legitimation, Adoption od Eheschl erworben hat. Letzteres gilt auch dann, wenn die Ehelichk des Ki erfolgr angefochten u die Ehe gesch w ist, die Mu aber den bish, vom Ehemann abgeleiteten Namen beibeh h (§ 1355 I 1). Das ne Ki erhält dagg nicht einen etwaigen Begleitnamen seiner Mu, I 2 (§ 1355 Rn 6), u zwar selbst dann nicht, wenn nach Ehescheidg die Mu den bish Ehenamen iVm dem BeglNamen führt bzw fortführt. And uU nach NÄG 3 I (BVerwG NJW **86**, 740). Vgl iü Rn 7.

3) Änderung des Namens der Mutter. – **a) Tatbestände** nachträgl NamÄnd bei der Mu sind die 5 §§ 1355 V 2, 1616a, 1757; EheG 13a II sowie, wenn die Mu selbst nehel war: §§ 1618, 1720, 1737, 1740 f.

6 Zur NamÄnd dch Eheschl (§ 1355 I 1) Rn 7. – **b) Erstreckung der Änderung des Mutternamens auf das Kind, II.** Kommt nicht für ein ne Ki in Betr, das bereits den EheNa seiner Mu u seines StiefVa erh h (aA AG Traunst StAZ **95**, 216). Die Vorschr folgt iü in der Berücks der **Altersstufen** dem § 1616a (vgl dort Rn 3 ff). NamÄnd der Mu, die eintreten, nachdem das Ki vollj gew ist, können sich nicht mehr auf das Ki auswirken, II 3. Das gilt wie beim ehel Ki auch, wenn der GebName in der Ehe des Ki zum Ehenamen gew ist (§ 1616a Rn 14). Die nach § 1617 aF eröffnete Mögl, NamÄnd über mehrere Generationen zu erstrecken, wurde vom FamNamRG beseitigt. Die Anschließg an die NamÄnd bei der Mu setzt voraus, daß das Ki den bish Namen der Mu noch führt (Reichard StAZ **76**, 182). Frist u Form der AnschließgsErkl sowie vormschaftsgerichtl
7 Gen: § 1616a Rn 5 ff. – **c)** Eine Änd des FamNamens der Mu inf Eheschließg erstreckt sich nicht auf ihr bereits bei Eheschließg vorh nehel Ki, **III.** Zu den danach geb Ki: Rn 4. Iü besteht die Mögl der Einbenenng:
8 § 1618. – **d)** Erstreckg der NamÄnd bei der Mu auf den Ehenamen des bereits verh nehel Ki, **IV.** Vgl § 1616a Rn 14 ff.

1618 *Einbenennung des nichtehelichen Kindes.* [1]Die Mutter und deren Ehemann können dem Kinde, das einen Namen nach § 1617 führt und eine Ehe nicht eingegangen ist, ihren Ehenamen, der Vater des Kindes seinen Familiennamen durch Erklärung gegenüber dem Standesbeamten erteilen. Als Familienname gilt nicht der gemäß § 1355 Abs. 4 dem Ehenamen hinzugefügte Name. Die Erteilung des Namens bedarf der Einwilligung des Kindes und, wenn der Vater dem Kinde seinen Familiennamen erteilt, auch der Einwilligung der Mutter.

[II]Ein in der Geschäftsfähigkeit beschränktes Kind, welches das vierzehnte Lebensjahr vollendet hat, kann seine Einwilligung nur selbst erteilen. Es bedarf hierzu der Zustimmung seines gesetzlichen Vertreters. Ein geschäftsfähiger Betreuter kann die Einwilligung nur selbst erteilen; § 1903 bleibt unberührt.

[III]Die Erklärungen nach Absatz 1 und 2 müssen öffentlich beglaubigt werden.

[IV]Ändert sich der Familienname des Vaters, so gilt § 1617 Abs. 2 bis 4 entsprechend.

1   **1) Begriff:** Einbenenng ist die Namenserteil an ein nehel Ki in der Weise, daß der Name des Einbenennden an die Stelle des vom Ki bish geführten Namens tritt. Die Namenserteilg hat iGgs zur EhelichErkl (§§ 1723 ff) wed Rechte noch Pfl zur Folge. **Formen:** Beiderseit Einbenenng dch die nehel Mu u ihren Ehemann zum Ausgl von § 1617 III (vgl dort Rn 7) u einseit Einbenenng dch den leibl Vater des nehel Ki. **Zweck:** NamensAngl aller zu einer fakt Fam gehörden Pers, um die nehel Geb nach außen nicht in Erscheing treten zu lassen. Namensgleichh läßt sich auch dadch erreichen, daß der Name der nehel Mu bei der Heirat zum Ehenamen gewählt w (§ 1355 II) sowie iW der NamÄnd (Vorbem 6 v § 1616). **Rechtsnatur:** Einbenenng ist je nach ihrer Form zwei- bzw einseit RGesch. Eintr im GebBuch wirkt ledigl deklarator (BayObLG FamRZ **64**, 458). **Zeitpunkt:** Die Einbenenng ist vor der Geb des Ki zul (Celle StAZ **87**, 280).

2   **2) Erfordernisse: a)** Das nehel Ki muß den **Namen der Mutter führen,** dh den FamNamen, den die Mu bei der Geb des Ki hatte (§ 1617 Rn 4). Die Mu muß danach geheiratet haben, aber nicht den Vater des Ki (sonst §§ 1719, 1720), und der Name der Mu darf nicht zum Ehenamen gew sein. Ist das Ki bereits einmal einben worden od wurde sein Name gem NÄG 3 geänd, so schließt das die (weitere) Einbenenng aus (BayObLG FamRZ **88**, 319; **90**, 93; Gernh/Coester-Waltjen § 54 I 4; and 53. Aufl mwN).

3   **b)** Beiderseit Einbenenng dch die **Mutter und deren Ehemann,** deren Namenserteilg allerd dch ein späteres VaterschAnerk des Ehemannes ggstandsl w (AG Duisburg StAZ **90**, 107), od als einseit Einbenenng **durch den Vater** des Ki, dessen Vatersch festgest sein muß. Keiner schließt den and aus; das Ki gibt dch das ZustErf (Rn 5) den Ausschlag (MüKo/Hinz 8). Nicht erf ist die Zust der Ehefr des einbenennden Vaters (BVerfG FamRZ **92**, 1284) od seiner Verwandten; deren Widerspr ist unbeachtl. Keine Beteiligg der Ehefr am Verf (Celle FamRZ **91**, 1096; Bedenken dagg bei Engler FamRZ **71**, 80; vgl Rn 4).

4   **c) Name.** Bei der Stiefvatereinbenennung wird dem Ki der Ehename seiner Mu u seines Stiefvaters erteilt; keine Einbenenng erfdl, soweit dies der Name der Frau ist. Führen sie keinen Ehenamen (§ 1355 I 3), scheidet die Erteilg des Stiefvaternamens an das Ki aus. Bei der einseit Einbenenng erhält das Ki den Namen seines nehel Vaters, aber analog § 1617 III muß die einseit Einbenenng ausscheiden, wenn der Vater verh ist u seinen Ehenamen von seiner Frau ableitet. In keinem Fall kann iW der Einbenenng der Begleitname (§ 1355 IV) auf das Ki übertr w, I 2. Vgl zu den versch Kombinationsmöglkten 53. Aufl.

5   **d) Einwilligungen, I 3. aa) des Kindes:** im Ggs zu § 183 braucht die Erkl des Ki der EinbenenngsErkl der Elt nicht vorherzugehen (aA Stgt StAZ **79**, 202; Reichard StAZ **76**, 182). Ist das Ki noch nicht 14 J alt, erfolgt die Einwilligg dch seinen gesetzl Vertr (vgl § 1616a Rn 4). Die nehel Mutter kann bei voller Sorge zugl mit ihrer EinbenenngsErkl auch die Einwilligg des mj geschäftsunf Ki erkl, ohne daß es einer Ergänzgs-Pflegsch bedarf (BayObLG FamRZ **77**, 409; Mannh MDR **77**, 1018). Nach Erreichg der AltGrenze erkl das mj Ki seine Einwilligg in Person, **II 1,** wozu die Zust seines gesetzl Vertr hinzukommen muß, **II 2.** Ist das Ki über 14, aber geschäftsunf, kann es die Einwilligg nicht selbst, sond nur dch seinen gesetzl Vertr erkl (Engler FamRZ **71**, 79). Zur Einbenenng eines Vollj ist Zust der Mu nicht mehr erf (vgl § 1768 I; LG Hbg StAZ **72**, 206; Staud/Coester 31). Im Fall der **Betreuung, II 3,** hängt die Wirksk der Einbenenng trotz ihrer höchstpers Natur von der GeschFähigk des Betreuten ab; auch kann ein entspr Einwilliggsvorbeh angeordnet w
6   (vgl § 1903 Rn 13). – **bb) Einwilligung der Mutter** ist bei der Einbenenng dch den leibl Vater des Ki erfordl unabh, ob sie die elt Sorge hat (and Staud/Coester 48: Zust wg ihres eig NamBezugs). Ist sie gestorben, entfällt ihre Einwilligg; desgl wenn sie inf GeschUnfähigk außerstande dazu ist. Iü ist die Einwilligg der Mu, bspw wenn ihr Aufenth unbekannt ist, analog §§ 1727, 1748 ersetzb (Charl DAV **78**, 552; aA KG FamRZ **78**, 733).

7   **3) Ändert sich der Name des einbenennenden Vaters,** gilt § 1617 II bis IV, **IV.** Wann das der Fall ist u zu den Voraussetzgen, unter denen sich die NamÄnd auf das Ki erstreckt: § 1617 Rn 5 ff. Nimmt die **Mutter** nach Scheidg der Ehe ihren Mädchennamen wieder an, erstreckt sich der NamWechsel nicht auf das Ki;

Rückwechsel analog § 1617 II ausgeschl (LG Kempt StAZ **86**, 105; AG Hbg StAZ **75**, 341). Das gleiche gilt iF einer Adoption der Mu (AG Mü StAZ **87**, 19).

4) Verfahren. a) Erklärgen v Ehem od ne Vater, Mutter u Kind, nicht dagg des bl zustimmenden gesetzl **8** Vertr, müssen **öffentlich beglaubigt** w, III (§ 129); erfolgt dch den ermächtigten Beamten des JA (SGB VIII 59 I Nr 5) od dch den StBeamten (PStG 31a). Gebührenfrei (KostO 55a). **b) Zuständig** zur EntggN **9** sämtl Erkl wie auch zu deren Beglaubigg der StBeamte, der die Geburt des Kindes beurk hat. Falls Geburt nicht im Geltgsbereich des PStG beurk, ist zust der StBeamte des StAmts I in Bln (PStG 31a). StBeamte trägt einen Randvermerk im Geburtenbuch ein (wg Wortl Evans–v Krbek FamRZ **75**, 322). **c)** Die dem **10** StBeamten ggü abzugebde Erkl w **wirksam** im Ztpkt des Eingangs. Namenserteilg dch den ne Vater schon vor der Geburt des Kindes zul (Karlsr FamRZ **74**, 603 m krit Anm Otto StAZ **74**, 269). Erkl bleibt wirks, auch wenn der Erklärde vor deren Eingang stirbt (Ffm ZfJ **62**, 270).

1618a Gegenseitige Pflicht zu Beistand und Rücksichtnahme. Eltern und Kinder sind einander Beistand und Rücksicht schuldig.

1) Leitbild für die Eltern–Kind–Beziehung. Eingef dch SorgRG Art 1 Z 1 in Anlehng an Art 272 **1** SchwZGB. Die Vorschr weist auf die Bedeutg der Verantwortg füreinander als Grdlage des ges FamR hin. Eine stärkere Beachtg dieser Norm, insb der BeistandsPfl, kann nach der amtl Begrdg zu einer größeren FamAutonomie beitragen u den Gefährdgen der Fam als Institution entggwirken, womit dieser Norm für die Fam eine ähnl Bedeutg zuwachsen könnte wie § 1353 für die ehel LebGemsch (BT-Drucks 8/2788 S 43). – **Geltungsbereich:** Die Stellg der Vorschr innerh des BGB zeigt, daß ihre Bedeutg sich personell nicht auf das Verhältnis von Elt u ehel Kindern u auch nicht auf dasj von Elt u minderj Kindern beschränkt; sonst hätte die Best in die §§ 1626ff eingefügt w müssen. Vorausgesetzt wird auch nicht, daß Elt u Kinder noch in ders HausGemsch wohnen (*arg* § 1619). Sachl bezieht sich § 1618a beispw auch auf eine fam WoEigtGemsch (BayObLG NJW-RR **93**, 1361) u gilt auch im UnterhR (Kln FamRZ **82**, 834), zB bei Veründgen im Studium (Ffm FamRZ **84**, 193), ferner im Verhältn miteinand verwandter WohngsEigtümer (vgl BayObLG FamRZ **93**, 803). – **Rechtsnatur** (ausführl 47. Aufl); echte RPfl, auch wenn keine unmittelb **2** ges Rfolgen (vgl BT-Drucks 8/2788 S 43). Auch unmittelb unter Geschw (and Knöpfel FamRZ **85**, 559: nur üb die Elt). Bt für Ki od umgek die Elt hindert nicht eine **Vergütung** (§ 1836a Rn 1).

2) Inhalt: Die Pfl zur **Beistandsleistung** bezieht sich auf alle gewöhnl u außergewöhnl Umstde der einz **3** Fam u verpflichtet, wenn die vom GesGeber angestrebte Parallele zu § 1353 ernstgenomm w soll, zur wechselseit Unterstützg u Hilfeleistg der FamMitglieder in allen LebLagen. Bspe: Nachhilfeunterricht dch ältere Geschw; Aufn als Flüchtlinge; Garantenstellg aus StGB 13 (Knöpfel FamRZ **85**, 562); Pfl der nehel Mutter zur Benenng des Vaters (§ 1707 Rn 3 mN); Pflege des persönl, ggf auch telephon (KG FamRZ **88**, 1044) Kontakts (Knöpfel FamRZ **85**, 564). Aus der BeistandsPfl erwächst aber keine, auch nicht eine mittelb UnterhPfl v Geschw. Keine Pfl der Elt, im Hausstand od Gewerbe der Kinder dauerh Dienste zu erbringen, wenn nicht bes Umst (Notlagen) vorliegen (Bambg NJW **85**, 2724; krit Coester FamRZ **85**, 956). Aus § 1618a keine AuskPfl ü nehel Vater (vgl Einf 4 v § 1591; aA AG Gemünden FamRZ **90**, 200; Staud/Coester 31). Währd sich die Beistandsleistg auf positives Tun bezieht, bedeutet **Rücksichtnahme** das Zurückstellen **4** eigener Wünsche hinter die Belange der Fam od einzelner FamMitgl. Auch Pfl zur Unterl der Bürgsch-Übern mittelw Ki (BGH **125**, 206; § 1822 Rn 38). Obwohl vom Ges nicht ausdrückl aufgen, enthält das Gebot auch die Verpfl zur ggseit Achtg; denn nur aus dieser erwächst die Pfl zur Rücks; Bspe: Verzicht auf selbständ Urlaubsreise, damit die Fam zus verreisen kann; Einschränkg des Radiokonsums bei Krankh usw. – **Umfang:** Die Verpflichtgen aus § 1618a sind nicht einheitl zu bestimmen, sond richten sich nach dem **5** Alter, GesundhZustand u den übr Verhältn der Beteiligten. Der Anspr ist von den verschiedensten Umstden, auch wirtschafl, abhäng u muß im Einzelfall konkretisiert w. Ein volljj Ki muß ggf die elt Wohng räumen (AG Gladbeck FamRZ **91**, 980). Ki wachsen mit zunehmendem Alter mehr u mehr in die Verpfl hinein, ihrerseits Beistand zu gewähren (BT-Drucks 8/2788 S 43). UnterhPflichten haben regelm Vorrang (vgl aber § 1611 Rn 5); ebso § 1353 ggü dem Eheg des Kindes, so daß dieses nicht verpfl ist, gg den Willen des Partners die pflegebedürft Elt auf Dauer bei sich aufzunehmen (Gernhuber aaO S 183f). Aus § 1618a kann sich auch die Verpfl ergeben, SchadErsFdgen gg ein FamMitgl (zeitw) nicht geltd zu machen.

1619 Dienstleistungspflicht in Haus und Geschäft. Das Kind ist, solange es dem elterlichen Hausstand angehört und von den Eltern erzogen oder unterhalten wird, verpflichtet, in einer seinen Kräften und seiner Lebensstellung entsprechenden Weise den Eltern in ihrem Hauswesen und Geschäfte Dienste zu leisten.

1) Familienrechtliche Dienstleistungspflicht (Lit: Fenn, MitArb in den Diensten FamAngehöriger, **1** 1970; Klunzinger FamRZ **72**, 70). Bedeuts heute vor allem für § 845. **a) Voraussetzungen. aa) Kind: 2** § 1619 setzt Blutsverwandtsch voraus (Nürnb FamRZ **60**, 119). Gleichgült ist, ob das Ki mj od vollj u ob es verh ist (BGH **69**, 380). **bb)** Das Ki muß **dem Hausstand angehören,** dh es muß im Hause der miteinand **3** verh od auch unverh zuslebden Elt seinen LebMittelPkt haben, braucht dort aber nicht zu wohnen. **cc) Erziehung oder Unterhalt** dch die Elt. Erziehg nur bei Mj, für die den Elt od einem EltT das **4** PersSorgeR zusteht (§§ 1626 I, 1631 I, 1706). Bei Vollj kommt es nur auf die UnterhGewährg an (BGH VersR **60**, 132; Saarbr FamRZ **89**, 180). Für den Anspr aus § 845 müssen die Elt den wesentl Unterh des Ki bestr haben (LG Kiel FamRZ **89**, 1172). Das kann auch dann der Fall sein, wenn der 17j Sohn den landw Betrieb der Elt prakt allein führt (BGH NJW **91**, 1226).

b) Rechtsfolgen. aa) Der **Umfang** der DienstleistgsPfl des Ki bestimmt sich einers nach den körperl u **5** geist Fähigk des Ki, also Alter, Gesundh, Erziehg u LebStellg, zB ob es sich in der Ausbildg befindet; anderers nach dem Bed der Elt. In einf Verhältn ab 14 J ca 7 WoStd (BGH FamRZ **73**, 536). Bei Berufstätig beider Elt besteht eine erhöhte MithilfeVerpfl (BGH NJW **72**, 1718). Dem Ggstd nach kann es sich um einf

od auch höhere Dienste handeln, sofern sie nur im Hauswesen od Geschäft anfallen (RG **162**, 119). Soweit es sich um Erziehg handelt, kommt es nicht darauf an, ob die Hilfe erfdl ist. Bei Mißbr: § 1666; der Vollj kann
6　das EltHaus jederzeit verlassen. **bb) Durchsetzung** ggü Mj: §§ 1631, 1666; ggü Vollj: kein Zwang (Rn 5). Die Elt haben keinen Anspr auf die Dienstleistg des erwachsenen Ki. Dieses behält die volle Freih, ohne Fr
7　u Begründg die fam WirtschGemsch zu **beendigen** (BGH **69**, 383f). Anders iFv Rn 12. **cc)** Der Anspr auf Dienstleistg ist weder übertragb noch vererbl u unterliegt auch nicht der Verj (§ 194 II). Freistellg, aber nicht
8　endgült Verzicht auf die Dienstleistgen mögl. **dd)** Was dch die KiLeistgen erworben w, gehört den Elt.
9　**ee) Haftung** des Ki: § 1664 bzw schadensgeneigte Tätigk (§ 276 Rn 63; § 611 Rn 158) analog.

10　　**2) Vergütung. a)** Die Dienstleistg nach § 1619 hat **aa)** eine rein **familienrechtliche** Grdl. Sie wird auch nicht dch die UnterhLeistg der Elt zu einer entgeltl (RG **99**, 115). Zuwendgen der Elt aGrd von § 1619 sind keine Schenkg. Sie sind ggf als Unterh zu verwenden (§§ 1602 II, 1649 I 2). **Erbrechtliche** Anspr: § 2057a; HöfeO 12 VII u § 1922 Rn 8; bei Enttäuschg erbrechtl Erwartgen Ausgl über § 612 (BGH **NJW 65**, 1224)
11　bzw fakt ArbVerhältn (Staud/Coester 54). **bb) Verhältnis der beiderseitigen Leistungen.** IdR gleichen sich Hilfe u Unterh aus (Karlsr FamRZ **88**, 1050). Sie brauchen nicht gleichwert zu sein; bei Mehrleistg grdsl kein Anspr aus § 812 (LG Fbg FamRZ **84**, 76). Die Leistgen stehen zueinand nicht im Verhältn der §§ 320ff
12　(BGH FamRZ **73**, 299). **b) Vertraglich** begründete Schuldverhältn zw Elt u Ki können (als Dienst-, Arb- od GesellschVertr) das famrechtl Verhältn überlagern bzw ersetzen (BGH FamRZ **73**, 298/9). Konsequenz:
13　Keine Anspr aus § 845 (BGH **69**, 380). **aa)** Steuerl Anerk, wenn ein ArbVerhältn auch zw Dr vereinb w wäre (BFH **NJW 89**, 319; **NJW 94**, 3374). Seltener wird die Ann eines GesellschVerhältn zw Elt u Ki
14　gerechtfert sein (BGH FamRZ **66**, 25; **72**, 558). **bb) Konkludente** Begründg mögl. Die früh Vermutg, daß ein Sohn nach Abschl seiner Ausbildg in dem Betrieb seiner Elt auf rein famrechtl Grdl (mit Beschränkg auf Kost, Logis u Taschengeld) arbeitet (BGH **NJW 58**, 706), gilt heute auch für den Hoferben nicht mehr (Celle **NJW-RR 90**, 1478; offengelassen in BGH **NJW 72**, 429). Entsch ist der vom TatRi festzustellde Wille der Beteil, so daß auch noch der Ernährer der Fam unter § 1619 fallen kann (BGH **NJW 91**, 1226). Indizien für einen stillschweigden VertrSchl: Abführg von Lohnsteuer (BSG FamRZ **56**, 357); Anmeldg zur SozVers (Fenn S 445ff; aA Karlsr VersR **57**, 271); nicht dagg: wenn die Elt eine bezahlte Kraft nicht halten könnten
15　(BGH FamRZ **73**, 299); wenn mj Ki im übl Rahmen für die Elt tät sind (FinG Bln FamRZ **76**, 286). **c) Ver-**
16　**jährung:** § 196 I Z 8 (BGH **NJW 65**, 1224). **d)** Zust auch iRv ZPO 850h II: ArbGer (BGH **68**, 127).

1620　*Schenkungsvermutung bei Aufwendungen des Kindes.* **Macht ein dem elterli-chen Hausstand angehörendes volljähriges Kind zur Bestreitung der Kosten des Haus-halts aus seinem Vermögen eine Aufwendung oder überläßt es den Eltern zu diesem Zwecke etwas aus seinem Vermögen, so ist im Zweifel anzunehmen, daß die Absicht fehlt, Ersatz zu verlangen.**

1　　Ausleggsregel bei freiwilliger Beitragsleistg, RG HRR **33**, 1423. Voraussetzgen: **a)** Volljährig; **b)** Hausangehörig wie § 1619 Rn 2; **c)** Aufwendgen des Kindes, gleichgültig, ob aus seinen Einkünften od Verm, zur Bestreitg des Haushalts. Also nicht zB zur Deckg von Schulden der Eltern, die mit diesem nichts zu tun haben. Keine Ausdehn auf andere Leistgen. Wirkg: iZw wird angenommen, daß ErsLeistg nicht verlangt w soll; ähnl §§ 685 II, 1360b. Da die Ausleggsregel aber auf dem gesetzgeberischen Gedanken des Ausgleichs für die Vorteile des Kindes aus der Teilnahme am Haushalt beruht, kann sich zB aus der Unverhältnismäßigkeit der Leistgen auch der Vorbeh einer ErsFdg ergeben.

1619 aF, 1620 aF–1623　*(Entfallen durch GleichberG Art 1 Z 21, vgl 41. Aufl).*

1624　*Ausstattung aus dem Elternvermögen.* [I]**Was einem Kinde mit Rücksicht auf seine Verheiratung oder auf die Erlangung einer selbständigen Lebensstellung zur Begrün-dung oder zur Erhaltung der Wirtschaft oder der Lebensstellung von dem Vater oder der Mutter zugewendet wird (Ausstattung), gilt, auch wenn eine Verpflichtung nicht besteht, nur insoweit als Schenkung, als die Ausstattung das den Umständen, insbesondere den Vermögensverhältnissen des Vaters oder der Mutter, entsprechende Maß übersteigt.**

[II]**Die Verpflichtung des Ausstattenden zur Gewährleistung wegen eines Mangels im Rechte oder wegen eines Fehlers der Sache bestimmt sich, auch soweit die Ausstattung nicht als Schenkung gilt, nach den für die Gewährleistungspflicht des Schenkers geltenden Vorschriften.**

1　　**1) Ausstattung** (wg Gewährg von AusbildgsUnterh iS v § 1610 II ungebräuchl geworden) sind alle VermWerte, die einem Ki von seinen Elt anläßl der Heirat als Mitgift od Aussteuer (BGH **11**, 206; **14**, 205) od sonst zur Begründg od Erhaltg der Selbständigk zugewendet w: Einrichtg eines Betr; Zahlg der Schulden des Schwiegersohns (RG JW **12**, 913). Erforderl ist der AusstZweck, unabh davon, ob die Zu-wendg zur Erreichg des Zwecks notw war (BGH **44**, 91). Zuwendgen Dritter (RG **62**, 275) sind ebsowenig Ausstattg wie Zuwendgen an den Verlobten; hier idR aber Auslegg, daß das eig Ki berecht sein soll (KG
2　FamRZ **63**, 449). **Zeitpunkt:** AusstattgsVerspr vor od nach der Eheschl mögl (RG JW **06**, 426). Es besteht **kein Anspruch** auf Gewährg einer Ausst (Ausn in den Ländern der früh BrZ: HöfeO 12 VI). Vgl iü, insb zu den mögl Ggst der Ausst, 48. Aufl.

3　　**2) Rechtliche Behandlung:** RGrund der Ausst ist **keine Schenkung**, sond causa sui generis (Gern-huber[3] § 48 I 6: Sittl Idee). Desh bedarf die AusstVerspr als solches keiner Form. Umdeutg eines wg § 313 ungült Verspr in NießbrBestellg (RG **110**, 391). Keine Anwendg der §§ 519, 528f, 530ff, 814; keine GläubAnf: AnfG 3 I Nr 3, KO 32 Nr 1, 63 Nr 4 (aA Staud/Coester 4). Aber **Mängelgewährleistung** nach

SchenkgsR (§§ 523, 524), **II,** u Rückabwicklg ü GeschGrdlWegf (Langenfeld/Günther, GrdstZuwdgen im Ziv- u StR, 2. Aufl S 12). Anwendg v SchenkgR dagg auf **übermäßige Ausstattung,** die den VermVerhältn der Beteiligten nicht entspr (Schmid BWNotZ **71,** 29/30). Wirkgen im **Ehegüterrecht:** § 1374 II; bei Ausstattgsgewähr Bejahg einer sittl Pfl iS v § 1375 II Nr 1. Vgl iü Soergel/Strätz 9. **Erbrecht:** Anrechng auf den Pflicht (§§ 2315, 2316). **Steuerliche** Anerkenng nicht einmal dann, wenn die Elt ihrer Tochter keine Berufsausbildg gewährt haben (BFH BB **87,** 2081).

1625 *Ausstattung aus dem Kindesvermögen.* **Gewährt der Vater einem Kinde, dessen Vermögen kraft elterlicher Sorge, Vormundschaft oder Betreuung seiner Verwaltung unterliegt, eine Ausstattung, so ist im Zweifel anzunehmen, daß er sie aus diesem Vermögen gewährt. Diese Vorschrift findet auf die Mutter entsprechende Anwendung.**

Auslegungsregel: Eine dem Ki von seinen Elt gewährte Ausstattg kann bei Herausg des KiVerm **1** (§ 1698) abgezogen w. Voraussetzg: VermVerw dch einen EltT (§§ 1626 II, 1638, 1793, 1896, 1915).

Fünfter Titel. Elterliche Sorge für eheliche Kinder

Einführung

1) Der das FamR in alter Zeit beherrschde Begriff war die munt (= schützende Hand), das Mundium, die **1** Vormundsch. Später erfolgte die Scheidg in: „Gewalt der Eltern" und „Versehg der Vormünder". Der von Mot IV 724 iSv „Walten" als Kindesschutz verstandene Ausdr „elterl Gewalt" (sa BGH **66,** 337) ist im Laufe der Zeit immer mehr iS eines Rechts auf elterl Zwang ü den Kindern mißverstanden u desh vom SorgeRG dch den Ausdr „elt Sorge" ersetzt w (BT-Drucks 8/2788 S 36; sa FamRZ **78,** 473). Das BGB erwähnt die elt Sorge ua in §§ 1484ff, 1999ff, 2290, 2347 und behandelt sie in §§ 1626 bis 1698b, währd §§ 1617, 1618a, 1747, EheG 3 Elternrechte besonderer Art betr. Zur Bedeutg der elt Liebe im KindschR: Koeppel FamRZ **92,** 31. Die elt Sorge ist eingebettet in ein umfassenderes, auch das öff R einschließdes **Jugendrecht** (grdlegd: Ramm, JugR, 1990). **Stiefkinder:** Überbl 3 v § 1589. **IPR:** EG 19, 20. **Übergangs- 2 recht DDR:** EG 234 § 11. **Europ. Übereink. über die Anerkenng und Vollstreckg. von Sorgerechtsentscheidgen:** DAV 91, 531; Anh zu EG 24 Rn 63. **UNO-Kinderkonvention:** Text FamRZ **92,** 253; RatifiziergBegrdg BT-Drucks 12/1535; Lit: Coester/Hansen, bei Steindorff (Hrsg), Vom KiWohl zu den KiRechten, 1994, S 21; iü 53. Aufl. Zur **Internat. Kindesentführung:** § 1632 Rn 1. **Reform:** Einl 6 v § 1297. **Rechtsprechungsübersicht:** Oelkers FamRZ **95,** 1098; Dörr/Hansen NJW **95,** 2756.

2) Bedeutung. Die Erziehg der Kinder ist ein natürl Recht u die oberste Pfl der Elt. Ihr Wille gibt letztl den **3** Ausschlag, auch wenn sie gem § 1626 II dem Kind ggü zum Gespräch u dch die Verpfl, Einvernehmen zu erzielen, zur Rücksicht auf dessen Meingen gehalten sind (zum Vorrang der EltEntsch BT-Drucks 8/ 2788 S 45). Jedoch kann ihnen die elterl Sorge dch Richterspruch entzogen w. So kennzeichnen u grenzen die meisten neuen Verfassgen das Recht u die Pfl der Eltern ab u stellen sie unter Verfassgsschutz: GG 6, *BaWü* 12, *Bay* 126, *Hess* 55, *RhPf* 25. **Nach dem BGB** ist die elterl Sorge ein dem Interesse des minderj Kindes dienendes gesetzl SchutzVerh (Schutzgewalt); es ist ein **absolutes Recht** iS v § 823 I (BGH **111,** 168); sa §§ 1626 Rn 4; 1632. Umfaßt Rechte u Pflichten, § 1626 II, ist unverzichtbar, Ausn §§ 1690, 1671 II, 1672, unübertragbar (es sei denn bzgl der Ausübg), unvererbl (Mü JFG **14,** 38), aber der Ausübg nach nicht unentziehbar. Das Kind untersteht dieser Sorge, nicht wie ein Ggst od eine Sache, sond als inf seiner Jugend hilfsbedürftiger Mensch. Die mit dem SorgeR verbundene Gewalt der Elt über das Kind ist ihnen nicht um ihrer selbst willen, sond **im Interesse des Kindes** auferlegt u damit handelt es sich (im Ggsatz zur „patria potestas" des röm R, aber im Einklang mit dem Mundium des dt R) um pflichtgebundene Rechte. Die elt Sorge hat somit vormschaftl Charakter. Der Inh des SorgeR ist aber freier gestellt als der Vormd u Pfleger (vgl Jeand'Heur, KiWohlBegr aus verf-r Sicht, 1992). Einschränkg beispielsw dch die allg SchulPfl (BVerwG JuS **93,** 156). Das **Vormundschaftsgericht** beaufsichtigt nicht fortlaufd, sond greift erst ein, wenn es Anlaß dazu erhält, dann aber vAw und mit der Befugn, gem FGG 33 Zwangsgeld festzusetzen (§§ 1629–1632, 1634, 1639, 1642–1645, 1666– 1675, 1678–1697; iF des § 1628 Rn 6 auf Antr). **Haftung** der Elt Dr ggü: § 1664 Rn 5; der VormschRi: § 839 Rn 68ff. Das **Kindeswohl** ist dabei das entscheidde Prinzip (vgl BVerfG-Ka NJW **93,** 2671; Derleder FuR **94,** 144) u gehört zum ordre public (BGH NJW **93,** 848; Wolf FamRZ **93,** 874). Soweit der Anspr des Kindes auf sachgemäße Betreuung u Erziehg (§ 1631) von den Elt nicht erfüllt wird, tritt **öffentliche Jugendhilfe** ein (Einf 17ff v § 1626), dch deren HptOrgan, das **Jugendamt (JA),** dem Sozialstaatsprinzip u vor allem dem staatl Wächteramt (Rn 4) genüge getan w (vgl Rummel RdJB **89,** 394; **92,** 358ff). Der 5. Titel bezieht sich nur auf **eheliche Kinder,** das sind die in der Ehe u bis zum 302. Tag nach deren Auflösg geb einschl der Kinder aus nichtigen, aufgeh u geschied Ehen unmittelbar; wg der legitimierten Kinder vgl §§ 1719, 1736, 1740f, für die einige Besonderh gelten. Für das nehel Kind gelten die Vorschr des 5. Titels im Verhältn zu seiner Mutter entspr (§ 1705 S 2), soweit sich aus dem 6. Titel nichts and ergibt.

3) Grundgesetz (Lit: Reuter AcP 192, 108). Zur **EMRK:** Einl 7 v § 1297. **a)** Pflege u Erziehg der Kinder **4** sind das natürl Recht der Elt u stehen unter bes VerfSchutz, GG Art 6 II, *BaWü* 12, *Bay* 126, *Hess* 55, *RhPf* 25; z EltBegr des GG Rüfner FamRZ **63,** 153. Dieses R gibt den Elt die individuelle ErzBefugn mit Vorrang ggü dem Staat. Gg den Willen der Elt ist dessen Eingreifen nur zul, wenn es gesetzl erlaubt ist. Das EltR gibt den Elt also ein **Abwehrrecht gegenüber staatlichen Eingriffen in ihr Erziehungsrecht,** soweit diese nicht dch das staatl **Wächteramt** v GG 6 II 2 (BVerfG **4,** 52; **7,** 320; Becker FamRZ **61,** 104) sowie den deutschen ordre public gedeckt sind (LG Bln FamRZ **83,** 943/1274 mAv John: türk Minderjähr-Ehe). Zum Verhältn v EltR u WehrPfl des erziehden Vaters Fertig u Steinlecher NJW **89,** 2796 u 2797. Die individuelle Sexualerziehg gehört zum elterl ErziehgsR (BVerfG NJW **78,** 807; sa Oppermann JZ **78,** 289). Zum SexKundeUnterricht VGH BaWü Just **76,** 86. Elt, die sich der Verantwortg f die Erziehg u Pflege des

Kindes entziehen, können sich ggü solchen Eingriffen z Wohle des Kindes (Wächteramt des Staates) nicht auf ihr EltR berufen (BVerfG FamRZ **68**, 578; Engler FamRZ **69**, 63). Verlust der elterl Sorge der Substanz (zB §§ 1676 aF, 1727, 1748) od der Ausübg nach ist die Folge (Beitzke FamRZ **58**, 9, Göppinger FamRZ **59**,

5 402). – **b)** Das KindesGrdR auf **freie Entfaltung der Persönlichkeit**, GG Art 2 I, begrenzt das elterl ErzR mit wachsder Einsichtsfähigk u Reife des Kindes, so daß das Kind in dem Maße, wie die Fremderziehg dch Selbsterziehg abgelöst w soll, Anspr auf sachl begründete Entscheidgen der Elt h (§ 1626 II); nach Überschreitg des 14. LebJ die gewalts Wegnahme gem GG 2 I unzul ist (§ 1632 Rn 17) usw. Allerd stehen sich Elt-

6 u KindesGrdRechte nicht iS von Recht u GgRecht, Anspr u Einwendg ggü (FamRZ **78**, 462). Verfehlt daher der Versuch Schwerdtners AcP **173**, 242–45, die aus Grden der RSicherh auf klare Altersbegrenzgen angewiesene GeschFähigk dch Annahme einer **Grundrechtsmündigkeit** im Bereich des PersönlichkSchutzes aus den Angeln z heben (Lit: Stöcker ZRP **74**, 211; Hohm NJW **86**, 3107; v Mutius Jura **87**, 272; Martens u Schütz NJW **87**, 2561 u 2563; Roell RdJB **88**, 381; Reinicke, Zugg des Mj zum ZivProz, 1989). Zu Recht hat schon Strätz FamRZ **75**, 549 auf die Gefahr der Aushöhlg der elt Sorge hingewiesen, deren Einschränkg das Kind vermehrt der Beeinflussg dch Dr ausliefert. Veröffentlchg v NacktAufn einer 16j bedarf neben der Zustimmg des gesetzl Vertr dann nicht mehr der Einwilligg der Mj, wenn sich diese nur gg die geringe Höhe des Verwertgsentgelts wehrt (BGH NJW **74**, 1947). KindesGrdRe können auch dem **Vollzug** (ausländ) vormschgerichtl Entscheidgen entggstehen (BayObLG NJW **74**, 2183).

7   **4) Verfahrensrecht** (Ergänzgen in den Anm zu den einz Regelgen, zB § 1632 Rn 9–17; § 1634 Rn 36–40; § 1666 Rn 23–26; § 1671 Rn 26–33; § 1672 Rn 3–5 u 12). Zum **Anwalt des Kindes** vgl die gleichbetitelte Schr v Salgo (1993).

8   **a)** Streitigk im Bereich der elterl Sorge sind **FGG-Angelegenheiten.** Zust (Kemper FuR **94**, 137) ist beim AG (FGG 35; GVG 23 b I) das VormschG bzw für die die PersSorge betr FGG-FamSachen das FamG (ZPO 621 I Nr 1–3), u zwar jew auch für die Abänderg der früh getroff eig Entsch gem § 1696. Örtl Zustdgk: FGG 36, 43; ZPO 621 III, IV. Gewöhnl Aufenth bei Anhängigk der Ki zw den Wohngen der Elt: Fakt Daseinsmittelpkt (Brem FamRZ **92**, 963). Bei Anhängigk einer Ehesache kann das Ger **einstweilige** (ZPO 606 I, 620 S 1 Z 1–3 u 8) **und** iR isolierter FGG-Sachen **vorläufige Anordnungen** erl (KKW FGG 19 Rdn 30 ff), etwa das FamG zur vorl Regelg der elterl Sorge (§§ 1671, 1672), des UmgangsR (§ 1634) u zur KiHerausg (§ 1632) od das VormschG bei ErziehgsUnverm der Elt od zur VermSorge (§ 1666 ff; BayObLG FamRZ **90**, 1379). Vorauss dafür ist aber, daß die sofort Maßn zur Abwendg der dem Ki drohden Gefahren erfdl ist (BayObLG NJW **92**, 121). Die AOen werden mit der endgült Entsch im HauptsacheVerf ow ggstandsl (BayObLG FamRZ **81**, 86; DAV **85**, 335). Die Möglk einer einstw AO nach ZPO 620 S 1 Z 1 schließt ein isoliertes SorgeRVerf nach § 1672 nicht aus (BGH FamRZ **82**, 788). Entspr gilt für die übr HauptsacheVerf (Einf 7 vor § 1564). **Anhörungen** (Rn 9 ff) müssen in einem Prot, Aktenvermerk od in den EntschGrden festgehalten w (BayObLG NJW-RR **94**, 1225).

9   **b) Anhörung von Eltern und Kindern, Jugendamt und Pflegepersonen** (Lit: Lempp/v Braunbehrens ua, Anhörg des Ki, 1987; Schleicher, Rechtl Gehör u pers-mündl Anhörg, 1988) zwingd (FGG 49, 49 a, 50 a–50 c). Ausnahmsw Nachholg dch das BeschwGer (Düss FamRZ **94**, 1541). Bei Verstoß Aufhebg u Zurückverweisg (BGH FamRZ **84**, 1084/6; Hamm FamRZ **87**, 1288). Anhörg ist mehr als Verwirklichg des Rechts auf rechtl Gehör (GG 103 I); das Ger soll sich einen pers Eindruck verschaffen. Nur ausnahmsw dch ersuchten Ri (Ffm FamRZ **88**, 98). Bei Verletzg des rechtl Gehörs ggf einstw AO des BVerfG (FamRZ **95**, 85). **Wiederholung** der Anhörg im BeschwVerf iF von § 1666 stets geboten (Zweibr FamRZ **86**, 1037; Stgt NJW-RR **89**, 1355), sonst, insb im VerbundVerf, wenn sich die maßg Verhältn seit der Anhörg wesentl veränd haben (BGH NJW **87**, 1024); nicht, wenn Anhörg f jugpsychol Untersuch erst kurze Zt zurückliegt (BayObLG NJW-RR **91**, 777).

10   **aa)** Die Anhörg des **Kindes** entspr GG; die Form der Anhörg bestimmt das Ger (BVerfG NJW **81**, 217). Grdsl ist auch das kleine Ki anzuhören (BayObLG ZfJ **85**, 36: 3 J; Hbg FamRZ **83**, 527: 5 J; krit Balloff FuR **94**, 9). Beobachtg dch eine Einwegscheibe ist keine Anhörg (Karlsr FamRZ **94**, 915). Ab Vollendg des 14. LebJ ist das Ki stets pers anzuhören (FGG 50 b II 1). Von der Anhörg darf nur aus schwerwiegden Grden abgesehen w (FGG 50 b III 1), insb bei Suizidgefahr (vgl BayObLG FamRZ **95**, 500) od bei Gefährdg seiner Gesundh (KG FamRZ **81**, 204). Ist die Anhörg wg Gefahr im Verzug unterblieben, ist sie nachzuholen (FGG 50 b III 1 u 2), es sei denn bei schweren, ein Gespräch ausschließden Verhaltensstörgen (BayObLG FamRZ **84**, 929). Bei der KiAnhörg kein Recht der Elt u Anwälte auf Anwesenh; es reicht aus, wenn das Ger den Beteil das Ergebn der Anhörg inhaltl mitteilt (KG FamRZ **80**, 1156).

11   **bb)** Zu den anhörgsbedürft **Eltern** gehört auch der nehel Vater od der bspw gem §§ 1671, 1672 nicht sorgeberecht EltT, es sei denn, von der Anhörg ist eine Aufklärg nicht zu erwarten (FGG 50 a II).

12   **cc) Anhörung des Jugendamts** richtet sich nach **FGG 49, 49 a** mit Aufzählg der entspr Anhörgsfälle. NichtAnhörg ist VerfFehler (Celle FamRZ **90**, 1026). Das JA ist nicht nur Hilfsorgan des Ger, sond hat eine eigenständ Position diesem ggü (BT-Drucks 11/5948 S 87). Zur Anhörg ist eine AussageGen des Dienstherrn nicht erfdl (BayObLG FamRZ **90**, 1012). Neu ist die AnhörgPfl in Verf gem §§ 1630 III, 1631 III. Dem JA sind in diesen Fällen alle Entsch des Ger bekannt zu machen (FGG 49 III).

13   **c) Psychologische Begutachtung** (Lit: Arntzen, Elt Sorge u Umgg mit Ki, 2. Aufl 1994; Berk, Der psycholog Sachverst in FamRSachen, 1985; Westhoff/Kluck, Psycholog GA schreiben u beurt, 1991; Klenner FamRZ **89**, 804; Balloff ZfJ **94**, 218; Salzgeber, Der psych Sachverst im FamGVerf, 2. Aufl 1992, sowie ders ua ZfJ **91**, 388; **93**, 238; FamRZ **92**, 1249; Reform: PsychotherapeutenG-Entw BR-Drucks 523/93) stellt regelm keine KiWohlBeeinträchtigg dar (BayObLG FamRZ **87**, 87). Der GAer vermag dem Ger nicht die Entsch abzunehmen (Stgt FamRZ **78**, 827). Ihm sind desh präzise Fragen zur Ermöglichg dieser Entsch zu stellen (Stgt FamRZ **75**, 105). Elt u Dr brauchen sich iGgs zu ZPO 372a iR FGG 12 nicht der Exploration u Tests zu unterziehen (Hamm FamRZ **81**, 706; **82**, 94), auch nicht iRv § 1666 einer psychiatr Untersuchg (Stgt FamRZ **75**, 167); das Ki grdsl nur mit Zust der Elt (Stgt NJW **80**, 1229). Die Vornahme tiefenpsycholog Explorationen iR der KiWohlprüfg steht unter der Einschrkg des VerhältnismäßigkPrinzips (Stgt ZfJ

75, 131). Zum Probl therapeut Intervention: Spangenberg ua FamRZ **90**, 1321; de lege lata zu Recht krit: Kinze FamRZ **91**, 1028. Der vom Ger beauftr GAer die maßgebl Feststellgen selbst treffen (Ffm FamRZ **81**, 485). Zur Würdigg projektiver PersönlichkTests Mü NJW **79**, 603/1253 mAv Wegener; Ffm DAV **79**, 130; Karlsr ZfJ **80**, 139; Fehnemann FamRZ **79**, 661. Zu soziometr Tests Karlsr FamRZ **95**, 1001. Bei Abweichg von dem GA muß das Ger genügde eig Sachkunde erkennen lassen (BayObLG FamRZ **80**, 482 L).

d) Beschwerde. Gg die Entsch des VormschG idR einf (Ausn: FGG 60 I Nr 6), gg die des FamG befr **14** Beschw (FGG 19, 20; ZPO 621e), iR des VerbundVerf ggf auch Berufg (ZPO 629a II 2). BeschwBerechtigg der Elt: FGG 20; der Angeh des Ki: FGG 57 I Nr 8 u 9, sowie des Ki selbst: FGG 59. Vgl auch § 1666 Rn 25. Beschw auch gg vorl AOen (KG FamRZ **79**, 859 mAv Weber; oben Rn 8).

e) Gebühren: KostO 94, 95. **Vollstreckung:** FGG 33; vgl oben Rn 3. **15**

f) Änderung der Entscheidung: § 1696; FGG 18. **16**

5) Kinder- und Jugendhilfegesetz (KJHG) v 26. 6. 90 (BGBl I, 1163) idF der Bekanntmachung vom **17** 3. 5. 93 (BGBl I 637) regelt in Art 1 als **SGB VIII** die Ki- u JugHilfe, im folgen: **JugH** (Lit: 54. Aufl; ferner Schellhorn/Wienand Komm 1991; Fieseler/Herborth, Recht der Fam u JugHilfe, 3. Aufl 1994). Zum Verhältn v JugH u elt Sorge: Rummel RdJ **92**, 358.

a) Entwicklung. Es bestand Konsens darüber, daß das in seinem Kern auf das ReichsJugWohlfahrtsG v **18** 9. 7. 22 zurückgehde, von seinem Ansatz her einer polizei- u ordngsrechtl Sichtweise verhaftete **JWG** dringd der Reform bedurfte, weil sich in der JugHPrax der HdlgsAnsatz zunehmd von Eingr in die Fam zu einer bei der GesFam ansetzden FamPädagogik gewandelt hat; weil wesentl Teile der von der JugH zu bewält Aufgaben normativ nicht od nur unzureichd abgesichert waren; u schließl weil von der im MittelPkt des JWG stehden FürsErz ebso wie von der freiw ErzHilfe kaum noch Gebr gemacht w (BT-Drucks 11/5948 S 41, 42). – **Inkrafttreten des KJHG:** 1. 1. 91. Gleichzeit trat das JWG auß Kr (KJHG Art 24). **Reform:** **19** BR-Drucks 203/92; BT-Drucks 12/2866 u 12/3711; DAV **92**, 1057, 1183, 1223, 1253 u 1275; Reisch ZfJ **92**, 286; sa FamRZ **92**, 652 sowie zum JuFöG: DAV **92**, 1295.

b) Grundsätze und Begriffe. – aa) Zweck. Das KJHG geht vom **Vorrang elterlicher Erziehung** aus **20** (SGB VIII 1 II; BT-Drucks 11/5948 S 42 u 47; krit dazu Oberloskamp ZfJ **90**, 263f; Coester FamRZ **91**, 254). Das staatl ErzZiel wird dahin best, daß jeder jg Mensch ein Recht auf Förderg seiner Entwicklg u auf Erz zu einer eigenverantwortl u gemschfäh Persönlichk hat (SGB VIII 1 I). Schon wg des Primats elterl Erz besteht **kein subjektiv öffentliches Recht** iS eines unmittelb Anspr auf ein Tätigwerden der JugHBehörden (BT-Drucks 11/5948 S 47; Gerauer DAV **90**, 497; and dagg bereits zum JWG für einen Gehörlosen BVerwG NJW **89**, 1309). Zur Verwirklichg dieses Rechts soll **Jugendhilfe** insb 1. jg Menschen in ihrer individuellen u soz Entwicklg fördern u dazu beitragen, Benachteiligen zu vermeiden od abzubauen; 2. Elt u and ErzBerecht bei der Erz beraten u unterstützen; 3. Ki u Jugdl vor Gefahren für ihr Wohl schützen; u 4. dazu beitragen, pos LebBedingen für jg Menschen u ihre Fam sowie eine ki- u famfreundl Umwelt zu erhalten und zu schaffen (SGB VIII 1 III). Zum ErzBegr unten Rn 57. Den Trägern der öff JugH kommt über **21** die indiv JugH für die Erfüllg der Aufgabe des neuen JugHR die GesVerantwortg einschl der Verantwortg für die **Jugendhilfeplanung** zu (Einzelh SGB VIII 79–81; Lit: Ronge ZfJ **91**, 517; Heck DAV **92**, 261; Jordan ZfJ **93**, 483), zu deren Ermöglichg eine umfangreiche SGB VIII zur JugH-**Statistik** geschaffen w (SGB VIII 98–103). SGB VIII 61–68 enth bes Vorschr über den **Datenschutz** (Kunkel DAV **91**, 605; Menne ZfJ **92**, 132). In die Aufgaben der Weiterentwicklg der JugH (SGB VIII 82–84) teilen sich Bund u Länder; die BuRegierg hat in jeder Legislaturperiode einen **Jugendbericht** vorzulegen.

bb) Prinzipien der JugH. Dem Primat elterl Erz (Rn 19) entspr es, daß bei der Ausgestaltg der Leistgen u **22** der Erfüllg der Aufgaben der JugH die von den PersSorgeBerecht best **Grundrichtung der Erziehung,** insb auch auf religiösem Gebiet (vgl Anh zu § 1631), zu beachten ist (SGB VIII 9 Z 1). Ferner müssen entspr § 1626 II 1 die wachsde Fähigk u das Bedürfn zu selbständ u verantwortgsbewußtem Handeln sowie die unterschiedl LebLagen von Mädchen u Jungen berücks w; Benachteiligen sollen abgebaut u die Gleichberechtigg der Geschlechter gefördert w (SGB VIII 9 Nr 2 u 3; Lit: Heiliger ZfJ **92**, 176).

cc) Begriffe. An die Stelle der bish „FürsErz" tritt die **Heimerziehung** als Hilfe zur Erz in einer Einrichtg **23** über Tag u Nacht od in einer sonstigen betreuten Wohnform (SGB VIII 34). Personell trifft SGB VIII 7 folgde Unterscheidgen: **Kinder** (unter 14 J); **Jugendliche** (zw 14 u 18 J); **junge Volljährige** (18–26 J); **junge Menschen** (noch nicht 27 J) als OberBegr über die vorstehden AltersGr; zugl wird damit eine obere Altersgrenze für Leistgen der JugH überh eingeführt (BT-Drucks 11/5948 S 50). Zur JugH für **Ausländer:** Oberloskamp FuR **92**, 61 u 131. Wer **personensorgeberechtigt** ist, richtet sich nach dem BGB. **Erziehungsberechtigter** ist außer dem Inh der PersSorge, wer aGrd einer Vereinbg mit diesem nicht nur vorübergehd die Aufgaben der PersSorge wahrnimmt, insb im Hause lebde Verwandte, StiefEltT u nehel LebPartn (BT-Drucks 11/5948 S 50).

dd) Verhältnis zu anderen Leistungen und Verpflichtungen. UnterhPfl (§§ 1601ff; ggf auch **24** §§ 1360ff, 1569ff) u and SozLeistgen bleiben von der JugH unberührt. And Leistgen dürfen insb nicht unter dem GesPkt versagt w, daß das KJHG entspr Leistgen vorsieht (SGB VIII 10 I). Die Leistgen der JugH haben grdsl Vorrang vor denen des BSHG mAusn von Behinderten- u EingliederungshilfeMaßn (SGB VIII 10; zur JugH für **behinderte Kinder:** BT-Drucks 11/5948 S 53f). Zum **Unterhaltsrecht** vgl unten Rn 60. Zur **Haftung** des JA: BGH DAV **89**, 863 (Drittbezogenh der AmtPfl); ferner § 1709 Rn 5.

ee) Träger der Jugendhilfe. Das KJHG erkennt an, daß die JugH in Gestalt von Trägern der **freien und** **25** **öffentlichen Jugendhilfe** dch die Vielfalt unterschiedl Wertorientiergen u Inhalte, Methoden u Arbeitsformen gekennzeichnet ist (SGB VIII 3 I). Der Dualismus beschr sich auf den Bereich der Leistgen der JugH (BT-Drucks 11/5948 S 48). Die Träger der fr u öff JugH sollen partnerschaftl zusarbeiten (vgl BVerfG **22**, 180/200, 202; Einzelh SGB VIII 73–78. Zum Problem der Fortgeltg des Subsidiaritätsprinzips Gerauer DAV **90**, 500). Die öff soll die fr JugH fördern u die verschied Formen der Selbsthilfe stärken; soweit geeignete Einrichtgen der fr JugH vorhanden sind, soll die öff JugH von eig Maßn absehen (SGB VIII 4). Die Leistgen der JugH (Rn 26) werden von allen Trägern erbracht. Die dch das KJHG begründeten LeistgsVerpfl richten sich an die öff

JugH, währd die and Aufgaben der JugH grdsl zwar von den Trägern der öff JugH wahrzunehmen sind, die Träger der fr JugH können aber mit ihrer Wahrnehmg dch ausdr Best betraut w (SGB VIII 3 II u III). Träger der öff JugH (SGB VIII 69–72) sind nach LandesR die örtl (Kreise, kreisfr Städte) u die überörtl Träger, die jew ein **Jugendamt** bzw LJA errichten (SGB VIII 69 III; vgl Wiesner FamRZ **93**, 501). Die Aufgaben des JA werden dch den JugHAusschuß (SGB VIII 71) u dch die Verwaltg des JA vornehml von Fachkräften (SGB VIII 72) wahrgenommen. Die Geschäfte der laufden Verw im Bereich der JugH werden vom Leiter der Verw der Gebietskörpersch od in seinem Auftr vom Leiter der Verw des JA iR der Satzg, der Beschl der VertretgsKörpersch u des JugHAusschusses geführt (SGB VIII 70 I, II).

26 **c) Leistungen der Jugendhilfe** (SGB VIII 2 II) umfassen **aa)** Angebote der JugArb, der JugSozArb u des erzieher Ki- u JugSchutzes (SGB VIII 11–14), also insb die außerschul JugBildg, JugArb vor allem im Sport, die arb-, schul- u fambezogene JugArb sowie die JugBeratg, wobei insges die eigeverantwortl Tätigk der JugGr u JugVerbände zu fördern ist. Die JugSozArb dient dem Ausgl soz Benachteiliggen u der Überwindg indiv Beeinträchtiggen (SGB VIII 13); der erzieher Ki- u JugSchutz enth Maßn zur Befähigg jg Menschen zur Kritik, EntscheidsFähigk u eig Verantwortlichk sowie zum Schutz vor gefährdden Einflüssen u einer entspr

27 Stärkg der diesbezügl elterl Einflüsse (SGB VIII 14). – **bb) Förderung der Erziehung in der Familie** (SGB VIII 16–21). Zu Leistgn der JugH spez bei Trenng u Scheidg der Elt: Hansen FuR **93**, 89. α) Sie soll dazu beitragen, daß Elt ihre ErzVerantwortg besser wahrn können (SGB VIII 16 I) dch landesrechtl Angebote der FamBildg, der Erz-, Partnersch- u ScheidgsBeratg (Zettner FamRZ **93**, 621; Balloff DAV **95**, 1), der FamFreiZt u FamErholg insb in belastden FamSituationen (SGB VIII 16 II, 17; Lit: Menne u Lasse Zf **92**, 66 u 76; zur Unterstützg des gemeins SorgeR: § 1671 Rn 6). Zulässigk der RBeratg dch das JA: Schulte-Kellinghaus FamRZ **94**, 1230; LG Memmg DAV **95**, 117; abl: Zettner FamRZ **93**, 621. **Alleinerziehende** EltT haben Anspr auf Beratg u Unterstützg bei der Ausübg der PersSorge einschl der Geltdmachg von UnternhAnspr (SGB VIII 18 I); die nehel Mutter außerd auch hins der Anspr aus §§ 1615k, 16151 (SGB VIII 18 III) u außerd darauf, daß vor der Geburt die Feststellg der Vatersch (Vorbem 1 v § 1600a) dch geeignete Ermittlgen u sonstige Maßn vorbereitet w, es sei denn, dafür besteht bereits eine Pflegsch od es ist umgek gerade angeordnet w, daß sie nicht eintritt (SGB VIII 18 II). Entspr gilt für die Beratg u Unterstützg bei der Ausübg des **Umgangsrechts**. Bei der Herstellg von Besuchskontakten u bei der Ausführg gerichtl od vereinb

28 Umgangsregelgn soll in geeigneten Fällen Hilfestellg geleistet w (SGB VIII 18 IV 2; § 1634 Rn 28). Für Ki unter 6 J sollen alleinerziehden Elt bes Einrichtgen wie geeignete Wohnformen angeboten w; ebso wie für die Betreuung u Versorgg von Ki in **Notsituationen** (berufsbdgte Abwesenh, zur Erfüllg der SchulPfl) gesorgt w soll (SGB VIII 19–21). Im Ggs zu BSHG 70 steht nicht die Fortführg des Haush, sond die Versorgg des Ki im VorderGrd; LeistgsVorauss ist, daß im Haush mind 1 Ki lebt (BT-Drucks 11/5948 S 59 f; vgl Stein Zf **91**, 579). Für Schausteller, Binnenschiffer, Artisten usw, deren Berufsausübg einen ständ Ortswechsel bedingt, können Ki zur Erfüllg der SchulPfl anderweit untergebracht w (SGB VIII 21; BT- Drucks 11/5948 S 67). β) In diesem

29 Zushg kommt der **Beratung** eine zentrale Bedeutg zu. Ki u Jugdl können dabei **ohne Kenntnis des Personensorgeberechtigten** beraten w, wenn die Beratg aGrd einer Not- u Konfliktlage erfdl ist u sol dch die Mitteilg an den PersSorgeBerecht der BeratgsZweck vereitelt würde (SGB VIII 8 III). Die Elt dürfen nur übergangen w, wenn bei entspr Information die unmittelb u dgegenwärt Gefahr einer körperl od seel Schädigg des Ki wahrscheinl ist (BVerfG **59**, 360/87). Die im RegEntw enth Einbeziehg des PersSorgeBerecht od des VormschG bei längerfrist BeratgsProz (BT-Drucks 11/5948 S 52 f) ist ohne Begrdg gestrichen w (BT-Drucks 11/6748 S 80). Auf diese Weise ist III schwerl verfkonform. Zur Spanng zw Beratg u FamGHilfe: Ballof Zf **92**, 454; zur Mediation: Ballof/Walter Zf **93**, 65. Zur Beratg ü UnterhAnspr: Christian DAV **93**, 353.

30 **cc)** Angebot zur Förderg von Ki dch **Tageseinrichtungen und Tagespflege** (SGB VIII 22–25). Hierfür bedarf es der Umsetzg dch LaR (VerwG Ffm Zf **91**, 604; Werner Zf **94**, 205: Tagespflege). Zum RAnspr auf einen **Kindergartenplatz** (SGB VIII 24): Lakies Zf **93**, 271; Wiesner FamRZ **93**, 497; Struck/Wiesner ZRP **92**, 452. Zur Rolle des JA bei der Aufdeckg von sex Mißbr Ollmann Zf **94**, 151.

31 **dd) Hilfe zur Erziehung** gem SGB VIII 27 ff (Lit: Friedrichs Ztschr f SozH u SGB **91**, 14; Trauernicht Zf **92**, 225; Ziegler DAV **92**, 897; Fricke Zf **92**, 509: Beteiligg der PersSBerecht sowie **93**, 284: Amtspflegerbeteiligg; Kemper Zf **93**, 574) wird den SorgeBerecht nach Maßg von SGB VIII 28–35 gewährt u tritt als ein auch die Vorauss neu ordnendes neues Hilfesystem an die Stelle der unterschiedl formulierten Leistgs-Vorauss für FürsErz, freiw ErzHilfe, ErzBeistandsch u die forml Hilfen zur Erz des JWG. Leistgskatalog: Zf **94**, 169. Zum erfordel Umdenken bei der Hilfe zur Erziehg: Reiner Zf **94**, 161. Der Rückgr auf die Erfordern des JWG („Verwahrlosg", „Entwicklgsgefährdg" usw) od and Negativa erschien dem GesGeber nicht mehr sachgerecht; doch bleibt eine tatbestandl Formulierg der LeistgsVorauss schon desh erfdl, um nicht überzogenes AnsprDenken in der Gesellsch zu fördern (BT-Drucks 11/5948 S 67 f). Bspw besteht keine Verpfl zur Übern der Kosten für die Unterbringg u Betreuung eines SchulKi in einer Tageseinrichtg,

32 um den Elt die Dchführg eines Studiums zu ermögl (OVG Hbg FamRZ **92**, 233). Iü enth die Vorschr keine **Eingriffsvoraussetzungen;** diese ergeben sich vielm aus den §§ 1666, 1666a bzw dem JGG (Rn 57). Die Hilfe zur Erz umfaßt die ErzBeratg (Maas Zf **95**, 387); soz GrArb; ambulant dch ErzBeistand u Betreuungshelfer; sozpädagog FamHilfe; Erz in einer TagesGr; **Vollzeitpflege** (SGB VIII 33; Lit: Jordan Zf **92**, 18; Steding Zf **93**, 576), die iGgs zur TagesPfl (SGB VIII 23) die Unterbringg u Erziehg des Ki od Jugdl **über Tag und Nacht außerhalb des Elternhauses** auf kurze Zt od auf Dauer bedeutet (BT-Drucks 11/5948 S 71); **Heimerziehung** (SGB VIII 34), die mit der Bezeichng „Erz in einer Einrichtg über Nacht u Tag" gg früh Formen der FürsErz abgegrenzt w soll (BT-Drucks 11/5948 S 72), so daß zB die Unterbringg in einer Einrichtg nicht automat die Befugn zu freiheitsentziehden Maßn einschließt. Dafür bedarf es vielm einer richterl Gen nach § 1631b (dort Rn 2). Hilfe zur Erz wird schließl als **sonstige betreute Wohnform** (SGB VIII 34) od dch **intensive sozialpädagogische Einzelbetreuung** (SGB VIII 35) bzw **Eingliederungshilfe für seelisch behinderte Kinder und Jugendliche** (SGB VIII 35a) gewährt. Letztere geht von der Erfahrg aus, daß der Jugdl sich auch der geschl Unterbringg dch Entweichen entziehen kann u die

33 Nachteile der Konzentration von gefährdeten Jugdl oft überwiegen (BT-Drucks 11/5948 S 72). PersSorge-Berecht u Ki sind entspr zu beraten; die Dchführg des aufzustellden **Hilfeplans** (BT-Drucks 11/5948 S 74; Lit: Maas Zf **92**, 60; Bürger Zf **95**, 95; BuKonferenz f ErzBeratg: Zf **95**, 314) soll regelm geprüft w. Ggf ist

er zu änd (SGB VIII 36). Bei den versch Formen der Erziehg außerh der eig Fam soll darauf hingewirkt w, **34** daß die PflPers od die in der Einrichtg für die Erz verantwortl Pers u die Elt zusarbeiten, um nach Möglk die Eigenerziehg wiederherzustellen (SGB VIII 37). Das Gesetz trägt in bes Weise dem Konflikt des JA Rechng, der HerkunftsFam ab einem best Ztpkt der Entwicklg klarzumachen, daß das Ziel der Rückführg des Ki nicht erreichb ist u den Elt desh die Zust zum dauernden Verbleib in der PflFam od zur Adoption abgewinnen soll (BT-Drucks 11/5948 S 74f). **Anspruchsberechtigt** sind im Einklang mit GG 6 II 1 die Elt. **35** Unterhalb der dch § 1666 gezogenen Schwelle ist der Staat darauf beschränkt, mit der Inanspruchn von Leistgen der Hilfe zur Erz Elt in ihrer ErzVerantwortg zu unterstützen (BVerfG **24**, 119/145); desh ist damit auch **keine Beschränkung der elterlichen Sorge** verbunden (vgl BT-Drucks 11/5948 S 68; vgl unten Rn 56). Zur Ausübg der **Personensorge** u Vertretg § 1629 Rn 12.

ee) Hilfe für junge Volljährige und Nachbetreuung gem SGB VIII 41 (Lit: Krause ZfJ **92**, 169; **36** Kemper DAV **92**, 1037). Da sich die Verselbständig jg Menschen immer weiter hinauszögert, sieht das Gesetz die Weiterführg einer Hilfe zur Erz regelm bis zur Vollendg des 21. LebJ vor. Eine solche Weiterführg kommt insb in Betr, wenn wg eines späten HauptschulAbschl die Ausbildg erst nach Vollendg des 21. LebJ abgeschl w od eine AnschlMaßn erst mit einer gewissen Verzögerg sichergestellt ist (BT-Drucks 11/5948 S 78). Der Grds der Fortsetzg der Hilfe wird dchbrochen bei jg Vollj, die nach Eintr der Volljährigk aus psychiatr Behandlg od freiheitsentziehden Maßn wie Arrest od JugStrafe entlassen w. Ansprberecht ist der jg Vollj selbst. Die Hilfe endet ijF spätestens mit Vollendg des 27. LebJ.

d) Andere Aufgaben der Jugendhilfe (SGB VIII 2 III) sind, bei denen das JA ggü dem VormschG **37** einers eine pädagog Prärogative hat (vgl Rn 38), anderers das VormschG auch JugHMaßn mit Bindgswirkg für das JA anordn kann (Ffm DAV **93**, 943 mA Dickmeis), ua:

aa) Inobhutnahme ist die vorl Unterbringg eines Ki od Jugdl (SGB VIII 42; Lit: Lakies ZfJ **92**, 49; Busch **38** ZfJ **93**, 129). Sie hat Vorrang vor einstw AO nach §§ 1666, 1666a (AG Kamen DAV **94**, 501; FamRZ **95**, 950: die Funktion des VormschG beschr sich auf die Kontrolle) u erfolgt auf Bitte des Ki od Jugdl od vAw bei dringder Gefahr für dessen Wohl. Eine vorl Unterbringg auf Antr der Elt ist nicht vorgesehen; diese müssen ggf das Ki zu einer entspr Bitte veranlassen od die dringde Gefahr dartun. Die Inobhutn erfolgt in **drei Formen:** (1) Das JA ist verpfl, ein Ki od einen Jugdl in seine Obhut zu nehmen, wenn der Betreffde um **39** Obhut **bittet.** Das JA hat den PersSorge- od ErzBerecht unverzügl von der Inobhutn zu unterrichten. Widerspricht dieser der Inobhutn, so hat das JA unverzügl (§ 121 I 1) das Ki od den Jugdl dem PersSorge- od ErzBerecht zu übergeben od eine Entsch des VormschG über die zum Wohl des Ki od Jugdl erfdl Maßn herbeizuführen. Dasselbe gilt, wenn der PersSorge- od ErzBerecht nicht erreichb ist (SGB VIII 42 II). Die Vorschr dürfte insow gg GG 6 verstoßen, als die bl Bitte – ohne Vorliegen irgendwelcher obj AnhaltsPkte für die Notwendigk der Inobhutn – letztere nicht ijF zu rechtfert vermag; die unverzügl Unterrichtg der Elt berücks deren Rechte zu wenig, weil die Regelg das Ki anzureizen vermag, Konflikten mit den Elt in dieser Weise auszuweichen. – (2) Ferner ist das JA zur Inobhutn verpfl, wenn sie dch eine **dringende Gefahr** für **40** das Wohl des Ki od des Jugdl erfdl ist. Auch freiheitsentziehde Maßn sind dabei nur erlaubt, soweit sie erfdl sind, um eine Gefahr für Leib od Leben des Ki od Jugdl od Dr abzuwenden. Die Inobhutn bedarf hier der gerichtl Bestätigg in Anknüpfg an GG 104 II 3 statt an den nicht fristbdgten § 1631b (BT-Drucks 11/5948 S 80) spätestens bis zum Ablauf des Tages nach ihrem Beginn; andernf ist sie zu beenden. Auch hier sind die Elt unverzügl zu unterrichten u ggf eine Entsch des VormschG herbeizuführen (SGB VIII 42 III). – (3) **41** Schließl ist das JA bei Gefahr im Verz zur vorl Unterbringg verpfl, wenn sich Ki od Jugdl mit Zust des PersSorgeBerecht **bei Dritten,** einer and Pers od in einer Einrichtg, aufhält u Tats bekannt w, die die Ann rechtfert, daß die **Voraussetzungen von § 1666** vorliegen. Der PersSorgeBerecht ist wiederum unverzügl zu unterrichten u bei Versagg seiner Zust eine Entsch des VormschG herbeizuführen (SGB VIII 43).

bb) Pflegeerlaubnis (SGB VIII 44; Lakies ZfJ **95**, 9). **Pflegepersonen,** also Pers, die ein Ki od einen **42** Jugdl außerh des EltHauses in der eig Fam regelm betreuen od ihm Unterkft gewähren wollen, bedürfen dazu der **Erlaubnis.** Erlaubnisfrei sind Betreuung u WohngsGewährg bei dch das JA vermittelten Hilfen zur Erz (BT-Drucks 11/5948 S 82), dch Vormd od Pfl iR ihres Wirkgskreises, von Verwandten od Verschwägerten bis zum 3. Grade (§ 1590 Rn 2), ferner bis zur Dauer von 8 Wo sowie iR des Schüler- od JugAustauschs, u bei nicht gewerbsm Betreuung nur währd des Tages. Die Erlaubn ist zu versagen, wenn das Wohl des Ki od Jugdl in der PflStelle nicht gewährleistet ist. Nach Erteilg der PflErlaubn überprüft das JA die Vorauss für das Weiterbestehen u nimmt die Erlaubn ggf zurück od widerruft sie (SGB VIII 44 II). Die PflPers hat das JA über wicht, das Wohl des Ki od Jugl betr Ereign zu unterrichten (SGB VIII 44 IV). ErlaubnVorbehalte mit Überprüfen u Meldepflichten bestehen ferner für entspr Betreuungs- u Unterkftsrichtgen (SGB VIII 45–48). Zur **Pflegekindschaft:** Einf 8 v § 1741. Zur **Familienpflege** (Lit: Wagner FuR **94**, 219): § 1630 Rn 5. Für den Anspr von PflElt auf **Erziehungsgeld** (vgl § 1603 Rn 5 aE) reicht die tats Ausübg der PersSorge nicht aus (BSG NJW **93**, 1156); vgl auch §§ 1744 u 1751 jew Rn 3.

cc) Mitwirkung des Jugendamts in gerichtlichen Verfahren (SGB VIII 50–52). Gem SGB VIII 50 **43** unterstützt das JA **Vormundschafts- und Familiengericht** dch Beratg (Mann DAV **94**, 225; Willutzki ZfJ **94**, 202; Bay Empfehlgen ZfJ **95**, 141; Balloff ZfJ **95**, 160; sa Rn 29), Vorschl (SGB VIII 53 I) usw bei allen die PersSorge für Ki od Jugdl betr Maßn u wirkt in den Verf von FGG 49, 49a mit, wobei es über angebotene u erbrachte Leistgen unterrichtet, insbes u soz GesPkte zur Entwicklg des Ki od Jugdl einbringt u auf weiter Möglkten der Hilfe hinweist. Zu Einzelh (Beratg der Elt, Unterstützg des FamG usw) vgl ZfJ **94**, 165; Ffm FamRZ **92**, 206 (Lit: Balloff ZfJ **91**, 379; Coester FamRZ **92**, 617: SorgeREntsch; Oberloskamp FamRZ **92**, 1242; Kunkel FamRZ **93**, 505; Kunkel, Kuckertz ua DAV **92**, 1021ff). Zu Umfg u Dchsetzg der MitwirksgsPfl: Schlesw FamRZ **94**, 1129. Bei Erfdlk hat das JA das Gericht anzurufen. Vgl iü Rn 12 v § 1626. Mangels Ermächtigg wie in JWG 48c ab 1. 1. 91 keine Betreuung des JA mehr mit der Ausführg v AnO zum UmggR gem § 1634 II (Karlsr FamRZ **91**, 969). **Anzeigepflichten:** § 1774 Rn 3. – Bei der **Annahme 44 als Kind** hat das JA im Verf zur Ersetzg der Einwilligg eines EltT (§ 1748 II 1) über die Möglk der Ersetzg der Einwillig zu belehren u über Hilfen zu beraten, die die Erz des Ki in der eig Fam ermögl könnten. Entspr ist der Vater eines nehel Ki bei der Wahrnehmg seiner Rechte nach § 1747 II 2 u 3 zu beraten (SGB VIII 51),

was für die Gewährg rechtl Gehörs nicht ausr (BVerfG NJW **95**, 2155 = FamRZ **95**, 789). Zur **Adoptions-**
45 **vermittlung** Einf 6 v § 1741. – Zur Mitwirkg im Verf nach dem **JGG** SGB VIII 52.

46   **dd) Pflegschaft und Vormundschaft** (§§ 1849ff; SGB VIII 53–58). **Vorschlagsrecht:** Das JA schlägt
dem VormschG Pers u Vereine vor, die sich im Einzelfall zum Pfl od Vormd eignen (SGB VIII 53 I; § 1779 Rn
3). **Unterstützung und Überwachung:** Pfl u Vormünder haben Anspr auf regelm u dem jew ErzBed des
Mdl entspr Beratg u Unterstützg (SGB VIII 53 II). Das JA hat darauf zu achten, daß Vormd u Pfl für die Erz u
Pfl ihrer Mdl Sorge tragen u etwaig festgestellte Mängel beratd zu beheben bzw dem VormschG mitzuteilen.
Auskunft: Das JA hat dem VormschG ferner über das pers Ergehen u die Entwicklg des Mdl Auskft zu
erteilen u ihm zur Kenntn gelangte VermGefährdgen dem VormschG anzuzeigen (SGB VIII 53 III). – Für die
47 **Beistandschaft** bei der Geltdmachg von UnterhAnspr u der VermSorge nach § 1690 gelten SGB VIII 53 I–III,
für diej nach § 1695 u die GgVormsch I u II entspr; auf einen VereinsVormd, der nach SGB VIII 54 einer bes
48 Erlaubn dazu bedarf, findet III keine Anwendg (SGB VIII 53 IV). In den Fällen der §§ 1709, 1791 b u c, 1915
wird **Amtspfleger bzw Amtsvormund** das JA (Deinert DAV **90**, 489), das die Ausübg der damit verbunde-
nen Aufgaben einz seiner Beamt od Angest überträgt (SGB VIII 55 I u II 1). In dem dch die Übertragg
umschriebene Rahmen ist der Beamt od Angest **gesetzlicher Vertreter** des Ki od Jugdl (SGB VIII 55 II 3).
Für die **Führung** der Amtspflegsch u Amtsvormsch (SGB VIII 56) gelten die §§ 1793ff, 1915, mit Ausn der
§§ 1802 III, 1811 u 1818. In den Fällen von §§ 1803 II u 1822 Z 6 u 7 ist eine Gen des VormschG nicht erfdl.
Landesrechtl können weitere Ausn für die Aufs des VormschG in vermrechtl Hins sowie beim Abschl von
49 Lehr- u ArbVertr vorgesehen w (SGB VIII 56 II). Zum **Ende** der Pflegsch § 1709 Rn 13. – **Mündelgeld** kann
mit Gen des VormschG auf SammelKten des JA bereitgehalten u angelegt w, wenn es den Interessen des Mdl
dient u sofern die sichere Verwahrg, Trennbark u Rechngslegg des Geldes einschl der Zinsen jederZt
gewährleistet ist. Die Anlegg von MdlGeld gem § 1807 ist auch bei einer Körpersch zul, die das JA errichtet
50 hat (SGB VIII 56 III). Das JA hat idR jährl zu prüfen, ob im Interesse des Ki od Jugdl die Bestellg einer EinzPers
51 od eines Vereins als Pfl od Vormd angezeigt ist, u dies dem VormschG mitzuteilen (SGB VIII 56 IV). – Der
Standesbeamte hat die **Anzeige über die Geburt eines nichtehelichen Kindes** (FGG 48) unverzügl dem JA
zu übersenden, das sie unverzügl an das VormschG weiterzuleiten u ihm den Eintritt der Pflegsch od Vormsch
52 mitzuteilen hat (SGB VIII 57). Für die Bestellg des JA zum **Beistand oder Gegenvormund** (§§ 1685, 1792)
gelten SGB VIII 55–56 (SGB VIII 58).

53   **ee) Urkundstätigkeit** (Lit: Brüggemann, Beurk im KindschR, 4. Aufl 1994). Gem SGB VIII 59 I kann
das JA seine Beamt u Angest ermächt (vgl BGH NJW **95**, 2346) zur **Beurkundung bzw Beglaubigung**
von VaterschAnerkenntn (§§ 1600a ff; 1600e Rn 2); MutterschAnerkenntn (PStG 29b); Verpfl zur Erfüllg
von UnterhAnspr eines Ki od Jugdl od zur Leistg einer anstelle des Unterh zu gewährden Abfindg (§ 1615e
Rn 4) sowie ZahlgsVerpfl bezügl EntbindgsKosten u Unterh der nehel Frau (§§ 1615k u I); Erkl zum
FamNamen u zur Einbenenng des nehel Ki (§ 1617 Rn 10, § 1618 Rn 13); Widerruf der Einwilligg des Ki in
die Ann als Ki (§ 1746 Rn 9) sowie die VerzErkl des Vaters eines nehel Ki auf EhelkErkl od Ann als Ki
54 (§ 1747 II 3; dort Rn 7). Die vom JA gem SGB VIII 59 I 1 Nr 3 u 4 beurk VerpflErkl bzgl KiUnterh u zG der
nehel Frau EntbindgsKosten u SchwangerschUnterh sind **vollstreckbare Urkunden**, aus denen also die
ZwVollstr stattfindet (Einzelh SGB VIII 60 I). Das gilt auch für die vom JA iR der Amtsbefugn aufgen Urk
zum RegelUnterh (SGB VIII 60 II). Zur Erforderlk der Zustellg: Münzberg/Brüggemann DAV **87**, 173/77.

55   **e) Personensorge.** Die Ki- u JugH soll sich nach dem GrdKonzept des KJHG im Einvernehmen zw Elt,
deren Ki u den Trägern der JugH vollziehen (o Rn 18). Trotzdem werden dadch die für das früh JWG
maßgebl AnknüpfsTatbestde der Verwahrlosg, Gefährdg der leibl, geist od seel Entwicklg usw nicht aus der
Welt geschafft, so daß zwangsw Eingreifen der Behörde nach wie vor erfdl bleibt. Desh ist folgderm zu
unterscheiden:

56   **aa) Freiwillige** Inanspruchn von Leistgen der Ki- u JugH schränkt grdsl nicht die UnterhPfl (Karlsr
FamRZ **92**, 210) od die PersSorge der Elt ein, insb auch nicht deren VertretgBefugn (§§ 1626, 1629). Doch
wird man uU mit entspr stillschweigden Ermächtiggen des anstelle der Elt handelnden Betreuungspersonals
arbeiten müssen. Zu beachten ist iü, daß die Elt, wenn sie etwa der HeimErz zust, falls dies nicht ohneh vom
VormschG od JugG angeordn wird, hierzu der vormschgerichtl Gen bedürfen (§ 1631b Rn 2).

57   **bb)** Sind die Elt mit den Maßn der JugH nicht einverstanden, bedarf es einer gerichtl Regelg. Die
Ermächtigung zum Eingriff in das elterliche Erziehungsrecht folgt dann abgesehen vom JGG vor-
nehml **aus §§ 1666, 1666a.** Das gilt insb für die Inobhutn bei dringder Gefahr (o Rn 40) sowie bei Voll-
zeitPfl, HeimErz u bei sonst betreuter Wohnform (SGB VIII 33, 34; o Rn 32). Hier richtet sich die Ausübg
der PersSorge in aller Regel nach der AO des VormschG. In diesem Zushang behält die rechtsstaatl erprobte
tatbestdl Ausprägg der Vorauss für Eingr in das elterl SorgeR im JWG bei FürsErz usw ihr Bedeutg, ohne
daß es auf die Weiterverwendg der bish Ausdr ankommt. Sozpol Engagement beim GesGeber reicht nicht
aus; das KJHG läßt hier rechtsstaatl bedenkl Lücken. Die **sachlichen Voraussetzungen für Zwangsmaß-**
nahmen gg Elt u ihre Ki sind daher im wesentl nach wie vor wie in JWG 64 zu handhaben (zust Reichel
FamRZ **91**, 1031; vgl 49. Aufl Anh zu §§ 1666, 1666a Anm 4a). Insb kommt die zwangsw HeimErz nur in
Frage, wenn der körperl, geist od sittl Zustd des Ki od Jugdl erhebl unter dem Durchschn Gleichalt liegt.
Wo es um den Einsatz staatl Zwangsmittel gg die Elt od den Jugdl geht, wird man ferner nicht auf das Ziel
der „Erz zu einer eigenverantwortl u gemschfäh Persönlk" (SGB VIII 1 I) abstellen dürfen, sond muß es für
die Anwendg von Zwang letztl auf die klassischen Verwahrlosgsmerkmale ankommen. Auch wird die staatl
ZwangsErz von vornherein zurückzutreten haben, wenn aGrd psych Regelwidrigkten Erziehbk im med
Sinne nicht gegeben, sond etwa eine psychiatr Behdlg angezeigt ist. **Vorrang der JugH:** Schließl gilt nach
§ 1666a der Grds der Subsidiarität, so daß die Entziehg des AufenthBestR (BayObLG NJW **92**, 121) od die
zwangsw HeimErz nur in Betr kommen, wenn and ausr ErzMaßn ausscheiden. Summar Ausführgen dazu
reichen nicht; das Ger muß prüfen, welche and Maßn eine Trenng v den Elt erübrigen könnten (BayObLG
FamRZ **91**, 1218). Schließl gilt nach § 1666a der Grds der Subsidiarität, so daß die zwangsw HeimErz nur in
Betr kommt, wenn and ausr ErzMaßn ausscheiden.

Fehlen entspr Beschränkgen, entsch über eine ErzErmächtigg zur Ausübg von Befugn der PersSorge wie 58 über die Vertretg des Ki od Jugdl Dr ggü nach wie vor der PersSorgeBerecht. Hat dieser keine, auch nicht konkludente Erkl dazu abgegeben, besteht zG der PflegePers u der in der ErzEinrichtg für die Erz verantwortl Pers das iGgs zu § 1630 III automat (Fricke ZfJ 92, 306) **Recht zur Vertretung** des PersSorgeBerecht in der Ausübg der elt Sorge, insb bei RGesch des tägl Leb für das Ki oder den Jugdl u die Geltdmach von Anspr aus solchen RGesch, wobei es sich entgg SGB VIII 38 I um eine unmittelb Vertretg des Ki u nicht der PersSorgeBerecht handelt; zur Verwaltg des ArbVerdienstes; zur Geltdmach von Unterh-, Vers-, Versorggs- u sonst SozLeistgen; zur Vornahme von RHandlgen im Zushg mit dem Besuch einer Tageseinrichtg bzw der Schule oder der Aufn eines Berufs- od ArbVerhältn sowie bei Gefahr im Verz zu allen für das Wohl des Ki od Jugdl notw RHandlgen, wovon der PersSorgeBerecht unverzügl (§ 121 I) zu unterrichten ist (SGB VIII 38 I).

Bei **Meinungsverschiedenheiten** bzw Einschrkg der für eine förderl Erz erfdl RMacht der PflegePers od 59 des ErzVerantwortl sollen die Beteil das JA einschalten (SGB VIII 38 II). Der SorgeBerecht kann seine VertretgsBefugn für das Ki nicht dch entspr Ermächtiggen der PflPers od des ErzVerantwortl überschreiten; erfdl vormschgerichtl Gen bleiben daher auch für Hdlgen des Betreuungspersonals erfdl (SGB VIII 38 III).

f) Unterhalt und Kosten. 60

aa) Wird Hilfe zur Erz in einer TagesGr, als VollZtPfl od HeimErz, in einer sonst betreuten Wohnform 61 od als intensive sozpädagog Einzelbetreuung gewährt, ist auch der **notwendige Unterhalt** des Ki od Jugdl außerh des EltHauses **durch Leistungen des Jugendamts sicherzustellen** (SGB VIII 39). Damit wird die für die bish übl Pflegegeldsätze fehlde RGrdLage geschaffen (vgl BVerwG 52, 214; 67, 256). Die staatl Gemsch muß den LebUnterh des hilfsbedürft Ki ersatzw jedenf in der Art u Weise sicherstellen, daß das Ki in der Lage ist, Pers zu finden, die anstelle der Elt ErzAufgaben übern (BT-Drucks 11/5948 S 76). Er umfaßt iGgs zur Prax der SozH den ges LebBed einschl der ErzKosten u Taschengeld u wird landesrechtl nach AltersGr gestaffelt pauschal festgesetzt. Damit ist dann der ges laufde LebBed, insb auch Unterkfts- u Bekleidgskosten, abgedeckt. KiGeld, KiZuschläge u vergleichb RentBestandteile werden entspr den Grdsen der Vermeidg staatl Doppelleistgen u der Nachrangigk von JughLeistgen auf die lfden Leistgen angerechnet (BT-Drucks 11/5948 S 77). Im Interesse der VerfVereinfachg hat das JA, wenn es Hilfe zur Erz außerh der 62 eig Fam leistet, auch **Krankenhilfe** zu gewähren (SGB VIII 40), um das Ki od den Jugdl nicht insow an das SozAmt zu verweisen (BT-Drucks 11/5948 S 77).

bb) Heranziehung zu den Kosten (SGB VIII 90–96; Lit: Reisch DAV **91**, 13 u ZfJ **91**, 201 u 565; 63 Wiesner FamRZ **93**, 502). Für die Inanspruchn von Angeboten der JugArb, der allg ErzFörderg in der Fam u der Förderg von Ki in Tageseinrichtgen können **Teilnahmebeiträge oder Gebühren** festgesetzt w (SGB VIII 90). Für die versch Formen der Unterbringg, Betreuung, Versorgg, Unterstützg, Leistgen der Hilfe zur Erz usw besteht eine **Beitragspflicht** des Ki od Jugdl sowie dessen Elt (SGB VIII 91 I). Dasselbe gilt für die Kosten der Tagespflege (SGB VIII 91 II). Der jg Vollj ist für die Unterbringg in einer sozpädagog begleiteten Wohnform u für die Hilfe gem SGB VIII 41 beitrpflicht (SGB VIII 91 III). Die bl BeitrPfl bedeutet, daß die Träger der öff JugH die Kosten der Leistgen tragen, soweit den Betroffenen die Aufbringg der Mittel aus ihrem Eink u Verm nicht zuzumuten ist, wobei für die Ermittlg des Eink u Verm sowie die Bemessg des KostenBeitr die entspr Vorschr des BSHG gelten (SGB VIII 92 I, 93). Eine vorübergehde räuml Trenng hindert dabei den Fortbestand des ZusLeb des Jugendl mit den Elt iSv KJHG 93 I Halbs 2 nicht (OVG Hbg FamRZ **92**, 1358). Nochmals eingeschränkt wird der Beitr zu den Kosten der Hilfe zur Erz, der Inobhutn u der vorl Unterbringg, wie von der Erhebg eines KostenBeitr im Einzelfall überh ganz od teilw abgesehen w kann, wenn sonst Ziel u Zweck der Leistg gefährdet würden od sich aus der Heranziehg eine bes Härte ergäbe (SGB VIII 93 II u III). Der KostenBeitr wird dch Leistgsbescheid festgesetzt (SGB VIII 92 IV). In Überggsfällen noch Überleitg gem JWG 82 (BGH FamRZ **92**, 306). Zuslebde Elt haften als GesSchuldn (SGB VIII 92 V).

cc) Überleitung (vgl Einf 21 v § 1601). Anspr des Ki, des Jugdl, dessen Elt od des jg Vollj gg einen and, 64 der nicht LeistgsTräger iS SGB I 12 ist, für die Zt der Hilfegewährg können dch schriftl Anz an den and bis zur Höhe der Aufwendgen auf den Träger der öff JugH übergeleitet w. Die schriftl Anz bewirkt den Übergang des Anspr für die Zt ununterbrochener (= 2 Mo) Hilfegewährg (SGB VIII 94 I). UnterhAnspr dürfen nur übergeleitet w, wenn Hilfe für jg Vollj geleistet w u der UnterhPflicht mit dem HilfeEmpf nicht im 2. od in einem entfernteren Grade verwandt ist (SGB VIII 94 II). Die Überleitg von Anspr gg einen nach bürgerl Recht UnterhPflicht soll nur noch dann zugel w, wenn Hilfe für jg Vollj geleistet w u der Unterh-Pflicht mit dem LeistgsEmpf im 1. Grad verwandt ist (BT-Drucks 11/5948 S 110). Für die Vergangenh kommt eine Inanspruchn nur in Betr, wenn dem UnterhPflicht die Gewährg der Leistg unverzügl mitgeteilt w ist (SGB VIII 94 III 2). In Härtefällen u bei unverhältnism VerwAufwand soll von der Überleitg überh abgesehen w (SGB VIII 94 III 3). Die ÜberleitgsMöglkten sind dch entspr **Auskunftspflichten** des Ki od 65 Jugdl, seiner Elt, des jg Vollj, ihrer UnterhVerpfl sowie der ArbGeb abgesichert (SGB VIII 96).

g) Verfahren (Lit: Dickmeis ZfJ **93**, 166 u 217). **aa) Örtlich zuständig** für die Gewährg von Leistgen u 66 für die Erfüllg und Aufgaben ist grdsl das JA des gewöhnl Aufenth der Elt (Donatin DAV **95**, 301). Sonst entsch, bei wem sich Ki od Jugdl in den letzten 3 Mo vor Beginn der Maßn aufgehalten haben. An letzter Stelle ist der tats Aufenth des Ki od Jugdl maßgebl. Nach 2jähr Betreuung entsch der gewöhnl Aufenth der PflPers (Einzeln SGB VIII 85). Für einz Aufgaben bestehen bes örtl Zustdgkten, ua für die vorl Unterbringg u Herausnahme aus DrittAufenth (o Rn 41). Ist das JA des tats Aufenth des Ki od Jugdl zust (SGB VIII 86 I); für Beurkundg u Beglaubigg (o Rn 53) jedes JA (SGB VIII 86 II). Bei der Amtspflegsch bzw Vormsch für ein nehel Ki (o Rn 48) entsch der gewöhnl Aufenth der Mutter (SGB VIII 87). – **bb) Sachlich zuständig** für 67 die Gewährg von Leistgen u die Erfüllg und Aufgaben ist das JA, mit Ausn enumerierter Aufgaben (SGB VIII 89 II), neben überregionalen Beratgs-, Fördergs-, Plangs- u sonst Aufgaben vor allem die Beratg des JA bei der Gewährg von ErzH in einer TagesGr, bei VollZtPfl u intensiver sozpädagog Einzelbetreuung (o Rn 31 ff). – **cc)** JugH wird regelm **von Amts wegen** gewährt (SGB X 18). Doch steht es den Beteil frei, ein 68 Verf auch dch Antr in Gang zu bringen. Insb haben Ki u Jugdl das Recht, um Aufn in die Obhut des JA zu bitten (o Rn 39); ferner, sich in allen Angelegenh der Erz u Entwicklg an das JA zu wenden u auch ohne

Kenntn des PersSorgeBerecht beraten zu lassen (SGB VIII 8 II u III; o Rn 29). Iü sind sie auch unabhäng davon entspr ihrem Entwicklgsstand an allen sie betr Entsch der öff JugH zu beteil (SGB VIII 8 I). –

69 dd) Wahlrecht. Die LeistgsBerecht haben das Recht, zw den Einrichtgen u Diensten versch Träger zu wählen u Wünsche hins der Gestaltg der Hilfe zu äußern, denen entsprochen w soll, sofern dies nicht mit

70 unverhältnism Mehrkosten verbunden ist (SGB VIII 5). – **ee)** Für die **zwangsweise JugH** fehlt es auch an entspr VerfVorschr (vgl o Rn 57). Die VerwVerfVorschr des SGB X helfen nur begrenzt, weil es hier um EingrVerw geht. Desh wird die Rspr zum JWG ihre Bedeutg behalten (vgl 49. Aufl Anh zu §§ 1666, 1666 a

71 Anm 4b u 5). – **ff)** De lege lata besteht für SozPädagogen u SozArb **kein Zeugnisverweigerungsrecht** (Hamm NJW **92**, 201).

1626 Elterliche Sorge; Berücksichtigung der wachsenden Selbständigkeit des Kindes.

[I]Der Vater und die Mutter haben das Recht und die Pflicht, für das minderjährige Kind zu sorgen (elterliche Sorge). Die elterliche Sorge umfaßt die Sorge für die Person des Kindes (Personensorge) und das Vermögen des Kindes (Vermögenssorge).

[II]Bei der Pflege und Erziehung berücksichtigen die Eltern die wachsende Fähigkeit und das wachsende Bedürfnis des Kindes zu selbständigem verantwortungsbewußtem Handeln. Sie besprechen mit dem Kind, soweit es nach dessen Entwicklungsstand angezeigt ist, Fragen der elterlichen Sorge und streben Einvernehmen an.

1   1) Wie die früh „elt Gewalt", so findet auch das **elterliche Sorgerecht** (zum Ausdruckswechsel Einf 1 v § 1626) seine Rechtfertigg nicht in einem MachtAnspr der Elt, sond im Bedürfn des Ki nach Schutz u Hilfe, um sich zu einer eigenverantwortl Persönlichk innerh der soz Gemeinsch zu entwickeln (vgl BVerfG FamRZ **68**, 578, 584; BT-Drucks 7/2060 S 14). In der Bezugn auf die Minderjährigk liegt die Bestimmg über die regelm Dauer der elt Sorge (Rn 6); mit Vater u Mutter sind die Inhaber der Sorgeberechtigg bezeichnet (Rn 10). Iü kann **Träger** des SorgeR ein EltT allein sein (iFd Scheidg: § 1671; bei Nehelk des Ki: § 1705; bei Entziehg des SorgeR nur einem EltT ggü: § 1666 usw). In solchen Fällen entsch der sorgeberecht EltT allein, zB in Schulfragen (VGH BaWü FamRZ **93**, 828). Für den Anspr auf ErzG reicht die tats Ausübg der PersSorge nicht aus (Einf 42 v § 1626). Die PersSorge gibt kein LeistgsVerweigersgR ggü den Verpfl aus

2 einem ArbVerhältn (BAG FamRZ **93**, 319). Dem **Inhalt** nach umfaßt das elt SorgeR wie bisl die elt Gewalt die PersSorge u die VermSorge, I 2 (Rn 12–17). Den Elt obliegt aus dem SorgeR heraus ebenf die **Vertre-**

3 **tung** des Ki. Während der GesGeber im Hinbl auf GG 6 II von der Formulierg eines Erziehgszieles Abstand genommen hat (BT-Drucks 7/2060 S 15), ist in II neu die gesetzl Vorgabe eines **Erziehungsstils**, indem näml die Elt zu dreierlei verpfl w: das eigenverantwortl Handeln des Kindes zu berücks, II 1; Fragen

4 der elt Sorge mit ihm zu besprechen u Einvern anzustreben, II 2 (Rn 20). Im System der subj Rechte stellt die elt Sorge ein den Schutz des § 823 I genießendes absolutes R dar (RG **141**, 320; § 1632 Rn 2), so daß Eingriffe zum **Schadensersatz** verpfl (LG Aach FamRZ **86**, 713 Toscana-Reise). Dagg ist § 1626 kein SchutzG iS v

5 § 823 II. **Haftung der Eltern** ggü dem Ki (§ 1664); Dritten ggü idR nur n § 832 (RG **53**, 314); die Dr ggü dem Kinde gem § 844.

6   2) Dauer der elterlichen Sorge, I 1. Die elt Sorge **beginnt** mit der Geburt des Ki. Verfehlt desh einstw Vfg auf Unterlassg des SchwangerschAbbruchs aus § 1628 (Coester-Waltjen NJW **85**, 2175; Jagert FamRZ **85**, 1173; aA AG Kln FamRZ **85**, 519; Roth-Stielow NJW **85**, 2746; Bienwald FamRZ **85**, 1096; Mittenzwei

7 AcP **187**, 274). Aber Vorwirkg § 1912. Sie **endet** für beide Elt mit der Volljährigk des Ki, § 2 (OVG Münst FamRZ **95**, 1004); ebso mit seinem Tod (§ 1698b). Eheschl des Ki (EheG 3) beendet die elt Sorge dagg nicht, sond schränkt nur die PersSorge ein (§ 1633), so auch, freilich in geringerem Maße, bei Verlobten (Saarbr FamRZ **70**, 319). Auf seiten eines ElternT endet die elt Sorge mit seinem Tode, § 1681 I; seiner TodesErkl od der Feststell seiner Todeszeit, §§ 1677, 1681 II; bei Entziehg wg Erziehgsunvermögen, §§ 1666, 1666a (in dem die Verwirkg der elt Gew gem § 1676 aF aufgegangen ist); bei KindesAnn seitens eines Dr, § 1755; dch Bestimmg der FamG nach Scheidg der Elt od bei Getrenntleben, §§ 1671, 1672; ledigl hins der Verm-Verwaltg dch Konk § 1670 I. Die zweite Eheschl ist auf das SorgeR des geschiedenen EltT ohne Einfluß (vgl aber § 1683). Bei Verhinderg eines EltT od bei Entziehg des SorgeR übt grdsätzl der and EltT das

8 SorgeR allein aus, §§ 1678, 1680. Die elt Sorge ruht bei GeschUnfähigk, beschränkter GeschFähigk u Feststellg längerer Verhinderg, §§ 1673–1675. Mögl auch eine Beschrkg od Entziehg der Ausübg einzelner Bestandteile der elterl Sorge (Pers-, VermSorge, Vertretg od Teile davon, zB AufenthBestimmgsR),

9 §§ 1634 II 2, 1666, 1667, 1670, 1690. Dch Entziehg sämtl Bestandteile endet tatsächl auch die Ausübg der elterl Sorge (KGJ **47**, 39). Entziehg kann auch auf die elt Sorge des and EltT Rückwirkg haben, etwa iRv § 1680 die VermSorge einem Vormund od Pfleger übertragen w (so § 1679 I 2 aF). Sind Eltern nicht vorhanden (Vollwaisen, Findelkinder), ist ein Vormd zu bestellen, § 1773.

10   3) Gemeinsame elterliche Sorge beider Eltern, I 1. Zur Ausübg des elterl SorgeR sind Vater u Mutter gleichermaßen berecht u verpfl (sa § 1627). Es hat also jeder ElternT Pers- und VermSorge in allen ihren Bestdteilen. Das gilt grdsl auch für die Entsch ü die EhelkAnf (AG Westerstede FamRZ **95**, 689) sowie für die Best eines Gutachters bei Gefahr sex Mißbr (vgl § 1666 Rn 7). Die Vertretg ist gemeins (§ 1629 I). Können sich die Elt in wicht Angelegenh nicht einigen, kann das VormschG angerufen w (§ 1628). Mögl ist die Trenng der einz Bestandteile u damit die Einschränkg der Ausübg der elterl Sorge in den Fällen der §§ 1666ff, 1634 II; ferner sofern das VormschG bei nicht erzielter Einigg der Elt angerufen wird u dieses einem von ihnen die Sorge in dieser Angelegenh übertragt (§ 1628 I 1). Soweit ein EltT an der Ausübg der elt Sorge tatsächl verhindert ist od sie ruht (§§ 1673–1675), übt sie die andere Teil allein aus (§ 1678); ebso wenn ein EltT gestorben ist (§ 1681); dasselbe kann (muß aber nicht) der Fall sein, wenn einem EltT die elt Sorge entzogen w ist (§§ 1666, 1666a); sowie bei dem von Gesetzes wg eintretden Verlust der VermVerw inf Konk (§ 1670 I) od deren Entziehg dch das VormschG (§ 1680); ebso bei Scheidg od dauerndem Getrenntl der Elt (§§ 1671, 1672). Eine Beschrkg der Ausübg der elt Sorge tritt inf der Bestellg eines Beistandes ein (§§ 1685, 1690). Dasselbe ist hins einzelner Angelegenheiten der Fall, in denen die Vertretg dch die Elt ausgeschl ist (§ 1629 II); es muß Pflegerbestellg erfolgen (§§ 1630, 1909). Kein ElternT kann auf die Ausübg der elterl Sorge **verzichten;** denn er hat darauf nicht nur ein Recht, sondern ist dazu auch verpflichtet (RG JW **11** **25**, 2115; KG FamRZ **55**, 295; Einf 3 v § 1626); Ausn: §§ 1690, 1671 III 1, 1672. Mögl ist es aber, dem and EltT od einem Dr (Verwandten, Schulen, Internat, PflegeElt) die Ausübg auf jederzeitigen Widerruf (Mü HRR **36**, 263) tatsächl od rechtl dch unvollk Verbindlichk (RG JW **35**, 2896) zu überlassen. Vgl auch § 1630 III. Abreden, die Widerruf ausschließen, sind nichtig.

4) Inhalt der elterlichen Sorge, I 2. Sie umfaßt sowohl die Personensorge (§§ 1631–1634) wie die **12** Vermögenssorge (§§ 1638–1649, 1683, 1698–1698 b). Das SorgeR besteht in beiden Fällen aus der tatsächl Sorge u dem VertretgsR (§ 1629 I 1).

a) Die tatsächliche Sorge für die Person. Hierzu gehören: **13**

aa) dem **Inhalt** nach die Bestimmg des FamNamens, wenn die Elt keinen Ehenamen führen (§ 1616 Rn 2) **14** sowie die Erteilg eines Vorn (§ 1616 Rn 11); ferner Zust zur Änd des Geburtsnamens bei nachträgl Best des Ehenamens dch die Elt (§ 1616 a Rn 4); Pflege, Erziehg u Beaufs des Ki (§ 1631 Rn 5–7); Wohnsitz (§ 11); die AufenthBestimmg (§ 1631); die Anwendg von Zuchtmitteln (§ 1631 II); der HerausgAnspr (§ 1632 I); die Sorge für das Impfen; Einwilligg in ärztl Eingr (Kern NJW **94**, 755); Schulbesuch (vgl die SchulGesetze der Länder sowie VGH BaWü FamRZ **93**, 828); die GeburtsAnz (PStG 17); die Erteilg des Vornamens (§ 1616 Rn 10); der Antr auf Namensänd; die Bestimmg über die religiöse Erziehg (RKEG 1, 3, abgedr Anh zu § 1631); die Berufswahl (§ 1631 a; § 1610 Rn 41–43); der Umgang mit den Kindern (§ 1634, 1711); die Regelg des sonst Umggs der Kinder (§ 1632 II), demgemäß auch deren Schutz vor sex Mißbr (BGH FamRZ **84**, 883) od auch nur Belästgg, so der Tochter dch Liebhaber (Kblz NJW **58**, 951; Kln FamRZ **63**, 447; Schlesw FamRZ **65**, 224), ohne daß KlWeg beschritten zu werden braucht, da jetzt VormschG entsch (§ 1632 III); Verbot des Umggs mit einem erwachs Mann (Tüb FamRZ **67**, 108); Veranlassg **ärztliche Betreuung** (Belling FuR **90**, 68: EntschKompetenz; zum elt Versagen § 1666 Rn 13), woraus dem Kind ggf aus einem Vertr der Elt zG od mit Schutzwirkg für das Kind (§ 328 Rn 13–20) vertragl Anspr bei verschuldeten Behandlgsfehlern erwachsen, aber auch der sorgeberecht EltT bei notwend Aufnahme von unfallverletztem Kind in Krankenhaus, die er schuldh unterlassen hat, aus GeschFührg ohne Auftr verpflichtet sein kann (Kln NJW **65**, 350); ferner Zahlg des ProzKostVorschusses in lebenswicht Sachen (§ 1610 Rn 33–36). **Schwangerschaftsabbruch** (Lit: Reiserer FamRZ **91**, 1136) bei 16jähriger bedarf, sof diese der Tragweite ihrer Entsch erfaßt, nicht der elterl Zust (and AG Celle NJW **87**, 2307: im Regelfall doch; vgl Geiger FamRZ **87**, 1177; Vennemann FamRZ **87**, 1068; Mittenzwei MedR **88**, 43; ferner AG Neunkirchen FamRZ **88**, 876: Ersetzg der Zust des Vormds); umgek ist aber auch die Verweiger der Zust zum ärztl BehandlgsVertr nicht ow ein SorgeRMißbr (LG Mü I NJW **80**, 646). Die moral GrdHaltg der Elt u ihre Bemühgen um das künft Wohl v Mutter u Kind bedürfen einer sorgfält Abwägg gg die für einen SchwangerschAbbr sprechen Grde (Bln FamRZ **80**, 285). Über die Ersetzg der Zustimmg eines EltT zum Erwerb der Staatsangehörigk dch ein ehel Kind entscheidet das VormschG, nicht das FamG (Oldbg NdsRpfl **78**, 32). Auch die mj Mutter hat neben dem gesetzl Vertr das R u die Pfl, die tats PersSorge f ihr Kind auszuüben (LG Hbg FamRZ **81**, 309).

bb) Die Vertretung in Personensorgesachen (vgl auch § 1629) umfaßt jedes Handeln mir RWirkg für **15** das Kind, zB TodesErkl (VerschG 16 II); Stellg des StrafAntr gem StGB 77 III, 77 d II (hierzu Kohlhaas NJW **60**, 1; Boeckmann NJW **60**, 1938; BGH FamRZ **60**, 197; BayObLG FamRZ **61**, 176); die Ermächtigg, ein ErwerbsGesch zu betreiben od ein Dienstverhältn einzugehen (§§ 112, 113); Übernahme von Schiffsdiensten; Abschl eines LehrVertr; die Einwilligg zur Operation, von der nur ganz ausnahmsw abgesehen w kann (BGH **29**, 33; krit Boehmer MDR **59**, 705; abl Bosch FamRZ **59**, 203); aber Einwilligg zur Blutentnahme nicht erforderl (ZPO 372a); Einwilligg zur Eheschl (EheG 3 I, 30); Mitwirkg bei Einbenenng, EhelichErkl, Annahme als Kind (§§ 1706 Nr 1, 1729, 1746 I 2, 1747 ff, 1757 II, 1760 V, 1762 I 2, 1765 II 2, 1768 II 1 u 2); die Option für die dt Staatsangehörigk gem RuStAG 3 I 1 (BayObLG FamRZ **76**, 161) sowie der Antr auf Entlassg aus dem Staatsverbande gem RuStAG 19 (KG FamRZ **80**, 625); ferner die Vertretg in RStreitigkeiten, soweit sie PersSorgeSachen betreffen, so im AbstammgsRStreit (KG JR **62**, 264), bei der UnterhKlage (BGH NJW **53**, 1546; s jetzt auch § 1629 III); ebso in Verwaltgs-, StrafVerf u ZivProz, insb beim StrafAntr u ZeugnVerwR, wenn dem Kind die Verstandesreife f dessen Bedeutg noch abgeht (vgl § 1629 Rn 10 aE, 21). Auf Grd des EltR eingelegte RMittel können v den Elt nur einvernehml zurückgen w, so daß bei einseit BerufsgZurückn Berufg anhäng bleibt u sachl zu bescheiden ist (so die zutr RedAnm zur ggt Auff OVG Münst FamRZ **75**, 44). – Die Unterscheidg der Vertretg von der tatsächl PersSorge hat Bedeutg für §§ 1633, 1673 II 2, 1680, 1685, 1686, EheG 3 II, ZPO 620 ff.

b) Bei der **Vermögenssorge** (§ 1638 aF: VermVerw) ist der HdlgsSpielraum der Elt v dem ggstdl **16** Bereich ihrer Einfluß zu unterscheiden. **aa) Tätigkeitsformen:** Hdlgsmäß umfaßt die VermSorge alle **17** tatsächl u rechtl Maßn, die darauf gerichtet s, das KindesVerm zu erhalten, zu verwerten u zu vermehren (KGJ **47**, 39), gleichgült ob die Elt im eig od im Namen des Kindes, in eig od dessen Interesse handeln. Die Elt sind zur VermSorge bis zur Grenze der Zumutbark verpfl (BGH **58**, 19), die allerd nicht so weit geht, daß sie ein vom Kind ererbtes ErwerbsGesch unentgeltl fortführen müssen. Die Elt haben das Recht, die zum KindesVerm gehörden Sachen in Besitz zu nehmen (*arg* § 1698 I). Ferner berechtigt die VermSorge zur **Vertretung** des Kindes in VermAngelegenh (vgl RG **144**, 251), insb auch in RStreitigk. Zur Problematik des vom Mj ererbten HandelsGesch: § 1645 Rn 1. **Einschränkungen** der Verpfl- u VfgsFreih: Erwerb beweglicher Sachen mit Mitteln des Kindes führt z dingl Surrogation (§ 1646); Schenkgen (§ 1641) u best wicht Gesch (§ 1643), VermÜberlassg an das Kind (§ 1644) u Beginn neuer ErwerbsGesch (§ 1645) unterliegen Beschrkgen bzw bedürfen der vormschgerichtl Gen. Anlegg v Geld hat gem § 1642 zu erfolgen. Einkünfte aus KindesVerm sind in best Weise zu verwenden (§ 1649). Schlechthin ausgeschl ist ein Tätigwerden der Elt in Angelegenh, in denen ein Pfleger bestellt ist (§ 1630). Bei VermZuwendgen dch Dritte kann die elterl Verw gänzl ausgeschl (§ 1638) od dch entspr AnO beschrkt w (§ 1639). Zuwiderhdlgen führen ggf zu Erstattgs- u SchadErsAnspr des Kindes (§§ 812 ff, 1664). Zum Verhältn v KindesVerm u BerufswM RG JW **31**, 1348; Feuchtwanger JW **32**, 1351. Zur Überlassg v KiVerm zur freien Vfg § 110. – **bb) Zum 18 Kindesvermögen gehören** das Verm als solches (GrdBesitz, Wertpapiere usw) sowie Einkünfte daraus u (trotz § 113 I) was das Kind aus Arb (KG JFG **14**, 426) od selbständ GeschBetr erwirbt, nicht dagg, was dem Kind zur fr Vfg iSv § 110 überlassen w ist. Zum KiVerm gehören ferner grdsl Renten (vgl Hamm FamRZ

19 **74**, 31; § 1642 Rn 2). **Verwaltungsfrei** sind dagg Mittel iSv § 110 u u U Zuwendgen v dritter Seite (§ 1638); ferner die v dem Kind iRv § 112 erworbenen u wieder im Betr verwendeten Mittel; ebso Guthaben aus LohnKto, sofern Elt der Eröffng u Vfg darüber (dch Überweisg, Scheck) zugest haben (vgl § 113 Anm 4; Capeller BB **61**, 453; BGH **LM** § 990 Nr. 12).

20   **5) Erziehungsstil, II. a)** Das geltde Recht trägt dem Heranwachsen des Kindes zur Selbständigk nur in Einzelfällen Rechng (vgl §§ 112, 113, 1411, 1617 II, 1729, 1746, 2229; RKEG 5, abgedr Anh z § 1631; EheG 3; FGG 59). Auch II enthält keine Generalklausel für ein allg MitentscheidgsR des Kindes (zu den Bedenken dagg BT-Drucks 7/2060 S 15 f), sond schreibt iS einer **partnerschaftlichen Erziehung** (vgl Karlsr-Freibg NJW **89**, 2398) den Elt vor, bei der Pflege u Erziehg des Kindes dessen wachsde Fähigk u sein wachsdes Bedürfn zu selbständ verantwortgsbewußtem Handeln zu berücks, Fragen der elterl Sorge, soweit es nach dem Entwicklgsstand des Ki angezeigt ist, mit ihm zu besprechen u Einvernehmen anzustreben. Mit dem „gesetzl Leitbild" (so BT-Drucks 7/2060 S 16) dieser Pflichtentrias ist ein rein auf Gehorsam ausgerichteter u auf Unterwerfg unter den Willen der Elt abzielder autoritärer Erziehgsstil verboten u kann zu Maßn nach § 1666 führen. Es findet keine Beschrkg od Angelegenh der persönl Lebensführg statt; entscheidd ist nur, ob das Kind zu einer Beurt der eig Angelegenh in der Lage ist (BT-Drucks 7/2060 S 16). **Berücksichtigung** bedeutet nicht, daß die Elt dem KiWillen zu folgen haben, sond daß sie das Kind an der Suche nach geeigneten Pflege- u ErziehgsMaßn beteiligen; es soll nicht über den Kopf des Ki hinweg entschieden w. Die von den Elt beabsichtigten Maßn dürfen dem Kind nicht aufgezwungen, sond müssen mit ihm erörtert w mit dem Ziel, Verständ u Einsicht zu wecken; darüber hinaus sollen GgArgumente berücks u eine Einigg zw Elt u Kind angestrebt w (BT-Drucks 7/2060 S 17). Das anzustrebde **Einvernehmen** bedeutet tatsächl Übereinstimmg od Zurückstellen der jew eig Meing; mit einem Vertrag hat es nichts zu tun. Kommt eine Einigg nicht zustande – etwa weil das Kind jede Mitwirkg verweigert, so entscheide die Elt allein (BT-Drucks 7/2060 S 17); ihr Wille behält letztl den Vorrang (BT-Drucks 8/2788 S 45). Das bedeutet vor allem auch, daß die Elt ihre Erziehgsverantwort iS einer falsch verstandenen antiautoritären Erziehg nicht einf auf das Kind abwälzen u seinem Willen überall nachgeben dürfen. Zur Berücks des KiWillens bei der Berufswahl § 1631a Rn 1, 4; iR der Entsch zur elterl Sorge bei Scheidg od Getrenntl der Elt § 1671 Rn 17–19;

21 iZushg mit dem UmggsR § 1634 Rn 32. – **b) Rechtsfolgen.** Das gesetzl Leitbild, iR der Erziehg das Kind als Partner u nicht als bl ErziehgsObj zu behandeln, wirkt sich bei der Anwendg von Vorschr des KindschR aus. So spielt es bei allen Verf eine Rolle, die das FamG od VormschG die Entsch nach dem Wohle des Kindes zu treffen hat (BT-Drucks 7/2060 S 16), zB bei der SorgeRVerteilg bei Scheidg od Getrenntl der Elt (§§ 1671, 1672); bei der UmggsRegelg (§ 1634); bei der Unterbringg (§ 1631b); beim Umggsverbot für einen EltT (§ 1634 II 2) sowie bei allen Maßn nach § 1666. Dems Gedanken sind die Vorschr über die Anhörg des Kindes in Sorgesachen verpfl (Einf 10 vor § 1626).

1627 *Ausübung der elterlichen Sorge.* Die Eltern haben die elterliche Sorge in eigener Verantwortung und in gegenseitigem Einvernehmen zum Wohle des Kindes auszuüben. Bei Meinungsverschiedenheiten müssen sie versuchen, sich zu einigen.

1   **1) a)** Die Elt stehen bei Ausübg der elterl Sorge **gleichrangig nebeneinander.** Sie üben sie grdsätzl **gemeinschaftlich** aus. Im allg wird aber zw den Eltern eine natürliche oder vereinbarte Aufgabenteilg eintreten. Im Rahmen dieser Teilg kann der EltT allein handeln. Der and EltT wird sie achten müssen, wenn auch jederzeit begründeter Widerruf mögl ist. Der Alleinhandelnde muß bei seinem Handeln die bekannten od mutmaßl Wünsche des and berücksichtigen, darf also die ihm eingeräumte sich aus den Verhältnissen ergebende (eilige Sachen, zB Unterbringg im Krankenhaus, woraus sich dann auch Haftg des anderen Eheg für die Kosten ergeben kann, LG Bln NJW **61**, 973) Möglichk des Alleinhandelns nicht dazu benutzen, Ansichten durchzusetzen, von denen er wußte od annehmen mußte oder konnte, daß sie mit den Absichten des anderen nicht in Einklang stehen; denn jede Ausübg der elterl Sorge soll im gegenseitigen Einvernehmen erfolgen. Bei wichtigen Angelegenheiten wie Schulbesuch, Ausbildgsgang, Unterbringg am dritten Ort, religiöse Erziehg (RKEG 1, abgedr § 1631 Anh), ebso die Art der Erziehg im allg u dgl, ist die Ansicht der Elt aufeinand abzustimmen. Ist die Ansicht des and vor einer solchen Entsch nicht bekannt, so muß sie vorher eingeholt werden; jedes eigenmächtige Handeln widerspricht dem Grds des § 1627. Haben sich die Elt geeinigt, so kann der eine Teil auch für den und die Erkl abgeben (BayObLG FamRZ **61**, 176); einer Einigg bedarf es aber natürl dann nicht, wenn die Elt nicht als Vertreter handeln, sond für sich selbst (BayObLG

2 FamRZ **61**, 178 StrafAntr wg Kindesentführg). **b)** Ergibt sich eine **Meinungsverschiedenheit,** so müssen die Eltern versuchen, sich zu einigen. Die EiniggsPfl hat Vorrang vor Maßn n § 1666, so daß nicht ein EltT allein das Kind in eine and Schule ummelden kann (LG Bln FamRZ **82**, 839). Der Versuch zur Einigg muß dahin gehen, auch der Ansicht des and Rechng zu tragen, wobei **Richtschnur für die Entschließung das Wohl des Kindes** sein muß; an ihm ist zu prüfen, welcher Ansicht iR der gegebenen Möglichkeiten der Vorzug zu geben oder wie die Ansichten abzuändern sind. Zum Einiggsversuch sind beide Elt schon desh verpfl, weil sie in eigener Verantwortg handeln; staatl Hilfe steht nur in außergewöhnl Fällen zur Vfg, Rn 3.

3   **2) Falls Einigung nicht möglich,** ist das **Vormundschaftsgericht anzurufen** (s § 1628).

1628 *Übertragung des Entscheidungsrechts auf einen Elternteil.* [1]Können sich die Eltern in einer einzelnen Angelegenheit oder in einer bestimmten Art von Angelegenheiten der elterlichen Sorge, deren Regelung für das Kind von erheblicher Bedeutung ist, nicht einigen, so kann das Vormundschaftsgericht auf Antrag eines Elternteils die Entscheidung einem Elternteil übertragen, sofern dies dem Wohle des Kindes entspricht. Die Übertragung kann mit Beschränkungen oder mit Auflagen verbunden werden.

^{II}**Vor der Entscheidung soll das Vormundschaftsgericht darauf hinwirken, daß sich die Eltern auf eine dem Wohl des Kindes entsprechende Regelung einigen.**

1) Elternkonflikt. Nachdem der Stichentscheid des Va für verfassgswidr erkl w war (BVerfG NJW 59, **1** 1483), regelt die Vorschr den Konflikt zw Elt iSd FamAutonomie. Die Elt können die ihnen obliegde Verantwortg für das Ki nicht auf das VormschG abschieben; dieses hat keine Befug zu einer eig SachEntsch (BT-Drucks 7/2060 S 20), sond es kann nur die EntschKompetenz einem der Elt übertr. SondRegelgen enth RKEG 2 II; EheG 3 III. Zum SchwangerschAbbruch: § 1626 Rn 14.

2) Voraussetzungen, I 1: a) Nichteinigg der Elt in einem ernsth Konflikt, bei dem die Möglkten zu **2** ggseit Nachgeben zunächst erschöpft sind. **b)** Der Konflikt muß sich auf die elt Sorge (§ 1626 Rn 12), u zwar **3** auf einz Angelegenh (Anmeldg in einer best Schule, Durchf einer Impfg usw) od auf eine best Art von Angelegenh (Klavierunterricht, Fernsehen usw) beziehen, die **c)** für das Ki von erhebl Bedeutg sein müssen. **4** Diese Einschrkg soll verhind, daß die Elt auch wg Nebensächlken die Verantwortg auf das VormschG abzuwälzen versuchen. Bei der Beurteilg der Wichtigk ist stets die Wirkg der Uneinigk auf das Ki zu berücks. Wichtig sind: RelBekenntn (RKEG 2 I); Ausbildg (§ 1631a); Aufenth (LG Stgt NJW 61, 278); Umgang (§ 1634). Bei unwicht Bedeutg: Rn 9. Eine unwicht Angelegenh erlangt nicht dadch erhebl Bedeutg, daß sich die Elt nicht einigen können. **d)** Verf- nicht SachAntr eines od beid EltT. Ist das Wohl des Ki **5** gefährdet: § 1666 Rn 23. Kein AntrR des Ki.

3) Verfahren: a) Das VormschG soll, bevor es entsch, auf eine dem Wohl des Ki entspr Einigg der Elt **6** hinwirken, **II.** Dem FamFrieden ist es idR dienlicher, wenn MeingsVerschiedenh zw den Elt ohne förml **7** Entsch geregelt w. **b)** Kommt eine gütl Einigg nicht zust, übertr das VormschG einem der beid Elt (oRücks auf die AntrStellg; vgl Rn 5) die EntschBefug. Dieser EltT übt insow das SorgeR u die Vertretg allein aus (§ 1629 I 3). **c)** Um sicherzustellen, daß der EltT auch iSd von ihm vorgeschlagenen Lösg entsch, kann das **8** VormschG die EntschÜbertragg mit **Beschränkungen und Auflagen** verbinden, **I 2.** Diese müssen unabhäng GestaltgsMittel bleiben, die ihre Grdl in dem EltVorschlag finden (BT-Drucks 7/2060 S 20); eig Vorstellgen über eine sinnv Regelg kann das Ger nur über eine entspr RegelgsEinigg der Elt (Rn 6) bzw unter den Vorauss des § 1666 in einem gesond Verf verwirkl. Aufl sind angebracht, wenn der EltVorschlag der Kontrolle bed. Sie können in der Verpfl des EltT, über best Vorgängen (Schulanmeldg, Durchf einer best med Maßn usw) Anzeige zu machen uä, bestehen. **d) Negativentscheidung.** Ist die Angelegenh unwicht, **9** lehnt das Ger eine Entsch ab (Kln FamRZ **67**, 293), auch wenn die Elt tats zu keiner Einigg gelangen (vgl zu einer solchen Situation LG Fulda FamRZ **60**, 281). **e) Gefährden** die Vorschläge od die NichtEinigg der Elt **10** das **Kindeswohl**, ist nach §§ 1666, 1666a zu verfahren.

4) Verfahrensrecht: Einf 7 ff v § 1626. Es entsch der Ri (RpflG 14 Nr 5). Kosten: KostO 94 I Nr 5, III. **11** Einf Beschw (KKW 53 Rn 7; aA Ffm FamRZ **91**, 1336: entspr FGG 53, 60 I Nr 6 sof Beschw).

1629 *Vertretung des Kindes.* ^I**Die elterliche Sorge umfaßt die Vertretung des Kindes. Die Eltern vertreten das Kind gemeinschaftlich; ist eine Willenserklärung gegenüber dem Kind abzugeben, so genügt die Abgabe gegenüber einem Elternteil. Ein Elternteil vertritt das Kind allein, soweit er die elterliche Sorge allein ausübt oder ihm die Entscheidung nach § 1628 Abs. 1 übertragen ist.**

^{II}**Der Vater und die Mutter können das Kind insoweit nicht vertreten, als nach § 1795 ein Vormund von der Vertretung des Kindes ausgeschlossen ist. Leben die Eltern getrennt oder ist eine Ehesache zwischen ihnen anhängig, so kann, wenn eine Regelung der Sorge für die Person des Kindes nicht getroffen ist, der Elternteil, in dessen Obhut sich das Kind befindet, Unterhaltsansprüche des Kindes gegen den anderen Elternteil geltend machen. Das Vormundschaftsgericht kann dem Vater und der Mutter nach § 1796 die Vertretung entziehen.**

^{III}**Solange die Eltern getrennt leben oder eine Ehesache zwischen ihnen anhängig ist, kann ein Elternteil Unterhaltsansprüche des Kindes gegen den anderen Elternteil nur im eigenen Namen geltend machen. Eine von einem Elternteil erwirkte gerichtliche Entscheidung und ein zwischen den Eltern geschlossener gerichtlicher Vergleich wirken auch für und gegen das Kind.**

1) Zur Geschichte der Best 45. Aufl; das **UÄndG** erweitert die EinziehgsBefug v KiUnterh dch einen **1** EltT mit entspr ProzStandsch über die Scheidg auf sämtl Ehesachen u das bl Getrenntleben der Eheg. Die **Vertretung ist ein Teil des Sorgerechts** (§ 1626 Rn 2). Die elt Sorge bezieht sich zunächst auf das Innenverhältn der Elt zu ihrem Kind (§ 1626); dessen Rechtsbeziehgen zu Dritten (Außenverhältn) werden im rechtsgeschäftl Bereich dch Hdlgen der Elt bestimmt, wenn diese iS der §§ 164 ff im Namen des Kindes handeln; die erforderl Vertretgsmacht der Elt beruht auf § 1629 I. Die Vertretg **steht beiden Eltern ge- 2 meinsam zu,** wie dies auch f die Zeit nach Außerkrafttr des Gleichberechtigg widersprechden Rechts angen wurde (Beitzke JR **59**, 404; BGH **30**, 309; Hamm NJW **59**, 2215). Der gemeinschaftl Ausübg der elterl Sorge entspricht die gemeins Vertretgsbefug beider Elt (BT-Drucks 7/2060 S 21). Die Vertretg erstreckt sich so weit, als das SorgeR der Elt reicht, also nicht, soweit beiden Elt die Sorge entzogen ist, aber auch nicht, soweit sie sonst das Kind nicht vertreten können (§§ 1671, 1672, 1678, 1681), hat er auch die Alleinvertretg (§ 1671 IV 1) od ihm die Sorge für eine bestimmte Angelegenh übertr ist (§ 1628 Rn 8, 9), überh, wenn der and EltT an der Vertretg verhindert ist, so im EhelichkAnfProz die Mutter nach Scheidg, soweit VormschG bzw FamG nicht and Regelg trifft und Pfleger bestellt (BGH MDR **58**, 316). Mögl die **3 Ermächtigung zur Alleinvertretung** dch den and EltT (vgl auch Rn 8), sei es für das einz Gesch, sei es für einen Kreis von Geschäften. Insb bei Geschäften minderer Bedeutg, aber auch sonst, kann diese stillschw erfolgen, so vor allem dann, wenn die Elt die Vertretg nach Lebenskreisen aufgeteilt haben (vgl §§ 164 ff). Anzeichen für **stillschweigende** Ermächtigg zur Einzelvertretg bei allg Funktionsaufteilg zw den Elt; für **ärztliche Behandlung** zB, wenn Ki dch Vater ins Krankenh gebracht w, die Mutter das duldet od dch widerspruchslose Besuche gutheißt (LG Bln JR **61**, 263; vgl iü § 1610 Rn 30). Dagg Zust beider Elt erfdl bei nicht eilbedürft, schwieriger Operation des Ki (BGH **105**, 45). Nimmt nur ein EltT das RGesch vor, ohne dch den und ausdrückl od stillschw zu seiner Vertretg bevollmächtigt zu sein, so §§ 177ff. Regelmäß wird das für den EltT in schwerwiegden Sachen bei Widerstreben des und der Anlaß zur Anrufg des VormschG

4 sein (§ 1628). Die Vertretgmacht ist **grundsätzlich unbeschränkt,** soweit sie nicht dch HdlgsBefugn des Kindes bei höchstpersönl Geschäften eingeschrkt ist (§§ 1411 I 3, 1728 I, 1729 I, 1740c, 1746 I, 1757 II, 2064, 2229, 2274, 2275 I, 2282 II, 2284, 2290 I, 2296 I, 2347 II 1, 2351) od die SorgeRInh an die Gen des VormschG gebunden sind (§§ 112, 1484 II 2, 1491 III, 1492 III, 1517 II, 1639 II, 1643–1645, 1667, 1683, 2290 III, 2291 I 2, 2347 I, II 2; RuStAG 19). Grdlegd zum **Überschuldungsschutz** der Ki: M. Wolf AcP **187**, 319 mN; vgl iü Rn 5. Einschrkg insbes hins der Verpfl des Kindes über den Wert eines ererbten Handels-Gesch hinaus (BVerfG **86**, 1859; § 1822 Rn 13); bis zur gesetzl NeuRegelg Aussetzg des Verf (BGH NJW-RR **87**, 450). Verzicht auf StrafAntr dch einen EltT allein ist schwebd unwirks (LG Heilbr Just **80**, 480). Keine Vertretg bei der Erwirkg rechtswidriger SozLeistgen für die Ki (OVG Bln NJW **85**, 822 fälschl: § 1626). Eine **Vertretungsmacht Dritter** besteht neben derj der Elt zB in den Fällen §§ 1630 III,

5 1909, KJHG 38 (Einf 58 v § 1626). **Reform:** Neuerdings wird die gesamte ges Vertretg als überholt u verfassgswidr bezeichn (Ramm NJW **89**, 1708); da sie jedenf in Teilbereichen dch staatl Fürsorge ersetzt w müßte, widerspricht der Vorschl, die ges Vertr abzuschaffen, seines GG 6 (vgl K Schmidt NJW **89**, 1712). Zur Einschrkg der elt VertrM bei ererbten PersonalUntern: Rn 4 sowie § 1822 Rn 13; Entw eines G über die Beschränkg der rgesch Haftg Mj: BR-Drucks 623/92; vgl dazu auch Peschel-Gutzeit FamRZ **93**, 1009.

6 **2) Gesamtvertretung, I.** Der Vater u die Mutter zusammen sind in dem in Rn 4 genannten Umfang **gesetzliche Vertreter des Kindes,** I 1, also berecht, mit Wirkg für u gg das Kind zu handeln (§ 164), Rechtsstreitigken zu führen u Erklärgen abzugeben (§§ 107ff). Gemeinschaftl Vertretg auch für ProzHdlgen (BGH NJW **87**, 1947 Geständn). Ob die Vertretgsberechtigten im eig Namen od in dem des Kindes handeln, sich od dieses verpflichten wollen, steht bei ihnen; doch erstens anzunehmen bei Arztbeauftragg, wenn das auch eigenen BehandlgsAnspr des Kindes nicht ausschließt (RG **152**, 175; vgl auch § 1357 Rn 15); letzteres bei gerichtl Geltdmachg geboten (RG **146**, 232); denn die Elt können abgesehen von III im eig Namen weder Rechte des Kindes geltd machen, noch über sie verfügen. Eltern können **Vollmacht erteilen,** auch Generalvollm (Dresden SeuffA **66**, 306), wobei VormschGenErfordern u die jederzeit Widerrufbark erhalten bleiben. Keine Generalbevollm des and EltT (RGRK/Wenz 15). Sie können sich ferner im gesetzl Rahmen, §§ 112, 113, ihrer Vertretereigensch begeben (RG **135**, 372). Das Kind haftet nach §§ 278, 254 für vertragl Versch des Vertreters, (RG **149**, 8), nicht aber für dessen unerl Hdlgen; § 831 nicht

7 anwendb. Zur **Haftung der Eltern** § 1626 Rn 5. Nach Trenng (§ 1672) u Scheidg der Elt (§ 1671) grdsl **Alleinvertretung** dch einen EltT (zum gemeins SorgeR: § 1671 Rn 6). Zu weiteren Ausn: Rn 8, 9. Wg des notw EntschVerbundes (Einf 6 v § 1654) kann es nur noch ausnahmsw zu einer Scheidg der elt Ehe ohne SorgeRRegelg kommen; dann bleibt es bei der Gesamtvertretg dch beide Elt.

8 **3) Einzelvertretung.** Von dem Grdsatz, daß die Vertretgmacht beiden Eltern zusteht, bestehen Ausn, soweit die Vertretgmacht mit dem SorgeR im Einzelfall dem anderen EltT allein übertragen w, ihm entzogen ist od nicht ausgeübt w darf, I 3, also insb iFv 1628 I, 1629 II, 1630, 1638, 1666, 1666a, 1670, 1671, 1672, 1675. Ein EltT kann den and aber auch bevollmächtigten, sow er das VertretgsR hat; auch Duldgs- und AnscheinsVollm (§ 173 Anm 4) denkb; jedoch will LAG Düss FamRZ **67**, 47 bloßes Schweigen der Mutter nicht als solche gelten lassen. Tatsächl wird es darauf ankommen, ob ein Eheg bestimmte Verricht-

9 gen stets allein vornimmt u der and das weiß (Funktionsteilg). Der Grds der Gesamtvertretg wird ferner dchbrochen bei der **Abgabe einer Willenserklärung gegenüber dem Kinde,** u zwar in der Weise, daß es genügt, wenn die Erkl einem EltT ggü abgegeben w, **I 2 zweiter Halbsatz.** Dies entspricht einem Bedürfn des RVerk u ZPO 171 III (BT-Drucks 7/2060 S 21). Ein AlleinvertretgsR eines EltT besteht schließl auch insow, als ein EltT die elterl Sorge allein ausübt (§ 1626 Rn 10) od ihm die **Entscheidungsbefugnis** nach § 1628 I **übertragen** ist; I 3 schafft in diesen Fällen die notw Ergänzg im Außenbereich (BT-Drucks 7/2060 S 21). Auch soweit es um **Kenntnis** u Kennenmüssen geht (zB 122, 142, 166, 254, 439 usw), reicht das Wissen eines EltT aus. Das gilt insb für die Verj nach § 852 I (Ffm FamRZ **92**, 181).

10 **4) Ausschluß der Vertretungsmacht a) kraft Gesetzes, II 1,** (aber nicht der Verw als solcher; vgl aber auch § 1796) findet statt in gewissen Fällen, um eine mögl Gefährdg der Kindesinteressen zu verhüten (vgl § 1795). Bei tatsächl Gefährdg greift II 3 ein. Der gesetzl Vertreter kann grdsätzl ebsowenig wie ein anderer Vertreter mit sich selbst im eig Namen ein RGesch abschließen (§§ 1795 II, 181), mag die Erkl (wie die Anfechtg aus § 2079) auch einer Behörde, zB NachlGer (RG **143**, 352) od dem Grdbuchamt (KG JFG **1**, 377; **2**, 288) ggü abzugeben sein. Es kann auch der SorgeBerecht die Abtretg einer KindesHyp nicht sich selbst ggü genehmigen (RG BayZ **22**, 44), nicht deren Rangrücktritt bezügl seines Grdst bewilligen (KG Recht **30** Nr. 55; § 1795 I Nr 2; vgl aber auch RG **157**, 32), nicht selbst Erbauseinandsetzg vornehmen (BGH **21**, 229), wobei gleichgült, ob Auseinandsetzg aus mehreren RGesch besteht, die nicht alle unter II fallen, wenn alle zus eine Einh bilden sollen (BGH FamRZ **68**, 246). Für den Ausschl beider Elt von der Vertretgsmacht reicht es, wenn nur ein EltT VertrPartner des Kindes ist (BayObLG FamRZ **76**, 168 L). EltT kann auch nicht als gesetzl Vertreter RGeschäfte mit dem and EltT od Verwandten tätigen (KG JFG **12**, 120, § 1795 I Nr 1), so daß bei Gründg einer FamGesellsch jedes Kind einen Pfleger erhalten muß (BayObLG FamRZ **59**, 126; zur fehlerh Gesellsch: § 705 Rn 11), auch für Grdg einer stillen Gesellsch (BFH Betr **74**, 365), Errichtg einer KG oder GmbH unter Schenkg eines KG-Anteils bzw sof Volleinzahlg des Stammkapitals (aA Gernhuber § 51 III 8), Umwandlg einer KG in GmbH (Stgt Just **79**, 19). Zu den Grenzen des MjSchutzes im Handels- u GesellschR: K Schmidt JuS **90**, 517. Wg weiterer Fälle s § 1795 Rn 3. Der § 181 greift jedoch **nicht** ein bei AuseinandsetzgsVergl der Kinder aus der 2. Ehe des Vaters, vertreten dch ihre Mutter, mit dem Kind 1. Ehe, da diese nur verschwägert (Hamm FamRZ **65**, 86), nicht wenn der Elternteil die Sparkassenguthaben der Kinder zur Tilgg eigener Schulden verwendet (dann aber uU Einschreiten nach § 1666, RG **75**, 359), bei HypBewilligg auf KindesGrdst mit Vorrang vor Hyp eines Elternteils, da die Nachteile des Rangrücktritts unmittelb den Vertreter selbst treffen (KG JFG **12**, 289), bei ZustErkl seitens des als Vorer-

ben eingesetzten gesetzl Vertreters ggü dem durch die Vfg Begünstigten, also einem Dritten (Hamm NJW 65, 1490; str), bei Schenkg eines unbelasteten Grdst an das Kind (BGH 15, 168; KG JFG 13, 300 unter teilw Aufgabe von KGJ 45, 238, § 107), auch nicht bei belasteten Geschenk, etwa Grdst mit Hyp, beweg1 Sachen mit Nießbr (Mü JFG 18, 115), bei Schenkg unter Auflage ist Pfleger zu bestellen (Mü JFG 23, 234). Famrechtl SondVorschr wie § 1643 II bei der ErbschAusschlagg haben Vorrang (Coing NJW 85, 6). Wenn das RGesch dem Kind ausschl rechtl Vorteile verschafft, ist weder § 181 (BGH 59, 236; sa § 181 Anm 2c bb), wobei es für Anfechtbark dem AnfG 3 I Nr 1 auf die AbschlModalitäten des RGesch ankommt; BGH 94, 232) noch § 1795 I Nr 1 (BGH FamRZ 75, 480 mAv Schmidt) anwendb. Solange die Reduktion der Vertretgsbeschrkg auf eindeut Fälle bloßer Kindesbegünstigg erstreckt w, entfällt der für die Normanwendg entscheidde Schutzzweck. Dies gilt nicht, wenn die GrdPfdRe den Wert des geschenkten Grdst übersteigen (aA BayOblG Rpfleger 79, 197). Das gilt auch für die schenkw Einräumg der RückzahlgsFdg eines nicht gegebenen Darlehens (Hamm FamRZ 78, 439). Erst recht keine Anwendg der §§ 1795 Nr 1, 1629, wenn gar kein RGesch vorliegt wie bei der Zustimmg der Mutter zur Einbenenng gem § 1618 (AG Hbg DAVorm 75, 63) od Entsch darüber, ob Kinder vom überl Eheg Auszahlg des Pflichtt verlangen sollen. In diesen Fällen aber uU § 1666 (BayOblG 63, 132). Dagg automat VertretgsAusschl entspr § 1795 I Nr 3 hins StrafAntr u ZeugnVerwR bei Verdacht auf Straftat des EltT gg das Kind (Stgt NJW 71, 2238). Hins des and EltT vgl Rn 14. **b)** Evident pflichtwidr RGesch v Elt können wg **Mißbrauch der Vertretungsmacht** (§ 164 Rn 13) **11** nichtig sein (BGH JZ 64, 420; Soerg/Strätz 4). Vgl ferner zum verfassgsrechtl Verbot exorbitanter VermBelastg: BVerfG NJW 86, 1859; § 1822 Rn 13. Iü ist die Unterschlagg von Zahlgen dch die allein vertrberecht Mu das Risiko des Ki (Kblz FamRZ 92, 464). **c)** Iü werden RGesch, die vom GesGeber als abstrakt gefähr1 **12** angesehen w, dem Erfordern vormsch Gen unterworfen (§§ 1643, 1821f). Ferner sind **Rechtshandlungen** eines Gewalthabers **außerhalb** seiner **Vertretungsmacht** nur schwebd unwirks mit der Mögk heilder Gen (§§ 177, 185) dch den Pfleger (KG JFG 12, 121) od das inzw vollj gewordene Kind (RG Warn 37, 22). Im Rahmen der öff Hilfe zur Erziehg (Einf 31 v § 1626) besteht eine ges **Personensorgeausübungs- und Vertretungsbefugnis,** sofern der PersSorgBerecht nichts and erkl (SGB VIII 38 I). Widerspricht der PersSBer, ggf Entziehg die PersSR gem § 1666 (vgl Einf 57, 58 v § 1626). Im **Ehelichkeitsanfechtungsprozeß** sind Ehem u folgl auch die Mutter von der Vertretg des K ausgeschl (BGH FamRZ 72, 498). Desh Pflegerbestellg erfdl (differenzierend GA DAV 84, 277). Bei Scheidg ohne SorgeRRegelg läuft AnfFrist sol nicht (Brschw FamRZ 68, 40). Einzelheiten § 1795 Rn 12. Das zur Klärg der Vertretgsmacht eingelegte Rechtsm ist aber zul (Zweibr FamRZ 80, 911). Im **Namensänderungsverfahren** vertritt iFv § 1671 die sorgeberecht Mutter das Ki auch dann, wenn es den FamNamen des Stiefvaters erhalten soll (OVG Bln FamRZ 81, 87 mAv Neuhaus FamRZ 81, 310). Keine Vertretg für Blutspende (Kern FamRZ 81, 738). Hins **ererbter Handelsgeschäfte:** Rn 4. Im **Verfassungsbeschwerdeverfahren** bei Verhinderg der sorgeberecht Elt Bestellg eines Ergänzgspflegers (BVerfG NJW 86, 3129).

5) Wirkung des gesetzlichen Ausschlusses auf den anderen Elternteil, II 1. **13**

a) Grundsatz: Ist ein EltTeil von der Vertretgsmacht gem II 1 ausgeschl, so ist es auch der and (Bay- **14** OblG FamRZ 60, 33), gleichgült, ob § 1795 auf ihn zutr od nicht (arg „der Vater u die Mutter"). § 1678 nicht anwendb, da rechtl u nicht tats Verhinderg. Soll ein derart RGesch vorgen werden, so haben die Elt dem VormschG unverzügl Anzeige z machen (§ 1909 II), das einen Pfleger bestellt (§§ 1693, 1909 I). So kann im EhelichkAnfProz nach der Scheidg die Mutter das Kind nur vertreten, wenn ihr die elt Sorge übertr ist (BGH NJW 72, 1708). Pflegerbestellg gem II 3 bleibt mög1 (vgl KG FamRZ 74, 380; Celle FamRZ 76, 97). Der automat Ausschl des VertretgsR gilt in Verf wg Straftaten des and EltT ggü dem Kinde auch hins **Strafantrag** (umstr; vgl BGH NJW 72, 1708; StGB 77 III 1 regelt ledigl das grdsätzl AntrR) u **Zeugnisverweigerung** (StPO 52 II 2), so daß insow Pflegerbestellg erfdl (analog §§ 1629 II 3, 1796, 1909 I 1). Vgl iü Rn 21.

b) Ausnahmen: Trotz § 1795 I Z 1 u 3 kann ein getrennt od in Scheidg lebder Eheg bzw bei Anhängigk **15** einer sonst Ehesache (ZPO 606) den **Unterhaltsanspruch des Kindes gegen den anderen Elternteil allein geltend machen.** Nach Eintr der Volljährigk macht das Kind ein Erhöhgsbegehren iW der AbändergsKl geltd (BGH NJW 84, 1613). Folgde Situationen sind zu unterscheiden:

aa) Das FamG kann über die gesetzl UnterhPfl ggü einem ehel Kind iR der Ehesache (ZPO 606), insb also **16** des ScheidgsVerf, auf Antr eine einstw AnO treffen (ZPO 620 Nr 4). Über den UnterhAnspr des ehel Kindes wird ferner als Folgesache zusammen mit dem ScheidgsUrt entschieden (ZPO 623 I 1, 621 I Z 4, 629 I). Die vorher erlassene anderslautde einstw AnO tritt dann außer Kraft (ZPO 620f). Im Rahmen der Trenng, der Anhängigk der Ehe- insb der ScheidgsSache gilt die ProzStandsch des III 1.

bb) Die Eheg leben getrennt (§ 1567); das FamG hat gem § 1672 die elt Sorge einem EltT zugewiesen. **17** Dieser kann den UnterhAnspr nach dem UÄndG nunmehr nur noch im eig Namen gg den and EltT geltd machen, III 1. Von einem gleichw im Namen des Ki geschloss außergerichtl Vergl ist dem Ki eine vollstreckb Ausfertigg zu erteilen (vgl Hbg FamRZ 81, 490). Ebso bei echtem Vertr zG Dr.

cc) Die Elt leben getr (§ 1567) od es ist eine **Ehesache** (ZPO 606) zw ihnen **anhängig,** insb ScheidgsAntr **18** gestellt (§ 1564 S 1), ohne daß bisl eine Regelg nach § 1672 od ZPO 620 S 1 Nr 1 getroffen wurde; auch jetzt kann ein Eheg gg den and den UnterhAnspr des Kindes geltd machen, II 2, wofür ihm auf seinen Antr das JugA als Beistand zu bestellen ist (LG Bln FamRZ 91, 103). Unterschied zu Rn 16: Die einstw AnO ist nur für das ScheidgsVerf vorgesehen, gilt also nicht iF des GetrLebens der Eheg; ferner geht es hier uU um eine (vorbehaltl ZPO 323) endgült Regelg. Der EltT klagt gem III 1 nur im eig Namen (Rn 22). II 2 findet entspr Anwendg, wenn die Ehe der KiEltern geschieden, eine Regelg des SorgeR jedoch noch nicht erfolgt ist (KG DAVorm 80, 210; Stgt FamRZ 78, 941). Klagebefugt ist nur derj EltT, in dessen **Obhut** sich das Kind befindet. Zu diesem Begr JWG 51 II aF. Es kommt auf die tats Verhältn an. Das Kind kann sich in der Obhut eines EltT auch dann befinden, wenn beide Eheg noch in einer Wohng leben od ihnen nach der Scheidg das SorgeR gemeins zusteht (Stgt FGPrax 95, 113: BeistdBest analog § 1685). Es kommt dann darauf an, wer von beiden sich vor dem und des Wohls der Kinder annimmt, zB in der Weise, daß er sich tatsächl um den Unterh kümmert (Düss FamRZ 88, 1092; BT-Drucks 7/650 S 175). Bemühen sich beide Elt iF v § 1567 I 2 um die Obhut, dann keine Anwend v II 2 (AG Gr-Gerau FamRZ **91**, 1466). Ausr dagg, wenn ein EltT das Ki auf eig Kosten woanders, insb bei Verwandten untergebracht hat. Das Schließen v Betr- u Versorggslücken dch den and EltT (Ffm FamRZ **92**, 575) od die Inspruchn öff Hilfe schließt Obhut nicht aus (Bambg FamRZ **85**, 632). Ist eine Regelg ü die PersSorge getroffen w (Rn 17), geht diese vor; die trotzdem ausgeübte Obhut ist idR rechtswidr. Höhe: Mind RegelUnterh (§ 1610 III 1 u 2).

19   **dd)** Für die Zeit nach der Scheidg gilt Regelg der §§ 1671, ZPO 621 I Nr 4, 623, 629. Erweist sich bei **gemeinsamem Sorgerecht** nach Scheidg (§ 1671 Rn 6) die Geltdmachg v Unterh dch einen gg den and EltT (in dessen Obhut sich die Ki befinden, analog II 2 (beschrkt auf UnterhFdgen!) allein vertretgsberecht (Düss FamRZ **94**, 767; Ffm FamRZ **95**, 754; AG Charl FamRZ **94**, 117; Maurer FamRZ **93**, 263; aA Stgt FamRZ **86**, 595: § 1629 I 3 direkt; and Ffm FamRZ **93**, 228: ErgPfleger).

20   **ee)** Ist die Sorge demj Eheg übertr (§ 1672), der das Kind nicht genügd unterhält, so muß der and Eheg sich zunächst die PersSorge übertr lassen, also eine Änd der bish SorgeRVerteilg herbeiführen (§ 1696). Hat aber das Kind UnterhAnspr auch gg diesen and EltT im Hinbl auf dessen eig Verm, dann § 1796 II (Köln OLG **66**, 580). Pfleger auch erforderl, wenn Kind gg beide Elt klagt (§ 1606 Rn 10–16). Davon zu unterscheiden: Über § 1360 kann zB die Mutter zusammen mit dem FamUnterh auch den des Kindes geltd machen; iRv § 1361 nur den eig. Zur analogen Anwend v II 2: Rn 18.

21   **6) Entziehung der Vertretungsmacht durch Vormundschaftsgericht, II 3,** gem § 1796 (vgl die Anm dort) in Einzelangelegenh od für bestimmten GeschKreis, dagg nicht im ganzen, weil dies nur nach §§ 1666 I, II, 1670, 1763 II mögl. Ggü dem automat VertretgsAusschl gem II 1 (vgl Rn 13) ist Voraussetzg für die Pflegerbestellg gem II 3 ein **erheblicher Interessengegensatz** zw den Elt bzw einem EltT u dem Kind. Es muß eine derart Verschiedenh der beiderseit Belange gegeben s, daß die Förderg des einen Interesses nur auf Kosten des and geschehen kann. Der InterGgsatz muß auch im EhelkAnfVerf konkr festgestellt w, die bl Möglk reicht nicht aus (Stgt FamRZ **83**, 831). **Beispiele:** GgüStehen als Gläub u Schu, außer bei Selbstausbildg (§ 1631 Rn 3); Erhaltg v UnterhAnspr ggü dem geschiedenen Ehem (Hamm DAV **85**, 1026); Ablehng der EhelkAnf (BayObLG FamRZ **94**, 1196); Entziehg des VertretgsR bei beiden Elt iF des geschlechtl Mißbr der Tochter dch den Vater, wenn die Mutter uU die AnwBevollm widerrufen würde (Ffm FamRZ **80**, 927); uU KindesStrafAntr gg den and EltT u ZeugnVerwR in einem solchen Verf (Rn 10 aE u 14, ferner § 1626 Rn 15), ijF wenn Elt im eig Ehestreit der Aussagebereitsch des Kindes, dem zur Beurteilg der Bedeutg des ZeugnVerwR die erforderl Verstandesschärfe fehlt, zustimmen sollen (BayObLG NJW **67**, 207); gemeins betriebene Teilgversteigerg (ZVG 180); **dagegen nicht,** wenn Vater der zu Erben eingesetzten Kinder TestVollstr ist (Mannh MDR **77**, 579); uU zeuggunfäh Vater, dem iRv § 1671 das elterl SorgeR zugeteilt wurde, Erhebg der EhelkAnfKl des Kindes aus § 1596 nicht betreibt (LG Hof DAVorm **78**, 296); iRv **Prozessen** nicht schon bei prozessualer Unvereinbark von iü materiell nicht widerstreitnden Interessen (Dresd JW **31**, 1380), wohl aber wenn sich Elt u Kind in der gleichen ProzRolle befinden u sie unterschiedl Interessen an einer best SachverhFeststellg bzw Kostenverteilg haben (desh falsch KGJ **42**, 20 iF der Grafen Kwilecki) od wenn der Klagvortrag mit der Vertretg des Kindes unvereinb (vgl KGJ **42**, 15). Entziehg bei einem EltG zieht nicht unbedingt eine solche bei dem and nach sich, wenn auch oft empfehlensw. IjF geht Wahrg des FamFriedens materiellen Interessen vor (KG JFG **13**, 183), auch bei Geltdmachg des Pflichtteils (KG JW **36**, 2748; BayObLG FamRZ **63**, 578; Hamm FamRZ **69**, 660). Zur Vertretg des Kindes dch die Mutter iR der EhelkAnf dch den Vater Rn 12. **Zuständigkeit** FGG 35, 36, 43; Beschw FGG 19, 59; entsch RPfleger, RPflG 3 Z 2 a. Kein BeschwR der Elt od der nicht gesetzl berufenen Verwandten aus FGG 20 gg Auswahl od Ablehng der Entlassg des Pflegers (KG JFG **16**, 314; **19**, 94), aus FGG 57 Nr 9 nur, wenn auch die PersSorge betroffen (s auch FGG 57 II!); gg PflegschAnordng als solche dagg BeschwR gegeben (BayObLG **67**, Nr 31). Anhörg Einf 9 vor § 1626. Gebühren KostO 94 I Nr 4.

22   **7) Prozeßstandschaft, III 1.**

23   **a) Allgemeines. aa) Zweck:** Die Vorschr gibt einem EltT währd des Getrenntleb bzw der Anhängigk von Ehesachen, insb also währd des ScheidgsVerf, die Befugn, UnterhAnspr des im lebden Ki gg den and EltT im eig Namen geltd zu machen, eins um ihn nicht zu einer SorgeRRegelg nach § 1672 zu zwingen (Joh/Henr/Jaeger § 1672 Rn 4), anderers um Konfliktsituationen auszuschl, die sich für das Unterh fordernde Ki aus der Trenng seiner Elt bzw der Anhängigk von deren Ehesache ergeben können (BT-
24 Drucks 7/650 S 176; 10/4514 S 23). **bb) Verhältnis von II 2 zu III 1:** Daß ein EltT gg den and UnterhAnspr gemeinschaftl Ki geltd machen kann, setzt ijF voraus, daß die Elt getrennt leben bzw eine EheS zw ihnen anhängig ist. Hinzu kommen muß iFv II 2, daß sich das Ki in der Obhut des klagden EltT befindet; dann soll es letzterem nicht zum Nachteil gereichen, wenn er bislang keine vorl SorgeRRegelg (§ 1672 bzw ZPO 620 S 1 Z 1) angestrengt hat. Die ProzStandsch nach III 1 ist mögl iFv II 2, also ohne SorgeRRegelg, aber dann unter dem zusätzl Erfordern der KiObhut, od nach einer entspr SorgeRZuweisg,
25 wobei es in einem solchen Fall nicht auf die Obhut ankommt (vgl Rolland 17). – **cc)** ProzStandsch **zwingend;** kein WahlR des EltT dahin, das Ki iSv § 164 I 1 zu vertr (*arg*.: „nur").

26   **b) Voraussetzungen:**

27   **aa) Kindesobhut** gem II 2 (oben Rn 18) bzw eine vorl **Sorgerechtsregelung zugunsten des klagenden Elternteils** (vgl Rn 24). Geht das Obhutsverhältn auf den and EltT über, endet die ProzStdsch, auch für aufgelaufene UnterhRückstde (Hamm FamRZ **90**, 890).

28   **bb) Getrenntleben der Eltern** (§ 1567) **oder Anhängigkeit einer Ehesache** (ZPO 606, 622 I). III 1 gilt auch, soweit der UnterhAnspr des Ki währd des ScheidgsVerf, aber außerh des EntschVerbundes geltd
29 gemacht wird (BGH NJW **83**, 2084). Die ProzStandsch dauert über den Eintr der **Rechtskraft der Ehescheidung** hinaus bis zum Abschl des UnterhProz fort, wenn dem klagden EltT die elterl Sorge übertr ist (BGH FamRZ **90**, 283), insb also nach Abtrenng des UnterhVerf aus dem EntschVerbund (Düss FamRZ **87**, 1183) od bei Berufg nur gg die UnterhEntsch (Hbg FamRZ **84**, 706; Bergerfurth FamRZ **82**, 563f), so daß insow ein PartWechsel mit ges Vertretg des Ki dch den bish im eig Namen klagden EltT nicht notw w. Zul also nicht nur die Fortführg des in ProzStandsch begonnenen UnterhVerf, sond auch die Einlegg von

RMitteln u AnschlRMitteln (Hamm FamRZ **88**, 187; Philippi FamRZ **87**, 607; aA Mü FamRZ **87**, 169). Für die sonst GeltdMachg von KiUnterh nach rechtskr Abschl des ScheidgsVerf gilt dagg die ges Vertretg (§§ 1629 I 1, 1671); eine gleichwohl im eig Namen angestrengte Kl des EltT ist unzul (Düss FamRZ **81**, 697). Fehlt ausnahmsw eine SorgeRRegelg, dann III 1 analog (and Hbg DAV **89**, 95: ZPO 265 II entspr).

cc) Unterhaltsansprüche des Ki: §§ 1601ff. Bei Leistgen nach dem UVG (Einf 22 v § 1601) erlischt die 30 ProzStdsch (Hamm NJW-RR **91**, 776).

dd) III 1 gilt nur für **gemeinschaftliche Kinder** (aA AG Gr-Gerau FamRZ **88**, 1070). Die ProzStandsch 31 entfällt, wenn rechtskr festgestellt ist, daß das Ki nicht von dem „andern EltT" abstammt (Düss FamRZ **87**, 1162).

ee) Das Ki muß **minderjährig** sein. Mit Eintr der **Volljährigkeit** (Rogner NJW **94**, 3325) fällt die Akt- 32 u PassBefugn zur Regelg seines Unterh automat an das Ki (Ffm FamRZ **91**, 1210). Tritt die Volljk währd des UnterhVerf ein, wird die Kl des EltT im eig Namen unzul; er muß die Haupts für erledigt erkl (Mü FamRZ **83**, 925). Das volljg gewordene Ki kann aber auch seinerin das kann allerd aus dem Verbund zu lösde Verf eintreten (BGH FamRZ **85**, 471/73) u RMittel gg die iW der ProzStandsch dch den EltT erstrittene Entsch einlegen (BGH FamRZ **90**, 283). Nach Eintr der Volljk kommt auch allein das Ki als BerufgsFührer in Betr (Zweibr FamRZ **89**, 194). Auch können nicht mehr einstw AnOen in ProzStandsch beantragt w (ZPO 620 S 1 Z 4), selbst wenn das volljg Ki beim EltT lebt (AG Altona FamRZ **78**, 56). Zur Bedeutg der Volljk für die ZwVollstr Rn 35. Zum Übergg in den famrechtl AusglAnspr: § 1606 Rn 17.

ff) Geltendmachung. III 1 gilt seinem Wortlaut nach nur für den AktivProz, muß sinngem aber auch für 33 eine gg das Ki gerichtete negat FeststellgsKl gelten (Zweibr FamRZ **86**, 1237; KG FamRZ **88**, 313). Für die **Prozeßkostenhilfe** kommt es nur auf die Bedürftigk des Ki an (Bambg FamRZ **94**, 635; aA Kln FamRZ **93**, 1472; Th-P § 116 Rn 3), allerd unter Berücks evtl Anspr auf PKV (Ffm FamRZ **94**, 1041). Auch die Geltdmachg des Unterh dch **einstweilige Anordnung** erfolgt iW der ProzStandsch. Sie setzt jedoch zusätzl die Anhängigk einer EheS od einen diesbezügl PKH-Antr voraus (ZPO 620a II 1). Auch Vollstr daraus nur in VerfStandsch (AG Maulbr FamRZ **91**, 355 mA Brehm).

c) Wirkung gegenüber dem Kind. Treuhandartige Zweckbindg des Titels (BGH **113**, 90). **aa)** Die in 34 ProzStandsch erwirkten einstw AnOen u UnterhUrt wirken für u gg das Ki. Dasselbe gilt für einen zw den Elt geschl **Prozeßvergleich**, III 2. Im Ggs zur fr Regelg (vgl KG NJW **73**, 2032; Gerhardt JZ **69**, 691) braucht das Ki dem RStreit seiner Elt nicht mehr beizutreten, um aus dem zugl für das Ki geschl Vergl vollstr zu können. III 2 gilt nur für Scheidgs- u EheSVerf neuen Rechts (Hbg FamRZ **82**, 524). – **bb) Vollstreckung:** Urt gem III 1 können entspr ZPO 727 zZw der ZwVollstr auf das Ki umgeschrieben 35 w; doch ist die ZwVollstr dch den EltT auch im eig Namen zul (Hbg FamRZ **84**, 927; Nürnb DAV **87**, 803 u FamRZ **87**, 1172; aA Ffm FamRZ **83**, 1268: Erinnerg gem ZPO 766). Dagg dann aber ZPO 767 (Kln FamRZ **95**, 308). Eine automat Prüfg der Fortdauer der VertrBefugn findet nicht statt (Ffm FamRZ **94**, 453). Auch von einem ScheidsFolgenVgl über den Unterh des Ki ist ggf nur diesem eine vollstreckb Ausfertigg zu erteilen (Hbg FamRZ **81**, 490; **85**, 624; aA LG Düss Rpfleger **85**, 497). Aufrechng dch RA nur mit GgFdgen, die im Zushg mit der Dchsetzg des KiUnterh stehen (BGH **113**, 90). – **cc) Ab-** 36 **änderungsklagen** u ZwVollstrGgKl etwa nach Änderg der SorgeRRegelg (Kln FamRZ **85**, 626) sind unabhäng von der Umschreibg des Titels ijF im Namen des Ki zu erheben (Karlsr FamRZ **80**, 1059 u 1149) bzw gg das Ki zu richten (Ffm FamRZ **80**, 1059; Hamm FamRZ **90**, 1375), es sei denn, die Abänderg des Titels wird bereits vor Rkraft der Scheidg erfdl. Der Eintritt der Volljährigk ist nicht mit der Klausel- od VollstrErinnerg, sond nur mit der VollstrAbwehrKl geltd zu machen (Mü FamRZ **90**, 653).

1630 Einschränkung der elterlichen Sorge bei Pflegerbestellung; Familienpflege.
[1]Die elterliche Sorge erstreckt sich nicht auf Angelegenheiten des Kindes, für die ein Pfleger bestellt ist.

[II]Steht die Personensorge oder die Vermögenssorge einem Pfleger zu, so entscheidet das Vormundschaftsgericht, falls sich die Eltern und der Pfleger in einer Angelegenheit nicht einigen können, die sowohl die Person als auch das Vermögen des Kindes betrifft.

[III]Geben die Eltern das Kind für längere Zeit in Familienpflege, so kann auf ihren Antrag das Vormundschaftsgericht Angelegenheiten der elterlichen Sorge auf die Pflegeperson übertragen. Soweit das Vormundschaftsgericht eine Übertragung vornimmt, hat die Pflegeperson die Rechte und Pflichten eines Pflegers.

1) Die Vorschr regelt allg das Verhältn der Rechtsmacht v Elt u Pfleger, wenn die gem § 1626 I begründe- 1 ten EltZuständigken für Pers- u VermSorge dch Einsetzg eines Pflegers durchbrochen werden, dahin, daß EltRechte u -pflichten insow verdrängt w, I. Bei nebeneinand bestehenden Zuständigken v Elt u Pfleger entscheidet in Überschneidgsfällen das VormschG, II. Im Falle der FamPflege kann der PflegePers dch das VormschG die Stellg eines Pflegers eingeräumt w, III.

2) Stellung des Pflegers, I. Pflegerbestellg (§ 1909 I, III) mögl bei §§ 1629 II, 1638, 1666 bis 1670, 2 1671 V, 1672, 1693; der sog SorgeRpfleger beschränkt im Umfang seines Wirkgskreises das Fürs- u Vertretgs R u damit insow auch das BeschwR (KG JW **36**, 2935) der Elt, die dem VormschG Anzeige machen müssen, wenn eine Pflegsch erfdl wird (§ 1909 II). Für den Pfleger gilt VormschR (§§ 1915, 1916), also GenPfl nach §§ 1821 ff, nicht nach § 1643. Handeln die Elt trotzdem in Vertretg des Kindes, gelten §§ 177 ff (RG **93**, 337). Wg Beendigg der Pflegsch §§ 1918, 1919. War Pfleger nur wg § 181 bestellt so ist nur insow die Vertretgsmacht, nicht aber die VermSorge als solche ausgeschl (RG **144**, 246).

3) Überschneidungsfälle, II. In allen Fällen, in denen die PersSorge einers den Elt u die VermVerwaltg 3 anderers einem Pfleger zusteht, ebso umgek, hat bei einzelner Meingsverschiedenh das VormschG zu entsch, wenn der Streit die beiden Fürsorgegebiete (§ 1626 Rn 12) betrifft (Mü JFG **15**, 136), zB das Maß der zum Unterh zu verwendenden Mittel; dann ggf Anwendg der Grdsätze v § 1649 I 1 (BayObLG FamRZ **75**, 219); Verbringg des Ki in eine KurAnst usw (sa § 1798). II enthält allg Grds u gilt auch, wenn Pfleger nur eine bestimmte Vermögensmasse verwaltet, die für persönliche Angelegenh herangezogen w soll (§ 1638), sowie bei Str zw nach § 1673 II sorgeberechtigten, in der GeschFgk beschränktem EltT u vermögensverwaltendem Pfleger od Vormd (vgl KGJ **33 A 9**), anders bei einer Meingsverschiedenh, die nur die PersSorge betrifft (§ 1673 II). Keine (auch nicht entspr) Anwendg bei Str zw dem gar nicht sorgeberecht Stiefvater u Vormd, Vater u Ehem (§ 1633), zw nehel Mutter u Vormd, wenn der Str nicht das Verm, sond nur die Pers betrifft, zB die Abführg von UnterhGeldern (Mü aaO); vgl aber auch § 1673 II 3 Halbs 2; anders bei der Frage der Verwendg der bereits angelegten Beträge (BayObLG SeuffA **64**, 180) od bei Str über die Höhe der Aufwendgn für das Ki (KGJ **33 A 9**); vgl auch §§ 1686, 1687, 1707.

4   **4) Meinungsverschiedenheit** zw den Elt u dem Pfleg zB darüber, welche Beträge im einz für Verpflegg, Kleidg usw erforderl sind. Ist Pfleg mit der Entnahme der erfdl Mittel aus dem KiVerm f den Unterh (§ 1603 II 2) nicht einverstanden, betrifft also der Str die UnterhPfl als solche od die Haftg des KiVerm für den Unterh, so ist ProzG zust (KG Recht **16** Nr 1150). Bei andauerndem Str Entlassg des Pfleg od Mitübertragg des SorgeGebiets auf ihn (sa KG JFG **14**, 426). Ist ein EltT der Meing des Pfleg, so gilt das § 1628 Rn 3–6 Gesagte. Will VormschG dem Pfleg Recht geben, macht die Übertragg der Entsch auf den ihm zustimmenden EltT eine Entsch n § 1630 überflüss. Vgl dazu auch Donau MDR **58**, 8.

5   **5) Familienpflege, III. Zweck:** Die Vorschr soll sicherstellen, daß das Kind, welches sich auf Wunsch seiner Elt in FamPflege befindet (SGB VIII 33), von der PflegePers ordngsmäß betreut w kann (BT-Drucks 8/2788 S 47). Daneben besteht bei NichtWiderspr des SorgeBer gesetzl SorgeRAusübgBefung u VertretgR (SGB VIII 38). Gilt auch bei AdoptionsPflege (§ 1744). Auf Antr der Elt soll das VormschG Angelegenheiten der elt Sorge auf die PflegePers übertr können, wodch die PflegePers insow die Rechte u Pflichten eines Pflegers erhält. Auf diese Weise wird die tägl Betreuung des Kindes ermöglicht, so zB, wenn kurzfristig über den Besuch des Kindes bei einem Arzt zu entsch ist (BT-Drucks 8/2788 S 47). Zuläss auch die Übertr der elt Sorge insges (Baer FamRZ **82**, 229). Zur Stellg des Pflegers § 1915. Einem Antr der Elt auf Rückübertragg der SorgeRAngelegenh muß das VormschG entsprechen (Gleißl/Suttner FamRZ **82**, 123). Vgl auch Einf 42 v § 1626.

6   **6) Verfahrensrecht:** Einf 7–15 v § 1626. Das VormschG ersetzt iF von II mit seiner Entsch die Zust desj, dem es Unrecht gibt; iF v III erfolgt Delegation der elt Sorge. Zustdgk des VormschG für II: FGG 43 II; für III: FGG 36, 43 I. Im Falle v II u III entsch der Ri (RPflG 14 Nr 5 u 6a idF des KJHG; Einf 48 v § 1626). Anhörg des JA (FGG 49 I Z 1 b). Gg die Entsch nach II einf Beschw; keine Analogie zu FGG 53 I, 60 I Z 6, weil sich die Meingsverschiedenh idR nicht auf rgeschäftl Vorgänge bezieht (MüKo/Hinz 10; aM KKW FGG 53 Rdn 6; Soergel/Strätz 10).

1631 *Inhalt des Personensorgerechts; Einschränkung von Erziehungsmaßnahmen.*
[I]Die Personensorge umfaßt insbesondere das Recht und die Pflicht, das Kind zu pflegen, zu erziehen, zu beaufsichtigen und seinen Aufenthalt zu bestimmen.

[II]Entwürdigende Erziehungsmaßnahmen sind unzulässig.

[III]Das Vormundschaftsgericht hat die Eltern auf Antrag bei der Ausübung der Personensorge in geeigneten Fällen zu unterstützen.

1   **1)** Die alle persönl Angelegenheiten des Kindes umfassde **Personensorge** (sa § 1626 Rn 13) als rechtl Befugn, nicht nur als tatsächl ausgeübte Macht, ist in § 1631 inhaltl umschrieben (vgl unten Rn 3–8), wenn auch unvollständ: vgl §§ 1616 Rn 10; 1634 Rn 7; ferner gehört dazu die Geltdmachg des UnterhAnspr (BGH NJW **53**, 1546; **55** 217). Die PersSorge ist dch StGB 235 (Kindesentziehg) geschützt (RG JW **35**, 3108). Umgek kann sich auch der AufsPflichtge strafb (StGB 170 d) od haftb (§ 832) machen. Die PersSorge richtet sich auf das Kind; dessen RBeziehgn nach außen werden von den Elt mittels der gesetzl Vertretg (§ 1629) geregelt. Ausgeschl ist die willkürl Aufg des SorgeR, da unverzichtb (§ 1626 Rn 11). Gg Mißbräuche u sonstiges Erziehgsversagen der Elt ist das Kind dch § 1666 geschützt (vgl dort Rn 5 ff). Wg Ausübg der PersSorge bei Hilfen zur Erziehg: SGB VIII 27 ff, 38 (Einf 31 ff v § 1626; § 1629 Rn 12). Über Maßregeln der Elt u solcher des VormschG zur Unterstützg der elterl Erziehg Rn 9–17; wg Meingsverschiedenh der Elt §§ 1627, 1628. Daß die Aufzählg in I nur beispielh gemeint ist, da eine vollständ u abschließde Konkretisierg 2 des Inhalts der PersSorge nicht mögl ist, folgt aus dem Zusatz „insbes" (BT-Drucks 7/2060 S 21). Zum Inh des SorgeR gehört auch noch die Entsch über die **Organspende** eines klinisch noch nicht toten Kindes (§ 1922 Rn 44; aA Bln-Schöneb FamRZ **79**, 633), nicht mehr dagg die Sterilisation (§ 1631 c, vgl 50. Aufl mN). Ebso ist für ein GlaubwürdigkGA eines Ki ggf die **Einwilligung** des gesetzl Vertr einzuholen (BGH NJW **95**, 1501: StPO 52, 81 c III). **Reform:** Einl 6 v § 1297.

3   **2) Erziehung** ist die Sorge für die sittl, geist u seel Entwicklg des Kindes iGgsatz zur Pflege, die mehr die körperl Seite der Betreuung betrifft. Erziehg ist der Inbegriff aller pädagog Maßn, dch die das Kind zur Mündigk (Erwachsensein) gelangen soll. Den Elt steht nach GG 6 II 1 der Erziehgsprimat zu; ebso haben sie Vorrang in der Bestimmg der Erziehgsziele (so ausdrückl BT-Drucks 8/2788 S 48). Zur Erziehg gehört die Bestimmg von Konfession (dazu Anh zu § 1631), Sport, Unterhaltg, Schul- (auch Privatschulausbildg; BGH NJW **83**, 392 sowie § 1631 a) u Berufswahl des Kindes (§ 1626 Rn 14 m Verweisgn), einschließl des LehrVertrAbschl (vgl BerGB 4). Das ErziehgsR der Elt genießt Vorrang ggü dem Staat (Einf 4 ff v § 1626). Bisw findet die elt Sorge auch ihre Schranke am öff Recht (zB Schul- u Impfzwang, Wehrpfl, Strafhaft), aber auch iR der 4 JugHilfe (Einf 35 u 57 vor § 1626). I nF erwähnt im Unterschied zur aF auch die **Pflege** des Kindes, da sie neben der Erziehg für die Entwicklg des Kindes bes wicht ist u auch in GG 6 II neben der Erziehg aufgeführt ist (BT-Drucks 7/2060 S 21). Sie betrifft die körperl Betreuung (vgl § 1606 III 2).

3) Die **Beaufsichtigung** dient dem Schutz des Kindes u iRv § 832 dem Schutz Dritter. Notwendigk ist **5** nach Alter u Verständigk des Kindes unterschiedl. **a)** Das aus dem ErziehgsAuftr fließde **Aufsichtsrecht** **6** gibt den Elt die Befugn, den Umgang des Kindes mit Dritten zu bestimmen u ggf dch **Umgangsverbote** zu unterbinden (vgl dazu im einz § 1632 Rn 31, 32). **b)** Die **Aufsichtspflicht** gebietet den Schutz Dritter, **7** etwa vor herumkrabbelnden Kindern (Düss FamRZ **80**, 181), sowie die Bewahrg des Kindes vor Schaden u Schutz gg Schädigg dch gefährl Spielsachen, Schußwaffen, Gift, Feuer, zB dch sichere Aufbewahrg v Zündhölzern (BayObLG NJW **75**, 2020). Elt müssen sich darum kümmern, wie das Kind seine Freizeit gestaltet (BGH FamRZ **58**, 274). Von bes Bedeutg heute die allg Vorbereitg des Kindes auf den Straßen-Verk, die jedoch konkr Beaufs nicht erübrigt (Kln VersR **69**, 44). Zur Aufklärg über Feuer BGH NJW **84**, 2574. Aufs über 17jährigen (BGH NJW **80**, 1044); ü vollj, geisteskrankes Kind (RG **92**, 127). Vgl iü §§ 832 Rn 8 f sowie 840 II, 1664; zur Haftg des Kindes § 1629 Rn 6.

4) Recht u Pflicht zur **Aufenthaltsbestimmung** betrifft die Bestimmg v Wohnort u Wohng (zu unter- **8** scheiden vom Wohnsitz, § 11, dessen Best ebenf dem SorgeBerecht obliegt; BGH NJW-RR **92**, 1154), Auswahl von Anstalten, Internaten, Kurorten, Verhinderg der Auswanderg. Zur Unterbringg in geschl Anstalt wg Geisteskrankh § 1631 b. Jeder EltT kann auch hier nach III behördl, auch polizeil (KG Recht **13**, 209) Hilfe beanspr, zB zur Ermittlg des Aufenth des Kindes (SGB VIII 18 I), zur Zurückbringg des entlaufenen Kindes u zu dessen AufenthWechsel. Bei mangelnder AufenthBestimmg hat Kind Anspr auf Aufn ins EltHaus; bei Vernachlässigg Einschreiten des VormschG gem § 1666 Rn 8. Vorläuf Entziehg bei Gefahr der Ausreise mit den Kindern nach Pakistan (Zweibr FamRZ **84**, 931). Zum strafrechtl Schutz des AufenthBestR: Friehe ZfJ **85**, 330. Zum Konflikt zw SorgeR u öff **Melderecht**: VGH *BaWü* FamRZ **86**, 88 m zutr abl Anm Bosch.

5) Unzulässigkeit entwürdigender Erziehungsmaßnahmen, II. Zus mit § 1626 II gibt die im Hinbl **9** auf GG 1 u 2 allerd verfassgsrechtl unbedenkl Vorschr den Elt einen gesetzl Erziehgsstil vor. Das Leitbild soll dazu beitragen, den Sinn für die Unterscheidg zw Erziehg u solchen Handlgen, die für die Erziehg ungeeignet sind, zu schärfen, da in der Öfftlk mitunter Körperstrafen selbst schwerster Art noch zu sehr als selbstverständl angesehen w (BT-Drucks 8/2788 S 48). Als **entwürdigende Erziehungsmaßnahmen** kommen nicht nur unangemessene Körperstrafen, sond auch andere Maßn der Elt od mit deren Duldg Dritter in Betr, die das Kind dem Gespött u der Verachtg anderer Pers preisgeben u so seine Selbstachtg u sein Ehrgefühl in unverhältnismäß Weise verletzen, zB wenn ein Kind von seinen Elt gezwungen würde, sich in der Öfftlk od vor seinen Kameraden mit einem Schild um den Hals zu zeigen, das auf seine Verfehlg hinweist (BT-Drucks 8/2788 S 48). Die Entwürdigg kann in der Art der Strafe begründet liegen (Nacktaus-ziehenlassen, Fesseln) od in dem Ausmaß u der Dauer (Einsperren im Dunkeln, langdauerndes Nichtspre-chen mit dem Kind). Die **körperliche Züchtigung** (Lit: Kunz ZfJ **90**, 52; zur **EMRK:** Einl 7 v § 1297) ist nicht schon als solche entwürdigd; der Klaps auf die Hand u selbst eine wohl erwogene, nicht dem bl Affekt des EltT entspringe ("verdiente") Tracht Prügel bleiben nach der Ges gewordenen Fassg der Bestimmg zuläss Erziehgsmaßn (vgl Diederichsen FamRZ **78**, 471 f mit Nachw; Reichert-Hammer JZ **88**, 617). Die Züchtigg muß sich jedoch ijF iR des dch den Erziehgszweck gebotenen Maßes halten, also Rücks nehmen auf Alter, Gesundh u seel Verfassg des Kindes. In schweren Fällen Abstimmg mit dem andl EltT erforderl (§ 1627). Die einmalige körperl Züchtigg einer 16j braucht kein SorgeRMißbr zu sein (BayObLG FRES **10**, 287). Kein allg **Züchtigungsrecht Dritter,** u zwar auch nicht zur Abwehr v Angriffen u zur sof Sühne **10** grober Ungehörigk aus GoA od StPO 127 (Saarbr NJW **63**, 2379; and für seltene AusnFälle Soergel-Herm-Lange 13). Übertragg auf Pflege- u StiefElt (RG JW **17**, 656) od HilfsPers wie Kindergärtnerin mögl, aber nicht automat auf Lehrherrn (ausdr Verbot körperl Züchtigg in GewO 127 a, HdwO 24 II) od Lehrer, dem aber als äußerstes Mittel, wenn es zur Aufrechterhaltg der Disziplin notw u auch angem ist, ein eig ZüchtiggsR gewohnh-rechtl (offengel BGH NJW **76**, 1949) zusteht (BGHSt **11**, 241; Schlesw NJW **56**, 1002; Hann NJW **56**, 1690), allerd nicht in der Berufsschule (BGHSt **12**, 62). Im Ggsatz zur amtl Begrdg **11** (BT-Drucks 8/2788 S 48) stellt II eine Verbotsnorm mit der Möglichk von **Sanktionen** nach StGB 223 ff (RGSt **41**, 98) u §§ 1666 (Rn 8), 1666a dar. **Reform:** Mißhdlgsverbots G Einl 6 v 1297.

6) Die Elt können zur Erziehg selbständ die **geeigneten Maßnahmen** ergreifen u sich hierbei vom **12** VormschG unterstützen lassen. **a) Elterliche Erziehungsmittel** (§ 1631 II 1 aF sprach von Zuchtmitteln) **13** sind Ermahngen, Verweise, Ausgehverbote, Knapphalten, Taschengeldentzug. Am wesentlichsten sollte iSv § 1626 II der Versuch sein, dem Kinde die elterl Beanstandg plausibel zu machen u dem Kind Hilfestell-gen bei den von ihm erwarteten Verhaltensweisen zu geben. Die Erziehgsmittel können v jedem EltT gg das Kind in eig Vollstreckg angewendet w (Weimar MDR **64**, 21), auch Einschließg, unmittelb Gewalt (zB Wegnahme von Streichhölzern). Zur körperl Züchtigg Rn 10. Anordnugen iR der Erziehg werden v den Elt also nicht dch Klage (zB auf Rückkehr od Verlassen des EltHauses) u Vollstr dchgesetzt. Elt können aber, um dem tatsächl, nicht rechtl Widerstand des Kindes zu begegnen, staatl Hilfe (JugA, Polizei, VormschG) in Anspr nehmen (sa KGJ **49**, 26). – **b)** Das **Vormundschaftsgericht**, das jeder EltT anrufen kann u das hier **14** ausschließl zust ist (Kln MDR **60**, 51), hat die Elt zu **unterstützen, III.** Lit: Schnitzerling FamRZ **57**, 291. Auch Ausl (KG JFG **19**, 50). UnterstützgsMaßn erledigen sich mit der Heirat der Tochter (BayObLG FamRZ **62**, 77). **Erfordernisse: aa)** Jederzeit widerrufl Antr der Elt od auch nur eines EltT (BT-Drucks 8/ **15** 2788 S 49), an den VormschG jedoch nur insow gebunden ist, als es wohl weniger, aber nicht mehr tun darf, als verlangt w. – **bb)** Maßn muß zuläss s, zB Vorladg des Kindes. Das VormschG bedient sich dabei der **16** Hilfe des JA (SGB VIII 50), von dem idR auch die Initiative ausgehen w (Einf 26 ff v § 1626). Zum Verhältn von freiw InAnspruchn u zwangsw JugH vgl Einf 55 ff v § 1626. Das JA ist ijF anzuhören (FGG 49 I Ziff 1 c). – **cc)** Eingreifen des VormschG nicht schon gerechtf, wenn Mißbr des elterl SorgeR iSv § 1666 nicht vorliegt **17** (so Neust FamRZ **64**, 575), sond positiv erforderl, daß Maßn erwiesenermaßen veranlaßt (Karlsr OLGZ **66**, 583) u dem Wohle des Kindes dienl ist (KG NJW **65**, 870). Dch die Einschrkg der Unterstützg „in geeigne-ten Fällen" soll hervorgehoben w, daß das VormschG ein Tätigwerden ablehnen kann, wenn es dieses für unzweckmäß od im Interesse des Kindes nicht für geboten hält (BT-Drucks 7/2060 S 21). KostSchu ist AntrSteller, nicht das Kind (Lüb JR **74**, 330).

Anhang zu § 1631

Gesetz über die religiöse Kindererziehung vom 15. Juli 1921 (RGBl 939, 1263). Vgl Gesetzestext u Kommentierung in der 50. Aufl.

1631a

Ausbildung und Beruf. [I]In Angelegenheiten der Ausbildung und des Berufes nehmen die Eltern insbesondere auf Eignung und Neigung des Kindes Rücksicht. Bestehen Zweifel, so soll der Rat eines Lehrers oder einer anderen geeigneten Person eingeholt werden.

[II]Nehmen die Eltern offensichtlich keine Rücksicht auf Eignung und Neigung des Kindes und wird dadurch die Besorgnis begründet, daß die Entwicklung des Kindes nachhaltig und schwer beeinträchtigt wird, so entscheidet das Vormundschaftsgericht. Das Gericht kann erforderliche Erklärungen der Eltern oder eines Elternteils ersetzen.

1   **1) Zweck:** Die Elt sollen ihr Ki nicht aus falschem Prestigedenken od als Ers für eig unerfüllte Berufswünsche in eine Ausbildg od in einen Beruf zwingen, für den es sich nicht eignet (BT-Drucks 8/2788 S 37). Zur unterhrechtl Absicherg dieses Ziels vgl § 1610 Rn 37 ff. Ausbildg u Berufswahl sind HptAnwendgs-
2   fall der partnerschaftl Erz (§ 1626 Rn 20). – **2) Interessenberücksichtigungsgebot, I 1.** Die Verpfl zur Rücksichtn bezieht sich iGgs zu den allg VerhaltensPfl der §§ 1618a, 1626 II auf die Teilbereiche von Ausbildg u Beruf. Die Vorschr ist lex specialis ggü § 1666 (BayObLG FamRZ **91**, 102; § 1666 Rn 9). –
3   **a) Beruf:** § 1610 Rn 40. Der Begr der **Ausbildung** ist insof weiter, als er auch die Fähigkten v u außerh
4   des Berufs erfaßt (Schule, zusätzl Sprachen, Musik, Sport, Führerschein usw). – **b) Eignung:** § 1610 Rn 43. Neiggen sind nur beachtl, soweit sie mit der Eigng nicht in Widerspr stehen (BayObLG FamRZ **82**, 634). –
5   **c) Rücksichtnahme** drückt sich in erster Linie in der Bereitsch der Elt zum Gespräch u zur AuseinandS mit dem Ki aus (§ 1626 Rn 20). Darüber hinaus reicht einf Gewährenlassen od die Erteilg von Erlaubn nicht aus, sond sie verlangt ggf aktive Unterstütg u fin Hilfe, dies aber nur iRv § 1610 Rn 21. Vgl iü 54. Aufl Rn 4 ff. –
6   **d) Beratung der Eltern, I 2.** In Zweifelsfällen soll der Rat eines Lehrers od einer und geeign Pers (Berufsberater, Arzt, Sport- od Klavierlehrer usw) eingeholt w. Zweifel bestehen bei unterschiedl Einschätzg v Begabg, Gesundh od schlicht auch bei Uneinigk der Beteil.

7   **3) Entscheidung des Vormundschaftsgerichts, II 1,** in Fällen klarer Ermessensüberschreitg (BT-Drucks 8/2788 S 50), wenn die Elt in offensichtl Fehleinschätzg auf die Eignng od Neiggen des Ki keine Rücks nehmen. Ein bes EingrTatbestd war erfdl, weil § 1666 (Rn 4 u 9) eine ggwärt od zumind nahe bevorstehde Gefahr voraussetzt. II läßt eine Prognose auch der ferneren Zkft des Ki zu (BayObLG FamRZ **82**, 634). Es entsch der Ri (RpflG 14 Nr 6 b) vAw, wobei er erfdl Erklärgen der Elt (Schulanmeldg, Einwilligg in EignsUntersuchgen usw) **ersetzen** kann, **II 2.** BeschwR auch von Verwandten des Ki (FGG 57 I Nr 8).

1631b

Unterbringung des Kindes. Eine Unterbringung des Kindes, die mit Freiheitsentziehung verbunden ist, ist nur mit Genehmigung des Vormundschaftsgerichts zulässig. Ohne die Genehmigung ist die Unterbringung nur zulässig, wenn mit dem Aufschub Gefahr verbunden ist; die Genehmigung ist unverzüglich nachzuholen. Das Gericht hat die Genehmigung zurückzunehmen, wenn das Wohl des Kindes die Unterbringung nicht mehr erfordert.

1   **1) Zweck:** Die mit FreihEntziehg verbundene Unterbringg ist für das Kind eine bes einschneidde Maßn, die auch von dem Elt nicht ohne gerichtl Kontrolle soll getroffen w können, so daß es in Gestalt der Gen des VormschG zusätzlicher rechtsstaatl Garantien bedarf (BT-Drucks 7/2060 S 21 u 8/2788 S 50). Vermieden w soll, daß Elt ein Ki in eine geschl Einrichtung verbringen, auch wenn bei sinnv Wahrnehmg des ErziehgsR eine ProblLösg auf weniger schwerwiegde Weise erreicht w kann (BT-Drucks 8/2788 S 38). Dem trägt jetzt SGB VIII 27 ff dadch, daß die freiw Hilfe zur Erziehg im VorderGrd steht, Rechng (Einf 26 ff v § 1626). Bei vorl Unterbringg (Inobhutn) ist die Kontrolle dch das VormschG dch SGB VIII 42 II 3 u III 3 u 4, bei Herausn des Ki aus einer Betreuung dch SGB VIII 43 I 3 u schließl bei Maßn der Sorgeberecht selbst dch § 1631b gewährleistet. Aber JugH kommt ohne einen gew Zwang nicht aus. Ggf erzwingt das JA über § 1666 (vgl Einf 57 v § 1626) die richt elterl Entsch, sei es zur Einholg der vormschaftgerichtl Gen zu einer Unterbringg des Ki dch die Elt, sei es zur erfordrl, aber von den Elt unterlassenen Unterbringg dch Entziehg des AufenthBestR. Für Vollj gilt § 1906.

2   **2)** Der vormschgerichtl Genehmigg bedarf eine **mit Freiheitsentziehung verbundene Unterbringung des Kindes.** Eine FreihEntziehg liegt vor, wenn die Heiminsassen auf einem best beschränkten Raum festgehalten w, ihr Aufenth ständ überwacht u die Aufnahme von Kontakten mit Personen außerh des Raumes dch Sichergsmaßn verhindert w. Dies ist idR nur bei einer Unterbringg in einem geschl Heim od einer geschl Anst od in einer geschl Abteilg eines Heims od einer Anst der Fall (Düss NJW **63**, 397), uU aber auch bei halboffener Unterbringg (AG Kamen FamRZ **83**, 299 m krit Anm Damrau FamRZ **83**, 1060). Ebso wird idR mit der Einweisg in eine stationäre Kur od zu längerer Beobachtg in einer TrinkerheilAnst, Anst für Drogensüchtige od Heil- u PflegeAnst eine FreihEntziehg verbunden sein. Mit der AnO von Heimerziehg od in einer sonst betreuten Wohnform (SGB VIII 34) dch das VormschG od JugGer ist GG 104 II genügt (vgl AG Walsrode DAV **80**, 428); Elt benötigen zur Einweisg der Gen des VormschG (Einf 56 v
3   § 1626). Zu verneinen ist eine FreihEntziehg, wenn die Unterbringg nur mit **Freiheitsbeschränkungen** verbunden ist, die bei dem Alter des Kindes übl sind. So wird idR die Unterbringg in einem Erziehgsinternat nicht von § 1631b erfaßt (BT-Drucks 8/2788 S 51), ebsowenig Unterbringen mit bl FreihBeschrkgen, wie sie sich dch begrenzte Ausgangszeiten, HausarbeitsStden bis hin zum Stubenarrest ergeben (BT-Drucks 8/2788 S. 38). Der Unterschied zw gen-bedürft FreihEntziehg u nicht gen-bedürft Beschrkg läßt sich nicht aus dem Alter des Ki ableiten (Moritz ZfJ **86**, 440); die Grenzziehg dürfte dch das wesentl auf die freiw

MitArb der Betroff abstellde KJHG (Einf 17ff v § 1626) noch schwieriger w. **Unterbringungsähnliche Maßnahmen** wie Fixierg mit einem Gurt usw sollten analog § 1906 IV (vgl dort Rn 12ff) vormschgerichtl gen w (aA LG Esn FamRZ 93, 1347 m krit Anm Dodegge).

3) Die **Genehmigung des Vormundschaftsgerichts** ist idR von der **Anhörung** des JA u des Kindes 4 abhäng (FGG 49 I Z 1 d, 64i, 64g). Die richterl AnO verlangt nicht, daß bereits im einz bestimmt ist, ob, zu welchem Ztpkt u in welcher Anst eine FreihEntzieh erfolgt; es genügt eine entspr Ermächtigg zB dch AnO der FürsErziehg (AG Walsrode DAVorm 80, 428). Eine **Unterbringung ohne Genehmigung** ist nur zul, 5 wenn mit dem Aufschub Gefahr verbunden ist, S 2; vgl § 1800 Rn 11, insb also bei Selbstmordgefahr od der Gefahr v suchtmotivierten Straftaten. Die Gen ist in solchen Fällen unverzügl (§ 121 Anm 3) **nachzuholen.** Ggf hat der behandelnde Arzt um die Gen nachzusuchen; keinesf darf er mRücks auf das Fehlen der vormschgerichtl Gen bei medizin GgIndikation das Kind aus der Anst entlassen. Erfordert das Wohl des 6 Kindes die Unterbringg nicht mehr, so hat das VormschG die Gen **zurückzunehmen, S 3.** Daraus folgt, daß das VormschG auch nach Erteilg der Gen seine Entsch in regelm Abständen zu überprüfen hat (FGG 64d, 64i; § 1800 Rn 20).

4) Verfahren: FGG 70ff. 7

1631 c **Sterilisation.** Die Eltern können nicht in eine Sterilisation des Kindes einwilligen. Auch das Kind selbst kann nicht in die Sterilisation einwilligen. § 1909 findet keine Anwendung.

Verbot der Sterilisation Minderjähriger (BT-Drucks 11/4528 S 76) mRücks darauf, daß sich die 1 Erforderlich u Auswirkgen der Sterilisation bei Mj schwer beurteilen lassen (BT-Drucks 11/4528 S 107). § 1631 c verwirkl das Verbot dch **a) Begrenzung der elterlichen Sorge, S 1,** als Ausn von §§ 1626 Rn 14, 1631 Rn 2. Für den Vormund folgt die entspr Beschränkg seiner Kompetenz aus § 1800. **b) Einwilligungsunfähigkeit des Minderjährigen, S 2,** iGgs zur sonst maßgebl natürl Einsichtsfähigk (§ 823 Rn 44). **c)** Zum Zwecke der Sterilisation darf schließl **keine Ergänzungspflegschaft** angeordn w, **S 3.**

1632 **Anspruch auf Herausgabe des Kindes; Bestimmung des Umgangs; Wegnahme von der Pflegeperson.** [I] **Die Personensorge umfaßt das Recht, die Herausgabe des Kindes von jedem zu verlangen, der es den Eltern oder einem Elternteil widerrechtlich vorenthält.**

[II] **Die Personensorge umfaßt ferner das Recht, den Umgang des Kindes auch mit Wirkung für und gegen Dritte zu bestimmen.**

[III] **Über Streitigkeiten, die eine Angelegenheit nach Absatz 1 oder 2 betreffen, entscheidet das Vormundschaftsgericht auf Antrag eines Elternteils; verlangt ein Elternteil die Herausgabe des Kindes von dem anderen Elternteil, so entscheidet hierüber das Familiengericht.**

[IV] **Lebt das Kind seit längerer Zeit in Familienpflege und wollen die Eltern das Kind von der Pflegeperson wegnehmen, so kann das Vormundschaftsgericht von Amts wegen oder auf Antrag der Pflegeperson anordnen, daß das Kind bei der Pflegeperson verbleibt, wenn und solange für eine solche Anordnung die Voraussetzungen des § 1666 Abs. 1 Satz 1 insbesondere im Hinblick auf Anlaß oder Dauer der Familienpflege gegeben sind.**

1) Bei widerrechtl Vorenthaltg haben die Elt ggü Dritten u auch ggeinand einen Anspr auf Herausg des 1 Ki, I. Als Teil des AufsichtsR (§ 1631 Rn 6) ist idR der Zuordng des Ki an dieser Stelle auch das Recht geregelt, den Umgg des Ki auch mit Wirkg ggü Dr zu bestimmen, II, schon um für Streitigken über HerausgAnspr u Umggsverbote einheitl der VormschG zuständ sein zu lassen, soweit nicht im Verhältn der Eheg die Zustdgk des FamG begründet ist, III. Schließl genießen ggü dem HerausgVerlangen der leibl Elt Pflegepersonen, bei denen sich das Kind in FamPflege befindet, unter gewissen Voraussetzgen einen Bestandsschutz, IV. Analoge Anwendg v § 1632 auf die Herausg der Leiche eines noch nicht 16j Ki (LG Paderb FamRZ 81, 700). Zur **internationalen Kindesentführung:** Anh zu EG 24 Rn 12 u 59; sa § 1671 Rn 16.

2) Anspruch auf Kindesherausgabe, I. Die PersSorge (§ 1626 Rn 13, 14) umfaßt das Recht, die Herausg 2 des Kindes von jedem zu verlangen, der es den Elt od einem EltT widerrechtl vorenthält. Das auf der elterl Sorge beruhde AufenthBestR (§ 1631 Rn 8) begründet einen entspr HerausgAnspr ggü widerrechtl Vorenthaltgen, der bish nach Analogie der EigtKl (§ 985) ausgestaltet war (v Blume JW 24, 539), wenn es dagg auch nicht ein R zum Besitz an dem Kind (Kipp § 79 IV; and beiläuf RG 122, 27) u keinen Besitzschutz analog § 861 bei eigenmächt Wegn des einen EltT vermöchte der ScheidgsRStr gab (dafür jetzt eink AnO gem ZPO 620 Z 3). Die Konstruktion des HerausgAnspr ist mRücks auf die Zustdgk des VormschG (III) jetzt viell anders zu sehen. Der Einbruch in das elterl SorgeR dch Dritte wird als Muntbruch bestraft (StGB 235) u macht gem § 823 I schadensersatzpfl (RG 141, 320; BGH 111, 168: SchadErs f Detektivkosten). Anspr erlischt bei Verheiratg des Kindes (§ 1633; StGB 238).

a) Voraussetzungen. aa) AnsprInh können nur die **Eltern oder ein Elternteil,** also Vater u Mutter, 3 sein, soweit ihnen das **Sorgerecht zusteht** (BayObLG FamRZ 90, 1379; § 1626 Rn 10), währd dem die Herausg verlangden EltT die Vertretg nicht zuzustehen braucht (§§ 1671, 1672, 1673 II 2). Wird die Herausg von dem and EltT verlangt, so ist entscheidd, ob der AntrSt das AufenthBestR hat. Das Verlangen ist also unberecht, wenn dieses Recht dem die Herausg Verlangenden entzogen ist (§ 1666) od sonst nicht zusteht (§§ 1671, 1672), anderes berecht, wenn es dem Verlangenden im Verhältn zum and EltT allein zusteht. Auch ggü Dr ist nur der sorgeberecht EltT aktivlegitimiert, so daß idR, dh bei beidseit SorgeR (§ 1626 Rn 10) die Herausg von beiden an beide Elt verlangt w muß, trotz der Formulierg in III „auf Antr eines EltT"; mögl aber auch das Verlangen eines EltT auf Herausg an sich u den and EltT od, wenn der and zur

1659

Mitwirkg nicht bereit ist, auf Herausg an sich allein (Celle FamRZ **70**, 201). Bei Widerspr des and EltT AntrAbweisg (BayObLG FamRZ **84**, 1144).

4   **bb) Herausgabepflichtig ist der andere Elternteil oder ein Dritter.** Nach bish R war die Herausg gg den Eheg vor dem VormschG dchzusetzen, währd die Elt Dr ggü auf den Klageweg verwiesen wurden (vgl 38. Aufl § 1632 Anm 3). Jetzt ist das Verf ijF ein solches der freiw Gerichtsbark; ob ein EltT von dem and bzw beide od einer v ihnen von einem Dr die Herausg verlangen, ist insow ohne Bedeutg.

5   **cc)** Verpflichtet zur Herausg ist jeder, der das Kind dem berecht EltT **widerrechtlich vorenthält,** dh der es ohne rechtfertigden Grd in seiner unmittelb od (bei Verheimlichg am dritten Ort) mittelb Gewalt hat u die Wiedererlangg dch den Berecht verhindert (RG Warn **33** Nr 43). Eine widerrechtl Vorenthaltg kann auch in der Unterbindg der Rückk des Ki dch dessen nachhalt Beeinfl liegen (Zweibr FamRZ **83**, 297). Hält sich das Kind gg den Willen der Elt bei einem sich völl passiv verhaltenden Dr auf, so ist das keine
6 widerrechtl Vorenthaltg (LG Kln FamRZ **72**, 376). **Widerrechtlichkeit** scheidet aus, wenn Vorenthaltg auf der Einwilligg der Elt beruht, also etwa bei freiw ErzHilfe gem SGB VIII 27ff (vgl Einf 31ff u 56 vor § 1626), od auf öff R, also aGrd v SchulPfl, erzwungner HeimErziehg (Einf 57 vor § 1626), Strafhaft, einstw Vfg (RG Warn **16** Nr 53). Im Verhältn verheirateter Elt zueinand entscheidet über die RückgPfl allein das **Kindeswohl** (Düss FamRZ **74**, 99); es besteht kein Grds, daß ein vom and EltT weggenommenes Kind ohne Rücks auf sein Wohl wieder zurückgebracht w müßte (KG NJW **70**, 149). Bei eigenmächt Wegn dch einen EltT währd des ScheidgsStr empfiehlt es sich, die AnO der Kindesherausg vAw mit einer einstw AnO über die vorläuf Verteilg der elterl Sorge (ZPO 620 Z 1 u 3) zu verbinden. Sind im SorgeRVerf alle GesPkte für die Herausg geprüft, wird sich die Prüfg darauf beschränken können, ob der Ztpkt richtig gewählt od das Verlangen mißbräuchl ist (Hamm FamRZ **91**, 102); keinesf kann dem herausgabepflicht EltT zugegeben w, mit erzieherischen Mitteln, die ihm ja gerade nicht zustehen, wenn er nicht sorgeberecht ist, auf das Kind einzuwirken, sein Widerstreben gg die Zuteilg aufzugeben (Hamm FamRZ **67**, 296). Sind damals GesPkte für Herausg nicht erörtert, so hat FamG bzw VormschG diese bes zu prüfen (BayObLG **63**, 191). Da in Entsch auf Herausg in diesen Fällen gleichzeit Ablehng eines Mißbrauchs (§ 1666) liegt, auch BeschwR nach FGG 57 I Z 8 zB der GroßElt gegeben (BayObLG NJW **65**, 1716). Ist SorgeR einem EltT zugeteilt (§ 1671), kann FamG Herausg dch vorl AnO ablehnen, wenn Grd für vorübergehde Vorenthaltg des Kindes besteht od die Verhältn im Interesse des KiWohls eine Nachprfg verlangen u die endgült Entsch abgewartet w kann (Stgt OLGZ **66**, 471; aM KG FamRZ **71**, 585; im allg AnO erst nach Abschl der Ermittlgen). Zul der Einwendg, das HerausgVerlangen enthalte einen **Sorgerechtsmißbrauch** (BayObLG FamRZ **90**, 1379; § 1666 Rn 7), weil zB inf starker Entfremdg Störg der psych Entwicklg beim Kind zu befürchten (vgl aber § 1666a). Insof setzt jede AnO ggü dem nicht sorgeberecht EltT, das Ki an den sorgeberecht EltT herauszugeben, eine erneute, auch eingeschrkte am KiWohl orientierte sachl Prüfg voraus (Düss FamRZ **81**, 601). Auch kann die Veränderg der Umst (Beziehg z Vater erhebl vertieft; Mutter lebt mit verh Dritten zus) dem HerausgVerlangen der Mutter entggstehen, weil die Erziehg auch die Vermittlg eines am SittenG orientierten Wert- u Ordngsbildes fordert (Bambg FamRZ **80**, 620). Unzul dagg Ablehng der Herausg iVm Umggsregelg gem § 1634 (Stgt FamRZ **75**, 106). Die Grdsätze der IV müssen auch im Verhältn der Elt
7 zueinand gelten (unten Rn 24). Ein **Zurückbehaltungsrecht** (§ 273) findet niemals statt. Ein das Herausg-Verlangen als rechtsmißbräuchl erscheinen lassendes GgRecht entsteht jedoch aGrd vormschaftsgerichtl AnO gem IV iF der **Familienpflege** (dazu Rn 18).

8   **dd)** Die HerausgPfl bezieht sich allein auf das minderj **Kind,** nicht dagg auf die Herausg der zum persönl Gebrauch notw Sachen (dazu FGG 50d sowie unten Rn 15).

9   **b)** Das **Verfahren** des KindesherausgVerlangens unterliegt iGgsatz zum bish Recht einheitl dem FGG, gleichgült ob sich das Verlangen gg den and EltT od gg einen Dritten richtet (amtl Begrdg BT-Drucks 7/2060 S 23 u 8/2788 S 51f).

10   **aa)** In ganz anderer Hins macht III eine Unterscheidg ledigl noch insof, als über ein HerausgVerlangen unter Elt das **Familiengericht** entscheidet, u zwar unabh davon, ob das Begehren iR eines ScheidgsStr od außerh desselben erhoben w, währd sonst das **Vormundschaftsgericht** zuständ ist, **III.** Dem Wortlt nach erstreckt sich die Zustdgk des FamG auf alle HerausgAnspr zw „EltTeilen" (sa ZPO 621 I Z 3); das widerspricht jedoch der grdsl Beschrkg der Zustdgk des FamG auf ehel Kinder, so daß iW der teleolog Reduktion keine Zustdgk des FamG für Anspr zw Elt auf Herausg nehel Kinder besteht (Schlesw SchlHA **78**, 217; Kln FamRZ **78**, 707; Hamm FamRZ **79**, 314; Ffm FamRZ **80**, 288 zum alten R; Einf 5 vor § 1564). Über HerausgVerlangen des Vormd entsch FamG, obw 1. EheRG bei Ersetzg des VormschG dch FamG in II aF die Verweisg in § 1800 I übersehen hat (vgl BT-Drucks 7/650 S 176); die Zustdgk des FamG ergibt sich aber aus dem SachZushg jedenf dann, wenn die VormdBestellg eine Scheidgsfolgemäßn gem § 1671 V ist (KG FamRZ **78**, 351; MüKo/Hinz Rdn 25). Dagg ist VormschG zustd, wenn JugA als Pfleger die Herausg des Kindes von Elt verlangt, denen PersSorge gem §§ 1666, 1666a entzogen w ist (Oldbg u KG FamRZ **78**, 706; ebso Hbg FamRZ **78**, 792). IjF entsch der Richter (RpflG 14 Z 7).

11   **bb)** Das VormschG bzw FamG ordnet die Herausg des Kindes nur auf **Antrag** mind eines EltT an. Zur Formulierg: Nies MDR **94**, 877. Da die Elt aber das SorgeR gemeins ausüben (§§ 1626 Rn 10; 1627 Rn 1), müssen sie idR auch die Herausg einer dritten Pers ggü gemschaftl betreiben (oben Rn 3).

12   **cc)** Entsch nach **Anhörung** des JugA (FGG 49 I Z 1e), zuätzl desj am Wohns des SorgeBerecht (BayObLG FamRZ **87**, 619), der Elt, des Kindes, des neuen Eheg des SorgeBerecht (BayObLG FamRZ **87**, 619) u bei FamPflege idR auch der PflegePers (FGG 50a, 50b, 50c); vgl Einf 9 vor § 1626.

13   **dd) Rechtsbehelfe:** iR des HerausgStr mit einem Dr einf Beschw gem FGG 19; iR des EntschVerbundes Berufg u Rev; bei isolierter Anf nur der HerausgAnO u bei Anf einer HerausgEntsch als selbstd FamSache Beschw (ZPO 621e I, 629a II) binnen 1 Mo ab Zustellg (ZPO 621e III 2) zum OLG (GVG 119 I 2). Beschw unzul, wenn Kind gem HerausgAnO herausgegeben w ist (Oldbg FamRZ **78**, 437); dagg nicht, wenn der HerausgBeschl vollstreckt wurde (Düss FamRZ **80**, 728). Wg Anfechtg einstw AnO Rn 14.

ee) Die Herausg kann auch unter Ausschl einer entspr einstw Vfg (Schlesw SchlHA **79**, 48; Düss FamRZ **14** 81, 85) iW **einstweiliger Anordnung** angeordnet w, u zwar bei Anhängigk einer Ehesache im Verhältn der Eheg zueinand gem ZPO 620 Z 3, 620a, 606 I; außerh insb des ScheidgsStr im Verhältn zu Dritten als vorläuf AnO nach FGG (vgl Einf 8 v § 1626; Bassenge FGG 3. Aufl § 24 Anm 4). Die einstw AnO der Herausg setzt voraus, daß eine Regelg nicht ohne Beeinträchtig des KiWohls bis zur endgült Entsch zurückgestellt w kann (Schlesw SchlHA **79**, 48) u im Verhältn zum and EltT, daß dem AntrSt mind das AufenthBestR zusteht (Bambg FamRZ **79**, 853). Gg die einstw AnO ggü dem and Eheg sof Beschw (ZPO 620c); gg die einstw AnO des FGG od gg deren Ablehng unbeschrkte einf Beschw gem FGG 19 (Hamm FamRZ **78**, 441; bestr). Weitere Beschw als VerwerfgsBeschw bzw nach Zulassg zum BGH (ZPO 621e II, 629a II, GVG 133 Z 2). Die erweiterte BeschwBerechtig für jeden Interessierten entfällt (FGG 57 I Z 9, 64a III, ZPO 621e), läßt jedoch die BeschwBerechtig des JugA unberührt.

ff) Dem Vorschl des RegEntw, mit der Herausg des Kindes zugl auch die **Herausgabe der zum 15 persönlichen Gebrauch des Kindes notwendigen Sachen,** zB Kleidg, Spielzeug usw zuzulassen (BT-Drucks 7/2060 S 22) ist in FGG 50d Rechng getragen, wonach das Ger die Herausg der zum persönl Gebrauch des Kindes best Sachen **durch einstweilige Anordnung** regeln kann. Richter entsch (RPflG 14 Z 7). Eine endgült Klärg der EigtProbl bleibt dem ordtl Proz vorbehalten (vgl BT-Drucks 7/2060 S 22).

gg) Vollstreckung nicht etwa dch Vollziehg der Entsch dch den EltT (Hbg FamRZ **94**, 1128) u iü auch **16** bei HerausgKl ggü Dr nicht mehr nach ZPO 883, 888, sond Vollziehg einheitl n FGG 33; also Erzwingg der Herausg dch ZwGeld od Gewalt, die gem FGG 33 II eine bes Vfg des Ger voraussetzt (Kropp DRiZ **79**, 118 u NJW **79**, 2253; Kln FamRZ **82**, 508 mNachw; aA wg ZPO 794 I Z 3a Brem FamRZ **82**, 92). Verhängg einer OrdngsStrafe setzt Verschulden voraus; ausreichd, wenn dem SorgeBerecht die tatsächl Möglk verschafft w, die 7–10jähr abholbereiten Kinder mitzunehmen (Mannh Just **76**, 431). Zustdgk FGG 43, 36; es entsch der Richter (RPflG 14 Z 7). Der **vom Kind gegen die Herausgabe gerichtete Widerstand** kann **17** nicht iW der ZwVollstr (ZPO 883, 888) gebrochen w (BGH FamRZ **75**, 276); sond nur dch direkte Einwirkg der Elt auf das Kind u deren Unterstützg dch das VormschG (KG FamRZ **66**, 155) bzw FamG, die gem SGB VIII 50 I das JugA bzw den GVz heranziehen k (Hamm DAVorm **75**, 168). GewAnwendg, zu welcher der GV ermächt w kann (Celle FamRZ **94**, 1129), nur als äußerstes Mittel u nur allein wenn u bei denkb Maßn gescheitert od aussichtsl s (BGH NJW **77**, 150; Düss FamRZ **94**, 1541; aA Diercks FamRZ **94**, 1226). Ab 14 J Wegn gg den erkl Willen des Kindes auch im Hinbl auf GG 2 I bedenkl (BGH FamRZ **75**, 276). Ebso bei 15j, in Dtschl aufgewachsener Türkin (BayObLG FamRZ **85**, 737; zustimmd Wieser FamRZ **90**, 693; vgl aber die bedenkensw Kritik v Knöpfel FamRZ **85**, 1211 u Schütz FamRZ **86**, 528; **87**, 438, die den Zwang zu Jugdl bejahen; dagg wiederum Lempp FamRZ **86**, 1061). Leistet 11jähr Kind auch nach angem Einwirkg noch weiter Widerstand gg die Herausg an seine Mutter, darf der GVz den Widerstand nicht mit Gewalt brechen (AG Springe NJW **78**, 834). Soweit der Dr Rechtsmißbr einwendet od daß SorgeBerecht dem Interesse des Kindes zuwiderhandele od sein SorgeR mißbrauche, kann er allenf das VormschG zu einer Entsch nach § 1666 bzw § 1696 iFv §§ 1671, 1672 veranlassen. Einen erleichterten Schutz genießen gem IV PflegePers, bei denen sich das Kind in FamPflege befindet (Rn 18).

3) Schutz vor Wegnahme aus der Familienpflege, IV (Lit: Schlüter/Liedmeier FuR **90**, 122; Nie- **18** meyer FuR **90**, 153; Siedhoff NJW **94**, 616). Zur **Pflegeerlaubnis:** Einf 8 v § 1741; zum Vorrang der Fam- vor der AdoptPflege: § 1744 Rn 3. Mit **GG** 6 II u III vereinb (BVerfG NJW **85**, 423; dazu Salgo, Pfleg-Kindsch u Staatsintervention, 1987, sowie NJW **85**, 413), aber ebso Überführ in AdoptPflege, selbst wenn psych Beeinträchtiggen des Ki nicht ausgeschl werden können (BVerfG NJW **89**, 519; Fortführg v BVerfG NJW **88**, 125; Lakies FamRZ **90**, 698). Kein Anspr der PflegeElt aus GG 6 I auf Entziehg der SorgeR der leibl Elt (BVerfG-Ka NJW **94**, 183). Zur Bedeutg der **EMRK:** Einl 7 v § 1297. Das HerausgR wird grdsl nicht dadch beeinträchtigt, daß sich das Kind bei PflegeElt befindet, die es gut versorgen (BayObLG FamRZ **76**, 232; **78**, 135; Karlsr ZBlJugR **59**, 112); doch behalf sich die Rspr auch schon bish ggü einem auf die leibl Elternsch u den Schutz des GG 6 II 1 pochenden HerausgVerlangen dch den Rückgriff auf § 1666 (vgl 38. Aufl § 1666 Anm 4a; Celle FamRZ **70**, 201; KG FamRZ **65**, 449; Stgt FamRZ **72**, 264; ferner BGH **LM** § 1707 aF Nr 1). Prakt besteht kein Schutz gg Entführg in die Türkei (LG Ksel NJW-RR **86**, 375).

a) Zweck: IV betrifft den **Schutz der Pflegekinder.** Das Kind, das sich in einer Dauerpflege befindet, **19** kann dadch gefährdet w, daß seine leibl Elt es zur Unzeit aus dieser Stelle herausnehmen. Das PersSorgeR muß zurücktreten, wenn das Kind seinen leibl Elt entfremdet ist, in der PflegeFam seine Bezugswelt gefunden hat u dch die Herausn zur Unzeit sein persönl, insb sein seel Wohl gefährdet würde. Da auch andere Umstde zum Schutz des Pflegeverhältn Anlaß geben können, soll der Verbleib des Ki in der PflegeFam angeordnet w können, wenn auch die Voraussetzgen des § 1666 I 1 vorliegen (BT-Drucks 8/2788 S 40). Im Konflikt zw vorrang ErziehgsR der leibl Elt u GG-Schutz langfristiger PflegeElt entsch das KiWohl (BayObLG NJW **88**, 2381). Es entsch der Richter (RPflG 14 Z 7). Zum Konflikt zw JA u sorgerecht Mutter, die ihrers das Ki bei der Pflegemutter belassen will, vgl LG Bln DAV **85**, 822.

b) Voraussetzungen der Verbleibensanordnung (vgl Siedhoff NJW **94**, 617): **20**

aa) Familienpflege. Für die PflegeVerhältn gem SGB VIII 33, 44ff (Einf 42 v § 1626) sind Wirksamk des **21** PflegeVertr u eine PflegeErlaubn nicht erfdl (Ffm FamRZ **83**, 1163 u 1164), so daß IV auch bei Widerruf der PflegeErlaubn in Betr kommt (BayObLG NJW **84**, 2168). Sind die übr Vorauss erfüllt, ist IV auch bei Verwandten, insb GroßElt (BayObLG FamRZ **91**, 1080) od AdoptPflege (§ 1744) anwendb; vor allem aber auch zG von **Stiefelternteilen** (Ravbg StAZ **75**, 317), u zwar auch im Verhältn zum leibl EltT, wenn der StiefEltT, bei dem sich das Ki aufhält, für das Ki zur BezugsPers geworden ist (vgl BGH **40**, 11; BayObLG NJW **65**, 1716 sowie oben Rn 6). Geht es um mehr als nur die Herausg des Ki, so evtl §§ 1666, 1681 Rn 1. Dagg ist die Unterbringg im KiHeim keine FamPflege (LG Ffm FamRZ **84**, 729). IV ist auch anwendb, wenn das Ki bereits aus seiner bish Pflegestelle herausgen w ist (Ffm FamRZ **83**, 1164); ebso wenn das Ki nach der Rückkehr zu seinen Elt wieder bei den früh PflegeElt Zuflucht sucht (BayObLG FamRZ **82**, 1239).

bb) Die FamPflege muß **seit längerer Zeit** bestehen. Hierbei ist der ZtBegr nach dem Zweck der **22** Vorschr (oben Rn 19) nicht absolut zu verstehen; vielm kommt es kinderpsycholog (Baer FamRZ **82**, 223) darauf an, ob die PflegeZt dazu geführt hat, daß das Ki in der PflegeFam seine Bezugswelt gefunden hat

(Brschw ZfJ **83**, 311) u die Herausn aus ihr zu diesem Ztpkt die Gefahr schwerwiegder psych Schäden mit sich brächte (Celle FamRZ **90**, 192 nach 11 u 7½ Mo bejaht). Bei einem 6 Mo alten Ki desh idR keine Herausn zur Unzeit (BayObLG DAV **85**, 911); anderes können für ein 1jähr Ki 6 Mo lang sein (Siedhoff NJW **94**, 617). Nach längerer FamPflege wird es idR eines trift Grdes bedürfen, um das Ki aus der PflegeFam herauszun (AG Ffm FamRZ **82**, 1120: 11 J). Umgek kann das Merkm der längeren Zt auch nach mehreren J verneint w, wenn sich das Ki in der PflegeFam überh nicht eingelebt hat od die Kontinuität dch eine ggf auch rechtswidr Entführg unterbrochen wurde (Ffm NJW-RR **87**, 258).

23   **cc)** Geschützt wird das Ki vor allem vor der Wegn dch die leibl **Eltern,** die als MindestVorauss der VerbleibensAuseinandS **sorgeberechtigt** sein müssen (Hbg FamRZ **83**, 1271 mAv Puls; oben Rn 3). Schutz aber auch, wenn sich das Ki beim nehel Vater befindet (AG Tüb FamRZ **88**, 428) u überh ggü sämtl privatrechtl Titeln, dch die das Ki aus dem PflegeVerhältn herausgelöst w soll, wie gem §§ 1800, 1915 vS des Vormd (BayObLG FamRZ **91**, 1080; Hamm NJW **85**, 3029) od AufenthPflegers (BayObLG DAV **85**, 911).

24   **dd) Voraussetzungen von § 1666 I 1** (vgl dort Rn 6–17). Das HerausgVerlangen scheitert nicht schon dann, wenn das Ki bei den PflegeElt gut versorgt w od diese sonst besser geeign erscheinen (BayObLG FamRZ **84**, 817). Das natürl Vorrecht der leibl Elt braucht nur dann zurückzutreten, wenn die AufenthÄnd bei dem Ki zu nicht unerhebl körperl od seel Schäden führt (Oldbg FamRZ **81**, 811) od führen kann (Ffm FamRZ **80**, 826 u NJW **81**, 2524). Der Wunsch der Elt auf Herausg des Ki darf desh nur dann versagt w, wenn dch den Wechsel zu seinen Elt das körperl, geist od seel Wohl des Ki gefährdet wäre (BVerfG NJW **85**, 423; Salgo aaO, 423). Nur unter diesen Vorauss hat die VerbleibensAnO nach IV Vorrang (BayObLG FamRZ **84**, 932). Für einen Erfolg des HerausgVerlangens ist nicht allg zusätzl notw, daß es nur zum Wohl des Ki geschieht od ein trift Grd dafür vorliegt (Soerg/Strätz 25; siehe aber Rn 22). Die Entsch darf grdsl nur aGrd eines aktuellen, ggf auch von einer Partei beigebrachten (Ffm FamRZ **83**, 1164) **kinderpsychologischen Gutachtens** erfolgen (Ffm FamRZ **83**, 297/647 mA Kemper; Klußmann DAV **85**, 169; Siedhoff NJW **94**, 618). Erfdl ist ijF eine **Abwägung** der KiInteressen, auf die allein sich die PflegePers berufen kann, u dem EltR der leibl Elt, die sich auch bei einer funktionierden PflegeBeziehg nicht in einem bl BesuchsR abspeisen zu lassen brauchen (aA LG Hof DAV **81**, 213). Entscheidd ist das Ausmaß der Integration des Ki in die PflegeFam (AG Ffm DAV **82**, 365/68) u ob eine unvorbereitete Übersiedlg zu den leibl Elt bei dem Ki die Gefahr seel Entwurzelg entstehen läßt (Gernhuber FamRZ **73**, 238 f; Thieme FamRZ **84**, 111; illustratives GgBsp: Hamm DAV **75**, 156). BezugsPers brauchen nicht die PflegeElt selbst, sond können auch PflegeGeschw, Nachbarn od Schulfreunde sein (vgl § 1671 Rn 17). Umgek können bei einem 9 Mo alten Ki die Bindgen an die PflegeElt dch diej zu den bei den leibl Elt zu erwartden Geschw u GroßElt kompensiert w (BayObLG Rpfleger **85**, 112). Zum **Verhältnismäßigkeitsprinzip:** Siedhoff NJW **94**, 619. Ggü der SorgeREntziehg kann VerbleibensAO zG der PflegeFam das mildere Mittel sein, wie umgek die Auswanderg mit dem mucoviszidosekranken Ki in diesem Fall ggü den Belangen des Vaters uU zurückstehen muß (Karlsr FamRZ **94**, 1544). Bes zu berücks sind **Anlaß und Dauer der Familienpflege.** Als Anlässe können etwa KiMißhandlgen od Verwahrlosenlassen des Ki bedeuts sein. Zur Dauer: Rn 22. So ist IV gegeben, wenn das Ki nach völl Scheitern des ZusLebens mit den Elt bei den PflegeElt Zuflucht gesucht hat (BayObLG DAV **83**, 78). Haben die Elt ihr Ki selbst in Pflege gegeben u ist daraus eine entspr Beziehg gewachsen, so ist die Herauslösg aus der PflegeFam nur noch ausnw vertretb (Karlsr NJW **79**, 930). Umgek steht einem späteren HerausgVerlangen nicht entgg, wenn eine nehel Mutter aus Liebe zu ihrem Ki dieses zunächst zur Adopt freigegeben hat, dann aber die leibl Elt geheiratet haben (AG Kamen DAV **80**, 45 mA Dickmeis) od wenn das Ki zwar 8 J bei den PflegeElt war, aber die ne Mu gute pers Beziehgen zu ihm hat (BayObLG FamRZ **95**, 626). Andere Grde für den Erlaß der VerbleibensAnO können sein: **Entfremdung** zw Ki u Elt(-Teil), etwa weil sich die Mutter jahrelang um ihr Ki gekümmert hat (BayObLG FamRZ **74**, 137/9; Karlsr NJW **79**, 930). Hat dagg die Mutter den Kontakt zu dem Ki nicht abreißen lassen, wird ihr HerausgVerlangen idR gerechtfert sein (Ffm FamRZ **83**, 297). **Persönliche Defizite** bei den leibl Elt: IV setzt nicht fehlde ErziehgsEigng bei den Elt voraus (Ffm FamRZ **83**, 1163). Ausreichd auch Überforderg der Mutter dch 3 weitere (BayObLG DAV **85**, 335), insb lernbehinderte Ki (Schlesw DAV **80**, 574). Auch eig psych Probl aS des leibl EltT können eine AnO nach IV rechtfert (BayObLG NJW **88**, 2381); ebso Beziehgslosigk dem Ki ggü (BayObLG FamRZ **74**, 139). Ausr auch Mängel **dritter Personen,** zB drohde Mißhandlgen dch den Stiefvater (Ffm FamRZ **81**, 308). **Unzureichende Lebensverhältnisse** bei den Elt wie Mangel an Betreuungsmöglkten (LG Hof DAV **81**, 213). Aber ein soz u kulturelles Gefälle zw PflegeElt u leibl Elt reicht für sich allein nicht aus (Soerg/Strätz 26), ebsowenig wie die bessere erzieherische Eigng der PflegeElt (Kln FamRZ **71**, 182). Ein HerausgVerlangen, das ledigl einen **Wechsel der Pflegeeltern** bezweckt, setzt voraus, daß eine KiWohlBeeinträchtigg ausgeschl w kann (BVerfG NJW **88**, 125). Das gilt insb für die Wegn von der Großmutter (BayObLG FamRZ **91**, 1080).

25   **c) Rechtsfolge** ist die AnO des VormschG, daß das Ki bei der PflegePers verbleibt od (bei Vorenthaltg dch die Elt) an die PflegeElt herauszugeben ist (Düss FamRZ **94**, 1541). IV stellt ggü § 1666 eine verfahrensrechtl SondRegelg dar, so daß es daneben der Entziehg des SorgeR nicht bedarf (BayObLG DAV **83**, 78; Ffm FamRZ **81**, 813). Anderers kann iVm sonst Störgen des PflegeVerhältn zusätzl die Entziehg des SorgeR nötig w 26 (Bambg DAV **87**, 664) bzw des UmgangsR in Betr kommen (AG Karlsr DAV **78**, 386). – **aa)** Das VormschG entsch **von Amts wegen oder auf Antrag der Pflegeperson.** Neben den vAw zur Abwendg von Gefahr berufenen Stellen, insb dem JugA, kann die PflPers damit selbständ tät werden, wenn dem Kind dch den Wechsel aus der Pflegestelle Gefahr droht. Hiermit u mit der Verpflichtung des Ger, auch die PflegePers im Verf anzuhören (FGG 50 c; Einf 9 vor § 1626), sollen der Schutz des Kindes u die Achtg vor der PflPers, die sich des Kindes angen hat, erhebl verstärkt w (BT-Drucks 8/2788 S 40). PflegeElt auch 27 beschwerdeberecht (Ffm FamRZ **83**, 1164). – **bb) Zeitpunkt.** Das VormschG darf iSv IV tät werden u entspr ist auch ein Antr der PflPers zul, wenn die Elt das Kind von der PflPers wegn „wollen". Die Kundgabe einer entspr Absicht reicht aus; es braucht das HerausgVerf noch nicht anhäng gemacht w zu sein. 28 Denn die PflPers muß ebso wie das Kind wissen, worauf sie sich einzustellen haben. – **cc) Inhalt der Entscheidung.** Das VormschG „kann" anordnen, daß das Kind bei der PflegePers verbleibt. Es handelt sich also um eine ErmessensEntsch. Allerd muß die AnO erfolgen, wenn die Vorauss v § 1666 gegeben sind.

Entscheidde GesPkte sind dabei das Kindeswohl; Anlaß u Dauer der FamPflege, also das die Trenng des Kindes von den Elt auslöse u deren Verhalten nach der Trenng; aber auch in gewissem Umfg entspr der Achtg vor dem von der PflegePers geleisteten Einsatz (oben Rn 26) deren Belange. Mit Rücks auf das grdgesetzl geschützte EltR wird die AnO des endgült Verbleibs des Ki bei der PflegePers aber die Ausn bilden u nur bei schwerwiegder ErziehsUnfähigk der Elt od eines EltT überh in Betr kommen. IdR dient die AnO dazu, ein HerausgVerlangen zur Unzeit abzuwehren (BT-Drucks 8/2788 S 52). Zu erwägen (Hbg FamRZ **89**, 420: zwingd) eine **Besuchsregelung** zw SorgeBerecht u PflegePers (BayObLG MDR **84**, 668). – Die AnO darf nur ergehen, „solange" die Vorauss von § 1666 I 1 vorliegen. Desh ist der Verbleib des Kindes bei der PflPers nur sol gerechtf, daß ihm Gelegenh gegeben w, sich an den Gedanken zu gewöhnen, zu seinen leibl Elt zurückzukehren. AnO gem IV hat ggf ggü Maßn n § 1666 nach dem VerhältnmäßigkGrdsatz Vorrang (BayObLG FamRZ **84**, 932). Das Ger kann auch ggü der VerbleibensAnO mindere, dh für die Betroffenen die Härte abmildernde Regelgen treffen, näml Besuchsrechte anordnen (BayObLG NJW **84**, 2168), u zwar sowohl für die mit ihrem HerausgVerlangen scheiternden Elt (§ 1634 analog), als auch umgek zG der PflegePers, wenn dadch der für das Kind wesentl persönl Kontakt zu der ggwärt BezugsPers aufrechterhalten w kann u soll. Hat das VormschG die VerbleibensAnO getroffen u fallen die Voraussetzgen des § 1666 I 1 zu einem späteren Ztpkt aS der Elt weg, so hat das VormschG (*arg „sol"*) seine AnO aufzuheben (§ 1696) u damit den Weg für ein nunmehr erfolgr HerausgBegehren der Elt freizugeben. Haben die leibl Elt das Ki versteckt, kann das VormschG dch entspr Beschl den Elt aufgeben, das Ki **an die Pflegeeltern herauszugeben.** Der Ersatz von **Detektivkosten** iRv FGG 13a ist jedenf nicht verfassgswidr (BVerfG-Ka NJW **94**, 1645). Ggf auch Ers von Reisekosten der Mu u einer BegleitPers (Kblz FamRZ **95**, 36 Brasilien). – **dd) Form:** Auch dch vorläuf AnO (LG Frankth FamRZ **84**, 509). 29

d) Beschwerde können die PflegeElt gg die WegnAO, auch gg einstw Regelgen zum UmggsR der Elt 30 einlegen (Ffm FamRZ **94**, 391), aber nicht gg den Entzug der elt Sorge (Ffm OLG **83**, 301).

4) Bestimmung des Umgangs des Kindes mit Dritten, II. Die Vorschr erwähnt im Unterschied zum 31 bish geltenden Recht das R der Elt, den Umgg des Kindes mit Wirkg für u gg Dr iR der PersSorge zu bestimmen. Dch die Aufn dieses R in II soll erreicht w, daß die gerichtl AuseinandSetzg zw den Elt u einem Dr u dessen Umgg mit dem Kind vor dem VormschG ausgetragen w (BT-Drucks 8/2788 S 51). Das UmggsBestimmungsR resultiert aus dem Erziehs- u BeaufsichtiggsR der Elt (§ 1631 Rn 3–7). Danach hat der SorgeBerecht das Recht u die Pfl, den Umgg des Kindes mit and Personen zu überwachen, schädl Einflüsse Dritter nach Möglichk zu verhindern u das Kind vor Belästigg zu schützen. Zu diesem Zweck kann er mit Weisgen u Verboten gg das Kind od auch gg den Dr vorgehen (BayObLG FamRZ **95**, 497). Schranken dieses Teils der PersSorge ergeben sich insb aus §§ 1626 II u 1666. Zum UmggsR der **Großeltern** § 1634 Rn 7.

a) Inhalt und Schranken. Die Befug zur Bestimmg des Umggs des Kindes mit Dr geschieht regelm 32 dch entsprechde AnOrdngen der Elt. Entsprechde Umgg mit dem Dr wird dch **Umgangsverbote** unterbunden. Lit: Münder RdJB **75**, 146. Voraussetzg, daß beide Elt den Umgg mißbilligen (Schlesw FamRZ **65**, 224). Die Grenze ist nicht die Fähigk des Jugendl, eine eig sachgerechte Entscheidg zu treffen (vgl Reuter FamRZ **69**, 625), auch nicht zweifelh Übertraggen soziolog Erhebgen in die jur Dogmatik (so Klocke JuS **74**, 75) od die Drohg einer ernstl Schädigg des Kindes (Soerg-Herm Lange 23), sond nach der eindeut WertEntsch des GesGebers die MißbrSchranke des § 1666, die sich allerd erst dem Älterwerden zG der Kindesautonomie verschiebt u schon vorher nach § 1626 II erfordert, daß der dem KiWillen entggstehde Wille der Elt sich insb in den Jahren vor Erreichg der Volljährigk auf triftige u sachl Grde stützt, wobei wirtschaftl Opfer der Elt erhöhte PflAnfordergen auch des Kindes begründen können (Hamm FamRZ **74**, 136). Umggsverbot bedarf dem Dr ggü keiner trift Grde (Ffm NJW **79**, 2052). Als Grde für ein Umggsverbot kommen nach der Rspr in Betr: Lesbische Beziehg (LG Bln FamRZ **85**, 519); Verschiebg der Lebensphasen, zB 7 J ält Frau mit 2 Kindern will 18jähr heiraten (Nürnb FamRZ **59**, 71 vor Herabsetzg des VolljährigkAlters) od Verk einer 15jähr mit einem 19jähr (LG Stgt MDR **64**, 56) bzw überh mit wesentl ält verheirateten Mann (LG Hbg FamRZ **58**, 141); Versuch, eine Jugendl der elt Einfluß vollk zu entziehen (Hann NJW **49**, 625); GeschlVerk mit 15jähr Tochter u Fortsetzg auch nach deren Verlobg mit and Mann (Tüb FamRZ **67**, 108); Verurt zu 2 J FreihStrafe wg Raubes (KG MDR **60**, 497); Rauschgiftmilieu (Hamm FamRZ **74**, 136). Dagg nicht: negat grapholog Gutachten ü 28jähr Dr rer pol (Kblz NJW **58**, 951); Schutz einer mj Tochter vor jegl Verk mit einem best Manne (aA Kln FamRZ **63**, 447; LG Mü NJW **62**, 809); Abschneiden jegl soz Kontaktes aus schul Grden (Wiesb FamRZ **74**, 663). IjF ist es im Interesse eines wirks Konfliktabbaus notw, vor der Entscheidg die Sachargumente v Elt u Kind sowie ggf auch des Dr zu hören u ggf ggeinand abzuwägen (zur Anhörg FGG 50a ff sowie Einf 9–11 vor § 1626). Eine wirks Verlobg des Kindes schließt absolutes Umgangsverbot aus (Saarbr NJW **70**, 327). Mit Rücks auf die Herabsetzg des VolljkAlters besteht nach Brem FamRZ **77**, 555 kein Anlaß mehr für eine Einschränkg des EltR, sex Beziehgen ihrer noch nicht 18j Tochter zu einem gesch 23jähr ohne geregelte Beschäftigg zu unterbinden. Unter II fällt nicht die Bestimmg von Ausgehzeiten, des Besuchs v Lokalen ua; diese richtet sich vielm unmittelb nach §§ 1626, 1631.

b) Durchsetzung, III. Währd nach bish R die Dchsetzg v Umggsverboten Dritten ggü iW einstw Vfg u 33 UnterlassgsKl erfolgte (38. Aufl § 1631 Anm 3a), entsch nach dem SorgRG über Streitigken um das UmggsBestimmgsR der Elt auch mit Wirkg für u gg Dritte das **Vormundschaftsgericht.** Dem Kinde ggü können die Elt in den Grenzen v §§ 1631 II, 1666 auch unmittelb Erziehgsmaßn ergreifen; sie können aber auch das VormschG bitten, ihrer eig Entsch ggü dem Kinde einen rechtsoffiziellen Charakter zu verleihen (BayObLG FamRZ **95**, 497). Unter die ZustdgksRegelg v III fallen trotz der weiten GesFassg nicht Schad-ErsKl der Elt gg den Dr aus § 823 I wg Verletzg des absoluten Rechts der elterl Sorge (§ 1626 Rn 4). VermSchäden sind etwa inf Beseitigg v Unfallschäden od einem vom Dr schuldh verursachten Drogensucht denkbar. Das VormschG entscheidet nur auf **Antrag** eines EltT. Wenn sich beide Elt über ein Umggs- 34 verbot einig sind (oben Rn 32) genügt wie iF, daß dem and EltT das SorgeR nicht zusteht, der Antr eines der Elt. Es entsch der Richter auch iRv II (RpflG 14 Nr 16). Eine einstw HerausgAnO setzt HptVerf voraus (Hamm FamRZ **92**, 337 mA Brem/Overdick). **Vollstreckung** FGG 33. 35

1633 *Einschränkung der Personensorge durch Heirat.* Die Personensorge für einen Minderjährigen, der verheiratet ist oder war, beschränkt sich auf die Vertretung in den persönlichen Angelegenheiten.

1   **1) Schutzvorschrift** zG 16 u 17jähr Söhne u Töchter, die vor Eintr der Volljk eine Ehe eingehen. Denn im Ggs z früh R, wo der Sohn vor Eheschließg f vollj erkl werden mußte u zum Gemeinen R, wonach Heirat die Frau münd machte (ebso evtl nach dessen HeimatR bei Eheschl mit Ausl, RG **91**, 407), kann das VormschG heute beiden Geschlechtern Befreiung vom VolljkErfordern erteilen (EheG 1 II nF). Die elt Sorge wird dadch nicht beseit, sond nur eingeschrkt. Hins der tatsächl PersSorge steht der Mj einem Vollj gleich. **Wiederauflösung der Ehe** (auch NichtigErkl) noch vor Eintr der Volljk ändert an dem dch die Eheschl eingetretenen Zustd nichts; die elt Sorge lebt nicht wieder zu vollem Umfang auf u erstreckt sich auch nicht auf die Enkel (für sie gelten §§ 1673 II, 1671, 1681).

2   **2)** Die SorgeRInhaber, idR also die Elt, behalten die **Vermögenssorge,** vgl § 1626 Rn 16 (Ausn: Ehe-Vertr mit VerwR des and Eheg gem §§ 1411, 1421), haben aber den Überschuß der Einkünfte aus dem KindesVerm (§ 1649 II 2) u bei Volljk das Verm (§ 1698) herauszugeben. Geltdmachg v UnterhAnspr gg Eheg des Kindes dch die Elt, aber (wg ZPO 607 I) nicht bei Antr auf einstw AO z Regelg des Unterh (ZPO 620 Z 6). Bei Meingsverschiedh zw SorgeRInhaber u Kind sowie bei Mischtatbestden (teils Pers-, teils VermSorge) Entsch des VormschG analog § 1630.

3   **3)** Dagg wird die **tatsächliche Fürsorge** (§ 1626 Rn 13) dch die Eheschl **eingeschränkt.** Es entfällt (mit Ausn der Vertretg) die PersSorge u damit auch das ErziehgsR (Darmst NJW **65**, 1235). Kein Übergang dieser Rechte zur Erziehg, Beaufsichtigg, AufenthBest usw auf den Eheg des Kindes, sond im Verh der Ehel zueinand geltent § 1353 ff. Entspr hat Eheg kein R, dem Kind den Verk mit seinen Elt zu untersagen. Maßn insb der freiw ErzHilfe (Einf 31 ff vor § 1626) bleiben mögl. In einem Verf zZw der Übertr der PersSorge auf Pfleger gem § 1671 V führt Eheschl der Tochter zur Erledigg der Haupts (Hamm FamRZ **73**, 148). Die Elt behalten eine Art UmggsR (Staud-Donau 10; aA Erm-Ronke 2) u die Vertretg in PersSorgesachen (§ 1626 Rn 15), zB Vertretg bei StrafAntr (StGB 77). Benötigt Eheg Zust des Kindes, muß er sich an SorgeRInhaber wenden.

1634 *Recht zum persönlichen Umgang mit dem Kind; Auskunft.* [I]Ein Elternteil, dem die Personensorge nicht zusteht, behält die Befugnis zum persönlichen Umgang mit dem Kinde. Der Elternteil, dem die Personensorge nicht zusteht, und der Personensorgeberechtigte haben alles zu unterlassen, was das Verhältnis des Kindes zum anderen beeinträchtigt oder die Erziehung erschwert.

[II]Das Familiengericht kann über den Umfang der Befugnis entscheiden und ihre Ausübung, auch gegenüber Dritten, näher regeln; soweit es keine Bestimmung trifft, übt während der Dauer des Umgangs der nicht personensorgeberechtigte Elternteil das Recht nach § 1632 Abs. 2 aus. Das Familiengericht kann die Befugnis einschränken oder ausschließen, wenn dies zum Wohle des Kindes erforderlich ist.

[III]Ein Elternteil, dem die Personensorge nicht zusteht, kann bei berechtigtem Interesse vom Personensorgeberechtigten Auskunft über die persönlichen Verhältnisse des Kindes verlangen, soweit ihre Erteilung mit dem Wohle des Kindes vereinbar ist. Über Streitigkeiten, die das Recht auf Auskunft betreffen, entscheidet das Vormundschaftsgericht.

[IV]Steht beiden Eltern die Personensorge zu und leben sie nicht nur vorübergehend getrennt, so gelten die vorstehenden Vorschriften entsprechend.

1   **1)** Dem nicht sorgeberecht EltT bleibt das **Recht zum persönlichen Umgang** (Lit: Oelkers FamRZ **95**, 449). Die Vorschr ist nicht verfassgswdr (aA AG Kamen FamRZ **80**, 623); GG 6 II schützt beide EltT u gewährt dem Zerbrechen der Fam zB dch Scheidg dem dch die SorgeRReglg begünstigten EltT nicht zusätzl auch noch den verfassgsrechtl Vorrang vor dem and EltT. Zur Verfassgskonformität der aF BVerfG NJW **71**, 1447; BayVerfGH NJW **73**, 1644. Der GesGeb hat am Grdsatz der Befugn des nicht personensor-geberecht EltT zum Umgg mit dem Kind im Interesse beider festgehalten (BT-Drucks 8/2788 S 53). Zur Ersetzg des Ausdr „Verk" dch den Begr „Umgg" BT-Drucks 7/2060 S 23 f. Dem Kindeswillen, insbes des **2** über 14jähr Kindes, hat der GesGeb im Ggsatz zum RegEntw (BT-Drucks 7/2060 S 24) zu Recht keine ausschlaggebde Bedeutg eingeräumt (BT-Drucks 8/2788 S 41; vgl aber unten Rn 32). Zum Verhältn v UmggsR u AufenthErlaubn OVG Münst FamRZ **86**, 391; VerfBeschw NJW **88**, 883. Steht den getrenntleb-**3** en od geschied Eheg die elt Sorge gemeins zu, dann **§ 1634 analog** zG des EltT, bei dem sich das Ki nicht befindet (BGH FamRZ **80**, 131; Kln FamRZ **78**, 727; Bambg FamRZ **93**, 726). Zur **Reform** des UmggsR bei nehel Ki: Einl 6 v § 1297 u § 1711 Rn 2.

4   **a)** Müßig Streit um Deutg des UmggsR als restl **Teil der Personensorge** (*arg* „behält"; RG **153**, 238; KG FamRZ **89**, 656; Gernhuber § 53 III 1), als natürl EltR (Beitzke FamRZ **58**, 10; Dölle § 98 I 1) od als bl Ausdr der persönl Verbundenh zw EltT u Kind (Simon FamRZ **72**, 485). Desh steht wed die Tats, daß sich die Elt bereits vor der Geburt des Ki getrennt haben (Hamm FamRZ **94**, 58) noch Zweif an der Vatersch (AG Kerpen FamRZ **94**, 1486) od die Erhebg der EhelkAnfKl (BGH NJW **88**, 1666) noch, daß das Ki dch Fremdbefruchtg gezeugt w (Ffm FamRZ **88**, 754), der Geltdmachg des UmggR entgg. IjF stehen sich Umggs- u PersSorgeR iRv § 1634 als selbstd, sich ggseit beschränkde Rechte ggü (BGH NJW **69**, 422). Soweit das der UmggsZweck erfordert, wird das PersSorgeR eingeschränkt (KG JFG **12**, 79). Umgek muß das UmggsR, dem eine VerkPfl nicht entspricht, bisw als das schwächere Recht dem stärkeren SorgeR weichen, wenn näml dch Ausübg des UmggsR diej des SorgeR unmögl gemacht würde, zB bei einer **Auswanderung** (BGH NJW **87**, 893; FamRZ **90**, 392 Italien; vgl ferner RG **141**, 321; Neust FamRZ **63**, 300), was im Hinbl auf Art 8 EMRK äußerst bedenkl ist (Einl 7 v § 1297). Widerstrebt UmggsBerecht der

Auswanderg, so ist vor Paßerteilg Entsch des FamG notw (BayObLG JR **57**, 141); ggf auch Abändg der SorgeRRegelg (§ 1696 Rn 6), etwa bei Auswanderg nach Übersee (BGH NJW **87**, 893; Dörr NJW **89**, 692), währd die mit einer Übersiedlg ins Ausl verbundene Erschwerg od Unmöglk des Umggs als solche keine Abändg der SorgeEntsch rechtfertigen (Kln FamRZ **72**, 572 Spanien; Karlsr FamRZ **78**, 201; LG Mannh Just **75**, 232 USA). Zu vorläuf AO in diesem Zushg: § 1696 Rn 8. Auch bei Ausweisg des Umggs-Berecht ist dessen UmggsR zu berücks (OVG Münst FamRZ **69**, 35).

b) Zweck: Das UmggsR ist subj Recht iSv § 823 I, das seinem **Inhalt** nach nicht darauf gerichtet ist, **5** das Kind zu erziehen; denn dieses R hat der sorgeberecht EltT (§ 1631); auch nicht, den and EltT zu überwachen (KG DR **40**, 980). Das UmggsR soll vielm dem Berecht die Möglk geben, sich v der Ent-wicklg u dem Wohlergehen des Kindes lfd zu überzeugen u die zw ihnen bestehden natürl Bande zu pflegen (BGH NJW **69**, 422), einer Entfremdg vorzubeugen u dem Liebesbedürfn beider Teile Rechng zu tragen (Kblz DAVorm **80**, 580). Desh UmggsR auch ggü Säugling, ebso wie es auf die Umst nicht ankommt, die zum Verlust des PersSorgeR geführt haben u denen ggf über II 2 dch geeignete Maßn des FamG Rechng zu tragen ist. So hat UmggsR der geschied od getr lebde Eheg, der nicht sorgeberecht ist (§§ 1671, 1672); der Ehebrecher (Stgt FamRZ **59**, 296); die Prostituierte (Brschw MDR **62**, 132); ferner wenn die Ehe für nichtig erkl od aufgeh ist (EheG 37 I); selbst bei Entziehg der elt Sorge (§§ 1666, 1666 a) od Ruhen ders (§§ 1673, 1674). Anders nur iF der KindesAnn (vgl § 1755); ein UmggR hat nur ein leibl EltT, nicht wer nur formal als Vater des Ki gilt, wenn das 14j Ki den Verk abl (Ffm FamRZ **90**, 655). UmggsR steht beiden Elt zu, wenn PersSorgeR einem Pfleger übertr ist (BayObLG NJW **64**, 1324). Entspr anwendb ist § 1634 auch, wenn die Elt bei bestehder Ehe u gemeins PersSorge tatsächl getrennt **6** leben, aber Antr aus § 1672 nicht stellen, **IV.** Die Elt leben **nicht nur vorübergehend getrennt,** wenn sie den Entschl dazu dch tatsächl AuseinandZiehen in die Tat umgesetzt haben; nicht erforderl ist für eine vormschgerichtl Regelg, daß die Elt bereits längere Zeit voneinand getrennt waren. Zum Begr des Ge-trenntl § 1567 Rn 4–8. IV gilt auch iF des Getrenntl innerh der ehel Wohng (§ 1567 I 2).

c) UmggsR ist höchstpersönl, unverzichtb EltR (RG JW **25**, 2115) u kann auch der Ausübg nach nie- **7** mandem, insb auch nicht den **Großeltern,** überlassen w (KG RJA **15**, 96), denen ihrers ebso wie Geschw, sonst Verwandten u **anderen nahestehenden Personen** kein UmggsR zusteht (BayObLG **63**, 293; BT-Drucks 7/2060 S 24 u 8/2788 S 54f; aA Birk FamRZ **67**, 306). Dies verstößt gg Art 8 EMRK (Einl 7 v § 1297). Die Beziehgn zu ihnen liegen im allg im Interesse des Ki, insb, wenn der die Verwandtsch vermittelnde EltT verstorben ist (BayObLG ZBlJugR **81**, 272), u müssen desh aufrechterhalten u gepflegt w (BayObLG NJW **65**, 1716), so daß § 1666 vorliegt, wenn Elt das ihnen zustehde EntschR über diesen Umgg mißbrauchen (Düss FamRZ **67**, 340), was regelm der Fall ist, wenn ein EltT ohne verständ Grd den Verk seines Kindes mit den GroßElt unterbindet (Brschw FamRZ **73**, 268), der Vater nach Tod der Mutter u EhelichkErkl des Ki den Verk des Ki mit den GroßElt mütterlichers verhindert (BayObLG FamRZ **80**, 284) od bei 12j Enkel nach dem Tod des Vaters (BayObLG FamRZ **75**, 279). Unterbindet der SorgeBerecht mißbräuchl, dh ohne verständ Grde (BayObLG DAVorm **79**, 768), jegl derartd Umgg zw Enkeln u GroßElt, so kann ihm insow die elterl Sorge entzogen u eine gerichtl Besuchsregelg getroffen w (Mannh DAVorm **77**, 323). Die erforderl Maßregeln können auch in höherer Inst getroffen u dabei die vorinstanzl dch mildere od schärfere ersetzt w (BayObLG DAV **79**, 768). Aber **kein Mißbrauch,** wenn erhebl Spangen bestehen, zB dadch, daß die GroßElt den ErziehgsVorrang der Elt nicht beachten u das Ki in die Streitigkten einbez (BayObLG FamRZ **95**, 497) od dem sorgeberecht Vater den Selbstmord der Mutter anlasten (BayObLG ZfJ **84**, 361) od den Vorrang des elt ErzR nicht respektieren (BayObLG DAV **82**, 359; FamRZ **84**, 614), die Großmutter eigenmächt in die Erziehg eingreift (KG FamRZ **70**, 209) od die Spanng zw Mutter u Großm sich nachteilig auf das Ki auswirken (BayObLG DAV **83**, 377).

d) Zum UmggsR des **nichtehelichen Vaters** § 1711. § 1634 findet auf die **nichteheliche Mutter** ggf **8** direkte (BayObLG FamRZ **82**, 958), iü analoge Anwendg, wenn sich das Kind in FamPflege befindet, insb iF eines an § 1632 IV gescheiterten HerausgVerlangens (§ 1632 Rn 28).

2) Die Umgangsregelung richtet sich nach dem Willen der Elt (vgl bei einverständl Scheidg ZPO 630 I **9** Z 2) od wird dch das FamG getroffen, u zwar auf Anregg eines EltT od vAw (vgl ZPO 623 III 2). Ist der UmggsBerecht mit dem Vorschl des PersSorgeBerecht nicht einverstanden od können sich die Elt ü die Ausübg des Umggs sonst nicht einigen (dazu Giesen NJW **92**, 225), so regelt das FamG den Umgg ausschließl unter dem GesPkt des Kindeswohls (*arg* II 2).

a) Die UmggsRegelg kann unter den Elt **vereinbart** w, insb kann dies anläßl der Einigg der scheidgs- **10** will Elt ü die Zuteilg des SorgeR an einen EltT geschehen (§ 1671 III). Vereinbg schon mRücks auf diese Koppelg für beide Teile bindd (aA BayObLG FamRZ **65**, 618), so daß eine Abändrg nur in Betr kommt, wenn das KiWohl in erhebl Weise beeintr ist (Kln FamRZ **82**, 1237). Erzwingbark Rn 38. Haben sich die Elt geeinigt, so können sie gemeins eine and Regelg treffen. Einseit Widerruf aus Grden des Kindeswohls dagg unzul; abweichde Regelg kann, auch wenn Eheg zeitw etwas anderes praktiziert haben, nur dch Entsch des FamG erreicht w (Karlsr FamRZ **59**, 70). Ist die reibgslose Abwicklg der Vereinbg nicht gewährl, muß das FamG entsch (Ffm FamRZ **88**, 1315). Ein **Verzicht** auf das UmggsR gg Freistellg v **11** UnterhPfl ist sittenwidr (BGH NJW **84**, 1951), es sei denn die Nichtausübg des UmggsR dient dem KiWohl (Ffm FamRZ **86**, 596).

b) Eingreifen des Familiengerichts, II 1, soweit eine Einigg der Elt nicht vorliegt; auch wenn der **12** Konflikt darin besteht, daß der sorgeberecht EltT nur ein weitergehdes BesuchsR einräumen will als gewünscht (Düss FamRZ **86**, 202); aber auch bei Mißbr, ohne Antr (BayObLG NJW **66**, 1322), u stets nur im Interesse des Ki. Letzteres kann auch dafür sprechen, v einer UmggRegelg überh abzusehen (Karlsr FamRZ **90**, 655). Ein Antr hat ijF nur anregde Funktion (Zweibr FamRZ **93**, 728). Zur Betrauung des JA mit der Ausführg v UmggAnO: Einf 43 v § 1626. II entspr anwendb, wenn SorgeR zwar beiden Elt zusteht, tatsächl aber nur von einem ausgeübt w, IV (oben Rn 6). Keine Bindg an bes Wünsche des SorgeBerecht (BVerfG NJW **71**, 1447; BGH **51**, 219). Zur Berücksichtig eines entggstehenden Kindeswil-lens Rn 32. Das FamG ist zur Regelg des UmggsR u zu dessen zwangsw Dchsetzg iW von FGG 33 **auch 13**

gegenüber Dritten, also Groß- u PflegeElt, aber auch iü unbeteiligten Dr, zust, vor allem aber ggü solchen Pers, in deren ständ Obhut sich das Kind befindet (amtl Begrdg BT-Drucks 7/2060 S 25). Der KlWeg ist ausgeschl.

14   **c) Verpflichtung der Eltern zu wechselseitigem loyalen Verhalten** iR des Umggs, **I 2.** Vgl zunächst Rn 30. Der pers-sorgeberecht EltT hat ebso wie der umggsberecht EltT alles zu unterlassen, was das Verhältn des Kindes zum jew anderen EltT beeinträchtigt od die Erziehg erschwert. Zur Auswirkg v Verstößen auf eig UnterhAnspr des EltT § 1579 Rn 28. **Zweck** dieser „WohlverhaltensVorschr" (BT-Drucks 8/2788 S 41): Nach der Ehescheidg besteht die Gefahr, daß die Streitgken zw den geschied Ehel mittels u auf Kosten der gemeins Kinder fortgeführt w. Desh begründet das Ges jetzt die Verpfl beider Elt zur UmggsLoyalität (BT-Drucks 8/2788 S 54). Die Grde, die zum Scheitern der Ehe geführt haben, berechtigen in aller Regel nicht, das Kind gg den and EltT einzunehmen, von dem es gleichermaß abstammt. Ein **15** **Verstoß** gg die Umggsloyalität muß allerd ein beachtl Maß erreicht haben, ehe das FamG eingreift. Wenn der pers-sorgeberecht EltT diese Verhaltensnorm ständ mißachtet u damit gg das Wohl des Kindes verstößt, wird das Ger seine nach §§ 1671, 1672 getroffene Entsch überprüfen. Es steht dann vor der Frage, ob es von § 1696 Gebr machen u das SorgeR auf den and EltT übertr muß. Zur Dchsetzg des BesuchsR kann auch AufenthBestPflegsch (UmggPflegsch) angeordn w (BGH NJW-RR **86**, 1264; AG Aalen FamRZ **91**, 360 mA Luthin). Doch hat die AO v ZwGeld zur Aufg der Verhindg des Umgg auch ggü § 1896 idR den Vorrang (Hamm FamRZ **92**, 466). Die Weigerg des 9j Ki, mit dem and EltT mitzugehen, schützt den SorgeBerecht auch nicht vor einem ZwGeld (Zweibr FamRZ **87**, 90; BezG Ffo FamRZ **94**, 58). Zur Auswirkg von massiven Verstößen gg das UmggsR auf den UnterhAnspr des betr EltT: § 1579 Rn 28. Wenn umgek der umggsberecht EltT bei der Ausübg seines UmggsR dauernd gg diese Verhaltensregel verstößt, indem er alles tut, um das Kind dem and EltT zu entfremden, entsteht für das Ger die Frage, ob es gem II 2 einschreiten muß (BT-Drucks 8/2788 S 41 u 54). Einzelh dazu Rn 30–32.

16   **d)** Bei Schwierigken in der Dchführg des Umggs kann sich das UmggsR inhaltl auf briefl Kontakt, die Zusendg v Photos uä reduzieren (Rn 21). Als solche Restbefugn vom UmggsR od parallel dazu, also neben regelmäß stattfindenden Besuchen, kann der umggsberecht EltT bei berecht Interesse vom PersSorgeBerecht **Auskunft über die persönlichen Verhältnisse des Kindes** verlangen, **III 1** (Lit: Oelkers NJW **95**, 1335). Ein **berechtigtes Interesse** ist vor allem dann gegeben, wenn dem EltT ein UmggsR nicht zusteht, wenn das Kind sowohl einen persönl als auch einen briefl Kontakt zu ihm ablehnt od wenn der EltT wg des jugendl Alters des Kindes u zu großer räuml Entferng weder persönl noch dch einen SchriftVerk mit dem Kind sich von dessen Wohlergehen u seiner Entwicklg überzeugen kann (BT-Drucks 8/2788 S 55). Das AuskftsR ist zum Ausgl für einen eingeschrkten od ausgeschloss persönl Umgg gedacht (BT-Drucks 8/2788 S 55). AuskVerpfl (Hamm NJW-RR **95**, 1028 psychiatr Behdlg); also regelm bei KleinKi (Zweibr FamRZ **90**, 779). Die Ersatzfunktion der Ausk schließt jedoch nicht aus, in AusnFällen dem UmggsBerecht auch neben dem persönl Verk AuskftsAnspr zu gewähren; denn als III gilt die Vorschr nicht nur iF v II, sond auch iFv I; u außerd kann der UmggsBerecht auch sonst ein berecht Interesse an best Auskften haben, die ihm das Kind zB wg seines Alters, einer Behinderg oä nicht geben kann, etwa über Allergien, Einhaltg medizinischer Maßn usw. **Umfang:** Ausk kann nur insow verl w, als der Berecht die Informationen auch dch den Umgg erh hätte, also kein Anspr auf Entbindg der behandelnden Ärzte von der SchweigePfl; auf Ausk ü **17** polit Engagement, Kontakte zu Dr usw (AG Hbg FamRZ **90**, 1382). **Umgangssurrogate** an Stelle des ausgeschl Verk können sein: Übermittlg v SchulZeugn (BayObLG FamRZ **83**, 1169); halbjährl Bericht ü die Entwicklg des Ki unter Beifügg eines Photos (LG Karlsr FamRZ **83**, 1169; dagg nicht Überlassg v Belegen wie Kopien des Vorsorgeuntersuchgshefts (Zweibr FamRZ **90**, 779). Gg den Willen des Sorgeberecht sind **telephonische** Kontakte zu dem sorgeberecht EltT zu dem Ki unzul (AG Degdf FRES **1**, 292). Die Erteilg v Auskften kann nicht verlangt w, soweit dies dem **Wohl des Kindes** widerspricht, was dann zutrifft, wenn der EltT, dem der persönl Umgg versagt ist, Auskfte über den Aufenth des Kindes od über die v ihm besuchte Schule od Lehrstelle verlangt, um den dem KiWohl abträgl persönl Kontakt doch herzustellen. Dagg ist der AuskftsAnspr im Interesse des sorgeberecht EltT nicht ausgeschlossen in den Fällen, in denen nach Wiederverheiratg der Mutter das Kind in die StiefFam eingegliedert ist, u auch nicht wg der mit seiner **18** Erfüllg verbundenen Belastgen (BT-Drucks 8/2788 S 55). Entsteht zw den Elt **Streit** ü die Berechtig od den Umfang der Auskftserteilg, so entsch das **Vormundschaftsgericht, III 2.**

19   **e)** Trifft das FamG über den **Umgang des Kindes mit Dritten** eine Best (dazu Rn 21 aE), so bestimmt währd der Dauer des Umggs der UmggsBerecht, mit wem sonst das Kind umgehen darf (§ 1632 II), **II 1 zweiter Halbsatz.** Diese Ergänz erschien dem GesGeb zweckmäß, weil idR nur der EltT, bei dem sich das Kind gerade aufhält, die dritten Pers, mit denen ein Umgg des Kindes in Frage kommt, kennt u beurt kann, ob der Umgg mit dem KiWohl zu vereinb ist (BT-Drucks 8/2788 S 55). Die Vorschr ist eng auszulegen; der sorgeberecht EltT soll zwar einen ausschließl in seinem eig Interesse unerwünschten Kontakt des Kindes mit den Verwandten od einem LebPartner des geschied Eheg nicht verhindern dürfen (Rn 21 a aE); aber er muß auch aus der Entferng dem Kind schädliche Einflüsse abwehren können, ohne gezwungen zu sein, sogleich das FamG anzurufen. Desh kann der SorgeBerecht dem Kind, das zu einem FerienAufenth zum und EltT aufbricht, verbindl den Umgg mit einem drogensücht Nachbarskind des UmggsBerecht untersagen uä.

20   **3) Inhalt der Umgangsregelung durch das Familiengericht, II.** Entscheidd ist das aus der konkr Situation zu begründde KiWohl (BVerfG 1. Sen 3. Ka NJW **93**, 2671; vgl dazu auch Dörr NJW **93**, 2413). Vom FamG sind ggf auch **Detailfragen** zu regeln (aA AG Gr-Gerau FamRZ **95**, 313; wie hier Luthin aaO). Vgl iü Rn 33.

21   **a)** Die UmggsRegelg betrifft den **Kontakt des Kindes mit dem Umgangsberechtigten,** also auch den BriefVerk (KG DR **42**, 526), der ggf untersagt w kann (KG FamRZ **68**, 262), idR aber umgek auch nicht nur ersatzw an Stelle der persönl Begegng zugelassen w sollte (Staud-Schwoerer 15 f; aA Dölle § 98 I 3). UmggsR des Inhaftierten kann sich auf Zusendg v Fotos reduzieren (LG Bln FamRZ **73**, 147), um sich ü die Entwicklg des Kindes zu informieren. § 1634 deckt nicht AnO einer Therapie (BezG Erfurt FamRZ **92**, 1333) od AnOen bezgl dem Kinde zu machder Geschenke (KGJ **34** A 23), die in mäß Umfg zul sind, od Benachrichtigg ü das Befinden des Kindes. Störgen des Umggs dch den sorgeberecht EltT können Maßn gg diesen gem I 2 iVm §§ 1666, 1696 (Rn 15) auslösen. Das FamG regelt, falls erforderl, den Umgg erschöpfd nach Zeit, Ort und Art (vgl BayOblG FamRZ **65**, 156). Es hat darauf zu achten, daß in das R des SorgeBerecht nicht mehr als unbedingt erfdl eingegriffen w (KG HRR **35**, 351). Gem § 1634 kann der sorgeberecht Mutter auch verboten w, mit dem Kind nach Australien auszuwand, wenn sie keine trift Grde dafür hat (Oldbg FamRZ **80**, 78; and Düss FamRZ **79**, 965). Oberster Grdsatz für die Entsch ist das **Kindeswohl;** Richtschnur für die Regelg im einz sind somit (vgl § 1671 Rn 11–15) das FördergsPrinz u das der Einheitlk u Gleichmäßigk der Erziehg (Kontinuität). Das FamG hat darauf zu achten, daß nicht angebl SchutzMaßn zum Wohl des Kindes in Wirklichk nur der Schong des sorgeberecht EltT dienen, so daß zB Ausschl der Ggwart der GroßElt, die früher das Kind 2 J betreut haben, idR nicht gerechtf ist (Stgt NJW **78**, 380).

aa) Zur **Häufigkeit** hat der GesGeb keine Richtlinie geben wollen (BT-Drucks 8/2788 S 55). Bei Ge- 22 trenntleben im allg etwas mehr Umgg als nach Scheidg (BayOblG FamRZ **66**, 455). Grdsl **periodischer Umgang** von jew kurzer Dauer ggü längeren zuhängdn Aufenthalten die bessere Lösg, trotz der damit verbundenen Unbequemlichken, damit Besuch möglichst bald zur festen Gewohnh w kann (BayOblG **57**, 134) u eine Entfremdg von UmggsBerecht u Kind vermieden w. Zur erfdl Berücks des ZtEmpfindens des Ki: Plattner FamRZ **93**, 384; AG Kerpen FamRZ **94**, 1486: 1½j Ki. Typ ein- od zweimal im Mo einige Stden (BayOblG NJW **64**, 1324); mtl 1 WoEnde (Karlsr OLGZ **67**, 468); bei großer Entferng jeden 2. Mo 1 WoEndBesuch bei nichtsorgeberecht EltT (Mannh Just **76**, 475). Ergänzg des period Verk dch Ferienbesuch nur bei NichtBeeintr der ErzKontinuität (Bln FamRZ **73**, 99; KG FamRZ **78**, 728); bei weiter Entferng, insb wenn UmggsBerecht im Ausl lebt, als Ersatz jährl einmaliger Ferienbesuch von ca 2 Wo (BayOblG **51**, 530); ü ZusZieh v mtl Umgg zu ¼ jährl Wo-End-Besuchen mit Übernachtg erst ab Schulreife (Heilbr Just **74**, 425). Ein zusätzl, längerdauernder persönl Besuch, FerienAufenth od Urlaubsreise, neben regelmäß Kurzbesuchen ist idR u jedenf bei Kind im Grdschulalter abzulehnen (KG FamRZ **79**, 70). An Festtagen gehört das Kind zum SorgeBerecht (Mü JW **39**, 290); nach Mannh MDR **61**, 1016 soll Kind an 2. Festtagen zum UmggsBerecht (aA Heilbr Just **73**, 433, damit Elt sich nicht ggseit ausstechen). Bei zwingden HindergsGrden in der Pers des Kindes Verschiebg des Besuchs auf den nächstmögl entspr WoTag, weil sonst Gefahr der Umgehg des period BesuchsR (Heilbr Just **74**, 126). Dagg keine allg Ersatzregelg f KrankhFälle (LG Karlsr DAVorm **75**, 243). Ggü dem v der Rspr bevorzugten period Umgg sollte man überlegen, ob 23 man nicht unter entspr Voraussetzgen eine **Umgangsregelung in Zeitblöcken** mehr als bisher treffen sollte, so bei tiefgreifder Verfeindg der Elt; bei zu starker Belastg des FamLebens beim sorgeberecht EltT, wenn dadch der Umgg für das Kind von vornh zur Qual wird; bei großer Entferng. In solchen Fällen könnte ein 2–4 wöchig Ferienbesuch des Kindes bei dem and EltT zu einer wesentl Entkrampfg der seel Beziehgen führen u das Kind zu dem umggsberecht EltT im Ggsatz zu den sonst immer als AusnSituation empfundenen period Besuchen eine normale Gefühlsbeziehg entwickeln. Bei der Besuchsregelung ist ferner die bes Bedeutg der gr **Kirchenfeste** angem zu berücks (Bambg FamRZ **90**, 193). Zur **Auswirkung auf** 24 **den Unterhalt** Rn 42.

bb) Ort: Grdsl Wohng des UmggsBerecht (BayOblG FamRZ **65**, 156; Düss FamRZ **88**, 1196). Falls 25 Besuch des Kindes dort untunl, kann Umgg an dritten Ort (JugAmt, Pfarrer) angeordnet w, jedenf möglichst nicht im Hause des SorgeBerecht (OLGZ **43**, 370), es sei denn, die Elt vermögen sich ohne Feindseligk zu begegnen.

cc) Zum **Holen und Bringen** des Kindes vgl Lempp ZBlJugR **79**, 517 mit dem erwägenswerten 26 Vorschlag, der sorgeberecht EltT möge öfter als bisl übl das Ki zum umggsberecht EltT bringen, um dem Ki dch eig Hdlgen zu beweisen, daß er den Umgg im Interesse des Ki bejaht. Aber eine rechtl Verpfl zur aktiven Mitwirkg u Zuführg des Ki besteht nicht (Zweibr FamRZ **82**, 531); anders bei bindender Vereinbg (Ffm FamRZ **88**, 866) sowie ggf bei bl einstw UmggsRegelg (Saarbr FamRZ **83**, 1054). Iü ist bei der **Art** 27 **und Weise** der Ausgestaltg der UmggsRegelg (sa Rn 12) in erster Linie darauf zu achten, daß das Kind dch den Umgg keine Schädiggen erleidet, zB sich nicht bei dem kranken UmggsBerecht ansteckt (KGJ **53**, 30), od sonst gefährdet w, zB dch ungünst Einflüsse auf labiles Kind bei Besuchen des in Strafhaft befindl Vaters (KG FamRZ **68**, 260). Mögl desh Vermeidg v **Übernachtungen** eines 4j (Hamm FamRZ **90**, 654) od auch Verbot religiöser od konfessioneller Einfluß (BayOblG NJW **61**, 1581), od best Themen (Scheidg!) zu berühren, außerh der BesuchsZt mit dem Kind zu sprechen (Hamm FamRZ **66**, 254). UmggsBerecht hat außer in Notfällen auch kein R, das Kind ärztl untersuchen zu lassen, ebsowenig bei einer vom SorgeBerecht veranlaßten ärztl Untersuchg anwesd zu sein (Stgt FamRZ **66**, 256). Umgek hat im Interesse eines natürl, 28 unbefangenen ZusSeins mit dem UmggsBerecht der SorgeBerecht kein R, bei dem Besuch des UmggsBerecht dabei zu sein; wohl aber AnO der Anwesenh einer Pflegerin bei Kind im Säuglingsalter (BayOblG JFG **5**, 76) od einer **Aufsichtsperson,** insbes des JA (Einf 27 v § 1626) wenn sonst das Wohl des Kindes gefährdet wäre (Hamm NJW **67**, 446); zB bei ansteckder Krankh od wenn nach der Persönlk des UmggsBerecht u seiner inneren Einstellg dem Kinde ggü ihm nicht das Vertrauen entgegbracht w kann, daß er ohne Beaufsichtigg den UmggsZweck wahren würde (KG HRR **27**, 1897). Zu Besonderheiten bei Verfeindg der Elt: Rn 15 u 30. Der sorgeberecht EltT kann die **Anwesenheit Dritter,** zB der GroßElt des Kindes, währd 29 der Dauer des persönl Umggs nicht verbieten; insb verlangt KiWohl in aller Regel nicht, daß vor Ankunft des Kindes der neue LebGefährte des UmggsBerecht entfernt w (BGH **51**, 224; Hamm FamRZ **82**, 93), mag dieser auch für das Scheitern der EltEhe verantwortl gewesen sein (Weber FamRZ **73**, 285), weil eine ungezwungene Begegng mit dem UmggsBerecht sich am besten in dessen natürl Umgebg verwirkl läßt. Maßgebd die Verständigk des Kindes u ob es den Dr als störd empfindet (KG FamRZ **78**, 729). Ein Verbot der Anwesenh des neuen Partn kommt bei 6 u 8j Ki vor Ablauf des TrenngsJ in Betr, wenn der sorgeberecht EltT an der Ehe festhält (Kln FamRZ **82**, 1236). Verbot auch der Anwesenh der sich mit Okkultismus beschäftigden neuen LebGefährtin (Schlesw NJW **85**, 1786). Sind Geschwister nicht bei demselben EltT untergebracht, so ist darauf Rücks zu nehmen, daß sich die Geschw sehen können (JFG **2**, 80; Dölle § 98 I 3). Keine AO der Anwesenh Dr (SchwElt bei Säugling), ohne deren dch Anhörg eingeholte Zust (Zweibr DAV **86**, 356).

30 **b)** Das FamG kann verfassgsrechtl zul (BVerfG NJW **83**, 2491) den **Umgang zeitweise oder dauernd ausschließen, II 2.** Entscheidd ist allein das **Kindeswohl.** Daß die Besuchskontakte selbst zufriedenstelld verlaufen, ist kein Grd gg den Ausschl des BesuchsR (Hamm FamRZ **95**, 314). LitNachw u Darstellg der ggsätzl Auff (Konfliktbewältiggs- u UmggsVerzichtstheorie) bei Kühn DAV **84**, 582f. Zu berücks, daß von Psychologen das UmggsR überh in Frage gestellt (Lempp NJW **63**, 1661) u iü ein uU häufigerer Ausschl des UmggsR, als es ggwärt Praxis entspricht, empfohlen w (Giesen NJW **72**, 225). Schwierigkten sind nicht per se AusschlGrde, sond Grd zu Anstrenggen, sie zu überwinden (Celle NJW-RR **90**, 1290). Der sorgeberecht EltT hat idR die Möglk, das Kind in seel Konflikte zu stürzen; das darf nicht dazu führen, daß er allein entsch, ob der and EltT das Ki sehen darf od nicht (Ffm FamRZ **84**, 614). Desh muß beiden Elt nachdrückl (evtl dch Empfehlg therapeutischer Maßn) klar gemacht w, daß der Konflikt, der zum Scheitern ihrer Ehe geführt h, auf keinen Fall in das Kind projiziert w darf. Dem Kinde ggü verdient der ehem Eheg nach wie vor Respekt; das Kind merkt bei der gebotenen Zurückhaltg selbst am schnellsten, wer von beiden Elt es seel am meisten fördert. Der GesGeb hat diese psycholog Gegebenhten in eine RechtsPfl zu wechselseit Loyalität umgemünzt, I 2 (vgl oben Rn 14). Desh keine Ausschließg des UmggsR allein der **Verfeindung der Eltern** wg (BayObLG **84**, 134; Hamm FamRZ **94**, 58) od weil der Umgg dem sorgeberecht EltT nervöse Beschwerden verursacht (Bambg FamRZ **84**, 507); wohl aber, wenn das BesuchsR nur dazu benutzt w, das Ki dem SorgeBerecht zu entfremden od aus der PflegeFam herauszulösen (Stgt NJW **78**, 1593; Bambg FamRZ **93**, 726) od um Verhetzgen des Kindes gg den SorgeBerecht zu verhindern (Schlesw SchlHA **57**, 101). Vgl aber auch Rn 28. Ausschl des UmggsR, wenn der Berecht das R zu AuseinandSetzgen mit dem and EltT vor den darunter leidden Kindern benutzt (Stgt NJW **79**, 1168 L). Bei umgek Verhalten des SorgeBerecht ggü dem UmggsBerecht Maßn nach § 1666, im äußersten Fall Korrektur der SorgeREntsch (§§ 1671, 1696). IdR führen Spanngen zw den Elt allenf zu einer Beschrkg des UmggsR, zB auf 1 Besuch im Mo, trotz enger persönl Bindgen des Kindes zum UmggsBerecht (Heilbr Just **74**, 126); nicht selten wird sich aber auch die Umstellg der UmggsRegelg iS einer Konzentration nach Zeitblöcken (Rn 23) empfehlen. Bedenkl, bei Klein- u GrdSchulkindern das UmggsR generell auszuschließen, wenn die Elt ihre Scheidg innerl noch nicht bewältigt haben (so Ravbg DAVorm **76**, 417). Solange Kind dadch nicht gefährdet w, auch keine Ausschließg, wenn die umggsberecht Mutter der **Prostitution** nachgeht (Brschw MDR **62**, 132) od der Vater **pädophil** ist (Hamm FamRZ **93**, 1233). Ausschl des Umggs bei Gefahr **sexuellen Mißbrauchs** (Bambg NJW **94**, 1163; vgl auch Balloff ua FamRZ **93**, 1032; Rösner/Schade FamRZ **93**, 1133; Schade FamRZ **95**, 83; Niewerth ZfJ **94**, 372 sowie § 1671 Rn 16), aber nicht zwingd (Bamberg FamRZ **95**, 181). Erfdl sind aber **nichtsuggestive Gutachten** (Bambg NJW **95**, 1684: Sexpuppen sind bei nur vagem Verdacht untaugl!) sowie die Abwägg des Kontakts gg die Folgeschäden bei einem Kontaktabbruch (Stgt FamRZ **94**, 718), wobei die Offenleg reiner Angstbindgen des Ki idR nur dch Sachverst mögl ist (Storsberg FamRZ **94**, 1543!). Bei **Alkoholismus** umggsberechtigter EltT: Salzgeber ua FuR **91**, 328 bzw **AIDS**-Infektion (Hamm NJW **89**, 2336; Ffm NJW **91**, 1554) od längerer **Freiheitsstrafe** des UmggsBerecht (Hamm FamRZ **80**, 481 L) nicht unbedingt Ausschl des UmggsR, wohl aber bei Verdacht des Mißbr des Ki dch Ehem der umggberecht Mu (Düss FamRZ **92**, 205) od bei drohder **Kindesentführung** (Mü FamRZ **93**, 94). Der völl Ausschl des UmggsR ist nur in bes schweren Fällen gerechtf, also nicht schon bei trift, das KiWohl nachhalt berührden Grden (so aber Joh/Henr/Jaeger 34), sond erst bei einer konkr, ggwärt Gefährdg des KiWohls (Celle FamRZ **90**, 1026), wenn also keine and Mittel zum Schutz des Kindes vorh sind (Hamm FamRZ **66**, 317; sa Karlsr FamRZ **58**, 332), was das FamG verpflichtet, alle gegebenen Möglichken

31 zu prüfen (Brschw MDR **62**, 132), zB ZusSein in Anwesenh Dritter (Celle ZBlJugR **62**, 56 u Rn 29). Das UmggsR besteht auch ggü dem **Säugling** (Celle FamRZ **90**, 1026; Hamm FamRZ **94**, 58) wie ggü dem **Kleinkind** (Stgt NJW **81**, 404), auch wenn es fremdelt (Bambg FamRZ **84**, 507). Ggü der Absicht des sorgeberecht EltT, das Ki störgsfrei **in eine neue Familie einzugliedern,** ist dem UmggsR der Vorrang eingeräumt (Stgt NJW **81**, 404). Eine dch Nichtausüb eingetretene **Entfremdung** rechtfertigt für sich noch nicht den zeitw od dauernden Ausschl des pers Umgangs (KG FamRZ **80**, 399), wohl aber das Bedürfn nach psych Stabilisierg ggü nehel Mutter (BayObLG FamRZ **82**, 958). Zur Problematik eines an **Neurodermitis** leidden Ki KG FamRZ **89**, 656. Entzug des UmggsR auch bei Streit mit dem Heimpersonal (BayObLG FamRZ **94**, 1411).

32 Dem nicht sorgeberecht EltT ist auch gg den Willen des SorgeBerecht u des Ki der Umgg in aller Regel zu gewährl (Ffm FamRZ **93**, 729). Ein dem Umgg **entgegenstehender Kindeswille** ist aber grdsl in dem Sinne beachtl, daß das Ger (nach Prfg der Bedeutg eines willenswidr Umggs f das Ki; Düss FamRZ **94**, 1277) **den Gründen** dafür dch eig Anhörg des Kindes nachzugehen hat (BVerfG 1. Sen 3. Ka NJW **93**, 2671; zur ält Rspr 52. Aufl; zur Anhörg Einf 10 vor § 1626). Gebetsmühlenh Wiederholen, den Va nie wiedersehen zu wollen, reicht für den auch nur zeitw Ausschl des Umgg nicht aus (Hamm FamRZ **94**, 57). Es besteht für einen klar geäußerten KiWillen kein absoluter Vorrang (KG FamRZ **85**, 640f; aA Knöpfel FamRZ **83**, 322; Luthin FamRZ **84**, 117; aA auch KG FamRZ **86**, 503 bei einem 10jähr, wenn AnhaltsPkte für eine entspr Beeinflussg dch den sorgeberecht Vater nicht vorliegen). Zu der in diesem Zushg erfordl **Abwägung** zw dem PersR des Kindes u dem Interesse des um die Regelg nachsuchen EltT ausführl BGH FamRZ **80**, 131. So kann die tiefe Enttäuschg v den Elt ausschlaggeb sein (Bambg NJW-RR **94**, 390) od der Widerwille gg eine starre Besuchsregelg respektiert w (Düss FamRZ **79**, 857) od die Angst des Ki vor dem Aussehen seiner Mutter zum Ausschl des Umgg führen (BayObLG FamRZ **92**, 97). Bei grdlosem Widerstand einer 15jähr können die Besuche des Va auf 3 im J beschrkt w (Hamm FRES **3**, 27). Dem RegEntw, der mind dem 14j Kind eine absolute EntschBefugn über den Umgg mit dem and EltT einräumen wollte (BT-Drucks 7/2060 S 24), ist die endgült Fassg des Ges zu Recht nicht gefolgt (BT-Drucks 8/2788 S 41 u 53). Ob das Kind selbst den and EltT besuchen will od nicht, darauf kommt es desh nicht ow an (BayObLG FamRZ **65**, 158); denn auch die Pflege der FamBande gehört (für das Kind oft noch nicht nachvollziehb) zum Wohl des Kindes (Strätz FamRZ **75**, 546; Diederichsen FamRZ **78**, 464). Der SorgeBerecht hat die Pfl, den Widerstand des Kindes zu überwinden u kraft seiner Autorität auf die Besuche hinzuwirken (Mü JFG **14**, 468), also dch erzieher Einwirkg das Kind zum Besuch zu veranl (Ffm FamRZ **66**, 258; Tüb DAVorm **74**, 193). Unterbindg des Umgangs, wenn die Weigerg des Ki auf Angst vor dem Vater beruht, der neurot geprägt ist u Mutter u Ki bereits geschlagen h (Karlsr ZBlJugR **80**, 292). Vgl iü zur Anhörg Einf 9–11 vor

§ 1626. Bei ernsth Gefahr von GesundhSchäden muß Umgg unterbunden w (Mannh NJW 72, 950). Bei einem annähernd erwachsenen Kind w die UmggsRegelg dagg umgek auf die Wünsche des Kindes Rücks nehmen (Hamm FamRZ 65, 83), insb erscheint Bejah des UmggsR dann untunl, wenn das Kind nach seinem Entwicklgsstand zu einer selbständ Beurt fäh ist (KG FamRZ 79, 448: 13 u 14 J) u sich aus guten Grden sträubt, den and EltT zu besuchen (LG Mü FamRZ 71, 311), zB 13j Mädchen, wenn umggsberecht Vater wg sex KindesMißbr vorbestraft ist (Ravbg DAVorm 75, 243) od wenn im Ausl stationierter Vater (Koreaner) mit Hilfe des UmggsR seine inzw 12 u 9 jähr Ki überh erst kennen lernen will (Bambg FamRZ 89, 890). IjF muß der Versuch untern w, dem Kind (gleich welchen Alters) die getroffene Entsch plausibel zu machen. Die Ausübg des zugebilligten UmggsR geschieht unabh von einem evtl entggstehenden Kindeswillen (AG Ravbg DAVorm 75, 242). Erzwingg des Umggs gem FGG 33 (Rn 38). Zum Ausschl des BesuchsR **trotz Umgangsbereitschaft** des Ki AG Ibg FamRZ 88, 537.

c) Die **Anordnungen,** die jederzeit abänderl sind, auch dch ein anderes, inzw zust gewordenes FamG 33 (vgl KG JW 29, 1752), müssen vollst, vollziehb u vollstreckb sein (Rn 38), insb müssen sie genaue u erschöpfe Anweisgen über Zeit, Ort, Häufigk, Abholg, ggf Überwachg des Kindes (Rn 29) enth (Rn 20). Eine Regelg ist nicht schon desh zu unterl, weil für ihre Dchführg mit Schwierigk zu rechn ist (Karlsr FamRZ 90, 901). Die **Ausschließung** des pers Umgangs erfolgt für dauernd od für eine kalendermäß genau 34 best Zeit. Die Entsch muß klarstellen, ob ein zeitl begrenzter od ein dauernder Ausschl beabsichtigt ist (KG FamRZ 85, 639). Ist die Ausschl erfdl, genügt die bl Zurückweis des RegelgsAntr nicht (KG FamRZ 80, 399). Die Ausschließg der UmggsBefugn enthält kein korrespondierendes Verbot den Ki ggü (Schlesw SchlHA 84, 173). Liegt bereits ein wirks AusschlBeschl vor, ergeht die 2. Entsch gem § 1696 (BayObLG FamRZ 92, 97). Mit der Ausführg der AOen kann auch das JA betraut w (SGB VIII 50 I 1). Die Regelg dch 35 das FamG wirkt auch ggü **Dritten, II 1,** so daß bei Verstößen dagg, etwa wenn ausgeschloss Personen an dem Umgg teiln, nicht nur gg den UmggsBerecht, sond auch ggü den Dr selbst unmittelb mit ZwMaßn gem FGG 33 vorgegangen w kann (BT-Drucks 8/2788 S 55).

4) Verfahrensrecht: Einf 7–15 vor § 1626. **a)** Verf über UmgangsR ist FGG-Sache (ZPO 621 a I 1). Einl 36 auf Antr od **von Amts wegen** (Hamm FamRZ 82, 94). Die gerichtl Maßn hängen nicht davon ab, daß ein darauf gerichteter Antr vorliegt (Bambg FamRZ 93, 726). Das FamG darf sich nicht auf die Ablehng einer gerichtl Regelg beschr, sond muß eine konkr Entsch, allerd nicht zZw der FamTherapie, treffen (BGH NJW 94, 312; Dickmeis ZfJ 95, 55). Zur AO u Durchsetzg ggü **Dritten** Rn 12, 13 u 33–35. Ausschließl **zuständig** ist das FamG (ZPO 621 I Nr 2), auch im Verhältn zu den PflegeElt (LG Ffm FamRZ 86, 1036) od wenn das SorgeR gem § 1666 entzogen ist (BGH NJW 81, 2067; 84, 2824; vgl aber auch § 1666 Rn 23). Auch für Maßn gem FGG 33 (BGH NJW 78, 1112); nicht dagg iRv § 1711 (Th/P ZPO 621 Rn 24). Es entsch der Ri (RPflG 14 Nr 16). Zur **Anhörung** Einf 9–11 vor § 1626.

b) Wirksamkeit der UmggsRegelg mit Bekanntmachg (FGG 16). **Ausführung** von AO gem II 1 dch 37 das JA (SGB VIII 50 I 1). Die **Durchsetzung** einer UmggsRegelg kann von den Part nicht aus Grden abgelehnt werden, die gg den Fortbestand der Regelg sprechen könnten (Ffm FamRZ 79, 75). Auch kein automat Wegfall der UmggsBerechtig, sond vielm sogar noch Zwangsgeld mögl, wenn das Ki die Besuche nicht mehr will (Celle FamRZ 87, 623). Es bleibt in solchen Fällen nur Beschw od § 1696. Keine Erzwingg dch das BeschwG (BayObLG FamRZ 68, 663) od im ProzWege. Zur Durchsetzg des Umggs ggf auch **Pflegerbestellung** (Bambg FamRZ 85, 1175) mit entspr Einschrkg des AufenthBestR des Sorgeberecht (AG Rosenheim DAV 87, 144). Zur ZwVollstr Rn 38.

c) Vollstreckung der UmggsRegelg erfolgt nach FGG 33, auch iFv ZPO 620ff u ggü Dr. Vollstrb sind 38 ihrem Inh nach schon wg des für die ZwGeldFestsetzg erfdl Versch (BayObLG 74, 351; Düss FamRZ 78, 619; aA Karlsr FamRZ 88, 1196) nur konkr Verpfl zum Tun od Unterl, also eindeut Ge- u Verbote (Zweibr FamRZ 84, 508), auch hins Art, Ort u Zt des Umggs (BayObLG FamRZ 71, 184; Brdbg FamRZ 95, 484). Als VollstrGrdl kommt ein zw den Elt geschl vollstrb Vergl erst in Betr, wenn das Ger die Einigg erkennb zum Inh der eig Entsch gemacht hat (Düss FamRZ 83, 90), was auch iVm der gem FGG 33 III 1 erfdl Androhg des ZwGelds geschehen kann (Hamm FamRZ 80, 932). Letztere muß betragsmäß wenigstens umrissen sein (BGH FamRZ 73, 622). Das Beugemittel scheidet aus, wenn der EltT der AO von sich aus nachkommt od solange das UmggsR ausgeschl ist (Ffm FamRZ 83, 217) bzw rechtzeit ein entspr Abänd-Antr vorliegt (Düss FamRZ 93, 1349). Gg die Entsch iRd ZwVollstr einf, aber keine weitere Beschw (BGH NJW 79, 820).

d) Im übr findet gg die Besuchsregelg des FamG die **befristete Beschwerde** statt, iR des VerbundVerf 39 wie bei isolierter Anf (ZPO 621 e I u III 2, 629a II). Zur Beschw gg ZwVollstrMaßn Rn 38. Da für die endgült Regelg das KiWohl entsch ist, kein Verbot der reformatio in peius des BeschwFührers (KG FamRZ 68, 664; MüKo/Hinz 46). **Weitere Beschwerde** wg UmggsRegelg, wenn das OLG sie zugel hat sowie bei Verwerfg der Beschw als unzul (ZPO 621 e II, 546 I).

e) Vorläufige und einstweilige Anordnungen: Einf 8 vor § 1626. Jederzeitige AbändMöglk (FGG 18; 40 87, 497). Das RegelgsBegehren kann aber direkt nach § 1634 u unabhäng von dem ScheidgsVerf dchgesetzt werden (BGH NJW 80, 454; Einf 7 vor § 1564). Diese Entsch ist dann nach FGG 19 beschw-fäh (BGH NJW 79, 39; Soergel/Strätz 35). Unzul eine vorl UmggsAO, wenn nur ein SorgeRAbändgVerf gem § 1696 anhäng ist (Zweibr FamRZ 89, 1108; 90, 193 mA Maurer).

5) Bei den **wirtschaftlichen Folgen** des Umggs ist zweierlei zu unterscheiden: **a)** Die **Kosten des** 41 **Umgangs** (Fahrtkosten, Verpflegg) fallen regelm dem UmggsBerecht zur Last (BGH NJW 95, 717; ggf SozH: BVerwG NJW 93, 2633 für mtl 1 WoEndBesuch; dagg BVerfG 2. Ka 1. Sen NJW 95, 1342: evtl 2 Besuche; sa OVG Münster NJW 91, 190) u führen im Verhältn zum unterhberecht Eheg grdsl nicht zu einer Minderg der LeistgsFhgk; doch kann iR der erfdl „ausgewogenen Lastenverteilg" der Unterh gekürzt w (BGH FamRZ 95, 215/539 mit zu Recht krit Anm v Weychardt), jedenf bei weiten Entferngen (AG Brühl FamRZ 95, 936), u gilt insb dann, wenn der UnterhBerecht den Grd für den außerdtl hohen Aufwand selbst gesetzt h (Karlsr FamRZ 92, 58: Umzug ins Ausl). – **b)** Dagg berechtigt die Ausübg des UmggsR **nicht** zu 42 einer **Kürzung des Kindesunterhalts,** weil die dch die Besuche beim UmggsBerecht gemachten Ersparn bereits in der Düss Tab berücks s (Karlsr FamRZ **82**, 1111). Also keine Kürzg bei FerienAufenth iR des BesuchsR (BGH NJW **84**, 2826). Keine Ändg des UnterhTitels (KG FamRZ **79**, 327). Bleibt das Ki längere Zt außerh des BesuchsR beim nichtsorgeberecht EltT (zB rd ¼ od sogar 40% des J), dann allerd entspr Kürzg des KiUnterh (vgl Hbg DAV **83**, 666; Hamm FamRZ **94**, 529). Dem sorgeberecht EltT bleibt auch dann zur Tragg der fixen Kost mind ⅓ des KiUnterh (vgl Karlsr FamRZ **79**, 327).

1635–1637   *(Aufgehoben durch § 84 EheG 1938, bestätigt durch § 78 EheG 1946.)*

1638   *Beschränkung der Vermögenssorge.*   [I] Die Vermögenssorge erstreckt sich nicht auf das Vermögen, welches das Kind von Todes wegen erwirbt oder welches ihm unter Lebenden unentgeltlich zugewendet wird, wenn der Erblasser durch letztwillige Verfügung, der Zuwendende bei der Zuwendung bestimmt hat, daß die Eltern das Vermögen nicht verwalten sollen.

[II] Was das Kind auf Grund eines zu einem solchen Vermögen gehörenden Rechtes oder als Ersatz für die Zerstörung, Beschädigung oder Entziehung eines zu dem Vermögen gehörenden Gegenstandes oder durch ein Rechtsgeschäft erwirbt, das sich auf das Vermögen bezieht, können die Eltern gleichfalls nicht verwalten.

[III] Ist durch letztwillige Verfügung oder bei der Zuwendung bestimmt, daß ein Elternteil das Vermögen nicht verwalten soll, so verwaltet es der andere Elternteil. Insoweit vertritt dieser das Kind.

1   **1) Vermögenssorge** (§ 1626 Rn 16) umfaßt Verwaltg (§ 1638 I) u Vertretg (§ 1629 I 1), die grdsätzl beiden Elt gemeins obliegt; Entziehg od Ausschluß der Vertretg allein ist mögl u berührt VermSorge, dh die Verwaltg, als solche nicht (RG **144**, 251); vgl ü § 1629 Rn 10. Die VermSorge ermächtigt zu Inbesitznahme, Erhaltg, Vfg, Eingehg von Verpflichtgen, Erwerb (§ 1642 I), Prozeßführg. VermSorge kein SachenR, daher nicht eintragb (KGJ **49**, 211). VermSorgeHdlgen dienen der Erhaltg u Mehrg des Verm. **Eltern** können **frei verfügen,** soweit sie nicht gesetzl, zB § 1643, beschr sind (RG **108**, 365; Siber JhJ **67**, 122). Grdsätzl unterliegt das gesamte KindesVerm, jedoch nicht das **verwaltungsfreie, I,** der elterl Verw. Unverzichtb, da auch Pflicht, u nur der Ausübg nach übertragb. Elt od einer von ihnen Besitzmittler des Kindes, aber nicht hins des verwaltungsfreien Vermögens (Dresden LZ **22**, 420). Zur Erlangg von **Steuervorteilen** muß KapitalVerm so übertr w, daß die Elt zB die auf den Namen der Kinder eingerichteten Sparkonten wie deren 2   Verm verwalten (BFH NJW **77**, 695 u 864). Zum **Übergangsrecht** 41. Aufl Anm 4.

3   **2) Ausschließung der Verwaltung, I** (Lit: Merkel MDR **64**, 113). **a) Voraussetzungen:** Die Ausschließg muß in letztw Vfg od bei Zuwendg forml erfolgen (vgl § 1418 Rn 4); desh auch nicht Ausdrücklich erfdl, sond zB dch Bitte um Pflegerbestellg dch den Zuwendenden, aber nicht in der bl Ausschließg von der Nutznießg des vom Ki von Todes wg erworbenen Verm (LG Dortm NJW **59**, 2264). Bedingte Ausschließg mögl (KG FamRZ **62**, 432). Ausschließg auch hins PflichtteilsAnspr (Hamm MDR **69**, 1011). Prakt Ausschließg der elterl Verwaltg (aber nur in den Grenzen der §§ 2205, 2211) auch dch Einsetzg eines **Testamentsvollstreckers.** Ist gleichzeitig elterl VerwaltgsR entzogen, Antr auf Entlassg des TV (§ 2227) 4   nur dch Pfleger (Ffm DNotZ **65**, 482 mAv Baur; aber das bish Verf aber gen kann (BGH **106**, 96). **b) Folgen:** Ausschließg der Ausübg der Verw ist nicht als Eingr in die Substanz des EltR, sond als Beschrkg des übertragenen Verm dch den Dr zu werten (Beitzke FamRZ **58**, 9). Soweit nicht III eingreift, **Pflegerbestellung** für das von Anfang an verw-freie Verm (RG Recht **09** Nr 1237) erfdl (§ 1909 I 2); aber nicht zul zur dauerden Überwachg der elterl Verw. Bei Ausschl des überlebden EltT von der Verw des ererbten KiVerm stets ErgänzgsPflegsch (BayObLG FamRZ **89**, 1342). Zuwendender hat PflegerbestimmgsR (§ 1917), nicht die Elt, die auch kein BeschwR gg die Auswahl haben (umstr). Dagg können die Elt die Erbsch annehmen od ausschlagen, da dies keine VerwAkte sind (Karlsr FamRZ **65**, 573; Gernhuber § 51 I 3 mN; aM RGRK/ 5   Scheffler 7). Die Ausschließg der Verw betr auch **Surrogate** uä, **II** (vgl § 1418 Rn 5), insb auch die Einkfte, die nur bestimmgsem verwendet werden dürfen, so daß regelm auch Verwendg nach § 1649 II entfällt.

6   **3) Ist ein Elternteil ausgeschlossen,** verwaltet der and EltT allein, **III 1.** Er vertritt insof auch das Ki, **III 2.** Ausschließg auch dch einen EltT dem and EltT ggü (RG **80**, 217 Ausstattg), insb nach Scheidg (BayObLG FamRZ **89**, 1342).

7   **4) Ersatzstücke, II.** Vgl dazu § 1418 Rn 5.

1639   *Beschränkung der Verwaltung durch Bestimmung Dritter.*   [I] Was das Kind von Todes wegen erwirbt oder was ihm unter Lebenden unentgeltlich zugewendet wird, haben die Eltern nach den Anordnungen zu verwalten, die durch letztwillige Verfügung oder bei der Zuwendung getroffen worden sind. Kommen die Eltern den Anordnungen nicht nach, so hat das Vormundschaftsgericht die erforderlichen Maßregeln zu treffen.

[II] Die Eltern dürfen von den Anordnungen insoweit abweichen, als es nach § 1803 Abs. 2, 3 einem Vormunde gestattet ist.

1   **Beschränkung,** keine Entziehg, daher keine Pflegerbestellg (BayObLG Rpfleger **82**, 180: Ausschl v der „Nutznießg"). Vgl ü Anm zu § 1803. Zustdgk des VormschG FGG 43, 36. Es entsch der RPfleger (RPflG 3 I 2a).

1640 *Pflicht zur Anfertigung eines Vermögensverzeichnisses.* [I]Die Eltern haben das ihrer Verwaltung unterliegende Vermögen, welches das Kind von Todes wegen erwirbt, zu verzeichnen, das Verzeichnis mit der Versicherung der Richtigkeit und Vollständigkeit zu versehen und dem Vormundschaftsgericht einzureichen. Gleiches gilt für Vermögen, welches das Kind sonst anläßlich eines Sterbefalles erwirbt, sowie für Abfindungen, die anstelle von Unterhalt gewährt werden, und unentgeltliche Zuwendungen. Bei Haushaltsgegenständen genügt die Angabe des Gesamtwertes.

[II]Absatz 1 gilt nicht,
1. wenn der Wert eines Vermögenserwerbes 10 000 Deutsche Mark nicht übersteigt oder
2. soweit der Erblasser durch letztwillige Verfügung oder der Zuwendende bei der Zuwendung eine abweichende Anordnung getroffen hat.

[III]Reichen die Eltern entgegen Absatz 1, 2 ein Verzeichnis nicht ein oder ist das eingereichte Verzeichnis ungenügend, so kann das Vormundschaftsgericht anordnen, daß das Verzeichnis durch eine zuständige Behörde oder einen zuständigen Beamten oder Notar aufgenommen wird.

[IV]Verspricht eine Anordnung nach Absatz 3 keinen Erfolg, so kann das Vormundschaftsgericht dem Elternteil, der die ihm gemäß Absatz 1, 2 obliegenden Verpflichtungen nicht erfüllt hat, die Vermögenssorge entziehen.

1) Die amtl Begrdg sieht die Verpfl der Elt zur Verzeichng des KindesVerm iFv §§ 1667, 1682, 1683 aF als **1** zu eng u anderers die Verpfl unabh von dem VermUmfg als zu weit an (BT-Drucks 7/2060 S 26). Infolged wurde eine **allgemeine Inventarisierungsverpflichtung** für sämtl VermErwVorgänge v Todes wg od aGrd unentgeltl Zuwendgen angeordnet, I, diese aber auf Verm ab einem Wert v 10 000 DM begrenzt bzw der Ausschlußmöglichk vS des Zuwendnden unterworfen, II. Bei Unbotmäßigk der Elt kann das VormschG die Aufn des VermVerzeichn iW amtl Hilfe erstellen lassen, III, andernf dem unbotmäß EltT die VermSorge entziehen, IV. Ein EltT soll sich insb nach dem Tode des EltT klarmachen, welche Rechte ihm ggü dem vorhandenen Verm zustehen u zG der Kinder das aufzeichnen, was ihnen zukommt (RG 80, 65). **Bedeu- 2 tung** des Inventars: BewMittel für Zugehörigk zum KindesVerm u elterl Verm; bei Wiederverheiratg des EltT für AuseinandSetzgsZeugn gem EheG 9, § 1683. Die Pfl zur Aufstellg des VermVerzeichn ist abgese- **3** hen v II **zwingend.**

2) Entstehung der Verpflichtung, I. Die Verpfl der Elt bzw des einz EltT zur Anfertigg eines Verm- **4** Verzeichn besteht nur unter best Voraussetzgen, einer bes Aufforderg dch das VormschG bedarf es indessen nicht. **a)** Die InventarisiergsPfl gilt für Verm, welches das Kind **von Todes wegen** erwirbt, also als gesetzl, **5** testamentar bzw Vertragserbe od aGrd eines Vermächtn od Pflichtteils (vgl §§ 1922, 1924ff, 1937, 1939, 2274ff, 2303ff). Gleiches gilt nach I 2 für Verm, welches das Kind sonst **anläßlich eines Sterbefalles** erwirbt, also zB in Erfüllg einer einem Dritten gemachten Auflage (§ 1940), ferner Renten- od SchadErsAnspr sowie Leistgn aus einer LebensVers (BT-Drucks 7/2060 S 26). Dass gilt schließl für Erwerb aus **unentgeltlichen Zuwendungen,** bes Schenkgen (§§ 516ff) od **Abfindungen,** die an Stelle v Unterh (vgl §§ 1615e, 1585c usw) gewährt w (BT-Drucks 7/2060 S 26). – **b)** Den Elt muß ferner die VermSorge **6** zustehen (KG JFG **11**, 50), so daß die InventarisiergsPfl nicht besteht iFv IV sowie der §§ 1667, 1670, 1683 IV (KG JFG **11**, 50); sonst § 1698. – **c)** Negative Vorauss für die VerzeichnVerpfl ist, daß der Wert **7** eines VermErw **10 000 DM nicht übersteigt** od daß der Erbl od Zuwendde den Elt des begünstigten Kindes die **Inventarisierungspflicht** erlassen hat, **II.** Entscheidd ist der jew VermErwerb, nicht das GesamtVerm des Kindes, so daß auch bei zwei Einzelzuwendgen verschiedener Pers von je 10 000 DM keine InventarisiergsPfl besteht od wenn Erbl dem Kind mit Befreiungsklausel zG der Elt weniger od mehr als 10 000 DM vTw zuwendet u das Kind v anderer Seite einen Betrag erhält, der seiners unter 10 000 DM bleibt.

3) Inhalt der Inventarisierungspflicht, I. Die Elt haben das ihrer Verwaltg unterliegde AktivVerm **8** (RG **149,** 172), das von dem Kind gem Rn 5 erworben w ist, aber auch nur dieses, den einzelnen Ggsten nach (Grdste, Aktien usw) zu **verzeichnen,** wobei **Haushaltsgegenstände** mit dem Gesamtwert angegeben w dürfen, I 3. Sie haben dieses Verzeichnis mit der **Versicherung** der Richtigk u Vollständigk zu versehen u dem VormschG **einzureichen.** Bei ErbenGemsch zw EltT u Kind od wenn EltT Vor-, das Kind Nacherbe ist, muß der ganze Nachl angegeben w; bei PflichttAnspr des Kindes der Erbe, bei Fordergen der Schu, SchuldGrd u Höhe (RG **80,** 65); zur Berechng des Pflichtt kein Pfleger notw (Hamm FamRZ **69,** 661), wohl aber uU für dessen Geltdmach (§ 1629 Rn 21). Bei Fortsetzg der GütGemsch (BayObLG JFG **1,** 57) od Vermögenslosigk zB inf Überschuldg des Nachl genügt deren Anzeige. TestVollstr des gem § 1640 verpflichteten EltT befreit ihn nicht (KG JFG **11,** 52). Die Kosten trägt der EltT. Private Form genügt; vgl aber III. Auch zu Prot des VormschG mögl.

4) Die InvPfl der Elt entsteht aGrd des VermAnfalls. Das VormschG erfährt jedenf iF eines Erwerbs v **9** Todes wg dch Mitteilg des NachlaßGer davon (FGG 50 II); vom Tod eines EltT erhält es Mitteilg dch das StA (FGG 48). Bei **Verstoß gegen die Verzeichnispflicht,** der auch in einem nach Rn 8 ungenügden Inventar liegen kann, ist ZwGeld nach FGG 33 zuläss, aber keine Offenbgsversicher, iü **öffentliches Inventar, III,** soweit VerzeichnPfl nicht ohneh gem II ausgeschl. Regelm dch Notar (BNotO 20 I) aufzunehmen; vgl iü § 1035 Anm 1, § 129 Anm 1, KostO 94 I Z 3. Ann ungenügden Verzeichn nur bei ernstl Bedenken gg die Richtigk des Verzeichn. Bei Gefährdg des KindesVerm ist n FGG 12 zu ermitteln od Pfleger zu bestellen bzw nach §§ 1667, 1909 einzuschreiten (RG **80,** 65). Verspricht eine AnO nach III keinen **10** Erfolg, etwa weil die VermVerhältn vollst dcheinand sind u der EltT auch nicht die Absicht zeigt, sie zu ordnen, so kann das VormschG dem betr EltT die **Vermögenssorge entziehen, IV.** Dch das Erfordern mangelnder Erfolgsaussicht soll sichergestellt w, daß das Ger auch prüft, ob Aussicht besteht, ein ausreiches VermVerzeichnis mit den Mitteln des III herbeizuführen, ehe es als letztes Mittel in das R der elterl VermSorge eingreift (BT-Drucks 8/2788 S 56). Verschulden der Elt weder für III noch für IV erfdl. Gg die **11**

Ablehng od Aufhebg der Entziehg der VermSorge eig **Beschwerderecht** der Angehörigen des Kindes (FGG 57 I Z 8).

1641 *Schenkungsverbot.* **Die Eltern können nicht in Vertretung des Kindes Schenkungen machen. Ausgenommen sind Schenkungen, durch die einer sittlichen Pflicht oder einer auf den Anstand zu nehmenden Rücksicht entsprochen wird.**

1 **Schenkungen** (§§ 516, 1804) aus KiVerm, uU auch Rangrücktritt (KG DNotZ **27**, 530), können Elt nicht vornehmen, auch nicht solche des Ki genehm (Stgt FamRZ **69**, 39); ausgen sittl Pfl entsprechde u Anstandsschenkgen (§§ 534 Rn 2/3, 1804 Rn 2). Verstoß bewirkt Unwirksamk (§ 134; and Canaris JZ **87**, 999: vormschgerichtl Gen dch verfassgskonforme Lückenfüllg); also auch keine Gen dch vollj Gewordenen, sond nur Neuvornahme (vgl aber KG JFG **13**, 187: vormschgerichtl Gen bei aus BilligkGrden gebotener Schenkg im Interesse des FamFriedens), wenn keine eigentl Schenkg vorliegt. Nachweis, daß keine Schenkg, bedarf nicht der Form des GBO 29 (KG JW **37**, 2597). Schenkg im Namen der Elt od eines von ihnen widerrechtl (§§ 523, 816 I 2, 1664, aber § 932). Schenkg an Ki §§ 1638, 1639.

1642 *Anlegung von Geld.* **Die Eltern haben das ihrer Verwaltung unterliegende Geld des Kindes nach den Grundsätzen einer wirtschaftlichen Vermögensverwaltung anzulegen, soweit es nicht zur Bestreitung von Ausgaben bereitzuhalten ist.**

1 **1)** Die aF verpflichtete die Elt, Bargeld des Kindes mündelsicher (§§ 1807, 1808 aF) u zinstragd anzulegen, I aF, das VormschG konnte aber eine and Anleggsform gestatten, II aF. Diese Regel erschien wg des begrenzten Katalogs mündelsicherer Anlagen als zu starr, die Einschaltg des VormschG als zu umständl u nicht folgerichtig dchgehalten. Aus diesem Grd räumt die Neufassg den Elt eine freiere Stellg bei der **Anlegung von Geld des Kindes** ein, wobei einer Schädigg von dessen VermInteressen dch §§ 1664 u 1667 hinreichd vorgebeugt sein soll (BT-Drucks 7/2060 S 27).

2 **2)** Die Grdsätze einer **wirtschaftlichen Vermögensverwaltung** sind betriebswirtschaftl nicht leicht festzustellen (vgl Zimmerer Hrsg, Handb der VermAnlage, 4. Aufl Ffm 1969; Budde ua, WirtschPrüfer-Handb, Düss 1977). Bei Zimmerer aaO werden allein 13 verschiedene Formen unterschieden (SparKto, Bauspar-Vertr, festverzinsl Wertpapiere, insb Pfandbriefe u Kommunalobligationen, Investment, Immobilien-Investm-Anteile, Aktien, SchuldscheinDarl, Gold, LebensVers, Renten, Unternehmensbeteiligg, Kunstwerke, Briefmarken), wozu noch die versch örtl Besonderh treten: VermAnlagen in West-Bln, in der Schweiz, in überseeischen Wachstumswerten. Die fragl Grdse werden aber ijF eingehalten, wenn die Elt den Erfordern von § 1642 aF genügen (vgl dazu 38. Aufl). Danach galt folgdes: Die Vorschr verpfl die Elt, Bargeld, dh Metall- u Papiergeld, oRücks auf Herkft, so auch UnterhÜberschüsse aus Impfschadenrente (Hamm FamRZ **74**, 31), mündelsicher (§§ 1807, 1808) u zinstragd anzulegen. Dagg keine Pfl, unsichere Werte in mündelsichere umzuwandeln, zB Wertpapiere, GeldFdgen (KG JFG **8**, 54; aA Erm- Ronke 1); ggf jedoch Prüfg iRv § 1643 u Einschreiten des VormschG gem § 1667. Dann ausnahmsw auch Sperrvermerk hins Sparbuch (KG DFG **37**, 12; Ffm FamRZ **63**, 453), währd sonst Unzulässigk aus der Unanwendbark der §§ 1809, 1810, 1814 folgte. Sammeldepot zul (VO v 29. 9. 39, RGBl 1985); aber keine Lombardierg v Wertpapieren (RG Warn **41**, 2). Bei Verstoß Haftg gem § 1664, ferner Kontrolle dch VormschG gem § 1667. AnlagePfl entfällt, soweit Geld zur **Bestreitung von laufenden und außergewöhnlichen Ausgaben,** insb Krankenhaus, Kur uä, bereitzuhalten ist. Wg Unterh vgl § 1649. Mit **Erlaubnis des Vormundschaftsgerichts** war entspr § 1811 auch eine and Anlegg, in Form v GeldFdgen, zB Darl, Aktienankauf, RentVers (KG JFG **17**, 209), unter Aufrechterhaltg der Grdse in §§ 1807, 1808 statth; so wenn ohne wesentl Beeinträchtigg der Sicherh der Anlegg ein höherer Ertrag, Zinsen, Dividenden) zu erzielen (KG JFG **11**, 70), die Verhältn des Einzelfalles od die allg wirtschaftl Verhältn eine anderweit Anlage geboten erscheinen ließen (Saarbr OLGZ **70**, 212). Vgl auch § 1811 Rn 1. Versagg der Erl für die Anlegg des Geldes bei einer am ausländ GrdstMarkt tät KG (Darmst NJW **79**, 274). Der ErlaubnVorbeh bezog sich nicht auf Anlegg in Sachwerten, zB Grdsten, Erwerbsgeschäften (KG JFG **14**, 501); insow war keine Erlaubn erfdl, uU aber nach § 1643 I; evtl ErsPfl. Einschreiten des VormschG (§ 1667) dann, wenn dch Art der Anlegg Kindesinteressen gefährdet s (Ffm NJW **53**, 67). Bei Schenkg v Geld, das erst später ausgezahlt w soll, uU nicht Geldschenkg iVm DarlGewährg, sond nicht genehmiggspflicht Fordergsschenkg (Mannh Just **76**, 259). Zustdgk des VormschG für die **auch heute noch** außerh v § 1643 I zuläss u bei riskanten Gesch zur Vermeidg der Haftg empfehlensw ErlaubnErteilg (FGG 43, 36); es entsch RPfleger (RPflG 14 iVm 3 Z 2a). Gebühren KostO 94 I 3.

1643 *Genehmigungspflichtige Rechtsgeschäfte.* **¹Zu Rechtsgeschäften für das Kind bedürfen die Eltern der Genehmigung des Vormundschaftsgerichts in den Fällen, in denen nach § 1821 und nach § 1822 Nr. 1, 3, 5, 8 bis 11 ein Vormund der Genehmigung bedarf.**

ᴵᴵDas gleiche gilt für die Ausschlagung einer Erbschaft oder eines Vermächtnisses sowie für den Verzicht auf einen Pflichtteil. Tritt der Anfall an das Kind erst infolge der Ausschlagung eines Elternteils ein, der das Kind allein oder gemeinsam mit dem anderen Elternteil vertritt, so ist die Genehmigung nur erforderlich, wenn dieser neben dem Kinde berufen war.

ᴵᴵᴵDie Vorschriften der §§ 1825, 1828 bis 1831 sind entsprechend anzuwenden.

1 **1)** Die VermVerw der Elt (§ 1626 Rn 16–19) ist hins gewisser außergewöhnl Geschäfte im KiInteresse dch eine **Genehmigungspflicht** beschr, ohne Rücks darauf, ob die Elt sie vornehmen od mit ihrer Einwilligg das Kind. Sie sind aber freier gestellt als der Vormd. So scheiden von den im § 1822 angeführten Fällen aus: die Nr 2, 4, 6–7, 12, 13, dh erbschaftl Erklärgen (dafür § 1643 II), Pacht-, Lehr- u Dienstverträge, Vergleiche (soweit nicht ihrem Ggstd nach genehmiggspfl, RG **133**, 259), Minderg von Sicherheiten; vgl aber § 1642.

Über Fdgen des Ki können die Elt frei verfügen, insb sie einziehen (§ 1643 mit § 1812). Jedoch findet, der § 1821 II in § 1822 Nr 10 seine selbstverständl Beschrkg (RG **76**, 93); sa §§ 1644, 1645. Ein neben den Elt bestellter Pfleger untersteht ausschließl VormschR, § 1915. Wg eines Beistandes §§ 1685, 1687. Zur Prozeßführg Gen nicht erforderl (§ 1821 Rn 5); auch nicht, wenn gg Mj vollstreckt w (BayObLG MDR **53**, 561). – Wg der Erforderlichk der vormgerichtl Gen bei Geschäften der PersSorge § 1628. Zur **Genehmigungsfähigkeit** vgl Schrade, Die rechtl Grenzen der Entsch des VormschG iRv § 1643 BGB, 1993.

2) Genehmigungspflichtig. a) Verfügungen über Grundstücke und Grundstücksrechte od Verpflichtg dazu, jedoch mit Ausn von Hyp, Grd-, Eigtümergrundschulden, also auch nicht deren Löschg (SchlHOLG SchlHA **63**, 273), § 1821 I Nr 1–4, II; also Veräußerg und Belastg vorhandenen Grdbesitzes u der ihm gleichgestellten Anspr, also auch Rückgängigmachg des GrdstKaufvertrages (RG Warn **26**, Nr 70). Bei GrdstErwerb gilt nunmehr auch gem SorgRG Art 1 Z 14 § 1821 Nr 5 zL der Elt (and noch RG **108**, 364; amtl Begrdg BT-Drucks 7/2060 S 27). Da Eltern GrdstKaufVertr nicht mehr schuldrechtl frei ausgestalten können, bedürfen sie auch der Gen zur – gleichzeitig mit GrdstErwerb erfolgenden – Belastg des gekauften Grdstücks mit RestkaufgeldHyp (and noch Stade MDR **76**, 224), Nießbr od HypÜbern auf Kaufpr (and noch RG **110**, 176, BGH **24**, 372); ebso bei gleichzeit Verpflichtg zu wiederkehrden Leistgn, wenn sie länger als 1 Jahr nach Eintritt der Volljährigk des Kindes fortdauern sollen (Kln MDR **65**, 296; sa § 1822 Rn 19). – **b)** Verpfl zur Vfg über Verm od angefallene Erbsch od künft gesetzl Erb-, Pflichtteil dann 3 sowie zur Vfg ü den Anteil an einer Erbsch, § 1822 Z 1. – **c)** Nach II 1 Erbsch- od VermächtnAusschlagg, 4 §§ 1945, 1953, 2180, sa § 1371 III, PflichtVerzicht, AnnAnfechtg, § 1957 I, NacherbschAusschlagg, § 2142. Bei spekulat Entscheidgen ist RisikoVergl notw, vgl zur Ausschlagg ererbter DDR- Grdstücke Waldshut Just **74**, 127. Fällt die Erbsch dch die Ausschlagg des Ki einem EltT an, ist Bestellg eines ErgPflegers erfdl (Buchholz NJW **93**, 1161). SonderVorschr II 2 (Engler FamRZ **72**, 7): Genfrei bei Erbanfall an Kind, wenn Anfall inf Ausschlagg dch einen EltT, Wuppertal MDR **55**, 37, Ffm NJW **62**, 52, ebso bei Ausschlagg einer dem Kinde durch Ausschaltg des Gewalthabers angefallenen Nacherbsch vor deren Eintritt, KGJ **53**, 33, hingg genehmiggsbedürftig, wenn der ausschlagende Elternteil auch vertretgsberechtigt ist u wenn das Kind berufen war, Hamm NJW **59**, 2215. Also GenPfl, falls vertretgsberechtigter Vater u Kind nebeneinander Erben der Mutter sind u Vater ausschlägt. Genehmigg erforderl, wenn Kind durch Ausschlagg schlechter zG des Ausschlagden gestellt w, Ffm NJW **55**, 446, so auch Staud-Engler 22, Gernhuber § 52 V 3, od die Ausschl für das Kind die Voraussetzg für den Eintritt der gesetzl Erbf des Elternteils unter Ausschl des Kindes schafft, Ffm OLGZ **70**, 81. – **d) Erwerbsgeschäft**, § 1822 Nr 3, zB Beitritt zur GmbH, zu einer 5 Genossensch (Hamm FamRZ **66**, 456; § 1822 Rn 12, 13), zur unentgeltl Aufn v Kindern in eine FamPersGesellsch vgl Brox, Festschr f Bosch 1976 S 75; vgl ferner § 1822 Rn 14 u 25, 26. Umwandlg (UmwandlgG 9, 12, 14); Grdst kein ErwerbsGesch, dahingestellt RG **133**, 11, vgl auch § 1645. Keine Gen bei stiller Beteiligg unter Risikoausschluß, BGH **LM** Nr 2. Unzulässige Rechtsausübg denkbar, wenn sich inzwischen vollj gewordene Miterben, die sZt von ihrer Mutter vertreten waren, nach vielen Jahren, in denen sie das RGesch als wirks behandelt haben, auf frühere GenBedürftigk berufen, BGH **LM** § 1829 Nr 3. – **e) Miet- oder** 6 **Pachtvertrag über Volljährigkeit hinaus**, § 1822 Nr 5; Arbeitsleistgn – s Nr 7 – keine wiederkehrenden Leistgen, Kaskel JW **29**, 1263. § 139 auch in zeitl Hins anzuwenden, RG **114**, 39. – **f) Gewagte Geschäfte:** 7 Kreditaufnahme, Nr 8, Schuldverschreibg, Nr 9, Prokura, Nr 11, insb **Übernahme einer fremden Verbindlichkeit**, Nr 10, als Bürgsch, Schuldübernahme, Wechselverbindlichk, Sichergsübereigng (RG HRR **36** Nr 336, Warn **41**, 2), Gründg einer GmbH (Stgt Just **79**, 19), Eintritt in verpflichtende Verträge, also nicht, wenn, wie bei HypÜbernahme, das Kind nach dem Vertr die Leistg als eigene bewirken soll, RG **133**, 13. – Wegen der Einzelheiten vgl Erläut zu §§ 1821 ff.

3) Genehmigungsfrei. Rangrücktritt (s aber § 1641 Rn 1), HypVfg (auch **Unterwerfung**, hM), Eintrag 8 einer ZwangsHyp, ZPO 866, für Dritten auf KinderGrdst, Vergl u Erbteil (sofern nicht genehmiggspfl RGesch, zB über Grdstücke, enthaltend), Verpflichtg zum AufwendgsErs oder Mäklerlohn für DarlBeschaffg (BGH **LM** Nr 1), Dienst- u ArbVerträge; § 113 findet in § 1822 Nr 7 seine Ergänzg (RArbGJW **29**, 1263).

4) Genehmigung, III (Lit: Schrade, Die rechtl Grenzen der Entsch des VormschG iRd § 1643 BGB, 9 1993), wie §§ 1825, 1828–1831. Maßgebd ist das Kindesinteresse. Keine SchadErsPfl wg Hintertreibg der vormschgerichtl Gen, wenn ges Vertreter dem VormschG Umst offenbart, die zur Versagg der Gen führen (BGH **54**, 71). Gen des schriftl Vertrages deckt mdl Nebenabreden nicht (RG **132**, 78). Gen kann nach § 1825 auch im voraus erteilt u Einzelheiten der Vereinbg können den Beteiligten überlassen w (RG Warn **19** Nr 59). Aufgabe, die mündelsichere Anlage des Verkaufserlöses nachzuweisen, nur iF von § 1667 (Ffm NJW **53**, 67; FamRZ **63**, 453). Zustdgk FGG 43, 36. RPfl entsch iFv §§ 1822, 1823 (§ 1822 Rn 1). 59). Keine konkludente Gen eines LebVersVertr, wenn die Prämien ohne Kenntn vom vormschgerichtl GenErfordern fortgezahlt w (Hamm VersR **92**, 1502). Änderg der vormschgerichtl Vfg: FGG 55 I, 62. Sachprüfg nur bei offenbarer Nichtigk des ganzen Geschäfts zu versagen (KG JFG **14**, 250). Gebühren: KostO 95 I Nr 1. Gen des Vollj ersetzt diej des VormschG (§ 1829 III).

1644 *Überlassung von Vermögen an das Kind.* **Die Eltern können Gegenstände, die sie nur mit Genehmigung des Vormundschaftsgerichts veräußern dürfen, dem Kinde nicht ohne diese Genehmigung zur Erfüllung eines von dem Kinde geschlossenen Vertrages oder zu freier Verfügung überlassen.**

Verhindert Umgehung des § 1643 u stellt Tragweite des § 110 (s dort) klar (BayObLG **17**, 128). 1 Verstoß bewirkt Nichtigk. Entspricht § 1824.

1645 *Neues Erwerbsgeschäft.* **Die Eltern sollen nicht ohne Genehmigung des Vormundschaftsgerichts ein neues Erwerbsgeschäft im Namen des Kindes beginnen.**

1 **Erwerbsgeschäft** (Lit: Thiele, KiVermSchutz im PersonalUnternR, 1992) erfordert auf selbständigen Erwerb gerichtete Berufstätig (RG **133**, 11); sa §§ 1431, 1823. Genehmigungspflichtig nur Neugründg (auch bei schon erfolgtem Betriebsbeginn), nicht aber Fortsetzg, Erweiterg, Auflösg (anders § 1823) vorhandenen oder später zugefallenen Geschäfts. Empfehlenswert ist die analoge Anwendg v § 1645 bei Fortführg eines vom Mj ererbten HandelsGesch dch die Elt (K Schmidt NJW **85**, 139; aA Damrau NJW **85**, 2236). Da SollVorschr Gründg ohne Gen wirks, Kind Kaufmann (RGSt **45**, 5 betraf anderen Tatbestand). Registerrichter darf aber Nachweis der Gen verlangen (aM KG OLG **1**, 288), da auch er Regelwidrigk verhindern muß, vgl Baumb-Duden HGB 8 Anm 4; auch Prüfg, wer Inhaber, KG RJA **13**, 231. – Einschreiten des VormschG nach §§ 1667ff (Entziehg, Pflegerbestellg, zumal bei Schiebgen, Senf JW **31**, 2223). Genehmigg kein Ersatz für die etwa nach §§ 1643, 1822 Nr 3 nötige. Zuständig für Gen FGG 43, 36; es entsch im Ggsatz zu RPflG 14 Nr 9 aF der RPfleger. Gebühren: KostO 95 I Nr 2.

1646 **Erwerb mit Mitteln des Kindes; Surrogation.** [I]Erwerben die Eltern mit Mitteln des Kindes bewegliche Sachen, so geht mit dem Erwerb das Eigentum auf das Kind über, es sei denn, daß die Eltern nicht für Rechnung des Kindes erwerben wollen. Dies gilt insbesondere auch von Inhaberpapieren und von Orderpapieren, die mit Blankoindossament versehen sind.

[II]Die Vorschriften des Absatzes 1 sind entsprechend anzuwenden, wenn die Eltern mit Mitteln des Kindes ein Recht an Sachen der bezeichneten Art oder ein anderes Recht erwerben, zu dessen Übertragung der Abtretungsvertrag genügt.

1 Inhalt enger als Wortlaut, (Siber, JhJ **67**, 166, 168), indem bei Erwerb namens (und damit so gut wie immer für Rechng) des Ki dieses Eigt schon nach § 164 erlangt (RG **126**, 115). Bei Handeln im eig Namen u für eig od für Rechng eines Dr werden SorgeRInhaber selbst berechtigt. Eigenerwerb ist ihnen aber, enttg § 164 II, verwehrt, wenn sie zwar im eig Namen, aber mit Mitteln des Ki erwerben; GgBew zul (KG OLG **22**, 158). Nicht für KiRechng, wenn Elt, dh beide, das Erworbene für sich behalten wollen; dann aber Ki Anspr auf Ersatz der aufgewandten Mittel, im Konk des EltT freil nur KonkFdg (KO 61 Z 5), sonst AussondgsR (KO 43). Bei Fdgserwerb sind §§ 412, 406–410) anwendbar (RG HansGZ **34**, B 156). Bei Grdstücken Verpflichtg zur Übertragg auf das Ki, wenn Erwerb für Rechng des Ki gewollt (RG **126**, 117).

1647 *(Entfallen, GleichberG Art 1 Z 22; vgl jetzt § 1670.)*

1648 **Ersatz von Aufwendungen.** Machen die Eltern bei der Ausübung der Personensorge oder der Vermögenssorge Aufwendungen, die sie den Umständen nach für erforderlich halten dürfen, so können sie von dem Kinde Ersatz verlangen, sofern nicht die Aufwendungen ihnen selbst zur Last fallen.

1 **Jede vermeintlich pflichtmäßige** VerwHdlg (§ 1664, Siber JhJ **67**, 117) jedes EltT in Ausübg (auch nur teilw) zustehenden SorgeR gibt ErsAnspr wg der Auslagen (nicht für Dienste, Zeitverlust), sofern sie nicht als UnterhLeistgen, §§ 1601ff, den Elt zur Last fallen; wird idR der Fall sein, außer wenn es sich um Auslagen für das KindesVerm handelt, die sonst aus dessen Einkünften beglichen werden, § 1649 I 1. Währd der Verw ErsLeistg an sich selbst nach §§ 1629 II, 1, 181 zul, nach Beendigg Klage erforderl. VormschG nicht zust, BayObLG Recht **16** Nr. 1916. – Da Elt kraft SorgeR, also nicht ohne Auftr handeln, kann ihnen § 685 II nicht entgegengehalten werden, Kipp § 80 VII 6; unrichtig Bundschuh Recht **17**, S. 380. Nur wenn ein EltT kein SorgeR hat, Ersatz nach §§ 677–687, 812. Vgl auch §§ 1698, 273, 274, 204 S. 2, 205.

1649 **Verwendung der Einkünfte des Kindesvermögens.** [I]Die Einkünfte des Kindesvermögens, die zur ordnungsmäßigen Verwaltung des Vermögens nicht benötigt werden, sind für den Unterhalt des Kindes zu verwenden. Soweit die Vermögenseinkünfte nicht ausreichen, können die Einkünfte verwendet werden, die das Kind durch seine Arbeit oder durch den ihm nach § 112 gestatteten selbständigen Betrieb eines Erwerbsgeschäfts erwirbt.

[II]Die Eltern können die Einkünfte des Vermögens, die zur ordnungsmäßigen Verwaltung des Vermögens und für den Unterhalt des Kindes nicht benötigt werden, für ihren eigenen Unterhalt und für den Unterhalt der minderjährigen unverheirateten Geschwister des Kindes verwenden, soweit dies unter Berücksichtigung der Vermögens- und Erwerbsverhältnisse der Beteiligten der Billigkeit entspricht. Diese Befugnis erlischt mit der Eheschließung des Kindes.

1 **1) Prinzip:** Das KiVerm soll grdsl erh bleiben u nicht iRv § 1626 I 2 für den Unterh od die Erhöhg des LebStandards aufgebracht w. Die Verwendg dch die beschr sich hier desh auf die Einkfte des Ki. Diese dürfen aber zum Unterh der Fam verwendet w, um unterschiedl LebStandards innerh ders Fam zu vermeiden.

2 **2) Reihenfolge der Verwendung: a)** Mit den Einkften aus dem KiVerm sind zunächst die Ausg für die ordngsmäß **Verwaltung** des Verm zu decken, I 1, also Reparaturen, Vers, Steuern u dgl. Negat Kapitalkonten (vgl § 1375 Rn 4) brauchen nicht vorrangig aufgefüllt zu werden (aA Zöllner FamRZ **59**, 396). **3 b)** Ein verbleibder Überschuß ist für den **Unterhalt des Kindes** zu verwenden, I 1. Insow entf dessen **4** UnterhAnspr (§ 1602 II u dort Rn 19). **c)** Sind Einkfte aus dem KiVerm nicht vorh od reichen sie nicht aus, dann können die Elt auch **Arbeitseinkünfte** des Ki od solche aus einem ErwGesch (§§ 112, 113) für dessen Unterh verwenden, I 2. Die Elt dürfen also nicht aus der Arb des Ki od aus einer insow gleich zu behandelnden Rente (Hamm FamRZ **74**, 31) seinen Unterh bestreiten u die Einkfte aus seinem Verm nach II verwenden. **d)** Ausnahmsw dürfen **Vermögensüberschüsse**, statt daß sie gem § 1642 angelegt w, für den 5 Unterh v Elt u Geschw verwendet w, **II 1. – aa)** Das gilt nicht für ArbEinkfte od Renten (Hamm FamRZ **74**, 31). Auch können die Elt nicht Herausg der VermEinkfte im Umfg v II 1 fordern, wenn die VermVerwaltg in der Hand eines Pfl liegt (BayObLG FamRZ **75**, 219). Keine UnterhVerwendg für vollj, verh od StiefGeschw u auch iü nur, wenn dies der Billigk entspr, was nach den Verm- u ErwVerhältn aller Beteil zu beurt ist . **– bb)** II gibt den Elt ledigl die **Befugnis** („können") zur Verwendg. Ob sie davon Gebr machen, 6 steht in ihrem freien Ermessen. Desh keine BedMinderg aS der Elt (Celle FamRZ **87**, 1038). Insb haben auch die and Geschw keinen Anspr darauf. Die Befug **endet** mit der Volljährigk od mit der Eheschl des Ki, II 2.

3) Rechenschaft: § 1698 Rn 2. **Rückforderung** der an die Geschw gezahlten Beträge bei Überschreitg 7 der Grenzen v § 1649 II aus ungerechtf Bereicherg (Donau MDR **57**, 711; Paulick FamRZ **58**, 6). Zusätzl **Haftung** der Elt gem §§ 819, 1664.

1650–1663 *(Entfallen; GleichberG Art 1 Z 22; betrafen die Nutzn des Vaters am KindesVerm, vgl § 1649 Rn 1.)*

1664 Haftung der Eltern. [I]Die Eltern haben bei der Ausübung der elterlichen Sorge dem Kinde gegenüber nur für die Sorgfalt einzustehen, die sie in eigenen Angelegenheiten anzuwenden pflegen.
[II]Sind für einen Schaden beide Eltern verantwortlich, so haften sie als Gesamtschuldner.

Vgl zunächst § 1359. § 1664 hat 2 Funktionen: im Verhältn des Kindes zu seinen Elt gibt die Vorschr eine 1 AnsprGrdl f evtl SchadErsAnspr; daneben bedeutet sie für and (z B delikt) HaftPflNormen eine HaftgsErleichterg zG der Elt, die gem § 277 evtl nur für Vorsatz u grobe Fahrl haften. **Grund:** FamGemsch ist HaftgsGemsch. SorgeRInhaber beweispfl für Grad der Sorgf in eig Angelegenh. HaftgsBeschrkg gilt f das ges Gebiet der elterl Sorge, dh Pers- u VermSorge (Geldmachg v SchmerzensGAnspr) einschließl Vertretg. **Voraus:** elt Sorge; jedoch analoge Anwendg bei tatsächl Ausübg dch den nicht sorgeberecht EltT, etwa iR des UmggsR (BGH **103**, 345). Jeder EltT haftet nur für eig Verschulden, nicht auch für das des and Teils. Sind beide Elt verantwortl, so GesSchu; Ausgleichg gem § 426. Währd Bestehens der Sorge Geltdmachg des Anspr dch Pfleger nicht dch and Elt od EltT (§ 1629 II). Verj: § 195 (vgl Düss FamRZ **92**, 1097: nicht § 852). Vgl iü §§ 204, 1833. ErsatzAnspr des Kindes schließt Vorgehen gem § 1666 nicht aus. **§ 1664 gilt nicht** (also 2 Haftg auch bei nur einfacher Fahrlk): **a)** für Schäden aus Verletzg der **Aufsichtspflicht** ggü dem Kinde (Stgt VersR **80**, 952; aA Hamm NJW **93**, 542; Soergel/Lange 4); *arg:* Schutzzweck der obj zu bestimmden AufsPfl, bei der eigenbl Sorgf übdies ausscheidet (sa RG **53**, 312; **75**, 253; Karlsr VersR **77**, 232). Soweit SorgeRInhaber Ausübg Dritten überläßt, haftet er für diese n § 278; nur soweit er Hdlgen dch and (RA, Arzt) zu veranlassen h, Haftg gem § 1664 für eigensorgfält Auswahl u Überwachg (vgl § 1793 Rn 7–13). Bei ZusTreffen v BeaufsichtiggsMangel u Drittverschulden Haftg der Dr aus dem EltT gem §§ 823, 840, 426 (BGH **73**, 190). Bei NichtHaftg der Elt wg § 1664 bleibt Hftg des Dr unberührt (BGH FamRZ **88**, 810). Ein AufsichtsVerschu beider Elt ist nicht zu summieren (Karlsr Just **79**, 59). **b)** iR der nicht iZshg mit der elt 3 Sorge stehden delikt Haftg der Elt ggü ihrem Kinde, insb also bei von ihnen als Führer eines Kfz verschuldeten **Verkehrsunfällen** entspr § 1359 Rn 1 (Böhmer MDR **66**, 648; Karlsr Just **76**, 511; aA Freibg VersR **66**, 476). Dagg besteht grdsl keine SchadErsPfl der Elt ggü dem Ki aus einem VerkUnf, der bei optimaler Aufsicht hätte verhind w können (Hamm NJW-RR **94**, 415). **c)** Für die Haftg aus einem zw Elt u Kind 4 geschl **Vertrag;** es gelten die jew VertrGrdsätze. **d) Haftung der Eltern gegenüber Dritten:** § 832. Grdsl 5 keine SchadErsPfl wg Unterl v Gen (vgl LG Bochum NJW-RR **94**, 1375).

1665 *(Entfallen, GleichberG Art 1 Z 22.)*

1666 Gefährdung des Kindeswohls. [I]Wird das körperliche, geistige oder seelische Wohl des Kindes durch mißbräuchliche Ausübung der elterlichen Sorge, durch Vernachlässigung des Kindes, durch unverschuldetes Versagen der Eltern oder durch das Verhalten eines Dritten gefährdet, so hat das Vormundschaftsgericht, wenn die Eltern nicht gewillt oder nicht in der Lage sind, die Gefahr abzuwenden, die zur Abwendung der Gefahr erforderlichen Maßnahmen zu treffen. Das Gericht kann auch Maßnahmen mit Wirkung gegen einen Dritten treffen.
[II]Das Gericht kann Erklärungen der Eltern oder eines Elternteils ersetzen.
[III] Das Gericht kann einem Elternteil auch die Vermögenssorge entziehen, wenn er das Recht des Kindes auf Gewährung des Unterhalts verletzt hat und für die Zukunft eine Gefährdung des Unterhalts zu besorgen ist.

1) Verschulden der Elt an der KiWohlGefährdg ist nach der Neufassg der Best **nicht mehr erforderlich** 1 (BT-Drucks 8/2788 S 58). Das Ges sieht dies zwar ausdrückl nur für den Fall des Versagens der Elt vor; aber damit hat das Erfordern einer persönl Vorwerfbark die Funktion als Eingriffsschwelle allg eingebüßt, auch wenn noch etwa im MißbrTatbestd ein Verschulden begriffsnotw vorh sein muß. Staatl Eingriffe sind grdsl **subsidiär;** vor Maßn n § 1666 ist es desh Aufg der Elt, sich **bei Meinungsverschiedenheiten** zu einigen (§ 1627 Rn 2). Zur Behdlg v **Übergangsfällen** BayObLG FamRZ **80**, 1062. **IPR:** EG 19 II, III, 20. Das VormschG ist nicht befugt, mit Hilfe v § 1666 die vom FamG u § 1671 getroffene SorgeRRegelg zu änd (LG Bln FamRZ **85**, 965).

2   **2)** Die §§ 1666ff besagen, wann das **staatliche Wächteramt** (GG 6 II 2; vgl dazu Einf 4 vor § 1626) eingreift, die §§ 1666, 1666a, wann das Kind den Erziehgsberecht entzogen w kann (GG 6 III). Im Ggsatz zu JWG 64 enthält SGB VIII keine eigenständ EingrNormen, sond setzt im wesentl auf freiw Inanspruchn der JugHilfe (vgl Einf 56ff vor § 1626). § 1666 aF war verfassgskonform (BayObLG FamRZ **78**, 135) u erübrigte RFolgen aus eig GrdRMündigk des Mj; vgl dazu Diederichsen FamRZ **78**, 462. Die Neufassg wirft das Probl der **Verfassungswidrigkeit** nur hins der staatl EingrMöglk wg unverschuldeten Versagens der Elt sowie wg KiWohlGefährdg dch Dr auf. Beide Tatbestde lassen sich jedoch verfassgskonform auslegen (Rn 14 u 16). Zur Vereinbark mit der **EMRK:** Einl 7 v § 1297. – § 1666 betrifft die **subjektive Ungeeignetheit des Sorgerechtsinhabers,** die Sorge für das gefährdete Kind weiterhin auszuüben (KG OLG **12**, 329); bei obj Behinderg: §§ 1673–1675, 1678, 1693. Anwendb auf Vater u Mutter, auch die nehel (§§ 1705, 1707). Gilt in erster Linie bei bestehder Ehe. Bei Getrenntleben der Elt, **Ehescheidung** u -aufhebg gelten **§§ 1671, 1672** als SonderVorschr: Entziehg der elt Sorge gem § 1666 macht Entscheidg n § 1671 nicht entbehrl (Stgt FamRZ **75**, 591). Bei der Regelg des SorgeR nach der Scheidg bleibt § 1666 außer Betr (KG FamRZ **59**, 256; BayObLG **61**, 264); später sind idR die Ändergsmöglichk aus § 1696 mit ihren leichteren Voraussetzgen gegeben (Schwoerer FamRZ **58**, 91); sa § 1671 Rn 1. Eine vor Eheauflösg gem § 1666 getroffene Maßregel bleibt in Kraft (KG JFG **5**, 59), bis das FamG n § 1671 entscheidet. Auch später sind Einzelanordngen aus § 1666 mögl, wenn eine Änderg der SorgeRZuteilg zu weit ginge (KG JFG **22**, 219; Staud-Göppinger 19, 20). Diese selbst ist aber immer nur iRv §§ 1696, 1671 V zul (Stgt FamRZ **75**, 592). Ggü Anrufg des VormschG wg Meingsverschiedenh iS von § 1628 ist § 1666 die stärkere Vorschr, weil dort Antr erforderl, hier dagg das VormschG vAw einschreitet. Bei einverständl Handeln der Elt gg Kindeswohl

3 also kein Einschreiten des VormschG bis zur Grenze des § 1666. – **Voraussetzungen für Maßnahmen des Vormundschaftsgerichts:** Die Vorschr enthält vier Tatbestde, denen sämtl das Merkm der KiWohlGefährdg gemeins ist, ebso wie die mangelnde Gefahrabwendgsbereitsch bzw -fähigk vS der Elt; iü kann die Gefährdg des KiWohl dch mißbräuchl SorgeRAusübg, Kindesvernachläsg, unverschuldetes EltVersagen od dch das Verhalten eines Dr ausgelöst sein. Bloße ZweckmäßigkGrde genügen für einen Eingr des VormschG nicht (BayObLG FamRZ **82**, 638). Zum Konfl zw leibl Elt u PflegeElt § 1632 Rn 18. Krit zur Formel vom Kindeswohl aus psycholog u sozialwiss Sicht: Mnookin FamRZ **75**, 1. Die EingrTatbestde des § 1666 werden dch verschiedene andere Vorschr ergänzt, so dch § 1632 IV (FamPflege) od dch §§ 1626 II, 1631 II hins des vorgeschriebenen Erziehgsstils. – Zur öff **Jugendhilfe** Einf 17ff vor § 1626; § 1631 Rn 1 u 16. – Solange das KiWohl nicht gefährdet, bleibt TrenngsAnO für ein bei der inhaftierten Mutter lebdes Kind Angelegenh der Vollzugsbehörde (LG Freibg FamRZ **85**, 95). – Zur Ersetzg der Einwilligg der Elt bei Organspende AG Bln-Schönebg FamRZ **79**, 633.

4   **3)** Eine **Gefährdung des Kindeswohls** liegt unter Berücks des Milieus, in das das Kind hineingeboren ist (Hamm ZBlJugR **83**, 274), vor bei begründeter, gegenwärtiger Besorgn der Gefährdg des körperl, geistigen od seel Kindeswohls (Lempp NJW **63**, 1659 u ZBlJR **79**, 49; Schwoerer NJW **64**, 5); auch kurz zurückliegende od nahe bevorstehde Gefährdg genügd, so daß zB Gefährdg inf unsittl Treibens schon bei 3½jährigem Kind mögl ist (BayObLG ZBlJugR **54**, 28). Bezgl Gefährdg ist oft das Alter des Kindes bedeuts (KG FamRZ **65**, 160) u der Grad seiner geist Entwicklg. VormschG muß bei ungeklärtem Sachverhalt prüfen, ob zunächst vorläuf AnO (Rn 24) zu erlassen ist. Mißbr des elt SorgeR, Kindesvernachläsg u Versagen der Elt konkretisieren das **Kindeswohl,** auf das es auch bei Maßn nach § 1666 entscheid ankommt. Äußerst krit zu diesem Begr Mnookin FamRZ **75**, 1; vgl iü § 1671 Rn 11. Positive Kriterien des KiWohls nennt Becker ZBlJugR **78**, 302. Iü aber ist der Begr zu unbestimmt, so daß zu Recht davon abgesehen w ist, Eingriffe in das elterl ErziehgsR allein darauf zu stützen. Es muß immer noch der SorgeRMißbr, die KiVernachlässigg, ein unverschuldetes Versagen der Elt od das Verhalten eines Dr hinzukommen, was alles man viell am besten an der Erziehgsgarantie in GG 6 II orientiert u unter dem Begr des elterl Erziehgsunvermögens zusfaßt (Rn 6) u was seiners zusätzl den Mangel einer Gefahrabwendgsbereitsch od -fähig aS der Elt ergänzt w muß (Rn 18), ehe das VormschG eingreifen darf. Zum **Schwangerschaftsabbruch** § 1626 Rn 14. Zur Vorverlagerg der EingrSchwelle in Fragen der **Ausbildung**: § 1631a Rn 7.

5   **4)** Neben der Kindeswohlgefährdg (Rn 4) verlangt ein Eingreifen des VormschG in das elt ErziehgsR noch zweierlei:

6   **a)** ein in vierf Form auftretdes **Erziehungsunvermögen der Eltern,** das in seiner prakt wichtigsten Gestalt erscheint als

7   **aa) Sorgerechtsmißbrauch,** dh das Ausnutzen der elterl Sorge zum Schaden des Kindes. Der Entzug des SorgeR erfolgt hier idR nach dem Rechtsprinzip der **Verwirkung,** die nach Aufhebg § 1676 dch das SorgeRG jetzt iRv § 1666 zu berücks ist. Keine Verwirkung allein dch Aufn einer Erwtätigk (BayObLG NJW-RR **90**, 70) od allein dch Freigabe zur Adoption (BayObLG FamRZ **90**, 903 L; NJW-RR **90**, 70). Im einz stellen SorgeRMißbrauch dar: erstickende ErziehgsHaltg (sog over-protection) der alleinerziehden Mutter (AG Moers ZfJ **86**, 113); Überforderg dch 3 nehel Ki u wiederholte Selbstmordversuche als Folge (BayObLG DAV **85**, 335); Selbstmordversuch mit Tötgsversuch am Kinde, der aber bei vollständ Konsolidierg der Verhältn nicht mehr zum SorgeREntzug führen muß (BT-Drucks 8/2788 S 64); **sexueller Mißbrauch,** der aber bewiesen s muß (LG Kln FamRZ **92**, 712. Vgl iü § 1671 Rn 16; zur Psychodiagnostik: Kühne/Kluck FamRZ **95**, 981; zur Rolle der JugH in diesem Zushg Einf 30 v § 1626;

8 vgl zur Best der Begutachtg bei gemeinschaftl elt Sorge AG Düss FamRZ **95**, 498); körperl **Mißhandlung** des Kindes (Lit: Barth ZBlJR **86**, 236), wobei evtl Rechtfertigg nach türk R nicht anerk w (BayObLG FamRZ **93**, 229; Düss NJW **85**, 1291); übermäß **Züchtigung** (§ 1631 Rn 9), zB Mißhandlg eines ½jähr, um ihn zum Essen zu bringen (Ffm FamRZ **80**, 284); jahrelange körperl Mißhdlgen (BayObLG FamRZ **84**, 928); Schläge gg 1j Tochter (Stgt FamRZ **74**, 538, dazu Münder RdJB **75**, 21), auch deren Duldg dch and EltT (BayObLG DAV **85**, 914) od Dritten; **medizinisch:** Abhalten v Impfen, pos Weigerg, das Kind operieren od eine Bluttransfusion vornehmen zu lassen (BayObLG FamRZ **76**, 43; ggf Rn 14; Diederichsen in: Dierks ua Hrsg, Therapieverweigerg bei Ki u Jugdl, 1995, S 97); bei Eilbedürftigk auch ohne Anhörg der Elt (Celle NJW **95**, 792). Uneinsichtig bei der Befolgg ärztl angeordn Medikamentierg u Ernährgsfehler (vgl KG

NJW-RR **90**, 716) od Ablehng psychiatr Untersuchg bei Fehlentwicklg eines 10j (BayObLG FamRZ **91**, 214) od eines Jugendl zum Sonderling (KG FamRZ **72**, 646), aber nicht, wenn nur die Eigng eines best Arztes in Frage steht (Stgt FamRZ **66**, 256); nicht vertretb Einwilligg in medizin od and wiss Experimente an dem Mj (Eberbach FamRZ **82**, 454); kein allg Rauchverbot gg die Elt, wenn beim Ki keine Asthmagefährdg od ähnl vorl (BayObLG FamRZ **93**, 1350). Aber Maßn gem § 1666 bei Ausbeutg der ArbKraft, Anhalten z Betteln od sonst strafb Hdlgen, zur Unzucht, wobei die StrafFreih nach dem 4. StrRG (Erzieherprivileg) für das Zugänglichmachen pornograph Darstellgen od das Verkuppeln noch nicht Sechzehnjähr (dazu Becker/Ruthe FamRZ **74**, 508) Maßn nach § 1666 nicht ausschließt; staatsfeindl Beeinflussg od zu falscher Namensführg (aA wohl Hamm FamRZ **89**, 1317). In Fragen der **Ausbildung** enth § 1631a einen **9** bes EingrTatbest (BayObLG FamRZ **91**, 102). Maßn n § 1666 kommen dabei insb in Betr bei Abhalten v Besuch der **Schule** (die Pfl dazu endet erst mit Volljk; Zweibr MDR **85**, 256), zB dch beharrl Weigerg, die Ki in die Schule zu schicken (BayObLG NJW **84**, 928), dch Schulabmeldg (Karlsr FamRZ **74**, 661), aber auch sehr häuf Schulversäumn (Stgt DAVorm **80**, 141). Als **Erziehungsfehler** kommen in Betr unnöt schroffer Wechsel in der (religiösen) Erziehg, wodch beim Kind Verwirrg, Gewissensnot, schwere seel Erschütterg hervorgerufen w (BayObLG NJW **63**, 590), zB Bruch einer Vereinbg nach RKEG 2 (s Anh zu § 1631; Saarbr DRZ **50**, 518); hyster Tobsuchtsanfälle (Lüb FamRZ **55**, 270); Ausweisg aus dem EltHaus in blinder Wut (KG OLGZ **67**, 219) od ohne anderweit Unterbringg (Kln NJW **48**, 342); Trenng vom Vater dch Mutter, die Namensänderg beantragt, obwohl jenem nichts vorzuwerfen ist (Ffm NJW **55**, 1725; Celle FamRZ **61**, 33); Trenng v Mutter od Verhinderg des Briefwechsels (KG JFG **12**, 93) od des Umgangs (RG **153**, 243), mit Geschw (Hamm FamRZ **85**, 1078 L), uU auch mit den GroßElt (KG OLGZ **70**, 297; BayObLG FamRZ **81**, 999); näheres dazu § 1634 Rn 7; wg mißbräuchl **Umgangsverbote** vgl § 1632 Rn 32; wg unzul Wegnahme des Kindes von **Pflegeeltern** § 1632 Rn 18–30; mißbilligensw Einwirkg auf die **10** Willensbildg einer 16j schwangeren Tochter, indem der Vater erklärt, sie mind bis zur Geburt des Kindes aus dem Hause zu werfen (AG Dorsten DAVorm **78**, 131); Hineinzwingen in unglückl Ehe (KG StAZ **42**, 12) od ungeeign Beruf. Aber **kein Sorgerechtsmißbrauch** bei Verweigerg des SchwangerschAbbruchs **11** (AG Celle FamRZ **87**, 738/1068/1177 m krit u zust Anm v Vennemann u Geiger; AG Helmstedt ZfJ **87**, 85), auch ohne Notlagenindikation (LG Kln FamRZ **87**, 207: 17j); od schon desh, weil das Kind aus einer Leihmuttersch stammt (KG NJW **85**, 2201); bei Belassg des Ki bei der Pflegemutter, der das JA die PflegeErlaubn verweigert (LG Bln FamRZ **85**, 1075); bei Umschulg wg Übersiedlg des Ki zur Großmutter, nachdem sorgeberecht Vater in seiner neuen Ehe Schwierigk dchzustehen h (KG NJW-RR **86**, 1328); wenn Vater Tochter entg ihrem Wunsch v der Schule abgehn u in einen v ihr frei gewählten Berufeintreten läßt (Schlesw SchlHA **57**, 280) od Elt nur das Studium best Fächer (zB Soziologie) wg Verwahrlosgsgefahr verbieten (Kln FamRZ **73**, 265, von unzutr verkürztem Sachverh geht die Krit v Kramer, JZ **74**, 90 aus); weiterhin wohl kaum die Versagg der Mitwirkg an einem verwaltungsgerichtl Verf gg das einem mittelm bis schlechten Schüler erteilte Zeugn, prinzipiell and wohl Hamm FamRZ **74**, 29; ferner nicht ow das Verlangen des gem § 1671 übergangenen EltT, auf den die elterl Sorge gem § 1681 übergegangen ist, das Kind solle zu ihm übersiedeln (Kln FamRZ **72**, 647), bzw die Verweigerg der Einwilligg zur Eingehg der Ehe, da hier EheG 3 III gilt. Trunks, Zuhälterei, größere FreihStrafen uä, die n § 1666 aF als ehrl od unsittl **12** Verhalten der Elt zu Eingriffen dch das VormschG ermächtigen, werden idR als SorgeRMißbr od sonst als Versagen iSv Rn 14 zu werten sein.

bb) Vernachlässigung bzgl Wohnverhältn (BayObLG ZBlJugR **83**, 503), Ernährg (BayObLG FamRZ **13** **88**, 748) od Pflege, insb wenn weitgehe Verwahrlosg droht (Hamm DAV **86**, 804) od Kind dann der öff Fürs od der von Verwandten anheimfällt (Düss FamRZ **64**, 456); Gefahr der Bindgsschwäche bei dem Kind inf verschiedener AufenthWechsel der drogensücht u straffäll nehel Mutter (Bln ZBlJugR **80**, 188); Nichtvorsprechen in der Klinik dch drogensücht Mutter, wenn früh Kind bereits nach 4 Mo verstorben ist (Hanau DAVorm **77**, 513); pass Unterlassen jegl ärztl Behdlg od gebotener Unterbringg in einer Anst; Kleidg, Wohng, zB Duldg des Herumtreibens, mangeln Beaufsichtigg auch des regelm Schulbesuchs, Duldg ungünst Einflüsse Dritter, auch des and EltT, insb dessen Verstöße gg § 1666, überh Verkümmerg ordtl Lebensführg (KG JFG **14**, 425 Abgrenzg zu II aF, jetzt III); schleppde UnterhZahlg (Düss FamRZ **64**, 456); unvollständ Geburtsanzeige (§ 1616 Rn 10). Ggü dem Vorwurf der Vernachlässigg sind allerd auch die Belange des EltT zu berücks, beispielsw lange AbwesenhZten bei einem Binnenschiffer (BayObLG FamRZ **85**, 522).

cc) Unverschuldetes Versagen der Eltern (im engeren Sinne, da sich auch die übr Fälle des elterl **14** ErzUnvermögens mit dem Ausdr „Versagen" zutreffd kennzeichnen lassen). Verfassgskonform (BVerfG NJW **82**, 1379; dazu Hinz NJW **83**, 377). **Zweck:** Das zusätzl EingrKriterium soll dem Umst Rechng tragen, daß es auch Fälle gibt, in denen Kindesgefährdgen nicht auf ein Verschulden der Elt zurückzuführen sind (BT-Drucks 8/2788 S 39). Auf das Verschulden soll es in diesen Fällen nicht ankommen; das Fehlen des Verschuldens muß umgek aber auch nicht besonders festgestellt w, um den Eingr des VormschG zu rechtf; der Tatbestd hat Auffangfunktion (Ffm NJW **81**, 2524), erübrigt aber zugl auch die VerschuldensPrüfg (BayObLG FRES **10**, 277). Der Maßst, an dem gemessen das Verhalten der Elt als ein Versagen v innen gewertet w muß, kann schon wg der Unbestimmth des „KiWohls" (Rn 4) nicht dieser Begr sein u auch nicht irgendwelche gesellschaftspolit, religiösen od sonst weltanschaul Ideale od Mindeststandards, sond muß iW **verfassungskonformer Auslegung** aus dem grdsätzl Erziehgsprimat der Elt u der Beschrkg staatlicher Ingerenz auf das Wächteramt (GG 6 II 1 u 2) gewonnen w. Desh kommen in diesem Zushg nur solche Fälle in Betr, in denen das elterl Fehlverhalten ggü dem KiWohl eine gewisse Evidenz aufweist. IdR wird es sich um Fälle handeln, in denen bei Vorliegen der persönl Vorwerfbark ein Mißbrauch des elterl SorgeR gegeben sein würde; das folgt aus der Funktion der Vorschr als AuffangTatbestd. **Beispiele:** Freispr **15** v Vorwurf der KiMißhdlg ledigl aus subj Gründen (Ffm NJW **81**, 2524). Duldg der mißbräuchl Ausübg des SorgeR dch den and EltT (LG Bambg DAV **84**, 196). Hebephrenie u Alkoholabhängigk der Mutter, die die Einkfte des Kindes nicht bestimmgsgemäß zu dessen Unterh verwendet (BayObLG ZBlJugR **83**, 302). Langjähr Heroinsucht der Mutter (Ffm FamRZ **83**, 530). Beeinträchtigg der sprachl Entwicklg (BayObLG FamRZ **94**, 1411). Unfgk zum Aufbau emotionaler Beziehgen (BayObLG FamRZ **95**, 502). Gleichgültigk, Labilität u AntrArmut aS der ne Mu (BayObLG FamRZ **86**, 102). Taubstumme Mu will ihr Ki allein aufziehen; Angeh einer Sekte verweigern ihrem Kind eine medizin lebensnotw Bluttransfusion; schuldl Verwahrlosg des Kindes (BT- Drucks 8/2788 S 39 u 58 f; zum Begr der Verwahrlosg LG Kblz DAVorm **78**, 663). **Nicht ausreichend,** wenn ne Mutter krankhbdgt ihr 2j Ki mit Zust des JA nicht absehb Zt in einer PflegeFam unterbringt (BayObLG FamRZ **93**, 846; vgl iü § 1705 Rn 6). Problemat ist das ZusTreffen westeuropäischer mit and **religiösen** Vorstellgn: etwa die Entziehg des AufenthBestR türkischer Elt, die ihre seit dem 11. LebJ in Dtschl aufwachsende Tochter in der Türkei verheiraten wollen (KG NJW **85**, 68). Vgl auch Rn 1 aE.

16   **dd) Kindeswohlgefährdung durch das Verhalten eines Dritten. Zweck:** Der stärkere Bezug auf ein Verh der Elt bestimmter nachteiliger Art (Rn 7–15 sowie Rn 18) machte es erforderl, einen das KiWohl gefährdden Einfl von dr Seite ausdrückl als eine weitere, das Wächteramt des Staates herausfordernde GefährdgsUrsache festzustellen u zum EingrTatbestd zu machen, schon um dem VormschG Gelegenh zu unmittelb Vorgehen gg den Dr gem I 2 zu geben (BT-Drucks 8/2788 S 39 u 59). IdR wird das VormschG dch entspr **Umgangsverbote** den Einfl des Dr auf das Kind unterbinden, wofür es allerd gem § 1632 III 2

17 Antr eines EltT bedarf (§ 1632 Rn 34). **Beispiele:** Verdacht sex Mißbr dch den LebGefährten der Mu (Düss NJW **95**, 1970); entwürdigde u übermäß ErzMaßn des Stiefvaters (BayObLG FamRZ **94**, 1413 L); Zuhälter, Rauschgiftsüchtige, Terroristen, ansteckende Krankh. Entscheidd für diese TatbestdAltern ist aber besonders:

18   **b) Mangelnde Bereitschaft oder Fähigkeit der Eltern zur Gefahrabwendung** von dem Kind, zB geeign SchutzMaßn gg eine Aids-Infektion (Tiedemann NJW **88**, 735). Die Elt dürfen nicht gewillt od in der Lage sein, die Gefahr abzuwenden. Diese Voraussetzg muß als zusätzl Merkm zur mißbräuchl Ausübg des SorgeR, zur Vernachlässig, zum Versagen od dem Verh des Dr hinzutreten, um den Eingr des VormschG zu rechtfertigen u von diesem auch festgestellt w. Dabei stehen der vom besten Willen getragenen Hilflosigk der Elt deren Unwillen, ihrer fehlden Einsicht od bloß Gleichgültigk völlig gleich. Es spielt keine Rolle, ob sie in der Lage, aber unwillig, od willig, aber nicht in der Lage sind. Das Merkm dient ausschließl dazu, die Elt ihres Erziehgsvorrangs zur Selbsthilfe zu bewegen. Auf die Motive für die Fortdauer der Gefährdg kommt es desh nicht an. Die Elt sollen ledigl nicht übergangen w (BT-Drucks 8/2788 S 59). Ein Schutz gg extreme Maßn bietet für gutwillige Elt § 1666a. Die KiGefährdg bleibt bestehen, wenn der SorgeRInh das JA od einen Dr zur Ausübg des elt SorgeR ermächtigt, es sei denn, das JA od der Dr sind damit einverstanden (KG DAVorm **79**, 762). Unterlassg der **Ehelichkeitsanfechtung:** BayObLG FamRZ **94**, 1196; § 1597 Rn 4.

19   **5) Maßregeln,** denen GG 6 II nicht entggsteht (BVerfG NJW **54**, 1761) u in deren Auswahl abgesehen v § 1666a bei **I** grdsätzl keine Beschrkg (KG JFG **14**, 425) besteht, sind gleichw nur anzuordnen, soweit unbedingt erforderl; Ermahng, Entziehg des AufenthBestR, Ge- u Verbote, zB die Geliebte ständig in der auch von Mutter u mj Tochter benutzten Wohng wohnen zu lassen (Hamm JMBl NRW **62**, 243); Beschrkg od **Entziehung der Ausübung der Personensorge** u AnO, daß sie **dem anderen Elternteil allein** (§ 1680) bzw bei nehel Mutter JugA (LG Bln DAVorm **75**, 385) zusteht; denn eine solche AnO muß gleichzeitig mit der entziehden Maßn ergehen, da sonst Unklarh entsteht (BayObLG **62**, 277). Einzelbefugnisse wie AufenthBestR u Vertretg in schulischen Angelegenh können dabei auch auf den iR v § 1671 übergangenen EltT übertragen w (BayObLG FamRZ **85**, 635). Übertragg auf nach § 1909 zu bestimmten **Pfleger** (BayObLG ZBlJugR **80**, 288), falls sie auch dem and Elt nicht zu belassen ist (§ 1680), weil der ungünst Einfl des das Kind gefährdden EltT anders nicht fernzuhalten ist (KG FamRZ **65**, 159). Ist PersSorge entzogen, haben Elt auch kein BeschwR in PersSorgeSachen des Kindes aus FGG 57 I Z 9 (BGH **LM** Nr. 5); and aber, wenn es sich um Angelegenh od bes Tragweite (Wechsel der Religion, Staatsangehörigk usw) handelt (BayObLG NJW **88**, 2388 Name). Entziehg kann ganz od in einzelnen Bestandteilen wie AufenthBestimmgsR (wg der sich aus dieser EinzelMaßn ergebden Schwierigken Certain ZBlJugR **68**, 104), UmgsR (MJG **15**, 288), Berufswahl usw, ferner allein od iVm Entziehg der **Vertretung der Person** (§ 1629 I) für den Abschluß v Lehr- u Arbeitsverträgen, Schulan- u -abmeldg (RG **129**, 23), Einwilligg in Operation erfolgen. Dabei können vom VormschG **Erklärungen der Eltern** ersetzt w, **II,** wenn eine Erkl

20 eines od beider EltT notw ist, um eine Gefahr von dem Kind abzuwenden, zB die Einwilligg in eine Operation, u die Elt diese Erkl nicht abgeben wollen od können (BT-Drucks 8/2788 S 59). Immer zu beachten, daß § 1666a für die Trenng des Kindes von der Fam u für die Entziehg der PersSorge insges zusätzl Erfordern aufstellt u daß die Maßn nach dem **Grundsatz der Verhältnismäßigkeit** geeign, die Situation des Ki obj zu verbessern (BayObLG FamRZ **95**, 948) u erforderl sein muß; also: Befr SorgeREntziehg zur Durchf einer klin Begutachtg des Ki (BayObLG FamRZ **95**, 501); keine Entziehg des SorgeR insges (§ 1666a Rn 3), wenn die AufenthBestimmg od eine Maßn nach § 1632 IV (BVerfG FamRZ **89**, 145) genügt (wie umgek Prüfg der Entziehg des AufenthBestR geboten ist, wenn Entziehg der ges Persorge nicht geboten; BayObLG DAV **86**, 269); keine Entziehg der AufenthBest als solcher, wenn die Beschränkg der Bestimmg hins eines best Ortes (BayObLG **65**, 1); keine Entziehg der Vertretg, wenn die des SorgeR od einzelner SorgeRTeile (KG StAZ **42**, 13) genügt (KG JFG **21**, 11; vgl auch BGH **8**, 137). Im einz bedeutet der **Grundsatz des geringsten Eingriffs:** Zeitl Beschränkg der PersSorgeEntziehg vorrang zul ggü Abändergs Verf gem § 1696 (aA Stgt FamRZ **74**, 538); bei Unterbringg in Sonderschule ist Ersetzg der Zust ausreichd (BayObLG MDR **62**, 132). Elterl Sorge im ganzen dch Fortnahme sämtl Einzelbestandteile (Personen- u VermSorge, Vertretg in beiden Angelegh) praktisch entziehb; dann **Vormund** nöt (§ 1773), wenn das auch bei and EltT geschieht. Die vorläuf Unterbringg (Einf 40 v § 1626) darf nur angeordnet w, wenn hinreichd wahrscheinl ist, daß eine SorgeREntziehg nicht in Betr kommt (Zweibr FamRZ **81**, 817). Zur **Unterbringung** § 1666a Rn 2. Die UnterbringgsStelle muß das VormschG bestimmt bezeichnet w (KG JFG **12**, 94), nicht aber, wenn FürsErz angeordnet w, da LJA dann AufenthBestimmgsR hat (Anh §§ 1666, 1666a Rn 18). Ist aGrd I 1 Pfleger bestellt u hält dieser Unterbringg für zweckm, so ist Auswahl seine Sache. Nicht zul Entziehg des SorgeR u gleichzeitig AnO der Unterbringg (KG JFG **12**, 94). Unzul auch Pflegerbestellg, damit Freiw ErzHilfe ungestört dchgeführt w kann (Hamm ZBlJugR **58**, 177; Gött NJW **55**, 1596), da damit AnO der FürsErz, möglicherw auch die Zust des Sorgeberecht umgangen w. Die

Inanspruchn öff Mittel steht AnOen nach § 1666 nicht entgg (BGH **8**, 137); grdsätzl gehören Kosten zum Lebensbedarf des Kindes, so daß Unterhaltspflichtiger sie zu tragen hat. Nach Unterbringg des Kindes bei einer PflegeFam Ausschluß des BesuchsR u Verweigerg der Kindesadresse zul (AG Hbg DAVorm **77**, 457), aGrd einer entspr Ermächtig dch den VormschG (BayObLG StAZ **77**, 162). Zul sind auch vormschaftsgerichtl **Maßnahmen mit Wirkung gegen einen Dritten, I 2,** dessen das KiWohl gefährddes Verhalten 21 überh Anlaß für das Eingreifen des VormschG sein kann (Rn 16, 17). In den Fällen, in denen die Elt die von einem Dr ausgehden Gefahren für das Kind nicht abwehren wollen od können (Rn 16), kann das VormschG nunmehr unmittelb gg den Dr einschreiten u ist nicht mehr darauf angewiesen, bei Taten- od Entschlußlosigk der Elt diese zu zwingen, zur Abwehr der Störg gg den Dr den Zivilrechtsweg zu beschreiten (BT-Drucks 8/2788 S 39). Das VormschG kann desh auch ohne Antr der Elt (vgl § 1632 III) einem Zuhälter den weiteren Kontakt zu einer Mj verbieten (BT-Drucks 8/2788 S 59) sowie ggü einem SexTäter einen Wohnortwechsel anordn (Zweibr NJW **94**, 1741). Das Kind braucht sich nicht in der Obhut des Dr zu befinden. Der Dr wird, wenn gg ihn unmittelb Maßn angeordnet w sollen, **Verfahrensbeteiligter** u muß vom Ger gehört w (BT-Drucks 8/2788 S 59).

6) Verletzung des Unterhaltsrechts, III (§§ 1601, 1610, 1615f), setzt auch schuldh Kindesgefährdg 22 voraus, jedoch nicht ggwärtiges KindesVerm (BayObLG FamRZ **64**, 638; **89**, 652). **Zweck:** Beseitigg der Gefährdg u Sicherstellg der bestimmungsgemäßen Verwendg des KindesVerm (§ 1649), auch des zu erwartenden, künftigen für dessen Unterh. III kommt nicht in Betr, wenn für den Unterh dch Ausbildgsvergüt u Unterbringg bei den GrElt gesorgt ist (BayObLG FamRZ **89**, 652), wohl aber, wenn der nach § 1602 nicht unterhaltspflichtige Vater dem Kinde statt des **Arbeitsverdienst** hinreichende Beträge zur Unterh-Bestreitg beläßt, da hier Einschreiten aus I od § 1667 (mangels VermGefährdg) nicht mögl (KG JFG **14**, 427). Als Maßregel wird hier meist die Entzieh der Ausübg der VermVerw ggü dem einen EltT genügen, wenn sich der andere Elternteil ausreichd durchsetzen kann; oft wird bei diesem aber, auch wenn das nicht der Fall ist, Beistandsbestellg genügen (§ 1685), wenn er sie beantragt. Eine AO, der unterhaltspflichtige Vater möge sich eine besser bezahlte Stellg suchen, ist wg GG 2, 12, eine solche, der Vater möge zur Erleichterg der WirtschFührg zur Familie zurückkehren, wg GG 11 unzul (Hbg FamRZ **57**, 426); vgl aber § 1603 Rn 9–13.

7) Verfahren. a) Eingreifen des VormschG **von Amts wegen.** Maßn des VormschG haben grdsl 23 Vorrang vor den ErziehgHilfen des JA (Einf 31ff v § 1626), auch wenn im Ergebn der SorgeRPfleger die Heimunterbringg veranlaßt (BGH **73**, 131). **Zuständigkeit:** FGG 36, 43. Es entsch die Ri (RPflG 14 Nr 8). Bei der Zustdgk des VormschG verbleibt es, auch wenn sich die Elt nach Einleitg des Verf trennen (KG FamRZ **90**, 1021). VormschG ist zust zur Verhinderg der Entführg des Ki dch den nichtsorgeberecht EltT (Kln FamRZ **85**, 1059); wg der KiHerausg dann aber § 1632 III 2. Halbs. Bei Entzieh der ges elt Sorge dch einstw AnO entsch das VormschG bis zum Abschl des Verf in der Haupts und als im Regelfall (§ 1634 Rn 36) auch über ein evtl UmgggsR der Elt (Ffm FamRZ **93**, 228). **Anhörung** von Elt, Ki, PflPers u JA zwingend (Einf 9–11 vor § 1626; FGG 49 I Nr 1f, 50a, 50b, 50c). Sollen gem I 2 Maßn gg einen Dr ergehen (Rn 21), so ist auch er VerfBeteil u anzuhören. Genügen forml Ermittlgen nicht, AO der **Beweisaufnahme** (FGG 15); bei Unterl nachprüfb Ermessensfehler (KG NJW **61**, 2066; Düss FamRZ **68**, 260). Zur Duldg psycholog u psychiatr Untersuchgn Einf 13 vor § 1626.

b) Vorläufige Anordnungen (Einf 8 u 38 v § 1626 zum Vorrang der InObhutn dch das JA) bei 24 dringdem Bedürfn für ein unverzügl Einschreiten (BayObLG NJW **92**, 1971; FamRZ **95**, 948) u wenn die Vorauss v § 1666 S 1 vorliegen (BayObLG FamRZ **91**, 1218): bei Verdacht sex Mißbr (BayObLG NJW **92**, 1971), aber mit Vorsicht bei ausschließl eig Angaben des Ki (Düss NJW **95**, 1970); bei strafgefangenen Elt (KG FamRZ **81**, 590 mAv Luthin); bei Wohnchaos u VerwirrgsZustden (Bln DAV **80**, 143) bzw Drogensucht der Mutter (AG Hanau DAV **77**, 513); Gefahr der Wegn der Ki ins Ausl (BayObLG FamRZ **82**, 1118). Auch hier **Anhörung** von Elt und JA; müßte sie unterbleiben, Nachholg jedenf nach Erl der AO (Hbg NJW **66**, 1156). Als **Maßnahmen** kommen innerh der vorl AO in Betr: Bei VerwahrlosgsGefahr Entzieh des AufenthBestR (BayObLG FamRZ **80**, 1064); zusätzl Verbot, den Elt den Aufenth des Ki mitzuteilen (BayObLG FamRZ **77**, 752); aber auch die Entzieh der gesamten PersSorge (BayObLG FamRZ **89**, 421).

c) Beschwerde (Einf 14 vor § 1626) der GroßElt (BayObLG FamRZ **81**, 814); des Ki (Hamm u Stgt 25 FamRZ **74**, 29 u 540). Das BeschwG kann anstelle der vom AG beschlossenen FürsErz eine Maßn nach § 1666 anordnen (BGH **73**, 131).

d) Überprüfung und Abänderung der gerichtl Maßn: § 1696. 26

1666 a *Trennung des Kindes von der elterlichen Familie; Entziehung der Personensorge insgesamt.* [1]**Maßnahmen, mit denen eine Trennung des Kindes von der elterlichen Familie verbunden sind, sind nur zulässig, wenn der Gefahr nicht auf andere Weise, auch nicht durch öffentliche Hilfen, begegnet werden kann.**

[2]**Die gesamte Personensorge darf nur entzogen werden, wenn andere Maßnahmen erfolglos geblieben sind oder wenn anzunehmen ist, daß sie zur Abwendung der Gefahr nicht ausreichen.**

1) Die Best gehört gedankl zu § 1666 Rn 19 u 23. Mit ihr soll der **Grundsatz der Verhältnismäßigkeit** 1 in zwei Richtgen verdeutlicht w, näml für die Trenng des Kindes von der elterl Familie u für die Entzieh der ges PerSorge (BT-Drucks 8/2788 S 59). Maßn gem §§ 1666, 1666a haben Vorrang vor der zwangsw Heimerziehg (KG FamRZ **81**, 592; Brschw DAVorm **80**, 952), selbst wenn Heimunterbringg dch den SorgeRPfleger erfolgt (BGH NJW **79**, 813; krit dazu Happe FamRZ **81**, 635). Die vorläuf Unterbringg darf nicht angeordnet w, wenn als endgült Maßn ledigl ein Eingreifen n §§ 1666, 1666a gerecht ist; Gefahr im Verzuge ist ggf dch einstw AnO zu begegnen (Hamm FamRZ **81**, 593). Die **öffentlichen Hilfen,** die Vorrang vor der Trenng des Ki von der elt Fam haben, sind im wesentl in der **Jugendhilfe** von KJHG 11–40 enth (Einf 26ff v § 1626; Coester FamRZ **91**, 259). Zum **Vorrang** der JugH: Einf 57 v § 1626.

2   **2) Die Trennung des Kindes von der elterlichen Familie, I,** ist, weil sie bes einschneidd wirkt, nur dann zul, wenn mildere Mittel nicht ausreichen, die Gefahr für das Kind abzuwenden. Damit kommen die im VerwR entwickelten Grdse der Verhältnismäßigk, der Geeigneth u der Wahl des geringsten Mittels zur Geltg. Verfassgskonform (BVerfG FamRZ 82, 567). Eine TrenngMaßn liegt auch in der Entziehg des AufenthBestR (BayObLG NJW 92, 1971). Was das gebotene Mittel ist, kann nicht vom Aufwand, sond nur vom Kindeswohl u vom EltR her bestimmt w (BT-Drucks 8/2788 S 59f); beispielsw Heimeinweisg bei Artikulationsschwierigkten der Ki (BayObLG FamRZ 94, 1411). Die Vorschr verpfl den Staat ggf dazu, in kinderreichen Fam mit HaushHilfen einzuspringen, ehe die Kinder, mit denen die Eltern aGrd ihrer Überlastg nicht mehr fertig w, in Heime gebracht w. Jedenf enthält die Best die gesetzl Grdlage für eine aktive FamPolitik in dem Sinne, daß der familiäre Zushalt nicht finanz Schwierigken zum Opfer gebracht w darf (Kemper FamRZ 83, 647). Ggf muß der Staat für verfügb HaushKräfte sorgen. Bei Debilität der Elt sind diese ggf mit dem neugeborenen Ki gemeins unterzubringen (LG Bln FamRZ 88, 1308). Zu den Unterbringgsmodalitäten vgl § 1666 Rn 20 sowie SGB VIII 33, 34 (Einf 32 vor § 1626).

3   **3) Der Entzug der gesamten Personensorge, II,** kommt nur dann in Betr, wenn mildere Mittel nicht ausreichen (vgl § 1666 Rn 20). Bsp: Schläge ggü 15j Mädchen als einz ErzMittel (BayObLG FamRZ 93, 229). Das Ger hat zwar ein Auswahlermessen hins der anzuwendenden Mittel, es muß aber zunächst versuchen, etwa dch Ermahngen, Verwarngen, Gebote u Verbote od unter den Vorauss v I dch Entziehg v TeilBefugn (AufenthBestR usw) od VerbleibensAnO n § 1632 IV die Gefahr abzuwenden (BayObLG FamRZ 90, 1132/4). Nur wenn anzunehmen ist, daß diese Mittel nicht ausreichen, kann das schärfste Mittel des Entzugs der PersSorge angewendet w (BT-Drucks 8/2788 S 60). **Erfolglosigkeit anderer Maßnahmen** als solche reichen für die Entziehg der ges PersSorge nicht aus, wenn nach dem VerhältnGrds die Entziehg des AufenthBestR genügen k (BayObLG FamRZ 90, 780). FE ist keine and Maßn (KG FamRZ 81, 592). Auch zZw der **Adoption** ist die Entziehg der ges PersSorge erst zul, wenn eine Rückkehr in die elterl Fam ohne nachhaltige KiWohlGefährdg nicht mehr zu erwarten ist (KG FamRZ 85, 526/966 mAv Frank).

4   **4) Die Maßn sind vom Ger in angemessenen Zeitabständen zu überprüfen** (§ 1696 III; vgl § 1666 Rn 26) u **aufzuheben,** wenn eine Gefahr für das KiWohl nicht mehr besteht (§ 1696 II).

Anhang zu §§ 1666, 1666a

Maßnahmen nach dem Jugendwohlfahrtsrecht

Das Jugendwohlfahrtsgesetz ist zum 1. 1. 91 auß Kr getreten u dch das iR des **KJHG** erlassene SGB VIII ersetzt w. Da die neue ges Regelg weniger auf Eingriffe in das elt SorgeR als auf die MitArb der Elt iS der Ziele staatlicher ErziehgsMaßn gerichtet sein soll, ist der richt Standort für die Darstellg des neuen **Jugendhilferechts** Einf 17ff vor § 1626.

1667   *Gefährdung des Kindesvermögens.* [I]Wird das Vermögen des Kindes dadurch gefährdet, daß der Vater oder die Mutter die mit der Vermögenssorge verbundenen Pflichten verletzt oder zu verletzen droht oder in Vermögensverfall gerät, so hat das Vormundschaftsgericht die zur Abwendung der Gefahr erforderlichen Maßnahmen zu treffen.

[II]**Das Vormundschaftsgericht kann anordnen, daß die Eltern ein Verzeichnis des Vermögens des Kindes einreichen und über die Verwaltung Rechnung legen. Die Eltern haben das Verzeichnis mit der Versicherung der Richtigkeit und Vollständigkeit zu versehen. Ist das eingereichte Verzeichnis ungenügend, so kann das Vormundschaftsgericht anordnen, daß das Verzeichnis durch eine zuständige Behörde oder durch einen zuständigen Beamten oder Notar aufgenommen wird.**

[III]**Das Vormundschaftsgericht kann anordnen, daß das Geld des Kindes in bestimmter Weise anzulegen und daß zur Abhebung seine Genehmigung erforderlich ist. Gehören Wertpapiere, Kostbarkeiten oder Buchforderungen gegen den Bund oder ein Land zum Vermögen des Kindes, so kann das Vormundschaftsgericht dem Elternteil, der das Kind vertritt, die gleichen Verpflichtungen auferlegen, die nach §§ 1814 bis 1816, 1818 einem Vormund obliegen; die §§ 1819, 1820 sind entsprechend anzuwenden.**

[IV]**Das Vormundschaftsgericht kann dem Elternteil, der das Vermögen des Kindes gefährdet, Sicherheitsleistung für das seiner Verwaltung unterliegende Vermögen auferlegen. Die Art und den Umfang der Sicherheitsleistung bestimmt das Vormundschaftsgericht nach seinem Ermessen. Bei der Bestellung und Aufhebung der Sicherheit wird die Mitwirkung des Kindes durch die Anordnung des Vormundschaftsgerichts ersetzt. Die Sicherheitsleistung darf nur durch Maßnahmen nach Absatz 5 erzwungen werden.**

[V]**Das Vormundschaftsgericht kann dem Elternteil, der das Vermögen des Kindes gefährdet, die Vermögenssorge ganz oder teilweise entziehen, wenn dies erforderlich ist, um eine Gefährdung des Kindesvermögens durch diesen Elternteil abzuwenden.**

[VI]**Die Kosten der angeordneten Maßnahmen trägt der Elternteil, der sie veranlaßt hat.**

1   **1) Die bish (§§ 1667ff aF) Staffelg von Sicherungsmaßnahmen gegen eine Gefährdung des Kindesvermögens** nach der Schwere des Eingr wird aufgegeben u stattdessen auf die Erforderlichk der Maßn abgestellt, I. Unabh v den Voraussetzgn des § 1640 kann das VormSchG den Elt die Einreichg eines VermVerzeichn u Rechnsglegg auferlegen, II, sowie anordnen, daß die Elt mit Wertpapieren u Kostbarkeiten wie ein Vormd verfahren sowie daß Geld des Kindes in best Weise angelegt u nur mit Gen des VormschG abgehoben w, III. Dem das KindesVerm gefährdenden EltT kann SicherhLeistg abverlangt w, IV. Das VormschG kann schließl als äußerste Maßn dem das Verm des Kindes gefährdden EltT die

VormSorge ganz od teilw entziehen, V, wobei für sämtl Maßn die Kosten der sie verursachde EltT trägt, VI.

2) Voraussetzungen für ein Eingreifen des Vormundschaftsgerichts, I: a) Auf seiten der Elt alter- 2 nativ ein **aa)** aGrd der §§ 1640ff pflichtwidriges Verhalten, zB Nichtgeltdmachg v VermächtnAnspr 3 (BayObLG FamRZ **82**, 640), nachläss Prozeßführg. Eine drohde, dh noch nicht erfolgte, aber nach den Umst des Falles nicht ganz fern liegde PflVerletzg reicht aus (BT-Drucks 8/2788 S 60). Od **bb)** ein ggf auch 4 unverschuldeter Verfall des elterl Vermögens (KG JW **32**, 1387), wie ständ fortschreitde VermVerminderg, fruchtlose Vollstreckgen, Wechselproteste. Konk s § 1670. – **b)** Gefährdg des KindesVerm, dh dessen 5 drohde Verminderg, insb auch dch die nicht von der Hand zu weisde Befürchtg eines ordngswidr Verbrauchs der KiGelder, beispielsw einer Waisenrente u eines dem Ki zustehden Sparguthabens (BayObLG FamRZ **91**, 1339). Die VermVerminderg braucht noch nicht eingetreten zu sein, der Eintr des Schadens muß aber naheliegen (Ffm NJW **53**, 67; FamRZ **63**, 453). Verschu nicht erfdl (BayObLG FamRZ **89**, 1215). – **c)** Ursächl Zushg zw der VermEntwicklg aS der Elt u der Gefährdg des KiVerm ("dadch"). 6 Bestehen für Übergriffe od auch unverschuldete FehlHdlgen der Elt keinerlei Anhaltspkte, ist auch der Eingr des VormschG nicht gerechtf.

3) Rechtsfolge: Liegen die Vorauss von Rn 1 vor, so hat das VormschG dch den RPfleg (BayObLG 7 FamRZ **83**, 528) die **zur Abwendung der Gefahr erforderlichen Maßnahmen** zu treffen, **I.** Hierfür kommen nicht mehr stufenweise AnOen (Vorlage eines VermVerzeichn, SicherhLeistg, Entziehg der VermSorge) in Betr, sond der Wertmaßst für das Vorgehen des Ger ist allein die Erforderlich der Maßn, so daß in schweren Fällen die sofort Ablösg der elterl VermSorge gestattet ist. Die in Betr kommden Maßn ergeben sich aus II–V, die selbständ nebeneinand treten (BT-Drucks 7/2060 S 30). Entziehg der VermSorge u ErgänzgsPflegsch etwa zur Geltdmachg v VermächtnAnspr (BayObLG FamRZ **82**, 640). Anhörg der Elt obligator (FGG 50a), des Kindes, sof angezeigt (FGG 50b II 2), Einf 9–11 vor § 1626. Es kommen sämtl Maßregeln in Betr, soweit geboten u vom Ges zugelassen (Neust MDR **55**, 479), zB Verbot der Einziehg des Kindeslohns (KG JFG **14**, 427); mündelsichere Anlegg v Geld u Wertpapieren (BayObLG FamRZ **79**, 71); Aufl, eins geeign ProzBevollm für den KindesRStr zu bestellen (KG JFG **22**, 179). Der Inh der 8 VermSorge kann in der Art der Verwaltgsbetätigg beschrkt w, zB dch einen **Sperrvermerk** auf dem BankKto des Ki dahin, daß Abhebgen ggf auch v Zinsen (BayObLG FamRZ **89**, 1215) nur mit Gen des VormschG erfolgen dürfen (MüKo/Hinz 9); der VermSorgeInh kann ferner gerichtl Aufsicht unterstellt w, wobei ihm aber die VermVerwaltg als solche belassen bleibt. Mündelsperrvermerk nicht ausr, wenn nachteilige Vfgen über sonstige Einkfte od Grdstc zu befürchten sind. Sperranweisg an die ktoführde Spark bewirkt keine Sperre des Sparbuchs des Mj (BayObLG FamRZ **77**, 144). **Verzeichnis des Kindesvermö-** 9 **gens, II** (vgl § 1640), aber nicht für GesGut bei fortges GütGemsch (BayObLG JFG **1**, 58). Rechngslegg dch beide Elt gemeins aus Grden des Kindesschutzes; also nicht Pflegerbestellg, da es sich hier nur um mangelh VermVerw handelt, nicht um eine Verhinderg an dieser (KGJ **35** A 11). Wg der Aufnahme des Verzeichn durch zust Behörde, Beamten od Notar §§ 1370 Rn 3, 1640 Rn 9. Das VormschG kann ferner die Art u 10 Weise der **Anlegung von Geld** des Kindes bestimmen (vgl § 1642 Rn 2) u ferner anordnen, daß zur Abhebg des Geldes die Gen des VormschG erfdl ist, **III 1.** Hierbei ist vor allem an Spargelder des Kindes 11 gedacht. Bezgl SichergsMaßn für **Wertpapiere,** Kostbarkeiten oder BuchFdgen gg den Bu u die Länder verweist das Ges auf die entspr Best des VormschR, **III 2.** Das VormschG kann ferner **Sicherheitsleistun-** 12 **gen** anordnen, **IV,** was nicht mehr davon abhäng ist, daß die anderen Maßn des VormschG vergebl waren. Dem EltT soll damit die Möglk gegeben w, die Entziehg der VermSorge abzuwenden (KG JFG **15**, 19). Art 13 der SicherhLeistg nicht an §§ 232ff gebunden, **IV 2.** Erzwingg der SicherhLeistg anders als bei § 1844 nicht n FGG 54; das Kind hat keinen gesetzl Hypothekentitel am Grdst seiner Elt. HypBest kann den Elt zwar 14 nach I aufgegeben w; die Bewilligg darf aber gem **IV 4** nur mittelb dch Androhg der Entziehg der VermSorge erzwungen w. Vertretg des Kindes bei der SicherhBestellg, **IV 3:** Pflegerbestellg (§§ 1629 II, 15 1909) soll im Interesse der Eilbedürftigk vermieden w. VormschG stellt Antr beim GBA in Vertretg des Kindes zur Eintr der von dem EltT bewilligten Hyp (GBO 13), da FGG 54 nicht anwendb. Gilt auch bei Änderg (s § 1844 II), nicht aber, wenn SicherhLeistg vertragl od freiw (also nicht auf Veranlassg des VormschG nach § 1667) erfolgt war od elterl SorgeR beendet ist (§§ 1733, 1822 Z 13). Kosten (KostO 94 I Z 3) trägt auch hier der EltT, dessen Verhalten die Maßn notw gemacht hat (VI). Als äußerste Maßregel 16 kommt schließl die **Entziehung der Vermögenssorge** in Betr, **V.** Nach dem Grds der Verhältnismäßigk setzt die Entziehg allerd voraus, daß sie geboten ist, dh daß zur Beseitig der konkr Gefährdg kein and Mittel mehr vorh ist, wie zB ein notar VermVerzeichn gem II 3 (LG Münst DAVorm **81**, 604), nicht mehr dagg, daß EltT den vom Ger wirks getroffenen und Maßregeln trotz Androhg eines ZwGeldes gem FGG 33 (BayObLG FamRZ **94**, 1191) nicht nachkommt (anders noch für die aF BayObLG FamRZ **79**, 71). Ggf reicht eine teilw Entziehg der VermSorge aus, zB hins einzelner VermGgste (BT-Drucks 8/2788 S 60). Keine Entziehg bei Verwendg des KiVerm zu dessen Unterh (BayObLG FamRZ **89**, 65). **Folgen** der 17 Entziehg der VermSorge: Herausg des Verm § 1698; Pflegerbestellg § 1909. Bei nachträgl Änderg der Verhältn Aufhebg der Entziehg nach freiem Ermessen (§ 1696). Neben § 1667 auch Arrest nach ZPO 916ff denkb (RG JW **07**, 203). Wg Verf § 1666 Rn 23–26. Zustdgk FGG 43, 36; RPfleger entsch (RPflG 3 Z 2a). Anhörg der Elt, des Kindes u Dr gem FGG 50aff (Einf 9–11 vor § 1626). Kostentragg **VI.** Gebühren KostO 18 94 I Z 3. Die Maßn n § 1667 sind in angem Zeitabständen (§ 1666 Rn 26) zu **überprüfen** (§ 1696 III) u aufzuheben, wenn eine Gefahr für das KiWohl nicht mehr besteht (§ 1696 II). BeschwR der Angehörigen des Kindes bei Ablehng od Aufhebg einer Maßn (FGG 57 I Z 8).

1668 *Anzeige von Konkurs- und Vergleichseröffnungsantrag an das Vormund-* *schaftsgericht.* *(Aufgehoben durch Art 1 Z 9 des UÄndG.)*

1669 *Entziehung der Vermögensverwaltung.* *(Aufgehoben durch Art 1 Z 18 des SorgRG; der* *Inhalt der Vorschrift ist nach § 1667 nF übertragen.)*

1670 *Konkurs.* [I]Die Vermögenssorge eines Elternteils endet mit der Eröffnung des Konkursverfahrens über sein Vermögen; beantragt der Elternteil selbst die Eröffnung des Konkursverfahrens über sein Vermögen, so endet seine Vermögenssorge bereits mit der Stellung des Konkursantrages.

[II]Wird das Konkursverfahren beendet oder wird der Eröffnungsantrag des Elternteils abgewiesen, so hat das Vormundschaftsgericht dem Elternteil die Vermögenssorge wieder zu übertragen, soweit dies den Vermögensinteressen des Kindes nicht widerspricht.

1   **1)** Die Vorschr behandelt den Einfl v KonkEröffng u -beendigg auf die elterl VermSorge. Der **Konkurs eines Elternteils, I** (KO 108, 71–73), beendet die Ausübg seiner VermSorge, dh VermVerw u VermVertretg auch, wenn Kindesgut überh nicht vorhanden (KGJ **38** A 15), u zwar von Ges wg. Dadch soll erreicht w, daß sich der Zeitpkt der Beendigg der VermSorge aus dem gerichtl Beschl über die Eröffng des KonkVerf, der die Stunde der Eröffng ausweist (KO 108), ergibt (BT-Drucks 8/2788 S 61). Da nach den Erfahrgn der Praxis das Verm des Kindes häufig bis zur Rechtskr des KonkEröffngsBeschl bereits aufgebraucht ist, entfällt die VermSorge eines EltT bereits mit der Wirksamk des EröffngsBeschl od, wenn der EltT selbst die KonkEröffng beantr hat, mit der Stellg des KonkAntr. In diesem Falle ist das Verm des Kindes regelm schon im Ztpkt der AntrStellg gefährdet. Bei einem KonkAntr vS eines Gläub des EltT ist dagg im Hinbl darauf, daß der Antr möglicherw nicht gerechtf ist, der Verlust der VermSorge kraft Ges vor KonkEröffng nicht angem (BT-Drucks 7/2060 S 31). § 1670 trifft auch zu, wenn EltT Teilhaber einer OHG ist (KGJ **43**, 36). Herausg des KiVerm § 1698. VormschG hat zu prüfen, ob eine AnO, daß die VermSorge allein dem and EltT zusteht, mit dem Wohle des Ki vereinb ist; bejaht es das, so trifft es diese AnO, andernf bestellt es einen Pfleger, wodch auch der and EltT die VermSorge verliert (§ 1680). Die elterl Sorge des Betroff u ggf auch des and EltT bleibt iü unberührt. Der Betroff hat keine VermSorge, wenn Ki im Laufe des KonkVerf Verm erwirbt, er erwirbt sie dagg, wenn es nach Beendigg (KO 163, 190, 204) geboren wird. Zu Maßn bei bl VermVerfall vgl § 1667, der ggf auch bei AnO des VerglVerf über das Verm eines EltT od bei Abgabe der eidesstattl Versicherg gem ZPO 807, 899 ff eingreift (BT-Drucks 7/2060 S 31).

2   **2) Wiederübertragung, II.** Nach Beendigg des Konk muß VormschG dem EltT die VermSorge wieder übertr, sof dies dem Kindeswohl nicht widerspricht. Damit wird dem Vorrang des EltR Rechng getragen. Besteht nach KonkBeendigg die schlechte VermLage des EltT noch fort, dann RückÜbertr nur, wenn diese Maßn den VermInteressen des Kindes nicht widerspricht (BT-Drucks 7/2060 S 31). Entsch des VormschG im BeschwWege nachprüfb (aM BayObLG **2**, 407).

3   **3) Zuständigkeit** FGG 43, 36. Ob Pflegsch anzuordnen, Entsch des RPflegers (RPflG 3 Z 2a). Zur Anhörg v Elt, Kind u Dr FGG 50 a ff (Einf 9–11 vor § 1626).

1671 *Elterliche Sorge nach Scheidung der Eltern.* [I]Wird die Ehe der Eltern geschieden, so bestimmt das Familiengericht, welchem Elternteil die elterliche Sorge für ein gemeinschaftliches Kind zustehen soll.

[II]Das Gericht trifft die Regelung, die dem Wohle des Kindes am besten entspricht; hierbei sind die Bindungen des Kindes, insbesondere an seine Eltern und Geschwister, zu berücksichtigen.

[III]Von einem übereinstimmenden Vorschlag der Eltern soll das Gericht nur abweichen, wenn dies zum Wohle des Kindes erforderlich ist. Macht ein Kind, welches das vierzehnte Lebensjahr vollendet hat, einen abweichenden Vorschlag, so entscheidet das Gericht nach Absatz 2.

[IV]*Die elterliche Sorge ist einem Elternteil allein zu übertragen.**) Erfordern es die Vermögensinteressen des Kindes, so kann die Vermögenssorge ganz oder teilweise dem anderen Elternteil übertragen werden.

[V]Das Gericht kann die Personensorge und die Vermögenssorge einem Vormund oder Pfleger übertragen, wenn dies erforderlich ist, um eine Gefahr für das Wohl des Kindes abzuwenden. Es soll dem Kind für die Geltendmachung von Unterhaltsansprüchen einen Pfleger bestellen, wenn dies zum Wohle des Kindes erforderlich ist.

[VI]Die vorstehenden Vorschriften gelten entsprechend, wenn die Ehe der Eltern für nichtig erklärt worden ist.

*) IV 1 nichtig gem Urt des BVerfG v 3. 11. 82, BGBl I S 1596 = NJW **83**, 101. Vgl iü Rn 6.

1   **1) Regelungsbereich.** AnknüpfgPkt für die SorgeRRegelg des FamG ist die Scheidg, NichtigErkl od Aufhebg der Ehe der Elt bzw deren Trenng (§ 1672). Lit: K-P Hansen, Das R der elt Sorge nach Trenng u Scheidg 1993; Oelkers DAV **95**, 801 u 921. – Zu Ki aus nichtigen Ehen: Rn 25. § 1671 bezieht sich nur auf **gemeinschaftliche Kinder,** I. Das sind auch die dch Eheschl legitimierten (§ 1719), ebso gemeinschaftl angen Ki (§ 1754 I). § 1671 gilt auch, wenn die elt Sorge des einen EltT ruht, da sie sonst bei Wegfall des Grdes 2 hierfür wieder ausgeübt w könnte (Bonn NJW **64**, 1136). Zum Ruhen der elt Sorge nach deren Übertragg gem § 1671: vgl § 1678 II. Tod eines EltT: § 1681. Wg des Verhält v § 1671 zu § 1666: dort Rn 2. Ändg einer n § 1671 getroff SorgeRRegelg: § 1696.

3   **2) Regelungsmöglichkeiten im Rahmen der Sorgerechtsentscheidung, I, IV, V.** Das FamG hat die personelle Entsch darüber, wem von den beiden Elt das SorgeR zustehen soll, am Wohl des Kindes (Rn 11) auszurichten, I. Das KiWohl gibt uU aber auch Anlaß zu differenzierteren inhaltl Gestaltgen, deren Möglichkten das Ges in IV u V im einzelnen, aber abschließend fixiert. Die Orientierg der SorgeRegelg am KiWohl ist verfassgskonform (BVerfG FamRZ **80**, 764). Zur Bedeutg der **EMRK:** Einl 7 v § 1297. Zur Bedeutg von **Art. 6 GG,** insb zum VerhältnismäßigkPrinzip bei vorl Übertragen des SorgeR vgl BVerfG-Ka NJW **94**, 1208 (Rn 9). Zur Unterscheid der elterl Sorge in PersSorge u VermSorge § 1626 Rn 12. Sind beide Elt tats verhind, analog § 1674 AnO, daß die elt Sorge ruht (Hamm FamRZ **90**, 781). Besteht die elt Sorge im Ztpkt

der Scheid wg Entzugs n §§ 1666, 1666 a nicht mehr, beschränkt sich das FamG auf die Bestätigg der AnO der Vormsch dch das VormschG (BayObLG FamRZ **90**, 551).

a) Die Regelgestalt ist die **Übertragung der elterlichen Sorge in ihrem gesamten Umfang auf 4 einen Elternteil, I, IV 1.** Grdsätzl erhält der betreffde EltT, dem das SorgeR zuerkannt w, Pers- und VermSorge einschließl der Vertretg des Kindes (§§ 1626 I, 1629 I 3). Von dieser Regel darf nur iS der Rn 8–9 und nur dann abgewichen w, wenn es das Kindeswohl erfordert (IV, V). Allg Zweckmäßigk Erwäggen reichen hierfür nicht aus. Auch dem mj EltT kann die elterl Sorge übertr w; da er aber das Kind bis zu seiner eig Volljährigk nicht vertreten u die VermSorge nicht ausüben kann (vgl § 1673 II), ist bis zu diesem Ztpkt ein Vormd zu bestellen, neben dem ihm die PersSorge zusteht (BayObLG **67**, 283; LG Stgt FamRZ **65**, 335 mAv Schwoerer).

b) Die elterl Sorge ist grdsätzl einem EltT allein zu übertr, **IV 1**; zG des and EltT ist allenf, wie sich aus 5 IV 2 ergibt, die VermSorge abspaltb u in sich teilb. Aus dieser Regelg folgt – wg der sonst angebl auftretden Schwierigkeiten einer klaren Abgrenzg (BT-Drucks 7/2060 S 32) – einer **Grundsatz der Unteilbarkeit der Personensorge**, wonach vor allem u im Ggsatz zu V (vgl Rn 9) die Abspaltg des AufenthaltsbestimmgsR zG des and, nicht sorgeberecht EltT unzul ist (Hamm FamRZ **79**, 177; Zweibr FamRZ **83**, 1055). Unzul ist es ferner, dem Vater eine ZustimmgsBefugn zur Wohnsitzwahl od ein Recht zur Überprüfg der Schulzeugn vorzubehalten (Mü FamRZ **78**, 620); ferner das PersSorgeR auf die den Zeugen Jehovas angehörde Mutter zu übertr mit Ausn des R zur rel Kindererziehg u zur Bestimmg einer Bluttransfusion (BayObLG FamRZ **76**, 43). Doch kann das R zur rel Erziehg Anlaß geben, dem and Teil überh das SorgeR zu übertr (BayObLG NJW **63**, 590). Eine Teilg des PersSorgeR läßt sich faktisch auch dch eine gleichzeit od spätere AnO nach § 1666 erreichen (BayObLG FamRZ **63**, 192), die allerd vom VormschG erlassen w muß, zB in Form einer gesonderten Übertr des AufenthBestR (Hamm FamRZ **58**, 145; KG ZBlJugR **71**, 183). Unzul sind Teil-Entsch, in denen ledigl die Nichtzuteil der elterl Sorge ausgesprochen, die Zuteil auf den and Teil, einen Vormd od Pflege aber offengelassen w (BayObLG FamRZ **68**, 268). Weitere Bspe iR des zuläss Inhalts von EltVorschlägen Rn 22. – Aus dem Grdsatz der Unteilbark der PersSorge folgt nach der GesFassg des SorgeR 6 schließl, daß es unzul sein sollte, den beiden Elt nach der Scheidg **das gemeinsame Sorgerecht zu belassen** (Lit: Michalski FamRZ **92**, 128 mN; Oelkers/Kasten FamRZ **94**, 1080; Oelkers FamRZ **95**, 1101; Röchling ZfJ **93**, 417, 516 u 557; zur Bedeutg v KJHG 17 in diesem Zushg: Coester FamRZ **91**, 261; Rauscher NJW **91**, 1087; Ollmann FamRZ **93**, 869; Einf 27 v § 1626. Das BVerfG hat IV 1 für verfassgswidr erklärt (BVerfG NJW **83**, 101; zur vorangegangenen Diskussion vgl mit sämtl Nachw 42. Aufl). Aus der Entsch ist nicht der Schluß zu ziehen, daß das SorgeR im Regelfall auch nach der Scheidg beid Elt gemeins verbleiben müsse (BGH NJW **93**, 126/7). Die Beibehaltg der gemeins elt Sorge trotz Ehescheidg ist nach der Rspr an best **unverzichtbare Voraussetzungen** geknüpft (BVerfG NJW **83**, 101; BGH NJW **93**, 126/7 mN): (1) die Eigng beider Elt zur Pflege u Erziehg des Ki, wofür ein „verständ geäußerter Wunsch" des Ki nicht genügt (aA AG Gr-Gerau ZfJ **94**, 293). Der Ri muß ab obj Überzeugg gewinnen, daß die Elt in der Lage sein w, ihre elt Verantwortg auch nach der Scheidg gemeins auszuüben (Ffm FamRZ **83**, 759), was vornehml dch eine schon geübte Prax nachgewiesen w kann. Eine weite Entferng u der Umst, daß sich der eine EltT auf Ferienbesuche beschränken u die aktuellen Regelgen dem and EltT überlassen w, steht nicht entgg (Celle NJW **85**, 923). Konsequenz: Doppelwohnsitz (BGH NJW-RR **92**, 1478; § 11 Rn 4); (2) der Wille beider Elt, die Verantwortg für das Ki weiterh gemeins zu tragen (Ffm FamRZ **93**, 1352). Diese subj Kooperationsbereitsch der Elt ist vom FamG nach der EMRK zu fördern (Koeppel DAV **93**, 601; vgl Einl 7 v § 1297). Sie äußert sich regelm in ihrem übereinstimmden Vorschlag, der desh formale Vorauss für die Belassg des gemeins SorgeR ist (Bambg u Hamm FamRZ **88**, 752 u 753; Karlsr FamRZ **95**, 1168). Nach Scheidg keine gemeins Sorge gg den Widerspr eines EltT (Bambg FamRZ **91**, 590; Karlsr DAV **93**, 950). Mit § 1671 I u der Entsch des BVerfG ist es daher nicht vereinb, den Widerspr eines EltT gg das gemeins SorgeR seines am KiWohl zu messen (so aber AG Groß-Gerau u Mannh FamRZ **94**, 922 u 923). Auch keine Aufspaltg der Befugn etwa dergestalt, daß bei gemeins SorgeR das AufenthBestR einem EltT übertr w (Luthin u.a. BezG Erfurt FamRZ **93**, 830/32; aA auch KG FamRZ **94**, 316). Der Vorschlag ist darü hinaus vom Ri sorgfält auf seine Ernsthaftigk zu prüfen (BGH NJW **93**, 126/7). Die Elt müssen dem Ki ggü als Einh auftreten (Stgt FamRZ **91**, 1220). Desh kein gemeins SorgeR, wenn sich die Elt den Ki ggü ggseit ausspielen (Karlsr FamRZ **87**, 89). Auch rechtf eine liebevolle Beziehg des Ki zu jedem EltT allein kein gemeins SorgeR, wenn dieses von einem EltT abgelehnt w u zw den Elt gewicht MeingsVerschheiten bestehen (KG FamRZ **89**, 654). (3) Ist der Vorschlag der Elt in diesem Sinne ernst zu nehmen, darf der Ri davon nur aus Grden des KiWohls abweichen (BGH NJW **93**, 126/7). Es dürfen keine Grde vorliegen, die im Interesse des KiWohls gebieten, das SorgeR nur einem EltT zu übertr. Desh kein gemeins SorgeR, wenn dem Ki die Bereitsch zu regelmäß Kontaktpflege mit beiden Elt fehlt (Lempp ZfJ **84**, 308). Bei einverst Scheidg u gemeins Sorge ist zusätzl die Einigg ü den KiUnterh erforderl (KG FamRZ **94**, 514). Zur **Abänderung** der Entsch: § 1696 Rn 6. **Reform:** Pawlowski/Deichfuß FuR **91**, 205; Heiliger FamRZ **92**, 7 1006 sowie Einl 6 v § 1297.

c) Das Ges läßt eine **Aufteilung der Personensorge und der Vermögenssorge auf beide Eltern** zu, 8 **IV 2.** Die bl Zweckmäßigk einer solchen Aufspaltg reicht dafür nicht aus. Die Verteilg muß sich vielm als notw erweisen, weil sie allein mRücks auf die verschiedenart Eigng der Elt das Kindeswohl wahrt (KG FamRZ **62**, 434), so, wenn die Mutter die Voraussetzgen der Verw des vorhandenen KindesVerm nicht erfüllt od der Vater mRücks auf seine Beschäftig (Reisetätigk) sich der Kindeserziehg nicht widmen kann u sie Dr überlassen müßte (sa Rn 22). Mögl die Abspaltg der Pers- od der VermSorge als solcher (einschließl der zugehörigen Vertretg) od einzelner Bestandteile der VermSorge („ganz od teilw"). Im Einzelfall kann es zur Wahrg der VermInteressen des Kindes erfdl sein, nur Teile der VermSorge auf einen EltT zu übertr (BT-Drucks 8/2788 S 63), beispielsw die Verw eines am Wohnsitz des Vaters gelegenen Grdst, wenn die sorgeberecht Mutter mit dem Kind wegzieht. Findet eine Aufteilg von Pers- u VermSorge statt, so ist die Geltdmach des **Unterhaltsanspruchs** der PersSorge zuzurechnen. Der UnterhAnspr des Kindes kann dch einen EltT gg den and geltd gemacht w, u zwar währd des Getrenntl gem § 1629 II 2, währd des Scheidgs-Verf iW der Prozeßstandsch (§ 1629 III), nach Übertr der elterl Sorge gem § 1629 I 3.

9　　**d) Übertragung an Vormund oder Pfleger, V,** wenn erforderl, um Gefahr für das Wohl od für das Verm des Kindes abzuwenden. Also scharfe Anfordergen wie in §§ 1666, 1666a. Verschulden der Elt nicht erfdl. Der Sachverh ist auch bei vorl SorgeRÜbertragen auf Dr insb unter Anhörg der VerfBeteiligten aufzuklären, wenn die Regelg die Chancen zur Wiedererlangg des SorgeR verschlechtert od einen erneuten Wechsel des Sorgeberecht nahelegt (BVerfG-Ka NJW **94**, 1208). Es entspricht GG 6 III, daß ein Kind nur dann von der Fam getrennt w, wenn die ErzBerecht versagen. Versorgg in einer PflegeFam wg eig Berufstätigk des Vaters reicht für V nicht aus (Düss FamRZ **88**, 1195; Ffm FamRZ **89**, 1323). Auswahl u Bestellg des Vormds dch VormschG (BGH NJW **81**, 2460); Bestimmg der Pers des Pflegers obliegt aber dann dem FamG, wenn die Übertr der PersSorge auf eine best Pers, insb einen Verwandten, geboten ist (Stgt FamRZ **78**, 830; Kblz FamRZ **81**, 1004). Kann beiden Elt weder Pers- noch VermSorge übertr w, dann Vormd (§ 1773), sonst Pfleger (§ 1909), wodch jedoch das UmggsR der Elt (§ 1634) nicht berührt w. Alternativen zu V sind die Belassg der elt Sorge bei einem EltT, verbunden mit Hilfen zur Erziehg gem SGB VIII 27 ff (Einf 26 ff v § 1626; vgl Zweibr DAV **86**, 891; krit Ollmann DAV **87**, 93) od die Übertragg des **Aufenthaltsbestimmungsrechts** auf einen Pfleg, die allerd auch iR einer vorläufig AO nur dann die Vorauss des V zul ist (Hamm FamRZ **88**, 199). Soll nur die PersSorge einem Dr übertr w, dann AnO einer Pflegsch, nicht Vormsch (Stgt FamRZ **78**, 830). Die AnO einer solchen **Aufsichtspflegschaft** dch das FamG kommt in Betr, wenn sich die Verhältn bei der alkoholgefährdeten Mutter zu stabilisieren beginnen (Oldbg DAVorm **80**, 37). Verlangt es das Wohl des Kindes, so kann ihm gem **V 2** für die Geltdmachg von UnterhAnsprüchen iGgsatz zu § 1685 auch vAw ein **Unterhaltspfleger** bestellt w, um dem sorgeberecht EltT insb bei geringer Leistgsfähigk des and EltT einen Interessenkonfl zu ersparen (BT-Drucks 7/2060 S 34). Da es sich bei V um eine Regelg iR der Scheidg handelt, ist Voraussetzg, daß beide Elt leben. Lebt nur ein EltT, so hat er kraft Ges die elterl Sorge (§ 1681 I), die ihm nur über § 1666 gen w kann (BayObLG FamRZ **57**, 177). Da den Elt nur das unbedingt Erforderl gen w darf, ist auch die Übertr einz Bestandteile (vgl § 1666 Rn 19–20) iRv V im Ggsatz zu IV 1 (Rn 5) mögl (BayObLG NJW **64**, 1419), wenn dadch Gefahr für das Kind ausgeschl w, so das AufenthBestimgsR, wobei für die AnO der Pflegsch (nicht die Auswahl) das FamG selbst dann zust ist, wenn nach geschied Ehe Maßn nach § 1666 zu treffen sind (Hamm FamRZ **78**, 941). Übertr der PersSorge insges auf Pfleger bei sittl bedenkl Lebensführg der Mutter (Hamm FamRZ **73**, 148); wohl kaum mehr dagg bei bl ZusLeben eines EltT mit einem Verheirateten (and noch KG FamRZ **68**, 98); überh ist bei sittl Bedenken zu prüfen, ob eine Trenng des Kindes von beiden Elt nicht eine stärkere Gefährdg des KiWohls bedeutet (KG NJW **68**, 1680). Kommt die elt Sorge des EltT, dem sie allein übertr wurde, auf nicht absehb Zeit zum Ruhen, so hat das FamG diese zwar auf Antr dem and zu übertr (§ 1678 II); würde aber hierdch das KiWohl gefährdet, so kann gem V von der Übertr abgesehen u die elterl Sorge einem Vormd übertr w.

10　　**Wegfall der Voraussetzungen** der V führt automat, also unabh vom Interesse des Kindes an einer Änd der Regelg, zur Aufhebg der Vormsch- bzw PflegschAnO. Begründg dafür umstr: Unmittelb Folge von V (KG FamRZ **68**, 262); § 1919 direkt od analog (Staud-Schwoerer 129) od Vorauss Wegfall als trifft Grd iSv § 1696 (Stgt FamRZ **75**, 221). Nach Hamm FamRZ **67**, 412 anschließd Bindg an früh Vorschlag der Elt. Das FamG hat die Maßn gem V, weil v Natur aus v längerer Dauer, ow in angem ZeitAbstden zu überprüfen u bei Wegfall der Kindeswohlgefährdg aufzuheben (§ 1696 II, III). Ist ein Vormd od Pfleger bestellt u **stirbt** einer der gesch Eheg, so bleibt es bei der Entsch des FamG (§ 1681 I 3); der Grds v § 1681 I kann angesichts der Entsch des FamG, die die Eigng beider Elt verneint hat, nicht gelten (aA noch Brem FamRZ **79**, 448, das neue Maßn gem § 1666 dch VormschG verlangt). Für die Pflegsch ergibt sich Fortgeltg der AnO aus § 1919 (Hamm NJW **54**, 1814; aA Hildesh NJW **66**, 1220; Pflegsch wird mit dem Tode eines EltT wirkgslos). Spätere EhelichkAnfecht berührt VormdBestellg nicht, so daß nicht etwa Maßn gem § 1666 gg die nach § 1705 enstandene elt Sorge der Mutter erforderl wird (Nürnbg DAVorm **74**, 622). Vgl iü zur Notwendigk von V 1 ggü § 1666 BT-Drucks 8/2788 S 63. Ist gem V das JugA zum Vormd best worden, Entlassg nur gem § 1887 mögl (BayObLG MDR **77**, 140).

11　　**3) Entscheidung des Familiengerichts ohne Vorschlag der Eltern, II** (Lit: Maccoby/Mnookin FamRZ **95**, 1). Billigt das FamGer den Vorschl nicht od haben die Elt einen Vorschl nicht vorgel od können sie sich nicht einigen, trifft das FamG die Regelg, die dem **Kindeswohl** am besten entspricht, obw das Ki keinen Anspr auf die obj bestmögl, sond nur auf eine pflichtgemäße, seinen LebVerhältn entsprechde Erziehg hat (AG MöGladb FamRZ **81**, 84). Das FamG hat dabei vAw die pro Verhältn zu berücks u die Für u Wider abzuwägen. Das Wohl des Kindes bedeutet dasselbe wie in SGB VIII 1 I das R des Kindes „auf Förderg seiner Entwicklg u auf Erziehg zu einer eigenverantwortl u gemeinschfäh Perslk". Entscheidd allein die Belange des Kindes, nicht „moralische Anrechte" eines EltT auf das Kind (aA Erm-Ronke 24); ebsowen wie Alter u Geschlecht des Kindes ein Vorrecht des einen od and EltT begründen (BayObLG FamRZ **75**, 226). Schlagwortartig sind iR der KiWohlPrüfg die Persönlich u die erzieherische Eigng der Elt, ihre Bereitsch, Verantwortg f die Kinder zu tragen, u die Möglichkn der Unterbringg u Betreuung zu berücks, wozu als wesentl Faktoren die emotionalen Bindgen der Ki zu den Elt u an Pers treten (Brschw DAVorm

12　　**80**, 417). Bei der SorgeRVerteilg haben **Mutter und Vater gleiche Rechte** (Ffm FamRZ **90**, 550: Kein Vorrang der biol Muttersch). Das Ki braucht eine stabile BezugsPers als GeborgenhRahmen (Ffm DAVorm **80**, 944). Egoismus u Gefühlskälte sind häuf nicht nur ScheidgsGrde, sond nehmen dem betr EltT idR auch die Erziehgseigng. Iü hat derj EltT Vorrang, der das Ki selbst betreuen will, wenn es beim and im wesentl den GroßElt überlassen bleibt (Düss FamRZ **83**, 293). Zum Verh v elt Sorge u UmggR, insb bei **Auswan-**

13　　**derung**, § 1634 Rn 4. Die unter Rn 14–20 folgenden Grd- u Erfahrgssätze geben wertvolle **Orientierungshilfen**, wobei nur bedingt ein RangVerhältn anzuerkennen ist. Wer schlechthin erziehgsungeeignet ist, kann das SorgeR nicht erhalten; iü kann ein stärkeres Defizit in der ErzEigng dch entspr stärkere Bindgen des Ki aufgewogen w (KG FamRZ **83**, 1159). Bei SorgeRRegelg f mehrere Geschw sind die Entwicklgsinteressen aus der Lage eines jeden Ki heraus gesond zu betrachten (Karlsr FamRZ **84**, 311).

14　　**a)** Nach dem **Förderungsprinzip** erhält derj EltT die elterl Sorge, von dem das Kind f den Aufbau seiner Persönlichk die meiste Unterstützg erwart k, welcher EltT also für die Ki die stabilere und verläßl BezugsPers zu sein verspr (Ffm FamRZ **94**, 920 arab Va). Bei KleinKi ist zu bevorzugen, wer das Kind pers betreuen kann, nicht dagg wer nach der Scheidg rasch wieder geheiratet hat (Stgt FamRZ **76**, 282). Dabei können äußere Umstde (soziale Stellg, BerufsausbildgsChancen, Güte der Unterbringg, Verpfleggsmöglichk), aber noch mehr seel u geist Gegebenh entscheiden. Auch kommt es weniger auf Vor- u Ausbildg als auf die innere Bereitsch an, das Kind zu sich zu nehmen u die Verantwortg für Erziehg u Versorgg zu tragen (Hamm FamRZ **80**, 484). Dem FördgsPrinzip kann uU auch das UmgggsR geopfert w, etwa wenn das Ki dem irak Vater zugesprochen w (Düss FamRZ **86**, 296). Grdsl haben die gewachsenen Bindgen auch bei 3jähr Kind Vorrang ggü einer besseren äuß Versorgg (AG Bonn FRES **1**, 107). Im Falle der Trenng können unterschiedl, sich eigtl ergänzde Erziehgsziele v Mutter (emotional) u Vater (leistgsbezogen) uU als gleichwert behandelt w (Ffm FamRZ **78**, 261). IdR wird bei einem Kleinkind die das Kind tats betreuende Mutter aGrd dauerh gefühlsm Bindgen einen Vorsprung vor dem Vater haben (KG FamRZ **78**, 826; Müller-Freienfels JZ **59**, 399). Desh auch Übertr auf mj Mutter (BayObLG NJW **68**, 452). Aber es gibt keinen allg Erfahrgssatz, daß ein 3½jähr Kind eher zur Mutter gehört (Celle FamRZ **84**, 1035). Auch hier sind die ggwärt Verhältn u die zukftge Entwicklg bei beiden Elt zu berücks (KG FamRZ **78**, 826). Ist BezugsPers die Großmutter, von der berufstät Vater das Kind betreuen läßt, erh er elterl Sorge, auch wenn Mutter das Kind versorgen kann (LG Waldshut Just **73**, 139). Zur SorgeRÜbertragg auf lesbische Mutter f den 5jähr Sohn AG Mettmann FamRZ **85**, 529. Auch die Aids-Infektion (Stgt NJW **88**, 2620) od die Zugehörigk zu einer Sekte brauchen der SorgeRÜbertragg nicht entggzustehen (Hbg FamRZ **85**, 1284 Bhagwan; GgBsp Ffm FamRZ **94**, 920 Zeugen Jehovas). Ein wicht Krit für den Fördergswillen eines EltT stellt seine **Bindungstoleranz** dar, näml die Bereitsch, den Kontakt des Ki zum and EltT zu unterstützen (Celle FamRZ **94**, 924). Trotz Aufgabe des Verschuldensprinzips kann **Fehlen der Erziehungsfähigkeit** angen w bei krassem ehel FehlVerh (Bambg FamRZ **85**, 528); bei haßerfüllter Einstellg ggü dem and EltT (BGH NJW **85**, 1702); ferner f den wiederholt vorbestraften u noch unter BewährgsAufs stehden EltT (Bambg FamRZ **91**, 1341).

b) Da Erziehg Aufbauen v Verhaltenskonstanten bedeutet, ist f die Entw des Kindes idR die Lösg am **15** vorteilhaftesten, welche die **Einheitlichkeit und Gleichmäßigkeit der Erziehung** am wenigsten stört (Kln OLG **73**, 181; FamRZ **76**, 32). Auch die amtl Begrdg betont die Bedeutg dieses **Kontinuitätsgrundsatzes** (BT-Drucks 8/2788 S 61). Psycholog instruktiv Lempp NJW **63**, 1659. Das FamG hat desh die zukünft Entw z berücks u darf seine Entsch nicht nur auf vorübergehdes Verh stützen (BayObLG FamRZ **62**, 165). Das KontinuitätsPrinz entsch bei beiderseit ErziehgsEigng der Elt (Hamm FamRZ **86**, 715); ihm entspricht es ferner, Geschw in ländl Verhältn beim Vater zu belassen, selbst wenn dieser demnächst die Bewirtschaftg eines and Hofes übern will (Düss FamRZ **79**, 631). Auch keine Aufspaltg der elterl Sorge (Rn 5); abgesehen v IV kann über fehldes wirtschaftl Verständn bei größerem KindesVerm Beistdsbestellg hinweghelfen, § 1685. Die Notwendigk, jeden unnöt Wechsel zu vermeiden, verbietet es, die elterl Sorge auf einen EltT nur bis zu einem best Ztpkt z übertr, von dem an sie dann dem and EltT zufallen soll (BayObLG FamRZ **65**, 51; Ffm NJW **62**, 920; aA KG FamRZ **67**, 294); wohl aber kann derj EltT, dem die elterl Sorge zuteil w, bei AuslandsAufenth, Wohngsschwierigk, Krankh od SäuglAlter des Kindes dem and EltT die tatsächl Sorge f das Kind begrenzte Zeit überlassen (Dölle § 97 IV 2). Das Kontinuitätsinteresse verlangt ferner, daß bei gleich guten Verhältn das Kind bei dem EltT bleibt, bei dem es bisher war (BayObLG NJW **53**, 626; Ffm FamRZ **78**, 261; s unten Rn 16, 17). Versch religiöse Bekenntn der Elt sind ebenf nur unter dem GesPkt der Stetigk der Erziehg zu berücks. Anderers darf das KontInteresse **nicht überbewertet** w. Bei regelmäß Besuchskontakten ist eine Unterbrechg der Kontinuität dch einen Aufenth-Wechsel weniger od sogar völlig unschädl (Arntzen, Elt Sorge u persönl Umgg, Mü 1980 S 18f). Entspr erhält Mutter das SorgeR, wenn der Vater die Erziehg des Kindes ohne eig mitbestimmden Einfl der Großmutter überließ (Hamm FamRZ **80**, 487; GgBsp Hamm FamRZ **94**, 918). Zur SorgREntsch, wenn das Ki bei jedem EltT die Hälfte des Wo verbringt: KG NJW-RR **92**, 138. Die Kontinuität wird häuf dch die innere Stabilität des EltT bestimmt (Ffm FamRZ **82**, 531; Dörr NJW **89**, 691). Bes geringen Schutz verdient die **ertrotzte Kontinuität**, wenn also der eine EltT über längere Zt jegl Kontakt mit dem and EltT unterbunden hat (Bambg FamRZ **87**, 185; Mü FamRZ **91**, 1343).

c) Einzelfälle. Berücks der tatsächl Abstammg trotz § 1593 (BayObLG JZ **62**, 442 m abl Anm Schwoe- **16** rer); **Alkoholismus:** Salzgeber ua FuR **91**, 324; **sexueller Mißbrauch:** Salzgeber ua FamRZ **92**, 1249; § 1666 Rn 7. Zum UmgangsR bei derart Verdächtigen: § 1634 Rn 30; **Kindesentführung:** Eigng des Entführers hängt davon ab, daß er die Ki zurückbringt (AG GrGerau FamRZ **95**, 1169; vgl iü § 1632 Rn 1).

aa) Besonderere Berücksichtigg verlangen die gefühlsmäß **Bindungen des Kindes** (Lit: Lempp FamRZ **17** **84**, 741; Fthenakis FamRZ **85**, 662; Koechel FamRZ **86**, 637), vor allem an seine Elt u Geschw, **II 2. Halbs.** Entscheidd für die Zuordng ist vor allem die Intensität der Beziehgen des Ki zu dem einen od and EltT (Stgt NJW **80**, 1229). Die Bindgen an einen EltT entscheiden uU auch dann, wenn dieser seinen Haß auf den and EltT weitergegeben h (BGH NJW **85**, 1702). Die Gefühlsbindg iVm der inneren Stabilität eines EltT kann wichtiger sein als der Nachteil, halbtags auf eine PflegePers angewiesen zu sein (Ffm FamRZ **82**, 531). Die Vater-Ki-Bindg entscheidet, wenn die 9j Tochter die slowen Vatersprache beherrscht u sie sich der seel Zuverlässigk der Mutter (3 Ehen) nicht sicher ist (Kln FamRZ **82**, 1232). Bei Berücks des KiWohls hat das FamG zu prüfen, zu welchem EltT die stärkeren Bindgen bestehen u in welchem Maß eine Trenng der Geschw von diesen als belastd empfunden würde, wobei im allg das gemeins Aufwachsen u die gemeins Erziehg v Geschw dem Wohle des einzelnen dient, so daß sich eine gesetzl Regelg erübrigte, nach der die elt Sorge für mehrere Kinder regelm einheitl zu übertr ist (BT-Drucks 8/2788 S 61). Die Zuneigg einer 9jähr zu ihrem 13j Bruder kann ausschlaggebd sein (Düss FamRZ **79**, 631). Evtl Vorrang der GeschwBindg ggü Bindg an einen EltT (Hamm FamRZ **79**, 853). Bei etwa gleich starken Bindgen an Vater u Mutter können auch außerfamiliäre Bindgen etwa an die Schule, an den Freundeskreis od an die GroßElt den Ausschlag geben (BT-Drucks 8/2788 S 62). Bei weitgehder Betreuung dch die Großmutter väterlichers kann die elt Sorge dem Vater auch dann übertragen w, wenn die emotionalen Beziehgen des Kindes zu ihm selbst nicht so stark wie zur Mutter sind (Hamm FamRZ **80**, 485). Teilg der Geschw angebracht bei Abneigg eines EltT gg ein Kind od iF der besonderen Unverträglichk der Geschw (BT-Drucks 7/2060 S 31), nicht dagg, um bei mehreren gleich günst Lösgen eine möglichst ausgewogene Entsch zu treffen (so aber Karlsr FamRZ **80**, 726 zur aF).

18 **bb) Kindeswille:** Welches Gewicht ein vom Kind geäuß Wunsch hat, hängt von dessen Alter u Motiven ab (vgl Schwoerer NJW **64**, 6; Lempp/Fehmel FamRZ **86**, 530/31; zur Doppelfunktion des KiWillens: Celle FamRZ **92**, 465; Mackscheidt FamRZ **93**, 254: Loyalitätsproblematik beim Ki; Coester, KiWohl als RBegr, 1983, 258 ff). Auch der Wille eines 5½jähr scheidet nicht schon mRücks auf sein Alter als EntschElement aus (aA KG FamRZ **78**, 829). Der KiWille bleibt aber uU unberücks, wenn er von der unrealist Vorstellg einer Übertragbark v „Sonntagsbedinggen" auf den Alltag getragen ist (Bambg FamRZ **88**, 750) od wenn eine massive Beeinflussg dch den einen EltT u dessen Elt vorliegt (Ffm FamRZ **78**, 261). Sein Wille k aber den Ausschl geben, wenn die Verhältn bei beiden Elt gleich gut sind (Düss FamRZ **88**, 1193; KG FamRZ **90**, 1383); umgek auch bei Identifiziergsnotwehr aS des Ki bei stark verfeindeten Elt (AG Stgt FamRZ **81**, 597). Bei einem normal entwickelten 15jähr ist die erforderl Einsichtsfähigk idR vorh (BayObLG FamRZ **77**, 650). Wechsel v 3 Kindern in die Stadt nach Scheidg einer Landwirtsehe (Ravbg DAVorm **76**, 419). Wg

19 Sektenzugehörigk eines EltT BayObLG NJW **76**, 2017. Eine scheinb formelle Bedeutg kommt dem vom RegelgsVorschlag der Elt abweichdn Vorschl des Kindes von dessen **vollendetem 14. Lebensjahr** an zu, indem das Ges vorschreibt, daß das Ger dann nach II zu entsch hat, **III 2**. Die Vorschr geht von der Aufhebg einer in Wahrh nicht bestehden Bindg des Ger an den EltVorschl aus (Rn 24; BT-Drucks 8/2788 S 62 f), so daß ein den elterl Vorstellgn widersprechder Vorschl des Kindes den Vorschl der Elt nicht gänzl irrelevant werden läßt, sond nur Anlaß sein muß, die dem Kindeswohl entsprechde Sorgeregelg ganz bes sorgfält zu begründen. Keinesf hindert III 2 das FamG daran, im Ergebn zu derj Regelg zu kommen, die von den Elt vorgeschlagen w war.

20 **cc)** Im Ggs zu III 2 aF ist die Zuweisg der elterl Sorge unabhäng davon, wen von den beiden Eheg die **Schuld an der Scheidung** trifft (BT-Drucks 7/2060 S 32). Ein krasses Fehlverhalten ggü dem and Eheg kann aber zugleich ein elterl Versagen zum Ausdr bringen (BVerfG NJW **81**, 1771; AG Bonn FRES **1**, 107; sa Kemper ZBlJugR **77**, 413). Zur Bedeutg der ält Rspr 42. Aufl Anm 1 d.

21 **4) Vorschlag der Eltern, III 1** (Lit: Kropholler NJW **84**, 271; Müller/Lempp ZfJ **89**, 269), früher „Einigg", ohne daß damit etwas anderes gesagt werden sollte. Der Vorschlag der Elt ist entgg der aF (sa Rn 25) nicht mehr an eine Fr gebunden, da die Entsch über die elterl Sorge Scheidgsfolgesache ist u als solche zus mit dem ScheidgsAusspr erfolgen soll (ZPO 621 I Nr 1, 623 I 1, 629 I). Die Elt haben mit dem Antr auf Scheidg anzugeben, ob sie dem Gericht einen Vorschlg zur Regelg der elterl Sorge unterbreiten wollen (ZPO 622 II Nr 2). Die Eltern haben die Möglichk, sich über die Zuteilung der elterl Sorge zu einigen. Vorschlag muß iF einverständlicher Scheidg in der AntrSchr enthalten s (ZPO 630 I Nr 2), iü in der mündl Verh gemacht w, um Entscheidgsverbund zu gewährleisten (ZPO 621, 623, 629). 2-Mo-Frist v III aF aus diesem Grd abgeschafft (sa BT-Drucks 7/2060 S 33). Frühzeitiger Vorschl der Elt auch sinnv u maßgebd iR einstw AnO (ZPO 620, insb S 2). Mögl auch Mitteilg eines EltT an das Ger u Zust des and, der dazu gehört wird, od gerichtl Vergl im Scheidgsstreit, auf den sich nur ein EltT beruft (BGH **33**, 54), was auch noch im BeschwVerf geschehen kann (BayObLG NJW **64**, 1134). Bei einem solchen Vorschlag im gerichtl Vergl allein Willensbildg der Eltern maßgebd, RA ist nur Vertreter in der Erkl (KG ZBlJR **66**, 267). Vorschläge nach der Scheidg kommen nur noch iF v ZPO 628 I Z 3 in Betr; das FamG muß dann jedoch eine noch nicht gem ZPO 620 Nr 1 getroffene einstw AnO nachholen (ZPO 628 II). Die Wirksamk einer Vereinbg der Elt bezügl der elt Sorge wird nicht davon berührt, wenn sie die Scheidg erleichtert od erst ermöglicht hat, wohl aber, wenn sie aus eigensüchtigen Interesse der Elt gg das Wohl des Kindes getroffen w. Für Kl aus

22 ScheidgsVergl bez III besteht kein RSchutzBedürfn (Kiel FamRZ **76**, 536). **Inhalt des Vorschlags** kann nur eine Regelg sein, wie sie auch das FamG beschließen darf, also daß die elterl Sorge auf einen Eheg übergehen soll, od auch, daß die PersSorge dem einen, die VermSorge dem and zustehen soll, nicht aber bei dieser Verteilg ein EltT der gesamte gesetzl Vertretg haben sollte (Hamm ZfJ **72**, 202). Nach der Entsch BVerfG NJW **83**, 101 zul auch der Vorschl der gemeins elt Sorge nach der Scheidg (vgl Rn 6, 7). Unbeachtl der Vorschl, daß einem EltT allein die elterl Sorge eingeräumt, dem and aber deren Ausübg ohne zeitl Begrenzg im wesentl überlassen w soll (Kln FamRZ **77**, 62); ebso, daß der Wille des Kindes maßg sein soll (BayObLG NJW **49**, 429), nicht daß sie bis zu einem best Ztpkt, die S 1 J (BayObLG FamRZ **76**, 534), einem EltT zustehen u dann, falls Elt sich nicht einigen, FamG entscheiden (BayObLG FamRZ **65**, 51), od daß sie einem Dritten zustehen soll. Letztere AnO nur iRv V. Zeitl Aufteilg der elt Sorge daher auch nicht in geeign AusnFällen zul (Ffm NJW **62**, 920; Hamm FamRZ **64**, 577; aA Karlsr MDR **77**, 756). Unwirks Vereinbg des Sorgewechsels bei Wiederverheiratg des and EltT; Berufg darauf aber als AbändergsAntr iSv § 1696 anzusehen (BayObLG FamRZ **76**, 38). Unzul auch, daß FamGer bei jeder MeingsVerschiedenh mit dem and Eheg entscheiden soll, da der EltT, dem übert ist, allein zu entsch hat (Neust FamRZ **64**, 91). Unwirks u ohne Rückwirkg des § 139 auf die übr Abmachgen der Elt ist eine Abrufklausel, wonach ein EltT die elt Sorge mit der Maßg zugeteilt bekommen soll, daß der and sie jederZt für sich in Anspr nehmen könne, wenn er wolle (Stgt Just **74**, 128). Mögl aber Vereinbg, daß das Kind sich bei dem EltT, der nicht die elt Sorge hat, noch eine Zeitlang aufhalten soll, zB das Kleinkind bei der Mutter; ferner Vereinbg ü das UmggsR (§ 1634) u den Ausbildgsgang des Kindes. Die Einigg der Elt findet in dem Vorschl ihren Ausdr, wobei Erkl genügt, daß

23 gg Vorschl des and keine Einwendgen gemacht w (LG Landau FamRZ **67**, 405). Vorbehaltl der Gen des FamG (BGH **33**, 58), sind die Elt an die von ihnen einmal getroffene Vereinbg **gebunden** (bestr; in BGH FamRZ **90**, 392 offen gel; Nachw Dörr NJW **89**, 691). Allerdings kann sie übereinstimmd widerrufen w (BayObLG FamRZ **67**, 403), wobei Aufhebg freil noch nicht in voneinander abweichden ÄndWünschen liegt (BayObLG **67**, 59); ferner ist eins Anfechtg zul (Köln FamRZ **72**, 574), sowie Wegf der GeschGrdl (§ 242 Rn 161), etwa wenn das Ki seit längerer Zt bei dem im EltVorschl übergangenen EltT lebt (Hamm FamRZ **89**, 654) od wenn die sorgeberecht Mutter mit den Ki dauernd im Ausl leben will (BGH FamRZ **90**, 392; vgl iü § 1634 Rn 4); jedoch reicht es nicht aus, daß die UmggsRegelg nicht wie beabsicht dchgeführt w (BayObLG FamRZ **66**, 249), wohl aber, bei Täuschg über die Einräumg eines großzüg UmggsR (Stgt NJW **81**, 1743). Da die EiniggsMitwirk höchstpersönl ist, kommt es auch bei Einschaltg eines Vertreters f die Frage, ob ein Willensmangel vorliegt, nur auf die Elt an (KG FamRZ **66**, 153). Eine neuere Tendenz im Schrifttum leugnet den VertrCharakter des EltVorschl u stellt auf die (desh jederZt einseit widerrufb) aktuelle Einigk ab (Zweibr FamRZ **86**, 1038; Luthin FamRZ **85**, 638 mN; Hamm MDR **95**, 287 bei gemeins

SorgeRVerschl). Rückt ein EltT von der zunächst übereinstimmd vorgeschlagenen Regelg wieder ab, so ist dies Anlaß zur bes sorgfält Prüfg des KiWohls (Kblz DAVorm **78**, 313). Beantragt der eine EltT entgg der urspr Einigg der Elt, ihm die elt Sorge zu übertr, so ist die dagg gerichtete Klage des and EltT unzul (Schlesw SchlHA **77**, 115). Vorschl dch beschr GeschFäh, nicht aber dch GeschUnfäh mögl. Die persönl Beziehgen zw Elt u Kindern dürfen nicht wirtschaftl Tauschobjekt in der Art sein, daß sich Vater das SorgeR gg UnterhFreistellg abkaufen läßt (AG Spandau, DAVorm **77**, 511). Eine Übertr der elterl Sorge dch den FamRichter liegt noch nicht deshalb vor, weil die Elt den Vorschlag bei ihm niedergeschrieben u er diese Niederschr unterschrieben hat (BayObLG FamRZ **66**, 247). Der **Maßstab, den das Familiengericht** 24 **anzulegen hat, ist das Kindeswohl**; also keine formelle Bindg des Ger an den Vorschlag der Elt (BGH NJW **93**, 126/8; vgl auch oben Rn 11), sond allenf eine gewisse Arbeitserleichterg für den Richter. Er kann näml zunächst davon ausgehen, daß Elt, die sich geeinigt haben, selbst am besten das Kindeswohl gewahrt haben w u das Gericht nicht mehr, als unbedingt erforderl, in FamDinge eingreifen soll. Infolgedessen darf das FamGer von dem Vorschlag der Elt nur abweichen, wenn das für das Kindeswohl erforderl ist (Rn 1), dh trifft, das Wohl des Kindes nachhaltig berührde Gründe vorliegen, deren Außerachtlass die Entwicklg des Kindes ungünst beeinflussen würden, ohne daß gerade eine Gefährdg od eine obj Schädigg seines geistigen od leibl Wohles od seines Vermögens vorzuliegen braucht (KG FamRZ **58**, 423 unter Herausarbeitg des Stärkegrades „zum Wohl des Kindes erforderl" durch Vergl der §§ 1696, 1671 III 2 u früh § 74 I, II EheG), also nicht schon, wenn seine anscheinde Zweckmäßigk widerlegt ist (BayObLG NJW **63**, 589). Das gilt auch für die von den Eltern vorgeschlagene Verteilg der elterl Sorge nach Pers- u VermSorge. Das Scheidgs-verschulden bleibt unberücks (Rn 20); aus ihm kann sich aber ergeben, daß eine and als die vorgeschlagene Regelg für das Kindeswohl erforderl ist; jedoch sind Eheverfehlgen nicht als solche, sond immer nur im Hinbl auf die Eigng des EltT für die Erziehg des Kindes zu werten. Kein ausr Grd für die Abweichg vom EltVorschl, daß EltT, auf den elt Sorge übertr w soll, minderjähr ist (Bienwald NJW **75**, 959).

5) Übertragung der elterlichen Sorge bei Ehenichtigkeit und Eheaufhebung, VI. Voraussetzg 25 rechtskräft NichtigErkl (EheG 23) od Aufhebg der Ehe (EheG 37 I); denn im Ggsatz zum ScheidgsVerf findet kein Verhdlgs- u Entscheidgsverbund zw der Auflösg der Ehe u der SorgeREntsch statt (vgl Einf 6 vor § 1564). Im übr gilt das Rn 1–24 Gesagte. Da die Folgen der Ehenichtigk u der Eheaufhebg anders als im Verbund (vgl ZPO 621, 623) nicht zugleich mit dem AuflösgsAntr verhandelt u entschieden zu werden brauchen, hätte für den Vorschlag der Elt über die Verteilg des SorgeR eine Frist bestimmt w müssen. Diese der bisherigen Regelg des III aF entspreche, für die SorgeEntsch außerh des Verbundes (also auch f § 1672) dchaus sinnvolle 2-MoFr war nach dem 1. EheRG in der Tat noch gesetzl festgelegt u ist im Zuge der Ref des SorgeR weggefallen (Begrdg BT-Drucks 7/2060 S 33).

6) Verfahrensrecht (Einf 4–8 vor § 1564 u 7–16 v § 1626). **a)** Über die Verteilg der elterl Sorge entsch das 26 **FamG** zwingd im Zushg mit der Ehescheid (ZPO 621 I Z 1, 623 I 1 u III 1). Bei bl Trenng od in der Zt bis zur Rechtskr der Scheidg: § 1672. Als **Scheidungsfolgesache** ist die SorgeRRegelg in mehrf Hins privile-giert (ZPO 620 S 2, 630 I Z 2, 627). **Verfahren:** FGG 35 ff, ZPO 621 ff; RiSache (RPflG 14 Nr 15). Zu den **Aufgaben des Jugendamts:** Einf 43 v § 1626.

b) Einstweilige u vorl AnO: § 1672 Rn 3–5 beherrschen die Zt des ScheidgsVerf, da § 1671 erst für die 27 Zt nach der Ehescheidg gilt. Sie beeinflussen aber aGrd des KontinuitätsGrds (Rn 15) die endgült SorgeRRe-gelg (Hbg FamRZ **86**, 481). Zur Übertragg des SorgeR auf einen Pfl: BezG Erf FamRZ **94**, 921.

c) Anhörung: Einf 9–12 v § 1626. 28

d) Psychologische Gutachten: Einf 13 v § 1626. 29

e) Inhalt der Sorgerechtsentscheidung: Rn 3. Die SorgeRRegelg bedarf stets der **Begründung** (and 30 Nürnbg FamRZ **86**, 1247 bei Übereinstimmg der gerichtl Regelg mit den Vorschlägen der Beteil).

f) Befristete Beschwerde: ZPO 621e, 629a II; FGG 20, 57 Z 9. Anfechtsberecht sind die Elt, auch die 31 mj Mutter (BayObLG MDR **69**, 396); das JA ohne AnwZwang (BGH NJW **80**, 2260); gem FGG 59 das über 14 J alte Ki (BayObLG FamRZ **75**, 169); uU die GroßElt (Hamm FamRZ **67**, 413). Beschw der Elt gg die Auswahl des Vormds nach FGG 57 I Z 9 (Hamm FamRZ **77**, 478). Bei mehreren Ki TeilBeschw (BayObLG FamRZ **75**, 169). Auch Beschrkg des RMittels auf die Pers- od VermSorge (BayObLG NJW **75**, 1422). **Weitere Beschwerde:** ZPO 621e II, FGG 27; Einschrkg der BeschwBerechtig (FGG 57 II, 64k III, ZPO 621e).

g) Vollstreckung: Dchsetzg der Herausg des Ki ggü dem nichtsorgeberecht EltT wie ggü Dr dch bes 32 Beschl gem § 1632 I, III, FGG 33 II (§ 1632 Rn 16, 17).

h) Änderung der Sorgerechtsregelung: § 1696. 33

1672 *Elterliche Sorge bei Getrenntleben der Eltern.* Leben die Eltern nicht nur vor-übergehend getrennt, so gilt § 1671 Abs. 1 bis 5 entsprechend. Das Gericht entscheidet auf Antrag eines Elternteils; es entscheidet von Amts wegen, wenn andernfalls das Wohl des Kindes gefährdet wäre und die Eltern nicht gewillt oder nicht in der Lage sind, die Gefahr abzuwenden.

1) Zuteilung der elterlichen Sorge 1

a) Zweck. Leben die Elt nicht nur vorübergehd getrennt, bringt die gemeins Ausübg der elt Sorge 2 (§ 1626 I) meist Unzuträglkten u Meingsverschiedenhten unter den Eheg mit sich (vgl § 1627 Rn 2). Diese Schwierigk beseitigt § 1672 verfassgskonform (BVerfG NJW **82**, 983) mit der Möglk, die elt Sorge einem EltT zuzuteilen. Schon vorher kann der EltT, bei dem sich das Ki befindet, das JA um Beratg u Unterstützg angehen (SGB VIII 28). Entspr Anwendg v § 1672, wenn die elt Sorge eines EltT ruht (§§ 1673, 1674) od ein EltT an der Ausübg tatsächl verhindert ist (§ 1678 I).

3   **b) Konkurrenzen des einstweiligen Rechtsschutzes:** Kommt es zum Eheaufhebgs-, Nichtig- od **Scheidungsverfahren,** sind neb § 1672 einstw AO des FamG zul (ZPO 620 S 1 Z 1). Zum Verhältn beider zueinand s Einf 7 vor § 1564.

4   **aa) Einstweilige Anordnungen nach § 620 S 1 Nr 1 ZPO** setzen die Anhängigk einer Ehe-, insb der ScheidgsSache voraus (Einf 7 v § 1564). Der Unterschied zw der Entsch gem § 1671 iVm ZPO 620 S 1 Nr 1 u der Entsch nach § 1672 liegt in ZPO 620b, 620f einers u § 1696 anderers sowie darin, daß die Entsch nach § 1672 außerh des EntschVerbunds getroff w kann, also nicht von der Stellg u Aufrechterhaltg des Scheidgs-Antr abhäng ist. Kein Vorrang des einstw-AO-Verf ggü dem Verf nach § 1672 (Stgt FamRZ **80**, 400); vielm gilt umgek, daß wenn eine SorgRRegelg nach § 1672 vorliegt, eine Abänd dch einstw AO ausscheidet (KG FamRZ **85**, 722; Hamm u Hbg FamRZ **88**, 411 u 635). Die Möglk einer einstw AO nach ZPO 620 S 1 Nr 1 beseitigt auch nicht das RSchutzinteresse für ein Verf nach § 1672 (Brem FamRZ **82**, 1033; Hbg FamRZ **88**, 523). Die Regelg des AufenthBestR dch einstw AO ist gem ZPO 620c anfechtb (Kln FamRZ **79**, 320). Begrdg der sof Beschw innerh der EinleggsFr (ZPO 620d).

5   **bb)** Zul sind iR v § 1672 auch **vorläufige Anordnungen** nach FGG (Einf 8 v § 1626), u zwar auch bei Anhängigk eines ScheidgsVerf, weil in diesem gem ZPO 623 über die elt Sorge nur für den Fall der Scheidg entsch wird (Ffm FamRZ **83**, 91 mA Luthin; aA Brem FamRZ **82**, 1033). Voraus aber Getrenntleben (Rn 8) oder die Einleitg entspr TrenngsMaßn (KG DAV **80**, 415) sowie ein unabweisb Bedürfn, etwa weil die Elt sich das Ki ggseit wegnehmen (Zweibr FamRZ **83**, 1162). Für eine vorl AO hins nur eines Teils der PersSorge (zB AufenthBestR) bedarf es nicht der Rückgr auf § 1666 (KG FamRZ **77**, 475).

6   **c) Geltungsdauer.** Die Übertragg der elt Sorge auf einen EltT wird nicht mit der rechtskr Ehescheidg, sond erst mit dem Erlaß einer vorläuf od endgült Entsch gem § 1671 unwirks (Hamm FamRZ **86**, 715). Dagg ist ein schwebendes Verf nach § 1672 mit Eintr der Rechtskr **in der Hauptsache erledigt** (BGH FamRZ **88**, 54). Ziehen die Elt wieder zus, verliert die SorgRRegelg ihre Wirkg erst nach ihrer Aufhebg dch das Ger (BayObLG NJW **71**, 197; KG FamRZ **94**, 119).

7   **2) Voraussetzungen der Sorgerechtsregelung**

8   **a)** Nicht nur vorübergehdes **Getrenntleben** der Elt; auch bei Entsch vAw u bei bl vorl AO (Schlesw SchlHA **78**, 20). Ausr Getrenntl innerh der Wohng (Kln FamRZ **86**, 388; KG FamRZ **91**, 1342; aA Hamm FamRZ **91**, 216). Vgl iü § 1567.

9   **b)** Das FamG wird auf **Antrag** hin tätig, **S 2 erster Halbs,** der VerfVorauss, nicht SachAntr ist. Folge: Entsch des FamG auch, ob bei übereinstimmden Regelgsvorschl der Elt iSv § 1671 III (Düss FamRZ **91**, 1083). Das FamG kann ferner die elt Sorge dem Va auch dann übertr, wenn die Mu Übertr auf sich beantr (Kln NJW **73**, 193; Celle FamRZ **78**, 622). Antr nur wg 1 v mehreren Ki mögl (BayObLG MDR **60**, 673). Auch kann Antr auf PersSorge beschr w (KG NJW **73**, 1046). Antr eines EltT stellt Indiz für RSchutzBedürfn dar (Kln FamRZ **80**, 929) u ist bei nicht nur vorübergehdem Getrennt w gegeben (Kblz FamRZ **90**, 550). Dieses fehlt aber, wenn tats Schwierigk in der PersSorgeAusübg nicht ersichtl sind (Hamm FamRZ **86**, 503). Umgek sind Unstimmigkten zw den Elt nicht erfdl (Hamm FamRZ **86**, 1039). **Aussetzung** des Verf auch gg den Willen des AntrSt zul (Ffm FamRZ **86**, 1140). Der Antr kann auch zurückgen werden, so daß ein weiteres famgerichtl Verf entfällt, wenn nicht Eingreifen vAw od Maßn nach § 1666 angebracht **10** sind; im letzteren Fall Abgabe an VormschG. Die SorgREntsch kann vom FamG auch **von Amts wegen** ergehen, **S 2 Halbs 2,** wenn andernf das KiWohl gefährdet wäre. Entsch vAw setzt gleichf Getrenntl voraus.

11   **c)** Entscheidd für die SorgeRRegelg ist das **Kindeswohl** (§ 1671 Rn 11). Einer bes sorgfält Prüfg der Erziehgseigng bedarf es bei Verlassen der 2- u 4j Ki dch die Mutter (Kln FamRZ **80**, 1153).

12   **d)** Nur bei Regelg vAw ist zusätzl Voraussetzg, daß andernf das Kindeswohl gefährdet wäre und die **Eltern nicht gewillt oder in der Lage sind, die Gefahr abzuwenden** (vgl dazu § 1666 Rn 18). Desh unzul die Zurückweis des Antr mit der Begrdg, eine Änd des derzeit Zustands entspräche nicht dem Wohl des Ki (BayObLG NJW **69**, 430). Die **Kindeswohlgefährdung** kann darin bestehen, daß sich die Elt in wicht Fragen der elt Sorge nicht mehr einigen können, aber auch keinen Antr auf Übertragg der elt Sorge insges od für die Regelg einzelner Angelegenh (§ 1628) stellen (BT-Drucks 8/2788 S 64).

13   **3) Inhalt der Sorgerechtsregelung entsprechend § 1671.** Zur Bedeutg eines Regelgsvorschlags der Elt § 1671 Rn 21. RSchutzInteresse an gerichtl Regelg dann zZw der Bindg des and EltT od wg §§ 1666, 1680. Zur Aufspaltung der inhaltlichen Regelung u Übertragg der elt Sorge auf Vormd od Pfleg § 1671 Rn 3ff. Zul ist auch die Übertr nur des AufenthBestR auf einen EltT (Stgt FamRZ **82**, 1235; aA Stgt NJW **58**, 1972; Hamm MDR **76**, 492 u FamRZ **79**, 177). Dem nicht sorgeberecht EltT kann ein **Informationsrecht** betr die Entwicklg des Ki zugestanden w (AG Gemünden FamRZ **77**, 408).

14   **4) Verfahren.** Es entsch der Richter (RPflG 14 Z 15). Isoliertes Verf nach § 1672 nicht mutwill, auch wenn einstw AO im ScheidgsVerf mögl (Hbg FamRZ **90**, 642) od früh bereits eingeleitet (KG FamRZ **95**, 629). Vor Entsch, auch bei Einigg, **Anhörung** v Elt, Ki, evtl PflegePers u ijF des JA (Einf 9–11 v § 1626). Eine Entsch allein aGrd v dessen Bericht ist unzul (Oldbg FamRZ **92**, 192). Vorl AO: Einf 8 v § 1626; Vorauss aber konkr TatsVortrag (AG Kerpen FamRZ **95**, 953) u nur bei dringdem Bedürfn nach einem unverzügl Einschreiten des Ger (Karlsr FamRZ **90**, 304). Zum Verhältn von einstw AO u § 1672 nach RKraft der Scheidg (Karlsr FamRZ **90**, 435). Auch in dem nur auf Antr betriebenen Verf kann die mit der **Beschwerde** angefochtene Entsch ggf zu Ungunsten des BeschwFührer abgeänd w (Ffm FamRZ **79**, 177).

1673   *Ruhen der elterlichen Sorge bei Einschränkungen der Geschäftsfähigkeit.*

[I] Die elterliche Sorge eines Elternteils ruht, wenn er geschäftsunfähig ist.

[II] Das gleiche gilt, wenn er in der Geschäftsfähigkeit beschränkt ist. Die Personensorge für das Kind steht ihm neben dem gesetzlichen Vertreter des Kindes zu; zur Vertretung des Kindes ist er nicht berechtigt. Bei einer Meinungsverschiedenheit geht die Meinung des minderjährigen Elternteils vor, wenn der gesetzliche Vertreter des Kindes ein Vormund oder Pfleger ist; andernfalls gelten § 1627 Satz 2 und § 1628.

1) Ruhen der elterlichen Sorge verhindert deren Ausübg (§ 1675); sie verbleibt währd der Ehe dann 1 allein dem and EltT (§ 1678 I). Keine VermHerausg (§ 1698); ist dem and EltT die VermVerwaltg gem § 1666 entzogen, dann Pfleger. Das subj Recht bleibt als solches trotz Ruhens bestehen. Der EltT behält das UmgangsR gem § 1634. RScheinschutz hins der Ruhenswirkgen: § 1698a. Das Ruhen kann bei voller VerfFähigk des betroffenen EltT dch deklarator Beschl festgestellt w (BayObLG FamRZ **76**, 711). Dagg selbstd BeschwR (Düss FamRZ **69**, 663; Hamm OLGZ **71**, 76). Wird die Ehe dch Tod od TodesErkl aufgelöst u tritt Ruhen der elt Sorge bei dem überlebden EltT ein, so Vormd. Wg Ruhens der elt Sorge bei demj, dem sie nach Scheidg od GetrLeb allein zusteht, § 1678 II; vgl auch § 1671 Rn 10.

2) Ruhenstatbestände. a) Geschäftsunfähigkeit, I (§ 104 Nr 2; Lit: Münder FuR **95**, 89). Partielle 2 GeschUnfgk (§ 104 Rn 5) reicht aus, wenn sie sich ganz od teilw auf die elt Sorge bezieht (Staud/Coester 11). Bei Wiederherstellg der psych Gesundh entfallen iGgs zu § 1674 die Ruhenswirkgen automat (BayObLG Rpfleger **68**, 22). Vorübergehde Störg der Geistestätigk (§ 105 II) ist tats AusübgsHindern; desh allenf Maßn nach §§ 1693, 1678 (Staud/Coester 7). **b) Beschränkte Geschäftsfähigkeit** führt ebenf zum Ruhen der elt 3 Sorge, II 1. **aa)** Sie kommt nach Abschaffg von § 114 dch das BtG nur noch ifv § 106 vor. Der **minderjährige Elternteil** hat neben dem gesetzl Vertr des Ki, als idR dem and EltT (§§ 1678 I, 1626 I) od dem Vormd (vgl Rn 1) ein **sachlich beschränktes Sorgerecht**, näml die tats PersSorge, aber ohne gesetzl Vertretg, II 2. Dafür eig BeschwR aus FGG 57 I Z 9 (KG JFG **16**, 254). Die VermSorge liegt beim and EltT (§ 1678 I) od beim Vormd (§§ 1773, 1793). Ggf ErgPfleger (§ 1909). Bevollmächtigg des mj EltT ggf auch konkludent mögl (§ 165; § 1629 Rn 6). Hins der tats PersSorge besteht entspr VerfFähigk, zB hins § 1632 I (Staud/Coester 24). **bb)** Bei **Meinungsverschiedenheiten** zw mj EltT u gesetzl Vertr, **II 3**, müssen die Elt unabhäng von der 4 Minderjährigk eines von ihnen versuchen, sich zu einigen, od sie können das VormschG einschalten (§§ 1627 S 2, 1628). Der vollj and EltT (vgl EheG 1 II) hat keinen Vorrang. Dagg steht dem mj EltT ggü einem Vormd od Pfleger in PersSorgeSachen der Vorrang zu. **c)** Die AnO der **Betreuung** (§ 1896) als solche hat keine 5 Auswirkg auf die elt Sorge (Walter FamRZ **91**, 765). Der BetreuungsGrd kann aber Anlaß für Maßn auch nach den insow vorrangigen §§ 1666ff, 1674 geben (BT-Drucks 11/4528 S 108). Unzul ist eine Bt mit dem AufgKr „Vertretg des EltT in Angelegenh, die das Ki des Betreuten betr". § 1673 läuft insow leer, als ein deklarator FeststellgsBeschl über die GeschUnfgk nach Abschaffg der Entmündigg dch das BtG ebenf unzul ist (vgl iü Bienwald FamRZ **94**, 484).

1674

Ruhen bei tatsächlichem Hindernis. [I]Die elterliche Sorge eines Elternteils ruht, wenn das Vormundschaftsgericht feststellt, daß er auf längere Zeit die elterliche Sorge tatsächlich nicht ausüben kann.

[II]Die elterliche Sorge lebt wieder auf, wenn das Vormundschaftsgericht feststellt, daß der Grund des Ruhens nicht mehr besteht.

1) Voraussetzg **längere tatsächliche Verhinderung** an Ausübg der elt Sorge od ihrer Bestandteile, zB der 1 PersSorge (KG JFG **11**, 54), jedoch mit der Aussicht, daß die elt Sorge wieder ausgeübt w kann (Ffm FamRZ **66**, 109). **Fälle:** Strafhaft (BayObLG NJW **75**, 1082); Untersuchgshaft nur ausnahmsw (Kln FamRZ **78**, 623), zB bei Giftmordverdacht (BayObLG JW **34**, 1369); Auswanderg (BayObLG JW **34**, 1369), währd es bei sonst AuslAufenth auf die VerbindgsMöglk ankommt (Ffm FamRZ **54**, 21); polit Verhältn in Albanien (LG Frankenth/PfDAV **93**, 1237); Kriegsgefangensch; Vermißtwerden od sonst unbekannter Aufenth; bei körperl od geist Erkrankg (Störg, Hysterie, soweit nicht § 1666) auch dann, wenn noch nicht so hochgrad, daß gesetzl Ruhen gem § 1673 die Folge (KG Recht **17** Nr 837), od wenn mit Wiederauftreten (Schüben) zu rechnen; bei psych Hörigk der Mutter ggü dem geistesgestörten Vater (BayObLG FamRZ **81**, 595). Nicht dagg ow bei Taubstummh der Mutter (Ffm FamRZ **66**, 109). Vor endgült Feststellg vorl AO zul (KG FamRZ **62**, 200; § 1693 Rn 2). Bei Trunks ohne Entmündigg u mangelndr Eigng § 1666. Bei **kürzerer** tatsächl Verhinderg, 2 zB längerem KrankenhAufenth, der Ausübg der elt Sorge nicht zuläßt, Ausl-Reise uä, ist zwar die Wirkg f den and EltT dieselbe (§ 1678 I); aber keine Feststellg dch VormschG, auch nicht § 1675. Bei **Adoptionspflege:** 3 § 1751; hins des ne Vaters nach zw-zeitl Legitimation währd des InkognitoAdoptVerf: BayObLG FamRZ **88**, 867 u 868; Ollmann FamRZ **89**, 350. Zur **Analogie** iR v 1671 dort Rn 3.

2) Verfahren erfolgt zweistuf: **a) Ermittlung** vAw (FGG 12); gewährt jedoch keine Befug, einen EltT zu 4 psychiatr Untersuch zu verpfl (Stgt FamRZ **75**, 167). **b) Feststellung** auch schon bei berecht Zweifeln an der 5 GeschFähigk vorzunehmen (BayObLG Rpfleger **68**, 22). Wird mit gestaltgsähnl Wirkg (BayObLG FamRZ **88**, 867) wirks mit Bekanntmach an and EltT (FGG 51), ggf VormdBestellg (BayObLG FamRZ **62**, 74); ebso wenn die elterl Sorge der nehel Mutter ruht u JA Vormd w (KG FamRZ **72**, 44). **Folge:** § 1675; VermHerausg nur, wenn anderer EltT die elt Sorge nicht hat (§ 1698). AnO der Vormsch, nicht dagg eine StaatenlosenPflegsch (KG JFG **17**, 71). Zustdgk FGG 43, 36; es entsch der RPfleger, RPflG 3 I Z 2a (im Richterkatalog RPflG 14 nicht genannt). Gebühren KostO 95 I Z 2, 96. Bei Aufhebg der Vormsch BeschwR des JugA gem FGG 57 I Z 9, 63 nicht aber im eig Namen od im Namen des Mdl (BayObLG FamRZ **81**, 595). Nach LG Memmingen kein BeschwR des JA bei Zurückweisg seines Antr auf Feststellg des Ruhens (FamRZ **81**, 1003).

3) Beendigung, II, erst durch feststellenden Bescheid des VormschG, der zu seiner Wirksamk Bek an 6 betroffenen Teil bedarf (FGG 51 II, 16 I), aber auch dem anderen, bisher allein Berechtigten bekannt zu machen ist. Für ihn gilt bis dahin § 1698a II. II entspr anwendbar, wenn sich herausstellt, daß I nicht vorlag.

1675

Wirkung des Ruhens. Solange die elterliche Sorge ruht, ist ein Elternteil nicht berechtigt, sie auszuüben.

1 Bei **bestehender Ehe** übt der andere Elternteil allein das SorgeR aus (§ 1678 I); die elterl Sorge geht nicht verloren (vgl aber § 1672 Rn 2); sie endet nicht, ist aber in ihrer Ausübg gehemmt. Mit **Eheauflösung durch Tod** des Elternteils, dessen elterl Sorge ruht, erhält der andere Elternteil nunmehr die volle u alleinige elterl Sorge (§ 1681). Ist der EltT, dessen SorgeR ruht, der Überlebende, so VormdBestellg § 1673 Rn 1. Wg Wirkg des Ruhens des SorgeR bei dem gem §§ 1671, 1672 sorgeberecht EltT § 1678 II. Wg Weiterführg der Geschäfte § 1698a II.

1676 *Verwirkung der elterlichen Gewalt.* *(Aufgehoben durch Art 1 Z 23 SorgRG; vgl § 1680 Rn 1 sowie § 1696 Rn 1.)*

1677 *Todeserklärung eines Elternteils.* **Die elterliche Sorge eines Elternteils endet, wenn er für tot erklärt oder seine Todeszeit nach den Vorschriften des Verschollenheitsgesetzes festgestellt wird, mit dem Zeitpunkt, der als Zeitpunkt des Todes gilt.**

1 **Todeserklärung und Feststellung des Todeszeitpunktes** (VerschG 1 ff, 23, 39, 44) beendigt elterl Sorge als solche (weitere Fälle § 1626 Rn 7) nicht nur, wie bei Ruhen ihre Ausübg. Folge: der and EltT hat sie von Ges wg vom Todeszeitpkt an allein (§ 1681 II 1). AnzeigePfl FGG 50. Hat die elterl Sorge des and EltT dch Tod od auf andere Weise ihr Ende gefunden od kann sie nicht ausgeübt werden, VormdBestellg (§ 1773).

1678 *Alleinige Ausübung bei tatsächlicher Verhinderung oder Ruhen.* [1]**Ist ein Elternteil tatsächlich verhindert, die elterliche Sorge auszuüben, oder ruht seine elterliche Sorge, so übt der andere Teil die elterliche Sorge allein aus; dies gilt nicht, wenn die elterliche Sorge dem Elternteil nach den §§ 1671, 1672 übertragen war.**

[2]**Ruht die elterliche Sorge des Elternteils, dem sie nach den §§ 1671, 1672 übertragen war, und besteht keine Aussicht, daß der Grund des Ruhens wegfallen werde, so hat das Familiengericht die elterliche Sorge dem anderen Elternteil zu übertragen, es sei denn, daß dies dem Wohle des Kindes widerspricht.**

1 **1)** § 1678 bringt wie auch §§ 1680, 1681 den Grds zum Ausdr, daß inf der Ausübg der elterl Sorge dch beide Elt (§ 1626 I), dann, wenn ein EltT sie nicht ausüben kann, sie nunmehr der andere allein ausübt. Diese Folge tritt teils von G wg, §§ 1678 I Halbs 1, teils nach Prüfg durch das Fam- od VormschG ein, §§ 1678 II, 1680, 1681 II 3.

2 **2) Ruhen der elterlichen Sorge oder Verhinderung bei bestehender Ehe, I,** also sowohl Verhinder aus RGründen (§ 1673) wie auch bei tatsächl Verhinder, hier ohne Unterschied, ob die Feststellg des Ruhens durch das VormschG getroffen ist (§ 1674) u damit der Elternteil sie auch rechtl nicht ausüben kann (§ 1675) od ob es sich um eine kürzere Verhinder handelt, die dieselbe Folge in tatsächl Beziehg hat (§ 1674 Rn 2).

3 **Folge:** Der and EltT übt von Ges wg die elterl Sorge allein aus. **Ausnahmen:** Dem nunmehr zur alleinigen Ausübg berecht EltT war die elterl Sorge schon vorher entzog w (§§ 1666, 1666a, 1672), was auch bei einer Entziehg des PersSorgeR dch einstw AO gem ZPO 620 Z 1 gilt (KG FamRZ **73**, 152) od sie ruhte gem §§ 1673, 1674. Selbstverstdl Voraussetzg für den Übergg ist, daß der and EltT die elterl Sorge ausüben kann u darf. Fehlt es daran, hat, ggf auf Veranlassg des JA (SGB VIII 50 II u III 1), das VormschG einzugreifen (§ 1693) u einen Vormd z bestellen (§ 1773). War dem EltT nur die Pers- od VermSorge entzogen, dann Pflegerbestellg (§ 1909).

4 **3) Ruhen der elterlichen Sorge auf seiten des geschiedenen oder getrenntlebenden Elternteils, II.** Hier bedarf es einer Übertr dch das FamG. Nicht mehr nur auf Antr des and EltT, sond auch vAw, um alle Möglkten im Interesse des Kindes auszuschöpfen, insb in den Fällen, in denen der zur Übern des SorgeR bereite EltT aus Unkenntn keinen Antr stellt. Hier soll die Initiative vom VormschG ausgehen können (BT-Drucks 8/2788 S 65). Wg der Folgen Rn 1. Scheidet auch der and EltT als Inh des SorgeR aus, VormdBestellg (§ 1773). In diesen Fällen wird Feststellg des VormschG nach § 1674 erst mit der Übertr der elterl Sorge auf den and EltT (FGG 16) od mit der VormdBestellg wirks (§ 1789; FGG 51 I). Dch die Neufassg des letzten Halbs soll zum Ausdr gebracht w, daß in aller Regel die elt Sorge dem and EltT zu übertr ist (BT-Drucks 8/2788 S 65). Das FamG muß von der Übertr absehen, wenn dem EltT sein el SorgeR sonst entzogen w ist; ebso wenn das zwar nicht geschehen ist, der Tatbestd jedoch gegeben wäre, wenn dieser Elterteil die elterl Sorge gehabt hätte, da eine Übertrag der Ausübg der elterl Sorge, die sofort wieder entzogen w müßte, nicht stattfinden kann (Maßfeller DNotZ **57**, 371); dann also VormdBestellg (§ 1773). Die Übertragg kann im übrigen nur dann erfolgen, wenn keine Aussicht besteht, daß der Grd des Ruhens wegfällt, zB Elternteil in Heilanstalt ohne Aussicht auf Besserg, Auswanderg. Ist damit zu rechnen, daß der Grd des Ruhens bald wegfällt – dahin gehören auch die Fälle der vorübergehenden tatsächl Verhinderg, Rn 1 u § 1674 Rn 2 –, so keine Übertragg, sond Pflegerbestellg gem § 1909 (BayObLG FamRZ **62**, 33). Zustdgk FGG 43, 36 (BGH FamRZ **88**, 1259). Es entsch der Richter (RPflG 14 Z 15) nach Anhörg des JA (FGG 49 I Z 1 g, 49 I Z 2). Gebühren f II KostO 94 I Z 4, III.

1679 *Alleinige Ausübung bei Verwirkung.* *(Aufgehoben durch Art 1 Z 25 SorgRG; vgl § 1680 Rn 1.)*

1680 *Entziehung des Sorgerechts.* [1]**Wird die gesamte elterliche Sorge, die Personensorge oder die Vermögenssorge einem Elternteil entzogen, so übt die andere Elternteil die Sorge allein aus. Das Vormundschaftsgericht trifft eine abweichende Entscheidung, wenn dies das Wohl des Kindes erfordert. Endet die Vermögenssorge eines Elternteils nach § 1670, so hat das**

Vormundschaftsgericht anzuordnen, daß dem anderen Elternteil die Vermögenssorge allein zusteht, es sei denn, daß dies den Vermögensinteressen des Kindes widerspricht. Vor der Entscheidung des Vormundschaftsgerichts kann der andere Elternteil die Vermögenssorge nicht ausüben.

^{II} Wird die gesamte elterliche Sorge, die Personensorge oder die Vermögenssorge dem Elternteil entzogen, dem sie nach den §§ 1671, 1672 übertragen war, oder endet seine Vermögenssorge nach § 1670, so hat das Vormundschaftsgericht sie dem anderen Elternteil zu übertragen, es sei denn, daß dies dem Wohle des Kindes widerspricht. Andernfalls bestellt es einen Vormund oder Pfleger.

1) Die Vorschr regelt allg die **Folgen einer Entziehung der elterlichen Sorge** insges od der Pers- bzw VermSorge **auf seiten eines Elternteils.** Und zwar wird im I folgendermaß unterschieden: Grdsatz ist, daß bei Verlust der Pers- od VermSorge diese von Ges wg dch den and EltT allein ausgeübt w. Von diesem Grds gibt es zwei Ausn: Aus Grden des KiWohls kann das VormschG eine abweichde Entsch treffen, I 1 u 2, u der Verlust der VermSorge inf Konkurses hält auch die VermSorge des and EltT in der Schwebe; in diesem Fall muß das VormschG die VermSorge ihm erst zuweisen, was es allerd idR, dh wenn nicht die VermInteressen des Ki entggstehen, tun soll. Bis dahin darf auch der EltT die VermSorge nicht ausüben, I 3 u 4. Der II betrifft den Sonderfall der Ki aus geschiedenen od getrennten Ehen. Hier steht die elterl Sorge bereits gem §§ 1671, 1672 einem EltT zu; wird sie nun diesem EltT ganz od wird ihm Pers- bzw VermSorge entzogen, so bedarf es ihrer Übertr auf den and EltT (also kein automat Übergang), wovon das VormschG aber bei widersprechdem KiWohl Abstand nehmen muß. In diesem Fall bestellt es dem Ki einen Vormd od Pfleger, II 1 u 2.

2) Entziehung der gesamten elterlichen Sorge, der Personen- oder Vermögenssorge tritt aS eines EltT ein hins der VermSorge aus §§ 1640 IV, 1666 III, 1667 V, 1683 IV, hins der PersSorge aus §§ 1666 I, 1, 1666a II. Nicht unter I fallen die SonderBestimmgen der §§ 1670, 1671, 1672, 1696. Ferner keine Anwendg v I, wenn nur Teile der PersSorge, zB das AufenthBestR, entzogen werden od das VormschG Maßn nach § 1667 II–IV anordnet.

a) Der Entzug des jew SorgeR bewirkt, ohne daß es (abgesehen v Rn 4) eines Beschl des VormschG bedürfte, daß **der andere Elternteil die jeweilige Sorgeberechtigung allein ausübt, I 1.** Aus Grden des Kindeswohls kann das VormschG eine **abweichende Entscheidung** treffen, I 2, wobei ihm sämtl Maßn der PersSorgeRegelg (§ 1666 Rn 19–21) wie der VermSorgeRegelg (§ 1667 Rn 7–17) zur Verfügg stehen. **Zweck:** Der EltT, dem die elterl Sorge od deren Einzelbefugn entzogen w sind, kann einen für das Kindeswohl schädl Einfluß auf den and EltT ausüben; dem soll das VormschG entgggwirken (BT-Drucks 8/2788 S 65). Der and EltT kann, sol eine derart Entsch vom VormschG getroffen ist, ohne Einschränkg die elt Sorge allein ausüben (Maßfeller DNotZ **57**, 372). Darüber, ob das VormschG in Abweichg von dem gesetzl SorgeRÜbergang überh u ggf welche AnO es trifft, entscheidet ausschließl das **Wohl des Kindes.** Bei ZusLeben der Elt hat das VormschG iF zu prüfen, ob die alleinige Ausübg der elt Sorge od die alleinige Ausübg v Pers- od VermSorge mit dem KiWohl vereinb ist. Das VormschG kann dem and EltT die elterl Sorge ganz od teilw entziehen u gem § 1773 einen Vormd od gem § 1909 einen Pfleger für das Kind bestellen unabh davon, ob die Voraussetzgen der §§ 1666f, 1667 V, 1640 IV, 1683 IV auch in seiner Pers gegeben sind (BT-Drucks 8/2788 S 65), zB wenn der ungünst Einfl des and EltT anders nicht hinreichd ausgeschaltet w kann (KG NJW **65**, 871), was mit dem GG vereinb ist (KG OLGZ **65**, 109). Dem SorgeBerecht kann auch das AufenthBestR entzogen w (Hamm FamRZ **67**, 416). Zu einem Fall der zw-zeitl Heirat der nehel Elt vgl BayObLG FamRZ **85**, 1179.

b) Eine Ausn vom gesetzl Anfall der VermSorge beim and EltT stellt der **Konkurs** eines EltT dar, mit dessen Eröffng bzw Beantragg die VermSorge dieses EltT von Ges wg endet (§ 1670); aber auch der and EltT kann die ihm an sich verbleibde VermSorge nicht ausüben, bis eine entspr **Anordnung des Vormundschaftsgerichts** sie ihm zuweist, I 3 u 4. Auch der nicht in Vermögensverfall befindl EltT wird also zunächst von der Ausübg der VermSorge ausgeschl, weil bei Eltern, die zusleben, regelmäß die Gefahr besteht, daß der and EltT zu stark unter dem Einfl des betroff EltT stehen u das Verm des Kindes gefährden könnte (BT-Drucks 8/2788 S 65). Allerd soll das VormschG im Regelfall anordnen, daß die VermSorge dem and EltT allein zusteht, sofern dieser Entsch nicht die Vermögensinteressen des Kindes widersprechen. Wird ein Pfleger bestellt (§ 1909), so endet dessen Amtsbefugn bei Aufhebg des Konk erst mit Aufhebg dch VormschG (§ 1919), wenn es dem EltT, der in Konk gegangen ist, die VermVerw wieder überträgt (§ 1670 II); damit wird auch für den and EltT der volle Rechtszustand wieder hergestellt. Ebso in den Fällen der Entziehg bei deren Aufhebg (§ 1696).

c) Verfahren: Es entsch der Richter (RpflG 14 Z 15). Vor AnO einer Maßn **Anhörung** des JA (FGG 49 I Z 1 h), der Elt, des Kindes u ggf Dr (FGG 50 a ff); Einzelh Einf 9–11 vor § 1626.

3) Wird die iW der §§ 1671, 1672 erworbene elterl Sorge, die Pers- od VermSorge dem **infolge Ehescheidung oder Getrenntleben sorgeberechtigten Elternteil entzogen** od verliert dieser die VermSorge dch Konk (§ 1670), so findet auch hier kein automat Übergg der Sorgeberechtigg auf den and EltT statt, sond muß das VormschG entsch. **Grund:** Die Rechtsfolgeautomatik gem I 1 kann sich in den Fällen, in denen die Elt nicht mehr zusleben, viell sogar alle Verbindgen seit langem abgebrochen haben, zum Nachteil des Kindes auswirken, da völlig offen ist, ob der and Teil überh am SorgeR interessiert ist (BT-Drucks 8/2788 S 66). Das VormschG hat die Sorgeberechtigg allerd im Regelfall auch hier auf den and EltT zu übertr, soweit nicht das **Wohl des Kindes** widerspricht, II 1. Soweit das KiWohl der Übertr der Sorgeberechtigg auf den iRv §§ 1671, 1672 übergangenen EltT entggsteht, bestellt das VormschG einen **Vormund oder Pfleger,** II 2. Entsch dch den Richter (RpflG 14 Z 15).

1681 *Tod eines Elternteils.* ¹Ist ein Elternteil gestorben, so steht die elterliche Sorge dem anderen Teil allein zu. War der verstorbene Elternteil nach den §§ 1671, 1672 sorgeberechtigt, so hat das Vormundschaftsgericht die elterliche Sorge dem überlebenden Elternteil zu übertragen, es sei denn, daß dies dem Wohle des Kindes widerspricht. **Eine Vormundschaft oder Pflegschaft nach § 1671 Abs. 5 oder nach § 1672 Satz 1 in Verbindung mit § 1671 Abs. 5 bleibt bestehen, bis sie vom Gericht aufgehoben wird.**

[II]**Das gleiche gilt, wenn die elterliche Sorge eines Elternteils endet, weil er für tot erklärt oder seine Todeszeit nach den Vorschriften des Verschollenheitsgesetzes festgestellt worden ist. Lebt dieser Elternteil noch, so erlangt er die elterliche Sorge dadurch wieder, daß er dem Vormundschaftsgericht gegenüber erklärt, er wolle sie wieder ausüben. Ist seine Ehe durch Wiederverheiratung seines Ehegatten aufgelöst, so gilt § 1671 Abs. 1 bis 5 entsprechend.**

1 **1) Tod eines Elternteils, I 1.** Die elterl Sorge steht kr Gesetzes dem lebden EltT allein zu; sie geht aber nicht kr Gesetzes auf den and EltT über, wenn sie dieser aGrd der Scheidg od bei GetrLeben verloren hat (§§ 1671, 1672) od wenn ein Pfleger (§ 1671 V) best war, sond es bedarf dazu einer vormschgerichtl Übertr (sa § 1671 Rn 9). Kein Übergang, sond VormdBestellg bei voller Entziehg n § 1666, währd bei teilw Entziehg der überl EltT den ihm belassenen Teil allein behält, iü aber Pfleger best w. Ruht die elt Sorge des Überlebden, VormdBestellg. Stirbt der aGrd Scheidg od GetrLeben sorgeberecht EltT, so Übertr des SorgeR auf den überlebden, bisher nicht sorgeberecht EltT, wenn dies nicht dem **Kindeswohl** widerspricht, **I 2.** Verfrechtl unbedenkl (BayObLG FamRZ **88,** 973), kommt es also nicht entspr § 1666 auf die Gefährdg des KiWohls an, sond wie in § 1671 Rn 11ff darauf, welche Entsch seinem Wohl am besten entspr (Schlesw FamRZ **93,** 832: Best des Stiefvaters zum Vormd). Das VormschG soll also idR die SorgeR dem überleben EltT übertragen. Ein für das Kind notw werdder Umgebgswechsel schließt den Vorrang des überleben leibl EltT nicht aus (Ffm FamRZ **81,** 1105). Aber entspr § 1671 Rn 18, 19 ist zu berücks, wenn das Kind, das in einem solchen Verf anzuhören ist (FGG 50b), sich weigert, zum and EltT überzusiedeln (Karlsr Just **75,** 29). In solchen Fällen w uU der überlebde StiefEltT, bei dem das Kind lebt, zum Vormd bestellt (Ravbg DAVorm **75,** 37). Kein Fall von § 1666, wenn Kind bei den GroßElt aufwächst u Vater, der mehrf vorbestraft ist, aber sich 7 J straffrei geführt hat, ein TaxiUntern betreibt u das Kind zu sich nehmen will (AG Bruchs DAVorm **77,** 382). Es entsch der Richter (RPflG 14 Z 15) nach Anhörg des JA (FGG 49 I Z 1i).

2 **2) Todeserklärung und Todeszeitfeststellung, II** (VerschG 1ff, 23, 39, 44). Beides beendigt die elterl Sorge, u zwar in dem Zeitpkt, der als Zpkt des Todes gilt (§ 1677). Wg der Folgen Rn 1. **Lebt der für tot Erklärte noch,** so kann dieser durch einfache Erkl ggü dem VormschG die elterl Sorge wieder erlangen. Wirkg ex nunc; § 1698a gilt entspr. War die Ehe des Verschollenen dadurch aufgelöst, daß der zurückgebliebene Elternteil wieder geheiratet hatte (EheG 38 II), so bedarf es nunmehr einer Übertragg der elterl Sorge durch das FamG; es hat die dem Kindeswohl beste Lösg zu wählen (§ 1671 II analog).

1682 *Vermögensverzeichnis.* *(Aufgehoben durch Art 1 Ziff 28 SorgRG; vgl jetzt § 1640.)*

1683 *Vermögensverzeichnis bei Wiederheirat.* [I]**Sind die Eltern des Kindes nicht oder nicht mehr miteinander verheiratet und will der Elternteil, dem die Vermögenssorge zusteht, die Ehe mit einem Dritten schließen, so hat er dies dem Vormundschaftsgericht anzuzeigen, auf seine Kosten ein Verzeichnis des Kindesvermögens einzureichen und, soweit eine Vermögensgemeinschaft zwischen ihm und dem Kinde besteht, die Auseinandersetzung herbeizuführen.**

[II]**Das Vormundschaftsgericht kann gestatten, daß die Auseinandersetzung erst nach der Eheschließung vorgenommen wird.**

[III]**Das Vormundschaftsgericht kann ferner gestatten, daß die Auseinandersetzung ganz oder teilweise unterbleibt, wenn dies den Vermögensinteressen des Kindes nicht widerspricht.**

[IV]**Erfüllt der Elternteil die ihm nach den vorstehenden Vorschriften obliegenden Verpflichtungen nicht, so kann ihm das Vormundschaftsgericht die Vermögenssorge entziehen.**

1 **1) Zweck** der Vorschr ist, zu verhindern, daß die VermVerhältn des Kindes dch Eheschl des SorgeRInhabers unübersichtl w u eine VermVerminderg stattfindet (BT-Drucks 8/2788 S 66). Gilt – abgesehen v der (Wieder)Verheiratg der Elt des Kindes, da kein „Dritter" vorh (Schnitzerling StAZ **70,** 131) – für **jede neue Ehe** eines EltT, also auch nach Auflösg einer zweiten od weiteren (selbst kinderl) Ehe, da dem Kind zwzeitl Verm zugefallen s kann (KG StAZ **25,** 207). Gilt mithin auch f den heiratden Vater, dessen Kind für ehel erkl ist, für den Annehmenden u die nehel Mutter (§ 1705 S 2). Voraussetzg, daß der EltT mit dem Kind in VermGemsch lebt; sonst od wenn Verm nicht vorh, genügt Anz.

2 **2)** Für die **Auseinandersetzung** ist erforderl: **a)** ErgänzgsPfleger, §§ 1629 II, 1795, 1909, wogg Beschw des betr EltT gem FGG 20 I, BayObLGZ **67,** 230; ebso Beschw gg Ablehng des Antr auf Entlassg wg falscher Maßn des Pflegers, aA KG JW **36,** 2935. AuseinandSPflegsch endet mit Ausführg, § 1918 III, ohne AufhebgsBeschl, KG JW **34,** 3001. Nicht Aufg des Pflegers, AuseinandSFdg beizutreiben, KG RJA **17,** 35. – **b)** Vormschgericht Gen, §§ 1821, 1822 Z 2. Bei Versagg der Gen od Erteilg unter Bedingg hat nur Pfleger, nicht EltT BeschwR, BayObLG FamRZ **74,** 34. – **c)** VermGemsch u damit AuseinandS zB bei gemschaftl Beerbg des und EltT; dagg nicht zw Vor- u Nacherben, KGJ **43,** 40; bei MitEigt nach Bruchteilen an einem Ggst, BayObLG NJW **65,** 2299; bei bl PflichttAnspr gg EltT, KGJ **44,** 32; bei KG, wenn Vater Komplementär, mj Sohn Kommanditist, LG Nürnbg-F FamRZ **61,** 376. AuseinandSetzg ist **nicht zwingend,** da sie nicht immer im Interesse des Kindes liegt, sond, vor allem bei GrdBesitz u GesellschBeteiligen, zu finanz Nachteilen für das Kind u bei nur geringem Verm zu erhebl Schwierigken u unverhältnismäß Kosten führen sowie die neue Ehe belasten kann, ohne das KindesVerm wirkl zu sichern (BT-Drucks 8/2788 S 66); unter Berücks dieser Umst daher Befreiung dch das VormschG, **III.** Ausschl dch Erbl nicht mögl

(BayObLG NJW **67**, 2407; str). Wohl aber kann von der Dchführg der AuseinanderS hins einz NachlGgste abgesehen w, wenn Nachteile für mj Kinder nicht zu befürchten (BayObLG NJW **74**, 1908).

3) Verfahren: Zustdgk FGG 43, 36; Rpfleger entsch (RPflG 3 I 2a); GebührenKostO 94 I Z 2. Bei **3** **Aufschub** der AuseinandS, **II**, vermögensrechtl u persönl Kindesinteressen zu berücks (KG OLG **40**, 78). Widerruf mögl. **Zwangsmittel:** IV u FGG 33. Verweigerg des AuseinandSZeugn bewirkt aufschiedbes Eheverbot (EheG 9). Vgl iü § 1667.

1684 *Entziehung der Vermögensverwaltung.* *(Aufgehoben durch Art 1 Ziff 30 SorgRG, vgl jetzt §§ 1640 IV, 1683 IV.)*

1685 *Bestellung eines Beistandes.* **¹Das Vormundschaftsgericht hat dem Elternteil, dem die elterliche Sorge, die Personensorge oder die Vermögenssorge allein zusteht, auf seinen Antrag einen Beistand zu bestellen.**

ᴵᴵDer Beistand kann für alle Angelegenheiten, für gewisse Arten von Angelegenheiten oder für einzelne Angelegenheiten bestellt werden.

1) Anders als früher kann das VormschG einen Beistd nur noch auf Antr (Rn 4), nicht mehr vAw bestellen **1** (Prinzip der Freiwilligk statt Zwangsbeistandsch). Außerd Bestellg nicht mehr nur für die Mu, sond auch f den Va. Regelg in §§ 1685–1692. **Zweck:** Beistandsch sinnv, wenn der allein erziehde EltT sich seiner Aufg nicht mehr gewachsen fühlt u von sich aus den Wunsch nach einer Hilfe bei der Erziehg des Kindes hat. Diese Hilfe in Form einer Beratg dch einen Verwandten od eine and der Fam nahestehde Pers kann uU wirkgsvoller sein, wenn diese Pers formell vom Ger zum Beistd bestellt ist; dies kann deren Autorität ggü dem Kind stärken (BT-Drucks 8/2788 S 67). Beistd wird dem EltT auf dessen Wunsch bestellt, nicht dem Ki. Keine Überprüfg der Zweckmäßigk (LG Oldbg DAV **76**, 675). Beistd hat den EltT als VertrauensPers zu unterstützen (§ 1686), zB dch Abn der VermVerw od Geltdmachg v UnterhAnspr (§ 1690), u so beizustehen, daß Kindesinteressen am besten gewahrt w. VertretgsR des EltT bleibt bestehen, ist auch (nach Aufgebg der §§ 1687, 1688) nicht mehr dch den Beistd eingeschrkt. Anders iFv §§ 1630, 1690 II 1. Beistd-Bestellg kann nicht dch Test ausgeschl w. Beziehgen zw Beistd u Ki: §§ 1690, 1691. Zur öff ErzHilfe: Einf 26 ff v § 1626. Keine Bestellg zum Beistd, soweit JA zur Hilfeleistg verpfl (AG Karlsr FamRZ **75**, 591). Zur Beendigg der Beistdsch § 1690 Rn 4.

2) Voraussetzungen: a) Dem EltT muß die elterl Sorge od auch nur das Pers- oder VermSorgeR **allein 2** **zustehen,** dh iFv §§ 1681, 1705 (für Angelegenh außerh des § 1706) od in der fr DDR gerade umgek f Angelegenh des § 1706 (§ 1705 Rn 7). Wg gleicher Interessenlage Bestellg aber auch dann zul, wenn elterl Sorge v einem EltT nur allein ausgeübt wird, Donau MDR **58**, 8, infolge Ruhens, §§ 1673, 1674, 1678, Entziehg, §§ 1666, 1680, od einer Regelg gem §§ 1671, 1672. Ebso, wenn elterl Sorge des und Teils nur zT ausgeübt w, §§ 1666, 1670, 1680. Beiordng also insb zur Geltdmachg v UnterhAnspr gg den and EltT (§ 1629 Rn 15; LG Oldbg DAVorm **74**, 669). – **b)** Der EltT, dem Beistd bestellt w soll, muß **in der Lage 3** sein, die elterl Sorge auszüben, arg § 1691 II. Desh Bestellg v Vormd, nicht v Beistd, wenn elterl Sorge, zB infolge längerer Strafhaft, ruht, §§ 1674, 1676, Hamm FamRZ **66**, 260. – **c) Antrag** des EltT, u zwar ganz **4** allg auf BeistdBestellg od für gewisse Arten v Angelegenh od nur für einz, zB GrdstVerw, Geltdmachg v UnterhAnspr gg Kindesvater. Auch wenn beiden Elt noch gemeins das elt SorgeR zusteht, kann dem einen zur Geltdmachg v UnterhAnspr des Kindes gg den and EltT ein Beistd best w (Bln DAVorm **79**, 298). Antr auf best Zeit od auch unter Bedingg zul, zB Bestellg einer best Pers (KGJ **34**, 37). Zurückziehg des Antr zul, aber ohne Rückwirkg (§ 1690 Rn 4). Keine (ggf dch § 1664 sanktionierte) Pflicht zur AntrStellg, zB weil der geschiedenen Mutter die VermVerw zufällt, § 1689 II, u sie sich ihr nicht gewachsen fühlt, da Eheg Verm-Verwaltg auch rechtsgeschäftl einem and, zB einem RA, übertr k, Gernhuber § 52 II 1. VormschG od JA wird dem EltT ggf aber den Antr auf Bestellg eines Beistds anheimstellen; es kann Beistandsch nicht als Maßregel verhängen (vgl dagg PflegerBestellg gem §§ 1671 V, 1666 ff).

3) Verfahren. Zustdgk FGG 36, 43; RPflegEntsch: RPflG 3 Nr 2a. VormschG muß auf Antr Beistd **5** bestellen (LG Hbg DAV **84**, 418). Beistd kann auch JA sein (SGB VIII 30). Beschw: FGG 20, 60 I Nr 2, 3.

1686 *Aufgaben des Beistandes.* **Der Beistand hat innerhalb seines Wirkungskreises den Vater oder die Mutter bei der Ausübung der elterlichen Sorge zu unterstützen.**

Beistd ist GerHelfer u Mittler zw Ger u demj, dem er als Beistd bestellt ist. **Umfang des Wirkungskrei- 1** **ses** ergibt sich aus der Bestellg. Ist Beistd für VermVerw bestellt u greift ein Gesch auf diese über (§ 1626 Rn 16), hat er mitzuwirken. Vertretgsmacht behält EltT. Kann nicht selbst gg Kind einschreiten. § 1630 gilt hier nicht, and § 1690. Kein Ausk- u EinsichtsR; der Beistd soll den EltT unterstützen, nicht beaufsichtigen. Desh hat SorgRG die gesetzl AnzeigePfl gestrichen (BT-Drucks 8/2788 S 67).

1687 *Genehmigung von Rechtsgeschäften durch den Beistand.* *(Aufgehoben dch Art 1 Z 23 NEhelG.)*

1688 *Anlegung von Geld.* *(Aufgehoben dch Art 1 Z 23 NEhelG.)*

1689 *Aufnahme eines Vermögensverzeichnisses.* **Ist ein Vermögensverzeichnis einzu-** **reichen, so ist bei der Aufnahme des Verzeichnisses der Beistand zuzuziehen; das**

Verzeichnis ist auch von dem Beistande mit der Versicherung der Richtigkeit und Vollständigkeit zu versehen. Ist das Verzeichnis ungenügend, so kann, sofern nicht die Voraussetzungen des § 1667 vorliegen, das Vormundschaftsgericht anordnen, daß das Verzeichnis durch eine zuständige Behörde oder einen zuständigen Beamten oder Notar aufgenommen wird.

1   **Fälle:** §§ 1640, 1667 II, 1683. AnO amtl Aufnahme bei Vorliegen von § 1667 II 3. Mitwirkg des Beistandes nur iR seines Wirkgkreises (§ 1685 II), wenn er also nur für eine GrdstVerw bestellt ist, nur für diese, nicht aber im übrigen.

1690 *Geltendmachung von Unterhaltsansprüchen; Vermögenssorge.* [1]Das Vormundschaftsgericht kann auf Antrag des Vaters oder der Mutter dem Beistande die Geltendmachung von Unterhaltsansprüchen und die Vermögenssorge übertragen; die Vermögenssorge kann auch teilweise übertragen werden.

[2]Der Beistand hat, soweit das Vormundschaftsgericht eine Übertragung vornimmt, die Rechte und Pflichten eines Pflegers. Er soll in diesen Angelegenheiten mit dem Elternteil, dem er bestellt ist, Fühlung nehmen.

1   **1)** Sachl Ausn vom Prinzip der Unverzichtbark u Unübertragbark der elterl Sorge. Im Ggs zum Beistd mit der Stellg nach Art eines GgVormd, dessen Aufg es ist, die VermVerw des EltT zu unterstützen, § 1685, erhält der Beistd gem § 1690 die Stellg eines Pflegers mit eig Verwaltg, II 1. Bestellg nur auf **Antrag** des EltT. Beschränkg des Antr iSv § 1852 II od auf Bestellg einer best Pers zul (§ 1685 Rn 4), auch für einen best VermTeil od Geltdmachg v UnterhAnspr (ausdrückl Bestimmg erforderl, da dies Teil der PersSorge, § 1671 Rn 8), was insb in Betr kommt, wenn die Mutter Anspr der Kinder ggü dem Vater nicht dchsetzen kann, sa § 1685 Rn 1. VormschG braucht im Ggs zu § 1685 dem Antr nicht zu entsprechen („kann"), wenn es Übertr nicht f erforderl hält, darf aber über den Antr nicht hinausgehen. Zuständigk FGG 36 IV, 43; Gebühren KostO 93. Es entsch RPfleger, RPflG 3 Z 2a, dagg bei MeingsVerschiedenh zw Beistd u EltT über Verm u Pers des Kindes betr Angelegenh gem § 1630 II der Richter (RPflG 14 Z 5). Kein BeschwR des Vaters gg die gg ihn selbst gerichtete UnterhBeistdsch (LG Bln DAVorm **75**, 313).

2   **2)** VermBeistd ist **gesetzlicher Vertreter** des Kindes (§§ 1630, 1793, 1915), der EltT insow also von der VermVerw u Vertretg in VermAngelegenh, ggf von der Geltdmachg v UnterhAnspr, ausgeschl (§ 1630 I; RG **99**, 50). Ist das JugA Beistand, ist dessen Beamt od Angestellter einer Vertr des Ki, anderes Vertr des JA **3** (SGB VIII 55 II, 56 I, 58; Düss FamRZ **85**, 641). **Folgen:** § 1698 (VermHerausg), §§ 1802, 1840f, 1843, 1814, 1836 (Vergütg, RG **149**, 172), 1837ff (Aufsicht), 1793ff (Gen wie bei Vormd), 1915. Beistand soll in allen diesen Fällen mit dem EltT, dem er bestellt ist, Fühlg nehmen, II 2. Nichtbeachtg hat jedoch keinen Einfluß auf die Gültigk seiner Hdlg. UnterhVergl zG des Kindes (Einf 18 v § 1601) kann nicht auf JugA als nachträgl **4** UnterhBeistand entspr ZPO 727 umgeschrieben w (KG NJW **73**, 2032). Verwaltg **endet** mit Zweckerreichg, mit elterl Sorge des EltT od deren Ruhen (§ 1691 II). Aufhebg nur mit Zust (§ 1692), ijF wenn Antr des betr EltT, da elterl Sorge ohnehin nur auf eig Wunsch hin eingeschrkt worden war (LG Bln FamRZ **73**, 603; Gernhuber § 52 II 3; aA Dölle § 99 VI 1).

1691 *Rechtsstellung des Beistandes.* [1]Für die Bestellung und Beaufsichtigung des Beistandes, für seine Haftung und seine Ansprüche, für die ihm zu bewilligende Vergütung und für die Beendigung seines Amtes gelten die gleichen Vorschriften wie bei dem Gegenvormund.

[2]Das Amt des Beistandes endet auch dann, wenn die elterliche Sorge des Elternteils, dem der Beistand bestellt ist, ruht.

1   **1)** Gilt nur für Beistand mit Stellg eines GgVormundes (§ 1690 Rn 1), für den dort auch genannten Pfleger-Beistand gelten PflegerGrdsätze, KG OLG **16**, 28, die aber meist zum gleichen Ergebn führen, vgl aber auch Rn 2.

2   **2) Wie beim Gegenvormund.** Bestellg wie beim Vormd, § 1792 IV; wg der Benenng eines bestimmten Beistandes § 1685 Rn 4. Aufwendgen, § 1835, **Vergütung** (Ansprüche gg Mdl, Celle NJW **61**, 77) nur aus besonderen Gründen bei erhebl Tätigk, KG DFG **37**, 145; s § 1836 I 2; anders VermBeistand nach § 1690, KGJ **3 34** A 39. Haftg § 1833; Beistand kann sich auf VormschG verlassen, RG Warn **39**, 8. – **Beendigung** der Beistandsch durch Beendigg der elterl Sorge, § 1677, Tod, aber auch des Teiles, bei dessen Ausübg der Beistand unterstützen sollte, §§ 1666, 1670 I, bei Übertrag auf den and Eltteil, §§ 1671f, ferner bei Ruhen, II; Vormd od Pflegerbestellg nötig, §§ 1773, 1909. Beendigg auch durch Kindestod, vgl § 1698b, sowie durch Entlassg des Beistands, §§ 1886 bis 1889, 1895. – Aufhebg § 1692.

1692 *Aufhebung der Beistandschaft.* Das Vormundschaftsgericht soll die Bestellung des Beistandes und die Übertragung der Vermögenssorge auf den Beistand nur mit Zustimmung des Elternteils, dem der Beistand bestellt ist, aufheben.

1   **1) Aufhebung der Bestellung** auf entspr Antr des EltT (§ 1690 Rn 4), iü nur mit Zust des EltT. Erfolgt Aufhebg gg dessen Willen, so ist sie wirks („soll nicht"), sofern sie nicht auf Beschw hin aufgeh w; uU Haftg des VormschRichters, wobei Schaden aber dch neuen Antr des EltT, § 1685, abgewendet w kann, § 254 II. Aufhebg gg den Willen des EltT, wenn er elterl Sorge nicht mehr allein ausübt (Donau MDR **58**, 8). Tod od Entlassg des Beistds, §§ 1885ff, 1691 I, beendet Beistdsch nicht.

2   **2)** Zustdgk FGG 43, 36; es entsch RPfleger, RPflG 3 I Z 2a. Beschw FGG 20 I; soweit die Beistdsch die PersSorge betraf, auch das Kind, FGG 59. Gebühren KostO 93, 96.

1693 *Eingreifen des Vormundschaftsgerichts.* **Sind die Eltern verhindert, die elterliche Sorge auszuüben, so hat das Vormundschaftsgericht die im Interesse des Kindes erforderlichen Maßregeln zu treffen.**

1) **Vorübergehende objektive Verhinderung,** tatsächl (Gefangensch, Krankh, vgl auch § 1674 Rn 2) **1** od rechtl (§ 1629 II) Natur (KG OLG **12**, 329), vollst od in einzelnen Beziehgen (KG DFG **43**, 39). Voraussetzg, daß auch der and EltT das SorgeR nicht hat, da dieser es sonst allein ausübt (§ 1678 Rn 1). – Längere od dauernde Verhinderg § 1674, subjektive Ungeeigneth, § 1673. Verhinderg muß festgestellt sein, da sonst Eingreifen unzul (Stgt RJA **11**, 8). In bes Fällen zB offensichtl geistige Erkrankg, deren gutachtl Feststellg aber erhebl Zeit erfordert, ist mit Rücks auf das Wohl des Kindes baldiges Eingreifen zul (KG FamRZ **62**, 200). Muß ein Vormd bestellt werden, weil die elterl Sorge den Eltern nicht zusteht od sie sie nicht ausüben dürfen, so § 1846.

2) **Erforderliche Maßregeln** (durch Gericht, bei dem das FürsBedürfnis hervortritt, FGG 44, nur **2** vorläufige, KG JFG **14**, 204): Pflegerbestellg, Kindesunterbringg; die endgültige Maßregel soll möglichst nicht erreicht werden, KG FamRZ **62**, 200; es ist nur das unbedingt Erforderl zu tun. Beschwerde FGG 20 I, 57 I Z 9, 59. Bei Ablehng od Aufhebg der Maßn BeschwR der Angehörigen des Kindes (FGG 57 I Z 8). Anhörg des JA zweckm. Es entsch RPfleger, RPflG 3 Z 2a. Gebühren KostO 95 I Z 3, 96.

1694 *Anzeigepflicht des Jugendamts.* *(Aufgehoben durch Art 1 Ziff 35 SorgRG, weil gleichlautend mit § 48 S 2 JWG, jetzt SGB VIII 50 III 1.)*

1695 *Anhörung von Eltern und Kind.* *(Aufgehoben durch Art 1 Ziff 36 SorgRG; vgl jetzt §§ 50a, 50b FGG; sa Einf 9–11 vor § 1626.)*

1696 *Änderungen von Anordnungen des Vormundschafts- und des Familiengerichts.* **¹Das Vormundschaftsgericht und das Familiengericht können während der Dauer der elterlichen Sorge ihre Anordnungen jederzeit ändern, wenn sie dies im Interesse des Kindes für angezeigt halten.**

²Maßnahmen nach den §§ 1666 bis 1667 und nach § 1671 Abs. 5 sind aufzuheben, wenn eine Gefahr für das Wohl des Kindes nicht mehr besteht.

³Länger dauernde Maßnahmen nach den §§ 1666 bis 1667 und nach § 1671 Abs. 5 hat das Gericht in angemessenen Zeitabständen zu überprüfen.

1) **Änderungen sorgerechtlicher Anordnungen.** Selbständ Verf mit ggf eig örtl Zustdgk (BGH **1** FamRZ **90**, 1101). SorgREntsch erwachsen nicht in mat Rechtskr (BGH NJW-RR **86**, 1130; Bötticher JZ **56**, 582); § 1696 gewährt unabhäng von FGG 18 I auch ggü Entsch höherer Inst ein **materielles Abänderungsrecht.** Verfassgsrechtl unbedenkl (BayObLG FamRZ **62**, 166). Die bish Maßn können aufgehoben, dch mildere ersetzt, aber auch verschärft werden (BayObLG DAV **82**, 611). Zu den Vorauss der Abändg: Rn 5. Bei den Maßn der §§ 1666–1667 u des § 1671 V handelt es sich um so schwerwiegde Eingr, daß sie aufzuheben sind, wenn eine Gefahr für das KiWohl nicht mehr besteht, II, u daß sie in angem ZtAbständen zu überprüfen sind, III (BT-Drucks 8/2788 S 68).

2) **Voraussetzungen der Änderung.** Bei Wegfall der Vorauss für die seinerzeit AO Aufhebg der **2** gerichtl Maßn nicht schon automat (Karlsr Just **82**, 90), sond erst dch entspr Beschl des FamG od VormschG. Eine Änderg setzt trift Grde voraus (Rn 6), die die mit einer Änderg verbundenen Nachteile deutl überwiegen (BayObLG FamRZ **76**, 38; Hamm FamRZ **68**, 530; Stgt FamRZ **78**, 827; zu AbwäggsEinzelh Soergel/Strätz 5).

a) Änderung von Beschränkungen der elterlichen Erziehungs- und Vermögenssorgebefugnisse 3 (§§ 1666ff). Erfdl ist aS der Elt die Gewähr für eine Besserg. Zum Verhältn zu Ändergen der SorgERegelg Rn 4, 5.

b) Änderung der Sorgerechtsregelung (§§ 1671, 1672). Nicht ausgeschl sind Maßn nach § 1666 gg **4** den sorgeberecht EltT; unzul ist dagg schon wg der unterschiedl Zustdgk eine Korrektur der SorgEREntsch auf diesem Wege. Eine Abänderg hat desh als lex-specialis-Regelg grdsl Vorrang ggü § 1666 (Karlsr DAV **79**, 136). **aa) Verhältnis zur früheren Entscheidung** (hins II vgl BVerfG NJW **93**, 2733). Sinn des § 1696 **5** ist nicht die nochmal ÜberPrüfg einer SorgERegelg nach Ausschöpfen des Rwegs (Bambg NJW-RR **90**, 774). Keine Wiederaufrollg des SorgRStreits ohne Änderg der tats Verhältn; die maßg Umstde müssen sich geänd haben od nachträgl bekannt geworden sein (BayObLG NJW **64**, 2306; KG FamRZ **67**, 411; Bambg FamRZ **90**, 1135). Es genügt auch eine Änderg der RLage, zB Anwendg des dt statt des islam Rechts (Zweibr FamRZ **75**, 172). Die AbändergsEntsch hat sich iRv § 1671 u dessen Vorauss zu halten (BayObLG FamRZ **76**, 38; Neust FamRZ **63**, 300; Karlsr NJW **77**, 1731), etwa die Übertr des AufenthBestR iR der §§ 1671 V, 1696 auf einen Pfleger (BGH NJW-RR **86**, 1264). Keine Bindg an früh od spät Vorschlag der Elt (BayObLG FamRZ **76**, 41). War die Entzieh der ges elt Sorge iRv §§ 1666, 1666a unverhältnmäß, ist dies bei Ändg der LebVerhältn der Mu iRv § 1696 zu korrigieren (BayObLG FamRZ **90**, 1132). Ebso darf Rückgängigmachg einer Vormsch nicht schon unterbleiben, nur weil dies für das in einer PflegeFam untergebrachte Ki am besten wäre (Karlsr FamRZ **94**, 393).

bb) Maßg ist ausschließl das Kindeswohl (Hamm DAV **84**, 918), so daß die Änderg weder mit dem **6** Interesse eines beteil EltT noch ausschließl mit einem entspr Wunsch des Ki begr werden kann (Stgt FamRZ **78**, 827). Dies gilt auch iFv II, so daß etwa dch eine VerbleibensAO nach § 1632 IV auch iRv II den Interessen des Ki am Verbleiben in der PflegeFam Rechng getragen w kann (BVerfG NJW **93**, 2733; Niemeyer FuR **93**, 225). In jedem Fall ist zu prüfen, inwieweit psych Beeinträchtigungen als Folge des

Herausg des Ki aus dem bish LebKreis zu befürchten sind (Hbg FamRZ **82**, 532). Die Abänderg der SorgeRRegelg ist nur bei **triftigen, das Kindeswohl nachhaltig berührenden Gründen** gerechtfert (BGH NJW-RR **86**, 1130 mN; KG FamRZ **59**, 253). Diese können in einer Veränderg der für die urspr Regel maßg Umstde liegen, so zB im Mangel an BetreuungsMöglk inf Aufn eines Studiums (Stgt ZfJ **63**, 258); wenn die Abänderg dem Wunsch beider Elt u des Ki entspr u die gewünschte Änderg bereits prakti- ziert worden ist (Hamm FamRZ **81**, 600); wenn die elterl Sorge über das KleinKi wg Berufstätigk der Mutter auf den Vater übertr wurde u die ErwTätigk später wiederverh ist u die ErwTätigk der Mutter auf den Vater übertr wurde (Stgt FamRZ **76**, 34); AbändergsGrd kann schließl die Entsch des BVerfG zum gemeins SorgeR trotz Scheidg sein (KG FamRZ **83**, 1055). Zur **Hintertreibung des Umgangs** mit dem nichtsorgeberecht EltT § 1634 Rn 15. Die Abänderg kann aber auch dch neue Umstde erforderl sein, wie eine ansteckde Krankh (Hamm ZfJ **55**, 138: offene Tbc); uneinsicht Nichtbefolg ärztl BehdlgAnOen (KG NJW-RR **90**, 716); Unterlassg der Schulg eines sprachgestörten Ki (Hamm FamRZ **79**, 855). Zur **Auswanderung** § 1634 Rn 4. Bei **Wiederverheira- tung** der Elt werden die Regelg nach § 1671 I–IV, ebso wie ein entspr Verf nach § 1696 (KG FamRZ **82**, 736) ggstandsl, währd eine nach § 1671 V angeordnet Vormsch dch des Beschl aufzuheben ist (Hamm FamRZ **78**, 262). Wiederheirat des Sorgeberecht mit einem Dr kann ebenf AbändergsGrd sein (BayObLG FamRZ **64**, 640 schwere Vorstrafen). Der Abänderg der SorgeREntsch zG des Vaters steht nicht entgg, daß dieser inzw eine GeschlUmwandlg (§ 1591 Rn 10) vollzogen h (Schlesw FamRZ **90**, 433 mA Luthin). Für die Abänderg einer Entsch nach § 1671, in der es bei der **gemeinsamen elterlichen Sorge** geblieben war, gelten dieselben Grdsätze wie § 1671 Rn 7 (BGH NJW **93**, 126/7; sa FamRZ **93**, 1055). Umgek kann bei Einzelsorge das gemschaftl SorgeR erneut begründet w, wenn die Elt nach ihrer Scheidg seit 6 J wieder harmonisch zusleben (AG Erf FamRZ **95**, 54).

7   **Keine triftigen Gründe** für eine Abänderg liegen in einer zw den Elt vereinb Abrufklausel (Stgt Just **74**, 128; Karlsr NJW **77**, 1731); ferner wenn sich die Ki in einen Wechsel von der Mutter zum Vater regelrecht „verrannt" haben (Hamm FamRZ **88**, 1313); in der Entführg des Ki dch den abändgsinteressierten EltT (Bambg NJW-RR **90**, 774; vgl auch § 1632 Rn 1); wenn der Vater verhindern will, daß die inzw stabilisierte Mutter das Ki aus der Pflegestätte zu sich nimmt (AG Bruchsal ZfJ **79**, 121) od daß das Ki in einer alternat (15köpfig, promiskuitiv) WohnGemsch aufwächst (Stgt NJW **85**, 67; wohl zu Recht krit Wegener JZ **85**, 850; Soergel/Strätz Rdn 12: „schwer nachvollziehb").

8   **3) Das Abänderungsverfahren** ist a) ein **selbständiges Verfahren**, nicht die bl Fortsetzg des früh Verf, so daß VormschG u FamG auch dann entsch, wenn die ErstEntsch in höh Inst ergangen ist (BayObLG DAV **79**, 768). – **aa)** Desh ist **kein Antrag** erfdl u ist **bb)** die **Zuständigkeit** neu zu best (BGH **21**, 315; BayObLG FamRZ **64**, 640). Sie richtet sich nicht automat nach der Zustgk für das ScheidgVerf (BGH FamRZ **92**, 170); örtl nach dem WoSitz der Ki (FGG 36) u damit des SorgeBerecht unabhäng davon, ob jmd und aGrd einstw AnO das AufenthBestR hat (BGH FamRZ **93**, 49). – **cc) Anhörung:** Einf 9–11 v § 1626; auch des JA (Düss FamRZ **79**, 859). – **dd) Sachverständige:** Einf 12 v § 1626. – **ee) Beschwerde:** Einf 14 v § 1626. – **ff)** Auch iRv § 1696 sind **vorläufige Anordnungen** (Einf 8 v § 1626) mögl, wenn die endgült Entsch zu spät kommen würde (BayObLG FamRZ **62**, 34, zB UmggAnO im SorgeRAbändgVerf (Karlsr/ Freibg FamRZ **92**, 978); Übertr des AufenthBestR auf den Vater, wenn die sorgeberecht Mutter die 8 u 12j Ki ins Ausl umschulen will (Mü FamRZ **81**, 389); and dagg, wenn die Umschulg bereits vollzogen ist (Karlsr FamRZ **84**, 91 Griechenland). – **gg) Folgen der Änderungsentscheidung:** Evtl gesonderter Her- ausgBeschl gem § 1632 III (vgl § 1671 Rn 32); Abänderg von UnterhTitel (ZPO 323, 767); Wegfall der GeschGrdLage für UnterhVergl (Kln FamRZ **79**, 328).

9   **b)** Abänderg der SorgeRRegelg nach § **1672** nur, wenn bei fortdauerndem GetrLeb die Ehe der Elt noch nicht rechtskr (KG NJW **68**, 1835) aufgelöst worden ist; sonst folgt aus § 1672 die endgült SorgeR- Regelg nach § 1671, bei Ehescheidg im VerbundVerf (Einf 6 v § 1564).

10   **c) Abänderung der Umgangsregelung:** § 1634 Rn 30, 33–35.

11   **4) Überprüfung länger dauernder Maßnahmen, III** (Lit: Thalmann DRiZ **80**, 180), **a)** näml solcher nach den §§ 1666–1667 u der AO von Vormsch od Pflegsch iR der SorgeRRegelg, soweit sie **b)** von längerer Dauer sind. **c)** Die **Überprüfung** erfolgt zu dem Zw, die Angemessenh der urspr getroffenen Maßn erneut zu beurt. Vgl Rn 1.

12   **5) Aufhebung von Maßnahmen, II.** Besteht eine Gefahr für das Wohl des Ki nicht mehr, so ist die Maßn aufzuheben.

1697   **Haftung des Vormundschaftsrichters.**   (*Aufgehoben dch 1. EheRG Art 1 Nr 34. Vgl Einf 3 v § 1626; Einf 17 v § 1896; § 839 Rn 67ff.*)

1698   *Vermögensherausgabe; Rechnungslegung.* **¹Endet oder ruht die elterliche Sorge** **der Eltern oder hört aus einem anderen Grunde ihre Vermögenssorge auf, so haben sie** **dem Kinde das Vermögen herauszugeben und auf Verlangen über die Verwaltung Rechenschaft** **abzulegen.**

ᴵᴵÜber die Nutzungen des Kindesvermögens brauchen die Eltern nur insoweit Rechenschaft **abzulegen, als Grund zu der Annahme besteht, daß sie die Nutzungen entgegen den Vorschriften** **des § 1649 verwendet haben.**

1   **1) Vermögensherausgabe, I.** Durch beide Elt als GesSchuldner, wenn nicht ein Teil beweist, daß der andere allein besessen hat (vgl Oldbg MDR **62**, 481), bei Volljährigk. Iü bei jeder Beendigg od Ruhen der elt Sorge (§ 1626 Rn 7–9) od Aufhören der VermSorge. Haben beide Elt die elterl Sorge u verliert sie einer od auch nur die VermSorge, so wird Herausg an den andern EltT im allg nicht erforderl sein, da dieser die Sachen ohnehin besitzt, den VermBestand kennt. War aber zB ein EltT gestorben od hatte aus einem sonstigen Grunde nur der andere EltT die elterl Sorge od VermSorge, die nunmehr endet, zB § 1670 (Konk dieses EltT), § 1671 (Entziehg nach Scheidg), so hat Herausg an dem neuen Sorgeberecht stattzufinden, gleichgültig, ob es der nicht betroffene EltT, ein Pfleger od Vormd ist. VermVerzeichnis §§ 260, 259, falls Beistand vorhanden, unter dessen Zuziehg, § 1689, RechenschLegg § 1890 Rn 3. Notfalls von ihm im Prozeßwege gg EltT geltd zu machen. Keine Verwirkg des VermHerausgAnspr bei PflVerletzgen der Elt, zB Verstoß gg § 1640 (Mü NJW 74, 703 zu § 1682 aF). AufsR des VormschG nur ggü Vormd, Pfleger, Beistd (§§ 1837, 1915, 1691). Ki ist uU zur Freigabe der Sicherh (§ 1668) verpfl.

2) Rechenschaft über Nutzungen des Kindesvermögens, II, ist, um Streitigkten zw Elt u Ki bzw **2** seinem ges Vertreter zu vermeiden, nicht allg, sond nur dann abzulegen, wenn Grd zu der Ann besteht, daß die Elt gg § 1649 I od II verstoßen h. Der Grd für diese Ann ist KlGrd u muß desh näher dargelegt u im RStreit notf bewiesen w. Volle RechenschPfl auch hins der Verwendg des ArbEink des Ki (LG Krfld FamRZ **65,** 281).

1698 a *Fortführung der Geschäfte nach Beendigung der elterlichen Sorge.* ¹Die Eltern dürfen die mit der Personensorge und mit der Vermögenssorge für das Kind verbundenen Geschäfte fortführen, bis sie von der Beendigung der elterlichen Sorge Kenntnis erlangen oder sie kennen müssen. Ein Dritter kann sich auf diese Befugnis nicht berufen, wenn er bei der Vornahme eines Rechtsgeschäfts die Beendigung kennt oder kennen muß.

ᴵᴵDiese Vorschriften sind entsprechend anzuwenden, wenn die elterliche Sorge ruht.

Zweck: Schutz der Eltern od des sonstigen gesetzl Vertreters bis zum Zeitpkt der Kenntn od des **1** Kennenmüssens, § 276 I, nicht des Dritten. Diesen schützt guter Glaube nur, wenn gesetzl Vertreter gutgl (RG **74,** 266). Vornahme von Geschäften in Kenntnis von Beendigg, §§ 177 ff, 677 ff. Verpflichtg zur Fortführg ergibt § 1698 b.

1698 b *Geschäftsbesorgung bei Tod des Kindes.* Endet die elterliche Sorge durch den Tod des Kindes, so haben die Eltern die Geschäfte, die nicht ohne Gefahr aufgeschoben werden können, zu besorgen, bis der Erbe anderweit Fürsorge treffen kann.

Einstweilige Fürsorge für KindesVerm, vgl §§ 1942 ff, 1960. Haftg § 1664, Ersatz § 1648. Kein Recht **1** auf weitere Verwendg der Einkünfte des KindesVerm zum eigenen Unterh od dem der Geschwister des Verstorbenen. – Gilt auch bei TodesErkl des Kindes.

Fünfter Titel. Rechtliche Stellung der Kinder aus nichtigen Ehen

1699–1704 *(Aufgehoben durch § 84 EheG 1938, bestätigt durch § 78 EheG 1946. Vgl jetzt §§ 1591, 1671 VI, 1719, EheG 37.)*

Sechster Titel. Elterliche Sorge für nichteheliche Kinder

Einführung

Vgl zu dem am 1. 7. 70 in Kraft getretenen **NEhelG** die 53. Aufl. Zur unterschiedl Zustdgk ggü dem Verf **1** bei ehel Ki: BVerfG NJW **91,** 1877. **IPR:** EG 20. Bei Ki mit **ausländischer** Staatsangehörigk mit gewöhnl AufenthOrt in der BuRep: Amtspflegsch kr Ges (BGH **111,** 199; Oberloskamp FamRZ **90,** 1). **Reform:** Einl 6 v § 1297.

1705 *Elterliche Sorge der Mutter.* Das nichteheliche Kind steht, solange es minderjährig ist, unter der elterlichen Sorge der Mutter. Die Vorschriften über die elterliche Sorge für eheliche Kinder gelten im Verhältnis zwischen dem nichtehelichen Kinde und seiner Mutter entsprechend, soweit sich nicht aus den Vorschriften dieses Titels ein anderes ergibt.

1) Die Gemsch von Mutter u nehel Ki genießt den Schutz von GG 6 I (BVerfGE **45,** 123; **79,** 267). Ausschl **1** des nehel Vaters von der elterl Sorge verstößt nicht gg GG (BVerfG NJW **81,** 1201; aA AG Brem FamRZ **94,** 397; Roth FamRZ **91,** 141 f; LG Lünebg FamRZ **95,** 317: bei nehel LebGemsch), u zwar selbst angesichts der jüngeren Rspr des BVerfG (vgl § 1738 Rn 1; Ffm FamRZ **93,** 848 mN). Problemat ist seine Vereinbark mit der **EMRK** (Einl 7 v § 1297). AG Kamen FamRZ **95,** 1077 läßt aGrd EMRK Art 8 gemeins SorgeR zu. **Nichtehelich** ist a) ein Kind, das nicht in einer Ehe oder innerh von 302 Tagen nach ihrer Auflös geboren **2** ist (§ 1592; **b)** ein Kind aus einer Nichtehe (EheG 11 Rn 11–15); **c)** ein bisher als ehel geltdes Kind, dessen **3** NEhelk dch Anf festgestellt w (§ 1593) od iF der Legitimation dch nachfolgde Ehe (§ 1719), wenn der Ehem **4** der Mutter als Nichtvater festgestellt w (§ 1600 m, ZPO 641, 641 i); ebso wenn iF der EhelErkl gem § 1723 der Antrag nicht vom richtigen Vater gestellt wurde; schließl wenn iF von § 1740 a der Verstorbene nicht ein ElternT des Kindes war.

2) Die Stellung des Kindes zur Mutter u zu deren Verwandten ist wie die eines ehel. Es trägt den **5** Namen, den die Mutter zZ der Geburt des Kindes hat (§ 1617). Die Mutter hat die elterl Sorge, solange das Kind mj ist, im Regelfall jedoch dch einen Pfleger eingeschränkt (§§ 1630 I, 1706, 1707), im allg das JA (§ 1709). Die Mutter erlangt die elterl Sorge nicht, wenn gem § 1671 V ein Vormd bestellt u dch EhelkAnf-

Kl das Kind nehel geworden ist (LG Nürnb-Fürth DAV **76**, 592). Wg Geltdmachg von KindesAnspr § 1706. Bis auf diese Einschränkgen gelten für die Mutter §§ 1626 ff entspr. Ihre Stellg gleicht der einer alleinstehenden ehel Mutter. Sie hat mit diesen Ausn die ges Vertr des Kindes (§ 1629), kann also Lehr- u ArbeitsVertr abschließen, in eine Operation od in Eheschl einwilligen (EheG 3 I). Sie kann das Kind von jedem herausverlangen (§ 1632) u ist zur Erziehg, Pflege u Beaufsichtigg des Kindes verpfl u bestimmt seinen Aufenth (§ 1631). Bzgl Ruhen, Entziehg, Beschrkg der elterl Sorge gelten die allg Best (§§ 1666, 1673), bei Heirat der Mutter § 1683. Wenn Mutter den Vater nicht nennt § 1707 Rn 3. Zum Religionswechsel des Kindes RKEG (Anh zu § 1631). Ruht die elterl Sorge, weil zB die Mutter noch nicht vollj ist (§§ 1673 II 1, 1706 Rn 1), Ausübg nicht etwa dch den Vater, sond Bestellg eines Vormd (§ 1773). PersSorge der Mutter neben dem Vormd, aber keine Vertretgsmacht, wohl aber Vorrang bei MeingsVersch (§ 1673 II 2, 3). Wird der Mutter die Pers- od die VermSorge entzogen, so Pflegerbestellg (§ 1909). Bei Unterbringg des Ki Anhörg des JA (FGG 49 I Ziff 1 d). Die Mutter ist nach dem Vater barunterhpflichtig (§ 1606 III 2). Ihr ggü steht das mj unverh nehel Kind im Pfändgsfall in der 1. RangKl.

6   **3)** Der **Vater** hat kein elterl SorgeR nach geltdem R. Zur Vereinbark mit dem GG u der EMRK oben Rn 1. Er erhält die elterl Sorge ledigl, wenn er die Mutter heiratet (§ 1719), wenn das Kind auf seinen od auf Antr des Kindes für ehel erklärt w (§§ 1723, 1740a ff) od wenn er sein Kind adoptiert (§ 1754 II; BayObLG DAV **93**, 860). Auch kann sie ihm übertr w, wenn sie zuvor der Mutter nach § 1666 entzogen w ist (zu einem dies allerd abl Fall vgl BayObLG NJW **93**, 2057; verfehlt desh der AusgangsPkt in AG Melsungen NJW **93**, 2059). Vor die Pers- od VermSorge betreffden Entsch des VormschG ist er, wenn dies dem Wohl des Kindes dienen kann, zu hören (FGG 50a II). Der Vater ist zum Unterh des Kindes verpfl, den er ihm bis zum vollendeten 18. Lebensj mind in Höhe des RegelUnterh (§§ 1615f, g) zu leisten hat. Die UnterhPfl besteht nach Vollendg des 18. LebJ des Kindes weiter (§§ 1601 ff, 1610 II). Zum Sonderbedarf § 1613 II; zu vor Feststellg der Vatersch entstandenen UnterhAnspr § 1615d; zur Übernahme der Entbindgskosten u des Unterh ggü der Mutter §§ 1615 k ff.

7   **4)** **Übergangsrecht** zum NEhelG: 41. Aufl; **frühere DDR:** EG 234 § 11 Rn 1.

1706   *Aufgaben eines Pflegers für das Kind.*   **Das Kind erhält, sofern es nicht eines Vormunds bedarf, für die Wahrnehmung der folgenden Angelegenheiten einen Pfleger:**

1. **für die Feststellung der Vaterschaft und alle sonstigen Angelegenheiten, die die Feststellung oder Änderung des Eltern-Kindes-Verhältnisses oder des Familiennamens des Kindes betreffen,**

2. **für die Geltendmachung von Unterhaltsansprüchen einschließlich der Ansprüche auf eine an Stelle des Unterhalts zu gewährende Abfindung sowie über die Verfügung über diese Ansprüche; ist das Kind bei einem Dritten entgeltlich in Pflege, so ist der Pfleger berechtigt, aus dem vom Unterhaltspflichtigen Geleisteten den Dritten zu befriedigen,**

3. **die Regelung von Erb- und Pflichtteilsrechten, die dem Kind im Falle des Todes des Vaters und seiner Verwandten zustehen.**

1   **1)** Die Mutter hat die grdsätzl uneingeschränkte elterl Sorge über das Kind. Da sie aber erfahrgsgem oft einer Reihe bes schwieriger Fragen nicht gewachsen ist, erhält das Kind v Ges wg vor (§ 1708) od vom Ztpkt der Geburt an einen **Amtspfleger** mit begrenztem AufgKreis (Lit: 54. Aufl; zur Reform: Einl 6 v § 1297). § 1706 ist verfassgskonform (Brem FamRZ **77**, 149; Roth FamRZ **91**, 142f). In Prozessen des Pflegers ist Mutter Zeugin (Karlsr FamRZ **73**, 104), Pfleger ist idR das JA (§ 1709 S 1). Die Pflegsch tritt nicht ein od entfällt auf AO des VormschG (§ 1707 I Nr 1); ebso, wenn das Kind einen Vormd erhält (§ 1773), also wenn die elterl Sorge der Mutter ruht (§ 1773), insb die Mutter mj (§ 1705 Rn 5) od ihr das SorgeR entzogen ist (§ 1666). Dem Vormd stehen auch die Befugn § 1706 zu, es sei denn, es wird ErgänzgsPflegsch n § 1909 **2** angeordn (Hamm DAV **85**, 502). Zum **Ende** der Pflegsch § 1709 Rn 13. Bei Entzug ledigl der PersSorge endet die AmtsPflegsch des JA nur für den WirkgsKr v Nr 1, bleibt jedoch für diej v Nr 2 u 3 bestehen, da es sich insow um den Bereich der VermSorge handelt (Hamm NJW **90**, 395). Zust VormschG FGG 36 IV. Zur AmtsPflegsch des JA Einf 46 ff v § 1626.

3   **2)** Der **Aufgabenkreis des Pflegers** ist fest umschrieben (*arg* „flgd Angelegh"). Also nicht mögl, dem Pfleger die gesamte VermSorge zu übertr. Genommen werden kann der Mutter die VermSorge nur gem §§ 1666 III, 1670. Die Mutter kann in den Aufgabenkreis des Pflegers nicht eingreifen (§ 1630 I). Dem Pfleger obliegt:

4   **a)** **Nr 1:** die **Vaterschaftsfeststellung** (§§ 1600a–1600n; auch bei gewöhnl Aufenth im Ausl: KG FamRZ **86**, 724), einschl der Besorgg aller Angelegenh, die dieFeststellg u Änderg des Elt-Kind-Verhältnis betreffen, so falls das Kind für ehel erklärt w soll (§§ 1723, 1740a ff), Beischreibg der Legitimation im Geburtenbuch (BayObLG FamRZ **88**, 767); auch bei Legitimation dch Eheschl mit ausländ Vater (Zweibr FamRZ **87**, 1077). Hierhin gehören:auch die Fälle der KiUnterschiebg, dh die Beseitigg der Ungewißh, ob das Kind von der Mutter abstammt (LG Tüb DAV **90**, 244); die Mitwirkg bei einer Ann als Kind u deren Aufhebg. Soweit bei diesen Angelegenh aber eine Zust der Mutter erforderl ist, handelt es sich um ein nicht vom Pfleger wahrzunehmendes R der Mutter. Dem Pfleger obliegt ferner die Vertretg des Kindes in NamensAngelegenh (§ 1617 II), bei der Einbenenng (§ 1618) u Adoption (§ 1746), ebso bei einem Verf nach dem NÄG (zur Form der Einwilligg des AmtsVorm zur NamErteilg: BGH NJW **66**, 1808 = Wiederabdruck DAV **92**, 963); nicht dagg der Antr auf Ersetzg der Einwilligg n § 1748 (BayObLG FamRZ **90**, 1150).

5   **b)** **Nr 2:** die Geltendmachg von zukünft od aufgelaufenen (§ 1615d) **Unterhaltsansprüchen** im Verh-Wege, über Proz (ZPO 642 ff) od dch Vollstr. Auch gg die Mutter (BayObLG FamRZ **80**, 828; off gelassen BVerfG FamRZ **88**, 475) u ihre Verwandten (aM Göppinger FamRZ **70**, 60; Knur FamRZ **70**, 273). Hins des Ztpkts, des Umfgs u der Form der Dchsetzg des UnterhAnspr ist der Pfleger nicht an Weisgen der Mutter gebunden, sond entscheidet er in eig Verantwortg (LG Kln DAVorm **77**, 199). Hat er ein Urt auf

RegelUnterh erwirkt, so obliegt ihm auch die Betreibg seiner Festsetzg u seiner Neufestsetzg (ZPO 642a u b); ebso, wenn auf RegelUnterh gleichzeit mit der Feststellg der nehel Vatersch erkannt ist (ZPO 643 II). In diesem Fall kann er dch die Kl die Abänderg des UnterhTitels betreiben (ZPO 643a), ebso einer Herabsetzg der UnterhHöhe dch den UnterhVerpflichteten entggtreten od sich mit ihm einigen, wobei eine Unter-werfgsErkl des Schu gem ZPO 794 Z 5, SGB VIII 59 I 1 Nr 3, 60 zweckmäß ist. Auch die Beitreibg ist Sache des Pflegers. Er vertritt das Kind bei der AbändersKl (ZPO 323), desgl in Verf, die Stundg od Erlaß rückständ UnterhBeträge zum Ggst haben (§ 1615i). Ebso auch bei Vereinbgen über eine Abfindg (§ 1615e) u ihrer Gen dch das VormschG. Die dabei erlangten Beträge darf er nicht anlegen, sond hat sie an die Mutter, die kr ihrer elterl Sorge die VermSorge hat, abzuliefern. Dasselbe gilt auch für UnterhBeträge, die gezahlt od beigetrieben w, hier ledigl mit der Ausn, daß er, wenn das Kind bei einem Dritten entgeltl in Pflege ist, die hierfür notw Beträge unmittelb an den Dr abführen kann. Dr in diesem Sinne ist nicht der Träger der JugHilfe (OVG Bln FamRZ 75, 350). Nicht unter Nr 2 fällt die Verteidigg gg UnterhAnspr Dritter, die Mitwirkg bei der Rückabtretg von nach § 1615b übergegangenen Anspr (BGH NJW 82, 515), die Geltendmach von RentenAnspr (BSG FamRZ 71, 530). Ungerechtfertigte Stundg dch den Pfleg ist AmtsPflVerl (Kln FamRZ 91, 1098). Die Mutter kann sich gem § 1685 einen Beistand bestellen lassen (KG NJW 71, 944).

c) Nr 3: Regelg von Erb- und Pflichtteilsrechten des Kindes im Falle des Todes des Vaters 6 (§§ 1934a ff, 2338a). Auch hier umfaßt die Regelg nicht die Anl des Verm, wohl aber die ges Abwicklg, die AuseinandS, Geltendmach gg Dr, Verhandlgen mit dem TestVollstr, auch die Ausschlagg, Inbesitznahme des Nachl u Abwicklg v NachlVerbindlichkeiten, aber nicht VermVerwaltg (LG Bln FamRZ 76, 461).

3) Schlußrechnung gem §§ 1706, 1915, 1890, 1892 ggü dem VormschG (Stgt FamRZ 79, 76). 7

1707 *Antragsrecht der Mutter.* Auf Antrag der Mutter hat das Vormundschaftsgericht
1. anzuordnen, daß die Pflegschaft nicht eintritt,
2. die Pflegschaft aufzuheben oder
3. den Wirkungskreis des Pflegers zu beschränken.
Dem Antrag ist zu entsprechen, wenn die beantragte Anordnung dem Wohle des Kindes nicht widerspricht. Das Vormundschaftsgericht kann seine Entscheidung ändern, wenn dies zum Wohle des Kindes erforderlich ist.

1) Gem §§ 1706, 1709 tritt Pflegsch im Ztpkt der Geburt vGw ein; daran ändert sich nur auf Antr der 1 Mutter etwas, sofern nicht bei ihr selbst die Voraussetzgen einer Vormsch vorliegen (§ 1706 Rn 1) od sich die Pflegsch dch Volljährigk des Kindes erledigt. Nach Aufhebg der AmtsPflegsch ist die Mutter gesetzl Vertreterin ihres Kindes u kann nur als Partei vernommen w (Karlsr FamRZ 73, 104). NichtEintr der Pflegsch, Nr 1, nur, wenn über dahingehden Antr der Mutter schon vor Geburt des Kindes entsch worden ist. Mit Aufhebg der Pflegsch, Nr 2, erhält die Mutter die volle elterl Sorge auch in bish dch den Pfleger erledigten Angelegenh. Beschrkg des Wirkgskreises des Pflegers, Nr 3, zB f Regelg evtl Erb- und Pflichtt-Rechte, wenn Vatersch feststeht, der Unterh gezahlt w u dch vollstreckb Urk gesichert ist. Bei Wegzug der Mutter ins Ausland ist die Aufhebg der Amtspflegsch nicht vorgesehen (LG Stgt DAV 89, 521; aA LG Bln DAV 89, 330). Nach Aufhebg keine Befugn des Amtspfleg zur Wahrnehmung der KiInteressen mehr (LG Bln StAZ 92, 247).

2) Sachliche Voraussetzung für den vom G begünstigten Wegfall der Pflegsch ist nur, daß er dem 2 Kindeswohl nicht widerspricht, S 2 (Lit: Finger FamRZ 83, 429). Desh iF persönl Anhörg der Mutter (Düss FamRZ 85, 199). Nicht erforderl, daß Aufhebg dem Kindeswohl nützl od förderl ist (Duisbg DAV 79, 622). Es reicht, wenn die KiMutter willens u in der Lage ist, den UnterhAnspr des Ki durchzusetzen (LG Oldbg DAV 87, 701). Es müssen best Tatsachen gg NichtEintr, Aufhebg oder Beschrkg sprechen (Hamm FamRZ 78, 204). Ist das nicht der Fall, muß dem Antr der Mutter stattgegeben w (LG Saarbr DAV 93, 730). Lebensbedrohde Aggressivität des Mannes rechtf die Aufhebg nicht (aA LG Frankenthal/Pfalz DAV 92, 1357). Der Aufhebg steht ferner entgg, wenn es gelingt, dem JA nur unter großen Schwierigkeiten, UnterhAnspr zu realisieren (AG Hdlbg DAV 78, 69); wenn die eigenständ Geltdmach v Unterh zu dem KiWohl abträgl Spanngen führt (Saarbr DAV 85, 87) od wenn Mutter den Namen des Vaters ver- 3 schweigt (BGH NJW 82, 381; LGe Brschw u Kln DAV 86, 440 u 910; Bln FamRZ 88, 1202; Stgt DAV 92, 1135; Knöpfel FamRZ 85, 563 u AG Pass FamRZ 87, 1309/88, 210/764 mA Hilger: Verpfl zur Benenng aus § 1618a; aA Schimpf StAZ 83, 192; vgl ü Einf 2 v § 1591) od auch nicht angeben kann (Hamm NJW 84, 617). Anders uU, wenn auf and Weise die VaterschFeststellg sichergestellt ist (Schlesw FamRZ 84, 200). Für die Aufhebg reicht es auch nicht, wenn die Mutter zwar einen Mann als Vater des Kindes benennt, sich iü aber auf den Schutz ihrer Intimsphäre beruft (Bln DAV 80, 424); od wenn sie verspr, die VaterschFeststellg nach Aufhebg der AmtsPflegsch selbst betreiben zu wollen u dabei den VaNa zu offenb (aA LG Hbg DAV 93, 853). Grdsl kommt Aufhebg der AmtsPflegsch nur in Betr, wenn die Feststellg der Vatersch gewährl ist; and evtl jedoch, wenn einbenanntes 14jähr Kind den Stiefvater als wirkl Vater ansieht u die Realisierg der Anspr gg den Erzeuger zweifelh ist (Wuppt DAV 74, 197). Aufrechterhaltg der Zeugenstellg der Mutter in einem nicht abgeschl Abstammgs- u UnterhProz gg den angebl Erzeuger spricht allein nicht gg die Aufhebg der AmtsPflegsch (Hamm FamRZ 78, 204). Verschweigt die Mutter den Namen des Vaters, ist der Unterh für das Kind jedoch gesichert, so Beschrkg der AmtsPflegsch nach § 1706 Z 1 u 3 gen Aufg (Bad Kreuzn DAV 78, 65). Ablehng der PflegschAufhebg nur bei konkr KiWohlBedenken, wenn die Mutter der Einbenenng des Ki dch dessen Vater zustimmen will (Ffm FamRZ 84, 1147).

3) Verfahren. Zust VormschG (FGG 36 IV). Kein Eingreifen vAw, also auch kein AntrR des JA 4 (Schlesw DAV 74, 668), sond nur auf Antr der Mutter. Anhörg von JA (FGG 49 I Nr 1j), der Elt u des

Kindes (FGG 50 a, b); die Mutter ist eingehend (Hamm NJW **84**, 617) persönl anzuhören, auch, wenn sie den Antr bereits vor der Geburt des Kindes gestellt hat u keine neuen Ergebn zu erwarten s (KG FamRZ **81**, 709). Es entsch der RPfleger (RPflG 3 Z 2 a). Beschw gg abl Beschl nur Mutter (FGG 20; KG NJW **72**, 113; LG Bln DAV **78**, 69), gg stattgebden JA (FGG 57 Nr 3) u Kind (FGG 59). Das BeschwR des ne Vaters bejahen nach VaterschAnerk BayObLG FamRZ **75**, 178; Keidel/Kahl FGG¹² § 20 Rn 66.

5   **4)** Das VormschG hat vAw **Änderung der Entscheidung** vorzunehmen, **S 3,** wenn dies zum Wohl des Kindes erforderl ist, wenn sich also die Verhältnisse seit der fr Entsch geänd haben, weil zB Möglichk der Unterbringg an dritter Stelle weggefallen ist u die Mutter aus BerufsGrden die Pflege nicht selbst übernehmen kann od weil Ehem der Mutter das Kind ablehnt. Änd auch, wenn sich die früh Maßn als unzweckm erwiesen h. Für die Wiedereinrichtg der Amtspflegsch reicht es aber nicht, daß das JA als Zahlstelle für den Unterh für die Mu bequemer ist (LG Bonn DAV **92**, 91). S 3 ist lex specialis ggü § 1666 (dessen Tatbestd nicht vorzuliegen braucht) u § 1696. Verf wie Rn 4.

1708 *Pflegerbestellung vor der Geburt.* **Schon vor der Geburt des Kindes kann das Vormundschaftsgericht zur Wahrnehmung der in § 1706 genannten Angelegenheiten einen Pfleger bestellen. Die Bestellung wird mit der Geburt des Kindes wirksam.**

1   **1) Zweck:** Der zeitraubde Umweg des § 1709 soll vermieden w; Hilfe dch das JA gem SGB VIII 18 II (vgl § 1709 Rn 5). Die Bestell empfiehlt sich, wenn der Vater zur Anerkenng schon in diesem Ztpkt bereit ist (§ 1600 b) u der gesetzl Vertr des Kindes zustimmen kann (§ 1600 c). Wirkgskreis nur die in § 1706 gen Angelegenh, also insb Antr auf einstw Verfügg gem § 1615 o, nicht andere Angelegenh, etwa die Rechte der Mutter (§§ 1615 k ff). Mit der Geburt wird das JA Vormd (§ 1791 c I 1) od Pfleger.

2   **2) Bestellung** dch RPfleger des VormschG (RPflG 3 Z 2 a). Zustdgk FGG 36 a. Die Bestellg ist abzulehnen, wenn das Kind einen Vormd haben muß, zB wenn die Mutter zZ der Geburt minderj sein würde (§ 1706 Rn 1); dann aber § 1774 S 2. Wirksamk erst mit der Geburt des Kindes, **S 2.** Bestellg erledigt sich bei Totgeburt. BeschwR gg Ablehng jeder, der ein rechtl Interesse an der Änd der Verfügg hat (FGG 57 I Z 3), gg AO derj, dessen R dch die Verfügg beeinträchtigt w (FGG 20).

1709 *Jugendamt als Pfleger.* **¹ Mit der Geburt eines nichtehelichen Kindes wird das Jugendamt Pfleger für die Wahrnehmung der in § 1706 bezeichneten Angelegenheiten, wenn das Kind seinen gewöhnlichen Aufenthalt im Geltungsbereich dieses Gesetzes hat und nach § 1705 unter der elterlichen Sorge der Mutter steht. Dies gilt nicht, wenn bereits vor der Geburt des Kindes ein Pfleger bestellt oder angeordnet ist, daß eine Pflegschaft nicht eintritt, oder wenn das Kind eines Vormunds bedarf. § 1791 c Abs. 1 Satz 2 und Abs. 3 gilt entsprechend.**

II Für ein nichteheliches Kind, das außerhalb des Geltungsbereichs dieses Gesetzes geboren ist, tritt die gesetzliche Pflegschaft erst zu dem Zeitpunkt ein, in dem es seinen gewöhnlichen Aufenthalt im Geltungsbereich dieses Gesetzes nimmt. Die gesetzliche Pflegschaft tritt nicht ein, wenn im Geltungsbereich oder außerhalb des Geltungsbereichs dieses Gesetzes bereits eine Pflegschaft oder eine Vormundschaft besteht.

1   **1) Eintritt der Amtspflegschaft.** Geänd dch Art 5 KJHG (Einf 17 v § 1626). Die Ändg beruht auf einer Empfehlung des Jug- u FamAussch (BT-Drucks 11/6748 S 63) u beschr sich der Sache nach auf die Berücks der FallAltern, daß ein nehel Ki innerh od außerh des GeltgBereichs des BGB geboren w. Da es um den Ztpkt der Geburt geht (arg II 1), ist es mißverständl, wenn in I auf den gew Aufenth abgestellt w.

2   **2) Automatische Amtspflegschaft, I 1.** Mit der Geburt eines ne Ki wird das JA vGw Pfleger, **a)** sofern das Ki seinen **gewöhnlichen Aufenthalt im Geltungsbereich des BGB** hat u nach § 1705 unter der elt Sorge der Mutter steht. Unabh v Art 3 MSA tritt die automat AmtsPflegsch auch bei nehel Ki ausl
3 Staatsangeh ein (BGH **111**, 199). **b) Umfang:** Die Pflegsch erstreckt sich nur auf die Angeleghten des § 1706, also auf die Feststellg des Vatersch (§§ 1600 a ff), u alle sonst Angel die Feststellg od Änd des Elt-Ki-Verh (§§ 1591 ff) od FamNamen betr (§ 1617); ferner UnterhAnspr (§§ 1601 ff, 1615 a ff), einschl der Abfindg dch Vertr (§ 1615 e) sowie Erb- und PflichttRe iF des Todes des Vaters. Weiter wird die elt Sorge der Mutter (§ 1705 S 1) nicht eingeschr. Sie kann dagg umgek dch Beschrkg des WirkgsKr des Pfleg erweitert w
4 (§ 1707 S 1 Z 3). **c) Bestallungsurkunde.** Das VormschG (zust selbstp SGB VIII 85; vgl Einf 66 v § 1626; RPflG 3 Z 2 a) hat dem JA unverzügl eine allerd nur deklarat Bescheinigg über den Eintr der Pflegsch zu erteilen (§ 1791 c III; **I 3**), die den ggf auch zusätzl zu beschränkten WirkgKr des JA (Rn 3) ausweist. Innerh des WirkgKr ist der mit der Ausführg betraute Beamte od Angest des JA ges Vertreter des Mj (SGB VIII 55
5 II 3; Einf 48 v § 1626). **d) Haftung** dem Pflegl wie Dr ggü nach § 839 (Ffm FamRZ **87**, 519); ggf aber nicht bei Herabsetzg der UnterhVerpfl dch Vereinbg (LG Bielef DAV **95**, 238). Zur Haftg des JA ggü dem Vater u Scheinvater (Ehem der Mutter) Düss FamRZ **87**, 749.

6   **3) Ausnahmen vom Grundsatz automatischer Amtspflegschaft, I 2.** Die AmtsPflegsch tritt nicht
7 ein bei **a) Pflegerbestellung bereits vor der Geburt** (§ 1708). Schon vor der Geburt kann das JA im Einverständn mit der Mu die Feststellg der Vatersch dch Ermittlgen u sonst Maßn vorbereiten (SGB VIII 18 II). Bestellg des JA zum Pfleger dann gem § 1708; dch die Geburt änd sich an der PflegStellg in diesem Fall
8 nichts, es sei denn, deren Funktion ist bereits vorher erschöpft (Rn 13). **b) Anordnung des Nichteintritts**
9/10 **der Pflegschaft** (§ 1707 Rn 2). **c) Kind bedarf eines Vormunds** (§ 1707 Rn 1). **d)** NichtEintr der ges Pflegsch schließt auch, für zugezogene Ki, wenn bereits innerh od außerh des GeltgsBer des BGB eine **Pflegschaft oder Vormundschaft besteht, II 2.**

11   **4) Nachträglicher Eintritt der Pflegschaft. a)** Ergibt sich die Nehelk zB dch **Ehelichkeitsanfechtung** erst später (§ 1593), so wird das JA entspr § 1791 c I 2 Pfleger erst mit Eintr der Rkraft dies Urt, **I 3.**

b) Außerhalb des Geltungsbereichs des BGB geborene nichteheliche Kinder erhalten einen ges Pfle- 12
ger erst, wenn das Ki seinen gewöhnl Aufenth (EG 3 Anh Rn 3) in der BuRep nimmt, **II 1**. Die Vorschr des I
2 gilt hier auch insow, als die ges Pflegsch nicht eintr, wenn eine Pflegsch od Vormsch besteht, gleichgült ob
im In- od Ausl, **II 2**.

5) Ende der Pflegschaft bei Entlassg des JA u Best eines EinzelPfleg (§§ 1915, 1887, SGB VIII 56 IV); 13
Aufhebg der Pflegsch (§ 1707 I 2); Volljk des Ki (§ 1918 I); mit Erledigg der beschr AufgStellg (§§ 1707 S 1
Z 3, 1918 III); schließl ggf bei Verlegg des gewöhnl Aufenth ins Ausl (KG FamRZ 92, 472; LGe Kass NJW-
RR 93, 1356 mN; Aach DAV 93, 1239). Dagg beendet eine KiLegitimation die Amtspflegsch nicht; diese
besteht bis zu ihrer Aufhebg fort (BayObLG FamRZ 88, 649). Endet die Pflegsch u wird Vormsch erfdl, so
JA Vormd (§ 1791c II). Endet die Vormsch, weil Mutter vollj w, so § 1710. Vgl iü § 1706 Rn 2.

1710 *Beendigung einer Vormundschaft.* **Steht ein nichteheliches Kind unter Vormund-
schaft und endet die Vormundschaft kraft Gesetzes, so wird der bisherige Vormund
Pfleger nach § 1706, sofern die Voraussetzungen für die Pflegschaft vorliegen.**

Zweck der Vorschr ist die Weiternutzg der Kenntnisse des mit den Verhältnissen vertrauten Vormds im 1
Interesse des Kindes. Bezieht sich auf den (bereits vor od nach der Geburt bestellten) EinzelVormd wie auf
das JA. Das VormschG bleibt dasselbe (KG ZBlJR 71, 65). Entspr Regelg im umgek Fall, wenn Pflegsch des
JA kr Gesetzes endet u Vormsch erforderl w (§ 1791c II). Voraussetzg dafür, daß der bish Vormd Pfleger w,
ist, daß eine Pflegsch eintreten kann, dh daß sie nicht dch das VormschG ausgeschl ist (§ 1707 I Z 1) u daß
die Vormsch kr Gesetzes endet, die Mutter also vollj w od die elt Sorge wieder erlangt (§ 1706 Rn 1).

1711 *Persönlicher Umgang des Vaters mit dem Kinde; Auskunft.* **¹ Derjenige, dem
die Personensorge für das Kind zusteht, bestimmt den Umgang des Kindes mit dem
Vater. § 1634 Abs. 1 Satz 2 gilt entsprechend.**
**II Wenn ein persönlicher Umgang mit dem Vater dem Wohle des Kindes dient, kann das Vor-
mundschaftsgericht entscheiden, daß dem Vater die Befugnis zum persönlichen Umgang zusteht.
§ 1634 Abs. 2 gilt entsprechend. Das Vormundschaftsgericht kann seine Entscheidung jederzeit
ändern.**
**III Die Befugnis, Auskunft über die persönlichen Verhältnisse des Kindes zu verlangen, be-
stimmt § 1634 Abs. 3.**
**IV In geeigneten Fällen soll das Jugendamt zwischen dem Vater und dem Sorgeberechtigten
vermitteln.**

1) Im Ggsatz zu § 1634 I hat der Vater des nehel Kindes kein allg UmgangsR, was nach BVerfG NJW 81, 1
1201 nicht verfassgswidr sein soll, ebso wie im Hinbl auf BVerfG NJW 91, 1944 (vgl dazu § 1738 Rn 1) inzw
zweifelh ist, ebso wie die Vereinbark m EMRK Artt 8, 14 (vgl Jayme NJW 79, 2425/28; Brötel NJW 91,
3119/21; Kropholler AcP 185, 280; Schwenzer FamRZ 85, 1202/7; Einl 7 v § 1297). Anderers kann ihm der
Umgang mit dem Kinde nicht gänzl untersagt w, wenn dieser dem Wohl des Kindes dient, das somit letztl
alleiniger Maßst ist, II 1. Nur wenn dieses überh nicht berührt w, entsch uU Interesse des Vaters, so bei
Überlassg eines Photos des Kindes an den in Strafh befindl ausl Vater (LG Landau FamRZ 73, 604). Vorauss
für § 1711 ist eine wirks VaterschFeststellg (BayObLG FamRZ 95, 827). § 1711 entfällt bei KindesAnn
(§ 1705 I). **Reform:** Einl 6 v § 1297; zur Erledigg des Entw eines NehelUmggG: 51. Aufl. Zur gemeins elt 2
Sorge innerh ne LebGemsch: Bosch FamRZ 91, 1121; Schwenzer FamRZ 92, 121.

2) Bestimmung über das Umgangsrecht hat allein der PersSorgeBerecht, **I 1**, also die Mutter od der 3
Vormd; nicht dagg der Pfleger, zu dessen Wirkgskreis (§ 1706) das nicht gehört. Der SorgeBerecht regelt
das Ob, sowie Ort, Art u Häufigk des ZusKommens (vgl § 1634 Rn 20ff). Ergeben sich zw Vater u Mutter 4
Schwierigkeiten, weil zB die Mutter mit dem Vater nicht zuskommen will, od auch ggü einer gütl Einigg,
so soll das **Jugendamt vermitteln;** es kann auch außerh jedes vormschgerichtl Verf von sich aus tätig w,
außer wenn es einen Umgg des Vaters mit dem Kind nicht für den Wohl des Kindes zuträgl hält, **IV**. Billigt das
VormschG einen Umgg, kann es das JA mit der Ausf seiner AnO betrauen (SGB VIII 50). Im Verhältn 5
beider Elt zum Kind gilt auch iRv § 1711 (AG Leutkirch FamRZ 94, 401) die Verpfl zu wechselseit loyalem
Verhalten des § 1634 I 2, **I 2**. Vgl dazu § 1634 Rn 14 u 30. Die **Wohlverhaltenspflicht** gilt auch bei
NichtDchführg des Umggs. Verstöße der Mutter können zur Gewährg des Umggs dch das VormschG
führen. Steht dem Vater kein UmggsR zu, hat er, gleichgült ob es ihm von der Mutter od vom VormschG 6
versagt w ist, ein **Auskunftsrecht, III,** wenn dies dem Wohl des Ki nicht widerspr (LG Kblz DAV 88, 308).
Der Va braucht sich nicht auf mögl Informationen seiner Elt verweisen zu lassen (AG Norderstedt FamRZ
90, 1150). Vgl § 1634 Rn 16, 17 (amtl Begrdg BT-Drucks 8/2788 S 68). Ausk auch, wenn das 17j Ki jeden
Kontakt mit dem Vater abl (BayObLG NJW 93, 1081).

3) Eingreifen des Vormundschaftsgerichts, II. Entsch zunächst über die Gewährg des UmggsR, das 7
dem Vater nach der GesFassg nicht unmittelb zusteht. Anwendg v § 1634 II, **II 2**, bedeutet, daß das
VormschG auch ü Umfg u Ausübg entsch, u zwar auch mit Wirkg ggü Dr, insb wenn sich das Kind in
dessen Obhut befindet. Das VormschG kann auf Antr des Vaters od auch des SorgeBerecht, der seinen
Entschluß beurteilt haben möchte, aber auch vAw tätig werden, so wenn nach Abwägg aller Umst, bei
deren Feststellg das JA stets zu hören ist (FGG 49 I Z 1k), der vom SorgeBerecht bewilligte Umgg dem
Wohle des Kindes nicht dient; ebso wenn jener keine Bestimmg od eine Best entgg I 2 trifft. Einziger u obj 8
Maßst bei der Entsch über das BesuchsR des Vaters ist – statusunabhängig (AG Bielef FamRZ 95, 1011) –
das **Wohl des Kindes,** dh der Umgg muß für das Ki seel notw sein (LG Kiel DAV 88, 628; and LG Kln
DAV 87, 926: vorteilh; LG Bonn NJW 90, 128: nützl u förderl, was regelm der Fall s soll, insb wenn der Va

den Kontakt aus innerer Anteiln u echter Zuneigg sucht (LG Aach u Arnsberg FamRZ **90**, 202 u 908), so daß Spanngen der Elt grdsl ohne Belang sind (LG Paderb FamRZ **84**, 1040; LG Bonn NJW **90**, 128), es sei denn, sie lassen ernsth negat Rückwirkgen auf das Ki befürchten (LGe Bln u Esn FamRZ **90**, 1146 u **94**, 399). Auch muß der Vater bei Gefahr des Verlusts seines BesuchsR sich jeder Kundgabe seiner neg Einstellg der Mu ggü enth (LG Bln FamRZ **90**, 92). ZwZeitl Entfremdg schadet nicht (LG Lünebg FamRZ **91**, 111). Ausgedehntes BesuchsR nach längerem ZusLeben der Elt u entspr soz Bindg zw Vater u Ki (LG Duisbg FamRZ **91**, 1099), auch wenn die Mu inzw anderweit verheir ist (AG Leutkirch FamRZ **94**, 401); wenn Vater das 5j Ki 2 J überwiegd betreut h (LG Mü NJW **88**, 2385) od wenn der Beschl ein zunächst vereinb u praktiziertes BesuchsR ersetzen soll (LG Nürnb-Fürth FamRZ **87**, 1079). Gründe des Vaters stets zu prüfen, sein bisheriges Verhalten, seine Lebensführg, ebso die Grde, aus denen der Umgg verweigert w, das Verhältn von Vater u Mutter, wobei freil der „Selbstbestimmgswille" der Mutter (LG Ffm FamRZ **85**, 645), dh deren einseit Wunsch, den Vater aus ihrem Leben endgült zu streichen, unberücks bleibt (Heilbr Just **74**, 461). Recht auf Umgang nur, wenn dieser für das Kind seel notw ist, was ausgeschl s kann, wenn die GroßElt das Kind in die Reihe ihrer eig 10, zT sogar jüngeren Kinder integriert haben (AG Bonn DAVorm **78**, 129). Kein UmggsR bei Verhaltensstörgen des Kindes (AG Hbg ZBlJugR **76**, 171); wenn die Ki in einer sie seel belastden Weise in die AuseinandS der Elt hineingezogen w (LG Kln DAV **90**, 704) od bei Haft des Vaters (AG Einbeck DAV **78**, 303). Für Umgg sprechen eine gewisse Neugier eines 8jähr auf seinen Vater (LG Ffm FamRZ **85**, 645) od ein gewisses Entbehren des Vaters vS des Kindes, bereits bestehde Beziehgen zw beiden, zB 8jähr eheähnl Zusleben mit der Mutter der v ihm stammden Kinder (LG Kln MDR **73**, 586); 2jähr MitBetreuung dch den Va (AG Mü FamRZ **88**, 767) bzw 4 J ZusLeben u anschl Besuche des Va (AG Leutkirch NJW **83**, 1066) od geringer Verk der Mutter mit dem Kind, das in einem Heim untergebracht ist. Anderers spricht obj gg ein wirkl Interesse des Vaters, wenn er seiner UnterhPfl, die er ganz od zT erfüllen könnte, nicht nachgekommen ist od nachkommt. Ist das Kind im Begr, sich in eine Familie einzugewöhnen, wenn zB die Mutter einen Dr geheiratet hat u sich zw ihm u dem Kind ein Va-Ki-Verhältn anbahnt od es in Pflege gegeben ist, dort wie in der Familie gehalten w od das gar die Vorstufe für eine KindesAnn ist, so spricht dies gg ein UmggsR. Jede Störg der Verbesserg der Verhältn des Kindes ist jedenf zu vermeiden. VormschG weist den Antr des Vaters auch dann ab, wenn zweifelh, ob dem Wohl des Kindes gedient wäre od ebsoviel dafür wie dagg spricht. Mögl, daß Richter einige Male ein ZusKommen des Kindes mit dem Vater bei dem JA probew iW der einstw
9 AnO gestattet. Es entsch der Richter (RPflG 14 Z 16). Ausführg der AnO des VormschG ggf dch JA (SGB VIII 50 I). Der Richter kann seine Entsch jederzeit im Interesse des Kindes **ändern, II 3;** entsprechd § 1696; vgl dort. Zustdgk FGG 43 I, 36; auch dann JA zu hören. Beschw des Vaters iS v I 2 FGG 20, der Mutter u des JA FGG 57 Z 9, des Kindes FGG 59; keine weitere Beschw (FGG 63a; Kln NJW **92**, 2238: „derZt noch nicht verfwidr"), auch nicht bei Verletzg des rechtl Gehörs (BGH NJW-RR **86**, 1263).

1712 *Anhörung des Vaters.* (*Aufgehoben durch Art 1 Ziff 41 SorgRG im Hinblick auf § 50a II FGG; vgl Einf 9–11 vor § 1626.*)

1713–1718 (*Weggefallen NEhelG Art 1 Z 25.*)

Siebenter Titel. Legitimation nichtehelicher Kinder

Einführung

1 **1)** Das BGB kennt **2 Arten der Legitimation** nehel Kinder: die dch nachfolgende Ehe (§§ 1719 ff) u dch EhelichErkl (§§ 1723 ff), die in ihren Voraussetzgen u Wirkgen verschieden sind. Währd die Legitimation dch nachfolge Ehe kraft G u selbst gg den Willen der Beteiligten eintritt u das Kind zum ehel macht (§ 1719), ist bei der EhelichErkl ein Antr des Vaters u die Einwilligg des Kindes nebst der Ehefr des Vaters (§§ 1723, 1725, 1726) od bei Tod und Verlobten ein Antr des Kindes u die Einwilligg des überlebden ElternT (§§ 1740a, b), erforderl; die EhelichErkl erfolgt dch das VormschG, wenn sie dem Wohle des Kindes entspricht u ihr keine schwerwiegdn Gründe entgegenstehen (§§ 1723, 1740a). Das Kind, das auf seinen Antr für ehel erklärt w ist, steht einem dch Eheschl legitimierten gleich (§ 1740f), währd das auf Antr des Vaters für ehel erklärte Kind die rechtl Stellg eines ehel Kindes erlangt (§ 1736).

2 **2) Übergangsrecht** u Adelsvorbehalte: 41. Aufl; **IPR:** EG 21. **Übergangsregelung DDR:** EG 234 § 12.

I. Legitimation durch nachfolgende Ehe

1719 *Verheiratung des Vaters mit der Mutter.* **Ein nichteheliches Kind wird ehelich, wenn sich der Vater mit der Mutter verheiratet; dies gilt auch, wenn die Ehe für nichtig erklärt wird. Wird das Kind vor der Eheschließung als Minderjähriger oder nach § 1772 von einer anderen Person als seinem Vater oder seiner Mutter als Kind angenommen, so treten die in Satz 1 bestimmten Wirkungen erst ein, wenn das Annahmeverhältnis aufgehoben wird und das Verwandtschaftsverhältnis und die sich aus ihm ergebenden Rechte und Pflichten des Kindes zu seinen leiblichen Eltern wieder aufleben.**

1 **1)** Die **Legitimation durch nachfolgende Ehe** vollzieht sich and als bei der dch EhelichErkl (vgl Einf 1), näml ohne weiteres kraft G u selbst gg den Willen der Elt u des Kindes; auch ohne Rücks, ob dieses mj oder vollj ist. Einschrkg nur iF vorheriger Annahme an Kindes Statt, S 2, sowie iF einer unricht VaterschFeststellg (dazu Rn 2). VerfBeschw wg Ablehng v § 1719 bei Ehe mit alger Vater: vgl NJW **87**, 823.

2) Voraussetzungen. a) Es muß sich um ein **nichteheliches Kind** handeln (§ 1705 Rn 2–4). Ist das Ki **2** zwar vor der Eheschl gezeugt, aber nach ihr geboren, so ist es ehel (§ 1591); eine Legitimation kommt dann begriffl nicht in Betr. Hingg hört das Ki nicht auf, ein nichtehel Ki iS der vorliegden Best zu sein, so daß eine Legitimation dch nachfolgde Ehe mögl ist, wenn es von einem leibl EltT od einem Dr adoptiert w ist; in diesem Fall muß allerd das AnnVerhältn zunächst wieder aufgeh w (§§ 1759 ff, 1764), **S 2** (Lit: Engler StAZ **76**, 159). Kommt es nicht zur Aufhebg der Adoption, bleibt das AnnVerhältn mit seinen Wirkgen bestehen; die Eheschl der leibl Elt des Kindes hat auf dessen rechtl Situation keinen Einfl. Einer Legitimation steht entgg, wenn ein Dr (unrichtigerw) das Ki als das seine anerk hat od die Vatersch eines und dch Urt rechtskr festgestellt ist (§ 1600 a), jedenf solange, bis die Anerkenng sich als unwirks herausgestellt hat (§ 1600 f, ZPO 640 II Z 1), mit Erfolg die Vatersch angefochten, die gerichtl Feststellg im WiederAufnVerf (ZPO 641 i) beseitigt ist, ferner wenn die Vatersch eines Dr dch EhelichErkl festgestellt ist, da diese dann feststeht, bis die Vatersch mit Erfolg angefochten w (§§ 1735 S 2, 1593), weiterhin wenn das Ki zwar im Ehebruch mit dem späteren Ehem der Frau erzeugt ist, der frühere aber ebso wie das Ki die Anfechtg der Ehelichk unterlassen hat, da es dann das ehel Ki der Frau u des früh Mannes mit Wirkg für u gg alle ist (§ 1593).

b) Heirat der wirkl Elt des Ki; das Ki darf nicht etwa untergeschoben sein. Wer Vater ist, sagt § 1600 a. **3** Er muß also anerk haben od als Vater festgestellt s, was selbst noch nach dessen Tode mögl (§ 1600 n II). Erfolgt Anerk od Feststellg erst nach Eheschl, so Rückwirkg auf Ztpkt der Eheschl. Das gilt auch bei Anerk nach rechtskr Scheidg (Kln DAV **84**, 614). Ebsowenig ändert die Nichtigk der Ehe der Elt etwas an der Stellg des Ki, so daß auch eine erst nach Scheidg der Ehe rechtskr Feststellg der Vatersch auf den Ztpkt der Eheschl der Elt zurückwirkt (Kblz FamRZ **90**, 662). Handelt es sich um eine **Nichtehe** (EheG 11 Rn 11–15), so bleibt das Kind allerd nehel. Über die RWirkgen des Ausspruchs einer nachträgl Eheschl EheG 13 Anh II § 1 Z 3.

3) Wirkungen. Die Kinder werden, jedoch erst von der Eheschließg ab (Stgt Recht **14**, 493), kraft G ehel **4** Kinder (§§ 1616–1698 b), u zwar auch für ihre Abkömml (§ 1722). Sie erhalten den Ehenamen der Elt (§ 1616 Rn 3). Sie haben ferner das Recht auf Unterh (§§ 1601 ff); das Erb- u PflichttRecht wie alle ehel Kinder, deren Verjährgsvergünstig (§ 204); sie teilen den Wohnsitz der Elt (§ 11); erwerben die Staatsange-hörigk des and EltT (RuStG § 3 Nr 2 m § 5); beide Elt haben die elterl Sorge, wobei freilich Beschränkgen des SorgeR der Mutter Anlaß geben können, nunm auch dem Vater das SorgeR zu entziehen (BayObLG DAV **84**, 1048). Für das Kind, das bisher unter Vormsch stand, bleibt die Vormsch bis zur Entlassg des Vormds bestehen (§ 1883). Ebso muß die Pflegsch (§ 1706) aufgeh w (§ 1919). Wird später dch Anf der Anerkenng od im WiederAufnVerf festgestellt, daß der Ehem der Mutter nicht der Vater des Kindes ist, so fällt die Legitimationswirkg rückwirkd fort (Hamm DAV **84**, 402). Auch besteht für das EhelkAnfR des Ki nicht die Sperrwirkg v § 1596 II Nr 2 (Kln FamRZ **93**, 1485).

4) Personenstandsregister. Eine Feststellg dch das VormschG ist nicht mehr erforderl, da der Mann, **5** der die Vatersch anerkannt hat od als Vater rechtskr festgestellt ist, Vater mit Wirkg für u gg alle ist (§ 1600 a). Als solcher ist er im Geburtenbuch nach Anerkenng oder rechtskr Feststellg einzutr (PStG 29), wo auch die Legitimation einzutr ist, sobald die Vatersch feststeht (PStG 31). Die GeburtsUrk bezeichnet das Kind als ehel (PStG 65). Im Geburtenbuch w ein Sperrvermerk eingetr, der zur Folge hat, daß nur Behörden, den nächsten Blutsverwandten u dem Kind selbst eine PersStUrk erteilt od Einsicht in die PersStBücher erteilt w (PStG 61 II).

5) Übergangsrecht: 41. Aufl. **6**

1720   *Familienname des Kindes.* ^I Führen die Eltern einen Ehenamen, so gilt § 1616a Abs. 1 und 3 entsprechend.

^{II} Führen die Eltern keinen Ehenamen, so können sie binnen eines Monats nach der Eheschlie-ßung durch Erklärung gegenüber dem Standesbeamten den Geburtsnamen des Kindes bestim-men; § 1616 Abs. 2 gilt entsprechend. Hat das Kind das fünfte Lebensjahr vollendet, so ist die Bestimmung nur wirksam, wenn es sich der Bestimmung anschließt; § 1616a Abs. 1 Satz 2 bis 4, Abs. 3 gilt entsprechend.

1) Zweck: Das nach § 1719 legitimierte Ki würde an sich gem § 1616 I den Ehenamen der Elt als neuen **1** FamNamen erh. § 1720 modifiziert diesen Grds eines entspr dem SelbstBestPrinzip des § 1616 a I; anderes mußte der neuen Möglk Rechng getragen w, daß die Elt keinen Ehenamen führen, II.

2) Anschließung an die Namensänderung der Eltern, I. Heiraten Vater u Mutter des nehel Ki u **2** entschließen sie sich zu einem gemeins Namen, entspr die Situation weniger der des § 1616 I als derj von § 1616 a, weil es auch dort zu einem Ehenamen erst nach der Geburt des Ki kommt. Entspr gelten daher für die Legitimation dch nachfolgde Ehe die Vorschr über die Anschließg an die NamensÄnd der Elt (§ 1616 a I–III), **I.** Ohne eine solche **Anschlußerklärung** bewendet es beim bish Namen des Ki (BT-Drucks 12/3163 S 18). Es führt den Namen der Mutter aber als ehel Ki, so daß für spätere NamensÄnd jetzt nicht mehr §§ 1617, 1618, sond unmittelb § 1616 II gilt (Coester FuR **94**, 7). Die Geltg von § 1616 a bezieht sich insb auf die **Altersstufen** für die Zust des Ki (§ 1616 a Rn 3 ff), ferner auf die Änd des Ehenamens der Elt od eine Änd des FamNamens eines EltT, der Geburtsname des Ki geworden ist (§ 1616 a Rn 8 ff) sowie schließl auf den Einfl einer Änd des Geburtsnamens des Ki auf dessen Ehenamen (§ 1616 a Rn 14 ff).

3) Ausschluß des Ehenamens, II. Wählen die Elt bei der Eheschl keinen gemeins Namen, so können sie **3** den Geburtsnamen des Ki best mit denselben **Wahlmöglichkeiten** wie in § 1616 II (vgl dort Rn 2 ff), **II 1**, die sich freil dadch, daß das nehel Ki gem § 1617 den Namen der Mutter erh, darauf reduzieren, dem Ki nunm aSt des mütterl denj des Vaters zu geben. Die Erkl muß innerh einer **Frist** v 1 Mo „nach der Eheschl", iF der VaterschFeststellg nach der Heirat nach der Vollendg der Legitimation (Coester FuR **94**, 7) ggü dem StBeamten abgegeben w. Auch hier gelten die Altersstufen von § 1616 I 2–4 (dort Rn 3 ff) sowie die namensrechtl Auswirkgen auf eine bereits bestehende Ehe des Ki (§ 1616a Rn 14 ff), **II 2.** Unterbleibt die erfdl AnschlErkl des Ki, so behält es auch hier seinen bish Geburtsnamen.

1721 *Anfechtung der Ehelichkeit.* *(Weggefallen, Art 1 Z 26 NEhelG.)*

1722 *Wirkung auf Abkömmlinge des Kindes.* **Die Eheschließung zwischen den Eltern hat für die Abkömmlinge des nichtehelichen Kindes die Wirkungen der Legitimation auch dann, wenn das Kind vor der Eheschließung gestorben ist.**

1　　Das G spricht hier nur die notw Folge der in § 1719 verordneten Wirkg aus, dort Rn 4. Eine ggteilige Vereinbg wäre unwirks. Die Eheschl macht das nehel Kind rückw zu einem ehel.

II. Ehelicherklärung auf Antrag des Vaters

1723 *Voraussetzungen der Ehelicherklärung.* **Ein nichteheliches Kind ist auf Antrag seines Vaters vom Vormundschaftsgericht für ehelich zu erklären, wenn die Ehelicherklärung dem Wohle des Kindes entspricht und ihr keine schwerwiegenden Gründe entgegenstehen.**

1　　**1) Dch die Legitimation** erh das ne Ki, das im Verh zur Mu bereits die Stellg eines ehel Ki hat (§ 1705 Rn 5), diesen RStatus nun auch ggü seinem leibl Va. Das ganze RInstitut ist verfassgsproblemat (vgl § 1738 Rn 1, Einl 6 v § 1297; Lit: 53. Aufl). Im Ggs zur Einbenenng (§ 1618 Rn 1) begr die EhelErkl alle ElternR und -Pfl, insb erh der Va auch die elt Sorge. Sie erfolgt auf Antr des Va (§§ 1723 ff) od des Ki (§§ 1740a ff), nicht jed der Mu. Im Ggs zu § 1600b II ist die EhelErkl vor der Geb des Ki unzul (KG FamRZ **84**, 92/98).

2　　**2) Erfordernisse. a) Nichteheliches Kind:** §§ 1705 Rn 2; 1719 Rn 2. Der EhelErkl stehen also entgg: § 1593; VaterschAnerk dch einen Dr u nachfolgde Eheschl (§ 1719 Rn 3); EhelErkl auf Antr eines Dr
3　　(§ 1735); nicht dagg die Ann als Ki (§ 1719 Rn 2). **b) Die Vaterschaft** des AntrSt: § 1600a. **c) Antrag:** § 1730. **d) Kindeswohlentsprechung:** (Vgl § 1671 Rn 11 ff): Zu prüfen sind die Grde des Antr, insb ob der Va sich um das Ki kümmern wird. Nicht ausr, daß ne zuslebde Elt (Einl 8 v § 1297) davon die Plang ihrer Berufstätigk abhäng machen wollen (KG NJW **88**, 146). Zu erwäg ist, daß die Mu dch die EhelErkl die elt
4　　Sorge verl (§ 1738 Rn 1). Vgl iü 53. Aufl. **e) Trotz Bejahg des KiWohls können der EhelErkl schwerwiegende Gründe** entggstehen, zB wenn sie in die Fam des Va Unfrieden tragen würde od das Ki aus einer Verbindg stammt, der in Eheverbot entggsteht. Bei fehlerh Entscheidg: § 1735.

5　　**3) Verfahren.** Zustdgk: FGG 43a. Anhörg von Ki u JA: Einf 10 ff u 43 v § 1626; RiEntsch: RPflG 14 I Nr 3e. Wirksamw u Anfechtbk der EhelErkl: FGG 56a, 59; bei Ablehng: FGG 20 II. Vgl iü § 1735 Rn 2. **Standesamt:** Randvermerk zum Geburtseintrag (PStG 30; Evans-v Krbek FamRZ **75**, 322).

1724 *Bedingungsfeindliches Geschäft.* **Die Ehelicherklärung kann nicht unter einer Bedingung oder einer Zeitbestimmung erfolgen.**

1　　Dementsprechd ist auch der Antr od die darin enthaltene Anerkenng, vgl § 1730, unwirks, wenn sie unter einer Bedingg od einer Zeitbestimmg erfolgt. Vgl aber auch § 1735 S 1.

1725 *(weggefallen, Art 1 Z 30 NEhelG.)*

1726 *Einwilligung der sonstigen Beteiligten.* **^I Zur Ehelicherklärung ist die Einwilligung des Kindes und, wenn das Kind minderjährig ist, die Einwilligung der Mutter erforderlich. Ist der Vater verheiratet, so bedarf er auch der Einwilligung seiner Frau.**

^{II} Die Einwilligung ist dem Vater oder dem Vormundschaftsgericht gegenüber zu erklären; sie ist unwiderruflich.

^{III} Die Einwilligung der Mutter ist nicht erforderlich, wenn die Mutter zur Abgabe einer Erklärung dauernd außerstande oder ihr Aufenthalt dauernd unbekannt ist. Das gleiche gilt von der Einwilligung der Frau des Vaters.

1　　**1) Die Einwilligung** ist einseit empfangsbedürft RGesch, entw dem Vater od dem VormschG ggü, bei welchem der Antr einzureichen ist (vgl § 1723 Rn 8). Entspr § 1724 darf sie nicht unter einer Bedingg od ZeitBestimmg gegeben w, insb nicht mit der Einschrkg, daß das Ki den bish mütterl Namen beibehält (Zweibr NJW **93**, 1805). Form § 1730. Auch nach Einreichg des Antr, aber nur vor der EhelErkl. Wg Abg dch Vertreter §§ 1728, 1729. Unwiderruflk, II, mit WirksWerden der Einwilligg (§ 130 I); soweit Zust des VormschG erforderl (§ 1728 II), also erst mit Gen des VormschG (KG JFG **6**, 108). Bei mangelnder Einwilligg § 1735.

2　　**2) Einwilligg des Kindes** stets erfdl. Nicht ersetzb (Bln DAVorm **78**, 543). Einwilligg **der Mutter** nur, wenn Kind noch mj; Ersetzg dch VormschG § 1727. Einwilligg kann unterbleiben, wenn die Mutter zur Abgabe der Erkl dauernd außerstande, zB bei GeschUnfgk, od ihr Aufenth dauernd unbekannt ist, III. GeschUnfgk u Unbekanntsein des Aufenthalts sind dauernde Hindernisse, wenn das Abwarten ihres Aufhörens die EhelichErkl ungebührl verzögert. Die in der GeschFgk beschr Mutter erteilt die Einwilligg selbst, § 1728 III. Stirbt die Mutter, so geht EinwilliggsR nicht auf ihren nächsten Verwandten über, BaWü VGH JZ **51**, 305. Wird fälschlicherw III angenommen, so § 1735.

3) Die **Einwilligung der Ehefrau des Vaters** nicht erforderl, wenn III vorliegt (vgl Rn 2), aber auch **3** nicht nach Scheidg od Aufhebg der Ehe. Bei beschr GeschFgk keine Zust des ges Vertr erforderl (§ 1728 III). Wg Ersetzg dch VormschG § 1727 II.

1727 *Ersetzung von Einwilligungen durch das Vormundschaftsgericht.* **¹ Das Vormundschaftsgericht hat auf Antrag des Kindes die Einwilligung der Mutter zu ersetzen, wenn die Ehelicherklärung aus schwerwiegenden Gründen zum Wohle des Kindes erforderlich ist.**

² Das Vormundschaftsgericht kann auf Antrag des Kindes die Einwilligung der Ehefrau des Vaters ersetzen, wenn die häusliche Gemeinschaft der Ehegatten aufgehoben ist. Die Einwilligung darf nicht ersetzt werden, wenn berechtigte Interessen der Ehefrau und der Familie der Ehelicherklärung entgegenstehen.

1) I regelt Ersetzg der Einwilligg der Kindesmutter, II die der Ehefr des Vaters, die für die EhelErkl **1** erforderl sind (§ 1726 I). Dch die Ersetzg der Einwilligg der Mutter wird ihr wider ihren Willen die elt Sorge entzogen (§ 1738). Keine Bedenken hiergg aus GG 6 II u III, da schwerwiegde Grde für das Wohl des Kindes gefordert w (Rn 2) u RückÜbertr vorgesehen ist (§ 1738 II).

2) Erfordern der **Ersetzung der Einwilligung der Mutter** in deren Interesse u weil Zuordng des ne **2** Kindes zum Vater noch die Ausn. Ersetzg muß **aus schwerwiegenden Gründen** zum Wohl des Kindes erfdl sein. Zum Verhältn zu and Ersetzgsregelgen treffd LG Mü I FamRZ **75**, 593. Ersetzg danach, wenn Kind bei der Mutter ernstl körperl od sittl gefährdet ist, zB bei großer Gleichgültig u ungeordn Wohnverhältn der Mutter (LG Hbg DAVorm **74**, 121); ferner wenn die Sorge voraussichtl lange Zeit ruht (§ 1674) od ihr nicht mehr zusteht (§ 1666), wenn die Mutter das Kind nicht mehr haben u in ein Heim geben will; wenn das Ki beim Vater aufgewachsen u eine in absehb Zeit nicht lösbare Bindg entstanden ist (Hamm FamRZ **87**, 745); wenn das Ki seit 3 J in der Fam des Vaters lebt u die Mutter nur ihr „BesitzR" sieht (AG Hbg ZfJ **84**, 370). Ersetzg dagg nicht dann, wenn die EhelErkl für das Kind nur vermögensmäß (Neust FamRZ **64**, 459) od sonst vorteilh ist, aber auch die LebVerhältn der Mutter geordnet sind u Erziehg u Ausbildg des Kindes gewährleistet ist (KG DR **39**, 2078).

3) Ersetzung der Zustimmung der Ehefrau des Vaters, II, unter den Voraussetzgen, daß **a)** häusl **3** Gemsch der Eheg tatsächl aufgeh ist (§§ 1353 Rn 17, 1567 Rn 5) u **b)** berecht Interessen der Ehefr u der Fam **4** nicht entggstehen. Abwägg erforderl, die auch die allg Voraussetzgen des § 1723 einbeziehen k (Beitzke FamRZ **74**, 558). IdR keine ZustErsetzg, wenn damit prakt die ZweitFam entgg GG 6 I legitimiert würde (Ffm FamRZ **73**, 664; Hamm FamRZ **74**, 606; Ausweg dann: § 1618), wohl aber uU, wenn inf Tod der ne Mutter das Kind nur noch den Vater als BezugsPers hat (vgl Mannh FamRZ **73**, 666; aA Hamm FamRZ **75**, 110), die Ehefr selbst kein Interesse am Fortbestehen der Ehe gezeigt hat u ihre Einwilligg **aus unsachlichen Gründen** versagt (Hamm FamRZ **74**, 606). Im Prinzip muß aber die Ersetzg schon wg der erbrechtl u UnterhFolgen nach der eindeut Wertg des GesGeb Ausn bleiben (BayObLG NJW **74**, 1145). § 1727 II 2 dient allerd nicht dazu, die nur entfernte Möglk einer Wiederherstellg der ehel Gemsch zu wahren; ist dies der einz Grd für die ZustVerweigerg, dann Ersetzg (aA Hamm FamRZ **75**, 110), da EhelErkl als solche der Ehewiederherstellg nicht iW steht u der ggs Verständiggsbereitsch eher nützl sein k. Bl psych Interesse der Ehefr reicht nicht aus, wenn Kind des inzw verstorbenen Vaters Namens-, Erb- u UnterhR hat (Stgt FamRZ **80**, 491).

4) Verfahren. II 1 ist keine ErmEntsch; steht II 2 nicht entgg, so ist die Einw zu ersetzen (Stgt FamRZ **80**, **5** 491). Zustdgk: FGG 36, 43a. RiEntsch: RPflG 14 I Nr 3e. Antrberecht für I u II: das Ki; für das geschunfäh od noch nicht 14 J alte Ki idR dch AmtsPfl (§ 1706 Nr 1) mit Zust des Ki (*arg* § 1729). Anhörg: Einf 10ff v § 1626; iFv II Ehefr des Va als Beteiligte. Wirksamw u Änd der Entsch: FGG 53 I 2, 55 II, 62. Gegen Ersetzg hat die Mu sof Beschw: FGG 20 I, 53 I 2, 60 I Nr 6; gg abweise Entsch das Ki einf Beschw: FGG 20 II.

1728 *Höchstpersönliches Rechtsgeschäft.* **¹ Der Antrag auf Ehelicherklärung kann nicht durch einen Vertreter gestellt, die Einwilligung der Mutter des Kindes und der Ehefrau des Vaters nicht durch einen Vertreter erteilt werden.**

² Ist der Vater in der Geschäftsfähigkeit beschränkt, so bedarf er zu dem Antrag, außer der Zustimmung seines gesetzlichen Vertreters, der Genehmigung des Vormundschaftsgerichts. Die Genehmigung des Vormundschaftsgerichts ist auch erforderlich, wenn der Vater nach § 1903 zu dem Antrag der Einwilligung eines Betreuers bedarf.

³ Ist die Mutter des Kindes oder die Ehefrau des Vaters in der Geschäftsfähigkeit beschränkt, so ist zur Erteilung ihrer Einwilligung die Zustimmung des gesetzlichen Vertreters nicht erforderlich.

1) Mit Rücks auf deren höchstpers Natur ist bei dem LegitimationsAntr des Vaters (§ 1723) u den **1** EinwilliggsErkl der sonstigen Beteil (§ 1726 I) eine **Stellvertretung ausgeschlossen, I.**

2) Antrag des Vaters. a) Wg Rn 1 ist bei GeschUnfgk die Stellg eines LegitAntr nicht mögl. Ist der Va **2** mj, bedarf er von ihm selbst zu stellde Antr der Zust seines perssorgeberecht gesetzl Vertr u der Gen des VormschG, **II 1.** Entspr gilt, wenn iR einer Betrg (§ 1896) ein entspr EinwVorbeh (§ 1903) angeordn ist, **II 2.** Die Einwilligg des Vormd od Betr kann nicht ersetzt w; notf Abberufg (§§ 1886, 1908b I). Widerruf der Zust des gesetzl Vertr bis zum Eingang beim VormschG (§ 130 I 2, III). Das Ger prüft die Wirkg der EhelErkl auf die Fam des Va u seine sonst Verhältn, währd sich die Prüfg nach § 1723 Rn 6 auf die Verhältn

3 des Ki erstreckt. Verweisg auf Heirat mit der Mutter unzul. **b)** Zustdgk: FGG 43, 36. Entsch dch Ri: RPflG 14 Nr 3e. Beschw: FGG 19, 20. Mängelheilg: § 1735 S. 1.

4   **3) Einwilligung der Kindesmutter** u der **Ehefrau des Vaters:** Bei GeschUnfgk nicht erfdl (§ 1726 III). Bei Minderjährig od Betrg höchstpers; Zust des gesetzl Vertr nicht erfdl. Ein EinwVorbeh (§ 1903) scheidet wg § 1726 III aus.

1729   *Einwilligung des Kindes.*

Für ein Kind, das geschäftsunfähig oder noch nicht vierzehn Jahre alt ist, kann nur sein gesetzlicher Vertreter die Einwilligung erteilen. Im übrigen kann das Kind die Einwilligung nur selbst erteilen; es bedarf hierzu, falls es in der Geschäftsfähigkeit beschränkt ist oder seine Einwilligung einem Einwilligungsvorbehalt nach § 1903 unterliegt, der Zustimmung seines gesetzlichen Vertreters.

1 Einwillig **a)** des **Geschäftsunfähigen oder noch nicht 14-jährigen Kindes** nur dch den ges Vertr, **S 1.**
2 **b)** Das beschränkt geschäf Ki **über 14 Jahre** u der Betreute bei entspr **Einwilligungsvorbehalt** (§§ 1896, 1903) erteilen die Einwillig selbst, brauchen aber die Zust ihres ges Vertr, **S 2.** Die Erkl des Ki u seines ges
3 Vertr können nicht ersetzt w (BayObLG DAV 85, 586). **c) Anhörungen:** Einf 9–11 v § 1626. Gen des VormschG nicht erfdl, weil dieses anläßl der EhelErkl das KiWohl umfassd prüft (§ 1723 Rn 8).

1730   *Notarielle Beurkundung.*

Der Antrag sowie die Einwilligungserklärung der im § 1726 bezeichneten Personen bedarf der notariellen Beurkundung.

1 Bezieht sich nur auf Antr u EinwilliggsErkl nach § 1726, nicht auf die Zust der gesetzl Vertreter nach §§ 1728, 1729. Soweit er aber die Einwillig für das Kind erteilt, § 1729 I, handelt es sich um die des § 1726 u bedarf sie mithin der Form. Wegen der Beurkundg vgl § 128; gerichtl Beurk dch BeurkG 56 I gestrichen. Auch bei Verletzg der Form Heilg gem § 1735.

1731   *Anfechtbarkeit des Antrags oder der Einwilligung.*   *(Weggefallen, Art. 1 Z 33 NEhelG.)*

1732   *Unzulässigkeit der Ehelichkeitserklärung.*   *(Aufgehoben dch § 22 FamRÄndG 1938.)*

1733   *Tod des Kindes oder des Vaters.*

I Die Ehelicherklärung kann nicht nach dem Tode des Kindes erfolgen.

II Nach dem Tode des Vaters ist die Ehelicherklärung nur zulässig, wenn der Vater den Antrag beim Vormundschaftsgericht eingereicht oder bei oder nach der Beurkundung des Antrags den Notar mit der Einreichung betraut hat.

III Die nach dem Tode des Vaters erfolgte Ehelicherklärung hat die gleiche Wirkung, wie wenn sie vor dem Tode des Vaters erfolgt wäre.

1 **1) Tod des Kindes, I.** Da dch die EhelErkl auf Antr des Vaters das Kind in dessen Familie eingegliedert w soll, würde sie ihren Zweck verfehlen, wenn das Kind nicht mehr lebt. Sie setzt also voraus, daß das Kind noch den Zeitpkt erlebt, in dem sie wirks wird.

2 **2) Tod des Vaters, II, III.** Grdsätzl steht auch dieser einer EhelichErkl entgg. Im Interesse des Kindes bleibt sie aber auch dann zul, und hat dieselben Wirkgen wie sonst (III), wenn der Vater den Antr beim VormschG eingereicht (§ 1723 Rn 4, 5), oder bei der Beurkundg, § 1730, od nach ihr den Notar mit der Einreichg betraut hat; ein eigenes EinreichgsR hat dieser nicht. Zust u Gen, die nach § 1728 II erforderl sind, können nach dem Tode des Vaters zu dem Antrage nicht mehr erteilt werden, da mit seinem Tode die Vormsch als solche kraft G beendet wird (§ 1882 Rn 1). Hingg können die EinwilliggsErkl der übrigen Beteiligten, § 1726, auch nach dem Tode des Vaters ggü dem VormschG erfolgen, mithin auch die Ersetzg der Einwillig der Mutter u der Ehefr des Vaters durch das VormschG, § 1727.

3 **3) Widerrufsrecht des Vaters.** Solange die EhelichErkl nicht wirks ist, kann der Vater seinen Antr widerrufen (§ 1723 Rn 5), nicht mehr aber seine Erben. Hingg sind die EinwilliggsErkl unwiderrufl, § 1726 II.

4 **4) Nachträgliche Geschäftsunfähigkeit des Vaters;** vgl § 130 II und III. Es kann aber trotzdem mit Rücks auf den bes Charakter der EhelErkl diese von dem VormschG versagt werden (§ 1723 Rn 7). Bei von vornherein vorhandener GeschUnfgk des Vaters vgl § 1728 Rn 2.

1734   *Versagungsgründe.*   *(Weggefallen, Art. 1 Z 33 NEhelG; s jetzt § 1723 Rn 6, 7.)*

1735   *Einfluß von Mängeln.*

Auf die Wirksamkeit der Ehelicherklärung ist es ohne Einfluß, wenn mit Unrecht angenommen worden ist, daß ihre gesetzlichen Voraussetzungen vorlagen. Die Ehelicherklärung ist jedoch unwirksam, wenn durch rechtskräftige gerichtliche Entscheidung festgestellt worden ist, daß der Mann nicht der Vater des Kindes ist.

1) Heilbare Mängel, S. 1. Die gesetzl Stellg des Kindes soll nicht erschüttert werden, wie auch die Vfg 1 des VormschG unanfechtbar u durch dieses nicht abänderbar ist, FGG 56a. Die Vfg deckt deshalb auch alle Mängel, formeller wie materieller Art mit Ausn der aus S 2, ferner wenn VormschG sich bewußt über die gesetzl Voraussetzgen hinweggesetzt hat, BGH **LM** EG 7ff Nr 7. Jeder Antr ist auf Mangelfreih zu prüfen u bei Mängeln abzulehnen (§ 1723 Rn 8). Ist ein ehel Kind, auch wenn die Ehelichk angefochten w könnte (scheinehel), für ehel erkl worden, so ist die EhelichErkl mangels Obj wirkgslos, vgl dazu Maßfeller StAZ **63**, 199. Durch § 1735 wird ein solcher Fehler nicht geheilt, da kein Kind 2 ehel Väter haben kann (Hbg MDR **64**, 507; § 1723 Rn 3).

2) Unwirksamkeit der Ehelicherklärung, S 2. Nur ein nehel Kind kann für ehel erkl w. Die Vatersch 2 ist dch Anerkenng od rechtskr Urt festgestellt worden, was bei EhelErkl ledigl nachzuweisen ist, § 1723 Rn 8. Ergibt sich später dch Anf der Anerkenng od im WiederAufnVerf (§ 1719 Rn 4 aE), daß der AntrSteller nicht der Vater des Kindes ist, so entfallen die Wirkgen der EhelErkl mit der Rechtskr des Urt; sie ist rückwirkd unwirks. Einer Anf wie nach § 1735a aF bedarf es nicht mehr.

1735a Anfechtung der Ehelichkeit. *(Weggefallen, Art 1 Z 35 NEhelG.)*

1736 Wirkung der Ehelicherklärung. **Durch die Ehelicherklärung erlangt das Kind die rechtliche Stellung eines ehelichen Kindes.**

1) Die Wirkg tritt in dem Zeitpkt ein, in dem EhelichErkl dem AntrSt bekanntgemacht wird (§ 1723 1 Rn 8), aber nicht rückw. Durch Vereinbg keine Abänderg mögl. Es gelten also §§ 1626–1698b, zB also auch § 1683 (Vermögensverzeichn bei Heirat des Vaters), so daß sich trotz Wegfalls des § 1740 aF daran nichts geändert hat, mit den sich aus der EhelErkl ergebden Besonderheiten. Die Wirkgen erstrecken sich auf alle Abkömmlinge des Kindes, schon geborene od noch zukünft.

2) Die rechtliche Wirkung. Währd früher sich die Wirkgen nicht auf die Verwandten des Vaters 2 erstreckten, ebenf nicht auf dessen Ehefrau u den Eheg des Kindes, § 1737 I aF, ist das Kind inf des Wegfalls von § 1589 II bereits vor der EhelErkl mit diesen verwandt od verschwägert. Eine Einschränkg kann also dch die EhelErkl nicht stattfinden. Wg der Wirkgen für die Mutter § 1738, auf die UnterhPfl des Vaters, § 1739, iF seiner Verheiratg (Rn 1). Das VerwandtschVerhältn des Kindes zu den mütterl Verwandten kann ebenf dch die EhelErkl berührt w (bisher § 1737 II, jetzt als selbstverständl gestrichen). Eine etwaige Vormsch über das Kind endigt im Ztpkt des WirksWerdens der EhelichErkl (§ 1882 Rn 3).

1737 Familienname des Kindes bei Ehelicherklärung auf Antrag des Vaters. **Das Kind erhält den Familiennamen des Vaters. Als Familienname gilt nicht der gemäß § 1355 Abs. 4 dem Ehenamen hinzugefügte Name.**

1) FamNamRG Art 1 Nr 7a trägt ledigl der Neufassg v § 1355 IV Rechng, daß in Zkft der Begleitname 1 dem Ehenamen vorangestellt od angehängt w kann (ebso bereits § 1618 Rn 1). Außerd wird dch Art 1 Nr 7b der S 3 von § 1737 gestrichen. Die Erstreckg einer NamensÄnd des Vaters auf sein ehel Ki ist in § 1616a II ausdrückl geregelt (§ 1616a Rn 8ff). Da diese Regelg auch für ein ehel erkl Ki gilt, bed es der Verweisg auf § 1617 II–IV für diese Fälle nicht mehr (BT-Drucks 12/3163 S 18).

2) EhelichErkl auf Antr des Va gibt dem Ki zugl dessen **Familiennamen, S 1** (verfr bedenkl; Zweibr 2 NJW **93**, 1805). Die Mitwirkg des Ki u seines ges Vertr ist über §§ 1726, 1729 gesichert. Da Ehename auch der Name der Ehefr des Va sein kann (§ 1355 II), erh das Ki uU den Namen einer Fam, mit der es in keiner Weise verwandt ist. Den GebNamen seines Va erh es auch dann nicht, wenn der Va ihn nach seiner Heirat nur als Begleitnamen fortführt, **S 2.** Spätere NamÄndergen aS der Mu haben auf den Namen des Ki keinen Einfl, aS des Va: § 1616a Rn 9.

1738 Verlust des elterlichen Sorgerechts. **I Mit der Ehelicherklärung verliert die Mutter das Recht und die Pflicht, die elterliche Sorge auszuüben.**
II Das Vormundschaftsgericht kann der Mutter die Ausübung der elterlichen Sorge zurückübertragen, wenn die elterliche Sorge des Vaters endigt oder ruht oder wenn dem Vater die Sorge für die Person des Kindes entzogen ist.

1) Verlust der elterlichen Sorge, I. Durch die EhelErkl verliert die Mu das R zur Ausübg der elt Sorge, 1 nicht aber das SorgeR als solches. Va kann das Ki herausverlangen (BGH **40**, 1). Die Mu behält ijF ein UmggsR. Vereinbgen ü dessen Ausübg sind gült, soweit ihnen nicht das KiWohl entggsteht. Mu behält auch BeschwR gem FGG 57 I Nr 9 (Stgt FamRZ **62**, 208 Schulausbildg). I darf als **verfassungswidrig** bis zu einer ges Neuregelg nicht angewendet w, vielm sind die EhelErklVerf insow auszusetzen, wenn die Elt mit dem Ki zusleben, beide bereit u idL sind, die Verantw zu übern, u dies dem KiWohl entspr (BVerfG BGBl **91**, 1509 = NJW **91**, 1944 = FamRZ **91**, 913; vgl dazu Bosch FamRZ **91**, 1121 sowie Kln ZfJ **93**, 414). Keine Verfassgswidrigk von I, wenn die ne LebGemsch beendet ist (Hamm NJW **93**, 540).

2) Rückübertragung der Ausübung der elterlichen Sorge, II. Die Ausübg der elterl Sorge kann vom 2 VormschG zurückübertr w, wenn **a)** die elt Sorge des Vaters endigt, also der Va stirbt, für tot erkl w, sie ihm entzogen w (§ 1666) od wenn sie wg GeschUnfgk des Va (§ 1673 I) od tatsächl Verhinderg auf längere Zeit (§ 1674) ruht. Ist der Va nur in der GeschFgk beschränkt, so behält er hingg das SorgeR (§ 1673 II), keine RückÜbertr. Die RückÜbertr schließt nicht eine Pflegerbestellg (§ 1706) ein, da das Ki nunmehr die

3 rechtl Stellg eines ehel Kindes hat, § 1736. **b) Verfahren.** Zustgk: FGG 36, 43. RiEntsch: RPflG 14 I Nr 15. Vgl iü 1727 Rn 5.

1739 *Unterhaltspflicht des Vaters.* **Der Vater ist dem Kinde und dessen Abkömmlingen vor der Mutter und den mütterlichen Verwandten zur Gewährung des Unterhalts verpflichtet.**

1 **1)** § 1739 gilt ohne zeitl Beschrkg, also auch, wenn der Mutter die Ausübg der elterl Sorge zurückübertr ist, da der Vater keinen wirtsch Vorteil dch sein Verhalten erlangen soll. Am UnterhAnspr von Vater u Mutter ggü dem Kind ändert § 1739 nichts.

2 **2) Vorrangige Verpflichtung des Vaters** (AG Langen NJW-RR **93**, 514: wg Verstoßes gg GG 3 II unwirks), da dch ihn freiw enge Beziehgn zum Kind hergestellt wurden. Seine bisherigen UnterhVerpflichtgn, §§ 1615 a ff, ggü dem Kind ändern sich; nicht mehr anwendb die Verpfl des Vaters zum Regel-Unterh, § 1615 f; es gelten nunmehr §§ 1601 ff, wobei auch jetzt § 1606 bzgl der Mutter u deren Verwandten zu berücks. Eine Einforderg dch den Pfleger § 1706 Z 2, kann nicht mehr stattfinden, der Vater kann u w in den meisten Fällen die ihm leichtere Leistg in Natur wählen, § 1612 II. Die vorrang Verpfl des Vaters gilt auch ggü Abkömml des Kindes.

1740 *Verheiratung des Vaters.* *(Weggefallen, Art 1 Z 37 NEhelG; s § 1736 Rn 1.)*

III. Ehelicherklärung auf Antrag des Kindes

1740 a *Voraussetzungen der Ehelicherklärung.* [I] **Ein nichteheliches Kind ist auf seinen Antrag vom Vormundschaftsgericht für ehelich zu erklären, wenn die Eltern des Kindes verlobt waren und das Verlöbnis durch Tod eines Elternteils aufgelöst worden ist. Die Ehelicherklärung ist zu versagen, wenn sie nicht dem Wohle des Kindes entspricht.**

[II] **Die Vorschriften des § 1724, des § 1730, des § 1733 Abs. 1, 3 und des § 1735 gelten entsprechend.**

1 **1)** Währd der Antr des Vaters auf EhelErkl (§ 1723) bezweckt, das Kind in die väterl Fam einzugliedern, w bei EhelErkl auf Antr des Kindes nur etwas verwirklicht, was ohne den Tod eines (od beider) EltT eingetreten wäre: es wäre sonst heute ein ehel Kind. Da der entscheidde Gesichtspkt der §§ 1740 b ff mithin ein ganz and ist, erübrigen sich bes SchutzVorschr zG des Kindes u der Fam u ist dem bei der Auslegg Rechng zu tragen. EhelErkl trotz inzw erfolgter Adoption zul (AG Tüb FamRZ **74**, 161).

2 **2) Voraussetzungen. a)** Ein **Antrag** des Kindes des Verstorbenen, ggf dch seinen ges Vertr, § 1740 c;
3 **b)** der Nachw, daß der verstorbene ElternT mit dem lebdn **verlobt** war, dch Zeugen, insb Angeh, Briefe. Es muß ein rechtl wirks Verlöbn vorgelegen haben (Kassel DAVorm **74**, 119; vgl Einf vor § 1297); nicht erforderl schon vor Geburt. Verlöbn mit einem Verheirateten nichtig (Hamm FamRZ **71**, 321). Die Vorschr setzt die Prognose voraus, daß es ohne den Tod zu der beabs Eheschl gekommen wäre; desh keine An-
4 wendg, wenn der verstorbene EltT eheunfäh war (KG FamRZ **87**, 862). – **c)** Nachw, daß das Verlöbn **durch den Tod aufgelöst** wurde, nicht aus and Grden, zB Übereinkunft, auch stille, worauf ein langes Hinausschieben der Heirat deuten kann.

5 **3) Die Entscheidung des Vormundschaftsgerichts. a)** Entscheidd ist das Wohl des Kindes, I 2. Das w im allg zu bejahen sein, wenn die Mutter die Überlebde ist, bei der sich dann das Kind ohnehin aufhält u von ihr erzogen w. Ist der Vater der Überlebde, zu prüfen Unterbringg, Ernährg, Betreuung, die Ein-
6 passgsmöglich in die Familie des Vaters, insb wenn er anderw geheir hat. **b) Verfahren:** § 1723 Rn 5 entspr. Zusätzl Anhörg: § 1740 d. Wirksamw u Beschw: FGG 56 b; sof Beschw: FGG 60 I Nr 6. Gg Ablehng nur das Ki: FGG 20 II.

7 **4) Entsprechende Geltung von Vorschriften über die Ehelicherklärung auf Antrag des Vaters, II:** § 1724, Bedinggsfeindlich, keine Zeitbestimmg, § 1730 notarielle Beurk, § 1733 I, III keine EhelErkl nach dem Tode des Kindes, gleiche Wirkg der EhelErkl nach dem Tode des ElternT wie vor seinem Tode, § 1735, heilg von Fehlern bei dem ges Voraussetzgn, also auch wenn kein Verlöbn od dieses nicht dch Tod aufgelöst; hingg keine Heilg u EhelErkl unwirks, wenn Kind nicht das eines ElternT, weil nicht der richt Vater od die richt Mutter, Kind ihr also untergeschoben, vgl auch § 1735 Rn 1 a E. Im übr gelten die bes Vorschr der §§ 1740 a ff.

1740 b *Einwilligung des überlebenden Elternteils.* [I] **Zur Ehelicherklärung ist die Einwilligung des überlebenden Elternteils erforderlich. Die Einwilligung ist nicht erforderlich, wenn der überlebende Elternteil zur Abgabe einer Erklärung dauernd außerstande oder sein Aufenthalt dauernd unbekannt ist.**

[II] **Die Einwilligung ist dem Kinde oder dem Vormundschaftsgericht gegenüber zu erklären; sie ist unwiderruflich.**

[III] **Die Einwilligung kann nicht durch einen Vertreter erteilt werden. Ist der überlebende Elternteil in der Geschäftsfähigkeit beschränkt, so ist zur Erteilung seiner Einwilligung die Zustimmung des gesetzlichen Vertreters nicht erforderlich.**

1) Einwillig des Überlebden erforderl, weil seine Stellg zum Kinde mit dessen EhelErkl sich ändert. Der **1** Vater bekommt die volle elterl Sorge, §§ 1616–1698b, unterhaltsrechtl: § 1739 Rn 2; das Kind bleibt ohne Pfleger, falls die Mutter die Überlebde ist; denn das Kind ist ehel, § 1740f. Der Überlebde hat die uneingeschränkte elterl Sorge.

2) Einwilligungserklärung des überlebenden Elternteils (vgl auch § 1726) wg der Änd der Stellg **2** zum Kind (Rn 1) erforderl. Dem Kinde od VormschG in notariell beurkundeter Form, §§ 1740a II, 1730, zu erkl, II. Ist unwiderrufl (§ 1726 Rn 1). Keine Ersetzg der Einwillig dch VormschG mögl, zumal bei Ersetzg der Einwillig, die sich daraus ersichtl ablehnde Haltg des ElternT, jedenf des Vaters, schwerl mit dem Wohl des Kindes vereinb wäre. Die Einwillig entfällt daher auch, wenn der überl ElternT zur Abg einer Erkl dauernd außerstande od sein Aufenth dauernd unbekannt ist (vgl § 1726 Rn 3).

3) Vertretung bei Erteilung der Einwilligung, III. Kann wg des höchstpersönl Charakters nur vom **3** überl ElternT selbst erteilt w. Das gilt auch, wenn der ElternT in der GeschFgk beschr ist, u zwar ohne daß sein ges Vertr zust müßte. Ist er geschunfäh, so entfällt seine Einwillig, Rn 2.

1740c *Antragstellung durch das Kind.* **Für ein Kind, das geschäftsunfähig oder noch nicht vierzehn Jahre alt ist, kann nur sein gesetzlicher Vertreter den Antrag stellen. Im übrigen kann das Kind den Antrag nur selbst stellen; es bedarf hierzu, falls es in der Geschäftsfähigkeit beschränkt ist oder der Antrag einem Einwilligungsvorbehalt nach § 1903 unterliegt, der Zustimmung seines gesetzlichen Vertreters.**

Gleichlautd mit § 1729 I, s dort. Vgl iü § 1740a II. **1**

1740d *Anhörung von Angehörigen.* **Das Vormundschaftsgericht hat vor der Ehelicherklärung die Eltern des Verstorbenen und, falls der Vater des Kindes gestorben ist, auch die ehelichen Kinder des Vaters zu hören; es darf von der Anhörung einer Person nur absehen, wenn sie zur Abgabe einer Erklärung dauernd außerstande oder ihr Aufenthalt dauernd unbekannt ist. War der Verstorbene nichtehelich, so braucht sein Vater nicht gehört zu werden.**

1) Der Kreis der Anzuhörenden. Die Eltern, war der Verstorbene nehel, so nur die Mutter. Ist von den **1** Eltern der Vater des Kindes gestorben, so sind auch dessen ehel Kinder, also die Geschwister des für ehel zu erklärenden Kindes zu hören. Von der Anhörg eines dieser Personen darf nur abgesehen w, wenn sie zur Abg einer Erkl dauernd außerstande, also geschunfäh, od ihr Aufenth dauernd unbekannt ist.

2) Wegen Anhörung Einf 9–11 vor § 1626. Die anzuhörden Personen haben gg die Entsch ein Be- **2** schwRecht, FGG 56b II; vgl auch § 1740a Rn 6.

1740e *Antragsfristen.* **ᴵ Nach dem Tode des Vaters kann das Kind den Antrag auf Ehelicherklärung nur binnen Jahresfrist stellen. Die Frist beginnt nicht vor der Geburt des Kindes und, falls die Vaterschaft nicht anerkannt ist, nicht vor ihrer rechtskräftigen Feststellung. Auf den Lauf der Frist sind die für die Verjährung geltenden Vorschriften der §§ 203, 206 entsprechend anzuwenden.**

ᴵᴵ War beim Tode des Vaters die Vaterschaft weder anerkannt noch rechtskräftig festgestellt und auch kein gerichtliches Verfahren zur Feststellung der Vaterschaft anhängig, so kann das Kind den Antrag auf Ehelicherklärung nur stellen, wenn es die Feststellung der Vaterschaft *binnen der Frist des § 1934c Abs. 1 Satz 2* begehrt hat.

1) Grdsätzl ist das R des Kindes, die EhelErkl zu beantr, zeitl nicht begrenzt; es ist also zB mögl, einen **1** solchen Antr nach Erreichen der Volljährigk zu stellen, auch wenn der ges Vertr ihn nicht gestellt hat od stellen wollte. Ist aber der Vater gestorben, so wird eine Befristg im Interesse der baldigen Klärg der Erbf notw, vgl dazu auch Knur FamRZ 70, 273; denn dch die EhelErkl steht das Kind einem ehel gleich, § 1740f, ist also wie dieses erbberecht. Ausschlaggebd für den FrBeginn ist die Feststellg der Vatersch.

2) Auf den Lauf der Frist sind §§ 203, 206 entspr anwendb. **a)** Bis 1 Jahr nach dem Tode, falls Vatersch **2** bereits vor dem Tode anerkannt od rechtskr festgestellt, **I 1.** FrBeginn aber nicht vor Geburt des Kindes u nicht vor Inkrafttr des NEhelG, NEhelG Art 13 § 9 S 2. **b)** War Vatersch nicht anerkannt u w die Vatersch **3** aGrd des schon bei Lebzeiten des Vaters anhäng Verf erst nach seinem Tode festgestellt, FrBeginn für die JahresFr nicht vor Rechtskr des FeststellgsUrt, da erst dann das Kind zur Stellg eines solchen Antr legitimiert ist, § 1600a. **c)** Lag weder a noch b vor, war also auch kein Verf auf Feststellg der Vatersch anhäng, **4** stirbt aber der Vater vor der Geburt des Kindes od bevor es 6 Monate alt geworden ist, so kann das Kind den Antr auf EhelErkl nur stellen, wenn es den Antr auf Feststellg der Vatersch, die seinen Antr auf EhelErkl bei entspr Feststellg erst ermöglicht, § 1600n II, binnen 6 Monaten seit dem Erbf od seiner Geburt gestellt hat, § 1934c I 2. Die Verweisg auf diese Vorschr geht z Zt ins Leere, nachdem BVerfG BGBl I 87, 757 = NJW 87, 1007 § 1934c insgesamt für verfwidrig erklärt hat (vgl dort).

3) Übergangsrechtlich bestimmt NEhelG Art 12 § 9, daß es bei der bisher erbrechtl Regelg bleibt, **5** wenn der Vater vor dem 1. 7. 70 gestorben ist, u daß die Frist f den Antr auf EhelErkl ebenf nicht vor dem 1. 7. 70 beginnt. Einzelh 41. Aufl.

1740f *Rechtswirkungen der Ehelicherklärung auf Antrag des Kindes.* **ᴵ Das auf seinen Antrag für ehelich erklärte Kind steht einem Kinde gleich, das durch Eheschließung seiner Eltern ehelich geworden ist.**

^{II} **Das Kind erhält den Familiennamen des überlebenden Elternteils. Das Vormundschaftsgericht hat dem Kind auf seinen Antrag mit Zustimmung des überlebenden Elternteils den Familiennamen des verstorbenen Elternteils zu erteilen. Als Familienname gilt nicht der gemäß § 1355 Abs. 4 dem Ehenamen hinzugefügte Name. Der Antrag kann nur in dem Verfahren über den Antrag auf Ehelicherklärung gestellt werden.**

1   **1)** Die Vorschr regelt die RWirkgen der auf den eig Antr des Ki erfolgten EhelErkl. Die Änderg en der Vorschr dch Art 1 Nr 8 FamNamRG entspr denen von § 1737 (dort Rn 1).

2   **2) Ehelichkeit, I.** And als bei dem auf Antr des Va für ehel erkl Ki, das die rechtl Stellg eines ehel Kindes erlangt, wobei die Mu die Ausübg der elterl Sorge verliert (§ 1738) u der Va eine verstärkte UnterhPfl bekommt (§ 1739), steht das auf seinen Antr für ehel erklärte Ki in jeder Beziehg einem dch Eheschl der Elt ehel gew Ki völl gleich (§ 1719 Rn 4). Danach richten sich auch Rechte u Pfl des überlebden EltT.

3/4   **3) Kindesname.** Grdsatz: Das Ki erhält den FamNamen des überlebden EltT, **II 1.** Das VormschG hat dem Ki jedoch auf seinen Antr mit Zust des überlebden EltT den FamNamen des verstorbenen EltT zu erteilen, **II 2;** kein Ermessen, wenn Antr u ZustErfordern erfüllt sind. Überlebder EltT kann eig Interesse 5   daran haben, weil er über § 1740g ebenf den Namen seines fr Verl erh kann. Als FamName gilt nicht der Begleitname, **II 3.** Ein solcher ist nur vorh, wenn einer der miteinand verlobten EltTeile vor der Verlobg schon einmal verheiratet war. Da der auf diese Weise ausgeschl BeglName idR der Geburtsname ist (§ 1355 IV), entsteht wiederum das unbefriedigde Ergebn, daß das Ki einen iRv § 1355 II 1 bloß angeheirateten Namen erhält, mit dem der EltT, wie gerade die neue Verlobg, aus der das Kind stammt, zeigt, nichts mehr verbindet.

1740 g *Namensübertragung auf den überlebenden Elternteil.* **Im Falle des § 1740f Abs. 2 Satz 2 bis 4 hat das Vormundschaftsgericht dem überlebenden Elternteil auf dessen Antrag den Familiennamen des Kindes zu erteilen. Die Erteilung ist ausgeschlossen, wenn der überlebende Elternteil nach dem Tode des anderen Elternteils eine Ehe eingegangen ist.**

1   **1)** Vom Grdgedanken einer ledigl dch den Tod des Vaters vereitelten Eheschließg der verlobten Elt aus (§ 1740a Rn 1) u nach EhelWerden des Kindes (§ 1740f) ist es konsequent, die Namensgleichh auch auf die Mutter z erstrecken, bei der das Kind idR lebt. Auf Grd von 1. EheRG Art 1 Z 38 gilt das Umgekehrte jetzt auch beim Tod der Mutter für den Vater. Zu Recht kritisiert Ruthe FamRZ **76,** 415, daß dadch der überlebde Verlobte den früheren Ehenamen des Verstorbenen, der nicht zugl dessen Geburtsname war, erhält, was iRv § 1355 II 1, also dch Eheschl, nicht mögl gewesen wäre. Neben der NamensÄnd im VerwWege (OVG Lüneb FamRZ **72,** 387) eröffnet § 1740g einen vereinf zivilrechtl Weg über Beschl des VormschG. Analogie zu § 1355 III erlaubt dem überlebden EltT, dch Erkl ggü dem StA den Namen des Verlobten der Geburts- od den zZ der Namenserteilg geführten Namen voranzustellen (vgl Stgt FamRZ **73,** 158). Da §§ 1740a ff nur die Brautkinder, nicht die nehel Kinder allg betreffen, gibt (evtl zu Unrecht erfolgte) Erteilg des Vaternamens an das Kind automat auch der Mutter einen Anspr auf NamÄnd, da § 1740g keinen generellen Grds der Namensidentität zw Mutter u ne Kind enthält (BVerwG FamRZ **75,** 38). Dch § 1740g ändert sich nicht der GeburtsNa des überlebden EltT (AG Brem StAZ **94,** 260).

2   **2) Voraussetzungen: a)** Wirks Verlobg beim Tode des EltT. Strenge Anfordergen an den Nachw; bloßes (auch langjähr) ZusLeben nicht ausr. Keine Namenserteilg, wenn Vater des ne Kindes verheiratet war (Hamm FamRZ **72,** 151) od wenn Mutter vor dem Tode des Vater geheiratet hat. **b)** Tod des and EltT, gleichgült ob Vater od Mutter (Rn 1). **c)** Rechtskr EhelErkl auf Antr des Kindes (§ 1740a), nicht des Vaters gem § 1723 (Hamm NJW **72,** 1088). **d)** Form- u fristl Antr des überlebden EltT. **e)** Fehlen von Hindernissen wie Eheschl des überlebden EltT nach dem Tode des and EltT, S 3. Entggstehen schwerwiegender Grde hindert die NamensÜbertr iGgs zur aF nicht mehr; damit unvereinb die Aufrechterhaltg des Zustdgk des Richters statt des RPflegers (Rn 7).

3   **3) Verfahrensrecht.** Vgl § 1723 Rn 5. Wirksamw u Beschw: FGG 56b, 60 I Nr 6; § 1740d. **Standesamt:** PStG 30; Reichard StAZ **76,** 183.

Achter Titel. Annahme als Kind

Einführung

1   **1)** Die **soziale Bedeutung der Adoption** hat sich seit der Entstehg des BGB entscheidd geändert (zur histor Entwicklg Lüderitz NJW **76,** 1865). Die Ann eines Kindes soll nicht mehr den Fortbestand des Namens und des Vermögens sichern, sond einem Kind, das ein gesundes Zuhause entbehren muß, eine Familie geben. Die Adoption ist nach heut Verständn in erster Linie ein Mittel der Fürs für elternlose u verlassene Kinder. Sie sollen in einer harmon u lebenstücht Fam als deren Kind aufwachsen können (BT-2   Drucks 7/3061 S 1 u 7/5087 S 1). Das **Adoptionsgesetz v 2. 7. 76** (BGBl 1749) hat dch Art 1 Nr 1 die §§ 1741–1772 völl neu gefaßt u dabei in den Grdzügen flgde Neureglgen verwirklicht: Ziel u Voraussetzg der Ann eines Minderjähr ist, daß sie seinem Wohl dient u die Herstellg eines Elt-Kind-Verhältn zu erwarten ist. Ferner wird das mj Kind in jeder Beziehg wie ein leibl Kind des Annehmden voll in dessen Fam aufgen, so daß die alten VerwandtschVerhältn erlöschen **(Volladoption).** Einzelheiten § 1754 Rn 1. Als Folge davon kann das zu einem Mj begründete AnnVerhältn nur noch in bes AusnFällen u auch dann nur aufgelöst w, wenn die Auflösg im Einklang mit dem Kindeswohl steht. Damit sollen die neuen Elt u das Kind die Sicherh erhalten, die für ein gedeihl FamLeben notw ist (BT-Drucks 7/3061 S 2). Iü wird das AnnVerfahren vereinfacht; die Ann als Kind wird nicht mehr wie bish (§§ 1750–52 aF) dch Vertrag, sond dch gerichtl

Ausspr begründet **(Dekretsystem).** Das BGB kennt nur die Ann als Kind (bisl: Ann an Kindes Statt), um ein Elt- u KindschVerhältn zu begründen, u zwar ist die Ann dch eine Pers od auch als gemschaftl Kind dch ein Ehepaar (§ 1741 II 1), nicht aber die Ann an Enkels Statt (KG HRR **28**, 129) mögl. Um Mißbr zu verhüten, waren im bish Recht Schutzbestimmungen gegeben, zB über den Ausschl des ErbR des Annehmden (vgl §§ 1752, 1759, 1760, 1767, 1771 aF); ebso hatte die Rspr den KindesAnnVertr, der ledigl den Namens-übergang bezweckt, als nichtigen ScheinVertr behandelt (RG **147**, 225). Das G gg Mißbräuche bei der Eheschl u der Ann an Kindes Statt v 23. 11. 33 verbot ausdrückl die AnnBestätigg, wenn ein dem Elt- u Kindesverhältn entspr Verhältn nicht hergestellt w sollte. Nach § 1741 I nF ist dies jetzt zur posit Voraus-setzg für die Zulässigk der Ann ausgestaltet. Zur histor Entwicklg der Adoption vgl iü die 35. Aufl. Mit 3 dem **AdoptRÄndG** v 4. 12. 92 (BGBl 1974), in Kr ab 12. 12. 92 (Lit: Lüderitz NJW **93**, 1050) werden unter grundsätzlicher Betong, daß sich das AdoptR v 1976 insges bewährt hat, Ändgn in drei Bereichen vorgen: (1) Eine Ändg des Vornamens des Adoptivkindes soll in Zukft schon dann mögl sein, wenn sie dem Wohl des Ki entspr. (2) Das Verbot der erneuten Ann eines bereits einmal angen Ki hat den Zweck zu verhindern, daß ein Ki von AdopElt zu AdopElt weitergereicht w. Entsprechd diesem bezweckten Ziel soll das Verbot in Zukft auf die Ann mj Ki beschrkt w gilt damit nicht mehr für die Ann Volljn. (3) Die Volladoption eines Volljn soll nur dann sittlich gerechtfert sein, wenn ihr überwiegende Interessen der leibl Elt nicht entgegen-stehen. Zum Verhältn von Adoption u **Vaterschaftsfeststellung** vgl BT-Drucks 7/5087 S 15 = DAVorm 4 **77**, 311. Flankierende Maßn im Bereich der gesetzl KrankVers, SozVers usw enthält das **AdAnpG** v 24. 6. 85, BGBl S 1144 (vgl dazu BT-Drucks 10/3216; BR-Drucks 139/84; DAV **84**, 365 u 781).

2) **Adoptionsvermittlungsgesetz** idF des AdVermiÄndG v 27. 11. 89 (BGBl I 2014), in Kraft getreten 5 am 1. 12. 89 (Lit: Bach FamRZ **90**, 574; Lüderitz NJW **90**, 1633 sowie MüKo Anh n § 1752).

a) **Adoptionsvermittlung** ist das Zuführen v Ki unter 18 J u Pers, die ein Ki annehmen wollen 6 (Adoptionsbewerber), mit dem Ziel der Ann (§ 1 S 1). AdoptVerm ist auch der Nachw der Gelegenh, ein Ki anzunehmen od ann zu lassen, u zwar auch dann, wenn das Ki noch nicht geboren od gezeugt ist (§ 1 S 2). Die AdoptVerm ist Aufg des JA (Einf 44 v § 1626) u der LJA, sof dort AdVermStellen bzw zentrale AdSt (Lit: Kühl ZfJ **87**, 441) eingerichtet s, aber auch des Diakon Werks, des Dt Caritasverbands, der Arbeiter-wohlfahrt usw (§ 2), zu denen ein AuftrVerh besteht (LG Ffm NJW-RR **88**, 646). Mit der AdVermittlg dürfen nur Fachkräfte betraut w (§ 3). Iü gilt ein AdVermittlgVerbot (§ 5 I), unter das auch Informations-stellen ü AuslAdopt fallen (VGH Kass NJW **88**, 1281). Keine Rückzahlg v VermittlgsAnzahlgen (Oldbg NJW **91**, 2216). Insb ist es auch verboten, Schwangere dch Verschaffg v Gelegenh zur Entbindg zu best, dort ihr Ki zur Ann als Ki wegzugeben (§ 5 III). Ferner ist untersagt, VermTätigken auszuüben, die zum Ziel h, daß ein Dr ein Ki auf Dauer bei sich aufnimmt; darin liegt ein sich nicht nur an den Vermittler richtdes (aA Reichel FamRZ **91**, 1031) absolutes **Verbot des Kinderhandels** (BT-Drucks 11/5283 S 4, 8), dh jegl Form, auch aller Umgehen (Bach FamRZ **90**, 576). Verboten ist es aber insb auch, daß ein Mann die Vatersch für ein nehel Ki zZw der EhelErkl dieses Ki anerk, ohne dessen Vater zu sein (zur fingierten VaterschAnerk mit anschließder Freigabe zur Adopt vgl VG Ffm NJW **88**, 3032; BayObLG FamRZ **92**, 1346). Ebso sind entspr öff Erkl, insb dch **Zeitungsanzeigen**, unters (§ 6). Die AdoptStellen prüfen vAw, für welche Ki in den Heimen die Ann in Betr kommt (§ 12). Ist ein solches Ki gefunden, beginnt die Vorbereitg der Verm (§ 7); die Annehmden, das Ki u seine Elt werden iR der AdHilfe eingehd beraten u unterstützt (§ 9). Bei InkognitoAdopt (§ 1747 Rn 9) besteht kein Anspr der Mu, ihr bei der Wiederherstellg der Verbindg zu dem Ki behilfl zu sein (OVG Lüneb NJW **94**, 2634). Das Ki darf erst dann zur Einge-wöhng bei den AdBewerbern in Pflege gegeben w **(Adoptionspflege),** wenn feststeht, daß sie für die Ann des Ki geeignet s (§ 8). **Haftung:** Amtspflichtverletzg, wenn die Bediensteten einer kommunalen Adopt-VermittlgsSt den AdBewerber nicht über den Verdacht einer geist Retardierg des anzunehmden Ki aufklä-ren (Hamm FamRZ **93**, 704).

b) **Verbot der Ersatzmuttervermittlung** (vgl § 1591 Rn 9). Die GesNeufassg macht Analogien für die 7 Leihmutter (vgl Hamm NJW **85**, 2205) überflüss, indem es **audrückliche Verbote** für das ZusFühren v ErsatzMutter u BestellElt sowie des Nachw von Gelegenh zu ErsMuVereinbgen dch öff Erkl, vor allem dch Zeitgsanzeigen, ausdrückl in das Ges aufgen hat (§§ 13 c u d). Unter ErsMu versteht das G dabei sowohl die Eispende u Austragg des Ki (§ 13a Nr 1) als auch die Übern der Schwangersch eines nicht von ihr stammden Embryos (§ 13a Nr 2).

3) **Pflegekindschaft** (Lit: Wiesner ZfJ **89**, 101; Zenz KiWohl **89**, 23; Niemeyer u Wagner FuR **91**, 208 u 8 330; **92**, 148). Regelg: SGB VIII 23, 44ff; Begriff: BVerwG FamRZ **85**, 183 (betr BBesG 40 III); Anerk im SteuerR: BFH NJW **92**, 1255; zur Psychologie: Nienstedt/Westermann, PflegeKi, 1989; Schutz des Pflege-Ki: Lakies/Münder RdJB **91**, 428; Schutz vor Herausg: § 1632 Rn 18; FamPflege: § 1630 Rn 5; Adoptions-pflege: § 1744; Pflegegeld: § 1751 Rn 3; Erlaubn der PflegeElt: Einf 42 v § 1626; VertretgBefugn: Einf 58 v § 1626; VollZtPflege: Einf 32 v § 1626. **Muster** einer PflegeVereinbg: ZfJ **79**, 409. 9

4) **IPR** u interlok PrivR: EG 22. **Wiederholung** der Ann dch erneuten AnnBeschl in Dtschl, wenn bei 10 einer ausl Adopt Zweif bestehen an ihrer Wirksamk (LG Kln NJW **83**, 1982) od wenn sie schwächere Wirkgen als eine dt Ann hat (Ffm FamRZ **92**, 985). Dazu sowie zur Wiederholg der Einwilliggen Zenger FamRZ **93**, 595. **Übergangsregelung DDR:** EG 234 § 13.

5) **Übergangsrecht:** 53. Aufl. 11

6) **Verfahrensrecht.** Das Dekretsystem (Rn 2) weist den Ausspr der Ann u alle weit ger Entsch dem 12 VormschG zu (§ 1752). Zustdgk: FGG 43b. RiEntsch: RPflG 14 I Nr 3f. Vor der Ann eines Mj hat das VormschG eine gutachterl Äußerg der AdoptVermittlgsSt bzw des JA über die Eign des Ki u der Fam des Annehmden einzuholen (FGG 56d). Anhörgn: Einf 10ff v § 1626; zum Ki: BayObLG FamRZ **93**, 1480. Fehler bei der Anhörg: Beseitigg nicht der RKr (so noch BVerfG FamRZ **88**, 1247 mA Frank/Wassermann) sond nur der Unabänderbk iVm Zurückverweisg (BVerfG NJW **94**, 1053). Der AnnBeschl (§ 1752) wird grdsl mit der Zustellg an den Annehmden wirks u ist unanfechtb u nicht abänderb (FGG 56e). WillMängn u

VerfFehler werden geheilt (Lüderitz NJW **76**, 1869); berücks allerd iRv § 1760. Der StBeamte ist auch an das unter Verstoß gg das Verbot der ZweitAdopt (§ 1742) ausgesproch AdoptDekr gebunden (LG Brschw FamRZ **88**, 106). Desh darf die Ann ggf erst nach RKr des die Einwilligg eines EltT, des Eheg des Annehmden od des Vormd od Pfl des Ki ersetzden Beschl (FGG 53 I 2, 60 I Nr 6) ausgesproch werden (Celle DAV **78**, 383). Inh des AnnBeschl: § 1752 Rn 1. Beschw: gg die Ablehng (FGG 20 II); bei gemeinsch Ann auch dch einen Eheg allein (Engler FamRZ **76**, 588); vgl iü KKW § 56e FGG Rn 22 ff. **Standesamt:** PStG 30 I, 15 I 1 Nr 3 u 4 sow II Nr 3. Auf die Wirksk des AnnDekr ist es ohne Einfl, wenn der Annehmde einen falsch Nam angegeb hat (BayObLG StAZ **93**, 294). Vgl iü § 1772 Rn 6.

13 **7) Reform.** Zum EuropAdoptÜberEink vom 24. 4. 67, das mit G v 25. 8. 80 ratifiziert w (BGBl II 1093) u am 11. 2. 81 in Kr getr ist (BGBl II 70), vgl Oberloskamp ZfJ **82**, 121; MüKo/Lüderitz Vorbem 20 v § 1741. Zur Aufforderg des BR an die BReg, eine umfassde Überarbeitg des AdoptR in Angriff zu nehmen, ua beim AuslAdopt, Anhörgs- u EinwilliggsR leibl Elt, BeschwerdeR für AdoptVermittlgsStellen sowie zur GgÄußerg der BReg vgl BT-Drucks 12/2506 S 10. Vgl iü Einl 6 v § 1297. Beim **BVerfG** sind Verf zur RStellg des nichtehel Vaters anhäng (vgl FamRZ **92**, 1025).

I. Annahme Minderjähriger

1741 *Zulässigkeit der Annahme.* [I] Die Annahme als Kind ist zulässig, wenn sie dem Wohl des Kindes dient und zu erwarten ist, daß zwischen dem Annehmenden und dem Kind ein Eltern-Kind-Verhältnis entsteht.

[II] Ein Ehepaar kann ein Kind gemeinschaftlich annehmen. Ein Ehegatte kann sein nichteheliches Kind oder ein Kind seines Ehegatten allein annehmen. Er kann ein Kind auch dann allein annehmen, wenn der andere Ehegatte ein Kind nicht annehmen kann, weil er geschäftsunfähig oder in der Geschäftsfähigkeit beschränkt ist.

[III] Wer nicht verheiratet ist, kann ein Kind allein annehmen. Der Vater oder die Mutter eines nichtehelichen Kindes kann das Kind annehmen.

1 **1) Die Grundvorschrift des neuen Adoptionsrechts** nennt die Voraussetzgen, unter denen die Ann eines Mj als Kind zuläss ist, I, wobei der gesetzl Ausgangsfall der Ann dch eine EinzelPers ist, der vor allem in Betr kommt, wenn der Vater od die Mutter eines nehel Kindes das Kind annimmt (BT-Drucks 7/5087 S 5). Das G behandelt sodann den Regelfall der Adopt, näml die Ann dch ein Ehepaar sowie die Ann dch einen Eheg allein, II, u schließt die Adopt dch eine unverheiratete Pers, insb den Vater od die Mutter eines nehel Kindes, III. Die Ann selbst erfolgte nach § 1741 aF dch einen AnnVertr zw Adoptivkind u AdoptivElt, welcher der Bestätigg dch das VormschG bedurfte. Die Ann erfordert nach R einen Antr des Annehmden u den AdoptionsBeschl des VormschG (§ 1752). Wird das Ki vor Erl des AdBeschl volljährig, gelten die §§ 1767 ff (AG Kempten StAZ **90**, 108; aA Kirchmayer StAZ **95**, 262). Zur **Readoption** des eig ehel Ki AG Starnbg StAZ **95**, 270.

2 **2) Grundvoraussetzungen jeder Annahme, I.** Die Ann als Kind ist überh nur zul, wenn zwei Erfordern vorliegen:

3 **a) Die Ann muß dem Wohl des Kindes** dienen. Es muß eine merkl bessere Entwicklg der Persönlich des Kindes zu erwarten sein (MüKo/Lüderitz Rdn 7). Die bloß relative Besserg der Verhältn des Kindes, zB daß es dann (wenigstens vorübergd) nicht mehr in einem Heim zu sein braucht, reicht nicht aus. Der Maßstab ist ders wie bei der Genehmigg der VormschG iRv § 1751 aF (vgl Hbg OLG **5**, 417; Celle ZBlJugR **52**, 122; Hamm FamRZ **68**, 110). Beschl gem § 1752 also nur, wenn mit der Ann eine Verbesserg der persönl Verhältn od der RStellg des Kindes verbunden ist. Keine Versagg der Ann, weil Mutter den Erzeuger nicht nennen will (LG Kln FamRZ **63**, 55). Der Ann eines nehel Kindes dch den Vater steht nicht entgg, daß die Elt heiraten könnten (Mannh NJW **61**, 881; Gö NdsRPfl **63**, 128); dahin gehder Druck auf die Elt ist unzul. Keine Adopt dch den nehel Va, wenn dieser das KlKind aus der vertrauten Umgebg bei PflegeElt herausn will (BayObLG ZfJ **91**, 431) od wenn die philippin Mu aus Kummer über den Va Selbstmord gem hat (BayObLG FamRZ **89**, 1336). Für den AdoptBeschl müssen aber trift, das Kindeswohl im Einzelfall nachhalt fördde Grde vorliegen. So kann Herauslösg aus funktionierdem FamVerband zZw der Nachfolge im Gesch des Onkels wg der damit uU für das Kind verbundenen Konflikte abgewogen w (Brem DAVorm **74**, 472). Vgl zum Kindeswohl iü §§ 1666 Rn 4, 1671 Rn 11–19. Der Wunsch eines AdoptBewerbers, vor Ausspr der Ann erst die Vatersch zu klären, ist grdsl nicht zu berücks, wenn dadch eine Verzögerg der Ann eintritt u die Verzögerg dem Wohl des Kindes widerspricht (BT-Drucks 7/5087 S 15); ebso darf der Ausgang eines VaterschFeststellgs Verf nur dann abgewartet w, wenn eine dadch eintretde

4 Verzögerg der Adoption dem KiWohl nicht entgg steht (LG Stgt FamRZ **78**, 147). Einer Adoption des Kindes dch den Ehem seiner Mutter steht grdsl entgg, wenn der Stiefvater den ihm bekannten Namen des nehel Vaters verschweigt, um dessen gesetzl vorgeschriebene Beratg zu verhindern (Bln FamRZ **78**, 148). Die Adoption kann von einem **Aids-Test** abhäng gem werden (LG Bln FamRZ **89**, 427; KG FamRZ **91**, 1101: Bei Verweigerg keine automat Ablehng des AdAntr).

5 **b) Hinzukommen** muß die ernsth Aussicht, daß (auch bei Adoption des eig nehel Ki; BayObLG FamRZ **83**, 532) zw dem Annehmden u dem Kind ein **Eltern-Kind-Verhältnis** entsteht. Gemeint ist, wie die Aufrechterhaltg dieses Erfordern auch bei der Ann des eigenen nehel Kindes zeigt, nicht die leibl, sond die „soziale Elternsch", dh Fürs u Erziehg, wie sie natürl Elt typischerw leisten (Lüderitz NJW **76**, 1866). Die Herstellgs„erwartg" soll verdeutlichen, daß das Ger die Ann erst aussprechen darf, wenn es zu seiner Überzeugg festgestellt hat, daß die Herstellg eines Elt-Ki-Verhältn beabsichtigt ist u die Voraussetzgen dafür vorliegen (BT-Drucks 7/5087 S 9). Der Wunsch der zukünft Elt reicht also allein nicht aus; es muß unter obj u subj Gesichtspkten die Prognose gerechtfert sein, daß eine Elt-Kind-Beziehg zw den Beteiligten zustande kommt. Da die Voraussage, daß ein Elt-Kind-Verhältn entsteht, am ehesten aGrd prakt Erfahrgen getroffen w kann, legt § 1744 fest, daß die Ann idR erst ausgesprochen w soll, wenn der Annehmde das Kind eine angem Zeit in Pflege gehabt hat (BT-Drucks 7/5087 S 5). Im Rahmen der Vorbereitg der AdoptVermittlg (Einf 2 v § 1741) ist die Eigng der Bewerber zu prüfen; die Prüfg sollte sich nicht auf Äußerlichkeiten (eig Bett, Sauberk, ausr Versorgg) beschr (Lüderitz NJW **76**, 1866).

c) **Weitere Voraussetzungen** der AdoptZulässig ergeben sich aus den Alterserfordernissen (§ 1743 **6** I–III) u dem Erfordern unbeschr GeschFähigk aS des Annehmden (§ 1743 IV), der Notwendigk der Einwilligg des Kindes (§ 1746) u seiner Elt (§§ 1747, 1748) sowie bei der einseit Adopt des and Eheg (§ 1749). Nicht verlangt werden besondere Eigenschaften des angenommenen Kindes. Zul im Ggsatz zur Ann des eig **7** ehel Kindes (Rn 13) die Ann des eig nehel Kindes (§ 1741 III 2), des Ki der „Leihmutter" (AG Gütersloh FamRZ **86**, 718), ferner die Ann des eig Enkels, aber nicht an Enkels Statt (Einf 2 v § 1741). Auch die Ann von Kindern, auf die sich die Ann über § 1754 erstreckt, ist zul (vgl Schlesw NJW **61**, 2163). Unzul die Ann des eig ehel Kindes, etwa um den and EltT gem § 1755 I 1 von der elterl Sorge auszuschließen (Düss JMBlNRW **58**, 58); ebso wenn es sich in Wahrh um ein nehel handelt, die Ehelichk aber nicht angefochten wurde (Dölle § 112 II 1 a Fn 71). Unzul auch die erneute Annahme eines adoptierten Kindes vor Aufhebg der bish Ann (§ 1742; sa RG **109**, 246). – Keine Voraussetzg mehr (iGgs zu § 1741 aF) die **Kinderlosigkeit**; das **8** AdoptG geht davon aus, daß es für das angen Kind förderl ist, wenn es mit Geschwistern heranwächst; zu den gleichwohl bestehdn Beschrkgen bei Vorhandensein von Kindern § 1745 (BT-Drucks 7/3061 S 29). – Schließl wird weder eine Mindestehedauer (dazu BT-Drucks 7/3061 S 28) noch ein Mindestaltersunterschied **9** zw dem Kind u dem Annehmden verlangt. Die Fragen, ob die Ehe Bestand verspricht u ob der Altersunterschied zw dem Kind u dem Adoptierden die Entstehg einer Elt-Kind-Beziehg erwarten läßt, sind bei der Prüfg des Kindeswohls zu berücks (BT-Drucks 7/5087 S 5).

3) **Annahme durch Ehegatten, II.** **10**

a) Nach dem G soll die **gemeinschaftliche Annahme** durch ein Ehepaar die Regel sein; Personen, die **11** nicht miteinand verheiratet sind, ist es nicht gestattet, ein Kind gemeinschaftl anzunehmen, weil jede and LebensGemsch als die Ehe rechtl nicht abgesichert ist, um eine gemeinschaftl Ann des Kindes durch ihre Mitgl zu rechtfert (BT-Drucks 7/3061 S 30). Ein **Ehepaar** kann ein ihnen beiden fremdes Kind nur gemeinschaftl annehmen, S 1. Unzul auch die Ann in Stufen, wonach zunächst nur ein Eheg das Kind adoptiert, währd es sich der and erst noch einmal überlegen will. Das Kind soll von vornh zu beiden EltTeilen eine echte Kindbeziehg entwickeln können (Rn 5). Hat ein Eheg das Kind vor der Eheschl angen, so kann die Adopt von dem and Eheg nachvollzogen w (§ 1742).

b) **Annahme durch einen Ehegatten allein** grdsätzl unzul; auch in den AusnFällen setzt sie die Einwil- **12** ligg des and Eheg voraus (§ 1749 I). Zul jedoch die Ann eines Kindes dch einen Eheg allein, wenn es sich dabei um ein eig nehel Kind od ein ehel, nehel oder auch nur adoptiertes Kind seines Eheg handelt, **S 2**. Auch die nehel Mutter kann ihr eig Kind adoptieren, was den Sinn haben kann, die Rechte des leibl Vaters, wie zB das VerkR (§ 1711), auszuschließen. Auch der Ehem der nehel Mutter u damit der Stiefvater des Kindes kann dieses annehmen, wenn er über die bl Namensteilg (§ 1618) hinausgehen will. Der Ann dieser Form sind keine zeitl Grenzen gesteckt. Die Ann dch einen Eheg allein ist auch dann erlaubt, wenn in der Pers des and Eheg Hindernisse für eine Adopt vorliegen, sei es daß er geschäftsunfäh od in der Geschäftsfähigk beschr ist (§§ 104, 106), **S 3**. – Das Kind erlangt iF der Ann des Kindes des and Eheg die Stellg eines gemschaftl ehel Kindes der Eheg (§ 1754 I). Es soll nicht das Kind des einen Eheg u das Stiefkind des and werden, zumal das bürgerl Recht kein bes Recht der Stiefkinder kennt, das geeignet wäre, Konflikte zw StiefEltT u Stiefkind zu lösen (BT-Drucks 7/3061 S 28).

4) **Annahme durch einen Alleinstehenden, III.** a) Auch wer gar nicht verheiratet ist od verh war, kann **13** ein Kind annehmen, **S 1**, was bes ausgesprochen w mußte, weil hier das Erfordern von I, näml eine Elt-Kind-Beziehg herzustellen, nur für einen EltT gelten kann. Sinnvoll in Fällen, in denen die gemeins Ann eines Adoptivkindes scheitert, weil die Ehe dch Tod od Scheidg aufgelöst wurde, ebso bei Ann eines verwandten Kindes dch eine EinzelPers (BT-Drucks 7/3061 S 30); ferner wenn die Adoptivmutter das pflegebedürft ne Ki bereits 4 J in Pflege gehabt h (LG Kln FamRZ **85**, 108 m zutr Anm Schön). Unzul dagg die Ann des eig ehel Kindes dch einen EltT nach Scheidg seiner Ehe (Hamm FamRZ **78**, 735). lü gilt der Grds der **Einzeladop- 14 tion**, so daß die gleichzeit Ann eines Ki dch ein Geschwisterpaar unzul ist (LG Kreuzn StAZ **85**, 167).

b) **Annahme des eigenen nichtehelichen Kindes, S 2.** Besser wie im RegE als IV zu lesen (vgl Engler **15** FamRZ **76**, 585 f). Besondere Bedeutg kommt der Adopt dch Unverheiratete dadch zu, daß auch jeder EltT eines nehel Kindes dieses annehmen kann. Eingef schon dch Art 1 Nr 40 NEhelG; Fassg AdoptG (krit Lüderitz NJW **76**, 1866; zur Ann dch die Mutter Engler FamRZ **75**, 127, 325 u **76**, 17; gg ihn Lehmann-Jessen FamRZ **76**, 14). Die Adopt eines nehel Kindes dch den Vater od die Mutter soll dazu beitragen, weniger im rechtl als im tatsächl Bereich liegde Unterschiede zw ehel u nehel Kindern zu verringern od zu beseitigen; außerd wird im Bedürfn desh gesehen, weil die Zahl der Väter, die ihre nehel Kinder adoptieren, zunimmt (BT-Drucks 7/5087 S 9). Grd für die KindesAnn dch die Mutter kann sein, die Pflegsch (§ 1706) zu beenden (§ 1754 II), die zwar auf ihren Antr aufgehoben, aber auch wieder angeordnet w könnte (§ 1707 Nr 2); ferner für jeden von beiden, den Verk des Kindes mit dem and zu verhindern (§§ 1755 I, 1711); zu verbergen, daß die Annehmde ein nehel Kind hat. Aber das Bestreben der Mutter, dch die KiAnn das UmggsR des Vaters endgült auszuschalten, ist kein beachtl AdoptGrd (Hamm FamRZ **82**, 194). Sowohl Vater wie Mutter des nehel Kindes können dieses als Kind annehmen. Aber nicht als gemeins (arg „od"); das nur mögl, wenn beide geheiratet haben (§§ 1741 II, 1754 I). Nimmt Vater an, so für Mutter Verlust der elterl Sorge (§ 1755 I); umgek verliert Vater bei Ann des Kindes dch die Mutter Re aus § 1711. Zur GeburtsUrk bei Ann dch die Mutter Lehmann-Jessen StAZ **74**, 52. Ann dch die led Mutter sollte nur zugelassen w, wenn der nehel Vater das Kind vermögensrechtl befriedigd abgefunden hat (MüKo/Lüderitz Rdn 40). Ann des beim Vater lebden ne Ki dch diesen LG Lüb DAV **85**, 329 zu versagen, wenn sich dadch in den äuß LebVerhältn f das Ki nichts ändert.

1742 *Annahme als gemeinschaftliches Kind.* **Ein angenommenes Kind kann, solange das Annahmeverhältnis besteht, bei Lebzeiten eines Annehmenden nur von dessen Ehegatten angenommen werden.**

1　　**1) Grundsatz der Ausschließlichkeit der Adoption.** Das Adoptivkind steht in der Gefahr, daß die Elt-Ki-Beziehg, wie sie in § 1741 I erstrebt wird, doch nicht zustande kommt u das Ki dann von AdoptivElt zu AdoptivElt weitergereicht wird („KettenAdopt"). Währd leibl Elt ihr Ki jederzeit zur Ann dch neue Elt freigeben können, haben die Annehmden diese Befugn nicht (BT-Drucks 7/3061 S 31; zum VerfR: Niemeyer FuR **91**, 79). Die Abkömmlinge des als Ki Angen können adoptiert w, da auf sie § 1742 nicht anwendb (Schlesw NJW **61**, 2163). Keine Beendigg der Ann dch Scheidg der Ehe der AdoptivElt. Vor Aufhebg des früheren gemschaftl AdoptVerhältn also kein neues gemschaftl mit dem neuen Eheg des Wiederverheirateten (Schlesw SchlHA **61**, 22). Krit z § 1742 Engler FamRZ **76**, 586, insb unter dem Gesichtspkt der GroßEltKumulation. Die MjAdopt schließt eine spätere VolljAdopt auch dch die leibl Elt aus (Stgt NJW **88**, 2386). Bei ZweitAdopt entgg § 1742 Beischreibg im Geburtenbuch (BayObLG FamRZ **85**, 201; LG Münst StAZ **83**, 316).

2　　**2)** Zur Vermeidg von Kettenadoptionen beschr das G die Adopt eines bereits angen Kindes auf wenige **Ausnahmefälle:** a) Ein angen Kind kann von dem Eheg des Annehmden adoptiert w, was aGrd von § 1741 II 1 nur dann eintreten kann, wenn entweder eine Adopt dch einen Unverheirateten stattgefunden hat (§ 1741 III) od der Adoptierde zuvor anderweit verheiratet war, mit der Folge, daß das Kind nunmehr ein gemschaftl Kind der Eheg wird (§ 1754 I 2. Alt) u das Elt-Kind-Verh hergestellt wird, das nach § 1741 II 1 die Regel sein soll. Eine Einwillig der leibl Elt ist in diesem Fall nicht mehr erforderl (BT-Drucks 7/3061 S 31). Einer erneuten Adopt steht ferner nichts mehr im Wege, wenn das alte AnnVerhältn nichtig war od aufgeh w ist (§§ 1759ff). b) Eine weitere Ausn vom AusschließlichkGrds kann enstehen, wenn die Adoptiv-Elt gestorben sind (Soerg/Liermann Rn 2). Auch hier bedarf es nicht der Einwillig in die neue Ann dch die leibl Elt, weil das VerwandtschVerhältn zu ihnen bereits mit der 1. Adopt erloschen ist; allerd können sie das Kind jetzt adoptieren (LG Oldbg FamRZ **65**, 395; BT-Drucks 7/3061 S 31).

1743 *Alterserfordernisse.* **ᴵ Bei der Annahme durch ein Ehepaar muß ein Ehegatte das fünfundzwanzigste Lebensjahr, der andere Ehegatte das einundzwanzigste Lebensjahr vollendet haben.**

ᴵᴵ Wer ein Kind allein annehmen will, muß das fünfundzwanzigste Lebensjahr vollendet haben.

ᴵᴵᴵ Wer sein nichteheliches Kind oder ein Kind seines Ehegatten annehmen will, muß das einundzwanzigste Lebensjahr vollendet haben.

ᴵⱽ Der Annehmende muß unbeschränkt geschäftsfähig sein.

1　　**1)** Die Bestimmg enthält die altersmäß Voraussetzgen für eine KindesAnn u das Erfordern unbeschr GeschFähigk. Das gesetzl vorgeschriebene **Mindestalter des Annehmenden** hängt stark vom Zweck der KiAnn ab; das BGB verlangte ursprüngl, um die Kinderlosigk zu gewährleisten, ein Mindestalter von 50 Jahren (zur weiteren gesetzl Entwicklg **35**. Aufl sowie BT-Drucks 7/3061 S 31). Herabsetzg des Mindest-alters aS des Annehmden trägt dem Funktionswandel der Adopt Rechng, echte Elt-Ki-Beziehgen zu ermöglichen, u paßt dazu das Alter des Annehmden dem gewöhnl Alter natürl Elt an. Daß mit eig Kindern nicht mehr gerechnet w kann u danach das Alter des Annehmden (fr 35 J) festzusetzen ist, entfiel als gesetzgeber Grd, nachdem heute wissenschaftl Voraussagen ü die Fortpflanzgsfähige eines Paares idR frühzeit mögl s. Außerd sollen die AdoptChancen für Heimkinder erhöht w. Die vom G angeführten Daten betreffen jew das Mindestalter des Annehmden; nach oben bestehen keine Einschränkgen, so daß auch im GroßEltAlter noch Adopt vorgen w können, sof nur erwartet w kann, daß eine echte Elt-Ki-Beziehg (§ 1741 I) zustande kommt. Das anzunehmde Ki muß mj sein (vgl Überschr vor § 1741); zur Ann Volljähriger §§ 1767ff.

2　　**2) Mindestalter von Ehegatten, I.** Das AdoptG fixiert das Alter des Annehmden endgült auf 25 J, um bei einer größtmögl Nachahmg der natürl Elt-Kind-Beziehgen auch dem Kleinkind altersgerechte Elt zu ermöglichen (BT-Drucks 7/421 S 4f u 7/3061 S 31). Bei der Ann eines Kindes dch ein Ehepaar genügt es, wenn der eine Eheg, gleichgült ob Ehem od Ehefr, 25 J alt ist; der and Teil muß dann aber mind 21 J alt sein. Diese Alterserfordernisse gelten nur iFv §§ 1741 II 1 u 1742; in allen and Fällen gilt II.

3　　**3) Alter bei Alleinannahme, II, III.** Bei der Ann dch eine Pers allein muß diese mind das 25. LebensJ vollendet haben. Nur wenn es sich bei dem zu adoptierden Kind um das eig nehel Kind od eine ehel od nehel Kind des and Eheg handelt, wird das erforderl Alter auf 21 J herabgesetzt. Keine Befreiung von diesem Altersfordern, so daß eine weitere Herabsetzg ausgeschl ist. Bei der Ann verwandter Kinder bleibt es bei der Altersgrenze des II.

4　　**4) Unbeschränkte Geschäftsfähigkeit, IV.** Die Ann eines Kindes setzt ein Mindestmaß erzieherischer Fähigkeiten voraus, die in aller Regel derj nicht hat, der geschunfäh ist (BT-Drucks 7/3061 S 32; vgl auch § 1673). Damit die Vorschr auch nach Abschaffg der Entmündig dch das BtG noch ihre Funktion erfüllen kann, wird man dem wg nicht körp Behindg unter Betr stehen AntrSt die Beweisl dafür auferlegen müssen, daß er trotz AnO der Betr unbeschr geschäf ist (vgl iü § 1896 Rn 2). Da die Ann nur für Volljähr (§ 2) in Betr kommt, der Adoptierde im günstigsten Fall, näml dem der Ann dch Eheg, also mind 21 J, im Regelfall aber 25 J alt sein muß, ist das Erfordern der unbeschr GeschFähigk nur in den Fällen einer natürl GeschUnfähigk (§ 104 Nr 2) relevant. Nach Wiedererlangg der Geschfähigk ist eine Adopt zuläss; hier aber bes sorgfält das Kindeswohl (§ 1741 I) zu prüfen.

1744 *Probezeit vor der Annahme.* **Die Annahme soll in der Regel erst ausgesprochen werden, wenn der Annehmende das Kind eine angemessene Zeit in Pflege gehabt hat.**

1) Einführg der **Adoptionspflege** dch das AdoptG. Die Bestimmg dient der Erleichterg der gem § 1741 I **1** anzustelldn Prognose, ob zu erwarten ist, daß zw dem Annehmden u dem Kind eine wirkl Elt-Kind-Beziehg entsteht. War das Kind bereits bei der AdoptivElt in Pflege, läßt sich die Entscheidg für eine gedeihl Fortentwicklg des beiderseit Verhältn viel leichter treffen. Auch die gutachtl Äußerg des JugA od der AdoptVermittlgsStelle, ob das Kind u die Fam des Annehmden für die Ann geeignet sind (FGG 56 d), wird dch Erfahrgen, die innerh einer ProbeZt gemacht w sind, wesentl sachhaltiger ausfallen können (BT-Drucks 7/3061 S 32). Das vorgezogene Pflegeverhältn ist jedoch nicht zwingds Erfordern; insb bei der Inkognito-Adopt (§ 1747 Rn 9) wird es idR angebracht sein, daß sich das Kind möglichst nur kurze Zeit in öfftl Pflege befindet u rasch den PflegeElt überantwortet wird. Dann steht oft aber auch einer sofort Adopt nichts im Wege, insb wenn Erfahrgen mit den Elt aus früh Pflegefällen vorliegen. Vorherige PflegeErlaubn dch JA (SGB VIII 44) erfdl. AdoptPflege des nehel Vaters zul; seine Eigng ist wie die anderer Bewerber zu prüfen (Lüderitz NJW **76**, 1868).

2) Welche Zeit **angemessen** ist, richtet sich nach dem Einzelfall. **Zweck** dieser elast Regelg: Eine starre **2** Regelg würde den konkr Verhältn nicht immer gerecht; eine BetreuungsZt wird ausnahmsw auch ganz entfallen können (BT-Drucks 7/3061 S 32). Es ist jedoch auch mögl, daß sich mit der Zeit bestimmte Erfahrgswerte herausstellen. Die Angemessenh richtet sich danach, in welchem ZtRaum schwerwiegde Krisen, die einer Verwirklg des nach § 1741 I geforderten Elt-Kind-Verhältn endgültig entggstehen, eintreten u überwunden w können bzw nicht bewältigt w. Unterschiedl Zeiten je nach der Altersstufe des Adoptivkindes; bei Babys u Kleinkindern dürfte die Gewöhng am raschesten eintreten. Ausländ Rechte schreiben ProbeZten zw 3 Mo u 3 Jahren vor (BT-Drucks 7/3061 S 32). Das Streben nach letzter Gewißh darf nicht zu einer unangem langen Dauer der PflegeZt führen. Einer Auslegg, die diesen Anfordergen nicht entspr, kann der AdoptBewerber dadch begegnen, daß er einen AnnAntr beim zust VormschG stellt; das Ger entscheidet dann darüber, ob im konkr Fall die Voraussetzgen für eine Ann erfüllt sind (BT-Drucks 7/5087 S 10).

3) Das **Pflegeverhältnis während der Probezeit** ist gesetzl nur unvollkommen geregelt. Dchführg des **3** PflegeVerhältn nach SGB VIII 44–49. Keine einstw AnO wg des bes Interesses an einem möglichst raschen Beginn der AdoptPflege, wenn auch die PflegeElt die Adopt in nicht aussichtsl Weise beantr haben (BayObLG NJW **94**, 668). Die elterl Sorge der leibl Elt ruht mit der Einwillig in die Ann; ebso dürfen sie ihr UmgangsR nicht ausüben (§ 1751 I). Doch gilt das nur für die FremdAdopt (§ 1751 II). Außerd ist der Annehmde dem Kind vor den Verwandten des Kindes zur Gewährg von Unterh verpflichtet (§ 1751 IV). Weitere Folgen: AufsichtsPfl u evtl Haftg gem § 832 I sowie sämtl Funktionen der §§ 1626 ff, soweit sie iR des Pflegeverhältn u der Entwicklg einer echten Elt-Kind-Beziehg sinnvoll sind, weil sonst die notw Erfahrgen gar nicht gewonnen w können, also zB auch § 1619, Züchtiggsrechte in den Grenzen leibl Elternsch (§§ 1631 II, 1666), Haftg dem Kind ggü nur iRv § 1664. UnterhVerpflichtg, sol Probepflege besteht, auch mit den gesteigerten Anfordergen der §§ 1602 II, 1603 III. Verstöße iSv § 1666 od sonstige Toleranzüberschreitgen des leibl Elt-Kind-Verhältn belasten die Prognose des § 1741 I in ungünst Sinne.

1745 *Berücksichtigung von Kindesinteressen.* **Die Annahme darf nicht ausgesprochen werden, wenn ihr überwiegende Interessen der Kinder des Annehmenden oder des Anzunehmenden entgegenstehen oder wenn zu befürchten ist, daß Interessen des Anzunehmenden durch Kinder des Annehmenden gefährdet werden. Vermögensrechtliche Interessen sollen nicht ausschlaggebend sein.**

1) **Ausschluß der Annahme auf Grund entgegenstehender Interessen.** Währd § 1741 I positiv **1** fordert, daß die Ann im Interesse des anzunehmden Kindes liegen muß, läßt § 1745 negativ die Adopt an entggstehden Interessen scheitern. Die Vorschr ist notw, weil sonst die Belange der Kinder des Annehmden nicht selbstd berücksichtigt würden, sond nur mittelb unter dem Gesichtspkt des Wohls des anzunehmden Kindes iRv § 1741 I (BT-Drucks 7/5087 S 10). Auch wenn es grdsl erwünscht ist, daß der Annehmde Kinder hat (§ 1741 Rn 8), kann nicht übersehen w, daß Interessen dieser Kinder berührt w, wenn sie nach Wahl der Elt weitere Geschwister bekommen; der Erbteil der vorh Kinder wird verkürzt u auch ihr UnterhAnspr kann beeinträchtigt w. Diese Interessenlage hat nach Auffassg des GesGebers jedoch nicht dazu zu führen, für die Ann die Einwillig schon vorhandener Kinder zu verlangen, sond es genügt, die Interessen der Kinder des Annehmden im Umfang wie im bish geltden Recht bei der Befreiung vom Erfordern der Kinderlosigk (§ 1745 a I aF) prüfen zu lassen (BT-Drucks 7/3061 S 33). Sachl ist der Kreis der dabei zu berücksichtigden Belange nicht eingeschränkt; auch vermögensrechtl Interessen sind zu berücks, sollen aber nicht den Ausschlag geben. Von der Pers des Interessenträgers kommen nur die Belange der **2** **Kinder des Annehmenden** u die Interessen der **Kinder des anzunehmenden Kindes** selbst in Betr. Bei den Kindern des Annehmden ist es unerhebl, ob sie ehel, nehel od ihrers adoptiert sind; dagg bleiben bl einbenannte Kinder (§ 1718) außer Betr. Der and Fall, Kinder des Anzunehmden, wird bei der hier allein in Frage stehden MjAdopt selten vorkommen; da aber nach den Grdsätzen der VollAdopt (Einf 2 v § 1741) der Angen die Verwandtsch der neuen Fam auch für seine Kinder vermittelt (§ 1754), sind auch deren Interessen zu berücks, wobei es sich allenf um Kleinkinder handeln kann. Bei entspr Interessenkonflikt darf die Ann nicht ausgespr w; eine trotzdem erfolgte Adopt ist jedoch gült.

2) Es muß jew eine **Interessenabwägung** vorgen w, S 1. Sind aS des Annehmden Kinder vorh, sind deren **3** Interessen gg die Belange des Adoptivkindes abzuwägen. Die Ann hat zu unterbleiben, wenn die Interessen der eig Kinder des Annehmden überwiegen od wenn zu befürchten ist, daß dch die Ann die Interessen des Adoptivkindes dch solche der schon vorh Kinder des AdoptivEltT gefährdet werden. In der 1. Altern genügt es, wenn die entggstehden Interessen der eig Kinder überwiegen; in der 2. Alt müssen die Interessen des Adoptivkindes gefährdet sein; wg § 1741 überflüss Vorschr, da Kindeswohl ijF zu prüfen (Engler FamRZ **76**, 586). AdoptHindernis dch **Überwiegen** wurde darin gesehen, wenn das Kind der Frau angen werden soll, die die Ehe der Mutter des vorhandenen Kindes zerstört hat (Hbg ZBlJugR **54**, 31). Interessenberücksichtigg

auch, wenn Ehem das erstehel Kind seiner Frau (BayObLG NJW **51**, 924) od deren nehel Kind (Hbg FamRZ
4 **58,** 340) annimmt u aus der Ehe schon gemschaftl Kinder hervorgegangen sind. **Vermögensrechtliche**
Interessen sind mit zu berücks (Hamm ZBlJugR **54,** 82), sollen aber nicht ausschlaggebd sein, **S 2.** Keine
Berücksichtigg findet, daß dch neue Geschw rechnerisch eine Schmälerg des Erbteils eintritt; ebso wird eine
Teilg der finanz Leistgskraft der Elt eine Gefährdg vorhandener Kinder nur darstellen, wenn bes Umst
vorliegen (BT-Drucks 7/3061 S 34). Würde aber dch die zusätzl UnterhLast des Annehmden der Unterh der
vorh Abkömml gefährdet, so läge darin gleichzeit eine Gefährdg ihres leibl Wohls, die der Ann idR
5 entgstseht. Dch Kinder des Annehmden werden Interessen des Anzunehmdn **gefährdet,** wenn die Gefahr
besteht, daß das schwächl Adoptivkind von seinen sehr viel stärkeren zukünft Geschwistern gequält w.

1746 *Einwilligung des Kindes.* ᴵ Zur Annahme ist die Einwilligung des Kindes erforder-
lich. Für ein Kind, das geschäftsunfähig oder noch nicht vierzehn Jahre alt ist, kann
nur sein gesetzlicher Vertreter die Einwilligung erteilen. Im übrigen kann das Kind die Einwilli-
gung nur selbst erteilen; es bedarf hierzu der Zustimmung seines gesetzlichen Vertreters. Die
Einwilligung bedarf bei unterschiedlicher Staatsangehörigkeit des Annehmenden und des Kindes
der Genehmigung des Vormundschaftsgerichts.

ᴵᴵ Hat das Kind das vierzehnte Lebensjahr vollendet und ist es nicht geschäftsunfähig, so kann es
die Einwilligung bis zum Wirksamwerden des Ausspruchs der Annahme gegenüber dem Vor-
mundschaftsgericht widerrufen. Der Widerruf bedarf der öffentlichen Beurkundung. Eine Zu-
stimmung des gesetzlichen Vertreters ist nicht erforderlich.

ᴵᴵᴵ Verweigert der Vormund oder Pfleger die Einwilligung oder Zustimmung ohne triftigen
Grund, so kann das Vormundschaftsgericht sie ersetzen.

1   **1)** Die §§ 1746–1749 bestimmen, wessen Einwilligg für die Adopt vorliegen muß; § 1750 regelt die
näheren Einzelheiten der Einwilligg. Währd nach dem bis zum AdoptG v 1976 gelten VertrSystem von der
urspr Konzeption der ErwachsenenAdopt aus konsequent das Adoptivkind der AnnahmeVertr (ggf dch
seinen gesetzl Vertr) abschließen mußte (§ 1751 a F), beschr sich das Dekretsystem (vgl Einf 2 v § 1741)
darauf, daß das Kind seiner Adopt zustimmt. Eine so tiefgreifde Änderg der familienrechtl Verhältn kann
nur mit Zust desj erfolgen, der vor allem davon betroffen ist (BT-Drucks 7/3061 S 34). In Betr kommt nur
die **vorherige Zustimmung,** nicht die Gen (§§ 183, 184). Der AdoptAntr soll von den neuen Elt ausgehen
(§ 1752 I). Es würde den LebensSachverh nicht treffen, wenn das Kind, insb das Kleinkind, das AnnVerf
selbst betreiben müßte (BT-Drucks 7/3061 S 34). Das G stuft nach dem Alter des Kindes ab, I. Solange es
geschäftsunfäh (also unter 7 J) od noch nicht 14 J alt ist, kann die Einwilligg nur sein gesetzl Vertr erteilen;
danach willigt das Kind mit Zust des gesetzl Vertr selbst ein. Nach Vollendg des 14. LebJ steht dem Kind
außerd die Möglk zu, die bereits erteilte Einwilligg zu widerrufen, II. Die Verweigerg der Zust des Vormd
od Pflegers zur Ann selbst od zur Einwilligg des 14jähr od älteren Kindes kann vom VormschG ersetzt w,
III. Bei der VolljährigenAdopt wirkt der Anzunehmde dch seinen Antr mit (§ 1768 I).

2   **2) Einwilligung des Kindes, I.** Für das geschäftsunfäh od **noch nicht 14 Jahre alte Kind** erklären seine
Elt als gesetzl Vertr die Einwilligg zur Ann (§§ 1626ff). Für die Adopt dch den **Stiefvater** ist die Bestellg
eines Ergänzspflegers nicht erfdl, wenn die Mutter als gesetzl Vertr f das Kind die Einwilligg ggü dem
VormschG erkl (BGH NJW **80,** 1746; BayObLG FamRZ **81,** 93; aA 39. Aufl mNachw). Bei einem erhebl
Interessenwiderstr in der Pers der Mutter bleibt die Möglk, ihr die VertrMacht zu entziehen (§§ 1629 II 3,
1796). Gesetzl Vertr sind beide Elt, wenn sie elterl Sorge haben (§ 1629 Rn 2), sonst der vertretgsberecht
EltT. Steht Sorge für Pers u Vermögen verschiedenen Pers zu, so dient Vertr für die Pers. Das alles gilt auch
für den Vertr des schon vorhandenen Abkömml, auf den sich die Wirkgen erstrecken (§ 1754). Vertr kann
sich nicht vertreten lassen (§ 1750 III 1). Fehlen od Unwirksamk der Einwilligg nur unter erschwerten
Voraussetzgen AufhebgsGrd (§ 1761). Hat das Kind einen Vormd od Pfleger (zB das nehel gem § 1706 Z 1),
so gibt dieser Erkl für das Kind ab, **S 1.** Das geschäftsunfäh od noch nicht 14jähr Kind, **S 2,** kann seine
Wünsche und Vorstellgen bei der Anhörg dch das VormschG vorbringen, wodch sie in die Entsch über das
Kindeswohl (§ 1741 Rn 3) einfließen. Einer Genehmigg der Erklärgen des gesetzl Vertr bzw Vormds dch
3 das VormschG bedarf es anders als bei § 1751 I aF im Dekretsystem (Einf 2 v § 1741) nicht mehr. **Nach**
Vollendung des 14. Lebensjahres, kann das Kind die Einwilligg nur selbst erteilen, bedarf hierzu aber
noch der Zust seines gesetzl Vertr, **S 3.** Zur gesetzgeberischen Entsch für das Alter von 14 J vgl BT-Drucks
4 7/3061 S 35. Formfrei analog § 182 II (Soerg/Liermann 15). **Genehmigung von Auslandsadoption, S 4**
(Lit: Krzywon BWNotZ **87,** 58): Eingef dch IPR-G Art 2 Z 4 in Ergänzg zu EGBGB 22, 23 nF. **Zweck:**
GenErfordern zwingt zu berücks, daß sich bei versch StAngehörigk der Beteiligten regelm wesentl Ändgen
in der Zuordng des Kindes zu einer ROrdng ergeben (BT-Drucks 10/504 S 86).

5   **3) Ersetzung der Einwilligung, III,** nur von Vormd od Pfleger, also nicht mögl die Ersetzg der
Einwilligg des über 14 J alten Kindes, auch wenn es die Adopt ohne trift Grd ablehnt. Ist die Mutter od der
Vater od sind beide Elt zur Vertretg des geschäftsunfäh od noch nicht 14jähr Kindes berecht u weigern sie
sich, die Einwilligg für das Kind zu erklären, kann die Erkl ebenf nicht ersetzt w. Den Elt kann allerd das R
zur Vertretg des Kindes in persönl Angelegenheiten entzogen w (§ 1666), wofür die Voraussetzgen vorlie-
gen, wenn die Einwilligg der Elt nach § 1748 ersetzt wurde, idR auch dann, wenn ein EltT die elterl
Einwilligg (§ 1747) unwiderrufl (§ 1750 II 2) erklärt hat u sich weigert, die Einwilligg für das Kind zu
6 erklären (BT-Drucks 7/3061 S 35). Bei Verweigerg der Einwilligg od Zust dch Vormd od Pfleger **ohne**
triftigen Grund keine Entlassg (§ 1886), sond Ersetzg der Einwilligg. Trift Grd liegt vor, wenn die
Vorauss v § 1741 I fehlten (BayObLG FamRZ **89,** 1336). Mißbräuchl Verweigerg dagg etwa bei Eigennutz,
persönl Ressentiment gg die AdoptivElt uä; auch wenn der AmtsPfleg die Zust verweigert, weil der biolog
7 Vater des Ki noch nicht festgestellt ist (LG Ellwangen DAV **88,** 309). Es entsch der Richter (RPflG 14 Z 3f).
Antr nicht erfdl (krit Bassenge JR **76,** 187). Gg Ersetzg sof Beschw (FGG 53 J 2, 60 I Z 6).

4) Widerruf der Kindeseinwilligung, II, im Ggs zu den bindden Einwilliggen der übr Beteiligten **8** (§ 1750 II 2) zul; die Ann wird dem Wohl des Kindes regelmäß nicht entsprechen, wenn es selbst die Begründg des neuen Elt-Kind-Verhältn nicht mehr will, ehe das Ger entschieden hat (BT-Drucks 7/3061 S 35). Das Kind kann die Einwilligg auch dann widerrufen, wenn sie von seinen Elt, einem Vormd od Pfleger erkl wurde, ehe es 14 J alt war. Der Zust des gesetzl Vertr zum Widerruf bedarf es nicht, **S 3,** da sich das Kind in diesem Fall für seine bish FamBindg entsch (BT-Drucks 7/3061 S 35). Kein Verzicht auf Widerrufsmöglk. Der Widerruf bedarf der **öffentlichen Beurkundung, S 2,** nicht unbedingt notarieller, also auch dch das JA, um zu **9** erreichen, daß das Kind vor der Abg der Erkl von ihm evtl schon vertrauten Sachkund über die Bedeutg u die Folgen des Widerrufs beraten wird u um WiderrufsErklärgen aus einer augenblickl Verärgerg od sonst Mißstimmgen heraus zu verhindern (BT-Drucks 7/5087 S 10).

1747 *Einwilligung der Eltern des Kindes.* **I Zur Annahme eines ehelichen Kindes ist die** *Einwilligung der Eltern erforderlich.* **Einwilligung der Eltern erforderlich.**

II Zur Annahme eines nichtehelichen Kindes ist die Einwilligung der Mutter erforderlich. Die Annahme eines nichtehelichen Kindes durch Dritte ist nicht auszusprechen, wenn der Vater die Ehelicherklärung oder die Annahme des Kindes beantragt hat; dies gilt nicht, wenn die Mutter ihr nichteheliches Kind annimmt.*) Der Vater des nichtehelichen Kindes kann darauf verzichten, diesen Antrag zu stellen. Die Verzichtserklärung bedarf der öffentlichen Beurkundung; sie ist unwiderruflich. § 1750 gilt sinngemäß mit Ausnahme von Absatz 4 Satz 1.

III Die Einwilligung kann erst erteilt werden, wenn das Kind acht Wochen alt ist. Sie ist auch dann wirksam, wenn der Einwilligende die schon feststehenden Annehmenden nicht kennt.

IV Die Einwilligung eines Elternteils ist nicht erforderlich, wenn er zur Abgabe einer Erklärung dauernd außerstande oder sein Aufenthalt dauernd unbekannt ist.

*) § 1747 II S 1–2 ist mit Art 6 II 1 GG unvereinbar, soweit darin weder eine Einwilligung des Vaters noch eine Abwägung mit dessen Belangen vorgesehen ist (BVerfG BGBl 1995 I S. 884 NJW 1995, 2155 = FamRZ 1995, 789).

1) Zunächst § 1746 Rn 1. Da dch die Ann als Kind die natürl VerwandtschVerh aufgeh w (§ 1755 I 1), ist die **1** **Einwilligung der Eltern** erforderl, nicht als Ausfl der elterl Sorge, sond als Folge des natürl, in GG 6 geschützten ElternR (BT-Drucks 7/3061 S 36). Als Folge der Ablehng der BlankoAdopt (Rn 10) bedarf es der Einwilligg auch iF einer erneuten Ann (§ 1763 III b); ebso bei Wdh einer ausl Adopt (Ffm FamRZ **92**, 985). Währd des Verf über die Unwirksamk der Einwilligg keine UmggsErlaubn iW einstw AnO (Düss FamRZ **88**, 1095). Zur **Anfechtung** der EinwErkl BayObLG FRES **4**, 119; zu ihrer **Ersetzung** § 1748. Zur Feststellg, ob diese erfdl ist, kann über die Wirksamk einer Einwilligg schon vor Einleitg des AdoptVerf entsch w (Hamm NJW-RR **87**, 260). Keine Einwilligg sonstiger Verwandter, insb der Geschwister des Adoptivkindes **2** od der **Großeltern,** um die Adopt nicht zu erschweren u weil das Kind völl in der KleinFam lebt, die von den Elt u Kindern gebildet w; dazu gehören die GroßElt nicht (BT-Drucks 7/3061 S 38). Im Hinbl auf die VollAdopt (Einf 2 v § 1741) verfassgsrechtl bedenkl; vgl aber BT-Drucks 7/5087 S 15.

2) Einwilligungsberechtigung. Die Einwilligg ist für jedes mj Kind erforderl. Ohne Bedeutg, ob EltT **3** die elterl Sorge hat (Engler NJW **69**, 1999; aA Delian NJW **69**, 1332). Einwilligg des EltT liegt vor, wenn er als gesetzl Vertr der Ann od der Kindeseinwilligg gem § 1746 zustimmt (vgl BayObLG **21**, 197). Bei einem **4** **ehelichen Kind** haben beide Elt einzuwilligen, **I,** auch wenn sie gesch sind, die Ehe aufgeh od für nichtig erkl ist; denn das EltR wird dadch nicht berührt, das Kind bleibt ehel (§ 1591). Bei einem auf seinen Antr dch EhelErkl legitimierten Kind erforderl Einwilligg des überlebden EltT (§ 1740a), bei einem dch Eheschl legit Kind (§ 1719) auch des Vaters (Celle StAZ **58**, 290), u zwar auch dann, wenn dieser vor der Eheschl Verzicht gem II 3 erkl hat (Hamm NJW **83**, 1741); bei einem **nichtehelichen Kind** der Mutter, **II 1,** dagg nicht des **5** nehel Vaters (BT-Drucks 7/5087 S 11), was im Hinbl auf die EMRK unhaltb (Einl 7 v § 1297) u ebso wie II 2 auch mit GG 6 II 1 insow unvereinb ist, als eine Abwägg mit den Belangen des ne Va nicht vorgesehen ist (BVerfG NJW **95**, 2155; Salgo NJW **95**, 2129). Die Einwilligg der ne Mutter ist auch wirks, wenn sie sich weigert, den Namen des Erzeugers zu offenbaren (LG Stgt NJW **92**, 2897). Wg VerfassgsBeschw, mit denen der Vater ne Ki sich dagg wenden, daß zur Ann eines ne Ki die Einwilligg des Vaters nicht erfdl ist, vgl FamRZ **93**, 653. Im Verf wg Anfechtg der EinwilliggsErkl ist der VormschRi zustd, nicht der RPfleger; die Entsch über die Wirksamk der EinwErkl ist vor der Stellg des AnnAntr (§ 1752) zul (LG Frankth DAVorm **81**, 489). Die **6** Stellg des nehel Vaters wird dadch gestärkt, daß ein Dritt das nehel Kind nicht annehmen kann, wenn der Vater die EhelErkl (§ 1723) od die Ann des Kindes (§ 1741 III 2) beantr hat, **II 2** (vgl Rn 5). Dr ist auch der Stiefvater, der das nehel Kind seiner Ehefr adoptieren will (Bln FamRZ **78**, 67 L). Der nehel Vater ist vom JugA ijF u ohne VerzichtsMöglk (LG Boch DAV **93**, 205) ü seine Rechte zu belehren (SGB VIII 51 III); Unterlassg kann bei echter ElternschBereitsch des Vaters AnnAufhebg gem § 1763 I rechtfertigen (aA MüKo/ Lüderitz Fn 43). AdoptPflege des nehel Vaters zul (§ 1744 Rn 1). Nicht ausreichd, wenn der nehel Vater das Kind ledigl bei sich aufnehmen will, ohne seine rechtl Stellg zu verbessern, weil er ein PflegeVerhältn jederzeit wieder auflösen könnte (BT-Drucks 7/3061 S 37). Ist der Antr des Vaters abgelehnt, kommt die Ann dch Dr wieder in Betr. Der Vorrang des Vaters gilt auch nicht ggü der nehel Mutter, **II 2 aE.** Auch wenn der nehel Vater das Kind annehmen will, ist die Einwilligg der Mutter erfdl; denn es kann sein, daß sie der Ann dch Dr zustimmen will, nicht jedoch der dch den Vater. Scheitert die Ann dch den nehel Vater am Widerstand der Mutter u ist eine Ersetzg ihrer Einwilligg gem § 1748 nicht mögl, kommt die Ann nicht zustande (BT-Drucks 7/3061 S 37). Damit der nehel Vater eine DrittAdopt nicht dch seinen eig Antr stört, ist vorgesehen, daß er auf **7** sein AntrR unwiderrufl verzichten kann, **II 3.** Seine Erkl bedarf der öff Beurk, kann aber auch vom JA beurk w (Einf 44 u 53 v § 1626). Die VerzichtsErkl wird erst mit Zugg beim VormschG wirks, es sei denn es geht gleichzeit ein forml Widerruf ein (Hamm NJW **83**, 1741). Die Unwiderruflk hindert nicht, daß der Va bei Unterbleiben der DrAnn das Ki selbst adoptiert (AG Bruchs FamRZ **91**, 980).

8   **3) Zeitpunkt und sachliche Einschränkungen der Einwilligung.** Die Einwilligg kann erst erteilt w, wenn das Kind 8 Wo alt ist, **III 1**, um vor allem die nehel Mutter vor einer unüberlegten Weggabe des Kindes zu schützen. Herabsetzg der früheren Fr von 3 Mo, weil die frühkindl Schädigg eines Heimkindes (Hospitalismus) schon früher beginnt (BT-Drucks 7/3061 S 37 u 7/5087 S 11 f). Vorzeit Einwilligg gibt AufhebgsGrd (§ 1760 II Buchst e). Abgabe des Kindes zur AdoptPflege (§ 1744) schon gleich nach der Geburt mögl. Im VorderGrd sollte allerd die Hilfe für die jg Mutter stehen (SGB VIII 51 I u II). Darü, wessen Einwilligg erforderl ist, entsch Ztpkt des AnnBeschl (§ 1752 I), nicht des Antr (vgl Celle JR **65**, 138). Erkl der Einwilligg
9 braucht nicht dem AdoptAntr (§ 1752) nachzufolgen (vgl § 1750 Rn 5). Zul ist auch die **Inkognitoadoption**, bei der die Annehmenden bereits feststehen, aber die Elt des Kindes unbekannt s, **III 2**. Zu dem daran anknüpfden Ausforschgsverbot § 1758 Rn 1; Einl 6 v § 1741. Dem Fall, daß der zunächst vorgesehene AdoptBewerber dch Tod so au Grden fortfällt, sollte dch gleichzeit Einwilligg zur Ann dch ein od mehrere weitere Ehepaare vorgebeugt w; Bedenken dagg bei Lüderitz NJW **76**, 1868. 2. Einwilligg in anderweit Ad zul (Hamm FamRZ **91**, 1230). Zu proz Auswirkgen auf schwebden VaterschProz Karlsr
10 FamRZ **75**, 507. Unzul ist die bish umstr Blankoadoption, bei der nur eine allg Einwilligg der Elt vorliegt (zur Kontroverse darum vgl 35. Aufl; zur Ablehng dch den GesGeber BT-Drucks 7/3061 S 21 u ausführl 7/5087
11 S 12). Zul ist die Beschrkg der Einwilligg auf best AdoptVerhältnisse, zB Religion der AdoptivElt (Listl FamRZ **74**, 74); denn dabei handelt es sich nicht um ein zukünft ungewisses Ereign, also um eine gem § 1750 II 1 unzul Bedingg (Einf 2 v § 158), sond um eine ggstdl Beschrkg der Erkl auf einen best PersKreis (Dölle § 112 III 2 e).

12   **4) Wegfall des Einwilligungserfordernisses, IV.** Einwilligg eines EltT nicht erfdl, wenn dieser zur ErklAbg dauernd außerstande od sein Aufenth unbekannt ist. Vertretg des EltT als höchstpersönl Entsch unzul. Die Feststellg des Ger, ob die Voraussetzgen für IV vorliegen, wird inzidenter getroffen; nimmt das Ger sie zu Unrecht an, dann Aufhebg der Ann nur unter den Voraussetzgen des § 1760 V. Anwendg bei Findelkindern. Einwilligg in Analogie zu IV nach dem VerhältnismäßigkGrds entbehrl ferner, wenn dadch türk Ehem der Mutter von deren Ehebr erfahren u für diese dadch die Gefahr der Tötg entstehen würde (Hbg-Berged DAVorm **79**, 195).

1748   *Ersetzung der Einwilligung eines Elternteils.* **I** Das Vormundschaftsgericht hat auf Antrag des Kindes die Einwilligung eines Elternteils zu ersetzen, wenn dieser seine Pflichten gegenüber dem Kind anhaltend gröblich verletzt hat oder durch sein Verhalten gezeigt hat, daß ihm das Kind gleichgültig ist, und wenn das Unterbleiben der Annahme dem Kind zu unverhältnismäßigem Nachteil gereichen würde. Die Einwilligung kann auch ersetzt werden, wenn die Pflichtverletzung zwar nicht anhaltend, aber besonders schwer ist und das Kind voraussichtlich dauernd nicht mehr der Obhut des Elternteils anvertraut werden kann.

II Wegen Gleichgültigkeit, die nicht zugleich eine anhaltende gröbliche Pflichtverletzung ist, darf die Einwilligung nicht ersetzt werden, bevor der Elternteil vom Jugendamt über die Möglichkeit ihrer Ersetzung belehrt und nach Maßgabe von § 51 Abs. 2 des Achten Buches Sozialgesetzbuch beraten worden ist und seit der Belehrung wenigstens drei Monate verstrichen sind; in der Belehrung ist auf die Frist hinzuweisen. Der Belehrung bedarf es nicht, wenn der Elternteil seinen Aufenthaltsort ohne Hinterlassung seiner neuen Anschrift gewechselt hat und der Aufenthaltsort vom Jugendamt während eines Zeitraums von drei Monaten trotz angemessener Nachforschungen nicht ermittelt werden konnte; in diesem Fall beginnt die Frist mit der ersten auf die Belehrung und Beratung oder auf die Ermittlung des Aufenthaltsorts gerichteten Handlung des Jugendamts. Die Fristen laufen frühestens fünf Monate nach der Geburt des Kindes ab.

III Die Einwilligung eines Elternteils kann ferner ersetzt werden, wenn er wegen einer besonders schweren psychischen Krankheit oder einer besonders schweren geistigen oder seelischen Behinderung zur Pflege und Erziehung des Kindes dauernd unfähig ist und wenn das Kind bei Unterbleiben der Annahme nicht in einer Familie aufwachsen könnte und dadurch in seiner Entwicklung schwer gefährdet wäre.

1   **1) Zweck:** Währd fr Ersetzg der Einwillig der Elt nur ausnahmsw stattfinden sollte (vgl § 1747 III aF), stellte § 1747a in einigen f die Praxis bedeuts Fällen das Kindeswohl über das R der natürl Elt u ermöglichte die Ann als Kind auch gg den Willen der leibl Elt. Insb ist das schwer nachzuweisde Erfordern der böswill Verweiger fallengelassen w. § 1748 findet keine Anwendg auf den EvtlVater, dh es bedarf der Einwilligg des angebl Vaters nicht (vgl § 1600a I 2), solange StatusProz andauert (§ 1747 Rn 5; and Hann DAVorm **76**, 55, das ledigl von der Anhörg absehen will). Die Einwilligg der Elt zur KiAnn ist v der Innehabg der elt Sorge unabh, also auch dann erfdl, wenn letztere nach § 1666 entzogen w ist (BayObLG DAVorm **81**, 131).

2   **2) Ersetzung der Einwilligung** (Lit: Finger FuR **90**, 183) verletzt grdsätzl nicht GG 6 (BVerfG NJW **68**, 2233) od die EMRK (Einl 7 v § 1297), kann aber, auch bei InkognitoAdopt, abgesehen v I 2 u III (Rn 11–14), nur nach Anhörg des Ki (Karlsr FamRZ **95**, 1012 mN; Einf 9 v § 1626) u unter strikter Orientierung der Entsch am Erfordern eines bes schweren, vollständ Versagens der Elt in ihrer Verantwortg ggü dem Ki
3 (BVerfG FamRZ **88**, 807 mA Gawlitta; BayObLG NJW-RR **90**, 776) unter **drei Voraussetzungen** erfolgen, **I 1:**

4   **a)** Das G nennt zunächst alternativ zwei tiefgreifde Störgen der Elt-Kind-Beziehg, wobei ein Vorlage-Beschl gem FGG 28 II die Maßgeblichk der RFrage an Hand des gegebenen Sachverhalts dartun muß (BGH FamRZ **86**, 461):

5   **aa)** Der verweigernde EltT **verletzt seine Pflichten gegenüber dem Kind anhaltend gröblich,** was regelm iFv § 1666 Rn 7–13 vorliegt (AG Hbg FamRZ **66**, 576). Nach Entzug der elt Sorge können nur noch die verbleibenden Pflichten (Unterh, Besuche) verletzt w (BayObLG FamRZ **94**, 1348; Ffm FamRZ **85**, 831). PflVerletzgen zu bejahen bei lockerem Lebenswandel iVm übermäß Alkoholgenuß, Nichtabholen des

Kindes nach der Geburt (Hamm FamRZ 77, 418); total verwahrlostes Zuhause, wofür grobe Verschmutzg, Vorhandensein verdorbener LebMittel, Fehlen v menschenwürd SchlafGelegenh Merkm sind (LG Hbg DAVorm 78, 49), ebso zusätzl, wenn Polizei die Mutter schlafd vorfindet, währd Elektroherdplatte glüht (Kiel DAVorm 78, 384); schwere leibl od seel Vernachlässigg, zB grobe lieblose Behdlg (Ffm FamRZ 71, 322; Mannh DAVorm 73, 370; Elt Trinker u Kinder meist in Schmutz sich selbst überlassen (Schwabach DAVorm 74, 273); GewUnzucht u Strafhaft (Ravbg DAVorm 75, 306) wg Zuhälterei der Mutter u Unterh-Entziehg (was die Nachteilsfrage Rn 9 präjudiziert; aA Duisbg DAVorm 75, 432) od Kindesmißhdlg (Blieskastel DAVorm 75, 434); Unauffindbark nach Strafhaft bei insges 5 nehel Kindern u UnterhEntziehg (Ellw DAVorm 76, 159); Inkaufnehmen, daß das Kind inf ständ Strafhaft nicht versorgt w (Cuxhav FamRZ 76, 241); Verlassen der Fam, gänzl Nichtkümmern um das Ki u mehrf StrafH der Mutter (AG Bad Ibg FamRZ 87, 632); wie überh Straftaten u Verurteilgen, wenn sie konkrete nachteil Folgen für das Kind zur Folge haben, etwa die, daß die Elt dch die Straftat das Kind nicht zu sich nehmen können (LG Mü II DAVorm 80, 119); unterlassene UnterhZahlgen iVm häuf WohnsWechsel ohne Angabe der jew Anschrift (Kln DAVorm 79, 361). Nicht erforderl subj Böswilligk od individuelle Schuld (Karlsr FamRZ 83, 1058). Es genügt obj Gefährdg (KG FamRZ 66, 266), wie sie bei einer Kombination v Schwachsinn, AlkMißbr u Neigg zu Brandstiftgen gegeben s kann (Hombg DAVorm 76, 160). Nach der Neufassg („anhaltd" statt „dauernd") kommt es nicht mehr darauf an, ob auch künft Pflichtverletzgen zu erwarten sind (Hamm FamRZ 76, 462 mit sorgf Begrdg; Erm/Holzhauer 8; and Zweibr FamRZ 76, 469). Stets muß die PflVerletzg jedoch Ausdr einer Gesinng ggü dem Ki, dh es muß wahrscheinl s, daß sich das Verhalten in dem f die Entw des Kis entsch Zeitr nicht ändert, arg „anhaltd" (aA MüKo/Lüderitz Rdn 8). Das Gesinngsmoment ist unabh von der Gefahr zukünftiger PflVerletzgen festzustellen. **Nicht ausreichend** Drogenabhängigk (Ffm FamRZ 83, 6 531) u Straftaten der Elt, wenn sie keine konkr nachteil Folgen für das Ki haben; wenn Ki anderweit (bei PflegeElt) gut untergebracht u versorgt w, selbst bei Verletzg der UnterhPfl dch die Elt (Düss DAVorm 77, 751); bei Verweigerg nach 4j geist Erkrankg (Kln FamRZ 90, 1152) od wenn der Mutter zwar die Krankh-Einsicht fehlt, sie sich aber in psychiatr Behdlg begeben h (LG Mannh DAV 85, 723).

bb) Der verweigernde EltT zeigt dch sein Verhalten seine **Gleichgültigkeit gegenüber dem Kind.** Er 7 muß währd der Dauer von wenigstens 5 Mo, vgl II 3, u trotz **Beistand durch das JA, II 1** (Finger DAV 90, 393; Einf 44 v § 1626) nach außen erkennb w lassen, daß ihm das Kind u dessen Schicksal nicht interessiert, was zB in dem Verlangen auf Volladoption des Kindes ins Ausland zum Ausdruck kommt (BayObLG FamRZ 76, 234). Iü reicht obj Eindruck wie beharrl Schweigen aus (Ffm FamRZ 71, 322), so daß bl Beteuergen des Ggteils nicht genügen. Gleichgültig daher auch z bejahen, wenn BesitzAnspr auf das Kind keiner echten gefühlw Bindg entspringen, sond anders motiviert sind, zB dch Neid, Rachsucht, Böswilligk, schlechtes Gewissen od auch die bl Besorgn um das eig Wohl (BayObLG FamRZ 83, 648 L; Ravbg DAVorm 75, 56). Feindselige od verwerfl Gesinng aber iGgs zu früher nicht erforderl. Wer, auch dch die Umst gezwungen, sein Kind in Heim abgibt, muß dch erhöhte Anstrengen wie regelm Besuche, Heimholg während der WoEnden u Ferien, InAnspruchn anwaltl Hilfe u Anreise zur Anhörg (BayObLG FamRZ 84, 417) uä seine persönl Bindg an das Kind unter Beweis stellen, vgl Lüderitz Adoption S 41. Wer sich als Mutter 4 Mo um die 2½jähr Tochter, die in ein Pflegeheim gebracht w ist, nicht kümmert, dokumentiert Gleichgültig (LG Hbg DAVorm 78, 49). Wenn 6j Ki die Mutter nicht kennt, muß diese triftige Grde nennen (BayObLG ZBlJR 83, 230). Umgek sind jedoch vorübergehde seel Störgen des EltT zu dessen Gunsten zu berücks. Auch reichen früh erhobene EhelkAnfKl od Verzicht auf Kontakt, wenn dadch dem Kind Konflikte erspart w sollten, nicht aus (Stgt Just 72, 316). Schleppde Behdlg des AdoptionsAntr kann Gleichgültig dokumentieren (AG Tüb FamRZ 73, 321). Bei Ersetzg wg Gleichgültig **Beratung** des 8 EltT dch das JA nicht mehr zwingd (Hamm FamRZ 91, 1103). Vgl Anm zum GesText.

b) Das Unterbleiben der Ann als Kind würde dem Kinde zu **unverhältnismäßigem Nachteil** gerei- 9 chen. Das w bei Vernachl des Kindes dch die Elt od die nehel Mutter regelm z bejahen s. Es muß sich um einen im Verhältn z Kindeswohl bes großen Nachteil handeln, zB Fehlen einer kontinuierl Unterbringgsmöglk, überdchschnittl EntwStörgen dch außerfam Pflege, Lüderitz Adoption S 44. Nachteil auch zu bejahen, wenn die PflegeElt bereit wären, das Kind auch ohne Adopt in DauerPfl zu behalten (BayObLG DAV 90, 381; Karlsr FamRZ 83, 1058 sowie 90, 94 mA Gawlitta; Hamm ZfJ 84, 364; Ffm FamRZ 86, 1042; Roth ZfJ 87, 64; aA Düss DAVorm 76, 157; Ffm FamRZ 86, 601; Schlesw FamRZ 94, 1351). Zur Bedeutg der NamensÄnd u des Ausforschgsverbot (§§ 1757f) in diesem Zushg vgl AG Kamen FamRZ 95, 1013. Nicht ausreichd: Unentschlossenh, seine UnterhZahlg, weil Kind anderweit versorgt w, Verlust wirtschaftl Vorteile (KG FamRZ 66, 266; OLGZ 69, 235). Anderers sind die neuen Verhältn in geist u leibl Hins, die Möglk der Ausbildg, der Unterh usw ggü dem bisher Gegebenen in die Waagschale zu werfen. Solche Abwägg setzt Kenntn der neuen Verhältn voraus (BayObLG FamRZ 75, 232).

c) Ersetzg erfolgt auf **Antrag des Kindes,** also des über 14j alten Kindes mit Zust seines gesetzl Vertr 10 (Brschw FamRZ 64, 323; aA MüKo/Lüderitz 25), sowohl dch diesen, nicht auch dch den Amtspfleger (BayObLG FamRZ 90, 1150). Grdsl **Anhörung** auch eines 4jähr (BayObLG FamRZ 88, 871).

3) Einmalige besonders schwere Pflichtverstöße wie Entführg des Ki ins Ausl (BayObLG FamRZ 11 89, 429 Bolivien) reichen ebenf zur Ersetzg der Einwillg aus, sofern das Ki **voraussichtlich nicht mehr der Obhut des Elternteils anvertraut werden kann, I 2.** Das letztere Moment tritt an die St des unverhältnismäß Nachteils (Rn 9) u erweist den Tatbestd damit als selbständ ErsetzgsGrd (BayObLG FamRZ 89, 429). Ersetzg der Einwillig eines in Strafh einsitzdn Vaters, der die Mutter des Kindes umgebracht hat (BayObLG FamRZ 84, 937; LG Esn DAVorm 79, 521); dagg nicht ow wenn Franzose aus Eifersucht den Freund seiner geschied Frau umbringt u um des Wohls der Kinder diese entführt (BayObLG StAZ 79, 13).

4) Einwilliggsersetzg ferner, **III, a)** bei **dauernder Unfähigkeit** z Pflege u Erziehg des Kindes wg bes 12 schwerer psych Krankh bzw geist od seel Behindergen (§ 1896 Rn 10–14), wofür schw Depressionen u sicherhgefährde geist Erkrankgen, uU auch wenn sie nur schubw auftreten, genügen. Eine sichere meddiagnost Einordng der psych Krankh ist nicht erforderl (BayObLG FamRZ 84, 201). Die verf-rechtl

Bedenken dagg, daß III aF „geist Gebrechen" ausr ließ (Engler FamRZ **75**, 131; vgl auch Hamm DAV **78**, 364)
13 sind dch die auf BtG Art 1 Z 25 zurückgehde nF „schwere psych Krankh . . ." ausgeräumt. Als Folge der
Unfähigk wird ferner vorausgesetzt **b)** die **Notwendigkeit der Heimunterbringung** f das Kind. Nicht ausr
also, wenn Kind bei Verwandten aufwachsen kann, wohl aber, wenn diese selbst das Kind adoptieren wollen.
14 **c)** Die Ersetzg soll schließl unterbliebn, wenn die Unterbring in einem Heim das Kind in seiner Entw nicht
schwer gefährdet, was jedoch idR z bejahen ist, sofern nicht bes günst Heimplatz z Vfg steht.

15   **5) Ersetzungsverfahren** muß rkräft abgeschl sein, ehe die Ann als Ki nach § 1752 ausgespr werden kann
(Einf 12 v § 1741). Zustдgk: FGG 43b. RiEntsch: RPflG 14 I Nr 3f. Anhörgen: Einf 10ff v § 1626. Persönl
Erschein der Elt kann mit Zwangsmitt dchgesetzt werden (BayObLG FamRZ **84**, 201). Bei Ersetzg wg
Gleichgültk ist der betreffde EltT dch das JA zu belehrn u zu beraten (SGB VIII 51 II) u vor die Ersetzg eine
Karenzzeit von 3 Mon zu schalt, **II 1**, es sei denn, der AufenthOrt des EltT ist vom JA nicht zu ermitt, **II 2**,
od es liegt außerd eine gröbl PflVerletzg (Rn 5) vor. Bei späterem Bekanntw des AufenthOrt sind Belehrg u
Beratg selbst im BeschwVerf nachzuholen (Kln FamRZ **87**, 203). Vgl iü § 1760 V. Der EinwErsBeschl muß
begr w (LG Hbg DAV **78**, 49). Einf Beschw ausschließl des Ki (BayObLG FamRZ **84**, 935) gg abl Beschl
(FGG 20 II, 59); gg ErsBeschl sof Beschw der Elt (FGG 20 I, 53 I 1, 60 I Nr 6).

1749 *Einwilligung des Ehegatten.* [I] Zur Annahme eines Kindes durch einen Ehegatten
allein ist die Einwilligung des anderen Ehegatten erforderlich. Das Vormundschafts-
gericht kann auf Antrag des Annehmenden die Einwilligung ersetzen. Die Einwilligung darf
nicht ersetzt werden, wenn berechtigte Interessen des anderen Ehegatten und der Familie der
Annahme entgegenstehen.

[II] Zur Annahme eines Verheirateten ist die Einwilligung seines Ehegatten erforderlich.

[III] Die Einwilligung des Ehegatten ist nicht erforderlich, wenn er zur Abgabe der Erklärung
dauernd außerstande oder sein Aufenthalt dauernd unbekannt ist.

1   **1)** Vgl zunächst § 1746 Rn 1. Nimmt ein Ehepaar ein Ki gemschaftl an (§ 1741 II 1), liegt im AnnAntr
jedes Eheg zugl die Einwillig zur Ann des Ki auch dch den and Eheg. Nimmt ein Eheg das Ki des and Eheg
an (§§ 1741 II 2 zweite Alt, 1742), wird regelm in der elterl Einwillig (§ 1747) die Einwilligg als Eheg
liegen. Die bes **Einwilligung des Ehegatten** ist damit nur noch dann nötw, wenn ein Eheg sein nehel Ki ann will
(§ 1741 II 2 erste Alt) u wenn ein Eheg ifv § 1741 II 3 ausnahmsw ein Ki allein ann kann, **I 1** (BT-Drucks 7/
3061 S 38). Einwilligg kann immer nur für eine bestimmte KiAnn erfolgen (KG JFG **3**, 126). Erforderl auch
die Einwillig des getrenntlebden Eheg, nicht aber des geschiedenen. Einwilligg des Eheg kann auf Antr
ersetzt w, **I 2,** darf aber nicht ersetzt w, wenn berecht Interessen des and Eheg u der Fam der Ann entggste-
hen, **I 3.** Die Voraussetzgen sind dies wie in § 1727 Rn 3, 4. Ist der and Eheg geschäftsunfäh od sein Aufenth
dauernd unbekannt (vgl § 1747 Rn 12), so ist seine Einwilligg nicht erfdl, **III.** Wg der Form der Einwilligg
§ 1750. Ersetzg ist RiEntsch (RPflG 14 I Nr 3f).

2   **2) Annahme eines verheirateten Minderjährigen, II.** Bei der Ann Minderjähr wird es selten sein, daß
das Ki schon verh ist, läßt sich aber nicht ausschließn (EheG 1 II). Eine Ehe soll der Ann des Ki nicht
verhindern; es muß dann aber die Einwillig des and Eheg vorliegen, der mit der neuen Fam verschwägert
wird (§ 1590). In diesem Fall soll eine Ersetzg der Einwillig nicht mögl sein, weil dadch sonst der Keim für
das Scheitern dieser Ehe gelegt w könnte (BT-Drucks 7/5087 S 13). Fehlt die Einw, Aufhebg der Adopt
entspr § 1771 Rn 3. Die Einwilligg ist nicht erfdl iFv III (vgl Rn 4). Zu den namensrechtl Folgen, die ggf
einer bes Zustimmg des Eheg des Ki bedürfen, § 1757 Rn 1.

1750 *Einwilligungserklärung.* [I] Die Einwilligung nach §§ 1746, 1747 und 1749 ist dem
Vormundschaftsgericht gegenüber zu erklären. Die Erklärung bedarf der notariellen
Beurkundung. Die Einwilligung wird in dem Zeitpunkt wirksam, in dem sie dem Vormund-
schaftsgericht zugeht.

[II] Die Einwilligung kann nicht unter einer Bedingung oder einer Zeitbestimmung erteilt wer-
den. Sie ist unwiderruflich; die Vorschriften des § 1746 Abs. 2 bleibt unberührt.

[III] Die Einwilligung kann nicht durch einen Vertreter erteilt werden. Ist der Einwilligende in
der Geschäftsfähigkeit beschränkt, so bedarf seine Einwilligung nicht der Zustimmung seines
gesetzlichen Vertreters. Die Vorschriften des § 1746 Abs. 1 Satz 2, 3 bleiben unberührt.

[IV] Die Einwilligung verliert ihre Kraft, wenn der Antrag zurückgenommen oder die Annahme
versagt wird. Die Einwilligung eines Elternteils verliert ferner ihre Kraft, wenn das Kind nicht
innerhalb von drei Jahren seit dem Wirksamwerden der Einwilligung angenommen wird.

1   **1) Förmlichkeiten der Einwilligungserklärung.** Die Vorschr betrifft die EinwilliggsErkl des Kindes,
seiner Elt sowie die des Eheg des Annehmden u Angenommenen. Die Einwilliggen sind bedinggs- u
befristgsfeindl u mit Ausn derj des Kindes unwiderrufl, **II.** Für ein geordnetes AnnVerf ist es unerläßl, daß
erklärte Einwilliggen Bestand haben u der Fortgang des AnnVerf, in dessen Verlauf das Kind regelmäß
schon von den neuen Elt aufgen ist (vgl § 1744), nicht gestört w (BT-Drucks 7/3061 S 39). Die Bindg
schließt Einw in eine anderweit Adopt nicht aus (Hamm FamRZ **91**, 1230). Verstöße gg II stellen keinen
AufhebgsGrd dar (vgl § 1760), insb ist für ihre Wirksamk gleichgült, wenn vor Abgabe gemachte Zusagen
nicht eingehalten w. Abmachg, daß für eine Einwilligg eine Vergüt gezahlt w soll, nicht ow unsittl (Kiel
2 OLG **46**, 187). Zur Anfechtbark wg Drohg Ffm FamRZ **81**, 206. Die Einwilligg muß höchstpersönl abgegeben
w, **III 1,** also keine Stellvertretg, bedarf bei beschr GeschFähigk aGrd Geistesschwäche nicht der Zust des
3 gesetzl Vertr, **III 2,** muß gem BeurkG 56 I notariell beurk w, **I 2,** so daß Zugang einer beglaub Abschr nicht
genügt (Hamm NJW **82**, 1002), u ist im Dekretsystem (Einf v § 1741) nicht den Beteiligten als VertrParteien

ggü abzugeben, sond ggü dem VormschG, **I 1.** Zustdgk FGG 36, 43, 43 b. Bei Behördenfeindlichk der Mutter muß deren vor dem Notar abgegebene EinwilliggsErkl nicht dem VormschG ggü wiederholt w (Bln DAVorm **77**, 600). Die EinwilliggsErkl werden wirks nicht mit der Abgabe beim Notar, sond erst mit **4** dem Ztpkt des Zugangs beim VormschG, **I 3**, wobei das JugA auch nicht als Empfangsbote in Betr kommt (Hamm NJW-RR **87**, 260). I 3 enth gebotene Klarstellg, weil die elterl Sorge mit der Einwilligg der Elt ruht (§ 1751 I 1). Zu mißbilligen ist die Prax der AdVermittlgbehörden, die EinwilliggsErkl der Elt entgg I dem VormschG über lange Zeit hinweg nicht einzureichen (Dickmeis DAVorm **80**, 48). Zugehen muß eine Ausfertig der notar EinwilliggsUrk, so daß der Zugg einer beglaubigten Abschr nicht genügt (BayObLG StAZ **79**, 122). Örtl zustd für die Entggnahme der EinwilliggsErkl ist gem FGG 43 b I das WohnsitzG der Annehmden auch dann, wenn diese ihre AdoptAbsicht aufgegeben haben (BayObLG FamRZ **78**, 65). EinwilliggsErkl verlieren ihre Gültigk mit der Zurücknahme des AnnAntr od bei Versagg der Ann, **IV 1.** Die Best geht davon aus, daß der AnnAntr vor der Einwillig vorliegt. Das ist jedoch in vielen Fällen **5** unprakt u angesichts der Zulässigk der Inkognitoadoption nicht erfdl (vgl § 1747 Rn 9); Einwillig kann nach der bei der AdoptVermittlgsstelle (Einf 5 v § 1741) geführten Liste der AdoptBewerber erteilt w. Wird die Versagg nicht mit Beschw angefochten, können hins der Gültigk der Einwillig Unklarheiten auftauchen (Bassenge JR **76**, 187). Die EinwilliggsErkl eines EltT büßt ihre Gültigk ein, wenn die PflegeElt eindeut u endgült erkl, keinen AnnAntr stellen zu wollen (BayObLG FamRZ **83**, 761); ferner, wenn das Kind nicht binnen 3 J nach Abg der Erkl beim VormschG angen w ist, **IV 2.** Die Fr beginnt in Überggsfällen **6** frühestens am 1. 1. 77 (BayObLG StAZ **79**, 122) u endet dementspr am 31. 12. 79 (Celle FamRZ **79**, 861). Eine VorabEntsch des VormschG über die Wirksamk od Unwirksamk der EinwilliggsErkl ist unzul; für sie **7** besteht anges der umfassden PrüfgsPfl (§ 1752) kein Bedürfn (LG Duisbg DAVorm **80**, 227 mAv Schultz).

1751 *Ruhen der elterlichen Sorge und der Unterhaltspflicht.* **I** Mit der Einwilligung eines Elternteils in die Annahme ruht die elterliche Sorge dieses Elternteils; die Befugnis zum persönlichen Umgang mit dem Kinde darf nicht ausgeübt werden. Das Jugendamt wird Vormund; dies gilt nicht, wenn der andere Elternteil die elterliche Sorge allein ausübt oder wenn bereits ein Vormund bestellt ist. Eine bestehende Pflegschaft bleibt unberührt. Das Vormundschaftsgericht hat dem Jugendamt unverzüglich eine Bescheinigung über den Eintritt der Vormundschaft zu erteilen; § 1791 ist nicht anzuwenden.

II Absatz 1 ist nicht anzuwenden auf einen Ehegatten, dessen Kind vom anderen Ehegatten angenommen wird.

III Hat die Einwilligung eines Elternteils ihre Kraft verloren, so hat das Vormundschaftsgericht die elterliche Sorge dem Elternteil zu übertragen, wenn und soweit dies dem Wohl des Kindes nicht widerspricht.

IV Der Annehmende ist dem Kind vor den Verwandten des Kindes zur Gewährung des Unterhalts verpflichtet, sobald die Eltern des Kindes die erforderliche Einwilligung erteilt haben und das Kind in die Obhut des Annehmenden mit dem Ziel der Annahme aufgenommen ist. Will ein Ehegatte ein Kind seines Ehegatten annehmen, so sind die Ehegatten dem Kind vor den anderen Verwandten des Kindes zur Gewährung des Unterhalts verpflichtet, sobald die erforderliche Einwilligung der Eltern des Kindes erteilt und das Kind in die Obhut der Ehegatten aufgenommen ist.

1) Elterliche Sorge nach Einwilligung in die Adoption, I. Mit der Einwilligg eines EltT in die Adopt **1** des eig Kindes hat dieser EltT das von seiner Seite aus Erforderliche getan, um die rechtl Verbindg zu dem Kind zu lösen. Es ist desh konsequent, wenn das G in der ZwZeit bis zur Wirksamk der Ann seine elterl Sorge mit der Wirkg des § 1675 ruhen läßt. Ebso bei Ersetzg der Einwilligg gem § 1748 (MüKo/Lüderitz 2; aA AG Münst DAVorm **77**, 271). Im VerbundVerf (ZPO 623) ergeht keine SorgeRRegelg mehr (Hamm FamRZ **86**, 922). Solange nur ein EltT die Einwilligg erklärt hat, übt der and EltT die elterl Sorge allein aus (§ 1678 I). Da die Ann auf das Erlöschen des VerwandtschVerhältn abzielt (§ 1755 I), entspricht es ferner der gesetzl Konzeption, daß der EltT in Ausn zu § 1634 I auch keinen persönl Umgang mehr mit dem Kind haben soll, **S 1,** so daß auch die ProbeZt (§ 1744) nicht davon beeinfluß w kann. Anderers bedarf es eines gesetzl Vertreters, dessen Zustimmg herbeigeführt w kann, wenn zB ein ärztl Eingriff notw ist. Gesetzl Vertr wird automat, dh ohne daß es einer Bestellg bedarf, das nach SGB VIII 85 ff zuständ JA (LG Kass FamRZ **93**, 234 mA Henrich), sofern nicht der and EltT die elterl Sorge allein ausübt od schon ein Vormd bestellt ist, **S 2,** was idR bei Ersetzg der elt Einwilligg (§ 1748) der Fall sein w. Ges Vormschg auch dann, wenn die Einwilligg eines EltTeils in die Ann dch das VormschG ersetzt w ist (KG FamRZ **78**, 210) od dem and EltT das AufenthBestR entzogen ist (AG Kamen FamRZ **94**, 1489). Besteht bereits gem § 1791c eine AmtsVormsch, ist kein Raum für die Bestellg eines AmtsVormds (Kln FamRZ **92**, 352; aA LG Bln DAV **79**, 190). Der Eintritt der AmtsVormsch gem I 2 stellt für sich genommen keinen Grd dar, die Amtspflegsch an das JA, das Vormd geworden ist, abzugeben; Abgabe aber iRv SGB VIII 85 ff. Ebso bleibt eine bestehde Pflegsch unberührt, **S 3** (vgl §§ 1630 I, 1794). Die Amtspflegsch f ein nehel Kind, dessen Mutter in die Adoption eingewilligt hat, bleibt auch dann bestehen, wenn die AmtsVormsch gem I 2 Vormd w (KG FamRZ **78**, 206; Hann DAVorm **80**, 427). Bis zum AdoptAusspr bestehen entgg §§ 1791c II, 1918 Amtspflegsch u AmtsVormsch nebeneinand (Stgt FamRZ **78**, 207; LG Hbg DAVorm **78**, 37); zur Beseitigg der Kollision zw den §§ 1706, 1751 vgl Roth-Stielow DAVorm **78**, 17. Das JugA erhält über den Eintritt der Vormsch unverzügl eine Bescheinig, **S 4,** damit es frühzeit Kenntn von der elterl Einwilligg erhält u noch rechtzeit auf die Notwendigk der Pflegeerlaubn gem SGB VIII 44 hinweisen u sie versagen kann, wenn das Wohl des Kindes dies erfordert (BT-Drucks 7/5087 S 14). Dieser für die FremdAdopt sinnvollen Regelg bedarf es nicht, wenn das Kind von dem Eheg seines Vaters od seiner Mutter adoptiert w soll, da es dann nicht um die Lösg der FamBande, sond umgek gerade um deren Festigg u Erweiterg geht, **II**.

2) Wenn die **Einwilligung** eines EltT wg Scheiterns der Ann od aGrd Zeitablaufs (§ 1750 IV) ihre **2** **Wirksamkeit verloren** hat, so überträgt das VormschG diesem EltT die elterl Sorge, aber nur, sof dies nicht dem Kindeswohl widerspricht. **III.** Eine Aufg des EltR ist nur vertretb, um ein neues EltR zu begründen. Besteht keine Aussicht, daß ein neues EltR begründet wird, ist dafür zu sorgen, daß die bereits eingeleiteten Maßn rückgäng gemacht w. Das Kind soll sich nicht unangem lange in einem Schwebezustand befinden (BT-Drucks 7/3061 S 40 f). Die elt Sorge fällt nicht automat an den EltT zurück, der seine Einwilligg zur Ann gegeben hat, sond wird ihm übertragen, wenn dies dem Kindeswohl entspricht (vgl §§ 1678 II, 1681 I). Wenn ein EltT die elt Sorge 3 Jahre nicht mehr ausgeübt hat, wird er möglicherw nicht geeignet sein, sie auszuüben. Ob der EltT geeignet ist, soll das VormschG in jedem Fall prüfen. Ist der EltT nicht geeignet u übt auch der and EltT die elt Sorge nicht aus, hat das VormschG die gesetzl Vertretg des Kindes dadch zu regeln, daß es einen Vormd od Pfleger bestellt (BT-Drucks 7/3061 S 41). Es entsch der Richter (RPflG 14 Z 3 f). Anhörg des Ki (BayObLG FamRZ **83**, 761) u des JA (FGG 49 I Z 1 m).

3   **3)** Die **Unterhaltspflicht** der leibl Elt u der and Verwandten des Kindes erlischt währd der PflegeZt nicht, sond tritt ledigl hinter derj der Annehmden zurück (Subsidiarität). Endet das Pflegeverhält, ohne daß es zur Ann kommt, so tritt die UnterhPfl der leibl Elt u der übr Verwandten wieder ein (Ffm FamRZ **84**, 312 mAv Bosch). Entspr der Regelg der elterl Sorge ruht die UnterhPfl der leibl Elt u Verwandten; der Annehmde ist vorrang unterhaltspflicht vom Augenbl des Wirksamwerdens der elterl Einwilligg (§ 1750 I 3) und wenn der Annehmde das Kind mit dem Ziel der Ann in Pflege gen hat, **IV 1.** Voraussetzg ist die „erforderl" Einwilligg der Elt, bei einer Halbwaisen also nur die des überlebden EltT, beim nehel Kind nur die der Mutter; entspr ist die Einwilligg nur eines EltT erfdl, wenn der and zur Abg einer Erkl dauernd außerstande od sein Aufenth dauernd unbekannt ist (§ 1747 IV). Ist das Kind Vollwaise od die Einwilligg der Elt od des allein einwilliggsberecht EltT nach § 1747 IV nicht erfdl, so beginnt die UnterhPfl, wenn der Annehmde das Kind in Obhut nimmt. Maßgebl Ztpkt ist nicht die Erteilg der Pflegeerlaubn dch das JugA (SGB VIII 44), sond der Ztpkt, in dem das Kind in die Obhut der künft AdoptivElt genommen wird u diese dadch die Verantwortg für das Kind übernehmen (BT-Drucks 7/5087 S 14). Obhut nicht gleichbedeut mit Haushalt; Krankenhaus- od Heimverbleib wg Krankh od sonst Behinderg des Kindes bei Übernahme der Verantwortg dch die künf Elt reicht aus. Zur Verpfl zur Zahlg v **Pflegegeld** dch den Träger der JugHilfe Brüggemann DAV **78**, 44; zum Anspr auf **Erziehungsgeld:** Einf 42 v § 1626. Die Aufn des Ki in die Obhut mit dem Ziel der Ann setzt die in der AdBewerbg zum Ausdr kommde Äußerg der AdBereitsch voraus (BSG NJW **93**, 1156). Der nehel Vater macht die vorrang UnterhVerpfl der Annehmden bereits im Verf nach ZPO 643 geltd (Stgt FamRZ **80**, 497). – Bei der Ann des Kindes eines Eheg dch den und Eheg sind beide Eheg dem Kind vor dessen and Verwandten unter dens Voraussetzgen der Einwilligg u der Inobhutnahme unterhaltspflichtig, **IV 2.**

1752 **Beschluß des Vormundschaftsgerichts; Antrag.** [I] Die Annahme als Kind wird auf Antrag des Annehmenden vom Vormundschaftsgericht ausgesprochen.
[II] Der Antrag kann nicht unter einer Bedingung oder einer Zeitbestimmung oder durch einen Vertreter gestellt werden. Er bedarf der notariellen Beurkundung.

1   **1) Adoptionsdekret.** Zur Begründg und zum Verf: Einf 2 u 12 v § 1741. **Inhalt** (FGG 56 e): In dem Beschl ist anzugeben, auf welche Vorschr sich die Ann stützt. Anzugeben ist jew die eigtl RGrdl der Adopt (Karlsr DAV **78**, 787; Mergenthaler StAZ **77**, 292); ferner wenn die Einw eines EltT gem § 1747 II nicht für erfordl gehalt wurde (FGG 56 e S 1).

2   **2)** Der **Annahmeantrag, II,** muß vom Annehmden ausgehen, nicht vom Ki od einem sonst Beteiligten. Er ist bedings- u befristgsfeindl u bedarf bei persönl Anwesenh vor dem Notar der not Beurk (Lit: Kemper DAVorm **77**, 153). Der Antr enthält zugl die Einwilligg der Annehmden, daß das Ki dch die Ann ihr Ki werden soll. Trotz der Formulierg des G, daß der Antr nicht dch einen Vertr gestellt w kann, ist es zul, daß er von dem Notar beim VormschG eingereicht w (arg § 1753 II). Der Antr kann bis zum Ausspr der Ann zurückgen w. Gg die Ablehng des Antr Beschw nur vS des Annehmden (FGG 20 II). Stirbt er vor der Entsch, bleibt Ann zul (§ 1753 II); die Ablehng ist mangels eines BeschwBerecht aber nicht anfechtb (FGG 68 S 2 hätte nicht aufgeh w dürfen; Bassenge JR **76**, 187).

1753 **Annahme nach dem Tod.** [I] Der Ausspruch der Annahme kann nicht nach dem Tod des Kindes erfolgen.
[II] Nach dem Tod des Annehmenden ist der Ausspruch nur zulässig, wenn der Annehmende den Antrag beim Vormundschaftsgericht eingereicht oder bei oder nach der notariellen Beurkundung des Antrags den Notar damit betraut hat, den Antrag einzureichen.
[III] Wird die Annahme nach dem Tod des Annehmenden ausgesprochen, so hat sie die gleiche Wirkung, wie wenn sie vor dem Tod erfolgt wäre.

1   **1)** Der **Tod des Kindes** vor der Ann schließt den Abschl der bereits eingeleiteten Adopt aus. **I.** Wichtig für die Erbfolge (§§ 1754, 1755, 1924 ff). Ist das Kind gestorben, verliert die Ann des Kindes ihren eigentl Sinn; erbrechtl Überleggen sollen daneben nicht ausschlaggebd sein (BT-Drucks 7/3061 S 42). Entscheidd Ztpkt Zustellg an den Annehmden (FGG 56 e S 2).

2   **2)** Der **Tod des Annehmenden** vor dem Erlaß des AdoptBeschl macht die Ann dagg nicht unmögl u nach wie vor sinnvoll, wenn das Kind zB im Haush des Annehmden gelebt hatte (Engler FamRZ **76**, 586). Der Aussprr der Ann hat zwar auch zu unterbleiben, wenn der Annehmde in einem frühen Stadium des AnnVerf stirbt; hat er od sein Notar dagg bereits den AnnAntr beim VormschG eingereicht, so kann auch jetzt noch die Adopt ausgesprochen w, **II.** Entspr Anwendg v II, wenn der Annehmde währd der RBeschwInst stirbt (Brschw DAVorm **78**, 784). Entscheidd das Kindeswohl (§ 1741 I), ferner, ob das Kind nicht seine Einwilligg widerruft (§ 1746 II 1). Stirbt bei einer gemschaftl Ann der eine Eheg u nimmt daraufh der and Eheg seinen Antr zurück (§ 1752 Rn 2), so bleibt AnnBeschl mögl, weil die in dem Antr des überlebden Eheg liegde Einwilligg (§ 1749 Rn 1) zur Ann dch den verstorbenen Eheg nicht zurückgen w kann (§ 1750 II 2); idR verbietet dann aber das Kindeswohl den nachträgl AnnBeschl. Der nach dem Tode des Annehm- 3 den ergehde AnnBeschl hat die Wirkg, als ob die Ann vor dem Tode erfolgt wäre, **III**, was insb bedeutet, daß dem Kind ggü dem verstorbenen Annehmden ein gesetzl ErbR u, soweit dieser anderweit verfügt hatte, ein PflichtteilsAnspr zusteht, sof er diese Vfg nicht überh anfechten will (§§ 1924 I, 2079, 2303). Die Möglk der nachträgl Vollziehg der Ann entspricht idR den inzw eingetretenen tatsächl Verhältn (BT-Drucks 7/ 3061 S 42). II trifft auch den Fall, daß eine gemschaftl KindesAnn erfolgen sollte u beide Annehmden 4 verstorben sind (Hamm StAZ **67**, 99), unabh ob gleichzeit od nacheinander; das Kind beerbt dann beide AdoptElt. War gemschaftl Ann beantr, Wirksamk des AnnBeschl mit Zustell an den überlebden Eheg, iü mit Zust an den ges Vertr od Pfleger des Ki (FGG 56e S 2). Vgl iü die parallele Regelg bei der EheErkl (§ 1733).

1754 *Rechtliche Stellung des Kindes.* **I Nimmt ein Ehepaar ein Kind an oder nimmt ein Ehegatte ein Kind des anderen Ehegatten an, so erlangt das Kind die rechtliche Stellung eines gemeinschaftlichen ehelichen Kindes der Ehegatten.**

II In den anderen Fällen erlangt das Kind die rechtliche Stellung eines ehelichen Kindes des Annehmenden.

1) Die §§ 1754–1758 regeln die rechtlichen Wirkungen der Annahme. Im Wortlaut weitgehd über- 1 einstimmd mit § 1757 aF, erhält die Vorschr des § 1754 eine andere Bedeutg, indem sie von der Gleichstellg des angen Kindes mit dem leibl ehel Kind prakt keine Ausn vorsieht. Damit wird der **Grundsatz der Volladoption** (Einf 2 v § 1741) verwirklicht, wonach das Kind soweit wie mögl aus seinem bisher FamVerband gelöst u in den neuen eingefügt w soll. Dieser MjAdopt mit starken Wirkgen steht die ErwachsenenAdopt mit schwachen Wirkgen ggü (vgl §§ 1767ff). **1. Wirkung:** Das Kind erhält mit dem Ausspr der Adopt 2 (§ 1752 I) kr Gesetzes die **Stellung als eheliches Kind des Annehmenden**, II, u iF der EhegAnn diej eines gemschaftl Kindes der Eheg, I, wobei es gleichgült ist, ob beide Eheg das Kind gemschaftl angen haben (§ 1741 II 1) od ein Eheg das ne Ki des and Eheg (§ 1741 II 2). Im Ggs zu § 1763 aF wird damit ein **umfassendes gesetzliches Verwandtschaftsverhältnis** zu dem Annehmenden selbst u zu dessen Verwandten, insb zu seinen Elt, seinen leibl u Adoptivkindern, hergestellt. Das Kind wird in der neuen Fam unterhaltsberecht u -verpflichtet. Die Beschrkg des § 1759 aF, wonach kein ErbR des Annehmden begründet wurde, u die Möglk, das ErbR des Kindes auszuschließen (§ 1767 I aF), entfallen. Das Kind beerbt seine neuen Elt u deren Verwandte nach den allg Regeln u wird selbst nach den allg Grdsätzen von ihnen beerbt. Einzelheiten § 1924 Rn 12–19. Im EheschlR bestehen aGrd der dch die Ann begründeten Verwandtsch u Schwägersch Eheverbote, von denen aber weitgehd befreit w kann (EheG 4, 7). Das Kind erwirbt ggf die dt Staatsangehörigk (RuStAG 3 Z 3). Auch im StrafR (mit Ausn des StGB 173), SozialVersR, Beamten- u SteuerR ist das Kind ohne Einschrkg als ehel Kind des Annehmden zu behandeln, soweit nicht Ausn bestehen od getroffen w (BT-Drucks 7/3061 S 42). Allerd kein SonderUrl entspr dem Mutterschutz f Beamtinnen (OVG Münst FamRZ **80**, 941). Keine Verzögerg der Ann dch **Vaterschaftsfeststellung;** das JA (§ 1706 Z 1) hat aber auch währd der AdoptPflege (§ 1744) die VaterschFeststellg zu betreiben. Nach dem Ausspr der Ann ist die Feststellg der Vatersch nicht mehr zu betreiben. Es steht in der freien Entsch der Annehmden, ob sie eine VaterschFeststellg betreiben od fortführen wollen (BT-Drucks 7/5087 S 16). Bei der Inkognito-Adopt (§ 1747 Rn 9) ist dem Kind zur VaterschFeststellg od EhelichkAnf ein Pfleger zu bestellen (§ 1909 I 1), da die Annehmden an der Vertretg des Kindes gehindert s (Karlsr FamRZ **66**, 268). Aber keine Fortführg der VaterschFeststellg u damit keine PflegerBest gg den Willen der AdoptElt (Brschw DAVorm **78**, 639). **Kein Mutterschutz** (BAG NJW **84**, 630). Zum Einfl der Adoption auf die **Staatsangehörigkeit** Hecker StAZ **85**, 153.

2) Rechtliche Stellung des Angenommenen, II. Es gelten die Vorschr, die auch sonst für ehel Kinder 3 in Betr kommen, also zB EheG 3, §§ 1601ff, 1619ff, 1626ff, 1924, 2303, 204; G über rel Kindererziehg; Waisengeld des adoptierten Beamtenkindes (BeamtVG 23; früher BBG 158 II Z 2). Stand das Kind unter Vormsch, so entfällt diese (§ 1882) mit Zustellg des AnnBeschl an den Annehmden (FGG 56e S 2; vgl § 1752 Rn 1), so daß der bisherige Vormd auch keine BeschwBefugn zB wg der NamensEintr hat (Düss FamRZ **65**, 290). Dch die Ann erwirbt das mj Kind auch die Staatsangehörigk, wenn der Annehmde Deutscher ist, die dt, sonst ggf eine ausl (RuStAG 6, 27). Gleichstellg der Adoptiv- mit den leibl Kindern auch hins der HofErbf (HöfeO).

3) Rechtliche Stellung eines gemeinschaftlich angenommenen Kindes, I. Voraussetzg, daß Ehe 4 noch besteht (KG NJW **68**, 1631). Die RStellg von Mann u Frau im Verhältn zum Kinde richtet sich nach den Vorschriften für die ehel Kinder (§§ 1626ff). Gilt auch, wenn der Ehem das nehel Kind seiner Ehefr, zu der das Kind ohnehin die Stellg eines ehel hat, annimmt; § 1755 scheidet dann aus (vgl Hildesh NJW **65**, 2063). Das Kind bekommt ebenf die Position eines gemschaftl ehel Kindes, wenn der Adoptierde der Kindesmutter erst nachträgl heiratet (AG Augsbg StAZ **76**, 165 mAv Beitzke). Dch die Ann des nehel Kindes der Ehefr vS des Mannes wird aber die Ehefr nicht zur Annehmden; I regelt nur die Stellg des Kindes. Wird fälschlicherw das ehel Kind der Mutter von ihr u ihrem 2. Ehem angenommen, so ist die Ann dch letzteren gült (vgl LG Hbg StAZ **59**, 101). Dch die Ann des nehel Kindes der Frau vS des Mannes erlangt diese über § 1705 hinaus die Rechte der ehel Mutter. Ist ein Eheg gestorben, so erlangt das leibl Kind dch die Ann seitens des and nicht die Stellg eines gemschaftl (aA Celle NJW **71**, 708). Bei Scheidg der Eheg gelten §§ 1671, 1634; der nicht sorgeberecht Teil behält also das UmggsR.

1755 *Verhältnis zu den bisherigen Verwandten.* **I Mit der Annahme erlöschen das Verwandtschaftsverhältnis des Kindes und seiner Abkömmlinge zu den bisherigen**

Verwandten und die sich aus ihm ergebenden Rechte und Pflichten. Ansprüche des Kindes, die bis zur Annahme entstanden sind, insbesondere auf Renten, Waisengeld und andere entsprechende wiederkehrende Leistungen, werden durch die Annahme nicht berührt; dies gilt nicht für Unterhaltsansprüche.

II Nimmt ein Ehegatte das nichteheliche Kind seines Ehegatten an, so tritt das Erlöschen nur im Verhältnis zu dem anderen Elternteil und dessen Verwandten ein.

1   **1) Erlöschen früherer Verwandtschaftsverhältnisse.** Die Vorschr regelt die **2. Wirkung** der Ann. Die Adopt läßt das VerwandtschVerhältn des Kindes u seiner Abkömmlinge zu seinen bisherigen, leibl u rechtl (dh dch Adopt vermittelten) Verwandten einschließl aller sich daraus ergebden Rechte u Pflichten erlöschen, **I 1. Ausnahmen:** § 1756. Außerdem gelten weiter Eheverbote, ZeugnVerweigerungsGrde, Feststellg der blutmäß Abstammg usw (Soergel-Liermann Rn 5 ff).

2   **a) Erstreckung auf Abkömmlinge.** Dch die volle Eingliederg des Kindes in die Adoptivfamilie vermittelt der Angenommene die Verwandtsch zur neuen Fam auch für seine eig Kinder; das VerwandtschVerh des Kindes zu seinen eig Abkömml wird also dch die Ann nicht berührt. Hat das AdoptKind bereits mehrere Abkömml, so bleibt auch deren GeschwisterVerh untereinand bestehen. Das VerwandtschVerh der Abkömml zu den bish Verwandten erlischt jedoch ebenf (BT-Drucks 7/3061 S 43).

3   **b) Erlöschende Rechtspositionen.** Dch die Adopt büßt das Kind alle in die Zukft gerichteten UnterhaltsAnspr, das NamensR, Erb- u PflichttRechte usw ebso ein wie umgek eig Verpflichtgen zur UnterhZahlg usw erlöschen. **Grund:** Evtl damit verbundene finanzielle Nachteile für das Kind müssen hingen w, um jede Störg des Kindes dch Ansprüche, die aus der leibl Fam kommen, abzuwehren (BT-Drucks 7/3061 S 43). Die leibl Elt verlieren die elterl Sorge u das UmgangsR, ohne daß dies gesetzl bes gesagt zu werden brauchte. Widerspricht nicht GG 6 II (BayObLG FamRZ **71**, 323), da das iR im Interesse einer ungestörten Entwicklg des Kindes liegt, auch Inkognitoadoptionen (§ 1747 Rn 9) sonst nicht dchführb. Wird allerd Verkehr unter Mißbr des ErziehgsR dch AdoptivElt zum Nachteil des Kindes unterbunden, zB wenn das Kind seine leibl Elt kennt, so uU Einschreiten des VormschG nach § 1666 (RG **64**, 47; Mü JFG **15**, 176; sa
4   § 1634 Rn 4). Rückgängigmach dieser Wirkgen nur dch Aufhebg, insb iFv § 1763 III a. **Bestehen bleiben** dagg Ansprüche des Kindes, soweit sie bis zur Ann bereits entstanden sind, insb Leistgn sozialer Art wie Renten (BSG DRV **87**, 418), Waisengeld u and entspr wiederkehrde Leistgn. Sie bleiben dem Kind erhalten, **I 2. Zweck:** Fielen Ansprüche des Kindes auf Renten u and wiederkehrde Leistgen mit der Adopt weg, so könnte die Neigg entstehen, einer Ann das DauerpflegVerh vorzuziehen. Außerd könnten mit Renten ausgestattete Kinder auch an ärmere AdoptivElt vermittelt w, währd im umgek Fall besonders pflege- u kostenintensive Kinder uU gar nicht vermittelt w könnten (BT-Drucks 7/5087 S 16). Ob Renten des Kindes nach § 844 II bestehen bleiben, richtet sich nach dem SchadErsR (vgl BGH FamRZ **70**, 587; Jayme FamRZ **73**, 14 Anm 10). Für das StrafR bleiben gewisse Privilegiergen des leibl VerwandtschVerh bestehen (vgl Art 6 AdoptG); Entsprechdes gilt für das ZeugnVerweigersR, den Ausschl von der Vornahme gewisser Geschäfte wie Beurkdgen uä aGrd von Verwandtsch od Schwägersch usw (vgl Art 7 AdoptG). Das G stellt ausdrückl klar, daß auch die bei der Vergangenh stammde **Unterhaltsansprüche** des Kindes gg seine leibl Verwandten mit der Adopt untergehen. Weiterhin geltd gemacht werden können aufgelaufene UnterhRückstde (BGH NJW **81**, 2298; KG FamRZ **84**, 1131). Wichtig wg KlVerbindg (ZPO 640 c 3, 643 I 1), so daß das unerfreul Ergebn vermieden w kann, daß der nehel Vater dch Hinauszögern seiner Zahlgen noch belohnt w. Zu den verloren gehden Anspr gehören auch solche zur UnterhVereinigen nach § 1615e; ist nach dieser Vorschr an Stelle des Unterh eine Abfindg gezahlt w, verbleibt sie dem Kind. Erbenstellgen, PflichttRechte, VermächtnAnsprüche bleiben dagg, soweit bei Ann bereits entstanden, bestehen; ebsowenig werden and vermögens- od nicht vermögensrechtl Ansprüche des Kindes dch die Adopt berührt. Nach der Ann des Kindes entfallen die Voraussetzgen für eine spätere Geltdmach eines Anspr aus § 1934d (BT-
5   Drucks 7/5087 S 16). **Übergangsrecht:** Zur Anwendg v I 2 auf vor dem 1. 1. 77 dchgeführte Adoptionen Behn ZBlJugR **78**, 233.

6   **2) Stiefkindadoption, II.** Nimmt ein Eheg das nehel Kind seines Eheg an, so erlischt das VerwandtschVerhältn nur zu dem and EltT u dessen Verwandten; im Verhältn zu dem EltT, der mit dem Annehmden verheiratet ist, wird das Kind ebenf gemschaftl ehel Kind (§ 1754 I). Das VerwandtschVerh des nehel EltT soll also nicht erlöschen, sond zum ehel Elt-Kind-Verhältn erstarken. Erfolgt demnach die Adopt dch den Ehem der nehel Mutter, so erlischt die Verwandtsch zw dem Kind u seinem leibl Vater u dessen Verwandten; umgek ist es, wenn eine Ehefr das nehel Kind ihres Mannes annimmt. Entspr geht das VerwandtschVerh zu einem EltT verloren, wenn ein ehel Kind von dem 2. Eheg des einen EltT adoptiert wird.

1756 *Vorherige Verwandtschaft der Annehmenden mit dem Kind.* **I** Sind die Annehmenden mit dem Kind im zweiten oder dritten Grad verwandt oder verschwägert, so erlöschen nur das Verwandtschaftsverhältnis des Kindes und seiner Abkömmlinge zu den Eltern des Kindes und die sich aus ihm ergebenden Rechte und Pflichten.

II Nimmt ein Ehegatte das eheliche Kind seines Ehegatten an, dessen frühere Ehe durch Tod aufgelöst ist, so tritt das Erlöschen nicht im Verhältnis zu den Verwandten des verstorbenen Elternteils ein.

1   **1)** Die Vorschr trägt der **Adoption unter Verwandten** Rechng, die iF des Erziehgsversagens der leibl Elt u angesichts der Häufigk von StraßenVerkUnfällen uä rechtspolit der Förderg bedarf. In solchen Fällen braucht das Kind nicht vollständ aus dem bish FamVerband herausgerissen zu werden; nur die rechtl Bindgen zu den leibl Elt müssen abgebrochen w, zu den übr FamMitgliedern können sie bestehen bleiben, weil das Kind nicht im eigtl Sinne eine neue Fam bekommt. Anderers darf die VollAdopt (Einf 2 v § 1741) nicht auch dch entfernteste verwandtschaftl Beziehgen in Frage gestellt w. Aus diesen Grden erlöschen die

VerwandtschBeziehgen u die entspr Rechte u Pflichten bei einer Adopt unter Verwandten im 2. oder 3. Grad (§ 1589 Rn 2) bzw unter Verschwägerten (§ 1590 Rn 2) nur ggü den Elt des Kindes, **I.** In den Fällen der Adopt dch GroßElt od Geschwister, dch Onkel od Tante, nachdem die leibl Elt gestorben od gesch sind u kein EltT die Betreuung des Kindes übernimmt, od schließl iF der Überlassg eines Kindes aus einer kinderreichen Fam an ein nahe verwandtes Ehepaar ist es unerläßl, das VerwandtschVerhältn zu den leibl Elt erlöschen zu lassen, um auszuschließen, daß ein Kind zwei Elternpaare hat, währd es ungerechtfert erscheint, auch das VerwandtschVerh zu den übr Verwandten aufzuheben. Zu manchen Verwandten würde dch die Ann die alte Verwandtsch neu begründet; erlöschen würde sie aber zum Stamm desj EltT, mit dem die neuen Elt nicht verwandt sind; das soll dch I ausgeschl w (BT-Drucks 7/3061 S 44). Die Vorschr gilt auch, wenn ein Kind nach dem Tode seiner AdoptivElt von Adoptiv- od leibl Verwandten 2. od 3. Grades angen w (BT-Drucks 7/5087 S 17). Zu den erbrechtl Auswirkgen § 1925 IV (BT-Drucks 7/5087 S 17f u Schaubilder auf S 31/32).

2) Annahme eines Kindes des Ehegatten, dessen frühere Ehe dch Tod aufgelöst ist, **II.** Heiratet ein **2** verwitweter EltT erneut u nimmt sein Eheg ein Kind aus der 1. Ehe an, besteht ebenf kein Bedürfn dafür, das VerwandtschVerhältn zum Stamm des and EltT ganz zum Erlöschen zu bringen. In diesem Fall soll nur das VerwandtschVerhältn zum and EltT, nicht aber zu dessen Verwandten erlöschen. Denn es erscheint unzumutb, zB den GroßElt, die schon ihr Kind dch Tod verloren haben, auch noch das Enkelkind dch Adopt zu nehmen. Die Bestimmg gilt nicht iF der Scheidg der leibl Elt (BT-Drucks 7/5087 S 17).

1757 *Name des Kindes.* [I] **Das Kind erhält als Geburtsnamen den Familiennamen des Annehmenden. Als Familienname gilt nicht der nach § 1355 Abs. 4 dem Ehenamen hinzugefügte Name.**

[II] **Nimmt ein Ehepaar ein Kind an oder nimmt ein Ehegatte ein Kind des anderen Ehegatten an und führen die Ehegatten keinen Ehenamen, so bestimmen sie den Geburtsnamen des Kindes vor dem Ausspruch der Annahme durch Erklärung gegenüber dem Vormundschaftsgericht; § 1616 Abs. 2 gilt entsprechend. Hat das Kind das fünfte Lebensjahr vollendet, so ist die Bestimmung nur wirksam, wenn es sich der Bestimmung vor dem Ausspruch der Annahme durch Erklärung gegenüber dem Vormundschaftsgericht anschließt; § 1616a Abs. 1 Satz 2, Satz 3 und Satz 4 zweiter Halbsatz gilt entsprechend.**

[III] **Die Änderung des Geburtsnamens erstreckt sich auf den Ehenamen des Kindes nur dann, wenn sich auch der Ehegatte der Namensänderung vor dem Ausspruch der Annahme durch Erklärung gegenüber dem Vormundschaftsgericht anschließt; die Erklärung muß öffentlich beglaubigt werden.**

[IV] **Das Vormundschaftsgericht kann auf Antrag des Annehmenden mit Einwilligung des Kindes mit dem Ausspruch der Annahme**

1. **Vornamen des Kindes ändern oder ihm einen oder mehrere neue Vornamen beigeben, wenn dies dem Wohl des Kindes entspricht;**

2. **dem neuen Familiennamen des Kindes den bisherigen Familiennamen voranstellen oder anfügen, wenn dies aus schwerwiegenden Gründen zum Wohl des Kindes erforderlich ist.**

§ 1746 Abs. 1 Satz 2, 3, Abs. 3 ist entsprechend anzuwenden.

1) Die **namensrechtlichen Folgen** sind die **3. Wirkung** der KiAnn. Die Neufassg der Vorschr, deren II **1** zu IV gew ist, dch das FamNamRG enth im wesentl redakt FolgeÄnd zu den Einfüggen in §§ 1616a, 1617 II (BT-Drucks 12/5982 S 19). Die GrdEntsch über die NamGestaltg beim AdoptKi sind dies wie beim ehel Ki.

2) Geburtsname (zum Begr § 1355 Rn 2). Das angen Ki erh wie bisher den **Familiennamen des 2 Annehmenden, I 1.** Ein bish vom Ki geführter Begleitname fällt im Prinzip weg (KG FamRZ **88,** 170). Angabe eines falschen Namens dch den Annehmden steht der Wirksamk der Ann nicht entgg (BayObLG FamRZ **94,** 775; sa § 1752 Rn 1). Nicht übertragb ist ein pers Adelsprädikat (BayObLG StAZ **81,** 186). Für spät NamÄndergen aS des Annehmden gilt § 1616a. Auch ein von dem Annehmden geführter **Begleitname** (§ 1355 Rn 6) w von dem adopt Ki nicht erworben, sond bleibt unberücks, **I 2.**

3) Bestimmung des Kindesnamens durch die Adoptiveltern, II. a) Sie ist erfdl, wenn die das Ki **3** gemeins annehmdn Eheg bzw bei Adopt eines Ki des and Eheg die Eheg **keinen Ehenamen** führen. In diesem Fall bestimmen die AdoptivElt genauso wie in entspr Fall die leibl Elt den Geburtsnamen des Ki, **II 1.** Was die WahlMöglkten, die Form u Verbindlk anlangt, gilt § 1616 II entspr, **II 1 Halbs 2** (§ 1616 Rn 2ff). Auch der **Zeitpunkt** ist (and als § 1616 Rn 6) dahin geregelt, daß die Best des Geburtsnamens des Ki **vor dem Ausspruch der Annahme** erfolgen muß, so daß das VormschG seinen AnnBeschl (§ 1752) von der Erkl über den von dem Ki zu führden Namen abhäng machen kann. Hinzutreten muß ggf die Zust auch noch des Ki (Rn 4). Die NamensBest ist nach Erkl ggü dem VormschG **unwiderruflich** u auch für die weiteren Ki der AdoptivElt **verbindlich** (§ 1616 Rn 7), u zwar gleichgült, ob dies leibl od weitere Adoptiv-Ki sind (BT-Drucks 12/3163 S 18).

b) Selbstbestimmungsrecht des Kindes, II 2. Hins der NamensBestBefugn der AdoptivElt ähnelt **4** deren Situation weniger Elt, die den Namen unmittelb nach der Geburt des Ki best müssen (§ 1616 II u III), als vielm solchen Elt, die sich nachträgl, also nachd das Ki längst geboren ist, den Ehenamen zulegen (vgl § 1616a I). Desh trägt das Ges hier der wachsden SelbstBestFähigk des Ki Rechng u macht die NamensBest **von der Zustimmung des Kindes abhängig, II 2,** wobei der Ausdr „Anschließg" allerd verfehlt ist. Können sich die Annehmden bzw der Annehmde u sein Eheg nicht über einen KiNamen verständ od verweigert das dazu berecht Ki der von diesen getroffenen Best seine Zust, so hat der Ausspruch der Ann zu unterbleiben; in der mangelden KonsensFähigk in der Namensfrage sieht der GesGeber das Ziel der Adopt (§ 1741 Rn 5) von vornh in Frage gestellt (BT-Drucks 12/3163 S 19). Hins der entspr Anwendg von

5 § 1616 a I 2, 3 u 4 zweiter Halbs vgl § 1616 a Rn 4, 5 u 7. **Form:** Die Zust des Ki erfolgt (iGgs zu § 1616 a
6 Rn 6) ggü dem VormschG. **Zeitpunkt:** Ist die Zust des Ki zu der NamensBest dch die AdoptivElt erfdl, so
ist letztere nur wirks, wenn auch die Zust des Ki vor dem AnnDekret vorliegt.

7   **4) Erstreckung auf den Ehenamen des Kindes, III.** Die Vorschr entspr § 1616 a III (vgl dort Rn 14 ff).
Die AnschließgsErkl selbst erfolgt jedoch iGgs zu § 1616 a Rn 19 auch hier ggü dem VormschG (BT-Drucks
12/3163 S 19).

8   **5) Änderung des Vornamens, IV 1 Nr 1. a) Zweck.** Nach der bish GesFassg konnte das VormschG
den Vorn nur änd, wenn dies aus „schwerwiegden Grden" des KiWohls erfdl war. Damit sollte dem Umst
Rechng getragen w, daß in der frühkindl Entwicklg eines individuellen Bezugssystems für das Ki der Vorn
zum wichtigsten Identifikations- u damit Orientiergsmittel gehört (BT-Drucks 7/5087 S 18). Dem ggü
kommt es in der Prax in der Mehrzahl fremdvermittelter KleinKiAdopt zu einem fakt VornWechsel, weil
die AdoptElt das Ki einf and nennen, u die Ger haben dies dch Anerk als schwerwiegden Grd vielf nachträgl
legalisiert (Nachw 52. Aufl Rn 2). Das AdoptRÄndG stellt diese Prax jetzt dch Lockerg der tatbestdl
Voraussetzgen auf eine sichere Grdl. Danach soll einem v den AdoptElt geäuß Wunsch nach einer Ändg des
Vorn des Ki schon dann entsprochen werden, wenn dies der VornÄndg dem Wohl des Ki entspr. Das Interesse
der AdoptElt soll anerk w, dch die Auswahl des Vorn eine engere Verbindg zu dem Ki zu schaffen u mit
dem Vorn, zu dem sie kein Verhältn finden k, zugl die ges „VorZt" des Ki auszulöschen. Dch die KiWohl-
Prüfg soll dann umgek einer bereits begonnenen Identifikation des Ki mit seinem amtl Vorn Rechng
getragen w, wobei der GesGeb ausdrückl von starren Altersgrenzen Abstand gen h (BT-Drucks 12/2506
S 6).

9   **b) Voraussetzungen für den Vornamenswechsel.** Zu Antr u Einwilligg Rn 7 u 8. **aa) Vorname.** Zul
ist die Wahl eines od mehrerer neuer Vorn. Die Verändg des iü beibehaltenen Vorn liegt beispielsw in der
Ändg der Schreibweise od im Wechsel zur Kurzform des Vorn. Der bish Vorn kann dch neue Vorn ergänzt
10 od ganz ersetzt w (Liermann FamRZ **93**, 1264). Zu Einzelh der VornGestaltg: § 1616 Rn 10 ff. – **bb) Kin-
deswohlentsprechung.** Die Ändg des Vorn muß dem KiWohl entspr. Dieses ist vorrangiges EntschKrite-
rium (BT-Drucks 12/2506 S 8). Maßgebl ist, ob sich das Ki noch nicht mit seinem bish Vorn identifiziert hat
bzw ob der Wechsel von dem bish zu dem neuen Vorn ohne Gefahr für seine Entwicklg mögl ist. Von
Bedeutg ist, ob von der VornÄnd eine bessere Integration des Ki in seine neue Fam zu erwarten ist. Wurde
das Ki schon währd der AdoptPflege mit einem neuen Vorn gerufen, so kann die erzwungene Rückkehr
zum amtl Vorn die Entwicklg des Ki nachteilig beeinfl (BT-Drucks 12/2506 S 8). Für das Ausmaß der
Identifikation mit dem eig Vorn bestehen keine festen Altersgrenzen.

11   **6) Erhaltung des bisherigen Familiennamens, IV 1 Nr 2.** Mit der Adopt erhält das Ki nach dem
Prinzip des einheitl FamNamens als GeburtsNa den FamNa des Annehmden (I 1), wofür nur aus schwer-
wiegden Grden des KiWohl Korrekturmöglkten bestanden (II 1 aF). Dabei soll es bleiben. Die Änd muß für
das Ki erhebl besser sein als die Beibehaltg (Liermann FamRZ **93**, 1264). Für die Beifügg des urspr FamNa
reicht es idR aus, wenn Unfallwaisen von Verwandten od Freunden der Elt adopt werden. Zur Erleichterg
der NaHinzufügg bei der VolljAdopt: LG Bln FamRZ **85**, 109. Der GesText ist dch das AdoptRÄndG ledigl
als Nr 2 tatbestdl verselbständ u außerd klargest worden, daß der hinzufügb Na vorangestellt od angefügt
werden kann (BT-Drucks 12/2506 S 8 f). Der hinzugefügte FamNa ist Bestandteil des nunmehr zweigliedr
FamNa, nicht BegleitNa iSv § 1355 IV.

12   **7) Einwilligung des Kindes** in die NamensÄnd ist iF v Nr 1 u Nr 2 erfdl (Rn 8 u 11). Nach hM gelten
die Vorschr zur Einwilligg des Ki in die Ann als solche, also § 1746 I 2 u I 3, sowie hins der Ersetzg einer
vom gesetzl Vertr ohne trift Grd verweigerten Einw od Zust, **IV** (vgl § 1746 Rn 2–7). Bei einem nehel Ki
entsch dann nicht der AdoptVormd (§ 1751 I 2), sond der Pfleger nach § 1706 Nr 1 (Brüggemann ZfJ **88**,
104; aA Stgt ZfJ **83**, 423). In Wirkl muß das EinwilligsErfordern nach dem GesZweck (Rn 8) teleolog
restringiert w: die Entsch des Ki ist höchstpersönl, so daß es auf seine Willensfähigk u, sofern diese vorh ist,
ausschließl auf seine Entsch ankommt. Die Entsch der leibl Elt bzw Pfleger brächte nichts, was nicht in der
KiWohlPrüfg (Rn 10) berücks u ggf dch Ersetzg der Einw übergangen w müßte.

13   **8) Verfahren.** Vgl Einf 14 v § 1741. **a)** Bestimmg des GebNam, II 1, wie die Erkl zur Erstreckg der
NamÄnd auf den EheNam, III, u die Anschl des Ki, II 2, erford not Beglaubig (§§ 1757 II 1 u 2, 1616 II 2,
1616 a I 4), sofern sie nicht mit der Einw in die Adopt abgegeb wird (§§ 129 II, 1746, 1750). Zu Einzelheiten
zur Anschl des Ki: § 1616 a Rn 3 ff. **b)** VornamÄnd u FamNamErgänzg, IV, erfolgen unanfechtb (aA
Soergel/Liermann 21).

14   **9) Übergangsrecht** hins des AdoptG 1976: 52. Aufl Rn 3; zum AdoptRÄndG, das am 12. 12. 92 in Kr
getr ist (Einf 2 v § 1741), bedurfte es keiner bes Überggsregelg (BT-Drucks 12/2506 S 9); FamNamRG:
Vorb 4 ff v § 1355.

1758 *Offenbarungs- und Ausforschungsverbot.* [I] Tatsachen, die geeignet sind, die An-
nahme und ihre Umstände aufzudecken, dürfen ohne Zustimmung des Annehmenden
und des Kindes nicht offenbart oder ausgeforscht werden, es sei denn, daß besondere Gründe des
öffentlichen Interesses dies erfordern.

[II] Absatz 1 gilt sinngemäß, wenn die nach § 1747 erforderliche Einwilligung erteilt ist. Das
Vormundschaftsgericht kann anordnen, daß die Wirkungen des Absatzes 1 eintreten, wenn ein
Antrag auf Ersetzung der Einwilligung eines Elternteils gestellt worden ist.

1   **1) Schutz des Adoptionsgeheimnisses** (Lit: Kleineke, Das R auf Kenntn der eig Abstammg, Gött
1976). Die moderne Adopt, insb die InkognitoAdopt (§ 1747 Rn 9), soll idR dazu dienen, das Kind vollständ
aus seinen bish FamBindgen herauszulösen u ihm ein völl neues familiäres Bezugssystem zur Verfügg zu
stellen. Damit die Tatsache der Adopt nicht aufgedeckt w, unterscheidet das PStG zw der GeburtsUrk, die

nur die AdoptivElt ausweist u der AbstammgsUrk (PStG 62), aus der die leibl Abstammg ersichtl ist u die in Zukft bei der Eheschließg vorgelegt w muß (PStG 5 I). Statt des bisl in das Geburtenbuch eingetr Sperrvermerks beschrkt PStG 61 II nF den Kreis der zur Einsichtn berecht Personen, damit das AnnVerhältn nicht ohne Grd aufgedeckt w. Entspr verbietet FGG 34 II die Gewährg der Einsicht in GerAkten u die Erteilg v Abschriften. Der Geheimhaltgszweck könnte leicht vereitelt w, wenn es jedermann zu jeder Zeit gestattet wäre, die Ann u deren Umst aufzudecken. Die leibl Elt u auch sonst Verwandte könnten noch Jahre nach der Ann des Kindes versuchen, Kontakt zu dem Kind aufzunehmen, was zu erhebl Störgen führen kann u verhindert w soll (BT-Drucks 7/3061 S 46). Das **Verfügungsrecht über die Adoptionsumstände** liegt desh allein bei dem od den Annehmden u dem Kind. Die Ausforschg u Offenbarg der Tatsache u der näheren Einzelheiten der Ann hängt ausschließ von deren Zust ab, wobei idR die Zust beider Teile (*arg* „und") vorausgesetzt w. Ausnahmsw genügt auch ein bes öff Interesse, das bei der Aufklärg u Verfolgg von Straftaten, nicht aber zB iR kriminologischer od anthropologischer Forschgen zu bejahen ist; hier also Einholg der Zustimmgen erfdl. Wann u in welcher Form das Kind selbst über seine Herkunft unterrichtet w soll, ist ein Erziehgsproblem, in das nicht von Staats wg od vS Dritter eingegriffen w soll (BT-Drucks 7/3061 S 46); das Kind hat aber ein GrdR auf Kenntn der eig Abstammg (Einf 2 v § 1591). Zu Recht weist Lüderitz NJW **76**, 1870 darauf hin, daß zur Eheschl Vorlage einer AbstammgsUrk verlangt w (PStG 5 I), so daß es eine Illusion ist zu glauben, das Kind werde von der Tats der Ann nie etwas erfahren. Iü darf das Kind ab Vollendg des 16. LebJ selbst Einsicht in den die Abstammg ausweisden Geburtseintrag nehmen (PStG 61 I). Verstöße gg § 1758 können Unterlassgsklagen rechtfertigen. Nach dem Inkrafttr des AdoptG ist es nicht mehr zul, daß Behörden od ArbGeber getrennt danach fragen, ob ein Kind ein leibl od ein angen Kind ist (BT-Drucks 7/3061 S 46 u 7/5087 S 19). Fragen nach dem Inhalt des KindschVerhältn sind mit „ehel" zu beantworten. Beschrkg der Akteneinsicht gem FGG 34 II. Die Geheimhaltg der KiAnn erfolgt nur insow, als sie dem öff Interesse nicht widerspricht; PStG 15 I 3 dient dem öff Int an der Vollständigk u Richtigk des PersStBuches (Hamm StAZ **80**, 241). Ggf ist aber der GeheimhaltgsSchutz über § 1634 II 2 zeitl noch weiter vorzuverlegen (LG Bln DAVorm **80**, 936). Kl auf Erteilg v Auskft gg das JA als AdVermittlgsStelle vor dem VerwG (OVG Münst NJW **85**, 1107). Zum Verhältn des AdGeheimn zur Gewährg rechtl Gehörs: BayObLG FamRZ **91**, 224.

2) Der **Beginn des Ausforschungsverbots** wird dch das Abstellen auf die Erteilg der gem § 1747 **2** erforderl elterl Einwilligg, **II 1,** prakt auf den Ztpkt der Begründg des AdoptPflegeverhältn (§ 1744) vorverlegt. Darüber hinaus kann das VormschGericht anordnen, daß das Verbot bereits wirks wird, wenn ein Antr auf Ersetzg der Einwilligg eines EltT gestellt w ist (§ 1748), **II 2.**

1759 *Aufhebung des Annahmeverhältnisses.* **Das Annahmeverhältnis kann nur in den Fällen der §§ 1760, 1763 aufgehoben werden.**

1) Das AdoptG hat die Möglichk, das AnnVerhältn aufzuheben, ggü dem bisher Recht stark einge- **1** schränkt. Die Aufhebg des AnnVerhältn ist nur in den Fällen des Fehlens grdlegder Voraussetzgen für die Ann überh (§ 1760) u aus Grden des Kindeswohls (§ 1763) zul. Diese Regelg ist **verfassungswidrig,** soweit damit verhind wird, daß in keinem Fall die Elt-Ki-Beziehg zu den leibl Elt bei deren Wiederverheiratg nach Scheitern der Adoption motivierenden Ehe wieder hergest werden kann (AG Kerpen FamRZ **89**, 431 VorlBeschl). Von G wg wird das AdoptVerhältn aufgeh, wenn ein Annehmder mit dem Adoptivkind od einem von dessen Abkömml eherechtswidr die Ehe eingegangen ist (§ 1766). Das AdoptG hat im Ggs zur Regelg des EheG 16 davon abgesehen, eine Sonderregel für die seltnen Fälle der Nichtigk einer Ann zu treffen (BT-Drucks 7/3061 S 46). Die nichtige Adopt hat keinerlei Rechtswirkgen; ggf FeststellgsKl. Nur in AusnFällen Vertrauensschutz. Keine Aufhebg der MjAdopt zZw der Ersetzg der VolljAdopt dch die leibl Elt (Stgt NJW **88**, 2386). Zu den Wirkgen der Aufhebg vgl §§ 1764–65.

2) Aufhebungsverfahren: FGG 56f; iFv § 1760 auf not beurk Antr hin; iFv § 1763 vAw. Zustdgk: FGG **2** 43b (LG Augsbg FamRZ **95**, 1017 mA Bosch). RiEntsch: RPflG 14 I Nr 3f nach mdl Erörterg. Dem Ki ist, wenn der Annehmde sein ges Vertr ist, ein Pfl zu best (FGG 56 f II). Anhörgen: Einf 10ff v § 1626. Gg Aufhebg vof Beschw: FGG 56 III, 60 I Nr 6. BeschwBerecht: KKW FGG 56 f Rn 15/22; ggf auch GrElt. Gg abl Beschl unbefr Beschw (BayObLG FamRZ **80**, 498; Hamm NJW **81**, 2762). **Standesamt:** PStG 30, Randvermerk nach Erteilg des RKrZeugn.

1760 *Aufhebung wegen fehlender Erklärungen.* [I] **Das Annahmeverhältnis kann auf Antrag vom Vormundschaftsgericht aufgehoben werden, wenn es ohne Antrag des Annehmenden, ohne die Einwilligung des Kindes oder ohne die erforderliche Einwilligung eines Elternteils begründet worden ist.**

[II] **Der Antrag oder eine Einwilligung ist nur dann unwirksam, wenn der Erklärende**

a) **zur Zeit der Erklärung sich im Zustand der Bewußtlosigkeit oder vorübergehenden Störung der Geistestätigkeit befand, wenn der Antragsteller geschäftsunfähig war oder das geschäftsunfähige oder noch nicht vierzehn Jahre alte Kind die Einwilligung selbst erteilt hat,**

b) **nicht gewußt hat, daß es sich um eine Annahme als Kind handelt, oder wenn er dies zwar gewußt hat, aber einen Annahmeantrag nicht hat stellen oder eine Einwilligung zur Annahme nicht hat abgeben wollen oder wenn sich der Annehmende in der Person des anzunehmenden Kindes oder wenn sich das anzunehmende Kind in der Person des Annehmenden geirrt hat,**

c) **durch arglistige Täuschung über wesentliche Umstände zur Erklärung bestimmt worden ist,**

d) **widerrechtlich durch Drohung zur Erklärung bestimmt worden ist,**

e) **die Einwilligung vor Ablauf der in § 1747 Abs. 3 Satz 1 bestimmten Frist erteilt hat.**

III Die Aufhebung ist ausgeschlossen, wenn der Erklärende nach Wegfall der Geschäftsunfähigkeit, der Bewußtlosigkeit, der Störung der Geistestätigkeit, der durch die Drohung bestimmten Zwangslage, nach der Entdeckung des Irrtums oder nach Ablauf der in § 1747 Abs. 3 Satz 1 bestimmten Frist den Antrag oder die Einwilligung nachgeholt oder sonst zu erkennen gegeben hat, daß das Annahmeverhältnis aufrechterhalten werden soll. Die Vorschriften des § 1746 Abs. 1 Satz 2, 3 und des § 1750 Abs. 3 Satz 1, 2 sind entsprechend anzuwenden.

IV Die Aufhebung wegen arglistiger Täuschung über wesentliche Umstände ist ferner ausgeschlossen, wenn über Vermögensverhältnisse des Annehmenden oder des Kindes getäuscht worden ist oder wenn die Täuschung ohne das Wissen eines Antrags- oder Einwilligungsberechtigten von jemand verübt worden ist, der weder antrags- noch einwilligungsberechtigt noch zur Vermittlung der Annahme befugt war.

V Ist beim Ausspruch der Annahme zu Unrecht angenommen worden, daß ein Elternteil zur Abgabe der Erklärung dauernd außerstande oder sein Aufenthalt dauernd unbekannt sei, so ist die Aufhebung ausgeschlossen, wenn der Elternteil die Einwilligung nachgeholt oder sonst zu erkennen gegeben hat, daß das Annahmeverhältnis aufrechterhalten werden soll. Die Vorschriften des § 1750 Abs. 3 Satz 1, 2 sind entsprechend anzuwenden.

1 **1) Aufhebung der Annahme wegen Mängeln bei der Begründung, I.** Die Mitwirkgsrechte der von der Adopt betroffenen Personen sind stark ausgebaut (vgl §§ 1752, 1746, 1747, 1749). Fehlt der Antr des Annehmden od eine erforderl Einwilligg od sind die Erklärgen fehlerh zustande gekommen, so ist das MitwirkgsR dieses Beteiligten übergangen; er kann ein überrgades **Interesse** daran haben, daß das AnnVerhältn wieder aufgeh wird. Dem steht entgg, daß in der Regel alle Beteiligten auf den Fortbestand des neuen Elt-Kind-Verhältn vertrauen u das Kind in der neuen Fam die Geborgenh gefunden haben wird, die es für seine Entwicklg braucht. Das AdoptG verfolgt das Anliegen, diese fakt entstandene Elt-Kind-Beziehg nach Möglk bestehen zu lassen (BT-Drucks 7/3061 S 25 f). Danach kann das AnnVerhältn nur aufgeh werden, wenn der Antr des Annehmden, die Einwilligg des Kindes od diej der ehel Elt oder der nehel Mutter des Kindes erforderl waren u nicht vorgelegen haben. Das Fehlen eines and gesetzl Erfordern für die Ann ist damit kein AufhebgsGrd mehr, insb gefährdet der fehlde Einwilligg eines Eheg (§ 1749), die fehlde Zustimmg des gesetzl Vertr zur Einwilligg dch das Kind (§ 1746 I 3) od die Nichtberücks der Kinder des Annehmden (BayObLG FamRZ **86**, 719) den Bestand des AnnVerhältn nicht mehr ijF (BT-Drucks 7/3061 S 47). Grdsl soll auch die unrichtige Ann, daß die Erkl eines EltT nicht erforderl war, weil er zu ihrer Abgabe dauernd außerstande od sein Aufenth dauernd unbekannt war (V u § 1747 IV) zur Aufhebg des AnnVerhältn berecht, um Umgehen des Einwilliggserfordernisses zu verhindern (BT-Drucks 7/5087 S 19). Keine WichtigkAufhebg analog § 1771 S 1 (Düss NJW-RR **86**, 300). Zum Verfahren § 1759 Rn 2. Es entsch der Richter (RPflG 14 Nr 3 f). – **Schema der Aufhebungsvoraussetzungen: a)** Die Aufhebg erfolgt nur auf Antr, u zwar grdsl nur desj Beteiligten, dessen Einwilligg unwirks od nicht eingeholt worden ist. Dagg kann sich auf die fehlde Einwilligg nicht ein anderer der Beteiligten berufen (§ 1762 Rn 1 m Ausn). – **b)** Es müssen beim AnnVerf bestimmte Mängel vorgekommen sein, näml der Antr des Annehmden (§ 1752) od die Einwilligg des Kindes bzw eines od beider EltT (§ 1747) gefehlt haben. Ein solcher Mangel liegt außer im Falle, daß die Zust überh nicht eingeholt worden ist, vor allem, weil man sie nicht für erforderl gehalten hat (V), insb dann vor, wenn die abgegebene Erkl gem II unwirks war. – **c)** Die Befugn, die Aufhebg zu verlangen, darf nicht verloren gegangen sein; das ist dann der Fall, wenn die fehlde Einwilligg inzw nachgeholt od dem ZustBerecht sonst zu erkennen gegeben wurde, daß das AnnVerhältn aufrechterhalten w soll, III 1 u V 1.

3 **2) Unwirksamkeit des Antrags oder der Einwilligung, II.** Das AdoptG hat den Bestandsschutz des AnnVerhältn wesentl erhöht, indem ein Teil der Willensmängel, die innerh des Vertragssystems (Einf 2 v § 1741) die Wirksamk der Ann gefährden (vgl §§ 116 ff), im Dekretsystem als AnnAufhebgsgründe ausgeschaltet w wird. Zur Verfmäßigk BVerfG DAV **88**, 689 (Unzulässigk der Vorlage wg NichtPrfg v § 1748). 4 **Buchstabe a** behandelt den Fall der Bewußlosigk od der vorübergehnden Störg der Geistestätigk (vgl § 105 Anm 3; EheG 18). Die generelle GeschUnfähigk (§ 104) ist nur für den Fall bedeuts, daß sie beim AntrSteller vorgelegen hat; bei einer solchen von EltT od Eheg ist schon die Zustimmg selbst nicht erfdl (§§ 1747 IV, 1749 III). Hat für das Kind sein gesetzl Vertr gehandelt, dessen GeschUnfähigk nicht erkannt wurde, kommt 5 die Aufhebg nicht in Betr, weil das VormschG unabh von der Erkl des gesetzl Vertr festgestellt hat, daß die Ann dem Wohl des Kindes entsprach (BT-Drucks 7/3061 S 47). **Buchstabe b** behandelt die Fälle, in denen ein Irrtum beim Erklärden beachtl ist (vgl EheG 31). Das gilt nur für fundamentale Irrtümer über Inhalt, Identität der AdoptBeteiligten u die Tats der Erkl selbst (vgl § 119 I); unbeachtl dagg jeder Irrtum über 6 persönl Eigenschaften (§ 119 II). **Buchstabe c** beschränkt die Unwirksamk einer Erkl wg arglistiger Täuschg (vgl § 123, EheG 33). Unbeachtl ist die Täuschg über Umst, die für die Ann nicht wesentl sind; dazu zählen insb Täuschgen über die Vermögensverhältn u dch Dritte, die ohne Kenntn eines Beteiligten erfolgt sind, **IV.** Wer sich auf Mitteilgen unbeteiligter Dritter verläßt, erscheint nicht schutzwürd (BT-Drucks 7/5037 S 19). Falsche Angaben einer AdoptVermittlgsstelle (Einf 5 v § 1741) fallen nicht unter die 7 Einschrkg des IV, erlauben also ggf die Aufhebg der Ann. Nach **Buchstabe d** führt eine widerrechtl Drohg 8 unabh davon, wer sie verübt hat, zur Unwirksamk der Erkl; vgl § 123 I. Schließl regelt **Buchstabe e** den Fall, daß ein EltT seine Einwilligg in die Adopt entgg 1747 III 1 erteilt hat, also bevor das Kind 8 Wo alt war; auch hier ist die Ann nicht von sich aus unwirks, sond entsteht nur ein AufhebgsGrd. Allerd wird bei Unterschreitg der Fr nur um wenige Tage der AufhebgsG des AnnVerhältn idR das Kindeswohl entggstehen (§ 1761 II).

9 **3) Verlust von Aufhebungsgründen.** Die Aufhebg ist ausgeschl, wenn nach Beseitig des Hindernisses für einen wirks Antr od eine wirks Zustimmg diese Erklärgen nachgeholt w od der AufhebgsBerecht sonst 10 zu erkennen gegeben hat, daß das AnnVerhältn aufrechterhalten werden soll, **III 1.** Die Verweisgen in **S 2** dienen der Klarstellg, auf wessen Rechtshandlg es ankommt, wenn zu erkennen gegeben wird, daß das AnnVerhältn aufrechterhalten w soll (BT-Drucks 7/3061 S 47). Das Entsprechde gilt, wenn bei der Ann auf die

Einholg der Zust der Elt verzichtet wurde, weil zu Unrecht angen wurde, daß ein EltT zur Abgabe der Erklärg dauernd außerstande od sein Aufenth unbekannt sei (§ 1747 IV). Das Fehlen der Einwillig ist in diesem Fall ohne Einfl auf die Wirksamk der Ann. Auch hier kann aber Aufhebg der AnnVerhältn verlangt w (I), es sei **11** denn der übergangene EltT hat seine Einwillig nachgeholt od sonstwie die Ann erkennb hingen, **V 1.** Wiederum bedarf es höchstpersönlicher Handlgen dazu, **S 2.** Schließl bleibt das Fehlen einer an sich erforderl Einwillig ohne Einfl auf die Wirksamk der Adopt, wenn die Voraussetzgen für ihre Ersetzg vorlagen od -liegen (§ 1761 I) od dch die Aufhebg das Wohl des Kindes erhebl gefährdet würde (§ 1761 II).

1761 Aufhebungssperren; Kindeswohlgefährdung.

I Das Annahmeverhältnis kann nicht aufgehoben werden, weil eine erforderliche Einwilligung nicht eingeholt worden oder nach § 1760 Abs. 2 unwirksam ist, wenn die Voraussetzungen für die Ersetzung der Einwilligung beim Ausspruch der Annahme vorgelegen haben oder wenn sie zum Zeitpunkt der Entscheidung über den Aufhebungsantrag vorliegen; dabei ist es unschädlich, wenn eine Belehrung oder Beratung nach § 1748 Abs. 2 nicht erfolgt ist.

II Das Annahmeverhältnis darf nicht aufgehoben werden, wenn dadurch das Wohl des Kindes erheblich gefährdet würde, es sei denn, daß überwiegende Interessen des Annehmenden die Aufhebung erfordern.

1) Aufrechterhaltung des Annahmeverhältnisses. Die Vorschr bringt zwei weitere Fälle, in denen die **1** Aufhebg des AnnVerhältn ausgeschl ist, näml den, daß eine an sich erforderl, aber nicht eingeholte Einwillig ohnehin zu ersetzen gewesen wäre, I, sowie das prakt wicht AufhebgsHindern, daß das AnnVerhältn trotz Vorliegens von AufhebgsGrden iSv § 1760 aufrechterhalten w muß, wenn sonst das Wohl des Kindes erhebl gefährdet würde u nicht überwiegde Interessen des Annehmden die Aufhebg erfordern, II.

2) Die Aufrechterhaltung des Annahmeverhältnisses wegen ersetzbarer Einwilligung, I, erfolgt **2** unter dem Gesichtspkt, daß es nicht gerechtfertigt wäre, ein AnnVerhältn wg eines Mangels bei der EinwilliggsErkl eines EltT usw aufzuheben, obwohl die Voraussetzgen für die Ersetzg der Einwillig vorgelegen haben u das ErsetzgsVerf ledigl nicht durchgeführt wurde, weil der EltT, der gesetzl Vertr usw die Einwillig erklärt hat, deren Unwirksamk sich erst später herausstellte. Das gleiche gilt, wenn die Voraussetzgen für die Ersetzg der Einwillig jetzt vorliegen, da dann nach der Aufhebg sogleich ein neues AnnVerhältn zu begründen wäre (BT-Drucks 7/3061 S 48). Die Aufrechterhaltg des AnnVerhältn erfordert: **a)** daß eine ersetzb Einwillig **3** notw war, beschränkt also die Anwendbark der Bestimmg von vornh auf die Fälle der §§ 1746 III, 1748 I u III. Fehlen der Einwillig des Eheg ist kein AufhebgsGrd (§§ 1749 I 1, 1760 I). **b)** Die Einwillig darf nicht **4** eingeholt worden sein od muß nach § 1760 II unwirksam sein. War sie versagt worden od die Ersetzg seiner Zeit gescheitert u trotzdem das AnnVerhältn begründet w (§ 1752), so Aufhebg nach § 1760 I, ohne daß es darauf ankommt, ob iSv § 1761 I nunmehr die Ersetzgsvoraussetzen vorliegen würden; ggf aber Aufrechterhaltg gem § 1761 II. **c)** Die Einwillig muß im Ztpkt der Ann (§ 1752) od im Ztpkt der Entsch über den **5** AufhebgsAntr (§ 1760) iS der §§ 1746 III, 1748 I u III zu ersetzen sein. Mit der Ablehng des AufhebgsAntr wird die Einwillig incidenter ersetzt.

3) Aufrechterhaltung der Adoption aus Gründen des Kindeswohls, II. Das AnnVerhältn darf nicht **6** aufgeh w, wenn dadch das Wohl des Kindes erhebl gefährdet würde, sof nicht die überwiegden Interessen des Annehmden die Aufhebg erfordern. Das Kindeswohl ist in allen Fällen zu berücksichtigen, in denen eine Aufhebg in Betr kommt. Erforderl ist eine Interessenabwägg: **a)** Die Aufhebg des AnnVerhältn hat zu **7** unterbleiben, wenn sie **das Wohl des Kindes erheblich gefährden** würde, wenn sich also zB das Kind bei den AdoptivElt eingelebt hat u seinen leibl Elt so völl entfremdet ist, daß es dch einen Wechsel seelisch geschädigt würde. Die mit jedem Wechsel verbundene Umstellg reicht nicht aus. **b)** Dem auf Aufrechterhaltg **8** der Ann gerichteten Kindeswohl dürfen nicht **überwiegende Interessen des Annehmenden** entgegenstehen, was prakt nur in Frage kommt, wenn der Antr des Annehmden fehlerh war. Denkb aber auch, daß die Aufhebg von den leibl Elt od dem Kind betrieben wird u zwischenzeitl die Interessen des Annehmden in dieselbe Richtg gehen. Die Belange der sonst Beteiligten werden in die Abwägg nicht mit einbezogen.

1762 Antragsrecht; Antragsfrist.

I Antragsberechtigt ist nur derjenige, ohne dessen Antrag oder Einwilligung das Kind angenommen worden ist. Für ein Kind, das geschäftsunfähig oder noch nicht vierzehn Jahre alt ist, und für den Annehmenden, der geschäftsunfähig ist, können die gesetzlichen Vertreter den Antrag stellen. Im übrigen kann der Antrag nicht durch einen Vertreter gestellt werden. Ist der Antragsberechtigte in der Geschäftsfähigkeit beschränkt, so ist die Zustimmung des gesetzlichen Vertreters nicht erforderlich.

II Der Antrag kann nur innerhalb eines Jahres gestellt werden, wenn seit der Annahme noch keine drei Jahre verstrichen sind. Die Frist beginnt

a) in den Fällen des § 1760 Abs. 2 Buchstabe a mit dem Zeitpunkt, in dem der Erklärende zumindest die beschränkte Geschäftsfähigkeit erlangt hat oder in dem dem gesetzlichen Vertreter des geschäftsunfähigen Annehmenden oder des noch nicht vierzehn Jahre alten oder geschäftsunfähigen Kindes die Erklärung bekannt wird;

b) in den Fällen des § 1760 Abs. 2 Buchstaben b, c mit dem Zeitpunkt, in dem der Erklärende den Irrtum oder die Täuschung entdeckt;

c) in dem Fall des § 1760 Abs. 2 Buchstabe d mit dem Zeitpunkt, in dem die Zwangslage aufhört;

d) in dem Fall des § 1760 Abs. 2 Buchstabe e nach Ablauf der in § 1747 Abs. 3 Satz 1 bestimmten Frist;

e) in den Fällen des § 1760 Abs. 5 mit dem Zeitpunkt, in dem dem Elternteil bekannt wird, daß die Annahme ohne seine Einwilligung erfolgt ist. Die für die Verjährung geltenden Vorschriften der §§ 203, 206 sind entsprechend anzuwenden.

III Der Antrag bedarf der notariellen Beurkundung.

1   **1) Antragsberechtigung, I.** Währd sich nach dem früh R jedermann auf die Nichtigk des AnnVerhältn berufen konnte, kann nunmehr nur derj den AufhebgsAntr stellen, der in seinen Rechten verletzt ist; das ergibt sich als Konsequenz daraus, daß auf das AntragsR verzichtet w kann (§ 1760 III). Die Aufhebg des AnnVerhältn gem § 1760 kann daher nur derj verlangen, ohne dessen Antr od Einwillig, obwohl an sich erfdl, das Kind angen w ist, **S 1.** Das ist je nach den Umst u jew allein od im Verein mit and Beteiligten der Annehmde (§ 1752 I), das Kind (§ 1746 I 1), dessen Elt (§ 1747 I) od unverh Mutter (§ 1747 II 1), schließl der gesetzl Vertr des Kindes (§ 1746), nicht dagg der Eheg des Annehmden (vgl §§ 1749 I 1 iVm 1760 I), wohl aber der Eheg des Anzunehmdn (vgl §§ 1749 Rn 2, 1771 Rn 3). Kinder des Annehmdn können die Aufhebg nicht beantr, auch wenn sie im AnnVerf nicht gehört u ihre Interessen bei der Ann nicht berücks w

2   sind (BayObLG FamRZ **86**, 719 m krit Anm Bosch). Der ges Vertreter stellt den AufhebgsAntr für das

3   geschäftsunfäh oder noch nicht 14jähr Kind sowie für den geschäftsunfäh Annehmdn, **S 2.** Iü findet keine

4   Vertretg statt. Der Antr muß höchstpersönl gestellt w, **S 3.** Im Falle beschränkter GeschFähigk (§§ 106, 114), bei Mj über 14, bedarf es nicht der Zustimmg des gesetzl Vertr, **S 4;** diese Pers können den Antr selbst stellen. Das AntrR ist nicht vererbl (BayObLG FamRZ **86**, 719).

5   **2) Antragsfrist, II.** Zur VolljAd: § 1771 Rn 2. Die Aufhebg unterliegt verschiedenen Fristen. Als absolu-te zeitl Begrenzg kann der AufhebgsAntr nur innerh der ersten 3 Jahre nach dem Ausspr der Ann (§ 1752) gestellt w, **S 1.** Ein Kind ist idR voll in die AdoptivFam integriert, wenn es unter Einschluß der PflegeZt

6   (§ 1744) mehr als 3 J in ihr gelebt hat (BT-Drucks 7/5087 S 20); Aufhebg danach nur nach § 1763 mögl. Innerh dieses ZtRaums läuft relativ eine 1-Jahres-Fr, deren Beginn sich nach den versch AufhebgsGrden richtet, **S 2.** Die Fristen des II beginnen frühestens mit dem 1. 1. 77 (AdoptG Art 12 §§ 1 VI 2 u 2 II 1). Das AufhebgsVerf kann auch nach Ablauf der 3-J-Fr gestellt w, wenn nur der AufhebgsAntr innerh der Fr gestellt w ist. Im Falle des Buchst a wird eine Vertretg des Kindes u des Annehmdn zugelassen, da sonst die Gründe, die zur Unwirksamk des AnnAntr od der Einwilligg geführt haben, die AntrStellg ausschließen würden (BT-Drucks 7/3061 S 49). Zu b vgl BayObLG ZfJ **92**, 442. Ist ein leibl EltT geschäftsunfäh, kann er

7   keinen AufhebgsAntr stellen, weil schon seine Einwilligg zur Ann nicht erfdl war (§ 1747 IV). Das AntragsR ist höchstpersönl, so daß, wer in der Geschäftsfähigk beschrkt ist, den Antr nur selbst stellen kann u nicht der Zust seines gesetzl Vertr bedarf, ebsowenig das Kind ab 14 J.

8   **3) Form, III.** Die not Beurk (§ 128) des AufhebgsAntr entspricht dem BeurkBedürfn des AnnAntr (§ 1752 II 2).

1763 *Aufhebung von Amts wegen.* **I** Während der Minderjährigkeit des Kindes kann das Vormundschaftsgericht das Annahmeverhältnis von Amts wegen aufheben, wenn dies aus schwerwiegenden Gründen zum Wohl des Kindes erforderlich ist.

II Ist das Kind von einem Ehepaar angenommen, so kann auch das zwischen dem Kind und einem Ehegatten bestehende Annahmeverhältnis aufgehoben werden.

III Das Annahmeverhältnis darf nur aufgehoben werden,

a) wenn in dem Fall des Absatzes 2 der andere Ehegatte oder wenn ein leiblicher Elternteil bereit ist, die Pflege und Erziehung des Kindes zu übernehmen, und wenn die Ausübung der elter-lichen Sorge durch ihn dem Wohl des Kindes nicht widersprechen würde oder

b) wenn die Aufhebung eine erneute Annahme des Kindes ermöglichen soll.

1   **1) Aufhebung des Annahmeverhältnisses zum Wohl des Kindes.** Der Staat ist nur in sehr beschrk-tem Maß berecht, in ein AnnVerhältn einzugreifen, an dem die Beteiligten festhalten wollen. § 1763 ist also eine **Ausnahmevorschrift,** die ledigl im Interesse des Ki angewendet w darf. Die weitergehdn Aufhebgs-möglichkeiten des früh R sind entfallen. Auch vorher begründete AnnVerhältnisse können nach dem VormschG nur nach den §§ 1760, 1763 aufgeh w (Art 12 § 2 II AdoptG; sa BayObLG **62**, 235). Die Aufhebg gem § 1763 steht ijF unter der Einschränkg von III: Das AnnVerhältn darf nur aufgelöst w, wenn feststeht, daß das Kind auch nach der Aufhebg eine FamBindg haben w (BT-Drucks 7/3061 S 26). Es scheiden alle Grde aus, die im Interesse des Annehmden (BT-Drucks aaO), wie ungünst Entwicklg des Kindes od der Abkömmlinge, auf die sich die Ann erstreckt (§ 1755 Rn 2); keine Lossagung vom Kinde. Es entsch der

2   Richter (RPflG 14 Z 3f). **Schema der Aufhebung nach § 1763 (Amtsaufhebung): a)** Die Aufhebg muß vom Kindeswohl her erfordl sein, I (Rn 3, 4). – **b)** Der Aufhebg dürfen keine Beschrkgen entgegenstehn od positiv formuliert: muß dahn ein FamVerband erhalten bleiben od neu eröffnet w (Garantie der FamZugehörigk): **aa)** Bei der Aufhebg einer EhegAdopt, II, muß der and Eheg od ein leibl EltT zur Übern der Pflege u Erziehg des Kindes bereit sein, III a (Rn 7), od **bb)** es soll hier bzw bei den übr Fällen der Aufhebg die Auflösg der AnnVerhältn nur zur Ermöglichg einer erneuten Ann des Kindes erfolgen, III b (Rn 7). **c)** Mjk des Ki (Hamm NJW **81**, 2762). Nach Eintr der Volljk keine Aufhebg nach § 1771 S 1 aus wicht Grd (§ 1771 Rn 1).

3   **2)** Die Aufhebg muß ijF **zum Wohl des Kindes erforderlich** sein I, zB zZw der neuen Adopt (AG Arnsbg FamRZ **87**, 1194). Handelt es sich um das Wohl eines Abkömmlings, ohne daß dabei das des angen

4   Kindes bes schwerwiegd berührt w, ist § 1763 unanwendb. **Schwerwiegende Gründe** sind (wie „Wohl des Kindes") gem den zu § 1770a aF entwickelten Grdsen zu bestimmen (BayObLG FamRZ **80**, 498) u können sein: Tötg eines AdoptEltT (AG Arnsbg aaO); sex Mißbr des AdoptKi (AG Hechingen DAV **92**, 1360); sonst verbrecherischer od unsittl Lebenswandel des Annehmdn; Scheidg der AdoptivElt u Eheschl des Adoptivvaters mit der leibl Mutter (vgl Ffm FamRZ **56**, 195), Scheidg aber iü nicht ow AufhebgsGrd, sond letzter Ausweg (BayObLG NJW **68**, 1528); sehr weitgehde Entfremdg, so daß die Entwicklg des Kindes überaus ungünst beeinflußt wird. Zu berücksichtigen aber, daß das Kind UnterhAnspr gg den Annehmdn u ErbR verliert. Kein schwerw Grd, wenn das Ger eine and rechtl Gestaltg als günstiger

ansieht; unzul daher die Aufhebg der MutterAdopt, um dem Kind UnterhAnspr gg seinen leibl Vater zu verschaffen (vgl Mannh MDR **73**, 227; sa Engler FamRZ **75**, 326). Das VormschG kann auch and Maßnah- 5 men, wie die Entziehg des SorgeR (§ 1666) treffen, von deren vorheriger Anwendg aber die Aufhebg nicht abhängt; sie sind jedoch zu erschöpfen, wenn der Grd dadch sein Gewicht verliert.

3) Aufhebung der Ehegattenadoption, II. Ist das Kind von einem Ehepaar angen w und ist es nur 6 erforderl, das AnnVerhältn zu einem Eheg aufzuheben, kann es ausreichen, wenn der and Eheg in Zukft die Pflege u Erziehg des Kindes im Rahmen des zu ihm allein fortbestehden AnnVerhältnisses übernimmt. Gilt sowohl bei der gemschaftl Ann (§ 1741 II 1), als auch bei der Ann dch einen Eheg allein (§§ 1741 II 2 u 3, 1754 I). Die Aufhebg kommt jedoch nur in Betr, wenn auch für die daran anschließde Zeit gewährleistet ist, 7 daß das Kind eine FamBindg haben wird, **III**, wenn also der and Eheg, auch wenn er selbst nicht der leibl od adoptierde Teil war, die Kindespflege u -erziehg zu übernehmen bereit ist; in AusnFällen wird auch ein leibl EltT die ErziehgsAufg übern können (vgl § 1764 III). Ferner reicht es für die Garantie der FamZugehörig aus, wenn das Kind in eine and AdoptivFam überwechseln soll. Dazu genügt es nicht, daß nach der Aufhebg eine erneute Adopt rechtl zuläss ist (vgl § 1742), es muß vielm schon begründete Aussicht für eine Vermittlg des Kindes in eine geeignete Fam bestehen, währd schon wg der ProbeZt (§ 1744) nicht verlangt w, daß mit der Aufhebg des AnnVerhältn gleichzeit ein neues begründet w muß (BT-Drucks 7/3061 S 50). Voraussetzg ist ijF, daß die zur Übern der Erziehg u Pflege vorgesehene Pers die elterl Sorge ausüben kann u dies dem Wohl des Kindes nicht widerspr. Örtl Zustdgk: KG FamRZ **95**, 440 mA Bosch.

1764 **Wirkungen der Aufhebung.** **I Die Aufhebung wirkt nur für die Zukunft. Hebt das Vormundschaftsgericht das Annahmeverhältnis nach dem Tod des Annehmenden auf dessen Antrag oder nach dem Tod des Kindes auf dessen Antrag auf, so hat dies die gleiche Wirkung, wie wenn das Annahmeverhältnis vor dem Tod aufgehoben worden wäre.**

II Mit der Aufhebung der Annahme als Kind erlöschen das durch die Annahme begründete Verwandtschaftsverhältnis des Kindes und seiner Abkömmlinge zu den bisherigen Verwandten und die sich aus ihm ergebenden Rechte und Pflichten.

III Gleichzeitig leben das Verwandtschaftsverhältnis des Kindes und seiner Abkömmlinge zu den leiblichen Verwandten des Kindes und die sich aus ihm ergebenden Rechte und Pflichten, mit Ausnahme der elterlichen Sorge, wieder auf.

IV Das Vormundschaftsgericht hat den leiblichen Eltern die elterliche Sorge zurückzuübertragen, wenn und soweit dies dem Wohl des Kindes nicht widerspricht; andernfalls bestellt es einen Vormund oder Pfleger.

V Besteht das Annahmeverhältnis zu einem Ehepaar und erfolgt die Aufhebung nur im Verhältnis zu einem Ehegatten, so treten die Wirkungen des Absatzes 2 nur zwischen dem Kind und seinen Abkömmlingen und diesem Ehegatten und dessen Verwandten ein; die Wirkungen des Absatzes 3 treten nicht ein.

1) Zeitpunkt der Aufhebungswirkungen, I. Nach bisher R konnte das AnnVerhältn außer dch Auf- 1 hebg auch dch Anfechtg u damit rückwirkd vernichtet w; seit dem AdoptG ist nur noch die Aufhebg dch Beschl des VormschG (§§ 1760, 1763) zul. Die Wirkgen der Aufhebg treten nur **für die Zukunft** ein, S 1, dh die aGrd der KindesAnn bereits eingetretenen rechtl Wirkgen bleiben auch nach der Aufhebg bestehen. Eine Ausn von der Rückwirkgssperre macht **S 2**: Haben der Annehmde od das Kind die Aufhebg beantragt u sterben sie vor dem AufhebgsBeschl, so wirkt dieser auf den Ztpkt der AntrStellg zurück, um für diesen Fall das aus dem AnnVerhältn resultierde ErbR des Kindes od des AdoptivEltT auszuschließen. Die Rückwirkg tritt nur beim Tode des Annehmden od des Kindes ein, wenn gerade sie die Aufhebg beantr hatte. Also keine Rückwirkg, wenn ein leibl EltT die Aufhebg beantr hat, weil er der Ann nicht zugestimmt hat (§ 1760 I), wenn nach AntrStellg er selbst od das Kind stirbt (BT-Drucks 7/3061 S 50); ebsowenig wenn der Annehmde den AufhebgsAntr stellt u das Kind stirbt od umgek. In allen diesen Fällen wird der Erbfall nach dem AdoptVerhältn abgewickelt. Das gleiche gilt, wenn das AnnVerhältn vAw aufgeh wird (§ 1763).

2) Verhältnis zu den Adoptivverwandten, II. Mit der Aufhebg der Ann als Kind werden alle Bezieh- 2 gen des Kindes zur neuen Fam für die Zukft beseitigt. Die Wirkgen entsprechen dem § 1755 I, der das Erlöschen des auf Geburt beruhden VerwandtschVerhältn anordnet, wenn das Kind in die neue Fam aufgen w (vgl 1755 Rn 1).

3) Wiederaufleben der leiblichen Verwandtschaft, III. a) Mit der Beseitig der gesetzl Verwandtsch 3 wird das Kind rechtl wieder seiner leibl Fam zugeordnet. Andernf wäre das Kind ohne FamBindg, also ein „Niemandskind" (BT-Drucks 7/3061 S 50). Da es oft nicht mögl sein wird od überh zum ersten Mal in die alten FamBeziehgen einzuordnen, schränkt das G die Gründe für die Aufhebg stark ein (vgl vor allem § 1763 Rn 1). Es leben nur die dch die Abstammg begründeten Beziehgen wieder auf, nicht dagg solche, die dch eine frühere Adopt geschaffen u gem II mit deren Aufhebg erloschen sind. Die Aufhebg der Adopt schafft also die gesetzl Verwandtsch ijF endgült aus der Welt. – **b)** Die Wiederherstellg der rechtl 4 Situation, wie sie vor der Ann bestand, wird hins der **elterlichen Sorge** der leibl Elt eingeschränkt. Diese lebt nicht ohne weiteres wieder auf, sond es bedarf zu ihrer Wiedererlangg eines RückÜbertrBeschl des VormschG, **IV**. Voraussetzg dafür ist, daß die RückÜbertr dem Wohl des Kindes entspricht, was nicht der Fall ist, wenn aS der leibl Elt Grde für die Entziehg der elt Gew vorliegen (§ 1666 Rn 5 ff). Dagg scheidet die Übertr nicht etwa schon desh aus, weil die leibl Elt das Kind sZ zur Adopt gegeben haben. Ist die Übertr der elt Sorge auf die leibl Elt nicht zweckmäß, so bestellt das VormschG dem Kind einen Vormd od Pfleger. Es entsch der Richter (RPflG 14 Z 3f) nach Anhörg v Ki, Elt, JA (FGG 49 I Z 1m, 50a ff).

4) Teilaufhebung bei der Ehegattenadoption, V. Wurde das Kind von einem Ehepaar angen, so kann 5 das AnnVerhältn insgesamt, also zu beiden Eheg, od auch nur zu einem von ihnen allein aufgeh w (§ 1763 II).

Dieser Fall kann eintreten, wenn nur ein Eheg den AufhebgsAntr nach § 1760 I stellt, ferner wenn das Wohl des Kindes es nur erfordert, das AnnVerhältn zu einem der Eheg aufzuheben (§ 1763 I). Das AnnVerhältn besteht dann zu dem and Eheg weiter. Der and Eheg u dessen Verwandte scheiden aus dch die Ann begründeten VerwandtschVerhältn zum Kinde wieder aus. Ein Bedürfn dafür, daß das VerwandtschVerhältn zur leibl Fam wieder auflebt, besteht nicht (BT-Drucks 7/3061 S 51). V ist nicht entspr anzuwenden, wenn ledigl der eine Eheg das Kind des and Eheg annimmt; wird in einem solchen Fall das AnnVerhältn später aufgelöst, lebt das urspr VerwandtschVerh zum leibl EltT wieder auf (Celle FamRZ **82**, 197).

1765 *Familienname des Kindes nach Aufhebung der Adoption.* [I] Mit der Aufhebung der Annahme als Kind verliert das Kind das Recht, den Familiennamen des Annehmenden als Geburtsnamen zu führen. Satz 1 ist in den Fällen des § 1754 Abs. 1 nicht anzuwenden, wenn das Kind einen Geburtsnamen nach § 1757 Abs. 1 führt und das Annahmeverhältnis zu einem Ehegatten allein aufgehoben wird. Ist der Geburtsname zum Ehenamen des Kindes geworden, so bleibt dieser unberührt.

[II] Auf Antrag des Kindes kann das Vormundschaftsgericht mit der Aufhebung anordnen, daß das Kind den Familiennamen behält, den es durch die Annahme erworben hat, wenn das Kind ein berechtigtes Interesse an der Führung dieses Namens hat. § 1746 Abs. 1 Satz 2, 3 ist entsprechend anzuwenden.

[III] Ist der durch die Annahme erworbene Name zum Ehenamen geworden, so hat das Vormundschaftsgericht auf gemeinsamen Antrag der Ehegatten mit der Aufhebung anzuordnen, daß die Ehegatten als Ehenamen den Geburtsnamen führen, den das Kind vor der Annahme geführt hat.

1   **1) Verlust des Adoptivnamens, I 1. a)** Nach § 1757 erh das Ki dch die Ann als GebNam (Begr: § 1355 Rn 2) den FamNamen des Annehmden. Mit der Aufhebg der Ann verliert das Ki das R, diesen Namen als GebNamen zu führen, **I 1.** Es erh wieder den vor der Ann geführten Namen, idR also denj seiner leibl Elt (§§ 1616, 1617). Für eig Abkömml des AdoptKi gilt § 1616a. I 1 bez sich nicht auf den Vornamen; ihn beh das Ki auch dann, wenn er gem § 1757 II auf Veranlassg der AdoptElt geänd wurde. Durch FamNamRG sind I 2 u III 2 aF gestr w, nachdem die Erstreckg von NamÄndergen auf Abkömml des Ki in § 1616a ausdrückl geregelt ist (BT-Drucks 12/3163 S 19).

2   **2) Erhaltung des Adoptivnamens** bei a) **Aufhebung der Annahme nur im Verhältnis zu einem Elternteil, I 2 nF.** Ggü § 1764 Rn 5 hat FamNamRG die Vorauss insofern erweitert, als „das Ki einen GebNamen nach § 1757 I" führen muß. Das betr die Fälle, in denen das Ki von einem Ehepaar od als Ki des einen Eheg von dem and Eheg angen w ist und damit die rechtl Stellg eines gemschaftl ehel Ki beider Eheg erlangt hat (§ 1754 I). Wird das AnnVerh in solchen Fällen nur zu einem Eheg allein aufgeh, so vermag es sein NamFührgsR immer noch von dem and AdoptEltT herzuleiten, so daß die Aufhebg der Ann den
3   Verlust des NamFührgsR nicht zu rechtf vermöchte. – **b)** Ferner kann das AdoptKi den dch die Ann erworb Namen entgg I 1 beh, wenn es ein **berechtigtes Interesse** daran hat u das VormschG (RPflG 14 Nr 3f) die Beibehaltg anordn, **I 1.** Behalten bedeutet, daß das Kind an Stelle seines Geburtsnamens den Adoptivnamen weiter führen kann; es kann ihn dagg nicht dem urspr Namen beifügen, dh voranstellen od anhängen; der GesGeber hat für die Bildg von Doppelnamen kein Bedürfn gesehen (BT-Drucks 7/5087 S 21). Vorausssetzg ist ein entspr Antr. Ein berecht Interesse liegt nicht nur vor, wenn das Kind unter dem Namen als Schriftsteller, Künstler usw bekannt geworden ist, sond auch wenn es ihn längere Zeit getragen hat u sich mit dem Namen weitgeh identifiziert. Weiterführ insb dann, wenn sich ein Wechsel der FamZugehörig in der Schulzeit u währd der Ausbildg nachteilig auswirken würde od ein Namenswechsel dem Kind aus sonst Gründen nicht zugemutet w kann, insb wenn den leibl Elt die elterl Sorge nicht übertr w (§ 1764 IV) od wenn eine neue Ann vorgesehen ist, mit der das Kind erneut den Namen wechseln müßte (BT-Drucks 7/3061 S 51). Bedeuts für die Entsch auch, wer den AufhebgsAntr gestellt hat. Kein berecht Interesse bei vorheriger mißbräuchl Verwendg des Namens. Hins des Alters gelten dieselben Bestimmgen wie bei der
4   Einwillig in die Ann, **II 2. – c) Ehename, III.** Wird die Ann erst aufgeh, nachdem das Kind geheir h u der AdoptName zum Ehenamen gew ist, so können die Eheg gemeins die Abänd des Ehenamens in den vor der Ann geführten FamNamen des Adoptivkindes beantr. Sie können den Adoptivnamen aber auch weiterhin als Ehenamen behalten. Ist der Adoptivname nicht Ehename geworden, sond der Name des and Eheg (vgl § 1355 II 1), so verbleibt es bei diesem; die Aufhebg der Ann führt dann ledigl dazu, daß das Kind wieder seinen früh GebNam bekommt. Hat es diesen als BeglNam (§ 1355 Rn 6) angen, so ändert sich dieser.

1766 *Ehe zwischen Annehmendem und Kind.* Schließt ein Annehmender mit dem Angenommenen oder einem seiner Abkömmlinge den eherechtlichen Vorschriften zuwider die Ehe, so wird mit der Eheschließung das durch die Annahme zwischen ihnen begründete Rechtverhältnis aufgehoben. Das gilt auch dann, wenn die Ehe für nichtig erklärt wird. §§ 1764, 1765 sind nicht anzuwenden.

1   **1)** Da ein KindesAnnVerhältn mit der Stellg der Eheg zueinander unvereinb ist, tritt bei Außerachtlassg des aufschiebden Ehehinderns des EheG 7 kr Gesetzes die Auflösg des AnnVerhältn mit der Eheschl ein, **I.** Betroffen wird aber nur die Wirkg zw den Eheg, nicht die AnmWirkg in Verhältn zu denj, auf die der Ann außerdem Wirkgen äußert (§§ 1754, 1755). Heiratet also der Adoptivvater seine Tochter, so wird die Elt-Kind-Beziehg aufgelöst; die Tochter bleibt aber Enkelin der Elt ihres Mannes u Tochter im Verhältn zu ihrer gesch Adoptivmutter.

2   **2)** Ist die Ehe nichtig, so kann sie zwar an sich das KindesAnnVerhältn nicht auflösen, da rückw die Wirkgen der Ehe entfallen (Einf 3 vor EheG 16). Nach § 1771 II aF dauerten desh auch die Wirkgen des AnnVerhältn fort; die einem Eheg zustehde elterl Sorge wurde ledigl verwirkt, so daß ein Vormd zu

bestellen war. Nach S 2 löst jetzt auch die für nichtig erklärte Ehe das AnnVerh auf. Eine Nichtehe (Einf 2 vor EheG 16) berührt das AnnVerhältn nicht.

II. Annahme Volljähriger

1767 *Zulässigkeit der Annahme; anzuwendende Vorschriften.* **[I] Ein Volljähriger kann als Kind angenommen werden, wenn die Annahme sittlich gerechtfertigt ist; dies ist insbesondere anzunehmen, wenn zwischen dem Annehmenden und dem Anzunehmenden ein Eltern-Kind-Verhältnis bereits entstanden ist.**

[II] Für die Annahme Volljähriger gelten die Vorschriften über die Annahme Minderjähriger sinngemäß, soweit sich aus den folgenden Vorschriften nichts anderes ergibt.

1) Das AdoptG hat sich für die **Zulässigkeit der Annahme Volljähriger** entschieden trotz der damit **1** verbundenen MißbrMöglichkeiten (BT-Drucks 7/3061 S 22f; krit Lüderitz FS Gernhuber 1993 S 713; Heinz ZRP **95**, 171). Von einer Beibehaltg des Ausdr der Ann „an Kindes Statt" wurde zur Vermeidg von Verwechselgen abgesehen (BT-Drucks 7/5087 S 21). Anderers bedarf das so entstehde RVerhältn nicht derselben Ausprägg wie das dch die MjAdopt geschaffene. Die Vorschr der §§ 1767ff begnügen sich daher im wesentl damit, die Bestimmgen über die MjAdop einzuschränken. Damit steht neben der VollAdopt Minderjähriger (vgl Einf 2 v § 1741) ein bes Typ der Ann Volljähriger mit minderen Wirkgen. Für die Ann eine Vollj gelten **die gleichen Grundvoraussetzungen** wie für die Ann eines Mj (§§ 1767 II, 1741 I). So muß die Ann insb dem Wohl des Anzunehmden entsprechen. Darüber hinaus kommt es darauf an, daß die Ann sittl gerechtfertigt ist. Das VormschG hat also eingehd zu prüfen, aus welchen Grden das AnnVerhältn zu einem Vollj begründet w soll, bes sorgfält bei **Asylanten** (Zweibr FamRZ **83**, 533; BVerfG FamRZ **84**, 554: 82jähr Adoptivmutter). Die Herstellg familienrechtl Beziehgen zw Vollj dch Adopt soll nicht der freien Disposition der Beteiligten überlassen bleiben (BT-Drucks 7/3061 S 52).

2) Sittliche Rechtfertigung der Annahme, I. Die Adopt eines Vollj ist sittl gerechtf, wenn zw dem **2** Annehmden u dem Anzunehmden ein **Eltern-Kind-Verhältnis** bereits bestanden hat, insb dann, wenn ein Pflegekind adoptiert w soll, dessen Ann zZ seiner Minderjährigk aus beachtl Gründen, zB um familiäre Spannungen zu und Verwandten zu vermeiden, unterblieben ist (BT-Drucks III/530 S 21); ebso wenn mehrere Geschw adoptiert w sollen, von denen ein Teil mj, ein Teil vollj ist (§ 1772). Iü sind mit der Zulassg der VollAdopt auch die herkömml Grde für die Adopt Vollj, wie zB die familiäre Bindg eines UnternehmensNachf, anzuerkennen. Es reicht aus, wenn das Entstehen eines Elt-Kind-Verhältn erst zu erwarten ist (Düss FamRZ **81**, 94; BayObLG FamRZ **82**, 644). Besteht eine solche geist-seel Dauerverbundenh wie zw Elt u Kindern, schadet es nicht, wenn der Altersunterschied nur 11 J beträgt (Mannh Just **77**, 134). Nicht gerechtf ist dagg die Adopt allein zur Sicherg der Fortführg eines Adelsnamens (BayObLG FamRZ **93**, 236) od bei gemeins Interessen u wöch Besuchen beim betagten Annehmden (BayObLG FamRZ **85**, 1082 L); um eine testamentar Bedingg des Vorhandenseins v „Abkömml" zu erfüllen (vgl Stgt FamRZ **81**, 818 mAv Bausch) od ausschließl zZw der NamensNachf, auch wenn adeliger Name (Hamm StAZ **58**, 179), wenn in Wahrh wirtschaftl Interessen ausschlaggeb sind, um den drohden Ausweig des Anzunehmden als **Ausländer** vorzubeugen (BayObLG FRES **11**, 266; KG FamRZ **82**, 641 mNachw; aA Celle StAZ **95**, 171). Die Möglk einer Umgeh der auslrechtl Bestimmgen ist bes sorgfält zu prüfen, wenn ein Ausl adoptiert w soll, der sich bisl erfolgl um polit Asyl bemüht hat (Zweibr FamRZ **89**, 537; Karlsr FamRZ **91**, 226). Bei geringem Altersunterschied reicht entspr Verdacht aus (Kln FamRZ **82**, 642). Keine Adopt auch zur Tarng unsittl Beziehgen (Schlesw SchlHA **60**, 23). Sind die für u gg die Adoption sprechenden Grde gleichwert, kein Ausspr der Adoption (Düss FamRZ **85**, 832: ausweisgsbedrohter 27j Inder). Enge Freundsch u ein zw 2 Fam bestehdes herzl Vertrauensverhältn reicht für die Adoption eines verheirateten Koreaners nicht aus (Düss FamRZ **81**, 94). Die fehlde Absicht, solche Beziehgen zu schaffen, die denen zw Elt u Kindern gleichen (vgl dazu BayObLG **52**, 17), braucht nicht nachgewiesen zu sein; es genügen begründete Zweifel (vgl RG **147**, 220; BGH NJW **57**, 673). Das gilt insb für die Adoption v Ausländern (Ffm FamRZ **80**, 503). Die AuslAdoption begründet regelm **kein Aufenthaltsrecht** des Ausländ (BVerfG NJW **89**, 2195; dazu Jayme NJW **89**, 3069). Die Lauterk der Abs ist nicht schon allein desh zu verneinen, weil nebenbei auch ErbschSteuern gespart w sollen (BGH **35**, 75). Auch Versagg, wenn nur bei einem Teil die Abs fehlt. AnnDekret ist ijF wirks. Zur ErwachsenenAnn sa Bosch FamRZ **64**, 407. Zur sittl Rechtfertigg der Ann eines behinderten HausEigtümers bei negat Altersunterschied AG Bielef FamRZ **82**, 961. Auch wöchentl Besuche bei dem betagten Annehmenden reichen nicht aus (BayObLG NJW **85**, 2094).

3) Anzuwendende Vorschriften, II. Das AdoptG hat die Ann eines Vollj nicht eigenständ geregelt. Die **3** §§ 1767–1772 enthalten vielm nur Sondervorschriften für die VolljAdopt. Soweit keine Sonderregelg eingreift, sind die Vorschr über die Ann Minderj entspr anzuwenden (§§ 1741–1766). Ob die Ann dem **Wohl 4 des Anzunehmenden** dient, wenn er vollj ist, muß idR von dem Vollj selbst entschieden w (Kln FamRZ **90**, 800); die Aufgabe des VormschG beschrkt sich prakt auf die MißbrKontrolle. Einer bes sorgfält Prüfg bedarf die Frage dagg bei der Ann GeschUnfähiger od in der GeschFähigk Beschrkter (BT-Drucks 7/3061 S 53). Anzuwenden ist auch § 1741 II, so daß die Ann dch einen Eheg allein nur in AusnFällen zul ist.

1768 *Annahmeantrag.* **[I] Die Annahme eines Volljährigen wird auf Antrag des Annehmenden und des Anzunehmenden vom Vormundschaftsgericht ausgesprochen. §§ 1742, 1744, 1745, 1746 Abs. 1, 2, § 1747 sind nicht anzuwenden.**

[II] Für einen Anzunehmenden, der geschäftsunfähig ist, kann der Antrag nur von seinem gesetzlichen Vertreter gestellt werden.

1   **1) Zustandekommen des Annahmeverhältnisses, I 1.** SonderVorschr zu § 1752 I. Das Kind muß in seine Ann dch neue Elt einwilligen (§ 1746 I 1); der AnnAntr wird jedoch nur von den neuen Elt gestellt. Ein Vollj dagg muß die Begrdg einer neuen familienrechtl Beziehg selbst beantragen, so daß bei der Ann eines Vollj unter Aufrechterhaltg des Dekretsystems **zwei Anträge** erforderl sind, statt daß der GesGeber insow
2   das bish geltde VertrSystem (Einf 2 v § 1741) beibehalten hat (BT-Drucks 7/3061 S 53). Ausgeschaltet werden bestimmte Vorschriften, die nur bei der MjAdopt sinnvoll sind, **I 2.** Dch die Aufn v § 1742 in die Verweisg des § 1768 I 2 (dch AdRÄndG Art 1 Nr 2) wird erreicht, daß sich das Verbot der Mehrfachadopt, entsprechd seinem **Zweck** zu verhindern, daß minderjähr Kinder von einer Fam zur and weitergereicht werden (BT-Drucks 7/3061 S 30 und 12/2506 S 7) auf Mj beschränkt, so daß künft die Annahme eines Vollj auch dann mögl ist, wenn der Vollj schon vorher einmal adoptiert w war. Ein Bedarf hierfür hat sich in der Rspr insb in Fällen erwiesen, in denen die Mutter nach Scheidg der zweiten Ehe ihren ersten Ehem wieder heiratete u das gemeinsame, zwischenzeitl vom Stiefvater adoptierte u inzw vollj Ki nur dch Adoption wieder Ki seiner leibl Elt w kann („Rückadoption"; vgl Liermann FamRZ **93**, 1265 mN). Unerhebl ist, ob der erneut Anzunehmde bei der ersten Ann minderj od bereits vollj war. Die MehrfachAdopt Volljähriger kann zu mehr als zwei nebeneinand bestehden Elt-Ki-Verhältn führen; wenn weder bei der ersten noch bei der zweiten Ann bestimmt worden ist, daß sich die Wirkgen der Ann nach den Vorschr ü die Ann Mj richten. Die Gesetzesmaterialien halten das allg Erfordern der „sittlichen Rechtfertigung" (§ 1767 I) für ausr,
3   um ein solches Nebeneinander auf extreme Ausnahmefälle zu beschr (BT-Drucks 12/2506 S 9). Ferner sollen iR der VolljAdopt ausgeschl w die AdoptPflege (§ 1744); die Interessenwahrg gem § 1745, weil hierfür in § 1769 SonderVorschr vorh; die Einwilligg des zu Adoptierenden, (§ 1746), weil sie im AntrErfordern enthalten ist; die Einwilligg der Elt (§ 1747), weil der Anzunehmde vollj ist. Ausn: § 1772 I 2. § 1768 ist insow auch nicht verfassgswidr (Zweibr FamRZ **84**, 204). Anzuwenden dagg ist § 1746 III, so daß bei Verweigerg der Mitwirkg ohne trift Grd das VormschG vAw Erkl des Vormds oder Pflegers ersetzen kann. Darüber u über Ann als solche entsch der Richter (RPflG 14 Z 3 f).

4   **2) Die Annahme eines Geschäftsunfähigen, II,** ist zul u wg der damit verbundenen Betreuung bes wünschenswert. Die Mitwirkg des gesetzl Vertr bei der Stellg des Antr ist so geregelt wie für die Erkl der Einwilligg Minderj (vgl § 1746 mAnm). Der den in der Geschäfähig Beschränkten (§ 114) betreffde II 2 ist dch BtG Art 1 Z 26 aufgeh w. Wer unter Betreuung steht (§ 1896), aber gesch-fäh ist, stellt den Antr selbst.

1769   *Berücksichtigung von Kindesinteressen.*   **Die Annahme eines Volljährigen darf nicht ausgesprochen werden, wenn ihr überwiegende Interessen der Kinder des Annehmenden oder des Anzunehmenden entgegenstehen.**

1   Entspr § 1745 S 1 darf die Ann nicht ausgesprochen w, wenn ihr überwiegde Interessen der Kinder des Annehmden od des Anzunehmden entggstehen (Lit: Grziwotz FamRZ **91**, 1399). Entscheiddr Unterschied: § 1745 S 2 ist nicht anwendb; bei der Ann eines Vollj sind damit auch die vermögensrechtl Interessen der Beteiligten zu beachten. Dabei kann insb von Bedeutg sein, daß das ErbR od sonstige Vermögensinteressen vorhandener Kinder unangem beeinträchtigt w können. Das ist der Fall, wenn leibl Kind das Untern der Elt fortführen soll u das AdoptKind sich auszahlen lassen würde (BayObLG FamRZ **84**, 419). Erbrechtl Interessen treten aber zurück, wenn das AdoptivKi bereits als Mj in die Fam des Annehmden aufgen war u es sich um das Ki seines Eheg handelt (AG Degdf FamRZ **84**, 1265). Unberücksichtigt kann bleiben, ob es dem Anzunehmden gelingen wird, mit den Kindern der Annehmden ein GeschwisterVerh zu begründen (BT-Drucks 7/3061 S 53). Nicht erfdl die förml Einwilligg der Kinder von Annehmdem u Anzunehmden. Zu deren Anspr auf rechtl Gehör BVerfG NJW **88**, 1963 = FamRZ **88**, 1247 mAv Frank/Wassermann. Das VormschG muß auch der Frage nach dem Vorhandsein v Ki des Annehmden nachgehen (BVerfG 2. Sen 2. Ka NJW **95**, 316).

1770   *Wirkungen der Annahme.*   **¹ Die Wirkungen der Annahme eines Volljährigen erstrecken sich nicht auf die Verwandten des Annehmenden. Der Ehegatte des Annehmenden wird nicht mit dem Angenommenen, dessen Ehegatte wird nicht mit dem Annehmenden verschwägert.**
² Die Rechte und Pflichten aus dem Verwandtschaftsverhältnis des Angenommenen und seiner Abkömmlinge zu ihren Verwandten werden durch die Annahme nicht berührt, soweit das Gesetz nichts anderes vorschreibt.
³ Der Annehmende ist dem Angenommenen und dessen Abkömmlingen vor den leiblichen Verwandten des Angenommenen zur Gewährung des Unterhalts verpflichtet.

1   **1) Beschränkung der Adoptionswirkungen.** Der Angenommene wird ein ehel Kind der Annehmden (§ 1754). Keine Beschrkg des ErbR mehr (and § 1767 I aF); wohl aber noch iW der TestAuslegg (BayObLG FamRZ **85**, 426). Alle Kinder des Angen werden Enkelkinder der Annehmden, auch solche, die im Ztpkt der Ann schon geboren waren. Die Abkömml erlangen auf diese Weise die rechtl Stellg von Enkeln (RG **147**, 226). Wird dem Angen erst nach der Ann ein nehel Kind geboren, so hat dieses zum Adoptivvater des Angen dasselbe Verhältn, wie wenn der Sohn des Adoptivvaters dessen ehel Kind wäre (Engler FamRZ **70**, 120). Die Wirkgen der Ann sind iü aber auf die unmittelb Betroffenen beschränkt, **I 1;** insb erstreckt sich die Ann nicht auf die Verwandten des Annehmden, so daß dessen Elt mit dem Angen nicht verwandt sind. Werden mehrere Vollj von ders Pers angen, so sind auch diese Vollj untereinander nicht miteinander verwandt. Der Angen wird nicht verwandt u verschwägert mit den Verwandten u Verschwägerten der AdoptivElt. In den seltenen Fällen der Ann dch einen Eheg allein (§ 1767 Rn 4) entsteht auch kein StiefkindVerh zum Eheg des Annehmden; ebsowenig tritt eine Schwägersch zw dem Eheg des Adoptierten u den AdoptivElt ein, **I 2.** Iü **kein** automat **Aufenthaltsrecht** eines angen Ausländ (§ 1767 Rn 2).

2) Verhältnis zu leiblichen Verwandten, II. Die aus der Abstammg herrührden VerwandtschVerhält- **2** nisse des Angenommenen werden dch die Ann grdsätzl nicht berührt, so daß iF des Todes des Angen seine leibl u seine AdoptivElt als Erben der 2. Ordng (§ 1925) nebeneinand erben. Die ggseit UnterhPfl bleibt bestehen; doch sind die AdoptivElt dem Angen u seinen Abkömml ggü vorrang unterhaltspflichtig, **III.**

1771 *Aufhebung des Annahmeverhältnisses.* **Das Vormundschaftsgericht kann das Annahmeverhältnis, das zu einem Volljährigen begründet worden ist, auf Antrag des Annehmenden und des Angenommenen aufheben, wenn ein wichtiger Grund vorliegt. Im übrigen kann das Annahmeverhältnis nur in sinngemäßer Anwendung der Vorschriften des § 1760 Abs. 1 bis 5 aufgehoben werden. An die Stelle der Einwilligung des Kindes tritt der Antrag des Anzunehmenden.**

1) Auflösung der Volljährigenadoption. Die Vorschriften über die Aufhebg eines AnnVerhältn, das **1** zu einem Mj begründet w ist, passen nicht ohne Einschränkgn auf die mit schwachen Wirkgen ausgestattete VolljAdopt, für die § 1771 Sonderregelgen enthält. Anwendb aber § 1766 (BT-Drucks 7/3061 S 55). § 1771 S 1 ist nicht (auch nicht analog) anwendb, wenn der Angen bei Vornahme der Adoption minderj war, inzw aber vollj geworden ist (BayObLG FamRZ **90**, 204; Hamm NJW **81**, 2762; Düss NJW-RR **86**, 300; Zweibr FamRZ **86**, 1149; aA Bosch FamRZ **86**, 1149 sowie 45. Aufl). Das ist verf-konform (BayObLG FamRZ **91**, 227). Im AdoptAufhebgsVerf wird das Vorliegen der AnnVoraussetzgn nicht mehr geprüft, auch bei Verstoß gg GG 103 I im AnnVerf (Zweibr FamRZ **84**, 204). In ÜberggFällen (vgl Einf 11 v § 1741) ist eine einvernehml Aufhebg des AnnVerh nicht mögl, wenn auf die Adopt eines Mj nach altem R das neue R Anwendg findet, der Angen aber noch mj ist (Bay FamRZ **90**, 97). Erforderl für Aufhebg der Ann sind **Anträge** sowohl des Annehmenden wie des Angenommenen (hM; Karlsr FamRZ **88**, 979; aA AG Leutkirch FamRZ **89**, 538; Bosch FamRZ **78**, 664 sowie Nachw 47. Aufl), auch dann, wenn die Ann dch gemeins Vortäuschg eines Elt-Ki-Verh erreicht w (BGH **103**, 12). Entscheid ist das Vorliegen eines wicht Grdes. Das Erfordern kongruenter Antr würde dem Dekretsystem widersprechen u einen Rückfall ins VertrSystem bedeuten, außerd aber die Aufhebg der Adopt in unzumutb Weise einschränken, da die wicht Grde in aller Regel in der Pers eines Beteiligten liegen w, der seiners dann seine Mitwirkg an der AdoptAufhebg verweigern wird. Der Wortl („u") ist nicht zwingd iS der AntrKumulation zu verstehen, sond kann auch iSv „und auch" verstanden w. Von der GgMeing wird mit § 138 geholfen, wenn mit der Ann nicht die Absicht der Herstellg eines Elt-Ki-Verhältn, sond einTeil sittenwidr Zweck verbunden wird (Kln NJW **80**, 63); das aber widerspricht dem Dekretsystem, § 138 setzt ein RGesch voraus (krit dazu auch Lüderitz NJW **80**, 1087). Es entsch der Richter (RPflG 14 Nr 3f). S 1 entspricht § 1763 S 2 dem § 1760. Für das AufhebgsVerf gelten die §§ 1764, 1765 sinngem. S 3 stellt klar, daß für die Anwendg des § 1760 statt auf die Einwilligg des Kindes auf dessen Antr abzustellen ist.

2) Voraussetzungen der Aufhebung. Die Aufhebg kann auf verschiedene Grde gestützt w. **a) Aufhe- 2 bung aus wichigem Grund, S 1.** Die Auflösg des AnnVerhältn wird nicht grundlos u nach Willkür der Beteiligten zugelassen, sond setzt einen wicht Grd voraus. Dieser liegt noch nicht vor, wenn mit der Ann ein sittenwidr Zweck (Erlanng einer AufenthErlaubn) verfolgt w (KG FamRZ **87**, 635; Schlesw FamRZ **95**, 1016) od wenn die Umst, welche die Ann sittl rechtfertigten (§ 1767 I), nicht mehr bestehen. Auch kein wicht Grd, wenn sich die familiären Beziehgn der Beteiligten nicht nach ihrer Vorstellg entwickelt haben; wohl aber bei Verbrechen gg Adoptivverwandte od sonst schweren Verstößen gg die FamBindg. Die Frist v § 1762 II gilt nicht (Schlesw FamRZ **95**, 1016). **b) Aufhebung wegen unwirksamer Erklärungen, S 2. 3** § 1760 gilt entspr. Also Aufhebg, wenn auch nur einer von den beiden für die Ann erforderl Anträgen fehlte od unwirks war (§ 1768 I), ferner bei Fehlen od Unwirksamk der Einw des Eheg des Annehmden (§§ 1767 II, 1749 I) u wohl doch auch wg GG 6 I der Einw des Eheg des Anzunehmden (vgl §§ 1767 II, 1749 II). Dagg unerhebl u damit kein AufhebgsGrd das Fehlen der Einwilligg der Elt.

1772 *Ausspruch über Wirkungen wie bei Annahme Minderjähriger.* **I** Das Vormundschaftsgericht kann beim Ausspruch der Annahme eines Volljährigen auf Antrag des Annehmenden und des Anzunehmenden bestimmen, daß sich die Wirkungen der Annahme nach den Vorschriften über die Annahme eines Minderjährigen oder eines verwandten Minderjährigen richten (§§ 1754 bis 1756), wenn

a) ein minderjähriger Bruder oder eine minderjährige Schwester des Anzunehmenden von dem Annehmenden als Kind angenommen worden ist oder gleichzeitig angenommen wird oder

b) der Anzunehmende bereits als Minderjähriger in die Familie des Annehmenden aufgenommen worden ist oder

c) der Annehmende sein nichteheliches Kind oder das Kind seines Ehegatten annimmt.

Eine solche Bestimmung darf nicht getroffen werden, wenn ihr überwiegende Interessen der Eltern des Anzunehmenden entgegenstehen.

II Das Annahmeverhältnis kann in den Fällen des Absatzes 1 nur in sinngemäßer Anwendung der Vorschriften des § 1760 Abs. 1 bis 5 aufgehoben werden. An die Stelle der Einwilligung des Kindes tritt der Antrag des Anzunehmenden.

1) Annahme mit starken Wirkungen. **1**
a) Das AdoptG hat sich für die Unterscheidg zw der Adopt Mj mit starken Wirkgen u der Ann Vollj mit **2** schwachen Wirkgen entsch (BT-Drucks 7/3061 S 21; sa § 1754 Rn 1, 2). In einigen AusnFällen genügen diese schwachen Wirkgen aber nicht, insb dann, wenn der Anzunehmde schon bes Beziehgn zu dem Annehmden hat, die nur dadch ausr verstärkt werden können, daß die Ann des schon Vollj mit starken

3 Wirkgen ausgestattet w (BT-Drucks 7/3061 S 55 f). Die **Volladoption** (Einf 2 v § 1741) wird daher **in vier Fällen** zugelassen, **I 1: aa)** wenn die Annehmden schon mj Geschw des Anzunehmden u damit mit starken Wirkgen angen haben od annehmen. Zweck: Unter Geschw soll in der neuen Fam die gleiche RStellg gelten; **bb)** ferner wenn der Anzunehmde bereits als Mj tatsächl in der Fam des Annehmden gelebt hat. Dafür reicht es nicht aus, wenn der Annehmde Vormd des mj Vollwaisen gewesen ist, ohne daß das Ki in dessen FamVerband integriert war (Hamm DAV **79**, 776); u schließl **cc)** wenn der Annehmde sein eig nehel Ki od

4 **dd)** das ehel od ne Ki seines Eheg annimmt. Zum Erwerb der **Staatsangehörigkeit:** Hecker StAZ **88**, 98.

5 **b) Ausschluß der Volladoption wegen überwiegender Interessen der Eltern, I 2** (Liermann FamRZ **93**, 1265). Das mögl Interesse der leibl Elt an der Aufrechterhaltg des VerwandtschVerhältn konnte bish allein bei der Prüfg der sittl Rechtfertigg der angestrebten VollAdopt (§ 1767 Rn 2 iVm § 1772) berücks w. **Zweck** der Einfügg v I 2 dch AdoptRÄndG Art 1 Nr 3 (Einf 2 v § 1741) ist die Verdeutlichg dieser Prüfgs- u AbwäggsPfl (BT-Drucks 12/2506 S 7 f). In Anlehng an § 1769 ist die VollAdopt eines Vollj unzul, wenn ihr überwiegde Interessen leibl Elt wie bish AdoptElt (vgl § 1768 Rn 2) entggstehen. Dem Ausspr der VollAdopt können unterh- wie erbrechtl Re u Pflen der Beteiligten entggstehen (BT-Drucks 12/2506 S 9). Die Neuregelg soll iR einer authent Interpretation ledigl das geltde R verdeutl, so daß nicht etwa iW eines UmkSchl eine gebotene Beteilig weiterer Verwandter aufsteigder Linie ausgeschl w, falls deren Interessen an der sittl Rechtfertigg der angestrebten VollAdopt Zweif begründen.

6 **c) Verfahren.** An einem auf die Wirkg des § 1772 I gerichteten AnnVerf sind die Elt des Anzunehmden zu beteiligen (Einf 12 v § 1741). Damit soll zugl sichergest w, daß den leibl Elt der Ausspr einer VollAdopt vom VormschG bek gem wird (BT-Drucks 12/2506 S 9). Die Ann mit starken Wirkgen wird vom VormschG nur ausgespr, wenn der Antr der Beteiligten darauf gerichtet ist. Er wird zweckmäßigerw mit dem AnnAntr (§ 1768 I) verbunden. Nachträgl Hochstufg der AdoptWirkgen nicht mögl (AG Kaisersl StAZ **83**, 17). Das VormschG hat im Beschl anzugeben, ob die Ann des Vollj starke Wirkgen h od nicht u ob es sich um eine VerwandtenAdopt handelt (FGG 56 e).

7 **2) Aufhebung der Volljährigenvolladoption, II,** kommt nur nach § 1760 in Betr, also nur aus Verf-Mängeln u im Ggsatz zu § 1771 S 1 nicht aus wicht Grd, **II 1.** Vgl § 1771 Rn 3. Mit **II 2** wird berücks, daß es für die VollAdopt des Vollj im Ggs zu § 1760 nicht auf die Einw des Ki, sond entspr § 1772 I 1 auf den Antr des Anzunehmden ankommt.

Dritter Abschnitt. Vormundschaft

Einleitung

1 **1) Überblick** (Lit: Jochum/Pohl, Pflegsch, Vormsch u Nachl, 1989; Oberloskamp, Vormsch, Pflegsch u VermSorge bei Mj, 1990; Bienwald, Vormsch-, Pflegsch- u BtR i der soz Arb, 3. Aufl 1992). Das VormschR umfaßt nach seiner Reform dch das BtG (Einf 1 v § 1896) drei ggständl recht unterschiedl ausgestaltete Bereiche: die Vormsch über Mj (§§ 1773–1895); die Betrg psych kranker od körperl, geist od seel behinderter Erwachsener (§§ 1896–1908 i) u die Pflegsch (§§ 1909–1921), deren Hauptbestandteil, näml die GebrechlkPflegsch (§ 1910 aF), in der Bt aufgegangen ist. Die Vormsch hat grdsl die allg Fürs in pers u VermAngelegenh des Mdl zum Ggst, währd eine Pflegsch dann eingeleitet w, wenn ein Schutzbedürfn für eine einz od einen Kreis von Angelegenh vorliegt, währd die Bt nach dem ErforderlkPrinzip grdsl TeilBetrg sein soll, umgek aber auch TotalBt sein kann (§ 1896 Rn 27). Das BtG hat an sich erfdl **Reform** des VormschR für Mj im wesentl auf FolgeÄndergn beschrkt (BT-Drucks 11/ 4528 S 108). Zur Abschaffg der AmtsPflegsch: Einl 6 v § 1297.

2 **2) Rechtsnatur des Vormundschaftsrechts.** Dieses ist verwaltde FürsTätigk, deren leitder GesichtsPkt das Interesse des Mdl, Betreuten od Pflegl ist. Es geht vornehml um Privatrechtsgestaltg. Desh ist das Amt des Vormd, Betr u Pflegers, obwohl das VormschR auch ör Bestandteile enth, kein öff Recht. Die Stellg des Vormd ist derj des Inh der elt Sorge angepaßt (BGH **17**, 115; sa BVerfG NJW **60**, 811). Zur AmtsVormsch u BehBetrg: Rn 4.

3 **3) Grundzüge der Regelung.** Vormsch, Betrg u Pflegsch treten grdsl nicht kr Ges ein, sond bedürfen einer AO dch das VormschG, wenn auch nicht immer eines Antr. Erst mit der Bestallg entsteht die VertretgsBefugn des Vormd (§§ 1774–1789, 1793), des Betr (§§ 1896 ff, 1902) sowie des Pflegers (§ 1915). Ausn davon: die gesetzl AmtsPflegsch bzw -Vormsch des JA bei Geburt eines ne Ki (§§ 1706, 1791 c). Grdsl wird nur ein Vormd, Betr od Pfleger bestellt (§§ 1775, 1897, 1909 ff), wenn nicht entspr Bedürfn die Bestellg mehrerer nicht ausschließt (§§ 1775, 1899, 1915). Zur Kontrolle und Unterstützg des VormschG können GgVormd u GgPfleger bestellt w (§§ 1792, 1915; vgl auch § 1908 i). Vormd, Betr u Pfleger üben ihr Amt selbstd aus u unterliegen nur der Kontrolle dch das VormschG, u zwar mittelb dch das Erfordern der **vormundschaftsgerichtlichen Genehmigung** (Lit: Labuhn, Vormschger Gen, 2. Aufl 1995), zB in §§ 1812, 1821, 1822 od unmittelb als Aufs (§§ 1837, 1908 i I 1, 1915 I). Zur gerichtl Nachprüfbark: J. Mayer FamRZ **94**, 107.

4 **4)** Das BGB geht von der **Einzelvormundschaft** als der besten Form der Vormsch aus (Rn 3; vgl § 1887 I) u favorisiert dieses Prinzip trotz der enttäuschden Erfahrgen mit der Vormsch auch für die Betrg, so daß iS einer Reihenfolge (LG Aach DAV **76**, 672) die **Vereins- und Amtsvormundschaft** sowie -pflegsch bzw die **Vereins- und Behördenbetreuung** nur in Frage kommen, wenn ein geeigneter EinzelVormd, Einzel-Betr u -pfleger nicht zu bekommen ist (vgl §§ 1791 a–c; 1887 I; 1900 I 1, III u IV 1; 1915 I). Die bestellte wie die gesetzl AmtsVormsch werden dch das **Jugendamt** ausgeübt. Zur **örtlichen Zuständigkeit** für die

5 Amtspflegsch u AmtsVormsch: SGB VIII 87 c. Zur **Betreuungsbehörde:** § 1900 Rn 10. Für Vereins- wie AmtsVormsch wie auch für die BehBetrg gelten grdsl die Best des BGB.

5) Ergänzt w das VormschR dch das KJHG (SGB VIII), das die Organisation des JA u seine Stellg u **6** Aufgaben im VormschWesen, den Schutz der Pflegekinder, außerdem die Erziehgsbeistandsch m freiw Erziehgshilfe u FürsErziehg regelt u insof auch § 1666 ergänzt (Einf 17 ff vor § 1626). Die Voraussetzgen für das Eintreten einer AmtsVormsch, auch AmtsPflegsch, sowie VereinsVormsch regelt nicht SGB VIII, sond seit Inkrafttr des NEhelG das BGB, §§ 1709, 1791 a–c. Zur Führg der AmtsVormsch SGB VIII 55, 56 (Einf 48 ff vor § 1626).

6) Landesrechtliche Vorbehalte enthalten nur noch §§ 1807 II, 1808. EG 136 ist durch JWG 54 aufge- **7** hoben. Vgl im übrigen Einl 4 vor § 1297.

7) Übergangsrecht: EG 210–212; **IPR** u interlok PrivR: EG 24; **frühere DDR:** EG 234 § 14.   **8**

Erster Titel. Vormundschaft über Minderjährige

I. Begründung der Vormundschaft

Einführung

1) Überblick. Der Untertitel umfaßt Voraussetzgen u Begründg der Vormsch (§§ 1773, 1774); die als **1** Vormd berufenen Personen (§§ 1776–1784); Übernahme u Ablehng der Vormsch (§§ 1785–1788); die Bestellg zum Vormd (§§ 1789–1791); Bestimmgen ü die Bestellg v MitVormd (§ 1775) u GgVormd (§ 1792). Bei der AmtsVormsch (Einl 4 v § 1773) sind die Vorschr ü Bestellg u GgVormd ausgeschl (§§ 1791 b II, 1792 I), ferner besteht weitgehde Befreiung von Genehmiggserfordern (KJHG 56 II).

2) Fehlerhafte Anordnung der Vormundschaft.   **2**

a) Zuständigkeitsmängel: Die sachl Unzustdgk macht AnO wie auch die einzelnen vormschgerichtl **3** Hdlgen unwirks (KG JFG **1**, 48). Unwirks ist auch ein vormschgerichtl Gesch, das unzulässigerw vom Rechtspfleger statt vom Richter vorgen w ist, nicht aber umgek (RPflG 8). Die örtl Unzustdgk führt dagg gem FGG 7 nur zur Aufhebg der an sich sachl zutreffend eingeleiteten Vormsch u des bisher Verf (KG JFG **14**, 204, 255). Das unzuständ Ger wird gem FGG 50 das zust benachr; in Eilfällen FGG 44.

b) Die AnO der Vormsch hat rechtsbegründende Wirkg (RG **84**, 95; BGH **41**, 309). Liegen **materiell** die **4** Voraussetzgen einer Vormsch nicht vor, so bleibt sie daher grdsätzl (Ausn: § 1780 u bei Vormsch ü Verstorbene) solange wirks, bis sie dch das VormschG od auf Beschw aufgeh wird. Wirksamk also auch bei irriger Bestellg eines weiteren Vormds (RG HRR **33**, 1588); beide sind dann MitVormd (§ 1797 I). Ver-gütgsFestsetzg f den Vormd (KGJ **53**, 77) u die Wirksamk der dch Vormd u der ihm ggü vorgenomm RGeschäfte werden dch die Aufhebg nach FGG 32 nicht berührt (BayObLG **23**, 61). Ggf SchadErsPfl des Richters (RG **84**, 92). Anderers wird bei irriger Annahme der Minderjährigk die Gesch- u ProzFähigk des Vollj nicht berührt. And nur bei vorl Vormsch (§§ 1906, 114) u ProzPflegsch (ZPO 53).

c) Ob die AnO zu Recht ergangen ist, kann nur im FGG-Verf, nicht dch das ProzGer nachgeprüft w (Stgt **5** FamRZ **65**, 457), das an die AnO **gebunden** ist (RG **81**, 211). Desh darf die VertretgsBefugn idR nicht schon desh verneint w, weil nicht alle sachlrechtl Vorauss f die AnO gegeben waren (BGH **33**, 195). Aber Aussetzg mögl (BGH **41**, 309).

1773 *Voraussetzungen.* ^I Ein Minderjähriger erhält einen Vormund, wenn er nicht un-ter elterlicher Sorge steht oder wenn die Eltern weder in den die Person noch in den das Vermögen betreffenden Angelegenheiten zur Vertretung des Minderjährigen berechtigt sind.
^{II} Ein Minderjähriger erhält einen Vormund auch dann, wenn sein Familienstand nicht zu er-mitteln ist.

1) Der 1. Titel bezieht sich ledigl auf die **Minderjährigenvormundschaft.** Weg der Volljähr § 1896. **1** Wird der Mj vollj, endet die Vormsch (§ 1882); dann aber ggf AnO einer Betr (§§ 1908 a, 1896 Rn 3). Verheiratetsein hindert die VormschAnO nicht. Wg Ausländern EG 24. Wg fehlerh AnO Einf 2 v § 1773.

a) Eheliche Kinder u die ihnen gleichstehdn f ehel erkl od angenomm Ki (§§ 1736, 1740 f, 1754), wenn **2** sie **aa)** nicht unter elterl Sorge stehen, etwa weil beide Elt tot sind od beiden gem § 1666 die elt Sorge **3** entzogen ist od ifv § 1680 II; od **bb)** die Elt den Mj wed persönl noch in VermAngelegenh vertreten dürfen, **4** etwa weil die elt Sorge ruht (§§ 1673–1675). Hat der SorgeRInh nur Pers- od VermSorge, so ledigl Pfleger (§ 1909), sofern nicht der and EltT dann das alleinige uneingeschrkte SorgeR hat (§§ 1670 I, 1680). **cc)** Die **5** VormschAnO entfällt bei Rückübertragg der elt Sorge auf die Mutter nach EhelErkl auf Antr des Vaters (§ 1738 II) od nach Aufhebg der KiAnnahme (§ 1764 IV).

b) nichteheliche minderjährige Kinder, sofern die Mutter nicht die elt Sorge hat (vgl § 1706).   **6**

c) Minderjährige bei nicht zu ermittelndem Familienstand, II, zB Findelkind (sa PStG 25, 26). Ist **7** FamStand ledigl bestr, dann Pflegsch.

1774 *Anordnung von Amts wegen.* Das Vormundschaftsgericht hat die Vormundschaft von Amts wegen anzuordnen. Ist anzunehmen, daß ein Kind mit seiner Geburt eines Vormunds bedarf, so kann schon vor der Geburt des Kindes ein Vormund bestellt werden; die Bestellung wird mit der Geburt des Kindes wirksam.

1) Bestellungsgrundsatz, S 1. Mit Ausn v § 1791 c keine Vormsch vGw, sond nur AO vAw. Eines bes **1** AO-Beschl bedarf es nur ifv § 1671 V (BGH FamRZ **81**, 1048: dch FamGer; Best des Vormd dch

VormschG); sonst können AO u Best (§ 1789) zufallen. Vor der Best ggf einstweil MaßRegel: § 1846. Mögl auch die Bestellg eines Vormd vor der Geb, **S 2**, insb wenn die Mu bei der Geb des Ki mj ist (FGG 36a; vgl §§ 1705 Rn 5, 1708). **Haftung:** § 839 Rn 148.

2   **2) Anzeigepflicht anderer Behörden** zur Unterstützg des VormschG: StBeamte SGB VIII 57, FGG 48; JA (vgl Einf 43 v § 1626): SGB VIII 42 II 3 Nr 2 4 III 4, 50 III 1, 53 III 3–5; Gerichte FGG 35a; StA JGG 70; der Erbe des Vormd, Vormd bei Todesfall des Gg- od MitVormd § 1894.

3   **3) Verfahren.** Zustdgk: FGG 35b, 36; iFv **S 2**: FGG 36a; iFv § 1791c konkurr Zustdgk für Eilmaßn nach FGG 36b. RPflegerEntsch (RPflG 3 Nr 2a), es sei denn, es handelt sich um Vormsch über einen Ausl od aGrd dienstrechtl Vorschr (RPflG 14 I Nr 4). Nach Anhängigk der Vormsch (FGG 36, 43 II, 47 II 1) ist Mdl Bekanntmachgsadressat iSv FGG 16 (Drews RPfleger **81**, 13). BeschwR bei AO: Mdl im Umf von FGG 59; ferner die unter FGG 57 I Nr 9 fallden Pers. Bei Ablehng: FGG 57 I Nr 1.

1775 *Bestellung von Mitvormündern.* **Das Vormundschaftsgericht soll, sofern nicht besondere Gründe für die Bestellung mehrerer Vormünder vorliegen, für den Mündel und, wenn mehrere Geschwister zu bevormunden sind, für alle Mündel nur einen Vormund bestellen.**

1   **1) Grdsätzl ist nur ein Vormund** zu bestellen, u zwar auch für Geschwister u HalbGeschw (KGJ **47**, 10); zust dann das Ger, bei dem die erste Vormsch anhäng ist, sonst das für den jüngsten Mdl zustdige Ger (FGG 36 I 2). Bei gesetzl AmtsVormsch (§ 1791c) sind allerd inf verschiedener Geburtsorte der Geschw mehrere AmtsVormsch mögl (vgl SGB VIII 87 I 1). Die Bestellg von MitVormd (wg des GgVormd § 1792) rechtfertigen nur **besondere Gründe:** wenn die Elt bei einem FlugzeugUngl verstorben u für ihre beiden Mädchen neben dem Bruder des Vaters auch dessen Ehefr zum MitVormd bestellt w soll (LG Hdlbg FamRZ **81**, 96; Reinhart FamRZ **81**, 7); ferner bei bes schwier VermVerw; Vermögen an versch Orten; bei Geschw deren Beziehgen (Hasel BWNotZ **86**, 82) od dauerhnde Interessenverschiedenh (falls nur gelegentl: Pflegerbestellg); gem § 1779 II 2 verschiedene rel Bekenntn (KGJ **46**, 69). Kein bes Grd ist eine nur ggständl beschrkte u zeitl vorübergehde Verhinderg des zum Vormd Berufenen (BayObLG Rpfleger **76**, 399).

2   **2) Bestellung mehrerer Vormünder.** Auch bei Benennng mehrerer Vormd dch die gem § 1777 Berecht entsch das Ger darüber nach fr Ermessen (BayObLG **21**, 60). Neben dem als Vormd Berufenen (§ 1776) darf nur mit dessen Zust ein MitVormd bestellt w (§ 1778 IV); die Bestellg eines MitVormd ist ein AblehngsGrd (§ 1786 I Z 7). Grdsätzl führen mehrere MitVormd die Vormsch gemschaftl (§ 1797 I); das VormschG kann aber jedem Vormd einen best Wirkgskreis zuteilen (§ 1797 II). Für diesen Fall kann dann auch jedem Vormd ein GgVormd bestellt w (§ 1792 III), nicht aber iF des § 1792 I. Auch das JA kann als MitVormd bestellt w (§ 1791b Rn 4); anderers kann es auch die Bestellg eines MitVormd für einen best Wirkgskreis beantragen (§ 1797 Rn 2).

1776 *Benennungsrecht der Eltern.* **¹ Als Vormund ist berufen, wer von den Eltern des Mündels als Vormund benannt ist.**
II Haben der Vater und die Mutter verschiedene Personen benannt, so gilt die Benennung durch den zuletzt verstorbenen Elternteil.

1   **1) Die Berufenen** haben ein R auf Bestellg u dürfen nur unter den vom VormschG allerd ijF zu prüfenden Voraussetzgen des § 1778 übergangen werden. Bei Übergeh sofort Beschw (FGG 60 I Z 1); Beginn der BeschwFr KG JW **37**, 963. § 1776 gilt auch für MitVormd (§ 1775 Rn 2), GgVormd (§ 1792 IV); nicht dagg bei Vormsch ü Volljährige (§§ 1896–1900) u Pflegsch (§§ 1915–1917). Das JA kann nicht benannt w, wohl aber ein vom LJA für geeignet erklärter Verein (§ 1791a I 2).

2   **2) Die Berufg** verpflichtet nicht zur Übern der Vormsch. Das R ist **verzichtbar** (§ 1778 I); and iF von § 1785.

3   **3) Berufen ist, wer** aGrd letztwilliger Verfügg (§ 1777 III) von beiden Elt des ehel Mdl (§§ 1719, 1754 I) od einem v ihnen, sofern dem benennenden EltT zZt des Todes die elterl Sorge über das Kind zustand (§ 1777 I), als Vormd **benannt** w ist, **I.** Das BenenngsR ist Ausfluß der elt Sorge; daher besteht es nicht, wenn die elt Sorge ruht (BayObLG FamRZ **92**, 1346). Iü liegt es iFv § 1705 bei nehel Mutter; iFv § 1736 beim Vater; iFv
4   § 1740a beim SorgeBerecht; iFv § 1749 beim Annehmenden. Haben die Elt nicht dieselbe Pers benannt, entscheidet die Berufg dch den Letztverstorbenen, **II.**

5   **4) Vorrang vor dem Berufenen** haben der Eheg (§ 1778 III) u die ges AmtsVormsch (§ 1791c; JWG 41 I).

1777 *Voraussetzungen des Benennungsrechts.* **¹ Die Eltern können einen Vormund nur benennen, wenn ihnen zur Zeit ihres Todes die Sorge für die Person und das Vermögen des Kindes zusteht.**
II Der Vater kann für ein Kind, das erst nach seinem Tode geboren wird, einen Vormund benennen, wenn er dazu berechtigt sein würde, falls das Kind vor seinem Tode geboren wäre.
III Der Vormund wird durch letztwillige Verfügung benannt.

1   **1) Benennungsberechtigt** sind die im Ztpkt ihres Todes (BenenngsZtpkt u ZwischenZt bedeutgslos) **sorgeberechtigten Eltern, I.** Berechtig ist Ausfl des SorgeR. Im Hinbl darauf war **II** erfdl. Es **steht** desh auch **nicht zu:** dem nehel Vater (§§ 1705, 1711); nach Scheidg dem nicht sorgeberecht EltT (§ 1671 I); bei gespaltenem SorgeR (§§ 1670 I, 1671 V).

2) Form, III. Benenng dch Test od in einem ErbVertr (§§ 1937, 2299 I). Bei Widerspr zw den Elt **2** § 1776 II. Bezeichng als „Vormd" unnötig (Kln Zf] **61**, 61). Bedingg u ZeitBest zul (BayObLG **28**, 270). Regelg der Befugn des Vormd iü nur iR der §§ 1797 III, 1803 I, 1852 ff.

1778 *Übergehen des benannten Vormunds.* [I] Wer nach § 1776 als Vormund berufen ist, darf ohne seine Zustimmung nur übergangen werden,

1. wenn er nach den §§ 1780 bis 1784 nicht zum Vormund bestellt werden kann oder soll;

2. wenn er an der Übernahme der Vormundschaft verhindert ist;

3. wenn er die Übernahme verzögert;

4. wenn seine Bestellung das Wohl des Mündels gefährden würde;

5. wenn der Mündel, der das vierzehnte Lebensjahr vollendet hat, der Bestellung widerspricht, es sei denn, der Mündel ist geschäftsunfähig.

[II] Ist der Berufene nur vorübergehend verhindert, so hat ihn das Vormundschaftsgericht nach dem Wegfall des Hindernisses auf seinen Antrag an Stelle des bisherigen Vormundes zum Vormund zu bestellen.

[III] Für einen minderjährigen Ehegatten darf der andere Ehegatte vor den nach § 1776 Berufenen zum Vormund bestellt werden.

[IV] Neben dem Berufenen darf nur mit dessen Zustimmung ein Mitvormund bestellt werden.

1) Übergangen ist der Berufene, wenn ein and als Vormd bestellt w, ohne daß es darauf ankommt, ob **1** dem VormschG die Benenng bek war (str). Der Berufene hat kein unmittelb R auf Entlassg des bestellten Vormd, sond sof Beschw (FGG 60 I Nr 1). BeschwFr: FGG 60 II. Kein AbändersgR des VormschG von sich aus (FGG 18 II). Wird die Beschw für begründet erkl, ist der Berufene an Stelle des bisher Vormds zu bestellen, auch wenn diesem ggü kein Vorbehalt (§ 1790) gemacht war.

2) Der Berufene kann übergangen werden, I–III: bei **a)** erklärtem od stillschw Einverständn; **b)** bei **2** Unfähigk od Untauglichk (§§ 1780–1784), **Nr 1; c)** wenn der Berufene an der Übern (inf Krankh, Abwesenh, Bedingg gem § 1777 Rn 2 usw) tatsächl verhindert ist, **Nr 2.** Bei vorübergehender Verh nach Wegf des Hindern Bestellg statt des bisher Vormd, **II; d)** bei Verzögerg, **Nr 3.** Bei Verschulden: § 1787. **e)** Bei Gefährdg des Wohls des Mdl, **Nr 4.** VormschG entscheidet nach freiem Ermessen. Es genügt jede schon bestehende od mögl Beeinträchtigg der persönl od vermögensrechtl Belange (BayObLG **19**, 166; aA BayObLG **57**, 315: ggwärt Gefahr solchen Ausmaßes, daß bei Fortgang der Entwicklg eine erhebl Schädigg des geist od sittl Wohls od der VermInteressen des Mdl zu besorgen sind); wenn die als Vormd benannte Pers das (philippin) Ki selbst adopt will (BayObLG FamRZ **92**, 1346); tiefgehende Entfremdg zw Vormd u Mdl (KG OLG **42**, 111); uU zu hohes Alter u Gebrechlk; **f)** wenn der nicht geschäftsunfäh, 14 J od ältere Mdl widerspricht, **Nr 5** (BT-Drucks 8/2788 S 69); **g)** wenn sich um die Bevormundg des mj Eheg handelt, so kann der **andere Ehegatte** vor den nach § 1776 I Berufenen zum Vormd best w, **III.** Die Vorschr gibt kein R auf Best (BayObLG OLG **32**, 18), desh Beschw nur n FGG 57 I Nr 9.

3) Bei Nichteigng der gem § 1776 Berufenen u wenn sich kein geeign Vormd findet, kann mit dessen **3** Einverständn ein rechtsfäh Verein, schließl das JA zum Vormd bestellt w (§§ 1791 a, b). War geeign Pers vorhanden, hat das JA deren Best zu veranlassen.

4) Mitvormund, IV. Voraussetzgn: Besondere Grde n § 1775 u außerd Zustimmg des Berufenen. Bei **4** Verein Zust u Anhörg gem § 1791 a I 2 u IV. ZustVerweigerg kann Bestellg des Berufenen in Frage stellen od zu seiner Entlassg führen (§ 1886). IV findet keine Anwendg auf den GgVormd (BayObLG **18**, 54) u wenn in der letztwill Vfg mehrere Vormd berufen sind.

1779 *Auswahl durch Vormundschaftsgericht.* [I] Ist die Vormundschaft nicht einem nach § 1776 Berufenen zu übertragen, so hat das Vormundschaftsgericht nach Anhörung des Jugendamts den Vormund auszuwählen.

[II] Das Vormundschaftsgericht soll eine Person auswählen, die nach ihren persönlichen Verhältnissen und ihrer Vermögenslage sowie nach den sonstigen Umständen zur Führung der Vormundschaft geeignet ist. Bei der Auswahl ist auf das religiöse Bekenntnis des Mündels Rücksicht zu nehmen. Verwandte und Verschwägerte des Mündels sind zunächst zu berücksichtigen; ist der Mündel nichtehelich, so steht es im Ermessen des Vormundschaftsgerichts, ob sein Vater, dessen Verwandte und deren Ehegatten berücksichtigt werden sollen.

[III] Das Vormundschaftsgericht soll bei der Auswahl des Vormunds Verwandte oder Verschwägerte des Mündels hören, wenn dies ohne erhebliche Verzögerung und ohne unverhältnismäßige Kosten geschehen kann. Die Verwandten und Verschwägerten können von dem Mündel Ersatz ihrer Auslagen verlangen; der Betrag der Auslagen wird von dem Vormundschaftsgericht festgesetzt.

1) Auswahl durch das Vormundschaftsgericht, I, wenn von den Elt niemand als Vormd benannt **1** wurde od wenn er trotz Benenng zu übergehen ist (§§ 1776, 1778). Auswahlkriterien: Rn 2. **Wirkung:** Der Ausgewählte ist zur Übern der Vormsch verpfl (§ 1785), sofern er nicht zur Übern unfäh od untaugl ist (§§ 1780–1784) od er einen AblehnsgGrd hat (§ 1786). Er kann sich nicht darauf berufen, er sei iSv § 1779 ungeeign (KG FamRZ **63**, 376; aA LG Bielef DAV **75**, 438); ggf Verpfl zum SchadErs nach § 1787.

2) Auswahlkriterien, II. Das **Ermessen** des Ger ist ledigl dch II gebunden. In diesem Rahmen gibt **2** allein das Mdl-Interesse den Ausschlag. Das G gibt zunächst mit der Eigng allg Vorauss (Rn 4) u dann mit

3 der Verwandtsch u dem rel Bekenntn persönl Vorgaben für die Auswahl (Rn 5–6). – **a) Eignung, II 1,** bezieht sich auf die persönl Verhältn (wie starke berufl od fam Belastg), die VermLage u die sonst Umstde, wie zB unter mehreren gleich geeign aber zur freiw Übern des Amts nicht bereiten Pers die hierdch am wenigsten belastete zu best ist (LG Würzbg FamRZ **72**, 391). Wer wg KiMißhdlg bestraft ist, ist als Vormd ungeeign (BayObLG **20**, 358), währd das eig ErzVersagen einer Großmutter ihrer Bestellg zum Vormd
4 nicht entggzustehen braucht (LG Hanau DAV **77**, 768). – **b) Verwandte und Verschwägerte, II 3,** gem §§ 1589, 1590 u ebso der Eheg (Celle NJW **65**, 1718) sind entspr GG 6 I (BVerfG FamRZ **72**, 455; KG FamRZ **63**, 376) vor and Pers zu berücks, soweit sie II 1 erfüllen (Rn 3). Solange solche vorh, darf nur bei bes Grden ein and ausgewählt w. Desh Feststellg, ob überh (LG Mannh MDR **63**, 596) bzw neben dem Gewählten weitere Verwandte od Verschwägerte des Mdl vorh sind (BayObLG FamRZ **74**, 219). Vor allem bei Bestehen einer ne LebGemsch (Einl 8 v § 1297) kann die grdsl Eigng des ne Va heute nicht mehr in Zweif gezogen w (vgl §§ 1705 Rn 1; 1738 Rn 1). Die Einbeziehg seiner Verwandten steht im Erm des Ger. Auszuwählen ist der Geeignetste; alle diese haben unabhäng von der Gradesnähe gleichen Rang (BayObLG FamRZ **81**, 96; **84**, 1151). Es besteht außerh v § 1776 unter den Verwandten kein Recht auf Bestellg zum Vormd (RG **64**, 288), wohl aber ggf Fremden ggü (MüKo/Schwab 7). Umgek kann ifV § 1909 die ver-
5 wandtschaftl Nähe der Eign des Pfl entggstehen (BayObLG NJW **64**, 2306). – **c)** In zweiter Linie ist auf das **religiöse Bekenntnis** des Mdls vorrang Rücks zu nehmen, **II 2.** Ist ein iSv II 1 geeign konfessionsgleicher Vormd vorh, so soll, falls nicht bes Grde dafür sprechen, ein Vormd and Konf nicht ausgew w (Ffm MDR **62**, 737). Die Vorschr verbietet jedoch nicht schlechthin die Bestellg eines Vormds and Konfession. Ggf u insb bei der konflos geführten AmtsVormsch, für die II 2 nicht in Betr kommt (SGB VIII 9 Nr 1), ist zur Wahrnehmg der rel Interessen des Mdl ein Pfl zu best (vgl §§ 1801, 1909). Der bekenntnfremde Einzel-Vormd hat gem § 1791 a u b den Vorzug vor dem bekenntngebundenen VereinsVormd (BayObLG FamRZ **66**, 323). Wg Geschw: § 1775 Rn 1. Zur Bedeutg der polit Einstellg des Vormds vgl BayObLG JW **25**, 2141.

6   **3) Verfahren. a)** Das nach FGG 35, 36 zust VormschG entsch dch den RPfl (RpflG 3 Nr 2a). – **b) Anhö-**
7 **rungen:** Vor der Auswahl ist das JA allg od zu der als Vormd in Auss gen Pers anzuhören. Das JA kann seiners entspr Vorschl machen (Einf 46 v § 1626), an die das VormschG aber nicht gebunden ist. Unabhäng von der Möglk zu eig Ermittlgen über die Eigng wird sich das VormschG im allg auf den Vorschl des JA verlassen können (RG **67**, 411). Es muß aber dem das MdlInteresse berührde Vorbringen vAw nachgehen (LG Stade FamRZ **65**, 98). Anhörg der Elt, auch des ne Va u des Mdl (BayObLG DAV **80**, 746): Einf 9–11 v
8 § 1626. Außerd von Verwandten u Verschwägerten des Mdl von Va- u MuSeite, **III:** Vgl § 1847. – **c) Be-** schwerde gem FGG 57 I Nr 9, auch noch nach Bestellg des Vormds (BayObLG Rpfleger **75**, 91): Der Va, auch wenn die PersSorge entzogen ist od ruht (BayObLG FamRZ **65**, 283); die ne Mu; die Mu; der Va, der das Ki längere Zt gelebt hat (BayObLG FamRZ **84**, 205); das JA bei Nichtanhörg. Kein BeschwR hat der entlassene Vormd; übergangene Verwandte (Rn 4) sowie vorübergehde PflegeElt (Hamm FamRZ **87**, 1196). Die Beschw kann gg die Auswahl des Vormds beschr w (BayObLG FamRZ **84**, 205). Ist die Beschw begr, ist der Vormd mit Wirkg ex tunc zu entlassen. Keine Nachprüfg von Angemessenh u Zweckmäßigk der getroff Entsch iW der weit Beschw (BayObLG Rpfleger **75**, 91). Eine rechtskr Übergehg kann nur i Zushg mit einer neuen Bestellg des Pfl überprüft w (BayObLG FamRZ **91**, 1480).

1780   *Unfähigkeit zur Vormundschaft.*   **Zum Vormunde kann nicht bestellt werden, wer geschäftsunfähig ist.**

1   UnfähigkGrd: § 104 Nr 2. Die entgg § 1780 erfolgte Bestellg ist nichtig, so daß Entlassg an sich nicht erfdl. Bei nachträgl GeschUnfähig iF, daß ein Betr bestellt w ist: §§ 1886, 1781 Nr 2; sonst §§ 1886, 1780 analog. Der Eintr der GeschUnfähig ohne Best eines Betr ist im BtG wohl übersehen w.

1781   *Untauglichkeit zum Vormund.*   **Zum Vormunde soll nicht bestellt werden:**
1. wer minderjährig ist;
2. derjenige, für den ein Betreuer bestellt ist;
3. wer in Konkurs geraten ist, während der Dauer des Konkurses.

1   **1) Vorbemerkung vor §§ 1781–1784.** Bei Untauglk keine ÜbernPfl (§ 1785). Selbst bei Benenng (§ 1776) also Übergeh. Im übr ist § 1781 bl Soll-Vorschr, so daß sie der Gültigk der Bestellg ggf nicht entggsteht. Wirkgen: Vormd bleibt im Amt u damit gesetzl Vertr (§§ 164, 165). Aber Entlassg nach § 1886. Haftg bis dahin: § 1833 (evtl §§ 827, 828); des VormschRi: Einf 17 v § 1896.

2   **2) Untauglich** ist der Mj (§ 106), **Nr 1;** wer einen Betr erhalten hat (§ 1896), **Nr 2.** Der PauschalAusschl widerspr dem ErfordlkPrinz (§ 1896 Rn 20) u damit dem VerhMäßGrds: nicht alle BetrGrde machen zur Übern einer Vormsch untaugl; bei KonkEröffng, **Nr 3,** auch des pers haftdn Gesellschafters. Nicht anwendb auf NachlKonk u VerglVerf.

1782   *Ausschließung durch die Eltern.*   **[I]Zum Vormund soll nicht bestellt werden, wer durch Anordnung der Eltern des Mündels von der Vormundschaft ausgeschlossen ist. Haben die Eltern einander widersprechende Anordnungen getroffen, so gilt die Anordnung des zuletzt verstorbenen Elternteils.**
[II] Auf die Ausschließung sind die Vorschriften des § 1777 anzuwenden.

1   **1)** Vgl zunächst § 1781 Rn 1. Das AusschließgsR ist Ausfl der elt Sorge. Zum Kreis der **Ausschließungs-berechtigten:** §§ 1776 Rn 3, 1777 Rn 1.

2) Die **Ausschließung erfolgt, II,** mittels letztw Vfg (§ 1777 Rn 2) dch Bezeichng best Pers; mögl aber **2** Ermittlg des Ausgeschlossenen dch TestAusslegg (BayObLG NJW **61**, 1865). Unzul die Ausschl ganzer PersKlassen od der AmtsVormdsch (str). Bei widersprechenden AO, **I 2:** § 1776 Rn 4. **Wirkung** der **3** Ausschl: Übergeng; bei Hinzufügg eines unrichtigen Grd Prüfg, ob bei richtiger Kenntn Ausschl erfolgt wäre. Abweichg dch VormschG nur, wenn der Ausschl mit MdlInteresse unvereinb (BayObLG NJW **61**, 1865). BeschwR wg Schutzzweck v § 1782 nur wg Gefährdg des MdlInteresses (§ 1886; FGG 57 I Nr 9).

1783 *Frau als Vormund*   (*Zustimmung des Ehemannes; aufgeh.*)

1784 *Beamter oder Religionsdiener als Vormund.* **¹ Ein Beamter oder Religionsdiener, der nach den Landesgesetzen einer besonderen Erlaubnis zur Übernahme einer Vormundschaft bedarf, soll nicht ohne die vorgeschriebene Erlaubnis zum Vormunde bestellt werden.**

II Diese Erlaubnis darf nur versagt werden, wenn ein wichtiger dienstlicher Grund vorliegt.

1) Vgl zunächst § 1781 Rn 1. Lit: Kröger SchlHA **92**, 85. **Grund:** Gefahr der Beeinträchtigg dienstlicher **1** Interessen. Kein R des Beamt, vor Versagg der Erlaubn die Übern der Vormsch abzulehnen. Bei Versagg od Zurückn der Erlaubn: § 1888.

2) Die **Genehmigung regeln** das BRRG 42 I iVm den BeamtG der Länder; BBG 65, wonach Gen nur **2** versagt w darf bei Beeinträchtiggsgefahr für dienstl Leistgen, Unparteilichk, Unbefangenh od and dienstl Interessen. Für Religionsdiener gilt innerkirchl R; zumeist Verweisg auf BeamtR.

1785 *Übernahmepflicht.* **Jeder Deutsche hat die Vormundschaft, für die er von dem Vormundschaftsgericht ausgewählt wird, zu übernehmen, sofern nicht seiner Bestellung zum Vormund einer der in den §§ 1780 bis 1784 bestimmten Gründe entgegensteht.**

1) Übernahmeverpflichtung. Jeder Deutsche (GG 116 I) ist zur Übern der Vormsch verpfl, wenn er **1** vom VormschG ausgewählt ist, allerd vorbehaltl einer Ablehng n § 1786. Die Berufg (§ 1776) als solche reicht nicht; bei Verzicht sind zunächst die weiter Berufenen zu bestellen, soweit nicht § 1778 entggsteht. Bei ungerechtfert Weiger der Übern: OrdngsStrafen (§ 1788) u SchadErs (§ 1787 I). Ein Verein kann nur mit seiner Einwilligg best w (§ 1791a I 2). Das JA kann sich als subsidiärer Vormd der Übern überh nicht entziehen (§ 1791b Rn 1). Gg die Vfg, dch welche die Weiger zurückgewiesen w, sofort Beschw (FGG 60 I Nr 2), die allerd nicht auf mangelnde Eigng (§ 1779 II) gestützt w kann (§ 1779 Rn 10).

2) Keine Verpflichtung zur Übernahme, für **a)** Ausländer, auch nicht bei gleicher Staatsangehörigk **2** wie Mdl. Hat ein Ausl die Vormsch übern, ist die AuslEigensch kein EntlassgsGrd (KGJ **37** A 63); **b)** die **3** gem §§ 1780–84 Unfäh u Untaugl; **c)** die zur Ablehng Berecht (§ 1786). **4**

1786 *Ablehnungsrecht.* **¹ Die Übernahme der Vormundschaft kann ablehnen:**

1. **ein Elternteil, welcher zwei oder mehr noch nicht schulpflichtige Kinder überwiegend betreut oder glaubhaft macht, daß die ihm obliegende Fürsorge für die Familie die Ausübung des Amtes dauernd besonders erschwert;**

2. **wer das sechzigste Lebensjahr vollendet hat;**

3. **wem die Sorge für die Person oder das Vermögen von mehr als drei minderjährigen Kindern zusteht;**

4. **wer durch Krankheit oder durch Gebrechen verhindert ist, die Vormundschaft ordnungsmäßig zu führen;**

5. **wer wegen Entfernung seines Wohnsitzes von dem Sitze des Vormundschaftsgerichts die Vormundschaft nicht ohne besondere Belästigung führen kann;**

6. **(Aufgehoben durch BtG Art 1 Nr 29b)**

7. **wer mit einem anderen zur gemeinschaftlichen Führung der Vormundschaft bestellt werden soll;**

8. **wer mehr als eine Vormundschaft, Betreuung oder Pflegschaft führt; die Vormundschaft oder Pflegschaft über mehrere Geschwister gilt nur als eine; die Führung von zwei Gegenvormundschaften steht der Führung einer Vormundschaft gleich.**

II Das Ablehnungsrecht erlischt, wenn es nicht vor der Bestellung bei dem Vormundschaftsgerichte geltend gemacht wird.

1) Ablehnungsgründe für die Übern einer Vormdsch zusätzl zu Unfähgk u Untauglk (§§ 1780–1784) u **1** Mangel dtscher Staatsangehörgk (§ 1785 Rn 2). Abschließde Aufzähl (Paderb DAV **74**, 404; aA LG Bielef NJW-RR **88**, 713; unbillige Beeinträchtigg der Interessen des Vormds). Der AblehngsGrd muß vor der Bestellg (§ 1789) beim VormschG geltd gemacht w, **II.** Nur in diesen Grenzen sofort Beschw (FGG 60 I Nr 2). Trotz BeschwR Verpflichtg zur vorl Übern der Vormsch (§ 1787 II). Tritt nach Bestellg ein AblehngsGrd ein, so muß der Vormd auf seinen Antr entlassen w (§ 1889). Keine Anwendg v § 1786 auf VereinsVormd (§ 1791a) u AmtsVormd (KGJ **35** A 19).

2   **2) Die einzelnen Fälle, I: Nr 1:** Jeder EltT, gleichgült ob ledig, verh, verwitwet od gesch. – **Nr 2:** Vollendg des 60. LebJ. – **Nr 3:** Mind 4 lebde, mj, ggf angenommene Kinder, gleichgült ob ehel od nehel. Kein AblehngsR bei SorgeREntzug zB iF von § 1671. – **Nr 4:** Krankh (§ 616 Anm 3a aa) u Gebrechen (§ 1910 Rn 3). – **Nr 5:** Bes Belästigg kann auch bei Wohns des Vormd im GerBezirk gegeben s, anderers aber auch bei Wohns in einem and GerBez nicht, zB wenn im wesentl schriftl zu berichten ist (KG Recht **16**, 1153) od bei geringer Entferng (BayObLG **6**, 169). – **Nr 6** betraf § 1844. – **Nr 7:** § 1797 I, aber nicht II. – **Nr 8:** Keine Begrenzg der Zahl der Vormschaften, so daß **Sammelvormundschaft** zul (KGJ **38** A 34); aber AblehngsR bei ZusTreffen mehrerer Vormdsch, Betr od Pflegsch. Vgl auch §§ 1690 II 1, 1691 I.

1787 *Folgen der unbegründeten Ablehnung.* [I] Wer die Übernahme der Vormundschaft ohne Grund ablehnt, ist, wenn ihm ein Verschulden zur Last fällt, für den Schaden verantwortlich, der dem Mündel dadurch entsteht, daß sich die Bestellung des Vormundes verzögert.

[II] Erklärt das Vormundschaftsgericht die Ablehnung für unbegründet, so hat der Ablehnende, unbeschadet der ihm zustehenden Rechtsmittel, die Vormundschaft auf Erfordern des Vormundschaftsgerichts vorläufig zu übernehmen.

1   **Unbegründete Ablehnung, I.** Währd § 1785 die öffrechtl Pfl zur Übern der Vormsch enthält, ist n § 1787 der Vormd dem Mdl ggü privatrechtl schadersatzpflichtig, wenn er ohne Grd (§ 1786 Rn 1) unter Verschulden (§ 276) die Übern der Vormsch ablehnt od verzögert. Der SchadErsAnspr wird nicht dadch ausgeschl, daß das VormschG selbst AO treffen, insb einen Pfleger best konnte (§§ 1846, 1909 III). Er richtet sich nur auf Ersatz des dch die verzögerte Bestellg entstandenen Schadens, einschließl der dch die Weigerg entstandenen Kosten. Das ProzGer entscheidet darüber, ob eine ÜbernVerpfl bestand, ohne Bindg an die Entsch des VormschG. Verjährg 30 J, da keine unerl Hdlg. Gg die Verfügg, welche die ÜbernVerweigerg für unbegründet erkl, sofort Beschw (FGG 60 I Z 2). Ohne aufschiebde Wirkg (FGG 24). Auf **2** Verlangen des VormschG ist trotz Weigerg die Vormsch vorläuf zu übernehmen, **II.** Hiergg kein AblehngsR; also bei Weigerg SchadErsPfl n I auch bei begründeter Beschw. OrdngsStrafe gem § 1788. Wenn Beschw begründet, Entlassg.

1788 *Zwangsgeld.* [I] Das Vormundschaftsgericht kann den zum Vormund Ausgewählten durch Festsetzung von Zwangsgeld zur Übernahme der Vormundschaft anhalten.

[II] Die Zwangsgelder dürfen nur in Zwischenräumen von mindestens einer Woche festgesetzt werden. Mehr als drei Zwangsgelder dürfen nicht festgesetzt werden.

1   **Einziges Zwangsmittel,** also keine zwangsw Vorführg od Umwandlg in Haft. Vgl iü § 1837 Rn 20.

1789 *Bestellung.* Der Vormund wird von dem Vormundschaftsgerichte durch Verpflichtung zu treuer und gewissenhafter Führung der Vormundschaft bestellt. Die Verpflichtung soll mittels Handschlags an Eides Statt erfolgen.

1   **1) Die Bestellung** (Lit: Goerke Rpfleger **82**, 169) ist ein öffrechtl, in Gestalt v Beauftragg u (bei persönl Anwesenh) Übernahme **zweiseitiger Rechtsakt** (Erman-Holzhauer 1) dch den Rpfleger des zuständ VormschG (RpflG 3 I Z 2a). Auch iW der Rhilfe (Celle OLG **12**, 184). Der Vormd wird zu treuer u gewissenh Führg der Vormsch verpfl, **S 1.** Wortlaut unerhebl (BayObLG FamRZ **58**, 385). Aber keine Bestellg dch schlüss Verhalten, etwa dch Dulden der Betätigg wie ein Vormd, vS des VormschG (OGH NJW **49**, 64). Keine Vertretg bei der Bestellg, auch keine schriftl Best (KGJ **38** A 41); and bei Vereins- u **2** AmtsVormsch (§§ 1791a II; 1791b II). Wg fehlerh Bestellg: Einf 2 v § 1773. **Form:** Verpfl dch Handschlag, **S 2,** bloße SollVorschr. Als Ausweis erhält Vormd die BestallgUrk (§ 1791). Bestellg kein RGeschäft, also Bedingg od Zeitbestimmg (abgesehen v § 1790) unzul; ebso Anfechtg od Rücknahme. Vgl auch FGG 32. Entlassg nur, wenn Vorauss (§§ 1886ff) vorliegen, u nur mit Wirkg ex nunc.

3   **2) Wirkungen.** Mit der Bestellg, nicht erst mit Aushändigg der Bestallg (§ 1791), entstehen öff- u privatrechtl Pfl des Vormd (BVerfG **10**, 302), im Verhältn zum Mdl ein gesetzl Schuldverhältn (BGH **17**, 116), u ist der Vormd ges Vertreter (§ 1793 S 1). Soweit schriftl Bestellg (Rn 1), Wirksamwerden mit Zugang der Verpfl; bei ges AmtsVormsch: § 1791c. Wg weiterer Wirkgen: §§ 1786 II, 1797 I 2, 1908 II; FGG 51, 52; ZPO 661.

1790 *Bestellung unter Vorbehalt.* Bei der Bestellung des Vormundes kann die Entlassung für den Fall vorbehalten werden, daß ein bestimmtes Ereignis eintritt oder nicht eintritt.

1   Grdsätzl bleibt der Vormd im Amt, sol nicht ein gesetzl EntlassgsGrd vorliegt (§§ 1886ff). Eine Bestellg unter Zeitbestimmg oder Bedingg ist regelm unzul (§ 1789 Rn 2). Ausn hiervon bestehen für den berufenen Vormd (§ 1777 Rn 2), ferner nach § 1790, hier aber nur insof, als Entlassg für den Fall des Eintritts oder NichtEintr eines best Ereign, zB der Abwicklg eines großen Geschäfts, für das im MitVormd bestellt war (§ 1797 II), vorbehalten war. Auch dann aber stets Fortbestehen der Vormsch bis zur Entlassg. Ohne Vorbehalt ist Entlassg geboten iF des § 1777 Rn 2 u der grundlosen Übergeh eines Berufenen, wenn rechtzeitig Beschw eingelegt ist (§ 1778 Rn 1), des Wegfalls der vorübergehden Behinderg des berufenen Vormd (§ 1778 II), der Auswahl eines ungeeigneten Vormd (§ 1779 Rn 10), eines n § 1782 ausgeschl Vormd (BayObLG NJW **61**, 1865).

1791 *Bestallungsurkunde.* ¹ Der Vormund erhält eine Bestallung.
ᴵᴵ Die Bestallung soll enthalten den Namen und die Zeit der Geburt des Mündels, die Namen des Vormundes, des Gegenvormundes und der Mitvormünder sowie im Falle der Teilung der Vormundschaft die Art der Teilung.

1) Die **Bestallungsurkunde bescheinigt** ledigl, daß die darin bezeichnete Pers als Vormd bestellt ist, hat **1** also nicht die Wirkgen zG Dritter wie der Erbschein u die Vollm. § 174 unanwendb (RG **74**, 263). Für den Wirkgskreis des Vormd ist nur die VerpflVerhandlg (§ 1789 Rn 1) maßgebd (KGJ **41**, 38). Der Dr muß also von sich aus prüfen, ob die Angaben der Urk noch zutreffen. Er hat desh ein R auf Auskft dch das VormschG u bei glaubh gemachtem Interesse auf Einsicht der VormschAkten (FGG 34). Bei Entlassg des Vormd ist die Urk zurückzufordern (§ 1893 II); bei Ändergen zu berichtigen (§ 1881 II). Der VormschRichter (RPfleger iF RPflG 3 I 2a) haftet für unricht Angaben in der Urk gem § 839. Bei Vereins- sowie bestellter u ges AmtsVormsch ist § 1791 unanwendb (§§ 1791a II, 1791b II, 1791c III).

2) **Inhalt der Bestallungsurkunde, II.** Außer dem Inhalt aus II weitere Angaben mögl, auch zweckm, **2** wie zB Befreiungen, bei deren unvollständiger Angabe Vormd BeschwR hat (KGJ **45**, 66), ferner Entziehg der Vertretgmacht (§ 1796).

1791a *Vereinsvormundschaft.* ¹ **Ein rechtsfähiger Verein kann zum Vormund bestellt werden, wenn er vom Landesjugendamt hierzu für geeignet erklärt worden ist. Der Verein darf nur zum Vormund bestellt werden, wenn eine als Einzelvormund geeignete Person nicht vorhanden ist oder wenn er nach § 1776 als Vormund berufen ist; die Bestellung bedarf der Einwilligung des Vereins.**
ᴵᴵ Die Bestellung erfolgt durch schriftliche Verfügung des Vormundschaftsgerichts; die §§ 1789, 1791 sind nicht anzuwenden.
ᴵᴵᴵ Der Verein bedient sich bei der Führung der Vormundschaft einzelner seiner Mitglieder oder Mitarbeiter; eine Person, die den Mündel in einem Heim des Vereins als Erzieher betreut, darf die Aufgaben des Vormunds nicht ausüben. Für ein Verschulden des Mitglieds oder des Mitarbeiters ist der Verein dem Mündel in gleicher Weise verantwortlich wie für ein Verschulden eines verfassungsmäßig berufenen Vertreters.
ᴵⱽ Will das Vormundschaftsgericht neben dem Verein einen Mitvormund oder will es einen Gegenvormund bestellen, so soll es vor der Entscheidung den Verein hören.

1) **Träger der Vormundschaft.** Das BGB geht von der **Einzelvormundschaft** aus, kennt daneben **1** aber die in der Prax inzw viel bedeutsamere **Vereins- und Amtsvormundschaft** (SGB VIII 54, 55; Einf 48 v § 1626). Diese dürfen nur angeordn w, wenn die jew vorher genannte Art der Vormsch im Gesetz steht (Zweibr ZfJ **87**, 300). AmtsVormsch ist entwed bestellte (§ 1791b) od gesetzl (§ 1791c). Für alle Arten gilt mangels abweichender Bestimmgen das BGB (SGB VIII 56 I). Demgem Vereins- u AmtsVormsch auch über Vollj (§ 1897) u bei der Pflegsch (§ 1915). Zur Betr vgl § 1900. Für die AmtsVormsch u AmtsPflegsch gelten ebso wie für die Beistandsch u GgVormsch des JA bundes- u landesgesetzl **Befreiungen** (SGB VIII 56 II, 58).

2) **Voraussetzungen der Bestellung eines Vereins zum Vormund. a)** Es muß sich um einen **rechts-** **2** **fähigen Verein** (§§ 21ff), nicht öff Körpersch, handeln, der sich der JugWohlfahrt widmet (zB Wohlfahrtsvereine, kirchl Vereine, Innere Mission) und der im Ztpkt der Bestellg vom LJA (SGB VIII 54) für eine solche Tätigk als geeignet erkl ist, **I 1.** Vgl iü SGB VIII 73ff. Gg Ablehng Verf vor VerwG. – **b) Fehlen** **3** einer als **Einzelvormund** geeign Pers, **I 2 Halbs 1** (1. Altern). Ausnahme: Berufg des Vereins (§ 1776 Rn 1 aE); Übergehen dann nur n § 1778. – **c)** Antr des Vereins nicht erfdl, da er seine Bereitsch zur Übern v **4** Vormschaften allg erkl hat; die Best bedarf aber seiner **Einwilligung, I 2 Halbs 2.** – **d)** Will VormschG **5** neben dem Verein einen Mit- od GgVormd best, so muß der Verein **gehört** w, **IV,** um seine Bedenken geltd machen zu können. – **e)** Die Bestellg erfolgt (abweichd v §§ 1789, 1791) dch **schriftliche Verfügung** **6** des VormschG, **II.** – **f)** zum Vormd, MitVormd, GgVormd, Pfleger od Beistand. Eine **Beschränkung** der **7** Vormsch auf einzelne Gebiete nur noch in der Form mögl, daß der Verein als MitVormd mit best Wirkgskreis (§ 1797 II) best w, wofür Einwilligg des Vereins erfdl ist.

3) **Führung der Vormundschaft durch den Verein, III. a)** Der Verein bedient sich hierzu einzelner od **8** mehrerer Mitglieder: VorstandsMitgl, besonderer Vertreter (§ 30), gewöhnl Mitgl, denen er dch seine satzgsmäß Vertreter sämtliche VormschObliegenheiten überträgt. Es besteht eine Pfl zur Übertragg. Unzul ist die Heranziehg solcher VereinsMitgl, die den Mdl in einem Heim des Vereins betreuen. – **b) Haftung** **9** des Vereins für ein Verschulden jedes Mitgl ggü dem Mdl n §§ 1833, 1915, 1691 jew wie nach § 31, **III 2.** Befreiung n §§ 1852 II, 1853, 1854 (§ 1857a). Zur Haftg des BetrVereins: Einf 15 v § 1896.

4) **Entlassung des Vereins** nach dem Prinzip der EinzelVormdsch (Rn 1), sobald ein geeign EinzVormd **10** vorh ist (§ 1887 I). Voraussetzgen: §§ 1887 II, 1889 II 1. Ferner Entlassg auf eig Antr bei wicht Grd (§ 1889 II 2). Entlassg dch Rpfleger (RPflG 3 Nr 2a). Der Verein hat die bei Bestellg erhaltene schriftl Vfg zurückzugeben (§ 1893 II).

1791b *Bestellte Amtsvormundschaft des Jugendamts.* ¹ **Ist eine als Einzelvormund geeignete Person nicht vorhanden, so kann auch das Jugendamt zum Vormund bestellt werden. Das Jugendamt kann von den Eltern des Mündels weder benannt noch ausgeschlossen werden.**

II Die Bestellung erfolgt durch schriftliche Verfügung des Vormundschaftsgerichts; die §§ 1789, 1791 sind nicht anzuwenden.

1   1) Vgl zunächst § 1791a Rn 1. Die **bestellte Amtsvormundschaft** soll dem Mdl die Erfahrg des JA, seine behördl Mittel bei Auffindg des Vaters u die Dchsetzg der UnterhZahlg sichern u gg and Schwierigkten schützen. **Ausübung** dadch, daß das JA die Aufgaben des Vormds einzelnen seiner Beamt od Angest überträgt (SGB VIII 55 II). Iü gelten §§ 1773 ff, SGB VIII 56. Auch hier bei Vorhandensein eines geeign EinzelVormds **Entlassung** des AmtsVormds (§§ 1887, 1889 II; SGB VIII 56 IV), unter Rückgabe der schriftl Vfg (§ 1893 II). Ersetzg dch EinzelVormd liegt regelmäß im Mdl-Interesse (BayObLG NJW **61**, 1117).

2/3   2) **Voraussetzungen der Bestellung. a)** Ehel wie nehel Kind unter den Vorauss des § 1773. – **b)** Es darf eine als EinzelVormd geeign Pers, dh eine solche, die bei gegebener Sachlage das Wohl des Mdls nachhalt wahrnehmen könnte (KG JFG **8**, 88; JW **38**, 32, 42), nicht vorh sein (Ffm ZfJ **71**, 182), was nach dem EinzFall, zB der Schwierigk der R- u VermLage, zu beurt ist u erst nach intensiven, aber ergebnisl Ermittlgen des VormschG verneint w darf (Ffm FamRZ **80**, 284; Stgt Just **82**, 158; LG Brem Rpfleger **73**, 431; LG Heilbr FamRZ **84**, 822). Ist geeign Pers vorh, so kann JA nicht best w (LG Bln DAV **74**, 403; Frankth DAV **76**, 343). Berücksichtigg des rel Bekenntn (§ 1779 II 2; § 1801 Rn 1). Es darf auch kein übernahmebereiter Verein vorh sein (§ 1791a Rn 1; aA Erman/Holzhauer 2). Haben die Elt eine ungeeign Pers berufen (§§ 1776, 1778) od fehlte die BenenngsBefugn (§ 1777), so trotzdem AmtsVormsch. Benenng wie Ausschließg des JA unzul, I 2. Die Geltdmachg v Pflegegeld verstößt nicht gg das Verbot v InsichProz (OVG Bln NJW **88**, 1931).

4   3) **Bestellung durch das Vormundschaftsgericht, II.** Das JA wird best als Vormd, GgVormd (§ 1792 I 2), Pfleger (§ 1915), auch NachlPfleger (LG Karlsr DAV **85**, 608), Beistand (§§ 1691 I, 1792); dagg kann dem JA selbst kein GgVormd best w (§ 1792 I 2). Als MitVormd kann das JA bestimmten Wirkgskreis zugewiesen bekommen (§ 1797 II), also für einzelne Re u Pfl best w. Zustdgk für die Bestellg FGG 36. ZustdgkBereich des JA zu beachten (SGB VIII 85 ff). Über dch schriftl Vfg des Rpflegers (RPflG 3 Nr 2a); §§ 1789, 1791 nicht anwendb. Fehlde Schriftlk unschädl (BayObLG **62**, 205). Etwa Übergangene haben sofort Beschw (FGG 60 Z 1); FrBeginn der Ztpkt der KenntnErlangg von der Best (KG JW **37**, 963). Beschw Angehöriger u Dr: FGG 57 I Z 9; des Mdl ab 14 J (FGG 59). Hebt BeschwGer die BestellgsVfg auf, bleibt JA noch solange Vormd, bis es entlassen ist (Hamm ZfJ **67**, 200).

1791 c *Gesetzliche Amtsvormundschaft des Jugendamts.* [1] Mit der Geburt eines nichtehelichen Kindes, das eines Vormunds bedarf, wird das Jugendamt Vormund, wenn das Kind seinen gewöhnlichen Aufenthalt im Geltungsbereich dieses Gesetzes hat; dies gilt nicht, wenn bereits vor der Geburt des Kindes ein Vormund bestellt ist. Ergibt sich erst später aus einer gerichtlichen Entscheidung, daß das Kind nichtehelich ist, und bedarf das Kind eines Vormunds, so wird das Jugendamt in dem Zeitpunkt Vormund, in dem die Entscheidung rechtskräftig wird.

II War das Jugendamt Pfleger eines nichtehelichen Kindes, endet die Pflegschaft kraft Gesetzes und bedarf das Kind eines Vormunds, so wird das Jugendamt Vormund, das bisher Pfleger war.

III Das Vormundschaftsgericht hat dem Jugendamt unverzüglich eine Bescheinigung über den Eintritt der Vormundschaft zu erteilen; § 1791 ist nicht anzuwenden.

1   1) Vgl zunächst § 1791a Rn 1. **Gesetzliche Amtsvormundschaft** hauptsächl dann, wenn die Mutter eines nehel Kindes bei dessen Geburt noch minderjähr ist (§§ 1705 Rn 5, 1706 Rn 1). Ehel Kinder können nicht unter gesetzl AmtsVormsch stehen; für sie nur bestellte AmtsVormsch (§ 1791 b) mögl. Das G kennt daneben auch die gesetzl AmtsPflegsch (§§ 1706, 1709; SGB VIII 55 I), auf die VormschR anzuwenden ist, soweit nicht

2   SGB VIII 55 f eine Regelg enthält (SGB VIII 56 I). Das VormschG (Zustdgk: Einf 66 v § 1626) hat dem JA unverzügl statt einer BestallgsUrk (§ 1791) eine **Bescheinigung** über den Eintr der Vormsch zu erteilen.

3   III. Wird die nehel Mutter vollj, wird das JA automat AmtsPfleger (§ 1710). **Entlassung** des JA als AmtsVormd gem §§ 1887, 1889 II, insb wenn ein geeign EinzelVormd vorh ist (§ 1791b Rn 1 u 4 aE). Wechsel in der Führg der AmtsVormsch nur gem SGB VIII 85 IV, V, 86 III usw (vgl KG FamRZ **88**, 321).

4   2) **Eintritt der gesetzlichen Amtsvormundschaft** des JA v Ges wg: **a)** mit der **Geburt eines nichtehelichen,** der Vormundschaft bedürftigen Kindes, I 1, (SGB VIII 55 I). AnzeigePfl des StAmts: SGB VIII 57; FGG 48. Das Ki bedarf eines Vormds ab Geburt, wenn die Mutter vor od in der Geburt gestorben ist bzw wenn ihre elterl Sorge inf GeschFähigkBeschrkg od PflegerBestellg wg körperl Gebrechen ruht

5   (§§ 1773, 1673); – **b)** wenn für ein bish als ehel geltdes Kind die **Nichtehelichkeit gerichtlich festgestellt** ist (§§ 1593, 1599) **mit der Rechtskraft** der Entsch, I 2. Vorauss auch hier, daß ein Vormsch erforderl ist, die Mutter also die elt Sorge nicht hat (§ 1706 Rn 1). Die Nehelk eines zunächst als ehel geltenden Kindes (§ 1591) kann sich auch dann ergeben, wenn der Mann für tot erklärt od sein TodesZtpkt festgestellt w, dieser u damit die Auflösg der Ehe aber weiter als 302 Tage vor der Geburt liegt (§ 1592 I). Lebt der Mann, fallen TotErkl u damit AmtsVormsch weg.

6   3) **Kein Eintritt der gesetzlichen Amtsvormundschaft,** wenn **a)** die **Mutter die elterliche Sorge**

7   hat (§ 1705 S 1) od **b)** wenn bereits **vor der Geburt ein Vormund bestellt** w ist (§ 1774 S 2), **I 1 Halbs 2.** § 1791c gilt auch dann nicht, wenn der Mutter das SorgeR bereits vor EhelkAnfechtg gem §§ 1680 I 2 u II 2, 1671 V entzogen w war (LG Nürnb DAV **76**, 592; AG Lörrach DAV **82**, 293).

8   4) **Umwandlung der Pflegschaft in gesetzliche Amtsvormundschaft, II** (§ 1709 Rn 13). Wenn die Pflegsch des JA über ein nehel Kind (§§ 1706, 1709 S 1) endet, was beim Tod od Eintr der GeschUnfähgk der Mutter, Ruhen der elt Sorge (KG FamRZ **72**, 44) od bei Entzug der elt Sorge (§ 1666) der Fall ist (Wiegel

FamRZ **70**, 456), u das Ki eines Vormds bedarf (§ 1773 I), so bleibt das Ki nicht ohne Schutz, sond das JA, das bish Pfleger war, wird automat Vormd. Wird der nehel Mutter ledigl das PersSorgeR entzogen, fällt dieses nicht ow dem AmtsPfleger zu; und aber bei Entziehg des SorgeR insges, weil dann gem § 1918 I die AmtsPflegsch des JA endet (LG Bln DAV **79**, 764).

1792 *Gegenvormund.* [1] Neben dem Vormunde kann ein Gegenvormund bestellt werden. Ist das Jugendamt Vormund, so kann kein Gegenvormund bestellt werden; das Jugendamt kann Gegenvormund sein.

[II] Ein Gegenvormund soll bestellt werden, wenn mit der Vormundschaft eine Vermögensverwaltung verbunden ist, es sei denn, daß die Verwaltung nicht erheblich oder daß die Vormundschaft von mehreren Vormündern gemeinschaftlich zu führen ist.

[III] Ist die Vormundschaft von mehreren Vormündern nicht gemeinschaftlich zu führen, so kann der eine Vormund zum Gegenvormund des anderen bestellt werden.

[IV] Auf die Berufung und Bestellung des Gegenvormunds sind die für die Begründung der Vormundschaft geltenden Vorschriften anzuwenden.

1) Gegenvormundschaft. Im Ggs zur **Mitvormundschaft,** bei der mehrere Vormünder die Geschäfte 1 gemschaftl od mit getrennten Wirkgskreisen führen (§§ 1775, 1797), ist es Aufgabe des GgVormds, ohne eig Verwaltgstätig den Vormd zu überwachen u ihn bei best Gesch dch Erteilg seiner Gen zu unterstützen (§§ 1799, 1809, 1823, 1813, 1826, 1842, 1891). Demgem soll ein MitVormd nur aus bes Grden (§ 1775), hingg kann ein GgVormd immer best w, I 1. Ausn: wenn JA Vormd ist, I 2. Vgl zur Mit- und **Gegenbe-** 2 **treuung:** § 1908 i Rn 10.

2) Ein GgVormd soll bestellt werden, wenn mit der Vormsch eine **Vermögensverwaltung** verbun- 3 den ist, **II, außer wenn: a)** diese **nicht erheblich** ist, was das VormschG nach fr Ermessen festzustellen h. 4 Ein gr Vermögen bringt nicht immer eine erhebl VermVerw (BayObLG **14**, 212); auch die GenBedürftigk einzelner Gesch macht GgVormd nicht unbedingt erfdl (§§ 1810, 1812), wohl aber die Verrechng fortlaufder Einnahmen u Ausg in größ Umfg; – **b)** bei **Mitvormundschaft** (§ 1797 I), da dann eine genügde 5 Überwachg vorh, es sei denn, die WirkgsKr sind aufgeteilt (§ 1797 II). Dann kann jeder zum GgVormd des and gemacht w, **III; – c)** wenn die Best eines GgVormds dch die Elt **letztwillig ausgeschlossen** w ist 6 (§§ 1852 I, 1855, 1856); – **d)** wenn **Amtsvormundschaft** eintritt, I 2. Dagg GgVormd bei Vereins- 7 Vormsch mögl (§ 1791 a IV), wie auch der Verein GgVormd sein k. Wird JA zum GgVormd eingesetzt: SGB VIII 58.

3) Berufung und Bestellung erfolgen gem §§ 1776–1791, **IV.** Ausschließg bestimmter Pers dch die Elt 8 (§ 1782) mögl (str). Freundsch (KG OLG **43**, 380) od Verwandtsch (KG DJZ **13**, 236) mit dem Vormd steht Best als GgVormd nicht entgg. JA macht Vorschläge (SGB VIII 53 I u IV), kann auch selbst GgVormd w, 9 I 2. RPfl-Entsch (RPflG 3 Nr 2a). R zur sof Beschw: wer als GgVormd grdlos übergangen u wessen Weigerg zurückgewiesen worden ist (FGG 60 I Nr 1 u 2); Vormd u Dr nur nach FGG 57 I Nr 9, aber nicht Nr 1.

II. Führung der Vormundschaft

Einführung

1) Selbständigkeitsprinzip. Die Tätigk des Vormds umfaßt grdsl die Personen- u VermSorge, ein- 1 schließl der Vertretg des Mdls auf beiden Gebieten (§ 1793 Rn 1). Er hat die Vormsch selbständ zu führen (Stgt FamRZ **81**, 99; BayObLG DAV **85**, 582/6). Das VormschG hat nicht die Befugn, ihn in Fragen, die der Entsch des Vormds unterliegen, mit bindenden Anweisgn zu versehen (BayObLG JW **27**, 1217). Seine Selbständigk ist aber **in doppelter Hinsicht eingeschränkt:** 2

a) Er ist **allgemein** dch das G verpfl, bei seiner Tätigk gewisse Richtl einzuhalten, die darauf hinauslau- 3 fen, den Mdl vor Schaden dch schlechte od ungetreue Verw zu bewahren. Dem dienen die Vorschr über die Anlegg des MdlVermögens (§§ 1806 ff), die Einschrkg seiner freien Vfgsbefugn dch notw Mitwirkg des GgVormds (§§ 1810, 1812 ff) u der Zwang, die Gen des VormschG einzuholen (§§ 1821 ff; 1828 ff). Tatsächl ist der Vormd also bei allen wicht Geschäften in seinem Handeln stark eingeengt.

b) Im Interesse des Mdl kann aber das VormschG im **konkreten** Fall die dch G bestehenden Grenzen f 4 das selbständ Handeln des Vormd noch enger ziehen (§§ 1818 f; 1837, 1844). Es kann aus bes Grden den Vormd auch freier stellen (§ 1817). Auch der VermZuwender kann nach beiden Richtgen AnOen treffen, die zur Dchführg kommen, soweit sie dem Mdl-Interesse nicht schädl sind (§ 1803 II).

2) Beschränkung des Wirkungskreises. Abgesehen vom Verbot der Schenkg aus dem MdlVermögen u 5 dessen Verwendg zu eig Zwecken (§§ 1804 f) können dem Vormd bestimmte TätigkGebiete entzogen w (§§ 1796, 1801), was auch dch einen VermZuwender geschehen k (§ 1803), u ist die Vertretg des Mdl dch den Vormd bei Interessenwiderstreit gesetzl ausgeschl (§ 1795). Insof ist dann die Tätigk des Vormd ausgeschaltet (§§ 1794, 1909 I 2).

3) Haftung. Für seine Tätigk ist der Vormd bei Verschulden verantwortl, haftet dem Mdl also auf 6 SchadErs (§ 1833). Umgek bestehen aber auch **Pflichten des Mündels** auf Auslagenerstattg (§ 1835) u evtl Vergütg (§ 1836). Außerd uU §§ 1618a, 1619 analog.

1793 *Aufgaben des Vormunds.* **Der Vormund hat das Recht und die Pflicht, für die Person und das Vermögen des Mündels zu sorgen, insbesondere den Mündel zu vertreten. § 1626 Abs. 2 gilt entsprechend.**

1 **1) Inhalt:** Wie die elterl Sorge (§ 1626 Rn 12) umfaßt die Vormsch die Sorge für die persönl u die VermAngelegenhten des Mdl sowie seine gesetzl Vertretg darin. Der Vormd übt seine Tätigk in eig Verantwortg u grdsätzl selbständ aus. Wg der Beschränkgen Einl 3 v § 1773, Grdz v § 1793 sowie unten Rn 7–
2 13. Oberster Grdsatz ist die Wahrg des wohlverstandenen Mündelinteresses. Der Vormd wird **unterstützt** dch das JA (SGB VIII 53 II). Ein R auf **Akteneinsicht** bei JA-Vormsch nur bei berecht Interesse u falls nicht bes Geheimhaltg entggsteht (OVG Hbg NJW **79**, 1219).

3 **2) Die Sorge für den Mündel.**
4 **a)** Die **Personensorge** regeln §§ 1800, 1801. Daneben kann die der Elt bestehen (§§ 1673 II 2, 1679 I 3, 1680); auch kann sie diesen, insbes der nehel Mutter, zustehen u der Vormd auf der Vertretg in persönl Angelegenh des Mdl beschrkt sein (§ 1673 II 3). Bei Verheirat des mj Mdl § 1633. Das JA berät u unterstützt den Vormd (§ 1851), bes bei Erziehgsbeistandsch (Rn 4 im Anh §§ 1666, 1666a). Der **Erziehungsstil** entspricht demj der Elt, **S 2**, insb hat auch der Vormd der Reifg des Kindes Rechng zu tragen (§ 1626 Rn 20) u entwürdigende ErzMaßn zu unterlassen (§ 1631 II).

5 **b)** Zur **Vermögenssorge** (Lit: Möhring/Beisswingert/Klingelhöffer, VermVerw in Vormsch- u Nachl-Sa, 7. Aufl 1992) enthalten die §§ 1802–1842 nähere Vorschr. Steht ein Eheg unter Vormsch, hat der Vormd die VermSorge nur unter Berücks der Rechte des and Eheg (§§ 1364ff, Grdz v § 1414, §§ 1422, 1417, 1418), was entgg § 1814 auch bei InhPapieren gilt. Fällt bei GütGemsch der verwaltde Eheg unter Vormsch, gilt § 1436; haben beide Eheg die Verw, gilt § 1458. Erfaßt TestVollstrg die ererbten Rechte des Mdl, ist Vormd von der Verw ausgeschl (RG **106**, 187). Mit diesen Einschrkgen hat Vormd das Verm in Besitz zu nehmen. Verweigert Mdl die Herausg, so keine Kl gg ihn, sond VormschG hat GVz mit der Wegnahme zu beauftragen (Dresd SeuffA **67**, 136). Der Vormd wird unmittelbarer, der Mdl mittelb Besitzer. Der Vormd muß MdlVerm möglichst erhalten u vermehren (§ 1833 Rn 2, 3), kann den Stamm aber unter Beachtg der §§ 1812ff, 1821ff auch angreifen, wenn es zur Bestreitg v Erziehg od Unterh erforderl ist (BayObLG JW **23**, 517). Zur VermVerw gehören soweit erfdl auch Buchführg, Abgabe v SteuerErkl u dgl. Ein AmtsVormd ist ggwärt grdsl nicht zum Abschl einer HaftPflVers f den Mdl verpfl, sofern nicht bes Umstde vorliegen (BGH **77**, 224).

6 **3)** In der **gesetzlichen Vertretung** ist der Vormd grdsl unbeschränkt. Er kann also im Namen des Mdl RGeschäfte vornehmen, auch solche, zu denen der Mdl selbst fäh ist (§ 107); Prozesse führen; auch RMittel der freiw Gerichtsbark einlegen bei iü selbständ BeschwR des Mdl (FGG 59); StrafAntr stellen (StGB 77 III) usw. Sterilisation: § 1631c. Aufgabe des Vormd ist ferner die Erteilg der Gen als ges Vertr, was der Sache nach keine Vertr ist sond unmittelb Vertr (vgl aber § 1791 Rn 1) Erklären im Namen des Mdl abgibt, treten die Wirkgen für u gg den Mdl unmittelb ein (§§ 164 I 1, 1793 S 1). Soweit sich das mit dem MdlInteresse verträgt, kann der Vormd allerd auch für den Mdl im eig Na handeln. Bei erkanntem od erkennb Mißbr der VertrMacht kann der Dr sich auf diese nicht berufen (RG **75**, 301). Bei AmtsVormsch hat das JA die Ausübg der vormschaftl Obliegenheiten einem Beamt od Angest zu übertragen; dieser ist im übertrag Umfg vertretgsbefugt (SGB VIII 55 II). Ebso bei VereinsVormsch (§ 1791a III).

7 **4) Beschränkungen der Vertretungsmacht: a)** Bei höchstpersönl Rechtsakten, zB EheG 13; zur Eheschl aber Einwiligg des Vormds erfdl, die auf Antr des Mdl dch das VormschG ersetzt w kann (EheG 3). –
8/9 **b)** Soweit Mdl unbeschränkt geschäftsfäh ist (§§ 112, 113). – **c)** Auf Grd gesetzl Ausschlusses der Vertretgsmacht bei Interessenwiderstreit (§ 1795); bei MitVormd mit verschiedenen Wirkgskreisen (§ 1797 II); ferner bei dem Vormd verbotenen Geschäften wie dem der Schenkg (§ 1804), od solchen, die für den Mj in der
10 beabsichtigten Art ausscheiden wie Wettbewerbsklauseln (HGB 74a II 2, 75d). – **d)** Soweit einzelne Rechte u Pfl des Vormd dem JA übertragen sind (§ 1851 Abs 4) ein Pfleger bestellt od die Vertretg dem Vormd
11 entzogen ist (§§ 1794, 1796, 1801). – **e)** Falls die Gen des GgVormd od VormschG erfdl ist (§§ 1809ff, 1821f). –
12/13 **f)** Soweit die Gen od Zust dch das VormschG ersetzt w kann (§ 113; EheG 3 III). – **g)** Bei der Ausübg der PersSorge, insb für den Abschl v Dienst- u Lehrverträgen iR einer Hilfe zur Erziehg (SGB VIII 38).

14 **5) Unübertragbarkeit.** Die Vormsch als solche ist nicht übertragb u damit auch die vormschaftl Tätigk in allen Angelegenh, die den persönl Einfluß des Vormd fordern, nicht. Soweit das nicht der Fall ist, kann sich der Vormd Hilfspersonen bedienen, etwa zur Verwaltg eines Landguts (RG **76**, 185); Abwicklg einer NachlSache (BayObLG **14**, 213); Internat, Kinder- od KrankPflege. Ein insow Bevollmächtigter steht aber hins der Notwendigk der Gen des VormschG nicht freier als der Vormd. Zur Haftg Rn 17.

15 **6) Haftung**
16 **a) des Mündels für den Vormund.** Der Mdl wird aus RGeschäften des Vormd verpfl (Rn 6–13), u zwar auch **über die Zeit der Vormundschaft hinaus.** Jedoch kann in einer unnötigen Bindg des Mdl eine Pflichtwidrigk des Vormd liegen. Vgl iü § 1822. Eine vom Vormd erteilte Vollm erlischt nicht mit der VertrMacht des Vormd (KG JFG **1**, 313; RG HRR **29**, 1649). Mdl haftet außerd aus den vom Vormd abgeschlossenen Verträgen u vertragsähnl Verhältnissen gem §§ 278, 677ff, u zwar auch, wenn der Vormd bei VertrAbschl argl gehandelt h (RG **83**, 243); und wenn Gen des VormschG erfdl war u dieses von der argl Zusicherg nichts weiß (RG **99**, 72) od die erforderl Gen überhpt nicht od nicht für die Nebenabrede erteilt ist (RG **132**, 78). Dch unerl Hdlgen des Vormd wird der Mdl nicht verpfl (RG **121**, 118).

17 **b) des Vormunds.** Vgl § 1833. Die Übertragg vormschaftlicher Aufgaben auf Dr (Rn 14) erfolgt auf eig Verantwortg des Vormds. Dieser haftet, falls die Bevollmächtigg od Verwendg der HilfsPers unzul ist, für jeden Schaden, gleichgült, ob den Bevollm od die HilfsPers ein Verschulden trifft; bei Zulässigk der Bevollmächtigg hingg nur für Auswahl, Unterweisg u Beaufsichtigg des Dr (RG **76**, 185).

1794 *Beschränkung durch Pflegschaft.* **Das Recht und die Pflicht des Vormundes, für die Person und das Vermögen des Mündels zu sorgen, erstreckt sich nicht auf Angelegenheiten des Mündels, für die ein Pfleger bestellt ist.**

Pflegerbestellung in den Fällen der §§ 1795, 1796, 1801, 1909 I 2. Bei Hervortreten eines PflegschBe- **1** dürfn **Anzeigepflicht** des Vormd: § 1909 II; des JA: SGB VIII 50 II u III, 53 III 3 u 5. Der Vormd ist (wie in § 1630 die Elt) im Wirkgskreis des Pflegers **nicht zur Vertretung befugt** (§ 1793 Rn 10); bei Zuwiderhandeln: §§ 177 ff. Im WirkgsKr des Pfleg steht dem Vormd auch kein BeschwR zu (vgl BGH NJW **56**, 1755); wohl aber wg der PflegBestellg. Bei **Meinungsverschiedenheiten** zw Pfleg u Vormd entscheidet entspr **2** §§ 1798, 1915 I der VormschRichter (RPflG 14 Z 5).

1795 *Gesetzlicher Ausschluß der Vertretungsmacht.* **ⁱ Der Vormund kann den Mündel nicht vertreten:**

1. **bei einem Rechtsgeschäfte zwischen seinem Ehegatten oder einem seiner Verwandten in gerader Linie einerseits und dem Mündel andererseits, es sei denn, daß das Rechtsgeschäft ausschließlich in der Erfüllung einer Verbindlichkeit besteht;**

2. **bei einem Rechtsgeschäfte, das die Übertragung oder Belastung einer durch Pfandrecht, Hypothek, Schiffshypothek oder Bürgschaft gesicherten Forderung des Mündels gegen den Vormund oder die Aufhebung oder Minderung dieser Sicherheit zum Gegenstande hat oder die Verpflichtung des Mündels zu einer solchen Übertragung, Belastung, Aufhebung oder Minderung begründet;**

3. **bei einem Rechtsstreite zwischen den in Nummer 1 bezeichneten Personen sowie bei einem Rechtsstreit über eine Angelegenheit der in Nummer 2 bezeichneten Art.**

II Die Vorschrift des § 181 bleibt unberührt.

1) Zweck: § 1796 Rn 1. Die Vorschr enthält eine wicht **Ergänzung zu § 181,** dessen Geltg dch II **1** sichergestellt wird. Eine nach § 181 unwirks Erkl des Betr (§ 1908 i Rn 9) kann nicht vormschgerichtl gen w (Oldbg BtPrax **93**, 142). Die zusätzl Vertretgsbeschränkgen für den Vormd ergeben sich aus I. § 1795 gilt n § 1629 II 1 auch für die **Eltern** (§ 1629 Rn 10), dagg sind bei der AmtsVormsch u -Pflegsch Ausn zul (SGB VIII 56 II 2).

2) Zunächst gilt auch für den Vormd § 181. Auch ihm ist damit grdsl das **Selbstkontrahieren verboten, 2** II, also ein Gesch zw sich u dem v ihm selbst vertretenen Mdl bzw zw letzterem u einem Dr, wobei beide dch den Vormd vertreten w.

a) Zum **Tatbestand** vgl zunächst § 181. Wesentl, daß Vormd auf beiden Seiten steht, zB Bevollmächtig- **3** ter od gesetzl Vertr der and Seite ist. Desh kann der GeschwisterVormd (§ 1775) nicht RGesch unter den Vertretenen selbst vornehmen (RG **67**, 61); auch nicht eine ErbAuseinandS, selbst wenn sie eine vorläuf od rechner (RG **93**, 334). Werden mj Ki zu Erben u ihr Vater als TestVollstr eingesetzt, bedarf es der Best eines Pflegers (Hamm FamRZ **93**, 1122). Ebso bei Schenkg eines BGB-GesAnt an den Mj, wenn der Vormd od sein Eheg Mitgesellsch ist (Hbg NJW-RR **94**, 1319). Unzul auch die Eintragg einer SichergsHyp zG eigener Fdgen des GebrechlkPfleg gg den Pflegebefohlenen (KG Rpfleger **78**, 105). Das VertrVerbot gilt auch für einseit RGesch wie Anfechtg, Kündigg, Zustimmg (Erman-Holzhauer 2) sowie f die Aufn in eine Gesellsch bzw Änderg des GesVertr (BGH NJW **61**, 724) iGgs zu bl GeschFührgsMaßn (§ 181 Anm 1). Vertretg aber zul, soweit die vertretenen Geschw auf einer Seite stehen u ihre Anteile auf and Miterben od Dr übertragen (KGJ **40**, 1; ferner RGesch, an denen der Vormd zugl im eig u im Namen des Mdl mit Dr abschließt (RG JW **12**, 790). Solche ParallelGesch vor allem bei StatusÄndergen, wie bei der Einbenenng n § 1618 (BayObLG FamRZ **77**, 409). Das **Jugendamt** als AmtsVormd kann dch eig Maßn Hilfe zur Erziehg gewähren (SGB VIII 27 ff) u braucht auch für Zwangsmaßn im R von ErzHilfe keinen Pfleger (vgl BayObLG NJW **62**, 964), wohl aber eine richterl Gen bei der Unterbringg (Einf 32 v § 1626); dagg nicht zur Anlegg v MdlGeld an der Körpersch, bei der das JA errichtet ist (§ 1805 S 2; SGB VIII 56 III).

b) Ausnahmen vom Verbot des Selbstkontrahierens mit der Wirkg sofortiger Wirksamk des **4** RGesch: – **aa)** wenn das RGesch ausschließl in der **Erfüllung einer Verbindlichkeit** besteht (§ 181), sei es **5** nun des Vormd gg den Mdl od umgek. Soweit aber zum ErfüllgsGesch die Gen des GgVormd od des VormschG erfdl ist, ist diese einzuholen. – **bb)** Die nach ehel **Güterrecht** erforderl Zust des and Eheg kann **6** der zum Vormd best Eheg (§ 1436) sich selbst erteilen; sie liegt in seiner Erkl dem Dr ggü (KG RJA **4**, 76). Bei gemeins Verw ohnehin AlleinVerw des gesunden Eheg (§ 1458). – **cc)** Im Ggs zu § 1796 ist es grdsl **7** gleichgült, ob ein **Interessengegensatz** tatsächl besteht. Aber Elt (vgl § 1629 Rn 10) u Vormd sind vertretgsbefugt, wenn das RGesch dem Ki bzw Mdl ledigl einen rechtl Vorteil bringt (BGH **59**, 236; zu § 1795 I Z 1: BGH NJW **75**, 1885 = FamRZ **75**, 480 mAv Schmidt). – **dd)** bei **Gestattung,** die auch dch das **8** VormschG erfolgen kann (Hübner, Interessenkonfl u VertrMacht, 1977, S 125 ff; Larenz AllgT § 30 II a; Erman-Holzhauer 6; aA BGH **21**, 234). Dagg keine allg Befreiung v den Beschrkgen des § 181 dch das VormschG (Hamm FamRZ **75**, 510).

3) Weitergehender Ausschluß der Vertretungsmacht, I. **9**

a) Nr 1–3: Es gilt das Rn 3 Gesagte, wobei die Funktion der Nr 1–3 ledigl darin besteht, das Verbot auf die **10** darin bezeichneten Pers zu erweitern. **Ehegatte** ist nicht der frühere Eheg (Düss NJW **65**, 400). **Verwandte** in gerader Linie: § 1589 Rn 2. Also nicht Verschwägerte (Hamm FamRZ **65**, 86); hier evtl Entziehg (§ 1796 II). Vertretgsmacht für reine ErfüllgsGesch, auch Aufrechng, gegeben; nicht aber f ErfüllgsSurrogate.

b) Nr 2: Verbot v InsichGesch für best Arten v Gesch. Bei der Hyp nicht erfdl, da sie auf dem Grdst des **11** Vormd ruht (KG RJA **3**, 50). Unzul auch Kündigg u Einziehg der HypFdg dch den Vormd, da mit die Erfüll die Fdg erlischt (KGJ **24** A 17); ferner Gen einer die persönl Schuld des Vormd aufhebden Schuld-

Übern (RG **68**, 37). Hingg ist der Erwerb einer Hyp an Grdst des Vormd f den Mdl zul. Nr 2 gilt auch für die SichergsHyp, die für künft ErsAnspr des Mdl gg den Vormd best ist; auch entspr anwendb f die Grdschuld, die dem Mdl an dem Grdst des Vormd zusteht (KG HRR **33**, 1589; aM Brschw JW **36**, 2937). Keine Ausn für reine ErfüllgsGesch (KG OLG **5**, 362; aA Gernhuber § 51 IV 3). Verbot gilt ferner f RegPfdR an Luftfahrz (LuftfzRG 98 II).

12　　**c) Nr 3:** Gilt für **Rechtsstreitigkeiten** der bezeichn Art (überfl wg entspr ausdehnender Auslegg v § 181; dort Anm 1 u BayObLG NJW **62**, 964); auch für die echten StreitVerf der Freiw Gerichtsbk, nicht aber f deren VerwVerf, also zB im ErbscheinsVerf (BayObLG NJW **61**, 2309) od f das JA bei Antr auf FE (Rn 3). **Ehelichkeitsanfechtung** (§ 1629 Rn 12) dch den Mann: Ausschl beider Elt wg GesamtVertreg (§§ 181, 1795 II); alleiniges SorgeR der Mutter: Ausschl n § 1795 I Nr 3 u 1. Anf dch das Ki (§ 1596): bei bestehder GesVertreg Ausschl beider Elt (§§ 181, 1795 II); bei AlleinVertr des Mannes Ausschl n §§ 181, 1795 II; nach Scheidg ist die alleinvertretgsberecht Mutter nicht ausgeschl (vgl aber § 1796 Rn 3). Ebso ledigl Prüfg v § 1796, ob dem Scheinvater Vertretg zu entziehen ist, um EhelkAnf zu betreiben (BGH NJW **75**, 345 ÜberleggPflegsch). Nr 3 gilt nicht für die Vorfrage, ob Proz überh anhäng gemacht w soll (Hamm Rpfleger **73**, 395: Unterhalt; BayObLG **63**, 578 u Ffm MDR **64**, 419: Pflichtt gg überlebden EltT; BGH NJW **75**, 345: EhelkAnf). Dann aber evtl § 1796 (Erman-Holzhauer 11).

13　　**4) Rechtsfolgen.** Zuwiderhandlgen machen das RGesch im allg nicht nichtig, sond nur schwebd un-wirks (§§ 177 ff). Es kann also dch einen zu bestellden Pfleger od den vollj gewordenen Mdl **genehmigt** w, u zwar sowohl bei I wie bei II (RG **71**, 163), dagg nicht vom Vormd selbst (BayObLG NJW **60**, 577). Bei fehlder ProzFührgsBefugn gilt Mdl als nicht vertreten (ZPO 56, 89, 579 Nr 4). **Keine Umdeutung** des Gesch in ein im eig Namen des Vormd zG des Mdl abgeschl (BGH FamRZ **62**, 464).

1796　*Entziehung der Vertretungsmacht.*　**I** Das Vormundschaftsgericht kann dem Vormunde die Vertretung für einzelne Angelegenheiten oder für einen bestimmten Kreis von Angelegenheiten entziehen.

II Die Entziehung soll nur erfolgen, wenn das Interesse des Mündels zu dem Interesse des Vormundes oder eines von diesem vertretenen Dritten oder einer der in § 1795 Nr. 1 bezeichneten Personen in erheblichem Gegensatze steht.

1　　**1) Zweck:** Schutz des Mdl vor den sich aus einem Interessenkonflikt des Vormd ergebden Gefahren (statt dch tatbestandl Einschrkg wie in § 1795) dch Einschaltg des VormschG. Muß Vorschr: Stellt das VormschG einen erhebl InteressenGgs fest, so hat es die Vertretg zu entziehen. Entspr anwendb auf AmtsVormd u sorgeberecht Elt (§ 1629 II 3). Tritt ein PflegschBedürfn ein, AnzeigePfl der Vormd (§ 1909 II).

2　　**2) Als Maßnahme** kommt nur die **Entziehung der Vertretungsmacht** in Betr, u zwar zeitweilig od dauernd u nur für einzelne oder einen best Kreis v Angelegenhten, **I;** dagg nicht (wie in §§ 1666 ff für die Elt vorgesehen) allgemein (KG JFG **15**, 234; KGJ **45**, 42). Reicht die auf diese Weise mögl Einschrkg der Tätigk des Vormds nicht aus, so Entlassg (§ 1886). Das VormschG hat daneben für die Angelegenh, von deren Besorgg der Vormd ausgeschl w, einen Pfleger zu bestellen (§ 1909 I 1), es sei denn, das Mdl-Interesse bleibt ohne die vom Vormd geplante Maßn ungefährdet (Erman-Holzhauer 6 mN).

3　　**3) Voraussetzung** für die Entziehg der Vertretgsmacht ist ein erhebl Ggsatz zw Mdl- und VormdsInteressen od denen eines vom Vormd ebenf vertretenen Dr, **II.** Vgl § 1629 Rn 21. Bei Religionsverschiedenh: § 1801. Keine Entziehg aus and Grden als §§ 1796, 1801. **Erheblicher Interessengegensatz:** Bl Meingsverschiedenh zw Vormd u VormschG über das Mdl-Interesse fallen nicht unter II (BayObLG JW **27**, 1217). Es muß das Interesse nur auf Kosten des and zu fördern sein (KGJ **29** A 24). Nicht genügd, wenn trotz mögl InteressenGgsatzes zu erwarten ist, daß Vormd iS des Mdl handeln w (KG DJ **38**, 427; Mü DFG **42**, 58); wohl aber, wenn mRücs auf den zu erwartenden InteressenGgs die Vornahme gewisser Hdlgen dch den Vormd verhindert w soll, auch wenn der Ggsatz noch nicht zutage getreten ist u ein Bedürfn zur Best eines Pflegers n § 1909 noch nicht vorliegt (BayObLG OLG **33**, 367). Bei **Ehelichkeitsanfechtung** (§ 1795 Rn 12) können die ggsätzl Interessen v Ki u Mutter zur Entziehg des VertretgsR führen (BGH NJW **72**, 1708; Weyer FamRZ **68**, 498). Hier hat das R auf Kenntn der eig Abstammg (Einf 2 v § 1591) keinen Vorrang, sond die Beibeh od Änd des Status muß am KiWohl bemessen w (Karlsr FamRZ **91**, 1337). Zur Geltdmachg eines **Pflichtteils** § 1629 Rn 21. Für § 1796 reicht das Verhältn des Vormds zu anderen als den in § 1795 I Nr 1 bezeichneten Pers aus, weil es nur auf die Interessengefährdg ankommt.

4　　**4) Verfahren.** RPflEntsch (RPflG 3 Nr 2a). Die Entziehg wird wirks dch Bekanntmachg des zu begründden (KG NJW **66**, 1320) Beschl an den Vormd (FGG 16). Dessen BeschwR: FGG 20 (KG OLG **65**, 237).

1797　*Mehrere Vormünder.*　**I** Mehrere Vormünder führen die Vormundschaft gemeinschaftlich. Bei einer Meinungsverschiedenheit entscheidet das Vormundschaftsgericht, sofern nicht bei der Bestellung ein anderes bestimmt wird.

II Das Vormundschaftsgericht kann die Führung der Vormundschaft unter mehrere Vormünder nach bestimmten Wirkungskreisen verteilen. Innerhalb des ihm überwiesenen Wirkungskreises führt jeder Vormund die Vormundschaft selbständig.

III Bestimmungen, die der Vater oder die Mutter für die Entscheidung von Meinungsverschiedenheiten zwischen den von ihnen benannten Vormündern und für die Verteilung der Geschäfte unter diese nach Maßgabe des § 1777 getroffen hat, sind von dem Vormundschaftsgerichte zu befolgen, sofern nicht ihre Befolgung das Interesse des Mündels gefährden würde.

1) Grdsätzl führen **Mitvormünder** (zu ihrer Bestellg § 1775) die Vormsch **gemeinschaftl, I 1.** 1 Stillschweigende Verteilg der GeschFührg unzul (Posen OLG **33,** 368); also **Gesamtvertretung;** fehlt die erforderl Mitwirkg, so §§ 177ff (RG **81,** 325). **Ausnahmen:** Zustellg an einen genügt (ZPO 171 III); selbständiges BeschwR (FGG 58); jeder kann seine Zust zur Abgabe der Vormsch an ein and Ger verweigern (FGG 46 II, 47 II). Die MitVormd haften als **Gesamtschuldner** für mitverschuldeten Schaden, auch bei Verletzg der AufsPfl (§ 1833 II), denn jeder ist zur Beaufsichtigg des and verpflichtet. Desh kann selbst die erhebl VermVerwaltgen von Bestellg eines GgVormd abgesehen w (§ 1792 II); ferner ist die Gen des VormschG für Anlegg von Geld u zur Vfg über KapitalVerm auch bei Fehlen eines GgVormd nicht erforderl (§§ 1810 S 2, 1812 III). Fällt ein Vormd weg, so führen die anderen die Vormsch weiter, falls bei GesVertretg noch zwei vorhanden sind; bei getrennten Wirkgskreisen, II, muß schleunigst ein neuer MitVormd für diesen Wirkgskreis bestellt w (§ 1791b Rn 4). Auch das JA kann zum MitVormd bestellt werden (§ 1791b Rn 4).

2) Teilung nach Wirkungskreisen, II. Kann vom MdlVater od MdlMutter angeordnet w (vgl Rn 5), 2 ebso durch das VormschG. Die Teilg kann in der Weise geschehen, daß - **a)** jeder einen bes Wirkgskreis hat, 3 zB Sorge für die Pers einerseits, für das Verm andererseits. Dann ist jeder nur für diesen vertretgs- u geschäftsführgsberechtigt, aber auch nur für ihn haftbar (Dresd OLG **36,** 212). Sein BeschwR bemißt sich nach seinem Wirkgskreis. Keine ggseitige AufsPfl. Es kann jedoch ein Vormd dem anderen zum GgVormd bestellt werden (§ 1792 III). - **b)** Ein Wirkgskreis wird einem Vormd zugeteilt, währd im übrigen die 4 GeschFührg allen gemeins zusteht (BayObLG **5,** 121). - Art der Teilg der Führg der Vormsch soll ebso wie Namen der MitVormd in der Bestallg vermerkt sein (§ 1791 II).

3) Bestimmungen des Vaters oder der Mutter, III, sind nur unter den sachl Voraussetzgen u in der 5 Form des § 1777 mögl. Bestimmt werden kann die Verteilg der Geschäfte u wie über Meingsverschiedenheiten entschieden w soll; vgl Rn 6. An diese Bestimmg ist das VormschG grdsätzl gebunden. Die Wirkgen treten aber nicht von selbst, sond erst mit der entspr Bestellg durch VormschG ein. Wird MdlInteresse durch Bestimmg gefährdet, so ist VormschG an die Bestimmgen nicht gebunden.

4) Entscheidung von Meinungsverschiedenheiten, I 2. Hierüber können sowohl das VormschG bei 6 der Bestellg wie die III Genannten (vgl Rn 5) Bestimmg getroffen haben, zB MehrhBeschl. Ist das nicht geschehen, so entsch das VormschG, jedoch nur dadurch, daß es einer Meing beitritt (Dresd OLG **40,** 95), wogg Beschwerde namens des Mdl mögl. Durch den Beitritt wird Zust derer ersetzt, gg die es entscheidet (KG OLG **7,** 208). Es kann auch sämtl Ansichten verwerfen, so daß die Hdlg unterbleiben muß. Eine eigene selbständige Ansicht durchzuführen, würde dem Grds der Selbständigk des Vormd zuwiderlaufen. Hingg selbst Eingreifen des VormschG wg PflWidrigk des MitVormd iRv § 1837. RiEntsch (RPflG 14 I Nr 5). Wirksamw mit RKr (Bassenge/Herbst FGG 53 Anm 1a aa).

1798 *Meinungsverschiedenheiten.* **Steht die Sorge für die Person und die Sorge für das Vermögen des Mündels verschiedenen Vormündern zu, so entscheidet bei einer Meinungsverschiedenheit über die Vornahme einer sowohl die Person als das Vermögen des Mündels betreffenden Handlung das Vormundschaftsgericht.**

Vgl § 1628. Gilt nur, wenn keine abw Regelg gem § 1797 III. Aber auch bei mehreren Pflegern (§ 1915 I); 1 ferner für einen neben dem Vormd bestellten Pfleger, wenn die Wirkgskreise nach Pers- u VermSorge geschieden sind. Entspr anwendb auf Meingsverschiednheiten zw Vormd u Pfleger auf vermögensrechtl Gebiet (§ 1794 Rn 2). Wg der Entsch des VormschG: § 1797 Rn 6. Selbständ BeschwR (FGG 58 II).

1799 *Pflichten des Gegenvormundes.* **I Der Gegenvormund hat darauf zu achten, daß der Vormund die Vormundschaft pflichtmäßig führt. Er hat dem Vormundschaftsgerichte Pflichtwidrigkeiten des Vormundes sowie jeden Fall unverzüglich anzuzeigen, in welchem das Vormundschaftsgericht zum Einschreiten berufen ist, insbesondere den Tod des Vormundes oder den Eintritt eines anderen Umstandes, infolge dessen das Amt des Vormundes endigt oder die Entlassung des Vormundes erforderlich wird.**

II Der Vormund hat dem Gegenvormund auf Verlangen über die Führung der Vormundschaft Auskunft zu erteilen und die Einsicht der sich auf die Vormundschaft beziehenden Papiere zu gestatten.

Der GgVormd (Bestellg § 1792) ist **Aufsichtsorgan** bei sämtl dem Vormd obliegenden Angelegenhten, 1 nicht aber auch des neben dem Vormd eingesetzten Pflegers (§ 1794). Neben JA als Vormd kein GgVormd (§ 1792 I 2), wohl aber bei VereinsVormd (§ 1791a IV). JA kann GgVormd s (§ 1792 I 2). Leitender GesPkt bei Ausübg der **Rechte und Pflichten** ist die Wahrg des Mdl-Interesses (BGH NJW **56,** 789). Die Beaufsichtigg im einzelnen ist Sache des pflichtmäß Ermessens. Der Vormd hat dem GgVormd jederzeit Auskft zu erteilen u Einblick in die Unterlagen zu gestatten. Bei Amtsantritt hat er sich über den Stand der Verw u die sichere Anlage der Wertpapiere Kenntn zu verschaffen (RG **79,** 11). Mitwirkg bei der VermögensVerw, soweit es sich um Gesch handelt, die seiner Gen unterliegen (§§ 1809, 1810, 1812, 1813, 1824, 1832). Ferner Mitwirkg u Prüfg bei der Aufn des VermVerzeichn (§ 1802), bei der regelm JahresRechng (§ 1842) u Schlußrechng (§ 1892 I). Aber **kein Vertretungsrecht** des GgVormds, auch nicht bei Verhinderg des Vormds (KG RJA **4,** 74). Der GgVormd hat kein unmittelb EingriffsR; er kann nicht selbständ AnO treffen, sond muß, wenn Grd zum Einschreiten vorliegt (§ 1837 I), insb also bei Pflwidrigkten od wenn ein and Vormd od ein Pfleger bestellt w muß (§§ 1885ff, 1795f, 1909), dem VormschG unverzügl (§ 121) **Anzeige machen,** damit dieses gem § 1837 gg den Vormd eingreifen k. Auch ist der GgVormd zur **Auskunftserteilung** ggü dem VormschG verpfl (§§ 1839, 1891 II); wie er umgek vom VormschG angehört w muß (§§ 1826, 1836 II). Auch der GgVormd untersteht iR v § 1837 der Aufsicht u OrdngsStrafGewalt des VormschG. Für Pflwidrigk bei der Überwachg u Anzeige **haftet** er dem MdI n § 1833 I 2. **Beschwerderecht:** FGG 57 I Z 6 u 9.

1800 **Personensorge.** Das Recht und die Pflicht des Vormunds, für die Person des Mündels zu sorgen, bestimmen sich nach §§ 1631 bis 1633.

1   **1)** Schwergewicht der Vormsch liegt idR in der PersSorge. Das R des Vormd hat denselben Umfang wie das elterl SorgeR (§§ 1631–1633). Der Vormd übt dieses R **selbständig** aus. Allerd ist öfters Gen des VormschG erforderl (§§ 112, 1728 II, 1729). Außerd unterliegt er der Aufs des VormschG (§ 1837), der Überwachg dch GgVormd (§ 1799) u des JA (§ 1850). Bisweilen steht dem Vormd das PersSorgeR nur beschr zu (§ 1793 Rn 4). **Beschwerderecht:** Jeder bei berecht Interesse (FGG 57 I Z 9); Mdl selbst n FGG 59.

2   **2) Personensorge:** allg §§ 1626 Rn 13, 1631. Der Vormd hat AufsichtsPfl; R auf Herausg ggü jedem, der ihm Mdl widerrechtl vorenthält (KG OLG **2**, 450), das er im KlWege durchsetzen kann, auch der Amts-Vormd (Karlsr FamRZ **65**, 452), sofern das VormschG nicht von sich aus vorgeht (Kln NJW **52**, 547); Bekl hat nur Einwendg des RMißbr (§ 1632), der Dritte sich also nicht darauf berufen, daß er dch die Zurückbehaltg im Interesse des Kindes handele, worüber nur VormschG entscheidet (Donau NJW **68**, 1331). Vormd hat ferner das Recht, Mdl zu erziehen, Schule auszuwählen (KG OLG **7**, 422) u dessen Beruf zu bestimmen (vgl auch KG DFG **40**, 108). Den dafür notw Betrag hat er festzusetzen; dabei kann er erforderlichenf den Vermögensstamm angreifen (§ 1793 Rn 5). Geschieht dies in übermäß Weise, so Einschreiten des VormschG (§ 1837), aber keine Festsetzg des Betrags dch dieses von vornherein (KG RJA **1**, 178). Vormd kann Mdl auch selbst erziehen. Falls er ihn als Lehrling annehmen will, Pflegerbestellg erforderl. Vormd hat selbstd den Aufenth zu bestimmen (KG OLG **12**, 346), wobei seine Zustimmg auf den Ztpkt des tatsächl Wohnsitzwechsels zurückwirkt (BayObLG FamRZ **81**, 400). Wenn f Mdl daraus Nachteile entstehen können, braucht er ihn auch den Verwandten nicht zu nennen (KG OLG **40**, 99). Er kann geeignete Erziehgsmaßregeln anwenden. Bei diesen hat VormschG in geeigneter Weise zu unterstützen (§ 1631 III), zB Ersuchen an die Polizei um zwangsw Zurückführg des Mdl oRücks auf dem Staat etwa entstehe Kosten. Vormd kann auch das DienstVerhältn kündigen (BayObLG SeuffA **56**, 95). Bei nehel Kindern hat auch Vormd, sofern ein solcher an Stelle eines Pflegers tät ist (§ 1706 Rn 1), regelm das JA (§ 1791 c), den Erzeuger, erforderlichenf im Prozeßwege (ZPO 641), festzustellen, auch dafür zu sorgen, daß Unterh gezahlt w (ZPO 642); desgl wenn der Regelbedarf erhöht w f Neufestsetzg des RegelUnterh (ZPO 642 b).

3   **3) Unterbringung des Mündels.** Die Verweisg auf § 1631 b (vgl dazu 50. Aufl) bezieht sich ab Inkrafttr des **Betreuungsgesetzes** (Einf 1 vor § 1896) nur noch auf Mj, die unter Vormdsch stehen (§§ 1773 ff). **Für Volljährige, die unter Betreuung stehen (§§ 1896 ff), gilt § 1906** (vgl dort). Verfahrensrechtl gelten für beide Gruppen einheitl FGG 70 ff; FGG 64 a–64 i sind aufgeh (BtG Art 5 Nr 17). Wg Nachw der Rspr zum früh R vgl 52. Aufl.

1801 **Religiöse Erziehung.** [I] Die Sorge für die religiöse Erziehung des Mündels kann dem Einzelvormund von dem Vormundschaftsgericht entzogen werden, wenn der Vormund nicht dem Bekenntnis angehört, in dem der Mündel zu erziehen ist.

[II] Hat das Jugendamt oder ein Verein als Vormund über die Unterbringung des Mündels zu entscheiden, so ist hierbei auf das religiöse Bekenntnis oder die Weltanschauung des Mündels und seiner Familie Rücksicht zu nehmen.

1   **1)** Zur PersSorge gehört auch rel Erziehg (vgl Anh zu § 1631). Bei VormdBestellg ist auf das rel Bekenntn des Mdl Rücks zu nehmen (§ 1779 Rn 5). Bei Ungleichh des Bekenntn kann dem Vormd die Sorge für die rel Erziehg, wenn es MdlInteresse erfordert, entzogen u insof ein Pfleger (§ 1909 I) od MitVormd best w (§ 1775). Es entsch der Ri (RPflG 14 Z 19). Es müssen aber gewicht Grde vorliegen (KGJ **46**, 79). Religionswechsel od Kirchenaustritt macht Vormd noch nicht ungeeign (BayObLG OLG **30**, 148).

2   **2) Unterbringung durch Jugendamt oder Verein, II.** Beide haben als Vormünder die Bestimmg des Aufenth. Dabei ist auf das religiöse Bekenntn Rücks zu nehmen (SGB VIII 9 Z 1). Bei Mangel einer geeigneten Stelle aber auch konfessionsfremde Unterbringg (BayObLG JW **27**, 217).

3   **3) Beschwerderecht.** Ist Vormd schon bei Bestellg religiöses ErziehgsR entzogen, nur aus FGG 57 I Z 9 (KG RJA **12**, 173), sonst einfache Beschw aus FGG 20 (KGJ **37** A 86). Vgl auch § 1779 Rn 10.

1802 **Vermögensverzeichnis.** [I] Der Vormund hat das Vermögen, das bei der Anordnung der Vormundschaft vorhanden ist oder später dem Mündel zufällt, zu verzeichnen und das Verzeichnis, nachdem er es mit der Versicherung der Richtigkeit und Vollständigkeit versehen hat, dem Vormundschaftsgericht einzureichen. Ist ein Gegenvormund vorhanden, so hat ihn der Vormund bei der Aufnahme des Verzeichnisses zuzuziehen; das Verzeichnis ist auch von dem Gegenvormunde mit der Versicherung der Richtigkeit und Vollständigkeit zu versehen.

[II] Der Vormund kann sich bei der Aufnahme des Verzeichnisses der Hilfe eines Beamten, eines Notars oder eines anderen Sachverständigen bedienen.

[III] Ist das eingereichte Verzeichnis ungenügend, so kann das Vormundschaftsgericht anordnen, daß das Verzeichnis durch eine zuständige Behörde oder durch einen zuständigen Beamten oder Notar aufgenommen wird.

1   **1) Pflicht zur Aufstellung und Einreichung des Vermögensverzeichnisses, I 1.** Das VermVerz (vgl auch § 1640) bildet die Grdlage für VermVerw des Vormd u Aufsicht des VormschG, dient demgemäß auch als Unterlage für Rechnglegg u Schlußbericht, aber auch als Beweisstück bei HerausgAnspr des Mdl, § 1890. Deshalb keine Befreiung, wed dch VormschG, noch durch Va od Mu, noch von dritten VermZuwendern (§ 1803). Auch keine Einschrkg der Vorschr, zB Verbot der Offenlegg. Gilt allg, also grdsl auch

bei Vereins- u AmtsVormsch. Aber landesrechtl Ausn für JA. Wechselt Vormd, so genügt Prüfg des bish Verzeichn, falls vorhanden. Ist kein Verm da, so genügt eine solche Erkl. VormschG hat dch Zwangsgeld, notf Entlassg zur Aufstellg u Einreich (§ 1837) und Verzeichn zu prüfen; falls dieses ungenügd, **III,** kann er ein solches durch eine Behörde, Beamten od Notar aufnehmen lassen, **II** (vgl § 1640 Rn 8). III findet auf den AmtsVormd u -Pfleger keine Anwendg (KJHG 56 II). Kosten für Aufstellg des Verzeichn trägt der Mdl. Stichtag für das EröffngsVermVerzeichn ist der Tag der Bekanntmachg der AnO ggü Vormd od Pfleger (LG Bln DAVorm **81,** 311; Spanl RPfleger **90,** 278).

2) Zu verzeichnen ist das gesamte MdlVerm, gleichgül, ob es der Verw des Vormd untersteht od nicht **2** (KG RJA **17,** 34); anders § 1640. Werden nach Übernahme der Verw größere Stücke erworben, so sind auch diese zu verzeichnen, str; hingg gehören die in der Natur der Sache liegenden Zu- u Abgänge in die Jahresrechng. Mehrere Vormd mit getrenntem Wirkgskreis haben nur die in diesen fallenden Stücke zu verzeichnen. Verzeichn muß größtmögliche Klarheit über das MdlVerm geben, also vor allem Aktiva u Passiva enthalten, nicht aber alle Kleinigk. Belege brauchen nicht beigefügt zu w (KGJ **36** A 38), Wertpapiere jedoch nach Nummern aufzunehmen (KG OLG **24,** 45). Ist Mdl an einer Gesellsch od ungeteilten Gemsch beteiligt, so auch die Bestdteile der GemschMasse (KGJ **36** A 38). Der Vormd kann sich bei Aufstellg des **3** Verm, sofern das mit dessen Wert in Einklang steht, auch sachverständiger Hilfe bedienen, **II.**

3) Der vorhandene Gegenvormund ist zuzuziehen. Er hat sich selbständ Überblick über Verm zu **4** verschaffen u das vom Vormd aufgestellte Verzeichnis mit der Versicherg der Richtigk u Vollständigk zu versehen, ggf Abweichgen, die dann das VormschG zu klären hat, zu vermerken.

1803 *Vermögensverwaltung bei Erbschaft oder Schenkung.* **I Was der Mündel von Todes wegen erwirbt oder was ihm unter Lebenden von einem Dritten unentgeltlich zugewendet wird, hat der Vormund nach den Anordnungen des Erblassers oder des Dritten zu verwalten, wenn die Anordnungen von dem Erblasser durch letztwillige Verfügung, von dem Dritten bei der Zuwendung getroffen worden sind.**

II Der Vormund darf mit Genehmigung des Vormundschaftsgerichts von den Anordnungen abweichen, wenn ihre Befolgung das Interesse des Mündels gefährden würde.

III Zu einer Abweichung von den Anordnungen, die ein Dritter bei einer Zuwendung unter Lebenden getroffen hat, ist, solange er lebt, seine Zustimmung erforderlich und genügend. Die Zustimmung des Dritten kann durch das Vormundschaftsgericht ersetzt werden, wenn der Dritte zur Abgabe einer Erklärung dauernd außerstande oder sein Aufenthalt dauernd unbekannt ist.

1) Die Anordnung, I, muß bei Erwerb von Todes wg im Test, im Falle der unentgeltl Zuwendg bei **1** dieser (nicht später) erfolgen. Nur diese Personen sind anordnungsberechtigt, nicht Eltern als solche. Gilt auch bei Amts- u VereinsVormsch. Gegenstand der Anordg kann eine Befreiung von den §§ 1807ff, 1814ff, od aber auch eine Erweiterg der HinterleggsPfl sein. Zur Erweiterg der durch GgVormd od VormschG genehmiggsbedürftigen Geschäfte über die gesetzl Fälle hinaus ist VermZuwender nicht befugt (KGJ **40** A 227). Anordg erfaßt auch Surrogate, § 1638 II. Wegen der Anordg, durch die die Verw des Vormd überh ausgeschl wird, § 1909 I 2. Verwaltgsanordg, die ja nur dem Vormd eine Verpflichtg auferlegt, ist keine Beschrkg des Pflichtteils, Abweichg von ihr also keine TestAnfechtg (KGJ **35** A 28). Ist aber die Anordg in Wirklichk eine den Mdl belastende Aufl od Bedingg, so § 1803 unanwendbar. Unberechtigte Abweichgen machen Vfgen des Vormd nicht unwirks, er kann sich aber dem Mdl ggü schadenersatzpfl machen, § 1833. Lehnt VormschG Einschreiten ab, BeschwR des Dritten, FGG 20.

2) Abweichungen von der Anordnung, II, III. Mögl sind dauernde u solche für einen bes Fall. Sie **2** können erfolgen – **a)** bei Erwerb von Todes wg u bei unentgeltl Zuwendg durch einen Dritten, falls dieser **3** gestorben ist, nur, wenn Befolgg der Anordg das MdlInteresse gefährden würde (dann ist Vormd zur Einholg der Gen des VormschG verpflichtet, § 1833) u VormschG genehmigt. Bloßer Gewinnentgang nicht immer Gefährdg, KGJ **35** A 29, ebsowenig genügen ZweckmäßigkGründe, RG SeuffA **60,** 194; – **b)** lebt **4** der Dritte, so genügt seine Zust, falls nicht etwa das Gesch als solches der Gen des VormschG bedarf. Gefährdg des MdlInteresses braucht nicht vorzuliegen. Zustimmg des Dritten stets erforderl. Wird sie trotz Gefährdg verweigert, so ist äußerstenf nur Zurückweisg der Zuwendg mögl, nicht aber Ersetzg durch das VormschG mögl. Diese erfolgt nur, wenn Dritter zur Abgabe einer Erkl dauernd außerstande od sein Aufenth dauernd unbekannt ist; dann auch ohne Vorliegen einer Gefährdg. Für das JA als AmtsVormd od **5** -Pfleger ist iF v II eine Gen dch das VormschG nicht erfdl (KJHG 56 II 2).

1804 *Schenkungen des Vormundes.* **Der Vormund kann nicht in Vertretung des Mündels Schenkungen machen. Ausgenommen sind Schenkungen, durch die einer sittlichen Pflicht oder einer auf den Anstand zu nehmenden Rücksicht entsprochen wird.**

1) Vgl § 1641 Rn 1. Schenkgen aus dem MdlVerm dch Vormd selbst od dch Mdl mit Gen des Vormd **1** schlechthin verboten. Die Schenkg ist nichtig, selbst wenn sie vom VormschG genehmigt wäre (BayObLG OLG **32,** 19, hM). Zu einer Schenkg des Verwalters aus dem GesGut kann Vormd Einwilligg nicht erklären, da diese dann als Schenkg zu bewerten ist (RG **91,** 40). Hingg kann OHG durch ihre vertretgsberechtigten Gter Schenkgen machen, auch wenn der Mj MitGter ist (RG **125,** 380). Nicht unter § 1804 fallen sonstige Freigebigk, vgl zB § 1822 Nr 2 und 13. Zur gemischten Schenkg: Hamm NJW-RR **92,** 1170; § 516 Rn 13. Zur Vorn von Gesch, die gg § 1804 verstoßen wie zB die Übertragg einer LebVersBezugsberechtigg auf den Vormd, auch nicht Best eines ErgänzgsPfleg (Hamm FamRZ **85,** 206). Bei GebrechlkPflegsch kommt es auf die GeschFähigk des Pfleglgs an (LG Ans NJW **88,** 2387).

2) Ausgenommen Anstandsschenkungen. Vgl zunächst § 1641. Der sittl Pfl (Köln OLGZ **69**, 264) entspricht auch aus Billigk gebotene Schenkg im Interesse des FamFriedens (Hamm FamRZ **87**, 751). In diesen Fällen Gen des VormschG handelt nicht erforderl, ProzG entscheidet, ob eine solche Schenkg vorliegt. Gesamte VermLage ist zu berücksichtigen. Vorsicht geboten (KG OLG **3**, 110). Zul die GrdstÜbertragg an die Tochter nach Einweisg in Klinik als Pflegefall (Hamm FamRZ **87**, 751). Unter Umst GenPfl nach and Vorschr (BayObLG FamRZ **88**, 210 L).

1805 *Verwendung für den Vormund.* **Der Vormund darf Vermögen des Mündels weder für sich noch für den Gegenvormund verwenden. Ist das Jugendamt Vormund oder Gegenvormund, so ist die Anlegung von Mündelgeld gemäß § 1807 auch bei der Körperschaft zulässig, bei der das Jugendamt errichtet ist.**

1 **Dem Vormund** u Gegenvormund **ist verboten, Mündelvermögen für sich zu verwenden,** gleichgültig, ob das für den Mdl vorteilh ist od nicht. Die Vermögen sind deshalb auch streng getrennt zu halten. SchadErs § 1833; außerdem StGB 246, 266. Einschreiten des VormschG erforderl, VerzinsgsPfl § 1834. Dasselbe Verbot gilt für Verwendg von MdlVerm für GgVormd. RechtsGesch bleibt aber gültig (RG JW **17**, 289). Die Verwendg darf in keiner Form geschehen, also auch nicht unentgeltlich Gebr der MdlSachen od Geschäft mit sich selbst, auch nicht in Form eines Darlehens an eine Gesellsch, an der der Vormd od GgVormd beteiligt ist. Zulässig aber, daß Vormd Prokura für ErwerbsGesch des Mdls hat (BayObLG **18** A 55), § 1805 entspr anwendb, wenn Vormd ArbKraft des Mdl unentgeltl ausnutzt. Im Falle der Amts-Vormsch können MdlGelder auch bei der Körpersch, von der das JA errichtet wurde, zB den Kommunalsparkassen mündelsicher angelegt w, S 2, SGB VIII 56 III.

1806 *Anlegung von Mündelgeld.* **Der Vormund hat das zum Vermögen des Mündels gehörende Geld verzinslich anzulegen, soweit es nicht zur Bestreitung von Ausgaben bereit zu halten ist.**

1 **1)** Wie die Eltern, § 1642 I, hat auch der Vormd das zum Verm des Mdls gehörende Geld verzinsl anzulegen. **Zwingende Vorschrift;** gilt auch für Amts- u VereinsVormd, §§ 1791 a–c; Befreiung, auch dch elterl letztw Vfg, unzul (BayObLG **22**, 154). Umfaßt alles der Verwaltg des Vormds unterstehe Verm, also auch das dem Mdl überlassene, nicht von ihm verbrauchte, § 110 (BayObLG **17** A 128). Anlegg binnen angem Frist, sonst SchadErsPfl. Eingreifen des VormschG, das nicht bis zur Rechnglegg warten darf, sond aGrd seiner allg AufsPfl sich vorher ü die Anlegg vergewissern muß, auch wenn kein Mißtrauen gg Vormd besteht, 2 RG **88**, 266. **Ausnahmen** nur hins des nach einer ordngsgem Verw zur Bestreit von Ausgaben bereitzuhalten Geldes. Ob Vormd auch dieses vorl verzinsl anlegt od ganz von einer solchen Anlage absieht, ist seinem pflichtgem Erm, § 1833, überlassen. Keine Bindg an §§ 1807–1810. Erfdl u zul die **Bereithaltung** v Unterh, auch für die Ausbildg (BVerwG NJW **91**, 1226) sowie von aufgelaufenen Zinsen iHv 1 Mo-Rente (1000 DM) auf gemeins SparKto dch Ehefr als GebrechlkPflegerin (LG Bln Rpfleger **73**, 356). Zur Abhebg braucht er demgem nicht Gen des GgVormds, § 1813 I Z 3 und II. KG NJW **67**, 883 will, daß solches Geld nicht auf Anderkto des Pflegers, sond auf ein auf den Mdl lautdes Kto angelegt w, da es sonst dem Zugr des Gläub des Pflegers ausgesetzt sei; dem widersprechen Schütz NJW **67**, 1569 mit Rücks auf die Handhabg der Banken bzgl Anderkonten, desgl Beitzke ZBlJR **67**, 237 auch unter Hinw auf die KlageMöglk aus ZPO 771 u die Möglk der Berücksichtigg eines Pflegerwechsels schon bei KtoAnlegg.

3 **2) Verzinsliche Anlegung** iR der §§ 1807, 1808. Bei Abweichg von der dort vorgeschriebenen Anleggsart, zB Ankauf von Aktien (BayObLG JW **22**, 396), Erlaubnis des VormschG erforderl, § 1811. Vormd kann aber nach pflichtgem Ermessen auch statt verzinsl Anlage nutzbare Verwertg des Geldes wählen, zB GrdstKauf, GeschVergrößerg und dgl (KG RJA **13**, 78). Dann § 1811 nicht anwendbar (BayObLG JW **22**, 396). Genehmigg des VormschG aber erforderl, soweit sich das aus §§ 1821 ff mit Rücks auf die Art des RGeschäfts ergibt.

1807 *Regelmäßige Anlegung.* **I Die im § 1806 vorgeschriebene Anlegung von Mündelgeld soll nur erfolgen:**

1. **in Forderungen, für die eine sichere Hypothek an einem inländischen Grundstücke besteht, oder in sicheren Grundschulden oder Rentenschulden an inländischen Grundstücken;**

2. **in verbrieften Forderungen gegen das *Reich* oder einen *Bundesstaat* sowie in Forderungen, die in das *Reichsschuldbuch* oder in das Staatsschuldbuch eines *Bundesstaats* eingetragen sind;**

3. **in verbrieften Forderungen, deren Verzinsung von dem *Reiche* oder einem *Bundesstaate* gewährleistet ist;**

4. **in Wertpapieren, insbesondere Pfandbriefen, sowie in verbrieften Forderungen jeder Art gegen eine inländische kommunale Körperschaft oder die Kreditanstalt einer solchen Körperschaft, sofern die Wertpapiere oder die Forderungen von der Bundesregierung mit Zustimmung des Bundesrats zur Anlegung von Mündelgeld für geeignet erklärt sind;**

5. **bei einer inländischen öffentlichen Sparkasse, wenn sie von der zuständigen Behörde des *Bundesstaats,* in welchem sie ihren Sitz hat, zur Anlegung von Mündelgeld für geeignet erklärt ist, oder bei einem anderen Kreditinstitut, das einer für die Anlage ausreichenden Sicherungseinrichtung angehört.**

II Die Landesgesetze können für die innerhalb ihres Geltungsbereichs belegenen Grundstücke die Grundsätze bestimmen, nach denen die Sicherheit einer Hypothek, einer Grundschuld oder einer Rentenschuld festzustellen ist.

1) Kapitalanlage (Lit: Jünger FamRZ **93**, 147; Gernhuber/Coester-Waltjen § 72 III). Vormd hat nach 1 pflichtgemäßem Ermessen beste Anlageart auszuwählen. Erkennt er od konnte er erkennen, daß Anlage im gegebenen Falle nicht sicher war, so schadenersatzpfl, § 1833; dann darf er sich auch nicht ohne weiteres auf eine amtl GrdstTaxe verlassen (RG JW **14**, 931). Ist die Anlage durch VormschG genehmigt, wird freilich HaftPfl regelm nicht gegeben sein (RG JW **11**, 984). Befreiung von § 1807 durch Erblasser od zuwendenden Dritten mögl (§ 1803 Rn 1). Zum JugA vgl Einf 49 v § 1626. Ist GgVormd vorhanden, so hat Anlegg mit seiner Gen zu erfolgen, sonst mit der des VormschG (vgl auch §§ 1813 II, 1809). Findet Vormd eine § 1807 nicht entsprechende Anlage vor, so hat er die dem Mdl dadurch drohende Gefahr mit den etwaigen Verlusten, die mit einer Neuanlage verbunden sind, verständig abzuwägen (KG RJA **4**, 5). Zuwiderhandlgen des Vormd gg § 1807 geben Mdl nicht das Recht zur Zurückweisg der Anlage, sond ledigl auf SchadErs. Aber Verpflichtg des VormschG zum Eingreifen, notf Entlassg des Vormd. Die Vorschr hat auch Bedeutg außerhalb des VormschRechts, vgl zB §§ 234, 238, 1079, 1083 II, 1288, 2119, ZPO 108, VAG 68 I Nr 1. Früh **DDR**: EG Art 234 § 14 IV.

2) Die Anlegungsarten. 2

Zu Nr 1: Hyp-, Grund- und Rentenschuld auf inländ Grdst (fiduziarischer Erwerb genügt nicht, RG JW 3 **38**, 3167), bei ausländischen § 1811. Außerdem können mit MdlHyp usw. belastet w: Wohngs- u TeilEigt (hM); BergwerksEigt (vgl BBergG 9 I); nach LandesG dem Grdst gleich z behandelnde Re (vgl EGBGB 68, 168); ferner gem ErbbauVO 18 H das ErbbauR. Nr 1 nicht anwendb, wenn die Bestellg des GrdPfdR ledigl der Absicherg einer bereits bestehden Forderg des Mdl, etwa aus einem ErbauseinandsetzgsVertr, dient (KG JFG **8**, 54). – In welcher Höhe Belastg noch mündelsicher ist, legt LandesR f die GrdPfdR innerh seines GeltgsBereichs verbindl fest, **II** (Soerg/Damrau Rn 17), idR bis ⅗ od ½ des GrdstWerts zul: *BadWürtt* AGBGB v 26. 11. 74 (GBl 498), § 45; *Bay* AGBGB v 20. 9. 82 (GVBl 803 = BayRS 400–1–y), Art 67; *Berlin* PrAGBGB v 20. 9. 99 (berl GVBl Sb I 400–1), Art 73; *Brem* AGBGB v 18. 7. 99 (SaBremR 400–a–1), § 56; *Hbg* AGBGB v 14. 7. 99 idF v 1. 7. 58 (GVBl 195), §§ 74, 74a; *Hess* AGBGB v 18. 12. 84 (GVBl II 230–5), § 28; *Nds* kein; *NRW* wie Berlin (SGVNW Nr 40); *RhPf* kein; *Saarl* ehem *pr* Teil wie Berlin (BS Saar 400–1), ehem *bay* Teil Bay AGBGB v 9. 6. 99 (BS Saar 400–2), Art 92; *SchlH* kein.

Zu Nr 2: Verbriefte Fdgen, dh solche, über die eine Urk ausgestellt ist. Schuldverschreibgn, Anleihen, 4 Schatzanweisgen, Wechsel u Darlehen gg Schuldschein des Bundes (vgl RSchuldenO v 13. 2. 24, RGBl 95), ebso der Bundesbahn, der Bundespost u der Länder; ferner das Postsparbuch (hM), nicht aber die Sparbücher einer Landesbank (KG DJZ **31**, 1024 zu Nr 4). Wegen der Schuldbücher vgl § 1815 Rn 3.

Zu Nr 3: Einers genügt es, wenn Haftg ledigl für die Zinsen übernommen ist; anderers fallen hierunter 5 alle verbrieften Fordergen gg Unternehmen, für das allg Gewährleistg des Bundes od eines Landes besteht. Aufstellg bei Sichtermann S 24.

Zu Nr 4: Durch Entsch der BReg v 21. 6. 50 ist an Stelle der ReichsReg mit Zust des Reichsrats die 6 Bundesregierg mit Zust des BRats getreten, BGBl **50**, 262. Die verbrieften Fordergen gegen eine inländische kommunale Körperschaft oder Kreditanstalt sind durch die Bek v 7. 7. 01 (erweitert durch die Bek v 18. 6. 28, RGBl 191) zur Anlegg von MdlGeld für geeignet erkl worden, wenn sie entweder seitens des Gläubigers kündbar sind od einer regelmäßigen Tilgg unterliegen. Die BundesReg mit Zust des BRats ist weiterhin ermächtigt, Wertpapiere (Begriff bei Einf 1 vor § 793) jeder Art, also auch Aktien u sogar ausl Wertpapiere für geeignet zu erklären, kann diese Erkl aber auch wieder zurücknehmen. Derartige Wertpapiere sind zB InhSchuldverschreibgn der landwirtschaftl Rentenbank mit mind 5 Jahren Laufzeit, G v 15. 7. 63, BGBl 466, § 18 III iVm § 18 I 1. Daneben sind die landesgesetzl Vorschriften in Kraft geblieben, nach welchen vor Inkrafttr des BGB gewisse Wertpapiere zur Anlegg von Mündelgeld für geeignet erkl waren (Erweiterg als nicht möglich), EG 212 (vgl dazu auch VO v 11. 5. 34 Art 3 § 4, RGBl 378); *Bay* aufgeh dch AGBGB v 20. 9. 82 (GVBl 803), Art 80 II Nr 2; *Berlin* PrAGBGB v 20. 9. 99 (GVBl Sb I 400–1), Art 74; *NRW* wie Berlin (SGVNW Nr 40); *Saarl* ehem *pr* Teil PrAGBGB idF des G Nr 965 v 28. 2. 73 (BS Saar 400–1), Art 74, ehem *bay* Teil Bay AGBGB v 9. 6. 99 (BS Saar 400–3), Art 32 u Bek v 9. 9. 99 (BS 400–3–1). Pfandbriefe werden nach LandesR von den Landschaften u Stadtschaften ausgegeben. Welche Pfandbriefe mündelsicher sind, ergibt VO v 7. 5. 40, RGBl 756; dazu Weitnauer DJ **40**, 663; mündelsicher also ua auch die Pfandbriefe privater Hypothekenbanken, § 1 VO, Verzeichn der Institute bei Sichtermann S 29ff. Wegen der Mündelsicherh von Schiffspfandbriefen VO v 18. 3. 41, RGBl 156; wg mdlsicheren Wertpapieren in Sammelverwahrg v 29. 9. 39, RGBl 1985. Anlegg auch bei der Körpersch, bei der das JA errichtet ist, also zB auch bei seiner Kommunalsparkasse, § 1805 Rn 1 aE, SGB VIII 56 III.

Zu Nr 5: Es richtet sich nach LandesR, welche Sparkassen als öffentl anzusehen u welche Behörden 7 befugt sind, sie zur mündelsicheren Anlage für geeignet zu erklären, RG **117**, 261. Wegen der Anlegg auf ein Sammelkonto des JA Beitzke ZBlJugR **64**, 29. Zur Gleichstellg v KredInstituten mit entspr Sichergseinrichten wie die Spark dch BtG Art 1 Z 30: BT-Drucks 11/6949 S 69. Es gehören dazu kraft flgd **Landesrechts:** *BadWürtt* AGBGB v 26. 11. 74 (GBl 498), § 46; *Bay* SparkG idF v 1. 10. 56 (BayRS 2025–1–y), Art 2 II; *Berlin* SparkG idF v 28. 6. 73 (GVBl 970), § 1 I; *Brem* AGBGB v 18. 7. 99 (Sa BremR 400–a–1), § 57 u VO v 9. 12. 40 (SaBremR 404–a–2), § 1; *Hbg* VO v 1. 12. 99 (BL I 40–b), § 5; *Hess* AGBGB v 18. 12. 84 (GVBl II 230–5), § 29; *Nds* AGBGB v 4. 3. 71 (GVBl 73), § 26; *NRW* PrAGBGB v 20. 9. 99 (SGVNW Nr 40), Art 75; *RhPf* SparkG v 1. 4. 82 (GVBl 113), § 1 I, IV u § 26 III 5; *Saarl* ehem *pr* Teil PrAGBGB v 20. 9. 99 (BS Saar 400–1), Art 75, ehem *bay* Teil Bek des bay MdJ v 21. 12. 99 (BayGVBl 1239); *SchlH* SparkG idF v 2. 2. 81 (GVBl 17), §§ 1 III, 35, 40 VI. **Spezialgesetzlich** sind noch die Schuldverschreibgen der folgden 5 öffentl- 8 rechtl KreditInst für mdlsicher erkl w: *Deutsche Genossenschaftsbank*, G idF v 22. 12. 75 (BGBl I 3171), § 15 I; *Kreditanstalt für Wiederaufbau*, G idF v 23. 6. 69 (BGBl I 574), § 4 III; *Lastenausgleichsbank*, G v 28. 10. 54 (BGBl I 293), § 14 II; *Landwirtschaftliche Rentenbank*, G idF v 15. 7. 63 (BGBl I 465), § 18 III; *DSL – Deutsche Siedlungs- und Landesrentenbank*, G v 27. 8. 65 u 22. 8. 80 (BGBl I 1001 u 1558), § 3 IV. Zu den **Hinterlegungsstellen:** § 1814 Rn 5–7. Zur Anlegg v MdlGeld beim **Jugendamt:** Einf 48–50 v § 1626; Beitzke ZfJ **64**, 29.

1808 *Hilfsweise Anlegung.* (Aufgehoben durch BtG Art 1 Nr 31.)

1809 *Versperrte Anlegung.* **Der Vormund soll Mündelgeld nach § 1807 Abs. 1 Nr. 5 nur mit der Bestimmung anlegen, daß zur Erhebung des Geldes die Genehmigung des Gegenvormundes oder des Vormundschaftsgerichts erforderlich ist.**

1　**1) Zweck:** Ausschaltg von § 1813 I Z 3 dch Beschrkg der VertrMacht des Vormd u Betr (§ 1908 i I 1) gem §§ 1812, 1813 II (Soerg/Damrau 1). Dch § 1810 wird die mündelsichere Anlegg gewährleistet. Dazu gehört nach § 1809, daß MdlGeld nur so angelegt wird, daß es der Vormd auch nur mit Gen des GgVormd od des VormschG wieder abheben kann. Das läßt sich nur dch eine entspr Gestaltg des AnlageVertr erreichen. Die dem entsprechde „Bestimmg" führt zu einem **Sperrvermerk,** dch den die qualifizierte Legitimationswirkg des § 808 außer Kr gesetzt w: Der Schu wird nur frei, wenn GgVormd od VormschG die Auszahlg gen (vgl LG Bln Rpfleger **88,** 186). Bei Weigerg des GgVormd darf der Vormd das Geld dort nicht anlegen. Inhaltl bezieht sich der Sperrvermerk nur auf Vfgen; ZwVollstr gg den Mdl also ohne Gen mögl (Erman/Holzhauer 5; Soerg/Damrau 1). Für Zinsen gilt § 1813 I Z 4, es sei denn sie sind, was bald zu geschehen hat (KG DJ **38,** 1428), dem Kapital zugeschlagen. Keine Anwendg von § 1809 auch bei zur Bestreitg von Ausg nur vorüber-gehd angelegtem Geld (§ 1806 Rn 2). Bei Versäumg einer SperrvermerksVereinbg: Haftg des Vormd gem § 1833; des VormschG, insb wenn es die Kontrolle bis zur RechnLegg verschiebt (vgl RG **88,** 266; sa RG JW **10,** 288; Oldbg Rpfleger **79,** 101). Trägt die Anlagestelle den vereinb Sperrvermerk nicht ein od handelt sie ihm zuwider, wird sie dch die Auszahlg nicht befreit (RG **85,** 422). Für schon vor Beginn der Vormsch angelegtes Geld ist der Sperrvermerk nachträgl einzutragen (Soerg/Damrau 5). Auch die Aufhebg des Sperrvermerk bedarf als inhaltsändernde Vfg über die Fdg der vormschgerichtl Gen (§ 1812).

2　**2) Befreiung: a) Eltern** können den von ihnen benannten Vormd von § 1809 befreien (§§ 1852 II, 1855). **JugA** u Verein sind gem § 1857 a befreit, aber nicht wenn sie nur GgVormd sind (Erm/Holzhauer 7). **b)** Der Eintragg eines Sperrvermerks (Rn 1) bedarf es ferner nicht, wenn die Wirkg des § 1809 dch RechtsVO od kr Satzg der Sparkasse festgesetzt ist. Aber auch in diesem Fall muß zZw der Dchsetzg der Sperre dch einen Vermerk aus dem Sparbuch selbst ersichtl sein, daß es sich um „MdlGeld" handelt. Für die Haftg des GeldInst kommt es allerd auf die Hinzusetzg des Vermerks nicht an (RG JW **12,** 353).

3　**3) Genehmigung** des GgVormd (§ 1802 Rn 1) od VormschG muß ggf die Abhebg von einer Bedingg abhäng machen, zB von der Einwilligg des mitverfüggsberecht Eheg des Mdl od Betreuten (vgl RG **85,** 421). Gen des GgVormd forml gem § 182 I. Nach Beendigg der Vormsch od Betrg ist keine Gen mehr erfdl, sond nur die vormschgerichtl Bescheinigg, daß die Beendigg eingetreten ist (Colmar Recht **10,** 3356).

1810 *Mitwirkung von Gegenvormund oder Vormundschaftsgericht.* **Der Vormund soll die in den §§ 1806, 1807 vorgeschriebene Anlegung nur mit Genehmigung des Gegenvormundes bewirken; die Genehmigung des Gegenvormundes wird durch die Genehmigung des Vormundschaftsgerichts ersetzt. Ist ein Gegenvormund nicht vorhanden, so soll die Anlegung nur mit Genehmigung des Vormundschaftsgerichts erfolgen, sofern nicht die Vormundschaft von mehreren Vormündern gemeinschaftlich geführt wird.**

1　Wie bei Abhebg hat der GgVormd auch bei Anlegg von MdlGeld, gleichgült in welcher Art diese geschieht, mitzuwirken. Ausnahmen bei befreiter Vormsch (§§ 1852 ff) Amts- u VereinsVormsch (§ 1857 a) sowie wenn es sich um die nur vorübergehende Anlegg von Geld handelt, das zur Bestreitg laufender Bedürfn erforderl ist, § 1806. ZuwiderHdlg § 1807 Rn 1. Die Wirksamk der Anlegg wird durch das Fehlen der Genehmigg nicht berührt, §§ 1829 ff sind nicht anwendbar, da § 1810 nur OrdngsVorschr. Ist GgVormd nicht vorh (weggefallen, nicht od noch nicht bestellt), so Gen des VormschG erforderl, außer wenn Vormsch von mehreren gemeinschaftl geführt w, Notwendigk der Bestellg eines GgVormd also nicht gegeben war (§ 1792 II). Meingsverschiedenheiten unter ihnen entscheidet VormschG (§ 1797 I 2), u zwar der Richter (RPflG 14 Z 5). Keine Ersetzg der Zust des MitVormd. Ist GgVormd vorh, so kann VormschG Gen erteilen, wenn er sie verweigert od sie sonst nicht zu erlangen ist. Vormd kann sich aber auch sonst unmittelb an VormschG wenden, das dann Gen erteilen kann, ohne auf umständl Weg der Ordnungsstrafe od Entlassg angewiesen zu sein. GgVormd hat BeschwR nur, wenn er nicht gehört ist (§ 1826, KG RJA **4,** 75). Gen des VormschG ersetzt in jedem Falle die des GgVormd, wird aber nicht erst mit Rechtskr des Beschlusses wirks, da es sich nicht um Ersetzg einer WillensErkl handelt, also nicht FGG 53, 60 Z 6, sond FGG 16 anwendb (KG RJA **10,** 168). Form der Gen des GgVormd § 1809 Rn 1.

1811 *Andersartige Anlegung.* **Das Vormundschaftsgericht kann dem Vormund eine andere Anlegung als die in § 1807 vorgeschriebene gestatten. Die Erlaubnis soll nur verweigert werden, wenn die beabsichtigte Art der Anlegung nach Lage des Falles den Grundsätzen einer wirtschaftlichen Vermögensverwaltung zuwiderlaufen würde.**

1　Auch jetzt bildet Anlegg nach § 1807 die Regel (LG Münst Rpfleger **62,** 445); es kann Abweichg vom VormschG, jedoch nur von Fall zu Fall, gestattet w. Die Gestattg der Anlegg auf Girokto einer Privatbank erfaßt nicht Umwandlg in Sparkto (KG FamRZ **70,** 40). § 1811 findet auf das JA als AmtsVormd od
2　-Pfleger keine Anwendg (KJHG 56 II 1). **Voraussetzungen der Genehmigung** dch den RPfleger (RPflG 3 Nr 2 a) sind (RG **128,** 309):

3　**a)** Vorliegen eines besonderen Falles (Erwäggn allg Art genügen nicht), der schon bisher zur Abweichg von den grdsätzl Anleggsarten ausreichte und, wie die Entstehgsgeschichte zeigt, nicht etwa nun ausgeschaltet sein sollte, also zB Darlehen an die MdlMutter, um sie vor wirtschaftl Untergang zu retten, KGJ **37** A 65. Oder Notwendigk inf der allg wirtschaftl Lage (Inflation, Kaufkraftschwund);

b) daß die beabsichtigte Art der Anlegg ggü der weiterhin regelmäßig in Betr kommenden mündelsiche- 4
ren Anlage nach §§ 1807, 1808 im Einzelfalle (allg Gestattg also unzul, LG Göttingen BB **57**, 907) klar
erkennbare wirtschaftl Vorteile bietet, KG NJW **68**, 55 (dagg Eberding NJW **68**, 943: zu eng, da die Stellg
der Banken nicht genügd berücksichtigender Standpunkt), Dölle § 126 II 3b ii, zB höhere Zinsen, KG JW
34, 2343, Vermeidg der Wertminderg durch allg Kaufkraftschwund; aber auch Celle ZBlJugR **62**, 28
(Anlage im Ausland). Erst wenn das zu bejahen (zB auch weil die übl mündelsicheren Werte nicht zu
erhalten sind), braucht Vormd u VormschG zu prüfen, ob Rückzahlg des Geldes nach der WirtschLage der
Anlagestelle unbedingt sichergestellt ist, KG JW **29**, 2159, LG Bln JR **61**, 183 (VW-Aktien) hM. Mehr will
auch die negative Fassg von S 2 nicht sagen, wie die Stellg der Vorschr im G zeigt. Andernfalls würde die
Ausn die regelmäßige Anlage außer Kraft setzen, RG aaO. Die Gestattg setzt voraus, daß entweder die allg
wirtschaftl Verhältnisse od die bes Umstände des Einzelfalles nach den Grdsätzen einer wirtschaftl Verm-
Verw die nicht mündelsichere Anlegg angebracht erscheinen lassen, KG DFG **38**, 69; vgl auch Hamm NJW
53, 186 (Anlegg bei einer GenossenschBank); Münchmeyer DRiZ **63**, 229 (Investmentanteile, vgl auch LG
Bielefeld NJW **70**, 203); LG Göttingen NJW **60**, 1465, LG Hann FamRZ **65**, 163 halten die Anlegg von
Sparguthaben bei Großbanken ohne weiteres für zul, da Auslegg des RG zu eng, ähnl LG Mannh NJW **62**,
1017, jedoch lehnt LG Hann NJW **66**, 661 die Anlage bei Regional- u Privatbanken ab, da die VormschRich-
ter nicht in der Lage sind, zu beurteilen, ob das einzelne Institut auf längere Sicht sicher genug ist. Lindacher
BB **63**, 1242 will Versagg der andersartigen Anlage nur zulassen, wenn diese nicht gleichwertig ist (zu
weitgehd). Über den Stand der Meingen Sichtermann S 55 f. §§ 1828 bis 1831 sind auf die Gestattg nicht
anwendb, RG JW **38**, 3167; vgl auch Möhring S 78 ff u § 1642 Rn 2. Keine Gen f Anlegg bei KG, die im
ausländ GrdstMarkt tät ist (Darmst NJW **79**, 274).

1812 *Verfügungen über Forderungen und Wertpapiere.* **I** Der Vormund kann über
eine Forderung oder über ein anderes Recht, kraft dessen der Mündel eine Leistung
verlangen kann, sowie über ein Wertpapier des Mündels nur mit Genehmigung des Gegenvor-
mundes verfügen, sofern nicht nach den §§ 1819 bis 1822 die Genehmigung des Vormundschafts-
gerichts erforderlich ist. Das gleiche gilt von der Eingehung der Verpflichtung zu einer solchen
Verfügung.

II Die Genehmigung des Gegenvormundes wird durch die Genehmigung des Vormundschafts-
gerichts ersetzt.

III Ist ein Gegenvormund nicht vorhanden, so tritt an die Stelle der Genehmigung des Gegen-
vormundes die Genehmigung des Vormundschaftsgerichts, sofern nicht die Vormundschaft von
mehreren Vormündern gemeinschaftlich geführt wird.

1) Entspr der Verpfl des Vormd, die Gen des GgVormd bei der Anlegg von MdlGeld einzuholen 1
(§ 1810), darf er über VermStücke des Mdl nur mit deren Gen verfügen. Zwingdes R; dch Leistg ohne die
erforderl Gen wird Mdl gegen Schu nicht befreit, da die Gen Teil des RGeschäfts ist (RG **79**, 13). **Ausnahmen,** 2
abgesehen von § 1813, **a)** wenn Gen des VormschG erforderl ist (§§ 1819–1822); **b)** bei befreiter Vormsch
(§§ 1852 II, 1855); **c)** bei Amts- u VereinsVormsch (§§ 1857a, 1852 II); **d)** bei allg Ermächtigg durch das
VormschG (§ 1825). § 1812 unanwendb auf RGeschäfte, die der TestVollstr od Vormd als Bevollm des Erbl
aGrd der von diesem ausgestellten Vollm über den Tod hinaus vornimmt (RG **106**, 186), auch wenn Vormd
mit Zustimmg des TestVollstr über MdlVerm verfügt, das der TestVollstrg unterliegt (Celle OLGZ **67**,
483). Vgl ferner §§ 1793 Rn 7–13, 1821 Rn 2–4.

2) Genehmigungspflichtig sind ohne Rücks darauf, ob Mdl an dem Ggst allein berechtigt ist od nicht 3
(KG OLG **5**, 411), **Verfügungen über**

a) Forderungen, also schuldrechtl Anspr jeder Art, auch solche aus einem GemschVerh, so auch Ver- 4
rechng des GewinnAnspr gg Erhöhg des KommAnteils (Celle NdsRpfl **68**, 12). **Nicht genehmigungs-
pflichtig** dagg Abhebg der Rente des Mdls vom Kto (Damrau WM **86**, 1022); Rückgewähr v verzinsl Darl
an Vater, der mj Kindern zu diesem Zweck SparkontenFdg schenkt (BayObLG NJW **74**, 1142); ferner Ann
v Diensten, Abtretg dingl Anspr auf bewegl Sachen, zB des HerausgAnspr, § 931, bestr;

b) andere Rechte, kraft deren Mündel eine Leistung verlangen kann, Grdschuld (nicht § 1822 Nr 5
13; Haegele/Schöner/Stöber, GrdbR[9] Rn 3719); auch auf Rechngslegg (RG Recht **13**, 2741), Kündigg eines
WohngsMietVertr (LG Bln MDR **73**, 503); nicht hierher gehören Anspr auf Übereign v Grdst u Einräum
v GrdstRechten, die zum GrdVerm rechnen u daher der Gen des VormschG unterliegen, § 1821 I, wohl aber
die Vfg über die nicht zu jenen gerechneten Hyp, Grund- u Rentenschulden, sowie Reallasten, § 1821 II. Bei
Hinterleg des Briefes bedarf die Vormd jedoch statt der Gen des GgVormd der des VormschG zur Vfg
über die HypFdg, Grund- od Rentenschuld, § 1819.

c) Wertpapiere. Bei Hinterleg wie zu Rn 5, §§ 1819 f. Die Gen zur Herausg eines Wertpapiers enthält 6
nicht gleichzeitig die zu dem RGeschäft, für welches Vormd jenes verwenden will. Zur Vfg über andere
bewegl Sachen, soweit sie nicht hinterlegt sind, §§ 1818 f, bedarf der Vormd nicht der Gen des GgVormd,
wohl aber zur Einziehg des Kaufpreises, oben Rn 4;

d) die Eingehung der Verpflichtung zu einer Verfügung über die zu Rn 4–6 genannten Gegenstände. 7

3) Verfügung, dh jede rechtsgeschäftl Änderg eines Rechtes, insb also auch seine Aufhebg u Verminderg 8
(Überbl 3d v § 104). Hierher gehören Veräußerg, Erlaß, Verzicht, Abtretg, Belastg, die Annahme der
geschuldeten Leistg (jedoch mit den sich aus § 1813 ergebenden Einschränkg), gleichgültig, ob die Leistg
eingefordert od angeboten wird (RG SeuffA **82**, 134), ebso ob sie freiw erfolgt od durch ZwVollstr
beigetrieben wird, Einwilligg zur Auszahlg an einen Dritten, Gen der SchuldÜbern, §§ 415 f (Bambg LZ
16, 1503), Aufrechng (Stgt MDR **54**, 229), Kündigg (BayObLG **6**, 332), Ausschl der Künd (KG RJA **5**,
197), Änderg der KündBedingung (KG OLG **14**, 262), Herabsetzg des Zinsfußes, Änderg der Zinstermine,

Wandlg, Gen der unbefugten Vfg eines Dritten über MdlPapiere (RG **115**, 156); für die Quittgserteilg ist Gen erforderl, soweit sie zur Annahme der Leistg erforderl ist (KG Recht **13**, 1308), ferner soweit damit etwa die Leistg erlassen wird, für die VollmErteilg, soweit das RGeschäft genehmiggsbedürftig ist (KG OLG **5**, 410); schließl die Zust zur Löschg einer letztrangigen EigtümGrdsch des Mdl (BayObLG Rpfleger **85**, 24 m abl Anm Damrau). Die Löschgsbewilligg nur zZw der GBBerichtig ist dagg keine Vfg, aber GenNachweis, GBO 29, zur Annahme der Leistg erforderl, was auch durch Gen der Löschgsbewilligg geschehen kann; anders aber, wenn sie zugl als Vfg über Hyp od Fdg anzusehen ist (KG OLG **26**, 171; KG OLG **44**, 81). Vgl auch § 1822 Rn 31. Genehmiggsfrei Löschg einer letztstelligen EigtümerGrdSch, KG JW **36**, 2745. **Keine Verfügung** ist die Mahng sowie die ProzFührg als solche einschl der Dchführg der ZwVollstr, es sei denn, es sind damit rechtsgeschäftl Hdlgen verbunden, die ihrers Vfgen s, so daß genbedürft sind Anerkenntn, Verzicht (BGH **LM** ZPO 306 Nr 1), Vergl (RG **56**, 333; **133**, 259), ebso die etwa in der Klage liegde Kündigg, die Verteilg des ZwVollstrErlöses unter mehreren UnterhBerecht dch versch JA (Düss DAVorm **81**, 483). Vgl auch §§ 1424 Rn 2, 3, 1821 Rn 9.

10   **4) Genehmigung des Gegenvormunds,** vgl dazu §§ 1828–1832; wg der Möglichk des Eingreifens des VormschG § 1810 Rn 1. Bei MeingsVerschiedenh entsch der Richter, RPflG 14 Z 5.

1813 *Genehmigungsfreie Geschäfte.* ^I **Der Vormund bedarf nicht der Genehmigung des Gegenvormundes zur Annahme einer geschuldeten Leistung:**

1. wenn der Gegenstand der Leistung nicht in Geld oder Wertpapieren besteht;

2. wenn der Anspruch nicht mehr als fünftausend Deutsche Mark beträgt;

3. wenn Geld zurückgezahlt wird, das der Vormund angelegt hat;

4. wenn der Anspruch zu den Nutzungen des Mündelvermögens gehört;

5. wenn der Anspruch auf Erstattung von Kosten der Kündigung oder der Rechtsverfolgung oder auf sonstige Nebenleistungen gerichtet ist.

^II **Die Befreiung nach Absatz 1 Nr. 2, 3 erstreckt sich nicht auf die Erhebung von Geld, bei dessen Anlegung ein anderes bestimmt worden ist. Die Befreiung nach Absatz 1 Nr. 3 gilt auch nicht für die Erhebung von Geld, das nach § 1807 Abs. 1 Nr. 1 bis 4 angelegt ist.**

1   1) Die Annahme der geschuldeten Leistg bedarf als Vfg nach § 1812 der Gen des GgVormd bzw des VormschG (bei Meingsverschiedenh dann Entsch dch Richter, RPflG 14 Nr 5). Insbesondere für die unbedeutenderen u wiederkehrenden Leistgen, die zum Unterh des Mdl dienen, bringt § 1813 Ausnahmen.

2   2) **Die einzelnen Fälle, I, II. Nr 1:** ZB Liefg der gekauften Sache, nicht aber der SchadErs in Geld; denn es kommt nicht darauf an, was zu leisten war, sond was geleistet wird. Der Ggst der Leistg besteht auch bei der Ausfolgg von Wertpapieren, die bei der Bank hinterlegt sind, in Wertpapieren.

3   **Nr 2. Zweck:** Pauschalierte Betragsgrenze zum Schutz des Mdl; ausr Spielr für angem Wirtschaften (BT-Drucks 11/4528 S 109). Es kommt auf die Höhe des GesAnspr zZ der Annahme an; ist dieser höher als 5000 DM, so Annahme gen-pfl. Das gilt auch für BkKten; Abhebg ohne Gen also nur, wenn der KtoStd nicht mehr als 5000 DM betr (Kln FamRZ **95**, 187; Holzhauer BtPrax **94**, 42; aA LG Saarbr FamRZ **92**, 1348; AG Emden FamRZ **95**, 1081, wonach es auf den abzuhebden Betr ankommt). Keine ZusRechng bei gleichzeitiger Leistg für mehrere Mdl, die EinzelGläub sind (KG Recht **13**, 1309). Bei GesHandAnspr nur der auf den Mdl entfallende Anteil maßg (KG JFG **6**, 267). Ausn, wenn bei der Anlegg etwas anderes bestimmt ist, II 1, insb es sich also um Gelder handelt, die auf der Sparkasse od Bank angelegt sind (§ 1807 I Nr 5).

4   **Nr 3:** Gilt nicht, wenn das Geld bei Sparkasse od Bank mit anderer Bestimmg angelegt ist, **II 1,** vgl zu Z 2; ferner nicht bei Anlegg nach § 1807 I Nr 1–4 **(II 2).** Im wesentl kommen hier also nur Gelder in Betr, die der Vormd vorübergehd angelegt hat, weil sie zur Bestreitg von Auslagen bereitgestellt sind, § 1806 Rn 2.

5   **Nr 4:** Nutzgen (§ 100), im Ggs zu Nr 2 unabh v der Höhe (MüKo/Schwab 15); also HypZinsen, die aGrd einer Reallast gezahlten einzelnen Renten, Erntevorräte, nicht der Erlös für diese, auch nicht nichtabgehobene Zinsen, die dem Kapital zugeschrieben sind (KG DJ **38**, 1428); Rentenzahlgen (BSG MDR **82**, 698).

6   **Nr 5:** ZB Kosten, Verzugszinsen, SchadErs, der neben (vgl zu Nr 1) dem Kapital geleistet wird, VertrStrafen; vgl auch §§ 224, 1115. Wegen der Künd selbst § 1812 Rn 8.

1814 *Hinterlegung von Inhaberpapieren.* **Der Vormund hat die zu dem Vermögen des Mündels gehörenden Inhaberpapiere nebst den Erneuerungsscheinen bei einer Hinterlegungsstelle oder bei einem der in § 1807 Abs. 1 Nr. 5 genannten Kreditinstitute mit der Bestimmung zu hinterlegen, daß die Herausgabe der Papiere nur mit Genehmigung des Vormundschaftsgerichts verlangt werden kann. Die Hinterlegung von Inhaberpapieren, die nach § 92 zu den verbrauchbaren Sachen gehören, sowie von Zins-, Renten- oder Gewinnanteilscheinen ist nicht erforderlich. Den Inhaberpapieren stehen Orderpapiere gleich, die mit Blankoindossament versehen sind.**

1   1) §§ 1814ff behandeln die Pfl des Vormd, die dem Mdl gehörigen InhPapiere zu hinterlegen. Ähnlich wie in § 1809 die Abhebg des angelegten Geldes, ist hier die Herausg der Papiere bei der Hinterlegg an die Gen des VormschG zu binden. Zwingende Vorschr. VormschG hat Vormd unverzgl zur Hinterlegg anzuhalten (RG **80**, 256). Zwangsmittel: Ordngsstrafe, Entlassg. Vormd haftet gem § 1833, VormschRichter nach § 839. Auch wenn § 1814 nicht eingreift, bleibt aber Vfgsbeschränkg gem § 1812 unberührt. Ausnahmen: Befreite Vormsch, §§ 1852, 1855, Amts- u VereinsVormsch, § 1857a, Entbind von der

HinterleggsPfl durch VormschG, § 1817, durch Anordng eines Dritten, § 1803, wenn bei Bevormundeten Dritter zum Besitz berechtigt ist. Vormd kann die Umschreibg nach § 1815 statt der Hinterlegg wählen. Stehen die hinterleggspflichtigen Papiere nur im MitEigt des Mdls, so § 1814 unanwendbar, § 744 I; ebso bei GesHandEigt, bei Nießbrauch, § 1082; desgl, wenn anderweit hinterlegte Wertpapiere übernommen werden (LG Hbg MDR **57**, 420). Kosten der Hinterlegg trägt Mdl.

2) Hinterlegungspflichtig sind die zum Verm des Mdl gehörigen **a)** Inhaberpapiere (vgl § 793), desgl **2** InhAktien, AktG 10, 24, auf den Inh ausgestellte Grd- u Rentenschuldbriefe. Findet der Vormd bei Übern der Vormsch InhPapiere, die auf Stückekonto geschrieben sind, vor, so braucht er sie, wenn nicht Anlaß zu Zweifeln über die Zuverlässigk der Bank besteht, nicht der Hinterlegg zuzuführen (RG **137**, 322). Findet Vormd bei Übern seines Amtes auf Stückekonto geschriebene od im Sammeldepot liegende InhAktien vor, so bedarf es keines Antrags ans VormschG, sie dort zu belassen, da § 1814 nur verhindern will, daß er selbst die Stücke verwahrt, nicht aber eine allg Veränderg der Verwahrgsarten fordert (LG Hbg MDR **57**, 420; Graßhof JW **33**, 159; aM Soergel-Germer 1, vgl auch oben § 1809 Rn 1). Eine solche kann aber seine SorgfPflicht, §§ 1793, 1833, fordern, wenn die Bank nicht sicher genug ist. Zu den InhPapieren gehören nicht die sog hinkenden InhPapiere, § 808, also vor allem die SparkBücher. Ferner nicht die InhPapiere, da nach § 92 zu den verbrauchbaren Sachen gehören, also zB Banknoten, zu den Betriebsmitteln eines Erwerbsgeschäfts gehörige Papiere, wie zum Umsatze bestimmte, in blanko indossierte Wechsel, regelm auch die Verpflichtgszeichen, § 807;

b) die zugehörigen Erneuergsscheine, nicht aber die Zins-, Renten- u Gewinnanteilscheine; **3**

c) die mit Blankoindossament versehenen Orderpapiere, HGB 363 ff, WG 13, 14, 16, 77, ScheckG 15, 16, **4** 17, 19. Die Zahl der hinterleggspflichtigen Papiere kann durch Anordng des VormschG erweitert werden, wenn ein bes Grd vorliegt; die Hinterlegg von Zins-, Renten- u Gewinnanteilscheinen kann auf Antr des Vormd u auch ohne einen solchen angeordnet werden, § 1818. Eine solche Anordng zu treffen sind die VormschRichter zT landesgesetzl verpflichtet. Vormd kann aber auch freiw nicht hinterleggspflichtige Ggstände hinterlegen; dann nicht § 1819, wohl aber §§ 1812, 1813 anwendbar.

3) Hinterlegungsstellen: a) Amtsgerichte, wie bundesgesetzl durch HintO v 10.3. 37, RGBl 285 **5** (Schönfelder Deutsche Gesetze Nr 121), die von den LaBehörden insow als LandesR angewendet w (aaO Fn zu HintO 8), bestimmt ist. Für eine Hinterlegg gem §§ 1814, 1818, 1915 sind Hinterleggsstellen aber auch die Staatsbanken, ferner die Kreditinstitute, die das RMJ als Hinterleggsstellen bestimmt hatte (HintO 27; § 1807 Rn 7). Die Amtsgerichte kommen für Pfleger bei Aufgabe der Pflegsch allein in Betr, da die zu c genannten Stellen das Vorhandensein eines Depotinhabers erfordern, Ffm Rpfleger **61**, 356. **b)** Zu dem **6** GeschKreis der Landeszentralbanken gehört die Annahme von derartigen Hinterleggen nicht. Dort also keine Hinterlegg. **c)** Dt GenBk, Dt Girozentrale usw (vgl § 1807 Rn 8). **7**

4) Art der Hinterlegung, Hinterlegungswirkung. Hinterlegg hat mit der Bestimmg zu erfolgen, daß **8** die Herausgabe nur mit Genehmigg des VormschG (die GgVormd genügt nicht) verlangt w kann, vgl auch § 1809. Bestimmg kann auch noch nachgeholt werden. Gemäß VO v 29. 9. 39, RGBl 1985, kann Vormd, ohne daß er dazu der Gen des VormschG bedürfte, die Stelle, bei der er hinterlegt, ermächtigen, die Wertpapiere einer Wertpapiersammelbank zur Sammelverwahrg zu übergeben. – Wirkg: Entsprechende VfgsBeschrkg hins der Herausg der hinterlegten Sachen, vgl im übrigen auch § 1809 m Anm; ferner VfgBeschrkg nach § 1819. Sperrvermerk auf dem Papier nicht erforderl. Sperrvermerk auf Hinterleggsschein erfolgt nur zum Zweck der Kenntlichmach (RG **79**, 16), auch ohne diese ist Erfordernis der Gen VertrInhalt, so daß Hinterleggsstelle u Bank trotz § 793 I 2 Mdl bei ungenehmigter Herausg haften (RG **79**, 9). Bank wird auch nicht durch Bestimmg ihrer Satzg befreit, daß zur Gültigk der Vfgsbeschränkg Sperrvermerk auf Hinterleggsschein erforderl (RG **79**, 9).

1815 Umschreibung von Inhaberpapieren.

[I] Der Vormund kann die Inhaberpapiere, statt sie nach § 1814 zu hinterlegen, auf den Namen des Mündels mit der Bestimmung umschreiben lassen, daß er über sie nur mit Genehmigung des Vormundschaftsgerichts verfügen kann. Sind die Papiere von dem *Reiche* oder einem *Bundesstaat* ausgestellt, so kann er sie mit der gleichen Bestimmung in Buchforderungen gegen das *Reich* oder den *Bundesstaat* umwandeln lassen.

[II] Sind Inhaberpapiere zu hinterlegen, die in Buchforderungen gegen das *Reich* oder einen *Bundesstaat* umgewandelt werden können, so kann das Vormundschaftsgericht anordnen, daß sie nach Absatz 1 in Buchforderungen umgewandelt werden.

1) Zur Vermeidg des umständl HinterlVerf u zur Vereinfach der Zinserhebg kann auf Kost des **1** MdlVerm der **Vormund, I,** unter Begrdg vormdsch-gerichtlicher Zustimmgsbedürftigk f künft Verpfl u Verfügen über das StammR, nicht die NebLeistgen (§§ 1809, 1820), **a)** aus InhPapieren **Namenspapiere 2** machen, **S 1,** dch Umschreibg auf den Namen des Mdl; der Aussteller ist hierzu jedoch ohne landesrechtl Vorschr nicht verpfl (§ 806 S 2; EG 101 Anm 1); **b)** Briefrechte der Bu- od LaSchuldenVerw (Schatzanweis- **3** gen der BuRep, BuPost usw) in **Buchrechte** umwandeln lassen, **S 2.** Zur BuSchuldenVerw: § 236 Anm 1; zur LaSchuVerw: EG 97 Anm 2.

2) Das **Vormundschaftsgericht, II,** kann auch gg den Willen des Vormd u erforderlichenf mit Zwangs- **4** mitteln (§§ 1837, 1886) die Umwandlg nach Rn 3 vAw anordnen. Ausn: §§ 1803 I, 1853, 1855, 1857a; auch § 1817. RPfleg entsch (RPflG 3 Z 2).

1816 Sperrung von Buchforderungen.

Gehören Buchforderungen gegen das *Reich* oder gegen einen *Bundesstaat* bei der Anordnung der Vormundschaft zu dem Vermögen des Mündels oder erwirbt der Mündel später solche Forderungen, so hat der Vormund in das

Schuldbuch den Vermerk eintragen zu lassen, daß er über die Forderungen nur mit Genehmigung des Vormundschaftsgerichts verfügen kann.

1   Ebso wie bei der Umwandlg vom Vormd erworbener Anlagepapiere nach § 1815 hat dieser SchuldbuchFdgen iF des sonst Erwerbs od wenn er solche bei AnO der Vormsch vorfindet unverzügl mit dem Sperrvermerk versehen zu lassen, sofern VormschG dies nicht v sich aus veranlaßt. Wirkg: wie § 1815 Rn 1. Befreiung: wie § 1815 Rn 2. Auf StiftgsVerm findet § 1816 keine Anwendg (Rostock OLG **26**, 115).

1817 *Befreiung.* **Das Vormundschaftsgericht kann aus besonderen Gründen den Vormund von den ihm nach den §§ 1814, 1816 obliegenden Verpflichtungen entbinden.**

1   **Befreiung von Hinterlegung und Sperrvorschriften** (§§ 1814, 1816, auch 1815 II), insges od einzelnen, ggf unter Auflagen, zum Schutz nicht des Vormds, sond ausschließl des Mdl. Allg GesPkte wie die Sicherh der Großbanken (KG FamRZ **70**, 104) od daß Vormd „allg bekannt u geachtet" ist, reichen nicht aus, weil Verweigerg der Befreiung sonst zum Makel u §§ 1814, 1816 zur Ausn würden (RG **80**, 257; KGJ **20** A 225). Erforderl vielm besondere Gründe, aus denen Gefahr des Verlustes bei der Aufbewahrg u eine Veruntreuung ausgeschl erscheinen. Abweichg muß daher im Einzelfall gerechtf s (KG JW **35**, 1881), so bei Vertrauenswürdigk aGrd bekannt guter u geordn VermVerhältn. RPfleger entsch (RPflG 3 Z 2a). Haftg nach § 839.

1818 *Anordnung der Hinterlegung.* **Das Vormundschaftsgericht kann aus besonderen Gründen anordnen, daß der Vormund auch solche zu dem Vermögen des Mündels gehörende Wertpapiere, zu deren Hinterlegung er nach § 1814 nicht verpflichtet ist, sowie Kostbarkeiten des Mündels in der im § 1814 bezeichneten Weise zu hinterlegen hat; auf Antrag des Vormundes kann die Hinterlegung von Zins-, Renten- und Gewinnanteilscheinen angeordnet werden, auch wenn ein besonderer Grund nicht vorliegt.**

1   **Erweiterung der Hinterlegungspflicht** dch AnO des VormschG, das zum Einschreiten verpfl ist; sonst § 839. **Besondere Gründe** sind für nicht unter § 1814 fallde Wertpapiere wie Sparbücher, HypBriefe usw (§ 1819) u Kostbarkeiten des Mdl erfdl u liegen vor, wenn die Aufbewahrg beim Vormd vor Verlust nicht genügd sichert; bei dessen eig Unzuverlässigk: § 1886. Ob eine Kostbark vorliegt, richtet sich nach der VerkAnschauung (RG **105**, 202), also auch KunstGgstde, seltene Bücher, wertvolle Filme (RG **94**, 119). Kostbark sind bei den ord HinterlSt zu hinterl (HinterlO 5). Auf bloßen Antr des Vormd AnO der Hinterl bei Zins-, Rent- u Gewinnanteilscheinen. Wirkg: wie § 1814 Rn 7; 1819. Befreiung: wie § 1815 Rn 2. Beschwerde des Vormd gg AnO nach Halbs 1, gg Ablehng iF von Halbs 2 (FGG 20). § 1818 findet auf JA keine Anwendg (KJHG 56 II 1).

1819 *Genehmigung zur Verfügung bei Hinterlegung.* **Solange die nach § 1814 oder nach § 1818 hinterlegten Wertpapiere oder Kostbarkeiten nicht zurückgenommen sind, bedarf der Vormund zu einer Verfügung über sie und, wenn Hypotheken-, Grundschuld- oder Rentenschuldbriefe hinterlegt sind, zu einer Verfügung über die Hypothekenforderung, die Grundschuld oder die Rentenschuld der Genehmigung des Vormundschaftsgerichts. Das gleiche gilt von der Eingehung der Verpflichtung zu einer solchen Verfügung.**

1   Die Zurückn der nach §§ 1814, 1818 hinterl WertPap u Kostbken bed bereits nach diesen Best der Gen des VormschG. Diese ist ferner erfdl a) bei einer Vfg (§ 1812 Rn 8) über die hinterl Ggste bzw b) über die in den hinterl Hyp-, Grd- od RentSchuBr verbrieften KapFdgen u c) zur Eingeh einer entspr Verpfl, S 2. Der Vormd ist in seiner VertretgsMacht beschr, so daß seine Vfg über die hinterl Ggste ohne Gen des VormschG dem Dr ggü unwirks ist. Sind die Ggste nicht hinterl od herausgegeben, so fällt die VfgsBeschränkg selbst dem bösgl Dr ggü fort. Doch bleiben die GenErfordern v §§ 1812, 1813.

1820 *Genehmigung nach Umschreibung und Umwandlung.* **[1] Sind Inhaberpapiere nach § 1815 auf den Namen des Mündels umgeschrieben oder in Buchforderungen umgewandelt, so bedarf der Vormund auch zur Eingehung der Verpflichtung zu einer Verfügung über die sich aus der Umschreibung oder der Umwandlung ergebenden Stammforderungen der Genehmigung des Vormundschaftsgerichts.**

[II] Das gleiche gilt, wenn bei einer Buchforderung des Mündels der im § 1816 bezeichnete Vermerk eingetragen ist.

1   Zur Vfg über die gem § 1815 umgeschriebenen InhPapiere u die gem §§ 1815f umgewandelten bzw mit einem Vermerk versehenen BuchFdgen bedarf der Vormd der Gen des VormschG schon wg der nach diesen Vorschr getroffenen Bestimmg u des genannten Vermerks. Als Vfg anzusehen u demgemäß genehmiggspflichtig ist auch Rückverwandlg der Namens- in InhPapiere, Beseitigg des Vermerks u die Erhebg der BuchFdgen. Nach § 1820 genehmiggspflichtig auch der schuldrechtl Vertr, durch den sich Vormd zu einer Vfg über die sich aus der Umschreibg od Umwandlg ergebenden StammFdgen od die mit Vermerk versehene BuchFdg verpflichtet. Vfgsbeschränkg, die die gleiche Wirkg wie bei § 1819 hat, wirkt wie dort nur, solange Vermerk eingetragen od Umschreib auf den Namen nicht gelöscht ist. Vgl im übrigen, und zwar auch für die freiwillige od vom Dritten angeordnete Umschreibg und Umwandlg, § 1819 Rn 1.

1821 *Genehmigung für Grundstücksgeschäfte.* ¹ Der Vormund bedarf der Genehmigung des Vormundschaftsgerichts:

1. zur Verfügung über ein Grundstück oder über ein Recht an einem Grundstück;

2. zur Verfügung über eine Forderung, die auf Übertragung des Eigentums an einem Grundstück oder auf Begründung oder Übertragung eines Rechts an einem Grundstück oder auf Befreiung eines Grundstücks von einem solchen Recht gerichtet ist;

3. zur Verfügung über ein eingetragenes Schiff oder Schiffsbauwerk oder über eine Forderung, die auf Übertragung des Eigentums an einem eingetragenen Schiff oder Schiffsbauwerk gerichtet ist;

4. zur Eingehung einer Verpflichtung zu einer der in den Nummern 1 bis 3 bezeichneten Verfügungen;

5. zu einem Vertrage, der auf den entgeltlichen Erwerb eines Grundstücks, eines eingetragenen Schiffs oder Schiffsbauwerks oder eines Rechts an einem Grundstück gerichtet ist.

II Zu den Rechten an einem Grundstück im Sinne dieser Vorschriften gehören nicht Hypotheken, Grundschulden und Rentenschulden.

1) Vorbemerkung vor §§ 1821, 1822 (Lit: Klüsener, Rpfleger **81**, 461; Brüggemann FamRZ **90**, 5 u **1** 124; Labuhn, Vormschgerichtl Gen, 1991).

a) Um zu gewährleisten, daß das MdlInteresse gewahrt wird, bedürfen sowohl auf dem Gebiet der **2** PersSorge wie der Verw des MdlVermögens besonders wichtige RHdlgen u RGeschäfte des Vormd der Gen des VormschG selbst. Keine Umgeh des GenErfordern dch proz Anerk od KlVerzicht (vgl Brüggemann FamRZ **89**, 1137). Die Entsch über Erteilg od Verweigerg der Gen ist eine **Ermessensentscheidung** (BGH NJW **86**, 2829; BayObLG FamRZ **89**, 540; aA Soergel/Damrau § 1828 Rdn 8: in allen Inst voll nachprüfb unbest RBegr). Die Gen des GgVormd reicht nicht aus. Das VormschG hat vor Erteilg der Gen den **Sachverhalt** hinreich **aufzuklären** (BGH NJW **86**, 2829). **Die Aufzählung** der Fälle in §§ 1821, 1822 **ist 3 keineswegs vollständig.** So ist in **persönlichen Angelegenheiten** zB die Gen des VormschG ferner erforderl: Falls der Mdl geschäftsunfähig ist, zur Erhebg der Aufhebgs- u Scheidgsklage, ZPO 607 II 2 (EheG 30 Rn 2); zur Anfechtg der Ehelichk od Vatersch, ZPO 640b, 641; zum Antr des Vaters auf EhelErkl seines nehel Kindes, §§ 1723, 1728 II; zur Bestimmg über die rel Erziehg des Mdl, RKEG 3 II; zur Unterbringg, die mit FreihEntziehg verbunden ist, §§ 1631b, 1800; zum Antr, das AufgebotsVerf zum Zwecke der TodesErkl einzuleiten, VerschG 16 III; zum Antr auf Entlassg des Mdl aus der Staatszugehörigk, RuStAG 19 I; zur Auswanderg von Mädchen unter 18 Jahren, § 9 VO gg Mißbräuche im Auswandergswesen v 14. 2. 24, RGBl 108; ferner der Antr auf Anordng der ZwVerst zum Zwecke der Aufhebg einer Gemsch, ZVG 181 II. Weitere Fälle der Notwendigk der Gen des VormschG **in vermögensrechtlichen 4 Angelegenheiten** bei § 1822 Anm zu Z 1–3, ferner zB §§ 1812 II, III, 1819, 1820. Umgek gibt es in den AGen zum ehem JWG der Länder Ausnahmen vom GenehmiggsErfordern für AmtsVormsch des JA (vgl § 1802 Rn 1).

b) Gleichgültig ist, ob eine Verpflichtg zur Vornahme des RGeschäfts besteht (KG OLG **33**, 363). **5** Regelmäßig steht der Vfg die Eingeh der Verpflichtg zur Vfg gleich, um die sonst mögliche Durchsetzg der Vornahme der Vfg im Prozeßwege zu verhindern. Genehmigg auch erforderl, wenn der Mdl nur mitberechtigt ist, also auch bei Beteiligg an einer Gemsch zur gesamten Hand (BayObLG JW **21**, 581), und demgemäß zur AuseinandS bei derartigen Mitberechtiggen, auch dann, wenn TestVollstr u mj Erben gemeins auseinandersetzen (BGH **56**, 284), hingg **nicht erforderlich** bei Beteiligg des Mdl an einer jur Pers od wenn das MdlVerm sich nicht in der Verw des Vormd, sond eines TestVollstr befindet (RG JW **13**, 1000), auch wenn dieser dem Vormd Mittel zum GrdstKauf aushändigt, sofern das Grdst nicht für das vom Vormd verwaltete Verm, sond für die NachlMasse gekauft worden ist (RG **91**, 69), was auch dann der Fall ist, wenn TestVollstr die zunächst auftraglose GeschFührg des Vormd genehmigt. Wird die OHG, an der der Mdl beteiligt ist, durch die Liquidatoren verkauft, so ist eine Gen durch das VormschG begriffl ausgeschl (KG DR **42**, 276). Ob §§ 1821, 1822 zutreffen, ist die GenBedürftigk des in Frage kommmden Gesch um der Rechtssicherh willen nicht nach den jeweil Umst des Einzelfalles, also nicht nach dem Zweck, sond formal zu beurteilen (BGH **38**, 28; **52**, 319). Wg Abschlusses eines Geschäftes aGrd einer Vollm des Erbl vgl RG **88**, 345 und § 1812 Rn 2 aE. Keine Gen zur ProzFührg als solcher u dem Betreiben der ZwVollstr (§ 1812 Rn 9), ebsowenig zur Bewirkg der Leistg od Abgabe der WillErkl, wenn dazu rechtskr verurteilt worden ist (KGJ **45**, 264; BayObLG MDR **53**, 561).

c) Die Genehmigg ist wesentl Bestandteil des vom Vormd vorzunehmenden RGeschäftes. Also **Be- 6 schränkung der Vertretungsmacht.** Im übrigen vgl §§ 1828–1831. Sie ist notw für das RGesch als solches, gleichgültig, ob es Vormd od der Mdl mit seiner Zust vornimmt. Auch insow Mdl unbeschränkt geschäftsfähig ist, bleiben RGeschäfte, zu denen der Vormd der Gen des VormschG bedarf, genehmiggspfl, §§ 112 I, 113 I. Keine Befreiung möglich, Vorschr gelten mit landesrechtl Ausn auch bei Amts- u Vereins-Vormd. Vor Entscheid des VormschG soll der mind 18jährige Mdl tunlichst gehört w (FGG 50b). Ob Gen erteilt wird, ist Ermessenssache (umstr; vgl Soergel/Damrau § 1828 Rz 8 mN: unbest RBegr). Es entsch der RPfleger, RPflG 3 Z 2a. Über Umfang der Gen § 1828 Rn 5. Erhebl Abändergen eines Vertr, dessen Gen das VormschG abgelehnt h, ändern den VerfGgst u können desh im BeschwVerf trotz FGG 23 nicht berücks w (Stgt Just **79**, 265).

2) Die einzelnen Fälle. Nr 1, 3, 4: Genehmigungsbedürftig sind: **a)** Vfgen über ein Grdst, eingetra- **7/8** genes Schiff, Schiffsbauwerk, SchiffsrechteG v 15. 11. 40, RGBl 1499, DVO v 21. 12. 40, RGBl 1609, u ÄndG v 8. 5. 63, BGBl 293, ferner die einem Grdst bundes- u landesrechtl gleichgeachteten Rechte wie WohngsEigt, ErbbauR, ErbbRVO 11, ErbpachtR, BergwerksEigt u dgl, Art 63, 67, 68, 74 EG. Gemäß dem Rn 5 Gesagten gilt das auch für GrdstAnteil, auch wenn er GesHandsanteil ist, insb also bei AuseinandS der ErbenGemsch, zu der der Mdl gehört (KGJ **38** A 219; vgl auch § 1629 Rn 10, nicht aber der unentgeltl

Erwerb eines NachlGrdst zu AlleinEigt, BayObLG NJW **68**, 941) und der Teilg von MitEigt an einem Grdst (BayObLG **1**, 420), nicht aber bei Vfgen über Grdst einer OHG, an der Mdl beteiligt ist (RG **54**, 278),

9 od bei Veräußerg von GmbH-Anteilen, deren Verm aus einem Grdst besteht (RG **133**, 7). **Verfügungen** (vgl § 1812 Rn 8) **sind vor allem** Veräußerg, Auflassg, auch Rückauflassg aGrd vorbehaltenen Rücktr (BayObLG FamRZ **77**, 141); privatrechtl Versteigerg dch den NachlPfleger auch dann, wenn der Auktions-Vertr bereits vormschgerichtl gen w war (KG NJW-RR **93**, 331); Belastg (zB mit einer Grdschuld; aber nicht erneute Gen bei deren Valutierg; BayObLG FamRZ **86**, 597), die Zust zur Vfg eines NichtBerecht (BayObLG **13**, 287), Zust zur Veräußerg, falls Mdl nur Nacherbe (Karlsr RJA **17**, 22), Belastg eines Grdst mit EigentümerGrdschulden (KG JW **32**, 1388). Ausschl des KündR des HypSchu (KG OLG **14**, 262, str) od Änderg der Fälligk des GrdpfandR (BGH BB **51**, 404, nicht aber eine Künd seitens des GrdstEigtümers, BGH ebda), Bewilligg einer GBBerichtig (KG OLG **25**, 390), einer Vormerkg zu dadch beeinträcht Veräußerbark des Grdst (Celle Rpfleger **80**, 187; Mohr Rpfleger **81**, 175; aA Stade MDR **75**, 933), mRücks auf die Änderg der Belastgsverhältnisse des Grdst die Erhöhg des HypZinses, Verlängerg der KündFrist (KGJ **29** A 20), Zust des Eigtümers zur Umwandlg einer Hyp in eine GrdSchu und umgekehrt (vgl BayObLG **2**, 799), einer Sichergs- in eine VerkehrsHyp, da andere Belastg. Keine Vfg über ein Grdst ist der Antr auf ZwVerst eines im MitEigt stehenden Grdst zum Zwecke der Aufheb der Gemsch (RG **136**, 358;

10 and § 1365 Rn 8). Er ist aber wg ZVG 181 II 2 genehmiggspfl. **Nicht genehmigungsbedürftig** ist die Hyp- od GrdSchuBestellg zur Deckg des Restkaufgeldes anläßl des GrdstKaufs (RG **108**, 356; BayObLG FamRZ **92**, 604); Gen allerdings nach Nr 5 für den Erwerb erforderl, da es sich nicht um eine Verminderg des MdlVermögens, sond um die teilweise GgLeistg für die Veräußerg des Grdst handelt; ebsowenig die beim GrdstErwerb dem Vater eingeräumte NießbrBestellg (BGH **24**, 372), es sei denn unter Vereinbg eines uneingeschränkten VerwertgsR des Schenkers (Celle OLG **74**, 164). Gen-frei ist auch der unentgeltl Nießbr-Erw (Kln MittRhNotK **78**, 192). Ebenso liegt es bei einer Hyp, die im KaufVertr seitens des Mdl für Straßenanlage- u Unterhaltskosten zG der Stadtgemeinde übernommen wird (KG HRR **32**, 1305), bei der Schenkg eines Grdst an den Mdl unter Übernahme bestehder u Begrdg neuer dingl Lasten (KG JW **35**, 55). Genfrei die gem ErbbRVO 5 II erforderl Zust für eine Belastg des Erbbaus des ErbbauR (LG Ffm Rpfleger **74**, 109); ferner Vfgen ü GrdstBesitz, da Besitz kein R am Grdst (RG **106**, 112); ebsowenig ist zustbedürft Abtretg des HerausgAnspr, die Zust zum RangRücktr od zur Löschg einer Hyp (vgl KGJ **22** A 140, str), Unterwerfg unter die sof ZwVollstr (KG RJA **7**, 224, str, sa Knopp MDR **60**, 464). Auch keine Gen bei Verurt zur Erkl

11 der Auflassg, selbst nicht bei VersäumnUrt (BayObLG MDR **53**, 561). **Genehmigungserteilung,** wenn § 1804 S 2 vorliegt (Hamm NJW-RR **87**, 453). Die Gen der Auflassg enthält regelm die des obligator Geschäfts (RG **130**, 148) u umgek (KG HRR **37**, 92; BayObLG Rpfleger **85**, 235).

12   **b)** Vfgen über ein Recht am Grdst. Hierhin gehören jedoch nicht Hyp-, Grd- u Rentenschulden, II, für die außer bei angeordneter Hinterlegg, § 1819, die Gen des GgVormd genügt, § 1812 Rn 5, so daß nur bleiben Nießbrauch, Dienstbarkeiten, Reallasten u VorkaufsR. Bei Möglk des Ausfalls in der ZwVerst ist ein vom Pfleger erklärter RangRücktr nicht zu gen (LG Brschw Rpfleger **76**, 310). Vgl dazu §§ 1059, 1092, 1098 I, 1105, 514. Die einzelnen Leistgen aGrd einer Reallast stehen den HypZinsen gleich, § 1107, gehören also ebenf nicht hierher. Für Vfgen über Rechte an einem Recht am Grdst ist keine Gen erforderl (KGJ **40**, 163), ebsowenig für die Überlassg od Ausübg eines GrdstRechts, da über dieses dadurch nicht verfügt wird; aber Gen nach § 1812 erforderl.

13   **c)** Die Eingehg der Verpflichtg zu einer der Rn 7–12 genannten Vfgen.

14   **Nr 2, 3, 4:** Nr 2 trifft Anspr, die wirtschaftl Nr 1 gleichzusetzen sind. Hierher gehört zB der Anspr auf Auflassg, hingg nicht die EntggNahme (RG **108**, 356), da darin zwar eine Vfg über den Anspr auf Eigt-Übertr, nicht aber über Nr 2 zu verhindernde RVerlust liegt. Genehmiggsbedürftig auch der Anspr aus dem Meistgebot, ZVG 81 II, die Wiederaufhebg von GrdstKauf od -schenkg (Karlsr FamRZ **73**, 378), die Vfg über eine Vormkg zur Sicherg des Anspr auf EigtÜbertr (KG Recht **29**, 2371); nicht hierunter (sond unter § 1812) fallen aber Vfgen über Rechte an Hyp-, Grd- u Rentenschulden, II, zB Löschgsbewilligg für den HypNießbr (KGJ **40** A 163). Entspr gilt für Nr 3, durch VO v 21. 12. 40, RGBl 1609, eingefügt.

15   **Nr 5:** Genehmigg erforderl für jeden entgeltl Erwerb eines Grdst, eingetragenen Schiffs od Schiffbauwerks, vgl oben Rn 8, deshalb auch bei Tausch. Entgeltlichkeit liegt auch vor, wenn das Kaufgeld durch HypBestellg gedeckt wird (BayObLG JFG **5**, 305), nicht aber bei Schenkg, auch wenn Nießbrauch od sonstige Lasten vorbehalten sind (BayObLG **67**, 245), od jene unter Auflage erfolgt ist, außer wenn die Erfüllg der Auflage die GgLeistg ist. Gleichgült ist, wie der Erwerb erfolgt; genehmiggsbedürftig also auch Ausübg des MiterbenvorkaufsR, wenn zum Nachl ein Grdst gehört (SchlHOLG SchlHA **56**, 262). Ein nicht genehmigtes Gebot, das bei der ZwVerst für den Mdl abgegeben wird, ist demgemäß zurückzuweisen. Der entgeltl Erwerb von Hyp-, Grd- und Rentenschulden bedarf auch hier nicht der Gen des VormschG, II; vgl dazu §§ 1807 I Nr 1, 1810. Gen ist ErmessensEntsch (umstr; Soergel/Damrau § 1828 Rz 8 mN: unbest RBegr); kein FehlGebr die Versagg der Gen, wenn dem Kind übernommene gesamtschuldner Verbindlken den Wert des ihm übertragenen MitEigtAnteils übersteigen (BayObLGZ **77**, 121). Bei Erwerb dch Makler wird Mdl idR auch dessen VertrPartner (Ffm DAV **87**, 149). Ausstehen der Gen steht der Eintragg einer Vormerkg nicht entgg (BayObLG DNotZ **94**, 182).

1822   *Genehmigung für sonstige Geschäfte.*   **Der Vormund bedarf der Genehmigung des Vormundschaftsgerichts:**

    1. zu einem Rechtsgeschäfte, durch das der Mündel zu einer Verfügung über sein Vermögen im ganzen oder über eine ihm angefallene Erbschaft oder über seinen künftigen gesetzlichen Erbteil oder seinen künftigen Pflichtteil verpflichtet wird, sowie zu einer Verfügung über den Anteil des Mündels an einer Erbschaft;

    2. zur Ausschlagung einer Erbschaft oder eines Vermächtnisses, zum Verzicht auf einen Pflichtteil sowie zu einem Erbteilungsvertrage;

3. **zu einem Vertrage,** der auf den entgeltlichen Erwerb oder die Veräußerung eines Erwerbsgeschäfts gerichtet ist, sowie zu einem Gesellschaftsvertrage, der zum Betrieb eines Erwerbsgeschäfts eingegangen wird;

4. **zu einem Pachtvertrag** über ein Landgut oder einen gewerblichen Betrieb;

5. **zu einem Miet- oder Pachtvertrag** oder einem anderen Vertrage, durch den der Mündel zu wiederkehrenden Leistungen verpflichtet wird, wenn das Vertragsverhältnis länger als ein Jahr nach dem Eintritt der Volljährigkeit des Mündels fortdauern soll;

6. **zu einem Lehrvertrage,** der für längere Zeit als ein Jahr geschlossen wird;

7. **zu einem auf die Eingehung** eines Dienst- oder Arbeitsverhältnisses gerichteten Vertrage, wenn der Mündel zu persönlichen Leistungen für längere Zeit als ein Jahr verpflichtet werden soll;

8. **zur Aufnahme von Geld** auf den Kredit des Mündels;

9. **zur Ausstellung** einer Schuldverschreibung auf den Inhaber oder zur Eingehung einer Verbindlichkeit aus einem Wechsel oder einem anderen Papiere, das durch Indossament übertragen werden kann;

10. **zur Übernahme** einer fremden Verbindlichkeit, insbesondere zur Eingehung einer Bürgschaft;

11. **zur Erteilung einer Prokura;**

12. **zu einem Vergleich** oder einem Schiedsvertrag, es sei denn, daß der Gegenstand des Streites oder der Ungewißheit in Geld schätzbar ist und den Wert von fünftausend Deutsche Mark nicht übersteigt oder der Vergleich einem schriftlichen oder protokollierten gerichtlichen Vergleichsvorschlag entspricht;

13. **zu einem Rechtsgeschäfte,** durch das die für eine Forderung des Mündels bestehende Sicherheit aufgehoben oder gemindert oder die Verpflichtung dazu begründet wird.

1) Vgl § 1821 Rn 1. Nach Ändg des RPflG dch Art 3 Nr 2c BtG entsch immer der RPfleger. **1**

2) Nr 1: Verpflichtung zur Verfügung über das Vermögen im ganzen, vgl § 311 u Anm: nicht **2** genügd, wenn Verpflichtgswille auf EinzelVermStücke geht (BGH DNotZ **57**, 504), mögen diese auch im Ggsatz zu § 1365 Rn 4, 5, § 1423 tatsächl das ganze Verm ausmachen (aM Reinicke DNotZ **57**, 506; Kurz NJW **92**, 1799). Eine Vfg über das Verm im ganzen ist im BGB ledigl bei Vereinbg u Aufhebg der GütGemsch mögl, für die ebenf Gen des VormschG erforderl ist, §§ 1411 I 2, 1484 II, 1492 III. Ob die Vfg über einen Ggst aus einer VermMasse der Gen bedarf, richtet sich nach den dafür in Betr kommenden Vorschr.

3) Nr 1 und 2; Erbschaft: a) Verpflichtg zur Vfg über eine angefallene Erbsch, der der Erbteil gleich- **3** steht, § 1922 II: Veräußerg der Erbsch, §§ 2371ff, 2385, Bestellg eines Nießbrauchs an der Erbsch, § 1089; – **b)** Verpflichtg zur Vfg über den künftigen gesetzl Erb- od Pflichtteil, § 312 II; – **c)** Vfg über den Anteil an **4/5** der Erbsch, § 2033, durch Veräußerg, Belastg, Verzicht zG eines u Erben. – **d)** Ausschlag einer Erbsch, **6** §§ 1942ff, nicht erforderl zur Annahme, wohl aber zu deren Anfechtg, die als Ausschlagg gilt, § 1957 I. *Länder der früh BrZ:* Genehmigg erforderl auch bei Ausschlag eines Hofes, HöfeO 11; – **e)** Ausschlag eines **7** Vermächtnisses, § 2180, nicht zur Annahme u auch nicht zu deren Anfechtg; – **f)** PflichtT- u ErbVerzVertr **8** (§§ 2346, 2347). Der VormschRi haftet, wenn er die Gen ohne Ermittlgen über VermVerhältn des Va erteilt (BGH FamRZ **95**, 151). Genbedürft auch der Verz auf den angefallenen Pflichtt (§§ 2303ff). – **g)** ErbteilsgVertr, gleichgültig, ob gerichtl oder außergerichtl, ferner ob ErbenGemsch dadurch im ganzen **9** od nur bzgl eines NachlGgstandes aufgeh wird (KGJ **42**, 49). Auch wenn Mdl bei Teilg nicht alles erlangte, wird Vertr vom VormschRichter doch zu genehmigen sein, wenn im ganzen vorteilhaft (vgl KG JFG **8**, 55). Kein ErbteilsgVertr, wenn durch sämtl Erben Erbsch an Dritte verkauft wird; vgl dann aber ggf § 1821 Z 1 und 3. Keine Gen zur Erhebg der Teilsklage, § 2042. Eine im voraus erteilte vormschgerichtl Gen kann, sofern der wesentl Inh des Vertr bereits feststeht (KG MDR **66**, 238), nicht mehr nachträgl versagt w (Memmg FamRZ **77**, 662); – **h)** sonstige Fälle, in denen Gen erforderl: ErbVertr, § 2275, zu seiner Anfechtg **10** für den geschäftsunfähigen Erbl, § 2282 II, zur Einwillig in die Aufhebg des Erbvertrages, §§ 2290f, Verzicht des Abkömmlings auf seinen GesGutsanteil, §§ 1491 III, 1517 II. Keine Gen zur Errichtg eines Test.

4) Nr 3: Erwerbsgeschäft (Lit: Klüsener Rpfleger **90**, 321; Thiele, KiVermSchutz im PersonalUnternR, **11** 1992) das ist jede berufsmäßig ausgeübte, auf selbständigen Erwerb gerichtete Tätig, gleichgültig, ob es sich um Handel, Fabrikationsbetrieb, Handwerk, Landwirtsch, wissenschaftl, künstlerische od sonstige Erwerbstätigk handelt (RG **133**, 11). Wg Ermächtigg des Mdl zum selbständigen Betrieb eines Erwerbsgeschäfts, vgl § 112, wg des Beginns u der Auflösg eines solchen, § 1823. Anhörg des Mdl: FGG 50b IV (Einf 10 v § 1626). Der Gen bedarf

a) der entgeltl **Erwerb oder** die **Veräußerung** eines Erwerbsgeschäfts; ebso die Bestellg eines Nieß- **12** brauchs daran u die Verpfänd. Gleichgültig, ob Firma (Warn **08**, 70) sowie ob die Aktiven u Passiven übergehen (Kassel OLG **10**, 12), ob Geschäft allein od zus mit andern erworben, ob Gesch im ganzen od nur GeschAnteil veräußert wird (RG **122**, 370). Auch der Erw v Beteiligg an einer AG od GmbH, die ein ErwGesch betreiben, ist also gen-pflicht, wenn die Höhe u die Umst der Beteiligg wirtsch dem Erw eines ErwGesch gleichkommen (KG JW **26**, 600; NJW **76**, 1946). Hingg ist die Auflösg eines solchen Gesch seiner Veräußerg nicht gleichzustellen (BGH **52**, 319). Verkauf des ges Inventars eines Hofes, da auch dann der landwirtschaftl Betrieb als Einh bestehen bleibt (BGH **LM** Nr 2). Da eine Arztpraxis an die Pers des Arztes gebunden ist, ist der Verkauf nach seinem Tode nicht genehmiggspfl (RGZ **144**, 5). Die schenkw Übertragg eines GmbH-Anteils ist nicht nach Nr 3 gen-bedürft (BGH **107**, 23); wohl aber die Veräuß sämtl GeschAnteile (Hamm FamRZ **84**, 1036; aA Damrau Rpfleger **85**, 62; vgl auch Gerken Rpfleger **89**, 270). Nach der gesetzl **13**

Regelg ist keine Gen erforderl zum unentgeltl Erwerb, zur Annahme u **Fortführung eines ererbten Geschäfts** (Lit: Damrau NJW **85**, 2236; K Schmidt NJW **85**, 2785 u BB **86**, 1238), u zwar auch nicht für die Fortführg in ungeteilter ErbGemsch (BGH NJW **85**, 136); das BVerfG NJW **86**, 1859 hat der gg diese Entsch gerichtete VerfBeschw stattgegeben: Der GesGeber muß eine Regelg schaffen, die entw die Fortführg eines HandGesch dch Mj von einer vormschgerichtl Gen abhäng macht od den Mj jedenf nicht über den Umfg des ererbten Verm hinaus zu Schuldn werden läßt (zu den Auswirkgen dieser Entsch: Hertwig FamRZ **87**, 124; Reformvorschl: Thiele FamRZ **92**, 1001). Bis zur gesetzl NeuRegelg Aussetzg des Verf (BGH NJW-RR **87**, 450). Ist Erwerb genehmiggspfl, aber nicht genehmigt, so wird dadurch die Gültigk der späteren Einzelgeschäfte nicht berührt (Brsl OLG **26**, 270);

14   **b)** ein **Gesellschaftsvertrag,** der den Betr eines ErwGeschäfts vorsieht (Lit: Klüsener Rpfleger **90**, 321; Oelers MittRhNotK **92**, 69). **aa) Genehmigungspflichtig** ist also die Grdg einer OHG od KG, selbst wenn der Mj nur Kommanditist w soll; ebso der Eintr des Mdl in eine bestehende oHG (BGH **38**, 26) od KG als Komm (BGH **17**, 160) od in eine MietsHsGes (LG Aachen NJW-RR **94**, 1319); die Begrdg einer stillen Ges (LG Bielef NJW **69**, 753), auß bei einmaliger KapBeteiligg ohne Beteiligg am Verlust (BGH JZ **57**, 382; BFH Betr **74**, 365); Grdg einer LeasingGes (BayObLG FamRZ **90**, 208); im Hinbl auf die Haftg des VorGesellschafters die Grdg einer KapGes wie AG, GmbH (Kurz NJW **92**, 1800 mN). Genbedürft ferner fundamentale Ändgen eines GesVertr, also nicht, wenn damit ledigl eine bereits vorher von den Ges übernommene Verpfl erfüllt od die Änd dch MehrhBeschl vorgen w (Knopp BB **62**, 943; s u). Bei Gen sorgfält Abwägg aller Umst; die Tats der Haftg des Mj aus dem GesVerh reicht für die Versagg der Gen nicht aus (Hamm BB **83**, 791). – **bb) Nicht genehmigungspflichtig** ist der Erw einer GesBeteiligg dch Gesetz, insb kr ErbR aGrd einer entspr Nachfolgeklausel im GesVertr, es sei denn, diese begründet ledigl eine Verpfl der übr Gter zur Aufn des Erben (KG HRR **33**, Nr 815; Kurz NJW **92**, 1800); die Aufn Dr als neuer Gter in eine oHG od sonst unwesentl VertrÄndergen (BGH **38**, 26; aA MüKo/Schwab **28**; krit auch Beitzke JR **63**, 182; Knopp BB **62**, 939; s iü oben) od eines Dr als stillen Gter (KG OLG **21**, 290); Eingehg einer still Ges im Namen der KG, an der Mj beteil ist (BGH NJW **71**, 375); Kündigg od Auflösg des GesVerh dch Beschl (BGH **52**, 316; Wiedemann JZ **70**, 290; Soerg/Damrau 18); das Ausscheiden eines MitGters od die dahingehde Kündigg (BGH NJW **61**, 724). – **cc)** Der **Verstoß** gg die GenPfl führt zu einer unwirks Beteiligg des Mj. Die im ErwGesch abgeschl RGeschäfte sind wirks. Aber keine Haftg des Mj aus der fakt Ges (§ 705 Rn 10 ff), unbeschadet der Haftg der übr Gter (BGH **17**, 165; NJW **83**, 748).

15   **5) Nr 4: Pachtvertrag,** gleichgült ob Mj Pächter od Verp (Erm/Holzhauer 6) u o Rücks auf die Dauer, dann aber ggf zusätzl GenPfl nach Rn 5. PachtGgst muß sein: **a) Landgut** (§ 98 Rn 4, §§ 585 ff); bei
16 Verpachtg einz Ggste: Rn 5, od **b) gewerblicher Betrieb** (vgl HGB 22 II), auch selbständ verp land- u forstw NebenBetr.

17   **6) Nr 5: a) Miet- und Pachtvertrag,** gleichgült, ob Mdl Mieter, Vermieter, Pächter od Verpächter, ob bewegl od unbewegl Sache (KG JFG **1**, 83). Nr 4 und 5 auch nebeneinand anwendb (RG **114**, 37). Keine analoge Anwendg auf Verpfl zu dauernder Bereitstellg von Kfz-Einstellplätzen (BGH NJW **74**, 1134) od auf
18 die gesetzl Folge des § 571 (BGH NJW **83**, 1780). Wg MietVertr bei Bt vgl § 1907 III. – **b) wiederkehrende Leistungen,** zB Versichergsverträge (Hamm VersR **92**, 1502; LG Hbg NJW **88**, 215; Winter ZVersWiss **77**, 145; Hilbert VersR **86**, 948), insb KapLebVers (Hamm NJW-RR **92**, 1186; AG Hbg NJW-RR **94**, 721: keine Gen dch Fortzahlg nach Eintr der Volljk), Altenteil, Abzahlgsverträge (LG Bln NJW **63**, 110; aM Schmidt BB **63**, 1121), An- u Bausparverträge (LG Dortm MDR **54**, 546), Rentenversprechen, Zusage eines Ruhegehalts (RAG **11**, 331); über ges UnterhPfl hinausgehde ZahlgVerspr (MüKo/Schwab 37); aber nicht ArbLeistgen (RAG JW **29**, 1263, vgl aber Rn 20); auch nicht Verpflichtg des mj nehel Vaters zur UnterhZahlg, da idR nicht Vertr, sond einseit schuldbestätigdes Anerkenntn, auch wenn in Form von ZPO 794 I Z 5 (KG FamRZ **71**, 41; Bronsch NJW **70**, 49; Odersky FamRZ **71**, 137). Auch keine entspr Anwendg, da Aufzählg von § 1822 geschl (aM LG Köln NJW **69**, 1907; Wiegel FamRZ **71**, 17; vgl aber § 1615 e Rn 5.
19 **Gemeinsame Voraussetzungen für a) und b),** daß VertragsVerh länger als ein Jahr nach Eintr der Volljk des Mdl (§ 2) fortdauern soll (geänd dch VolljkG Art 1 Z 10), also nicht eher vom Mdl gekündigt w kann. Dem steht gleich, wenn zwar bald gekündigt w kann, VVG 165, damit aber erhebl VermEinbußen verbunden sind (BGH **28**, 78). Ist Vertr nicht genehmigt, so richtet sich Wirksamk nach § 139 (RG **114**, 35), gilt also bei Vereinbg, daß die Nichtigk einzelner Best die Gültigk des übrigen Vertrags nicht berühren soll, bis ein Jahr nach Vollendg der Volljährigk (BGH FamRZ **62**, 154); ebso wenn er hins eines Mdl diese Zeitdauer übersteigt. Beim VersVertr auf den Todes- od Erlebensfall kann wg der bei kürzerer Vertragsdauer höheren Prämie grdsätzl nicht gesagt werden, daß ein solcher Vertr abgeschl worden wäre (BGH **28**, 83; aM Woltereck VersR **65**, 649, der KündMöglichk u zwar auch bei LebensVersVertr auf den Erlebens- u Todesfall trotz der erhebl Einbuße bei vorzeit Künd für ausreichend hält, desgl bei Beitritt zu einer Ersatzkasse, SozGerichtsbark **65**, 161); nicht Unter Z 5 fällt der GrdstErwerb mit der ges Folge des § 571 (BGH NJW **83**, 1780) sowie der Beitritt zu Vereiniggen, Gewerkschaften u dergl wg der Beitragszahlg; hier muß die Möglichk des jederzeitigen Austritts genügen (Woltereck Arb u Recht **65**, 240).

20   **7) Nr 6 u 7: Lehr-, Dienst- u Arbeitsverträge,** die für länger als ein Jahr geschl werden, dh nicht eher seitens des Mdl kündbar sind; vgl auch Rn 18, 19. Nicht unter Nr 7 fallen persönl Leistgen, zu denen Mdl als Gesellschafter verpflichtet ist. Wg des Lehrvertrages vgl HandwerksO idF v 28. 12. 65 (BGBl **66**, 1), §§ 21 ff, geänd dch BerBG v 14. 8. 69, BGBl 1112; Anhörg des Mdl vor Abschl (Erref 9–11 v § 1626). VormschRichter hat nicht nur vermögensrechtl Seite des Vertrages zu prüfen, sond auch, ob das leibl, geistige u sittl Wohl des Mdl gewahrt ist. Für das JA als AmtsVormd od Pfleger ist Gen nicht erfdl (KJHG 56 II 2). Die AusführgGe der Lä können weitere Befreiungen vorsehen (KJHG 56 II 3).

21   **8) Nr 8: Geld auf Kredit** in jeder Form (RG JW **12**, 590), also auch in Gestalt des Kontokorrentverkehrs (KG OLG **21**, 289), Schuldanerkenntnis od Versprechen zum Zwecke der Geldbeschaffg (KG OLG **21**, 289), uU auch DarlVorvertrag (RAG **21**, 129); nicht aber Kreditgeschäft wie Kauf auf Borg (RG JW **12**, 590); bei Kauf mit Teilzahlgskredit handelt es sich neben dem Kauf um Aufnahme eines Darlehns (BGH

NJW **61**, 166), also Gen erforderl (LG Mannh NJW **62**, 1112). Auch nicht Aufwendgen für DarlBeschaffg wie Mäklerlohn, mögen sie auch Darlehen kürzen (BGH MDR **57**, 410). Allg Ermächtigg mögl, § 1825. Nicht genehmiggspflichtig Geldaufnahme durch den Dritten, dem laut GesellschVertr mit dem Mdl GeschFührg zusteht (BayObLG **2**, 847), auch nicht die Sichergsabtretg; ist das Kreditgeschäft nicht genehmigt, aber § 812 (RG HRR **32**, 1755). Zur steuerl Behdlg der DarlGewährg od stillen Beteiligg dch Ki aus zuvor **geschenkten Beträgen**: BFH NJW **93**, 2556 u 2559.

9) Nr 9: Schuldverschreibungen auf den Inhaber, Orderpapiere. Genehmigg mit Rücks auf Erhaltg   22 der Klagemöglichk im Wechselprozeß zweckmäßigerw in den Wechsel aufzunehmen. Bei Wechsel an eigene Order Gen nicht zur Ausstellg, sond erst zur Begebg erforderl (RG JW **27**, 1354). Allg Ermächtigg mögl, § 1825.

10) Nr 10: Übernahme einer fremden Verbindlichkeit. GrdGedanke: Erfahrsgem ist Bereitsch zur   23 Eingeh der Verpfl größer, wenn nicht sofort z leisten ist od Erstattg des Geleisteten verlangt w kann. Daraus folgt als Einschrkg ggü dem Wortlaut: Genpflichtig ist nur die Übern solcher Verbindlichk, f deren Begleichg Mdl Ers vom ErstSchu verlangen kann (RG **133**, 13; **158**, 215). Z 10 verlangt nicht schlechthin die Gen f riskante Gesch (BGH **41**, 79). Desh unanwendb bei Haftg aus § 571 nach GrdstErwerb (BGH NJW **83**, 1780) od wenn Mdl Schuld tilgt (RG **75**, 357, dann aber § 1812 beachten) od als eig übernimmt ohne entspr ErstattgsAnspr; ebso bei HypÜbern bei GrdstSchenkg (KG JW **35**, 55) od in Anrechng auf den Kaufpr (RG **110**, 175; vgl auch § 1821 Rn 10). Iü allg Ermächtigg mögl, § 1825. **Genehmigungsbedürftig** sind Bürgsch,   24 Verpfländg (RG **63**, 76), auch Austausch des PfandGgst (Engler Rpfleger **74**, 144), Sichergsübereigng f fremde Schuld (RG HRR **36**, 336), SchuldÜbern jeder Art, §§ 414 ff, wenn Erstattg vorgesehen ist, ferner wenn Mdl bl MitEigtAnteil erwerben, aber gesamtschuldnerisch f den gesamten Kaufpr haften soll (BGH **60**, 385). Unerhebl, ob die Haftg für die fremde Verbindlk auf der Erkl od als deren Folge auf Ges beruht (RG **133**, 7). Auf die Beteiligg an einer **GmbH** bei Gründg bzw dch späteren Erwerb von Anteilen ist Z 10 nicht   25 schlechthin anzuwenden, sond nur, wenn der Mdl damit zugl eine fremde Verbindlk übernimmt, dh insb, wenn die Einlage noch nicht voll geleistet ist, so daß Mdl evtl für den FehlBetr aufkommen muß (GmbHG 24, 26), den im Verhältn zu dem bisher Schu allein dieser zu tilgen hat (BGH **107**, 23). Nicht unter Z 10 fällt der   26 Beitritt eines Mj zu einer **Genossenschaft** m beschr Haftg (BGH **41**, 71). Ferner keine Gen erfdl für die Verpfl, einer GrdSchu unterliegde Sachen zu versichern (BayObLG FamRZ **86**, 597).

11) Nr 11: Erteilung der Prokura, HGB 48 ff, ist genehmiggsbedürftig, nicht ihre Zurücknahme HGB   27 52, nicht die Erteilg sonstiger Handlgsvollmachten, HGB 54. Die nicht genehmigte Erteilg der Prokura ist unwirks, auch wenn sie ins HandelsReg eingetragen ist (RG **127**, 157). Haftg des Registerrichters. Der Prokurist bedarf zu Geschäften im Umfange des HGB 49 nicht der Gen, selbst wenn diese bei Vornahme des Geschäfts durch den Vormd erforderl wäre (vgl RG **106**, 185), auch nicht, wenn im vom Mdl ererbten ErwerbsGesch Prokurist schon vorher bestellt war (Hamm BB **56**, 900). Vormd kann durch Pfleger mit Gen des VormschG zum Prokuristen bestellt werden, jedoch nicht sich selbst bestellen, § 1795 II. Z 11 unanwendbar bei Erteilg der Prokura für GmbH, an der Mdl beteiligt ist (KG RJA **12**, 237).

12) Nr 12: Vergleich, Schiedsvertrag. Genehmiggsbedürftig ist – **a)** der Vergl, auch der UnterhVergl u   28 AbfindgsVertr, § 1615 e, die Stimmenabgabe für den ZwangsVergl im Konk- und VerglVerfahren. Genbedürft ist auch der ProzVergl (RG **56**, 333; **133**, 259), es sei denn, der Vgl stimmt mit einem schriftl od prot gerichtl VerglVorschl überein, weil der Schutz des Mdl hier eine erneute ger Überprfg nicht gebietet (BT-Drucks 11/4528 S 109). Vorschl des Vorsitzden der ger Verstellg reicht aus. Der endgült Vergl braucht auch nicht vor dem zust Ger geschl worden zu sein (BT-Drucks aaO). Ist der ZwangsVergl rechtskr bestätigt, so für Mdl bindend, auch wenn Vormd dagg od ohne Gen dafür gestimmt hatte, KO 193, VerglO 82; – **b)** Schiedsvertrag, ZPO 1025 ff. **Gemeinsame Voraussetzungen für a und b,** daß Ggst des Streits od den   29 Ungewißh, nicht etwa das der gesamten Anspr, 5000 DM übersteigt od unschätzb ist. Berechng: ZPO 3 ff. Gen bleibt auch bei Unterschreiten der Grenze v 5000 DM erfdl, wenn RGesch aus und Grden der Gen bedarf.

13) Nr 13: Aufhebung einer Sicherheit (Hyp, Grd- u RentSchuld, SichergsNießbr, PfdR usw) betrifft   30 den obligatorischen u dingl Vertrag. Hierunter fallen zB Aufgabe der dingl Sicherh für die bestehenbleibende persönl Fdg (KGJ **33** A 46), Verzicht auf Hyp (KG OLG **8**, 359). Wg der damit verbundenen Erschwerg der Rechtsverfolg die Umwandlg einer gewöhnl Hyp in eine SichergsHyp, § 1186, nicht umgekehrt (Dresd OLG **29**, 372). Zust des Nacherben zur Aufhebg einer zur Nacherbsch gehörenden Hyp (Dresd Recht **06**, 477), Vorrangeinräumg (BayObLG **17**, 173), Verteilg der GesamtHyp auf die einzelnen Grdst, § 1132 II, Verzicht auf das KonkVorrecht (KG OLG **3**, 109), Verzicht auf Sicherh, § 232, ZPO 108 ff, 710. Keine Gen zur Löschg einer Hyp, wenn Mdl Nießbraucher der Fdg (KGJ **40**, 163 str), ferner nicht bei Wegfall der Sicherg inf Erfüllg der Fdg. Wird zugl über Sicherg u Fdg verfügt, so §§ 1812 f, 1821 anwendb (so Haegele/Schöner/Stöber GrdbR Rn 3719). VormschRichter hat zu beachten, daß MdlSicherh gewahrt bleibt, §§ 1807 f.

1823   *Erwerbsgeschäft des Mündels.*   **Der Vormund soll nicht ohne Genehmigung des Vormundschaftsgerichts ein neues Erwerbsgeschäft im Namen des Mündels beginnen oder ein bestehendes Erwerbsgeschäft des Mündels auflösen.**

Anders als §§ 1821 f nur OrdngsVorschr. Also Wirksamk auch ohne Gen, Eintragg ins HandelsReg darf   1 nicht abgelehnt w (KGJ **20** A 160). Mdl wird Kaufmann. Bei Zuwiderhdlgen aber §§ 1833, 1837, 1886, 839. Wg des Betriebs des Geschäfts durch Mdl § 112, wg Erwerb u Veräußerg § 1822 Z 3. Anhörg des Mdl FGG 50 b. Keine Gen zur Fortführg eines Erwerbsgeschäfts, zB also wenn der Eintritt des zum Erben berufenen Mdl als Mitgesellschafter im GesellschVertrage schon bestimmt ist, nicht aber, wenn erst GesellschVertr zur Fortführg des väterl Geschäfts geschl od der alte GesellschVertr durch den Tod aufgelöst ist, § 727 I, und nunmehr die Fortführg wiederum in Form einer Gesellsch vereinbart wird, vgl § 1822 Rn 11–14. Es entsch der Rpfleger (BtG Art 3 Nr 2 c).

1824 Überlassung von Gegenständen an den Mündel.

1824 **Überlassung von Gegenständen an den Mündel.** Der Vormund kann Gegenstände, zu deren Veräußerung die Genehmigung des Gegenvormundes oder des Vormundschaftsgerichts erforderlich ist, dem Mündel nicht ohne diese Genehmigung zur Erfüllung eines von diesem geschlossenen Vertrags oder zu freier Verfügung überlassen.

1   Allg gilt, daß die Gen des GgVormd u VormschG nicht nur bei Hdlgen des Vormd selbst, sond auch bei solchen des Mdl, denen der Vormd zustimmt, erforderl ist. Könnte der Vormd dem Mdl ohne weiteres jeden Ggst wirks zur freien Vfg überlassen, so ergäbe sich aus § 110 eine Umgehgsmöglichk der §§ 1812f, 1819ff, die § 1824 verschließt. Die Gen des GgVormd ist entspr § 1812 II durch die des VormschG ersetzbar, vgl auch § 1810 Rn 1.

1825 Allgemeine Ermächtigung.

1825 **Allgemeine Ermächtigung.** **I** Das Vormundschaftsgericht kann dem Vormunde zu Rechtsgeschäften, zu denen nach § 1812 die Genehmigung des Gegenvormundes erforderlich ist, sowie zu den im § 1822 Nr. 8 bis 10 bezeichneten Rechtsgeschäften eine allgemeine Ermächtigung erteilen.

II Die Ermächtigung soll nur erteilt werden, wenn sie zum Zwecke der Vermögensverwaltung, insbesondere zum Betrieb eines Erwerbsgeschäfts, erforderlich ist.

1   **Grundsätzlich muß jedes einzelne Geschäft durch Vormundschaftsgericht oder Gegenvormund genehmigt werden.** Hiervon schafft § 1825 eine Ausnahme für die im GeschLeben häufiger vorkommenden Geschäfte des § 1822 Z 8–10 u die Vfgen über das KapitalVerm, § 1812, durch die Ermöglichg einer allg Ermächtigg, wenn sie zum Zwecke der VermVerw, insb zum Betriebe eines Erwerbsgeschäfts, das oft durch jene überh erst durchführbar ist, erforderl wird. Die allg Ermächtigg, über deren Erteilg der RPfleger entscheidet, RPflG 3 Z 2a, kann für alle im § 1825 genannten Geschäfte, aber auch nur für einzelne Gruppen od Teile von ihnen gewährt werden. Sie hat zur Folge, daß Vormd der Gen nicht bedarf, wirkt also wie eine Befreiung. Eines Vermerks auf der Bestallg bedarf es nicht, er ist aber zweckm. Auch wenn Voraussetzgen von II nicht vorliegen, ist das auf die Wirksamk des Geschäfts ohne Einfluß. Ermächtigg ist dann aber zu entziehen, FGG 18, was auch sonst jederzeit mögl ist. Wird allg Ermächtigg gegeben, so hat der GgVormd ein BeschwR. Eine allg Ermächtigg über § 1825 hinaus ist unstatth, vgl RG **85**, 421.

1826 Anhörung des Gegenvormundes.

1826 **Anhörung des Gegenvormundes.** Das Vormundschaftsgericht soll vor der Entscheidung über die zu einer Handlung des Vormundes erforderliche Genehmigung den Gegenvormund hören, sofern ein solcher vorhanden und die Anhörung tunlich ist.

1   Ist GgVormd vorhanden, so soll VormschG ihm vor der Entscheidg über die Gen Gelegenh geben, sich mdl od schriftl zu äußern. Das gilt auch, wenn Gen des GgVormd durch die des VormschG ersetzt w soll, § 1812 II, KGJ **27** A 14. Unterbleiben kann Anhörg nur bei Untunlichk, also unverhältnism Kosten, erheblichem Zeitverlust. Ist Anhörg zu Unrecht unterblieben, so berührt das Wirksamk der Entsch des VormschG nicht, da nur Ordngsvorschrift. GgVormd hat aber BeschwR, FGG 20, um so noch nachträgl seine Bedenken geltd machen zu können, ohne allerdings einen Anspr auf deren Berücksichtigg zu haben, KG RJA **10**, 167. Auch kann sich SchadErsPfl des VormschRichters dem Mdl ggü aus Unterlassg ergeben.

1827 Anhörung des Mündels.

1827 **Anhörung des Mündels.** *(Aufgehoben durch Art 1 Ziff 50 SorgRG mit Rücksicht auf § 50b FGG; vgl jetzt Einf 10 vor § 1626.)*

1828 Erklärung der Genehmigung.

1828 **Erklärung der Genehmigung.** Das Vormundschaftsgericht kann die Genehmigung zu einem Rechtsgeschäfte nur dem Vormunde gegenüber erklären.

1   **1) Zweck** der Vorschr ist es, dem Vormd die Wahl zu lassen, ob er von den Gen Gebr machen will (RG **130**, 151). **Zwingendes Recht.** Der Vormd kann also nicht auf Erkl der Gen ihm ggü verzichten (BayObLG **3**, 684). Vorschr bezieht sich auf jede Art von RGeschäften, auch solche, die der Mdl mit Zust des Vormd od solche, die Vormd zwar in eig Namen, aber für Mdl (vgl § 1793 Rn 6), od auch für den Mdl zugl vornimmt (BayObLG **13**, 22). Sie gilt nicht, wenn Gen des VormschG nur erfolgen soll, es sich also um Ordngsvorschr handelt, und daher Ausbleiben der Gen Wirksamk des RGeschäfts nicht beeinfluß, §§ 1810, 1823, ferner nicht im Falle des § 1811 (RG JW **17**, 290) od wenn Zust des Vormd durch das VormschG ersetzt wird, § 113 III, EheG 3 III, 30 III, wohl aber dann, wenn Gen des GgVormd zum Zustandekommen des RGeschäfts erforderl, da dann nicht nur Ordngsvorschr (vgl § 1832 Rn 1), und diese Gen durch das VormschG ersetzt wird (dazu § 1810 Rn 1). Hinsichtl des Sprachgebrauchs „Genehmigg" Rn 3.

2   **2) Die Genehmigung des Vormundschaftsgerichts. – a)** Die Gen des VormschG ist ein obrigkeitl Akt, den dieses in Ausübg der staatl Fürs vornimmt. Durch das Erfordern der Gen ist die **Vertretungsmacht des Vormunds beschränkt** (BayObLG FamRZ **90**, 1132). Die Gen des VormschG wird damit zum wesentl Bestandt des vom Vormd vorzunehmenden RGeschäfts, hat also auch privrechtl Wirkgen u insofern rechtsgeschäftl Eigenschaften (RG **137**, 345 str; dagg Müller-Freienfels, Vertretg beim Rechtsgeschäft S 381ff: kein RGesch, sond Akt der freiw Gerichtsbark, also Widerruf, FGG 18 I, 55, jedoch darüber hinaus entspr Anwendg rechtsgeschäftl Bestimmgen; insof dagg Gernhuber § 52 III 1, der keine Anfechtg zulassen will). Die Gen kann nach der hier vertretenen Ansicht durch den Vormd (falls dieser selbst beteiligt ist, durch einen Pfleger) wg Irrtums, Täuschg, Drohg angefochten werden (Darmst OLG **22**, 130). Entsprechd anwendbar ist ferner § 184 (nicht aber § 182). Wird Gen also nachträgl erklärt, so wirkt sie auf den Zeitpkt der Vornahme des RGeschäfts zurück (RG **142**, 62), soweit nicht etwas anderes bestimmt ist, ohne daß dadurch aber Vfgen aus der Zeit vor der Gen, soweit der Vormd verfügen konnte, unwirks werden (KG

OLG **6**, 294). Die Gen kann auch unter einer Bedingg (aber nicht unter einer auflösenden) erkl werden; das gilt dann als Verweigerg der Gen unter gleichzeitiger vorheriger Gen des bedinggsgemäß vorgenommenen RGeschäfts (RG **85**, 421; KG JW **37**, 1551). Hingg ist die Wirksamk der Gen von der Erfüllg der seitens des VormschG anläßl der Gen gemachten Auflage nicht abhängig (BayObLG **22**, 331). Hat Vormd das genehmiggsbedürftige RGesch innerh einer bestimmten Frist vorzunehmen, so muß Gen des VormschG, um Wirkgen äußern zu können, innerh dieser Frist erfolgt u dem Vormd bekanntgemacht sein.

b) Die Gen (der Sprachgebrauch in §§ 1828 ff entspricht nicht §§ 183 f) wird üblicherw **nachträglich**, sie **3** kann aber auch **vorher** erteilt werden (KG RJA **15**, 264, vgl auch § 1829 Rn 2–4); sie muß vorher erteilt sein bei einseitigen RGeschäften, § 1831. Zu welchem Zeitpkt um die Gen nachgesucht wird, unterliegt dem Ermessen des Vormd (BayObLG **1**, 419). Vorherige Einholg der Gen wird aber nur mögl sein, wenn der Inhalt des Vertrages im wesentl feststeht (ebso KG OLGZ **66**, 78). Einzelheiten können allerdings der Vereinbg der Beteiligten überlassen bleiben (Warn **19**, 59). Eine allg Ermächtigg ist nur im Rahmen des § 1825 mögl (vgl RG **85**, 421).

c) Maßgebend für die Entscheidung des Vormundschaftsgerichts ist **das Mündelinteresse** (BayObLG **4** FamRZ **89**, 540), wie es sich zZ der Entscheidg, nicht des VertrSchlusses (KG OLG **43**, 382), darstellt. Es handelt sich um eine **Ermessensentscheidung** (BayObLG FamRZ **90**, 208; aA Staud/Damrau 8). Das VormschG hat aber nicht bloß Zulässigk des RGeschäfts zu prüfen, sond hat auch Zweckmäßigk, auch Vorteile ideeller Art (KG JFG **13**, 187; LG Kiel MDR **55**, 37), zu erwägen. Das Interesse des Vormd od eines Dritten hat das VormschG nicht wahrzunehmen. Jedoch kann die Erhaltg des FamFriedens im wohlverstandenen MdlInteresse liegen u sogar die unentgeltl Aufgabe von Vermögenswerten rechtfertigen, wenn aus BilligkGründen geboten (KG JW **36**, 393; LG Lübeck FamRZ **62**, 312; vgl zur Abwägg eines solchen GesInteresses etwa BayObLG FamRZ **90**, 208). VormschRichter hat auch allg Vorschriften zu beachten. Die Gen ist also zu verweigern, wenn dem Geschäft §§ 134, 138 entggstehen od es offenbar ungültig ist (KG RJA **15**, 180). In vermögensrechtl Angelegenheiten braucht sich das rein geldl nicht schon immer mit MdlInteresse zu decken (KG OLG **43**, 380), wenn das auch idR der Fall sein wird. Genehmigg aber nicht schon dann zu versagen, wenn VormschRichter bei der ihm obliegenden Prüfg der Rechtswirksamk des Geschäfts zu dem Ergebn kommt, daß diese zweifelh ist (Rostock OLG **33**, 368; KG FamRZ **63**, 467), unter bes Umst Unwirksamk eintreten kann (Mü JFG **15**, 177), wenn zweifelh, ob RGesch genehmiggsbedürftig (BayObLG **63**, 1). Genehmigg aber ohne weiteres abzulehnen, wenn die zu genehmigenden Erklärgen von einer Pers abgegeben werden, die kraft G von der Vertretg ausgeschl ist (KG JW **35**, 1439). Im übrigen wird aber bei Gen zu erwägen sein, daß MdlInteresse auch Vermeidg eines unsicheren Prozesses verlangen kann (aM anscheinend KG OLG **12**, 347).

3) Umfang der Genehmigung. Die Gen erstreckt sich auf den Vertr, wie er dem VormschRichter **5** vorliegt u sich aus den durch das G für derartige Verträge aufgestellten Vorschriften ergibt (RG **61**, 209). Darüber hinaus getroffene Abreden gelten danach nicht als genehmigt (RG **132**, 78). Jedes genehmiggspflichtige Gesch bedarf einer bes Gen, so daß nicht etwa durch Gen der Aufnahme einer GrdSch auch die Kreditaufnahme, die jene sichern sollte, genehmigt ist (Celle NdsRpfl **54**, 64), wohl enthält aber die Gen des dingl auch die des schuldrechtl Geschäfts, § 1821 Rn 11. Bei GrdstGeschäften wird durch Auflassg u Eintragg, § 313 S 2, nicht etwa fehlende Gen ersetzt.

4) Form der Genehmigung. a) An eine Form ist die Erkl der Gen nicht geknüpft, sie kann mündl, auch **6** stillschweigend erfolgen (RG **130**, 150; daß sie dem GBA urkundl nachzuweisen ist, folgt aus GBO 29). Das ist aber nicht schon dann der Fall, wenn der VormschRichter dem Vormd die Vornahme eines RGeschäfts empfiehlt (RG **137**, 345), die Gen nur in Aussicht stellt (BayObLG **5**, 453), das GBA ledigl um Eintragg ersucht (RG **59**, 278). Auch der Bescheid, das RGeschäft bedürfe keiner Gen (NegativEntsch) ersetzt die Gen nicht (BGH **44**, 325).

b) Die Erklärung der Genehmigung kann, anders als in § 182, in jedem Falle **nur dem Vormund** **7** **gegenüber** erfolgen, und zwar dem derzeit bestellten, nicht dem entlassenen (BayObLG **21**, 375), ebso nicht dem Mdl, auch wenn dieser selbst das RGeschäft abschließt u der Vormd nur zustimmt. Es genügt also nicht ein Aktenvermerk, die Mitteilg an das GBA, auch nicht bei gleichzeitiger Übersendg des Eintraggsersuchens (RG **59**, 277), ferner nicht die Erkl dem Notar od dem GeschGegner ggü, auch nicht, wenn Vormd, dem das VormschG eine Mitteilg nicht gemacht hat, dann nachträgl zustimmt. Sendet VormschG Gerichtsakten mit Vergleichsen einem ggü zurück, wird darin idR Ersuchen an dieses um Bekanntgabe an Vormd liegen (BayObLG NJW **60**, 2188). Vormd kann n FGG 13 einen **Bevollmächtigten zur Entgegennahme der Erklärung** bestellen (BayObLG JFG **1**, 351), bei AmtsVormsch also den Beauftragten des JA (SGB VIII 55 II). Auch der VormschRichter kann die Erkl dem Vormd durch Vermittlg Dritter zugehen lassen (RG **121**, 30), so wenn zB ProzG vom VormschG um Bekanntgabe an den Vormd ersucht wird (BayObLG NJW **60**, 2188). Bevollmächtigg kann sich aus den Umst ergeben, auch stillschw erfolgen. In der Klausel, die Gen solle mit dem Zugang an den Notar als wirks erteilt gelten, liegt keine zuläss Doppelbevollmächtigg, sond ein unzul Verzicht auf die Mitteilg (BayObLG FamRZ **89**, 1113). Genehmigg wirksglos, wenn der Bevollm sich zur EntggNahme u Weitergabe an den Vormd nicht für befugt erklärt (Warn **22**, 98).

5) Verfahren. Obw die Initiative vom Vormd ausgeht, handelt es sich um ein Amts-, nicht um ein **8** AntrVerf. Die Inquisitionsmaxime gilt (FGG 12). Eine ZwVfg analog GBO 18, mit der dem Vormd aufgegeb w, eine Urk über mdl geschloss Vergl vorzulegen, ist unzul (Ffm DAV **77**, 656). Der GeschGegn ist am Verf nicht mat beteiligt. Vor der Entschließg sind GgVormd, Mdl und dessen nahe Verwandte anzuhören (§ 1826, FGG 50a, 50b). Wirksamw der Gen dem Vormd ggü: FGG 16; dem Dr ggü: § 1829. Solange Gen od Verweigerg ders noch nicht wirks gew sind, können sie abgeänd od zurückgen w (FGG 18, 55). Die Rückn der Gen des ZwVerstAntr zZw der Aufhebg der Gemsch ist bis zum Zuschlag zul (KG RJA **6**, 9). Aber keine Abänd mehr von formell wirks gew Gen, auch nicht im BeschwWege (FGG 55 I, 62). Werden die RWirkgen in mat Hins in Zweif gezogen, zB weil die Gen nicht fristgerecht erteilt sei, so ist darüber nur im ProzWeg zu entsch (KGJ **53**, 41). Beschwberechtigt: bei Verweigerg der Gen der Vormd im

Namen des Mdls (FGG 20; KG OLGZ **65**, 375); nicht aber der Dr (RG **56**, 125). Ihm steht nur der ProzWeg offen (KGJ **38** A 56). Ausnahmsw BeschwR mit der Begründg, das RGesch habe keiner Gen bedurft (Hamm FamRZ **84**, 1036) od daß der GenBeschluß ihm ggü wirks u infdessen unabänderl gew sei (KG DJ **35**, 1528), nicht aber zur Geltendmachg von § 1829 II (KG JW **37**, 2975). Beschwberecht bei Erteilg der Gen: GgVormd (§ 1826); Mdl (FGG 20, 59) u die unter FGG 57 I Nr 9 fallden Pers; der Vormd selbst ausnahmsw dann, wenn einem Pfleger die Gen zu einem Gesch erteilt wird, das der Vormd vorzunehmen hat (KG JW **38**, 2141); ferner dann, wenn die Gen gg seinen Willen od für ein nicht genbedürft Gesch erteilt wurde (BayObLG **63**, 1, 6).

1829 *Nachträgliche Genehmigung des Vormundschaftsgerichts.* [I] Schließt der Vormund einen Vertrag ohne die erforderliche Genehmigung des Vormundschaftsgerichts, so hängt die Wirksamkeit des Vertrags von der nachträglichen Genehmigung des Vormundschaftsgerichts ab. Die Genehmigung sowie deren Verweigerung wird dem anderen Teile gegenüber erst wirksam, wenn sie ihm durch den Vormund mitgeteilt wird.

[II] Fordert der andere Teil den Vormund zur Mitteilung darüber auf, ob die Genehmigung erteilt sei, so kann die Mitteilung der Genehmigung nur bis zum Ablaufe von zwei Wochen nach dem Empfange der Aufforderung erfolgen; erfolgt sie nicht, so gilt die Genehmigung als verweigert.

[III] Ist der Mündel volljährig geworden, so tritt seine Genehmigung an die Stelle der Genehmigung des Vormundschaftsgerichts.

1   **1) Vorbemerkungen vor §§ 1829–1831.** Sie entsprechen §§ 108, 109, 111 und treffen eine ähnl Regelg. Es sind folgende Fälle zu unterscheiden:

2   **a)** Bereits vor Abschluß des Vertrages hat der Vormd die Gen beantragt (§ 1828 Rn 3), sie ist gegeben u ihm erkl worden. In diesem im G nicht erwähnten Fall wird der Vertr, falls er in den Grenzen der Gen vorgenommen wird, sofort mit Abschl wirks (KGJ **23** A 173; BayObLG **60**, 283; Dölle § 128 VI 1); der Dritte kann also den Vormd nicht zur Mitteilg, ob Gen erteilt ist, auffordern, wohl aber beim VormschG, das ihm zur Ausk verpflichtet ist, Erkundiggen einziehen. Erteilg der Gen ist nur Ermächtigg des Vormd, die ihn zum Abschl des Vertrages nicht verpflichtet (RG **76**, 366). Bis zum Abschl des Vertrages kann
3   VormschG seine Entsch ändern (KG RJA **15**, 264). – **b)** Der Vormd hat den Vertrag abgeschlossen, ohne
4   daß eine Gen bisher erteilt wäre; Fall des § 1829. – **c)** Es handelt sich um ein einseitiges Rechtsgeschäft, vgl § 1831. Beim dingl RGesch ist auch die Einigg als Vertr iS des § 1829 anzusehen (BayObLG **19**, 183). Wg Anwendungsgebiets von § 1829 im übr vgl § 1828 Rn 1, wg der Gen im allg dort Rn 2.

5   **2) Fehlen der Genehmigung. – a)** Dann ist der Vertr schwebd unwirks u hängt von der nachträgl Gen des VormschG ab, I 1. Die Gen u ihre Verweiger wird dem Dritten gegenüber aber erst mit der Mitteilg durch den Vormund wirksam. Ein Notar, der mit der Beurkundg eines Geschäfts, zu dem eine derartige Gen gehört, befaßt ist, muß darüber Laienpublikum aufklären (BGH **19**, 9). Der Dritte bleibt anders als im § 109 währd des Schwebezustandes gebunden u kann sich von dieser Bindg nur durch die Aufforderg, II, wenn nicht der Fall des § 1830 vorliegt, lösen. Eine Bindg des Vormd besteht hingg nicht. Seinem Ermessen, das nur das MdlInteresse im Auge haben darf, ist es überlassen, die Gen zu erwirken, ohne daß der Dritte selbst ein AntrR hätte (§ 1828 Rn 8). Holt der Vormd die Gen nicht ein, so kann sich der Dritte auch nicht auf § 162 I berufen (RG JW **21**, 1237; vgl auch § 1643 Rn 8). Wird anderers dem Dritten mitgeteilt, daß die Gen erteilt sei, so wird das RGesch vom Zeitpkt seiner Vorn ab rechtswirks, § 184 (RG **142**, 63).

6   **b) Mitteilung, I 2;** dazu Wangemann, NJW **55**, 531. Ebenso wie bei der Einholg der Gen, hat der Vormd auch nach deren Erteilg zu prüfen, ob es jetzt noch im MdlInteresse liegt, sie dem VertrGegner mitzuteilen und damit den Vertr wirks werden zu lassen (RG JR Rspr **25**, 781). Eine Verpflichtg hierzu besteht für ihn trotz Erteilg der Gen nicht (RG **132**, 261), auch nicht, wenn Gen vom BeschwG bestätigt worden ist (KGJ **52**, 44). Der Dr kann sich auch dann nicht auf § 162 I berufen (vgl Rn 5). Auch in diesem Falle ist die Gen ledigl die Ermächtigg des Vormd, den Vertr durch die Mitteilg von der Gen wirks werden zu lassen. Die Mitteilg ist vom Vormd als gesetzl Vertreter des Mündels vorgenommenes Rechtsgeschäft, auf das die allg Grdsätze über RGeschäfte, zB über die Anfechtg, Anwendg finden (KG RJA **17**, 5; BayObLG **60**, 2188; Zunft, NJW **59**, 518). Die WillErkl des Vormd muß zum Ausdruck bringen, daß er die Entsch des VormschG als endgültige betrachtet, sie also nicht etwa noch anfechten will, u sie mitteilt, um den Vertr wirks werden zu lassen (KG JFG **2**, 119); deshalb ist meist Mitteilg der Erwähng der Gen mit dem Zusatze, von ihr keinen Gebr machen zu wollen (RG **130**, 148). Die Erkl an den VertrGegner, daß Vertr nur unter einschränkenden Bedinggen genehmigt worden sei, wird regelm nicht als eine Mitteilg der Verweigerg der Gen des Vertrages in der abgeschlossenen Form anzusehen sein, sond nur als Nachricht durch die die Unwirksamk des Vertrages nicht herbeigeführt w soll (Mü JFG **23**, 275). Die Gen braucht nur dem GeschGegner, nicht auch dem an dem Geschäft auf seiten der Mj mitbeteiligten Vollj mitgeteilt zu werden (KG HRR **35**, 182). Einer Form bedarf die Mitteilg nicht, also auch nicht der Form, der der Vertr als solcher etwa bedarf. Sie kann vielm auch mdl oder stillschw erfolgen (KG OLG **44**, 82). Ist Gen dem anderen VertrTeil bekannt u weiß Vormd das, so genügt also, daß Vormd dem anderen zu erkennen gibt, daß er Vertr weiter in der genehmigten Form billigt (BGH **15**, 97; unklar ebda 100: Mitteilg brauche nicht notw in der Abs zu erfolgen, um damit dem Vertr endgültig zur Wirksamk zu verhelfen, dagg Zunft, NJW **59**, 517, da damit die RNatur der Mitteilg als einer WillErkl, also eine auf den gewollten u eintretenden Rechtserfolg gerichtete Willensäußerg, in Frage gestellt ist). Hat Vormd Gen mitgeteilt, u ist an abgesandt wurde (FGG 16 II 2), so kann er sich nicht mehr darauf berufen, sie sei ihm nicht zugegangen (BayObLG **63**, 1). Auf die Mitteilg kann nicht verzichtet werden, wie überh die Vereinbg einer anderen Art des WirksWerdens der Gen unwirks ist (Mü DR **43**, 491); denn sonst würde der Vormd die Möglichk verlieren, von der Gen keinen Gebr zu machen; ferner kein Verzicht mögl, daß die Mitteilg, bei der es sich um eine einseitige empfangsbedürftige WillErkl handelt, dem and Teil auch zugeht (RG **121**, 30 str). Es genügt also nicht die

Vereinbg einer and Art der Bekanntgabe des Willens des Vormd, von der Gen Gebr machen zu wollen (vgl Colmar OLG **26**, 116); auch mit der entspr Anwendg des § 151 S 1 läßt sich eine Entbehrlichk des Zugehens nicht begründen (RG **121**, 30; Staud-Engler Rdn 14; aM KG HRR **28**, 615). Es genügt auch nicht die bloße EntggNahme der Gen von dem VormschG im Beisein des Gegners (KG OLG **42**, 114), ebsowenig, daß die Gen mit Zugang an den Notar als wirks erteilt gelten soll (OGHBrZ NJW **49**, 64). Handelt es sich um einen Vertr zw zwei Mdl, so wird er erst mit der Mitteilg der Gen von jedem Vormd an den andern wirks (KG OLG **3**, 300). Zur Mitteilg berechtigt ist allein der zZ bestellte Vormd, ohne daß es darauf ankäme, ob er den Vertr geschl hat (BayObLG **21**, 375), auch nicht etwa das VormschG (KGJ **34** A 49). Durch die Mitteilg der Genehmigg gelangt sie in u mit der vom Vormd dem Dritten ggü abzugebenden WillErkl zur Wirksamk; der Vertrag wird damit vollwirksam. Behauptet der Vormd der Wahrh zuwider, die Gen sei nachträgl erfolgt sei, so macht er sich bei Zutreffen der dafür gegebenen Voraussetzungen schadensersatzpfl (vgl auch § 1830 Rn 1). § 179 ist nicht anwendbar, da §§ 1829ff eine Sonderregelg enthalten (Staud-Engler Rdn 11). Behauptet der Vormd der Wahrh zuwider, die Gen sei verweigert, so wird der Vertr als unwirks anzusehen, der Fall also ebso zu behandeln sein, als wenn diese Erkl nach Aufforderg (§ 1829 II) ergangen ist (Stettin LZ **26**, 60 str). Zum BeschwR § 1828 Rn 8. Bei Doppelvollm zur Abgabe u Entggn muß beides nach außen erkennb gemacht w (Frankth FamRZ **79**, 176). Zur mißbräuchl Herbeiführg der Wirksamk der Gen: BayObLG FamRZ **91**, 1076.

c) Zulässig, daß die Mitteilg **durch einen Bevollmächtigten** erfolgt. Hingg kann sie mit Rücks auf die 7 Stellg des Vormd niemals von einem auftragslosen GeschFührer ausgehn, auch wenn der VertrGegner damit einverst war (RG HRR **29**, 1649). Die Mitteilg kann auch von einem Bevollmächtigten entgegengenommen werden. Das kann dieselbe Pers sein, zB bei einem GrdstVertrage der Notar iW der **Doppelermächtigung** (BGH DNotZ **55**, 83f; KG DNotZ **77**, 661; BayObLG **83**, 344). Ob eine solche gleichzeitige Bevollmächtigg von beiden Seiten gewollt ist, kann sich durch Auslegg der VertrUrkunde ergeben (RG **121**, 30). Stets muß aber dann ein in solcher Art Bevollm seinen Willen, sich als Bevollm des anderen Teils die Gen mitzuteilen, nach außen irgendwie erkennen lassen (Warn **22**, 98), zB durch Vermerk auf der Urk (Vermerk des Notars auf der Urk üb Eingang u Kenntnisnahme für die Beteiligten genügt aber nicht; Zweibr DNotZ **71**, 731), Einreichg der Urk beim GBA. In diesem Fall genügt bei einem RGesch, das der Eintr ins GB bedarf, dem GBA ggü der Nachweis der Gen des VormschG u ihrer Erkl dem Vormd ggü, ohne daß es noch das besonderen Nachweises der Mitteilg der Gen, die bei Doppelbevollmächtigg zus mit der Empfangnahme ein einheitl innerer Vorgang in der Pers des Bevollm ist, in grdbuchmäßiger Form bedürfte (BayObLG JFG **1**, 354). Die DoppelVollm kann von dem bevollmächtigten Notar beurkundet werden. Die Doppelbevollmächtigg darf aber nicht dazu dienen, dem Mdl das ihm, etwa nach FGG 59 zustehende BeschwR abzuschneiden. Ist ein solches vorhanden, so werden die Beteiligten zweckmäßigerw bei der Beurkundg der Vollm darauf hinzuweisen sein, welche Folgen diese für das BeschwR haben kann (BayObLG HRR **30**, 296). Wirken Vormd u Dritter bei der Bevollmächtig arglistig zus, um eine Beschw des Mdl unmögl zu machen, so bleibt diesem sein BeschwR trotz FGG 55 (BayObLG **28**, 514); daß Vormd mit Beschw gg die vormschgerichtl Gen rechnen muß, spricht ohne Hinzutreten weiterer Umst noch nicht für Argl (BayObLG MDR **64**, 596).

3) Beendigung des Schwebezustandes, II, a) durch **Aufforderung** seitens des Dritten an den Vormd 8 zur Mitteilg, ob die Gen erteilt sei. Die Aufforderg kann auch schon erfolgen, wenn die Gen noch nicht erteilt ist (RG **130**, 151). Ob alle als GeschGegner Beteiligten auffordern müssen, ergibt sich aus dem zw ihnen geltenden RVerhältn und ist iZw anzunehmen (KGJ **36** A 160). Auch die Aufforderg ist ein einseitiges empfangsbedürftiges RGesch und unterliegt den allg Vorschr für diese. Ist sie ergangen, so kann die Mitteilg nur bis zum Ablauf von 2 Wochen nach dem Empfang der Aufforderg durch den Vormd erfolgen. Die Frist kann aber durch Vereinbg verkürzt od verlängert werden, hM. Wird die Gen innerh der Frist nicht mitgeteilt, gleichgültig, ob der Vormd sich darum bemüht od nicht, so gilt sie als verweigert. Hat die Gen jedoch eine ausl VormschBehörde zu erteilen, so ist II nicht anwendbar (RG **110**, 173). Eine etwa später erteilte Gen kann materielle Wirkgen nicht mehr äußern (KGJ **53**, 41). Der Dritte hat deshalb auch kein BeschwR. Vgl auch § 1828 Rn 8.

b) Der Dritte wird idR von seiner Bindg auch dadurch frei, daß er zur VertrAnn eine Frist setzt u die 9 Mitteilg der Gen fristgemäß nicht eingeht (RG **76**, 366).

4) Volljährigkeit des Mündels, III (vgl § 1643 Rn 9). Ist der Mdl vollj, so findet eine Gen des 10 VormschG nicht mehr statt. Die danach dem GeschGegner mitgeteilte Gen ist wirkgslos. Ebsowenig kann nach Beendigg der Vormsch die Berechtigg der Gen nachgeprüft werden (KG JW **38**, 2142), wohl aber, wenn VormschG genehmigt u gleichzeitig aufhebt (Mü DR **43**, 491). Ist die Versagg der Gen rechtswirks mitgeteilt, so ist der Dritte frei, der Vollj kann nicht mehr genehmigen (RG **130**, 128). – Zur Gen befugt allein der Vollj, an ihn ist auch Aufforderg zu richten. Ist die Volljährigk aber gerade währd des Laufes der Zweiwochenfrist eingetreten, so muß der Vollj den Beginn der Frist gg sich gelten lassen u vor Fristablauf seine Gen erteilen, widrigenf sie als verweigert gilt. Genehmigg ist dem GeschGegner ggü zu erklären. Für sie gelten nunmehr die allg Vorschr. Auch nach dem **Tod des Mündels** kann das VormschG nicht mehr 11 genehmigen (BayObLG NJW **65**, 397). Stirbt der Mdl vor WirksWerden der Gen, so steht Recht zur Gen den Erben zu (KG OLG **4**, 416). Analoge Anwendg v III bei sonst Beendigg v Vormsch od Pflegsch; für eine Gen ist auch im BeschwVerf kein Raum mehr (Ffm Rpfleger **78**, 99).

5) Verweigerung der Genehmigung hat, da dann eine wirksame Vertretg des Mdl fehlt, die Unwirk- 12 samk der Hdlgen des Vormd zur Folge (KGJ **25** A 17). Für die RückFdg des Empfangenen dem Mdl ggü gelten BereicherungsGrdsätze (RG **81**, 261). Hat Vormd Versagg der Gen mitgeteilt, so können die Beteiligten nicht vereinbaren, daß der Schwebezustand vor der Gen wiederhergestellt wird, um die Gen im Beschwerdeweg herbeizuführen. Da die früher durch den Vormd abgegebene Erklärgen inf der Verweigerg der Gen hinfällig geworden sind, kann nur ein neu abgeschlossenes RGesch genehmigt werden (Colmar OLG **18**, 292). Dieselbe RLage tritt ein, wenn die Gen als endgültig (Rn 6) verweigert gilt (§ 1829 II) od wenn sie nur zT verweigert wird, da auch dann der zum WirksWerden erforderl Tatbestd nicht erfüllt ist. Das muß jedenf dann gelten, wenn der Dritte durch die abändernde Gen irgendwie beschwert wird, aM RGRK Anm 5 (wie NichtGen zu behandeln).

1830 *Widerrufsrecht des Geschäftsgegners.* **Hat der Vormund dem anderen Teile gegenüber der Wahrheit zuwider die Genehmigung des Vormundschaftsgerichts behauptet, so ist der andere Teil bis zur Mitteilung der nachträglichen Genehmigung des Vormundschaftsgerichts zum Widerrufe berechtigt, es sei denn, daß ihm das Fehlen der Genehmigung bei dem Abschlusse des Vertrags bekannt war.**

1   1) Vgl die Vorbem 1–4 zu § 1829. Anders als im § 109 I ist der GeschGegner an den Vertr gebunden, bis die Gen endgültig verweigert ist od endgültig für verweigert gilt, § 1829 II. Hat der Vormd dem Gegner jedoch beim Abschl des Vertrages (wg der nachträgl unrichtigen Behauptg, die Gen sei erfolgt, u der Nichtanwendbark von § 179 vgl § 1829 Rn 6 aE) das bewußt od unbewußt unrichtige Behauptg aufgestellt, der Vertr sei schon genehmigt, so ist dem Gegner das besondere **Widerrufsrecht** des § 1830 gegeben, das eine Anfechtg des Vertrages wg Irrtums od Täuschg über das Vorliegen der Gen ausschließt. Es besteht auch dann, wenn der Gegner den Vertr nicht für genehmiggsbedürftig hielt; der Widerruf unterliegt als einseitiges empfangsbedürftiges RGesch den für dieses geltenden allg Bestimmungen u ist nur dem Vormd ggü zu erklären. An eine Frist ist er nicht gebunden. Auf den Widerruf kann verzichtet werden; er ist nicht mögl, wenn Gen erteilt u gemäß § 1829 I Gegner mitgeteilt wurde. Kannte dieser das Fehlen der Genehmigg beim Abschluß des Vertrages, so hat er kein WiderrufsR. Kennenmüssen genügt nicht. Verzichtet der Dritte auf Widerruf, hat er dieses Recht wg seiner Kenntn nicht od macht er vom Widerruf keinen Gebr, so § 1829 II.

2   2) **Durch den Widerruf** wird der GeschGegner von seiner Bindg frei. Der Vormd ist ihm aus dem Gesichtspkt der unerl Hdlg, dem Mdl aus § 1833 haftbar.

3   3) **Beweislast.** Dem Vormd obliegt der Beweis für die Kenntnis des Gegners von der Unrichtigk der Behauptg, diesem, daß die unrichtige Behauptg von dem Vormd aufgestellt wurde.

1831 *Einseitiges Rechtsgeschäft ohne Genehmigung.* **Ein einseitiges Rechtsgeschäft, das der Vormund ohne die erforderliche Genehmigung des Vormundschaftsgerichts vornimmt, ist unwirksam. Nimmt der Vormund mit dieser Genehmigung ein solches Rechtsgeschäft einem anderen gegenüber vor, so ist das Rechtsgeschäft unwirksam, wenn der Vormund die Genehmigung nicht in schriftlicher Form vorlegt und der andere das Rechtsgeschäft aus diesem Grunde unverzüglich zurückweist.**

1   1) Vgl die Vorbem 1–4 zu § 1829. Entspr der Regelg in § 111 ist auch das vom Vormd ohne die Gen des VormschG vorgenommene einseitige RGesch **unwirksam, S 1,** um den Dritten, der im Ggsatz zu § 1829 nur passiv an diesem beteiligt ist, nicht auf unbestimmte Zeit über die RWirksamk des Geschäfts im unklaren zu lassen. Das RGesch kann nur widerholt, die Gen also nicht nachgeholt werden (RG LZ **30**, 1390). S 1 im allg entspr anwendbar bei Anträgen an Behörden, die der Gen des VormschG bedürfen (vgl § 1821 Rn 3). Bei genehmiggsbedürftigen Klagen, vgl ebendort, ist die Nachbringg bis zum Schluß der letzten mdl Verhandlg zul, auch noch in der Revisionsinstanz (RG **86**, 16).

2   2) **Zeitpunkt des Vorliegens der Genehmigung.** Es genügt, daß die Gen vorliegt, wenn das einseitige RGesch wirks wird. Das braucht nicht der Zeitpkt der Beurkundg zu sein. Eine Rückwirkg der späteren Gen des VormschG findet aber nicht statt (KG JW **28**, 1405). Ist ein einseitiges RGesch innerh einer gesetzl Frist vorzunehmen, so genügt, daß das Vorliegen der Gen einschl Bekanntmachg an den Vormd (§ 1828, FGG 16) bis zum Ablauf dieser Frist nachgewiesen ist, so zB bei der dem NachlG ggü vorzunehmenden Ausschlagg der Erbsch gem §§ 1945 I, 1944 I (RG **118**, 145; KGJ **50**, 73; str). Wg des Nachweises dem NachlG ggü vgl Rn 4. Ebenso genügt bei Eintraggsanträgen die Nachreichg der Gen des VormschG beim GBA (JFG **13**, 393), da Ungewißh über die RWirksamk (Rn 1) dch ZwischenVfg begrenzt, § 1831 also nicht anwendbar. Geht Gen vom VormschG nicht rechtzeitig ein, so daß Frist verstrichen ist, so höhere Gewalt (§ 1944 Anm 3).

3   3) **Einseitige Rechtsgeschäfte,** vgl auch Übbl 3 vor § 104, zB Ausübg eines VorkaufsR, Antreten od Ausschlagg einer Erbsch, AufgabeErkl nach § 875 (KG OLG **44**, 81), die Einwilligg zur EhelichErkl gem § 1726 II (KG HRR **29**, 1648); nicht aber die Annahme der Leistg als Erfüllg, da zur EigtVerschaffg der Leistg die Einigg gehört (KG HRR **31**, 512; aM anscheinend RG HRR **29**, 1441), das VertrAngebot (RG Gruch **71**, 77). Schließt der Mdl ohne Gen des Vormd einen Vertr, so unterliegt nicht die Zust des Vormd zu diesem Vertr der Gen des VormschG, sond der Vertr selbst. Es ist also, wenn die Zust des Vormd zunächst ohne Gen des VormschG erteilt wird, nicht § 1831, sond § 1829 anwendbar. Für die Möglichk eines Widerrufs kommt demnach nicht § 109 I, sond §§ 1829, 1830 in Betr (str).

4   4) **Zurückweisung, S 2.** Auch wenn das einseitige RGesch vom VormschG genehmigt ist, muß der Vormd sich durch die Vorlegg der Gen in schriftl Form, dh da §§ 125 f nur auf RGeschäfte anwendbar, die Erteilg der Gen durch das VormschG aber kein RGesch ist (§ 1828 Rn 2), dch die Urschrift oder eine begl Abschrift ausweisen können. Geschieht das nicht u weist der andere das RGesch deshalb unverzügl (§ 121 I 1) zurück, so ist das Gesch unwiderrufl unwirks. Der andere kann sich also nicht zB auf Irrtum beim Widerruf berufen. S 2 ist auf Behörden nicht anwendbar. Es genügt also, wenn dem NachlG der Beschl des VormschG, durch den die ErbschAusschlagg genehmigt ist, genau bezeichnet u die Zustellg angegeben ist (RG **118**, 145).

1832 *Genehmigung des Gegenvormundes.* Soweit der Vormund zu einem Rechtsgeschäfte der Genehmigung des Gegenvormundes bedarf, finden die Vorschriften der §§ 1828 bis 1831 entsprechende Anwendung.

Die Gen des GgVormd ist ein RGesch, die allg Vorschr für Rechtsgeschäfte finden also Anwendg, str. Wie **1** bei der Gen des VormschG sind die §§ 1828–1831 aber nur dann auf die Gen des GgVormd entspr anzuwenden, wenn die Vertretgsmacht des Vormd beschränkt u demgemäß die Gen zum Zustandekommen des RGeschäfts unbedingt erforderl ist, § 1809 (Erhebg des Geldes, das mit der Bestimmg angelegt ist, daß zu seiner Erhebg die Gen des GgVormd erforderl sei), §§ 1812, 1813 II, nicht aber bei § 1810. Wg des Anwendgsgebietes vgl auch § 1828 Rn 1.

1833 *Haftung des Vormundes.* [I] Der Vormund ist dem Mündel für den aus einer Pflichtverletzung entstehenden Schaden verantwortlich, wenn ihm ein Verschulden zur Last fällt. Das gleiche gilt von dem Gegenvormunde.

[II] Sind für den Schaden mehrere nebeneinander verantwortlich, so haften sie als Gesamtschuldner. Ist neben dem Vormunde für den von diesem verursachten Schaden der Gegenvormund oder ein Mitvormund nur wegen Verletzung seiner Aufsichtspflicht verantwortlich, so ist in ihrem Verhältnisse zueinander der Vormund allein verpflichtet.

1) Besondere familienrechtliche Haftung (Lit: Schreiber AcP **178**, 533), die ihren Grd in der Übernah- **1** me des Amtes u der besonderen Schutzbedürftigk des Mdl hat, str. § 1833 ist also keine Erweiter der Bestimmgen über unerl Hdlgen, aber auch kein besonderer Fall einer vertragl Haftg, da Bestellg kein VertrVerh zwischen Vormd u Mdl begründet. Deshalb 30jährige Verjährg mit den sich aus §§ 204, 206 ergebenden Besonderh (RG Recht **07**, 2575); SchadErsAnspr kann schon bei bestehender Vormsch geltd gemacht werden (§ 1843 II). Dann Pflegerbestellg erforderl (§ 1909), Gerichtsstand (auch für den GgVormd) nur ZPO 31, nicht 32. Eine weitergehende Haftg wird durch § 1833 nicht ausgeschl. Die Haftg beginnt mit der Bestellg (§ 1789 Rn 3); sie ist auch dann noch gegeben, wenn trotz Beendigg der Vormsch alle die Sache so behandeln, als wenn sie fortbestände (RG JW **38**, 3116); anders natürl, wenn der Vormd dann nicht mehr tätig ist (RG DR **40**, 726). Anwendbar ist § 1833 auf den Vormd, die MitVormd, den GgVormd (BGH **LM** Nr 2), soweit sie nicht etwa zur Übernahme der Vormsch unfähig waren (§ 1780); Untauglichk (§ 1781) steht nicht entgg; ferner bei VereinsVormsch; Haftg des Vereins für das Versch jedes Mitgl (§ 1791a III 2), nicht nur für Vorstd, dessen Mitglieder u verfassgsmäß berufene Vertr (§ 31). Nicht anwendbar auf die Haftg des Dritten, der nur nach den allg Grdsätzen haftet, nach denen auch das Vorliegen eines GesSchuldverhältn zu beurt ist. Im Konk des Vormd ist die Fdg des Mdl bevorrechtigt (KO 61 Nr 5). Verj: § 195. Für **Amtsvormund** Haftg gem GG 34, § 839 (BGH **100**, 313; Deinert/Schreibauer DAV **93**, 1143; Pardey FamRZ **89**, 1030: Staatshftg auch für die sonst Vormd u Pfleg); auch Dr wie ArbGeb ggü, wenn Hinweis auf die Krankh Neigg des Mdls zum Feuerlegen unterbleibt (BGH **100**, 313). Bei unzureichender Personalausstattg evtl Hftg wg Organisationsmangel (KG DAV **75**, 439).

2) Schadensersatzpflicht. Vgl auch § 1837 Rn 5. Der Vormd hat die Vormsch treu u gewissenh zu **2** führen, § 1789. Eine **Pflichtverletzung liegt also vor,** wenn er die durch das G gegebenen Vorschr, seien sie zwingende od nur OrdngsVorschr, od die Anordnungen des VormschG außer acht läßt; auch sonst hat er stets die gehörige Sorgf zu beachten. Maßgebd muß für ihn dabei das MdlInteresse sein (§ 1793 Rn 1); dringende eigene Geschäfte sind kein EntschuldiggsGrd (KG OLG **4**, 414), ebsowenig die Aussichtslosigk, für Aufwendgen Ersatz erlangen zu können (vgl auch § 1835 Rn 1). Der GegenVormd haftet vor allem für ordngsgemäße Überwach des Vormd (§ 1799 I), u für eine etwa pflichtwidrige Erteilg der ihm obliegenden Genehmigg. Das Verhalten des Vormd (GgVormd) muß **schuldhaft** sein (§ 276); er hat nicht nur **3** Vorsatz, sond auch Fahrlk zu vertreten, also der Sorgf anzuwenden, die man von einem verständigen Menschen erwarten kann, wobei allerdings die Sorgf der Lebenskreise, denen der Vormd angehört, in Rücks zu ziehen ist (RG JW **11**, 1061). So darf Vormd Ablösg des WohnR des Mdl nach dessen endgült Unterbringung in einer Anstalt nicht unterlassen (BGH **LM** Nr 1). SorgfPflicht auch für den AmtsVormd (Nürnb FamRZ **65**, 454; vgl auch Rn 1). Selbst die Gen des VormschG befreit den Vormd nicht ohne weiteres (BGH FamRZ **64**, 199; **83**, 1220). Es kommt auf die Lage des einzelnen Falles an (RG LZ **22**, 329). Er hat in tatsächl Beziehg, insb bei wirtschaftl Fragen (RG Recht **14**, 1581), stets selbst zu prüfen, ob das Gesch für den Mdl noch vorteilh ist (vgl § 1829 Rn 5–6), ob die tatsächl Unterlagen richtig sind, die dem VormschRichter bei der Gen vorlagen u dgl. Er kann sich also zu seiner Entlastg auch nicht ohne weiteres darauf berufen, daß eine amtl Taxe vorgelegen hat, falls er unterlassen hat, auf etwaige ihm bekannte Fehlerquellen hinzuweisen (RG JW **10**, 708). Bei vertragl Festlegg des PflichtAnspr seines Mdls darf er sich auf die Schätzg des Verkehrswertes des landwirtsch Betriebes allein nach dem ErtragswertVerf nicht verlassen (BGH FamRZ **83**, 1220). Er kann sich aber auf einen vom VormschRichter erteilten Rechtsrat verlassen (vgl RG **132**, 260). Darüber, ob er in einem Prozeß RMittel einzulegen hat, muß er sich durch einen Anwalt, notf den VormschRichter beraten lassen, nicht aber sich selbst die Entsch anmaßen (RG JW **22**, 1006). Entspr wird er sich bei einer für den Mdl ungünstigen Entsch des VormschG verhalten müssen. Ist der Vormd Anwalt, so muß er die Aussicht des Prozesses gewissenh beurteilen; für einen haltlosen Prozeß hat er ErsPfl für die Kosten (Warn **32**, 76). Vormd hat nicht nur UnterhPfl festzustellen, sond auch durchzusetzen, muß also gegebenenf auch Auswanderg des Pflichtigen bei der Prozeßbehörde zu verhindern versuchen (Nürnb FamRZ **65**, 454). Über die Folgen der Aussageverweiger braucht Vormd die MdlMutter nicht aufzuklären (Celle Rpfleger **56**, 310). Für die **Haftung des Vormunds für Dritte** kommt es darauf an, ob **4** er die Obliegenh ihrer Art nach diesem übertragen durfte od nicht (vgl dazu § 1793 Rn 17). Die Trägerkörpersch des JugA haftet auf SchadErs, wenn dieses als Vormd das Sparbuch des Mdls an dessen Mutter gibt u sie das Geld unzul abhebt u für sich verwendet (AG Langenfeld DAVorm **80**, 240). Umfang der SchadErsPflicht §§ 249ff. Schädigt Mdl Dr, entsprecher FreistellgsAnspr des Mdls (Hamm DAVorm **78**, 221). Bei

Vernachlässigg der PersFürs durch den Vormd wird die Haftg gem § 253 meist nicht gegeben sein, soweit nicht die weitergehende Haftg aus § 847 vorliegt (vgl Rn 1). Darauf, daß Mdl von Unterh- od Nichtersatzpflichtigen entschädigt wird, kann sich Vormd nicht berufen (BGH **22**, 72). Mitverschulden des Mdl (§ 254) ist nicht ausgeschl, zB nach Lage des Falles in der selbständigen Unterlassg der Einlegg eines RMittels gem FGG 59. Haftg der Erben des Vormd nach allg Grdsätzen.

5   **3) Mehrere Verantwortliche, II.** ZB MitVormd, Vormd u GgVormd haften dem Mdl ggü als GesSchu (§§ 421 ff). Im Verhältn zueinander sind sie also zu gleichen Anteilen verpflichtet (§ 426). Besteht aber die Verantwortlichk des Gg- od MitVormd (vgl § 1797 Rn 3) nur in der Verletzg der AufsPfl, so wird im Verhältn zum Mdl zwar an II 1 nichts geändert, im InnenVerh haftet aber der Vormd allein, II 2. Die Mithaftg des VormschRichters bestimmt sich nach §§ 1848, 840 I, die von Dritten nach allg Grdsätzen (vgl Rn 1). Eine AusglPfl des VormschRichters besteht nicht (§ 841).

6   **4) Beweislast.** Mdl hat Pflichtverletzg u Versch zu beweisen (RG **76**, 186), bei Unterlassg einer gesetzl Pfl oft Beweis des ersten Anscheins für den Mdl, so daß Vormd sich zu entlasten hat.

1834 *Verzinsungspflicht.* **Verwendet der Vormund Geld des Mündels für sich, so hat er es von der Zeit der Verwendung an zu verzinsen.**

1   Vgl § 1805. Auf Versch od die Entstehg eines Schadens kommt es nicht an. Verzinsg in Höhe von 4% (§ 246), für den darüber hinausgehenden Schaden gilt § 1833. Eine Verwendg ist in der Vermischg der Mdl- Gelder mit denen des Vormd noch nicht zu sehen, wohl aber in dem Verbrauch der vermischten Gelder; dann Anteil des Mdl zu verzinsen.

1835 *Ersatz von Aufwendungen.* [I] **Macht der Vormund zum Zwecke der Führung der Vormundschaft Aufwendungen, so kann er nach den für den Auftrag geltenden Vorschriften der §§ 669, 670 von dem Mündel Vorschuß oder Ersatz verlangen. Das gleiche Recht steht dem Gegenvormunde zu.**

[II] **Aufwendungen sind auch die Kosten einer angemessenen Versicherung gegen Schäden, die dem Mündel durch den Vormund oder Gegenvormund zugefügt werden können oder die dem Vormund oder Gegenvormund dadurch entstehen können, daß er einem Dritten zum Ersatz eines durch die Führung der Vormundschaft verursachten Schadens verpflichtet ist; dies gilt nicht für die Kosten der Haftpflichtversicherung des Halters eines Kraftfahrzeugs. Satz 1 ist nicht anzuwenden, wenn der Vormund oder Gegenvormund eine Vergütung nach § 1836 Abs. 2 erhält.**

[III] **Als Aufwendungen gelten auch solche Dienste des Vormundes oder des Gegenvormundes, die zu seinem Gewerbe oder seinem Berufe gehören.**

[IV] **Ist der Mündel mittellos, so kann der Vormund Vorschuß und Ersatz aus der Staatskasse verlangen. Die Vorschriften über das Verfahren bei der Entschädigung von Zeugen hinsichtlich ihrer baren Auslagen gelten sinngemäß.**

[V] **Das Jugendamt oder ein Verein kann als Vormund oder Gegenvormund für Aufwendungen keinen Vorschuß und Ersatz nur insoweit verlangen, als das Vermögen des Mündels ausreicht. Allgemeine Verwaltungskosten einschließlich der Kosten nach Absatz 2 werden nicht ersetzt.**

1   **1) Vorbemerkungen zu §§ 1835–1836a** (Lit: Deinert DAV **94**, 371; Sonnenfeld, unterschiedl BetrTypenRpfleger **93**, 97; Dodegge NJW **95**, 2395); EntschädiggsSchema: Bobenhausen BtPrax **95**, 99 f). **a) Anwendungsbereich:** Die Vorschr gelten für sämtl Fälle amtl pers- u vermrechtlicher Hilfe, näml für den Vormd u GgVormd (§ 1835 I 1 u 2), Beistand (§ 1691 I), **Betreuer** (§ 1908 i I 1), Vereins- u BehBetr (§§ 1908 e u h), Pfleger (§ 1915 I) u GgPfleger (Hamm OLGZ **71**, 307); nach Ffm ZIP **92**, 1564 analoge Anwendg auf den Sequester (vgl auch Eickmann EWiR **93**, 165). Das im folgden vom Vormd Gesagte bezieht sich grdsl auch auf die übr Amtsstellen; entspr ist statt Mdl ggf Betreuter od Pflegling zu lesen. Vgl iü zum AufwErs der Elt: § 1648; von Verwandten u Verschwägerten: §§ 1779 III 2, 1847 S 2. Zum **Reformbedarf:** 54. Aufl.

2   **b) Verhältnis der Vorschriften zueinander.** Den §§ 1835–1836a liegt die strenge Unterscheidg v **Aufwendungsersatz und Vergütung** zGrde. Währd Aufw vGw zu erstatten sind, besteht ein Vergütgs-Anspr nur nach Bewilligg dch das VormschG. Die Vormsch ist im Prinzip nach wie vor als allenf AufwErs gestattes Ehrenamt konzipiert (§ 1836 I 1), was nicht GGwidr ist (BayObLG FamRZ **77**, 558); anderers kann vom BerufsVormd nicht Unentgeltlk verlangt w (BVerfG NJW **80**, 2179). Im Prinzip können AufwErs u Vergütg nebeneinand beanspr w (BT-Drucks 11/4528 S 110 f); doch kann die Vergütg auch so berechn w, daß die Aufw darin enth sind. Außerd qualifiziert § 1835 III als AufwErs, was der Sache nach vertragsrechtl Vergütg ist. Die §§ 1835 IV, 1836 II 4, 1836a S 4 eröffnen bei Vermögenslosigk des Betroff Anspr gg die Staatskasse, womit prakt das UnentgeltlkPrinzip aufgegeben ist. – Im einz gilt folgdes: (1) Die Pauschalierg des § 1836a setzt tatbestdsmäß voraus, daß der Vormd keine Vergütg (§ 1836) bekommt, u schließt die Einzelabrechng für Aufw begrmäß aus. Vgl iü § 1836a Rn 7 u 8. – (2) AufwErs nach § 1835 I–III kann grdsl neben der Vergütg nach § 1836 I 2 u II verlangt w. Soweit die Rspr aber im Std Aufw wie ZtAufwand sowie Büro- u PersonalKo berücks (§ 1836 Rn 10 u 14), ist deren gesond Geltdmachg ausgeschl (LG Bln FamRZ **91**, 604). – (3) Beschr sich der amtl Aufg auf die Pflegsch in einem DisziplinarVerf (Ffm FamRZ **90**, 1034) od wie beim VerfPfleger auf die Hilfe zB im UnterbringssVerf, erfolgt eine Abrechng ggf nur gem § 1835 III (Einf 21 v § 1896). – (4) Führt der Betr iR zB einer VermBt (§ 1896 Rn 28) als RA einen ZivProz, so erfolgt entw die Abrechng der AnwGebühren nach § 1835 III neben der Vergütg nach § 1896 I 2 od II (KG Rpfleger **88**, 261; BayObLG FamRZ **89**, 214), bei der dann allerd diese Tätigk auch nicht nochmals berücks w darf (BayObLG FamRZ **86**, 601 f); od die ProzFührg wird bei der Vergütg mit berücks (BayObLG FamRZ **89**, 169/74).

3   **2) Aufwendungen, I. a) Begriff:** § 256 Rn 1. Einzelh bei Bach BtPrax **95**, 8. **aa)** Zu den Aufw zählen bare Ausl, Porto-, ReiseKo; Fotokopien (LG Bln FamRZ **95**, 496: 0,30 DM) usw. Als Aufw gelten auch Dienste

des Vormd, die zu seinem **Gewerbe oder Beruf** gehören, **III.** Das betr insb RAe, zB als VerfPfleger im UnterbringgsVerf (Einf 19 v § 1896), aber auch Ärzte, SteuerSachverst u Handwerker. Der Mdl soll nicht davon profitieren, daß der Vormd aGrd seiner Spezialisierg für den Mdl etwas verrichten kann, wozu jeder und fremde Hilfe in Anspr gen hätte (RG **149**, 121; KG JW **35**, 1251; MüKo/Schwab 13). Immer dann, wenn unter sachl GesPkten die anwaltl Vertretg des Betroff geboten ist, kann ein zum Pfl od Betr bestellter RA seine nach BRAGO berechn Vergütg geltd machen (Bach BtPrax **95**, 10 mN). Desh ist erstattgsfäh die Vertretg im Proz, auch wenn kein AnwZwang besteht, nicht dagg der Abschl eines Miet-Vertr, SchuMahngen u gewöhnl SchriftVerk. Zur Vergütg von RAen vgl zunächst § 1836 Rn 13; ferner im einz etwa zur Vergütg von RAen als VerfPflegern: Einf 19 v 1896. **bb) Keine Aufwendungen** sind: **4** Schäden (vgl aber § 670 Rn 8); die für den Mdl eingesetzte ArbZt u ZtAufwand (er rechtfert jetzt den VergütgsAnspr nach § 1836 II); MWSt für diese Vergütg (Bach BtPrax **95**, 9; § 1836 Rn 10 u 15). Entgg dem RegEntw (BT-Drucks 11/4528 S 110) sind die Kosten für die Einf, Fortbildg, Beratg u Unterstützg des Vormds in seinen Aufg mangels GesGebgsKompetenz des Bu (BT-Drucks 11/6949 S 69f) nicht erstattgsfäh Aufw geworden.

b) Erstattungsfähig sind Aufw, die der Vormd bei Anwend der ihm obliegden Sorgfalt (§ 1833) den **5** Umstdn nach für erfdl halten durfte (§ 670). Entsch sind die LebVerhältn, in denen der Mdl lebt; sie sind Maß u Grenze der Aufw (MüKo/Schwab 17). Erstattgsfäh sind Fahrtkosten zur Aufrechterhaltg des Kontakts mit dem untergebrachten Mdl (LG Dortm Rpfleger **83**, 439). Kein AufwErs, wenn PKH mögl war (Brem FamRZ **86**, 189).

c) Angemessene Versicherung, II 1. Die Kosten dafür sind ebenf vorschuß- bzw erstattgsfäh Aufw. **6** **aa) Zweck:** Stärkg der RStellg von Vormd, Betreuer, Pfleger usw unter Vermeidg der mit den sonst in **7** Betr kommden HaftgsErleichtergen verbundenen Nachteilen für den Betroff (BT-Drucks 11/4528 S 109). **bb)** Übernommen werden einmal die Kosten für eine **Haftpflichtversicherung,** also gg Schäden, für die **8** der Vormd, Betr od Pfleger gem §§ 1833, 1908i I, 1915 dem Mdl, Betreuten od Pflegl, aber auch Dr ggü (vgl Einf 14 v § 1896) ersatzpfl w kann. Zu übernehmen sind ferner die VersKosten für **Eigenschäden,** die **9** Vormd, GgVormd, Betr, Pfleger usw bei der Führg ihres Amts ihrers erleiden, also DeckgsSchutz für Unfälle u Sachrisiken. Dazu gehören vor allem die von dem Schützling selbst ausgehen Gefahren. Ist ein Mdl od Betreuter in der Fam des Vormds od Betr untergebracht, kann in AusnFällen der VersSchutz auch die FamMitgl des Sachwalters einbeziehen. **cc)** Die an die Stelle der Prüfg nach § 670 tretde **Angemessen- 10 heit** betr Grd wie Höhe der VersKosten (BT-Drucks 11/4528 S 109). Ein anderweitiger VersSchutz (zB RVO 539 I Z 13: UnfallVers ehrenamtl Tätiger) macht idR eine zusätzl priv Vers überflüss. Kostenvorteile zB dch SammelVers sind auszunutzen. **dd) Kfz:** VollkaskoVers ist vorschuß- u erstattgsfäh. Wird das **11** Fahrzeug im Interesse mehrerer Schützlinge bzw auch priv benutzt, sind die Kosten dch Schätzg (BT-Drucks 11/4528 S 110) entspr den jew Fahrleistgen aufzuteilen. Dagg sind die Kosten der Kfz-Haftpflicht-Vers nicht erstattgsfäh, **II 1 2. Halbs. ee) Ausgeschlossen** ist die Übern der VersKosten bei BerufsBetr, **12** **II 2.** Gewährt § 1836 II eine Vergütg, so daß hier der für II 1 maßgebl Anreiz zur Übern des Amts ausscheidet (vgl BT-Drucks 11/6949 S 69).

3) Rechtsfolgen. a) Aufwendungsregreß, I 1. aa) dem Ggst nach: **Aufwendungsersatz** (§ 670); Zin- **13/14** sen iHv mind 4% (§§ 256, 246); Vorschuß (§ 669); Befreiung von Verbindlkten u SicherhLeistg (§ 257 S 1 u 2). **bb) Höhe:** Vgl Rn 5. Eine pauschale Abrechng wird dch die AufwEntschädigg nach § 1836a ermögl. Im **15** Falle von III (Rn 3) kann der Arzt nach GOÄ, ein RA nach BRAGO abrechnen (Ffm NJW **66**, 554; LG Brschwg FamRZ **68**, 471), aber keine Festsetzg nach BRAGO 19 (Ffm u Hamm NJW **66**, 554 u 2129). **b) Ersatz aus der Staatskasse, IV 1,** bei Mittellosigk des Mdl. Gilt auch für den Vorschuß eines Vereins- **16** Betr (LG Mü I BtPrax **94**, 35). Die **Mittellosigkeit,** bei der es darum geht, was dem Mdl, Pflegl od Betreuten zugriffsfrei verbleibt, ist für die SchonVerm nicht nach KostO 92 I 1 (Ffm Münst FamRZ **94**, 1336; aA LG Oldbg FamRZ **95**, 494), sond nach BSHG 88/ZPO 115 II 2 zu best (BayObLG BtPrax **94**, 173; LG Bln BtPrax **95**, 28; LG Itzehoe BtPrax **95**, 146). Hins der Einkfte liegt Mittellosigk ow vor bei Bezug von SozH (Schlesw BtPrax **94**, 139) od wenn der Betreute dch Zahlg der BtKosten zum SozFall würde (Schlesw FamRZ **94**, 1332; Hamm u BayObLG FamRZ **95**, 49 u 112). Iü läßt sich an dem erhöhten FreiBetr von BSHG 81 I anknüpfen (Ständeke-Otto BtPrax **95**, 92; BayObLGZ **95**, 212 Schongrenze 8000 DM). Die Anlehng an die PKH ist ungeeign (aA BayObLG BtPrax **94**, 173; Hamm FamRZ **95**, 50; LGe Münst FamRZ **94**, 1336; Koblz FamRZ **95**, 691), weil der Vormd usw Ratenzahlgen nicht zumutb sind (vgl Bach BtPrax **95**, 12), ebso wie die Anknüpfg an die PfändgsFreigrenzen nicht überzeugt (Schlesw BtPrax **94**, 139; aA LG Bln BtPrax **95**, 28). Die Mittellosigk ist vAw zu prüfen (Schlesw BtPrax **94**, 139; LG Oldbg FamRZ **95**, 494). Läßt sie sich nicht pos feststellen, scheiden Anspr gg die Staatskasse aus (LGe Ffm FamRZ **93**, 218 mA Bienwald; Oldbg FamRZ **94**, 1331). Wird der VergütgsAntr des Betr gg die Staatskasse wg fehlder Mittellosigk zurückgewiesen, so hat der Betreute kein eig BeschwR (Oldbg FamRZ **94**, 1354). LG Heilbr MDR **93**, 449 legt der Staatskasse unabh von den VermVerhältn des Unterzubringden die Kosten auf, wenn das Ger einen RA zum Pfleger in dem UnterbrVerf best hat. **c) Einschränkungen für Jugendamt und 17 Verein, V.** Sie können keinen Vorschuß u Ers ihrer Aufw nur insow verlangen, als das Verm des Mdl ausreicht, **I 1.** Allg VerwKosten einschl der VersKosten (Rn 6) werden nicht ersetzt, **V 2.**

4) Geltendmachung. a) AnsprGgner ist in erster Linie der Betroff. Der Vormd kann sich die Beträge, **18** auf die er Anspr hat, soweit vorh, selbst nehmen (§§ 1795 II, 181), der Anw also zB ProzKostenVorschuß aus den Einkften (KG JW **35**, 546). § 1805 steht nicht entgg (KG OLG **18**, 299). Der Antr muß klarstellen, ob angem Vergütg (§ 1836 I) od Ausgl aus der Staatskasse (§ 1835 IV) verlangt wird (Ffm Rpfleger **74**, 312). Sonst (iGgs zu § 1836 Rn 18) Kl wg Grd u Höhe der Aufw vor dem ordentl Ger (BayObLG FamRZ **89**, 433; **91**, 861; Kln NJW **67**, 2408) gg einen zu bestellden Pfleger (KG OLG **8**, 361), auch bei noch bestehder Vormsch (§ 1843 II). Die Ansicht des VormschG bindet weder das ProzGer noch den Mdl. **b)** Bei Inan- **19** spruchn der **Staatskasse** (Rn 16) gilt das **Verfahren nach ZuSEG, IV 2** (vgl LG Bln Rpfleger **73**, 169). Festsetzg dch den Rpfleger (KG Rpfleger **73**, 357; Hamm Rpfleger **76**, 362). Maßg für die 3-Mo-Fr zur Geltdmachg gem 15 II: nicht das Feststehen der Mittellosigk (so aber Düss Rpfleger **82**, 105; LG Boch

Rpfleger **85**, 147), sond die Beendigg der Tätig des Vormd, Pfleg od Betr (LG Kblz BtPrax **95**, 148); Vorschuß: 14; Fahrtkosten, AufwEntschädigg: 9–11. Verdienstausfall wird nicht ersetzt, wohl aber Kosten einer notw Vertretg: 11.

1836 *Vergütung des Vormunds und Betreuers.* [I] Die Vormundschaft wird unentgeltlich geführt. Das Vormundschaftsgericht kann jedoch dem Vormund und aus besonderen Gründen auch dem Gegenvormund eine angemessene Vergütung bewilligen. Die Bewilligung soll nur erfolgen, wenn das Vermögen des Mündels sowie der Umfang und die Bedeutung der vormundschaftlichen Geschäfte es rechtfertigen. Die Vergütung kann jederzeit für die Zukunft geändert oder entzogen werden.

[II] Werden jemandem Vormundschaften in einem solchen Umfang übertragen, daß er sie nur im Rahmen seiner Berufsausübung führen kann, so ist ihm eine Vergütung auch dann zu bewilligen, wenn die Voraussetzungen des Absatzes 1 Satz 2 und 3 nicht vorliegen. Die Vergütung entspricht dem Höchstbetrag dessen, was einem Zeugen als Entschädigung für seine Verdienstausfall gewährt werden kann. Die Vergütung kann bis zum Dreifachen erhöht werden, soweit die Führung der Vormundschaft besondere Fachkenntnisse erfordert oder mit besonderen Schwierigkeiten verbunden ist; sie kann bis zum Fünffachen erhöht werden, wenn im Einzelfall Umstände hinzutreten, die die Besorgung bestimmter Angelegenheiten außergewöhnlich erschweren. § 1835 Abs. 4 gilt entsprechend.

[III] Vor der Bewilligung, Änderung oder Entziehung soll der Vormund und, wenn ein Gegenvormund vorhanden oder zu bestellen ist, auch dieser gehört werden.

[IV] Dem Jugendamt oder einem Verein kann keine Vergütung bewilligt werden.

1   **1)** Vgl zunächst § 1835 Rn 1–2. **a) Prinzipien: Unentgeltlichkeit, I 1,** von Vormsch, Pflegsch u Bt (§ 1908 i I 1) entspr dem Prinzip des staatsbürgerl Ehrenamts mit nicht mehr als ein od zwei Pflegebefohlenen (BVerfG NJW **80**, 2179). Dementspr sieht die Neufassg der Vorschr dch das BtG die Bewilligg einer **Vergütung** vor, wenn das Verm des Mdl sowie Umfang u Bedeutg der Geschäfte dies rechtf (I 2–4) bzw in den Fällen, in denen die Übern von Vormsch, Pflegsch u Bten zum Beruf geworden ist, II, wobei sich dieser
2   VergütgsAnspr auch gg die Staatskasse richten kann, II 4. – **b) Anwendungsbereich:** § 1835 Rn 1. JA u VereinsVormd erh keine Vergütg. Zum **Vereinsbetreuer:** § 1908e. Vergütg des **Nachlaßpflegers:** § 1960 Rn 25; des **Verfahrenspflegers:** Einf 21 v § 1896. Voraus für den VergütgsAnspr ist eine wirks Bestellg als Vormd, Betr usw (KG JW **34**, 1581); Ausn: wenn ohnehin ein zivr Anspr besteht (BayObLG FamRZ **92**,
3   854). Ein obj rechtsfehlerh BestellgsBeschl hindert die Vergütg nicht (Naumburg FamRZ **94**, 1335). – **c) Verhältnis der Vorschriften zueinander:** § 1835 Rn.2.

4   **2) Vergütung aus dem Vermögen, I 2.** Die Vorschr betr die Bezahlg des Vormd, Pfl u Betr. GgVormd u GgBetr (§§ 1792, 1908 i I 1) erh nur bei Vorliegen bes Grde eine Vergütg. Auch BerufsVormd, -Pfl u -Betr (vgl Rn 13) erh vorrang eine Vergütg nach I 2.

5   **a)** Das Ges macht die Vergütg von der Entsch des VormschG abhäng (Rn 9) u gibt hierf **allgemeine Voraussetzungen, I 3** (Rn 6–7), die aber nicht zwingd sind („soll"), so daß weitere BewilliggsGrde mögl
6   sind (Rn 8), wie die Vergütg auch versagt od wieder entzogen w kann (Rn 11). – **aa)** Das **Vermögen des Mündels** soll die Bewilligg rechtf. Maßgebl ist ausschließl das AktivVerm, weil idR gerade Verbindlkten der Verw bedürfen (RG **149**, 172). Doch bildet die Höhe des ReinVerm ein Kriterium für die Höhe der Vergütg (Erm/Holzhauer 4). Zum Verm sind zu rechnen: der RückfdgAnspr aus § 528 (Zweibr FamRZ **89**, 433); das Recht eines Abkömml am Gesamtgut der fortges GütGemsch (KG JW **37**, 3159) od an noch nicht geltd gemachten PflTeilsAnspr (MüKo/Schwab 5; aA LG Düss NJW **65**, 2111); dagg nicht vor dem Erbfall die Bedenkg in einem ErbVertr (BayObLG NJW **60**, 101) sowie UnterhAnspr des Mdl sind zu berücks, soweit sie die UnterhBedürfn übersteigen (LG Düss NJW **65**, 2111). Ein die Zahlg einer Vergütg rechtf Verm ist allerd nicht schon immer dann vorh, wenn Mittellosigk iSv § 1835 IV zu verneinen ist (MüKo/
7   Schwab 9; aA LG Bln Rpfleger **85**, 237). – **bb) Umfang und Bedeutung der vormundschaftlichen Geschäfte** müssen für die Bewilligg sprechen. Eine Vergütg kommt nicht nur bei der Verm- sond auch bei ausschließl PersSorge in Betr. Es kommt nicht darauf an, daß überh eine VermVerw besteht (RG **147**, 317; **149**, 172). Zu berücks sind: der ZtAufwand (BayObLG FamRZ **92**, 854); die Schwierigk der Gesch u das Maß der Verantwortg; Qualität u Erfolg der vom Vormd entfalteten Tätigk. Nahe Verwandtsch steht dem VergütgsAnspr nicht entgg (Bobenhausen Rpfleger **85**, 428). Erleichterg der Bt dch umfassde Pfl im Altenheim mindert die Vergütg (LG Kblz FamRZ **95**, 690 L). **Fehler** bei der Führg der Vormdsch verpfl zum SchadErs (§ 1833), mind aber verhaltl Rn 8 die Vergütg grdsl nicht (Kln FamRZ **91**, 483 mN; Zweibr MDR **92**, 262; krit Erm/Holzhauer 9). Ggf Aufrechng und ZurückbehaltgsR wg des SchadErs-Anspr (KGJ **35**, A 29). Werden Berufsaufwendgen gem § 1835 III (dort Rn 3) ersetzt, bleibt das Gesch bei
8   der Beurt außer Betr (BayObLG FamRZ **86**, 601 f. – **cc)** I 3 ist nicht abschließd (Rn 5). Die Vergütg kann auch auf **Billigkeitserwägungen anderer Art** gestützt w (RG **149**, 177). Desh können ein bes Einsatz od auch bes Erfolge bei der VermVerw Bewilligg wie Höhe der Vergütg beeinfl (Hamm OLG **71**, 307); Umstde, die Anlaß zur Herabsetzg od zum **Ausschluß** der Vergütg geben, können sein: Anspr des Vormd auf Vergütg gg Dr (KG Recht **06**, 1313), insb AufwErs des RA-Pfl gem § 1835 (BayObLG NJW-RR **86**, 497); eig Verm des Vormds (KG JW **38**, 3116); näheres VerwandtschVerhältn (Mü DFG **36**, 234). Vgl iü Rn 11.

9   **b)** Die Bewilligg der Vergütg u ihrer Höhe steht im **Ermessen** des Ger (BayObLG FamRZ **94**, 317). Eine Vereinbg zw Vormd u Mdl bindet das VormschG nicht. Sinnvoll ist eine Abklärg der Vergütg mit dem Ger vor Ann des Amts. Zu den AbwäggsKriterien vgl Bobenhausen Rpfleger **85**, 426; Giesler FuR **94**, 262 f. –
10 **aa)** Über die **Höhe** der Vergütg entsch die Billigk des Einzelfalls (RG **149**, 177). Der Umfg des Verm ist mitentscheidd (Düss Rpfleger **87**, 20: bei 150000 DM 2%, darüber 1% jährl; and BayObLG Rpfleger **87**, 67:

Prozentsätze ungeeign). Verbindlkten des Mdl sind vergütgsmindernd zu berücks (KG FamRZ 68, 488). Keine Heranziehg der Grdsätze über die Vergüt eines KonkVerw (KG FamRZ 68, 488). Bei der Entsch über die StdZahl u den StdSatz eines BerufsBetr (Rn 12) hat das Ger entspr ZPO 287 ein SchätzgsErm (BayObLG BtPrax 94, 173). Bei der Berechng der Vergüt ist der ZtAufwand zGrde zu legen; beim StdSatz sind die üblicherw für ein Büro mittleren Zuschn anfallden Unkosten (BayObLG FamRZ 95, 692) einschl der Personalkosten zu berücks. Die StdSätze v II gelten insof allenf als MindestVergüt (BayObLG FamRZ 95, 692/4; LG Stendal FamRZ 95, 507). RA als BerufsBetr: zZ 300 DM (Schlesw FamRZ 95, 46). Zu den StdSätzen eines VereinsBetr: BayObLG aaO mN v Parallelen aus der Rspr. Hinzu kommt ein dem Beruf des Betr od ähnl BerufsGr (Schlesw MDR 94, 1048) angem Honorar (BayObLG FamRZ 92, 854; 94, 124). Das gilt auch für die Vergüt eines BerufsBetr, der nicht RA ist (BayObLG FamRZ 94, 124; 95, 692 DiplSozPädagogin). Zur Berechng der Vergüt eines freiberufl tät BerufsBetr vgl im einz LG Mü I FamRZ 95, 112. Die Untergrenze der einem BerufsBetr zu bewilligden Vergüt bildet der tats ZtAufwand nebst anteil BüroKo u MWSt (BayObLG FamRZ 92, 854; Ffm FamRZ 94, 1333). Die **Mehrwertsteuer** ist bei Festsetzg der Höhe der Vergüt in den StdSatz einzukalkulieren u nicht gesond zu ersetzen (BayObLG FamRZ 92, 854; Bach BtPrax 95, 11; vgl unten Rn 15 sowie § 1835 Rn 4). – **bb)** Im Erm des VormschG **11** liegen auch **Änderungen** wie Heraufsetzg der Vergüt, aber desgl deren **Ausschluß oder Herabsetzung, I 4,** zB bei Untreue zum Nachteil des Mdl (RG 154, 110; BayObLG NJW 88, 1919; FamRZ 92, 106); nachläss GeschFg (Düss Rpfleger 78, 410); Bedürftigt (LG Bln Rpfleger 85, 237); Überschreiten der Befugn (§ 1896 Rn 25): bei unterbringsähnl Maßn ohne gerichtl Gen uU Ausschl des ges VergütgsAnspr (BayObLG FamRZ 94, 779).

3) Stundenweise Vergütung des Berufsvormunds, II 1, beim **Berufsbetreuer** iVm § 1908 i I 1 (Lit: **12** 54. Aufl). Auch diesen ist bei Vorliegen der Vorauss gem I vorrangg eine Vergütg aus dem MdlVerm zu gewähren (Rn 4). Die StdVergütg nach II stellt ledigl eine MindEntschädigg dar (Giesler FuR 94, 263), kann dafür auch gg die Staatskasse gerichtet w. Zum Verhältn v I u II zueinand: Rn 3.

a) Zum **Beruf** werden Vormsch, Bten usw, wenn ein RA, Steuerberater, Psychotherapeut, SozArb usw **13** (vgl BT-Drucks 11/4528 S 111) so viele Vormsch, Pflegsch od Bten übern hat, daß die ArbBelastg einer übl ErwTätigk entspr. Dabei kommt es weniger auf die Zahl der übertr Vormsch, Bten usw als vielm iR einer GesBetrachtg (LG Bochum FamRZ 90, 561) auf die mit ihnen verbundene ArbBelastg an. Bei einer Bt sind die Tätigkten innerh der versch AufgKr (§ 1896 Rn 22 ff) u ferner zu berücks, daß der ZtAufw in versch Phasen der Bt höchst unterschiedl sein k (LG Lüneb FamRZ 93, 359 u 1232: zunächst 50, danach 35 u 20 DM).

b) Die **Vergütung** ist auch zu bewill, wenn Verm u Umfang u Bedeutg der vormschaftl Gesch dies für **14** sich genommen nicht rechtf würden, weil dem berufsmäß beanspruchten Vormd, Pfl od Betr ein weitergeh-der finanz Ausgl gebührt als im Normalfall dem EinzelVormd usw (BVerfG NJW 80, 2180). Die Vergütg deckt iR einer einheitl Bewertg ZtAufwand u anteil Bürokosten ab (BT-Drucks 11/4528 S 112; LG Bln FamRZ 91, 604; MüKo/Schwab 35), obwohl das Ziel v II nicht die Kostendeckg ist (LG Kln FamRZ 95, 508). – **aa)** Für die **Höhe** gilt unabhäng von der berufl Qualifikation des Vormd od Betr ohne ErmSpielr **15** zunächst als **Mindestvergütung, II 2,** der HöchstBetr der VerdienstausfallsEntsch v Zeugen, also ein StdS von zZ 25 DM (ZSEG 2 II 1), der nur dch den GesGeber heraufges w kann (Giesler FuR 94, 263). Die Anzahl der für die Vormsch, Pflegsch usw erfdl Stden best grdsl der Vormd, Pfl od Betr selbst. Bei letzterem ergibt sich dies schon daraus, daß die pers Bt im VorderGrd stehen soll (Einf 4 v § 1896). Erstattgsfäh ist jeder ZtAufw, der plausibel dargelegt ist (LG Bln FamRZ 95, 496). Bei der Abrechng muß eine detaillierte Aufstellg über die Tätigk vorgelegt w (Giesler FuR 94, 264). Die letzte (nicht etwa jede) angefangene Std ist auf eine volle Std abzurunden (LGe Lüneb FamRZ 93, 1232: Kblz FamRZ 95, 691). Ist der Anspr aus II 1 gegeben, darf der nach II 2 u 3 maßgebde VergütgsMindUmfang nicht unterschritten w (BayObLG FamRZ 94, 590/91). Zusätzl zu der nach StdSätzen berechneten Vergütg ist dem BerufsVormd, -pfleger od dem -Betr die von ihm auf die Vergüt zu zahlde **MWSt** zu bewill (LGe Bl u Kln FamRZ 95, 496 u 508; AG Ffm FamRZ 94, 1336 mN; Bienwald BtPrax 95, 43). – **bb)** Eine im Erm des Ger liegde **16** **Erhöhung** bis zum Drei- bzw Fünffachen sieht **II 3** vor. Die ErhöhsGrde sind abschließd (Bach BtPrax 95, 11), können aber alternativ od kumulativ vorl. Die Erhöhg der Vergütg erfolgt für den AbrechnZtRaum pauschal, dh mit einem einheitl StdS (LG Paderb Rpfleger 93, 18; BezG Meing FamRZ 94, 523; LG Stendal FamRZ 95, 113). Als ErhöhsGrd kommt in Betr, daß die Führg der Vormsch usw **besondere Fachkennt-** **17** **nisse erfordert,** also med, jur, wirtschprüf, steuerberat, psychotherapeut, sozpädagog (LG Hdlbg FamRZ 93, 1245; AG Starnbg BtPrax 93, 178), die jew auch dazu dienen müssen, über die der Betr verfügen soll (LG Mü I FamRZ 93, 1245). Dabei rechtf der Beruf des Betr für sich genommen keine Erhöhg des StdS; vielm müssen die bes Fachkenntn gerade für die Führg der Vormsch, Pflegsch od Bt erfdl sein (Bach BtPrax 95, 11 mRsprNachw). Das gilt insb auch für RA. Die Tats, daß für die Vormsch od Bt nur eine berufl bes qualifizierte Pers zur Verfg stand, rechtf für sich allein nicht einen erhöhten StdS (LG Münst FamRZ 93, 1346; Giesler FuR 94, 264; Bach BtPrax 95, 11; aA Schlesw BtPrax 94, 139). Ebsowenig, daß das Ger einen Berufs- od VereinsBetr bestellt hat (aA LG Oldbg FamRZ 94, 1333). Eine Erhöhg ist ferner vorgesehen, **18** wenn die Führg des Amts **mit besonderen Schwierigkeiten verbunden** ist. Diese können im Vermüllgs-Syndrom (LG Gö DAV 93, 989), in einer psych Erkrankg od in Suchtproblemen des Mdl usw liegen (Giesler FuR 94, 264; vgl auch LG Stendal FamRZ 95, 114). Eine Erhöhg bis zum Fünffachen ist vorgesehen, **19** wenn im Einzelfall Umstde hinzutreten, die die **Besorgung bestimmter Angelegenheiten außerge-** **wöhnlich erschweren,** II 3 Halbs 2. Solche extremen AusnSituationen verlangen strenge Maßst u können bspw in bes aggressivem Verh des Betreuten (LG Bln BtPrax 94, 177), in akuten od psychot Lebenskrisen des Betroff, in erhebl Komplikationen od auch in einer notw Unterbringg des Betreuten zur Unzeit liegen (Giesler FuR 94, 264), bleiben aber auch dann auf die best einz Angelegenh innerh der Bt beschr (Bach BtPrax 95, 11).

d) Anspruchsgegner ist nicht nur für I 2, sond auch für den Anspr aus II 1 zunächst der Mdl, Pflegl od **20** Betreute. Doch wird sich der Gl idR mit dem allg VergütgsAnspr nach I 2 besser stehen. Nur iF der

Mittellosigkeit des Bedürft (§ 1835 Rn 16) ist das nicht der Fall, weil hier eine **Erstattung aus der Staatskasse** mögl ist, II 4, § 1835 IV 1. Reicht das Eink des Betreuten nicht für die ges Vergütg des Betr, so ist der verbleibde SpitzenBetr gg die Staatskasse festzusetzen (Hamm FamRZ **95**, 50).

21 **4) Geltendmachung der Ansprüche:** Die Bewilligg einer Vergütg dch das VormschG (Rn 9 u 14) hat rechtsbegründde Wirkg u ist hins Grd u Höhe des Anspr bindd (BGH FamRZ **63**, 356; BayObLG BtPrax **94**, 173). In *Nds* ist der BewilliggsBeschl VollstrTitel (Nds FGG Art 6 I Nr 3); Einwdgen des Mdl: ZPO 767 analog. Geltdmachg des Anspr auch nach Beendigg der Vormsch u nach dem **Tod** des Vormds (KG NJW **57**, 1441) od Pflegl (BayObLG FamRZ **89**, 1119). Nach dem Tod des Betreuten steht sein Verm o Rücks auf das SchonVerm in vollem Umfang für die Bezahlg der BtVergütg zur Vfg (LG Mü I FamRZ **95**, 509).

1836 a *Aufwandsentschädigung.* Zur Abgeltung geringfügiger Aufwendungen kann der Vormund als Aufwandsentschädigung für jede Vormundschaft, für die ihm keine Vergütung zusteht, einen Geldbetrag verlangen, der für ein Jahr dem Fünfzehnfachen dessen entspricht, was einem Zeugen als Höchstbetrag der Entschädigung für eine Stunde versäumter Arbeitszeit gewährt werden kann (Aufwandsentschädigung). Hat der Vormund für solche Aufwendungen bereits Vorschuß oder Ersatz erhalten, so verringert sich die Aufwandsentschädigung entsprechend. Die Aufwandsentschädigung ist jährlich zu zahlen, erstmals ein Jahr nach Bestellung des Vormunds. § 1835 Abs. 4 und § 1836 Abs. 4 gelten entsprechend.

1 **1)** Vgl zunächst § 1835 Rn 1–2. § 1836a gibt denj Vormd, Betr usw, denen für die Vormsch, Betrg usw keine Vergütg nach § 1836 I 2 od II zusteht, eine AufwEntsch. **Zweck:** Da eine Vergütg für alle Vormd, Betr u Pfleger auch künft nicht finanzierb sein wird, soll die RStellg der ehrenamtl BetrgsPers für mittellose Betroffene jedenf gestärkt w. Außerd soll die bish bürokrat gehandhabte EinzAbrechng auch geringfüg Aufwendgen, auf deren Geltdmachg die Vormd oft verzichtet haben, dch Pauschalierg ersetzt w (BT-Drucks 11/4528 S 112). § 1836a gilt unabh v § 1618a qua UmkSchl aus S 4 (Rn 2) auch für FamAngeh als Betr (LGe Klautern FamRZ **95**, 52; Münst DAV **95**, 530; Mü I FamRZ **95**, 116 mN; Bach BtPrax **95**, 10). Zur Höhe der AufwandsEntschädigg in den **neuen Bundesländern**: Bienwald BtPrax **93**, 126.

2 **2) Pauschalierung der Aufwandsentschädigung, S 1. a) Voraussetzungen: aa)** Vormsch, Betrg, Pflegsch usw: § 1835 Rn 1. IGgs zu § 1836 Rn 12 reicht hier eine einzige Vormsch aus. Verein u Beh erh keine AufwEntsch, **S 4**, weil ihnen zugemutet w kann, auch geringfüg Aufw einzeln abzurechnen (BT-
3 Drucks 11/4528 S 112f): § 1836 Rn 2. **bb)** Für die Vormsch darf dem Vormd **keine Vergütung** zustehen.
4 IGgs zu § 1836 Rn 12 handelt es sich um eins echtes negat TatbestdsMerkm. **b) Bewilligung. aa) Höhe:** Die AufwEntsch wird nach Umfang u Schwierigk des Einzelfalls differenziert. Um sicherzustellen, daß der Betrag in gleicher Weise an die wirtsch Entwicklg angepaßt wird wie die Vergütg, wird er nicht zahlenmäß auf einen best Betrag, sond als das 15-fache der Höchstentschädigg eines Zeugen für 1 Std versäumter ArbZt festgelegt (vgl § 1836 Rn 15). Soweit der Vormd für Aufw nach § 1835 bereits **Vorschuß**
5 **oder Ersatz** erh hat, verringert sich die AufwEntsch entspr, **S 2. bb) Zahlungsweise und Fälligkeit, S 3:** Jährl, erstmals 1 J nach Bestellg zum Vormd, Betr usw. Also keine mtl Abrechng u auch keine Anknüpfg an
6 das KalJ (BT-Drucks 11/4528 S 112). **c)** Bei Mittellosigk des Mdl wird die Vergütg aus der **Staatskasse** gezahlt, **S 4**: Vgl § 1835 Rn 16 u 19.

7 **3) Konkurrenzen** (vgl § 1835 Rn 2): **a) Verhältnis zu § 1835:** Mit der AufwEntsch nach § 1836a werden nur **geringfügige Aufwendungen** abgegolten: Portokosten für Standardbriefe, Telefongebühren im Nahbereich uä. Schon eine Aufw von 5 DM ist nicht mehr geringfüg (BT-Drucks 11/4528 S 112), so daß für sie Ers nach § 1835 verlangt w kann, ohne daß nunm EinzelNachw für alle baren Aufw erbracht w müßten
8 (Gießler FuR **94**, 261). **b) Verhältnis zu § 1836:** Bei mehreren Vormsch, Betrgen, Pflegsch usw steht dem Vormd, Betr usw die AufwEntsch nach § 1836a mehrf zu. Geht die Tätigk als Vormd, Betr usw aber in eine BerufsAusübg über, kommt nur noch eine Vergütg nach § 1836 II in Betr. In keinem Fall darf die Summe der nach § 1836a gezahlten AufwEntsch die für den BerufsVormd nach § 1836 II 1 erzielb Vergütg übersteigen (vgl BT-Drucks 11/4528 S 112). Auch wenn der Vormd wg und Vormsch bereits eine Vergütg erh ist, ist bei Hinzutreten einer weiteren Vormsch, Betrg oder Pflegsch nicht eine AufwEntsch zu zahlen, sond die nach § 1836 gezahlte Vergütg ggf heraufzusetzen (§ 1836 Rn 19).

III. Fürsorge und Aufsicht des Vormundschaftsgerichts

1837 *Beratung und Aufsicht durch das Vormundschaftsgericht.* [I] Das Vormundschaftsgericht berät die Vormünder. Es wirkt dabei mit, sie in ihre Aufgaben einzuführen.

[II] Das Vormundschaftsgericht hat über die gesamte Tätigkeit des Vormundes und des Gegenvormundes die Aufsicht zu führen und gegen Pflichtwidrigkeiten durch geeignete Gebote und Verbote einzuschreiten. Es kann dem Vormund und dem Gegenvormund aufgeben, eine Versicherung gegen Schäden, die sie dem Mündel zufügen können, einzugehen.

[III] Das Vormundschaftsgericht kann den Vormund und den Gegenvormund zur Befolgung seiner Anordnungen durch Festsetzung von Zwangsgeld anhalten. Gegen das Jugendamt oder einen Verein wird kein Zwangsgeld festgesetzt.

[IV] §§ 1666, 1666a, 1667 Abs. 1, 5 und § 1696 gelten entsprechend.

1 **1) a) Verhältnis von Vormund und Vormundschaftsgericht. aa)** Trotz gewisser Einschrkgen (§ 1793 Rn 7–13) führt der Vormd die Vormsch grdsl selbstg (Einf 1 v § 1793). Die Funktion des

VormschG beschrkt sich auf die Unterstützg des Vormd dch Beratg (Rn 6) u seine Beaufsichtigg (Rn 8). Das VormschG darf desh außerh bestimmter AusnErmächtiggen (§§ 1631a II 2, 1800; 1666 II, 1837 IV; 1844 II; 1846) nicht aSt des Vormd handeln od ihn über das Gesetz hinaus mit bindden Anweisgen versehen, u zwar auch nicht, wenn es der Vormd selbst wünscht (BayObLG **50/51**, 440). Die ges Zustdgk des VormschG kann auch nicht dch AO Dr, zB dch letztw Vfg der Elt, od iR der Betrg dch vorsorgl BetrgsVfg des Betreuten selbst (Einf 5 u 9 v § 1896) ausgedehnt w (vgl RG Gruch **64**, 726). **bb)** Unterstützt wird das   2 VormschG in seinen Hilfen u in der Aufs des Vormd dch den GgVormd (§ 1799 I) u dch das JA (Einf 46 v § 1626), das seiners natürl aber auch direkt zur Unterstützg des Vormd verpfl ist. **cc) Haftung** des Vormd   3 gem § 1833; des Staats für den VormschRi in GG 34, § 839, insb bei Verletzg der AufsPfl, indem das Ger überh keine od ungeeignete Maßn trifft (Oldbg Rpfleger **79**, 101). **b) Anwendungsbereich.** Die Vorschr   4 gilt nicht nur für den Vormd u GgVormd, sond auch für den Beistand (§ 1691 I), für den Betr (§ 1908 i I 1) sowie für den Pfleger u GgPfleger (§ 1915).

2) Unterstützung des Vormunds durch das Vormundschaftsgericht. Mit der Einfügg von I nF dch   5 das BtG soll die bisher betonte RMacht des VormschG dch seine fürsorgl Tätigk ergänzt w; die Vorschr hat vornehml Bedeutg für die Betrg (§ 1908i I 1; vgl BT-Drucks 11/4528 S 112/3). **a) Einführung und**   6 **Beratung, I 1 u 2.** Abgesehen vom JA (Einf 46 v § 1626) ist auch das VormschG verpfl, den Vormd bei seiner Tätigk dch Rat u Tat zu unterstützen (RG **67**, 418), so zB den Vormd, der keine RKenntn besitzt, auf die rechtl Folgen seines Tuns u eine zweckmäß Erledigg hinzuweisen; ihn über die Unzweckmäßigk von Maßn zu belehren (Rn 17); auf seinen Antr um die Hilfe and Beh nachzusuchen (RG **75**, 230). Das Ger darf aber nicht mittelb seine hoheitl Gewalt zur Dchführg der GeschTätigk des Vormd einsetzen, also zB von ihm zur Vfg stehden ZeugnZwang zur Ermittlg der nehel Vatersch gebrauchen (RG JW **11**, 781) od in einem vom Vormd zu führden Proz die Bew schon vorher erheben (RG LZ **17**, 333). **b)** Die BeratgsPfl besteht ggü   7 Vormd u Betr. Die Beratg von Mdl u Betreutem ist dagg in erster Linie Sache des Amtswalters, was das Ger allerd nicht hindert, den Betreuten u ihren Angeh mit Hinw u Ratschlägen zur Seite zu stehen. Von einem formalisierten VermittlgsVerf für Konflikte zw Betr u Betreutem (vgl § 1628) wurde im Hinbl auf die zahlr Möglkten des Ger iZushg mit der Beaufsichtigg, Gen, Entlassg des Betr gem § 1908b usw abgesehen (BT-Drucks 11/4528 S 113). Iü ist die Beratg Aufg des JA (Einf 43 u 46 v § 1626). Von der ursprüngl vorgesehenen Erweiterg der Kompetenz der Ger auf die Fortbildg der Betr ist wg der damit verbundenen Belastgen u weil die BeratgsBeh diese Aufg allein wahrn kann (BtBG 5), abgesehen worden (BT-Drucks 11/4528 S 206).

3) Beaufsichtigung des Vormunds durch das Vormundschaftsgericht, II–IV. Vgl zunächst Rn 1.   8 **a)** Der Vormd untersteht der **Aufsicht** des VormschG **in zweierlei Form,** wobei dem VormschG jederzeit   9 ein AuskR zur Vfg steht (§ 1839): **aa)** dch Überwachg der Tätigk des Vormd dahin, daß er die ges Vorschr befolgt. Der wirks Dchführg des AufsR dient die Möglk, AOen zu erl (Rn 19) u deren Befolgg dch Zwangsgeld zu erzwingen (Rn 20). Als äußerste Maßn kann das VormschG den Vormd entlassen (§ 1886). **bb)** Der Aufs dienen ferner die GenErfordern der §§ 1809ff sowie die rechnmäß Nachprüfg der VerwTä-   10 tigk des Vormd aGrd von dessen Verpfl zur Inventarisierg- u RechnLegg (§§ 1802, 1840ff).

b) Die Beaufsichtigg **beginnt** mit der Bestellg (§§ 1789, 1792 IV; vgl auch § 1809 Rn 1) u **endet** mit Ende   11 der Vormsch (§§ 1885ff, 1895). Es besteht dann kein nach § 1837 dchsetzb Recht mehr auf AuskErteilg gg den früh Vormd (Hamm OLGZ **66**, 484; KG OLG **40**, 99); dieser bleibt aber noch gem §§ 1890, 1892 zur ordngsmäß SchlußRechn verpfl (KG OLG **32**, 49) u zur Zurückgabe der BestallgsUrk.

c) Inhalt der AufsFührg ist **aa)** die **Überwachung** der ges Tätigk des Vormd auf allen ihm obliegden   12 Gebieten der Pers- u VermSorge (Soerg/Damrau 3) daraufhin, ob sich seine Tätigk innerh der gesetzl Schranken u der vom VormschG getroffenen AOen (§§ 1803, 1818, 1844) hält. Das Ger kann, ohne daß eine Pflichtwidrigk vorzuliegen braucht, SicherhLeistg dch den Vormd anordn (§ 1844) u bei Verhinderg des Vormd einstw Maßregeln treffen (§ 1846). Grdsl gibt das AufsR dem VormschG dagg auch bei Pflichtwidrigkten des Vormd keine Befugn, den Mdl zu vertreten (RG **71**, 167). Handelt es sich um umfangr kaufm, landw od Fabrikationsbetriebe, deren ordngsmäß Verw nur mit Fachkenntn beurt w kann, kann das VormschG fachkund HilfsPers hinzuziehen, darf aber nicht den Vormd ständ dch sie überwachen lassen (KG JW **36**, 2461) od einen BeobachtgsPfleger mit dem AufgKreis der Überprüfg der PflErfüllg dch den Vormd bestellen (BGH **65**, 101; BayObLG **81**, 67). Das VormschG kann dem Vormd, GgVormd u vor   13 allem dem Betr auferlegen, eine **Haftpflichtversicherung** zur Deckg von Schäden, die sie dem Mdl od Betreuten zufügen können, abzuschl, **II 2.** Deren Kosten sind vorschuß- u erstattgsfäh (§ 1835 II 1). Der Abschl einer Vers gg Eigenschäden (§ 1835 Rn 9) bleibt dagg allein Sache des Vormd.

bb) Einschreiten des Vormundschaftsgerichts bei Pflichtwidrigkeiten des Vormd vAw. Haftg: Rn   14 3. Vorauss für ein Einschreiten des Ger ist eine **Pflichtwidrigkeit** des Vormd, deren Vorliegen das VormschG nicht nach freiem Erm, sond als RFrage zu prüfen hat (MüKo/Schwab 16). Sie liegt vor bei Verstoß gg gesetzl Vorschr od AOen des VormschG u bei Vernachlässigg od Verletzg wicht pers od wirtsch Interessen des Mdl, ggf also auch bei bl „ZweckmäßigkEntscheiden" (MüKo/Schwab 9, 13 u 19f; differenzierd auch Soerg/Damrau 8ff). Maßst ist dabei das MdlInteresse bzw unmittelb das KiWohl, **IV:** §§ 1666 Rn 3–18; 1667 Rn 2–6; 1696 Rn 6–7; 1793; 1828 Rn 4. Eine wesentl weniger freie Stellg als der Vormd hat der   15 **Betreuer** (§ 1896). Ihm steht kein ErziehgsR zu, wesh IV für ihn nicht gilt (§ 1908 i I 1). Er ist ferner dch enge Definition seiner Aufg u dch Kompetenzzersplitterg (§§ 1896 Rn 19–29; 1904–1908) sowie dch die Verpfl zur Rücksichtn auf die Wünsche des Betreuten (§§ 1901, 1901a; vgl Einf 5 v § 1896) in seinem GestaltgsSpielraum erhebl eingeschrkt. Nicht jeder Konflikt mit der vom GesGeber breit angelegten u an sich wünschensw Autonomie des Betreuten, der erfahrgsgem auch leicht unter den Einfl Dr gerät, kann ein vormschgericht Eingr iR der AufsPfl rechtf. Das VormschG überprüft darü hinaus nur die Rmäßigk, nicht die Zweckmäßigk der Entsch des Betr innerh seines WirkgsKr; keinesf darf das VormschG aSt des Betr tät w (Kln NJW **93**, 206; Ausn zB § 1846). Als Pflichtwidrigk **kommen** etwa **in Betracht:** Betreiben der   16 Entlassg des gemeingefährl Betreuten (Mü JFG **15**, 271); unangem Umgangsregelg mit den leibl Elt (RG **153**, 238/43); Verhinderg des Kontakts zu Verwandten ohne vernünft Grd (BayObLG **63**, 293/8; Hamm Rpfleger **85**, 294); Verweigerg der Einwilligg zur EhelErkl (BayObLG DAV **85**, 582/6); Verweigerg der

Bereitstellg von finanz Mitteln zur Behebg einer erhebl Krankh (Colmar Recht 05, 1767); umgek verschwenderischer Unterh (Düss Rpfleger **80**, 471); dauernde Verstöße gg die Pfl zur mdlsicheren VermAnl (Ffm Rpfleger **83**, 151); aussichtsl ProzFührg (KG JW **36**, 2753); unsachl Rechthaberei u Starrköpfigk (BayObLG JW **27**, 1218); Verweigerg eines Strafverteidigers für den angekl Mdl (Karlsr DAV **67**, 126);

17 Verletzg der gerichtl AO der Trenng von Vormd- u MdlVerm (Oldbg Rpfleger **79**, 101). **Keine** Pflichtwidrigk brauchen zu sein: die Entsch über die KiAnn (Oldbg NdsRpfl **51**, 200); Verw des MdlVerm im allg (RG LZ **18**, 693); die Entsch, ob eine Verbindlk des Mdl erfüllt (KG JW **37**, 1552) od im RStreit darüber geführt w soll (KG OLG **18**, 302), was einen Hinw des VormschG auf die Aussichtslosigk eines vom Vormd beabsicht RStreits nicht ausschließt (RG **75**, 231); EntscheidgsKompetenz des Vormd ferner hins Berufswahl; Unterbringg des Mdl bei PflegeElt (BayObLG FamRZ **85**, 101; zur Unterbringg iü: §§ 1800, 1906);

18 Heimpflege statt Fortsetzg der häusl Pflege (BayObLG FamRZ **92**, 108). Im Ggs zur Haftg (§ 1833 Rn 3) ist, weil es um das MdlWohl geht, für das Eingreifen des VormschG ein **Verschulden** des Vormd **nicht** erfdl (Gernhuber § 65 V 1; MüKo/Schwab 15; Soerg/Damrau 6).

19 **d) Maßnahmen: aa)** Immer nur die Beeinflussg des Vormd; das Ger darf sich nicht an dessen Stelle setzen (Rn 1). Auch nicht Bestellg eines Pflegers zZw der Dchsetzg der Ans des VormschG (BayObLG **25**, 200). Das Ger trifft AOen dch Erl von Ge- u Verboten, die nach seinem Erm geeignet sind, im Interesse des Mdl den Pflichtwidrigk entggzuwirken. Dabei ermögl der dch das SorgeRGes eingefügte IV auch ggü dem Vormd statt der zuvor nur mögl Entlassg flexible Maßn (BT-Drucks 8/2788 S 69f): §§ 1666 Rn 19–20;

20 1666 a Rn 1–4; 1667 Rn 7–18; 1696 Rn 8–12. **bb) Zwangsmittel:** Das VormschG kann seinen AOen bei schuldh Nichtbefolgg nach entspr Androhg dch Festsetzg von **Zwangsgeld** (FGG 33) Geltg verschaffen, **III 1;** zB gem §§ 1788, 1837, 1839 ggf unter gleichzeit Auferlegg der VerfKosten (FGG 33 II 3). Festsetzg im Bereich von RPflG 3 Nr 2a auch dch den Rpfleger. Höhe nach FGG 33 III 2: bis 50000 DM. Wiederholg zul. Beschw: FGG 24. Kein Zwangsgeld ggü dem JA od einem Verein, **III 2. cc)** Im Extremfall ist der Vormd,

21 Betr usw zu **entlassen** (§§ 1886, 1895, 1908b I, 1915), etwa wenn das Ger die Maßregeln des Vormd für das MdlInteresse als gefährl ansieht (KG JW **36**, 2753). Vorl Verbot der Maßn bis zur Bestellg eines neuen Vormd mögl (KG RJA **6**, 18).

22 **4) Verfahren.** Zustdgk: RPflG 3 Nr 2a, 14. Tätigwerden: vAw. Anhörgen: Einf 9–12 v § 1626. Beschw: Vormd, Mdl FGG **20**, 59; GgVormd, wenn ein von ihm angeregtes Einschreiten abgel wird (FGG 57 I Nr 6 iVm § 1799); Verwandte und Verschwäg nur, wenn eine Maßn nach IV abgel od aufgeh wird (FGG 57 I Nr 8); sonst Dr allenf nach FGG 57 I Nr 9 (BayObLG **50/51**, 440).

1838 Anderweitige Unterbringung des Mündels. *(Aufgehoben dch KJHG Art 5 Z 4; amtl Begründg BT-Drucks 11/5948 S 116).*

1839 Auskunftspflicht des Vormundes. Der Vormund sowie der Gegenvormund hat dem Vormundschaftsgericht auf Verlangen jederzeit über die Führung der Vormundschaft und über die persönlichen Verhältnisse des Mündels Auskunft zu erteilen.

1 Die AuskPfl des Vormd u GgVormd, auch bei AmtsVormsch (Saarbr DAV **95**, 248), Vereins- u befreiter Vormsch soll dem VormschG die Aufsichtsführg erleichtern. Die AuskPfl erstreckt sich auf die gesamte Führg der Vormsch, also auch die vermögensrechtl Verw. Entspr § 1799 II kann VormschG auch Einsicht in die sich auf die Vormsch beziehenden Papiere nehmen, erforderlichenf durch einen Sachverst, auch verlangen, daß die zum VermVerzeichnis gehörigen Belege (KGJ **36** A 38) sowie Bescheiniggen vorgelegt werden, die letzteren aber nur, falls der Vormd selbst Anspr auf solche hat (KG OLG **38**, 261). Berichte in persönl Angelegenheiten (wg der Rechnglegg § 1840) können gesondert u aber auch periodisch gefordert werden. Der Vormd ist berechtigt, sie durch einen Bevollm abfassen u unterzeichnen zu lassen (§ 1793 Rn 14), ist aber auf Verlangen des VormschG verpflichtet, das persönl zu tun, auch persönl zum Bericht zu erscheinen (KG RJA **13**, 70). Erzwingg dch Zwangsgeld (§ 1837 II) mögl (RPfleger zust, § 1837 Rn 7), aber nicht mehr nach Beendigg der Vormsch (KG RJA **15**, 255); notf Entlassg § 1886. Andererseits Klage auf AuskErteilg u Ableistg der eidesstattl Vers (§ 260 II) erst nach Beendigg des Amts.

1840 Jährliche Berichterstattung und Rechnungslegung. I Der Vormund hat über die persönlichen Verhältnisse des Mündels dem Vormundschaftsgericht mindestens einmal jährlich zu berichten.

II Der Vormund hat über seine Vermögensverwaltung dem Vormundschaftsgerichte Rechnung zu legen.

III Die Rechnung ist jährlich zu legen. Das Rechnungsjahr wird von dem Vormundschaftsgerichte bestimmt.

IV Ist die Verwaltung von geringem Umfange, so kann das Vormundschaftsgericht, nachdem die Rechnung für das erste Jahr gelegt worden ist, anordnen, daß die Rechnung für längere, höchstens dreijährige Zeitabschnitte zu legen ist.

1 **1) Jährliche Berichterstattung über die persönlichen Verhältnisse, I.** Dch die vom BtG eingef Verpfl soll die Betr ausführl geregelten VermSorge im Ber der PersSorge verbessert w. Seiner AufsPfl (§ 1837 II) kann das VormschG nur dann genügen, wenn es unabh v § 1839 ausreiche

2 Informationen über die pers Verh des Betroff erhält (BT-Drucks 11/4528 S 114). Eine Form ist für den Bericht nicht vorgeschrieben. Er ist jährl nach Beginn der Vormsch zu erstatten. Ein AnfangsBer u (iGgsatz zu § 1890) ein AbschlBer w nicht verlangt.

3 **2) Rechnungslegung, II. a)** Vormd, mehrere Vormd bei ungeteilter VermVerw (§ 1797 I) zus, bei geteilter VermVerw (§ 1797 II) jeder für den ihm bestimmten Wirkgskreis, hat unaufgefordert über seine

VermVerw Rechng zu legen. Wird Vormsch über mehrere Mdl geführt (§ 1775), braucht bei ungeteiltem Vermögen Rechngslegg nicht gesondert zu erfolgen. Art der Rechngslegg § 1841. Die Rechngslegg erstreckt sich nur auf das nach dem G der Verw des Vormd unterliegende MdlVermögen (anders § 1802 Rn 2), nicht also auf die Teile des MdlVermögens, die der Verw eines Dritten, also zB TestVollstr, od des Eheg (§ 1422), selbst wenn dieser zugl Vormd ist, unterliegen; wohl aber auch auf die Teile, die der Vormd durch einen Dritten verwalten läßt (§ 1793 Rn 14) od die sich im Besitz eines Pfandgläubigers od Nießbrauchers befinden. **b)** Von der Rechngslegg besteht für Amts- u VereinsVormd **Befreiung** (§§ 1854, 1857 a). **4** Befreit ist auch der vom Vater u der ehel Mutter benannte u entspr befreite Vormd (§§ 1854, 1855, aber auch 1857). Hingg ist unzul die Befreiung dch das VormschG od des Betreuers dch vollj geschunfäh Betreuten (vgl Hamm FamRZ **89**, 665). Die RechngsleggsPfl entfällt, wenn kein zu verwaltendes Vermögen da ist; sind weder Einnahmen noch Ausgaben zu verzeichnen, so genügt die Einreichg einer VermÜbersicht. **c)** Die Pfl zur Rechngslegg besteht **aa)** ggü dem VormschG u kann von diesem dch Zwangsgeld erzwungen **5** w (§ 1837 II); **bb)** aber auch dem Mdl ggü (bestr), so daß Vormd sich diesem ggü dch Verletzg dieser Pfl schadensersatzpfl macht (§ 1833). Rechngslegg kann auch im Prozeßwege erzwungen w. Jedoch kann die eidl Versicherg über Vollständigk der angegebenen Einnahmen (§ 259 II) nur nach beendeter Vormsch vom Mdl, nicht vom VormschG gefordert werden. Auf die dem VormschG gelegte Rechng kann Vormd nach Beendigg seines Amts Bezug nehmen (§ 1890 S 2). Kosten der Rechngslegg fallen MdlVermögen zur Last, begründete Zuziehg eines Sachverständigen ist Aufwendg gem § 1835. **d) Zeitpunkt, III, IV.** Jährl **6** Rechngslegg. Nach § 1839 kann sie aber auch in der ZwZeit verlangt w. Handelt es sich um eine Verw von geringem Umfange, so kann das VormschG mit der stets gegebenen Möglichk, seine Anordng wieder abzuändern, die Periode für die Rechngslegg bis auf höchstens 3 J verlängern, jedoch immer erst dann, nachdem die Rechng für das erste Jahr gelegt ist. Verlängerg dieses ersten Rechngsleggsabschnittes ist unzul. Eine nach der ersten Rechngslegg angeordnete Verlängerg des Zeitabschnittes gilt auch bei Eintritt eines neuen Vormd. Bei „befreiter" Vormsch, Betr od Pflegsch Vorlage einer VermÜbersicht nur nach 2–5 J gem § 1854 II (Bonn DAVorm **79**, 526).

1841 *Art der Rechnungslegung.* **I Die Rechnung soll eine geordnete Zusammenstellung der Einnahmen und Ausgaben enthalten, über den Ab- und Zugang des Vermögens Auskunft geben und, soweit Belege erteilt zu werden pflegen, mit Belegen versehen sein.**

II Wird ein Erwerbsgeschäft mit kaufmännischer Buchführung betrieben, so genügt als Rechnung ein aus den Büchern gezogener Jahresabschluß. Das Vormundschaftsgericht kann jedoch die Vorlegung der Bücher und sonstigen Belege verlangen.

1) § 1841 ist ggü § 259 Sondervorschr (KGJ **37** A 110). Erste Rechngslegg hat an das VermVerzeichnis **1** nach § 1802 anzuschließen, die späteren an die früheren Rechngsleggen. Die **Jahresabrechnung** muß die Einn u Ausg im RechngsJ schriftl so klar u übersichtl darstellen, daß das VormschG einen Überbl über alle Vorgänge erh u seinen Verpfl aus §§ 1843 I, 1837 II nachkommen k; die bl Vorlage von Unterlagen u Belegen genügt hierzu nicht, auch nicht die Vorl eines Kassenbuchs, wenn dieses nicht alle Einn u Ausg verzeichnet (BayObLG FamRZ **93**, 237). Die Jahresabrechng verlangt daher ijF eine **geordnete Zusammenstellung** der Einnahmen u Ausgaben, was bei größeren Verwaltgen nur nach Ordng von Ggständen mögl sein wird. Anzuschließen ist Bericht, der über Zu- u Abgänge Ausk gibt, unbedeutende Zu- u Abgänge aber natürlich nicht zu erwähnen braucht. Inwieweit Belege, dh Beweisstücke ohne eigenen Wert, also nicht Sparkassenbücher, Depotscheine (KGJ **50**, 31) beizufügen sind, richtet sich nach Verkehrssitte. Sie sind dem Vormd im allg zurückzugeben. Sachverständigenausgaben sind, wenn wirkl erforderl, Vormd zu ersetzen (§ 1835 Rn 2).

2) Bei einem **Erwerbsgeschäft, II** (Begriff § 1822 Rn 11), mit kaufmänn Buchführg (HGB 38) ist der aus **2** den Büchern gezogene JahresAbschl (BiRiLiG Art 10 Z (6) statt bish Bilanz) erforderl. Begriffl erfaßt der JAbschl die Bilanz u die Gewinn- u Verlustrechng. Vgl zu den Erfordern HGB 242ff. Es kann vom VormschG nach freiem Ermessen auch die Vorlegg der Bücher u Belege gefordert werden.

1842 *Mitwirkung des Gegenvormundes.* **Ist ein Gegenvormund vorhanden oder zu bestellen, so hat ihm der Vormund die Rechnung unter Nachweisung des Vermögensbestandes vorzulegen. Der Gegenvormund hat die Rechnung mit den Bemerkungen zu versehen, zu denen die Prüfung ihm Anlaß gibt.**

Ist ein GgVormd zu bestellen (§ 1792), aber noch nicht bestellt, so hat zunächst die Bestellg zu erfolgen. **1** Dem GgVormd ist anders als im § 1841 auch der VermBestand jedesmal vorzulegen u nachzuweisen, daß und wo sich die VermStücke von Bedeutg befinden. Auch darauf erstreckt sich PrüfgsPfl u Verpflichtg, in dem beizusetzenden Vermerk Vorhandensein od Fehlen zu bescheinigen. Prüfg erschöpft sich also nicht im Rechngsmäßigen. Erleichtert wird jene durch die dem Vormd obliegende Ausk- u VorweisgsPfl (§ 1799 II). GgVormd darf sich nicht darauf verlassen, daß ihm der Vormd vertrauenswürdig erscheint; Haftg nach § 1833. Bei befreiter Vormsch § 1854 III.

1843 *Prüfung durch das Vormundschaftsgericht.* **I Das Vormundschaftsgericht hat die Rechnung rechnungsmäßig und sachlich zu prüfen und, soweit erforderlich, ihre Berichtigung und Ergänzung herbeizuführen.**

II Ansprüche, die zwischen dem Vormund und dem Mündel streitig bleiben, können schon vor der Beendigung des Vormundschaftsverhältnisses im Rechtswege geltend gemacht werden.

1   **1) Die Prüfung des Vormundschaftsgerichts, I,** ist **a)** eine **rechnungsmäßige.** Es sind also die zahlenmäßige Übereinstimmg der Belege u der Rechngsposten u die rechnerische Richtigk des Abschlusses zu prüfen. Dazu kann sich das VormSchG auch Hilfspersonen bedienen. Sind ihm Kalkulatoren zugewiesen, so haftet er ledigl für Versch bei deren Auswahl u Überwachg (RG **80**, 406).

2   **b)** Eine **sachliche,** also ob alle Einnahmen gezogen u diese vollständig aufgeführt, die Ausgaben angemessen, die gesetzl Vorschr beachtet sind, insb also die erforderl Genehmiggen eingeholt, die Anleggs- u Hinterleggsvorschr eingehalten sind u dgl. Zu diesem Zwecke kann sich das VormSchG nach seinem pflichtmäßigen Ermessen erforderlichenf auch vom Vorhandensein des Kapitalvermögens, zB durch Vorlegg der Hinterleggsscheine, überzeugen. Eine Verpflichtg dazu bei jeder Rechngslegg besteht aber nicht. Zum Zwecke der Prüfg kann das VormSchG Ausk, auch vom Vormd persönl (§ 1839 Rn 1) verlangen, die Berichtig und Ergänzg der Rechng herbeiführen, aber nicht etwa selbst auf Kosten des Vormd, sond nur durch den Vormd notf den ZwGeld (§ 1837 III 1). Er kann aber den Vormd nicht zur Streichg von Rechngsposten, die er nicht für erforderl hält, zwingen (BayObLG JFG **6**, 104) od Einnahmeposten einstellen od Vormd zum Anerkenntnis von SchadErs zwingen (§ 1837 Rn 7). NachlGer kann NachlVerw nicht zur Rückzahlg unangebrachter Auslagen (Brasilienreise) anhalten, sond Sache des Erben im ProzWege (LG Bln Rpfleger **76**, 98).

3   **2) Streitige Ansprüche, II.** Entlastg wird durch das VormSchG nicht erteilt, Mdl kann also Rechng auch noch nach Erlangg der Volljährigk bestreiten, vgl auch § 204. Streitige Anspr, und zwar solche des Mdls gg Vormd u umgekehrt, können aber auch schon währd der Vormsch ausgetragen werden, II, jedoch nur vor dem ProzG (BayObLG JFG **6**, 104). Für diesen Prozeß hat VormSchG dem Mdl Pfleger zu bestellen (§ 1909 I). Wg Leistg der eidl Versicherg § 1840 Rn 4.

1844   *Sicherheitsleistung durch den Vormund.*   *(Aufgehoben durch BtG Art 1 Nr 43 mit Rücksicht auf § 1837 Abs. 2 S. 2.)*

1845   *Eheschließung des zum Vormund bestellten Elternteils.*   **Will der zum Vormunde bestellte Vater oder die zum Vormunde bestellte Mutter des Mündels eine Ehe eingehen, so gilt § 1683 entsprechend.**

1   **Aufschiebendes Ehehindernis** (EheG 9). Keine Befreiung mögl. Gilt hauptsächl bei der Bt (§ 1908 i I 1). Bezieht sich auf den Vater des ehel, legitimierten od angenommenen Kindes, die Mutter des ehel, nehel, legitimierten u angenommenen Kindes (§§ 1719, 1736, 1740f, 1757). Grund der Vorschr: Der zum Vormd bestellte Elternteil soll nicht besser gestellt w als der Inh der elt Sorge. Dem Vormd sind deshalb dieselben Pflichten wie jenen (§ 1683) auferlegt. Wird eine AuseinandS erforderl, so Pfleger zu bestellen; mögl auch Aufschub der AuseinandS (§ 1683 S 2). Die dem Vormd gemäß § 1683 obliegenden Verpflichtgen können durch Ordngsstrafen erzwungen w (§ 1837 II). Der Verheiratete bleibt weiter Vormd.

1846   *Einstweilige Maßregeln des Vormundschaftsgerichts.*   **Ist ein Vormund noch nicht bestellt oder ist der Vormund an der Erfüllung seiner Pflichten verhindert, so hat das Vormundschaftsgericht die im Interesse des Betroffenen erforderlichen Maßregeln zu treffen.**

1   **1)** In Durchbrechg des Grdsatzes, daß dem VormSchG nicht die Vertretg des Mdl, sond nur die Aufsicht obliegt, hat das VormSchG die Befugnis, vorl Maßn zu treffen, wenn Vormd noch nicht od noch nicht wieder bestellt ist od wenn der amtierende Vormd aus tatsächl, od rechtl Gründen, zB Versehen, od rechtl Gründen, zB Interessenwiderstreit (KG OLG **8**, 364), an der Erfüllg seiner Pflichten verhindert ist, ohne daß es auf die Dauer der Verhinderg ankäme. Keine Verh bei bl Weigerg des Vormds (Düss FamRZ **95**, 637). Immer muß es sich aber um dringenden Fall handeln, und nicht etwa um Umgehg der Pflegerbestellg od um den Vormd bei ggteil Auffassg zu übergehen (Düss FamRZ **95**, 637). Auch genügt bloße Erschwerg der VormdTätigk nicht. Liegt aber dringender Fall vor, was VormSchG nach freiem Ermessen zu entsch hat, ist er verpfl, die erfdl Maßregeln zu treffen (§ 1848). § 1846 gilt auch im BtR (§ 1908 i I); das VormSchG kann also auch für einen Vollj eine geschl Anst als Aufenth best, wenn die sachl Vorauss von § 1906 vorliegen (vgl dort Rn 9).

2   **2) Vorläufige Maßregeln.** Über deren Art entscheidet VormSchG nach freiem Ermessen. Meist Pflegerbestellg gem § 1909 I, III (KG RJA **15**, 99), kann aber auch selbst handeln, also auch den Betroff vertreten, zB Arrest beantragen, Künd aussprechen (vgl RG **71**, 168), auch Strafantrag stellen (SchlHOLG SchlHA **55**, 226; RGSt **75**, 146). Zul ist aber die keinesw nur vorl wirkde Erteilg der Einwilligg in eine dringl Operation. Zur vorläuf Unterbringg: Rn 1 aE.

3   **3) Verfahren.** Zustdg: FGG 36, 65 V; zust aber auch das Ger, in dessen Bez das Bedürfn der Fürs hervortritt (FGG 44). Vgl iü insb zum Verhältn der Vfgen KKW § 65 Rn 8.

1847   *Anhörung von Verwandten.*   **Das Vormundschaftsgericht soll in wichtigen Angelegenheiten Verwandte oder Verschwägerte des Mündels hören, wenn dies ohne erhebliche Verzögerung und ohne unverhältnismäßige Kosten geschehen kann. § 1779 Abs. 3 Satz 2 gilt entsprechend.**

1   **1)** Anhörg der Elt des Mdls u des Mdls selbst gem FGG 50a, 50b (vgl Einf 9–11 vor § 1626). **Anhörung von Verwandten und Verschwägerten** iSv 1589f findet statt bei wichtigen Angelegenheiten, was das VormSchG nach freiem Ermessen zu beurteilen hat. Gleichgültig, ob ein solcher Antr vorliegt. Wichtige Angelegenheiten sind zB die Befreiung von der Ehemündigk (EheG 1 II), Gen nach EheG 3 III, die Ersetzg der Einwilligg des gesetzl Vertreters (EheG 30 III), die Ann an Kindes Statt (BayObLG **21**, 201), die Erhebg der Eheaufhebgsklage (ZPO 606 I), Ermächtigg zum Betr eines ErwGeschäfts u deren Rückn (§ 112), Beginn u Auflösg eines ErwGesch (§ 1823), Verk des v den Elt ererbten Grdst (BayObLG **13**, 429). Dch Anhörg soll Gelegenh gegeben w, die eig Ansicht dem VormschG zur Kenntn zu bringen. Die Auswahl der Anzuhörden liegt im Ermessen des Ger. Kein eig BeschwR (KG OLG **34**, 246).

2) Auslagenersatz, S 2. Nicht für Zeitversäumnis, sond nur für die Auslagen, die erforderl gewesen **2** sind, zB Reisekosten. Festsetzg erfolgt durch VormschG, nicht ProzG. Gegen Entsch des VormschG BeschwR des Angehörten, FGG 20. Zahlt Vormd nicht, so muß jener gg Mdl, vertreten dch Vormd, klagen, es sei denn, das LandesR erklärt Festsetzg des VormschG zum Vollstreckgstitel (so in Hess FGG v 12. 4. 54, Art 17 Z 3; Nds FGG v 24. 2. 71, Art 6 I Z 2; Berlin, NRW, ehem pr Teile des Saarl u SchlH PrFGG v 21. 9. 99, Art 14; ehem bay Teile v RhPf u Saarl BayAGBGB v 9. 6. 99, Art 133 – für Bay selbst aber dch AG GVG v 23. 6. 81, § 56 Z 5 aufgeh). Muß gesond Kl erhoben w, ist ProzG an Festsetzg des VormschG gebunden. Eine Erzwingg der Zahlg durch Ordngsstrafe ist unzul, da privrechtl Anspr.

1848 *Haftung des Vormundschaftsrichters.* *(Aufgehoben dch 1. EheRG Art 1 Z 42. Die Haftg folgt ab 1. 7. 77 unmittelb aus § 839.)*

IV. Mitwirkung des Jugendamts

Zur Mitwirkg des JA als Hilfsorgan des VormschG vgl Einf 17, insb 43 ff v § 1626.   **1**

1849 *Vorschlag von geeigneten Personen.* *(Aufgehoben. Vgl Grdz 1 vor § 1849.)*

1850 *Überwachungspflichten.* *(Aufgehoben. Vgl Grdz 1 vor § 1849.)*

1851 *Mitteilungspflichten.* **I** Das Vormundschaftsgericht hat dem Jugendamt die Anord-nung der Vormundschaft unter Bezeichnung des Vormunds und des Gegenvormunds sowie einen Wechsel in der Person und die Beendigung der Vormundschaft mitzuteilen.

II Wird der gewöhnliche Aufenthalt eines Mündels in den Bezirk eines anderen Jugendamts verlegt, so hat der Vormund dem Jugendamt des bisherigen gewöhnlichen Aufenthalts und dieses dem Jugendamt des neuen gewöhnlichen Aufenthalts die Verlegung mitzuteilen.

III Ist ein Verein Vormund, so sind die Absätze 1 und 2 nicht anzuwenden.

Das VormschG hält das JA über Vormd u GgVormd auf dem laufenden, um dem JA die ihm gem SGB VIII **1** 53 III obliegde **Überwachung** zu **erleichtern.** Kurzfrist AufenthVerändgen sind nicht mitzuteilen; and bei Verlegg des gewöhnl Aufenth des Mdl (zum Begr: EG 5 Rn 10). Gem dem dch KJHG Art 5 Z 5 eingef III entfallen die MitteilgsPfl bei einer VereinsVormsch.

1851a *Vereinsvormundschaft.* *(Aufgehoben. Vgl Grdz 1 vor § 1849.)*

V. Befreite Vormundschaft

Einführung

1) Da bei dem Vater, §§ 1852 ff, der ehel Mutter, § 1855, u den ihnen gleichstehenden Personen (§ 1776 **1** Rn 3) nicht angenommen w kann, daß sie ihre Kinder benachteiligen werden, sie auch die Verhältnisse am besten kennen, ist es ihnen gestattet, den Vormd von gewissen Verpflichten zu befreien. Diese Befreiung gilt aber nur für den von ihnen benannten Vormd (§ 1852 Rn 1). Sie können sämtl Befreiungen, die mögl sind, anordnen. Das wird angenommen w müssen, wenn sie den Vormd **schlechthin befreit** haben, falls nicht aus ihrer Erkl etwas Ggteiliges hervorgeht. Sie können den Vormd aber auch von einzelnen Verpflichtungen befreien. **Befreiung ist unzulässig** von der Verpflichtg zur Aufstellg u Einreichg des VermVer-zeichnisses (§ 1802), das MdlGeld entspr §§ 1806 ff anzulegen (BayObLG **22**, 154, vgl aber § 1852 II), von der Gen des VormschG in den Fällen der §§ 1821, 1822 (Kassel OLG **14**, 265), der SicherhLeistg (§ 1844), der RechenschAblegg (§ 1890) sowie von der Aufs des VormschG schlechthin nach § 1837 (KGJ **24** A 8), wohl aber zum Teil von dem diesem obliegenden Gesch (§ 1852 II, 1853).

2) Befreiung von Gesetzes wegen tritt ein bei der Amts- u VereinsVormsch (§ 1857a), bei letzt mit der **2** Einschränkg, daß ein GgVormd best w kann (§ 1791a IV).

1852 *Befreiung durch den Vater.* **I** Der Vater kann, wenn er einen Vormund benennt, die Bestellung eines Gegenvormundes ausschließen.

II Der Vater kann anordnen, daß der von ihm benannte Vormund bei der Anlegung von Geld den in den §§ 1809, 1810 bestimmten Beschränkungen nicht unterliegen und zu den im § 1812 bezeichneten Rechtsgeschäften der Genehmigung des Gegenvormundes oder des Vormundschaftsgerichts nicht bedürfen soll. Diese Anordnungen sind als getroffen anzusehen, wenn der Vater die Bestellung eines Gegenvormundes ausgeschlossen hat.

1 **1) Benennung.** Vgl Einf 1 v § 1852 u § 1855. Wg der Berechtig zur Benenng §§ 1856 S 1, 1777. Die Befreiung gilt nur für die benannte Pers, nicht auch für einen späteren Vormd, den MitVormd, od den Pfleger, der für den Vormd eintritt, §§ 1795 f (KGJ **21** A 24). Befreiung ist nicht auf das Verm, das der Mdl von den Eltern erhält, beschränkt. Sie kann der Benenng zeitl nachfolgen. Hat zB der Vater einen Vormd benannt, die Mutter aber Befreiung angeordnet, so liegt hins dieser eine widersprechende AO vor, so daß § 1856 S 2 zur Anwendg kommt. Zweckmäßig ist die Aufn der Befreiung in die Bestallg (§ 1791 Rn 2).

2 **2) Ausschließung des Gegenvormunds, I, II, 2.** Sie bedeutet gleichzeitig die Befreiung bei der Anlegg von Geld im Umfange des II 1 (II 2). Der Vater kann aber auch Ggteiliges bestimmen. Er kann auch, ohne von der Bestellg eines GgVormd zu befreien, Vormd bei einzelnen Geschäften von dessen Gen befreien, womit dann gleichzeitig die Gen des VormschG, soweit sie die des GgVormd ersetzt (§§ 1810 S 2, 1812 III), entfällt. Die trotz Befreiung erfolgte Bestellg des GgVormd ist nicht ungültig, aber vom Vormd im Beschwerdewege anfechtbar.

3 **3) Befreiung bei der Anlegung von Geld, II, 1.** Auch hier kann der Vater von allen genannten Verpflichtgen befreien. Auch nur von einzelnen. Wg der unzulässigen Befreiungen vgl Einf 1 v § 1852.

1853 *Befreiung von Hinterlegung und Sperrvermerk.* Der Vater kann den von ihm benannten Vormund von der Verpflichtung entbinden, Inhaber- und Orderpapiere zu hinterlegen und den im § 1816 bezeichneten Vermerk in das *Reichsschuldbuch* oder das Staatsschuldbuch eintragen zu lassen.

1 Die Befreiung kann in vollem Umfange, aber auch nur für bestimmte Ggstände angeordnet w. Die Befreiung von der Hinterlegg (§ 1814), ebso wie die von dem Sperrvermerk (§ 1816), schließt die Umwandlgsanordg des VormschG nach § 1815 II aus. Wird demnach mit Sperrvermerk hinterlegt od die BuchFdg mit diesem versehen, so treten dennoch nicht die in §§ 1819 f vorgesehenen Vfgsbeschränkgen ein. Eine Anordg nach § 1818 kann VormschG nur treffen, wenn es zunächst die Befreiung gem § 1857 aufhebt. Wegen der Unzulässigk von Befreiungen vgl Einf 1 vor § 1852.

1854 *Befreiung von Rechnungslegung.* [I] Der Vater kann den von ihm benannten Vormund von der Verpflichtung entbinden, während der Dauer seines Amtes Rechnung zu legen.

[II] Der Vormund hat in einem solchen Falle nach dem Ablaufe von je zwei Jahren eine Übersicht über den Bestand des seiner Verwaltung unterliegenden Vermögens dem Vormundschaftsgericht einzureichen. Das Vormundschaftsgericht kann anordnen, daß die Übersicht in längeren, höchstens fünfjährigen Zwischenräumen einzureichen ist.

[III] Ist ein Gegenvormund vorhanden oder zu bestellen, so hat ihm der Vormund die Übersicht unter Nachweisung des Vermögensbestandes vorzulegen. Der Gegenvormund hat die Übersicht mit den Bemerkungen zu versehen, zu denen die Prüfung ihm Anlaß gibt.

1 **1) Befreiung von der Rechnungslegung, I, II.** Bezieht sich nur auf die jährl Pfl zur Rechngslegg (§ 1840), nicht auf die Schlußrechng (Einf 1 vor § 1852). Ist Befreiung von der Rechngslegg erfolgt, so hat der Vormd unaufgefordert spätestens nach zwei Jahren eine Übersicht über den Bestand des seiner Verw unterliegenden Vermögens (vgl § 1840 Rn 1), ggf unter Bezugnahme auf das Inventarverzeichnis (§ 1802), dem VormschG einzureichen, in dem zwar nicht die Zu- u Abgänge enthalten zu sein brauchen, wohl aber die Schulden, str. Das VormschG kann trotz der Befreiung, wenn ein bes Anlaß vorliegt, kraft seines PrüfgsR Ausk vom Vormd verlangen. Ist unter mehreren MitVormd nur einer befreit, so Rechngslegg durch die übrigen, denen jener aber die erforderl Ausk geben muß.

2 **2) Mitwirkung des Gegenvormunds.** Er ist trotz Befreiung zur Prüfg verpflichtet, kann also Ausk über Einnahmen u Ausgaben verlangen u muß sich Vermögensstand nachweisen lassen (vgl auch § 1842 Rn 1), ohne daß er selbst hiervon befreit w könnte.

1855 *Befreiung durch die Mutter.* Benennt die Mutter einen Vormund, so kann sie die gleichen Anordnungen treffen wie nach den §§ 1852 bis 1854 der Vater.

1 Wg der zur Benenng Berechtigten §§ 1856 S 1, 1777, über die Wirkg der Anordng § 1852 Rn 1. Bei widersprechenden Anordngen zw Vater u Mutter § 1856.

1856 *Voraussetzungen der Befreiung.* Auf die nach den §§ 1852 bis 1855 zulässigen Anordnungen sind die Vorschriften des § 1777 anzuwenden. Haben die Eltern denselben Vormund benannt, aber einander widersprechende Anordnungen getroffen, so gelten die Anordnungen des zuletzt verstorbenen Elternteils.

1 Vgl § 1777 Rn 1, 2. Anordg der Befreiung ist auch nachträgl in besonderer letztw Vfg mögl. S 2 überträgt den Gedanken des § 1776 II hierher (vgl Rn 3 dort, ferner § 1852 Rn 1), gilt aber nur, wenn beide Eltern denselben Vormd benannt haben, sonst § 1776 II.

1857 *Aufhebung der Befreiung.* **Die Anordnungen des Vaters oder der Mutter können von dem Vormundschaftsgericht außer Kraft gesetzt werden, wenn ihre Befolgung das Interesse des Mündels gefährden würde.**

VormschRichter kann die Anordngen des Vaters u der Mutter ganz od teilw aufheben, sie aber auch wieder **1** in Kraft setzen. Keine Rückwirkg. Befreiung von § 1857 unzul. Aufhebg muß ohne weiteres erfolgen, wenn Interessengefährdg droht. Vorher sind die Verwandten u Verschwägerten zu hören (§ 1847), desgl der Vormd. Dieser hat ein BeschwR (FGG 20). Entlassg gemäß § 1889 nicht ausgeschl, aber kein Recht darauf.

1857 a *Befreiung für Jugendamt und Verein.* **Dem Jugendamt und einem Verein als Vormund stehen die nach § 1852 Abs. 2, §§ 1853, 1854 zulässigen Befreiungen zu.**

Es gelten die in §§ 1852 II, 1853, 1854 gen Befreiungen, wobei zu beachten, daß dem JA ein GgVormd nicht **1** bestellt w kann (§ 1792 I 2). Währd der Dauer der Beistandsch ist das KrJA von der Rechnglegg befreit (Stgt Zf] **83**, 452). Die Schlußabrechng (§ 1890), ist zu legen. Eine Aufhebg der Befreiung dch das VormschG kommt nicht in Betr; dann nur Bestellg eines EinzelVormd mögl.

VI. Familienrat

1858–1881 *(Aufgehoben durch Art 1 Ziff 55 SorgRG mit Wirkg v 1. 1. 1980. Vgl die Erläutergen bis zur 38. Aufl.)*

VII. Beendigung der Vormundschaft

Grundzüge

1) Das BGB versteht unter Beendigung der Vormundschaft a) die Beendigung der Vormund- **1** **schaft als solche** (§§ 1882–1884), die dann auch die Beendigg des Amtes des Vormds zur Folge hat. Die Beendigg der Vormsch tritt grdsätzl kraft G ein (§§ 1882, 1883 I, 1884 II), ausnahmsw ist Aufhebg durch das VormschG erforderl (§§ 1883 I und II, 1884 I).

b) Die Beendigung des Amtes des Vormunds (§§ 1885–1889). Entspr dem Bestellgsprinzip bedarf es **2** grundsätzl der Entlassg des Vormd (§§ 1886–1889), auch des Vereins u JA (§§ 1887, 1889 II), auf die sich die Vorschr des BGB hinsichtl ihrer Tätigk als Vormd ebenf beziehen. Eine Ausn bildet, abgesehen von der Beendigg der Vormsch als solcher (§ 1885) der im G nicht ausdrückl erwähnte Tod des Vormd. Auch nach Beendigg der Vormsch können aber, abgesehen von der Pfl des Vormd zur VermHerausg u Rechngslegg (§ 1890) u der des VormschG zur Prüfg der Rechng (§ 1892) noch gewisse Fortwirkgen bestehen, zB die Festsetzg der Vergütg des Vormd durch das VormschG (§ 1836), sowie bei RGeschäften des Vormd (vgl § 1822 Rn 15–20, aber auch § 1793 Rn 14).

1882 *Wegfall der Voraussetzungen.* **Die Vormundschaft endigt mit dem Wegfalle der im § 1773 für die Begründung der Vormundschaft bestimmten Voraussetzungen.**

Die Fälle der Beendigung. a) Tod des Mündels, der vAw festzustellen ist, der Vormd ist zur Ein- **1** reichg der SterbeUrk nicht verpflichtet (KGJ **51**, 47); TodesErkl u Verschollenh des Mdl, jedoch nur mit der Maßg des § 1884.

b) Volljährigkeit tritt mit Vollendg des 18. LebJ ein (§ 2); VolljährigkErkl nicht mehr vorgesehen. Der **2** Eintritt der Volljährigk bei Ausländern richtet sich nach ihrem HeimatR (EG 7). Da die Vormsch kraft G endet, ist eine bes Entlassg nicht erforderl (KG RJA **2**, 5). Den nicht bekannten Geburtstag eines Findelkindes hat das VormschG, nicht der Vormd, nach freiem Ermessen festzusetzen (aM KG RJA **16**, 34 unzul). Liegen auch weiter die Voraussetzgen für eine Vormsch od für eine Pflegsch vor, so muß diese aufs neue eingeleitet werden (BayObLG **17** B 167; Gernhuber § 67 I 2); denn Vormsch wird immer nur wg eines bestimmten Grundes eingeleitet, also keine Fortdauer aus anderem Grd (aM Soergel-Damrau 7; Staud-Engler 11; Dölle § 136 I 2h). Eine Verlängerg der AltersVormsch durch letztw Anordng ist unzul; möglicherw kann aber die Bestellg eines TestVollstr gewollt sein, was zu prüfen ist. Endet die MjVormsch, liegen aber die Voraussetzgen für eine Bt vor, vgl § 1908 a.

c) Eintritt oder Wiedereintritt der elterlichen Sorge, soweit den Sorgeberechtigten nicht die Ver- **3** tretg in persönl u VermAngelegenheiten entzogen ist (vgl § 1773). Ist ihnen nur die Pers- od die VermFürsorge entzogen, so endet die Vormsch gleichf, aber Pflegerbestellg erforderl. Vormsch endet zB bei Annahme als Kind (§ 1754), bei Aufhören des Ruhens der elterl Sorge (§§ 1674 II, 1705 Rn 5), EhelichkErkl (§§ 1736, 1740 f), im ersteren Fall auch dann, wenn der Vater inzwischen verstorben ist (BayObLG **20**, 293), bei Ermittlg des bisher unbekannten FamStandes des Mdl, falls er sich dann unter elterl Sorge befindet. Bei Legitimation durch nachf Ehe § 1883. Hingg **keine Beendigung der Vormundschaft** durch Verheiratg, Gründg eines eig Hausstandes od Auswanderg (RG Gruch **43**, 496), Verlust der dtschen Staatsangehörigk, da Vormsch auch über Ausländer geführt w kann (EG 23); dort auch über Beendigg der Vormsch, weil die Fürs vom Auslandsstaat übernommen wird.

1883   *Legitimation des Mündels.*   Wird der Mündel durch nachfolgende Ehe seiner Eltern ehelich, so endigt die Vormundschaft erst dann, wenn ihre Aufhebung von dem Vormundschaftsgericht angeordnet wird.

1   **1)** Heiratet der Vater des Kindes die Kindesmutter, w das Kind von Gesetzes wg ehel, § 1719. Die Eltern erlangen die elterl Sorge. Die Vormsch endet aber nicht kr Gesetzes, sond aus Grden der VerkSicherh, also um den Ztpkt der Beendigg der Vormsch klar erkennb zu machen, erst mit AO der Aufhebg dch das VormschG.

2   **2) Bis zur Beendigung der Vormundschaft** steht das Kind sowohl unter elterl Sorge (§§ 1719, 1626) wie unter Vormsch. Bei widersprechenden Vfgen der Vertretgsberechtigten geht die frühere vor.

3   **3) Verfahren.** RPflEntsch (RPflG 3 Nr 2a). Wirksamw: FGG 16. Mit der Bek an den Vormd erlischt auch seine VertrBefugn. Beschw: Mdl (FGG 20, 59); Dr (FGG 57 I Nr 1 u 9); Vormd nicht im Nam des Mdl, sond nur im MdlInteresse nach FGG 57 I Nr 9 u jedf nicht aus eig R wg Verl seines Amts (RG **151**, 57/62). Bei Fehlerhaftigk der AufhebgsVgg Einl einer neuen Vormsch u nicht FGG 18.

1884   *Verschollenheit und Todeserklärung des Mündels.*   [I] Ist der Mündel verschollen, so endigt die Vormundschaft erst mit der Aufhebung durch das Vormundschaftsgericht. Das Vormundschaftsgericht hat die Vormundschaft aufzuheben, wenn ihm der Tod des Mündels bekannt wird.
[II] Wird der Mündel für tot erklärt oder wird seine Todeszeit nach den Vorschriften des Verschollenheitsgesetzes festgestellt, so endigt die Vormundschaft mit der Rechtskraft des Beschlusses über die Todeserklärung oder die Feststellung der Todeszeit.

1   **1) Bei Verschollenheit des Mündels, I** (VerschG 1) endigt die Vormsch in Abweich von § 1882 nicht schon im Zeitpkt des Todes des Mdl, sond erst mit der Aufhebg durch das VormschG, das die Wahrscheinlichk des Ablebens des Mdl vAw zu ermitteln hat (FGG 12). Hingg bedarf es bei Eintritt der übr Beendiggsgründe der Vormsch, zB Eintritt der Volljährigk, keiner Anordng des VormschG (str; aM Oldbg NdsRpfl **52**, 34). Die Verschollenh selbst ist noch kein Grd zur Aufhebg der Vormsch. Über das Verf bei Aufhebg vgl § 1883 Rn 3.

2   **2) Bei Todeserklärung oder Feststellung des Todeszeitpunktes, II** (VerschG 2ff, 39ff) tritt die Beendigg der Vormsch nicht mit dem wahren Todestage ein (§ 1882), sond mit Rechtskr des die TodesErkl aussprechenden od den Todesztpkt feststellenden Beschl, wie II iVm VerschG 29, 40 ergibt. Maßgebd ist also in Abweich von VerschG 9, 44 II nicht der im Beschl festgestellte Ztpkt des Todes. Gesetzl Folge tritt auch dann ein, wenn TodesErkl aufgeh wird (VerschG 30ff) od Mdl noch lebt. Er ist dann unvertreten (vgl § 206).

1885   *Entmündigung des Vormundes.*   *(Aufgehoben durch BtG Art 1 Nr 45 wegen Wegfalls von § 6.)*

1886   *Entlassung des Einzelvormundes.*   Das Vormundschaftsgericht hat den Einzelvormund zu entlassen, wenn die Fortführung des Amtes, insbesondere wegen pflichtwidrigen Verhaltens des Vormundes, das Interesse des Mündels gefährden würde oder wenn in der Person des Vormundes einer der im § 1781 bestimmten Gründe vorliegt.

1   **1)** Die **Entlassung des Vormunds** erfolgt vAw (§§ 1886, 1888) od auf Antr (§ 1889). Die Entlassg für einen Teil des Wirkgskreises, zB die VermVerw, ist unzul (KG JW **38**, 237). Keine Bindg an Voraussetzgn v § 1886, wenn iW des BeschwVerf Entsch über Auswahl des Vormd (§ 1779) geändert w (BayObLG
2   Rpfleger **75**, 91). **Wirkung** der Entlassg: Ende des vormschaftl Amtes (§ 1893 Rn 1–4). Das VormschG hat sofort neuen Vormd (ebso NachfolgePfleger; BayObLG DAV **87**, 701) zu bestellen, auch wenn der bisheri-
3   ge Beschw einlegt (KG JW **35**, 2157). **Weitere Entlassungsgründe:** Wegfall der vorübergehden Verhinderg des als Vormd Berufenen (§ 1778 II Z 2, dort Rn 2), Bestellg unter Vorbeh u Eintr des besser Ereign (§ 1790). Auch Verletzg der AuswahlVorschr (§ 1782) kann zur Entlassg führen (BayObLG NJW **61**, 1865; FamRZ **90**, 205). Ebso dient die Entlassg der Korrektur einer nach § 1779 II verfehlten AuswahlEntsch
4   (BayObLG FamRZ **91**, 1353). Zum Ausschl dch Test § 1790 Rn 1. Auf Amts- u VereinsVormsch ist § 1886 gem § 1887 unanwendb (BayObLG DAV **94**, 892). Entlassg des NachlPflegers (§ 1915) nur, wenn weniger einschneidende Maßn erfolgl (BayObLG **83**, 59).

5   **2) Entlassungsgründe. a) Gefährdung des Mündelinteresses.** Dieses entscheidet (vgl dazu auch § 1828 Rn 4). Schädigg braucht noch nicht eingetreten zu sein, es genügt, wenn nach der ganzen Sachlage bei Fortführg des Amtes durch den bestellten Vormd Möglichk einer Schädigg naheliegt (BayObLG **18** A 206). Die Entlassg kommt aber nur als äußerste Maßregel in Betr, also erst dann, wenn andere Mittel nicht mehr zur Vfg stehen, zB die Entziehg der Vertretg in einer einzelnen Angelegenh od die Bestellg eines Pflegers nicht genügt (BayObLG **18** A 105). Das VormschG ist aber verpflichtet, sofort zur Entlassg zu schreiten, wenn die Voraussetzgn des § 1886 vorliegen, u nicht erst zu schwächeren Maßnahmen zu greifen (BayObLG JFG **8**, 91). Der voraussichtl Erfolg der in Aussicht genommenen Maßn wird also stets sorgf zu prüfen sein, aber auch ob die Entlassg des Vormd dem Mdl nicht mehr schadet als die Beibehaltg (KG OLG **24**, 48). Jedoch dürfen Schwierigk bei Gewinng eines neuen Vormd nicht ausschlaggebd sein (BayObLG Recht **19**, 1800), wenn sie auch mittelbar einwirken können. Regelmäß kommt Entlassg nur bei pflichtwidr Verhalten des Vormd od Pflegers (§ 1837 Rn 5) in Betr (BayObLG FamRZ **84**, 1151), wobei Verschu nicht vorausgesetzt w (BayObLG FamRZ **90**, 205). Doch sind and EntlassgsGrde denkb ("insbesondere";

BayObLG JFG **8**, 91). Es **genügt bereits objektive Gefährdung des Mündelinteresses:** Tatfrage (BayObLG FamRZ **88**, 874). Kann gegeben sein bei sich lange hinziehender Erkrankg des Vormd, weiter Entferng seines Wohnsitzes von dem des Mdl (BayObLG **6**, 45), mangelndem Verständnis für die Aufgaben des Vormd (BayObLG **19**, 82), Untauglichk zur GeschFührg (Karlsr JW **20**, 502), UnmöglMachen der Aufsichtsführg, indem trotz wiederholter Zwangsgelder Auskünfte zur Rechngslegg nicht erteilt, Rechng nicht berichtigt u ergänzt w (Hamm Rpfleger **66**, 17), dauerndem Interessenwiderstreit (BayObLG **6**, 735); Entbindg v der ärztl SchweigePfl, obw Pfleglg selbst die dafür erfdl ausr natürl Einsichts- u Urtfähigk besaß (vgl BayObLG FamRZ **90**, 205); Notwendigk von Maßregeln aus § 1666 I gg die zum Vormd bestellte Kindesmutter (KG DFG **37**, 101), aber auch bei tiefer Entfremdg zw Vormd u Mdl (BayObLG JFG **3**, 76), bei RelWechsel seitens des Vormd od Mdls, wenn dadurch ein so tiefer Zwiespalt in der Lebensauffassg zutage tritt, daß eine gedeihliche Wirksamk des Vormd nicht mehr zu erwarten ist (BayObLG aaO); Entlassg auch wg vor der Bestellg liegender Tatsachen mögl, die VormschG erst nachträgl erfährt (Hbg OLG **30**, 158). Ferner, wenn es sich zwar um Entscheid einer ZweckmäßigkFrage handelt, Vormd aber entweder allen besseren Vorstellgn des VormschG unzugängl ist (§ 1837 Rn 5) oder auch wenn auf seiten des Vormd eine Pflichtwidrigk zwar nicht festzustellen ist, die Durchführg seines Vorhabens aber MdlInteresse gefährdet (KG JW **35**, 546), so uU die Ablehng der Adoption durch den Erzeuger (Celle ZBlJugR **53**, 39). Andererseits genügen im allg nicht Ggsätzlichk zw Vormd u VormschG, zw Vormd u MdlAngehörigen (vgl aber auch Dresden ZBlFG **18**, 298: Entlassg des Stiefvaters als Vormd, der in Scheidg mit MdlMutter).

b) Vorhandensein der Untauglichkeitsgründe (§ 1781), gleichgültig, ob sie vor od nach der Bestellg **6** eingetreten sind. Hingg ist Entlassg bei Vorliegen der UnfähigkGründe zZ der Bestellg nicht erforderl, da die Bestellg dann nichtig ist (§ 1780 Rn 1).

3) Verfahren. a) RPfl-Entsch (RPflG 3 Nr 2a). Vor der Entlassg Anhörg des Pflegebefohl (Düss FamRZ **7** **81**, 98). Im allg auch des Vormd u uU auch der Angehör (§ 1847). Die Entlassg kann schriftl od mündl zu Prot erfolgen. Wirksamwerd der EntlassgVfg FGG 16, 26. **b) Inhalt:** Eine vorl Amtsenthebg kennt das BGB **8** nicht; unzul auch ein Vorbescheid (BayObLG FamRZ **94**, 51). Bloße Androhg der Entlassg ist keine beschwfäh Entsch, es sei denn, sie ist mit einer Weisg nach § 1837 od mit Androhg eines Zwangmittels verbunden; dagg einf Beschw. Aber für die Dauer des Verf kann das VormschG sichernde Maßn treffen, zB das MdlInteresse gefährdde Handlgn untersagen (§ 1837 Rn 5). **c) Anhörung:** Vor der Entlassg: Vormd **9** (GG 103; KG **HRR 26**, 475); Elt, Mdl (FGG 50b IV); Angehörige (§ 1847). **d) Wirksamwerden:** FGG 16 I. **10** Um BeschwFr gg Mdl laufen zu lassen (FGG 16 II 1, ZPO 208, 171 I), muß sogl ein NachfVormd bestellt w. **e) Beschwerde: aa)** bei Entlassg gg seinen Willen Vormd selbst (FGG 60 I Nr 3); Mdl selbst **11** od dch den neuen Vormd (FGG 59; 20); Dr nur iRv FGG 57 I Nr 9, nicht bei sof Beschw (FGG 57 II; Hamm MDR **66**, 149). Kein BeschwR: Verwandte (Brem OLG **68**, 68); JA, dem aber Mitteilg zu machen ist (§ 1851). **bb)** Bei Ablehng der Entlassg einf Beschw: GgVormd (FGG 57 I Nr 6); Mdl (FGG 20, 59); Dr (FGG 57 I Nr 9). Aber od (weit) Beschw des NachfVormd wg des drohend Verlusts seines Amts (KG FamRZ **81**, 607). **f) Aufhebung der Entlassung: aa)** dch ÄndergsVfg (FGG 18 I) od auf einf Beschw ohne **12** Rückwirkg; **bb)** auf sof (weit) Beschw: Rückwirkg (BayObLG **64**, 267; **83**, 62; aA Henckel FS Mitsupoulos 1993, 364). Es bedarf keiner erneuten Bestellg; NachfVormd ist zu entlassen (BayObLG FamRZ **88**, 874).

1887 **Entlassung des Jugendamts oder Vereins.** **I** **Das Vormundschaftsgericht hat das Jugendamt oder den Verein als Vormund zu entlassen und einen anderen Vormund zu bestellen, wenn dies dem Wohle des Mündels dient und eine andere als Vormund geeignete Person vorhanden ist.**

II **Die Entscheidung ergeht von Amts wegen oder auf Antrag. Zum Antrag ist berechtigt der Mündel, der das vierzehnte Lebensjahr vollendet hat, sowie jeder, der ein berechtigtes Interesse des Mündels geltend macht. Das Jugendamt oder der Verein sollen den Antrag stellen, sobald sie erfahren, daß die Voraussetzungen des Absatzes 1 vorliegen.**

III **Das Vormundschaftsgericht soll vor seiner Entscheidung auch das Jugendamt oder den Verein hören.**

1) Vgl SGB VIII 56 IV. § 1887 behandelt Entlassg des JA od Vereins im Interesse des Mdl, § 1889 II im In- **1** teresse des JA od Vereins. Die Herübern aus dem fr JWG ist die Folge von §§ 1791 a–c u der sich daraus ergebden Unterstellg der vormschaftl Tätigk von JA u Verein unter die Vorschr des BGB (vgl § 1791 a Rn 1).

2) Bestellung eines anderen Vormunds, I. Bei der gesetzl AmtsVormsch ist die Bestellg eines and **2** JugA zum Vormd ohne weitere Grde nur iR der AbgabeVerf gem SGB VIII 85 ff zul (BayObLG FamRZ **77**, 664), wobei aber SGB VIII 87 c III nicht einen automat JA-Wechsel bei jeder Änd des gewöhnl Aufenth vorschreibt (Hamm FamRZ **95**, 830). Vorauss für den Wechsel zur EinzVormsch: **a)** es dient dem Wohl des Ki (BayObLG FamRZ **89**, 1340), wobei AusgangsPkt, daß grdsätzl EinzelVormsch der Vereins- oder AmtsVormsch vorzuziehen ist (§ 1791 a Rn 1); **b)** Vorhandensein einer als Vormd geeigneten Pers (SGB VIII 56 IV). So wenn das Mdl einer mehr individuellen Erziehg u Betreuung bedarf an Stelle der oft bürokrat u formell aktenmäß (vgl BayObLG NJW **60**, 245; **61**, 117). Die in Aussicht genommene Pers ist nur dann als geeignet anzusehen, wenn sie es auch bei gegebener Sachlage ist; so im allg zu verneinen, wenn die Vatersch noch nicht festgestellt, die UnterhFrage noch zu klären ist, der Proz noch nicht dchgeführt ist. In den meisten derartigen Fällen wird die Vormsch des JA od des Vereins mit Rücks auf deren größere Erfahrg u ihre besseren Mittel solange vorzuziehen sein, bis diese Fragen geklärt sind; allenf kann das JA oder der Verein als MitVormd mit beschr Wirkgskreis, etwa im Umfang wie im Falle des § 1706, bestellt w, wenn diese Fragen nicht so überwiegen, daß das Verbleiben des Vereins od JA zweckmäßig ist.

3) Verfahren, II, III. Zustdgk: FGG 36, RPflEntsch (RPflG 3 Nr 2a) vAw od auf Antr; Verwandtsch für **3** II 2 nicht erforderl. Anhörg: Einf 9 ff v § 1626; JA u Verein, III, insb über die Pers des neuen Vormd. Einf

Beschw bei Entlassg auf Antr od mit Willen des JA od Vereins sow bei Ablehng des Antr auf Entlassg; sof Beschw bei Entlassg gg den Willen (FGG 60 I Nr 3). Beschwberecht: Mdl (FGG 20, 59); JA und Verein bei Ablehng ihres Antr oder bei Entlassg gg ihren Willen (FGG 20 I); Dr nur iF einf Beschw (FGG 57 I Nr 9, II). Vgl iü § 1886 Rn 7 ff.

1888 ***Entlassung von Beamten und Geistlichen.*** **Ist ein Beamter oder ein Religionsdie-
ner zum Vormunde bestellt, so hat ihn das Vormundschaftsgericht zu entlassen, wenn
die Erlaubnis, die nach den Landesgesetzen zur Übernahme der Vormundschaft oder zur Fortfüh-
rung der vor dem Eintritt in das Amts- oder Dienstverhältnis übernommenen Vormundschaft
erforderlich ist, versagt oder zurückgenommen wird oder wenn die nach den Landesgesetzen
zulässige Untersagung der Fortführung der Vormundschaft erfolgt.**

1 § 1888 ergänzt § 1784; vgl dort Rn 1. Die Entlassg erfolgt vAw, eines Antrags der Behörde bedarf es nicht.

1889 ***Entlassung auf eigenen Antrag.*** **I Das Vormundschaftsgericht hat den Einzelvor-
mund auf seinen Antrag zu entlassen, wenn ein wichtiger Grund vorliegt; ein wichti-
ger Grund ist insbesondere der Eintritt eines Umstandes, der den Vormund nach § 1786 Abs. 1
Nr. 2 bis 7 berechtigen würde, die Übernahme der Vormundschaft abzulehnen.**

**II Das Vormundschaftsgericht hat das Jugendamt oder den Verein als Vormund auf seinen An-
trag zu entlassen, wenn eine andere als Vormund geeignete Person vorhanden ist und das Wohl des
Mündels dieser Maßnahme nicht entgegensteht. Ein Verein ist auf seinen Antrag ferner zu ent-
lassen, wenn ein wichtiger Grund vorliegt.**

1 **1)** Ob ein **wichtiger Grund für die Entlassung des Einzelvormunds** vorliegt, entsch VormschG nach freiem Erm, wobei in erster Linie das Interesse des Vormds an der Entlassg z berücks (BayOblG FamRZ **59**, 373), aber auch z beachten ist, daß das Mdl dch den Wechsel nicht zu sehr beeintr w. Ein wicht Grd ist stets, also ohne ErmSpielraum, z bejahen, wenn einer der in § 1786 I Z 2–7 gen Fälle nach der Best z Vormd (§ 1786 II) eintr. Die Unterbringg des Mdl in FürsErziehg ist im allg kein wicht Grd (KGJ **46**, 83). Keine Verwirkg des EntlassgAnspr, wenn Vormd dch Zustimmg z WohngsWechsel des Mdl EntlassgsGrd des § 1786 I Z 5 selbst schafft, sofern WohngsWechsel dem MdlWohl entspr (Stgt Just **72**, 284). Dagg kann ein Ausl, der die Führg der Vormsch übern hat, nicht m Rücks auf seine AuslEigensch Entlassg fordern (KG RJA **10**, 99; vgl § 1785 Rn 2). Der nachträgl Eintr des § 1786 I Z 8 ist als wicht Grd ausgelassen, um dch Übern weiterer Vormsch od Pflegsch dem Vormd nicht die Möglichk z geben, sich der bisher Vormsch z entledigen. Unter bes Umst kann aber auch die Übern eines weiteren Amtes ein wicht Grd sein. Wird wicht Grd bejaht, verfügt VormschG die Entlassg. Gg die Ablehng des Antr hat Vormd BeschwR (FGG 20).

2 **2) Entlassung von Jugendamt und Verein** als Vormd erfolgt ebso wie ihre Bestellg (§§ 1791a u b)
3 nach BGB, u zwar n § 1887 aus Grden des MdlWohles und gem **II** im Interesse von JA u Verein. **a)** Entlassg nicht ow mögl, sond nur, wenn ein geeign Vormd vorhanden u wenn das Wohl des Mdl nicht entgsteht; kann vorliegen, wenn noch Vatersch zu klären u Klärg mögl erscheint od UnterhRechtsstreit noch nicht dchgeführt (vgl auch KG JFG **18**, 274; BayOblG NJW **60**, 245). Ein Verein ist in jedem Falle zu entlassen, wenn für ihn wicht Grd vorliegt, II 2. Er kann Pflichten nur im Rahmen seines MitglBestandes u seiner Mittel übernehmen, so daß eine Verringerg schon eines von beiden seine Tätigk als Vormd einschränken od ganz unmögl machen kann. Dem muß VormschG Rechng tragen. Auswahl des EinzelVormd Sache des RPflegers (RPflG 3 Z 2a), der auch JA od Verein entläßt. Sollte sich die Maßn später als unzweckmäß erweisen u EinzelVormd entlassen w, so kann Wiederaufleben der fr Amts- od VereinsVormsch, sond Neubestellg; dem fr unter gesetzl AmtsVormsch stehden Mdl kann also nur ein AmtsVormd bestellt w. Aber keine Neubestellg, wenn der EntlassgsBeschl im BeschwWege aufgeh w (BayOblG ZBlJR **65**, 19).
4 Die Bestellg eines Pflegers ändert an der bestehden AmtsVormsch natürl nichts. **b)** Es bedarf eines Antr des JA od Vereins (BayOblG DAVorm **75**, 540). BeschwR (FGG 19, 20) steht nur dem JA od Verein, deren Antr abgelehnt ist, zu (KG JFG **7**, 101). W Entlassg angeordnet, so einf Beschw (FGG 20, 57 I 9), also nur bei berecht Interesse.

1890 ***Vermögensherausgabe und Rechnungslegung.*** **Der Vormund hat nach der Be-
endigung seines Amtes dem Mündel das verwaltete Vermögen herauszugeben und
über die Verwaltung Rechenschaft abzulegen. Soweit er dem Vormundschaftsgerichte Rechnung
gelegt hat, genügt die Bezugnahme auf diese Rechnung.**

1 **1)** Bei Beendigg seines Amtes hat der Vormd, auch Amts- u VereinsVormd, also auch das JugA als Amts-pfleger (Ffm FRES **2**, 407), das verwaltete Verm herauszugeben u über die Verw Rechensch abzulegen. Zum befreiten Vormd: Wesche DAV **87**, 167. Gläub dieser Anspr Mdl, vertreten durch neuen gesetzl Vertreter, falls ein solcher noch in Betr kommt, sonst der Mdl od sein RNachfolger; bei Gesamtberechtigg des Mdl mit anderen Personen, Herausg an alle gemeinschftl, währd auf Rechnglegg nur der Mdl Anspr hat. Ob Rechng richtig gelegt ist, entsch ProzG (KG JW **39**, 351); wg der Tätigk des VormschG § 1892 II. Wird dieselbe Pers od das JA, der Verein nach beendeter AltersVormsch Vormd des nunmehr vollj Mdl, so erübrigt sich Herausg an einen etwa neu bestellten Pfleger, str; aber Nachweisg des Bestands durch Rechngslegg für die bisher geführte AltersVormsch erforderl. Schu des Anspr auf Herausgabe und Rechen-schaftslegg ist der Vormd od sein RNachfolger. Im Konk des Vormds Aussonderg; SchadErs dagg KO 61 Z 5. § 1890 entspr anwendbar, wenn die VermVerw völlig od zum Teil auf einen anderen MitVormd od Pfleger übergeht.

2 **2) Die Herausgabe des Vermögens** hat sofort zu erfolgen. Der Vormd hat also den Besitz aller zum MdlVerm gehörigen Sachen, soweit er sie selbst in Besitz hatte u sie nicht etwa in dem eines Pflegers waren,

zu übertragen, ferner die vorhandenen Urk über die zum MdlVerm gehörigen Fdgen u hinterlegten Werte herauszugeben, so daß der Mdl seine Anspr selbst geltd machen kann. Quittgserteilg über das Herausgegebene im Rahmen von § 368. Löschg des Sperrvermerks (§§ 1809, 1815, 1816) braucht Vormd nicht zu veranlassen, sie ist aber auch nicht erforderl. Das VormschG hat dem Mdl auf Erfordern eine Bescheinig über die Beendigg der Vormsch auszustellen. Gemäß § 260 I hat Vormd bei der Herausg Bestandsverzeichnis aufzustellen, das an frühere (§ 1802) anschließen kann. Unter den Voraussetzgen des § 260 II ist er zur Abgabe der dort dem Inhalt nach näher gekennzeichneten eidesstattl Vers verpflichtet. Andererseits hat er ZurückbehaltgsR für seine ErsAnspr (§§ 273, 274), das er aber nicht ungebührl ausdehnen darf (RG 61, 128). Verweigert der Vormd die Herausg, so kann Anspr hierauf nur durch Klage verfolgt werden; das VormschG hat keine Zwangsrechte mehr (KGJ 33 A 54). Rechtshilfe ist bei der VermAushändigg mögl (Darmst SeuffA 65, 204; str).

3) Rechenschaftslegung erstreckt sich nur auf VermVerw, nicht auch auf PersSorge. Sie umfaßt 3 Rechngslegg, die in der in §§ 1840f genannten Art zu erfolgen hat, also auch AuskErteilg in sich schließt, aber an die dem VormschG gelegten Jahresrechgn anschließen kann u auch die aus § 1841 II ersichtl Erleichterg genießt (KGJ 37 A 110). Mdl kann Beanstandgen auch dann erheben, wenn VormschG bei früheren Prüfgen diese Rechngen in Ordng befunden hat (§ 1843 Rn 3). §§ 259ff sind anwendbar; Abgabe der eidesstattl Vers erfolgt zu Protokoll des RPflegers (§ 261, ZPO 889, RPflG 20 Z 17). Auf Rechngslegg kann Mdl verzichten (§ 397), der VermZuwender kann von der RechngsleggsPfl befreien, nicht aber die Eltern, da § 1854 nur für die Dauer der Vormsch gilt. Zum Umf der Verpfl des JugA als AmtsVormd zur Rechngslegg Bln DAVorm **80**, 55; bei der GebrechlichkPflegsch Düss DAVorm **82**, 209.

1891 *Mitwirkung des Gegenvormundes.* **I** Ist ein Gegenvormund vorhanden, so hat ihm der Vormund die Rechnung vorzulegen. Der Gegenvormund hat die Rechnung mit den Bemerkungen zu versehen, zu denen die Prüfung ihm Anlaß gibt.

II Der Gegenvormund hat über die Führung der Gegenvormundschaft und, soweit er dazu imstande ist, über das von dem Vormunde verwaltete Vermögen auf Verlangen Auskunft zu erteilen.

Bzgl der Rechngslegg gilt dasselbe wie bei § 1842. Es entfällt jedoch die Nachweisg des VermBestandes, 1 dieser ist vielm dem Mdl nachzuweisen. Der GgVormd ist seiners zur Ausk über die Führg der GgVormsch u des vom Vormd verwalteten Vermögens verpflichtet. Vgl auch § 1892 Rn 2.

1892 *Rechnungsprüfung und -abnahme.* **I** Der Vormund hat die Rechnung, nachdem er sie dem Gegenvormunde vorgelegt hat, dem Vormundschaftsgericht einzureichen.

II Das Vormundschaftsgericht hat die Rechnung rechnungsmäßig und sachlich zu prüfen und deren Abnahme durch Verhandlung mit den Beteiligten unter Zuziehung des Gegenvormundes zu vermitteln. Soweit die Rechnung als richtig anerkannt wird, hat das Vormundschaftsgericht das Anerkenntnis zu beurkunden.

1) Auch nach Beendigg der Vormsch als solcher bleibt das VormschG zu weiterer FürsTätigk im Interesse 1 der Abwicklg der Vormsch verpflichtet, behält auch weiter seine amtl Befugnisse, aber nur soweit, als das zur Erreichg dieses Zweckes erforderl ist. RGeschäfte können von ihm also nicht mehr genehmigt werden (vgl aber auch § 1893 Rn 1). Wohl aber kann es, abgesehen von den in § 1892 genannten Verrichtgen u der Rückg der Bestallg, die dch Zwangsgeld erzwungen w können (KG OLGZ **69**, 293), auch jetzt noch dem Vormd eine Vergütg bewilligen (§ 1836 Rn 4) od die Bewilligg auch noch, weil sie nachträgl ungerechtf erscheint, zurücknehmen (KG RJA **16**, 159). Sie kann auch dch das BeschwG abgeändert w (RG **127**, 109). Die Herausgabe des MdlVermögens hat hingg der Vormd selbst zu bewirken (§ 1890 Rn 2; Brsl OLG **18**, 381); VormschG kann ihn darin insofern unterstützen, als es die bei den Akten befindl Urk im Einverständn mit dem Vormd im Wege der Rechtshilfe dem Mdl aushändigen läßt. Dem vollj gewordenen Mdl, wie überh jedem, der ein berecht Interesse daran glaubh macht, hat es Akteneinsicht zu gewähren (FGG 34). § 1892 u das oben Gesagte gelten auch, wenn nicht Vormsch als solche, sond nur Amt des Vormd endigt. § 1892 gilt bei Amts- u VereinsVormsch; davon nicht die Rede ist § 1857a nicht berücksichtigt.

2) Zur Einreichung der Rechnung, I, kann der Vormd trotz der Beendigg seines Amtes durch 2 Ordnsstrafen angehalten werden, soweit er sich weigert od es sich um eine formell nicht ordngsmäßige Rechng handelt, § 1841 (KG OLG **14**, 268; Neust NJW **55**, 1724), ebso ein vorhandener GgVormd, dem der Vormd die Rechng zur Beifügg seiner Bemerkgen vorzulegen hat (§ 1891 I 2; str). Vorlegg einer sachl richtigen Rechng kann nicht erzwungen werden, ebsowenig die Vorlage von Wertpapieren (KGJ **50**, 28). Wg der Beifügg von Belegen § 1841 Rn 1. Einreichg der Schlußrechng entfällt **a)** wenn MdlVerm währd der ganzen Dauer des Amts des Vormd nicht zu verwalten war; **b)** wenn sich Mdl u Vormd außergerichtl auseinandergesetzt haben od Mdl auf Schlußrechng verzichtet hat. Besteht Vormsch fort, so etwaiger Verzicht des neuen Vormd wirkgslos; SchadErsPfl § 1833; VormschG § 1837.

3) Die Rechnungsprüfung, II 1, hat das VormschG entspr § 1843 I vorzunehmen. Es kann auch Er- 3 gänzgen u Berichtigen herbeiführen, ohne daß ihm aber Zwangsmittel zur Vfg stehen.

4) Die Abnahme der Schlußrechnung, II 1, ist vom VormschG unter Zuziehg des GgVormd, soweit 4 ein solcher vorhanden ist, durch Verhandl mit den Beteiligten zu vermitteln. Es hat also deren Vorladg vor das VormschG zu erfolgen. Ihr Erscheinen kann nicht erzwungen werden, wenn die Vormsch beendet ist (Kbg OLG **4**, 116), sonst nur ggü dem der Aufsicht jetzt unterstehenden Vormd, nicht aber dem entlassenen. Im Termin ist der Vollj an Hand der Akten über Führg der Vormsch u Stand der Dinge, ggf auch über die dem Mdl gg den Vormd zustehenden Anspr vom VormschRichter zu unterrichten. Mit der Rechngslegg u der VermHerausg werden etwa durch den Vormd geleistete Sicherheiten (§ 1844) frei, soweit nicht ErsAnspr des Mdl bestehen. Das VormschG hat hierbei nicht mitzuwirken; bei Verweigerg der Freigabe bleibt nur Klage.

5 **5) Das Anerkenntnis der Richtigkeit der Rechnung, II 2,** ist, falls es erfolgt, vom VormschG zu Prot zu nehmen (vgl BeurkG 1 II, 59), ohne daß seine Gültigk von der Einhaltg dieser Form abhinge. Auch teilweise Anerkennung unter Kenntlichmach der Vorbehalte mögl. Soweit nicht anerkannt wird, kann Vormd Klage auf Feststellg der gelegten Rechng erheben (ZPO 256), wenn deren prozessuale Voraussetzgen gegeben sind. Eine auf Irrt beruhendes od ein in der irrigen Annahme einer Verpflichtg zur Abgabe abgegebenes Anerkenntn kann nach den Grdsätzen der §§ 812, 814 angefochten werden (RG JW 02 Beil **6** 255). Einen **Anspruch auf Entlastung** (Lit: Gleißner Rpfleger 86, 462) haben weder Vormd (Kass SeuffA **61**, 13) noch VormschRichter (LG Stgt DAVorm **74**, 672). Die Entlastgserteil seitens des neu bestellten Vormd bedarf der Gen des VormschG (§ 1812). Das VormschG kann auch seine EntlastgsErkl vermitteln, muß sich aber bei der Aufnahme einer solchen Zurückhaltg auferlegen, um beim Mdl nicht den Anschein einer Verpflichtg zu einer solchen zu erwecken. VormschG kann dazu auch ein anderes Ger um Rechtshilfe ersuchen (RG **115**, 368; aM KGJ **51**, 42). Im Rahmen des § 368 kann Vormd Quitt über Rechngslegg verlangen. Sie enthält keinen Verzicht auf materielle Anspr, deren Vorhandensein nicht erkennb war. Eine vorbehaltl Entlastg enthält die Erkl, daß das JugA keine weiteren Auskfte ü die VermVerw zu erteilen h (LG Kiel DAV **82**, 189).

1893 *Fortführung der Geschäfte nach Beendigung der Vormundschaft.* [I] **Im Falle der Beendigung der Vormundschaft oder des vormundschaftlichen Amtes finden die Vorschriften der §§ 1698a, 1698b entsprechende Anwendung.**

[II] **Der Vormund hat nach Beendigung seines Amtes die Bestallung dem Vormundschaftsgericht zurückzugeben. In den Fällen der §§ 1791a, 1791b ist die schriftliche Verfügung des Vormundschaftsgerichts, im Falle des § 1791c die Bescheinigung über den Eintritt der Vormundschaft zurückzugeben.**

1 **1) Amtsfortführung, I. a)** Entspr § 1698a ist der Vormd auch nach Beendigg der Vormsch überh od seines Amtes zur Fortführg seiner Geschäfte berechtigt, bis er von der Beendigg Kenntnis erlangt od sie kennen muß. Wegen der Haftg vgl § 1833 Rn 1. Das gilt auch entspr, wenn die Vertretgsmacht des Vormd nur in einzelnen Beziehgen endigt (§§ 1794, 1796). Dritter kann sich auf Berechtigg zur Fortführg des Amts nicht berufen, wenn er bei Vornahme eines RGeschäfts Beendigg kennt od kennen muß (§ 122 II). Vertretgsmacht des Vormd endigt aber jedenf mit seiner Kenntnis vom Amtsende; nimmt er später noch RGeschäfte vor, so wird auch der dritte Gutgläubige nicht geschützt (RG JW **12**, 978). Bis zum Zeitpkt der Kenntnis vom Amtsende kann Vormd aber auch noch Gen dem Dritten wirks mitteilen (§ 1829 I 2), ebso können solche Geschäfte auch noch vormschgerichtl genehmigt werden; allerd muß VormschG hiervon Abstand nehmen, wenn ihm Beendigg bekannt (Stgt RdL **56**, 255; Dölle § 137 III). Soweit die vormschgerichtl Gen nicht unabänderl wurde, kann sie auch bei Beendigg der Vormsch aufgehoben w (BayObLG **64**, 350). Um allem diesem vorzubeugen, ist eine sofortige Unterrichtg des Vormd vom Amtsende durch VormschG zweckm.

2 **b)** Entspr § 1698b ist der Vormd beim Tode des Mdl verpflichtet, die Geschäfte mit deren Aufschub Gefahr verbunden ist, zu besorgen, bis der Erbe anderweit fürs treffen kann. Geschieht das nicht, Haftg aus § 1833.

3 **Zu a) und b):** Besorgt der Vormd Geschäfte trotz Kenntnis von der Beendigg seines Amtes od geht er über den Rahmen der in § 1698b genannten Geschäfte hinaus, so gelten §§ 177ff, 677ff (RG JW **10**, 233). Soweit er sich aber innerh der ihm nach §§ 1698a f gezogenen Grenzen hält, sind die Rechte u Pflichten aus derartigen Geschäften für alle Teile nach den Vorschr über die Vormsch zu beurteilen. Der Vormd kann also auch Ersatz der Aufwendgen verlangen.

4 **2) Die Rückgabe der Bestallung** kann durch Zwangsgeld, u zwar auch nach Beendigg der Vormsch, erzwungen werden (Neust NJW **55**, 1724; aM Darmst ZblFG **15**, 260). Zur Herausgabe verpflichtet sind auch die Erben des Vormd; insofern aber nur HerausgKlage. Vereins- u bestellter AmtsVormd müssen Urk, die zu ihrer Legitimation dienen, also die schriftl Vfg des VormschG, die sie gem §§ 1791a II, 1791b II erhalten haben, das JA, das gesetzl AmtsVormd ist, die Bescheinigg über den Eintritt der Vormsch, § 1791c III, zurückgeben.

1894 *Anzeige bei Tod des Vormundes.* [I] **Den Tod des Vormundes hat dessen Erbe dem Vormundschaftsgericht unverzüglich anzuzeigen.**

[II] **Den Tod des Gegenvormundes oder eines Mitvormundes hat der Vormund unverzüglich anzuzeigen.**

1 Um dem VormschG zu ermöglichen, baldigst nach dem Tode eines Vormd, GgVormd, MitVormd die erforderl Vorkehrgen, erforderlichenf auch Maßnahmen selbst zu treffen (§ 1846), besteht für die Erben der genannten Personen, I und § 1895, hins des Gg- u MitVormd für den Vormd selbst, II, hins des Vormd ferner für den GgVormd (§ 1799 I 2), die Pfl, den Tod unverzügl (§ 121) anzuzeigen. Entspr gilt bei der TodesErkl. Wird die Anzeige seitens des Vormd, Gg- od MitVormd versäumt, so Haftg nach § 1833, der Erben nach § 276. Eine Verpflichtg zur Fortführg der Geschäfte besteht für diese nicht. Wg der AnzeigePfl von Behörden vgl § 1774 Rn 3.

1895 *Amtsbeendigung des Gegenvormundes.* **Die Vorschriften der §§ 1886 bis 1889, 1893, 1894 finden auf den Gegenvormund entsprechende Anwendung.**

Das Amt des GgVormd endigt auch mit der Vormsch als solcher (Grdz vor § 1882); ferner kann das **1** VormschG die GgVormsch bei nachträgl Wegfall ihrer Voraussetzgen (§ 1792 II) aufheben. Hinsichtl der Zuständigk des RPflegers gilt das § 1886 Rn 7 Gesagte. Rückg der Bestallg § 1893 II.

Zweiter Titel. Betreuung

Einführung

1) Das **Betreuungsgesetz (BtG)** v. 12. 9. 1990 (BGBl I, 2002) setzt mit Wirkg v 1. 1. 92 an die Stelle der **1** Vormsch über Vollj (§§ 1896–1908 aF) sowie der GebrechlkPflegsch (§§ 1910 aF u 1920 aF) das einheitl RInstitut der Bt (**Literatur:** ZusStellg FamRZ **92**, 35; Bienwald, BtR-Komm, 2. Aufl 1994; Bühler BWNotZ **91**, 153; Dodegge NJW **94**, 2383; **95**, 2389; Holzhauer/Reinicke BtRecht, 1993; Jünger, BtG 1991; Jürgens/Kröger ua, Das neue BtRecht, 3. Aufl 1994; Schmidt/Böcker BtR, 1991; Bauer/Birk/Rink, Heidelberger Komm zum Bt- u UnterbrR, 1993; Knittel, BtG-Komm, 1992; Damrau/Zimmermann BtG-Komm, 2. Aufl 1995; Diederichsen, in: Venzlaff/Foerster Hdb des Psychiatr GAers, 2. Aufl 1994 S 485 ff; Dodegge NJW **95**, 2389; vgl iü 53. Aufl. Zur Reformdiskussion 50. Aufl Einf 9 v § 1773; Pardey BtPrax **95**, 81. Doch bleiben Vormsch (als Vormsch über Mj gem §§ 1773–1895) u die Pflegsch iü (§§ 1909, 1911 ff) als RInstitute erhalten. **Betreuung** ist staatl Beistand in Form von tats u RFürs; Beeinträchtiggen der RPosition des Betroffenen kommen nur in Betr, soweit sie notw sind (§ 1896 Rn 19–21). In der ehem **DDR** gilt seit dem 3. 10. 90 die alte Regelg des BGB (vgl EG Art 234 § 14) u dementspr das BtG ebenf ab dem 1. 1. 92; für das gerichtl Verf ü die UnterbringgsMaßn gelten dagg FGG 70 ff nF (vgl § 1906 Rn 1) in den neuen BuLä bereits seit dem 3. 10. 90 (EinigV Anl I Kap III Sachgeb A Abschn III Ziff 13 a). **Kostenrecht:** Mümmler JurBüro **91**, 323. AusführgGesetze der Lä dch **LBtG:** DAV **92**, 653 ff; BtPrax **93**, 130; Uhlenbruch BtPrax **93**, 150; Wienand FuR **92**, 266. Zum **Recht der Leistungen bei Pflegebedürftigkeit:** Igl, Leistgen bei PflBedürftigk, 1992. **Reform:** Coeppicus, Handhbg u Ref des BtG, 1995. Vgl GesEntw zu Ausbildg u Berufen in der Altenpflege (BT-Drucks 11/7094 u 8012). Zur Situation der psych Kranken: BT-Drucks 12/4016. Zu den bt-rechtl Auswirkgen der **Pflegeversicherung:** Coeppicus BtPrax **95**, 16.

2) Prinzipien des Betreuungsgesetzes. a) Einheitsentscheidung. Verfrechtl erfolgen iGgs zum früh **2** Recht die Feststellg der BtBedürftigk u die Bestellg eines Betr (§ 1896 I 1) sowie ggf die AnO eines EinwilliggsVorbeh (§ 1903) dch einen einheitl Beschl des VormschG (Rn 4). Die bish Aufspaltg in die richterl Feststellg der Behinderg (Entm) u das dem RPfleger obliegde AuswahlVerf entfällt ebso wie das Nebeneinander von ZPO- u FGG-Verf (BT-Drucks 11/4528 S 5 f u 118 ff). Trotzd ist die Auswahl isoliert anfechtb (offengel in BayObLG FamRZ **93**, 602). – **b) Einstufigkeit.** Matrechtl unterscheidet das BtG **3** nicht mehr wie bish zw der Entm bei totaler GeschUnfgk u der bl GebrechlkPflegsch bei teilw Behinderg od nach einer neuart Abstufg der Behindergen (BT-Drucks 11/4528 S 57). Die Bt ist aber jeweils auf die AufgKr zu beschränken, in denen eine Bt erfdl ist (§ 1896 II 1); umgek kann in Fällen erhebl Gefahr zusätzl zur Bt ein EinwilliggsVorbeh angeordn w (§ 1903 I 1). – **c) Persönliche Betreuung.** Mit der Bezeichng **4** „Betreuung" (statt Sachwaltersch od Beistandsch) soll die Stärkg der pers Bt als eines der wichtigsten Ziele des BtG hervorgehoben w. Damit soll bish Bevormundg u anonyme Verwaltg im VormschWesen überwunden w (BT-Drucks 11/4528 S 114 f; krit Klüsener Rpfleger **89**, 221; zur ehrenamtl Tätigk Künstler BtPrax **93**, 9). Hauptmerkm der Bt soll der pers Kontakt, das Gespräch zw Betreutem u Betr u die Zuwendg sein (vgl § 1901). Dagg gehört nicht die eigtl Pflegeleistg dazu (Bienwald BtPrax **93**, 80). Zu den Umsetzgs-Problemen in der Praxis vgl Wiegand FuR **90**, 39. Im übr ist das BtG hier widersprüchl: Gefordert wird eine engagierte BetrPersönlichk, der aber mit einer Fülle von verfrechtl Komplikationen mehr institutionelles Mißtrauen als Vertrauen entgegengebracht wird. – **d) Erhaltung der Autonomie des Betreuten** (Weiss **5** ZRP **91**, 227; Mees-Jacobi/Stolz BtPrax **94**, 83; Lachwitz BtPrax **95**, 114). Das BtG verfolgt den Zweck, bei der Bt den Wünschen des Betreuten soweit wie mögl ihren Vorrang zu lassen (vgl §§ 1896 I, II, 1897 IV, 1901 I 2 u II, 1908 b III, 1908 d II). Danach best sich Erfdlk u Umfang der Bt. Zur ProzFähigk: Bork MDR **91**, 97. Hat der BtBedürft noch in gesunden Tagen dch **Altersvorsorgevollmacht** (Rn 6) dafür gesorgt, daß bei Eintritt der BtBedürftigk eine Pers vorh ist, die seine Angelegenh wahrn kann, so bedarf es der AnO einer Bt nicht (§ 1896 Rn 21). Hat er dch entspr **Betreuungsverfügungen** (Rn 9) hins der Pers des Betr od der Gestaltg der Bt best Wünsche festgelegt, so können diese ähnl verbindl sein wie **Wünsche,** die der Betreute im BtVerf od währd der Bt äußert (§ 1901 Rn 3 ff). Dabei soll die GeschFgk des Betroffenen weder für die Einl noch in der Dchführg des AnO-Verf maßg sein (§ 1896 I 1 u 2; FGG 66). Im übr ist das BtG hypertroph u in sich widersprüchl (vgl Klüsener Rpfleger **89**, 223): So gibt es etwa neben dem natürl Willen, der sich bei Begrdg der Bt od in den Wünschen des Betreuten äußern kann (vgl BT-Drucks 11/4528 S 67), die volle GeschFgk, ferner, wiederum anders definiert, die natürl Einsichtsfähigk bei med Eingr u die natürl Sterilisationswillensfähigk (vgl §§ 1904, 1905). Überall ist auf die Wünsche selbst des GeschUnfäh Rücks zu nehmen; aber die MietWohng des geschäftsunfäh Betreuten kann der Betr selbst bei freiw Bt nicht einmal mit Zust des Betreuten ohne vormschgerichtl Gen aufgeben (§ 1907 Rn 5). WertgsWiderspr ergeben sich aber vor allem auch dann, wenn statt der Bt auf Antr (§ 1896 I 1) der Weg einer Bevollmächtigg (§ 1896 II 2) gewählt w (vgl Klüsener Rpfleger **89**, 220), die bei entspr GeschFgk auch neben dem bestehden Bt erteilt w kann (Schwab FamRZ **90**, 683). Die an sich wünschensw Erhalt der SelbstBest des BtBedürft muß die Initiative des Betr vor allem auch wg der haftgsrechtl Probl (Rn 13) lähmen, wenn er – abgesehen von § 1903 – keine Mögk hat, die GeschFgk des Betreuten verbindl klären zu lassen. Entspr ist die Situation bei med Eingr, wenn unklar ist, ob der Betreute die erfdl Einsichtsfähigk besitzt (§ 1904 Rn 1).

3) Rechtsgeschäftliche Betreuungsvorsorge. BtBedürftigk wie die AnO der Bt selbst sollen so wenig **6** wie mögl in die Autonomie des Betroffenen eingreifen (Rn 5). Desh kann der Betroffene auch schon vor

Eintritt der BtBedürftigk, also in Zeiten geist Frische, für den Fall späterer BtBedürftigk dch Festlegg best Wünsche u RFolgen Vorsorge tragen. Derart Regelgen können ganz unterschiedl Inh haben.

7   **a) Inhalt.** Die von dem späteren BtBedürft getroffenen Regelgen sind danach zu unterscheiden, ob dem Willen des Betroffenen betreuungsersetzd u damit unabhäng von einer Bt oder iR der AnO u Dchführg

8 einer Bt Rechng getragen w muß. – **aa) Betreuungsersetzende Ermächtigungen** (Lit: Bühler BWNotZ **90**, 1). VorsorgeRegelgen können sich darauf beziehen, trotz Eintritt der BtBedürftigk dch vorherige Bereitstellg von Hilfen, insb dch entspr Ermächtiggen u **Vorsorgevollmachten** (§§ 185, 164 ff; unten Rn 9 sowie § 1896 Rn 21), die AnO einer Bt zu vermeiden (§ 1896 II 2). Der Sache nach handelt es sich um eine bedingte, näml nur für den Fall des Verlusts der GeschFgke geltde Bevollmächtigg (§ 158 Rn 2). Als Ggst einer VorsVollm kommen sämtl RGesch in Betr, soweit sie nicht vertretgfeindl s (Einf 4 v § 164); darüberhinaus die Einw in od Versagg von Heilbehdlgen (§ 1904 Rn 1); ferner die Aufenth- u UmggBest (aA Schwab FamRZ **92**, 495 f). Eine VorsVollm braucht nicht ausdrückl die Klausel zu enth, daß sie über die GeschUnfähigk hinaus gelten soll (Cypionka NJW **92**, 208); eine entspr Auslegg einer gewöhnl VollM gem § 133 ausr. Zweckmäß ist aber die gleichzeit (eine Betr dann gem § 1896 III, dort Rn 29, erübrigende) Regelg der Überwachg des Bevollm (etwa in Form der DoppelBevollm unter Ausschl des wechselseit WiderrufR) u die Best eines med Attests abh gem w (Bühler BWNotZ **90**, 3 f). Das Wirksamwerden der VorsVollm kann vom Nachw eines med Attests abh gem w (Bühler BWNotZ **90**, 3 f). Lassen sich Betreiber od Angest von Alten- u Pflegeheimen von den Heimbewohnern routinemäß VorsorgeVollm erteilen, sind diese als Umgeh von § 1896 II 2 gem § 134 nichtig (vgl. BR in BT-Drucks 11/4528 S 207). Ggf ist zur Kontrolle u Geldmachg von Anspr gg den Bevollm eine ÜberwachgsBt anzuordnen (§ 1896 III, dort Rn 21 u 27). Gg **Vollmachtsmißbrauch** hilft ggf auch die vertragl Gestaltg eines umfassden schuldrechtl AltVersVerhältns (Weser MittBayNot **92**, 171). Der Bevollm ist nicht Betr iS des BtG; das schließt aber nicht aus, daß er für versch AufgKr beides ist, zB bei BankVollm u späterer AufenthBestimmgsBt. AufwErs u Vergütg richten sich nach §§ 1835 ff, entspr allg SchuldR, zB Auftr, entgeltl GeschBesorgg (Schwab FamRZ **90**, 683). **Muster** einer VorsVollm: Bühler BWNotZ **90**, 4. Zur **postmortalen Vollmacht:** § 1922 Rn 34. –

9 **bb) Betreuungsverfügungen** (Lit: Jünger ZfJ **92**, 148; Epple BWNotZ **92**, 27 u BtPrax **93**, 156; Schwab FS Gernhuber 1993 S 815). Im übr können Regelgen für den Fall der AnO einer Bt getroffen w: hins der Pers des Betr (§ 1897 IV, dort Rn 16) sowie der Bt dch mehrere Betr (§ 1899 Rn 2); hins der Übertr best AufgKr der Bt (§ 1896 Rn 22); hins der LebGestaltg währd der BtBedürftigk (§ 1901 II 2, dortselbst Rn 6). Schließl kann der Betroffene hins seiner Wohng Regelgen treffen (§ 1907) u auch vorweg Einwilliggen in best med Eingr erteilen bzw versagen (§§ 1904, 1905), ebso wie zur Unterbringg (§ 1906 Rn 20) u zur Sterbeweise. Zu derart **Patiententestamenten** vgl Schöllhammer, Die RVerbindlk des PatTest, 1993 sowie § 1904 Rn 1 u Einl 18 v § 1922; Verpfl zur **Ablieferung** v BetrVerfügen: § 1901a.

10   **b) Form:** Obwohl die schriftl abgefaßte BtVfg größere Gewähr für ihre Beachtg bietet, hat der GesGeber davon abgesehen, einen Formzwang für die BtVfg einzuführen, um auch eindeut mündl Aussagen des Betroffenen berücks zu können (BT-Drucks 11/4528 S 208). Desh läßt sich der **Beweis,** daß der Betreute vor Eintritt der BtBedürftigk best Wünsche geäußert hat, auch mit Hilfe and BewMittel (Briefe, Zeugen usw) führen. VormschG wie Betr haben sich darum zu kümmern, ob der Betreute, der jetzt dazu nicht mehr in der Lage ist, früher best Wünsche hins der Bt geäußert hat. Zur BewFunktion not Beurk: § 1896 Rn 2.

11   **c) Verbindlichkeit.** Der Betreute ist an früher geäußerte Wünsche nicht gebunden. Er kann sie jederzeit widerrufen. Das gilt, sol er geschfäh ist, auch für eine betreuungsersetzde Vollm (Rn 8). Ist der Betreute geschunfäh, so kann die BtVollm von einem hierzu best Betr widerrufen w (§§ 1896 II 1, 1902). And Wünsche kann der BtBedürft bzw Betreute jederzeit änd (vgl § 1897 IV 3 Halbs 2), etwa hins der betreuungsvermeiden Vorsorge (§ 1896 II 2), hins der Pers des Betr, der LebGestaltg, med Eingr usw (Rn 9). Hierzu bedarf es grdsl keiner GeschFgk (arg § 1896 I 2); doch wird wg der leichten Beeinflußbark vieler BtBedürft bes darauf zu achten sein, ob eine wirkl WillensÄnd vorliegt od der Betreute nicht vielm bl dem Willen and nachgibt. Das VormschG u der Betr sind an Wünsche, die der Betreute vor Eintritt der BtBedürftigk geäuß u bish nicht geänd hat, in unterschiedl Weise gebunden. Grdsl ist auch vor der AnO der Bt geäuß Wünschen des Betreuten nur zu entspr, wenn dies nicht dessen Wohl zuwiderläuft (§ 1901 II 1 u 2). Eine stärkere Bindg besteht beim PatientenTest (§ 1904 Rn 1); eindeut Ablehnung med Eingr dürfen Betr u VormschG nicht in ihr Ggteil verkehren.

12   **4) Haftung** (Lit: Deinert/Schreibauer BtPrax **93**, 185). **a)** Der **Betreute** kann aus den von dem Betr für ihn eingegangenen RGesch unmittelb in Anspr gen w u haftet für PflVerletzgen, die der Betreuer im

13 AußenVerhältn begeht, unabhäng von seiner eig GeschFgk gem § 278 S 1, 1902. – **b) Einzelbetreuer** haften **aa) dem Betreuten** für schuldh PflVerletzgen (§§ 1833, 1908 i I 1). In Betracht kommt die falsche Einschätzg der AufgKr, also Überschreitgen ebso wie Nichtausschöpfgen der BtKompetenz (§ 1896 Rn 26). Zur Haftg für die Anlage von MdlGeld mit einem zu geringen Zinssatz vgl AG Brem NJW **93**, 205. Bes HaftgsRisiken ergeben sich aus der Absicht des GGebers, die Autonomie des Betreuten soweit wie mögl zu erh (Rn 5; vgl Bienwald BtPrax **93**, 81). Prakt am bedeutsamsten dürfte der Bereich med Eingr sein (§ 1904 Rn 1 u 2). Hier kann der Betr dch Vorn einer Behandlg ebso haftpfl w wie dch deren Unterlassg (iü auch Dr, zB unterhberecht Verwandten ggü). Ein bes HaftgsRisiko ergibt sich ferner daraus, daß das BtG verhindert, die Frage der GeschFgk des Betreuten konstitutiv zu klären. Aus Doppelverkäufen dch den geschfäh Betreuten u den Betr haftet im AußenVerh wg § 1902 zwar der Betreute; im InnenVerh kann ihm aber der Betr schadensersatzpfl sein, weil er die GeschFgk des Betreuten hätte erkennen können. Fragl ist auch, inwieweit aus der Nichtbeachtg von Wünschen des (geschfäh od geschunfäh) Betreuten od umgek auch aus

14 deren Befolgg für den Betr SchadErsPfl entsteh. – **bb) Dritten gegenüber** haftet der Betr iR der SachwalterHaftg (§ 276 Rn 97; Medicus BR Rn 200a; BGH NJW **95**, 1213: für die Unterlassg, SozHilfe zu

15 beantr, verneint) sowie ggf aus unerl Hdlg. – **cc) Versicherung** auf Kosten des Betreuten bzw des Staates: §§ 1835 I–III 1, 1908 i I 1. – **c) Betreuungsvereine aa) haften,** wenn der Verein selbst Betr ist (§ 1900 I u II 1), für Schäden, die dem Betreuten od einem Dr entstehen, gem §§ 30, 31. Ferner gilt über § 1908i I 1 auch § 1791 a III 2, so daß der Verein nicht einmal dch die Bestellg eines MitArb zum EinzelBetr (§ 1897 II 1) v seiner Haftg befreit ist (Schwab FamRZ 92, 498; aA offenb BT-Drucks 11/4528 S 158; Damrau/Zimmermann § 1908 f Rn 6). – **bb) Versicherung:** Der Verein hat für seine eig Haftg wie für die Haftg seiner als **16** selbstd Betr tät MitArb eine HaftpflVers abzuschließen (§ 1908 f Rn 3). – **d) Die Haftg der Betreuungsbe- 17 hörde** (§§ 1897 II 2, 1900 IV 1) richtet sich nach §§ 31, 89 bzw 839 (vgl Schwab FamRZ 92, 498; Deinert/ Schreibauer DAV 93, 1143; Schulz BtPrax 95, 56); diej des **Vormundschaftsgerichts** richtet sich nach § 839. Zum Richterprivileg dort Rn 67 ff. – **e) Psychiatrischer Sachverständiger:** BGH NJW 95, 2412 **18** (Unterbringg aGrd falscher Diagnose); Nürnbg NJW-RR 88, 791; Diederichsen Hdb (Rn 1) S 524.

5) Verfahren (Lit: Zimmermann FamRZ 91, 270; Dodegge NJW 94, 2384). FGG 65 ff gelten einheitl für **19** die ErstBestellg eines Betr wie für die Erweiterg seines AufgKr (FGG 69 i). Zustdgk: Sämtl BtSachen sind beim VormschG konzentriert (FGG 65). Über die örtl Zustgk entsch der gewöhnl Aufenth, der auch bei einem RehaKlinikAufenth von 2 J nicht begründet w (BayObLG NJW 93, 670). Es entsch im Umfg v RPflG **20** 14 Nr 4 der **Richter.** ZusStellg der AufgVerteilg zw Ri u **Rechtspfleger** bei Wesche Rpfleger 90, 443; Klüsener in: 2. VormschGerTag, 1991, S 146 (vgl auch RPfleger 91, 225; Lantzerath BtPrax 92, 13 sowie BayObLG FuR 93, 109 zur Einschrkg der Funktionen des Rpflegers dch das BtG). Abgabe gem FGG 46 I 1, 65 a I 1 (BayObLG NJW 92, 2433; weitere RsprNachw FamRZ 93, 220 ff). Der Betroffene ist unabhäng von seiner GeschFgk verfahrensfäh (FGG 66; vgl BayObLG FamRZ 89, 1003 sowie oben Rn 5). Bei Dchführg einer angeordn Untersuchg dch den Amtsarzt darf der Betroffene seinen VerfBevollm anwesend sein lassen (vgl AG Würzbg FamRZ 79, 82). Problemat ist das Verh v FGG 12 u der Befreiung Dr von Schweigepflichten (Pardey Rpfleger 90, 397). Soweit erfdl, zB wenn der Betroffene nicht ansprechb ist (BayObLG FamRZ 93, 602; Hamm FamRZ 93, 988: nicht in der Lage, seinen Willen kundzutun), best das Ger dem Betroffenen gem FGG 67 einen **Verfahrenspfleger** (Lit: Pohl BtPrax 92, 19 u 56; Rogalla BtPrax 93, 146), dessen **21** Bestellg im BtAOVerf nicht anfechtb ist (BayOLG FamRZ 93, 1106; aA Zimmermann FamRZ 94, 286; LG Lüb BtPrax 93, 211 bei Haftg für Vergüt u AufwendgsErs). Der VerfPfl ist von den Weisgen des Betroff unabhäng (BT-Drucks 11/4528 S 89 u 171; vgl auch BayObLG FamRZ 90, 542). Keine Bestellg eines VerfPflegers in einem einf Fall u wenn sich der Betroff verständl u nachdrückl selbst äußern k (BayObLG FamRZ 93, 348). Die Vergüt des VerfPfleg ist von dem ihn hinzuziehden Ger festzusetzen (Hamm FamRZ 95, 486) In **Unterbringungssachen** ist dies zwar regelmäß nicht der Fall, bedarf es aber wg des geringen SchwierigkGrads idR ebenf nicht der Best eines RA zum VerfPfl (Celle FamRZ 95, 47; LG Brschw FamRZ 94, 524; aA Oldbg BtPrax 93, 34; Schlesw FamRZ 95, 49). Für eine RA-VerfPflegsch bestehen je also bes Gründe. Sonst evtl Haftg für die Belastg des Verm des Betreuten mit den Kosten: Rn 17. And bei ör Unterbringg: Hier ist die Best eines VerfPfl idR erforderl (Schlesw FamRZ 94, 781). Die Vergüt eines als Jurist zum VerfPfleger best RA richtet sich dann nach BRAGO 112 IV, u zwar unmittelb (so Celle FamRZ 94, 1615 mit Wiederg des Streitstands) od jedenf über § 1835 III (BayObLG FamRZ 94, 525; LG Osnabr FamRZ 93, 1110 mN). Zur Wertfestsetzg bei der VerfPflegsch: Hamm FamRZ 93, 1229. Bei Best einer ungeeignet Pers zum VerfPfl (zB des Betr selbst im BtAufhebgsVerf) muß die Sachentscheidg aufgehob werden (BayObLG FamRZ 94, 780). Hat der Betreuer vor seiner Bestellg für einen GeschUnfäh (etwa aGrd einer nichtigen Vollm) einen RStreit geführt, so kann er die ProzFührg nach seiner Bestellg zum Betr selbst gen (vgl BGH 41, 107). Äußerg der FachBeh: FGG 68 a; zu deren Einbeziehg in das Verf ü: FGG 69 d III, 69 g I, 69 i. **Sachverständigengutachten** zur Feststellg der Vorauss der BetrBestellg (§ 1896 Rn 10): FGG **22** 68 b. Zu den Anfordgen im einz: Düss BtPrax 93, 175. Als GA kommen in Betr Psychiater, aber soweit es etwa um die Bewältigg der Defizite des Betroff geht, auch und Med, Psychologen, SozArbeiter usw. Das GA eines AssArztes einer psychiatr Klinik reicht nur aus, wenn festgest w, daß er im Einzelfall die erfdl Sachkunde besitzt (BayObLG FamRZ 93, 351). Zu den Aufg des psycho wiss Sachverst: Konrad Recht u Psychiatrie 92, 2. Vgl ü § 1896 Rn 23. Im GA haben Ausführgen darüber, was der Betroffene noch selbst erled kann u was nicht, Vorrang vor weit Grenzziehgen über die Ursachen der Behinderg (Wiegand FuR 90, 37). Zur Erfdlk der krit Würdigg von SachverstGA, der Einholg weiterer GA sowie zum Abweichen vom GA: BayObLG FamRZ 94, 720. Form der Bekanntg des GA: BayObLG FamRZ 93, 998. **Anhörung** (Lit: **23** Koch, Der klin AnhörgsTerm im UnterbrVerf, 1995). IdR ist dem Betroff das GA vollständ u rechtzeit vor seiner persönl Anhörg zu übergeben (BayObLG FamRZ 93, 1489). Die Anhörg des Betroff erfolgt nach Möglk in seiner übl Umgebg (Coeppicus FamRZ 91, 892 u 92, 16): FGG 68, 69 d; Ferngespräch zw Ri u behandelndem Arzt reicht nicht aus (BayObLG FuR 93, 228). Schlußgespräch: FGG 68 V. Beide können in einem Termin stattfinden. Inh der Entsch über die Bestellg eines Betr oder über die AnO eines EinwilliggsVorbeh: FGG 69. Im Ggs zum gespaltenen Verf bei der Entm u Bestellg des Vormds nach bish Recht ergeht eine EinhEntsch über die Notwendigk der Bt, den AufgKr des Betr, die AnO eines EinwilliggsVorbeh u über die Bestellg einer best Pers zum Betr. Die Entsch ist zu begr. Sie enth auch eine ggf aus dem SachverstGA zu gewinnde Fr (vgl längstens 5 J) über die voraussichtl Dauer der BtBedürftigk u des EinwilliggsVorbeh (FGG 69 I Z 5). Grdsl sind sämtl Entsch dem Betroffenen bekannt zu machen (FGG 69 a I 1). Sonstige MitteilgsPfl: FGG 69 k ff. Einsicht in die BtAkten dch einen Dr nur bei berecht Interesse (vgl BayObLG FamRZ 85, 208). Zur Wirksamk von Entsch allg: Rink FamRZ 92, 1011; sie w grdsl mit der Bekanntmachg an den Betr wirks (FGG 69 a III 1). Der Betr wird mündl verpfl u erh eine Urk (FGG 69 b). Die Verpfl des Betr ist nicht Vorauss für die Wirksamk der Bestellg (BayObLG FamRZ 93, 602). Zur Verpfl des Ri zur lfden Überprüfg der BtVorauss: FGG 69 I Nr 5, 69 i VI 1; in Überggsfällen: BtG Art 9 § 2 (BayObLG FuR 93, 109). **Einstweilige Anordnungen:** FGG 69 f; Ruhl FuR 94, 254; Beschw: FGG 69 g. Kosten: Mümmler JurBüro 91, 323. Nach Ablauf einer vorläufigen Betreuung ist eine FeststellgsEntsch dahin, die AnO sei rechtswidr gewesen, nicht zul (BayObLG FamRZ 93, 720; KG BtPrax 93, 33; and Hamm FamRZ 93, 722 hins eines vorläuf EV gem § 1904). Zu KettenAO vgl BayObLG BtPrax 94, 98. Um sicherzustellen, daß ausschließ nach sachl GesPkten entsch wird (BT-Drucks 11/4528 S 54), hat das BtG das Verf für die zivilrechtl u ör **Unterbringung** vereinheitl (FGG 70 ff).

6) Übergangsrecht: Vgl 54. Aufl Rn 20.   **24**

1896 *Voraussetzungen der Betreuung.* [1] Kann ein Volljähriger auf Grund einer psychischen Krankheit oder einer körperlichen, geistigen oder seelischen Behinderung seine Angelegenheiten ganz oder teilweise nicht besorgen, so bestellt das Vormundschaftsgericht auf seinen Antrag oder von Amts wegen für ihn einen Betreuer. Den Antrag kann auch ein Geschäftsunfähiger stellen. Soweit der Volljährige auf Grund einer körperlichen Behinderung seine Angelegenheiten nicht besorgen kann, darf der Betreuer nur auf Antrag des Volljährigen bestellt werden, es sei denn, daß dieser seinen Willen nicht kundtun kann.

[II] Ein Betreuer darf nur für Aufgabenkreise bestellt werden, in denen die Betreuung erforderlich ist. Die Betreuung ist nicht erforderlich, soweit die Angelegenheiten des Volljährigen durch einen Bevollmächtigten oder durch andere Hilfen, bei denen kein gesetzlicher Vertreter bestellt wird, ebenso gut wie durch einen Betreuer besorgt werden können.

[III] Als Aufgabenkreis kann auch die Geltendmachung von Rechten des Betreuten gegenüber seinem Bevollmächtigten bestimmt werden.

[IV] Die Entscheidung über den Fernmeldeverkehr des Betreuten und über die Entgegennahme, das Öffnen und das Anhalten seiner Post werden vom Aufgabenkreis des Betreuers nur dann erfaßt, wenn das Gericht dies ausdrücklich angeordnet hat.

1 **1) Betreuung** ist a) ein neuartiges komplexes **Rechtsinstitut,** das seiner Funktion nach an die Stelle von Entm u Vormsch sowie Pflegsch tritt (zum früh Recht Einf 1 v § 1896). Im Ggs zur früh Kombination von Entm u Vormsch enth die AnO der Bt keine Entsch über die GeschFgk des Betreuten, kann diese aber gleichwohl berühren. Einmal hat der Betr in seinem AufgKr ein gesetzl VertretgsR (§ 1902); zum and kann die rgesch Freih des Betreuten dch die AnO eines EinwilliggsVorbeh eingeschrkt w (§ 1903). Abgesehen davon braucht sich der AufgKreis des Betr nicht einmal auf die Erledigg rgesch Angelegenh zu beziehen (Einzeln Rn 22). Die Bt ist **freiwillige oder Zwangsbetreuung,** wobei auch der Antr des GeschUnfäh zur freiwill Bt führen soll (Rn 6). Dies ist desh bes problemat, weil dem BtBedürft vielf die Kraft, gg massive Beeinflussgen Widerstd zu leisten, fehlen wird u der RSchutz gg manipulierte EinwilliggsBt ebso dringl ist wie die rechtsstaatl Garantien bei der ZwangsBt (vgl Coester Jura **91,** 4 mNachw). Da für die ZwangsBt ein best Schweregrad der Krankh u Behindergen nicht genannt ist, erscheint es verfassgsrechtl fragwürd, ob die in dem Erfordern des SachverstGA (FGG 68 b) liegde Pauschalverweis auf die Psychiatrie ausr (vgl Schwab FS Mikat 1989, 889 ff).

2 **b) Rechtsfolge** der BtBedürftigk ist nach I 1 die Bestellg eines Betr (vgl zur EinhEntscheidg Einf 2 v § 1896). Diesem ist jew ein bestimmter AufgKr zuzuweisen (Rn 23). – **aa) Bestellung eines Betreuers** als solche hat keine Auswirkg auf die GeschFgk (so bereits für die AnO der früh GebrechlkPflegsch RG **52,** 224; BayObLG NJW **90,** 775), die EheFähigk, die TestierFähigk (vgl BayObLG FamRZ **90,** 318), die Fähigk zur WohnsitzBegr (vgl BayObLG FamRZ **85,** 743) u, abgesehen von der Bestellg eines Betr für alle Angelegenh, das WahlR (BT-Drucks 11/4528 S 119). Auch die eidesstattl OffenbargsVers kann dch den Betreuten selbst erfolgen (vgl LG Ffm FamRZ **89,** 317). Im Ggs zur früh Entm, die einem psych Behinderten dch GestaltgsEntsch die GeschFgk entzog od einschrkte (vgl §§ 6, 104 Nr 3, 114; ZPO 645 ff aF), berührt die Bt als solche die **Geschäftsfähigkeit** nicht (Einf 5 v § 1896; Lit: Schwab FS Mikat 1989, 883). Auch besteht keine Verpfl zur Offenbarg der AnO der Bt od eines EinwVorbeh im GeschVerk (vgl BVerfG NJW **91,** 2411). Faktisch ergeben sich aber Einschrkgen dch die VertretgsBefugn des Betr (§ 1902; vgl Coester Jura **91,** 6) sowie jurist dch AnO eines EV (§ 1903). In beiden Fällen bleibt es mögl, daß der für die AnO der Bt maßgebl Grd (AltersGeschUnfgk) od eine unabhäng davon bestehde od zweitl entstandene psych Erkrankg oder Behinderg die GeschUnfgk iSv § 104 Nr 2 begründet u damit die Nichtigk der entspr Erkl herbeiführt (§§ 105 II, 2229 IV, EheG 2). Das **Verhältnis der Betreuungsbedürftigkeit zur Geschäftsunfähigkeit** (§§ 1896 I 1, 104 Nr 2) ist völl ungekl (Klüsener/Rausch NJW **93,** 617). Bspw kann ein VermBtBedürfn partiell bestehen, die TestierUnfgk aber nur in vollem Umfg (BayObLG NJW **92,** 248). Der Betroffene ist nicht ow verpfl, seine GeschUnfgk dem GeschGgner ggü zu offenbaren (vgl BVerfG FamRZ **91,** 1037/1284 mAv Geis). Hinw auf eine bestehde GeschUnfähigk des Betroff gehören nicht in den Tenor der BtAO (Düsseldorf FamRZ **93,** 1224). Zu Recht weist Cypionka NJW **92,** 208 f im Hinbl auf BeurkG 11, 28 auf die Schwierigkten hin, im Einzelfall die Geschfähig tats festzustellen. Verfrechtl Bedenken gg die BtAO bei Geschfgk des Betroff: BayObLG FamRZ **94,** 319. Zu den Auswirkgen der AnO einer Bt im **Ehegüterrecht:** §§ 1411, 1436, 1447 Nr 4, 1469 Nr 5, 1484 II 3, 1491 III 2, 1492 III 2, 1493 II, 1495 Nr 3; beim **Vaterschaftsanerkenntnis:** §§ 1600 d III, 1600 k II 2; im **Unterhaltsrecht:** § 1615 e II 2; im **Namensrecht:** § 1617 II 3; bei der **Einbenennung:** § 1618 II 3; zur Ausstattg: § 1625. Im Ggs zu § 1673 II 1 aF hat die AnO einer Bt für die Pers u das Verm eines EltT nicht mehr automat das Ruhen von dessen **elterlicher Sorge** zur Folge (§ 1673 Rn 5). **Legitimation** nehel Kinder: §§ 1720 S 3, 1728 II 2, 1729 I 2, 1740 c S 2. Bei der **Adoption** hat die AnO einer Bt als solche keine Auswirkg auf das Einwilliggs-Erfordern (vgl § 1748 III); zum AntrErfordern des unter Bt stehden Anzunehmden vgl § 1768 Rn 2. Steht der AntrSt unter Betr: § 1743 Rn 4. AnO der Bt begründet unabhäng vom AufgKr des Betr für den Betreuten die Untauglk zum **Vormund** (§ 1781 Nr 2) sowie ein AblehngsR für die Übern einer Vormsch (§ 1786 I Nr 8). Zu den Auswirkgen der AnO einer Bt im **Erbrecht:** Inventar §§ 1999 S 2, 2001; TestVollstr §§ 2201, 2225. Für die Errichtg u den Widerruf eines Test kommt eine Mitwirkg des Betr nicht in Betracht; die Wirksamk richtet sich ausschließl danach, ob der Betreute bei der Vorn der Vfg od ihrem Widerruf geschäf war (vgl §§ 2229, 2253). Entspr gilt für den ErbVertr (§ 2275, wobei die Anpassg von § 2275 II an das BtG wohl übersehen w ist); allerd kann im Einzelfall je nach AufgKr der Aufhebg eines ErbVertr für den VertrPartner des Erbl angeordn w (§ 2290 III 1). Zur **Verfahrensfähigkeit:** ZPO 53, 455 II 2; FGG 66; VerwZustG 7 I 2; VwVfG 12 II, 16 I Nr 4 u IV; BDiszO 19 II. Bei der Versetzg eines **Beamten** in den Ruhestand ist bei Vorliegen der BtVorauss (Rn 3) die Bestellg eines Betr wg VwVfG 16 I Nr 4 nicht erfdl (BT-Drucks 11/4528 S 190). Zur Bedeutg des BtG im BeamtR vgl iü Lemhöfer ZBR **92,** 97. Die Übern einer Bt dch einen Beamten ist genehmiggspflicht Nebentätig (BRRG 42 I 3 Nr 1, BBG 66 I Nr 1 a). – **bb)** Unabhäng von der Ge-

schUnfgk steht dem Betr iR seines AufgKr (Rn 22) die **gesetzliche Vertretung** zu (§ 1902). Überschreitg: Rn 25.

2) Betreuungsvoraussetzungen, I 1. a) Ein Betr kann grdsl nur für einen **Volljährigen** bestellt w. 3 Zeigt sich allerd schon währd der Minderjährig eines Betroffenen, der das 17. LebJ vollendet hat, daß er bei Eintritt der Volljährigk eines Betr bedarf, besteht die Möglk einer vorsorgl Bestellg (§ 1908a). Grdsl keine Bt für hirntote Schwangere (Schwab FamRZ **92**, 1471; aA AG Hersbruck NJW **92**, 3245). – **b) Materiell** 4 muß für die BetrBestellg ein **zweigliedriger Tatbestand** erfüllt sein: **aa)** Zum einen ist ein best med Befund, also eine psych Krankh od eine körperl, geist od seel Behinderg erfdl (Rn 10ff). – **bb)** Zum andern muß dieser Befund dazu führen, daß der Vollj seine Angelegenh ganz od teilw nicht besorgen kann (Rn 16ff). Das KausalitätsErfordern dient vor allem dazu, eine Herabsetzg der EingrSchwelle für staatl Eingr ggü dem bish R zu vermeiden (Schwab FamRZ **92**, 493f). – **c)** Die Bestellg eines Betr erfolgt auf 5 Initiative des Betroffenen od vAw. Die Unterscheidg hat für psych Kranke od geist od seel Behinderte nur geringe Bedeutg; trotzd wird auf die Differenzierg vom BtG aus prakt Grden großer Wert gelegt, weil der auf eig Antr betreute vielf leichter in der Lage sein w, die Bt als Hilfe zu begreifen (BT-Drucks 11/4528 S 118). – **aa)** Der **Antrag** muß von dem Vollj selbst ausgehen. Um dem Betroffenen die Akzeptanz der Bt u 6 die ZusArb mit dem Betr zu erleichtern, ist entspr FGG 66 für die AntrStellg keine GeschFgk erfdl, **I 2** (vgl Rn 1); ebsowenig gem § 1908d II für den Antr auf Aufhebg der Bt (BT-Drucks 11/4528 S 120). Aber der Antr ersetzt nicht die übr Vorauss der AnO einer Betr iS v Rn 4 (Schwab FamRZ **92**, 494). Dritte haben kein AntrR; deren Antr haben daher ledigl die Bedeutg einer Anregg, so daß sie dadch keine förml BeteilStellg im Verf erh. Zur Bedeutg solcher Anreggen für die Zustdgk u den Umfg der Bt vgl Wenker BtPrax **93**, 161. Eines förml AntrR bedarf es ferner zur Einschaltg einer Beh nicht (BT-Drucks 11/4528 S 117). – **bb) Von** 7 **Amts wegen** erfolgt die AnO der Bt, wenn die Vorauss dafür bis auf den Antr vorliegen. Eine solche Regelg ist wie die früh ZwangsPflegsch nicht verfassgwidr (vgl BVerfG NJW **65**, 2051; Klüsener/Rausch NJW **93**, 618). Allerd versäumt es das Gesetz, die Kriterien für eine solche **Zwangsbetreuung** zu bezeichnen (Bürgle NJW **88**, 1881; zum VerfassgsR Holzhauer ZRP **89**, 455; vgl iü oben Rn 1). Die Bestellg eines Betr setzt vorauss, daß der damit nicht einverstandene Betroff aGrd seiner Krankh od seiner geist oder seel Behinderg seinen Willen nicht frei best kann (BayObLG FamRZ **94**, 720 u 1551). Nicht überzeugt Rausch/ Rausch NJW **92**, 274, die übersehen, daß die Besorgg der eig Angeleghten u deren Beurt gerade den Kern der pers SelbstBest ausmachen. Die psych Krankh bzw geist od seel Behinderg führt vielf dazu, daß der Betroffene nicht in der Lage ist, seine BtBedürftig einzusehen. Hieran dürfen dann die entspr Maßn, die seinem eig Wohl dienen sollen, nicht scheitern (BT-Drucks 11/4528 S 118). Zum früh Merkm, daß eine Verständigg mit dem Gebrechl nicht mögl ist, vgl BGH **70**, 258; BayObLG NJW **86**, 2892. In AusnFällen kann auch eine **Betreuung im Interesse Dritter** notw w (BT-Drucks 11/4528 S 117f; Schwab FamRZ **92**, 494; vgl auch Rn 20), obw ein AntrR Dr fehlt (Rn 6), etwa bei MitEigt; wenn es um die GeschUnfähigk- bedingte Unwirksamk einer VorsVollm (Einf 8 v § 1896) geht; wenn einer geschäftsunfäh gewordenen Mietpartei gekünd w soll (vgl BGH **93**, 1), od ein Gl eine Forderg gg einen prozunfäh Schuldn einkl u vollstr will (vgl BayObLG FamRZ **91**, 737), erst recht natürl bei Doppelinteresse (vgl LG Frankenthal FamRZ **82**, 964). Der Betr hat aber auch dann ausschließl auf das Wohl des Betreuten zu achten (§ 1901 I). – **cc)** Für 8 einen ledigl **körperlich Behinderten** ist die Bestellg **nur auf** dessen **Antrag** mögl, es sei denn, daß der Behinderte (zB inf eines Schlaganfalls) seinen Willen nicht kundtun kann, **I 3** (Rn 15). Der Wille, nicht betreut zu w, ist, sol WillensBildg u SteuergsFähigk nicht beeinträcht sind, auch dann zu akzeptieren, wenn die Bestellg eines Betr sinnvoll wäre u das Fehlen eines Betr zu Nachteilen für den Betroffenen führen kann (BT-Drucks 11/4528 S 120). – **d)** Zur **Erforderlichkeit und Nachrangigkeit der Betreuung** vgl Rn 19ff. 9

3) Medizinische Voraussetzungen der Betreuung (Lit: Wojnar BtPrax **92**, 16) müssen dch Sachverst- 10 GA festgestellt w (Einf 19 v § 1896). Checkliste zum Inh des GA: Düss FamRZ **93**, 1224. Nach dem BtG sind die bish für die Entm bzw GebrechlichkPflegsch maßgebl Begriffe der geist Krankh u geist Schwäche ungeeignet, die Vorauss der Bt zu umschreiben (BT-Drucks 11/4528 S 115f). Erfdl ist statt dessen eine psych Krankh od eine körperl, geist od seel Behinderg. Eine Änd des betroffenen PersKreises ist damit nicht beabsicht (BT-Drucks 11/4528 S 52; zur Problematik der ZwangsBetrg Rn 1). – **a) Psychische Krankhei-** 11 **ten** (BT-Drucks 11/4528 S 116f) müssen fachpsychiatr (Einf 19 v § 1896) konkretisiert werden (BayObLG NJW **92**, 2100). Der bl Verdacht einer altersentspr organ Psychose reicht für die Bt nicht aus (BayObLG FamRZ **95**, 1082); ebsowenig, daß der Betroff die freiw Mitwirkg bei der med Aufklärg verweigert (Kln FamRZ **95**, 1083). Es kommen ua in Betr: insb körperl nicht begründb (endogene) Psychosen; Erkrankgen mit Demenz (Weitbrecht FuR **94**, 289); seel Störgen als Folge von Krankh od Verletzgen des Gehirns (zur BtAnO zZw der Geltdmachg von Schmerzensgeld bei bewußtl Unfallopfer vgl BGH NJW **86**, 1039); von Anfalleiden od von and Krankh od körperl Beeinträchtigen (körperl begründb, also exogene Psychosen); ferner AbhängigkKrankh (ausführl: Wetterling ua BtPrax **95**, 86), zB Alkohol- u Drogenabhängigk, aber nicht als solche, sond nur iVm einer psych Krankh bzw zB als drogenindizierte Psychose (BayObLG NJW **90**, 774 u 775; FamRZ **91**, 608; FamRZ **93**, 1489); schließl Neurosen u PersönlkStörgen (Psychopathien). Paranoia ist von gesunder Hartnäckigk zu unterscheiden (BayObLG FamRZ **94**, 720). Bei **schubförmig** verlfden psych Krankh muß ggf die ÜberprüfgsFr v FGG 69 I Nr 5 (Rn 32) verkürzt w (BayObLG FamRZ **95**, 510). – **b) Behinderungen** bestimmter, nicht dagg jeder Art, so daß etwa soz Behindergen von 12 unangepaßtem Verhalten bis hin zur Neigg zu Straftaten zur Bestellg eines Betr nicht ausr. – **aa) Geistige** 13 **Behinderungen** sind angeborene od frühzeit erworbene Intelligenzdefekte versch Schweregrade (vgl dazu BayObLG FamRZ **94**, 318). – **bb) Seelische Behinderungen** sind bleibde psych Beeinträchtiggen, die 14 Folge von psych Krankh sind. HauptBsp: Erscheingen des Altersabbaus (BT-Drucks 11/4528 S 116); para- noide Psychosen wie Verschwörgswahn (BayObLG FamRZ **94**, 319). Jede Differenzierg der med Ursachen birgt die Gefahr der Diskriminierg (Wiegand FuR **90**, 37). Zur seel Behinderg kann auch krankh Eifersucht gehören (Brandt/Göppinger FamRZ **76**, 377). – **cc) Körperliche Behinderungen** werden vielf von geist 15 Behindergen begleitet, die dann ohnehin eine Bt ermögl. And rein körperl Behindergen (Schwerhörigk, Kurzsichtig, Altersleiden, Lähmg) beeinträcht die Betroffenen dagg vielf nicht in ihrer Entscheidg, wie sie ihre Angelegenh regeln möchten. Soweit sie für die Umsetzg ihrer Entsch eines Helfers bedürfen, reicht Inanspruchn von Krankenpflegern, soz Diensten, Bevollmächt usw ggf aus u hat Vorrang (II 2, Rn 21). Für die verbleibden Fälle (zB Lähmg inf Schlaganfalls od Unfalls mit der Folge, daß der Betroffene seinen Willen trotz vermutl voller geist Orientierg nicht kundtun kann) soll dagg die Möglk einer zivilrechtl Bt nicht ausgeschl w. Doch behält hier der grdsl Willensvorrang des Betreuten bes Bedeutg (BT-Drucks 11/4528 S 117 m Bsp; Coester Jura **91**, 4).

16 **4) Unfähigkeit zur Besorgung der eigenen Angelegenheiten.** Der med Befund, daß ein Vollj psych krank od körperl, geist od seel behindert ist, rechtfertigt für sich allein noch nicht die Bestellg eines Betr (BayObLG FamRZ **95**, 1085). Hinzu kommen muß, daß diese Beeinträchtiggen Ursache dafür sind, daß der Vollj seine Angelegenh ganz od teilw nicht besorgen k. Das ist regelm der Fall, wenn der Betroff in diesem
17 Bereich partiell geschunfäh ist (BayObLG BtPrax **95**, 26). – a) **Angelegenheiten** können solche der Verm-
18 wie der PersSorge sein (vgl Rn 26 ff). – b) **Betreuungsnotwendigkeit.** Ein BtBedürfn besteht dort noch nicht, wo auch ein gesunder Vollj sich der Hilfe eines Dr (Arzt, Krankenpfl, RA, Notar, WirtschPrüfer, Steuerberater usw) bedient. Nur wenn solche Hilfen nicht ausr, kommt die Bestellg eines Betr in Betracht (Rn 21). Zur **Umgehung** der BtVorauss: Coeppicus FamRZ **93**, 1017.

19 **5) Notwendigkeit der Betreuung, II.** Ziel der Vorschr ist es, eine Bt zu vermeiden, wenn sich der Betroffene selbst zu helfen weiß, dch Bevollm, RAe, Notare usw od wenn ihm im tats Bereich dch HausPfl, Essen auf Rädern u dergl Hilfe zuteil wird (Klüsener Rpfleger **89**, 219). Wer **pflegebedürftig** ist, braucht desh also noch lange nicht auch betreuungsbedürftig zu sein. Es bleibt abzuwarten, ob die gesetzl Kriterien hinreichd best sind, um die RPosition des Betroffenen angesichts des zu erwartden Drucks der anregden
20 Stellen zu schützen (Wiegand FuR **90**, 37; vgl auch Rn 1 u 7). – a) **Erforderlichkeitsgrundsatz, II 1.** Eine Bt darf nur erfolgen, wenn sie erfdl ist. Kann sich der Betroff noch selbst helfen, scheidet die AnO einer Bt aus. Dieser Grds ist in II 1 für die AnO der Bt hervorgehoben u betr hier unmittelb die Fragen, ob eine Bt überh zul ist, u, falls dies zu bejahen ist, für welche AufgKr (dazu Rn 26 ff) ein Betr bestellt werden soll (BT-Drucks 11/4528 S 120; BayObLG FamRZ **95**, 1085 mN), so daß partielle GeschUnfhgk u BetrBedürfn für jeden der WirkgKreise konkr festgestellt werden müssen (vgl BayObLG NJW **92**, 2100). In absehb BetrBedarf ist einzubeziehen (Schwab FamRZ **92**, 495). Desh keine Entbehrlk einer VermBt, weil die VermVerhältn so geregelt sind, daß es zZ nichts zu veranl gibt (BayObLG FamRZ **95**, 117). Anderers ist die Bt ggf auf den nervenärztl Bereich zu beschr, auch wenn sich der Betroff iü med Behandlgen verschließt (BayObLG BtPrax **95**, 64). Schließl fehlt es an der Erfdlk, wenn sich der angestrebte Zweck dch die vorgesehene Maßn nicht erreichen läßt, zB die TablEinn bei Psychose (BayObLG FamRZ **94**, 1551). Der ErfdlkGrds kommt aber auch in and Bestimmgen zum Ausdr, etwa beim EinwilliggsVorbeh, bei der UnterbringgsGen u der Erweiterg des AufgKreises des Betr (§§ 1903, 1906 I, 1908 d III), u gilt auch dort, wo er nicht ausdrückl Niederschlag im Gesetzeswortlaut gefunden hat, wie bei Entscheidgen entgg den Wünschen des Betreuten, bei der Heilbehandlg, der Sterilisation u WohngsAuflösg (§§ 1897 V, 1901 II, 1904, 1905, 1907, 1908). **Zwingendes Recht:** Der ErfdlkGrds dient auch öff Interessen; auf seine Beachtg kann der Betroffene nicht verzichten (BT-Drucks 11/4528 S 121). Eine Bt kann auch erfdl sein, um mtl Einkfte von 300 DM zu verwalten (Kln FamRZ **93**, 850). Aber keine Bt schon dann, wenn fäll Rechngen nicht beglichen w, weil es grdsl keine Bt im Interesse Dr gibt (LG Regbg FamRZ **93**, 476; Rn 7). Wer sich aGrd einer paranoiden Schizophrenie für einen bedeutden Politiker hält, kann dchaus noch in der Lage sein, seine unbedeutden VermAngelegenh selbst zu besorgen (LG Regbg FamRZ **93**, 477). Ein Bter kann auch **bei bloßer Gefährdung** best w, wenn zwar kein akuter HandlgsBed besteht, aGrd einer Psychose aber iF
21 eines akuten Schubes sofort gehandelt w muß (BayObLG FamRZ **94**, 319). – b) **Subsidiarität der Betreuung, II 2.** Die Bt ist grdsl nachrang ggü SelbsthilfeMöglkten, dch deren Wahrnehmg der BtBedarf auf and Weise befriedigt w kann. In Betr kommt priv Beistand dch die Fam oder Nachbarn u Bekannte od auch dch Verbände, aber auch dch die als soz Dienste angebotene Hilfe (LG Hbg BtPrax **93**, 209 Unterbringg in einer RehaKlinik). Die AnO einer Bt kann insb entbehrl sein, wenn der Betreute für den Fall seiner – vor allem altersbedingten – GeschUnfhgk bereits einer and Pers Vorsorge- od **Altersvorsorgevollmacht** erteilt hat (BT-Drucks 11/4528 S 52; Dodegge NJW **94**, 2387; vgl Einf 8 v § 1896, § 1901 Rn 8), auch in Form einer GenVollm (LG Wiesb FamRZ **94**, 778), die allerd zum Ausdr bringen muß, daß AufenthBest u freihentziehde Maßn mitgemeint waren (Stgt (vgl § 1906 Rn 20!). Dagg auch bei bestehder Geschfgk kein Zwang, statt der Betr entspr Vollm zu erteilen (Schwab FamRZ **92**, 495). Bei Zweif an der Wirksamk einer Vollm kann allerd Bt angeordn w (BayObLG FamRZ **94**, 720). Die AO einer Bt erübrigt sich auch bei Ermächtigg einer VertrauensPers zur Zustimmg zu gesundheitsvorsden u aufenthbestimmden Maßn (§ 1906 Rn 20). Entscheiddes AbgrenzgsKriterium ist die **Notwendigkeit eines gesetzlichen Vertreters.** Der rein tats Hilfe-Bed beim Waschen, Kochen, Einkaufen, für die KörperPfl oder ärztl Bt erfordert keine Bt im rechtstechn Sinne. Eine Bt kann aber auch in diesen Fällen notw w, weil der Betroffene zu der erfdl Mitwirkg od ZusArb nicht bereit od in der Lage ist. Zur **Vollmachtsüberwachungsbetreuung** bei Vollm, die bei zweitl eingetretener AltersGeschUnfgk des VollmGebers fortgelten, Einf 8 v § 1896 sowie unten Rn 29. Die Bt erschöpft sich nicht in der gesetzl Vertretg. Auch der Betr wird sich bei Besorgen vielf auf einen bl Rat od auf eine tats Hilfe beschränken können. Ledigl dort, wo die Besorgg der Angelegenh des Betroffenen generell keine gesetzl Vertretg erfdl macht, sind and Hilfen vorrangig (BT-Drucks 11/4528 S 122).

22 **6) Aufgabenkreis des Betreuers** (vgl zu den versch Funktionstypen: Schwab FamRZ **92**, 499; zum Verhältn v SozArb u Med: Crefeld BtPrax **93**, 3). Bei Zuweisg mehrerer Aufg liegt nur eine einz Bt vor (vgl BayObLG FamRZ **88**, 1321). Zur AufgVerteilg bei mehreren Betr sowie zur ErgBt: §§ 1899 Rn 2 u 5; 1908 i Rn 10. **Unzulässig** ist die Bt zZw der Organspende bei behind Ki (AG Mölln FamRZ **95**, 188; s aber § 1631 Rn 2).

23 **a) Bestimmung. – aa) Differenzierungsmöglichkeiten.** Das bish Recht sah insb bei der Vormsch keine Möglk vor, die EntmMaßn auf einz Aufgaben zu begrenzen; auch bei der GebrechlkPflegsch wurden dem Pfl vielf formularmäß u ohne eingehde Prüfg umfangreiche Aufg zugewiesen, zB die gesamte Verm-

Sorge od die AufenthBest. Damit soll dch Begrenzg der Bt auf das Erfdl (Rn 19) in Zukft Schluß sein. **Festlegung des Aufgabenkreises:** Das Ger hat den AufgKr des Betr so zu bemessen, daß er nicht Angelegenh erfaßt, die der Betreute selbst besorgen k (BT-Drucks 11/4528 S 52). Die Vorauss der §§ 1896, 1903 müssen vom TatRi für jeden WirkgsKr hinreichd konkretisiert u nachprüfb festgestellt w (BayObLG FamRZ **93**, 442; **94**, 1059: "so konkr wie mögl"; ebso Dodegge NJW **95**, 2393 m Bsp). Entscheidd ist die Feststellg, welche Defizite sich für den Betroff aus seiner Krankh od Behinderg für die Besorgg seiner Angelegenh ergeben. – Eine einers die Effektivität der Bt sichernde u Erweitergen der Bt vermeidde, anderers den ErfdlkGrds beachtde, auf den Einzelfall zugeschnittene Festlegg des AufgKr stellt eine nicht zu unterschätzde Aufg dar (Coester Jura **91**, 5), bei der die Ger in aller Regel auf die Hilfe von **Sachverständigen** angewiesen sind, wesh das vor der BetrBestellg einzuhole SachverstGA sich ggf auch auf die Frage des AufgKr zu erstrecken hat (FGG 68b I 5; Einf 19 v § 1896). Aufg des Sachverst ist es auch aufzuzeigen, in welchen Beziehgen dem Betroffenen Fähigkten verblieben sind, die es ihm ermögl, seine Angelegenh selbst zu besorgen (BT-Drucks 11/4528 S 121). Will das Ger vom GA des Sachverst abweichen, muß es sich selbst einen persönl Eindruck von dem Betroffenen verschaffen (BayObLG FamRZ **93**, 442). – **bb) Sonderzu-** 24 **weisung von Aufgabenkreisen.** Das VormschG bestimmt den AufgKreis des Betr gleichzeit mit dessen Bestellg (FGG 69 I Z 2). Für die Befugn des Betr zur Entscheidg über den **Fernmeldeverkehr** des Betreuten u über die Entgnahme, das Öffnen u das Anhalten seiner **Post** ist eine ausdrückl gerichtl AnO erfdl, **IV.** Entsprechdes gilt prakt dch das Erfordern der Bestellg eines bes Betr für die Sterilisation (§ 1899 II) bzw dch das Erfordern einer bes vormdschaftsgerichtl Gen für die Unterbringg (§ 1906 II 1). Zum **Beamten** Rn 2. – **cc) Bei Überschreiten des Aufgabenkreises** dch den Betr im rechtsgesch AußenVerh (Rn 2): 25 §§ 177ff. Im InnenVerh ggf Verlust des Anspr auf Vergüt (§ 1836 Rn 11), zB bei Verbot der Fixierg. GeschFührg ohne Auftr (§§ 677f) wird nur ganz ausnahmsw in Betr kommen, etwa bei Einwilligg in eine sof Operation, wenn eine einstw AnO des VormschG über die Erweiterg des AufgKr nicht mögl ist (BT-Drucks 11/4528 S 135).

b) Inhalt: Vom Umfang der Bt hängt nicht nur die Reichweite der gesetzl Vertretg des Betreuten 26 (§ 1902), sond entscheidd auch ab, welche Vorschr des VormschR auf die Bt entspr anzuwenden sind (§ 1908 i Rn 1ff). Aus der Sicht der Praxis wird zu Recht auf die AbgrenzgsSchwierigkten hingewiesen (Klüsener Rpfleger **89**, 222); zur Haftg Einf 14 v § 1896. – **aa) Umfang.** Der Begr „AufgKreis" schließt 27 nicht aus, daß dem Betr nur eine einz Angelegenh zugewiesen w. Das Ger kann als AufgKreis des Betr die Sorge für die Pers od das Verm des Betreuten od die Besorgg aller seiner Angelegenh best (BT-Drucks 11/4528 S 123f). Eine solche **Totalbetreuung** hat den Verlust des WahlR zur Folge (BWahlG 13 Nr 2). Bei 28 einer **Teilbetreuung** ist eine gesonderte Bezeichng der einz Besorggen des Betr grdsl nicht erfdl; typisierte Bezeichngen bei den StandardWirkgsKreisen: AufenthBestimmg (ausführl dazu Coeppicus FamRZ **92**, 741); VermSorge; Sorge für die Gesundh bzw konkreter: Zust zu ärztl Maßn, insb bei fehlder KrankhEinsicht zur Sicherstellg der erfdl medikamentösen Behdlg u deren ständ Überwachg (LG Regbg FamRZ **93**, 477), od noch konkreter: „GesundhFürs im Bereich nervenärztl Behdlg" (BayObLG FamRZ **94**, 1059 u 1060); Vertretg ggü Behörden; Regelg der **Wohnung**, insb WohngsAuflösg od bei Verwahrlosg: Entrümpelg (Dettmering öff GesundhW **85**, 17); aber keine Bt ausschließl zZw des gewalts Zutr zur Säuberg der Wo gg den Willen des Betreuten (LG Ffm FamRZ **94**, 1617; Bauer FamRZ **94**, 1562); Ehescheidg; UnterhRegelg; RentAngelegenh usw sind nicht zu beanstanden, wenn für die jew Bereiche insges eine Bt erfdl ist. Ansonsten sind die AufgKr zu begrenzen, zB „Sorge für das unbewegl Verm des Betreuten", „Zuführg zur Heilbehandlg" (§ 1904 Rn 7). Die Bt ist umfangmäß noch weiter zu begrenzen, wenn der Gebrechl zwar seine ges Angelegenh nicht besorgen kann, aber nur für einz eine Fürs notw w (vgl RG **65**, 202; BGH FamRZ **61**, 370), zB zur Vertretg im ScheidgsVerf (vgl Karlsr FamRZ **57**, 423); im Verf auf Versetzg in den Ruhestand wg Dienstunfähigk (Stgt FamRZ **93**, 1365; Lemhöfer ZBR **92**, 98); für Steuerangelegenh (vgl BayObLG FamRZ **65**, 341). „Vertretg im Enteignsfall" deckt nicht den Verk des Grdst zur Abwendg der Enteigng (BGH NJW **74**, 1374). Der AufgKr **Aufenthaltsbestimmung** (Klüsener/Rausch NJW **93**, 618f; Sonnenfeld FamRZ **95**, 393) erlaubt es, die Pflege in einem Heim statt der unmittelbaren häusl Pflege zu wählen (vgl BayObLG FamRZ **92**, 108). Zu wirks SchutzMaßn für den Betroff bei der **Heimaufnahme** vgl Coeppicus FamRZ **93**, 1020ff. Zum AufgKr **Fixierung:** § 1906 Rn 15. Zur **Unterbringung:** § 1906. Die UnterbrBefugn darf nicht in allg Ermächtigen wie Bt mit dem AufgKr „PersSorge" versteckt werden (vgl Schwab FamRZ **92**, 496f). Unzul sind BtAnOen hins der Ausüb des elterlichen Sorge (§ 1673 Rn 5). Zur **Vermißtenmeldung** Betreuter: Milke BtPrax **93**, 84. Im übr kann die UnterbringgBefugn nicht in allg Ermächtigen wie Betr mit dem AufgKr „PersS" versteckt w (vgl Schwab FamRZ **92**, 496f). Zur **Totenfürsorge:** Rn 32. Der WirkgsKreis **Vermögenssorge** berecht zur Betreibg des ErbscheinsVerf (vgl LG Bln Rpfleger **76**, 60), wohl aber nach der Wertg v § 1907 nicht ow auch v Mietangelegenh (and BT-Drucks 11/4528 S 70). Zur VermAnl des instruktiv H. Jünger, Das BtG, Dt SparkVerlag, Stgt 1988, S 69ff. Der AufgKr VermSorge sollte zweckmäßigerw die Postkontrolle (Rn 24) einbeziehen (Klüsener/Rausch NJW **93**, 618). Ein Betr kann bestellt w in NachlAngelegenh (vgl § 1999 S 2) od zZw der Aufhebg eines ErbVertr (§ 2290 III 1). Zur Bt im **Höferecht** Steffen AgrarR **93**, 129. Bt eines EhegGesellschafters berecht zur Wahrnehmg sämtl gesellschaftsrechtl Befugn, ohne daß dies im GesellschVertr wirks beschrkt w könnte (vgl BGH **44**, 101). Zur Bt bei EheVertr: § 1411; bei GütGemsch: §§ 1436, 1447 Nr 4, 1469 Nr 5, 1484 II 3, 1491 III 2, 1492 III 2, 1493 II 2, 1495 Nr 3. Der AufgKr „AufenthBestimmg" berecht weder zur Aufhebg noch zur Begr eines Wohnsitzes für den geschunfäh Betroffenen (BayObLG FamRZ **90**, 647); iü aber darf das VormschG dem Betr bei Übertragg des AufenthBestR nicht bindde Weisgen erteilen (BayObLG DAV **84**, 1048). Der AufgKr „Unterbringg" deckt nicht eine ärztl Behdlg des Betroff gg seinen Willen (vgl BayObLG FamRZ **90**, 1154); die WirkgsKr AufenthBest u VermVerw nicht die Einschrkg des Umgg des Betreuten mit best Pers (vgl BayObLG FamRZ **91**, 1481); der WirkgsKr VermSorge berechtigt nicht zur Entgnahme, Anhalten u Öffnen der an den Betreuten gerichteten Post (LG Kln FamRZ **92**, 856). Prakt unabhäng von dem zugeteilten AufgKr besteht für jeden Betr die Pfl zur Wahrnehmg von Rehabilitationschancen (§ 1901 Rn 13) u vor allem auch zur Mitteilg von Umstden betr Aufhebg od Einschränkg, wie umgek Erweiterg des AufgKr (§ 1901 Rn 16). Beim WirkgsKreis der ärztl Bt kann der Betr bei Vorliegen

med Grde den Umgang mit dem Vater verbieten (vgl BayObLG FamRZ **88**, 320). Der Eintritt der Ge-
29 schUnfgk des VollmGeb berührt idR den Bestand der Vollm nicht (§ 168 Rn 4; Einf 8 v § 1896). Von bes
Bedeutg ist desh die **Vollmachtsüberwachungsbetreuung, III.** Sie dient als Ausgl dafür, daß der nach
Erteilg der Vollm geschunfäh gew Betroff die Vollm nicht mehr selbst widerrufen kann (LG Wiesb FamRZ
94, 778). Der AufgKreis des Betr besteht in der Geltdmachg – etwaiger – Rechte des Betreuten ggü seinem
Bevollm besteht (vgl Einf 8 v § 1896). Der Umfg der Befugn des VollmBetr ergibt sich aus dem der
Bevollm zGrde liegden RGesch; er kann Ausk u Rechensch verlangen u auch die Vollm widerrufen
(BayObLG FamRZ **94**, 1550). Dagg widerspr eine reine KontrollBt mit dem WirkgsKr ledigl allg der
„Beaufsichtigg des Bevollm" ohne zusätzl Befugn wie Widerruf der Vollm dem VerhältnmäßPrinz (vgl LG
Hbg FamRZ **91**, 369). Das VormschG beschr sich auf die Aufs über einen ÜberwachgsBetr (§§ 1837,
1908i I), währd die RGeschäfte des Bevollm selbst nach wie vor keinem gerichtl GenErfordern unterliegen.
Eine solche ÜberwachgsBt kann von bes Bedeutg bei der Vollm zur Einwilligg in med Eingriffe uä (Einf 8 v
§ 1896) sein; ferner in Betr kommen bei BankVollm, die trotz zwzeitl eingetretener AltersGeschUnfgk des
VollmGeb fortgelten, wenn das VormschG nicht sogar den Weg wählt, eine Bt mit dem WirkgsKreis des
Widerrufs der Vollm u des Tätigwerdens des Betr anstelle des Bevollm anzuordnen (vgl BT-Drucks 11/
4528 S 123; Bühler BWNotZ **90**, 2). Eine ÜberwBt kann dch entspr VorsVollmachten überflüss gem w
(Einf 8 v § 1896), zB bei mehreren GeneralVollm (LG Augsb BtPrax **94**, 176). AnO einer VollmÜberwBt
nur bei bes Schwierigk der Geschführg (Cypionka NJW **92**, 208) od wenn konkr Verdachtsmomente
bestehen, daß der Bevollm dem BetrBedarf nicht gerecht wird (Schwab FamRZ **92**, 495). Eine VollmBt
setzt die Feststell voraus, daß die Vollm wirks erteilt war u nicht wieder erloschen ist (BayObLG FamRZ
93, 1249). Zu den Komplikationen bei Widerruf einer Vollm dch den Betr vgl BayObLG FamRZ **92**, 341
30 mA Zimmermann. – **bb) Gesetzliche Vertretung:** § 1902. Einer bes Zuweisg der ProzVertretg bedarf es
nicht; ist mit der Erfüllg übertr Aufg eine ProzFührg verbunden, hat der Betr automat auch dafür die entspr
31 VertretgsMacht. **cc) Änderung des Aufgabenkreises** § 1908d.

32   **c) Dauer. aa)** Eine unbefristete BetrBestellg ist unzul. Die Bestellg muß einen Endztpkt enth; sie darf
höchstens für 5 J erfolgen (FGG 69 I Nr 5). Bei der erneuten Bestellg gelten die Erfordern der ErstBestellg
mit Ausn der vollen Begutachtg (FGG 69 i VI 1 u 2). – **bb)** Im über entscheidet der ErforderlktsGrds (Rn 19).
Die Bt ist aufzuheben, wenn deren Vorauss wegfallen (§ 1908d I 1). Desh reicht bei der freiw Bt ein entspr
AufhebgsAntr, für den GeschFgk nicht erfdl ist (§ 1908d II 1 u 2). Der Ri hat aber vorh vAw zu prüfen, ob
er eine ZwangsBt einrichten muß (FGG 69i IV). Fallen die Vorauss nur für einen Teil der Aufg des Betr
weg, so ist dessen AufgKreis einzuschränken (§ 1908d I 2). Aufhebg u Einschrkg erfolgen vAw. Von dafür
33 sprechen Umst hat der Betr dem VormschG ggf Mitteilg zu machen (§ 1901 IV). – **cc)** Darüber hinaus
34 kann die Bt aber auch erweitert w (§ 1908d III u IV). – **dd)** Automat Beendigg der Bt mit dem **Tod** des
Betreuten. Wg der TotenFürs vgl § 1968. War ein Angehör persönl Betr, hat er ein vorrang BestR (LG Bn
35 FamRZ **93**, 1121). – **ee) Entlassung:** § 1908b.

1897 Bestellung einer natürlichen Person. [I] Zum Betreuer bestellt das Vormund-
schaftsgericht eine natürliche Person, die geeignet ist, in dem gerichtlich bestimmten
Aufgabenkreis die Angelegenheiten des Betreuten zu besorgen und ihn hierbei im erforderlichen
Umfang persönlich zu betreuen.

[II] Der Mitarbeiter eines nach § 1908f anerkannten Betreuungsvereins, der dort ausschließlich
oder teilweise als Betreuer tätig ist (Vereinsbetreuer), darf nur mit Einwilligung des Vereins
bestellt werden. Entsprechendes gilt für den Mitarbeiter einer in Betreuungsangelegenheiten zu-
ständigen Behörde, der dort ausschließlich oder teilweise als Betreuer tätig ist (Behördenbetreuer).

[III] Wer zu einer Anstalt, einem Heim oder einer sonstigen Einrichtung, in welcher der Volljähri-
ge untergebracht ist oder wohnt, in einem Abhängigkeitsverhältnis oder in einer anderen engen
Beziehung steht, darf nicht zum Betreuer bestellt werden.

[IV] Schlägt der Volljährige eine Person vor, die zum Betreuer bestellt werden kann, so ist diesem
Vorschlag zu entsprechen, wenn es dem Wohl des Volljährigen nicht zuwiderläuft. Schlägt er vor,
eine bestimmte Person nicht zu bestellen, so soll hierauf Rücksicht genommen werden. Die Sätze
1 und 2 gelten auch für Vorschläge, die der Volljährige vor dem Betreuungsverfahren gemacht
hat, es sei denn, daß er an diesen Vorschlägen erkennbar nicht festhalten will.

[V] Schlägt der Volljährige niemanden vor, der zum Betreuer bestellt werden kann, so ist bei der
Auswahl des Betreuers auf die verwandtschaftlichen und sonstigen persönlichen Bindungen des
Volljährigen, insbesondere auf die Bindungen zu Eltern, Kindern und zum Ehegatten, sowie auf
die Gefahr von Interessenkonflikten Rücksicht zu nehmen.

1   **1) Inhalt. a) Reihenfolge:** Die Vorschr begründet den **Vorrang der Einzelbetreuung,** I, der auch
noch dann als gewahrt angesehen w, wenn die Bt dch den Mitarbeiter eines BtVereins od zuständ Beh
erfolgt, II. Ist eine EinzelBt in diesem Sinne nicht mögl, was ggf näher zu begr ist (BayObLG FamRZ **94**,
1203), so wird ein Verein (§ 1900 I 1) bzw, nochmals subsidiär, die neu zu schaffde BtBeh bestellt (§ 1900
2 IV 1). Zum System der Betreuertypen: Schwab FamRZ **92**, 497. – **b)** Außerd enth die Vorschr negat u pos
Richtlinien für die Auswahl des Betreuers, näml einen Ausschluß zur Vermeidg von Interessenkonflikten
zw den versch Loyalitäten der UnterbringsEinrichtg u dem Betreuten ggü, III, sowie den Vorrang evtl
Wünsche des Betroffenen, IV, u mangels solcher der verwandtschaftl od sonst persönl Bindgen, V.

3   **2) Einzelbetreuung, I.** Sie dient einer persönl Bt u trägt dem knappen Bestand an betreuungsgeeigneten
Pers Rechng (BT-Drucks 11/4528 S 130). Zur Einsetzg mehrerer Betr kann od muß es kommen nach
4 § 1899. – **a)** In der Regel soll eine **natürliche Person** zum Betr bestellt w; für versch AufgKreise ggf auch
mehrere EinzelPers. Nur ausnahmsw u unter den Vorauss von § 1900 I u IV 1 kommt die Bestellg eines
5 Vereins od Amts (Beh) als Betreuer in Betr (vgl zur Rangfolge BayObLG FamRZ **94**, 1203). – **b) Eignung.**

Die zur Bt in Auss genommene Pers muß in der Lage sein, in dem vorgesehenen AufgKreis die Angelegenh des Betreuten zu besorgen. Volle Nachprüfg in der RBeschw (BayObLG FamRZ **94**, 530).

aa) Eigenschaften des Betreuers. Geschäftsunfäh od beschr geschäftsfäh Pers sind schon wg der gesetzl 6 Vertretg (§ 1902) vom BetrAmt ausgeschlossen. Dagg schließt der Konk bspsw die Übern der Bt für ein geist behind vollj Kind od für die Einwillg in eine Heilbehandlg nicht aus. Der Betr braucht nicht Deutscher zu sein; bei einer Bt von Ausl, die in der BuRep leben, kann es sinnvoll sein, eine Pers gleicher Staatsangehörigk zum Betr zu bestellen (BT-Drucks 11/4528 S 129). Aus der Notwendigk der pers Bt (Rn 7) folgt, auch ohne daß eine Höchstzahl der Betreuungen gesetzl festgelegt wurde, daß das Vorhandensein anderweiter BtPflichten eine Pers zur Übern weiterer Betreuungen ungeeignet erscheinen lassen kann (BT-Drucks 11/ 4528 S 125f). Dasselbe gilt für sonst, insb berufl Belastgen. Im übr enth das Gesetz selbst Vorschr zur Eign. Gem II hat das VormschG nur eine eingeschränkte Auswahlbefugn bei Bestellg eines Vereins- oder BehBetreuers (Rn 9). Nach III sind MitArb der unterbringden Einrichtg zur Bt ungeeignet (Rn 12–15). Umgek können nach IV u V der Vorschlag des Betreuten bzw. verwandtschaftl od pers Bindgen die Eigng begr (Rn 16 u 22). An der erfdl Eigng fehlt es nicht schon dann, wenn die Bt unter Mitwirkg eines Vereins od Amts erfolgen soll. Ein wesentl Ziel der Reform, zusätzl zur Bt geeignete u bereite Pers zu gewinnen, wäre ohne Mitwirkg von Vereinen u Ämtern gefährdet. Das Nebeneinander der versch BtOrgane soll aufrechterhalten w (BT-Drucks 11/4528 S 124), wobei den Vereinen insb die Aufg zugedacht ist, zur Bt geeignete Pers aus- u fortzubilden, zu beraten, zu bezahlen u den Ger zur Vfg zu stellen.

bb) Hauptbestandteil der Eigng als Betr ist die Möglk zur **persönlichen Betreuung** (Einf 4 v § 1896; 7 Einzelh § 1901 Rn 1ff). Doch wird diese nur **im erforderlichen Umfang** verlangt. Je umfangreicher der AufgKreis des Betr, desto höhere Bedeutg kommt ihr zu. Umgek kann die pers Bt mitunter nur sehr eingeschränkt mögl sein, so, wenn der Betr Kontakte generell ablehnt (§ 1902 II 1). Ist ein Gespräch wg des Grads der Behinderg nicht mögl, soll der Betr den Betreuten trotzd in gewissen Abständen aufsuchen, um sich einen Eindruck von seinem Zust zu verschaffen (BT-Drucks 11/4528 S 125). Pers Kontakt ist ferner nur beschr erfdl, wenn die Bt nur die Führg eines einz Proz betrifft.

cc) Rücksichtnahme auf die Gefahr von Interessenkonflikten. Wie III u V aE zeigen, ist bei der 8 Feststellg der Eigng bes auf die Gefahr mögl Interessenkonflikte zu achten. Das gilt vor allem für die Auswahl des Betreuers bei Fehlen eines Vorschlags des Betroffenen, V, aber auch bei der Berücks solcher Vorschläge (BT-Drucks 11/4528 S 127). Die Gefahr geringer Interessenkonflikte rechtf es nicht, den Vorschlag des Betroff zu übergehen (KG BtPrax **95**, 106). Zum Ausschl also Nachw konkr Interessenkollision erfdl, nicht dagg bereits konkr VerdachtsGrde für eine Schädig des Betreuten (so aber Düss BtPrax **95**, 110). Die im Entw enth Best, daß der Pfleger für das Verf idR nicht zum Betr bestellt w soll (BT-Drucks 11/ 4528 S 127), ist nicht Gesetz geworden. Bspe für konkr Interessenkollision: AbhängigkVerhält; Gefahr der eig InansprN auf Unterh (Hamm FamRZ **93**, 988); erkennb Desinteresse; eig Gebrechlk od beharrl Ablehng des Amts dch den Vorgeschl (Schwab FamRZ **92**, 501f); nicht dagg Ehe zw Betr u für fremde BtSachen zust VormschRichterin (BayObLG FamRZ **94**, 530). Ferner sollte für die VermSorge nicht ein potentieller Erbe zum Betr best w (Düss BtPrax **93**, 103). Im Ggs zum starren Ausschl in III erfordert die Berücks von Interessenkollisionen eine Abwägg. Dabei kommen bei Anwendg von V nur konkr Gefahren in Betr. Abstr Gefahren, wie etwa die Erbberechtigg als solche, schließen die Bestellg zum Betr nicht aus (BT-Drucks 11/4528 S 128).

3) Einzelbetreuung durch Vereins- und Behördenbetreuer, II. Zu den Aufg der BtBehörde: Deinert 9 DAV **92**, 119, 325 u 631. – **a) Zweck:** Die Bestellg eines Vereins- od BehBetr ist nur iR der §§ 1900, 1908f zul; sie ist iGgs zur Bt dch den BtVerein od die Beh iRv § 1900 I u IV echte EinzelBt. Vereins- u BehBetr sind in der BestallgsUrk ausdrückl als solche zu bezeichnen (FGG 69 I 3a). II sichert einers den Vorrang der EinzelBt, wenn als EinzelBetr nur der MitArb eines VtVereins od einer Beh zu Vfg steht; anderers schützt dch das EinverständnErfordern sichergestellt w, daß das VormschG nicht gg den Willen des Vereins od der Beh über deren Mitarbeit verfügt. Das Ger kann daher nicht einen vom Verein vorgeschlagenen MitArb zG eines ihm besser geeigneten übergehen (BT-Drucks 11/4528 S 126). – **b) Personenkreis:** Für die 10 EinzelBt iRd Vereins- u BehTätigk kommen nur Pers in Betr, die **aa)** bei einem nach 1908f **anerkannten Betreuungsverein** bzw bei einer für BtAngelegenh **zuständigen Behörde** beschäft u **bb)** dort ausschließl od teilw **als Betreuer tätig** sind. Für ehrenamtl Helfer gilt das nicht, weil sie nicht der Personalhoheit des Vereins od der Beh unterliegen, von diesen nicht bezahlt w usw. Vgl iü § 1908g Rn 1. – **c) Einwilligung** 11 **des Vereins bzw der Behörde, II 1 u 2.** Es gelten §§ 182ff, also ggf Gen. Das EinwilligsErfdn bezieht sich nur auf die Bestellg als solche. Das Ger kann nicht über das Personal des Vereins od der Beh von sich aus verfügen. Ebsowenig hat der Wunsch des Betreuten Vorrang (BayObLG FamRZ **94**, 1061). Anderers kann der Verein dem Ger nicht best Pers aufzwingen. Desh kann das Ger einem VereinsBetr einen ehrenamtl Helfer des Vereins vorziehen. Erfdl ist aber die BereitErkl des VereinsBetr (BayObLG FamRZ **94**, 1061). Auch bei MeingsVerschiedenh über den erfdl Umfang der Bt entsch ausschließl das VormschG.

4) Ausschluß des Anstalts- und Heimpersonals von der Betreuung, III. – a) Zweck: Vermeidg von 12 Interessenkonflikten u Belastgen des VertrauensVerhältn zw Betreuer u Betreutem dch Zweifel an der Unvoreingenommenh des Betr (BT-Drucks 11/4528 S 126). Eine solche Konfliktsituation entsteht insb, wenn ein AufenthWechsel des Betreuten im Betr kommt od wenn Rechte des Betreuten ggü der Einrichtg dchzusetzen sind. – **b) Ausgeschlossen sind** die MitArb od deren Eheg (Düss FamRZ **94**, 1416) **aa)** der 13 Anstalt, des Heims od der Einrichtg, in welcher der Vollj untergebracht ist od wohnt. Das bl Eigt am Wohnraum reicht nicht aus, so daß Elt od Verwandte des Betroffenen, deren Räume er bewohnt, von der Bt nicht ausgeschl sind. – **bb)** Neben den aGrd ihres ArbVerhält Abhängigen kommen als Betreuer auch 14 Pers in Betr, die zu der betreffden Einrichtg in einer engen Beziehung stehen, insb also die Inh der Einrichtg, aber auch Mitgl von deren Beirat usw. AbhängigkVerhältn wie enge Beziehg müssen ggü der Einrichtg selbst bestehen, so daß es für III nicht ausr, wenn Träger der Einrichtg die Kommune ist, deren Bediensteter als Betr vorgesehen ist (BT-Drucks 11/4528 S 127). – **c) Zwingendes Recht:** III sieht keine 15 Möglk vor, den Ausschl von der BetrBestellg im Einzelfall zu durchbrechen (BT-Drucks 11/4528 S 126).

16   **5) Vorschlag des Betreuungsbedürftigen, IV** (vgl Schwab FamRZ **92**, 501). **a) Zweck:** Währd das bish Recht den Vorschlägen des Betroffen keine bes Bedeutg beimaß, muß die Berücks seiner Wünsche iRd Bt (§ 1901 I 2) sich auch bereits bei der Ausw des Betreuers niederschlagen, zumal eine Berücks der gewünschten gedeihl ZusArb zw Betreuer u Betreutem nur dienl sein kann (BT-Drucks 11/4528
17   S 127). Zur eingeschränkten Berücks von Wünschen bei der Entlassg des Betr § 1908b Rn 15. – **b) Rechtsnatur:** Keine WillensErkl. Auch Wünsche eines GeschUnfäh sind ggf zu berücks (BayObLG FamRZ **94**, 530). Desh auch keine Selbstbindg des Betroffenen, insb auch nicht an BtVfgen (Einf 11 v
18   § 1896). – **c) Form:** Einhaltg nicht erfdl, aber bei BtVfgen (Einf 10 v § 1896) aus BewGrden mind
19   Schriftlich zweckmäß. – **d) Zeitpunkt:** Der Betroffene kann pos wie negat Vorschläge im BtVerf od bereits früher für den Fall seiner BtBedürftigk machen; letztere sind als **Betreuungsverfügungen** (Einf 9 v § 1896) zul u sollen unter dem GesPkt des Willensvorrangs Berücks finden, wenn sich der Betroffene nicht später wieder davon distanziert hat od sonst erkennb ist, daß er **an diesen Vorschlägen nicht festhalten will, IV 3.** Rn 17 u 18 gelten entspr. Das Abgehen des Betroff von seinem Vorschl zu Pers des Betr setzt seine Geschfgk voraus (BayObLG FamRZ **93**, 1110). – **e) Berücksichtigung des Vor-**
20   **schlags. – aa) Positiven Vorschlägen** des Betroffenen zur Pers des Betreuers ist zu entspr, wenn dies seinem **Wohl nicht zuwider läuft, IV 1.** Hierdch soll ausgeschl w, daß sich der Betroffene dch einen unbedachten od von schlechten Ratgebern beeinflußten Vorschlag selbst schädigt (BT-Drucks 11/4528 S 127). Voraus für die Bestellg ist desh ijF, daß der Vorgeschlagene die allg Erfordern für die Bestellg zum Einzelbetreuer erfüllt (Rn 3 ff) u daß die UnvereinbarkRegelg des III nicht entggsteht u daß schließl der Vorgeschlagene die Übern der Bt nicht ablehnt (§ 1898). Der Vorschlag des Betroffenen darf nicht mit der Begr übergangen w, ein Dr sei als Betr geeigneter als die vom Betroff vorgeschlagene Pers (Schwab FamRZ **90**, 685). Zur Berücks von Interessenkonflikten vgl Rn 8. Zur Ablehng des Vorgeschlagenen bedarf es bei der erforderl Interessenabwägg konkr gesetzl Feststellgen (BayObLG FamRZ **94**, 323). Nichteigng des Betr bei 40 lfden VerwGerProz (Brschw DAV **93**, 991). Der Betroff kann auch von der Reihenfolge des I u II u § 1900 abweichde Vorschläge machen, also zB einen Vereins- od Beh-
21   Betr vorschl. Dagg ist III zwingd. – **bb) Ablehnung einer Person, IV 2.** Spricht sich der Betroffene gg eine best Pers als Betreuer aus, so wird diese kaum in der Lage sein, das für eine erfolgr Bt wünschensw VertrauensVerhältn herzustellen. Doch besteht keine Bindg des Ger an den Widerspr des Betroffenen (BT-Drucks 11/4528 S 127 f).

22   **6) Berücksichtigung verwandtschaftlicher und persönlicher Bindungen, V.** Fehlt ein Vorschlag des Betroffenen od ist sein Vorschlag nicht realisierb (Rn 20), so ist bei der Auswahl des Betreuers in erster Linie auf seine **Bindungen zu Eltern, Kindern und zum Ehegatten** abzustellen. Deren Vorrang ist aber kein absoluter. Bei gestörten Beziehgen können und Verwandte und bei entspr tragfäh **sonstigen persönlichen Bindungen** zu and Pers wie Nachb, Bekannten, Freunden auch diese zum Betr bestellt w. Zur Berücks von **Interessenkonflikten** Rn 8. Bei Best eines Dr zum Betr kein BeschwR des übergangenen Verwandten (LG Zweibr BtPrax **92**, 75; aA LG Krfld BtPrax **93**, 106).

1898   *Pflicht zur Übernahme der Betreuung.* [1] **Der vom Vormundschaftsgericht Ausgewählte ist verpflichtet, die Betreuung zu übernehmen, wenn er zur Betreuung geeignet ist und ihm die Übernahme unter Berücksichtigung seiner familiären, beruflichen und sonstigen Verhältnisse zugemutet werden kann.**
[2] **Der Ausgewählte darf erst dann zum Betreuer bestellt werden, wenn er sich zur Übernahme der Betreuung bereit erklärt hat.**

1   **1)** Die Vorschr begründet eine allerd **sanktionslose Rechtspflicht** zur Übern der Bt. Evtl allerd SchadErs gem §§ 1787 I, 1908i I 1 (dort Rn 4; Schwab FamRZ **92**, 502). Die an die BtEigng u Zumutbark geknüpfte ÜbernVerpfl, I, wird von einer entspr Bereiterklärg des vom VormschG Ausgewählten abhäng gemacht, II. Der Staat will damit auf die zwangsw Dchsetzg der mat-rechtl ÜbernVerpfl verzichten. Rechtstechn sind die beiden Abs allerd widersprüchl formuliert (Klüsener Rpfleger **89**, 222).

2   **2) Übernahmepflicht.** Der vom VormschG Ausgewählte hat die Bt zu übern unter der doppelten
3   Vorauss **a)** der **Betreuungseignung** für den gerichtl bestimmten AufgKreis (§ 1897 Rn 5), an der es
4   aber bei beharrl Weigerg des Betr zur Übern der Bt fehlen kann (Schwab FamRZ **92**, 502), u **b)** der **Zumutbarkeit.** Hierbei sind seine familiären, berufl u sonst Verhältn zu berücks. Zu letzteren gehören Alter u GesundhZust des Ausgewählten, aber etwa auch ein pers Zerwürfn mit dem Betreuten. Von einer Aufzählg der AblehngsGrde wie in § 1786 ist bewußt Abstand genommen w (BT-Drucks 11/4528 S 129).

5   **3) Bereiterklärung, II.** Der Ausgewählte darf erst dann zum Betreuer bestellt w, wenn er sich zur Übern der Bt bereit erkl hat. Dieses mat-rechtl ausgestaltete ZustErfordern schließt insb das nach bish Recht mögl Zwangsgeld zur Dchsetzg der Übern aus. Zweck: Das für eine pers Bt erfdl VertrauensVerhältn wäre von vornherein gefährdet, wenn der Betr sein Amt nur unter Zwang übernimmt; der GesGeber setzt auf die im Ges enth Anreize zur Übern von Betreuungen (vgl §§ 1835–1836 a, 1837 I, 1908 i II 3), um eine hinreichende Anzahl von Betr zu gewinnen (BT-Drucks 11/4528 S 129). Bei mehreren Betr (§ 1899) ist die Zust jedes einz Betr erfdl. Bei Widerruf der BereitErkl Entlassg (§ 1908b Rn 10).

1899   *Mehrere Betreuer.* [1] **Das Vormundschaftsgericht kann mehrere Betreuer bestellen, wenn die Angelegenheiten des Betreuten hierdurch besser besorgt werden können. In diesem Fall bestimmt es, welcher Betreuer mit welchem Aufgabenkreis betraut wird.**
[2] **Für die Entscheidung über die Einwilligung in eine Sterilisation des Betreuten ist stets ein besonderer Betreuer zu bestellen.**

III Soweit mehrere Betreuer mit demselben Aufgabenkreis betraut werden, können sie die Angelegenheiten des Betreuten nur gemeinsam besorgen, es sei denn, daß das Gericht etwas anderes bestimmt hat oder mit dem Aufschub Gefahr verbunden ist.

IV Das Gericht kann mehrere Betreuer auch in der Weise bestellen, daß der eine die Angelegenheiten des Betreuten nur zu besorgen hat, soweit der andere verhindert ist oder ihm die Besorgung überträgt.

1) Die Vorschr regelt, unter Aufgabe des RInstituts des GgVormds in diesem Bereich, die Vorauss der 1 in Dchbrechg des Prinzips der EinzelBt (§ 1897 I) ausnahmsw Bestellg mehrerer Betr u das Verhältn zw ihnen. Zur Bestellg mehrerer Betr kann die Verschiedenartigk der zu besorgden Angelegenh nötigen, I. Einer bes zusätzl Bt bedarf es stets bei der Sterilisation, II. Bei Überschneidg der AufgKreise gilt der Grds der gemeins Besorgg, III; mögl ist aber auch die Subsidiarität u Delegation der Bt, IV. Zur **Gegenbetreuung** § 1908 i Rn 10.

2) Mitbetreuung, I. Mehrere Betr werden bestellt, wenn **a)** dadch die **Angelegenheiten des Betreu-** 2 **ten besser besorgt** w können, **I 1.** Das gilt etwa für die Elt eines vollj gewordnen geist behind Ki; die gemeins Bt erscheint hier nur als Fortsetzg der bish gemeins elt Sorge (BT-Drucks 11/4528 S 130). Mehrere Betreuer bieten sich an, wenn versch Angelegenh des Betreuten bes Kenntn verlangen, etwa wenn schwierig zu verwaltes Verm vorh ist. Eines ErgBetreuers bedarf es, wenn der Betr an der Besorgg best Angelegenh gehindert ist (IV). Zur Einschrkg der VertretgsMacht Rn 5. Mehrere Betr sind schließl iR einer AblösgsBt sinnvoll, um bei absehb Ausscheiden etwa eines Vereins- od BehBetreuers einen reibgsl Übergang zu gewährleisten. Entspr gilt bei Erweiterg des AufgKr (§ 1908 d Rn 9). – **b)** I 1 befreit nicht 3 von der **Prüfung der übrigen Voraussetzungen** der Bestellg für jeden der mehreren Betreuer, insb also der Eignung (§ 1897 Rn 5) u etwaiger Vorschläge des Betreuten (§ 1897 Rn 16). Ferner sind verwandtschaftl od sonst Beziehgen zu berücks (§ 1897 Rn 22). Die Bestellg mehrerer Betr setzt schließl die Bereit-Erkl jedes einz von ihnen voraus (§ 1898 II). – **c) Bestimmung der Aufgabenkreise.** Der AufgKreis 4 des Betr ist genau zu best (§ 1896 Rn 22ff). Das bedeutet bei mehreren Betr, daß das VormschG best, welcher Betr mit welchem AufgKreis betraut ist. Dadch soll das Verhältn der Betr zueinand von vornherein klargestellt w. Das Ger kann den AufgKreis den mehreren Betr gemeins zuweisen; es kann ihnen aber auch getrennte od teils gemeins, teils getrennte AufgKreise zuweisen. Mögl ist ferner die AnO einer **Ergänzungsbetreuung, IV 1. Fall** (Spanl Rpfleger 92, 142). Sie kommt in Betr, wenn der Betreuer an 5 der Erledigg best Angelegenh verhindert ist, etwa weil er selbst ein RGeschäft mit dem Betroffenen vornehmen will. Der Bestellg eines ErgPflegers bedarf es insow nicht mehr (Schwab FamRZ 92, 499). Die ErgBt nimmt dem Betr innerh des AufgKr der ErgBt die VertretgsBefugn, so daß zB für den Abschl eines SchenkgVertr der allg für die VermAngeleghten bestellte Betr keine VertrM besitzt (vgl BayObLG FamRZ 92, 104). Die AnO der ErgBt ist auch bei rein tats Verhindg eines Betr mögl, zB iF einer schon zZ der AnO der Bt vorauszusehden längeren Abwesenh des Betr. Die von Schwab FamRZ 92, 499 bezweif Zulässigk ergibt sich auch aus der **Delegationsbetreuung, IV 2. Fall.** Deren AnO ermögl es schließl, zB 6 einen ehrenamtl Betr an seine Aufg heranzuführen, indem zunächst ein Vereins- od BehBetreuer den HauptT der Arb erled u der and Betr die Arb mehr u mehr übernimmt (BT-Drucks 11/4528 S 131).

3) Sterilisationsbetreuung, II. a) Nach § 1905 kann der Betreuer in engen Grenzen aSt eines nicht 7 einwillgsfäh Betreuten in dessen Sterilisation einwill. II best, daß für eine solche Einwilligg stets ein bes Betreuer zu bestellen ist, um zu verhindern, daß die Entsch über die Sterilisation von eig Interessen etwa des personensorgeberecht Betreuers beeinfluß w (BT-Drucks 11/4528 S 131). Dabei können sich allerd gravierde KompetenzKonfl stellen (vgl Schwab FamRZ 92, 499f). Als Sterilisationsbetreuer scheiden Verein u Beh aus (§ 1900 V), nicht dagg Vereins- oder BehBetreuer iSv § 1897 II (vgl dort Rn 9). – **b) Umfang:** Die Zuweisg des AufgKreises „Entscheidg über eine Sterilisation des Betreuten" berecht zur 8 Besorgg sämtl Angelegenh, die mit dieser Entsch im Zushg stehen: Aufsuchen des Betreuten u Erörter der Angelegenh, Einholg von Informationen bei Ärzten u im soz Umfeld des Betreuten, Schließg des ArztVertr usw. BT-Drucks 11/4528 S 131 ist widersprüchl: Einers wird der AufgKreis auf die „Entsch über die Einwilligg" beschränkt u ein „unmittelb" Zushg damit verlangt; anders soll der Abschluß des ArztVertr darunter fallen. Die Kompetenzerweiterg des SterilisationsBetr ist richtig, um Obstruktionen des sorgeberecht Betr etwa dch die Weigerg, den ArztVertr trotz Erteilg der Zust zur Sterilisation abzuschließen, vorzubeugen.

4) Gemeinsame Betreuung, III. Entspr der Regelg bei mj Ki u wohl auch als dessen häufigster Fort- 9 setzgsFall (vgl Rn 2) können mehrere Betr mit demselben AufgKreis die Angelegenh des Betreuten nur gemeins besorgen (vgl § 1627 Rn 1). Doch kann das VormschG auch etwas anderes best. Eine Einzelbesorgg ist ferner dann zul, wenn mit dem Aufschub der Besorgg der Angelegenh **Gefahr verbunden** ist.

1900 *Betreuung durch Verein oder Behörde.* **I** Kann der Volljährige durch eine oder mehrere natürliche Personen nicht hinreichend betreut werden, so bestellt das Vormundschaftsgericht einen anerkannten Betreuungsverein zum Betreuer. Die Bestellung bedarf der Einwilligung des Vereins.

II Der Verein überträgt die Wahrnehmung der Betreuung einzelnen Personen. Vorschlägen des Volljährigen hat er hierbei zu entsprechen, soweit nicht wichtige Gründe entgegenstehen. Der Verein teilt dem Gericht alsbald mit, wem er die Wahrnehmung der Betreuung übertragen hat.

III Werden dem Verein Umstände bekannt, aus denen sich ergibt, daß der Volljährige durch eine oder mehrere natürliche Personen hinreichend betreut werden kann, so hat er dies dem Gericht mitzuteilen.

ᴵⱽ **Kann der Volljährige durch eine oder mehrere natürliche Personen oder durch einen Verein nicht hinreichend betreut werden, so bestellt das Gericht die zuständige Behörde zum Betreuer. Die Absätze 2 und 3 gelten entsprechend.**

ⱽ **Vereinen oder Behörden darf die Entscheidung über die Einwilligung in eine Sterilisation des Betreuten nicht übertragen werden.**

1   **1) Betreuung durch juristische Personen** (Lit: Hellmann BtPrax **92**, 4). Der Vorrang der EinzelBt (§ 1897 Rn 1 u 3) muß zG der Bt dch eine jur Pers weichen, wo der Vollj dch eine od mehrere natürl Pers nicht hinreichd betreut w kann. Die Bt erfolgt dann vorrangig dch einen anerk BtVerein, I, subsidiär dch die zust Beh, IV, aber beides nur sol, bis eine natürl Pers für die Bt ausfind gemacht w, wovon der Verein dem Ger ggf Mitteilg zu machen hat, III. Der Verein überträgt die Wahrnehmg der Bt einz, dem Ger bekannt zu gebden Pers, wobei er Vorschlägen des vollj Betroffenen iR seiner organisator Möglkten zu entspr hat, II. Vereins- u BehBt sind in der BestellgsUrk ausdrückl zu bezeichnen (FGG 69 I Z 3 b). Die Möglk, zur EinzelBt überzugehen, ist in Abstden von höchstens 2 J gerichtl zu überprüfen (FGG 69 c I u III).

2   **2) Bestellung des Betreuungsvereins** (Lit: Bienwald/Oetjen, BtVereine in Dtschl, 1994; ü 54. Aufl), **I. a) Zweck:** Ein Verbot der Bt dch einen Verein od die zust Beh würde zu prakt Schwierigkten führen u letztl zL des Betroffenen gehen. Trotz der ijF wünschensw EinzelBt ist die Bestellg eines Vereins od einer Beh immer dann sinnvoll, wenn die Zuordng konkreter EinzelPers nicht mögl ist bzw wenn dch den Austausch der konkr BtPers die Erreichg des BtZwecks erleichtert w. Das kann etwa der Fall sein bei Alkoholikern od manisch Erkrankten, die gg einen konkr Betreuer Aggressionen aufbauen, od wenn erst abgewartet w soll, zu welcher von mehreren BtPers der Betreute eine VertrauensBeziehg herzustellen vermag (BT-Drucks 11/
3   4528 S 131 f). – **b) Voraussetzungen: aa) Nicht hinreichende Betreuung durch eine oder mehrere natürliche Personen, I 1.** Die Grde können in der Pers des Betroffenen liegen (Rn 2), aber auch darin, daß ein geeigneter EinzelBetr qualitativ od auch quantitativ (BayObLG FamRZ **93**, 1248) nicht zu finden ist, was nachvollziehb begründet w muß (BayObLG aaO). Das gilt auch, wenn der Verein EinzelBetr iSv § 1897 II nicht besitzt od vorhandene MitArb nicht zur Vfg stellt, da auch den anerkannten BtVerein keine GestellgsPfl trifft (BT-Drucks 11/4528 S 132). Kraft der ausdrückl Bestimmg des **V** scheidet die Vereins- u
4   BehBt für die SterilisationsBt (§ 1899 Rn 7) aus. – **bb) Einwilligung des Vereins in die Bestellung, I 2.** Vgl § 1791 a I 2. Bei mangelder Einwilligg bleibt nur die von einer Einwilligg nicht abhäng Bt dch die Beh.

5   **3) Durchführung der Vereinsbetreuung. a) Übertragung auf einzelne Personen, II 1.** Der Verein übertr die Wahrnehmg der Bt einz Pers. Im Ggs zum Vereinsbetreuer iSv § 1897 II, der selbst zum Einzel-Betr wird (§ 1897 Rn 9), behält der Verein dabei entspr § 1791 a I 2 die RStellg eines Betreuers (BT-Drucks 11/4528 S 132). Zur BtWahrnehmg kommen nur MitArb des Vereins in Betr. Bei zur Bt geeigneten außenstehden Dr gilt III (Rn 8). Rechtsbehelf des Betroffenen gg die Ausw dch den Verein: Antr auf gerichtl
6   Entsch (FGG 69 c II). – **b) Vorschlägen des Betreuten** dazu, wer innerh des Vereins die Bt übern soll, hat der Verein zu entspr, soweit nicht wichtige Grde entgg stehen, **II 2.** Wegen der begrenzten Zahl von MitArb besteht kein Willensvorrang des Betroffenen wie nach § 1897 IV 1. Auch organisator Schwierigkeiten sind als wichtige Grde anzusehen, aus denen der Verein Vorschläge des Betroffenen ablehnen kann. Der Verein darf in diesem Zushg auch auf eine gleichmäß Auslastg seiner MitArb achten (BT-Drucks 11/4528 S 132). –
7   **c) Mitteilung an das Gericht, II 3.** Dadch wird gewährleistet, daß das VormschG jew über die konkrete
8   BtPers informiert ist. – **d) Mitteilungspflicht bei Möglichkeit der Einzelbetreuung, III.** Ergibt sich iR der VereinsBt die Möglk der EinzelBt, so hat der Verein dies dem Ger mitzuteilen. Dadch soll sichergestellt w, daß die VereinsBt nur sol dauert, als eine EinzelBt nicht mögl ist. Demselben Ziel dient die im Abstand von höchstens 2 J zu erfüllde Pfl des Ger zur Prüfg, ob die VereinsBt dch eine EinzelBt abgelöst w kann (FGG 69 c I).

9   **4) Behördenbetreuung, IV** (Lit: v Gaessler BtPrax **92**, 11; Deinert, Handb der BtBeh, 2. Aufl 1994). Es handelt sich um einen abs, also auch bei quantitat Mangel an Betreuern geltenden AuffangTbestd (Rn 3). **a) Voraussetzungen** dafür, daß die Beh als solche (also nicht einer ihrer Bediensteten iR einer EinzelBt nach § 1897 II) zum Betr bestellt w, sind **aa)** die nicht hinreichde Bt dch einen od mehrere EinzelBetr (Rn 3), wozu sich das VormschG in den Grden äuß muß (BayObLG FamRZ **94**, 1203). – **bb)** Ferner kommt die Bestellg der Beh erst dann in Betr, wenn der Betroffene auch dch einen Verein nicht hinreichd betreut w kann, etwa weil in einem best Gebiet ein Verein nicht zur Vfg steht, wenn MitArb des Vereins ausgelastet sind od der Verein die gem I 2 erfdl Einwilligg verweigert (BT-Drucks 11/4528 S 132). – **cc)** Im Ggs zum Verein bedarf die Bestellg der zust Beh nicht deren Einwilligg. – **b)** Auf die BehBt finden II u III entspr
10   Anwendg, **IV 2. c)** Die Wahrnehmg der behördl Aufg bei der Betr Volljähriger bestimmt sich nach dem **Betreuungsbehördengesetz (= BtBG)**, Art 8 BtG (Lit: Dodegge NJW **92**, 545 u 1936; Deinert DAV **92**, 133 u 325): Die sachl Zustdk auf Landesebene richtet sich nach LaR (§ 1), die örtl Zustdgk nach dem gewöhnl Aufenth des Betroff (§ 3). Die Behörde berät die Betr, führt sie in ihre Aufg ein u bildet sie fort (§§ 4, 5). Sie unterstützt das VormschG u rät BetrMaßn an (§§ 8, 7). Iü soll BetrBehörde, um Diskriminierungen zu vermeiden, nicht das JA, sond eine la-rechtl neu zu schaffde Beh sein (BT-Drucks 11/4528 S 101).

1901 *Pflichten des Betreuers.* ᴵ **Der Betreuer hat die Angelegenheiten des Betreuten so zu besorgen, wie es dessen Wohl entspricht. Zum Wohl des Betreuten gehört auch die Möglichkeit, im Rahmen seiner Fähigkeiten sein Leben nach seinen eigenen Wünschen und Vorstellungen zu gestalten.**

ᴵᴵ **Der Betreuer hat Wünschen des Betreuten zu entsprechen, soweit dies dessen Wohl nicht zuwiderläuft und dem Betreuer zuzumuten ist. Dies gilt auch für Wünsche, die der Betreute vor der Bestellung des Betreuers geäußert hat, es sei denn, daß er an diesen Wünschen erkennbar nicht festhalten will. Ehe der Betreuer wichtige Angelegenheiten erledigt, bespricht er sie mit dem Betreuten, sofern dies dessen Wohl nicht zuwiderläuft.**

III **Innerhalb seines Aufgabenkreises hat der Betreuer dazu beizutragen, daß Möglichkeiten genutzt werden, die Krankheit oder Behinderung des Betreuten zu beseitigen, zu bessern, ihre Verschlimmerung zu verhüten oder ihre Folgen zu mildern.**

IV **Werden dem Betreuer Umstände bekannt, die eine Aufhebung der Betreuung ermöglichen, so hat er dies dem Vormundschaftsgericht mitzuteilen. Gleiches gilt für Umstände, die eine Einschränkung des Aufgabenkreises ermöglichen oder dessen Erweiterung, die Bestellung eines weiteren Betreuers oder die Anordnung eines Einwilligungsvorbehalts (§ 1903) erfordern.**

1) Persönliche Betreuung (Einf 4 u 5 v § 1896). – **a)** Sie soll an die Stelle anonymer Verwaltg von 1 Vormsch- u PflegschFällen treten u damit gewährleisten, daß die Bt nicht als Bevormundg, sond als Hilfe empfunden w. Die Möglk zur pers Bt ist BestandT der Eigng des Betr (§ 1897 Rn 5). Pers Bt bedeutet nicht Ausübg der PersSorge; sie ist vielm als BtMethode in allen AufgKr, auch bei der VermSorge, anzustreben (BT-Drucks 11/4528 S 125). Eine BetrBestellg kommt nur zZw der Interessenwahrnehmg in Betr, nicht dagg, um HaushHilfe zu leisten, Pflegeverrichtgen vorzunehmen od im rechtsgeschäftl Bereich Botendienste zu verrichten (Wiegend FuR **90**, 37). Trotzd ist Hauptmerkmal der pers Bt der **persönliche Kontakt,** insb das pers Gespräch zw Betreutem u Betr. – **b) Übersicht:** Die Vorschr regelt, welche Bedeutg das Wohl 2 des Betreuten u seine Wünsche für das Verh des Betr haben sollen, u ist damit die GrdVorschr für die pers Bt (vgl § 1897 Rn 7). Nur dch sie können Wünsche u Vorstellgen des Betreuten berücks w, I u II; sie ermögl ferner, Chancen zur Rehabilitation des Betreuten zu nutzen, III, u evtl Umstde, welche die Aufhebg od Einschränkg der Bt ermögl, zu erkennen u dem VormschG mitzuteilen, IV. Darüber hinaus ist der Betr zur **Verschwiegenheit** verpfl (§ 1908f Rn 5).

2) Wohl und Wünsche des Betreuten (vgl Einf 4 v § 1896). Die Erfordern v I 2 u II haben keine 3 AußenWirkg, beschränken also nicht die VertretgsMacht des Betr (§ 1902); aber Einschreiten des VormschG gem §§ 1837, 1908 i I 1 (Schwab FamRZ **90**, 683).

a) Der Betr hat die Angelegenh des Betreuten so zu besorgen, wie es dessen Wohl entspr. Das Wohl des 4 Betreuten ist **entscheidender Maßstab** für das Verhalten des Betr, **I 1.** Angesichts der Vielfalt der Fallgestaltgen kann der Begr des Wohls nicht näher konkretisiert w; doch ist das Wohl jedenf nicht rein obj zu best. Desh ist bereits **bei Bestimmung des Wohls den Wünschen und Vorstellungen des Betreuten 5 Rechnung zu tragen, I 2,** da zu seinem Wohl auch die Möglk gehört, iR der ihm verbliebenen Fähigkeiten sein Leb nach seinen Wünschen u Vorstellgen zu gestalten. Dadch soll verhind w, daß das Wohl des Betreuten ausschließl obj bestimmt w. Derart Wünsche können den AufenthOrt, die Art des Heims, zusätzl Leistgen im KrankHs, die Verwendg des Verm für Unterh od Geschenke betr. So darf bei der VermSorge in Zukft der Wunsch des Betreuten nach einem vertretb Luxus nicht mehr übergangen u sein Wohl mit der Erhaltg u Mehrg seines Verm gleichgesetzt w (BT-Drucks 11/4528 S 133). Der Betreute soll den **gewohnten Lebenszuschnitt beibehalten** können (BayObLG NJW **91**, 432; FuR **93**, 228). Insb ist sein Verm vor allem dazu zu verwenden, seine Lage zu erleichtern u ihm den früh LebStandard zu erh (BayObLG FamRZ **92**, 106).

b) Begrenzter Vorrang der Wünsche des Betreuten, II 1. Soweit dies dem Wohl des Betreuten nicht 6 zuwiderläuft u dem Betr zuzumuten ist, hat dieser den Wünschen des Betreuten zu entspr. – **aa) Wünsche** 7 sind unabhängig von der GeschFgk zu berücks. Auch GeschUnfäh können im Einzelfall sinnvolle Wünsche äußern. Umgek ist nicht jeder Wunsch eines GeschFäh zu berücks. Auch der ledigl körperl Behind darf von seinem Betr keine Hilfe bei einer klaren Selbstschädigg erwarten. Umgek hat der grdsl Willensvorrang des Betreuten im Bereich der **Heilbehandlung** zur Folge, daß der Betr den Wunsch eines nicht einwilligsfäh Betreuten auch dann zu beachten hat, wenn dieser darauf gerichtet ist, in der letzten LebPhase sämtl denkb lebens-, aber auch schmerzverlängernden med Möglkten einzusetzen (BT-Drucks 11/4528 S 142; vgl § 1904 Rn 1). – **bb) Zeitpunkt, II 2.** Der Willensvorrang gilt auch für Wünsche, die der Betreute vor der 8 Bestellg des Betr dch BtVfg (Einf 9 v § 1896) geäuß hat, es sei denn, daß er an diesen Wünschen erkennb nicht festhalten will. Dadch sollen auch Gesunde u Nichtbehinderte die Möglk haben, Vorsorge für den Fall der BtBedürftigk zu treffen. Zur Verpfl, entspr Schriftstücke abzuliefern, vgl § 1901a. – **cc)** Dem 9 Wunsch des Betreuten ist Rechng zu tragen, soweit dies nicht seinem **Wohl zuwiderlaufen** würde. Damit sind die Wünsche des Betreuten nicht nur bei wichtigen Angelegenh zu berücks, aber auch nicht umgek nur bei Gefahr einer schweren Selbstschädigg unbeacht. Dem Personalwunsch des Betreuten braucht das VormschG nicht zu folgen, wenn der Vorgeschl für das Amt ungeeign ist (BayObLG FamRZ **91**, 1353). Bei der Bt selbst braucht der Betr den Wünschen des Betreuten auch dann nicht zu folgen, wenn sich bei Berücks der Wünsche des Betreuten der zu erwartde Schaden in Grenzen hält. Sinn dieser Regelg ist auch, daß die Haftg des Betr dem Betreuten gegen nicht dadch unterlaufen w kann, daß sich der Betr darauf beruft, der Betreute habe die schädigde Maßn selbst verlangt (BT-Drucks 11/4528 S 134). – **dd) Zumutbarkeit. 10** Der Betr kann die Wünsche schließl unbeachtet lassen, wenn ihre Erfüll ihm selbst nicht zuzumuten ist. Hierdch soll der Betr vor überzogenen Anfordergen des Betreuten (etwa an die Dauer des tägl BtAufwands) geschützt w (BT-Drucks 11/4528 S 134).

c) Besprechungspflicht, II 3. Aus der Stellg der Vorschr ergibt sich, daß den Betr keine generelle 11 BesprechgsPfl trifft, die ihn überdies bei Kleinigkten nicht selten überfordern würde. Aber ehe er wichtige Angelegenh erled, hat er sie mit dem Betreuten zu besprechen, es sei denn, daß dies dessen Wohl zuwiderlaufen würde. Das Gesetz hat auf RegelBspe verzichtet, um unerwünschte GgSchlüsse zu verhindern (BT-Drucks 11/4528 S 134). Was **wichtige Angelegenheiten** sind, ist nach den konkr Umstden des Einzelfalls zu beurt. Auch einf Akte der VermSorge können wichtig sein, zB der Kauf eines Bettes od der Matratze, wenn sie für den Betreuten von entspr Bedeutg sind. Wichtig sind ijF insb Telefon- u Postkontrolle (§ 1896 IV), die Untersuchg des GesundhZustdes, Heilbehandlgen, ärztl Eingr, Sterilisation (§ 1905), Unterbringg (§ 1906) u die WohngsAuflösg (§ 1907).

3) Rehabilitation, III. a) Der Betr hat innerh seines AufgKreises (§ 1896 Rn 22) dazu beizutragen, daß 12 Möglkten genutzt w, Krankh od Behindergen des Betreuten zu beseit, zu bessern, ihre Verschlimmerg zu verhüten od ihre Folgen zu mildern. Er hat sich dabei der Hilfe des Arztes od and Fachleute zu bedienen. –

13 **b)** Die Verpfl zur Nutzg von Rehabilitationschancen trifft den Betreuer nur **innerhalb seines Aufgaben-kreises** (§ 1896 Rn 22). Im Hinbl auf die Rehabilitation ist dies allerd weit auszulegen: Selbst der VermBe-treuer kann uU erfolgreich an der Rehabilitation mitwirken, indem er den Betreuten an eigverantwortl Besorgg seiner Geschäfte heranführt (BT-Drucks 11/4528 S 134). Insb trifft jeden Betr unabhäng vom Inh seines AufgKr die Verpfl nach IV 2 (Rn 16).

14 **4) Mitteilungspflichten, IV.** Der Betr hat unabhäng vom Umfang seines AufgKr (§ 1896 Rn 27) dem VormschG Mitteilg zu machen, wenn ihm Umstde bekannt w, die eine Änderg in der Bt notw machen. Er unterliegt einer erhöhten MitteilgsPfl bei schubförm verlfden psych Krankh (BayObLG FamRZ **95**,
15 510). – **a) Aufhebung der Betreuung, IV 1.** Die Vorschr soll sicherstellen, daß eine Bt nicht über die erfdl Zt hinaus andauert (§ 1896 Rn 30). Das Ger prüft dann unabhäng von der Befristg der Bt (§ 1896 Rn
16 29) vAw die Möglk der Aufhebg der Bt (§ 1908 d I 1). – **b) Erforderlichkeit anderer Maßnahmen, IV 2.** Die MitteilgsPfl des Betr bezieht sich auch auf Umstde, welche die Einschränkg bzw Erweiterg seines AufgKr betreffen, sowie solche, die die Bestellg eines weiteren Betr od die AnO eines EinwilliggsVorbeh erfordern. Die MitteilgsPfl betr nur Umstde, die dem Betr iR seines ggwärt AufgKr bekannt geworden sind; ihn trifft dagg **keine** darüber hinausgehde **Ermittlungspflicht** (BT-Drucks 11/4528 S 135). IV findet entspr Anwendg auf den EinwilliggsVorbeh (§ 1903 IV, vgl dort Rn 19).

1901a *Schriftliche Betreuungswünsche.* Wer ein Schriftstück besitzt, in dem jemand für den Fall seiner Betreuung Vorschläge zur Auswahl des Betreuers oder Wünsche zur Wahrnehmung der Betreuung geäußert hat, hat es unverzüglich an das Vormundschaftsge-richt abzuliefern, nachdem er von der Einleitung eines Verfahrens über die Bestellung eines Betreuers Kenntnis erlangt hat.

1 **1) Ablieferungspflicht für schriftliche Betreuungsverfügungen.** Zu letzteren vgl zunächst: Einf 9 v § 1896. **a) Zweck** der AblieferungsPfl ist es, dem Betroffenen Gewißh zu geben, daß das VormschG rechtzeit von seinen Wünschen Kenntn erlangt (BT-Drucks 11/4528 S 208). Aber keine Abliefg vor Einl
2 eines BtVerf (KG FGPrax **95**, 153). – **b)** Zum **Begriff** der BtVfg Einf 9 vor § 1896. Die AblieferungsPfl betr BtVfgen jeden Inh, also Vorschläge zur Auswahl des Betr (§ 1897 Rn 19) ebso wie Wünsche zur
3 Wahrnehmg der Bt im einz (§ 1901 Rn 8). – **c)** Die **Ablieferungspflicht** besteht unabhäng von den EigtVerhältn, so daß auch von dem Betroffenen geschriebene Briefe uä abzuliefern sind. Dch die Abliefrg
4 ändert sich die EigtLage an dem Schriftstück nicht. – **d) Zeitpunkt.** Die AbliefergsPfl entsteht erst, wenn der Verfügde betreuungsbedürft wird u derj, der die Vfg im Besitz hat, davon Kenntn erlangt.

5 **2) Verfahren.** Die AbliefergsPfl begr keinen dch einen Betr dchsetzb Anspr, sond wird ggf gem FGG 33, 69 e S 2 vom VormschG dchgesetzt.

1902 *Vertretung des Betreuten.* In seinem Aufgabenkreis vertritt der Betreuer den Be-treuten gerichtlich und außergerichtlich.

1 **1) Vertretungsmacht des Betreuers.** Der Betr vertritt in seinem AufgKreis den Betreuten gerichtl u außergerichtl (§ 164). Die Einschrkg der Befugn des Betr im InnenVerh, wie sie dch die Bezugn auf das Wohl des Betreuten u die Rücksichtn auf seine Wünsche zum Ausdr gebracht w (§ 1901 I u II), gilt für den Umfang der VertretgsMacht, also im AußenVerh, nicht (§ 1901 Rn 3). Das AußenVerh richtet sich vielm gem § 1902 obj ausschließl nach dem in der BestallgsUrk bezeichneten AufgKr (§ 1896 Rn 22). Allerd gelten auch hier die Regeln über den Mißbr der VertretgsMacht: § 164 Rn 13 (Schwab FamRZ **92**, 503). Fehlt es an der ausdrückl Zuweisg eines AufgKr, besteht keine VertretgsMacht (Cypionka DNotZ **91**,
2 578). – **a)** Er hat dabei die Stellg eines **gesetzlichen Vertreters.** Soweit and Hilfen ausr, bei denen kein gesetzl Vertr bestellt zu w braucht, ist eine Bt von vornherein nicht zul (§ 1896 II 2). Die Unterscheidg zw gesetzl Vertr u staatl bestelltem Bevollmächt bei der bish GebrechlichkPflegsch (vgl BGH WM **74**, 272; NJW **83**, 1040) hat das BtG fallengelassen (BT-Drucks 11/4528 S 135). Geblieben ist die Differenzierg nach der GeschFgk des Betreuten (unten Rn 5 sowie § 1896 Rn 2), so daß für die Stellg des Betr die alte Problematik erh bleibt (Klüsener Rpfleger **89**, 220). Unhaltb sind auch die Diskrepanzen zw Bevollmächt-tigg u auf Antr beruhder Bt (Einf 5 v § 1895). Der Betreute kann, auch wenn er geschäf ist, den Betr nicht dahingehd bevollmächt, Gesch nach den §§ 1821, 1822, soweit diese in seinen AufgKr fallen, ohne
3 Gen des VormschG vorzunehmen. – **b) Umfang.** Die gesetzl Vertr des Betreuers besteht nur, soweit er ihrer bedarf, um die ihm übertragene Aufg (§ 1896 Rn 22) zu erfüllen. Ergibt sich daraus die Notwen-dig zur Führg eines Proz, so vertritt der Betr den Betreuten insoweit auch gerichtl (§ 1896 Rn 28). Ggf hat das ProzGer den Umfang des AufgKr des Betr iRv ZPO 51 zu prüfen. Zum Umfang der Vertretgs-Macht bei bl ProzBt vgl BGH NJW **88**, 49. Zur ges Vertretg für Kontosperrg u Schenkg: Bobenhausen BtPrax **94**, 158.

4 **2) Wirkung für den Betreuten. a)** Ist der Betreute **geschäftsunfähig,** was nach § 104 Nr 2 festgestellt w muß, so sind von ihm abgegebene WillErkl nichtig (§ 105 I). Seine Teiln am rechtsgeschäftl Verk wird nur dch die gesetzl Vertr des Betr ermögl. Dem Ziel, Streitgktn über die GeschFgk des Betreuten vorzu-beugen, dient der EinwilliggsVorbeh (§ 1903). Liegt eine natürl GeschUnfgk vor, findet selbst bei unbe-grenztem AufgKr des Betr keine Vertretg statt in höchstpersönl Angelegenh, so daß der GeschUnfäh weder einen RelWechsel noch einen Kirchenaustritt vollziehen kann (Fritsche StAZ **93**, 82). Insow auch
5 kein EV (§ 1903 Rn 13). – **b)** Ist er (etwa aGrd ledigl einer körperl Behinderg) **geschäftsfähig,** so büßt er dch die Bestellg eines Betr seine GeschFgk nicht ein, auch nicht teilw in dem AufgKr des Betr. Die GeschFgk des Betreuten wird also dch die Bestellg eines Betr nicht berührt. Auf diese Weise kann es zu einand widersprechenden RGeschäften u ProzHdlgen von Betreuer u Betreutem kommen (vgl Rn 2). Ggü

dem GeschPartn des Betreuten wird der Betr sich dann bei **zweifelhafter** GeschFgk uU im Interesse des Betreuten auf dessen GeschUnfgk berufen müssen.

3) Beendigung: Keine Entziehg der VertretgsMacht dch Erkl des Betreuten od dch das VormschG. **6** Keine Anwendg v § 1666 II; aber Entzug der VertretgsMacht dch entspr Einschrkg des AufgKr (§§ 1896 Rn 26ff, 1908 I 2) od dch Entlassg (§ 1908 b I).

1903 *Einwilligungsvorbehalt.* [I] **Soweit dies zur Abwendung einer erheblichen Gefahr für die Person oder das Vermögen des Betreuten erforderlich ist, ordnet das Vormundschaftsgericht an, daß der Betreute zu einer Willenserklärung, die den Aufgabenkreis des Betreuers betrifft, dessen Einwilligung bedarf (Einwilligungsvorbehalt). Die §§ 108 bis 113, 131 Abs. 2 und § 206 gelten entsprechend.**

[II] **Ein Einwilligungsvorbehalt kann sich nicht erstrecken auf Willenserklärungen, die auf Eingehung einer Ehe gerichtet sind, auf Verfügungen von Todes wegen und auf Willenserklärungen, zu denen ein beschränkt Geschäftsfähiger nach den Vorschriften des Vierten und Fünften Buches nicht der Zustimmung seines gesetzlichen Vertreters bedarf.**

[III] **Ist ein Einwilligungsvorbehalt angeordnet, so bedarf der Betreute dennoch nicht der Einwilligung seines Betreuers, wenn die Willenserklärung dem Betreuten lediglich einen rechtlichen Vorteil bringt. Soweit das Gericht nichts anderes anordnet, gilt dies auch, wenn die Willenserklärung eine geringfügige Angelegenheit des täglichen Lebens betrifft.**

[IV] **§ 1901 Abs. 4 gilt entsprechend.**

1) Teilnahme am Rechtsverkehr (Lit: Jurgeleit Rpfleger **95**, 282). a) Zweck. Ein BtR, das verbliebene **1** Fähigkten des Betroffenen berücks u in seine Rechte nur eingreifen will, soweit dies erfdl ist (§ 1896 Rn 19), muß diesem Maßst insb dann gerecht w, wenn es die Teiln des Betroffenen am RVerk ausschließt od einschränkt. Die ROrdng muß außerd den erfdl Schutz des Betroffenen vor ihn selbst schädigden RGeschäften gewährl, insb auch dch einand widersprechde RGesch von Betreutem u Betr (BT-Drucks 11/4528 S 59 ff u 136). Das BtG hat aus den Erfahrgen mit der trotz Vorliegens der EntmVorauss praktizierten Beschränkg auf die GebrechlichkPflegsch die Konsequenzen gezogen u verzichtet unter Abschaffg der totalen u partiellen Entm auf eine konstitutive Feststellg der GeschUnfgk. An ihre Stelle tritt der **Einwilligungsvorbehalt (EV).** Dieser bewirkt entspr der Regelg bei der beschränkten GeschFgk, daß der Betreute zu einer WillErkl, die den AufgKr des Betr betrifft, dessen Einwilligung bedarf. Die Teiln des Betreuten am RVerk wird aber im Ggsatz zu den §§ 107 ff, die eine partielle Geschfgk nicht kennen, nur in dem nach dem Grad seiner Behinderg erfdl Umfang eingeschrkt. De facto wird er sich dagg wie die bish Entm auswirken (Klüsener Rpfleger **89**, 221; Böhmer StAZ **90**, 214). Weiß der GeschGegner von einem EV, wird er sich unabhäng von dessen Umfang aus Furcht vor dem daneben geltden § 105 I unmittelb an den Betr halten. Da der EV aber öff nicht bekannt gemacht w, besteht die Gefahr, daß in Zukft prakt bereits die AnO der Bt den Betreuten unabhäng von der AnO eines EV aus dem GeschVerk verdrängt u dies wg § 1896 I 2 selbst bei fortdauernder GeschFgk des Betreuten. – **b) Inhalt:** I 1 regelt die Vorauss, I 2 die Wirkgen des EV. II nimmt best RGesche **2** (Eingehg der Ehe, Vfgen vTw usw) von der Mögl, den Betreuten insoweit an einen EV zu binden, schlechthin aus; III 1 u 2 schränken den GeltgsBereich eines EV wieder ein u geben dem Betreuten für ledigl vorteilh RGesche sowie für solche, die geringfüg Angelegenh des tägl Leb betr, die rechtsgeschäftl Freih zurück. EV sind beispielsw vorgesehen für die Anschließg an NamensÄndgen der nehel Mutter (§ 1617 II 3); zur Zustimmg zur Einbenenng (§ 1618 II 3); für die versch Erkl bei Legitimation nehelicher Ki (§§ 1720 S 3, 1728 II 2, 1729 I 2, 1740 c S 2). – **c) Verfahren.** Der EV dient vor allem zur Verhinderg einer **3** uneinsicht Selbstschädig des Betreuten u wird desh **von Amts wegen** angeordn. Dies folgt daraus, daß ein dem § 1896 I entspr AntrR nicht vorgesehen ist (BT-Drucks 11/4528 S 64 u 137). Wg der Schwere des Eingr sind die pers Anhörg (FGG 68) sowie die j Betr zust Beh (FGG 68 a) u gem FGG 68 b die vorher Einholg eines GA zwingd vorgeschrieben (BayObLG BtPrax **95**, 143). Ferner wird der gem FGG 69 b II Nr 4 in die BestallgsUrk des Betr aufzunehmde EV von vornherein befristet (FGG 69 I Nr. 5) u ist bei Wegfall seiner Vorauss vAw aufzuheben od einzuschränken (§ 1908 d I u IV). Zum EV dch einstw AnO FGG 69 f. Wenn der EV auch eine Bt voraussetzt, so genügt es doch, daß die Bestellg des Betr in dem Augenbl wirks ist, in dem auch die Wirksamk des EV eintritt. Das heißt, es ist mögl, aGrd eines **einheitlichen Verfahrens** über die BetrBestellg u über die AnO eines EV gemeins zu befinden. Denkb sind aber auch isolierte Verf u Entsch über den EV, insb dann, wenn sich dessen Notwendigk erst im Verlauf der Bt zeigt (BT-Drucks 11/4528 S 138). Bei Aufhebg eines EV als ungerechtf sind RGeschäfte des Betroffenen od ihm ggü vorgen RGesch wirks (FGG 69 h); allerd keine Präjudizierg hins der Geltdmachg der Nichtigk gem §§ 105 I, 104 Nr 2.

2) Voraussetzungen, I 1. **4**

a) Gefahr für die Person oder das Vermögen des Betreuten. – aa) Ein EV kann in Angelegenh der **Vermögenssorge**, aber auch in solchen der **Personensorge** angeordn w, wie zB bei einem VaterschAnerk dch den Betreuten oder im Falle med Eingr (§ 1904 Rn 1). – **bb)** Die **Gefahr**, die den EV erfdl macht, muß **5** der Pers od dem Verm des Betreuten drohen. Ist der Betreute ledigl körperl behindert, so darf ein EV nicht angeordn w (BT-Drucks 11/4528 S 64). Seine AnO setzt psych Defekte mind iS von §§ 6, 114 aF (Geistesschwäche, Sucht usw) voraus (Cypionka DNotZ **91**, 579 sowie NJW **92**, 209), dh, daß der Betreute aGrd einer **psychischen Erkrankung** seinen Willen nicht frei best kann (BayObLG FamRZ **93**, 851: falsche Vorstellgen über den Umfang des eig Verm; vgl auch FamRZ **93**, 852/53). Dagg würde der EV leerlaufen, wollte man GeschUnfgk zur Vorauss machen, weil insoweit ohnehin § 105 I gilt. Desh keine Versagg der AnO des EV mit der Begrdg, der Betreute sei sowieso geschunfäh (BayObLG BtPrax **94**, 136; Klüsener/Rausch NJW **93**, 619 f; aA Zimmermann FamRZ **91**, 277). Doch ist daraus nicht zu schließen, daß vor AnO eines EV nunmehr umgek festgestellt w müßte, daß der Betreute nicht gesch-unfäh ist (Schwab FamRZ **92**, 505; aA Zimmermann FamRZ **91**, 277). Eine Gefahr für Dr reicht nicht aus. Nach Cypionka DNotZ **91**, 580

soll die Gefahr, später ggf die eig GeschUnfhgk nachweisen zu müssen, für einen EV ausr. Das BtG hält es nicht für erfdl, die Rechte Dr dch einen EV zu schützen, da auf die konstitutive Feststellg der GeschUnfgk bewußt verzichtet w ist (BT-Drucks 11/4528 S 60ff u 136). Wg des obj GefahrErfordern läßt sich das EV-Verf auch nicht vom Betr dazu benutzen, die Frage der GeschUnfgk des Betreuten zu klären (vgl Einf 5 v § 1896 aE). Umgek erübr sich die AnO eines EV in Fällen absoluter GeschUnfgk, in denen also eine Teiln des Betroff am GeschVerk nach der Natur seiner Behindg ohneh ausscheidet (BT-Drucks 11/4528 S 137; krit Cypionka NJW **92**, 209, der zu Recht auf die mit dem EV verbundenen Beweiserleichterungen hin-
6 weist). – **cc)** Zu berücks sind nur **erhebliche Gefahren,** so daß die Gefahr geringfüg VermSchäden einen EV nicht rechtf. Allein die Möglk einer gefahrenträcht Betätigg des Betroff reicht ebenf nicht aus (LG Kln BtPrax **92**, 109).

7 **b) Erforderlichkeit.** Der EV kommt nur insow in Betr, als er zur Abwendg der erhebl Gefahr erfdl ist.
8 Der Betreute bleibt außerh des EV ggf voll geschfäh (Schwab FamRZ **90**, 684). – **aa)** Der EV setzt voraus, daß eine **Betreuung angeordnet** ist, u kann sich (1) nur auf **Willenserklärungen** beziehen, nicht jedoch auf tats Hdlgen wie die Einwillig in ärztl Eingr od die AufenthBest (Hamm FamRZ **95**, 433; LG Kln FamRZ **92**, 857; aA BayObLG FamRZ **93**, 852, aber unter Verschiebg des maßgebl GesichtsPkts, wenn das Ger auf die Verhinderg der Kündigg des HeimVertr abstellt). (2) Die WillErkl müssen außerd den **Aufgabenkreis des Betreuers** betr. Dies ergibt sich daraus, daß der Betr die vorgesehene Einwillig nur erteilen kann u darf, wenn dies in seinen AufgKr fällt. Der Kreis der einwilliggsbedürft WillErkl kann kleiner sein als der Kr der dem Betr übertragenen Aufg („soweit"). Bei Tod od Entlassg des Betr bleibt der EV wirks. –
9 **bb)** Die **Notwendigkeit** der AnO des EV richtet sich nicht nach der Schwere der Behinderg, sond danach, ob nur dch den EV den drohden Gefahren vorgebeugt w kann. Bei leichteren Fällen psych Krankh od geist od seel Behindergen, in denen keine Gefahr besteht, daß sich die Betreuten dch unvernünft WillErkl selbst schäd, besteht keine Notwendigk für die AnO eines EV. Dasselbe gilt aber auch in den schweren Fällen. Ist die psych Krankh od geist od seel Behinderg so offenkund, daß der RVerkehr WillErkl des Betreuten ohneh nicht akzeptiert, so ist ein EV nicht erfdl. Ältere Betroffene oder aGrd einer vorgeburtl oder frühkindl Schädigg geist Behinderte haben oft weder den Wunsch noch die AntriebsKr, dch WillErkl überh am RVerkehr teilzunehmen. Hier bedarf es eines EV allenf, wenn die Gefahr besteht, daß bedeuts WillErkl ihnen ggü abgegeben w u hierdch erhebl Schäden für die Betreuten eintreten (BT-Drucks 11/4528 S 137). Eines EV bedarf es daher vor allem dann, wenn die Gefahr besteht, daß ein Betreuer sich dch Abg von WillErkl selbst erhebl schädigt, etwa dch Widerruf ordnsgem WillErkl des Betr. Die Notwendigk eines EV kann sich hier daraus ergeben, daß der Betreute beweispflicht dafür ist, daß er im ZtRaum der Abg der WillErkl geschunfäh war (BT-Drucks 11/4528 S 137). Die Beschr eines EV auf Verpflichtgen von mehr als 500 DM ist zul (BayObLG FamRZ **94**, 1135). Iü ist die Maßn konkr zu bez („Sanierg eines Hauses") u der EV ggf zeitl zu befr (BayObLG BtPrax **95**, 143).

10 **c) Ausschluß des EV, II.** Der Betr soll nicht höchstpersönl entsch, insb die Wahl des Eheg od die Einsetzg des Erben beeinflussen (BT-Drucks 11/4528 S 65 u 139). Für die Wirksamk dieser Erkl soll es ausschließl auf die Gesch-, Ehe- bzw Testierfähigk des Betroffenen ankommen (Rn 17ff). Unter EV dürfen da-
11 her nicht gestellt w: **aa)** die **Eheschließung** des Betreuten (EheG 13). Die Bestellg des Betr soll keine Auswirkg auf die Ehefähigk haben. Eine konstitutive Feststellg der Eheunfähigk ist ausgeschlossen. Für die Eheschl bleibt daher die natürl GeschFgk maßgebl (EheG 2; § 104 Rn 2), für die der StandesBeamt ggf eig Ermittlgen anstellen muß (BT-Drucks 11/4528 S 64f). Das gilt auch für übergeleitete Entmündiggen (AG Brem StAZ **92**, 272). War der Betreute bei Eheschl geschunfäh, ist die Ehe für nichtig zu erkl (EheG 18 I). –
12 **bb) Verfügungen von Todes wegen** unterliegen ebenf keinem EV trotz der Schwierigk, daß die natürl TestierUnfgk (§ 2229 IV) dann idR erst nach dem Tod des Betroffenen festzustellen ist (BT-Drucks 11/4528 S 65f). Zur Vernehmg des Arztes auch ohne Entbindg von der ärztl SchweigePfl dch den Erbl: BayObLG
13 FamRZ **91**, 1461. – **cc) Höchstpersönliche Willenserklärungen** sind ebenf EV-frei. Hierher gehören §§ 1355 II 1 (Böhmer StAZ **92**, 67f), 1516 II 2, 1595 I 2, 1597 III 3, 1600k I 1, 1728 III, 1740b III 2, 1747 II 3 iVm 1750 III 2, 1760 III 2 und V 2, 1762 I sowie §§ 2229 II, 2271 I 1, 2282 I 2, 2290 II 2, 2296 I 2 und 2347 II 1, soweit es sich bei letzteren nicht ohneh um Vfgen vTw handelt. Kein EV ferner für Erkl, die der Betreute als gesetzl Vertr seiner Ki abgibt, sowie für Kirchenaustritte u RelWechsel (Fritsche StAZ **93**, 82) sowie für Einwilliggen in med Eingriffe, für die es auf die Einwfähigk ankommt. Obwohl höchstpersönl Erkl, ist der EV dagg mögl für das VaterschAnerk (§ 1600d III 2. HS) u Einw in Einbenng (§ 1618 II 3).

14 **3) Wirkungen des EV.**

15 **a) Einwilligungsbedürftigkeit. aa) Einwilligung** ist die vorherige Zust (§ 183 S 1). Welche RFolgen
16 die nachträgl Zust hat, ergibt sich aus den Verweisen in I 2 (Rn 16). – **bb) Verweisungen auf die Vorschriften über die beschränkte Geschäftsfähigkeit, I 2.** Ein ohne Einwillig des Betr geschl Vertr ist schwebd unwirks; seine Wirksamk hängt also von der **Genehmigung** des Betr ab (§ 108). Wird der EV desh aufgehoben, weil seine Vorauss nachträgl weggefallen sind, tritt an die Stelle der Gen des Betr die Gen des Betreuten (§ 1908 d IV). Wird der EV hingg aufgehoben, weil er von Anfang an ungerechtf war, geht die SondRegelg in FGG 69h über § 108 III vor (BT-Drucks 11/4528 S 138). **Einseitige Rechtsgeschäfte,** die der Betreute ohne die erfdl Einwillig des Betr eingegangen ist, sind unwirks (§ 111). WillErkl, die **gegenüber dem Betreuten abgegeben** werden, werden nicht wirks, bevor sie dem Betr zugegangen sind (§ 131 II). Der Betr kann die eigenverantwortl Teiln des Betreuten am RVerkehr dadch ermögl, daß er ihm best Mittel zur freien Vfg überläßt (§ 110) od ihn zum selbständ Betrieb eines ErwGesch od zur Aufn eines Dienst- od ArbVerhältn ermächt (§§ 110–113). Die in § 206 enth **Hemmung der Verjährung** tritt auch ein, wenn ein unter EV stehder Betreuer ohne gesetzl Vertr ist, etwa weil der Betr gestorben u noch keine neue Pers eingesetzt ist.

17 **b) Einwilligungsfreiheit trotz EV, III. aa) Lediglich rechtlicher Vorteil, III 1.** Auch wenn ein EV angeordn ist u das betreffde RGesch des Betreuten unter diesen EV fallen würde, bedarf er gleichwohl nicht
18 der Einwilligg seines Betr, wenn die WillErkl ihm ledigl einen rechtl Vorteil bringt (§ 107 Rn 2). – **bb) Geringfügige Angelegenheiten des täglichen Lebens, III 2,** sind ebenf zustimmgsfrei, auch wenn sie nach

dem EV an sich der Einwillig des Betr bedürften. Was zu den **zustimmungsfreien Geschäften** zu zählen ist, läßt sich nicht generell best. Es entsch die wirtsch Verhältn des Betreuten. Regelm dürften aber alltägl Bargeschäfte über geringwert Ggstde zustimmgsfrei sein, so der Kauf der zum alsbald Verbr best Lebensmittel, wenn diese nach Menge u Wert das übl Maß nicht übersteigen (vgl § 1357 Rn 15ff). „Tägl Leben" verlangt nicht, daß das entspr RGesch üblicherw jeden Tag vorgen w. Entsch ist vielm, ob die VerkAuffassg das RGesch zu den alltägl Gesch zählt (BT-Drucks 11/4528 S 139). Im Gegensatz zu § 110 kommt es für die Wirksamk des RGesch nicht darauf an, daß die vertragsmäß Leistg mit Mitteln bewirkt w, die dem Betreuten dazu überlassen w sind; das Gesch ist auch wirks, wenn die GgLeistg von dem Betreuten noch nicht erbracht wurde. **Erstreckung des EV:** Das VormschG kann dch AnO den EV auch ganz od teilw auf geringfüg Angelegenh des tägl Leb erstrecken, zB um zu verhind, daß sich ein Alkoholiker rechtswirks kleinere Mengen alkohol Getränke verschafft.

c) Verhältnis zur Geschäftsunfähigkeit. Die AnO des EV hat keine Auswirkgen auf die Geschfähgk; 19 maßgebd bleibt ausschließl die in §§ 104 Nr 2, 105 I enth Regelg, wonach die WillErkl eines im natürl Sinne GeschUnfäh nichtig ist (Jurgeleit Rpfleger **95**, 282). Die WillErkl eines GeschUnfäh ist desh auch dann nichtig, wenn ein EV angeordn ist u der Betr in die EinwilligUnfäh gelangt (Schwab FS Mikat 1989, 889 u 894). Darin liegt eine Irreführg des GeschVerk (Einf 2 v § 104; Coester Jura **91**, 7). Eine Umdeutg der Einwillig in die Vornahme des RGesch des Betr scheitert daran, daß § 140 eine Konversion in ein weitergehendes RGesch nicht gestattet (aA BT-Drucks 11/4528 S 137 f).

4) Mitteilungspflichten, IV. Umstde, die zur Aufhebg, Einschränkg od Erweiterg des EV führen 20 können, hat der Betr dem VormschG mitzuteilen, um den EV dem ErfdlkGrds entspr anzupassen (§ 1901 Rn 14).

1904 *Ärztliche Maßnahmen.* Die Einwilligung des Betreuers in eine Untersuchung des Gesundheitszustandes, eine Heilbehandlung oder einen ärztlichen Eingriff bedarf der Genehmigung des Vormundschaftsgerichts, wenn die begründete Gefahr besteht, daß der Betreute auf Grund der Maßnahme stirbt oder einen schweren und länger dauernden gesundheitlichen Schaden erleidet. Ohne die Genehmigung darf die Maßnahme nur durchgeführt werden, wenn mit dem Aufschub Gefahr verbunden ist.

1) Die äußerst unklare Bestimmg wirft Probleme in dreifacher Hins auf (Lit: Kern MedR **91**, 66; Müller 1 DAV **92**, 151; Stolz FamRZ **93**, 642; BtPrax **94**, 49). – **a) Entscheidungskompetenz.** Zum Behdlgszwang währd der Unterbringg: § 1906 Rn 1. Untersuchgen des GesundhZustds, Heilbehdlgen u ärztl Eingr bedürfen der Einwiligg des Betroffenen, für die es nicht auf die GeschFgk, sond auf die **aa) natürliche Einsichtsfähigkeit** des Betreuten ankommt (§ 823 Rn 42). Ist diese vorhanden, bedarf es keiner zusätzl Zust des Betr. Entspr dürfte für die Befugn zur Offenbarg v Patientengeheimn u die Herausg von Krankenunterlagen gelten (vgl grdsl BGH **106**, 146; BayVerfGH NJW **95**, 1608). – **bb)** Der Schutzmechanism der §§ 1904, 1905 greift also erst jenseits dieser natürl EinsichtsFgk des Betreuten (LG Bln FamRZ **93**, 597; Coester Jura **91**, 8). Ist der Betroffene **einwilligungsunfähig**, erteilt sein gesetzl Vertreter iR seines AufgKr die Einwillig. ZwangsBehdlgen EinwilliggsUnfäh werden vom BtG also nicht grdsl verboten (BT-Drucks 11/4528 S 141; Coester Jura **91**, 8), wenn allerd auch im Bereich der HeilBehdlg der grdsl Willensvorrang des Betreuten zu beachten ist (§ 1901 Rn 6), u zwar auch, wenn der Wille des Betreuten (1) sachl auf Verweigerg eines med an sich gebotenen Eingr gerichtet ist u (2) wenn er der Form nach in einem **Patiententestament** zum Ausdr gebracht w ist (Füllmich NJW **90**, 2301; Schöllhammer, RVerbindlk des PatientenTest, 1993; Einf 18 v § 1922 sowie Einf 6ff v § 1896). Zul sind auch **Einwilligungsermächtigungen,** dh die einem Dr erteilte Befugn, in einen med Eingr einzuwill bzw den Eingr zu verbieten, wenn man selbst dazu etwa wg Bewußtlosigk od zwztl eingetretener GeschUnfgk nicht in der Lage ist (LG Stgt Just **94**, 62; Kern NJW **94**, 757). – **cc)** Bei nur **zweifelhafter Einsichtsfähigkeit** des Betreuten ist die Situation für den Betr rechtl unhaltb (vgl Peters DAV **90**, 188), weil er angesichts des Fehlens eines entspr Verf zur Klärg der EinwilliggsKompetenz auf die Beurteilg eines Med (des behandelnden Arztes od zusätzl eines Psychiaters?) angewiesen ist. Das VormschG kann bei Eingr unterh des sich aus Rn 4 u 5 ergebden Maßst nicht eingeschaltet w (Rn 2). Bleibt die EinwilliggsFgk des Betreuten zweifelh, reicht die Einwillig des Betreuers daher mE nicht aus, selbst wenn AufgKr die med Bt ist. Widerspr der Betreute der med Maßn, muß diese unterbleiben (Peters DAV **90**, 182). Es bedarf dann ggf der AnO eines EinwilliggsVorbeh analog § 1903 I 1. Dann kann der Betreute ohne Zust des Betr nicht mehr widerspr, der Betr aber analog § 1902 der Behdlg zustimmen. – **b) Genehmigungsschwelle.** Die Befugn des Betreuers zur Einwillig wird iü dch § 1904 S 1 2 nur für bes gefährl bzw endgült Eingr eingeschrkt. Nur hierfür bedarf er der Gen des VormschG. Ob ein med Eingr der vormschaftl Gen bedarf, wird im Einzelfall nur dem Betr schwierig zu beurteilen sein. Er kann dann die **Beratung durch das Gericht** in Anspr nehmen (§ 1837 I 1). Widersprüchl ist, daß die *Verweiger* des med Eingr dch den Betr keiner GenPfl unterliegt. Auf die vormschaftl Gen kommt es nicht an, wenn mit dem Aufschub des med Eingr Gefahr verbunden ist, S 2 (Rn 6). Zur Erfdlk von **Sachverständigengutachten** vgl FGG 69d, 69i I 3. – **c) Rechtliche Bedeutung der Genehmigung.** Der Sinn der Gen kann nur 3 sein, den Vorgang rechtssicher zu machen. Wenn der Staat sich hier (mE verfehlt!) vGw das Amt der EntschKompetenz in med Dingen zumutet, kann das nur bedeuten, daß er Pat, Arzt u Betr von der EntschVerantwortg u insb deren Folgen entlastet u rund auch das HaftgsRisiko übernimmt (vgl als Parallele etwa § 1822 Rn 8). Desh ist für die Rechtmäßigk des ärztl Eingr unter den Vorauss v Rn 4 u 5, die im üb auch der Arzt am besten beurt kann, die Gen des VormschG erfdl u wirkt für Arzt u Betr rechtfertigd auch dann, wenn sie zu Unrecht erteilt wurde (wie hier für die sog AußenGen: MüKo/Schwab 23; Damrau/Zimmermann 2; für die InnenGen dagg Bienwald 27; Erm/Holzhauer 26).

2) Vormundschaftsgerichtliche Genehmigung ist zusätzl zur Einwiligg des Betr u unter der weiteren 4 Vorauss bes Gefahren (dazu unten Rn 5) erforderl für **a) bestimmte medizinische Maßnahmen,** wie die Untersuchg des GesundhZustds, eine Heilbehdlg od einen ärztl Eingr, nicht dagg für die Einwiligg des Betr

zum SchwangerschAbbruch (BT-Drucks 11/4528 S 141) od zur Organspende, die allerd regelm schon gg § 1901 I 1 verstoßen dürfte. Zur Einwillgg in die klinische Prüfg eines Arzneimittels vgl AMG 40 II Nr 2. Genehmiggsbedürft sind med Eingr immer dann, wenn ihre Notwendigk fachmed umstr ist. Bei medikament Versorgg muß sich das VormschG in jedem Einzelfall med informieren u die Nebenwirkgen gg den Heilerfolg abwägen (vgl Rn 5). SchwangerschAbbruch ggf auch gg den Willen des Betreuten (Coester Jura **91**, 8); es liegt kein WertgsWiderspr zu § 1905 vor (aA Wiegand FuR **90**, 39). Die vorläuf Unterbringg nach FGG 70h deckt nicht eine ärztl Behdlg (vgl BayObLG FamRZ **90**, 1154). Die Gen ist schon zu versagen, wenn die Behdlg weder eine Heilg noch eine nachhalt Besserg des GesundhZust verspricht (LG Bln FamRZ
5 **93**, 597: Neuroleptika gg schizophrenen Liebeswahn). – **b)** Die med Maßn müssen nicht nur befürchten lassen (so der RegEntw), sond die **begründete Gefahr** auslösen, daß der Betreute aGrd der Maßn stirbt od einen schweren od länger dauerden gesundheitl Schaden erleidet, **S 1** (krit Pardey BtPrax **95**, 83f). Dadch sollte die Schwelle des GenVorbeh angehoben w (BT-Drucks 11/6949 S 75). Für die eigtl wichtige Frage nach dem Grad der Gefährlichk, näml der Wahrscheinlichk des VerletzgsEintritts, enth das Gesetz keine EntscheidsgsHilfen (Schwab FamRZ **90**, 686). Die Aufstellg irgendwelcher Listen ist als problemat (Wolter-Henseler BtPrax **94**, 183). Wenig wahrscheinl, jedoch nicht auszuschließe Risiken sind genehmiggsfrei. Es muß sich um eine ernstl u konkr Erwartg solcher Folgen aGrd des bes gelagerten Einzelfalls od in aller Regel handeln; seltene NebWirkgen lösen nicht ijF die GenBedürftigk aus (Dose FamRZ **93**, 1032 mNachw der Disk). Das VormschG soll hins des Sterberisikos vor allem bei Risikooperationen an herzkranken od aus sonst Grden dch die Operation bes gefährdeten Patienten eingeschaltet w (BT-Drucks 11/4528 S 140). Das gleiche gilt bei der Gefahr schwerer u länger dauernder gesundheitl Schäden; beide Merkmale müssen zutreffen, so daß schwere, aber vorübergehde Beeinträchtiggen (wie stark blutde Wunden) ebsowenig genehmiggspfl machen wie länger dauernde, aber nicht schwere Schäden (ZahnBehdlg). StGB 224 als Maßst (BT-Drucks 11/4528 S 140) ist ungeeignet (LG Bln FamRZ **93**, 597/8). Genpflicht ist die Behdlg mit Neuroleptika wg der BeweggsAuffälligkten (Dyskinesien) als chron Spätschäden (LG Bln aaO); die Elektrokrampf Behdlg psych Kranker (LG Hbg FamRZ **94**, 1204 mA Richter). **Länger dauert** ein gesundheitl Schaden, wenn er mind 1 J dauert (BT-Drucks 11/4528 S 140f). Zur **klinischen Prüfung von Medikamenten** an Betreuten: Holzhauer NJW **92**, 2325.

6   **3) Ist mit dem** dch Einholg der gerichtl Gen verbundenen **Aufschub Gefahr verbunden,** dann darf die Maßn trotz des Sterberisikos u der Gefahr schwerer Schäden auch ohne Gen des VormschG dchgeführt w, **S 2.** And als bei der Unterbringg (§§ 1631b S 2, 1906 II 2) wird hier auf eine Nachholg der Gen bewußt verzichtet (BT-Drucks 11/4528 S 141). In Notfällen kommt es auch nicht auf die Entsch des Betr an, wenn dieser nicht vorh od nicht erreichb ist, zB bei einem LuftröhrenSchn (Pardey BtPrax **95**, 83).

7   **4) Bestellung** ggf vAw od dch einstw AnO (FGG 69f I). **Aufgabenkreis** (§ 1896 Rn 22ff): „die für die HeilBehdlg . . . (Konkretisierg erfdl!) notw Einwilliggen zu erteilen". **Ende** der Bt: § 1908d I 1 od § 1918 III analog (Kern MedR **91**, 69).

1905 ***Sterilisation.*** [I] Besteht der ärztliche Eingriff in einer Sterilisation des Betreuten, in die dieser nicht einwilligen kann, so kann der Betreuer nur einwilligen, wenn
1. die Sterilisation dem Willen des Betreuten nicht widerspricht,
2. der Betreute auf Dauer einwilligungsunfähig bleiben wird,
3. anzunehmen ist, daß es ohne die Sterilisation zu einer Schwangerschaft kommen würde,
4. infolge dieser Schwangerschaft die Gefahr für das Leben oder die Gefahr einer schwerwiegenden Beeinträchtigung des körperlichen oder seelischen Gesundheitszustandes der Schwangeren zu erwarten wäre, die nicht auf zumutbare Weise abgewendet werden könnte, und
5. die Schwangerschaft nicht durch andere zumutbare Mittel verhindert werden kann.
Als schwerwiegende Gefahr für den seelischen Gesundheitszustand der Schwangeren gilt auch die Gefahr eines schweren und nachhaltigen Leides, das ihr drohen würde, weil vormundschaftsgerichtliche Maßnahmen, die mit ihrer Trennung vom Kind verbunden wären (§§ 1666, 1666a), gegen sie ergriffen werden müßten.

[II] Die Einwilligung bedarf der Genehmigung des Vormundschaftsgerichts. Die Sterilisation darf erst zwei Wochen nach Wirksamkeit der Genehmigung durchgeführt werden. Bei der Sterilisation ist stets der Methode der Vorzug zu geben, die eine Refertilisierung zuläßt.

1   **1)** Die verfassgskonforme (Pieroth FamRZ **90**, 117) Vorschr bezieht sich auf den **a) Sterilisationsbetreuer,** der stets eine bes Pers sein muß (§ 1899 II). Auf den dem Betreuten sonst etwa zur PersSorge, ärztl
2 Versorgg usw bestellten Betr u seine Einstellg zur Sterilisation des Betreuten kommt es nicht an. – **b) Sterilisation.** Es handelt sich um eine SondVorschr für den Fall, daß der ärztl Eingr iSv § 1904 in der Sterilisation besteht; Sterilisation gem § 1904 damit unzul (aA Kern MedR **91**, 70). Besitzt der Betreute die entspr EinsichtsFgk od hat er sie nur vorübergehd verloren, kommt es ausschließl auf seinen Willen an. Ggf ist auf die Wiederherstellg der WillensFgk zu warten. Nach § 1905 können Männer wie Frauen sterilisiert w (Rn 7). Die Regelg wird ergänzt dch das Verbot der Sterilisation Mj (§ 1631c). Die Sterilisation ist nur unter den
3 5 Voraus von I zul u verlangt außerd nach II auch die Gen des VormschG. – **c)** Es gelten in einer wg der leichten Umgehbark (vgl Schwab FamRZ **90**, 686) geradezu grotesken Kompetenzkumulation die strengsten **Verfahrensgarantien** des ganzen BtG: Für die Entsch über die Einwillig ist ein bes Vertreter zu bestellen (§ 1899 II); über die Gen entsch das Ger, II, nach Bestellg eines VerfPfl (FGG 67 I 2 Nr 3) sowie nach Einholg v mind 2 SachverstGA (FGG 69d III 2 u 3; BT-Drucks 11/4528 S 177; Bienwald S 627) u nachd der zust Beh Gelegenh zur Äußerg gegeben w ist (FGG 68a S 1, 69d III 1). Die Schwere des Eingr erfordert eine kurze ÜberprüfgsFr iSv FGG 69 I Nr 5 (LG Bln BtPrax **93**, 34).

4   **2) Voraussetzungen für die Einwilligung des Betreuers, I.** Die Vorschr regelt die engeren Vorauss, unter denen der SterilisationsBetr in die Sterilisation von nicht einwillggsfäh Betreuten einwill kann. Fehlt

auch nur eine dieser Vorauss, muß die Sterilisation unterbleiben. Die Vorauss der Z 1–5 gelten kumulativ, dh sie müssen sämtl erfüllt sein, damit der Betr wirks in die Sterilisation einwill kann. – **a) Verbot der** **5** **Zwangssterilisation, Nr 1.** Völlig unerhebl etwaiges Interesse der Allgemeinh, von Verwandten od des ungeborenen Kindes; entscheidd ist allein der Wille des Betreuten. Jede Art von Ablehng od Ggwehr des Betreuten schließt die Sterilisation aus. Obwohl es sich um einen ärztl Eingr handelt, kommt es nicht auf die EinsichtsFhgk iSv § 1904 Rn 1 an, sond auf den natürl Willen des Betreuten im Ztpkt des Eingr. Bereits vorher erkl Einwilliggen verlieren desh ggf ihre Wirksamk (BT-Drucks 11/4528 S 143). – **b) Dauernde** **6** **Einwilligungsunfähigkeit, Nr 2.** Bei nur vorübergehder EinwilliggsUnfhgk ist die Sterilisation nicht gerechtf, u zwar selbst dann nicht, wenn eine Refertilisierung mögl ist. – **c) Gefahr einer Schwanger-** **7** **schaft, Nr 3.** Nur die konkr u ernstl Ann, daß eine Sterilisation eine Schwangersch zu erwarten ist, rechtf die Sterilisation. Auf den Grad der sexuellen Aktivität des Betreuten kommt es nicht an. Die Schwangersch kann bei der betreuten Pers selbst od bei der Partnerin eines betreuten Mannes zu befürchten sein (BT-Drucks 11/4528 S 143). Die Partn braucht ihrers nicht betreuungsbedürft zu sein. – **d) Lebens- oder** **8** **Gesundheitsgefahr für die Schwangere, Nr 4. aa)** Vgl StGB 218 a I Z 2 (BT-Drucks 11/4528 S 77). Da es um die Beurteilg einer Notlage geht, die ihren Grd in einer erst in der Zukft zu erwartden Schwangersch hat, sind ijF auch die zukünft LebVerhältn mit zu berücks. Die **Lebensgefahr** kann körperl od psych Ursachen haben (Gebärmutterkrebs, Selbstmordgefahr). **Schwerwiegende Beeinträchtigungen der Gesundheitszustands** sind etwa Herz- u Kreislauferkrankgen od depressive Fehlentwicklgen. Als schwerwiegde Gefahr für den seel GesundhZustd gilt auch der Kummer, der mit Maßn nach §§ 1666, 1666a verbunden wäre, **I 2.** Die Regelg ist abschließd (BT-Drucks 11/4528 S 143f). Die BtBedürftigk als solche ist allerd nicht ijF ein Grd dafür, das Ki von der Mutter zu trennen (BT-Drucks 11/4528 S 144). – **bb)** Die **9** Sterilisation scheidet aus, wenn die für die Schwangere bestehde, sich aus der Leb- od GesundhGefahr ergebde **Notlage** mit zumutb Mitteln **abgewendet** w kann, also etwa dch eine med Behdlg der zu erwartden Depression, nicht dagg dch Abbruch der Schwangersch (BT-Drucks 11/4528 S 144). – **e) Verhinde-** **10** **rung der Schwangerschaft, Nr 5.** Vor der Sterilisation sind u Möglkten, die Schwangersch zu vermeiden, auszuschöpfen, also ggf empfängnisverhütde Mittel, sexualpädagog Maßn, nicht dagg Unterbringg od freiheitsbeschränkde Maßn iSv § 1906 IV (BT-Drucks 11/4528 S 144).

3) Genehmigung des Vormundschaftsgerichts, II 1. Bestellg eines VerfPfl ist zwingd (FGG 67 I 2 **11** Nr 3, 69d III). Zu den VerfGarantien iü oben Rn 3. Das Ger hat die Gen zu versagen, wenn die in I enth Vorauss nicht vorliegen. **Rechtsnatur** der Gen: § 1904 Rn 3.

4) Befristung der Sterilisation, II 2. Um zu verhindern, daß die Sterilisation unmittelb mit Wirksam- **12** werden der vormschgerichtl Gen (FGG 69a III 1, 69d III 1) dchgeführt u damit einer Beschw der Boden entzogen w, darf auch die gen Sterilisation erst 2 Wo nach Wirksamk der Gen dchgeführt w. Währd dieser Zt kann die iü nicht befristete Beschw eingelegt u das VormschG wie das BeschwG die Vollziehg der Gen aussetzen (FGG 24 II u III).

1906 **Unterbringung.** [I] Eine Unterbringung des Betreuten durch den Betreuer, die mit Freiheitsentziehung verbunden ist, ist nur zulässig, solange sie zum Wohl des Betreuten erforderlich ist, weil
1. auf Grund einer psychischen Krankheit oder geistigen oder seelischen Behinderung des Betreuten die Gefahr besteht, daß er sich selbst tötet oder erheblichen gesundheitlichen Schaden zufügt, oder
2. eine Untersuchung des Gesundheitszustandes, eine Heilbehandlung oder ein ärztlicher Eingriff notwendig ist, ohne die Unterbringung des Betreuten nicht durchgeführt werden kann und der Betreute auf Grund einer psychischen Krankheit oder geistigen oder seelischen Behinderung die Notwendigkeit der Unterbringung nicht erkennen oder nicht nach dieser Einsicht handeln kann.

[II] Die Unterbringung ist nur mit Genehmigung des Vormundschaftsgerichts zulässig. Ohne die Genehmigung ist die Unterbringung nur zulässig, wenn mit dem Aufschub Gefahr verbunden ist; die Genehmigung ist unverzüglich nachzuholen.

[III] Der Betreuer hat die Unterbringung zu beenden, wenn ihre Voraussetzungen wegfallen. Er hat die Beendigung der Unterbringung dem Vormundschaftsgericht anzuzeigen.

[IV] Die Absätze 1 bis 3 gelten entsprechend, wenn dem Betreuten, der sich in einer Anstalt, einem Heim oder einer sonstigen Einrichtung aufhält, ohne untergebracht zu sein, durch mechanische Vorrichtungen, Medikamente oder auf andere Weise über einen längeren Zeitraum oder regelmäßig die Freiheit entzogen werden soll.

1) Die Vorschr regelt die **materiellen Voraussetzungen jeder Freiheitsentziehung** dch Unterbringg **1** od ähnl Maßn **ohne oder gegen den Willen des Betreuten** (Lit: Saage/Göppinger, FreihEntziehg u Unterbringg, 3. Aufl 1994; Zimmermann/Damrau NJW **91**, 538; Holzhauer FuR **92**, 249). Zur **Verfassungsmäßigkeit:** Vgl BayVerfGH NJW **93**, 1520. **Einwilligung.** Ist der Betroffene mit der Unterbringg einverst, fehlt es an einer Freiheits„entziehg". Ein natürl Wille reicht aus, wenn die EinsichtsFgk des Betroffenen in die Maßn vorliegt (BT-Drucks 11/4528 S 146). Diese GenFreih ist aber in hohem Maße bedenkl, weil sie zum Mißbr einlädt (Schwab FamRZ **90**, 687; Schumacher FamRZ **91**, 281; and Coeppicus FamRZ **92**, 751 sowie jetzt auch Holzhauer/Reinicke 12). Mögl aber eine VorsVollm (§ 1896 Rn 21). Die Einw in Aufn u Behdlg in einem psychiatr KrHs enth keine Verpfl zur Übern der Kosten (VGH Mannh NJW **91**, 2986). Das nachträgl Einverständn führt nicht zur Erledigg des GenVerf (BayObLG FamRZ **92**, 105). Das BtG geht von einem engen UnterbringgsBegr aus, I–III, u stellt anschließd unterbringgsähnl Maßn der Unterbringg gleich, IV. Zu den versch Formen der **Zwangsunterbringung:** Krüger BtPrax **92**, 92; vgl iü Rn 4. **Verfahren:** FGG 70 ff (Lit: Schumacher FamRZ **91**, 282). Inhaltl Anfdgen an das **Gutach-**

ten: BayObLG FamRZ **95**, 695. Zur Hinzuzieh eines SozArb bei der richterl **Anhörung**: H-J Koch, der klin Anhörgtermin im UnterbrVerf, 1995; Schröder ua FamRZ **92**, 1264 (Stgter Modell). Unzul Verz des Betroff auf die Anhörg (BayObLG FamRZ **95**, 695). Ein VerfPfleger (LG Oldenbg FamRZ **93**, 460: idR ein RA; Vergütg § 1835 Rn 3; Einf 19 v § 1896) ist vor vorläuf Unterbringg zu hören (LG Ffm NJW **92**, 986). Die vorläuf Unterbringg dch einstw AnO (FGG 70h) deckt nicht ärztl Maßn gg den Willen des Betroff (vgl BayObLG FamRZ **90**, 1154). Zur **öffentlich-rechtlichen Unterbringung**: Zimmermann u Reichel FamRZ **90**, 1308 u 1318; in den neuen BuLändern: Bergmann NJ **91**, 211; Zimmermann FamRZ **94**, 677 Thür; sa Einf 1 vor § 1896; zu Unterschieden in UnterbringgsTatbestden: Klüsener/Rausch NJW **93**, 621 f. Maßn zur Verhinderg des Selbstmords: BayVerfGH NJW **90**, 2926. Zur Rechtslage bis zum 31. 12. 91 vgl § 1800 Rn 3 ff. Zur Überleitg lfder Verf: BayObLG NJW **92**, 1244. Zur vorl Unterbr: LG Ffm MDR **92**, 291. Zur Einl eines UnterbrVerf dch die Polizei od AnstLeitg: BayObLG NJW **92**, 2709. Zum Grds der **Verhältnismäßigkeit** in der Spanng von FreihAnspr eines psych kr Brandstifters u dem SichergsBedürfn der Allgemeinh BVerfG 2. Sen 2. Ka NJW **93**, 778. Die RBeziehgen zw **Psychiatrischem Landeskrankenhaus** u Pat sind bei einer Unterbr nach § 1906 grdsl zivrechtl (Fischer/Mann NJW **92**, 1539). Für eine währd der Unterbringg erforderl Heilbehdlg gelten die Grdsätze v § 1904 Rn 1; demggü kann sich aus dem PsychKG ein Behdlgszwang ohne Rücks auf die Einwilliggsfgk des Untergebr ergeben (Helle MedR **93**, 134); nicht aber zB in Hess (Ffm NJW-RR **93**, 579). Zur konsentierten **Heimaufnahme**: § 1896 Rn 28. **Verfahrenspflegschaft**: Einf 19 v § 1896. **Bedeutung der Genehmigung**: § 1904 Rn 3.

2 **2) Voraussetzungen der Unterbringung, I.** Sie gelten auch für die Verlängerg einer UnterbrGen (BayObLG FamRZ **94**, 321). **a) Freiheitsentziehung.** Nur die mit FreihEntziehg verbundene Unterbringg bedarf der vormschgerichtl Gen; and Versorggen, zB in einer Fam, sind dagg genehmiggsfrei (vgl § 1631b Rn 3). Die äußerste Grenze enth StGB 239 (vgl BGH NJW **59**, 1595). Den AbgrenzgsSchwierigkten, wann eine Unterbringg mit FreihEntziehg verbunden ist, begegnet das BtG dch IV (Rn 12). Unterbringg in **halboffener Anstalt** bed ggf keiner Gen (KrG Schwedt/Oder FamRZ **93**, 601). An einer FreihEntziehg fehlt es begriffl, wenn der Betreute mit der Unterbringg einverst ist.

3 **b) Wohl des Betreuten.** Die Unterbringg muß zum Wohl des Betreuten erfdl sein. Das Gesetz sieht hierf nur zwei Fälle vor. **Drittschutz:** Bei Gefahr allein von Drittschädiggen kommt nur eine Unterbringg nach den PsychKG in Betr (LG Bln FamRZ **93**, 597/9; Klüsener/Rausch NJW **93**, 622; aA Pardey FamRZ **4** **95**, 713). – **aa) Selbstgefährdung, Nr 1.** Die Unterbringg ist zul bei Selbstmordgefahr od bei Gefahr einer erhebl Gefährdg der eig Gesundh. Die Ursache muß in einer psych Krankh od geist od seel Behinderg liegen, die eine freie WillensBest ausschließt (BayObLG FamRZ **93**, 600 u 998; vgl § 1896 Rn 11); dagg ist die Feststellg der GeschUnfgk keine zusätzl Vorauss für die gerichtl Gen der Unterbringg (Klüsener/Rausch NJW **93**, 621). Wer sich aus Genußsucht od Leichtsinn gesundheitl schäd (übermäß Essen, Rauchen), kann nicht untergebracht w. Zum AlkoholMißbr Rn 6. Auch die Gefahr eines philosoph od Bilanz-**Suizids** reicht zur Unterbringg nicht aus. Ausführl dazu Coeppicus FamRZ **91**, 896 ff. Zu den SorgfaltsPfl des KrankH ggü suizidgefährdeten Pat BGH VersR **94**, 50. Die Gefahr and als gesundheitl Schäden rechtf eine Unterbringg nicht; hier helfen EinwilligsVorbeh (§ 1903 I 1) od zB die Verwahrg der dch den Betreuten gefährdeten eig Ggstde. Mittelb GesundhGefährdgen sind aber denkb (BT-Drucks 11/4528 S 146). Die UnterbrGen darf nicht als Druckmittel benutzt w (BayObLG FamRZ **93**, 998 Anschl an die öff Kanalisation). Bei Gefährdg von RGütern Dr kommt ggf eine ör Unterbringg in Betr. **Gefahr** ist nur eine ernstl u konkr Gefahr. Sie setzt kein zielgerichtetes Tun des Betreuten voraus. Selbstgefährdg also auch uU bei planlosem Umherirren bei Gefahr, überfahren zu w od zu erfrieren (Ffm BtPrax **93**, 138). Unterlassgen (zB dch NahrgsVerweigerg) reichen aus, dagg nicht überwiegdes pass Verhalten u bl Vermutgen (AG Soltau BtPrax **93**, 212). Die Gefahrenprognose ist im wesentl Sache des TatRi (BayObLG FamRZ **94**, 1617). **Zwangsunterbringung** (Rn 1). Für eine zwangsw Heimunterbringg bei obj Erfdlk zum Wohl des Betroff gg seinen Willen fehlt die ges Grdl (Coeppicus FamRZ **92**, 746 ff); die Prax hilft in Extremfällen mit einer Analogie **5** (LG Brem BtPrax **94**, 102). – **bb) Notwendige Untersuchung des Gesundheitszustands, Heilbehandlung od ärztlicher Eingriff, Nr 2.** Die Vorschr ist wg GG 104 II 1 bedenkl (Schumacher FamRZ **91**, 280). Zum Wohl des Betreuten gehören die Erhaltg seiner Gesundh u die Verringerg oder Beseitigg von Krankh od Behindergen. Dieses Wohl darf nicht dch die mangelde Einsichts- od SteuergsFgk des Betreuten gefährdet w (BT-Drucks 11/4528 S 147). Eine Behdlg ohne FreihEntziehg ist vielf nicht mögl, wenn der Betroffene die Krankh nicht wahrhaben will, wie dies häuf etwa beim Alkoholismus der Fall ist (vgl iü Rn 6). **Störungsbedingte Versagung der Einwilligung:** Die Unterbringg setzt hier voraus, daß der Betreute aGrd einer psych Krankh od geist od seel Behinderg die Notwendigk der dch die Unterbringg mögl HeilBehdlg (Düss FamRZ **95**, 118; MüKo/Schwab 16) nicht erkennen od nicht nach dieser Einsicht handeln kann. Dagg ist eine Unterbringg zur Erzwingg der Krankh- u BehandlEinsicht unzul (LG Ffm FamRZ **93**, 478). Die Unterbringg nach Nr 2 ist nur zul, solange die EinsichtsFhgk fehlt (Düss FamRZ **95**, 118).

6 **c) Erforderlichkeit.** Daß die Unterbringg dem Wohl des Betreuten dient, reicht nicht aus; sie muß vielm erfdl sein. Das kann auch zur Abwehr weniger schwerer GesundhSchäden der Fall sein. Der Betreute darf aber nicht untergebr w, wenn weniger einschneidde Maßn, wie etwa eine freiw HeilBehdlg, ausr. Grdsl best der Betr in eig Verantwortg u unterliegt in ZweckmäßigkEntsch ledigl der Aufs dch das VormschG (§ 1837). Der Aufenth in einer geschl gerontolog Station kann der geringere Eingr ggü FixiergsMaßn sein (Ewers FamRZ **93**, 853; aA Kln NJW **93**, 206). Die Unterbringg ist ferner unzul, wenn sie außer Verhältn zu den ohne die Unterbringg drohden Nachteilen steht. Insb müssen bei einer HeilBehdlg die Schwere des mit der Unterbringg verbundenen Eingr gg die gesundheitl Schäden abgewogen w, die ohne die nur bei Unterbringg mögl HeilBehdlg drohen (BT-Drucks 11/4528 S 146). Die Erfdlk ist schließl zu verneinen, wenn die HeilBehdlg od and Maßn keinen hinreichden Erfolg verspr (LG Bln FamRZ **93**, 597). Das gilt insb für EntziehgsKuren gg den Willen eines vom **Alkohol** abhäng Betreuten. Unterbringg desh nicht zul zur EntwöhngsBehdlg, wohl aber zZw der Entgiftg (BT-Drucks 11/4528 S 147; Coeppicus FamRZ **91**, 895; vgl auch Düss JMBl NW **75**, 186). Denn was keinen Erfolg verspr, ist auch nicht notw (LG Regbg FamRZ **94**,

125). Die Rückfallgefahr als solche reicht für die AnO der Unterbr ebsowenig aus wie für deren Verlängerg (vgl Ffm NJW **88**, 1527; and BayObLG BtPrax **94**, 98: 2J). Unterbr daher nur bei Gefahr weiterer Schäden, wie Nichtheilg von Knochenbrüchen dch weiteren AlkAbusus uä.

3) Vormundschaftsgerichtliche Genehmigung, II. Also keine Unterbringg dch das Ger; vgl aber Rn 7 9 zu § 1846. **Zweck:** Dch die Doppelverantwortg verstärkter Schutz des Betreuten. Die Vorschr entspr § 1631b. Die Gen muß die Art der Unterbringg angeben (BayObLG FamRZ **94**, 320). Die Auswahl der UnterbringgsEinrichtg obliegt dem Betr, nicht dem VormschG (BayObLG FamRZ **93**, 600). Die Gen bezieht sich auf eine best UnterbringgArt (Psychiatr Krkhs, Klinik für SuchtKr usw) nicht dagg auf ein best KrHs (BayObLG FamRZ **92**, 105). Sie wird ggstandslos mit Beendigg der gen Unterbringg (BayObLG BtPrax **95**, 144). – **a)** Die Unterbringg ist grdsl nur mit Gen des VormschG zul, **S 1:** Hierfür wird kein 8 förml Antr vorausges (BayObLG FamRZ **94**, 1416). Betrifft nur die zivilrechtl Unterbringg dch den Betr. – **b) Vorläufige Maßnahmen** sind folggermaßen zu unterscheiden: **aa)** Zul ist die vorl 9 Unterbringg **durch den Betreuer,** wenn mit dem Aufschub **Gefahr** verbunden ist, **S 2,** ohne vormdschgerichtl Gen, die aber unverzügl nachgeholt w muß. Voraussetzg ledigl, daß der Betroff wg im Umfeld von I Nr 1 u 2 liegden Grden überhpt unter Bt steht. **bb)** In and Fällen (zB bei plötzl auftretden VerwirrthZustden) kann zZw der einstw Unterbr unabh v II 2 ein **vorläufiger Betreuer** bestellt od eine bestehde Bt entspr erweitert w mit dem Inh der vorl Unterbr (FGG 69f). **cc)** Außerd kann dch **einstweilige Anordnung** auch eine vorl UnterbrMaßn getroffen w (FGG 70h). Bei erhebl Selbst- od Fremdgefährlk iW wom ör Unterbr. Zuläss sind auch isolierte UnterbringgsMaßn unmittelb dch das VormschG nach § 1846 (Schlesw NJW **92**, 2974; LG Bln BtPrax **92**, 43; Coeppicus FamRZ **92**, 19f; GgMeing Wiegand FamRZ **91**, 1022; Ffm FamRZ **93**, 357: nur unter gleichzeit Bestellg eines vorl Betr mit dem AufgKr AufenthBest; ebso Rink FamRZ **93**, 512; aA BezG Chemn BtPrax **92**, 111; vgl auch Dodegge NJW **93**, 2358). Einstw AnO betr eine vorläuf Unterbringg verlieren mit dem Wirksamwerden der EndEntsch von selbst ihre Wirkg (KG FamRZ **93**, 84).

4) Beendigung der Unterbringung a) durch den Betreuer, III 1: Jederzt ohne Einschaltg des Ger, 10 wenn die Unterbringg nicht mehr erfdl ist. Doch besteht eine entspr **Anzeigepflicht, III 2.** Ergänzd hat das **b) Vormundschaftsgericht** die Unterbringg aufzuheben, wenn deren Vorauss weggefallen sind (FGG 70i 11 I 1). Auch gg den Willen des Betr. Aufhebg der Gen aber auch bei Entlassg des Betreuten auf Veranlassg des Betr, damit dieser von dem gerichtl Überprüfg erneut Gebr machen kann (BT-Drucks 11/ 4528 S 148). Ein eigenmächt Verlassen des Untergebrachten od eine probew Entlassg führt nicht zum Verbrauch der gerichtl Gen.

5) Unterbringungsähnliche Maßnahmen, IV (Lit: Dodegge MDR **92**, 437 u NJW **94**, 2390; Bischof/ 12 Wolff BtPrax **93**, 192: unterschiedl vormschgerichtl EntscheidgsPrax), liegen vor, wenn der Betreute eine Behinderg seiner BeweggsFreih nicht zumutb Mitteln überwinden k (MüKo/Schwab 23). Die Vorschr ist eng auszulegen u auf wirkl unterbr-ähnl Maßn zu beschränken (Holzhauer FuR **92**, 249 u BtPrax **92**, 54). **a) Zweck:** Schutz der persönl BeweggsFreih (Bienwald 63). Bettgitter, Festbinden im Bett od am Stuhl, vom Betroffenen nicht zu öffnde Schließmechanismen, Schlafmittel u sonstige Medikamente haben oft dieselbe Wirkg wie eine Unterbringg u werden auch genauso empfunden. Desh gewährt das BtG für sie dieselben rechtsstaatl Sicherh wie für die Unterbringg selbst (AG Ffm FamRZ **88**, 1209). – **b) Genehmi-** 13 **gungsvoraussetzungen: aa) Aufenthaltsort** sind die Räumlichkten, in denen sich der Betreute befindet, also die Einrichtg selbst, die Abteilg, das Stockwerk od sein Zimmer. – **bb) Gehindert** am Verlassen wird 14 der Betreute nur, wenn er überh, u sei es auch nur mit natürl Willen, versuch will od k (Stolz FamRZ **93**, 644), den AufenthOrt zu verlassen. Für die GenPfl reicht es aus, wenn nicht ausgeschl w kann, daß der Betreute noch zur willkürl Fortbewegg in der Lage ist (Hamm FamRZ **93**, 1490). Die Vorschr verbietet also nicht, daß die Eingangstür nachts abgeschl w; einer vormschgerichtl Gen bedarf es nur im Einzelfall desj Betreuten, der nachts das Haus verlassen will. Ein Hindern liegt ferner nicht vor, wenn der Betroffene dch Bitten od Überredg beeinflußt w. – **cc)** Genehmiggsbedürft ist ein Hindern dch **mechanische Vorrich-** 15 **tungen, Medikamente oder auf andere Weise,** etwa dch körperl Gewalt. Unter die mech Vorr fallen Anbinden im Bett dch Beckengurt (BayObLG FamRZ **94**, 721); Fixierstuhl od -tuch (LG Kln NJW **93**, 206); ferner ein Therapiestuhl am Rollstuhl (LG Ffm FamRZ **93**, 601); Sendeanlagen (AG Hann BtPrax **92**, 113: Verstoß gg Menschenwürde). Dch Medikamente „soll" die Freih nicht entzogen w, wenn sie zu Heilzwecken verabreicht w, auch wenn sie als Nebenwirkg den BeweggsDrang des Betreuten einschränken (BT-Drucks 11/4528 S 149). Gen-bedürft ist auch das zeitweil Einschließen in der Wo (LG Hbg FamRZ **94**, 1619). Echte Einwilliggen (§ 823 Rn 42–44) rechtfertigen den Eingr (vgl aber Schlesw DAV **91**, 687). – **dd) Dauer der Freiheitsbeschränkung.** Genehmiggspfl ist die FreihEinschrkg über einen längeren 16 Ztraum. Für das Bettgitter eines Fieberkranken bedarf es keiner Gen, auch nicht bei längerer Dauer. Ein regelm FreihEntzug liegt vor, wenn der EinschrkgsMechanismus stets zur selben Zt od aus wiederkehrdem Anlaß (Störg der NachtRuhe) eingesetzt w. – **ee)** Die Gen kann zum **Wohl des Betroffenen** erfordl sein, 17 wenn sich die freihentziehden Maßn im Vergl mit den BtAlternativen als das mildere Mittel zur Abwehr einer Eigengefährdg des Betroff erweisen (LG Bln FamRZ **91**, 365). Bei der Gen ist aber auch die Realität der **Personalausstattung** des Pflegeheims zu berücks (Ffm BtPrax **93**, 138). Körperverletzgen scheidet dch den Betr reichen für Maßn gem IV nicht aus (LG Hildesh BtPrax **94**, 106). – **ff)** Verfrechtl setzt die Gen 18 schließl einen **Antrag** des Betr unter Vorlage eines auf einer ärztl Untersuchg beruhden **ärztlichen Zeugnisses** (FGG 70e) voraus (LG Hildesh BtPrax **93**, 210). – **c) Geltungsbereich.** IV gilt auch für Mj (§ 1631b 19 Rn 3), nicht aber für in der Fam lebde Betreute (Holzhauer FuR **92**, 252) sowie für nichtbetreute Anstaltsbewohner (krit insow Schumacher FamRZ **91**, 282). Für sie sind derart Maßn aber nicht schon desh ow zul (BT-Drucks 11/6949 S 76; Coester Jura **91**, 9). Die Fixierg bereits Untergebrachter bed einer zusätzl Gen, auch wenn schon bei der Gen der Unterbringg von dem Einsatz fixierder Maßn in derart Anstalten auszugehen ist (BayObLG FamR **94**, 721; AG Hann BtPrax **92**, 113; Schumacher FamRZ **91**, 281; aA Klüsener/ Rausch NJW **93**, 623; Holzhauer FuR **92**, 252; sowie 53. Aufl). Dasselbe gilt für unterbringgsähnl Medikationen iR einer Unterbringg (Düss FamRZ **95**, 118). – **d) Genehmigung** der unterbr-ähnl Maßn mit dem 20

Zusatz „nur nach ausdr AO des behandelnden Arztes" überträgt nicht die Verantwortg auf den **Arzt** (BayObLG FamRZ **94**, 721). Eine AltVorsVollm (§ 1896 Rn 21) soll die Gen nur erübr, wenn sie „ausdrückl", die Maßn nach IV einbezieht u keine Zweifel an der GeschFhgk bestehen (Stgt FamRZ **94**, 1417); richtiger: sie muß dem BestimmthErfordern genügen (Cypionka DNotZ **95**, 691 m einer Musterformulierg).

1907   *Aufgabe der Mietwohnung.* **^I Zur Kündigung eines Mietverhältnisses über Wohnraum, den der Betreute gemietet hat, bedarf der Betreuer der Genehmigung des Vormundschaftsgerichts. Gleiches gilt für eine Willenserklärung, die auf die Aufhebung eines solchen Mietverhältnisses gerichtet ist.**

^{II} Treten andere Umstände ein, auf Grund derer die Beendigung des Mietverhältnisses in Betracht kommt, so hat der Betreuer dies dem Vormundschaftsgericht unverzüglich mitzuteilen, wenn sein Aufgabenkreis das Mietverhältnis oder die Aufenthaltsbestimmung umfaßt. Will der Betreuer Wohnraum des Betreuten auf andere Weise als durch Kündigung oder Aufhebung eines Mietverhältnisses aufgeben, so hat er dies gleichfalls unverzüglich mitzuteilen.

^{III} Zu einem Miet- oder Pachtvertrag oder zu einem anderen Vertrag, durch den der Betreute zu wiederkehrenden Leistungen verpflichtet wird, bedarf der Betreuer der Genehmigung des Vormundschaftsgerichts, wenn das Vertragsverhältnis länger als vier Jahre dauern oder vom Betreuer Wohnraum vermietet werden soll.

1   **1) Wohnungsauflösung.** Die Rehabilitation eines Betreuten nach einem Klinikaufenth hängt häufig davon ab, daß er in seine früh Verhältn, dh in die vertraute Umgebg u in die alte Nachbarsch, zurückkehren kann; desh stellt das BtG die Wohng als räuml MittelPkt der LebVerhältn des Betreuten unter einen bes Schutz (BT-Drucks 11/4528 S 149). Ein zusätzl Schutzbedürfn besteht hins der Auflösg von Mietverhältnin. Zur VerfPflegsch: Kirsch RPfleg **92**, 381. Ist umgek der Betreute **Eigentümer,** Erbbau- od sonst dingl Berechtigter des Grdst od der Wohng, bedarf der Betr zur Kündigg des MietVerhältn (Hamm FamRZ **91**, 605), zu einer Vfg oder zu einer entspr Verpfl ohneh der vormschaftsgerichtl Gen (§§ 1812, 1821 I Nr 1–4, 1908i). Das Gesetz hat den Begr „WohngsAuflösg" wg seiner Unschärfe vermieden, will aber mit § 1907 insges eine Lösg verwirkl, die prakt keine bedeuts Lücken aufweist (BT-Drucks 11/4528 S 150). Die Vorschr ist auf PachtVerhältn jedenf dann nicht analog anzuwenden, wenn zum PachtObj auß der Wohng gewerbl genutzte Räume gehören (BT-Drucks 11/4528 S 151). Zur fristl Kündigg wg **Mietzahlungsverzugs:** Jochum BtPrax **94**, 201; zur **Zwangsräumung** bei Krankh u Alter: Bindokat NJW **92**, 2872.

2   **2) Beendigung des Mietverhältnisses, I,** ist unabhängig von der Form der Aufhebg (Rn 1) nur mit Gen 3   des VormschG mögl. – **a) Beendigungsformen. aa) Kündigung der Mietwohnung des Betreuten, I 1.** Ob der Betreute die Wohng pers od dch einen Vertreter gemietet hat, ist ohne Belang. Die Vorschr ist ferner auch dann anwendb, wenn der Betreute die Räume nicht mehr bewohnt, etwa weil er bereits 4   untergebracht ist od weil er sich im Krankenh aufhält. – **bb) Einverständliche Aufhebung des Mietver-** 5   **hältnisses, I 2,** verlangt den gleichen Schutz des Betreuten wie hins der Künd. – **b) Genehmigung des Vormundschaftsgerichts.** Dafür ist entsch, ob die Künd od Aufhebg des MietVerh dem **Wohl und Interesse des Betreuten** dient. Dabei kommt es nicht nur auf wirtsch, sond auch auf and GesichtsPkte an. Auch sind die Wünsche des Betreuten zu berücks (§ 1901 I 2 u II 1). Andrers muß die evtl überflüss Bereithaltg der Wohng auch an den wirtsch Möglkten des Betreuten gemessen w. SozLeistgen wie SozHilfe, Wohngeld ua können nur beschr eingesetzt w. Noch weniger Schutz verdient der Betreute, wenn er eine Wohng gemietet hat, die seine Bed u seine wirtsch LeistgsFgk weit übersteigt (BT-Drucks 11/4528 S 150). Absurd ist, daß die vormschaftsgerichtl Gen auch bei Zust dch den geschäftsfäh Betreuten erfdl bleibt (Schwab FS Mikat 1989, 892; Coester Jura **91**, 7). **Bedeutung der Genehmigung:** vgl § 1904 Rn 3.

6   **3) Anzeigepflicht, II.** And Umst, aGrd derer die Beendigg des MietVerh in Betracht kommt, hat der Betr dem VormschG unverzügl mitzuteilen, wenn sein AufgKr das MietVerh od die AufenthBest umfaßt, **II 1,** also insb bei **Kündigung oder Erhebung einer Räumungsklage durch den Vermieter.** Das VormschG kann dann zum Wohl des Betreuten AnO nach § 1837 treffen, um Mißbr rechtzeit aufzudecken, etwa daß der Betr die Künd benutzt, den Betreuten in ein Alten- od Pflegeheim zu verbringen, weil ihm dies die Bt erleichtert, od daß sich der Betr dem Wohl des Betreuten zuwider gg die RäumgsKl nicht wehrt (BT- 7   Drucks 11/4528 S 151). – Die AnzPfl besteht auch für die **faktische Wohnungsaufgabe, II 2,** dch Einzelmaßn wie Veräußerg des Hausrats, Beendigg des Bezugs von Wasser, Strom u Gas, Abmeldg des Fernsehers usw (BT-Drucks 11/4528 S 129).

8   **4) Aufgabe der Mietwohnung durch Weitervermietung, III.** Dch den GenVorbeh soll sichergestellt w, daß der Betr den WohngsSchutz zG des Betreuten nicht dch Weitervermieten der Wohng des Betreuten unterläuft. Die Vorschr gilt also nicht für die Vermietg anderw WohnR (LG Münst MDR **94**, 276). Die GenPfl sollte nach der amtl Begr auch für Vertr gelten, die nicht länger als 4 J dauern sollen (BT-Drucks 11/ 4528 S 151); daß der GesText von § 1902 II 1 aF ohne diese Änd abgeschrieben wurde, beruht wohl auf einem Versehen. Vgl iü § 1822 Nr 4; zu wiederkehrden Leistgen § 1822 Rn 18, 19.

1908   *Ausstattung.* **Der Betreuer kann eine Ausstattung aus dem Vermögen des Betreuten nur mit Genehmigung des Vormundschaftsgerichts versprechen oder gewähren.**

1   Die Vorschr entspr § 1902 I aF. Sie hat Bedeutg vor allem bei Hof- od GeschÜbergaben (BT-Drucks 11/ 4528 S 211). Der RegEntw wollte auf eine entsprechde Bestimm mRücks darauf verzichten, daß die vormschaftsgerichtl Gen wg der Beachtlichk des Willensvorrangs des Betreuten (§ 1901 II 1) stets erteilt w müßte (BT-Drucks 11/4528 S 151 f). **Ausstattungen** (§ 1624) können nur mit Gen des VormschG verspro-

chen od gewährt w. Sind jedoch beim Versprechen die zu übereignden Ggstde genau bezeichnet u ist die Verpfl dann gen, so bedarf es für das dingl Gesch keiner neuen Gen. Über die §§ 1804 S 1, 1908i II 1 hinausgehde Geschenke od schenkgsw erfolgde Ausstattgen werden auch dch die Gen des VormschG nicht wirks (§ 1804 Rn 1), außer wenn dadch einer sittl Pfl od einer auf den Anstand zu nehmden Rücks entsprochen w (§ 1804 S 2). Schenkg liegt gem § 1624 vor, wenn die Ausstattg das den Umstden nach entsprechde Maß überschreitet, insb mit den VermVerhältn des Betreuten nicht im Einklang steht, od wenn sie einer and Pers als dem Kind gewährt w.

1908 a Vorsorgliche Maßnahmen für Minderjährige. Maßnahmen nach den §§ 1896, 1903 können auch für einen Minderjährigen, der das siebzehnte Lebensjahr vollendet hat, getroffen werden, wenn anzunehmen ist, daß sie bei Eintritt der Volljährigkeit erforderlich werden. Die Maßnahmen werden erst mit dem Eintritt der Volljährigkeit wirksam.

1) Zweck: §§ 1896, 1903 lassen die Bestellg eines Betr bzw die AnO eines EinwilliggsVorbeh nur zu, **1** wenn der Betroffene vollj ist. Um Zeitlücken zu vermeiden, wenn absehb ist, daß ein Mj bei Eintritt der Volljährigk eines Betr bedarf, ermögl § 1908a die vorsorgl Bestellg eines Betr. Mit Rücks auf das WirksWerden nach S 2 kein unzul Eingr in das EltR. Anhörg: FGG 68a S 2.

2) Voraussetzungen, S 1. Die Bestellg des Betr od AnO des EV erfolgen **von Amts wegen** od auf An- **2** trag. Den Antr kann nur der Mj selbst stellen (*arg.:* § 1896 I 2); Antr der Elt sind als bl Anreggen zu behandeln.

3) Wirkungen, S 2, der Bestellg des Betr bzw der AnO des EV erst mit Eintritt der Volljährigk. Werden **3** nicht die Elt, sond ein Dr zum Betr best, besteht vor WirksWerden der Bestellg auch kein UmgangsR des Dr (BT-Drucks 11/528 S 152).

1908 b Entlassung des Betreuers. **I** Das Vormundschaftsgericht hat den Betreuer zu entlassen, wenn seine Eignung, die Angelegenheiten des Betreuten zu besorgen, nicht mehr gewährleistet ist oder ein anderer wichtiger Grund für die Entlassung vorliegt.

II Der Betreuer kann seine Entlassung verlangen, wenn nach seiner Bestellung Umstände eintreten, auf Grund derer ihm die Betreuung nicht mehr zugemutet werden kann.

III Das Gericht kann den Betreuer entlassen, wenn der Betreute eine gleich geeignete Person, die zur Übernahme bereit ist, als neuen Betreuer vorschlägt.

IV Der Vereinsbetreuer ist auch zu entlassen, wenn der Verein dies beantragt. Ist die Entlassung nicht zum Wohl des Betreuten erforderlich, so kann das Vormundschaftsgericht statt dessen mit Einverständnis des Betreuers aussprechen, daß dieser die Betreuung künftig als Privatperson weiterführt. Die Sätze 1 und 2 gelten für den Behördenbetreuer entsprechend.

V Der Verein oder die Behörde ist zu entlassen, sobald der Betreute durch eine oder mehrere natürliche Personen hinreichend betreut werden kann.

1) Die Vorschr regelt die Vorauss, unter denen der Betr vAw, auf eig Wunsch od auf Antr eines Vereins od **1** einer Beh zu entlassen ist od auf Vorschlag des Betreuten entlassen w kann. Der Antr auf Aufhebg der Bt enth auch den Antr auf Entlassg des Betr (BayObLG FamRZ **94**, 324). Widerspricht der Betreute der Entlassg, pers Anhörg erfdl (FGG 69i VII). **Beschwerde** des Betr gg seine Entlassg (BayObLG BtPrax **95**, 65; BezG Frkf BtPrax **93**, 143), nicht aber von Verwandten des Betreuten (LG Mü I BtPrax **95**, 149). Die Aufhebg der Entlassg läßt die Wirksk der vom neuen Betr vorgen RGesch unberührt (Kln FamRZ **95**, 1086).

2) Entlassung von Amts wegen, I. a) Entlassungsgründe. Es genügt jeder Grd, der den Betr iSv **2** § 1897 ungeeignet macht; die früh Unterscheidg zw der Gefährdg des Interesses des Betroffenen inf pflichtwidr od sonst abträgl Handelns u in der Pers des Betr liegder Pflegers liegder UntauglichkGrde ist zG einer allg gefaßten Regelg aufgegeben w (BT-Drucks 11/4528 S 152). Eine konkr Schädigg des Betreuten wird für die Entlassg nicht vorausgesetzt. Als EntlassgsGrde kommen in Betr: **aa) Person des Betreuers:** Mangeln- **3** de Sachkenntn bei der VermVerwaltg; PflVerletzgen wie Nichtoffenleg der Bt bei VermGesch zG des Betr (BayObLG BtPrax **95**, 65); ungenügde und verzög Rechngsleg (BayObLG FamRZ **94**, 1282) od daß der Betr den nöt Einsatz vermissen läßt u seine Untätigk dem Betreuten schadet; längere Krankh od Abwesenh des Betr u dadch bedingte Unfähgk zur ordngsgem Besorgg der Angelegenh des Betreuten; Eintritt der obj Unvereinbark gem § 1897 III. Vgl iü II (Rn 9). Gerät der Betr in VermVerfall u ist dadch das Verm des Betreuten gefährdet, Entlassg mangels Eigng (BT-Drucks 11/4528 S 153). – **bb) Person des Betreuten:** **4** Unüberwindl Abneigg, so daß eine pers Bt iSv § 1897 I nicht mehr mögl erscheint, obwohl das Ger nicht jeder Laune des Betreuten nachgeben soll (BT-Drucks 11/4528 S 153). – **cc) Andere wichtige Gründe:** **5** Eine Entlassg soll auch dann mögl sein, wenn der bish Betr zwar keine Eigngsmängel aufweist, ein BetrWechsel aber dennoch im Interesse des Betreuten liegt. Das ist etwa der Fall, wenn ein Eheg od Verwandter wg InteressKoll ausscheidet (BayObLG FamRZ **94**, 323) bzw umgek, wenn er zuvor wg Krankh od aus and Grden die Bt nicht übern konnte, nunmehr aber zur Vfg steht (*arg.:* § 1897 V). Doch hat der Wille des Betreuten, wenn er an seinem bish Betr festhalten will, Vorrang (§ 1897 IV 1). Einen wicht Grd kann auch die Entlassg des Vereins- od BehBetr bei Auflösg des ArbVerhältn mit dem Verein od die Entlassg aus der Beh darstellen; dann aber ggf IV (BT-Drucks 11/4528 S 154). Spanngen zw Betr u Betroff brauchen kein wicht Grd zu sein (BayObLG BtPrax **94**, 136). Das Interesse naher Angeh des Betreuten gibt als solches keinen EntlassgsGrd (Düss FamRZ **95**, 483). Als wicht Grd zur Entl eines BerufsBetr hat das AG Northeim (BtPrax **94**, 179) die zur ExistSicherg ungeeign Vergütg angesehen (vgl § 1835 Rn 1).

b) Maßnahmen. aa) Das Ger handelt **von Amts wegen.** Verhältn von I zu II: Familiäre, berufl u **6** sonstige Verhältn in der Pers des Betr sind an sich nur auf Verlangen des Betr zu berücks; doch muß das Ger

7 ihnen iR seiner AufsPfl auch vAw Beachtg schenken u etwa eine familiäre od berufl Überbelastg zum Anlaß für eine Entlastg in der Bt nehmen (BT-Drucks 11/4528 S 153). – **bb)** Bevor eine Entlassg ins Auge gefaßt w, soll das Ger nach dem VerhältnsmäßigkGrds zunächst die ihm zu Gebote stehden Mittel iRv **Aufsichts- und Weisungsrecht** über die Tätigk des Betr nutzen (§§ 1837, 1908 i I). Mögl ist auch eine nur **teilweise Entlassung,** indem das Ger dem Betr nur einen best AufgKr entzieht u hierf ein weiterer Betr bestellt w (§ 1899 I). Gilt insb, wenn für die pers Bt bes geeignete Eheg od nahe Verwandte die für die VermSorge 8 notw Kenntn nicht besitzen od in einen Interessenwiderstreit geraten. – **cc)** Entlassg dch **einstweilige Anordnung** bei Gefahr im Verzug (FGG 69 f III).

9   **3) Entlassung auf Wunsch des Betreuers, II. a) Zweck:** Der Betr kann seine Entlassg verlangen, wenn nach seiner Ernenng Umstde eintreten, aGrd derer ihm eine Bt nicht mehr zugemutet w kann. Unzumutb Belastgen, die mit der Bt verbunden sind, sollen vermieden w. Die weite Fassg der Vorschr ermögl es, alle in Betr kommden Umstde zu berücks, gleichgült in wessen Pers sie liegen od ob sie von außen einwirken. – 10 **b) Unzumutbarkeit.** Die Unzumutbark braucht nicht die Eigng des Betr in Frage zu stellen. Bei Widerruf der BereitErkl (§ 1898 Rn 5) ist der Betr auch dann zu entlassen, wenn die Vorauss von § 1908 b II nicht 11 vorliegen (LG Duisbg FamRZ **93**, 851). – **aa)** Tiefgreifde, vom Betreuten ausgehde Entfremdg, wobei II 12 nicht ermögl soll, sich einer lediglich unbequemen Bt zu entled (BT-Drucks 11/4528 S 153 f). – **bb)** Betr kann sich ferner auf seine eig familiären, berufl oder sonst Verhältn berufen, etwa auf die erfdl werdende Pfl einer nahestehden Pers; Ausscheiden eines Vereins- od BehBetr aus dem AnstellgsVerhältn (Rn 5); eine Verschlechterg seines eig GesundhZustds od fortgeschrittenes Alter; obj Umstde wie Verschlechterg von 13 VerkVerbindungen usw. – **cc)** Schließl sind Umstde zu berücks, die bei Auswahl des Betr noch nicht mit in Erwägg gezogen w konnten, zB Wechsel der Zustgk (Hbg BtPrax **94**, 138); od eine vorhandene, aber seinerzt nicht bemerkte Krankh des Betr; Fortführg eines schwier ZivProz (BayObLG FamRZ **94**, 1353). – 14 **c) Maßnahmen:** Nicht unbedingt Ersetzg des bish Betr dch einen neuen Betr insges; auch teilw Entlassg mögl (Rn 7). Dann wie §§ 1899, 1908 c.

15   **4) Austauschentlassung auf Wunsch des Betreuten, III. aa)** Im Anschl an § 1897 IV kann das Ger den Betr entlassen, wenn der Betreute eine gleich geeignete Pers, die zur Übern der Bt bereit ist, als neuen Betr vorschlägt. Auf die GeschFgk kommt es nicht an (BayObLG FamRZ **94**, 322). Doch ist dem Wunsch des Betreuten nach einem BetrWechsel nur eingeschränkt stattzugeben, näml unter den Vorauss, daß der Wunsch des Betreuten nicht auf den Einfall eines (evtl sogar wirtschaftl interessierten) Dr zurückgeht (BayObLG FamRZ **94**, 1353; Düss BtPrax **95**, 108 mN) u daß der Betreute zugl einen neuen Betr präsentiert. **Zweck:** Kein BetrWechsel bei bl pers Unzufriedenh des Betreuten mit seinem Betr (BT-Drucks 11/4528 S 154). Kann der Betreute selbst keinen geeigneten and Betr finden, kommt eine Entlassg des Betr nur unter den Vorauss von I od II in Betr. Unberührt bleibt das Recht des nur körperl Behind, die Aufhebg der 16 Bt zu verlangen (§§ 1908 d II 1, 1896 I 3). – **bb) Kann-Vorschrift.** Das Ger behält einen Ermessensspielraum u muß prüfen, ob der mögl BetrWechsel nicht dem Wohl des Betreuten zuwiderläuft. Das ist der Fall, wenn in Wirklichk der Wunsch des Betreuten auf die Beeinflussg eines mit Erbaussichten rechnden Verwandten zurückzuführen ist (BT- Drucks 11/4528 S 154).

17   **5) Entlassung eines Vereins- oder Behördenbetreuers, IV.** Zu den Begriffen § 1897 Rn 9. Die Ent-18 lassgsMöglkten nach I–III bleiben unberührt (vgl insb Rn 5). – **a) Entlassungsantrag des Vereins, IV 1.** Der VereinsBetr kann von seinen Aufg als Betr nicht dch den Verein, sond nur vom VormschG entbunden w. Dennoch muß dem Verein od der Beh ein Weg eröffnet w, die Entlassg des MitArb aus der Bt zu erreichen, etwa wenn der MitArb dringd für and Aufg benöt w. Die Personalhoheit wird dch ein entspr 19 AntrR des Vereins gesichert. – **b) Weiterführung der Betreuung, IV 2.** Ist die Entlassg trotz des Antr zum Wohl des Betreuten nicht erfdl, kann das VormschG statt der Entlassg aussprechen, daß der Betr die Bt künft als PrivPers weiterführt. Der Weg einer Entlassg u Neubestellg als PrivBetr wurde nicht beschritten, weil sonst zB Handlg u Entscheidgen des vollzogene vormschgerichtl Gen ihre Wirksamk verlören u neu erteilt 20 w müßten (BT-Drucks 11/4528 S 154). – **c) Behördenbetreuer, IV 3.** S 1 u 2 gelten für den BehBetr entspr, dh auch die Beh kann jederzt die Entlassg ihres MitArb aus der Bt verlangen, aber nicht verhindern, daß der MitArb unabhäng davon, ob er weiter in der Beh tät ist, die Bt als PrivBetr fortsetzt. Zur Entlassg bei Wegfall der örtl Zustdgk Zweibr FamRZ **92**, 1325 (Einf 20 v § 1896).

21   **6) Entlassung des Vereins oder der Behörde, V.** Sind der Verein od die Beh als solche zum Betr best (§ 1900 I u IV), so werden sie entlassen, sobald die Bt dch eine od mehrere natürl Pers mögl ist. Dadch soll der Vorrang der EinzBt auch für die Zt nach der BetrBestellg gewährl w. Die Regel wird dch die AnzPfl gem § 1900 III u IV 2 ergänzt. Keine Entlassg der Beh, wenn der vorgeschlagene Bter nicht gleich gut geeignet ist (LG Mainz BtPrax **93**, 176).

1908 c *Bestellung eines neuen Betreuers.* Stirbt der Betreuer oder wird er entlassen, so ist ein neuer Betreuer zu bestellen.

1   Die Bt als solche wird weder dch den Tod noch dch die Entlassg des Betr beendigt; nicht das Amt u die dadch begrdeten Beschrkgen entfallen, sond der derzeit AmtsInh fällt weg. Desh ist in diesen Fällen schnellstmögl ein neuer Betr zu best. Für die **Auswahl** gilt wiederum § 1897. **Verfahren:** FGG 69 i VIII. Bestellg dch einstw AnO: FGG 69 f, insb bei Bestehen eines EinwilliggsVorbeh (§ 1903 I).

1908 d *Aufhebung oder Änderung von Betreuung und Einwilligungsvorbehalt.* **I** Die Betreuung ist aufzuheben, wenn ihre Voraussetzungen wegfallen. Fallen diese Voraussetzungen nur für einen Teil der Aufgaben des Betreuers weg, so ist dessen Aufgabenkreis einzuschränken.

II Ist der Betreuer auf Antrag des Betreuten bestellt, so ist die Betreuung auf dessen Antrag aufzuheben, es sei denn, daß eine Betreuung von Amts wegen erforderlich ist. Den Antrag kann auch ein Geschäftsunfähiger stellen. Die Sätze 1 und 2 gelten für die Einschränkung des Aufgabenkreises entsprechend.

III Der Aufgabenkreis des Betreuers ist zu erweitern, wenn dies erforderlich wird. Die Vorschriften über die Bestellung des Betreuers gelten hierfür entsprechend.

IV Für den Einwilligungsvorbehalt gelten die Absätze 1 und 3 entsprechend.

1) Gesetzeszweck. Die Aufhebg od eine sonstige Veränderg der Bt od eines EinwilliggsVorbeh sollen **1** (iGgs etwa zu § 1882) im Interesse der Klarh der RVerhältn nicht schon bei Verändergen der BtBedürftigk eintreten, sond erst aGrd einer ausdrückl **gerichtlichen Entscheidung.** Das gilt auch dann, wenn die Bt zur Besorgg einer einz Angelegenh angeordn ist, so daß die Bt auch hier nicht mit der Erledigg der Angelegenh, sond erst dch Beschl des VormschG endet (BT-Drucks 11/4528 S 155). Daß die Bt mit dem **Tod** des Betreuten endet, ergibt sich aus dem Wesen der Bt; wg der Fortwirkg von Pflichten des Betr vgl §§ 1893, 1908i I; Paßmann BtPrax **94**, 202: §§ 177ff. Tod od Entlassg des Betr änd dagg an der BtBedürftigk des Betroffenen nichts u führen desh nur zur Bestellg eines neuen Betr (§ 1908c).

2) Aufhebung der Betreuung bei Wegfall ihrer Voraussetzung, I. Entspr dem ErfdlkGrds (§ 1896 **2** Rn 19) hat das VormschG vAw dafür Sorge zu tragen, daß die Bt nicht unnöt lange aufrechterh bleibt. Desh ist die Bt insges aufzuheben, wenn ihr Vorauss gänzl weggefallen sind, **I 1.** Kein Wegf der Vorauss in der ZwZt zw mehreren Schüben einer Psychose (BayObLG FamRZ **94**, 319; § 1896 Rn 20). Fallen die Vorauss nur für einen Teil der Aufg des Betr weg, so ist dessen AufgKr einzuschränken, **I 2.** Vgl § 1896 Rn 27ff.

3) Aufhebung der auf Antrag angeordneten Betreuung, II. a) Voraussetzungen der Aufhebung, 3 II 1. Ist der Betr auf Antr des Betreuten best w (§ 1896 I), so ist zu unterscheiden: **aa)** Kann der Betreute **4** seine Angelegenh ausschließl aGrd einer **körperlichen Behinderung** nicht besorgen, so kam die Bt schon nur aGrd seines Antr zustande (§ 1896 Rn 8) u soll desh gg seinen Willen auch nicht fortdauern. Dem Antr auf Aufhebg ist daher auch bei Fortdauer der früh BtBedürftigk iiF stattzugeben. – **bb)** Ist der Betreute dagg **5** aGrd einer **psychischen Krankheit** od einer geist od seel Behinderg betrgsbedürft (§ 1896 Rn 6), so kann er nicht ow auf eig Antr aus der Bt entlassen w. Um dch eine Entlassg des AntrBetr keine falschen Hoffngen zu erwecken, ist die einmal begründete Bt desh bei Fortdauer der BtBedürftigk als **Amtsbetreuung** fortzuführen. Hatte der Betreute im ErstVerf auf die Einholg eines GA verzichtet, ist letztere jetzt nachzuholen (FGG 69i IV). Iü steht die Einholg eines neuen GA (wg des Fehlens einer Verweisg auf FGG 68b in § 69i III) im Ermessen des Ger (Ffm NJW **92**, 1395). – **b)** Den **Antrag** auf Aufhebg der Bt kann auch ein **Geschäftsun- 6 fähiger** stellen, **II 2** (vgl. § 1896 Rn 6). – **c) Einschränkung des Aufgabenkreises, II 3.** Die Einschränkg **7** des AufgKr ist der Sache nach eine teilw Aufhebg der Bt u unterliegt desh denselben Vorschr.

4) Erweiterung des Aufgabenkreises, III. a) Der AufgKr des Betr ist zu erweitern, wenn dies **erfor- 8 derlich** ist, **III 1** (§ 1896 Rn 19 u 21). Die Notwendigk kann sich aus versch Grden ergeben, etwa weil sich die Krankh od Behinderg des Betreuten verschlimmert hat od weil zusätzl Angelegenh auftauchen, die vom ursprüngl AufgKr des Betr nicht erfaßt waren od weil bish vorhandene and Hilfen etwa von FamAngeh (vgl § 1896 II 2) nachträgl weggefallen sind. – **b)** Für die Erweiterg des AufgKr gelten iü die **Vorschriften über 9 die Erstbestellung** eines Betr entspr, **III 2.** Dies gilt auch für das Verf (FGG 69i). Bei Erweiterg des AufgabKr auf alle Angelegten ist die Best eines VerfPfleg zwingd (BayObLG FamRZ **94**, 327). Für sämtl neuen AufgKr muß die SelbstBestFähigk fehlen (BayObLG FamRZ **95**, 116). Neben der erfdl muß der bish Betr auch die erfdl **Eignung** besitzen (§ 1897 Rn 5). Ist das nicht der Fall, hat das Ger zu prüfen, ob es einen weiteren Betr best (§ 1899 I) od den bish Betr entläßt (§ 1908b I) u einen neuen Betr für den erweiterten AufgKr best. Für diese Entsch ist es von erhebl Bedeutg, ob sich zw dem Betreuten u dem bish Betr ein VertrauensVerhältn gebildet hat (BT-Drucks 11/4528 S 156). Dann können die Angelegenh des Betreuten dch die Bestellg eines weiteren Betr besorgt w (§ 1899 Rn 2).

5) Aufhebung und Änderung des Einwilligungsvorbehalts, IV. Vgl zum EV § 1903. Für die Auf- **10** hebg, Einschränkg od Erweiterg eines EV gelten I u III entspr. Eine entspr Anwendg von II kommt nicht in Betr, weil der EV nur vAw angeordnet w kann (§ 1903 Rn 3).

1908e Aufwendungsersatz und Vergütung für Vereine. **I** Ist ein Vereinsbetreuer bestellt, so kann der Verein Ersatz für Aufwendungen nach § 1835 Abs. 1 und 4 und eine Vergütung nach § 1836 Abs. 1 Satz 2 und 3 und Abs. 2 verlangen. Allgemeine Verwaltungskosten werden nicht ersetzt.

II Der Vereinsbetreuer selbst kann keine Rechte nach den §§ 1835 bis 1836a geltend machen.

1) Zweck: Nach bish Recht konnte ein Verein als Vormd weder Vorschuß für Aufwendgen noch eine **1** Vergütg für seine Tätigk verlangen u AufwendgsErs nur insow, als das Verm des Mündels ausreichte; diese Einschrkgen galten nicht, wenn ein VereinsMitarb als EinzVormd od -pfleger tätig war. Auch in Zukft kann bei **Betreuung durch einen Betreuungsverein** als solchen (§ 1900 I 1) der Verein keine Vergütg u AufwendgsErs ledigl bei ausreichdem Verm des Betreuten verlangen (§§ 1835 V, 1836 IV, 1908i I).

2) Bei Betreuung durch einen Vereinsbetreuer, also dch den MitArb eines BtVereins (§ 1897 II 1), ist **2** zu unterscheiden: **a) Ansprüche des Vereins, I. aa) Aufwendungsersatz, I 1,** gem § 1835 I. Verfügt der **3** Betreute über kein ausr Verm, erh der Verein diesen AufwendgsErs aus der Staatskasse (§ 1835 IV). § 1835 II u III finden hins der VereinsMitArb keine Anwendg; der Verein hat in eig Verantwortg für die Aus- u Fortbildg sowie für eine angem Versicherg des im Beschäft zu sorgen (BT-Drucks 11/4528 S 157). **Allgemeine Verwaltungskosten** sind wg der Schwierigk, diese Kosten auf einz BetrgsFälle umzurechnen, u weil der Verein zur Abdeckg auch der laufden Kosten Spenden u globale Zuschüsse erh, nicht zu

4 ersetzen, I 2. – **bb) Vergütung, I 1.** Die anerkannten BtVereine sollen aSt des VereinsBetr die Vergüt erh. Wenn die berufl Betr von einem Verein bezahlt w, ist es nur folgerichtig, diese Entlohng dem Verein zukommen zu lassen. Dem Verein steht die Vergüt nach Grd u Höhe (vgl § 1836 Rn 4 ff bzw 12 ff) zu, wie er dem VereinsBetr zustünde, wenn er selbstd tät gewesen wäre (BayObLG FamRZ **95**, 692/3). Verfügt der Betreute über ausr Verm, ist die Vergüt aus seinem Verm zu zahlen (§ 1836 I), sonst aus der Staatskasse (§§ 1835 IV, 1836 II); auch ein Vorschuß (LG Stendal FamRZ **95**, 115 mN). Die Vergüt an den VereinsBetr

5 ist nach dem EinigsV grdsl um 20% zu kürzen (LG Stendal FamRZ **94**, 1202). – **b) Ansprüche des Vereinsbetreuers, II.** Da die Kosten der Bt vom Verein getragen w, kann der VereinsBetr Anspr auf AufwendgsErs, Vergüt od AufwandsEntschädigg (§§ 1835–1836a) nicht in eig Pers geltd machen.

1908f *Anerkennung als Betreuungsverein.* ¹ Ein rechtsfähiger Verein kann als Betreuungsverein anerkannt werden, wenn er gewährleistet, daß er

1. eine ausreichende Zahl geeigneter Mitarbeiter hat und diese beaufsichtigen, weiterbilden und gegen Schäden, die diese anderen im Rahmen ihrer Tätigkeit zufügen können, angemessen versichern wird,
2. sich planmäßig um die Gewinnung ehrenamtlicher Betreuer bemüht, diese in ihre Aufgaben einführt, fortbildet und berät,
3. einen Erfahrungsaustausch zwischen den Mitarbeitern ermöglicht.

** II ** Die Anerkennung gilt für das jeweilige Bundesland; sie kann auf einzelne Landesteile beschränkt werden. Sie ist widerruflich und kann unter Auflagen erteilt werden.

III Das Nähere regelt das Landesrecht. Es kann auch weitere Voraussetzungen für die Anerkennung vorsehen.

1 **1) Zweck** der den bes Status als BtVerein vermittelnden ör ErgNorm ist es, best Qualitätsstandards zu gewährleisten, ehe eine Bestellg von VereinsBetr in Betracht (§ 1897 II) u ein Verein in den Genuß der in § 1908 I 1 genannten Beträge kommt.

2 **2) Voraussetzungen der Anerkennung, I.** Wg weiterer landesgesetzl Anfdgen vgl Dodegge NJW **94**,

3 2383. **a) Rechtsfähigkeit.** Für die Anerkenng muß der Verein rechtsfäh sein (§ 21). – **b) Professionelle Betreuer, Nr 1.** Im Rahmen des Modells „organisierter EinzBt" darf der Verein nicht nur ehrenamtl Helfer haben, sond muß die Beschäftigg von MitArb gewährl, die für die Übern auch schwierigerer BtFälle u iü auch dazu geeignet sind, ehrenamtl Mitgl zu gewinnen, sie in ihre Aufg einzuführen, fortzubilden u zu beraten. Ein best AusbildgsAbschl ist nicht vorgeschrieben (BT-Drucks 11/4528 S 158). Vgl aber Rn 6. Der Verein muß für Schäden, die seine MitArb den Betreuten zufügen u für die der Verein ggf haftet, eine

4 Versicherung abschließen (Einf 16 v § 1896). – **c) Ehrenamtliche Betreuer, Nr 2.** Der Verein soll im wesentl die EinzBt gem § 1897 organisieren; desh muß er sich planmäß um die Gewinng ehrenamtl Betr

5 bemühen u diese in ihre Aufg einführen, fortbilden u beraten. – **d) Erfahrungsaustausch, Nr 3,** setzt die Berichterstattg auch über pers Verhältn des Betreuten voraus. Desh entbindet Z 3 insow von der VerschwiegenhPfl die Betr (§ 1901 Rn 2). Allerd muß dafür gesorgt w, daß die Informationen aus den Gesprächskreisen nicht herausgegeben w (BT-Drucks 11/4528 S 158).

6 **3) Verfahren. a)** Die Anerk ist ein **Verwaltungsakt.** Über die Zustdgk für die Anerk entscheidet das **Landesrecht, III 1.** Im Bundesgesetz können nur die GrdStrukturen der Vereinstätigk vorgegeben w. Einzeln sind dch LandesR zu regeln. Das gilt insb für die genauen Anfordergen an die Qualifikation von hauptberufl Betr. Soweit die in § 1908f I vorgeschriebenen Anfordergen erfüllt sind, hat der Verein ein Recht auf Anerk. Die zust Beh hat kein Ermessen (BT-Drucks 11/4528 S 157). Bei Ablehng des Antr auf

7 Anerk VerpflKl vor dem VerwG. – **b) Weitere Voraussetzungen, III 2.** Das LandesR kann weitere

8 Vorauss für die Anerk vorsehen. – **c)** Die Anerk kann schließl unter **Auflagen** (zB hins der Einstellg zusätzl Personals od der Gestaltg des SchulgsProgramms) erteilt w u ist **widerruflich, II 2,** zB bei VermVerfall des Vereins, bei einer Einstellg seiner Aktivitäten od bei Verstößen gg die Pfl nach I bzw bei Nichterfüllg von

9 Aufl. – **d) Wirkung der Anerkennung.** Die Anerk gilt für das jew Bundesland, in dem sie ausgespr wurde, kann aber auf einz Landesteile beschr w, **II 1.**

1908g *Behördenbetreuer.* ¹ Gegen einen Behördenbetreuer wird kein Zwangsgeld nach § 1837 Abs. 3 Satz 1 festgesetzt.

II Der Behördenbetreuer kann Geld des Betreuten gemäß § 1807 auch bei der Körperschaft anlegen, bei der er tätig ist.

1 **1) Zwangsgeld, I.** Der **Behördenbetreuer** ist im Ggs zur Bestellg der Beh als solcher (§ 1900 IV) der MitArb einer in BtAngelegenh zust Beh, der dort ausschließl od Tätigkten als Betr beschäft ist, aber als Pers zum EinzelBetr bestellt wird (§ 1897 II 2; dort Rn 9). Ist die Beh als solche zum Betr bestellt (§ 1900 IV), scheidet die Festsetzg eines Zwangsgelds unmittelb nach § 1837 III 2 aus. Die Festsetzg eines Zwangsgelds wäre jedoch auch mit der Stellg als BehBetr, da die Bt in Wahrnehmg einer öff Aufg ausgeübt wird, nicht vereinb. Desh erweitert I das Verbot entspr (BT-Drucks 11/4528 S 159).

2 **2) Anlage von Geld, II,** das dem Betreuten gehört, soll auch bei der Körpersch erfolgen, bei der der BehBetr tät ist. Die Vorschr entspr §§ 1805 S 2, 1897 S 1, 1915 I aF.

1908h *Aufwendungsersatz und Vergütung für Behördenbetreuer.* ¹ Ist ein Behördenbetreuer bestellt, so kann die zuständige Behörde Ersatz für Aufwendungen nach § 1835 Abs. 1 verlangen. § 1835 Abs. 5 gilt entsprechend.

II Der zuständigen Behörde kann eine Vergütung nach § 1836 Abs. 1 Satz 2 und 3 bewilligt werden.
III Der Behördenbetreuer selbst kann keine Rechte nach den §§ 1835 bis 1836a geltend machen.

1) Aufwendungen, I. Die Beh soll auch nach Einf der EinzelBt für ihren Betr nur eingeschrkt Ers von 1
Aufw erh. Der VerweisgsMechanismus der Vorschr ist alles und als klar. Von vornherein scheidet für den
beamteten od angest BehBetr § 1835 III aus. Ers der Kosten einer angem Versicherg für den Betr (§ 1835 II)
kommt nicht in Betracht, weil diese Aufw kr ausdrückl Bestimmg zu den allg VerwKosten gehören, für die
es nach §§ 1835 V 2, 1908h I 2 ohnehin keinen Ers gibt. Daß kein Vorschuß für Aufw u auch kein Ers aus
der Justizkasse (§ 1835 IV 1) verlangt w kann, ergibt sich ebenf nur aus der Verweis von I 2 auf § 1835 V 1,
wonach die Beh Vorschuß überh nicht u Ers nur bei ausreichtem Verm des Betreuten verlangen kann.

2) Vergütung, II. Ist der Betreute vermögd od bezieht er ein gr Eink, soll die Beh eine Vergütg für die 2
Tätigk ihres MitArb verlangen können. Dem Amt ist daher unter den Vorauss von § 1836 I 2 u 3 eine
Vergütg zu gewähren, die also abhängt vom Verm des Betreuten u dem Umfang der Bt (vgl § 1836 Rn 5–7).
Nicht anwendb ist dagg § 1836 II, so daß der Beh auch dann keine Vergütg aus der Staatskasse gezahlt w
darf, wenn der BehBetr die Vorauss von § 1836 II 1 seiners erfüllt. Auch der Anspr auf AufwandsEnt-
schädigg (§ 1836a) steht der Beh nicht zu.

3) Ausschluß eigener Ansprüche des Behördenbetreuers, III. Für den BehBetr ist die Bt Berufsaus- 3
übg innerh des Amts. Da er desh von seinem Dienstherrn bezahlt wird u die für die Bt erfdl Aufw nicht
selbst zu finanz braucht, besteht kein Grd, ihm die in §§ 1835–1836a enth Rechte auf AufwErs, Vergütg u
AufwandsEntschädigg zu gewähren (BT-Drucks 11/4528 S 159).

1908i *Entsprechend anwendbare Vorschriften.* **I** Im übrigen sind auf die Betreuung
§ 1632 Abs. 1 bis 3, §§ 1784, 1787 Abs. 1, § 1791a Abs. 3 Satz 1 zweiter Halbsatz und
Satz 2, § 1792, 1795 bis 1797 Abs. 1 Satz 2, §§ 1798, 1799, 1802 Abs. 1 Satz 1, Abs. 2 und 3, §§ 1803,
1805 bis 1821, 1822 Nr. 1 bis 4, 6 bis 13, §§ 1823 bis 1825, 1828 bis 1831, 1833 bis 1836a, 1837 Abs. 1 bis
3, §§ 1839 bis 1841, 1843, 1845, 1846, 1857a, 1888, 1890, 1892 bis 1894 sinngemäß anzuwenden. Durch
Landesrecht kann bestimmt werden, daß Vorschriften, welche die Aufsicht des Vormundschafts-
gerichts in vermögensrechtlicher Hinsicht sowie beim Abschluß von Lehr- und Arbeitsverträgen
betreffen, gegenüber der zuständigen Behörde außer Anwendung bleiben.

II § 1804 ist sinngemäß anzuwenden, jedoch kann der Betreuer in Vertretung des Betreuten
Gelegenheitsgeschenke auch dann machen, wenn dies dem Wunsch des Betreuten entspricht und
nach seinen Lebensverhältnissen üblich ist. § 1857a ist auf die Betreuung durch den Vater, die
Mutter, den Ehegatten oder einen Abkömmling des Betreuten sowie auf den Vereinsbetreuer und
den Behördenbetreuer sinngemäß anzuwenden, soweit das Vormundschaftsgericht nichts anderes
anordnet.

1) Anwendung von Regelungen der Vormundschaft über Minderjährige, I 1. Eine pauschale Ver- 1
weisg wie in §§ 1897 S 1, 1915 I aF ist im BtR nicht sinnvoll, wesh I den Weg der Einzelverweisg beschreitet
(BT-Drucks 11/4528 S 159). Vorausst ist stets, daß sich der dem Betr zugewiesene AufgKr (§ 1896 Rn 22) auf
den RegelgsBereich der Vorschr, auf die verwiesen w, bezieht. **Für die Betreuung gelten sinngemäß:**
a) Personensorge: § 1632 I–III. Vorausst ist, daß sich die Bt allg auf die PersSorge od bei eingeschrktem 2
AufgKr zumind gezielt auf die Befreiung des Betreuten aus widerrechtl FreihBehinderg od auf den Schutz
vor Belästiggen dch Dritte bezieht. – **b) Beamter oder Religionsdiener:** §§ 1784, 1888. Sie sollen als Betr 3
bestellt od wieder entlassen w nur unter Berücks etwaiger landesrechtl bes ErlaubnVorbehalte. – **c) Haf-** 4
tung des Betreuers: §§ 1787 I, 1833, 1834 bei unbegründeter Ablehng der Übern der Bt bzw bei PflVer-
letzgen in Ausübg der Bt (Einf 13 ff vor § 1896). – **d) Vereins- und Behördenbetreuung:** §§ 1791a III S 1 5
Halbs 2 u S 2, 1857a. Die Verweisg gilt für Vereine wie für Beh, auch wenn die Vorschr selbst unmittelb nur
vom Verein handeln; das folgt aus der allg Fassg der Verweisg („die Betreuung"). – **aa) Delegationssperre.** 6
Für die Bestellg des Vereins u der Beh zum Betr gelten aStv §§ 1791a I–III die Vorschr des § 1900 I, II u IV
iVm FGG 69b I 2 u II. Sinngem gilt dagg § 1791a III 1 Halbs 2, dh der zum Betr bestellte Verein darf die Bt
(zB gesetzl Vertretg, Einwillig in med Behdlg) nicht einem VereinsMitgl übertr, das den Betreuten in
einem Heim des Vereins versorgt (§ 1791a Rn 8). – **bb) Haftung:** Einf 13 ff v § 1896. – **cc) Befreiungen** 7/8
von Beschrkgen bei der Anlegg von Geld sowie von der Pfl zur Hinterleg u RechngsLegg: § 1857a. Vgl iü
Rn 19. – **e) Gesetzlicher Ausschluß der Vertretung:** §§ 1795, 1796. Die gesetzl VertretgsMacht des Betr 9
(§ 1902) ist ausgeschl bei Geschäften zw dem Betreuten u dessen Eheg od einem mit ihm in gerader Linie
Verwandten (§ 1795 Nr 1; vgl § 1795 Rn 1), ferner bei best SichergsGesch (§ 1795 Nr 2) u entspr RStreitig-
ten mit den genannten Pers od über die genannten Angelegenh (§ 1795 Nr 3) sowie schließl iF des Selbstkon-
trahierens (§ 1795 II). Darüber hinaus kann dem Betr bei Interessenkollisionen die VertretgsMacht für einz
Angelegenh od einen Kreis von Angelegenh entzogen w (§ 1796). – **f) Gegenbetreuer:** § 1792 (vgl 10
BayObLG FamRZ 94, 325). **Mitbetreuung:** § 1899. Für mehrere Betr gilt: **aa) Meinungsverschiedenhei-**
ten: §§ 1797 I 2, 1798. Sind für ein u dieselbe Angelegenh mehrere Betr bestellt (§ 1899 I 1), entsch über
MeingsVerschiedenh ggf das VormschG, zB über die Notwendigk von RehabilitationsMaßn (§ 1901
Rn 13). Kein solcher Fall liegt vor, wenn die AufgKr der mehreren Betr sich überschneiden (§ 1899 I 2), wie
zB bei einer SterilisationsBt (§ 1899 Rn 7), od wenn dem einen Betr von vornherein die EntscheidgsKompe-
tenz übertr w ist, wie zB bei der Trenng von Pers- u VermSorge (§ 1896 Rn 23) od bei der ÜberwachgsBt
(§ 1896 Rn 21 u 27) sowie bei teilw Entlassg (§ 1908b Rn 7). – **bb) Gegenseitige Kontrolle:** § 1799 (Spanl 11
Rpfleger 92, 144). – **g) Vermögenssorge: aa)** § 1802 I 1, II u III (VermVerzeichn); § 1803 (Erbsch u 12
Schenkg); §§ 1805–1821, 1822 Nr 1–4, 6–13, 1823–1825, 1845 (Anlegg von Geld, Hinterleg
von Wertpapieren, GenPfl, VermVerzeichn bei Heirat usw). Zu Kontosperren u Schenkgen: Bobenhausen

BtPrax **94**, 158. Zur Vfg ü Grdbesitz: § 1907 Rn 1. Von der Verweisg ausgen sind Vorschr über GgVormd u
13 solche, zu denen das BtG eigenstnd Vorschr enth (zB §§ 1822 Nr 5 u 1907 III). – **bb) Auf-
sichtserleichterung,** I 2. Durch LandesR kann die Aufs über den VormschG in vermrechtl Hins sowie für den
14 Abschl von Lehr- u ArbVertr ausgesetzt w. – **h) Aufwendungsersatz und Vergütung:** §§ 1835–1836 a.
15 Zum VereinsBetr: § 1908 e; zum BehBetr: § 1908 h. – **i) Aufsicht, Kontrolle und Beratung durch das
16 Vormundschaftsgericht:** §§ 1837 I–III, 1839–1841, 1843. – **j) Amtsbeendigung** (vgl § 1896 Rn 32): Tod
des Betreuten (§ 1908 d Rn 1); § 1890 RechnLegg u VermHerausg; §§ 1892–1894 RechnPrüfg, GeschFort-
17 führg, Anz des Todes des Betr. – **k) Verfahren:** Nach § 1846 **einstweilige Maßregeln,** auch die **Unter-
bringung** des Betroffenen auf diesem Wege (§ 1906 Rn 9).

18   **2) Geschenke, II 1:** „Vorsichtige Erweiterg" des § 1804, der dahin modifiziert wird, daß der Betr **a)** in
Vertretung des Betreuten (§ 1902) **b) Gelegenheitsgeschenke** machen kann, zu denen auch Zuwendgen
außerh des § 1804 S 2, also an fürsorgl Bekannte, Nachb od Pflegepersonal gehören. Doch müssen die
Geschenke **c)** dem **Wunsch** des Betreuten entspr, wobei bei fortschreitdem geist Verfall ggf früher (nicht
notw in der Form von BtVfgen) geäußerte Wünsche ausr (vgl § 1901 Rn 8). Die Fortdauer eines entspr
Wunsches ist auch anzun, wenn in der Vergangenh Geschenke dieses Umfgs häufiger gemacht w sind. –
d) Vorauss ist schließl, daß die Geschenke nach den **Lebensverhältnissen** des Betreuten übl sind.

19   **3) Befreiung, II 2.** Zur Befreiung von BtVerein u BtBeh (§ 1900 I 1 u IV) bei der Anlegg von Geld
(§ 1852 II), bei der Hinterlegg von WertP (§ 1853) u bei der Rechnlegg (§ 1854) vgl Rn 8. Zur „Entbürokra-
tisierg" erweitert II 2 die BefreiungsMöglkten auf den Vereins- u BehBetr (§ 1897 II) sowie auf die unmittelb
Verwandten u den Eheg des Betreuten, soweit diese seine Betr sind (§ 1897 I). Doch kann das VormschG die
gesetzl Befreiung dch AnO auch zurückn. Dies ist angezeigt, wenn im Einzelfall eine möglicherw auch zeitl
beschrkte engere Kontrolle angezeigt ist (BT-Drucks 11/4528 S 161).

Dritter Titel. Pflegschaft

Einführung

1   **1) Wesen der Pflegschaft.** Die Pflegsch hat ebso wie die Vormsch eine FürsTätigk zum Inhalt. Währd
aber die Vormsch grdsätzl die Fürsorge für alle Angelegenheiten (§ 1793 Rn 1) umfaßt, greift **die Pfleg-
schaft bei einem Fürsorgebedürfnis für besondere Angelegenheiten** ein, das allerd iF des § 1909 III ein
sehr umfassdes sein k. Dabei geht es nach Ersetzg der GebrechlkPflegsch des § 1910 aF dch die Betr
(§§ 1896–1908 i) nicht mehr um ein FürsBedürfn bei gesch-unfäh oder beschr geschäh Pers, sond um ganz
unterschiedl Schutzbedürfn u Art (§§ 1911–1914), die eine Beschrkg der Geschäfigk nicht voraussetzen.
2 Aus dieser Besonderh ergibt sich, **a)** daß der Pfleger zur Vertretg des Pfleglings nur innerh der vom
3 VormschG zugewiesenen Grenzen Vertretgmacht besitzt; – **b)** daß die Pflegsch die Gesch- u damit die
Prozfähigk des Pflegebefohlenen unberührt läßt. Die für § 1910 aF insow diskutierte Problematik (vgl
50. Aufl) hat sich dch das BtG erled (vgl Einf 5 v § 1896; § 1896 Rn 2).

4   **2) Anwendung der Pflegschaftsvorschriften.** Die im BGB vorgesehenen Pflegschaften sind durchweg
Personal-, nicht Realpflegschaften. Eine Ausn macht ledigl die Pflegsch für das in Sammelvermögen § 1914
(KG SeuffA **56**, 179). Auch die für das nehel Kind bestehe Pflegsch (§ 1706) ist ebso wie die NachlPflegsch
eine Personalpflegsch; denn letztere dient der Fürs für die unbekannten Erben (RG **135**, 307). Über die
ausdrückl geregelten Fälle für die Anordng einer Pflegsch hinaus kann das VormschG auch dann, wenn
seiner Ansicht nach ein Schutzbedürfn vorhanden ist, eine Pflegsch nicht anordnen (KGJ **20** A 21). Unzu-
lässig also entspr Anwendg bei Verhinderg des TestVollstr (KG OLG 6, 303). Abgesehen von § 1913 u
ZuständErgG 10 (Anh § 1911) ist auch eine Pflegsch über jur Personen unzul (KG OLG **41**, 79). In anderen
Gesetzen gibt es zahlr Sonderfälle für Pflegsch. Ob die Vorsch des BGB für diese anwendbar sind, ist in
jedem einzelnen Fall nach dem Inhalt u Zweck, den die Pflegerbestellg verfolgt wird, zu prüfen. Nicht
anwendbar auf die Vertreter zu Prozeß- od VollstrZwecken wie die aus ZPO 57, 58, 494 II, 668, 679 III,
686 II, 779 II, 787, ZVG 6, 7, 135, 157 II. Für die Beschlagnahme u Güterpflege nach StPO 290 ff, 433 sind
die Vorschriften nur insow anwendbar, als das mit der Eigenart jener Maßnahmen vereinbar ist (vgl auch
RAG **23**, 66). Diese erfolgen ausschl im öff Interesse, um den flüchtigen Angeschuldigten zur Gestellg zu
veranlassen, allerdings mit der Nebenaufgabe des Pflegers u VormschG, daß die Interessen des Angeschul-
digten nicht über den BeschlagnZweck hinaus beeinträchtigt w (KG JW **37**, 412; str). Für die Verw erforderl
Beträge kann VormschG freigeben, währd Freigabe von ArbEinkünften des Pfleglings im Inland Sache des
Strafrichters (BayObLG **63**, 258). Desh kann auch nicht unter Berufg auf § 1911 Aufhebg der Pflegsch
verlangt w, wenn ein Inlandsvertreter bestellt ist (BayObLG HRR **34**, 631). Anders zu behandeln auch
Beschlagn gemäß RAbgO 106 III, 380 IV, die ledigl ein relatives Veräußergsverbot zG des FinAmts darstellt
(KG JFG **12**, 142; aM Schlegelberger Anm 2 zu FGG 39). Kein Pfleger ist Treuhänder im HypR (§§ 1141 II,
1189). Hingg hat Stellg eines Pflegers der Beistand, dem VermVerw übertragen ist (§ 1690). Der **Custodian**
nach Sperre des Vermögens gem MRG 52 (vgl 42. Aufl § 1911 Anh Anm 1 zu § 10) ist kein Pfleger.

5   **3) Verfahren.** Es handelt sich um ein vAw betriebenes, zweistuf Verf, bei dem die AO der Pflegsch von
der Auswahl u Best des Pfl zu unterscheid ist u auf das die Vorschr über die Vormsch entspr anzuwenden
sind. Es entscheidet im allg der RPfl; Ausn bei AO der Pflegsch über einen Ausl u aGrd dienstr Vorschr
(RPflG 14 I Nr 4) od wenn Pflegsch wg KiWohlGefährdg angeordn wird (§ 1666 Rn 19). Soweit RiVorbeh
besteht, bleibt Auswahl und Best des Pfl Sache des RPfl. JA u Vereine können ErgPfl für Mj u für die
Leibesfr sein (§§ 1915, 1791 a, b). Vgl ü FGG 37–42, 46 III, 47 III, 57 I Nr 3. Kosten: KostO 93.

6   **4) Übergangsvorschriften:** EG 210, 211, 160. **IPR:** EG 23, FGG 37 II, 38, 39 II, 47 III. **Überleitungs-
recht DDR:** EG 234 § 15. **Reform:** Einl 6 v § 1297; Einf 1 v § 1773.

1909 *Ergänzungspflegschaft.* [I] Wer unter elterlicher Sorge oder unter Vormundschaft steht, erhält für Angelegenheiten, an deren Besorgung die Eltern oder der Vormund verhindert sind, einen Pfleger. Er erhält insbesondere einen Pfleger zur Verwaltung des Vermögens, das er von Todes wegen erwirbt oder das ihm unter Lebenden unentgeltlich zugewendet wird, wenn der Erblasser durch letztwillige Verfügung, der Zuwendende bei der Zuwendung bestimmt hat, daß die Eltern oder der Vormund das Vermögen nicht verwalten sollen.

[II] Wird eine Pflegschaft erforderlich, so haben die Eltern oder der Vormund dies dem Vormundschaftsgericht unverzüglich anzuzeigen.

[III] Die Pflegschaft ist auch dann anzuordnen, wenn die Voraussetzungen für die Anordnung einer Vormundschaft vorliegen, ein Vormund aber noch nicht bestellt ist.

1) Der RGrd für die Anordg der ErgänzsPflegsch ist die Verhinderg der Elt oder des Vormds. Auf jur 1 Personen kann die Vorschr daher keine Anwendg finden (KG OLG **41**, 79). Unterschieden wird (vgl KostO 93) zw DauerPflegsch und Pflegschaften für einzelne Rechtshdlgen; zur Abgrenzg vgl BayObLG JurBüro **81**, 264. Ist der Pfleger verhindert, so kann auch ein Unterpfleger bestellt w. Der Pfleger tritt nur an Stelle der Elt od des Vormd. Für den GgVormd wird kein Pfleger bestellt. Bei vorübergehder Verhinderg kann seine Gen dch das VormschG ersetzt w (§§ 1809f, 1812); bei dauernder Verhinderg Entlassg (§ 1886).

2) Voraussetzungen der Anordnung: 2

a) Die Eltern (bzw der allein berechtigte EltTeil) **oder der Vormund muß an der Besorgung von** 3 **Angelegenheiten verhindert sein,** sei es eine od ein Kreis von Angelegenheiten, mögen diese persönl od vermögensrechtl Art sein. Gleichgültig auch, ob die Verhinderg tatsächl od rechtl Art ist, §§ 1629 II, 1666, 1667, 1670, 1680, 1795, 1796, 1801; bei rechtl Verhinderg genügt ein ernstl rechtl Zweifel, zumal wenn andere mit dieser Frage befaßte Stellen diese Verhinderg annehmen könnten u der EltT mit der Pflegerbestellg einverst ist (KG JW **35**, 2154). Desh wurde in der Rspr mRücks auf BFH FamRZ **73**, 374 **Dauerpfleg-** 4 **schaft** zur Wahrnehmg der Rechte eines Mj in einer FamGesellsch zugelassen, wenn allein dadch SteuerVort zu erlangen sind (Nachw 35. Aufl); abl jetzt BGH **65**, 93, so daß ErgänzgsPflegsch zivilrechtl nicht w dch die Tats gerechtf ist, daß mj Kommanditist u sein gesetzl Vertr Komplementär des KG sind. Entspr hat BFH NJW **76**, 1287 seine RAuffassg, daß f die einksteuerl Anerk einer Fam-KG mit mj Kindern erfdl ist, daß für jedes beteiligte Kind ein ErgänzgsPfleg best w, ausdrückl aufgegeben. Nicht erfdl ist eine Ergänzgspflegsch auch f die Dauer eines schenkw begründeten Nießbr an einem MietwohnGrdst zG mj Ki (BFH NJW **81**, 142); wohl aber ist wg § 181 die Mitwirkg eines Pflegers bei der Bestellg des Nießbr erfdl (BFH NJW **81**, 141). Zweifel daran, ob der Pfleger das RGesch rechtswirks wird vornehmen können, schließen Pflegerbestellg nicht aus (BayObLG NJW **60**, 577); anders, wenn rechtswirksame Vornahmen nicht mögl, insow also bei Pflegerbestellg zu prüfen. Keine Pflegsch, wenn der andere Elternteil die elterl Sorge ausüben kann, zB §§ 1680, 1666 od ein ÜbertraggsGrd auf ihn vorliegt, §§ 1670 II, 1680, od VormschG selbst die erforderl Maßregeln trifft, §§ 1667, 1693, 1844 II, 1846, od Mdl selbst die Angelegenheiten besorgen kann, §§ 112, 113, FGG 59. **Zuwendungspflegschaft, I 2:** Besonderer Fall der rechtl Verhinderg bei VermEr- 5 werb von Todes wg od durch unentgeltl Zuwendg seitens eines Dritten mit Verwaltgsausschluß der beiden Eltern od Vormd, I 2 (vgl auch GleichberG Art 8 I Z 9, abgedr 41. Aufl § 1638 Anm 4, aber auch § 1638 III). ErgänzgPflegsch ow, wenn der überlebde EltT dch seinen geschiedenen Eheg von der Verw des ererbten KiVerm ausgeschl w (BayObLG FamRZ **89**, 1342). Es genügt die Bitte um Anordg gerichtl Verwaltg (BayObLG Recht **16**, 952) od um Pflegerbestellg (KGJ **22** A 25). Andererseits kann die Bestellg eines Pflegers durch den VermZuwender nicht ausgeschl werden (KG RJA **10**, 102). Das VormschG hat die Gültigk des Testaments zu prüfen (KGJ **38** A 72), aber bereits bei Zweifelhaftigk Pflegsch anzuordnen (Hbg OLG **26**, 118). Durch die Anordg werden die Eltern von der Verw ausgeschl, § 1638, u zwar ohne weiteres (BayObLG **14**, 253), ohne daß ihnen allerdings dadurch das Recht zur Ausschlagg der Erbsch entzogen würde (KG RJA **14**, 115). Beim Vormd tritt die Unfähigk zur VermVerw hingg erst mit der Pflegerbestellg ein (§ 1794 Rn 1). Ausschluß der Verw bei nichtbevormundeten Vollj kann bedeuten, daß ein TestVollstr gewollt ist; die Anordg einer Pflegsch ist jedenf unzul (Warn **13**, 239; vgl auch § 1882 Rn 2).

Fälle der Verhinderung: Krankh (aber über die HeilbehandlgsPflegsch kein Einschreiten des VormschG 6 zZw des Abbruchs der ärztl Behdlg; AG Bln-Neukln FamRZ **87**, 1083/88, 541); Entbindg von der ärztl SchweigePfl (LG Stgt DAV **87**, 147: Vorauss, daß Mj selbst bereit ist); Abwesenh; uU auch bei Selbstablehng des VertragsBerechtigt wg Interessenwiderstreits, etwa AdoptivElt des incognito adoptierten Kindes wollen nicht bekannt w (Karlsr FamRZ **66**, 268); Dchführg einer VerfassgsBeschw in einem Verf gem §§ 1632 IV, 1666 (BVerfG FamRZ **86**, 871; **87**, 786); Entsch üb die Ausübg des ZeugnVerweigergsR eines Mj bei Verhinderg des gesetzl Vertr (Hamm OLGZ **72**, 157), weil der eine EltT der Beschuldigte (LG Memmg MDR **82**, 145); Klage der Kinder gg beide Eltern (falls nur gg einen EltT, ist der andere getrennt lebende vertretgsberechtigt, § 1629 II 1 Halbs 2) auf Unterh (§ 1629 Rn 15–20); Feststellg eines Rechtsverhältnisses eines EltT ggü dem Kinde (BayObLG **1**, 259); Ausschl des überlebden EltT von der Verw ererbten Verm (BayObLG DAV **89**, 703); hingg nicht bei Vorbeh des Nießbrauchs anläßl einer Schenkg des and Elternteils an das Kind (RG **148**, 321; aM Mü HRR **42**, 544), wohl aber bei Entlassg eines EltT in der Gesellschafterversammlg einer GmbH, an der das Kind beteiligt ist (KG JW **35**, 2154), der and EltT ist wg §§ 1629 II, 1795 Nr 1 verhindert), ebso bei AuseinandS zw Vater u Kind hins einer Erbsch (Rostock JFG **2**, 133), nicht aber schon bei AuseinandS des Vaters u Kindes einerseits mit einem Dritten andererseits (KGJ **23** A 74), da die bloße Möglichk eines Interessenwiderstreites nicht genügt (KG DJ **38**, 427); bei Herausg des Pflichtteils gg einen EltT (BayObLG JR Rspr **25**, 692). Wird anläßl einer ErbauseinandS das mehreren Mjen zustehende GesHandsEigt in BruchtEigt umgewandelt, so muß jeder Mj durch einen Pfleger vertreten sein (BGH **21**, 229); desgl wenn mehrere Kinder als Kommanditisten mit dem Vater eine Kommanditgesellsch eingehen, da dadurch auch RVerhältnisse zw den Kindern begründet werden, mithin je ein Pfleger für jedes Kind (BayObLG FamRZ **59**, 125; vgl §§ 1629 Rn 10, 1795 Rn 1). Möglich auch Pflegerbestellg im Verf gem § 1666 zur Anstellg der erforderl Ermittlgen (KGJ **50**, 34, str). ErgänzgsPflegsch auch, wenn die Ämter eines TestamentsVollstr u eines Vormds des Erben sich in einer Pers vereinigen (BayObLG DAVorm **78**, 470). ErgänzsPflegsch trotz TestVollstr mögl, wenn der VermGgst inf Vertr zG Dritter unter Lebden nicht in den Nachl fällt (Bln Rpfleger **79**, 204). ErgänzsPflegsch ist erfdl bei unentgeltl Zuwendg eines Grdst od v WohngsEigt vom Vater auf seinen mj Sohn, weil das obligator Gesch nicht losgelöst vom dingl Erfüllgs-Gesch betrachtet w kann (so VorlBeschl BayObLGZ **79**, 243 ggü BGH **15**, 168). Grdsl Vorauss für die steuerl Anerk eines MietVertr zw einem mj Ki als Verm u seinem Vater als Mieter ist die Vertretg des Ki dch einen ErgPfl bei Abschl des MietVertr (BFH NJW **93**, 1415).

7   **Hingegen Pflegschaft unzulässig** als Beobachtgspflegsch nur zur Überprüfg der Rechngslegg des Vormd (BayObLG Rpfleger **81**, 302) od ledigl zZw der Einlegg der Beschwerde (KGJ **38** A 12). Zur Wahrnehmg der Angelegenh des § 1706 im Gebiet der fr DDR § 1705 Rn 7.

8   **b) Ein Bedürfnis muß vorliegen,** dh eine best Angelegenh z besorgen sein (BayObLG **13**, 582) u ein konkreter Interessenwiderstreit vorliegen (Ffm MDR **64**, 419), zB für den Schuldn einer NachlFdg, die dem Betroff als Erben zusteht (BayObLG FamRZ **90**, 909). Daß ein Bedürfn einmal eintreten kann, genügt nicht (KG RJA **16**, 10), so daß BeobachtgsPflegsch unzul. Anderers ist Bedürfn nicht desh z verneinen, weil ein TestVollstr ernannt ist (Rostock JFG **2**, 132). Bei StatusKl muß Interesse des Kindes an der Feststellg der FamZugehörig bestehen (BayObLG FamRZ **89**, 540; KG NJW **66**, 1320); zZw der Zust od Verweigerg zu einer im StrafVerf gg die Elt des Ki angeordneten BlutEntn (Stgt Just **82**, 158); bei Geltdmachg v Unterh (KG JR **59**, 20 mAv Beitzke) bzw des PflichttAnspr (KG JW **36**, 2748) Gefährdg desselben. Ob Bedürfn vorh, hat VormschG z prüfen, wobei es sich Klarh ü den Sachverhalt verschaffen muß, um das Vorliegen eines Bedürfn beurt z können (KG DJ **38**, 427). Bei ZeugnVerweigerg wg Kindesmißhdlg entsch Verhörsperson ü Aussagebereitsch u Verstandesreife (Stgt FamRZ **85**, 1154). Ist der Proz, zu dessen Führg Pfleger best w soll, offenbh aussichtsl od mutwill, so kann AO der Pflegsch wg fehlden Bedürfn abgelehnt w (BayObLG Recht **24**, 1000), ebso bei Verstoß gg gute Sitten od ein gesetzl Verbot (BayObLG Recht **26**, 1957), weil dann Gesch ohnehin nicht v VormschG gen w kann (LG Lüb SchlHA **55**, 275), dagg nicht, weil Vertr möglicherw nicht mehr wirks vorzunehmen ist (BayObLG NJW **60**, 577) od nicht dem MdlInteresse entspricht, denn das hat Pfleger selbst z entscheiden (BayObLG JFG **4**, 126). Nur wenn Proz als völl aussichtsl erscheint, w v einer Bestellg abgesehen w können (LG Mü FamRZ **71**, 323). Im AsylanerkenngsVerf bekommt 16jähr Ausländer Pfleger, wenn die VerwG seine VerfFähigk verneinen (KG NJW **82**, 526). Eine bes Art der Pflegsch ist die f nicht vollj Kind mit der Mutter, § 1706, die vAw eintrb (AmtsPflegsch), sofern das VormschG nicht das Ggteil angeordn h, § 1707. Kein Bedürfn, wenn nicht voll Gesch-fäh ausreichende natürl Einsichtsfähigk besitzt, von der ärztl SchweigePfl zu entbinden u einer ärztl Untersuchg zuzustimmen (BayObLG Rpfleger **85**, 192).

9   **3) Pfleger an Stelle des Vormunds, III.** Zulässig zB, wenn VormdBestellg Hindernisse (schwierige Prüfg, ob Berufener zu übergehen, Ablehng des Ausgewählten u dgl) entggstehen, aber schleunige Regelg erforderl ist, soweit nicht etwa VormschG selbst eingreifen muß (§§ 1693, 1846 Rn 2).

10   **4) Anzeigepflicht, II.** Eltern u Vormd haben von dem Bedürfnis der Pflegsch unverzügl, dh ohne schuldhaftes Zögern, § 121, bei Vermeidg ihrer Haftg dem VormschG Anzeige zu machen. Zur Anzeige sind weiter verpflichtet der GgVormd, § 1799 I, Pfleger, § 1915 I, Beistand, § 1686, das JA, §§ 1694, 1850, das Ger, wenn in dem vor ihm anhängigen Verfahren die Notwendigk einer Anordng der Pflegsch hervortritt, FGG 35 a.

11   **5) Anordnung und Verfahren.** Zuständig das VormschG, bei dem die Vormsch anhängig ist, sonst gelten die allg Regeln, FGG 37 I. Wenn also nur über die anderen Geschwister Vormsch, so deren Ger auch für Pflegsch der übrigen zust (KG JFG **1**, 37); hingg zieht die Anhängigk einer Pflegsch aus § 1909 die Zustdgk dieses Gerichts nur für Einzelverrichtgen bzgl desselben Pflegebefohlenen nach sich (KG DR **40**, 919). Zuständgk bei Pflegsch über Ausländer FGG 37 II; nicht das Bedürfn der Fürs entsch, sond der AufenthOrt des Ki (BayObLG FamRZ **88**, 534). Es entsch der RPfleger, RPflG 3 Z 2a, 14 Z 4. VormschG hat entspr dem das VormschR beherrschenden Offizialprinzip auch vAw tätig zu werden (KG OLG **18**, 287) und die erforderl Ermittlgen anzustellen, FGG 12. Bei **Auswahl** des Pflegers hat VormschG freie Hand (§ 1916). Bes zu berücks aber Vorschlag der Elt (LG Mü I Rpfleger **75**, 130; Bln DAVorm **76**, 429), denen eig BeschwR zusteht (FGG 20 I) gg Auswahl wie gg Ablehng der Entlassg des Pflegers (BayObLG NJW **64**, 2306); ebso wenn der VermZuwender einen Pfleger benannt hat, § 1917 I, der auch im Umfang der §§ 1852 bis 1854 von ihm befreit w kann, § 1917 II. Das VormschG kann aber in diesem Falle bei Interessengefährdg des Pflegebefohlenen die Anordngen außer Kraft setzen, bei Lebzeiten des VormZuwenders allerdings im allg, vgl § 1917 III, nur mit dessen Zust (vgl auch § 1803 Rn 4). Der benannte Pfleger kann bei gleichgerichteten Interessen (LG Ffm FamRZ **91**, 736) od wg Interessengefährdg übergangen werden (§§ 1917 I, 1778 I), niemals kann das VormschG aber die Ausschließg der Verw dch Eltern od Vormd als solche außer Kraft setzen, da darin keine Gefährdg des Interesses des Pflegebefohlenen liegen kann. Gegen die Ablehng der Anordng der Pflegsch u ebso gg deren Aufhebg durch das VormschG (§ 1919) hat jeder, der ein rechtl Interesse daran hat, ebso der Eheg, die Verwandten u Verschwägerten des Pflegebefohlenen das BeschwR (FGG 57 I Z 3), aber nicht der Pfleger (Mü JW **36**, 1022); gg Anordng BeschwR der Elt im eig Namen (BayObLG FamRZ **65**, 99), ferner des Vormd (FGG 20), weiterhin des Mdl im Rahmen des FGG 59, Dritter im Rahmen von FGG 57 I Z 9, jedoch nicht des Prozeßgegners des Pfleglings (KGJ **24** A 153). Die Nachprüfg, ob der Pfleger rechtmäßig bestellt is u ob dafür die Voraussetzgen vorlagen, steht weder dem ProzG noch einem anderen VormschG, bei der der Pfleger auftritt, zu (KG JW **35**, 2754).

12   **6) Wirkung der Pflegerbestellung;** vgl dazu Einf 2, 3 vor § 1909. Der Pflegebefohlene wird in seiner GeschFgk durch die Pflegsch selbst auch dann nicht beschränkt, wenn eine vorl Vormsch der Anlaß ist III. Auch dann ist der Wirkgskreis des Pflegers bei der Bestellg vom VormschG genau zu bestimmen (KG OLG **24. 34**), wenn er auch in diesem AusnFall möglicherw die Besorgg sämtl Angelegenheiten des Mdl umfaßt. Ist ein TestVollstr ernannt (Rn 8), so Wirkgskreis des Pflegers nicht zur Wahrnehmg der Rechte des Pflegebefohlenen ggü TestVollstr, sond die ganze den Eltern entzogene VermVerw, soweit sie nicht dem Test-

Vollstr zusteht (KG RJA **16**, 15). Bei Meingsverschiedenheiten der Eltern od des Vormd mit dem Pfleger vgl §§ 1630, 1798.

7) Beendigung der Pflegschaft. a) kraft Gesetzes bei Beendigg der elterl Sorge od Vormsch (§ 1918 I **13** und Rn 2), bei Anordng der Pflegsch zur Besorgg einer einzelnen Angelegenh mit deren Erledigg (§ 1918 III und Rn 4); **– b)** mit Aufhebg durch das VormschG (§ 1919 Rn 1). Gg Aufhebg der Pflegsch hat der zum **14** Ergänzgspfleger bestellte RA kraft seines früh Pflegeramtes kein BeschwR (KG Rpfleger **78**, 138).

1910 *Gebrechlichkeitspflegschaft.* (*Aufgehoben durch BtG Art 1 Nr 48. Vgl Einf 1 v § 1896.*)

1911 *Abwesenheitspflegschaft.* **¹ Ein abwesender Volljähriger, dessen Aufenthalt unbe- kannt ist, erhält für seine Vermögensangelegenheiten, soweit sie der Fürsorge bedür- fen, einen Abwesenheitspfleger. Ein solcher Pfleger ist ihm insbesondere auch dann zu bestellen, wenn er durch Erteilung eines Auftrags oder einer Vollmacht Fürsorge getroffen hat, aber Um- stände eingetreten sind, die zum Widerrufe des Auftrags oder der Vollmacht Anlaß geben.**

II Das gleiche gilt von einem Abwesenden, dessen Aufenthalt bekannt, der aber an der Rückkehr und der Besorgung seiner Vermögensangelegenheiten verhindert ist.

1) Zweck: Fürs für VermAngelegenh einer Pers, die inf Abwesenh an deren Besorgg verhindert ist. **1** Auch hier handelt es sich um eine Personalpflegsch (Einf 4 v § 1909). Anwendg der Vorschr auf eine jur Pers, deren Vertreter unbek sind, unzul (KG JW **20**, 497). Eine bes Art der AbwesenhPflegsch ist die zZw der AuseinandS (FGG 88, 99), ebso die auf Ersuchen der Enteigngsbehörde mit Zust des VormschG, in dessen Bezirk das betroffene Grdst liegt (BauGB 207). Vgl auch VwVfG 16. Wg der Pflegsch über das beschlagn Verm eines Angeschuldigten StPO 292, 433 (vgl Einf 4 v § 1909). AbwesenhPflegsch zul nur bei VermAngelegenheiten; Bestellg zZw der Wahrnehmg persönl Angelegenhten wie Führg eines KindschProz absolut nichtig, so daß ProzPart nicht vertreten ist (Kblz FamRZ **74**, 222). **ZuständigkeitsergänzungsG:** 53. Aufl Anh zu § 1911 (betraf Behinderungen der Vertretg jur Pers dch die DDR).

2) Voraussetzungen. a) Abwesenheit aa) mit unbekanntem Aufenthalt. Welche Anfordergen an **2** die Dauer der Abwesenh gestellt werden, ist nach Lage des einzelnen Falles vom VormschG nach freiem Ermessen zu beurteilen. Liegt nicht nur dann vor, wenn jemand von seinem Wohns, od falls er einen solchen nicht hatte, von seinem AufenthOrt abgereist ist, ohne daß Nachricht über seinen neuen AufenthOrt vorliegt, sond auch, wenn jemand an seinem Wohns verschwunden u Nachricht von seinem Verbleib trotz Nachforschgen nicht zu erlangen ist (RG **98**, 264). Es genügt, wenn das VormschG den AufenthOrt nicht kennt u diese Unkenntnis nicht leicht beheben w kann (KG OLG **18**, 307). Verschollenh (VerschG 1) braucht für I nicht vorzuliegen. Andererseits Anordng der Pflegsch auch zul, wenn die Lebensvermut (VerschG 10) nicht mehr begründet ist (BayObLG RJA **13**, 176; OGH JR **51**, 280). Die Beibehaltg der deutschen Staatsangehörigk wird bei einem Verschollenen vermutet (BayObLG OLG **6**, 305). Ist der Pflegebefohlene zZ der Einleitg der Pflegsch tatsächl nicht mehr am Leben gewesen, so wird dadurch die Wirksamk der von u ggü dem Pfleger vorgenommenen RGeschäfte nicht berührt (RG JW **11**, 100), da im Falle des Todes die Pflegsch erst mit der Aufhebg durch das VormschG endet (§ 1921 II 2). Nach der TodesErkl ist hingg eine AbwesenhPflegsch unzul (BayObLG **2**, 42). Es kann u Umst NachlPflegsch in Betr kommen, die auch nicht vom Vorliegen eines FürsBedürfnisses abhängt, § 1961 (vgl auch Arnold NJW **49**, 250).

bb) Abwesenheit mit bekanntem Aufenthalt, II. Einleitg auch mögl, wenn der Abwesde an der **3** Rückkehr od Besorgg seiner VermAngelegenhten verhindert ist, mithin auch wenn er sich an seinem Wohns befindet. Entscheidd die Verhinderg, zu dem Ort zu gelangen, an dem die VermAngelegenhten besorgt w müssen (RG **98**, 263). Wesentl Erschwerg genügt. Gleichgültig, ob die Verhinderg auf seinem Willen beruht, zB Geschäfte, die ihn im Ausl zurückhalten (BayObLG **9**, 428), od nicht; PflegerBestellg also auch bei DDR-Bewohnern zur Abgabe von Erkl in der Form des GBV 29 (Heilbronn Just **74**, 130) od auch für Strafgefangenen, der einen Bevollm nicht findet, soweit ein solcher zur Besorgg der Gesch ausr würde, hingg nicht für Steuerflücht (KG JFG **12**, 136) u StrafHäftlg bei bl Geldmangel (KG FamRZ **88**, 877).

b) Ein Fürsorgebedürfnis für die Vermögensangelegenheiten des Abwesenden muß vorliegen. 4 Ist zu verneinen, wenn es sich um Mj od unter Bt stehde Vollj handelt, da für diese durch die elterl Sorge, die Vormsch od Bt gesorgt ist; wenn durch G schon für den Fall der Abwesenh in anderer Weise Vorsorge getroffen ist, zB bei Abwesenh eines Elternteils durch Alleinvertretg seitens des anderen, § 1678; desgl wenn der Abwesende sich um seine Angelegenh kümmern will (BayObLG OLG **30**, 160); wenn er diese vorausschriftl erledigen (BayObLG **9**, 431); wenn er durch Erteilg eines Auftrags od einer Vollm selbst Fürs treffen kann. Ist das geschehen, so kann dennoch Pflegerbestellg erforderl werden, wenn Umst hervortreten, die zum Widerruf des Auftrags od der Vollm Anlaß geben, I 2. Darüber hat der VormschRichter zu entschei- den. Der Widerruf der Vollm u des Auftrags erfolgt aber nicht durch ihn, sond durch den von ihm zu bestellen Pfleger, der darüber selbständig zu entscheiden hat. Die Anordng einer NachlPflegsch schließt die einer AbwesenhPflegsch noch nicht ohne weiteres aus (BayObLG **14**, 632). Ob ein FürsBedürfnis vorliegt, ist nach dem Interesse des Abwesenden zu beurteilen (Warn **20**, 48). Liegt das vor, so kann daneben die Pflegerbestellg auch im Interesse Dritter liegen, zB um eine Schuld, die im Zweifel besteht, anzuerkennen u zu bezahlen und so den Abwesenden vor Klage zu schützen (KG RJA **15**, 176), od um einer zweifelsfreien UnterhPfl nachzukommen (KG JR **50**, 690); unzul dagg die AbwesenhPflegsch ausschließl im Interesse eines Dr, zB zZw der Zustellg eines Pfändgs- u ÜberweisgsBeschl (Zweibr FamRZ **87**, 523) od ledigl, um die Künd einer Hyp entgegzunehmen. Das allg Interesse an der Klärg od des Gegners an der Führg eines sonst auszusetzenden RStreits reicht nicht aus (Celle NdsRpfl **48**, 88). Aufhebg des Mietverhält- nisses ist im allg nicht im Interesse des Vermißten (BayObLG NJW **53**, 506).

5   **3) Wirkungskreis des Pflegers.** Bestimmt sich ebenf nach dem FürsBedürfnis, bei dessen Beurteilg auch die Länge der voraussichtl Verhinderg, die Dringlichk der Besorgg der Angelegenh zu beachten ist. Danach zu entscheiden, ob der Pfleger nur für einzelne od für alle VermAngelegenheiten zu bestellen ist. Für die Abgrenzg des Wirkgskreises ist die Bestellg maßg, Einf 2 vor § 1909. Ist eine Beschrkg nicht erfolgt, so anzunehmen, daß Pfleger für die Besorgg aller Vermögensangelegenheiten bestellt ist. Dazu gehört nicht nur Erhaltg, sond auch Verw des Vermögens (KG OLG **37**, 250), Ausschlagg u Annahme einer Erbsch (Colmar KGJ **53**, 250), Beantragg eines Erbscheins (KG RJA **13**, 198), Antr auf KonkEröffng, jedoch niemals die Besorgg persönl Angelegenh, also zB PersStKlagen, Zustimmg zum VaterschAnerkenntn (§ 1600 d II), Erhebg der ScheidgsKl (RG **126**, 261), Stellg von Strafanträgen, soweit es sich nicht um Verletzg von vom Pfleger wahrzunehmender VermRechte handelt. Zu seinen Aufgaben gehört aber auch Ermittlg der unbekannten Abwesenden (einschränkd BGH Betr **56**, 891). Er kann auch TodesErkl beantragen (VerschG 16 II b; BGH **18**, 393), aber nur mit Gen des VormschG (VerschG 16 III), die aber zur Beschw wg Aufhebg der TodesErkl nicht erfordel (BGH **18**, 396).

6   **4) Verfahren.** Zust ist das VormschG, in dessen Bez der Abwesde seinen Wohns hat (FGG 39 I); fehlt ein solch im Inl: FGG 39 II; bei Zweif an der WoBegründg: Kln FamRZ **93**, 1107. AuseinandSPflegsch: FGG 88, 89. Gg die AO der Pflegsch ist allein der Abwesde beschwberecht (FGG 20), ggf vertr dch den Pfl, der die AO aus eig R nicht angreifen kann. Gg die Ablehng od Aufhebg sind auch Dr unter den Vorauss des FGG 57 I Nr 3 beschwberecht; keine erweit BeschwBefugn aus FGG 57 I Nr 9, da AbwPflegsch auf VermAngelegh beschr ist.

7   **5) Wirkung der Bestellung.** Hinsichtl der GeschFgk des Pflegebefohlenen vgl Einf 3 vor § 1909.

8   **6) Beendigung der Pflegschaft. a)** Kraft Gesetzes bei Bestellg der Besorgg einer einzelnen Angelegenh mit deren Erledigg, § 1918 III, mit Rechtskr des die TodesErkl aussprechenden Beschl, § 1921 Rn 1. –
9   **b)** Durch Aufhebg seitens des VormschG, wenn festgestellt wird, daß der Abwesende, für den die Pflegsch angeordnet wurde, nicht existiert (BayObLG **21**, 352), bei Wegfall des Anordngsgrundes, §§ 1919, 1921 I, im Falle des Todes des Pflegebefohlenen, § 1921 II (abweichd von der Regel, vgl § 1882 Rn 1 und Grdz 1 vor § 1882). Wird dem Pfleger der Tod des Pflegebefohlenen bekannt, so hat er die Aufhebg zu beantragen (BayObLG **3**, 841). Eine Fortführg der Pflegsch im Interesse der Erben findet nicht statt, erforderlichenf aber Pflegsch nach § 1913 oder NachlPflegsch, § 1960.

1912 *Pflegschaft für eine Leibesfrucht.* ^I **Eine Leibesfrucht erhält zur Wahrung ihrer künftigen Rechte, soweit diese einer Fürsorge bedürfen, einen Pfleger. Auch ohne diese Voraussetzungen kann für eine Leibesfrucht auf Antrag des Jugendamts oder der werdenden Mutter ein Pfleger bestellt werden, wenn anzunehmen ist, daß das Kind nichtehelich geboren werden wird.**

^{II} **Die Fürsorge steht jedoch den Eltern insoweit zu, als ihnen die elterliche Sorge zustünde, wenn das Kind bereits geboren wäre.**

1   **1) Voraussetzungen der Anordnung. a)** Es muß durch die Schwangersch der Mutter das Vorhandensein einer Leibesfrucht dargetan sein. Wegen der Pflegsch für Nichterzeugte vgl § 1913.

2   **b)** Das Kind darf, falls es bereits geboren wäre, nicht unter elterl Sorge stehen, da für diesen Fall den Eltern die Fürs zusteht, II, die Fürs für ein nehel Kind der nehel Mutter, jedoch mit der sich aus § 1706 ergebden Einschränkg, für die vor der Geburt ein Pfleger gem § 1708 bestellt w kann. Pflegerbestellg aus § 1912, aber, falls der Vater u die Mutter das Kind in der fragl Angelegenh nicht vertreten könnten, zB § 1638, od wenn es sich um Rechte der Leibesfrucht als Nacherbe ggü den Eltern als Vorerben handelt, §§ 1629 II 1, 1795 II, 181.

3   **c)** Die künftigen Rechte müssen der Fürsorge bedürfen. Ausschlaggebd ist das Interesse der Leibesfrucht, also nicht etwa eines Dritten. Ein FürsBedürfn fehlt, wenn für die Wahrg der Rechte der Leibesfrucht schon in anderer Weise gesorgt ist, zB durch Ernenng eines TestVollstr, § 2222, od Bestellg eines NachlPflegers, die zu erfolgen hat, wenn eine Leibesfrucht als Erbe eingesetzt ist, § 1960, od dadurch, daß die Mutter die Möglichk des Antrags zu einer einstw Vfg gg den nehel Vater für den Unterh des Kindes in den ersten 3 Monaten hat, § 1615 o I 2, oder VormschG einen Pfleger für nehel Kind vor Geburt bestellt, § 1708. Auch zur Erwirkg eines diesbezügl Arrestes ist eine Pflegerbestellg unzul (BayObLG **12**, 535). Als künftige Rechte kommen überh nur solche in Betr, die der Leibesfrucht als solcher zustehen, wie zB Rechte aus Vermächtnis, als Nacherbe, aus einem zu ihren Gunsten geschlossenen Vertr, §§ 328, 331 II (KGJ **29** A 156), ferner gem § 844 II 2, HaftpflG 3 II 2, StVG 10 II 2, bei Bestreitg des ErbR, § 1923 II, nicht aber Anspr aus § 1963, der ein solcher der Schwangeren ist, oder UnterhAnspr des nehel Kindes als solcher, §§ 1601, 1615 f, da dieser erst mit Geburt entsteht (KG RJA **2**, 116). – Voraussetzgen von c entfallen, **I 2**, u damit die Einschränkg auf Rechte, die der Leibesfrucht als solcher zustehen, wenn anzunehmen ist, daß es sich um ein nehel Kind handelt. Dann ist die Aufg des Pflegers eine weitergehende, also auch Ermittlg des Vaters, Veranlassg zur Anerkenng, Zustimmg zu dieser, § 1600 b II u c, ggf Vorbereitg der VaterschKl, Beantragg einer einstw Vfg, § 1615 o. Keine Pflegerbestellg, solange das Kind noch als ehel gelten würde, § 1593.

4   **2) Wirkungskreis.** Vgl Einf 2 vor § 1909. Er erstreckt sich nur auf die zu 1c genannten künftigen Rechte. Der Pfleger ist insof gesetzl Vertreter der Leibesfrucht, kann also mit Gen des VormschG auch einen AbfindsVertr mit dem natürl Vater schließen (bestr). Ist Leibesfrucht zum Erben eingesetzt, nicht Pfleger nach § 1912, sond NachlPfleger, § 1960. Keine PflegBestellg nach § 1912 zur Entsch über SchwangerschAbbr (Vennemann FamRZ **87**, 1068; vgl § 1626 Rn 14).

5   **3) Verfahren.** Zust: FGG 35 b, 40; bei fremd StaatsAngeh des erwarteten Ki FGG 44, EG Art 24 III. IdR RPflEntsch (RPflG 3 Nr 2 a, 14 I Nr 4). Beschw: In einem vAw betriebenen Verf allein der fürsorgeberecht EltT gg die AnO der Pflegsch (FGG 20 I); gg Ablehng od Aufhebg auch Dr (FGG 57 I Nr 3); in dem nach I 2

auf Antr betriebenen Verf kann nur AntrSt (JA od werdde Mu) gg die Zurückweisg des Antr vorgeh (FGG 20 II).

4) Beendigung der Pflegschaft. a) Kraft Gesetzes mit mit der Geburt des (lebden od toten) Kindes **6** (§ 1918 II), auch wenn es um die vorgeburtl Einbenenng geht (BayObLG FamRZ **83**, 949); ferner wenn die Pflegsch nur zur Besorgg einer einzelnen Angelegenh angeordnet war, mit deren Erledigg, § 1918 III;

b) mit der Aufhebung durch das Vormundschaftsgericht, wenn der Grd für die Anordng der **7** Pflegsch weggefallen ist (§ 1919), zB die Schwangere stirbt, es sich herausstellt, daß sie nicht schwanger gewesen ist, bei Eheschl der Mutter u des Erzeugers, bei Eintritt der Volljährigk der verwitweten ehel Mutter.

1913 *Pflegschaft für unbekannte Beteiligte.* Ist unbekannt oder ungewiß, wer bei einer Angelegenheit der Beteiligte ist, so kann dem Beteiligten für diese Angelegenheit, soweit eine Fürsorge erforderlich ist, ein Pfleger bestellt werden. Insbesondere kann einem Nacherben, der noch nicht erzeugt ist oder dessen Persönlichkeit erst durch ein künftiges Ereignis bestimmt wird, für die Zeit bis zum Eintritte der Nacherbfolge ein Pfleger bestellt werden.

1) Auch hier handelt es sich um eine **Personalpflegschaft,** näml eine für denjenigen, den es angeht, nicht **1** um Güterpflege, RG LZ **19**, 1248; vgl auch Einf 4. Demgemäß kein Pfleger für ein herrenloses Grdst, Karlsr RJA **14**, 304 (s aber BBauG 149 I Z 5), wohl aber für eine jur Pers und noch nicht genehmigte Stiftg mögl. Ist nur der Vertr der jur Pers unbekannt od ungewiß, so liegt § 1913 nicht vor, KG JW **20**, 497.

2) Voraussetzungen. a) Der in einer Angelegenh Beteiligte muß **unbekannt oder ungewiß** sein. Bei **2** Beteiligg von unbekannten u bekannten Personen ist nur für die ersteren ein Pfleger zu bestellen (BayObLG LZ **28**, 1483). Unbekannth od Ungewißh der Beteiligt liegt auch vor, wenn mehrere über ihre Berechtigg streiten (KG JW **37**, 2598), wenn aus RechtsGrden ungewiß ist, welche von 2 jur Pers alleinige Gesellschafterin einer GmbH ist (Düss Rpfleger **76**, 358) od nicht sicher ist, ob das entscheidende Ereignis überh eintritt. Insbes kann für die unbekannten, möglicherw zur Erbfolge berufenen Verwandten eines Erblassers (BGH FamRZ **83**, 56/582 mAv Dieckmann) od für einen Nacherben, der noch nicht erzeugt ist, od dessen Persönlich erst durch ein künft Ereign bestimmt wird (2), §§ 2101, 2104, 2105 I, 2106 II, 2139, wie die Wiederverheiratg der als Erbin eingesetzten Ehefr u dann eintretender and Erbfolge (KG FamRZ **72**, 323), ferner für mit einem Vermächtn Bedachte u durch einen Vertr Begünstigte, bei denen dies ebenf vorliegt, §§ 2178, 331, ein Pfleger bestellt w. Daß die Fürs den Gewalthabern zustehen würde (§ 1912 S 2), steht hier nicht im Wege; ist der Nacherbe, der durch Vermächtn Bedachte, durch Vertr Begünstigte aber bereits erzeugt, so kommt, wenn die Leibesfrucht, falls bereits geboren, der elt Sorge unterstehen würde, eine Pflegsch nicht mehr in Betr.

b) Es muß ein **Fürsorgebedürfnis** vorliegen. Das ist nicht schon dann der Fall, wenn die Ungewißh **3** leicht zu beheben ist; desgl wenn schon durch andere gesetzl SicherhMittel für die Belange des unbekannten od ungewissen Beteiligten Sorge getragen ist, zB durch einen TestVollstr, NachlPfleger (KG OLG **34**, 298), die Behörde bei Fundsachen, durch die gerichtl Verw für die Dauer eines Verteilgsstreits im ZwVerstVerf, ZVG 94 (KG JW **36**, 330), ferner wenn es sich um eine Angelegenh handelt, die ausschließl im Interesse Dritter liegt (KGJ **49**, 41); daß der Dritte auch interessiert ist, schadet hingg nicht. Es muß sich um ggwärtige Angelegenheiten des Pflegebefohlenen handeln (KG OLG **35**, 13); dann aber gleichgültig, ob es solche vermögensrechtl od persönl Art sind. Das FürsBedürfnis kann auch rein tatsächl Art sein, zB bei großen Überschwemmungen. Bei noch nicht erzeugten Personen muß es sich um ein FürsBedürfnis für Rechte handeln, die ihm durch das G zugebilligt werden, zB §§ 2114, 2116–2118, 2120–2123, 2127, 2128, 2142; deshalb Pflegerbestellg zum Zwecke des Abschlusses eines Kaufvertrages für die künftigen Nachkommen unzul (KG OLG **2**, 35). Kein Bedürfn für Pflegerbestellg, wenn zwar ungewiß ist, wer Gesellschafter einer GmbH ist, wenn aber eine eig Entscheid der Beteiligten erwartet w kann (Düss Rpfleger **77**, 131).

3) Wirkungskreis des Pflegers wird dch die Bestellgsverhdlg bestimmt (Einf 2). Desh ist auf die genaue **4** Bezeichng der Grenzen bes zu achten. Der Pfleger ist innerh des ihm zugewiesenen Wirkgskreises **gesetzlicher Vertreter** des unbekannten u ungew Beteiligten (Warn **15**, 310; BGH MDR **68**, 484; Hamm NJW **74**, 505), also zB bei mitgliedslosem Verein der an der VermAbwicklg Beteiligten (BAG AP Nr 1 mAv Hübner), auch zur ProzFührg legitimiert (RG Recht **10**, 3015). Das ProzG darf idR die Vertretgsbefugnis nicht verneinen, weil nicht alle sachlrechtl Voraussetzgen für die Bestellg vorlagen (BGH **33**, 195). Sind die Nacherben hins der ganzen Nacherbsch ungewiß (§ 2066 S 2), vertrit der Pfleger alle, auch die bedingt bekannten, da ungewiß, ob sie den Nacherbfall erleben (KG OLG **41**, 80). Er kann aber nur die Rechte der Nacherben wahrnehmen, also nicht die NachlVerw für sich verlangen (RG LZ **19**, 1247). Der Pfleger hat die Pflegsch im Interesse der unbekannten od ungewissen Beteiligten zu führen, die er auch nach Möglichk zu ermitteln hat (KG JW **38**, 2401). Streiten sich mehrere über ihre Berechtigg, so hat er nicht Partei zu nehmen. Der NachlPfleger muß die Klärg, wer wirkl Erbe ist, den Erbanwärtern überlassen; § 1913 ledigl zG unbekannter, möglicherw zur Erbfolge berufener Verwandter des Erbl (BGH NJW **83**, 226).

4) Verfahren vAw. Zustdgk: FGG 41. RPflEntsch (RPflG 3 Nr 2a, 14 I Nr 4). Einf Beschw gg AO bzw **5** Ablehng ihrer Aufhebg (FGG 20 I); bei AO der Pflegsch auch TestVollstr. Nicht beschwberecht gg die AO der NachErbPflegsch ist der Vorerbe (Dresd OLG **39**, 19), nicht der Miterbe od Vorerbe gg die Ablehng ihrer Aufhebg (KG JFG **12**, 143); gg Ablehng der AO bzw die Aufhebg der Pflegsch jed Dr iRv FGG 57 I Nr 3, zB der Schuldn hins des ungewiss Gläub (KGJ **28** A 10), nicht aber das NachlG (KGJ **48** A 20).

5) Beendigung der Pflegschaft. a) Kraft Gesetzes bei Anordng der Pflegsch zur Besorgg einer einzel- **6** nen Angelegenh nach deren Erledigg (§ 1918 III); – **b)** durch Aufhebg seitens des VormschG (RPfleger), **7** wenn der Grd für die Anordng weggefallen ist (§ 1919), also die Unbekannth od Ungewißh weggefallen ist, wie auch bei Eintritt der Nacherbfolge (§ 2106).

1914 *Pflegschaft für Sammelvermögen.* **Ist durch öffentliche Sammlung Vermögen für einen vorübergehenden Zweck zusammengebracht worden, so kann zum Zwecke der Verwaltung und Verwendung des Vermögens ein Pfleger bestellt werden, wenn die zu der Verwaltung und Verwendung berufenen Personen weggefallen sind.**

1   **1)** Das SammelVerm hat keine jur Persönlk. Es ist aber ein stiftgsähnl Gebilde (Vorbem 2 vor § 80). Die zusgebrachten Mittel, zu denen die eingezahlten u die bindd gezeichneten Beträge zu rechn sind, stehen zunächst im MitEigt der BeitrLeistden, das dch bestimmgsgem Zuführg zum endgült Eigt des dch diese Bedachten wird (str; vgl RG **62**, 391). VfgGew über das SammelVerm steht idR den Veranstaltern der Sammlg zu (BGH MDR **73**, 742). Bei der Pflegsch über das SammelVerm tritt an ihre Stelle der Pfleger, der nicht die Mitgl der SpenderGemsch bzgl der ihnen ggü dem SammelVerm zustehden Rechte vertritt, sond der als Sachpfleger zZw der Verw u Verwendg des Verm eingesetzt w. Es handelt sich also im Ggsatz zu der sonst im dritten Teil geregelten Pflegsch (vgl Einf 4 vor § 1909) um eine Güterpflegsch (KG SeuffA **56**, 179).

2   **2) Voraussetzungen. a)** Es muß durch eine öffentl Sammlg, dh eine solche ohne Beschrkg auf einen bestimmten Kreis, ohne daß es eines öff Aufrufs od einer öff Sammelstelle bedurfte, Verm, also nicht nur Geld, auch Lebensmittel u dgl, (zB zur Unterstütg Verunglückter u ihrer Angehörigen, zugebracht w sein, zB öff Sammlg f Brandgeschädigte (Ffm NJW-RR **87**, 56).

3   **b)** Die zur Verw u Verwertg der Sammlg berufenen Personen müssen weggefallen sein. Nicht nur dch Tod, sond zB auch dch Ausscheiden aus dem Ausschuß, GeschUnfgk, Fehlen der zur Verw u Verwendg des Verm genügden Zahl von Ausschußmitgliedern, nicht aber bei Pflichtverletzg od Unfähigk zur ordngsmäß GeschFührg.

4   **3) Wirkungskreis.** Er bestimmt sich nach der Bestellgsverhandlg (Einf 2 v § 1909). Der Pfleger w also die gezeichneten Beträge einzuziehen haben. Hingg hat er keine Befugn zum Weitersammeln, str. Da es sich um eine Güterpflegsch handelt (Rn 1), ist er nicht gesetzl Vertreter der Spender, sond obrigkeitl bestellter Verwalter u Verwender des Verm. Als solcher ist er auch klageberecht u insow Part kraft Amtes. Unzul Kl als Sammlgspfleger gem § 1914 u hilfsw als Pfleger für unbekannte Beteiligte gem § 1913 (BGH MDR **73**, 742).

5   **4) Verfahren** vAw. Zustdgk: FGG 42. RPflEntsch (RPflG 3 Nr 2a, 14 I Nr 4). Beschw: FGG 57 I Nr 3.

6   **5) Beendigung der Pflegschaft.** Das § 1913 Rn 6, 7 Gesagte gilt entspr.

1915 *Anwendung des Vormundschaftsrechts.* **[I] Auf die Pflegschaft finden die für die Vormundschaft geltenden Vorschriften entsprechende Anwendung, soweit sich nicht aus dem Gesetz ein anderes ergibt.**

[II] Die Bestellung eines Gegenvormundes ist nicht erforderlich.

1   **1)** Die Bedeutg der Vorschr beschr sich nach Einf des BtG (vgl Einf 1 v § 1896) auf die Ergänzgs-, Abwesenh- sowie auf die Pflegsch für die Leibesfrucht, für unbekannte Beteil u SammelVerm. Auf sie finden die für die Vormsch geltden Vorschr Anwendg, also nicht nur die §§ 1773ff, sond zB auch § 204, soweit sich nicht aus den §§ 1916ff od aus der rechtl Natur der betreffden Pflegsch etwas and ergibt.

2   **2) Im besonderen.** Auch die Pflegsch tritt nicht kraft G ein (Ausn AmtsPflegsch, § 1706, SGB VIII 55 I, 58); der Pfleger ist vielm zu bestellen, u zwar erfolgt AO der Pflegsch mit Festlegg des Wirkgskreises des Pflegers u Auswahl des Pflegers im allg dch den RPfleger, RPflG 3 Nr 2a, auch des Vereins u JA, 55 I, 58; Ausn RPflG 14 Nr 4. Unzul die Bestellg eines Pflegers z Vorbereitg der Entlassg des bisherigen, also nicht entspr § 1775, da das Einschränkg des Wirkgskreises des bisherigen wäre (BayObLG NJW **70**, 1687). Die Bestellgsverhandlg ist von ganz bes Wichtigk, da sie den Wirkgskreis des Pflegers umschreibt (Einf 2 v § 1909 und § 1909 Rn 8) und damit den Umfang der gesetzl Vertretg des Pflegebefohlenen durch den Pfleger festlegt; werden dem vorhandenen Pfleger also Aufgaben übertragen, die außerh seines bish TätigkBereichs liegen, so bedarf es einer weiteren Bestellg für die neuen Aufgaben (KG JW **34**, 1581), u zwar in der Form des § 1789; Ergänzg der BestallgsUrk genügt (Mü DFG **40**, 91). Mögl auch Bestellg eines Unterpflegers wg InteressenGgsatzes, bei solchem in größerem Maße aber Entlassg des Pflegers zul (BayObLG FamRZ **59**, 32). Die Geschäftsfähigkeit des Pflegebefohlenen wird durch die Pflegerbestellg regelm nicht beschränkt (Einf 2 v § 1909). Für die Berufg gelten nicht nur im Falle des § 1909 (vgl § 1916), sond der Natur dieser Pflegschaften nach auch in den Fällen der §§ 1913, 1914 die Vorschriften der §§ 1776ff, 1899 nicht. Die Dringlichk der Bestellg kann erfordern, von der Anhörg des JA (§ 1779 I) Abstand zu nehmen. Die Bestimmgen über die Führg der Vormsch (§§ 1793ff) u die Fürsorge u Aufsicht des VormschG (§§ 1837ff) sind anwendbar. Der Pfleger hat also wie der Vormd die Pflegsch selbständig zu führen u unterliegt denselben Beschrkgen hins der Anlegg des Vermögens usw sowie hins der im G genannten RGeschäfte der GenBedürftig wie jener (RG HRR **30**, 791). An Stelle der Gen des GgVormd (vgl § 1915 II) tritt die Gen des VormschG (§ 1810 Rn 1). Bei der Pflegsch über ein SammelVerm haftet dieses. An den Vorerben kann sich der Pfleger aber nicht halten, u zwar auch dann nicht, wenn dieser den Antr auf Anordng der Pflegsch gestellt hat (KG JFG **7**, 106), da ihm nur das Verm des Pflegebefohlenen, also des noch nicht erzeugten od ungewissen Nacherben haftet. Entsprechdes gilt bei § 1912, wenn ein lebdes Kind nicht geboren wird, str. Wg Beendigg der Pflegsch §§ 1918ff und § 1918 Rn 1. Schlußrechng nach Beendigg der Amtspflegsch u §§ 1840, 1841 (Stgt FamRZ **79**, 76; § 1706 Rn 7).

3   **3) Gegenvormund, II.** Die Bestellg eines GgVormd ist auch im Falle des § 1792 II nicht erforderl, aber zul, außer wenn der Dritte bei der VermZuwendg die Bestellg eines GgVormd ausgeschl hat (§ 1917 II). Der vorhandene GgVormd kann auch zum GgVormd des Pflegers bestellt werden; es bedarf dazu aber einer bes Bestellg. Bestellg eines GgVormds nur in außergewöhnl Fällen; Pfleger hat BeschwR (LG Ffm MDR **77**, 579).

1916 *Berufung als Ergänzungspfleger.* **Für die nach § 1909 anzuordnende Pflegschaft gelten die Vorschriften über die Berufung zur Vormundschaft nicht.**

Mit Rücks auf den Interessenwiderstreit, der häuf Anlaß f die PflegschAO ist, w es im allg zweckm sein, für **1** Angelegenh, an deren Besorgg Elt od Vormd verhindert sind (§ 1909 I 1), den **Pfleger nicht dem** nächsten **Verwandtenkreis** des Kindes od Mdl z **entnehmen,** zumal dieser Kreis bei Berufg u Auswahl des Vormd bes bevorzugt ist (§§ 1776 ff). Das schließt jedoch deren Berücks nicht schlechthin aus (BayObLG JW **28,** 68); nur ist ihre Eigng unter Beachtg des Zwecks der PflegschAO ganz bes sorgfält z prüfen (§ 1779 II 1), wobei allein das Interesse des Pfleglings maßg ist (BayObLG FamRZ **59,** 125). Desh Verwandte ungeeign, wenn in ihnen InteressenGgsatz mit Elt weiterwirkt (BayObLG FamRZ **65,** 99). Interessenkollision schließt auch binddes VorschlagsR des Vaters bez der Pers des Pflegers aus (LG Mannh DNotZ **72,** 691). Eigenes BeschwR jener Personen nur iRv FGG 57 I Z 9. Vgl iü § 1779 Rn 10. Ausn §§ 1909 I 2, 1917. Wg Übertr der Pflegsch auf das JA u Anwendg der BerufsVorschr in den sonst PflegschFällen vgl § 1915 Rn 2.

1917 *Benennung durch Erblasser und Dritte.* **I Wird die Anordnung einer Pflegschaft nach § 1909 Abs. 1 Satz 2 erforderlich, so ist als Pfleger berufen, wer durch letztwillige Verfügung oder bei der Zuwendung benannt worden ist; die Vorschriften des § 1778 sind entsprechend anzuwenden.**

II Für den benannten Pfleger können durch letztwillige Verfügung oder bei der Zuwendung die in den §§ 1852 bis 1854 bezeichneten Befreiungen angeordnet werden. Das Vormundschaftsgericht kann die Anordnungen außer Kraft setzen, wenn sie das Interesse des Pfleglings gefährden.

III Zu einer Abweichung von den Anordnungen des Zuwendenden ist, solange er lebt, seine Zustimmung erforderlich und genügend. Ist er zur Abgabe einer Erklärung dauernd außerstande oder ist sein Aufenthalt dauernd unbekannt, so kann das Vormundschaftsgericht die Zustimmung ersetzen.

1) Benennung, I. Vgl § 1909 Rn 2 ff. Der Zuwender kann auch sich selbst als Pfleger benennen (Mü JFG **1** 21, 181). Bestimmte Personen kann der Dritte nicht ausschließen, da es sich bei dem AusschließgsR um einen Ausfluß der elterl Sorge handelt (§ 1782 Rn 1). Wg der Übergeh der vom Erbl u Dritten benannten Personen vgl § 1778 Rn 1, 2.

2) Befreiungen, II. Wegen der Form der Anordngen § 1803 Rn 1, wg des Umfangs der Befreiungen **2** §§ 1852–1854. Den im Falle der §§ 1910, 1911 als Pfleger berufenen Eltern (§ 1899) stehen bei ihrer Bestellg kraft G die Befreiungen der §§ 1903, 1904 zu. Wg der gesetzl Befreiungen für die Amts- u VereinsVormsch §§ 1857 a, 1915. Wg der Außerkraftsetzg der Befreiungen vgl. §§ 1857 Rn 1, 1903 Rn 1.

3) Abweichung von den Anordnungen des Dritten, III. Unter Anordng sind hier nur die Befreiun- **3** gen (II), nicht die Benenng (I) zu verstehen, da andernf die Übergehg des Berufenen trotz Gefährdg des Mdl-Interesses nicht mögl wäre, was einem der Grdgedanken des VormschRechts, vgl auch I Halbs 2, widerspricht. III sagt für Befreiungen das, was § 1803 III für Anordngen sagt, dort Rn 2–4.

1918 *Beendigung der Pflegschaft kraft Gesetzes.* **I Die Pflegschaft für eine unter elterlicher Sorge oder unter Vormundschaft stehende Person endigt mit der Beendigung der elterlichen Sorge oder der Vormundschaft.**

II Die Pflegschaft für eine Leibesfrucht endigt mit der Geburt des Kindes.

III Die Pflegschaft zur Besorgung einer einzelnen Angelegenheit endigt mit deren Erledigung.

1) Im Ggsatz zur Vormsch (vgl Grdz 1 vor § 1882) endet die Pflegsch im allg erst mit ihrer Aufhebg durch **1** das VormschG (§§ 1919 ff). In einigen Fällen tritt aber auch hier die Beendigg kraft G ein (§§ 1918, 1921 III), jedenf mit Volljährigk des nehel Kindes iF des § 1706. In jedem Falle endet sie mit dem Tode des Pfleglings (KG JW **38,** 2142). Für die Beendigg des Amtes des Pflegers gilt nichts Besonderes (§§ 1915 I, 1885 ff).

2) Ergänzungspflegschaft, I. Der Pfleger ergänzt hier ledigl die Eltern in ihrer Sorgeausübg, den **2** Vormd in seinen Verrichtgen. Fällt die elterl Sorge od die Vormsch weg, so muß deshalb auch die Pflegsch (selbst vor Erledigg der Angelegenh, deretwegen die Anordng erfolgt, BayObLG **20,** 32) wegfallen, u zwar auch dann, wenn nur ein Wechsel in der Pers des SorgerechtsInhs oder Vormd eintritt, str. Das ist aber dann nicht der Fall, wenn ehel Kinder bei Erreichg der Volljährigk entmündigt u Vater zum Vormd bestellt wird; dann bleibt Pfleger, der für das der väterl Verw schon vorher entzogene Verm bestellt war, beibehalten (Neust FamRZ **61,** 81). Sonst muß erforderlichenf eine neue Pflegsch angeordnet werden. Auch mit dem Ruhen der elterl Sorge endigt die Pflegsch (KG JW **34,** 2624). Vgl im übrigen § 1909 Rn 13, 14.

3) Pflegschaft für eine Leibesfrucht, II. Vgl § 1912 Rn 6, 7. **3**

4) Erledigung der Pflegeraufgaben, III, zB Pflegsch zur Vertretg in einem ZivProz (BayObLG **4** FamRZ **88,** 321) od im ScheidgsVerf mit der Rechtskr des Urteils (KG RJA **15,** 255), bei einer solchen zum Zwecke der AuseinandS bereits mit der Zuweisg der einzelnen Ggstände, die die Masse erschöpft (KG RJA **17,** 35). Vorschr nur anwendbar, wenn es sich um Pflegerbestellg für eine einzelne Angelegenh od um einen endgültig abgeschl Kreis von solchen, also aller zugehörigen Angelegenh, vgl Staud-Engler Anm 1 c str, nicht aber um einen Kreis von solchen handelt, zu denen noch weitere hinzukommen können, wie das zB bei der UnterhNachzahlg des nur gelegentl zahlenden Vaters der Fall wäre. Vgl auch Rn 2. Deshalb endigt Pflegsch zur Wahrnehmg der UnterhAnspr des mj Kindes ggü seinem Vater nicht kraft G, sond durch Aufhebg gem § 1919 (KG JW **35,** 1441; Mü JW **38,** 1046).

1919 *Aufhebung der Pflegschaft bei Wegfall des Grundes.* **Die Pflegschaft ist von dem Vormundschaftsgericht aufzuheben, wenn der Grund für die Anordnung der Pflegschaft weggefallen ist.**

1   **1) Der Regelfall der Beendigung der Pflegschaft,** vgl § 1918 Rn 1. Die Anordng ist also insb aufzuheben, wenn FürsBedürfnis nicht mehr besteht. Es entscheidet der RPfleger (RPflG 3 Nr 2a). Bei AO einer UnterhPflegsch besteht erst dann kein FürsBedürfnis mehr, wenn der Vater die UnterhPfl freiwillig erfüllt (BayObLG **29**, 353); Verurteilg genügt also im allg noch nicht (Mü JW **38**, 1046). Gewährt der Vater aber jetzt Naturalunterhalt, so kann uU sogar auch von der Einziehg von Rückständen abgesehen werden, um UnterhGewährg u FamFrieden nicht zu stören (KG JW **37**, 2205); die Pflegsch wird dann also aufzuheben sein. Aufhebg ferner, wenn mit einer an Sicherh grenzenden Wahrscheinlichkeit damit gerechnet w kann, daß ein InteressenGgsatz nicht wieder auftaucht (KG JW **35**, 1441); zu § 1910 vgl auch § 1920, zu § 1911 § 1912 I und § 1911 Rn 9; vgl ferner §§ 1912 Rn 7, 1913 Rn 7. Die Pflegsch ist auch dann aufzuheben, wenn die Voraussetzungen für die Anordng nicht vorlagen (BayObLG **21**, 95; vgl Einf 2 vor § 1911). In der RückFdg der Bestallg kann den Umständen nach eine Aufhebg der Pflegsch liegen (KG OLG **5**, 366). Die Aufhebg beendigt die Pflegsch selbst dann, wenn der Grd der Anordng noch nicht weggefallen ist (Warn **30**, 63). Wird die Aufhebg im BeschwWege wieder aufgeh, so ist Neubestellg erforderl (KG RJA **15**, 101). Die Aufhebg wird mit der Zustellg der Vfg an den Pfleger wirks (FGG 16 I). Damit erweitert sich ohne weiteres kraft G der Wirkgskreis des Gewalthabers u Vormd um das dem Pfleger zugewiesene Gebiet. Gg Aufhebg hat in den Fällen des § 1909 der Eheg sowie die Verwandten u Verschwägerten des Pflegebefohlenen, ebso im Falle des § 1910, falls mit letzterem eine Verständigg nicht mögl ist, in sämtl PflegschFällen aber der rechtl Interessierte das Beschwerderecht (FGG 58 I Z 3). Hierzu gehört auch Pfleger (BGH **LM** Nr 1; KGJ **40**, 41), dem aber BeschwR aus FGG 20 zusteht, wenn Pflegsch trotz Wegfalls des Grundes nicht aufgeh w; ebsowen das SozG, wenn GebrechlkPflegsch aufgeh w, weil Pfleger das RentenerhöhgsVerf vor dem SozG für aussichtsl hält (LG Mü FamRZ **74**, 47).

2   **2) Zur Entlassung des Pflegers wegen Pflichtwidrigkeit** §§ 1886, 1915. EntlassgsGrd zB Weigerg, dem für eine gg ihn anzustrengde SchadErsKl bestellten ErgänzgsPfleger ProzKostVorsch zu zahlen (LG Bln FamRZ **74**, 268).

1920 *Aufhebung der Gebrechlichkeitspflegschaft.*   *(Aufgehoben durch BtG Art 1 Nr 48. Vgl Einf 1 v § 1896.)*

1921 *Aufhebung der Abwesenheitspflegschaft*   **I Die Pflegschaft für einen Abwesenden ist von dem Vormundschaftsgericht aufzuheben, wenn der Abwesende an der Besorgung seiner Vermögensangelegenheiten nicht mehr verhindert ist.**

II Stirbt der Abwesende, so endigt die Pflegschaft erst mit der Aufhebung durch das Vormundschaftsgericht. Das Vormundschaftsgericht hat die Pflegschaft aufzuheben, wenn ihm der Tod des Abwesenden bekannt wird.

III Wird der Abwesende für tot erklärt oder wird seine Todeszeit nach den Vorschriften des Verschollenheitsgesetzes festgestellt, so endigt die Pflegschaft mit der Rechtskraft des Beschlusses über die Todeserklärung oder die Feststellung der Todeszeit.

1   Vgl § 1911 Rn 8, 9. **Zu III:** Die Beendigg tritt kraft G, und zwar gem VerschG 29, 40 mit der Rechtskr des die TodesErkl aussprechenden od den Todeszeitpkt feststellenden Beschl ein. Der Pfleger ist nicht mehr vertretgsberechtigt. Ein Gesch des Pflegers ist idR auch dann wirks, wenn es nach dem festgestellten Todeszeitpkt (VerschG 9, 44) vorgenommen ist (BGH **5**, 244; BayObLG **53**, 34); lag es außerh der Vertretgsmacht des Pflegers, so wird dieses wirks, wenn die Erben genehmigen (BayObLG **53**, 33; vgl Jansen DNotZ **54**, 592).

Fünftes Buch. Erbrecht

Bearbeiter: Edenhofer, Präsident des Amtsgerichts München

Schrifttum

a) Lehrbücher: Brox, 15. Aufl 1994. – Ebenroth, 1992. – Kipp/Coing, 14. Bearbeitg 1990. – Lange/Kuchinke, 3. Aufl 1989. – Leipold, 9. Aufl 1991. – von Lübtow, 1972. – Schlüter 12. Aufl 1986. – Harder, Grdzüge, 3. Aufl 1992. – **b) Handbücher:** Dittmann/Reimann/Bengel, Test und ErbVertr, 2. Aufl 1986. – Esch/Schulze zur Wiesche, Handbuch der Vermögensnachfolge, 4. Aufl 1992. – Firsching/Graf, NachlR, 7. Aufl 1994. – Langenfeld/Gail, Handbuch der FamilienUntern, 6. Aufl 1988. – Kapp/Ebeling, Handbuch der Erbengemeinsch. – Nieder, Handbuch der TestGestaltg, 1992. – Spiegelberger, Vermögensnachfolge, 1994. – Sudhoff, Handbuch der UnternNachfolge, 3. Aufl 1984. – Weirich, Erben und Vererben, 3. Aufl 1991.

Einleitung

1) Das Erbrecht hat die Funktion, das Privateigentum als Grdlage der eigenverantwortl Lebensgestaltg **1** (BVerfG **83**, 201) mit dem Tod des Eigentümers nicht untergehen zu lassen, sond seinen Fortbestand im Wege der RNachfolge zu sichern (BVerfG FamRZ **95**, 405). Seine Regel im BGB garantiert daher als logischer Konnex zum Privateigentum die Weitergabe des Privateigentums natürl Personen in private Hand. Es umfaßt folgl nicht Anspr, die dem öff Recht zugeordnet sind (selbst wenn sie Vermögenswert haben wie zB solche aus der SozialVers od aus einer Konzession; s § 1922 Rn 49 ff) od die mit dem Tod ihres Trägers untergehen (wie zB das PersönlichkR; s § 1922 Rn 40 ff). Bei der Erbfolge geht es vorrangig aber auch um den Übergang der Verpflichtgen, die der Erbl eingegangen war u nicht (mehr) erfüllt hat. Das hinterlassene Vermögen steht deshalb zuerst den NachlGläub zu. Erst wenn die Verbindlich berichtigt sind, kommen Erbe u Vermächtnisnehmer zum Zug (§ 2046). – Im **objektiven** Sinne ist ErbR die Gesamth aller privatrechtl Vorschr, die nach dem Tode eines Menschen die Weitergabe seines Vermögens regeln. Es ist vornehml im 5. Buch enthalten, findet sich aber auch in anderen Büchern wie im SachenR (zB § 857) u im FamilienR (zB § 1371) und auch außerhalb des BGB in zahlreichen EinzelVorschr; in Erbfällen vor dem 3. 10. 90 kommt ggf auch ErbR des DDR-ZGB zur Anwendg (s Rn 5). **Subjektiv** ist es ein Komplex aller Befugnisse, die mit dem Erbfall originär in der Person des Erben zur Entstehg gelangen und sich allein auf seine Erbenstellg beziehen (Dörner, FS Ferid 1988, 57 ff mit Übersicht zum Stand der Meinen). – Zum Vermögensanfall außerh des ErbR s Rn 6–8. – Ändert sich das ErbR, ist grdsl das beim Erbfall geltde anzuwenden (s EG 213). – **IPR:** EG 25; 26.

a) Erbrechtliche Grundsätze. Die Regel der Erbfolge im BGB gibt den Grdsätzen der Klarh, der **2** Überschaubark u der Leichtig des RVerkehrs Vorrang vor der Einzelfallgerechtig. Sie beruht auf folgenden grdsätzl Prinzipien, die zum Teil von der Verfassg garantiert werden (s Rn 3): **Privaterbfolge:** Das Privatvermögen des Erbl wird in private Hand geleitet. Der Staat hat keinen erbrechtl Anteil an der Erbsch, sondern nur ein gesetzl ErbR (§ 1936) für den Fall, daß kein privater Erbe vorhanden ist. Er beteiligt sich gleichwohl auf dem Umweg über die ErbschSteuer am Nachl u beschränkt dadch das private ErbR. – **Familienerbrecht:** Sofern der Erbl nicht abweichend verfügt, geht sein Vermögen nach dem G auf seine Familie über, näml auf den Ehegatten u die nächsten Verwandten. Dies beruht nicht auf einem hypothetischen Willen des Erbl, sond auf einer davon unabhängigen allg GerechtigkÜberzeugg (MüKo/Leipold Rn 10). Der Ehegatte erbt neben den Verwandten gemäß dem Wesen der ehel Gemeinsch (s dazu § 1931 Rn 1). Dabei wird vom Teilgsprinzip ausgegangen, das weder den Abkömml (zum Erhalt des Vermögens in der Familie) noch dem Ehegatten (zu dessen Absicherg) absoluten Vorrang einräumt. Die Reihenfolge der Verwandten bestimmt sich nach Ordngen (s § 1924 Rn 2), wodurch auch die jüngere Generation bevorzugt wird. – **Testierfreiheit:** Sie berechtigt den Erbl zur beliebigen Vfg über seinen Nachl, ist vertragl unbeschränkb (§ 2302) u wird nur dch das Verbot sittenwidriger Vfgen begrenzt (Einzelh s § 1937 Rn 3). Sie ist bestimmendes Element der ErbR-Garantie (Rn 3), als VfgsBefugn üb den Tod hinaus eng mit der Garantie des Eigentums verknüpft u genießt wie diese als Element der Sicherg der persönl Freih bes ausgeprägten Schutz (BVerfG **67**, 329; FamRZ **95**, 405). – **Universalsukzession:** Das Vermögen des Erbl geht als Ganzes unmittelb auf den Erben über. Nur ausnahmsw findet eine Sondererbfolge (Singularsukzession) unmittelb in einzelne Vermögensmassen, also getrennt vom übr Nachl statt (s § 1922 Rn 7–11). – **Formzwang:** S dazu §§ 2231; 2247; 2267; 2276. – **Höchstpersönlichkeit** der Errichtg von Vfgen vTw. S dazu §§ 2064; 2274; 2347.

b) Verfassungsrechtliche Garantien. GG 14 I 1 gewährleistet (wie auch verschiedene Länderverfassgen) **3** neben dem Eigentum auch das ErbR. Dies beinhaltet die Garantie des ErbR als RInstitut u als IndividualR (s BVerfG **67**, 329/340). Nach GG 14 I 2 ist es dem GesGeber überlassen, Inhalt u Schranken des ErbR zu bestimmen. Er muß dabei aber den grdlegenden Gehalt der ErbR-Garantie wahren u darf von den der Gewährleistg unterliegenden Elementen des ErbR nur in Verfolgg verfassgsrechtl legitimer Zwecke u nur unter Wahrg des Grdsatzes der Verhältnmäßigk abweichen (BVerfG FamRZ **95**, 405). Zu seinem unantastbaren Wesensgehalt (GG 19 II) gehören sicherl die Grundprinzipien der Privaterbfolge u der Testierfreiheit (BVerfG NJW **85**, 1455; Rn 2), wobei GG 14 allerd eine gewisse Einengg der Testierfreiheit in Randbereichen zuläßt (zB bei der PflichttEntziehg), weil das sie begrenzende PflichttR auch „in gewissem Umfang" GG 14; 6 I untersteht (BGH **98**, 276; **109**, 306; dazu Otte ZEV **94**, 193; Leipold JZ **90**, 700). Die ErbR-Garantie ist nicht auf die gewillkürte Erbfolge beschränkt. Auch die Regelg der ges muß am Interesse des Erbl ausgerichtet sein, wobei der GesGeber auf das eines verständ Erbl aus obj Sicht abstellen kann (BVerfG FamRZ **95**, 405). Inwieweit er dabei zwingd auf das Familien- u VerwandtenErbR verwiesen ist, ist verfassgsrechtl noch nicht geklärt (BVerfG aaO; dafür MüKo/Leipold Einl Rn 17; dagg Soergel/Stein Einl Rn 6). Die hM sieht als garantiert an, daß bei fehlendem Test die engere Familie Erbe kr Ges wird (vgl Pieroth NJW **93**, 173 mN); zweifelh ist aber, wie weit genau diese Garantie reicht. – Ferner garantiert GG 14 das Recht des Erbl, sein Vermögen zu vererben und schützt das subjektive Recht des Erben (dh des Erbanwärters) vor staatl Maßnahmen, die seine Aussicht auf das Vermögen des Erbl (s Rn 5) vereiteln würden, jedenfalls vom Eintritt des Erbfalls an (BVerfG FamRZ **95**, 405).

4   c) Rechtsentwicklung. Der Normenbestand des 5. Buches ist seit Inkrafttreten des BGB (s Einl 5 vor § 1) weitgehend unverändert geblieben trotz tiefgreifender Verändergen in der tatsächl u rechtl Struktur von Familie und Ehe, insbesond dem Wandel von der Groß- zur Kleinfamilie (dazu Zawar DNotZ **89**, Sonderh 116ff). Die Umgestaltgen des nationalsoz Gesetzgebers (s Schubert, Das Fam- u ErbR unter dem NatSoz, 1993; dazu Dethhoff ZRP **94**, 446) wurden sämtliche wieder beseitigt mit Ausnahme der nicht ideologisch bedingten Ändergen dch das TestG vom 31. 7. 38, weil die damit bewirkte Milderg der früher übertriebenen Formstrenge bei der Errichtg u Aufhebg von Vfgen vTw weiterhin erwünscht war u desh 1953 in das BGB übernommen wurde (s Einf 2 vor § 2229). Die seit 1957 schrittweise verwirklichte Reform des FamilienRs führte auch zu den wesentl materiellen Ändergen im ErbR, insbes zur stärkeren Beteilig am Nachl dch Verknüpfg seines Erb- od PflichttRs mit dem Güterstand (§§ 1931; 1371; 2303 II 2) u zum ges Erb- u PflichttR des **nichtehelichen Kindes** nach seinem Vater u umgekehrt, das allerd bei bestimmten Fallgestaltgen dch einen ErbersatzAnspr in Geld ersetzt wird (§§ 1934a, b), sowie zur vollen erbrechtl Eingliederg des angenommenen Kindes in die Familie des Annehmenden. Zu den Umgestaltgen des ErbR in dem von der DDR beherrschten Teilgebiet s Rn 5. – Eine **Reform** des ges ErbR wird derzeit nur vereinzelt diskutiert u im Kern nur um die Frage geführt, ob wg des sozialen Wandels das ErbR des Ehegatten zu Lasten der Verwandten verbessert werden soll. Die BRegierg will allenf dch ersatzlose Streichg der Sonderregelgen in §§ 1934a–e eine volle erbrechtl Gleichstellg nichtehel Kinder herbeiführen.

5   d) Erbrecht der DDR. Seit dem Beitritt der fr DDR am 3. 10. 90 ist die REinheit im ErbR für die seitdem eintretenden Erbfälle mit wenigen Ausnahmen wiederhergestellt (s EG 230; 235). Auf Erbfälle vor dem 3. 10. 90 ist jedoch nach interlokalem PrivatR das ErbR der DDR weiterhin anzuwenden, sofern der dtsche Erbl seinen letzten gewöhnl Aufenth in fr DDR gehabt hat (s EG 235 § 1 I mit Rn 5). Dann ist zu beachten, daß in der DDR je nach Ztpkt des Erbfalls verschiedenes ErbR galt: **Bis 31. 12. 75** war es noch das ErbR des BGB mit den Ändergen, die sich bezügl seiner Funktion dch die sozialist Eigentumsordng u bezügl des ErbRs als Auswirkg familienrechtl Reformen ergaben. Insow sind zu nennen: die in Erbfällen seit 1. 1. 57 zu berücksichtigende Gleichstellg angenommener Kinder mit ehel (VO vom 29. 11. 56; dazu Wagenitz FamRZ **90**, 1169; Wandel BWNotZ **92**, 17/26), seit 1. 4. 66 auch nichtehel Kinder festgestellter Väter (EGFGB 9), der allerd zw minderj u vollj unterschied (dazu Eberhardt DtZ **91**, 293) u bei NachlSpaltg (§ 1922 Rn 8) nicht anwendb ist (BayObLG ZEV **94**, 310 mAv Lorenz); für die Zeit davor kann auch aus Art 22 II der Verfassg der DDR v 7. 10. 49 kein ges ErbR hergeleitet werden (BezG Erfurt FamRZ **94**, 465); seit 1. 4. 66 auch die Einordng des Ehegatten als Erbe 1. Ordng (EGFGB 10; dazu Jaeger DtZ **91**, 293; Bestelmeyer Rpfleger **92**, 321). – **Am 1. 1. 76** trat das ZGB mit seiner Neuregelg des ErbR in §§ 362–427 in Kraft. Dieses behielt viele Grdsätze u Grdbegriffe des BGB sowie die bereits erreichte erbrechtl Gleichstellg nichtehel Kinder u die bessere RStellg des Ehegatten bei, schaffte aber auch etliche RInstitute wie den ErbVertr, die NErbfolge, den Erbverzicht u den ErbschKauf ab. Es galt für alle Erbfälle, die ab 1. 1. 76 bis 2. 10. 90 eingetreten sind; in früh galt weiterhin altes R (EGZGB 2; 8). Ein vor dem ZGB gült errichtetes Test (od ErbV) blieb wirks, beurteilte sich jedoch wg seiner mat-rechtl Wirkgen nach dem beim Erbfall geltden ErbR (EGZGB 8); s dazu auch Übbl 1 vor § 2274. Für Ausschlußfristen, zB bei Anfechtg, enthielt EGZGB 11 eine bes ÜberleitgsVorschr, nach der grdsl die Fristen des ZGB diejen des BGB ersetzten. – Das ErbR der fr DDR der wegen des Vertrauensschutzes (EG 235 § 1 Rn 5) im Grds so anzuwenden, wie es dort früh gehandhabt wurde. Seit dem Beitritt ist allerd das alte Normenverständn auf seine Vereinbark mit dem GG zu prüfen. Eine früh Gesetzesauslegg ist daher heute unmaßgebl, wenn sie auf spezifisch sozialist Wertgen beruhte od gg rechtsstaatl Prinzipien verstößt (BGH NJW **94**, 582 mAv Thode JZ **94**, 472; Otte ZEV **94**, 104). Einzelh zur Erbausschlagg § 1944 Rn 11ff, zu deren Anfechtg § 1954 Rn 7ff; zur TestAnfechtg § 2078 Rn 12; zum PflichttR Übbl 5 v § 2303. – **Übersichten** zum ErbR der DDR: Schotten/Johnen DtZ **91**, 225; Wandel BWNot **91**, 1/25ff; Sandweg BWNotZ **92**, 45; Bosch FamRZ **92**, 869; 994; Stübe, Die ges Erbfolge nach BGB u ZGB, 1994.

6   2) Lebzeitige Rechtsgeschäfte auf den Todesfall. Ein Vermögensanfall kann sich beim Tod eines Menschen auch außerh des ErbR u damit am Nachlaß vorbei vollziehen, weil durch bestimmte RGesch unter Lebden über den Tod hinaus disponiert werden kann. In Betr kommen in erster Linie Vertr zGDr nach § 331 (Lebensversichergs- od BausparVertr, s § 1922 Rn 47; 48; od üb Bankguthaben, s § 2301 Rn 17) u Schenkgen auf den Todesfall (§ 2301; s dort Rn 1–16), aber auch Erteilg einer Vollmacht üb den Tod hinaus iVm entspr Anweisgen (s Einf 16–20 v § 2197). Solche RGesch können grdsl nicht unter dem Gesichtspkt einer Umgehg des Ges od berecht Belange Dritter in Frage gestellt werden (BGH FamRZ **89**, 669). Ihre Abgrenzg zu Vfgen vTw bereitet vor allem dann Schwierigk, wenn der Erbl sich zwar bereits lebzeit binden wollte, aber die dingl Erfüllg auf die Zeit nach seinem Tod hinausgeschoben ist (s dazu § 2301 Rn 1ff; BGH NJW **84**, 46; Liessem MittRhNK **88**, 29). – Zur Nachfolge bei PersonenGesellsch s § 1922 Rn 7; 15–22. – Die Umdeutg einer nichtigen Vfg vTw in ein RGesch unter Lebden od umgekehrt ist grdsl mögl (s § 2084 Rn 23; Übbl 9 v § 2274; § 2302 Rn 7). – Nicht dem ErbR unterliegen auch die Versorggsregelg nach BeamtenR od Anspr der Hinterbliebenen nach SozialversicherungsR (s aber § 1922 Rn 49; 50).

7   3) Vorweggenommene Erbfolge. RGesch, mit denen ein (künftiger) Erbl schon zu seinen Lebzeiten sein Vermögen (od einen wesentl Teil davon) auf einen od mehrere als künft Erben in Aussicht genommene Empfänger überträgt, unterliegen nicht dem ErbR (BGH **113**, 310). Solche als „ÜbergabeVertr" od ähnl bezeichneten RGesch unter Lebden sind nicht typisiert, sond vielfält gestalt entspr der Vielfalt der Motive (Nachfolge in landwirtsch, gewerbl od sonst Unternehmen; große Vermögen; steuerl Grde; komplizierte FamilienVerhältn). Ges kommen sie in HöfeO 17 vor u sind in § 593a erwähnt. Rechtl Gestaltgsmittel sind auch Ausstattgen (§§ 1624; 2050); Schenkgen (§§ 516ff; 2301); Errichtg u Umwandlg von FamilienGesellsch; Güterstandsvereinbargen; ggf auch Adoptionen. Gemeins ist diesen RGesch, daß bereits zu Lebzeiten des Erbl Rechte u Pflichten begründet werden. Gleiches gilt für Vertr, deren Vollzug bis zum Tod eines VertrTeils hinausgeschoben wird (§ 2278 Rn 5; MüKo/Musielak Einl 9 vor § 2274). Häufig wird die

Vermögensübertragg mit einer Verpflichtg zur Alters- od KrankhPflege od mit Abfindgszahlgen an Geschwister kombiniert (BGH FamRZ **90**, 1083). Derartige GgLeistgen sind entgeltl, auch wenn im Übergabe-Vertr auf die Vorwegnahme der Erbfolge als Motiv der EigtÜbertragg hingewiesen wurde (BGH NJW **95**, 1349; Kollhosser AcP **94**, 231). – Bedarf Vertr als Gesch üb das Gesamtvermögen der **Genehmigung** des and Eheg (§ 1365), führt deren Verweigerg zur endgült Unwirksamk; stirbt der and Eheg, ohne daß schwebde Unwirksamk gem §§ 1365 II; 1366 III 1 wiederhergestellt wurde, kommt Konvaleszenz des RGesch nicht in Betr (BGH ZEV **94**, 296 mAv Krampe). – Zu Umgehgsgeschäften s § 2286 Rn 1. – Als **Schenkung** kommt 8 ein solcher Vertr zustande, wenn die Parteien sich über die Unentgeltlich der Zuwendg einig sind (§ 516); bei Verknüpfg der Leistg des Erbl an die Erbberecht mit dessen Erbverzicht hat der Vertr aber keine unentgeltl Leistg zum Ggst (Coing NJW **67**, 1777; s auch BayObLG **95**, 29; Übbl 6 v § 2346). Schenkg kann nach dem Erbfall aber erbrechtl Wirkg haben gem §§ 2050; 2287; 2325 (zur PflichttErgänzg Reiff NJW **92**, 2857). Diese kann Erbl dadch verstärken, daß er die Ausgleich der Zuwendg anordnet (§ 2050 III; unter Geschwistern als ges od test Erben, s § 2052). Ein vereinbarter Rückfall des verschenkten Ggst an den Schenker bei Eintritt best Umstände (zB wenn der Beschenkte vor ihm stirbt) ist zw Abkömml u Eltern steuerfrei (ErbStG 13 I Nr 10), allerd nur bei Identität zw zugewandtem u zurückfallendem Ggst (BFH NJW **94**, 2375; dazu Felix NJW **94**, 2334). – Übereignen Eltern ihr Vermögen den Kindern zu ungleichen Wertanteilen dch Vertrag, der an sich eine Gleichstell aller Kinder vorsieht, sind sowohl die Kinder untereinander als auch die Eltern ggü den wertmäß benachteiligten Kindern gehalten, die vorgesehene Gleichstell herbeizuführen (BGH **113**, 310 mAv Kuchinke JZ **91**, 731); es hängt dann vom Vertr ab, ob deren Anspr unmittelb auf Zahlg od auf Herbeiführg der Gleichstell gerichtet ist. Bei späteren Wertverändergen der zugewendeten Ggstde ist idR keine VertrAnpassg üb Wegfall der GeschGrdlage möglich; dies gilt aber nicht, wenn es um einen anfängl Irrt üb die GeschGrdlage geht, etwa bei offensichtl Rechen- od groben Bewertgsfehlern (BGH aaO). – **Lit:** Olzen, Die vorweggenommene Erbf 1984; Eccher, Antizipierte Erbfolge, 1980; Wegmann MittBayNot **91**, 1, mit Gestaltgsvorschlägen zur Vorwegnahme einer Vor- u NErbfolge; Spiegelberger ZEV **94**, 214 zu Nießbrauchsgestaltgen; Thubauville RhNK **92**, 289 zur Anrechng auf Erb- u Pflichtteil.

4) Totenfürsorge. Nicht nach ErbR regelt sich ferner die EntscheidgsBefugn üb den Leichnam des 9 Verstorbenen, üb die Art der Bestattg u den Ort der letzten Ruhestätte sowie üb Fragen einer Umbettg der Leiche bzw Urne (Oldbg FamRZ **90**, 1273; Zweibr FamRZ **93**, 1493) od üb eine Exhumierg (ebso nicht das Recht zur Organtransplantation, s § 1922 Rn 44). Das Recht der Bestattg u der sog Totenfürsorge hängt näml nicht mit dem ErbR als solchem zusammen, sond gründet eher in familienrechtl Beziehgen, ist persönlichkeitsrechtl geprägt u berührt auch sittl Pflichten. **Rechtsträger** ist daher nicht der Erbe als solcher, sond in erster Linie derjenige, den der Verstorbene mit der Wahrnehmg der Totenfürsorge beauftragt hat. Dieser muß nicht zum Kreis der an sich dazu berufenen Angehörigen zählen, sond kann auch ein Dritter sein (zB der TV). Der Verstorbene, dessen Wille in erster Linie entscheidend ist, kann also das TotenfürsorgeR den Angehörigen belassen od entziehen od auch nur ihre Reihenfolge bestimmen, dchbrechen od ändern. Nur soweit ein Wille des Verstorbenen nicht erkennb ist, sind nach GewohnheitsR seine nächsten Angehörigen berecht u verpflichtet (BGH FamRZ **78**, 15; **92**, 657; KG FamRZ **69**, 414), also Ehegatte, Kinder, ersatzw die nächsten Seitenverwandten. Unter ihnen hat dann der Ehegatte ein VorR (Schlesw NJW-RR **87**, 72; Zweibr MDR **93**, 878), bei verstorbenem minderj Kind der Inhaber des PersonensorgeR (Paderborn FamRZ **81**, 700); VorR kann sich auch daraus ergeben, daß ein Angehör Betreuer des Erbl war (Bonn FamRZ **93**, 1121). – Die Bestimmg üb Bestattgsart od -ort od üb eine Umbettg iS der §§ 2038, 745; diese sind auch nicht entspr anwendb (RG **100**, 173; Staud/Werner § 2038 Rn 5; aA Baumann FamRZ **58**, 281).

a) Bei der Ausübung seines BestimmgsR ist der Berecht an den irgendwie geäußerten od auch nur **10** mutmaßl Willen des Verstorbenen **gebunden** (BGH FamRZ **92**, 657; KG FamRZ **69**, 414; Ffm NJW-RR **89**, 1159). Dessen Anordngen u Wünsche können sowohl in einem Test als auch formlos zum Ausdr gebracht u ebso widerrufen worden sein (für Feuerbestattg sind allerd FeuerBestG 2; 4 zu beachten; dazu Reimann NJW **73**, 2240). Frei entscheiden kann der Berecht nur, wenn u soweit sich ein solcher Wille nicht ermitteln läßt u jegl Anhaltspkt fehlt. Auch bei einer beabsicht Umbettg od Exhumierg ist der ausdrückl od mutmaßl Wille des Verstorbenen aGrd seines fortwirkenden PersönlichkR zu beachten (BGH **61**, 238), aber auch, ob nicht die Achtg der Totenruhe entggsteht (Schlesw NJW-RR **87**, 72; Oldbg FamRZ **90**, 1273; Gießen NJW-RR **95**, 264); dies gilt auch nach Ablauf der Grabnutzungsdauer (Zweibr MDR **93**, 878). – Ebso hat bei Auswahl u Beschriftg des **Grabmals** der Berecht in erster Linie den Willen des Verstorbenen zu berücksichtigen. Im übr ist dabei nach allg Herkommen u den sittl Anschauungen zu verfahren (Gaedke 116). Zur HandlgsFreih bezügl der Gestalt s BayVerfG **28**, 136; zur Versetzg des Grabkreuzes LG Mü I FamRZ **82**, 849. Zum Anspr des Ehegatten, den gemeins Familiennamen auf den Grabstein des verstorbenen Eheg zu setzen, s AG Opladen FamRZ **68**, 205. – Zur **Grabpflege** s dagg § 1968 Rn 5.

b) Prozessuales. Die gerichtl Dchsetzg der Anordngen des Verstorbenen ist mögl (dazu Widmann **11** FamRZ **92**, 759). Üb Streitigk entscheidet das ProzeßGer (KG FamRZ **69**, 414; Übbl 10 vor § 90). Beweislast für entspr Willen des Verstorbenen hat, wer ihn behauptet (BGH FamRZ **92**, 657). Für Feuerbestattg s aber FeuerBestG 2 IV. – Zum Verwaltgsrechtsweg s dagg BVerwG NJW **74**, 2018 (Bestattg auf Privatgrdstück); Hess StaatsGH JR **69**, 436; VG Arnsberg FamRZ **69**, 416.

c) Sonstiges. – Das TotenfürsorgeR ist als sonstiges R iS von § 823 I anerkannt u setzt sich als AbwehrR **12** gg Beeinträchtigen fort. Im Falle seiner Verletzg können daher dem RInhaber SchadErsatz-, Beseitiggs- od UnterlassgsAnspr zustehen (vgl Kiel FamRZ **86**, 56). – Über Leichenöffng s StPO 159; 87 mit RiStV Nr 28 ff; FeuerBestG 3 II Nr 2. Ob vor gerichtl Anordng einer Obduktion die Angehör zu hören sind, entscheidet Gericht nach pflichtgemäß Ermessen (Struckmann NJW **64**, 2244; Koch NJW **65**, 528). – Hinsichtl der RVerhältn bei einem „Wahlgrab" vgl § 1922 Rn 27; zur Zulässigk eines Privatgrabs s Katzler NVwZ **83**, 662. Über Nutzg von BegräbnPlätzen s auch VGH Kassel NVwZ-RR **94**, 335, 342; VGH Mannh NVwZ-RR **94**, 339; EG 133; Gaedke 163 ff. Zum Erbbegräbn s BGH **25**, 200; OVG Münster RdL **65**, 162. – **Lit:** Gaedke, Handbuch des Friedhofs- u BestattgsR (6. Aufl 1992); Fritz BWNotZ **92**, 137).

5) Die Erbschaftsteuer nach dem ErbStG steht vor einer Neuregelg (Rn 16) u darf schon ab 1996 nur **13** noch vorläuf festgesetzt werden (BVerfG NJW **95**, 2624). Änderg bringt bereits das JahressteuerG 96 (s

Weinmann ZEV **95**, 321). Grdsl ist sie eine verfassgsrechtl zuläss Beteiligg des Staates am privaten Nachl (s GG 106 II Nr 2) u erfaßt alle Vermögensübergänge u Abfindgn aus Anlaß des Todes einer natürl Person (Rn 15), aber auch Schenkgn unter Lebenden (zu denen steuerrechtl nach ErbStG 7 I Nr 5; 6 auch die Abfindg für einen Erbverzicht und der vorzeit Erbausgleich gehören) u Zweckzuwendgn (ErbStG 8) sowie das Vermögen von Familienstiftgn (ErbStG 1 I Nr 4; 9 I Nr 4) als sog Erbersatzsteuer, die mit dem GG vereinb ist (BVerfG NJW **83**, 1841). Ihre Ausgestaltg u Bemessg muß den grdlegden Gehalt der ErbRGarantie (Rn 3) wahren. Der steuerl Zugriff findet seine Grenze an einer übermäß Belastg des Erwerbers, da die Privatnützigk des dem Erben Zugefallenen im Kern erhalten bleiben muß (BVerfG NJW **95**, 2624 mAv Leisner 2591). – Der **unbeschränkten** SteuerPfl unterliegt der ganze Nachl, wenn Erbl od Erwerber Inländer ist (dies wird steuerrechtl dch Wohnsitz bestimmt, ErbStG 2 I; AO 8), auch wenn der Nachl sich dann im Ausland befindet. Erwerber u damit SteuerSchu kann auch eine OHG, KG od BGB-Ges sein (BFH NJW **89**, 2495). – Bei **Vor- und Nacherbschaft** ist zunächst der VorE steuerpflichtig u bei Eintritt der Nacherbfolge erneut der NachE (ErbStG 6); näheres s Einf 4 vor § 2100. – Teilsanordngn des Erbl sind für die Besteuerg der einzelnen MitE unerhebl (BFH NJW **83**, 2288); dies gilt auch für eine qualifizierte Nachfolgeklausel bei Personengesellsch (BFH aaO).

15 **a) Steuerpflichtige Vermögensanfälle** nach einem Erbfall sind in ErbStG 3 erschöpfend aufgezählt (zu and s Rn 13). Darunter fallen zB: Erwerb dch Erbanfall; auf Grd von Vermächtn, Auflage, ErbersatzAnspr od geltd gemachten PflichttAnspr. – Erwerb dch Schenkg auf den Todesfall (s § 2301 Rn 8), zu der steuerrechtl auch der auf GesVertr beruhende Anteilsübergang nach Tod eines Gesellschafters gehört, soweit der Wert AbfindgsAnspr Dritter übersteigt, also vor allem bei Buchwertklauseln (s dazu § 2311 Rn 14; § 1922 Rn 15). – Erwerb dch Vertr zGDr auf den Todesfall (s dazu § 2301 Rn 17), bei denen es sich meist um vom Erbl abgeschlossene Lebens- od RentenVersichVertr handelt. Darunter fallen allerd nicht die dch ArbeitsVertr begründeten VersorggsAnspr Hinterbliebener od gesetzl Renten- und PensionsAnspr (BGH BStBl **81** II 715; **82**, II 27).

16 **b) Bemessungsgrundlage** ist beim Erwerb v Tw die dem einz Erwerber dch den Erbfall anfallende Bereicherg, die in Geld zu errechnen ist. Steuerpflichtig ist gem ErbStG 10 I 2 der Betrag, der verbleibt, wenn nach Berücksichtigg der persönl u sachl Steuerbefreiungen (ErbStG 5, 13, 16, 17) von dem nach ErbStG 12 ermittelten Wert des Erwerbs die NachlVerbindlk (§ 1967 Rn 2–6) abgezogen wurden (zur Abzugsfähigk s ErbStG 10 III–IX). Stichtag für die Wertermittlg ist der Erbfall (ErbStG 11 mit 9). Dabei werden die Ggstände mit ihrem Verkehrswert angesetzt (ErbStG 12 I), Grdbesitz dagg mit dem erhebl geringeren EinhWert (ErbStG 12 II). Die dadch ausgelöste BelastgsUngleichh ist mit GG 3 I unvereinb, so daß der GesGeber vom BVerfG NJW **95**, 2624 zu einer Neuregelg bis 31. 12. 96 verpflichtet wurde, bei der auch die Steuersätze der künft BemessgsGrdlage angepaßt werden müssen. – Mehrere Erwerbe von derselben Person innerh von 10 Jahren werden in bestimmter Weise zusammengezählt (ErbStG 14); bei mehrfachem Erwerb desselben Vermögens innerh von 10 Jahren von Personen der Steuerklasse I od II innerh von 10 Jahren sieht ErbStG 27 eine Steuerermäßigg vor. – **aa) Steuerbefreiungen.** Nach ErbStG 5 bleibt beim Ehegatten der Zugewinnausgleich steuerfrei, im Falle seiner erbrechtl Pauschalierg (§ 1931 Rn 8) aber höchstens der sich bei güterrechtl Lösg ergebende Betrag; dessen fiktive Ermittelg ist aber entbehrl, wenn bereits dch Freibeträge SteuerFreih eintritt. Dagg nicht der sog Voraus (§ 1932). – Steuerfrei bleiben ferner bestimmte Vermögensanfälle gem ErbStG 13 aus Gründen, die in der Natur der jeweil Erwerbs liegen, entw ganz od teilw od mit festen Beträgen. Diese sachl Steuerbefreign stehen jedem Erwerber zu, wobei jede BefreigsVorschr für sich anzuwenden ist (ErbStG 13 III). Beispiele: der Hausrat je nach StKlasse bis zum Wert von 40000 DM bzw 10000 DM, und Ggstände bis zu 5000 DM bzw 2000 DM (I Nr 1); KunstGgstände, Sammlgn u Kulturgüter in unterschiedl Weise (I Nr 2); der Dreißigste nach § 1969 (I Nr 4); Verzicht auf Geltdmachg des Pflichtt- od ErbersatzAnspr (I Nr 11). – **bb) Freibeträge,** deren Höhe nach StKlassen gestaffelt sind, mindern den steuerpflicht Erwerb: Als persönl Freibetrag (ErbStG 16) stehen dem Ehegatten 250000 DM zu, den übr Personen der StKlasse I 90000 DM, den der StKlasse II, III, IV 50000 bzw 10000 bzw 3000 DM. Zusätzl kann ein besond Versorggsfreibetrag (ErbStG 17) abgezogen werden, u zwar vom Ehegatten 250000 DM u von Kindern je nach Alter zw 50000 u 10000 DM. Bei der Neuregelg muß der Fiskus seinen Zugriff familiengerecht mäßigen u den Nachl jedenf im Wert des persönl Gebrauchsvermögens steuerfrei lassen; die Existenz bestimmter Betriebe, namentl mittelständ, darf er nicht gefährden (BVerfG aaO).

17 **c) Die Steuerschuld** steigt, je höher der Wert der Bereicherg u je entfernter die persönl Beziehg zum Erbl ist, weil sie der Höhe nach von 2 Faktoren abhängt: – **aa) Von der Steuerklasse,** die sich aus dem persönl Verhältn zum Erbl ergibt (ErbStG 15). Die günstigste StKlasse I gilt für Kinder (ehel wie nichtehel; auch Adoptiv- u Stiefkinder); den Ehegatten (bei rgült bestehder Ehe; nicht den Partner einer nichtehel LebensGemeinsch, BVerfG NJW **90**, 1593; BFH NJW **83**, 1080; üb dessen steuerl Behandlg Grziwotz ZEV **94**, 267); Enkel, deren Eltern gestorben sind. StKlasse II gilt für Eltern, Großeltern, Enkel, Urenkel. StKlasse III gilt für Geschwister; den geschiedenen Ehegatten (od den Partner einer für nichtig erklärten Ehe, BFH BStBl **87** II 174); Neffen, Nichten; Schwiegereltern, -kinder; Stiefeltern. StKlasse IV gilt für alle übrigen. – **bb) Vom Steuersatz,** der sich als Stufentarif nach dem Wert des Erwerbs richtet (ErbStG 19). Zum Steuersatz der SchlußE beim Berliner Test s BFH NJW **83**, 415. Nach der Tabelle des ErbStG 19 wird die Steuer in folgenden Prozentsätzen erhoben:

%-Satz in der Steuerklasse	Wert des steuerpflichtigen Erwerbs (§ 10) bis einschließlich Deutsche Mark																							
	50.000	75.000	100.000	125.000	150.000	200.000	250.000	300.000	400.000	500.000	600.000	700.000	800.000	900.000	1 Mio	2 Mio	3 Mio	4 Mio	6 Mio	8 Mio	10 Mio	25 Mio	50 Mio	100 Mio darüber
I	3	3,5	4	4,5	5	5,5	6	6,5	7	7,5	8	8,5	9	9,5	10	11	12	13	14	16	18	21	25	30	35
II	6	7	8	9	10	11	12	13	14	19	20	22	24	26	28	30	33	36	40	45	50
III	11	12,5	14	15,5	17	18,5	20	21,5	23	24,5	26	27,5	29	30,5	32	34	36	38	40	43	46	50	55	60	65
IV	20	22	24	26	28	30	32	34	36	38	40	42	44	46	48	50	52	54	56	58	60	62	64	67	70

6) Ein „Patiententestament" (engl living will) ist eine schriftl Anweisg, mit deren Hilfe ein Patient seinen 18
Ärzten im vorhinein untersagt, bei ihm unter bestimmten Umständen künstl lebensverlängernde Maßnahmen trotz Aussichtslosigk seiner Lage anzuwenden. Der Patient will damit vorsorgl die Einwillg zu seiner
ärztl Behandlg verweigern für den Fall, daß er wg seines Zustands nicht mehr entscheidsfähig sein sollte.
Seine WillErkl soll sich noch zu seinen Lebzeiten auswirken, ist also keine Vfg vTw u unterliegt auch nicht
deren FormVorschr. Sie beinhaltet die an den Arzt gerichtete Erkl, daß der Patient für den Fall des Eintritts der
vorausgesehenen Lage sich schon jetzt u bei klarem Bewußtsein gg die Anwendg and ärztl Maßnahmen als die
für einen schmerzlosen Tod entschieden hat (s eingehd Uhlenbruck MedR **83**, 16 u NJW **78**, 566). – Die rechtl
Bindung des Arztes an die Erkl ist im Prinzip nicht zu bestreiten (s auch Einf 9 vor § 1896). In der konkreten
Behandlgssituation wird sie gleichwohl häuf verneint, indem auf ihre jederzeit Widerruflichk, die Möglichk
einer zwischenzeitl Meingsänderg sowie darauf verwiesen wird, daß die gewählte Formulierung oft nicht die
eingetretene Situation u die Behandlgsform exakt treffe. Es wird dann in der Erkl nur eine Entscheidshilfe
gesehen, die der Arzt bei der notwend Ermittlg des mutmaßl Willens eines nicht mehr entscheidsfäh
Patienten berücksichtigen müsse (zum Meingsstand s Schöllhammer, Die RVerbindlk des PatTest, 1993;
Füllmich NJW **90**, 2301). Das SelbstbestimmgsR des Patienten ist aber stärker zu beachten, nachdem jetzt
auch BGH NJW **95**, 204 den zum Tod führden Behandlgsabbruch bei einem im Koma liegden Patienten im
Falle tatsächl od mutmaßl Einwilligg als erlaubt ansieht (dazu Schöch NStZ **95**, 154).

Erster Abschnitt. Erbfolge

1922 Gesamtrechtsnachfolge. ^I Mit dem Tode einer Person (Erbfall) geht deren Vermögen (Erbschaft) als Ganzes auf eine oder mehrere andere Personen (Erben) über.
^{II} Auf den Anteil eines Miterben (Erbteil) finden die sich auf die Erbschaft beziehenden Vorschriften Anwendung.

1) Erbfolge ist die RNachfolge des (der) Erben in das gesamte Vermögen des Erbl samt den Verbindlichk 1
(Erwerb von Todes wg) gleichgült ob die Schulden überwiegen (s Rn 12). Sie beruht als gewillkürte auf
einer entspr Anordng des Erbl (§§ 1937; 1941), bei Fehlen einer Vfg vTw als gesetzl auf den dann eingreifenden Regelgen der §§ 1924–1936; beides ist auch nebeneinand mögl (s § 2088). Für beide Arten der Erbfolge
gelten die in §§ 1922, 1923 getroffenen grdsätzl Regelgen. – Die **gesetzliche** Erbfolgeregelg ist subsidiär ggü
der gewillkürten, also der vom Erbl gewollten, da sie nur eintritt, wenn nicht der Erbl in Ausübg seiner
TestierFreih (§ 1937 Rn 3) dch eine rechtsgült, insbes formgerechte Vfg vTw sie anderweit geregelt hat od
wenn der von ihm eingesetzte Erbe ersatzlos wegfällt (s dazu § 2094 Rn 2). Als Ersatz für eine gewillkürte
muß die ges Erbfolge so ausgestaltet sein, daß sie aus obj Sicht dem Interesse eines verständ Erbl entspricht,
da auch für sie die ErbR-Garantie von GG 14 gilt (BVerfG FamRZ **95**, 405 mAv Krenz 534; Einl 3 vor
§ 1922). Dieser Vorgabe hat der GesGeber unter Wahrg seines Wertgs- u Gestaltgsspielraums mit dem
VerwandtenErbR unter angemessener Beteiligg des Ehegatten entsprochen (BVerfG aaO). – Zu den nicht
der Erbfolge unterliegden Rechten des Erbl s Rn 40ff; Einl 6–8 vor § 1922.

2) Erbfall ist der Tod des Erbl. Dieser kann nur eine natürliche Person sein, nicht auch die juristische. 2
Nur der Mensch kann sterben und beerbt werden (passive Erbfähigk). Sein Todeszeitpunkt ist der tatsächl
Eintritt, nicht der seiner ärztl Feststellg. Maßgebl ist nach dem heutigen Stand der Medizin der Gehirntod,
dh wenn keine Hirnströme mehr feststellb sind, auch wenn dann Kreislauf u Atmung noch künstlich
aufrecht erhalten bleiben (s § 1 Rn 3; Weber/Lejeune NJW **94**, 2393; Soergel/Stein Rn 3; zT aA MüKo/
Leipold Rn 12). Wird nur die Beendigg von Kreislauf u Atmung u nicht das Ende der Hirnströme festgestellt u kommt es auf den exakten Zeitpkt an, muß wohl ein geringfügiger, individuell festzustellder
Zeitraum („Sterbezeit") von max 10 Minuten hinzugerechnet werden (Soergel/Stein aaO mwN). – Bei
TodesErkl wird Übergang mit dem festgestellten TodesZtpkt vermutet (VerschG 9, 44 II; vgl aber §§ 2031,
2370). – **Erbschaft** ist das auf den Erben als Ganzes übergehende Vermögen des Erbl (Einzelh s Rn 12ff),
das ohne Bezug zum Erben als Nachlaß bezeichnet wird (zB in § 1960). – **Erbteil (II)** ist der Anteil eines
MitE (§§ 2032ff). Auf ihn finden grdsl die Vorschr üb die Erbsch Anwendg, zB üb den Erbteilsverkauf
(§§ 2371ff); NachlSicherg (§ 1960). Ausnahmen: §§ 2033; 2062; KO 235; VerglO 113.

a) Vor dem Erbfall, also zu Lebzeiten des Erbl hat sowohl der ges berufene als auch der eingesetzte Erbe 3
nur eine tatsächl Aussicht auf dessen Vermögen, also eine rechtl begründete Erwartg auf das ErbR, aber
noch keine gesicherte RPosition iS eines AnwartschR. Der Erbanwärter kann seine Stellg jederzeit dadch
einbüßen, daß er den Erbfall gar nicht erlebt (§ 1923 I) od daß sie ihm vom Erbl genommen wird, indem
dieser dch Vfg vTw eine die ges Erben nicht berücksichtigende Regelg trifft od eine getroffene Erbeinsetzg
widerruft. Auch die Erbeinsetzg dch wechselbezügl Vfg in einem gemeinsch Test (§ 2270) od die erbvertragsmäß (§ 2278) bewirkt keine grdsl andere RPosition, weil auch dann erst beim Erbfall feststeht, ob der
Erbanwärter tatsächl Erbe geworden ist, nachdem auch das gemeinsch Test widerrufl (§ 2271) u der Erb-
Vertr in bestimmter Weise aufhebbar ist (§§ 2290ff); allerd werden beim ErbVertr gewisse Unterschiede für
Vermächtn gemacht (vgl BGH **12**, 118; Mattern BWNotZ **62**, 234; Lange NJW **63**, 1573). Für den SchlußE
eines gemeinsch Test ändert sich dch den Tod des ersten Ehegatten noch nichts (s § 2269 Rn 11). Der
Nacherbe erlangt auch erst mit dem Erbfall, aber noch vor dem NErbfall eine rechtl gesicherte Anwartsch
(s § 2100 Rn 11). – Die Anwärterstellg begründet also keine vermögensrechtl od übertragb od vererbl
RPosition; sie kann weder ver- noch gepfändet werden, unterliegt nicht der ZwangsVollstr, gehört nicht zur
KonkMasse u ist auch kein Vermögenswert iSv VermG 2 (BVerwG NJW **94**, 270). Ein RVerhältn wird zu
Lebzeiten des Erbl nur dch das unentziehbare PflichttR begründet (s Übbl 1 vor § 2303). Erbanwärtern als
solchen ist dagg keine rechtl Befugn iS einer RMacht u kein Anspr gg den Erbl eingeräumt. – Lit: Ecke-
brecht, Die RStellg des erbrechtl Anwärters vor u nach dem Erbfall, 1992.

4 **b) Erbschaftsvertrag.** Zu Lebzeiten des Erbl ist nur der Erbverzicht zugelassen (§ 2346). Ein Vertr üb den Nachl eines noch Lebenden od die Pflichtt od ein Vermächtn daraus ist nichtig (§ 312 I), ebso den Verpflichtg, einen Bruchteil des Vermögenszuwachses abzuführen, der sich aus der Beerbg eines noch Lebenden od aus dem Pflichtt nach diesem ergibt (BGH NJW **58**, 705; **LM** § 312 Nr 2). Als **Ausnahme** ist nur den ges Erbanwärtern (die weit zu verstehen sind, RG **98**, 330) ein Vertr üb den ges Erbteil od den Pflichtt eines von ihnen gestattet (§ 312 II). Der Vertr bedarf der not Form (§ 312 II 2), auch wenn ihm der Erbl im Rahmen einer VertrKombination ausdrückl zugestimmt hat (BGH NJW **95**, 448). Er entfaltet aber keine erbrechtl, sond nur schuldrechtl Wirkg, so daß auch bei diesem das VollzugsGesch erst nach dem Erbfall dchgeführt werden kann. „Ges Erbteil" ist dabei nur als quantitative Begrenzg zu verstehen; er muß also nicht unbedingt dch ges Erbfolge erlangt, sond kann auch zugewendet sein (BGH **108**, 279 mAv Kuchinke JZ **90**, 599).

5 **c) Keine Sicherung.** Die Aussicht auf den künft Nachl ist im GBuch nicht eintraggsfäh. Vormerkg ist unzuläss (BGH **12**, 115; s § 883 Rn 19, aber auch § 2174 Rn 10; hinsichtl erbvertragl Vermächtn aA Celle DNotZ **52**, 236; Schulte DNotZ **53**, 380). Sie kann auch nicht dch einstw Vfg gesichert werden (KG OLG **21**, 363). Vertragl MitE, die sich zu Lebzeit üb den Nachl, soweit er aus Grdst besteht, bereits auseinandergesetzt haben, können etwaige ÜbereignsAnspr nicht dch Auflassgsvormerkg am Grdst des Erbl sichern (Hamm OLGZ **65**, 347 mAv Haegele Rpfleger **66**, 367). – **Gerichtliche Feststellung** des künft ErbR ist mangels eines RVerhältn vor dem Erbfall nicht zuläss (ZPO 256). Die Erbanwärter (MitE, NachE od SchlußE) können auch nicht feststellen lassen, daß sich ein bestimmter Ggstand noch im Vermögen des künft Erbl befindet (Karlsr FamRZ **89**, 1351; Celle MDR **54**, 547). Die RPosition eines PflichtBerecht kann dagg bereits vor dem Erbfall Ggstand einer Feststellgsklage sein (s Übbl 1 vor § 2303); die eines SchlußE ab dem Tod des ersten Ehegatten (s § 2269 Rn 11). Üb Gültigk eines ErbV ist zw den VertrParteien Feststellgsklage bei berecht Anlaß zuläss (Düss FamRZ **95**, 58; s auch Lange NJW **63**, 1573).

6 **3) Gesamtnachfolge durch Vonselbsterwerb.** Mit dem Erbfall geht die Erbsch kr G „als Ganzes" unmittelb u von selbst auf den Erben über (dazu Wacke JA **82**, 242; für „Antrittserwerb" von Lübtow II 651). Dieser wird damit Gesamtrechtsnachfolger des Erbl im Wege der Gesamtnachfolge, also ohne besond Übertragg der Einzelrechte. Die Nachfolge geschieht durch einheitl Rechtsakt in das gesamte Vermögen und nicht in einzelne Ggstände (s § 2087 II), so daß zB der Voraus wie ein Vermächtn behandelt wird (§ 1932). Auf Wissen und Willen des Berufenen kommt es nicht an (s § 1942 Rn 1), auch nicht auf seine Annahme od den Antritt der Erbsch. Ein Erwerb aGrd guten Glaubens an das Eigentum des Erbl ist nicht mehr mögl. – Endgült erwirbt der Erbe wg seines Rechts zur Ausschlagg (§ 1942) die Erbsch allerd erst mit Annahme (§ 1943; s dort u § 1942 Rn 2). Dann kann er seine dch Vfg vTw od aGrd G erworbene RStellg aber auch nicht mehr dch „Verzicht" (s Übbl 1 vor § 2346) od wg Verstoßes gg § 242 verlieren (BayObLG **77**, 274; BGH NJW **67**, 1126; WM **77**, 688 zur Verwirkg), sond nur noch dch ErbunwürdigerklUrteil (§§ 2342; 2344).

7 **4) Sondererbfolgen.** Als Ausnahmen vom Grdsatz der Gesamtnachfolge findet in wenigen Einzelfällen eine unmittelb Sondererbfolge (Singularzession) in bestimmte, vom übr Nachl abgesonderte Vermögensteile des Erbl statt. RFolge ist dann, daß zwei rechtl selbständ Vermögensmassen entstehen u jeder NachlTeil für sich wie ein eigener Nachl anzusehen ist (BGH **24** 352; BayObLG NJW **60**, 775), der sein eigenes rechtl Schicksal hat. Die prakt wichtigste, aber ges nicht geregelte ist die Sondererbfolge in den GeschAnteil des persönl haftden Gters einer **Personengesellschaft** (OHG; KG; BGB-Ges) im Falle erbrechtl Nachfolge (s dazu Rn 17–20). Die übr Fälle beruhen auf ges Sonderregelgen:

8 **a) Nachlaßgrundstücke** in der fr DDR, die einem Erbl gehörten, der seinen gewöhnl Aufenth in einem der alten Bundesländer hatte u daher nach BGB beerbt wurde (s EG 235 § 1 Rn 5), bilden in allen zw **1. 7. 76 und 3. 10. 90** eingetretenen Erbfällen ein vom übr Nachl getrenntes SondVermögen als Folge eingetretener NachlSpaltg. In diesem Zeitraum galt näml in der DDR die Kollisionsnorm des RAG 25 II, nach der sich die erbrechtl Verhältn in Bezug auf das Eigent u and Rechte an Grdst u Gebäuden in der DDR stets nach dem Recht der DDR bestimmten. Dieses Sonderstatut ist auch nach dem Beitritt aus Grden des Vertrauensschutzes analog EG 3 III (EG 28 aF) zu beachten (EG 25 Rn 23). Welche Rechte unter RAG 25 II fielen, ist nach DDR-Recht u der dort entwickelten GesAuslegg (Hamm FamRZ **95**, 758) zu qualifizieren; nicht dazu gehören aber RestitutionsAnspr nach dem VermG (Rn 50; EG 25 Rn 23; Hamm FamRZ **95**, 1082; BayObLG FamRZ **95**, 1089 mAv Limmer ZEV **95**, 256). – **Folge** der NachlSpaltg ist, daß in diesen AltFällen jeder der beiden NachlTeile als rechtl selbständ Sondervermögen anzusehen u so zu behandeln ist, als wäre er der gesamte Nachl (BayObLG FamRZ **94**, 723). Die jew für sich zu beurteilende Erbfolge konnte der Erbl für jeden NachlTeil unterschiedl regeln, so daß er hinsichtl eines Teils kr Ges, hinsichtl des and Teils kr letztw Vfg beerbt werden kann (BayObLG FamRZ **95**, 1089). Für jeden Teil beurteilen sich alle erbrechtl Fragen nach dem jeweiligen Erbstatut (EG 25 Rn 9; 10), bezügl des DDR-GrdVermögens also nach dem DDR-ZGB (BGH FamRZ **95**, 481; Einl 5 vor § 1922). Dies gilt zB für die Wirksamk der Ausschlagg (§ 1944 Rn 14) od ihre Anfechtg (§ 1954 Rn 7) od die Auswirkg einer Ehescheidg (BayObLG FamRZ **95**, 1088) od PflichttAnspr (BGH NJW **93**, 1920; Übbl 5 vor § 2303). Auch die TestAuslegg richtet sich in Bezug auf den abgespaltenen NachlTeil nach dem dafür geltenden Erbstatut (Köln FamRZ **94**, 591; s dazu § 2084 Rn 3; 12). Bezügl TestErrichtg, der zuläss Arten test Vfgen u deren Anfechtg ist dagg die Rückverweisg dch RAG 26 auf das R des Staates, in dem Erbl zZ der Errichtg Wohnsitz hatte, zu beachten (KG FamRZ **95**, 762; zum ErbV s § 2274). Zur Erteilg eines beschränkten ErbSch s § 2353 Rn 7. – In Erbfällen **vor** dem 1. 1. 76 galt dagg auch in der DDR noch das KollisionsR des EGBGB, so daß es nicht zur NachlSpaltg kam (Ffm OLGZ **92**, 35; BayObLG **94**, 382).

9 **b) Hoferbrecht.** Zur Erhaltg eines landw Betriebs als geschlossene Einheit bestimmen einige der landesrechtl AnerbenG (s GK 64 mit Rn 6; 7) abweichd vom allg ErbR des BGB, daß der Hof mit dem Erbfall im Wege einer SonderRNachfolge unmittelb einem der MitE als HofE zufällt (s HöfeO 4; *brem* HöfeG 9; *rheinlpfälz* HöfeO 14; *württ-hohenz* AnerbenRG 3). Hof u hoffreies Vermögen vererben sich dann als zwei rechtl selbständ Vermögensmassen unterschiedl, der Hof nach AnerbenR u der hoffreie Nachl nach BGB. –

Wichtigstes AnerbenG ist die norddeutsche **HöfeO** (s EG 64 Rn 6). Für die ihr zum Zeitpkt des Erbfalls unterliegenden Höfe (s EG 64 Rn 6) bestimmt sich die ges Hoferbfolge nach §§ 4; 5 Nr 3; 6; 9 I. Eine Bestimmg des Erbl den Eigentümer erfolgt entw auf Grd Vfg v Tw (§ 7) od dch ÜbergabeVertr (§ 8 II); zum formlosen HofübergabeV s BGH **87**, 237; WM **93**, 390. Die sog formlose Hoferbenbestimmg (§ 7 II) verwehrt dem Erbl eine anderweit HofEBestimmg (dazu Kroeschell JR **89**, 418). Der dadch begründeten Hoferbfolge wird der Hof dch Begründg eines Ehegattenhofs wieder entzogen, so daß die Erbfolge dann § 8 unterliegt (Hamm OLGZ **90**, 284; str). Beim Ehegattenhof kann ein Ehegatte nicht letztw über seinen Anteil verfügen (Hamm AgrarR **80**, 50; 165 mAv Stöcker). NießbrauchsVermächtn am Hof ist zuläss Beschränkg der Hoferbfolge (HöfeO 16 I; BGH **118**, 361). Dch dauernde BewirtschaftsÜbertragg wird ein Abkömml VollE, sofern Erbl nicht ausdrückl Vorbeh erklärte (§ 6 I 1; dazu BGH ZEV **94**, 234 mAv Witt). – HofNachE hat bei Eintritt des Erbfalls einen AbfindgsAnspr nach HöfeO 12 (Oldbg NJW-RR **94**, 272). – Vererbl ist auch der Anspr auf Übereign eines Hofs aus einem ÜbergabeVertr (BGH **LM** HöfeO 17 Nr 7; str; s Lüdtke-Handjery HöfeO 17 Rn 122); der AusgleichsAnspr nach HöfeO 13 I (BGH **37**, 122). – Zwar keine Sondererbfolge, aber eine ähnl Bevorzugg des HofNachf ggü dem BGB u entspr Benachteiligg der übr MitE bewirkt auch die **Betriebszuweisung** nach GrdstVG (s § 2042 Rn 24) od nach landesrechtl AnerbenG (*bad* G betr geschlossene Hofgüter 10; *hess* LandgüterO 11; s EG 64 Rn 7). Dch sie wird die Alleinberechtig eines MitE an dem landw Betrieb erst nachträgl begründet, so daß es sich um eine bes Form der Erbauseinandersetzg handelt. Der Hof fällt also bis dahin in den allg Nachl, so daß auch die später weichenden MitE zunächst eine gesamthänd gebundene MitE-Stellg am Hof erlangen.

c) Mietwohnung. Beim Tod des Mieters treten gem §§ 569a; b dessen Ehegatte und/od Familienange- **10** hörige, die mit ihm gemeins Hausstand geführt haben, im Wege der Sonderrechtsnachfolge in das MietVer- hältn ein, um ihnen den bish Lebensmittelpkt zu erhalten. Auch der überlebde Partner einer eheähnl Gemeinsch (dazu BVerfG NJW **93**, 643) tritt in den MietV analog § 569a ein (BGH NJW **93**, 999; s § 569a Rn 5). Beim Tod eines von mehreren Mietern treten dessen Familienangehörige unter den Voraussetzgen des § 569a II 1 in den MietVertr ein (Karlsr NJW **90**, 581).

d) Eine Heimstätte konnte nur in Erbfällen, die bis zur Aufhebg des früh RHeimstG zum 1. 10. 93 **11** bereits eingetreten sein mußten (s EG 213 Rn 3; Ehrenforth NJW **93**, 2082), in das AlleinEigt eines von mehreren MitE übergehen. Voraussetzg dafür war nach RHeimstG 24 aF iVm AVO 25ff aF, daß der Erbl diesen sog Heimstättenfolger entw in einer Vfg vTw als solchen bezeichnet hatte (AVO 26 Nr 1) od daß die MitE sich auf ihn geeinigt u dies dem NachlG binnen 6 Monaten ab Erbfall förml erklärt hatten (AVO 26 Nr 2) od daß er in einem beim NachlG binnen 6 Monaten ab Erbfall zu beantragenden Verfahren (Aus- schlußfrist, Köln OLGZ **86**, 166) dch MehrhBeschluß (2/3) u Genehmigg des NachlG bestimmt worden war (AVO 26 Nr 3); s Vogg Rpfleger **92**, 509.

5) Umfang des Nachlasses. Die „Erbschaft", also das auf den Erben übergehende Vermögen, ist die **12** Gesamth der RVerhältn des Erbl, umfaßt also auch RVerhältn nichtvermögensrechtl Inhalts. Vererbl sind regelm alle dingl u persönl Vermögensrechte u Verbindlichk einschl der Rechte u Verbindlichk aus unerl Hdlgen. Auch öff-rechtl Anspr gehen grdsl auf den Erben über (auch wenn dies in der anspruchsbegründen- den Norm selbst nicht vorgesehen ist), sofern nicht öff-rechtl Sonderregelgen entggstehen od sich aus dem öff-rechtl RVerhältn Abweichendes herleiten läßt (BVerwG **64**, 105; NJW **87**, 3212; s Rn 49–54). Zur Erbsch gehören ferner die Verbindlichkeiten der Erbl (BGH **32**, 369; hM), so daß zB die im Rahmen eines AuftragsVerhältn entstandene Pflicht zur Abgabe einer eV gem § 259 II mit dem Tod des Verpflichteten auf dessen Erben übergeht (BGH **104**, 369 mAv Hohloch JuS **89**, 63). Die Stellg der Erben hängt nicht davon ab, daß ihnen aus der Erbsch ein wirtschaftl Vorteil zukommt (BayObLG MDR **79**, 847). – Ob ein Ggst zum Nachl gehört, ist auch für die Erbenhaftg erhebl u spielt eine Rolle bei der Übertragg der Erbsch od des Erbteils; auch die Rechte eines VorE od NachE sowie die Befugn eines TV hängen davon ab.

a) Bei Gütergemeinschaft (§§ 1415ff) gehört der Anteil des verstorbenen Ehegatten am Gesamtgut **13** zum Nachl. Der verstorbene Eheg wird nach den allg Vorschriften beerbt (§ 1482; BayObLG Rpfleger **81**, 282). Solange keine Auseinandersetzg über das Gesamtgut stattgefunden hat, gehört nur der Anteil am Gesamtgut zum Nachl; die einzelnen Ggst des Gesamtguts sind dagg keine NachlGgste (BGH **26**, 382; NJW **64**, 768; s auch Stgt Just **67**, 119). – Ist **fortgesetzte Gütergemeinschaft** vereinbart (§§ 1483ff) u wird die GüterGemeinsch mit den gemeinschaftl Abkömmlingen fortgesetzt, gehört der Anteil des verstorbenen Eheg nicht zum Nachl; im übr wird der verstorbene Eheg nach den allg Vorschriften beerbt (§ 1483 I 3 mit Rn 2). Stirbt ein anteilsberecht Abkömmling, gehört sein Anteil am Gesamtgut zu seinem Nachl (§ 1490 S 1). Die fortgesetzte GüterGemsch wird mit seinen Abkömmlingen nach Maßgabe des § 1490 S 2 fortgesetzt; sind solche nicht vorhanden, tritt Anwachsg nach § 1490 S 3 ein; der nichtehel Abkömml des Verstorbenen tritt als dessen Erbe aber dann nicht in die fortges GüterGmsch ein, wenn dieser nicht Erbe des vorverstor- benen Teilhabers geworden ist (Stgt Rpfleger **75**, 433). Stirbt ein an einer fortgesetzten GüterGemsch beteiligter Abkömml nach deren Beendig, aber vor Beendigg der Auseinandersetzg des Gesamtguts, vererbt sich sein Recht an der AuseinandersetzgGemsch nach allgem Grdsätzen (gesetzl Erbfolge; aGrd Vfg von Todes wg; BayObLG **67**, 70). – Endet **Zugewinngemeinschaft** dch Tod eines Ehegatten, hat allein der überlebende Ehegatte Anspr auf Ausgleich eines Zugewinns (§ 1371 I, II). Ist sein Zugewinn der höhere, können die Erben des Verstorbenen von ihm keinen Ausgleich fordern, selbst wenn der Erbl die Aus- gleichsFdg schon in einem ScheidsVerf rhäng gemacht hatte, aber vor Scheidg gestorben ist (BGH FamRZ **95**, 597). Nur eine schon vor dem Tod eines Ehegatten entstandene AusgleichsFdg (§ 1378 III) ist vererbl, dann auch der AuskAnspr (§ 1379 I, II) u der ErgänzgsAnspr (§ 1390 I I).

b) Ein Handelsgeschäft ist vererbl, wie sich aus HGB 22 ergibt (dazu Stürner JuS **72**, 653; Johannsen **14** FamRZ **80**, 1074; Langenfeld BWNotZ **81**, 51). Die Firma ist nur mit dem Unternehmen übertragb u vererbl (HGB 21ff; dazu Kuchinke ZIP **87**, 681). Eine Prokura erlischt nicht (HGB 52 III), sofern nicht der Prokurist AlleinE od MitE wird (BGH NJW **59**, 2114 u dazu Reinicke MDR **60**, 28). Nicht vererbl ist die Kaufmannseigenschaft, denn ihre Merkmale (HGB 1, 2, 3, 6) müssen persönl erworben sein. – Auch ein sonstiges vom Erbl betriebenes **gewerbliches Unternehmen** (zB Handwerksbetrieb) kann vererbl sein

(BGH **LM** Nr 1, 7). Die Zugehörigkeit zum Nachl ist nicht davon abhäng, ob die Weiterführg dch einen MitE mit od ohne Einverständn der übrigen MitE erfolgt (BGH NJW **63**, 1541). Für Minderjährige kann gesetzl Vertr das Gesch fortführen, vormschaftsgerichtl Gen nach §§ 1643, 1822 Nr 2 ist nicht erfordl (Johannsen WM **72**, 914; BGH **92**, 259). – Unvererbl sind dagg **öffentlich-rechtliche Gewerbeberechtigungen** (Erman/Schlüter Rn 16).

15   **c) Geschäftsanteil an Personengesellschaft.** Voraussetzg für die Vererblichk des Anteils eines persönl haftenden Gters (phG) einer OHG od KG als Teil seines Vermögens ist zunächst, daß der GesVertr überh Bestimmgen enthält, die eine Fortsetzg des Ges ermöglichen: **Ohne** eine solche Regelg wird näml die Ges dch den Tod des phG aufgelöst (HGB 131 Nr 4; 161 II); falls Liquidation stattfindet (HGB 145), tritt Erbe in die LiquidationsGes ein. Das ErbR nimmt es hin, daß eine RStellg des Erbl nicht od allenf beschränkt vererbl ist; es leitet die Rechte des Erbl nur auf dessen RNachfolger weiter, wie er diese beim Erbfall vorfindet (BGH **98**, 48; s ausführl Marotzke AcP **184**, 541). Wurde dagg im GesVertr die **Fortsetzung** der Ges vereinbart, muß auch dies noch nicht zum Eintritt des Erben führen. Es kann näml für den Fall des Todes eines Gters der Fortbestand der Ges unter den verbleibenden **Gesellschaftern** von Anfang an vereinbart worden sein; auch kann der GesVertr es den übr Gtern ermöglichen, dch Beschluß die Fortsetzg der Ges ohne dessen Erben herbeizuführen. Dann steht dem Erben des dch Tod ausgeschiedenen Gters (HGB 138) nur ein AbfindgsAnspr gg die verbleibden Gtern zu (dazu Reimann ZEV **94**, 7), denen der ErblAnteil am GesVermögen zuwächst (HGB 105 II mit § 738; HGB 161 II); dieser kann sogar im GesVertr ausgeschlossen worden sein (s auch § 2311 Rn 13). Gilt diese Vereinbarg für alle Gter, ist sie keine Schenkg vTw (§ 2301;

16 BGH **22**, 194; üb Abfindgsvereinbargen s zB Rasner NJW **83**, 2905). – Ist im GesVertr nur ein **Eintrittsrecht** für einen od alle Erben des verstorbenen Gters vorgesehen, führt dies nicht zur Vererblichk des GesAnteils u damit auch nicht zur unmittelb erbrechtl Nachfolge (s zB BGH **68**, 225; DNotZ **67**, 387; NJW-RR **87**, 989); ggf kann sich ein solches EintrittsR dch ergänzende VertrAusleg ergeben, wenn die in einer NachfKlausel vorgesehene Person nicht Erbe u damit nicht Gter wurde (BGH NJW **78**, 264). Vielmehr erlischt die Mitgliedsch des verstorbenen Gesellschafters. Sein Anteil fällt nicht in den Nachl, sond wächst den übr Gesellschaftern zu (§ 738), unter denen die Gesellsch fortgesetzt wird (§ 736). Der Eintritt des Berecht nach Ausübg seines EintrittsR begründet dann eine neue Mitgliedsch; wie er sich vollzieht, hängt vom GesVertr ab. Der minderjähr Erbe bedarf dazu der Genehmigg des VormschG (§ 1822 Nr 3). Wird vom EintrittsR kein Gebrauch gemacht, sind den Erben mit dem Tod des Gters AbfindgsAnspr entstanden (§ 738), für deren Ausgestaltg im GesVertr es mehrere Möglichk gibt (dazu Götte DNotZ **88**, 603).

17   **aa) Erbrechtliche Nachfolgeklausel.** Nur wenn im GesVertr u damit dch Rechsgesch unter Lebden vereinbart wurde, daß beim Tod eines phG dessen (ges od gewillkürte) Erbe(n) in die Ges einrücken (§ 736; HGB 139 I), ist der Anteil des Erbl vererbl, so daß seine Erben auch in seine GterStellg im Wege der Erbfolge nachrücken können. Wer nachfolgeberecht Erbe ist, bestimmt allein der Erbl, sei es dch Vfg vTw, sei es dch Hinnahme der ges Erbfolge. Allerd kann er sich bereits im GesVertr dch sog **qualifizierte** Nachfolgeklausel darauf festgelegt haben, daß von mehreren Erben nur einer od nur ein Teil ihm in der Ges nachfolgen kann; dabei kann auch bestimmt worden sein, daß dieser üb eine gewisse Eignung verfügen muß. Die übr MitE erhalten dann nur einen erbrechtl AusgleichsAnspr gg den GterErben, da sich ihre quantitative Berechtigg am Nachl nicht ändert (BGH **68**, 225; Reimann ZEV **94**, 7; zur Bewertg s auch § 2311 Rn 14); der Ausschluß jegl Abfindg ist zwar nach GesR, nicht aber erbrechtl mögl (s BGH **22**, 195; Baumbach/Hopt HGB 139 Rn 19). Soll nach dem Willen des Erbl ein TV den NachfErben bestimmen, muß dies im GesV vereinbart worden sein od die übr Gter müssen zustimmen (BGH NJW-RR **86**, 28). Bei Irrtum üb die Person des Erben s Konzen ZHR **145**, 29ff. Ob der eingetretene Erbe auch in die Geschäftsführgs- u Vertretgsbefugn des Erbl einrückt, bestimmt gleichf in erster Linie der GesVertr (BGH **LM** HGB 139 Nr 2; Merkel MDR **63**, 102). Sein Verbleiben in der Ges als neuer Gter nach Maßgabe von HGB 139 I; III davon abhäng machen, daß ihm die Stellg eines Kommanditisten eingeräumt wird; zu seiner Haftg s dann K. Schmidt BB **89**, 1702; Saßenrath BB **90**, 1209. Die Nachfolgeklausel gilt iZw auch für Vor- u NachE (BGH **98**, 48; s Michalski Betr **87**, Beil 16). Zu den einkommensteuerl Folgen der Vererbg von Anteilen an PersonenGes s BFH NJW **91**, 254; NJW-RR **92**, 1123. – **Ausnahme:** War der AlleinE des Erbl zugleich dessen einziger MitGter, erlischt die Ges grdsl ohne Liquidation, weil sich dann sämtl Anteile in einer Hand vereinigen u der Erbe dadch ihr GesamtrechtsNachf wird (K. Schmidt JuS **87**, 147); dies gilt aber nicht, wenn AlleinE nur VorE ist, weil dann der GesAnteil bis zum Eintritt der NErbfolge nicht untergehen kann, so daß die OHG für den NachE erhalten bleibt (BGH **98**, 48), es sei denn, daß ein TV den Anteil gem § 2217 I freigibt (BGH aaO; § 2205 Rn 14).

18   **bb) Vollziehung.** Bei dem dch gesvertragl Nachfolgeklausel vererbl gestellten GesAnteil vollzieht sich die Fortsetzg der Ges mit dem (den) Erben im Ztpkt des Erbfalls erbrechtl, dh unmittelb u ohne weiteres dch Singularzession (Rn 7). Die Nachfolge bedarf also keiner bes Erklärg des Erben u keiner Aufnahme dch die übr Gter; der minderjähr Erben benötigen keine vormschgerichtl Genehmigg nach § 1822 Nr 3 od 10 (KG JW **33**, 119). Diese **Sondererbfolge** ist notwend, um die haftgsrechtl Kollision zw ErbR u GesellschR zu lösen, die sich aus der Unvereinbark zw der Ausgestaltg der Haftg des phG als unbeschränkte (HGB 128) einerseits u derjenigen der Erben als dauerh auf den Nachl beschränkb andererseits (s Einf 4 vor § 1967) ergibt; ist eine ErbenGemsch Nachfolger des GterErbl, würde diese im erbrechtl Normalfall der GterStellg als GesamthandsGemsch erlangen u daher bis zur Auseinandersetzg stets nur mit dem Nachl haften (§ 2059). Die Rspr löst diesen Konflikt dadch, daß der GesAnteil aus dem übr Nachl ausgegliedert u getrennt von diesem auf den dch letztw Vfg bzw ges Erbfolge bestimmten GterErben übergeht. Der Anteil fällt also stets getrennt vom übr NachlVermögen (das bei MitE gesamthänderisch gebunden bleibt) unmittelb u endgült in das Privatvermögen des GterErben. – Dies gilt sowohl bei Vorhandensein nur eines als auch mehrerer Erben

19 (BGH **91**, 132). Auch **Miterben** werden also aGrd ihres ErbR ausnahmsw unmittelb Gter mit einem der Größe ihres ErbR entspr GesAnteil (BGH NJW **71**, 1286; **83**, 2376); nur das übr NachlVermögen ist bei ihnen gesamthänderisch gebunden. Jeder MitE hat dann das WahlR nach HGB 139 I, III; üb Vertreterklausel für die als Kommanditisten in die OHG eintreten MitE s BGH **46**, 291 mAv Kol NJW **67**, 1908. Erhält aGrd qualifizierter Nachfolgeklausel (Rn 17) nur einer von mehreren MitE den gesamten GesAnteil, geht dieser auf ihn im Ganzen unmittelb über (BGH **68**, 237; dazu Ulmer BB **77**, 805; Göbel DNotZ **79**, 133; Johannsen WM **79**, 637; str; nach and Auffassg soll der bevorrecht MitE zunächst nur einen seinem Erbteil entspr Anteil erhalten u die übr MitE dann verpflichtet sein, ihm den ihnen zugewachsenen Restanteil zu übertragen). Hat er damit wertmäß zuviel erhalten, ist dies unter den MitE gemäß den Erbquoten auszugleichen (BGH aaO); bei entspr test Anordngen des Erbl sind ggf Unterbeteiliggen zu schaffen (BGH **50**, 318). Zur Einwillig der Erben üb die Fortführg der Firma unter dem ErblNamen s BGH **92**, 79; NJW **87**, 2081. – Diese gesonderte erbrechtl Behandlg ist **endgültig** u wird nachträgl auch bei besond Umständen nicht mehr **20** aufgehoben (BGH **91**, 132 mAv Brox JZ **84**, 890; Schmidt JuS **85**, 63). NachlVerwaltg od NachlKonk des GterErben erfassen also nicht den GesAnteil als solchen u lösen folgl auch nicht die OHG nach HGB 131 Nr 5 auf (BGH aaO), erfassen allerd die zum übr Nachl gehörigen Anspr auf Gewinn u ein Auseinandersetzgsguthaben. Trotz der Abspaltg des GesAnteils von dem übr Vermögenswerten gehört dieser insgesamt zum Nachl (u nicht nur die selbständ abtretb Anspr auf den Gewinn u das Auseinandersetzgsguthaben, wie der II. Senat des BGH NJW-RR **87**, 989 abweich entschieden hat), weil eine Herauslösg weder unter haftgs- noch unter gesellschrechtl Gesichtspkten gerechtfert ist (BGH **98**, 48; NJW **83**, 2376; Raddatz, NachlZugehörigk vererbbter PersGesAnteile, 1991; aA Ulmer NJW **84**, 1496 u JuS **86**, 586). Auf den Wert des GesAnteils kann daher der KonkVerwalter ggf dch Kündigg entspr HGB 135 zugreifen (BGH **91**, 132).

d) Ein Kommanditanteil ist vererbl, sofern dies nicht dch GesVertr ausgeschlossen wurde. Der Tod des **21** Kommanditisten hat abweich von HGB 131 Nr 4 mit 161 II die Auflösg der KG nicht zu Folge (HGB 177). Bei MitE wird jeder mit dem Anteil, der seinem Erbanteil entspricht, Kommanditist (KG WM **67**, 148; aM Köbler Betr **72**, 2241, der die ErbenGemsch als solche als Rechtsnachfolgerin erachtet); der so aufgeteilte GesellschAnteil gehört dennoch zum Nachl (BGH NJW **83**, 2376 mAv Esch, Ulmer NJW **84**, 339; 1496). – Statt der Vererblichk können im GesVertr auch verschiedenartige Nachfolgeklauseln vorgesehen werden (s Langenfeld/Gail IV Rz 243f; KG JR **71**, 421 mAv Säcker). – Zur Regelg des EintrittsR eines Erben bei Vorliegen eines bindenden gemschaftl Test s BGH DNotZ **74**, 296; BGH WM **79**, 533; zur Aufhebg einer gesellschvertragl Nachfolgeklausel BGH WM **74**, 192. Scheitert die im GesellschVertr enthaltene erbrechtl NachfolgeRegelg in den Kommanditanteil daran, daß die vorgesehene Person nicht Erbe geworden ist, kann ergänzende Auslegg des GesVertr zum EintrittsR führen (s Rn 16; dazu Tiedau MDR **78**, 353). Zur Zulässigk einer TVstrg s § 2205 Rn 20; 21. – Beerbt in einer zweigliedr KG einer der beiden Gter den verstorbenen und hinsichtl dessen vererbl gestellten GesAnteils (Rn 17), wird dadch die KG aufgelöst u gleichzeit beendet. Der verbleibde Gter wird AlleinInh des Unternehmens, auf den das GesVermögen übergeht (BGH **65**, 79). Er haftet dann für die bish GeschVerbindlk gem HGB 27. Liegen dessen Voraussetzgen nicht vor, ist seine Haftg entspr § 419 II auf den Bestand des übergegangenen GesVermögens beschränkt (BGH **113**, 132 mAv Marotzke ZHR **156**, 17, auch zur RFolge bei NachlVerwaltg).

e) BGB-Gesellschaft. Die GterStellg ist vererbl, sofern der GesVertr dies vorsieht (Einzelh s § 727 Rn **22** 2–4); andernf wird dch Tod des Gters die Ges aufgelöst (§ 727 I; s auch Rn 15). Die Erben müssen aber mit den übrigen Gesellschaftern die Fortsetzg der Gesellsch vereinbaren (s auch Neust DNotZ **65**, 489; Celle Rpfleger **79**, 197). Ist im GesellschVertr bestimmt, daß die Gesellsch unter den übrigen Gesellschaftern fortbestehen soll, wächst der Anteil des verstorbenen Gesellschafters den übrigen Gesellschaftern zu (§ 738 I 1). Der Erbe (Erben) hat Anspr auf das Auseinandersetzungsguthaben (§§ 738 bis 740). – Die unter Ehegatten eingegründete sog EigenheimGes zum Zwecke des Erwerbs u Bewohnens eines Hauses (BGH DNotZ **82**, 159 mit krit Anm K. Schmidt AcP **82**, 482ff) kann vertragl so geregelt werden, daß bei Tod eines Ehegatten sein Anteil am Nachl vorbei auf den and übertragen wird (dazu Rapp MittBayNot **87**, 70). – Im GesellschVertr kann auch ein EintrittsR des od der Erben vorgesehen sein (s Rn 16).

f) Stille Gesellschaft. Dch Tod eines stillen Gters wird die Gesellsch nicht aufgelöst (HGB 234 II). Der **23** Erbe tritt kraft seines ErbR an Stelle des Erbl in die stille Gesellsch ein, mehrere Erben als ErbenGemsch (MüKo/Leipold Rn 44). Abweichde Vereinbgen im GesVertr sind zuläss (BGH WM **62**, 1084). – Zur Vererblk einer Unterbeteiligg s Schiller RhNK **77**, 45/50; Langenfeld/Gail I Rn 155.

g) Kapitalgesellschaften. Hier ist im einzelnen vieles str. Die Vererblichk des **Aktienrechts** kann nicht **24** ausgeschlossen werden (s auch § 2032 Rn 13); über die Möglichk einer in der Satzg der AG vorgesehenen Zwangseinzieh s AktG 237. Auch das AktienbezugsR (AktG 186) ist idR vererbl (RG **65**, 21; vgl auch RG **97**, 240). Für Stimmrechtskonsortien unter Aktionären kann in den GesVertr (BGB-Gesellsch) eine VererblichkKlausel für den Tod eines Konsorten vorgesehen werden (s hierzu Schröder ZGR **78**, 578/594ff, der sowohl Vererbg auf einen AlleinE als auch auf MitE behandelt). – **GmbH-Anteile** sind vererbl (GmbHG 15 I). MitE erwerben sie in gesamthänd Bindg (vgl BGH **92**, 386; Promberger ZHR **150**, 585; § 2032 Rn 12). Eine Sondererfolge ist nicht mögl, auch nicht üb qualifizierte Nachfolgeklausel (Staud/Marotzke Rn 210; 211). AusgleichsAnspr weichder MitE richten sich gg die Ges (Reimann ZEV **94**, 7). Ob Ausschluß der Vererblichk im GesVertr vereinbart werden kann, ist str, aber abzulehnen, da bei Unvererblichk des Anteils seine Zuordng ungeklärt bliebe (Soergel/Stein Rn 65 mwN). Zur RStellg eines vermeintl Erben in der GmbH s Kremer/Laux BB **92**, 159. – Die Mitgliedsch bei einer **eingetragenen Genossenschaft** geht auf **25** den (die) Erben über; dieser scheidet aber mit dem Ende des laufden GeschJahres aus. Das Statut kann bestimmen, daß im Falle des Todes eines Genossen dessen Mitgliedsch in der Genossensch dch dessen Erben fortgesetzt wird. Das Statut kann die Fortsetzg der Mitgliedsch von persönl Voraussetzgen des Rechtsnachfolgers abhäng machen; für den Fall der Beerbg des Erbl dch mehrere Erben kann auch bestimmt werden, daß die Mitgliedsch endet, wenn sie nicht innerh einer im Statut festgesetzten Frist einem MitE allein überlassen worden ist (GenG 77 I, II; dazu Hornung Rpfleger **76**, 37; LG Kassel Rpfleger **76**, 61; **77**, 62; MüKo/Leipold Rn 31). – Über Fortsetzg einer KGaA mit den Erben des Komplementärs (AktG 289, HGB 139) s Durchlaub BB **77**, 875; Langenfeld/Gail I Rn 120.

h) Vermögensrechtliche Beziehungen sind vererbl, auch noch werdende od schwebende RBeziehgen; **26** bedingte od künftige Rechte; AnwartschRechte; Bindgen u Lasten (BGH **32**, 367; Schröder JZ **78**, 379). **Beispiele:** Vererbl ist das AnfechtgsR nach § 119 (BGH NJW **51**, 308); die Wirkkraft einer WillErkl (§ 130 II); das Recht zur Genehmigg des Abschlusses eines vermögensbezogenen Vertr dch vollmachtlosen

Vertreter des Erbl (Hamm Rpfleger **79**, 17); das WiderrufsR nach § 178 (SchlHOLG SchlHA **65**, 277); das AnkaufsR (OGH DNotZ **51**, 124); das Recht zur Annahme eines VertrAntr (§ 153); ErsatzAnspr (BGH **LM** § 249 (Hd) Nr. 15); das zeitl beschränkte persönl VorkR (§ 514 S 2; s LG Stgt BWNotZ **74**, 85); die KreditbürgschVerpfl (§ 765; BGH **LM** Nr 10). Im AuftragsVerhältn sind die Anspr des Erbl auf Auskunft, Rechensch (§ 666) u Herausgabe (§ 667) vererbl, es sei denn, daß sie deshalb erloschen sind, weil der Erbl diese Rechte auf seine Person beschränkt hatte (BGH NJW-RR **90**, 131). Rechte u Pflichten des Jagdpächters sind

27 vererbl (Düss MDR **76**, 140). – Der AusgleichsAnspr des **Handelsvertreters** nach § 89b HGB kann bei dessen Tod von den Erben geltd gemacht werden (BGH **24**, 214 mAv Selowsky in **LM** § 89b HGB Nr 2). – Vererbl sind weiter das öffentl SondernutzgsR an einem bestimmten Friedhofsteil (**„Wahlgrab"**), Beyer NJW **58**, 1813 (RNachfolger dürften aber wohl eher die Angehörigen sein, Einl 9 vor § 1922). – Wird bei

28 Betriebsstillegg dch verbindl **Sozialplan** geregelt, sind Anspr aus dem Sozialplan vererbl. Handelt es sich nicht nur um einmalige Abfindg, sond um fortlaufende Zahlgen üb längeren Zeitraum, sollten diese ausnahmsw nicht den Erben als solchen, sond entpr dem SozialR (s SGB I 56–59) dch Sondererbfolge den nächsten Angehör, insbes Ehegatten zustehen (Compensis DB **92**, 888). – Deliktische Verpflichtgen zum

29 **Schadensersatz** ggü dem Erbl sind aber auf die dem Verletzten (Erbl) selbst zugefügten Schaden begrenzt u stehen nur in diesem Umfang den Erben zu (BGH NJW **62**, 911 mAv Larenz JZ **62**, 709); BGH FamRZ **68**, 308 (Aufopfergsschaden). Vererbl ist auch ein dem Erbl als Ausgleich für immateriellen Schaden zustehender **Schmerzensgeldanspruch** (§ 847), ohne daß der Verletzte zu Lebzeiten einen Willen zur Geltdmachg bekunden mußte (BGH NJW **95**, 783). Bei Insassenunfallversicherg fällt auf Auskehrg der vom VersNehmer einbezogenen VersSumme grdsätzl in Nachl des tödl verunglückten Insassen (BGH **32**, 44; BFH NJW **63**, 1223; Oswald VP **70**, 57).

30 **i) Bankkonten** gehen beim Tod des Kontoinhabers auf dessen Erben über, sofern nicht der Erbl die EinlageFdg dem Nachl dch einen Vertr zg Dr entzogen hat (dazu § 2301 Rn 17). Auch der sich aus der Geschäftsverbindg des Erbl ergebende AuskunftsAnspr (§§ 675, 666) geht auf den Erben über (BGH **107**, 104 mAv Kuchinke JZ **90**, 652; Ffm MDR **66**, 503); dieser kann ihn an den PflichtBerecht, dem er seinerseits Auskunft gem § 2314 schuldet, abtreten (BGH aaO). – MitE können über das Konto nur gemeinsam vfgen (§ 2040 I), die Bank kann nur an alle gemeinsam leisten (§ 2039), so daß bei ihnen ein gemeinsames Und-Konto kr G entsteht. Zur Legitimation der Erben s Übbl 5 vor § 2353. Eine vom Erbl erteilte Vollm besteht fort (s Rn 34; zur Vollm auf den Todesfall s Einf 16 vor § 2197; sie stellt keine Vfg des

31 Erbl üb das Guthaben dar (Köln ZIP **88**, 1203). – Beim **Gemeinschaftskonto**, idR ein Oder-Konto mit alleiniger VfgsBerechtigg jedes Mitinhabers, ändert sich im Innenverhältn der Kontoinhaber dch den Eintritt der Erben nichts an der Berechtigg bezügl der EinlageFdg. Diese bestimmt sich weiterhin nach den (auch konkludent) getroffenen Absprachen der Kontoinhaber; nur wenn solche fehlen, steht das Guthaben den Inhabern zu gleichen Teilen zu (§ 430) unabhängig davon, aus wessen Mitteln es stammt (zur AusgleichsPfl getrennter Ehegatten s BGH NJW **90**, 705; Zweibr NJW **91**, 1835). Allerd können die Kontoinhaber über ihre Guthabenanteile auch dch RGesch unter Lebenden vfgt haben, zB sich ihre Anteile aufschiebend bedingt auf den Todesfall abgetreten haben. Eine solche Abtretg bedarf keiner Form, bei Eheleuten uU nicht einmal einer exakten rechtl Vorstellg (s § 2301 Rn 12) und kann eine zu Lebzeiten vollzogene Schenkg vTw iS von § 2301 II; sie führt allerd auch zur Haftg. – Vererbl ist auch der **Treuhandvertrag** des Erbl mit der Bank betr Vfgen über Wertpapiere nach seinem Tod (BGH WM **76**, 1130). – Über rechtl Behandlg der „Anderkonten" des RA, Notars nach dessen Tod s Soergel/Stein Rn 41. – Zur AnzeigePfl der Bank ggü dem FinA nach dem Tod des Kontoinh s ErbStG 33, ErbStDV 5. Das Bankgeheimnis entfällt (s Liesecke WM **75**, 238/248). – Zur AuskErteilg über Steuerverhältnisse des Erbl s BMdF BB **81**, 963. – Zum Besitz u EigentumsÜbergang am Inh eines **Schrankfachs** s Oldbg JuS **78**, 54; Werner JuS **80**, 175.

32 **k) Dingliche Rechte.** Bei Grst ist nicht nur das Eigentum vererbl, sond schon die RStellg aus erkl Auflassg (§ 873 II; BayObLG **73**, 139; Tiedke FamRZ **76**, 510); ebso die Rechte aus einer für den Erbl laufenden Ersitzg (§ 943). Zum Vollzug im GBuch nach Tod eines VertrPartners s Kofler RhNotK **71**, 671. – Der **Besitz** ist vererbl (§ 857), auch wenn der Erbe weder vom Erbfall noch vom Eigenbesitz des Erbl Kenntn hatte (BGH **LM** § 836 Nr 6; dort auch über die VerkSichgPfl des Erben gem § 836), nicht aber der Gewahrs im strafrechtl Sinn (RGSt **34**, 254). Die tatsächl Sachherrsch entsteht erst mit der Besitzergreifg (s Celle NdsRpfl **49**, 199). –

33 Beim **Erbbaurecht** sowie bei **Dauerwohnrecht** (WEG 31) kann die Vererblichk nicht abbedungen werden (str; s ErbbRVO 1 Rn 10; WEG 33 Rn 2).

34 **l) Eine Vollmacht,** die der Erbl erteilt hat, erlischt bei seinem Tod idR nicht. Der Bevollmächtigte vertritt nun die Erben, aber beschränkt auf den Nachl. Diese (od der TV) können aber die Vollm widerrufen, auch jeder MitE für sich; widerruft nur ein Erbe, erlischt sie im übr nicht (Einzelh s § 168 Rn 4). War allerd eine AuflassgsVollm zusammen mit der unentgeltl Überlassg eines Grdst dem Erwerber erteilt worden, ist idR deren Unwiderruflichk als vertragl vereinbart anzusehen (BayObLG FamRZ **90**, 98). Nach Verkauf eines Grdst erstreckt sich eine Formnichtigk des KaufVertr auch auf eine vom Erbl erteilte AuflassgsVollm (§ 139); dies gilt aber nicht, wenn die Vollm zur Sicherg der VertrVollziehg unwiderrufl üb den Tod hinaus erteilt war. Dann bindet sie auch die Erben, so daß es auf deren Willensübereinstimmg mit dem Käufer bei AuslassgsErkl nicht ankommt (BGH BB **89**, 1227). Wird Bevollmächt AlleinE, ist str, ob die Vollm dch Konsolidation erlischt (§ 168 Rn 4) od im Interesse des RVerkehrs als weitergeltd zu betrachten ist (LG Bremen Rpfleger **93**,

35 235 mAv Meyer-Stolte). – Die Vollm kann auch von vornherein **nur auf den Todesfall** erteilt werden (dazu Einf 16 vor § 2197). – Eine dem Erbl erteilte Vollm erlischt iZw mit seinem Tod (§ 168 Rn 3; Hopt ZfHK **133**, 305).

36 **m) Urheberrechte** sind vererbl (UrhG 28; s auch 29; 30; 60 II; 117; dazu Fromm NJW **66**, 1244). – Ebenso
37 sonst **Schutzrechte** wie die nach VerlagsG 34; GebrauchsmusterG 13; GeschmacksmusterG 13; PatentG 15; WarenzeichenG 8.

38 **n) Treugut** gehört zum Nachl des Treuhänders (vgl § 903 Rn 38). – Ob ein **Trust/Guthaben** eines dtschen Erbl bei einer amerik Bank zum Nachlaß gehört, bestimmt sich nach dem dortigen Recht (BGH BB **69**, 197; s auch Ffm DNotZ **72**, 543; Haas, ErbschSteuer auf amerikan TrustVerm, ZGR **74**, 461).

o) Bei der Besteuerung tritt der Erbe des Steuerpflichtigen grdsl auch in die RStellg des Erbl ein. Er **39** kann auch das WahlR nach EStG 26 ausüben (BFH NJW **64**, 615). Für die vom Erbl nicht versteuerten Einkünfte haften die Erben (AO 45), ggf auch TV, NachlVerwalter od NachlPfleger. Allerd unterliegt der Erwerb vTw als solcher nicht der EinkSteuer (da er zu keiner Einkunftsart gehört, EStG 2); erst die beim Erben, VermächtnNehmer od PflichtBerecht aus dem Erwerb ab Erbfall anfallenden Einkünfte sind von ihm persönl zu versteuern. Zu den steuerrechtl Folgen des Erbfalls s Meincke NJW **89**, 3251 u den Übblick von Enders MDR **87**, 719; 898. – Der Grunderwerb vTw od von MitE unterliegt auch nicht der GrunderwerbSt (GrdErwStG 3 Nr 2; 3).

6) Unvererbliche Rechte. Dazu gehören zunächst idR die höchstpersönl Rechte (Hamm Rpfleger **79**, **40** 17), etwa ein an die Person geknüpftes AltenteilsR (Hamm RdL **63**, 70). Ferner erlöschen mit dem Tod des Berecht die an seine Person gebundenen Rechte wie zB: Ein **Nießbrauch,** § 1061 (s dazu LG Traunstein **41** NJW **62**, 2207). Nutzte Nießbraucher Grdst nicht selbst, sond vermietet es, kann der ihn allein beerbende Eigt nicht vorzeit künd (analg § 1056 II), da er als RNachf in MietVertr eintrat (BGH **109**, 111). GrdstEigtümer kann sich ggü Nießbraucher verpflichten, nach dessen Tod dessen Erben neuen Nießbrauch zu bestellen). – Beschränkte persönl **Dienstbarkeiten,** § 1090 II (vererbl uU aber Anspr auf Bestellg einer beschränkten persönl Dienstbark, BGH **28**, 99). – **Mitgliedschaft** bei einem rechtsfäh Verein, soweit nicht die Satzg ein anderes bestimmt, §§ 38, 40 (s kann Anspr auf Aufn des Erben bestehen, Lange/Kuchinke § 5 V 3d) und ebso die Mitgliedsch bei einem nicht rechtsfäh Verein (Staud/Boehmer Rn 162) od bei einer Gesellsch, sofern nicht der GesVertr etwas anderes bestimmt (§ 727 I; s oben Rn 15). – Das zeitl unbeschränkte **Vorkaufsrecht,** sofern nicht ein anderes bestimmt ist, § 514 (dazu wg des subj-persönl dingl VorkR § 1094 Rn 5). Die auf Schenkg beruhde **Rente,** sofern sich nicht aus dem Verspr ein anderes ergibt (§ 520); iZw die **Leibrente,** § 759 I; und auch ein der Witwe von Todes wg zugewendetes HolzeinschlagsR zur Sicherg der Altersversorgg (Hamm RdL **63**, 70). – Der Anspr auf Bereitstellg eines Ersatzraumes (LG Mü I MDR **63**, 137). – Der sog **Kranzgeldanspruch,** es sei denn, daß er durch Vertr anerkannt od **42** rechtshängig geworden ist (§ 1300 II). – **Unterhaltsansprüche** sind regelm unvererbl (§ 1615, § 1586; s auch §§ 1587k, m); die UnterhPfl geht jedoch im Fall des § 1586b auf die Erben über (dazu Roessink FamRZ **90**, 924). – **Familienrechte** wie die elterl Gewalt (Mü JFG **14**, 38), soweit sie überw vermögensrechtl Art sind; daher kein VaterschAnerkenntn (§§ 1600a ff) dch die Erben (KG JFG **22**, 227). Zur Unvererblichk des VersorggsAusglAnspr s § 1587e II mit Rn 7; § 1587k II mit Rn 3, 4. – Grdsätzl auch die **Verwaltgsbefugnis** der privaten Amtsträger wie NachlPfleger u -Verw, KonkVerw, TestVollstr; vererbl aber sind die Einzelansprüche aus der Amtstätigkeit.

a) Das allgemeine Persönlichkeitsrecht (s § 823 Rn 176 ff) erleidet nach dem Tod seines Trägers die **43** dch den Wegfall seiner Existenz bedingten Einschränken, endet aber nicht vollkommen. Vielm wirkt es gem GG 1 insoweit fort, als dch einen Wert- u AchtgsAnspr das Andenken u insbesond das fortwirkende Lebensbild des Verstorbenen weiterhin wenigstens gg grobe ehrverletzende Beeinträchtiggen geschützt wird (ständ Rspr; s § 823 Rn 180). Die Befugn, diesen Schutz wahrzunehmen, haben aber nicht die Erben, sond die nächsten Angehörigen, zumal die Familie ohnehin am stärksten Interesse an der Wahrg des Andenkens des Verstorbenen hat. Die Dauer des postmortalen Schutzes ist begrenzt; allerd hat im Falle eines berühmten Malers der BGH es sogar noch 30 Jahre nach dessen Tod bejaht (BGH **107**, 385 mAv Schack JZ **90**, 40). S zum Schutz von Person u Werk eines Verstorbenen auch Schack JZ **89**, 609. – Der **Name** überträgt sich zwar nicht dch Erbgang, sond als Folge der Abstammg (s § 1616). Das NamensR als solches erlischt grdsl mit dem Tod seines Trägers (BGH **8**, 318). Ob es als „Ausschnitt" aus dem allg PersönlichkR üb den Tod hinaus fortwirken kann, hat BGH **107**, 385 erstmals angedeutet, aber offengelassen. – Das postmortale **Urheberpersönlichkeitsrecht** ist wie das UrheberR selbst (s Rn 36) vom Erben geltend zu machen (Schack JZ **90**, 40).

b) Leichnam, Skelett und Asche des Erbl sind in ihrer rechtl Einordng umstritten. Sie gehören jedenfalls **44** nicht zum Nachl. Nach hM sind sie zwar als Sachen anzusehen (str), stehen aber in niemandes Eigentum (s Übbl 11 vor § 90). Bestimmgen darüb können aber die nächsten **Angehörigen** im Rahmen der Totenfürsorge treffen (s Einl 9 ff vor § 1922; Englert, Todesbegriff u Leichnam als Element des TotenR, 1979). Die mit der Leiche fest verbundenen künstl Körperteile gehören zur Leiche, teilen also während der Verbindg deren Schicksal u sind nicht vererbl (s § 90 Rn 3); jedoch haben die Erben ein ausschließl AneigngsR, dessen Ausübg aber ev von der Zust der Angeh abhängt, denen die Totensorge obliegt. Einzelh s Übbl 11 vor § 90. Zum Recht am Herzschrittmacher an getrennten Körperteilen s § 90 Rn 3; Weimar JR **79**, 363; Görgens JR **80**, 140. – Zur **Transplantation** von Körperorganen Verstorbener s Zimmermann NJW **79**, 569/573; Übbl 11 vor § 90; AG Bln FamRZ **78**, 633; Soergel/Stein Rn 20 (auch zu Transplantationsklauseln in KrankenhausVertr). – Die Widmg des eig Körpers zur Verwendg in der Anatomie od zu Transplantationsbedarf keiner bes Form (bestr); der Wille des Verstorbenen muß aber eindeut zu ermitteln sein (s Schlüter § 6 IV 1 b aa; Soergel/Stein aaO; Epple BWNotZ **81**, 31). Zur Zulässigk vorformulierter EinwilliggsErkl für eine Sektion im KrankenhausaufnahmeVerh s BGH NJW **90**, 2313; Gucht JR **73**, 234. Die rechtl Zulässigk von Leichenversuchen ist ges nicht geregelt; dazu Pluisch/Heifer NJW **94**, 2377.

c) Einsicht in Krankenpapiere. War der Erbl vor seinem Tod in ärztl Behandlg, hatte er als Patient aus **45** dem BehandlgsVertr einen NebenAnspr auf Einsicht in die ihn betreffenden Krankenunterlagen, der ggf auf obj Feststellgen u Behandlgsdaten beschränkt werden kann (BGH **85**, 327; 339 mAv Ahrens NJW **83**, 2609). Dieser Anspr ist nicht zwingend ein höchstpersönl, sond kann aus wirtschaftl Belangen (zB SchadErs) nach seinem Tod auf seine Erben übergehen (§ 1922), soweit ihm nicht die ärztl Schweigepflicht entggsteht, die im Grdsatz auch im Verhältn zu nahen Angehörigen des Patienten u auch über dessen Tod hinaus gilt (BGH NJW **83**, 2627). Wenn der Arzt nicht von sich aus zur Offenlegg bereit ist, weil er bei gewissenhafter Prüfg Belange des verstorb Patienten nicht berührt sieht, muß der Erbe die Umstände konkret darlegen, aus denen er seinen nur dch die feststehende od mutmaßl Einwillig des Verstorbenen gerechtfertigten RAnspr auf Einsicht herleitet. Ist er hierzu überzeugend in der Lage, hat dann der Arzt darzulegen, daß und unter welchen allg Gesichtspkten er sich aus Gründen der Schweigepflicht an der Einsichtsgewährg und Offenle-

46 gung gehindert sieht. Hierzu ist in BGH aaO grdsätzl ausgeführt: Nur der Arzt selbst kann entscheiden, ob der Bruch des Arztgeheimnisses gerechtfertigt ist. Er kann und muß nahen Angehörigen die Kenntn von Krankenunterlagen verweigern, wenn der Schutz des ihm entgegengebrachten Vertrauens dies gebietet, insbes wenn sie dem geäußerten od mutmaßl Willen des Verstorbenen widerspricht. Bei seiner Gewissens-entscheidg muß er aber auf alle Belange, auch die des Einsichtbegehrenden, abstellen und insbes prüfen, ob nicht dch das Ableben ein noch vorher bestandenes Geheimhaltsinteresse entfallen ist. Sachfremde Erwägen wie die Befürchtg, daß eigenes od fremdes Verschulden aufgedeckt würde, berechtigen den Arzt nicht zur Verweigerg. – Zum ZeugnisverweigergsR s § 2353 Rn 30.

47 **7) Versicherungen.** – Der Anspr aus einer **Lebensversicherung** od einer Kapitalversicherg auf den Todesfall gehört beim Tod des VersicherNehmers **nicht** zu dessen Nachl, wenn bereits im Versichergsschein die Versicherg zur Leistg an einen BezugsBerecht verpflichtet wurde. Der Anspr auf die Versichergssumme entsteht dann unmittelb in dessen Person (BGH **32**, 47; § 330 Rn 2). Dies gilt auch dann, wenn die Benenng des BezugsBerecht widerrufl ist (Stgt NJW **56**, 1073; s dazu § 330 Rn 4; § 332 Rn 2) od der bezugsberecht Ehegatte beim Tod des Erbl von diesem geschieden ist (s aber § 2077 Rn 9). Sind bei einer Kapitalversicherg als BezugsBerecht „die Erben" bestimmt, ist nach der Auslegsregel in VVG 167 II im Zw anzunehmen, daß sich der RErwerb außerhalb des Erbrechts vollzieht u bezugsberechtigt diejenigen sind, die beim Erbfall zu Erben berufen sind, selbst wenn sie ausschlagen (zur entspr Anwendg von § 2066 S 1 s Damrau FamRZ **84**, 443). Bei Rentenversicherg ist dies Auslegsfrage. Zum Fall der Bezeichng des BezugsBerecht mit **Ehefrau** s § 330 Rn 3. – **Unterblieb** dagg die Angabe eines BezugsBerecht, gehört der Anspr zum Nachl; zB fällt die FlugVersSumme in den Nachl des tödl verunglückten Fluggastes (FG Brem VersR **77**, 73; s auch BFH NJW **79**, 944). – Leistgen aGr eines **Vertrags zu Gunsten Dritter** auf den Todesfall (§ 331) gehören nicht zum Nachl des Gläubigers (Einf 6 vor § 328; § 2301 Rn 17). Bei Vorversterben des zunächst Begünstigten steht das R auf Leistg allerd iZw dem Erbl zu od fällt in dessen Nachl, soweit kein ErsatzBerecht benannt wurde u auch nicht dch Auslegg (§ 157) zu ermitteln ist (BGH NJW **93**, 2171). – **Hausratsversicherung** endet nicht automat mit Tod des VersNehmers, sond geht auf dessen Erben über. Allerd ist dch die AGB (zB VHB 92) meist vereinbart, daß VersVerhältn 2 Monate nach Tod endet (s BGH FamRZ **93**, 1060).

48 – Bei **Bausparverträgen** s zur rechtl Bedeutg des Todes des Bausparers EStG 10 VI Nr 2; WohngsBauprämienG idF v 10. 2. 82 (BGBl 131) 2 II 3 u dazu Jansen Betr **71**, 1342; auch BFH WM **73**, 1276; **74**, 580. Zur Ablösg eines dch GrundpfandR gesicherten Bauspardarlehens dch eine vom Erbl abgeschl Risikolebensversicherg s BGH MDR **80**, 386.

49 **8) Öffentlich-rechtliche Ansprüche u Pflichten.** Ihr Übergang ist unterschiedl nach dem Zweck der jeweiligen öffrechtl Vorschr geregelt (BVerwG **16**, 68 zum RÜbergang von Beihilfeansprüchen beim Ableben eines Beamten). Jedoch kann der Rechtsgedanke des § 1922 bei Fehlen ausdrückl Vorschriften über die

50 Vererblichk entspr angewendet werden (s Rn 12; BVerwG **21**, 302; BGH NJW **78**, 2091). – **Restitutionsansprüche** für die in der fr DDR dch staatl Maßnahmen rwidrig verlorenen VermWerte nach dem am 29. 9. 90 in Kr getretenen VermG auf Rückerstattg (§ 3 I 1) bzw Entschädig (§ 9 I 1) sind zwar vermögens-, aber öffrechtl Anspr, da zum dingl RÜbergang rkräft VerwAkt erforderl ist (VermG 34). Sie entstehen unmittelb in der Person des Betroffenen; dies ist der von der Maßnahme Betroffene od sein RNachfolger (VermG 2). Wer RNachf ist, beurteilt sich nicht nach dem VermG, sond nach allg erbrechtl Vorschr, so daß wirks Ausschlaggen zu beachten sind. Wurde Volkseigentum dch ununterbrochene Kettenausschlag aller Berufenen begründet, ist Berecht der erstausschlagende Erbe bzw sein RNachfolger (BVerwG NJW **94**, 1233; s auch Kettel DtZ **94**, 20; teilw aA Vogt/Kobold DtZ **93**, 226; Bestelmeyer FamRZ **94**, 604). Maßgebl Erbstatut ist das zum Ztpkt des Inkrafttr des VermG dch EG 235 § 1 bestimmte (s dort Rn 4; 5); es kann also auch das ZGB der fr DDR sein (s de Leve DtZ **94**, 270); bei NachlSpaltg (Rn 8) ist allerd RAG 25 II nicht auf die RÜbertraggsAnspr anwendb (überwiegde Meing, s Hamm FamRZ **95**, 762 mN). – Zum Nachl des Betroffenen gehört der Anspr also nur, wenn der Erbfall erst nach dem 29. 9. 90 eingetreten ist. Bei früh Erbfällen entsteht der Anspr originär in der Person des RNachf (Limmer ZEV **94**, 31 mN; de Leve aaO; s auch BGH NJW **93**, 2167 zu § 2313 u dort Rn 2) u gehört bei dessen Tod zu seinem Nachl; ob MitE als RNachfolger trotzdem gesamthänd gebunden sind, hängt davon ab, ob § 2041 entspr angewendet wird (hierfür Limmer aaO; abl Adlerstein/Desch DtZ **91**, 193/199); zur unterschiedl Auslegg von VermG 2a s

51 VG Chem ZOV **95**, 220; VG Greifsw VIZ **95**, 44. – Im **Beamtenrecht** sind unvererbl das BeamtVerhältn (iü auch das AngestVerh) u die GehaltsAnspr (RG **93**, 110), bei letzteren mit Ausn der rückständ u auf den Sterbemonat eines Beamten treffenden Beträge (BeamtVG 17); doch steht uU den Hinterbliebenen Sterbe-, Witwen- u Waisengeld selbständ zu (BeamtVG 18 ff). – **Beihilfeansprüche** sind nicht vererbl (BVerwG ZBR **83**, 106) u erlöschen mit dem Tod des Berecht; nahe Angehör erhalten dann eigene Anspr (dazu krit Günther DÖD **92**, 158). Rückforderg einer dem Erben zu Unrecht zugeflossenen Beihilfe erfolgt nach öff Recht (BVerwG DVBl **90**, 870) u nicht privatrechtl (s aber unten zu WohngeldAnspr). Wurde die Beihilfe allerd noch zu Lebzeiten des Erbl festgesetzt, aber erst nach seinem Tod gutgeschrieben, fällt sie in den Nachl (BVerwG ZGB **90**, 266 mAv Osterloh JuS **91**, 610). Der TV eines verstorb Beamten ist nicht berecht,

52 BeihilfeAntr zu stellen (BayVGH BayVerwBl **83**, 698). – Zu Lebzeiten entstandene **Sozialhilfeansprüche** sind nach Maßg von SGB I 58; 59 bei Säumigk des Trägers der SozHilfe vererbl, wenn der Bedürftige desh seinen Bedarf dch vorleistende Dritten gedeckt hat u ihm dch diese Dritthilfe Schulden entstanden sind (BVerwG NJW **94**, 2844). Soweit es um Erstatg von Sozialhilfe geht, ist auch der RückfdgsAnspr eines verarmten Schenkers (§ 528) vererbl (BGH NJW **95**, 2287); der Anspr kann dah auch noch nach dessen Tod auf den Sozialhilfeträger übergeleitet werden (s dazu Brähler-Boyan/Mann NJW **95**, 1866 mN). – Zum PflegegeldAnspr s OVG Münster NJW **93**, 3344; zur Eingliederhilfe BVerwG MDR **69**, 79; zum Anspr auf Blindenhilfe BVerwG **25**, 23. – Anspr auf **Wohngeld** ist ohne Rücks auf eine erfolgte Festsetzg jedenf dann vererbl, wenn der verstorbene AntrSteller Alleinmieter der Wohng gewesen war (BVerwG MDR **69**, 79). Sind nach Wegfall des mat Anspr dch Tod des Berecht versehentl weiter Zahlgen an den Erben erfolgt, soll hier der RückfordergsAnspr nach BVerwG NJW **90**, 2482 privatrechtl Natur sein (str; s Hänlein JuS **92**,

53 559; Maurer JZ **90**, 863; auch oben zu BeihilfeAnspr). – Eine RNachf des Erben in **Polizei- u Ordnungs-**

pflichten ist, soweit es sich nicht um höchstpersönl Rechte u Pflichten handelt, grdsätzl zu bejahen; dies gilt zB für Verhaltenspflichten, die dch ErsVornahme erzwungen werden können (s Ossenbühl, NJW **68**, 1992; auch Bettermann, Rimann DVBl **61**, 921; **62**, 533; BayVGH JuS **70**, 590, dazu Wallerrath JuS **71**, 460); Oldiges, Rechtsnachfolge im Polizei- u OrdngsR, JA **78**, 541, 616). – Über RNachfolge im **Bauordnungsrecht** s BVerwG NJW **71**, 1624 u dazu Martens, JuS **72**, 190; auch VGH Kassel NJW **76**, 1910; **77**, 123 mAv Stober. – Unvererbl ist der Anspr auf Erteilg einer Genehmigg der **Selbstbenutzung** (sog Bauherrnprivileg) nach WoBindgG 6 II 3 (BVerwG NJW **87**, 3212). – Im **Zivilprozeß** rücken die Erben kr G in das 54 ProzeßVerhältn des Erbl ein, da die RStellg einer Partei vererbl ist (BGH **104**, 1) u übernehmen die mit dem Anspr verbundene Beweisposition des Erbl (BGH NJW-RR **94**, 323). Ob dies auch für die Rechte aus der Bewilligg von Prozeßkostenhilfe für den Erbl gilt, ist str, aber hinsichtl der vor dem Erbfall entstandenen Kosten zu bejahen (s Düss MDR **87**, 1032; KG Rpfleger **86**, 281; Bielefeld Rpfleger **89**, 113; aA Ffm Rpfleger **85**, 123). Bei TVstrg s §§ 2212, 2213. Unvererbl ist dagg das Recht auf Erhebg der Restitutionsklage nach ZPO 641i (Stgt FamRZ **82**, 193). – Im **Strafverfahren** ist das Recht des Verletzten gem StPO 170 II zum Betreiben des KlageerzwinggsVerf unvererbl (hM; zB Stgt NJW **86**, 3153).

1923 *Erbfähigkeit.* [I] Erbe kann nur werden, wer zur Zeit des Erbfalls lebt.
[II] Wer zur Zeit des Erbfalls noch nicht lebte, aber bereits erzeugt war, gilt als vor dem Erbfalle geboren.

1) Aktiv erbfähig ist jeder Mensch. EG 87, der früh die Mitgl von Orden u Kongregationen in der 1 Erbfähigk beschränkt hat, wurde dch Teil II Art 2 GesEinhGes aufgeh. EG 88 (Vorbeh staatl Gen beim Erwerb von Grdstücken dch Ausländer) ist ohne prakt Bedeutg (s dort). – Erbfähig ist auch die **juristische Person** (vgl § 2101 II), soweit sie zZ des Erbfalls rechtsfähig besteht (für Stiftg s § 84; Wochner RhNotK **94**, 89; Turner ZEV **95**, 206), sowie die OHG (§ 124 HGB) als gesamthänderische Gemsch der Teilhaber. EG 86 ist hins inländ jur Person aufgeh (Teil II Art 2 GesEinhGes). – **Nicht rechtsfähige Vereine** sind in dem Sinn erbfähig, als Erwerb vTw unmittelbares Vermögen des Vereins wird (MüKo/Leipold Rn 30; Habscheid AcP **155**, 400; aM RGRK § 54 Rn 17, der Zuwendg an Mitglieder mit Verpflichtg zur Übertragg auf den Verein annimmt). KG JFG **13**, 133 nimmt an, daß die Erbeinsetzg eines nicht rechtsf Vereins uU als ein Vermächtn zG der jeweiligen Mitgl ausgelegt werden kann.

2) Erleben des Erbfalls (I) ist Voraussetzg, um Erbe zu werden. Wer vor od auch noch **gleichzeitig** mit 2 dem Erbl gestorben ist, kann nicht Erbe od NachE od VermächtnNehmer sein (§§ 2108 I, 2160). In diesen Fällen wird die Berufg des Erben u VermächtnNehmers sowie die Anordng der Nacherbfolge hinfällig. Nach VerschG 11 wird gleichzeitiger Tod vermutet, wenn nicht bewiesen werden kann, daß von mehreren verstorbenen od für tot erklärten Menschen der eine den anderen überlebt hat (vgl Völker, RVerhältnisse beim gleichzeitigen Tod, NJW **47/48**, 375; Werner, ZugewinnAusgl bei gleichzeit Tod der Eheg, FamRZ **76**, 249). Stirbt aber der NachE zwar vor dem VorE, aber nach dem Erbl, vererbt sich iZw seine Anwartsch (§ 2108 II). – Der **Verschollene** kann auch noch Erbe sein, wenn er den Erbfall erlebt. Für ihn gilt die 3 Lebensvermutg des VerschG 10. Diese endet aber mit dem in VerschG 9 III, IV, bei Kriegsvermißten mit dem in Art 2 § 2 III VerschÄndG bestimmten Ztpkt (Ffm OLGZ **77**, 407). Mit ihrem Ende wird sie nicht dch eine Todesvermutg ersetzt. Vielm tritt wieder der allg Zustand der Ungewißh über Leben od Tod ein (BayObLG FamRZ **92**, 1206; Köln FamRZ **67**, 59). – Die gleiche Wirkg tritt ein, wenn der Verschollene für einen vor dem Erbfall liegenden Ztpkt für erkl wird (VerschG 9 I). In allen Fällen ist aber der GgBew zuläss, daß der Verschollene den Erbfall erlebte (RG **60**, 198; vgl auch KG FamRZ **63**, 467). – Ob mehrere zu verschiedenen Zeiten für tot erklärte Personen mangels eines bestimmten Beweises trotzdem als gleichzeitig verstorben gelten (VerschG 11), ist streitig (vgl BGH NJW **74**, 699 mAv Wüstenberg **LM** § 11 VerschG Nr 1; KG FamRZ **67**, 514; s auch BGH WM **74**, 1256). – Der **Erbverzichtende** gilt als nicht mehr lebend 4 (§ 2346 I 2). – S auch § 1934e über die Rechtswirkgen des **vorzeitigen Erbausgleichs.**

3) Leibesfrucht (II). Als vor dem Erbfall geboren gilt nach der ges Fiktion (Diederichsen NJW **65**, 671) 5 der bereits Erzeugte, sofern er nach dem Erbfall auch lebend zur Welt kommt (§ 1 Rn 2; 5–9); s hierzu Fabricius, FamRZ **63**, 404, 410. Der Anfall der Erbsch (§ 1942) erfolgt aber erst mit der Geburt (KGJ **34** A 79). Bis dahin kommt nur ein Teilerbschein (§ 2357 Rn 5) in Betracht. Für die Zwischenzeit ist Pflegsch nach §§ 1912, 1960 anzuordnen, die mit Geburt kraft G (§ 1918) endet (s BayObLG **83**, 67; s auch § 1708). Fürsorge für die Mutter §§ 1963, 2141; s auch §§ 1615k ff. Aufschub der Erbauseinandersetzg ist die Folge (§ 2043). – Die Tats des Erzeugtseins ist nicht nach der Empfängniszeit (§ 1592), sond durch freie Beweiswürdigg zu ermitteln; anders, wenn die Erbberechtigg von der Bejahg der ehel od nichtehel Abstammg abhängt, so beim gesetzl ErbR und PflichttR (MüKo/Leipold Rn 16). – Zum SchadensErsAnspr der Leibesfrucht s BGH FamRZ **72**, 202; Paehler ebda 189. – Bei **Totgeburt,** Fehlgeburt (vgl hierü die Begriffsbestimmg in AV PStG 29; Sachse StAZ **80**, 270) od Tod der Mutter samt Leibesfrucht vor der Geburt fällt die Erbsch an den zur Zeit des Erbfalls Nächstberufenen (§ 2094 Rn 5). – Bei einer **Stiftung** gilt nach § 84 6 der Abs II entspr (BayObLG **65**, 77). Dagg gilt § 1923 II nicht für in Entstehg befindl jur Personen (s aber § 2101 II). Im übr gibt es keine statusorientierte Erwerbsbeschränkg mehr, auch nicht für Ordensmitglieder (Dubischar DNotZ **93**, 419). Wg Verstoß gg VerbotsG unwirks – Der **noch nicht Erzeugte** ist iZw NachE (§ 2101 I), dh ungewisser Nacherbenanwärter. Er kann aber VermächtnNehmer sein (§§ 2162 II, 2178).

4) Relative Erbunfähigkeit. Notare, Dolmetscher, VertrauensPers, die bei der Beurk eines öffentl Test 7 od eines ErbVertr mitwirken, sind für Zuwendgen dch die beurkundete Vfg relativ erbunfäh (BeurkG 7; 16 III; 24 II mit 27; s auch § 2249 I 3, 4; § 2250 I). Im übr gibt es keine statusorientierte Erwerbsbeschränkg mehr, auch nicht für Ordensmitglieder (Dubischar DNotZ **93**, 419). Wg Verstoß gg VerbotsG unwirks sind nach HeimG 14 die Zuwendgen von Insassen bestimmter Heime an den Träger od Bedienstete dieses Heims (s § 1937 Rn 19).

1924 *Gesetzliche Erben erster Ordnung.* [I] Gesetzliche Erben der ersten Ordnung sind die Abkömmlinge des Erblassers.

[II] **Ein zur Zeit des Erbfalls lebender Abkömmling schließt die durch ihn mit dem Erblasser verwandten Abkömmlinge von der Erbfolge aus.**

[III] **An die Stelle eines zur Zeit des Erbfalls nicht mehr lebenden Abkömmlinges treten die durch ihn mit dem Erblasser verwandten Abkömmlinge (Erbfolge nach Stämmen).**

[IV] **Kinder erben zu gleichen Teilen.**

1 **1) Die gesetzliche Erbfolge** ist in §§ 1924–1936 geregelt u kommt nur zum Zuge, wenn der Erbl nicht dch Vfg vTw die Erben bestimmt hat (§ 1922 Rn 1). Sie beruht auf dem FamilienErbR (Einl 2 v § 1922) u führt daher zur Berufg der nächsten Verwandten u des Ehegatten des Erbl. Beider ErbR steht gleichberecht u gleichrang nebeneinander (Teilgsprinzip, Einl 2 vor § 1922), so daß unter Verwandten nur der Teil des Nachl zur Verteilg kommt, der nicht dem Ehegatten zusteht. Dessen ErbR ist umso größer, je geringer der VerwandtschGrad der übr Erben zum Erbl ist; außerd ist es auch noch mit dem Güterstand verknüpft (§ 1931). Sind weder Ehegatte noch Verwandte vorhanden, erbt der Staat (§ 1936), so daß niemand ohne Erben stirbt. Dies ist auch nach verfassgsrechtl Grdsätzen (Einl 3 vor § 1922) eine sachgerechte Regelg der ges Erbfolge (BVerfG FamRZ **95**, 405).

2 **2) Reihenfolge der Verwandten.** Im ErbR gilt nur die rechtl anerkannte Verwandtsch (§ 1589), also nicht schon die biologische (BGH NJW **89**, 2197). Desh erben Blutsverwandte nicht immer (zB nicht die vor dem 1. 7. 49 geborenen nichtehel Kinder; andrers gehören auch nicht blutsverwandte Angehörige zu den ges Erben (zB nach Annahme von Kindern, §§ 1593; 1754, 1755). Sind beim Erbfall unterschiedl Verwandte vorhanden, bestimmt sich dch die Zugehörig zu einer der in §§ 1924–1929 gebildeten Ordngen (Parentelen), wer von ihnen zum Zuge kommt. Nach diesem **Ordnungssystem** schließt jeder Verwandte einer vorhergehden Ordng alle Verwandten der nachfolgden Ordngen aus (§ 1930). Der Grad der Verwandtsch spielt dabei also grdsätzl keine Rolle, ausgenommen ab der vierten Ordngen (s § 1928 III). Zugleich wird damit die jüngere Generation bevorzugt. So schließt auch das erbberecht nichtehel Kind beim Tod seines Vaters dessen Eltern als Verwandte der nachrangigen Ordng aus, selbst wenn es sich mit dem ErbersatzAnspr begnügen muß (zB weil Ehegatte vorhanden ist, § 1934 a).

3 **a) Linearsystem (II).** Sind mehrere Verwandte der gleichen Ordng vorhanden, zB mehrere Abkömml des Erbl, ist zu unterscheiden zw Abkömml derselben Linie (Kind, Enkel, Urenkel) und Abkömml verschiedener Linien (zB Geschwister; dazu Rn 5). Auf die erste wird das Linearsystem angewandt (**II**), nach dem jeder beim Erbfall lebde u zur Erbfolge (od ErbersatzAnspr) gelangte Abkömml als Repräsentant seiner Linie alle dch ihn mit dem Erbl verwandten Abkömml von der Erbfolge ausschließt.

4 **b) Erbfolge nach Stämmen (III).** Erlebt der als Erbe berufene Abkömml den Erbfall nicht, treten an seine Stelle seine Abkömmlinge (u nicht sein Ehegatte). Der Wegfallende wird also dch seine Nachkommen ersetzt, es sei denn, daß dch seinen Erbverzicht auch diese ausgeschlossen sind (§ 2349). Diese Regelg der Ersetzg des Repräsenten einer Linie gilt bis zur dritten Ordng (§ 1926); ab der zweiten kommt noch die Teilg der Erbsch nach väterl u mütterl Linien hinzu. Entspr angewandt wird sie in allen Fällen eines Wegfalls vor dem Erbfall, in denen der Abkömml so zu behandeln ist, als ob er den Erbfall nicht erlebt hätte, also wenn er ausgeschlagen (§ 1953) od für sich auf sein ges ErbR verzichtet hat (§ 2346; 2349) od für erbunwürd erklärt wurde (§ 2344) od nur er persönl enterbt ist (§ 1938 Rn 2). Als Besonderh ist zu beachten, daß das nichtehel Kind dch einen wirks vorzeit Erbausgleich (§ 1934 d) das ErbR auch seiner Nachkommen zum Erlöschen bringt (§ 1934 e). Ferner führt die Annahme eines minderjähr Abkömml des Erbl als Kind eines Dritten nach 5 dem jetzt geltden Grdsatz der Volladoption zum Wegfall des ganzen Stammes (Rn 14). – Die **Nachrückenden** erben aus eigenem Recht (RG **61**, 16) u somit auch dann, wenn sie nicht Erben des Weggefallenen geworden sind. Sie erhalten seinen Erbteil zusammen u zu gleichen Teilen in der Weise, daß die Kinder des Weggefallenen die Stämme, Enkel die Unterstämme bilden usw. Geteilt wird nach Stämmen ohne Rücksicht darauf, wieviel Mitglieder jeder Stamm hat, innerhalb der Stämme dann nach der Anzahl der Unterstämme. Die Zugehörig zu mehreren Stämmen kann zu mehrfacher Berücksichtigg führen (§ 1927). – Über Anwendg von **III** bei Gütertrenng mit dem überlebenden Ehegatten s § 1931 IV.

6 **c) Zur Erbteilung nach Köpfen (IV)** kommt es zw den Kindern des Erbl, also innerh einer Ordng u eines Stammes u damit unter gleich nahen Erben. Der Erstgeborene hat also unter erbenden Geschwistern (od Halbgeschwistern) kein Vorrecht wie auch Geschlecht u Alter keine Rolle spielen. Nach **IV** berechnen sich auch die Erbquoten nichtehel Kinder od ihr ErbersatzAnspr (§ 1934 b). Diese Bestimmg gilt auch innerhalb der Stämme; teilen also beim Erbfall von 3 Kindern eines Erbl nur noch zwei u hat das verstorbene seinerseits 2 Kinder hinterlassen, erben die beiden Kinder des Erbl je ⅓ u seine beiden Enkel je ⅙.

7 **2) Die erste Ordnung (I)** in der ges Erbfolge besteht aus den Abkömml des Erbl, also den mit ihm in gerader absteigender Linie verwandten Personen (Kinder, Enkel, Urenkel usw). Zu den Kindern zählen nicht nur die ehelichen, sond auch die nichtehel u die angenommenen. Da aber nur die rechtl anerkannte Abstammg beachtl ist (Rn 2), bestimmt sich nach FamilienR, wer erbrechtl als Abkömml zählt. Die seit 1957 schrittw verwirklichten familienrechtl Reformen wirken sich stets auch auf die ges Erbfolge aus, ohne daß deren Vorschr geändert werden mußten (zum europ NEhelR s Coester ZEuP **93**, 536). Da RÄndergen aber im ErbR grdsl nicht zurückwirken (s EG 213 Rn 1), kommt es stets auf den Ztpkt des Erbfalls an, welches unterschiedl FamilienR zur Anwendg kommt. Daher sind die jeweiligen Übergangsregelgen zu beachten (s dazu EG 213 Rn 2; 3). Bei Bezug des Erbfalls zum ErbR der früh DDR erfolgte erbrechtl Gleichstellg nichtehel Kinder mit ehel sowohl in Altfällen (Einl 5 vor § 1922) als auch in bestimmten, ab dem 3. 10. 90 eingetretenen Erbfällen zu beachten (s EG 235 § 1 II mit Rn 2).

8 **a) Eheliche Kinder** sind die während bestehder Ehe od innerh einer Frist von 302 Tagen nach Auflösg der Mutterehe geborenen Kinder (Einzelh s §§ 1591 ff), bei vermißtem Ehemann auch die von seiner Ehefrau innerh von 302 Tagen nach dem festgestellten Todeszeitpkt nachgeborenen. Ehel sind auch Kinder aus den nach dem Krieg ges anerkannten freien Ehen rassisch u polit Verfolger od aus nachträgl geschlosse-

nen Ehen mit gefallenen WehrmachtsAngehör (s Anh zu EheG 13 a). Eine Nichtehelichk der ehel geborenen Kinder kann üb eine Anfechtgsklage (§ 1599) erst nach rkräft Feststellg geltend gemacht werden (§ 1593), die auf den Zeitpkt der Geburt zurückwirkt (§ 1593 Rn 6). Dagg bleiben Scheidg, Aufhebg od NichtigErkl der Elternehe auf den ehel Status des Kindes ohne Einfluß. Kinder aus Nichtehen sind allerd stets nichtehel (s Einf 1 vor EheG 16). – Die RStellung ehel Kinder erlangen nichtehel geborene dch **Legitimation** inf nachträgl Eheschließg ihrer Eltern (§§ 1719, 1722), allerd nicht rückwirkd (s § 1719 Rn 4) auf die schon vor der Eheschließg eingetretenen Erbfälle. Ferner dch **Ehelicherklärung** (§§ 1736; 1740 f), die auch nicht zurück wirkt (aber das gesetzl ErbR stets verschafft, wenn sie nach dem Tod des Vaters erfolgt ist (§ 1733 III). Schließl dch **Annahme als Kind** (§ 1754); s dazu aber Rn 14–23. – **Keine** verwandtschaftl Beziehg u damit auch kein ges ErbR begründet die **Einbenennung** (§ 1618). Erbrechtl Probleme bei künstl Befruchtg untersucht Mansees FamRZ **86**, 756.

b) Nichteheliche Kinder (s § 1705 Rn 2–4) haben ggü ihrer Mutter schon immer die gleiche Stellg wie **9** ein ehel Kind. Im Verhältn zum Vater (u dessen Verwandten) gehören sie dagg erst in Erbfällen ab dem **1. 7. 70** zu den Erben erster Ordng, weil erst seitdem ihre VerwandtenEigensch gem dem aus GG 6 V folgen Gebot zur Gleichbehandlg ges anerkannt ist (Art 12 § 10 NEhelG vom 19. 8. 69); bis dahin galt die Fiktion des § 1589 II aF, nach der ein nichtehel Kind u sein Vater als nicht miteinander verwandt galten (s Einf v § 1705). Allerd steht auch in diesen Erbfällen nicht jedem nichtehel Kind ein ges ErbR nach dem Vater zu, sond infolge der in Art 12 § 10 NEhelG gezogenen Altersgrenze nur den ab **1. 7. 49** geborenen. Die vor diesem Stichtag geborenen nichtehel Kinder bleiben damit auf Dauer von jegl Erb- u PflichttR nach dem Vater ausgeschlossen. Maßgebl dafür waren sowohl Gesichtspkte des Vertrauensschutzes als auch der Umstand, daß bei ihnen die früh (Zahl)VaterschFeststellg unter geringeren Voraussetzgen erfolgen konnte u eine spätere nicht mehr sicher mögl war, nachdem sie bei Inkrafttr des NEhelG bereits das 21. Lebensjahr vollendet hatten. Ihr Ausschluß verstößt nicht gg die Verfassg (BVerfG **44**, 1). – Eine **Ausnahme** gilt **10** jedoch in Erbfällen, auf die DDR-ErbR zur Anwendg kam (EG 235 § 1 I), weil der dort zum 1. 4. 66 eingeführten erbrechtl Gleichstellg eine Altersgrenze nicht gezogen worden ist (s EG 235 § 1 Rn 6). Mit Rücks hierauf ist auch in den seit dem Beitritt am 3. 10. 90 eingetretenen Erbfällen, die interlokal unter die Übergangsregelg von EG 235 § 1 II fallen, jedes vor dem 3. 10. 90 geborene nichtehel Kind Erbe erster Ordng, nachdem auf die dort geregelten Erbfälle die Vorschr des NEhelG nicht anzuwenden sind, somit auch nicht dessen Art 12 § 10. – **Verloren** geht die Erbberechtig des nichtehel Kindes (u seiner Abkömml), wenn es von der nur ihm eröffneten Möglichk zum vorzeit Erbausgleichs (§ 1934 d) Gebrauch macht, dch dessen rgült Vereinbarg od dch rkräft Verurteilg (§ 1934 e).

aa) Voraussetzung für das ges ErbR erster Ordng eines seit dem 1. 7. 49 geborenen nichtehel Kindes **11** nach seinem Vater (od väterl Vorfahren) ist stets, daß die **Vaterschaft** förml festgestellt ist (§ 1600 a; BGH NJW **83**, 1485), u zwar gem den (dch das NEhelG eingeführten) §§ 1600 a–o mittels Anerkenng od gerichtl Entscheidg. Diese Feststellg kann auch noch nach dem Erbfall erfolgen (§ 1600 n; FGG 55 b), da die nur für das ErbR allerd dem Gleichheitsgebot widersprech abweichde Regel in § 1934 c verfassgswidr war u dah für nichtig erklärt wurde (BVerfG NJW **87**, 1007). Bei Unwirksamk der Anerkenng (dazu §§ 1600 f–l) od bei Beseitigg des Feststellgs-Urt dch Nichtig- od RestitutionsUrt (ZPO 578 ff; 641 i) ist das Kind kein Abkömml u folglich Scheinerbe, so daß dann den Erben Anspr nach §§ 2018 ff od bei geleistetem Erbersatz nach §§ 812 ff zustehen.

bb) Einschränkung. Die RStellg des erbberecht nichtehel Kindes wurde dahin eingeschränkt, daß es in **12** den Fällen des § 1934 a, also neben ehel Abkömml od dem Ehegatten des Erbl, am Nachl nicht dingl, sond nur wirtschaftl in Form eines wertgleichen GeldAnspr beteiligt ist. Diese Verweisg auf den sog Erbersatz-Anspr gilt allerd nicht, wenn weder Ehefrau noch ehel Kinder zum Zuge kommen, etwa infolge Vorversterbens, Ausschlagg, Erbverzicht od ErbunwürdigErkl. Nicht zur Anwendg kommen die §§ 1934 a; b jedoch in denjenigen Erbfällen ab dem 3. 10. 90, die interlokal unter die Übergangsregelg in EG 235 § 1 II fallen, sofern das nichtehel Kind vor diesem Ztpkt geboren wurde (s EG 235 § 1 Rn 2). – Die Herstellg der vollen erbrechtl Gleichstellg nichtehel Kinder dch ersatzlose Streichg der §§ 1934 a–e; 2338 a; EG 235 § 1 II für die Zukunft ist Ziel einer **Reformdiskussion,** um eine RVereinheitlichg u eine Anpassg an den gesellschaftl Wandel zu erreichen (s Barth/Wagenitz ZEV **94**, 79; ZfJ **94**, 61; Frohn Rpfleger **94**, 152; Böhm ZRP **94**, 292; abl Bosch FamRZ **93**, 1257; ZfJ **94**, 224).

cc) Erbfälle vor dem 1. 7. 70. Das NEhelG beließ es in den bei seinem Inkrafttr bereits eingetretenen **13** Erbfällen beim bish RZustand, wonach das nichtehel Kind nach BGB ein ges ErbR nur nach seiner Mutter hat, nicht aber nach seinem Vater od väterl Vorfahren (§ 1589 II aF), somit auch kein PflichttR. Unterstand der Erbl allerd dem Recht der fr DDR, war es dort noch währd der Weitergeltg des BGB als Erbe erster Ordng seit 1. 4. 66 anerkannt (s EG 235 § 1 Rn 6; ebso der Ehegatte). – War zwar der Vater vor dem Stichtag 1. 7. 70 gestorben, nicht aber dessen Eltern, ist nach diesen auch das nichtehel (Enkel)Kind erbberecht, da in der Übergangsregelg des Art 12 § 10 NEhelG nur auf den Ztpkt des jeweil Erbfalls abgestellt ist. – Hatte der vor dem1. 7. 70 verstorbene Vater seine Abkömml als NachE berufen, gehört sein nichtehel Kind auch dann nicht zu diesen, wenn der NErbfall erst nach dem 1. 7. 70 eingetreten ist.

c) Angenommene Kinder. Ihre erbrechtl Stellg veränderte sich (wie auch die des Annehmenden) als **14** Folge des am 1. 1. 77 in kr getretenen AdoptionsG (dazu Einf 2 vor § 1741). Die Annahme eines Volljähr als Kind des Erbl hat allerd nur beschränkte erbrechtl Auswirkn (s Rn 22). Dagg erlangt das minderjähr Kind dch die mit Beschluß der VormschG erfolgte Annahme (§ 1752; FGG 56 e) nach dem Grdsatz der Volladoption die volle rechtl Stellg eines ehel Kindes des Annehmenden bzw der Ehegatten (§ 1754). Damit erhält es auch ein ges ErbR (u PflichttR) nach dem Annehmenden u dessen Vorfahren. Nicht zu den ges Erben gehören aber diejenigen Kinder, die von Verwandten des Erbl mit der Wirkg adoptiert worden sind, daß sich die dch Adoption begründete Verwandtsch nicht auf den Erbl erstreckt (§ 1770 I 1). – Ist die Adoption im **Ausland** erfolgt u die dortige Entscheidg anzuerkennen (FGG 16 a), besteht Streit üb die Qualifikation **15** des ges ErbRs (s Müller NJW **85**, 2056 ff; KG FamRZ **88**, 434). BGH NJW **89**, 2197 hat entschieden, daß weder allein nach Erbstatut noch ausschließl nach dem Adoptionsstatut beantwortet werden kann, ob ein Adoptivkind ein ges ErbR hat; vielm beurteilt sich nach Adoptionsstatut, ob es zwischen Erbl u Kind zu einer so starken Verwandtsch kommen soll, wie das in dem für die Erbfolge maßgebenden Recht vorausgesetzt wird (dazu Wandel BWNotZ **92**, 17). – Auch die nach altem Recht erfolgten Adoptionen können dch die ges Neuregelg betroffen sein (s Rn 23).

16   **aa) Ausnahmeregelungen.** Der angenommene Minderjähr scheidet als ehel Kind des Annehmenden aus seiner leibl Familie völlig aus u ist nur noch mit den Adoptiveltern u deren Verwandten verwandt (§ 1755; der nach § 1767 aF früher mögl Ausschluß seines ErbR im AnnahmeVertr ist nicht mehr zugelassen). Grdsl gehen ihm damit auch die entspr Erb- u PflichttRechte nach den leibl Eltern u deren Verwandten verloren. Hiervon macht das G allerd einige Ausn (dazu Dittmann Rpfleger **78**, 278 ff): Nimmt ein Ehegatte ein Kind

17 seines and Eheg an u ist dieses nichtehel **(Stiefkindadoption),** erlöschen die VerwandtschVerh nur zu dem außerh der Ehe stehenden nichtehel Elternteil u dessen Verwandten (§ 1755 II), so daß nach dem Ehegatten-Elternteil u dessen Vorfahren ein ges ErbR des Kindes besteht. Stammt das angenommene Kind aus einer

18 früh, dch Tod (nicht anderweitig!) aufgelösten Ehe des and Ehegatten **(Halbwaisenadoption),** bleiben die VerwandtschVerh zu den Verwandten des verstorbenen Elternteils erhalten (§ 1756 II), so daß dem Kind ein ges ErbR nach den Eltern des Verstorbenen u nach dem Überlebden (u dessen Linie) zusteht, es also ges Erbe 1. Ordng nach 3 Großelternpaaren sein kann (eingehd Schmitt-Kammler FamRZ **78**, 570/573 ff; Beispiele bei Kemp RhNK **76**, 373/394 f). – Bei der Annahme von Verwandten od Verschwägerten zweiten od

19 dritten Grades, also zB dch Onkel od Tante **(Verwandtenadoption)** erlöschen die VerwandtschVerh des Kindes nur zu seinen Eltern, nicht aber auch zu seinen Großeltern (§ 1756 I), so daß es über die Großeltern auch mit seinen Geschwistern verwandt bleibt (die dann allerd nur Erben 3. Ordng nach § 1926 I sein können); das Kind kann also ges Erbe 1. Ordng nach seinen 2 leibl Großelternpaaren u nach dem dch die

20 Adoption vermittelten -paar werden (s § 1927). – **Keine** Ausn gilt dagg bei Annahme des **eigenen** Kindes dch den ledigen Vater (§ 1741 III S 2) od die Mutter für das Erlöschen von VerwandtschVerh, so daß ein ErbR des Kindes nach dem anderen leibl Elternteil über § 1755 I 1 erlischt (MüKo/Leipold Rn 14).

21   **bb) Aufhebung** des Annahmeverhältnisses ist mögl (§ 1759). Bei rkräft AufhebgsBeschluß des VormschG (FGG 56 f III) entfallen alle erbrechtl Beziehgen zwischen dem Kind (seinen Abkömml) u den Adoptiveltern (u ihren Verwandten); dafür leben die zu seinen leibl Eltern (u deren Verwandten) wieder auf (§ 1764 II, III). Bei Eheg, die ein Kind angenommen haben, kann das AnnVerhältn auch nur zu einem allein aufgehoben werden (§ 1763 II), so daß die erbrechtl Beziehgen zu dem and Eheg verbleiben, ohne daß das VerwandtschVerhältn zur leibl Familie wieder auflebt (§ 1764 V). Einen Sonderfall regelt § 1766. – Die **Wirkungen** der Aufhebg treten nur für die Zukunft ein (§ 1764 I 1); eine Ausn hiervon macht allerd § 1764 I 2. Bereits eingetretene RWirkgen bleiben daher bestehen.

22   **cc) Annahme eines Volljährigen.** Hier ist die Adoptionswirkg beschränkt: Der Angenommene wird zwar ehel Kind des Annehmden (§§ 1767 II, 1754). Die Wirkgen der Annahme erstrecken sich jedoch nicht auf die Verwandten oder den Ehegatten des Annehmden (§ 1770 I). Dafür bleiben idR die verwandtschaftl u damit auch die erbrechtl Beziehgen zur leibl Familie bestehen (§ 1770 II). Der angenommene Erwachsene (u seine Abkömml) ist daher gesetzl Erbe 1. Ordng nach dem Annehmenden und nach seinen leibl Eltern (u deren Vorfahren), aber nicht nach u den Verwandten des Annehmenden. Nur in den in § 1772 abschließd aufgezählten 4 Fällen kann das VormschG bestimmen, daß die Annahme des Erwachsenen die Wirkg einer Volladoption hat. – Bei **Aufhebung** des AnnahmeVerhältn hat der rkräftige Beschluß des VormschG (FGG 56 f) die gleiche Wirkg wie bei Annahme Minderjähriger (s Rn 21), läßt also das ggseitige ErbR zw Angenommenem u Annehmendem erlöschen.

23   **dd) Adoptionen nach altem Recht** werden von der Neuregelg auch betroffen. ÜbergangsVorschr s Art 12 §§ 1–8 AdoptG (dazu Einf 11 vor § 1741). War allerd Erbl am 1. 1. 77 bereits verstorben, bestimmen sich die erbrechtl Verhältn stets nach altem Recht (Art 12 § 1 IV). Bei einem (nach § 1767 aF früh zuläss) Ausschluß des ErbR im AnnahmeVertr hat also der Adoptierte, aber auch der Annehmde (Art 12 § 1 V) kein ErbR. Geht es dann später noch um die Vererbg des AnwartschR eines erst nach dem Stichtag verstorbenen NachE (§ 2108 Rn 2), sollte dafür nicht altes R maßgebl sein (Stgt FamRZ **94**, 1553). – In Erbfällen **nach** dem **1. 1. 77** muß unterschieden werden: War der nach altem R Adoptierte am 1. 1. 77 bereits **volljährig,** werden nach Art 12 § 1 I grds die Vorschr über die VolljAnnahme (s Rn 22) angewandt (BayObLG FamRZ **94**, 853; Ffm FamRZ **95**, 1087). Ein vereinbarter Ausschluß des ErbR des Kindes bleibt unberührt; auch den Adoptiveltern steht dann kein ges ErbR nach dem Kind zu (Art 12 § 1 V). War nur PflichtR ausgeschlossen, bleibt dieser Ausschluß unberührt, hat aber keine Folgen für das gesetzl ErbR; auch die Annehmden sind dann nach dem Kind erb-, aber nicht pflichtberecht (Kraiß BWNotZ **77**, 1/6; Dittmann Rpfleger **78**, 277/ 284). Ferner wird der Annehmde nicht von solchen Abkömml des Adoptierten gesetzl beerbt, auf die sich die Wirkgen der Adoption nach § 1762 aF nicht erstreckt haben (Art 12 § 1 II). – War der Adoptierte am 1. 1. 77 noch **minderjährig,** verlängert sich die Geltg alten Rs bis 31. 12. 77 (Art 12 § 2 I). Danach gelten die neuen Vorschr üb die Wirkg der Annahme Minderjähr, sofern nicht bis zu diesem Tag ein Annehmder, das Kind, ein ehel Elternteil od die nichtehel Mutter ggü dem AG Berlin-Schöneberg erklärt hatte, daß diese Vorschr nicht angewandt werden sollen mit der Folge, daß ab 1. 1. 78 für das AnnahmeVerhältn die neuen Vorschr über die Volljährigenannahme gelten (Art 12 § 2 II, III; § 3 I).

1925   *Gesetzliche Erben zweiter Ordnung.* [I] Gesetzliche Erben der zweiten Ordnung sind die Eltern des Erblassers und deren Abkömmlinge.

[II] Leben zur Zeit des Erbfalls die Eltern, so erben sie allein und zu gleichen Teilen.

[III] Lebt zur Zeit des Erbfalls der Vater oder die Mutter nicht mehr, so treten an die Stelle des Verstorbenen dessen Abkömmlinge nach den für die Beerbung in der ersten Ordnung geltenden Vorschriften. Sind Abkömmlinge nicht vorhanden, so erbt der überlebende Teil allein.

[IV] In den Fällen des § 1756 sind das angenommene Kind und die Abkömmlinge der leiblichen Eltern oder des anderen Elternteils des Kindes im Verhältnis zueinander nicht Erben der zweiten Ordnung.

1) Die zweite Ordnung in der Verwandtenerbfolge (s § 1924 Rn 1) bilden die Eltern des Erbl u deren 1
Abkömml, also seine voll- u halbbürtigen Geschwister u deren Kinder (Neffen u Nichten) u Kindeskinder.
Sie kommen nur zum Zug, wenn beim Erbfall keine Abkömml des Erbl (Erben 1. Ordng) vorhanden od
vorhandene Abkömml dch Ausschlag, Enterbg, Erbverzicht od Erbunwürdgk weggefallen sind (§ 1930).
– Der **Ehegatte** des Erbl erbt neben ges Erben 2. Ordng bei ZugewinnGemeinsch zu drei Viertel, sonst zur
Hälfte (§§ 1931, 1371). – Dagg kommen Erben **dritter** Ordng (§ 1926) nicht zum Zug, wenn ein Angehöri-
ger zweiter Ordng vorhanden ist (§ 1930). Sie werden sowohl dch den Überlebenden (III 2) als auch dch
Halbgeschwister (ehel und nichtehel) u deren Abkömml ausgeschlossen. Ein Halbbruder od Halbneffe geht
also dem Großvater vor.

a) Beide Eltern (II) erben allein u zu gleichen Teilen, wenn sie beim Erbfall leben u zur Erbfolge 2
gelangen; zum ErbR des überlebden Eheg s aber Rn 1. Sie schließen also die Geschwister des Erbl u deren
Abkömml von der Erbfolge völlig aus; der Nachl des Kindes „fällt in ihren Schoß zurück". II gilt auch für
die Eltern des nichtehel Kindes (s aber Rn 5), des legitimierten (§ 1719) u des für ehel erklärten Kindes
(§ 1736); zu Adoptiveltern s Rn 5–10. Ohne Einfluß ist die Scheidg od Nichtigerklärg der Elternehe (Ausn:
vor dem 1. 8. 38 für nichtig erkl Ehen, s Soergel/Stein Rn 6).

b) Ist ein Elternteil verstorben od erbrechtl weggefallen u hat er keine Abkömml hinterlassen, erbt der 3
überlebde Elternteil allein (**III 2**). Sind Abkömml vorhanden, treten diese nach Stämmen (§ 1924 II–IV) an
die Stelle des Verstorbenen (**III 1**), auch die nichtehel (§§ 1934a II, III sind aber zu beachten). Halbgeschwi-
ster (ihre Abkömml) treten aber nur nach dem Elternteil ein, den sie mit dem Erbl gemeins haben. War der
Erbl ein angenommenes Kind, haben die Abkömml seiner leibl Eltern ein EintrittsR nur, wenn er mit diesen
noch verwandt war; die Abkömml von Adoptiveltern können idR nicht eintreten, wenn es sich um die
Annahme eines Erwachsenen handelte, weil dann verwandtschaftl Beziehgen des Erbl zu seinen Adoptivge-
schwistern fehlen, so daß diese als „nicht vorhanden" (III 2) gelten. Zur Erwachsenenadoption s auch
Dittmann Rpfleger **78**, 277/282 f mN. – Die Berufg der Abkömmlinge tritt (im Ggsatz zur 4. Ordng, § 1928
III) für den Anteil jedes einzelnen Elternteils (RG **94**, 242) schon dann ein, wenn dieser weggefallen ist.

c) Sind beide Eltern vorverstorben, treten deren Abkömml an ihre Stelle. Dabei ist zwischen gemeinsa- 4
men und einseitigen Abkömml zu unterscheiden, weil Abkömml nur an die Stelle der Elternteile treten, mit
denen sie verwandt sind. Hat der (kinderlose) Erbl also Voll- u Halbgeschwister hinterlassen, tritt eine
Aufteilg nach Linien ein (Vater-/Mutterseite); innerhalb der Linien wird nach Stämmen geerbt (§ 1924 III).
Die vollbürtigen Geschwister treten an die Stelle beider Eltern, die halbbürtigen (od deren Abkömml) nur
an die Stelle des Elternteils, den sie mit dem Erbl gemeinsam haben (sie erben nur „mit einer Hand"). Hatten
die Eltern zB außer dem Erbl noch 2 gemeinsame Söhne u der Vater noch eine Tochter aus erster Ehe, erben
die 2 Brüder des Erbl zu je $\frac{5}{12}$, die Halbschwester zu $\frac{1}{6}$, weil sich die Mutterhälfte nur auf 2, die Vaterhälfte
dagg auf 3 Abkömml verteilt. Sind nur halbbürtige Geschwister vorhanden, schließen diese gleichwohl als
Erben zweiter Ordng die Großeltern (od deren Abkömml) aus, weil diese als Erben dritter Ordng (§ 1926)
nur zum Zug kommen, wenn keine Abkömml der Eltern mehr vorhanden sind (§ 1930). Der Ehegatte des
Erbl tritt nicht an die Stelle eines vorverstorbenen Elternteils (Bochum Rpfleger **89**, 509).

2) Nichteheliche Kinder als Erbl werden in Erbfällen seit dem 1. 7. 70 wie ehel beerbt, sofern sie nicht 5
vor dem 1. 7. 49 geboren sind; andernf gilt altes Recht, nach dem der Vater kein ErbR besaß (s 1924 Rn 9ff).
Jedoch muß für das ErbR des Vaters seine Vaterschaft förml feststehen (s § 1924 Rn 12). Er ist aber auch
dann in den Fällen des § 1934a II, III auf einen ErbersatzAnspr verwiesen. Ein vorzeit Erbausgleich
(§ 1934d) wirkt sich auch auf das ErbR des Vaters (u dessen Abkömml) negativ aus (§ 1934e).

3) Angenommene Kinder. Für ihre Beerbg ist seit der Reform des AdoptionsR (s Einf 2 vor § 1741) 6
zunächst nach den ÜbergangsVorschr festzustellen, ob altes od neues AdoptionsR (§§ 1741ff) anzuwenden
ist (s § 1924 Rn 23). Nach neuem Recht hängt dann die Beerbg des Kindes davon ab, ob es als Minderj od als
Erwachsener angenommen worden war, weil die unterschiedl Regelg der VerwandtschVerhältn zu ver-
schiedenen erbrechtl Folgen führt: – **a)** Beim Tod des als **Minderjähriger** angenommenen Kindes sind
gesetzl Erben als Folge des Grdsatzes der Volladoption (§ 1754) der (od die) Annehmende(n) und danach
deren Abkömml. Die **leiblichen** Eltern u die leibl Geschwister scheiden als nicht mehr verwandt (§ 1755)
aus; zu Besonderh bei der Verwandtenadoption s unten Rn 8–10. – **b)** Beim Tod des als **Volljähriger** 7
angenommenen Erbl sind wg der beschränkten Adoptionswirkg sowohl die leibl Eltern (u deren Abkömml)
als auch die Adoptiveltern (aber nicht deren Abkömml, s Rn 3) gesetzl Erben 2. Ordng, weil die verwandt-
schaftl Beziehgen einers zur leibl Familie bestehen bleiben (§ 1770 II; Ausn: § 1772), anderers sich nicht auch
auf die Verwandten des Annehmenden (und auch nicht auf dessen Eheg) erstrecken (§ 1770 I); s § 1924
Rn 22. – War bei einer Adoption nach altem R im AnnahmeVertr das ErbR des Kindes **ausgeschlossen**
worden (§ 1767 aF), hat auch bei der Annahmde kein ErbR (s § 1924 Rn 21; Kemp RhNK **76**, 373/378; Ditt-
mann Rpfleger **78**, 277/ 284). – **c) Besonderheiten** ergeben sich wg § 1756 bei der Verwandtenadoption (s 8
§ 1924 Rn 17–20): Das von seinen **Großeltern** angenommene Kind wurde deren gemeinschaftl ehel Kind
(§ 1754 I) u wird deren leibl Kind nicht mehr beerbt. Da die leibl Eltern nicht mehr ges Erben 2. Ordnung
(§ 1755), stellt für die ges Erbfolge der dch das AdoptG eingefügt Abs **IV** klar, daß auch die Geschwister
kein EintrittsR (III) mehr nach diesen haben. Da die verwandtschaftl Beziehgen aber nur zu den leibl Eltern,
nicht aber darüber hinaus abgebrochen sind (§ 1756 I), scheiden weder die leibl Eltern noch deren Nachkom-
men als Abkömml der annehmden Großeltern aus (Soergel/Stein Rn 10 mN). – Auch bei der Annahme
eines Neffen (Nichte) dch **Onkel oder Tante** wird das angenommene Kind in 2. Ordng gesetzl von seinen 9
Adoptiveltern (deren Abkömml) beerbt; **IV** stellt klar, daß die leibl Geschwister mangels Verwandtsch mit
dem Angenommenen über ihre Eltern nicht eintreten (III) können. § 1756 verhindert aber nicht, daß
umgekehrt das angenommene Kind seine leibl Eltern, deren eines ein Geschwister des Annehmden ist,
dann beerbt, wenn diese keine anderen Abkömml als Erben hinterlassen und die vorrang berufenen Großel-
tern und der Annehmde weggefallen sind (Dieckmann FamRZ **79**, 389/394 mN). – Entspr gilt bei der
Annahme durch Geschwister: Der Annehmde erbt als Elternteil; andere Geschwister haben kein EintrittsR.
– In welchem Umfang **IV** bei der **Stiefkinderadoption** (§ 1756 II) gilt, ist str. Das EintrittsR der Geschwi- 10

ster des Angenommenen ist wohl nur nach dem verstorbenen leibl Elternteil ausgeschl. Bei Wegfall des überlebden (wiederverheirateten) Elternteils treten die Geschwister jedoch an dessen Stelle (Soergel/Stein Rn 11 mwH).

1926 Gesetzliche Erben dritter Ordnung. ᴵ Gesetzliche Erben der dritten Ordnung sind die Großeltern des Erblassers und deren Abkömmlinge.

ᴵᴵ Leben zur Zeit des Erbfalls die Großeltern, so erben sie allein und zu gleichen Teilen.

ᴵᴵᴵ Lebt zur Zeit des Erbfalls von einem Großelternpaar der Großvater oder die Großmutter nicht mehr, so treten an die Stelle des Verstorbenen dessen Abkömmlinge. Sind Abkömmlinge nicht vorhanden, so fällt der Anteil des Verstorbenen dem anderen Teile des Großelternpaars und, wenn dieser nicht mehr lebt, dessen Abkömmlingen zu.

ᴵⱽ Lebt zur Zeit des Erbfalls ein Großelternpaar nicht mehr und sind Abkömmlinge der Verstorbenen nicht vorhanden, so erben die anderen Großeltern oder ihre Abkömmlinge allein.

ⱽ Soweit Abkömmlinge an die Stelle ihrer Eltern oder ihrer Voreltern treten, finden die für die Beerbung in der ersten Ordnung geltenden Vorschriften Anwendung.

1　　**1) Die dritte Ordnung** in der Verwandtenerbfolge (s § 1924 Rn 1) bilden die Großeltern des Erbl u diejenigen ihre Abkömml, die nicht Erben zweiter Ordng sind (sonst gilt § 1930), also Onkel, Tanten,
2　Vettern, Basen u deren Kinder u Kindeskinder. Sie haben aber kein PflichttR mehr (§ 2303 II). – **a)** Leben noch alle **vier Großeltern** und erben sie, tritt Schoßfall ein (**II**; zum Begriff s § 1925 Rn 2). Dies gilt auch, wenn der
3　Erbl nichtehel geboren ist od seine Eltern nichtehel geboren sind. – **b)** Bei **Wegfall eines Großelternteils** treten seine Abkömml an seine Stelle (**III**), u zwar nach Stämmen (**V** iVm § 1924 II–IV; s dazu § 1925 Rn 3), weil jedes Großelternpaar als Einheit angesehen wird. Hier wird also die Zugehörig zur väterl od mütterl Linie bedeuts. Erst wenn auf einer Seite weder Großvater noch Großmutter od Abkömml von ihnen vorhanden sind (s § 1930 Rn 2), erben die and Großeltern (od ihre Linie) allein (**IV**). – **c)** Der **Ehegatte** des Erbl erhält neben Großeltern die Hälfte, bei ZugewinnGemeinsch drei Viertel; das ErbR ihrer Abkömml schaltet er völlig aus, wodurch sich sein Anteil erhöht (§ 1931 I). Ist von den Großeltern niemand mehr vorhanden, erbt der Eheg allein (§ 1931 II).

4　　**2) Nichteheliche Kinder.** Zu ihrer Beerbg s zunächst § 1925 Rn 5. Väterl Großeltern steht beim Tod des nichtehel Kindes unter den Voraussetzgen des § 1934a nur ein ErbersatzAnspr zu. Kommt noch altes Recht zur Anwendg (§ 1924 Rn 10; 13), ist die väterl Linie mangels Verwandtsch nicht erbberechtigt (§ 1589 II aF).

5　　**3) Angenommene Kinder.** Zu ihrer Beerbg s zunächst § 1925 Rn 6. Das als **Minderjähriger** angenommene Kind wird gemäß dem Grdsatz der Volladoption (§§ 1754; 1755) nur dch die Familie des Annehmenden beerbt. Beim Tod eines als **Volljähriger** Angenommenen sind Erben dritter Ordng dagg die leibl Großeltern u deren Abkömml (§ 1770 I); seine Kinder haben aber drei erbberecht Großelternpaare. – Kommt **altes** Recht zur Anwendg (dazu § 1924 Rn 23), wird das adoptierte Kind in dritter Ordng ausschließl in der leiblichen Familie beerbt, da es mit den Verwandten des Adoptierenden nicht verwandt wurde (§ 1763 aF). – Besonder-
6　heiten gelten bei einer **Verwandtenadoption:** Nach § 1756 blieb das minderj Kind, das von seinem Onkel (Tante) u dessen Eheg angenommen u damit deren ehel Kind wurde (§ 1754 I), mit seinen zwei leibl Großelternpaaren verwandt (von denen eines zugleich zu Adoptivgroßeltern wurde); hinzu kamen die Eltern des annehmden Eheg. Diese drei Großelternpaare bzw ihre Abkömml sind beim Tod des Kindes Erben dritter Ordng, ohne daß die Adoptivgroßeltern doppelt bedacht sind, weil weder mehrfache Verwandtsch vorliegt (der Grad hat sich nicht geändert) noch die aufsteigenden Linien mehreren Stämmen (§ 1927) zugehörig sein können (MüKo/Leipold Rn 8; Dieckmann ZBlJugR **80**, 673 Fußn 24; aA Soergel/Stein Rn 6). Die leibl Geschwister haben als Abkömml der gemeins leibl Großeltern ein EintrittsR nach **III**, ebso der Teil von den leibl Eltern (die wg § 1756 I als Erben 2. Ordng wegfallen u als nicht vorhanden iS des § 1930 gelten), der ein Kind dieser Großeltern ist (Soergel/Stein Rn 6; Schmitt-Kammler FamRZ **78**, 571ff). – Entspr gilt bei der **Annahme durch Geschwister** sowie bei der **Stiefkinderadoption** nach § 1756 II.

1927 Mehrere Erbteile bei mehrfacher Verwandtschaft. Wer in der ersten, der zweiten oder der dritten Ordnung verschiedenen Stämmen angehört, erhält den in jedem dieser Stämme ihm zufallenden Anteil. Jeder Anteil gilt als besonderer Erbteil.

1　　**1) Mehrfache Verwandtschaft** mit dem Erbl (§ 1589) innerh derselben Ordng (§ 1930) führt nur bei Angehörigen der ersten drei Ordngen zur mehrfachen Beteiligg, da die Erbfolge nach Stämmen nur bis zur dritten Ordng reicht (§ 1928 III). Der mehrfach Verwandte erhält dann jeden der in diesen Stämmen auf ihn entfallden Anteil (**S 1**).

2　　**2) Mehreren Stämmen zugehörig** kann ein Verwandter sein, wenn er aus einer Ehe zwischen Verwandten stammt (zB von Geschwisterkindern) od wenn er von einem Verwandten als Kind angenommen wurde, sofern seine bisherigen VerwandtschVerhältn bestehen blieben. Letzteres ist der Fall bei Adoption Volljähriger (§ 1770 II) sowie eines Verwandten 2. od 3. Grades (§ 1756 I), s § 1924 Rn 19. – Die Annahme eines **nichtehelichen Kindes** dch seinen Vater od seine Mutter (§ 1741 II 2; III 2) führt nicht auch zu mehrfacher Verwandtsch mit dem Annehmden (Soergel/Stein Rn 1 mN), wohl aber zum Verlust des ErbRs nach dem anderen Elternteil u dessen Verwandten (§ 1755).

3　　**3) Eigenständige Erbteile (S 2)** sind die verschiedenen Anteile, so daß auf jeden die Vorschr üb die Erbsch Anwendg finden (§ 1922 II). Jeder Anteil kann also gesondert ausgeschlagen werden (§ 1951 I). Der MitE kann über ihn gesondert verfügen (§ 2033). Die Haftg für NachlVerbindlichk beurteilt sich für jeden Anteil selbständ (§ 2007). Vermächtn u Auflagen belasten nur den Anteil, für den sie angeordnet sind (§§ 2161; 2187; 2095). Auch Ausgleichpflichten können auf den Anteil beschränkt sein (§§ 2051, 2056).

1928 *Gesetzliche Erben vierter Ordnung.* [I] Gesetzliche Erben der vierten Ordnung sind die Urgroßeltern des Erblassers und deren Abkömmlinge.

[II] Leben zur Zeit des Erbfalls Urgroßeltern, so erben sie allein; mehrere erben zu gleichen Teilen, ohne Unterschied, ob sie derselben Linie oder verschiedenen Linien angehören.

[III] Leben zur Zeit des Erbfalls Urgroßeltern nicht mehr, so erbt von ihren Abkömmlingen derjenige, welcher mit dem Erblasser dem Grade nach am nächsten verwandt ist; mehrere gleich nahe Verwandte erben zu gleichen Teilen.

1) **Die vierte Ordnung** in der Verwandtenerbfolge (s § 1924 Rn 1) bilden die Urgroßeltern des Erbl u 1 ihre Abkömml. Jedoch wird ab der 4. Ordng die bisherige Auswahl unter den Verwandten nach Linien u Stämmen (§ 1924 Rn 3; 4) aufgegeben u zum **Gradualsystem,** dh zum Nächstverwandten übergegangen. Durch diese Vereinfachg soll eine zu große Zersplitterg des Nachl vermieden werden. – Der **Ehegatte** des Erbl verdrängt die (ohnehin seltenen) Erben der 4. Ordng völlig (§ 1931 II).

2) **Unbeschränkter Schoßfall (II).** Urgroßeltern erben (ohne Rücksicht auf die Zugehörigk zu einer 2 Linie) zu gleichen Teilen. Lebt auch nur einer der 8 Urgroßeltern, tritt stets Schoßfall unter völligem Ausschluß der Abkömml ein, sofern kein überlebder Eheg vorhanden ist (§ 1931 II).

3) **Wegfall aller Urgroßeltern (III).** Erst in Ermangelg erbberechtigter Urgroßeltern treten deren 3 Abkömml ein. Die Gliederg nach Stämmen u Linien sowie das EintrittsR (§ 1924 III) hört auf. Statt dessen erfolgt Berücksichtigg nur nach Gradesnähe u bei gleicher Nähe Teilg nach Köpfen (II, III). Dies gilt auch für halbbürtige Abkömml. Wegen der Wirkgen einer Annahme als Kind auf die erbrechtl Beziehgen s § 1924 Rn 14–23.

1929 *Fernere Ordnungen.* [I] Gesetzliche Erben der fünften Ordnung und der ferneren Ordnungen sind die entfernteren Voreltern des Erblassers und deren Abkömmlinge.

[II] Die Vorschriften des § 1928 Abs. 2, 3 finden entsprechende Anwendung.

Unbegrenzt wird das VerwandtenErbR weitergeführt, wobei innerh der Ordngen das Gradualsystem 1 gilt (II iVm § 1928 III; s dort Rn 1). – Der überlebende **Ehegatte** verdrängt aber sämtl Verwandte ab der 4. Ordng (§ 1931 II). – In der Praxis kommen die hier häufige Unkenntn od Nachweisschwierigk dem Staat zugute (§ 1936; vgl auch §§ 1964, 1965).

1930 *Rangfolge der Ordnungen.* Ein Verwandter ist nicht zur Erbfolge berufen, solange ein Verwandter einer vorhergehenden Ordnung vorhanden ist, auch wenn diesem nur ein Erbersatzanspruch zusteht.

1) **Grundprinzip** des Systems der Ordngen (Parentelen) zur Regelg der Rangfolge der Verwandten in 1 der ges Erbfolge (§ 1924 Rn 2) ist, daß kein Angehöriger der zweiten od jeder folgden Ordng als Erbe berufen ist, solange ein Verwandter einer vorhergehenden Ordng vorhanden ist. Ein einziger (auch halbbürtiger) Verwandter der früheren Ordng genügt also, um das ErbR jedes Angehörigen einer späteren Ordng auszuschließen. Selbst wenn dem vorrangigen Verwandten nur ein ErbersatzAnspr (§ 1934a) zusteht, schließt er in gleicher Weise wie bei Erbanfall die nachrangigen Verwandten aus. Hinterläßt also der Erbl ledigl seine Ehefrau u ein nichtehel Kind, ist die Ehefrau Alleinerbe, weil das nichtehel Kind das ErbR der Eltern (u ihrer Abkömml) als Erben zweiter Ordng ausschließt, ihm selbst aber nur ein ErbersatzAnspr (in Höhe des Wertes seines Erbteils als Erbe 1. Ordng) zusteht (§§ 1924, 1931, 1934a I). Hinterläßt ein nichtehel Kind neben seinem Eheg nur noch seinen Vater, ist die Witwe Alleinerbin, weil der nichtehel Vater das ErbR der Großeltern (u ihrer Abkömml) als Erben dritter Ordng ausschließt, ihm selbst aber nur ein ErbersatzAnspr zusteht (§§ 1925 III 2, 1931 I 1, 1934a II).

2) **Verwandte nachfolgender Ordnungen** können nur erben, wenn kein Angehöriger einer vorherge- 2 henden Ordng (mehr) vorhanden ist. Existierte ein solcher, muß er entweder **vor** dem Erbfall gestorben oder trotz Erlebens des Erbfalls als gesetzl Erbe weggefallen sein, zB dch Ausschlag (§ 1953 II), Erbverzicht (§ 2346 I 2), Enterbg (§ 1938), vorzeit Erbausgleich (§§ 1934d, e) od ErbunwürdigkErkl (§ 2344 II). – **Folge** ist dann, daß der entferntere Verwandte vom Erbfall zur Erbfolge berufen ist, selbst wenn er nur den Erbfall, aber nicht mehr den Wegfall erlebt hat. – Stirbt allerd der Erstberufene erst **nach** dem Erbfall, war er bereits Erbe geworden u überträgt daher den Nachl auf seine eigenen Erben (§§ 1922, 1942). – Für die Ausschlag einesErbersatzAnspr gilt iü § 2180 (s § 1934b II 1).

1931 *Gesetzliches Erbrecht des Ehegatten.* [I] Der überlebende Ehegatte des Erblassers ist neben Verwandten der ersten Ordnung zu einem Vierteile, neben Verwandten der zweiten Ordnung oder neben Großeltern zur Hälfte der Erbschaft als gesetzlicher Erbe berufen. Treffen mit Großeltern Abkömmlinge von Großeltern zusammen, so erhält der Ehegatte auch von der anderen Hälfte den Anteil, der nach § 1926 den Abkömmlingen zufallen würde.

[II] Sind weder Verwandte der ersten oder der zweiten Ordnung noch Großeltern vorhanden, so erhält der überlebende Ehegatte die ganze Erbschaft.

[III] Die Vorschriften des § 1371 bleiben unberührt.

[IV] Bestand beim Erbfall Gütertrennung und sind als gesetzliche Erben neben dem überlebenden Ehegatten ein oder zwei Kinder des Erblassers berufen, so erben der überlebende Ehegatte und jedes Kind zu gleichen Teilen; § 1924 Abs. 3 gilt auch in diesem Falle.

1) **Ehegattenerbrecht.** Dem Wesen der ehel Lebensgemeinsch entsprechd erhält der mit dem Erbl bei 1 dessen Tod gültig verheiratete u ihn überlebende Ehegatte außerhalb der für die Verwandten geltenden

Ordngen durch § 1931 ein ges ErbR, damit auch seine Existenz entspr dem bisherigen Lebenszuschnitt der Eheleute wirtschaftl gesichert ist. Dieses ges ErbR des Eheg steht gleichrangig neben dem der Verwandten. Es beruht auf dem Teilgsprinzip (Erbe statt nur Nutznießer; dazu Buchholz MDR **90**, 375) u reicht von einem Viertel bis zum Ganzen, da es von der Zugehörigk der konkurrierden Verwandten zu den verschiedenen Ordnungen abhängig und umso größer ist, je ferner diese mit dem Erbl verwandt sind. – Bei **Entziehung** dieses ErbRs ist dem Ehegatten dch sein PflichttR (§ 2303 II) eine Mindestbeteiligg am Nachl garantiert. – Ergänzend hat er als sog ges Vermächtn Anspr auf die HausratsGgstände, den sog Voraus (§ 1932). – Zusätzlich besteht seit dem GleichberechtG dch die Verknüpfg des ErbRs mit dem Güterstand Anspr auf **pauschalen Zugewinnausgleich** (dazu Rn 8); diese Verknüpfg wurde noch verstärkt dch das NEhelG, weil **IV** dem Eheg bei Gütertrenng seitdem eine stärkere Beteiligg am Nachl sichert (s Rn 12, 13). Nur bei ehel Gütergemeinsch ist auch heute noch der Güterstand ohne Einfluß auf das ges ErbR; die fortgesetzte Gütergemeinsch regeln §§ 1483 ff.

2 **a) Voraussetzung** des ges ErbRs des überlebenden Ehegatten ist eine rechtsgült geschlossene u beim Erbfall noch bestehende Ehe mit dem Erblasser. Eine wirksame Eheschließg kommt nach EheG 11 nur durch Mitwirkg des Standesbeamten zustande; formelle sonstige Fehler machen sie evtl vernichtb, aber nicht von selbst unwirks. – **Sondervorschriften** aus der Kriegs- u Nachkriegszeit gewähren die RWirkgen einer ges Ehe auch Ferntrauungen (PersonenstandsVO der Wehrmacht v 4. 11. 39, RGBl I 2163); anerkannten Nottrauungen (G v 2. 12. 50, BGBl 778); anerkannten freien Ehen rassisch u polit Verfolgter (s Anh zu EheG 13a u BGH **22**, 65; KG FamRZ **73**, 91); Ehen verschleppter Personen u Flüchtlinge nach AHKG 23. – Dagg verschaffte die (postmortale) nachträgl Eheschließung (Geheimerlaß Hitlers vom 6. 11. 41, s JR **47**, 113) der Frau trotz anderweitiger Wirkgen nach dem G v 29. 3. 51 (BGBl 215) kein ErbR.

3 **b) Keine gültige Ehe** besteht bei rkräft Scheidg (§ 1564; zu den erbrechtl Auswirkgen Nieder ZEV **94**, 156); ferner im Falle einer Nichtehe, auf die sich ein Erbprätendent auch ohne gerichtl Feststellg (ZPO 638) berufen kann (s Einf 2 vor EheG 16); bei rkräftig für nichtig erklärter (EheG 23, 24; ZPO 636; s Einf 3 vor EheG 16) od rkräft aufgehobener Ehe (EheG 28, 29). Starb der in einer **Doppelehe** lebende Erbl, ohne daß es zur NichtigkKlage eines hierzu Berecht (EheG 24; 20) gekommen ist, erben beide überlebenden Ehegatten gemeins den ges Anteil des Eheg (KG OLGZ **77**, 386; MüKo/Leipold Rn 9); über die RLage bei unterschiedl Güterständen u über den Erbteil der Kinder aus beiden Ehen s auch Ferid FamRZ **63**, 410; Epple FamRZ **64**,

4 184. – Stirbt bei vernichtbarer Ehe einer der Eheg nach RHängigk, aber **vor Rechtskraft** des Urteils, ist das Verf in der Hauptsache als erledigt anzusehen (ZPO 619) u ein ergangenes Urteil wirkgslos (mit Ausn der Kostenentscheidg). Das ErbR des Eheg kann dann aber nach § 1933 ausgeschlossen sein (s dort). – Bei **Wiederverheiratung** nach TodesErkl wird, wenn der verschollene u für tot erkl Eheg noch lebt, die frühere Ehe mit Schließg der neuen Ehe aufgelöst (EheG 38 II; VerschÄndG Art 3 § 1), so daß kein ges ErbR der früh Eheg mehr besteht.

5 **c) Ausgeschlossen** sein kann das ges ErbR des überlebden Eheg trotz bestehder Ehe unter den Voraussetzgen des § 1933 (s dort), ferner dch Enterbg (§ 1938), Erbverzicht (§ 2346) u bei Erbunwürdigk (§ 2344). Zum PflichttR s § 2303 II. – Bei **gleichzeitigem Versterben** (s zum TodesZtpkt § 1922 Rn 2) der Eheg haben diese sich gegseitig nicht (s BGH NJW **78**, 1855: kein ZugewinnAusgl; LG Augsbg FamRZ **76**, 523 mAv Bosch; Werner FamRZ **76**, 249). – Bei Ausschluß besteht kein EintrR der Verwandten des Eheg.

6 **2) Die nichteheliche Lebensgemeinschaft** entfaltet keine RFolgen, die der Ehe vorbehalten sind (s Einl 9 v § 1297) und führt daher beim Tod eines Partners nicht zu einem ges ErbR (Einl 20 v § 1297; zur allg RLage s Grziwotz ZEV **94**, 267); § 1931 ist nicht analog anwendb (allg M), auch nicht nach jahrelangen Pflegeleistgen (Berlin FamRZ **79**, 503). Allenfalls hat der überlebde Partner gg die ges Erben Anspr aus besonderen Vereinbargen, die den Nachl belasten (§ 1967; s Einl 17 ff v § 1297).

7 **3) Die Erbquote** des überlebden Ehegatten neben erbenden Verwandten hängt zunächst davon ab, welcher Ordng diese angehören; dazu ist dann noch die Verknüpfg des ges ErbRs mit dem Güterstand zu beachten (s Rn 8–10). Neben Verwandten der **ersten Ordnung** erbt der Eheg ein Viertel (**I** 1; bei Gütertrenng s Rn 9); sind allerd beim Tod des Vaters nur nichtehel Abkömml vorhanden, ist der Eheg Alleinerbe, weil dann die Kinder auf einen ErbersatzAnspr verwiesen sind (§ 1934a I). – Neben Verwandten der **zweiten Ordnung** erbt er die Hälfte (**I** 1). An die Stelle eines weggefallenen Elternteils kann er mangels entspr Vorschr nicht treten (s § 1925 Rn 4), wohl aber an die von Großeltern (**I** 2). Von den Verwandten der **dritten Ordnung** können näml nur Großeltern erben, da er deren Abkömml ausschließt (**I** 1; **II**), so daß er neben solchen mindestens die Hälfte erhält. Die Beteiligg des Eheg wächst mit dem Anteil, der nach § 1926 den vorhandenen Abkömml neben einem od mehreren Großelternteilen zustehen würde; fehlen jedoch solche Abkömml, erhält er stets dann die Hälfte, wenn auch nur ein Großelternteil lebt (I); lebt kein Großelternteil mehr, erbt er allein (**II**). Bei Wegfall eines Großelternteils ist also zu prüfen, wem dessen Anteil nach § 1926 III, IV zufallen würde: wären es Abkömml, wächst der Anteil dem Eheg zu; ist es ein anderer Großelternteil, verbleibt er diesem. Von den Abkömml sind aber nur die zu berücksichtigen, die ohne den Eheg auch tatsächl erben würden; ihr Erbverzicht od ihre Enterbg wirkt sich also nicht zugunsten des Eheg aus, während eine mögl Ausschlag der (gar nicht zur Erbfolge gelangenden) Abkömml keine Rolle spielen kann. **Beispiele:** Sind 2 Großväter u jeweils 1 Abkömml der beiden Großmütter vorhanden, erbt der Eheg ¾. Ist ein Großelternpaar weggefallen und lebt von dem and Paar nur noch ein Teil mit Abkömml, erbt der Eheg ebenfalls ¾ (das Viertel des weggefallenen Paares fiel der anderen Seite zu und teilte sich zw dem Großelternteil u dem Abkömml auf; die beiden Achtel des Abkömml gebühren dem Eheg). S auch Soergel/Stein Rn 21; Staud/Werner Rn 23 ff; MüKo/Leipold Rn 20.

8 **4) Zugewinnausgleich (III)** erfolgt bei ges Güterstand in den seit 30. 6. 58 dch Tod eines Ehegatten beendeten Ehen pauschal dch Erhöhung des ges Erbteils des Überlebden **um ein Viertel** ohne Rücksicht darauf, welcher Eheg tatsächl einen höheren Zugewinn erzielt hat (sog erbrechtl Lösung, § 1371 I; dazu

9 ausführl dort Rn 2–6). Der so erhöhte Erbteil ist ein **einheitlicher,** kann also nur insgesamt angenommen od ausgeschlagen werden. Als ges Erbe erhält ein Eheg also neben Verwandten 1. Ordng die Hälfte, neben

Verwandten 2. Ordng u neben Großeltern drei Viertel. Sind neben Großeltern Abkömml vorhanden, deren ErbR der Eheg verdrängt (s Rn 7), ist streitig, ob bei der Berechng des EhegErbteils von dem um ¼ erhöhten Hälfteanteil des **I** 1 auszugehen oder ob zunächst ohne Berücksichtigg des § 1371 zu rechnen ist, so daß der Eheg ggf schon nach **I** 2 drei Viertel bekäme u nach Erhöhung um ¼ Alleinerbe wäre. Nachdem dch die Erhöhg die Verwandten nicht völlig ausgeschlossen werden, ihnen vielmehr stets Restanteile (mindestens 1/16) verbleiben sollen (MüKo/Leipold Rn 24), erscheint es richtig, Großeltern u ihren Abkömml rechnerisch zunächst ein Viertel zuzumessen und davon dann die auf Abkömml entfallden Anteile dem Eheg zuzuschlagen (Soergel/Stein Rn 25 mN). Beispiel: Neben einem Großelternpaar und einem Abkömml des andern Paares erhalten der Eheg ¾ + ⅛ = ⅞, die Großeltern je 1/16. – Das dem Eheg zusätzl gewährte Viertel ist mit einem **gesetzlichen Vermächtnis** belastet zugunsten bedürftiger Stiefabkömml hinsichtl der Ausbildgskosten (§ 1371 IV; s dort Rn 7–11). – Kommt das ErbR der fr **DDR** zur Anwendg, ist maßgebl Kollisionsnorm RAG 19, der bezügl des Güterstands von in der alten BRD lebenden Eheleuten auf das BGB verwies, wenn die Eheleute nicht (mehr) die DDR-Staatsangehörigk besaßen. Dies ist bei NachlSpaltg (§ 1922 Rn 8) relevant, wobei dann für die Beachtg von § 1371 I dessen Qualifikation als güter- od erbrechtl Regelg entscheidet (str; s EG 15 Rn 26; Schotten/Johnen DtZ **91**, 257). – War der Erblasser **Ausländer** u **10**
wird er gem EG 25 nach seinem ausländ HeimatR beerbt, tritt keine Erhöhg des EhegErbteils nach § 1371 I ein (Düss MittRhNotK **88**, 68). Der erbrechtl Zugewinnausgleich kann selbst bei deutschem Erbstatut (infolge Rückverweisg) nicht stattfinden, wenn das für den Zugewinn stets maßgebl Güterstatut ein ausländ ist (Karlsr NJW **90**, 1420). – Im Falle der **Ausschlagung** seines ges Erbteils steht dem Eheg die güterrechtl **11**
Lösung offen (§ 1371 II; s dort Rn 12–17). Zusätzl hat er dann (als erbrechtl Ausnahme) Anspr auf den (kleinen) Pflichtteil (§ 1371 III; s dort Rn 19; § 2303 Rn 7).

5) Bei Gütertrennung (IV; § 1414) erhält der gemeins mit Abkömml zu gesetzl Erben berufene Eheg **12**
neben einem Kind die Hälfte, neben zwei Kindern (wie diese) ein Drittel; von drei Kindern an gilt wieder die allg Regelg des **I.** Abkömml eines weggefallenen Kindes treten hinsichtl seines Erbteils an seine Stelle. **Zweck** dieser (nur für Erbfälle nach dem 30. 6. 70 geltenden, Art 12 § 10 I 1 NEhelG) SonderVorschr ist es, zu verhindern, daß der Erbteil des Eheg geringer als der eines Kindes ist. Wäre dies nach der allgem Regelg der Fall, erben alle zu gleichen Teilen. Mit dieser Verbesserg soll der Eheg, der bei den anderen Güterständen dch § 1371 u § 1416 einen Ausgleich erfährt, für seine Mitarbeit beim Vermögenserwerb entschädigt u ein Ausgleich dafür geschaffen werden, daß durch den (auch neu eingefügten) § 2057a nur Abkömml ein AusgleichsAnspr bei bes Leistgen zusteht. – Der Anspr auf **Ausbildungskosten** besteht bei Gütertrenng nicht, da § 1371 IV auch nicht entspr anwendbar ist (MüKo/Leipold Rn 31 mN). – **a) Kinder** des Erbl sind **13**
seine ehelichen (auch die aus einer früheren Ehe), nichtehel, dch Eheschließg legitimierten (§§ 1719, 1722), für ehel erklärten, (§§ 1736, 1733 III) und seine angenommenen Kinder (§§ 1754, 1755, 1767 II, 1770, 1772); s dazu § 1924 Rn 7ff. Sie müssen als gesetzl Erben od als Ersatzberecht berufen (also nicht test ausgeschlossen) sein u dürfen dieses ErbR nicht dch Verzicht (§ 2346), einen vorzeit ErbAusgl (§ 1934e), od Ausschlagg der Erbsch bzw des ErbersatzAnspr (§§ 1953, 1934b) verloren haben od für erbunwürdig erkl worden sein (§ 2344). An die Stelle eines vor dem Erbfall dch Tod od danach dch Ausschlagg (§ 1953 II) weggefallenen Kindes treten dessen Abkömml (**IV** Hs 2 iVm § 1924 III). Diese erhalten zusammen zu gleichen Teilen dessen Erbteil aus eigenem Recht (s im übr § 1924 Rn 4). – **b) Nichteheliche Kinder** haben **14**
neben dem Ehegatten nur einen ErbersatzAnspr (§ 1934a), werden aber nach allg Meing mitgezählt. Sind also neben der Ehefrau nur ein bzw zwei nichtehel Kinder vorhanden, steht diesen ein ErbersatzAnspr in Höhe der Hälfte bzw je eines Drittels des Nachl zu. – Ist von 2 Kindern nur eines ehel, erbt dieses neben der Ehefrau zur Hälfte; dem nichtehel steht ein ErbersatzAnspr in Höhe eines Drittels des NachlWertes zu. – Sind drei oder mehr Kinder vorhanden, kommt Abs I 1 zur Anwendg, auch wenn nicht mehr als zwei ehel sind (str; ebso Staud/Werner Rn 48; Erman/Schlüter Rn 43; wohl hM). Bei zwei ehel u zwei nichtehel Kindern erben also die Ehefrau ¼ u die ehel Kinder je ⅜; der ErbersatzAnspr der nichtehel Kinder im Wert von je 3/16 belastet aber im InnenVerhältn nur die ehel Kinder. Nach aA ist hier Abs IV anzuwenden (MüKo/Leipold Rn 30; Soergel/Stein Rn 33 je mN), so daß die Ehefrau u die ehel Kinder je ⅓ erben; der ErbersatzAnspr im Wert von zusammen ⅜ ist dann intern in dem Verhältn zu tragen, in dem sich die jeweilige Erbquote dch den Ausfall der nichtehel Kinder erhöht hat, so daß die Ehefrau 2/48 und jedes ehel Kind 7/48 des Anspruchs trifft.

6) Ehegattengesellschaft. Eine Innengesellsch zwischen Eheg kann außerhalb des ErbRs zu Ausgleichs- **15**
Anspr des überlebden Eheg führen, da derartige Anspr nicht dch § 1931 ausgeschlossen werden (Soergel/Stein Rn 37; s § 705 Rn 27ff). Die Umstände des Einzelfalles sind jeweils maßgebl. Der Chancen- u Risikoanteil kann mangels ausdrückl Vereinbarg auch hier nach dem Verhältn der für den gemeinsch Zweck eingesetzten Vermögenswerte bestimmt werden (BGH FamRZ **90**, 973). – **Keine** InnenGes wird dch Erwerb u Ausbau eines Wohnhauses für die Familie begründet. Hat der Überlebende für das Haus seines Ehegatten Leistgen aGrd eines sog ehebezogenen RGesch erbracht, kann er nach dessen Tod von den Erben nicht Ausgleich wg Wegfalls der GeschGrdlage verlangen. Er muß sich vielm bei Beendigg der Ehe dch Tod mit dem zufrieden geben, was ihm nach dem ErbR von Ges wg od aGrd letztw Vfg zukommt (BGH **111**, 8). Eine Korrektur des die Rechte des Ehegatten berücksichtigenden ges ErbR dch RichterR ist grdsl ausgeschlossen; ob in AusnFällen ein unzumutbar unbilliges Ergebn korrigiert werden könnte, ließ BGH aaO offen.

1932 *Voraus des Ehegatten.* **I Ist der überlebende Ehegatte neben Verwandten der zweiten Ordnung oder neben Großeltern gesetzlicher Erbe, so gebühren ihm außer dem Erbteil die zum ehelichen Haushalt gehörenden Gegenstände, soweit sie nicht Zubehör eines Grundstücks sind, und die Hochzeitsgeschenke als Voraus. Ist der überlebende Ehegatte neben Verwandten der ersten Ordnung gesetzlicher Erbe, so gebühren ihm diese Gegenstände, soweit er sie zur Führung eines angemessenen Haushalts benötigt.**

II Auf den Voraus sind die für Vermächtnisse geltenden Vorschriften anzuwenden.

1   **1) Voraus.** Dem überlebenden Ehegatten steht als gesetzl Erben zusätzl zu seinem Erbteil u unabhäng vom Güterstand ein Anspr auf den sog Voraus zu, sofern die Eheleute einen gemeinschaftl Haushalt gehabt haben. Der Eheg soll diejenigen Ggstände behalten dürfen, die bisher den äußeren Rahmen der ehel Lebens-Gemsch repräsentierten (s Eigel MittRhNotK **83**, 1). Dieser Zweck wird ergänzt durch die §§ 569a, b, die ein SonderErbR für ein Mietverhältn über die Ehewohng schaffen (s § 1922 Rn 10). – Keinen Anspr auf den Voraus haben iZw **Nacherben** (§ 2110 II) u **Erbschaftskäufer** (2373).

2   **a) Voraussetzung** ist, daß der Ehegatte endgült **gesetzlicher Miterbe** geworden ist (dazu § 1931 Rn 2–5). Kein Anspr besteht daher, wenn der Eheg dch Vfg vTw als Erbe eingesetzt wurde (BGH **73**, 29) od von der gesetzl Erbfolge ausgeschlossen ist (§§ 1933, 1938), auf das ErbR verzichtet hat (s § 2346), die Erbsch ausschlägt (Staudenmaier DNotZ **65**, 72) od erbunwürdig ist. Er kann also nicht die Erbsch ausschlagen u den Voraus annehmen, wohl aber den Voraus ausschlagen u die Erbschaft annehmen. Ebso kann der Erbl ihm den Voraus allein entziehen, da er nicht den Charakter eines PflichttRechts hat (s Erman/Schlüter Rn 15). Der Anspr auf den Voraus ist auch nach Maßg des § 2345 I anfechtb. Um den Voraus zu erhalten, kann der Eheg die Erbsch aGrd einer Vfg vTw ausschlagen und seinen gesetzl Erbteil annehmen (vgl § 1948 Rn 1, 2); nutzlos ist dies allerd, wenn bei seiner Einsetzg als MitE gewollt war, daß seine NachlBeteiligg begrenzt sein soll, wofür auch der Voraus entzogen worden ist (MüKo/Leipold Rn 5). Hat der Erbl seine „gesetzl Erben" bedacht u ist der überlebende Eheg nach der Ergänzgsregel des § 2066 als gesetzl Erbe berufen, gebührt ihm als dann testamentar Erben der Voraus grdsl nicht, es sei denn, daß der Erbl ersichtl ihm auch diesen stillschweigend zuwenden wollte (str; idR dafür Soergel/Stein Rn 3; MüKo/Leipold Rn 5).

3   **b) Rechtsnatur.** Infolge der zur Anwendg kommenden VermächtnVorschr **(II)** begründet der Voraus zusätzl zum Erbteil ein ForderungsR des Eheg gg die ErbenGemsch auf Eigentumsübertragg (§ 2174). Er wird deshalb gerne als „gesetzl" Vermächtn bezeichnet, obwohl es Vermächtn nur aGr Vfg vTw gibt (§ 1939) u gerade deshalb die Verweisg notwend wurde (Harder NJW **88**, 2761; s Einf 4 vor § 2147). Die Erfüllg erfolgt dch Einigg u Übergabe, die entbehrl ist, sofern der Eheg die Ggstände bereits in Besitz hat (KG FamRZ **60**, 71). Ggü dieser Forderg kann kein ZurückbehaltgsR ausgeübt werden (Dütz NJW **67**, 1107). – Der Anspr ist NachlVerbindlichk (§ 1967 II), die bei der Auseinandersetzg vorweg zu berichtigen ist (§ 2046), bei Unzulänglichk des Nachl od NachlKonk aber keinen Vorrang hat u wie andere Vermächtn auch erst nach dessen sonst Verbindlichk zu erfüllen ist (§ 1991 IV; KO 226 II Nr 5).

4   **2) Umfang.** Zum Haushalt können Ggstände nur gehören, wenn die Eheleute einen gemeins geführt (also nicht nur geplant u dafür bereits Anschaffgen getätigt) haben. Bei Trenng von Anfang an fehlt ein ehel Haushalt; bei späterer Trenng können, wenn sie ohne einvernehml Haushaltsauflösg erfolgte, noch die verbliebenen Ggstände des früh Haushalts gefordert werden, uU nach § 2169 III iVm § 1932 II als Surrogat (KG OLG **24**, 80; aA Soergel/Stein Rn 5). – **Haushaltsgegenstände** sind Sachen u Rechte, die dem Eheg gehört u dem gemeins Haushalt gedient haben ohne Rücks auf ihren Wert u ihren tatsächl Gebrauch; ausgen sind Sachen, die Grundstückszubehör wurden (§§ 97, 98). Beispiele: Möbel, Teppiche, Geschirr, Haushalts- u Phonogeräte, Bücher, Schallplatten, Bilder (sofern nicht Kunstsammlg); auch Mietmöbel (Leasing), Miteigentumsanteile, vertragl od ErsatzAnspr usw; wohl auch der Familien-Pkw (nicht der durch Eheg genutzte; grds aA MüKo/Leipold: Pkw hat nie Bezug zur Wohng). **Keine** HaushaltsGgstände sind dagg die dem persönl Gebrauch des Erbl dienenden (Kleider, Schmuck usw) od zur Berufstätig bestimmten Ggstände. Bei **Hochzeitsgeschenken** (nicht auch bei Aussteuer, § 1624), die iZw gemeinschaftl Eigentum beider Eheg sind (KG Recht **07** Nr 1452), geht der Anspr auf Verschaffg der ideellen Eigentumshälfte des Erbl. – **Eingeschränkt** ist der Voraus **neben Abkömmlingen (I 2).** Hier kommt es für jeden Einzelfall darauf an, ob die Ggstände nach den Verhältnissen zum Zeitpunkt des Erbfalls (Ripfel BWNotZ **65**, 268) zur Führg eines angemessenen Haushalts notwend sind, der überlebde Ehegatte also weder genügd Ggstände dieser Art besitzt noch ihm die Beschaffg aus eigenen Mitteln zugemutet werden kann (RGRK Rn 8). Die Möglichk des Selbsterwerbs schließt nicht immer aus, daß er sie benötigt (s auch Soergel/Stein Rn 9). Bei der Interessenabwägg ist die Reduzierg des Haushalts wg geringeren Bedarfs zu berücksichtigen (MüKo/Leipold Rn 14). Der Wert allein ist nicht entscheidend.

5   **3) Bei Berechnung des Pflichtteils** des Eheg sind die zum Voraus gehörden Ggstände zus mit den übrigen NachlGgständen unter die NachlAktiva einzustellen (RGRK § 2311 Rn 11). Bei der Berechng des Pflichtt eines Abkömml u der Eltern des Erbl ist der Wert der zum Voraus gehörden Ggste vom Nachl nur abzuziehen, wenn der überlebde Eheg gesetzl Erbe geworden ist (BGH **73**, 29 mAv Schubert JR **79**, 245; Goller BWNotZ **80**, 12). Über Voraus bei Berechng des ErbersatzAnspr s § 1934b Rn 5.

6   **4) Eine Auskunftpflicht** des erbschaftsbesitzenden Eheg über den Voraus besteht nach § 2027. – Im Streitfall ist das **Prozeßgericht** zuständig; ein Hausrats- od AuseinandersetzgsVerf ist nicht vorgesehen.

1933   *Ausschluß des Ehegattenerbrechts.* **Das Erbrecht des überlebenden Ehegatten sowie das Recht auf den Voraus ist ausgeschlossen, wenn zur Zeit des Todes des Erblassers die Voraussetzungen für die Scheidung der Ehe gegeben waren und der Erblasser die Scheidung beantragt oder ihr zugestimmt hatte. Das gleiche gilt, wenn der Erblasser auf Aufhebung der Ehe zu klagen berechtigt war und die Klage erhoben hatte. In diesen Fällen ist der Ehegatte nach Maßgabe der §§ 1569 bis 1586b unterhaltsberechtigt.**

1   **1) Erbrechtsausschluß.** Kommt es dch den Tod des Erbl in einem rhängig gemachten Scheidgs- od EheaufhebgsVerf nicht mehr zu einem Urteil (s § 1931 Rn 4) od kann dieses nicht mehr rkräft werden, haben seine Prozeßhandlgen mat-rechtl Auswirkgn auf das ges ErbR seines Ehepartners. War näml die Ehe tatsächl gescheitert od aufzuheben, wird dch § 1933 das begründete Verlangen des Erbl auf Scheidg od Auflösg in der erbrechtl Konsequenz einem rkräft Urteil gleichgestellt (dazu Rn 8). Dem liegt die Annahme zugrunde, daß der hypothet Wille eines Erbl, der die Folgen aus dem Scheitern seiner Ehe ziehen wollte u

dies in einer auch den Förmlichk des ErbRs genügden Weise zum Ausdruck gebracht hat, auf Ausschluß seines Eheg von seinem Vermögen gerichtet ist. Das ges EhegattenerbR soll also nicht von dem Zufall abhäng sein, ob der Erbl vor od nach RKraft eines stattgbden Urteils stirbt. – Haben beide Eheg die Scheidg beantragt od hat einer sie beantragt u der andere zugestimmt, erbt der überlebde Eheg nicht, wenn die Scheidgsvoraussetzgen vorlagen. Dieser ggseit ErbR-Ausschluß ist verfassgsrechtl unbedenkl (BVerfG FamRZ 95, 536). – Hat dagg nur der **überlebende Ehegatte** die Scheidg beantragt, ist es dazu aber nicht mehr gekommen, bleibt sein ges ErbR erhalten. Der scheidgsunwillige Ehegatte kann dann nur dch Vfg vTw das ges ErbR seines die Scheidg betreibenden Ehegatten verhindern u ihm unter den Voraussetzgen des § 2335 den Pflichtt entziehen (s Reimann ZEV 95, 329). Gg diesen einseit ErbR-Ausschluß werden Bedenken aus GG 3; 6 erhoben (Zopfs ZEV 95, 309). – Die Vorschr ist dch das 1. EheRG dem Zerrüttgsprinzip (§ 1565) für Erbfälle nach dem 30. 6. 77 angepaßt worden.

2) Formelle Voraussetzung ist, daß der Erbl vor seinem Tod die Scheidg (§§ 1564 ff) beantragt od 2 einem ScheidgsAntrag seines Eheg zugestimmt od AufhebgsKlage (EheG 28 ff) erhoben hat. – **a) Antragstellung** (ZPO 622, 630) wie Klageerhebg entfalten ihre erbrechtl Wirkg erst nach RHängigk (ZPO 3 262 S 2), setzen also die Zustellg des Schriftsatzes (ZPO 622, 253) voraus (BGH **111**, 329; BayObLG **90**, 20). Für eine Rückwirkg auf den Zeitpkt der Einreichg analog ZPO 270 III ist kein Raum, weil es weder um eine Fristwahrg zur Erhaltg eines Rechts noch um die Unterbrechg der Verjährg geht (BGH; BayObLG je aaO). Zustellg erst nach dem Tod des Erbl genügt daher nicht, selbst wenn sie „alsbald" erfolgt ist. Auch besteht kein Bedürfn für eine entspr Anwendg von ZPO 270 III (BayObLG aaO). Beseitigbare prozessuale Mängel wie zB Klageerhebg beim örtl unzuständ FamilienG (GVG 23b I Nr 1; ZPO 606) betreffen dagg nur die Zulässigk, beseitigen aber nicht die Rechtshängigk (Thomas/Putzo ZPO 253 Anm 4b) und sind materiellrechtl unschädl. – Ausreichd ist auch die Stellg eines Anschlußantrags (§ 1566 I) od Erhebg einer Widerklage in der mündl Verhandlg od dch Zustellg eines entspr Schriftsatzes (ZPO 261 II); nicht aber ein Antrag auf Prozeßkostenhilfe (ZPO 114 ff) für einen beabsichtigten ScheidgsAntrag (Aufhebgsklage). – Die **Zurücknahme** des Antrags od der Klage (ZPO 269) beseitigt die Wirkg des § 1933, nicht aber schon ein bloßer AussetzgsAntrag (ZPO 614 III). Betreibt allerd der AntrSteller das Verf mehr als 25 Jahre bis zu seinem Tod nicht, ist dieses prozessuale Verhalten nach Düss FamRZ **91**, 1107 wie eine Rücknahme zu behandeln; die Rhängigk wird dagg dch Nichtbetreiben nicht beseitigt (BGH NJW-RR **93**, 898).

b) Die Zustimmung des Erbl zum ScheidgsAntrag seines Eheg (§ 1566; ZPO 630 II 2) ist Prozeßhandlg 4 u setzt demzufolge RHängigk voraus (BGH **111**, 329). Sie muß im ScheidgsVerf dem Gericht ggü in prozessual wirks Form erklärt worden sein. Eine außergerichtl ggü dem AntrSt erklärte Zustimmg (zB in UnterhVereinbarg) genügt daher nicht (BGH NJW **95**, 1082), wohl aber eine zeitl bereits im vorausgegangenen PKH-Verf erklärte, sofern dann mit RHängigk als Prozeßhandlg wirks wird (Zweibr NJW **95**, 601). Als Form der Erkl genügt jede zuläss, sei es zu Protokoll der Geschäftsstelle od in der mündl Verhandlg zur Niederschrift des Gerichts (Zweibr OLGZ **83**, 160; Saarbr FamRZ **92**, 107) od dch Schriftsatz seines bevollmächt RA (BayObLG FamRZ **83**, 96; Ffm OLGZ **90**, 215; Stgt OLGZ **93**, 263; Zweibr FamRZ **95**, 570). Sie kann auch in einem wirks gewordenen eigenen ScheidgsAntr als minus enthalten sein (Zweibr aaO). Die Erkl kann nach ZPO 630 II 2 auch von der Partei selbst abgegeben werden (Saarbr FamRZ **92**, 107; s auch BVerfG FamRZ **95**, 536). Der Ausdruck „Zustimmg" muß nicht wörtl verwendet werden (Ffm aaO; aA Stgt NJW **79**, 662); eine dann nach Sinn u Zweck nicht eindeut Erkl ist wie allg der Auslegg zugängl u bedürft (Saarbr aaO). – Ihr bis zum Schluß der mündl Verhandlg mögl Widerruf (ZPO 630 II 1) läßt die Wirkg entfallen.

c) Bei Abweisung des Antrags (der Klage) beseitigt ein **nicht rechtskräftiges** Urteil noch nicht die 5 mat-rechtl Wirkg des § 1933. Unstreitig ist dies, wenn der Erbl noch ein Rechtsmittel eingelegt hat. Dies muß aber auch gelten, wenn der Erbl dch seinen Tod von einem ihm zustehenden Rechtsmittel keinen Gebrauch mehr machen konnte (Soergel/Stein Rn 5; aA Staud/Werner Rn 6; im Ergebn wie hier MüKo/Leipold Rn 9).

3) Materielle Voraussetzung ist, daß ohne die Erledigg des Verfahrens dch Tod des Erbl (ZPO 619) die 6 Ehe auf seinen Antr od mit seiner Zustimmg geschieden (auf seine Klage aufgehoben) worden wäre. Die Voraussetzgen für die Scheidg sind in §§ 1565–1568 geregelt, für eine Aufhebg in EheG 28; 30–37. – Das **Scheitern** der Ehe (§ 1565 I) ist, bezogen auf den Zeitpkt des Erbfalls, nach den subj Vorstellgen der Ehegatten bezügl ihrer konkreten LebensGemsch festzustellen (BGH NJW **95**, 1082). Eine einjähr Trenng ist bei der Prognose zu berücksichtigen, begründet aber keine tatsächl Vermutg für Zerrüttg der Ehe; bei trotzdem bestandener Bereitsch beider Ehegatten zu einem Versöhngsversuch kann daher ein Scheitern nicht festgestellt werden (BGH aaO). Beim Getrenntleben ist daher auf Ablehng der eheL LebensGemsch abzustellen (§ 1587; BayObLG Rpfleger **87**, 358). Zu den ScheidgsVoraussetzgen gehört auch die Härteklausel (§ 1568; BayObLG Rpfleger **87**, 358). – Bei der KonventionalScheidg (§ 1566 I; ZPO 630) muß die **Einigung** über die Folgesachen gem ZPO 630 I Nr 2, 3 bereits vorgelegen haben (Bremen FamRZ **86**, 833; Schlesw NJW **93**, 1082; Stgt OLGZ **93**, 263; Soergel/Stein Rn 8; Dieckmann FamRZ **79**, 389/396; str; aA Ffm OLGZ **90**, 215; MüKo/Leipold Rn 8; Soergel/Loritz § 2077 Rn 8 mN), selbst wenn sie nur als ZulässigkVorauss u nicht als mat Scheidgsbedingg verstanden wird (vgl § 1566 Rn 4 mN). Fehlte sie, kann nur noch geprüft werden, ob der Erbl seinen Antrag auf streitige Scheidg umgestellt hätte (dazu Hbg FamRZ **79**, 702) u ob dann deren Voraussetzungen vorlagen (ebso Schlesw NJW **93**, 1082; Stgt OLGZ **93**, 263; Soergel/Stein Rn 8; aA MüKo/Leipold Rn 8). – **Beweislast** dafür, daß die Ehe geschieden worden wäre, 7 trägt auch bei Anwendg von §§ 1933; 2077, wer sich darauf beruft (BayObLG FamRZ **92**, 1349). Das sind bei § 1933 idR die das EhegattenErbR bestreitenden Verwandten, bei § 2077, wer die Unwirksamk der letztw Vfg geltd macht; daran ändert auch eine erfolgte ErbSchErteilg nichts (BGH NJW **95**, 1082). Sie müssen beweisen, daß im Zeitpkt des Erbfalls keine Versöhngsbereitsch der Ehegatten bestand (BGH aaO). Dabei kommen ihnen die in § 1566 aufgestellten Vermutgen zu Hilfe, sofern deren Grdlagen dch die (vom NachlG vAw, FGG 12) zu führenden Ermittlgen feststehen (BGH aaO). An den Nachweis des Scheiterns sind strenge Anfordergen dann zu stellen, wenn der Überlebende dem vom Erbl kurz vor seinem Tod (ggf nicht unbeeinflußt) gestellten Scheidgsbegehren nicht zugestimmt hatte (Baumgärtl/Strieder Rn 1 mN; str). Dagg hat der Ehegatte die Beweislast dafür, daß die erwiesenen Gründe ausnahmsw (zB wg der Härteklausel) nicht zur Scheidg geführt hätten (Staud/Werner Rn 16). – Bei Anfechtgsklage (S 2) muß der das ErbR des Ehegatten Bestreitende Beweis für die Voraussetzgen der EheG 28ff erbringen, der Ehegatte dagg den Nachweis für die Voraussetzgen der EheG 31 II; 32 II führen.

8   **4) Rechtsfolgen.** Sind die Voraussetzungen nach S 1 od S 2 gegeben, hat der überlebende Eheg sein ges ErbR (§ 1931) verloren, ferner den Anspr auf den Voraus (§ 1932) und auch ein PflichttR, weil er dann nicht mehr vor der ges Erbfolge ausgeschlossen werden konnte (§ 2303 I 1). Lebten die Eheg beim Erbfall in ZugewinnGemsch, kann ein Ausgleich nicht mehr erbrechtl (§ 1931 III iVm § 1371 I), sondern nur noch güterrechtl (§ 1371 II) beansprucht werden (BGH **46**, 343), wobei dann für die Berechng analog § 1384 der Ztpkt der RHängigk des ScheidgsAntr statt des Erbfalls maßgebl ist (BGH **99**, 304 mAv Hohloch JuS **87**, 745); die Erben können nur bei „grober Unbilligkeit" die Erfüllung verweigern (§ 1381). – Der Unterhalts-anspruch des überlebenden Eheg nach Maßgabe der §§ 1569–1586b gegen die Erben wird dch Satz 3 gewährleistet, sofern nicht ein Erb- od PflichtVerzicht vorliegt (str; ebso Dieckmann NJW **80**, 2777 u FamRZ **92**, 633; aA Grziwotz FamRZ **91**, 1258) od der Pflicht entzogen ist (s § 2325 Rn 1). – Unberührt bleiben die §§ 569a; b für Mietverhältn an der Ehewohng. – Die Hausratsverordnung findet dagg keine analoge Anwendg, wenn das ScheidgsVerf dch Tod endet (MüKo/Leipold Rn 13; Soergel/Stein Rn 12). – Versorgungsansprüche stehen dem verwitweten Eheg zu, weil die Ehe beim Erbfall noch bestanden hat. – Zu Lebensversichergen vgl § 2077 Rn 9.

9   **5) Bei gewillkürter Erbfolge** gelten entspr Regelgen, näml §§ 2077 I 2, 3; 2268 II für Testamente u § 2279 I, II für Erbverträge. Dabei handelt es sich allerd nur um Auslegsregeln (§ 2077 III; 2268 II; 2279), so daß insofern der überlebde Eheg besser gestellt ist.

1934 *Erbrecht des verwandten Ehegatten.* Gehört der überlebende Ehegatte zu den erbberechtigten Verwandten, so erbt er zugleich als Verwandter. Der Erbteil, der ihm auf Grund der Verwandtschaft zufällt, gilt als besonderer Erbteil.

1   **1) Ein mehrfaches Erbrecht** des überlebenden Eheg ist prakt nur mögl, wenn er mit dem Erbl in zweiter Ordnung verwandt, also zB mit Tante od Onkel verheiratet war (s MüKo/Leipold Rn 1). War umgekehrt der Erbl Neffe od Nichte seines Eheg, ist ein mehrfaches ErbR ausgeschlossen, weil der Überlebende als Onkel od Tante dann Abkömml von Großeltern ist, so daß § 1931 I 2 eingreift (vgl Kipp/Coing § 5 VI).

2   **2) Rechtsfolge** ist, daß die als Eheg nach § 1931 erbende Nichte (der Neffe) zusätzl einen besonderen Verwandten-Erbteil gem § 1925 erhält, der dch § 1933 nicht betroffen wird u gesondert ausgeschlagen werden kann (s § 1927 Rn 3). Er steht bei Ausschlagg des Ehegattenerbteils dem Verlangen eines güterrechtl Zugewinnausgleichs nicht entgegen (s § 1371 Rn 18).

1934a *Erbersatzanspruch bei nichtehelichen Kindern.* [I] Einem nichtehelichen Kinde und seinen Abkömmlingen steht beim Tode des Vaters des Kindes sowie beim Tode von väterlichen Verwandten neben ehelichen Abkömmlingen des Erblassers und neben dem überlebenden Ehegatten des Erblassers an Stelle des gesetzlichen Erbteils ein Erbersatzanspruch gegen den Erben in Höhe des Wertes des Erbteils zu.

[II] Beim Tode eines nichtehelichen Kindes steht dem Vater und seinen Abkömmlingen neben der Mutter und ihren ehelichen Abkömmlingen an Stelle des gesetzlichen Erbteils der im Absatz 1 bezeichnete Erbersatzanspruch zu.

[III] Beim Tode eines nichtehelichen Kindes sowie beim Tode eines Kindes des nichtehelichen Kindes steht dem Vater des nichtehelichen Kindes und seinen Verwandten neben dem überlebenden Ehegatten des Erblassers an Stelle des gesetzlichen Erbteils der im Absatz 1 bezeichnete Erbersatzanspruch zu.

[IV] Soweit es nach den Absätzen 1 und 2 für die Entstehung eines Erbersatzanspruchs darauf ankommt, ob eheliche Abkömmlinge vorhanden sind, steht ein nichteheliches Kind im Verhältnis zu seiner Mutter einem ehelichen Kinde gleich.

1   **1) Geldanspruch statt Erbteil.** Ist bei Eintritt ges Erbfolge in Erbfällen seit dem 1. 7. 70 das nichtehel Kind des Erbl (od sein Vater) einer von mehreren Erben (s Rn 5), wird es (er) in den dch § 1934a abschließd festgelegten Fällen kr Ges von einer dingl Beteiligg am Nachl ausgeschlossen u statt dessen auf einen zwar wertgleichen, aber doch nur als GeldAnspr gg die Erben ausgestalteten ErbersatzAnspr verwiesen, dessen
2   RNatur, Berechng u Geltendmachg dann in § 1934b geregelt ist. – **Folge** dieser besond Ausgestalg des bestehden ges ErbR (BGH NJW **88**, 136; keine Enterbg kr G), ist, daß auch der nur ErsatzBerecht den Rang seiner Ordng wahrt (§ 1930). Er schließt daher Verwandte nachfolgder Ordngen stets aus, auch wenn er selbst als Erbe seiner Ordng (s Rn 5) wg des vorhandenen Ehegatten nicht zum Zuge kommt (s § 1930 Rn 1). Auch im PflichttR wird der ErsatzAnspr wie eine Erbberechtig behandelt (§ 2338a), so daß nicht nur der Ausschluß des ges ErbR, sond auch die isolierte Entziehg eines an sich bestehden ErsatzAnspr zum
3   Pflichtt führt. – **Normzweck** dieser Einschränkg der von GG 6 V gebotenen Gleichstellg nichtehel Kinder mit ehel ist es, eine ErbenGemsch zu verhindern, deren Zusammensetzg infolge Beteiligg des nichtehel Kindes (od Vaters) der GesGeber des NEhelG (s § 1924 Rn 9) 1969 als prinzipiell konfliktbeladen u daher unerwünscht erachtete. Sie ist nach überwiegder Auffassg mit GG 6 V vereinb; § 1934c mit seiner nur für das ErbR gemachten Einschränkg der nachträgl VaterschFeststellg erwies sich allerd als verfassgswidr u wurde für nichtig erkl (BVerfG NJW **87**, 1007). Auch liegt kein unzuläss Eingriff in die geschützte RPosi-

tion des ehel Kindes iS von GG 14 I 1 vor, sond eine zuläss Inhaltsbeschränkg (BVerfG **44**, 1). Die erfolgte Übergangsregelg (s § 1924 Rn 10; 12) ist mit dem GG vereinb (BVerfG aaO). – **Reformbestrebung.** Eine 4 ersatzlose Streichg der §§ 1934a–e zur vollen erbrechtl Gleichstellg nichtehel Kinder wird derzeit diskutiert (s § 1924 Rn 12).

2) Voraussetzung des ErbersatzAnspr ist ein ges ErbR des Berecht, also ein BerufsgsGrd nach §§ 1924ff u 5 Erleben des Erbfalls (§ 1923). Daher sind sowohl die förml Feststellg der Vatersch erforderl (§ 1600a) als auch die zeitl Grenzen des NEhelG zu beachten (dazu § 1924 Rn 9ff). Nur wer ohne die Sonderreglg des § 1934a ges MitE würde, kann Ersatz für sein ErbR verlangen; wem dagg ohnehin kein ges ErbR zusteht, gebührt statt dessen auch kein Ersatz (BGH **80**, 290). Folgl besteht kein ErsatzAnspr auch bei Enterbg (§ 1938 od dch Übergehen, s § 2338a Rn 2; insow aA Soergel/Stein § 1937 Rn 5); vorzeit Erbausgleich (§ 1934e); Erbverzicht (§ 2346 I), Erbausschlagg (§§ 1942ff) od ErbunwürdigkErkl (§§ 2339ff). – Ist der an sich Ersatzberechtigte dch Vfg vTw **als Erbe eingesetzt,** scheiden §§ 1934aff stets aus, gleich ob der 6 zugewendete Erbteil im Wert größer, gleich od kleiner als der Anspr ist, da die TestierFreih des Erbl dch die ges Regelg nicht eingeschränkt wird (Soergel/ Stein Rn 16; MüKo/Leipold Rn 14). Bei Einsetzg auf den „gesetzl Erbteil" s § 2066 Rn 1.

3) Unerwünschte Erbengemeinschaft. Die 4 Fallgruppen des **I, II** u **III** (**IV** hat nur klarstellde Be- 7 deutg) beruhen sämtl auf der weiteren Voraussetzg, daß die privilegierten Erben (ehel Abkömml; Ehegatte) auch tatsächl Erben werden. Nur „neben" ihnen soll der nichtehel Verwandte von einer realen NachlBeteiligg ausgeschlossen sein (Rn 3). Wird also keiner der Privilegierten Erbe, kommt es auch zu keiner Erben-Gemsch mit diesen, so daß dann auch kein Grd für die Verdrängg des Nichtehel aus der ErbenGemsch u für seine Verweig auf einen ErbersatzAnspr besteht. Das nicht ehel Kind erbt folgl nach dem Ges allein, wenn entw der Erbl keinen Eheg od keine ehel Kinder hinterläßt od wenn diese zwar vorhanden, aber infolge Vorversterbens, Enterbg, Ausschlagg, Erbverzichts od ErbunwürdigkErkl erbrechtl weggefallen sind. – Ob 8 das ErbR der Privilegierten auf Ges od Vfg vTw beruht, ist nach Wortlaut u Sinn der Regelg gleichgült (bestr); relevant wird dies ohnehin nur, wenn der Erbl nicht über den ganzen Nachl verfügt hat u die Eingesetzten auch nicht den ganzen Nachl erhalten, so daß streitig ist, ob der nichtehel Verwandte nach 2088 hinsichtl des Restteils Miterbe wurde (so Soergel/Stein Rn 5 mN; Staud/Werner Rn 8) od auf den ErbersatzAnspr beschränkt bleibt (so MüKo/Leipold Rn 17 mN); s dazu § 2088 Rn 3. – Die 4 Fallgruppen einer unerwünschten ErbenGemsch in Erbfällen seit dem 1. 7. 70 sind:

a) Tod des nichtehelichen Vaters (I 1. Alternative). Gelangen hier die Ehefrau od der ehel Abkömml 9 (auch aus früh Ehe; s § 1924 Rn 8) zur Erbfolge, erhält das mit diesen zusammentreffende nichtehel Kind nur einen ErbersatzAnspr. Gleiches gilt für Abkömml des nichtehel Kindes, die an seine Stelle treten (§ 1924 III). – Auch Abkömml ehel Kinder, die an deren Stelle getreten sind (§ 1924 III), schließen das ErbR nichtehl Abkömml aus, wenn ihre Abstammg zum Erbl ununterbrochen ehel war (Staud/Werner Rn 22; Soergel/Stein Rn 8), wobei allerd im Verhältn zur Mutter auch nichtehel Kinder als ehel gelten (**IV**; s Rn 13). Bspl: Nichtehel Kinder eines vorverstorbenen Sohnes des Erbl schließen dessen nichtehel Kinder nicht aus, wohl aber nichtehl Kinder einer vorverstorbenen Tochter. – Der Güterstand der Ehefrau beein-flußt stets nur die Quote (s § 1931 Rn 8–12), nicht aber die NachlBeteiligg als solche.

b) Tod väterlicher Verwandter (I 2. Alternative). Das nach dem Tod eines Verwandten seines Vaters 10 als ges ErbR berufene nichtehel Kind ist auf den ErbersatzAnspr verwiesen, wenn es mit dem Eheg des **Erblassers** od dessen ehel Abkömml (Begriffs s § 1924 Rn 8) zusammentrifft. Die Ehefrau des Vaters ist nach dem Wortlaut nicht maßgebl, weil sie an sich nicht zu den ges Erben der väterl Verwandten zählt. Nicht geregelt blieb dabei aber der Fall, daß ein ehel Kind, dessen Vater vorverstorben ist u dabei auch für die Ehefrau auch noch einen nichtehel Sohn hinterlassen hat, bei seinem Tod von seiner Mutter u seinem nichtehel geborenen Bruder zu je ½ beerbt wird (§ 1925), so daß ein nichtehel Abkömml des vorverstorbe-nen Vaters mit dessen Ehefrau zusammentrifft. Dch die Regelgslücke kommt ein Ergebnis zustande, das der Grundregel des **I** widerspricht. Die Lücke ist dch **entsprechende** Anwendg von **I** 1. Altern in der Weise zu schließen, daß hier das nichtehel Kind auf einen ErbersatzAnspr verwiesen ist (hM; Stgt OLGZ **79**, 405; Soergel/Stein Rn 14 mwN). Ob die Analogie auch bei Erbfolge 3. Ordng (§ 1926; zB Erbl hinterläßt außer seiner Ehefrau seine Großmutter u einen nichtehel Abkömml des Großvaters) weitergeführt werden soll, ist streitig (dagg Soergel/Stein Rn 15; Benkö JZ **73**, 500; dafür Dieckmann JZ **70**, 344; Spellenberg FamRZ **77**, 185; offengelassen von Stgt aaO). Treffen ehel u nichtehel Abkömml nur in der Seitenverwandtsch zusam-men, kommt eine analoge Anwendg von I nicht in Betr (Bielefeld Rpfleger **81**, 237; Bspl: Wird Erbl von den Kindern seiner Geschwister beerbt, erben sowohl die ehel als auch die nichtehel Kinder). – Stirbt ein an einer fortges GüterGemsch teilhabender Sohn, tritt sein nichtehel Abkömml als sein Erbe nicht an seiner Stelle ein (Stgt JR **76**, 196 mAv Bökelmann).

c) Tod des nichtehelichen Kindes (II; III 1. Alternative). Hinterläßt es keine Abkömml u wird dadch 11 auch sein Vater ges Erbe (§ 1925 mit Rn 5) od an seiner Stelle seine Abkömml, ist dieser (od seine Ab-kömml) auf einen ErbersatzAnspr verwiesen, wenn er bei der Erbfolge mit der Mutter zusammentrifft od mit deren ehel Abkömml (beachte **IV**: als solche gelten auch nichtehel Kinder einer Tochter, nicht aber eines Sohnes) od mit dem Eheg des Erbl. Dies gilt auch für andere Verwandte des Vaters (zB dessen Eltern, also die Großeltern des Erbl) beim Zusammentreffen mit dem Ehegatten des Erbl. – Auch für das ges ErbR od den ErbersatzAnspr des Vaters ist Voraussetzg, daß die Vatersch förml festgestellt ist (§ 1600a S 2; s § 1924 Rn 12); soll die Feststellg erst nach dem Erbfall erfolgen, hat die Mutter infolge ihres alleinigen AntragsRs (§ 1600n II) es in der Hand, ob sie für die erfolgreiche Feststellg das ges ErbR bzw den ErbersatzAnspr des Vaters in Kauf nehmen will.

d) Tod eines Kindes des nichtehelichen Kindes (III 2. Alternative). Ist der Erbl ein ehel Kind des 12 nichtehel geborenen, bereits (ebso wie die Mutter) vorverstorbenen Vaters u hinterläßt er seinen Ehegatten, ist der Vater des ErblVaters und dessen Verwandte auf den ErbersatzAnspr verwiesen. Bei Zugewinn-Gemsch erben also die Witwe ¾ und von den vorhandenen (nicht miteinander verheirateten) Großeltern väterlicherseits die Großmutter ¼; der Großvater hat einen ErbersatzAnspr von ⅛ des NachlWertes. Ist der

Erbl selbst auch nichtehel geboren, kann nach dem Wortlaut des **III** sowohl die 1. Alternative (Tod eines nichtehel Kindes: beide Großeltern nur erbersatzberechtigt) als auch die 2. Alternative (Tod des Kindes eines nichtehel Kindes: Ergebnis wie eingangs) zutreffen. Streitig, aber zu bevorzugen ist die Anwendg der 2. Alternative (Staud/Werner Rn 35; RGRK Rn 4; Erman/Schlüter Rn 21; aA MüKo/Leipold Rn 45f; Soergel/Stein Rn 11 mwN).

13   **4) Im Verhältnis zur Mutter** hat ein nichtehel Kind beim Tod der Mutter od mütterl Verwandter im Rahmen der ges Erbfolge die gleiche Stellg wie ein ehel Kind. **IV** stellt dies für die Abgrenzg zwischen ErbR u ErsatzAnspr nur klar. Die Gleichstellg erstreckt sich auch auf das Verhältn zu den Voreltern der Mutter. – Beispiele: Ist beim Tod des nichtehel Kindes außer dem Vater auch ein nichtehel Kind der vorverstorbenen Mutter vorhanden, erbt dieses allein; der Vater hat ErsatzAnspr im Wert von ½. Hinterläßt der Erbl einen nichtehel Sohn und das nichtehel Kind einer vorverstorbenen ehel Tochter, ist das Enkelkind Alleinerbe, der Sohn Ersatzberechtigter.

14   **5) Verfahrensrechtliches.** Das NachlG (s § 1962 Rn 1) ist nicht verpflichtet, unbek ErbersatzBerecht vAw zu ermitteln (landesrechtl Ausn: *Ba-Wü* LFGG 41; s § 2262 Rn 3) und sie über ihren Anspr zu benachrichtigen. Zumindest nach dem Tod des Vaters kennt idR der nichtehel Abkömml wg der notwend formellen VaterschFeststellg (s Rn 5) u wg seiner UnterhaltsAnspr ohnehin die Verhältn des Vaters. Zur BenachrichtiggsPfl nach TestEröffng s § 2262 Rn 1. – Der ErbersatzBerecht ist wie der VermächtnNehmer nicht Beteiligter eines ErbschVerf, es sei denn, daß ein test ErbR in Betracht kommt od ein gesetzl ErbR von ihm trotz § 1934a beansprucht wird (aA Soergel/Stein vor § 1934a Rn 12; MüKo/Leipold Rn 54). – Wg Mitteilgen des Standesamts an das NachlG s die einheitl Bek der Länder (Fundstellen: § 2258a Rn 1).

1934b ***Berechnung des Erbersatzanspruchs; anzuwendende Vorschriften; Verjährung.*** [1]***Der Berechnung des Erbersatzanspruchs wird der Bestand und der Wert des Nachlasses zur Zeit des Erbfalls zugrunde gelegt. Der Wert ist, soweit erforderlich, durch Schätzung zu ermitteln. § 2049 gilt entsprechend.***

[2]***Auf den Erbersatzanspruch sind die für den Pflichtteil geltenden Vorschriften mit Ausnahme der §§ 2303 bis 2312, 2315, 2316, 2318, 2322 bis 2331, 2332 bis 2338 sowie die für die Annahme und die Ausschlagung eines Vermächtnisses geltenden Vorschriften sinngemäß anzuwenden. Der Erbersatzanspruch verjährt in drei Jahren von dem Zeitpunkt an, in dem der Erbersatzberechtigte von dem Eintritt des Erbfalls und den Umständen, aus denen sich das Bestehen des Anspruchs ergibt, Kenntnis erlangt, spätestens in dreißig Jahren von dem Eintritt des Erbfalls an.***

[3]***Auf den Erbersatzanspruch eines Abkömmlings des Erblassers sind auch die Vorschriften über die Ausgleichspflicht unter Abkömmlingen, die als gesetzliche Erben zur Erbfolge gelangen, entsprechend anzuwenden.***

1   **1) Rechtsnatur.** Der ErbersatzAnspr ist ein gg den Erben gerichteter GeldAnspr auf Zahlg des Wertes des gesetzl Erbteils. In die Systematik der Fordergsrechte ist er nur schwer einzuordnen. Er kann nicht als gesetzl Vermächtn angesehen werden (Harder NJW **88**, 2716; aA Coing NJW **88**, 1753), da er keinen zusätzl Vermögensvorteil gewährt, sond ein vom Ges vorenthaltenes Erbteil wenigstens wertmäßig ausgleicht (MüKo/Leipold Rn 51), den Rang der Erbordng wahrt (s § 1934a Rn 2) und im PflichttR dem ErbR gleichgestellt ist (s Einf 4 vor § 2147). Auch entspricht er in seiner wesentl Ausgestaltg nicht dem Pflichtteil, da er als Surrogat des Erbteils gerade nicht auf dessen Entziehg beruht und auch auf den Wert des ganzen (statt des halben) Erbteils gerichtet ist. Er ist daher als RInstitut eigener Art anzusehen u wird als „Erbrecht in Geld" bezeichnet (MüKo/Leipold § 1934a Rn 51).

2   **a) Der Verfügung des Erblassers** unterliegt wie das ges ErbR selbst auch der es ersetzende Anspr (dazu Coing NJW **88**, 1753). Der Erbl kann also dch Vfg vTw den Berecht ganz od teilweise ausschließen und ihn dadch auf einen PflichtAnspr verweisen (s § 2338a). Er kann auch den Anspr quotenmäßig vergrößern od verkleinern; die Fälligk der Zahlg hinausschieben dch Stundg od Anordng einer ratenweisen Zahlg. Dch letztw Vfg kann der Anfall auch aufschiebend bedingt od befristet werden. Infolge seiner TestierFreih kann der Erbl auch im Verhältn der MitE untereinander die AnsprLast umverteilen, obwohl § 2324 nicht in die Verweisg einbezogen ist (str; s Rn 13). Ferner kann der Erbl dch Bestimmg üb die Bewertg von NachlGgständen indirekt auf den Anspr einwirken; § 2312 II 2 findet keine Anwendg. – Der Erbl kann den ErsatzBerecht auch mit einem Vermächtn od dch Auflagen **belasten** (Soergel/Stein Rn 4 mN; zweifelnd Soergel/Dieckmann Rn 32), dagg **nicht** mit einer TestVollstrg od mit der Anordng einer „Vor- u Nacherbsatzerbfolge" (Coing aaO).

3   **b) Die inhaltliche Ausgestaltung** des Anspr regelt § 1934b. Als Konsequenz für die dem Nachlaßsurrogat fehlende dingl NachlBeteiligg erfolgte sie dch Verweisg auf Vorschriften des **Pflichtteilsrechts.** Ausgenommen blieben davon in erster Linie diejenigen Bestimmgen, die der Sicherg einer Mindestteilhabe am Nachl (dch Beschränkg der VfgsFreih des Erbl) dienen od die eine nur pflichtteilstypische Berechng des Anspr ohne Rücksicht auf Vermächtn u Auflagen vorsehen (§§ 2318; 2322–2324). Nicht anwendbar ist auch § 2310 üb die abstrakte Feststellg des Erbteils. Zusätzl gilt **Vermächtnisrecht** für das dem ErbersatzBerecht einzuräumende Recht zur Ausschlagg, die beim Pflichtt nicht mögl ist.

4   **2) Der Anspruch** entsteht unter den Voraussetzgen des § 1934a mit dem Erbfall (**II**, § 2317 I). Bis zu diesem Zeitpkt hat der Berecht nur eine bloße Aussicht, die weder dch Arrest noch dch einstw Vfg gesichert werden, wohl aber Ggstand eines Vertrags nach § 312 II sein kann. – Der entstandene Anspr ist **übertragbar** und **vererblich** (II 1; 2317 II), damit auch **verpfändbar** (§ 1274), aufrechenbar (§ 394) und **pfändbar,** ohne daß die Pfändg entspr ZPO 852 dem Anerkenntn od der RHängigk unterworfen ist (Soergel/Stein Rn 3 mN; str). Ggf ist dafür gerichtl Genehmigg gem §§ 1643 II; 1822 Nr 1, 2; 2347 erforderl.

5   **a) Die Höhe** des Anspr entspricht dem Erbteil, an dessen Stelle er tritt. Zunächst ist also die Erbquote des Berecht zu bestimmen, indem fiktiv die Erbfolge ohne die Sonderregelg des § 1934a ermittelt wird. Nach

dieser Quote errechnet sich dann der GeldAnspr auf Zahlg des Wertes des Erbteils, dem der Bestand u Wert des Nachl zum Zeitpkt des Erbfalls zugrde gelegt wird (**I** entspr § 2311 beim Pflichtt). Nachträgl Wertsteigergen od -mindergen bleiben außer Betracht. – **Nachlaßwert** ist der um die Passiva verringerte Aktivbestand beim Erbfall. Für bedingte od ungewisse Rechte od Verbindlk gilt § 2313 (**II** 1). Als NachlPassiva sind auch PflichttAnspr, Vermächtn einschließl Voraus (§ 1932) u Dreißigstem (§ 1969), Auflagen und auch die Beerdiggskosten (AG Schönebg DAVorm **74**, 200) abzuziehen, da der ErsatzBerecht nicht mehr zu beanspruchen hat, als er als ges Erbe erhalten würde. Auslegsfrage ist, ob ein dem Berecht selbst zugewendetes Vermächtn abzugsfähig ist od auf den ErsatzAnspr angerechnet werden bzw gar an seine Stelle treten soll (BGH NJW **79**, 917; Johannsen WM **79**, 599). Zu LAG-Anspr s § 2311 Rn 5. – **Wertermittlung** erfolgt wie **6** beim Pflichtt (s § 2311 Rn 9–15) mit der Abweichg, daß Wertbestimmgen des Erbl dch letztw Vfg zu beachten sind (§ 2313 II 2 gilt nicht), da der ErsatzAnspr einen Teil des ges Erbteil der freien Vfg des Erbl insow unterliegt, als er über den Pflichtt hinausgeht (s Rn 2). Soweit erforderl, erfolgt **Schätzung** (**I** 2), notfalls dch Sachverständige, zwecks Ermittlg des gemeinen Werts (s dazu im einzelnen § 2311 Rn 9–15). Bei Bewertg einer Beteiligg des Erbl an einer Handelsgesellsch ist der Abfindgsbetrag heranzuziehen (Johannsen WM **70** Sonderbeil 3 S 10; Stauder/Westerhoff FamRZ **72**, 601/616ff). – Ein zum Nachl gehörendes **Landgut** (Begriff s § 98 Rn 4), das nach der Anordg des Erbl von einem MitE übernommen werden soll, ist iZw mit dem Ertragswert anzusetzen (**I** 3; § 2049; EG 137); dies gilt auch dann, wenn der zur Übernahme Berecht AlleinE ist, weil das nichtehel Kind auf den ErsatzAnspr beschränkt ist. Ermangelt es allerd einer Zuweisg des Landguts an einen Erben, ist statt § 2049 der Verkehrswert anzusetzen (MüKo/Leipold Rn 9; Soergel/Stein Rn 7; aA Hamm RdL **80**, 148 mit krit Anm Stöcker ZBlJugR **80**, 553).

b) Ausschlagung. Für die Annahme u Ausschlagg des Anspr gilt VermächtnR (**II** 1), so daß auf die Anm **7** zu §§ 2176; 2180 verwiesen werden kann. Die formlos (auch schlüssig) mögl Annahme schließt die Ausschlagg aus (§ 2180 I), wobei es genügt, daß die Annahme ggü einem von mehreren MitE erklärt wurde. – Die **Ausschlaggung** erfolgt dch **formlose,** aber empfangsbedürft Erkl ggü dem Erben (ggf dessen gesetzl Vertreter; bei MitE ggü allen) od ggü dem verwaltenden TV od NachlPfleger. Für gesetzl Vertreter des Berecht gelten die GenehmiggsVorschr der §§ 1643 II; 1822 Nr 2. Die auf einen Teil des Anspr beschränkte Ausschlagg ist unzulässig (§§ 2180 III; 1950). Eine **Frist** besteht für die Ausschlagg nicht; mittelb wird sie allerd dch die Verjährg (s dazu Rn 9) gesetzt. Fristsetzg dch den Erben analog § 2307 ist dch **II** 1 ausgeschlossen. – Sowohl die erkl Annahme als auch die Ausschlagg ist **unwiderruflich,** aber nach §§ 119–124 anfechtbar. – Die **Wirkung** der Ausschlagg besteht in dem rückwirkenden Anfall des Anspr an den Nächstberufenen, wie wenn der Ausschlagende beim Erbfall nicht gelebt hätte (§§ 2180 III; 1953 I, II). Ist ein solcher nicht vorhanden, etwa weil das ausschlagende nichtehel Kind keinen Abkömmling hat, entfällt der Anspr u damit die Belastg des Erben (Soergel/Stein Rn 11).

c) Geltendmachung des ErbersatzAnspr ist gerichtl erst nach Annahme der Erbsch mögl (§ 1958), auch **8** bei TestVollstrg (§ 2213 I 3; s Rn 12). Für das minderj nichtehel Kind wird idR das Jugendamt als Pfleger nach §§ 1706 Nr 3; 1709 tätig (dazu LG Bln FamRZ **76**, 461), sofern nicht ein Fall des § 1707 vorliegt. Ist die Mutter nicht dch eine Pflegsch beschränkt, hat sie §§ 1643, 1822 Nr 1, 2347 zu beachten (s Firsching Rpfleger **70**, 52; auch Damrau FamRZ **69**, 585). Ein gerichtl Vergleich bedarf ggf der Genehmigung des VormschG nach **II,** §§ 1915; 1822 Nr 1, 2; 2347. – Für die **Erbschaftsteuer** gilt Anspr als Erwerb vTw; mit Geltendmach entsteht auch die Steuerschuld (ErbStG 3 I Nr 1; 9 Nr 1b; dazu Mack/Olbing ZEV **94,** 280).

d) Verjährung (II 2). Die VerjFrist von 3 Jahren entspr dem PflichttR (§ 2332). Sie beginnt mit dem **9** Ztpkt, zu dem der Berecht (bzw sein gesetzl Vertreter) vom Tod des Erbl **und** den das Bestehen des Anspr begründenden Umständen Kenntnis erlangt. Andernfalls tritt Verj spätestens 30 Jahre nach dem Erbfall ein. Zu den Umständen gehören vor allem die den Anspr begründenden Familienverhältn u die übr aus § 1934a hervorgehenden Voraussetzgen wie die formelle VaterschFeststellg. – Für Hemmg u Unterbrechg gelten §§ 202ff. Bei Minderjährigk des Kindes wird die Verj seines Anspr nicht vor Eintritt der Volljährigk in Gang gesetzt (§ 204 mit Rn 3; Mü FamRZ **95**, 572). Unter § 202 I fällt auch die Stundg des Anspr gem II 1, § 2331a. Hemmg tritt auch für die Dauer des gerichtl Verfahrens auf Feststellg der Vatersch ein (Hamm NJW-RR **86**, 165). – Über die Bedeutg eines RIrrtums s § 2082 Rn 4.

e) Verzicht auf den ErbersatzAnspr ist **vor dem Erbfall** nur dch not Vertr mit dem Erbl als Erbverzicht **10** mögl (§§ 2346, 2348). Ein Verzicht auf das gesetzl ErbR umfaßt auch den ErbersatzAnspr (auch bei Vorbehalt des Pflichtt), der aber vom Erbverzicht ausgenommen werden kann (BayObLG **75**, 420). Ein Verzicht nur auf den ErsatzAnspr ist mögl (**II,** § 2346 II; Soergel/Stein Rn 3; Soergel/Damrau § 2346 Rn 19). Er erfaßt den (minderen) Pflichtt wie ein Erbverzicht, sofern nichts anderes bstimmt ist (§ 2346 I 2), das (höhere) gesetzl ErbR aber jedenfalls dann nicht, wenn beim Tod des Vaters kein Ehegatte u keine (mehr) vorhanden sind (Soergel/Damrau § 2346 Rn 19; MüKo/Leipold Rn 28). S auch Übbl 11 vor § 2346. Der Vorbehalt des Pflichtt (§ 2346 Rn 6) berecht noch zum Verlangen des vorzeit Erbausgleichs (§ 1934d). – Ein Vertrag über den künftigen ErsatzAnspr ist nach § 312 II zulässig. – **Nach dem Erbfall** kann der Berecht entw ausschlagen (s Rn 3) od die Schuld erlassen (§ 397). – Ggf sind GenehmiggsVorschr in §§ 1643 II; 1822 Nr 1, 12; 2347 zu beachten. – Zum Teilverzicht s Damrau BB **70**, 469.

f) Erbunwürdigkeit. Liegen die Voraussetzgen des § 2339 in der Person des ErbersatzBerecht vor, ist **11** der Anspr anfechtbar (**II,** 2345 II). Berecht hierzu ist, wem der Wegfall des Ersatzberecht zustatten käme (§ 2341). Die Anfechtg erfolgt dch Erkl ggü dem Ersatzberecht (§§ 2345; 143 I; s § 2345 Rn 1). Die erfolgr Anfechtg wirkt ex tunc (§ 142 I; § 2345 Rn 3), als hätte es den Ersatzberecht beim Erbfall nicht gegeben.

3) Schuldner des Anspr ist der Erbe bzw die ErbenGemsch iSd § 2058 gilt. Nach der Teilg gewährt II **12** iVm § 2319 einem pflichtteilsberecht MitE zu seinem Schutz ein LeistgsverwR, damit er nicht ohne Rücks auf seinen eigenen Pflichtt von dem ErsatzBerecht in Anspr genommen werden kann. – **Stundung** kann der selbst pflichtberecht Erbe entspr § 2331a verlangen, wenn dessen Voraussetzgen gegeben sind; für die dann notwend Entscheidg üb die Zinsen ist der gesetzl Zinssatz nicht bindend (BayObLG **80**, 421; s § 2331a Rn 6). Da der Anspr regelmäß größer ist als der PflichttAnspr, kann seine sofort Erfüllg für den Erben weitaus eher zu einer ungewöhnl Härte führen (Bosch FamRZ **72**, 174). – Der Anspr ist Erbfallschuld (**II**; § 1967), kann aber vor Annahme nicht gerichtl geltend gemacht werden (§ 1958); dies gilt auch bei TestVollstrg, § 2213 I 3 (str; aA Odersky Anm III 2). Es gelten die Vorschr üb die Erbenhaftg (§§ 1967 ff). Dem Erben steht die Dreimonatseinrede zu (§ 2014). Beim GläubAufgebot beurteilt sich die Stellg des Berecht nach §§ 1972; 1973 I 2; 1974 II. In der Rangordng der Verbindlkeiten steht der Anspr hinter den in KO 226 II Nr 4 u

13 5 genannten (§ 1991 IV iVm KO 226; Bosch FamRZ **72**, 177). – Im **Innenverhältnis** der MitE tragen diejenigen die Belastg, deren Erbteil sich dadch erhöht hat, daß der ErsatzBerecht aus der ErbenGemsch ausgeschlossen wurde (**II**, § 2320). Der Erbl kann allerd eine und Lastverteilg anordnen, obwohl § 2324 von der Verweisg ausgenommen ist (hM; s Soergel/Stein Rn 12 mN; aA Staud/Werner Rn 15). Bspl: Hinterläßt der Erbl die Ehefrau u 2 Kinder, erben bei ZugewGemsch die Ehefrau ½ u die Kinder je ¼, sofern beide ehel sind; ist eines nichtehel, hat es nur ErsatzAnspr in Höhe von ¼ des NachlWertes; das ehel Kind ist dann Erbe zu ½, hat dafür aber den ErsatzAnspr im InnenVerhältn allein zu tragen, da der Erbteil der Witwe unverändert ½ blieb. Bei Gütertrenng erben Ehefrau und ehel Kinder je ⅓ (§ 1931 IV); ist hier das nichtehel Kind auf den ErsatzAnspr von ⅓ beschränkt, trifft er Ehefrau u ehel Kind gleich, da sich beider Erbteil gleich erhöht hat. – Die Umverteilsregel des § 2321 kommt dagg nur einschränkend zur Anwendg, wenn der ErsatzBerecht ein ihm zugewendetes Vermächtn ausschlägt. Hier ist zu unterscheiden: Wollte der Erbl den Berecht mit dem Vermächtn vollständ abfinden, führt dessen Ausschlagg nicht zum ErsatzAnspr (da dieser entzogen ist), sond nur zu einem bestehenden Pflichtt (§ 2338 a). Sollte das Vermächtn auf den ErsatzAnspr nur angerechnet werden, greift § 2321 ein, so daß der vom Vermächtn Entlastete insoweit die Last des ErsatzAnspr trägt. War keine Anrechng vorgesehen, wirkt sich die Ausschlagg des Vermächtn auf den ErsatzAnspr nicht aus; § 2321 kommt dann nicht zur Anwendg (s MüKo/Leipold Rn 35; Johannsen WM **70** Sonderbeil 3 S 12; auch Lutter § 2 IV 6 c, d).

14 **4) Schenkungen** des Erbl an Dritte führen nicht zu einem ErgänzgsAnspr des ErbersatzBerecht, da **II** 1 die §§ 2325 ff ausdrückl für nicht anwendbar erklärt. Allerd kann es über § 2338 a zur Anwendg der ErgänzgsVorschr für einen PflichttBerecht kommen, dessen ErbersatzAnspr hinter dem Wert seines Pflichtt zurückblieb. – Zwischen erbenden und ersatzberecht **Abkömmlingen** sind **Zuwendungen** des Erbl unter Lebenden (Begriff s § 2050 Rn 8) allerd nach Maßgabe der §§ 2050–2057 a **auszugleichen (III)**; § 2316 findet keine Anwendg. Der ErbersatzBerecht kann sowohl ausgleichsberechtigt als auch -pflichtig sein. § 2052 ist sinngemäß anzuwenden, wenn der Erbl seinem nichtehel Abkömml statt des ErsatzAnspr test einen Erbteil od ein Bruchteilsvermächtn zugewendet hat, das mit der ges Erbquote übereinstimmt (MüKo/Leipold Rn 17; teilw aA Soergel/Stein Rn 8). Zuwendgen des Erbl an sein nichtehel Kind in der Zeit vor Inkrafttreten des NEhelG sind nur ausgleichspflichtig, wenn der Erbl dies bei Zuwendg angeordnet hat (§ 2053 II). Eine Ausnahme von den zeitl GeltgsVoraussetzgen besteht insoweit nicht (Staud/Werner Rn 28; Soergel/Stein Rn 8), so daß es nicht gerechtfertigt erscheint, § 2053 II nicht anzuwenden (so MüKo/Leipold Rn 18) od auf einen hypothet ErblWillen abzustellen (Erman/Schlüter Rn 27). – Rechnerisch wird die Ausgleichg entspr § 2055 dchgeführt, also zum NachlWert die Zuwendg addiert und von der so erhaltenen Summe der ErsatzAnspr errechnet. **Beispiel:** Nachl 40000. Bei ausgleichspflicht Zuwendg an erbenden Abkömml von 10000 ist die Summe 50000; der ErsatzAnspr des ne Kindes ist 25000, dem Erben verbleiben 40000 – 25000 = 15000. Bei einem Vorempfang des ErsatzBerecht von 20000 beträgt der rechn Wert 40000 + 20000 = 60000, der ErsatzAnspr somit 30000; abzügl 20000 kann das ne Kind noch 10000 verlangen. – Die Ausgleichg für Mitarbeit od Pflege errechnet sich nach § 2057 a, wobei der ErsatzBerecht als „MitE" zählt.

15 **5) Auskunftsrecht.** Gem II iVm § 2314 hat der ErsatzBerecht Ansprüche gg den Erben auf Auskunft über Bestand u Wert des Nachl (s § 2314 Rn 1–12). Die AuskPflicht umfaßt auch alle Tatsachen, die eine AusgleichsPfl gem **III**, §§ 2050 ff begründen, jedoch nicht die Schenkgen des Erbl, da § 2325 nicht anwendbar ist (Rn 14; Soergel/Stein Rn 14; aA MüKo/Leipold Rn 37). – Ferner kann er Anspr auf Wertermittlg dch einen Sachverständigen haben (§ 2314 Rn 13, 14; BGH **75**, 259; Schlesw NJW **72**, 586; aA Oldbg NJW **74**, 2093). – Zum Bestandsverzeichn s § 260 mit FGG 163, 79; AG Köln DAVorm **74**, 661.

1934c *wurde vom BVerfG für **nichtig** erklärt wg Verstoßes gg GG 6 V (BVerfG NJW **87**, 1007; s § 1924 Rn 12; § 1934a Rn 3).*

1934d **Vorzeitiger Erbausgleich des nichtehelichen Kindes.** [I]Ein nichteheliches Kind, welches das einundzwanzigste, aber noch nicht das siebenundzwanzigste Lebensjahr vollendet hat, ist berechtigt, von seinem Vater einen vorzeitigen Erbausgleich in Geld zu verlangen.

[II]Der Ausgleichsbetrag beläuft sich auf das Dreifache des Unterhalts, den der Vater dem Kinde im Durchschnitt der letzten fünf Jahre, in denen es voll unterhaltsbedürftig war, jährlich zu leisten hatte. Ist nach den Erwerbs- und Vermögensverhältnissen des Vaters unter Berücksichtigung seiner anderen Verpflichtungen eine Zahlung in dieser Höhe entweder dem Vater nicht zuzumuten oder für das Kind als Erbausgleich unangemessen gering, so beläuft sich der Ausgleichsbetrag auf das den Umständen nach Angemessene, jedoch auf mindestens das Einfache, höchstens das Zwölffache des in Satz 1 bezeichneten Unterhalts.

[III]Der Anspruch verjährt in drei Jahren von dem Zeitpunkt an, in dem das Kind das siebenundzwanzigste Lebensjahr vollendet hat.

[IV]Eine Vereinbarung, die zwischen dem Kinde und dem Vater über den Erbausgleich getroffen wird, bedarf der notariellen Beurkundung. Bevor eine Vereinbarung beurkundet oder über den Erbausgleich rechtskräftig entschieden ist, kann das Kind das Ausgleichsverlangen ohne Einwilligung des Vaters zurücknehmen. Kommt ein Erbausgleich nicht zustande, so gelten für Zahlungen, die der Vater dem Kinde im Hinblick auf den Erbausgleich geleistet und nicht zurückgefordert hat, die Vorschriften des § 2050 Abs. 1, des § 2051 Abs. 1 und des § 2315 entsprechend.

[V] **Der Vater kann Stundung des Ausgleichsbetrages verlangen, wenn er dem Kinde laufenden Unterhalt zu gewähren hat und soweit ihm die Zahlung neben der Gewährung des Unterhalts nicht zugemutet werden kann. In anderen Fällen kann der Vater Stundung verlangen, wenn ihn die sofortige Zahlung des gesamten Ausgleichsbetrages besonders hart treffen würde und dem Kinde eine Stundung zugemutet werden kann. Die Vorschriften des § 1382 gelten entsprechend.**

1) Der vorzeitige Erbausgleich soll einem nichtehel Kind ermöglichen, noch zu Lebzeiten seines Vaters 1 von diesem einen bestimmten, am geschuldeten Unterhalt bemessenen Geldbetrag gg Aufgabe seines ges Erb- u PflichttR (§ 1934e) zu erhalten. Versagt blieb dieses dch NEhelG eingeführte RInstitut allerd Kindern, die vor dem 1. 7. 49 geboren sind (Art 12 § 10 NEhelG, s § 1924 Rn 10) sowie denjenigen vor dem 3. 10. 90 geborenen Kindern, die interlokal unter die Gleichstellg mit ehel dch EG 235 § 1 II fallen (s dort Rn 2). – **a) Rechtsnatur.** In die übr Anspr des BGB ist dieser vorzeit ErbAusgl nur schwer einzuordnen, da 2 bei ihm zur Herbeiführg von Fälligk u Erfüllbark nicht schon (wie sonst, § 194) die Geltdmachg ausreicht, vielm zwischen dem Recht (**I**), seiner Ausübg u seiner Verwirklichg zu unterscheiden ist: Auch wenn das Kind Zahlg verlangt, erwächst daraus noch kein vom Vater erfüllbarer Anspr. Fälligk u Dchsetzbark des Anspr u damit die Verpflichtg des Vaters zur Zahlg werden vielm erst dch vertragl Festlegg od gerichtl Entscheidg begründet (**IV**). Nur der dch not Vereinbar od rkräft Urteil zustande gekommene vorzeit Erbausgleich läßt die erbrechtl Wirkgen eintreten (§ 1934e). Diese reichen dann aber weiter als die eines Erbverzichts, weil alle auf der nichtehel Verwandtsch beruhenden Erb- u PflichttRe nicht nur auf Seiten des Kindes (u seiner Abkömml) entfallen, sond auch auf Seiten des Vaters u seiner Verwandten. Das erhobene Verlangen wird daher am treffendsten als Ausübg eines subj GestaltgsR aufgefaßt, das eine unbestimmte, aber bestimmb GeldFdg entstehen läßt (MüKo/Leipold Rn 16; str). Trotz seiner familienrechtl Elemente handelt es sich um ein erbrechtl RInstitut, das auch im IPR dem ErbR zuzuordnen ist (BGH **96**, 262; LG Hbg FamRZ **94**, 1490), wobei auf das hypothet Erbstatut des Vaters zZ des Ausgleichs abgestellt wird, so daß dieser bei RHängigk der Klage Deutscher sein muß (EG 25). – **b) Zweck.** Der vorzeit Erbausgleich soll 3 dem nichtehel Kind in erster Linie zum Aufbau einer Existenz od Familie verschaffen als Ausgleich für ein ggü ehel Kindern bestehendes generelles Lebensdefizit; es soll ihm auch ein Anreiz gegeben werden, zur Vermeidg mögl später Konflikte seine erbrechtl Stellg bereits vor dem Erbfall aufzugeben (vgl BVerfG **58**, 377). Er liegt aber auch im Interesse des Vaters u seiner Familie, weil er diesen eine freie Hand für eine gewünschte Erbregelg verschafft (BGH **96**, 262). Dagg wurde dem Vater kein eigenes Recht zur Abfindg seines nichtehel Kindes eingeräumt; er kann nur auf einen vertragl Erbverzicht dch das Kind (§ 2346) hinwirken. – **c) Verfassungsrechtl** hat der GesGeber im Rahmen der ihm für Eigentum u 4 ErbR eingeräumten GestaltgFreih die Folgen des vorzeit Erbausgleichs verfassgskonform ausgestaltet (BVerfG **58**, 377; BGH **76**, 109; Nbg NJW-RR **86**, 83; zweifeld Soergel/Stein vor § 1934a Rn 7).

2) Das Ausgleichsverlangen kann nur das nichtehel Kind stellen u auch dieses nur in einer bestimmten 5 Altersphase (Rn 7); dem Vater wurde dagg kein eigenes Recht zur vorzeit Abfindg seines nichtehel Kindes eingeräumt, so daß er auf einen ErbverzichtsVertr (§ 2346) angewiesen ist. Voraussetzgen sind, daß die Vatersch formell feststeht (§ 1600a; s § 1924 Rn 12), das AusglVerlangen innerh der Altersgrenzen des **I** gestellt wird (Rn 7) u das Kind sein ges ErbR nicht bereits verloren hat (Rn 9). – Das Verlangen ist einseitige, formfreie, empfangsbedürft WillErkl (§ 130). Eine Bezifferg des AusglBetrags muß dabei noch nicht erfolgen. Es ist höchstpersönl, also nicht übertragb, verpfändb od pfändb. Stellvertretg ist aber zuläss. – Stirbt das Kind noch vor der endgült Festlegg des Betrags dch Vereinbarg od Urteil, erlischt der Anspr; seine Erben können dann das Verlangen nicht weiterverfolgen, da der Anspr in diesem Stadium noch nicht vererbl ist. Stirbt vorzeit der Vater, kann das Kind den noch nicht festgelegten Anspr nicht gg dessen Erben weiterverfolgen; es behält dann seine ursprüngl erbrechtl Position. – Das Verlangen ist an den festgestellten **Vater** (§ 1600a) zu richten, dem es spätestens am Tag vor Vollendg des 27. Lebensjahres des Kindes 6 zugehen muß (Rn 7). Von väterl Verwandten kann kein vorzeit Ausgl verlangt werden, insbes nicht von Großeltern.

a) Zeitliche Grenzen (I) werden dch den 21. u 27. Geburtstag des Kindes gezogen. Dieses kann frühe- 7 stens nach Vollendg des 21. Lebensjahres Ausgl verlangen, nicht schon nach Erreichen der Volljährigk; ein verfrühtes Verlangen ist unwirks u wird nicht am 21. Geburtstag wirks. Spätestens am Tag vor Vollendg seines 27. Lebensjahres muß das Begehren gestellt sein (§ 187 II 2); ein verspätetes, erst am 27. Geburtstag od danach dem Vater zugehendes Verlangen ist rechtl bedeutgslos. Zur Fristwahrg ist kein beziffertes Verlangen (wie für Verzugseintritt) erforderl (KG FamRZ **86**, 725). – Bei Einhaltg der ges Altersgrenzen kommt es 8 auf den Zeitpkt der Vereinbarg od des Urteils nicht mehr an. Wurde das AusglVerlangen dagg erst nach dem 27. Lebensjahr gestellt, kann eine Vereinbarg nicht mehr mit der Wirkg des § 1934e geschlossen werden (str; aA MüKo/Leipold Rn 13 mN); Vater u Kind sind dann auf Erbverzicht gg Abfindg (§ 2346) angewiesen. Vereinbarungen mit dem Kind vor Vollendg seines 21. Lebensjahres sind unwirks (ebso MüKo/Leipold Rn 13; Soergel/Stein Rn 12; str; s auch § 1934e Rn 1).

b) Erbrechtsausgleich. Da ein auszugleichendes künft Erb- od PflichttR vorausgesetzt wird, schließt 9 Erbverzicht (§ 2346) den Anspr aus. Ob auch ein auf Pflichtt beschränkter Verzicht (§ 2346 II) dies bewirkt (so Soergel/Stein Rn 7; MüKo/Leipold Rn 15), erscheint zweifelh, da er das ges ErbR nicht beseitigt, sond dem Erbl nur TestierFreih verschafft. – Gründe, die eine PflichttEntziehg (§ 2333) rechtfertigen, muß der Vater üb eine Einrede dem Verlangen entgegensetzen können ohne Rücks darauf, ob er die erforderl Vfg vTw (§ 2336) schon getroffen hat (BGH **76**, 109), weil diese ihm eine ges Möglichk verschaffen, das Kind von jegl Beteiligg an seinem Nachl auszuschließen. Auch das Vorliegen eines ErbunwürdigkGrundes (§ 2339) muß üb die Einrede der Leistgsverweigerg geltend gemacht werden können (Coing NJW **88**, 1753). – Test 10 Enterb od Erbeinsetzg beseitigen den Anspr nicht, da der Vater sich nicht einseit befreien kann. Auch dch den Abschluß eines ErbVertr verliert das Kind den Anspr nicht, sofern nicht dem ErbVertr (ggf dch Auslegg) zu entnehmen ist, daß mit der vertragl abgesicherten Zuwendg jegl Beteiligg am väterl Nachl abgedeckt sein sollte (Soergel/Stein Rn 7; aA Erman/Schlüter Rn 13); allerd kann Vater ggf aus BilligkGrden Zug um Zug Zustimmg zur VertrAufhebg (§ 2290) verlangen (MüKo/Leipold Rn 15).

11   **c) Rücknahme (IV 2)** des Verlangens ist bis zum Abschluß der notariellen Beurkundg od RKraft der Entscheidg jederzeit und ohne Einwilligung des Vaters zulässig. Die formlose, an den Vater gerichtete empfangsbedürft Erkl ist nicht an die Altersgrenze des **I** gebunden, kann also auch noch nach dem 27. Lebensjahr abgegeben werden; Stellvertretg ist mögl. – Das Recht zur Rückn ist höchstpersönl (wie das AusglVerlangen). **IV** schließt als SonderVorschr die Möglichk einer Anfechtg nach §§ 119ff aus (str). Die RücknErkl beläßt dem Kind seine bish erbrechtl Stellg. Ein Verzicht ist damit nicht verbunden, sofern nicht ausdrückl vereinbart (§ 397). Das AusglVerlangen kann also später erneut gestellt werden, sofern die zeitl Grenze des **I** noch eingehalten werden kann. – Im **Prozeß** kann die Rücknahme bis zur Urteilsverkündg erklärt werden. Sie führt zur Abweisg der Klage, falls diese nicht auch zurückgenommen wird (ZPO 269; Zustimmg des Bekl erscheint nicht erforderl, Soergel/Stein Rn 14). Ist bereits vollstreckt worden, kann Schadensersatz nach ZPO 717 II verlangt werden, der auch Rückerstattg eines bereits bezahlten Ausgleichs umfaßt; die Haftgserleichterg in ZPO 717 III sollte im ihrem Sinn (Privilegierg des Vertrauens in die Richtigk eines OLG-Urteils) keine Anwendg finden (ebso Soergel/Stein Rn 14).

12   **d) Statusänderungen.** Erlangt das Kind bis zum Zeitpkt des VertrAbschlusses bzw der letzten mündl Verhandlg infolge Legitimation, EhelErkl od Annahme als Kind die RStellg eines ehel Kindes des Vaters (s § 1924 Rn 8), verliert es den Anspr auf vorzeit Ausgl. Spätere Statusändergen bleiben dagg ohne Auswirkg (str). – Die formelle Feststellg der Vatersch darf zu diesen Zeitpkten nicht unwirks geworden sein.

13   **e) Verjährung.** Die VerjFrist des **III** von 3 Jahren gilt nur für das GestaltungsR, so daß die Verj des Anspr auf Abschluß einer Vereinbarg unabhängig von seiner Entstehg immer mit Vollendg des 27. Lebensjahres des Kindes beginnt (§§ 188 II; 187 II). Für Hemmg u Unterbrechg gelten §§ 202ff; ob allerd das Anerkenntn dch Abschlagszahlg unterbricht (§ 208), ist weg **IV** str, aber zu bejahen (aA Lutter § 3 II 2c; Soergel/Stein Rn 17). – Dagg verjährt die dch Vereinbarg od rechtskr Urteil **titulierte** AusgleichsFdg nicht nach **III**, sond in 30 Jahren (§ 218 I); hat sich der Vater in der not Urkunde nicht der ZwVollstr unterworfen, beginnt die 30-jähr Frist mit dem Verlangen (§§ 195; 198). – Stundg hemmt die Verj (§ 202).

14   **3) Höhe des Ausgleichsbetrags (II).** Maßstab ist der geschuldete (nicht der tatsächl geleistete) Unterhalt (§§ 1615a; 1615c; 1615f). Im gesetzlichen Regelfall errechnet sich die AusgleichsFdg aus der Verdreifachg der Jahresleistg, die vom Vater im Durchschnitt der letzten 5 Jahre bei voller Unterhaltsbedürftig des Kindes geschuldet wurde (**I** 1). Dieser Durchschnitt ist zu errechnen, indem die letzten 5 Jahre summiert werden, in denen das Kind voll unterhaltsberecht war; meist wird es sich um die Zeit vor der Volljährigk handeln (§ 1615f I). Die 5 Jahre brauchen aber nicht zusammenzuhängen; unberücksichtigt bleiben zB Zeiten einer Herabsetzg nach § 1615h (aA Brschw NJW **88**, 2743: stets der tatsächl geschuldete). Der UnterhAnspr bei voller Bedürftigk wird häufig der RegelUnterh sein (§ 1615f II mit VO, s Anh zu § 1615f; g). Hat das Kind im maßgebl 5-Jahres-Zeitraum teilw in der fr DDR gelebt, ist gleichwohl fiktiv in der BRep zu zahlde Unterh anzusetzen, da dem leistgsfäh, in der BRep lebden Vater der geringere DDR-Unterh nicht auch noch beim erbrechtl Anspr zugute kommen soll (Köln OLGZ **93**, 487).

15   **a) Die Angemessenheit** des Regelbetrags ist stets nach den tatsächl Umständen des Einzelfalls (dazu Karlsr FamRZ **83**, 97) dch eine Zumutgs- u Interessenabwägg zu überprüfen (**II** 2), in die auch die Interessen des ehel Kindes einzubeziehen sind (BVerfG **58**, 377). Geboten ist eine Abweichg auf das Angemessene entw nach unten bis zur Untergrenze eines Jahresunterhalts, wenn dem Vater die Zahlg des ermittelten Regelbetrags nicht zuzumuten ist, od nach oben bis zur Obergrenze des 12-fachen Jahresunterhalts, wenn für das Kind die Zahlg des Regelbetrags unangemessen gering wäre. Zur Ausfüllg des Ermessensspielraums hat BGH **96**, 262 unter Bezugnahme auf BVerfG (aaO) als Richtlinien herausgestellt: Der Ausgleichsbetrag muß eine angemessene Relation zu dem wahren, was das nichtehel Kind bei dem Familienstand u den Vermögensverhältn des Vaters als ErbersatzAnspr od wenigstens als Pflichtt erwarten könnte (dazu auch Oldbg FamRZ **94**, 406), wobei auf den Zeitpkt der letzten mündl Verhandlg vor dem Tatrichter abzustellen ist. Für die Prüfg der Frage, ob der Regelbetrag für das Kind unangemessen niedrig ist, kommt es also in erster Linie auf die ggwärt Vermögens- u die Familienverhältn des Vaters an. Festzustellen (in groben Zügen) ist somit der Vermögensstand, der auch die Berechng des Erb- bzw Pflichtteils bestimmen würde; hinzuzurechnen sind dabei solche Vermögenseinbußen, die auch nach § 2325 zu berücksichtigen wären. Die Einkommensverhältn des Vaters spielen dagg in erster Linie eine Rolle bei der Prüfg, ob ihm die Zahlg zuzumuten ist (zu **16** verneinen zB bei nachhalt Verschlechterg seiner wirtschaftl Verhältn). **Unzumutbar** ist danach für den Vater die RegelFdg, wenn er sie weder aus seinem Vermögen noch aus seinen laufenden Einkünften (auch nicht bei Ratenzahlg od Stundg) befriedigen kann (KG FamRZ **73**, 550; Köln OLGZ **93**, 487) od wenn die Befriedigg seinen eigenen Unterh gefährdet; Kreditaufnahme od der Verkauf von Werten zu einem ungünst Ztpkt ist ihm allerd zuzumuten (Oldbg FamRZ **73**, 550). Der Vater muß also entw ein deutl unter dem Dchschnitt liegendes Einkommen haben od er muß unverhältnismäß hohen Belastgen ausgesetzt sein, wofür nur zeitweilig höhere Belastgen nicht ausreichen (Köln FamRZ **90**, 667). **Unangemessen niedrig** ist für das Kind der Regelbetrag, wenn nach den Vermögens- u FamilienVerhältn des Vaters eine größere Summe angemessen wäre (vgl zB Köln FamRZ **94**, 404), wobei auch die Lage des Kindes (zB Beschränkg in der Erwerbsfähigk; Bedarf bei der beabsichtigten Selbständigmachg) berücksichtigt werden soll (str). – Die ges Ober- und Untergrenzen können **vertraglich** überschritten werden, nachdem auch ein vollständ Erbverzicht zulässig u eine Alleinerbeinsetzg mögl ist.

17   **b) Ein Auskunftsanspruch** des Kindes ist gesetzl nicht geregelt, häufig aber zur Vorbereitg des Verlangens erforderl. Das Kind benötigt Informationen sowohl zur Berechng der Angemessenh des Regelbetrags als auch zur Abwägg, ob es den Anspr realisieren od besser seine Chance an einer NachlTeilhabe wahrnehmen soll. Ein AuskAnspr ist ihm analog § 1605 I; 2314 daher zuzubilligen, wenn eine Festsetzg des Ausgleichsbetrags nach **II** 2 plausibel erscheint (Köln OLGZ **79**, 204, auch zur erweiterten DarleggsPfl des beklagten Vaters; Soergel/Stein Rn 29). Nbg NJW-RR **86**, 83 gewährt den Anspr aus § 242, wenn das Kind in entschuldbarer Weise üb Bestehen od Umfang des Anspr im ungewissen, der Vater aber in der Lage ist, die Ausk unschwer zu erteilen. – Besteht eine AuskPflicht, umfaßt sie die Tats, die zur Berechng unbedingt erforderl sind, also die ggwärt Vermögensverhältn des Vaters, seine entspr § 2325 hinzuzurechnenden Schenkgen u die erbrechtl relevanten ggwärt Familienverhältn (welche Personen wären bei derzeit Erbfall zu welchen Anteilen seine ges Erben; Güterstand). Die ggwärt Erwerbsverhältn des Vaters sind dagg nicht so sehr für das Kind als für den Vater selbst von Interesse (s Rn 15). – Ist das AusglVerlangen nicht rechtzeit gestellt worden (s Rn 7) u der AusglAnspr dadch erloschen, kann auch nicht mehr Ausk verlangt werden. – Dagg kann das Kind **nicht** verlangen, daß sein Vater auf eigene Kosten eine **Wertermittlung** seines Vermögens dch Sachverständ vornehmen läßt; § 2314 ist insow nicht entspr anwendb (Düss NJW-RR **89**, 835). Dies entspricht der RLage des Ehegatten beim ZugewinnAusgl (§ 1379 sieht Anspr nur auf eigene Kosten vor) u des PflichttBerecht beim ErgänzgsAnspr gg den Beschenkten (s § 2314 Rn 16). **18**

4) Die Vereinbarung (IV) des vorzeit Erbausgleichs bewirkt erst die ZahlgsPfl des Vaters u die erbrechtl **19** Wirkgen des § 1934 e. Gleiche Wirkg hat das Urteil (Rn 21). Von da an ist der Anspr übertragb, verpfändb, pfändb u vererbl. Sie ist ihrer RNatur nach kein ggseit Vertr iS der §§ 320 ff (str), weil keine im Austausch-Verhältn stehenden ggseit Leistgn übernommen werden, nachdem der Vater gesetzl zum Ausgleich verpflichtet ist u die RWirkgen kr Ges und nicht aGr Vereinbarg eintreten. Wie beim Erbverzicht liegt ein erbrechtl VfgsGeschäft vor. – Für ihre Wirksamk ist die Form **notarieller Beurkundung** (§§ 128; 127 a; BeurkG 8 ff) vorgeschrieben; dabei ist gleichzeit Anwesenht nicht erforderl und Stellvertretg mögl. Der gesetzl Vertr bedarf vormschgerichtl Genehmigg analog § 2347 (Brüggemann FamRZ **90**, 5/12); dies ist ges ungeregelt geblieben. – **Inhalt** des Vertrags ist vor allem die Festsetzg der Höhe des Ausgleichsbetrags, wobei Vater u Kind nicht an die Grenzen des **II** gebunden sind (s auch Rn 7; str; aA Staud/Werner Rn 43). Unterwerfg unter die ZwVollstr (ZPO 794 I Nr 5) ist zweckmäßig. Art, Zeit u Ort der Erfüllg sind frei regelbar. Vereinbarg eines Rücktrittsvorbehalts ist ebso zulässig wie die Aufnahme auflösender od aufschiebender Bedinggen (Soergel/Stein Rn 31 mN; aA MüKo/Leipold Rn 28). Nicht der Disposition unterliegen die RWirkgen des § 1934 e, so daß Einigg darüber nicht erforderl ist; werden sie abgeändert, ist zu prüfen, ob ein anderer Vertrag als der vorzeit Erbausgleich gewollt ist (ggf Umdeutg). – Die **Kosten** der Beurkundg (KostO 32, 36) treffen Vater u Kind als GesamtSchu (§ 426 I 1; KostO 2 Nr 1; 5 I 1; 141). Einzelh s Gamp FamRZ **78**, 868). – Die **formlose** (nur mündl od schriftl) Vereinbarg hat keine erbrechtl Ausschlußwirkg. **20** Hat der Vater aGrd einer solchen Vereinbarg geleistet, kann er den Betrag zurückfordern (§ 812), sofern es nicht nachträgl zu einer formellen Vereinbarg od einem rechtskr Urteil kommt. Unterbleibt die RückFdg, ist das zur ges Erbfolge gelangende nichtehel Kind (seine Abkömml) nach dem Tode des Vaters zur Ausgleichg entspr §§ 2050 I, 2051 verpflichtet; als PflichttBerecht ist es anrechnungspflichtig entspr § 2315.

5) Gerichtliche Durchsetzung. Ist nach erhobenem Verlangen der Vater nicht freiwillig bereit, eine not **21** Vereinbarg üb Höhe u Leistg des Ausgleichs zu treffen, muß das Kind Leistgsklage erheben. Diese ist auf Zahlg des (zu beziffernden) Ausgleichsbetrags nach Eintritt der RKraft (nicht auf Abschluß einer Vereinbarg) zu richten (BGH **96**, 262); Kind trägt Kostenrisiko für Geldmachg des zutreffenden Satzes (Düss FamRZ **93**, 238). ProzeßG muß üb Höhe des angemessenen Ausgleichsbetrags entscheiden (Kläger hat SubstantiierungsPfl; dazu Schneider JurBüro **79**, 334). Kann es dem Antrag nicht in voller Höhe stattgeben, darf es aber nicht ohne weiteres einen geringeren Betrag zusprechen, weil es allein dem Kind überlassen ist, den ermittelten AusglAnspr gg die Chance auf NachlTeilhabe abzuwägen u es bei zu geringem Betrag das Verlangen noch zurücknehmen kann (**IV**). Hilfsanträge über geringere Beträge, sogar bis zu einer Untergrenze sind daher ratsam (BGH aaO; Oldbg FamRZ **94**, 406; Düss FamRZ **95**, 573). Bei sofort Anerkenntn (ZPO 93) trägt Kind das Kostenrisiko, wenn es den Vater nicht vor Prozess erfolglos zu not Vereinbarg aufgefordert hatte (Düss aaO). – Gerichtsstand: ZPO 27 ist sinngem anwendb (LG Hbg NJW-RR **94**, 1098). – Zum vorbereitenden AuskunftsAnspr s Rn 17. – RKräft Entscheid iS von **IV** 2 ist nur ein **Leistungsurteil**, das einen Ausgleichsbetrag zuerkennt. Grund- od Feststellungsurteil genügt nicht (s § 1934 e Rn 3). Im RStreit sind die Ober- und Untergrenzen des **II** zwingend (im Ggsatz zur Vereinbarg). Stirbt der Vater od das Kind während des RStreits, erlischt der Anspr auf vorzeit Erbausgleich und kann weder von den Erben des Kindes noch gg die Erben des Vaters weiterverfolgt werden. Der mat-rechtl Folge muß prozessual Rechng getragen werden dch ErledigsErkl (ZPO 91 a), Klagerücknahme (ZPO 269) od Ruhenlassen des Verfahrens. – **Prozeßvergleich** wahrt die Form (§ 127 a), erfordert aber als Vereinbarg die Voraussetzgen des **I,** um erbrechtl Wirkgen zu entfalten (s § 1934 e Rn 2).

6) Stundung (V) kann bereits in der not Vereinbarg verabredet werden. Bei RStreit kann beantragt **22** werden, daß Stundg in Urteil mit aufgenommen wird. In allen and Fällen setzt eine Stundg dagg voraus, daß der Ausgleichsbetrag fällig (Rn 19; 21), dh die Fdg bereits unstreitig ist, andernf das Gericht den Antr als unzuläss abweist. Begründet ist die Stundg in 2 Fällen: – **a) Bei Unterhaltsgewährung** des Vaters für den **23** erwachsenen AusglBerecht (§§ 1615 a; 1602; 1603) kann er Stundg insoweit beanspruchen, als ihm daneben die Zahlg des Ausgleichsbetrags (ganz od teilweise) **nicht zugemutet** werden kann (**V** 1). Die GesamtBelastg des Vaters ist also mit seinen Einkommens- u VermögensVerhältn zu vergleichen. Unzumutbar ist zB die sofortige Zahlg, wenn sie seine Existenzgrundlage berührt; nicht dagg, nur weil er Vermögenswerte unter Verlusten realisieren muß. Überhaupt muß der Vater auf Vermögen zurückgreifen, soweit nicht die notwend Vorsorge für Notfälle entggsteht. – **b) Bei besonderem Härtefall,** der dch eine sofort Aus- **24** glZahlg entsteht, kann der Vater Stundg verlangen, sofern diese dem Kind **zumutbar** ist (**V** 2). Vgl hierzu § 1382 I. Auch hier kommt es auf die gesamte Einkommens- und Vermögenssituation des Vaters an. Fehlende Liquidität kann im Ggsatz zu **V** 1 allerd eher als bes Härte gewertet werden, weil auch noch die Zumutbarkeit für das Kind zu prüfen ist, so daß zB der Zwang zur Veräußerg eines Geschäfts od einer GesellschBeteiligg od die Notwendigk zur Vermögensverschleuderg darunter fallen kann (KG FamRZ **73**, 51; LG Waldshut-Tiengen FamRZ **76**, 372). Wird die bes Härte bejaht, muß dem Kind die Stundg auch zumutbar sein, zB weil es zunächst keines bes Geldbedarf hat. Es ist also die beiderseit Schutzbedürfn abzuwägen. – **c) Zuständiges Gericht** ist idR das VormschG (**V** 2; § 1382; es handelt sich nicht um eine **25** Familiensache, Mü FamRZ **78**, 349); nur währd anhängigem RStreit ist es das ProzeßG (§ 1382 V), das dann im Urteil üb den Antrag (ggf mit Zinsen u SicherhLeistg) entscheidet; Anordng der Stundg ist prozessual teilweises Unterliegen mit der Kostenfolge ZPO 92. Örtl Zuständigk: FGG 43; funktionelle: RPfleger

(RPflG 3 Nr 2a; 14 Nr 2 greift nicht ein). Zum Verfahren s FGG 53a und § 2331a Rn 7. Erforderl ist Antrag des Vaters (ggf seiner Erben; des TV, NachlPflegers), der auch auf einen Teil beschränkt sein

26   kann. – **Entscheidung:** Bei Stundg sind festzulegen: die Höhe des gestundeten Betrags; der Stundgszeitraum; die Art und Weise einer Ratenzahlg, ggf mit Verfallklausel; die Verzinsg (§ 1382 II, IV; s zur Angemessenh § 2331a Rn 7); auf Antr SicherhLeistg (§ 1382 III). – Das VormschG kann auf Antr auch die Verpflichtg des Vaters zur Zahlg aussprechen u damit VollstrTitel schaffen (FGG 53a II, IV). – Die Entscheidg wird erst mit RKraft wirksam (FGG 53a II 1); RMittel ist die befristete Erinnerg (RPflG 11 II; FGG 60 I Nr 6). – Einstw Anordnung des Gerichts sind mögl, aber nur mit der Endentscheidg anfechtbar.

27   – Ein Vergleich schafft auch einen VollstrTitel (FGG 53a I; IV); zu seinem Inhalt s § 2331a Rn 7. – **Abänderung:** Auf Antr kann das VormschG seine rechtskr Entscheidg aufheben od ändern, wenn sich die Verhältn nach der Entscheidg wesentl geändert haben (§ 1382 VI). Dies gilt auch für einen gerichtl Vergleich. – Wird nach dem Tod des Vaters NachlKonkurs eröffnet, ist eine Stundg hinfällig (KO 64).

28   **7) Steuerrecht.** Für die ErbschSt wird der vorzeit Erbausgleich (wie die Abfindg für einen Erbverzicht) als Schenkg unter Lebenden behandelt (ErbStG 7 I Nr 6). Im Regelfall ist die Steuerpflicht ohne Bedeutg, da der 12-fache Jahresunterhalt als Obergrenze **(II)** von dem Freibetrag des in StKlasse I eingeordneten Kindes von 90000 DM (ErbStG 16 I Nr 2) übertroffen wird. – Bei der EinkSt können die Zahlgen des Vaters nicht als außergewöhnl Belastgen nach EStG 33 I berücksichtigt werden (BFH NJW **89**, 1824).

1934e *Rechtsfolgen des vorzeitigen Erbausgleichs.* Ist über den Erbausgleich eine wirksame Vereinbarung getroffen oder ist er durch rechtskräftiges Urteil zuerkannt, so sind beim Tode des Vaters sowie beim Tode väterlicher Verwandter das Kind und dessen Abkömmlinge, beim Tode des Kindes sowie beim Tode von Abkömmlingen des Kindes der Vater und dessen Verwandte nicht gesetzliche Erben und nicht pflichtteilsberechtigt.

1   **1) Die endgültige Festlegung** des Ausgleichsbetrags der Höhe nach (nicht schon das rücknehmbare Ausgleichsverlangen) bewirkt, daß ein vorzeit Erbausgleich erb- u pflichtrechtl Wirkgen entfaltet. Auf die tatsächl Erfüllg kommt es dagg nicht an; stirbt der Vater vor Zahlg, geht die Verpflichtg als NachlVerbindlich auf seine Erben über. – **a) Eine vertragliche Vereinbarung** zw Vater u Kind üb den AusglBetrag ist wirks, wenn sie notariell beurkundet wurde (s § 1934d Rn 19) u nicht gg zwingendes Recht (zB
2   §§ 105; 134; 138) verstößt. Bei wirks Anfechtg nach §§ 119, 123 entfallen rückwirkend (§ 142) auch die Wirkgen des § 1934e. Lag der Vereinbarg ein rechtzeit gestelltes u wirksames Ausgleichsverlangen (§ 1934d) zugrunde, kommt ihr nur dann erbrechtl Wirkg zu, wenn sie in einen Erbverzicht (§§ 2346; 2347) umgedeutet werden kann (s auch Damrau FamRZ **69**, 588; Soergel/Stein Rn 2). Dies gilt insbes bei den unwirks Vereinbargen, bei deren Abschluß das Kind zwar volljähr, aber noch nicht 21 Jahre alt war (s § 1934d Rn 8). – Auch dch Wahrnehmg vertragl Rechte kann die Vereinbarg unwirks werden. – Es erscheint bei Nichterfüllg der vereinbarten AusgleichsFdg die entspr Anwendg von § 326 gerechtfertigt, obwohl tatsächl kein ggseit Vertrag vorliegt (str; s § 1934d Rn 19). Auch kann die Ausübg eines vorbehaltenen RücktrittsRs od der Nichteintritt einer aufschiebenden bzw der Eintritt einer auflösenden Bedingg (s
3   § 1934d Rn 19) der Vereinbarg ihre Wirkg nehmen. – **b) Ein rechtskräftiges Urteil** erfüllt dann die Voraussetzgen, wenn es als Leistgsurteil einen Ausgleichsbetrag zuerkennt. Ein Grundurteil od ein Feststellsurteil genügt nicht, da es die Höhe des Betrags nicht festlegt. Das rechtskr Urteil kann nicht mehr darauf überprüft werden, ob die Voraussetzgen des § 1934d tatsächl vorgelegen haben. Wird das Urteil im WiederaufnahmeVerf (ZPO 578 ff) aufgehoben, entfallen rückwirkend auch die Rechtswirkgen des § 1934e. Stirbt der Vater vor RKraft, hat das Kind seine erbrechtl Position behalten (Soergel/Stein Rn 3; aA MüKo/Leipold § 1934d Rn 31).

4   **2) Die Rechtswirkung** der endgült Festlegg des vorzeit Erbausgleichs besteht darin, daß die auf der nichtehel Verwandtsch beruhenden gesetzl Erbrechtswirkgen beseitigt werden. Bei allen danach eintretenden Erbfällen sind also die Erbfolge und PflichtteilsAnsprüche so zu ermitteln, wie wenn das nichtehel Kind u seine Abkömml den Erbfall nicht erlebt hätten. Dch das Ausscheiden des Kindes (u seiner Abkömml) aus der gesetzl Erbfolge nach dem Vater u dessen Verwandten gehen folgl auch Erbersatz- und PflichttAnspr verloren. Die Wirkgen gehen also noch über die eines Erbverzichts hinaus (s Knur Betr **70**, 111). Rückwirkg auf frühere, bereits eingetretene Erbfälle hat der vorzeit Erbausgleich nicht. – **Unberührt** bleiben dagg Erbeinsetzgen des nichtehel Kindes dch Vfg vTw od andere Zuwendgen, selbst wenn die Vfg vor der Festlegg des vorzeit Erbausgleichs errichtet worden ist.

5   **3) Durch Aufhebungsvertrag** können die Folgen des § 1934e rückwirkend beseitigt werden (str). Dieser bedarf der Form des § 1934d IV u läßt nicht nur die ZahlgsPfl entfallen, sond stellt auch die früh erbrechtl Beziehgen wieder her (Staud/Werner Rn 14; Soergel/Stein Rn 7; aA MüKo/Leipold § 1934d Rn 28 mN). Wenn aber der vorzeit Erbausgleich nach dem Grds der VertragsFreih der Disposition der Beteiligten untersteht, kann es keinen Unterschied machen, ob dch die Aufhebg die Folgen einer Vereinbarg od eines rechtskr Urteils beseitigt werden (Soergel/Stein aaO; aA Staud/Werner aaO).

6   **4) Nachträgliche Statusänderungen.** Erhält das nichtehel Kind nach dem vorzeit Erbausgleich dch Heirat seiner Eltern (§ 1719) od EhelichErkl (§§ 1723; 1740a) od dch Annahme als Kind (§ 1741 III 2) die Stellg eines ehel Kindes seines Vaters, ist gesetzl nicht geregelt u zudem streitig, ob damit die Wirkgen des § 1934e hinfällig werden. Die bereits erfolgte Teilhabe am Vermögen des Vaters, der mit dem Ges verfolgte Zweck nach RKlarheit u die unbefriedigenden Konsequenzen bei der Rückabwicklg sprechen dafür, die in § 1934e angeordneten Folgen nicht mehr zu beseitigen u es beim wechselseitigen Verlust der Erb- und Pflichtteilsrechte zu belassen (ebso MüKo/Leipold Rn 9, 10; Damrau FamRZ **69**, 584; Odersky III 4). Die GgMeing (Staud/Werner Rn 10; Erman/Schlüter Rn 5; RGRK Rn 3; Soergel/Stein Rn 8 mwN) will das Wiederaufleben des ErbRs dadch mit den bereits eingetretenen Wirkgen in Einklang bringen, daß dem Vater wg geleisteter Zahlgen ein RückfordergsAnspr zugebilligt wird u ggü künftigen Fordergen ein LeistgsverweigergsR (Soergel/Stein Rn 9; Jäger FamRZ **71**, 510); nach seinem Tod werden auf erfolgte

Zahlgen die AusgleichgsPfl für Ausstattgen entspr angewendet (§§ 2050f; Staud/Werner Rn 10; Soergel/Stein aaO; Jäger aaO 509; Kumme ZBlJR **74**, 24; Lutter § 3 IX 2c; Dittmann Rpfleger **78**, 277).

1935 Folgen der Erbteilerhöhung.
Fällt ein gesetzlicher Erbe vor oder nach dem Erbfalle weg und erhöht sich infolgedessen der Erbteil eines anderen gesetzlichen Erben, so gilt der Teil, um welchen sich der Erbteil erhöht, in Ansehung der Vermächtnisse und Auflagen, mit denen dieser Erbe oder der wegfallende Erbe beschwert ist, sowie in Ansehung der Ausgleichungspflicht als besonderer Erbteil.

1) Allgemeines. Anwachsg (§§ 2094, 2095, 2158, 2159) tritt bei gewillkürter Erbfolge, Erhöhg des 1 Erbteils bei gesetzl Erbfolge ein. Praktisch ist es dasselbe (vgl § 2007 S 2). § 1935 will eine Überlastg des gesetzl Erben durch Vermächtnisse (§§ 2147ff), Auflagen (§§ 2192ff) od eine den Wegfallenden treffende AusglPfl (§§ 2050ff) verhindern. Zur AusglPfl s das Beisp bei Staud/Werner Rn 13, 14.

2) Wegfall. Von einem gesetzl Erben kann **vor** dem Erbfall noch nicht gesprochen werden (s § 1922 2 Rn 3). Gemeint ist: Wegfall des gesetzl Erbanwärters vor dem Erbl durch Tod (§ 1923 I), Ausschluß (§§ 1933, 1938) od Erbverzicht (§ 2346). Als Wegfall vor dem Erbfall wird auch der Eintritt der RFolgen des § 1934e (vorzeit Erbausgleich) anzusehen sein. Wegfall **nach** dem Erbfall: Ausschlagg (§ 1953), Erbunwürdigk (§ 2344) und Totgeburt der Leibesfrucht (§ 1923 II; Staud/Werner Rn 2–5). Tod nach dem Erbfall gehört nicht hierher (§ 1930 Rn 2).

3) Verhältnismäßige Erhöhung. Die Erhöhg gilt nur in den in § 1935 genannten Beziehgen sowie im 3 besonderen Falle des § 2007 S 2 als Sondererbteil (unechte Berufg zu mehreren Erbteilen). Im übrigen (zB bei §§ 1951, 2033) liegt insow eine Mehrheit von Erbteilen nicht vor. Zu Besonderheiten beim ErbschVerkauf s § 2373. Wie schon das G andeutet („und erhöht sich infolgedessen ..."), erfolgt eine Erhöhg nicht immer, zB nicht beim EintrittsR (§§ 1924 III, 1925 III) od dem festen Erbteil des Ehegatten bei Wegfall eines einzelnen Verwandten der ersten und zweiten Ordng (§ 1931 I).

4) Folge. Der Erbteil ohne Erhöhg und diese selbst werden im Rahmen des § 1935 so angesehen, als wenn 4 sie verschiedenen Erben gehörten, dh die erwähnten Belastgen sind immer nur aus derjenigen Masse zu decken, auf der sie schon urspr ruhten. Dies kann auch bei der AnrechngsPfl (§ 2315) prakt werden.

5) Besonderheiten. Der andere gesetzl Erbe muß bereits aus eigenem Recht zu einem Erbteil berufen 5 sein. § 1935 gilt auch dann, wenn der inf des Wegfalls erhöhte Erbteil durch die AusglLast von vornherein überbeschwert od wenn der wegfallende Erbe selbst ausgleichsbelastet ist, nicht aber dann, wenn der wegfallende Erbe (zB der Ehegatte) an der Ausgleichg weder aktiv noch passiv beteiligt ist (Langheineken BayZ **11**, 33ff). Eine **entsprechende** Anwendg des § 1935 ist geboten, wenn die Erhöhg des gesetzl Erbteils sich aus dem Wegfall gewillkürter Erben ergibt, zB bei nur teilweiser letztw Vfg über den Nachl und Wegfall des TestErben unter Ausschl der Anwachsg (§ 2094 II, III; s Staud/Werner Rn 18). Wegen der Erbenhaftg vgl § 2007 S 2.

1936 Gesetzliches Erbrecht des Fiskus.
I Ist zur Zeit des Erbfalls weder ein Verwandter noch ein Ehegatte des Erblassers vorhanden, so ist der Fiskus des Bundesstaats, dem der Erblasser zur Zeit des Todes angehört hat, gesetzlicher Erbe. Hat der Erblasser mehreren Bundesstaaten angehört, so ist der Fiskus eines jeden dieser Staaten zu gleichem Anteile zur Erbfolge berufen.

II War der Erblasser ein Deutscher, der keinem Bundesstaate angehörte, so ist der Reichsfiskus gesetzlicher Erbe.

1) Staatserbfolge. Nach der gesetzl Erbfolgeordng gehen Verwandte u der Ehegatte (soweit sie nicht 1 wg Ausschlusses, Erbverzichts, Erbunwürdigk od Ausschlagg als nicht vorhanden gelten) dem Fiskus vor. Auch durch das REG Art 10 *(AmZ)*, Art 8 *(BrZ)*, Art 9 *(Berlin)* ist das Staatserbrecht ausgeschlossen; die Rechte nicht mehr vorhandener Erben werden hier durch Nachfolgeorganisationen (Treuhandgesellsch) wahrgenommen; das auf einem nach 1945 errichteten Test beruhde ErbR des Fiskus ist aber dch die Bestimmgen der RE-Gesetze nicht ausgeschlossen (KG RzW **66**, 212). Ansprüche nach dem BEG erlöschen, wenn Fiskus gesetzl Erbe würde (BEG 13 II; s auch LAG 244, RepG 42 S 3). – Das ErbR des Fiskus ist **privates** ErbR, kein HoheitsR (Kipp/Coing § 6 I 2) u ergreift auch das im Ausland befindl Vermögen, soweit nicht EG 3 III eingreift. – **Grundlage** für die Geltdmachg des Staatserbrechts bildet der FeststellgsBeschluß des § 1964 (s dort u BayObLG JW **35**, 2518). – Der Staat kann auch, abgesehen von dem Zusammentreffen mehrerer Länder **(I 2)**, als **Miterbe** (§ 1922 II) in Frage kommen, zB in den Fällen der §§ 2088, 2094 I, III (KGJ **48**, 73). Möglicherweise ist er nur VorE (§ 2105), doch gehört er zu den gesetzl Nacherben nicht (§ 2104 S 2). Auch bei § 2149 zählt der Fiskus nicht zu den gesetzl Erben. – Er kann sein gesetzl ErbR **nicht ausschlagen** noch darauf verzichten (§§ 1942 II, 2346). Er kann nicht ohne Einsetzg eines anderen Erben ausgeschlossen werden (§ 1938). Wegen seiner Haftg als Erbe s § 2011 mit Rn 1. – Ein BezugsR bei der **Lebensversicherung** steht ihm nicht zu (VVG 167 III), wohl aber das Recht auf das **Patent** und aus der Anspr auf Erteilg des Patents (PatG 15); s auch UrheberrechtsG 28 (zur Sonderregel im früh Recht s Fromm NJW **66**, 1245). – § 1936 gilt in gewissen Fällen auch für das Vermögen eines aufgelösten Vereins (§§ 45f; s auch § 88 für das Vermögen einer erloschenen Stiftg.

2) Landesangehörigkeit. An Stelle der Bundesstaaten sind die Länder getreten. In den Fällen des **I** ist die 2 VO v 5. 2. 34 (BGBl III 102-2) anzuwenden (ebso Dernedde DV **49**, 17); die Landesangehörigkeit des Erbl, die sich nach § 4 der VO richtet (Niederlassg ist ein tatsächl u weiterer Begriff als Wohnsitz), behält zur

Ermittlg des zuständ Landesfiskus weiterhin ihre Bedeutg. Die Entscheidg nach § 4 III trifft jetzt der Bundesinnenminister (RGRK Rn 2). – **II** betrifft den Fall, daß die Zuständigk eines Bundeslandes nach § 4 der VO nicht festzustellen ist (s Staud/Werner Rn 7). An die Stelle des Reichsfiskus trat Bundesfiskus.

3   **3) Beerbung von Deutschen.** § 1936 (vgl **II**) gilt nur für die Beerbg von deutschen Staatsangehörigen ohne Rücks auf den letzten ErblWohnsitz. Ob eine ausl Staatsangehörigk neben der deutschen außer Betr bleibt, war streitig; s jetzt EG 5 I 2. – Ein **ausländisches** FiskuserbR wird im Inland nur anerkannt, wenn es als privates ErbR ausgestaltet ist; als öff-rechtl AneignungsR kann es dagg außerhalb des betr Staatsgebiets nicht geltend gemacht werden. S zB KG OLGZ **85**, 280 zum schwed R (dazu Firsching IPrax **86**, 25); Stgt IPrax **87**, 125 zum österr Recht mAv Krzywon.

4   **4) Landesrecht.** Vgl EG 138, 139. Auf Grd EG 139 (hierzu KG JW **35**, 3236; NJW **50**, 610) kann auch ein ausschließl ErbR des Staates oder anderer Körperschaften des öff Rechts in Betr kommen.

1937   *Erbeinsetzung durch Testament.*   Der Erblasser kann durch einseitige Verfügung von Todes wegen (Testament, letztwillige Verfügung) den Erben bestimmen.

1   **1) Testament.** Das G stellt dem Erbl zur Gestaltg der Weitergabe seines Vermögens nach seinem Tode im Rahmen seiner TestierFreih (Rn 3) zwei Formen zur Vfg, näml Test (§ 1937) u ErbVertr (§ 1941). Der wesentl Unterschied liegt in der Widerrufsmöglichk: Das Test ist einseit RGesch u kann daher vom Erbl jederzeit frei widerrufen werden (§ 2253); dies gilt auch für gemschaftl Test mit der Besonderh, daß bei diesem der Widerruf wechselbezügl Vfgen (§ 2270) grdsl zeitl beschränkt nur bis zum Tod des einen Ehegatten mögl ist (§ 2271 II). Dagg kann mittels ErbVertr auch vertragsmäß u damit unwiderrufl vTw verfügt werden (§§ 2278; 2289 ff). – § 1937 bezeichnet das Test auch als **letztwillige** Vfg, weil es unwiderrufen das letzte Wort des Erbl über seinen Nachl darstellt. Der Ausdruck umfaßt aber auch die einzelnen Anordngen

2   (vgl § 2253). – Die ges Regelgen üb das Test sind etwas unübersichtl (s Einf 1 vor § 2064). – **Verfügung von Todes wegen** ist der Oberbegriff für beide Formen. Für das Test wird damit ausgedrückt, daß es im Hinbl auf den Tod getroffen u erst mit dessen Eintritt wirks wird. „Vfg" ist dabei nur im Sinne von Anordng gemeint, hat also nicht die rechtstechn Bedeutg des § 185, insbes nicht als Vfg üb einen Ggstand iS von § 185 II, u kann entw die Gesamtheit aller für den Todesfall getroffenen Anordngen od auch nur einzelne von ihnen bezeichnen (vgl §§ 2085; 2253).

3   **2) Die Testierfreiheit** gewährleistet, daß der Erbl üb sein Vermögen beliebig bis zur Willkür („gewillkürte" Erbfolge) vTw verfügen kann. Sie wird von der Verfassg garantiert (s Einl 2; 3 vor § 1922), ist aber ges beschränkb u findet desh ihre Schranken im PflichtR (§§ 2303 ff) u im Verbot sittenwidr Vfgen (§ 138; BGH FamRZ **83**, 53). Vertragl ist sie dagg einschränkbb (§ 2302) mit Ausnahme der Bindg, die der Erbl dch Abschluß eines ErbVertr (§ 2289 Rn 1) od Errichtg eines gemschaftl Test (§ 2271 Rn 14; 15) eingeht. Ihre Ausübg kann der Erbl nicht einem and überlassen (§§ 2065; 2274) u unterliegt dem erbrechtl Typen-

4   zwang von Test u ErbVertr (§§ 2231; 2276). – **Umfang:** Diese Freih des Vererbens umfaßt das Recht auf Bestimmg des Vermögensnachfolgers ohne Rücks auf die ges Regelg der Erbfolge, auf rechtl u wirtschaftl Aufteilg des Vermögens, auf Einsetzg mehrerer Erben u Bestimmg ihrer Anteile u auf Vornahme sonst test Vfgen (BVerfG NJW **82**, 565). Sie betrifft also den Inhalt einer Vfg vTw, gibt aber keine Befugn zur Wahl der ROrdng für Erbfolge u erbrechtl Ansprüche, soweit nicht EG 25 II eingreift (BGH NJW **72**, 1001;

5   Hamm FamRZ **81**, 876; s EG 25 Rn 1). – Bei **Ehegatten** ergibt sich aus ihrem GüterR dagg keine Beschränkg: Bei ZugewinnGemsch gilt § 1365 weder für Vfgen vTw (BGH FamRZ **64**, 25) noch für vollzogene Schenkgen vTw (§ 2301), ist allerd bei Vollziehg eines Schenkgsversprechens zu beachten (Staud/Thiele § 1365 Rn 11). Bei GüterGemsch gelten §§ 1419 ff nicht für Vfgen vTw (BGH NJW **64**, 2298; s auch § 1922 Rn 13); der überlebde Ehegatte ist an Vfgen üb seinen Nachl od seinen Anteil weder dch ihre Fortsetzg mit dem Abkömml noch aus pflichtteilsrechtl Gesichtspkten gehindert.

6   **3) Inhalt.** §§ 1937–1941 geben den mögl Inhalt der Vfgen vTw an, enthalten aber keine abschließende Aufzählg, da der Grdsatz der Testierfreiheit nur den sich aus dem Ges ergebenden Einschränkgen unterliegt (s Rn 3). Der Inhalt kann sowohl erbrechtl Art sein als auch andere Erklärgen enthalten (s Rn 10–12).

7   **a) Erbeinsetzung.** Diese wichtigste Gestaltungsbefugn des Erbl nennt § 1937 ausdrückl und bringt so den Vorrang der gewillkürten Erbfolge zum Ausdruck. Damit ist klargestellt, daß die vom Ges als Regelfall behandelte gesetzl Erbfolge (§§ 1924–1936) dch den erklärten abweichenden Willen des Erbl ausgeschlossen wird, also abdingb und tatsächl nur subsidiär ist. § 1938 ergänzt die positive Regelgsbefugn dch Gestattg des rein negativen Test. – Hat der Erbl positiv eine Erbeinsetzg angeordnet, enthalten die §§ 2087 ff; 2100 ff Regeln über die Auslegg od Ergänzg sowie über die Einsetzg von ErsatzE und NachE. – Ob Erbeinsetzg vorliegt, ist Auslegsfrage (vgl §§ 2087, 2304). Die Anordng in einem gemeinschaftl Test, daß es „bezügl unseres übrigen Nachl bei den gesetzl Bestimmgen verbleibt", kann eine test Einsetzg der gesetzl Erben enthalten (BayObLG **65**, 53). Zum Erben kann auch ein Nichtverwandter bestimmt werden unbeschadet des PflichttAnspr (§§ 2302, 2317) od einer Anfechtbark gem § 2079. Die Person des Erben muß so bestimmt sein, daß sie allein auf Grd der in der letztw Vfg enthaltenen Willensäußerg des Erbl festgestellt werden kann (BayObLG FamRZ **81**, 403; s auch Tüb, Stgt BWNotZ **81**, 141). – Eine Erbeinsetzg auf bestimmte einzelne

8   **Gegenstände** des Nachl ist nicht mit dingl Wirkg mögl (s § 2048 Rn 3; Einf 2 vor § 2147). – Keine Erbeinsetzg ist die Zuwendg des Pflichtt od des ErbersatzAnspr (s § 2304 Rn 2). – Die Erbeinsetzg bringt das subj ErbR frühestens mit dem Erbfall zum Entstehen. Vor dem Eintrtt besteht nur eine tatsächl Aussicht (s § 1922 Rn 3) od bei Bindg des Erbl an seine letztw Vfg eine Anwartsch (s § 2269 Rn 11; BGH **37**, 319; Mattern BWNotZ **62**, 229). – Die erfolgte Zuwendg der ganzen Erbsch an eingesetzte Erben bewirkt zugleich den Ausschluß der gesetzl Erben, denen aber unter den Voraussetzgen der §§ 2303, 2305 ein PflichttAnspr zusteht. Zugleich ist darin idR die Entziehg des ErbersatzAnspr zu sehen (s § 2338a Rn 2; str; aA Soergel/Stein Rn 8).

b) Andere erbrechtliche Anordnungen als Erbeinsetzg können dch Test ebenfalls getroffen werden. **9** Beisp: Enterbg (§ 1938); Widerruf eines Test (§§ 2254, 2258); Teilgsanordngen (§ 2048); Ernenng eines TestVollstr (§ 2197), auch auf Lebenszeit des AlleinE (Zweibr Rpfleger **82**, 106); Entziehg des Pflichtt (§ 2336) od des ErbersatzAnspr (s § 2338a); Beschränkg des PflichttR (§ 2338); Errichtg einer Stiftg gem § 83 (BGH **70**, 313). – Ferner sind **familienrechtliche** Anordngen mit erbrechtl Auswirkg mögl wie zB **10** Anordngen über die Verwaltg des Kindesvermögens (§ 1638; dazu Hamm OLGZ **69**, 488; BayObLG **82**, 86; FamRZ **89**, 1342; §§ 1639, 1803); od die Ernenng und Ausschließg eines Vormunds dch die Eltern (§§ 1777, 1782; dazu BayObLG **61**, 189). Auch kann ein Vaterschaftsanerkenntn (§§ 1600a, 1600e) im notariellen Test od Erbvertrag abgegeben werden (Soergel/Stein Rn 11). – Der Erbl kann auch ein **Schieds- 11 gericht** (ZPO 1048) anordnen (Kohler DNotZ **62**, 125; Soergel/Stein Rn 13; MüKo/Leipold Rn 26 ff).

c) Empfangsbedürftige Willenserklärungen kann der Erbl ebenf dch letztw Vfg abgeben. Beisp: **12** Widerruf einer Schenkg (RG **170**, 383). – Erteilg einer Vollmacht (zB AuflassgsVollm), auch wenn sie erst nach Eröffng dem Bevollmächtigten zur Kenntn kommt (Köln Rpfleger **92**, 299). TestAnfechtg erfaßt dann nicht automat VollmErteilg (Köln aaO). – Zulässig ist ferner die Befreig eines Zeugen von der Pfl zur Verschwiegenh etwa gem ZPO 385 II mit 383 I Nr 4, 6 (BGH NJW **60**, 550); die Anordng über die Bestattgsart (vgl Reimann NJW **73**, 2240; Einl 10 vor § 1922); Bestimmgen über die religiöse Kindererziehg (vgl RKEG 1). – Bei Lebensversicherg kann Bezugsberechtig dagg nicht dch Test widerrufen werden, wenn sie dem Versicherer nach dessen Beding gen schriftl anzuzeigen ist (BGH DNotZ **94**, 377; Völkel VersR **92**, 539; § 332 Rn 2; str).

d) Wertsicherungsklauseln (s dazu § 245 Rn 18–30) in letztw Vfgen unterliegen allenf für künft, dh mit **13** Erbfall entstehde Anspr der GenehmiggsPfl nach WährgG 3 (s bei § 245 vor Rn 1); soweit eine Wertsicherg üb den Erbfall hinaus gewollt ist u sie weder als Spanngs- noch als Leistgsvorbehaltsklauseln zu qualifizieren sind (v Oertzen ZEV **94**, 160; Soergel/Stein Rn 26; Mitteilg der BBank 1015/78, NJW **78**, 2381).

4) Wirksam ist eine Vfg vTw dann, wenn der testierfäh Erbl (§§ 2229; 2275) sie höchstpersönl (§§ 2064; **14** 2274) u formgerecht (§§ 2231; 2276) errichtet hat, die Vfg sich weder inhaltl als von Anfang an nichtig erweist (§ 134; 138; s Rn 18 ff) noch nachträgl unwirks geworden ist (dazu Rn 25–28) u der Erbl sich auch nicht bereits dch abweiche Vfg vTw gebunden hatte (Rn 3; §§ 2289; 2271 II). Die Wirksamk Voraussetzgen eines Test sind allerd im ErbR nicht abschließd geregelt. Es gelten grdsl auch die Vorschr des Allg Teils üb GeschFähigk u WillErkl (§§ 104–144) sowie üb Bedingg, Vertretg u Genehmigg (§§ 158–185), soweit sie nicht dch erbrechtl SonderVorschr eingeschränkt od ganz ausgeschaltet sind (§§ 2064; 2074 ff; 2084; 2085). – Bei **Willensmängeln** ist nur § 116 S 1 anwendb; ein geheimer Vorbehalt ist wirksgslos, um betrügerisches **15** Testieren zu verhindern (RG **148**, 222; Soergel/Stein Rn 18; str). Auch § 118 gilt, so daß scherzeshalber od zu Lehrzwecken angefertigte Test nichtig sind. Dagg sind die nur für empfangsbedürft WillErkl geltenden §§ 116 S 2; 117 auf Test unanwendb (Ffm OLGZ **93**, 461; BayObLG FamRZ **77**, 347; Düss WM **68**, 811), da die letztw Vfg zwar für andere bestimmt, aber nicht ggü einem anderen abzugeben ist (RG **104**, 322); anwendb sind sie dagg auf ErbVertr. – Die **Anfechtbarkeit** wg Irrtums, Täuschg od Drohg richtet sich **16** nicht nach §§ 119 ff, sond nach §§ 2078 ff mit den Besonderh in 2078 II, III; 2081. Ersatz des Vertrauensschadens (§ 122) ist dch § 2078 III ausdrückl ausgeschlossen. Nicht anwendb ist auch § 120, nachdem ein Test nur persönl errichtet werden kann.

5) Unwirksamkeit. Vfgen vTw können von Anfang an nichtig sein (nach allg Vorschr; Einzeln s Rn 18; **17** zum Begriff s Übbl 27 v § 104) od auch nachträgl unwirks werden (dazu Rn 25). Unwirksam ist auch ein Test, das vollkommen unbestimmte, widersinnige, rechtl und tatsächl unmögl Bestimmgen od Bedingen enthält (KG DFG **44**, 56; § 2074 Rn 1). Ferner ist ein Test unwirks, wenn der Erbl versehentl nicht erklärt hat, wer als Erbe eingesetzt ist (Köln Rpfleger **81**, 57). Auch bei Beweisfälligk im Falle der §§ 2247 III, V; 2249 VI ist das Test unwirks (s § 2247 Rn 21).

a) Von Anfang an nichtig ist eine Vfg vTw nach den allg Vorschr bei einem Verstoß gg eine zwingde **18** gesetzl Vorschr (§§ 125; 134) od soweit sie gg die guten Sitten verstößt (dazu im einzelnen Rn 20 ff). Zwingend in diesem Sinne sind die erbrechtl Vorschr üb die Voraussetzgen für ihre Errichtg (§§ 2064; 2065; 2265; 2274) einschließl der TestierFähigk (§§ 2229; 2275) sowie üb die einzuhaltende Form (§§ 2231–2233; 2247 I, IV u §§ 2267; 2276 I; bei NotTest § 2249 I mit der Einschränkg des VI; §§ 2250 III 1, 3; 2251). Eine EinzelVorschr ist § 2263. Dazu kommen bei öff Test die zwingden VerfahrensVorschr des BeurkG 9; 13; 16 II 1, III 1; 23 S 1; 24 I 2, II; 25; 27; 30 S 1; 32; 33. – Der in einer formnichtigen Vfg vTw Eingesetzte kann auch nicht unter Berufg auf Treu u Glauben (§ 242) sein ErbR verlangen.

aa) Heimbewohner. Ein ihrem Schutz dienendes VerbotsG (§ 134) ist auch HeimG 14 I 1, der es den **19** Trägern bestimmter Heime untersagt, sich üb das vereinbarte Entgelt hinaus noch weitere Vermögensvorteile gewähren od versprechen zu lassen. Ein hiergg verstoßendes RGesch ist nichtig (§ 134). Dies gilt grdsl auch für letztw Zuwendgen (auch an Personal), sofern diese dem Heimträger schon zu Lebzeiten des Erbl bekannt waren, also auf einem Einvernehmen zw Testierendem u Bedachtem gründen (BayObLG **91**, 251; FamRZ **92**, 975; dazu Dubischar DNotZ **93**, 419). Für Kenntn des Heimträgers genügt Wissen seines ges Vertreters stets, aber auch ohne Rücks auf die Befugnis zur Vertretg des Trägers das des Heimleiters od and Mitarbeiter, die als Ansprechpartner der Bewohner bestimmt sind u wesentl Einfluß auf deren Situation ausüben können (BayObLG **92**, 344). Nach LG Flensbg soll HeimG 14 auch dann anwendb sein, wenn Heimbewohner nicht der Erbl selbst, sond dessen behinderter Sohn war (NJW **93**, 1866). – Das Verbot der Annahme von Belohnungen dch BAT-Angestellte (§ 10 BAT) od dch Beamte (BRRG 43; BBG 70) gilt auch für eine Begünstigg dch letztw Vfg, sofern diese „dienstbezogen" gewährt wurde (BayObLG FamRZ **90**, 302; Stach NJW **88**, 943 ff).

bb) Sittenwidrigkeit einer Vfg vTw (§ 138) kann nur in besond Ausnahmefällen angenommen werden, **20** da die Anwendg von § 138 sich hier als Einschränkg der TestierFreih des Erbl (Rn 3) u daher als Eingriff in die grundrechtl gewährleistete Privatautonomie im ErbR auswirkt (BGH **111**, 36; s § 138 Rn 1; auch Einl 3 vor § 1922). Sie ist dah nur in Betr zu ziehen, wenn sich das Verdikt der Sittenwidrigk entw auf ein klare, deutl umrissene Wertg des GesGebers od auf eine allg Rechtsauffassg stützen kann (BGH NJW **94**, 248).

Zwar werden Inhalt u Schranken dieses GrundR dch die Gesetze bestimmt (GG 14 I 2). Wg des Bestimmtheitsgebots der Schranken (BVerfG **56**, 1) ist aber eine Generalklausel wie § 138 restriktiv auszulegen (Pieroth NJW **93**, 173). Der Richter darf den Willen des Erbl nicht an seinen eigenen GerechtigkVorstellgen

21 messen u korrigieren (BGH NJW **83**, 674). – **Beurteilungsgrundlage** ist der aus Inhalt, Motiv u Zweck sowie aus den Umständen (Brox Rn 258) zu ermittelnde Gesamtcharakter der letztw Vfg, der ergeben muß, ob darin eine unredl Gesinng des Erbl zum Ausdr kommt u verwirkl werden soll (BGH NJW **83**, 674; BayObLG FamRZ **85**, 1082). Tatsächl Grdlage für die SittenwidrkUrteil sind die Verhältn zur Zeit der TestErrichtg, da sie den Erbl motivieren (§ 138 Rn 9); führen erst nachträgl eingetretene tatsächl Umstände zu sittenwidr Auswirkgen, kann gg die Dchsetzg der bei Errichtg unbedenkl Vfg der Einwand unzuläss

22 RAusübg (§ 242) erhoben werden (BGH **20**, 75). Bei **Wandel** der sittl Auffassgen zw Errichtg u Beurteilg des Test sind die sittl Maßstäbe des BeurteilgsZtpkts maßgebl (Hamm Rpfleger **79**, 458; § 138 Rn 10). – Angesichts des Fehlens einer einheitl Sozialmoral u damit einer Einh von R u Moral versteht Smid NJW **90**, 409 § 138 nicht mehr als Regel zur Dchsetzg einer dahinter stehenden Moralauffassg, sond stellt darauf ab, ob dch die letztw Vfg ein Erfolg herbeigeführt wird, der dem Schutz Dritter dch ges Verbote od dem ordre

23 public widerspricht. – **Beispiele:** S § 138 Rn 49 ff. Die Familienangehörigen werden allein dch das PflichtR (§§ 2303 ff) geschützt; ihre Zurücksetzg ist daher als Ausübg der TestierFreih des Erbl grdsl hinzunehmen (§ 1938 Rn 49). Zur Zuwendg an die Geliebte eines verheirateten Erbl s § 1934 Rn 50; ferner Ffm NJW-RR **95**, 265, das die Grdsätze der neueren Rspr auch auf die Einsetzg des homosexuellen Partners des Ehemanns zum MitE für den vorausgesehenen Fall des vorausgehenden Versterbens der Ehefrau anwendet. – Nicht sittenwidr ist die Vfg von Eltern, mit der sie ihrem geistig od körperl behinderten, auf Kosten der Sozialhilfe untergebrachten Kind ihr Vermögen nur zur Unterstützg zuwenden u dch Einsetzg von NachE u Anordng einer TVstrg

24 einen Rückgriff des Sozialhilfeträgers verhindern (sog **Behindertentestament**), auch nicht im Umfang des verhinderten Kostenersatzes (s § 138 Rn 50 a mN). Zu GestaltgsMöglichk s Nieder NJW **94**, 1264; Bengel ZEV **94**, 29; Mayer DNotZ **94**, 347. Ein dem Kind entstehder PflichtAnspr ist allerd gem BSHG 90 I 4 auf den SozHilfeTräger überleitb (Nieder aaO mwN), sofern er nicht die vorherige Ausschlag voraussetzt (s § 2306 Rn 16).

25 **b) Nachträglich unwirksam** kann eine Vfg vTw werden: Dch Widerruf (§§ 2253–2258; über RFolgen von Lübtow NJW **68**, 1849; über unfreiw Verlust s § 2255 Rn 9–12) od Änderg; dch Anfechtg (§§ 2078 ff; 2281 ff); dch Auflösg der Ehe od des Verlöbn (§§ 2077, 2268, 2279). Ferner dch Erbverzicht (§ 2352), Vorversterben des Bedachten (§ 1923 I), Ausschlagg (§ 1944) od ErbunwürdigkErklärg (§§ 2344, 2342 II); auch dch Zeitablauf (§§ 2109; 2162; 2210; 2252).

26 **c) Die Rechtsfolgen** sind bei Nichtigk und Unwirksamk verschieden und richten sich nach der Sachlage. Es kann die ganze Vfg nichtig sein od nur eine einzelne Bestimmg (zB bei teilweiser Sittenwidrigk, s § 138 Rn 50); im Falle des § 2077 I kann eine Begünstigg Dritter bestehen bleiben (s Dieterle BWNotZ **70**, 170). Es kann dann gesetzl Erbfolge (ganz od zum Teil) eintreten od auch ein früheres Test wirks werden od bleiben, da §§ 2255, 2258 einen wirks Widerruf voraussetzen. – Unter Umst kann auch dch **Umdeutung** (§ 140) die Vfg gehalten werden, zB ein nichtiges öffentl Test als eigenhänd od ein nichtiger Erbvertrag als gemeinschaftl od einseit Test (vgl Übbl 9 vor § 2274).

27 **d) Bestätigung.** Will der Erbl ein nichtiges Test bestätigen (§ 144 I), muß er ein neues Test errichten und den früheren NichtigkGrd vermeiden (s BGH **20**, 75; str). – **Vereinbarungen** der Erbbeteiligten, in denen ein Test als wirks anerkannt wird, sind mögl, haben aber nur schuldrechtl Bedeutg. Dabei müssen ggf die FormVorschr der §§ 2371, 2385, bei Übertragg der Erbsch od eines Erbteils des § 2033 beachtet werden.

28 **e) Prozessuales.** Nichtigk und Unwirksamk sind im ErbSchVerfahren vAw zu prüfen und zu beachten. Meist werden sich ohnehin die Beteiligten darauf berufen. – Klage auf Feststellg der Nichtigk erfordert ein Feststellgsinteresse (ZPO 256). Beklagte MitE sind dann keine notw Streitgenossen (BGH **23**, 73). – **Beweislast** trägt jede Partei für diejenigen Tatsachen, die für die von ihr in Anspr genommen günst RFolge von Bedeutg sind (BGH **53**, 379; FamRZ **71**, 639; Baumgärtel/Laumen § 138 Rn 2).

29 **6) Haftung des Beraters.** Beruht den Erbl zum Nachteil eines anderen errichtete letztw Vfg auf dem vorwerfb Verhalten eines Dritten (zB eines Beraters), berührt dies nicht den rechtl Bestand der Vfg, sond begründet allenf SchadErsAnspr gg den Dritten (BayObLG FamRZ **85**, 1082). Unterblieb dagg eine vom Erbl beabsichtigte TestErrichtg wg schuldhafter Versäumn des vom Erbl damit beauftragten RA od Notars, können dem vom Erbl vorgesehenen, aber nicht zum Zuge kommden Bedachten SchadErsAnspr gegen den RA od Notar zustehen (BGH NJW **65**, 1955; dazu krit Lorenz JZ **66**, 141 sowie JZ **95**, 317; abl Boehmer MDR **66**, 468; s auch Zimmermann FamRZ **80**, 99). Entspr gilt, wenn eine vom Erbl nicht mehr gewollte letztw Vfg infolge Amtspflichtverletzg des Notars nicht beseitigt wurde (BGH NJW **79**, 2033) od dch schuldh Versäumn des beauftragten RA es nicht mehr zu dem vom Erbl angestrebten Erbausschluß einer bestimmten Person (BGH NJW **95**, 51 od zur ungewollten Übertragg von GesAnteilen an die übr Gter statt an seine Erben kam (BGH NJW **95**, 2551). Zur Einbeziehg Dritter in den Schutzbereich des RA-Vertr s auch BGH NJW **84**, 353; **86**, 581; **88**, 200. – Steht der auf Wertersatz für die entgangene Erbsch gerichtete Anspr Eltern zu, deren Kinder Nutznießer der vom Erbl nicht mehr gewollten, aber wirks gebliebenen Vfg geworden sind, ist der Anspr gem § 242 zu ermäßigen (BGH NJW **79**, 2033).

1938 *Enterbung.* Der Erblasser kann durch Testament einen Verwandten oder den Ehegatten von der gesetzlichen Erbfolge ausschließen, ohne einen Erben einzusetzen.

1 **1) Das negative Testament** erlaubt die Vorschr dem Erbl (s BayObLG **74**, 440). Er kann also seine gesetzl Erben ausschließen, ohne an deren Stelle den Nachl und Personen zuzuwenden. Das Staatserbrecht (§ 1936) kann der Erbl bei Gefahr der Unwirksamk seiner letztw Vfg nicht ausschließen, wohl aber seinen Eintritt durch wirks Einsetzg eines anderen unmögl machen. Weitere unentziehbare Erbrechte bestehen nach LandesR (s EG 139) und nach REG 78 *(AmZ)*, 65 *(BrZ)*, 67 *(Bln)*.

2) Der Ausschluß kann nur durch Test od durch einseit Vfg in einem ErbVertr erfolgen (§§ 2278 II, 2299), auch bedingt od für einen Teil des Nachl. Er bedarf keiner Begründg. Eine unzutreffende Begründg ist unschädl, berechtigt aber uU zur Anfechtg gem § 2078 II (BGH NJW **65**, 584). Stillschw Ausschluß ist mögl; der Ausschließgswille muß aber unzweideut zum Ausdruck kommen (BayObLG **65**, 166/174; FamRZ **92**, 986; Aach DAV **79**, 623). Die Ausschließg kann in der Zuwendg des Pflichtt liegen (RG **61**, 15), liegt aber bei Erschöpfg des Nachl durch Vermächtnisse nicht vor, da die Vermächtn ja ausgeschlagen werden können (RG Recht **30** Nr 1520; BayObLG MDR **79**, 847). Erfolgt der Ausschluß durch Einsetzg eines anderen, bleibt er auch im Fall der Nichtigk der Erbeinsetzg wirks, wenn er unter allen Umst gewollt war (Warn **42** Nr 23; BGH RdL **66**, 320). – Der Ausschluß eines Verwandten der ersten 3 Ordngen erstreckt sich iZw nicht auch auf dessen **Abkömmlinge,** denn diese erben kraft selbständ eigenen Rechts (§ 1924 III; § 1925 III 1; § 1926 III 1) u nicht kr ErbRs ihres Stammelternteils (BGH FamRZ **59**, 149; BayObLG FamRZ **89**, 1006). Die Abkömml des Ausgeschlossenen treten daher an seine Stelle, wenn dem Test nicht im Weg der Auslegg ein anderer Wille zu entnehmen ist (allg M; zB BayObLG **65**, 176, Rpfleger **76**, 290), insb wenn der Erbl neben der Ausschließg auch positiv bestimmt, in welche Hände der Nachl fallen soll (RG JW **37**, 2598). – Aus § 242 kann aber die Erbenstellg nicht angezweifelt werden (s § 1922 Rn 6).

3) Rechtsfolgen. Der Ausschluß der in § 2303 bezeichneten Personen berechtigt diese zur Fdg des 3 Pflichtteils gem §§ 2302, 2309, 2338 a (Entziehg des ErbErsAnspr), falls nicht auch dieser wirks nach § 2333 entzogen ist (s Hamm FamRZ **72**, 660). Bei allen Güterständen verliert der Eheg durch Ausschließg auch das Recht auf den Voraus (§ 1932 Rn 2). Andere Verwandte als die in § 2303 genannten können von der Erbsch ausgeschlossen werden, ohne daß ihnen ein AnwartschR auf eine Quote am Vermögen des Erbl zusteht (s dazu Brüggemann JS **78**, 309). – Zur erbrechtl Ausschaltg lästiger **Enkel** s Stanovsky BWNotZ **74**, 102.

a) Pflichtteilsentziehung. Der bei Enterbg dem Berecht zustehende Pflichtt kann nur noch unter den 4 Voraussetzgen der §§ 2333 ff entzogen werden. Der Ausdruck „Enterbg" in einem Test bedeutet jurist nur den Ausschluß von einer gesetzl od testamentar Erbfolge. Er wird aber vielf auch in der Weise gebraucht, daß der Enterbte keinerlei Anteil am Nachl des Erbl, also auch nicht den Pflichtt erhalten soll. Das gilt namentl, wenn Gründe für die Enterbg angegeben sind (Hamm FamRZ **72**, 660). – Zur Enterbg des nichtehel Kindes s § 2338a Rn 2; Kumme ZBlJR **77**, 339 mH; BGH NJW **81**, 1735.

b) Entziehung des Verwaltungsrechts. In der Enterbung eines Kindes kann auch die Bestimmg 5 enthalten sein, daß der Ausgeschlossene das hiernach seinen Abkömmlingen (den Enkeln des Erbl) im Erbgang kr Gesetzes zufallende Vermögen nicht verwalten soll (§ 1638 I; BayObLG **64**, 263).

1939 Vermächtnis. **Der Erblasser kann durch Testament einem anderen, ohne ihn als Erben einzusetzen, einen Vermögensvorteil zuwenden (Vermächtnis).**

1) Begriff. Die Zuwendg eines Vermächtnisses (Einzelheiten bei §§ 2147 ff) macht den Bedachten nicht 1 zum Erben (§ 2087 II). Da der vermachte Ggstand nicht dingl übergeht (das G kennt kein sog Vindikationslegat; s Einf 2 vor § 2147), wird nur ein schuldr Anspr gg den Beschwerten begründet (§ 2174; sog Damnationslegat; s MüKo/Leipold Rn 2, 3). Ein dem Erben selbst zugewendetes ist ein sog Vorausvermächtn (§ 2150). – Da nur dch Vfg vTw das Vermächtn ausgesetzt werden kann, gibt es keine „gesetzl" (s Einf 4 vor § 2147); in den erbrechtl Vorschriften ist diese Bezeichng folgl auch nicht zu finden. Gleichwohl werden vereinfachend als solche oft Voraus und Dreißigster (§§ 1932, 1969) sowie die Rechte der Abkömml auf Ausbildgshilfe bei durch Tod aufgelöster ZugewGemsch nach § 1371 IV (vgl § 1371 Rn 7) bezeichnet; ferner die Anspr auf Grd HöfeO 12 V, 13 u die Rechte auf bestimmte Sachen nach EG 139. – Ob Vermächtn od Erbeinsetzg od Teilsanordng vorliegt, ist durch **Auslegung** zu ermitteln (vgl §§ 2048, 2087 mit Anm; RG 2 DR **42**, 977; BGH **36**, 115; LG Köln RhNK **77**, 198; BayObLG Rpfleger **82**, 13; Stgt BWNotZ **81**, 141). Ein Vermächtn kann auch durch ErbVertr zugewendet werden (§§ 1941, 2278, 2299). Ein unwirks dingl Vermächtn (zB des Eigtums an einem Grdst) kann beim Erben als Teilsanordng (§ 2048) od Vorausvermächtn (§ 2150), bei einem Dritten als Vermächtn aufrechterhalten werden.

2) Gegenstand eines Vermächtn kann jeder Vermögensvorteil sein. Dieser muß nicht zu einer Bereicherg 3 iS einer Vermögensvermehrg führen, sond nur zu einer Begünstigg für den Bedachten. Es kann auch ein mittelb Vermögensvorteil sein, zB eine Dienstleistg (Hamm FamRZ **94**, 1210) od die Stellg einer Sicherh für eine Fdg (RFH **29**, 150; Johannsen WM **72**, 866). Auch kann eine Fdg erlassen od vermacht werden (§ 2173). Das Vermächtnis einer Geldsumme ist iZw VerschaffgsVerm (vgl § 2173 S 2). Das Vermächtnis wird nicht dadurch unwirks, daß der Erbl den Bedachten mit einer Aufl od einem Untervermächtn bis zur vollen Höhe des ihm Zugewandten belastet od das Vermächtn nur Treugut dargestellt (RG HRR **28** Nr 1698), denn das G verlangt nicht die Absicht einer Freigebigk. – **Beschwert** werden kann mit dem Vermächtn sowohl ein Erbe als auch ein ErbersatzBerecht (str) und auch ein anderer Vermächtnisnehmer (s § 2147).

3) Der Bedachte u der ihm vermachte Ggstand müssen bestimmt od wenigstens bestimmb sein (§ 2065 4 II mit Rn 4; BGH NJW **81**, 1562). Auch muß der zugewendete Ggstand idR vorhanden sein (§ 2169, 2170). – **Vor** dem Erbfall hat er weder einen Anspr noch eine rechtl gesicherte Anwartsch (RGRK Rn 3; Erman/Hense/Schmidt § 2174 Rn 2). Dies gilt auch, wenn das Vermächtn auf einem ErbVertr beruht (BGH **12**, 115 mAv Pritsch zu **LM** § 883 Nr 2; **LM** § 2288 Nr 2; s auch § 1922 Rn 3). – Über den Schutz des VermNehmers s § 2288; dieser Schutz gilt auch für den VermNehmer aGrd eines binddn wechselbezügl Test (OHG **1**, 161). – Über die mit dem Erbfall erlangte Anwartsch des VermNehmers beim aufschiebend bedingten od befristeten Vermächtn s § 2177 mit Rn 2; § 2179 mit Rn 1; Bühler BWNotZ **67**, 174 ff.

1940 Auflage. **Der Erblasser kann durch Testament den Erben oder einen Vermächtnisnehmer zu einer Leistung verpflichten, ohne einem anderen ein Recht auf die Leistung zuzuwenden (Auflage).**

1   **1) Begriff.** Das G unterscheidet zw Erbeinsetzgen, Vermächtnissen (beide in § 2279 als Zuwendgen bezeichnet) u Auflagen. Die Auflage ist also keine Zuwendg, sond die durch Test od Erbvertrag erfolgende Auferlegg einer Verpflichtg, der kein Bedachter ggübersteht. Ein allenf Begünstigter hat kein Recht auf Leistg od SchadErs wg Nichterfüllg (WarnR **37** Nr 133). Jedoch können gewisse Personen od Behörden die Vollziehg verlangen (§ 2194). Einzelheiten s §§ 2192 bis 2196.

2   **2) Gegenstand.** Die Auflage kann ein Tun od Unterlassen betreffen (§ 241), auch nichtvermögensrechtl Inhalts (hM). Bspl: Aufstellg einer Büste; Verpflichtg, ein Grdst nicht in fremde Hände fallen zu lassen (BGH FamRZ **85**, 278); Bestattg und Grabpflege (BFH NJW **68**, 1847; Grabpflegekosten sind keine dauernde Last iS von EStG 10 I Nr 1); die Anordng, die Leiche der Anatomie zu übergeben, wenn NachlBeteiligtem die Kostentragg auferlegt wird (Soergel/Stein Rn 3; s hierzu auch Wolpers Ufita **34**, 167 ff); die Anordng, der Leiche keine Organe zu entnehmen (s Kohlhaas, Deutsche Medizinische WochenSchr **68**, 1612). Durch Auflage kann auch trotz § 2038 einem Miterben die NachlVerwaltg übertr werden (RG LZ **29**, 254), soweit nicht ein Vorausvermächtn od eine Bestellg zum auf die Verwaltg beschränkten TestVollstr (§ 2209) anzunehmen ist (§ 2038 Rn 3).

1941   *Erbvertrag.* [I] **Der Erblasser kann durch Vertrag einen Erben einsetzen sowie Vermächtnisse und Auflagen anordnen (Erbvertrag).**

[II] **Als Erbe (Vertragserbe) oder als Vermächtnisnehmer kann sowohl der andere Vertragschließende als ein Dritter bedacht werden.**

1   **1) Der Erbvertrag** ist eine in Vertragsform errichtete Vfg vTw (s § 1937 Rn 1) und im einzelnen in den §§ 2274–2300a geregelt. Als negativer Erbvertrag ist der Erbverzicht besonders ausgestaltet (§§ 2346 ff); er kann mit einem Erbvertrag verbunden werden (BGH **22**, 364; **36**, 65/70). – Der Erbvertr ist kein schuldrechtl Vertr (§ 2302; dazu aber Stöcker WM **80**, 496 ff), sond ein grdsätzl unwiderrufl Vertr mit rechtl Wirkg, der seinem möglichen Inhalt nach begrenzt ist **(I)**. Es können sowohl beide Vertragschließenden wie auch nur der eine Teil über den Nachl verfügen. Bedachter kann sowohl der andere VertrPartner wie auch ein Dritter sein **(II;** dazu BayObLG Rpfleger **82**, 13). Er kann vertragsmäßige od einseit Vfgen enthalten. Eine Erbeinsetzg od Vermächtnisanordnung ist aber nicht schon deshalb, weil sie sich in einem ErbVertr findet, als vertragsmäßige Vfg anzusehen (RG **116**, 321; BGH DRiZ **61**, 26). Darüber entscheidet die Auslegg (§ 133; auf vertragsmäß Vfgen ist § 157 anzuwenden, s Übbl 8 vor § 2274). – Auch eine **Stiftung** kann von Eheg gemeins dch ErbVertr errichtet werden (BGH NJW **78**, 943; § 83 Rn 1). Nach § 2299 sind einseitige Vfgen mögl (zB die Ernenng zum TestVollstr). Ein „Ehevertr", der inhaltl nur eine Vfg vTw enthält, ist als ErbVertr anzusehen (s Mü I FamRZ **78**, 364 mAv Jayme). – Wird durch den Vertr ein nur in der Erfüllg bis zum Tod des Erbl hinausgeschobener Anspr begründet, liegt kein ErbVertr, sond ein RGesch unter Lebenden vor (Hbg MDR **50**, 616).

2   **2) Inhalt.** Die in I vorgesehenen Anordngen können einzeln od in Verbindg miteinander getroffen werden. Gegenseitige Erbeinsetzg setzt nicht voraus, daß die VertrPartner Eheleute sind (RG **67**, 65); sie können es aber sein (§ 2276 II).

3   **3) Kein Vertrag zugunsten Dritter.** Obwohl auch ein Dritter bedacht werden kann **(II)**, ist doch ein ErbVertr kein Vertr auf Leistg an Dritte (§ 328), da weder eine Verpflichtg eingegangen wird noch dem Dritten ein FdgsR erwächst. Vielmehr vollzieht sich der Erwerb des Dritten erst mit dem Tode des Erbl. Vgl auch Warn **17** Nr 91; BGH **12**, 115 mAv Pritsch zu **LM** § 883 Nr 2.

4   **4) Kein Erbvertrag** ist der Vertr über den Nachl eines noch lebenden Dritten (§ 312 mit Rn 1–4; s dazu Blomeyer, Spellenberg FamRZ **74**, 421, 489; Wiedemann NJW **68**, 769). – Ferner nicht der nach § 2302 nichtige Vertr über Errichtg od Aufhebg einer Vfg vTw (Staud/Otte Rn 5; Battes AcP **178**, 342 ff). Auch nicht der HofübergabeVertr gem HöfeO 17 (s Einl 6 v § 1922; Riedel JurBüro **80**, 1281).

Zweiter Abschnitt. Rechtliche Stellung des Erben

Überblick

1   **1) Folgen des Erbganges.** Zum Übergang von Rechten des Erbl auf den Erben od zu ihrem Erlöschen s § 1922 Rn 12–42. Kommt es dadch zur **Vereinigung** von Recht u Verbindlichk od von Fdg, Schuld und Belastg in der Person des Erben (Konfusion, Konsolidation), erlischt grdsätzl das betr SchuldVerh ohne weiteres (vgl §§ 425, 429, 1063, 1173, 1256; Ausn § 889); vgl auch RG **76**, 57 zum RVerh zw Gläub u Bürgen, wenn beide den HauptSchu beerben. Jedoch sind für Rechte Dritter (wie Nießbraucher, PfdGläub) die Fordergen als bestehd zu behandeln (s auch Hamm Rpfleger **73**, 315) und die erloschenen RVerh leben uU (zB bei NachlVerw, Nacherbfall, ErbschVerkauf) wieder auf (§§ 1976, 1991, 2143, 2175, 2377, s BGH **48**, 214). Bei Miterben tritt vor Auseinandersetzg überh keine Vereinig ein.

2   **2) Verfügungen** des Erben **vor dem Erbfall** über Ggstände des Erbl u umgekehrt werden nach Maßg des § 185 II S 1 wirks (s dort Rn 11 u auch Ebel NJW **82**, 724/725 ff). – **Verjährung** der Ansprüche, die zum Nachl gehören od sich gg ihn richten: § 207. – Wegen der RStellg des Erben bei der **Lebens- und Unfallversicherung** vgl § 1922 Rn 47; § 2301 Rn 17.

Erster Titel. Annahme und Ausschlagung der Erbschaft
Fürsorge des Nachlaßgerichts

1942 *Anfall der Erbschaft.* **¹ Die Erbschaft geht auf den berufenen Erben unbeschadet des Rechtes über, sie auszuschlagen (Anfall der Erbschaft).**

ᴵᴵ Der Fiskus kann die ihm als gesetzlichem Erben angefallene Erbschaft nicht ausschlagen.

1) Anfall der Erbschaft. Gemäß dem Grdsatz der Gesamtrechtsnachfolge (§ 1922) geht die Erbsch mit **1** dem Erbfall auf den entw vom Erbl dch Vfg vTw, sonst dch das G berufenen Erben über. Zugleich wird diesem dch **I** die Möglichk der Ausschlagg offen gehalten (RA muß entspr beraten, LG Köln NJW **81**, 351). Der idR mit dem Tod des Erbl zusammenfallende Anfall der Erbsch vollzieht sich kraft G ohne Wissen u Willen des Berufenen. Der Erbl kann den Übergang nicht ausschließen od von einer bes AnnahmeErkl des Erben abhängig machen. Das letztere würde keine aufschiebende Bedingg, sond ein ebso überflüssiger u daher unbeachtl Zusatz sein wie die Klausel, „falls er Erbe wird" oder „falls er nicht ausschlägt". Der so Eingesetzte würde VollE, nicht NachE nach § 2105 (Erman/Schlüter Rn 2; s Staud/Otte/Marotzke Rn 4); der Erbl kann allerdings eine vom G abweichende Zeit für die Annahme vorschreiben (vgl § 1944 Rn 9). – Im Falle der **Ausschlagung** od der Verurteilg wg **Erbunwürdigkeit** gilt der Anfall an den NächstBerecht als mit dem Erbfall erfolgt (§§ 1953 II; 2344 II), so daß dieser nur den Tod des Erblassers, nicht den Anfall zu erleben braucht. Bei einer **Leibesfrucht** (§ 1923 II) erfolgt der Anfall erst mit der Geburt, jedoch rückwirkend vom Erbfall an, beim **Nacherben** mit dem Eintritt der Nacherbfolge (§ 2139), beim **Vermächtnis** idR mit dem Erbfall (§ 2176, jedoch Ausn in §§ 2177–79). Für **Stiftungen** gilt § 84. Hat der Erbl eine Stiftg dch Erbeinsetzg errichtet, kann der StiftgsVorstand nicht ausschlagen (RGRK Rn 4).

2) Vorläufiger Erbschaftserwerb. Mit Rücks auf das AusschlagsR ist der ErbschErwerb zunächst nur **2** ein vorläufiger. Erst die wirkliche od bei Verstreichen der Ausschlagsfrist unterstellte Annahme (§ 1943) vollendet den Erwerb. Bis dahin besteht ein **Schwebezustand.** Währd der dem Erben gewährten Überleggsfrist (§ 1944) ist er entspr geschützt (§§ 207, 1958, 1995 II; ZPO 239 V, 778). Zur Rechtsstellg des vorl Erben s auch BGH NJW **69**, 1349.

3) Fiskus. Um das Herrenloswerden der Erbsch zu verhindern, ist dem ohne Einsetzg eines anderen **3** Erben (§ 1938) nicht ausschließbaren Fiskus das AusschlagsR versagt **(II).** Als eingesetzter Erbe kann er ausschlagen. Durch §§ 1966, 2011 und ZPO 780 II wird den Staatsbelangen Rechng getragen.

1943 *Annahme der Erbschaft.* **Der Erbe kann die Erbschaft nicht mehr ausschlagen, wenn er sie angenommen hat oder wenn die für die Ausschlagung vorgeschriebene Frist verstrichen ist; mit dem Ablaufe der Frist gilt die Erbschaft als angenommen.**

1) Die Annahme der Erbsch bewirkt, daß der Annehmende endgült Erbe wird u das Recht verliert, die **1** Erbsch auszuschlagen. Sie beendet den Schwebezustand (§ 1942 Rn 2) u wandelt den vorläuf Erwerb der Erbsch in einen endgült um. Sie ist also Bestätigg des Anfalls u Verzicht auf das AusschlaggsR. Ihrer RNatur nach ist sie gestaltende WillErkl, die ausdrückl od konkludent erfolgen kann od vom G fingiert wird (s Rn 5). Zu den erbschaftssteuerl Folgen s Kapp BB **80**, 117.

2) Die Erklärung der Annahme kann nicht vor dem Erbfall erfolgen (§ 1946). Sie besagt, daß der vorläuf **2** Erbe die Erbsch behalten, also Erbe sein u bleiben will. An eine bestimmte Form ist sie nicht gebunden (im Ggsatz zur Ausschlag od Anfechtg der Annahme bzw der Ausschlagg, §§ 1945, 1955) u auch nicht empfangsbedürftig (zB mittels GläubAufgebots durch Zeitg od Rundfunk, hM; s Soergel/Stein Rn 2 mwN). Sie wird regelm ggü einem Beteiligten (zB NachlGläub, NachlSchu, VermächtnNehmer, Miterben) od dem NachlG erfolgen (s MüKo/Leipold Rn 3). Bei ausdrückl Erkl der Annahme berechtigt eine fehlende Kenntn des AusschlaggsRs nicht zur Anfechtg (s § 1954 Rn 2). – Die Annahme kann auch dch **3** **schlüssiges Verhalten** erfolgen, wenn dieses ggü Dritten objektiv eindeutig zum Ausdruck bringt, Erbe sein u die Erbsch behalten zu wollen (BayObLG **83**, 153). Dies ist unter Berücksichtig aller in Betr kommenden Umstände des Einzelfalls zu entscheiden u kann auch darin liegen, daß über einen einzelnen Ggstand verfügt wird (BayObLG FamRZ **88**, 213). Wer nach außen Handlgn vornimmt, die den Schluß auf seinen Annahmewillen zulassen, muß sich als Annehmender behandeln lassen, auch wenn sein Wille nur auf and RFolgen gerichtet ist u ihm der Annahmewille tatsächl fehlt. Jedoch ist dann die Anfechtg der Annahme wg Irrtums mögl (s § 1954 Rn 2). Wenn allerdings der vorläuf Erbe NachlGgstände in der irrigen Meing veräußert, daß sie ihm schon vor dem Erbfall gehörten, so liegt darin überh keine Annahme der Erbsch (aM MüKo/Leipold Rn 4). – Zu beachten ist aber, daß eine gewisse Fürsorge für den Nachl auch währd der Überleggsfrist geboten ist wie zB Erklärgn üb den Nachl beim NachlG (Köln OLGZ **80**, 235), Antr auf TestEröffng od auf NachlVerw, und daß selbst eine Vfg über NachlGgstände noch keine Annahme zu sein braucht (§ 1959 II; s Celle OLGZ **65**, 30; Lücke JuS **78**, 254); ebsowenig Bezahlg der Beerdiggskosten; auch zunächst nicht die Fortführg eines Handelsgeschäfts unter der bisherigen Firma u die Eintrag des Erben ins HandelsReg, wenn letztere etwa erforderl ist, um gleichzeitig die verschärfte Schuldenhaftg des vielleicht später annehmenden Erben aus HGB 27 I entspr 25 II auszuschließen (Erman/Schlüter Rn 3 für Vorbeh bei zweifelh Maßn). Annahme liegt sicher in einer Prozeßaufnahme (ZPO 239) od Einlassg auf diese (vgl § 1958 Rn 1); in der Geltdmach des ErbschAnspr (§ 2018) und ErbschVerkauf (§ 2371); in der Stellg eines ErbschAntr (BGH RdL **68**, 99; s auch § 1948 Rn 1; § 2353 Rn 10). Sie kann auch im Anbieten eines NachlGrdst üb Makler gesehen werden (Oldbg NJW-RR **95**, 141); in der Einreich eines NachlVerzeichn braucht sie dagg noch nicht zu liegen (Johannsen WM **72**, 918).

4 **3) Annahmefähigkeit.** Die Annahme, die auch durch einen gewillkürten Vertreter (Vollm ist formlos gültig, Soergel/Stein Rn 6) erfolgen kann, setzt volle **Geschäftsfähigkeit** voraus. Für GeschUnfäh od beschr GeschFäh (§§ 104–111) kann der gesetzl Vertreter (beide Elternteile, § 1945 Rn 2) annehmen, ohne daß es – im Ggsatz zur Ausschlagg u Anfechtg der Annahme (§§ 1643 II, 1822 Nr 2) – vormschaftsgerichtl Genehmigg bedarf (s § 1643 Rn 3). Der beschr GeschFähige kann mit Einwillgg seines gesetzl Vertreters annehmen; die Annahme ist aber als einseit Gesch nicht genehmiggsfäh, § 111 (s Staud/Otte/Marotzke Rn 9). Vor der Geburt des Erben kann für die Leibesfrucht noch nicht angenommen werden, weil die Wirkg der Annahme wg § 1 nicht feststünde (Ausschlagg ist dagg nach hM mögl, s § 1946 Rn 2; str). – Zur Annahme **nicht** berechtigt sind TV od NachlPfleger (OLG 21, 349), zumal sie nicht od nicht insoweit (RG **106**, 46) echte gesetzl Vertr des Erben sind (RG **144**, 401); wohl aber Ergänzgspfleger (§ 1909), Abwesenh-Pfleger (§ 1911, KGJ **53**, 250) u Betreuer (§§ 1896; 1902). Bei Ehegatten ist nur der Teil, dem die Erbsch anfiel, zur Annahme berecht; dies gilt bei GütGemsch auch dann, wenn die Erbsch nicht ins Vorbehaltsgut, sond ins Gesamtgut fällt, selbst wenn dieses vom and Eheg verwaltet wird (§ 1432 I mit Rn 1); bei gemschaftl Verwaltg können beide Eheg gemeins (§ 1450) od der Erbende allein (§ 1455 Nr 1) annehmen. Die Annahme einer vor KonkEröffng angefallenen Erbsch steht nur dem Gemeinschuldner zu (KO 9).

5 **4) Fiktion der Annahme** (s Pohl AcP **77**, 57ff). Als Annahme gilt die Anfechtg der Ausschlagg (§ 1957) u das ungenutzte Verstreichenlassen der Ausschlagsfrist. Auch im letzteren Fall muß der Erbe geschäftsfähig sein (Staud/Otte/Marotzke Rn 9) od, wenn dies nicht der Fall ist, einen gesetzl Vertreter haben, der Kenntn von Erbanfall u BerufgsGrd hat (Staud/Otte/Marotzke Rn 11; aM Soergel/Stein Rn 8). Die Fristversäumg kann wie die Annahme angefochten werden (§ 1956; Köln MDR **80**, 493; ausführl Kraiß BWNotZ **92**, 31). Bei fehlendem gesetzl Vertreter trifft § 1944 II S 3 Vorsorge.

6 **5) Beweislast.** Beim Erben erübrigt sich der Beweis der Annahme, wenn seine Hdlgen (Rn 3) als Annahme gelten. Ausnahmen: ZPO 991 III (Aufgebot); § 2357 (für Miterben). Die NachlGläubiger haben die Annahme zu beweisen, wenn sie gg den Erben vorgehen wollen (§ 1958, ZPO 239, 778), also entweder die ausdrückl erklärte Annahme od den Ablauf der Ausschlaggsfrist (RGRK Rn 15). Für die Ausschlagg u ihren Ztpkt ist beweispfl, wer ihre Rechtzeitigk behauptet (Staud/Otte/Marotzke Rn 13; s auch § 1944 Rn 10).

1944 *Ausschlagungsfrist.* **I** Die Ausschlagung kann nur binnen sechs Wochen erfolgen.

II Die Frist beginnt mit dem Zeitpunkt, in welchem der Erbe von dem Anfall und dem Grunde der Berufung Kenntnis erlangt. Ist der Erbe durch Verfügung von Todes wegen berufen, so beginnt die Frist nicht vor der Verkündung der Verfügung. Auf den Lauf der Frist finden die für die Verjährung geltenden Vorschriften der §§ 203, 206 entsprechende Anwendung.

III Die Frist beträgt sechs Monate, wenn der Erblasser seinen letzten Wohnsitz nur im Auslande gehabt hat oder wenn sich der Erbe bei dem Beginne der Frist im Ausland aufhält.

1 **1) Die Ausschlagungsfrist (I)** von 6 Wochen ist relativ kurz bemessen, um den durch die Möglichk der Ausschlagg geschaffenen ungewissen Schwebezustand innerh festbestimmter Zeit zu beenden. Sie ist allerd dann auf 6 Monate verlängert, wenn entw der Erbl nur im **Ausland** Wohnsitz hatte od wenn der Erbe sich bei Fristbeginn im Ausland aufhält (**III**); ist Kenntn des ges Vertreters maßgebl (s Rn 7), kommt es auf dessen Aufenthalt an; bei gewillkürter Vertretg gilt Rn 7 entspr. **III** Hs 1 gilt für einen **deutschen** Erbl (EG 25) und stellt allein auf dessen Wohnsitz ab; auf den Sterbeort kommt es nicht an. Da jemand mehrere Wohnsitze haben kann (§ 7 II), gilt **III** ledigl dann, wenn der Erblasserwohnsitz **„nur im Auslande"** bestand, nicht aber, wenn der Erbl (bei Doppel- od Inlandswohnsitz) ledigl im Auslande aufhielt. – Zu DDR-Erbl u NachlSpaltg s Rn 10.

2 **2) Fristbeginn (II).** Abgestellt ist nicht auf den Erbfall, da dieser auch ohne Wissen des Erben zum Anfall der Erbsch führt (s § 1942 Rn 1), sond darauf, wann danach der Erbe von dem Anfall und dem Grunde der Berufung bestimmte und überzeugende **Kenntnis** erlangt hat; bei mehreren Erben gilt dies für jeden gesondert. Dafür ist erforderl, aber auch genügend, wenn dem Erben die tatsächl u rechtl Umstände in so zuverläss Weise bekannt geworden sind, daß von ihm vernünftigerw erwartet werden kann, in die Überlegen üb Annahme od Ausschlag einzutreten (BayObLG FamRZ **94**, 264; MüKo/Leipold Rn 8). Gleichgült ist, ob Kenntn aus privater od amtl Quelle (NachlG) stammt; für Erben unüberprüfb private Mitteilgen genügen allerd regelm nicht (BayObLG aaO). – Kennenmüssen od (grob) fahrläss Unkenntn steht Kenntn nicht gleich; auf Verschulden kommt es nicht an (BGH **LM** § 2306 Nr 4; Hamm OLGZ **69**, 288). Daher kommt dem bloßen Zugang eines Schreibens, das Kenntn vermitteln würde, noch keine entscheidde Bedeutg zu (BayObLG **68**, 74; s auch BGH Rpfleger **68**, 183). Ohne Bedeutg ist auch, ob Nichtkenntn auf tatsächl od auf RIrrtum beruht, zB auf Ungewißh od Irrtum üb die Wirksamk einer letztw Vfg (BGH **LM** § 2306 Nr 4). – Bei **gewillkürter** Erbfolge beginnt die Frist jedoch nach **II** niemals vor der gerichtl

3 Verkünd der Vfg (dies war Wortlaut des 1. Entwurfs zum BGB), also der amtl Verlautbarg. Dabei wird nicht so sehr auf die unterschiedl gestaltbare Art der Eröffng (§§ 2260; 2261) abgestellt, sond auf die damit bezweckte amtl Unterrichtg der Beteil, die das Ges ihnen zusichert. Deren Form (ob mit od ohne Zuziehg des Erben; mit od ohne Verlesg des Test) ist dah nicht erhebl, sofern sie nur den Zweck erreicht, den Inhalt des Test den Beteil amtl kundzugeben. Zur exakten Festlegg des frühesten Beginns der Ausschlaggsfrist ist daher auf die Kenntn des Erben von der TestEröffng abzustellen (BGH **112**, 229). Erhält der Erbe erst später die notwend Kenntn von der ihn berufenden Vfg, wird die Frist erst dch diesen späteren Zeitpkt in Lauf gesetzt. Bei Mißverständn od beachtl RIrrtum kann aber selbst dann ein Hinausschieben des Fristbeginns in Frage kommen (s MüKo/Leipold Rn 12). – Keine Eröffng im RSinne ist die Mitverkünd untrennbarer Vfgen des Überlebenden bei Eröffng eines gemeinsch Test nach dem Erstverstorbenen (§ 2273 Rn 1); wohl aber steht ihr die „Kundmachung" eines Test eines Deutschen dch das österreich VerlassenschGer gleich (Will DNotZ **74**, 273/278). – Ist Verkünd wg Zerstörg od Verlust der Urk unmögl, beginnt die Frist mit Kenntn von Anfall und BerufgsGrd sowie der Tats, daß die Verkünd der Vfg nicht mögl ist (KG JW **19**, 586; Kipp/

Coing § 87 II 2b). Falls aber die Urkunde nach BeurkG 46 wiederhergestellt werden kann, gilt dies nicht u die Frist beginnt erst mit der Eröffng der wiederhergestellten Urk (vgl Wuppertal JMBl NRW 48, 173). – Eine **Sonderregelung** gilt für PflichtBerecht, die als Erben eingesetzt sind (s § 2306 Rn 13; 15). Sondervorschriften: REG 78 II *(AmZ),* 65 *(BrZ),* 67 *(Bln).*

   a) Kenntnis des Anfalls (Rn 2) liegt regelm in der Kenntn der den Anfall begründenden **Tatsachen** 4 (Tod, TodesErkl des Erbl; verwandtschaftl od ehel Verhältn; Wegfall im Wege stehender Verwandter). Kenntn fehlt aber, solange der Erbe irrtüml (infolge Tats- od Rechtsirrtums) einen anderen für vorberufen od das diesen berufende nichtige Test für gültig od das ihn selbst berufende Test für ungült hält; ferner bei begründeter Vermutg, dch letztw Vfg als gesetzl Erbe ausgeschlossen zu sein (Hamm OLGZ **69,** 288). Fehlen eines Aktivnachlasses od die Annahme, ein solcher fehle, kann bei jur Laien nach den bes Umständ des Einzelfalls Kenntn des Anfalls ausschließen (BayObLG FamRZ **94,** 264).

   b) Kenntnis des Berufungsgrundes (Rn 2) liegt vor, wenn der Erbe weiß, weshalb die Erbsch ihm u ob 5 sie ihm als gesetzl od als gewillkürtem Erben angefallen ist. Fristbeginn ist also ausgeschlossen, solange der TestErbe irrtüml annimmt, er sei gesetzl Erbe, und umgekehrt (RG HRR **31** Nr 1440); desgl wenn der Erbe inf körperl od geistigen Verfalls von Anfall u BerufsgsGrd nicht mehr Kenntn nehmen kann (BayObLG NJW **53,** 1431). – **aa) Bei gesetzlicher Erbfolge** erfordert ist Kenntn des die Erbberechtigg begründenden 6 Familienverhältnisses (Verwandtsch, Ehe, §§ 1924–1935). Außerdem muß dem gesetzl Erben bekannt sein, daß keine letztw Vfg vorhanden ist, die das gesetzl ErbR ausschließt; hierbei genügt es, wenn er keine Kenntnis u auch keine begründete Vermutg hat, daß eine Vfg vTw vorliegt (KG Recht **29,** Nr 778; BayObLG RhNK **79,** 159). – **bb) Bei gewillkürter Erbfolge** muß der Erbe Kenntn davon erlangen, daß 7 er dch Vfg vTw zum Erben berufen ist. Auf die genaue Kenntn des ganzen Inhalts der ihn berufenden Vfg kommt es nicht an. Insbes ist unerhebl, ob er sie für ein Test od einen ErbVertr hält, ihre Tragweite od den Nachl überschaut, die genaue Größe seines Erbteils od den sonstigen Inhalt kennt; irrt er sich über die Erbteilsgröße, hilft allenf Anfechtg. Existieren mehrere Vfgen des Erbl mit unterschiedl Regelgen, sollte allerd Kenntn von dem bestimmten Test verlangt werden, nachdem dessen Eröffng dch **II** zur weiteren Voraussetzg für den Fristbeginn gemacht wird (MüKo/Leipold Rn 4).

   c) Maßgebliche Person. Entscheidend ist die Kenntn des Erben, im Falle seiner Minderjährigk od 8 Geschäftsunfähigk die seines ges Vertreters. Bei **gewillkürter Vertretung** sowie Betreuung (§ 1896) für einen unbeschr Geschäftsfähigen genügt sowohl die Kenntn des Vertretenen wie die seines Vertreters (KG HRR **35** Nr 1664); die früher ablaufende Frist entscheidet. § 166 gilt nicht, da er nur die RFolgen einer WillErkl, nicht deren Unterlassg betrifft. Ist der Erbe eine **juristische Person,** die zum Erwerb einer Genehmigg bedarf (EG 86), beginnt die Frist erst mit Kenntn von deren Erteilg (Soergel/Stein Rn 17 mN). – Über die Sonderregelg in § 2306 I 2 s dort Rn 13; 15. – Für **Nacherben** beginnt die Frist erst bei Kenntn des Eintritts der Nacherbfolge u des Berufsgrundes (RG LZ **25,** 1071), doch kann er – wie jeder Erbe, § 1946 – bereits nach Eintritt des Erbfalls ausschlagen (§ 2142 I). Für einen nach dem Tode des Erbl geborenen Erben (§ 1923 II) beginnt die AusschlFrist nicht vor dessen Geburt (KGJ **34** A 79) u Kenntn des gesetzl Vertreters. – Der **Ersatzerbe** (§ 2096) kann auch schon nach dem Erbfall, braucht aber erst nach dem Ersatzerbfall auszuschlagen.

   3) Fristablauf wird nach §§ 187 I, 188, 193 berechnet. Fristverlängerg od Verkürzg durch NachlG ist 9 unzuläss. Der Erbl kann allerdings die Frist dadurch verlängern od verkürzen, daß er die Annahme innerh eines gewissen Zeitraumes vorschreibt (Stgt OLGZ **74,** 67/68); bei Bestimmg einer längeren Frist ist der Erbe unter einer aufschiebenden Bedingg eingesetzt (RGRK Rn 1). – **Hemmung** dch den Stillstand der RPflege (§ 203) kann in Bezug auf die fr DDR nicht allg angenommen werden (Adlerstein/Desch DtZ **91,** 193). Als Fall höherer Gewalt wird die unvermeidb Verzögerg einer erforderl vormschgerichtl Genehmigg (§§ 1643 II, 1822 Nr 2; vgl § 1945 Rn 3) angesehen, weil bei deren Verzögerg dch Gericht über den Fristablauf hinaus Anfechtg wg Fristversäumg (§ 1956) mangels Irrt nicht mögl ist (jetzt hM; Ffm FamRZ **66,** 259; jetzt BayObLG **69,** 18; **83,** 9); die Hemmg des Fristablaufs fällt mit Zugang des GenBeschl beim gesetzl Vertreter weg (Ffm aaO). – Nach § 206 I 2 beträgt die Frist eines gesetzl Vertreters ebenf nur 6 Wochen, nicht 6 Monate, abgesehen vom Fall des Abs III. § 206 II ist unanwendb (Staud/Otte/Marotzke Rn 26). Fällt der gesetzl Vertreter nach Kenntn, also nach Fristbeginn (durch Tod, Abberufg usw) weg, beginnt bei Bestellg des Nachfolgers eine neue Frist. Erneute Kenntn ist nicht erforderl, da der neue Vertreter (od der geschäftsfähig gewordene Erbe) die RLage so hinnehmen muß, wie er sie vorfindet; beim Tod des Erben läuft die schon im Lauf befindl Frist gg seine Erben weiter (vgl aber §§ 1952 II, 1956).

   4) Beweislast. Wer sich auf die Ausschlag beruft (zB der vom NachlGläub als Erbe in Anspr Genom- 10 mene), muß ihre Rechtzeitigk dartun. Wer dagg behauptet, das Recht zur Ausschlag sei bereits erloschen, hat zu beweisen, daß u wann der Erbe Kenntn vom Anfall u dem BerufsgsGrd erhalten hat (s Staud/Otte/Marotzke Rn 29; auch Düss MDR **78,** 142 zur Prüfg des Fristablaufs im ErbSchVerf).

   5) Aussschlagung nach DDR-ZGB. Ist in Erbfällen zw 1. 1. 76 u 2. 10. 90 maßgebl ErbR das ZGB der 11 fr DDR (s Einl 5 vor § 1922; EG 235 § 1 Rn 5–7), beurteilt sich die RWirksamk einer Ausschlag nach ZGB 402ff. – **a) Die Frist** betrug danach 2 Monate, für Erben mit Wohnsitz außerh der DDR 6 Monate (ZGB 402 I); zu letzteren gehören auch westdtsche (Hamm ZEV **94,** 246 mAv Kummer; aA für die Verhältn im Jahr 1961 Ffm ZEV **94,** 247). Sie begann mit Kenntn vom Erbfall, bei test Erbeinsetzg nicht vor TestEröffng (ZGB 403 I). – **b) Als Form** war not Beglaubigg vorgeschrieben (ZGB 403 II), womit ersichtl eine solche 12 dch ein Staatl Notariat der DDR gemeint war (vgl DDR-NotG 10 II; 22). Bei Erkl eines Westdtschen reichte aber auch Beglaubigg dch westdtsch (westberliner) Notar am Ortsform aus (RAG 16 S 2; Karlsr DtZ **95,** 338; Brakebusch Rpfleger **94,** 234 mN). – **c) Als Empfänger** der Erkl (§ 1945 Rn 7) war in der DDR 13 zwingd das Staatl Notariat in seiner Funktion als NachlG bestimmt (ZGB 403 II), bei dem auch eine außerh der DDR beurk Erkl eingehen mußte (Stralsund Rpfleger **94,** 66), da die Empfangszuständig nicht zur Form gehört. Nur die ggü diesem erkl Ausschlag erlangte Wirksamk, nicht aber eine nur ggü dem in der alten BRep zuständ NachlG abgegebene (KG OLGZ **92,** 279; **93,** 1; BayObLG **91,** 103; Lorenz DStR **94,**

584). Ein fehlender Zugang beim Staatl Notariat kann auch nicht gem EG 231 § 7 I geheilt werden, weil diese Vorschr nur das Vertrauen in die Formwirksamk einer dch einen West-Notar (statt DDR-Notariat) beurkundete Erkl schützt, nicht aber den Zugang beim richtigen Empfänger ersetzen kann (BayObLG FamRZ **95**, 1089; Brakebusch aaO; Bestelmeyer Rpfleger **93**, 381; unzutreffd insow KG OLGZ **93**, 405). Heilg trat auch nicht dadch ein, daß nach Abgabe der Erkl das NachlG noch innerh laufder Frist dch den

14 Beitritt grdsl zuständ geworden ist (Bln FamRZ **95**, 757). – **d) Ist Grundvermögen** in der DDR als rechtl selbständ NachlTeil zu behandeln (§ 1922 Rn 8), erfaßte die ggü einem NachlG der alten BRD erkl Ausschlagg nur den NachlTeil, der dem Erbstatut der alten Bundesländer unterlag (KG **93**, 1; Bonn DtZ **92**, 56); dazu gehört der gesamte westdeutsche u der bewegl DDR-Nachl; nur in Erbfällen vor dem 1. 7. 76 gehörte auch noch der Grdbesitz in der fr DDR dazu (BayObLG **92**, 64; Bestelmeyer Rpfleger **92**, 321; s § 1922 Rn 8). Hinsichtl des selbständ NachlTeils Grdbesitz in der fr DDR müssen dagg die in Rn 11 ff genannten Erfordern des ZGB als Erbstatut gewahrt sein (BayObLG FamRZ **95**, 1089; Bln FamRZ **95**, 757). Allenf könnte bei NachlSpaltg die interlokale Notzuständigk des westdeutschen NachlG für den NachlTeil in der fr DDR dann angenommen werden, wenn die Einreichg der Erkl beim Staatl Notariat unzumutb war, weil zB mit polit Gefährdg verbunden war (KG aaO; OLGZ **93**, 278; Lorenz DStR **94**, 584).

1945 *Form der Ausschlagung.* **I** Die Ausschlagung erfolgt durch Erklärung gegenüber dem Nachlaßgerichte; die Erklärung ist zur Niederschrift des Nachlaßgerichts oder in öffentlich beglaubigter Form abzugeben.

II Die Niederschrift des Nachlaßgerichts wird nach den Vorschriften des Beurkundungsgesetzes errichtet.

III Ein Bevollmächtigter bedarf einer öffentlich beglaubigten Vollmacht. Die Vollmacht muß der Erklärung beigefügt oder innerhalb der Ausschlagungsfrist nachgebracht werden.

1 **1) Die Ausschlagungserklärung** ist eine einseitige, form- und fristgebundene, amtsempfangsbedürftige Willenserklärg (§ 130). Sie wird daher erst wirks, wenn sie dem NachlG zugeht; sie wird nicht wirks, wenn dem NachlG vorher od gleichzeitig ein Widerruf zugeht (§ 130 I). Die Erkl muß den Willen erkennen lassen, nicht Erbe sein zu wollen; ob dies der Fall ist, muß ggf dch Ausslegg (§§ 133, 157) festgestellt werden (BayObLG **67**, 33; **77**, 163); wollte der Erbe entgg dem Wortlaut seiner Erkl nur den in der fr DDR belegenen Grdbesitz ausschlagen, den Nachl in der alten BRD aber annehmen, ist die Ausschlagg nicht wg geheimen Vorbehalts nichtig (§ 116; BayObLG **92**, 64). – Bei **Auslegung** einer nicht eindeut Erkl ist auf das Verständn des Personenkreises abzustellen, der von der Ausschlagg rechtl betroffen wird; dies gilt auch für die Frage, ob Teilausschlag erkl ist (BayObLG **92**, 64). Da sie das Gegenstück der Annahme ist (§ 1957 I), muß auch die Erkl, nicht annehmen zu wollen, genügen (Besonderheiten in §§ 1947 ff). In der Erklärg eines gesetzl Erben (MitE), daß er das auf Test beruhende ErbR einer and Person anerkenne, liegt noch keine Ausschlagg der Erbsch, auch wenn der Erklärende wußte, daß das Test nichtig ist (BayObLG aaO). Bei mehrfacher Ausschlagg ist die zweite RHdlg zunächst unbeachtl, kann aber Wirksamk dadurch erlangen, daß die erste sich als unwirks herausstellt. – Eine Anfechtg der Ausschlagg wg GläubBenachteiligg kann nicht erfolgen, da sie keine Schenkg ist (§ 517; s RG **54**, 289). – Zur Ausschlagg nach ZGB der fr **DDR** s § 1944 Rn 11–13.

2 **2) Der Ausschlagende** muß unbeschränkt geschäftsfäh sein. Er braucht aber nicht persönl zu handeln. Bei gewillkürter Vertretg muß mit der Erkl öff beglaubigte Vollmacht zur Ausschlagg vorgelegt od innerh der Frist nachgereicht werden (**III**), die nicht vom NachlG beurkundet werden kann (Winkler Rpfleger **71**, 346). Kosten der Beglaubigg trägt der Ausschlagende. – **a) Gesetzliche Vertreter.** Beschränkt Geschäftsfähige können nur mit Einwillig ihres ges Vertr ausschlagen (§ 107), aber nicht mit dessen nachträgl Zustimmg (§ 111). Im übr kann für sie sowie für Geschäftsunfähige nur ihr ges Vertr die Ausschlagg erklären. Dessen Berechtigg zur Ausschlagg entfällt auch nicht dadch, daß der Erbl ihn oder einen von ihnen nach § 1638 von der Verwaltg des Nachl ausgeschlossen hat (Karlsr FamRZ **65**, 573). Die Ausschlagg dch den ges Vertreter wird auch wirks, wenn der Vertretene nach Abgabe der AusschlagsErkl, aber noch vor deren Zugang volljähr wird (§ 130 II; Karlsr aaO). **Eltern** (§ 1629 I) müssen beide die ihrem Kind angefallene Erbsch ausschlagen (BayObLG **77**, 163); schlägt nur ein Elternteil aus, ist die Ausschlagg auch dann nicht wirks, wenn der and formlos zustimmt (BayObLG **57**, 361; Soergel/Stein Rn 5). Auch wenn die Ausschlagg des Kindes dazu führt, daß nunmehr ein Elternteil als Erbe berufen ist, sind die Eltern nicht kr G von der Vertretg ausgeschlossen, weil bei der Ausschlagg § 181 weder direkt noch seinem Schutzzweck nach eingreift und ein Fall der §§ 1629 II, 1795 nicht vorliegt (BayObLG **83**, 213; auch Coing NJW **85**, 6; dagg für erweiternde Auslegg des § 181 Heldrich FS Lorenz, 1991, 97; Buchholz NJW **93**, 1161). Dem dadch entstehden Interessenkonflikt kann Rechng getragen werden, weil die Eltern die Genehmigg des VormschG einholen müssen (§ 1643 II 1 mit Ausn in S 2; s Rn 3), ohne die ihre AuschlaggsErkl unwirks ist (§ 1831; s § 1828 Rn 2). Dieses wird ggf vom NachlG vAw verständigt (FGG 35 a) u idR statt die Genehmigg zu erteilen den Eltern insow deren ges Vertretg gem §§ 1629 II 2, 1796 entziehen und einen Pfleger (§ 1909) bestellen (Soergel/Stein Rn 6; s auch BayObLG aaO). Auch Vormund, Betreuer u Pfleger bedürfen stets der

3 vormschgerichtl Genehmigg (§§ 1822 Nr 2; 1908i; 1915). – **b) Die Genehmigung** des VormschG ist samt dem Nachweis der zu ihrer Wirksamk erforderl Bekanntmachg an den ges Vertr (§ 1828) innerhalb der Frist des § 1944 dem NachlG vorzulegen. Ohnehin ist sie grdsl vorher zu erholen (§ 1831); ausnahmsw kann sie hier allerd entspr **III** 2 auch noch nach der Erkl beigebracht werden (BayObLG **83**, 213; Ffm FamRZ **66**, 259). Wird die Erteilg der rechtzeit beantragten Genehmigg verzögert, ist dies ggf als höhere Gewalt anzusehen (s § 1944 Rn 9). Das VormschG darf seine Entscheidg nicht davon abhäng machen, ob nach seiner

4 Beurteilg die Ausschlaggsfrist bereits abgelaufen ist (BayObLG **69**, 14; Soergel/Stein Rn 6). – **c) Bei Ehegatten** ist zur Ausschlagg nur der Eheteil, dem die Erbsch anfiel, berechtigt, und zwar bei Güter-Gemsch auch dann, wenn das Gesamtgut vom anderen Eheg verwaltet wird (§ 1432); bei gemschaftl Verwaltg können beide Eheg gemeins (§ 1450) od nur der Erbende (§ 1455 Nr 1) ausschlagen. Ein in

ZugewGemsch lebender Eheg bedarf zur Ausschlagg nicht der Einwilligg des anderen Eheg nach §§ 1365, 1367. – **d) Sonstiges.** Bei Anfall vor Eröffng des ErbenKonk ist der Erbe zur Ausschlagg berechtigt (KO 9). 5 – TestVollstr u NachlPfleger können ebsowenig ausschlagen wie annehmen (vgl § 2205 Rn 4; § 1960 Rn 22). – Eine nach Erbfall formlos vereinbarte **Verpflichtung** zur Ausschlagg ist mögl, muß aber durch formgerechte Ausschlagg erfüllt werden (RG HRR **29** Nr 292); vor dem Erbfall ist sie nur gem § 312 II mögl (Erman/Schlüter § 1946 Rn 1).

3) Form. Die Erkl muß ggü dem **Nachlaßgericht** abgegeben werden entw zu dessen Niederschrift 6 (Rpfleger, RPflG 3 Nr 1 f; **II** iVm BeurkG 1–13 a; 16–18; 22–26; 44–51; 54) od in öff beglaub Form (§ 129; BeurkG 40; 63). Ausschlagg des Jugendamts als Amtspfleger in Form einer öff Urk (ZPO 415) bedarf nicht der öff Beglaub (hM; s LG Bln Rpfleger **94**, 167 mwN). Halten sich die Erben im Ausland auf (§ 1944 III), sollte für die an das inländ NachlG gerichtete Erkl auch Ortsform genügen (EG 11; str; ebso Staud/Firsching EG 24–26 Rn 295); str ist dagegen, ob die Abgabe dch Bevollmächt mit öff beglaub Vollm ist stets wirks (MüKo/Birk vor EG 24–26 Rn 186). Formfehler bei der Niederschr können innerh der Frist behoben werden (arg III 2). Ausschlagg dch Telegramm genügt nicht. – **Gebühr** KostO 45. – Die Ausschlagg in öff Test wäre an sich ebenso wie der in gleicher Form erfolgende Widerruf einer Schenkg wirks (str; vgl § 130 Rn 12; aM KG JW **19**, 998); es wird aber nur selten die Frist des § 1944 gewahrt sein.

4) Erklärungsempfänger ist ausschließl das **Nachlaßgericht** (s dazu § 1962 Rn 1; anders beim Vermächtnis, §§ 2180 II 1; 2308 II 2 sowie zur Anwendg des ErbR der fr DDR, s § 1944 Rn 13). Es kann im Wege der RHilfe ein andl NachlG um Entggnahme ersuchen; dieses kann nach Ausschlagg auch noch den nachrückenden Erben einvernehmen u dessen Erkl entggnehmen, weil das Ersuchen weit auszulegen ist (BayObLG **52**, 291). Es nimmt die AusschlaggsErkl entgg (selbst wenn es sie für verspätet od unwirksam hält) u teilt die Ausschlagg dem Nächstberufenen mit (§ 1953 III). Über die Wirksamk der Ausschlagg entscheidet das NachlG nur im Rahmen eines Erbscheinsverfahrens, selbst wenn das LandesR ihm die Erbenermittlg vAw vorschreibt (BayObLGZ **85**, 244); für einen (feststellenden) gesonderten Beschluß besteht weder eine Verpflichtg noch ein Bedürfnis (BayObLG aaO). – Die Aufnahme der Erkl zur Niederschr od ihre EntggNahme in öff beglaubigter Form dch ein **örtlich unzuständiges Gericht** ist dann 8 nicht unwirks, wenn sich dieses als NachlG betätigt (FGG 7; s BGH Rpfleger **77**, 406). Dazu gehört auch die Weitergabe der Erkl innerh der Frist an das zuständ NachlG, auch wenn sie dort verspätet eingeht (Keidel/Reichert FGG 7 Rn 6). Selbst wenn ein unzuständig Gericht nach Aufnahme od Entggnahme untätig bleibt, ist die Wirksamk zu bejahen, da auch Aufnahme u Entggennahme von Erkl od deren Weitergabe gerichtl Handlgen sind (ebso Keidel/Reichert FGG 7 Rn 5). Nur wenn das Gericht wg Unzuständigk die bei ihm in öff beglaubigter Form eingereichte Erkl zurückgibt, ist die Ausschl unwirks. Sie kann aber vor Fristablauf in wirks Form wiederholt werden.

5) Empfangsbestätigung hat das NachlG nach Einreichg der Erkl in öff beglaubigter Form zu erteilen. 9 Wurde die Erkl zu seiner Niederschr gegeben, ist dem Ausschlagenden über die Tats der erfolgten Ausschlagg auf Antr ein **Zeugnis** zu erteilten (KGJ **35** A 60), das sich aber nicht über deren Rechtzeitig od Gültigk zu äußern hat.

6) Ausländischer Erblasser. Das anzuwendde ausländ ErbR (EG 25) bestimmt auch üb die Möglichk u 10 die Voraussetzgen einer Ausschlagg (s EG 25 Rn 10). Für die Entggnahme einer danach vorgesehenen AusschlaggsErkl ist das deutsche NachlG grdsl nicht zuständig. Bei Erteilg eines ggständl beschränkten ErbSch (§ 2369) kann wg der dafür gegebenen internat Zuständigk das NachlG allerd im Rahmen dieses Verfahrens auch Erkl entggnehmen, zB bei Anwendg italienischen Rechts die dort vorgesehe Erkl der minderjähr Erben, daß sie die Erbsch unter dem Vorbehalt des Inventars annehmen (BayObLG **65**, 423). Nach Niederschr der Erkl kann analoge Anwendg von FGG 7 es verbieten, gerichtl ZuständigkIrrt dem Ausschlagden aufzubürden (BayObLG **94**, 40 bei griech Erbl). – Kennt das ausländ Recht das Institut der Ausschlagg nicht, vgl JM *BaWü* BWNotZ **59**, 31.

1946 *Frühester Zeitpunkt für Annahme oder Ausschlagung.* **Der Erbe kann die Erbschaft annehmen oder ausschlagen, sobald der Erbfall eingetreten ist.**

1) Zu Lebzeiten des Erbl ist eine Erbsch, die angenommen od ausgeschlagen werden könnte, noch nicht 1 vorhanden; wohl aber ein ErbR, auf das verzichtet werden kann (§ 2346). Auch Verträge zw künftigen gesetzl Erben nach § 312 II sind mögl. Der NachE (§ 2142 I) kann nach dem Tod des Erbl, also schon vor dem Nacherbfall ausschlagen od annehmen (BayObLGZ **62**, 239/241), der PflichttBerechtigte (§ 2306 I 2) schon vor Kenntn der Beschränkgen. Wegen des Ersatzerben s § 1944 Rn 7.

2) Erst nach dem Erbfall kann wirks angenommen od ausgeschlagen werden, dann aber noch vor 2 Beginn der Auschlaggsfrist (§ 1944) u auch vor dem Anfall (dh vor Wegfall eines Vorberufenen). Dem Erben ist also HdlgsFreih gewährt, auch wenn die Voraussetzgen für den Beginn der Ausschlaggsfrist (§ 1944 II) in seiner Person noch nicht gegeben waren. Str ist, ob für ein zwar erzeugtes, aber noch nicht geborenes Kind (nasciturus) die künft ges Vertreter (Eltern od ein nach § 1912 bestellter Pfleger) schon vor der Geburt wirks ausschlagen können. Von den hM wird dies (im Ggsatz zur Annahme, s § 1943 Rn 4) bejaht (zB Stgt OLGZ **93**, 140; Oldbg NJW-RR **94**, 651; Osnabr Rpfleger **93**, 342); aA zu Recht KG OLGE **14**, 318; Berlin Rpfleger **90**, 362; AG Recklinghausen Rpfleger **88**, 106. Eine **juristische Person** kann vor der Genehmigg des Erwerbs (EG 86) zwar nicht annehmen (Fristbeginn § 1944 Rn 7), aber ausschlagen (RG **76**, 384; s auch EG 86 Rn 1).

1947 *Bedingungsfeindliches Geschäft.* **Die Annahme und die Ausschlagung können nicht unter einer Bedingung oder einer Zeitbestimmung erfolgen.**

1 **1) Bedingungsfeindlich** sind Annahme u Ausschlagg zwecks Herbeiführg eindeut Verhältn (ebso beim Vermächtn, § 2180 II, und TestVollstrg, § 2202 II). Sie sind mit dem Zugehen als WillErkl unwiderrufl (§ 130 I 1, III; Lange/Kuchinke § 8 IV 1). S aber auch §§ 1949 I, 1954.

2 **2) Rechtsfolge.** Unwirks macht die Erkl nur das Setzen einer echten rechtsgeschäftl Bedingg (s Einf 1–7 vor § 158) od Zeitbestimmg (§§ 158–163) wie zB („Falls mir die Erbschaftsteuer erlassen wird", „Auf die Dauer von 3 Jahren", „Falls der Nachlaß nicht überschuldet ist" usw (s MüKo/Leipold Rn 2). Dagg nicht eine überflüssige od eine RBedingg („Wenn ich berufen sein sollte", „Falls der Erblasser nicht mehr lebt"). Keine echte Bedingg liegt auch vor, wenn für den Fall der Berufg aus einem bestimmten Grd angenommen od ausgeschlagen wird (Staud/Otte/Marotzke Rn 3). – Wird zG eines **Dritten** ausgeschlagen, ist entscheidend, ob der gewollte Erwerb des Dritten echte Bedingg od nur gesetzl Wirkg der Ausschlag od Ausschlagg zG des Nachberufenen (§ 1953 II, Staud/Otte/Marotzke Rn 4) od nur BewegGrd ist (s Hamm NJW **81**, 2585 u dazu Frohn Rpfleger **82**, 56). Echte Bedingg liegt vor, wenn man beim Ausschlagen erkennb daran liegt, daß die Erbsch an einen bestimmten Dritten gelangt u der Erklärde mit einem mögl and Erfolg keineswegs einverstanden ist (BayObLG **77**, 163, Rpfleger **82**, 69). In diesem Fall ist die Ausschlagg unwirks, falls nicht zB bei Wahrg der Form des § 2033 eine Umdeutg (KGJ **35** A 64) in Annahme u Erkl, den Erbteil einem Dritten zu übertragen, mögl ist (s DNotZ **74**, 597); in den anderen Fällen ist die Beifügg einer Bedingg unschädl. – Daß ein erwartetes Entgelt nicht gezahlt wird, hindert die Wirksamk der Ausschlagg nicht. – Wegen mehrfacher Berufg vgl §§ 1948, 1949, 1951, 2007.

1948 Mehrere Berufungsgründe.
[I] Wer durch Verfügung von Todes wegen als Erbe berufen ist, kann, wenn er ohne die Verfügung als gesetzlicher Erbe berufen sein würde, die Erbschaft als eingesetzter Erbe ausschlagen und als gesetzlicher Erbe annehmen.

[II] Wer durch Testament und durch Erbvertrag als Erbe berufen ist, kann die Erbschaft aus dem einen Berufungsgrund annehmen und aus dem anderen ausschlagen.

1 **1) Allgemeines.** § 1948 ermöglicht dem mehrfach berufenen Allein- od Miterben ohne Verstoß gg § 1947 die Beschränkg der Ausschlagg, während § 1951 bei Berufg zu mehreren Erbteilen ihre Teilbarkeit vorsieht (ü kann man nur insges ausschlagen (§ 1950). – Die Vorschr hat kaum prakt Bedeutg, weil zB test Beschwergen auch bei Ausschlagg der Erbeinsetzg u Eintritt der gesetzl Erbfolge idR bestehen bleiben, etwa Vermächtn u Auflagen (§§ 2161, 2192) ebso andere Beschrkgen wie Nacherbsch, TestVollstr, Teilgsanordngen (§ 2085) u die PflichttLast (§ 2320). In Anwendg von **I** kann aber zB der eingesetzte Eheg erreichen, daß ihm als gesetzl Erben (§ 1932) der Voraus zufällt (Staud/Otte/Marotzke Rn 6), s auch § 2311 I 2 (aM Holzhauer, Erbrechtl Untersuchgen, 1973, 85/114ff); ferner eine Befreiung von der Bindg dch wechselbezügl Verfüggen, § 2271 II 1 (s aber auch § 2271 Rn 17); ob dies nur gilt, wenn der Eheg infolge Ausschlusses von pflichtberecht Erben auch AlleinE kr Gesetzes wird (so Strobl DNotZ **65**, 337), ist bestr; aM Staudenmaier DNotZ **65**, 72; Schramm DNotZ **65**, 734; die einengende Auffassg von Strobl dürfte abzulehnen sein (siehe auch Lange/ Kuchinke, § 8 VI 2a; Holzhauer aaO 126ff; Stgt BWNotZ **79**, 11). Ist der pflichtberecht Erbe zu einem geringeren als dem gesetzl Erbteil eingesetzt, wird er, wenn er die Erbeinsetzg ausschlägt, nur zu diesem geringeren Erbteil gesetzl Erbe (RGRK Rn 4). Ob Ausschlagg zwecks Erlangg von AusgleichsAnspr (§ 2050) zu diesem Erfolg führen kann, ist zweifelh (s Holzhauer aaO 107ff; RGRK Rn 5). – Der Antr auf Erteilg eines Erbscheins als gesetzl Erbe, den ein TestErbe stellt, der zugl gesetzl Erbe ist, kann noch nicht als Ausschlagg der gewillkürten Erbfolge angesehen werden (RG Recht **10** Nr 1111).

2 **2) Voraussetzg bei I** ist, daß durch die Ausschlagg die gesetzl Erbfolge des Ausschlagenden eröffnet wird, zB Einsetzg als AlleinE, Fall des § 2088. Die Vorschr gilt also nicht, wenn die gesetzl Erbfolge durch erschöpfende testamentarische Bestimmgen gänzl ausgeschlossen ist, der ausgeschlagene Erbteil daher entweder dem Nach- u Ersatzerben zufällt (Ffm NJW **55**, 466; Rpfleger **69**, 386) oder den übr eingesetzten Erben nach § 2094 anwächst (BayObLG **77**, 163) od das Gesetz (§§ 2069, 2102) für den Fall der Ausschlagg eine and Erbfolge vorsieht (s BayObLG **77**, 163/166f). – Ausschlagg der Erbeinsetzg hat zur Folge, daß für Berufg als gesetzl Erbe ab Kenntn dieses Berufsgrundes neue Ausschlaggsfrist läuft (RGRK Rn 9). Kennt der Ausschlagende seine Berufg als gesetzl Erbe, muß er wg § 1949 II die Ausschlagg auf die Berufg als eingesetzter Erbe beschränken, um sich die gesetzl Erbfolge zu wahren (Staud/Otte/Marotzke Rn 10). Der umgekehrte Fall (Ausschlagg als gesetzl u Annahme als eingesetzter Erbe) kann nicht in Betr kommen („wenn er ohne die Vfg als gesetzlicher Erbe berufen würde").

3 **3) Testament und Erbvertrag.** II hat prakt keine große Bedeutg. Es ist an die Fälle zu denken, daß das Test od der ErbVertr besondere Beschränkgen und Belastgen (Vermächtnisse, Nacherbeinsetzgen) enthält. Sind sie dem Test beigefügt, so wird es durch einen späteren ErbVertr ohnedies aufgeh, soweit das Recht des vertragsm Bedachten beeinträchtigt würde (§ 2289 I) währd die im ErbVertr enthaltenen Beschrkgen auch bei Ausschlagg der vertragsmäßigen Einsetzg bestehen bleiben (vgl § 2161). **II gilt** jedoch **nicht,** wenn die Berufg auf zwei Test od zwei ErbVertr beruht, § 1951 II (s MüKo/Leipold Rn 11).

1949 Irrtum über den Berufungsgrund.
[I] Die Annahme gilt als nicht erfolgt, wenn der Erbe über den Berufungsgrund im Irrtume war.

[II] Die Ausschlagung erstreckt sich im Zweifel auf alle Berufungsgründe, die dem Erben zur Zeit der Erklärung bekannt sind.

1 **1) Die Annahme (I)** gilt nur bei Irrtum üb den BerufsGrd als nicht erfolgt. Sie ist dann unwirks, ohne daß es wie bei and Irrtumsfällen einer Anfechtg (§§ 1954; 119) bedarf (daher auch keine SchadErsatzPfl, § 122). Die Ausschlaggsfrist beginnt in diesem Fall erst mit Kenntn des wahren Grundes, vorausgesetzt, daß die beiden Berufgen sich inhaltl decken. – BerufgsGrd ist die Art u Weise der konkreten Berufg: durch ein bestimmtes VerwandtschVerh, Ehe od eine bestimmte Vfg vTw. Die richtige Kenntn vom BerufgsGrd darf nicht mit der Kenntn vom Grd der Berufg nach § 1944 II (s dort Rn 5–7) gleichgesetzt werden. – Der **2** **Irrtum** kann auf Unkenntn der die Berufg begründenden Tatsachen (zB VerwandtschVerh, ob gesetzl od gewillkürte Erbfolge) od auf falscher rechtl Beurteil bekannter Tatsachen beruhen. Nimmt also der einge- setzte Erbe inf Unkenntn der maßg VerwandtschBeziehg die Erbsch an, ohne zu wissen, daß er (zB durch Wegfall der gesetzl Vorberufenen) der nächste gesetzl Erbe war, so irrt er über den BerufsGrd (Staud/Otte/ Marotzke Rn 6). Ohne Einfluß ist, ob der Irrt entschuldb ist od nicht. – **Nicht** anwendb ist **I**, wenn es (wie **3** meist) dem Erben ganz gleichgültig war, aus welchem Grd die Berufg erfolgte, da Berufg auf Irrt dann RMißbrauch ist (Pohl AcP 177, 57/71 läßt es dann bereits an Kausalität mangeln; zustimmd Kraiß BWNotZ **92**, 31). Er greift auch nicht ein, wenn die Erbsch ledigl inf Versäumg der Ausschlagg (§ 1943) als angenom- men gilt, da die Frist nicht ohne Kenntn des Berufsgrundes zu laufen beginnt (§ 1944 II; Erman/Schlüter Rn 2).

2) Ausschlagung (II). Da sich nach der Ausleggsregel des **II** die Ausschlagg (mag sie auch unbeschr **4** erklärt sein) nur auf die bekannten Berufsgründe erstreckt, ist auch die AusschlaggsErkl nach dem hier ebenf anwendbaren **I** unwirks, wenn der Erbe über den Grd seiner Berufg im Irrt war u daher der wahre Grd inf des Irrtums unbekannt blieb (Soergel/Stein Rn 1). Kennt der Erbe alle Berufsgründe, kann er die Ausschlagg auf einen beschränken. Ob die Ausschlagg sich auch auf möglicherw erst künftig eintretende Berufsgründe erstreckt, ist Frage der Auslegg. Die Vermutg des **II** gilt hier nicht (MüKo/Leipold Rn 10).

1950 *Teilannahme; Teilausschlagung.* **Die Annahme und die Ausschlagung können nicht auf einen Teil der Erbschaft beschränkt werden. Die Annahme oder Ausschla- gung eines Teiles ist unwirksam.**

1) Bedeutung. § 1950 ist eine zwingende Vorschr, die durch den Erbl nicht abgeändert werden kann. **1** Die Ausschlagg od Annahme kann nicht willkürl auf rechtl gar nicht existierende Teile der Erbsch (Bruch- teile der Erbsch od des Erbteils, § 1922 II) od der NachlMasse (einzelne NachlGgstände) beschr werden. Ausschlagg unter **Vorbehalt des Pflichtteils** wird daher für unwirks angesehen (Staud/Otte/Marotzke Rn 3; RGRK Rn 1), es sei denn, daß ein Fall des § 2306 I 2 od des § 1371 III (dazu Rn 2) vorliegt. Tatsächl wird aber ein Wille des Erklärenden, ein dem Pflichtt entspr Teil der Erbsch solle von der Ausschlagg ausgenommen bleiben, sehr selten sein. Häufig wird er nur klarstellen wollen, daß er trotz Aufgabe seines ErbRs noch eine (Geld-)Fdg stelle. Es geht dann aber um die Frage, ob das Bestehen des PflichttAnspr (dazu § 2303 Rn 11) unbeachtl Motiv od Bedingg (dann § 1947) war (MüKo/Leipold Rn 5; Soergel/Stein Rn 1; Frohn Rpfleger **82**, 56). – Da Teilannahme und -ausschlagg ganz wirkgslos sind, gilt die ganze Erbsch mit dem Ablauf der Ausschlaggfrist als angenommen (Soergel/Stein Rn 1). Besonderheiten in § 1951, 1952 III (meh- rere Erbteile, Ausschlagg von Erbeserben). Auch auf Vermächtn anwendb (§ 2180 III).

2) Sonderregelungen. Der ausschlagende überlebende Eheg erhält bei gesetzl Güterstand den Anspr auf **2** Ausgleich des Zugewinns und auf den Pflichtt (§ 1371 Rn 19; § 2303 Rn 7). Er kann aber nicht den Erbteil nach § 1931 I annehmen u die Erhöhg nach § 1371 I ausschlagen oder umgekehrt, da es sich um einen einheitl Erbteil handelt (Staud/Otte/Marotzke Rn 4).

1951 *Mehrere Erbteile.* **I Wer zu mehreren Erbteilen berufen ist, kann, wenn die Beru- fung auf verschiedenen Gründen beruht, den einen Erbteil annehmen und den anderen ausschlagen.** **II Beruht die Berufung auf demselben Grunde, so gilt die Annahme oder Ausschlagung des einen Erbteils auch für den anderen, selbst wenn der andere erst später anfällt. Die Berufung beruht auf demselben Grunde auch dann, wenn sie in verschiedenen Testamenten oder vertragsmäßig in verschiedenen zwischen denselben Personen geschlossenen Erbverträgen angeordnet ist.** **III Setzt der Erblasser einen Erben auf mehrere Erbteile ein, so kann er ihm durch Verfügung von Todes wegen gestatten, den einen Erbteil anzunehmen und den anderen auszuschlagen.**

1) Allgemeines. Berufg zu mehreren Erbteilen liegt zB in den Fällen der §§ 1927 (Zugehörigk zu **1** verschiedenen Stämmen) und § 1934 (Ehegatte als Verwandter) sowie dann vor, wenn jemand zu mehreren Erbteilen teils durch Vfg vTw, teils kraft G od durch mehrere Verfüggen od auch nur durch dieselbe Vfg berufen ist. Dagg fallen Erhöhg (§ 1935) und Anwachsg (§§ 2094, 2095) nicht hierunter, da hier grdsätzl (vgl § 2095: „in Ansehg") kein Mehrh von Erbteilen vorliegt, Ann od Ausschlagg sich also ohne weiteres auf die Erhöhg od Anwachsg mit erstreckt. (Wegen der Erbenhaftg vgl § 2007). An sich ist nicht einzusehen, warum es dem Erben versagt sein sollte, den einen Erbteil anzunehmen und den anderen auszuschlagen. Das G unterscheidet aber zw der Berufg aus demselben Grd und aus verschiedenen Gründen.

2) Verschiedene Gründe der Berufg liegen vor: Bei Berufg zu mehreren Erbteilen durch Vfg vTw und **2** kraft G; teils durch Test, teils durch ErbVertr; durch zw verschiedenen Personen geschlossene ErbVertr. **Derselbe** Grund ist gegeben, wenn der Erbe in einem od mehreren Test oder in einem einzigen ErbVertr od in mehreren zw denselben Personen abgeschl Erbverträgen berufen ist (Staud/Otte/Marotzke Rn 7; ver- schiedene Berufsgründe nimmt allerd RGRK Rn 7 an, wenn mehrere ErbVertr mit derselben Person einsei- tige Vfgen, § 2299, enthalten). In den letzteren Fällen wird die Einheit des Berufsgrundes aus der zu vermutenden einheitl Willensrichtg des Erbl gefolgert, so daß auch Annahme u Ausschlagg einheitl zu erfolgen haben. Diese Willensrichtg fehlt aber, wenn bei gesetzl Erbfolge eine mehrfache Beteiligg wg mehrfacher Verwandtschaft oder wg Verwandtschaft und Ehe erfolgt (§§ 1927, 1934); daher liegen auch hier mehrere Berufsgründe vor (hM; Staud/Otte/Marotzke Rn 8). Dasselbe Test, das für dieselbe Person mehrere Nacherbeneinsetzgen unter verschiedenen Voraussetzgen anordnet (beim Tode der Vorerbin, bei Wiederverheiratg), stellt nur einen BerufsGrd dar (KG JFG **6**, 143).

3 **3) Rechtsfolgen. Bei demselben Berufungsgrund** können die mehreren Erbteile, vorbehaltl einer anderw Bestimmg des Erbl **(III)**, nur einheitl angenommen od ausgeschlagen werden **(II)**, u zwar auch dann, wenn der eine Erbteil erst später anfällt. Hat zB der Erbl jemand für einen Erbteil zum Erben, für den anderen zum Ersatzerben (§ 2096) eingesetzt, hindert die beim Anfall des ersten Erbteils noch bestehende Ungewißh od Unkenntn des Eintritts der ErsErbfolge die allg Wirkg der Annahme od Ausschlagg nicht **(II 1)**. Die Annahme kann also auch vor dem Anfall wirks erfolgen; auch seitens des Nacherben (RG **80**, 382). Die Teilannahme od -Ausschlag ist in entspr Anwendg des § 1950 unwirks; also Fiktion der Annahme auch des ausgeschlagenen Teils nach § 1943, vorbehaltl der Anfechtg, § 1956 (s Pohl AcP **177**, 74).

4 **4) Nur bei verschiedenen Berufungsgründen** kann der Erbe sich **getrennt entscheiden** u die mehreren Erbteile teils annehmen, teils ausschlagen. Schlägt er nun einen Erbteil aus, so ist damit der andere noch nicht stillschw angenommen. § 1949 II ist aber auch entspr auf mehrere Erbteile anzuwenden. Im Zw erstreckt sich daher Annahme u Ausschlagg auf alle Erbteile, soweit sie schon angefallen sind u der Anfall dem Erben bekannt ist (Staud/Otte/Marotzke Rn 5). Beschränkt der Erbe bei einem einheitl BerufsGrd seine Erkl auf einen Erbteil, so ist sie in entspr Anwendg des § 1950 S 2 unwirks (hM).

5 **5) Gestattung des Erblassers.** Diese Gestattg **(III)** ist im Falle von I (gesetzl Gestattg) überflüssig u durch § 1950 begrenzt. Sie setzt also voraus, daß einheitl Berufg zu mehreren Erbteilen vorliegt. Nach § 1950 ist es dem Erbl nicht gestattet, hins eines Teils der Erbsch od des Erbteils eine Annahme od Ausschlagg einzuräumen (str; aM Soergel/Stein Rn 7). Wenn jemand teils als Erbe, teils als NachE eingesetzt ist, ist Gestattg auch ohne bes Erwähng anzunehmen.

1952 *Vererblichkeit des Ausschlagungsrechts.* ^I Das Recht des Erben, die Erbschaft auszuschlagen, ist vererblich.

^II Stirbt der Erbe vor dem Ablaufe der Ausschlagungsfrist, so endigt die Frist nicht vor dem Ablaufe der für die Erbschaft des Erben vorgeschriebenen Ausschlagungsfrist.

^III Von mehreren Erben des Erben kann jeder den seinem Erbteil entsprechenden Teil der Erbschaft ausschlagen.

1 **1) Das Ausschlagungsrecht** ist eine nur dem Erben persönl zustehende RBefugn u daher auf Dritte nicht übertragbar. Es ist aber **vererblich**, sofern es der Erbe nicht schon dch Annahme verloren hat (§ 1943) und geht unter dieser Voraussetzg beim Tod des Erben zusammen mit der ganzen vorläufigen RPosition (BGH **44**, 152) als Bestandteil des ErbenNachl auf den ErbesE über; entspr gilt auch für Vermächtnis (§ 2180 III).

2 **2) Stellung des Erbeserben.** Der Erbe des Erben kann beide Erbschaften annehmen od beide ausschlagen, ebso die erste Erbschaft ausschlagen u die zweite annehmen. Dagg kann er nicht umgekehrt die zweite ausschlagen u die erste annehmen, da er die erste nur als Bestandteil der zweiten erhalten könnte (dazu von Lübtow JZ **69**, 503; s auch Brüstle BWNotZ **76**, 78). In der Annahme oder Ausschlagg der ersten liegt idR eine stillschw Annahme der zweiten Erbsch (Staud/Otte/Marotzke Rn 1; aA Soergel/Stein Rn 2, zT auch MüKo/Leipold Rn 5). – Hat der vor Ablauf der Ausschlagsfrist verstorbene Erbe Vor- und NachE eingesetzt, so kann der VorE die Erbsch mit Wirkg gg den NachE ausschlagen vorbehaltl seiner späteren Verantwortlich aus §§ 2130, 2131 (s § 2112 Rn 1; Soergel/Stein Rn 3). Auch die gesetzl Erben eines VorE, denen die NachErbsch nicht zufällt, können nach Eintritt des Nacherbfalls den Anfall der Vorerbschaft an ihren Rechtsvorgänger ausschlagen, solange die AusschlFrist noch läuft (BGH **44**, 152 mAv Johannsen **LM** § 2139 Nr 2 u Bosch FamRZ **65**, 607); war der VorE die Witwe des Erbl, mit dem sie in ZugewinnGemsch gelebt hat, kann die zurückwirkende Auschlag (§ 1953) dch ihre gesetzl Erben bewirken, daß diese den PflichttAnspr (§§ 2303 I 2 mit 2306 II) u den ZugewAusgleichsAnspr (§ 1371 II) der Witwe bei ihrem Ableben geerbt haben (s BGH aaO; unten Rn 5).

3 **3) Ausschlagungsfrist.** Wenn die Frist für den Erben schon begonnen hatte, läuft sie für den ErbesE weiter, auch wenn er vom Anfall der ersten Erbsch keine Kenntn hat. Sie endet aber nicht vor dem in **II** bestimmten Ztpkt (BayObLG NJW **53**, 1432). War der Erbe vor Fristbeginn gestorben, beginnt die Frist überh erst für den ErbesE mit seiner Kenntn von Anfall u BerufsGrd; sie endet aber auch in diesem Falle nicht vor dem Ablauf der für die Erbsch des Erben bestehenden AusschlFrist **(II)**, da andernf für die Erbsch des Erbl die gedachte Ann nach § 1943 eintreten könnte. Die Frist beträgt 6 Monate, wenn der ErbesE sich im Ausland aufhielt (§ 1944 III).

4 **4) Mehrheit von Erbeserben (III).** Abweichend von dem Grdsatz des § 1950 haben Miterbeserben, die eine gesamthänderische Unterbeteilig an der ErbenGemsch bilden (für 2 verschied MitErbGemeinsch, MüKo/Leipold Rn 11), dch **III** die Möglichk einer **Teilausschlagung.** Schlägt nur der eine ErbesE seinen Anteil an der zur Erbsch des Erben gehörenden Erbsch des Erbl aus, fällt der ausgeschlagene Anteil (soweit nicht die Abkömml des Ausschlagenden nach §§ 1924 III, 2069 eintreten) den MiterbesE durch eine Art Anwachsg an; denn es ist dann in entspr Anwendg des § 1953 II so anzusehen, als wenn der Erbe nur von den nicht ausschlagenden Miterbeserben beerbt worden wäre (jetzt hM; s Soergel/Stein Rn 5). – Über die Wirkg der Ausschlagg des alleinigen ErbesE s § 1953; wird das AusschlaggsR vererbt u ausgeübt, so gilt der Anfall an den Erbl des Ausschlagden als nicht erfolgt (von Lübtow JZ **69**, 503); Annahme, Ausschlag, Versäumg der AusschlaggsFr können angefochten werden (§§ 1954, 1956). – Zum Inhalt eines Erbscheins bei Teilausschlag s Schmid BWNotZ **70**, 82.

5 **5) Zugewinnausgleich.** Sind in gesetzl Güterstand lebende Ehegatten so kurz hintereinander verstorben, daß das AusschlaggsR des Überlebenden bei seinem Tod noch besteht, kann von mehreren Erben des Überlebenden jeder zu seiner Erbquote das AusschlaggR das sich aus § 1371 ergebde WahlR ausüben u die hieraus abzuleitenden Rechte geltend machen (s Schramm BWNotZ **66**, 34); aM Olshausen (FamRZ **76**, 678/683), der annimmt, bei vererbtem AusschlaggR entstehe der Anspr auf ZugewinnAusgl u der bes PflichttAnspr des § 1371 III nur, wenn alle ErbesE die transmittierte Erbsch ausschlagen.

1953

Wirkung der Ausschlagung. ^I Wird die Erbschaft ausgeschlagen, so gilt der Anfall an den Ausschlagenden als nicht erfolgt.

^{II} Die Erbschaft fällt demjenigen an, welcher berufen sein würde, wenn der Ausschlagende zur Zeit des Erbfalls nicht gelebt hätte; der Anfall gilt als mit dem Erbfall erfolgt.

^{III} Das Nachlaßgericht soll die Ausschlagung demjenigen mitteilen, welchem die Erbschaft infolge der Ausschlagung angefallen ist. Es hat die Einsicht der Erklärung jedem zu gestatten, der ein rechtliches Interesse glaubhaft macht.

1) Rückwirkung. Bei wirks Ausschlag vor dem Anfall (§ 1946 Rn 2) erfolgt kein Anfall. Wird nach **1** dem Anfall ausgeschlagen, so „gilt der Anfall ... als nicht erfolgt" **(I)**. Die Ausschlagg wirkt also auf den Erbfall zurück **(II)**, so daß der Ausschlagende von Anfang an Nichterbe war. Der Nächstberufene muß zwar noch den Erbfall, aber nicht mehr die Ausschlagg erlebt haben (RG **61**, 16).

2) Rechtsstellung des Ausschlagenden. Da er nie Gesamtnachfolger wurde, stand ihm der Nachlaß **2** nie zu. Seine RVerhältn zum Erbl erloschen nicht dch Konsolidation od Konfusion. Er hat auch **keinen Pflichtteilsanspruch** (s § 2303 Rn 1); Ausnahmen ergeben sich allerd aus §§ 2305, 2306 I 2 und bei ZugewinnGemsch aus § 1371 III für den Ehegatten (s § 1371 Rn 19). Ein ihm zugewendetes **Vorausvermächtnis** verbleibt ihm, sofern es nicht mit ausgeschlagen wurde und nicht unter die Bedingg der Erbschaftsannahme gestellt war.

a) Dem wirklichen Erben ggü trifft den Weggefallenen die Herausgabepflicht (§ 1953 iVm §§ 1959 I, **3** 667, 681) u die Auskunftspflicht (§§ 1959 I, 681, 666 u 2027 II). Bei Eröffng des NachlKonkurses (KO 214ff) kommt es für die Anfechtg von Rechtshandlgen des vorl Erben wg GläubBegünstigg (KO 30 Nr 2) allerd auf die Absicht des vorl Erben an (BGH NJW **69**, 1349). Gg ihn ergangene Urteile können den wirkl Erben nicht binden (BGH **106**, 359).

b) Im Verhältnis zu Dritten verfügte der vorl Erbe dch die Rückwirkg als **Nichtberechtigter** mit **4** Ausn der Geschäfte, die nach § 1959 II, III wirks bleiben. Auch der **Besitz** ist beim Erbfall auf den wirkl Erben übergegangen (§ 857). An der tatsächl Sachherrsch des vorl Erben über NachlGgstände kann sich allerd nichts mehr ändern. Insoweit muß die Besitzentzieh als gesetzl gestattet angesehen werden (§ 858 I), so daß weder verbotene Eigenmacht vorliegt noch dem wirkl Erben Sachen abhanden gekommen (§ 935) sind. Gutgläubiger Erwerb vom vorl Erben ist also nach §§ 892, 893, 932 mögl, nach §§ 2366, 2367 prakt nur bei Anfechtg der Annahme, da im Erbscheinsantrag die AnnahmeErkl liegt.

3) Anfall an den Nächstberufenen (II). Dieser gilt (rückwirkend) vom Erbfall an als Erbe, so daß die **5** Ausschlagg keine RNachfolge iS von ZPO 265 vom „vorläufigen" auf „endgült" Erben bewirkt (BGH **106**, 359). Er wird nach den Vorschr der gesetzl od gewillkürten Erbfolge ermittelt, indem der Ausschlagende als beim Erbfall nicht lebend betrachtet wird. Bei Erbeinsetzg kommt zunächst ein ErsatzE (§§ 2096, 2097, 2102) zum Zuge, dessen Einsetzg sich auch aus § 2069 ergeben kann. Fehlt ein solcher, ist bei Miterben Anwachsg (§ 2094) zu beachten; greift diese nicht ein, erhalten die gesetzl Erben den frei gewordenen Erbteil (§ 2088). Der Fortfall des einzigen eingesetzten Erben löst gesetzl Erbfolge aus. – Der Vorerbe wird bei Ausschlagg des NachE, für den kein ErsatzE bestimmt ist, zum VollE (§ 2142 II). – Bei gesetzl Erbfolge treten, sofern nicht Erhöhg von Erbteilen (§ 1935) stattfindet, an die Stelle des Ausschlagenden in demselben Ordng Eintrittsberechtigten, sind solche nicht vorhanden, fällt das ErbR der nächsten Ordng zu (§ 1930). Die Ausschlagg des Ehegatten erhöht den Erbteil der berufenen Verwandten. – Kommt **ZGB** der fr DDR zur Anwendg (EG 235 § 1), führen Ausschlaggen bereits nach der 3. Ordng zum ErbR des Staates (ZGB 369; Vogt/Kobold DtZ **93**, 226).

4) Die Mitteilungspflicht (III) des NachlG hat den Zweck, die AusschlFrist gg den inf der Ausschl **6** Berufenen in Lauf zu setzen; sie kann aber schon vorher beginnen, falls der Nächstberufene vom Anfall u BerufgsGrd schon vor der Mitteilg Kenntn erhielt (Soergel/Stein Rn 9 zu § 1944). Aus III S 1 ergibt sich, daß das NachlG den Nächstberufenen von Amts wegen (FGG 12) und gebührenfrei (KostO 105) zu ermitteln hat. Ist der nunmehr Berufene unbekannt, ist nach §§ 1960ff (NachlPflegsch usw) zu verfahren. Gericht der Fürsorge (FGG 74) hat Sicherungsmaßnahmen dem zuständigen NachlG mitzuteilen. – **Einsichtsrecht:** **7** Rechtl Interesse (III S 2) ist enger zu verstehen als berechtigtes Interesse (s § 2264 Rn 1). Einsicht wird (gebührenfrei) dem Nächstberufenen u den NachlGläub zu gewähren sein.

1954

Anfechtungsfrist. ^I Ist die Annahme oder die Ausschlagung anfechtbar, so kann die Anfechtung nur binnen sechs Wochen erfolgen.

^{II} Die Frist beginnt im Falle der Anfechtbarkeit wegen Drohung mit dem Zeitpunkt, in welchem die Zwangslage aufhört, in den übrigen Fällen mit dem Zeitpunkt, in welchem der Anfechtungsberechtigte von dem Anfechtungsgrunde Kenntnis erlangt. Auf den Lauf der Frist finden die für die Verjährung geltenden Vorschriften der §§ 203, 206, 207 entsprechende Anwendung.

^{III} Die Frist beträgt sechs Monate, wenn der Erblasser seinen letzten Wohnsitz nur im Auslande gehabt hat oder wenn sich der Erbe bei dem Beginne der Frist im Ausland aufhält.

^{IV} Die Anfechtung ist ausgeschlossen, wenn seit der Annahme oder der Ausschlagung dreißig Jahre verstrichen sind.

1) Anfechtbarkeit. Die WillErkl des Erben, daß er die Erbsch annimmt od daß er sie ausschlägt, ist grdsl **1** unwiderrufl. Dafür ist sie anfechtb nach den allg Bestimmgen der §§ 119, 120, 123 (s dazu Kraiß BWNotZ **92**, 31). Die §§ 1954 bis 1957 enthalten ledigl einige Sonderregeln, ohne aber die AnfGründe zu erweitern, so daß §§ 2078, 2079 nicht gelten. Als erbrechtl Besonderh erfordert der Irrt üb den BerufgsGrd allerd gar keine AnfErkl (§ 1949). Die Wirkg einer erfolgreichen Anfechtg geht üb § 142 hinaus (s § 1957). Zur Anwendg von DDR-Recht s Rn 7. – Hat ein **Vertreter** die Erbsch für den Erben angenommen, kommt es für die Frage, ob die AnnahmeErkl von Willensmängeln beeinflußt war, allein auf die Person des Vertreters an (§ 166 I). Ein zZ der Annahme noch minderj Erbe kann also nach Volljährigk nur anfechten, wenn sein ges Vertreter bei Erkl der Annahme einem nach §§ 119, 123 beachtl WillMangel unterlegen war (LG Kblz FamRZ **68**, 656). – Bei **bewußten** Willensmängeln sind §§ 116 S 2; 117; 118 anwendb (Pohl AcP **177**, 52/ 61 ff). Die guten Sitten (§ 138) können bei Annahme od Ausschlagg nicht verletzt werden (Pohl aaO 65 ff). – **Gläubigeranfechtung** der Ausschlagg innerh od außerh eines Konkurses ist ausgeschlossen. – **Weitere Anfechtungsfälle** s REG Art 79 *(AmZ)*, Art 66 *(BrZ)*, Art 68 *(Berlin)*; vgl hierzu BGH **LM** Nr 1 zu REG 66 *(BrZ)*.

2   **2) Erklärungsirrtum.** Ein Irrt in der ErklHandlg (§ 119 I Alt 2) ist hier selten. In Betr kommt vor allem ein Inhaltsirrtum (§ 119 I Alt 1), bei dem äußerer Tatbestand u Wille übereinstimmen, der Erklärende sich jedoch üb Bedeutg u Tragweite seiner Erkl irrt (s § 119 Rn 11). Ein solcher liegt allerd nicht vor, wenn die Annahme ausdrückl erklärt wurde u der Annehmende dabei nicht gewußt hat, daß er auch ausschlagen kann. Fehlende Kenntn vom AusschlaggsR ist dann näml bloßer RIrrt u dah unbeachtl, weil trotz dieser Unkenntn wirkl u erklärter Wille auf Annahme gerichtet waren u übereinstimmen (BayObLG **87**, 356; NJW-RR **95**, 904). Anders kann dies dagg bei Annahme dch schlüss Verhalten sein, wenn der Erbe weder weiß noch will, daß er mit seiner auf etwas anderes als die Annahme gerichteten ausdrückl Erkl auch das Recht zur Ausschlagg verliert (BayObLG **87**, 356). Hier wird seinem Verhalten dch dessen Auslegg als Annahme eine zusätzl RFolge beigemessen, obwohl es (etwa bei Veräußerg eines NachlGgstands) auf and RFolgen ausgerichtet war. Deshalb liegt ein beachtl Irrtum über die RFolgen (s § 119 Rn 15) vor, wenn ihm die Möglichk der Ausschlagg völlig unbekannt war u er daher nicht wußte, daß er dch sein Verhalten zugleich die Erbsch angenommen hat (BayObLG **83**, 153), ihm also tatsächl der Annahmewille fehlte (s auch Soergel/Stein Rn 2; MüKo/Leipold Rn 5). – Unbeachtlicher **Motivirrtum** ist allerd bei der Aus-
3 schlagg der Irrt über die Person des Nächstberufenen (KG JFG **17**, 70; hM); nimmt der Ausschlagende irrig an, seine Erkl führe zum unmittelb Übergang seines Erbteils auf einen MitE, liegt allerd InhaltsIrrt vor (KG aaO; Pohl AcP **177**, 52/ 74); dies gilt aber nicht auch für den Irrt, RFolge sei der Anfall der Erbsch bei einem bestimmten Dritten (RGRK Rn 1; Staud/Otte/Marotzke Rn 4; Soergel/Stein Rn 2; aA KGJ 35 A 67; Pohl aaO). Irrt im Beweggrund sind auch Fehlvorstellgen üb künft Entwicklg der polit Verhältn in der DDR (Ffm OLGZ **92**, 35; Rostock OLG-NL **94**, 40; LG Bln NJW **91**, 1238); od Irrt über die Zahlg des Entgelts für die Ausschlagg od die Wirksamk des Entgeltversprechens; über den Umfang von Beschränkgen od über Beschwergen (Ausn in § 2308 I für pflichttberecht Erben iF des § 2306); Unkenntn üb die rechtl Folgen der Annahme wie Verlust des PflichttR (BayObLG NJW-RR **95**, 904). Ferner der Irrt über die Höhe der ErbschSteuer; den Bestand von LA-Anspr (KG NJW **69**, 191); die pflichtteils- od güterrechtl Folgen der Ausschlagg (Schwab JuS **65**, 437; s aber auch Hamm OLGZ **82**, 47). – Die Anwendg des § 119 I auf Ausschlagg stellt auch bei Grdst in der fr DDR keine unverhältnmäß Einschränkg der ErbR-Gewährleistg dar (BVerfG, 1. Kammer DtZ **94**, 312).

4   **3) Eigenschaftsirrtum** (§ 119 II). Verkehrswesentl Eigensch ist zB **Überschuldung** des Nachl, so daß die kausale u obj erhebl Fehlvorstellg die Anfechtung begründet (RG **158**, 50; BayObLG **83**, 9/11 mN); die Belastg des Nachl mit wesentl, in ihrem rechtl Bestand ungeklärten Verbindlichk jedenf dann, wenn der Irrtum ein Vermächtn betrifft, das den Pflichtt des Erben gefährdet (BGH **106**, 359). Eigensch des Nachl ist ferner seine Zusammensetzg, dh die Zugehörigk bestimmter Rechte od Vermögenswerte (hM; zB MüKo/Leipold Rn 7). Haben also Erben in der alten BRep in einem dem BGB unterstehden Erbfall (EG 235 § 1) noch vor der polit Wende ausgeschlagen, weil sie keine Kenntn hatten, daß zum Nachl auch nicht enteignete Immobilien in der DDR gehörten, kann ein nach § 119 II beachtl Irrtum vorliegen; ursächl ist dieser aber nur, wenn feststeht, daß bei Kenntn u bei verständ Würdigg statt der Ausschlagg zu diesem Zeitpkt die Annahme erkl worden wäre (KG OLGZ **93**, 1; BayObLG FamRZ **94**, 848). Bei NachlSpaltg ist dagg bezügl des Immobilienvermögens in der fr DDR nicht § 119, sond die Vorschr des DDR-ZGB anzuwenden (s § 1944 Rn 14). – **Kein** die Anfechtg nach § 119 II begründender Irrt liegt vor, wenn die von Anfang an bekannten Vermögensstücke u Verbindlichkeiten nachträgl nur anders bewertet werden (§ 119 Rn 29), zB als Bauland statt Ackerland (BayObLG NJW-RR **95**, 904); od wenn bei Grdbesitz in der fr **DDR** der Irrt nur darin besteht, daß der Erbe die auf der künft polit Entwicklg beruhende Verfügbark u Wertsteigerg (wie jedermann) nicht erwartet u bei der Ausschlagg nicht in seine Vorstellg aufgenommen hat (KG OLGZ **92**, 279; Ffm OLGZ **92**, 35; Bonn Rpfleger **91**, 369; LG Zweibr Rpfleger **91**, 107; Grunewald NJW **91**, 1208); od wenn bei Ermittlg des Wertes ein Irrtum unterlaufen ist (Lücke JuS **78**, 254/256); od wenn die Überschuldg erst nach der Ausschlagg durch Erlaß einer Schuld, Verjährg der NachlVerbindlk wegfällt (LG Bln NJW **75**, 2104). – Im Irrtum über den **quotenmäßigen Anteil** am GesamtNachl (zB ⅓ statt ⅙) kann ein Irrtum üb eine verkehrswesentl Eigensch des Erbanteils iS des § 119 II erblickt werden (Hamm NJW **66**, 1080); anders bei Irrtum über den Wert des Anteils; auch nicht bei Irrtum üb die Bewertg einzelner NachlGgstde (§ 119 Rn 27). Auch bei Unkenntn bestehder Beschränkgen (NErbfolge; Vermächtn; TVstrg; Aufl) ist Anfechtg gem § 119 II gegeben (str; s § 2308 Rn 1). – Der pflichtberecht VorE kann seine AusschlaggsErkl nicht nach § 119 anfechten, wenn der NachE entgg der Erwartg des VorE auch ausschlägt statt annimmt (Stgt OLGZ **83**, 304).

5   **4) Die Anfechtungsfrist** von 6 Wochen (**I**) bzw 6 Monaten (**IV**) wird im wesentl wie die Ausschlaggsfrist (§ 1944) behandelt. Die Frist beginnt bei argl Täuschg u Irrt mit Kenntn vom AnfechtgsGrd, bei Drohg mit Aufhören der Zwangslage (**II**). Bei Irrt wird sie also mit Kenntn der die Anfechtg begründenden Tatsachen in Lauf gesetzt; über das AnfechtgsR als solches muß der Anfechtende nicht unterrichtet sein (Hamm OLGZ **85**, 286). Volle Überzeugg vom Bestehen des AnfR ist nicht erforderl (§ 121 Rn 2). Bei DDR-Vermögen war Fristbeginn nicht bis zur VO üb Anmeldg vermög Anspr (NJW **90**, 2240) hinausgeschoben (LG Bln NJW **91**, 1238); Zwangslage endete spät 9. 11. 89 (s Rn 9). – Die Länge der Frist entspricht der Ausschlaggsfrist; bei der IrrtAnf muß also nicht unverzügl (§ 121) angefochten werden (Soergel/Stein Rn 8). Die Bezugnahme auf § 207 in **II** 2 hat für den ErbesE Bedeutg, wenn der Erbe vor Anfechtg gestorben war, denn das AnfechtgsR gehört zum Nachlaß. Dch **IV** ist die Anfechtg mit Ablauf von 30

Jahren seit Annnahme od Ausschlagg endgült ausgeschlossen. – Zur Möglichk einer Fristhemmg vgl § 2082 Rn 3; Bestelmeyer Rpfleger **93**, 381.

5) Anfechtungsberechtigt ist nur der Erbe oder ErbesE, auch bei GüterGemsch (§ 1432 Rn 1; § 1455 Nr 6 1); bei gemschaftl Gesamtgutverwaltg können auch beide Eheg gemeins anfechten (§ 1450). Dagg **nicht** der Gläub (vgl § 517; RG **54**, 289), der TestVollstr od NachlVerw, der KonkVerw (KO 9), der NachlPfleger (Staud/Otte/Marotzke Rn 13; vgl auch § 1943 Rn 4). Über vormundschaftsgerichtl Genehmigg s § 1643 Rn 3; RG **143**, 419. – Zum **Ersatz** des Vertrauensschadens (§ 122) ist der Anfechtde jedem verpflichtet, der auf die Wirksamk der Annahme od Ausschlagg vertraute u desh RBeziehgen zum Nachl aufnahm (s § 1957 Rn 2).

6) Anfechtung nach DDR-ZGB. Ist in Erbfällen zw 1. 1. 76 u 2. 10. 90 maßgebl ErbR das ZGB der fr DDR 7 (s Einl 5 vor § 1922; EG 235 § 1 Rn 5–7), beurteilt sich die RWirksamk einer Anfechtg der Annahme od der Ausschlagg (zu dieser s § 1944 Rn 11) od der Versäumg der Ausschlaggsfrist nach ZGB 405. Dies gilt auch bei NachlSpaltg hinsichtl des DDR-Grdbesitzes als rechtl selbstständ NachlTeil (s § 1944 Rn 14). Danach war die Anfechtg binnen einer Frist von 2 Monaten ggü einem (jedem) Staatl Notariat der DDR zu erklären. – **a)** Die Erkl bedurfte der **Form** not Beglaubigg nur, wenn die erfolgreiche Anfechtg als Ausschlagg galt (ZGB 405 III; 8 403 II 2); bei Anfechtg der AusschlaggsErkl genügte also Privatschrift (KG OLGZ **93**, 405). – **b) Die Frist** begann mit Kenntniserlangg vom AnfechtgsGrd. Damit liegt allerd eine Gesetzeslücke für den Fall einer Drohg 9 vor, die sich dch sachgerechte Auslegg in der Weise schließen läßt, daß die Frist dann mit Beendigg der Zwangslage begann (KG OLGZ **93**, 278); bei Übersiedlern, deren Ausreisegenehmigg von der vorher Ausschlagg abhängig gemacht wurde, ist dies je nach Sachlage entw der Zeitpunkt ihrer Ausreise od jedenf der Öffng der Grenze am 9. 11. 89 (KG aaO; Rostock OLG-NL **94**, 40). Nach Ablauf von 4 Jahren seit Erkl der Annahme od Ausschlagg ist die Anfechtg aber in jedem Fall ausgeschlossen (§ 405 II 2), da die Übergangsregel des EG 231 § 6 hier nicht eingreift (KG OLGZ **93**, 405; teilw aA Neubrdbg Rpfleger **95**, 21). – **c) Gründe** für 10 eine Anfechtg waren gem ZGB 405 I 2 die der VertrAnfechtg (ZGB 70), also Inhaltsirrtum, fehlerh Übermittlg der Erkl, arglist Täuschg od rechtswidr Drohg. Haben staatl Stellen Druck auf den Ausschlagenden ausgeübt, wird die Anfechtg dch die Regelgen des VermögensG jedenf dann nicht ausgeschlossen, wenn mit der Ausschlagg nicht eine Vermögensverlagerg auf die Nächstberufenen als Hauptzweck im Vordergrd stand (KG OLGZ **93**, 278; s dazu auch Vogt/Kobold DtZ **93**, 226; Bestelmeyer Rpfleger **93**, 381); die für Vertragsanfechtg entwickelte ggteilige Rspr (BGH NJW **92**, 1757; 2158; **93**, 389) ist auf diese Fälle nicht anwendb. – S dazu auch Adlerstein/Desch DtZ **91**, 193; Fahrenhorst JR **92**, 265; § 2078 Rn 4.

1955 *Form der Anfechtung.* **Die Anfechtung der Annahme oder der Ausschlagung erfolgt durch Erklärung gegenüber dem Nachlaßgerichte. Für die Erklärung gelten die Vorschriften des § 1945.**

1) Anfechtungserklärung. Obwohl AnfGegner (s § 143 I, III, IV) der Nächstberufene ist, dem nun die 1 Erbsch zufällt od entzogen wird, ist die ihm ggü erfolgte Anfechtg wirkslos. Sie muß **gegenüber dem Nachlaßgericht** erfolgen, da ihre Wirkg nicht nur den Adressaten der AnnahmeErkl, sond alle Beteiligten betrifft. Es handelt sich also um eine amtsempfangsbedürft Erkl, deren Inhalt notf dch Auslegg zu ermitteln ist (BayObLG **83**, 153). Der AnfGrd kann bereits, muß aber nicht schon angegeben werden. NachlG überprüft im ErbSchVerf vAw nur die geltd gemachten AnfGrde (BayObLG FamRZ **94**, 848; s § 2358 Rn 2). Nachschieben eines neuen Grdes ist dann neue AnfErkl, für die eigene Frist (§ 1954) gerechnet wird (BGH NJW **66**, 39; BayObLG aaO). – Üb die **Form** der Erkl s § 1945 I, II; § 1945 Rn 6. Bei NachlSpaltg wg Grdbesitz in der fr **DDR** muß wg der unterschiedl Ausschlaggen (s § 1944 Rn 14) nur die wirks erkl angefochten werden (Bonn DtZ **92**, 56). Zur Anfechtg nach DDR-ZGB s § 1954 Rn 7. – Für die Erkl des Bevollmächtigten gilt § 1945 III. MitteilgsPfl des NachlG besteht nach § 1957 II. – **Gebühren:** KostO 112 I Nr 2 mit § 38 III; § 115.

2) Unwiderruflich ist die erkl Anfechtg der Annahme od Ausschlagg. Die Erkl kann jedoch wg Irrtum 2 **angefochten** werden; diese muß unverzügl erklärt werden (BayObLG **80**, 23; Staud/Dilcher § 142 Rn 13).

1956 *Anfechtung der Fristversäumung.* **Die Versäumung der Ausschlagungsfrist kann in gleicher Weise wie die Annahme angefochten werden.**

1) Anfechtbarkeit. § 1956 ermöglicht, daß die Versäumg der Ausschlaggsfrist (§ 1944) in gleicher Weise 1 wie die erklärte Annahme angefochten werden kann. Nachdem die Erbsch nur als angenommen gilt (§ 1943), finden also auf das bloße Verstreichenlassen die §§ 119 ff mit der Maßgabe Anwendg, daß die Fristversäumg eine WillErkl mit dem obj ErklWert Annahme zu lesen ist (Staud/Otte/Marotzke Rn 3). – Zur Anfechtg bei Anwendg von DDR-ZGB s § 1954 Rn 7. – **a) Anfechtungsgründe** sind die 2 nach den allg Bestimmgen (§§ 119; 120; 123; s § 1954 Rn 1). Die in der Fristversäumn liegende Annahme kann also nicht nur bei wissentl Unterlassg der Ausschlagg, sond auch dann wg Irrt angefochten werden, wenn der als Erbe Berufene die Erbsch in Wirklichk ausschlagen wollen, sond die Frist nur versäumt hat, weil er über ihr Bestehen, ihren Lauf oder die RFolgen ihres Ablaufs in Unkenntn gewesen ist od geglaubt hat, wirks ausgeschlagen zu haben (RG **143**, 419; Hamm OLGZ **85**, 286; BayObLG RhNK **79**, 159); od wenn er meint, sein Schweigen habe die Bedeut einer Ausschlagg; wenn er deren Formbedürftigk nicht kannte (BayObLG DNotZ **94**, 402). Hierher gehört auch die mangelnde Kenntn des neuen gesetzl Vertreters (§ 1944 Rn 9) od die Unkenntn des gesetzl Vertreters von der GenehmiggsBedürftigk der Ausschlagg (BayObLG **83**, 9; s § 1945 Rn 3); od es stellt sich nach Fristablauf heraus, daß die Ausschlagg (zB wg Verstoß gg §§ 1947–1951) unwirks war. Ein Irrtum über den NachlBestand (EigenschIrrt) wird mangels Ursächlichk die Anfechtg nicht begründen können (Stein Rpfleger **85**, 149 in Anm zu Bonn Rpfleger **85**, 148; KG NJW **69**, 191). – **b)** Die erforderl **Ursächlichkeit** ist gegeben, wenn der Irrende bei Kenntn der 3

Sachlage u verständiger Würdigg des Falles (§ 119 Rn 31; zu letzterem aber Stein aaO) die Erbsch ausge-schlagen hätte, wären ihm die Konsequenzen des Fristablaufs bekannt gewesen. – Leichtfertigen od böswilligen AnfErkl ist auch hier dch §§ 119 I (Schlußhalbs), 122 eine wirksame Schranke gesetzt.

4   **2) Frist, Form** und **Wirkung** sind die gleichen wie bei Anfechtg der Annahme (§§ 1954, 1955, 1957). Wiederholte Ausschlagg ist uU Anfechtg der Versäumg der Ausschlaggsfrist (Mü DFG **42**, 21). – Eine für die Ausschlagg etwa erforderliche vormundschaftsgerichtl Genehmigg deckt auch die Anfechtg der Ausschlaggsversäumg. – Gebühr s § 1955 Rn 1.

1957   *Wirkung der Anfechtung.*   **I** Die Anfechtung der Annahme gilt als Ausschlagung, die Anfechtung der Ausschlagung gilt als Annahme.

II Das Nachlaßgericht soll die Anfechtung der Ausschlagung demjenigen mitteilen, welchem die Erbschaft infolge der Ausschlagung angefallen war. Die Vorschrift des § 1953 Abs. 3 Satz 2 findet Anwendung

1   **1) Wirkung (I).** Über die Nichtigk der angefochtenen Erkl (§ 142 I) hinaus tritt zugleich die jeweils gegenteilige Wirkg dch die gesetzl Fiktion sofort ein. Damit soll zur Vermeidg von Unklarheiten der Eintritt eines nochmaligen Schwebezustandes vermieden werden. Diese Wirkg tritt auch bei Anfechtg der Fristversäumnis ein (§ 1956). Daher kann diese ihrers wieder angefochten werden (LG Bln NJW **91**, 1238). – § 1957 gilt auch, wenn ein NachE vor Eintritt des NachEFalls die Annahme der Nacherbsch anficht (BayObLG **62**, 239). – Bei Anwendg von DDR-ZGB (s § 1954 Rn 7) regelt ZGB 405 III die Wirkg ähnl.

2   **2) Rechtsfolgen.** Zum SchadErsatz verpflichtet (§ 122) ist der Anfechtende einem **Dritten,** dem im Vertrauen auf die Gültgk der Annahme od Ausschlagg ein Schaden entstanden ist (s aber MüKo/Leipold Rn 4). Zu ersetzen sind zB Prozeßkosten eines RStreits, den NachlGläub nach Annahme (§ 1958) angestrengt u der sich dch die Anfechtg erledigt hat. – Der seine Ausschlagg anfechtde Erbe kann gg den etwaigen ErbschBesitzer nach § 2018 vorgehen (Staud/Otte/Marotzke Rn 3; aA Soergel/Stein Rn 2).

1958   *Keine passive Prozeßführungsbefugnis vor der Annahme.*   Vor der Annahme der Erbschaft kann ein Anspruch, der sich gegen den Nachlaß richtet, nicht gegen den Erben gerichtlich geltend gemacht werden.

1   **1) Schutz bei Passivprozessen.** Solange der vorl Erbe weder angenommen noch ausgeschlagen hat und Zeit zur Prüfg des Nachl haben soll, ist er **prozessual** geschützt: In diesem Zeitraum fehlt ihm als Beklagtem einer Leistgs-, Feststellgs-, Gestaltgs- od Widerklage die **Prozeßführungsbefugnis** (Soergel/Stein Rn 2 mN; hM; aA RG **60**, 179: Passivlegitimation). Dies ist vAw zu beachten. Zur Fortsetzg eines dch Tod des Erbl unterbrochenen Prozesses ist er nicht verpflichtet (ZPO 239 V) u ohne Annahme auch nicht berechtigt. Für die Klage eines NachlGläubigers gg den Erben ist also die Annahme eine vAw zu berücksichtigende ProzeßVoraussetzg, die vom Kläger schlüssig behauptet werden muß; läßt sie sich nicht feststellen, erfolgt Abweisg als unzulässig. Wer dch Ausschlagg od Anfechtg der Annahme nicht Erbe geworden ist, bedarf des prozessualen Schutzes nicht; Klagen gg ihn sind mangels mat Verpflichtg unbegründet. –
2 Ebenso ist in dieser Zeit die **Zwangsvollstreckung** wg NachlVerbindlichk (§ 1967 II) nur in den Nachl, wg Eigenverbindlichk des Erben nur in dessen Vermögen zul, ZPO 778, 779 (dazu LG Dortm NJW **73**, 374), ZPO 928 (s Noack JR **68**, 8; Brox § 22 VII 1). Ein vollstreckb Titel wg einer NachlVerbindlichk kann nicht gg den Erben erwirkt od umgeschrieben werden (ZPO 727). – Auch eine Sicherg des Anspruchs durch **Arrest** od **einstweilige Verfügung** ist gg ihn nicht zul (RG **60**, 179); einstweil Maßnahmen zum Schutz absoluter Rechte, wie sie ggü jedem Dritten, also das Recht zu achten hätte, zuläss wären, sind aber nicht ausgeschlossen (Staud/Otte/Marotzke Rn 4). – Einlass auf Passivprozesse, Führg von **Aktivprozessen** od Aufnahme durch den vorl Erben gelten idR als Annahme der Erbsch (vgl § 1943 Rn 3). – § 1958 gilt auch für den ErbersatzAnspr; im Verfahren der FreiwGerichtsbark (Staud/Otte/Marotzke Rn 9; Josef ZZP **44**, 478). – SonderVorschr für **Fiskus,** der ja nicht ausschlagen kann, ist § 1966. – Nach der Annahme greifen §§ 1967 ff; 2014 ff ein. Auch der endgült Erbe ist noch dch aufschiebende Einreden geschützt.

3   **2) Ausnahmen.** § 1958 gilt nicht bei TestVollstrg (§ 2213 II) u NachlPflegsch (§ 1960 III). Ein Gläub, der vor der Ann vorgehen will, muß also nach § 1961 NachlPflegsch beantragen. Vgl auch § 2017, ZPO 779 II. Andererseits hindert die NachlPflegsch Vfgen des vorl Erben nach § 1959 nicht. Dieser kann auch Nachl-Verwaltg (§§ 1975, 1981, 1984 I) beantragen, str; dazu wird es aber vor Ann der Erbsch wohl kaum kommen. Auch NachlKonk u Antr auf VerglVerf sind schon vor der Annahme zulässig (KO 216, VerglO 113 I Nr 2).

4   **3) Außergerichtliche Geltendmachung** (Mahng, Künd, Anfechtg, Genehmigg, Rücktr, Aufrechng, Zurückbehaltg) gg den vorl Erben ist dem Gläub nicht verwehrt u bleibt ggü dem endgültigen Erben wirks (§ 1959 III). Der Erbe gerät aber nicht in Verzug (§ 285), wenn er die ihm ggü währd der Schwebezeit geltd gemachte Fdg des NachlGläub unbefriedigt läßt od vorzeitiges Erfüllgserbieten ablehnt (RG **79**, 203); anders bei § 2014. Die **Aufrechnung** gg eine zum Eigenvermögen des vorl Erben gehörige Fdg ist in ihrer Wirkg aber davon abhängig, daß der Erbe nicht ausschlägt; nur wenn die eine Fdg sich gg den Nachl richtet u die andere zum Nachl gehört, gilt § 1959 III (Staud/Otte/Marotzke Rn 6). – Die **Verjährung** ist gehemmt (§ 207). Eine **Inventarfrist** beginnt nicht vor der Annahme (§ 1995 II).

1959   *Geschäftsführung vor der Ausschlagung.*   **I** Besorgt der Erbe vor der Ausschlagung erbschaftliche Geschäfte, so ist er demjenigen gegenüber, welcher Erbe wird, wie ein Geschäftsführer ohne Auftrag berechtigt und verpflichtet.

II Verfügt der Erbe vor der Ausschlagung über einen Nachlaßgegenstand, so wird die Wirksamkeit der Verfügung durch die Ausschlagung nicht berührt, wenn die Verfügung nicht ohne Nachteil für den Nachlaß verschoben werden konnte.

III Ein Rechtsgeschäft, das gegenüber dem Erben als solchem vorgenommen werden muß, bleibt, wenn es vor der Ausschlagung dem Ausschlagenden gegenüber vorgenommen wird, auch nach der Ausschlagung wirksam.

1) Allgemeines. Der Erbe ist vor Annahme der Erbsch zur NachlFürs nicht verpflichtet; dies ist notf **1** Aufgabe des NachlG (§ 1960). Wird der vorl Erbe aber (ohne AnnWillen) tätig u schlägt er später wirks aus od ficht er an (§ 1957 I), hat er dem Nachl ggü wie eine Art Treuhänder und „demjenigen gegenüber, welcher Erbe wird", wie ein auftragloser GeschFührer gehandelt u ist verpflichtet, weiter tätig zu sein (§ 677). Das G spricht hier nur von Geschäften vor der Ausschlagg, nicht von solchen vor der Annahme od Anfechtg der Ausschlagg. In letzterem Fall gelten auch für den wirkl Erben im NachlKonkurs od bei NachlVerwaltg Besonderheiten (§ 1978 I 2, III). Der Ausschlagende muß nach **III** zum Erben berufen gewesen sein. Ein Dritter haftet als ErbschBesitzer (§§ 2018 ff).

2) Geschäftsführung ohne Auftrag (§§ 677 ff). Der vorl Erbe hat die Interessen des endgültigen Erben **2** zu wahren u dessen mutmaßl Willen zu berücksichtigen (s Celle MDR **70**, 1012), seinen wirkl Willen, wenn er ihn schon kennt (zB den eines für den Ausschlaggsfall berufenen Ersatzerben, der bereits im voraus angen hat). Geschäfte des Ausschlagden (zB Besorgg der Bestattg, § 1968) und die ihm daraus erwachsenen ErsAnspr (§ 683) belasten den endgült Erben als NachlVerbindlichk (§ 1967 II); im NachlKonk Masseschuld (KO 224 Nr 6). Bei einer vom Erbl genommenen Versicherg ist aber der die Erbsch später ausschlage vorl Erbe als solcher nicht Repräsentant des VersNehmer (BGH **LM** § 61 VVG Nr 2). Andererseits haftet der Ausschlagde dem Erben auf Herausg des Erlangten (§§ 681 S 2, 667). Bei schuldh Verletzg seiner Pfl zur Interessenwahrg haftet er dem endgült Erben; dieser Anspr gehört zum Nachl (Celle aaO).

3) Unaufschiebbare Verfügungen des Ausschlagenden bleiben trotz späterer Ausschlagg wirksam **(II)**. **3** Ob eine Vfg ohne Nachteil für den Nachl verschoben werden kann, ist obj u wirtschaftl zu beurteilen (MüKo/Leipold Rn 6). **Verfügung** ist jedes RGesch, dch das unmittelbar auf ein zum Nachl gehördendes R eingewirkt wird (s Übbl 16 vor § 104), wie zB die Annahme von Zahlgen, sonstiger Leistgen zwecks Erfüllg einer NachlFdg dch den NachlSchuldner bei Dringlichk, Zahlg der Beerdiggskosten aus NachlMitteln, Veräußerg verderblicher Waren usw. Das schuldrechtl Verpflichtungsgeschäft wird von II dagg nicht erfaßt (hM; aA Bertzel AcP **158**, 107). – Die Vfg über fremde, nicht zum Nachl gehördene Ggstände, über einen Erbteil (Erman/Schlüter Rn 4) u die Prozeßführg, die eine VerwHdlg, aber keine Vfg ist, gehören nicht hierher. Aktive Prozeßführg (s dazu Staud/Otte/Marotzke Rn 21–23) des vorl Erben begründet also keine Rechtskr ggü dem endgültigen Erben (RGRK Rn 2). Nicht eilige Verfügungen sind an sich unwirks, können jedoch durch gutgl Erwerb (§§ 932 ff; Lüke JuS **78**, 254/255; auch §§ 892, 893, wenn vorl Erbe bereits inf Annahme ins Grdbuch eingetragen war, die Annahme aber angefochten hat) oder Genehmigg des endgültigen Erben (§ 185 II) wirks werden (s Staud/Otte/Marotzke Rn 13–15).

4) Die einseitigen, empfangsbedürftigen Rechtsgeschäfte (III), die ggü dem Erben vorgenommen **4** werden müssen u ggü dem vorl Erben vorgenommen wurden, bleiben auch ggü dem endgült Erben wirks. Eine dem Ausschlagenden ggü erfolgte Geltendmach einer Fdg gg den Nachl wahrt zB die Frist des § 1974 I. Sie sind ggü dem vorl Erben auch dann vorzunehmen, wenn Konk über sein Vermögen eröffnet ist, da der Nachl vor Ann nicht zur KonkMasse gehört (RGRK Rn 14; auch Celle OLG **30**, 207). Bei NachlKonk finden **I** u **II** keine Anwendg.

1960 *Sicherung des Nachlasses; Nachlaßpfleger.* **I** Bis zur Annahme der Erbschaft hat das Nachlaßgericht für die Sicherung des Nachlasses zu sorgen, soweit ein Bedürfnis besteht. Das gleiche gilt, wenn der Erbe unbekannt oder wenn ungewiß ist, ob er die Erbschaft angenommen hat.

II Das Nachlaßgericht kann insbesondere die Anlegung von Siegeln, die Hinterlegung von Geld, Wertpapieren und Kostbarkeiten sowie die Aufnahme eines Nachlaßverzeichnisses anordnen und für denjenigen, welcher Erbe wird, einen Pfleger (Nachlaßpfleger) bestellen.

III Die Vorschrift des § 1958 findet auf den Nachlaßpfleger keine Anwendung.

Schrifttum: Möhring, Vermögensverwaltg in Vormdsch- u NachlSachen, 7. Aufl 1992; Jochum/ Pohl, Pflegschaft: Vormundschaft u Nachlaß, 1989; Tidow, Aufwendgen u Vergütgen des NachlPflegers, 1990; Anordng der NachlPflegsch, Rpfleger **91**, 400.

1) Gerichtliche Nachlaßsicherung ist nur veranlaßt, wenn nach dem Erbfall die Person des an sich für **1** den Nachl verantwortl Erben (od seine ErbschAnnahme) ungewiß bleibt, aber ein aktuelles Bedürfn für eine alsbaldige Sicherg des Nachl besteht. Das Gericht ist dann verpflichtet, vorübergehend vAw für die Sicherg zu sorgen; ein Ermessen hat es nur bei der Auswahl der Mittel **(II;** s Rn 10). In and Fällen obliegt die Besorgg aller von der Erbsch ergebenden Angelegenh allein den Erben. Hat das Gericht bezügl ihrer Existenz, Identität u Erbberechtigg sowie der ErbschAnnahme keine Zweifel, kommen Maßnahmen der staatl Fürsorge als subsidiär nicht in Betr (Düss FamRZ **95**, 895), selbst wenn ein entspr Bedürfn bestünde, etwa weil die Erben zerstritten sind (Zweibr Rpfleger **86**, 433). – Liegen die Voraussetzgen des § 1960 nur hinsichtl eines **Erbteils** vor, ist die Anordng zB einer NachlPflegsch auch nur hinsichtl dieses Erbteils zulässig; auch ein zum Nachl gehörendes Mietshaus rechtfertigt dann keine Ausdehng auf den ganzen Nachl, zumal der Pfleger keine weiteren Befugn erhalten kann als der von ihm vertretene unbekannte MitE (Köln FamRZ **89**, 435). – **Zuständig** ist das NachlG (§ 1962), aber auch jedes AG, in dessen Bezirk ein Fürsorgebedürfn **2** hervortritt (FGG 74). Auch zur Sicherg des inländ Nachl eines **ausländischen** Erbl ist das dtsche Gericht bei entspr Bedürfnis befugt (s EG 25 Rn 19), sogar wenn ein zuständ deutsches NachlG als solches fehlt (BGH

FamRZ **68**, 26). Ob ein Bedürfn besteht u welche Maßnahme geboten ist, bestimmt sich nach dtschem Recht. Eine NachlPflegsch kann also auch dann angeordnet werden, wenn das für die Beerbg maßgebl ausländ Recht eine solche nicht kennt (BGH **49**, 1). Sogar über die NachlSicherg hinaus ist eine Notzuständigk in Anwendg von FGG 74 zu bejahen, wenn ein Fürsorgebedürfn für NachlGläub od NachlBerecht besteht (BGH NJW **76**, 481; BayObLG **65**, 413). – Ob sich die Fürsorge des NachlG auch auf den im Ausland belegenen Nachl erstrecken kann, hängt im wesentl davon ab, ob NachlSpaltg eingetreten ist

3 (BayObLG **82**, 284). Zur Fürsorge dch Konsularbeamte s KonsG 9. – **Kosten** treffen Erben (KostO 6; 104; 106). Im NachlKonkurs sind sie Masseschulden (KO 224 Nr 4). – **Akteneinsicht** in PflegschAkten wird bei berecht Interesse gewährt (FGG 34).

4   **2) Voraussetzungen** sind Bedürfn und unbekannter Erbe bzw ungewisse Annahme (sie können landesrechtl auch anders bestimmt werden, EG 140 mit Rn 1). Ob sie vorliegen, beurteilt das NachlG von seinem Standpkt aus selbständ u nach pflichtgem Ermessen (Köln OLGZ **89**, 144; 547; BayObLG Rpfleger **75**, 47; KG OLGZ **71**, 210); die Anordg notwendiger Fürsorgemaßn kann nach dem Zweck der Vorsch nicht von der vorherigen Dchführg umfangreicher u zeitraubender Ermittlgen abhängig gemacht werden (Köln aaO). Bei einer Mehrh von Erben sind die Voraussetzgen für jeden Erbteil gesondert zu prüfen (s auch Rn 1).

5 **Fehlt** eine dieser beiden materiell-rechtl Voraussetzgen, ist die getroffene gerichtl Maßnahme nicht nichtig, aber aufzuheben. Bis zur Aufhebg ist eine angeordnete Pflegsch wirks (BGH **49**, 1). Im ErbSchVerfahren wird folglich das Vorliegen der Voraussetzgen des § 1960 nicht überprüft.

6   **a) Bedürfnis (I 1)** besteht, wenn ohne Eingreifen des NachlG der Bestand des Nachl gefährdet wäre (Düss FamRZ **95**, 895). Ob dieser zu seiner Erhaltg u Sicherg der Fürsorge bedarf, beurteilt sich nach dem Interesse des endgült Erben (nicht der NachlGläub, die sich üb §§ 1961, 1981 II schützen können). Es fehlt, wenn eine an sich erforderl Sicherg auf einfachere Weise zu erlangen ist (etwa dch einstw Vfg, ZPO 938), wenn ein TV den Nachl verwaltet (KG OLGZ **73**, 106) od NachlVerwaltg angeordnet wurde (s Rn 31). Es kann auch fehlen, wenn die dringl NachlAngelegenh bereits dch den ErblVollm handlungsfähigen Person erledigt werden (zB einem vertrauenswürd Ehegatten) u mißbräuchl and Vfgen nach der Zusammensetzg des Nachl vor ErbSchErteilg ausgeschlossen sind.

7   **b) Unbekannter Erbe (I 2).** Die Person des (der) Erben kann aus tatsächl od aus rechtl Gründen unbekannt sein. Sie ist es insbesond auch dann, wenn zwar alle in Betr kommenden Personen bekannt sind, das NachlG sich aber nicht ohne umfängl Ermittlgen davon überzeugen kann, wer von ihnen der wahre Erbe ist (Köln FamRZ **89**, 435): zB bei erhebl, nicht sofort entkräftbaren Zweifeln an der Testierfähigk des Erbl; Streit üb die Gültigk eines Test (BayObLG **60**, 405); wenn das nichtehel Kind als einziger Erbe seines Vaters in Betr kommt, ohne daß die Vatersch schon festgestellt ist (Stgt NJW **75**, 880). Unbekannt kann der Erbe ferner sein im Fall, daß er erst gezeugt, aber noch nicht geboren ist (§ 1923 II); falls er verschollen ist u weder eine Lebens- noch TodesVermutg (VerschG 10; 9) besteht (Wuppert RhNK **74**, 260), so daß keine AbwesenhPflegsch angeordnet werden kann. Ist dagg die Person des Erben, nur nicht sein Aufenth bekannt,

8 kommt nur AbwesenhPflegsch (§ 1911) in Betr. – Um den Erben iS von § 1960 als **bekannt** anzusehen, ist nicht letzte Gewißh erforderl. Für das NachlG ist ausreichend, wenn es mit hoher Wahrscheinlichk davon auszugehen hat, daß eine bestimmte Person Erbe geworden ist (Köln aaO), etwa weil nur bloße Zweifel an der Erbberechtigg bestehen (Stgt BWNotZ **78**, 163); wenn die Erbfolge bereits sehr wahrscheinl ist; wenn TestAnfechtg od Erbunwürdigk als mögl bezeichnet wird, ohne daß Anfechtg erfolgt od Klage erhoben ist (KG Recht **29** Nr 2004); wenn ErbSchVerf noch nicht abgeschlossen ist, aber Erbe (VE u NE) schon feststeht (s Oldbg Rpfleger **66**, 18). – Ist gegen den im ErbSch ausgewiesenen Erben ein Prozeß auf Herausg des ErbSch anhängig, hat das NachlG als Vorfrage für die Anordg der NachlPflegsch zu prüfen, ob seine Überzeug von der Richtigk dieses ErbSch erschüttert ist (BayObLG **60**, 405). Durch ErbSchEinziehg kann der Erbe unbekannt werden (BayObLG **62**, 307); uU kann auch schon vor Einziehg des ErbSch eine

9 NachlPflegsch erforderl sein (BayObLG **60**, 407). S auch § 1961 Rn 2. – Die **ungewisse Annahme** ist der Ungewißh üb die Person gleichgestellt. Sie besteht, wenn der bekannte Erbe die Erbsch entw noch nicht angenommen hat (**I** 1) od seine Annahme ungewiß ist (**I** 2). Dies kann zB bei Zweifeln üb die Berechng der Ausschlaggsfrist (§ 1944) der Fall sein; od bei Anfechtg der Annahme; bei Unklarh, ob eine Handlg des vorläufigen Erben nur als Sichergsmaßn od als Annahme zu werten ist.

10   **3) Fürsorgemaßnahmen.** Das NachlG ist in der Auswahl der Sichergsmittel frei, muß sich aber stets von den vermögensrechtl Interessen des endgült Erben bezügl Sicherg u Erhaltg des Nachl leiten lassen. Die Art der Fürsorge im einzelnen ist also seinem pflichtgemäß Ermessen überlassen; die in **II** aufgeführten Maßnahmen sind nur Beispiele („kann insbesondere"). Es können auch Ermittlgen über die Erben, über den NachlBestand (Celle FamRZ **59**, 33), über die Frage der Annahme, das Vorhandensein von Vfgen vTw usw nach FGG 12 in Betr kommen (RG **69**, 271). Auch § 1846 ist anwendb (§ 1915 I; s § 1962 Rn 2). Sofern nicht eine NachlPflegsch anzuordnen ist (dazu Rn 11), kommen zB in Betr: Anstellg eines Hauswächters. – Anordg des Verkaufs verderbl Sachen. – Sperrg von Konten (KG Rpfleger **82**, 184); dabei sind jedoch ohne überspannte PrüfgsPflicht) Rechte Dritter zu wahren (KG OLGZ **83**, 398). – Anordg, den erteilten ErbSch zu hinterlegen (Stgt NJW **75**, 880). – Wegen Siegelg vgl das LandesR, zB *Bay* AGGVG 36; *BaWü* 1. VVLFGG 9 und AV u 30. 6. 75 (Just 201). – Wg Hinterlegg s HintO vom 10. 3. 37 (RGBl 285), dazu RPflG 30, 38 II. – Über Sichergsmaßnahmen beim Ableben des Bediensteten einer öff Behörde vgl *Preuß* FGG 20, *Hess* FGG v 12. 4. 54 (GVBl 59) Art 23. – Auf das NachlVerzeichn (in § 1993 „Inventar" genannt) finden §§ 2001, 2010 Anwendg (vgl auch §§ 2012, 2017), jedoch nicht die der Fristwahrg dienenden §§ 2002, 2003, 2009 (s Staud/Otte/Marotzke Rn 21). – Die **Beschwerdeberechtigung** gg die Weigerg des NachlG, eine SichergsAnordng aufzuheben, bestimmt sich nach FGG 20 I (KG Rpfleger **82**, 184).

11   **4) Nachlaßpflegschaft (II)** ist die wichtigste Sichergsmaßnahme des NachlG. Rechtl ist sie eine Unterart der Pflegsch (FGG 75 S 1), so daß gem § 1915 I die Vorschr über die Vormsch Anwendg finden, soweit sich nicht daraus etwas anderes ergibt, daß sie einen Nachl betrifft u der Pflegling regelm unbekannt ist. Die Pflegsch wird angeordnet „für denjenigen, welcher Erbe wird", ist also PersonenPflegsch. Ist nur ein Teil

der Erben unbekannt od steht nur für einige MitE die Erbquote nicht fest, ist die Pflegsch grdsl auf die betroffenen Erbteile zu beschränken (Düss FamRZ **95**, 895; KG NJW **71**, 565; s Rn 1). – Der vorläufige Erbe wird dch die Anordng aber nicht in seiner VfgsFähigk beschränkt (s § 1959). Widersprechen sich seine Maßnahmen u die des Pflegers u erweist er sich schließl als der wirkl Erbe, bleibt die früher erfolgte Vfg wirksam. – Über Anordng einer Pflegsch für **unbekannte Beteiligte** nach **§ 1913,** wenn kein Sichergsbe- **12** dürfn hins des Nachl besteht, s LG Düss DNotZ **63**, 564; auch Staud/Otte/Marotzke Rn 25. – Zur Wahrg der Rechte eines **unbekannten Nacherben,** zB wenn mehrere Personen in Frage kommen, aber noch ungewiß ist, wer NachE sein wird, kann ein Pfleger gem §§ 1913, 1960 bestellt werden (BGH RdL **68**, 97; s auch KG OLGZ **72**, 83). Über Pflegerbestellg für die unbek Erben eines GmbH- Gesellschafters s Schmitz Rdsch-GmbH **71**, 226/227.

a) Zweck. Die NachlPflegsch dient nicht (wie die konkursähnl NachlVerw) der Beschränkg der Erben- **13** haftg u regelm nicht der Befriedigg der NachlGläub, auch nicht (wie die TestVollstrg) der Ausführg des letzten Willens des Erbl. Vielm ist sie eine Sichergsmaßnahme im Interesse der Erben u als solche auf die **Ermittlung** der unbekannten Erben (s KG NJW **71**, 565) und die **Sicherung und Erhaltung** des Nachlasses bis zur Annahme der Erbsch (BGH **LM** Nr 1; Köln FamRZ **67**, 59) gerichtet, sofern sie nicht nur auf eine Einzelaufgabe beschränkt wird. Die Ermittlg des Erben ist allerd dann nicht Aufgabe des Pflegers (sond des Gerichts), wenn die Erbberechtigg nur zwischen zwei Erbprätendenten streitig ist (Köln FamRZ **89**, 435). Was innerh einer der Erhaltg u Sicherg des Nachl dienenden Verwaltg zu tun ist, ist weitgehd eine Frage der Zweckmäßigk (s Rn 17). UU kann der NachlPfleger auch den ganzen Nachl liquidieren (BGH **49**, 1).

b) Die Bestellung des NachlPflegers dch das NachlG (§§ 1962; 1789) ist rechtsbegründend u auch beim **14** Fehlen der mat-rechtl Voraussetzgn für die Pflegsch (Rn 4–9) bis zu deren Aufhebg wirks (BGH **49**, 1). Der Pfleger erhält vom NachlG eine BestallgsUrkunde (§ 1791) nach Maßgabe der ihm übertragenen Aufgaben. Seine **Auswahl** erfolgt dch das NachlG nach dem pflichtgem Ermessen des Rechtspflegers (§§ 1915; 1779 II 1); die Beteiligten haben kein Recht auf einen bestimmten Pfleger (KG DFG **44**, 54). Jedoch ist das Ermessen gem § 1779 gebunden. Die Auswahl hat ausschließl nach Eigng zu erfolgen; ihr darf keiner der in §§ 1780–1784 genannten Grde od ein AblehngsR des Ausgewählten gem § 1786 entggstehen, so daß zB ein NachlGläub ungeeignet ist (BayObLG NJW-RR **92**, 967). Über AnzeigePfl ggü dem Finanzamt s ErbStG 34 II Nr 2; ErbStDVO 12. – Zur **Beschwerde** gg die Anordng der Pflegsch od die Auswahl des Pflegers berechtigt (FGG **15** 20 I) sind die Erbanwärter (Heidelberg NJW **55**, 469), allerd nicht ErsatzE od NachE od Dritte (Stgt BWNotZ **71**, 88); der TV nur gg die Anordng (KG OLGZ **73**, 106), nicht aber gg die Auswahl des Pflegers (OLG **40**, 133). Aufhebg der Pflegsch währd des BeschwVerf führt wg Erledigg der Hauptsache zum Wegfall des RSchutzBe- dürfns (Ffm FamRZ **95**, 442). Zum BeschwR bei Ablehng s FGG 75; 57 I Nr 3 (dazu KG OLGZ **71**, 210; **81**, 151/ 152). – Bei Auferlegg einer Sicherh (§ 1844) muß sie für den Pfleger zumutbar sein; von einem Anwaltsnotar kann daher regelm nicht der Abschl einer Kautionsversicherg für vorsätzl Pflichtverletzg gefordert werden (Düss JZ **51**, 643). – Bestellg mehrerer Pfleger ist zulässig (§§ 1915, 1797).

c) Rechtsstellung. Der NachlPfleger verwaltet den Nachl (§ 2017) für einen anderen, näml den prinzi- **16** piell bereits feststehenden, aber seiner Person nach noch nicht od nicht sicher bekannten Erben (s Rn 7, 9; nicht die Erbanwärter; auch nicht den künft Erben, den es nach dem Erbfall nicht gibt, § 1922 I mit Rn 4; aA Draschka Rpfleger **92**, 281). Seine Bestellg dient also ausschließl der Vertretg eines bestimmten od zumindest bedingt bestimmten Person zur Wahrg ihrer Interessen. Im Rahmen der Sicherg u Erhaltg des Nachl ist er deshalb **gesetzlicher Vertreter** der unbekannten Erben (nicht des Nachl od gar der NachlGläub), wenngleich seine Stellg in der Tendenz bis zur Feststellg der wahren Erben gg alle Erbprätendenten gerichtet ist (BGH NJW **83**, 226). Hat er im Rahmen einer ErbenGemsch nur die Rechte unbekannter MitE wahrzu- nehmen, besitzt er keine weitergehen Befugn als diese (Düss FamRZ **95**, 895). – Der Pfleger handelt eigenverantwortl u führt sein Amt selbständig. Er bedarf nur zu bestimmten RGeschäften (zB nach §§ 1812, 1821, 1822) der **Genehmigung** des NachlG (§§ 1915; 1962; 1828–1831; s Ffm WM **74**, 473 zur Abhebg vom Bankkonto; KG OLGZ **93**, 266 zu privatrechtl GrdstVersteigerg). Für alle anderen im Rahmen seines Wirkgskreises abgeschlossenen RGeschäfte ist seine Vertretgsmacht nach außen unumschränkt u nicht von der Zweckmäßigk seiner Handlgen abhängig (BGH **49**, 1). Über NachlGgstände kann er als gesetzl Vertre- ter nicht Verträge nach § 181 mit sich selbst abschließen (RG **71**, 162); etwaige Genehmigg des NachlG wäre unwirksam. – Der Pfleger untersteht allerd der **Aufsicht** des NachlG (§§ 1962; 1837), das sich seiner zur Erfüllg der staatl FürsorgePfl bedient (BGH NJW **83**, 226). Es hat ihn zu unterstützen, ggf auf eine sachgemäße Erledigg hinzuweisen u gg etwaige Pflichtwidrigk mit Ge- u Verboten vorzugehen (BayObLG **83**, 62; s § 1962 Rn 4), zB wenn NachlPfleger Gelder auf sein unbeschränktes Anderkonto überträgt statt auf Konto mit Sperrvermerk (ggf haftet dann auch Bank, Kempten WM **91**, 69). Lehnt NachlG ein Einschreiten ab, hat Gläub dagg kein BeschwR (KG JW **38**, 1453).

d) Aufgaben. Der Wirkgskreis des Pflegers legt seine Aufgaben fest. Das NachlG bestimmt ihn von Fall **17** zu Fall nach dem jeweiligen Bedürfn. Deshalb kann er weit gezogen (s Rn 13), aber auch nur auf die Besorgg bestimmter einzelner Angelegenh (Auflösg der Wohng) od auf die Verwaltg einzelner NachlGgstände beschränkt werden (KG NJW **65**, 1719; BayObLG **60**, 93) od auf die Mitwirkg bei Veräußerg eines NachlGrdst bezügl des Anteils unbekannter MitE (Hamm JMBl NRW **63**, 19; Köln FamRZ **89**, 435). – Im Regelfall besteht die Hauptaufgabe des Pflegers neben der Erbenermittlg in der Sicherg u Erhaltg des Nachl. Dazu hat er kraft Amtes den Nachl an sich zu nehmen (BGH NJW **83**, 226), also als erstes die NachlSachen in Besitz zu nehmen. Er kann von jedem, der NachlGgstände in Besitz hat (auch vom Erbanwärter, s BGH aaO mAv Dieckmann FamRZ **83**, 582) deren Herausg verlangen; s dazu BGH NJW **81**, 2299 (Einschränkg hinsichtl der WohnR); BGH NJW **72**, 1752 (ZurückbehaltgsR des Belangten wg Verwendgen auf den herausverlangten Ggst); BGH MDR **72**, 363 (Verlangen der Rentennachzahlg); Hartung Rpfleger **91**, 279. Versicherungssummen, die nicht in den Nachl fallen, kann er nicht fordern; wird trotzdem an ihn geleistet, ist die Herausgabeverpflichtg im NachlKonkurs Masseschuld (BGH **94**, 312).

aa) Einzelheiten. Der Pfleger hat ein **Nachlaßverzeichnis** einzureichen (§ 1802); über dessen Nach- **18** prüfg durch das NachlG vgl LG Bln JR **55**, 261. – Den Gläub hat er Auskunft üb den Bestand des Nachl zu geben (§ 2012 I 2). Für die aufschiebden Einreden beginnen die Fristen schon mit seiner Bestellg (§ 2017). – Er hat für Zahlg von **Steuerschulden** zu sorgen (s AO 34, 36, 69; s Rn 24). – **Inventar** (§ 1993) kann der Pfleger für den Erben errichten; Inventarfrist (§ 1994) kann ihm aber nicht gesetzt werden (§ 2012 I 1). – Der

19 Pfleger kann die **Todeserklärung** des Erben (VerschG 16 II b) als ges Vertreter des verschollenen Erben beantragen (Köln FamRZ **67**, 59); ein rechtl Interesse nach VerschG 16 II c hat er nicht (BayObLG NJW **59**, 725, str); Genehmigg des NachlG ist erforderl (VerschG 16 III), kann aber § 1962 eingreift (Köln aaO; insoweit unentschieden BayObLG aaO). – Er kann ferner das **Aufgebot** der NachlGläub (ZPO 991) u **Nachlaßkonkurs** (KO 217; dazu KG FamRZ **75**, 292) beantragen. – Im **Prozeß** wird eine Aussetzg wg Tod des Erbl (ZPO 246) od eine Prozeßunterbrech mit der Anzeige von seiner Bestellg beendet (ZPO 243, 241; BGH NJW **98**, 2171). Die RKraft einer im ErblProzeß ergangenen Entscheidg wirkt für u gg den endgült Erben. Die VollstrKlausel ist, wenn nötig, ohne Anwendg der ZPO 727, 730 auf den Erben umzustellen, da es sich nur um die Aufdeckg des wahren Sachverhalts handelt (StJMünzberg Anm I 3 zu ZPO 727). Bei Urteilen gg den Erbl kann die VollstrKlausel gg den NachlPfleger erteilt werden; unnötig ist dies, wenn Vollstr schon vor dem Erbfall begonnen hatte (ZPO 779 I).

20   **bb) Nicht** zu den Aufgaben des NachlPflegers gehört grdsätzl die **Befriedigung** der NachlGläub (Johannsen WM **72**, 919; aA Draschka Rpfleger **92**, 281). Er kann aber vorhandene NachlGläub dann befriedigen und hierfür auch NachlGgstände veräußern (BGH DRiZ **66**, 395), wenn dies zur ordngsmäß Verwaltg u Erhaltg des Nachl geboten ist, etwa zur Vermeidg unnötiger Prozesse (s § 1961) od zur Schadensverhütg; jedoch ist er dazu nur nach Kräften des Nachl u unter Berücksichtigg der beschränkten Erbenhaftg (§§ 1979, 1980) befugt. – Er kann nicht NachlVerwaltg beantragen (§ 1981 Rn 3; str). – Die Erteilg eines **Erbscheins** für den seiner Pflegsch unterstellten Nachl kann er nicht beantragen (wohl aber für und Nachl, an dem die

21 von ihm vertretenen Erben beteiligt sind, BayObLG FamRZ **91**, 230). – Die **Nachlaßauseinandersetzung** steht ihm nicht zu (KG NJW **71**, 565). Ein TeilnachlPfleger kann allerd an der Auseinandersetzg für den unbekannten Erben mitwirken, zumal wenn sie von einem anderen Erben betrieben wird (KG aaO). Es besteht auch kein VfgsR bei TeilnachlPflegsch (§ 2033 II) vorbehaltl § 2038 I 2 (OGH DRZ **49**, 66). – Ferner

22 kann er nicht die **Erbschaft annehmen** od **ausschlagen**, auch nicht auf die Beschräg der Haftg verzichten (§ 2012 I 3), da dies höchstpersönl Rechte des Berufenen sind. Prozesse über das ErbR kann er nicht führen, ebensowenig einen Erbanwärter im ErbscheinsVerf vertreten (Celle JR **50**, 59). Er hat auch nicht zu klären, wer von mehreren Erbanwärtern der wirkl Erbe ist, selbst wenn ihm die Ermittlg der Erben ausdrückl übertragen wurde (BGH NJW **83**, 226); dies muß vielm im Verhältn der Erbanwärter erfolgen, wobei ggf

23 für unbekannte ges Erben ein Pfleger gem § 1913 zu bestellen ist (BGH aaO). – Dagg ist eine **Klage des Erben** gg den sein ErbR bestreitden NachlPfleger auf Feststellg dieses Rechts mögl, wie auch sonst der Vertretene gg den Vertr einen RStreit wg des der Vertretgmacht zugrunde liegden RVerhältnisses führen kann (RG **106**, 46; BGH aaO mN). Ebso kann der NachlPfleger einen Prozeß über den Nachl führen (vgl auch **III**), in welchem dem zukünft Erben (nicht ihm) **Prozeßkostenhilfe** bewilligt werden kann, da er gesetzl Vertreter (RG **50**, 394) u nicht Partei kraft Amtes (ZPO 114 mit 116 Nr 1) ist. Entscheidend ist also, ob die ProzKosten aus dem Nachl gedeckt werden können (vgl BGH NJW **64**, 1418). Bei Fortsetzg des RechtsStr dch den ermittelten Erben bedarf es keiner erneuten Bewilligg der ProzKostenhilfe (vgl KG NJW **69**, 2207).

24   **e) Haftung.** Der NachlPfleger haftet dem **Erben** für den aus vorsätzl od fahrläss Pflichtverletzgen entstandenen Schaden (§§ 1915, 1833; vgl BGH **49**, 1); zu den Anfordergen an seine SorgfPfl s Hamm NJW-RR **95**, 1159. Ausnahmsw könnte seine Inansprnahme gg Treu u Glauben verstoßen (s BGH FamRZ **75**, 576; Johannsen WM **77**, 270/271). Die ErsatzAnspr sind im Prozeßweg geltend zu machen (s § 1843 Rn 3). – Den **Nachlaßgläubigern** haftet er nur bei Verletzg der Auskunftspflicht (§ 2012 I 2) u unerl Handlg. Da er nur die Interessen des unbek Erben zu wahren hat (s Rn 16), ist § 1985 II nicht entspr anwendbar (hM). Der von ihm gesetzl vertretene **Erbe** hat ein Verschulden des Pflegers üb § 278 zu vertreten; er kann aber seine Haftg auf den Nachl beschränken, da die aus Maßnahmen des Pflegers erwachsenen Anspr NachlVerbindlk sind, u beim Pfleger Rückgriff nehmen. – Dem **Finanzamt** haftet er nach Bekanntgabe des Steuerbescheids (ErbStG 32) für die ErbschSteuer (AO 34 III), soweit deren Nichtzahlg auf vorsätzl od grob fahrläss Pflichtverletzg beruht; ebso für rückständige Steuern des Erbl (AO 45; s Rn 18).

25   **f) Vergütung.** Das Amt des Pflegers ist grsl unentgeltl zu führen (BVerfG **54**, 251). Das NachlG kann ihm jedoch nach seinem Ermessen eine angemessene Vergütg bewilligen, insbesond wenn er mit Rücks auf seinen Beruf bestellt worden ist (§ 1836 I 2; II iVm §§ 1915; 1962), sofern das NachlVermögen sowie Umfang u Bedeutg der Geschäfte des Pflegers eine Entschädigg für die in fremdem Interesse aufgewendete Mühe u Zeitversäumnis rechtfertigen. Voraussetzg ist eine wirks Bestellg des Pflegers (Rn 14); ob diese auch notwend war, ist hier unbeachtl (Ffm OLGZ **93**, 259), weil dch etwaige rechtl Mängel der Anordng die entfaltete Mühewaltg des bestellten Pflegers als Grdlage der Bewilligg nicht beseitigt wird (BayObLG Rpfleger **90**, 300). Bewilligt wird die Vergütg idR einmalig für den gesamten Zeitraum der Pflegertätig (BayObLG Rpfleger **81**, 111; Vorschuß ist mögl, BayObLG **74**, 260; Köln ZEV **94**, 316); bei langer Dauer der Pflegsch ggf auch laufend für jeweil bestimmte Zeitabschnitte

26 (BayObLG **74**, 260). – Die **Höhe** der Vergütg ist gleichf in das Ermessen des NachlG gestellt. Dieses kann nicht nach starren Regeln vorgehen, weil es je nach den Umständen des Einzelfalles verschieden ist, in welchem Ausmaß die maßgebl Faktoren die Höhe beeinflussen. Die VergütgsGrdsätze für Konk-Verw, TestVollstr od ähnl amtl Verwalter sind nicht anwendb (BayObLG Rpfleger **81**, 111; Ffm OLGZ **93**, 257). – Auszugehen ist stets vom Umfang des vorhandenen **Aktivvermögens** (Verkehrswert ohne Abzug der Verbindlichk; Köln FamRZ **91**, 483 mN), weil eine Vergütg gar nicht in Betr kommt, wenn überh kein aktiver Nachl vorhanden ist (BayObLG **83**, 96); als weiterer Umstand kann dann der Rein-Nachl u der Umfang der flüssigen Geldmittel mit berücksichtigt werden (s BayObLG **86**, 448; KG FamRZ **68**, 488). Maßgebl ist dann aber vor allem die entfaltete **Mühewaltung** des Pflegers, also der konkrete zeitl Aufwand, die Bedeutg u Schwierigk der entfalteten Tätigk u der daraus sich ergebende Grad seiner Verantwortlichk, uU auch der finanzielle Erfolg für die Erben (vgl BayObLG **83**, 96). Bestimmte Prozentsätze des Vermögens können keinesfalls direkt und starr, sond nur als Kontrolle für das

ausgeübte Ermessen herangezogen werden (Ffm OLGZ **93**, 257); die Praxis orientiert sich meist bei größeren Nachl an 1 bis 2%, bei kleineren an 3 bis 5% des Aktivwerts u setzt dann u die konkrete Vergütg je nach den Umständen des Einzelfalls niedriger od höher fest (s BayObLG **84**, 356; FamRZ **91**, 861; Köln FamRZ **91**, 483). S zB zu ausgesprochen einfacher Verwaltg Zweibr Rpfleger **95**, 301. – Ist die Tätigk des Pflegers teilw bereits dch Aufwendgsersatz abgegolten (§ 1835 I–III), zB weil er für einen von ihm als RA geführten Zivilprozeß die ges Gebühren erhalten hat, kann diese Tätigk bei Bewilligg der Vergütg nicht nochmals berücksichtigt werden (BayObLG NJW-RR **86**, 497; FamRZ **89**, 214). – Wird ein **berufsmäßiger** Vermögensverwalter zum Pfleger bestellt, ist hinsichtl der Bewilligg einer Vergütg wohlwollend zu verfahren. Kann ihm gleichwohl nach § 1836 I keine Vergütg bewilligt werden, hat er subsidiär VergütgsAnspr nach § 1836 II, falls ihm Pflegsch in einem Umfang übertragen werden, daß er sie nur noch berufsmäßig führen kann. Zur Berücksichtig anteiliger Bürounkosten u des Zeitaufwands s BayObLG **83**, 96; Bobenhausen Rpfleger **85**, 426. Über die Bemessg, wenn der NachlPfleger gerade wg seiner Eigensch als RA bestellt wurde, s KG FamRZ **68**, 488; Köln NJW **67**, 2408; Ffm JurBüro **72**, 798 (Verwaltg von Miethäusern); s auch BayObLG **75**, 103/104. Die **Mehrwertsteuer** kann ein umsatzsteuerpflicht Pfleger nach hM nicht selbständ der bewilligten Vergütg hinzusetzen, weil das NachlG diese SteuerPfl bereits bei der Festsetzg der Vergütg mit zu berücksichtigen hat (Hamm Rpfleger **72**, 370; KG Rpfleger **73**, 24; BayObLG **88**, 275; Ffm OLGZ **93**, 257; s aber auch BGH NJW **75**, 210; aA Tidow S 94ff). Bei der (Mindest)Vergütg nach § 1836 II ist sie daher mit zu bewilligen (Berlin Rpfleger **93**, 342).

aa) Festsetzung gem § 1836 erfolgt dch das NachlG. Ein Bedürfn hierfür besteht nur dann nicht, wenn 27 sich NachlPfleger u Erben als Schuldner der Vergütg üb die angefallene Vergütg einig sind; eine ZahlgsPfl and Personen besteht nicht, selbst wenn sie die Pflegsch beantragt haben (Ffm OLGZ **93**, 259). Für die Zukunft sind aber keine bindenden Vereinbarungen mögl (§ 1836 I 4). Einen Streit üb den Inhalt einer solchen Vereinbarg entscheidet ProzeßG. – Das NachlG hat seine Entscheidg regelmäß zu begründen (vgl BayObLG FamRZ **95**, 683 bei Abweichg vom Antr). Soweit der Erbe, dem rechtl Gehör zu gewähren ist, einwendet, der NachlPfleger habe sein Amt nachläss, oberfläch od fehlerh geführt, ist im Festsetzgs-Verf grdsl unbeachtl (hM; BayObLG **65**, 488; MDR **80**, 757; Köln Rpfleger **75**, 92; Düss Rpfleger **78**, 410; KG NJW **88**, 261). Üb solche u and materiell-rechtl Einwendgen gg den VergütgsAnspr entscheidet regelmäß erst das ProzeßG; dies gilt auch für etwaige SchadErsatzAnspr gg den Pfleger aus § 1833. Allerd kann bei Untreue od Unterschlagg des Pflegers, also bei vorsätzl Schädigg des Nachl, der VergütgsAnspr verwirkt sein (BayObLG NJW **88**, 1919). Auch kann dann der Anspr dch Aufrechng mit SchadErsAnspr erloschen sein. Im FestsetzgsVerf ist dieser Ausschluß einer Vergütg dann zu beachten, wenn die Tats für diese Vorwürfe feststehen od auf der Hand liegen u die strafrechtl Wertg unschwer vollzogen werden kann, sie also nicht erst einer Klärg dch Ermittlgen bedürfen (BayObLG FamRZ **92**, 106). Berücksichtigt werden kann ein pflichtwidr Verhalten des Pflegers auch, wenn es sich dahin ausgewirkt hat, daß seine Tätigk als wesentl geringer anzusehen ist als bei pflichtgem Amtserfüllg (KG OLGZ **88**, 281). BayObLG NJW **88**, 1919 läßt einen VergütgsAnspr für solche Tätigk nicht entstehen, die der Pfleger nur zu dem Zweck entfaltete, eine Vergütg zu begründen u die für den Erben nachweisb ohne Nutzen blieben. – Die festgesetzte Vergütg darf der Pfleger einem von ihm verwalteten Barvermögen selbst entnehmen, soweit nicht vorrangige SichergsR und NachlGläub entgstehen (Tidow FamRZ **90**, 1060). Kann er dies nicht, bewirkt Festsetzgs-Beschluß des NachlG noch keinen Vollstreckgstitel. Pfleger muß vielm gg zahlgunwill Erben auf Zahlg der festgesetzten Vergütg beim ProzeßG klagen, das an Beschluß des NachlG gebunden ist (Hbg NJW **60**, 1207). ProzeßG ist auch zuständ für Streit üb Vergütg für Mitwirkg des Pflegers bei Auseinandersetzg (vgl Rn 21; BayObLG **50**, 346).

bb) Rechtsmittel gg die Festsetzg sind Erinnerg (RPflG 11) u Beschwerde (FGG 19). BeschwerdeR 28 (FGG 20 I) haben Erbe; Erbanwärter; TV; NachlGläub jedenfalls dann, wenn die Vergütg seine Befriedigg beeinträchtigt (BayObLG **58**, 74) od er sich dem Erben ggü zur Zahlg der Vergütg verpflichtet hat (BayObLG FamRZ **86**, 107); ferner ErbschKäufer; schließl der Pfleger selbst, wobei dann das Verbot der Schlechterstellg gilt (KG FamRZ **86**, 1016; aA Domke Rpfleger **84**, 94). Für Verwirkg des BeschwR reicht Zeitablauf allein nicht aus (BayObLG FamRZ **89**, 214). Sachl kann nicht geltend gemacht werden, die Anordng der Pflegsch sei nicht notwend gewesen (BayObLG FamRZ **90**, 801).

g) Aufwendungsersatz. Dem Pfleger sind (neben seiner Vergütg) die ihm entstandenen Aufwendgen 29 wie zB Auslagen (LG Mü I Rpfleger **75**, 396), Bürounkosten usw zu erstatten (§§ 1915, 1835; 1836a). Zu ihrer Geltendmachg s § 1835 Rn 3. Sie werden also **nicht** vom NachlG festgesetzt (Köln NJW **67**, 2408). Bei Streit über sie entscheidet ProzG (vgl § 1835 Rn 3). Auch Festsetzg einer Pauschalvergütg (Vergütg zuzügl etwaiger Aufwendgen) dch das NachlG ist unzuläss (LG Bln MDR **67**, 128; OLG Zweibr Rpfleger **80**, 103), §§ 1835, 1836. Sind Bürounkosten u Zeitaufwand bereits bei der Bemessg der Vergütg berücksichtigt (s BVerfG NJW **80**, 2179; KG OLGZ **81**, 176), ist ein ErsatzAnspr nicht mehr gegeben (BayObLG **83**, 96). – Die zu ersetzenden Aufwendgen darf sich der Pfleger dem von ihm verwalteten Bargeldvermögen entnehmen (Tidow S 98). Vorschuß ist mögl (§§ 1835; 669; s Köln ZEV **94**, 316 mAv Klingelhöffer). – Wegen seiner etw **Anwaltsgebühren** für einen von ihm als RA geführten RStreit muß er 30 sich an die Erben halten (vgl § 1835 u dazu BayObLG **59**, 329); er kann sie aber nicht nach BRAGebO 19 gg die Erben als eigene Partei festsetzen lassen (Mü NJW **65**, 1027; Ffm, Hamm JW **66**, 554, 2129; dazu Haenecke NJW **65**, 1814, der ggü Mü aaO mit Recht darauf hinweist, daß dch ProzFührg des Pflegers entstandene AnwaltsGeb nicht vom NachlG festgesetzt werden können; ebso Köln NJW **67**, 2408, KG Rpfleger **77**, 225). § 1835 IV (AufwendgsErs aus der Staatskasse) gilt sinngem (LG Bln Rpfleger **75**, 435); dazu § 1835 Rn 1; Zimmermann JVBl **71**, 25; BVerfG NJW **80**, 2179; BayObLG Rpfleger **81**, 111. Die Festsetzg erfolgt wie im Verf bei Entschädig von Zeugen u Sachverständ (Karlsr Just **76**, 35, Hamm OLGZ **77**, 190).

h) Beendigung. Die NachlPflegsch endet bei Zweckerreich nicht von selbst, sond dch Aufhebg. Sie 31 wird auch nicht ohne weiteres durch NachlKonk (KGJ 38 A 116) u durch VerglVerf (Bley VerglO § 113 Anm 3) od dch NachlVerwaltg beendet; neben einer NachlVerw wird aber selten noch ein Bedürfnis zur

Aufrechterhaltg einer NachlPflegsch bestehen. Vor Annahme der Erbsch wird auch kaum NachlVerw angeordnet werden (Staud/Otte/Marotzke Rn 57). Die NachlPflegsch ist durch Beschl aufzuheben (§ 1919; RG 154, 114), wenn die Erben ermittelt sind u die Erbsch angenommen haben od Erbschein erteilt u die

32 Schlußrechng des Pflegers (s §§ 1890, 1892) geprüft ist. Teilaufhebung ist zulässig. – **Folgen.** Die Erben treten an Stelle des Pflegers in einen RStr ein, ohne Aussetzg od Unterbrechg (BayObLG FamRZ **91**, 230). Nach Aufhebg ist der Pfleger verpflichtet, den Nachl an den Erben **herauszugeben** (§§ 1960, 1915, 1890; Johannsen aaO 919). Er hat aber ein ZurückbehaltgsR bezügl einer Bezahlg der bewilligten Vergütg, sofern an NachlGgständen nicht vorrangige SichergsRe und NachlGläub bestehen. Eine Entnahme von NachlGg-ständen ist ihm verwehrt (Tidow S 62; § 1890). – Die Aushändigg des Nachl ist Sache der Beteiligten, nicht des Gerichts. Das NachlG kann jetzt den Pfleger nur noch zur Einreich einer formell ordnungsmäß Schluß-rechg sowie zur Rückgabe der Bestellg anhalten u die Befolgg dieser Anordng dch Festsetzg von Zwangs-geld (FGG 33) erzwingen. Zu bestimmten VerwHdlgen u weiterer Rechngslegg kann es auch bei nicht vollständ Herausg des Vermögens an den Berecht den Pfleger nicht mehr veranlassen (KG FamRZ **69**, 446).

33 – **Rechtsmittel:** Pfleger hat kein BeschwR gg Aufhebg; auch nicht iu Anordng des LG, die Aufhebg dchzuführen (BayObLG **61**, 277). Str ist, ob BeschwR der NachlGläub besteht. Bei Ablehg der Aufhebg bestimmt sich BeschwR nach FGG 20 I (nicht nach FGG 57 I 3; KG OLGZ **83**, 398).

34 **i) Die Entlassung** des NachlPflegers gg seinen Willen ist gem §§ 1915, 1886 mögl. Zwingend notw ist sie allerd nur bei Vorliegen eines UntauglichkGrdes (§ 1781). Dagg ist sie bei Gefährdg des Erbeninteresses dch pflichtwidr Verhalten od auch objektiv ohne Verschulden (BayObLG **52**, 336) nur die äußerste Maß-nahme, die erst in Betracht kommt, wenn mildere, weniger einschneidende erfolglos blieben od objektiv im konkreten Fall nicht ausreichen (BayObLG **83**, 59; auch Rpfleger **83**, 108; s § 1886 Rn 5). – Der Pfleger ist vorher zu hören. Die EntlassgsVfg ist ihm zuzustellen (FGG 16 II). – **Rechtsmittel** s § 1886 Rn 8. Die Aufhebg der EntlassgsVfg dch das BeschwG wirkt zurück, so daß Pfleger im Amt bleibt und nicht neu bestellt werden muß (KG OLGZ **71**, 198; BayObLG **83**, 59).

1961 Nachlaßpflegschaft auf Antrag. Das Nachlaßgericht hat in den Fällen des § 1960 Abs. 1 einen Nachlaßpfleger zu bestellen, wenn die Bestellung zum Zwecke der ge-richtlichen Geltendmachung eines Anspruchs, der sich gegen den Nachlaß richtet, von dem Be-rechtigten beantragt wird.

1 **1) Allgemeines.** Da gem §§ 1958; 1960 III gg den Nachlpfleger geklagt werden kann, wird so den NachlGläub die Möglichk gegeben, ihre Anspr auch vor Annahme der Erbsch zu verfolgen (vgl auch ZPO 243; § 2017 Rn 1). Die Vorschr gilt auch für inländische Nachl eines Ausländers (Hamm JMBl NRW **62**, 209); s auch § 1960 Rn 2. – Gegenstück ist § 1913. – **Kosten** sind vom Erben geschuldete NachlVerbindlich-keiten (KostO 6) wie auch eine Vergütg des Pflegers (§ 1960 Rn 25); Vorschuß kann vom Gläub nicht verlangt werden (LG Oldbg Rpfleger **89**, 460; teilw aA Weithase Rpfleger **93**, 143 bei dürft Nachl).

2 **2) Voraussetzung.** Grdsl ist auf § 1960 I verwiesen. Allerd sind zum Teil andere Grdsätze maßgebend. So ist hier Bedürfn nicht zu prüfen; es muß nur RSchutzinteresse vorliegen (BayObLG **60**, 405; KG OLGZ **81**, 151). Bei Prüfg, ob der Erbe unbekannt ist, muß die Situation des Gläub berücksichtigt werden, dem bei verwickelten Verhältn umfangreiche Nachforschgen u Nachweisbeschaffen nicht zugemutet werden kön-nen (BayObLG Rpfleger **84**, 102). Bekannt ist der Erbe, wenn schon Erbschein erteilt ist (Verden MDR **51**, 34) od wenn der Gläub die zur sachgemäßen RVerfolg erforderl Tats kennen muß (LG Oldbg Rpfleger **82**, 105). – Die bezweckte gerichtl Geltendmach braucht Gläub nicht glaubhaft zu machen. Es genügt die Überzeugg des Gerichts, daß er jemandes bedarf, gg den er seine Rechte verfolgen kann, sei es auch zunächst nur zwecks gütl Verhandlg (BayObLG aaO). – § 1961 ist daher entspr anwendb, wenn der ErbscheinsMitE des ungeteilten Nachl starb u seine RNachf ganz od teilw unbekannt sind.

3 **3) Der Antrag** bedarf keiner Form. **Berechtigter** ist, wer die Absicht, einen Anspr gg den Nachl gerichtl (auch durch Arrest od ZwVerst zum Zweck der Aufhebg einer ErbenGem; Düss JMBl NRW **54**, 83, usw) geltd zu machen, vorgibt. Glaubhaftmach des Anspr ist nicht erforderl. Bei Tod des AntrSt läuft Verf für seine Erben weiter. Der Antrag ist abzulehnen, wenn TestVollstrg (§ 2213) besteht. Gegen Ablehng hat Gläubiger BeschwerdeR (FGG 57 Nr 3).

4 **4) Der Prozeßpfleger** ist in vollem Umfange NachlPfleger. Seine Vertretgsmacht erstreckt sich also auch auf die NachlSicherg iS des § 1960 (Erman/Schlüter Rn 4), soweit nicht sein Wirkgskreis auf eine bestimmte Angelegenh (zB den RStreit) beschränkt ist (s BayObLG **60**, 93). Nur im letzteren Fall endet das Amt mit der Erledigg der Aufgabe (§ 1918 III), sonst erst mit der Aufhebg. Stirbt der AntrSteller, läuft das Verf für seine Erben weiter (Erman/Schlüter Rn 3).

5 **5) Sonderfälle.** Soweit bei einer **Vollstreckungshandlung** die Zuziehg des Schuldners erforderl ist, hat das VollstrG auf Antr einen einstweiligen bes Vertreter des Erben zu bestellen, wenn nicht NachlPflegsch od TestVollstrg besteht (ZPO 779 II; dazu LG Oldbg aaO mit Anm v Meyer-Stolte (NachlPflegsch für Zwangsversteiger). – Die Stellg eines NachlPflegers nach § 1961 hat auch der auf Antr des Finanzamts bestellte Pfleger nach AO 81 (dazu Hamm JMBlNRW **62**, 209).

1962 Zuständigkeit des Nachlaßgerichts. Für die Nachlaßpflegschaft tritt an die Stelle des Vormundschaftsgerichts das Nachlaßgericht.

1 **1) Nachlaßgericht** ist das AG (FGG 72; RpflAnpG 15; 17), in *Ba-Wü* das Notariat (EG 147; LFGG 1 II; 38; 40ff), das bei der NachlPflegsch aus Gründen der Zweckmäßigk an die Stelle des VormschG tritt. Neben ihm ist sachl auch noch jedes AG zuständ, in dessen Bezirk ein Fürsorgebedürfn hervortritt; dieses verstän-

digt dann das NachlG (FGG 74). – **Zuständigkeit** des NachlG: Die örtl bestimmt sich nach dem letzten Wohnsitz od Aufenth des Erbl (FGG 73; s § 2353 Rn 16 ff). Zur internat bei Auslandsberührg s § 1960 Rn 2; EG 25 Rn 18. Funktionell zuständ ist grdsl der Rechtspfleger (RPflG 3 Nr 2 c). Dem Richter vorbehalten (RPflG 16 I Nr 1; 14 Nr 4, 9, 17) sind nur AusländerNachl (bei Mehrstaatern mit dtscher Staatsangehörigk gilt dtsches Recht, EG 5 I 2), die Erteilg nachlgerichtl Genehmiggen (§ 1822 Nr 1–3; 12; § 1823) u Entscheidgen üb Meingsverschiedenh mehrerer Pfleger (s BayObLG **82**, 284; Hamm Rpfleger **76**, 94).

a) Stellung. Die in § 1960 statuierte Verpflichtg des NachlG, im Bedarfsfall für unbekannte Erben die **2** Sicherg u Erhaltg des Nachl zu besorgen, ist Ausfluß der allg staatl Fürsorge- u AufsichtsPfl. Zugleich hat das NachlG damit fremde Vermögensinteressen zu betreuen, muß sich also stets von den Interessen des endgült Erben leiten lassen. Dazu ist ihm auch eine unmittelb Vfgs- u Verpflichtgsbefugn eingeräumt: Bis zur Bestellg eines NachlPflegers od im Falle seiner Verhinderg an dessen Stelle kann es in dringenden Fällen gem §§ 1915, 1846 in unmittelbarer Vertretg der Erben selbst die erforderl Maßnahmen treffen u dabei mit unmittelb Wirkg für u gg die Erben üb NachlGgstände verfügen u Verbindlichk eingehen (s auch § 1846 Rn 1), zur Abwendg drohender Nachteile auch NachlGgstände veräußern (BGH DRiZ **66**, 395). – Für die Entgegennahme einer RechngsLegg u die RechngsPrüfg ist auch das NachlG berufen (s Birkenfeld FamRZ **76**, 197; Beisp Ffm NJW **63**, 2278).

b) Aufgaben. Nach Bestellg eines NachlPflegers, dem als Wirkgskreis die selbständ Verwaltg des **3** Nachl übertragen ist, beschränkt sich die Aufgabe des NachlG im wesentl auf die Beaufsichtig des Pflegers bei Durchführg seiner Aufgaben (§§ 1915; 1837 II; BGH DNotZ **67**, 320). Nur bei tatsächl od rechtl Verhinderg wird das NachlG selbst gem § 1846 noch tätig (s Rn 2). Im Rahmen seiner Aufsicht hat es bei Pflichtwidrigk dch geeignete Gebote u Verbote sowie dch Festsetzg von Zwangsmitteln einzuschreiten (§ 1837), um eine pflichtgemäße, der Sicherg u Erhaltg dienende Verwaltg des Nachl sicherzustellen. Bei Gefährdg des Interesses der Erben hat es den Pfleger zu entlassen (§ 1886).

2) Vorsätzliche Pflichtverletzungen des Rechtspflegers können wg seiner VermögensbetreuungsPfl **4** ggü dem Erben in NachlSachen zur strafrechtl Ahndg führen: Er kann Täter einer Untreue iS von StGB 266 sein (BGH NJW **88**, 2809 m Av Otto JZ **88**, 883) sowohl in Form des Mißbrauchstatbestands (zB dch PflegschAnordng ohne sachl Bedürfn; Bewilligg überhöhter Vergütg; Veräußerg von NachlGgst unter Wert) als auch in Form des Treubruchstatbestands (zB dch unberechtigte Zuführg von NachlWerten an sich od Dritte; Veranlassg des Pflegers zu nachteiligen Maßnahmen). Auch kann er Rechtsbeugung begehen, da seine Tätigk als richterliche iS von StGB 336 zu werten ist (BGH aaO), obwohl der Rechtspfleger im Sinne des GG u des GVG nicht die Stellg eines Richters hat (BVerwG Rpfleger **88**, 244).

3) Die Genehmigung dch das VormschG läßt sich in eine nachlgerichtl Genehmigg desselben Ge- **5** richts jedenf dann nicht umdeuten, wenn die Genehmiggsfrage sich für den NachlRichter wesentl anders darstellt als für den VormschRichter (OGH **1**, 198 gegen Kiel JR **48**, 159; aM Müller NJW **56**, 652; s auch Keidel/ Reichert FGG 7 Rn 26 b; Jansen FGG 7 Rn 15).

1963 *Unterhalt der werdenden Mutter eines Erben.* **Ist zur Zeit des Erbfalls die Geburt eines Erben zu erwarten, so kann die Mutter, falls sie außerstande ist, sich selbst zu unterhalten, bis zur Entbindung angemessenen Unterhalt aus dem Nachlaß oder, wenn noch andere Personen als Erben berufen sind, aus dem Erbteile des Kindes verlangen. Bei der Bemessung des Erbteils ist anzunehmen, daß nur ein Kind geboren wird.**

1) Zugunsten des nasciturus, der ges od gewillkürter Erbe sein muß (§ 1923 II), wird für dessen **1** bedürft Mutter beim Tod des Vaters gesorgt. Dies gilt auch bei nichtehel Vatersch, selbst wenn das Kind dann auf einen ErbersatzAnspr (§ 1934 a) verwiesen sein sollte (Soergel/Stein Rn 2 mN; str). Im Falle einer Ersatzberufg (§§ 1953, 2096, 2344) gilt § 1963, sobald der zunächst Berufene weggefallen ist, denn dann ist es so anzusehen, als hätte der Vorberufene nicht gelebt (Planck/Flad Anm 2 a; RGRK Rn 2). Kommt es zu einer **Totgeburt**, behält die Mutter den schon gezahlten Unterh, da seine RückFdg (§ 818) wg § 814 ausgeschlossen ist, nachdem Mutterschutz AnstandsPfl ist (aA Soergel/Stein Rn 6); einen noch nicht gezahlten kann sie aber nicht nachverlangen. – Bei irrtüml Annahme einer Schwangersch ist der gezahlte Unterh zurückzuerstatten (§ 812; Staud/Otte/Marotzke Rn 12). Bei Vorspiegelg der Schwangersch besteht ErsatzPfl der Mutter nach §§ 823 II, 826 u §§ 812, 813 I, 818 IV.

2) Anspruchsberechtigt ist die Mutter des nasciturus nur bei Bedürftigk (§ 1602 I) u dann nur für die **2** Zeit bis zur Entbindg (also auch für Entbindgs-, nicht aber für Wochenbettkosten). Verlangen kann sie den angemessenen Unterh (§ 1610; s § 1360 a Rn 1), nicht nur einen billigen Beitrag (§ 1611 I), u zwar regelm in Rentenform (§ 1612 I) dch monatl Vorauszahlg. Der volle Monatsbetrag wird auch dann geschuldet, wenn die Mutter im Laufe des Monats stirbt (§ 1612 III). Der Höhe nach ist der Anspr begrenzt dch den Erbteil des erwarteten Erben (S 2), der zu schätzen ist u nur einen Berechngsmaßstab bildet (Staud/Otte/Marotzke Rn 10). – Entspr anwendb ist auch § 1614, aber nicht § 1613 (Staud/Otte/Marotzke Rn 7). – Von einem Leibesfruchtpfleger (§ 1912) kann der Anspr nicht geltd gemacht werden, da nicht künftige Rechte der Leibesfrucht in Frage stehen.

3) Der Unterhaltsanspruch ist gewöhnl NachlVerbindlk (§ 1967), kein gesetzl Vermächtn. Zu be- **3** gleichen ist er aus dem Nachl, daher gg einen (ggf zu bestellenden) NachlPfleger (§§ 1960, 1961) od gg den TV zu richten. Auch bei einer Mehrh von Erben richtet sich der Anspr gg den gesamten Nachl. – Die Dreimonatseinrede (§ 2014) wird nicht gewährt. – Der Anspr, der auch durch einstw Vfg (ZPO 940) geltd gemacht werden kann, ist im NachlKonk gewöhnl KonkFdg. Er besteht an sich auch bei überschuldetem Nachl (bestr), aber nicht bei mangelnder Masse (§§ 1990, 1991 I–III; Soergel/Stein Rn 5). Als UnterhRente genießt der Anspr den Pfändgsschutz des ZPO 850b I Nr 2 (Stöber[8] Rn 1010); es gilt daher auch das AufrechngsVerbot des § 394 und der daraus sich ergebde Ausschluß eines ZurückbehaltsgsR (§ 273); entspr gilt auch, wenn kein Rentenbetrag, sond unregelmäß Summen zu zahlen sind (Dütz NJW **67**, 1107).

1964 *Erbvermutung für den Fiskus.* [1] Wird der Erbe nicht innerhalb einer den Umständen entsprechenden Frist ermittelt, so hat das Nachlaßgericht festzustellen, daß ein anderer Erbe als der Fiskus nicht vorhanden ist.

[II] **Die Feststellung begründet die Vermutung, daß der Fiskus gesetzlicher Erbe sei.**

1 **1) Allgemeines.** Nur im Falle ges Erbfolge (II; nicht bei Erbeinsetzg des Fiskus) wird § 1936 ergänzt dch die §§ 1964–1966, indem das ohnehin schon beschränkte StaatserbR an ein umständl Verfahren gebunden wird (dazu ausführl Frohn Rpfleger **86**, 37). Die Ermittlungspflicht obliegt dem NachlG od einem (zweckm zunächst bestellten) NachlPfleger. Akteneinsicht kann zur berecht Interesse verlangt werden (FGG 78).

2 **2) Der Feststellungsbeschluß** bildet die Grdlage für das StaatserbR (BayObLG JW **35**, 2518), ersetzt aber ggü GBAmt nicht den nach GBO 35 erforderl ErbSch (BayObLG MDR **87**, 762 mN). BenachrichtiggsPfl: Art 2 VO v 18. 3. 35 (RGBl 381). Zuständig ist der RPfleger (s zur Entscheid Frohn Rpfleger **86**, 37). – Gebühr: KostO 110. – Str ist, ob das StaatsErbR auch dann festgestellt werden muß, wenn kein Nachl vorhanden od der Nachl überschuldet ist: bejahend LG Düss Rpfleger **81**, 358; Staud/Otte/Marotzke Rn 8; Soergel/Stein Rn 2; nach BayObLG **57**, 360 steht in diesen Fällen die Entsch im Ermessen des NachlG.

3 **Rechtsmittel** sind Erinnerg (RPflG 11) u Beschwerde (FGG 19). Beschwberecht ist gg die Feststell sowohl der Fiskus als auch die and Erbprätendenten, selbst wenn sie als Verwandte ausdrückl als ges Erben enterbt sind (BayObLG FamRZ **86**, 728). Gg die Ablehng der Fiskus u die NachlGläub, da auch deren Rechte durch die Ablehng beeinträchtigt werden (BayObLG **57**, 360); andere Erben haben gg die Ablehng kein BeschwR (JFG **16**, 110). Doch kann der angebl Übergangene stattdessen auch Klage gg den Staat erheben (§ 1965 II) od Erbschein beantragen (KG Rpfleger **70**, 340).

4 **3) Die Vermutung (II)** ist widerlegbar. Die Feststell entbehrt aber der dem Erbschein eigentüml Wirkgen zG redl Dritter (§§ 2366ff; Kipp/Coing § 127 V). Der Beschl kann vAw jederzeit aufgeh werden (FGG 18 I); er steht auch dem Fortgang des ErbschVerf und der Einlegg von RMitteln nicht entgg (BayObLG **83**, 204); über Bindg des NachlG an rechtskr Urteil s § 1965 Rn 2. Bei Ablehng der Feststellg steht dem Fiskus der Klageweg frei. Er kann nach Feststellg auch noch Erbschein beantragen, der zur Eintrag des Fiskus als gesetzl Erben ins Grdbuch erforderl ist (Köln MDR **65**, 993; Ffm MDR **84**, 145; BayObLG MDR **87**, 762).

1965 *Öffentliche Aufforderung zur Anmeldung der Erbrechte.* [1] **Der Feststellung hat eine öffentliche Aufforderung zur Anmeldung der Erbrechte unter Bestimmung einer Anmeldungsfrist vorauszugehen; die Art der Bekanntmachung und die Dauer der Anmeldungsfrist bestimmen sich nach den für das Aufgebotsverfahren geltenden Vorschriften. Die Aufforderung darf unterbleiben, wenn die Kosten dem Bestande des Nachlasses gegenüber unverhältnismäßig groß sind.**

[II] **Ein Erbrecht bleibt unberücksichtigt, wenn nicht dem Nachlaßgerichte binnen drei Monaten nach dem Ablaufe der Anmeldungsfrist nachgewiesen wird, daß das Erbrecht besteht oder daß es gegen den Fiskus im Wege des Klage geltend gemacht ist. Ist eine öffentliche Aufforderung nicht ergangen, so beginnt die dreimonatige Frist mit der gerichtlichen Aufforderung, das Erbrecht oder die Erhebung der Klage nachzuweisen.**

1 **1) Die öffentliche Aufforderung** darf erst nach Ablauf der Frist des § 1964 I erfolgen (s Frohn Rpfleger **86**, 37). Sie verfolgt den Zweck, die in § 1964 vorgesehene Feststellg zu ermögl (s KG Rpfleger **70**, 340). – Die Dreimonatsfrist des **II** ist nicht abzuwarten, wenn überh keine Anmeldg bis zum FeststellgsBeschl erfolgt war (KGJ **36** A 67). – Fiskus haftet als Erbe auch für Auslagen des Erbenaufgebots (KostO 12; BayObLG Rpfleger 70, 181). – Die Vorschr gilt auch für die jur Pers des öff Rechts nach EG 138.

2 **2) Verfahren** regelt sich nach FGG; nur die Bekanntmachg u Fristdauer (mind 6 Wochen) richtet sich nach ZPO 948–950. Die Entscheidg wird auf 3 Monate ausgesetzt, wenn währd der Anmeldefrist od später, jedoch vor dem FeststellgsBeschl, ein ErbR angemeldet wird od wenn an Erbanwärter eine gerichtl Aufforderg nach **II** 2 ergeht, damit der Erbanwärter Gelegenh zum Nachw seines ErbR od wenigstens der Klageerhebg erhält. – Über das angemeldete Recht entscheidet das NachlG. Ein nicht nachgewiesenes Recht erlischt aber nicht, sond bleibt nur „unberücksichtigt". – Ein rechtskräftiges Urteil zw Erbansprechern u Staat bindet das NachlG im Rahmen seiner Rechtskr (s Übbl 7 vor § 2353). Es ist also im Verhältn der Prozeßparteien auch für das FeststellgsVerf maßg (BayObLG **69**, 184; Soergel/Stein Rn 3; s auch Staud/Otte/Marotzke Rn 15–17).

1966 *Rechtsstellung des Fiskus vor Feststellung.* **Von dem Fiskus als gesetzlichem Erben und gegen den Fiskus als gesetzlichen Erben kann ein Recht erst geltend gemacht werden, nachdem von dem Nachlaßgerichte festgestellt worden ist, daß ein anderer Erbe nicht vorhanden ist.**

1 **Der Staat** soll bei ges Erbfolge den Nachl nicht an sich ziehen, bevor sein ErbR nach §§ 1964, 1965 festgestellt ist. So lange ist er aber auch gg Inanspruchnahme geschützt. Ist er eingesetzter Erbe, so gelten die gewöhnl Vorschr der §§ 1942 I, 1958, 2014. – Das FeststellgsVerf gilt auch im Fall der §§ 46, 88 (Anfall des Vereins- od Stiftgsvermögens); s Staud/Coing § 46 Rn 4.

Zweiter Titel. Haftung des Erben für die Nachlaßverbindlichkeiten

I. Nachlaßverbindlichkeiten

Einführung

1) Erbenhaftung. Auf den Erben gehen nach dem Grdsatz der Universalsukzession (§ 1922) auch die **1** Verpflichtgen über, die der Erbl eingegangen ist, aber nicht (mehr) erfüllt hat. Er haftet für diese u and, dch den Erbfall entstehenden NachlVerbindlichk (§ 1967); der nur ErbersatzBerecht haftet dagg nicht, sond ist selbst NachlGläub (§ 1934a). Die Haftg mehrerer Erben wird erst in §§ 2058–2063 geregelt, die des NachE in §§ 2144 ff, des ErbschKäufers in §§ 2382 ff.

2) Art der Haftung. Nach dem vom BGB gewählten Haftgssystem haftet der Erbe „vorläufig unbe- **2** schränkt, aber beschränkbar". Dies bedeutet, daß er ab Annahme der Erbsch (s § 1958) außer mit dieser auch mit seinem übr Vermögen haftet, aber vom Ges die Möglichk eingeräumt erhält, seine Haftg unter be- stimmten Voraussetzgen u mittels bestimmter Maßnahmen auf den Nachl zu beschränken (s Rn 4). Er hat also ein BeschränkgsR, dessen Ausübg sich dahin auswirkt, daß er dann nur mit den NachlGgständen selbst haftet, aber nicht mehr mit seinem eigenen Vermögen (auch nicht etwa in Höhe des NachlWertes). Mit der Beschränkg erfolgt somit eine Trenng zw Nachl u Eigenvermögen. Der Erbe muß aber auch dann den Nachl ordngsgemäß verwalten, andernf ErsatzAnspr gegeben sind (§§ 1978; 1991), die dann wieder dem Nachl zugerechnet werden. – Als **unbeschränkte** Haftung wird im Ges die Haftg dann bezeichnet, wenn sie **3** unbeschränkb geworden ist, indem der Erbe sein BeschränkgsR verloren hat. Ein solcher Verlust tritt (unbeschadet der Wirksamk abweichder Vereinbargen) ggü sämtl Gläub kr G ein, wenn er eine ihm gesetzte Inventarfrist fruchtlos verstreichen läßt (§ 1994 I 2) ob absichtl ein unricht Inventar errichtet (§ 2005 I 1); ggü dem einzelnen NachlGläub bei Verweiger der geforderten eidesstattl Versicher (§ 2006).

3) Haftungsbeschränkung. Solange der Erbe nicht unbeschränkb haftet (Rn 3), kann er eine allg Be- **4** schränkg seiner Haftg dch die in §§ 1975–1992 geregelten Beschränkgsmittel herbeiführen. Es sind dies Anordng der NachlVerwaltg (§§ 1975–1988) u Eröffng des NachlKonk (§§ 1975–1980; KO 214–235), mit denen eine Absonderg des Nachl vom sonst Vermögen des Erben, Fremdverwaltg u Verlust der VfgsBe- fugn verbunden sind. In der Beschränkgswirkg gleich steht das (im G nicht erwähnte) VerglVerf zur Abwendg des NachlKonk (VerglO 113; s aber § 1975 Rn 6). – Können bei geringem Nachl diese Verfahren zB mangels kostendeckender Masse nicht dchgeführt werden, stehen dem Erben mit den Unzulänglichk- Einreden der §§ 1990 u 1992 weitere Beschränkgsmittel zur Vfg, die er allerd in prozeß- u vollstreckgsrechtl richtiger Weise erheben muß (s Rn 7; § 1990 Rn 11–13). Macht er diese Einreden geltd, haftet er auch nur mit dem Nachl, den er dann zum Zwecke der Befriedig im Wege der ZwVollstr herauszugeben hat (§ 1990 I 2). Da bis dahin keine Vermögensabsonderg eintritt, haftet er für die Verwaltg des Nachl gem § 1978– 1980. – **Kein** Mittel der HaftgsBeschränkg ist die **Inventarerrichtung** (§§ 1993 ff), die im Ggteil zur **5** unbeschränkten Haftg führen kann (s Rn 3). – Das **Aufgebot** (§§ 1970–1974) hat in erster Linie den Zweck, dem Erben einen Überblick üb die NachlVerbindlk zu verschaffen. Dem ausgeschlossenen od verspäteten NachlGläub können aber als RFolge die Einreden aus § 1973, 1974 entgegengehalten werden.

4) Haftungsvereinbarung. Auf die HaftgsBeschränkg kann der Erbe auch verzichten (nicht der Nachl- **6** Pfleger, § 2013 I 2). Umgekehrt kann er sie auch dch Vereinbarg mit den Gläub herbeiführen (RG **146**, 346; Molitor JhJ **69**, 291 ff; s auch § 1975 Rn 4 aE).

5) Prozessuales. Der als Erbe des Schuldners Verurteilte kann die HaftgsBeschrkg nur geltend machen, **7** wenn sie im Urteil vorbehalten ist (ZPO 780; BGH NJW **54**, 635; BVerwG NJW **56**, 805); s dazu § 1990 Rn 11–13. Der Antr ist grdsätzl in den Tatsachenrechtszügen zu stellen, nicht erst mit der Revision (BGH NJW **62**, 1250); dies gilt nicht, wenn der zur Zahlg verurteilte Bekl erst nach Schluß der letzten Tatsachen- verhandlg stirbt (BGH **17**, 69, aber auch BGH **54**, 204). Zur Geltdmach im Verf über den Grund des Anspr od im BetragsVerf s SchlHOLG SchlHAnz **69**, 231. – Zur Übernahme des Vorbeh in den Kostenfestsetzgs- Beschl s KG NJW **64**, 1330, MDR **81**, 851; Hamm Rpfleger **82**, 354; auch KG Rpfleger **76**, 187 (Haftg für Kosten eines Proz üb eine NachlVerbindlichk auch im Fall der KonkEröffng, wenn Urt keinen Vorbeh nach ZPO 780 enthält). – Zur Geltdmach der vorbehaltenen beschr Erbenhaftg für Gerichtskosten s KG Rpfleger **64**, 385. Dazu auch Johannsen WM **72**, 914/920f. Die Kompetenzabgrenzg zw Erkenntn- u Vollstreckgs- Verf in den Fällen von ZPO 780; 785 behandelt K. Schmidt JR **89**, 45.

1967 *Erbenhaftung.* **I Der Erbe haftet für die Nachlaßverbindlichkeiten.**

II Zu den Nachlaßverbindlichkeiten gehören außer den vom Erblasser herrührenden Schulden die den Erben als solchen treffenden Verbindlichkeiten, insbesondere die Verbindlich- keiten aus Pflichtteilsrechten, Vermächtnissen und Auflagen.

1) Nachlaßverbindlichkeiten sind sowohl die Erblasserschulden als auch die Erbfallschulden **(II)**. Dazu **1** gibt es Verbindlichk, die sowohl NachlVerbindlichk wie EigenVerbindlichk des Erben sind (Rn 8) u für die desh eine HaftgsBeschränk sinnlos wäre. Für alle Schulden haftet der Erbe (s Einf 1). Im Ggsatz zu seinen Eigenschulden kann er aber für die ererbten od dch den Erbfall entstandenen Verbindlichk die Beschränk seiner Haftg auf das ererbte Vermögen herbeiführen (zu den Beschränkgsmitteln s Einf 4), sofern er dieses BeschränkgsR nicht verloren hat (Einf 3). Macht er davon Gebr, wird der Nachl zu einer von seinem übr Vermögen getrennten, ggf sogar abgesonderten Vermögensmasse.

a) Erblasserschulden sind die „vom Erblasser herrührenden Schulden", soweit sie nicht mit dem Tod **2** des Erblassers erlöschen (§ 1922 Rn 41–43), also gesetzliche, vertragliche und außervertragliche Verpflich-

tungen (Kauf, Miete, unerl Hdlg), auch wenn die Folgen erst nach dem Erbfall eintreten (RG HRR **42** Nr
3 522). Dazu gehören zB: **Eintragungsbewilligung** des Erbl (BGH 48, 351). – **Steuerschulden** des Erbl
(BFH NJW **93**, 350; s Kröger BB **71**, 647; AO 45). – Verpflichtg des Erben eines Beamten zur Rückzahlg
von überbezahltem Ruhegehalt (BVerwG MDR **71**, 748). – In der Pers des Erbl entstandene **Prozeßkosten.**
War der Erbl Prozeßkostenhilfe bewilligt gewesen, entsteht für den Erben bei Aufnahme des Zivilprozes-
ses zwar die VerfGebühr neu; für bereits angefallene SachverständKosten haftet er jedoch ebso nicht wie der
davon nach ZPO 122 I Nr 1a befreite Erbl (Düss MDR **87**, 1031; str). Wg der nach dem Erbfall entstande-
nen Kosten s Rn 8. – Die VermAbgabeschuld beim Lastenausgleich (BGH 14, 368; BFH NJW **65**, 1736;
BayObLG **56**, 231, wobei nach LAG 71 neben dem Erben auch die VermNehmer u die Auflagebegünstigten
in Höhe der Bereicherg haften). – **Schulden** eines verstorb **Gesellschafters** wg unzulässiger Entnahme aus
dem GesellschVerm (BGH **LM** § 115 HGB Nr 3). – Auch Verpflichtg zur Abgabe einer **Willenserklärung**
4 od **Auskunftserteilung** (RG HRR **33** Nr 569). – Hierher gehören auch **Unterhaltsansprüche** (§ 1586b);
der UnterhAnspr nach Art 10 I 2 NehelG mit § 1712 aF (BGH FamRZ **75**, 410); Anspr auf den öff-rechtl
Versorgungsausgleich (§ 1587e IV mit Rn 10); beim schuldrechtl endet der Anspr auf Ausgleichsrente
(§§ 1587g; k) grdsl mit dem Tod des Ausgleichspflichtigen; für die Zeit davor können aber noch Anspr gg
die Erben bestehen (BGH FamRZ **89**, 950). – ErblSchuld ist auch die GeldFdg auf **Zugewinnausgleich**
nach § 1371 II (BFH NJW **93**, 2462), die im Rang den gewöhnl NachlVerbindlich gleichsteht, also nicht
unter KO 226 II fällt (bestr; s Reinicke Betr **60**, 1267). Dagg erwächst aus einer **nichtehelichen** Lebens-
Gemsch als solcher keine ErblSchuld (BFH NJW **89**, 1696; s auch Einf 17 ff vor § 1297), es sei denn, daß die
Partner vertragl Anspr begründet hatten od daß ein **Bereicherungsanspruch** gegeben ist; für diese haften
die Erben auch sonst (Schröder JZ **78**, 379/383). – Die auf den Erben übergegangene Haftg des Erbl für
künftige Inspruchn, zB aus **Bürgschaft** (BGH WM **76**, 808). – Ferner der wirks vereinb od rechtskr
5 zuerkannte **Erbausgleich** (§ 1934d). – Als vom Erbl herrührde Verbindlichk gehen auch die verhaltenen,
noch werdenden u **schwebenden** RBeziehgn des Erbl auf den Erben über (§ 1922 Rn 26). ErblSchulden
sind daher auch Verbindlichk, die nur desh erst in der Person des Erben u nicht mehr dem Erbl entstanden
sind, weil dieser vor Eintritt der zu ihrer Entstehg nötigen weiteren Voraussetzg gestorben ist (BGH NJW
91, 2558). Tritt zB die Bedürftigk eines Schenkers erst nach dem Tod des Beschenkten ein, richtet sich ein
RückfdgsAnspr gg die Erben des Beschenkten (BGH aaO). **Wohngeldschulden** des Erbl, die erst nach
seinem Tod dch Beschluß der EigtümerGemsch begründet werden, sind dann NachlVerbindlk, wenn die
EigtWohng der Befriedigg der NachlGläub zugeführt wird (Köln NJW-RR **92**, 460; s auch Hbg MDR **86**,
319). – Der Erbe haftet auch für eine Verbindlichk des Erbl, die dch Aufnahme in ein **Kontokorrent** u die
nachfolgenden Saldoanerkenntnisse als EinzelFdg erloschen ist (BGH WM **64**, 881); Haftg des Bürgenerben
(Ffm OLGZ **71**, 46). – Schließl für **öffentlich-rechtliche Erstattungsansprüche** (Klink SozSich **66**, 199; s
auch Rn 14). Über öffentlichrechtl **Verbindlichkeiten** s BGH NJW **78**, 2091; § 1922 Rn 49–53.

6 **b) Erbfallschulden** sind „die den Erben als solchen" treffenden Schulden, die aus Anlaß des Erbfalls
entstehen. Das sind zB: Verbindlichk aus **Erbersatzansprüchen** (§ 1934b II); **Pflichtteilsrechten**
(§§ 2303 ff), auch PflichtTErgAnspr (BGH **80**, 206 mAv Zopfs **LM** § 1922 Nr 12); **Vermächtnissen** (§ 2174,
s BayObLG **82**, 20/27) und **vermächtnisähnlichen** Anspr (Voraus, § 1932; Dreißigster, § 1969; Anspr der
Abkömml auf Ausbildungsbeihilfe nach § 1371 IV; letzteres str, aM Boehmer, Johannsen FamRZ **61**, 48;
164), Ansprüche nach **§ 1963.** – **Kosten** der standesgem Beerdigg (§ 1968, Mü NJW **74**, 704); der TodesErkl
(VerschG 34 II, 40); der gerichtl Sicherg des Nachl u der TestEröffng. – **Altenteilsrechte** (BGH **8**, 217). –
Ferner die **Erbschaftsteuer** (ErbStG 9 I, 20; BFH NJW **93**, 350; aA Hamm OLGZ **90**, 393 mwN). –
Verbindlichk aus wirksamen (s. u.) RHdlgen eines **Nachlaßpflegers** (-Verwalters, KO 224) od des Test-
Vollstr (RG **60**, 30) sowie deren Gebühren (NachlKosten u NachlVerwaltgschulden) od deren Vergütg
(§ 1960 Rn 25).

7 **c) Keine** NachlVerbindlichk sind Anspr auf Rückzahlg des nach dem Tod des Erbl gezahlten Altersruhe-
gelds (s KG FamRZ **77**, 349), sie können aber NachlErbenschulden sein (Rn 8; § 2058 Rn 1). – Ferner nicht
EinkSteuer aGrd Einkünften, die der Erbe aus dem Nachl erzielt (BFH NJW **93**, 350). – Durch geneh-
miggpfl, aber nicht genehmigte Geschäfte eines NachlPflegers werden NachlVerbindlichk nicht begründet
(Hbg NJW **52**, 938). Über Entstehg von NachlVerbindlichk bei Schäden dch NachlSachen (zB gem §§ 833,
836) s Weimar MDR **71**, 369.

8 **2) Nachlaßerbenschulden.** Sie entstehen aus RHdlgen des Erben anläßl des Erbfalls u führen grds zu
Eigenschulden, für die der Erbe aus seinem Vermögen haftet wie jeder andere, der durch RGesch eine
Verbindlichk eingeht (Köln NJW **52**, 1145). Wenn aber das RGesch irgendwie mit dem Nachl od Erbfall zu
tun hat, zur Abwicklg des Nachl gehört (BGH **32**, 60), kann nach außen sowohl eine Nachl- wie eine
Eigenverbindlk entstehen. Dann haften im Außenverhältn Nachl- und Eigenvermögen gewisserm gesamt-
schuldnerisch; richtiger spricht man von einem einheitl Schuldverhältn mit doppeltem HaftgsGgst im Falle
der Haftgssonderg (Erman/Schlüter Rn 9 mN). Im Innenverhältn gilt § 1978 III: ErsatzAnspr des Erben gg
den Nachl. – Praktisch bedeutsam ist dies, wenn es zu NachlSonderg kommt (zB dch NachlVerwaltg).

9 **a) Nachlaßverbindlichkeit** liegt vor, wenn die Verbindlichk vom Standpkt eines sorgfältigen Verwal-
ters in ordnungsgem Verwaltg des Nachl eingegangen ist; dabei kommt es nicht entscheidend darauf an, ob
die Verbindlichkeit ausdrückl für den Nachl übernommen od die Beziehg zum Nachl dem GeschGegner
erkennb ist (RG **90**, 95; BGH **32**, 60); s auch BGH **38**, 193; WM **73**, 362; Ffm BB **75**, 1319 (NachlAbwicklg
eines HandwerksBetr, Kosten, die Erben dch Auflös eines Gesch des Erbl entstehen); BGH WM **77**, 270;
Düss OLGZ **78**, 323 (Verneing einer NachlVerbindlk). Dabei können die Grdsätze über Haftg aus An-
scheinsvollmacht Anwend finden, wenn es sich um Geschäfte handelt, die ein MitE in Fortführg eines vom
Erbl hinterlassenen Handwerksbetriebs abschließt (BGH **LM** § 2032 Nr. 2). Nimmt der Erbe einen dem
Erbl von einer Bank eingeräumten Kredit weiter in Anspr, so handelt es sich um eine ErblSchuld, aber auch
um eine NachlErbenschuld (Brox § 37 V 1). NachlErbenschuld ist auch der Anspr auf Rückforderg von
irrtüml nach dem Tod des Berecht an die Erben gelangten RentenZahlgen (BGH **71**, 180; **73**, 202; § 2058
Rn 1; aM KG FamRZ **77**, 349; AG Kassel NJW-RR **92**, 585). – Auch für den **Nacherben** sind vom VorE

begründete Schulden aus ordnungsmäßiger Verwaltg des Nachl NachlVerbindlichk (BGH **32**, 60), es sei denn, daß erkennb nur persönl Haftg des VorE bestehen sollte (RGRK Rn 12).

b) Eine Vereinbarung des Erben (mag eine NachlVerbindlichk vorliegen od nicht) **mit dem Gläubi-** 10 **ger,** daß seine Haftg auf den Nachl od auf sein Eigenvermögen **beschränkt** sein solle, ist mögl (RG **146**, 346), s Ffm WM **65**, 659 (Wechselverbindlichk als NachlErbenschuld). Für die Beschrkg der Haftg auf den Nachl genügt es, wenn der Erbe zum Ausdruck bringt, er handle nur für den Nachl, u der and Teil darauf eingeht: Vertr im Rahmen der Fortsetzg des Betriebs eines vom Erbl geführten HandelsGesch unter dessen Firma (BGH BB **68**, 769); s auch Johannsen WM **72**, 919; Ffm BB **75**, 1319 (HandwBetr). – Aus schuldh Verw des Nachl (§§ 1978–1980), also für NachlFdgen (§ 1978 II) haftet der Erbe **ohne Beschränkung** (§ 1978 Rn 4), ebso der **Vorerbe** aus Eigenverbindlichk (s RG **112**, 131 und § 2145).

3) Sonderfälle. – a) Die Haftg für **Geschäftsschulden** regeln HGB 25 III; 27 I, II; 139. S dazu aus der 11 Rspr: BGH **30**, 391; NJW **61**, 1304 (Haftg des Erben eines Handelsgeschäfts bei dessen Fortführg im gerichtl VerglVerf); BGH BB **65**, 968 (Haftg eines ausgeschiedenen MitE für neuerwachsene Verbindlichk der Firma); BGH NJW **71**, 1268 mAv Schwerdtner JR **71**, 420. – Beerbt in einer zweigliedr **KG** der einzige Kommanditist den einzigen Komplementär, wird dadch die Ges aufgelöst u gleichzeit beendet; der erbende Gter wird Alleininhaber (BGH **65**, 79; s auch Schlesw OLGZ **81**, 447; § 1922 Rn 15). Seine persönl Haftg kann sich daher nicht mehr aus HGB 130 ergeben, aber bei Fortführg des HandelsGesch aus HGB 27. Andernf ist analog § 419 II die Haftg auf das übergegangene GesVermögen beschränkt (BGH **113**, 132 mAv Frank/Müller-Dietz JR **91**, 457; dazu eingehd Marotzke ZHR **156**, 17). Zur Haftg des Erben als Nachfolger des Komplementärs s BGH Betr **81**, 2165; Herfs DB **91**, 2121; des Kommanditisten BGH NJW **76**, 848 zu HGB 176 II. – Die Haftg des Alleinerben eines **GmbH**-Gesellschafters für NachlVerbindlichk ggü der GmbH bestimmt sich nach BGB (s Däubler, Vererbg des Geschäftsanteils der GmbH 1965, S 12ff). – Über Haftg des TV bei Verwaltg des HandelsGesch s Haegele/Winkler, Der TV, Rn 317ff. – **b) Geldstrafen** 12 dürfen in den Nachl des Verurteilten nicht vollstreckt werden (StPO 459c III). Auch darf nach OWiG 101 eine Geldbuße nicht in den Nachl des Betroffenen vollstreckt werden. S auch AO 45 I 2. Nach StPO 465 III haftet der Nachl nicht für die VerfKosten, wenn ein Verurteilter vor Rechtskr des Urt stirbt (dazu Kleinknecht/Meyer StPO 465 Rn 12). – **c) Für die Kosten** der in KostO 6 bezeichneten Gesch des NachlG haften 13 nur die Erben auch der Vorschr über NachlVerbindlk (s Düss Rpfleger **68**, 98); über ZahlgsPfl bei gemschaftl ErbSch s Stgt Just **78**, 76. – **d) Sozialhilfe.** Verlangt ihr Träger Ersatz für die ihm in den letzten 10 14 Jahren vor dem Erbfall entstandenen Aufwendgen vom Erben gem BSHG 92c, liegt eine NachlVerbindlk vor, die Vorrang hat v uor Pflichtt- u VermächtnAnspr od Auflagen (s dazu Karpen MittRhNK **88**, 131). Der Erbe haftet aber nur mit Nachl (BSHG 92c II); dies ist nur mögl, solange aktives Vermögen aus der Erbsch vorhanden ist (BVerwG NJW **93**, 1089). Da es sich um eine abschließde Regelg handelt, verbietet sich ein haftgserweiternder Rückgriff auf § 1978 (BVerwG aaO). Bei sozialwidr Erlassg der Sozialhilfe dch ErbE geht die aus RückFdg gem BSHG 92a herrührde Verbindlk als ErblSchuld auf den Erben über, der mit Nachl haftet (BSHG 92a II; Kerpen aaO; s auch AG Düren DAV **80**, 730; MüKo/Siegmann Rn 8; 9 vor § 1967). – **e)** Für Fdgen des **Erben** gegen den Erbl od aus Aufwendungen haftet der 15 Nachl, denn der Erbe kann sich nicht selbst haften (§§ 1976; 1991 I, II; 1978 III; KO 224, 225).

1968 *Beerdigungskosten.* **Der Erbe trägt die Kosten der standesmäßigen Beerdigung des Erblassers.**

1) Erstattungsanspruch. Der Erbe (od die ErbenGemeinsch, BGH NJW **62**, 791) wird als Korrelat für 1 den Anfall des Vermögens des Erbl mit den Kosten von dessen standesmäßiger Beerdigg belastet, obwohl die Art u Weise der Bestattg nicht zwangsläufig von ihm bestimmt werden kann (s Einl 9 vor § 1922). Hat diese Kosten zunächst der Bestattgsberechtigte getragen, ohne Erbe geworden zu sein, begründet § 1968 einen ErsatzAnspr gg den Erben. Die angefallenen Kosten bzw der ErsatzAnspr sind NachlVerbindlichk u Masseschuld (KO 224 Nr 4). – Ein **Dritter,** der die Bestattg veranlaßt hat, ohne daß ihm das Recht zur 2 Totenfürsorge zusteht, hat keinen Anspr aus § 1968. Kann er Ersatz seiner Kosten nicht aGrd Vertrags verlangen (wie zB der Bestattgsunternehmer von seinem Auftraggeber; ist dies der Erbe, hat er dch den Vertr auch eine Eigenverbindlichk begründet), ist der Dritte auf Anspr aus GoA angewiesen (Widmann FamRZ **88**, 351). Daneben können ggf noch Anspr nach § 812 od gem § 844 I (BGH **61**, 238; Düss MDR **73**, 671: Umfang der Kosten) od nach § 2022 II geltend gemacht werden. – Soweit die Kosten vom Erben nicht zu erlangen sind, haften subsidiär bei Tod eines UnterhaltsBerecht die UnterhPflichtigen (§ 1615 II; dazu Dieckmann FamRZ **77**, 161/165). Entsprechendes gilt für den Vater bei Tod der nichtehel Mutter infolge Schwangersch od Entbindg (§ 1615 m). – Die Kosten der Beerdigg eines Vorerben treffen nicht den Nacherben (Celle HRR **41** Nr 127).

2) Beerdigungskosten. Was zu einer standesmäßigen Beerdigg (od auch Feuerbestattg, RG **154**, 270) 3 gehört, richtet sich nach der Lebensstellg des Erbl (vgl § 1610 I; Düss MDR **61**, 940; NJW-RR **95**, 1161). Dazu gehören nicht nur die eigentl Beerdiggskosten (Bestatter; Grabstätte; kirchl u bürgerl Feier), sond auch die Kosten des Grabsteins sowie Erstanlage der Grabstätte (Düss aaO; allerd nicht Mehrkosten für Doppelgrab, BGH **61**, 238; Ausgaben für Trauerkleidg (s dazu Weimar MDR **67**, 980; Hamm DAR **56**, 217); für Todesanzeigen, Danksagungen; Verdienstausfall usw (RG **139**, 394; Hamm aaO); uU auch Kosten für Exhumierg, Überführg u endgültige Bestattg (Karlsr NJW **54**, 720; Mü NJW **74**, 703); s dazu Fritz BWNotZ **92**, 137. – Dagg idR nicht Reisekosten von Angehörigen zum Beerdiggsort (BGH **32**, 72), es sei denn, daß das öff R den Angehörigen zur Beerdigg verpflichtet (Karlsr MDR **70**, 48). – Bei Streit üb Kosten zw den Eltern für Bestattg ihres Kindes entscheidet das Prozeßgericht (Schlesw SchlHA **81**, 67; Paderborn FamRZ **81**, 700).

3) Andere Verpflichtete als der Erbe können entw dch eig Reglgen, dch Vertr od infolge ErsatzPfl bei 4 Tötg die Kosten tragen müssen (s dazu Fritz BWNotZ **92**, 137). – **a)** Der **Hofübernehmer** hat auch ohne ausdrückl Bestimmg die Beerdiggskosten für den Übergeber u seinen Eheg jedenf dann zu tragen, wenn der

Hof das Hauptvermögen darstellte u das Altenteil die vollständ Versorgg des Übergebers u seines Eheg sichern sollte (SchlHOLG RdL **63**, 154). Wird in einem **Übergabe- und Altenteilsvertrag** freie u standesgem Beerdigg versprochen, gehört dazu grdsätzl auch Setzg eines Grabmals, das den wirtschaftl Verhältn des Hofes entspricht, Celle RdL **68**, 74 (dort auch zur Verwirkg). – **b)** Nach **Sozialhilferecht** (BSHG 15) sind die erforderl Kosten der Bestattg eines SozHilfeempfängers zu übernehmen, soweit dem hierzu Verpflichteten nicht zugemutet werden kann, die Kosten zu tragen. Anspruchsberecht ist der Erbe, evtl der UnterhPflichtige (s Jehle ZfF **66**, 34; Berger aaO 116ff). Örtl zuständ ist SozHilfeträger, der bis zum Tod SozHilfe gewährte, andernf Träger, in dessen Bereich Sterbeort liegt (BSHG 97 III). – **c)** Dem Dienstherrn des getöteten **Beamten** steht in Höhe des nach BeamtVG 18 zu zahlende Sterbegeldes der Rückgr auf den Anspr gg den Schädiger auf Ersatz der BeerdiggsKosten zu (BGH FamRZ **77**, 246). – **d)** Weitere Sonder-Vorschr enthalten **SeemannsG** 75 II; 78 I; sowie RVO 487 III.

5   **4) Grabpflege** zählt nicht mehr zur Beerdigg. Ihre Kosten fallen daher nicht unter § 1968, da sie keiner rechtl, sond nur sittl Pfl des Erben entspringt (BGH **61**, 238; RG **160**, 255; Oldbg FamRZ **92**, 987). Auch bei der EinkSteuer kann der Erbe die von ihm aGrd test Anordngen dafür erbrachten Aufwendgen jedenfalls so lange nicht als dauernde Last (EStG 10 I Nr 1) abziehen, als deren Wert des Nachl nicht übersteigen (BFH NJW **89**, 3303). Bei der ErbschSt kann er nach ErbStG 10 V Nr 3 allerd bei Ermittlg des steuerpflicht Erwerbs (s Einl 16 vor § 1922) die dch freiwill Grabpflege anfallenden Kosten mit ihrem Kapitalwert (BewG 13 II: 9-facher Jahreswert) absetzen, sofern sie nicht schon dch die Pauschale von insgesamt 10000 DM für alle BeerdiggsKosten (ErbStG 10 V) mit abgegolten sind. – In einem noch vom Erbl abgeschlossenen GrabpflegeVertr üb die gesamte Ruhezeit für seine Grabstätte kann das KündiggsR mit bindender Wirkg für die Erben ausgeschlossen werden (Karlsr 11 U 154/88); ist die von ihm einmalig zu leistende Vorauszahlg unangemessen hoch, kann der Vertr wg Sittenwidrigk nichtig sein (LG Mü I NJW-RR **89**, 197: Gesamtzahlg für 40 Jahre ohne Berücksichtgg einer Kapitalisierg).

1969 *Dreißigster.* **I** Der Erbe ist verpflichtet, Familienangehörigen des Erblassers, die zur Zeit des Todes des Erblassers zu dessen Hausstande gehört und von ihm Unterhalt bezogen haben, in den ersten dreißig Tagen nach dem Eintritte des Erbfalls in demselben Umfange, wie der Erblasser es getan hat, Unterhalt zu gewähren und die Benutzung der Wohnung und der Haushaltsgegenstände zu gestatten. Der Erblasser kann durch letztwillige Verfügung eine abweichende Anordnung treffen.

II Die Vorschriften über Vermächtnisse finden entsprechende Anwendung.

1   **1) Anspruchsberechtigter.** Der Anspr auf den Dreißigsten steht denjenigen **Familienangehörigen** zu, die zum **Hausstande** (§ 1619) gehörten, also wg ihrer persönl Beziehgen zum Erbl u ihrer tatsächl Aufn in die FamGemeinsch als zu ihr gehörig angesehen werden (Staud/Marotzke Rn 4–6). Zu ihnen gehören auch Pflegekinder; ob auch Lebensgefährtin, ist str (ja Düss NJW **83**, 1566; Einl 20 vor § 1297; MüKo/Siegmann Rn 2; Soergel/Stein Rn 2; nein Steinert NJW **86**, 686). – Außerdem mußten sie **Unterhalt** bezogen haben (ohne Rücks darauf, ob hierzu eine Verpflichtg des Erbl bestand), so daß Hausangestellte schon desh ausscheiden (s Müller/Freienfels JuS **67**, 127). IdR ist auch ein nach Trenng in Scheidg lebder Eheg nicht anspruchsberecht (str; aA Soergel/Stein Rn 2).

2   **2) Der Anspruch** wird wg der entspr Anwendg des VermächtnRs **(II)** oft als „gesetzl" Vermächtn bezeichnet, obwohl es solche nicht gibt (s Einf 4 vor § 2147; § 1932 Rn 5). Er ist in Natur u im bish Umfang zu erfüllen, falls nicht vorherige Haushaltsauflösg erforderl wird (dann Geldansprüche; vgl auch § 1612 I 2). Durch letztw Vfg **(I** 2) kann der Erbl den Dreißigsten erhöhen (insoweit reines Vermächtn), verringern od ausschließen. Vor Ann der Erbsch ist notf ein Pfleger (§§ 1958, 1960 III) zu bestellen; nach Ann keine aufschiebende Einr nach § 2014. Der Erbe kann die Haftg beschränken. Durch Aufgebot wird jedoch der Anspr nicht betroffen **(II,** § 1972). Kein Anspr besteht für die Vergangenh (§ 1613). Verzicht ist nach dem Erbf (entgg § 1614) mögl, da auch reine Vermächtn ausgeschlagen werden können (Staud/Marotzke Rn 14; aM RGRK Rn 6). – Der Anspr ist grdsätzl **nicht übertragbar** u **unpfändbar** (§§ 399, 400, ZPO 850b I Nr 2, II, 851). Er unterliegt damit dem Aufrechnungsverbot des § 394 u dem Ausschluß des ZurückbehaltsgsR (§ 273; Dütz NJW **67**, 1107). – Der Anspr nach § 1969 ist nicht Verm iS des § 1371 II.

II. Aufgebot der Nachlaßgläubiger

1970 *Aufforderung zur Anmeldung.* Die Nachlaßgläubiger können im Wege des Aufgebotsverfahrens zur Anmeldung ihrer Forderungen aufgefordert werden.

1   **1) Das Aufgebot** soll dem Erben Aufschluß über den Stand des Nachl u die Höhe der NachlVerbindlichk geben, ihm die Entschließg über Beantragg der NachlVerw od des NachlKonk u die Errichtg eines ordnngsgem Inv (§ 2001) ermöglichen und ihn gg unbekannte NachlGläub sichern (§ 1973). Außerdem soll es dem Erben, NachlPfleger, NachlVerwalter und TestVollstr die Unterlagen zur Verteilg der Masse an die Gläub verschaffen. – Die **Dreimonatsfrist** des § 2014 verlängert sich nach Maßg des § 2015 bis zur Beendigg des Aufgebotsverfahrens, so daß der Erbe nicht in Verzug kommt u im Prozeß den Vorbeh der beschränkten Haftg geltd machen kann (ZPO 305, 782). Zugleich ergibt sich daraus, daß das Aufgebot **keine Haftungsbeschränkung** herbeiführt. Für den MitE s auch § 2045 und die Besonderh in § 2060 Nr. 1.

3   **2) Vom Aufgebot betroffen** werden **alle Nachlaßgläubiger** (Ausn s. u.), auch auswärtige, mögen sie dem Erben bekannt sein, gg ihn od den Erbl einen Titel haben od nicht, sofern ihnen zu Beginn der Aufgebotsfrist (ZPO 994, 950) eine NachlFdg zustand. Der antragstellende Erbe, der selbst eine NachlFdg hat (§§ 1978 III, 1991 I, KO 225 II, III), braucht nur anzumelden, wenn das Aufgebot vom NachlVerw od

TestVollstr beantragt ist od einem anderen MitE (ZPO 997) zustatten kommt. – **Nicht betroffen** werden: 4 der in §§ 1971, 1972 genannte Personenkreis; ferner EigenGläub des Erben (RG **92**, 344); auch nicht Fdgen gg den Nachl, die erst nach Erlaß des AusschlUrt od die durch RHdlgen des NachlPflegers od TestVollstr nach Erlaß des Aufgebots entstanden sind (bestr; aA, Veröffentlichg maßgebl, Soergel/Stein Rn 4 mN).

3) Das Aufgebotsverfahren ist in ZPO 989–1000; 946–959; EGZPO 11 als besond Prozeßart (nicht als 5 Verfahren der fG) geregelt. Zuständ ist sachl stets das AG (GVG 23 Nr 2h), örtl dasjen, das sonst NachlG ist (ZPO 990; FGG 73; EG 147), funktionell grdsl RPfleger (RPflG 20 Nr 2), Richter allerd für Ausschlußurteil (ZPO 952, 957). – **a) Antragsberechtigt** ist jeder Erbe (ZPO § 991 I, III) nach Annahme der Erbsch, sofern 6 er nicht bereits unbeschränkb haftet, § 2013 I (Ausnahme bei MitE, ZPO 997); NachlPfleger, -Verw; TestVollstr nach Ann der Erbsch (ZPO 991 II, III; ZVG 175 II) u der ErbschKäufer (ZPO 1000). Ob NachlVerw u TestVollstr auch bei allg unbeschränkb Haftg des Erben noch antragsberecht sind, ist str, aber zu bejahen (Staud/Marotzke Rn 7; aM RGRK Rn 8; Soergel/Stein Rn 1). Gehört ein Nachl zum GesGut der GütGemsch, kann sowohl der Eheg, der Erbe ist, als auch der Eheg, der nicht Erbe ist, aber das GesGut allein od gemeins mit seinem Eheg verwaltet, das Aufgebot ohne Zust des anderen beantragen (ZPO 999). – **b) Keine Ausschlußfrist** besteht für den Antr. Daß aber der Aufgebotsantrag praktisch binnen Jahresfrist 7 seit der ErbschAnnahme gestellt werden muß, ergibt sich aus § 2015 I, ZPO 782. Wenn Grd besteht, das Vorhandensein unbekannter NachlVerbindlichk anzunehmen, muß der Erbe oder NachlVerw bei Vermeidg der SchadErsPfl den Antr unverzügl stellen (§§ 1980 II 2, 1985 II 2). – **c) Ein Verzeichnis** der 8 bekannten Gläub ist dem Antr beizufügen (s ZPO 992, 994 II); hat der Erbe schuldh die Aufnahme eines bekannten Gläub in das Verzeichn unterlassen, macht er sich schadensersatzpflichtig u kann ihm ggü die Einrede nach § 1973 nicht geltend machen (Soergel/Stein § 1973 Rn 3). – **d) Abzulehnen** ist der Aufgebots- 9 Antr bei NachlKonk (NachlVerglVerf) mangels RSchutzbedürfnisses (ZPO 993); die ZwVerst geht jedoch weiter (ZVG 178 II). – Das Verfahren ist auch dann **einzustellen,** wenn das BeschränkgsR des Erben vor Erlaß des AusschlUrteils verlorengeht (Staud/Marotzke Rn 9) oder uU, wenn er den Aufgebotstermin versäumt (§ 2015 II). – **e) Die Kosten** des Aufgebotsverfahrens sind Nachlverbindlichk und im Konk 10 Masseschulden (KO 224 Nr 4), da sie im Ergebn auch den NachlGläub zugute kommen.

4) Ausländisches Ausschlußurteil kann bei deutschem Erbstatut anerkannt werden. S dazu u zur Durch- 11 führg eines Aufgebotsverfahrens im Inland bei ausländ Erbstatut Pinckernelle/Spreen DNotZ **67**, 217.

1971 *Nicht betroffene Gläubiger.* **Pfandgläubiger und Gläubiger, die im Konkurse den Pfandgläubigern gleichstehen, sowie Gläubiger, die bei der Zwangsvollstreckung in das unbewegliche Vermögen ein Recht auf Befriedigung aus diesem Vermögen haben, werden, soweit es sich um die Befriedigung aus den ihnen haftenden Gegenständen handelt, durch das Aufgebot nicht betroffen. Das gleiche gilt von Gläubigern, deren Ansprüche durch eine Vormerkung gesichert sind oder denen im Konkurs ein Aussonderungsrecht zusteht, in Ansehung des Gegenstandes ihres Rechtes.**

1) Allgemeines. Es handelt sich hier um **dingliche** u den dingl gleichgestelle Anspr, die nicht (wie das 1 AufgebotsVerf) den Nachl als Ganzes, sond nur einen bes NachlGgst betreffen. Diese Gläub brauchen ihre Fdgen nicht anzumelden u werden durch den Ausschl im AufgebotsVerf (§ 1973) nicht betroffen, „soweit es sich um die Befriedigg aus den ihnen haftenden Gegenständen handelt"; wohl aber müssen sie wg ihrer persönl AusfallFdgen (zB der persönl Anspr bei der Hyp) anmelden.

2) Nicht betroffen dch das Aufgebot (S 1) werden PfandGläub (§§ 1204, 1273; KO 48) und diesen nach 2 KO 49 gleichstehende Absonderungsberechtigte sowie Aussonderungsberechtigte (KO 43ff) u in der ZwVerst Realberechtigte (ZVG 10) sowie Gläub, die kaufm Zurückbehaltsrechte an bestimmten Ggständen haben (HGB 369ff). Ist eine persönl NachlFdg mit einem dingl Recht an einem NachlGrdst verbunden, kann entspr dem AufgebotsVerf nach ZVG 175ff ZwVerst beantragt werden, um dem Erben die Feststellg zu ermöglichen, ob u inwieweit der Gläub sich aus dem Grdst befriedigen kann u der Erbe danach noch persönl für den Ausfall haftet.

3) Die Vormerkung (§ 883) ist hier den dingl Rechten gleichgestellt (S 2), da nach § 884 die Haftgsbe- 3 schrkg auch insoweit nicht geltd gemacht werden kann. Ob das Vorrecht vor od nach dem Erbfall erlangt wurde, ist hier gleichgültig; anders bei der Einr (§ 2016 II) und im NachlKonk (KO 221).

1972 *Nicht betroffene Pflichtteilsrechte, Vermächtnisse und Auflagen.* **Pflichtteilsrechte, Vermächtnisse und Auflagen werden durch das Aufgebot nicht betroffen, unbeschadet der Vorschrift des § 2060 Nr. 1.**

Nicht betroffen dch das Aufgebot werden die sog **nachlaßbeteiligten Gläubiger** (Erman/Schlüter 1 Rn 1), da der Erbe das Bestehen von Verbindlichkeiten aus PflichttR, Vermächtn u Aufl idR dch Verkündg der Vfg vTw und eher als die Gläubiger kennen wird. Sie haben im Ggsatz zu den ausgeschl Gläub Ansprüche gg den Erben aus dessen Verwaltg (§§ 1978, 1979). Doch können sie nur durch Anmeldg die Teilhaftg des Miterben verhindern (§ 2060 Nr 1). Die Versäumungseinrede aus § 1974 kann auch gg sie erhoben werden (s § 1974 III). Bei der Befriedigg stehen sie ggü den übrigen NachlVerbindlichkeiten in mehrf Hins zurück (vgl §§ 1973 I 2, 1991 IV, KO 222, 226 II, IV, 228). – § 1972 gilt auch für **Erbersatzansprüche** (§ 1934a II; Staud/Werner § 1934b Rn 36).

1973 *Ausschließung von Nachlaßgläubigern.* **[1] Der Erbe kann die Befriedigung eines im Aufgebotsverfahren ausgeschlossenen Nachlaßgläubigers insoweit verweigern, als der Nachlaß durch die Befriedigung der nicht ausgeschlossenen Gläubiger erschöpft wird. Der**

Erbe hat jedoch den ausgeschlossenen Gläubiger vor den Verbindlichkeiten aus Pflichtteilsrechten, Vermächtnissen und Auflagen zu befriedigen, es sei denn, daß der Gläubiger seine Forderung erst nach der Berichtigung dieser Verbindlichkeiten geltend macht.

II Einen Überschuß hat der Erbe zum Zwecke der Befriedigung des Gläubigers im Wege der Zwangsvollstreckung nach den Vorschriften über die Herausgabe einer ungerechtfertigten Bereicherung herauszugeben. Er kann die Herausgabe der noch vorhandenen Nachlaßgegenstände durch Zahlung des Wertes abwenden. Die rechtskräftige Verurteilung des Erben zur Befriedigung eines ausgeschlossenen Gläubigers wirkt einem anderen Gläubiger gegenüber wie die Befriedigung.

1   **1) Erschöpfungseinrede.** Der Erbe, der bei Erlaß des Ausschlußurteils (ZPO 952) nicht bereits unbeschränkbar haftet (§ 2013 I), kann dem ausgeschlossenen NachlGläub als Urteilswirkg eine Einrede bes Art entgghalten, ohne die HaftgsBeschrkg der NachlVerw od des NachlKonk herbeiführen zu müssen. Es handelt sich um eine **außerordentliche Beschränkung der Haftung** (§ 2013 I 2), die bei §§ 1973, 1974 dem Erben auch noch dann zustatten kommt, wenn die unbeschränkb Haftg nach Erlaß des Ausschlußurteils eintritt. Seine Haftg ggü den Ausgeschlossenen (§ 1973 f) beschränkt sich auf den Nachlaßüberschuß (s Rn 2). Hins der Befugn der ausgeschlossenen Gläub, NachlKonk zu beantragen, vgl KO 219.

2   **2) Der Überschuß (II 1)** errechnet sich gem BereichergsGrdsätzen (§§ 818, 819) nach dem Aktivbestand des Nachl, dem die gezogenen Nutzgen u Surrogate **zuzurechnen** sind, ebso die beim Erbfall erloschenen Verbindlichk u Lasten des Erben ggü dem Erbl. **Abzuziehen** sind umgekehrt die beim Erbfall auf gleiche Weise erloschenen Fdgen u Rechte des Erben; dann vor allem die Fordergen (auch die erfüllten) der nicht ausgeschlossenen u der vom Aufgebot nicht betroffenen Gläub, ausgenommen die noch nicht befriedigten Ansprüche aus § 1972 (I 2); ferner die aus dem Nachl bereits befriedigten Fdgen anderer ausgeschlossener Gläub mit der Maßgabe des **II 3**; schließl alle Aufwendgen des Erben für den Nachl aus eigenem Vermögen (einschränkend, nur wertsteigernde, Soergel/Stein Rn 5). Wg eines AnfechtgsR s AnfG 3a. – Maßgebl
3   **Zeitpunkt** für den Umfang der Haftg ist der Erlaß des im RStreit mit dem Ausgeschlossenen ergehenden Urteils od der Entscheidg über die gg seine Vollstreckg erhobene Einwendg (vgl RGRK Rn 16, der in letzterem Fall auf den Beginn der ZwVollstr abstellt), nicht aber dem Ztpkt der Geltdmachg (auf den es nur bei **I 2** ankommt).

4   **3) Wirkung.** Die Erschöpfseinrede (die mit der DürftigkEinr des § 1990 nicht zu verwechseln ist) läßt die GläubFdg nicht erlöschen, sond macht sie nur **einredebehaftet**. Der Gläub kann daher mit ihr weiterhin gg NachlFdgen aufrechnen (§ 390 steht nicht entgg, weil selbst NachlKonk die entstandene Aufrechngslage unberührt läßt, MüKo/Siegmann Rn 2) od auf sie die Einrede des § 322 stützen. Im **Prozeß** ist sie vom Erben nachzuweisen u führt bei nachgewiesener NachlErschöpfg zur Klageabweisg als zZ unzulässig (Schlüter § 53 I 3 d; vgl RG **137**, 54, BGH NJW **54**, 635). – Ihre Wirkg besteht also im wesentl darin, daß der Erbe die **Befriedigung** insow **verweigern** kann, als der Nachl dch Erfüll der nicht ausgeschlossenen Fdgen erschöpft ist od er wäre. Bei Überschuß beschränkt sich der GläubAnspr auf die im Nachl „noch vorhandenen" Ggstände (od deren Ersatz, BereichergsAnspr bei Zahlg des Erben an vermeintl NachlGläub usw), **II 1, 2**. Der Erbe hat (ähnl wie bei AnfG 7) die ZwVollstr in diese Ggstände zu dulden; der Gläub kann zuvor vom Erben nach §§ 260, 261 Ausk und eidesstattl Vers verlangen (s auch § 2006 Rn 2).

5   **4) Abwendungsbefugnis, II 2.** Auch die so bereits ggständl beschränkte ZwVollstr kann der Erbe (ebso bei § 1992 S 2) durch Zahlg des Schätzwertes, falls dieser hinter der Fdg des Ausgeschlossenen zurückbleibt, abwenden, wobei er die zur Befriedigg seiner eigenen ErsatzFdgen (s Rn 2) erforderl Ggstände zurückbehalten kann, da sie nicht zum „Überschuß" gehören (RGRK Rn 22).

6   **5) Vorbehalt im Prozeß.** Die Einrede aus § 1973 ist verzichtb u geht durch Versäumg des Vorbehalts nach ZPO 780 I verloren (Ausn ZPO 780 II; RG **59**, 305), falls der Vorbehalt nicht durch Urteilsergänz (ZPO 321) od RMittel (uU auch noch in der Revisionsinstanz, BGH **17**, 69; NJW **62**, 1250) nachgeholt wird. Der allg Vorbehalt der ZPO 305, 780 I genügt (RG **83**, 330), auch wenn er versehentl nur in den Gründen steht (OLG **7**, 134). Vorbehalt ist auch bei Klage auf Vollstreckungsklausel (ZPO 731) notw; nicht jedoch im Verfahren nach ZPO 727, da hier ZPO 781 Anwendg findet (Köln JW **32**, 1405; Zöller/Stöber ZPO 780 Rn 9).

7   **6) Zwangsvollstreckung.** Führt die Erschöpfungseinrede nicht bereits zur Klageabweisg, muß der Erbe in der ZwVollstr die beschränkte Haftg einwenden (ZPO 781); hat er bereits unter dem Druck der ZwVollstr gezahlt, kann er Rückzahlg verlangen (§§ 813, 814; RG **64**, 244). Es muß also gem dem hier anwendb ZPO 784 nach ZPO 785 Gegenklage erheben (StJP/Münzberg I zu ZPO 784), wobei die Geltdmachg des allg Vorbehalts (s Rn 6) ZPO 767 II ausschließt. Gegenüber vorbehaltsloser Verurteilg ist aber die Klage versagt.

8   **7) Besonderheiten.** Bei NachlVerw u NachlKonk kann der Ausgeschlossene nur dann auf Duldg der ZwVollstr klagen, wenn nach dem Teilsplan feststeht, daß ein Überschuß nach Befriedigg der nicht ausgeschlossenen Gläub verbleibt (RG **61**, 221).

1974 *Versäumung.* I Ein Nachlaßgläubiger, der seine Forderung später als fünf Jahre nach dem Erbfalle dem Erben gegenüber geltend macht, steht einem ausgeschlossenen Gläubiger gleich, es sei denn, daß die Forderung dem Erben vor dem Ablaufe der fünf Jahre bekannt geworden oder im Aufgebotsverfahren angemeldet worden ist. Wird der Erblasser für tot erklärt oder wird seine Todeszeit nach den Vorschriften des Verschollenheitsgesetzes festgestellt, so beginnt die Frist nicht vor dem Eintritt der Rechtskraft des Beschlusses über die Todeserklärung oder die Feststellung der Todeszeit.

II Die dem Erben nach § 1973 Abs. 1 Satz 2 obliegende Verpflichtung tritt im Verhältnisse von Verbindlichkeiten aus Pflichtteilsrechten, Vermächtnissen und Auflagen zueinander nur insoweit ein, als der Gläubiger im Falle des Nachlaßkonkurses im Range vorgehen würde.

III Soweit ein Gläubiger nach § 1971 von dem Aufgebote nicht betroffen wird, finden die Vorschriften des Absatzes 1 auf ihn keine Anwendung.

1) Die Versäumungseinrede soll den Erben vor Nachteilen dch nachlässige od verhinderte Gläub **1** schützen. Machen diese ihre Fdg erst nach Ablauf von 5 Jahren geltend, werden sie wie ausgeschlossene Gläub (§ 1973) behandelt. **Ausgenommen** sind säumige Gläub, die im AufgebotsVerf ihre Fdg angemeldet haben (I 1) od von dem Verf nach § 1971 nicht betroffen werden (III) od deren Fdg dem Erben vor Fristablauf bekannt wurde (I 1). – Die Vorschr hat auch Bedeutg, wenn ein AufgebotsVerf stattgefunden hat, näml ggü den vom Verf nicht betroffenen beteiligten Gläub des § 1972 u ggü **Neugläubigern,** deren Fdgen erst nach dem Ausschlußurteil od erst nach Fristablauf entstanden sind (str; s Soergel/Stein Rn 3), weil unerhebl ist, ob die Fdg geltend gemacht werden konnte; allerd wird dann meist der Erbe Kenntn haben od Nachlaßerbenschuld vorliegen. – II hat kaum prakt Bedeutg, da Erbe diese Verbindlk (§ 1972) aus der Vfg vTw kennt.

2) Voraussetzung ist völlige Säumnis des Gläub; dies ist nur der Fall, wenn die Fdg auch nicht ggü **2** NachlPfleger, NachlVerwalter, TV od vorläufigem Erben (der später ausgeschlagen hat) geltend gemacht wurde. – Bei geteiltem Nachl unter Miterben gilt § 2060 Nr 2. Die Säumniswirkg tritt nicht ein, wenn der Erbe noch vor Ablauf der Fünfjahresfrist sein HaftgsbeschränkgsR verliert (§ 2013 I). Die Frist läuft auch ggü dem Nacherben (§ 2144 I 1).

3) Der Todeserklärung (I 3) ist jetzt die Feststellg der Todeszeit gleichgestellt (VerschG 39 ff). Die **3** Entscheidungen ergehen dch Beschluß u werden erst mit RKraft wirks (VerschG 29, 40, 49).

III. Beschränkung der Haftung des Erben

1975 *Nachlaßverwaltung; Nachlaßkonkurs.* **Die Haftung des Erben für die Nachlaßverbindlichkeiten beschränkt sich auf den Nachlaß, wenn eine Nachlaßpflegschaft zum Zwecke der Befriedigung der Nachlaßgläubiger (Nachlaßverwaltung) angeordnet oder der Nachlaßkonkurs eröffnet ist.**

1) Haftungsbeschränkung (I) tritt entw dch Anordng der NachlVerw (Rn 4) od dch Eröffng des **1** NachlKonk (Rn 5) od des VerglVerf (Rn 6) ein. Die NachlVerw führt also stets zu einer auf den Erbfall zurückwirkenden Trenng von Nachl u sonstigem Vermögen des Erben (s § 1976 Rn 1). Verwaltgs- u VfgsBefugn üb den Nachl gehen auf den Verwalter über (§ 1981) wie auch beim NachlKonkurs (KO 12). Hinsichtl des Eigenvermögens des Erben ruht das ZugriffsR der NachlGläub. Der Erbe kann nicht mehr auf Leistg verklagt werden (RG JW **13**, 752), wohl aber auf Feststellg u künftige Leistg, u kann seinerseits Vollstreckgsabwehrklage erheben (ZPO 784; 785).

a) Nach Beendigung der NachlVerw bleibt die HaftgsBeschränkg bestehen (BGH NJW **54**, 635; hM) u ist **2** entspr §§ 1990, 1991 geltend zu machen; der Erbe haftet allerd den Gläub bei nicht ordnungsgemäßer Verwaltg nach §§ 1978, 1979. Auch nach KonkVerf, bei der Verteilg der Masse od Zwangsvergleich beendet wurde, haftet der Erbe den nicht befriedigten NachlGläub endgültig nur wie ausgeschlossene Gläub (§§ 1989, 1973); war es allerd zur Eröffng nicht gekommen (mangels Masse, KO 107, od dch Aufhebg des EröffngsBeschlusses auf Beschwerde), ist eine HaftgsBeschränkg nicht eingetreten; wird das eröffnete Verf mangels Masse eingestellt (KO 204), kann Erbe sich auf Unzulänglk berufen (§ 1990). Endet das VergleichsVerf mit bestätigtem Vergleich, haftet der Erbe endgültig beschränkt (§§ 1989, 1975; VglO 113 I Nr 4). S ausführl Soergel/Stein Rn 12 ff.

b) Verlust des HaftgsbeschränkgsR kann durch Verzicht od Eintritt der unbeschränkten Haftg allg od ggü **3** einzelnen Gläub eintreten. Der Erbe kann bei allg Verlust keine NachlVerw mehr beantragen (§ 2013 I), wohl noch den NachlKonk (KO 216 I), um Übergriffe der PrivGläub zu verhindern. TestVollstrg steht der Haftgsbeschränkg nicht entgg (s auch KO 217 III).

2) Die Nachlaßverwaltung ist eine besondere NachlPflegsch, die der Befriedigg der NachlGläub bei **4** zureichendem, aber unübersichtl Nachl dient, und eine Unterart der Pflegsch (RG JFG **13**, 388, RG **135**, 307). Über einen Erbteil u nach Teilg des Nachl (§ 2062) ist NachlVerw nicht zulässig. Das Vorhandensein eines NachlPflegers bildet dagg kein Hindern für ihre Anordng (BayObLG **76**, 167/171). Die NachlVerw führt vielf zum NachlKonk u endigt mit dessen Eröffng (§ 1988). Bei Einverständn der Gläub läßt sich die Verw auch zwecks Abwendg des wertvernichtenden Konkurses rechtfertigen (Siber 89). Auch kann ohne NachlVerw der Erbe im Einverständn der Gläub als deren Beauftragter den Nachl abwickeln. Diese Vereinbg wird aber durch KonkEröffng (§ 1980) hinfällig (Molitor JhJ **69**, 314). – **Verfahren:** Zuständig ist das NachlG (§ 1981; s dort Rn 1). Der Erbe ist stets antragsberechtigt (§ 1981 I), NachlGläub unter den Voraussetzgen des § 1981 II. S üü §§ 1981–1983.

3) Nachlaßkonkurs (KO 214–235, RPflG 3 Nr 2e, 18) dient der Haftgsbeschränkg u Absonderg des Nachl **5** u setzt dessen Überschuldg voraus (KO 215; Jäger/Weber Rn 2–5). Über einen Erbteil ist er nicht zulässig (KO 235). Nichtannahme, unbeschränkte Haftg des Erben u Teilg stehen nicht entgg (KO 216). GemeinSchu ist der Erbe (Hamm JMBl NRW **64**, 116; Jäger/Weber KO 214 Rn 7, 10, 17), doch kann er zugleich auch Gläub sein (KO 225). In dem Verf kann jede NachlVerbindlichk (§ 1967) geltd gemacht werden (KO 226), nicht aber gg den Erben selbst. – **Verfahren:** Ausschließl zuständig ist das AG des ErblWohnsitzes (KO 214). Über AntrBerechtigg s KO 217–220, des ErbersatzBerechtt Jäger/Weber Rn 18a hiezu.

6   **4) Ein Vergleichsverfahren** zur Abwendg des NachlKonk wirkt bezügl der Erbenhaftg wie dieser selbst (VerglO 113 I Nr 4); es führt also auch zu einer Trenng des NachlVermögens vom Vermögen des Erben (MüKo/Siegmann Rn 6). – **Verfahren:** Über AntrBefugn s VglO 113 I Nr 1; antragsberecht ist auch der zu voller Verw des Nachl ernannte TestVollstr (Haegele KTS **69**, 113). Der Antr kann jedoch nicht mehr gestellt werden, wenn der Erbe unbeschränkb haftet od der Nachl geteilt ist (VglO 113 I Nr 3). Die in KO 226 II u IV genannten Gläub sind am Verf nicht beteiligt u werden vom Vergl nicht betroffen; hierunter fallen ua PflichttBerecht, VermNehmer, AuflBegünstigte sowie ErbersatzBerecht (s Bley/Mohrbutter VglO 113 Rn 40).

7   **5) Ausländer.** Über Durchführ einer NachlVerwaltg od eines NachlKonkurses im Inland bei ausländ Erbstatut s Pinckernell/Spreen DNotZ **67**, 218f. Für NachlVerwaltg über Nachl eines Israeli fehlt in der BRep die internat Zuständigk (BayObLG **76**, 152); ebso KG OLGZ **77**, 309 über Nachl eines Österreichers, wenn Erbstatut österrR ist.

1976   *Fiktion des Nichterlöschens von erloschenen Rechtsverhältnissen.* Ist die Nachlaßverwaltung angeordnet oder der Nachlaßkonkurs eröffnet, so gelten die infolge des Erbfalls durch Vereinigung von Recht und Verbindlichkeit oder von Recht und Belastung erloschenen Rechtsverhältnisse als nicht erloschen.

1   **1) Nachlaßabsonderung.** Die wirks gewordene NachlVerwaltg (§ 1983 Rn 1) führt zur Absonderg des Nachl vom EigenVerm des Erben. **An Stelle der Vereinigung** (Konfusion, Konsolidation, vgl Übbl 1 vor § 1942) **tritt die Trennung** mit rückw Kraft, u zwar im Interesse der Gläub, auch bei unbeschränkb Haftg (§ 2013 I S 1); der über den Nachl nicht mehr vfgsberecht Erbe (§ 1984 I; KO 6) kann seine gg den Nachl gerichtete Fdg gg den zur Berichtigg der NachlVerbindlichk verpflichteten NachlVerw (§ 1985 I) od gg den KonkVerw (KO 225 I) geltd machen (BGH **48**, 214). Die Anwachsg nach § 738, HGB 138 wird durch § 1976 nicht berührt (RG **136**, 99).

2   **a) Eine Erblasserschuld** beim Erben, zB aGr eines dem Erbl gewährten Darlehens, gilt bei Anordg der NachlVerwaltg als fortbestehend, so daß der Erbe unter diesen Voraussetzgen zugleich Gläub u Schu ist. Folgl kann er im NachlKonk (KO 225 I) die ihm gg den Erbl zustehenden Anspr geltd machen, obwohl er GemeinSchu ist. Die Vermögenssonderg ermöglicht also den Fortbestand des Sondervermögens Nachl. Daher ist der Verwalter auch befugt, ggü dem Erben neue Rechte zu begründen, obwohl der Erbe Vermögenssubjekt beider Massen bleibt (MüKo/Siegmann Rn 6 mN; aA Soergel/Stein Rn 3; RGRK Rn 2); nach BGH NJW-RR **91**, 683 besteht diese Befugn jedenfalls dann, wenn das neu begründete R an die Stelle eines der Verwaltg unterliegenden NachlGgstands treten soll.

3   **b) Wurde Hypothekengläubiger Erbe** des Eigentümers, ist die HypGrdschuld (§ 1177 I), solange die Vereinigg besteht, od wird, wenn der Erbl nicht persönl Schuldner war, im Rahmen des § 1177 II wie eine solche behandelt. Durch die Trenng entsteht aber eine fordergsbekleidete FremdHyp, so daß der Gläub wg der Hyp die ZwVerst betreiben kann, da § 1197 durch § 1976 ausgeschaltet ist (Staud/Marotzke Rn 4). Auch die Vereinigg zweier Miteigentumsanteile in einer Hand wird wieder beseitigt (Soergel/Stein Rn 2).

4   **2) Entsprechende Anwendung** des allg RGedankens des § 1976 ist mögl, wo der NachlBestand BerechngsGrdlage einer Fdg war (MüKo/Siegmann Rn 8), zB bei Erbersatz- od PflichttAnspr, QuotenVermächtn. Entspr Bestimmgen enthalten §§ 1991 II, 2175, 2377 im Verhältn zu den dort genannten Personen sowie § 2343. Auch bei § 1973 wirkt er sich bei der Überschußberechng aus (s § 1973 Rn 2).

5   **3) Konvaleszenz** (§ 185 II). Die Vfg eines NichtBerecht, den der Berecht beerbt, kann idR bei Anordng der NachlVerw od bei NachlKonk nicht wirks werden, da Voraussetzg ist, daß der Erbe unbeschränkt haftet, also die Möglk der HaftgsBeschränkg nicht mehr besteht (§ 185 Rn 11). Haftet der Erbe unbeschränkbar, ist Konvaleszenz eingetreten u wird dch spätere KonkEröffg nicht mehr beseitigt.

1977   *Unwirksamwerden der Aufrechnung.* [I] Hat ein Nachlaßgläubiger vor der Anordnung der Nachlaßverwaltung oder vor der Eröffnung des Nachlaßkonkurses seine Forderung gegen eine nicht zum Nachlasse gehörende Forderung des Erben ohne dessen Zustimmung aufgerechnet, so ist nach der Anordnung der Nachlaßverwaltung oder der Eröffnung des Nachlaßkonkurses die Aufrechnung als nicht erfolgt anzusehen.

[II] Das gleiche gilt, wenn ein Gläubiger, der nicht Nachlaßgläubiger ist, die ihm gegen den Erben zustehende Forderung gegen eine zum Nachlasse gehörende Forderung aufgerechnet hat.

1   **1) Als Konsequenz** der rückwirkend eingetretenen Vermögenssonderg (s § 1976 Rn 1) gewährt **Abs I** dem **Erben** bei der ohne seine Zustimmg erfolgten Aufrechng eines NachlGläub gg eine ErbenFdg die Rechtswohltat der Haftgsbeschränkg. **Abs II** dient dagg dem Schutz der **Nachlaßgläubiger** gg eine NachlVerkürzg dch Aufrechng eines ErbenGläub gg eine NachlFordg.

2   **2) Maßgeblicher Zeitpunkt.** Die nach dem Erbf ggü dem Erben einseitig erklärte Aufrechng wird unwirksam, wenn sie **vor** Anordng der NachlVerw od Eröffng des NachlKonk erfolgte. **Später,** also nach der Vermögensabsonderg, kann der NachlGläub seine Fdg nur noch gg den Verwalter geltend machen (§ 1984 I 3; KO 6 II). Nach Anordng (Eröffng) kann aber ein NachlGläub gg eine PrivFdg des Erben u ein PrivGläub gegen eine NachlFdg auch bei Zust des Erben nicht aufrechnen (§§ 1984 II; KO 8); auch kann sich der Erbe von einer Eigenverbindlichk nicht mehr durch Aufrechng mit einer NachlFdg befreien (§§ 1975, 1984 I 1). Dagg kann der Erbe noch eine NachlSchuld durch Aufrechng mit einer PrivatFdg tilgen (str; s Soergel/Stein Rn 2; 7 mN), hat dann aber grdsätzl nur einen BereicherungsAnspr gg die Masse (§§ 1978 III, 683, 684, s auch KO 225 II). Haftete der Erbe bereits vor Verfahrensanordng unbeschränkt (§ 2013), kann der NachlGläub auch nachher gg eine PrivatFdg des Erben aufrechnen (vgl Rn 5 aE). Die Bestimmgen über Aufrechng im gewöhnl Konk (KO 53–56) bleiben unberührt (RGRK Rn 9).

3) Gläubigeraufrechnung ohne Erbenzustimmung. Eine einseitige Aufrechng des NachlGläub gg **3** Erbenschuld **(I)** od des NachlSchuldners gg ErbenFdg **(II)** gilt nach Verfahrensanordng (-eröffng) als nicht erfolgt u damit das Erlöschen des Fdgen (§ 389) einschl etwaiger Nebenrechte (§§ 768, 1252) als nicht eingetreten.

4) Zustimmung oder Aufrechnung des Erben. Die Wirkg einer Aufrechng des NachlGläub bleibt **4** nach **Abs I** bestehen, wenn sie mit ausdrückl od schlüssig erklärter Zustimmg des Erben erfolgte. Wenn somit seine Einwillig die Fdg zum Erlöschen brachte, bleibt umgekehrt auch jede Aufrechng des Erben ggü einem NachlGläub unberührt. Ob „das gleiche" auch für **Abs II** gilt (so RG LZ **16**, 1364; Soergel/ Stein Rn 5), ist str. Der andere Normzweck des **II** läßt es geboten erscheinen, I nicht wörtl anzuwenden u hier der Zustimmg des Erben keine Bedeutg beizumessen (MüKo/Siegmann Rn 6 mN); folgl ist dann auch die vom Erben erklärte Aufrechng mit einer NachlFordg ggü einem EigenGläub unwirksam. – **Folgewirkung** ist, daß der Erbe im Fall des I (Befreiung des Nachl von Schuld) einen ErsAnspr (§ 1978 III, KO 225 II) hat und, wenn der GgMeing gefolgt wird, im Falle des II (Erlöschen einer NachlFdg) den NachlGläub nach § 1978 I 1 persönl haftet.

5) Bei allgemein unbeschränkbarer Haftung des Erben gilt § 1977 I überh nicht (§ 2013 I), da der **5** Erbe dann jeden SchutzAnspr verloren hat. Da aber § 1977 II dem Schutze der NachlGläub gg NachlVer kürzg dient, wird er trotz des § 2013 bei allg unbeschränkbarer Haftg des Erben anzuwenden sein, da andernf die NachlGläub bei Unvermögen des Erben gerade durch eine zu ihren Gunsten geschaffene RLage benachteiligt würden (MüKo/Siegmann Rn 7). Daß § 2013 nicht alle vorkommenden Fälle deckt, zeigt sich bei nur teilw unbeschränkbarer Haftg. Die durch § 2013 II angeordnete Geltg des § 1977 kann sich näml nur auf dessen **II** wg der zu verhindernden Verkürzg der übrigen NachlGläub beziehen. Denn aus der Nacherwähng des § 1975 in § 2013 II ergibt sich hier, daß eine teilw unbeschränkb Haftg nicht wieder beschr werden kann. Der so begünstigte Gläub kann also ungeachtet des § 1977 I die ErbenFdg durch Aufrechng zum Erlöschen bringen u auch noch nach Verfahrensanordng aufrechnen (Erman/Schlü ter Rn 4).

1978 *Haftung des Erben für bisherige Verwaltung.* [I] Ist die Nachlaßverwaltung an geordnet oder der Nachlaßkonkurs eröffnet, so ist der Erbe den Nachlaßgläubigern für die bisherige Verwaltung des Nachlasses so verantwortlich, wie wenn er von der Annahme der Erbschaft an die Verwaltung für sie als Beauftragter zu führen gehabt hätte. Auf die vor der Annahme der Erbschaft von dem Erben besorgten erbschaftlichen Geschäfte finden die Vor schriften über die Geschäftsführung ohne Auftrag entsprechende Anwendung.

[II] Die den Nachlaßgläubigern nach Absatz 1 zustehenden Ansprüche gelten als zum Nachlasse gehörend.

[III] Aufwendungen sind dem Erben aus dem Nachlasse zu ersetzen, soweit er nach den Vor schriften über den Auftrag oder über die Geschäftsführung ohne Auftrag Ersatz verlangen könn te.

1) Erbenhaftung. Weil u soweit der Erbe gem § 1975 nur mit dem Nachl haftet, muß der Nachl den **1** (nicht durch Aufgebot ausgeschlossenen) NachlGläub auch möglichst unvermindert erhalten bleiben und der Erbe für seine Verwaltgsmaßnahmen ihnen verantwortl sein, wobei für die Zeit vor u nach Annahme unterschieden wird (I 1, 2). Haftet er dagg bereits allg unbeschränkb mit Nachl und PrivVermögen, hätte es keinen Sinn, dem Nachl die ErsatzAnspr **(II)** noch bes zuzuweisen (§ 2013 I S 1). – Verletzt der Erbe die durch den Erbl begründeten Rechte Dritter, haftet er diesen außer nach § 1978 I auch persönl (RG **92**, 343; s auch MüKo/Siegmann Rn 8); wg NachlSchädigg (Entgang des Kaufpreises, Wegfall des Mietzinses) haftet er den NachlGläub.

2) Vor Annahme der Erbschaft braucht der Erbe hins des Nachl nicht tätig zu sein; denn zur GeschFg **2** ohne Auftr **(I 2)** kann niemand gezwungen werden (wg der Geschäfte des Ausschlagenden vgl § 1959, des NachlPflegers vgl § 1960 Rn 20). Wird er tätig, gelten die §§ 677–684, 259, 260 entspr (s Celle MDR **70**, 1012). Er ist also haftbar, wenn er den Interessen der NachlGläub zuwiderhandelt (vgl MüKo/Siegmann Rn 3). Für die Aufwendungen **(III)** gelten §§ 683, 684. Über Anwendg des § 1978 III auf Grd § 419 II s BGH Betr **76**, 1278, Celle OLGZ **78**, 199.

3) Nach der Annahme der Erbschaft wird der Erbe, auch wenn er zu Unrecht untätig blieb, wie ein **3** „Verwalter fremden Gutes" (Beauftragter der NachlGläub) behandelt **(I 1)**. Wirtschaftlich zum Nachl ge hörige Geschäfte (zB Bestellg einer Hyp am NachlGrdst) gelten angesichts der durch § 1975 bewirkten NachlAbsonderg als für Rechng des Nachl abgeschlossen (RG **134**, 259). Ggstände, die der Erbe rechts geschäftl mit Mitteln des Nachl erwirbt, gehören nicht allein deshalb auch zum Nachl, nachdem eine dingl Surrogation (anders als in §§ 2019; 2111) hier gis nicht vorgesehen ist. Wollte der Erbe also zwar für Rechng des Nachl, aber für sich selbst erwerben, kann von ihm nicht Herausgabe des beschafften Ggstand verlangt werden, sond nur Wertersatz wg schuldhafter Verletzg seiner VerwalterPfl (BGH NJW-RR **89**, 1226). Nur wenn er auch für den Nachl erwerben wollte, wird der Ggstand dch dingl Surrogation kr Parteiwillens NachlBestandteil (MüKo/Siegmann Rn 6a mwN; offen gelassen von BGH aaO). Wg der Berichtigung von NachlVerbindlichk vgl § 1979. – Der **Erbe haftet** für ordngsgmäß Verw u Erhaltg des Nachl u hat ihn nebst Nutzgen u ErsAnspr an den NachlVerw (KonkVerw, s KO 117) **herauszugeben** (§§ 667, 1984; RG Recht **09**, Nr 2127) sowie **Rechenschaft abzulegen** (§ 666, §§ 259, 260). Für Nachl Pfleger (§§ 1960, 1961), TestVollstr (§ 2219) u und gesetzl Vertreter sowie Erfüllsgehilfen haftet er nach § 278 (s auch § 644 I); für die beiden ersteren aber nur mit dem Nachl (Erman/Schlüter Rn 4). Für verbrauchte od auf eig Rechng veräußerte NachlGgstände hat er Ersatz zu leisten. Was der Erbe auf eigene Rechng mit Mitteln der Erbsch erworben hat, gilt aber nicht (wie in §§ 2019 I, 2111) als für die Erbsch erlangt u ist daher nicht herauszugeben, sond zu ersetzen. Nur die ErsatzFdg **(II)** gehört zum Nachl.

4 **4) Fiktion der Nachlaßzugehörigkeit (II).** Die an sich den NachlGläub zustehenden ErsatzAnspr gg den Erben nach **I** werden ges dem Nachl zugeordnet, damit sie der Verwalter im Interesse aller NachlGläub (u nicht der einzelne Gläub) gg den Erben (die MitE als GesamtSchu schon vor Auseinandersetzg) trotz dessen Haftgsbeschränkg geltend machen kann. Dieser Zweck der Fiktion trifft allerd nicht auch im Fall des § 1990 zu (der auf § 1978 verweist), weil die Erhebg der DürftigEinrede nicht zur amtl Verwaltg führt, so daß der einzelne NachlGläub dch sie nicht gehindert wird, aus eigenem Recht die Verwalterhaftg geltend zu machen (BGH NJW-RR **89**, 1226).

5 **5) Ersatzansprüche des Erben (III).** Aufwendgen des Erben aus ErbschGeschäften sind ihm aus dem Nachl zu ersetzen u im Konkurs Masseschuld (KO 224 Nr 1). Eine bes Vergüt steht ihm nicht zu (§ 662). Um die schleunige Verfahrensabwicklg nicht aufzuhalten, ist dem Erben im Konk das ZurückbehaltgsR ausdrückl versagt (KO 223). Das gleiche wird trotz des § 273 II auch für die NachlVerwaltg zu gelten haben, wo der Erbe auf Befriedigg seines AufwendgsAnspr rechnen kann als im Konk und er durch die gerichtl Aufsicht hinreichd gesichert ist (Soergel/Stein Rn 9 mN).

1979 *Berichtigung von Nachlaßverbindlichkeiten.* **Die Berichtigung einer Nachlaß-verbindlichkeit durch den Erben müssen die Nachlaßgläubiger als für Rechnung des Nachlasses erfolgt gelten lassen, wenn der Erbe den Umständen nach annehmen durfte, daß der Nachlaß zur Berichtigung aller Nachlaßverbindlichkeiten ausreiche.**

1 **1) Allgemeines.** Berichtigg von Eigenschulden aus eigenen Mitteln ist dem beschränkt haftenden Erben nicht versagt; bei Begleich aus NachlMitteln ist er nach § 1978 ersatzpflichtig. Bei Berichtigg von Nachl-Schulden, die in beliebiger Reihenfolge geschehen kann, trifft § 1979 iVm § 1980 zum Schutze des Erben wie der NachlGläub bes Bestimmgen.

2 **2) Voraussetzung** ist, daß der nicht bereits unbeschränkbar haftende Erbe (§ 2013 I 1; KO 225 II im Ggsatz zu 2013 II; KO 225 III) die begründete Überzeugg hat, daß der Nachl ausreicht. Ob **guter Glaube** des Erben (od des an seiner Stelle handelnden NachlPflegers od TestVollstr) gegeben ist, hängt von den Umständen des Einzelfalles ab. Er ist zu sorgfältiger ZulänglichkPrüfg verpflichtet u darf den Nachl nicht ohne weiteres für ausreichend halten. Desh muß er den Nachl sichten, Unterlagen durcharbeiten, Rückfragen halten usw u auf dieser Grdlage die NachlAktiva u -Passiva erfassen, bewerten u in groben Zügen aufzeichnen, ev Inventar errichtet u Aufgebot erwirkt haben (§§ 1993, 2009, 1980 II 2, 2061).

3 **3) Rechtsfolgen. – a)** Beweist der Erbe, daß er den Nachl für zulängl halten durfte, so ist zu **unterscheiden**: Erfolgte die Berichtigg **aus eigenen Mitteln**, steht dem Erben in voller Höhe eine ErsFdg zu (§ 1978 III), soweit der Nachl reicht, und im Konk ein MasseschuldAnspr (KO 224 Nr 1), auch wenn der befriedigte Gläub durch Aufgebot ausgeschl war (Staud/Marotzke Rn 10). Hat der Erbe eine durch Hyp an einem NachlGrdst gesicherte Schuld des Erbl für Rechng des Nachl erfüllt, steht ihm ein MasseschuldAnspr zu; die Hyp ist zur NachlKonkMasse gehörige EigtümerGrdSch (§§ 1163 I 2, 1177 I; Jaeger/Weber KO 225 Rn 9). – Auch wenn die Berichtigg **aus Nachlaßmitteln** erfolgte, müssen die NachlGläub dies „als für Rechng des Nachl erfolgt gelten lassen". Den Erben trifft also bei Herausg des Nachl insow keine ErsPfl.

4 **b) Bei Fahrlässigkeit** kann Erbe im Falle einer Befriedigg aus eigenen Mitteln bei NachlVerw nur die etwaige Bereicherg der NachlMasse beanspruchen (§ 1978 III mit § 684), im Konk aber die auf ihn überge-gangene Fdg des Gläub an dessen Rangstelle (einschließl der etwa anhaftenden Hyp, RG **55**, 161) geltend machen (KO 225 II), damit die dem Befriedigten gleich- od nachstehenden Gläub sich nicht auf Kosten des Erben bereichern (Jaeger/Weber KO 225 Rn 5). – Im Falle einer Befriedigg aus NachlMitteln ist der Erbe nach § 1978 I, II ersatzpflichtig. Im Konk gilt KO 225 II für ihn nur dann, wenn er zunächst den zu Unrecht entnommenen Betrag der Masse zurückerstattet hat (Jaeger/Weber aaO).

5 **4) Anfechtung.** Befriedigg eines NachlGläub unter Verletzg des § 1979 ist wirks (RG Warn **08** Nr 650). Es kann aber Anfechtgsmöglichk ggü dem Befriedigten nach KO 30 ff, 222; AnfG 3, 3a gegeben sein. Zur Anfechtg ist nur der Nachl- od KonkVerw berechtigt (KO 36; §§ 1984 I, 1985; AnfechtgsR gehört zum Nachl; aM RGRK Rn 5); der einzelne Gläub kann es nur in den Fällen der §§ 1990, 1992 ausüben (ebso MüKo/Siegmann Rn 7; aM Staud/Marotzke Rn 19). Es ist **kein Rückgriff** des leer Ausgegangenen gg den Befriedigten möglich.

1980 *Antrag auf Konkurseröffnung.* **¹ Hat der Erbe von der Überschuldung des Nach-lasses Kenntnis erlangt, so hat er unverzüglich die Eröffnung des Konkursverfahrens oder, sofern nach § 113 der Vergleichsordnung ein solcher Antrag zulässig ist, die Eröffnung des gerichtlichen Vergleichsverfahrens über den Nachlaß zu beantragen. Verletzt er diese Pflicht, so ist er den Gläubigern für den daraus entstehenden Schaden verantwortlich. Bei der Bemessung der Zulänglichkeit des Nachlasses bleiben die Verbindlichkeiten aus Vermächtnissen und Auflagen außer Betracht.**

ⁱⁱ Der Kenntnis der Überschuldung steht die auf Fahrlässigkeit beruhende Unkenntnis gleich. Als Fahrlässigkeit gilt es insbesondere, wenn der Erbe das Aufgebot der Nachlaßgläubiger nicht beantragt, obwohl er Grund hat, das Vorhandensein unbekannter Nachlaßverbindlichkeiten an-zunehmen; das Aufgebot ist nicht erforderlich, wenn die Kosten des Verfahrens dem Bestande des Nachlasses gegenüber unverhältnismäßig groß sind.

1) Konkursantragpflicht. Der Erbe hat grdsl das Recht, NachlVerw, NachlKonk od VergleichsVerf 1
zu beantragen; diese Befugn entfällt allerd mit Ausschlag der Erbsch (Koblenz Rpfleger **89**, 510). Ver-
pflichtet hierzu ist er nur bei Kenntn einer Überschuldg des Nachl (oder bei fahrl Unkenntn). Er muß dann
zum Schutz der NachlGläub unverzügl (§ 121) bei Meidg von SchadErsanspr (I 2) die Eröffng des Konk-
od VerglVerfahrens beantragen, weil die Überschuldg des Nachl KonkGrd ist (KO 215). Von dieser AntrPfl
kann ihn nur eine Vereinbarg mit sämtl Gläub befreien (§ 1975 Rn 4; Molitor, JhJ **69**, 294). Hins der AntrPfl
der Eheg, wenn der Nachl zum GesGut der GütGemsch gehört, vgl KO 218. − Die AntrPflicht **besteht** 2
nicht bei allg unbeschränkter Haftg (§ 2013 I 1) u vor Annahme der Erbsch, unbeschadet der AntrMöglichk
(KO 216 I, 217); auch nicht ggü ausgeschlossenen Gläub (§§ 1973, 1974, vgl KO 219 I) od bei bloßer
Überschuldg durch sie; od wenn Überschuldg nur auf Vermächtn u Auflagen beruht. − Nach Anordng der
NachlVerwaltg obliegt dem Verwalter die AntrPfl (§ 1985 II); der Erbe bleibt antragsberechtigt, ist aber zB
bei schuldh mangelhafter Unterrichtg des Verwalters verpflichtet (Erman/Schlüter Rn 5). − Über AntrR des
TestVollstr s Haegele KTS **69**, 158, des NachlPflegers KG FamRZ **75**, 292 u dazu Jäger/Weber KO 217−220
Rn 24 (keine AntrPfl). − Zur BeschwBerechtigg gg KonkEröffng s Ffm MDR **71**, 491.

2) Überschuldung wird obj vorausgesetzt. Sie liegt vor, wenn die NachlVerbindlichk ohne die letztw 3
Schulden (**I 3**, KO 226) den Wert der NachlGgstände (vgl § 2001 I) übersteigen. Bei Zahlungsunfähigk ohne
Überschuldg ist NachlVerwaltg zunächst das Gegebene; Konk aber nicht die Folge. Bei Zahlgseinstellg des
Erben liegt regelm Kenntn der Überschuldg vor. Wg ausgeschlossener Gläubiger s Rn 2.

3) Kenntnis der Tatsachen, aus denen sich dem Erben die Überzeugg einer Überschuldg aufzwingt, ist 4
subjekt Voraussetzg. Ihr steht die **fahrlässige Unkenntnis** gleich (**II** 1), wobei Kausalität erforderl ist.
Fahrlässigkeit (**II** 2) liegt auch in Begleichg einer NachlVerbindlichk bei Nichtvorliegen der Voraussetzgen
des § 1979, auch falls rechtskräftiges Urt vorlag. Selbst wenn Aufgebot wg zu großer Kosten nicht erforderl
ist (vgl auch § 1965), kann Fahrlk od Kenntn vorliegen, da sich der Erbe dann durch Prüfg aller Unterlagen,
ev durch Inv od Privataufgebot informieren muß (vgl RGRK Rn 16−18).

4) Schadensersatzanspruch (I 2; §§ 249ff) besteht gg den Erben (od die Erben als GesSchu, §§ 823 II 2, 5
840 I, 421ff) und ist im Konk vom Verwalter geltd zu machen. Jedoch entfällt der Anspr, wenn alle
bekannten NachlGläub den Erben (oder NachlVerw) von der AntrPfl entbinden (Jaeger/Weber KO 217−220
Rn 21). NachlPfleger u TestVollstr trifft aus § 1980 keine Verantwortlichk, wohl aber ggü dem Erben gem
§§ 1915, 1833, 2216, 2219 (Staud/Marotzke Rn 20), dessen Haftg seiners dann seltener in Frage kommen
wird (Jaeger/Weber KO 217−220 Rn 24).

1981 *Anordnung der Nachlaßverwaltung.* ¹ Die Nachlaßverwaltung ist von dem Nach-
laßgericht anzuordnen, wenn der Erbe die Anordnung beantragt.

II Auf Antrag eines Nachlaßgläubigers ist die Nachlaßverwaltung anzuordnen, wenn Grund zu
der Annahme besteht, daß die Befriedigung der Nachlaßgläubiger aus dem Nachlasse durch das
Verhalten oder die Vermögenslage des Erben gefährdet wird. Der Antrag kann nicht mehr ge-
stellt werden, wenn seit der Annahme der Erbschaft zwei Jahre verstrichen sind.

III Die Vorschriften des § 1785 finden keine Anwendung.

1) Antragsverfahren. Im Ggsatz zur gewöhnl NachlPflegsch (§ 1960) wird die NachlVerw nur auf 1
Antrag angeordnet (s dazu § 1975 Rn 4). − **Zuständig** ist das NachlGericht (s § 1962), u zwar RPfleger
(RPflG 3 Nr 2c; 16 I Nr 1). Die internat Zuständigk fehlt bei Anwendg ausländ Rechts auf die Erbfolge
(BayObLG **76**, 152; KG OLGZ **77**, 309; str; s § 1975 Rn 7). Vorgeschrieben ist Mitteilg an FinA nach
ErbStDVO 12; s auch Art 9 ErbStRG. − **Wirksam** wird die Anordg nach FGG 16 I od II (III) mit der
Bekanntmachg an den (die) Erben; ist für unbekannte Erben ein NachlPfleger bestellt, muß auch ihm die
Anordg bekannt gemacht werden (BayObLG **66**, 75/76; **76**, 167). − Ist sie zu Unrecht vAw od auf Antr
eines NichtBerecht (zB des allg unbeschränkb haften Erben, § 2013 I S 1; eines ErbenGläub; nur eines
Miterben § 2062; s Aachen NJW **60**, 46) od trotz mangelnder internat Zustdgk (BayObLG **76**, 151/154)
angeordnet worden, ist sie auf Antr, einfache Beschw (FGG 76 setzt Anordng auf Antr eines Berechtigten
voraus) oder vAw **aufzuheben**, wenn nicht ein AntrBerechtigter noch den Antr stellt und (vgl **II** 2) stellen 2
kann. Sie kann aber nicht vAw aufgeh werden, wenn sie von NachlGläub beantragt war (FGG 18 II, 76 II;
Mannh MDR **60**, 505). − Der Antrag des Erben auf Anordg der NachlVerwaltg unterliegt der **Gebühren:** Kost
GläubAnfechtg (AnfG 3 I Nr 1), da die Verwaltg im GläubInteresse liegt (RG LZ **07**, 841). − **Gebühren:**
KostO 106. Für die Kosten haften nur die Erben, u zwar wie für NachlVerbindlichkeiten, KostO 6.

2) Erbenantrag (I). Auf Antrag des Erben ist die NachlVerw ohne weitere Voraussetzg anzuordnen, 3
sofern dieser nicht bereits allg unbeschränkb haftet (§ 2013 I 1) u nicht ein Fall des § 1982 vorliegt. Sein
AntragsR (Miterben gemschaftl und nur vor Teilg, § 2062) ist zeitl unbegrenzt. Es besteht schon vor
ErbschAnnahme (im Antr liegt idR keine Annahme, § 1943 Rn 3), aber nicht mehr, wenn NachlKonk
eröffnet wurde (§ 1988 I). Wurde Konk über Eigenvermögen eröffnet, hindert dies den Antrag nicht
(Aachen aaO). − Den Antr kann auch ein verwaltender TestVollstr (vgl die Parallele in KO 217 I) und der
ErbschKäufer stellen (§ 2383; s RGRK Rn 5); auch der NachE (§ 2144). Nicht jedoch der NachlPfleger der
§§ 1960, 1961, da er für die HaftgsBeschrkg und GläubBefriedigg zu sorgen hat (BayObLG **76**, 167/
172, str). Wenn der Nachl zum GesGut der GütGemsch gehört, gilt für das AntrR der Ehegatten KO 218
entspr. − **Verfahren.** Der antragstellende Erbe muß sich durch den Erbschein od letztw Vfg ausweisen. 4
Antr ist nach Zustellg der Anordg nicht mehr zurücknehmb (KG JFG **22**, 66; dazu Fahrenkamp NJW **75**,
1637). Ein RSchutzBedürfn muß gegeben sein (s Notariat Mannh BWNotZ **75**, 27) NachlÜberschuldg ist
nicht Voraussetzg, so daß weitere Prüfg nicht erfolgt. Die NachlVerw dient der Abwehr der Vollstreckg in
Eigenvermögen; uU auch der KonkAbwendg (§ 1975 Rn 4).

3) Gläubigerantrag (II). − a) Antragsrecht: Jeder NachlGläub (auch wenn er zugleich MitE ist; ferner 5 der nach §§ 1973, 1974 Ausgeschlossene; VermNehmer, anders KO 219; PflichttBerecht) kann, auch bei allg unbeschränkbarer Erbenhaftg (§ 2013 I), innerh der zweijährigen Ausschlußfrist seit Annahme der Erbsch (dch den Erben oder Nacherben, § 2144) Antr stellen, wenn er seine Fdg und deren Gefährdg glaubh macht, ggf unter Angabe von Beweismitteln (BayObLG JZ **54**, 234; KG OLGZ **77**, 309). Die Befristg (ebso KO 220) erklärt sich aus der mit dem Zeitablauf immer schwieriger werdenden Trenng des Eigenvermögens vom Nachl. Auch der PflichttBerechtigte ist NachlGläub (§§ 2303, 2304), ebso der Erbersatzberechtigte (§§ 1934a, 1934b).

6   **b) Voraussetzungen** für eine Anordng sind dann: Die Befriedig sämtl NachlGläub muß gefährdet sein (u nicht nur eines einzelnen). Die Gefährdg kann entw durch das **Verhalten** (NachlVerschleuderg od -Verwahrlosg) oder die **schlechte Vermögenslage** des (od der) **Erben** (BayObLG **32**, 336) od eines der MitE (BayObLG **66**, 75) entstehen, nicht etwa des Nachl (KG HRR **30** Nr 1109). Die sich aus der Nachl-Abwicklg ergebende Beeinträchtigg des einzelnen Gläub reicht nicht aus (Mü JFG **15**, 268; KG DFG **41**, 25; aM RGRK Rn 16). Bei TestVollstrg entscheidet das Verhalten des Vollstreckers, wenn den Erben ein Versch trifft (str, s Staud/Marotzke Rn 23; aA Soergel/Stein Rn 11). Die Gefährdg kann (ebso wie bei § 1968 II) durch SicherhLeistg (nicht bloßes Erbieten dazu) beseitigt werden (OLG **12**, 357).

7   **4) Nachlaßverwalter.** Für seine Auswahl, die der Rechtspfleger nach pflichtgem Ermessen trifft, gelten die gleichen Grsätze wie bei der Pflegsch (§§ 1960; 1915; 1779 II 1). Der Erbe kann nicht Verwalter sein (wohl aber der TV); den MitE hält Reihlen MDR **89**, 603 jedenf bei Anordng auf ErbenAntr für geeignet. Eine Verpflichtg zur Übern des Verwalteramtes besteht nicht (**III** schließt § 1785 aus). Der NachlVerwalter erhält eine Bestallg (§ 1791).

8   **5) Rechtsmittel.** Gg die Anordng sind Erinnerg (RpflG 11) od Beschw dann unzuläss, wenn sie auf Antr des Erben (**I**) erfolgte, abgesehen von den in Rn 1 aufgeführten Fällen (FGG § 76 I); wurde sie auf Antr eines NachlGläub (**II**) beschlossen, findet sofortige Beschw des Erben, jedes einzelnen MitE u des verwaltenden TV statt (FGG 76 II), kann aber mit Erfolg nur darauf gestützt werden, daß zZ der Anordng die für sie bestehden Voraussetzgen nicht gegeben waren. Ereignisse, die erst nach der Anordng eingetreten sind, können nicht zur Anfechtg verwendet werden (BayObLG **66**, 75; KG RJA **9**, 9; bestr). – Gg **Ablehnung** des Antr erfolgt einf Beschw des AntrStellers (bei mehreren Erben nur gemschaftl); aber Beschw jedes MitE bei Ablehng der Aufhebg wg Erreichg des Zwecks (Ffm JZ **53**, 53; Hamm JMBl NRW **55**, 230). – Gg **Aufhebung** der NachlVerw hat der AntrSt und der rechtl Interessierte BeschwR; nicht der NachlVerw (RG **151**, 62) mangels rechtl Interesses (FGG 57 I Nr 1, 3); anders bei seiner Entlassg wider Willen (KGJ **40**, 42).

1982   *Ablehnung der Nachlaßverwaltung mangels Masse.* **Die Anordnung der Nachlaßverwaltung kann abgelehnt werden, wenn eine den Kosten entsprechende Masse nicht vorhanden ist.**

1   **Kosten der Nachlaßverwaltung** sind die dadurch entstehenden Gebühren u Auslagen (§§ 1983, 1987; KostO 106, 136 ff). Die notf durch einen Sachverst zu schätzende Masse, zu der auch die ErsatzAnspr gg den Erben nach §§ 1978 ff gehören, entspricht den Kosten nicht, wenn sie diese nicht deckt (s auch KO 107). Ein ganz geringfügiger Überschuß kann außer Betr bleiben (ebso Staud/Marotzke Rn 3; auch KG OLG **11**, 227; aM Jaeger/Weber KO 107 Rn 1); der Erbe kann aber nach § 1990 verfahren. Andererseits kann (wie bei KO 204 S 2) bei ausreichendem Vorschuß die Ablehng od Aufhebg (§ 1988 II) unterbleiben. Unzulänglichk gibt dem Erben die DürftigkEinr (§§ 1990–1992).

1983   *Öffentliche Bekanntmachung.* **Das Nachlaßgericht hat die Anordnung der Nachlaßverwaltung durch das für seine Bekanntmachungen bestimmte Blatt zu veröffentlichen.**

1   **1) Bekanntmachung.** In sie wird zweckm auch Name u Anschrift des Verwalters aufgenommen. Sie ist keine Voraussetzg für die Wirksamk der Verfahrensanordng. Diese wird bereits wirks mit der Zustellg (FGG 16, 76) des Anordngsbeschlusses an den (oder die) Erben od TestVollstr (BayObLG **66**, 75). Die Anordng ergeht zweckm durch Beschl. Der Gebr bestimmter Worte ist nicht vorgeschrieben.

2   **2) Die Eintragung** der VfgsBeschrkg des Erben (§ 1984) bei NachlGrdst ins Grdbuch erfolgt nicht vAw. Sie hat der Verwalter zu bewirken. Das NachlG ist mangels „gesetzl Vorschr" (GBO 38) zu einem Eintraggsersuchen (anders KO 113, 114) nicht befugt (bestr; s RGRK Rn 3). Wurde aber seinem Ersuchen stattgegeben, so ist GB nicht unrichtig (GBO 53). Auch kann NachlG den Verwalter zur Herbeiführg der Eintragg anhalten (§§ 1915, 1837).

1984   *Wirkung der Anordnung.* **ᴵ Mit der Anordnung der Nachlaßverwaltung verliert der Erbe die Befugnis, den Nachlaß zu verwalten und über ihn zu verfügen. Die Vorschriften der §§ 7 und 8 der Konkursordnung finden entsprechende Anwendung. Ein Anspruch, der sich gegen den Nachlaß richtet, kann nur gegen den Nachlaßverwalter geltend gemacht werden.**

ᴵᴵ Zwangsvollstreckungen und Arreste in den Nachlaß zugunsten eines Gläubigers, der nicht Nachlaßgläubiger ist, sind ausgeschlossen.

1   **1) Allgemeines.** Infolge der NachlAbsonderg zum Zwecke der Befriedigg der NachlGläub (§ 1975) verliert der Erbe mit der Anordng der NachlVerw über den Nachl die Verwaltgs- u Vfgsbefugnis und im Prozeß die Aktiv- u Passivlegitimation zG des NachlVerw. Der Miterbe kann aber noch nach § 2033 über seinen Anteil am Nachl verfügen, da dies die Stellg des Verwalters u die Rechte der Gläub unberührt läßt. – Der enge Zusammenhang der NachlVerw mit dem NachlKonk zeigt sich aus der Anführg der KO 7, 8.

2) Die Verfügungsbeschränkung des Erben (od TestVollstr, RG LZ **19**, 875) tritt kr G unmittelb u **2** sofort ein (RG **130**, 193). RHandlgen des Erben nach Anordg der NachlVerwaltg sind den NachlGläub ggü unwirks; die Unwirksamk kann im Rahmen der Zweckbestimmg (Erhaltg des Nachl zur gemeinschaftl Befriedigg der Gläub) von jedermann geltend gemacht werden (BGH **46**, 229). Eine Vollmacht des Erbl über den Tod hinaus erlischt. Da der Erbe die Vfgsbefugnis „verliert", sind Grundbuchanträge des Erben, die nach der Anordng eingehen (mag die Bewilligg auch vor der Anordng erkl sein), zurückzuweisen, sofern es sich nicht lediglich um eine Berichtigg handelt.

a) Gutgläubiger Erwerb dingl Rechte ist aber gemäß den hier anwendbaren §§ 892, 893 (KO 7 I) mögl, **3** wenn die NachlVerwaltg nicht eingetragen (vgl § 1983 Rn 2) u dem Erwerber nicht bekannt war (§ 892 I 2). Bei bewegl Sachen u Rechten (§§ 135 II, 932–936, 1032, 1207; bestr für WG 16 II, s Erman/Schlüter Rn 3) schließt **KO 7** gutgl Erwerb aus, außer wenn dem Erwerber die Zugehörigk zum Nachl ohne grobe Fahrlässigk gekannt geblieben war (hM; aA Staud/Marotzke Rn 15). Wer von demjenigen, der einen NachlGgst vom Erben erworben hatte (Zweiterwerber), gutgläub erwirbt, wird aber durch das Vfgsverbot nicht berührt (RG JW **16**, 397; Erman/Schlüter Rn 3). § 935 gilt aber, wenn die Sachen dem NachlVerw nach Inbesitznahme abhanden gekommen sind (RGRK Rn 12).

b) Im Konkurs ist nach KO 7 II das für die unwirksame Vfg Geleistete nach der Bereicherg der Masse **4** zurückzugewähren; KO 7 III ist von Bedeutg, wenn die Vfg am Tage der Zustellg des Anordngsbeschlusses (vgl § 1983 Rn 1) erfolgt war. Gem KO 8 hat die auf eine NachlFdg an den Erben nach Anordng gemachte Leistg insow befreiende Wirkg, als das Geleistete in den Nachl gelangt ist, auch wenn dieser nicht mehr bereichert ist (Staud/Marotzke Rn 18). Ferner ist der Leistende auch befreit, wenn er von der Anordng keine Kenntn hat. Die Beweislast ist verschieden, je nachdem die Leistg vor od nach der öff Bekanntmachg (§ 1983) erfolgt war (KO 8 II, III).

3) Die Prozeßführungsbefugnis steht dem NachlVerwalter zu (**I** 3). Nur er kann klagen, verklagt **5** werden u unterbrochene Prozesse aufnehmen (ZPO 239, 241 III, 246), ebso im FinanzGProz (zw Erben u NachlVerw keine notwend Streitgenossensch), BFH NJW **77**, 1472. Bei allg unbeschränkbarer Haftg (§ 2013 I 1) tritt Unterbrechg durch die auf Antr von NachlGläub angeordnete NachlVerw nur ein, wenn sich der Titel gg den Nachl richtet (Brsl OLG **18**, 411). Gläub kann in diesem Falle seinen Anspr in das Eigenvermögen weiterverfolgen. Der NachlVerw ist **Partei kraft Amtes** (RG **135**, 307, vgl § 1985 Rn 1), also auch nach ZPO 116 Nr. 1. Eine gg den Erben gerichtete Klage des Erben- od NachlGläub mit Befriedigg aus dem Nachl ist ohne weiteres abzuweisen, ebso eine Klage des Erben, mit der er NachlFdgen geltend macht. – Der **Erbe** kann aber eine NachlFdg einklagen, wenn er vom NachlVerwalter zur Prozeßführg **6** ermächtigt ist u ein eigenes schützwürd Interesse an der Prozeßführg im eigenen Namen hat (BGH **38**, 281 mAv Nirk NJW **63**, 297, Johannsen *LM* Nr 1; dazu auch Bötticher JZ **63**, 582).

4) Vollstreckungshandlungen der **Eigengläubiger** des Erben in den Nachl, die vor Anordng erfolgt **7** sind, können nach Verwaltgsanordng auf Abwehrklage des NachlVerw gem ZPO 784 III, 785 beseitigt werden (RGRK Rn 22), u zwar auch dann, wenn der Erbe sein HaftgsbeschrkgsR verwirkt hatte. Das gleiche Recht hat der noch nicht unbeschränkbar haftende Erbe ggü Vollstreckgsmaßregeln zG der **Nachlaßgläubiger in sein Eigenvermögen** (ZPO 781, 784 I), sofern ihm die Haftgsbeschrkg vorbehalten war (ZPO 780). Nach Anordng der NachlVerw sind ZwVollstreckgen u Arreste zG von EigenGläub in den Nachl „ausgeschlossen" (vgl auch KO 14, 221). Der Verwalter kann aber auch in diesem Falle nicht Erinnerg nach ZPO 766, sond muß Gegenklage nach ZPO 784 II erheben (RG LZ **07**, 840). Die EigenGläub können aber den Anspr des Erben gg den Verw auf Herausg des künftigen Überschusses pfänden (§ 1986, ZPO 829, 844; Erman/Schlüter Rn 5). – Die **Nachlaßgläubiger** können dagg in den **Nachlaß** ohne **8** Umschreibg der Klausel gg den Verwalter vollstrecken, mag das Urt gg den Erbl od gg den Erben ergangen sein (bestr, s Staud/Marotzke Rn 24, 25; aA Soergel/Stein Rn 9 mN); der auf den Erbl lautende Titel muß allerd auf den Erben umgeschrieben sein (ZPO 727).

1985 Pflichten und Haftung des Nachlaßverwalters. ¹ Der Nachlaßverwalter hat den Nachlaß zu verwalten und die Nachlaßverbindlichkeiten aus dem Nachlasse zu berichtigen.

II Der Nachlaßverwalter ist für die Verwaltung des Nachlasses auch den Nachlaßgläubigern verantwortlich. Die Vorschriften des § 1978 Abs. 2 und der §§ 1979, 1980 finden entsprechende Anwendung.

1) Rechtsstellung. Der NachlVerwalter führt ein Amt (§ 1987) zur Verwaltg fremden Vermögens (RG **1** **135**, 307) u zwecks Wahrnehmg der Belange aller Beteiligten (Erben u Gläubiger). Er ist amtlich bestelltes Organ (wie der KonkVerw) u nicht gesetzl Vertreter des Erben wie der NachlPfleger (KG JFG **23**, 236; BayObLG **76**, 171; hM) od der Gläub oder gar des Nachl (vgl auch RG **151**, 62); denn er kann sowohl gg den Erben (§ 1978 II) wie gg die Gläub vorgehen. Dem Nachl aber (als einem Vermögensinbegriff) kommt RPersönlich nicht zu, wenn der Verwalter auch für dessen Rechng handelt (**II** 2, § 1979). Er kann, soweit NachlVermögen in Betr kommt, als Berechtigter ins Grdbuch eingetragen werden, da er nicht Rechtsinhaber des Nachl ist (BGH DNotZ **61**, 485). Zum Erhalt von Prozeßkostenhilfe s ZPO 116 Nr 1. – Auch der Zwangsverwalter eines NachlGrdst kann NachlVerw sein, da nicht stets ein Interessenwiderstreit zu besorgen ist (KG JFG **18**, 331). – Das VerwR eines **Testamentsvollstreckers** ruht währd der Dauer der NachlVerw (s § 2205 Rn 5).

a) Amtsführung. Der NachlVerwalter führt sein Amt unabhängig u eigenverantwortl. In reinen Zweck- **2** mäßigkFragen untersteht er keinen gerichtl Weisgen (BGH **49**, 1; s Grdzüge vor § 1793 u Einf vor § 1909).

Jedoch unterliegt er nach § 1915 mittelb dem VormschRecht (nach § 1798 zu verpflichten; s aber §§ 1981 III, 1987) u damit der **Aufsicht des Nachlaßgerichts** (§§ 1960, 1915, 1837, 1886; 1962), dessen Genehmigg er in den Fällen der §§ 1821, 1822, 1828–1831 bedarf, auch wenn die Erben nicht minderjährig sind. Die Genehmigg ist zB dann zu versagen, wenn der Verwalter, anstatt Konk zu beantragen, eine genehmigungspflichtige Vfg treffen will (KGJ **34** A 90). Ob auch §§ 1812, 1813, u hierzu § 1825, Anwendg finden, ist bestr (bej Haegele aaO vor § 1975, S 41; aM Lange/Kuchinke § 51 II 4 f); die Stellg des NachlVerw u die daraus sich ergebenden prakt Erwäggen sprechen für letztere Auffassg (ebso MüKo/Siegmann Rz 2). Das NachlG hat auch die nach § 1841 mit § 1915 zu legende Rechnung zu prüfen (§ 1843); es kann ihn zB zur Rückzahlg von Auslagen anhalten (LG Bln Rpfleger **76**, 98). Bei Verzicht der NachlGäub u MitE auf Nachprüfg darf das NachlG keine Prüfg anordnen (Ffm NJW **63**, 2278). Bestellg eines GgVerwalters nach § 1792 ist mögl (KG DJZ **28**, 388).

3   **b) Entlassung** des NachlVerw ist die äußerste Maßnahme bei Erfolglosigk milderer Mittel. Kommt sie in Betr, ist dafür kein Verschulden erforderl, sond gem §§ 1915; 1897; 1886 die Gefährdg des Interesses der NachlGläub od des Erben maßgebend. Eine solche kann bei beharrl, langandauernder Unterlassg der Vorlage des NachlVerz gegeben sein. Gleiches gilt bei Gleichgültigk ggü der Pfl zur jährl Rechngslegg gem § 1840 (BayObLG FamRZ **88**, 543). Den Antr auf Entlassg kann auch ein NachlGläub stellen (Karlsr NJW-RR **89**, 1095; str).

4   **2) Gegenstand.** Der NachlVerwaltg unterliegen alle vermögensrechtl Bestandteile des Nachl samt den nach dem Erbfall entstandenen Anspr. Dagg nicht höchstpersönl Rechte od Sachen des Erbl ohne bes Verkehrswert. Auch das unpfändb Vermögen sollte wie beim NachlKonkurs nicht von der NachlVerwaltg erfaßt werden, wobei sich die Unpfändbark aus der Person des Erben bestimmt (MüKo/Siegmann Rz 4; aA Soergel/Stein Rn 6). Nicht der NachlVerwaltg unterliegt ein im Wege der Sondererbfolge übergegangener GesAnteil an einer PersonenGes (§ 1922 Rn 17–20). Der Verwalter kann dah nicht die ererbten MitgliedschR ausüben u auch nicht die Re des Gter-Erben bei der GeschFührg wahrnehmen (s § 2205 Rn 14 ff zum TV). Dementspr kann er nicht an der Vfg üb ein der Ges gehörende Grdst zu deren Wirksamk mitwirken (BayObLG **90**, 306), so daß auch kein GB-Berichtiggsverf gg ihn eingeleitet werden kann (Hamm OLGZ **93**, 147). Auch kann er nicht Feststellg begehren, daß der GesVertr nichtig od wirks angefochten ist. Vielm ist er darauf beschränkt, zur Befriedigg der NachlGläub den Anspr des Gter-Erben auf den Gewinnanteil u das Auseinandersetzgsguthaben geltd zu machen, ggf nach Ausübg eines ihm nach überw Ansicht zustehenden fristlosen KündiggsR nach § 725; HGB 135 (BGH **47**, 293; BayObLG **90**, 306; Hamm aaO). – Bei Kapital-Ges kann er dagg ererbte MitgliedschRe ohne Rücks auf den Inhalt der Satzg wahrnehmen. – Geht dem Erben ein NachlGrdst infolge Verschuldens seines Rechtsanwalts (dch Zwangsversteigerg) verloren, fällt der SchadensersatzAnspr des Erben gg den Anwalt ins NachlVerwaltg in das ihr unterliegde Vermögen (Surrogation) (BGH **46**, 222 mAv Mattern **LM** § 1984 Nr 2).

5   **3) Aufgaben.** Hauptaufgabe des Verwalters ist die Berichtigg der Verbindlichk aus dem Nachl; dagg gehört die Erbauseinandersetzg od die Verteilg des Nachl nicht zu seinen Aufgaben (KGJ **49**, 85), wie auch deren gerichtl Vermittlg (FGG 86) ausgeschlossen ist (KG RJA **15**, 279). Als erstes hat er den Nachl, soweit dieser seiner Verwaltg unterliegt (Rn 4), in Besitz zu nehmen (Umkehrschluß aus § 1986 I). Verweigert Erbe dessen Herausgabe, muß Verwalter klagen (s LG Stgt BWNotZ **78**, 164 mAv Vögele), weil Anordngsbeschluß des NachlG kein Titel ist (ZPO 794 I Nr 3); auch das NachlG kann nicht GVz beauftragen, selbst wenn Zugehörigk der Ggstände zum Nachl unstreitig ist (hat keine Befugn wie KonkG nach KO 101 II). – Um den Zweck der Verwaltg erfüllen zu können, hat er die NachlGläub zu **ermitteln**, notf dch Aufgebot

6   (§§ 1970 ff; KG OLGZ **77**, 309). Bei seiner **Verwaltung** u der Berichtigg der Verbindlk ist er an Wünsche der Erben od Gläub nicht gebunden (die nur bei Pflichtwidrigk NachlG anrufen können); Versilberg von NachlGgständen steht in seinem pflichtgemäß Ermessen. Dch RGesch kann er ggü dem Erben neue Rechte begründen (§ 1976 Rn 2), jedenf wenn diese an die Stelle eines seiner Verwaltg unterliegenden NachlGgstandes treten sollen (BGH NJW-RR **91**, 683). – Bei Gericht hat er nach § 1802 ein **Nachlaßverzeichnis** einzureichen, das ihm der Erbe vorzulegen hat (§ 260). Eine InvFrist kann ihm nicht bestimmt werden; er hat aber dem Gläub **Auskunft** zu erteilen (§ 2012 I 2; II). Auf die Beschränkg der Haftg des Erben kann er

7   nicht verzichten (§ 2012). – Bei der **Befriedigung** von NachlFdgen ist er an § 1979 gebunden. Zahlgen an NachlGläub sind ihm daher erst nach sorgfältiger ZulänglichkPrüfg gestattet. Dazu muß er mittels vollständ Sichtg des Nachl, Prüfg der Unterlagen, Rückfragen usw NachlAktiva u -Passiva vollständ erfassen, bewerten u zumindest in groben Zügen aufzeichnen (BGH NJW **85**, 140). Ohne ein solches Vorgehen, für das ihn die Darleggs- u Beweislast trifft, darf er keine Verbindlichk berichtigen (BGH aaO). Sind NE vorhanden, ist er auf deren Zustimmg zur Veräußerg eines NachlGrdst zwecks Befriedigg der NachlGläub nicht angewiesen (analog § 2115 S 2); er hat insow mehr Befugn als der nicht befreite VE, selbst wenn dieser die NachlVerw beantragt hatte (Braunschw OLGZ **88**, 392). – Bei Kenntn der **Überschuldung** hat er unverzügl Konk od VerglVerf zu beantragen (§ 1980), selbst wenn mit Ablehng der Eröffng mangels Masse zu rechnen ist (Stgt Rpfleger **84**, 416); schließt er statt dessen noch ein RGeschäft mit einem NachlGläub ab, ist eine erforderl nachlgerichtl Genehmigg zu versagen (Stgt aaO). Bei Überschuldg dch ausgeschlossene

8   Fdgen besteht aber keine AntrPflicht (Siber 70). – **Notdürftigen Unterhalt** kann er dem Erben mit gerichtl Genehmigg bei ausreicher Masse gewähren, wie dies ja sogar im NachlKonk, also bei Überschuldg, mögl ist (Jaeger/Weber KO 129 Rn 2). – Beantragt er Eintragg einer ZwangssichergsHyp zur Sicherg einer NachlFdg, sind als Berechtigte die Erben einzutragen (Hamm OLGZ **88**, 390). – Er kann auch eine vom Erbl erteilte GeneralVollm widerrufen (KG NJW **71**, 566), ebso Vollm eines vom Erbl bestellt RAnw kündigen (Düss BB **78**, 1442).

9   **4) Verantwortlichkeit.** Der Verwalter **haftet dem Erben** auf Grd der durch die Bestellg zw dem Verwalter und dem Erben geschaffenen RBeziehg (RG **150**, 190) für schuldhafte Pflichtverletzgen gem §§ 1915, 1833, auch §§ 1834, 1839–1841, 1844 (BGH NJW **85**, 140; FamRZ **75**, 576: Anwendg des § 242 ggü Haftbarmachg dch Erben). Ferner ist er gem **II**, § 1980 I 2 auch den **Nachlaßgläubigern** verantwortl, sofern er seine Pflicht zu ordngsgemäßer Verwaltg schuldhaft verletzt u daraus einem Gläub Schaden entsteht. Entspr SchadErsatzAnspr der Gläub gelten als zum Nachl gehörend (**II 2**; § 1978 II). Bei Verstoß gg § 1979 kommt Ersatz nur in Betracht, soweit andere vor- od gleichrangige Gläub weniger erhalten, als sie bei Unterbleiben vorzeit Zahlgen erlangt haben würden (BGH NJW **85**, 140). Bei Aufgebot kann sich der Verwalter auf § 1973 berufen (RG **61**, 221). – Bei mangelnder Masse od Erschöpfg des Nachl (KG HRR **35** Nr 1022) hat er Aufhebg der Verwaltg nach § 1988 II zu beantragen; die §§ 1990, 1991 sind nicht entspr anwendb (RGRK Rn 17), wohl aber § 1992 (Jaeger/Weber KO 217–220 Rn 14); für Anwendg von §§ 1990–1992 Staud/Marotzke Rn 29.

1986 *Herausgabe des Nachlasses.* ⁱ **Der Nachlaßverwalter darf den Nachlaß dem Erben erst ausantworten, wenn die bekannten Nachlaßverbindlichkeiten berichtigt sind.**

ⁱⁱ **Ist die Berichtigung einer Verbindlichkeit zur Zeit nicht ausführbar oder ist eine Verbindlichkeit streitig, so darf die Ausantwortung des Nachlasses nur erfolgen, wenn dem Gläubiger Sicherheit geleistet wird. Für eine bedingte Forderung ist Sicherheitsleistung nicht erforderlich, wenn die Möglichkeit des Eintritts der Bedingung eine so entfernte ist, daß die Forderung einen gegenwärtigen Vermögenswert nicht hat.**

1) **Allgemeines.** Mit der Berichtigg der bekannten NachlVerbindlichk od Erschöpfg des Nachl (KG **1** HRR **35** Nr 1022) entfällt der Anlaß der NachlVerwaltg. Sie ist dann aufzuheben (§ 1919). Den etwaigen NachlRest hat der Verw an den Erben, bei Mehrh an alle, hinauszugeben (s KG NJW **71**, 566; dort auch über Pfl zur Herausg an einen neu bestellten NachlVerw). Gegen unbekannte NachlGläub hat sich der Verwalter durch Aufgebot (§§ 1970ff) zu sichern. Die Haftgsbeschränkg der NachlVerwaltg bleibt bei ordngsgem durchgeführten Verf bestehen; der Erbe kann also entspr § 1990 I den Gläub auf den etwa erhaltenen NachlRest verweisen (BGH NJW **54**, 635; **LM** Nr 1 zu § 1975; s § 1975 Rn 1). Doch kann noch InvFrist bestimmt u dadch uU beschränkte Haftg herbeigeführt werden.

2) **Sicherheitsleistung (II)** erfolgt nach §§ 232ff. Streitig ist die NachlVerbindk, wenn der NachlVerw **2** sie bestreitet; die Ansicht des Erben ist unerhebl (Ffm JZ **53**, 53). Eine Fdg ohne Vermögenswert (**II 2**, s ZPO 916 II) ist aber zB nicht der Anspr einer Leibesfrucht (§ 1615 o) od der Anspr der Mutter aus § 1963.

1987 *Vergütung des Nachlaßverwalters.* **Der Nachlaßverwalter kann für die Führung seines Amtes eine angemessene Vergütung verlangen.**

1) **Vergütung.** Entgg dem gewöhnl NachlPfleger hat der NachlVerw **Anspruch** auf eine Vergütg, die **1** das Nachlgericht (RPfleger, RPflG 3 Nr 2c; 16 I Nr 1) festsetzt (vgl auch § 2221; KO 85). – Ihre **Höhe** richtet sich nach dem Aktivvermögen ohne Abzug der Verbindlk (BayObLG FamRZ **91**, 861), Umfang u der Bedeutg der Verwaltergeschäfte, der Dauer der Verwaltg, dem Maß der Verantwortg des Verw (Hamm Rpfleger **66**, 180; BayObLG **72**, 156). Dann kann als weit Umstand auch der ReinNachl u flüssige Mittel mit berücksichtigt werden (BayObLG **86**, 448). Die ihm als KonkVerw zugebilligte Vergütg ist außer Betr zul lassen (Mü DFG **36**, 215). Dessen Vergütgssätze gelten hier nicht (KG JFG **17**, 206); sie können aber einen gewissen Anhalt als Vergleich bieten, insbesond bei relativ kurzer Verwaltg (BayObLG **72**, 156; Rpfleger **85**, 402). Es gelten auch nicht die Gebührensätze eines Berufsverbands, dem der Verw angehört (BayObLG **53**, 50; Hamm aaO). Auch sind grdsätzl keine feststehenden Hundertsätze des Vermögens starr zuzubilligen, wenngleich sich eine gewisse Übg gebildet hat, bei kleineren Nachl 3–5% u bei größeren 1–2% des AktivNachl zu gewähren (BayObLG FamRZ **91**, 861; s § 1960 Rn 26). Eine vorangegangene gesond Vergütg für eine Tätigk des NachlVerw als NachlPfleger kann bei der Bemessg mindernd berücksichtigt werden. Wird der Verwalter überh nicht tätig, od wg grober Pflichtwidrigk entlassen, (§ 1886), ist überh keine „Vergütung angemessen". – BeschwR nach FGG 20. – **Einwendungen** gg den Anspr auf Vergütg sind ggf **2** im Prozeßwege geltend zu machen (BayObLG HRR **28** Nr 2279); dies gilt auch vom GebührenAnspr nach der BRAGebO bei rein anwaltl Tätigk (KG JFG **3**, 73). – Im Konk ist der Anspr Masseschuld (KO 224 Nr 4, 6). – Die Änderg einer nach Aufhebg u Abwicklg des Verfahrens formell rechtskräftigen Vergütg festsetzenden Entscheidg kann nicht mehr verlangt werden (KG JFG **14**, 42).

2) **Ersatz von Aufwendungen** (§§ 1915, 1835). Hierüber entscheidet nicht das NachlG, sond im Streit- **3** fall das ProzeßG (BayObLG **53**, 50). Unzulässig ist daher auch die Festsetzg einer Pauschalvergütg (Vergütg zuzügl etwaiger Aufwendgen) dch das NachlG (Zweibr Rpfleger **80**, 103). Zu den Aufwendgen zählen auch **Bürokosten** eines zum Verwalter bestellten RAnwalts. Lassen sich diese nicht exakt ausscheiden, kann die Tats der Kanzleibenutzg bei der Bemessg der Vergütg allg in die BilligkErwägg einbezogen u so mit berücksichtigt werden; ein zahlenmäßiger Bruchteil der Kosten darf allerd nicht zugrde gelegt werden (BayObLG Rpfleger **85**, 402). S auch § 1835 IV.

1988 *Ende der Nachlaßverwaltung.* ⁱ **Die Nachlaßverwaltung endigt mit der Eröffnung des Nachlaßkonkurses.**

ⁱⁱ **Die Nachlaßverwaltung kann aufgehoben werden, wenn sich ergibt, daß eine den Kosten entsprechende Masse nicht vorhanden ist.**

1) **Beendigung** der NachlVerw tritt mit Eröffng des **Nachlaßkonkurs** ohne bes Aufhebg kr G ein (**I**). **1** VerglVerf hat dagg nicht die gleiche Wirkg (hM; Bley/Mohrbutter VerglO 113 Rn 6). An der Haftg des Erben ändert sich nichts. Die NachlVerw wird in NachlKonkVerw übergeleitet; NachlPflegsch endet nicht (KGJ **38** A 117). Die Verwaltgs- und Vfgsbefugnis des Verwalters geht auf den KonkVerw über, dem der NachlVerw, falls er nicht selbst zum KonkVerw ernannt wird, den Nachl herauszugeben hat. KO 7, 8 sind nicht anwendb, da NachlVerw nicht gesetzl Vertreter ist (§ 1985 Rn 1).

2   **2) Aufhebung durch Nachlaßgericht.** Im übrigen endet die Verw durch die Berichtigg aller bekannten NachlVerbindlichk (§§ 1986, 1919; BayObLG **76**, 167/173), muß aber dann vom Gericht formell aufgeh werden; ebso bei Eintritt der Nacherbfolge, da die Haftg des NachE bes beschränkt werden muß (RGRK Rn 5); ferner, wenn der Erbe (auf dessen Antr die NachlVerw angeordnet wurde), nachträgl rechtswirks die Erbsch ausschlägt (KG RJA **7**, 102). Vorher können die Beteiligten (Erben, NachlGläub) durch AntrRückn od AufhebgsAnträge die Aufhebg des Verfahrens nicht erzwingen (KGJ **42**, 94), es sei denn, daß der Antr vor Anordng zurückgenommen wurde (vgl KostO 106 III). Vor Befriedigg der NachlGäubiger kann bei Einverständn aller Gläubiger u Erben (zB inf Einigg über die Befriedigg) die NachlVerwaltg aufgeh werden (s BayObLG aaO).

3   **a) Zweckerreichung.** Der Erbe kann allerd wg Erreichg des Zwecks die Aufhebg beantragen u **gegen Ablehnung** Erinnerg (RPflG 11) einlegen; bei Mehrh von Erben steht das BeschwR jedem zu (Ffm JZ **53**, 53; Hamm JMBl NRW **55**, 230, gg Mü JFG **14**, 61). Der AufhebgsBeschl ist (auch im Falle des **II**) nach FGG 16 wie der AnordngsBeschl zuzustellen. Mit der Zust endet das Amt des NachlVerw; hebt das BeschwG die aufhebde Entscheidg des NachlG auf u ordnet es erneut NachlVerw an, ist der NachlVerw neu auszuwählen u zu verpflichten (§§ 1791 mit 1915). Tod des Erben als solcher ist kein AufhebgsGrd.

4   **b) Aufhebung mangels Masse** (vgl auch KO 204) dch NachlG sollte mit Rücks auf § 1982 nicht vorkommen. Sie gibt dem Erben die Einrede aus § 1990. – Beschwerde s § 1981 Rn 8.

5   **3) Rechtsfolgen der Aufhebung.** Aufhebg nach § 1919 (vgl auch Rn 1) verpflichtet den Verwalter zur Schlußrechng (§ 1890) u Herausg des Nachl an den Erben. Jedoch hat er wg seiner Aufwendgen ein ZurückbehaltsR (§ 273). Löschg im GB erfolgt auf Antr des Erben.

1989 *Erschöpfungseinrede des Erben.* Ist der Nachlaßkonkurs durch Verteilung der Masse oder durch Zwangsvergleich beendigt, so finden auf die Haftung des Erben die Vorschriften des § 1973 entsprechende Anwendung.

1   **1) Bedeutung.** Die mit der KonkEröffng eingetretene Haftgsbeschränkg bleibt grdsätzl auch nach Aufhebg des Verf bestehen (§ 1975 Rn 1). § 1989 enthält u insow eine weitergehende Beschränkg für den Fall der Verteilg der Masse (KO 161, 163, 166) u des Zwangsvergleichs (KO 190, 193, 230). Die Vorschr gilt auch für den im **Vergleichsverfahren** abgeschl Vergl (VerglO 113 I Nr 4). In diesen Fällen haftet der Erbe den NachlGläub (ganz gleich, ob sie am Konk teilgenommen haben, vom ZwVergl betroffen sind od nicht) nicht mehr mit seinem Eigenvermögen; aus dem ZwVergl selbst kann sich aber seine persönl Haftg ergeben (Staud/Marotzke Rn 15). KO 164 I ist insow ausgeschaltet. Der Erbe haftet den NachlGläub nur so, als ob sie am AufgebotsVerf ausgeschl worden wären (§ 1973). Die endgültig beschränkte Haftg kann auch durch Inventarsäumnis nicht mehr in Frage gestellt werden (§ 2000 S 3; vgl auch § 2013 Rn 3; wg der Miterben vgl § 2060 Nr 3).

2   **2) § 1989 gilt nicht** bei Verlust des BeschränksR vor KonkEröffng (§ 2013 I 1 mit Rn 3); bei Einstellg mangels Masse (KO 204; hier kann sich der Erbe auf § 1990 berufen); bei Einstellg nach KO 202 (hier entscheiden die Vereinbargen mit den Gläub; soweit sie nicht hieran teilgenommen haben, haftet der Erbe wie vor KonkEröffng, s Kipp/Coing § 98 IV 4) u Aufhebg des EröffngsBeschl nach KO 116 (hier wird die Haftgsbeschrkg rückwirkend aufgehoben). Bei Ablehng des NachlKonk mangels Masse (KO 107) kann sich der Erbe nur auf § 1990 berufen (s § 1975 Rn 1).

1990 *Unzulänglichkeitseinrede des Erben.* [I] Ist die Anordnung der Nachlaßverwaltung oder die Eröffnung des Nachlaßkonkurses wegen Mangels einer den Kosten entsprechenden Masse nicht tunlich oder wird aus diesem Grunde die Nachlaßverwaltung aufgehoben oder das Konkursverfahren eingestellt, so kann der Erbe die Befriedigung eines Nachlaßgläubigers insoweit verweigern, als der Nachlaß nicht ausreicht. Der Erbe ist in diesem Falle verpflichtet, den Nachlaß zum Zwecke der Befriedigung des Gläubigers im Wege der Zwangsvollstreckung herauszugeben.

[II] Das Recht des Erben wird nicht dadurch ausgeschlossen, daß der Gläubiger nach dem Eintritte des Erbfalls im Wege der Zwangsvollstreckung oder der Arrestvollziehung ein Pfandrecht oder eine Hypothek oder im Wege der einstweiligen Verfügung eine Vormerkung erlangt hat.

1   **1) Haftungsbeschränkende Einrede.** Ist der Nachl zur Erfüllg der NachlVerbindlichk unzureichend u deckt die Masse nicht einmal die Kosten einer amtl Verwaltg (§ 1975), kann der zunächst unbeschränkt haftende Erbe sein Recht zur Beschränkg seiner Haftg auf den Nachl (s Einf 2 vor § 1967) ersatzweise noch über § 1990 mittels Einrede ggü NachlGläub erreichen, sofern er das Recht zur Beschränkg noch nicht verloren hatte (§ 2013 I 1; s Einf 3 vor § 1967). Diese Einrede wird begriffl meist unterteilt in Dürftigk-, Unzulänglich- u Erschöpfgeinrede, ohne daß damit allerd viel mehr ausgedrückt wird als das Maß der Befriediggsmöglichk eines NachlGläub: Die **Dürftigkeitseinrede** dient vor allem bei unzureichdem, aber nicht überschuldetem Nachl der Abwehr des Zugriffs der NachlGläub auf das Eigenvermögen des Erben. Mit der **Unzulänglichkeitseinrede** wird geltd gemacht, daß der dürftige Nachl auch noch überschuldet, eine vollständ Befriedigg aus dem Nachl also nicht mögl ist; ob dies der Fall ist, entscheidet sich nach Herausgabe des Nachl (**I** 2) grdsl erst in der ZwangsVollstr. Die **Erschöpfungseinrede** steht zur Vfg, wenn keinerlei NachlAktiva mehr vorhanden sind (etwa nach Zahlg von NachlVerbindlk) u auch keine ErsatzFdg gg den Erben nach § 1991 bestehet (s Rn 3). Greift sie dch, wird mangels haftbar Masse die Klage des NachlGläub abgewiesen (s Rn 13). – Zu diesen kommt noch die sog ÜberschwergsEinrede des § 1992, die allerd nur ggü bestimmten nachlaßbeteil Gläub bestehet. – Da dürftige Nachl häufig ausgeschlagen werden, führt das Fehlen einer amtl Liquidation oft zu einer erhebl Belastg von NachlG u Nachberufenen (dazu Weithase Rpfleger **88**, 434).

2) Unzulänglichkeit des Nachlasses (I 1) ist gegeben, wenn die NachlAktiva so geringwertig sind, daß 2 die Kosten einer NachlVerwaltg od des NachlKonk od (üb den Wortlaut hinaus) eines VergleichsVerf nicht gedeckt sind. Überschuldig wird (im Ggsatz zu § 1992 I) nicht vorausgesetzt, kann aber gegeben sein. Den **Nachweis** hat der Dürftigk hat der Erbe zu führen. Dies kann vor etwa dch Vorlage solcher Entscheidgen, mit denen NachlG od KonkursG mangels Masse die Eröffng beantragter Verfahren abgelehnt (§ 1982; KO 107; VerglO 113 I Nr 4; 17 Nr 6) od eingeleitete Verf aufgehoben (§ 1988 II) bzw eingestellt haben (KO 204; VerglO 100 Nr 1). Derartige Entscheidgen sind auch für das ProzeßG bindend (BGH NJW-RR **89**, 1226; hM). Ohne solche Entscheidgen ist die Dürftigk anderweitig darzulegen u zu beweisen (zB dch Inventarerrichtg, § 2009). – Maßgebl **Zeitpunkt** für die Dürftigk ist nicht der Erbfall (allg M), sond der Entscheid üb 3 die Einrede (BGH **85**, 274; aA Staud/Marotzke Rn 7: Erhebg der Einrede; Soergel/Stein Rn 5 u noch BGH VersR **65**, 688: Geltendmachg des Anspr), so daß sich ggü verschiedenen Gläub unterschiedl Zeitpkte ergeben können. Ist der Nachl dch Maßnahmen des Erben dürftig geworden u führen diese zu ErsatzAnspr der Gläub nach §§ 1991; 1978; 1979 (zB wg schuldhafter Verletzg seiner Pfl, den Nachl den Gläub zu erhalten), sind diese Anspr dem Nachl hinzuzurechnen (§ 1978 II), so daß die Dürftigk möglicherw entfällt (BGH FamRZ **89**, 1070; zur Geltendmachg s § 1991 Rn 2. Umgekehrt sind AufwendgsAnspr des Erben (§ 1978 III) abzuziehen, soweit sich dieser nicht schon aus dem Nachl befriedigt hat (s § 1991 Rn 3).

3) Recht zur Einrede. Die Einrede kann vom Erben ggü allen NachlGläub, denen er nicht unbeschränkt 4 haftet (§ 2013), erhoben werden, gleichgült welcher Art deren Fdg ist u unbeschadet der Einrede aus §§ 1973, 1974 ggü den Ausgeschlossenen. Sie steht ihm also auch ggü dem auf Geld gerichteten PflichttErgänzgsAnspr (§ 2325; BGH **LM** § 2325 Nr 2), ggü der RückFdg von Sozialhilfe nach SGB X § 50 I (VGH Mannh NJW **86**, 272) od von Leistgen nach dem LAG (BVerwG NJW **63**, 1075) zu und auch noch nach Teilg, wenn Nachl schon bei Teilg unzulängl war (RGRK Rn 3). – Der Umstand allein, daß der Erbe NachlGläubigern ggü nicht sofort darauf hinweist, er wolle von der Möglichk, die Haftg auf den Nachl zu beschränken, Gebrauch machen, kann weder als Verzicht auf die Beschränkgsmöglichk angesehen werden, noch dazu führen, daß die spätere Ausübg dieses Rechts als unzul RAusübg anzusehen ist (Celle NdsRpfl **62**, 232). – Wird die zunächst unbegründete Einrede infolge nachträgl Verändergen begründet, muß sie noch beachtet werden (BGH **85**, 281). – Die Einrede steht auch NachlPfleger u TV sowie bei in GüterGemsch 5 lebden Ehegatten dem Gesamtgutsverwalter zu (s Staud/Thiele/Thiele Rn 7); ferner dem Konkursverwalter im GesamtvermögensKonk (KO 234) des Erben (Börner JuS **68**, 55). – Auf die Einrede kann sich auch der Träger der SozialVers berufen, wenn dem Erben eines Unfallgeschädigten ggü der AusglFdg des SchadErsPflichtigen (§ 426, § 17 StVG) diese Einrede zusteht u die SchadErsFdg auf den Träger der SozVers übergegangen ist (BGH **35**, 317; VersR **65**, 688). – Die Vorschr gilt entspr auch nach Durchführg einer NachlVerwaltg (BGH NJW **54**, 635; § 1986 Rn 1).

a) Dingliche Sicherung (II). Hat der NachlGläub **nach** dem Erbfall (also nicht schon ggü dem Erbl) ein 6 SichergsR im Wege der Zwangsvollstreck od Arrestvollziehg (PfandR an bewegl Sachen; SicherungsHyp) od dch einstw Vfg eine Vormerkg erlangt, kann der Erbe nach **II** gleichwohl noch die Einrede erheben, um nicht schlechter gestellt zu sein als bei amtl NachlVerwaltg. Er kann dann analog ZPO 784 die Aufhebg der VollstrMaßnahme in sein Eigenvermögen verlangen. Dingl Sicherg eines NachlGläub dch Vollstreckg in den Nachl hat allerd grdsl Bestand (s § 1991 III); nur wenn sie den Erben an der Einhaltg der Rangfolge des § 1991 IV od an der Geltendmachg seiner ErsatzFdg (§ 1978 III) hindern, kann er deren Aufhebg verlangen.

b) Eigengläubiger des Erben können auch in den Nachl vollstrecken. Ob der Erbe dem im Falle des 7 § 1990 widersprechen kann, ist ges nicht geregelt. Um nicht die Haftgssituation einseitig zum Nachteil der NachlGläub zu ändern, ist entspr ZPO 784 II; 767 VollstrAbwehrklage des als Selbstverwalter anzusehenden Erben (s Rn 9) mögl (Soergel/Stein Rn 9; str; aA MüKo/Siegmann Rn 7). – **Nachlaßerbengläubiger** 8 (§ 1967 Rn 8), denen der Erbe stets auch persönl haftet, werden von § 1990 nicht betroffen. Der Erbe hat daher keine Einrede zB gg Prozeßkosten, die in seiner Person (also nicht schon dem Erbl) entstanden sind (Köln NJW **52**, 1145).

4) Rechtsfolgen. Nach Erhebg der DürftigkEinrede kann der Erbe die Befriedigg eines NachlGläub 9 insoweit verweigern, als der Nachl nicht ausreicht. Er muß dann den Nachl zum Zwecke der Befriedigg des Gläub im Wege der ZwangsVollstr herausgeben (**I 2**); dazu zählen auch die unpfändbaren NachlGgstände (MüKo/Siegmann Rn 14). Abwendg dch Zahlg des Wertes ist hier (anders als bei § 1973 II 2; 1992 S 2) nicht mögl. – Die Einrede dient nur der Abwehr des Zugriffs auf das Eigenvermögen des Erben (wie bei NachlVerwaltg od -Konk), sond führt nicht zur Absonderg des Nachl vom Eigenvermögen des Erben (wie bei NachlVerwaltg od -Konk), sond nur zu einer Trenng im Verhältn zw Erben u dem jeweil NachlGläub (§ 1991 Rn 1). Die NachlVerbindlk werden deshalb auch nicht von einem amtl Verwalter berichtigt. Vielm ist der Erbe bezügl des Nachl gleichsam sein eigener Verwalter, der insbes die konkursmäß Reihenfolge bei der Befriedigg der Gläub einhalten zu müssen (s § 1991 Rn 4 mit der Ausn in § 1991 IV). Daher ist er bei Erhebg der Einrede den NachlGläub auch für seine bish Verwaltg nach §§ 1991; 1978–1980 verantwortl (s § 1991 Rn 1). Daraus resultierde ErsatzAnspr der Gläub gelten als zum Nachl gehörig (§ 1978 II mit Rn 4), vergrößern also den unzureichden Nachl (s Rn 3). – Der Erbe kann den Ansturm der Gläub auch dadch abwehren, daß er ihnen den dürftigen Nachl zur Befriedigg **freiwillig überläßt** od sich nach ZPO 794 I Nr 5 der sofortigen 10 ZwangsVollstr in die NachlGgstände unterwirft (RG **137**, 53). Er muß dabei nur beachten, daß die freiwillige Vollstreckgsfreigabe des Nachl nicht zur Schuldbefreiung führt und er der Verwalterhaftg unterliegt (§ 1991 I), so daß er zu seiner Absicherg mit allen od einzelnen Gläub Vollstreckgsvereinbargen treffen sollte, daß diese den Nachl entw im Wege der Zwangsvollstr (mittels Titel) od der öffentl Versteigerg (mangels Titel) verwerten müssen (MüKo/Siegmann Rn 17).

a) Im Prozeß muß der in Anspr genommene Erbe die Einrede unbedingt geltend machen, damit er die 11 Beschränkg seiner Haftg in der ZwangsVollstr geltd machen kann. Dort kann sich die Einrede näml nur bei Vorbehalt im Urteil (ZPO 780) auswirken, der umfassend für alle Einreden gilt, die eine HaftgsBeschränkg bewirken können (BGH NJW **91**, 2839). Sein RAnwalt ist daher grdsl verpflichtet, den Vorbehalt in den

Titel aufnehmen zu lassen, sei es auch nur vorsorgl, da ein Unterlassen zum SchadErs führen kann (BGH aaO; s auch Einf 7 vor § 1967). – Die Erhebg der **Dürftigkeitseinrede** führt also im ErkenntnVerfahren entw zum Vorbehalt nach ZPO 780 (erfolgt dann dennoch Vollstreckg in das Eigenvermögen, muß sich der Erbe dagg mit einer Klage gem ZPO 784 I; 785; 767 wehren) od zur Beschränkg der Vollstreckg im Urteil auf bestimmte, noch vorhandene NachlGgstände. Es steht im Ermessen des Gerichts, ob es die Einrede sachl überprüft od ob es ohne eine solche Prüfg einen Vorbehalt nach ZPO 780 in das Urteil aufnimmt u das weitere dem VollstreckgsVerfahren überläßt (BGH NJW **54**, 635; **83**, 2379; dazu Rn 13). – Die Einrede der

12 **Unzulänglichkeit** od der **Erschöpfung** führt, wenn diese unstreitig od bewiesen ist, zur Klageabweisg, andernf zum Vorbehalt nach ZPO 780. Steht Erschöpfg fest, ist die Klage des NachlGläub als unzulässig abzuweisen, weil derzeit kein Interesse an der Verurteilg zu einer nicht dchsetzbaren Leistg besteht, bei Auftauchen neuer NachlGgstände aber Klage wieder möglich sein muß (MüKo/Siegmann § 1973 Rn 8). Ist die Erschöpfg streitig, findet Beweisaufnahme hierüb statt u der Erbe wird dann auf den Vorbehalt nach ZPO 780 verwiesen. – Im Verfahren vor dem **Verwaltungsgericht** ist die geltend gemachte Dürftigk schon im Anfechtgsprozeß zu prüfen (VGH Mannh NJW **86**, 272).

13 **b) In der Zwangsvollstreckung** kann der Erbe, der keine Verurteilg nur in genau bestimmte NachlGg-stände erreicht hat, sich nur im Falle eines Vorbehalts nach ZPO 780 auf die Beschränkg berufen. Trotz Vorbehalts bleibt die Beschränkg der Haftg so lange unberücksichtigt, bis er aGrd derselben Einwendgen erhebt (ZPO 781), die dann nach ZPO 767, 769, 770 aGrd Vollstreckgsabwehrklage erledigt werden (ZPO 785). Die sachl Berechtigg der Einrede wird also im Rahmen der Klage nach ZPO 767 geprüft. Der Gläub kann im Wege der Widerklage Herausgabe der NachlGgstände, ein Verzeichn des ursprüngl u jetzigen NachlBestands einschließl Auskunft üb die Gründe der Veränderg sowie eidesstattl Versicherg üb die Vollständigk des Verzeichn verlangen (§§ 260; 261). Zur Offenlegg seines Eigenvermögens ist der Erbe nach Erhebg der Einwendgen (ZPO 781) nicht mehr verpflichtet, auch nicht im Falle eidesstattl Versicherg nach ZPO 807 (Soergel/Stein Rn 11).

14 **5) Aufrechnung.** NachlGläub können nicht gg eine EigenFdg des Erben aufrechnen, obwohl § 1977 nicht für anwendb erkl ist, da der Erbe sonst prakt unbeschränkt haften würde (vgl BGH **35**, 317). Jedoch können sie gg eine NachlFdg aufrechnen; die haftgbeschränkende Einrede fällt nicht unter § 390 S 1, nachdem selbst im Konk (KO 53, 54) Aufrechg mögl ist (hM). – Der EigenGläub des Erben kann gg eine NachlFdg aufrechnen, da er auch in den Nachl vollstrecken kann (str; wie hier MüKo/Siegmann Rn 6; Staud/Marotzke Rn 42; aA Soergel/Stein Rn 8, weil Nachl entgg dem Absondergsprinzip zum Nachteil der NachlGläub geschmälert würde).

15 **6) Entsprechend anwendbar** erklärt sind die §§ 1990; 1991 bei Vermögensübernahme in § 419 II (dazu Celle OLGZ **78**, 199) sowie in den §§ 1480; 1489 II; 1504; 2036; 2145. Ferner in REG 34; 41 (früh am Zone), 33 (früh brit Zone); 34 (Berlin).

1991 *Verantwortlichkeit des Erben.* [I] Macht der Erbe von dem ihm nach § 1990 zustehenden Rechte Gebrauch, so finden auf seine Verantwortlichkeit und den Ersatz seiner Aufwendungen die Vorschriften der §§ 1978, 1979 Anwendung.

[II] Die infolge des Erbfalls durch Vereinigung von Recht und Verbindlichkeit oder von Recht und Belastung erloschenen Rechtsverhältnisse gelten im Verhältnisse zwischen dem Gläubiger und dem Erben als nicht erloschen.

[III] Die rechtskräftige Verurteilung des Erben zur Befriedigung eines Gläubigers wirkt einem anderen Gläubiger gegenüber wie die Befriedigung.

[IV] Die Verbindlichkeiten aus Pflichtteilsrechten, Vermächtnissen und Auflagen hat der Erbe so zu berichtigen, wie sie im Falle des Konkurses zur Berichtigung kommen würden.

1 **1) Verwalterhaftung des Erben (I).** Die Erhebg der UnzulänglichkEinrede (§ 1990) führt zur Beschränkg der Erbenhaftg auf den Nachl, aber nicht zu dessen Absonderg vom übr Vermögen des Erben (§ 1990 Rn 9). Zwar ist auch hier eine Trenng von Nachl u Eigenvermögen des Erben zwecks Feststellg des NachlBestandes unerläßl. Die Aufhebg der Vereinigg (II) gilt aber nur relativ zw dem seine Befriedigg suchenden Gläub u den Erben (s BGH FamRZ **82**, 54/55 üb Anwendg bei PflichttBerechng). Die Trenng bezieht sich auch auf die Vereinigg von MiteigtAnteilen in einer Hand (Stgt WürttJb **24**, 304) u ermöglicht dem Erben, sich wg seiner Fdgen trotz ihrem tatsächl eingetretenen Erlöschen aus dem Nachl zu befriedigen (Warn **14** Nr 213). Somit bleibt der Nachl bis zur Herausgabe in der Hand des Erben, wird aber dch dessen Herbeiführg der HaftgsBeschränkg nach § 1990 zum allein haftenden Vermögen. Wird dieses dch seine schlechte Verwaltg vermindert, haftet der Erbe zum Ausgleich den NachlGläub ab Erhebg der Einrede verschuldensunabhäng (BGH FamRZ **92**, 1409) gem §§ 1978–1980. Danach ist er ihnen so verantwortl, wie wenn er ab Annahme der Erbsch die Verwaltg für sie als Beauftragter zu führen gehabt hätte (§ 1978 I 1; §§ 662 ff) bis zur Annahme haftet er wie ein GeschFührer ohne Auftrag (§ 1978 I 2). Wg seiner sich aus dieser Verantwortg ergebenden Pflichten u der Wirkg seiner getätigten Geschäfte s § 1978 Rn 1–4. – Zur entspr Anwendbark von § 1991 s § 1990 Rn 15.

2 **2) Geltendmachung.** Jeder mit der DürftigkEinrede konfrontierte NachlGläub kann aus eigenem Recht verlangen, daß ihm der Erbe das aus dieser Verwalterhaftg Geschuldete als zum Nachl gehörig (s § 1990 Rn 3) zwecks Befriedigg zur Vfg stellt (BGH NJW-RR **89**, 1226) u kann insow seinen Vollstreckgszugriff auch auf dessen Eigenvermögen ausdehnen. Diesen Anspr kann der NachlGläub sowohl dch Klage gg den Erben als auch mittels des Arglisteinwands gg die VollstrAbwehrklage des mit seinem Eigenvermögen in Anspr genommenen Erben (ZPO 785) geltend machen (BGH FamRZ **92**, 1409). – Auch § 1980 (den die Reichstagskommission irrtüml gestrichen hat) ist anwendbar (BGH aaO). Denn der Erbe, der die KonkUnwürdig selbst herbeigeführt u nicht rechtzeitig Konk beantragt hat, haftet in Höhe der dem Gläub entgangenen

KonkDividende (also nur, wenn die Masse die Kosten überstieg; vgl auch Siber 59). Für verbrauchte NachlGgstände hat er Ersatz zu leisten (§ 1978 I). – Ersatz seiner **Aufwendungen** kann der Erbe nach 3 § 1978 III; 1979 verlangen, dabei auch Befriedigg nach § 364 I erlangen. Von den bezahlten NachlSchulden kann er nach §§ 1978, 1979 nur diejenigen in Rechng stellen, die er bezahlt hat, solange er Zulänglichk des Nachl annehmen durfte (s Staud/Marotzke Rn 12; Börner JuS **68**, 55).

3) Die Befriedigung der NachlGläub aus Mitteln des Nachl ist dem Erben überlassen, nachdem die 4 Einrede des § 1990 weder zur amtl Verwaltg noch zur Bildg von Sondervermögen führt (s § 1990 Rn 9). Der Erbe ist dabei nicht an eine bestimmte Reihenfolge od einen bestimmten Verteilgsmaßstab gebunden (Ausn: **IV**). Er kann grdsl den Nachl mit befreiender Wirkg ggü anderen NachlGläub demjenigen überlassen, der ihn als erster wg einer NachlVerbindlichk im Wege der ZwangsVollstr in Anspr nimmt. Mehrere Gläub kann er in beliebiger Reihenfolge befriedigen (Umkehrschluß aus IV); jedoch sind ausgeschlossene Gläub hinter die anderen zurückzustellen. Der Erbe kann sich ggü einzelnen Gläub auch nicht darauf berufen, daß and Gläub im Falle des Konkurs Vorrechte zuständen. Jedoch kann er sich gem **III** ggü dem später kommenden NachlGläub schon dann auf Erschöpfg des Nachl dch einen zuerst gekommenen Gläub berufen, wenn er zu dessen Befriedigg aus dem Nachl rechtskr verurteilt ist (BGH NJW-RR **89**, 1226). Jedoch kann der Erbe wg seiner eigenen Fdgen an den Nachl (Ansprüche gg den Erbl od auf Ersatz von Aufwendgen), die er ja nicht einklagen kann, auch dem UrtGläub die Herausgabe des Nachl, soweit dieser zur Befriedigg derartiger Ansprüche erforderl ist, verweigern (RG **82**, 278; Soergel/Stein Rn 7).

4) Nachrangige Gläubiger (IV) sind die am Nachl beteiligten, zu denen auch der ErbersatzansprBe- 5 recht (§ 1934b II 1) u der PflichtErgänzsBerecht (§ 2325; BGH **85**, 280) gehören. Diese Gläub wären auch im NachlKonk minderberechtigt (KO 226 II Nr 4, 5, 6). Sie hat der Erbe erst nach allen ihm bekannten NachlVerbindlichk zu befriedigen, selbst wenn sie ein rkräft Urt (**III**) erwirkt haben. Nach den Verbindlichk aus PflichtR, Vermächtn u Auflagen sind solche aus ErbersatzAnspr zu berichtigen. Bevorzugt er diese NachlBeteiligten, haftet er den Gläub nach **I** (RG JW **08**, 487), nicht aber der Bevorzugte, der ja nur erhalten hat, was ihm zustand. Jedoch besteht uU ein BereicherungsAnspr des Erben (§§ 813, 814) od die Möglk der Anfechtg durch Gläub (AnfG 3a).

1992

Überschuldung durch Vermächtnisse und Auflagen. **Beruht die Überschuldung des Nachlasses auf Vermächtnissen und Auflagen, so ist der Erbe, auch wenn die Voraussetzungen des § 1990 nicht vorliegen, berechtigt, die Berichtigung dieser Verbindlichkeiten nach den Vorschriften der §§ 1990, 1991 zu bewirken. Er kann die Herausgabe der noch vorhandenen Nachlaßgegenstände durch Zahlung des Wertes abwenden.**

1) Überschwerung. Der KonkAntrag zur Herbeiführg der HaftgsBeschrkg bleibt dem Erben erspart, 1 wenn die Überschuldg des Nachl nur auf Vermächtn od Auflagen beruht; bei der Prüfg bleiben im AufgebotsVerf ausgeschlossene u säumige Gläub (§§ 1973, 1974) außer Betracht. § 1992 ist also nicht anwendbar, wenn Nachl auch ohne Vermächtn u Aufl überschuldet ist (Soergel/Stein Rn 2 mN; str). Die letztwilligen Gläubiger des S 1 können auch nicht NachlKonk beantragen, ausgenommen bei ErbenKonk (KO 219 I 2); der Erbe ist zur AntrStellg nicht verpflichtet (§ 1980 I 3). Soweit daher der Nachl zur Befriedigg solch letztrangiger Gläub nicht ausreicht, haftet der Erbe nicht, wenn er nicht bereits allg unbeschränkb haftet (§ 2013 I). – Die Vorschr ist entspr anzuwenden bei UnterVermächtn (§ 2187 III). – **Nicht** hierher gehören Pflichtteilsrechte, da diese einen aktiven NachlBestand zZ des Erbfalls voraussetzen (§§ 2303 I 2; § 2311 Rn 3; Staud/Marotzke Rn 5) und auch nicht ErbersatzAnsprüche.

2) Die Einrede der Überschwerg kann an Stelle des Erben auch vom TestVollstr, NachlPfleger u 2 NachlVerwalter geltend gemacht werden (str, s Soergel/Stein Rn 3). **Im Prozeß** muß der Erbe, obwohl es sich bei § 1992 nicht um vom Erbl herrührende Schulden handelt, Vorbehalt nach ZPO 780 in Anspr nehmen; ist die Einrede erhoben, kann das ProzG im allg entweder die Frage des Haftgsumfangs sachl aufklären u darü entscheiden, od sich mit dem Ausspruch des Vorbehalts der HaftgsBeschrkg im Urt begnügen u die sachl Klärg dem ZwVollstrVerf überlassen (BGH NJW **64**, 2300).

3) Die Rechtsfolgen der erhobenen Einrede bestimmen sich nach §§ 1990, 1991. Die Haftg für Ver- 3 mächtn u Auflage beschränkt sich auf den nach § 1991 zu ermittelnden Nachl, wobei der Nachrang des § 1991 IV zu beachten ist; der Erbe ist berechtigt, seine Fdg u die der and NachlGläub bei den Passiva einzusetzen. Als Besonderh hat der Erbe hier allerd ein **Abfindungsrecht (S 2):** Er kann die Herausgabe der noch vorhandenen NachlGgstände abwenden dch Zahlg ihres Wertes (der nach dem Ztpkt der Einredeerhebg zu schätzen ist). – Bei Vermächtn eines best NachlGgstandes wandelt sich der VermächtnAnspr bei Erhebg der Einrede in einen gekürzten GeldAnspr. Der VermächtnNehmer kann aber die Sachleistg verlangen, sofern er einen dem Kürzgsbetrag entspr Geldbetrag in den Nachl einzahlt (BGH NJW **64**, 2298). Dies gilt auch dann, wenn der vermachte Ggstand vom Erben zu beschaffen (§ 2170) ist (BGH aaO; Soergel/Stein Rn 4; krit MüKo/Siegmann Rn 9). – Besteht die Zuwendg im **Erlaß** einer Schuld, gehört die Fordg anteilig zum Nachl, soweit sie zur Deckg vorrangiger od gleichrangiger Gläub erforderl ist (s Hbg OLG **21**, 308).

4) Aufrechnung. Mit dem VermächtnAnspr kann gg eine NachlFdg auch bei Erhebg der Einrede 4 aufgerechnet werden (analog KO 53ff), nicht aber gg eigene Fdgen des Erben. Ersteres wird allerd dann verneint, wenn der Nachl von Anfang an überschuldet war, weil dann dem VermächtnAnspr die Einrede des § 1992 entgegenstehe (MüKo/Siegmann Rn 8). Abgesehen davon, daß bei einer nicht auf Vermächtn u Aufl beruhenden Überschuldg § 1992 nicht zur Anwendg kommt (s Rn 1), steht § 390 bei haftgsbeschrkden Einreden der Aufrechng nicht entgg (s § 1990 Rn 14; im Ergebn wie hier Soergel/Stein Rn 6; Staud/ Marotzke § 1990 Rn 42).

IV. Inventarerrichtung. Unbeschränkte Haftung des Erben

Vorbemerkung

1 **1) Inventarerrichtung** iS des G ist die Einreich (u nicht nur die Erstellg) eines Verzeichnisses (des Inv) beim örtl zuständigen NachlGericht (§ 1993). Sie dient zur „Abwendung der unbeschränkten Haftung" (vgl § 2000 S 3). Für den **Erben** ist sie ein Mittel, sich die Möglk der HaftgsBeschrkg zu erhalten, führt diese aber nicht herbei. Jedoch haben Säumnis (§ 1994 I 1) od InvUntreue (§ 2005 I) die unbeschränkte Haftg zur Folge, die Verweigerg der eidesstattl Vers nur ggü dem einzelnen Gläub (§ 2006 III 1, II); s Einf 2–5 vor § 1967. Positiv wirkt sich für den Erben vor allem die dch § 2009 begründete Vermutg aus; allerd verliert er damit die aufschiebe Einrede des § 2014. Den Interessen der **Nachlaßgläubiger** dient sie durch die damit geschaffene Übersicht über den NachlBestand, eine Erleichterg der ZwVollstr in die NachlGgstände u die Inanspruchn des Erben bei Bestandsverändergen (RG **129**, 244). – **Gebühren:** KostO 114 Nr 1; für die Kosten haften nur die Erben, u zwar wie für NachlVerbindlichkeiten (KostO 6).

2 **2) Die Aufnahme des Inventars,** also die Erstellg des Verzeichnisses der Aktiva u Passiva des Nachl, erfolgt entw dch den **Erben** unter Zuzieh einer Behörde bzw Amtsträgers (§ 2002) od (auf Antrag des Erben) dch das **Nachlaßgericht;** dieses kann dann das Inv selbst aufnehmen od einer Behörde od einem Amtsträger die Aufnahme übertragen (§ 2003; s auch EG 148). Der Erbe kann auch auf ein bereits vorhandes Inv eines anderen (zB das vom TestVollstr errichtete) Bezug nehmen (§ 2004). – **Errichtet** ist das vom Erben aufgenommene Inv mit Einreich beim NachlG (§ 1993), das vom NachlG aufgenommene mit Antragstellg (§ 2003 I 2) bzw Bezugnahme (§ 2004). – Zustatten kommt dem Erben auch das für ihn dch **Dritte** aufgenomme Inv, zB das Inv des verwalteten Ehegatten bei GütGemsch (§ 2008); des Miterben (§ 2063). Eine auf das bereits errichtete Inv bezugnehmende Erkl ggü dem NachlG ist nicht erforderl (s § 2063 Rn 1). – **Inhalt** des Inventars s § 2001.

1993 *Recht zur Inventarerrichtung.* **Der Erbe ist berechtigt, ein Verzeichnis des Nachlasses (Inventar) bei dem Nachlaßgericht einzureichen (Inventarerrichtung).**

1 **1) Zur freiwilligen Inventarerrichtung** ist der Erbe berechtigt, ohne daß eine entspr Pfl besteht; bei MitE ist jeder ohne Mitwirkgspflicht der übrigen berechtigt. Sie ist an **keine Frist** gebunden u wird nicht dch NachlVerw (KGJ **42**, 94) od NachlKonk ausgeschlossen. – **Inventar** ist ein Verzeichn mit dem Inhalt des § 2001. **Errichtet** im rechtstechn Sinne ist es erst mit Einreich beim örtl zuständigen NachlG (FGG 73), nicht schon mit seiner Aufnahme. Der Erbe kann aber zur InvAufn jedes (sachl zuständige) AG zuziehen (§ 2002) oder beim örtl zuständigen NachlG die Aufn beantragen (§ 2003) od auf ein anderes vorschriftsmäß Inv Bezug nehmen (§ 2004). – Einreich durch Vertreter (nicht aber Vertr ohne Vertretgs-Macht, § 180; s auch § 2004 Rn 1), durch MitE (§ 2063), od eines verschlossenen Inv (§ 2010 Rn 1) ist mögl. – Der Einreichende kann vom Gericht Empfangsbestätig, der Gläub nach FGG 34 Abschrift des eingereichten Inv verlangen (RG **129**, 234).

2 **2) Inventarerrichtung bei Ehegatten.** Das Inv errichtet grdsätzl derj Teil, der Erbe ist. Bei GütGemsch kann der nicht verwaltende Eheg, dem die Erbsch anfällt, das Inv ohne Zust des verwaltenden Teils errichten (§ 1432). Ebenso kann dies der allein verwaltende für den anderen, der Erbe ist. Bei gemeins Verw des GesGuts kann jeder Eheg ohne Mitwirkg des anderen ein Inv über eine ihm od dem anderen Teil angefallene Erbsch errichten, soweit sie nicht Vorbeh- oder Sondergut des anderen Teils ist (§ 1455 Nr 3). Hinsichtl der Bestimmg einer InvFrist bei Ehegatten vgl § 2008.

1994 *Bestimmung der Inventarfrist.* **[I] Das Nachlaßgericht hat dem Erben auf Antrag eines Nachlaßgläubigers zur Errichtung des Inventars eine Frist (Inventarfrist) zu bestimmen. Nach dem Ablaufe der Frist haftet der Erbe für die Nachlaßverbindlichkeiten unbeschränkt, wenn nicht vorher das Inventar errichtet wird.**

[II] Der Antragsteller hat seine Forderung glaubhaft zu machen. Auf die Wirksamkeit der Fristbestimmung ist es ohne Einfluß, wenn die Forderung nicht besteht.

1 **1) Antragsrecht.** Jeder NachlGläub ist berechtigt, beim NachlG formlos eine InvFrist für den Erben zu beantragen, auch der nachlaßbeteiligte (§ 1967 II) od, wenn dessen Anspr gepfändet wurde, der PfandGläub (BayObLG **8**, 263). **Kein** AntrR hat aber der ausgeschlossene Gläub (§ 1973) od ihm Gleichgestellte (§ 1974; str; aA Soergel/Stein Rn 3 mN); auch nicht der **Miterbe,** selbst wenn er zugl NachlGläub ist (letzteres str; aA Soergel/Stein Rn 2 mN) wg § 2063 II, zumal dieser ja schon als Erbe nach § 1993 das Inv errichten kann (KG Rpfleger **79**, 136; RGRK Rn 5; Staud/Marotzke Rn 8). – **Kosten** (KostO 114 Nr 1) treffen AntrSteller.

2 **2) Voraussetzungen** der Fristsetzg sind Antr eines dazu Berecht (Rn 1) sowie Glaubhaftmachg seiner Fdg u Eigensch als NachlGläub (FGG 15; ZPO 294 I; s dazu BayObLG **92**, 162). AntrSteller muß nur behaupten, daß AntrGegner Erbe geworden sei; ob dies tatsächl zutrifft, hat NachlG vAw (FGG 12) festzustellen (Bochum Rpfleger **91**, 154). Annahme der Erbsch ist an sich keine Voraussetzg (§ 1995 II), jedoch das für Fristbeginn maßgebl Ereign. Bei wirks Ausschlagg ist dah Antr abzulehnen (BayObLG FamRZ **94**, 264; s § 1995 Rn 2); die dem vorläufigen Erben gesetzte InvFrist ist dann wirkgslos. – **Fristbestimmung** erfolgt ohne Rücks auf einen aktiven Nachl; gleichgültig ist, ob überh NachlGgstände von Wert vorhanden sind (Staud/Marotzke Rn 19). Sie ist auch schon vor ErbschAnnahme mögl (§ 1995 II). – **Unzulässig** ist die Fristbestimmg in den Fällen des § 2000 S 2, 3; gg den Fiskus (§ 2011) od gg NachlPfleger, NachlVerwalter (§ 2012).

3) Entscheidung und Rechtsmittel. Fristbestimmg erfolgt nach Anhörg der Erben (BayObLG **92**, 162) 3 dch Beschluß des RPfl (RPflG 3 Nr 2 c); sie kann dann bei Ausschlagg nicht mehr vAw zurückgenommen werden (FGG 18 II). Erbe steht dagg od gg Ablehng der Fristverlängerg od neue Fristgewährg (§§ 1995, 1996) befristete Erinnerung zu (FGG 77, 22 I; RPflG 11), mit der er zB geltd machen kann, daß er nicht Erbe, daß die Frist zu kurz, ohne sein Versch verstrichen od ein Inv (vgl auch § 2004) bereits eingereicht sei (dazu Hamm NJW **62**, 53). Gläub hat gleiches RMittel gg Festsetzg zu langer Frist, Fristverlängerg od Setzg einer neuen Frist. – Gg Ablehng einer Entggnahme des Inv steht seinem Erben (unbefristete) Erinnerg zu (RPflG 11; FGG 19; 20); dem AntrGläub gg Ablehng der Fristbestimmg (Ablehng zB denkb, wenn bereits Frist auf Antr eines anderen Gläub gesetzt od Inv errichtet ist). – Der Ablauf der Frist wird dch Einlegg der sof Beschw nicht gehemmt (FGG 24 I). – Einsicht nach FGG 78 I, 34.

4) Fristversäumnis (I 2). Der Erbe kann nicht zur InvErrichtg gezwungen werden (RG **129**, 243). Ihn 4 trifft aber der RNachteil der unbeschränkb Haftg (Einf 3 vor § 1967), wenn bis Fristablauf nicht das Inv eingereicht od gerichtl InvAufn beantragt (§ 2003) od auf beim NachlG vorhandenes Inv verwiesen (§ 2004) oder ein durch Dritte aufgenommenes Inv für Erben wirks (s §§ 2008, 2063 I, 2144 II, 2383 II) wurde. Dies gilt auch dann, wenn zuvor Eröffng des NachlKonk mangels Masse abgelehnt worden ist (Stgt FGPrax **95**, 68). Diese RFolge gilt allerd nicht bezügl solcher Gläub, denen der Erbe schon beschränkt haftet (§§ 1973 f, 2000 S 3, 2063 II, 2144 III). Wegen Einreichg beim unzuständ Gericht vgl § 1945 Rn 11. Die Entscheidg über die Wirkg des Fristablaufs steht nicht dem NachlG, sond dem Prozeß zu (KGJ **34** A 94). – Die Wirkgen des I 2 erstrecken sich **nicht** auf MitE (§ 2063 II) und NachE (§ 2144 III). – **Folge** der Fristversäumn ist ferner, daß keine GläubAusschließg (§§ 1973, 1974) mehr mögl ist; außerd kann Erbe nur noch NachlKonk beantragen (KO 216 I), aber nicht mehr NachlVerw (§ 2013 I 1) od VerglVerf (VglO 113 I Nr 3).

1995 *Dauer der Inventarfrist.* **I** Die Inventarfrist soll mindestens einen Monat, höchstens drei Monate betragen. Sie beginnt mit der Zustellung des Beschlusses, durch den die Frist bestimmt wird.

II Wird die Frist vor der Annahme der Erbschaft bestimmt, so beginnt sie erst mit der Annahme der Erbschaft.

III Auf Antrag des Erben kann das Nachlaßgericht die Frist nach seinem Ermessen verlängern.

1) Fristbeginn. Die InvFrist beginnt mit Zustellg des Beschlusses (FGG 16 II 1; ZPO 208–213) an den 1 Erben, jedoch nicht vor der Annahme der Erbsch (**II**). Die Frist läuft für jeden Erben besonders (Klautern DAV **73**, 625). Verstoß gg **I** macht Fristbestimmung nicht unwirks. Bei Unklarh ist Beschluß ausleggsfäh (BayObLG FamRz **92**, 1326). Fristberechg: §§ 187 I, 188 II, III. – Schlägt der Erbe wirksam aus, kommt es 2 auch nicht zu der für den Fristbeginn wesentl Annahme (vgl § 1953), so daß ihm keine InvFrist mehr gesetzt werden kann u eine bereits gesetzte wirkgslos wird (AG Oldbg Rpfleger **90**, 21). – Ist der Erbe unbekannt, kann die Frist nicht dem NachlPfleger gesetzt werden (§ 1994 Rn 2).

2) Fristverlängerung ist auf Antr mögl (**III**), der aber vor Fristablauf bei Gericht eingegangen sein muß 3 (BayObLG FamRZ **92**, 1326). Das NachlG ist bei Ausübg seines Ermessens weder an den Antr noch an die Höchstfrist des **I** gebunden (KG Rpfleger **85**, 193). Die Fristverlängerg beginnt mit Ablauf der zunächst bestimmten Frist. RMittel ist die befristete Erinnerg (s § 1994 Rn 3). NachlGläub hat BeschwR (BayObLG FamRZ **92**, 1326).

1996 *Bestimmung einer neuen Frist.* **I** Ist der Erbe durch höhere Gewalt verhindert worden, das Inventar rechtzeitig zu errichten oder die nach den Umständen gerechtfertigte Verlängerung der Inventarfrist zu beantragen, so hat ihm auf seinen Antrag das Nachlaßgericht eine neue Inventarfrist zu bestimmen. Das gleiche gilt, wenn der Erbe von der Zustellung des Beschlusses, durch den die Inventarfrist bestimmt worden ist, ohne sein Verschulden Kenntnis nicht erlangt hat.

II Der Antrag muß binnen zwei Wochen nach der Beseitigung des Hindernisses und spätestens vor dem Ablauf eines Jahres nach dem Ende der zuerst bestimmten Frist gestellt werden.

III Vor der Entscheidung soll der Nachlaßgläubiger, auf dessen Antrag die erste Frist bestimmt worden ist, wenn tunlich gehört werden.

1) Neue Inventarfrist ist mögl bei Fristversäumnis wg höherer Gewalt (**I** 1) od schuldloser Unkenntnis 1 von der Zustellg (**I** 2). Voraussetzg ist eine wirks bestimmte Erstfrist (BayObLG **92**, 162), was als Vorfrage zu prüfen ist (BayObLG **93**, 88). Die Vorschr gewährt **eine Art Wiedereinsetzung** in den vorigen Stand (RG **54**, 151; vgl ZPO 233). § 203 gilt hier nicht (vgl aber § 1997); wg des Begriffs „höhere Gewalt" s § 203 Rn 4. Verschulden des gesetzl Vertreters ist Verschulden des Erben (ZPO 51 II; 171). Keinen WiedereinsetzgsGrd bildet die Tats, daß ein Dritter im Besitz des Nachl ist u über ihn keine Ausk erteilt; der Erbe muß dann gerichtl vorgehen und Fristverlängerg (§ 1995 III) od die fristwahrende amtl Aufnahme (§ 2003) beantragen. – Neuerl Wiedereinsetzg nach Versäumg der neuen Frist ist zuläss; Antr muß aber innerh der Jahresfrist des Abs II gestellt werden (Staud/Marotzke Rn 7). – Formell rechtskr Entscheidg des NachlG ist auch für ProzeßG bindend; s aber § 1994 Rn 4; vgl auch Seibert DFG **37**, 136.

2) Der Antrag muß innerh der Frist des **II** vor Fristablauf bei Gericht gestellt werden. – **Rechtliches** 2 **Gehör** ist entgg III obligatorisch (GG 103 I). – Befristetes RMittel: FGG 77 II, III; RpflG 11.

1997 *Hemmung des Fristablaufs.* **Auf den Lauf der Inventarfrist und der im § 1996 Abs. 2 bestimmten Frist von zwei Wochen finden die für die Verjährung geltenden Vorschriften des § 203 Abs. 1 und des § 206 entsprechende Anwendung.**

1   **Hemmung** tritt ein bei Stillstand der RPflege (§ 203 I) od fehlendem gesetzl Vertr (§ 206). Jedoch tritt der Fristablauf auch ein, wenn der geschäftsfähig gewordene Erbe od der neue gesetzl Vertreter von der Fristsetzg keine Kenntn hatten (vgl § 1944 Rn 9). Doch kann hier durch Gewährg einer neuen InvFrist geholfen werden (§ 1996 I 2). § 1997 gilt auch für die verlängerte Frist (§ 1995 III) u die Frist nach § 1996 I. Bei Verhinderg an der Frist des § 1996 II scheidet Wiedereinsetzg aus (hM; aA MüKo/Siegmann Rn 2).

1998 *Tod des Erben vor Fristablauf.* **Stirbt der Erbe vor dem Ablaufe der Inventarfrist oder der im § 1996 Abs. 2 bestimmten Frist von zwei Wochen, so endigt die Frist nicht vor dem Ablaufe der für die Erbschaft des Erben vorgeschriebenen Ausschlagungsfrist.**

1   **Die Vorschrift** gilt auch für den Fall des § 1952 II (vgl auch § 1944). Auch der Erbe des Erben kann Fristverlängerg u neue Frist beantragen.

1999 *Mitteilung an das Vormundschaftsgericht.* **Steht der Erbe unter elterlicher Sorge oder unter Vormundschaft, so soll das Nachlaßgericht dem Vormundschaftsgerichte von der Bestimmung der Inventarfrist Mitteilung machen. Dies gilt auch, wenn die Nachlaßangelegenheit in den Aufgabenkreis eines Betreuers des Erben fällt.**

1   **Zweck:** Bei vertretgsbedürftigen Erben soll das VormschG benachrichtigt werden, um die Fristeinhaltg überwachen u ggf zur InvErrichtg anhalten zu können (§§ 1667ff; 1837; 1908b; 1915). Es handelt sich um bloße OrdngsVorschr, deren Nichtbeachtg ohne Einfluß auf Beginn u Lauf der Frist ist. – Benachrichtigg des GBAmts s GBO 83.

2000 *Unwirksamkeit der Fristbestimmung.* **Die Bestimmung einer Inventarfrist wird unwirksam, wenn eine Nachlaßverwaltung angeordnet oder der Nachlaßkonkurs eröffnet wird. Während der Dauer der Nachlaßverwaltung oder des Nachlaßkonkurses kann eine Inventarfrist nicht bestimmt werden. Ist der Nachlaßkonkurs durch Verteilung der Masse oder durch Zwangsvergleich beendigt, so bedarf es zur Abwendung der unbeschränkten Haftung der Inventarerrichtung nicht.**

1   **1) Bedeutung.** Da NachlVerwaltg od NachlKonk die Haftgsbeschränkg herbeiführen (§ 1975) u eine ordngsmäßige BestandsAufn gewährleisten, wird die Fristsetzg (§ 1994) bei noch nicht versäumter Frist unwirks (S 1) und die Fristbestimmg währd des Verfahrens untersagt (S 2). Bei durchgeführtem Konk gelten §§ 1989, 1973; daher kann auch nachher keine InvFrist bestimmt werden (S 3). Wird KonkVerf dagg auf andere Weise beendet, zB dch Ablehng mangels Masse (Stgt FamRZ **95**, 57), od ist NachlVerwaltg durchgeführt, kann InvFrist bestimmt werden, wobei sich der Erbe auf ein Verzeichn des NachlVerw berufen kann (§ 2004). § 2000 gilt auch für NachlVerglVerf (VerglO 113 I Nr 4).

2   **2) Inventaruntreue.** Hat der Erbe ein Inv bereits errichtet, bleibt bei InvUntreue (§ 2005 I) die eingetretene unbeschränkb Haftg bestehen, auch wenn es später zu NachlKonk, NachlVerwaltg od VerglVerf kommt. Ein währd NachlVerwaltg od NachlKonk freiwillig errichtetes Inv (§ 1993 Rn 1) führt auch bei InvUntreue nicht zur unbeschränkten Haftg; Bedenken äußern Staud/Marotzke Rn 8.

2001 *Inhalt des Inventars.* [I] **In dem Inventar sollen die bei dem Eintritte des Erbfalls vorhandenen Nachlaßgegenstände und die Nachlaßverbindlichkeiten vollständig angegeben werden.**

[II] **Das Inventar soll außerdem eine Beschreibung der Nachlaßgegenstände, soweit eine solche zur Bestimmung des Wertes erforderlich ist, und die Angabe des Wertes enthalten.**

1   **Reine Ordnungsvorschrift.** In dem Verzeichnis sollen die bei dem Eintritte des Erbfalls vorhandenen NachlGgstände u die im Ztpkt der InvErrichtg bereits vorhandenen bekannten NachlVerbindlich (§ 1967)angegeben werden (BGH **32**, 60 = **LM** § 1967 Nr 1 mAv Mattern). Eine pauschale Zusammenfassg reicht nicht aus. Nach **II** sollen auch eine Beschreibg und eine Wertangabe (nach dem Zeitpkt des Erbfalls, I) enthalten sein. – Da es sich nur um eine Sollvorschr handelt, wird die Wirksamk durch Unvollständigk nicht berührt (s jedoch § 2005). – Ein NachlVerzeichn ohne amtl Mitwirkg, (§ 2002) ist kein Inv im RSinne. – Auch beim Inv des MitE muß der ganze Nachl aufgeführt werden (RJA **8**, 100). Inv des NachE § 2144 Rn 4.

2002 *Aufnahme des Inventars durch den Erben.* **Der Erbe muß zu der Aufnahme des Inventars eine zuständige Behörde oder einen zuständigen Beamten oder Notar zuziehen.**

1   **1) Amtliche Mitwirkung** ist bei der InvAufn **durch den Erben** erforderl (s Vorb 2 vor § 1993); das reine PrivatInv ist nicht zugelassen. Sache des Erben ist die Beschreibg der NachlGgstände u Wertangabe (§ 2001 II), der auch das Inv zu unterschreiben hat (RG **77**, 246). Der Notar od die Behörde bzw der Beamte haben im Ggsatz zu § 2003 nur mitzuwirken, also Beistand zu leisten u zu belehren, aber die Vollständgk und sachl Richtigk der Angaben des Erben nicht zu prüfen (Staud/Marotzke Rn 2). Ihre sachl u örtl

Zuständigkeit wird dch das jew LandesR bestimmt (meist dch AGBGB od dch Landes-FGG; s § 2003 Rn 2). Notar ist in allen Ländern sachl zuständ (BNotO 20 I, IV; BeurkG 61 Nr 2), in einigen sogar ausschließl (*Bay:* AGGVG 8; *Ba-Wü:* LFGG 41 V). Für die Wirksamk entscheidend ist nur die sachl Zuständigk (nach Soergel/Stein Rn 3 genügt bereits, daß Behörde ihre Zuständigk bejaht hat). – Über die **Form** enthält das BGB keine Bestimmgen, wohl aber das LandesR Ordngsvorschriften. Über notarielle Inventarerrichtg s BeurkG 36, 37, auch 39. – **Gebühr:** KostO 52.

2) Fristwahrung. Durch die Zuziehg wird (anders nach § 2003 I 2) die Frist noch nicht gewahrt, sondern **3** erst durch rechtzeitige Einreichg beim NachlG nach § 1993 (Hamm NJW **62**, 53). Bei behördl Verzögerg ist InvFrist zu verlängern (s § 1995 III, § 1996 I 1); auch kann Antr nach § 2003 helfen.

2003 *Amtliche Aufnahme des Inventars.* **I** Auf Antrag des Erben hat das Nachlaßgericht entweder das Inventar selbst aufzunehmen oder die Aufnahme einer zuständigen Behörde oder einem zuständigen Beamten oder Notar zu übertragen. Durch die Stellung des Antrags wird die Inventarfrist gewahrt.

II Der Erbe ist verpflichtet, die zur Aufnahme des Inventars erforderliche Auskunft zu erteilen.

III Das Inventar ist von der Behörde, dem Beamten oder dem Notar bei dem Nachlaßgericht einzureichen.

1) Amtliche Inventaraufnahme. Der Erbe kann das Inv auch amtl aufnehmen lassen. Das NachlG kann **1** dann die Aufnahme selbst vornehmen od übertragen (**I 1**). – **a) Zuständig** ist grdsl das NachlG (s dazu § 1962 Rn 1; RPflG 3 Nr 2 c) zur InvAufn od deren Übertragg (zB auf GVz, LG Bln DFG **42**, 7); landesrechtl kann seine Zuständigk allerd ausgeschlossen sein (EG 148), so in *Bay* (AGGVG 8), *Bremen* (AGBGB 63 II) u *Hambg* (AGBGB 78 II). Das zuständ NachlG kann ggf im Wege der RHilfe ein auswärtiges Gericht od eine auswärtige Behörde um Aufnahme ersuchen (RG **106**, 288), die ihrers die Aufnahme nach **I 1** übertragen können. – **b) Zuständige Behörde** od **Beamter (I)** wird dch das jew LandesR bestimmt (EG 147). **Notar 2** ist stets zuständ (s § 2202 Rn 2), ggf sogar ausschließl (**Ba-Wü:** LFGG 41 V). Neben ihm sind zuständ in: **Hamburg** und **Bremen** GVz (AGBGB 63 I); **Hessen** UrkBeamte der Geschäftsstelle, GVz u Ortsgericht (*hess FGG* 46; 44 I Nr 6; 45 I Nr 3; OrtsGG 23 I c); **Niedersachsen** UrkBeamte der Geschäftsstelle und GVz (*ndsFGG* 13; 24 Nr 2; 25 I Nr 3); **Mecklenburg-Vorpommern** GVz im Auftr des Gerichts (GerOrgG Art 1 Abschn 3 § 10 I Nr 3); **Thüringen** UrkBeamte der Geschäftsstelle des AG od Behörde (AGGVG 3).

2) Antragsverfahren. Antragsberecht sind nur Erben od MitE, nicht der Gläub (Karlsr OLG **35**, 361). **3** Der Antr ist beim örtl zuständ NachlG (FGG 73) zu stellen; ist dessen Zuständigk landesrechtl ausgeschlossen (Rn 2), kann es zwar den Antr entgegennehmen, muß aber die Aufn der zuständ Behörde, Beamten od Notar übertragen. Örtl Unzuständigk macht das Inventar nicht unwirks, wohl aber sachl (§ 2002 Rn 2). – Durch Antr eines MitE wird **Frist, I 2**, auch für die übrigen **gewahrt** (§ 2063 I). – Die **Auskunft (II)** kann **4** nicht erzwungen werden. Mangelnde, unzureichende od erhebl verzögerte Ausk berechtigt das NachlG zwar nicht zur Zurückweisg des Antr, kann aber InvUntreue (§ 2005 I 2) darstellen. Gegen Verzögerg der ersuchten Behörde od Beamten AufsBeschw. Auch bei Unzulänglichk des Nachl muß der Erbe ein Inv errichten; ProzKostenhilfe kann hierzu grdsätzl nicht bewilligt werden (vgl KG RJA **11**, 269), wohl aber dann, wenn der Erbe auch selbst unbemittelt ist (FGG 14; s Staud/Marotzke § 1993 Rn 23). – **Gebühr** KostO 52. – Ein nach § 2369 **international zuständiges** NachlG kann auch die nach ital R vorgesehene **5** Erklärg der minderjähr Erben über die Annahme der Erbsch unter Vorbeh des Inventars entgegennehmen. Zur Anordng der Inventarerrichtg ist es dann auch berufen, sofern sich im Inland sowohl der gesamte Nachl als auch die Wohnsitze aller Erben zZ des Erbfalls befinden. Die Inventarerrichtg kann dann nach deutschem Recht durchgeführt werden (BayObLG **65**, 423; dazu Heldrich, Neuhaus NJW **67**, 417; 1167).

2004 *Bezugnahme auf vorhandenes Inventarverzeichnis.* Befindet sich bei dem Nachlaßgerichte schon ein den Vorschriften der §§ 2002, 2003 entsprechendes Inventar, so genügt es, wenn der Erbe vor dem Ablaufe der Inventarfrist dem Nachlaßgerichte gegenüber erklärt, daß das Inventar als von ihm eingereicht gelten soll.

1) Bezugnahme des Erben auf das beim NachlG bereits befindliche Inv eines anderen ist eine dritte Art **1** der InvAufnahme. Die Vorschr ist aber nicht anwendb, wenn das Inv von jemand eingereicht ist, der gesetzl od gewillkürter Vertreter des Erben (zB NachlPfleger, § 1960 II) ist od dessen Inv dem Erben zugute kommt (§§ 2008, 2063, 2144, 2383), da hier das Inv als das des Erben gilt u es nicht mehr besonderer Erkl des Erben bedarf. Zu denken ist an das Inv des NachlVerwalters (§ 1802), auf das der Erbe nach Beendigg der Verw ggü dem FristbestimmgsAntr eines Gläub verweisen könnte; das eines TestVollstr oder ErbschBesitzers. Das Inv des KonkVerw wird nach § 2000 S 3 wohl kaum in Betr kommen. – Ein bei den Akten befindl NachlVerzeichn des Erben (nach § 2314 I 3) wird aber nicht dadurch zu einem wirks errichteten Inv, daß der Erbe ggü NachlG erklärt, es solle als von ihm errichtetes Inv angesehen werden (Hamm NJW **62**, 53).

2) Die Erklärung der Bezugnahme ist fristgebunden, bedarf aber keiner Form. Sie kann auch dch **2** Bevollmächtigten erfolgen; Vollmacht kann (entgg § 1945 III 2) nachgereicht werden.

3) Inventaruntreue (§ 2005) kann der Erbe auch dch Bezugnahme auf ein fremdes Inv begehen, aber **3** nur, wenn er in Kenntn der Unrichtigk Bezug nimmt. Auch § 2005 II ist anwendbar.

2005 *Unrichtigkeit des Inventars.* **I** Führt der Erbe absichtlich eine erhebliche Unvollständigkeit der im Inventar enthaltenen Angabe der Nachlaßgegenstände herbei oder bewirkt er in der Absicht, die Nachlaßgläubiger zu benachteiligen, die Aufnahme einer nicht bestehenden Nachlaßverbindlichkeit, so haftet er für die Nachlaßverbindlichkeiten unbeschränkt. Das gleiche gilt, wenn er im Falle des § 2003 die Erteilung der Auskunft verweigert oder absichtlich in erheblichem Maße verzögert.

^{II} Ist die Angabe der Nachlaßgegenstände unvollständig, ohne daß ein Fall des Absatzes 1 vorliegt, so kann dem Erben zur Ergänzung eine neue Inventarfrist bestimmt werden.

1   **1) Inventaruntreue** bewirkt für den Erben den Verlust seiner Möglk einer Haftgsbeschränkg. Die unbeschränkb Haftg ggü allen NachlGläubigern (wg dieser s § 2013 I) tritt sowohl bei freiwilligem Inv, § 1993 (Ausn § 2000 Rn 2) wie erzwungenem Inv (§ 1994) ein, nicht aber bei einem dem § 2002 nicht entsprechenden PrivInv. Unrichtige Angaben der gesetzl od gewillkürten Vertreter gehen zu Lasten des Erben (§ 278). Untreue bei Inv, dessen Errichtg dem Erben nur zustatten kommt (§§ 2008, 2063 I, 2144, 2383), führt zwar nicht selbe unbeschr Haftg herbei; aber solche Inv vermögen die InvFrist nicht zu wahren 2   (s Staud/Marotzke Rn 11 mit § 2008 Rn 27). – **Voraussetzung** ist die beabsichtigte und erhebl Unvollständgk bei der Aufführung der NachlGgstände (nicht bei der Beschreibg od der Wertangabe nach § 2001 II). Benachteiligungsabsicht (vgl KO 31) ist bei der Angabe der Aktiven (s § 2001 I) nicht erfordert. Die Unvollständigk kann hier zB auch bezweckt haben, anderen Erbansprechern od der SteuerBeh den Nachl gering erscheinen zu lassen. Die Aufnahme einer nicht bestehenden NachlVerbindlichk muß dagg in der Abs, die NachlGläub zu benachteiligen, erfolgt sein, zB Vorspiegelg der Überschuldg des Nachl (RGRK Rn 5). Weglassen einer bestehenden NachlVerbindlichk od Aufnahme eines nicht vorhandenen NachlGgstandes haben dagg nicht die unbeschränkte Haftg zur Folge, da sie nicht zur Verkürzg der GläubRechte führen können. Bei § 2005 liegt die Verfehlg in einer Täuschg der Behörden.

3   **2) Verletzung der Auskunftspflicht** (I 2, § 2003 II) hat die Wirkg des Abs **I** nur dann, wenn eine InvFrist gesetzt war, da durch Antr nach § 2003 I 2 die Frist gewahrt wird. Es soll verhindert werden, daß der Erbe unter dem Schutz der Fristwahrg die richtige BestandsAufn vereitelt. Die Folge der InvUntreue tritt also nicht ein bei freiw InvErrichtg (§ 1993, dann aber **II**), ferner nicht, wenn die Ausk nur unabsichtl od unerhebl unvollst od wenn sie unabsichtl verzögert war od der Beamte sie sich anderw verschafft hat (RGRK Rn 7). Bei Ehegatten ist die Ausk des erbenden Teils maßg; doch kommt im Fall des § 2008 die Ausk des Teils, der das GesGut verwaltet od mitverwaltet, dem erbenden Eheg zustatten.

4   **3) Berichtigung** der absichtl falschen od unvollst Angaben nach Einreichg (§ 1993) **ist ausgeschlossen**; sie ist auch nicht innerh der InvFrist mögl, da der zur InvErrichtg gezwungene Erbe sonst zu Unrecht besser gestellt wäre als der freiw Errichtende. Zudem verliert die InvFrist mit der rechtzeitigen Einreichg des (wenn auch unvollständigen) Inv ihre Bedeutg. Vervollständigg nach § 2006 II schützt nur vor Strafe, nicht vor Verlust des BeschrkgsR.

5   **4) Neue Inventarfrist, II,** (die im Falle des § 1993 auch die erste sein kann) zur **Ergänzung** kann nach § 1994 nur auf Antr eines Gläub bestimmt werden (Staud/Marotzke Rn 14). Einem MitE (vgl § 2063 I) kann bei unvollst Inv des anderen Frist gesetzt werden (KGJ **34** A 97). Auch für die neue Frist gelten §§ 1994–2000. – Bei Ablehng sof Beschw (befristete Erinnerg) nach FGG 77 II; 22 I; RPflG 11.

2006 *Eidesstattliche Versicherung des Erben.* ^I Der Erbe hat auf Verlangen eines Nachlaßgläubigers zu Protokoll des Nachlaßgerichts an Eides Statt zu versichern, daß er nach bestem Wissen die Nachlaßgegenstände so vollständig angegeben habe, als er dazu im Stande sei.

^{II} Der Erbe kann vor der Abgabe der eidesstattlichen Versicherung das Inventar vervollständigen.

^{III} Verweigert der Erbe die Abgabe der eidesstattlichen Versicherung, so haftet er dem Gläubiger, der den Antrag gestellt hat, unbeschränkt. Das gleiche gilt, wenn er weder in dem Termine noch in einem auf Antrag des Gläubigers bestimmten neuen Termin erscheint, es sei denn, daß ein Grund vorliegt, durch den das Nichterscheinen in diesem Termine genügend entschuldigt wird.

^{IV} Eine wiederholte Abgabe der eidesstattlichen Versicherung kann derselbe Gläubiger oder ein anderer Gläubiger nur verlangen, wenn Grund zu der Annahme besteht, daß dem Erben nach der Abgabe der eidesstattlichen Versicherung weitere Nachlaßgegenstände bekannt geworden sind.

1   **1) Der Erbe** ist zur Abgabe der eidesst Vers verpflichtet, wenn er freiw od nach Fristsetzg (§ 1994) ein Inv errichtet hat, gleichgült ob dieses nach §§ 2002, 2003 od 2004 aufgenommen worden ist; dies gilt auch bei einem für den Erben wirkden Inv (§§ 2008; 2063; 2144; 2383). Nicht verpflichtet ist der NachlPfleger (vgl aber § 2012 I 2, II) od der KonkVerw. Hinsichtl der eidesst Vers der Ehegatten bei GütGemsch, wenn die Erbsch zum GesGut gehört, vgl § 2008 Rn 4. Währd NachlVerwaltg od -Konk kann vom Erben die eidesst Vers nicht verlangt werden (vgl § 2000 S 1). Wohl aber kann dies der NachlVerw vom Erben, der Gläub vom NachlVerw aGrd des § 260 II, aber nur im Klagewege (s auch RG **129**, 244). Im NachlKonk beruht die Pfl zur Abgabe der eidesst Vers ausschließl auf KO 125 (KGJ **28** A 27), dessen Verletzg die Folge des § 2006 III nicht nach sich zieht (Jaeger/Weber KO 214 Rn 13).

2   **2) Verlangen** kann die eidesst Vers **jeder Nachlaßgläubiger,** auch wenn er keine InvFrist (§ 1994) beantragt hatte; dazu gehört auch der Ausgeschlossene (§§ 1973, 1974; s § 1973 Rn 4 aE) od PflichtBerecht (s LG Krefeld MDR **70,** 766). Er kann sie aber nicht erzwingen, da freiw Gerichtsbark; and bei § 260 (RG **129,** 245; Mü JFG **15,** 121). Wer die Folge der Verweigerg (s Rn 5) auf sich nehmen will, ist vor Zwang geschützt. – Terminsbestimmg kann auch vom Erben beantragt werden (FGG 79).

3   **3) Die Abgabe** der eidesst Vers erfolgt zu Protokoll des NachlG. Zuständig ist der Rechtspfleger (RpflG 3 Nr 2c; s auch EG 147 Rn 1), der auf Bedenken gg Richtigk des Inv hinweisen muß, weil es Erbe vorher noch vervollständigen kann (**II**); auch nach Einwenden von NachlGläub muß Erbe Gelegenh zur Über-

prüfg seiner bish Angaben erhalten (Hamm FGPrax **95**, 69). – **Inhalt:** Die eidesst Vers betrifft nur die Vollständigk der angegebenen Aktiven nach dem Stand zZ des Erbf, nicht aber die Verbindlichk, die Beschreibg u die Wertangabe (§ 2001 II). Sie schützt vor neuem Verlangen desselben od anderer Gläub, falls nicht IV vorliegt. GgBew (wie ZPO 807) ist unbeschränkt im Prozeß zul, Änderg der Norm für die eidesst Vers nach Sachl zul. Hat NachlG aber Nichterscheinen als entschuldigt od die eidesst Vers als verweigert angesehen, ist dies für ProzG bindend, da hier eine gerichtl Entsch bereits vorliegt (bestr; aA Soergel/Stein Rn 7 mwN). – **Verfahren:** FGG 79 mit ZPO 478–480; 483 enspr (s dazu Hamm FGPrax **95**, 69). Üb Verlauf des Termins ist Protokoll aufzunehmen (FGG 78 I 2). – **Beschwerde** (Erinnerg) nach FGG 19, 20; RPflG 11 **4** ist nur gg Ablehng der Terminsbestimmg od der Abnahme der eidesst Vers statthaft, dagg nicht gg Bestimmg eines Termins, Ladg od Vertagg (Hamm aaO; Jansen FGG 79 Rn 7). – Protokolleinsicht nach FGG 78. – **Kosten** (KostO 124) treffen AntrSteller (entspr § 261 II; vgl auch KostO 2).

4) **Verweigerung** (III 1) od unentschuld Nichterscheinen im zweiten Termin (III 2) hat die relativ **5** unbeschränkb Haftg (§ 2013 II) ggü dem AntrSt wg der im Antr bezeichneten Fdg zur Folge (hM; aA Soergel/Stein Rn 6: aller Fdg des AntrSt), sofern sie nicht schon wg InvSäumn od InvUntr (§§ 1994, 2005) allg eingetreten ist. Hierüber entscheidet allerd ProzG u nicht NachlG (Hamm FGPrax **95**, 69). – Bei Verweigerg ggü einem Gläub können andere ihrers die Leistg verlangen.

2007 ***Haftung bei mehreren Erbteilen.*** **Ist ein Erbe zu mehreren Erbteilen berufen, so bestimmt sich seine Haftung für die Nachlaßverbindlichkeiten in Ansehung eines jeden der Erbteile so, wie wenn die Erbteile verschiedenen Erben gehörten. In den Fällen der Anwachsung und des § 1935 gilt dies nur dann, wenn die Erbteile verschieden beschwert sind.**

1) **Ist der Erbe zu mehreren Erbteilen** berufen (§§ 1927, 1934, 1951) od erwirbt er einen weiteren nach **1** § 2033 hinzu, werden die Voraussetzgen der Haftgsbeschrkg idR bei jedem Erbteil die gleichen sein; es sei denn, daß die InvFrist (§§ 1994, 1995) verschieden lief od im Falle des § 1951 I die Erbteile getrennt angenommen wurden. Sind mehrere Erben vorhanden, haftet der Miterbe, dem mehrere Erbteile angefallen sind, mit seinem Privatvermögen nur für den Teil der NachlVerbindlichk, welcher der Quote des Erbteils entspricht, mit der er unbeschränkb haftet, § 2059 I 2 (anders nach der Teilg, außer in den Fällen des § 2060). Ist der **Alleinerbe** zu mehreren Erbteilen berufen, kommt NachlTeilg nicht in Betracht; bei unterschiedl Haftgslage der Erbteile haftet er analog § 2059 I 2 (Soergel/Stein Rn 2). Wenn die unbeschr Haftg nach §§ 1994, 2005 erst nach dem endgültigen Erwerb der sämtl Erbteile eintritt, muß sie sich notw auf alle Erbteile beziehen (Staud/Marotzke Rn 13; bestr).

2) **Bei Anwachsung** (§§ 2094, 2095) od **Erbteilserhöhung** (§ 1935), die den Anteil vergrößern, erwei- **2** tert sich die Haftg auf den Zuerwerb, wenn nicht unterschiedl Beschwergen vorliegen, **S 2**. Eine Berufg zu mehreren Erbteilen kommt in diesen Fällen nur „in Ansehung" von Vermächtnissen u Auflagen in Frage. Eine Haftgsbeschrkg aus S 2 kann daher nur im Verhältn zu diesen letztw Gläub, nicht auch ggü den übrigen NachlGläub in Betr kommen, da für die letzteren Anwachsg u Erhöhg nicht als besonderer Erbteil gelten (hM). **S 2** ist also dahin zu lesen: „In den Fällen der Anwachsg . . . gilt dies nur, soweit der hinzutretende Teil mit anderen Lasten (Vermächtn u Aufl) beschwert ist."

2008 ***Inventar für zum Gesamtgut gehörende Erbschaft.*** **I Ist ein in Gütergemein-schaft lebender Ehegatte Erbe und gehört die Erbschaft zum Gesamtgut, so ist die Bestimmung der Inventarfrist nur wirksam, wenn sie auch dem anderen Ehegatten gegenüber erfolgt, sofern dieser das Gesamtgut allein oder mit seinem Ehegatten gemeinschaftlich verwaltet. Solange die Frist diesem gegenüber nicht verstrichen ist, endet sie auch nicht dem Ehegatten gegenüber, der Erbe ist. Die Errichtung des Inventars durch den anderen Ehegatten kommt dem Ehegatten, der Erbe ist, zustatten.**

II Die Vorschriften des Absatzes 1 gelten auch nach der Beendigung der Gütergemeinschaft.

1) **Inventarfristbestimmung.** Gehört eine Erbsch zum **Gesamtgut** (§ 1416) des in Gütergemeinsch **1** verheirateten Erben, haftet der nichterbende Ehegatte, der das Gesamtgut allein od mit verwaltet, persönl auch für die GesGutsverbindlichkeiten seines erbenden Eheg, also auch für NachlVerbindlichkeiten. Die Haftg erlischt bei Beendigg der GütGemsch nur, wenn die Verbindlichk im InnenVerh dem anderen Eheteil zur Last fällt (§§ 1437, 1459). Der nichterbende Eheg hat daher ein erhebl Interesse daran, daß ihm durch rechtzeitige Errichtg eines vollständigen Inv die Möglichk der Beschrkg der Haftg auf den Nachl nicht verloren geht. Die Inventarfrist muß deshalb auch dem nichterbenden Ehegatten, der das Gesamtgut (mit) verwaltet, gesetzt werden, auch wenn dies nur beantragt ist (**I 1**). Verwaltet der erbende Eheg das Gesamtgut allein, ist die Frist nur ihm zu setzen. § 2008 **gilt nicht,** wenn die Erbsch zum Vorbehalts- oder Sondergut gehört od ein anderer Güterstand besteht. – Die **Dauer** der Frist kann bei den Eheg verschieden bestimmt werden. Die Frist ist auch nach Beendigg der GütGemsch zu setzen (**II**). – § 2008 gilt auch dann, wenn erst nach Anfall der Erbsch die Ehe geschl od die Erbsch zum Gesamtgut wird. Dem nicht erbenden Teil muß dann notf eine neue InvFrist gesetzt werden. In allen Fällen endet aber die Frist ggü dem erbenden Eheg nicht früher als ggü dem nichterbenden (**I 2**). Wohl aber kann die Frist ggü dem erbenden Eheg später enden als die dem nichterbenden gesetzte.

2) **Inventarerrichtung durch den nichterbenden Ehegatten.** Der das Gesamtgut allein od mit ver- **2** waltende Eheg kann selbständig ein Inv über eine in das GesGut fallende Erbsch errichten; dieses kommt dem erbenden Eheg zustatten (**I 3**). Daneben bleibt aber der erbende Eheg, der das GesGut nicht verwaltet, auch ohne Zust des verwaltenden Teils befugt, selbst ein Inv zu errichten (§ 1432 II). Jeder Teil kann die InvSäumn des anderen Teils od dessen **Inventaruntreue** (§§ 1994, 2005) durch ein rechtzeiti-ges u richtiges Inv abwenden. InvUntreue des einen Teils schadet dem anderen Teil nicht, wenn dieser gutgl

auf das Inv Bezug nimmt (§ 2004); er muß aber rechtzeitig innerh der ihm dann nach § 2005 II zu setzenden Frist das Inv richtigstellen (Soergel/Stein Rn 6).

3   **3) Herbeiführung beschränkter Haftung.** Sowohl der erbende wie der nichterbende, aber das Gesamtgut (mit) verwaltende Eheg kann die beschränkte Haftg des erbenden Teils durch die gesetzl Mittel (Nachl-Verwaltg, NachlKonk, NachlVerglVerf) herbeiführen u das Aufgebot der Gläub beantragen (ZPO 999), ferner die ErschöpfgsEinr (§ 1990) und die DreimonatsEinr (§ 2014) erheben.

4   **4) Eidesstattliche Versicherung.** Die Verpfl zur Abgabe der eV (§ 2006) trifft in den Fällen des § 2008 nicht nur den erbenden Eheg, sond auch den and Teil, wenn er das Gesamtgut (mit)verwaltet. Beide Teile müssen daher zum Termin geladen werden (RGRK Rn 13). Die eV des einen Teils kommt dem and zustatten.

5   **5) Verzicht** des erbenden Ehegatten **auf die Haftungsbeschränkung** ist im Fall des § 2008 nur mit Zustimmg des anderen Eheg, der das Gesamtgut allein od mit seinem Eheg verwaltet, zulässig (§§ 1438, 1460; Soergel/Stein Rn 10). Letzterer kann, wenn der erbende Eheg den Vorbehalt der beschränkten Haftg (ZPO 780) versäumt hat, die Haftgsbeschränkg gleichwohl geltend machen, wenn er für das Duldgsurteil gg sich den Vorbehalt erwirkt (Erman/Schlüter Rn 6).

2009 *Wirkung der Inventarerrichtung.* **Ist das Inventar rechtzeitig errichtet worden, so wird im Verhältnisse zwischen dem Erben und den Nachlaßgläubigern vermutet, daß zur Zeit des Erbfalls weitere Nachlaßgegenstände als die angegebenen nicht vorhanden gewesen seien.**

1   **1) Vermutung.** Die positive Wirkg der InvErrichtg für den Erben ist die Vermutg des § 2009. Die Bedeutg der Vermutg selbst ist aber stark eingeschränkt. Denn **sie gilt nur** ggü den NachlGläub (nicht ErbenGläub, ErbschBesitzern, Nacherben, ErbschKäufern, TestVollstr; ggü Miterben nur, soweit sie NachlGläub sind) **und nicht** für die NachlVerbindlichk (§ 2001 I). Sie bezieht sich entspr § 2001 I nur auf die Zeit des Erbfalls u hat ledigl negativen Inhalt. Es wird also nicht vermutet, daß die im Inv aufgeführten Ggstände nun auch zum Nachl gehören.

2   **2) Voraussetzung ist rechtzeitige Errichtung,** dh freiw (§ 1993) od vor Fristablauf (§ 1994 I). Ferner darf nicht InvUntreue (§ 2005 I) vorliegen, da es dann so anzusehen ist, als wenn kein Inv errichtet wäre (Prot **5**, 756). Bei Unvollständigk nach § 2005 II wird im übr die Vermutg, daß weitere NachlGgstände nicht vorhanden sind, nicht entkräftet (hM).

3   **3) Die praktische Bedeutung** der Vermutg liegt darin, daß dementspr das Inv die Grdlage der Verantwortlichk des Erben aus § 1978 bildet u bei §§ 1973, 1974, 1990, 1992 bis zum Bew des Ggteils der Umfang der Pfl zur Herausg des Nachl begrenzt u ihm der Bew der Nichtzugehörigk des VollstreckgsGgstandes zum Nachl erleichtert wird. Der Gläub kann mit allen zul Mitteln den Gegenbeweis gg die Vermutg als bloße TatsVermutg führen (ZPO 292).

2010 *Einsicht des Inventars.* **Das Nachlaßgericht hat die Einsicht des Inventars jedem zu gestatten, der ein rechtliches Interesse glaubhaft macht.**

1   **1) Rechtliches Interesse** ist enger als berechtigtes (s § 2264 Rn 1). Ist es gegeben, kann auch **Abschrift** (auf Antr beglaubigte) erteilt werden (zB bei NachlGläub, Miterben, NachlVerw und TestVollstr). Auch die Steuerbehörde ist stets einsichtsberechtigt. – Entscheidg erfolgt dch RPfleger (RPflG § 3 Nr 2c). – Rechtsmittel: Erinnerg (RPflG 11).

2   **2) Unzulässigkeit eines versiegelten Inventars.** Aus der gesetzl Regel ergibt sich, daß es nicht genügt, ein versiegeltes Inv bei Gestattg der Einsicht zu eröffnen, sond daß die Einreichg eines solchen Inv unzulässig ist. Da die Gebühr (KostO 114) bereits „für die Entgegennahme" eines NachlInv erhoben wird, muß sein Inhalt auch im Kosteninteresse nachprüfbar sein.

2011 *Fiskus als Erbe.* **Dem Fiskus als gesetzlichem Erben kann eine Inventarfrist nicht bestimmt werden. Der Fiskus ist den Nachlaßgläubigern gegenüber verpflichtet, über den Bestand des Nachlasses Auskunft zu erteilen.**

1   **1) Ausschluß der Inventarfristbestimmung.** Für den Staat als **gesetzlichen** Erben (vgl §§ 1936, 1942 II; 1964; 1966), der nicht ausschlagen kann, sowie die Körperschaften usw nach EG 138 ist die Geltdmachg der Haftgsbeschränkg (die im übr nach den allg Vorschr zu erfolgen hat) durch § 2011 u ZPO 780 II wesentl erleichtert. Daher scheidet bei ihnen InvSäumnis und Eidesleistg kraft G und InvUntreue als unwahrscheinl aus. Im praktischen Endergebnis haftet der Staat in jedem Falle nur mit dem Nachl, mag dieser zulängl oder überschuldet sein. Wegen der Vollstreckg vgl ZPO 882a.

2   **2) Auskunftpflicht,** S 2, tritt erst mit der Feststellg nach § 1964 ein. Sie ist vor den ordentl Gerichten geltd zu machen, umfaßt auch Verzeichn (§ 160 I), eidesstattl Vers (§ 260 II) und bezieht sich nur auf den ggwärtigen Bestand (anders § 2001).

2012 *Nachlaßpfleger; Nachlaßverwalter.* [I] **Einem nach den §§ 1960, 1961 bestellten Nachlaßpfleger kann eine Inventarfrist nicht bestimmt werden. Der Nachlaßpfleger ist den Nachlaßgläubigern gegenüber verpflichtet, über den Bestand des Nachlasses Auskunft zu erteilen. Der Nachlaßpfleger kann nicht auf die Beschränkung der Haftung des Erben verzichten.**

[II] **Diese Vorschriften gelten auch für den Nachlaßverwalter.**

1) Der Schutz des Erben ist Zweck der Vorschr. Da dem Erben dch NachlVerwaltg und -Pflegsch die **1** Herrschaft über den Nachl entzogen ist, darf er durch Säumn- od VerzichtsErkl dieser Pfleger sein BeschrkgsR nicht verlieren (vgl auch ZPO 780 II). Die Gläub sind zudem dadurch genügd geschützt, daß Pfleger u Verwalter gem §§ 1915, 1802 für ordngsmäßige Verzeichng der Masse zu sorgen haben. Daß dem NachlVerwalter (u währd der NachlVerwaltg dem Erben) keine Frist bestimmt werden kann, ergibt sich auch aus § 2000. Nach I 2, II kann dafür aber vom NachlPfleger u -Verw **Auskunft** (§ 260) verlangt und nach ZPO 888, 889 die Abg der eidesstattl Vers erzwungen werden. Die AuskPfl des Erben gem § 2314 I besteht neben der des NachlPflegers od NachlVerw (Celle JZ **60**, 375).

2) Inventarfrist gegen den Erben. Eine dem Erben währd der NachlPflegsch gesetzte InvFrist beginnt **2** erst mit der Ann (§ 1995 II mit Rn 2). **Nach Beendigung der Nachlaßverwaltung** (falls nicht Konk folgt, § 1988) kann zwar dem Erben wieder eine InvFrist bestimmt, von diesem aber nach § 2004 auf das etw Bestandsverzeichn des NachlVerw verwiesen werden. Durchgeführt Konk erübrigt die InvErrichtg (§ 2000 S 3). – Zum Verzicht des Erben auf Beschränkg der Haftg s Einf 6 vor § 1967.

2013 *Folgen der unbeschränkten Haftung des Erben.* [I] Haftet der Erbe für die Nach-laßverbindlichkeiten unbeschränkt, so finden die Vorschriften der §§ 1973 bis 1975, 1977 bis 1980, 1989 bis 1992 keine Anwendung; der Erbe ist nicht berechtigt, die Anordnung einer Nachlaßverwaltung zu beantragen. Auf eine nach § 1973 oder nach § 1974 eingetretene Beschränkung der Haftung kann sich der Erbe jedoch berufen, wenn später der Fall des § 1994 Abs. 1 Satz 2 oder des § 2005 Abs. 1 eintritt.

[II] Die Vorschriften der §§ 1977 bis 1980 und das Recht des Erben, die Anordnung einer Nachlaß-verwaltung zu beantragen, werden nicht dadurch ausgeschlossen, daß der Erbe einzelnen Nach-laßgläubigern gegenüber unbeschränkt haftet.

1) Allgemeines. Der nicht sehr klar gefaßte § 2013 regelt in **Abs I** die Folgen, wenn der Erbe ggü **1** allen NachlGläub die Möglk verloren hat, seine Haftg zu beschränken, in **Abs II** den nur einzelnen NachlGläub ggü eingetretenen Verlust des BeschränkgsR. Es handelt sich hier um die Folgen einer kraft G eintretenden Verwirkg. Unter unbeschränkter Haftg ist die **allgemein unbeschränkbare** Haftg zu verstehen (s Einf 3 vor § 1967). Diese Haftg mit Nachl u Eigenvermögen tritt ein bei InvSäumnis (§ 1994 I 2); InvUntreue (§ 2005 I) u Verzicht des Erben (§§ 305, 2012 I S 3) auf die Beschränkg der Haftg ggü allen NachlGläub.

2) Folgen (I) der allgem unbeschränkb Haftg sind: Der Erbe kann nicht mehr das GläubAufgebot **2** beantragen (ZPO 991 I) und **verliert** deshalb die **Ausschließungs- u Verschweigungseinreden** der §§ 1973, 1974 (Ausn in **I 2**). – **Nachlaßverwaltung und -konkurs** (§§ 1975, 1981 II, 1982–1988; KO 216 I, 217, 219) hindern die persönl Inanspruchn des Erben nicht mehr (ZPO 784 I), wohl aber die Vereinigg (§ 1976 ist bewußt nicht ausgeschl). – **Aufrechnungen** (§ 1977 I) bleiben bestehen. – Die §§ 1978–1980 gelten nicht, da der Erbe nun ohnehin mit seinem ganzen Vermögen haftet. Somit stehen ihm auch die Erschöpfgs- u ÜberlastgsEinrede (§§ 1989–1992) u die aufschiebende Einrede (§ 2016 I) nicht zu (s Klautern DAV **73**, 625). – **Nachlaßvergleichsverfahren** kann er **nicht mehr** beantragen (VerglO 113 I Nr 3). – NachlKonk kann der Erbe noch beantragen (KO 216, 217).

3) Als Ausnahme (I 2) kann eine nach §§ 1973, 1974 bereits eingetretene HaftgsBeschränkg bestehen **3** bleiben, wie auch umgekehrt der Erbe nur einzelnen Gläub unbeschränkbar, allen anderen aber beschränkt haften kann (§ 2006 III; ZPO 780 I). Wird näml die InvFrist erst versäumt (§ 1994 I) od wird InvUntreue (§ 2005 I) erst begangen, nachdem bei Beginn der InvFrist (die Antr eines Gläub voraussetzt, § 1994 I) das Aufgebot (§ 1970ff) erledigt od Verschweig (§ 1974) eingetreten war, behält der Erbe den so ausgeschlossenen Gläub ggü die Ausschließgs- u VerschweiggsEinrede (§§ 1973, 1974), obwohl er im Verhältn zu den übrigen NachlGläub seine Haftgsbeschränkg verwirkt hat. – Das Gleiche gilt gem § 2000 S 3 von der Einrede aus § 1989; denn § 1973 gilt entspr. – Im Umkehrschluß ergibt sich, daß Ablehng der Eröffng des NachlKonk mangels Masse nicht die gleiche Wirkg zukommt, so daß auch danach noch Versäumg der InvFrist zur unbeschränkb Haftg führt (Stgt FGPrax **95**, 68).

4) Einzelnen Nachlaßgläubigern gegenüber (II) haftet der Erbe unbeschränkb (vgl auch § 2016) bei **4** Weigerg, die eidesstattl Vers abzugeben (§ 2006 III); Verlust des Vorbehalts (ZPO 780 I) und Verzicht, was sich aus § 2012 I 3 indirekt ergibt; ferner in den Sonderfällen der HGB 27, 139. Der Erbe ist dadurch nicht gehindert, die Beschränkbark seiner Haftg den übrigen NachlGläub ggü (zB dch Antr auf NachlVerwaltg oder NachlKonk) geltd zu machen, weshalb die §§ 1977–1980 anwendb sind. Auch kann er sich (was als selbstverständl nicht erwähnt ist) insow auf die HaftgsBeschrkg nach §§ 1990–1992 berufen. Von § 1977 (Aufrechng) ist allerdings nur **II** anwendb (vgl § 1977 Rn 5) – Bzgl eines den Nachl verwaltenden **Nicht-erben** ist für Verwirkg kein Raum.

V. Aufschiebende Einreden

2014 *Dreimonatseinrede.* Der Erbe ist berechtigt, die Berichtigung einer Nachlaßver-bindlichkeit bis zum Ablaufe der ersten drei Monate nach der Annahme der Erbschaft, jedoch nicht über die Errichtung des Inventars hinaus, zu verweigern.

1) Dreimonatseinrede. Bis zur Annahme der Erbsch ist der Erbe dch § 1958 u ZPO 778 vor Prozessen **1** mit den NachlGläub geschützt. Aber auch noch nach Annahme wird ihm dch § 2014 eine gewisse **Schon-frist** gewährt, währd der er sich über die Lage des Nachl unterrichtet, das Inv vorbereitet u von den andrängenden NachlGläub nicht behelligt werden soll. Die **Frist** beginnt mit Annahme, also spätestens nach Ablauf der Ausschlagsfrist (§§ 1943, 1944) und endet mit Ablauf von 3 Monaten, vorher schon bei Errichtg des Inv, da der Erbe dadurch ja genügd Überblick über die ErbschVerhältnisse u NachlSchulden erhalten haben wird. – **Das gleiche Recht** haben auch NachlPfleger, -Verw u verwaltender TestVollstr und der gesamtgutsverwaltende Eheg bei der GütGemsch. – Gegenüber den sofort zu befriedigenden Anspr aus § 1963 (Mutterschutz) und § 1969 (Dreißigster) ist die Einrede **nicht** gewährt; weitere Ausn vgl § 2016 II. Wohl aber ggü Erbersatzanspruch. – Entspr Anwendg § 1489 II.

2   2) Voraussetzung ist, daß der Erbe nicht bereits unbeschränkb haftet (§ 2016 I). Die Einrede kann auch nur gg Anspr von **Nachlaßgläubigern** erhoben werden; verfügen diese über dingl Sichergn, ergeben sich Einschränkgen aus § 2016 II. Ihre Erhebg kann treuwidr sein, wenn der Erbe alle NachlGläub kennt und der Nachl für deren Fdgen offensichtl ausreicht (Soergel/Stein Rn 2).

3   3) Wirkung. Die Einrede hat **nur prozessuale und vollstreckungsrechtliche** Wirkg, nicht aber auch materiell-rechtl (RG 79, 201; heute wohl hM, s Soergel/Stein Rn 4 mN). Sie hindert aber weder Klage auf Leistg noch Verurteilg dazu (ZPO 305 I), oder den Beginn der ZwVollstr, die aber nicht zur Befriedigg, sond nur zur Sicherg des Gläub führen darf (ZPO 782, 783, 785). – Mangels mat-rechtl Wirkg wird Verzug des Erben durch Erhebg der Einrede nicht ausgeschlossen, so daß er Verzugszinsen, SchadErs u Vertragsstrafen schuldet; Gläub kann auch Re aus § 326 geltd machen. Eine Aufrechg der NachlGläub gg NachlFdgen od ein ZurückbehaltgsR wird nicht gehindert. Die Verjährg wird nicht gehemmt (§ 202 II).

2015   *Einrede des Aufgebotsverfahrens.* [1] Hat der Erbe den Antrag auf Erlassung des Aufgebots der Nachlaßgläubiger innerhalb eines Jahres nach der Annahme der Erbschaft gestellt und ist der Antrag zugelassen, so ist der Erbe berechtigt, die Berichtigung einer Nachlaßverbindlichkeit bis zur Beendigung des Aufgebotsverfahrens zu verweigern.

[2] Der Beendigung des Aufgebotsverfahrens steht es gleich, wenn der Erbe in dem Aufgebotstermine nicht erschienen ist und nicht binnen zwei Wochen die Bestimmung eines neuen Termins beantragt oder wenn er auch in dem neuen Termine nicht erscheint.

[3] Wird das Ausschlußurteil erlassen oder der Antrag auf Erlassung des Urteils zurückgewiesen, so ist das Verfahren nicht vor dem Ablauf einer mit der Verkündung der Entscheidung beginnenden Frist von zwei Wochen und nicht vor der Erledigung einer rechtzeitig eingelegten Beschwerde als beendigt anzusehen.

1   1) Zweck. Diese Einr soll eine gleichmäßige Befriedigg der NachlGläub gewährleisten u unbekannte Gläub vor der Vorwegbefriedigg einzelner vordrängender Gläub schützen. Die Stellg des Aufgebotsantrags ist für den Erben befristet (**I**) und ihm uU zur Pfl gemacht (§ 1980 II). Der Antr eines MitE kommt den anderen zustatten, soweit sie nicht schon unbeschränkb haften (ZPO 997). Für die Fälle vor Annahme der Erbsch ist durch § 2017 gesorgt. Der AufgebotsAntr muß nicht nur gestellt, sond (wenn auch nach Ablauf der Jahresfrist) zugelassen sein (ZPO 947 II).

2   2) Um Verschleppungen des rechtzeit in Gang gebrachten AufgebotsVerf **vorzubeugen,** werden der Beendigg des AufgebotsVerf die in **II** genannten Fälle gleichgestellt. Die Verweigergsfrist (**I**) wird also nicht solange hinausgeschoben, wie ZPO 954 dies für die dort geregelte AntrFrist vorsieht; das Verf ist schon dann als beendigt anzusehen, wenn der Erbe nicht innerh von 2 Wochen den Antr auf Bestimmg eines neuen Termins gestellt hat od in diesem nicht erschienen ist (RGRK Rn 2, 3). Verlust der Einrede tritt nicht ein, wenn der ausgebliebene Erbe vor dem ersten od zweiten Termin den Antr auf AusschlUrt schriftl od zu Protokoll gestellt hat. – **III** berücksichtigt die nach ZPO 952 IV mögliche sofort Beschwerde (ZPO 577 II).

2016   *Ausschluß der Einreden bei unbeschränkter Erbenhaftung.* [1] Die Vorschriften der §§ 2014, 2015 finden keine Anwendung, wenn der Erbe unbeschränkt haftet.

[2] Das gleiche gilt, soweit ein Gläubiger nach § 1971 von dem Aufgebote der Nachlaßgläubiger nicht betroffen wird, mit der Maßgabe, daß ein erst nach dem Eintritte des Erbfalls im Wege der Zwangsvollstreckung oder der Arrestvollziehung erlangtes Recht sowie eine erst nach diesem Zeitpunkt im Wege der einstweiligen Verfügung erlangte Vormerkung außer Betracht bleibt.

1   1) Ausgeschlossen (I) sind die Einreden für den unbeschränkb haftden Erben (§ 2013 I, II), weil sie den Erben dann nicht mehr die HaftgsBeschränkg vorbereiten und sichern können. Der Ausschluß gilt sowohl bei allg unbeschränkbarer Haftg als auch im Verhältn zu einzelnen Gläub, ggü denen der Erbe sein BeschränkgsR verloren hat. NachlVerw u verwaltender TestVollstr können aber noch das Aufgebot beantragen u nach Maßg von § 2015 die Aufgebotseinrede geltd machen (§ 1970 Rn 6; Staud/Marotzke Rn 2).

2   2) Dinglich gesicherte Gläubiger (II). Die Einreden wirken auch nicht ggü den nach § 1971 bevorrechtigten RealGläub, soweit sie sich bei der RVerfolgg auf den dingl Anspr in die ihnen haftenden Ggstände beschränken od es sich um eine vom Erben bewilligte Vormerkg handelt. Soweit die Rechte durch ZwVollstr **nach** dem Erbf erlangt sind, kann der Erbe nach ZPO 782, 783, 785 vorgehen.

2017   *Fristbeginn bei Nachlaßpflegschaft.* Wird vor der Annahme der Erbschaft zur Verwaltung des Nachlasses ein Nachlaßpfleger bestellt, so beginnen die im § 2014 und im § 2015 Abs. 1 bestimmten Fristen mit der Bestellung.

1   Ein Nachlaßpfleger, der mit der **Verwaltung** des Nachl beauftragt wurde (also nicht nur auf die Regelg einzelner Angelegenheiten beschränkt ist), kann die Einreden der §§ 2014, 2015 I erheben. Da er aber vor

ErbschAnnahme des Erben bestellt wird (s § 1960 Rn 7), mußte der Beginn der dafür geltenden Fristen anders geregelt werden, da sonst die NachlGläub uU zuwarten müßten, obwohl sie ihre Anspr gg den die Erben vertretenden NachlPfleger (s § 1960 Rn 16) bereits geltend machen können (§§ 1960 III; 1958; 1961). **Fristbeginn** ist daher der Zeitpkt der Bestellg des NachlPflegers, dh der Bekanntmachg des Beschlusses an ihn (FGG 16). – Für einen **Nachlaßverwalter** gilt das gleiche, doch ist NachlVerwaltg vor ErbschAnnahme **2** selten. – Für den **Testamentsvollstrecker** beginnt die Frist mit ErbschAnnahme od der etwaigen vorherigen Bestellg eines verwaltenden NachlPfl (Staud/Marotzke Rn 2, 4). Wird die NachlPflegsch inf ErbschAnnahme aufgehoben (§ 1919), laufen die begonnenen Fristen weiter.

Dritter Titel. Erbschaftsanspruch

Einführung

1) Erbschaftsanspruch. Der Erbe, auf den mit dem Erbfall die Erbsch als Ganzes übergegangen ist und **1** der auch die Besitzerstellg des Erbl erlangte (§ 857), hat als Herr des Nachlasses bezügl der NachlGgstände gg Dritte alle Einzelansprüche des Eigtümers od Besitzers (zB §§ 985, 1007; 861; 812; 823 ff). Zusätzl gewährt ihm das Ges als besond ErbschAnspr in §§ 2018 ff einen **Gesamtanspruch** gg den ErbschBesitzer, der auf Grd eines beanspruchten, ihm aber tatsächl nicht zustehen Erbrechts etwas aus dem Nachl erlangt hat. Dieser Anspr besteht also nicht gg denjenigen, der dem Erben NachlGgstände vorenthält, ohne sich ein ErbR anzumaßen. – Der ErbschAnspr umfaßt die Anspr auf Herausgabe der NachlGgst (§ 2018), der Surrogate von NachlGgst (§ 2019) sowie der Nutzgen (§ 2020). An die Stelle der HerausgabeAnspr kann eine Bereichergshaftg treten, wobei die Haftg des ErbschBesitzers ähnl der nach §§ 987 ff ausgestaltet ist (§§ 2021 ff). Bei EinzelAnspr ist seine Haftg wie beim ErbschAnspr geregelt (§ 2029). Die Erbenhaftg trifft in jedem Fall den Erben und nicht den ErbschBesitzer.

2) Erbschaftsklage. Trotz des GesamtAnspr (s § 2018 Rn 1) muß Erbe im KlageAntr die herausverlang- **2** ten NachlGgstände einzeln bezeichnen (ZPO 253 II Nr 2), auch wegen der Vollstreckg; er kann ohne Klageänderg die bezeichneten Ggstände ergänzen (ZPO 264 Nr 2). Im Wege der Stufenklage (ZPO 254) kann er Auskunfts- und HerausgabeAnspr verfolgen. Der bes Gerichtsstand (auch der internat) ergibt sich aus ZPO 27 I (Nürnb OLGZ **81**, 115); er ist auch bei Auskunftsklage gg einen sonstigen Besitzer von ErbschGgständen gegeben. – Der Beklagte kann auch gg den GesamtAnspr Einzeleinreden erheben, mit denen er nur im Recht zur einzelne der herausverlangten Ggstände behauptet. – RKraft des Urteils wirkt nur zw den Parteien (ZPO 322, 325) und erstreckt sich nur auf die im KlageAntr bezeichneten Ggstände. Deshalb wird mit Klage auf Herausgabe zweckmäß die auf Feststellg des ErbRs (ZPO 256, 257) und auf Auskunft (§ 2027; ZPO 260, 254) verbunden (s Nürnb aaO). Soweit Kläger dann weitere Ggstände über das Verzeichnis des Beklagten hinaus verlangt, ist zwar nicht ihre deren Zugehörigk zur Erbsch, aber doch wenigstens das ErbR rkräft festgestellt. – Zur Beweislast s § 2018 Rn 11. – Von dieser ErbschKlage zu unterscheiden ist die Klage auf **Feststellung** des ErbR (ZPO 256; 257), bei der StreitGgst nicht die Erbsch, sond das ErbR ist. **3** Beide Klagen können miteinander verbunden werden (Zöller/Vollkommer ZPO 27 Rn 5); von Vorteil ist dies wg der RKraftwirkg (ZPO 322).

2018 *Herausgabepflicht des Erbschaftsbesitzers.* Der Erbe kann von jedem, der auf Grund eines ihm in Wirklichkeit nicht zustehenden Erbrechts etwas aus der Erbschaft erlangt hat (Erbschaftsbesitzer), die Herausgabe des Erlangten verlangen.

1) Der Herausgabeanspruch erstreckt sich auf die unmittelb aus dem Nachl erlangten Ggstände u **1** ergänzend auf die Surrogate (§ 2019). Als GesamtAnspr ist er eine Ausnahme im BGB, weil er alle auf die erlangten Ggstände gerichteten EinzelAnspr zusammenfaßt, obwohl der in die RPosition des Erbl voll eingerückte Erbe (§ 1922 I) seine Rechte auch dch EinzelAnspr daneben verfolgen könnte. Das Erlangte ist als Ganzes herauszugeben. Der ErbschBesitz umfaßt ein subj u ein obj Moment (s Rn 5; 8). – Zur prozessualen Geltendmachg s Einf 2. Der Anspr ist vererbl, übertragbar u pfändbar. Er kann als solcher verjähren (§§ 2026; 2031 I 2). – **a) Anspruchsberechtigt** ist zunächst der wahre Erbe; auch der MitE, der aber vor **2** Auseinandersetzg wg der gesamthänd Bindg des Anspr nur Leistg an alle bzw Hinterlegg (Verwahrg) für alle verlangen kann (§ 2039 S 2), wobei im Prozeß keine notwend Streitgenossensch besteht (RG **95**, 97); der VorE bis zum Eintritt des NErbfalls, der NachE danach (§ 2039); im Verhältn zum VorE besteht die Sonderregel des § 2130 (s Rn 7). Ferner der Erbteilserwerber (§ 2033 I); der PfändgsGläub eines Erbteils (RG Warn **11** Nr 139); der ErbschKäufer (§ 2371) dagg erst nach Abtretg dch den hierzu verpflichteten Verkäufer (§ 2374). Außerdem der verwaltende TV (§§ 2211, 2212); der NachlVerwalter (§ 1984) und der NachlKonkursVerw (KO 6). Der **Nachlaßpfleger** kann auf Grund seines Rechts zum Besitz und zur Verwaltg (§ 1960) von jedem Herausgabe von NachlGgstständen verlangen (evtl auch vom wahren Erben) ohne die Nichtberechtigg des Erbanwärters beweisen zu müssen (BGH NJW **72**, 1752; **83**, 226 mAv Dieckmann FamRZ **83**, 582; bestr; s MüKo/Frank Rn 15); ErsatzGgstände erfaßt sein Anspr analog § 2019 jedenfalls dann, wenn der AnsprGegner seine Berechtigg aus einem behaupteten ErbR ableitet (BGH aaO). – **b) Ein 3 Zurückbehaltungsrecht** des ErbschBesitzers gg das Herausgabeverlangen wg eines ihm zustehenden Pflichtt- od VermächtnAnspr besteht nicht (Düss FamRZ **92**, 600; KG OLGZ **74**, 17; Hamm MDR **64**, 151), weil der ErbschAnspr zuerst die Einzieh des Nachl ermöglichen soll, bevor dann etwaige Anspr erfüllt werden können (str; einschränkend Dütz NJW **67**, 1105).

2) Anspruchsgegner ist der Erbschaftsbesitzer, also derjenige, der etwas aus der Erbsch auf Grd eines **4** ihm in Wirklich nicht zustehenden Erbrechts erlangt hat. Ihm steht derjenige gleich, der von ihm die Erbsch dch Vertrag erwirbt (§ 2030); nach dem Sinn des G auch, wer nachträgl unter Berufg auf ein nicht bestehendes ErbR Ggstände verteidigt, die er aus dem ErblVermögen zunächst ohne Beanspruchg eines

ErbRs (vor od nach dem Erbfall) erlangt hat (BGH NJW **85**, 3068). Der Erbe des ErbschBesitzers rückt in dessen noch bestehende Verpflichtg ein, ohne daß es dazu einer zusätzl Erbrechtsanmaßg dch ihn bedarf (BGH aaO mAv Dieckmann FamRZ **85**, 1247 u Hohloch JuS **86**, 315). – Der (gut- od bösgläubige) Besitzer
5 muß etwas aus der Erbsch erlangt haben aGrd eines **angemaßten Erbrechts** (nicht Vermächtn), das ihm in Wirklichk nicht od (bei MitE, RG **81**, 293) nicht in diesem Umfang zusteht. Wechselt der ErbschBesitzer dann nachträgl seine Stellg u berührt er sich schließl keines Erbrechts mehr, kann er sich dadch dem Anspr nicht entziehen (BGH FamRZ **85**, 693). – ErbschBesitzer ist auch der NachlSchu, der dem wahren Erben die Erfüllg mit der Behauptg, selbst Erbe zu sein, verweigert (Staud/Gursky Rn 19). – Nach **Wegfall** einer zunächst eingenommenen Erbenstellg infolge wirks Anfechtg (§§ 2078; 2079; 142) od ErbunwürdigkErkl (§ 2344) wird der besitzende vermeintl Erbe zum ErbschBesitzer (Soergel/Dieckmann Rn 6), wobei unerhebl ist, daß er sich jetzt eines ErbRs nicht mehr berühmt (BGH NJW **85**, 3068). – ErbschBesitzer ist also
6 **nicht** der Erbe, der ausschlug (gg ihn besteht nur Anspr aus GeschFg ohne Auftr, § 1959; das gilt auch dann, wenn er die Ausschlag zu Unrecht nicht als wirks gelten lassen will (Soergel/Dieckmann Rz 6). Ferner nicht, wer aGrd vermeintl persönl od dingl Anspr gg den Erbl od auch ohne solche (zB der Dieb) den Nachl ganz od teilw an sich genommen hat. Hier hilft dem Erben der Besitzschutz (§§ 857ff), der Anspr aus dem früh Besitz (§ 1007) und auf Auskunft (§ 2027 II). Deshalb scheiden hier auch NachlPfleger, NachlVerwalter, NachlKonkursVerw und TV (RG **81**, 152) aus, da sie nicht aGrd angemaßten Erbrechts, sond kraft ihres Amtes besitzen (abgesehen von dem seltenen Fall, daß sie etwas zur Masse gezogen haben, bzgl dessen der Erbe nur ErbschBesitzer war). Doch kann gg sie ErbRFeststellgsKlage erhoben werden, wenn sie dem
7 Erben sein ErbR streitig machen (BGH **LM** Nr 1 zu § 1960). – Der **Vorerbe** wird dagg nicht ErbschBesitzer, wenn er den Eintritt der Nacherbfolge zu Unrecht bestreitet; für ihn gilt stets die weitergehende Haftg des § 2130 als Sonderregel (Staud/Gursky Rn 12; MüKo/Frank Rn 21; Soergel/Dieckmann Rn 7; str). – Über die Stellg des vermeintl Erben in der OHG und sein RVerhältnis zum wahren Erben s Fischer FS 150 Jahre Heymann-Verlag, 1965, S 271.

8 **3) Aus dem Nachlaß erlangt** muß der Besitzer etwas haben. Erwerb des mittelb Besitzes genügt; es kann auch der ganze Nachl erlangt sein (zB von dem sich ein AlleinR anmaßden MitE; von einem Erbanwärter, der unter Vorlegg eines gefälschten Erbscheins vom NachlPfleger den ganzen Nachl ausgehändigt
9 erhielt). – **Erlangt** sein können „zur Erbschaft gehörende Sachen" (§ 2023 I), auch wenn sie nicht im Eigt des Erbl, sond nur in seinem unmittelb od mittelb Besitz standen (von ihm also nur gemietet, gepachtet od ihm anvertraut waren). Ferner ErbschGgstände also auch Fdgen u Rechte (§ 2025); insb, was der ErbschBesitzer dch RGesch mit Mitteln der Erbsch erlangt hat (§ 2019) u was an ihn auf NachlFdgen geleistet worden ist; sowie die dch Aufrechng gg eine NachlFdg erlangte Schuldbefreiung. Als erlangt gilt auch, was schon vor dem Erbfall erlangt u aGrd der Erbanmaßg einbehalten wurde; zB ein vom Erbl gewährtes Darlehen, dessen Rückzahlg der ErbschBesitzer jetzt verweigert; od dem Erbl gehörende Sachen od Grdste, die der ErbschBesitzer ohne Einverständn des Erbl an sich brachte, um sie dann aGrd seines vermeintl ErbR zu behalten (RG **81**, 295; KG OLGZ **74**, 17). War dies aber mit Willen des Erbl geschehen, greift nicht der
10 ErbschAnspr, sond uU der PflichttErgänzgsAnspr (§ 2325) ein. – **Aus dem Nachlaß** erlangt hat ein NichtE auch Beträge, die er aus einem ihm vom Erbl übergebenen Blankoscheck nach dessen Tod erhalten hat. Er hat sie an den Erben herauszugeben, weil die Leistg der Scheckvaluta erst nach dem Erbfall erfolgt ist (KG NJW **70**, 329; aM Finger ebda 954).

11 **4) Beweispflicht.** Der Kläger hat sein Erbrecht zu beweisen, zB durch Beibringg einer formgerechten letztw Vfg od (bei gesetzl Erbfolge) eines Erbscheins (§ 2365), dessen Vermutg jedoch vom Bekl widerlegt werden kann (RG **92**, 71; vgl § 2365 Rn 5). Ferner hat er nachzuweisen, daß der herausverlangte Ggstand zum Nachl gehört, also den ErbschBesitz. – Der Gegner hat demgmäß den Wegfall des Besitzes der Sache od der Bereicherg (§ 2021) zu beweisen. – Die bes Gestaltg der ErbschKlage zeigt sich darin, daß sie schon abzuweisen ist, wenn dem Kläger der Beweis seines ErbR nicht gelingt.

2019 **Surrogation.** [I]Als aus der Erbschaft erlangt gilt auch, was der Erbschaftsbesitzer durch Rechtsgeschäft mit Mitteln der Erbschaft erwirbt.

[II]Die Zugehörigkeit einer in solcher Weise erworbenen Forderung zur Erbschaft hat der Schuldner erst dann gegen sich gelten zu lassen, wenn er von der Zugehörigkeit Kenntnis erlangt; die Vorschriften der §§ 406 bis 408 finden entsprechende Anwendung.

1 **1) Ersetzungsgrundsatz.** Die erbrechtl Besonderh der in §§ 2019; 2041; 2111 normierten dingl Surrogation (s allg Einl 20 vor § 854) soll den **Wert** des Sondervermögens Erbsch (Nachl) über alle Wechsel seiner konkreten Bestandteile hinweg im Interesse des Erben (bei § 2111: des NE) u für den Zweck des Sondervermögens (Zugriff der NachlGläubiger) erhalten (BGH **109**, 214). Dazu wird kr Ges ein Wertausgleich herbeigeführt, wenn im Laufe der wirtschaftl Entwicklg des Nachl Änderungen im konkreten Bestand seiner Einzelteile eintreten, indem der darin liegende Abfluß realer Werte unter bestimmten Voraussetzgen (s Rn 3) dch dingl Zuordng der konkreten Ersatzggstände zum Nachl ausgeglichen wird. Hiervon bleiben selbst nichtübertragbare RPositionen nicht ausgenommen, weil sonst die dingl Sicherg ohne zwingenden Sachgrund zu einem bloß persönl ungesicherten GeldAnspr verflüchtigen würde (BGH aaO unter Aufgabe von BGH NJW **77**, 433), zB die dch Einbringg des Nachl in eine neue Ges entstandene GterStellg (Düss FamRZ **92**, 600). Ein gesicherter Zwischenerwerb des ErbschBesitzers wird also vermieden (Olzen JuS **89**, 374). Wenn dieser ErbschGgstände veräußert, NachlFdgen eingezogen od mit NachlMitteln etwas erworben hat (auch die Stellg als Kommanditist dch Einbringen einer Kapitaleinlage, BGH aaO), wird das Erworbene von selbst Bestandteil des Nachl u unterliegt der HerausgPfl (§ 2018) u im Konk des ErbschBesitzers der Aussonderung (KO 43), ohne daß es auf den Willen des Erben, des ErbschBesitzers oder des Dritten ankäme (s Werner JuS **73**, 434/436). § 2019 ergänzt also § 2018, verschafft aber keinen selbständ Anspr. – Die Surrogation kann sich auch wiederholen (Staud/Gursky Rn 4). – Wegen des guten Glaubens des Dritten vgl **II**. Das Eigt steht unmittelb dem wahren Erben zu. Bei Eintragg des ErbschBesitzers im Grundbuch hat der Erbe

den BerichtiggsAnspr (§ 894, GBO 22). – Surrogation tritt **nicht** ein, wenn der erlangte Vorteil völlig im 2 Vermögen des ErbschBesitzers aufgeht, etwa bei Bezahlg eigener Schulden mit ErbschMitteln od Aufrechng mit einer NachlFdg gg eine Eigenschuld (Staud/Gursky Rn 4). Hier erfolgt nur Wertersatz nach Bereicherugsgrdsätzen (§ 2021; MüKo/Frank Rn 6). Surrogation tritt auch nicht bei höchstpersönl Rechten (zB Nießbr) od bei Rechten, die Bestandteil eines dem ErbschBesitzer gehörigen Grdstücks sind (§ 96). Auch bei Kreditgeschäften, bei denen der ErbschBesitzer seine Leistg aus dem Nachl erst nach Empfang der Ggleistg erbringt, findet kein Zwischenerwerb statt (Soergel/Dieckmann Rn 1; str; aA MüKo/Frank Rn 13).

2) Voraussetzungen. Der ErsatzGgst (zu dem jeder rechtl Vorteil zählt) muß mit **Mitteln der Erb- 3 schaft** erworben sein (s § 2111 Rn 5); bei Erwerb teils mit eigenen u teils mit NachlMitteln entsteht MitEigt zw dem Erben u dem ErbschBesitzer (§ 1008). Dabei wird Erwerb dch **Rechtsgeschäft** vorausgesetzt. Die Wirksamk der Vfg über NachlGgstände ist gleichgült. Rechtsgeschäftl ist der Erwerb auch dann, wenn der ErbschBesitzer tatsächl ErbschMittel weggibt. Bei unwirksamer Vfg liegt im Herausgabeverlangen des Ersatzguts die Genehmigg (§ 185), bedingt dch die tatsächl Herausg (Soergel/Dieckmann Rn 3; str; s Lüke-Göler JuS **75**, 381 f). Auch Gegengeschenke für verschenkte NachlSachen unterliegen der Surrogation, wenn diese schon bei der Schenkg vereinbart werden (Staud/Gursky Rn 9; bestr). – Gesetzl Ersatzvorteile, die inf 4 „Zerstörg, Beschädigg oder Entziehg eines ErbschGegenstandes" (§ 2111 I 1) an dessen Stelle getreten sind, stehen ohne weiteres dem Erben zu. Dies brauchte angesichts der weiten Fassg des § 2018 u des nach § 2021 anwendb § 818 nicht bes hervorgehoben zu werden (s MüKo/Frank Rn 4). Doch gilt für den Schu dieser Fdgen **II** nicht, da dort rechtsgeschäftl Erwerb vorausgesetzt ist; wohl aber gelten §§ 851, 893, 2367 (s Staud/Gursky Rn 13 mit teilw aM).

3) Schutz des gutgläubigen Schuldners (II) ist in entspr Anwendg der §§ 406–408 angeordnet. Ent- 5 scheidend ist nicht die Kenntn der (gar nicht stattfindenden) Abtretg, auch nicht die Geldmachg der Fdg, sond Kenntn der Zugehörigk der Fdg zum Nachl. Bis dahin darf der Schu den ErbschBesitzer als Gläub betrachten. – Daß der Schu den Erben die zZ der Kenntn gg den ErbschBesitzer begründeten **Einwendungen** (zB aus Sachmängeln; Verjährg) entggsetzen kann (§ 404), versteht sich von selbst. Nach § 406 kann unter den dort bezeichneten Voraussetzgen der Schu eine ihm gg den ErbschBesitzer zustehende Fdg auch ggü dem Erben aufrechnen. – Leistgen des Schu an den Besitzer befreien nur, wenn sie vor Kenntn der NachlZugehörigk der Fdg erfolgt sind (§ 407). Das gleiche gilt für Leistgen u RGeschäfte des Schuldners bei Weiterabtretg (§ 408).

2020 *Nutzungen und Früchte.* **Der Erbschaftsbesitzer hat dem Erben die gezogenen Nutzungen herauszugeben; die Verpflichtung zur Herausgabe erstreckt sich auch auf Früchte, an denen er das Eigentum erworben hat.**

Nutzungen (§ 100) sind nur herauszugeben, soweit sie gezogen sind. Anders ist dies allerd nach Rechts- 1 hängigk od bei Bösgläubigk (§§ 2023 II; 2024; 987 II). – Noch vorhandene **Früchte** (§ 99) muß der Erbsch-Besitzer herausgeben: Sofern er an ihnen gem § 955 Eigt erworben hat, ist er dazu aGrd des bes schuldrechtl Anspr nach Halbs 2 verpflichtet; ist wg bösem Glauben nicht er, sond der Erbe Eigtümer geworden (§ 953), besteht dingl HerausgAnspr. Auch für mittelb Sach- und Rechtsfrüchte wie zB Mietzins für NachlGrdst (vgl § 99 Rn 4) gilt Hs 2 (aA Soergel/Dieckmann Rn 2: Surrogation gem § 2019). – In allen Fällen tritt bei Nichtvorhandensein Haftg nach BereicherungsGrds ein (§ 2021).

2021 *Herausgabepflicht nach Bereicherungsgrundsätzen.* **Soweit der Erbschaftsbesitzer zur Herausgabe außerstande ist, bestimmt sich seine Verpflichtung nach den Vorschriften über die Herausgabe einer ungerechtfertigten Bereicherung.**

1) Regelungsinhalt. § 2021 beschränkt die in §§ 2018–2020 geregelte HerausgPflicht des gutgläub un- 1 verklagten ErbschBesitzers im Umfang nach auf eine Haftg nach BereicherungsGrdsätzen (§§ 818, 822) im Falle der Unmöglichk. Dagg ist die Haftg verschärft bei Bösgläubigk (§ 2024), Rechtshängigk (§ 2023) od gewaltsamer Aneigng (§ 2025). Da es sich um eine Rechtsfolgenverweis handelt, kommt es auf die Voraussetzgen eines BereicherungsAnspr nicht an (RG **81**, 206; Olzen JuS **89**, 374).

2) Außerstande ist der ErbschBesitzer nur, wenn ihm die Herausg in Natur **unmöglich** ist, gleichgült 2 aus welchem Grunde. Bei bloßen Gebrauchsvorteilen (zB mietfreier Nutzung der ErblWohnung) ist dies ohne weiteres der Fall, sonst bei Untergang od Verbrauch des Ggstands. War der ErbschAnspr ursprüngl auf Geld gerichtet, befreit die Unmöglichk im Hinblick auf § 279 den ErbschBesitzer an sich noch nicht; gleichwohl kann auch hier Wegfall der Bereicherg eingewendet werden (RG Recht **20** Nr 417). Bei unentgeltl Zuwendg des Erlangten an einen Dritten haftet der Erwerber unmittelbar nach § 822, bei wirks Vfg des ErbschBesitzer als Nichtberecht auch nach § 816 I 2 (Soergel/Dieckmann Rn 3).

3) Bereicherungsgrundsätze. § 818 II. Der dingl HerausgAnspr verwandelt sich in einen schuldrechtl auf Wert- 3 ersatz (§ 818 II), der entfällt, soweit der Besitzer nicht mehr bereichert ist (§ 818 III). **Verwendungen** des ErbschBesitzers auf den Nachlaß führen zur Entreicherg (§ 2022 I), gleichgült ob sie aus eigenen od aus Mitteln des Nachl erbracht wurden. Dagg mindern Aufwendgen des gutgläub ErbschBesitzers, die er im Vertrauen auf sein vermeintl ErbR machte, seine Bereicherg dann nicht, wenn sie gemacht wurden, um in den Besitz der Erbsch zu kommen; deshalb sind insbes Erbscheins- und Prozeßkosten nicht anzurechnen (Soergel/Dieckmann Rn 5).

2022 *Ersatz von Verwendungen.* ¹**Der Erbschaftsbesitzer ist zur Herausgabe der zur Erbschaft gehörenden Sachen nur gegen Ersatz aller Verwendungen verpflichtet, soweit nicht die Verwendungen durch Anrechnung auf die nach § 2021 herauszugebende Bereiche-**

rung gedeckt werden. Die für den Eigentumsanspruch geltenden Vorschriften der §§ 1000 bis 1003 finden Anwendung.

^{II}**Zu den Verwendungen gehören auch die Aufwendungen, die der Erbschaftsbesitzer zur Bestreitung von Lasten der Erbschaft oder zur Berichtigung von Nachlaßverbindlichkeiten macht.**

^{III}**Soweit der Erbe für Aufwendungen, die nicht auf einzelne Sachen gemacht worden sind, insbesondere für die im Absatz 2 bezeichneten Aufwendungen, nach den allgemeinen Vorschriften in weiterem Umfang Ersatz zu leisten hat, bleibt der Anspruch des Erbschaftsbesitzers unberührt.**

1   **1) Bedeutung.** Nur der **gutgläubige** ErbschBesitzer wird für Verwendgen **vor Rechtshängigkeit** (anders bei bösem Glauben od Rechtshängigk, vgl §§ 2023 bis 2025) dch § 2022 ggü dem dingl Anspr auf Herausg der zur Erbsch gehörenden Sachen besser gestellt als der Besitzer im Verhältn zum Eigentümer gem § 985 ff. Denn sein VergütgsAnspr für Aufwendgen (gleichsam das Ggstück zu seiner HerausgPfl) beschränkt sich nicht ledigl auf notwend u werterhöhende Verwendgen (wie bei § 996) od die hins einer einzelnen Sache gemachten Aufwendgen. Vielm sind alle für die Erbsch im allg gemachten Verwendgen, auch die überflüssigen u die nicht nutzbringenden, nach Maßg der §§ 1000–1003 zu ersetzen, soweit sie nicht schon durch Anrechng (innere Ausgleich, keine Aufrechng) die nach § 2021 herauszugebende Bereicherg mindern **(I 1).** – Ihrem Sinn nach gilt die Verwendgsregel auch für den schuldrechtl HerausgAnspr bezügl der Früchte, an denen der Besitzer Eigt erworben hat (§ 2020), obwohl es hier an einer ausdrückl Vorschr fehlt (anders § 2023 II).

2   **2) Verwendungen** sind solche Ausgaben, die der ErbschBesitzer aus eigenen Mitteln (nicht aus dem Nachl) im Interesse des herauszugebenden Nachl gemacht hat (Düss FamRZ **92**, 600); erweiternd zählen nach **II** dazu auch Aufwendgen zur Bestreitg von Kosten der Erbsch od Tilgg von NachlVerbindlk aus Eigenmitteln, zB die für den Erben im Umfang der bestehenden SteuerPfl gezahlte ErbschSt (Staud/Gursky Rn 5); die eigene Arbeitsleistg aber nur dann, wenn dadch für den Besitzer ein Verdienstausfall entsteht (KG OLGZ **74**, 17). – Ihr **Ersatz** wird gem **I 2** nach den für den EigtAnspr geltenden Vorschr der §§ 1000 bis 1003 geltend gemacht. Der (darlegs- u beweispflicht, Düss FamRZ **92**, 600) ErbschBesitzer hat demnach folgende Rechte:

3   **a) Ein Zurückbehaltungsrecht** (§§ 1000, 273, 274) steht dem Besitzer wg aller Aufwendgen an allen herauszugebenden Sachen zu. Er kann also die Herausgabe einer Einzelsache auch dann verweigern, wenn die Verwendgen nicht auf diese, sond auf eine andere NachlSache (selbst wenn sie nicht mehr vorhanden ist) od auf die Erbsch im ganzen gemacht worden sind. Soweit Anrechng **(I 1)** erfolgt, schließt sie ZbR aus. – Ist der ErbschBesitzer zugleich Vermächtn- od PflichtBerecht, hat er ein ZbR nur wg Verwendgen, nicht aber wg Vermächtn- oder PflichtAnsprüchen (Warn **13** Nr 233; KG OLGZ 74, 17; Staud/Gursky § 2018 Rn 23; dazu auch Dütz NJW **67**, 1105 f). Über entspr Anwendg ggü HerausgAnspr des NachlPflegers s BGH NJW **4 72**, 1752. – § 2022 gilt entspr für den Anspr der Erben auf **Berichtigung des Grundbuchs,** wenn der ErbschBesitzer eine zu seinen Gunsten lautende unrichtige Eintragg erlangt hat. Er kann Zustimmg verweigern, bis ihm Verwendgen auf das Grdst ersetzt sind (Staud/Gursky Rn 2 mit § 2018 Rn 21). Der Erbe muß sich durch Eintragg eines Widerspruchs sichern.

5   **b) Einen klagbaren Anspruch** auf Ersatz der Verwendgen (§ 1001), der innerh der Ausschlußfrist des § 1002 geltend zu machen ist. Str ist dabei, ob der Anspr von der Rückgabe der gesamten Erbsch (§ 2018) abhängt (Staud/Gursky Rn 9) od nur davon, daß der Erbe die Ggstände, denen die Verwendg galten, bzw deren Surrogate (§ 2019) od entspr Wertersatz (§ 2021) erhalten od die Verwendg genehmigt hat (Soergel/ Dieckmann Rn 7); letzterem ist zuzustimmen.

6   **c) Ein pfandähnliches Befriedigungsrecht** an allen ErbschSachen, die sich noch in seinem Besitz befinden (§ 1003). – Ein **Wegnahmerecht** entspr §§ 997, 258 (Soergel/Dieckmann Rn 9 mN).

7   **d) Nach Herausgabe** der Erbsch ist der ErsatzAnspr des Besitzers ebso beschränkt wie ggü der Eigentümerklage **(I 2,** §§ 1001–1003). VergütgsAnspr besteht also nur, wenn der Erbe die Sache wiedererlangt od die Verwendg genehmigt.

8   **3) Weitergehende Ansprüche** des ErbschBesitzers als der ihm dch **I** gewährte Schutz bleiben ihm dch **III** vorbehalten. Dabei handelt es sich insbes um Bereichergsansprüche, wenn der Besitzer über die Zulänglichk des Nachl hinaus NachlVerbindlichk berichtigt hat u der Erbe unbeschränkb haftet (§ 2013 I).

2023 *Haftung bei Rechtshängigkeit.* ^IHat der Erbschaftsbesitzer zur Erbschaft gehörende Sachen herauszugeben, so bestimmt sich von dem Eintritte der Rechtshängigkeit an der Anspruch des Erben auf Schadensersatz wegen Verschlechterung, Unterganges oder einer aus einem anderen Grunde eintretenden Unmöglichkeit der Herausgabe nach den Vorschriften, die für das Verhältnis zwischen dem Eigentümer und dem Besitzer von dem Eintritte der Rechtshängigkeit des Eigentumsanspruchs zu gelten.

^{II}**Das gleiche gilt von dem Anspruche des Erben auf Herausgabe oder Vergütung von Nutzungen und von dem Anspruche des Erbschaftsbesitzers auf Ersatz von Verwendungen.**

1   **1) Haftungsverschärfung.** Ab Eintritt der **Rechtshängigkeit** (ZPO 261 I, II; 696 III; s § 818 Rn 51), die dch Urteil, Vergl od KlageRückn endet (vgl auch § 212), verschärft sich die Haftg des Besitzers und mindert sich sein Gegenanspruch. Der Besitzer muß nun mit der Möglichk rechnen, daß er im RStreit unterliegt und nicht er, sond ein anderer der wahre Erbe ist und von da ab die Erbsch wie fremdes Gut ansehen u behandeln. Er haftet dann wg untergegangener, verschlechterter od veräußerter Sachen auf SchadErs (§§ 249–255), Verschulden (§§ 276, 989) sowie wg schuldh nicht gezogener Nutzgen (**II;** § 987 II).

2   **2) Der Bereicherungsanspruch** des Erben (§ 2021) richtet sich nunmehr nach allg Vorschriften (§ 818

IV), in erster Linie also nach den §§ 291, 292 mit den dort genannten Verweisen (s § 818 Rn 52). Ob sich der ErbschBesitzer nun noch auf Wegfall od Minderg der Bereicherg berufen kann, ist str (s Soergel/Dieckmann Rn 2 mN; § 818 Rn 53). Richtig erscheint, daß der ErbschBesitzer nicht nach §§ 292, 989 haftet, wenn er den Wegfall der Bereicherg nicht (sei es auch nur wg Verzugs, § 287 S 2) zu vertreten hat (Erman/Schlüter Rn 2).

3) Notwendige Verwendungen allein sind zu ersetzen (II) und auch diese nur nach den Grdsätzen der 3 GoA (§ 994 II), dh wenn sie dem wirkl od mutmaßl Willen des Erben entsprochen haben od von ihm genehmigt worden sind (§§ 677 ff) od den Erben noch bereichern (§§ 683, 684). Außerdem müssen sie gerade auf die herauszugebende Sache gemacht worden sein, soweit nicht § 2022 III eingreift (bestr; aA Soergel/Dieckmann Rn 3).

2024 *Haftung bei Bösgläubigkeit.* **Ist der Erbschaftsbesitzer bei dem Beginne des Erbschaftsbesitzes nicht in gutem Glauben, so haftet er so, wie wenn der Anspruch des Erben zu dieser Zeit rechtshängig geworden wäre. Erfährt der Erbschaftsbesitzer später, daß er nicht Erbe ist, so haftet er in gleicher Weise von der Erlangung der Kenntnis an. Eine weitergehende Haftung wegen Verzugs bleibt unberührt.**

1) Ursprüngliche Bösgläubigkeit bei Erlangg des Besitzes liegt vor, wenn der Besitzer weiß od es ihm 1 inf grober Fahrlk (zB Nichtlesen des vorgefundenen Test) unbekannt blieb, daß er nicht Erbe ist. Dann haftet er ggü dem Herausg- u BereicherungsAnspr wie bei Rechtshängigk (§ 2023) und bei Verzug (durch Mahng od Klageerhebg) wg Zufalls (S 3; §§ 284 II, 287).

2) Nachträgliche Bösgläubigkeit tritt ein, sobald der Besitzer später positiv erfährt, „daß er nicht Erbe 2 ist". Grobe Fahrlässigk genügt hier nicht (RG **56**, 317; vgl § 990 Rn 7). – **Beweispflichtig** für Bösgläubigk u Verzug ist der Erbe.

3) Haftung wg Bösgläubigk hins des ErbR **entfällt**, wenn der Besitzer hinsichtl seines BesitzR an einem 3 einzelnen Ggstand gutgläub ist (Staud/Gursky Rn 3; aA Soergel/Dieckmann Rn 2: nur mit diesem Ggstand unterliegt er nicht der verschärften Haftg).

2025 *Haftung bei unerlaubter Handlung.* **Hat der Erbschaftsbesitzer einen Erbschaftsgegenstand durch eine Straftat oder eine zur Erbschaft gehörende Sache durch verbotene Eigenmacht erlangt, so haftet er nach den Vorschriften über den Schadensersatz wegen unerlaubter Handlungen. Ein gutgläubiger Erbschaftsbesitzer haftet jedoch wegen verbotener Eigenmacht nach diesen Vorschriften nur, wenn der Erbe den Besitz der Sache bereits tatsächlich ergriffen hatte.**

1) Durch eine Straftat (Fälsch des Test od Erbscheins; Erpressg; Betrug) muß der ErbschGgst (Sache 1 od Recht, zB Einziehg einer NachlFdg aGrd gefälschter Urk) erlangt sein. Daß der Besitzer dann bösgl ist (anders **S 2**), erscheint selbstverständl. Jedenfalls ist hier guter Glaube (§ 2024), der bei TestFälschg des an sein ErbR glaubenden Besitzers vorkommen könnte (vgl RG **81**, 413), gleichgültig.

2) Verbotene Eigenmacht (§ 858) an ErbschSachen ist auch mögl, wenn der Erbe den Besitz noch nicht 2 tatsächl ergriffen hatte (S 2; § 854 I), weil er den Besitz bereits mit dem Erbfall erworben hatte (§ 857). Der gutgl ErbschBesitzer (mag sein guter Glaube auch auf einfacher Fahrlässigk beruhen) haftet in solchem Falle nicht aus unerl Hdlg, sond wie ein gewöhnl ErbschBesitzer. Erst wenn der Erbe bereits Besitz ergriffen hatte (S 2), haftet der gutgl wie der bösgl ErbschBesitzer bei verbotener Eigenmacht nach **S 1**. – Die Haftg wg verbotener Eigenmacht setzt infolge der Bezugnahme auf §§ 823 ff Verschulden voraus (Soergel/Dieckmann Rn 3; str). Die Erlangg dch verbotene Eigenmacht kann auch im Ausland erfolgt sein (Ferid GRUR, Intern Teil, **73**, 472/476).

3) Die Haftung regelt sich nach §§ 823 ff, geht also auf Naturalherstellg (§ 249). Dch diese Verschärfg 3 wird dem ErbschBesitzer vor allem das Zufallsrisiko auferlegt (§ 848). Verwendgen sind auch dem gutgl Besitzer nur noch nach §§ 850, 994–996 zu ersetzen. – Verjährg s § 2026 Rn 2.

2026 *Keine Berufung auf Ersitzung.* **Der Erbschaftsbesitzer kann sich dem Erben gegenüber, solange nicht der Erbschaftsanspruch verjährt ist, nicht auf die Ersitzung einer Sache berufen, die er als zur Erbschaft gehörend im Besitze hat.**

1) Herausgabeanspruch. Die Vorschr schließt aus, daß die 30-jähr Verjährgsfrist des ErbschAnspr 1 (§ 195) dadch wertlos wird, daß schon nach 10 Jahren der gutgl ErbschBesitzer an bewegl Sachen Eigt ersitzt (§ 937 I). Der Besitzer ist dann trotz erlangtem Eigentum dem Erben schuldrechtl zur Herausg verpflichtet; ggü Dritten kann er sich auf die Ersitzung berufen (Staud/Gursky Rn 9; MüKo/Frank Rn 7; str). Gg die verbreitete Ansicht, der EigtErwerb sei dem Erben ggü zum besseren Schutz in Konk u ZwVollstr relativ unwirks (Soergel/Dieckmann Rn 3 mN), spricht vor allem, daß damit ein dem Ges fremdes gespaltenes EigentR anerkannt würde. – Bei Grundst ist § 2026 prakt von geringer Bedeutg wg der gleich langen Buchersitzgsfrist (§ 900), zB wenn dch Anerkenntn nur die Frist der Verjährg unterbrochen wird (§ 208), dies aber für die Ersitzg nicht mögl ist. – Eine Ersitzg der Erbsch im Ganzen gibt es nicht.

2) Die Verjährung des Anspr beginnt einheitl, sobald etwas aus der Erbsch erlangt ist (§ 2018; hM). Nur 2 der SchadErsAnspr des § 2025 verjährt nach § 852 in 3 Jahren, die idR konkurrierenden Anspr aus §§ 2018, 2024 aber in 30 Jahren (§ 195). Wird der Erbe rückwirkend durch wirks Anfechtg (§§ 2078, 2340) zum ErbschBesitzer, beginnt die Verjährg des ErbschAnspr nach § 200 schon mit der Zulässigk der Anfechtg, sobald der AnfGegner etwas aus der Erbsch erlangt hat. – Unterbrochen (§ 209) wird die Verjährg nur hins der im KlageAntr bezeichneten Ggstände (vgl Einf 2 vor § 2018). – Mit Eintritt der Verjährg erlangt der ErbschBesitzer aber nicht die RStellg des Erben (Staud/Gursky Rn 7).

3   **3) Die Ersitzungszeit** bei einer dem Erbl nicht gehörden Sache kommt dem Erben zustatten (§ 944), wenn er nicht bösgläubig ist (§ 937 II).

2027   *Auskunftspflicht des Erbschaftsbesitzers.*   [I]**Der Erbschaftsbesitzer ist verpflichtet, dem Erben über den Bestand der Erbschaft und über den Verbleib der Erbschaftsgegenstände Auskunft zu erteilen.**

[II]**Die gleiche Verpflichtung hat, wer, ohne Erbschaftsbesitzer zu sein, eine Sache aus dem Nachlaß in Besitz nimmt, bevor der Erbe den Besitz tatsächlich ergriffen hat.**

1   **1) Der Erbschaftsbesitzer** (§§ 2018, 2030) ist schon nach § 260 I zur Vorlegg eines Bestandsverzeichnisses u nach § 260 II zur Abgabe der eidesstattl Vers verpflichtet, von geringfüg Nachl abgesehen (§ 260 III). Die dch § 2027 erweiterte **Auskunftspflicht** betrifft den **Aktivbestand,** auch den Voraus des erbschaftsbesitzenden Eheg (SeuffA **66** Nr 141), **nicht** aber dessen Wert und auch nicht die **Schulden** (RGSt **71**, 360) od Schenkgen zu Lebzeiten (BGH **61**, 182). – Darüber hinaus hat der Besitzer dem Erben sowie dem NachlPfleger, NachlVerw, TestVollstr über den **Verbleib** der nicht mehr vorhandenen od nicht auffindbaren Ggstände Ausk zu erteilen. Die Erfordernisse der Ausk gehen also nicht soweit wie die des Inventars (§ 2001). AuskPfl über Verbleib schließt aber Rechngslegg über Verwaltg in sich (Soergel/Dieckmann Rn 1). – **Vervollständigung** der Ausk kann idR nur durch eidesstattl Vers, nicht dch neue Kl erzwungen werden, wenn nicht ein selbständ Vermögensteil gänzl ausgelassen war u deshalb ein NachlVerzeichnis gar nicht vorgelegen hat (RG **84**, 44). – Der AuskAnspr ist vererbl (Soergel/Dieckmann Rn 4; vgl auch Nürnb OLGZ **81**, 115). Die AuskPflicht kann der Erbl nicht erlassen. Wohl aber kann der Berecht darauf **verzichten,** den Anspr aber **2** nicht einem Nichterben übertragen (Karlsr FamRZ **67**, 692). – Mit dem Tod des ErbschBesitzers geht eine noch unerfüllte AuskPfl nicht unter, sond auf dessen **Erben** über, die sich fehlende eigene Kenntnisse in zumutbarer Weise beschaffen müssen (BGH NJW **85**, 3068 mAv Dieckmann FamRZ **85**, 1247 u Hohloch JuS **86**, 315; Nürnb aaO; str); daneben kann eine eigene AusklPfl des Erben aus **I** bestehen (BGH aaO).

3   **2) Ein sonstiger Besitzer,** der nach dem Erbfall Sachen aus dem Nachl in Besitz genommen hat, ohne ErbschBesitzer zu sein (vgl § 2018 Rn 6), ist ebso auskunftspflichtig, gleichgült, aus welchem Grunde er in die Erbsch eingegriffen hat (als GeschF oA, Gläub od Dieb). Darunter fällt auch, wer nur die Möglichk tatsächl Vfg erlangt hat wie zB der Vermieter, der die Wohngsschlüssel an sich nahm (OLG **9**, 34). Nicht notwend ist, daß der Besitzer Kenntn von dem Eingriff in den Nachl hatte. – **Nicht** auskunftspflichtig ist aber, wer den Besitz schon vor dem Tod des Erbl erlangt hat (Staud/Gursky Rn 15) od wer nach dem Tode des Erbl eine Sache in Besitz nimmt, die der Erbl schon zu seinen Lebzeiten einem Dritten übergeben hatte (BGH **LM** Nr 1 zu § 1421; s auch Johannsen WM **72**, 923). Ebenso gilt **II** nicht ggü NachlPfleger usw (§ 2018 Rn 6).

4   **3) Ein Miterbe** kann unter den Voraussetzgen des § 2027 auch von einem **andern Miterben** Ausk verlangen (Karlsr MDR **72**, 424; Staud/Gursky Rn 5). Nicht aber, wenn letzterer für die Gesamth der Erben als deren Vertreter Besitz ergriffen hat (§ 2038 I 2; RG HRR **32** Nr 1928). Hier können aber §§ 666, 681 Platz greifen (Staud/Gursky aaO; vgl § 2038 Rn 13).

5   **4) Prozessuales.** Klage auf AuskErteilg ist im Gerichtsstand des ZPO 27 mögl (Nürnb OLGZ **81**, 115; str). Sie macht aber nicht auch den ErbschAnspr rechtshäng (RG **115**, 29), es sei denn, daß im Wege der Stufenklage (ZPO 254) zugleich die genaue Kennzeichng und Herausg der ErbschGgstände verfolgt wird (s Einf 2 vor § 2018). Sie unterbricht auch nicht die Verjährg. Vollstreckg erfolgt gem ZPO 888. – Die eidesstattl Vers ist abzugeben: freiwill gem FGG 163 vor dem FG-Gericht (zuständ RPfleger, RPflG 3 Nr 1b); nach Verurteilg gem ZPO 889 vor dem VollstrGericht (Düss MDR **60**, 590), sofern nicht Gläub u Schu mit Abgabe vor dem FG-Gericht einverstanden sind (s Hamm Rpfleger **58**, 189).

2028   *Auskunftspflicht des Hausgenossen; eidesstattliche Versicherung.*   [I]**Wer sich zur Zeit des Erbfalls mit dem Erblasser in häuslicher Gemeinschaft befunden hat, ist verpflichtet, dem Erben auf Verlangen Auskunft darüber zu erteilen, welche erbschaftliche Geschäfte er geführt hat und was ihm über den Verbleib der Erbschaftsgegenstände bekannt ist.**

[II]**Besteht Grund zu der Annahme, daß die Auskunft nicht mit der erforderlichen Sorgfalt erteilt worden ist, so hat der Verpflichtete auf Verlangen des Erben zu Protokoll an Eides Statt zu versichern, daß er seine Angaben nach bestem Wissen so vollständig gemacht habe, als er dazu im Stande sei.**

[III]**Die Vorschriften des § 259 Abs. 3 und des § 261 finden Anwendung.**

1   **1) Häusliche Gemeinschaft** verschafft Kenntn u Vfgsmöglichk über NachlGgstände und ist daher der Grund für die AuskPflicht. Ihr Begriff ist weit auszulegen, damit dem schlechter informierten Erben geholfen wird. – **Berechtigt** sind neben dem Erben auch die in § 2027 Rn 1 bezeichneten Personen, nicht aber der Erwerber einzelner NachlGgstände (LG Bln JR **56**, 300). **Auskunftspflichtig** ist derj, bei dem nach den räuml u persönl Beziehgen, die zw ihm und dem Erbl bestanden hatten, eine Kenntn iS des § 2028 unter Berücksichtigg aller Umst des Einzelfalls zu vermuten ist (BGH **LM** Nr 1). Auch ein MitE kann auskunftspfl sein (RG **81**, 30). Verwandtsch od FamZugehörig (§ 1969) wird hier nicht vorausgesetzt. Auch FamBesuch (RG **80**, 285), Lebensgefährte (LG Bln FamRZ **79**, 503), Hauspersonal, Zimmer- u Flurnachbarn können darunter fallen; ebso ein Mieter, der das eingerichtete Haus des Erbl gemietet, ihm ein Zimmer als Untermieter überlassen u seine Verköstigg u Versorgg übernommen hat (BGH **LM** Nr 1).

2) Die Auskunft (Vollstreckg nach ZPO 888) ist von der des § 2027 verschieden. Als Ausk kann idR nur **2** eine Erklärg gewertet werden, die der Erklärende auf Fragen hin in dem Bewußtsein abgibt, einer gesetzl Pfl zu genügen (BGH WM **71**, 443). Sie umfaßt nicht die Vorlage eines Bestandsverzeichnisses (s aber § 2027), erstreckt sich aber auf Führg erbschaftl Geschäfte (Soergel/Dieckmann Rn 3). Bei Führg erbschaftl Geschäfte greift auch § 681 ein. – Unter „Verbleib der ErbschGgstände" (Sachen u Rechte, Vfgen darüber) fallen auch solche, die schon vor dem Erbfall beiseite geschafft sind, nicht aber vorher verschenkte Ggstände (RG **84**, 206; BGH **18**, 67; WM **71**, 443 zur Ausk über Rückzahlg eines Darlehens an Erbl). Die AuskPfl ist nicht durch Namhaftmachg bestimmter vermißter NachlSachen bedingt (BGH Betr **64**, 1443). – AuskErteilg nach § 2027 entbindet nicht von der AuskPfl nach § 2028 (Staud/Gursky Rn 11; str). – Gerichtsstand des ZPO 27 ist nicht gegeben (str). – Ein MitE kann Ausk nicht verweigern, weil er NachlGgst für wertlos hält (Köln MDR **61**, 147).

3) Versicherung an Eides Statt (FGG 163, 79; ZPO 889) über Vollständigk der Angaben (nicht, wie bei **3** § 260, des Bestandes) setzt AuskErteilg voraus (RG LZ **22**, 196; BGH Betr **64**, 1443). Ist der Hausgenosse zur Abgabe der Vers an Eides Statt vor dem Gericht der freiw Gerichtsbark (**III**; § 261) bereit, hat dieses nicht zu prüfen, ob Grd zur Annahme einer unsorgfältigen Ausk besteht (KGJ **45**, 112). **Voraussetzung** ist aber stets, daß der Erbe die Abgabe der Vers an Eides Statt verlangt od wenigstens damit einverstanden ist. In der Klage auf Abgabe der Vers an Eides Statt liegt ein solches Verlangen (BayObLG **53**, 135). – Die dem Gericht obliegde Pfl beschränkt sich auf die Bestimmg des Termins, Ladg der Beteiligten u EntggNahme der Vers an Eides Statt zu Protokoll des Ger (Rechtspfleger, RPflG 3 Nr 1b; wg Prot s FGG 78 I 2), wenn der Pflichtige bereit ist (Mü JFG **15**, 118). Wird sie verweigert, entscheidet das ProzG über die Pflicht; der Erbe muß Gründe darlegen u ev beweisen, die die Annahme rechtfertigen, daß die Auskunft aus mangelnder Sorgf unvollständ od unrichtig erteilt ist, zB NachlGgstände verschwiegen sind (BGH aaO).

2029 *Haftung bei Einzelansprüchen des Erben.* **Die Haftung des Erbschaftsbesitzers bestimmt sich auch gegenüber den Ansprüchen, die dem Erben in Ansehung der einzelnen Erbschaftsgegenstände zustehen, nach den Vorschriften über den Erbschaftsanspruch.**

1) Einzelansprüche dingl od schuldrechtl Art auf Herausg, Bereicherg, SchadErs (s §§ 985; 861; 812ff; **1** 823ff) kann der Erbe als Herr des Nachl wie gg jeden Dritten so auch gg den Besitzer geltd machen (s Einf 1 vor § 2018; Wiegand JuS **75**, 286: Ausgl für Vfgen des ScheinE). Es steht in seiner Wahl, ob er gg letzteren Gesamt- od Einzelklage erhebt. § 2029 stellt klar, daß auch in letzterem Fall der Besitzer die Vorteile des ErbschAnspr (zB hins der Aufwendgen) nicht verlieren, andererseits aber auch dessen Nachteile tragen soll. Zu diesen Nachteilen gehört die strengere Haftg hins der Nutzgen (§ 2020) im Ggsatz zu § 993 und der Herausg der Bereicherg nach § 2024 S 1 (grob fahrl Nichtwissen genügt) u schließt bei § 2026 der Ausschluß der Ersitzungseinrede (s Staud/Gursky Rn 2).

2) Prozessuales. Durch eine solche Einzelklage wird rechtskräftige Feststellg des ErbR nicht herbeige- **2** führt, wenn der Beklagte nicht die Widerklage (ZPO 256 II) hierauf erstreckt. Die Vorschr über den ErbschAnspr vom Gericht vAw anzuwenden, so weit sich der ErbschBesitz aus dem Parteivortrag ergibt. Der Gerichtsstand (ZPO 27) gilt jedoch für Einzelklagen nicht (Nürnb OLGZ **81**, 115).

2030 *Rechtsstellung des Erbschafterwerbers.* **Wer die Erbschaft durch Vertrag von einem Erbschaftsbesitzer erwirbt, steht im Verhältnisse zu dem Erben einem Erbschaftsbesitzer gleich.**

Erwerberhaftung. Eine Veräußerg der Erbsch (§§ 2371, 2385) od eines Erbteils (§§ 1922 II, 2033) durch **1** den Besitzer hindert den Erben nicht, den Erbschaftsanspruch auf den Erlös (§ 2019) gegen den Veräußerer geltd zu machen. Jedoch haftet der Erwerber, sobald ihm tatsächl die Erbsch übertr ist, dem Erben wie ein ErbschBesitzer u kann sich nicht auf gutgl Erwerb iS der §§ 932–936, 892, 893, 2366, 2367 berufen (Staud/ Gursky Rn 3). Die §§ 2024, 2025 treffen ihn aber nur, falls deren Voraussetzgen in seiner Person gegeben sind. – Der Erbe hat die Wahl, ob er gg den Verkäufer nach §§ 2018, 2019 od gg den Erwerber nach §§ 2018, 2030 vorgeht. Erhält er allerd die Erbsch zurück, kann er nicht außerdem noch den etwaigen Verkaufserlös beanspruchen; diesen kann vielm der Erwerber vom Besitzer nach § 440 wieder zurückverlangen, falls er nicht den Mangel im Recht kannte (§ 439 I). – § 2030 gilt entspr für den Erwerb einer Erbsch aGrd einer letztw Vfg, zB Vermächtn des ErbschBesitzers (Staud/Gursky Rn 10). – Wer nur **einzelne** Nachlaßgegenstände erwirbt, steht einem ErbschBesitzer nicht gleich; daher ist gutgl Erwerb mögl.

2031 *Herausgabeanspruch des für tot Erklärten.* [I]**Überlebt eine Person, die für tot erklärt oder deren Todeszeit nach den Vorschriften des Verschollenheitsgesetzes festgestellt ist, den Zeitpunkt, der als Zeitpunkt ihres Todes gilt, so kann sie die Herausgabe ihres Vermögens nach den für den Erbschaftsanspruch geltenden Vorschriften verlangen. Solange sie noch lebt, wird die Verjährung ihres Anspruchs nicht vor dem Ablauf eines Jahres nach dem Zeitpunkt vollendet, in welchem sie von der Todeserklärung oder der Feststellung der Todeszeit Kenntnis erlangt.**

[II]**Das gleiche gilt, wenn der Tod einer Person ohne Todeserklärung oder Feststellung der Todeszeit mit Unrecht angenommen worden ist.**

1) Dem scheinbaren Erblasser, der in Wirklich noch lebt, gleichwohl aber für tot erklärt (**I**) bzw mit **1** einem TodesZtpkt festgestellt (VerschG 39ff) od nur für tot gehalten (**II**) wurde, steht der ErbschAnspr gg jeden Eindringling in sein Vermögen selbst zu. Unerhebl ist, wenn dieser kein ErbschBesitzer iS des § 2018 war, dh sich ein ErbR nicht angemaßt hat, insb wenn er das Vermögen des Verschollenen dadurch erlangte, daß er sich selbst als der Verschollene ausgab. – Stirbt der ScheinErbl dann tatsächl, geht sein Herausgabe-Anspr auf seine Erben über u ist dann ein wirkl ErbschAnspr (RGRK Rn 5).

2   **2) Der Todeszeitpunkt** wird bei TodesErkl od Todeszeitfeststellg dch Beschluß festgestellt (VerschG 9; 23; 44). Bei Kriegsverschollenh ist vermuteter Todestag der 31. 12. 45 (2. Weltkrieg, Art 2 § 2 VerschÄndG) bzw der 10. 1. 1920 (1. Weltkrieg; G vom 20. 2. 25, RGBl 15). Ohne förml Verfahren fehlt ein TodesZtpkt, so daß bei II (falsche Sterbeurkunde; Personenverwechslg; Scheintod; Aufhebg der TodesErkl od der TodeszeitfeststellG, VerschG 30) Leben des Totgeglaubten genügt. Dann kann auch ein Abwesenheitspfleger (§ 1911) den Anspr geltend machen.

3   **3) Keine Verjährung (I 2).** Der lebende ScheinErbl soll seinen Anspr auch nicht durch Ablauf der Verjährgsfrist (§ 2026, §§ 194, 195) verlieren.

Vierter Titel. Mehrheit von Erben

Einführung

1   **1) Miterbengemeinschaft.** Die RVerbindg der MitE ist als Gemeinsch zur gesamten Hand ausgestaltet u damit die dritte derartige Gemeinsch im BGB (neben der Gesellsch u der ehel Gütergemeinsch; vgl Übbl 8 vor § 420). Obwohl damit zwischen dem gesamthänd gebundenen NachlVermögen u dem Eigenvermögen ihrer Mitglieder zu unterscheiden ist, ist die ErbenGemsch keine eigene Rechtspersönlichk u als solche auch nicht parteifähig (BGH NJW **89**, 2133); allerd kann sie am sozialgerichtl Verf beteiligt sein, SGG 70 Nr 2 (BSozG NJW **58**, 1560). Sie entsteht dch den Tod des Erbl unabhängig von dem eigenen Willen der MitE kr G; vertragl kann sie wieder geschaffen noch nach erfolgter Auseinandersetzg wieder eingeführt werden (s § 2042 Rn 22). Gehört ein nichtehel Kind (od der nichtehel Vater) zu den ges Erben, ist es (er) im Falle seiner Verweisg auf einen ErbersatzAnspr (§ 1934a) nicht an der ErbenGemsch beteiligt, sond nur deren Gläub. – Die grdsätzl Pfl der MitE zu gemeinschaftl Handeln findet sich unverfälscht zB in den §§ 2038–2040, erfährt aber mehrfach eine Durchbrechg dch individueller Befugnisse rein individueller Prägung wie die Verfügbark über den Miterbenanteil (§ 2033 I; anders bei der Gesellsch, § 719 I und die GüterGemsch, § 1419 I) und namentl den Anspr jedes MitE auf jederzeitige Auseinandersetzg (§ 2042 I). Während näml die Gesellsch für die Dauer bestimmt u eingegangen ist, soll die MiterbenGemsch idR möglichst bald aufgelöst werden. Auch die
2   „fortgesetzte ErbenGemsch" ist keine Gesellsch des BGB. Zur **steuerlichen** Behandlg der ErbenGemsch s BFM-Schreiben vom 11. 1. 93 (NJW **93**, 977).

3   **2) Erbeserbengemeinschaft** (s § 1952 Rn 4). Stirbt einer der MitE vor Auseinandersetzg der Erben-Gemsch und hinterläßt er seinerseits mehrere Erben, geht sein Anteil am Sondervermögen der Erben-Gemsch auf seine Erben über; sie bilden eine ErbeserbenGemsch, also eine **gesamthänderische Unterbeteiligung** an der ErbenGemsch. Über das AusschlaggsR der einzelnen Erben s § 1952 III mit Rn 4. Für die Verwaltg der ErbeserbenGemsch gelten §§ 2038–2040. Über den Anteil an der Erbsch können die Erbeserben nicht verfügen, wohl aber über den ideellen Bruchteil des von ihnen ererbten Nachl. Zur Ausübg des VorkaufsR (§§ 2034ff) s BGH NJW **69**, 92. Die Teilg des Nachl nach dem verstorbenen MitE kann jeder Erbeserbe verlangen (§ 2042); zur Haftg des zweiten Nachl s §§ 2058ff.

4   **3) Sondervorschriften. – a) Grundstücke.** Befinden sich Grdst im Nachl, ist durch einen beschränkten Vollstreckgsschutz eine gewisse Sicherg ggl allzu krasse Auswüchse des Auseinandersetzgsverlangens gegeben, die zur Einigg der MitE beitragen kann (ZVG 180 II). S auch ZVG 185 über Einstellg des ZwangsversteigergsVerf wg Stellg eines Zuweisgsantrags nach § 13 GrdstVG. Handelt es sich um land- od forstwirtschaftl Grdstücke, ist für die Auseinandersetzg ggf die Genehmigg nach GrdstVG 2ff; 18ff erforderl (s insbes GrdstVG 9 III; SchlHOLG RdL **63**, 89). S auch § 2033 Rn 6. – **b)** Gehört zu einer dch ges Erbfolge entstandenen ErbenGemsch ein **landwirtschaftlicher Betrieb**, ermöglicht das GrdstVG die gerichtl Zuweisg des Betriebs an einen MitE (GrdstVG 13–17; 33; 39 I; dazu § 2042 Rn 24). – **c) Außenwirtschaft.** Bei
5 Erbteilg u einzelnen AuseinandersetzgsMaßn ist ggf das AWG mit AWV (s § 245 Rn 31) u VO zur Regelg
6 von Zuständigk im Außenwirtschaftsverkehr zu beachten. – **d) Uraltguthaben** (UmstErgG 1), die einer ErbenGemsch zustehen, sind gem UmstErgG 6 I idF vom 22. 1. 64 (BGBl 33) umzuwandeln. S auch die SonderVorschr in § 7 IV, V Bln-AltbankenG vom 10. 12. 53 (GVBl 1483) u dazu KG WM **67**, 148; **66**, 842; **69**, 1047; LG Bln WM **67**, 859; Schoele WM **69**, 1338.

I. Rechtsverhältnis der Erben untereinander

2032   *Erbengemeinschaft.* [1]Hinterläßt der Erblasser mehrere Erben, so wird der Nachlaß gemeinschaftliches Vermögen der Erben.
[II]Bis zur Auseinandersetzung gelten die Vorschriften der §§ 2033 bis 2041.

1   **1) Gesamthandsgemeinschaft.** Das BGB kennt nur die Gesamtrechtsnachfolge hins des ganzen Nachlasses (§ 1922 I). Eine unmittelb ggständl Beziehg des einzelnen MitE zum Nachl od Teilen davon wird daher durch den Erbfall nicht begründet. Die Erbsch bleibt zunächst beisammen. Der Nachl steht den MitE gemschaftl zur gesamten Hand zu. Der Anteil des MitE an den einzelnen NachlGgsten ist zwar kein Bruchteil, aber ein wirkl, wenn auch bis zur Auseinandersetzg gesamthänderisch gebundener Anteil (BayObLG **68**, 3; **82**, 59/67). Die Sachen stehen im GesamthandsEigt, die Fdgen sind GesamthandsFdgen usw. Wg der Bedeutg vgl § 2033 Rn 20; 21. Zur Rechtsstellg der ErbenGemsch s Einf 1. – Sind den Erben durch Test einzelne Ggstände ausgesetzt u bestimmt damit der Erbl über die Vermögensstücke selbst, liegt nur ein Vorausvermächtn (§ 2150) od eine Teilsanordng (§ 2048) vor, die schuldrechtl Wirkgen äußert u erst bei der Auseinandersetzg Berücksichtig erfährt. Hat aber der Erbl im Test bestimmt, daß hinsichtl des wesentl Teils des Nachl gesetzl Erbfolge eintreten soll, liegt eine dch gesetzl Erbfolge entstandene Erben-Gemsch vor (Köln RdL **76**, 249).

2) **Besondere Übertragungsakte** sind daher für RÜbertragungen erforderl, wenn das GesamthandsEi- **2** gent in BruchteilsEigent umgewandelt od wenn AlleinEigent begründet werden soll. Bei Grundstücken ist also Auflassg u zur Gültigk des schuldrechtl Vertrags Beachtg der Form des § 313 erforderl (RG **57**, 432; **118**, 244; BGH **21**, 231); über Genehmiggsbedürftigk nach GrdstVG 2 II Nr 2 s Oldbg RdL **64**, 234; über Anwendg von WEG 12 I bei Übertr eines WohngsEigt von der ErbenGemsch auf einen der MitE s BayObLG **82**, 46. Ebenso ist zur Umschreibg des Eigtums an einem NachlGrdst auf eine von den MitE gebildete offene Handelsgesellsch die Auflassg erforderl (KG JFG **21**, 168); desgl bei der KG (Hamm JMBl NRW **58**, 268); s auch Rn 7. Wenn jedoch eine von den MitE gebildete Gesellsch des bürgerl Rechts sämtl Erbteile erwirbt, bedarf es zur Umschreibg eines NachlGrdstücks auf die Gesellsch keiner Auflassg (KG DR **44**, 455; s auch § 2033 Rn 13). – Aus dem Grdsatz der GesamthandsGemsch ergibt sich ferner, daß es nicht mögl ist, innerh einer fortdauernden ErbenGemsch eine engere, nur einen Teil der MitE umfassde „Erben-Gemsch" zu begründen; die Erben können aber ein zum Nachl gehördes HandelsGesch in der Weise aus der ErbenGemsch ausgliedern, daß sie insow eine Gesellsch bilden u das Geschäftsvermögen dorthin übertragen (BGH WM **75**, 1110).

3) **Die Berufung** mehrerer Erben kann auf G (§§ 1924ff) od auf einer Vfg vTw (§§ 1937; 1941) beruhen u **3** bei begrenzter Vfg (§§ 2088ff) auch beide Berufsgründe umfassen. Das GemschVerhältn besteht nur zw den unmittelb eintretenden MitE, nicht dagg schon mit einem ErsatzE (§ 2096) od NachE (§ 2100), solange nicht der für den Eintritt weiterer Erben maßgebl Umstand vorliegt. NachE bilden unter sich nach Eintritt des Nacherbfalls die Gemsch (RG **93**, 296, insow nicht geändert durch RG **152**, 380); ebenso ErsatznachE (s Schmidt BWNotZ **66**, 144); nicht aber der VorE mit dem NachE. Der MitE kann aGrd Ges od Vfg vTw von mehreren Pers beerbt werden, die in seine Rechte u Pflichten eintreten.

4) **Nachfolge in Handelsgeschäft** (dazu Wolf AcP **181**, 480; Strothmann ZIP **85**, 969; Kapp/Ebeling Rz **4** I 336ff; K. Schmidt, HandelsR § 5 I 3 und NJW **85**, 2785). Das von einem Einzelkaufmann hinterlassene HandelsGesch ist vererbl (s § 1922 Rn 14). Geht es auf eine Mehrh von Erben über, kann es nach ständ Rspr von der ErbenGemsch als Gesamthand auch über die Dreimonatsfrist von HGB 27 II hinaus zeitl unbeschränkt fortgeführt werden (zB BGH **92**, 259), obwohl die ErbenGemsch kein Unternehmen neu errichten (KG HRR **32** Nr 749) od unter Lebenden erwerben kann. Die auf Auseinandersetzg angelegte ErbenGemsch ist für den Betrieb eines Unternehmens allerd eine wenig zweckmäßige RForm. Sie wird sogar aus Organisations- u Haftgründen für ungeeignet angesehen; die Fortführg dch sie widerspreche dem geschlossenen Kreis handelsrechtl GesellschFormen (Fischer ZHR 144, 1/8ff). – Die Fortführg des ererbten HandelsGesch ist auch mögl, wenn ein MitE aus der ErbenGemsch ausgeschieden ist (KG JW **39**, 565). – Auch ein gewerbl Unternehmen, das nach HGB 2 erst in das HandelsReg einzutragen ist u damit zu einem Handelsgewerbe wird, kann von der ErbenGemsch als solcher (mit entspr Firma) fortgeführt werden (KG JW **38**, 3117). Ist ein eintraggsfäh Unternehmen auf MitE übergegangen u hat einer von diesen mit Einwilligg der ad die Fortführg übernommen, kann dieser allein dessen Eintragg ins Handelsregister bewirken (LG Kleve RhNK **67**, 783). – Wird das ererbte HandelsGesch **nur von einem** MitE fortgeführt, liegt darin eine Fortführg dch alle MitE im Sinn von HGB 27 nur, wenn die übrigen MitE den tätigen MitE zur Fortführg ausdrückl od stillschweigend bevollmächtigt haben (BGH NJW **59**, 2114; **60**, 962).

a) **Fortführung mit Minderjährigen.** Auch eine aus Eltern u ihren minderj Kindern bestehende unge- **5** teilte ErbenGemsch kann das HandelsGesch fortführen. Dadch können die Eltern kr ihrer ges Vertretgsmacht ihre Kinder als Mitinhaber für solche Verbindlichk mit verpflichten, die sie unter der Firma des fortgeführten Unternehmens eingegangen sind (BGH **92**, 259 mAv Schmidt NJW **85**, 139; John JZ **85**, 246; Emmerich JuS **85**, 316; Hüffer ZGR **86**, 603; dazu auch Damrau NJW **85**, 2236). Die Fortführg bedarf keiner Genehmigg des VormschG, solange nicht ein GesellschVertr geschlossen wird (§ 1822 Nr 3 nicht, auch nicht entspr anzuwenden ist (BGH aaO; hM). Von Verfassgs wg ist die nach derzeit RLage bestehde Lücke im MinderjährSchutz aber nicht hinnehmb. Die Möglich, daß Eltern infolge unbeschränkter Verpflichtgsmacht ihre Kinder überschuldet in die Volljährigk entlassen können, ist mit dem GG 2 I iVm 1 I garantierten allg PersönlichkR der Minderjähr unvereinb (BVerfG **72**, 155 mAv K. Schmidt BB **86**, 1238; Wolf AcP **187**, 319/336; s auch Ramm u Schmidt NJW **89**, 1708; 1712). Das BVerfG, das dem BGH eine and Auslegg des § 1822 nicht vorschreiben konnte, hat daher unter Aufhebg der Entscheidg dem GesGeber aufgegeben, das Problem verfassgskonform zu regeln, sei es dch eine vormschgerichtl GenehmiggsPfl für die Fortführg des HandelsGesch od dch eine Beschränkg der Haftg des Minderjähr auf das ererbte Vermögen. Dieser hat aber eine Neuregelg immer noch nicht verabschiedet (s Thiele FamRZ **92**, 1001; Peschel-Gutzeit FamRZ **93**, 1009; auch Salgo NJW **95**, 2129).

b) **Rechtsfolgen.** Bei Fortführg kann die ErbenGemsch unter ihrer Firma Rechte erwerben und Verbind- **6** lich eingehen, sowie klagen und verklagt werden (Wolf aaO 493). – Die Fortführung kann unter der **bisherigen Firma** (mit od ohne Nachfolgezusatz) od unter einer **neuen** erfolgen, die dann aber den Vorschr des Einzelkaufm genügen und die ErbenGemsch erkennen lassen muß (KG JFG **5**, 209; Soergel/Wolf Rn 7). – Ins **Handelsregister** wird die ErbenGemsch als Kaufmann eingetragen (dazu Heinen RhNK **62**, 108ff). – Die **Geschäftsführung** steht idR allen MitE gemeins zu (Ffm BB **75**, 1319). Im **Innenverhältnis** können auf die RBeziehungen der MitE untereinander die RSätze der OHG angewendet werden (BGH **17**, 299 mAv Johannsen **LM** § 2038 Nr 5). – Nach Fortführg trifft die **Haftung** sowohl für die **früheren** (HGB 27) als auch für die **neuen** Geschäftsverbindlk (analog HGB 128; K. Schmidt NJW **85**, 2785) die Erben persönl (KG JW **37**, 2599; Hueck ZfHK **108**, 1; K. Schmidt aaO) und kann auf den Nachl nur dch Vereinbar mit dem VertrPartner beschränkt werden (Ffm aaO; Soergel/Wolf Rn 9). – Eine **Prokura** erlischt mit dem Erbfall, wenn der Prokurist einer der MitE wird (BGH NJW **59**, 2114); ein MitE kann auch nicht zum Prokuristen bestellt werden (KG JW **39**, 565; dazu Beuthien FS Fischer, 1979, 1 ff). – Die ErbenGemsch kann sich nicht als solche an einer OHG od KG beteiligen (KGJ **49**, 109; 268; **37** A 145; BGH 22, 192).

7   **c) Umwandlung in Handelsgesellschaft.** Wünschenswert erscheint sowohl aus Gründen der Haftgs-Beschränkg der MitE als auch des Verkehrsschutzes im HandelsR, daß die ErbenGemsch als Unternehmensträger alsbald dch eine HandelsGesellsch abgelöst wird. Einen ges Umwandlgszwang hierzu gibt es allerd nicht; eine Umwandlg erfordert Teilauseinandersetzg u Sachgründg (K. Schmidt aaO). Die **Fortführung als OHG** setzt Abschluß eines GesVertrags u Übertragg der Unternehmensgüter auf die PersonenGes voraus, weil es sich jeweils um gesonderte Gesamthandsvermög u eigenständ Unternehmensträger handelt (BGH **92**, 259; BFH NJW **88**, 1343). Ohne entspr GesVertrag bleibt die ErbenGemsch Träger des Unternehmens. Allerd kann der Wille der MitE, zur Unternehmensfortführ eine OHG zu gründen, auch schlüssig zum Ausdr kommen. Ein solcher Gründgswille kann aber nicht schon im Entschluß zur Fortführg erblickt werden, wie überhaupt die Tats der Fortführ für sich allein auch nach längerem Zeitablauf nichts über eine Umwandlg od GesellschGründg besagt (so auch BGH aaO; Schmidt aaO). – Die MitE können dch Mitwirkg aller (§ 2038 I) auch eine **stille** Ges (HGB 230 ff) mit Dritten eingehen; sind dies minderj Abkömml eines MitE, ist zur Vertretg des Mindj ErgänzgsPflegsch (§ 1909) erforderl, sofern der Vertragsschluß dem Kind nicht lediglich rechtl Vorteil bringt (dazu BFH NJW **88**, 1343).

8   **5) Nachfolge bei OHG od KG** (HGB 139, 161 II; 177). Sieht der GesVertr einer OHG od KG bei Tod eines persönl haftden Gesellschafters die Fortsetzg der Gesellsch mit dessen Erben vor (s § 1922 Rn 17), erben bei Vorhandensein mehrerer Erben die MitE die Beteiligg des Erbl an der Gesellsch nicht als ErbenGemsch, da eine solche als Inhaberin der Gesellschafterposition ungeeignet ist. Vielmehr vollzieht sich ihr Eintritt erbrechtl: Jeder MitE wird im Wege der Sondererbfolge unmittelb Gter mit einem GesAnteil, dessen **9** Größe seinem Erbteil am ErblAnteil entspricht (s § 1922 Rn 18–20). – Auch bei Vererbg eines **Kommanditanteils** auf mehrere Personen wird nicht die ErbenGemsch Kommanditist, sond jeder MitE mit dem Anteil, der seinem Erbteil entspricht (s § 1922 Rn 21 mH); zur AnmeldePfl jedes einz MitE s BayObLG Betr **79**, 86. – Bei Fortführg einer OHG mit den Erben des Gesellschafters (einer KG mit den Erben des persönl haftenden Gesellsch) besteht unbeschränkte persönl Haftg (HGB 128) der einzelnen MitE, die unmittelb am GesellschVermögen beteiligt sind.

10   **6) BGB-Gesellschaft.** Sieht der GesellschVertr die Vererblichk der Mitgliedsch vor (§ 727 I), wird bei Beerbg eines Gesellschafters von mehreren Personen nicht die ErbenGemsch, sond jeder MitE Gesellschafter mit dem Anteil, der seinem Erbteil entspricht (s BGH NJW **81**, 749; BayObLG **84**, 225; § 1922 Rn 22).

11   **7) Nachfolge in einen GmbH-Anteil.** Der GeschAnteil einer GmbH ist vererbl (GmbHG 15 I) und kann kraft ErbR auf MitE in ErbenGemsch übergehen (s GmbHG 18; Däubler, Die Vererbg des GeschAnteils bei der GmbH, 1965, S 18 ff; Kapp/Ebeling Rn I 39 ff, 347 ff). Fällt der Anteil einer ErbenGemsch an, deren Mitglieder nach dem GesellschVertrag nur teilweise nachfolgeberechtigt sind, kann im Wege der Erbauseinandersetzg der vererbte GeschAnteil auf nachfolgeberechtigte MitE übertragen werden (BGH **92**, 386). Wird dagg dch erbrechtl zulässige Erbanteilsübertragg (s § 2033) ein gesellschaftsrechtl ErwerbsR an dem Anteil beeinträchtigt, kann der Erwerber schuldrechtl verpflichtet sein, hinsichtl des GeschAnteils die satzgsmäßige RLage wiederherzustellen (BGH aaO). – Die MitE können die GmbH-Anteilsrechte, namentl **12** das StimmR nur **gemeinsam** ausüben (BGH WM **60**, 590) und Erklärgen ggü der Gesellsch nur gemeins abgeben; insow ist § 2038 I S 2, 2. Halbs auch anwendb (GmbHG 18 I; Däubler aaO 18). Über Rechtshandlgen der GmbH ggü der ErbenGemsch s GmbHG 18 III. Über Haftg für NachlVerbindlichk ggü der Gesellsch s GmbHG 18 II, der grdsätzl mit § 2058 übereinstimmt; § 2059 ist anwendb; §§ 2060, 2061 geht GmbHG 18 II vor (Däubler aaO 20, 21). Soll bei der NachlAuseinandersetzg ein GmbH-Teil aufgeteilt werden, ist GmbHG 17 zu beachten (s dazu Däubler aaO 23). S auch § 1922 Rn 24; eingehd Wiedemann Rdsch GmbH **69**, 247. Übertragg der GmbH-Anteile der ErbenGemsch auf OHG erfordert not beurk Übertragsakt auch bei Identität der Gter (Karlsr NJW-RR **95**, 1189). – Zur ErbteilsÜbertr, wenn zum Nachl ein GmbH-Gesch-Anteil gehört, s Haegele BWNotZ **76**, 53/61.

13   **8) Nachfolge bei Aktiengesellschaft.** Das Mitgl-(Anteils-)Recht des Aktionärs (Aktie) ist unteilb (AktG 8 III). Mehrere MitE erben eine Aktie als ErbenGemsch, also zu gesamter Hand (s AktG 69). Die MitE können ihre Rechte aus einer Aktie nur dch einen gemeinschftl Vertreter ausüben (AktG 69 I). Sie müssen einen solchen bestellen, wenn nicht etwa ein TestVollstr vorhanden ist (Godin/Wilhelmi AktG 69 Rn 3). – Die Vererblichk des AktienR kann **nicht ausgeschlossen** werden (§ 1922 Rn 24); in der Satzg der AG kann aber der Gesellsch das Recht vorbehalten werden, beim Eintritt gewisser Umstände (zB Erbfall; Erbfall an bestimmte Personen) die Einziehg der vom Erbfall betroffenen Aktien durchzuführen (s AktG 237 ff; dazu Wiedemann, Die Übertr u Vererbg von MitgliedschR bei Handelsgesellschaften, § 4 I 1 b, II 2). – Die Eintragg des Rechtsübergangs in das Aktienbuch für Namensaktien (AktG 67, 68) ist für den erbrechtl Erwerb nicht erforderl. – Über Haftg der MitE für Leistgen auf die Aktie s AktG 69 II (dazu Godin/Wilhelmi Rn 4). Abgabe von Willenserklärgen der Gesellsch ggü mehreren Erben eines Aktionärs regelt AktG 69 III.

14   **9) Grundbuchberichtigung** kann nur so erfolgen, daß gleichzeit alle MitE eingetragen werden, weil das GB den neuen RZustand insges richtig wiedergeben muß. Dabei ist GBO 47 (Bezeichng des GemschVerhältnisses) zu beachten; haben sich innerh der ErbenGemsch noch UnterGemsch gebildet, zB nach verstorbenen MitE (s Einf 3), sind auch diese u ihre Zusammensetzg einzutragen (BayObLG **90**, 188; dazu Venjakob Rpfleger **93**, 2). Ein verstorbener MitE kann allerd nicht eingetragen werden (Horber/Demharter, GBO 19 Rn 98); seine unbekannten Erben grdsl auch nicht, es sei denn, daß andernf eine nur einheitl mögl GB-Berichtigg nicht dchführb wäre (BayObLG **94**, 158). – Ist dann das MiterbenVerhältn gekennzeichnet, kann eine auf dem ideellen Anteil eines MitE unzulässigerw eingetragene Hyp auch nicht aGrd guten Glaubens an die Richtigk des Grdbuchs rechtswirks erworben werden (§§ 1114, 892; RG **88**, 21). – Zur GB-Eintrag bei Übertragg des Erbteils s § 2033 Rn 13, bei seiner Pfändg s § 2033 Rn 18.

2033 *Verfügungsrecht des Miterben.* ¹Jeder Miterbe kann über seinen Anteil an dem Nachlasse verfügen. Der Vertrag, durch den ein Miterbe über seinen Anteil verfügt, bedarf der notariellen Beurkundung.

ᴵᴵ Über seinen Anteil an den einzelnen Nachlaßgegenständen kann ein Miterbe nicht verfügen.

1) Über seinen Erbteil (§ 1922 II) kann ein MitE in Abweichg von den gesamthänderischen Grdsätzen, 1 die in den §§ 719, 1419 gewahrt sind, verfügen, nicht aber über einzelne NachlGgstände od seinen Anteil daran (**II**). Zuläss ist auch die Vfg über einen **Bruchteil** dieses Anteils (dazu BGH NJW 63, 1610; BFH NJW 75, 2119; Düss RhNK 67, 219); ob dann innerh der ErbenGemsch eine BruchteilsGemsch bezügl des ungeteilten Erbteils entsteht (so Düss aaO; Köln Rpfleger 74, 109; hM), die wiederum Mitglied der Erben-Gemsch ist, od ein selbständ Anteil, ist str (für letzteres Venjakob Rpfleger 93, 2 mit Nachw des Meings-stands). Ggstand der Vfg kann aber **nicht** der Anspr auf das künftige **Auseinandersetzungsguthaben** sein (Staud/Werner Rn 12; Soergel/Wolf Rn 6; str; aM Siegler MDR 64, 372), u zwar so lange nicht, wie noch gemeinschaftl Vermögen vorhanden ist (KGJ 52, 272; Hamm DNotZ 66, 744; s Rn 10). Dies gilt auch für MitVorE (§ 2112 Rn 3; Haegele BWNotZ 71, 129).

a) Die Verfügungsbefugnis kann mit dingl Wirkg auch dch den Erbl nicht beschränkt werden (§ 137). 2 Auch TestVollstreck schließt das VfgsR nicht aus (Essen Rpfleger 60, 57). Zuläss ist auch der Erwerb eines MitE-Anteils dch mehrere Personen, sei es daß diese in einem bestimmten GemschVerh stehen od sich miteinander in keinem bes RechtsVerhältn befinden. Stirbt ein MitE, können seine Erben über den in seinem Nachl befindlichen Erbteil nur gemeins verfügen (RG 162, 397); Teilausschlagg ist jedoch zuläss (§ 1952 III). – Bei **Übertragung sämtlicher Anteile** auf einen MitE vereinigt sich die Erbsch in dessen 3 Hand mit der Maßg, daß eine Rückübertragg der Anteile nicht mehr mögl ist. Es besteht der gleiche RZustand wie bei dem urspr Anfall an einen AlleinE, der ebenf üb einen Bruchteil des Nachl nicht mit dingl Wirkg vfgen könnte (BGH FamRZ 92, 659 mwN). Für die GläubAnfechtg (AnfG 7) bedeutet dies, daß eine Rückgewähr in Natur aus RGrden zwar im allg ausgeschlossen sein wird, aber jedenf dann mögl ist, wenn der Nachl nur aus einem Erbteil besteht (BGH aaO). – Überträgt ein MitE seinen Erbteil an die übr Mitgl der ErbenGemsch, entsteht mangels entgsgstehender Anhaltspunkte (wie zB bei Angabe von Teilen der Bruch-teile) keine BruchteilsGemsch; der übertragene Erbteil wächst den in GesamthandGemsch stehden Erwer-bern gleichf zur GesHand zu (BayObLG 80, 328); überträgt er nur einen Bruchteil seines Anteils an MitE, entsteht zw beiden keine UnterGemsch am Anteil (BayObLG 91, 46). – Der Antr von 3 in ungeteilter ErbenGemsch lebenden MitE, das GB dahin zu berichtigen, daß das NachlGrdst nur noch 2 MitE zusteht, kann als Erbteilsübertragg des Ausscheidenden auf die beiden anderen MitE auszulegen sein (Ffm MDR 61, 415). – **Rückübertragung** eines von einem MitE einem and MitE übertrag Erbanteils ist zuläss, obwohl 4 sich beim Empfänger zwei Erbanteile vereinigt haben (Frankth MittBayNot 78, 17); anders ist es, wenn sich beim Empfänger alle Anteile vereinigt haben (s oben). – Üb einen MitE-Anteil des Erbl am Nachl eines Dritten kann der AlleinE dagg mit dingl Wirkg vfgen (vgl auch Landau NJW 54, 1647; Haegele BWNotZ 71, 136).

b) Rechtsfolge. Das Recht als Miterbe geht dch die Vfg über den Anteil nicht verloren (BGH NJW 71, 5 1265). Der MitE ist daher im Erbschein zu bezeichnen (RG 64, 173). Er bleibt iS von § 2227 Beteiligter, der den Antr auf Entlassg eines TestVollstr stellen kann (KG DJZ 29, 1347). – Im übrigen erhält der **Erwerber** alle Rechte u Pflichten des MitE, vor allem hins Verwaltg, Auseinandersetzg u Schuldenhaftg; auch das Recht, die Zuweisg des der ErbenGemsch gehörigen Hofes zu beantragen (Celle RdL 59, 301; s auch § 2042 Rn 24). Anspr nach HöfeO 13 gehen bei Abtretg des MitEAnteils, wenn zum Nachl ein Hof gehört, nicht ohne weiteres auf den Dritten über (BGH RdL 79, 132).

c) Genehmigungspflicht. Der Genehmig nach GrdstVG 2 II Nr 2; 3ff bedarf die Übertragg des 6 Erbteils an einen anderen als den MitE, wenn der Nachl im wesentl aus einem land- od forstwirtschaftl Betrieb besteht. Wg der grdbuchamtl Vollzugs s GrdstVG 7. Der Erbteilsveräußer steht im Hinbl auf GrdstVG 2 II Nr 3 die Bestell eines Nießbr an einem Erbteil gleich, nicht aber die Verpfändg. – Die Veräußerg von Erbteilen unterliegt aber keinem siedlungsrechtl VorkR, da der Erbteil kein Grdst iS von RSiedlgG 4 ist. – Sie bedarf auch keiner Genehmig nach WEG 12 (LG Mü I MittBayNot 79, 119; Hamm NJW 80, 1397; s auch BayObLG 82, 46). – Bei Übertragung eines MitEAnteils eines Eheg können die Voraussetzgn des § 1365 I gegeben sein (BGH NJW 61, 1301). – Über vormschgerichtl Genehmig bei Erbanteil s §§ 1643 I; 1822 Nr 1, 10; AG Stgt BWNotZ 70, 177; BayObLG 80, 294. – Die Übertragg löst auch kein VorkR nach BBauG 24 aus (BGH DNotZ 70, 423).

d) Keine Beschränkung. Die Vfg über den Erbanteil ist nicht dadch ausgeschlossen, daß im Nachl eine 7 Berechtigg vorhanden ist, hins deren ein VfgsBeschrkg besteht. Zum Bspl ist Übertr des Erbanteils auch dann zuläss, wenn zum Nachl ein Anteil an einer Gesellsch bürgerl Rechts gehört, für den § 719 zu beachten wäre (KGJ 38 A 233); od der Geschäftsanteil einer GmbH, dessen Übertragg der Genehmig der Gesellsch bedarf (BGH 92, 386). Auch öff-rechtl Genehmiggserfordernisse, die für die Übertragg einzelner NachlGg-stände bestehen, greifen bei Erbanteilsübertragg nicht ein (BGH 18, 380); Ausnahmen bedürfen einer ausdrückl gesetzl Regelg (zB GrstVG 2 II Nr 2). Die Vfg ist auch dann zuläss, wenn zum Nachl ein Anteil an einem fremden Nachl gehört (BayObLG 60, 138; s auch Düss RhNK 67, 219; Haegele BWNotZ 71, 134f).

e) Die Anfechtung der Veräußerg eines MitEAnteils nach dem AnfG hat keine dingl Wirkg; der Gläub 8 kann verlangen, daß ihm die Vollstreckg nach ZPO 859 gewährt wird (BGH Betr 63, 341).

2) Das Verfügungsgeschäft ist hier in erster Linie **Veräußerung**; ferner auch die Bestellg eines **Nieß-** 9 **brauchs** (§ 1068) sowie die **Verpfändung** (dazu Rn 14). Ist das GrdGesch ein Kauf, greift das gesetzl VorkR des § 2034 Platz. Der Erwerber wird nicht MitE, tritt aber in dessen Rechte u Pflichten ein u wird somit GesHänder (Zweibr MittBayNot 75, 177). Das gilt auch bei **sicherungsweiser** Erbteilsübertragg; diese kann mit einer auflösenden Beding verbunden werden, so daß bei Bedingseintritt der Erbteil ohne weiteres wieder an den SichergsGeber zurückfällt (§ 158 II). Unwirksam sind Vfgen des SichergsNehmers (§ 161 II); über Eintragg im GB vgl einers Staudenmaier, anderers Keller BWNotZ 59, 191; 62, 286. – Durch die Vfg über einen Erbteil wird kein Recht eines anderen MitE beeinträchtigt; daher besteht kein BeschwR eines MitE gg einen GenBeschl eines LwG (Nürnb BayJMBl **59**, 146). – Schutz des guten Glaubens kommt für Erwerber eines MitEAnteils nicht in Frage (Soergel/Wolf Rn 25).

10   **a) Zeitlich** richtet sich die Vfg eines MitE über seinen Anteil am Nachl solange nach § 2033 I, als noch Teile des GesHandvermögens vorhanden sind (Hamm DNotZ **66**, 744), also auch dann, wenn der Nachlaß nur (noch) aus einem einzigen gemeinschaftl Gegenstand besteht (Celle NdsRpfl **67**, 126; BayObLG **67**, 408; BGH **LM** § 2382 Nr 2; Düss NJW **77**, 1828). Besteht der Nachl nur aus einem Grdst od grdstgleichen Recht (zB ErbbauR, WEigt), liegt in der Abtretg eines Erbanteils dch einen MitE keine Vfg über das Grdst od das Recht; eine bei Veräußer des ErbbauR vereinbargsgem erforderl Zustimmg des GrdstEigtümers (ErbbR-VO 5 I) ist daher in einem solchen Fall nicht notw (BayObLG aaO; Hamm NJW **80**, 1397 zu WEG 12).

11   **b) Form.** Für die Vfg über den MitEAnteil (Anteilsübertragg, NießbrBestellg, Verpfändg) ist in **I 2** die erschwerte Form der **notariellen Beurkundung** (§ 128; BNotO 20) vorgeschrieben, also Beurkundg der AbtretgsErkl u deren Annahme bei der AnteilsÜbertr (BGH DNotZ **67**, 326; KG Rpfleger **73**, 26). Sie gilt für den dingl Vertr, wie §§ 2371, 2385 für das VerpflGesch. Beide Formvorschriften stehen selbständig nebeneinander; doch können Verpflichtgs- und VfgsGesch in einer Urk verbunden werden; worauf der Wille der VertrSchließenden abzielt, ist eine Frage der Ausslegg (RG **137**, 171; BGH NJW **67**, 1128). Ein Formmangel des Verpflichtgsgeschäfts ist nicht heilbar (vgl § 2371 Rn 3; BGH aaO; bestr; aM Habscheid FamRZ **68**, 13; Schlüter JuS **69**, 10), ebsowenig bei Beurkundg eines unrichtigen Kaufpreises (Hamm RdL **51**, 103). – Das Formerfordern entfällt nicht, wenn die formlos mögl Auseinandersetz des Nachl dch Übertragg der Erbanteile erfolgt (Soergel/Wolf Rn 8; Patschke NJW **55**, 444; Zunft JZ **56**, 550 ff; Grunau DNotZ **51**, 365; aA Celle NJW **51**, 198 mit abl Anm Rötelmann); wohl aber, wenn die sämtl NachlGgstände an einen MitE gg Abfindg der übrigen übertr werden, weil hier nach dem Willen der VertrTeile nur über einzelne NachlGgstände is des § 2040 verfügt wird, nicht aber Erbanteile übertr werden. Auch Umdeutg ist mögl (RG **129**, 123; § 140 Rn 10). – Über unschädl Falschbezeichng des ÜbertraggsGgstandes s BGH DNotZ **65**, 38. – Die Berufg auf die Formnichtig einer privschriftl ErbteilsÜbertr verstößt nur ganz

12 ausnahmsw gg **Treu u Glauben** (§ 242) mit der Wirkg, daß die Parteien das nichtige RechtsGesch wie ein gült zu behandeln haben (BGH DRiZ **69**, 279; Johannsen WM **70**, 573). Die Verpfl eines MitE, im Rahmen eines Vertr zur Durchführg der Auseinandersetz seinen Erbteil an einen and MitE zu übertr, bedarf nicht der Form des § 2385 (Johannsen aaO). – **Vollmacht** zur Übertragg eines Erbanteils des VollmGebers bedarf der Form des § 2033, wenn hierdch im wesentl die gleiche RLage geschaffen wird wie dch die Übertragg des Erbanteils selbst (KG JFG **15**, 205; BayObLG **54**, 234; SchlHOLG SchlHA **62**, 173), zB sie unwiderrufl ist od von § 181 befreit (KreisG Erfurt MDR **94**, 175). – Der **Notar**, der Erbteilskauf beurkundet, muß auf das VorkR der MitE **hinweisen** (BGH **LM** § 30 DONot Nr 2a).

13   **c) Dingliche Wirkung.** Die Vfg hat unmittelbar dingl Wirkg. Sie ist losgelöst vom VerpflichtsGrd u grdsätzl von dessen Rechtswirksamk unabhäng (s § 139; BGH WM **69**, 592). Sie begründet eine GesamtrechtsNachf (Zweibr MittBayNot **75**, 177). – Der **Besitz** am Nachl geht nicht ohne weiteres auf den Erwerber über (bestr). In der Übertragg des Anteils liegt aber häufig die Übertragg des unmittelb Mitbesitzes nach § 854 II od die Abtretg des HerausgabeAnspr nach § 870 (Erman/Schlüter Rn 5 aE). – Gehört ein Grdst zum Nachl, ist die Übertragg eines Erbteils iW der Berichtigg in das **Grundbuch** einzutragen, da sich der RÜbergang außerh des GB vollzieht (BGH DNotZ **69**, 623; BayObLG NJW-RR **87**, 398). GBO 40 I ist nicht anwendb u die Voreintragg des übertragenden Erben nicht entbehrl (BayObLG **94**, 158), bei der alle MitE gleichzeit eingetragen werden müssen. – Ob eine etwaige BruchteilsGemsch, in der die Anteilserwerber hinsichtl eines gemschaftl od in Teilen erworbenen Erbanteils stehen, ins GB (s GBO 47) einzutragen ist, ist bestr (ja Düss Rpfleger **68**, 188; Köln Rpfleger **74**, 109; Neusser RhNK **79**, 143; abl BayObLGZ **67**, 405).

14   **d) Die Verpfändung** des Anteils ist gleichf Vfg (§ 1273; vgl § 1276 Rn 3; LG Oldbg MDR **59**, 669). Ein PfdR kann aber nicht mit dem Inhalt bestellt werden, daß der Gläub allein berechtigt ist, aus dem Pfand Befriedigg für seine Fdg zu suchen, der persönl Schu aber nicht befugt ist, das PfdR durch Tilgg der Schuld zum Erlöschen zu bringen (BGH **23**, 293). Die Rechte des PfandGläub bestimmen sich nach § 1258 (s dort Rn 1); über Konkurrenz eines VertrPfdR mit einem später entstandenen PfändgsPfdR s BGH NJW **69**, 1347; Lehmann NJW **71**, 1545. – Zur Übertragg des ge- od verpfändeten Erbteils bedarf es nicht der Zustimmg des PfdGläub; das PfdR bleibt aber bestehen. Anzeige nach § 1280 ist nicht erforderl (RG **84**, 395; vgl hierzu Hoche NJW **55**, 654).

15   **3) Pfändung.** Dem VfgsR entspr ist in ZPO 857 I, 859 II die ZwVollstr gg den berechtigten MitE durch **Pfändung des Erbanteils** (nicht aber des Anteils des MitE an den einzelnen NachlGgständen) zugelassen (s Stöber Rn 1664ff). Das PfandR erstreckt sich also nur auf diesen Erbanteil, nicht jedoch auf den einzelnen NachlGgst, auch nicht auf den Anteil des MitE an dem einzelnen NachlGgst. Auch wenn der einer MitE-Gemsch zustehende Nachl nur aus einer teilbaren Forderg besteht, hat der Gläub, der ein PfandR an einem MitEAnteil erworben hat, in der Regel kein Recht an einem dem MitEAnteil entspr Teil der Forderg, solange die Auseinandersetzg nicht erfolgt ist, die er aber betreiben kann (BGH NJW **67**, 200).

16   **a) Für das Verfahren** ist hier zu beachten, daß sämtl MitE erkennbar zu machen sind, da sie als Drittschuldner iS von ZPO 857 I, 829 gelten, an die die Zustell zu ergehen hat (RG **75**, 179); ist ein TestVollstrecker eingesetzt, kann nur diesem zugestellt werden (RG **86**, 294). Die Pfändg u Überweis des Anteils berechtigen den PfändungsGläub ohne Rücks auf den Rang seines PfdR auch bei Konkurrenz mit VertrPfdR zu dem Verlangen der Auseinandersetz (§ 2042 I), auch wenn der Erbl sie ausschloß (§ 2044) od zur Herbeiführg einer Versteigerg des Anteils (ZPO 844; Celle RdL **59**, 302), was den Interessen der übrigen MitE durchaus zuwiderlaufen u zu unerwünschter Zerschlag von NachlWerten führen kann. Entscheid über eine Anordng nach ZPO 844 hat nicht nur Interesse des PfandGläub, sond auch des Schuldners zu berücksichtigen, der den PfandGgst nicht verschleudert sehen möchte (Stgt BWNotZ **63**, 297). – Die Pfändg u Überweisg des Erbanteils des Schuldners an einer ungeteilten ErbenGemsch enthält keinen Verzicht des Gläubigers auf ein PfändgspfandR an einer der ErbenGemsch gehörigen bewegl Sache (Düss JMBl NRW **66**, 140).

b) Der Schuldner kann die Auseinandersetzg nicht betreiben u insb nicht die TeilgsVersteigerg eines 17
NachlGrdst beantragen, da hierdurch das PfdR des Gläub beeinträchtigt würde (Hbg MDR **58**, 45; Ripfel
NJW **58**, 692; Stöber Rpfleger **63**, 337; aM Hamm Rpfleger **58**, 269). Aus dem gleichen Grd kann der Schu
auch nicht die einstw Einstellg des durch den PfändgsGläub veranlaßten ZwVersteigergsVerf nach ZVG
180 II beantragen (Hill MDR **59**, 92; aM LG Brschw NdsRpfl **56**, 74; Stöber aaO).

c) Eintragung des rechtsgeschäftlichen od durch Pfändg erworbenen PfdR ins **Grundbuch** eines zum 18
Nachl gehörenden Grdst ist zuläss, obwohl dem PfdR nur der Anteil am ungeteilten Nachl, nicht der
einzelne NachlGgst unterliegt, und zwar als VfgBeschrkg der Eigentümer im Wege der Berichtigg (RG **90**,
232; Hamm OLGZ **77**, 283; Ffm Rpfleger **79**, 205), so daß alsdann eine gemschaftl Vfg der MitE über das
Grdst nur mit Zustimmg des PfandGläub mögl ist. Das GBA kann aber die Vfg eines MitE über den
gepfändeten Erbanteil ohne Mitwirkg des PfandGläub eintragen (Hamm Rpfleger **61**, 201). Der Grd der
Verpfändg oder Pfändg darf aber nicht eingetragen werden (Hamm JMBl NRW **59**, 110). – Eine ohne
Zustimmg des PfandGläub vorgenommene **Übertragung** sämtl MitEAnteile auf einen MitE hat die Auf-
hebg der ungeteilten ErbenGemsch zur Folge. Sie ist aber dem ErbteilsPfandGläub ggü unwirks, der der
Aufhebg seines PfdR nicht zugestimmt hat (Saarbr JBl Saar **62**, 138). Wird der Erwerber sämtl Erbanteile als
AlleinEigtümer ins GB eingetragen, wird dadurch das GB nicht unrichtig, wenn auch die Erbteilspfand-
rechte eingetragen bleiben (BayObLG **59**, 51). – Sind die MitE noch nicht eingetragen, bedarf es nach GBO
39 ihrer Voreintragg; zum AntrR des Gläub s Stöber Rn 1685 gg Zweibr Rpfleger **76**, 214.

d) Mit der Auseinandersetzung konzentriert sich das PfändgsPfdR am Erbteil auf die Ansprüche des 19
MitE auf Herausg der ihm zugeteilten Ggstände (StJ/Münzberg Anm III 2 zu ZPO 859; Stöber Rn 1692,
1693). Im Hinbl auf ZPO 847 ist schon bei der Pfändg anzuordnen, daß die bei Auseinandersetzg dem MitE-
Schuldner zustehenden bewegl Sachen einem GVz herauszugeben sind (Liermann NJW **62**, 2189).

4) Einzelne Nachlaßgegenstände. Im Ggsatz zu **I** 1 kann der MitE über seinen Anteil an den einzelnen 20
NachlGgständen, auch bei Zustimmg der anderen MitE, **nicht verfügen (II).** Es ist dies Ausfluß des
gesamthänderischen Prinzips. Wenn ein ErbAnspr oder ein ErbR an Bestandteilen des Nachlasses nicht
schon rein begriffl zu verneinen ist (so aber RG **61**, 76), haben doch die MitE nicht bloß Anteile zur ges
Hand am Nachl als solchem, sond auch an den einzelnen zum Nachl gehörigen Ggständen (RG **94**, 243;
Staud/Werner § 2032 Rn 8; aM Kipp/Coing § 114 V 1b). – GesamtVfg der MitE erfolgt gem § 2040 I nicht
über Anteile, sond nur über einen NachlGgst selbst. Deshalb ist die Veräußerlichk eines Anteils an einem
NachlGgst ebso wie die Belastg mit einer Hyp u selbst das WirksWerden des unzulässigen Rechtsaktes auf
dem Wege des § 185 II in keinerlei Form denkbar (RG **88**, 21; vgl Haegele BWNotZ **71**, 134). – Zulässig ist
aber, daß ein MitE sich schuldrechtl **verpflichtet,** einem anderen einen NachlGgst für den Fall zu verschaf- 21
fen, daß er ihm bei der Auseinandersetzg zufällt (zu HRR **29** Nr 2084). Ebso ist eine unbedingte u
unmittelbare schuldrechtl Verpflichtg zur Übertragg eines (ideellen) Anteils an einem NachlGgst od eines
ganzen NachlGgstandes mögl, da keine obj Unmöglichk vorliegt (RG JW **09**, 20; RGRK Rn 15; BGH
BWNotZ **68**, 165; **LM** Nr 8; s auch Zunft NJW **57**, 1178). Ausleggsfrage ist allerdings, ob in einer dingl Vfg
auch eine schuldrechtl Verpflichtg enthalten ist. – Auch Vfg über „Anteil eines MitE an einem zum Nachl
gehörigen **Handelsgeschäft"** ist ausgeschlossen (Soergel/Wolf Rn 23). Unter bes Umst kann im Einzelfall
die Veräußerg eines einzigen NachlGgst durch einen Teil der MitE als Erbteilsübertragg anzusehen sein,
wenn ein darauf gerichteter Wille der Vertragsteile erkennb ist (BGH FamRZ **65**, 267; dazu Lange JuS **67**,
453).

5) Bei Ehegatten, die in **Gütergemeinschaft** leben (§§ 1415ff), fällt der einem Eheg zugewendete 22
MitEAnteil in das Gesamtgut (§ 1417 Rn 3); das gleiche gilt für den Anteil am einzelnen NachlGgstand
(BayObLG **20**, 386; RGRK § 1417 Rn 8; s aber auch § 1418 II Nr 2; Haegele BWNotZ **71**, 137; KG JW **38**,
3115). – Über seinen Anteil an einem RE-Anspr kann ein MitE trotz BRüG 8 nicht verfügen, wenn letzterer
als einzelner NachlGgst erscheint; er kann dies aber in der Form des § 2033 I, wenn sich der Nachl in dem
einen RE-Anspr erschöpft (Düss RzW **69**, 58).

2034 *Vorkaufsrecht der Miterben gegenüber dem Verkäufer.* [I]**Verkauft ein Miterbe
seinen Anteil an einen Dritten, so sind die übrigen Miterben zum Vorkaufe berech-
tigt.**

[II]**Die Frist für die Ausübung des Vorkaufsrechts beträgt zwei Monate. Das Vorkaufsrecht ist
vererblich.**

1) Vorkaufsrecht. Das ursprüngl einzige gesetzl VorkaufsR des BGB (jetzt auch § 570b) soll die MitE gg 1
das Eindringen unerwünschter Dritter u gg eine Überfremdg der ErbenGemsch schützen sowie eine Verän-
derg der quotenmäß Beteiligg verhindern, um Fortbestand und Auseinandersetzg nicht vom Willen eines
NichtE abhängig zu machen (BGH **86**, 379). Es finden darauf, soweit nicht §§ 2034ff anderes ergeben, die
allg Vorschr der §§ 504ff Anwendg (dazu BGH **LM** Nr 3). Nach §§ 2035, 2037 ist es jedoch gewisse dingl
Wirkgen (vgl dort). Es kann aber nicht als Belastg der MitEAnteile ins GB eingetragen werden, auch wenn
der Nachl ganz od zum Teil aus Grdstücken besteht (BayObLG **52**, 231). – Das noch nicht ausgeübte VorkR
ist für sich allein weder übertragb (§ 514) noch pfändb, aber vererbl (II). Im Konkurs des MitE kann es nicht
vom KonkVerw ausgeübt werden.

a) Entstehung. Ein (ges od test) MitE muß seinen Anteil am Nachl (ganz od teilw) an einen Dritten 2
verkaufen. Verkäufer kann auch der Erbe eines verstorbenen MitE sein, der als ErbesE Mitglied der
ErbenGemsch geworden war (BGH NJW **66**, 2207; **69**, 92; abl Kanzleiter DNotZ **69**, 625). Dritter ist auch,
wer schon einen Erbteil erworben hat (BGH **56**, 115; NJW **71**, 1264; Dumoulin RhNK **67**, 740/767). Der
KaufVertr muß wirks sein, also formgült (§ 2371; BGH DNotZ **60**, 551), ggf behördl genehmigt (Johann-
sen WM **70**, 746). – **Kein** VorkR entsteht, wenn ein MitE seinen Anteil an einen and MitE verkauft (BGH
NJW **93**, 726); od Erben eines MitE ihre Anteile an dessen Nachl nicht dch einheitl RGesch, sond dch

selbständ Vertr an Dritte verkaufen (BGH RhNK **70**, 535); ebso, wenn die Erben eines and MitE ihre Anteile an dessen Nachl verkäußern u dieser Nachl nicht ausschließl aus dem Erbanteil des beerbten MitE am Nachl des von ihm beerbten Erbl besteht (BGH NJW **75**, 445 mAv Schubert JR **75**, 290).

3   **b) Vorkaufsberechtigt** sind die übr MitE gemeinschaftl (BGH WM **79**, 1066). Ihnen steht das VorkR als Gesamthändern zu (Bartholomeyczik, FS Nipperdey, 1965, I 145/171). Zu ihnen zählt nicht ein Dritter, der bereits früh den Erbteil eines and MitE vollständ erworben hat (BGH **56**, 115; NJW **83**, 2142); aber auch nicht mehr der dadurch seinen Anteil veräußernde MitE, der zwar im RSinne MitE geblieben ist (BGH **86**, 379), aber keines Schutzes mehr gg das Eindringen Dritter in die ErbenGemsch bedarf (BGH **121**, 47 mAv Hohloch JuS **93**, 694; hM, zB Stgt NJW **67**, 2409; MüKo/Dütz Rn 22; Staud/Werner Rn 9), ohne daß aber VorkR auf den Erwerber übergeht (BGH **83**, 2142). Der BGH hat damit endgült eine früh, unveröffentl gebliebene Entscheid aufgegeben, von der er schon bish in Sonderfällen schrittw abgerückt war: Schon nach BGH FamRZ **90**, 1110 war ein solcher MitE nicht schutzwürd, wenn er Verkauf an Dritten nur verhindern will, um den Anteil selbst einem Vierten zu verschaffen; ebso besteht beim Verkauf des letzten noch verbliebenen Erbteils an den Erwerber der übr Anteile kein VorkR der übr MitE mehr (BGH **86**, 379).

4   **c) Ausübung** erfolgt dch formlose Erkl ggü dem verpflichteten MitE (§ 505), nach der Übertragg ggü Käufer (§ 2035). Die MitE müssen es einheitl ausüben (BGH WM **79**, 1066), allerd nicht gleichzeit (KG **158**, 57). Können sich die Berecht nicht einigen, kommt es nicht zur gemsch Ausübg. Will es einer nicht ausüben, verbleibt es den and im ganzen (§ 513) u zwar wiederum als Gesamthändern (s BGH WM **62**, 722; **LM** Nr 6; NJW **82**, 330; Bartholomeyczik aaO 147ff; Johannsen WM **73**, 546). Einzelne MitE können es für sich allein nur dann ausüben, wenn es für die and Berecht nicht mehr besteht (Rn 8) od wenn diese keinen Gebr davon machen wollen. Alleinige Ausübg ist allerd unter der ausdrückl od stillschw Bedingg mögl, daß die übr ihr Recht nicht geltd machen (BGH NJW **82**, 330). Von der Größe des Erbteils ist die Ausübg nicht abhäng (BGH WM **72**, 503), auch nicht davon, ob u wie der Berecht seine Verpflichtg daraus zu erfüllen vermag (BGH aaO); lehnt er Erfüllg allerd zugleich ab, ist Ausübg ausgeschlossen (BGH WM **62**, 722). Die Eltern od der Vormund eines mindjähr MitE bedürfen zur Ausübg dann der vormschgerichtl Genehmigg, wenn ein Grdst zum Nachl gehört (§ 1821 I Nr 5; § 1643 mit Rn 2); ebso der Betreuer eines volljähr MitE

5   (§ 1908i). – Die **Frist** zur Ausübg beträgt 2 Monate **(II).** Sie beginnt mit dem Empfang der Mitteilg über den Inhalt des abgeschlossenen Vertrages, zu der der Verkäufer verpflichtet ist (§ 510; BGH WM **79**, 1066), den Notar auf VorkR hinzuweisen hat (BeurkG 17; 20). Ist der VorkBerecht beim VertrAbschluß anwesend, beginnt die Frist mit dem Beurkundgstag (Köln DNotZ **59**, 263). Die Frist läuft für jeden VorkBerechtigten besonders. Die Mitteilg nach § 510 kann formlos erfolgen, muß aber klar sein (RG HRR **30** Nr 297). Sie setzt die Frist nur in Lauf, wenn sie den Inhalt des Vertr richtig u vollständig wiedergibt (Johannsen WM **70**, 745/747; Köln aaO). Beweispfl für eine wirks mündl Mitteilg ist der Erbteilskäufer

6   (Köln aaO). – **Wirkung:** Mit Ausübg erhalten die MitE einen Anspr auf Übertragg des Erbteils, der aber nicht hinsichtl einzelner NachlGgstände geltd gemacht werden kann (BGH **LM** § 2034 Nr 1). Es entsteht ein ges Schuldverhältn (s § 2035 Rn 3); § 326 ist anwendb (Schlesw NJW-RR **92**, 1160; Johannsen aaO). – Der VorkBerecht hat dem Erbteilskäufer die durch den KaufVertr u die etwaige Genehmigg entstandenen

7   **Kosten** zu ersetzen u die Kosten der Ausübg des VorkR zu tragen (Köln DNotZ **59**, 263; Staud/Werner Rn 20).

8   **d) Erlöschen** des VorkR tritt, abgesehen vom Fristablauf, durch **Verzicht** sämtl Berechtigter ein. Dieser kann formlos u schon vor der Mitteilg nach § 510 erfolgen (RG JW **24**, 1247). Das VorkR erlischt auch dch jede Veräußerg des Erbteils, bei der die Ausübg des VorkR ausgeschlossen ist (s oben Rn 2; §§ 507, 511; Dumoulin RhNK **67**, 740/767). Die Ausübg ist aber nicht desh unzuläss, weil der Berecht nur zu einem geringen Bruchteil MitE ist u der Käufer nahezu alle Anteile der übrigen MitE bereits erworben hat (BGH NJW **72**, 202). Das VorkR wird auch dch Rückgängigmach des KaufVertr mit dem Dritten nicht beseitigt (Stgt BWNotZ **76**, 150; § 504 Rn 5).

9   **2) Auf andere Veräußerungsfälle** wie zB Tausch; Schenkg; Sichergsübereigng kann die Vorschr **nicht** ausgedehnt werden (OLG **14**, 285, BGH **LM** § 1098 Nr 3). Ebso nicht die Erfüllg eines Vermächtns, dessen Ggst ein Erbanteil an einem zur Erbsch gehörenden nicht auseinandergesetzten Nachl ist. Auch eine notarielle **Vollmacht,** die einen Dritten unwiderrufl unter Befreiung von § 181 ermächtigt, einen KaufVertr über den Erbteil abzuschließen, löst das VorkR nicht aus (BGH DNotZ **60**, 551). Namentl gehört Veräußerg im Wege der ZwVollstr od dch KonkVerw nicht hierher (§ 512; BGH NJW **77**, 37 mAv

10   Schubert JR **77**, 284). – Jedoch können **Vereinbarungen,** die nicht als KaufVertr angesehen werden können, nach § 138 nichtig sein, wenn ein Erbteil prakt verkauft u dabei die Ausübg des VorkR dch die MitE vereitelt werden soll (s BGH WM **70**, 1315). In solchen Fällen kann uU angenommen werden, daß doch ein KaufVertr geschl ist (BGH **LM** § 2035 Nr 2 mAv Johannsen); über weitere Fälle der Vereitelg des VorkR u UmgehgsGesch s Johannsen WM **70**, 748; Haegele BWNotZ **72**, 2. Unterwirft sich zB ein MitE hins eines Grdst, das (wie dem VertrGegner bekannt ist) den einzigen Ggst des ungeteilten Nachl bildet, gg Entgelt schuldrechtl Verpflichtgen, die dem VertrGegner die restlose, zeitl unbeschränkte Wahrnehmg der Miterbenrechte für eig Rechng in jeder Weise gewährleisten sollen, ist diese Vereinbg als ein das VorkR der MitE auslöser Verkauf des Erbteils anzusehen (RG DR **43**, 1108). Auch wenn zur Sicherg für ein Darlehen ein Erbteil übertr wird, liegt in Wirklichk ein ErbschKauf vor, falls die Rückzahlg des Darlehens u die

11   RückÜbertr des Erbteils dch Abmachgen prakt für immer ausgeschl sind (BGH NJW **57**, 1515). – Öffrechtl Veräußerg eines Anteils am Nachl, der nur aus einem Grdst besteht, löst das VorkR nicht aus (Clasen DVBl **56**, 821); auch bei Versteigerg des Nachl nach § 753, ZVG 180 steht dem MitE ggü dem meistbietenden Dritten das VorkR nicht zu (BGH NJW **72**, 1199).

12   **3) Bei Weiterveräußerung** des Erbteils dch den Erwerber entsteht **kein neues** VorkR (hM; vgl aber § 2037 Rn 1). Der vorkaufsberecht MitE kann der Berufg eines MitE u des Abkäufers seines Erbanteils auf die Formungültigk des KaufVertr nicht mit dem Vorwurf der Argl entgegtreten, wenn der Erbanteil an den verkaufenden MitE zurückübertr wird (RG **170**, 203). – **Kein** VorkR besteht hins des MitEigtAnteils eines MitE nach Auseinandersetzg (Hamm RdL **53**, 52). Das gesetzl VorkR der MitE ist auch nicht gegeben,

wenn derjenige Teilh der GesHandGemsch einen weiteren NachlAnteil kauft, der dch Erwerb eines Nachl-Anteils mit Rücks auf ein künft ErbR nach einem MitE als dessen gesetzl Erbe in die Gemsch eingetreten ist; ein solcher Teilh ist nicht Dritter iS des § 2034 I (BGH **LM** Nr 3; s auch Dumoulin RhNK **67**, 764, aber auch Johannsen WM **70**, 746). – Zur Erbteilsübertragg des MitVorE an NachE s § 2139 Rn 7.

2035 *Vorkaufsrecht gegenüber dem Käufer.* [1]Ist der verkaufte Anteil auf den Käufer übertragen, so können die Miterben das ihnen nach § 2034 dem Verkäufer gegenüber zustehende Vorkaufsrecht dem Käufer gegenüber ausüben. Dem Verkäufer gegenüber erlischt das Vorkaufsrecht mit der Übertragung des Anteils.
[II]Der Verkäufer hat die Miterben von der Übertragung unverzüglich zu benachrichtigen.

1) Ausübung. Wird von einem MitE sein Erbteil an Dritten verkauft (§ 2033), ohne daß bis dahin die and 1 MitE ihr bestehdes VorkR (§ 2034) ausgeübt haben, können sie dieses nur noch ggü dem Käufer ausüben (I); hat dieser den Erbteil bereits weiterübertragen, nur ggü dem weiteren Erwerber (§ 2037). Hierin zeigt sich die dingl Wirkg des VorkR. Ggü dem verkaufenden MitE erlischt mit der Anteilsübertragg auch das VorkR (I 2).

2) Benachrichtigungspflicht. Mit Rücks auf **I** hat der Verkäufer unabhängig von der AnzeigePfl des 2 § 510 die MitE unverzügl (§ 121) von der Übertragg zu benachrichtigen (**II**); doch gilt auch hier § 510 I 2 entspr. Solange die Anzeige nicht erfolgt, können die MitE ihr VorkR wirks ggü dem Verkäufer ausüben (RGRK Rn 4). – Für die Frist des § 2034 II ist die Anzeige des II ohne Bedeutg.

3) Rechtswirkung. Bei Ausübg des VorkR ggü dem Käufer kommt zw den das VorkR ausübenden 3 MitE u dem Käufer kein KaufVertr zustande. Vielm entsteht ein **gesetzliches Schuldverhältnis** (Hbg MDR **61**, 851), kr dessen der Käufer verpflichtet ist, den erworbenen Anteil auf die MitE zu übertr, währd diese ihm den etwa schon bezahlten Kaufpr nebst sonstigen Aufwendgen einschl der Kosten der RückÜbertr zu erstatten haben (vgl BGH **6**, 85; WM **62**, 722; BVerwG **24**, 88). Hierfür haften die MitE als Gesamtschuldner (§ 427). – Der vorkaufsberecht MitE wird **Eigentümer** erst mit der Übereigng, also der Übertr des Erbanteils; vor der Übertr kann er grdsätzl auch nicht als wirtschaftl Eigtümer des Anteils angesehen werden (BVerwG **24**, 87). – Eine **Sicherung** des Anspr ist nicht dch Vormerkg mögl, wohl aber uU dch Erwirkg eines VeräußergsVerbots (s Stgt BWNotZ **76**, 150). – Mehrere MitE erwerben den Anteil als Gesamthänder; der Anteil wächst ihnen entspr §§ 1935, 2094 im Verhältn ihrer Erbteile zu (Erman/Schlüter Rn 4; bestr; s Haegele BWNotZ **71**, 137; BayObLG **80**, 328). – Wenn der MitE, der sein VorkR ggü dem Erwerber eines MitEAnteils geltd machte, mit der **Zahlung** des Erwerbspreises in Verzug kommt, hat der Erwerber kein RücktrR nach § 326 (BGH NJW **54**, 1883). – Für den Fall, daß der Verkäufer das ausgeübte VorkR **mißachtet** und den Anteil nicht an die MitE, sond an den Käufer od einen Dritten überträgt, enthält 4 das G keine Regelg. An sich ist das VorkR dch die erfolgte Ausübg erloschen. Gleichwohl ist in entspr Anwendg von § 2035 dem MitE ein Anspr auf Übereigng des Erbteils gg den Erwerber zuzubilligen, da sonst der Schutzzweck der Norm vereitelt würde (Schlesw NJW-RR **92**, 1160; MüKo/Dütz Rn 7; aA Soergel/Wolf Rn 3; Staud/Werner § 2037 Rn 4: ist Frist abgelaufen, nur Anspr auf SchadErs gg Verkäufer gem § 280).

2036 *Haftung des Erbteilkäufers.* Mit der Übertragung des Anteils auf die Miterben wird der Käufer von der Haftung für die Nachlaßverbindlichkeiten frei. Seine Haftung bleibt jedoch bestehen, soweit er den Nachlaßgläubigern nach den §§ 1978 bis 1980 verantwortlich ist; die Vorschriften der §§ 1990, 1991 finden entsprechende Anwendung.

1) Haftungsbefreiung, Satz 1. Der ErbschKäufer haftet für NachlVerbindlich grds auch dann, wenn er 1 den Anteil weiterveräußert (§§ 1922 II; 2382, 2383, 2385). Davon macht S 1 eine Ausnahme. Mit der Übertragg des Erbteils durch Käufer od Verkäufer auf die MitE wird der Käufer von der Haftg frei, selbst dann, wenn er schon das BeschränkgsR verloren hatte. Die unbeschr Haftg hins des Erbteils trifft aber dann die das VorkR ausübenden MitE (Staud/Werner Rn 3; RGRK Rn 2).

2) Bestehen bleibt nach **Satz 2** ledigl die Haftg für mangelhafte VerwaltgsHandlgen gem §§ 1978–1980. 2 Die Verweisg auf §§ 1990, 1991 ist mißverständl, weil deren Voraussetzg, daß der Haftende den Nachl in Händen hat, beim Käufer nach Übertragg auf die MitE gerade nicht gegeben ist. Gemeint ist, daß der Erwerber nach §§ 1978 ff auch dann haftet, wenn wg Dürftigk des Nachl weder NachlVerwaltg noch NachlKonk stattfinden (allg M).

2037 *Weiterveräußerung des Erbteils.* Überträgt der Käufer den Anteil auf einen anderen, so finden die Vorschriften der §§ 2033, 2035, 2036 entsprechende Anwendung.

Vorkaufsrecht gegen weitere Erwerber. Es kann nicht nur ggü dem ersten Käufer ausgeübt werden, 1 sond auch gg den weiteren Erwerber, auf den dieser den Anteil übertragen hat. Ob die Übertragg auf Kauf od einem anderen RGrunde beruht, ist hier gleichgültig. Es handelt sich jedoch um kein neues VorkR (s BGH NJW **71**, 1265). Es ist vielm (kr dingl Wirkg) dasselbe, das den MitE gg den veräußernden MitE nach § 2034 zusteht. Deshalb läuft die Frist des § 2034 II nur einmal seit der ersten Anzeige. Den Weiterveräußernden trifft aber jedesmal wieder die AnzeigePfl nach § 2035 II. – Unter „anderen" sind nicht auch die MitE zu verstehen (RG **170**, 203).

2038 *Gemeinschaftliche Verwaltung des Nachlasses.* [I]Die Verwaltung des Nachlasses steht den Erben gemeinschaftlich zu. Jeder Miterbe ist den anderen gegenüber verpflichtet, zu Maßregeln mitzuwirken, die zur ordnungsmäßigen Verwaltung erforderlich sind; die zur Erhaltung notwendigen Maßregeln kann jeder Miterbe ohne Mitwirkung der anderen treffen.

[II]Die Vorschriften der §§ 743, 745, 746, 748 finden Anwendung. Die Teilung der Früchte erfolgt erst bei der Auseinandersetzung. Ist die Auseinandersetzung auf längere Zeit als ein Jahr ausgeschlossen, so kann jeder Miterbe am Schlusse jedes Jahres die Teilung des Reinertrags verlangen.

1   **1) Die Verwaltung** umfaßt alle Maßnahmen zur (tatsächl od rechtl) Erhalt od Vermehrg des Nachl einschließl des Ziehens der Nutzgen od der Bestreitg der laufenden Verbindlichk. Gleichgült ist, ob die Maßn nur im Innenverhältn od nach außen wirken. Verwaltg kann also Geschäftsführg u Vertretg sein (s BGH FamRZ **65**, 267). – Die EntscheidgsBefugn üb die zu treffenden Maßn steht als Ausfluß der gesamthänd Gemeinsch grdsl allen MitE gemeinschaftl zu (I 1; s Rn 9); dem steht eine entspr MitwirkgsPfl ggüber (s Rn 7). Das NachlG ist dagg nie zur Vornahme von VerwMaßn befugt. Alleinige Entscheidgskompetenz hat der einzelne MitE nur für dringl Maßn im Rahmen seines NotverwaltgsR (I 2; s Rn 14; 15). Die MitE treffen ihre Entscheidgen über normale Verwaltgsgeschäfte, falls erforderl, mit StimmenMehrh (s Rn 9). Der MehrhBeschl kann auch Außenwirkg haben (BGH **56**, 47; Hamm BB **69**, 514; AG Köln WM **74**, 267). Nach außen vertritt jedoch bei Ausführg von VerwaltgsHandlgn die Mehrh der MitE die übr (BGH aaO;
2 Johannsen WM **73**, 544). – Die Vorschr wird ergänzt dch das Erfordernis gemeinsch **Verfügungen** in § 2040, der grdsl Einstimmigk verlangt. Da jedoch auch zur Verwaltg Vfgen (wie zB Veräußerg eines Grdst) erforderl werden können (BGH FamRZ **65**, 267; dazu Lange JuS **67**, 453; MüKo/Dütz Rn 14), ist eine zur ordnungsgemäß Verwaltg od zur NotVerwaltg erforderl, aber nicht einstimmig beschlossene Vfg auch im AußenVerh wirks, da § 2038 insow eine § 2040 verdrängende ges Vertretgsmacht gewährt (sehr str; Soergel/Wolf Rn 5; Jauernig/Stürner Anm 1; aA MüKo/Dütz Rn 53; Staud/Werner Rn 7, 40; BGH **56**, 50 ohne Begr). – **Keine** Maßn der Verwaltg sind solche der Totenfürsorge (s Einl 9 vor § 1922). Ebso nicht der Widerruf einer vom Erbl erteilten Vollmacht (BGH **30**, 396) od Maßn zur Auseinandersetzg bzw zu ihrem
3 Ausschluß. – Der Erbl kann das VerwR der MitE **ausschließen** dch Ernenng eines TV (den § 2038 nicht bindet, weil er nur das Verhältn der MitE untereinander regelt, BGH Rpfleger **86**, 434). Auch dch Einsetzg eines NachlVerw (§ 1984) od eines KonkVerw (KO 6) wird ihr VerwR ausgeschlossen. – Der Erbl kann ferner dch letztw Vfg einem MitE besond VerwRe übertragen; darin ist dann entw dessen Bestellg zum TV mit Beschränkg auf die Verwaltg od eine Auflage zu Lasten der anderen (RG HRR **29** Nr 500) zu sehen, uU auch ein VorausVermächtn; dieses VerwR kann aus wicht Grd entzogen werden (BGH **6**, 76).

4   **2) Ordnungsgemäße Verwaltung (II; § 745)** muß der Beschaffenh des Ggstands u dem Interesse aller MitE nach billigem Ermessen entsprechen u schließt wesentl Verändergen aus (§ 745 III). Getroffene Entscheidgen binden auch die RNachfolger (§ 746).

5   **a) Einzelne Maßnahmen** der Verwaltg sind zB: Ausübg des Besitzes an den NachlGgständen (§ 743 II; dazu BGH WM **78**, 1012). – Einziehg von NachlFdgen (BGH **46**, 280). – Abschl von **Mietverträgen** (LG Köln MDR **59**, 214; Mannh MDR **64**, 238; BGH WM **69**, 298; Johannsen WM **70**, 575 zu Vertr der ErbenGemsch mit MitE; dazu auch Schopp ZMR **67**, 193) u Einziehg der Mietzinsen aus einem der ErbenGemsch gehörenden Haus. Als Vermieter kann die Mehrh der MitE (gerechnet nach ihrer Beteiligg am Nachl) Mietverträge abschließen u kündigen, wenn darin eine Verwaltgshandlg im Sinn von § 2038 II liegt (Schopp aaO 195; ebenso LG Köln MDR **59**, 214; Mannh MDR **64**, 238; **72**, 520; Staud/Werner Rn 41 für den Abschl von Mietverträgen). Grdsätzl für gemeinschaftl Kündigg aller MitE sind LG Mannh ZMR **66**, 178; Siegelmann ZMR **66**, 293, der jedoch ua darauf hinweist, daß auch der Fall des § 2038 I 2 Halbs 2 gegeben sein kann. Als Mieter können die MitE ein Mietverhältnis nur gemeinsam kündigen (§ 2040), da dies eine Vfg über das MietVerhältn, keine Verwaltgshandlg ist (Schopp aaO 195 f). – Kündigg eines VerwalterdienstVertr (KG DR **40**, 1018 mAv Vogels). – Kündigg des PachtVertr über ein zum Nachl gehör Landgut (BGH **LM** Nr 1; NJW **71**, 1265). – Baumaßnahmen auf einem Grdst (Düss MDR **47**, 289). – Rückn eines EintrAntr beim GBA (Düss NJW **56**, 876). – Klage auf Rechnglegg nach Tod des Mündels (§ 1890;
6 Hamm BB **76**, 671). – Das Eingehen einer stillen Gesellsch (HGB 230 ff) mit einem Dritten (BFH NJW **88**, 1343). – Auch Fortführg eines Handelsgeschäfts namens der ErbenGemsch kann hierher gehören (KG HRR **32**, 749; BGH **30**, 391; NJW **60**, 962; vgl auch § 2032 Rn 4–6; Johannsen WM **70**, 575; **77**, 271). – Fortführg eines gewerbl Betriebs (Ffm WM **75**, 129). – Beim HandelsGesch ist die Eintragg einzelner MitE als Vertreter der Firma unter Ausschl der übr von der Vertretg unzulässig (KG KGJ **35** A 152). – Zur Verwaltg eines GmbH-Anteils s Wiedemann RdschGmbH 69, 247. – Machen die MitE eine NachlFdg gerichtl geltend u schließt ihr RA einen ProzeßVergl unter Vorbeh seines Widerrufs, kann den Vergl jeder der vertretenen MitE fristgerecht widerrufen; § 2040 steht nicht entgg (BGH **46**, 277 mAv Johannsen **LM** Nr 8 u Bökelmann JR **67**, 341).

7   **b) Mitwirkungspflicht.** Jeder MitE ist verpflichtet, an Maßnahmen mitzuwirken, die zur ordngsmäß Verwaltg erforderl sind (I 2). Fremdverwaltg kann ein MitE nur fordern, wenn die MitE selbst zur ordngsgemäßen Verwaltg nicht in der Lage od nicht bereit sind (BGH NJW **83**, 2142). Die Mitwirkg, zu der nicht nur Zustimmung, sond uU auch eigenes tätiges Handeln gehört, kann im **Klagewege** erzwungen werden (BGH **6**, 76; OLG **37**, 252; Celle JR **63**, 221: kein Recht des MitE zu ⅓ auf Einwilligg der anderen MitE in Künd des GrdstVerwalters wg erhebl persönl Spanngen mit ihm). Dabei sind die Anträge auf eine bestimmte Maßn zu richten, die dem Interesse aller MitE nach bill Erm entsprechen muß; eine wesentl Veränderg kann nicht verlangt werden (II mit § 745; vgl auch § 745 Rn 5). – Verletzt ein MitE die ihm obliegende MitwirkgsPfl od die Pflicht, gg schädigendes Verhalten anderer MitE einzuschreiten, macht er sich ersatzpflichtig (§ 276); für Erfüllungsgehilfen haftet er nach § 278 (BGH DRiZ **66**, 396). – Auf die fortges Erben-Gemsch kann § 708 analog anwendb sein. – Im übr sind auch für die ErbenGemsch die Grdsätze von Treu u
8 Glauben maßg (RG **65**, 10). Auf die Aufstellg eines **Nachlaßverzeichnisses** bezieht sich die MitwirkgsPfl

nicht (RG **81**, 30; s Rn 13). – Da die MitwirkgsPfl nur unter den an der GesHand Beteiligten, nicht nach außen besteht, kann sich ein Dritter nicht darauf berufen, daß die von einem einzelnen MitE getroffene Maßregel notw sei u die übrigen Erben hätten mitwirken müssen (BGH NJW **58**, 2061). Ein einseit RGesch, das von einem MitE ohne Einwilligg der and vorgenommen wird, ist nach § 180 wirkgslos (Johannsen WM **70**, 576). – Über **Beschränkung** der Haftg auf den Nachl s Einf 2 vor § 2058.

c) Entscheidungen. Dch Stimmenmehrh (**II**; § 745) beschließen die MitE, falls Einstimmigk nicht **9** erreichbar ist, üb eine der gemeinschaftl Ggstandes entspr ordngsmäßige Verwaltg u Benutzg (BayObLG **65**, 391). Bspl: Die Übertr der Verwaltg auf einen od einzelne MitE od einen Dritten (s BGH DRiZ **66**, 396; WM **68**, 1172; Johannsen WM **73**, 544); die Vertretg des Nachl dch einen MitE od Dritten; die Regelg der Benutzg von NachlGgst (BGH WM **68**, 1172). – **Stimmberechtigt** ist auch der Erbteilser- **10** werber (2033 Rn 5). Die Stimmenmehrh ist nach der Größe der Erbteile zu berechnen (BayObLG **63**, 324). Dabei ist auch der MitE stimmberecht, der unter Berücksichtigg der AusglPfl nichts mehr zu erhalten hat (vgl § 2055 Rn 4). Stimmberechtigt bejaht auch BGH **56**, 47 (mAv Johannsen **LM** Nr 10) bei RGeschäften zw ErbenGemsch u GmbH, der MitE als Gesellschafter angehören. Kein StimmR haben die MitE in eig Angelegenheiten, zB hins der Einziehg einer Fdg, deren Schu der MitE ist (vgl Hamm BB **69**, 514; BGH WM **73**, 360). Ein solcher Interessenwiderstreit besteht aber nicht, wenn die Verwaltg des Nachl einem MitE übertr werden soll. Dieser MitE darf daher über die Übertr u die Höhe der Vergüt mitabstimmen (Nipperdey AcP **143**, 315). – Erweist sich die beschlossene Maßn als ungeeignet, kann jeder MitE von den **11** and die zur Beseitigg der Störg erforderl Hdlgen verlangen, zB Abberufg des eingesetzten Verwalters (OLG **40**, 111). – Eine Verwaltgsvereinbg kann von jedem MitE aus wicht Grd **gekündigt** werden (§ 745 Rn 4). – Über das KlageR auf Änderg der Art der Verwaltg s § 745 Rn 5; KG NJW **61**, 733.

d) Wirkung. Im AußenVerhältnis führen die Maßn ordngsgem Verwaltg zu NachlVerbindlichk (s § 1967 **12** Rn 9); zur Haftg s auch § 2059. Im InnenVerhältn sind die Kosten der Erhaltg, Verwaltg u einer gemeinsch Benutzg sowie die sonstigen Lasten von den MitE nach dem Verhältn ihrer Erbteile zu tragen (**II**; § 748). Die Verpflichtg beschränkt sich auf die im Nachl vorhandenen bereiten Mittel. Sie begründet keine VorschußPfl (MüKo/Dütz Rn 66; bestr).

e) Eine allgemeine Auskunftspflicht der MitE untereinander über den Nachl besteht nicht. Sie läßt **13** sich aus erbrechtl Bestimmgen nicht begründen u auch nicht aus § 242 ableiten, da die MitEStellg nicht die hierfür erforderl Sonderbeziehg begründet (BGH JR **90**, 16 mAv Wassermann). Die MitE sind sich auch nicht üb Umstände betr die Testierfähigk des Erbl auskunftspflichtig (BGH aaO), zumal die im ErbR normierten AuskPfl sich immer nur auf den NachlBestand u den Verbleib best Ggstände beziehen (§§ 2027; 2028; 2057; 2121; 2127; 2314). – Üb Bestand u Wert des Nachl kann sich ein MitE als Gesamthänder aber jederzeit selbst in Kenntn setzen u dazu ggf Mitwirkg der übr MitE verlangen (BGH NJW **73**, 1876; Lorenz JuS **95**, 569; s auch § 2314 Rn 3), da ihm die Anspr nach §§ 2027, 2028 zustehen. Hat ein MitE die Verwaltg allein geführt, ist er den anderen nach §§ 666, 681 auskunftspflichtig (RG **81**, 30; Lange/Kuchinke § 45 II 7 c). Es kann sich auch eine Pfl zur Mitwirkg bei Errichtg eines NachlVerzeichnisses ergeben (RGRK Rn 13; Karlsr MDR **72**, 424).

3) Notgeschäftsführung (I 2). Notwendige Erhaltungsmaßnahmen kann jeder Miterbe ohne Mitwirkg **14** der anderen treffen. Hat er allein vom Erbfall Kenntn, ist er zur Ergreifg der notwend Sichergsmaßn sogar verpflichtet u hat hierfür ggf sogar sein eigenes Vermögen einzusetzen (BGH JZ **53**, 706). – **a) Notwendig** sind nur solche Maßn, die auch der ordngsgemäß Verwaltg des gesamten Nachl dienen (Einzelh s § 744 Rn 3 u Bertzel AcP **158**, 119ff; NJW **62**, 2280). Dies kann auch eine Vfg sein (MüKo/Dütz Rn 62; Soergel/Wolf Rn 12; Schlesw SchlHA **65**, 276; str); od die Erhebg einer Klage, wenn nur dch sie ein dem Nachl gehören-des Recht erhalten werden kann (BGH **94**, 117), zB eine AnfechtgsKlage zur Beseitigg der Wirksamk eines GterBeschlusses, wenn der ErbenGemsch ein GmbH-Anteil zusteht (BGH BB **89**, 1496). Bedeutsame Maßnahmen, dch die erhebl Verpflichtgen für den Nachl od die anderen MitE begründet werden, sind nur dann notwendig, wenn wg ihrer Dringlichk die Zustimmg der MitE nicht mehr eingeholt werden kann (BGH **6**, 83; Hamm OLGZ **85**, 226). Art und Umfang der Maßnahmen sind vom Standpkt eines vernünft u wirtschaftl denkenden Beurteilers zu entscheiden (BGH **6**, 76; Johannsen WM **70**, 578), also idR weder Wiederaufbau eines kriegszerstörten Gebäudes (BGH **LM** § 1004 Nr 14) noch Abschluß eines langjährigen MietVertr (BGH NJW **58**, 2061), auch nicht Widerruf einer schwebend unwirks Auflassgserklärg (SchlHOLG aaO). – Antr auf Bestimmg einer InvFrist gehört nicht hierher, da dies ledigl nützl, aber nicht notw ist (KG OLG **35**, 360; s aber auch § 2039 Rn 3). Wohl aber die (notf im Klagewege durchzuführende) Abwehr gg die Enteigng eines NachlGrdst (VGH Kassel NJW **58**, 1203) sowie die Erhebg von Beschwerden u Klagen im FlurbereiniggsVerf (BVerwG NJW **65**, 1546). – **b) Wirkung.** Die von dem notverwaltenden **15** MitE eingegangenen Verpflichtgen sind zunächst EigenVerbindlichk (§ 1967 Rn 8); zugleich sind sie Nachl-Verbindlichk, wenn vom Standpkt eines sorgfält Verwalters aus die Erhaltgsaufwendgen ordnungsgemäßer Verwaltg entsprechen (§ 1967 Rn 9); ihm kommt dann eine ges Vertretgsmacht nach außen zu (Bertzel AcP **158**, 121; Brox § 30 IV 2c). – Intern kann er für seine Aufwendgen von den übr MitE anteilig Ersatz verlangen (§ 748), wenn sein eigenmächt Vorgehen berecht war; diese können im analog § 2059 auf ihren Anteil am Nachl verweisen, wenn auch er sich ggü dem NachlGläub auf § 2059 hätte berufen können (Wernecke AcP **193** (1993), 240/252). Hat er sein NotverwaltgsR überschritten, kommt Aufwendgsersatz nach GoA (§§ 683; 684, 687 II) in Betr (BGH NJW **87**, 3001 mAv Hohloch JuS **88**, 74; s auch § 748 Rn 2), es sei denn, daß §§ 987ff als lex spec eingreifen; unberechtigter Besitzer eines NachlGgst kann ein MitE aber nur bei Beeinträchtigg des Mitgebrauchs der übr MitE sein, sofern diese ihn beansprucht haben (BGH aaO). Bei unberecht eigenmächt Vorgehen hat er der ErbenGemsch den Nachteil zu ersetzen, der ihr bei pflicht-gem Verhalten des MitE erspart geblieben wäre, sei es aus pVV, GoA (§ 678) od § 823 I bei widerrechtl Verletzg des GesamthandEigt (Wernecke aaO 257ff).

4) Die Früchte gebühren den MitE nach dem Verhältn ihrer Erbteile (§ 743). Ihre Teilg erfolgt aber **16** grdsätzl erst bei der Auseinandersetzg. Auch Abschlagszahlgen können nicht gefordert werden (OLG **18**, 327; Hbg MDR **65**, 66), da erst bei der Auseinandersetzg feststeht, was der MitE unter Berücksichtigg einer etwaigen AusglPfl zu erhalten hat. Eine frühere Verteilg kann nicht durch MehrhBeschl (Hbg aaO), sond nur durch Vereinbg sämtl MitE angeordnet werden (RG **81**, 241). Doch kann sie einseitig dann verlangt werden, wenn Nichtteilg wg besonderer Umst arglistig wäre (LG Halle JW **37**, 643). – Teilg des Reinertrags erfolgt am **Schluß des Jahres**, wenn Auseinandersetzg nach §§ 2043 bis 2045 länger als ein Jahr ausgeschlossen ist (Hbg aaO); bloße Verzöger der Auseinandersetzg genügt nicht (RG **81**, 241; Soergel/Wolf Rn 28). – Wird ein MitE durch Vorschüsse auf sein Auseinandersetzgsguthaben ganz od teilw befriedigt, gebühren ihm Früchte nur nach seiner tatsächl Beteilig am NachlVermögen, bemessen nach den Wertverhältn am Verteilgsstichtag (Hbg MDR **56**, 107). Allg wird als Stichtag für die Bewertg der zur Auseinandersetzg stehenden Masse der TeilgsZtpkt heranzuziehen sein (s Meincke BewertgsR § 14 II 2a).

2039 *Nachlaßforderungen; Leistung nur an alle Erben.* Gehört ein Anspruch zum Nachlasse, so kann der Verpflichtete nur an alle Erben gemeinschaftlich leisten und jeder Miterbe nur die Leistung an alle Erben fordern. Jeder Miterbe kann verlangen, daß der Verpflichtete die zu leistende Sache für alle Erben hinterlegt oder, wenn sie sich nicht zur Hinterlegung eignet, an einen gerichtlich zu bestellenden Verwahrer abliefert.

1 **1) Nachlaßansprüche.** Nach den Grdsätzen der GesamthandsGemsch muß ein NachlSchu an alle MitE gemeinschaftl leisten. An sich müßten danach auch die MitE gemeins die zum Nachl gehörden Anspr geltend machen. Hier ermächtigt nun das G jeden MitE allein und unabhäng von den anderen zur Einforderg der geschuldeten Leistg, allerd nicht an sich, sond nur an alle. Damit wird erreicht, daß jeder MitE die der ErbenGemsch dch Nachlässigk einzelner ihrer Mitglieder drohenden Nachteile abwenden kann, ohne selbst einen unberecht Sondervorteil zu erlangen.

2 **a) Erfaßte Ansprüche.** Nur bei Anspr (dazu § 194 Rn 1) und nur bei solchen, die zum Nachlaß gehören, ist deren Geltendmachg dch einen MitE allein zuläss, mögen sie schuldrechtl od dinglod öffentlrechtl Natur sein. Dazu gehören zum **Beispiel:** Der ErbschAnspr (§§ 2018ff). – FreistellgsAnspr (RG **158**, 42). – UnterlassgsAnspr (RG GewerblRSchutz **36**, 971). – Anspr auf Hinterlegg (§ 432 I 2), auch wenn die ErbenGemsch nur Teilhaber der GeldFdg ist (BGH NJW **83**, 2020). – Anspr auf Auseinandersetzg u Antr auf Teilgsversteigerg nach ZVG 181, auch wenn die Gemsch zw der MiterbenGemsch u einem Dritten besteht (RG **108**, 434; Hamm Rpfleger **58**, 269; Schlesw MDR **59**, 46; LG Lübeck SchlHA **65**, 67 zu Heimstätte; aM LG Darmst NJW **55**, 1558 mit abl Anm Bartholomeyczik). – Der Anspr auf Rechngslegg gg TestVollstr (BGH NJW **65**, 396). – Anspr auf Berichtigg des GB (RG HRR **30** Nr 1220; BGH **44**, 367 mAv Mattern **LM** Nr 7; Zweibr Rpfleger **68**, 88; BGH FamRZ **76**, 146, 268 mAv Schwab). – **Ersatzforderungen** aGr von § 2041 (Wieser FS Lange, 1970, 325), zB SchadErsatzAnspr wg Nicht- od Schlechterfüllg der zum Nachl gehörenden KaufpreisFdg; ist dieser Anspr gg den Schuldner nicht dchsetzb, auch der SchadErsatzAnspr gg den Notar wg dessen schuldh AmtspflichtVerletzg bei Beurkundg des RGesch (BGH NJW **87**, 434). – Ein einz MitE eines tödl Verunglückten kann uU die SchadErsAnspr auf Grd des Todesfalles u die EntschädiggsAnspr auf **3** Grd der vom Schädiger nach dem Pauschsystem abgeschl InsassenUnfallVers selbständ geltd machen (Köln VersR **75**, 1113). – **Weitere Fälle:** AnfechtgsR aGrd des AnfG. – Auch Anspr auf das bei der GeschFg oA Erlangte, jedoch erst, wenn die ErbenGemsch die GeschFg genehmigt hat (RG SeuffA **81** Nr 95). – Ferner Antr auf Aufnahme eines dch den Tod des Erbl unterbrochenen WiederAufnVerf (ZPO 578), jedenf dann, wenn das angefochtene Urt einen NachlAnspr abgewiesen hatte (BGH NJW **54**, 1523). – Antr auf Bestimmg einer InvFrist gg die Erben des Schuldners (RGRK Rn 2; aM KG OLG **35**, 360; vgl § 2038 Rn 14). – Schließl auch **öffentlich-rechtliche** Anspr wie die Geltdmachg des sachl-rechtl WitwerrentenAnspr des verstorbenen Vaters (BVerfG **17**, 86 zu BVG 43); od der KostenerstattgsAnspr aus vom Vater u später von den Erben für den Vater geführten Rechtsstreitigk (LSozG Celle NJW **68**, 1743 zu SGG 193); im SteuerR ErlaßFdg von Säumniszuschlägen (BFH FamRZ **89**, 975). – Entspr Anwendg ist mögl bei Klagen gg NachlVerwalter auf Herausg des Nachl (RG **150**, 189; auf Feststellg der Nichtigk eines Test (Mü HRR **42** Nr 302; RGRK Rn 10). – Für Anspr aus unerlaubter Hdlg, die der ErbenGemsch zustehn, beginnt die Verjährungsfrist (§ 852), wenn Erbl Kenntn vom Schaden u der Person des Ersatzpflichtigen nicht mehr gehabt hat, erst, wenn diese Voraussetzgn in der Person jedes MitE begründet sind (Celle NJW **64**, 869).

4 **b) Gestaltungsrechte** fallen **nicht** unter § 2039, der nur die Dchsetzg von Anspr regelt. Daher können sie die MitE nur gemeins ausüben. Dies gilt vor allem für Vfgen (§ 2040); Rücktr-, Wahl-, Wiederkaufs- und VorkRechte mit der Ausn des § 2034; Anfechtgrechte nach §§ 119ff (BGH NJW **51**, 308; Düss NJW **54**, 1041); Widerruf einer Schenkg ua. – Auch **Kündigung** einer Fdg kann, da sie eine Vfg enthält, nur gemeinschaftl erfolgen (RG **65**, 5). – § 2039 ist auch nicht anwendb bei Anfechtg eines die ErbenGemsch **5** verpflichtenden od belastenden **Verwaltungsakts**, die von den MitE grdsätzl nur gemeins in notw Streitgenossensch durchgeführt werden kann (BVerwG NJW **56**, 1295; BayVGH **25**, 112; Eyermann/Fröhler VwGO 64 Rn 2); einer allein kann daher auch nicht RMittel einlegen (VGH Mannh NJW **92**, 388). Für entspr Anwendg von § 2038 I Hs 2 ist BVerwG NJW **65**, 1546 (dazu auch Eyermann/Fröhler VwGO 42 Rn 87; 61 Rn 6; MüKo/Dütz Rn 35). – Zur ProzeßführgsBefugn für Gestaltgsklagen s ausführl Habermeier ZZP **105** (1992), 182ff.

6 **2) Durchsetzung.** Der einzelne MitE kann zunächst außergerichtl den Schu eines fälligen Anspr mahnen und damit in Verzug setzen (§ 284; dazu Johannsen WM **70**, 578ff; wg Kündigg s Rn 4. Sodann kann er den Anspr **gerichtlich** geltend machen, also auf Leistg (uU auch auf künftige, RG JW **25**, 2244) od Feststellg klagen; zur Sicherg Arrest und einstw Vfg erwirken; die ZwangsVollstr betreiben (auch wenn der Titel von allen MitE erwirkt worden ist, KG NJW **57**, 1154); auch negative FeststellgsKlage auf Nichtbestehen einer NachlSchuld erheben (RG HRR **35** Nr 1602). Ein Widerspruch der übr MitE steht dem Recht des S 1 nicht entgg. – Ebso kann das dch den Tod einer Partei unterbrochene Verfahren nicht nur von der ErbenGemsch, sond auch von jedem einzelnen MitE **aufgenommen** werden (Warn **39** Nr 23; OGH JR **50**, 245; BGH FamRZ **64**, 360; Ffm MDR **66**, 153). Bei der Aufnahme kann der einzelne MitE dch Genehmigg auch Mängel des bish Verfahrens heilen, wenn zB der Kläger zZ der Klageerhebg u bis zu seinem Tod geschäftsunfäh war (BGH **23**, 207). – Ist eine ErbenGemsch Verpächterin eines landwirtschaftl Grdst, hat jeder MitE für sich allein das Recht, gg eine auf Antr des Pächters beschlossene Verlängerg des PachtVertr sof Beschw einzulegen (BGH **LM** Nr 2 zu § 2038). – Auch Wiedergutmachgsansprüche nach dem REG u BEG kann der einz MitE geltd machen (BGH MDR **73**, 220; **LM** Nr 48 zu BEG 189). – § 2039 gilt auch im FG-Verfahren (Staud/Werner Rn 31).

a) In eigenem Namen klagt stets der MitE, nicht als Vertreter der übrigen. Die ErbenGemsch als solche **7** ist nicht parteifähig (s Einf 1 vor § 2032). In einem Prozeß unter Beteilig der vollständ Gemsch sind desh die einzelnen MitE selbst Partei mit der Folge, daß sie als einzelne prozessualen od materiell-rechtl Einwendgen ausgesetzt sein od solche geltend machen können (BGH NJW **89**, 2133 mAv Schilken JR **90**, 458). – Das für od gg einen MitE ergangene rechtskr Urt schafft für u gg die and MitE keine Rechtskraft (RG **93**, 127); es kann aber in einem nachfolgenden Prozeß aller Gesamthänder nicht unberücksicht bleiben u hindert ein neuerl Urteil gg den betr MitE (BGH aaO). – Klage des einen MitE unterbricht nicht Verjährg für die übrigen (RGRK Rn 12; aM Erman/Schlüter Rn 1); der Schu ist aber dem Obsiegenden zur Zahlg des Gesamtbetrags an alle Erben gemeinschaftl verpflichtet. – Ob bei Aktiv- od Passivprozessen sind od mehrerer MitE zwischen ihnen notwend Streitgenossensch (ZPO 62) besteht, ist str (s Zöller/Vollkommer ZPO 62 Rn 13, 16 ff; BGH **23**, 207; von BGH NJW **89**, 2133 offen gelassen). – Der Grds von Treu u Glauben verwehrt es einem MitE regelm nicht, Anspr der ErbenGemsch gem § 2039 zu verfolgen, obwohl er selbst Verbindlk ggü der ErbenGemsch hat (BGH WM **71**, 653). – Soweit der MitE einen Rechtsanwalt mit der Verfolgg des NachlAnspr beauftragt, ist er selbst verpflichtet. – Für die Bewillig der **Prozeßkostenhilfe** **8** kommt es grdsätzl auf die Vermögenslosigk des klagenden MitE an (s Staud/Werner Rn 29). Es kann einen sittenwidr Versuch zur Erlangg von ProzKostenhilfe darstellen, wenn aus dem Kreis der zT begüterten MitE ein gänzl vermögensloser zur Einklagg des Anspr der ErbenGemsch gem § 2039 vorgeschoben wird (KG JW **38**, 696).

b) Nur Leistung an alle Miterben (Feststellg einer Leistgspflicht) kann regelmäß der einzelne MitE **9** fordern, also auch nicht Leistg an sich in Höhe des seinem Erbteil entspr Teils der Fdg verlangen (OLG **4**, 432). Sind die MitE zur Annahme nicht bereit, muß er **Hinterlegung** für alle erwirken. Auch jeder MitE kann fordern, daß Hinterlegg od bei Ungeeigneth Ablieferg an einen vom AG (FGG 165) zu bestellenden **Verwahrer** erfolgt. Ausnahmsw kann aber ein MitE nach Treu u Glauben nicht auf Hinterlegg bestehen, **10** wenn es näml zur ordngsmäß Verwaltg gerade der Zahlg bedarf (zB bei Einziehg von Mieten, RG JW **38**, 356). Der Verwahrer hat allen MitE ggü der Pfl zur ordngsmäß Verwahrg. Er hat nur einheitl Weisgen aller Folge zu leisten; etwaige Streitigkeiten hierüber sind nur zw den MitE auszutragen (OLG **14**, 287). Ein MitE wird dch die Pfändg seines MitEAnteils nicht gehindert, eine NachlFdg mit dem Ziel der Hinterlegg für alle MitE geltend zu machen, u zwar auch dann, wenn der PfändgsGläub zugleich der FdgsSchu ist (BGH NJW **68**, 2059). – **Ausnahmsweise** kann der MitE Leistg an sich verlangen, wenn er von den übrigen dazu **11** ermächtigt ist (Warn **08** Nr 651). Ferner auch, wenn die Klage zuläss das Ergebn der Auseinandersetzg vorwegnimmt, zB die fragl Fdg die einzige zur Verteilg reife NachlBestand, der Schu der einzige weitere MitE ist u das TeilgsVerhältn feststeht (Warn **13** Nr 236; BGH **LM** § 2042 Nr 4: Klage des einen MitE gg den andern auf Herausg des Gewinnanteils aus einem vom letzteren weitergeführten Erwerbsgeschäft). – MitE können auch von einander od von Dritten eine dem Interesse aller MitE entspr Nutzg des ererbten u von ihnen bewohnten Hauses verlangen, also auch Unterlassg einer diesen Interessen widersprechenden wesentl Änderg der Nutzgsart (Hamm NJW-RR **92**, 329: Ausübg der Prostitution); od untereinand Rechte feststellen lassen, die gg Dritte geltd zu machen sind (BGH WM **92**, 1296).

c) Einwendungen. Über die Geltdmachg von GgAnspr gg die NachlFdg s § 2040 II mit Rn 2; 6. – Den **12** Einwand unzulässiger Rechtsausübg kann der NachlSchuldn einer von MitE erhobenen Grdbuchberichtiggsklage nicht wg eines argl Verhaltens enttgegensetzen, das sich ein MitE hat zuschulden kommen lassen (RGZ **132**, 81). Macht dieser MitE jedoch den Anspr geltd u widersprechen die übr MitE der Klageerhebg, liegt ein Mißbrauch der Prozeßführgsbefugn vor, der zur Klageabweisg als unzuläss führt (BGH **44**, 367).

3) Für einen Miterben-Schuldner gilt § 2039 gleichfalls. Auch er muß an alle leisten (BGH **LM** Nr 3 zu **13** § 249 [Fa]; Braunschw OLG **14**, 286) od hinterlegen (BGH WM **75**, 1179), u zwar grdsätzl ohne Rücks darauf, ob bei der Auseinandersetzg die Schuld ausgeglichen werden könnte. Jedoch kann er sich uU darauf berufen, daß die Einziehg der Fdg vor Auseinandersetzg gg Treu u Gl verstößt, weil seine Schuld mit Sicherh durch seinen Erbanteil gedeckt ist (BGH FamRZ **71**, 644). – Zur **Zurückbehaltung** gem § 273 I ist ein MitESchuldner im Hinblick auf seinen AuseinandersetzgsAnspr nicht befugt, wenn die Einziehg od der Verkauf der gg ihn gerichteten Forderg zur Begleich von NachlVerbindlk geboten od wenn eine Teilg der Forderg nicht mögl ist od entgegenstehende Bestimmgen des Erbl od der MitE vorliegen (Dütz NJW **67**, 1110). – Vgl auch § 2058 Rn 3; § 2059 Rn 4.

4) Entsprechende Anwendung des § 2039 auf andere GesamthandsGemsch ist grds mögl, zB für die **14** GüterGemsch (RG **158**, 40), sofern wg Gefahr im Verzug das ZustimmgsVerf (§§ 1430, 1452) nicht eingehalten werden und ein NotverwaltgsR (§ 1429) mangels Krankh od Abwesenh nicht gegeben ist. – Auf **Gesellschaften** kann § 2039 allerd nur bei Vorliegen bes Gründe analog angewandt werden (BGH **39**, 14; aber auch NJW **73**, 2198). S dazu im einzelnen Soergel/Wolf Rn 2 mN.

2040 *Verfügung über Nachlaßgegenstände; Aufrechnung.* ¹**Die Erben können über einen Nachlaßgegenstand nur gemeinschaftlich verfügen.**

¹¹**Gegen eine zum Nachlasse gehörende Forderung kann der Schuldner nicht eine ihm gegen einen einzelnen Miterben zustehende Forderung aufrechnen.**

1) Verfügungen (Begriff vgl Übbl 16 vor § 104) über einzelne NachlGgstände, dh Sachen u Rechte **1** (nicht über den Nachl als Ganzes) können von den MitE nur gemschaftl getroffen werden. Ausgenommen sind nur Vfgen eines einzelnen MitE, die zur Erhaltg des Nachl erforderl sind (§ 2038 I 2 Halbs 2). **I** ist damit

die positive Ergänzg zu der negat Bestimmg des § 2033 II (s aber auch § 2038 Rn 14). – Zu den Vfgen gehören auch Kündigg einer Fdg (RG **65**, 5; **146**, 316); ihre Einziehg; Anerkenng u Verzicht auf ein Recht (RG SeuffA **79** Nr 180); Rücktr (RG 151, 313); Anfechtg nach § 119 (BGH NJW **51**, 308); Ermächtigg eines Dritten zur Vfg (RG **67**, 27); Zustimmg einer ErbenGemsch als GrdstEigentümerin zur Veräußerg des ErbbauRs (Hamm MDR **67**, 127); Löschgbewillgg für eine Reallast (BayObLG **88**, 230); Erhebg der Mietaufhebgsklage (AG Hannover ZMR **66**, 152); der Klage auf geräumte Herausg einer Wohng (LG Köln MDR **72**, 520). Zur Kündigg eines MietVertr s § 2038 Rn 5. – Ist der Schuldn der Fdg MitE, bedarf es seiner
2   Mitwirkg nicht (BayObLG **6**, 327; bestr; aM OLG **26**, 304). – **Aufrechnung** mit einer zum Nachl gehörigen Fdg kann nach **I** nur von den MitE gemeinschaftl erklärt werden (BGH **38**, 124). Hat aber der Erbl die Aufrechng bereits erklärt, kann sich jeder einzelne MitE im Prozeß einredeweise darauf berufen (Warn **13** Nr 235). Über den Widerspr der ErbenGemsch, die gg einen MitE mehrere zur Aufrechng geeignete Fdgen
3   hat (§ 396 I 2), vgl LG Fürth MDR **54**, 100. – **Widerruf** einer abstrakten **Vollmacht** ist keine Vfg (vgl § 1922 Rn 34), wohl aber die Kündigg des zugrunde liegenden AuftrVerhältn, soweit dadurch über einen NachlGgst verfügt wird (RG SeuffA **79** Nr 221). Wird aber durch die Künd die NachlSubstanz nicht betroffen, liegt VerwaltgsMaßn nach § 2038 vor (s dort Rn 1). – Keine Vfg ist der Antr auf Einleitg eines Aufgebotsverfahren auf Grd § 927 (Bambg NJW **66**, 1413); zum Vergl-Widerruf s Bökelmann JR **67**, 342; Johannsen Anm **LM** § 2038 Nr 8; § 2038 Rn 6). – Die Vorschr des **I** findet auch auf den Erbteilserwerber Anwendg; er kann nur wie ein Erbe verfügen (RG **112**, 129).

4   **2) Gemeinschaftliche Verfügung** erfordert keine rechtl Gleichartigk der Mitwirkg aller Beteiligten. Insbes ist nicht notw, daß die Erklärgen gleichzeitig u bei derselben Gelegenh abgegeben werden, sofern sie sich nur zu einer einheitl Vfg ergänzen (KGJ **53**, 133). Ist zB eine ErbenGemsch Gläubigerin einer Hyp und bewilligen einige MitE deren Löschg, die übrigen die pfandfreie Abschreibg einer Parzelle, liegt eine gemschaftl Vfg der MitE vor, soweit es sich um die Löschg der Hyp auf der abzuschreibenden Parzelle handelt (KG JW **37**, 1553). Die vom einzelnen MitE getroffene Vfg wird wirks, wenn die übrigen vorher ihre Zustimmg erklärt hatten (RG **129**, 284) od wenn sie nachträgl genehmigen (BGH **19**, 138; **LM** § 105 HGB Nr 19; RG **152**, 382; KGJ **53**, 133). Einer solchen Genehmigg steht es gleich, wenn zB eine Mutter im Glauben, Alleinerbin ihres Mannes zu sein, zG ihrer Kinder gleichmäß über Grdbesitz verfügt, der in Wirklichk ihr u den Kindern kraft gesetzl Erbfolge gehört, sie nach ihrem Tod von ihren Kindern zu gleichen Teilen beerbt wird u diese für die NachlVerbindlk unbeschränkt haften (BGH **LM** § 105 HGB Nr 19). – Widerruf ein MitE seine od des Erbl Erkl zulässig (Düss NJW **56**, 876 zur Rückn eines Eintraggsantrags des Erbl). – Über Form u Durchführg der Zustimmg s § 182. – Bei **einseitigen** Vfgen ist eine nachträgl Genehmigg wirkgslos (vgl § 182 Rn 5). – Zur Anfechtg der Vfg einer Erben-Gemsch dch den Konkursverwalter eines MitE s BGH BB **78**, 1139. – Üb NotVfgsR des **einzelnen** MitE s § 2038 Rn 14.

5   **3) Eine gegenüber der Erbengemeinschaft zu treffende Verfügung** (Kündigg, Anfechtg ua) wird auch nur wirks, wenn sie allen MitE ggü erfolgt (OLG **30**, 188). So muß eine Klage, die auf Vfg über NachlGgstände gerichtet ist, gg alle MitE erhoben werden, sofern nicht einige unstreitig od nachweisl zu der Vfg bereit sind, od zur Vfg verurteilt sind (RG **111**, 338; **112**, 132; BGH WM **78**, 1327). Diese Grdsätze gelten auch für einen Antr auf Ersetzg der Zustimmg nach ErbbRVO 7 (Hamm OLGZ **66**, 574 mAv Haegele Rpfleger **67**, 416); od für die Rücknahme eines begünstigenden VA, die einen ErstattgsAnspr begründet (VGH Mü NJW **85**, 2439).

6   **4) Aufrechnung.** Gg eine NachlFdg kann der Schu nicht mit der Fdg gg einen einzelnen MitE aufrechnen **(II).** Auch durch Zustimmg dieses MitE wird sie nicht wirks (Staud/Werner Rn 27). Dem NachlSchu ist auch nicht die Ausübg des **Zurückbehaltungsrechts** wg einer gg einen MitE bestehenden Fdg gestattet (RG **132**, 84; BGH **31**, 394). – Auch ein Besitzer kann sich ggü dem von sämtl MitE erhobenen EigtAnspr nicht auf ein BesitzR berufen, das ihm nur ggü einem MitE zusteht (Mü MDR **57**, 103). Ein mit der Gesamtschuldklage belangter MitE kann aber Befriedigg des Gläubigers verweigern, solange u soweit sich der Gläub durch Aufrechng gg eine fällige Fdg der ErbenGemsch befriedigen kann (BGH **38**, 122 mAv Mattern **LM** § 2058 Nr 3 und Scheyhing JZ **63**, 477).

2041 *Surrogation.* **Was auf Grund eines zum Nachlasse gehörenden Rechtes oder als Ersatz für die Zerstörung, Beschädigung oder Entziehung eines Nachlaßgegenstandes oder durch ein Rechtsgeschäft erworben wird, das sich auf den Nachlaß bezieht, gehört zum Nachlasse. Auf eine durch ein solches Rechtsgeschäft erworbene Forderung findet die Vorschrift des § 2019 Abs. 2 Anwendung.**

1   **1) Surrogationserwerb.** Zum Nachl gehört auch der Erwerb kr dingl Surrogation nach § 2041 (Ersatzsurrogation). Auch er steht den MitE zur gesamten Hand zu. Über die Voraussetzgen im einzelnen vgl § 2019 Rn 1–4; auch § 2111 Rn 2–6. – **Zweck** dieser Regelg ist, die wirtschaftl Einh u auch den Wert des NachlVermögens als Gesamthandsvermögen für die MitE u die NachlGläub zu erhalten (BGH NJW **87**, 434; s § 2019 Rn 1). – Kein Ersatz für den Schaden am NachlGgstand ist ein in der Person des Erben entstandener LAG-Anspr (BVerwG **24**, 89; **27**, 86; s aber auch BGH **44**, 336, § 2111 Rn 4). Anspr nach VermG 1 ff sind es allenf dann, wenn sie noch zu Lebzeiten des Erbl begründet wurden (Wasmuth DNotZ **92**, 3/16). – Bei Vfgen des TV üb NachlGgstände gilt § 2041 entspr (MüKo/Dütz Rn 3 mN).

2   **2) Bei rechtsgeschäftlichem Erwerb** ist zu unterscheiden: Wird das RGesch **mit Mitteln des Nachlasses** vorgenommen, tritt Mittelsurrogation selbst bei entggstehendem Willen ein, soweit nicht der MitE mit Einverständn der and den Ggst zum AlleinEigt erwerben sollte (BGH NJW **68**, 1824; Mü NJW **56**, 1880; Johannsen WM **70**, 738; Staud/Werner Rn 8). Die obj Beziehg zum Nachl reicht hier allein aus. Dies ist zB bei Verpachtg eines zum Nachl gehör GewerbeBetr auch dann der Fall, wenn ein MitE sie in eigenem Namen vornimmt in der Abs, den Pachtzins für sich einzuziehen; der Pachtzins gehört daher

der ErbenGemsch (BGH aaO). – Bei Erwerb **mit fremden Mitteln** erfordert dagg die Beziegssurrogation **3** den subj Willen, für den Nachl zu erwerben und außerd obj einen inneren Zusammenhang zw Nachl und Erwerb (KG JFG **15**, 155; Köln OLGZ **65**, 117; aA MüKo/Dütz Rn 25, der hier idR keine Surrogation zulassen will); zB Erwerb eines Grdst, wenn damit die bessere wirtschaftl Ausnutzg eines den Erben bereits gehörenden Grdst bezweckt wird (KG DR **44**, 190; AG Osterrode NdsRpfl **68**, 67). – Gehört zur Erbsch ein GeschAnteil an einer GmbH, kann die ErbenGemsch bei einer Kapitalerhöhg eine auf das erhöhte Stammkapital zu leistde Stammeinlage übernehmen (Surrogationserwerb, Hamm OLGZ **75**, 164). Soweit aber als MitE ein ErbschBesitzer in Frage kommt, gilt nur § 2019, nach dem es sich entscheidet, ob der Erwerb mit Mitteln der Erbsch vollzogen ist.

3) Gutgläubiger Erwerb. Auch bei Surrogationserwerb gelten die Bestimmgen über gutgläubigen **4** Erwerb vom Nichtberechtigten (zB §§ 932 ff). Bei Bösgläubigk des MitE, der das RechtsGesch tätigt, ist ein gutgl Erwerb durch die ErbenGemsch von vorneherein ausgeschlossen. Ist der unmittelb am Erwerb beteiligte MitE dagegen gutgl, ein anderer MitE aber bösgl, wird § 166 Abs 2 entspr anzuwenden sein (Gross MDR **65**, 443; s aber auch Reichel GrünhutsZ **42**, 236).

4) Zum Schutz des Schuldners bestimmt **Satz 2,** daß dieser die Zugehörig der durch Surrogation **5** erworbenen Fdg zum Nachl erst gelten lassen muß, wenn er davon Kenntn erlangt hat.

2042 Auseinandersetzung. ¹Jeder Miterbe kann jederzeit die Auseinandersetzung verlangen, soweit sich nicht aus den §§ 2043 bis 2045 ein anderes ergibt. ²Die Vorschriften des § 749 Abs. 2, 3 und der §§ 750 bis 758 finden Anwendung.

1) Auseinandersetzungsverlangen. Die Aufhebg der Gemsch zur gesamten Hand kann jeder einzelne **1** MitE grds jederzeit verlangen; ebso der Erwerber eines Erbteils (§ 2033 I; OLG **14**, 154); der PfandGläub bei Verkaufsreife entspr § 1258 II (RG **60**, 126; **84**, 396), in Gemsch mit dem MitE der PfandGläub bis zum Eintritt der Verkaufsberechtigg; der Nießbraucher (§ 1066 II). Anders als in § 723 II ist auch ein Verlangen zur Unzeit nicht verboten. Jedoch ist ein gg Treu u Gl (vgl § 2038 Rn 7) verstoßendes Verlangen nicht zuzulassen (LG Düss FamRZ **55**, 303; Brox § 31 II 1). – **Ausschluß** des Verlangens ist ausnahmsw zeitweilig mögl (§§ 2043–2045). Dch vertragl Vereinbg können die MitE allerd die Auseinandersetzg für immer od auf Zeit ausschließen (**II** mit §§ 749 II, III; 750, 751; BGH WM **68**, 1172). Bei wichtigem Grd kann sie allerd auch dann gleichwohl verlangt werden (§ 749 II mit § 2042 II). Eine solche Vereinbg hat nur schuldrechtl Wirkg. Sie unterliegt keinem Formzwang, da weder § 2033 noch §§ 2371, 2385 od § 313 in Betr kommen. Im einzelnen vgl dazu die Anm zu §§ 749–751. Hat dann ein Gläub den Anteil eines MitE gepfändet u zahlt ein and MitE dessen Schulden, um die eingeleitete Zwangsversteigerg abzuwenden, geht die Fdg des Gläub analog § 268 III auf den leistenden MitE über (Karlsr NJW-RR **92**, 713).

2) Durchführung. – a) Auseinandersetzungsarten. Die Auseinandersetzg kann verschiedentl erfolgen: **2** Dch außergerichtl Vertr zw den MitE (dazu Rn 4–13); dch den TV (§ 2204 I; s Rn 14); dch Vermittlg staatl Stellen (NachlG, Notar; FGG 86 ff; dazu Rn 15; im Weg der Auseinandersetzgsklage dch das ProzeßG (dazu Rn 16). – Die Beteiligten können durch SchiedsVertr einem **Schiedsrichter** die Auseinandersetzg unter Ausschluß des Rechtsweges übertragen; es ist also nicht nur Vereinbg eines Schiedsgutachtens mögl (§ 319 I); § 2048 S 2, 3 sind nicht entspr anwendb (s BGH NJW **59**, 1493). Auch der Erbl kann ein Schieds-Ger zur Erbauseinandersetzg anordnen (ZPO 1048; dazu Kohler DNotZ **62**, 125). – Wegen der **Teilauseinandersetzung** vgl Rn 17–20.

b) Auseinandersetzungsregeln. Maßgebl sind primär Anordngen des Erbl nach § 2048 od anderer **3** Art. Sind solche nicht getroffen, können die MitE sich auf eine Lösg einigen. Solche frei vereinbarten Abmachgn der MitE haben dann Vorrang. Kommt eine Vereinbarg nicht zustande, greifen die **ergänzenden** gesetzl Vorschr der §§ 2046 ff; 752 ff ein (BGH **21**, 229/232; BayObLG **74**, 42/46 f). Danach sind zunächst die NachlVerbindlichk zu tilgen (§ 2046 I). Zu diesem Zweck ist der Nachl, soweit erforderl, zu versilbern. Das geschieht durch Verkauf nach den Vorschr über den Pfandverkauf, bei Grdstücken durch ZwVersteigerg (§§ 753, 754). Der Rest ist im Verhältn der Erbteile zu teilen (§ 2047). Wegen der dafür geltenden Vorschr vgl §§ 752–758. Über Beteiligg von Pfandgläubigern bei Verteilg des Erlöses eines zwecks Aufhebg der Gemsch zwangsversteigerten NachlGrdst (§§ 752; 1279 II; 1258 III) s BGH NJW **69**, 1347.

3) Auseinandersetzungsvertrag. Die Durchführg der Auseinandersetzg geschieht in erster Linie durch **4** AuseinandersetzgsVertr zw den MitE (s BGH LM § 326 [A] Nr 2). Ein etwaiger NachE ist als nicht an der Gemsch beteiligt nicht hinzuzuziehen, soweit nicht RGeschäfte iS der §§ 2113 I, 2114 in Frage kommen (KG DJZ **07**, 300). Der schuldrechtl Vertr bedarf als solcher **keiner Form,** solange er nicht Abreden enthält, die aus anderen Gründen der Form bedürfen (KGJ **52**, 272; KG FamRZ **63**, 468). Formpflichtig ist der Vertr zB, wenn zum Nachl Grdstücke gehören (§ 313; Zunft JZ **56**, 553). Ist dies der Fall, bindet ein formloser Auseinandersetzgsvertrag zB über landwirtschaftl GrdBesitz die VertrParteien nicht (BGH **LM** § 242 [Ca] Nr 22). Formpfl ist auch ein Vertr über Übertr von GmbHAnteilen (GmbHG 15; s Rn 13). – Der AuseinandersetzgsVertr **wirkt** zunächst nur verpflichtend; erst die ihn vollziehende Teilg überführt mit dingl Wirkg **5** das GesHandsR in eine Alleinberechtigg (BGH WM **65**, 1155 zur Auseinandersetzg hinsichtl eines zum Nachl gehörigen HandelsGesch). Die dingl Übereig einzelner NachlGgstände in Ausführg der Auseinandersetzg an einen MitE bedarf der dafür vorgeschriebenen Form, bei Grdst der Auflassg, namentl auch, wenn das GesHandsEigt in MitEigt aller MitE umgewandelt werden soll (RG **57**, 433; vgl auch BGH **21**, 229; BayObLG **65**, 324; § 2032 Rn 1) od bei Übertr eines WohngsEigt (WEG 12 I; BayObLG **82**, 46) od wenn ein Handelsunternehmen auf einen MitE übergehen soll. Eine Bindg an einen formnichtigen ErbauseinandersetzgsVertr über landwirtschaftl Grdbesitz gem § 242 ist grundsätzl zu verneinen (BGH **LM** § 242 [Ca] Nr 22). – Die Auseinandersetzg kann auch in **mehreren** Vertr je zu einem Teil der MitE erfolgen; doch müssen die Verträge in gewolltem Zusammenhang stehen, so daß die Auseinandersetzg als Ganzes sich auf sämtl MitE erstreckt (RG HRR **30** Nr 1466). Über Auseinandersetzg, wenn ein an einem Nachl beteiligter MitE von mehreren Personen gemschaftl beerbt wird, s BGH NJW **63**, 1611.

6   **a) Inhalt.** Maßgebd ist in erster Linie die freie Vereinbg der MitE, soweit nicht Teilgsanordngen des Erbl (§ 2048) vorliegen (s aber auch § 2048 Rn 4). Das G enthält keine zwingende Vorschr (Warn **09** Nr 512). Die Auseinandersetzg kann zB in der Form erfolgen, daß der gesamte Nachl einem od mehreren MitE zugewiesen wird, währd die übrigen eine Abfindg erhalten; od daß ein MitE seinen Anteil in Form nur der zeitweil Nutzg des NachlVermögens erhält (zB als WohnR), die übr den Vermögensstamm ohne dessen Nutzg (BFH FamRZ **92**, 1076). Darin liegt kein ErbschKauf, so daß das schuldrechtl Gesch nicht der Form des § 2371 bedarf (Warn **09** Nr 512; Zunft JZ 56, 553) außer im Fall des § 313; wohl aber die Übertragg der Anteile (vgl § 2033 Rn 11; BFH NJW **81**, 784). Ein wg Formmangels nichtiger Verkauf eines Erbteils unter MitE kann uU sogar im Wege der Konversion (§ 140) als AuseinandersetzgsVertr aufrecht erhalten werden (RG **129**, 123). Die Übern des einzigen vorhandenen NachlGgstandes durch einen MitE gg Abfindg der anderen kann die RNatur eines KaufVertr haben (BGH DNotZ **55**, 406). Zur steuerrechtl Behandlg des Erwerbs nach dem EStG s nun BFH NJW **86**, 608. – **Anfechtung** des AuseinandersetzgsVertr nach § 119ff

7   ist mögl. Hat dieser VerglCharakter, ist § 779 einschlägig (s Soergel/Wolf Rn 33). Bei Wegfall der KaufGrdlage unterbricht Klage auf VertrAnpassg nicht Verjährg des Anspr auf Zugewinnausgleich nach § 1371 II (BGH NJW **93**, 2439). – Über Altenteilsvereinb mit dem Recht, statt Naturalien Zahlg der Erzeugerpreise zu verlangen, in AuseinandersetzgsVertr s Ffm Rpfleger **68**, 358 mAv Haegele.

8   **b) Mehrere minderjährige Miterben** müssen, wenn die Auseinandersetzg durch Aufhebg der unter ihnen bestehden Gemsch erfolgen soll, regelm wg § 181 jeder einen bes gesetzl Vertreter haben (BGH FamRZ **68**, 245 mAv Mattern **LM** § 181 Nr 11). Dies gilt selbst dann, wenn die Auseinandersetzg nur eine rechnerische ist (RG **93**, 336; bestr); ebso wenn das GesHandsEigt an einem Grdst in BruchteilsEigt umgewandelt wird (BGH **21**, 229). Ein unerlaubtes Selbstkontrahieren des mit seinem Kind eine ErbenGemsch bildenden gesetzl Vertr kann selbst bei unentgeltl Erwerb eines NachlGrdst dch das Kind vorliegen, etwa bei

9   gleichzeit Übernahme der Verpflichtg aus einer schuldrechtl Wohnberechtigg (Hamm OLGZ **83**, 144). Nur wenn die Auseinandersetzg völlig unter Beachtg der ges Regeln (§§ 2046ff, 2042 mit 752ff) erfolgt, ist die Vertretg mehrerer minderj MitE durch einen ges Vertreter zuläss, da hier die Auseinandersetzg ledigl der Erfüllg der Verbindlk zur Auseinandersetzg dient (BGH **21**, 229). – Wegen der notwendigen vormundschaftsgerichtl **Genehmigung** vgl § 1822 Nr 2 u dazu KG FamRZ **63**, 467; Memmg FamRZ **77**, 662; Damrau ZEV **94**, 1. Das VormschG kann die Vertretgsmacht des ges Vertr nicht dch Gestattg nach § 181 erweitern (RG **71**, 162). Die Eltern bedürfen ihrer nur, wenn der Vertr eines der in § 1643 I genannten Geschäfte enthält (BGH FamRZ **61**, 216). Zu § 1821 Nr 1, § 107 (unentgeltl Erwerb eines NachlGrdst dch Minderjähr) s BayObLG **68**, 1. An die Stelle des VormschG tritt in den Fällen von FGG 88, 97 II das NachlG.

10   **c) Ein Ehegatte** bedarf zur Auseinandersetzg nicht der Zustimmg des anderen Teils bei Gütertrenng u beim Vorbehalts- u Sondergut der GüterGemsch. Beim gesetzl Güterstand der ZugewGemsch nur, wenn der Erbteil eines Eheg sein ganzes Vermögen ausmacht u dieser od die NachlGgst auf einen MitE übertr wird (§ 1365; s BGH **35**, 135; Staud/Thiele § 1365 Rn 44, 45); nicht aber, wenn die MitE Realteilg vereinb (Mü MDR **70**, 928). Wenn der Erbteil eines Eheg zum Gesamtgut der Gütergemeinsch gehört, ist die Zustimmg des verwalteten Eheg in den Fällen der §§ 1423, 1424 erforderl (s Staud/Felgenträger § 1424 Rn 10). Verwalten beide Eheg das Gesamtgut, kann der AuseinandersetzgsVertr nur von beiden geschlossen werden (§ 1450 I).

11   **d) Grundstücksverkehr.** Die Veräußer eines **land- od forstwirtschaftlichen Grundstücks** dch Auflassg unterliegt der GenPfl nach GrdstVG 2 (SchlHOLG SchlHA **65**, 143 mAv Scheyhing; Stgt BWNotZ **65**, 353; RdL **77**, 274 zu GrdstVG 9 III; **78**, 22). – Ein ErbauseinandersetzgsVertr mit der Pfl zur Übereignung eines dem **Vorkaufsrecht** nach BBauG 24 unterliegenden NachlGrdst an einen der Gesamthänder löst das VorkR nicht aus (BGH DNotZ **70**, 423); daher ist auch keine Bescheinigg über Nichtbestehen eines gemeindl VorkaufsR erforderl (Krefeld, LG Koblz, Bonn, RhNK **77**, 55; **78**, 53).

12   **e) Ein Urheberrecht,** das zum Nachl gehört, kann im Wege der Erbauseinandersetzg an MitE übertragen werden. Dem MitE, der es erhält, stehen alle Befugn zu, die dem Urheber eingeräumt sind (UrhRG 28–30; Fromm NJW **66**, 1247).

13   **f) Kapitalgesellschaften.** Gehört ein **GmbH-Anteil** zum Nachl, bedarf eine Aufteilg in mehrere Teilgeschäftsanteile (falls diese nicht dch die Satzg ausgeschlossen ist) der Genehmigg der Gesellsch (GmbHG 17 I), es sei denn, daß nach der Satzg keine Genehmigg erforderl ist (GmbHG 17 III). Die Auseinandersetzg dch Zuteilg des GeschAnteils an einen der MitE ist nur dch Abtretg nach GmbHG 15 III mögl; diese bedarf uU der Genehmigg der Gesellsch (GmbHG 15 V; s dazu Däubler, Die Vererbg des Geschäftsanteils bei der GmbH, 1965, S 23, 24; Haegele BWNotZ **76**, 53/60f; Schulze zur Wiese GmbHRdsch **80**, 211). – **Aktien** sind unteilbar (AktG 8 III; s auch 69; dazu Bartholomeyczik FS Lange, 1970, 343); Inhaberaktien sind frei übertragbar. Zur Übertragg von Namensaktien s AktG 68. S auch § 2032 Rn 11–13.

14   **4) Testamentsvollstreckung.** Ist ein TV für alle MitE eingesetzt, obliegt diesem die Auseinandersetzg, sofern im Einzelfall nichts Ggteiliges anzunehmen ist (s §§ 2204, 2208). Die MitE können sich dann nicht dch Vereinbg (Rn 4) auseinandersetzen. – Der TV nur eines MitE kann von den übr MitE Mitwirkg bei der Auseinandersetzg verlangen (§ 2204; s dazu auch v Preuschen FamRZ **93**, 1390).

15   **5) Amtliche Vermittlung.** Nur auf Antr (FGG 86 I; nach der nach FGG 192 mögl Vermittlg vAw wird in den Ländern kein Gebr mehr gemacht) hat das NachlG in einem Verfahren der freiw Gerichtsbarkeit tätig zu werden u eine etwa zustande gekommene Vereinbg zu beurkunden u zu bestätigen. Zuständ ist grsl der Rechtspfleger; der Richter nur im Fall von RPflG 16 I Nr 8. – Gem FGG 193, BNotO 20 IV kann nach LandesR auch ein **Notar** dafür zuständ sein (zB *Bay* AGGVG 38; *Hess* FGG 24; *Nds* FGG 14), der dann als erste Gerichtsinstanz tätig wird (BayObLG **83**, 101), also kein eigenes BeschwR gg eine Überweisg des Verfahrens an ihn dch das NachlG hat (BayObLG aaO u *Bay* AGGVG 38). – Säumige MitE werden als

zustimmend behandelt. Im übr kann jeder MitE durch Widerspr das Verfahren zum Scheitern bringen. Die Streitpunkte sind dann im Prozeßwege zu klären. Wegen der Einzelheiten vgl FGG 86–98. – Für *Ba-Wü* s LFGG 38, 43, dazu Richter Rpfleger **75**, 417/418. – Über Durchführg des Verfahrens, wenn Erbstatut **ausländisches Recht** ist, s Pinckernelle/Spreen DNotZ **67**, 212f. – Die gerichtl Vermittlg der Auseinandersetzg des Nachlasses nach FGG 86ff ist auch zuläss, wenn ein **Hof** iS der HöfeO zum Nachl gehört (s EG 64 Rn 6). In diesem Fall ist die sachl Zustdgk des NachlGerichts, nicht die des LwGerichts gegeben (Haegele Rpfleger **61**, 281). – Über die gerichtl Zuweisg eines Betriebs s Rn 24.

6) Auseinandersetzungsklage (Zuständigk ZPO 27) kann erhoben werden, ohne daß der Kläger vorher **16** den Weg nach FGG 86ff beschritten haben muß. Sie setzt voraus, daß der Nachl teilsreif ist (KG NJW **61**, 733; Karlsr NJW **74**, 956; RGRK Rn 22; aM BGH bei Johannsen WM **70**, 744; s auch Staud/Werner Rn 41). Sie ist auf Zustimmg zur beantragten Auseinandersetzg, dh auf Schließg des AuseinandersetzgsVertr zu richten. Kläger muß deshalb einen Plan für die Auseinandersetzg vorlegen u bestimmte Anträge (ev entspr Hilfsanträge) stellen (Johannsen aaO; KG aaO). Zur Erhebg der Klage als solche ist eine vormschgericht Genehmigg nicht erforderl (Staud/Engler §§ 1821, 1822 Rn 61); bedarf aber der AuseinandersetzgsVertr wg der vorgesehenen Vfg über Grdst einer solchen Genehmigg (§ 1821 I Nr 1, 3), ist diese vom Kläger vor der Entscheidg beizubringen (KG aaO). – Das Ger hat auf sachgemäße AntrStellg hinzuwirken (RG Recht **36** Nr 3138; **10** Nr 4104; KG aaO). Die Klage kann zugleich auch auf Verurteilg zur Zustimm zu den dingl Erklärgen für die Ausführg des Teilsplans gerichtet werden (Kipp/Coing § 118 V). – Grdsl hat sich die Klage auf Auseinandersetzg des gesamten Nachl zu erstrecken (Mü NJW-RR **91**, 1097). Jedoch ist Beschränkg auf einzelne widerstrebe MitE od auf die **Feststellung** (ZPO 256) einzelner Streitpkte zuläss, wenn iü Einigk besteht (BGH NJW-RR **90**, 1220). Auch kann ggf auf Feststellg geklagt werden, daß ein bestimmter Ggst mit einem bestimmten Betrag bei der künft Auseinandersetzg zu berücksichtigen od auch auszugleichen (§ 2055) ist (BGH FamRZ **92**, 665 mN). – Mehrere MitE sind nicht notwend Streitgenossen (Nürnb BayJMBl 57, 39). – Durch das rechtskr Urteil wird die ZustimmgsErkl ersetzt (ZPO 894). – Hat der Erbl durch Teilgsanordg einem MitE eine bestimmte Summe zugewiesen, kann dieser auf Leistg statt auf Auseinandersetzg klagen (RG SeuffA **77** Nr 149; Ffm OLGZ 77, 228). – Ein etwaiger AuskunftsAnspr nach § 2057 geht dem AuseinandersetzgsAnspr des MitE vor (Stgt BWNotZ **76**, 89).

7) Teilauseinandersetzung. Obwohl der Anspr gem § 2042 auf Auseinandersetzg des gesamten Nachl **17** geht und im allg zu einer vollständ Abwicklg führen soll, können die MitE einvernehml und unter Mitwirkg aller sowohl eine persönl als auch eine ggstandl beschränkte Teilauseinandersetzg vornehmen. Dies führt dann entw zum vollständ Ausscheiden einzelner MitE und Fortbestand der Gesamthand unter den übrigen (Colmar OLG **11**, 230; KG OLGZ **65**, 247) od nur einzelner NachlGgstände, wobei für den übr Nachl die ErbenGemsch fortbesteht (OLG **21**, 317; Köln JMBl NRW **58**, 127), zB hins eines GesellschAnteils (Neust DNotZ **65**, 489). Wenn im letzten Fall die einzelnen NachlGgstände von MitE übernommen werden, können sie insow nicht eine neue ErbenGemsch vereinbaren (vgl Rn 22; BayObLGZ **32**, 381; LG Saarbr SaarlRZ **57**, 31). – Das Ausscheiden eines einzelnen MitE kann in der Weise erfolgen, daß er seinen Erbanteil auf die übr Erben überträgt (§§ 2385; 2033; s Bühler BWNotZ **87**, 73) od daß er mit dingl Wirkg im Wege der Abschichtg aus dem Nachl abgefunden wird (KG OLGZ **65**, 244). Die Auseinandersetzg hinsichtl eines NachlGrdst in der Weise, daß ein minderj MitErbe unentgeltl das Grdst zu AlleinEigt erwirbt, bedarf keiner Einwilligg seines gesetzl Vertreters u keiner Genehmigg dch das VormschG (BayObLG **68**, 1). – Die **Klage** (s Rn 16) eines MitE kann nur auf Auseinandersetzg mit allen MitE (ev Erbteilerwerber) gerichtet werden; die übrigen haben aber das Recht, sich auf Auseinandersetzg mit dem Kläger zu beschränken u unter sich die Gemsch fortzusetzen (KG OLG **4**, 119). – Die **persönliche** Teilauseinandersetzg kann nur einvernehml **18** vereinbart, aber nicht von einem MitE gg den Willen auch nur eines and MitE beansprucht werden (BGH NJW **85**, 51; Mü NJW-RR **91**, 1097). – Dagg kann eine **gegenständlich** beschränkte Auseinandersetzg von einem MitE auch gg den Willen eines and MitE **verlangt** werden, wenn bes Gründe dies rechtfertigen, etwa **19** wenn NachlVerbindlk nicht mehr bestehen und berecht Belange der ErbenGemsch und der einzelnen MitE nicht gefährdet werden (BGH FamRZ **84**, 688; **LM** Nr 4; NJW **63**, 1611; WM **65**, 345; 1155; **77**, 271f; Hbg MDR **65**, 665: grdsätzl nicht für NachlFrüchte), zB Antr auf ZwVersteigerg eines Grdstücks zwecks Aufhebg der Gemsch (ZVG 180; LG Aachen DNotZ **52**, 36), selbst wenn die ErbenGemsch nur ein BruchteilsR an dem Grdst hat (Hamm Rpfleger **64**, 341). Die test Auflage, ein Grdst nicht in fremde Hände fallen zu lassen, kann einem MitE die Teilsversteigerg verwehren (BGH FamRZ **85**, 278). IdR kann allerd auch die ZwVersteigerg von einem MitE nur beantragt werden, wenn sie die Auseinandersetzg des ganzen Nachl vorbereiten soll (RG JW **19**, 42; Köln JMBl NRW **58**, 129; AG Nürtingen MDR **61**, 606); s auch Däubler ZRP **75**, 136/ 140, der auf den Einwand treuwidr Verhaltens ggü dem Antr nach ZVG 180 zum Schutz des überlebden Eheg hinweist. – Wenn Eheleute eine **Wohnung** gemeins gemietet haben u der zuerst **20** sterbende Ehemann von seiner Witwe u seiner in der Wohnung wohnenden Tochter gesetzl beerbt wird, kann sich die Witwe nicht durch eine Klage auf Teilerbauseinandersetzg das alleinige MietR verschaffen. Eine Erbauseinandersetzg liegt hier nicht vor; anzuwenden sind die Vorschr über die Gemsch, §§ 743–745 (Brschw NJW **59**, 152 mAv Müller; s auch § 569b). – Über die Rechtslage nach inadäquater Teilausschüttgen s von Selzam, Langemayr aaO. – Die Beendigg einer fortges ErbenGemsch kann erfolgen dch Vereinbg (§ 745 I, III 2); Zeitablauf; Tod eines MitE (§ 750); Pfändg des NachlAnteils eines MitE (§ 751 S 2); Konk eines MitE; Aufhebg nach § 749 II. – Nach Teilauseinandersetzg fällt der von einem MitE erworbene Teil bei dessen Konkurs in die KonkMasse (BGH NJW **85**, 1082: Wohngsnutzg).

8) Sonderbestimmung bei Zugewinngemeinschaft (s § 1371 II, III iVm § 1383; FGG 53a). Der **21** überlebende Eheg, der nicht Erbe wird u auch kein Vermächtnis erhält (vgl § 1371 Rn 12–20), kann neben dem Pflichtt Ausgleich des Zugewinns beanspruchen u hierbei verlangen, daß ihm bestimmte Ggstände aus dem Nachl des erstverstorbenen Eheg durch Anordg des VormschG unter Anrechng auf die AusglFdg übertr werden (vgl hierzu Bosch FamRZ **57**, 232; Keidel/Kuntze FGG 53a Rn 1, 2).

9) Nach Durchführung der Auseinandersetzung ist eine vertragl Wiedereinführg der Gesamt- **22**

handsGemsch ausgeschlossen (Düss Rpfleger **52**, 244; OLG **5**, 357), auch wenn die Auseinandersetzg nur hins einzelner NachlGgstände vorgenommen wurde, im übr aber die ErbenGemsch fortbesteht (KG DNotZ **52**, 84). Nicht mögl ist es, innerh einer fortbestehden ErbenGemsch eine engere, nur einen Teil der MitE umfassende ErbenGemsch zu bilden (BGH WM **75**, 1110). Rückübertragg eines im Weg teilw Auseinandersetzg einem MitE od Dritten übertragenen Grdst auf die ErbenGemsch ist daher nicht mögl (Köln OLGZ **65**, 117). Die Beteiligten können aber den angestrebten Erfolg dch Neubegründg einer GesamthandsGemsch (zB einer BGB-Gesellsch) erreichen (BGH aaO). – Auch **Erbteilsübertragung** nach § 2033 I ist nach Auseinandersetzg nicht mehr mögl (RG **134**, 296). Wohl aber kann der Auseinander-
23 setzgsVertr wg Irrtums angefochten werden (KG DNotZ **52**, 84; Rn 7). – Auch **Rücktritt** ist mögl. Wenn ein MitE einen NachlGgst gg Abfindg der übrigen Erben übernimmt u mit der Leistg der Abfindgen in Verzug kommt, wird durch den Rücktr u das Verlangen der Rückgabe an die ErbenGemsch diese weder „vertragl begründt" noch „nach Aufhebg wiederhergestellt" (BGH **LM** § 326 [A] Nr 2). – Denkb ist auch die **Verwirkung** der Anspr eines MitE aus einer NachlRegulierg, wenn sie lange Zeit nicht geltd gemacht worden sind (Johannsen WM **79**, 602).

24 **10) Landwirtschaftliche Betriebszuweisung.** Eine bes Regelg der Auseinandersetzg u als solche lex spec zu II ist das Zuweisgsverfahren nach GrdstVG 13–17; 33, das die agrarpolit erwünschte geschlossenen Erhaltg lebensfäh landw Betriebe bezweckt: Gehört ein landw Betrieb einer dch ges Erbfolge entstandenen ErbenGemsch (§ 13), weist er eine Hofstelle auf u reichen seine Erträge im wesentl zum Unterh einer bäuerl Familie aus (§ 14 I), kann das LandwGericht auf Antr eines MitE die Grdstücke des Betriebs samt notwend Zubehör ungeteilt einem der MitE zuweisen. Erhalten den Betrieb aber nur ein solcher MitE, der zu seiner Bewirtschaftg geeignet u entw Abkömml od Ehegatte des Erbl ist od bereits bish mit dem Betrieb dch Bewohnen u Mitbewirtschaften eng verbunden war (§ 15). Das Verfahren regelt das LandwG. Ein gerichtl VermittlgsVerf hat Vorang (§ 14 II), nicht aber eine Klage auf Auseinandersetzg. Solange diese ausgeschlossen ist (§§ 2043ff) od ein TV sie zu betreiben hat, darf die Zuweisg nicht erfolgen (§ 14 III). – Den weichenden MitE steht dann anstelle ihrer Erbteile eine **Abfindung** in Höhe des Wertes ihres Anteils zu, für den aber der Betrieb nur mit seinem Ertragswert (s § 2049 Rn 3) bewertet wird (§ 16). Auch haben sie einen Anspr auf Vorteilsausgleich, falls Erwerber innerh von 15 Jahren erhebl Gewinne dch Veräußerg od auf and Weise erzielt (§ 17). Diese Regelg ist verfassgsgemäß (BVerfG FamRZ **95**, 405 mAv Bosch 411 u Krenz 534). – Ähnl Regelgen enthalten einige landesrechtl AnerbenG (s § 1922 Rn 9). Fällt der Hof unter die HöfeO (EG 64 Rn 6), kommt Zuweisg nur in Betr, wenn er verwaist ist (HöfeO 10) u daher nach BGB vererbt wird. – Entspr ges Regelgen auch für Unternehmen erachtet Krenz aaO für wünschenswert, allerd mit AbfindgsAnspr nach dem Verkehrswert.

2043 *Aufschub der Auseinandersetzung.* [I]Soweit die Erbteile wegen der zu erwartenden Geburt eines Miterben noch unbestimmt sind, ist die Auseinandersetzung bis zur Hebung der Unbestimmtheit ausgeschlossen.

[II]Das gleiche gilt, soweit die Erbteile deshalb noch unbestimmt sind, weil die Entscheidung über eine Ehelicherklärung, über einen Antrag auf Annahme als Kind, über die Aufhebung des Annahmeverhältnisses oder über die Genehmigung einer vom Erblasser errichteten Stiftung noch aussteht.

1 **1) Voraussetzung** für den Aufschub nach **I** ist, daß der MitE, dessen Geburt zu erwarten ist, zZ des Erbfalls bereits erzeugt war (§ 1923). – Zu **II** vgl §§ 1723ff (EhelichErkl); §§ 1741ff, insb §§ 1752, 1753, 1767 II, 1768 (Annahme als Kind); insb §§ 1760ff, insb §§ 1764, 1767 II, 1771, 1772 II (Aufhebg des AnnahmeVerh); §§ 80, 84 (Stiftgsgenehmigg). – Im übrigen ist eine Ausdehnung auf andere Fälle, in denen die Erbteile unbestimmt sind, ausgeschlossen, etwa bei Verschollenh eines MitE od noch vorhandener Ausschlaggsmöglichk. Desgl wird auf etwaige unbekannte Abkömmlinge eines für tot Erklärten keine Rücks genommen (BayObLG SeuffA **63** Nr 126). Das etwaige ErbR des nichtehel Kindes ggü dem Vater kann aber berücksichtigt werden (vgl § 1924 Rn 9). – Zur **entsprechenden** Anwendg s EG 86 S 2 Hs 3.

2 **2) Umfang.** In allen Fällen ist die Auseinandersetzg nur soweit u solange ausgeschlossen, als die **Erbteile** noch **unbestimmt** sind. Betrifft die Ungewißh zB nur einen Erbstamm, kann Auseinandersetzg hins der anderen Stämme verlangt werden.

3 **3) Rechtscharakter.** Die Vorschr beseitigt nur das Recht des MitE auf jederzeitige Auseinandersetzg, ist aber **kein Verbotsgesetz.** Eine gleichwohl vorgenommene Auseinandersetzg ist daher nicht nichtig. Sie wird aber schwebend unwirks, wenn ein weiterer MitE wirkl hinzutritt, kann jedoch namens des Kindes nach dessen Geburt genehmigt werden (§§ 177, 185 II; vgl Staud/Werner Rn 8). Wird der erwartete MitE nicht MitE, erfolgt hins der ihm bei vorangegangener Auseinandersetzg vorbehaltenen Ggstände Nachtragsauseinandersetzg (Erman/Schlüter Rn 7).

2044 *Ausschließung der Auseinandersetzung.* [I]Der Erblasser kann durch letztwillige Verfügung die Auseinandersetzung in Ansehung des Nachlasses oder einzelner Nachlaßgegenstände ausschließen oder von der Einhaltung einer Kündigungsfrist abhängig machen. Die Vorschriften des § 749 Abs. 2, 3, der §§ 750, 751 und des § 1010 Abs. 1 finden entsprechende Anwendung.

[II]Die Verfügung wird unwirksam, wenn dreißig Jahre seit dem Eintritte des Erbfalls verstrichen sind. Der Erblasser kann jedoch anordnen, daß die Verfügung bis zum Eintritt eines bestimmten Ereignisses in der Person eines Miterben oder, falls er eine Nacherbfolge oder ein

Vermächtnis anordnet, bis zum Eintritte der Nacherbfolge oder bis zum Anfalle des Vermächtnisses gelten soll. Ist der Miterbe, in dessen Person das Ereignis eintreten soll, eine juristische Person, so bewendet es bei der dreißigjährigen Frist.

1) Ausschluß der Auseinandersetzung kann, abgesehen von einer Vereinbg der MitE (s BGH WM **68**, 1172) auch durch letztw Vfg od vertragsmäßig durch ErbVertr angeordnet werden (s auch Weckbach, Bindgswirkg von Erbteilsverboten, 1987). Sie kann sich auf den gesamten Nachl, einzelne Erbstränge od auch einzelne Ggstände beziehen u auch bei gesetzl Erbfolge angeordnet werden (BayObLG **66**, 408).

a) Bedeutung. Die Bestimmg kann den Sinn haben, daß der einzelne MitE nicht gg den Willen der 2 anderen Auseinandersetzg verlangen kann. Dann ist sie als ein **Vermächtnis** (§ 2150) und steht einer Auseinandersetzg mit Zustimmg aller nicht entgg. – Sie kann aber auch bedeuten, daß Auseinandersetzg auch mit Willen aller MitE verboten sein soll. In diesem Fall ist sie als **Auflage** anzusehen (RGRK Rn 3; dazu Mattern DNotZ **63**, 450/454 ff; bestr) und kann nach § 2194 erzwungen werden (insb Kegel FS R. Lange, 1976, 932 ff). Auch im letzten Fall wird bei einer gleichwohl erfolgten Auseinandersetzg die dingl Wirksamk des Verfüggsgeschäfts nicht berührt, wenn sie von allen Erben (auch NachE) od iF der TestVollstrg vom TV u allen Erben gemeins getroffen wurde, da die Anordng kein gesetzl Veräußergsverbot (§ 134; s auch § 137 S 1) enthält (BGH **40**, 115 mAv Nirk **LM** Nr 1; **56**, 275; LG Brem Rpfleger **67**, 411; s auch Kegel aaO 937 f, der sich gg die Heranziehg von § 137 S 1 wendet). Das NachlG (FGG 86 ff) hat in einem solchen Fall aber seine Mitwirkg zu versagen. Auch das gerichtl ZuweisgsVerf (GrdstVG 13 ff) ist ausgeschl (Grdst VG 14 III). – Ist die Auseinandersetzg bis zur Wiederverheiratg des überlebden Ehegatten, der bis dahin auch zum TV bestellt ist, ausgeschlossen, kann nach den Umständen des Falls angenommen werden, daß der Ausschluß nur im Interesse des Überlebden angeordnet wurde u er die Auseinandersetzg auch vor der Wiederverheiratg vornehmen darf (Stgt HEZ **2**, 115). – Daraus, daß der Erbl die Auseinandersetzg ausschließen kann, folgt, daß er sie auch **erschweren** kann, zB dahin, daß nur eine Mehrh der MitE sie beanspruchen kann (RG **110**, 273). – Auseinandersetzgsbeschränkgen werden nicht ins Grdbuch eingetragen (KG DR **44**, 191).

b) Sachliche Grenzen der Anordnung. Wegen der entspr anwendbaren §§ 749 II, III, 750, 751 vgl 3 dort. Was als **wichtiger** Grd iS des § 749 II anzusehen ist, der es rechtfertigt, ein Teilgsverbot des Erbl außer acht zu lassen, hängt von den Umständen des Einzelfalles ab (s Hbg NJW **61**, 610). Ob ein solcher vorliegt, hat ein etwaiger TV (s LG Düss FamRZ **55**, 303) od das vom Vermittlg der Auseinandersetzg angegangene NachlG, sonst das ProzeßG zu entscheiden. – Die Anwendg des § 1010 I setzt voraus, daß der Erbl die Umwandlg der ErbenGemsch hins des Grdst in eine BruchteilsGemsch gestattet, deren Teilg aber verboten hat (RGRK Rn 7). Mit der Eintragg wirkt die Anordng als dingl Last. – **Zeitliche Grenzen** zieht **II** für die Wirksamk des letztw Teilgsverbots entspr §§ 2109, 2162, 2163, 2210.

2) Ein Testamentsvollstrecker hat ein Auseinandersetzungsverbot zu beachten. Verstoß macht sie nicht 4 unwirks (s Rn 2; Kegel aaO 934 ff). Ob eine Ausschließg, die sich zugl als Verwaltgsanordng darstellt, nach § 2216 II durch das NachlG aufgehoben werden kann, vgl § 2216 Rn 4 und KG JFG **14**, 154.

3) Unwirksamkeit. Der angeordnete Ausschluß ist als Teilgsanordng unwirks ggü einem als MitE 5 berufenen PflichttBerechtigten, wenn der ihm hinterlassene Erbteil die Hälfte des gesetzl Erbteils nicht übersteigt (§ 2306). Sie wirkt auch nicht gg die KonkMasse eines MitE (KO 16 II 2) u bei Wiederverheiratg eines Elternteils, der mit minderj Kindern in ErbenGemsch lebt (s § 1683 Rn 2; BayObLG **67**, 230; aM Schumacher, Staudenmaier BWNotZ **68**, 204; 251). Für PfändgsGläub vgl **I** 2 mit § 751.

2045 Aufschub bis zur Gläubigerermittlung.

Aufschub bis zur Gläubigerermittlung. Jeder Miterbe kann verlangen, daß die Auseinandersetzung bis zur Beendigung des nach § 1970 zulässigen Aufgebotsverfahrens oder bis zum Ablaufe der im § 2061 bestimmten Anmeldungsfrist aufgeschoben wird. Ist das Aufgebot noch nicht beantragt oder die öffentliche Aufforderung nach § 2061 noch nicht erlassen, so kann der Aufschub nur verlangt werden, wenn unverzüglich der Antrag gestellt oder die Aufforderung erlassen wird.

1) Aufschub der Auseinandersetzg bis nach dem AufgebotsVerf (od Ende der Anmeldgsfrist) kann jeder 1 MitE verlangen, weil er nach §§ 2060 Nr 1, 2061 für NachlVerbindlichk nur anteilig haftet, wenn der Gläub sich nicht rechtzeitig meldet. – Für die Beendigg des AufgebotsVerf gilt § 2015 II, III entspr (für § 2015 II bestr).

2) Das Recht des Dreißigsten (§ 1969) bildet kein Hindern für die Auseinandersetzg (s Staud/Werner 2 § 2042 Rn 49; bestr).

2046 Berichtigung der Nachlaßverbindlichkeiten.

Berichtigung der Nachlaßverbindlichkeiten. [I]Aus dem Nachlasse sind zunächst die Nachlaßverbindlichkeiten zu berichtigen. Ist eine Nachlaßverbindlichkeit noch nicht fällig oder ist sie streitig, so ist das zur Berichtigung Erforderliche zurückzubehalten.

[II]Fällt eine Nachlaßverbindlichkeit nur einigen Miterben zur Last, so können diese die Berichtigung nur aus dem verlangen, was ihnen bei der Auseinandersetzung zukommt.

[III]Zur Berichtigung ist der Nachlaß, soweit erforderlich, in Geld umzusetzen.

1) Schuldentilgung vor Teilung. NachlVerbindlk (§§ 1967 ff), zu denen auch Pflichtt- u Ergänzgs- 1 Anspr (§ 2325) zählen (BGH WM **89**, 382) u hier sogar nicht einklagbare moralische Verpflichtgen gehören können (KG SeuffA **60** Nr 181), wären nach § 2042 II iVm § 755 an sich erst bei der Auseinandersetzg zu tilgen. Als SondVorschr dazu bestimmt **I** im Interesse der MitE, daß ihre Tilgg „zunächst", dh schon **vor** der Auseinandersetzg zu erfolgen hat. Da näml die MitE nur bis zur Teilg einen Zugriff der Gläu auf ihr

Eigenvermögen verhindern können (§ 2059), haben sie ein Interesse an vorheriger Schuldentilg (RG **95**, 325). § 2046 verschafft ihnen einen Anspr darauf. Er gilt allerd nur für das Verhältn der **Miterben untereinander** und läßt die Stellg der Gläub unberührt. – **I** ist nicht zwingend. Die MitE können also auch abweichend Teilg vor Tilgg vereinbaren. Auch der Erbl kann abweichende Anordngen treffen (§ 2048). Abgesehen hiervon ist auch der TestVollstr an § 2046 gebunden (§ 2204 Rn 3; BGH NJW **71**, 2266). – Das NachlG muß § 2046 beachten, wenn nicht sämtl MitE andere Anträge stellen (Staud/Werner Rn 3). – Bei **streitigen Verbindlichkeiten** ist das zur Tilgg Erforderl bis zur Klärg zurückzubehalten, nicht etwa auch sicherzustellen. Das gilt entspr auch bei Streit der MitE über die AusgleichsPfl (§§ 2050 ff; OLG **9**, 389).

3   2) Nachlaßverbindlichkeit einiger Miterben (II) sind zB solche Vermächtn od Auflagen, die nur einzelne MitE treffen. Auch ihre Berichtigg aus dem den belasteten MitE zukommenden Überschuß (§ 2047) muß der Teilg des Nachl vorangehen (RG **95**, 325; vgl auch § 2058 Rn 1; BGH **LM** Nr 1).

4   3) Versilberung (III) erfolgt nach §§ 753, 754 (s dort; auch § 2042 Rn 3). Die Auswahl der zu verwertenden NachlGgste kann nicht dch MehrhBeschl (§ 2038 II; § 745) geschehen. Sie bedarf, da es sich nicht um eine Verwaltgsmaßn handelt, der Zustimmg aller MitE. Ein widersprechender MitE muß ggf auf Einwilligg verklagt werden (Staud/Werner Rn 17).

5   4) Miterbengläubiger, für die **I** und **II** auch gelten, können wie and Gläub Tilgg vor der Teilg verlangen (RG **93**, 197; dazu kritisch Dütz NJW **67**, 1110). Jedoch kann bei einer nur aus zwei Erben bestehenden ErbenGemsch der MitE, der zugl NachlGläub ist, seine Fdg nur zu dem Teil geltend machen, zu dem der andere MitE wurde, soweit nicht das Verlangen auf Vorwegbefriedigg Treu u Glauben widerspricht (BGH **LM** Nr 1). Auch ein MitE, dem ein Vorausvermächtn (§ 2150) zugewendet ist, kann grdsätzl Vorwegbefriedigg verlangen (KG OLGZ **77**, 457/461; RGRK Rn 4). – Zur Klage des MitEGläub währd Bestehens der ErbGemsch s § 2058 Rn 3).

6   5) Sondervorschriften über Berichtigg der NachlVerbindlichk enthalten HöfeO 15 II, III und für die gerichtl Zuweisg eines landwirtschaftl Betriebs GrdstVG 13 ff; § 16 II (s § 2042 Rn 24).

2047 Verteilung des Überschusses.
[1]Der nach der Berichtigung der Nachlaßverbindlichkeiten verbleibende Überschuß gebührt den Erben nach dem Verhältnisse der Erbteile.

[2]Schriftstücke, die sich auf die persönlichen Verhältnisse des Erblassers, auf dessen Familie oder auf den ganzen Nachlaß beziehen, bleiben gemeinschaftlich.

1   1) Einen schuldrechtlichen Anspruch auf Übertragg des ihm nach dem Verhältn der Erbteile zustehenden Teils des Auseinandersetzgsguthabens gewährt **I** dem einz MitE gg die and MitE. Der Anspr ist für sich allein weder übertragb noch verpfändb (Soergel/Wolf Rn 4). – Der **Überschuß** besteht aus den nach Berichtigg der NachlVerbindlichk übrig gebliebenen NachlGgständen, zu denen noch nach § 2055 I 2 sämtl zur Ausgleichg zu bringenden Zuwendgen hinzuzurechnen sind. Er steht noch im Gesamthandsvermögen **2** der ErbenGemsch. – Die **Teilung** erfolgt im Verhältn der Erbquoten nach §§ 752–754, sofern nicht die MitE eine andere Art der Teilg vereinbaren od der Erbl angeordnet hat, wobei sich allerd die Teilgsquoten dch eine Ausgleichg nach §§ 2050 ff ggü den Erbquoten verschieben können (BGH **96**, 174). Vgl § 2042 Rn 3; BGH NJW **63**, 1611 (Teilg eines MitEAnteils nach Bruchteilen der Erbanteile des Erbeserben). Teilbar in Natur (§ 752) ist zB mögl bei Wertpapieren, aber auch bei Grdst mit Wohnhäusern (Teilg nach dem WEG). – Über die Rechte eines PfandGläub vgl § 1258 Rn 3; Erman/Schlüter Rn 2.

3   2) Schriftstücke iS von **II** bleiben GesamthandsEigt, solange nicht Umwandlg in BruchteilsGemsch vereinbart wird. Über die Verwaltg entscheiden §§ 2038, 745. **II** besagt nur, daß hier ein Anspr auf Teilg fehlt. Vereinbarg der Erben über Teilg bleibt aber zulässig. – **Nicht** unter **II** fallen Familienbilder (Soergel/Wolf Rz 5). – Vgl auch § 2373 S 2.

2048 Teilungsanordnungen des Erblassers.
Der Erblasser kann durch letztwillige Verfügung Anordnungen für die Auseinandersetzung treffen. Er kann insbesondere anordnen, daß die Auseinandersetzung nach dem billigen Ermessen eines Dritten erfolgen soll. Die von dem Dritten auf Grund der Anordnung getroffene Bestimmung ist für die Erben nicht verbindlich, wenn sie offenbar unbillig ist; die Bestimmung erfolgt in diesem Falle durch Urteil.

1   1) Teilungsanordnung. Außer der Einsetzg mehrerer Erben kann der Erbl in seinem Test od ErbVertr (dort nur einseit, BGH NJW **82**, 441) auch die Art u Weise bestimmen, wie MitE sein Vermögen untereinander aufzuteilen haben; dies kann er auch, wenn er bei der ges Erbfolge belassen will. Eine solche bloße Teilgsanordng liegt also vor, wenn er dch die entspr Anordngen die von ihm gewünschte ges Erbfolge od die Höhe der von ihm festgelegten Erbteile u deren Wert nicht verschieben, sond gerade unangetastet lassen **2** will (BGH FamRZ **85**, 62). – **Beispiele:** Insbes kann der Erbl einzelne NachlGgstände einem MitE zuweisen. Er kann aber auch seinen Nachl vollständ auf alle MitE aufteilen, so daß diese dann seine Anordngen nur noch vollziehen können u müssen, eine vereinbarte Auseinandersetzg aber nicht mehr stattfinden kann. Auch einem Dritten kann er die Auseinandersetzg übertragen (S 2; dazu Rn 9). – Die Anordng kann auch die Art der Verwaltg betreffen, zB ihre Führg od ihre Ausübg dch einzelne MitE. – Ferner kann der Erbl anordnen, daß NachlVerbindlichk im Innenverhältnis einem der MitE zur Last fallen (RG DNotZ **37**, 447; BGH **LM** § 138 [Cd] Nr 2 betr PflichtAnspr). – Auch kann er Bestimmgen über die Ausgleichg einer Schuld gem § 2050 treffen (wenn kein RückfordgsR mehr besteht). Werden alle MitE Gter einer KG, kann er bestimmen, daß eine von ihnen geschuldete ErbschSteuer, die sich auf einen bestimmten GesAnteil bezog, zu Lasten dieses Anteils aus dem GesVermögen (u nicht aus dem sonst Nachl) aufgebracht werden soll (BGH WM **90**, 1066). – Über Teilg dch vorweggenommene Erbfolge s BGH NJW **82**, 43 mAv

Schubert JR 82, 155. – Über Erschwerg der Auseinandersetzg s § 2044 Rn 2. – Über gleichmäß Mobiliarteilg unter zwei MitE s BGH bei Johannsen WM 70, 140. Besteht der Nachl aus 2 Grdst, von denen nach der getroffenen Teilsanordng jeder der beiden eingesetzten Erben eines erhalten soll, liegt Erbeinsetz zu gleichen Teilen (u nicht im Verhältn der GrdstWerte) vor (BayObLG FamRZ 85, 312).

a) Rechtsnatur. Die Teilsanordng des Erbl ist nur für die Auseinandersetzg der MitE von Bedeutg u **3** nur schuldrechtl Natur. Dem begünstigten MitE steht nur ein Anspr auf entspr Auseinandersetzg zu (BGH NJW **81**, 1837), nicht etwa ein SondererbR an dem zugeteilten NachlGgstand (KG OLGZ **67**, 361; s auch § 2042 Rn 16). Es bedarf also zu ihrer Ausführg noch eines dingl Rechtsaktes (Neustatt MDR **60**, 497). Die dingl Aufteilg erfolgt bei der Auseinandersetzg, bei der die MitE zur Verteilg entspr den ErblAnordngen verpflichtet sind. Bis dahin läßt sie die Stellg der MitE als Gesamthänder unberührt u enthält auch keine VfgsBeschränkg (§ 137 S 2; Soergel/Wolf Rn 2).

b) Wirkung. Die Teilsanordng läßt die Höhe der Erbteile u den Wert der Beteiligg der einzelnen MitE **4** am Nachl unberührt (BGH NJW **85**, 51). Der einzelne MitE wird also nicht wertmäßig begünstigt, sond es wird vom Erbl nur festgelegt, welche Ggstände aus dem Nachl er bei der Auseinandersetzg erhalten soll. Ist deren Wert höher, als dem MitE seiner Quote nach zukommt, ist der MitE zur Zahlg eines dem Mehrwert entspr Ausgleichs aus seinem eigenen Vermögen an die übr MitE verpflichtet; wollte der Erbl dies nicht, liegt VorausVermächtn vor, weil er dann dem MitE zusätzl zu dessen Erbteil einen Vermögensvorteil zuwendete. Eine wertverschiebende Teilsanordng läßt die Rspr nicht zu (Rn 5). – Nicht wirks wird die Teilsanordng, wenn es zur Auseinandersetzg nicht kommt, weil dem MitE nach Berichtigg sämtl Nachl-Verbindlichk (einschießl Vermächtn) kein zu verteilender Nachl übrig bleib. – Jeder MitE hat Anspr auf Einhaltg des angeordneten Teilsmodus. Gemeins können sie jedoch mit Einverständn aller eine davon abweichende Teilg vornehmen, sofern die Teilsanordng nicht zugleich eine Auflage enthält (§ 2044 Rn 2); allerd ist auch dann eine gleichwohl erfolgte abweichende Aufteilg dingl wirks (BGH **40**, 115; Mattern BWNotZ **65**, 6). – Für den **Testamentsvollstrecker** sind die Anordngen bindend (§§ 2203, 2204); bei Verwaltgsanordngen gilt § 2216 II. – Ggü einem **Pflichtteilsberechtigten** ist eine seinen Erbteil beschwerende Teilsanordng im Falle des § 2306 unwirks (s dort). – Dem **Vorerben** ist als MitE die Ausführg der Teilsanordng ohne Zustimmg gestattet, auch GrdstÜbereigng.

2) Abgrenzung zum Vorausvermächtnis. Bei Zuweisg bestimmter Ggstände an einzelne MitE mit **5** einem Wert, der obj höher ist als dem MitE bei der Auseinandersetzg zukäme, ist nach der Rspr entscheidend, ob dch die Anordng ggü den Erbquoten eine Wertverschiebg eintritt od nicht (BGH **82**, 274; FamRZ **84**, 688; **85**, 62 mAv Rudolf). Dies hängt davon ab, ob der Erbl dem dch diese Anordng begünstigten MitE den Mehrwert zusätzl zu seinem Erbteil zuwenden wollte (dann VorausVermächtn, § 2150) od ob nach seinem Willen eine Wertverschiebg dadch ausgeschlossen sein soll, daß der Bedachte hinsichtl des Mehrwerts den übr MitE einen Wertausgleich aus seinem eigenen Vermögen zahlen muß (dann Teilsanordng). Ergibt sich dies aus dem Test nicht eindeut, ist dch **Auslegung** zu ermitteln, was der Erbl gewollt hat (BGH **6** FamRZ **90**, 396; 1114). Die Festsetzg einer AusgleichsPfl bedarf keiner ausdrückl od konkludenten Bestimmg; Schweigen des Test spricht also immer für einen Wertausgleich (BGH FamRZ **90**, 396 mwH). Gelingt es nicht, sich von dem bei TestErrichtg vorhandenen tatsächl Willen des Erbl zu überzeugen, muß das Gericht sich notfalls damit begnügen, den Sinn zu ermitteln, der dem mutmaßl ErblWillen am ehesten entspricht (BGH **86**, 41; FamRZ **85**, 62). Ein dem Erbl bekannter obj Vermögensvorteil wird Indiz für einen Begünstiggswillen sein; war dem Erbl der obj Vermögensvorteil nicht bewußt, ist ergänzende Auslegg geboten (Soergel/Wolf Rn 8). Ist auch so seiner letztw Vfg eine zusätzl Zuwendg des Mehrwerts nicht zu entnehmen, liegt stets Teilsanordng vor, da diese näml grdsl (Ausn: § 2049) nicht wertverschiebend sein kann (BGH NJW **85**, 51; FamRZ **87**, 475). – Da diese Abgrenzg an Hand einer wertmäß Begünstigg als wichtigem Indiz nicht alle Unterschiede zw den beiden RInstituten erfaßt, ist sie nicht stets zwingend. Wird zB der MitE, dem ein bestimmter Ggst zugewendet ist, dessen Wert er sich ausdrückl anrechnen lassen muß, dch Ausschlagg od aus and Grden nicht Erbe, kann ihm bei entspr ErblWillen der Ggst auch dann verbleiben. Die angeordnete Anrechng verhindert also im Einzelfall dann nicht eine Auslegg als Voraus-Verm, wenn vom Erbl ein von der Erbeinsetzg unabhäng GeltgsGrd für die Zuwendg gewollt war (BGH **36**, 115; NJW **95**, 721 mAv Skibbe ZEV **95**, 145). – Die **Bedeutung** der Abgrenzg zeigt sich nicht nur in der **7** AusgleichsPfl, sond verschiedentl: Das VorausVermächtn kann ausgeschlagen werden (§ 2180), die Teilsanordng nicht. Der VermächtnNehmer hat mit seiner Fdg einen besseren Rang (vgl § 1991 II mit KO 226 II, § 1922 ggü § 2046). Der dch Teilsanordng zugewiesene Ggst gehört bei beschränkter Erbenhaftg zum haftenden Nachl (BayObLG **74**, 312/315), nicht dagg der vorausvermachte und dem Bedachten bereits verschaffte Ggst unbeschadet KO 222, AnfG 3a. – Der Unterschied ist auch bei gemeinschaftl Test und Erbvertrag von Bedeutg, da eine Teilsanordng vom Überlebenden jederzeit widerrufen werden kann (§§ 2270 III; 2278 II), während der mit einem Vorausvermächtn Bedachte schon vor dem Erbfall den Schutz der §§ 2287, 2288 genießt und ihm die Bindungswirkg (§§ 2270, 2271; 2289–2291) zugute kommt. Bspl für ein Vermächtnis eines ÜbernahmeR in einem gemeinschaftl Test s Karlsr Just **62**, 152.

3) Übernahmerecht. Der Erbl kann auch anordnen, daß ein MitE frei selbst entscheiden kann, ob er **8** einen Ggst des Nachl übernehmen will od nicht. Dem MitE wird damit ein GestaltgsR eingeräumt. Erst die Ausübg dieses Rechts läßt dann den Anspr auf Übertragg des zugewiesenen Ggst im Rahmen der Auseinandersetzg entstehen. – Das ÜbernahmeR kann auch nur gg Wertausgleich eingeräumt sein (Johannsen WM **72**, 866; **77**, 276), der ggf auch erst bei Veräußerg zu zahlen ist (Johannsen WM **73**, 545). Zuwendg eines Mehrwerts ist VorausVerm (s Rn 5). Aber auch bei obj gleichwert Übernahmepreis kann Vermächtn vorliegen, zB wenn in entgeltl ErbVertr Übernahme u entgelt in Zusammenhang stehen (BGH **36**, 115; den dort als Kriterium herangezogenen Begünstiggswillen hat die Rspr aber aufgegeben, s Rn 5). – Auch die Anordng einer **Übernahmepflicht** ist denkb (Benk RhNK **79**, 61).

4) Dritter (Satz 2), nach dessen bill Ermessen die Teilg gem entspr Anordng des Erbl erfolgen soll, kann **9** auch ein MitE sein (RG **110**, 274). – Zum Begriff der offenbaren Unbillig **(Satz 3)** vgl § 319 Rn 3. Wird ein

Urteil notwend, ist die Entscheidg gleichf nach bill Ermessen zu treffen. Entbehrl ist das Urteil, falls alle MitE über die Teilg einig sind. Im Prozeß besteht keine notw Streitgenossensch der MitE (RG Warn **19** Nr 42). – Kann od will der Dritte die Entscheidg nicht treffen od verzögert er sie, ist § 319 I 2 entspr anwendbar (str). – Der Erbl kann auch für die bei Auseinandersetzg entstehenden Streitig ein **Schiedsgericht** anordnen (ZPO 1048; RG **100**, 76; s § 2042 Rn 2).

10   **5) Wertermittlung.** Der Wert des zugewiesenen Ggst beurteilt sich nach dem Ztpkt, zu dem die Dchführg der Teilgsanordng verlangt werden kann (Soergel/Wolff Rn 13). Maßgebl ist der obj Verkehrswert. Für ein Landgut macht § 2049 eine Ausnahme. Der Wert eines Unternehmens kann dch Ermittlg des Mittelwerts aus Substanz- und Ertragswert festgestellt werden, wobei der good will im Ertragswert berücksicht wird (vgl BGH NJW **82**, 575 zu § 2311).

11   **6) Steuerrecht.** Bei der ErbschSt sind für die Besteuerg eines MitE Teilgsanordngen ohne Bedeutg, nachdem sie die Quote nicht verändern (BFH BStBl II **83**, 329; **92**, 669). Dagg führt VorausVermächtn zu einem üb die Erbquote hinausgehden Vermögensvorteil, der daher zu bewerten ist.

2049 *Übernahme eines Landgutes.* [I]Hat der Erblasser angeordnet, daß einer der Miterben das Recht haben soll, ein zum Nachlasse gehörendes Landgut zu übernehmen, so ist im Zweifel anzunehmen, daß das Landgut zu dem Ertragswert angesetzt werden soll.

[II]**Der Ertragswert bestimmt sich nach dem Reinertrage, den das Landgut nach seiner bisherigen wirtschaftlichen Bestimmung bei ordnungsmäßiger Bewirtschaftung nachhaltig gewähren kann.**

1   **1) Bei einem Landgut** (zum Begriff § 2312 Rn 8), das nach BGB an eine ErbenGemsch vererbt wird, also nicht landesrechtl AnerbenG iW der Sondererbfolge an einen HofE fällt (dazu § 1922 Rn 9; EG 64), kann der Erbl einem MitE ein ÜbernahmeR einräumen. Dann wird nach der Ausleggsregel des **I** (dazu Celle RdL **61**, 103) der übernehmende MitE in der Weise begünstigt, daß bei der Auseinandersetzg das Landgut nur mit dem Ertragswert anzusetzen ist. Die darin liegende Benachteiligg der weichenden MitE rechtfertigt sich aus dem agrarpolit Interesse an der Erhaltg eines leistgsfäh landw Betriebs in einer Hand. Eine entspr Regelg gilt für die PflichttBerechng (§ 2312) und die Berechng des Anfangs- u Endvermögens bei ZugewinnGemsch (§ 1376 IV; s dazu BVerfG NJW **85**, 1329); bei der Berechng des ErbersatzAnspr gilt § 2049 entspr (§ 1934b I 3). Diese Privilegierg verstößt nicht gg den allg GleichhSatz, solange davon ausgegangen werden kann, daß im Einzelfall der GesZweck erreicht werden wird (BGH **98**, 375; s § 2312 Rn 6; 7). 2 Übernimmt ein MitE nur einen **Bruchteil** des Eigentums an einem Landgut, ist im Zw nicht anzunehmen, daß der Bruchteil auch nur zum Ertragswert angesetzt werden soll (BGH NJW **73**, 995).

3   **2) Der Ertragswert** ist nach betriebswirtschaftl Grundsätzen ein bestimmtes Vielfaches des Reinertrags, der nicht nach dem BewertgsG ermittelt wird, sond wg der Besonderh jedes Einzelfalls nach betriebswirtschaftl Jahresabschlüssen (Düss FamRZ **86**, 168; Ffm OLGZ **70**, 268). Als maßgebl Kriterien zu seiner Festsetzg sind in **II** die bish wirtschaftl Bestimmg des Landguts, seine ordngsgemäße Bewirtschaftg u der daraus nachhaltig erzielbare Reinertrag festgelegt, ohne daß aber vorgegeben ist, wie der Reinertrag beurteilt u wie auf seiner Grdlage der Ertragswert errechnet werden soll. Reinertrag ist der Überschuß des Rohertrags üb den Aufwand (zu den Einzelproblemen s Müller-Feldhammer ZEV **95**, ¡61). Um den Kapitalisiergsfaktor in jedem Einzelfall nach der örtl Verhältn ermitteln zu müssen, kann nach EG 137 eine landesrechtl Ergänzg des **II** erfolgen, wobei die Länder allerd an dessen materielle Kriterien gebunden, also nicht völlig frei sind (BVerfG NJW **88**, 2723). Soweit von dem Vorbehalt Gebrauch gemacht, wurde meist der 25- bzw 18-fache jährl Reinertrag bestimmt (s dazu EG 137 Rn 2).

2050 *Ausgleichungspflicht für gesetzliche Erben.* [I]**Abkömmlinge, die als gesetzliche Erben zur Erbfolge gelangen, sind verpflichtet, dasjenige, was sie von dem Erblasser bei dessen Lebzeiten als Ausstattung erhalten haben, bei der Auseinandersetzung untereinander zur Ausgleichung zu bringen, soweit nicht der Erblasser bei der Zuwendung ein anderes angeordnet hat.**

[II]**Zuschüsse, die zu dem Zwecke gegeben worden sind, als Einkünfte verwendet zu werden, sowie Aufwendungen für die Vorbildung zu einem Berufe sind insoweit zur Ausgleichung zu bringen, als sie das den Vermögensverhältnissen des Erblassers entsprechende Maß überstiegen haben.**

[III]**Andere Zuwendungen unter Lebenden sind zur Ausgleichung zu bringen, wenn der Erblasser bei der Zuwendung die Ausgleichung angeordnet hat.**

1   **1) Die Ausgleichung** setzt eine zu verteilenden Nachl voraus. Sie gewährt dann keinen selbständ Anspr auf Herausgabe der Vorempfänge (s § 2056), sond bedeutet, daß bei Auseinandersetzg dieses Nachl (§ 2042) ein Abkömml im Falle gesetzl Erbfolge bestimmte Zuwendgen (s Rn 8), die er quasi als Vorausleistg vom Erbl zu dessen Lebzeiten erhalten hat, sich ggü und Abkömml anrechnen lassen muß. Sie führt also nicht zu einem GeldAnspr des Berecht, sond ledigl zu einem der Teilg zugrunde zu legenden Rechngsposten, so daß bei der Teilg der Verpflichtete um so viel weniger erhält, als er vorzeitig bereits empfangen hat. Diese AusgleichsPfl beruht auf der Vermutg des Ges, daß der Erbl sein Vermögen unter seinen Abkömml gleichmäß verteilen will (BGH **65**, 75). Bei gewillkürter Erbfolge gilt dies nicht, weil hier anzunehmen ist, daß der Erbl der ihm sachgerecht erscheinende Aufteilg verfügt, also Vorempfänge entw berücksicht hat od nicht berücksicht wollte, sofern er nicht ausdrückl eine Ausgleich anordnet.

2   **a) Rechtsnatur.** Die AusgleichsPfl ist weder Vermächtn zugunsten der Berecht noch NachlVerbindlichk, sond nur eine Berechngsregel für die Erbteilg, die nicht die Erbquote als solche mindert, sond nur das Auseinandersetzgsguthaben des AusglPflichtigen verkürzt und das der ausgleichsberecht MitE vermehrt (s

§ 2055). Die Erbenstellg wird nicht berührt; auch der MitE, der nichts mehr erhält, bleibt Erbe mit allen Konsequenzen und ist sowohl zu NachlMaßnahmen zuzuziehen (s § 2055 Rn 4) als auch an der Schuldenhaftg beteiligt, wobei er aber bei Dchführg der Beschränkg nichts zu zahlen braucht (vgl auch § 2060 Rn 1). Die ausgleichspflicht Zuwendgen sind also niemals Bestandteil des Nachl und auch nicht in Natur zur Nachlmasse zurückzuführen, sond bleiben Vermögen des Begünstigten (BayObLG OLG 37, 253), das nur dch Verrechng zu berücksichtigen ist (s § 2055 Rn 1).

b) Abweichende Anordnungen des Erbl sind mögl. Der Erbl kann die AusgleichsPfl ganz od teilw, 3 bedingt od unbedingt ausschließen od ändern. Ferner kann er für die Ausgleich einen niedrigeren Wert als den tatsächl festsetzen (Frischknecht BWNotZ 60, 270). Seine abweichende Anordng muß er vor od bei Zuwendg treffen. Dies kann auch stillschw geschehen. Eine nachträgl Anordng ist nicht dch RGesch unter Lebenden, sond nur noch dch Vfg vTw mögl (RG 90, 419; hM) als Teilganordng (§ 2048) od Vorausvermächtn (§ 2150) zugunsten der and Abkömml. Das PflichttR der and MitE kann dadch jedoch nicht beeinträchtigt werden (§ 2316 III; s RG 90, 422). – Auch die Abkömml können dch **Vereinbarung** die AusgleichsPfl ganz od teilw ausschließen od über das Ges hinaus erweitern.

c) Übertragung. Die AusgleichsPfl ist **vererblich** und trifft auch den Erwerber eines Erbteils (s Rn 7), 4 dem sie allerd auch zugute kommt.

d) Im Prozeß trifft die **Beweislast** für das Bestehen einer AusgleichsPfl denjenigen, der die Anrechng 5 einer Zuwendg verlangt. Den Ausschluß muß beweisen, wer sich darauf beruft (Soergel/Wolf Rn 24 mN). – Der **Streitwert** einer FeststellgsKlage bemißt sich nach dem Betrag, der bei Dchführg der Ausgleich auf den Kläger entfallen würde (BGH FamRZ 56, 381; Schneider Rpfleger 82, 270).

2) Nur unter Abkömmlingen des Erbl findet die Ausgleich statt. Es sind also nur die Kinder (auch 6 nichtehel, nicht aber Stiefkinder), Enkel, Urenkel zur Ausgleich verpflichtet (s auch §§ 2051, 2053) und auch nur, wenn sie als **gesetzliche Erben** berufen sind. Bei gewillkürter Erbfolge gilt (mit Ausn von § 2052) die Vorschr nicht (s Rn 1). Die Ausgleich kommt auch nur den Abkömml zugute. Für andere MitE, insbes den **Ehegatten**, ist die Ausgleich ohne Bedeutg, ihr Anteil ist bei der Berechng auszuscheiden. Will der Erbl gleichwohl seinen Ehegatten od and MitE zur Ausgleich heranziehen, muß er dies dch letztw Vfg als Vermächtn zugunsten der and MitE anordnen (Maßfeller Betr 57, 626; Wolfsteiner MitBayNot 82, 61). – Der **Erbteilserwerber** tritt in die Rechte und Pflichten bezügl der Ausgleich ein (§§ 2372, 2376). – Auch der **Pfandgläubiger** am Erbteil steht wg einer AusgleichsPfl dem betr MitE gleich und 7 muß sie gg sich lassen (MüKo/Dütz Rn 3). – Für den ErbersatzAnspr des nichtehel Abkömml gelten die Vorschr entspr (§ 1934 b III; s Rn 18).

3) Gegenstand der Ausgleichung können nur Zuwendgen des Erbl unter Lebenden sein, wobei auch im 8 Falle eines gemeinsch Test der zuerst verstorbene Ehegatte nicht als Erbl anzusehen ist (BGH 88, 102 zum PflichttR; aA für AusglVorschr Kiel SchlHA 35, 224 ohne Begr). Je nach Art der Zuwendg sind die Voraussetzgen der AusgleichsPfl verschieden geregelt (I–III). Stets erfordert aber der Begriff der **Zuwendung**, daß ein Vermögensvorteil aus dem Vermögen des Erbl in das des Abkömml überführt wird (RG JW 27, 1201), so daß zB die bloße Einräumg des EintrittsR in ein Handelsgeschäft nicht darunter fällt (RG aaO; s aber auch Celle NdsRpfl 62, 203). Ein RGeschäft zw Erbl und Abkömml ist nicht begriffswesentl. Jede wirtschaftl Maßnahme, dch die dem Abkömml ein Vermögensvorteil vom Erbl auf Kosten des Nachl zufließt, ist Zuwendg (RG JW 38, 2971), da allein die Vermögensverschiebg maßgebl ist. Wenn allerd der zugewendete Ggst dch Sondererbfolge gar nicht in den Nachl gefallen wäre, besteht auch keine AusgleichsPfl (RG JW 37, 2201). Bei der Zuwendg muß es sich um einen Schenkg handeln, auch entgeltl fallen unter die AusgleichsPfl, soweit ihr Wert den der Ggleistg übersteigt. – **Nicht** ausgleichspflichtig ist, was 9 der Erbl zurückerhalten hat, zB ein als Ausstatt übertragenes landwirtschaftl Anwesen, das der Abkömml dem Erbl zurückübertragen hat (BGH DRiZ 66, 397) od was dem Erbl wieder zurückgegeben werden muß. Deshalb begründet die Hingabe eines **Darlehens** grdsl nur eine NachlVerbindlichk und ist nur unter ganz bes Umständen ausgleichspflichtige Zuwendg, etwa wenn (auch nachträgl) vereinbart wird, daß es ganz od teilw nicht zurückzuzahlen, sond auszugleichen od von der Erbsch abzuziehen ist (RG Warn 10 Nr 245; 41 Nr 10; LZ 27, 1110); dagg reicht nicht schon aus, daß es dem Abkömml zur Erhaltg seiner wirtschaftl Lebensstellg gewährt wurde (Dresden OLG 32, 51). Zur AusgleichsPfl von nicht getilgten DarlZinsen s Stgt BWNotZ 76, 67. Hat der Erbl dem Abkömml eine Wohng unentgeltl überlassen, ist deren Nutzgswert nicht auszugleichen (Soergel/Wolf Rn 10; MüKo/Dütz Rn 10; bestr).

a) Ausstattungen (I) sind Zuwendgen des Erbl, die er seinem Abkömml zur Verheiratg od Begründg 10 einer Lebensstellg od zu and Zwecken des § 1624 gemacht hat. Zum Begriff s deshalb § 1624; BGH 44, 91; Celle NdsRpfl 62, 203 zur Aufnahme als gleichberecht Gesellschft ins Geschäft des Erbl ohne Kapitaleinlage; dazu auch Hambg MDR 78, 670; ferner Stgt BWNotZ 77, 150 mAv Siegmann; Schmid BWNotZ 71, 29. – Die Aussteuer (§§ 1620–1623 aF) ist als Unterart der Ausstattg ebenf auszugleichen. Mit der Änderg der sozialen Verhältn erhalten jetzt auch die Töchter regelmäßig eine Berufsausbildg. Der UnterhaltsAnspr der Kinder umfaßt auch die Kosten einer angemessenen Ausbildg. Insoweit findet keine Ausgleich statt; eine Aussteuer ist also nur dann ausgleichspflichtig, wenn sie neben einer Berufsausbildg gewährt wird od soweit sie deren regelm Kosten übersteigt (BGH NJW 82, 575). – Ausstattg iS des **I** ist (entgg § 1624) auch gegeben, wenn der Erbl die Zuwendg einem entfernteren Abkömml als Sohn od Tochter gemacht hat, soweit nicht nach § 2053 die Ausgleich entfällt (s Rn 18). Zu den ausgleichspfl Ausstattgen kann auch ein bloßes AusstattgsVersprechen gehören, wenn es zu Lebzeiten des Erbl noch nicht erfüllt worden ist (s BGH 44, 91). – Keine Ausstattg ist eine Hofüberlassg gem HöfeO 17 (Schlesw AgrarR 72, 362). – **Ausgleichs-** 11 **pflichtig** sind Ausstattgen ohne Rücks darauf, ob sie das den Vermögensverhältn des Erbl entspr Maß übersteigen (and II), es sei denn, daß der Erbl bei Zuwendg od letztw etwas anderes angeordnet hat (s Rn 3). Jedoch gilt für eine in Rentenform gewährte Ausstattg **II** (RG 79, 267) wie auch Ausbildgskosten, die im Rahmen der UnterhaltPfl (§ 1610 II) gewährt wurden.

b) Zuschüsse (II), die mit der Zweckbestimmg gewährt wurden, daß sie als Einkünfte verwendet 12 werden sollen, sind dann nicht ausgleichspflichtig, wenn sie das dem Vermögen des Erbl entsprechende Maß nicht übersteigen, selbst wenn es sich um Ausstattgen handelt (RG **79**, 267). **II** regelt nur die **Höhe** des ausgleichspflicht Betrags, so daß iü die allg Voraussetzgen gelten (s oben). Zum Ausschluß der Ausgleichg s Rn 3. – Die Bestimmg als Einkünfte setzt voraus, daß Wiederholg in Aussicht genommen ist, zB Unterh währd eines Vorbereitsgsdienstes (RGRK Rn 11). Einmaliger Zuschuß (zB für Badereise) gehört nicht hierher (Warn **10** Nr 288).

13   **c) Aufwendungen für die Vorbildung zu einem Beruf (II)** sind zB Studien-, Promotions- od Fachschulkosten, nicht aber die Kosten für die allg Schulbildg. Auch Aufwendgen, die nicht in Erfüllg gesetzl UnterhPfl erfolgen (weil etwa Abkömml eigenes Vermögen hat), sind nach **II**, dh bei Übermaß

14 ausgleichspfl (RG **114**, 53). – **Übermaß** liegt nicht schon deshalb vor, weil die Aufwendgen für einen Abkömml zum Zwecke der Vorbildg höher sind als die für die anderen zu demselben Zweck gemachten. Für die Beurteilg der Frage, ob solche Aufwendgen das den Verhältnissen des Erbl entspr Maß überstiegen haben, sind vielm die gesamten Vermögensverhältnisse zZ der Zuwendg maßg (Hbg HansGZ **38**, 387); s zB zu Studienkosten Dieckmann FamRZ **88**, 712/714. – Die Ausbildg ist idR beendet, wenn durch Prüfg die Befähigg für den Beruf nachgewiesen ist (Warn **13** Nr 237). Doch kann uU später ein neuer Beruf erlernt werden, wofür wieder **II** gilt (RG **114**, 54). – Auch hier kann Ausgleich erlassen werden (s Rn 3).

15   **d) Sonstige Zuwendungen (III)** des Erbl unter Lebenden an seine Abkömml sind **nur** ausgleichspflichtig, wenn der Erbl dies angeordnet hat. Ob auch Leistgen, durch die einer gesetzl Pfl genügt wird, unter **III** fallen (RG **73**, 377), ist zweifelh. Der in einer OHG kraft einer gesellschrechtl qualifizierten Nachfolgeklausel (s § 1922 Rn 17) eintretende MitE des verstorbenen Gesellschafters muß sich bei der Erbauseinandersetzg den Wert der ihm zugewendeten Mitgliedsch anrechnen lassen, wenn der Erbl bei der

16 Zuwendg die Ausgleichg (stillschweigd) angeordnet hat (Brox § 44 IV 4, 2c). – Die **Anordnung** der Ausgleichg muß wie der Ausschluß der Ausgleichg erfolgen (dazu Rn 3) und gleichzeitig mit der Zuwendg so zur Kenntn des Empfängers zu bringen, daß er die Zuwendg ablehnen kann (RG **67**, 308). Werden Grdstücke zu Lebzeiten des Erbl von diesem an Abkömmlinge unentgeltl mit der Bestimmg übereignet, daß die Übertragg „in Vorwegnahme der zukünftigen Erbregelg" erfolgt, kann daraus nicht unbedingt der Wille des Erbl entnommen werden, daß sich der Erwerber den Wert des Grdstücks auf sein künftiges ErbR anrechnen lassen muß (Weimar JR **67**, 97; Stgt BWNotZ **77**, 150/151). Eine nachträgl Anordnung durch Vfg vTw enthält dann ein Vermächtn zG der übrigen MitE, das aber (außer bei ErbverzichtsVertr od wenn der Bedachte im Fall den § 2306 I 2 nicht ausschlägt) den Pflichtt des Abkömml nicht beeinträchtigen darf (s RG **90**, 422). – Die Anordng begründet nicht (wie bei der Schenkg unter Aufl) eine schuldrechtl Verpflichtg des Bedachten. – Eine Schenkg des Erbl an seinen mindjähr Abkömml wird dch die Anordng der Ausgleichg nicht mit einem Rechtsnachteil iS des § 107 versehen und erfordert daher keine Einwilligg des gesetzl Vertreters (BGH **15**, 168 mAv Fischer LM § 107 Nr 1; aM Lange NJW **55**, 1343). – Setzt der Erbl einen Abkömml zum Erben ein, erklärt er ihn aber wg seines Erbteils dch Zuwendgen unter Lebden für **abgefunden**, handelt es sich in Wirklichkeit um eine Enterbg (§ 1938; Weimar aaO

17 98). – Ein **Trustguthaben,** das ein deutscher Erbl bei einer amerikan Bank begründet u einem Abkömml zugewendet hat, ist sowohl nach amerikanischem Recht als auch nach III ausgleichspflichtig (BGH BB **69**, 197).

18   **4) Auf den Erbersatzanspruch** eines nichtehel Abkömml sind die AusglVorschr entspr anzuwenden (§ 1934b III). Bei AusgleichsPfl des nichtehel Abkömml kann sich dessen ErsatzAnspr mindern, bei AusgleichsPfl eines ehel Abkömml aber auch erhöhen.

19   **5) Gesellschaftsanteil an einer oHG.** Bei qualifizierter Nachfolgeklausel (s Rn 15; § 1922 Rn 17) kann die entspr Anwendg der §§ 2050 ff geboten sein, wenn der Wert der Mitgliedsch, die der bevorzugte MitE erwirbt, höher ist als der Betrag, den ihm auf Grd seiner Erbquote zusteht; § 2056 S 1 gilt in diesem Fall nicht (s Brox § 44 IV 4, 2c; Meincke AcP **178**, 45/46; 56f; Ulmer in Großkomm zum HGB[3] § 139 Rn 187–189; Westermann ua, Handb der Personengesellsch, I Rn 542; auch Haegele BWNotZ **73**, 76/82; bestr).

20   **6) Eine Sondervorschrift** über die AusgleichgsPfl des **Hoferben** enthält GrdstVG 16, nach der bei Berechng der Abfindg der Miterben im Zuweisgsverfahren (s § 2042 Rn 24) die Ausgleichg der Vorempfänge zu berücksichtigen ist (Bergmann SchlHA **61**, 311/314).

2051 *Ausgleichungspflicht bei Wegfall eines Abkömmlings.* [I]Fällt ein Abkömmling, der als Erbe zur Ausgleichung verpflichtet sein würde, vor oder nach dem Erbfalle weg, so ist wegen der ihm gemachten Zuwendungen der an seine Stelle tretende Abkömmling zur Ausgleichung verpflichtet.

[II]Hat der Erblasser für den wegfallenden Abkömmling einen Ersatzerben eingesetzt, so ist im Zweifel anzunehmen, daß dieser nicht mehr erhalten soll, als der Abkömmling unter Berücksichtigung der Ausgleichungspflicht erhalten würde.

1   **1) Wegfall eines Abkömmlings** als Erbe (§§ 1924, 1938, 1953, 2344, 2346) hat zur Folge, daß der an seine Stelle Tretende in die AusgleichsPfl eintritt. Unerhebl ist, ob der Nachfolger Abkömml des Weggefallenen ist. Notwend ist nur, daß er Abkömml des Erbl ist. Erhöht sich dadurch der Erbteil eines MitE, gilt hins der Ausgleichg die Erhöhg als bes Erbteil (§ 1935). Ist aber der eintretende Abkömml vom Erbl **unmittelbar** durch Vfg vTw als Erbe eingesetzt, ist § 2051 nicht anwendb (Warn **13** Nr 238). Stirbt der ausgleichspflichtige Abkömml, nachdem er einen endgültig Erbe geworden ist, geht mit der Erbsch die AusgleichsPfl auf seine Erben über, mögen sie Abkömml des Erbl sein od nicht.

2   **2) Der Ersatzerbe** (§ 2096) eines weggefallenen Abkömml, mag er selbst Abkömml sein od nicht, soll iZw nicht mehr erhalten, als der Abkömml unter Berücksichtigg der AusgleichsPfl erhalten würde (**II**).

Dabei sind aber nicht nur die Ausgleichspflichten des weggefallenen Abkömml, sond auch dessen Ausgleichsrechte zu berücksichtigen (Staud/Werner Rn 6; Soergel/Wolf Rn 5; MüKo/Dütz Rn 6). Entscheidend muß das Gesamtergebn der Ausgleichg sein. – Vgl auch § 2053.

2052 *Ausgleichungspflicht für Testamentserben.* **Hat der Erblasser die Abkömmlinge auf dasjenige als Erben eingesetzt, was sie als gesetzliche Erben erhalten würden, oder hat er ihre Erbteile so bestimmt, daß sie zueinander in demselben Verhältnisse stehen wie die gesetzlichen Erbteile, so ist im Zweifel anzunehmen, daß die Abkömmlinge nach den §§ 2050, 2051 zur Ausgleichung verpflichtet sein sollen.**

1) **Eine Auslegungsregel** enthält die Vorschr für den Fall, daß der Erbl durch **Erbeinsetzung** die **1** Abkömml entw genau auf die gesetzl Erbteile gesetzt (s RG **149**, 133) od ihre (höheren od niedrigeren) Erbteile in demselben Verhältn wie die gesetzl Quoten zueinander bestimmt hat. Sie ist auch bei Einsetzg als ErsatzE od NachE anwendb. Ist dch Zuwendg eines Vorausvermächtnisses an einen MitE ein Teil des Nachl ausgeschieden, ist hinsichtl des Rests die Ausgleichg nicht notw ausgeschlossen (RG **90**, 419); uU kann aber in diesem Falle die AusgleichsPfl der and MitE als ausgeschlossen gelten. – Hat der Erbl die Erbteile nur für einen **Teil** der Abkömml nach dem Verhältn der gesetzl Erbteile bestimmt, findet die Ausgleichg unter diesem Teil statt (RG **90**, 420; Soergel/Wolf Rn 4). Bei Erhöhg des Erbteils eines Abkömmlings dch Anwachsg (§ 2095) gelten beide Erbteile hins der AusgleichsPfl als selbständ Erbteile (Staud/Werner Rn 5). – Stammt eine Zuwendg vom erstverstorbenen Eheg, ist aGrd gemeinsch Test od ErbVertr der Empfänger aber SchlußE nur des Längerlebden, gilt im Regelfall des § 2269 für § 2052 auch der erstverstorbene Eheg als Erbl (RG WarnR **38** Nr 22; KG OLGZ **74**, 257; hM; aA allerd BGH **88**, 102 für das PflichtR, s § 2327 Rn 1; Thubauville RhNK **92**, 289); die Abkömml müssen daher beim Tode des Überlebenden die Zuwendgen ausgleichen, die vom Erstverstorbenen od aus dessen Nachl gemacht worden waren. S auch BGH NJW **82**, 43 mAv Schubert JR **82**, 155 zu AusglAnordng dch vorweggenommene Erbfolge.

2) **Entsprechende Anwendung** ist beim ErbersatzAnspr vorgesehen (§ 1934b III) und auch bei der **2** Ausgleichspflicht für besondere Leistungen (s § 2057a I 1 Halbs 2 mit Rn 11).

2053 *Zuwendung an entfernteren Abkömmling.* **¹Eine Zuwendung, die ein entfernterer Abkömmling vor dem Wegfalle des ihn von der Erbfolge ausschließenden näheren Abkömmlinges oder ein an die Stelle eines Abkömmlinges als Ersatzerbe tretender Abkömmling von dem Erblasser erhalten hat, ist nicht zur Ausgleichung zu bringen, es sei denn, daß der Erblasser bei der Zuwendung die Ausgleichung angeordnet hat.**

ᴵᴵDas gleiche gilt, wenn ein Abkömmling, bevor er die rechtliche Stellung eines solchen erlangt hatte, eine Zuwendung von dem Erblasser erhalten hat.

1) **Eine Zuwendung,** die der Erbl **vor** dem Wegfall eines näheren Abkömml einem entfernteren macht, **1** erfolgt nach dem vom Ges vermuteten Willen des Erbl nicht als Vorausleistg auf die zu erwartende Erbsch, weil der Erbl den näheren Abkömml als seinen Erben ansieht. Sie ist daher auch nicht ausgleichspflichtig, es sei denn, daß der Erbl die Ausgleichg bei Zuwendg angeordnet hat (s dazu § 2050 Rn 15; 16). – Da die Vorstellg des Erbl entscheidet (RG **149**, 134), wird die Ausgleichg auch für den Abkömml nicht in Frage kommen dürfen, dessen Vorgänger schon weggefallen war, wenn der Erbl dies bei der Zuwendg nicht wußte, währd umgekehrt iZw auszugleichen ist, wenn der Erbl den Bedachten irrtüml für den nächstberufenen hielt (RGRK Rn 1). – Die Anordng des Erbl wird idR den Fall betreffen, daß der entferntere Abkömml od der ErsatzE zur Erbsch berufen wird; der Erbl kann aber durch Vfg vTw auch Ausgleichg durch den näheren Abkömml anordnen (Staud/Werner Rn 6).

2) **Absatz 2** bezieht sich auf die Legitimation durch nachfolgende Ehe (§ 1719), EhelichErkl (§§ 1273 ff) u **2** Annahme als Kind (§§ 1741 ff).

2054 *Zuwendung aus dem Gesamtgut.* **¹Eine Zuwendung, die aus dem Gesamtgut der Gütergemeinschaft erfolgt, gilt als von jedem der Ehegatten zur Hälfte gemacht. Die Zuwendung gilt jedoch, wenn sie an einen Abkömmling erfolgt, der nur von einem der Ehegatten abstammt, oder wenn einer der Ehegatten wegen der Zuwendung zu dem Gesamtgut Ersatz zu leisten hat, als von diesem Ehegatten gemacht.**

ᴵᴵDiese Vorschriften sind auf eine Zuwendung aus dem Gesamtgut der fortgesetzten Gütergemeinschaft entsprechend anzuwenden.

1) **Zweimalige Ausgleichung.** Die Vorschr will Klarh über die Person des Leistenden schaffen, wenn **1** eine Zuwendg aus dem Gesamthandsvermögen einer GüterGemsch gemacht wurde. Falls kein ggteiliger Wille des verwaltenden Ehegatten vorliegt, gilt jeder Ehegatte zur Hälfte als Zuwender (I 1), u zwar unabhängig davon, welcher der Eheg od ob beide das Gesamtgut verwaltet haben (Staud/Werner Rn 2). Die Ausgleichg muß also idR zweimal stattfinden, wenn sie nicht bis zur Beendig der fortgesetzten GüterGemsch hinausgeschoben ist (§ 1483; RGRK Rn 3). Jeder Eheg kann die Ausgleichg anordnen od erlassen, soweit er als Zuwendender gilt. Kann beim Nachl eines Ehegatten die Ausgleichg nicht erfolgen, weil dessen Gesamtgutsanteil nicht ausreicht, ist beim Nachl des and eine entspr höhere Ausgleichg vorzunehmen (MüKo/Dütz Rn 8; aA Soergel/Wolf Rn 3). – Zu II s §§ 1483 ff.

2) **Ausnahmsweise** findet Ausgleichg nur ggüber **einem** Elternteil statt, wenn der Abkömml, der die **2** Zuwendg erhielt, nur von einem der Eheg stammt (I 2) od wenn ein Eheg wg der Zuwendg zum Gesamtgut Ersatz zu leisten hat. Diese ErsPfl tritt bei Ausstatgen nach §§ 1444, 1466 ein. – I 2 ist aber einschränkend dahin zu verstehen, daß die Zuwendg nur soweit von dem betr Eheg als gemacht gilt, als die auf ihn treffende Hälfte des Gesamtguts im Ztpkt der Beendigg der GüterGemsch reicht (RG **94**, 262).

2055   *Durchführung der Ausgleichung.* [I]Bei der Auseinandersetzung wird jedem Miterben der Wert der Zuwendung, die er zur Ausgleichung zu bringen hat, auf seinen Erbteil angerechnet. Der Wert der sämtlichen Zuwendungen, die zur Ausgleichung zu bringen sind, wird dem Nachlasse hinzugerechnet, soweit dieser den Miterben zukommt, unter denen die Ausgleichung stattfindet.

[II]Der Wert bestimmt sich nach der Zeit, zu der die Zuwendung erfolgt ist.

1   **1) Durchführung.** Nach der dispositiven Vorschr wird die Ausgleichg bei der Aufteilg (§ 2047) **nur rechnerisch** unter den beteiligten Abkömml vollzogen (Idealkollation), nicht durch Rückgewähr der Zuwendgen in Natur (Realkollation; vgl § 2050 Rn 1; 2). Sie verschafft also keinen ZahlgsAnspr, sond verschiebt nur die Teilgsquote nach § 2047 I. Dem Nachl wird nicht wirkl etwas zugeführt, sond er wird rein rechnerisch um die auszugleichenden Zuwendgen vermehrt: Von dem um die NachlVerbindlichk verminderten Nachl (§ 2046 I 1) werden zunächst auch noch die Erbteile des Ehegatten und der an der Ausgleichg nicht beteiligten MitE vorweg nach der wirkl vorhandenen Erbmasse berechnet und abgesondert. Diesem NettoNachl werden die auszugleichenden Zuwendgen hinzugerechnet. Von dem so erhöhten NachlWert werden die Erbteile der ausgleichspflichtigen Abkömml berechnet u davon die anzurechnenden Zuwendgen abgezogen (s Celle RdL **60**, 295). Diese Rechng führt idR zu von den Erbquoten abweichenden Teilgsquoten, die stets (also nicht nur bei der Verteilg von Geld) zu beachten sind (BGH **96**, 174). – **Beispiel:** Nachl 6000. MitE (ohne Berücksichtigg der ZugewGemsch, § 1371 I) sind die Witwe W zu ¼; Kinder A, B, C zu ¼. A hat 1000 und C 800 auszugleichen. Es erhält vorweg W 1500. Für die Abkömml beträgt die rechnerische erhöhte Teilungsmasse 4500+1000+800 = 6300. Davon erhalten B ⅓ = 2100, A 2100−1000 = 1100 und C 2100−800 = 1300. Bei der ZugewGemsch erhält die Witwe nach § 1371 I ½, die Abkömmlinge je ⅙. Der Erbteil der W ist demnach 3000. Der rechnerische Nachl für die Abkömml beträgt 4800. Hiervon entfallen auf A 600, auf B 1600, auf C

2   800. – **Stichtag** für die Bewertg des Nachl ist der Erbfall (BGH **96**, 174; Meincke AcP **178**, 45; str). Für die Zuwendg s Rn 3. – **Untergang** der Zuwendg befreit nicht von der AusgleichsPfl (Staud/Werner Rn 10). – **Unterblieb** die Ausgleichg bei der vollständ Auseinandersetzg des Nachl, ist Anspr aus § 812 gegeben; hatte nur eine Teilauseinandersetzg stattgefunden, muß sie bei der Aufteilg des Restes nachgeholt werden, so daß sich dafür die Teilgsquoten weiter verschieben (BGH FamRZ **92**, 665). – Für Klagen wg der Ausgleichg ist der **Gerichtsstand** der Erbsch (ZPO 27) gegeben (BGH NJW **92**, 364).

3   **2) Wertberechnung der Zuwendungen.** Für sie ist nach **II** der Ztpkt der Zuwendg maßg; spätere Wertändergen od Erträgnisse bleiben unberücksichtigt. Der so ermittelte Wert ist auf den Tag des Erbfalls unter Berücksichtigg des Kaufkraftschwundes des Geldes zw Zuwendg u Erbfall umzurechnen (BGH **65**, 75 mAv Löbbecke NJW **75**, 2292; BGH WM **75**, 1179; s § 2315 Rn 4; dazu auch Meincke AcP **178**, 52 ff mit Beisp 48 ff). – Der Erbl kann bei der Zuwendg formlos den anzurechnenden Wert auch bindend festsetzen, zB nach dem Wert des geschenkten Ggst zur Zeit des Erbfalls (Hamm MDR **66**, 330); eine solche Anordng kann sich auch aus den Umständen des Falles ergeben (Werner DNotZ **78**, 66; Meincke AcP **178**, 45/55).

4   **3) Rechtsstellung der Miterben.** Bis zur Auseinandersetzg ist die AusgleichsPfl für die Stellung der MitE nach innen u außen ohne Bedeutg. Vor dieser kann sie nicht schon Ggstand einer zuläss Feststellgsklage sein (Karlsr FamRZ **89**, 1232). Die MitE sind auch nicht Maßg ihrer reduzierten Erbteile an der Verwaltg u Vfg beteiligt. – Auch ein durch ausgleichpflichtige Zuwendgen völlig befriedigter MitE ist nicht ausgeschlossen (hM; vgl § 2050 Rn 2). Im Falle der Gefährdg können gg ihn durch einstw Vfg Sichergsmaßnahmen ergriffen werden. Der völlig befriedigte MitE haftet auch den Gläub nach allg Regeln. Im Innenverhältn allerdings ist er freizustellen; er kann deshalb auf Einhaltg des § 2046 I dringen u notfalls Rückgriff nehmen.

5   **4) Gleiche Stellung wie ein Miterbe** erlangen hins der AusgleichsPfl der Erbteilserwerber (§ 2033) od ein MiterbenGläub, der den NachlAnteil pfändet; sowie der NachlGläub, der ZwVollstr in den NachlAnteil vor Teilg betreibt (RGRK Rn 10; s auch § 1934b III).

2056   *Keine Herausgabe des Mehrempfanges.* Hat ein Miterbe durch die Zuwendung mehr erhalten, als ihm bei der Auseinandersetzung zukommen würde, so ist er zur Herauszahlung des Mehrbetrags nicht verpflichtet. Der Nachlaß wird in einem solchen Falle unter die übrigen Erben in der Weise geteilt, daß der Wert der Zuwendung und der Erbteil des Miterben außer Ansatz bleiben.

1   **1) Keine Herausgabepflicht** trifft den MitE, der als Zuwendg mehr erhalten hat, als das ihm nach § 2055 zustehende Auseinandersetzgsguthaben beträgt. Er ist namentl auch von der Zahlg eines Pflichtteils an andere befreit (RG **77**, 282). Der PflichtErgänzgsAnspr (§ 2325) erstreckt sich nur auf Schenkgen, nicht auf andere Zuwendgen (RG **77**, 282). Die Ausgleichg von Vorempfängen kann dch § 2056 nur dann beschränkt werden, wenn der Vorempfang eines sonst ausgleichspflichtigen gesetzl Erben höher ist als dessen gesetzl Erbteil bei Hinzurechng der auszugleichenden Vorempfänge zu dem um den Wert der Schenkg vermehrten Nachl (BGH NJW **65**, 1526 zu § 2325; dazu Keßler DRiZ **66**, 399; Johannsen WM **70**, 239). – Bei Erhöhung des gesetzl Erbteils durch Wegfall eines gesetzl Erben vgl § 1935 Rn 3, 4.

2   **2) Verfahren bei Ausgleichung.** Bei der Verteilg des Nachl unter die übr MitE bleibt dieser Erbteil außer Ansatz. Dabei ist aber zu beachten, daß die Erbteile der beteiligt bleibenden MitE in demselben Verhältn zueinander stehen müssen wie bisher. **Beispiel:** Nachl 8000; MitE sind A zu ½, B zu ¼, C zu ¼. C hat 4000 auszugleichen. Auf C würden entfallen ¼ (8000 + 4000) = 3000. Da er 4000 erhalten hat, scheidet er aus. Nunmehr müssen erhalten A ⅔ von 8000 = 5333,33, B ⅓ = 2666,67. S auch Beisp bei Staud/Werner Rn 7.

2057 *Auskunftspflicht der Miterben.* **Jeder Miterbe ist verpflichtet, den übrigen Erben auf Verlangen Auskunft über die Zuwendungen zu erteilen, die er nach den §§ 2050 bis 2053 zur Ausgleichung zu bringen hat. Die Vorschriften der §§ 260, 261 über die Verpflichtung zur Abgabe der eidesstattlichen Versicherung finden entsprechende Anwendung.**

1) Das Recht auf Auskunft, das die AusgleichgsPfl sichern soll, steht jedem MitE gg jeden einzelnen **1** anderen MitE zu (über den AuskunftsAnspr bei Auseinandersetzg s Stgt BWNotZ **76**, 89). Ebso dem mit der Auseinandersetzg beauftragten TestVollstr und dem NachlVerwalter. Dem NachlKonkVerw nur bei bes Interesse (RGRK Rn 3). Wegen § 2316 I hat es auch der pflichtteilsberechtigte Nichterbe (RG **73**, 372; Zweibr FamRZ **87**, 1197). – Auskunftspflichtig ist auch ein Abkömml, der nicht Erbe ist, sond nur den Pflichtt erhält (Nürnb NJW **57**, 1482). Auskunft kann auch der nichtehel Abkömml verlangen, dem ein ErbersatzAnspr zusteht (s Odersky § 1934b Anm VI 4b).

2) Gegenstand der Auskunftspflicht sind alle möglicherw unter § 2050 fallenden Zuwendgen, die der **2** MitE persönl erhalten hat und nicht nur solche, die bei richtiger Anwendg der §§ 2050–2053 ausgleichspflichtig sind (RG **73**, 376; vgl Staud/Werner Rn 5). Die Entscheidg, welche Zuwendgen in Frage kommen, kann nicht dem Belieben des Auskunftspflichtigen überlassen bleiben. Demnach ist Auskunft zu erteilen, ohne daß das Vorhandensein von Zuwendgen vorher überh festgestellt sein muß. Auch der Wert des Erhaltenen ist anzugeben (BayObLG OLG **37**, 253).

3) Die Form der Auskunft ist nicht geregelt. Ein Verzeichnis iS des § 260 I ist nur vorzulegen, wenn die **3** Zuwendg einen Inbegriff von Ggständen umfaßt. – Die **eidesstattliche Versicherung** ist nur zu leisten, wenn Grd zu der Annahme besteht, daß die Auskunft nicht mit der erforderl Sorgfalt erteilt ist; jedoch auch bei geringen Zuwendgen, da § 259 III nicht gilt (RGRK Rn 7). Ist der Pflichtige zur Abgabe der eidesstattl Vers bereit, regelt sich das **Verfahren** nach FGG 163, 79. Zuständ für die Entgegnahme der eidesstattl Vers ist das AG (RPfleger, RPflG 3 Nr 1b) des Wohns des Pflichtigen (§ 269). Bei Streit entsch das ProzeßG; über Entgegnahme der eidesstattl Vers s ZPO 889 (AG als VollstrG; RPfleger, RPflG 20 Nr 17); s § 2027 Rn 1. – Jedoch ist auch ein Vertr auf Leistg einer eidesstattl Vers gült. Liegt eine solche vertragl Verpfl vor, hat das Ger nicht zu prüfen, ob die gesetzl Voraussetzgen gegeben sind (Hbg HansGZ **40**, 98). – Die Kosten trägt der Antragsteller; Gebühr regelt KostO 124.

4) Keine allgemeine Auskunftspflicht besteht darüb hinaus zw den MitE üb den Nachl (vgl § 2038 **4** Rn 13). Auch § 242 kann idR nicht dazu führen (BGH WM **89**, 548; s auch Speckmann NJW **73**, 1869).

2057a *Ausgleichungspflicht bei besonderer Mitarbeit oder Pflegetätigkeit eines Abkömmlings.* **¹Ein Abkömmling, der durch Mitarbeit im Haushalt, Beruf oder Geschäft des Erblassers während längerer Zeit, durch erhebliche Geldleistungen oder in anderer Weise in besonderem Maße dazu beigetragen hat, daß das Vermögen des Erblassers erhalten oder vermehrt wurde, kann bei der Auseinandersetzung eine Ausgleichung unter den Abkömmlingen verlangen, die mit ihm als gesetzliche Erben zur Erbfolge gelangen; § 2052 gilt entsprechend. Dies gilt auch für einen Abkömmling, der unter Verzicht auf berufliches Einkommen den Erblasser während längerer Zeit gepflegt hat.**

IIEine Ausgleichung kann nicht verlangt werden, wenn für die Leistungen ein angemessenes Entgelt gewährt oder vereinbart worden ist oder soweit dem Abkömmling wegen seiner Leistungen ein Anspruch aus anderem Rechtsgrunde zusteht. Der Ausgleichungspflicht steht es nicht entgegen, wenn die Leistungen nach den §§ 1619, 1620 erbracht worden sind.

IIIDie Ausgleichung ist so zu bemessen, wie es mit Rücksicht auf die Dauer und den Umfang der Leistungen und auf den Wert des Nachlasses der Billigkeit entspricht.

IVBei der Auseinandersetzung wird der Ausgleichungsbetrag dem Erbteil des ausgleichungsberechtigten Miterben hinzugerechnet. Sämtliche Ausgleichungsbeträge werden vom Wert des Nachlasses abgezogen, soweit dieser den Miterben zukommt, unter denen die Ausgleichung stattfindet.

1) Normzweck ist die Herstellg einer sicheren RGrdlage für einen Ausgleich nach Billigk im Rahmen der **1** Erbauseinandersetzg, wenn ein Abkömml zum Wohl des Erbl besond Leistgen unentgeltl od gg unangemessen geringes Entgelt erbracht hat. Auszugleichen sind hier also nicht (wie sonst) Zuwendgen des Erbl an den ausgleichspflichtigen Abkömml, sond umgekehrt Leistgen des ausgleichsberecht Abkömml an den Erbl. – Die dch das NEhelG eingefügte Vorschr gilt nur in Erbfällen seit 1. 7. 70. Die Leistg kann allerd früh erbracht worden sein (Bosch FamRZ **72**, 173). Ein vor dem 1. 7. 49 geborenes nichtehel Kind scheidet mangels ErbR aus (Art 12 § 10 NEhelG).

2) Voraussetzungen (I). Für das Verlangen einer Ausgleichung stellt das G sowohl persönl als auch sachl **2** Voraussetzgen auf, wobei auch der Ausschluß nach **II** (dazu Rn 11) zu beachten ist.

a) Abkömmlinge des Erbl sind Kinder (auch nichtehel), Enkel, Urenkel (s § 1924 Rn 7). Nur unter **3** diesen und nur wenn sie zur gesetzl Erbfolge gelangen, findet die Ausgleich statt. Allerd ergibt sich aus der entspr Anwendg des § 2052 (**I** 2), daß auch unter den auf ihre gesetzl Erbteile od im Verhältn derselben test eingesetzten Abkömml die Ausgleichg stattfindet. Auf den Ehegatten des Erbl als MitE erstreckt sich die Regelg aber nicht. – AusgleichsPfl u -Recht sind vererbl (s Staud/Werner § 2050 Rn 15). Zum ErbschKauf s §§ 2372, 2376 u § 2050 Rn 4.

b) Sonderleistungen des Abkömml für den Erbl sind Ggstand der Ausgleichg, wenn sie in **besonderem 4 Maße** dazu beigetragen haben, das Vermögen des Erbl zu erhalten od zu vermehren. Sie müssen also nicht unerhebl und in jedem Fall über die bloße Unterhaltspflicht (§§ 1601 ff) hinausgegangen sein. Das Ges nennt alternativ folgende Leistgen:

5   **aa) Mitarbeit in Haushalt, Beruf od Geschäft des Erblassers.** Dazu können die zu § 1619 entwickel-
ten Grdsätze über Dienstleistgen des dem elterl Hausstand angehörenden Kindes im Hauswesen u Geschäft
der Eltern herangezogen werden (s dazu Fenn, Die Mitarbeit in den Diensten Familienangehöriger, 1970,
§ 6; BGH NJW **72,** 429). Auch Mitarbeit der Familie des Kindes od and Hilfskräfte im Auftr des Kindes ist
zu berücksichtigen (Soergel/Wolf Rn 4 mN). – Der **Haushalt** des Erbl umfaßt alle Angelegenh des Haus-
wesens, die die gemeins Lebensführg mit sich bringt (s § 1360a Rn 2; Weimar MDR **73,** 23). – Der **Beruf**
des Erbl kann ein selbständ od unselbständ sein, zB Arzt, RechtsAnw, Angestellter. – Als **Geschäft** des
Erbl ist jeder GeschBetr (vgl KStDV 14; GewStDV 8) anzusehen, auch zB der GeschBetr einer Gesellsch,
6 deren Gesch er als Gesellschafter führt; ferner auch ein landw Betrieb. – Die **Mitarbeit** kann sehr verschie-
denartig sein, muß sich aber auf längere Zeit erstreckt haben. Das ist idR bei mehrjähr Dauer der Fall; eine
Mindestzeitgrenze kann nicht aufgestellt werden (Weimar aaO). Sie muß eine unentgeltl gewesen sein (s
Rn 11); bei teilw Unentgeltlichk besteht AusgleichsPfl nur für den unentgeltl Teil der Leistg (Erman/
Schlüter Rn 5).

7   **bb) Erhebliche Geldleistungen** sind einer solchen Mitarbeit gleichgestellt, wofür ein obj Maßstab
anzulegen ist; die Vermögensverhältn des Erbl sind nicht hier, sond bei der Auswirkg zu würdigen (Soer-
gel/Wolf Rn 5; str; aA MüKo/Dütz Rn 22). – Gleich stehen auch **Leistungen sonstiger Art** wie zB das
Zurverfüggstellen eines dem Abkömml gehörenden Grdst für das Gesch des Erbl; Bezahlg höherer Schul-
den; erhebl Investitionen in den Betrieb (Dressel RdL **70,** 146; s auch Weimar MDR **73,** 24).

8   **cc) Das Vermögen** des Erbl zu erhalten od zu vermehren, also die Gesamth der Aktiva, muß Ergebn
der Mitarbeit od einer der genannten Leistgen gewesen sein, zumindest in Form eines Beitrags. Der Ver-
mehrg des Aktivvermögens wird also die Erhaltg des wirtschaftl Werts gleichgeachtet.

9   **dd) Pflegeleistungen.** Ein AusgleichsR entsteht auch für den Abkömml, der unter Verzicht auf be-
rufl Einkommen den Erbl währd längerer Zeit gepflegt hat **(I 2).** Die **Pflege,** also die Betreuung des
pflegebedürft Erbl, muß **längere Zeit** gedauert und es muß sich um eine Leistg in bes Maß gehandelt
haben. Der Abkömml muß die Pflege nicht allein dchgeführt, sond kann sich zur Unterstützg auch von
ihm bezahlter Hilfskräfte bedient haben. Weiterhin ist erforderl, daß die Betreuung einen völligen od teilw
Verzicht auf Einkünfte aus eigenen berufl Einkünften notw gemacht hat (dazu auch Weimar MDR **73,** 24).

10   **3) Ausgleichsberechtigt** ist der Abkömml (uU auch mehrere Abkömml), der Leistgen iS von I er-
bracht hat. Er kann bei der Erbauseinandersetzg eine Ausgleichg verlangen. Die AusgleichsPfl kann auch
das nichtehel Kind hins seines ErbersatzAnspr treffen (§ 1934b III). Sind die Leistgen des Abkömml zG
des Erbl im Rahmen der DienstleistgsPfl des hausangehör Kindes gem § 1619 erbracht od stellen sie Auf-
wendgen od eine Überlassg von Vermögen des hausangehör vollj Kindes zur Bestreitg der HaushKosten
iS des § 1620 dar, steht dies einer AusgleichsPfl des Abkömml nicht entgg **(II 2).** Ist also zB ein
volljähr, dem elterl Haushalt angehörendes Kind seinem Vater zur Bestreitg von HaushKosten einen grö-
ßeren GeldBetr überlassen u hat die Absicht, Ersatz zu verlangen, gefehlt, sind die Voraussetzgen für die
Entstehg einer AusgleichsPfl gegeben, wenn das Kind nach dem Tod des Vaters kraft G MitE neben
anderen Abkömml ist.

11   **4) Ausschluß der Ausgleichung, II 1.** Hat der Abkömml für die erbrachte Leistg ein **angemessenes
Entgelt** erhalten, etwa im Rahmen eines Dienst- od ArbVerhältn zw ihm u dem Erbl für Dienste in
dessen Geschäft (s § 1619 Rn 8–10), steht ihm kein AusgleichsR zu. Das gleiche gilt, wenn ein solches
Entgelt für die Leistg zwar nicht entrichtet, aber vereinbart worden ist. In diesem Fall hat der Abkömml
einen Anspr auf Zahlg des vereinbarten Entgelts als NachlFdg (§ 1967), bei Geldleistgen (zB Darlehen)
eine Fdg auf Rückzahlg gem Vereinbarg. – Eine Ausgleichg kann ferner dann nicht verlangt werden,
wenn dem Abkömmling ein Anspr aus einem and RechtsGrd zusteht, etwa aus GeschFührg ohne Auftr
(§§ 677ff) od aus ungerechtf Bereicherg (§§ 812ff); s hierzu u insb über etwaige Anspr aus § 612 II Dam-
rau FamRZ **69,** 581; auch Fenn FamRZ **68,** 291; Richter BWNotZ **70,** 7. Hat der Abkömml aber für seine
Mitarbeit nur ein unangemessen geringes Entgelt erhalten, kann er eine Ausgleichg verlangen; ebso wenn
zB der Nachw eines entgeltl DienstVertr nicht erbracht werden kann (s Odersky Anm II 2d).

12   **5) Bemessung der Ausgleichung (III).** Bei Bemessg des AusglBetr ist einers die Dauer u der Umfang
der Leistgen des Abkömml zu berücksichtigen, also zB Zeitraum u Wert der Mitarbeit im Haush, Beruf
od Gesch des Erbl; Höhe der geleisteten GeldBetr; Dauer der Pflege u Höhe des damit verbundenen
EinkVerzichts. Anderers ist der Wert des Nachl (u zwar des Reinrücklasses) zZ des Erbfalls (s § 2311 Rn 2)
heranzuziehen. Es ist auch die Auswirkg der Leistgen des Abkömml auf das hinterlassene Vermögen des
Erbl (Erhaltg, Vermehrg) zu ermitteln. – Die Ausgleichg muß unter Berücksichtigg dieser Faktoren so
bemessen werden, daß sie der Billigk entspr. Der **Betrag** muß also nach den Umst des Einzelfalls billig u
gerecht sein. Die BilligkKlausel ermöglichte es, auf eine Nachrechng aller Einzelh, die ohnedies meist
nicht mögl wäre, zu verzichten (s Firsching Rpfleger **70,** 41/53; Knur FamRZ **70,** 278; Damrau FamRZ **69,**
579/581; Johannsen WM **70,** 743/744). § 2057a darf aber nicht zu dem Ergebn führen, daß der AusglBe-
recht den ganzen Nachl erhält u Abkömml leer ausgehen (Staud/Werner Rn 29; MüKo/Dütz Rn 35;
42; aA Soergel/Wolff Rn 17). Im Streitfall muß das ProzeßG nach diesen Gesichtspunkten die Höhe des
AusglBetr festsetzen.

13   **6) Durchführung der Ausgleichung (IV)** erfolgt rechnerisch in der Weise, daß zunächst unter Abzug
des Anteils der nicht ausgleichspflicht MitE der Wert des Nachl festgestellt wird, der den Abkömml
zufällt, unter denen der Ausgl stattfindet. Von diesem NachlWert wird der errechnete AusglBetrag abge-
zogen u sodann dem Erbteil des ausgleichsberecht MitE hinzugerechnet. – **Beispiel:** Ist der Wert des
Nachl 18000 und sind MitE die Witwe zu ½ und die Kinder A, B und C zu je ⅙, ergibt sich bei einem
AusglBetrag für A von 3000: Die Witwe erhält 9000, die abzusetzen sind. Von den auf die Kinder fallen-
den 9000 beträgt nach Abzug des AusglBetrags von 3000 der rechnerische Nachl 6000. Es erhalten A 2000
+ 3000 = 5000; B und C je 2000. – Trifft nach dem Tod des Vaters ein nichtehel Kind mit einem ehel
zusammen (§ 1934a I) u ist das ehel Kind ausgleichsberecht, ergibt die Anwendg des § 2057a IV: Das

ehel Kind ist AlleinE, dem nichtehel Kind steht ein ErbersatzAnspr in Höhe des Wertes von ½ Erbteil zu; es ist aber ausgleichspfl. Beisp: Nachl 12000, AusglBetr für das ehel Kind 4000, rechnerischer Nachl 8000; Wert des Erbteils des ehel Kindes 4000 + 4000 = 8000; ErbersatzAnspr des nichtehel Kindes 4000. S auch die Beisp bei Knur FamRZ **70**, 278⁶³; Odersky Anm IV 2; Lutter § 6 III 4; Staud/Werner Rn 34.

7) Entsprechende Anwendung der §§ 2051, 2053 bejaht zu Recht Damrau FamRZ **69**, 580 (ebso RGRK **14** Rn 3); für entspr Anwendg des § 2051 Johannsen WM **70**, 743; Knur FamRZ **70**, 278, Odersky Anm II (aber gg Anwendg des § 2053). § 2056 kann nicht Platz greifen, da der NachlWert bei Ausgleich zu berücksichtigen ist (s Rn 12). – Über die bei Bestehen einer AusgleichsPfl gem § 2057a vorzunehmde Berechng des **15** **Pflichtteils** s § 2316 I 1.

8) Abweichende Anordnungen. Der Erbl kann den Wegfall od eine Einschränkg des AusglR dch letztw **16** Vfg anordnen. Eine derartige Anordng ist als Vermächtn zG der and Abkömml anzusehen (Damrau FamRZ **69**, 581; auch Bosch FamRZ **72**, 174; Lutter § 6 IV; Staud/Werner Rn 4) – Kein Ausgl nach § 2057a erfolgt nach Durchführung des vorzeit ErbAusgl gem § 1934d.

II. Rechtsverhältnis zwischen den Erben und den Nachlaßgläubigern

Einführung

1) Die Haftung des Erben ist allg in §§ 1967–2017 geregelt, zu denen vollstreckgsrechtl ZPO 780–785 **1** treten. Die §§ 1967ff gelten grds auch für MitE und zwar für jeden getrennt. Insbes regelt sich danach, ob ein MitE beschränkt (also nur mit dem ererbten Vermögen) od unbeschränkt (auch mit seinem Eigenvermögen) haftet. Auch der MitE kann nicht vor Annahme der Erbsch in Anspr genommen werden (§ 1958). Die Einreden aus §§ 2014, 2015 stehen auch ihm zu. **Ergänzend** bestimmen zu diesen allg Vorschr die §§ 2058–2063, ob im AußenVerhältnis die Erbengemeinsch als solche haftet und ob der einzelne MitE als GesamtSchu (für die ganze Fdg) od nur anteilig (für den seinem Erbteil entspr Teil der Verbindlk) einzustehen hat. Dies ist unabhäng von der Haftgsbeschränkg geregelt. Die Haftg des einzelnen MitE kann also gesamtschuldnerisch und beschränkt od unbeschränkb sein; aber auch anteilig und unbeschränkb od beschränkt.

2) Haftungsbeschränkung. Jeder MitE kann die gesetzl Möglichk zur Beschränkg seiner Haftg (s Einf 4 **2** vor § 1967) ausnützen wie auch umgekehrt der Verlust des BeschränkgsR für jeden gesondert eintritt. Die **Sondervorschriften** der §§ 2058ff bestimmen für MitE ledigl folgende Abweichgn von den allg Grdsätzen: **Nachlaßverwaltung** (§ 1981) können nach § 2062 nur alle MitE gemeinschaftl und nur bis zur Teilg beantragen. Sie scheidet also als Beschränkgsmittel aus, sobald auch nur ein MitE unbeschränkb haftet (§ 2013 I). Eine gleichart Regelg gilt für das **Vergleichsverfahren** über den Nachl (VerglO 113 I Nr 1), während NachlKonk von jedem MitE selbständ beantragt u auch noch nach Teilg angeordnet werden kann (KO 217 I; 216 II). – **Inventarerrichtung** (§§ 1993ff), die eine Haftgsbeschränkg zwar nicht herbeiführt, aber die Möglichk dazu erhält, dch einen MitE gilt für alle noch nicht unbeschränkt haftenden MitE (§ 2063). – Handelt ein MitE bei Abschluß eines Verpflichtgsgeschäfts im Rahmen der Verwaltg des Nachl (§ 2038 I) erkennbar nur für den Nachl, wird die ErbenGemsch nur mit dem Nachl, nicht mit ihrem sonst Vermögen verpflichtet (BGH BB **68**, 769), weil insofern eine HaftgsBeschränkg als vereinbart anzunehmen ist (Brox § 30 IV 2a; s auch Einf 6 vor § 1967).

2058 *Gesamtschuldnerische Haftung.* Die Erben haften für die gemeinschaftlichen Nachlaßverbindlichkeiten als Gesamtschuldner.

1) Im Außenverhältnis gilt grdsätzl die persönl **gesamtschuldnerische Haftung** der MitE. Sie besteht **1** neben der gesamthänderischen Haftg der Erbengemeinsch als solcher (§ 2059) und ist völlig losgelöst von der Frage einer Haftgsbeschränkg, die nur besagt, mit welcher Masse der einzelne MitE haftet (s Einf 1, 2). Sie beginnt mit der Erbengemeinsch und dauert grdsätzl auch nach deren Teilg fort; allerd enthalten §§ 2060, 2061 Ausnahmen für die Zeit nach der Teilg (vgl auch die Beschränkg in § 2059 I). – Gesamtschuldnerische Haftg besteht aber nur für **gemeinschaftliche** NachlVerbindlk, also für solche, für die alle MitE haften (Ggsatz vgl § 2046 II). Dies ist zB auch der Fall für die Rückfordeg von Rentenzahlgen, die nach dem Tod des Berecht irrtüml an dessen Erben gelangten (BGH NJW **78**, 1385; aA AG Kassel NJW-RR **92**, 585 mwN; s auch § 1967 Rn 7, 8). Bei and Gläub tritt sie ein, wenn die Erben diesen aus demselben RGrund als GesamtSchu haften (BGH NJW **70**, 473 zu ZPO 747). – **Keine** gemeinschaftl Verbindlk sind zB: Vermächtnisse od Auflagen, die nur einzelnen MitE auferlegt sind; Verbindlich der MitE eines Pflichtt-Berecht nach § 2305, 2326 (RGRK Rn 2). Für diese haften die nicht betroffenen MitE überh nicht, mehrere Betroffene entspr § 2058 als GesamtSchu. Dagg findet § 2058 auf die NachlGläub nach §§ 1978ff zustehenden Anspr keine Anwendg, da diese als NachlAktiva gelten (§ 1978 II).

2) Gesamtschuldklage. Bis zur Teilg hat der Gläub ein WahlR, ob er Gesamtschuldklage gg die einzel- **2** nen MitE (zwecks Vollstreckg gg sie persönl) od Gesamthandklage gg die Erbengemeinsch (§ 2059 II; vgl § 2059 Rn 4) zwecks Zugriff nur auf den Nachl erheben will (BGH NJW **63**, 1611). Allerd hat die unterschiedl VollstreckgsMöglichk nur geringe praktische Bedeutg wg § 2059 I 1 (BGH NJW-RR **88**, 710). – Gesamtschuldklage ist zB die auf Herbeiführg der Auflassg, die nicht auf unmittelb Vollzug der Auflassgs-Erkl (BGH aaO mAv Bötticher JZ **64**, 723 und Scheyhing JZ **63**, 477), da jeder einzelne MitE auf Abgabe seiner Erklärg zur Gesamtauflassg verklagt werden kann, aber nur die MitE gemeinschaftl verfügen können (§ 2040 I). Die MitE sind keine notw Streitgenossen (RG **68**, 221; **121**, 345; BGH aaO und st Rspr) im Ggsatz zur Gesamthandsklage (s § 2059 Rn 4). Gg einzelne bestreitende MitE kann der Gläub auch auf **Feststellung** der Fdg klagen (RG Warn **08** Nr 487). Zur **Vollstreckung** in den ungeteilten Nachl ist aber ein Urteil gg alle MitE nötig (ZPO 747), wobei auch getrennte Titel gg die verschiedenen MitE genügen

(Soergel/Wolf Rn 15; MüKo/Dütz Rn 24). – Zum Einwand der Aufrechng dch einen MitE s § 2040 Rn 6. – Gerichtsstand s ZPO 27, 28.

3　　**3) Ein Gläubiger, der selbst Miterbe** ist, kann gg die übr MitE die Gesamtschuldklage während des Bestehens der Erbengemeinsch erheben (BGH NJW **63**, 1611; NJW-RR **88**, 710), vermindert um den Anteil, der seiner eigenen Erbquote entspricht (Düss MDR **70**, 766), es sei denn, daß er Zahlg des ihm gebührenden Betrags ausdrückl nur „aus dem Nachl" verlangt (BGH aaO). Er hat auch die Gesamthandklage des § 2059 II (RGRK Rn 7; bestr; s auch Erman/Schlüter Rn 4; MüKo/Dütz Rn 28). **Nach** der Teilg kann er jeden seiner MitE als GesamtSchu auf den vollen Betrag seiner Fdg abzügl des auf seinen eigenen Bruchteil fallenden Betrages in Anspr nehmen (RG **150**, 344; RGRK Rn 9).

4　　**4) Im Innenverhältnis** der MitE regelt sich der Ausgl nach dem Verhältn ihrer Erbteile (BayObLG **63**, 324; **70**, 132; vgl auch § 2055 Rn 4), bei Dchführg einer Ausgleichg nach dem, was jeder MitE tatsächl erhält (vgl § 2060 Rn 1). Die NachlVerbindlichk sind aber idR vor der Teilg zu tilgen (§ 2046 I).

5　　**5) Sonderfälle.** Bei gerichtl Zuweisg eines landwirtschaftl Betriebs an einen MitE (GrdstVG 13 ff; s § 2042 Rn 24) enthält GrdstVG 16 II eine SonderVorschr für die Berichtigg von NachlVerbindlk, die zur Zeit des Erwerbs der zugewiesenen Ggstände noch bestehen. – Der Hoferbe haftet neben den übr MitE als GesamtSchu (vgl HöfeO 15; Soergel/Wolf Rn 17). – Bei Vererbg des Anteils eines persönl haftenden Gters eine **oHG** an MitE haften diese für die bisherigen GesellschSchulden gem HGB 128, 130. Eine Haftg nach §§ 2058 ff tritt nur bei Ausscheiden der MitE und Auflösg der Gesellsch ein (BGH NJW **82**, 45) od wenn der Erbe die Stellg eines Kommanditisten erhält (HGB 139 II; BGH **55**, 267).

2059　**Haftung bis zur Teilung.** [1]Bis zur Teilung des Nachlasses kann jeder Miterbe die Berichtigung der Nachlaßverbindlichkeiten aus dem Vermögen, das er außer seinem Anteil an dem Nachlasse hat, verweigern. Haftet er für eine Nachlaßverbindlichkeit unbeschränkt, so steht ihm dieses Recht in Ansehung des seinem Erbteil entsprechenden Teiles der Verbindlichkeit nicht zu.

[II]Das Recht der Nachlaßgläubiger, die Befriedigung aus dem ungeteilten Nachlasse von sämtlichen Miterben zu verlangen, bleibt unberührt.

1　　**1) Besonderes Verweigerungsrecht.** Bis zur Teilg des Nachl (dazu Rn 3) kann sich der Gläub an den ungeteilten Nachl halten (**II**). Außerdem kann er auch von jedem einzelnen der GesamtSchu haftenden MitE Erfüllg fordern (s § 2058 Rn 1). Der MitE hat dann nach I **I** ein bes VerweigerungsR, das selbständ neben den allg Möglichk der Haftgsbeschränkg (s Einf 2 vor § 2058), also ohne NachlVerwaltg od Dürftigk, geltend gemacht werden kann. Eine amtl Absonderg des Nachl ist hier entbehrl, weil dieser als gesamthänd Sondervermögen der ErbenGemsch vom Eigenvermögen des einzelnen MitE noch getrennt ist. – Haftet der MitE bereits **unbeschränkbar**, dh auch mit seinem Eigenvermögen, ordnet zu **I 2** zu seinem Schutz anteilige Haftg an: Als ein für die gesamte Fdg haftender GesamtSchu kann er zwar nach Befriedig aus dem Nachl verhindern; auf sein Eigenvermögen kann der Gläub jedoch nur in Höhe des seinem ideellen Erbteil entspr Teils der Schuld zurückgreifen (s Klautern DAV **73**, 625), da der MitE sich hinsichtl des Restes auf **I 1** berufen kann. Dazu ist Vorbehalt im Urteil erforderl (ZPO 780; s Rn 2), wobei der allg Vorbeh genügt; doch ist dieser in der UrtFormel entspr einzuschränken.

2　　**2) Prozessual** wird das bes VerweigerungsR des I im Urteil nicht ausgesprochen, da es sich um eine Einrede handelt, sond muß nach ZPO 780 **vorbehalten** werden. Der MitE kann also als GesamtSchu verurteilt werden (RG **71**, 371) und dch Erhebg der Einrede auch nicht den Eintritt des Verzugs verhindern (Mü OLG **30**, 203). Vielmehr muß er in der ZwangsVollstr gem ZPO 781, 785, 767 den Zugriff des Gläub in sein Privatvermögen abwehren; dabei erlaubt ihm auch der allg Vorbehalt nach ZPO 780 die Geltendmachg des **I**. Der MitE muß dazu aber **beweisen,** daß der Nachl noch nicht geteilt ist (dazu Rn 3). – Die stets zulässige ZwVollstr in den Anteil am ungeteilten Nachl erfolgt dch Pfändg des Erbteils gem ZPO 859 (s § 2033 Rn 15–18).

3　　**3) Die Teilung** des Nachl tritt mit Vollzug der Auseindersetzg ein (s § 2042 Rn 2–20). Dazu ist nicht erforderl, daß die ErbenGemsch hinsichtl keines NachlGgstands mehr fortbesteht wie anderers die Verteilg einzelner (auch wertvoller) Ggstände noch keine Teilg zu sein braucht (RG **89**, 408). Wann der Nachl geteilt ist, beurteilt sich vielm nach dem obj Gesamtbild: Ist ein so erhebl Teil der NachlGgstände aus der Gesamthand in das Einzelvermögen der MitE überführt, daß im Nachl keine für die Berichtigg der NachlVerbindllichk mehr ausreichende Ggstände vorhanden sind, ist die Teilg vollzogen (Soergel/Wolf Rn 2; MüKo/Dütz Rn 4; str; aA Bräcklein NJW **67**, 431). – Auch die schon verteilten Ggstände können nach **I 1** der Vollstr entzogen werden, wenn sie auch nicht mehr Anteil am Nachl sind (s Westermann AcP **173**, 29 f). Die Gläub sind auf den zum Nachl gehörenden Anspr auf Rückgewähr, soweit die Ggstände zur Befriedigg erforderl sind, beschränkt (RG **89**, 408; aM RGRK Rn 9). – Zur Teilg bei Nachfolge einer ErbenGemsch in einen PersonengesellschAnteil s MüKo/Dütz Rn 8, 11. – **Keine** Teilg liegt vor, wenn ein MitE alle Anteile der übr MitE gg nicht aus dem Nachl entnommenes Entgelt erworben hat; das VerweigerungsR nach **I 1** entfällt hier (RGRK Rn 7). – Ob die fortges ErbenGemsch vom AnwendgsBereich des § 2059 I auszuschließen ist, erscheint zweifelh.

4　　**4) Gesamthandklage (II).** Diese gg die ErbenGemsch als solche gerichtete Klage muß gg alle MitE erhoben werden. Diese sind notwend Streitgenossen (ZPO **62**; RG **71**, 366; BGH **LM** Nr 2 zu ZPO 62; Klage auf Auflassg und Bewilligg der GrdbuchUmschreibg; s § 2058 Rn 2). Sind jedoch einzelne MitE mit der Befriedigg aus dem Nachl einverstanden, ist Klage auf Einwilligg in die Befriedigg aus dem Nachl nur gg die Widersprechenden zuläss (RG JW **29**, 585). – Daneben hat der Gläub wahlweise die Gesamtschuldklage (s § 2058 Rn 2) gg die einzelnen MitE. Sie dient dem nach **II** unbeschränkten Recht auf Befriedigg aus dem ungeteilten Nachl. Dazu ist allerd nach ZPO 747 ein gg alle MitE ergangenes Urteil nötig. Es genügen aber auch getrennte Titel (s § 2058 Rn 2). Vorbehalt der HaftgsBeschränkg hindert Verurteilg nicht (RG **71**, 371). – Ob die Gesamthandklage od die Gesamtschuldklage erhoben ist, ist Ausleggsfrage (s BGH NJW **63**, 1612; NJW-RR **88**, 710). Ein Übergang von der Gesamtschuldklage zur Gesamthandklage ist nicht Klageänderg, sond fällt unter ZPO 264 Nr 2 (RG **93**, 198). – Auch ggü der Gesamthandklage steht den MitE der Vorbehalt der HaftgsBeschränkg zu. – Auch dem MitE, der Gläub ist, steht die Gesamthandklage zu (§ 2058 Rn 3); er braucht sie nur gg die übrigen MitE zu richten (Warn **35** Nr 125). Wegen der Gesamtschuldklage s § 2058 Rn 3; BGH NJW **63**, 1611.

2060 *Haftung nach der Teilung.* **Nach der Teilung des Nachlasses haftet jeder Miterbe nur für den seinem Erbteil entsprechenden Teil einer Nachlaßverbindlichkeit:**

1. wenn der Gläubiger im Aufgebotsverfahren ausgeschlossen ist; das Aufgebot erstreckt sich insoweit auch auf die im § 1972 bezeichneten Gläubiger sowie auf die Gläubiger, denen der Miterbe unbeschränkt haftet;

2. wenn der Gläubiger seine Forderung später als fünf Jahre nach dem im § 1974 Abs. 1 bestimmten Zeitpunkte geltend macht, es sei denn, daß die Forderung vor dem Ablaufe der fünf Jahre dem Miterben bekannt geworden oder im Aufgebotsverfahren angemeldet worden ist; die Vorschrift findet keine Anwendung, soweit der Gläubiger nach § 1971 von dem Aufgebote nicht betroffen wird;

3. wenn der Nachlaßkonkurs eröffnet und durch Verteilung der Masse oder durch Zwangsvergleich beendigt worden ist.

1) Ausnahmsweise Bruchteilshaftung. Auch nach Teilg (s dazu § 2059 Rn 3) haften die MitE grdsätzl **1** als Gesamtschuldner (s Börner JuS **68**, 110), wobei sich nach den allg Vorschr beurteilt, ob der einzelne MitE beschränkt od unbeschränkbar haftet (s Einf 1 vor § 2058). Nur in den in §§ 2060; 2061 geregelten Fällen haftet ein MitE ausnahmsw nur anteilig für eine seiner Erbquote entspr Bruchteil der Schuld. Maßgebend im Verhältn zum Gläub ist die ideelle Erbquote; nur im InnenVerhältn wird die Verschiebg durch etwaige Ausgleichg, also der reale Erwerb aus der Erbsch berücksichtigt. Dadurch kann der Fall eintreten, daß ein Gläub trotz ausreichender NachlMasse nicht voll befriedigt wird. Denn ein nur beschr haftender MitE, der wg der Ausgleichg aus der Masse nichts erhalten hat, braucht nach Durchführung der Beschränkg nichts zu zahlen, währd die übrigen MitE nur für den ihrem ideellen Erbteil entspr Teil der Fdg haften (RGRK Rn 2). – In den Fällen der §§ 2060, 2061 ist ohne bes Vorbehalt nur anteilig zu verurteilen. Tritt die anteilige Haftg erst später ein, ist nach ZPO 767 zu verfahren. – Die einzelnen Ausnahmefälle des § 2060 sind:

2) Ausschluß im Aufgebotsverfahren (Nr 1; §§ 1970ff). Der Ausschluß wirkt für die Frage der **2** Teilhaftg auch gg Gläub, denen der MitE unbeschränkb haftet, und gg die Pflichtt-, Vermächtn- und AuflBerechtigten. Dieser Nachteil ist deshalb nach ZPO 997 I 2 bes anzudrohen. Teilg darf aber erst nach Erlaß des Ausschlußurteils erfolgen (MüKo/Dütz Rn 8; Soergel/Wolf Rn 4; bestr). – Nach ZPO 997 wirkt das Urteil für alle MitE. Ihre Kenntn von der Fdg ist unerhebl. – Die Stellg der dingl Berechtigten (§ 1971) bleibt unberührt (vgl Nr 2, wo dies ausdrückl klargestellt ist).

3) Verspätete Geltendmachung (Nr 2). Geltdmach kann auch außergerichtl durch Mahng erfolgen. **3** Die Frage der Kenntn ist für jeden MitE bes zu beurteilen. Sie können deshalb zT anteilig, zT gesamtschuldnerisch haften. – Anmeldg auf Aufforderg nach § 2061 ist nicht Anmeldg im AufgebotsVerf, kann sich aber als Geltdmach ggü dem MitE darstellen. – Vor Ablauf der Fünfjahresfrist gibt es im allgem keine Verwirkg der Ansprüche eines NachlGläubigers nach § 242 (BGH WM **82**, 101). – Der verspäteten Geltdmachg der Forderg ist der Fall gleichzustellen, wenn ein Gläub infolge Rechtsirrtums über die Höhe der Forderg erst 5 Jahre nach Tilgg eines Teils der Forderg den Rest geltd macht (KG NJW **67**, 1137). – Im übr vgl § 1974.

4) Nachlaßkonkurs (Nr 3) kann auch nach der Teilg eröffnet werden; dann findet Nr 3 keine Anwendg **4** (Soergel/Wolf Rn 9). KonkAusschüttg der gesamten Masse an die Gläub steht der Teilg gleich (hM). Im übr vgl § 1980. – Über Wirkg des im NachlVerglVerf geschlossenen Vergleichs s VerglO 113 I Nr 4.

2061 *Aufgebot der Nachlaßgläubiger.* [I]**Jeder Miterbe kann die Nachlaßgläubiger öffentlich auffordern, ihre Forderungen binnen sechs Monaten bei ihm oder bei dem Nachlaßgericht anzumelden. Ist die Aufforderung erfolgt, so haftet nach der Teilung jeder Miterbe nur für den seinem Erbteil entsprechenden Teil einer Forderung, soweit nicht vor dem Ablaufe der Frist die Anmeldung erfolgt oder die Forderung ihm zur Zeit der Teilung bekannt ist.**

[II]**Die Aufforderung ist durch den Bundesanzeiger und durch das für die Bekanntmachungen des Nachlaßgerichts bestimmte Blatt zu veröffentlichen. Die Frist beginnt mit der letzten Einrückung. Die Kosten fallen dem Erben zur Last, der die Aufforderung erläßt.**

1) Privataufgebot. Es kann von jedem MitE, auch dem unbeschränkbar haftenden, ausgehen u sichert **1** diesem und den übrigen die **Teilhaftung.** Für die davon verschiedene Frage der HaftgsBeschränkg (s Einf 1 vor § 2058) ist nur das förml Aufgebotsverfahren (§§ 1970ff) von Bedeutg.

2) Eintritt der Teilhaftung erfolgt erst, wenn Aufforderg, Fristablauf und Teilg (s § 2059 Rn 3) vorlie- **2** gen. Teilg vor Fristablauf ist nicht verboten, Teilhaftg tritt dann erst mit Fristablauf ein. Die Aufforderg muß aber wenigstens vor Teilg erlassen sein (Soergel/Wolf Rn 2; str; aM RGRK Rn 2). – Die Stellg dingl Berechtigter bleibt unberührt (s § 1971). Das Privataufgebot wirkt aber auch gg PflichttBerechtigte usw, § 1972 (MüKo/Dütz Rn 6; bestr).

3) Die Frist ist eine Ausschlußfrist. – **Beweislast** für die Kenntn hat der Gläub. – **Veröffentlichung 3** erfolgt im Bundesanzeiger. – **Gebühr** regelt KostO 112 I Nr 3.

2062   *Antrag auf Nachlaßverwaltung.* Die Anordnung einer Nachlaßverwaltung kann von den Erben nur gemeinschaftlich beantragt werden; sie ist ausgeschlossen, wenn der Nachlaß geteilt ist.

1   **1) Antrag auf Nachlaßverwaltung** wie auch Beschwerde gg den sie ablehnenden Beschluß steht nur gemeinsam der Gesamth der MitE zu. Wohl aber hat jed MitE Beschwerde gg Ablehng eines Antr auf Aufhebg wg Erreichg des Zwecks, da dies nur Anregg zu einer vAw zu treffenden Maßn ist (Ffm JZ **53**, 53; Hamm JMBl NRW **55**, 230 gg Mü JFG **14**, 61). Der Antr ist **unzulässig,** wenn auch nur ein MitE allen Gläubigern unbeschränkb haftet (§ 2013; hM, aber bestr). – Ein MehrheitsBeschl der MitE ist nicht bindend, da keine VerwaltgsMaßn in Frage steht. – Das Einverständn der MitE muß noch zZ der Entscheidg vorliegen (KG HRR **32** Nr 956). – Ist aber ein MitE zugl NachlGläub, kann er allein den Antr stellen (KGJ **44**, 72). Gg die Anordg der NachlVerwaltg auf Antr der MitE ist **Beschwerde** unzuläss (FGG 76 I). Ist dagg NachlVerwaltg auf Antr eines MitE angeordnet, steht den anderen die einf Beschw zu (FGG 19; KG SeuffA **66** Nr 178). – Für den Antr eines Gläubigers (§ 1981 II) genügt das Verhalten eines MitE (§ 1981 Rn 6). – Auch das **Vergleichsverfahren** über den Nachl kann nur von allen MitE beantragt werden (VerglO 113 I Nr 1); NachlKonk dagg auch von einzelnen (KO 217).

2   **2) Nach der Teilung** (s dazu § 2059 Rn 3) ist **Nachlaßverwaltung ausgeschlossen.** Auch der Nachl-Gläub kann sie nicht mehr beantragen (MüKo/Dütz Rn 8; hM). Bei Vereinig aller Erbteile in der Hand eines MitE bleibt NachlVerwaltg zuläss (RGRK Rn 3). – Sie ist auch noch zuläss nach Zerfall der einheitl GesellschStellg des Erbl in einer Personengesellsch; in diesem Fall kann jed einzelne MitE-Gesellschafter u auch noch jed NachlGläub die Anordg der NachlVerw beantragen (Westermann AcP 173, 138 f; dort auch zur Rechtsstellg des NachlVerwalters hinsichtl der Gesellsch-Anteile). – VerglVerf ist nach Teilg ebenf nicht zuläss (VerglO 113 I Nr 3), wohl aber NachlKonk (KO 216 II).

3   **3) Aufhebung** der NachlVerwaltg wg veränderter Umst kann jeder einzelne MitE beantragen. Gg die Ablehng des Antrags steht jedem einzelnen MitE die einf Beschw zu (Ffm JZ **53**, 53; Hamm JMBl NRW **55**, 230).

4   **4) Über einen Erbteil** kann weder NachlVerwaltg noch NachlKonk noch VerglVerfahren angeordnet werden (MüKo/Dütz Rn 14).

2063   *Errichtung eines Inventars.* [I]Die Errichtung des Inventars durch einen Miterben kommt auch den übrigen Erben zustatten, soweit nicht ihre Haftung für die Nachlaßverbindlichkeiten unbeschränkt ist.

[II]Ein Miterbe kann sich den übrigen Erben gegenüber auf die Beschränkung seiner Haftung auch dann berufen, wenn er den anderen Nachlaßgläubigern gegenüber unbeschränkt haftet.

1   **1) Inventarerrichtung (I;** §§ 1993 ff) durch einen MitE genügt zum Schutz der NachlGläub, wenn sie den gesamten Nachl (nicht nur seinen Erbteil) zum Ggst hat. Sie kommt dann auch den übrigen MitE zustatten, sofern sie nicht schon unbeschränkbar haften **(I),** ohne daß sie selbst ein Inventar errichten od Erkl nach § 2004 abgeben. Da die übrigen hier nicht für die InvErrichtg verantwortl sind, kommt für sie die eidesstattl Vers (§§ 2006, 260 II) nicht in Frage (RG **129**, 246; RGRVFrage (RG **129**, 246; RGRK Rn 2).

2   **2) Ein Miterbe (II)** benötigt als gewöhnl NachlGläub nicht den Schutz wie die übr, da er sich üb den NachlBestand selbst Aufschluß verschaffen kann. InvVerfehlgen wirken daher nicht unter MitE. Dem MitE als NachlGläub haften die übr MitE nach **II** nie unbeschränkbar (auch wenn sie ihr BeschränkgsR ggü and Gläub bereits verloren haben); allerd ist wenig geklärt, ob der MitEGläub eher als MitE od eher als Gläub zu behandeln ist (s dazu Buchholz JR **90**, 45; Wernecke AcP **193** (1993), 240/254). Der MitE muß jedoch auch hier das Recht der Beschränkg durch Vorbehalt nach ZPO 780 wahren u die Beschränkg in der ZwVollstr geltd machen. Ob er anteilig od gesamtschuldnerisch haftet, richtet sich nach §§ 2060 f. – Durch **II** wird § 185 II 1 Halbs 3 unanwendb (RG **110**, 94) u zwar auch dann, wenn ein VorE zG eines von mehreren NachE eine unentgeltl Vfg (§ 2113 II) trifft u seiners von den NachE beerbt wird (BGH **LM** Nr 1 zu § 2113).

Dritter Abschnitt. Testament

Erster Titel. Allgemeine Vorschriften

Einführung

1   **1) Gesetzesübersicht.** Die WirksamkVoraussetzgen eines Test sind weitgehd im ErbR, dort aber nicht ausschließl geregelt, so daß auch Vorschr des Allg Teils gelten (Einzeln s § 1937 Rn 14 ff). Insges sind die Regelgen etwas unübersichtl verteilt: In §§ 1937–1941 wird eine skizzenhafte Übersicht über die gewillkürte Erbfolge u die Vfgen vTw gegeben. Nach allgemeinen Vorschriften (§§ 2064–2086) üb persönl Errichtg, Bestimmg des Bedachten, Bedinggen, Anfecht u vor allem Ausslegg wird der wesentlichste Inhalt der Test (näml Erbeinsetzg, Nacherbeinsetzg, Vermächtn, Auflage, TestVollstr) in §§ 2087–2228 behandelt u erst dann die Errichtg u Aufhebg der Test sowie ihre Behandlg vor u nach dem Erbfall geregelt (§§ 2229–2273). – Zu Test, die vor dem 3. 10. 90 in der fr DDR errichtet wurden, s EG 235 § 2.

2) Gesetzliche Auslegungsregeln (zB §§ 2067–2072) sollen helfen, die wirkl Bedeutg einer in einem **2** Test enthaltenen Erkl des Erbl zu ermitteln. Nach erfolgloser individueller Auslegg (§ 2084 Rn 1) kommt man mit ihrer Hilfe zu einem auf der Rechtserfahrg beruhenden standardisierten Ergebnis. – **Gesetzliche Ergänzungsregeln** (zB § 2066 S 1; § 2073) greifen dagg bei fehlender od lückenhafter Regelg dch den Erbl ein und liefern für den Fall des Versagens einer Auslegsregel eine vom ErblWillen weitgehend gelöste eigene Gestaltgsentscheid des Gesetzgebers.

2064 *Persönliche Errichtung.* **Der Erblasser kann ein Testament nur persönlich errichten.**

1) Persönliche Errichtung ist beim Test zwingd vorgeschrieben (ebso für Erbvertrag u Erbverzicht, **1** §§ 2274, 2347) wg der großen Tragweite der letztw Vfg u wg der erst mit dem Tode des Erbl eintretenden Wirksamk. Zur Sicherg soll bei öff Test die Identität des Erbl geprüft werden (BeurkG 10). Jede Vertretg (rechtsgeschäftl wie gesetzl) ist daher ausgeschlossen, auch bei Minderjährigen (§ 2229 II); bei einem betreuten Erbl (§ 1896) kann die Errichtg nicht der Einwilligg des Betreuers vorbehalten werden (§ 1903 II mit Rn 12). Der Erbl kann sich weder im Willen noch in der Erkl von einem anderen vertreten lassen (BGH NJW **55**, 100). Er kann auch nicht seinen Erben zu letztw Vfgen ermächtigen (Warn **11** Nr 42) od für seinen minderj Sohn einen Erben bestimmen (RG DNotZ 31, 312). Nur durch Anordng einer Nacherbfolge kann er über seinen Nachl weiter verfügen (vgl KGJ **26** A 59).

2) Verstoß. Das Test eines Vertreters ist unheilb nichtig ohne Genehmiggsmöglichk. Der Erbl kann sich **2** bei der TestErrichtg zwar beraten u helfen lassen (vgl BeurkG 17, 30); aber sein Wille darf dadch nicht beeinträchtigt od ersetzt werden (s auch § 2339 I 1).

2065 *Keine Bestimmung durch Dritte.* **¹Der Erblasser kann eine letztwillige Verfügung nicht in der Weise treffen, daß ein anderer zu bestimmen hat, ob sie gelten oder nicht gelten soll.**
²Der Erblasser kann die Bestimmung der Person, die eine Zuwendung erhalten soll, sowie die Bestimmung des Gegenstandes der Zuwendung nicht einem anderen überlassen.

1) Bedeutung. Die ges Erbfolge soll nur hinter einer vom Erbl selbst bestimmten zurücktreten, keines- **1** falls aber dch die Willkür eines anderen beseitigt werden. Der Erbl muß sich selbst üb alle wesentl Teile seines letzten Willens klar werden u diesen eigenen Willen auch bekunden. Er kann sich darin weder vor noch nach seinem Tode vertreten lassen (Grdsatz der Selbständigk). Von ihm wird verlangt, daß er das Schicksal seines Vermögens selbst entscheidet. Er darf nicht aus Unentschlossenh od Verantwortgsscheu bei seiner letztw Vfg die Bestimmg über deren Geltg (**I**), den Empfänger od den Ggstand der Zuwendg (**II**) der Willkür od dem bill Ermessen (vgl § 317) einem Dritten überlassen (BGH **15**, 199). Andernfalls ist ein solches Test ohne Anfechtg unwirks. – **Ausnahmen** macht das G verschiedentl, etwa bei Vermächtn u Auflagen (§§ 2151; 2152; 2156; 2192; 2193), bei der Auseinandersetzg (§ 2048 S 2) u beim TV (§§ 2198– 2200). – Ist das Test nur **unvollständig,** kann dch Auslegg die Lücke geschlossen werden (s aber § 2086 Rn 2).

2) Bestimmung der Gültigkeit (I) einer letztw Vfg darf nicht von der Entscheid eines Dritten abhäng **2** gemacht werden; Verstoß führt zur Nichtigk. Der Ehemann kann also die Gültigk seiner Vfg nicht von der Zustimmg seiner Frau, ein Minderj (§ 2229 I, II) sie nicht von der Zustimmg seines gesetzl Vertreters abhängig machen. Der Erstversterbende kann die Änderg oder den Widerruf seiner Anordngen nicht dem überlebenden Ehegatten vorbehalten (RG **79**, 32; dazu RGRK Rn 4). Bei mehreren Test kann nicht einem anderen die Wahl überlassen werden, welches Test nun gelten soll. Andere Person ist auch der Bedachte. Mit der Eigenverantwortlk des Erbl vereinbar ist aber, wenn eine Zuwendg dem Willen des Bedachten unterstellt wird, nachdem dieser sie auch ausschlagen kann (Raape AcP **140**, 233; Soergel/Damrau Rn 2; str).

3) Unter Zuwendung (II), die weder bezügl der Person des Bedachten noch ihres Ggstands einem **3** Dritten überlassen werden kann, fallen nur solche, die dem Bedachten einen selbständ Anspr auf das Zugewendete gewähren (also Erbeinsetzg, Vermächtn, SchenkgsVerspr auf den Todesfall). Über Auflagen bei Auflagen s § 2192, 2193. Liegt keine derartige Zuwendg vor, kann die Vfg des Erbl als Beschwerg des ges Erben mit einer Zweckauflage (s § 2193 Rn 1) auszulegen sein (zB Zuwendg an nicht bestimmte gemeinnützige Organisationen). Dazu ist in Anwendg von § 2084 nicht der Umweg erforderl, zunächst eine unwirks Erbeinsetzg anzunehmen u diese dann gem § 140 umzudeuten (BGH NJW-RR **87**, 1090).

4) Der Bedachte (II) muß als Person vom Erbl nicht zwingd individuell, aber doch so bestimmt werden, **4** daß für seine Feststellg jede Willkür eines Dritten ausgeschlossen erscheint. Einem Dritten darf er nur die Bezeichng des Bedachten überlassen, nicht aber auch dessen Bestimmg. Dazu muß der Inhalt des Test so genaue Hinweise enthalten, daß die Bezeichng von jeder mit genügender Sachkunde ausgestatteten Person erfolgen kann, ohne daß deren Ermessen bestimmend od auch nur mitbestimmend ist (BGH **15**, 199; NJW **65**, 2201; Celle NJW **58**, 953; BayObLG **65**, 83). Eine zuläss **Bezeichnung** liegt vor, wenn der Erbl sich damit begnügte, einen eng begrenzten Kreis von Personen zu bestimmen, aus dem ein Dritter den Erben nach genau festgelegten sachl Gesichtspkten auszuwählen hat, zB den Geeignetsten zur Übernahme eines Geschäfts od Hofes usw ermitteln soll (RG **159**, 299, das weiter als BGH aaO ging; s Mayer ZEV **95**, 247) od der als VorE eingesetzte Ehegatte den HofE unter den als NachE eingesetzten Abkömml auszuwählen hat (BGH **LM** Nr 2; Köln FamRZ **95**, 57 mwN). Ein solches Urteil setzt voraus, daß der vom Erbl benannte Dritte die nötige Sachkunde für eine obj Auswahl besitzt. Ferner kann der Erbl künft Adoptivkinder des überlebenden Eheg bedenken, auch wenn die Auswahl der Kinder diesem überlassen ist (BayObLG **65**, 457 mAv Immel NJW **66**, 1222; Köln Rpfleger **84**, 236); wird diese Erbeinsetzg an die Bedingg der Befähigg zur Führg eines Unternehmens geknüpft, führt dies nicht zur Unwirksamk der letztw Vfg wg der jeder sach-

kund Person mögl obj Bestimmbark (Köln aaO). – Ist die Vfg insow nicht eindeut, gelten die allg Grdsätze der TestAusleg auch hier (Zweibr OLGZ **89**, 268). Als auslegungsfäh iS entw der Erbeinsetzg einer Tierschutzorganisation od als Zweckauflage wurde zB noch angesehen, daß der Erbl sein Vermögen „den Tieren zugute kommen lassen" will (BayObLG NJW **88**, 2742); od „dem Tierschutz" (Oldbg NJW-RR **93**,
5 581); od den „Altersheimen der Stadt" bei 3 vorhandenen (BayObLG FamRZ **90**, 1275). – Die **Erklärung,** dch die der Dritte den Bedachten bezeichnet, soll nach Celle NJW **58**, 953 erst dann wirks werden, wenn sie außer dem NachlG auch dem ausgeschlossenen Bedachten zugegangen ist. Dagg zutreffend Rötelmann DNotZ **58**, 432/434, wonach die Bezeichng ggü dem NachlG (LwG) genügt; ebso Haegele BWNotZ **72**, 74/77, der für die Erkl die Form des § 129 verlangt. Anfechtbark beurteilt sich nach §§ 119ff. – Im Schrifttum werden wg der schweren Abgrenzbark von Bestimmg u Bezeichng unterschiedl Maßstäbe empfohlen. Rötelmann aaO will das bill Ermessen eines Dritten zulassen, wenn der letzte Wille Anzeichen von Unvollständigk u Unselbständigk aufweise u die Einschaltg eines Dritten dch ein prakt Bedürfn geboten sei. Großzüg bei Auswahl dch Dritten nach objektiven Kriterien will auch Lange/Kuchinke § 25 I 2 sein, verlangt jedoch Festlegg der Auswahlgesichtspunkte dch den Erbl (ebenso Klunzinger BB **70**, 1198). Schlüter § 14 4b ist für einschränkende Ausleg des § 2065 II bei Erbeinsetzg. Soergel/Loritz Rn 30 läßt für den Dritten einen Beurteilsspielraum zu.

6   **a) Unwirksame Bestimmung** des Bedachten liegt dagg vor, wenn dem Erben die Ernenng des NachE od eines ErsatzE überlassen wurde (KG OLG **42**, 127) od die vollständ freie Ausleg des Test einem Dritten (zB dem TV; Warn **11** Nr 42; RG **66**, 103), weil darin eine unzuläss Vertretg des Erbl im Willen läge (s aber auch Rn 7). Ebensowenig kann der Ztpkt, zu dem eine Nacherbfolge eintreten soll, der Bestimmg eines Dritten überlassen bleiben (BGH **15**, 199); über bedingte Einsetzg eine NachE s aber Rn 8. Unwirks ist ferner die Erbeinsetzg der namentl nicht genannten Person, welche die Beerdigg od die Grabpflege übernimmt od den Erbl einäschern läßt (Ffm OLGZ **92**, 271; BayObLG FamRZ **92**, 987; LG Ffm MDR **87**, 762) od der „Person, die mir beisteht" (BayObLG FamRZ **91**, 610) od „die mich im Alter pflegt" (vgl dazu BGH **15**, 199; NJW **65**, 2201; Ffm aaO). Auch in diesen Fällen liegt eine unzuläss Vertretg im Willen vor, weil die Bestimmg dem überlassen ist, der als erster die als Bedingg genannte Handlg ausführt. Etwas and dürfte im Beispl der Pflege allerd dann gelten, wenn die Pflegebedürftigk tatsächl eingetreten ist u die Pflegeperson vom Erbl selbst bestimmt wurde (ebso Ffm NJW-RR **95**, 711). – Läßt der Erbl eine Wahlmöglichk, ohne die Stelle od Person zu nennen, die die Auswahl zu treffen hat, ist die Erbeinsetzg unwirks; zB wenn HofE dasjenige seiner Enkelkinder sein soll, das am besten für die Landwirtsch geeignet ist (BGH NJW **65**, 2201 mAv Grossfeld JZ **68**, 120); wenn „die Blindenanstalt in Köln od Umgebung" bedacht wird, ohne daß konkrete u objektivierbare Anhaltspkte für eine Auswahl unter den vielen in Betr kommenden Einrichtgen ersichtl sind (Bonn Rpfleger **89**, 63). Das Gericht kann in einem solchen Fall den Erben nicht bestimmen.

7   **b) Wirksame Anordnung** ist dagg, daß diejenigen Erben werden sollen, die ein anderer zu seinen Erben einsetzen wird (Gaberdiel Rpfleger **66**, 265; Schäfer BWNotZ **62**, 203); ebenso daß unter bestimmten Personen das Los entscheiden soll (RG SeuffA **91** Nr 106). – Auch kann bei bedingter Zuwendg der Erbl die Entscheidg darüb, ob die Bedingg erfüllt ist (zB der Bedachte einen ordentl Lebenswandel geführt hat, OLG **43**, 393), dem Beschwerten od einem Dritten überlassen. Denn in diesem Falle hat der zur Entscheidg Berufene nicht zu bestimmen, was der Erbl zu bestimmen hätte, sond er hat nach Art eines Schiedsrichters zu entscheiden (Prot **5**, 20). – Aus diesem Grd kann auch bei einem nach Ansicht des Erbl erschöpfenden Test für den mögl Fall entstehender Streitig über Gültigk, Anfechtbark u Ausleg des Test die (sonst dem Richter obliegende) Entscheidg einem **Schiedsrichter** (ZPO 1048; dazu Kohler DNotZ **62**, 125) und sogar dem **Testamentsvollstrecker** selbst übertragen werden (RG **100**, 78; § 2203 Rn 1). Dem TV kann aber die Ausleg des Test jedenf nicht hins solcher Bestimmgen übertragen werden, die den Bestand des TestVollstrAmts selbst betreffen (BGH **41**, 23).

8   **5) Änderungsermächtigung.** Bei Anordg einer NErbfolge kann der NachE auch unter der (aufschiebenden od auflösden) Bedingg eingesetzt werden, daß der VorE **nicht anders** vTw verfügt (BGH **59**, 220; NJW **81**, 2051; Oldbg FamRZ **91**, 862; BayObLG **82**, 331; Hamm OLGZ **73**, 103; KG DNotZ **56**, 195; Frank MittBayNot **87**, 231). Dies ergibt sich mittelb aus §§ 2108 II, 2075 u ist auch beim gemeinsch Test zuläss (BayObLG FamRZ **91**, 1488; s auch § 2271 Rn 21). Der Eintritt od der Ausfall der Bedingg ist hier nicht vom Willen eines Dritten, sond des VorE abhäng, der nicht über das Vermögen des Erbl, sond üb sein eig (in dem das Vermögen des Erbl enthalten ist) eine Vfg trifft (vgl BGH **LM** Nr 6; Brox § 9 II 2a). Dessen etwaiges Test verletzt nicht die Rechte des NachE, sondern vereitelt in Übereinstimmg mit dem Willen des Erbl (der auch dch ergänze Ausleg festgestellt werden kann) den Fall der Nacherbfolge, so daß er nicht über sein Vorerbe, sond über sein Vollerbe bestimmt (Raape; Hermann AcP **140**, 239; **155**, 434). Nach dem Tod des „VorE" steht sodann rückwirkd fest, daß er VollE gewesen ist (RG HRR **42** Nr 838; Soergel/Loritz Rn 18). Vor seinem Tod darf der NachEVermerk im Grdbuch nicht gelöscht werden, auch wenn der VorE eine anderweit Vfg vTw getroffen hat (Brschw Rpfleger **91**, 204; Dortm Rpfleger **69**, 17). Zu Lebzeiten des Erbl kann aber der VorE nicht die ihm vorbehaltene Bestimmg treffen (s Johannsen WM **72**, 924, auch **73**,
9 538). – **Umfang:** Die Freistellg des VorE kann umfassend od weniger umfassd sein; wie weit sie im Einzelfall geht, ist Frage der TestAuslegg. Sie kann dahin eingeschränkt werden, daß der VorE den Umfang, in dem die Hinterlassensch dem einen od and Kind zugute kommt, vom Test des Erbl abweichd regeln kann, jedoch nicht den einen od and leer ausgehen lassen darf (BGH **59**, 220 mAv Mattern **LM** Nr 7; aM Hamm DNotZ **67**, 315, das die Zulässigk der Ermächtigg, die Erbteile der NachE zu ändern, verneint). – Zulässig ist auch eine testamentar Bestimmg, die dem VorE überläßt, aus einem zu NachE berufenen bestimmten Kreis von Personen (zB gesetzl Erben des Erbl) denjen auszuwählen, der den Nachl des VorE erhalten soll (Hamm OLGZ **73**, 103). – Denkb ist auch, daß der VorE berecht ist, einen der mehreren NE als solchen auszuschließen u ihn mit einem Vermächtn zu bedenken (BGH aaO). Die Nacherbeneinsetzg ist unter einer Bedingg auch dann zuläss, wenn der BedinggsEintritt vom Willen eines Dritten abhängt, zB von der PflichttForderg eines Abkömml (Hamm OLGZ **68**, 80).

Vorbemerkung zu §§ 2066–2073

1) Gemeinsamer Grundgedanke der §§ 2066–2073 ist, daß bei Berufg einer geschlossenen Gruppe von 1 Personen (die zu den gesetzl Erben des Erbl gehören) zu Erben und fehlender Angabe eines Beteiliggsverhältn eine Vermutg dafür spricht, daß die Bedachten nach dem Verhältn ihrer gesetzl Erbteile erben sollen. – Dieser Grundgedanke ist auf **ähnliche** Fälle entspr anwendb (Köln FamRZ **70**, 605); er ist zB bei Einsetzg der Geschwister u ihrer leibl Kinder heranziehb (Hamm Rpfleger **86**, 480), auch bei Einsetzg eines Kindes als VorE u dessen gesetzl Erben als NachE (Köln aaO) od der (Stief-)Söhne als SchlußE u deren Kinder als NachE ohne Bestimmg der Erbteile (BayObLG FamRZ **86**, 610). – **Nicht** anwendb sind §§ 2066 ff auf den Fall, daß der Erbl seine Enkelkinder eingesetzt hat u die Auslegg ergibt, daß er damit neben vorhandenen auch alle berufen wollte, die nach dem Erbfall vielleicht noch gezeugt werden (Köln Rpfleger **92**, 301 mAv Eschelbach u von Hohloch JuS **93**, 163).

2) Regelungsinhalt. Die §§ 2066–2073 enthalten über die Person des Bedachten teils Auslegggs-, teils 2 Ergänzggsregeln (s dazu Einf 2 vor § 2064; Diederichsen NJW **65**, 671/672). Sie gelten für Zuwendgen jeder Art, zB auch für Einsetzg von NachE (Köln aaO) od Vermächtn; dagg nicht für eine Auflage (§§ 2192 ff), bei der kein Recht zugewendet wird (vgl § 2081 III).

2066 *Einsetzung der „gesetzlichen Erben".* **Hat der Erblasser seine gesetzlichen Erben ohne nähere Bestimmung bedacht, so sind diejenigen, welche zur Zeit des Erbfalls seine gesetzlichen Erben sein würden, nach dem Verhältnis ihrer gesetzlichen Erbteile bedacht. Ist die Zuwendung unter einer aufschiebenden Bedingung oder unter Bestimmung eines Anfangstermins gemacht und tritt die Bedingung oder der Termin erst nach dem Erbfall ein, so sind im Zweifel diejenigen als bedacht anzusehen, welche die gesetzlichen Erben sein würden, wenn der Erblasser zur Zeit des Eintritts der Bedingung oder des Termins gestorben wäre.**

1) Die Ergänzungsregel des Satz 1 greift ein, wenn ohne nähere Bestimmg die **gesetzlichen Erben** 1 **des Erblassers** (nicht die eines Dritten; hier muß Auslegg entscheiden u § 2066 gilt ev entspr) **bedacht** sind (nicht allgemein wie in § 2091): zB „meine gesetzlichen Erben" od auch „meine Erben." Hatte allerd im letzteren Fall der Erbl schon in einer früheren Vfg bestimmte Personen zu Erben eingesetzt, werden unter „meine Erben" meist diese Personen gemeint, § 2066 also nicht anwendb sein, soweit nicht das spätere Test als Widerruf aufzufassen ist (§§ 2253 ff). – Nach dieser Ergänzgsregel sind alle zZ des Erbfalls vorhandenen gesetzl Erben nach Maßg ihrer gesetzl Erbteile, nicht (wie in § 2091) nach Kopfteilen bedacht. Auch der Ehegatte (§§ 1931 mit 1371, 2077) gilt als bedacht, falls nicht der Erbl nur die leibl Erben gemeint hat. Die Ergänzgsregel gilt nicht, wenn aus dem Test od aGrd sonstiger Beweisunterlagen zu ermitteln ist, wen der Erbl als gesetzl Erben angesehen hat (RG LZ **17**, 746; vgl RG **70**, 391).

2) Bei Rechtsänderungen zwischen TestErrichtg u Erbfall ist für die Feststellg der ges Erben und der ges 2 Erbteile grds der **Zeitpunkt des Erbfalls** (ggf des Nacherbfalls) maßgebend, wenn der Erbl sich darauf beschränkt hat, auf das ges ErbR zu verweisen. Nur wenn sich aus bes Anhaltspkten ein entspr ErblWille dch Auslegg feststellen läßt, gilt das bei Errichtg geltende Recht (RG Recht **23** Nr 53; KG FamRZ **61**, 447; Köln FamRZ **70**, 605). Hatte also ein in ZugewinnGemsch lebender Ehegatte in seinem noch vor dem GleichberG errichteten Test seine ges Erben ohne nähere Bestimmg bedacht, erbt der überlebende Ehegatte den erhöhten Erbteil nach §§ 1931, 1371 mit der Belastg des § 1371 IV (KG aaO; Köln aaO). – Der gleiche Grdsatz gilt seit 1. 7. 70 zugunsten nichtehel Kinder bezügl der Erbberechtigg nach ihrem Vater (Stgt FamRZ **73**, 278), sofern sie nach dem 30. 6. 49 geboren sind (Art 12 § 10 NEhelG); allerd sind sie unter den Voraussetzgen des § 1934 a nicht MitE, sondern nur mit dem ErbersatzAnspr bedacht (Soergel/Loritz Rn 17; aA RGRK Rn 3); s auch Lindacher FamRZ **74**, 345 (insbes zu Alt-Test). War bei TestErrichtg dem Erbl die neue Rechtslage bekannt, ist die Einsetzg der gesetzl Erben hinsichtl nichtehel Abkömml eines männl Erbl im Zweifel als Zuwendg gem dem gesetzl Muster anzusehen (Spellenberg FamRZ **77**, 185/190). Ist der Erbl aber fälschlicherweise von der Fortgeltg des alten Rechts ausgegangen, sind die für die Auslegg von Alt-Test entwickelten Grds heranzuziehen (Lindacher aaO 346). Zur entspr Anwendg von S 1 auf **§ 167 II VVG**, insbes bei vorhandenen nichtehel Kindern, s Damrau FamRZ **84**, 443. – Auch angenommene Kinder (§§ 1741 ff) fallen seit der Änderg dch das AdoptionsG unter die gesetzl Erben (s § 1924 Rn 14–23); zu beachten sind aber Art 12 § 1 IV, V; § 2 II; § 3 II AdoptG.

3) Die Auslegungsregel des Satz 2 (vgl auch §§ 158, 163, 2067, 2074) gilt bei bedingter od befristeter 3 Zuwendg. In diesen Fällen ist nicht der Ztpkt des Erbfalls, sond derjenige des Eintritts der Bedingg od des Termins maßg (s KG FamRZ **72**, 323), so daß hier auch ein erst nach dem Tod des Erbl, aber im maßg Ztpkt bereits Erzeugter in erweiternder Anwendg des § 1923 II bedacht sein kann. Die Regel wird prakt relevant bei Anordng einer Nacherbfolge unter Berufg der ges Erben als NachE, weil die in der Einsetzg eines NachE liegende Zuwendg an diesen schon ihrem Wesen nach mind aufschiebd befristet ist (KG DNotZ **35**, 826; dazu Kanzleiter DNotZ **70**, 326); sie korrespondiert also mit der Bestimmg des § 2104, die eine fehlende Bezeichng der NachE in gleichem Sinne ergänzt (Zweibr FamRZ **90**, 668). Bei Erbeinsetzg erst zu einem Zeitpkt nach dem Erbfall gilt § 2105.

4) Bei Irrtum des Erbl über den Kreis der gesetzl Erben kann Anfechtg nach § 2078 in Frage kommen 4 (Staud/Otte Rn 11). Bei Alt-Test eines männl Erbl, in denen unter Nichterwähng nichtehel Kinder verfügt ist, kann auch Anfechtg nach § 2079 in Betr kommen (s Lindacher FamRZ **74**, 348 ff).

5) Erbvertrag. Für die Auslegg von ErbVertr gilt bei einseit Vfgen § 2066 unmittelb (§ 2299 II 1), bei 5 vertragsmäß Vfgen entspr (§ 2279 I). Hinsichtl einseit Vfgen in ErbVertr von Eheg gelten, was die Einbeziehg nichtehel Kinder anlangt, die zu § 2066 entwickelten AusleggsGrds (Giencke FamRZ **74**, 241/243; Ffm FamRZ **73**, 278). Hinsichtl vertragsmäß Vfgen ist bei ergänzder Auslegg auch der irreale Wille des and VertrPartners von Bedeutg (Giencke aaO).

2067 *Verwandte.* **Hat der Erblasser seine Verwandten oder seine nächsten Verwandten ohne nähere Bestimmung bedacht, so sind im Zweifel diejenigen Verwandten, welche zur Zeit des Erbfalls seine gesetzlichen Erben sein würden, als nach dem Verhältnis ihrer gesetzlichen Erbteile bedacht anzusehen. Die Vorschrift des § 2066 Satz 2 findet Anwendung.**

1   **1) Die Auslegungsregel** hat einen **doppelten** Zweck, wenn der Erbl die (nächsten) Verwandten ohne näh Bestimmg eingesetzt hat: In diesem Fall wird mangels and Anhaltspkte der mehrdeut Begriff „Verwandte" konkretisiert auf diejenigen, die zur Zeit des Erbfalls seine ges Erben sein würden. Zugleich hilft sie üb die fehlende Angabe der einzelnen Anteile hinweg, indem diese Verwandten als nach dem Verhältn ihrer ges Erbteile bedacht angesehen werden. Die individuelle Auslegg geht vor, zB wenn der Erbl unter „verwandt" auch die Ehefrau verstanden hat (s auch § 2077 Rn 6; 7 bei Zuwendg „an meine Frau"). – **Verwandte** sind auch nichtehel Kinder des männl Erbl sowie der nichtehel Vater u seine Verwandten (Böhm FamRZ **72**, 183; ebso Soergel/Loritz Rn 5; 8, auch über ErbersatzAnspr). Art 12 § 10 NEhelG ist zu beachten (s § 1924 Rn 9, 10). Erfolgte die Zuwendg vor Inkrafttreten des NEhelG, sind die Grdsätze in § 2066 Rn 2 anzuwenden. – § 2067 gilt auch für die dch Annahme als Kind zu Verwandten des Erbl geworden Personen (§§ 1754–1756, 1767 II, 1770, 1772; s auch Art 12 §§ 1–3 AdoptG in Einf 11 vor § 1741); auch hier sind die in § 2066 Rn 2 angeführten Grundsätze heranzuziehen.

2   **2) Entsprechende Anwendung** der Vorschr ist mögl (s Vorb 1 vor § 2066), wenn der Erbl zwar die Verwandten als Gruppe genau bezeichn, üb die Erbanteile aber keine näh Bestimmg getroffen hat. Bspl: Erben sind meine Geschwister (Düss DNotZ **72**, 41) od „die Kinder meiner Geschwister" (RG JW **38**, 2972; Hamm Rpfleger **86**, 480; str; aA KG JFG **10**, 63; Mü JFG **16**, 246). Bei Einsetzg der Verwandten eines Dritten wird auch die freie Auslegg meist zum gleichen Ergebn führen (s BayObLG **6**, 388; aber auch KG JFG **10**, 65, wonach in solchen Fällen nur freie Auslegg entscheiden soll). Die Einsetzg der Mitglieder der „Familie N" kann nach den Umständen des Einzelfalls dahin ausgelegt werden, daß nur die Blutsverwandten des Erbl eingesetzt sind (BayObLG **57**, 76). Andererseits können bei Anordng einer NachErbsch die Blutsverwandten des VorE als NachE eingesetzt sein (BayObLG **58**, 225).

2068 *Kinder des Erblassers.* **Hat der Erblasser seine Kinder ohne nähere Bestimmung bedacht und ist ein Kind vor der Errichtung des Testaments mit Hinterlassung von Abkömmlingen gestorben, so ist im Zweifel anzunehmen, daß die Abkömmlinge insoweit bedacht sind, als sie bei der gesetzlichen Erbfolge an die Stelle des Kindes treten würden.**

1   **1) Eine Auslegungsregel** nach dem vermuteten Willen des Erbl enthält die Vorschr (keine Ersatzberufg wie §§ 2069, 2102 I), die eingreift, wenn die individuelle Auslegg nicht zur sicheren Feststellg des ErblWillens geführt hat. – Bei Wegfall des Kindes dch Erbverzicht und nicht dch Tod gilt nicht § 2068, sond § 2349. – Den Wegfall nach TestErrichtg behandelt § 2069.

2   **2) Unter Kindern** versteht das G (§ 1924 IV) nur die Abkömmlinge ersten Grades, der gewöhnl SprachGebr aber oft auch Enkel u entferntere Abkömmlinge. Demgem sollen die letzteren insow mitbedacht sein, als sie bei gesetzl Erbfolge (§ 1924 III) an Stelle des vorverstorbenen ehel Kindes treten würden, auch wenn der Erbl den Wegfall kannte. – Die Regel gilt auch für den Fall, daß eine Gruppe von Kindern (zB die Söhne) ohne nähere Bestimmg bedacht ist (Staud/Otte Rn 2); ferner für Abkömmlinge eines angenommenen Kindes (s jetzt §§ 1754, 1767 II, 1770, 1772; vgl BayObLG FamRZ **76**, 101). **Nichteheliche** Kinder eines männl Erbl gehören seit dem 1. 7. 70 (Inkrafttr des NEhelG) ebenf zu den Kindern iS des § 2068 (sofern Art 12 § 10 NEhelG gewahrt ist; s § 1924 Rn 9, 10); für vor diesem Ztpkt errichtete letzw Vfgen gelten die in § 2066 Rn 2 angeführten Grdsätze (BayObLG **74**, 1/6).

3   **3) Entsprechende Anwendung** ist nicht allg mögl, wenn Erbl nicht die eigenen, sond Kind Dritter eingesetzt hat (KG OLGZ **91**, 144; str). Jedoch ist dies (ähnl wie bei § 2069 Rn 8) ausreichder Anhaltspkt, um dch individuelle Auslegg zu ermitteln, ob nach dem Willen des Erbl an Stelle eines verstorbenen Kindes dessen Abkömml berufen sind, wozu auch Umstände außerh des Test herangezogen werden können (KG aaO; s auch RG **134**, 280).

2069 *Abkömmlinge des Erblassers.* **Hat der Erblasser einen seiner Abkömmlinge bedacht und fällt dieser nach der Errichtung des Testaments weg, so ist im Zweifel anzunehmen, daß dessen Abkömmlinge insoweit bedacht sind, als sie bei der gesetzlichen Erbfolge an dessen Stelle treten würden.**

1   **1) Eine Auslegungsregel** („im Zweifel") enthält die Vorschr und keine gesetzl Vermut (BGH **33**, 60; NJW **74**, 43; Soergel/Loritz Rn 1; für Ergänzungsregel von Lübtow Lehrb I 287), der ggü die individuelle Auslegg Vorrang hat. Läßt sich ein widersprechender ErblWille nicht dch Auslegg feststellen, greift die Regel ein, nach der bei Wegfall eines bedachten Abkömml des Erbl nach TestErrichtg ersatzweise der betreffende Stamm berufen ist. – § 2069 gilt auch dann, wenn der Erbl mit dem Wegfall nicht rechnete; od wenn der Abkömml schon vor TestErrichtg weggefallen, dies aber dem Erbl nicht bekannt war; od wenn er trotz Verzichts bedacht wurde (KG JFG **23**, 255). – Über den ges geregelten Sonderfall hinaus läßt sich § 2069 nicht, auch nicht entspr anwenden (BGH NJW **73**, 240). S aber Rn 8.

2   **2) Voraussetzungen. – a) Ein Abkömmling** des Erbl muß Empfänger der Zuwendg sein, die in einem (auch gemeinsch) Test od Erbvertrag enthalten sein kann. Bei gemeinsam Vfgen von Ehegatten kann es der Abkömml nur des Erstversterbenden sein (MüKo/Leipold Rn 5; Berlin FamRZ **94**, 785; aA BayObLG FamRZ **91**, 234). Die Person des Bedachten muß an sich dch namentl Nenng od dch Angabe individueller Merkmale feststehen od doch nach §§ 2066ff zu ermitteln sein. Fehlt es daran (zB bei BestimmgsR des VorE u Wegfall eines mögl Bedachten), gilt § 2069 nur entspr (BGH NJW **69**, 1111; aA MüKo/Leipold Rn 7: nur

einzelfallorientierte Auslegg). – Hat der Erbl nur einen einzigen Abkömml, gilt § 2069 trotz seines Wortlauts („einen seiner ..") wg des inneren Grundes der Vorschr gleichwohl (BayObLG 71, 386). – Die **Zuwendung** kann Erbeinsetzg (auch als VorE od NachE, BGH 33, 61; Bremen NJW 70, 1923; als ErsatzE) od Vermächtn sein. – **Abkömmling** ist gem § 1924 III ein Bedachter, der vom Erbl in gerader Linie abstammt (Kinder, Enkel, Urenkel usw). Dazu gehört auch das angenommene Kind des weggefallenen Abkömml, sofern es mit dem Erbl verwandt ist (s Rn 7; BayObLG **84**, 251; FamRZ **76**, 101; Bausch FamRZ **80**, 413; **81**, 819) und seit Inkrafttreten des NEhelG auch das nichtehel Kind eines männl Erbl, bei dem jedoch die Möglk eines abweichenden Willens bes sorgfält zu prüfen ist (Soergel/Loritz Rn 5; 26).

b) Nachträglicher Wegfall des Bedachten nach TestErrichtg (bei vorherigem gilt § 2068, es sei denn, **3** daß er dem Erbl nicht bekannt war, s Rn 1). Der Wegfall kann sogar noch nach dem Erbfall liegen, sofern er rückwirkd den Anfall in der Person des Bedachten beseitigt (also zB nicht bei Widerruf, § 2253; Rücktritt, §§ 2293ff; Aufhebg, § 2271 II 2). Die wirks Enterbg eines in einem gemeinschaftl Test bedachten Abkömml dch den Überlebden (§§ 2271, 2294, 2336, 2333) fällt nicht unter § 2069 (BGH FamRZ **65**, 321; BayObLG **63**, 271). – **Wegfall** ist hier vor allem der dch **Tod** zwischen TestErrichtg und Erbfall. Ferner dch Erklärg als **erbunwürdig** (§§ 2342, 2344). Oder dch **Ausschlagung** (§ 1953 I); verlangt der Ausschlagende den Pflichtteil, soll allerd nach dem Grundgedanken des § 2069 der Stamm nicht doppelt bedacht werden, so daß § 2069 nicht gilt (BGH **33**, 60), vor allem wenn ein pflichtberecht NachE ausschlägt, während beim VollE dies schon § 2320 I verhindert, weil die Nachrückenden im Innenverhältn allein die PflichtLast zu tragen haben (MüKo/Leipold Rn 13; Soergel/Damrau Rn 13). Ein **Zuwendungsverzicht** (§ 2352) führt zwar zum Wegfall des Verzichtenden, wirkt iZw aber nicht für seine Abkömml (s § 2352 Rn 5); § 2069 gilt daher beim Erbverzicht, wenn er die Abkömml nicht betrifft, bes wenn er zu deren Gunsten erfolgte; hat der Verzichtde dafür allerd eine Abfindg erhalten, spricht eine tatsächl Vermutg dafür, daß eine Ersatzberufg der Abkömml nicht dem Willen des Erbl entspricht (BGH NJW **74**, 43). – Ein **vorzeitiger Erbausgleich** zwischen dem Erbl und einem bedachten nichtehel Kind beseitigt zwar das ges ErbR (§ 1934e), läßt aber letztw Vfgen unberührt und ist daher kein „Wegfall"; erhält das Kind trotz erfolgten Ausgleichs noch eine letztw Zuwendg, wird auch das Nachrücken seiner Abkömml vom Erbl gewollt sein (MüKo/Leipold Rn 12). – **Nicht** unter § 2069 fällt die Beseitig einer Zuwendg an den Abkömml dch **Anfechtung,** weil die angefochtene Vfg von Anfang an **4** nichtig ist (§ 142 I) und nicht auf Nachrückende erstreckt werden kann. – Bei **Verwirkungsklauseln** gilt bei Wegfall des Bedachten infolge Verstoßes § 2069 regelm als widerlegt (KG DNotZ **42**, 147; s § 2074 Rn 7; MüKo/Leipold Rn 16 erachtet § 2069 hier für unanwendb; aA Soergel/Loritz Rn 20).

c) Bei aufschiebend bedingter Zuwendg an den Abkömml hat § 2069 Vorrang vor § 2074. Nur wenn **5** ein die weiteren Abkömml ausschließender ErblWille zweifelsfrei festgestellt werden kann, gilt bei Wegfall des Abkömml zw Erbfall und Eintritt der Bedingg § 2074 (BGH NJW **58**, 22).

d) Ein als Nacherbe eingesetzter Abkömml fällt bei Wegfall zw TestErrichtg und Erbfall unter § 2069. **6** Stirbt er allerd erst zwischen Erbfall und Nacherbfall, vererbt sich sein NacherbR grdsl auf seine Erben (§ 2108 II 1), sofern nicht ein anderer ErblWille anzunehmen ist, der aber nicht schon in der bloßen Einsetzg eines Abkömml zum NachE zu sehen ist. In diesem Widerstreit hat also § 2108 II **Vorrang** (RG **169**, 38; BGH NJW **63**, 1150; vgl Haegele Rpfleger **67**, 164). Allerd ist bes sorgfält zu prüfen, ob dem Test nicht zu entnehmen ist, daß der Erbl das Eindringen familienfremder Personen nicht gewollt hat und § 2069 anzuwenden ist (s § 2108 Rn 3), was bes naheliegt, wenn sich Eheleute ggs zu VorE und einen gemeinschaftl Abkömml als NachE eingesetzt haben (MüKo/Leipold Rn 24; Soergel/Loritz Rn 38). Bei ausdrückl Einsetzg eines ErsatzNachE wird idR dieser auch bei Wegfall des ursprüngl Bedachten nach dem Erbfall zum Zuge kommen sollen (s § 2108 Rn 3). Bei Ausschlagg des pflichtberecht NachE s Rn 3.

3) Rechtsfolge. Als Ersatzberufene treten an die Stelle des Weggefallenen dessen Abkömml, soweit sie **7** bei der gesetzl Erbfolge **nach dem Erblasser** (nicht nach dem Weggefallenen) nachrücken würden. Der Personenkreis und die Quoten bestimmen sich also danach, wer gem § 1924 zum Ztpkt des Erbfalls (bzw Nacherbfalls) in Bezug auf den Erblasser, um dessen Beerbg (und nicht die des Weggefallenen) es geht, dessen gesetzl Erben wären. Sie müssen beim Erbfall leben oder erzeugt sein (§ 1923 II). Bei aufschiebd bedingter Zuwendg ist analog § 2066 S 2 auf den Zeitpkt des BedinggsEintritts abzustellen. – **Nachrücken** können nur solche Abkömml des Weggefallenen, die mit dem Erbl verwandt sind. Dazu gehört seit dem AdoptG auch der als Kind angenommene Minderjährige (s § 1924 Rn 14), während beim angenommenen Volljährigen idR kein VerwandtschVerhältn zum Erbl besteht (§ 1770 I; s dort und § 1924 Rn 22). Ein nichtehel Kind kann auch bei Wegfall seines Vaters als Enkel des Erbl nachrücken (Köln FamRZ **93**, 856; s § 1924 Rn 9), hat dann allerd unter den Voraussetzgen des § 1934a iZw nur den ErsatzAnspr (Soergel/Loritz Rn 26; str); allerd liegt hier die Möglichk eines abweichenden ErblWillens häufig nahe. Bes bei RÄnderung zwischen TestErrichtg und Erbfall ist dies zu berücksichtigen (s Spellenberg FamRZ **77**, 185/191ff; auch Böhm FamRZ **72**, 184).

4) Ergänzende Testamentsauslegung. Hat der Erbl nicht Abkömml, sond andere Personen wie zB **8** Geschwister eingesetzt, ist bei deren Wegfall § 2069 **nicht** entspr anwendb (BGH NJW **73**, 240; BayObLG **88**, 165). Jedoch kann dch den Wegfall die letztw Vfg lückenh geworden sein, so daß es mögl ist, dch ergänzde TestAusleg die Lücke zu schließen (§ 2084 Rn 9). Für die Prüfg, ob der Erbl eine Ersatzberufg and Personen (§ 2096), insbes der Abkömml des Weggefallenen, gewollt hat hätte, wenn er den Wegfall bei TestErrichtg erwogen hätte, muß sich allerd im Test selbst ein wenn auch noch so geringer u unvollkommener Anhaltspunkt finden. Aus § 2069 ist ableitbar, daß schon die bloße Einsetzg des Bedachten als hinreichender Ausdruck der Ersatzberufg seiner Abkömml gewertet werden kann. Es ist also je nach der Person des Bedachten mögl, daß der Erbl nicht gerade nur den Eingesetzten persönl, sond diesen zugleich als ersten seines Stammes oder seiner Familie bedenken wollte. Die Rspr erachtet desh die Einsetzg einer dem Erbl nahestehenden Person als einen für die Ermittlg des (hypothet) ErblWillens geringen, aber ausreichden Anhaltspkt im Test selbst (BGH NJW **73**, 240; BayObLG FamRZ **91**, 865; Hamm Rpfleger **87**, 247; KG FamRZ **77**, 344). Dies ist der Fall, wenn der Erbl einen nahen Verwandten eingesetzt hat, zB seine Schwester (BayObLG NJW-RR **92**, 73; Karlsr DNotZ **93**, 456) od ein Stief- od Geschwisterkind (BayObLG

Rpfleger **74**, 345; Oldbg NdsRpfl **50**, 73); od seinen Ehegatten (KG MDR **54**, 39; BayObLG **88**, 165), aber auch seine Geliebte, die er später heiratet (BayObLG NJW-RR **93**, 459; str); od eine Person, zu der er bes enge Beziehgen unterhielt (enge Freunde; langjähr Betreuer). Als ErsatzE kommen in erster Linie die Abkömml des weggefallenen Bedachten in Betr; sind solche nicht vorhanden, kann es auch der einzige Verwandte der eingesetzten Ehefrau sein (BayObLG **88**, 165) od der Ehegatte des eingesetzten Abkömml, wenn die Verwandtsch für die getroffene Erbeinsetzg nicht ausschlaggebd war (Hamm OLGZ **92**, 23). – Bei der Ermittlg des hypothet Willens ist auf den Zeitpkt der TestErrichtg abzustellen (§ 2084 Rn 8). Dies gilt auch, wenn das Test ledigl die in einem früh gemeinsch Test bindend festgelegte Erbeinsetzg wiederholt, sofern nicht bereits im gemeinsch Test eine anderweit bindende Ersatzberufg enthalten ist (Hamm OLGZ **92**, 29).

9   **5) Sonstiges.** Bei ausdrückl Ersatzberufg der weiteren Abkömmlinge ist die Bestimmung des Kreises der ersatzw berufenen Abkömml des weggefallenen Abkömmlings in § 2069 ebenf anwendb (BayObLG **61**, 132). – Die vom G für eine positive Bedenkg bestimmte Erstreckg auf die Abkömmlinge ist auf den Fall der Enterbg (§ 1938) auch nicht entspr anzuwenden. Die Enterbg erstreckt sich also iZw nicht auf die Abkömmlinge (BGH **LM** § 1938 Nr 1; § 1938 Rn 2).

2070 *Abkömmlinge eines Dritten.* **Hat der Erblasser die Abkömmlinge eines Dritten ohne nähere Bestimmung bedacht, so ist im Zweifel anzunehmen, daß diejenigen Abkömmlinge nicht bedacht sind, welche zur Zeit des Erbfalls oder, wenn die Zuwendung unter einer aufschiebenden Bedingung oder unter Bestimmung eines Anfangstermins gemacht ist und die Bedingung oder der Termin erst nach dem Erbfall eintritt, zur Zeit des Eintritts der Bedingung oder des Termins noch nicht erzeugt sind.**

1   **1) Die Auslegungsregel** ist im Zusammenhang damit zu verstehen, daß ein beim Erbfall nicht Erzeugter nur als NachE eingesetzt werden kann (§§ 1923, 2101 I), der Nacherbfall erst mit Geburt eintritt (§ 2106 II 1) und VorE bis dahin die ges Erben sind (§ 2105 II). Eine so komplizierte Regelg wollte iZw der Erbl nicht, wenn er die **Abkömmlinge eines Dritten** (zB eines Freundes) ohne nähere Bestimmg, also ohne Angabe persönl Merkmale als Erben bedacht hat. Hat od bekommt der Dritte überh keine Abkömml, ist zu prüfen, was der Erbl gewollt hätte, wenn er das vorausgesehen hätte. Dies kann dazu führen, daß der Dritte selbst bedacht ist od daß das entspr Vermächt wegfällt od insow gesetzl Erbfolge eintritt (Haegele JurBüro **70**, 841). Werden die Abkömml erst nach dem maßg Ztpkt erzeugt, geht § 2070 dem § 2084 vor; sie gelten als nicht bedacht, falls nicht der Erbl auch diese Nacherzeugten bedenken wollte (s RGRK Rn 4). Im letzteren Falle können sie als NachE (§ 2101 I) od Nach VermächtnNehmer (§ 2191) in Betr kommen.

2   **2) § 2070 gilt nicht** für den Fall, daß der Erbl die Abkömml eines seiner Kinder zu Erben berufen, also eine Generation übersprungen hat. Vielm ist dann in freier Auslegg (§§ 133, 2084) zu entscheiden, ob damit auch solche Abkömml gemeint sind, die erst nach dem Erbfall erzeugt wurden (KG JFG **10**, 63; Köln FamRZ **92**, 475; Soergel/Loritz Rn 6). Wird die Berufg solcher Abkömml als Erben bejaht, wirkt sie für diese nur als Nacherbeneinsetzg (Staud/Otte Rn 4).

2071 *Personengruppe.* **Hat der Erblasser ohne nähere Bestimmung eine Klasse von Personen oder Personen bedacht, die zu ihm in einem Dienst- oder Geschäftsverhältnisse stehen, so ist im Zweifel anzunehmen, daß diejenigen bedacht sind, welche zur Zeit des Erbfalls der bezeichneten Klasse angehören oder in dem bezeichneten Verhältnisse stehen.**

1   **Die Auslegungsregel** gilt bei Zuwendgen zB an die Arbeiter und Angestellten des Erbl. Ferner an eine **Klasse** von Personen, also wenn sich die Bedachten dch ihre Zugehörigk zu einer bestimmten Personengruppe mit ggf wechselndem Bestand feststellen lassen (meine Betriebskollegen oä). Die Gruppe muß so eindeutig bezeichnet sein, daß ihre Angehörigen zweifelsfrei feststehen (also nicht nur „alle Liebhaber der Natur"). Die Zuwendg muß aber ohne nähere Bestimmg erfolgt sein, so daß bei Individualisierg (meine 4 Kartenbrüder) dch Angabe persönl Merkmale der Erbl selbst die Bedachten gekennzeichnet hat, § 2071 also nicht anzuwenden ist. – Hat der Erbl eine organisierte Gruppe bedacht (die Mitglieder des Tierschutzvereins; einer Gemeinde), muß dch Auslegg festgestellt werden, ob der Erbl die Korporation selbst oder deren Mitglieder (dies vor allem bei nichtrechtsfäh Vereinen) bedenken wollte. – Die Vorschr kann auch angewandt werden, wenn der jeweilige Repräsentant einer sich ablösenden Personenkette bedacht ist (unser Staatsoberhaupt). –

2   Maßgebl ist iZw nicht die Zugehörigk **zur Zeit** der TestErrichtg, sondern beim Erbfall, u zwar auch bei bedingten u befristeten Zuwendgen (Kipp/Coing § 22 VI). Doch kann bei Personenwechsel zw TestErrichtg u Erbfall auch auf den ersteren Ztpkt abgestellt werden (zB „meinen jetzigen Hausangestellten für langjährige treue Dienste"). Dann besteht eben kein Zweifel.

2072 *Die Armen.* **Hat der Erblasser die Armen ohne nähere Bestimmung bedacht, so ist im Zweifel anzunehmen, daß die öffentliche Armenkasse der Gemeinde, in deren Bezirk er seinen letzten Wohnsitz gehabt hat, unter der Auflage bedacht ist, das Zugewendete unter Arme zu verteilen.**

1   **1) Zuwendungen an die Armen** wären wg Unbestimmbark der Empfänger unwirks (vgl § 2065) und werden daher aus sozialen Gründen umgedeutet, wobei eine räuml Begrenzg erfolgt und eine Stelle zur Verteilg bestimmt wird (Soergel/Loritz Rn 1; aA: Auslegssregel, KG OLGZ **93**, 1). Die Abwicklg dch die örtl **Träger der Sozialhilfe** (BSHG 9; 96) als „öffentl Armenkassen" erfolgt nach AuflageR. Die Verteilg an den begünst Personenkreis ist dabei nicht auf die Armen der letzten Wohnsitzgemeinde beschränkt u erfolgt nach dem Ermessen der örtl Träger der Sozialhilfe. Die Armen erwerben keine eigenen Rechte (vgl aber § 2194). – Wenn ohne nähere Angabe ein Betrag oder ein Teil des Nachl für wohltätige od gemeinnützige Zwecke ausgesetzt ist, ohne daß ein Zuwendungsempfänger angegeben wird, ist idR § 2072 nicht anwendbar, sond der Erbe mit einer Aufl beschwert (Staud/Otte Rn 2; s auch Rn 2).

2) Entsprechende Anwendung. § 2072 ist zwar insow eine AusnVorschr, als er die Bedenkg einer be- **2** stimmten öff Kasse vorsieht. Das hindert aber nicht, den ihm zu Grde liegden allg Gedanken, daß ein Erbl bei mildtätigen Zuwendgen iZw in erster Linie an die in seiner Gemeinde bestehden Fälle von Hilfsbedürftigkeit gedacht haben wird, auch bei der dann notw Auslegg der letztw Vfg zu verwerten (KG OLGZ **68**, 330). Analogiefähig sind auch die Fälle einer Zuwendg an „die Bedürftigen", „die sozial Schwachen", wenn als Zuwendgempfänger bestimmte Gruppen od auch die Insassen eines unbestimmten Heimes konkretisierbar sind (Hamm Rpfleger **84**, 417); od „die Kriegsbeschädigten" (KG OLGZ **93**, 6); nicht generell gleichzustellen sind diesen „die Blinden" (Bonn Rpfleger **89**, 63). Unter gemeinnütz Zwecke soll auch die Einsetzg des Tierschutzvereins fallen, der dann auf den örtl konkretisiert werden kann (Oldbg NJW-RR **93**, 581).

2073 Mehrdeutige Bezeichnung. Hat der Erblasser den Bedachten in einer Weise bezeichnet, die auf mehrere Personen paßt, und läßt sich nicht ermitteln, wer von ihnen bedacht werden sollte, so gelten sie als zu gleichen Teilen bedacht.

1) Anwendungsbereich der Vorschr sind letztw Zuwendgen, die unvollzieb wären, weil der Erbl zwar **1** erkennb zugunsten einer bestimmten Person verfügen wollte u diese auch dch Angabe individueller Merkmale genüg bestimmb bezeichnet hat, aber die von ihm gewählte Bezeichnung auf mehrere Personen paßt, also obj mehrdeut ist u sich auch nicht dch individuelle Auslegg konkretisieren läßt. Gemeint ist also ein begrenzter Kreis von (natürl od jur) Personen, unter denen sich der vom Erbl Bedachte befinden muß (KG OLGZ **68**, 329) und nicht unbestimmt viele Träger zB des Namens „Hans". Bsple: „mein Freund Hans" od „die Luisenschule", wenn diese Bezeichnung auf mehrere Freunde od Anstalten paßt u ein bestimmter Bedachter nicht ermittelt werden kann; „der Staat" (AG Leipz Rpfleger **95**, 22 mAv Gruber). - § 2073 ist aber nicht anwendb, wenn die Zuwendg schon mangels Bestimmth unwirks ist (§ 2065 II), weil die vom Erbl bezeichnete Person nicht existiert u erst die ergänzende Auslegg eine auf mehrere Personen passende „Bezeichng" ergibt, unter denen der Erbl bei Kenntn der Nichtexistenz ausgewählt haben würde.

2) Gleiche Teile. Das G löst das Problem, indem es fingiert, daß die mehreren Personen zu gleichen **2** Teilen (also nach Kopfteilen) bedacht sind (Diederichsen NJW **65**, 671/674). Diese Fiktion weicht zwar erkennb vom ErblWillen ab, entspricht diesem aber doch mehr als eine Unwirksamk. Allerd soll nach BGH WM **75**, 737 diese (salomonische) Fiktion nicht gelten, wenn der Erbl mit Sicherh nur eine Person und keinesfalls alle gemeins bedenken wollte. Ist aber die Bezeichng ganz unbestimmt (zB „Herr Schmitz") und kann nicht ein bestimmter Träger des Namens als Bedachter festgestellt werden, sind nicht alle Träger dieses Namens bedacht, sond die Zuwendg ist unwirks (KGJ **42** A 136). Das gleiche gilt, wenn eine bestimmt bezeichnete Einzelperson nicht existiert od nicht zu ermitteln ist. – **Entsprechend** anwendb ist § 2073, **3** wenn von mehreren möglicherw Bedachten einzelne ausgeschlossen werden können (dann die restl); od wenn üb die vom Erbl für erschöpfend gehaltene Aufzählg hinaus ein weiterer vorhanden ist (dann alle; BayObLG FamRZ **90**, 1275).

2) Alternative Erbeinsetzung (entw A od B) ist im G nicht geregelt (im Ggsatz zum Vermächtn, **4** §§ 2151, 2152). Falls damit nicht VorE und NachE od Ersatzberufg gemeint ist, kann sie in entspr Anwendg von § 2073 gehalten werden als Einsetzg der alternativ bezeichneten Erben zu gleichen Teilen (Baldus JR **69**, 180; aA Soergel/Loritz Rn 9; Kipp/Coing § 18 III 2: unwirks, sofern nicht Auslegg hilft).

2074 Aufschiebende Bedingung. Hat der Erblasser eine letztwillige Zuwendung unter einer aufschiebenden Bedingung gemacht, so ist im Zweifel anzunehmen, daß die Zuwendung nur gelten soll, wenn der Bedachte den Eintritt der Bedingung erlebt.

1) Bedingte Zuwendungen od befristete unterliegen grdsl den allg Vorschriften (§§ 158–163), wobei **1** aber zu beachten ist, daß eine bedingte letztw Vfg keine bedingte Vfg iS des § 161 ist. Die §§ 2074–2076 enthalten daher nur Ergänzgen. Eine **echte** Bedingg liegt nur vor, wenn das künft Ereign sowohl objektiv als auch nach der Vorstellg des erklärenden Erbl ungewiß ist (BayObLG **66**, 390; FamRZ **76**, 101/103). Der Eintritt der Bedingg kann von dem Verhalten des Bedachten od eines belieb Dritten abhängig gemacht werden (Hamm OLGZ **68**, 84). Keine Bedingg, sond die bloße Angabe des Bewegrunds für die TestErrichtg sind Formulierungen wie „Falls ich auf dieser Reise sterbe"; „Wenn ich meine Operation nicht überlebe" (BayObLG MDR **82**, 145; KG OLG **11**, 236; Hbg OLG **16**, 46); od der Hinweis, daß der Bedachte sich zur Pflege des Erbl bei Bedürftigk bereit erklärt hat (BayObLG **93**, 248). Zum bedingten RErwerb vTw bei Vor- u NachErbsch s Zawar DNotZ **86**, 515.

a) Aufschiebende Bedingung (§ 158 I). Bei aufschiebend bedingter Erbeinsetzg wird der Bedachte nur **2** NachE (§ 2105), falls nicht die Bedingg schon vor dem Erbfall eingetreten ist; der NachE muß den Eintritt der Bedingg erleben, andernf sich sein AnwartschR nicht vererbt (§ 2108 II 2). Aufschiebend bedingte Vermächtn fallen erst mit dem Eintritt der Bedingg an (§ 2177). – Die aufschiebend bedingte Zuwendg soll nach der Ausleggsregel des § 2074 (iZw) nur gelten, wenn der Bedachte den Eintritt der Bedingg (zB Wiederverheiratg der VorE) erlebt; anders bei ersichtl abweichdem ErblWillen („falls meinem Erben ein Nachkomme geboren wird"). Die bedingte Erbsch fällt demnach idR erst mit dem Bedingungseintritt an. Ausschlagg ist aber schon ab Erbfall mögl (§ 1946). – § 2074 kommt iZw Vorrang vor § 2069 zu. Nur wenn ein die weiteren Abkömml ausschließender Wille des Erbl zweifelsfrei festgestellt werden kann, gilt die Ausleggsregel des § 2074 (BGH NJW **58**, 22). – Einsetzg eines Ersatzerben (§ 2096) fällt nicht unter § 2074, da hier der Wegfall des Erstberufenen gesetzl Voraussetzg der Ersatzberufg ist. Hier genügt Erleben des Erbfalls, auch wenn der Wegfall nicht erlebt wird. Wegen Ersatzvermächtn vgl §§ 2190, 2180 III, 2160.

b) Unmögliche Bedingungen. Als **aufschiebende** bewirken sie regelm die Nichtigk der Vfg, sofern die **3** Unmöglichk schon bei der Errichtg vorlag und dem Erbl bekannt war, da auch bei Vfgen vTw die aufschiebende Bedingg ein untrennb Bestandteil der Vfg ist, nicht etwa ein Teil einer WillErkl nach § 139 u noch viel weniger eine selbständ Vfg nach § 2085. War die Unmöglichk dem Erbl nicht bekannt oder tritt sie erst nach Errichtg ein, kann uU die Auslegg zur Aufrechterhaltg führen. So ist die Erbeinsetzg unter der Bedingg der postmortalen Eheschließg mit dem Erbl (§ 1931 Rn 2) wg Unerfüllbark der Bedingg regelm unwirks (Halle NJ **49**, 18); aber auch hier kann uU die ergänzde Auslegg zum Erfolg führen (Soergel/Loritz Rn 32; 34 mit teilw aA). Bei unmögl **auflösender** Bedingg ist diese (u nicht die Vfg) wirkgslos. – Ist bei einer an sich mögl Bedingg ihr Eintritt unmögl geworden, kann die Bedingg uU (je nach Einzelfall) auch in anderen als den unmittelbar von § 2076 erfaßten Fällen als eingetreten angesehen werden (BayObLG FamRZ **86**, 606).

4   **c) Unerlaubte, unsittliche und widersinnige Bedingungen,** gleichviel ob aufschiebend od auflösend, machen die Vfg insgesamt regelm unwirks (BayObLG **22**, 265; aA für auflösde Soergel/Loritz Rn 33: Zuwendg wirks). Eine Aufrechterhaltg des wg einer unsittl Bedingg unwirks RGesch als unbedingtes RGesch ist nur nach § 140 mögl (s Thielmann, Sittenwidr Vfgen vTw, 1973, 194 ff). Vfgen, wonach jemand Erbe werden soll unter der Bedingg, daß dieser einen bestimmten Dritten zum Erben einsetzt, sind grdsätzl nicht sittenw. Die Bedingg der Verheiratg mit einer bestimmten Person ist sittenw, die Vfg daher unwirks; anders bei Bedingg der Verheiratg überh (Staud/Otte Rn 33 ff). Erbeinsetzg unter der Bedingg der Ehescheidg ist nach den gesamten Umständen des Falls, insb dem vom Erbl verfolgten Zweck zu beurteilen (BGH FamRZ **56**, 130; s auch Hilgers RhNK **62**, 381/383; Keuk FamRZ **72**, 9). Auch Erbeinsetzg unter der Bedingg, daß der Bedachte seinen den Testator od einen best Dritten bedenken wird **(kaptatorische Verfügung),** ist grdsätzl als gültig anzusehen (BGH **LM** § 533 Nr 1; hM; s hierzu § 2302 Rn 3).

5   **d) Bei Befristung** gilt § 163, nicht § 2074 (KG DNotZ **55**, 412; vgl auch §§ 2105 I; 2108 II 1; 2177). Darüber, ob ein Ereign als Bedingg od Termin gelten soll, muß die Auslegg entscheiden (s RG Recht **20** Nr 2452). Die Möglichk einer Bindg durch Bedinggen u Befristgen ist jedoch zeitl begrenzt (§§ 2109, 2162, 2163, 2210), um nicht die Gebundenheit ins Unendliche eintreten zu lassen. Dem trägt auch § 2075 Rechng (s Haegele JurBüro **69**, 1/7).

6   **2) Verwirkungsklauseln.** Der Erbl kann anordnen, daß ein Bedachter nichts erhält od auf den Pflichtteil gesetzt ist, wenn er den letzten Willen nicht befolgt, das Test anficht od eine Auflage nicht erfüllt, um dch mittelb Druck auf den Bedachten od den Erben die Verwirklich seines letzten Willens zu sichern od Streitigk (gerichtl und uU auch außergerichtl) zw Erben od Bedachten über den Nachl zu verhindern (BayObLG **62**, 47; Birk DNotZ **72**, 284; Soergel/Loritz § 2075 Rn 5; MüKo/Leipold Rn 19). Mit derartigen kassatorischen od Strafklauseln kann auch eine Schiedsklausel für den Fall verbunden werden, daß unter den Erben Streit über die Auslegg od Gültigk einzelner Bestimmgen entsteht (Kohler DNotZ **62**, 125; s § 2065 Rn 7). – Dch wirks Anfechtg kann die Klausel selbst ihrer Bedeutg entkleidet werden, zB als Folge der Anfechtg anderer Vfgen (§ 2085). – Zum Widerruf s § 2254 Rn 1.

7   **a) Inhalt.** Der Erbl kann die Klausel innerh von G und Sitte (§§ 134, 138) weitgeh frei bestimmen (RG JW **24**, 1717; Stgt OLGZ **79**, 52). Bei den meist unbestimmten Formuliergen („Wer Streit anfängt"; „Jeder, der mein Test anficht") und der Vielfalt der mögl Handlgen wie Geltendmach der Nichtigk; Ungehorsam; Anfechtg; Verstoß gg die Pflicht, Frieden unter den Bedachten zu bewahren ist im Einzelfall dch Auslegung zu bestimmen, welches Verhalten des Bedachten zur Verwirkg seiner Rechte führen soll (RG JW **24**, 1717; BGH bei Keßler DRiZ **66**, 397; BayObLG **62**, 47; **63**, 271, auch zur Strafsanktion; **66**, 49; SchlHOLG SchlHA **65**, 276; Stgt OLGZ **68**, 246; Brschw OLGZ **77**, 185; Johannsen WM **72**, 925). – Wirks ist eine Klausel, wonach die eingesetzten Erben samt Abkömml von der Erbfolge ausgeschlossen sein sollen, wenn sie nicht innerh einer bestimmten Frist ab TestEröffg ggü dem TV unaufgefordert und schriftl den testamentar näher geregelten letzten Willen anerkennen (Stgt OLGZ **74**, 67). – Auslegsgfrage ist auch, ob die Klausel nur den Erben od auch seinen Stamm treffen will; in letzterem Fall gilt die Auslegsgregel des § 2069 als widerlegt (KG JFG **20**, 17; DNotZ **42**, 147). – Ausnahmsw kann nach Lage des Einzelfalls auch die **Ausschlagung** der Erbsch unter Verlangen des Pflicht nach § 2306 dch einen unter Beschränkgen eingesetzten Erben unter eine Verwirkgsklausel fallen, nach der ein den letzten Willen anfechtender Erbe den Pflichtt erhält und sein Erbteil dch anwachsen soll (KG JW **38**, 1600; Haegele JurBüro **69**, 7); eine Ersatzberufg der Abkömml nach § 2069 scheidet damit regelm aus (Hilgers RhNK **62**, 386; s § 2069 Rn 3). – In einem **gemeinschaftlichen** Test kann sich die Klausel auch auf das ErbR der Abkömml nach dem Letztversterbden für den Fall des PflichttVerlangens beim Tod des Erstversterbden beziehen (BayObLG **63**, 271; **90**, 58; Stgt OLGZ **68**, 246; s § 2269 Rn 13).

8   **b) Rechtsnatur.** IdR handelt es sich um eine auflösende Bedingg (§ 2075) für den Fall der Zuwiderhandlg, wenn der Verlust der test Zuwendg die Folge ist. Die Klausel kann aber auch als aufschiebend bedingte Pflicht des Erben zur Herausgabe des Zugewendeten an einen VermächtnNehmer aufzufassen sein (§ 2177; BayObLG **62**, 48). Die Erbeinsetzg kann auch dch Ausübg einer ÜbernahmePfl (zB eines Grdstücks aus dem Nachl) bedingt sein (Benk RhNK **79**, 53/61). – Auch auf die Verwirkgsklausel kann § 2075 anwendb sein („Falls mein Erbe dieses Test anficht"; RGRK § 2075 Rn 8). – Über Ausdehng auf Nutzgen und Vorempfänge s Kohler BB **59**, 582.

9   **c) Verwirkungsfall** ist nicht jedes Verhalten gg die Klausel, insbes nicht bei deren Unkenntn, sond nur der **bewußte Verstoß** gg den in eindeut und wirks Anordngen zum Ausdruck gebrachten Willen des Erbl (KG JW **36**, 2744; BayObLG **62**, 47/57; **90**, 58; aA Staud/Otte Rn 54); zT fordert die Rspr sogar böswill Auflehng gg den letzten Willen iS einer vorwerfbaren Handlgsweise (Stgt OLGZ **68**, 246; Brschw OLGZ **77**, 185), was bei Nichtbefolgen test Verpflichteter zu weitgehend ist. Will die Klausel auch Angriffe auf die Gültigk des Test erfassen, fallen darunter nicht solche, dch die der Wille des Erbl gerade zur Geltg gebracht werden soll (dazu Birk aaO 302) wie zB Streit über die Echtheit; über Auslegg unklarer Vfgen; den Umfang des Nachl; Anfechtg wg Irrtums od Drohg. Selbst wenn der Erbl jeden Angriff gegen seinen Willen mit einer Sanktion belegen wollte, kann er nicht die erfolgreiche Geltendmachung der Nichtigk des Test (wg Formmangels; TestUnfähigk) verhindern, weil damit auch die Klausel selbst nichtig ist. Auch dch den Erfolg anderer Angriffe wird idR bestätigt, daß dem ErblWillen zur Wirksamk verholfen wurde. Ist der Angriff dagg erfolglos, führen nur vorwerfbare, dh leichtfertige od doch ohne hinreichend sorgfält Prüfg erfolgte zur Verwirkg (RGRK § 2074 Rn 16; MüKo/Leipold Rn 25; teilw aA Soergel/Loritz § 2075 Rn 10; 13). – Anfechtg ist nicht techn zu verstehen und kann auch außergerichtl Bestreiten umfassen. Ohne nähere Angaben wird allerd idR nur das gerichtl Vorgehen gemeint sein, wozu auch schon das Gesuch um Prozeßkostenhilfe (KG JW **36**, 2744 zum fr ArmenR; aA MüKo/Leipold Rn 22) und Einrede im Prozeß (RG Recht **16** Nr 1549) gehören.

d) Die Rechtsfolge einer Zuwiderhandlg gg eine Verwirkgsklausel ist im Einzelfall dch Auslegg zu **10** ermitteln. Der unter auflösender Bedingg eingesetzte Erbe hat die Stellg eines (idR befreiten) VorE (s auch § 2075 Rn 3). Er wird VollE mit Ausfall der Bedingg, zB wenn innerh einer gesetzten Frist der Bedachte sich nicht gg den letzten Willen auflehnt; ebso bei Übertragg des Nacherbrechts (§ 2108 Rn 8; dazu Birk aaO 300); nicht aber dch Versprechen des Bedachten, das Test zu respektieren. Umgekehrt kann ohne Verstoß gg den letzten Willen die Bedingg nicht dch bloßes Anerkennen des VorE eintreten (LG Freibg BWNotZ **79**, 67). – Mit Eintritt der Bedingg entfällt die Zuwendg (§ 158 II). Welche Personen dann NachE werden, ist bei Fehlen einer ausdrückl Bestimmg dch Auslegg zu ermitteln (BayObLG **62**, 57); entw die gesetzl Erben (§ 2104) od die Abkömml des VorE (§ 2069) oder vorhandene MitE (§ 2094). Im Zw für den Eintritt der Abkömml ist Wacke DNotZ **90**, 417 entspr den gleichartigen Folgen bei §§ 2069; 2104 od der Enterbg dch neg Test (§ 1938 Rn 2). – Die mit der Verwirkg oft verbundene Beschränkg auf den Pflichtt bedeutet wg des Strafzwecks idR Verweisg auf den Pflichtt (RG **113**, 237; BayObLG **59**, 205), so daß der Bedachte vom NachE den Pflichtt fordern kann (s § 2304 Rn 1, 2). Ausnahmsw kann Zuwendg eines Vermächtn in Höhe des Pflichtt vorliegen (dazu Oertmann ZBIFG **15**, 369; Schopp Rpfleger **54**, 548); etwa wenn der Bedachte nicht pflichttberecht ist und der Erbl keinem Irrtum darüber unterlag. – Ist in einem **gemeinschaftlichen** Test (od ErbVertr) mit ggseit Erbeinsetzg die Berufg des SchlußE mit einer sog **Pflichtt**Klausel (§ 2269 Rn 13) verbunden, kommt dieser Klausel nicht die Anordng einer Vor- u NErbsch zu; vielmehr wird der Überlebende bei Zuwiderhandlg gg die Klausel endgült VollE u ist an die Einsetzg des SchlußE nicht mehr gebunden (BayObLG **90**, 58; **66**, 49/55).

e) Im Erbschein muß je nach Auslegg der Klausel (BayObLG **62**, 57) die Nacherbfolge unter Angabe der **11** Bedingg ihres Eintritts angegeben werden (§ 2363), nicht aber ein bedingtes Vermächtn. – Das **Grund-buchamt** kann bei Vorlage eines not gemeinsch Test mit PflichttKlausel GBO 35 I 2 (s Übbl 8 vor § 2353) einen Erbschein zum Nachweis verlangen, daß der Pflichtt nach dem ersten Erbfall nicht geltend gemacht wurde (Böhringer BWNotZ **88**, 155; aA LG Stgt BWNotZ **88**, 163, weil der erste Erbfall schon ein Jahrzehnt zurücklag). Je nach Fassg der Klausel ergeben sich aber Schwierigk im Hinbl auf GBO 35, die bei der Fassg bedacht werden sollten (s Karch BWNotZ **89**, 75).

2075 *Auflösende Bedingung.* **Hat der Erblasser eine letztwillige Zuwendung unter der Bedingung gemacht, daß der Bedachte während eines Zeitraums von unbestimmter Dauer etwas unterläßt oder fortgesetzt tut, so ist, wenn das Unterlassen oder das Tun lediglich in der Willkür des Bedachten liegt, im Zweifel anzunehmen, daß die Zuwendung von der auflösen-den Bedingung abhängig sein soll, daß der Bedachte die Handlung vornimmt oder das Tun unterläßt.**

1) Auslegungsregel. Ist dem Bedachten ein Verhalten für eine unbestimmte Dauer auferlegt („wenn er **1** nicht trinkt; spielt"; „.. meine Mutter pflegt"), entspricht es iZw nicht dem Willen des Erbl, daß der Bedachte die Zuwendg erst nach unbestimmter Zeit (uU gar erst mit seinem Tod seine Erben) erhält, sond bereits mit dem Erbfall. Er soll sie dann aber nur behalten dürfen, wenn er sich entspr dem ErblWillen verhält. Die Beifügg einer unsittl Bedingg (vgl auch § 2074 Rn 4) würde übrigens die ganze Zuwendg hinfällig machen, wenn nicht § 140 durchgreift; doch ist es im Hinblick auf die nur in AusnFällen zu korrigierende TestierFreih (s § 1937 Rn 20) nicht sittenwidr, wenn aus hinzunehmenden Gründen die Ver-heiratg mit einer bestimmten Person, mit Andersgläubigen od Ausländern untersagt wird (s auch § 2074 Rn 1; Keuk FamRZ **72**, 9; Mikat FS Nipperdey, 1965, I 581/598 ff). – **Bei bestimmter Dauer** (Nichtheira-ten vor Volljährigk) gilt § 2074 (einschränkend MüKo/Leipold Rn 4).

2) Voraussetzung ist Zuwendg unter einer Potestativbedingg (s Einf 10 vor § 158; Zawar NJW **88**, 16). **2** Das Verhalten des Bedachten muß also allein von **seinem Willen,** nicht etwa von der Mitwirkg eines Dritten abhäng sein. Ist dies nicht od nicht ausschließl der Fall (zB die Bedingg pünktl Steuerzahlg), kann der Auslegg unbedingte Zuwendg ergeben (Soergel/Loritz Rn 3; vgl auch § 2076). – Zugesagte Pflegeleistgn, die dann noch vom tatsächl Eintritt der Pflegebedürftig abhängn, kann Erbl grdsl zur auflösden Bedingg seiner Erbeinsetzg machen; sie können aber auch nur Motiv für die erfolgte Zuwendg sein (BayObLG **93**, 248). – Bei Erbeinsetzg unter der Bedingg, daß der Bedachte im Fall seiner Verheiratg in Gütertrenng leben werde, erachtet KG OLGZ **68**, 244 die Vorschr nicht für anwendb; es komme auf freie Auslegg des Test an (dagg mit gutem Grd Bosch FamRZ **68**, 395; dazu auch Keuk FamRZ **72**, 15). – Bei unmöglicher auflösen-der Bedingg ist diese (nicht die Zuwendg) wirkungslos (MüKo/Leipold Rn 3; Soergel/Loritz Rn 4).

3) Rechtsfolgen. Bei Zuwiderhandlung (§ 158 II) ist das Erlangte den Erben od Ersatzberecht herauszu- **3** geben; ob mit od ohne Früchte u Nutzgen, richtet sich nach dem zu ermittelnden ErblWillen (§ 159), iZw also ohne diese. – Der unter einer auflösend Bedingt Bedachte hat die Stellg eines (idR befreiten, BayOLG **62**, 57) VorE. Hauptfall ist die Einsetzg eines Erben unter der Bedingg, daß er einer Verwirkgs-klausel nach dem Erbfall nicht zuwiderhandelt (BayObLG **66**, 49; § 2074 Rn 6). Erst bei seinem Tode stellt sich heraus, ob er VollE geworden ist (BayObLG **62**, 57). S auch Stgt OLGZ **79**, 52 (Einsetzg eines Kindes als Erben des überlebden Eheg mit Ausschluß, wenn es Pflichtt nach Tod des Zuerstverstorbenen verlangt); LG Fbg BW-NotZ **79**, 67 (dch VerwirkgsKlausel auflösend bedingt eingesetzter Erbe fällt dann nicht weg, wenn er zwar den Eintr der Verwirkg anerkennt, in Wirklich gg die Klausel nicht verstoßen hat). – Bis zum Tod besteht aufschiebend bedingte NachErbsch (KG aaO). – Auch ein NachE kann unter einer auflösenden Bedingg eingesetzt werden (Hamm OLGZ **68**, 80; § 2065 Rn 9 aE).

4   **4) Nichtigkeit.** Eine letztw Vfg od eine einzelne darin getroffene Bestimmg kann nichtig sein, weil sie an eine Bedingg geknüpft ist, die gg ein gesetzl Verbot od gg die guten Sitten verstößt (Johannsen WM **71**, 926 f; § 2074 Rn 4).

2076   *Bedingung zum Vorteil eines Dritten.*   Bezweckt die Bedingung, unter der eine letztwillige Zuwendung gemacht ist, den Vorteil eines Dritten, so gilt sie im Zweifel als eingetreten, wenn der Dritte die zum Eintritte der Bedingung erforderliche Mitwirkung verweigert.

1   **1) Eine Auslegungsregel** enthält die Vorschr, die neben den auch für letztw Vfgen geltenden § 162 tritt (Hamm OLGZ **68**, 85). Sie gilt nur für bedingte Zuwendgen (nicht für Vermächtn, § 2147 od Auflage, § 2192) und fingiert den Eintritt der Bedingg, wenn der begünstigte Dritte seine Mitwirkg trotz Erfüllgsbereitschaft des Bedachten verweigert. – Bei Mitwirkgsverweiger des Auflageberecht gilt § 2195.

2   **2) Dritter** ist jeder, der nicht Erbl oder Bedachter ist (Schlüter § 22 IV 3 c). Er hat (anders als bei der VermächtnZuwendg) keinen Anspr auf die Zuwendg. – Unter **Vorteil** des Dritten ist nicht nur ein Vermögensvorteil zu verstehen (anders § 1939). Auch Eheschl kann Vorteil bezwecken, so daß der Bedachte die Zuwendg erhält, wenn sein ernstl Antr abgelehnt wird. – Bei unverschuldeter Unmöglichk des Eintritts der Bedingg kann diese als erfüllt angesehen werden; jedoch muß hier der Wille des Erbl durch Auslegg ermittelt werden (s BayObLG FamRZ **86**, 606; Kipp/Coing § 23 IV; RGRK Rn 7).

2077   *Unwirksamkeit letztwilliger Verfügungen bei Auflösung der Ehe oder der Verlobung.*   [I] Eine letztwillige Verfügung, durch die der Erblasser seinen Ehegatten bedacht hat, ist unwirksam, wenn die Ehe nichtig oder wenn sie vor dem Tode des Erblassers aufgelöst worden ist. Der Auflösung der Ehe steht es gleich, wenn zur Zeit des Todes des Erblassers die Voraussetzungen für die Scheidung der Ehe gegeben waren und der Erblasser die Scheidung beantragt oder ihr zugestimmt hatte. Das gleiche gilt, wenn der Erblasser zur Zeit seines Todes auf Aufhebung der Ehe zu klagen berechtigt war und die Klage erhoben hatte.

[II] Eine letztwillige Verfügung, durch die der Erblasser seinen Verlobten bedacht hat, ist unwirksam, wenn das Verlöbnis vor dem Tode des Erblassers aufgelöst worden ist.

[III] Die Verfügung ist nicht unwirksam, wenn anzunehmen ist, daß der Erblasser sie auch für einen solchen Fall getroffen haben würde.

1   **1) Auslegungsregel.** Eine zugunsten des Ehegatten errichtete Vfg vTw soll im Zw nur im Falle des Bestehens der Ehe wirks bleiben, weil regelmäß ein Ehegatten nur aGrd der dch die Eheschließg bewirkten familienrechtl Bindg bedacht hat (MüKo/Leipold Rn 2). Es handelt sich aber nur um eine dispositive Ausleggsregel, keine widerlegb Vermutg (hM, s BayObLG NJW-RR **93**, 12 mwN). Daher ist im Hinbl auf **III** dch Auslegg zu erforschen, ob der Wille des Erbl auf Weitergeltg gerichtet war (s Rn 6); Erbl ist dabei nur der erstverstorbene Ehegatte (BayObLG FamRZ **90**, 322). War die Vfg in Erwartg späterer u fortgeltender Ehe errichtet worden, hilft Anfechtg nach § 2078 II. – Die dch das 1. EheRG dem Zerrüttgsprinzip im ScheidgsR angepaßte Vorschr (ebso § 1933 für die ges Erbfolge) ergänzt die allg Regeln üb Nichtigk od Unwirksamk einer Vfg v T w (s § 1937 Rn 17 ff). Sie gilt entspr beim gemschaftl Testament (§ 2268) u beim ErbVertr (§ 2279), aber nicht bei Lebensversichergen (dazu Rn 9). – Zur TestGestaltg nach Scheidg s Nieder ZEV **94**, 156.

2   **2) Voraussetzung** für die UnwirksamkRegel des **I** ist, daß beim Erbfall die Auflösg der Ehe (des Verlöbn) bereits erfolgt war od auf Betreiben des Erbl bevorstand. Unerhebl ist dagg, ob die Ehe bei TestErrichtg schon geschlossen od erst beabsichtigt war u dann nachfolgte (BGH FamRZ **61**, 364; BayObLG NJW-RR **93**, 12). Auf nicht verlobte Partner einer nichtehel LebensGemsch sind **II**, **III** dagg nicht anwendb (BayObLG **83**, 440; MüKo/Leipold Rn 11; aA Meier-Scherling DRiZ **79**, 296). – Der RGedanke des § 2077 ist analog bei Auslegg eines Test heranzuziehen, dch das Eltern den Ehepartner ihres Kindes zu ihrem Erben eingesetzt haben (Saarbr FamRZ **94**, 1205). – Im Einzelnen gilt:

3   **a) Auflösung (I 1)** der Ehe erfolgt dch rkräft Scheidg (§ 1564) od Eheaufhebg (EheG 28, 29) od Wiederheirat nach TodesErklärg vor dem Tod des Erbl (EheG 38). Wurde die Ehe nach Scheidg erneut geschlossen, ist die Zuwendg iZw von Bestand (s Rn 7; str); bei Eheauflösg dch Tod des Bedachten entfällt sie ohnehin (§§ 1923, 2108, 2160). **Nichtigkeit** (EheG 17–21) setzt rkräft NichtigErkl voraus, die auch nach dem Tod des Erbl noch herbeigeführt werden kann (EheG 23, 24; ZPO 631, 636). S dazu Finger MDR **90**, 213.

4   **b) Rechtshängiges Scheidungs- oder Aufhebungsverfahren (I 2, 3).** Die Ausleggsregel greift iZw (III) auch ein, wenn die Ehe als gescheitert anzusehen u der Erbl die Scheidg beantragt od ihr zugestimmt hat; od wenn die Aufhebg der Ehe berecht gewesen wäre und er Klage erhoben hatte. S dazu § 1933 Rn 1–7, dort auch zu den Erfordern bei einverständl Scheidgsbegehren u zur Beweislast. Ob der ScheidgsAntr zum Zeitpkt des Erbfalls **begründet** gewesen wäre od ein AufhebgsGrd vorgelegen hätte, kann ggf das NachlG bei Erteilg des Erbscheins (§§ 2358, 2359) od das ProzeßG bei der ErbschKlage selbständ zu prüfen (BayObLG JFG **6**, 169). – Über die RFolgen, wenn die letztw Vfg bestehen bleibt, s Battes FamRZ **77**, 436.

5   **c) Bei Verlöbnis (II),** also ernstl gemeintem, ggseit gegebenem u angenommenen Eheversprechen, behandelt das G letztw Zuwendgen an den Verlobten als dch den Bestand des Verlöbn bedingt (BayObLG Rpfleger **87**, 503). Für seinen Bestand zZ des Erbfalls trägt daher der Bedachte die Beweislast ebso wie dafür, daß der Erbl seine letztw Vfg auch für den Fall der Auflösg getroffen hätte (BayObLG aaO; Rn 6). Im Zw (III) ist die letztw Vfg unwirks, wenn das Verlöbn einseit dch Rücktritt od einverständl aufgelöst war (s dazu Einf 4 vor § 1298 u dort Rn 1); ob der Rücktritt, der nicht in Erkl nur ggü Dritten gesehen werden kann (RG **141**, 358), gerechtfertigt war od nicht, ist ohne Bedeutg. – Die Zuwendg bleibt idR wirks, wenn Erbl als Verlobter starb (KGJ **37**, A 115), währd die Zuwendg sich ohnehin erledigt, wenn der bedachte Verlobte vorverstorben war. – Kommt es zur Eheschließg, s Rn 2. – Keine entspr Anwendg auf nichtehel Lebens-Gemsch (Einl 20 v § 1297).

3) Vorrang des Erblasserwillens (III). Dch Auslegg ist zu ermitteln, ob nach dem wirkl Willen des Erbl **6** sein Test auch für den Fall einer späteren Scheidg Gültigk behalten soll. Zur Weitergeltg der letztw Vfg ist erforderl u genügd, daß sie der Erbl auch für den Fall der Ehe- (od Verlöbnis-) Auflösg getroffen hat od hätte (BGH FamRZ **60**, 28; vgl § 2067 Rn 1). Hat er bei TestErrichtg den Fall der Scheidg (Auflösg) nicht bedacht, kommt es auf seinen hypothet Willen zZ der TestErrichtg an (BGH FamRZ **61**, 366; BayObLG FamRZ **93**, 362; **95**, 1088; Battes JZ **78**, 733). Spätere Umstände können für die Ermittlg des hypothet Willens insoweit herangezogen werden, als sie Rückschlüsse darauf zulassen, wie der Erbl testiert hätte, wenn er die Auflösg seiner Ehe vorausbedacht hätte (s § 2084 Rn 8). Ein später neu gefaßter wirkl Wille ist dagg schon wg des Formzwangs insoweit unbeachtl, als er auf einem Anschauungswandel des Erbl beruht. – Daher muß eine Aussöhng der geschiedenen Eheg bei Ermittlg des hypothet Willens außer Betr bleiben. – Auch bei **Wiederheirat** der geschiedenen Eheleute wird deshalb häufig angenommen, daß die Vfg vTw **7** nichtig bleibt (KG FamRZ **68**, 217 mit abl Anm Bosch). Dies wird allerd dem häufigen Fall nicht gerecht, daß der Erbl wg der Wiederherstellg der ehel Bindg davon ausging, daß sein Test weiterhin gilt und er daher von einer erneuten inhaltsgleichen Testierung abgesehen hat. Daher ist in diesen Fällen § 2077 entw überh nicht anzuwenden (dafür Soergel/Loritz Rn 17), weil beim Erbfall der Bedachte mit dem Erbl verheiratet ist (dazu Tappmeier DNotZ **87**, 715) od es ist die Vfg in ihrem ursprüngl Sinn (kein hypothet Wille) aufrecht-zuerhalten (MüKo/Leipold Rn 18; s auch Battes JZ **78**, 733/738). Zum gemsch Test s dagg § 2268 Rn 2. Verheiratet sich dagg der Erbl mit einem anderen Gatten, kann die Vfg auch dann nicht zugunsten des jetzigen Gatten aufrecht erhalten werden, wenn nach der Formu-lierg „meine Frau" bedacht war, weil nicht allgemein angenommen werden kann, daß der Erbl seine jeweilige Ehefrau einsetzen wollte (RG **134**, 281; MüKo/Leipold Rn 18; aA Brox Rn 216). – Die in einen Scheidgsvergleich aufgenommene Verpflichtg, ein Test nicht zu ändern, kann ggf in einen ErbVertr umge-deutet werden (Stgt OLGZ **89**, 415; s § 2276 Rn 9). – Durch **III** wird eine unmittelb ErklAuslegg nicht ausgeschl, so daß ein hypothet Wille nur dann von Bedeutg ist, wenn ein durch Auslegg zu ermittelnder irrtumsfreier Wille fehlt (BGH FamRZ **60**, 28). – **Beweislast** hat der frühere Eheg od Verlobte (BGH aaO; BayObLG Rpfleger **87**, 503). Im ErbscheinsVerf trifft materielle Beweislast (§ 2353 Rn 31) den, der sich **8** darauf beruft, der Erbl habe entgg **I** seine letztw Vfg auch für den Fall der Scheidg getroffen (BayObLG Rpfleger **81**, 282; Bremen FamRZ **86**, 833).

4) Auf Lebensversicherungen als Kapitalversicherg (VVG 166) u damit RGesch unter Lebenden ist **9** § 2077 trotz ähnl Interessenlage aus Grden der RSicherh u im Interesse des VertrPartners nicht entspr anzuwenden (BGH NJW **87**, 3131; Tappmeier DNotZ **87**, 715; Völkel VersR **92**, 539; str). Ggü der Ver-sicherg (DeckgsVerhältn) richtet sich dann das BezugsR allein nach den dafür im VersicherungsVertr getroffenen Vereinbargen (BGH NJW **95**, 1082; st Rspr). Die Bezugsberechtig der Ehefrau (mit od ohne Namensanga-be) ist auch nicht dch Test widerrufl (s § 332 Rn 2) u nicht ohne weiteres auflösd bedingt dch die Scheidg vor Eintritt des Versicherungsfalles. Ist in den allg Bedingen einer der Alters- u Hinterbliebenenversorgg dienenden Versicherg die Ehefrau „unwiderrufl" als BezugsBerecht bezeichnet, wird damit die zum Ztpkt des Versichergfalles mit dem Versicherten verheiratete Ehefrau bezeichnet (BGH NJW **81**, 984). – Die Berechtigg zum **Behalten** der Versicherungssumme kann aber entfallen, wenn das ValutaVerhältn zw zuwendendem Versicherergsnehmer (Erbl) u BezugsBerecht (zB geschiedener Ehefrau) rückabgewickelt wer-den muß (BGH NJW **95**, 1082; Muscheler WM **94**, 921). RGrd für die Zuwendg an den Ehegatten kann Schenkg, auch Pflichtschenkg (BGH FamRZ **82**, 165), Unterhalt (BGH **74**, 38) od sog unbenannte Zu-wendg (BGH **84**, 361; s dazu auch § 1372 Rn 3) sein. Dafür entfällt die GeschGrdlage regelmäß mit Scheitern der Ehe (BGH FamRZ **87**, 806), es sei denn, daß die Bezugsberechtigg gerade für diesen Fall Unterh u Versorgg des Ehegatten sichern sollte (BGH NJW **95**, 1082). Beweislast dafür, was GeschGrdlage der Zuwendg geworden ist, trägt der sich auf Wegfall Berufende (BGH aaO). Bei Wegfall kann dann statt entspr Anwendg von § 2077 das damit verfolgte Anliegen dch Prüfg einer Anpassg u Interessenabwägg (s § 242 Rn 130, 131) berücksicht werden (dazu auch Völkel aaO).

2078 *Anfechtung wegen Irrtums oder Drohung.* [1]**Eine letztwillige Verfügung kann angefochten werden, soweit der Erblasser über den Inhalt seiner Erklärung im Irrtu-me war oder eine Erklärung dieses Inhalts überhaupt nicht abgeben wollte und anzunehmen ist, daß er die Erklärung bei Kenntnis der Sachlage nicht abgegeben haben würde.**

[2]**Das gleiche gilt, soweit der Erblasser zu der Verfügung durch die irrige Annahme oder Erwar-tung des Eintritts oder Nichteintritts eines Umstandes oder widerrechtlich durch Drohung be-stimmt worden ist.**

[3]**Die Vorschriften des § 122 finden keine Anwendung.**

1) Vorrang der Auslegg, Die Auslegg (auch die ergänzende) geht nach allg Grdsätzen der Anfechtg **1** vor, da sie den ErblWillen verwirklicht, die Anfechtg ihn dagegen vernichtet (§ 142) u häufig zur vom Erbl ungewollten ges Erbfolge führt. Erst wenn gem §§ 133; 2084 der reale od hypothet Wille des Erbl ermittelt ist, darf die Anfechtg geprüft werden (BGH **LM** § 2100 Nr 1; NJW **78**, 264; KG NJW **71**, 1992; BayObLG **66**, 394; Bedenken hiergg Schubert/Czub JA **80**, 258). – Auch eine nur **falsche Bezeichnung** des Bedachten od des zugewendeten Ggstands unterliegt der Auslegg, nicht der Anfechtg (RG LZ **21**, 376), zB wenn der Erbl seine Ehefrau als „Mutter" bezeichnet. Es gilt dann das Gewollte u nicht das Erklärte (Lange JhJ **82**, 15).

2) Die Anfechtung letztw Vfgen ist in weiterem Umfang als bei and RGesch zugelassen, weil auf den **2** Vertrauensschutz eines ErklEmpfängers keine Rücksicht zu nehmen ist. Anfechtbar ist aber nicht das Test als solches, sond immer nur einzelne in ihm enthaltene letztw Vfgen (BGH NJW **85**, 2025). Die Anfechtbark geht nur so weit, wie der Irrtum gereicht u auf den Inhalt der Erkl eingewirkt hat (RG **70**, 391; BGH aaO). –

Das Ges regelt die **Gründe** der Anfechtg in §§ 2078, 2079 (als SonderVorschr zu §§ 119, 123), die **Berechtigung** dazu in § 2080 sowie **Form** und **Frist** in §§ 2081, 2082. Zur Wirkg s Rn 10. Der seine Zuwendg verlierende Bedachte hat keinen Anspr auf Ersatz des Vertrauensschadens (**III**). – Bei aufschiebend bedingter od mit Anfangstermin versehener Zuwendg ist eine Anfechtg der **Bedingung** od der Befristg allein nicht mögl; anders ist dies bei auflösender Bedingg od bei Bestimmg eines Endtermins (Staud/Otte Rn 35). – Über Verzicht auf eine Anfechtg s § 2081 Rn 10. – Dch späteres Test kann Erbl Fortgeltgswillen bestätigen u damit die Anfechtbark selbst beseitigen (Hamm NJW-RR **94,** 462 mAv Langenfeld ZEV **94,** 171; s auch § 1937 Rn 27). – Zur Anfechtg nach dem ZGB der fr **DDR** s Rn 12.

3   **a) Inhalts- und Erklärungsirrtum, I** (s § 119 Rn 5; 7–9). Hier ist es gleichgült, welcher Fall vorliegt, ob TatsIrrtum od Rechtsirrtum wie zB bei Einsetzg der gesetzl Erben darüber, wer nach dem G berufen ist (RG **70,** 391); Irrtum über die rechtl Tragweite bzw Bindgswirkg des ErbVertr (Hamm OLGZ **66,** 497) od der Fall des Verschreibens od (man denke an ein öff Test) des Versprechens, Voraussetzg ist stets, daß der testierfäh Erbl (s Johannsen WM **72,** 643) bei Kenntn der Sachlage die Erkl nicht abgegeben hätte, wobei es genügt, wenn der Irrt wesentl mitbestimmend war (s Rn 9). Die Verkehrssitten spielen hier keine Rolle. Es kommt daher auch nicht auf die verständ Würdigg des Falles an (wie bei § 119); maßg ist allein die wirkl Absicht des Erbl entspr seiner subj Denk- u Anschauungsweise (BayObLG **71,** 149), sofern sie nicht gesetzwidrig ist.

4   **b) Motivirrtum (II)** ist abweich von § 119 II beachtl, um beim Test den wahren Willen des Erbl stärker berücksichtigen zu können als im sonst rechtsgesch Verkehr. Jedoch ist damit die Anfechtg, deren prakt Bedeutg bereits dch den Vorrang ergänzender Auslegg begrenzt wird (Rn 1; § 2084 Rn 8), nicht schrankenlos mögl. Nur besond schwerwiegende Umstände, die gerade diesen Erbl unter Berücksichtigg seiner ihm eigenen Vorstellgen mit Sicherh dazu gebracht hätten, anders zu testieren, können sie begründen (BGH NJW-RR **87,** 1412). Es muß sich also um Irrt üb Umstände handeln, die bewegender Grd für den letzten Willen des Erbl waren (Rn 9), so daß nicht jede Fehlvorstellg ausreicht. Nicht erforderl ist, daß die irrige Annahme in der Vfg selbst zum Ausdr kommt (BGH NJW **65,** 584). – Irrige **Annahme** eines Umstands bezieht sich auf Vergangenh u Ggwart, **Erwartung** des Eintritts od Nichteintritts auf die Zukunft, wobei der Umstand auch erst nach dem Erbfall liegen kann (BGH Betr **66,** 379; FamRZ **77,** 786; BayObLG **71,** 149). Beispiele: die Entwicklg der Währgsverhältn (RG JW **22,** 1344; AG Hohenwested SchlHA **49,** 121); später unerwarteter Vermögenserwerb des Erbl (Stgt BWNotZ **60,** 50) od die Vorstellg eines rechtl Erfolges (RG Gruch **67,** 671); die Erwartg, daß künft Unstimmigkeiten zw Erbl u Bedachten ausbleiben (BGH NJW **63,** 246; FamRZ **73,** 539); od daß Erbl nicht mit Beilegg eines Streits rechnete, der Grd für Test war (Köln FamRZ **90,** 1038); die nicht erfüllte Erwartg künft Wohlverhaltens des Erben ggü dem Erbl (BGH **4,** 91); od grdlegender Irrtum üb Verhalten des Bedachten, zB Vermögensgefährdg dch Beitritt zu Sekte (Mü NJW **83,** 2577). Die allg Veränderg der polit Verhältn in der fr **DDR** allerd nur, wenn die früh Verhältn nach dem Test Beweggrund waren (dazu Grunewald NJW **91,** 1208). Ließ sich zB der Erbl davon leiten, daß sein Grundbesitz in der fr DDR infolge der dortigen polit Verhältn für seine in der alten BRD lebden Erben ohne wirtschaftl Interesse od sogar eine Belastg sei, kann diese Erwartg die Anfechtg begründen (s Rn 6).

5   **aa) Wirkliche Vorstellung.** Die Anfechtg kann nur auf Vorstellgen u Erwartgen gestützt werden, die der Erbl **bei Errichtung** der letztw Vfg **gehabt hat,** nicht auf solche, die er bei Kenntn von damals unbekannten Umständen gehabt haben würde (BGH NJW **63,** 246; BayObLG FamRZ **84,** 1270; Ravbg BWNotZ **79,** 15); auch nicht auf das spätere Aufkommen irriger Vorstellgen, wie etwa das Vergessen einer früheren TestErrichtg (BGH **42,** 327 mAv Kreft zu **LM** Nr 9). IdR rechtfertigen Vorstellgen des Erbl, der Erbe werde in bestimmter Weise über den Nachl verfügen, die Anfechtg nicht, wenn der Erbe überhaupt nicht od nicht in entspr Weise über den Nachl verfügt (BGH FamRZ **67,** 473; s Johannsen WM **72,** 643 f).

6   **bb) Sog. unbewußte Vorstellungen.** Die Rspr versteht darunter keine vom Bewußtsein nicht erfaßbare, sond durchaus vorhandene Vorstellungen iS der in die Zukunft gerichteten Erwartgen des Erbl, die ihm als so selbstverständl erscheinen, daß sie bei ihm unbewußt bestehen können u trotzdem Grdlage seiner letztw Vfg sind wie zB die Erwartg, die Ehe werde harmonisch verlaufen (BayObLG FamRZ **90,** 322). Gemeint sind also Umstände, die in der Vorstellungswelt des Erbl ohne nähere Überlegg so selbstverständl sind, daß er sie zwar nicht konkret im Bewußtsein hat, aber doch jederzeit abrufen u in sein Bewußtsein holen kann (BGH NJW-RR **87,** 1412); Pohl bezeichnet sie als mitbewußte Vorstellgen (in: Unbewußte Vorstellgen als erbrechtl AnfGrd, 1976). Solche (zwischen wirkl Vorstellg u Nichtwissen anzusetzenden) Erwartgen können für den Erbl infolge ihrer Gewohnh als selbstverständl Grdlage für seine letztw Vfg sein u die Enttäuschg üb ihren Nichteintritt die Anfechtg nach **II** begründen (BGH **LM** Nr 3; 4; 8; WM **83,** 567; KG FamRZ **77,** 271; BayObLG FamRZ **84,** 1270; Hamm FamRZ **94,** 849). Ob dies auch bei Fehlvorstellgen üb die künft polit Entwicklg gilt, wenn Test in der Erwartg errichtet wurde, die polit Lage in der fr **DDR** werde sich nicht ändern, hängt vom Einzelfall ab (dazu Meyer ZEV **94,** 12; s auch Rn 12). Hatte zB der Erbl die Vorstellg, seinem Grdbesitz in der damaligen DDR komme für den Erben kein wirtschaftl Wert zu u hat er ihn deshalb in seinem Test gar nicht erwähnt u nur üb und unwesentl Vermögensteile vfgt, kann dies die Anfechtg nach § 2078 begründen (Gießen DtZ **93,** 217; Not Müllheim DtZ **92,** 157). Jedoch wird man die auf der künft polit Entwicklg beruhd Wertsteigerg als erst nach seinem Tod sich ereignende künft Tats idR nicht als (mit-)bestimmend für die Vfg ansehen können (Grunewald NJW **91,** 1208; aA Gießen aaO; Wasmuth DNotZ **92,** 3; s auch Ffm FamRZ **93,** 613). – Nicht darunter fällt idR die Tatsache, daß der eingesetzte Erbe einen Verkehrsunfall verursacht hat, der zum Tod des Erbl führte (Hamm OLGZ **68,** 86; s zum gleichen Sachverhalt aber auch BGH FamRZ **71,** 638).

7   **cc) Umstände.** Zur Begründg der Anfechtbark kommen sowohl Umst in Betr, die (wie Geburt, Tod, Bedürftigk des Bedachten) unabhäng vom Willen des Erbl eintreten, als auch solche, die (wie spätere Heirat) in seinem Belieben stehen (RG **148,** 222), soweit nicht der Erbl die Voraussetzgen für die Anfechtg gg Treu und Glauben selbst herbeigeführt hat (BGH **4,** 91; FamRZ **62,** 427; BWNotZ **61,** 181; Johannsen aaO 645); daß der Erbl AnfGründe durch Heirat u Entstehg neuer PflichtBerecht selbst schaffen kann, ergibt sich aus § 2079. Ist der Erbl durch einen (angegebenen oder nicht angegebenen) unzutreffenden Grund zum Ausschluß des gesetzl Erben bestimmt worden, kann der Benachteiligte nach **II** anfechten (BGH NJW **65**, 584). Anfechtb können auch letztw Vfgen sein, dch die ein Eheg dem überlebden Eheg nur ein Vermächtn od einen geringfüg Erbteil hinterlassen u über die pflichtteilsrechtl Auswirkgen nach § 1371 irrige Vorstellgen gehabt hat (s Schwab JuS **65**, 437; auch Johannsen aaO zur Anfechtbark weg GesÄnderg). – Einseitige Vfgen des AntrGegners zG des AntrStellers im ScheidgsVerf, die vor der Ehekrise errichtet worden sind, können uU anfechtb sein (Battes FamRZ **77**, 433/437, 439 mit Lange JuS **65**, 347/350).

c) Drohung (II). Wegen Drohg ist die letztw Vfg wie nach § 123 I anfechtb, zB wg Drohg mit Strafan- **8** zeige (s aber auch RG Recht **10** Nr 1395). Ob sie vom Bedachten od einem Dritten ausging, gilt gleich. Wegen der Widerrechtlichk vgl § 123 Rn 19–22; BayObLG **60**, 497. Auch die Drohg einer Pflegerin, einen Kranken hilflos sterben zu lassen, falls er nicht sie od einen anderen bedenke, gehört hierher (RG JW **02** Beil 286; auch Hbg HansRGZ **34** B Nr 194). Daß jemand einen Erbl dch Widerspr gegen eine von ihm beabsichtigte TestErrichtg von dieser Absicht abbringt, ist für sich allein nicht rechtswidr (noch verstößt es gg die guten Sitten); dazu bedarf es weiterer Umstände, etwa der Ausnutzg einer Willensschwäche od Zwangslage des Erbl (BGH BWNotZ **65**, 348). – Verfügen, zu denen der Erbl unter Ausnützg der Todesnot bestimmt worden ist u die früh von TestG 48 III erfaßt wurden, sind heute entw nach § 138 nichtig od nach § 2078 II aE anfechtb (Schlüter § 23 I 3b); s auch Finke DNotZ **53**, 180; BGH FamRZ **56**, 221. – Widerrechtl Drohg kann auch uU Anfechtg wg Erbunwürdigk begründen (§ 2339 I Nr 3).

3) Kausalität. Irrtum bzw Drohg müssen für die Vfg bestimmend od zumindest derart mitbestimmend **9** gewesen sein, daß der Erbl diese ohne die irrige Vorstellg nicht getroffen hätte (BGH FamRZ **61**, 366; BayObLG **71**, 150). Der ursächl Zusammenhang fehlt also, wenn er auch ohne die irrige Vorstellg od die Drohg so testiert hätte (Hamm OLGZ **68**, 86); od wenn der Irrtum erst nach TestErrichtg entstand (BGH **42**, 327: Vergessen eines Test). Er fehlt idR auch bei Irrt nur über die steuerl Folgen (Hbg MDR **55**, 291) od über das weitere Schicksal des Nachl (BGH **LM** Nr 11). Vgl auch BGH **LM** Nr 4 betr spätere Änderg der polit Einstellg des Erbl. Beim Motivirrtum muß der zur Anfechtg berechtigende Umstand der bewegende Grd für den letzten Willen gewesen sein, weil nicht jede Ursache das Gewicht des Beweggrundes hat (BGH NJW-RR **87**, 1412). Hat der Erbl zB sein in der fr DDR belegenes Grdst für wertlos gehalten u dah im Test nicht erwähnt, kann sein Irrt nur ursächl sein, wenn er desh eine anderweit Vfg vTw unterlassen hatte (Not Stgt-Botnang FamRZ **94**, 658; s auch Rn 12). – Dch formlose Bestätigg der anfechtb Vfg kann der Erbl sie nicht der Anfechtg entziehen. Änderte er sie aber auch dann nicht, nachdem er seinen Irrt erkannte, zeigt sich daraus, daß die getroffene Vfg dem Willen entspricht, den er zur Zeit des Erbfalls gehabt hat. Dann kann eine Anfechtg nicht dchgreifen, weil er seine ursprüngl vom Irrt beeinflußte Vfg nun bewußt gelten lassen, es also letzten Endes bei ihr belassen wollte (BayObLG **71**, 150; FamRZ **95**, 246). Dafür muß allerd feststellb sein, daß er nicht nur aus Nachlässigk, Passivität od Scheu vor Kosten Widerruf bzw Abänderg unterließ (Köln FamRZ **90**, 1038; BayObLG FamRZ **90**, 211).

4) Wirkung. Die begründete, form- u fristgerecht von dem dazu Berecht erklärte Anfechtg führt zur **10** Nichtigk von Anfang an (§ 142). Diese erfaßt aber nicht das ganze Test, sond nur die angefochtene Vfg u auch diese nur insoweit, als anzunehmen ist, daß der Erbl sie bei Kenntn der Sachlage nicht getroffen hätte, soweit sie also durch den Irrt od die Droh beeinflußt ist (BGH NJW **86**, 1813; BayObLG **71**, 150); dagg nicht die vom Irrtum unbeeinflußten Vfgen des Test (§ 2085). Sie bewirkt also bei mehreren Vfgen häufig nur eine Teilnichtigk. – Auch die nur von einem von mehreren AnfBerecht erklärte begründete Anfechtg wirkt absolut, kommt also auch den übr Beteiligten zugute (BGH NJW **85**, 2025). – Der Nichtigk einer Einsetzg folgt aber nicht wie bei der Anfechtg unter Lebenden das Nichts, sond die gesetzl Erbfolge (Lange IhJ **82**, 9), soweit nicht durch die Anfechtg ein älteres Test wieder in Kraft gesetzt wird od spätere EinzelVfgen des Überlebenden trotz § 2271 II wirks werden (RG **130**, 214). Der wahre, nicht erklärte Wille des Erbl gelangt aber dadurch nicht zur Wirksamk. Daher der Vorrang der Auslegg (s Rn 1), durch die dem mutmaßl od unterstellten Willen des Erbl zum Erfolg verholfen werden kann. – Die Anfechtg ist uU **unzulässige Rechtsausübung**, wenn der Anfechtende selbst den AnfTatbestand in sittl zu mißbilligender Weise mit verwirklicht hat (Soergel/Loritz Rn 31).

5) Der Beweis für den AnfechtgsGrd obliegt dem, der sich auf die Anfechtg der letztw Vfg beruft **11** (BayObLG **63**, 264; **71**, 147; FamRZ **77**, 347; Hamm OLGZ **66**, 497; KG FamRZ **77**, 271; s auch § 2081 Rn 5; § 2082 Rn 1). An den Nachw des Motivirrtums dürfen keine zu geringen Anfordergen gestellt werden. Dies gilt insb für den Nachw, daß ein etwaiger Irrt auch ursächl für die Vfg war; für diese Ursächlichk gibt es keinen prima-facie-Beweis (Mattern BWNotZ **61**, 277/284). Beweis des ersten Anscheins (s RG DR **44**, 121) scheidet ohnehin bei dem individuellem Vorgang des Verstandes- u. Seelenlebens eines Menschen aus (BGH NJW **63**, 248; KG aaO). – Etwaige Anhaltspunkte für einen Willensmangel brauchen sich nicht aus der letztw Vfg zu ergeben; sie können auch nachgewiesenen mündl Äußergen des Erbl entnommen werden (BGH NJW **65**, 584). Siehe allg Johannsen WM **72**, 647 ff.

6) Anfechtung nach DDR-ZGB. Ist in Erbfällen zw 1. 1. 76 u 2. 10. 90 das ZGB der fr DDR (Einl 5 vor **12** § 1922) maßgebl ErbR (EG 235 § 1 Rn 5), regelt sich die TestAnfecht nach ZGB 374. Sie hat daher nicht ggü dem NachlG, sond dch AnfKlage gg den Begünst (ZGB 374) zu erfolgen, auch noch nach dem Beitritt (BGH NJW **94**, 582 mAv Otte ZEV **94**, 104; Thode JZ **94**, 472; de Leve Rpfleger **94**, 233; aA Bestelmeyer Rpfleger **94**, 1444; DtZ **94**, 99), selbst wenn Test vor dem ZGB errichtet worden war (EGZGB 2; 8). – **Anfechtungsgrund:** ZGB 374 umfaßte üb seinen Wortlaut hinaus sowohl den InhaltsIrrt als auch den Erkl- u MotivIrrt, da die Vorschr im überkommenen Sinne des BGB gemeint u so in der fr DDR praktiziert worden war; dementspr ist sie auch heute umfassd anzuwenden (BGH aaO mN). Wurde MotivIrrt dch die irrige Erwartg üb die polit Entwicklg in Dtschl ausgelöst, ist er nur ursächl, wenn sich feststellen läßt, daß unter anders und polit Verhältn anders testiert worden wäre; Kausalität fehlt dagg, wenn sich dem Erbl gar keine sinnvolle Alternative geboten hat (s BGH aaO; Otto aaO). – Die **Anfechtungsfrist** von 1 Jahr (ZGB 374 II 2) entspr § 2082. Sie wird mat-rechtl gem EG 235 § 1 bereits dch Einreich der Klage gewahrt (BGH aaO; Dresden FamRZ **94**, 268). Für deren Beginn gilt EG 231 § 6 entspr. Fristauslöse Kenntn ist bei obigem

MotivIrrt jedenf Mitte 1990 anzunehmen (BGH aaO stellt auf 15. 6. 90 wg Gemeins Erkl der beiden Regiergen ab; Otte aaO auf 15. 5. 90 wg Vertr üb Währgsunion). – Bei **Nachlaßspaltung** ist bezügl DDR-Grdbesitz Rückverweisg auf WohnsitzR dch RAG 26 zu beachten (KG FamRZ **95**, 762; s § 1922 Rn 8).

13   **7) Besonderheiten.** Beim **Erbvertrag** regeln die Anfechtg §§ 2281–2285. – Zur Anfechtg eines **gemeinschaftlichen** Test s § 2271 Rn 25–36. – **Weitere Anfechtungsfälle** s REG 79 (früh *AmZ*), 66 (früh *BrZ*), 68 (*Berlin*); dazu ORG Bln RzW **71**, 348. Nach Ablauf der hier bestimmten Anfechtgsfrist ist bei gleichem Tatbestd eine Anfechtg nach § 2078 ausgeschlossen (hM). – Ob neben RückgabeAnspr nach **VermögensG** 1 ff (s § 1922 Rn 50) eine Befugn zur Anfechtg besteht, ist str, aber zu verneinen (Wasmuth DNotZ **92**, 3/14; s auch Fahrenhorst JR **92**, 265).

14   **8) Entsprechende Anwendung** des § 2078 auf die Anfechtg eines RGesch des Erbl **unter Lebenden** ist denkbar. ZB wenn der Erbl in einem Zusatz zur LebensVersPolice einen anderen als bezugsberecht bezeichnet hat in der irrigen Annahme, der zunächst Bezeichnete sei gestorben, verschollen od erbunwürdig. Denkbar ist auch eine entspr Anwendg der §§ 2078, 2079 auf die Anfechtg einer Drittbegünstiggsklausel für den Todesfall in einem BausparVertr (s Hippel NJW **66**, 867; Soergel/Loritz Rn 9).

2079 *Anfechtung wegen Übergehung eines Pflichtteilsberechtigten.* Eine letztwillige Verfügung kann angefochten werden, wenn der Erblasser einen zur Zeit des Erbfalls vorhandenen Pflichtteilsberechtigten übergangen hat, dessen Vorhandensein ihm bei der Errichtung der Verfügung nicht bekannt war oder der erst nach der Errichtung geboren oder pflichtteilsberechtigt geworden ist. Die Anfechtung ist ausgeschlossen, soweit anzunehmen ist, daß der Erblasser auch bei Kenntnis der Sachlage die Verfügung getroffen haben würde.

1   **1) Normzweck.** Die Vorschr regelt einen Sonderfall des Motivirrtums u ergänzt § 2078. Da beiden Vorschr verschiedene Tatbestände zugrunde liegen, kann eine Anfechtg auch auf beide gestützt werden (BayObLG **80**, 42/51); die nach § 2079 schließt jedenf nicht ohne weiteres eine solche nach § 2078 mit ein (RG JW **11**, 656). Da aber der Grund der Anfechtg nicht angegeben werden muß (s § 2081 Rn 2), kann nicht gefordert werden, daß schon bei Erklärg der Anfechtg ausdrückl erklärt wird, ob sie auf die eine od die andere Norm od auf beide gestützt wird. Nach seinem Zweck dient § 2079 dem Schutz des allein anfechtgsberecht (§ 2080 III) PflichttBerecht (MüKo/Leipold Rn 2; Soergel/Loritz Rn 1), während bei ErbVertr (§ 2281 I) u gemeinsch Test (s § 2271 Rn 25–30) das eigene AnfechtgsR des Erbl and Zwecken dient.

2   **2) Die Anfechtung** nach § 2079 erstreckt sich grdsl auf die gesamte Vfg vTw (währd § 2078 die Anfechtbark auf die vom Irrt des Erbl beeinflußten Vfgen beschränkt). Auch wechselbezügl Vfgen in einem gemeinsch Test von Eheleuten (§ 2270 I) können nach Ableben beider Ehegatten von dem neuen Ehegatten des zuletzt Verstorbenen angefochten werden (KG FamRZ **68**, 218; BayObLG **89**, 116), allerd mit den Einschränkgen des § 2285 (s § 2271 Rn 33). Voraussetzgen sind:

3   **a) Übergehen** eines PflichttBerecht liegt vor, wenn der PflichttBerecht weder enterbt noch als Erbe eingesetzt od mit einem Vermächtn bedacht ist (BayObLG **93**, 389; Celle NJW **69**, 101; aA MüKo/Leipold Rn 6; Soergel/Loritz Rn 3: auch der Bedachte ist übergangen, wenn sein PflichtR bei TestErrichtg noch nicht bestand u daher die Zuwendg nur wg seiner Stellg als pflichtteilberecht Erbe getätigt wurde; eingehd Jung AcP **194**, 42: Übergehen bedeutet allein den unbewußten Ausschluß des Berecht). Ganz geringfüg Zuwendgen bleiben allerd außer Betr. Zuwendg eines Vermächtn schließt also Anfechtg aus, gleich ob sie bereits vorher nur zur Absicherg (Hamm NJW-RR **94**, 462 mAv Langenfeld ZEV **94**, 171) od nachträgl in ergänzder Vfg wg des PflichtR erfolgte (Celle NJW **69**, 101). Allerd kommt dann ggf Anfechtg nach § 2078 in Betr (RG **148**, 223; Jung aaO). – Der PflichttBerecht kann nicht anfechten, wenn ihn der Erbl ausdrückl ausgeschlossen od bewußt übergangen hat od eine endgült Regelg ohne Rücks auf etwa noch hinzutretende PflichttBerecht treffen wollte. – Übergangen ist auch das **nichteheliche Kind,** das in einem von seinem Vater vor dem 1. 7. 70 errichteten Test mit einem Vermächtn bedacht wurde, wenn der Erbfall nach diesem Zeitpkt eingetreten ist (Lindacher FamRZ **74**, 345).

4   **b) Unkenntnis** des PflichttBerecht bei TestErrichtg aus tatsächl od rechtl Gründen. Dem Nichtbekanntsein gleichgestellt werden bloße Mutmaßgen des Erbl (zB der PflichttBerecht sei gestorben, RG SeuffA **62** Nr 186) sowie der tatsächl oder RechtsIrrt über das PflichtR des bekannten Berecht (RGRK Rn 24); ferner, daß der Erbl an die Möglichk zukünft PflichttRechts (zB durch Wegfall eines näher Berecht, § 1924 III; Heirat; EhelichErkl od Adoption, dazu Schalhorn JurBüro **75**, 1570) einfach nicht gedacht hat (Kipp/Coing § 24 II 2d).

5   **c) Die Ursächlichkeit** zwischen Irrt u Vfg wird vom Ges vermutet (im Ggsatz zu § 2078). § 2079 geht davon aus, daß iZw die Unkenntn vorhandener od künftiger PflichttBerecht (§ 2303 ff; § 2338a) bestimmendes Motiv des Erbl war u er bei Kenntn der Sachlage den PflichttBerecht nicht übergangen hätte. **Widerlegt** ist diese Vermutg, wenn der reale Wille des Erbl zur Übergehung mögl PflichttBerecht erwiesen ist (BGH NJW **83**, 2249), zB weil er bezügl seines späteren Eheg die mögl Eheschließg bereits in seine Überleggen einbezogen hat (BayObLG FamRZ **92**, 988). Ferner dann **(S 2),** wenn der Erbl nach seinem zu ermittelnden hypothet Willen zZt der TestErrichtg (nicht des Erbfalls) die gleiche Vfg getroffen hätte, sofern er hinsichtl der Person des PflichttBerecht die spätere Lage überschaut hätte (BGH NJW **81**, 1735; 1736; Hamm NJW **72**, 1089; Celle NJW **69**, 101). Andere Verändergen als die Kenntn von der Person des PflichttBerecht od seinem Hinzutreten nach TestErrichtg dürfen bei der ergänzden Auslegg nicht berücksichtigt werden (BGH LM **Nr 1**), so daß also iü von den Umständen auszugehen ist, die den Erbl seinerzeit zu der Vfg bestimmt haben. Aus dem Umstand, daß der Erbl nach Wiederverheirat sein Test nicht abgeändert hat, kann keinesfalls der Schluß gezogen, er habe schon bei dessen Errichtg den Willen gehabt, den zweiten Ehegatten zu übergehen. Dazu bedarf es im Einzelfall der Feststellg, daß der Erbl eine TestÄnd geflissentl, dh absichtl unterlassen hat (RG **148**, 224; BGH **80**, 295; BayObLG **89**, 116; **80**, 42). – **Beweis-**
6   **last:** Als Folge der ges Vermutg braucht der Anfechtende (anders als bei § 2078) die Kausalität des Irrtums

nicht nachzuweisen. Vielm muß der Anfechtsgegner beweisen, daß der Erbl auch bei Kenntn der Sachlage so testiert hätte wie geschehen (BayObLG FamRZ **85**, 534; NJW-RR **89**, 1090; Hbg FamRZ **90**, 910).

3) Wirkung. Die Anfechtg vernichtet nach S 1 idR das gesamte Test, weil die Berücksichtigg eines **7** weiteren Erben alle Erbteile verschieben würde (BayObLG **71**, 147; **75**, 6; **80**, 42; str) u führt dann zur ges Erbfolge (aA Köln NJW **56**, 1522; MüKo/Leipold Rn 19; Erman/Hense/Schmidt Rn 5: Test ist nur insow nichtig, als es den PflichtBerecht von seinem ges ErbR ausschließt). Da die Anfechtg stets nur kassiert, nie reformiert, stellt sie nicht die RLage her, die ein vom Erbl mutmaßl errichtetes Test schaffen würde. Auch die in der Einsetzg des test Bedachten notw liegende Enterbg eines Übergangenen entfällt wieder, weil diese nicht als selbständ u unabhäng Vfg angesehen werden kann (Tiedtke JZ **88**, 649; aA Staud/Otte Rn 14). S 1 wird allerd dch S 2 **eingeschränkt**, so daß die Wirksamk des Test bezügl des restl Nachl davon abhängt, wie der Erbl testiert haben würde, wenn er gewußt hätte, daß der PflichtBerecht Erbe im ges Umfang würde (BayObLG **71**, 147; Reinicke NJW **71**, 1961). Die im Test eingesetzten Erben können also geltend machen, daß der Erbl bei Kenntn der Sachlage nicht die ges Erbfolge hätte eintreten lassen, sond den übergangenen PflichtBerecht nur nicht schlechter als das Ges gestellt u im übr sein Test errichtet hätte. – **Beweislast:** Die in S 2 getroffene Beweislastregel zugunsten des übergangenen PflichtBerecht ist auf die **8** RStellg des im Test eingesetzten Erben nicht anwendb. Insoweit muß es bei der Regel bleiben, daß die Kausalität des Irrt grdsl von dem zu beweisen ist, der hieraus Rechte herleitet (Tiedtke aaO). Der ges Erbe hat also zu beweisen, daß der Erbl bei Kenntn der Sachlage nicht testiert, sond es bei der ges Erbfolge belassen hätte. Eine Ausn ist allerd zu machen, wenn der eingesetzte Erbe pflichtteilbrecht ist (also den Schutz des § 2079 auch beanspruchen kann) u sein ges Erbteil dch Aufrechterhaltg des Test stärker beeinträchtigt würde, als es der Vorstellg des Erbl bei TestErrichtg entsprach (Tiedtke aaO; s auch Darmst NJW-RR **88**, 262).

4) Arglisteinrede. Wirkgslos ist die fristgerecht erklärte und sachl begründete Anfechtg, wenn sie sich **9** als unzuläss RAusübg (§ 242) od Verstoß gg §§ 138, 226 darstellt (BGH FamRZ **70**, 82; Hbg MDR **65**, 139).

2080 *Anfechtungsberechtigte.* [I]Zur Anfechtung ist derjenige berechtigt, welchem die Aufhebung der letztwilligen Verfügung unmittelbar zustatten kommen würde.

[II]Bezieht sich in den Fällen des § 2078 der Irrtum nur auf eine bestimmte Person und ist diese anfechtungsberechtigt oder würde sie anfechtungsberechtigt sein, wenn sie zur Zeit des Erbfalls gelebt hätte, so ist ein anderer zur Anfechtung nicht berechtigt.

[III]Im Falle des § 2079 steht das Anfechtungsrecht nur dem Pflichtteilsberechtigten zu.

1) Begrenzt ist das AnfR auf die Personen, denen die Aufhebg der letztw Vfg unmittelb zustatten **1** kommen würde (I; weitere Eingrenzg erfolgt noch dch II; III). Dies ist dch einen Vergleich mit der RLage zu beurteilen, wie sie sich infolge der Anfechtg darstellen würde (BGH NJW **85**, 2025). Der Anfechtende muß also bei Wegfall der Vfg einen erbrechtl Vorteil erhalten, den er sonst nicht erhielte (BayObLG **75**, 6/9). Es soll also (anders als bei § 2341) nicht zunächst ein Dritter Nutznießer der Anfechtg sein. Als eigener unmittelb rechtl Vorteil anzusehen ist zB die Erlangg eines ErbRs; eines Anspr; der Wegfall einer Beschwerg od Beschränkg; auch ein GestaltsR, zB zur Anfechtg der abgegebenen AusschlaggsErkl (BGH **112**, 229). – **a) Anfechtungsberechtigt** sind zB: die nächsten gesetzl Erben bei Erbeinsetzg eines Dritten (vgl auch **2** § 2081 I); Vor- u NachE wechselseitig (§ 2102 I); der ErsatzE ggü dem Haupterben; der MitE die anfechtb Berufg anderer Miterben; der mit einem Vermächtn Beschwerte das Vermächtn. – Bei Widerruf der Erbeinsetzg in einem späteren Test ist zur Anfechtg des späteren Test auch der in einem früheren Test eingesetzte Erbe berecht (RG Recht **19** Nr 2136). Entsprechendes gilt auch für ein widerruftes Vermächtn. Ist die Erbeinsetzg eines Ehegatten od ein Vermächtn an ihn widerrufen, so ist nur der früher Bedachte anfechtgsbrecht. – Hat der Erbl die wirks erfolgte Ernenng eines TV irrtüml aufgehoben (zB weil er ihn für verstorben hielt), ist nur TV anfechtsberecht. – Bei familienrechtl Anordngen (zB der Betroffene ebenso; zB der eine Eheg bei Bestimmg einer Zuwendg als VorbehGut des anderen nach § 1418 II Nr 2 (RG Recht **09** Nr 1334); die Eltern od ein Elternteil bei Ausschl der Vermögensverwaltg nach § 1638 I und die Eltern od der Vormd bei Ausschl der Verwaltg nach § 1909 I 2. – **b) Ausnahme.** Ist der bei Anfechtg primär zum **3** Zuge kommde Erbe **erbunwürdig** (§ 2339), ist ausnahmsw das AnfechtgsR dem zuzugestehen, der im Falle des Anfalls der Erbsch an den Unwürdigen mit Hilfe der Anfechtklage (§ 2342) die Erbsch erlangen kann. Der rechtl Vorteil besteht im Erwerb dieses AnfechtgsR (Staud/Ferid § 2340 Rn 14; MüKo/Leipold Rn 4). Versucht der Unwürdige, sein AnfechtgsR als Druckmittel zu benützen, kann ihm mit Erhebg der AnfechtgsKlage begegnet werden, zumal der Kreis der AnfechtgsBerecht in § 2341 sehr viel weiter gezogen ist. S auch Schubert/Czub JA, 257/262f. – **c) Von mehreren Anfechtungsberechtigten** steht jedem **4** das AnfechtgsR nach **I** selbständ zu. Auch die nur von einem Berecht erkl Anfechtg einer ihrem ganzen Inhalt nach durch Irrt beeinflußten Vfg wirkt absolut, kommt also auch den übr Beteiligten zugute (BGH NJW **85**, 2025; aA MüKo/Leipold Rn 8), denen dann immer noch die Ausschlaggsmöglichk hins einer nach Anfechtg eingetretenen Erbfolge verbleibt.

2) Weitere Einschränkungen. Bezog sich im Falle des § 2078 der Irrtum (bei Drohg gilt dies nicht) auf **5** eine **bestimmte Person**, steht nach **II** das AnfechtgsR nur dem vom Irrtum Betroffenen zu. Stirbt er schon vor dem Erbfall, entsteht kein AnfechtgsR. Seine Erben können nur anfechten, wenn das AnfechtgsR bereits entstanden, also der Betroffene nach dem Erbl gestorben ist. – Nach **III** steht im Falle des § 2079 das AnfechtgsR nur dem übergangenen beim Erbfall vorhandenen **Pflichtteilsberechtigten** zu; einem Dritten soll die Anfechtg nicht unmittelb zustatten kommen (s BayObLG **75**, 6/9). War der Berecht noch vor dem Erbfall durch Tod od Erbverzicht weggefallen, bleibt die Vfg wirks, da dann die Voraussetzg des § 2079 (Übergeh eines zur Zeit des Erbfalls vorhandenen PflichtBerecht) nicht gegeben ist u zudem es an einem Anfechtsberecht fehlt, soweit nicht an Stelle des Weggefallenen ein anderer PflichtBerecht tritt, der seiners übergangen ist.

6   **3) Der Erblasser** ist hier **nicht** zur Anfechtg berecht, da er jederzeit frei widerrufen kann (§§ 2253 ff). Anders ist dies beim ErbVertr (§ 2281) und bindend gewordenem gemschaftl Test (RG **132**, 4). Auch für letzteres gilt § 2285 (s § 2271 Rn 33; § 2285 Rn 1).

7   **4) Vererblich** ist das einmal entstandene AnfechtgsR. Jedoch ist es als höchstpersönl Recht nicht unter Lebenden übertragb od pfändb und steht auch nur dem AnfBerecht selbst zu, aber nicht dem NachlPfleger, NachlVerw, KonkVerw des AnfBerecht od dem TestVollstrecker. NachlPfleger u TestVollstr können aber uU Anordngen des Erbl anfechten, die ihre Befugnisse einschränken (vgl auch § 2081 I; oben Rn 1). – Allerdings kann das AnfechtgsR einem Dritten zur Ausübg überlassen werden, insb durch Übertragg des mit der Anfechtg erst zu erstreitenden Erbteils od Vermächtn. – Über Verzicht auf die Anfechtg s § 2081 Rn 10.

2081 *Erklärung der Anfechtung.* ¹Die Anfechtung einer letztwilligen Verfügung, durch die ein Erbe eingesetzt, ein gesetzlicher Erbe von der Erbfolge ausgeschlossen, ein Testamentsvollstrecker ernannt oder eine Verfügung solcher Art aufgehoben wird, erfolgt durch Erklärung gegenüber dem Nachlaßgerichte.

ᴵᴵDas Nachlaßgericht soll die Anfechtungserklärung demjenigen mitteilen, welchem die angefochtene Verfügung unmittelbar zustatten kommt. Es hat die Einsicht der Erklärung jedem zu gestatten, der ein rechtliches Interesse glaubhaft macht.

ᴵᴵᴵDie Vorschrift des Absatzes 1 gilt auch für die Anfechtung einer letztwilligen Verfügung, durch die ein Recht für einen anderen nicht begründet wird, insbesondere für die Anfechtung einer Auflage.

1   **1) Gegenüber dem Nachlaßgericht (I; III)** ist (abweichend von § 143) die Anfechtg nur in den aufgeführten Fällen der §§ 2087 ff, 1938, 2197 ff, 2253 ff zu erklären, selbst wenn die NachlSache bereits in der Beschwerdeinstanz anhäng ist (BayObLG **89**, 327; FamRZ **92**, 226). Das NachlG wird dadch aber nicht zum Anfechtgsgegner, da nur der dch den Wegfall der letztw Vfg Betroffene, RG **143**, 353). Zu diesen Fällen gehören auch die Nacherbeneinsetzg (§ 2100), die Befreiung des VorE (§ 2136 f) oder die Wiederaufhebg einer solchen Anordng u die Nichtbefreiung (KG JFG **13**, 129) sowie die Bestimmg des Wirkgskreises des TV (§§ 2072 ff). I gilt auch, wenn dch die letztw Vfg kein Recht begründet wird (III); das ist außer bei der genannten Auflage (§ 1940) auch bei Anfechtg von Teilsverbot (§ 2044); Entziehg od Beschränkg des Pflichtt (§§ 2336; 2338); familienrechtl Anordngen sowie bei Aufhebg solcher Anordngen der Fall. – Zur Anfechtg nach dem ZGB der fr **DDR** in Erbfällen zw 1. 1. 76 u 2. 10. 90 (EG 235 § 1 Rn 5–7) s § 2078 Rn 12.

2   **a) Anfechtungserklärung.** Sie kann schriftl od auch zu Protokoll (FGG 11) abgegeben werden. Inhaltl ist zumindest die eindeut Kundgabe des Anfechtgswillens erforderl (BayObLG FamRZ **92**, 226), wobei es genügt, wenn im Wege der Auslegg zu erkennen ist, daß die Erkl auf die RFolge einer bestimmt u welche Vfg betroffen sein soll (MüKo/Leipold Rn 16; Gießen FamRZ **92**, 603). Der Grund der Anfechtg muß dagg noch nicht angegeben werden (BayObLG **89**, 321); üb die Rechtzeitigk der Anfechtg (§ 2082) kann allerd nur entschieden werden, wenn zuvor der Grund klargestellt ist (BayObLG FamRZ **90**, 322). Nachträgl bekannt gewordene Tatsachen, die schon vor der Anfechtg gegeben waren, können also jederzeit zur Unterstützg der Anfechtg nachgebracht werden. Wird aber ein erst **nach** der Anfechtg entstandener Grd nachgeschoben, kann auf diesen die bereits erklärte Anfechtg nicht mehr gestützt werden; ein derartiger AnfechtgsGrd kann aber mit einer neuen AnfechtgsErkl geltd gemacht werden (RGRK Rn 2; s OHG **3**, 378). – Die Anfechtg muß nicht persönl erkl werden (BayObLG **89**, 116; anders bei Selbstanfechtg **3** gemeinsch Test od ErbVertrag dch Erbl, § 2282). – **Wirksam** wird die amtsempfangsbedürft WillErkl mit Zugang (§ 130 I; III) beim örtl u sachl zuständ NachlG (s § 1962 Rn 1). Gibt ein örtl unzuständ NachlG die Erkl an das zuständ weiter, ist sie schon mit Einreichg wirks geworden (str; aA MüKo/Leipold Rn 8 mN); dies gilt auch, wenn das NachlG bewußt wg Unzuständigk untätig bleibt (Keidel/Reichert FGG 7 Rn 5); od sich das NachlG fälschl für zuständ erachtet u die Erkl nach **II** behandelt (FGG 7 analog; s BGH FamRZ **77**, 786: auch bei fehlender interlokaler Zuständigk). Nur wenn das Gericht unter Verweisg auf seine Unzuständigk die Erkl zurückgibt, ist diese nicht wirks (Keidel/Reichert FGG 7 Rn 4; s auch § 1945 Rn 11).

4   **b) Verfahren (II).** Das NachlG nimmt nach positiver Prüfg seiner Zuständig die AnfechtgsErkl zu den Akten. Nur in den Fällen des I teil es die Erkl noch den dch die angefochtene Vfg Begünstigten mit (**II** 1); in den Fällen des **III** gibt es solche Personen nicht. Einsicht (od Abschrift) kann im Falle des **I** verlangen, wer ein rechtl Interesse glaubhaft macht (**II** 2; s auch § 1953 Rn 7); im Falle des **III** gilt FGG 34. Gebühren: KostO 112 I Nr 4. – Eine weitere Tätigk des NachlG, insb die Prüfg der Wirksamk der Anfechtg ist nur dann veranlaßt u statth, wenn diese Frage für ein Verfahren vor dem NachlG von Bedeutg ist (Köln FamRZ **93**, **5** 1124). Im **Erbscheinsverfahren** (§§ 2353 ff) hat daher das NachlG selbst über das Durchgreifen der Anfechtg zu entscheiden; Verweisg auf den Prozeßweg ist unstatth (Mü JFG **13**, 280). Ist bereits ein Erbschein erteilt, muß es nach Kenntn von der Anfechtg vAw prüfen, ob dieser unricht geworden ist (KG NJW **63**, 766); die Zurückweisg der Anfechtg kann dann als Ablehng der Einziehg beschwerdefäh sein (BayObLG FamRZ **90**, 1037; Köln aaO). – Die ErmittlgsPfl des NachlG beschränkt sich grdsätzl auf die geltd gemachten AnfechtgsGründe; nach weiteren AnfechtgsGründen forscht es nicht (BayObLG **62**, 47). Anerkenng der Wirksamk der Anfechtg durch die Beteiligten ist im ErbscheinsVerf ohne Bedeutg (§ 2358). Die materielle **Beweislast** (Feststellgslast) für die TestAnfechtgsgründe trifft den, Anfechtg geltend macht (BayObLG **62**, 299; KG NJW **63**, 766). – Zum **Rechtsstreit** über die Anfechtg s Johannsen WM **72**, 653 f.

6   **2) Gegenüber dem Anfechtungsgegner** erfolgt gem § 143 die Anfechtg **in anderen Fällen** dch formlose Erklärg. Dies gilt zB bei Anordng od Aufhebg von Vermächtnissen (§§ 2147 ff); von Rechte begründenden Teilsanordnungen (§ 2048); nach Kipp/Coing § 24 V 1a auch von PflichttEntziehgn. Bei versehentl dem NachlG ggü erfolgter Anfechtg wird sie aber dch dessen Mitteilg (II) innerh der Anfechtgsfrist

ersetzt (OHG MDR **50**, 147). – **Anfechtungsgegner** ist jeder, der aGrd der angefochtenen Vfg, Aussetzg, 7
Aufhebg des Vermächtn unmittelb einen Vorteil erlangt hat (BayObLG **60**, 495). Bei einem Vermächtn an
einen Ehegatten ist die Erkl jedenf an den Bedachten zu richten, wenn gesetzl Güterstd od Gütertrenng
vorliegt od wenn das Vermächtn VorbehGut bei GütGemsch ist; aber auch wenn das Vermächtn zum
Gesamtgut der GütGemsch gehört, ist aus §§ 1432 I, 1455 Nr 1 zu folgern, daß nur der Bedachte Anfechtungs-
gegner ist. Ist minderj Kind Erbe, muß die Anfecht der VermächtnAnordng dch dessen gesetzl Vertr ggü
dem VermächtnNehmer erklärt werden (KG FamRZ **77**, 271). – Bei einem Erbfall vor KonkEröffng ist die
AnfechtgsErkl an den KonkVerw, bei einem späteren Anfall an den Bedachten zu richten (Staud/Otte Rn 7).
– Die **Wirkung** der Anfechtg ergibt sich aus § 142 I, erstreckt sich aber nicht auf die bereits dingl Übertragg 8
des vermachten Ggstandes durch den Beschwerten, der vielm nach BereicherungsGrdsätzen (§§ 812ff) heraus-
zugeben ist (Soergel/Loritz § 2078 Rn 28). Ob die Anfechtg des Widerrufs eines Vermächtn durch den
VermNehmer über den Widerruf des Vermächtn hinaus auf die von dem TestWiderruf betroffene Erbein-
setzgen wirkt, ist nach § 2085 zu prüfen (BayObLG **60**, 499; s aber auch Johannsen WM **72**, 652).

3) Doppelte Anfechtung. Die Anfechtg eines Test oder des Widerrufs eines Test (Rücknahme aus der 9
amtl Verwahrg, § 2256), das eine **Erbeinsetzung und ein Vermächtnis** enthält, muß doppelt erklärt wer-
den: ggü dem NachlG, soweit sie die Erbeinsetzg betrifft und ggü den Begünstigten hinsichtl des Vermächtn
(BayObLG **60**, 490; KG FamRZ **77**, 271). Jedoch ist zunächst zu prüfen, ob Vermächtn nicht dadurch schon
ihre Wirksamk verlieren, daß sie mit den ggü dem NachlG anzufechtdn Vfgen in so engem Zushang stehen,
daß § 2085 Platz greift (Staud/Otte Rn 9; RGRK Rn 12). Die Anfechtg des Widerrufs eines derartigen Test
seitens eines VermNehmers macht den Widerruf der im Test enthaltenen Erbeinsetzgen nur dann unwirks,
wenn anzunehmen ist, daß der Erbl das Test nur in seiner Gesamth widerrufen hätte (BayObLG aaO).

4) Verzicht auf die noch nicht erklärte Anfechtg (hierzu eingeh Ischinger Rpfleger **51**, 159) ist durch 10
Vertrag (Vergl) mit dem Anfechtgsgegner sowie durch **formlose Bestätigung** seitens des AnfechtgsBe-
recht (§ 144), auch wenn er nicht „Erklärender" iS des § 2078 ist, mögl (s BayObLG **30**, 269; **65**, 265). Eine
Bestätigg durch den Erbl kommt nur in Frage, soweit er anfechtgsberecht ist (vgl § 2080 Rn 6). Eine solche
Bestätigg ist nicht empfangsbedürft, braucht daher nicht notw ggü dem Anfechtgsgegner od nach dessen
Tod ggü dem NachlG abgegeben zu werden (BayObLG **54**, 77). – Aber auch soweit der Erbl nicht
anfechtgsberecht ist, wird eine Anfechtg regelm **ausgeschlossen** sein, wenn der Erbl trotz Kenntn des 11
AnfGrundes die Vfg nicht abgeändert hat (vgl § 2079 Rn 9; BayObLG **71**, 150; **80**, 42; Rpfleger **75**, 242),
weil dann idR anzunehmen ist, daß der Erbl auch bei Kenntn der Sachl die Vfg getroffen hätte (aM Lange/
Kuchinke § 35 IV 1[83]). Wenn aber der Erbl seine Vfg vor Anfechtg schützen will, muß er das Test (anders
beim ErbVertr, § 2284) in der vorgeschriebenen Form neu errichten, wobei er sich auf Aufrechterhaltg der
früheren Vfg beschränken kann (hM; s auch Johannsen WM **72**, 653).

5) Durch Zurücknahme der abgegebenen AnfechtgsErklärg kann die Wirkg der Anfechtg **nicht** mehr 12
beseitigt werden (§ 142 Rn 2). Die AnfechtgsErklärg selbst ist aber wieder anfechtb (BayObLG **30**, 269).

2082 *Anfechtungsfrist.* [I]Die Anfechtung kann nur binnen Jahresfrist erfolgen.
[II]**Die Frist beginnt mit dem Zeitpunkt, in welchem der Anfechtungsberechtigte von
dem Anfechtungsgrunde Kenntnis erlangt. Auf den Lauf der Frist finden die für die Verjährung
geltenden Vorschriften der §§ 203, 206, 207 entsprechende Anwendung.**
[III]**Die Anfechtung ist ausgeschlossen, wenn seit dem Erbfalle dreißig Jahre verstrichen sind.**

1) Ausschlußfrist. Die Anfechtg ggü dem NachlG (§ 2081 Rn 1) od beim Vermächtn ggü dem An- 1
fechtgsgegner (§ 2081 Rn 6) kann abweichend von § 121 I und entspr § 124 I nur **binnen Jahresfrist**
erfolgen. Sie ist also keine VerjFrist, so daß vAw zu berücksichtigen u eine Unterbrech (§§ 208ff)
ausgeschlossen ist. Die Berechng der Frist erfolgt nach §§ 187, 188. In jedem Fall ausgeschlossen ist die
Anfechtg, wenn der Erbfall mehr als 30 Jahre zurückliegt (III); Hemmg gibt es bei dieser Frist nicht, auch
nicht bei TestErrichtg in der fr DDR (Ffm OLGZ **93**, 461). – Den **Beweis** der rechtzeitigen Anfechtg hat
der Anfechtende zu führen; den der früher erlangten Kenntn (damit den Ausschluß des AnfechtgsRs durch
Zeitablauf) der Anfechtgsgegner (s BayObLG **63**, 265; auch Johannsen WM **72**, 652). Zur Anfechtg nach
dem ZGB der fr **DDR** in Erbfällen zw 1. 1. 76 u 2. 10. 90 (EG 235 § 1 Rn 5–7) s § 2078 Rn 12.

2) Frist beginnt (II 1) mit Kenntn des AnfechtgsBerecht von allen das AnfechtgsR begründenden Tats 2
(RG **132**, 4). Er muß also zuverläss von Erbfall, Test sowie Irrtum od Bedrohg des Erbl u deren Ursächlichk
erfahren haben. Fristbeginn kann also nie vor Erbfall liegen (auch nicht bei Bedrohg, da AnfBerecht ja nicht
bedroht war) u setzt voraus, daß AnfGrd feststeht; dieser ist also klarzustellen (BayObLG FamRZ **90**, 322;
1037). Bezieht sich der AnfGrd auf die eingetretene VfgsMöglichk üb Grundbesitz infolge des Wandels der
polit Verhältn in der fr DDR, liegt Fristbeginn nicht vor Wirksamwerden des EinigsVertr vom 31. 8. 90
(Gießen FamRZ **92**, 603). Auf TestEröffng kommt es dagg nicht an (im Ggsatz zu § 1944 II). – Für ihre
Hemmung (II 2) gilt dasselbe wie nach § 1954 II. Stillstand der RPflege (§ 203 I) ist bei Erkl ggü AnfGeg- 3
ner (§ 2081 Rn 6) ohne Bedeutg. Stets beachtl ist höhere Gewalt (§ 203 II), die im wesentl dem unabwendb
Zufall entspricht (BGH **89**, 116) u schon dch geringstes Verschulden ausgeschlossen wird (BGH **81**,
353); sie kann auch in unrichtiger amtl Sachbehandlg liegen (BGH NJW **60**, 283), zB unrichtiger Belehrg üb
AnfR (BayObLG **60**, 490) od unricht ErbschErteilg aGr ges Erbfolge trotz Vorliegens eines gemeinsch Test
mit früh Eheg (BayObLG **89**, 116). Zu Notar- od Vertretsverschulden s § 203 Rn 4. – Mangel des Vertretg
(§ 206) liegt auch bei Verhinderg des ges Vertr nach § 181 vor (RG **143**, 354). – Zu § 207 s dort. Zu Erbfällen
mit DDR-Bezug vgl Bestelmeyer Rpfleger **93**, 381.

a) Ein Rechtsirrtum ist nur dann geeignet, den Fristbeginn zu hindern, wenn er zur Folge hat, daß der 4
AnfBerecht nicht Kenntn von einer Tatsache erlangt, welche die Anfechtg begründet (BGH NJW **70**, 279;
Köln OLGZ **67**, 496; BayObLG **75**, 6/10). Beachtl ist auch die auf einem TatsIrrt beruhde falsche Beurteilg

der RLage (RGRK Rn 12). Die Frist läuft also nicht, solange der AnfechtgsBerecht wg irriger Annahme von Tatsachen die letztw Vfg für ungült hält (RG **115**, 30), zB für wirks angefochten (KG OLGZ **68**, 112) od für wirks widerrufen (Hamm OLGZ **71**, 312), soweit es sich dabei um Irrt üb die für die Anfechtg wesentl Tatumstände handelt. Unbeachtl ist dagg ein Irrt üb die ges Anfordergen der Anfechtg, zB üb deren FormErfordern (Hamm FamRZ **94**, 849). – Hat er dagg an das frühere Test nicht gedacht, weil er sich mit der Regelg seines Nachl nicht befaßt hat (Kiel HEZ **2**, 334), läuft die Frist; sie beginnt auch nicht erst dann zu laufen, wenn er erfährt, daß er zur Beseitigg der Vfg die Anfechtg erklären müsse (RG **132**, 4). – Unbeachtl RIrrtum ist die irrige Annahme des AnfBerecht, die heiml Vernichtg eines gemeinsch Test dch einen Ehegatten habe die Aufhebg auch der wechselbezügl Vfgen bewirkt (BayObLG **90**, 95; dazu § 2255 Rn 16). Auch der bloße, auf Rechtsunkenntn beruhde Irrt über die Möglichk u Notwendigk, ein Test wg Geburt eines PflichttBerecht anzufechten, ist nicht geeignet, den Lauf der Anfechtgsfrist zu hemmen (KG NJW **63**, 767; BayObLG FamRZ **90**, 1037). Lit: Mayer, Der RIrrt u seine Folgen im bürgerl R, 1989.

5   **b) Gemeinschaftliches Testament.** Haben sich die Eheleute ggseitig zu Erben u die Abkömml zu Erben des Überlebenden eingesetzt, beginnt die Frist für die Abkömml erst mit dem Tod des Überlebenden (BayObLG FamRZ **77**, 347); aM Ffm MDR **59**, 393, wonach die Frist schon mit dem Tod des Erstversterbden beginnen soll; aber dessen Vfg hins der Abkömml wurde mit seinem Ableben ggstandslos; anfechtb ist nur die Vfg des Überlebenden. Zur Fristhemmg bei amtl Nichtbeachtg des Test s Rn 3. – Zum AnfechtgsR nach Tod der Eheg s § 2271 Rn 33; § 2285 Rn 1.

2083 *Einrede der Anfechtbarkeit.* **Ist eine letztwillige Verfügung, durch die eine Verpflichtung zu einer Leistung begründet wird, anfechtbar, so kann der Beschwerte die Leistung verweigern, auch wenn die Anfechtung nach § 2082 ausgeschlossen ist.**

1   **Leistungsverweigerungsrecht.** Nach Verlust des AnfechtgsRs dch Fristablauf (§ 2082) soll bei anfechtb Vermächtn od Auflage der FdgsBerechtigte, dem ggü nicht angefochten ist, wenigstens nicht auf Erfüllg klagen können. Das AnfechtgsR kann dann noch **einredeweise** geltd gemacht werden, so auch bei § 2345 (ähnl §§ 821, 853). Dies gilt aber nicht, wenn der Beschwerte die AnfechtgsFrist gar nicht verstreichen lassen konnte, weil ihm ein AnfechtgsR nach § 2285 wg Nichtanfechtg dch den Erbl (§§ 2283; 2281) nie zustand (BGH **106**, 359). – Der TestVollstr kann die Einrede nur mit Zustimmg der Erben geltd machen (BGH NJW **62**, 1058). – Nach erfolgter **Leistung** in Kenntn der Anfechtbark besteht kein RückFdgsR (§ 814); bei Unkenntn gilt § 813. – Durch Teilsanordngen (außer soweit sie etwa bei Teilg unberücksicht gebliehen sind) od die Erbeinsetzg wird keine LeistgsPfl begründet; auch nicht durch die Nacherbeinsetzg, da die HerausgPfl des § 2130 nur die Folge davon ist, daß die Erbenstellg dem Vorerben nicht mehr zukommt (RGRK Rn 2).

2084 *Verschiedene Auslegungsmöglichkeiten.* **Läßt der Inhalt einer letztwilligen Verfügung verschiedene Auslegungen zu, so ist im Zweifel diejenige Auslegung vorzuziehen, bei welcher die Verfügung Erfolg haben kann.**

1   **1) Die Testamentsauslegung** hat zum Ziel, den wirkl (realen) Willen des Erbl zu erforschen. Dabei ist stets von der allg Vorschr des § 133 auszugehen, die anordnet, den Wortsinn der benutzten Ausdrücke zu „hinterfragen" (BGH **86**, 45; NJW **93**, 256). Da seine Erkl nicht empfangsbedürft ist, bedarf es keines Vertrauensschutzes dch Berücksichtig der obj Erklärgsbedeutg (s § 133 Rn 7ff). Nur bei vertragsmäß Vfgen im ErbVertr (§ 2778) u bei wechselbezügl Vfgen im gemeinsch Test (§ 2270) ist gem §§ 157, 242 auch auf den ErklEmpfänger abzustellen (s Übbl 8 vor § 2274; Einf 12 vor § 2265). – Maßgebl ist allein der erkl Wille des Erbl. Hilfsweise ist seiner Erkl der Sinn beizulegen, der erfahrgsgemäß seinem mutmaßl Willen am ehesten entspricht (Rn 5). Nur soweit dann noch Zweifel verbleiben, sind die ges Ausleggsregeln des Erbrechts heranzuziehen (§§ 2066–2076; 2096ff; 2101, 2102, 2108 II; 2148; 2165; 2167; 2169 III; 2173ff). Die Vorschr des § 2084 regelt ledigl ein spezielles Problem, das bei der Auslegg auftreten kann (s Rn 14). – Die

2   **Entscheidung** üb das Ergebn der Auslegg trifft im Streitfall das Gericht (s Rn 22). Die Beteiligten können sich allerd nach dem Erbfall dch not AusleggsVertr untereinander verbindl einigen (s § 2385 Rn 2). Der Erbl kann auch einen Dritten (auch einen TV) zur Auslegg ermächtigen, sei es dch Anordng einer Schiedsklausel od dch Bestellg zum Schiedsrichter (Kohler DNotZ **62**, 125; § 2065 Rn 7). – Einer **Anfechtung** des Test geht die Auslegg vor, weil sie den ErblWillen verwirklicht, während ihn die Anfechtg zerstört (s § 2078 Rn 1). –

3   Kommt das **ZGB der fr DDR** in Erbfällen zw 1. 1. 76 u 2. 10. 90 (EG 235 § 1 Rn 5–7) zur Anwendg, ist entspr Vorschr ZGB 372, die aber sachl nicht abweicht (Köln FamRZ **94**, 591; Not Stgt-Botnang FamRZ **94**, 658; Naumbg OLG-NL **95**, 138; Jena FamRZ **95**, 446; s auch Rn 12). Bildet das Grdvermögen in der fr DDR einen rechtl selbständ Nachl (§ 1922 Rn 8), ist dch Auslegg zu ermitteln, ob sich eine vom westdtschen Erbl errichtete Vfg v Tw auch darauf bezieht. Es kann nicht ohne weiteres davon ausgegangen werden, er habe dem eingesetzt Erben stets beide Nachl zuwenden wollen (BayObLG FamRZ **94**, 723). Eine Erbeinsetzg ohne nähere Bestimmg ihres Umfangs ist allerd regelmäß für den gesamten Nachl angeordnet (BayObLG aaO; FamRZ **95**, 1089; Hamm FamRZ **95**, 758; Zweibr FamRZ **92**, 1474; Gottwald FamRZ **94**, 726), selbst wenn der Erbl nicht wußte, daß er üb jeden NachlTeil auch selbständ vfgen kann (BayObLG FamRZ **95**, 1089 mAv Limmer; ZEV **95**, 256). Allerd kann sich aus den besond Umständen des Einzelfalls auch ein and ErblWille ergeben. Dies ist dch Auslegg zu ermitteln bes den RVorschr, denen der NachlTeil unterliegt, dessen Einbezieg in die Erbeinsetzg zweifelh ist (BayObLG aaO).

4   **2) Andeutungsregel.** Jede TestAuslegg setzt voraus, daß der ErblWille für den ErklInhalt nur insow maßgebl ist, als er einen (zumindest angedeuteten) Ausdruck im Test selbst gefunden hat. RWirks ist nur der erklärte Wille. Da bei letztw Vfgen die Erkl deren Formzwang unterliegt (Einf 1 vor § 2229), ist der ermittelte wirkl Wille des Erbl formnichtig (§ 125), wenn er im Test selbst nicht wenigstens einen unvollkommenen Ausdruck gefunden hat, indem er dort zumindest vage od versteckt angedeutet ist (BGH **86**, 41;

FamRZ **87**, 475; BayObLG FamRZ **84**, 825; Zweibr Rpfleger **86**, 479; KG FamRZ **87**, 413). Unter welchen Voraussetzgen ein die Form wahrender versteckter Anhalt angenommen werden kann, ist nicht eindeut festzulegen, sond hängt vom Einzelfall ab (s zB BayObLG FamRZ **94**, 853). Die Rspr zieht die Grenzen gelegentl sehr weit. – Es ist also deutl zu trennen zw der Ermittlg des ErklInhalts (dazu Rn 5) u der Formfrage als Grenze der Auslegg. Bei dieser Methode stellt sich die Formfrage, die iü weitgehend mit der Frage nach dem obj Inhalt der Erkl zusammenfällt (BGH FamRZ **87**, 475), erst nach Ermittlg des ErklInhalts, weil erst dann entschieden werden kann, ob der dch die Auslegg festgestellte Wille im Test selbst eine hinreichende Stütze findet (dazu krit Leipold JZ **83**, 709; Kuchinke JZ **85**, 748; DNotZ **90**, 427; s auch Flume NJW **83**, 2007). Durchbrochen wird die Andeutgsregel im Falle einer bloßen **Falschbezeichnung**, da nach allg Meing eine falsa demonstratio immer korrigiert werden kann (s Flume NJW **84**, 2007; § 2078 Rn 1). Bei der ergänzenden Auslegg fehlt überh eine förml Erkl der ergänzten Vfg (s Rn 10).

3) Auslegungsfähigkeit u –Bedürftigk einer TestBestimmg ist nur gegeben, wenn sie nicht eindeutig **5** ist. Wo kein Zweifel besteht, kommt eine Auslegg nicht in Betr. Ob eine Erkl des Erbl eindeut u damit zweifelsfrei ist, entscheidet die Rspr nicht (mehr) nach dem obj Wortlaut der test Anordg. Maßgebl ist vielm allein das subj Verständnis des Erbl hinsichtl des von ihm verwendeten Begriffs, weil es allein darum geht, zu klären, was der Erbl mit seinen Worten sagen wollte (BGH FamRZ **87**, 475). Die Auslegg darf sich also nicht auf eine Analyse des Wortlauts beschränken, da erfahrgsgem der Sprachgebrauch nicht immer so exakt ist od sein kann, daß der Erbl mit seinen Worten genau das unmißverständl wiedergibt, was er zum Ausdr bringen wollte. Vielm ist der Gesamtinhalt der Erkl zu würdigen u der Wortsinn der gebrauchten Ausdrücke unter Heranziehg u Auswertg aller Umstände, auch solcher außerh des Test, zu hinterfragen (BGH in inzw st Rspr, zB NJW **93**, 256). Solche Umstände können vor od nach TestErrichtg liegen. Dazu gehört das gesamte Verhalten des Erbl, seine Äußergen u Handlgen (BGH **80**, 246; BayObLG **82**, 159); auch der Inhalt früherer od widerrufener od nichtiger Vfgen (BGH JR **81**, 23 mAv Schubert; BayObLG aaO; **81**, 82). Für die Auslegg nicht verwertbar sind allerd solche Umstände, die ergeben, daß der Erbl nach TestErrichtg seinen Willen geändert hat. – Gelingt es trotz Auswertg aller Umstände nicht, sich von dem tatsächl vorhandenen wirkl Willen zu überzeugen, muß das Gericht sich notfalls damit begnügen, den Sinn zu ermitteln, der dem **mutmaßlichen** ErblWillen am ehesten entspricht, dh was der Erbl vernünftigerw gewollt haben kann (BGH **94**, 36; Zweibr Rpfleger **86**, 480).

a) Mehrdeutig u dah ausleggsfäh kann die Verwendg sowohl alg Begriffe als auch eines RBegriffs sein. **6** Hat ein Notar die Erkl beurkundet, mag eine gewisse Vermutg dafür sprechen, daß obj Erklärgsinhalt u ErblWille übereinstimmen (Köln Rpfleger **82**, 424). Gleichwohl sind nicht Test der Auslegg in gleicher Weise zugängl wie private, selbst dahin, daß RBegriffe wie Vor- u Nacherbsch bei Erfassg des ErblWillens unpräzise od unrichtig verwendet wurden (KG FamRZ **87**, 413; Saarbr NJW-RR **94**, 844), obwohl sie dem Notar geläufig sind (RG **160**, 109), weil nicht seine Auffassg, sond die des Testierenden maßgebl ist (BGH **LM** Nr 1 zu § 2100; Hamm FamRZ **94**, 188). S auch Rn 21.

b) Beispiele: Mehrdeutig u daher ausleggsbedürft ist die Verwendg des Begriffs „Kinder" in einem Test **7** od ErbVertr. Darunter fallen auch Adoptivkinder, es sei denn, daß im Einzelfall ein ggteiliger Wille des Erbl festzustellen ist (BayObLG **84**, 246; FamRZ **89**, 1118 mAv Gottwald). Zum Begriff „Abkömmling" vgl BayObLG **59**, 493; **61**, 132; Ffm OLGZ **72**, 120; LG Stgt FamRZ **90**, 214, zu „Nachkommen" BGH NJW **93**, 256; selbst „leibliche" Abkömml ist nicht eindeutig nur iS einer Abgrenzg zu angenommenen Kindern zu verstehen (BGH FamRZ **83**, 380, auch zum Begriff „Hof"; BayObLG NJW-RR **92**, 839) od zu nichtehel (Köln FamRZ **93**, 856). Zum altrechtl Begriff „Leibeserben" s BGH FamRZ **92**, 668. Ebso ist die Bedeutg des Begriffs „Geschwister" im Einzelfall dch Auslegg zu ermitteln (Düss DNotZ **72**, 41). – Der Ausdruck „Universalerbe" bedeutet nach allg Sprachgebrauch AlleinE; in der Einsetzg des und Eheg zum UniversalE kann aber auch dessen Befreiung von der Bindg an früh wechselbezügl Verfüggen in einem gemschaftl Test liegen (BayObLG **66**, 242; zust Haegele Rpfleger **66**, 332). – Die Vfg, daß der Sohn den ganzen Nachl „verwalten" soll, kann üb dessen Teilbereich hinaus als Erbeinsetzg ausgelegt werden, insbes wenn der Erbl den sprachl eindeut Begriff vorformuliert erhalten hat (BayObLG NJW-RR **89**, 837 mAv Hohloch JuS **90**, 61). – Die Zuwendg eines Geschäfts mit allen Aktiven u Passiven kann dahin ausgelegt werden, daß die in der Bilanz aufgeführten Grdst nicht zu den Aktiven gehören, wenn der Erbl hierüber bes Bestimmgen trifft (BGH FamRZ **58**, 180). – Zuwendg der Ggstände im gemeins Haushalt kann auch Anteil an Gemeinsch-Konten umfassen (BayObLG FamRZ **84**, 1153). – Vermächtnis des Lastenausgleichs enthält auch die Zuwendg des Grdstücks im Osten selbst (Köln FamRZ **94**, 591; Ffm FamRZ **93**, 613). – Bleibt bei Auslegg eines Test zweifelh, ob der wirkl Wille des Erbl auf Vor- u Nacherbfolge od Nießbrauchsvermächtn gerichtet war, spricht bei Ermittlg des mutmaßl Willens für Anordng eines Vermächtn, daß hierdurch der wiederholte ErbschSteueranfall vermieden wird (BayObLG **60**, 154).

4) Ergänzende Auslegung. Mit ihrer Hilfe wird der Inhalt einer letztw Vfg den Verändergen angepaßt, **8** die zw Errichtg des Test u Erbfall im Kreis der bedachten Personen od beim zugewendeten Ggstand eintreten, vom Erbl aber nicht vorausgesehen od erwogen wurden, selbst wenn sie ihm bewußt geworden sind. Hinsichtl einer NErbfolge darf sie auch zw Erbfall u NErbfall eingetretene Ändergen berücksichtigen (BayObLG FamRZ **91**, 1234; MüKo/Leipold Rn 59). Zur Schließg solcher nachträgl entstandener Lücken im Test ist zu ermitteln, was nach der Willensrichtg des Erbl im Ztpkt der TestErrichtg als von ihm gewollt anzusehen sein würde, sofern er vorausschauend die spätere Entwicklg bedacht hätte (BGH **22**, 360; FamRZ **62**, 257; BayObLG **66**, 394). Der Auslegende hat sich also in den früheren Zustand zurückzuversetzen u von dort aus in die damalige Zukunft zu schauen, wenn eine Stellungnahme des Erbl zu den veränderten Verhältn zu ermitteln ist (Lange JhJ **82**, 13; BGH **LM** Nr 5; BayObLG **66**, 390/394; Karlsr Just **81**, 317). Bei Auslegg von Vermächtn u Aufl können uU auch solche Verändergen berücks werden, die in der Zeit zw Erbfall u späterer Fälligk des Vermächtn od dem angeordneten Ztpkt der Auflagerfüllg eingetreten sind (Johannsen aaO **66**; s auch BGH WM **71**, 533). – **a) Auslegung** ist auch die ergänzende, weil u soweit sie sich an das **9** vom Erbl erkennb festgelegte Ziel u damit an seinen realen Willen hält (Kipp/Coing § 21 III 5b). Sie setzt daher einen im Test selbst zu findenden, wenn auch noch so geringen od unvollkommenen Anhalt für die behauptete Willensrichtg des Erbl voraus, auch wenn dann dessen Wille erst unter Heranziehg außerh des Test liegender Umstände od der allg Lebenserfahrg endgültig festgestellt werden kann (BGH NJW **81**, 1737; KG NJW **63**, 768; OLGZ **66**, 503); aus dem Test muß erkennb werden, wie die Willensrichtg des Erbl lag (BayObLG **88**, 165). Die Auslegg darf also nicht dch Umdeutg einen Willen in die letztw Vfg hineintragen, der darin nicht irgendwie (wenn auch nur andeutgsw) ausgedrückt ist (BayObLG **64**, 12; BGH WM **72**,

10 313). – **b) Ergänzung** ist diese Auslegg, sofern sie die Maßnahmen des Erbl ändert. Insofern bringt sie nicht den erwiesenen od auch nur zu vermutenden wirkl Willen des Erbl zur Geltg, sond einen **hypothetischen,** den er im Falle einer Vorausschau vermutl gehabt haben würde. Ob auch nach dem Erbfall eingetretene Ereignisse berücksicht werden können, die sich unabhäng vom Willen des Erbl ereignen, ist str (dafür BGH NJW **63**, 1150; Karlsr OLGZ **81**, 399; BayObLG **88**, 165; Ffm OLGZ **93**, 382; KG FamRZ **95**, 762). Jedoch können Ereign nach dem Erbfall nicht zur (wiederholb) Uminterpretation des ErblWillens führen, zB Eintritt des Erben in Sekte (Mü NJW **83**, 2577) od die allg Entwicklg der polit Verhältn in der fr DDR (dazu Grunewald NJW **91**, 1208; aA Meyer ZEV **94**, 12). Sie sind daher nur zu berücksichtigen, wenn dies ausdrückl im Test vorgesehen ist (vgl Oldbg MDR **92**, 879; Ffm FamRZ **93**, 613; KG FamRZ **95**, 762). Die ergänzde Auslegg schaltet aber die FormVorschr für die TestErrichtg nicht aus, weil bei Aufgabe jeder

11 Bindg an eine formwirks Erkl der formlose Vfg vTw gestattet wäre (BayObLG aaO). – **c) Beispiele:** Enthält das Test eines in die BRep gekommenen Erbl Anhaltspkte, daß es sich nur auf das in der DDR zurückgelassene Vermögen beziehen sollte u weist es eine Lücke auf, weil der Erbl späteren Vermögenserwerb in der BRep nicht vorhergesehen hat, ist ergänzende Auslegg mögl (BayObLG FamRZ **89**, 1348). Hat der vor dem 1. 1. 76 in der fr DDR verstorbene Erbl (s Rn 12) seinen dortigen Grdbesitz nicht erwähnt, weil er ihn für wertlos hielt, kommt ergänzde Auslegg in Betr, sofern sich für die Willensrichtg Anhaltspkte im Test (Rn 9) finden (Ffm OLGZ **93**, 382; Gießen DtZ **93**, 217; dazu Gerhards JuS **94**, 642). – Wurde testamentar der „ges Erbteil" zugewendet, ist bei RÄndergen zw TestErrichtg u Erbfall idR davon auszugehen, daß der beim Erbfall gültige zugewendet ist (KG BWNotZ **61**, 329; Schramm BWNotZ **66**, 29). – An Stelle einer nicht mehr vorhandenen Institution kann deren Ersatz als bedacht angesehen werden (zB an Stelle NS-Kriegsopferversorgg die heutige Kriegsopferversorgg; BaWü VGH VerwRspr **8**, 550); vgl auch § 2160 Rn 1. – Die ergänzde Auslegg kann auch ergeben, daß der Erbl seine Anordng für den von ihm nicht vorhergesehenen Fall nicht getroffen hätte, so daß die Vfg ggstlos ist und gesetzl Erbfolge eintritt

12 (BayObLG **66**, 390; aM Johannsen WM **72**, 68). – **d) DDR-Recht.** Lebte Erbl in der fr DDR, ist in Erbfällen zw 1. 1. 76 u 2. 10. 90 ZGB 362 maßgebl (Rn 3; EG 235 § 1 Rn 5; Einl 5 vor § 1922), das aber hinsichtl der ergänzden Auslegg mit den Regeln des § 2084 übereinstimmt (KG FamRZ **95**, 762; Oldbg DtZ **92**, 290; Jena FamRZ **95**, 446; Wasmuth DNotZ **92**, 3).

13 **5) Ausländische Erblasser.** Die Auslegg ihrer Test beurteilt sich grdsl nach ihrem HeimatR (s EG 25 Rn 12). Siehe zur Vfg eines dtschen Erbl im von Polen verwalteten Gebiet BayObLG **68**, 262; eines französischen Erbl in dtscher Sprache üb Grdbesitz im Inland Saarbr NJW **67**, 737 mAv Mezger.

14 **6) Die Sonderregelung des § 2084** betrifft nur die relativ seltenen Fälle mehrdeut Vfgen, in denen eine von mehreren Ausleggsmöglichk zur Unwirksamk führen würde. Für diesen Fall werden die allg Ausleggsregeln dch § 2084 um den Grdsatz der wohlwollenden Auslegg ergänzt. Dadch verändert sich aber nicht das Ziel der Auslegg, näml den wirkl Willen des Erbl zu erforschen. Es soll nur dem ermittelten wirkl Willen zum Erfolg verholfen werden, indem ein rechtl zuläss Weg zur Verwirklichg dieses ErblWillens einem rechtl unzuläss vorzuziehen ist. Die **Beweisregel** des § 2084 (RG **92**, 72) greift also erst ein, wenn eine notw Auslegg nach allg Grdsätzen od nach bes Ausleggsregeln zwar bereits zum Erfolg führt, sondern Zweifel offen läßt, welche von zwei od mehreren AusleggsMöglk die rechtl richtige ist: zB ob jemand Allein- od MitE ist (KG JFG **22**, 83); ob Erb- od NacherbEinsetzg vorliegt (§ 2101); ob VorErbsch od Nießbrauchsver-

15 mächtn gegeben ist (s Petzold BB **75** Beil Nr 6). – Können **mehrere** Ausleggen zum Erfolg führen, so wird in Anwendg von § 2084 die dem Bedachten günstigste, weniger Umstände u Kosten verursachde Auslegg vorzunehmen sein (s Kipp/Coing § 21 V b); unter diesem Gesichtspkt hat KG JFG **22**, 83 angenommen, daß von mehreren mit verschiedenen NachlGgständen Bedachten nur der Hauptbedachte als Erbe, die übrigen als VermächtnNehmer anzusehen sind (s auch Lange/Kuchinke § 33 III 1). – Die Ausleggsregel des § 2269 tritt hinter die des § 2084 zurück, wenn eine Vfg des anderen Ehegatten bei entspr Auslegg wegen Wechselbezüglichk unwirks sein würde, währd sie bei einer anderen mögl Auslegg Erfolg haben könnte (KG JW **37**, 1410).

16 **a) Entsprechend anwendbar** ist § 2084, obwohl er seinem Wortlaut nach an sich nur auf eine letztw Vfg Anwendg findet, die unstreitig besteht, deren Inhalt aber mehrdeutig ist. Um jedoch dem letzten Willen des Erbl nach Möglichk Geltg zu verschaffen, kann eine entspr Anwendg geboten sein, wenn eine rgeschäftl Erkl des Erbl zweifelsfrei feststeht, aber deren rechtl Natur zweifelh ist. Dies gilt vor allem, wenn Zweifel darüber bestehen, ob eine letztw Vfg od eine Schenkg unter Lebden gegeben ist (RG LZ **24**, 161; KG NJW **59**, 1441; BGH **LM** Nr 3; NJW **84**, 46; FamRZ **85**, 693; hM, s dazu Johannsen WM **72**, 69; **79**, 602; aA Soergel/Stein § 1937 Rn 2). Ferner bei der Frage, ob eine letztw Vfg oder eine widerrufl Vollm für den Todesfall (§ 168 Rn 1) vorliegt.

17 **b) Nicht anwendbar** ist § 2084, wenn üb die Auslegg der letztw Vfg keine Zweifel bestehen u diese eindeut unwirks ist. Dann kann ihr nicht dch wohlwollende Auslegg zur Wirksamk verholfen werden (BayObLG **53**, 195), sond allenf üb § 140 (s Rn 23). Ferner nicht, wenn es darum geht, ob das dem Bedachten od dem Verpflichteten Günstigere gewollt ist (zB ob Zuwendg des „Schreibtisch mit Inhalt", in dem sich HypBrief befindet, auch auf die Hyp zu beziehen ist, RG SeuffA **75** Nr 107). Auch kann eine eindeut nur für einen bestimmten, aber nicht eingetretenen Fall getroffene letztw Vfg nicht üb § 2084 auf ganz andre Fälle ausgedehnt werden, nur damit sie Erfolg hat (s BGH WM **75**, 737; KG NJW **70**, 758, dessen

18 Fall gleichzeit Versterbens inzw aber üb § 133 gelöst wird; dazu § 2269 Rn 9). – Fehlde ges **Formerfordernisse** können nicht üb § 2084 ersetzt werden, etwa die Unterschrift beim eigenhänd Test (Neust Rpfleger **62**, 446; Mannh Just **62**, 182; Soergel/Loritz Rn 2). – Ebso ist § 2084 unanwendb, wenn es darum geht, ob

19 der Erbl überh ein **Testament** errichten od nur einen unverbindl Wunsch äußern wollte (BGH **LM** Nr 13;

hM; aA Stgt BWNotZ **60**, 150); ob ein eigenhänd Schriftstück Test od nur **Entwurf** ist od ob nur die Ankündigg einer letztw Vfg vorliegt (BayObLG FamRZ **92**, 353; Ffm Rpfleger **70**, 392; Stgt Rpfleger **64**, 148; KG NJW **59**, 1441); od nur als Beweismittel für das Vorhandensein eines Test dienen soll (Mü JZ **54**, 513); ob Erkl in Brief Test od nur unverbindl Mitteilg ist (BGH WM **76**, 744; BayObLG **63**, 61; Ffm Rpfleger **70**, 392). Derart Zweifel betreffen den **Testierwillen** (§ 2247 Rn 2) u sind dah dch Auslegg gem **20** § 133 zu klären. Dabei ist allerd zu beachten, daß die letzten Bitten u Wünsche vielf als höfl Formulierg eines letzten Willens gedeutet werden können (Kemmer DJ **40**, 1185; BayObLG **60**, 505; Werner JuS **73**, 434). Auch bei der Fassg „Ich erwarte" kann eine letztw Vfg gegeben sein (BGH **LM** § 133 (B) Nr 1). Entscheidd ist, ob ein Rechtsbindgswille bestand (vgl Bartholomeyczik FS Fischer, 1967, 51 ff). Beisp s Prior JuS **78**, 772.

7) Prozessuales. Da die Auslegg die Bewertg (nicht Feststellg) von Tatsachen ist, bindet die Auffassg der **21** Parteien, wie eine Anordng des Erbl zu verstehen ist, das Gericht nicht (RG **134**, 279). Im Zivilprozeß obliegt es den Parteien, die ausleggsrelevanten Tats vorzutragen u dem Gericht, sie zu bewerten; unstreit Tats muß es dabei zugrunde legen. Die Willensrichtg des Erbl ist eine dem Geständn (ZPO 288) zugängl Tats (BGH NJW **81**, 1562). Im ErbschVerf erfolgt die TatsErmittlg vAw. In beiden Verfahrensarten beeinflussen die Ausleggsregeln die Darleggs- u Beweislast (s Tappmeier NJW **88**, 2714). – Nie kann von entscheidender Bedeutg sein, was sich der beurkundende **Notar** unter einem im TestText gebrauchten Wort vorstellte, weil maßg ist, was sich der Erbl dachte u zum Ausdr bringen wollte (BGH **LM** § 2100 Nr 1; DNotZ **61**, 396; BB **67**, 1394; NJW **81**, 1736 auf Vorlage von Ffm Rpfleger **80**, 415). Der Sinn, den der beurkundende Notar einer Erklärg des Erbl beigemessen hat, läßt aber regelm einen Schluß darauf zu, was der Beteiligte gewollt hat (BayObLG **65**, 59; BGH BWNotZ **66**, 254; s auch Johannsen WM **72**, 64; **77**, 273). – Die Auslegg der Tatsacheninstanzen kann mit **Revision** im Prozeß od **Rechtsbeschwerde** (FGG 27) im **22** FG-Verfahren nur angegriffen werden, wenn sie denkgesetzl, sprachgesetzl od nach der Erfahrg nicht mögl ist od der Tatrichter gg Ausleggsregeln od VerfVorschriften verstoßen, eine in Betracht kommende Auslegg überh nicht erwogen od einen wesentl Umstand übersehen hat (einhellige Rspr). Auch die Ausleggsfähigk ist auf Revision od RBeschw nachprüfb (BGH **32**, 63; BayObLG **65**, 56; Karlsr Just **81**, 317). Das RevGericht ist an die Auslegg durch den Tatrichter insow nicht gebunden, als seine vom Zweck der Vfg ausgehde Auslegg durch Irrt über RVorschriften (zB des ErbschStG) beeinflußt ist (BGH MDR **63**, 995). Hat der Tatrichter die Auslegg versäumt, kann sie das RevGer uU selbst vornehmen (Johannsen WM **72**, 71; **77**, 274; BayObLG **76**, 122/123).

8) Umdeutung (§ 140; dazu BGH **19**, 269). Deren Grdsätze sind heranzuziehen (RG JW **10**, 467; zB bei **23** Bedenkg eines nichtrechtsfäh Vereins (vgl Coing FS Nipperdey, 1965, 232 ff; § 1923 Rn 1); bei Zuwendg des Eigtums an einer Sache (in ein Vermächtn nach § 2174); bei PflegschAnordng, soweit nicht § 1917 vorliegt (in TestVollstrg). – So kann auch ein als solcher ungültiger od nicht zustande gekommener ErbVertr od ein nicht formrichtiges SchenkgsVerspr (Kblz HEZ **1**, 283) od ein AltenteilsVertr (LG Bln NJ **50**, 365) als Test aufrechterhalten werden, sofern anzunehmen ist, daß der Erbl dies bei Kenntn der Nichtigk gewollt hätte (§ 140). Ein undurchführb gewordener ErbVertr kann uU als Anordng einer Vor- u Nacherbsch aufrechterhalten werden (OGH JR **50**, 536); ein unbegründeter Rücktr vom ErbVertr als Anfechtg wg Motivirrtums (BGH bei Mattern BWNotZ **61**, 277/280). Ein formnichtiges VertrAngeb zur Aufhebg eines ErbVertr kann uU in Rücktr vom ErbVertr (§ 2295) umgedeutet werden (Hamm Rpfleger **77**, 208; § 2295 Rn 4). Ein nichtiger ErbVertr kann uU in eine Schenkg nach § 2301 umgedeutet werden (BGH NJW **78**, 423 mit krit Anm von Schubert JR **78**, 289 u Tiedtke NJW **78**, 2572). – Ein ErbVertr über die Hofnachfolge, der ungült ist, soweit er mit einer mündl Hoferbenbestimmung unvereinb ist, kann in die Anordng einer AusglVerpflichtg zG des im ErbVertr Bedachten umgedeutet werden (BGH FamRZ **64**, 25). – Üb Umdeutg einer nach § 2302 unwirks Verpflichtg in eine Auflage s § 2302 Rn 7; zur Umdeutg in Erbverzicht s § 2352 Rn 3.

2085 *Teilweise Unwirksamkeit.* **Die Unwirksamkeit einer von mehreren in einem Testament enthaltenen Verfügungen hat die Unwirksamkeit der übrigen Verfügungen nur zur Folge, wenn anzunehmen ist, daß der Erblasser diese ohne die unwirksame Verfügung nicht getroffen haben würde.**

1) Auslegungsregel. § 2085 bestimmt als SondVorschr zu § 139 für einseit test Vfgen (nicht für wechsel- **1** bezügl, §§ 2270, 2298) gerade umgekehrt zur allg Regel für RGesch, daß grds die Unwirksamk einer von mehreren Vfg die Wirksamk der übr nicht berührt, die einzelnen Vfgen also selbständ sind. Ähnl wie § 2084 geht die Ausleggsregel davon aus, daß ein Erbl es vorzieht, wenn sein Test wenigstens teilweise zur Geltg kommt. Ist im Einzelfall festzustellen, daß der Erbl die Abhängigk seiner Vfgen gewollt hat, geht dieser Wille der Regel vor (s BayObLG **60**, 499). Im Ergebn kann also der Weiterbestand der übr Vfgen, nicht aber der Ersatz der unwirks dch mutmaßl gewollte erreicht werden. Prakt am wichtigsten ist, daß die **Beweislast** für die Abhängigk im Ggsatz zu § 139 (BGH NJW **59**, 2113) derjenige hat, der die Unwirksamk auch der übr Vfgen behauptet (RG **116**, 148). – Der Grdsatz des § 2085 gilt entspr in § 2161 (Vermächtn), § 2195 (Auflage) u § 2258 (Widerruf dch spät Test). – Zur Teilunwirksamk infolge Sittenwidrigk s § 138 Rn 50.

2) Voraussetzung ist, daß ein Test nach seinem festgestellten Inhalt **mehrere** Vfgen enthält. Bsp: **2** Unwirks Vfg zugunsten der Tochter üb ein nicht mehr zum Nachl gehörendes Haus u wirks Zuwendg der Firmenanteile an die übr Kinder (BayObLG FamRZ **89**, 325); Erbeinsetzg und Verwirkgsklausel (RG JW **37**, 2201); wenn der Erbl den Bedachten sowohl von der Erbfolge ausgeschlossen als auch ihm den Pflichtt entzogen hat und der Entzug (dch Verzeihg od mangels Gründen) hinfäll ist (Hamm FamRZ **72**, 660 mAv Bosch); die Enterbg eines PflichttBerecht neben der Erbeinsetzg eines Dritten (BGH **LM** Nr 2; Karlsr FamRZ **67**, 691); die Verweis auf den Pflichtt neben der Einsetzg eines AlleinE kann allerd auch bloßer Hinweis auf die ges Folge der Erbeinsetzg, also keine selbständige Vfg sein (RG DR **41**, 1000). Wenn zB die Eltern ihren Sohn zum Erben bestimmen u die Tochter auf den Pflichtt setzen, bleibt die letztere Anordnung auch dann wirks, wenn der Sohn vor dem Erbfall stirbt, es sei denn, daß die Enterbg von der Einsetzg des Sohnes abhäng sein sollte (RG Recht **11** Nr 1156; s aber auch BGH NJW **59**, 2113). Die Anordng der VorErbsch kann trotz Unwirksamk der NachE-Einsetzg wirks bleiben.

3   **a) Kein Fall** des § 2085 liegt vor bei ungült Zusätzen od Nachträgen zu einem gült Test. Dieses bleibt vorbehaltl der Möglichk einer Anfechtg (§ 2078), soweit es dem wahren Willen des Erbl widerspricht, wirks (RG SeuffA **87** Nr 46); ungült Zusätze können iü ggf zur Ausleg herangezogen werden (s § 2084 Rn 5). Umgekehrt kann dagg ein formgült Nachtrag zu einem nichtigen Test nach allg AusleggsGrdsätzen aufrecht erhalten werden, wenn anzunehmen ist, daß der Erbl das Bestehen des Nachtrags gewollt hätte, wenn er die Nichtigk des Test gekannt hätte. – Ferner greift § 2085 nicht ein, wenn **ein Teil** eines Test inhaltl nicht mehr feststellb, aber der Gesamtwille des Erbl soweit erkennb ist, daß er auch ohne den fehlenden Teil Bestand hat; der festgestellte Teil ist dann wirks (BGH **LM** Nr 1; s auch BayObLG **67**, 206). – Die Unwirksamk eines widerspruchsvollen TestTeils (zB Erbeinsetzg) braucht die Wirksamk des weiteren Testinhalts (zB Enterbg der Verwandten) nicht zu berühren.

4   **b) Die Unwirksamkeitsgründe** sind gleichgültig. § 2085 gilt sowohl bei Nichtigk von Anfang an, zB wg Formmangels (bei Zusätzen von fremder Hand; teilweiser Maschinenschrift im eigenhänd Test, RG Recht **21** Nr 582) od bei Verstoß gg § 2065 II (KG JR 53, 422) als auch bei nachträgl Unwirksamk infolge Anfechtg (§§ 2078ff; Hbg MDR **55**, 168 zu nicht wechselbezügl Vfgen eines gemschaftl Test), Unsittlichk od aus anderen Gründen; ferner bei nachträgl Hinfälligwerden der Vfg dch Ausschlag, Bedinggsausfall (§§ 2074ff; vgl § 1937 Rn 25) und bei unterbliebener Ergänzg (§ 2086).

5   **3) Teil einer Verfügung.** Betrifft die Unwirksamk nicht eine von mehreren Vfgen, sond einen Teil einer einheitl Vfg, ist str, ob § 2085 entspr anwendb ist od § 139 gilt, wonach iZw Gesamtnichtigk anzunehmen ist. Sofern die Vfg überh **teilbar** ist, also der eine Teil ohne den und selbständ bestehen kann (s unten), wird von der nicht einheitl Rspr meist § 139 angewandt (s RG **63**, 23; BGH NJW **62**, 912; Hamm OLGZ **73**, 83; BGH ließ die Frage offen in NJW **59**, 2113; **52**, 17; s dazu Johannsen WM **72**, 71). Das Schrifttum ist überwiegd für analoge Anwendg von § 2085 (MüKo/Leipold Rn 9 mwH; differenzierend dagg Staud/Otte Rn 11; Soergel/Loritz Rn 11). – Teilbarkeit erfordert, daß der Zusammenhang der einzelnen Bestandteilen der Vfg nicht rechtl zwingd geboten ist (BGH NJW **59**, 2113 mit grdsätzl Ausführgen; Hamm FamRZ **65**, 49). Teilbar ist zB ein mehreren Erben auferlegtes Vermächtn, das ggü einzelnen Beschwerten unwirks ist (RG SeuffA **75** Nr 36); die Anordng einer TestVollstrg bei mehreren Erben (BGH NJW **62**, 912); die Anordng der VorErbsch, wenn die Einsetzg der NachE wirks angefochten ist (Soergel/Loritz Rn 10); bei partieller Sittenwidrigk hat der BGH die Einsetzg eines AlleinE mit einer geringeren Quote aufrecht erhalten (NJW **69**, 1343; s aber § 138 Rn 50; str; aA Soergel/Loritz Rn 10).

6   **4) Durch Aufnahme** einer **Teilunwirksamkeitsklausel** in das Test kann der Erbl die Ersetzg des unwirks Teiles durch eine Regelg vorschreiben, die dessen Zweck wenigstens im wirtschaftl Ergebn auf eine zuläss Weise soweit als mögl erreicht u auch das Bestehenbleiben des übrigen Teils ermöglicht (s Kohler DNotZ **61**, 195). – Auch **Umdeutung** (§ 140) kann uU helfen.

7   **5) Bei gemeinschaftlichem Testament** gilt für wechselbezügl Vfgen § 2270 I; ob auch andere Vfgen von der Nichtigk betroffen werden, richtet sich nach § 2085 (s § 2270 Rn 2). – Für **Erbverträge** greift hinsichtl vertragsmäß bindender Vfgen beider VertrTeile § 2298 I ein. Ob einseitige Vfgen dch die Nichtigk einzelner vertragsmäß Vfgen berührt werden, bemißt sich nach § 2085 (s § 2298 Rn 2).

2086   *Vorbehalt einer Ergänzung.* Ist einer letztwilligen Verfügung der Vorbehalt einer Ergänzung beigefügt, die Ergänzung aber unterblieben, so ist die Verfügung wirksam, sofern nicht anzunehmen ist, daß die Wirksamkeit von der Ergänzung abhängig sein sollte.

1   **1) Testament mit Ergänzungsvorbehalt.** Den Vorbeh von Nachzetteln (Kodizillarklausel) kennt das G nicht, da auch solche Ergänzgen den TestFormen unterliegen. Vielmehr wird bei § 2086 der Lebenserfahrg entspr angenommen, daß der Erbl nur noch eine Erläuterg treffen, die Endgültigk seiner Vfg davon aber iZw nicht abhäng machen wollte (Vermutg der Wirksamk; vgl auch RG LZ **14**, 1116) § 154 gilt hier nicht, da § 2086 ein bereits formgerecht errichtetes Test voraussetzt u nur zweifelh ist, ob es durch den Ergänzgs-Vorbeh in Frage gestellt werden kann. Ob der Vorbehalt dem Test überh oder einer einzelnen letztw Vfg beigefügt war, gilt gleich. – Kein Fall des § 2086, sond gült Vermächtn liegt vor, wenn zur Bezeichng der VermNehmer auf die Traubibel Bezug genommen wird (RG JW **37**, 2832; vgl auch § 2151).

2   **2) Das unvollständige (unvollendete) Testament** gehört nicht hierher, zB Offenlassen der VermächtnSumme od der Fall, daß der Erbl währd der Errichtg stirbt od nicht mehr weitersprechen kann. In letzterem Falle ist das Test nichtig. Ist es unvollständig (zB es fehlt eine Seite), ist möglichst durch Ausleg zu helfen, zu der bei Übergabe einer Schrift (§ 2232) auch ein fehlendes Blatt, wenn es später aufgefunden wird, herangezogen werden kann (s RGRK Rn 6).

Zweiter Titel. Erbeinsetzung

2087   *Allgemeine Auslegungsregel.* [I]Hat der Erblasser sein Vermögen oder einen Bruchteil seines Vermögens dem Bedachten zugewendet, so ist die Verfügung als Erbeinsetzung anzusehen, auch wenn der Bedachte nicht als Erbe bezeichnet ist.

[II]Sind dem Bedachten nur einzelne Gegenstände zugewendet, so ist im Zweifel nicht anzunehmen, daß er Erbe sein soll, auch wenn er als Erbe bezeichnet ist.

1   **1) Erbeinsetzung** ist Zuwendg der Gesamtnachfolge (§ 1922; 1942) in das Vermögen des Erbl insgesamt od in Bruchteile davon. Eine Erbfolge in bestimmte Ggstände kennt das BGB nicht; Zuwendg einzelner

Ggstände kann daher immer nur Vermächtn sein. An dieser GrdRegel ändert der wenig glückl formulierte § 2087 (Otte NJW **87**, 3164) nichts. Sie ist die wichtigste Gestaltgsmöglichk, die der Erbl mittels einer Vfg v Tw zur Ausnutzg seiner TestierFreih (§ 1937 Rn 3) hat. Ist sie unklar od unvollständ, will das G mit den in §§ 2087–2099 aufgestellten Ausleggsregeln und Ergänzungsrechtssätzen (s dazu Einf 2 vor § 2064) helfen, die letztw Vfg nach Möglichk aufrecht zu erhalten, auch hier von dem Grundgedanken des § 2084 geleitet. Die Vorschr sind auf Erbverträge entspr anwendb (§ 2279 I).

2) Vorrang der Auslegung. Die Bedeutg des § 2087 beschränkt sich auf die Auslegg solcher Vfgen, **2** bei denen erst ermittelt werden muß, was der Erbl mit der Zuwendg von EinzelGgständen wirkl gewollt hat. Maßgebl ist dafür näml der sachl Inhalt seiner letztw Vfg, nicht aber, welche Worte der Erbl verwendet hat (§ 133), zumal ein großer Teil der Bevölkerg die Ausdrücke „erben" u „vermachen" oft unterschiedslos nebeneinand od gar nicht gebraucht (allg M; zB Köln Rpfleger **92**, 199; BayObLG FamRZ **95**, 835). Bei der Ermittlg seines Willens kann sich daher ergeben, daß nur scheinbar die Zuwendg eines einzelnen VermögensGgst vorliegt, daß in Wahrh der Erbl aber dem Bedachten mit dieser Zuwendg einen Bruchteil seines Vermögens, eine Vermögensgruppe od sogar sein ganzes Vermögen zuwenden wollte (BGH FamRZ **72**, 561; BayObLG Rpfleger **80**, 430). Dafür sind in **I** und **II** Ausleggsregeln aufgestellt. Sie greifen allerd erst u nur ein, wenn die vorweg dchzuführende Ermittlg, ob der gesamte Inh der letztw Vfg u die Umstände des Einzelfalls eindeut den Willen des Erbl ergeben (§ 2084), nicht schon zur Überwindg aller Zweifel geführt hat (allg M; zB BGH FamRZ **72**, 561; BayObLG FamRZ **90**, 1399; Köln Rpfleger **80**, 344; **92**, 199). – Diese Grdsätze gelten auch für die NErbfolge (RG **152**, 190; s dazu aber Schrader NJW **87**, 117). – Da **I** nicht zwingend ist, kann der Erbl einen Bruchteil seines Vermögens auch als sog **Quotenvermächtnis** zuwenden, dch das den Erben die Auszahlg eines dem Bruchteil entspr Teils des Barerlöses an den Bedachten als schuldrechtl Verpflichtg auferlegt wird (BGH NJW **60**, 1759; WM **78**, 377; KG OLGZ **67**, 361).

3) Auslegungskriterien. Hat der Erbl seine Zuwendgen als Verteilg einzelner Ggstände formuliert, ist **3** eine Auslegg seiner letztw Vfgen als Erbeinsetzg davon abhängig, ob dem (den) Bedachten diejenigen Ggstände zugewendet wurden, die nach der Vorstellg des Erbl bei TestErrichtg (Rn 4) prakt den ganzen Nachl od eine Bruchteil davon ausmachen u ob der Erbl dch die in dieser Weise bedachten Personen seine wirtschaftl Stellg fortgesetzt wissen wollte (Köln FamRZ **89**, 549; BayObLG **65**, 460). Auch die Zuwendg eines einzelnen Ggstands kann Erbeinsetzg sein, wenn der Nachl dadch erschöpft wird (BayObLG **66**, 408) od wenn sein Wert den der übr nicht erwähnten Ggstände so sehr übertrifft, daß der Erbl ihn offensichtl als seinen wesentl Nachl angesehen hat. Sie kann auch darin liegen, daß ein Bedachter alles erhalten soll, was nicht im Test ausdrückl als Zuwendg einzelner Ggstände an andere Personen aufgeführt ist, wenn dieses übr Vermögen den Wert der aufgezählten Ggstände erhebl übersteigt (BayObLG FamRZ **90**, 1275; 1399). Generell ist das WertVerhältn von zugewendeten Ggständen zum GesamtNachl ein wesentl Kriterium für die Willensermittlg (Köln Rpfleger **92**, 199). Entscheidend ist also, ob der Erbl den so Bedachten eine mögl starke Stellg, also unmittelb Rechte am Nachl (als Ganzem od zu Bruchteilen) verschaffen wollte u ob sie nach seinem Willen auch den Nachl zu regeln u NachlSchulden zu tilgen haben. Vermächtn liegt dagg vor, wenn er den Bedachten ledigl auf schuldrechtl Ansprüche gg den Erben hinsichtl einzelner Ggstände (Mobiliar, Grdstück, Geldsumme etc) verweisen wollte (BGH MDR **60**, 484; BayObLG **63**, 319). Allerd hängt die Stellung als Erbe nicht begriffsnotwend davon ab, ob ihm nach Erfüllg aller NachlVerbindlichk noch ein mehr od weniger großer wirtschaftl Vorteil aus der Erbsch verbleibt (KG OLGZ **68**, 329); es kann geradezu für seine Erbeinsetzg sprechen, daß der Bedachte die NachlSchulden zu tilgen u den Nachl zu regulieren hat (BayObLG FamRZ **86**, 604; 728), zu denen auch die Beerdiggskosten gehören (§ 1968), so daß in der Beauftragg einer Person zur Besorgg der Bestattg ein zusätzl Anzeichen für deren Erbeinsetzg erblickt werden kann (BayObLG FamRZ **86**, 835). – Maßgebd sind hierbei die Vorstellgen, die der Erbl im Zeitpkt der **Testamentserrichtung** von dem Wert der Ggstände gehabt hat (BGH FamRZ **72**, 563; **4** BayObLG **58**, 248). Daher wird eine gewollte Erbeinsetzg nicht dch nachträgl erhebl Vermögenszuwachs in Frage gestellt, weil diese sich regelmäßig auf das beim Erbfall hinterlassene Vermögen bezieht; eine anteilige ges Erbfolge an der nachträgl Vermögensmehrg kommt deshalb nicht in Betracht (BayObLG FamRZ **86**, 835). Änderungen in der Vermögenszusammensetzg od Wertverschiebgen sind dagg dann zu berücksichtigen, wenn der Erbl sie bereits bei TestErrichtg in seine Überleggen einbezogen hat (BayObLG NJW-RR **93**, 581), weil auch seine tatsächl Vorstellgen üb die weitere Entwicklg seines Vermögens u die voraussichtl Zusammensetzg seines Nachl maßgebl sind (BayObLG FamRZ **95**, 246). Im Zweifelsfall muß dch Auslegg (auch ergänzende) ermittelt werden, ob sich die Erbeinsetzg auch auf den nachträgl Vermögenserwerb erstreckt (s KG NJW **71**, 1992; dazu Bartz NJW **72**, 1174; RGRK Rn 8).

   a) Zuwendung nach Vermögensgruppen. Erbeinsetzg liegt auch vor, wenn der Nachl nicht nach **5** Bruchteilen, sond nach Vermögensgruppen verteilt wird, zB wenn der eine die Grdst, der andere die Wertpapiere erhalten soll (s BGH FamRZ **72**, 561, auch DNotZ **72**, 500; BayObLG **66**, 416; **77**, 163/165; Mü, LG Mü I, Ufita **80**, 319, 327: Erbe ist, wem Kernstück von Zeugnissen der Geschichte zugewendet wurde). Dann werden die so Bedachten nach dem Verhältnis der Werte des unbewegl u des bewegl Vermögens als Erben zu behandeln sein (RG LZ **32**, 1050), verbunden mit einer Teilgsanordng (§ 2048) und uU einem Vorausvermächtn (§ 2150; zur Abgrenzg s § 2048 Rn 5; 6). Das Wertverhältn muß sich dabei nicht notw nach dem Vermögensverhältnis des Erbl zZ der Errichtg bestimmen (so BayObLG **34**, 278; **58**, 251), sond kann sich auch uU nach den Verhältnissen zZ des Erbfalls beurteilen (Staud/Otte Rn 25 ff; Soergel/Loritz Rn 8; auch Meincke, BewertgsR § 14 II 2b). § 2091 gilt in solchem Falle nicht, da die Erbteile mittelb bestimmt sind. – Eine Erbeinsetzg mehrerer Personen nach Vermögensgruppen kann im Sinne der Einsetzg zu denjenigen Erbteilen, die sich aus dem Wertverhältn dieser Vermögensgruppen zum GesamtNachl ergeben, unter bes Umständen auch dann gegeben sein, wenn diese Erbteile mit den vom Erbl wortlautmäß angegebenen nicht übereinstimmen (BGH **LM** § 2084 Nr 12).

   b) Zuwendung von Einzelgegenständen. Verteilt der Erbl dadch prakt sein ganzes Vermögen auf die **6** Bedachten, bezweckt er damit idR Erbeinsetzg, weil nicht unterstellt werden kann, daß er dann überh keinen Erben berufen will (BGH DNotZ **72**, 500; BayObLG FamRZ **92**, 862); dies gilt auch, wenn er zur Verteilg des Nachl einen TV eingesetzt hat (BGH WM **72**, 622). Jedoch müssen dann nicht alle Bedachten auch zu Erben berufen sein. Vielm kann die Auslegg ergeben, daß nur einer od einzelne von ihnen zu Erben eingesetzt, den and dagg nur Vermächtn zugewendet sind (BGH DNotZ **72**, 500). Naheliegd ist es, als AlleinE die Person anzusehen, die wertmäß den Hauptggstand zugewiesen erhielt (s Rn 3; 4) u die mit Ggständen von geringerem Wert Bedachten als VermächtnNehmer (BayObLG FamRZ **95**, 246). Vor allem wenn ein **Grundstück** seinem Wert nach einen wesentl Teil des Nachl bildet, kann in seiner Zuwendg an eine bestimmte Person deren Einsetzg als Erbe zu sehen sein (BayObLG FamRZ **86**, 728; Köln FamRZ **91**, 1482). Einsetzg zum „AlleinE der Wohng", die Erbl aber nur gemietet hatte, kann Zuwendg ihres Inhalts u dann Erbeinsetzg sein, wenn er darin die wesentl Teile seines Vermögens aufbewahrte (BayObLG FamRZ **94**, 1554). Zuwendg von „Haus mit Inhalt" kann aber auch nur Vermächtn sein, wenn es nicht den wesentl Nachl ausmacht (BayObLG FamRZ **90**, 1401). Sind mehrere Personen MitE, ist die Zuwendg einzelner im Test aufgeführter Ggstände an sie (od an einen) entw Teilgsanordng (§ 2048) od VorausVermächtn (§ 2150); s BGH FamRZ **85**, 62; Köln Rpfleger **92**, 199); zur Abgrenzg s § 2048 Rn 5. – Die Zuwendg einer **Geldsumme** ist idR keine Erbeinsetzg, sond Vermächtn (BayObLG **60**, 259; **65**, 460). Sie kann aber Erbeinsetzg sein, wenn die Summe (od ein sonstiger realer Teil der Erbsch) fast das ganze Vermögen erschöpft od als Bruchteil des zu einem bestimmten Wert veranschlagten Nachl aufzufassen ist (Erman/Hense/Schmidt Rn 4); zum Quotenvermächtn s Rn 2.

7   **c) Einzelfälle.** Hat der Erbl bestimmt, daß die Ehefrau frei über den Nachlaß verfügen kann u Verwandte den Teil des Nachl erhalten sollen, über den sie bis zu ihrem Tod nicht letztw verfügt hat, ist die Ehefrau Vollerbin, die Verwandten VermächtnNehmer (Bremen DNotZ **56**, 149; s aber auch die in § 2065 Rn 8, 9 angeführte Rspr). – Die Klausel eines gemschaftl ErbVertr von Eheg, der Überlebde u AlleinE des Erstversterbden hat bei seinem Tod die Hälfte des Nachl den Blutsverwandten des Erstversterbden zu hinterlassen, kann Erbeinsetzg dieser Verwandten zur Hälfte des Nachl des Überlebden bedeuten (LG Köln FamRZ **65**, 581). – Die Zuwendg eines bestimmten Ggstandes an einen Erben über seinen Erbteil hinaus („mein Sohn A soll außerdem meinen Wagen bekommen)" gilt als Vorausvermächtnis (§ 2150), währd die Anordng, daß ein ErbSchGgst dem eingesetzten Erben „nicht zufallen" soll, als Vermächtn zG der gesetzl Erben behandelt wird (§ 2149). – Hins der alternativen Erbeinsetzg vgl § 2073 Rn 4. – Zuläss ist auch eine Vermächtn-Anordng an mehrere Personen (Kinder), bei der ein Dritter bestimmt, wer von diesen das Vermächtn erhalten soll (§ 2151) und die zum Ggst ein Unternehmen hat, das im wesentlichen den Nachl ausmacht, wenn der auf Anordng eines Vermächtn gerichtete Wille des Erbl eindeut in der letztw Vfg zum Ausdruck kommt (s Dobroschke Betr **67**, 803; Haegele Rpfleger **73**, 203/204).

8   **4) Die Zuwendung des Pflichtteils** ist nach der (den § 2087 ergänzenden) Auslegsregel des § 2304 iZw nicht als Erbeinsetzg anzusehen (s BayObLG **66**, 398). Damit ist aber noch nicht gesagt, ob die Zuwendg als Vermächtn aufzufassen ist od ob der so Bedachte auf den Pflichtt beschränkt, dh den PflichttBetrag nur kraft G, nicht kraft test Anordng zu fordern berechtigt sein soll. Dies festzustellen ist Sache der Auslegg (RG **129**, 239) und schon für die Verjährg (§ 2332) von Bedeutg (RG **113**, 237). S § 2304 Rn 1; Ferid NJW **60**, 121. – Bei Zuwendg eines Vermächtnisses zwecks Deckg eines Pflichtteils greift § 2307 ein. – Über Zuwendg des ErbersatzAnspr s § 2304 Rn 3.

2088 *Einsetzung auf einen Bruchteil.* ¹**Hat der Erblasser nur einen Erben eingesetzt und die Einsetzung auf einen Bruchteil der Erbschaft beschränkt, so tritt in Ansehung des übrigen Teiles die gesetzliche Erbfolge ein.**

II**Das gleiche gilt, wenn der Erblasser mehrere Erben unter Beschränkung eines jeden auf einen Bruchteil eingesetzt hat und die Bruchteile das Ganze nicht erschöpfen.**

1   **1) Bedeutung.** Test u ges Erbfolge nebeneinander sind mögl, näml wenn der Erbl die gewillkürte Erbfolge auf einen Bruchteil beschränkt hat. Es tritt dann hinsichtl des nicht verteilten Nachl die ges Erbfolge ein. War der Wille des Erbl allerd gleichwohl auf Verteilg seines gesamten Nachl gerichtet, liegt eine Lücke vor, die ggf mit ergänzende Auslegg (§ 2084 Rn 8) zu schließen ist. Vorrang hat also auch bei nicht erschöpfender Erbeinsetzg ein abweichender, ggf dch Auslegg zu ermittelnder ErblWille (§ 2089), sei es auch nur ein hypothetischer.

2   **2) Voraussetzungen.** Erschöpfen die Bruchteile den Nachl, kann die gesetzl Erbfolge nicht eintreten. Im übr kommt es (bei **I** wie bei **II**) darauf an, ob eine das Ganze nicht erschöpfde Beschränkg vorliegt, die eingesetzten Erben nach dem ErblWillen also nicht die alleinigen Erben sein sollen („mein Sohn soll nur die Hälfte des Nachl erhalten"). Ist ein eingesetzter Erbe zugleich gesetzl Erbe (vgl § 1951), zu ermitteln dch Auslegg, ob er auf die Zuwendg beschränkt sein oder auch als gesetzl Erbe am Nachl teilhaben soll (BayObLG **65**, 166; Kipp/Coing § 44 I 1³; vgl OLG **11**, 234, wo die überlebende Ehefrau insow zur alleinigen Erbin eingesetzt war, „als das Gesetz dies erlaube"). – Scheidet ein eingesetzter Erbe aus, weil er nicht Erbe sein kann od will, und greift nach dem ErblWillen weder Ersatzerbfolge (§ 2096) noch Anwachsg (§ 2094) ein, gelangt der freiwerdende Erbteil an die gesetzl Erben. – Erschöpfen die Bruchteile den Nachl nicht, weil der Erbl einen Teil des TestErben gestrichen hat (§ 2255), kommt es auf den zu ermittelnden Willen des Erbl an, ob die verbleibenden Erben unter verhältnismäßiger Erhöhg ihrer Bruchteile alleinige Erben sein od ob die freigewordenen Bruchteile den gesetzl Erben zufallen sollen (KG JFG **6**, 147).

3   **3) Rechtsfolge.** Ist kein abweichender Wille des Erbl erkennb, tritt hinsichtl des nicht verteilten Bruchteils ges Erbfolge sein. Gehört dann zu den ges Erben des Vaters auch sein nichtehel Kind, greift bei Zusammentreffen mit ehel Abkömml u/od der Ehefr § 1934a ein, so daß dann dem nichtehel Kind nur ein ErbersatzAnspr zusteht. Ergibt die Auslegg allerd, daß die Ehefr u die ehel Kinder auf die ihnen zugewandten Bruchteile beschränkt, also nach dem Willen des Erbl nicht weiter beteiligt sein sollen, ist das nichtehel Kind hinsichtl des frei gebliebenen Teils alleiniger ges Erbe. Folge ist dann, daß es mit der Ehefr u den ehel

Kindern eine ErbenGemsch bildet. Dies ist hier hinzunehmen u § 1934a nicht anzuwenden, weil dem ErblWillen Vorrang vor dem allg RGedanken des § 1934a einzuräumen ist (Soergel/Loritz Rn 16; str; aA MüKo/Leipold § 1934a Rn 17; dazu auch Johannsen WM SonderNr 3/**70**, 8; Lange/Kuchinke § 14 V 4d; Spellenberg FamRZ **77**, 185/187; Staud/Otte Rn 14; MüKo/Skibbe Rn 5; Coing NJW **88**, 1753). Ein § 1934a verdrängender ErblWille kann auch daraus entnommen werden, daß er dch Einsetzg des ErbersatzBerecht auf einen Bruchteil das nichtehel Kind mit seinen and Angehör zusammentreffen lassen wollte (Soergel/Loritz aaO); tritt dann noch hinsichtl des nicht verfügten NachlRestes ges Erbfolge ein, ist der ErbersatzBerecht hinsichtl beider Teile als MitE zu behandeln (Coing aaO).

2089 ***Erhöhung der Bruchteile.*** **Sollen die eingesetzten Erben nach dem Willen des Erblassers die alleinigen Erben sein, so tritt, wenn jeder von ihnen auf einen Bruchteil der Erbschaft eingesetzt ist und die Bruchteile das Ganze nicht erschöpfen, eine verhältnismäßige Erhöhung der Bruchteile ein.**

Verhältnismäßige Erhöhung der Bruchteile erfolgt bei nicht erschöpfender Einsetzg mehrerer Erben 1
auf Bruchteile, sofern nach dem dch Auslegg zu ermittelnden Willen des Erbl die Eingesetzten die alleinigen Erben unter Ausschl der gesetzl Erbfolge sein sollen. Dies ist iZw der Fall, wenn nach Wegstreichen eines Erben die verbliebenen Bruchteile den Nachl nicht mehr erschöpfen (str; differenzierd Soergel/Loritz Rn 4). – Es wird dann nicht nach Kopfteilen, sond nach Verhältn der bestimmten Bruchteile zueinander geteilt unter Errechng des niedrigsten gemeinsamen Nenners. Diese Erhöhg hat nicht die Bedeutg eines bes Erbteils iS der §§ 1935, 2095. – Ist der einzige eingesetzte Erbe zu einem Bruchteil bedacht, gilt § 2088 I. – **Beispiel:** Soll A ½, B ⅕ und C ⅕ erhalten, ist ⅒ unverteilt. Bei gemeinschaftl Nenner 10 sind also A auf 5/10, B auf 2/10 und C auf 2/10 eingesetzt od im Verhält 5:2:2. Das Zusammenzählen 5 + 2 + 2 = 9 ergibt den neuen Nenner, so daß also A 5/9, B 2/9 und C 2/9 erhalten.

2090 ***Minderung der Bruchteile.*** **Ist jeder der eingesetzten Erben auf einen Bruchteil der Erbschaft eingesetzt und übersteigen die Bruchteile das Ganze, so tritt eine verhältnismäßige Minderung der Bruchteile ein.**

Widerspruchsvolle Anordnungen sollen das Test möglichst nicht unwirks machen (§§ 140, 2084), 1
soweit nicht bei mehreren Test eine Aufhebg des früheren anzunehmen ist (§ 2258). Falls kein entgegengesetzter Wille des Erbl festzustellen ist und kein Irrtum vorliegt (sonst Anfechtg, § 2078), erfolgt bei Einsetzg auf Bruchteile, deren Summe das Ganze übersteigt, Korrektur nach § 2090. Es wird dann also verhältnism (vgl § 2089) in der Weise gemindert, daß die Brüche der Erbteile auf den gleichen Nenner gebracht werden; dch Zusammenzählg der entstandenen Zähler erhält man den neuen Nenner. – Die Vorschr gilt entspr beim Vermächtn (§ 2157). – **Beispiel:** Sind A auf ⅔, B auf ¼ und C auf ¼ eingesetzt, ist ⅙ zu viel verteilt. Bei gemeinschaftl Nenner 12 sind also A auf 8/12, B auf 3/12 und C auf 3/12 eingesetzt od im Verhältn 8:3:3. Das Zusammenzählen von 8 + 3 + 3 = 14 ergibt den neuen Nenner, so daß A 8/14, B und C je 3/14 erhalten. S auch das Beispiel bei Staudenmaier BWNotZ **66**, 279.

2091 ***Unbestimmte Erbteile.*** **Sind mehrere Erben eingesetzt, ohne daß die Erbteile bestimmt sind, so sind sie zu gleichen Teilen eingesetzt, soweit sich nicht aus den §§ 2066 bis 2069 ein anderes ergibt.**

Die Ergänzungsregel sieht gleiche Erbteile erst vor, wenn deren Größe auch nach Auslegg des Test 1
(BayObLG FamRZ **90**, 1405) weder ausdrückl noch mittelb bestimmt ist, also auch nicht Grdsätze der gesetzl Erbfolge anzuwenden sind, sei es üb die Heranziehg der §§ 2066–2069 bzw dch deren entspr Anwendg (BayObLG FamRZ **86**, 610) od sonst nach den Umständen des Falles (Gruppierg nach Stämmen; zB Ffm FamRZ **94**, 327: Geschwister, ersatzw deren Kinder; RG Warn **18** Nr 123: „meine Frau und meine Kinder"). Im Zw sind aber Kopfteile gemeint, zB bei Einsetzg von Kindern verschiedener Geschwister. Sind die gesetzl Erben namentl, aber nicht ihre Erbteile angegeben, greift § 2091 und nicht § 2066 ein (KG JW **38**, 2475). Hatte sich der Erbl die Bestimmg der Anteile noch vorbehalten (§ 2086), dies aber nicht mehr ausgeführt, muß nach § 2091 gleiche Teilg eintreten. – Eine mittelb Bestimmg der Anteile liegt insb in der Einsetzg auf einen gemschaftl Erbteil (§ 2093). Unbestimmt sind die Erbteile auch, wenn die Verweisg auf das gesetzl ErbR keine Klarh bringt, zB Einsetzg des Bruders u dessen Tochter zum gesetzl Erbteil (RGRK Rn 1). – Bei Verteilg nach Ggst ist nicht an § 2091, sond an § 2087 zu denken (BGH **LM** § 13 HöfeO Nr 22).

2092 ***Teilweise Einsetzung auf Bruchteile.*** **I Sind von mehreren Erben die einen auf Bruchteile, die anderen ohne Bruchteile eingesetzt, so erhalten die letzteren den freigebliebenen Teil der Erbschaft.**

II Erschöpfen die bestimmten Bruchteile die Erbschaft, so tritt eine verhältnismäßige Minderung der Bruchteile in der Weise ein, daß jeder der ohne Bruchteile eingesetzten Erben so viel erhält wie der mit dem geringsten Bruchteile bedachte Erbe.

1) Beim Zusammentreffen bestimmter mit unbestimmter Erbeinsetzg erhalten, soweit nicht ein ande- 1
rer ErblWille ersichtl ist, gem **I** die ohne Angabe eines Bruchteils Eingesetzten nach dem Grdsatz des § 2091 iZw gleiche Teile. Bspl: Ist A auf ½, B auf ¼, C und D ohne Bruchteil eingesetzt, erhalten C und D das verbleibende ¼ zu gleichen Teilen, also je ⅛.

2) Erschöpfen die bestimmten Bruchteile den Nachl (od übersteigen sie das Ganze), regelt **II** dies wie 2
§ 2090: Sind die bestimmten Bruchteile gleich, erhalten die ohne Bruchteil Eingesetzten gleich große Anteile wie die anderen; sind sie verschieden, erhält jeder von ihnen so viel wie der Erbe mit dem geringsten bestimmten Bruchteil. Bspl: A ist auf ½, B auf ⅓, C auf ⅙, D und E ohne Bruchteil eingesetzt. D und E

steht der gleiche Anteil wie C zu. A 3/6, B 2/6, C, D und E je 1/6 ergeben zusammen 8/6. Gem § 2090 wird gekürzt im Verhältn 3:2:1:1:1 auf A 3/8, B 2/8, C, D und E je 1/8.

2093 *Gemeinschaftlicher Erbteil.*

Sind einige von mehreren Erben auf einen und denselben Bruchteil der Erbschaft eingesetzt (gemeinschaftlicher Erbteil), so finden in Ansehung des gemeinschaftlichen Erbteils die Vorschriften der §§ 2089 bis 2092 entsprechende Anwendung.

1 **1) Gemeinschaftlicher Erbteil.** Die Einsetzg hierauf ist mögl u hat dann innerrechtl Bedeutg (s Rn 2). Wann sie vorliegt, bestimmt die Vorschr nicht. Daher ist bei nicht eindeut Anordng des Erbl dch Auslegg zu ermitteln, ob mehrere Bedachte eine Gruppe bilden sollen (BayObLG **76**, 122; FamRZ **88**, 214). Ein derartiger Wille ist idR nicht schon bei bloß sprachl Verbindg (A, B und C erben 1/3) od Gesamtbezeichng (meine Söhne sollen die Hälfte erben) anzunehmen. Eher ist die Zusammenfassg von Personen unter einzelne Ziffern im Test ein Indiz für Gruppenbildg (1. A, 2. B und C) od der Fall des § 2092 I (A soll mein Erbe zu 1/4, B und C sollen auch Erben sein). Entscheidend ist der Gedanke der engeren Gemeinsch im Verhältn zu den übr Erben (BayObLG **76**, 122), der sich aus sachl Gesichtspkten wie enge persönl Beziehg untereinander od gemeinsame Beziehg zum Ggstand ergeben soll (Soergel/Loritz Rn 2; MüKo/Skibbe Rn 2).

2 **2) Teilung der Unterbruchteile.** Die so Zusammenberufenen zählen ggü den anderen Erben für eins und haben unter sich nach den in §§ 2089–2093 wg des Teilgsverhältnisses gegebenen Vorschr zu teilen, also iZw nach Köpfen (§ 2091). Der gemschaftl Erbteil hat ferner bei der Anwachsg (§ 2094 I 2; II) u ErsatzBerufg (§ 2098 II) Bedeutg.

2094 *Anwachsung.*

[I] **Sind mehrere Erben in der Weise eingesetzt, daß sie die gesetzliche Erbfolge ausschließen, und fällt einer der Erben vor oder nach dem Eintritte des Erbfalls weg, so wächst dessen Erbteil den übrigen Erben nach dem Verhältnis ihrer Erbteile an. Sind einige der Erben auf einen gemeinschaftlichen Erbteil eingesetzt, so tritt die Anwachsung zunächst unter ihnen ein.**

[II] **Ist durch die Erbeinsetzung nur über einen Teil der Erbschaft verfügt und findet in Ansehung des übrigen Teiles die gesetzliche Erbfolge statt, so tritt die Anwachsung unter den eingesetzten Erben nur ein, soweit sie auf einen gemeinschaftlichen Erbteil eingesetzt sind.**

[III] **Der Erblasser kann die Anwachsung ausschließen.**

1 **1) Ausschluß gesetzlicher Erbfolge.** Sollen die eingesetzten Erben nach dem Willen des Erbl die alleinigen Erben sein (sei es, daß ihre Erbteile den Nachl erschöpfen; daß ein Fall des § 2089 vorliegt; od daß bei Zuwendg einzelner NachlGgste an mehrere Erben diese den gesamten Nachl ausmachen u die Ausleggsregel des § 2087 II nicht durchgreift), wird vermutet, daß bei Wegfall eines Eingesetzten die übr TestErben den freiwerdenden Erbteil erhalten sollen und nicht die gesetzl Erben, sofern nicht der Erbl etwas anderes gewollt hat (**III;** s Rn 4). Diese Vermutg greift allerd nicht ein, wenn der Erbl selbst die Erbeinsetzg einzelner Personen widerruft, weil er dann erkennb nicht mehr abschließd vfgen wollte (BayObLG FamRZ **93**, 736). – Nach Anwachsg ist das Recht der Nacherben dch § 2110 I, der ErbschKäufer dch § 2373 geregelt. Für Vermächtn gelten §§ 2158, 2159.

2 **a) Wegfall** kann vor od nach dem Erbfall erfolgen. Er tritt ein: **Vor** dem Ebfall dch Tod (§ 1923 I; auch Totgeburt einer Leibesfrucht, § 1923 II; RG Warn **14** Nr 125) sowie bei Erbverzicht (§ 2352); **nach** dem Erbfall dch Ausschlagg (§ 1953), Erbunwürdigkeitserklärg (§ 2344), Nichterleben einer aufschiebenden Bedingg (§ 2074), Anfechtg (§§ 2078, 2079) und Nichterteilg der staatl Genehmigg nach § 84; EG 86. –
3 **Keinen** Wegfall bewirkt die Feststellg der Nichtigkeit der Erbeinsetzg von Anfang an (zB gem § 2077; BeurkG 7, 27), weil der Bedachte dann nie Erbe werden konnte, so daß ggf eine Erhöhg der Erbteile gem § 2089 vorzunehmen ist (RG **95**, 97; RGRK Rn 2; str; aA KG NJW **56**, 1523; MüKo/Skibbe Rn 3; Staud/Otte Rn 2; differzierd Soergel/Loritz Rn 6). Bei der Ersatzerbeneinsetzg (§ 2096), die ja auch für den Wegfall gesetzl Erben gilt (§ 2051 II), ist der Begriff des Wegfalls allerd ein weiterer.

4 **b) Ausschließung (III).** Der Erbl kann dch Vfg vTw die Anwachsg ausschließen, sei es dch ausdrückl od dch eine erst mittels Auslegg der Vfg zu entnehmde Erkl (BayObLG FamRZ **93**, 736; Faber BWNotZ **87**, 7; Schopp MDR **78**, 10). Dies ist allg oder ggü einzelnen Erben mögl, da die Anwachsg ja nur auf dem vermuteten Willen des Erbl beruht. Der Ausschluß führt zum Eintritt eines ErsatzE; ist keiner berufen, fällt der frei gewordene Teil an die gesetzl Erben. – **Stets ausgeschlossen** ist die Anwachsg bei Einsetzg von ErsatzE (§ 2099), zu denen iZw auch die NachE gehören (§ 2102 I), die daher dch Auslegg (§ 2084, ggf ergänzende) vorrangig zu ermitteln ist; ferner bei Ersatzberufg von Kindeskindern gem § 2069; zum Nachrücken von ErsatzE bei Wegfall naher Angehöriger s § 2069 Rn 8; KG FamRZ **77**, 344; die test Bevorzugg des weggefallenen Enkels ggü and Abkömml u Stämmen kann ein ausreichender Anhaltspkt für Ersatzberufg sein (Hbg FamRZ **88**, 1323). – In der Einsetzg auf bestimmte Bruchteile liegt die Ausschließg noch nicht, da sie nur das Teilgsverhältn der Erben festsetzt (BayObLG FamRZ **93**, 736; vgl § 2158 I 2); jedoch bleibt der Erbe dann auf den zugewendeten Bruchteil beschränkt, wenn sich der Erbl der Möglichk des Wegfalls bewußt war u gerade für diesen Fall eine von der ges abweichde Regelg treffen wollte (BayObLG aaO; MüKo/Skibbe Rn 4). – In der Einsetzg auf den Pflichtt liegt Ausschließg (RG HRR **28**, 960). – Bei Verwirkgsklausel u ähnl Sachlage geht § 2094 dem § 2069 vor (KG DNotZ **42**, 147; s § 2069 Rn 4; § 2074 Rn 6). – **Die Vererblichkeit** des NacherbR (§ 2108 II 1) geht dagg iZw dem AnwachgsR vor, wenn ein NachE nach dem Erbfall wegfällt (KG JFG **15**, 309; § 2108 Rn 2). Bei Wegfall eines von mehreren VorE ist es eine Frage der Auslegg, ob Anwachsg unter den übr VorE, Übergang auf den NachE als ErsatzE (§ 2102 I) gewollt ist od sich die Vorerbsch auf die Erben des VorE vererbt; iZw tritt Ersatzerbfolge ein (Soergel/Loritz Rn 10). Stirbt der MitVorE nach dem Erbfall, tritt iZw Nacherbfolge ein (§ 2106), andernf sich die Vorerbsch vererbt. – **Beweisen** muß im RStreit den Ausschluß, wer ihn behauptet.

2) Anwachsung (I 1). Sie ist sachl das Gleiche wie die Erhöhg des Erbteils bei ges Erbfolge (§§ 1935; 5 2007 S 2) u erfolgt in der Weise, daß sich die Erbteile der verbleibenden Erben entspr ihrem Verhältn zueinander von selbst erhöhen. Es tritt also kein neuer Erbteil hinzu. Der vergrößerte Erbteil ist bereits mit Erbfall erworben (§ 1953 II) und stellt eine Einheit dar, so daß der Zuwachs keine selbständ Bedeutg hat mit Ausnahme von Belastgen und AusgleichsPfl (§§ 2095; 2052; 2007). – Bspl für verhältnismäß Erhöhg: Sind A auf ½, B auf ¼, C auf ¼ eingesetzt, erhalten bei Wegfall des C: A ½ + ²⁄₁₂ = ⅔, B ¼ + ¹⁄₁₂ = ⅓. – Bei **gemeinschaftlichem Erbteil** (§ 2093) findet die Anwachsg zunächst nur innerh dieser Sondergruppe statt, 6 falls nicht alle gemschaftl Eingesetzten weggefallen sind (**I 2**). Bei den so Zusammenberufenen findet sogar auch dann Anwachsg statt, wenn nach § 2088 II auch die gesetzl Erben teilnehmen, obwohl hier im übrigen ein AnwachsgsR nicht besteht (**II**). – Im Falle des **Ausschlusses** der Anwachsg tritt nach Wegfall eines MitE 7 ges Erbfolge ein. War der Ausschluß auf einzelne MitE beschränkt, nehmen diese an einer Anwachsg nicht teil; fallen sie selbst weg, wächst dagg ihr Teil bei Anwachsg den übr MitE an.

3) Im Erbschein, der unter Benutzg der AnwachsgsRegeln beantragt wird, sollte ggf in der Begründg zu 8 §§ 2069, 2099, 2102 Stellg genommen werden (s Schopp MDR **78**, 10/12).

2095 *Angewachsener Erbteil.* **Der durch Anwachsung einem Erben anfallende Erbteil gilt in Ansehung der Vermächtnisse und Auflagen, mit denen dieser Erbe oder der wegfallende Erbe beschwert ist, sowie in Ansehung der Ausgleichungspflicht als besonderer Erbteil.**

1) Schutz des Anwachsungsberechtigten. Die Vorschr entspricht § 1935. Der Erbe hat die auf dem 1 anwachsenden Erbteil lastenden Vermächtnisse u Auflagen bei verschiedener Beschwerg (§ 2007 S 2) nur aus Mitteln der Erhöhg zu tragen, ohne den freien Erbteil angreifen zu müssen (§§ 2161, 2187 II, 2192). Für die AusglPfl kommt hier nur die letztw Berufg von Abkömmlingen nach § 2052 in Betr. Es soll auch hier vermieden werden, daß der Erbe durch die Anwachsg (§§ 2055, 2056) benachteiligt wird. – Bei Vermächt-nissen gilt (von der AusglPfl abgesehen) dasselbe (§ 2159). Die Selbständigk der Erbteile gilt auch hins der Verteilg der PflichtLast nach § 2318 (Fürnrohr JW **12**, 61).

2) Abweichende Anordnungen kann der Erbl treffen, zB einzelne Vermächtn od Auflagen dadch 2 bevorzugen, daß sie nicht bloß von dem ursprüngl, sond auch von dem dch Anwachsg größer gewordenen Erbteil zu tragen sind, jedoch unbeschadet der Rechte der PflichtBerechtigten nach §§ 2306 I, 2318 III u der zwingenden Vorschriften über die Beschränkg der Erbenhaftg (§ 2007; s Staud/Otte Rn 5).

2096 *Einsetzung als Ersatzerbe.* **Der Erblasser kann für den Fall, daß ein Erbe vor oder nach dem Eintritte des Erbfalls wegfällt, einen anderen als Erben einsetzen (Ersatz-erbe).**

1) Ersatzerbfolge. Hat der Erbl seine Erben dch Vfg vTw bestimmt, kann er für den Fall, daß der 1 Eingesetze (od einer von mehreren) nicht Erbe wird, dch Benennung eines ErsatzE die gewillkürte Erbfolge sichern u die ges weiterhin ausschließen. Bes wichtig ist diese Vorsorge bei Anordng einer Vor- u NErbfol-ge (dazu § 2102 mit Rn 4; § 2108 Rn 4). Eine gesetzl Ersatzerbfolge gibt es nicht. Das G hält ledigl für nachträgl TestLücken infolge Vorversterbens bestimmter Bedachter ergänzende Regelgn bereit; so sind bei Wegfall eines Abkömml gem § 2069 die nachrückenden Abkömml und gem § 2102 der NachE iZw als ErsatzE berufen. Auch kann in der Einsetzg einer dem Erbl besond nahestehenden Person sein Wille zum Ausdr gebracht sein, daß bei deren Wegfall and Personen, insbesond deren Abkömml, als ErsatzE eingesetzt sind od wären, wenn er bei TestErrichtg den Wegfall des Bedachten erwogen hätte (s § 2069 Rn 8). Beruht somit die Ersatzerbfolge immer auf dem Willen des Erbl, muß sie nicht ausdrückl erklärt sein, sond kann auch dch ergänzde Auslegg (§ 2084 Rn 8–11) festgestellt werden.

2) Ersatzfall ist der Wegfall des eingesetzten Erben. Dies ist hier weiter zu verstehen als bei § 2094, da die 2 Ersatzberufg auch dann eingreift, wenn die Erbeinsetzg nichtig ist od widerrufen wird. Wegfall liegt also sowohl in den in § 2094 Rn 2 genannten Fällen vor als auch bei anfänglicher Nichtigk der Einsetzg des Erstberufenen (unstr). Annahme des Eingesetzten als Kind eines Dritten kann uU als Wegfall anzusehen sein (s Dittmann Rpfleger **78**, 277). – Die Berufg des ErsatzE muß allerd nicht für alle Fälle des Wegfalls gelten, so daß bei einzelnen Wegfallgründen das Einrücken des ErsatzE ausgeschlossen sein kann. Ist die Ersatzbe-rufg auf eine bestimmte Art des Wegfalls beschränkt, gilt § 2074 (s § 2097 Rn 1; aA Soergel/Loritz Rn 9). Überh findet § 2096 keine Anwendg, wenn der Erbl den Eintritt des Ersatzerbfalls von einer echten Bedingg abhängig macht (BayObLG NJW **60**, 965); stirbt dann der Erstberufenen nach dem Erbfall, aber vor Eintritt der Bedingg, ist Ausleggsfrage, ob die gleiche Bedingg auch für den ErsatzE gilt, der gem § 2105 bedingt berufener NachE ist. – Stirbt der Erstberufene erst **nach** dem Erbfall, geht die Erbsch auf dessen Erben über 3 samt dem AusschlaggsR (§ 1952); macht der Erbeserbe davon noch innerh der Frist des § 1944 Gebrauch, ist der Erstberufene nie Erbe geworden (§ 1953 I), so daß Ersatzerbfolge eintritt.

3) Der Ersatzerbe wird vom Erbl nach den allg Vorschr berufen (zB §§ 2068, 2069, 2096ff). Ob ersatzw 4 nach § 2069 berufenen Abkömml Vorrang vor eingesetzten ErsatzE zukommt, kann nicht generell, sond nur nach den Umständ des Einzelfalls festgestellt werden (BayObLG **93**, 335 mAv Mayer MittBayNot **94**, 111). Läßt sich auch dch Auslegg nicht ermitteln, ob der Eingesetzte ErsatzE od NachE sein soll, ist iZw Einsetzg als ErsatzE anzunehmen (§ 2102 II mit Rn 3; BGH LM Nr 1). – ErsatzE kann auch ein MitE (2098) od ein Fremder sein. Der Erbl kann **mehrere** ErsatzE sowohl neben- als auch hintereinander setzen; nebeneinander sind sie gemeinschaftl und iZw zu gleichen Teilen (§ 2091) an Stelle des ersten Erben berufen, hintereinander jeweils erst nach Wegfall des Vordermannes, wobei bedeutgslos ist, in welcher Reihenfolge die Vordermänner wegfallen (s auch § 2098). – Die Einsetzg als **Nacherbe** kann in der zum ErsatzE nicht 5 gefunden werden, falls nicht festzustellen ist, daß der Erbl in Wirklichk Nacherbfolge gemeint hat (RG HRR

32 Nr 1055); hat der Erbl letzteres gewollt, kann auch im Gebr des Wortes „Ersatzerbe" die Einsetzg eines NachE liegen (BGH aaO; vgl auch Celle RdL **69**, 99; § 2102 Rn 1). Bei Erbeinsetzg für den Fall des kinderlosen Ablebens des Erstberufenen vor Erreichen eines bestimmten Lebensalters liegt Anordng von Nacherbsch u nicht Ersatzerbsch vor (Celle NdsRpfl **49**, 176).

6   **4) Rechtsstellung.** Der ErsatzE tritt an die Stelle eines anderen (im Ggsatz zum NachE, der Erbe wird, nachdem zunächst ein anderer dies war, § 2100). Der Erstberufene darf also nie Erbe gewesen sein. Daher ist die Einsetzg des ErsatzE aufschiebd bedingt dch den Wegfall des Erstberufenen; dies ist allerd keine rechtsgeschäftl Bedingg (s § 2074 Rn 1), da sie beim Erbfall schon eingetreten war od als eingetreten gilt. Vor dem Erbfall und auch noch vor dem Wegfall des Erstberufenen (Ersatzerbfall) hat der ErsatzE keinerlei Rechte, da er nur hilfsweise berufen ist (BGH **40**, 115). Er kann sich wg Geschäftsführg und Vfgen des Erstberufenen erst nach dessen Wegfall und nur nach Maßgabe des § 1959 an diesen od an Dritte halten (RG **145**, 316).

7   – Mit Eintritt des **Erbfalls** erlangt der ErsatzE ein AnwartschR (BayObLG **60**, 410; Soergel/Loritz Rn 12; aA Hamm NJW **70**, 1606), das iZw vererbl und übertragbar ist. Dafür muß er den Erbfall erleben, zumindest als Erzeugter (§ 1923), da auch für ihn die allg Grdsätze der Erbeinsetzg gelten und der Erstberufene auch bei späterem Wegfall so angesehen wird, als wenn er bereits vor dem Erbfall weggefallen wäre. Den Ersatzerbfall braucht er dann nicht mehr zu erleben; sein AnwartschR geht iZw auf seine Erben über (KGJ **42**, 104). Er kann die Erbsch auch ausschlagen (s § 1944 Rn 7) od annehmen (RG **80**, 377). – Mit dem

8   **Ersatzerbfall** erwirbt der ErsatzE die Erbsch, sofern der Erstberufene bereits weggefallen ist; bei späterem Wegfall wird er so angesehen, als sei er bereits im Ztpkt des Erbfalls berufen worden. Vermächtn und Auflagen belasten iZw auch ihn (§§ 2161, 2192). Ebenso trifft ihn die AusglPfl (§ 2051 II). Ob er auch ein dem Erben zugewendetes Vorausvermächtn (§ 2150) erhält, ist Auslegggsfrage; zum Ersatzvermächtn s iü § 2190. Der Voraus (§ 1932) des weggefallenen Ehegatten steht dem ErsatzE idR nicht zu. – Nach **Erbschaftsverkauf** verbleibt einem MitE iZw ein ihm gem § 2096 zusätzl anfallendes ErbR (§ 2373).

9   **5) Ersatznacherbe** ist er als Ersatzmann eines NachE. Er muß dann den Nacherbfall erleben, aber nicht den Wegfall des NachE (zu seiner RStellg s § 2102 Rn 5). Zur Vererblichk des mit dem Erbfall entstehenden AnwartschR des NachE und zu ihrem Ausschluß dch Einsetzg eines ErsatzE s § 2108 Rn 2–4.

2097 *Auslegungsregel.* **Ist jemand für den Fall, daß der zunächst berufene Erbe nicht Erbe sein kann, oder für den Fall, daß er nicht Erbe sein will, als Ersatzerbe eingesetzt, so ist im Zweifel anzunehmen, daß er für beide Fälle eingesetzt ist.**

1   **Die Auslegungsregel** ist weit gefaßt (Düss DNotZ **74**, 366/369), greift aber nur ein („im Zw"), wenn der Erbl die Ersatzberufg nicht auf einen bestimmten Fall beschränken wollte (BayObLG FamRZ **89**, 666). So zB, wenn der ErsatzE für den Fall der Ausschlag des Erstberufenen eingesetzt war, dieser aber inf Widerrufs seiner Ersatzeinsetzg nicht Erbe sein konnte (Dresden ZBlFG **17**, 303); od umgekehrt, wenn bei Einsetzg für den Vorversterbensfall ausgeschlagen wird (RG **113**, 50). Ist die Ersatzberufg auf eine bestimmte Art des Wegfalls beschränkt, gilt nicht § 2097, sond § 2074 (aA Soergel/Loritz § 2096 Rn 9); der ErsatzE muß also den Wegfall (nicht nur den Erbfall) erleben. – Über entspr Anwendg beim Vermächtn s § 2190. – Nicht anwendb ist § 2097, wenn der NachE nach Eintritt des Nacherbfalls die Erbsch ausschlägt, um den Pflichtt zu verlangen (Ffm Rpfleger **70**, 391; Stgt OLGZ **82**, 271).

2098 *Gegenseitige Einsetzung als Ersatzerben.* **[1] Sind die Erben gegenseitig oder sind für einen von ihnen die übrigen als Ersatzerben eingesetzt, so ist im Zweifel anzunehmen, daß sie nach dem Verhältnis ihrer Erbteile als Ersatzerben eingesetzt sind.**

[2] Sind die Erben gegenseitig als Ersatzerben eingesetzt, so gehen Erben, die auf einen gemeinschaftlichen Erbteil eingesetzt sind, im Zweifel als Ersatzerben für diesen Erbteil den anderen vor.

1   **Auslegungsregel.** Sind einem Erben mehrere ErsatzE nebeneinander bestellt, erhalten sie nach § 2091 iZw gleiche Teile. Hat der Erbl aber die eingesetzten Erben ggseitig od für einen von ihnen die übrigen (also nicht bloß einzelne von ihnen) als Ersatzerben berufen, erhalten sie iZw die Ersatzerbanteile nach dem Verhältn ihrer urspr Erbteile (**I** und § 2094 I 1), im ersten Fall unter Bevorzugg der Zusammenberufenen (**II** und § 2094 I 2). – Der einem MitE durch ErsatzBerufg zukommde Erbteil gilt (anders als bei der Anwachsg, § 2095) in jeder Hins als selbständiger Erbteil (RGRK Rn 5), für Annahme u Ausschlagg aber nur bei Berufg aus verschiedenen Gründen (§ 1951).

2099 *Ersatzerbe und Anwachsung.* **Das Recht des Ersatzerben geht dem Anwachsungsrechte vor.**

1   **Ausschluß der Anwachsung** liegt in der Einsetzg eines ErsatzE (§ 2094 III). Dem eingesetzten ErsatzE stehen die nach § 2069 nachrückenden Abkömml gleich. Fällt auch der Ersatzerbe weg, greift Anwachsg ein. Bei Einsetzg eines ErsatzE für mehrere Miterben ist die Ersatzerbfrage, ob die Ersatzerbfolge bei Wegfall jedes einzelnen der Erben od erst nach Wegfall aller MitE wirks wird; iZw geht auch hier ErsatzErbsch der Anwachsg vor (Soergel/Damrau Rn 1); s auch Schopp MDR **78**, 10/11.

Dritter Titel. Einsetzung eines Nacherben

Einführung

1) Die Nacherbfolge ermöglicht es dem Erbl, die Weitergabe seines Vermögens so zu steuern, daß es **1** zunächst beim Erbfall zwar dem VE persönl, später aber nicht dessen Erben zukommt (Prot II 5, 91 ff). Sein Nachl bildet dann in der Hand des VE ein Sondervermögen, von dem dessen übr Vermögen zu trennen ist u über das der VE nur nach Maßgabe der §§ 2112 ff mehr od weniger frei unter Lebenden vfgen kann. Kennzeichnend ist für sie also das zeitl Aufeinanderfolgen verschiedener Erben desselben Erbl bezügl derselben Erbsch. Kommt es zu dieser vorausgesetzten Zwischenherrsch des VE nicht, weil dieser vor dem Erbfall wegfällt od das sein ErbR beendigende Ereign (zB Heirat) schon vor dem Erbfall eintrat, kommt es auch nicht zur NErbfolge. Der NE ist dann vielm iZw als Ersatzerbe (§§ 2096, 2102 I) Vollerbe. Widerspricht dies ausnahmsweise dem Willen des Erbl, ist er nicht Ersatzerbe, ohne daß es einer Anfechtg nach § 2078 II bedarf. Stirbt der VE nach dem Erbfall, aber vor dem NErbfall, geht seine entstandene RStelle auf seine Erben über u erlischt in deren Person beim Eintritt des NErbfalls (s § 2100 Rn 8). – Eine **Sondernach-** **2** **erbfolge** in einzelne NachlBestandteile (zB Grundbesitz; Unternehmen) kann der Erbl nicht anordnen (zur ausnahmsw Sondererbfolge s § 1922 Rn 7–11) ebso wie er sein Vermögen nicht ohne zeitl Beschränkg immer weiter nur in der Familie vererben kann. Ansonsten entstünden der Wirkg nach wieder Familienfideikomisse, die seit 1939 nicht mehr zugelassen sind (s EG 59 Rn 1). Das ErbR gewährt heute keine Möglichk mehr, Vermögen üb eine unbegrenzte **Zahl von Generationen** in der Familie zu halten (vgl Sorg BB **83**, 1620/1626). Hierauf abzielende Anordngen des Erbl können allenf als NErbfolge (ggf als mehrfache mit der zeitl Begrenzg dch § 2177) bzw Nachvermächtnis (§ 2177) aufrecht erhalten werden. Eine Auslegg als Erbeinsetzg einer staatl beaufsichtigten **Familienstiftung** ist nicht ohne Feststellg eines entspr ErblWillens mögl (Köln FamRZ **90**, 438).

2) Vorerbe und Nacherbe sind zeitl aufeinanderfolgende wahre Erben **desselben Erblassers** und dersel- **3** ben Erbsch. Sie haben also nacheinander ein ungeteiltes ErbR, so daß von einer ErbenGemeinsch zw ihnen keine Rede sein kann, da nicht der Ggstand ihrer Berechtigg, sond nur deren Zeitdauer geteilt ist (RG Gruch **52**, 682). Vor dem NErbfall (§ 2139) besteht zw mehreren NE keine ErbenGemsch, nachdem eine solche ein ihr zugeordnetes gemeinsch Vermögen (§ 2032 I) voraussetzt, das die NE nicht haben, weil der Nachl bis zum Eintritt des NErbfalls (§ 2139) ausschließl in der Hand des VE liegt (BGH NJW **93**, 1582; Schiedermair AcP **139**, 145). Wohl aber besteht zw mehreren VE ErbenGemeinsch; wg der „Auseinandersetzg" vgl §§ 101–103; 2130 (dort Rn 3).

3) Erbschaftsteuer. Die NErbfolge wird wie zwei Erbfälle behandelt. Zuerst der VE wie ein Voll- **4** erbe ErbschSt aus Mitteln der Erbsch zu zahlen (ErbStG 6 I; 20 IV); entrichtet er sie nicht, gehen sie als NachlVerbindlk auf seine Erben (nicht auf den NE) über (Soergel/Harder vor § 2100 Rn 21). Sodann hat der NE seinen Vermögenserwerb als vom VE stammend zu versteuern (ErbStG 6 II), kann allerd für seine Steuerklasse (s Einl 17 vor § 1922) das Verhältn zum Erbl wählen, wenn dies günstiger ist (ErbStG 6 II 2). Falls jedoch der NErbfall nicht dch den Tod des VE, sond schon vorher auf Grd eines and Ereign eintritt, ist dem NE die vom VE entrichtete Steuer anzurechnen abzügl des Betrags, welcher der tatsächl Bereicherg des VE entspricht (ErbStG 6 III). – Auch die unentgeltl Übertragg des AnwartschR zw Erbfall u NErbfall unterliegt der ErbschSt (BFH BStBl II **93**, 158). – Dazu Soergel/Harder vor § 2100 Rn 21.

4) Verfahrensrecht. Bis zum NErbfall ist für die den Nachl betreffden **Klagen** der VE aktiv und passiv **5** prozeßführungsbefugt (MüKo/Grunsky § 2100 Rn 21). Die Prozeßführg ist keine Vfg über das streitbefangene Recht (BFH NJW **70**, 79). Ein vor Eintritt der NErbfolge rkräft gewordenes Urteil wirkt unter der Voraussetzg des ZPO 326 für und gg den NE, also stets, wenn der VE ohne Zustimmg des NE über den der NErbfolge unterliegden ProzeßGgst verfügen konnte (ZPO 326 II); sonst nur das ihm günstige Urteil (ZPO 326 I). An ein gg den Erbl ergangenes Urteil ist der NE als dessen RNachfolger gebunden (ZPO 325). Zur Unterbrechg des Verfahrens bei Eintritt der NErbfolge s ZPO 242, 246 (dazu RG **75**, 363; MüKo/Grunsky § 2100 Rn 22). – Bei Klage auf Abgabe einer WillErkl (ZPO 894, 895) muß NE mitverklagt werden, soll er an das Urteil gebunden sein. – Kann der VE über das streitbefangene Recht nur mit Zustimmg des NE verfügen, ist er nur bei Zustimmg des NE aktiv legitimiert; ein gg ihn ergangenes Urteil wirkt nicht gg den NE. Der NE hat seine Rechte in einem eigenen Prozeß geltd zu machen (StJSchP § 242 ZPO Anm III 2). Doch kann der Dritte schon vor dem NErbfall gg den NE auf Feststellg klagen, daß der StreitGgst nicht zum Nachl gehörte. – Alle Urteile über die RVerhältnisse des Nachlasses wirken für den NE. Ein Prozeß über NachlVerbindlichkeiten (vgl § 2144 Rn 1) geht gg den VE und dessen Erben weiter.

5) Zwangsvollstreckung. Der NE kann mit Rücks auf § 2115 durch Widerspruchsklage (ZPO 773) eine **6** zur Veräußerg od Überweisg führende Vollstreckg in einen NachlGgst verhindern. Er darf also nicht bloßer Pfändg (RG **80**, 33) od Eintragg einer ZwangsHyp widersprechen, sowie dann nicht, wenn es sich um eine NachlVerbindlich handelt (RG **90**, 95) od um ein gg den NE wirks dingl Recht (§ 2115 S 2), zB eine vom befreiten VE entgeltl bestellte SichergsHyp (RG **133**, 264). – War das Urteil gg den NE ggü wirks (ZPO 326), kann die **Klausel** für und gg ihn umgeschrieben werden (ZPO 728 I; vgl auch ZPO 863 II). Das VfgsR des VE ist aGrd des Urteils ohne urkundl Nachweis bei Erteilg der Klausel zu prüfen. – Der **Pfändung** unterliegt das Recht des NE zw Erbfall und NErbfall (bei MitNE das Recht auf den Anteil) nach ZPO 857, 859 II (Haegele BWNotZ **75**, 129/132). Der VE ist nicht Drittschuldner (außer für Herausg- u andere Nebenansprüche, KGJ **42**, 235); es gilt also ZPO 857 II. Ist ein MitNE Schuldner, sind Drittschuldner die übrigen NE (ZPO 857 I; 829 III; Stöber[8] Rn 1652 ff). Der NachE kann die Pfändg durch Ausschlag ggstandslos machen (Lange/Kuchinke § 26 VII 3 e). – **Verpfändung** bedarf der Form des § 2033. – **Kon- 7** **kurs.** Der NE hat im Konkurs des VE (s Kretschmar LZ **14**, 556) zwar kein AussondersgR, ist aber gg ihn beeinträchtigde Vfgen geschützt (§ 2115; KO 128). Im Konkurs des NE gehört sein NErbR u beim NErbfall die Erbsch zur Masse (Jaeger/Weber KO 128 Rn 8). Über Zusammentreffen von NachlGläubigern u Eigengläubigern des VorE im Konk über dessen Vermögen s Rahn BWNotZ **61**, 246, aber auch Jaeger/Weber KO 128 Rn 5.

8   **6) Nacherbenvermerk** (GBO 51). Der eingetragene Vermerk schützt den NE davor, daß beeinträchtigende Vfgen des befreiten VE infolge gutgläub Erwerbs gem § 2113 III wirks werden. Desh muß das Recht des NE vom GBAmt bei der Eintragg des VE im GBuch (dazu § 2136 Rn 13) stets vAw mit eingetragen werden; der NE kann vom VE Eintragg des Vermerks gem §§ 894, 895 verlangen. Unabhäng von der Eintragg des VE kann das NE-Recht nicht gebucht werden, weil es kein dingl Recht an einzelnen NachlGgst ist, sond nur sichert (RG **83**, 436; Hamm FGPrax **95**, 7). Gleiches gilt iü für das Schiffsregister (SchiffRegO 54) u das Register für PfandR an Luftfahrzeugen (LuftfzReg 86 I). Bei Vfgen des VE üb ein NachlGrdst zugunsten eines Dritten scheidet folg dessen unmittelb Eintragg nach GBO 40 idR aus, es sei denn, daß der NE der Vfg zugestimmt od auf die Eintragg des NE-Vermerks verzichtet hat (BayObLG **89**, 183; Hamm FGPrax **95**, 7). S ferner § 2111 Rn 5. – **Inhalt:** Der NE-Vermerk muß die Berecht bezeichnen, andernf er inhaltl unzulässig ist (Zweibr Rpfleger **77**, 305). Einzutragen sind auch eingesetzte zweite u weitere NE (Hamm OLGZ **75**, 151), deren Anwartsch bestehen bleibt, bis die Erbenstellg des vorausgehenden NE beendet ist; ferner die Ersatz-NE (Hamm Rpfleger **66**, 19), und zwar auch dann, wenn der NachE sein AnwR auf einen Dritten od den VorE übertragen hat u wenn trotz der Berufg eines ErsatzNE die Vererblichk des NacherbenR nicht ausgeschlossen ist (Köln NJW **55**, 633); für sie gelten aber §§ 2113 ff nicht (RG **145**, 316; Oldbg JR **63**, 21 mAv Jansen; BGH **40**, 115). Sind als GrdstEigentümer in ErbenGemsch **Miterben** eingetragen u ist einer von ihnen nur VE, erfordert die GB-Berichtig auch den Vermerk der NErbfolge (Hamm Rpfleger **85**, 21).

9   **a) Wirkung.** Der Vermerk schützt den NE nicht nur vor gutgläub Erwerb unmittelb vom VE, sond auch ggü jedem weiteren Erwerber (Brschw FamRZ **95**, 443). Er bewirkt aber keine Sperre des GB, sond soll nur sichern. Als bloße VfgsBeschränk steht er auch in keinem Rangverhältn zu eingetragenen GrdstRechten (RG **83**, 434; Hamm Rpfleger **57**, 19). Vfgen des VE (auch des nicht befreiten) üb das Grst od üb GrstRechte können daher ohne weiteres eingetragen werden (auch unentgeltl; s BayObLG Rpfleger **80**, 64; Maurer DNotZ **81**, 223; Bergermann RhNK **72**, 767/775 ff), sofern dies nicht zur Löschg des NE-Vermerks führt (s dazu Rn 12). Ohne vorherige Eintragg des VE (u damit auch des NE-Vermerks) ist dem GBAmt die Zustimmg des NE in der Form von GBO 29 nachzuweisen (BayObLG **59**, 493), nicht aber die eines ErsatzNE (BGH **40**, 115); die Zustimmg bedarf ggf vormschgerichtl Genehmigg (§ 1821 I Nr 1; BayObLG aaO).

10   **b) Keine Eintragung** des Vermerks erfolgt, wenn der NE (od statt seiner der NE-TV, BayObLG **89**, 183) in der Form des GBO 29 I 1 darauf **verzichtet** (aA Bestelmeyer Rpfleger **94**, 189). Bei Einsetzg eines ErsatzNE bedarf der Verzicht dessen Zustimmg (Hamm NJW **69**, 1490; Ffm OLGZ **70**, 443). Für unbekannte NE ist ggf Pfleger zu bestellen (Hamm aaO). In dem Verzicht auf die Eintragg liegt kein Verzicht auf das NE-Recht am Grdst, sond nur auf die Schutzwirkg gg gutgläub Erwerb (§§ 2113 III; 892 I 2); erst recht keine Ausschlag (KGJ **52**, 169). – Die Eintragg des Vermerks unterbleibt auch bei **Veräußerung** des NachlGrdst dch VE mit Zustimmg des NE, weil es dadch aus dem Nachl ausscheidet. – Ferner bei **Übertragung** des AnwartschR des NE auf den VE, wenn dadch der VE wg unterbliebener Einsetzg von ErsatzNE od von zweiten NE unbeschränkter Erbe wird (Hamm JMBl NRW **53**, 80; KG DNotZ **33**, 291). Dann ist auch kein NEVermerk im Erbschein notwendig (KG JW **38**, 3118).

11   **c) Pfändung, Übertragung** und **Verpfändung** des NERechts sind eintragb (§§ 892 I 2; 1276 II; ZPO 804 II). Durch die Eintragg wird der NE betroffen. Dem GBO 39 I wird daher durch Eintragg des NERechts genügt (RG **83**, 434; vgl auch Meikel/Imhof/Riedel GBO 51 Anm 24). – Die **Vererblichkeit** des AnwartschR (§ 2108 II) unterliegt nicht der regelmäß NachwMöglichk der Erbfolge gem GBO 35, da der Erbe des NE (wie schon dieser) keinen ErbSch erhalten kann (Oldbg Rpfleger **89**, 106; s § 2363 Rn 9).

12   **d) Löschung** des Vermerks im Zusammenhang mit einer neuen Eintragg setzt entw Bewilligg aller eingetragenen NE (GBO 19) od Nachw der Unrichtig (GBO 22 I) voraus (BayObLG Rpfleger **88**, 525; gg Bewilligg Bestelmeyer Rpfleger **94**, 189). Bleibt allerd der Vermerk dabei weiter eingetragen u NE damit **13** geschützt, muß GBAmt bei Vfgen des befreiten VE auch nicht etwaige Unentgeltlk prüfen. – **aa) Bewilligung** der Löschg bedeutet Verzicht auf Schutz gg gutgläub Erwerb. Wurde die Zustimmg des NE zur Veräußerg nachgewiesen (GBO 29), genügt dies auch für die Löschg des Vermerks (Maurer DNotZ **81**, 225). Für Zustimmg unbek NE ist ein Pfleger zu bestellen (§ 1913), der zur Bewilligg vormschger Genehmigg bedarf (§§ 1915; 1821). Bewilligg etwaiger ErsatzNE ist nicht erforderl (Oldbg JR **63**, 23 mAv Jansen), wohl **14** aber die test bestimmter (Hamm FGPrax **95**, 7). – **bb) Unrichtig** ist GB, wenn der Vermerk nicht mehr der RLage entspr. Dies ist zB der Fall, wenn NErbR nie bestand; nach Eintritt des NErbfalls, wenn VE nicht wirks vfgt hat; wenn Grdst nicht zum Nachl gehört; wenn es mit Wirkg ggü NE aus Nachl ausgeschieden ist, weil VE es entw mit Zustimmg der NE (BayObLG FGPrax **95**, 19, auch zu mindj NE, die zugl MitE sind) od als befreiter entgeltl veräußert (KG OLGZ **93**, 270) od auf einen NE mit Zustimmg der üb übertragen hat **15** (BayObLG DNotZ **93**, 404). Der **Nachweis** der Unrichtig ist in Form von GBO 29 zu führen (GBO 22 I); nur wenn sie auf einem Erbfall beruht, bedarf es Nachw nach GBO 35 (Hamm Rpfleger **85**, 430). Hinsichtl des rechnerischen Nachw der Entgeltlichk hat die Rspr die Anfordergen allerd abgeschwächt, da er kaum in Form von GBO 29 zu führen ist, wenn VE keine sie bescheinigende beglaub Erkl des NE (KGJ **33** A 43) beibringen kann. Das GBA wird dann für berecht u verpflichtet angesehen, bei der Prüfg, ob sie nicht als offenkund anzusehen ist (GBO 29 I 2), Regeln der Lebenserfahrg u der Wahrscheinlichk heranzuziehen (Hamm OLGZ **91**, 137; BayObLG Rpfleger **88**, 525; Ffm Rpfleger **80**, 107). Dies läuft im Ergebn auf freie Beweiswürdigg hinaus (BayObLG Rpfleger **89**, 200), da GBA eigene Ermittlgen nicht anstellt (Brschw Rpfleger **91**, 204). – Vor Löschg ist dem betroffenen NE rechtl Gehör zu gewähren (BayObLG **94**, 177; Hamm Rpfleger **84**, 312; **16** FGPrax **95**, 14) – **cc) Bei unberechtigter** Löschg richtet sich der Anspr aus § 894 auf Zustimmg zur Wiedereintragg (Brschw FamRZ **95**, 443). Bei **irrtümlicher** Löschg darf Amtswiderspr (GBO 53) nach Eintritt des NErbfalls nicht mehr eingetragen werden (Hamm OLGZ **91**, 113 mAv Alff Rpfleger **91**, 243).

17   **7) Sonstiges.** Im **Erbschein** für den VE ist die NEFolge anzugeben (§ 2363). Die NE sind anzuführen (auch die bedingten; ersatzw; die weiteren). Einzelh s § 2363 Rn 4, auch zum VorausVermächtn des VE. – Nichterwähng gibt dem NE einen ErsatzAnspr (RG **139**, 347); auch kann er Einziehg (§ 2361) verlangen. – In das **Handelsregister** wird nur der VE eingetragen, wenn zum Nachl ein HandelsGesch od ein Gesellschaftsanteil gehört (Mü JFG **22**, 89; MüKo/Grunsky § 2100 Rn 38). – Ein **Vermögensverzeichnis** muß der überle- **18** bende Ehegatte beim VormschG einreichen, wenn er VE und sein Kind NE ist, sofern ihm die Vermögenssorge zusteht und das Vermögen 10.000 DM übersteigt (§ 1640). Der Erbl kann allerd die Pflicht erlassen (§ 1640 II Nr 2). Über den Inhalt des Verzeichn s § 1640 Rn 3.

2100   *Begriff des Nacherben.*   **Der Erblasser kann einen Erben in der Weise einsetzen, daß dieser erst Erbe wird, nachdem zunächst ein anderer Erbe geworden ist (Nacherbe).**

1) Die Einsetzung als Nacherbe kann nur dch Test od ErbVertr erfolgen. Dies gilt auch für die sog **1** konstruktive NErbfolge, bei der das Ges ledigl einer lückenhaften Anordng des Erbl zur Wirksamk verhelfen will, indem Auslegsregeln für die Fälle der Einsetzg einer noch nicht erzeugten Person (§§ 2101, 2106 II) od der fehlenden Bezeichng (§§ 2104, 2105) aufgestellt wurden. – Für die Einsetzg kommt es nicht auf den Gebrauch bestimmter Worte an (§ 2087 Rn 2). Bei notwendiger Auslegg (s dazu § 2084 Rn 5) ist entscheidend, ob der Eingesetzte erkennb nur eine Zeitlang Herr des Nachl (ggf unter Beschränkgen) und ein anderer erst nach ihm Erbe sein soll (BayObLG **65**, 457; s Einf 1). Unwesentl ist, ob dem VE die Vfg über den Nachl im eig Interesse u zu eigenem Vorteil u Nutzen zustehen soll. – Kommt ErbR der fr **DDR** zur Anwendg (s EG 235 § 1), ist in Erbfällen zw 1. 1. 76 und 2. 10. 90 zu beachten, daß das DDR-ZGB das RInstitut der NErbfolge abgeschafft hat. Nur eine schon vor dem 1. 1. 76 angeordnete wurde dann mit der Maßg wirks, daß VfgsBeschränkgen des VE als nicht angeordnet galten (EGZGB 8 II), der VE somit frei üb NchlGgstände vfgen kann. S dazu sowie zum Vermerk einer solchen NErbfolge im ErbSch Bestelmeyer Rpfleger **92**, 229 sowie die Lit in Einl 5 vor § 1922.

a) Einzelfälle. NErbfolge ist anzunehmen, wenn der überleb Eheg zum AlleinE mit der Verpflichtg ein- **2** gesetzt wird, den Nachl zG der Kinder zu verwalten u ihnen gleichmäß zuzuwenden, zB „das Ganze als Treuhänderin zu betreuen u es der Tochter zu vererben". Die Anordng einer NErbfolge kann in der Bestimmg liegen, daß der Grundbesitz als wesentl NachlBestandteil nach dem Erben an eine bestimmte Person gehen soll (BayObLG FamRZ **90**, 562) od in dem Verbot, den NachlGrundbesitz an andere als die Abkömml der Söhne zu „übergeben" (BayObLG FamRZ **86**, 608); od letztw zu verfügen; od in dem Gebot, einen bestimmten Dritten als Erben einzusetzen (Oldbg NdsRpfl **54**, 165) oder den Nachl mit ihm zu teilen. Ein testamentar Verbot, den Nachl an andere als an Blutsverwandte weiterzuvererben, kann als Einsetzg der Blutsverwandten des VE zu NE auszulegen sein (BayObLG **58**, 225). Dagg ist keine NErbfolge angeordnet, wenn ein Eheg den and ausdrückl zum unbeschr VollE einsetzt u ihm nur die Beschränkg der moralische Verpflichtg auferlegt, sein Vermögen letztw bestimmten Dritten zuzuwenden (Hamm JMBl NRW **58**, 100; auch DNotZ **63**, 559). – Die Einsetzg einer Person zum **„Alleinerben"** hindert noch nicht die Annahme einer VErbsch, da auch der VE alleiniger Erbe sein kann (RG **160**, 111); dem Laien wird dies allerd oft nicht klar sein, so daß darin regelm zugleich der Anhaltspkt für den Ausschluß der NErbfolge gesehen werden kann (BayObLG **66**, 53). – Sind **Abkömmlinge** des VE als NE eingesetzt, zählen auch Adoptivkinder zu ihnen, wenn nicht ein anderer Wille des Erbl festgestellt werden kann (BayObLG FamRZ **89**, 1118; s § 2084 Rn 7). Hat der Erbl ein Kind zum VE u dessen „gesetzl Erben" als NE eingesetzt, bestimmt sich der Kreis der NE u deren Erbquoten nach dem im Ztpkt des Eintritts der NErbfolge geltden Vorschr; § 2066 ist insow entspr anwendb (Köln FamRZ **70**, 605).

b) In der Zuwendung des Nießbrauchs an einer Erbsch (§ 1089) kann die Einsetzg als VE zu sehen **3** sein, wenn dem Berecht die freie Vfg über den Nachl zugewendet ist (vgl BGH **LM** Nr 2; BayObLG **65**, 461; FamRZ **81**, 403). Dagg liegt nur ein Vermächtn vor, wenn der Begünstigte beim Erbfall darauf angewiesen ist, daß ihm der Erbe die Nutzerposition einräumt; eine Beschränkg der Befugnisse über §§ 2112 ff hinaus ist dafür allerd nicht ausschlaggebend (BGH aaO). Zu beachten wird sein, ob der Erbl nicht die steuerl günstigere Konstruktion gewollt hat (BayObLG **60**, 154; Rpfleger **81**, 64), nachdem mit einem NießbrVermächtn eine mehrfache ErbschSteuer-Belastg (s Einf 4) vermieden wird und nach altem ErbschStG der Kapitalwert des Vermächtn abzugsfäh war (anders ErbStG 25 nF); zumindest bei großer Erbsch liegt dies nahe. S dazu Petzold BB **75**, Beil Nr 6; Hartmann (s vor § 2197) 4.3; Soergel/Harder vor § 2100 Rn 13.

c) Beim Berliner Testament (§ 2269 I) stellt das G eine Auslegsregel gg die Annahme einer NEEin- **4** setzg auf, wobei selbst der Ausdruck „Nacherbe" nicht unbedingt maßg ist (BGH NJW **83**, 277 mAv Stürner JZ **83**, 147; RG JR **25** Nr 1016; § 2269 Rn 7).

2) Die Nacherbfolge wird dch das zeitl Aufeinanderfolgen verschiedener Erben desselben Erbl bezügl **5** derselben Erbsch gekennzeichnet (s Einf 1). – Es ist auch zuläss, die NErbfolge auf einen **Bruchteil** des dem VE zugewendeten Erbteils zu beschränken (BayObLG **61**, 205; BGH Rpfleger **80**/95). Hierbei können uU Schwierigkeiten bei der Frage entstehen, wie der VE zur freien Vfg über den ihm als Vollerben zukommenden ErbschTeil gelangt; § 2120 wird wohl entspr angewendet werden müssen (vgl BayObLG **58**, 109; auch BGH **26**, 378). – Zuläss ist auch, den NE unter einer **Bedingung** oder **Befristung** einzusetzen. Bspl: daß **6** der VE wieder heiratet (KG DFG **42**, 149); er vor seinem Bruder stirbt (BayObLG FamRZ **91**, 1234) od kinderlos bleibt (auflösd bedingte Nacherbfolge; Brschw MDR **56**, 296; BayObLG Rpfleger **81**, 64); daß sich der VE innerh 10 Jahren nach dem Erbfall nicht gut führt (BGH RdL **63**, 46) od nicht über den Nachl verfügt (hM; zB Oldbg FamRZ **91**, 862 mN; s § 2065 Rn 8; § 2107 Rn 3; § 2269 Rn 16–18) od daß der NE vor Eintritt des NErbfalls eine Leistg erbringt (BayObLG **66**, 275). Eine NErbsch kann aufschiebd bedingt für den Fall angeordnet werden, daß der zuerst Bedachte einen bestimmten Ztpkt nicht erlebt (Johannsen WM **73**, 538). – **Mehrere Erben** können auch **nacheinander** als NE eingesetzt werden. In **7** diesem Fall steht der zunächst berufene NE dem folgenden NE zunächst wieder als VE ggü (LG Aachen

RhNK **62**, 631; Zweibr Rpfleger **77**, 305; Langenfeld/Gail IV Rn 20; s aber § 2109). Da der NE begriffl erst nach dem VE eintreten soll, ist eine NE-Einsetzg auf den Ztpkt des Todes des Erbl nicht mögl; hier kann Einsetzg des „VE" als Erben, der an den „NE" als VermächtnNehmer den Nachl herauszugeben hat, angenommen werden (RG LZ **23**, 321).

8 **3) Rechtsstellung des Vorerben.** Mit dem Erbfall fällt dem VE die VErbsch an (s auch Einf 3). Sie bildet in seiner Hand ein Sondervermögen, das rechtl von seinem übr getrennt ist (s Einf 1) u das ihm bis zum NErbfall zur Nutzg verbleibt. In dieser Zeit hat er eine Vertrauensstellg ähnl einem Nießbraucher inne, insb bei Befreiung (§§ 2136, 2137), allerd mit größerer Vfgsmacht. Stirbt einer von mehreren VE, die gemeins eingesetzt sind mit der Bestimmg, daß NErbfolge mit dem Tod des Letzten eintreten soll, geht das einmal entstandene VErbR des Verstorbenen iZw auf dessen Erben über (RG Recht **28** Nr 298; Einf 1). – Dem VE gebühren im Verhältn zum NE die vollen Nutzgen (§ 100) der Vorerbsch; dafür fallen ihm außer den Fruchtziehgskosten (§ 102) nur die gewöhnl Erhaltgskosten (§ 2124 I) zur Last. Er ist auch berecht, vorbehaltl der gesetzl Beschränkgen (§§ 2113ff) über den Nachl zu verfügen (§ 2112). Rückt er in die GterStellg des Erbl ein (s § 1922 Rn 17), ist er handelsrechtl unbeschränkter Gter, kann also auch an Ändergen des GesVertr ohne Gestattg des NE mitwirken, selbst wenn dies zur Unvererblichk der Beteiligg u damit zum Nichtnachrücken des NE führt (BGH **78**, 117; **69**, 47). Dem NE muß (ledigl) die Substanz erhalten bleiben (s auch §§ 2133; 2134). Diese Abgrenzg der Rechte muß auch ein TV beachten, sofern der Erbl keine
9 anderweit Vfg getroffen hat (BGH Rpfleger **86**, 434). – Das R des VE **erlischt** mit Eintritt des NErbfalls. Die Substanz der Erbsch gebührt dem NE, dem sie herauszugeben ist (§ 2130), während die gezogenen Nutzgen dem VE verbleiben. Aus dieser zeitl Beschränkg seines Rechts und seiner Treuhänderstellg ggü dem NE erklärt sich auch seine beschränkte Vfgsmacht. Schlägt allerd der NE aus od überträgt er sein Recht auf den VE (s § 2108 Rn 8), verbleibt iZw die Erbsch dem VE (§ 2142). – Bei **Ausschlagung** des VE kommt iZw der NE als Ersatzerbe zum Zuge (§ 2102 I).

10 **4) Rechtsstellung des Nacherben.** Der NE leitet sein Recht in gleicher Weise wie der VE unmittelb vom Erbl als dessen Erbe und Rechtsnachfolger ab (BGH **3**, 254; RG **75**, 363) und nicht vom VE. Währd der VErbsch kann er also nicht als MitE des VE angesehen werden (s Einf 3) wie auch mehrere NE untereinander vor Eintritt des NErbfalls nicht MitE sein können, da sie diese Stellg erst mit Erhalt der Erbsch erlangen (BGH NJW **93**, 1582; Einf 3). Der Erbfall bewirkt also zugleich den Voranfall der NErbsch, deren Erwerb sich somit in zwei Abschnitten vollzieht:

11 **a) Mit dem Erbfall** erlangt der NE (auch der bedingt eingesetzte, Hamm JMBl NRW **59**, 173) neben seinem zukünft ErbR bereits ein gegenwärt **Anwartschaftsrecht,** das unentziehb, unbeschränkb, vererbl und übertragb ist (BGH **87**, 367; **37**, 325; Düss MDR **81**, 149; Celle RdL **64**, 130; Schmidt BWNotZ **66**, 139; Kempf NJW **61**, 1797). Zur Übertragg, bei der zw Verpflichtgs- u VfgsgeschJ unterschieden werden muß u die auch auf den VE mögl ist, s § 2108 Rn 6ff. Auch das AnwR aus einer bedingten NErbfolge ist übertragb, soweit sich nicht aus den Umständen ergibt, daß der Erbl die Übertragbark ausschließen wollte (BGH **170**, 168; vgl jedoch § 2108 Rn 9 dazu, ob die Übertragbark überh ausgeschlossen werden kann). Eine Auseinandersetzg zw VE u NE ist zwar in § 2100ff nicht vorgesehen, aber zur Auflösg des zw ihnen bestehden Verhältn vertragl entspr § 2042 mögl. Das VerpflichtgsGesch bedarf dann keiner Form, es sei denn aGrd des Vorschr (zB § 313; GmbHG 15 III); dingl VollzugsGesch ist die Übertragg des AnwartschR (s Gantzer MittBayNot **93**, 67). Die Veräußer des AnwR eines MitNE (wohl auch des AlleinNE) an einen Dritten ist genehmigungspflichtig, wenn der Nachl im wesentl aus einem land- od forstwirtschaftl Betrieb besteht
12 (GrdstVG 2 II Nr 2; Roemer DNotZ **62**, 491). – Der NE kann sein AnwR, das das die Vfgsmacht des VE im Interesse des NE wesentl beschränkt ist (RG **139**, 347), im Beeinträchtiggsfalle schon vor dem NErbfall dch Feststellgsklage geltd machen. Umgekehrt kann eine Ehefrau als VE ihres verstorbenen Mannes gg den NE auf Feststellg des RVerhältn klagen, das dadurch entstanden ist, daß der Mann eingebrachtes Gut der Frau für sich verwendete (BGH **LM** § 2100 Nr 5; wg das ErsatzNE s § 2102 Rn 4; 5. – Bei Verschollenh des VE hat NE AntragsR für TodesErkl (VerschG 16 I c).

13 **b) Mit dem Nacherbfall** erlischt das R des VE. Die Erbsch geht nach dem Grdsatz der GesamtNachf (§ 1922) von selbst u unmittelb auf den NE über (§ 2139), auch soweit sie bis dahin nicht in den Händen des VE war. Der NE erhält den Nachl allerd ohne die dem VE verbleibden Nutzgen u nur in dem rechtl Zustand, in dem er sich im Augenblick des NErbfalls befindet, also ohne die Vermögenswerte, die dch wirks Vfgen des VE aus dem Nachl ausgeschieden sind. – Mögl ist aber, daß die Erbsch nicht mehr dem eingesetzten NE, sond dessen Erben anfällt (§ 2108 II). – Schlägt der NE aus, verbleibt die Erbsch iZw dem VE (§ 2142).

2101 *Noch nicht Erzeugter.* [I] Ist eine zur Zeit des Erbfalls noch nicht erzeugte Person als Erbe eingesetzt, so ist im Zweifel anzunehmen, daß sie als Nacherbe eingesetzt ist. Entspricht es nicht dem Willen des Erblassers, daß der Eingesetzte Nacherbe werden soll, so ist die Einsetzung unwirksam.

[II] Das gleiche gilt von der Einsetzung einer juristischen Person, die erst nach dem Erbfalle zur Entstehung gelangt; die Vorschrift des § 84 bleibt unberührt.

1 **1) Die Auslegungsregel** greift ein, wenn feststeht, daß der Erbl einen noch nicht Erzeugten bedenken wollte; sie gilt also nicht für die Frage, ob ein noch nicht Erzeugter überh eingesetzt ist (Köln FamRZ **92**, 475). Eine solche Erbeinsetzg ist an sich unwirks, weil der beim Erbfall nicht wenigstens Erzeugte nicht Erbe od ErsatzE sein kann (§ 1923; dch **I** ist § 2102 II ausgeschaltet). Das G deutet die Einsetzg des später Erzeugten als NE um (**I** 1), auch wenn er nach dem ErblWillen ohne Vorausgehen eines VE Erbe sein sollte (s Diederichsen NJW **65**, 651/675). Der Erbl hat iZw dieses Mindere gewollt, zumal der NE, dem die Erbsch dann schon mit der Geburt anfällt (§ 2106 II 1), durch die Vorerbsch kaum beschwert wird. Der Gegenbeweis (OLG **11**, 267), daß vom Erbl die Einsetzg eines NE keinesf gewollt, die Erbeinsetzg also nach

I 2 unwirks sei, ist zuläss, aber wohl schwer zu führen. – Ist eine zur Zeit des **Nacherbfalls** noch nicht erzeugte Person als NE eingesetzt, ist sie iZw zweiter NE.

2) Wirkung. Mit der Geburt wird der nach § 2101 Berufene NE (§ 2106 II). Bis dahin sind idR die gesetzl 2 Erben die VE (§ 2105 II). Solange der Eintritt des NErbfalls ungewiß ist, besteht ein Schwebezustand. Steht fest, daß es zur Erzeugg od Geburt nicht kommen kann, od ist die zeitl Grenze des § 2109 überschritten, sind die als VE Berufenen unbeschränkte Erben. – Dem ungewissen NE-Anwärter ist nach § 1913 S 2 ein **Pfleger** zu bestellen (s BayObLG **59**, 493), aber nur diesem, nicht den gewissen u ungewissen gemeinsam (von Werthern JhJ **83**, 200; Kanzleiter DNotZ **70**, 328). § 1912 gilt erst von der Erzeugg ab. – Gebühr für Pflegerbestellg: KostO 106; die Kosten sind NachlVerbindlichk (KostO 6).

3) Juristische Person, II. Für die Einsetzg einer erst nach dem Erbfall zur Entstehg gelangenden jur 3 Person (§§ 21–23, 80) gilt das gleiche. Eine vom Erbl selbst errichtete, aber erst nach dem Erbfall genehmigte **Stiftung** wird dagg nach § 84 VollE, nicht NE. Auch eine nach dem testamentar Willen des Erbl errichtete ausl Stiftg gilt für dessen letztw Vfgen als schon vor seinem Tod entstanden (BayObLG **65**, 77).

4) Ins Grundbuch kann das Recht des NE in den Fällen I u II eingetragen werden. Der Unerzeugte kann 4 unter namentl Angabe der Eltern auch grdbuchmäßg gesichert werden (RG LZ **22**, 170).

2102 *Nacherbe und Ersatzerbe.* **I Die Einsetzung als Nacherbe enthält im Zweifel auch die Einsetzung als Ersatzerbe.**

II Ist zweifelhaft, ob jemand als Ersatzerbe oder als Nacherbe eingesetzt ist, so gilt er als Ersatzerbe.

1) Wegfall des Vorerben (I). Kommt die Einsetzg des NE wg Vorversterbens, Ausschlag usw des VE 1 nicht zum Tragen, soll nach der Ausleggsregel in I (Diederichsen NJW **65**, 671/675; aM von Lübtow, Probleme des ErbRs, 1967, 55: Ergänzgsregel) iZw die Vfg wirks bleiben, indem die NE ersatzw als VollE berufen ist (KG Rpfleger **87**, 111). Vorausgesetzt wird, daß er zZ des Erbfalles bereits lebt od doch schon erzeugt ist. War er damals noch nicht einmal erzeugt, kann er ledigl NE werden u erst mit seiner Geburt Erbe (§ 2106 II); VE werden dann die gesetzl Erben (§ 2105 II). – Umgekehrt gilt die Regel nicht; die Einsetzg als ErsatzE enthält nicht auch die als NE (vgl § 2096 Rn 5). Da aber der Unterschied zw den Begriffen ErsatzE und NE rechtsunkundig Pers nicht immer geläufig ist, kann leicht Verwechslg vorkommen. Dch Auslegg kann daher festgestellt werden, daß nach dem Willen des Erbl der ErsatzE auch NE sein soll (BGH **LM** § 2100 Nr 1; Celle RdL **69**, 99). – Nur „im Zweifel" gilt die Regel. Steht (ggf nach Auslgg) fest, daß der als NE Eingesetzte die Erbsch nach dem Willen des Erbl (wenn überh) erst mit Eintritt eines bestimmten nach dem Erbfall liegenden Zeitpunkts od einer Bedingg und somit nur als NE erhalten soll, bleibt er auf die NErbfolge beschränkt (RG Recht **22** Nr 438) und es treten bei Wegfall des VE mangels einer Bestimmg des Erblassers die anwachsgsberecht Miterben, sonst aber die gesetzl Erben als VE ein. Im übrigen schließt bei Wegfall der VE der als (NE u nunmehr) ErsatzE eingesetzte Miterbe Berufene das AnwachsgsR der übrigen Miterben aus (§ 2099). Die Annahme der Erbsch gilt sowohl für den Ersatzerbfall wie auch für die NErbfolge (RG **80**, 382). – Die Vorschr findet auch auf Vermächtn Anwendg (§ 2191 II) und ergänzt zugl § 2096. – Setzen sich Eheg in einem **gemeinschaftlichen Testament** ggseit zu VE u Dritte zu 2 NE ein (ist also nicht die Einsetzg von SchlußE gewollt, s § 2269 Rn 6), bleiben die beiderseit Vermögen getrennt; Vor- u NErbfolge kann nur nach dem Erstversterbenden eintreten, weil beim Tod des Längerlebenden kein VE mehr vorhanden ist. Dann ist dch individuelle Auslegg zu ermitteln, ob der Längerlebende mit der Einsetzg der Dritten zu NE zugleich zum Ausdr bringen wollte, daß diesen sein Nachl auch bei Ausfall des VE zukommen soll, so daß ihm dann die Dritten ersatzw als VollE erhalten (BayObLG FamRZ **92**, 476). Läßt sich ein derart Wille nicht ermitteln, lehnt die hM die Anwendg der Ausleggsregel des I ab (zB Karlsr FamRZ **70**, 256). Richtig erscheint, daß auch dann der für jeden Wegfall des VE konzipierte I anzuwenden ist (KG Rpfleger **87**, 111; LG Bln FamRZ **76**, 293; Nehlsen/von Stryk DNotZ **88**, 147; Muscheler JZ **94**, 630). Eine and Frage u gesondert zu prüfen ist, ob insow von den Eheg eine Bindgswirkg gewollt war (KG aaO).

2) Ersatz- oder Nacherbe (II). Auch II enthält eine Ausleggsregel, die erst nach Ausschöpfg aller 3 Ausleggsmöglichk zur Anwendg kommt (BayObLG **63**, 19) und die davon ausgeht, daß im Zweifelsfall die Einsetzg als ErsatzE mehr dem mutmaßl Willen des Erbl entspricht als die Annahme, er habe den eingesetzten Erben dch einen NE beschweren wollen (Diederichsen NJW **65**, 675f sieht in II eine Fiktion des Inhalts, daß bei einem non liquet das Gesetz abschließend bestimmt, die Vfg des Erbl habe den Bedachten nur zum ErsatzE gemacht). **II** gilt auch bei Abkömml (OGH HEZ **2**, 59). Bei Einsetzg unter Bedingg wird aber häufig NEEinsetzg anzunehmen sein (vgl RG LZ **22**, 465; aber auch Celle RdL **61**, 183). Bei Einsetzg einer zZ des Erbfalls noch nicht erzeugten Person steht der ErsatzBerufg § 1923 entgg (vgl KGJ **46** A 97) u es gehen die Sondervorschriften der §§ 2101 I, 2106 II vor (Soergel/Harder Rn 7). – Für **II** ist kein Raum, wenn Eheg in gemeinschaftl Test sich ggseit zu VE u Dritte zu NE einsetzen (Karlsr FamRZ **70**, 256).

3) Ersatznacherbe. Auch für den Wegfall des NE kann ein ErsatzE berufen werden (s hierzu Berger- 4 mann RhNK **72**, 754; Haegele Rpfleger **67**, 165; Becher NJW **69**, 1463). Der ErsatzNE muß zZ des NErbfalls leben od erzeugt sein, braucht aber den Wegfall des NE nicht zu erleben. Das den Ersatzerbfall auslöse Ereign kann zeitl vor dem Erbfall, zw Erbfall u NErbfall u nach dem NErbfall liegen, in letzterem Fall aber nur, wenn das Ereign auf den NErbfall rückbezogene Wirkgen auslöst wie zB Ausschlagg, Erbunwürdigk, Anfechtg der Annahme (Schmidt BWNotZ **66**, 139/143; s auch Staud/Otte § 2096 Rn 10).

a) Rechtsstellung. Vor dem Eintritt des Ersatzerbfalls hat der ErsatzNE zwar eine iZw vererbl u 5 übertragb Anwartsch, aber keine Rechte hins des Nachl, insb keine Kontroll-, Sichergs- u ZustimmgsRechte ggü dem VE, da auch dem gewöhnl ErsatzE vor dem Ersatzerbfall keine Rechte am Nachl zustehen (s BayObLG **60**, 410; gg jedes AnwartschR aber Becher aaO). Der VE bedarf zu Vfgen über Grdst u GrdstRe sowie zu unentgeltl Vfgen (§ 2113) nicht der Zustimmg des ErsatzNE (RG **145**, 321; BGH **40**, 115; BayObLG **60**, 410). – Der NE kann trotz Einsetzg eines ErsatzNE sein AnwartschR auf den VE (od einen Dritten) übertragen, jedoch unbeschadet der Rechte des ErsatzNE, denn der NE kann dem Erwerber das AnwartschR nur in dem Umfang übertr, als es ihm selbst zusteht (s Hamm FamRZ **70**, 607 mAv Schulz sowie von Kanzleiter DNotZ **70**, 693; auch BayObLG **70**, 137). Hat der ErsatzNE nicht ebenf seine Anwartsch auf den VE übertr od die Zustimmg zur Übertr dch den NE erteilt, verliert der VE die Stellg in dem Augenblick, in dem der NE an den ErsatzNE verlieren würde (Stgt BWNotZ **57**, 152; Horber/ Demharter GBO 51 Rn 48; s auch § 2108 Rn 8; aM Becher aaO). Es handelt sich hier um eine and als die vorstehd verneinte Frage, ob der ErsatzNE einer der Einwilligg des NE bedürft Vfg des VE zustimmen muß. – Für die noch nicht erzeugten ErsatzNE ist, wenn auch ihre Anwartsch auf den VE übertr werden soll, ein Pfleger nach § 1913 zu bestellen (LG Duisbg NJW **60**, 1205; s dazu auch Bergermann RhNK **72**, 789 ff).

6   **b) Im Erbschein** ist der ErsatzNE (mag er ausdrückl eingesetzt sein od seine Einsetzg sich durch Auslegg ergeben) immer anzugeben, da der Erbschein von Anfang an spätere Ändergen, soweit sie zZ der Ausstellg zu übersehen sind, berücksichtigen muß (RG **142**, 173; Guggumos DFG **37**, 233; Haegele Rpfleger **67**, 165). – Das gleiche gilt für die Eintragg des NEVermerks ins **Grundbuch** (Oldbg JR **63**, 23 mAv Jansen; Hamm DNotZ **66**, 108; Einf 8 vor § 2100). Der NE kann auf die Eintr des NEVermerks nur mit Zustimmg etwa vorhandener ErsatzNE verzichten (Köln NJW **55**, 633); auch zur Löschg des NEVermerks ist die Zustimmg etwa vorhandener ErsatzNE erforderl (Hamm DNotZ **55**, 538).

2103   *Anordnung der Herausgabe der Erbschaft.* Hat der Erblasser angeordnet, daß der Erbe mit dem Eintritt eines bestimmten Zeitpunkts oder Ereignisses die Erbschaft einem anderen herausgeben soll, so ist anzunehmen, daß der andere als Nacherbe eingesetzt ist.

1   **1) Ergänzungsregel.** Die Pflicht zur Herausgabe der Erbsch (§ 2130) od eines Bruchteils (OLG **11**, 239) ist eine bes sinnfällige Wirkg des Übergangs der Erbenstellg. Sie wird daher leicht im prakt Leben an Stelle der Ursache genannt. Daher folgert das G daraus **ergänzend**, aber nicht zwingd (Soergel/Harder Rn 1) die Einsetzg als VE und statt bloßer Vermächtnisanordg (vgl dazu BayObLG **22**, 94). Die Absicht des Erbl muß aber auf Begründg der NEStellg gerichtet sein, also nicht bloß auf Herausg einzelner Ggstände od einer Quote (eines Wertanteils) des reinen Nachl, wie beim Vermächtn.

2   **2) Anordnung.** Ob die HerausgVerpflichtg den eingesetzten Erben (VE) od den gesetzl Erben auferlegt wird, gilt gleich. Voraussetzg ist immer, daß der Beschwerte wenigstens vorübergehd VE sein u die Herausg erst eine gewisse Zeit nach dem Erbfall (zB bei Wiederverheirat der Witwe; Volljährigk des NE; Tod des VE) stattfinden soll (RG LZ **23**, 321). Die Bestimmg des Zeitpunkts kann nicht einem Dritten überlassen werden (BGH **15**, 199; § 2065 Rn 5). – Die Anordg der Herausg kann auch in der Einsetzg auf den Überrest (§§ 2137, 2138) liegen (RG **152**, 190). Die Anordg sofortiger Herausg wird sich uU als unmittelbare Erbeinsetzg des HerausgBerechtigten unter Ernenng des Beschwerten zum TV halten lassen.

2104   *Gesetzliche Erben als Nacherben.* Hat der Erblasser angeordnet, daß der Erbe nur bis zu dem Eintritt eines bestimmten Zeitpunkts oder Ereignisses Erbe sein soll, ohne zu bestimmen, wer alsdann die Erbschaft erhalten soll, so ist anzunehmen, daß als Nacherben diejenigen eingesetzt sind, welche die gesetzlichen Erben des Erblassers sein würden, wenn er zur Zeit des Eintritts des Zeitpunkts oder des Ereignisses gestorben wäre. Der Fiskus gehört nicht zu den gesetzlichen Erben im Sinne dieser Vorschrift.

1   **1) Konstruktive Nacherbfolge.** An sich muß der Erbl den Willen, seinen Nachl dem VorE nur zeitl begrenzt zu belassen u dann einem NE zuzuwenden, hinreichend deutl zum Ausdruck bringen. Wollte er Vor- und NErbfolge anordnen, hat er aber die NE od die VE nicht bezeichnet, ist seine letztw Vfg unvollständ und wird gesetzl dch die §§ 2104, 2105 ergänzt (s § 2100 Rn 1). § 2104 hält also nur für den Sonderfall, daß der Erbl zwar die RStellg des VE zeitl begrenzt, aber die Bestimmg des danach eintretenden NE unterlassen hat, ein WillErkl des Erbl für entbehrl u nimmt an, daß der VE unabhängig von der Person des NE auf jeden Fall beschränken wollte (BGH NJW **86**, 1812). Hat er dagg seine ges Erben als NE berufen u dabei weicht der Zeitpkt des Erbfalls noch des NErbfalls abgestellt, gilt § 2066, falls die Auslegg kein eindeut Ergebn bringt (s § 2066 Rn 3). – Über das Verhältn von § 2104 zu § 2142 II s Coing NJW **75**, 521, der dafür eintritt, daß Lücken in der Regelg der NErbfolge dch den Erbl grdsätzl dch Heranziehg des § 2142 II beseitigt werden sollen, währd § 2104 nur für den Fall gelten soll, daß es formal an einer NEBerufg fehlt.

2   **2) Voraussetzung** ist, daß ein NE von vornherein nicht bestimmt wurde, also nicht genannt ist und sich auch nicht dch Auslegg ermitteln läßt. Dem steht gleich, wenn der Erbl die getroffene Einsetzg des NE widerruft, also die Unvollständig dch eigenen Willensentschluß herbeigeführt hat (BayObLG FamRZ **91**, 1114). – Die Anwendg des § 2104 ist also ausgeschlossen, wenn der Erbl einen NE bestimmt hat (zB wenn die Blutsverwandten der VE Nacherben sein sollen, BayObLG **58**, 225); od die Bestimmg hinfäll wurde, weil die Einsetzg des NE unwirksam ist od infolge Anfechtg wird (BGH NJW **86**, 1812; MüKo/Grunsky Rn 3; aA u für entspr Anwendg von § 2104 KG JW **38**, 2821; Soergel/Harder Rn 2; RGRK Rn 6); od wenn gemäß dem Test nach dem Tode der Witwe der Nachl auf den Sohn als Erben übergehen sollte, da in solchem Fall die zeitl Begrenzg der Rechte des eingesetzt Erben u die NErbfolge im umgekehrten Verhältn stehen, als es § 2104 vorsieht; denn hier folgt die Beschränkg aus der testamentar Anordg der NErbfolge (dazu Coing aaO 523). Ein entgg BeurkG 7; 27 Bedachter kann nicht üb § 2104 NE werden (wohl aber kraft ges Erbfolge). Nicht anwendb ist § 2104 auch, wenn dch Vorversterben des NE die NErbfolge mangels eines ErsatzNE ggstandslos wird; der VE wird dann VollE. Sollte aber der VE auf jeden Fall nur bis zu einem bestimmten Ztpkt Erbe sein, können bei Vorversterben des NE die gesetzl Erben des

Erbl als ErsatzNE in entspr Anwendg des § 2104 als eingesetzt gelten (KG DNotZ **33**, 286, auch JW **38**, 2821). – Sind die künft **Abkömmlinge** als NE eingesetzt, aber keine vorhanden, ist davon auszugehen, daß 3 nur bei Vorhandensein von Kindern der Eintritt der NErbfolge gewollt war, der Überlebende also bei kinderloser Ehe unbeschränkter Erbe sein soll (KG JFG **2**, 151). Hat der Erbl einen Abkömml als **Hoferben** eingesetzt u bestimmt, daß im Falle seiner kinderlosen Ehe HofE werden soll, wer nach dem G dazu berufen sei, so stellt sich erst beim Tod des Abkömml heraus, ob er VollE od VE geworden ist. Es handelt sich um eine auflösd bedingte Vor- und NErbsch; für letztere gilt nicht die Ausleggsregel des § 2104, denn NE sollen die gesetzl Erben nach dem Abkömml sein (Hamm RdL **67**, 152).

3) Rechtsfolgen. Testamentarisch berufene NE sind nach § 2104 diejenigen **gesetzlichen Erben** des 4 Erbl, die zum Zuge kämen, wenn der Erbl den NErbfall erlebt hätte. Wer zu den ges Erben gehört, ist nach der Regel des § 2066 S 2 zu bestimmen (KG DNotZ **35**, 827). NE sind also nicht die Personen, welche zZ des Erbfalls ges Erben gewesen wären, sond diejenigen, welche zZt des Eintritts des vom Erbl bestimmten Ereignisses od Ztpkts die nächsten ges Erben sein würden, wenn erst jetzt der Erbfall einträte. Nicht zu ihnen gehört, wer dch Erbverzicht od ErbunwürdigErkl aus ihrem Kreis ausgeschieden ist. Dagg gehört auch dazu, wer im Falle ges Erbfolge nur auf einen ErbersatzAnspr verwiesen wäre; § 1934a ist (anders als bei der ErgänzgsVorschr des § 2066) bei der Ausleggsregel (s Einf 2 vor § 2064) des § 2104 nicht anzuwenden, weil die konstruktive Berufg der MitNE von gewillkürter Erbfolge ausgeht. Ein nichtehel ErbBerecht ist also auch neben den ehel Abkömml od neben dem Ehegatten zu NE berufen (Soergel/Harder Rn 4; str; aA MüKo/Grunsky Rn 4; Böhm FamRZ **72**, 184f). – Da es sich um eine Ausleggsregel handelt, geht die individuelle Auslegg vor; aus der letztw Vfg kann sich daher ergeben, daß zB nach dem Willen des Erbl der Kreis der NE abweichend bestimmt ist od der Ztpkt des Erbfalls gelten soll. – Nach § 2104 können also ganz andere als die eigentl gesetzl Erben des Erbl NE werden. Ihnen ist ein **Pfleger** zu bestellen (§ 1913), wobei 5 str ist, ob dieser auch die schon vorhandenen ges Erben vertritt, weil diese noch wegfallen können und daher in der Schwebezeit rechtl unbekannt sind (so zutr die noch hM; BGH MDR **68**, 484; Hamm Rpfleger **69**, 347; BayObLG **66**, 227; auch § 2066 Rn 3) od nur die einstw noch nicht vorhandenen und daher tatsächl unbekannten (Kanzleiter DNotZ **70**, 326; Soergel/Harder Rn 5; MüKo/Grunsky Rn 7). – Die eigentl ges Erben erwerben auch kein AnwartschR, das sie nach § 2108 vererbg könnten (BayObLG **66**, 229). – Ist von **Miterben** nur einer nach § 2104 beschr, wächst nach Maßg des § 2094 der erledigte Erbteil den übr 6 Miterben an u kommt nicht den gesetzl Erben zu. Das gleiche gilt, wenn die Bedingg nur in der Person eines od einz Miterben, die alle unter einer auflösden Bedingg (zB Verwirkgsklausel) eingesetzt sind, eintritt (Hilgers RhNK **62**, 391).

4) Der Staat wird in dieser Beziehung nicht als gesetzl Erbe (also auch nicht als ErsatzE iS des § 2102 I) 7 angesehen, da er dem Erbl vermutl nicht näher steht als ein TestErbe. Die Erbsch verbleibt dann dem VE. – VE nach § 2105 kann dagg auch der Staat sein.

2105 *Gesetzliche Erben als Vorerben.* [1] Hat der Erblasser angeordnet, daß der einge-setzte Erbe die Erbschaft erst mit dem Eintritt eines bestimmten Zeitpunkts oder Ereignisses erhalten soll, ohne zu bestimmen, wer bis dahin Erbe sein soll, so sind die gesetzlichen Erben des Erblassers die Vorerben.

[II] Das gleiche gilt, wenn die Persönlichkeit des Erben durch ein erst nach dem Erbfall eintreten-des Ereignis bestimmt werden soll oder wenn die Einsetzung einer zur Zeit des Erbfalls noch nicht erzeugten Person oder einer zu dieser Zeit noch nicht entstandenen juristischen Person als Erbe nach § 2101 als Nacherbeinsetzung anzusehen ist.

1) Konstruktive Vorerben-Berufung. Um bei unvollständ letzw Vfg eine herrenlose (ruhende) Erbsch 1 zu vermeiden, bestimmt das G **ergänzend**, daß VE „die gesetzl Erben des Erbl" (hier einschließl des Staates, § 1936) nach dem Ztpkt des Erbfalls sind (abweichend § 2104 bzgl der NE). Wie die gesetzl Erbfolge neben der TestErbfolge eintreten kann (§ 2088), kann sie nach § 2105 dieser auch vorangehen (Staud/Behrends Rn 1). – Da das G nur ergänzd eingreift, kann es nicht gelten, wenn der Erbl einen VE ausdrückl od in einer dch Auslegg feststellbaren Weise benannt (KGJ **29** A 42) od die gesetzl Erben nach § 1938 von der VErbfolge ausgeschl hat (Staud/Behrends Rn 3). § 2105 gilt entspr, wenn der VE zwar benannt, die Ein-setzg aber nichtig ist, weil dadurch die Anordng der NErbfolge unwirks wird (Soergel/Harder Rn 2). Bei **Miterben** (vgl § 2104 Rn 6) tritt hier mangels Wegfalls keine Anwachsg ein; die Auslegg kann aber dazu führen, daß die Erbsch zunächst den unbedingt eingesetzten MitE allein teils als VollE, teils als VE anfällt, so daß also die gesetzl Erben als VE des bedingt od betagt eingesetzten Miterben nicht in Frage kommen (Staud/Behrends Rn 5, 7, 8). – Zu den konstruktiv VE gehört auch das **nichteheliche** Kind, sofern es gesetzl Erbe und nicht nur erbersatzberecht (§ 1934a) ist (Böhm FamRZ **72**, 185; Soergel/Harder Rn 4); im Falle des § 1934a hat es gg den VE einen ErsatzAnspr hinsichtl der Nutzgen (MüKo/Grunsky Rn 4).

2) Objektiv unbestimmt (II) muß die Persönlich des Erben sein, zB die künft Ehefr des zZ noch 2 unverheirateten Sohnes. Dies ist zB nicht der unbekannt gebliebene, noch zu ermittelnde Lebensretter, dem notf ein NachlPfleger (§ 1960 I) zu bestellen ist. Trat das Ereign (zB die Eheschl) schon vor dem Erbfall ein, kommt es gar nicht zu gewöhnl Erbfolge. – Im übrigen enthält II für die Fälle des § 2101 die notw Ergänz (vgl dort sowie § 2106 II); dagg wird die bereits erzeugte Person mit der Geburt (§ 1923 II) und die errichtete Stiftg mit der Genehmigg (§ 84) rückwirkend auf den Erbfall gewöhnl Erbe.

2106 *Eintritt der Nacherbfolge.* [1] Hat der Erblasser einen Nacherben eingesetzt, ohne den Zeitpunkt oder das Ereignis zu bestimmen, mit dem die Nacherbfolge eintreten soll, so fällt die Erbschaft dem Nacherben mit dem Tode des Vorerben an.

[II] Ist die Einsetzung einer noch nicht erzeugten Person als Erbe nach § 2101 Abs. 1 als Nacherb-einsetzung anzusehen, so fällt die Erbschaft dem Nacherben mit dessen Geburt an. Im Falle des § 2101 Abs. 2 tritt der Anfall mit der Entstehung der juristischen Person ein.

1   **1) Ergänzungsregel.** Der NErbfall, dh der Ztpkt des Anfalls der Erbsch an den NE (vgl dazu Einf 1 vor § 2100), kann in den zeitl Grenzen des § 2109 vom Erbl frei bestimmt werden (nicht von einem Dritten, § 2065; BGH **15**, 199). Fehlt es an solcher Bestimmg, tritt der NErbfall (§ 2139) regelm mit dem Tode des VE ein (Ergänzungsregel); vgl auch § 2181. Auch § 2109 I S 2 Nr 1 kommt zum Zug (BayObLG **75**, 62; KG Rpfleger **76**, 249). Der Voranfall, dh der Erwerb einer vererbl Anwartsch, tritt dagg regelm schon mit dem Erbfall ein (§ 2108 II); Ausn enthalten §§ 2104, 2074 (s § 2100 Rn 11).

2   **2) Absatz 2 gilt nur** in den Fällen des § 2101, also bei der in eine NE-Einsetzg umgedeuteten Erbeinsetzg. Bei ausdrückl Einsetzg als NE greift **I** ein, so daß er die Erbsch erst mit dem Tod des VE erwirbt. Stirbt der VE dann vor Geburt des NE, treten zunächst seine Erben an seine Stelle. Von diesen erhält der NE mit Geburt die Erbsch (Soergel/Harder Rn 3; MüKo/Grunsky Rn 4).

2107 *Kinderloser Vorerbe.* Hat der Erblasser einem Abkömmlinge, der zur Zeit der Errichtung der letztwilligen Verfügung keinen Abkömmling hat oder von dem der Erblasser zu dieser Zeit nicht weiß, daß er einen Abkömmling hat, für die Zeit nach dessen Tode einen Nacherben bestimmt, so ist anzunehmen, daß der Nacherbe nur für den Fall eingesetzt ist, daß der Abkömmling ohne Nachkommenschaft stirbt.

1   **1) Auslegungsregel.** Das G geht davon aus, daß der Erbl die Nachkommen eines von ihm bedachten Abkömml nicht zugunsten Dritter von der Erbsch ausschließen will. Bei Einsetzg eines zu dieser Zeit tatsächl od doch nach Meing des Erbl kinderlosen Abkömml als VE gilt daher die Einsetzg eines NE iZw nur für den Fall, daß der VE ohne Nachkommen stirbt, sofern NErbfall der Tod des VE ist. Der NE muß also ausdrückl od nach § 2106 I für die Zeit **nach dem Tod** des VE berufen sein. § 2107 gilt daher nicht in den Fällen der §§ 2105, 2106 II, wo Zeitpkt u Ereign anders bestimmt sind, weil dann als genügd deutl ausgedrückt gilt, daß der etwa nachgeborene od unbekannte Abkömml ausgeschaltet sein soll (RGRK Rn 3). – Die Vorschr enthält **nachgiebiges** R (BGH BWNotZ **63**, 70; BayObLG FamRZ **91**, 1234) u weicht einem abweichden ErblWillen (auch einem dch Ausleg ermittelten mutmaßl, BayObLG NJW-RR **92**, 839). Sie gilt nicht iur ggü familienfremden NE, sond auch im Verhältn zu ad Abkömml als NE (BGH JR **80**, 282 mAv Schubart; NJW **81**, 2743). – Für den zuläss GgBeweis muß sich in der Vfg vTw selbst ein gewisser Anhalt finden (BGH aaO). – Zu den **Abkömmlingen** zählen auch Adoptivkinder (§§ 1754, 1767 II, 1770; fr § 1757 aF; BayObLG Rpfleger **76**, 122), wenn nicht ein ggteiliger Wille des Erbl zum Ausdruck gekommen ist (BayObLG **84**, 246) und nichtehel Kinder des bedachten Abkömml. Die Annahme als Kind kann vor od nach der TestErrichtg u selbst nach dem Tod des Erbl erfolgen, soweit nicht im letzteren Fall nur die Vereitelg der NErbfolge bezweckt wird.

2   **2) Rechtsstellung des Abkömmlings.** Da sich erst bei seinem Tod entscheidet, ob er mit od ohne Nachkommensch stirbt, hat er auf Lebensdauer nur die Stellg eines VE. Erst wenn er bei seinem Tod Nachkommen hinterläßt, entfällt die NErbfolge nach § 2107, ohne daß es einer Anfechtg wie nach § 2079 bedarf. Der VE wird dann als VollE angesehen. Er war also unbeschränkter Herr des Nachl u konnte über diesen unter Lebenden sowie vTw frei verfügen, zB zG seiner Abkömml od anderer vorbehaltl des Pflicht-Anspr (RGRK Rn 1, 6). NE des Erbl sind diese nicht.

3   **3) Das Nacherbrecht** ist durch das Vorhandensein od Erzeugtsein (§ 1923) von Nachkommen des VE **auflösend bedingt** (BayObLG Rpfleger **81**, 64; MüKo/Grunsky Rn 6; Soergel/Harder Rn 3; aM Erman/Hense/Schmidt Rn 5: „Nach gesetzl Ausleg bedingt"). Der NE erwirbt bereits mit dem Erbfall ein vererbl u übertragb AnwartschR (§ 2108), das er erst verliert, wenn der VE bei seinem Tod Nachkommen hinterläßt, auch wenn diese den VE nicht beerben (BGH NJW **80**, 1277). Er braucht entgg § 2074 nur den Erbfall, nicht das nachkommenlose Versterben des VE zu erleben. Wenn Erbl nach TestErrichtg das Vorhandensein von Abkömml erfährt, gleichwohl aber seine Vfg nicht ändert, wird § 2107 meist ausgeschl sein (MüKo/Grunsky Rn 3).

4   **4) Anfechtung.** Neben § 2107 kann nach Sachlage auch eine Anfechtg durch den VE nach § 2078 II in Frage kommen. Fällt der VE vor dem Erbfall od durch Ausschlag od ErbunwürdigkeitsErkl danach rückwirkend weg, ist § 2107 nicht anwendb. Vielm wird der eingesetzte NE nach § 2102 I iZw ErsatzE; der Abkömml des VE ist auf Anfechtg nach § 2078 II od § 2079 angewiesen (Soergel/Harder Rn 2; MüKo/Grunsky Rn 5; aM Staud/Behrends Rn 9).

2108 *Erbfähigkeit; Vererblichkeit des Nacherbrechts.* **I** Die Vorschriften des § 1923 finden auf die Nacherbfolge entsprechende Anwendung.

II Stirbt der eingesetzte Nacherbe vor dem Eintritte des Falles der Nacherbfolge, aber nach dem Eintritte des Erbfalls, so geht sein Recht auf seine Erben über, sofern nicht ein anderer Wille des Erblassers anzunehmen ist. Ist der Nacherbe unter einer aufschiebenden Bedingung eingesetzt, so bewendet es bei der Vorschrift des § 2074.

1   **1) Entsprechende Anwendung des § 1923.** Der als NE Berufene muß beim Erbfall **noch leben** (§ 1923 I). Hat der Erbl den eingesetzten NE überlebt, wird die Anordng der NErbfolge in gleicher Weise hinfällig, wie wenn der Erbl den Erben überlebt. Der eingesetzte VE erwirbt dann die Erbsch als VollE (RG JW **07**, 259), sofern nicht ein weiterer NE od ErsatzNE eingesetzt war. Fällt ein als NE eingesetzter Abkömml vor dem Erbfall weg, treten im Zweifel seine Abkömml als ErsatzE an seine Stelle (§ 2069; Bremen NJW **70**, 1923). – Dagg braucht der NE, wie sich aus § 2101 I ergibt, beim **Erbfall noch nicht zu leben** u noch nicht einmal erzeugt zu sein (RG JW **29**, 2596). Hier stellt vielm die entspr Anwendg des § 1923 auf die Zeit des Eintritts der NErbfolge (§ 2139) ab. NE kann daher nur werden, wer zu dem hierfür bestimmten Ztpkt od Ereign (§§ 2103–2105) od beim Tode des VE (§ 2106) lebt od doch zumindest erzeugt ist u demnächst lebend zur Welt kommt. Ist er noch nicht erzeugt, ist er iZw zweiter NE (s § 2101 Rn 1). – Ohne Bedeutg ist es, wenn der NE, der zZ des Erbfalls lebte, den Eintritt der **Nacherbfolge nicht mehr**

erlebt, wie sich aus **II** (entgg § 1923) ergibt. – Entspr **1923 II** gilt der beim NErbfall nur erst erzeugte NE als schon vor diesem Ztpkt geboren. Dagg wird im Falle des § 2106 II, § 2101 I der Eintritt der NErbfolge erst auf den Ztpkt der Geburt verlegt, zumal eine Rückbeziehg hier kaum dem Willen des Erbl entsprechen u der Ztpkt der Erzeugg sehr schwer festzustellen sein wird (vgl auch RGRK Rn 2).

2) Vererblichkeit des Anwartschaftsrechts (II 1). Überlebt der NE od ErsatzNE den Erbl, erlangt er 2 ein unentziehbares AnwartschR (s § 2100 Rn 11). Stirbt er dann vor od gleichzeit mit Eintritt des NErbfalls, geht dieses AnwartschR als Bestandteil seines Nachl nach der Auslegungsregel des **II 1** (hM; BGH NJW **63**, 1150) auf seine Erben über (auch auf nichtehel Verwandte, Böhm FamRZ **72**, 186), sofern nicht die vorrangige individuelle Auslegg (BGH **33**, 60) etwas anderes ergibt. Der NE kann dann seiners (als Erbl) seine Erben durch NErbfolge od TVstrg (§ 2222) beschränken (RG **103**, 354). Mehrere Erben des NE bilden auch an dem AnwR eine ErbenGemsch (Schmidt BWNotZ **66**, 141/145). Der Erbschein ist für die Erben des eingesetzten NE in ErbenGemsch zu erteilen (Schmidt aaO 147). – Die Vererblichk geht der **Anwachsung** (§ 2094) iZw vor (RG **106**, 357; KG JFG **15**, 309; Stgt FamRZ **94**, 1553). Sie ist zum Vorteil des NE angeordnet, der nicht durch seinen vorzeitigen Tod der NErbsch verlustig gehen soll (vgl auch § 2142 II). Er kann also auch die zu erwartende NErbsch durch Test einem anderen (als Vermächtn) zuwenden als demjenigen, dem er sein eigenes Vermögen hinterläßt (Raape DNotZ **35**, 629). – Bei **mehrfach aufeinanderfolgenden** NE-Einsetzgen ist das AnwR des weiteren NE vererbl, wenn er den Erbl überlebt hat. Nicht erforderl ist, daß er den ersten NEFall erlebt hat, da er schon vom Erbfall an die vollen Rechte eines NE hat (KG DNotZ **55**, 408). Der folgde NE ist zugleich ErsatzNE (s Zweibr Rpfleger **77**, 305; RGRK Rn 11). – **II** kommt allerd überh nicht zur Anwendg, wenn nach dem Willen des Erbl od nach ges Auslegsregeln bei der Bestimmg des NE erst auf den Zeitpkt des NErbfalls abzustellen ist (zB wenn die als NE berufenen „gesetzl Erben" unter Anwendg von § 2066 zu bestimmen sind; s dort Rn 3), weil dann dch den vorherigen Wegfall eines zunächst Eingesetzten seine Berufg ggstandslos wird.

3) Ausschluß der Vererblichkeit. Der Erbl kann die Vererblichk des AnwartschR ganz ausschließen od 3 auch nur bezügl bestimmter Personen, etwa wenn er bei Wegfall seines Kindes die Vererbg nur auf einen Teil von dessen Erben gewollt hat (BGH NJW **63**, 1150). Der Ausschluß muß nicht ausdrückl angeordnet sein, sond kann auch konkludent erfolgen u sich aus anderen Anordgen ersehen lassen, zB der Berufg weiterer NE, wenn NErbfall der Tod des ersten NE ist (KG DNotZ **55**, 413); das NE-Recht ist in diesem Fall auflösend befristet auf den Tod des Vorgängers (BGH NJW **81**, 2743). Bei fehlender Eindeutigk kommt es stets auf die individuelle Auslegg an Hand der Umstände des Einzelfalls an, weil der Ausschluß sich aus der letztw Vfg ergeben muß. Erforderlichenfalls ist der ErblWille nach den Grdsätzen der ergänzenden TestAuslegg zu ermitteln. Hierfür gibt es keine zwingenden Regeln. Gg die Annahme, der Erbl habe bei Wegfall des NE vor Eintritt des NErbfalls die Weitervererbg nicht gewollt, spricht jedenfalls nicht, daß er ohne diesen Wegfall die Möglichk der Weitervererbg seines Vermögens auf die Erben des NE (einschließl familienfremder) hingenommen hat (BGH NJW **63**, 1150; Haegele Rpfleger **67**, 161). Stirbt der NE zw Erbu NErbfall, liegt in der Einsetzg eines **Ersatznacherben** nicht ohne weiteres schon der Ausschluß, weil die 4 Ersatzberufg auch für andere Fälle des Wegfalls als dch Tod getroffen sein kann (§ 2142 II); auch eine Vermutg (Soergel/Harder Rn 5) läßt sich nicht begründen (BGH **LM** Nr 1). Entscheid ist daher konkrete Auslegg (BayObLG **93**, 335 mAv Mayer MittBayNot **94**, 111). Bei ausdrückl Einsetzg eines ErsatzNE wird zwar die Auslegg meist zur Unvererblichk führen (s Brschw FamRZ **95**, 443), ohne daß dies aber zwingend ist. Stirbt zB der ErsatzNE vor dem HauptNE u rückte er dah nie in die Stellg eines unmittelb NE ein, ist zu prüfen, ob der Erbl auch für diesen Fall die Vererblichk des AnwartschR des NE nicht wollte; näherliegd erscheint iZw, daß er dann die NErbsch den Erben des vorrangig berufnen HauptNE belassen wollte (Stgt FamRZ **94**, 1553; aA KGJ **42** A 104). Betrifft die Anordng der Vor- u NErbfolge ausschließl engste Familienangehörige, ohne daß die letztw Vfg eine Regelg über die Vererblichk od deren Ausschluß enthält, u stirbt der NE ohne eigene Abkömml, bestehen an der Vererblichk Bedenken, die es dch ergänzende Auslegg auszuräumen gilt (Oldbg Rpfleger **89**, 106); der Umstand, daß der NE ein Abkömml des Erbl ist, genügt für sich allein noch nicht ohne weiteres für die Annahme des Willens zur Unvererblichk (Köln OLGZ **68**, 91), wenngleich ein solcher Wille hier besonders häufig sein wird (BGH NJW **63**, 1150; RG **169**, 39; dazu Johannsen WM **70**, 7; **77**, 275; Bergermann RhNK **72**, 757). Als Anhaltspunkt für die Auslegg kann gelten: Vererblichk ist ausgeschlossen, wenn es dem Erbl in erster Linie darum ging, das Vermögen in der Familie zu halten (Soergel/Harder Rn 6). Dagg spricht es für die Vererblichk, wenn der Erbl dem NE eine schon vor dem NErbfall vertbare RStellg zuwenden wollte (ebso MüKo/Grunsky § 2102 Rn 7). – Der Ausschluß wird von **II** 1 als Ausnahme angesehen, so daß die **Beweislast** hat, wer einen dahingehenden Willen behauptet (BayObLG Rpfleger **83**, 11; Baumgärtel/Strieder Rn 1).

4) Einsetzung unter einer aufschiebenden Bedingung (II 2). Hat der Erbl den NE zB unter der 5 Bedingg eingesetzt, daß die als VE eingesetzte Witwe sich wieder verheiratet (BayObLG **66**, 227), bleibt es bei der Regel, daß der NE die Erfüllg der Bedingg iZw erleben muß (**II 2**, § 2074). Bis dahin bleibt auch die Anwartsch in der Schwebe, so daß sie nicht vererbt werden kann. Da aber § 2074 nur Auslegsregel ist, kann der Erbl auch bei einer aufschiebenden Bedingg die Vererblichk gewollt haben (Brschw MDR **56**, 296). Daß der NE den Eintritt der NEFolge erlebt, ist keine Bedingg in diesem Sinne (KG DNotZ **35**, 827; RGRK Rn 14), ebsowenig die Einsetzg eines ErsatzNE; seine Anwartsch auf die NErbsch ist vererbl, wenn er vor Wegfall des zunächst berufnen NE verstirbt (§ 2102 Rn 5; RGRK aaO; s auch Haegele Rpfleger **67**, 165). – Bei **auflösender Bedingung** ist das AnwartschR dagg veräußerl u je nach Art der Bedingg auch vererbl. Es geht jedoch bei Eintritt der Bedingg unter (Hamm OLGZ **76**, 180/187; Soergel/Harder Rn 10).

5) Übertragbarkeit des Anwartschaftsrechts. Das mit Erleben des Erbfalls entstehe AnwR des NE (s 6 § 2100 Rn 11) ist grdsätzl abtretbar, verpfändb und pfändb; ebso ist die Stellg als ErsatzNE übertragb (BayObLG FamRZ **92**, 728). Es gehört zu seiner KonkMasse, falls der Konkurs nach dem Erbfall eröffnet wird (vgl auch Einf 7 vor § 2100). – **Vor** dem Erbfall ist eine Übertrag des NERechts schon nach § 312 ausgeschlossen, jedoch Erbverzicht (§ 2352) zulässig. – **Zwischen** Erbfall und NErbfall (vgl zum folgenden

Schiedermair AcP **139**, 131 ff; Schmidt BWNotZ **66**, 148 ff) ist die Zulässigk solcher Übertragg dagg allg anerkannt, aber ges nicht geregelt (s Soergel/Harder Rn 10 u § 2100 Rn 11); auch ist der NE nun befugt, über seine NE-Rechte letztw zu verfügen. Die Übertragg ist allerd nur in dem Umfang mögl, in dem das AnwR dem NE selbst zusteht, so daß dch sie Rechte eines ErsatzNE nicht berührt werden (§ 2102 Rn 5). Angesichts der Rechtsähnlich zw der Stellg des MitE u der des NE (mag er nun Allein- od MitNE sein) ist eine Übertragg sowohl auf einen Dritten als auch auf den VE zuläss, aber auch an die Form des § 2033 gebunden (RG **101**, 186 ff; KG JFG **6**, 273; DNotZ **54**, 389). Das VerpflichtgsGesch zu einer solchen Vfg bedarf im Falle der Veräußerg der not Beurkundg nach §§ 2371, 1922 II, 2385 (Gantzer MittBayNot **93**, 67).

7 Über GenPfl nach dem GrdstVG s § 2100 Rn 11. – In einem **Verzicht** des NE auf seine Rechte zG des VE liegt idR eine Übertragg des AnwR auf diesen; er bedarf auch der Form des § 2033. Der VE wird damit Vollerbe. Übertragg kann aber auch auf den am Vertr beteiligten MitNE erfolgt sein (Düss OLGZ **91**, 134). – Bei der Übertragg an Dritte steht dem VE als Ausgl für die Übertragbark des NERechts u zwecks Vermeidg des Eindringens Dritter in die Gemsch in entspr Anwendg des § 2034 ein **Vorkaufsrecht** zu (Schiedermair aaO 150); ebso den MitNE, auch bei Verkauf an den VE (Smolla DNotZ **39**, 393). – Eine gesonderte Übertragg des unselbständigen künftigen HerausgAnspruchs (§ 2130) ist nicht möglich (Kipp/Coing § 50 I 3 d), wohl die Verpflichtg dazu denkb (RG **60**, 133). – **Nach** Eintritt des NErbfalls gibt es kein AnwR mehr, da der bish NE nun Erbe ist. Er kann nun sein ErbR nach den allg Grdsätzen veräußern od als MitE seinen Anteil übertragen (s Übbl 1–4 vor § 2371; § 2033).

8 **a) Wirkungen.** Durch die Übertragg des AnwR zw Erbfall u NErbfall tritt der Erwerber unmittelb in die RStellg des NE ein. Sind keine ErsatzNE vorhanden, wird der erwerbende Dritte daher mit dem NErbfall an Stelle des ursprüngl NE ohne dessen Durchgangserwerb Erbe (MitE) des Erbl (MüKo/Grunsky § 2100 Rn 30). Der erwerbende VE wird unbeschränkter VollE, wenn ihm sämtl NE (und ErsatzNE) ihre Anwartsch übertragen (BayObLG FamRZ **92**, 728); im Erbschein werden die NE dann nicht aufgeführt (KG JW **38**, 3118). Dch die Übertragg werden dagg die Rechte eingesetzter ErsatzNE nicht berührt, so daß der VE seine Stellg in dem Augenblick an diese verliert, in dem sie auch der NE verlieren würde (s § 2102 Rn 5). – Aus dem zGrde liegden ErbschKauf haftet vom Eintritt des NErbfalles an der Erwerber, nicht zusätzl der NE, der übertragen hat (Lange/Kuchinke § 26 VII 3e). Überträgt der (die) NE sein Anwartschr auf den VE, wird im Grundbuch der NE- und ErsatzNE-Vermerk nicht ggstandslos u das GrdBuch ist insoweit nicht unricht; der VE kann bis zum Eintritt des Ersatzerbfalls über die Ggstände der Vorerbsch frei verfügen. Tritt jedoch der ErsatzNE an die Stelle des NE, endet damit die (auflös bedingte) Vereinigg der beiden Rechtsstellungen in der Person des VE u es entsteht das NEAnwartschR für den bish ErsatzNE (BayObLG **70**, 137).

9 **b) Ausschluß.** Der Erbl kann die **Übertragbarkeit** ebso wie die Vererblk ausschließen (RG **170**, 168; Soergel/Harder § 2100 Rn 11; vgl Mezger AcP **152**, 382; Haegele Rpfleger **71**, 130). – Kommt HöfeR zur Anwendg, kann der NE nicht letztw über seine NERechte verfügen (Oldbg AgrarR **78**, 19).

2109 **Dreißigjährige Frist für Nacherbschaft.** [I] **Die Einsetzung eines Nacherben wird mit dem Ablaufe von dreißig Jahren nach dem Erbfall unwirksam, wenn nicht vorher der Fall der Nacherbfolge eingetreten ist. Sie bleibt auch nach dieser Zeit wirksam:**
1. **wenn die Nacherbfolge für den Fall angeordnet ist, daß in der Person des Vorerben oder des Nacherben ein bestimmtes Ereignis eintritt, und derjenige, in dessen Person das Ereignis eintreten soll, zur Zeit des Erbfalls lebt;**
2. **wenn dem Vorerben oder einem Nacherben für den Fall, daß ihm ein Bruder oder eine Schwester geboren wird, der Bruder oder die Schwester als Nacherbe bestimmt ist.**

[II] **Ist der Vorerbe oder der Nacherbe, in dessen Person das Ereignis eintreten soll, eine juristische Person, so bewendet es bei der dreißigjährigen Frist.**

1 **1) Zweck.** Das G will die Bindg des Vermögens in der Hand des VE grdsl nicht länger als 30 Jahre (fr „ein Menschenalter") bestehen lassen, damit der Erbl seine TestierFreih nicht dazu ausnutzen kann, fideikommißähnl Regelgen zu treffen. Er kann zwar mehrfach NErbfolge anordnen. Nach Fristablauf wird aber die NE-Einsetzg unwirks mit der Folge, daß der Nachl freies Vermögen des VE als VollE wird. Bei Einsetzg mehrerer NE nacheinander kommt das Unwirksamwerden dem zustatten, der bei Fristablauf VE ist. – Die Vorschr kann entspr auf gesellschrechtl Nachfolgeklauseln angewandt werden (Soergel/Harder Rn 1; Däubler JZ **69**, 502).

2 **2) Zwei Ausnahmen** von der 30jähr Frist macht **I** mit der Folge, daß dann die Frist beliebig überschritten werden kann. – **a)** Wenn ein **bestimmtes Ereignis (I 2 Nr 1)** „in der Person" des VE od des NE den NErbfall herbeiführen soll, gleichgült, ob der Eintritt vom Willen des VE od NE abhängt od nicht, so daß auch reine Potestativbedingg ausreicht (BGH NJW **69**, 1112). Bsple: Die NErbfolge ist für den Fall angeordnet, daß der VE stirbt (BayObLG FamRZ **90**, 320); sich wieder verheiratet; einen bestimmten Beruf ergreift; daß der NE ein gewisses Alter erreicht; daß er heiratet usw (s § 2163 Rn 1). Ist also die NErbfolge auf den Tod des VE abgestellt (s § 2106 I), bleibt die Einsetzg des NE wirks, auch wenn der VE den Erbl um mehr als 30 Jahre überlebt (BayObLG **75**, 63/66; KG Rpfleger **76**, 249). Die NErbin, bei deren Verheiratg der NErbfall eintreten soll, bleibt NErbin trotz Ablaufs der 30 Jahre, falls sie zZ des Erbfalls lebte (Flad AkZ **36**, 419) od wenigstens erzeugt war (§ 1923). – Das Ereign muß **in der Person** des VE oder NE eintreten, also eine rechtl od wirtschaftl Beziehg zu ihm haben, deren Grad nicht zu streng bemessen werden soll. Bloßes Miterleben eines Weltgeschehens fällt nicht darunter (hM; aA Staud/Behrends Rn 8, MüKo/Grunsky Rn 4; s auch Soergel/Harder Rn 3), wohl aber eine Einsetzg für den Fall der „wirtschaftl Wiedervereinigg", wenn es dem Erbl dabei um die wirtschaftl Folgen für den Bedachten ging (LG Bln NJW **93**, 272). Da die für das Ereign maßg Person schon zZ des Erbfalls am Leben gewesen sein muß, zieht die begrenzte Dauer des **3** menschl Lebens auch hier der unbegrenzten NachlBindg eine Schranke. – **b)** Wenn **ungeborene Geschwister** als (weitere) NE eingesetzt sind **(I 2 Nr 2).** Die zeitl Grenze wird dann dch die Lebensdauer des Vaters bzw der Mutter des erzeugten Geschwisters, das NE werden soll, gezogen. Halbgeschwister und Legitimierte (§§ 1719, 1736) gehören auch hierher, ebso nichtehel Kinder; nicht aber Adoptivkinder (Soergel/Harder Rn 4 mN; aA MüKo/Grunsky Rn 5).

3) Für juristische Personen als VE od NE macht **II** eine Ausn von **I** Nr 1 (I Nr 2 ist hier nicht mögl). **4** Nachdem jur Personen in ihrer Lebensdauer nicht beschränkt sind, soll der Erbl nicht dch Abstellen auf ein Ereign in der jur Person die NE-Einsetzg zeitl beliebig hinausschieben können. Hier hat es bei der 30jähr Frist sein Bewenden (s auch § 2044 II 3). Ist das Ereign bis zu dieser Zeit nicht eingetreten, verbleibt dem VE die Erbsch endgült.

2110 *Umfang des Nacherbenrechts.* **I** Das Recht des Nacherben erstreckt sich im Zweifel auf einen Erbteil, der dem Vorerben infolge des Wegfalls eines Miterben anfällt. **II** Das Recht des Nacherben erstreckt sich im Zweifel nicht auf ein dem Vorerben zugewendetes Vorausvermächtnis.

1) Vergrößerter Erbteil. Ist der VE Mitglied einer ErbenGemsch u vergrößert sich sein Erbteil dch **1** Wegfall eines and MitE, kommt dies nach der Auslegsregel des **I** iZw auch dem NE zugute. Dieser rückt dann beim NErbfall im Umfang des gesamten Erbteils des VorE in die ErbenGemsch ein. Die Erbteilsvergrößerg des VE kann durch Erhöhg (§ 1935), Anwachsg (§ 2094) od Ersatzberufg (§ 2096) erfolgen. Gleichgültig ist, ob der Wegfall vor od nach dem Erbfall (§ 2139) geschah, in den letzteren Fällen per §§ 1953, 2344 Rückbeziehg des Anfalls auf den Erbfall erfolgt. – Beim ErbschKauf ist dies anders geregelt (§ 2373).

2) Vorausvermächtnis (II, § 2150). Der VE muß dagg beim NErbfall iZw nicht auch die ihm vom Erbl **2** voraus vermachten Ggstände nach § 2130 an den NE herausgeben, da er sie aGr des VermächtnAnspr (§ 2174) frei vom Recht des NE erworben u nicht als Erbe erlangt hat. Doch kann auch eine Ersatzberufg (§§ 2096, 2191) vom Erbl gewollt sein (OLG **34**, 283). – Der alleinige VE erwirbt den ihm durch Vorausverm zugewandten Ggst ohne weiteres mit dem VErbfall, unbeschwert mit der NErbsch (BGH NJW **60**, 959; s auch § 2150 Rn 5). Wurde ein Grdst als VorausVerm zugewendet, ist die Eintragg des NEVermerks im Grdbuch unzuläss (Mü JFG **23**, 300). Dazu Flad DGWR **37**, 233. Im **Erbschein** (§ 2363) ist daher das dem alleinigen VE zugewendete VorausVermächtn anzugeben (s § 2363 Rn 6).

2111 *Surrogation.* **I** Zur Erbschaft gehört, was der Vorerbe auf Grund eines zur Erbschaft gehörenden Rechtes oder als Ersatz für die Zerstörung, Beschädigung oder Entziehung eines Erbschaftsgegenstandes oder durch Rechtsgeschäft mit Mitteln der Erbschaft erwirbt, sofern nicht der Erwerb ihm als Nutzung gebührt. Die Zugehörigkeit einer durch Rechtsgeschäft erworbenen Forderung zur Erbschaft hat der Schuldner erst dann gegen sich gelten zu lassen, wenn er von der Zugehörigkeit Kenntnis erlangt; die Vorschriften der §§ 406 bis 408 finden entsprechende Anwendung. **II** Zur Erbschaft gehört auch, was der Vorerbe dem Inventar eines erbschaftlichen Grundstücks einverleibt.

1) Bedeutung. Der Bestand des Nachl kann sich in der Zeit zw Erbfall u NErbfall durch zufäll Ereignis- **1** se, dch Vfgen des VE od TV od den Eingriff Dritter vermehren, vermindern od sonst verändern. Dem trägt § 2111 Rechng, indem er die Nutzgen dem VE, die Substanz dem NE (auch bei befreiter VErbsch) zuweist (vgl Einf 1 v § 2100; Roggendorff RhNK 81, 31). Die Vorschr ist eine eng nach wirtschaftl Maßstäben auszulegende Ausnahme (BGH NJW **93**, 3198) zugunsten des NE (nicht der NachlGläub, BGH **81**, 12), die aus ZweckmäßigkGründen den Grds der **dinglichen Surrogation** aufstellt. Was danach zum Nachl gehört, untersteht auch den Vorschr der VErbsch, wobei sich die VfgsBeschränken (§§ 2112ff) nach der Art der zum Nachl gelangten Ggstände richten. Für Grdst, die zum Nachl gelangen, ist NE-Vermerk (GBO 51) einzutragen (Bergermann RhNK **72**, 773); auch für RestkaufgeldHyp des VE (Mü JFG **18**, 109). Ausnahmsw ist die Entschädigg für die Enteign eines NachlGrdst wie das Grdst selbst zu behandeln (BGH RdL **56**, 189; s Rn 4). – Nutzgen aus der Zeit **vor** dem Erbfall gehören dagg auch im Verhältn zw VE und NE zum Nachl, wobei die Grenze der Fruchtnutzg aus § 101 zu entnehmen ist (RG Warn **08** Nr 71).

2) Das Surrogationsprinzip (s dazu § 2019 Rn 1) gilt nur für Zuwachs, Ersatzvorteile und rechtsge- **2** schäftl Mittelsurrogation (**I**) sowie Inventar (**II**; dazu Rn 9). Die Darleggs- u Beweislast für die während der VErbsch eingetretenen Surrogationsvorgänge trägt der NE (BGH NJW **83**, 2874).

a) Zuwachs ist nur der Erwerb aGrd eines zur Erbsch gehörenden Rechts (zB durch Ersitzg, Verbindg od **3** Vermischg), also nicht der dch ein RGesch des VE vermittelte Erwerb (Johannsen WM **79**, 605). Bezahlt der VE eine NachlHyp **mit eigenen Mitteln,** fällt die EigtümerGrdsch demnach nicht in den Nachl (KG JFG **8**, 355; Celle NJW **53**, 1265; Soergel/Harder Rn 6). – Erwerb durch Zuschlag in der ZwVersteigerung gehört mangels rgeschäftl Erwerbs nicht hierher (RG HRR **28** Nr 1592; auch RG 136, 353; str; aA Soergel/Harder Rn 8; MüKo/Grunsky Rn 10 mN, die § 2111 aus wirtschaftl Betrachtgsweise entspr anwenden), da es hier nicht um Ersatzvorteile, sond um reinen Zuwachs geht.

b) Ersatzvorteile aGrd von Zerstörg, Beschädigg od Entziehg eines ErbschGgst sind Anspr auf Schad- **4** Ersatz (auch aus GefährdgsHaftg); Versichergssumme; Überschuß aus Zwangsversteigerg eines NachlGrdst (BGH NJW **93**, 3198); EnteignsEntschädgg (BGH RdL **56**, 189); LastenAusgl für schon vom Erbl verlorene Werte (BGH **44**, 336 mAv Kreft zu **LM** Nr 3; s auch BGH NJW **72**, 1369; Johannsen WM **73**, 538). Damit vergleichb sind auch Anspr nach VermG 1ff, sofern sie schon zu Lebzeiten des Erbl begründet wurden (Wasmuth DNotZ **92**, 3; s dazu auch § 1922 Rn 50).

c) Rechtsgeschäftlicher Erwerb mit Mitteln der Erbschaft (sog Mittelsurrogation) liegt vor, wenn **5** der Gegenwert obj aus dem Nachl stammt; dies ist auch dann der Fall, wenn ein Kreditinstitut für eine

Zwischenfinanzierg eingeschaltet war (BGH NJW **90**, 1237). ErwerbsGgst der Surrogation kann uU auch eine nichtübertragb RPosition sein. Hat zB der VE einen Kommanditanteil mit Mitteln der Erbsch erworben, wird dieser einschl der damit verbundenen Gewinnrechte Bestandteil der VErbsch ungeachtet der Möglichk, daß nach Eintritt des NErbfalls die übr Gter sich nicht auf den Eintritt des NE in die KG einlassen müssen (BGH **109**, 214 unter Aufgabe von BGH NJW **77**, 433); gelingt es dem NE später nicht, die erlangte erbrechtl Position innerh der Ges dchzusetzen, erfaßt die Surrogation zumindest die vermögensrechtl Vorteile wie Anspr auf Gewinn od das AuseinandersetzgsGuthaben od ein etw EntnahmeR (BGH aaO). Das RGesch braucht sich nicht auf den Nachl zu beziehen, muß aber stets vom VE abgeschl sein. Erwirbt also der VE aus Mitteln der Erbsch einen Ggst zum persönl Gebrauch, gehört dieser zum Nachl, auch wenn der VE irrtüml Eigenmittel zu verwenden glaubte. Verkauft er einen NachlGgst, gehört die KaufpreisFdg od der vereinnahmte Kaufpreis zum Nachl, der verkaufte Ggst noch bis zur Übereigng. – Beteiligg des VE an einer **Gesellschaft** mit NachlMitteln bewirkt, daß der Anspr auf das Auseinandersetzgsguthaben in den Nachl fällt (Soergel/Harder Rn 9; aM Roggendorff aaO 35). – Ggstände, die der VE durch **Auseinandersetzung** (TeilgsVersteigerg) aus einem Nachl erwirbt, unterliegen der NEBeschrkg, da sie mit Mitteln der Erbsch erworben sind (BGH NJW **69**, 2043f; Celle NJW **68**, 802; Hamm FGPrax **95**, 7); bei der Eigentumsumschreibg der dabei übertragenen Grdst auf den VorE ist der NE-Vermerk von Amts wg mit einzutragen (BayObLG **86**, 208; Hamm aaO). Erwirbt also ein MitVE dch die ErbenGemsch an einem Grdst bestellte Hyp dch Tilgg seiner DarlSchuld infolge Verrechng mit der NachlAuseinandersetzgsquote gg der Erben-Gemsch, gehört seine dadurch entstehende EigentümerGrdSch zur (Vor-)Erbsch (BGH **40**, 115 mAv Nirk zu **LM** Nr 2). – Wird der Ggst **nur teilweise** mit ErbschMitteln erworben, gehört er auch nur zum entspr Teil zum Nachl (BGH NJW **77**, 1631, 2075 mit abl Anm von Peters; aA Wolf JuS **81**, 15; Staud/Behrends Rn 31); s ferner Ffm Rpfleger **80**, 228; Stgt BWNotZ **80**, 92 (wirtschaftl Maßstab); Roggendorff aaO 34. – Nicht zur Erbsch gehört der Anspr auf Erstattg der **Prozeßkosten,** wenn ein VE einen Rechtsstreit wg eines NachlGgstandes geführt u obsiegt hat; er ist vielmehr freies Vermögen der VE (KG JurBüro **66**, 615). – Veräußert der alleinige VE die ganze Erbsch dch Übertragg der Einzelwerte des Nachl, gilt für das Entgelt § 2111 (Haegele BWNotZ **71**, 130).

7   **3) Nutzungen (I 1)** des Nachl (§§ 99, 100; s auch § 101) unterliegen nicht der Surrogation. Sie erwirbt der VE währd der Dauer seines Rechts mit der Einschränkg des § 2133 zu eigenem Vorteil; er hat dafür auch die gewöhnl Erhaltgskosten zu tragen (§ 2124). Diese Verteilg gilt aber nur im Verhältn des VE zum NE; ggü NachlGläub gehören Nutzungen zum NachlVermögen. – Der Erbl kann durch Vermächtnis od Auflage den Fruchtbezug des VE prakt ausschließen (Warn **12** Nr 174). – Gehört ein **Unternehmen** zum Nachl, ist für den Umfang der Nutzgen die nach kaufmänn Grdsätzen aufzustellende jährl Handelsbilanz maßgbl; der Erbl kann aber die Bilanz, und Bewertgsfreih durch letztw Vfg erweitern od einschränken (Baur JZ **58**, 465; Baur/Grunsky ZHR **133**, 208/211ff). Gewinnanteile an Personengesellsch, die während der Dauer der VErbsch anfallen, gebühren dem VE (BGH NJW **90**, 514); es können jedoch Entnahmebeschränkgen bestehen (s hierzu Esch/Schulze zur Wiesche Rn 501). – Nutzg ist auch der Zinszuschlag gem LAG 250 III (BGH **81**, 8). – Keine Nutzgen stellen die neuen Anteilsrechte eines Aktionärs aGrd Kapitalerhöhg aus GesellschMitteln (AktG 212) dar; sie gehören deshalb zur Erbsch (§ 99 Rn 3; s RGRK Rn 9; Hadding aaO **90**ff (GmbH); Esch/Schulze zur Wiesche Rn 465). – Auch Überlassg eines Grdst mittels Verpachtg zur Kiesausbeutg dch den befreiten VE kann diesen bei Eintritt der NErbfolge zum SchadErs verpflichten, wenn er den Pachterlös in vollem Umfang für sich verwendet hat (Köln AgrarR **77**, 150). – An dem Fruchterwerb des VE wird auch durch die Verwaltg eines **Testamentsvollstreckers** (§ 2209) nichts geändert; vgl aber hierzu § 2209 Rn 2.

8   **4) Vertrauensschutz (I 2).** Damit der gutgl Schuldner einer der NErbfolge unterliegden Fdg aus einem mit ihm durch den VE abgeschlossenen RGesch durch seine Unkenntn nicht Schaden erleide, ist er wie in § 2019 II geschützt. Soweit die Fdg nicht auf RGesch beruht, kommen ihm die §§ 851, 893, 2367 zustatten (vgl auch § 2113 III).

9   **5) Inventar (II).** Hier gilt im wesentl dasselbe wie in §§ 588 II, 1048 I, währd die Ersatzfrage in §§ 2124, 2125 behandelt ist. Dabei ist weder vorausgesetzt, daß der VE das einverleibte Inventarstück mit ErbschMitteln erworben hat (dann greift schon I ein), noch daß es an Stelle eines abgängigen Stücks von ihm angeschafft worden ist. Hier waren nicht SurrogationsGrdsätze, sond wirtschaftl Gründe maßg.

10   **6) Gegenstände seines freien Vermögens** kann der VE nach allg Meing dch Insichgeschäft mit dingl Wirkg der ErbschMasse zuweisen od gg NachlGgstände austauschen (Stgt OLGZ **73**, 262; BGH **40**, 125; Maurer DNotZ **81**, 223/225; Soergel/Harder Rn 12; s auch Erman/Hense/Schmidt Rn 4). Will der VE NachlGgstände zu (NE)freiem Eigt erwerben, muß er zB das zum Nachl gehörige Grdst zuerst an den NE veräußern u es von diesem zurückerwerben (s Maurer aaO 229ff; dort auch zur Rechtstellg des ErsatzNE).

2112 *Verfügungsrecht des Vorerben.* **Der Vorerbe kann über die zur Erbschaft gehörenden Gegenstände verfügen, soweit sich nicht aus den Vorschriften der §§ 2113 bis 2115 ein anderes ergibt.**

1   **1) Verfügungsfreiheit.** Der VE ist wahrer Erbe (s Einf 3 vor § 2100) und damit als Eigentümer des Nachl grdsl zur Vfg üb NachlGgstände befugt. Seine Vfgen sind dingl wirks, u zwar in jedem Fall bis zum Eintritt des NErbfalls, gleichgült ob sie entgeltl sind od nicht. Mögl ist allerd, daß sie mit dem NErbfall (absolut) unwirks werden, allerd ohne Rückwirkg (s § 2113 Rn 8). Da sein ErbR nur ein zeitl ist, wird sein VfgsR näml zugunsten des NE dch §§ 2113ff eingeschränkt, um dem NE die Substanz zu erhalten. Der Erbl kann ihn allerd davon weitgehend befreien (§ 2136), aber auch dch TVstrg noch weiter mit dingl Wirkg beschränken (§ 2211). Auch bei befreitem VErbsch verdrängt das Verwaltgs- und VfgsR des TV grds das des VE (BayObLG **59**, 128; s § 2205 Rn 28); ist der TV zugl MitVE, ist er (von § 2222 abgesehen) dem NE ggü ebso beschränkt wie ein gewöhnl VE (vgl von Lübtow II 892). Andere test Beschränkgen haben als

Auflage nur schuldrechtl Wirkg (BGH **LM** § 2100 Nr 2). Allerd bewirkt auch die Entziehg der Verwaltg (§§ 2129, 1052) den Verlust der Vfgsgewalt. – **Verfügung** ist technisch zu verstehen (s Übbl 16 vor § 104) **2** und betrifft die dingl Übertragg, Belastg, InhÄnderg und Aufgabe eines NachlGgst (Sachen und Rechte), auch die Bestellg eines ErbbauR (BGH **52**, 269). Schuldrechtl Verpflichtgsgeschäfte sind unbeschr gültig, verpflichten den NE allerd nur im Rahmen ordngsgemäßer NachlVerwaltg als NachlVerbindlk (BGH **32**, 60; MDR **73**, 749). – **Keine** Vfg des VE ist dessen **Prozeßführung**. Dieser ist insow grdsl frei und kann ohne Zustimmg des NE Prozeßhandlgen vornehmen. S dazu Einf 5 vor § 2100, auch zur Rechtskrafterstreckg (ZPO 326), Unterbrechg, Aussetzg (ZPO 242, 246) und Erteilg vollstreckbarer Ausfertigg (ZPO 728 I).

2) Unbeschränkte Verfügungsbefugnis. – **a)** Über seinen **Miterbenanteil** als solchen kann der VE **3** gem § 2033 verfügen, da die §§ 2113 ff nur einzelne Ggstände betreffen; dies gilt auch für die Vereinbarg einer allg **Gütergemeinschaft** (BayObLG **89**, 114). Die Mitwirkg des NE ist nicht erforderl, da seine Rechte jeweils unberührt bleiben und auch ein gutgl Erwerb frei von den Beschränkgen ausgeschlossen ist (s § 2113 Rn 13). – Besteht der Nachl im wesentl aus einem land- od forstwirtschaftl Betrieb, ist die Veräußerg an einen Dritten genehmigungspflichtig (GrdstVG 2 II Nr 2; Roemer DNotZ **62**, 491; § 2033 Rn 6). – Ist dem als VE Eingesetzten nur die **Nutznießung** zugewendet (§ 2100 Rn 3), wirkt die darin liegende Beschränkg seiner VfgsMacht für ihn nur verpflichtend; nach außen hat er die Befugnisse aus § 2112 u bleibt Herr des Nachl (BGH **LM** Nr 2 zu § 2100). – **b)** Der VE ist auch für die Geltdmachg des **Auseinanderset- 4 zungsanspruchs** (§ 2042) legitimiert u hat das AusschlaggsR (§§ 1946, 1952), wobei aber für seine etwaige spätere Verantwortlichk §§ 2130, 2131 gelten; vgl auch § 1952 Rn 2 aE. – **c) Gehört ein Handelsgeschäft 5** zur Erbsch, entscheidet der VE über die Fortführg. Er kann sich als FirmenInh ins HandelsReg eintragen lassen (Staud/Behrends Rn 22). – **d)** War der Erbl persönl haftender **Gesellschafter** einer PersonenGes, **6** gelten im GesVertr vereinbarte erbrechtl Nachfolgeklauseln (§ 1922 Rn 17–20) od ein vereinb EintrittsR (§ 1922 Rn 16) bei Erben auch bei Anordng der Vor- u NErbsch (§ 1922 Rn 17; Langenbach RhNK **65**, 81/ 88; 91). Der VE wird dann Mitglied der Ges entw erbrechtl dch unmittbl Einrücken in die Stellg des Erbl od mit Eintritt in die Ges dch Ausübg des EintrittsR. Er kann dann, soweit Gesetz od GesVertr es zulassen (vorbehaltl seiner Haftg nach §§ 2130, 2131), aus der Ges austreten; kündigen; wenn zulässig, den GesAnteil veräußern; Änderg des GesVertr mitbeschließen (Langenbach aaO 94 ff). Reservekonten gehören zur Substanz (u damit NE); übermäßig zu Lasten des VE-Gewinns gebildete „Finanzpolster" kann aber VE beanspr (Sandrock, FS Lukes, 1991, S 771; str). Über Schutz des NachE s §§ 2127 bis 2129. Die Anmeldg zum **Handelsregister** erfolgt dch den VE u die übrigen Gesellschafter ohne Mitwirkg des NE; bei Eintritt der NErbfolge ist die Anmeldg dch den VE (od seine Rechtsnachfolger), den NE u die übrigen Gesellschafter zu bewirken (Langenbach aaO S 106). – **e) Vollmacht.** Die vom Erbl einem Dritten über den Tod **7** hinaus erteilte Vollm berechtigt währd der VErbsch nur zur Vertretg des VE, ebso beschränkt wie dieser. Dem VE steht das WiderrufsR zu, auch bei GeneralVollm od Prokura. Erst vom NErbfall ab berecht die nicht widerrufene Vollm zur Vertretg des NE (RGRK Rn 7; bestr). Hat der Erbl den VE selbst bevollmächtigt, erlischt die Vollm mit dem Erbfall (KGJ **43** A 157; s auch Erman/Hense/Schmidt Rn 5). – Eine vom VE erteilte Vollm erlischt idR mit dem Eintritt des NErbfalls, soweit nicht der NE mit der Bevollmächtigg einverstanden ist (KG NJW **57**, 755; auch SchlHOLG SchlHA **62**, 174).

3) Letztwillige Verfügungen des VE fallen nicht unter §§ 2112 ff. Soweit die VEstellg nicht mit dem **8** Tod des VE endet, ist dieser nicht gehindert, sie dch Vfg vTw einem Dritten zu übertragen. Dies ist kein Widerspr in sich (entgg Raape AcP **140**, 233). Die erlangten AnwartschRechte des NE dürfen jedoch nicht angetastet werden. Volle Testierfreih des VE besteht dann, wenn der NE unter der Bedingg eingesetzt ist, daß der VE nicht anders über den Nachl verfügt (vgl § 2065 Rn 8; Soergel/Harder Rn 9).

2113 *Verfügungen über Grundstücke und Schiffe; Schenkungen.* **¹ Die Verfügung des Vorerben über ein zur Erbschaft gehörendes Grundstück oder Recht an einem Grundstück oder über ein zur Erbschaft gehörendes eingetragenes Schiff oder Schiffsbauwerk ist im Falle des Eintritts der Nacherbfolge insoweit unwirksam, als sie das Recht des Nacherben vereiteln oder beeinträchtigen würde.**

II Das gleiche gilt von der Verfügung über einen Erbschaftsgegenstand, die unentgeltlich oder zum Zwecke der Erfüllung eines von dem Vorerben erteilten Schenkungsversprechens erfolgt. Ausgenommen sind Schenkungen, durch die einer sittlichen Pflicht oder einer auf den Anstand zu nehmenden Rücksicht entsprochen wird.

III Die Vorschriften zugunsten derjenigen, welche Rechte von einem Nichtberechtigten herleiten, finden entsprechende Anwendung.

1) Schutz des Nacherben. Die RPosition des NE wird dch die VfgsFreih des VE (§ 2112) gefährdet. Um **1** sie gg einige als besond schwerwiegend angesehene Beeinträchtiggen zu schützen, wird ges angeordnet, daß bestimmte dingl Vfgen (nicht auch schuldrechtl Geschäfte) mit Eintritt des NErbfalls unwirksam werden (s Rn 8; 12). § 2113 gilt jedoch nur im Verhältn zw VE und NE. Das VfgsR des TV wird dadch nicht eingeschränkt (str), zumindest nicht, wenn er für VE und NE eingesetzt ist (vgl BGH **40**, 115; § 2205 Rn 28; Soergel/Harder Rn 1 mN). – Ist VE an einer **Gesamthandsgemeinschaft** beteiligt, zu deren Vermögen das **2** Grdst gehört, ist sehr str, ob Vfgen über das Grdst unter § 2113 fallen. Da NachlGgst der GesHandsAnteil (u nicht ein GrdstAnteil) ist u das G die Sicherg des NERechts nur im Verhältn zum NE bezweckt, kann nicht auch das Recht jedes weiteren Mitglieds der GesHandsGemsch der Zustimmg des NE unterworfen sein (s auch BGH NJW **76**, 893). § 2113 ist daher nicht (auch nicht entspr) anzuwenden, wobei es nicht darauf ankommen kann, ob über das Grdst unmittelb (von der GesHandsGemsch) od mittelb (dch Vfg über den Anteil) verfügt wird (MüKo/Grunsky Rn 3, 5) selbst wenn das Grdst den Hauptwert des GemschVermögens darstellt (Staud/Behrends Rn 47; Schmidt FamRZ **76**, 683; aA Düss JMBl NRW **60**, 101). Die Rspr läßt folgl VfgsBeschränkgen des § 2113 dann nicht zum Tragen kommen, wenn sie sich zwangsläuf auch auf

bereits vorhandene Anteile am Gesamthandsvermögen erstrecken würden. Der in GüterGemsch lebde Eheg als befreiter VE seines verstorbenen Ehepartners kann also ohne Zustimmg des NachE über ein zum Gesamtgut gehördes Grdst verfügen (BGH **26**, 378; NJW **64**, 768; **76**, 893; BayObLG Rpfleger **81**, 282). Dies gilt auch im Falle einer ErbenGemsch jedenfalls dann, wenn ein MitE den einzigen and MitE beerbt hat (BGH NJW **78**, 698). Sind dagg mehrere MitE vorhanden, von denen nur einer einen and beerbt, soll § 2113 nach Hamm Rpfleger **85**, 21 zur Anwendg kommen. Hiergg krit BayObLG **94**, 177, das § 2113 jedenf bei AlleinEigent des VE infolge nachträgl Hinzuerwerbs weiterer MitE-Anteile auch iW der Erbfolge für nicht anwendb erachtet. Köln Rpfleger **87**, 60 wendet § 2113 auch im Falle einer BGB-Ges nicht an, wenn ein Gter seinen einzigen MitGter als VE beerbt hat. Das aus einem Grdst bestehde Vermögen der BGB-Ges, an der nicht befreiter VE beteiligt ist, kann aber auch gg den Willen der NE auseinandergesetzt werden (Hbg
3 NJW-RR **94**, 1231). – Hat der Eigtümer eines ideellen **Hälftebruchteils** eines Grdst dessen and Hälfte als VE hinzuerworben, kann er trotz § 1114 BGB die ihm schon vor dem VErbfall gehörende GrdstHälfte gesondert mit einem GrdPfandR belasten (BayObLG **68**, 104). Die Veräußerg eines Grdst dch den VE, das zur ideellen Hälfte ihm selbst und zur and Hälfte zur Erbsch gehört, führt nicht zur Gesamtnichtigk der ganzen Vfg (§ 139), wenn die Beteil ihre Erklärgen in Kenntn der die Teilunwirksamk begründenden Umstände abgegeben haben (BGH WM **73**, 41). Die EigtÜbertr auf die Erwerber zu MitEigt ist also bei Eintritt des NErbfalls dem NE ggü zur Hälfte unwirks (s BGH aaO).

4　**2) Grundstücksverfügungen (I).** Gehören zum Nachl Grdst, werden von der VfgsFreih des VE (vorbehaltl einer mögl Befeiung, § 2136) dch **I** Vfgen üb sie od üb Rechte an ihnen sowie üb ein ErbbauR (ErbRVO 11) od Wohnseigentum (WEG 1) ausgenommen. Auch auf eine öff-rechtl Baulast, die der VE übernommen hat, wird **I** entspr angewandt (VGH Mannh NJW **90**, 268). Unter § 2113 fallen auch die zur Dchführg eines ErbauseinandersetzgsVertr getroffenen Vfgen üb NachlGrdst (Hamm FG Prax **95**, 7 mAv Graf ZEV **95**, 339); der Rangrücktritt eines GrdstPfandRs, das auf einem zum Nachl gehör Grdst lastet (LG Frankth MDR **76**, 666), ebso der Rangrücktritt eines Erbbauzinses (LG Brschw Rpfleger **76**, 310); die Vfg über die Entschädigg für ein enteignetes zum Nachl gehörendes Grdst (BGH RdL **56**, 189); die GestaltgsErklärg des VE bezügl eines NachlGrdst ggü dem GrdstNachb nach § 915 (KG Rpfleger **74**, 222). – **Verfügungen** sind die Übertragg, Aufhebg, Inhaltsänderg, Belastg od Aufgabe des GrdstR (s Übbl 16 vor § 104). – Üb sein eigenes GrdVermögen kann der VE dagg stets frei vfgen, auch wenn dadch seine eigenen Erben beeinträchtigt werden (vgl § 2286 Rn 1). – Keine Rolle spielt **I** bei Vfgen üb GesAnteil, auch wenn Grdstück zum GesVermögen gehört, ggf sogar der einzig wertvolle Ggstand der Ges ist (BGH NJW **76**, 893; Soergel/Harder Rn 2, 5; aA Michalski Betr **87** Beil 16, 15).

5　**a) Beeinträchtigung** ist bei **I** nach rechtl Gesichtspkten zu beurteilen (Soergel/Harder Rn 7), nicht nach wirtschaftl (iGgs zu **II**, s Rn 10). – **aa) Keine** Beeinträchtigg des NE liegt vor, wenn VE in Erfüllg einer bereits vom Erbl eingegangenen Verpflichtg Grdst veräußert od belastet; od ein Vermächtn erfüllt; od Teilgsanordng des Erbl (§ 2048) befolgt (Hamm FGPrax **95**, 7; BayObLG FamRZ **92**, 728; KG JFG **22**, 98; Deimann Rpfleger **78**, 244). Bei von der Teilgsanordg abweichder Vfg gilt dies allerd nicht, selbt wenn die MitE damit nur weitere Übertraggen vermeiden wollen (Hamm aaO). Ebso bedarf der nicht befreite VE der Zustimmg der übr NE, wenn er NachlGrdst einem MitNE in vorzeit Befolgg einer diesen auferlegten
6 Teilgsanordg übereignet (BayObLG **74**, 312). – **bb) Zustimmung** des NE schließt seine Beeinträchtigg aus (volenti non fit injuria); in diesem Fall ist die Vfg sogleich vollwirks (RG **65**, 129). Die Zustimmg kann dem VE wie dem Dritten ggü erkl werden (Hamm NJW **65**, 1490; str). Sie hat die Bedeutg eines Verzichts auf die aus der NEEinsetzg folgden Rechtsstellg (SchlHOLG Rpfleger **68**, 325). – Der minderjähr NE bedarf der Genehmigg des VormschG (Soergel/Harder Rn 9); Ausnahme: § 1821 II. Ist sein ges Vertr zugleich der VE, kann dieser die Zustimmg zur eigenen Vfg nicht selbst erklären. § 181 beschränkt ihn auch dann, wenn er formal ggü dem dch die Vfg Begünstigten zustimmt (str; vgl zum ges Vertr BGH **77**, 7; BayObLG Rpfleger **87**, 156; aA Hamm aaO). – Zur Bestellg eines Pflegers (§ 1913) für **unbekannte** NE s Kanzleiter DNotZ **70**, 330²³; Bergermann RhNK **72**, 763f; Haegele Rpfleger **71**, 122f. – Zur Vfg ist auch die Zu-
7 stimmg des **bedingten** NE (Hamm DNotZ **70**, 360) sowie des **weiteren** NE (RGRK Rn 39) erforderl, nicht aber die des ErsatzNE (BGH **40**, 115 mAv Nirk in **LM** Nr 2/3 zu § 2096; Staud/Behrends Rn 20; s auch Einf 9 vor § 2100 und § 2102 Rn 5). – VollwirksWerden ist auch dch Genehmigg od RErwerb nach § 185 II mögl, wenngleich der VE als „Berechtigter" verfügt hat (Mü FamRZ **71**, 94; vgl jedoch § 2063 Rn 2). – Über Verpflichtg des NE zur Einwilligg s § 2120; über Streitwert der Klage eines VE auf Zustimmg zum Verkauf eines NachlGrst s SchlHOLG aaO. – **Keiner** Zustimmg der NE bedarf die Löschg der auf einem NachlGrdst eingetragenen Hyp, sofern weitere GrdstBelastgen nicht vorhanden sind (KG JFG **15**, 187) od nur solche, für die Löschgsvormerkgen eingetragen sind (s Rn 14); od bei Tilgg der Hyp aus persönl Mitteln des VE (str; s § 2111 Rn 3).

8　**b) Unwirksamkeit** der GrdstVfg hängt vom Eintritt der NErbfolge ab u ist auf diesen Zeitpkt hinausgeschoben. Erst von da an sind die Vfgen des VE gem **I** in den Grenzen der Vereitelg oder Beeinträchtigg des Rechts des NE unwirks. Die Unwirksamk ist dann aber in ihrem Umfang von absoluter Wirkg, so daß ab diesem Zeitpkt sich jeder auf sie berufen kann, der daran ein rechtl Interesse hat (BGH **52**, 269). Die Wirksamk ist also nicht berührt, solange VErbsch besteht (Mü FamRZ **71**, 93) od wenn NErbfolge wegfällt. – Ist ein MitE irrigerw im GB als VE eingetr, ist nicht § 2113, sond nur § 892 maßg (Celle FamRZ **57**, 273).

9　**3) Unentgeltliche Verfügungen (II)** od zum Zwecke der Erfüllg eines Schenkgsversprechens getroffene Vfgen des VE zum Nachteil des NE läßt das Ges als weiteren Fall nicht wirksam werden; hiervon kann auch der Erbl den VE nicht befreien (§ 2136). Mit Ausn bloßer Pflicht- od Anstandsschenkgen (**II** 2; s Rn 16) sind derartige Vfgen des VE über NachlGgstände jegl Art (also nicht nur Grdstücke) bei Eintritt der NErbfolge stets unwirks, wenn die Vfg das Recht des NE vereiteln od beeinträchtigen würde. Ob die unentgeltl Vfg zugunsten Dritter od eines von mehreren NE erfolgte, ist für **II** gleich (BayObLG **74**, 312; Brschw FamRZ **95**, 443). **II** findet auch die nur **teilweise** unentgeltl Vfg Anwendg (s dann Rn 12). – Der Regelungsgehalt des **II** ist auf die ungeschmälerte Erhaltg des Rechts des NE begrenzt. Er bezweckt daher nur die Abwehr einer Vereitelg od Beeinträchtigg (BGH NJW **85**, 382). Stimmt allerd der NE zu (dazu LG

Freibg BWNotZ **74**, 139), entfällt die Rechtsbeeinträchtigg (s Rn 6). – Auf das Verhältn des TV zum NE finden § 2113 ff keine Anwendg (Rn 1).

a) Unentgeltlichkeit der Vfg ist gegeben, wenn nach wirtschaftl Gesichtspunkten **objektiv** eine in den **10** Nachl zu erbringende Ggleistg fehlt od dem aus der Erbmasse erbrachten Opfer nicht gleichwertig ist und **subjektiv** der VE die Ungleichwertig entw erkennt od jedenfalls bei ordngsmäßiger Verwaltg das Fehlen bzw die Unzulänglichk der Ggleistg hätte erkennen müssen (st Rspr; zB BGH NJW **84**, 366; FamRZ **71**, 643; BayObLG **73**, 272; für rein obj Begriff Harder DNotZ **94**, 822). Für die Erkennbark kommt es also nicht auf die persönl Fähigk des VE an; vielmehr ist objektivierend von den an eine ordngsmäßige Verwaltg (§§ 2120, 2130) zu stellenden Anfordergen und der dem VE in Rücks auf die ihm bekannte HerausgPfl zuzumutende Erkennbark des Fehlens od der Unzulänglichk der GgLeistg auszugehen (BGH **5**, 174; Hamm Rpfleger **71**, 147). Ob auch der Empfänger die Ungleichwertigk erkannte, ist im Interesse des Schutzes des NE nicht erhebl (BGH NJW **63**, 1614). – Die Ggleistg muß grdsl dem **Nachlaß** selbst zugute kommen (§ 2111). Nur wenn ihm ein Vermögensvorteil erwächst, der seine dch die Vfg eingetretene Verringerg bei obj u subj Betrachtg aufwiegt, ist die Vfg entgeltl (BGH **69**, 47; KG Rpfleger **68**, 224; Ffm Rpfleger **77**, 710). Die Ggleistg kann allerd uU auch dem befreiten VE zufließen, soweit dieser seinen LebensUnterh dadch in wirtsch gerechtf Verwaltg bestreiten will (BGH **69**, 47; NJW **77**, 2075). Die Einräumg eines Nießbrauchs am Grdst zugunsten des VE ist keine Ggleistg, sond mindert den Wert der Leistg des VE (Brschw FamRZ **95**, 443). Maßgebl Zeitpkt für die Beurteilg einer Vfg als entgeltl od nicht ist der ihrer Vornahme (BayObLG **57**, 285). – **Beispiele:** Ist Entgelt eine Leibrente, muß diese kapitalisiert dem Grdbesitz gleichwert sein (BGH NJW **77**, 1631), indem Mindestdauer festgelegt wird u sie bei vorzeit Tod des VE nach Surrogationsprinzip dem NE zufließt (Hamm OLGZ **91**, 137; s auch BGH WM **79**, 606). – Bei Gesellsch kann unentgeltl die Zustimmg des VE zur Änderg des Verteilgsschlüssels sein (BGH NJW **81**, 1560); Zustimmg zur Änderg des GesVertr mit Eingriff in seine Mitgliedsch ist es idR nicht (BGH **78**, 177); bei Ausscheiden des VE aus Ges s zur obj Vollwertig BGH NJW **84**, 362. S dazu auch Harder DNotZ **94**, 822; zur Sanierg einer zum Nachl gehörenden GmbH mit NachlMitteln s BGH NJW **84**, 366. – Sog unbenannte **11** Zuwendgen unter Ehegatten sind im ErbR schon bei nur obj Unentgeltlichk grdsl wie eine Schenkg zu behandeln (BGH **116**, 167; s dazu § 2325 Rn 15). – Da dch § 2113 II das Gesamth der NE geschützt werden soll, ist Unentgeltlichk auch dann anzunehmen, wenn die GgLeistg statt in die von dem VE betreute Masse in das freie Vermögen eines einzelnen NE gelangt (RG **125**, 246). – Erwirbt VE selbst NachlGrdst, kann sein Verzicht auf ihm zustehde ErsatzAnspr wg außergewöhnl Erhaltgsaufwendgen für das ererbte Haus (§ 2124 II) Entgelt für den Erwerb in sein Eigenvermögen sein (BGH ZEV **94**, 163). – Die vertragl **Anerkennung** eines verjährten PflichtAnspr eines Abkömml dch den VE ist schon keine Schenkg (BGH NJW **73**, 1690 mit krit Anm von Waltjen 2061); zumindest wären die Voraussetzgen von **II** 2 zu bejahen. – Über rechtsgrdlose Vfgen s § 2205 Rn 27, 28; Spellenberg FamRZ **74**, 350/353.

b) Unwirksamkeit. Die unentgeltl Vfg des VE wird unter den Voraussetzgen des **II** 1 bei Eintritt der **12** NErbfolge mit Wirkg von da an unwirksam, aber nur in dem Maße, daß die von der Vfg drohende Vereitel od Beeinträchtigg vermieden wird u das Recht des NE ungeschmälert bestehen bleibt (BGH **7**, 274; FamRZ **90**, 1344). – Bei **nur teilweise unentgeltlicher** Vfg des VE ist die ganze Vfg unwirks (BGH LM Nr 1; Hamm Rpfleger **71**, 174 mAv Haegele; BayObLG **57**, 290). Daher tritt keine weitere Zahlg des Erwerbers an den NE zwecks Ausgleichg von Leistg u GgLeistg (RG DR **45**, 57). Allerd liegt hier die Beeinträchtigg ledigl in der Wertdifferenz zw dem weggegebenen NachlGgstand u der unzureichenden Ggleistg, wobei jedenfalls bei befreiter VErbsch gleichgült ist, ob die Ggleistg in den Nachl gelangt (§ 2111) od ledigl dem VE persönl zugute gekommen ist (BGH NJW **85**, 382; FamRZ **90**, 1344). Diese Ggleistg ist in die dch **II** gebotene Abwicklg einzubeziehen, so daß die NE Herausgabe nur Zug um Zug gg Rückerstattg der Ggleistg verlangen können (BGH aaO). Bezügl der Verwendgen u Nutzgen auf den Ggstand können im Hinblick auf die erst beim NErbfall eintretende Unwirksamk erst von da an die §§ 987 ff in Betr kommen; für die Zeit davor sind §§ 2124–2126 maßgebl (BGH aaO). – Ist der NE zugl VertragsE, greift zu seinem Schutz gg unentgeltl RGeschäfte auch § 2287 ein, der nicht nur gg Vfgen, sond auch gg reine Verpflichtgsgeschäfte schützt (vgl Celle MDR **48**, 142).

c) Sonderfälle. – **aa)** Die Vereinbarg einer **Gütergemeinschaft**, mit der jeder Ehegatte über sein **13** gesamtes Vermögen zugunsten des anderen dch Verschaffg gemeinsch Vermögens verfügt, ist grdsl keine den Beschränkgen der §§ 2113 ff unterliegende Vfg zB über ein dem Ehemann als VE gehörendes Grdst (BayObLG **89**, 114; s aber auch § 2325 Rn 11). Die Rechte des NE werden nicht berührt, da jeder dch NErbfolge gebundene Vermögensteil nur unbeschadet der Rechte des NE übertragen werden kann (KG HRR **29**, 2085). S auch Rn 2. – **bb)** Die Aufgabe einer **Eigentümergrundschuld**, die dch Rückzahlg einer **14** Hyp aus NachlMitteln entstanden ist, stellt regelm eine unentgeltl Vfg dar und kann daher nicht ohne weiteres durch Erteilg der LöschgsBewilligg seitens des VE erfolgen. Die Löschg bedeutet jedoch dann keine unentgeltl Vfg, wenn sie an letzter Stelle steht, weil in diesem Falle ihr Rang dem Nachl zugute kommt u sie forderungsentkleidet dort keine echte Belastg mehr darstellt (Soergel/Harder Rn 24); die sonst zu verlangende Zustimmg des NE ist entbehrl (KGJ **43** A 263). S auch Hildesheim MDR 61, 692, wonach die Aufg einer letztrang EigtümerGrdSchuld eine RHdlg ist, die nach den Grdsätzen einer ordngsmäß Verwaltg im freien Belieben des Berecht steht u keine Einbuße des Vermögens bedeutet, also aus diesem Grd nicht der Zustimmg des NE bedarf. Entgeltlich ist ferner zu bejahen, wenn LöschgsVormerkg nach § 1179 vorliegt, weil hier Löschg in Erfüllg einer NachlVerbindlichk erfolgt (Saarbr DNotZ **50**, 66); ferner wenn gleichzeitig mit der Löschg der EigtGrdSchuld eine neue Hyp bestellt wird u der Gläub dieser Hyp auf der zuvorigen Löschung bestanden hat; das Entgelt besteht dann in dem GgWert der neuen Belastg (KGJ **41**, 180).

d) Ausnahme (II 2). Wirksame unentgeltl Vfgen sind nur die Schenkgen des § 534 (dazu Migsch AcP **15** **173**, 46). Ihre Bewirkg aus dem Nachl muß dch sittl Pfl od Anstandsrücksichten gerechtfertigt sein (Johannsen WM **70**, 5). – **Sittliche Pflicht** ist die aus den konkreten Umständen des Einzelfalles erwachsene u in **16** der Sittlichk wurzelnde Verpflichtg (Köln OLGZ **69**, 263). Darunter fällt nicht, wenn ein als VE eingesetzter

Elternteil zu seinen Lebzeiten zG eines der zu NE berufenen Kinder eine Ausgleich iS von §§ 2050, 2052 vornimmt (RG LZ **22**, 410). Auch eine Ausstattg ist unentgeltl Zuwendg (Warn **42** Nr 89). Zum Anerkenntn verjährter PflichttAnspr s Rn 15.

17   **e) Auskunftsanspruch** hat der NE gg den vom VE Beschenkten uU gem § 2314 (BGH **58**, 237 mAv Johannsen **LM** § 2314 Nr 7); s § 2314 Rn 3.

18   **4) Schutz des gutgläubigen Erwerbs (III).** Die § 161 III entspr Regelg setzt die Eintragg des NE-Vermerks im GB voraus (s Einf 8 vor § 2100). Solange nach dem Tode des im GB eingetragenen Eigtümers der VE noch nicht im GB eingetr ist, wird der gute Gl des GrdstErwerbers daran, daß mangels Eintragg des Rechts des NE der VE VollE geworden ist, nicht nach § 892 I 2 geschützt (BGH NJW **70**, 943 mit krit Anm von Batsch ebda 1314; s auch § 2366 Rn 6). – Als **guter Glaube** geschützt wird die Annahme des Erwerbers, der über den ErbschGgst Verfügende handele nicht als VE, od sei doch befreiter VE mit gem § 2136 erweiterter Vfgsbefugn (s Hamm MDR **71**, 665). Beim Erwerb bewegl Sachen darf jedoch die Annahme nicht auf grober Fahrlk beruhen (§ 932 II). Ist allerd in einem Erbschein die NErbfolge erwähnt, ist auch beim Erwerb bewegl Sachen grobe Fahrlk unschädl (§ 2366); über Anwend von § 892 in einem solchen Fall s Hamm DNotZ **63**, 562. – Irrtum über die Unentgeltlich wird nicht geschützt. – Gegen Bereicherten besteht der Anspr des § 816 I 2. – **III** gilt nicht bei Übertr eines MitEAnteils (§ 2112 Rn 3), wohl aber, wenn VEen gemeins ein NachlGrdst veräußern u die Voraussetzgen der §§ 892ff od (u) § 2366 gegeben sind (Haegele BWNotZ **71**, 132).

2114 *Verfügungen über Hypothekenforderungen, Grund- und Rentenschulden.* Gehört zur Erbschaft eine Hypothekenforderung, eine Grundschuld, eine Rentenschuld oder eine Schiffshypothekenforderung, so steht die Kündigung und die Einziehung dem Vorerben zu. Der Vorerbe kann jedoch nur verlangen, daß das Kapital an ihn nach Beibringung der Einwilligung des Nacherben gezahlt oder daß es für ihn und den Nacherben hinterlegt wird. Auf andere Verfügungen über die Hypothekenforderung, die Grundschuld, die Rentenschuld oder die Schiffshypothekenforderung finden die Vorschriften des § 2113 Anwendung.

1   **1) Regelungsinhalt.** Grdsätzl gelten für Vfgen über die in S 1 bezeichneten Rechte an Grdst die Vorschr des § 2113 I, was S 3 ausdrückl klarstellt. Eine Ausnahme macht die Vorschr aber für die Kündigg und Einziehg der genannten Rechte: Nach **S 1** gilt die GrdRegel des freien VfgsRechts (§ 2112). Diese Befugnisse stehen also dem VE ohne Mitwirkg der NE zu. Sein EinziehgsR wird allerd wieder eingeschränkt dch **S 2**, wonach der VE Zahlg an sich erst nach Beibringg der Einwilligg des NE (die nötigenf gem § 2120 erzwungen werden kann) verlangen kann, sonst nur Hinterlegg für sich u den NE (§ 372); der hinterlegte Betrag wird Surrogat der Erbsch (§ 2111). – § 2114 gilt nur für die HauptFdg. Zinsen kann der VE schon gem § 2112 fordern.

2   **2) Über Kündigung** vgl §§ 1141, 1185 II, 1193. Ebenso wie das KündR aktiv allein dem VE zukommt, ist auch die vom Schu ihm ggü erklärte Künd voll wirks. Unter **Einziehung** sind alle der unmittelb Durchsetzg der HauptFdg zur Erlang der Zahlg dienenden Maßnahmen zu verstehen, vor allem die Geltendmachg des Anspr im Prozeßwege und die Beitreibg durch ZwVollstr; auch der Antr des VE auf ZwVersteigerg eines Grdst wg einer NachlHyp, der als solcher keine Vfg über die Hyp iS von § 2113 darstellt (RG **136**, 353).

3   **3) Schutz** gewährt **Satz 2** für den NE u den auf Zahlg in Anspr genommenen Schu, da dieser auch von sich aus die Zustimmg des NE zur Zahlg an den VE allein beibringen müßte; eine Befreiung von der Schuld ggü dem NE tritt somit nicht ein (RG SeuffA **82** Nr 134; KGJ 50, 172; BGH FamRZ **70**, 192). Zahlt der Schu **freiwillig**, ist S 2 entspr anzuwenden (BGH WM **70**, 221).

4   **4) Andere Verfügungen** iS von **Satz 3** sind Abtretg; Verpfändg; Umwandlg von Hyp in GrdSchuld od umgekehrt (§ 1198); Erteilg der Löschgsbewilligg; auch eine vom VE erklärte Aufrechnung.

5   **5) Befreiung** von den Beschränkgen des § 2114 S 2 kann erteilt werden (§ 2136). Soweit die Verweisg des S 3 eingreift, gilt auch § 2113 II, für den eine Befreiung nicht eintritt.

2115 *Zwangsverfügungen gegen Vorerben.* Eine Verfügung über einen Erbschaftsgegenstand, die im Wege der Zwangsvollstreckung oder der Arrestvollziehung oder durch den Konkursverwalter erfolgt, ist im Falle des Eintritts der Nacherbfolge insoweit unwirksam, als sie das Recht des Nacherben vereiteln oder beeinträchtigen würde. Die Verfügung ist unbeschränkt wirksam, wenn der Anspruch eines Nachlaßgläubigers oder ein an einem Erbschaftsgegenstande bestehendes Recht geltend gemacht wird, das im Falle des Eintritts der Nacherbfolge dem Nacherben gegenüber wirksam ist.

1   **1) Regelungsinhalt.** Die Vfg üb einen der NErbfolge unterliegenden NachlGgstand im Weg der ZwangsvollstreckG od einer ZwangsVfg iS von S 1 wird bei Eintritt der NErbfolge im Grdsatz ganz od teilweise unwirksam, sofern u soweit sie das Recht des NE vereiteln od beeinträchtigen würde. Die EigenGläub des VE sollen nicht zum Nachteil des NE wirks in die der NErbfolge unterliegenden Sachen u Rechte vollstrecken können, weil somit dem Nachl ohne Ausgleich Vermögen entzogen würde, obwohl den VE die Verbindlichk nicht als RNachfolger des Erbl trifft. Die dem VE zustehenden Nutzgen der NachlGgstände können dagg ungehindert in Anspr genommen werden (RG **80**, 7). – Vfgen im Wege der ZwangsVollstr sind nur solche wg GeldFdgen in ErbschGgstände (ZPO 803–871). Zur Vollziehg eines Arrests s ZPO 928ff. Im Konkurs des VE gilt die Beschränkg auch für den KonkVerw, der sonst in seinen Vfgen frei ist (s BayObLG **63**, 23; Soergel/Harder Rn 8). – Aufrechng dch einen EigenGläub des VE gg NachlFdg ist entspr § 394 unstatthaft (RG **80**, 30). – Auf die Kündigg der PersonenGes dch Gläub des VE (HGB 135) ist § 2115 anwendbar (Soergel/Harder Rn 4). Dagg gilt er nicht, sond § 2112 für Urteile auf Abgabe einer WillErkl (ZPO 894, 895).

a) Verfahrensrechtlich wird die ZPO 326 angepaßte Vorschr dch ZPO 773 und KO 128 ergänzt (Ver- 2 bot der Verwertg). Bei Zuwiderhandlg hat der NE DrittwidersprKlage gem ZPO 771 (Celle NJW **68**, 802); der KlageAntr kann dahin lauten, daß es für unzuläss erklärt wird, den Ggst im Weg der Zwangsvollstreckg zu veräußern od zu überweisen (s Brox § 25 IV 1 b [4]). Kommt es aber entgg ZPO 773 u KO 128 zu einer Veräußerg, erwirbt der Dritte Eigentum. Der NE kann ggü dem Erwerber des ErbschGgst keine Rechte geltd machen, wohl aber vom Gläub Herausgabe der Bereicherg verlangen (Staud/Behrends Rn 24, 27).

b) Die Teilungsversteigerung zum Zweck der Auseinandersetzg von mehreren VE (ZVG 180ff) ist 3 **keine** ZwangsVollstr. Der im Grdbuch eingetragene NEVermerk steht der Versteigerg nicht entgg. Diese führt also zur Wirksamk der Eigentumsübertragg an einem Grdst auch ggü dem NE; § 2113 I greift nicht ein (BayObLG **65**, 212). Der NEVermerk ist aGrd des ZuschlagsBeschl zu löschen (Hamm NJW **69**, 516). Der Erlösüberschuß gehört zur Erbsch (§ 2111).

2) Unwirksamkeit (Satz 1). Nach Eintritt der NErbfolge sind ZwangsVfgen gg den VE in NachlGg- 4 stände absolut, dh ggü jedermann unwirks, soweit die Rechte des NE vereitelt od beeinträchtigt werden (§ 2113 Rn 8). Der Schutz des NE geht sogar noch weiter, da eine Befreiung iS von § 2136 ausscheidet u alle NachlGgstände einbezogen sind, selbst wenn der VE über sie rechtsgeschäftl hätte frei verfügen können. Da die Unwirksamk auf den Ztpkt des NErbfalls hinausgeschoben ist (s § 2113 Rn 8), sind während der Dauer der VErbsch alle übr ZVollstrMaßn zuläss, zB die Begründg eines PfandR od die Bestellg einer ZwangsHyp (ZPO 866) od die Dchführg der ZwVerwaltg (ZVG 146) od die Anordng der ZwVersteigerg (dazu BayObLG **68**, 109). Nur soweit VollstrMaßnahmen über die Zeit der Vorerbsch hinauswirken u erst bei deren Beendigg kann der NE die Beseitigg solcher Maßnahmen verlangen; vorher ggf SicherhLeistg (§ 2128).

3) Wirksam (Satz 2) sind ZwangsVfgen in zwei Fällen: – **a) Liegt Nachlaßverbindlichkeit** vor, 5 können zur Befriedigg der NachlGläub Vfgen schon vor Eintritt des NErbfalls erfolgen (§ 1967; s BGH FamRZ **73**, 187; Verneing einer ErbschNErbenschuld), weil der Anspr der NachlGläub sich gg jeden Erben richten würden, so daß ihnen auch der NE nicht ausweichen kann. Deshalb sind auch Vfgen des KonkVerw, die ausschließl der Befriedigg der NachlGläub dienen, uneingeschränkt wirks (Jena HRR **33** Nr 830). Entspr gilt für Vfgen des NachlVerwalters, der für GrdstVeräußer zum Zwecke der GläubBefriedigg nicht der Zustimmg der NE bedarf (Braunschw OLGZ **38**, 392). – **b) Wenn ein dingliches Recht** an einem 6 ErbschGgstand geltd gemacht wird, das im NErbfall auch ggü dem NE wirks ist. Dies ist (abgesehen von einem bereits vor dem Erbfall entstandenen Recht) vor allem dann der Fall, wenn der VE selbst iS von § 2113 I oder II wirks hat verfügen können, also immer bei Zustimmg des NE (auch im Fall des § 2120). Hierzu auch der Fall zu rechnen, daß an den von dem VE eingebrachten ErbschSachen ein VermieterPfdR (§ 559) geltd gemacht wird (Ffm SeuffA **71** Nr 206). Ist der NE ein minderj Abkömml des VE, kann dieser die Zustimmg erkl (§ 1629), weil er bei Abgabe der Erkl ggü dem Gläub nicht auf beiden Seiten iS von § 181 handelt (Bln Rpfleger **87**, 457 mN; str); er bedarf aber ggf der vormschgerichtl Genehmigg (§ 1643 iVm §§ 1821; 1822; Bln aaO).

4) Kein guter Glaube kommt (anders als bei § 2113 III) ggü ZwVollstrMaßnahmen in Betr, da die 7 Vorschr über den öff Glauben des Grdbuchs (§ 892) u über gutgl Erwerb bewegl Sachen (§ 932, auch § 1244) nicht für den Erwerb dch ZwVollstreckg od Arrestvollziehg gelten. Daher erlangt auch der gutgl ohne Kenntn des NErbR mit ZwVollstr vorgehende Gläub keine gg den NE wirks Rechte. – Bei freihänd Verkauf od öff Versteigerg dch Gerichtsvollzieher gelten aber die allg Regeln. Bei ZwVersteigerg erlöschen die NERechte sogar dann, wenn sie dem Ersteher bekannt waren, sofern sie nicht dch Vermerk nach GBO 51 gesichert od aber im Sinn von ZVG 37 Nr 4, 5 rechtzeit angemeldet waren (Soergel/Harder Rn 13).

2116 *Hinterlegung von Wertpapieren.* **I Der Vorerbe hat auf Verlangen des Nacherben die zur Erbschaft gehörenden Inhaberpapiere nebst den Erneuerungsscheinen bei einer Hinterlegungsstelle oder bei der *Reichsbank*, bei der *Deutschen Zentralgenossenschaftskasse* oder bei der Deutschen Girozentrale (Deutschen Kommunalbank) mit der Bestimmung zu hinterlegen, daß die Herausgabe nur mit Zustimmung des Nacherben verlangt werden kann. Die Hinterlegung von Inhaberpapieren, die nach § 92 zu den verbrauchbaren Sachen gehören, sowie von Zins-, Renten- oder Gewinnanteilscheinen kann nicht verlangt werden. Den Inhaberpapieren stehen Orderpapiere gleich, die mit Blankoindossament versehen sind.**

II Über die hinterlegten Papiere kann der Vorerbe nur mit Zustimmung des Nacherben verfügen.

1) Zweck. Zum Schutz der NE wg der leichten Verkehrsfähig dieser Wertpapiere ist deren Hinterlegg 1 auf Sperrkonto vorgeschrieben, falls der NE dies verlangt. Dieser Verpflichtg kann sich der VE nach Maßg des § 2117 entziehen, sofern er nicht schon nach § 2136, 2137 befreit ist. SchadErsPfl besteht nach § 2130.

2) Hinterlegungspflichtige Wertpapiere (I) sind die Inhaberpapiere (**I** 1) u die mit Blankoindossament 2 versehenen Orderpapiere (**I** 3), also Schuldverschreibgn auf den Inh (§§ 793 ff); InhGrdschulden (§§ 1195, 1199); Inh- und indossierte Namensaktien (AktG 10; 68 I; 278 III) und Erneuergsscheine (§ 805) sowie Wechsel (WG 12, 13, 16); Schecks (ScheckG 14, 16). – Dagg **nicht Legitimationspapiere** (§ 808) wie Sparkassenbücher, Pfandscheine u die zu den verbrauchbaren Sachen (§ 92) gehörenden InhPapiere (zB Banknoten), die zudem unter § 2119 fallen; aber auch andere Inh- u Orderpapiere, deren bestimmungsmäßiger Gebr im Verbrauch od der Veräußerg besteht (**I** 2).

3) Hinterlegungsstellen nach HintO 1; 27; 31 ff sind grds die AmtsG. Anlegg (an Stelle der ZentrGen- 3 Kasse) bei der Deutschen GenossenschBank in Ffm (§ 15 G vom 22. 12. 75, BGBl 3171) od der Deutschen

Girozentrale (Deutsche Kommunalbank) mit Sitz in Bln u in Ffm (§ 1808 Rn 1). – Bundesbank u Landeszentralbanken nicht an die Stelle der Reichsbank getreten (BuBank nimmt Einlagen Privater nicht an, § 22 G v 26. 7. 57, BGBl 745).

4   **4) Verfügen (II)** üb die hinterlegten Wertpapiere kann der VE nur mit Einwillig od Genehmigg (§§ 182–184) des NE. Die Befugn zur Vfg über veräußerl Rechte (§ 137) ist hier also zG des NE eingeschränkt. Einseitige Vfgen können durch Genehmigg des NE wirks werden; bei Aushändigg an den Dritten gilt zudem § 934. Verpflichtg des NE zur Zustimmg besteht nach Maßg des § 2120. Zur Herausgabe dch die
5   HinterleggsStellen s HintO 12ff. – Pflegerbestellg für das Kind ist, wenn dessen Mutter VE ist, zur Wahrnehmg der Sicherungsrechte des NE gem § 2116 ff nur bei Vorliegen eines bes Anlasses erforderl (Ffm FamRZ **64**, 154; s auch § 1706 Nr 3).

2117   *Umschreibung; Umwandlung.*   Der Vorerbe kann die Inhaberpapiere, statt sie nach § 2116 zu hinterlegen, auf seinen Namen mit der Bestimmung umschreiben lassen, daß er über sie nur mit Zustimmung des Nacherben verfügen kann. Sind die Papiere von dem *Reiche* oder einem *Bundesstaat* ausgestellt, so kann er sie mit der gleichen Bestimmung in Buchforderungen gegen das *Reich* oder den *Bundesstaat* umwandeln lassen.

1   **Befugnis des Vorerben** zur Umschreibg auf seinen Namen besteht nur unter der gemachten Einschränkg. S dazu § 806; EG 101. Befreiung nach § 2136 ist mögl. – Statt Bundesstaat jetzt Land. – Auf InhPapiere kommunaler Gebietskörperschaften ist die Vorschr entspr anzuwenden. Hinsichtl der Umwandlg in BuchFdgen s § 1815 Rn 1 u EG 97 Rn 1.

2118   *Sperrvermerk im Schuldbuch.*   Gehören zur Erbschaft Buchforderungen gegen das *Reich* oder einen *Bundesstaat*, so ist der Vorerbe auf Verlangen des Nacherben verpflichtet, in das Schuldbuch den Vermerk eintragen zu lassen, daß er über die Forderungen nur mit Zustimmung des Nacherben verfügen kann.

1   **Der Nacherbe** kann sich gg Vfgen des VE schützen. Eine Vfg über die BuchFdg ist dann nach Maßg des Vermerks beschränkt (§ 399). Vgl auch § 2115. – Befreiung nach § 2136 ist mögl. – Verpflichtg zur Einwilligg zu einer Vfg des VE besteht gem § 2120.

2119   *Anlegung von Geld.*   Geld, das nach den Regeln einer ordnungsmäßigen Wirtschaft dauernd anzulegen ist, darf der Vorerbe nur nach den für die Anlegung von Mündelgeld geltenden Vorschriften anlegen.

1   **1) Pflicht zur Geldanlage.** Das Kapital soll dem NE erhalten bleiben. Daher hat der VE Geld, das beim Erbfall vorhanden od als Surrogat (§ 2111) zum Nachl gelangt ist und dessen dauernde Anlegg wirtschaftl geboten erscheint, wie Mündelgeld anzulegen (s dazu §§ 1806, 1807; EG 212). Der Zustimmg des NE zur Anlegg od Abhebg (§§ 1809, 1810) bedarf er nicht; für entspr Anwendg des § 1809 (Zustimmg des NE zur Abhebg des bei Sparkasse od Bank angelegten Geldes) mit beachtl Grd Ordemann MDR **67**, 642. – Der NE kann (auch schon vor dem NErbfall) die Anlegg im Klagewege (OLG **18**, 318) erzwingen u nach § 2128 uU SicherhLeistg verlangen. – Befreiung ist zulässig (§ 2136).

2   **2) Haftung.** Ob die dauernde Anlegg geboten ist, richtet sich hier nicht nach den Gewohnheiten od der Lebensstellg des VE (§ 2131), sond objektiv nach wirtschafl Gesichtspunkten (RG **73**, 6). Dagg gilt für die Frage, ob ererbte Kapitalanlagen in mündelsichere umzuwandeln sind, der Maßstab des § 2131. – Die Nutzgen gebühren dem VE (§§ 100, 2111).

2120   *Einwilligungspflicht des Nacherben.*   Ist zur ordnungsmäßigen Verwaltung, insbesondere zur Berichtigung von Nachlaßverbindlichkeiten, eine Verfügung erforderlich, die der Vorerbe nicht mit Wirkung gegen den Nacherben vornehmen kann, so ist der Nacherbe dem Vorerben gegenüber verpflichtet, seine Einwilligung zu der Verfügung zu erteilen. Die Einwilligung ist auf Verlangen in öffentlich beglaubigter Form zu erklären. Die Kosten der Beglaubigung fallen dem Vorerben zur Last.

1   **1) Doppelter Zweck** der Vorschr ist, den VE nach außen (ggü Behörden, NachlSchuldnern u VertrGegnern) zur Vfg zu **legitimieren** sowie ihn nach innen gegen etwaige Ansprüche des NE (§§ 2130; 2131) abzusichern (Mot **5**, 117; zur Entstehgsgeschichte s Harder DNotZ **94**, 822, nach dem die heut Fassg redaktionell mißglückt ist). Auf schuldrechtl Verpflichtg ist die Vorschr entspr anzuwenden, um klarzustellen, daß die beabsicht Vfg wirks ist und auch der NE für die entstehde NachlVerbindlk haftet (RG **90**, 96). Bei zweifelh RLage kann die Zustimmg verlangt werden, ohne daß ein Fall der §§ 2113 ff sicher feststeht (vgl Soergel/Harder Rn 3). – Der Einwilligg eines ErsatzNE bedarf es nicht (RG **145**, 316).

2   **2) Ordnungsmäßige Verwaltung (S 1;** vgl auch § 2038 I 2) ist der Maßstab dafür, ob u inwieweit der VE unter Berücksichtigg seiner HerausgPfl (§ 2130) nach den Umständen des Falles über NachlGgstände zG eines Dritten verfügen darf (RG **105**, 248). Die Pfl des VE dazu schützt in erster Linie die NE. Von ihm wird erwartet, daß er das auf Substanzerhaltg u -erlangg gerichtete ErbschInteresse des NE wahrt (BGH NJW **93**, 1582). – Zur Verwaltg gehört hier insb die Versilberg von NachlGgständen zur Bezahlg von NachlVerbindlichk. Vom VE eingegangene Verbindlichk sind idR EigenVerbindlk (s § 1967 Rn 8); zugleich sind sie NachlVerbindlk, soweit vom Standpkt eines sorgfält Verwalters aus die VE sie in ordnungsgemäß Verwaltg eingegangen ist (BGH **32**, 60; § 1967 Rn 9). Letzteres ist zB nicht der Fall bei einer Kreditaufnahme, wenn Zinsen u Tilgg mangels ausreichender Einkünfte die Substanz des Nachl immer weiter aufzehren (BGH **110**, 176); od der VE ggü dem NE nicht sicherstellt, daß der aufgenommene Kredit zweckgebunden

verwendet wird, zB dch Einschaltg eines die ErbschInteressen des NE wahrden erfahrenen u zuverläss Treuhänders (BGH **114**, 16; NJW **93**, 1582). – Die ordnungsgemäße Verwaltg kann eines der Geschäfte erforderl machen, die nach §§ 2113, 2114, 2116 II, 2117, 2118 nur mit Zustimmg des NE vorgenommen werden können. S dazu BayObLG **58**, 113; BGH NJW **72**, 580 (Verpfl des NE, dem Verkauf eines Grdst zuzustimmen, wenn andernf Enteign droht); KG Rpfleger **74**, 222. Dem nicht befreiten VE, der für einen Bruchteil als VollE eingesetzt ist, wird dadch auch die Möglichk eröffnet, die ihm als VollE gebührenden NachlGgstände auszusondern (BayObLG aaO; Soergel/Harder Rn 5; s auch Hurst RhNK **62**, 447).

3) Zustimmungspflicht (S 1). Der NE ist zur Erteilg der Einwillig (die hier nur als Einverständn **3** aufzufassen ist; s Harder DNotZ **94**, 822) zu denjen Vfgen des VE verpflichtet, die zur ordngsmäß Verwaltg erforderl sind. Diese Vfgen bleiben dem NE ggü wirks. Harder aaO sieht dah die Bedeutg des § 2120 darin, daß auf solche Vfgen § 2113 keine Anwendg findet. Die Verpflichtg besteht nur ggü dem VE, der aber seinen Anspr an einen Dritten abtreten kann. Dieser kann ggü dem NE, der sich auf die mangelnde Zustimmg beruft, obwohl er zu dieser verpflichtet ist, die Einrede der Argl erheben und zB auf Einwillig in die Löschg eines ggstandslos gewordenen NEVermerks (GBO 51) klagen (RG JR **26** Nr 939). – Der VE kann die Einwillig des NE (od TestVollstr, § 2222) auch dann verlangen, wenn sie materiell nicht erforderl ist, aber hierdurch das Bestehen der NachlVerbindlichk sowie die Ordngsmäßigk der VerwaltgsHdlg des VE festgestellt u seine Verantwortlichk ausgeschlossen wird (bestr; Erman/Hense/Schmidt Rn 3). Verpflichtg zur Einwillig in den Verkauf eines NachlGrdst bedarf der Form des § 313 (BGH NJW **72**, 581). – Die Zustimmg des NE bedarf ggf der vormschaftsgerichtl Genehmigg nach §§ 1643, 1821 I Nr 1, 1915 (BayObLG **59**, 493); der VE kann die Zustimmg zu seiner eig Vfg auch als gesetzl Vertreter des NE abgeben (BayObLG BayNotV **54**, 64). – **Die Erteilung** der Zustimmung ist unwiderrufl. Sie kann sowohl dem VE **4** wie auch dem Dritten ggü erfolgen (§§ 185, 182 I) und muß auf Verlangen des VE in begl Form (§ 129; BeurkG 39, 40, 63; GBO 29) abgegeben werden (**S 2**). Die Kosten (KostO 45, 39, 18, 32) fallen als Erhaltgskosten (§ 2124 I) dem VE (nicht dem Nachl, § 1967) zur Last (**S 3**).

2121 Verzeichnis der Erbschaftsgegenstände. [I]Der Vorerbe hat dem Nacherben auf Verlangen ein Verzeichnis der zur Erbschaft gehörenden Gegenstände mitzuteilen. Das Verzeichnis ist mit der Angabe des Tages der Aufnahme zu versehen und von dem Vorerben zu unterzeichnen; der Vorerbe hat auf Verlangen die Unterzeichnung öffentlich beglaubigen zu lassen.

[II]Der Nacherbe kann verlangen, daß er bei der Aufnahme des Verzeichnisses zugezogen wird.

[III]Der Vorerbe ist berechtigt und auf Verlangen des Nacherben verpflichtet, das Verzeichnis durch die zuständige Behörde oder durch einen zuständigen Beamten oder Notar aufnehmen zu lassen.

[IV]Die Kosten der Aufnahme und der Beglaubigung fallen der Erbschaft zur Last.

1) Zweck. Die §§ 2121–2123 bezwecken sowohl die Sicherstellg des NE (nicht od doch nicht unmittelb **1** die des ErsatzNE, RG **145**, 316) vor Unkenntn als auch den Schutz des VE vor ErsatzAnspr. Sie gelten nur für die Dauer der Vorerbsch, also nicht mehr, wenn wg deren Beendig (§§ 2130, 2139) schon Herausg verlangt werden könnte (RG **98**, 25). Das NachlG hat keine Aufsicht (BayObLG **20**, 182). – Befreiung dch den Erbl ist unzuläss (§ 2136 Rn 2). – Für TestVollstr gilt § 2215 (OLG **18**, 344); der NE-TV (§ 2222) ist statt des NE legitimiert. – Über Anspr auf **Auskunft** bei SchadErs s RG **108**, 7; **164**, 209; bei Schenkg gg den vom VE Beschenkten BGH NJW **72**, 907. Kein Anspr auf Auskunft besteht über den Wert von NachlGrdst (BGH NJW **81**, 2051/2052).

2) Das Verzeichnis schafft eine der freien Würdigg unterliegde Beweisurkunde. Sein Inhalt hat den **2** NachlBestand (nur die Aktiven) **zur Zeit der Aufnahme** (nicht des Erbfalls) wiederzugeben (RG **164**, 211), wie sich aus dem Zusammenhang mit § 2111 (Ersatzstücke), aus **I** S 2 (Zwang zur Zeitangabe) und **III** ergibt, da der Erbfallsbestand vom UrkBeamten ja nicht festgestellt werden kann. Wegen etwaiger Veränderungen nach Aufnahme, die nur einmal verlangt werden kann, besteht uU nach § 2127 AuskPfl.

3) Form. Es genügt Schriftform mit Angabe von Datum u Unterschr des VE. Auf Verlangen des NE ist **3** die Unterschr öff zu beglaubigen (s BeurkG 39, 40, 63) od die Aufnahme durch die zuständ Behörde od den zuständ Beamten od Notar zu veranlassen (**I** 2; **III**). Bundesrechtl ist der Notar zuständ (BNotO 20 I). Die Zuständigk der Behörden u Beamten (III) richtet sich nach LandesR (§ 2003 Rn 3); vgl auch KostO 159. Eingehd hierzu Schubart DNotZ **34**, 497. – Der VE kann auch bei eigener Aufnahme die Behörde usw zuziehen (§ 2002). Kosten sind NachlVerbindlichk (§ 1967).

4) Durchsetzung. Das Verlangen des NE muß notf im Prozeß (nicht nach FGG) durchgesetzt werden. **4** Verpflichtg zur eidesstattl Versicherg (wie bei §§ 2006, 2127) besteht nicht (OLG **21**, 325). Bei Mehrh von NE kann jeder von ihnen, auch bei Widerspr der übrigen, nach § 2121 vorgehen (RG **98**, 26). – Ist der NE Kind des VE, gelten in erster Linie §§ 1640, 1686 (RG **65**, 142).

2122 Feststellung des Zustandes der Erbschaft. Der Vorerbe kann den Zustand der zur Erbschaft gehörenden Sachen auf seine Kosten durch Sachverständige feststellen lassen. Das gleiche Recht steht dem Nacherben zu.

Das Verfahren richtet sich nach FGG 15, 164, was § 2122 klarstellt. Kosten (KostO 120) trägt der **1** AntrSt. – Zum Zweck s § 2121 Rn 1. Die Feststellg kann wiederholt verlangt werden (s aber § 226). Sie kann sich auch auf einzelne Sachen beschränken (Staud/Behrends Rn 2), nicht aber auf den Wert. – Befreiung dch den Erbl ist unzuläss (§ 2136 Rn 2). – VorzeigePfl s § 809.

2123 *Wirtschaftsplan.* [1]Gehört ein Wald zur Erbschaft, so kann sowohl der Vorerbe als der Nacherbe verlangen, daß das Maß der Nutzung und die Art der wirtschaftlichen Behandlung durch einen Wirtschaftsplan festgestellt werden. Tritt eine erhebliche Änderung der Umstände ein, so kann jeder Teil eine entsprechende Änderung des Wirtschaftsplans verlangen. Die Kosten fallen der Erbschaft zur Last.

[II]Das gleiche gilt, wenn ein Bergwerk oder eine andere auf Gewinnung von Bodenbestandteilen gerichtete Anlage zur Erbschaft gehört.

1   Dem Nießbrauchsrecht (§ 1038) entspricht die Vorschr bis auf die Kostenregelg. – Befreiung ist zulässig (§ 2136). Gesetzl Vorschr (zB über vermehrte Abholzung) gehen vor.

2124 *Notwendige Aufwendungen.* [1]Der Vorerbe trägt dem Nacherben gegenüber die gewöhnlichen Erhaltungskosten.

[II]Andere Aufwendungen, die der Vorerbe zum Zwecke der Erhaltung von Erbschaftsgegenständen den Umständen nach für erforderlich halten darf, kann er aus der Erbschaft bestreiten. Bestreitet er sie aus seinem Vermögen, so ist der Nacherbe im Falle des Eintritts der Nacherbfolge zum Ersatze verpflichtet.

1   **1) Lastenverteilung.** Aufwendgen für die Instandhaltg des Nachl hat der VE zunächst selbst aufzubringen, andernf er sich schadersatzpfl machen kann (§§ 2130, 2131). Wer im Innenverhältn zw VE u NE sie letztl zu tragen hat, regeln die §§ 2124–2126, wobei zw Erhaltskosten (§ 2124), sonst Verwendgen (§ 2125) u außerordentl Lasten (§ 2126) unterschieden wird. Diese Vorschr folgen entspr VerteilgsGrdsätzen beim Eigtümer-Besitzer-Verhältn (§ 994 I) u beim Nießbrauch (§§ 1041, 1043, 1049), wonach derjen, dem ledigl die Nutzgen zustehen, auch nur die laufden Aufwendgen zu tragen hat. – Befreiung (§ 2136) ist nicht mögl, läßt sich aber prakt durch entsprechende Vermächtnisse od Auflagen herbeiführen. Ebenso können VE u NE abweichende Vereinbarungen treffen.

2   **2) Gewöhnliche Erhaltungskosten (I)** trägt der VE; er hat dafür ggf auch noch nach Eintritt der NErbfolge aufzukommen (§ 2145 I; vgl jedoch § 2130 I 2). Darunter fallen alle Kosten, die nach den rechtl u wirtschaftl Umständen des Nachl regelmäß aufgewendet werden müssen, um das Vermögen in seinen Ggständen tatsächl u rechtl zu erhalten (BGH NJW 93, 3198; dazu Voit ZEV 94, 138). Dies sind zB normale Verschleißreparaturen wie Renoviergskosten für Mietwohng (BGH aaO); bei einem Haus Kosten für gewöhnl Ausbesserg u Erneuerg; Brand- u GebäudeVersicherg; Verwaltgskosten u and ordentl Lasten, die auf die Zeit der Dauer seines Rechts (§ 103) entfallen; öff Lasten nach ZVG 10 wie GrdSteuern; Zinsen; die Zinsen der HypGewinnabgabe u, wenn die Abgabeschuld auf einer Rentenverbindlichk beruht, die Abgabeschuld nach LAG 122 III mit II 1. Ferner Renten, Versichergsprämien, Ausbesserngs- u Erneuergskosten; notw Ausgaben zur Fortführg eines Betriebes; Düngemittel für landwirtsch Betrieb (s BGH FamRZ 73, 187). – Kein Kriterium für die Abgrenzg von **I** u **II** ist, ob die Aufwendgen sich aus Erträgen des Objekts finanzieren lassen (BGH NJW 93, 3198).

3   **3) Andere Aufwendungen (II),** die notwend sind, aber das Maß des **I** übersteigen, verringern die Erbsch, belasten im Ergebn also den NE; handelt es sich um nicht notwend, kann VE Ersatz nur nach GoA verlangen (§ 2125 I). Unter **II** fallen vor allem solche mit langfristig wertsteigernder Wirkg (Soergel/Harder Rn 5), zB Kosten für Erneuerg des Daches; der ganzen Hausfassade; für Einbau einer besseren Heizgsanlage; für Isolierverglasg der Fenster eines Miethauses (BGH NJW 93, 3198); zur Beseitigg von Zerstörgen. Ferner die Ergänzg des vernichteten Inventars od Viehbestandes; währd der VErbfolge aufgelaufene Kosten eines RStreits über einen zu den Nachl gerichteten Anspr od den der NErbfolge unterliegenden Ggst, sofern die Prozeßführg nicht mutwillig war. – In gleicher Weise werden außerordentl Lasten behandelt (§ 2126 S 2). – Über Notwendigk u Umfang der Aufwendg entscheidet ebso wie beim Auftrag (§ 670) das gutgläub ausgeübte Ermessen des VE (RGRK Rn 8), so daß zu beurteilen ist, ob der VE die Aufwendgen bei
4   Anwendg der ihm obliegenden Sorgfalt den Umstand nach für erforderl halten durfte. – Zur **Bezahlung** dieser Kosten aus der Erbsch (§ 2111) kann der VE auch NachlGgstände versilbern u die etwa nötige Einwillig des NE erzwingen (§ 2120). Kredit kann er dafür nach den Grdsätzen ordngsmäß Verwaltg nur aufnehmen, wenn die Erträge Zinsen u angemessene Tilgg decken; die Zinsen muß VE näml aus eigenem Vermögen entrichten, die Tilgg darf er jedoch nach § 2124 dem NE überlassen (BGH NJW 93, 3198; dazu krit Voit ZEV 94, 138). – Bestreitet er sie aus seinem Eigenvermögen (wozu auch die ErbschNutzgen gehören), kann er hierfür vom NErbfall ab (§ 2139) Ersatz sowie Zinsen od Befreiung (§§ 256, 257) verlangen, auch wenn die Erbsch durch die Aufwendg nicht bereichert ist od der VerwendgsGgst dem NE (zB infolge Untergangs; anders § 1001) nicht herausgegeben werden kann. Der NE haftet jedoch ggü dem VE immer beschränkt (§ 2144). Bezahlt VE eine **Hypothek** am NachlGrdst mit eigenen Mitteln (§ 1143 Rn 7), fällt sie an ihn, andernf in den Nachl (KGJ **50**, 214; § 2111 Rn 3).

2125 *Ersatz von Verwendungen; Wegnahmerecht.* [1]Macht der Vorerbe Verwendungen auf die Erbschaft, die nicht unter die Vorschrift des § 2124 fallen, so ist der Nacherbe im Falle des Eintritts der Nacherbfolge nach den Vorschriften über die Geschäftsführung ohne Auftrag zum Ersatze verpflichtet.

[II]Der Vorerbe ist berechtigt, eine Einrichtung, mit der er eine zur Erbschaft gehörende Sache versehen hat, wegzunehmen.

1   **1) Verwendungen (I),** die nicht unter § 2124 fallen, sind solche, die über den bloßen Erhaltungszweck hinausgehen (zB völlige Umgestaltg des Grdst od Betriebes) od unnütz kostspielige Ausgaben und Kosten eines unnötigen Prozesses (vgl § 2124 Rn 3). Für sie kann der VE Ersatz ledigl nach den Grdsätzen der auftragslosen GeschFührg (§§ 683f) fordern (vgl auch § 2124 Rn 1; 3). – Bei Ausgaben, die nicht unter

§ 2124 od § 683 fallen, besteht nur der BereichergsAnspr, sofern der NE nicht genehmigt hatte (§ 684 S 1 u 2). Daß der VE solche Aufwendgen (zu Unrecht) aus der Erbsch bestritten hat, befreit ihn nicht von der HerausgPfl des § 2130.

2) Das Wegnahmerecht (II; § 258) betrifft nicht nach § 2111 II einverleibte Inventarstücke (aM MüKo/ **2** Grunsky Rn 3; Soergel/Harder Rn 3), sond zB eingefügte Öfen, Lampen, SicherhSchlösser usw, auch wenn die Sachen wesentl Bestandteil eines NachlGgst geworden sind (vgl § 1049 Rn 1). Verpflichtet zur Wegnahme ist der VE nicht.

2126 *Außerordentliche Lasten.* **Der Vorerbe hat im Verhältnisse zu dem Nacherben nicht die außerordentlichen Lasten zu tragen, die als auf den Stammwert der Erbschaftsgegenstände gelegt anzusehen sind. Auf diese Lasten finden die Vorschriften des § 2124 Abs. 2 Anwendung.**

1) Außerordentliche Lasten treffen den NE, da ihm auch die Substanz des Vermögens gebührt (s **1** § 2124 Rn 1). Dazu zählen zB die Erblasserschulden und die meisten Erbfallschulden (§ 1967 Rn 2–7); Vermächtnisse u Auflagen, die nicht dem VE allein auferlegt sind; PflichtLasten; fällig werdende GrdstBelastgen (bei Rentenvermächt Auslegsfrage, RG Recht **09** Nr 694); regelm wiederkehrende Tilggsbeträge, die der VE auf eine TilggsHyp geleistet hat (Stgt BWNotZ **61**, 92; Soergel/Harder Rn 3; str); Erschließgsbeiträge (vgl BauGB 123ff); außerordentl Vermögensabgaben (KG JW **20**, 564).

2) Steuern. Die durch die VErbsch veranlaßte Erbschaftsteuer hat der VE, der als Erbe gilt (ErbStG 6 I; s **2** Einf 4 vor § 2100) aus Mitteln der VErbsch zu entrichten (ErbStG 20 IV); sie fällt also unter § 2126. – Außerordentl Last ist auch die nach EStG 17 im Falle der Veräußerg von Anteilen an Kapitalgesellsch bei wesentl Beteiligg anfallende Steuer (BGH **LM** Nr 3); auch die im Fall der Veräußerg od Aufgabe des GewerbeBetr nach EStG 16 anfallde EinkSt auf den Veräußerungsgewinn (BGH NJW **80**, 2465). – Die laufende Vermögensteuer ist dagg keine außerordentl Last; sie trifft den VE persönlich.

2127 *Auskunftsrecht des Nacherben.* **Der Nacherbe ist berechtigt, von dem Vorerben Auskunft über den Bestand der Erbschaft zu verlangen, wenn Grund zu der Annahme besteht, daß der Vorerbe durch seine Verwaltung die Rechte des Nacherben erheblich verletzt.**

1) Nur bei Gefährdung seiner Rechte stehen dem NE die Sichergsmittel der §§ 2127–2129 (Auskunft; **1** Sicherh; Entziehg der Verwaltg) bei mehreren NE jedem einzelnen auch gg den Willen der übrigen (RG LZ **19**, 252) zur Seite. Befreiung des VE ist zulässig (§ 2136).

2) Die Auskunft kann nur währd der VErbsch und nur über den ggwärtigen Bestand (nicht auch über **2** den Verbleib) verlangt werden. Nach Eintritt des NErbfalls gilt § 260 (§ 2130 II). Der ErsatzNE kann sie nicht verlangen. Sie wird sich idR auf spätere Verändergen des ErbschBestandes beziehen, falls das Verzeichn des § 2121 bereits vorliegt (vgl dort Rn 2). – Das Verlangen ist für unbek Erben von Pfleger (§ 1913), im Falle des § 2222 vom TestVollstr sowie von jedem NE gesondert geltd zu machen und notf im Prozeß durchzusetzen (s BGH WM **66**, 373). Der Anspr kann **wiederholt** geltd gemacht werden, wenn ein neuerl Grd gegeben ist.

3) Die Besorgnis einer **erheblichen Verletzung** der Rechte des NE auf Herausg der Erbsch (§ 2130) **3** dch die Verwaltg des VE rechtfertigt allein das AuskVerlangen, also nicht schon eine ungünstige Vermögenslage des VE wie bei § 2128. War die betreffende Maßn des VE ordngsmäß zur NachlVerwaltg erfordel und der NE somit zur Einwilligg (§ 2120) verpflichtet, können seine Rechte nicht verletzt werden (RG **149**, 68). – Über AuskunftsR des NE ggü dem vom VE Beschenkten s § 2113 Rn 17. Keinen AuskunftsAnspr hat der pflichtberecht NE gem § 2314 (BGH NJW **81**, 2051).

2128 *Sicherheitsleistung.* **[I]Wird durch das Verhalten des Vorerben oder durch seine ungünstige Vermögenslage die Besorgnis einer erheblichen Verletzung der Rechte des Nacherben begründet, so kann der Nacherbe Sicherheitsleistung verlangen.**
[II]Die für die Verpflichtung des Nießbrauchers zur Sicherheitsleistung geltenden Vorschriften des § 1052 finden entsprechende Anwendung.

1) Die Besorgnis einer erhebl Verletzg der NERechte muß sich ergeben entw aus dem (auch unverschul- **1** deten, RG JW **20**, 380) **Verhalten** des VE (zB unentgeltl Vfgen; Unterlassg der Kündigg u Eintreibg von Fdgen; der Geldanlegg; unwirtschaftl Umgang mit dem eigenen Vermögens, Warn **22** Nr 17) od aus der ungünst **Vermögenslage** des VE, gleichgültig, wann sie eingetreten ist. SicherhLeist ist nach §§ 232ff in Höhe des NachlWerts zu erbringen (OLG **39**, 25), soweit nicht nur geringerer Schaden droht, etwa weil der VE über Teile des Nachl nach §§ 2113ff nicht verfügen kann. Die Pfl zur SicherhLeist besteht nicht mehr, wenn wg Beendigg der VErbsch schon Herausg verlangt werden kann. – Der Anspr ist im Prozeßweg geltd zu machen (II; § 1052 I).

2) Zwangsverwaltung (II, § 1052) kann nach Verurteilg zur SichLeist im Wege der ZwVollstr auf **2** Antr nach Fristsetzg (ZPO 255, 764) vom VollstrG angeordnet werden mit der Folge des § 2129. Der Verwalter darf erst bestellt werden, wenn die Frist zur SicherhLeist fruchtlos verstrichen ist (Soergel/Harder Rn 5). – Das Recht kann auch der NE, nicht aber der VE eingesetzt werden (Celle HRR **34** Nr 1683). – Die Anordg ist aufzuheben, wenn die Sicherh nachträgl geleistet wird (§ 1052 III). – Die Vergüt des Verwalters, die den Einkünften zu entnehmen ist, setzt das VollstrG fest (OLG **19**, 155). – **Allgemeine Sicherungsmaßregeln** durch Arrest u einstw Vfg (ZPO 916ff, 935ff) können auch bei Befreiung (§ 2136) von den Beschränkgen des § 2128 erlassen werden (OLG **12**, 373).

2129 *Entziehung der Verwaltung.* [I]Wird dem Vorerben die Verwaltung nach den Vorschriften des § 1052 entzogen, so verliert er das Recht, über Erbschaftsgegenstände zu verfügen.

[II]Die Vorschriften zugunsten derjenigen, welche Rechte von einem Nichtberechtigten herleiten, finden entsprechende Anwendung. Für die zur Erbschaft gehörenden Forderungen ist die Entziehung der Verwaltung dem Schuldner gegenüber erst wirksam, wenn er von der getroffenen Anordnung Kenntnis erlangt oder wenn ihm eine Mitteilung von der Anordnung zugestellt wird. Das gleiche gilt von der Aufhebung der Entziehung.

1 **1) Durch Zwangsverwaltung** wg unterbliebener SichLeistg (§§ 2128, 1052) wird dem VE nicht nur die Verwaltg (vgl auch ZVG 148 II), sond auch das VfgsR (§ 2122) entzogen. Diese Wirkg tritt mit der Vollstreckbark der Entscheidg des VollstrG, also mit ihrem Erlaß ein (ZPO 793; 794 I Nr 3). Die Erbsch ist dem Verwalter herauszugeben. Das NutzgsR des VE bleibt aber bestehen. Verfügen des VE können nur durch Genehmigg des NE (§ 185 II) wirks werden (RGRK Rn 2). Dem Verwalter steht das VfgsR im gleichen Ausmaß wie vorher dem VE zu (Soergel/Harder Rn 2). – Die Eintragg der Vfgsbeschrkg erfolgt nicht nach GBO 51, sond nach GBO 13, 22 auf Antr des Verwalters od NE oder auf Ersuchen des VollstrG (GBO 38).

2 **2) Gutglaubensschutz.** Durch die Eintragg der Vfgsbeschrkg wird § 2113 III ausgeschlossen Andernfalls kommt es auf Kenntn des Erwerbers von dem Bestehen der Vfgsbeschrkg an (§ 892). Verfügen des VE über beweg Sachen (§§ 932ff) sind nur wirks, wenn der Erwerber die Anordng der Verwaltg ohne grobe Fahrlk nicht kennt. – Durch II 2 sind die Schuldner (nicht die Erwerber solcher Fdgen) bes geschützt (vgl auch § 1070 II, § 1275; ZVG 22 II), da ihnen ja die ZwVerwAnordng nicht (wie bei ZPO 829) gerichtl zugestellt wird. Doch kann diese Zustellg auf bes Antr des NE od nach § 132 erfolgen. Der Erbschein (§ 2366), der über Vfgsbefugn nichts besagt, vermittelt keinen guten Glauben.

2130 *Eintritt der Nacherbfolge.* [I]Der Vorerbe ist nach dem Eintritte der Nacherbfolge verpflichtet, dem Nacherben die Erbschaft in dem Zustande herauszugeben, der sich bei einer bis zur Herausgabe fortgesetzten ordnungsmäßigen Verwaltung ergibt. Auf die Herausgabe eines landwirtschaftlichen Grundstücks findet die Vorschrift des § 596a, auf die Herausgabe eines Landguts finden die Vorschriften der §§ 596a, 596b entsprechende Anwendung.

[II]Der Vorerbe hat auf Verlangen Rechenschaft abzulegen.

1 **1) Herausgabeanspruch.** Die Verpflichtg zur Herausgabe (von der Befreiung erteilt werden kann, § 2136) entsteht mit dem NErbfall (§§ 2100, 2106, 2139) u trifft den VE. Tritt die NErbfolge gerade dch dessen Tod ein, trifft sie dessen Erben (RG **163**, 53) u zählt dann zu den Verbindlich des Nachl des VE (Ffm FamZ **95**, 446). Da VE u NE zeitl nacheinander, dann aber jeder für sich erbberecht sind (Einf 3 vor § 2100), findet zw ihnen keine Erbauseinandersetzg statt; nur bezügl der Verteilg der Früchte erfolgt Auseinandersetzg nach § 101. – Beschränkg der HerausgabePfl s § 2138. – Dch Herausgabe der Erbsch an einen and als den NE wird der VE (dessen Erben) nicht befreit (RG Warn **18** Nr 213).

2 **a) Rechtsnatur.** Der gesetzl HerausgabeAnspr des NE ist kein rein schuldrechtl, auf Verschaffg des Eigentums gerichteter (denn Eigtümer wird der NE schon mit dem NErbfall, § 2139), sond ein erbrechtl u ähnelt insow dem ErbschAnspr (§ 2018). Von diesem unterscheidet er sich jedoch wesentl dadurch, daß er stets gg den VE (od dessen RNachf) gerichtet ist, gleich in wessen Besitz die NachlGgstände sind, und daß der VE auf Zeit vollberecht war (vgl aber § 2018 Rn 10). Bestreitet der VE den Eintritt des NErbfalls zu Unrecht, gilt auch dann § 2130 als lex spec u nicht § 2018 (s § 2018 Rn 7).

3 **b) Inhalt.** Der Anspr geht auf Herausgabe der **Erbschaft** (wie eine Pachtsache, § 596) in dem Zustande, zu dem sie sich bei fortgesetzt ordnungsmäßiger Verwaltg des Nachl entwickelt haben müßte (s Benk RhNK **79**, 53/57), umfaßt also auch Surrogate und nicht nur die beim Tod des Erbl vorhanden gewesenen NachlGgstände (vgl § 2111). Demgemäß kann der VE für laufende Aufwendgen grdsätzl keinen Ersatz verlangen, auch wenn die damit erzielten Früchte in die Zeit der NErbsch fallen (jedoch besteht Sonderregelg hins Wert- od AufwendgsErsatz für Früchte u zurückgelassene Erzeugnisse bei landwirtschaft Grdstücken od einem Landgut, **I** 2; dazu BGH FamRZ **73**, 188). – Der in vollem Umfang **befreite** VE (§ 2137) ist dagg nur zur Herausg der bei ihm noch vorhandenen ErbschGgstände (einschl der Ersatzvorteile) verpflichtet (§ 2138). Dazu gehört aber auch eine vollstreckb Ausfertigg, die der VE oder dessen Erben nach dem NErbfall sich haben erteilen lassen (RG **163**, 55). – Über Ansprüche des VE s §§ 2124, 2125. Seiner HerausgPflicht kann er uU ein ZurückbehaltgsR (§ 273 II) entghalten (Staud/Behrends Rn 17).

4 **c) Testamentsvollstrecker.** Ist derselbe TV für VE und NE ernannt, entfällt eine Herausgabe. Es genügt, wenn der TV sich einseitig vom bisherigen BesitzmittlgsVerhältn zum VE löst u nunmehr für den NE die Erbsch besitzt (vgl § 868 Rn 25).

5 **2) Fürsorgepflicht.** Als Ausgleich für sein Vfgs- und NutzgsR obliegt dem VE als gesetzl Verbindlich eine gewisse VerwaltgsPfl (materielle FürsorgePfl), zu der die formelle RechenschPfl des **II** hinzutritt. Im übr darf der NE nicht eine einzelne VerwaltgsHdlg des VE herausgreifen, sond muß das Gesamtergebn der Verwaltg des VE berücksichtigen. Daraus, daß dieses Ergebn erst am Schluß der Verwaltg vorliegt u erst dann Ersatz- und RechenschAnspr erhoben werden können, erkl sich die eigenartige Fassg des § 2130 I 1, der den Zustand der herauszugebenden Erbsch der VerwaltgsPfl voranstellt (Flad AkZ **36**, 420f).

6 **3) Die Rechenschaftspflicht (II)** bedeutet, daß gem § 259 Rechng zu legen ist. Sie bezieht sich (abgesehen von § 2133) aber weder auf solche Einnahmen, die Nutzgen sind, noch auf solche Ausgaben, die gewöhnl Erhaltgs- u VerwaltgsKosten (§ 2124 I) sind, ist also beschränkter als die für eigentl Verwaltg fremden Gutes. Doch ist der VE sowohl hins seiner RechenschPfl (§ 259) wie der HerausgVerpflichtg (§ 260) ggf zur eidesst Versicherg verpflichtet. Auf ein bereits gem § 2121 mitgeteiltes NachlVerzeichn kann

er Bezug nehmen, muß aber die Verändergen bis zur Herausg angeben. Die Erfüllg der Pflichten muß erforderlichenf durch Klage erzwungen werden (Staud/Behrends Rn 21).

2131 **Haftung des Vorerben.** **Der Vorerbe hat dem Nacherben gegenüber in Ansehung der Verwaltung nur für diejenige Sorgfalt einzustehen, welche er in eigenen Angelegenheiten anzuwenden pflegt.**

1) Nur Sorgfalt in eigenen Angelegenheiten ist subjektiver HaftgsMaßstab (vgl §§ 276, 277, 690, 708, **1** 1359, 1664), wie dies dem vermutl ErblWillen u der Stellg des VE als Erben und Eigtümer der NachlSachen entspricht (Prot **5**, 96). Es handelt sich hier ja nicht um geschäftl, sond um persönl Verhältnisse. – Währd § 2130 von dem Grds ordngsmäßiger Verwaltg (obj Maßstab) ausgeht, ist dem VE durch § 2131 der GgBeweis offengelassen, daß er in eigenen Angelegenheiten nicht sorgfältiger verfahre. Hiernach richtet sich ua, ob u inwieweit der VE NachlGgstände zu versichern u bereits vom Erbl abgeschlossene Versichergen fortzusetzen hat. Befreiung nach § 2136 ist mögl. Für grobe Fahrlk haftet der VE (§ 277), wenn er nicht befreit ist (§§ 2136, 2137); bei absichtl Benachteiligg des NE (RG **70**, 334) haftet er aber auch dann (§ 2138 II).

2) Der subjektive Maßstab gilt nicht, soweit dem VE eine bestimmte Handlgsweise (§§ 2112–2119) wie **2** zB Beurteilg der Unentgeltlichk einer Vfg (§§ 2113, 2133) oder Wertersatz (§ 2134) vorgeschrieben ist (RG **73**, 6; Schmidt FamRZ **76**, 683/689 zur Haftg bei unentgeltl Vfgen üb Gesamthandsgegenstände).

2132 **Keine Haftung für gewöhnliche Abnutzung.** **Veränderungen oder Verschlechterungen von Erbschaftssachen, die durch ordnungsmäßige Benutzung herbeigeführt werden, hat der Vorerbe nicht zu vertreten.**

In Ausführung des Verwaltungsgrundsatzes (§ 2130) ist hier klargestellt, daß der VE zur Benutzg **1** berechtigt und seine Hdlg, auch wenn völliger Verschleiß eintritt, nicht rechtswidr ist (vgl §§ 548, 602, 1050). Er haftet an sich für Verändergen u Verschlechter, kann aber den GgBeweis ordnungsmäßiger Benutzg od aus § 2131 führen. Der befreite VE (§ 2136) braucht nicht einmal diesen zu erbringen.

2133 **Übermäßige Fruchtziehung.** **Zieht der Vorerbe Früchte den Regeln einer ordnungsmäßigen Wirtschaft zuwider oder zieht er Früchte deshalb im Übermaße, weil dies infolge eines besonderen Ereignisses notwendig geworden ist, so gebührt ihm der Wert der Früchte nur insoweit, als durch den ordnungswidrigen oder den übermäßigen Fruchtbezug die ihm gebührenden Nutzungen beeinträchtigt werden und nicht der Wert der Früchte nach den Regeln einer ordnungsmäßigen Wirtschaft zur Wiederherstellung der Sache zu verwenden ist.**

1) Übermaßfrüchte (vgl wg des Nießbrauchers § 1039), die der VE gezogen hat, gehören ihm zwar als **1** Eigtümer (§ 953). Ob sie ihm auch gebühren (vgl § 2111), ob ob er sie behalten darf, bestimmt § 2133 in Abweichg von § 101, soweit nicht der VE befreit ist (§ 2136). Der Mehrertrag ist dem NE nach Eintritt der NErbfolge herauszugeben od ihm zu ersetzen, soweit nicht der VE durch den Raubbau einen Ausfall an Früchten erleidet. Der VE erhält die Übermaßfrüchte aber nicht, soweit sie zur Wiederherstellg notw sind. – Der Anspr des NE ist schuldrechtlicher Art. Hier findet eine Art Auseinandersetzg statt. Eine Pfl, für die Erstattg der Früchte Sicherh zu leisten (§ 1039 I 2), besteht nicht, unbeschadet des § 2128. Die Übermaßfrüchte sind keine ErbschGgstände, auch nicht iS des § 2134. – **Besonderes Ereignis** kann Windbruch, Schneebruch, Raupenfraß sowie eine gesetzl Anordng sein.

2) Schadensersatz kann der NE verlangen, wenn durch den Raubbau die Substanz der Erbsch unter **2** Verletzg der eigenen Sorgfalt (§ 2131) angegriffen u geschädigt wurde.

2134 **Eigennützige Verwendung.** **Hat der Vorerbe einen Erbschaftsgegenstand für sich verwendet, so ist er nach dem Eintritte der Nacherbfolge dem Nacherben gegenüber zum Ersatze des Wertes verpflichtet. Eine weitergehende Haftung wegen Verschuldens bleibt unberührt.**

1) Die Forderung auf Wertersatz tritt an die Stelle der vom VE für sich verbrauchten od sonst verwende- **1** ten ErbschGgstände (Sachen u Rechte einschl Ersatzvorteile, § 2111), deren Herausg (§ 2130) dadurch unmögl wird. Zu denken ist dabei an (zB zur Tilgg eigener Schulden des VE verwendetes) Geld u andere verbrauchbare Sachen (§ 92); Verbindg, Vermischg u Verarbeitg (§§ 946, 948, 950), zB wenn der VE auf eigenem Grdst mit ErbschMitteln ein Haus bauen läßt (Wolf JuS **81**, 14/17). Wird bei Vfg üb Ggstände der NachlSubstanz das Surrogat Bestandteil der Erbsch (§ 2111), entsteht idR dem NE meist kein Nachteil so daß § 2134 ggü 2111 zurücktritt (BGH **40**, 115/124). – Maßgebd für den Wert ist die Zeit der Verwendg. Die Ersatz- u VerzinsgsPfl tritt aber erst mit dem NErbfall ein.

2) Eine weitergehende Haftung nach §§ 249 ff, 280 ist gegeben, wenn die Verwendg den Grdsätzen **2** ordngsmäßiger Verwaltg widersprach. Sie geht bei Verschulden, dh Verletzg der Eigensorgfalt (§ 2131), auf Ersatz des den Wertersatz übersteigden Schadens (s Staud/Behrends Rn 5).

3) Die Nutzung, nicht die Substanz der Erbsch steht dem VE zu (s § 2100 Rn 8). ErbschGgstände gg **3** Wertersatz für sich zu verwenden, ist dem VE nicht allg gestattet, da sonst ja die vom G vorausgesetzte weitergehende Haftg wg Verschulden **(S 2)** nicht denkb wäre. Ob der VE (insb die Witwe) in Zeiten der Not das Kapital entgg § 2134 angreifen darf, ist Frage der Auslegg, die davon abhängt, ob der Erbl in erster Linie den VE sicherstellen od dem NE das Kapital erhalten wollte (RGRK Rn 5). – **Für den befreiten Vorerben** (§§ 2136, 2137) hat es bei der HerausgPfl es bei § 2138 iVm § 2111 sein Bewenden (BGH NJW **77**, 1631; **83**, 2874). Der **nicht** befreite VE kann jed nicht wirks einen ererbten GesellschAnteil gg Leibrente veräußern (BGH **69**, 47 mAv Johannsen **LM** Nr 16 zu § 2113).

2135 *Einfluß der Nacherbfolge auf Miete und Pacht.* **Hat der Vorerbe ein zur Erb-**
schaft gehörendes Grundstück oder eingetragenes Schiff vermietet oder verpachtet, so
finden, wenn das Miet- oder Pachtverhältnis bei dem Eintritte der Nacherbfolge noch besteht, die
Vorschriften des § 1056 entsprechende Anwendung.

1 **1) Bei Grundstücken** (und eingetr Schiffen) ist der NE an die weiter bestehen bleibenden Miet- u
PachtVertr des VE gebunden, kann sie aber nach Eintritt der NErbfolge unter Einhalt der gesetzl Fristen
kündigen (§ 1056 II), wobei etwaige Einschränkgen dch das soziale MietR zu beachten sind (s Einf 96–99 vor
§ 535). Der Mieter hat dagg kein KündiggsR aGr des NErbfalls. – Dagg ist bei Miete od Pacht **beweglicher**
ErbschSachen der NE nicht an den vom VE geschlossenen Vertr gebunden und kann mit Eintritt der
NErbfolge vom Mieter od Pächter die Herausg der bewegl Sache verlangen; Mieter u Pächter haben uU
SchadErsAnspr gg den VE (Staud/Behrends Rn 13).

2 **2) Die Verweisung auf § 1056** bedeutet, daß bei Miete od Pacht unbewegl Sachen §§ 571, 572, 573 I,
574–576 u 578 entspr anzuwenden sind (§ 1056 I). Auch nach Eintritt des NE (§ 571 I) haftet der VE dem
Mieter für etwaige SchadErsansprüche wie ein selbstschuldnerischer Bürge; er kann sich jedoch dch Mit-
teilg des Eintritts der NErbfolge an den Mieter für die Zukunft befreien (§ 571 II). VorausVfgen des VE
über den Mietzins und Aufrechngen des Mieters sind nach Maßg der §§ 573 S 1, 574, 575 wirks. Da § 573
S 2 nach § 1056 I nicht gilt, braucht der NE Vfgen des VE über den Mietzins einer Zeit, die noch über den
dem NErbfall folgden Kalendermonat hinaus liegt, auch dann nicht gg sich gelten zu lassen, wenn er zZ des
Eintritts der NErbfolge von der Vfg Kenntn hatte. – §§ 404, 422 werden dch die spezielleren §§ 574, 1056 I
3 ausgeschl. – Mietvertragl **Baukostenzuschuß** od bereits im Mietvertr ausbedungene Mietvorauszahlgen
bleiben jedoch auch ggü dem NE wirks (vgl § 573 Rn 2; § 1124 Rn 4); dem NE ist in entspr Anwendg von
ZVG 57a–c das KündR versagt, wenn die Kündigg bis zum Abwohnen des BaukZuschusses ausgeschl ist
(Staud/Behrends Rn 11; Soergel/Harder Rn 4). – Im Falle der Veräußerg des Miet- oder PachtGrdstücks
durch den NE od beim Eintritt einer weiteren NErbfolge finden die Grdsätze nach Maßg des § 579 entspr
Anwendg. – Verlangt der Mieter od Pächter die Zustimmg des NE, kann der VE nach § 2120 dessen
Einwillig zu dem abzuschließenden Vertr beanspruchen, wenn die Vermietg od Verpachtg zur ordngsgemäß
Verwaltg erforderl ist.

2136 *Befreiung des Vorerben.* **Der Erblasser kann den Vorerben von den Beschränkun-**
gen und Verpflichtungen des § 2113 Abs. 1 und der §§ 2114, 2116 bis 2119, 2123, 2127 bis
2131, 2133, 2134 befreien.

1 **1) Befugnisse des Erblassers.** Da die RStellg des VE gesetzl nur zT zwingend ausgestaltet ist, kann ihn
der Erbl zum einen über die gesetzl Beschränkgen hinaus weiter beschränken (auch den befreiten VE, RG
JW **38**, 1454; BayObLG **58**, 304; **59**, 128) und ihm die Verwaltg des Nachl u die Vfg über NachlGgstände
durch Bestellg eines TestVollstr ganz entziehen (§ 2209; s BGH NJW **90**, 2056 zu den Pfl des TV bei
Befreiung des VE) sowie das FruchtbezugsR durch NießbrVermächtn einem anderen einräumen od bestim-
men, daß der auf die Zeit der VErbfolge entfallende Fruchtertrag beim NErbfall dem NE herauszugeben ist.
Der Erbl kann aber auch umgekehrt dem VE eine größere Vfgsfreiheit zugestehen, dabei aber nicht weiter
gehen als § 2136 zuläßt (BGH **7**, 276), auch nicht dadurch, daß er den VE zum alleinigen TestVollstr für den
NE (JFG **11**, 126; dazu § 2222 Rn 2) od zum Generalbevollmächt bestellt (RG **77**, 177; Soergel/Harder Rn 1).
Doch ist eine solche unzulässs Befreiung nicht immer nichtig. Bei gemeinschaftl Test kann die Auslegg
ergeben, daß in Wahrh der Überlebende VollE und der „NE“ nur Erbe des Überlebenden sein soll. Notf
kann auch Umdeutg zu diesem Ergebn führen (§ 140; Karlsr OLGZ **69**, 500). Über Deutg als Vollerbein-
setzg mit befristeten Vermächtn s § 2137 Rn 2.

2 **a) Schranken.** Der Erbl kann den VE nicht von allen Beschränkgen befreien. Das G gestattet dies ihm
nicht für unentgeltl Vfgen (§ 2113 II; BGH **7**, 276) od von der dingl Surrogation (§ 2111; Roggendorf RhNK
81, 30) sowie hinsichtl VollstrMaßnahmen (§ 2115) od der Pfl zur Inventarisierg (§§ 2121, 2122) und zum
SchadErs (§ 2138 II). Bei § 2111 hilft ggf VorausVermächtn für den VE. Die Verpfl zur Inventarisierung
kann der Erbl dem VE erleichtern, indem er den gesamten Hausrat von der NErbsch ausschließt u dem VE
allein überläßt; die Beschränkg der HerausgabePfl (§ 2138 I) ändert dagg nichts daran, daß ein Inbegriff von
Ggst (§ 260) herauszugeben u der VE daher zur Vorlage eines Verzeichn u evtl dessen Bekräftigg dch eidesst
Vers verpflichtet ist.

3 **b) Verfügungen von Todes wegen.** Eröffnet der Erbl dem VE sogar die Möglichk zu anderweit letztw
Vfgen, liegt keine Befreiung vor, sond die Anordng einer NErbfolge unter der auflösenden Bedingg, daß
der VE nicht abweichend üb die ihm zugewendete Erbsch testiert (Einzelh s § 2065 Rn 8).

4 **2) Die Anordnung** der Befreiung muß in einer letztw Vfg des Erbl enthalten sein. Eine bestimmte
Ausdrucksweise ist dafür nicht vorgeschrieben (Köln HEZ **3**, 36). Jedoch muß der Befreiungswille in der
letztw Vfg selbst irgendwie zum Ausdr kommen, wenn auch nur andeutgsweise od versteckt und dann iVm
sonstigen bei TestAusleg verwertbaren Umständen (BayObLG **74**, 312; FamRZ **76**, 549; BGH RdL **69**,
101; LG Stgt Rpfleger **80**, 387) und kann nicht allein nur aus Umständen außerh der Urk gefolgert werden
(hier möglicherw Anfechtg, Kblz DRZ **50**, 160; § 2081 Rn 1).

5 **a) Einzelfälle.** In der Einsetzg zum AlleinE liegt noch keine Befreiung, da auch der nicht befreite einzige
VE AlleinE ist (BGH FamRZ **70**, 192; BayObLG **58**, 303). Die Kinderlosigk von Ehegatten, die sich in
einem gemschaftl Test zu VE einsetzen und Verwandte od Dritte zu NE, spricht allein nicht regelm für
befreite VErbsch (BayObLG **60**, 432); jedenf für ländl Verhältn besteht dafür keine Vermutg (BGH NJW
51, 354; s auch BayObLG **58**, 109). Jedoch kann der zum VE eingesetzte Ehegatte stillschweigend befreit
sein, wenn der Erbl wg Fehlens eigener Abkömmlinge entfernte Verwandte zu NE eingesetzt u der VE
wesentl zum Vermögenserwerb des Erbl beigetragen hat (BayObLG **60**, 437). Der teilweise als VollE
eingesetzte VE ist nicht ohne weiteres befreit (BayObLG **58**, 109). Dagg kann auch in Einräumg der

„unbeschränkten Verwaltg" Befreiung gefunden werden, da nach dem gewöhnl SprachGebr unter den Begriff der Verwaltg auch die Vfg (§ 2137 II) fällt; desgleichen in einem NießbrVermächtn mit der Befugn freier Vfgen über den ganzen Nachl (Oldbg NdsRpfl **51**, 198). Einräumg „lebenslänglicher Nutznießg und Verfügg" wird idR keine Befreiung enthalten, soweit nicht die freie Vfg (§ 2137 II) durch Auslegg festgestellt werden kann (RG HRR **31** Nr 1050). Ein testamentar Verbot, den Nachl an andere als Blutsverwandte weiterzuvererben, kann als Anordng einer befreiten Vorerbsch auszulegen sein (BayObLG **58**, 225).

b) Bedingte Erbeinsetzung. Der dch gemeinsch Test zum alleinigen VollE eingesetzte überlebende **6** Ehegatte ist, wenn für den Fall der Wiederverheiratg (§ 2269 Rn 16) eine Einsetzg der Kinder zu NE erfolgt ist, iZw befreiter VE; denn bis zur Wiederverheiratg soll er, soweit als mögl, das VfgsR über den Nachl gleich einem unbeschränkten Erben haben. Diesem ErblWillen wird die Annahme befreiter VErbsch am ehesten gerecht (Hamm DNotZ **72**, 96; s auch § 2269 Rn 18; Johannsen WM **70**, 9). Dies gilt auch bei einem einseitigen Test, durch das der überlebende Ehegatte zum VollE mit bedingter NEEinsetzg der Kinder für den Fall der Wiederverheiratg eingesetzt ist (BGH FamRZ **61**, 275; s auch LG Köln RhNK **62**, 549); ebso bei erst im Todesfall möglicherw ausfallender Bedingg (KG JFG **17**, 154; s auch Staud/Behrends Rn 21). BGH BWNotZ **59**, 205 läßt die Frage dahingestellt, ob der vom KG JFG **17**, 154 ausgesprochene Erfahrgsatz von der Befreiung des überlebden Eheg auf alle Fälle von bedingter Erbeinsetzg dieser Art ausgedehnt werden kann; einschränkd auch Mannh MDR **60**, 497. Gg solchen Befreiungswillen spricht die Anordng einer TestVollstrg mit der bes Auflage, den Nachl od einen bestimmten NachlGgst den NE zu sichern (s hierzu allg Staud/Behrends Rn 26).

3) Zulässige Befreiungen, die iZw nur für den VE persönl gelten (nicht auch für dessen Erben), auch **7** bedingt mögl sind (zB nur für den Not- od Pflegefall) u auch ledigl ggü einzelnen von mehreren NE erteilt werden können (LG Stgt Rpfleger **80**, 387), sind von folgenden Beschränkgen u Verpflichtgen (insgesamt, einzeln od in Verbindg miteinander) möglich:

a) §§ 2113 I, 2114. Befreiung von der Beschränkg in der Vfg über erbschaftl **Grundstücke** und **Rechte 8** an solchen ist regelm anzunehmen, wenn dem VE die Verpflichtg zur Übereigng eines Grdstücks an einen anderen (auch wenn dieser nicht MitE ist) durch Vermächtn od Teilgsanordng auferlegt ist (KG HRR **41** Nr 129; BayObLG **60**, 411) od dch NachlAuseinandersetzg gem § 2048 (Deimann Rpfleger **78**, 244). Die Befreig kann dem VE auch ledigl ggü einzelnen NE erteilt werden (LG Stgt Rpfleger **80**, 387). – Der Hoferbe hat nicht die Stellg eines befreiten VE (BGH **21**, 234). Jedoch kann ein als HofVE eingesetzter **9** Abkömml (Celle RdL **67**, 44) od Ehegatte von § 2113 I befreit werden (BGH RdL **61**, 261; aM Celle DNotZ **58**, 583). Hat der Erbl seine Ehefrau zum HofE eingesetzt u ihr dabei die Befugn erteilt, unter bestimmten Voraussetzgen über die HofGrdstücke zu verfügen, muß hierin keine Befreiung liegen; es ist auch die Auslegg mögl, daß GrdstVeräußergen zwar der Zustimmg des NE bedürfen, dieser aber bei Vorliegen der Voraussetzgen zur Erteilg der Zustimmg verpflichtet ist (Celle RdL **63**, 127).

b) Die dem Schutz des NE dienenden **Verpflichtungen** zur Hinterlegg bzw Umschreibg von Wertpa- **10** pieren u zur Anlegg von Geld (§§ 2116–2119); zur Aufstellg eines WirtschPlans (§ 2123); zur AuskErteilg und SicherhLeistg (§§ 2127–2129); zur ordnungsmäß Verwaltg (§§ 2130, 2131) und zum Wertersatz für Raub- u Übermaßfrüchte und für sich verwendete ErbschGgstände (§§ 2133, 2134; dazu BGH NJW **77**, 1540, 1631). Auch § 2126 gilt bei befreiter VErbsch (BGH NJW **80**, 2465).

c) Durch Vorausvermächtnis kann der Erbl über die Befreig von § 2134 hinaus bestimmen, daß **11** einzelne ErbschGgstände dem NE nicht herauszugeben sind. Auch kann er den VE durch Vermächtn von der Verpflichtg der Lastentragg des § 2124 I befreien, sowie ihm ein Vorausvermächtn zur unbeschränkten, also auch unentgeltl od letztw Vfg über einzelne ErbschGgstände zuweisen (RGRK Rn 5, 7).

4) Im Erbschein ist die Befreiung des VE anzugeben (§ 2363 I 2) und zwar nicht nur eine völlige **12** Befreiung, sond auch die von den Beschrkgen der §§ 2113 I, 2114 (vgl hierzu den besser gefaßten GBO 51); beim alleinigen VorE auch die dch VorausVermächtn bewirkte (Rn 11). Dieser Vermerk, dessen Fassg (§ 2363 I 2) sich an § 2137 anschließt, dient dazu, die Befreiung von den VfgsBeschrkgen der §§ 2113 I, 2114 im Rechtsverkehr u ggü Behörden (insb vor dem GBA, vgl GBO 35) darzutun. Die Befreiung von gesetzl Verpflichtgen gehört in den Erbschein als einen VfgsAusweis nicht hinein (OLG **34**, 290).

5) Im Grundbuch (GBO 51) ist bei der Eintragg des VE, soweit dieser von den Beschränkgen seines **13** Vfgsrechts befreit ist, auch die Befreiung vAw zu vermerken; also nicht nur die gänzl Befreiung, sond auch die bloße Befreiung von den VfgsBeschrkgen der §§ 2113 I, 2114 (die anderen Befreiungen interessieren für den GBVerkehr nicht). Diese Eintragg ist notw, da das GB sonst unrichtig werden würde und sie die Vfg des VE ggü Erwerbern u dem GBA erleichtert. Aus der Eintragg der Befreiung ist die grundbuchrechtl VfgsBefugn für Löschgen zu entnehmen und es bedarf nur noch des **Nachweises der Entgeltlichkeit** (§§ 2113 II, 2136; s Einf 13 vor § 2100; LG Stade NdsRpfl **75**, 219).

6) Entsprechende Anwendung. Über die strittige entspr Anwendg des § 2136 bei Beschwerg des Erben **14** mit einem bedingten Vermächtn s § 2177 Rn 2; auch Bühler BWNotZ **67**, 174.

2137 *Nacherbeneinsetzung auf den Überrest.* ¹Hat der Erblasser den Nacherben auf dasjenige eingesetzt, was von der Erbschaft bei dem Eintritte der Nacherbfolge übrig sein wird, so gilt die Befreiung von allen im § 2136 bezeichneten Beschränkungen und Verpflichtungen als angeordnet.

II Das gleiche ist im Zweifel anzunehmen, wenn der Erblasser bestimmt hat, daß der Vorerbe zur freien Verfügung über die Erbschaft berechtigt sein soll.

1) Nacherbeneinsetzung auf den Überrest (vgl § 2138) liegt prakt dann vor, wenn der VE von allen **1** zuläss Beschränkgen u Verpflichtgen befreit ist. Sie braucht nicht mit den Gesetzesworten, kann also auch dadurch erfolgen, daß dem VE der Verbrauch des Geerbten gestattet wird. **Voraussetzung** ist jedoch, daß eine NErbfolge gewollt ist; uU ist auch die Auslegg mögl, daß bzgl des Überrestes ein aufschiebd bedingtes Vermächtn vorliegt (Oldbg DNotZ **58**, 95 mAv Eder). – Liegt Einsetzg auf den Überrest vor, ordnet **I** dch **Ergänzungsregel**, die keine and Auslegg zuläßt (Soergel/Harder Rn 1; str) als RFolge die vollständ Befreig (§ 2136) an.

2 **2) Eine Auslegungsregel** („i Zw") enthält dagg **II** für die Anordg der Befug zur **freien Verfügung** des VE über die Erbsch. „Vfg" ist hier untechnisch gemeint (KGJ **44**, 77; vgl auch § 2136 Rn 4). Ob der VE völlig od nur teilw (§§ 2113, 2114) befreit sein soll, ist durch Auslegg zu ermitteln. Wenn der Erbl bestimmt, daß seine Ehefrau unter Lebenden u vTw frei über den Nachl verfügen kann und ihr damit auch unentgeltl Vfgen gestattet, ist die Ehefr Vollerbin u nicht nur befreite VE; den Verwandten, die den Teil des Nachl erhalten sollen, über den die Ehefrau bei ihrem Tod nicht verfügt hat, ist nur ein befristetes Vermächtn zugewendet (Bremen DNotZ **56**, 149; s § 2087 Rn 7, auch § 2065 Rn 8). – Wegen der Vermerke im GB (GBO 51) und Erbschein (§ 2363) vgl § 2136 Rn 12; 13.

2138 *Beschränkte Herausgabepflicht.* [I]Die Herausgabepflicht des Vorerben beschränkt sich in den Fällen des § 2137 auf die bei ihm noch vorhandenen Erbschaftsgegenstände. Für Verwendungen auf Gegenstände, die er infolge dieser Beschränkung nicht herauszugeben hat, kann er nicht Ersatz verlangen.

[II]Hat der Vorerbe der Vorschrift des § 2113 Abs. 2 zuwider über einen Erbschaftsgegenstand verfügt oder hat er die Erbschaft in der Absicht, den Nacherben zu benachteiligen, vermindert, so ist er dem Nacherben zum Schadensersatze verpflichtet.

1 **1) Die Herausgabepflicht** des VE beschränkt sich (abweichd von § 2130, aber mit den Verpflichten aus § 260) auf alles, was tatsächl noch vorhand od dch Surrogation (§ 2111; BGH NJW **90**, 515), hinzugekommen ist. War ein Ggst verkauft, aber noch nicht übereignet, gehört er noch zur Erbsch. Der VE kann aber vom NE Befreiung von seiner ggü dem Käufer übernommenen Verbindlichk verlangen; befreit der NE den VE, steht nach § 2111 der vom Käufer geschuldete Kaufpreis dem NE zu; bei Spargutaben mit wechselndem Kontostand s Celle NJW-RR **92**, 141. – Verwendgen (§§ 2124 II, 2125) kann der VE ersetzt verlangen, soweit es zur Herausg kommt od diese nicht „infolge dieser Beschränkg", sond aus anderen Gründen (zB wg zufälligen Untergangs) unterbleibt.

2 **2) Schadensersatz** (§§ 249 ff, 280) kann vom befreiten VE (den die Vorschr allein betrifft) erst ab dem NErbfall wg Arglist od wg unentgeltl Verfügen (§ 2113 II; s BGH **26**, 383; NJW **77**, 1631; K. Schmidt FamRZ **76**, 683/689) verlangt werden. Vorher sind aber Feststellgsklage (BGH NJW **77**, 1631; dazu Wolf JuS **81**, 14) sowie allg Sichergsmaßnahmen gegeben, denn von § 2128 ist der hier gemeinte VE befreit (§ 2136 I; § 2128 Rn 2; Köln AgrarR **77**, 150). – Die **Höhe** des SchadErs bestimmt sich nach dem Ztpkt der Ersatzleistg, nicht etwa der Verminderg der Erbsch (MüKo/Grunsky Rn 4). – Dem NE ist es unbenommen, den SchadErsAnspr und die Unwirksamk der Vfg auch gg den Dritten geltd zu machen. – Von der RegreßPfl aus § 2113 II kann der Erbl den VE nicht befreien, aber dadch freistellen, daß er durch bes Vermächtn dem NachlGesse nicht erst der Herausg des VE zu genehmigen, od den VE von dem Anspr zu befreien (Kipp/Coing § 51 III 1 b; bestr; s auch § 2136 Rn 11). Dies gilt aber nicht auch für die Haftg aus Arglist (vgl §§ 276 II, 226).

2139 *Wirkung des Eintritts der Nacherbfolge.* Mit dem Eintritte des Falles der Nacherbfolge hört der Vorerbe auf, Erbe zu sein, und fällt die Erbschaft dem Nacherben an.

1 **1) Übergang der Erbschaft.** Die §§ 2139–2146 behandeln die **Wirkungen** der eingetretenen NErbfolge, nicht den Ztpkt des Eintritts des NErbfalls. Diesen bestimmt der Erbl (§ 2100), hilfsw das G (§ 2106); über Folgen der Tötg des NE s § 2339 Rn 3 (dazu BGH **LM** § 2339 Nr 2). – **a) Anfall.** Dem NE fällt mit Eintritt des NErbfalls die Erbsch von selbst an. Er erwirbt sie als Gesamtnachfolger des Erbl und mit dingl Wirkg (§ 1922) als Ganzes kr G, auch wenn sie sich bis dahin nicht in den Händen des VE befand. Der NE tritt mit der Möglichk der Ausschlagg (§ 2142 I) in die Erbenstellg ein, sofern er nicht bereits angenommen und noch nicht ausgeschlagen hat. Es bedarf also nicht erst der Herausg der Erbsch (§ 2130). Schon vor dieser ist der NE Eigentümer der ErbschSachen, Gläub und Schuldner der NachlFdgen und NachlSchulden (§ 2144). Der NE muß den Nachl in der Rechtslage hinnehmen, in der er sich auf Grd ordngsmäß Verwaltg des VE befindet (Soergel/Harder Rn 2). Soweit der VE währd des Bestehens der VErbsch im Rahmen seiner Befugn über NachlGgste verfügt hat, wirken diese Vfgen dem NE ggü wirks. Hat er befugterw als Nichtberechtigt VE über ein NachlGrdst dch Auflassg verfügt, erwirbt der NE das Eigt nur in der dch die Auflassg geschaffenen rechtl Bindg (KG JFG **23**, 21; s auch Aachen RhNK **67**, 217). – **b) Ist ein weiterer Nacherbe**
2 vom Erbl eingesetzt, ist der NE zugl VE. – **c) Der Ersatznacherbe** wird bei Eintritt des ErsatzNErbfalles auch Erbe des Erbl. Mehrere ErsatzNE bilden keine ErbenGemsch hinsichtl des weggefallenen NE od dessen fingierten Erbteils; sie sind MitE nach dem Erbl. Tritt der Ersatzerbfall zw Vor- und NErbfall ein, muß der ErsatzNE den Bestand der Erbsch im Ztpkt des Ersatzerbfalls hinnehmen. Es wirkt also zB die erteilte Zustimmg des NE zu einer Vfg des VE (s § 2113 Rn 6) über einen ErbschGgst auch gg den ErsatzNE. Die Annahme der Erbsch dch den NE vor Eintr des NErbfalles schließt aber das AusschlaggsR des ErsatzNE nicht aus. Auch eine Vfg über das AnwartschR od ein PfandR – dch Pfändg seitens eines Gläub des NE – wirken nicht ggü dem ErsatzNE (Schmidt BWNotZ **66**, 143; § 2102 Rn 5). – **d) Übertragung.** Hat ein NE nach dem Erbfall, aber vor dem NErbfall sein Recht auf einen Dritten (od and NE) übertragen, geht die Erbsch mit dem NErbfall unmittelb auf den Dritten (od MitNE) über (s Düss MDR **81**, 143; OLGZ **91**, 134).

3 **2) Rechtsnachfolger** des **Erblassers** ist der NE u nicht der des VorE. Er tritt daher nicht in die Fdgen u Verbindlk des VorE ein (s aber § 2120 Rn 2; auch § 2144 Rn 2). Dies zeigt sich bes deutl, wenn der VE nur

MitE war und er seinen Anteil nach § 2033 übertragen hatte. Hier stellt sich beim NErbfall heraus, daß das Recht des VE über die VErbfolge nicht hinausreichte und daß der NE somit weder RNachfolger des VE noch des Erwerbers ist. – Eine vom VE erteilte **Vollmacht** wird mit dem Eintritt des NErbfalls grdsl unwirks (KG JFG **5**, 308; SchlHOLG SchlHA **62**, 174), soweit nicht der NE mit der Bevollmächtigg einverstanden war (KG NJW **57**, 755). Eine nicht widerrufene Vollm des Erbl bleibt dagg bestehen (s § 1922 Rn 34; § 2112 Rn 7). – Die **Prokura** eines MitNE für ein vom Erbl stammendes fortgeführtes HandelsGesch erlischt mit dem NErbfall (BGH **32**, 67).

3) Der Besitz des VE an den zur Erbsch gehörenden Sachen geht als Bestandteil des Nachl grds auf den NE **4** über; dh der ledigl vererbte unmittelb u mittelb Besitz (§§ 857, 870). Der von ihm bereits ausgeübte unmittelb Besitz verbleibt aber beim VE so lange, als er ihn wirkl hat, od geht bei seinem Tode auf seine Erben nach § 857 über, muß also erst dem NE übertragen werden, wie sich aus der HerausgPfl (§§ 2130 ff) und dem nach §§ 2124, 2125 iVm § 273 begründeten ZurückbehaltsR des VE ergibt. Wegen eines Bankdepots vgl OLG **42**, 135.

4) Prozessual bewirkt der Eintritt der NErbfolge Unterbrechg des RStreits (ZPO 242, 246). Um eine **5** Erledigg des RStreits und unerwünschte Kostenfolgen zu vermeiden, behandelt ZPO 242 den NE ausnahmsweise so, als wenn er Rechtsnachfolger des VE wäre. Der VE verliert die Klagebefugn. Zur Rechtskrafterstreckg s Einf 5 vor § 2100.

5) Unrichtig wird durch den NErbfall der dem VorE erteilte **Erbschein,** der daher einzuziehen ist **6** (§ 2363 Rn 8). – Ferner das **Grundbuch,** zu dessen Umschreibg auf den NE es des Nachweises der NErbfolge dch neuen ErbSch bedarf (GBO 35 I 1; s Übbl 8 vor § 2353); dies gilt auch dann, wenn das Recht des NE gem GBO 51 im GB eingetragen u eine Sterbeurkunde des VE vorgelegt wird (BGH **84**, 196). Eine Ausn kommt nur in Betracht, wenn die NErbfolge beim GBA „offenkundig" ist (GBO 29 I 2; dazu Köln MDR **65**, 993; von BGH aaO offen gelassen), wozu aber Sterbeurkunde od Erbschein des VE nicht ausreichen (BGH aaO; auch BayObLG **82**, 252). Der eingetragene NEVermerk (GBO 51) ist jedoch nicht vAw, sond nur auf Antr des NE zu löschen; Bewilligg eines etwaigen ErsatzNE ist nicht erforderl, da der ErsatzNErbfall hier nicht mehr eintreten kann. – Jetzt ist auch Berichtiggszwang mögl (GBO 82). Bei Nichteintragg der NErbfolge, wenn also der Erbl noch als Eigtümer eingetragen ist, ist jedoch Erbnachweis notwendig (Ffm NJW **57**, 265).

6) Erbschaftsübertragung. Der VE kann die Erbsch bereits vor dem NErbfall freiwillig od aGrd eines **7** Vertrags auf den NE übertragen (RG Recht **16** Nr 831; Hamm Rpfleger 71, 433), ohne sich aber dadurch seiner Erbenstellg u Schuldenhaftg (§ 2145) entäußern zu können; über die Durchführung s Übbl 2 vor § 2371. Ist der VE MitE, kann er seinen Anteil nach § 2033 an den NE übertragen (s Staud/Behrends Rn 12). In diesem Fall gilt § 2034 (Haegele BWNotZ **71**, 132f, dort auch über die RStellg des ErsatzNE u die grdbuchrechtl Fragen). Umgekehrt kann auch der NE schon vor dem NErbfall sein AnwartschR auf den VE übertragen, wodurch dieser VollE wird (§ 2108 Rn 8). Eine ErbenGemsch besteht vor dem NErbfall zw den NE nicht (Mü DNotZ **38**, 597).

2140 *Zwischenzeitliche Verfügungen des Vorerben.* **Der Vorerbe ist auch nach dem Eintritte des Falles der Nacherbfolge zur Verfügung über Nachlaßgegenstände in dem gleichen Umfange wie vorher berechtigt, bis er von dem Eintritte Kenntnis erlangt oder ihn kennen muß. Ein Dritter kann sich auf diese Berechtigung nicht berufen, wenn er bei der Vornahme eines Rechtsgeschäfts den Eintritt kennt oder kennen muß.**

1) Schutz des Vorerben. Mit dem NErbfall (§ 2139) hört der VE auf, Erbe zu sein und sein VfgsR **1** erlischt, ohne daß der VE von dem Eintritt immer sogleich Kenntn erhält. Er wird deshalb bei späteren Vfgen noch als vfgsberecht behandelt, soweit er sich in schuldloser Unkenntn von dem bereits erfolgten NErbfall (zB der Geburt, nicht der Person des NE) befand. Die Verantwortlichk des VE wird durch seinen guten Glauben ausgeschl, auch wenn der Dritte bösgl und demgemäß die Vfg unwirks ist (Kipp/Coing § 50 IV 2). Von in ordngsmäßiger Verwaltg eingegangenen Verpflichtgen muß der NE den gutgl VE befreien. – **Kein Schutz** des § 2140 besteht für den, der die Erbsch an den Falschen herausgibt, noch für die Erben des VE, wenn mit dessen Tode der NErbfall eintritt (Warn **18** Nr 213).

2) Der Schutz des Dritten (S 2) tritt nur ein, wenn der VE gutgl war. Doch kann er sich ev auf §§ 892, **2** 893, 932, 2366 berufen. – Auch ist eine entspr Anwendg der §§ 406–408, 412 auf den gutgl Schuldner einer auf den NE übergegangenen Fdg geboten, wenn dieser sich noch mit dem VE gutgl in Verhandlgen einließ. Die fahrläss Unkenntn des Schuldners ist aber der Kenntn insoweit überall gleichzustellen.

2141 *Unterhalt der werdenden Mutter eines Nacherben.* **Ist bei dem Eintritte des Falles der Nacherbfolge die Geburt eines Nacherben zu erwarten, so finden auf den Unterhaltsanspruch der Mutter die Vorschriften des § 1963 entsprechende Anwendung.**

Einen Unterhaltsanspruch gem § 1963 gewährt die Vorschr der Mutter eines beim NErbfall **bereits 1 erzeugten** NE. Er richtet sich gg den durch den Pfleger des Kindes vertretenen Nachl, wenn der NErbfall vor der Geburt eintritt. – Tritt der NErbfall mit der Geburt des Kindes ein (§§ 2101 I, 2106 II), kann die Mutter ebenf in entspr Anwendg des § 1963 Unterh verlangen (Staud/Behrends Rn 2). In diesem Fall richtet sich der Anspr gg den VE, der vom NE Ersatz verlangen kann (Soergel/Harder Rn 2).

2142 *Ausschlagung der Nacherbschaft.* **[1]Der Nacherbe kann die Erbschaft ausschlagen, sobald der Erbfall eingetreten ist.**

^{II} **Schlägt der Nacherbe die Erbschaft aus, so verbleibt sie dem Vorerben, soweit nicht der Erblasser ein anderes bestimmt hat.**

1 **1) Ausschlagung.** Anwartschaften sind grdsätzl verzichtbar. Allerdings kennt das G keinen Verzicht auf das NErbrecht durch Vereinbg mit dem VE, einem MitNE od einem Dritten. Will der NE nach Eintritt des Erbfalls dem NErbrecht entsagen, muß er entweder die NErbsch ausschlagen od sein AnwartschR auf den VE übertragen (s KG DNotZ **54**, 389; § 2108 Rn 7, dort auch über Behandlg eines „Verzichts" auf das NacherbenR zG des VE als Übertragg des AnwartschR). – Der NE (nicht für ihn der TestVollstr) kann die NErbsch nach dem Erbfall u bereits vor dem Eintritt der NErbfolge ausschlagen, wie sich dies schon aus § 1946 ergibt (BayObLG **66**, 230; 274), vorausgesetzt, daß der NE zu dieser Zeit bereits existiert. Der Lauf der **Ausschlagungsfrist** kann jedoch gg ihn gem §§ 1944, 2139 nicht früher beginnen, als der NErbfall eingetreten ist (RG **59**, 341; BayObLG **66**, 274). Denn die Kenntn von dem Anfall der Erbsch an den NE kann nicht eher entstehen als die Tatsache des Anfalls selbst. – Währd es in seinem Belieben steht, vom AusschlaggsR schon beim Erbfall od erst beim NErbfall Gebrauch zu machen, ist er durch § 2306 und die drohende Verjährg des PflichttAnspruches uU gezwungen, schon vor dem Beginn der Ausschlaggsfrist auszuschlagen (§ 2332 III; RG LZ **25**, 1071). Für den Fristlauf (§ 1944 III) entscheidet der letzte Wohns des Erbl (nicht des VE).

2 **2) Wirkung (II).** Die NErbfolge wird bei Ausschlagg des NE ggstandslos. Schlägt nur einer unter mehreren NE aus (§ 2094), kommt es zur Anwachsg (s BayObLG **62**, 239/246; Rn 3). Erfolgt die Ausschlagg erst nach dem NErbfall, war das Recht des VE bereits vorher weggefallen (§ 2139). Sein Recht wird dann wiederhergestellt u fällt an ihn od an seine Erben zurück. Die NErbfolge tritt auch nicht ein bei sonstigem Wegfall des NE (durch Tod vor dem Erbfall; Erbverzicht; Erbunwürdigk od sonst mit rückbezügl Wirkg, KG HRR **33** Nr 1202). S dazu Coing NJW 75, 521ff, der zw absoluter u relativer Beschrkg unterscheidet; erstere liegt vor, wenn der Erbl wollte, daß das Recht der VE allein im Umst bei Eintritt gewisser Umst enden sollte (§ 2104), währd bei letzterer der VE nur im Interesse bestimmter oder bestimmt NE beschränkt worden ist (§ 2142 II); beide Fälle stehen unter dem Vorbeh, daß ein abw Wille des Erbl zu berücksichtigen ist. Bei Tod nach dem Erbfall gilt § 2108 II. – Sind Mutter u Kind VE u NE, ist ein **Pfleger** für das Kind zur Entscheidg über Ausschlagg der NErbsch (§ 2306) nur zu bestellen, wenn ein konkreter Interessenwiderstreit besteht (Ffm FamRZ **64**, 154).

3 **3) Andere Bestimmung des Erblassers (II)** ist anzunehmen bei Berufg eines ErsatzE (§ 2096) od stillschw Berufg der Abkömml eines weggefallenen Abkömmlings (§ 2069; Warn **13** Nr 241). Schlägt aber ein testamentarisch neben anderen Verwandten als NE eingesetzter Abkömml die Erbsch aus, um seinen Pflichtt zu verlangen, so hat das Sorgf zu prüfen, ob der Erbl ein Nachrücken der Abkömml des Ausschlagenden gewollt hat, da hierbei der Stamm des Ausschlagenden bevorzugt wird (Celle NdsRpfl **53**, 69; Düss NJW **56**, 1880); s § 2069 Rn 3; BGH **33**, 60; ferner Lübeck SchlHA **64**, 258, das annimmt, eine etwaige testamentar Einsetzg von ErsatzNE werde ggstandslos, wenn die NE unter Ausschlagg der NErbsch den Pflichtt verlangen (ebso grdsätzl Ffm OLGZ **71**, 208). Das AnwachsgsR der MitNE bei der Ersatzberufg nach (§ 2099), geht aber dem Anrecht des VE **(II)** vor (KGJ **31** A 125; LG Düss RhNK **61**, 125). Im Falle des § 2104 rücken bei Ausschlagg der zunächst Berufenen gem § 1953 die entfernteren gesetzl Erben nach, nur nicht der Staat (§ 2104 S 2).

4 **4) Die Annahme** der bevorstehenden NErbfolge (auch der aufschiebend bedingten od befristeten, RGRK Rn 2; dahin gestellt gelassen in BayObLG **66**, 230) kann schon **vor** dem NErbfall erfolgen, wie sich aus § 1946 ergibt u in § 2142 keiner bes Hervorhebg mehr bedurfte, zumal die Anfechtg der nach **I** vorher zulässigen Ausschlagg ebenf als Annahme gilt (§ 1957 I). Wenn der NE vor Eintritt des Nacherbfalls die Annahme der Nacherbsch anficht, ist auch § 1957 anzuwenden (BayObLG **62**, 239). Zudem erfordern die zugelassene Möglichk der Veräußerg od Verpfändg der Anwartsch (§ 2108 Rn 6) und der Schutz des Erwerbers die Gestattg vorheriger Annahme. Sie liegt aber nicht schon in der bloßen Wahrnehmg der Rechte u Pflichten, die unabhängig von einer Annahme währd der VErbsch zw VE u NE bestehen (RG **80**, 383). – Gegen Verändergen u Verschlechtergen des NachlBestandes in der Zwischenzeit ist der annehmende NE genügend gesichert. – Am zweckmäßigsten u sichersten erfolgt die Annahme der bevorstehenden NErbfolge gegenüber dem NachlGericht. – Eine Haftg des NE wird dch die Annahme während der Zeit des VE nicht begründet (Lange/Kuchinke § 53 II 1c).

2143 *Wiederaufleben erloschener Rechtsverhältnisse.* **Tritt die Nacherbfolge ein, so gelten die infolge des Erbfalls durch Vereinigung von Recht und Verbindlichkeit oder von Recht und Belastung erloschenen Rechtsverhältnisse als nicht erloschen.**

1 **1) Wiederaufleben** der zu Lebzeiten des Erbl begründeten, aber mit dem Erbfall erloschenen RVerhältn ist notwend, weil bei Eintritt der NErbfolge das Vermögen des VE geteilt wird in privates und in den Nachl (§ 2139). – Die RVerhältnisse gelten (anders bei § 2377) nicht nur zw VE und NE, sond auch ggü Dritten als fortbestehd, und zwar einschließl der Nebenrechte (wie Bürgsch, PfandR). Der VE schuldet also dem NE, was er dem Erbl schuldete, und er kann vom NE fordern, was ihm der Erbl schuldig war. – **Rückwirkung** tritt aber **nicht** ein. Das Wiederaufleben beginnt erst mit dem NErbfall (s Lange/Kuchinke § 26 VIII 3). Die Verjährg war währd der Dauer des VEVerhältnisses nach § 202 I gehemmt. Auch wenn NErbsch nur für einen Bruchteil der Erbsch eintritt, leben die RVerhältnisse wieder in vollem Umfang auf (Staud/Behrends Rn 2). Vgl im übr §§ 1976, 1991, 2175. – Schon vor dem Eintritt der NErbfolge ist mit Rücks auf das künft Wiederaufleben von Fdgen eine FeststellgsKlage des VE gg den NE mögl (BGH **LM** § 2100 Nr 5).

2 **2) Gegenstandslos** ist § 2143, wenn bereits aus and Gründen (zB wg TestVollstrg; NachlVerwaltg; NachlKonk) der Nachl Sondervermögen (§ 1976) und damit von dem sonstigen Vermögen des VE getrennt worden ist (BGH **48**, 214; auch Soergel/Harder Rn 3).

2144 *Haftung des Nacherben.* [I]Die Vorschriften über die Beschränkung der Haftung des Erben für die Nachlaßverbindlichkeiten gelten auch für den Nacherben; an die Stelle des Nachlasses tritt dasjenige, was der Nacherbe aus der Erbschaft erlangt, mit Einschluß der ihm gegen den Vorerben als solchen zustehenden Ansprüche.

[II]Das von dem Vorerben errichtete Inventar kommt auch dem Nacherben zustatten.

[III]Der Nacherbe kann sich dem Vorerben gegenüber auf die Beschränkung seiner Haftung auch dann berufen, wenn er den übrigen Nachlaßgläubigern gegenüber unbeschränkt haftet.

1) Haftung. Für NachlVerbindlk haften VE und NE als wahre Erben des Erbl. Der VE wird mit dem 1 Eintritt der NErbfolge von der Haftg grdsätzl frei mit der Einschränkg des § 2145 (s dort Rn 1). Die Haftg des NE beginnt mit dem NErbfall. Sie bestimmt sich im allg nach den Grdsätzen der Erbenhaftg überh. RHandlgen des VE in dieser Hins (Aufgebot; Inventar; NachlVerwaltg und -Konk) kommen ohne weiteres auch dem NE zu statten, währd eine Säumnis od Pflichtwidrigk des VE dem NE in seiner Stellg zu den NachlGläub nicht schadet.

2) Der Nacherbe haftet für die Nachlaßverbindlichkeiten (§ 1967), auch soweit sie aus RGeschäften 2 entstanden sind, die der VE in ordngsmäßiger Verwaltg eingegangen ist (RG JW **38**, 2822; BGH **32**, 63 m Av Mattern **LM** § 1967 Nr 1), sowie für Vermächtn und Auflagen, soweit sie nicht dem VE persönl auferlegt sind. – Ordngsmäß Verwaltg liegt auch beim Wiederaufbau eines kriegszerstörten Hauses durch befreiten VE vor, selbst wenn die Erträgn keine hinreichde Verzinsg der Baukosten ergeben (BGH **LM** Nr 1 zu § 2136). Die Kosten für das Begräbnis des VE u den Dreißigsten (§§ 1968, 1969) haben die Erben des VE und nicht der NE als solcher zu tragen. – Im übr wird der NE Schuldner der NachlVerbindlich in dem bei NErbfall bestehenden Umfange, auch soweit dieser durch Verschulden, bes Verzug (Zinsen, Vertragsstrafen) des VE erweitert ist, vorbehaltl des Rückgriffs nach §§ 2130, 2131; vgl auch ZPO 326.

3) Haftungsbeschränkung. Ob der NE beschränkb od unbeschränkb haftet, richtet sich nach den allg 3 Vorschr (vgl Einf 2, 3 vor § 1967) u ist unabhängig davon, ob dem VE eine HaftgsBeschrkg zukam od nicht. Das vom VE erwirkte **Aufgebot** (§§ 1970ff) wirkt ohne weiteres für den NE; in ein schwebendes Verfahren kann er eintreten und selbst ein solches beantragen (ZPO 998, 997). – Eine **Nachlaßverwaltung** dauert unter den Voraussetzgen des § 1981 II fort. Vom NE kann sie von neuem beantragt werden, von den Gläub binnen Zweijahresfrist seit Annahme der NErbsch. Dasselbe gilt beim **Nachlaßkonkurs** (Jaeger/Weber KO 217–220 Rn 19). **Nachlaßvergleich** kann der NE vom Eintritt der NErbfalls an beantragen (VerglO 113 I Nr 1 mit KO 217, 218). Auch die Rechte aus §§ 1990–1992 stehen ihm zu (s RGRK Rn 5; Lange/Kuchinke § 53 II 2f).

4) Das Nachlaßinventar des VE (§§ 1993ff) kommt dem NE zustatten **(II)**. Er braucht also kein neues 4 zu errichten, wenn nicht NachlUntreue vorlag (§ 2005 I). War das Inv des VE unvollständig, kann dem NE nach § 2005 II neue InvFrist bestimmt werden, währd § 1994 eingreift, wenn der VE nach § 2005 I die HaftgsBeschrkg verwirkt od überh kein Inv errichtet hatte. Es kommt nur dann „auch" dem NE zustatten, wenn es dem VE selbst nützte, also rechtzeitig u gem § 2002ff, 2005, 2006 errichtet war (Staud/Behrends Rn 31). – Das vom NE errichtete Inv muß nach § 2001 die NachlGgstände u NachlVerbindlich angeben, die zZ des Erbfalls (nicht des NErbfalls) vorhanden waren (hM; aA Staud/Behrends Rn 34; Meincke BewertgsR § 14 II 3a). Über Veränderngen seit dem Erbfall hat er nach §§ 1978, 1991 Auskunft zu geben. Dabei kann er das NachlVerz (§ 2121) und den Rechenschaftsbericht des VE (§ 2130 II) heranziehen. – Der NE muß die **eidesstattliche Versicherung** abgeben, soweit der VE dies noch nicht getan. Doch auch wenn letzeres der Fall war, kann der NE dazu angehalten werden, wenn er von den NachlGgständen mehr weiß, als dem VE bekannt war (§ 2006 IV).

5) Haftungsbestand (I 2) ist nicht der ursprüngl, sond der nach §§ 2130, 2111 herauszugebende Nachl, 5 weil der beschr haftende NE für eine vor seiner Zeit eingetretene Verminderg des Nachl (zB durch Zufall, Fruchtbezug des VE) nicht mit seinem Eigenvermögen einzustehen hat. Als „erlangt" gilt auch der HerausgabeAnspr des § 2130 selbst. Gegen den VE „als solchen" stehen dem NE die Ersatzansprüche der §§ 2130 bis 2134, 2138 II zu. Für diesen NachlBestand ist der NE den Gläub nach § 260 auskunftspflichtig.

6) Auch dem unbeschränkbar haftenden Nacherben (§ 2013 I) bleibt ggü den Ansprüchen des VE aus 6 §§ 2124 II – 2126; 2121 IV; 2143 die Möglichk der HaftgsBeschrkg gewahrt **(III)**. Jedoch hat der NE die HaftgsBeschrkg besonders geltend zu machen u Vorbehalt nach ZPO 780 zu erwirken.

7) Erbschaftsteuer. Zur Haftg für die den VE treffende ErbschSt (Einf 4 vor § 2100) s ErbStG 20 IV. 7

2145 *Haftung des Vorerben.* [I]Der Vorerbe haftet nach dem Eintritte der Nacherbfolge für die Nachlaßverbindlichkeiten noch insoweit, als der Nacherbe nicht haftet. Die Haftung bleibt auch für diejenigen Nachlaßverbindlichkeiten bestehen, welche im Verhältnisse zwischen dem Vorerben und dem Nacherben dem Vorerben zur Last fallen.

[II]Der Vorerbe kann nach dem Eintritte der Nacherbfolge die Berichtigung der Nachlaßverbindlichkeiten, sofern nicht seine Haftung unbeschränkt ist, insoweit verweigern, als dasjenige nicht ausreicht, was ihm von der Erbschaft gebührt. Die Vorschriften der §§ 1990, 1991 finden entsprechende Anwendung.

1) Weiterhaftung des Vorerben. Da der VE aufhört, Erbe zu sein (§ 2139), wird er von der Haftg 1 grundsätzl frei. Er kann wg NachlAnspr nicht mehr verklagt werden und selbst nach Rechtskr Einwendgen nach ZPO 767, 769 erheben. Haftet er jedoch **unbeschränkt**, wird er durch den NErbfall nicht befreit; denn **II** setzt die Fortdauer dieser Haftg als selbstverständl voraus (Soergel/Harder Rn 3). Auch sonst dauert seine Haftg in gewissem Umfang noch fort: **a)** Für die ihm allein auferlegten **Vermächtnisse** u Auflagen. – **b)** Für **Eigenverbindlichkeiten** wie zB Haftg aus Verletzg der VerwaltgsPfl (§ 1978); ErsatzAnspr des NE

(§§ 2131, 2134, 2138); vom VE selbst, wenn auch in Beziehg auf den Nachl gemachte Schulden (vgl § 1967 Rn 8 und RG JW **38**, 2822); s wg der Haftg des NE § 2144 Rn 2. – **c)** Für die **Verbindlichkeiten,** die ihm **im Verhältnis zum Nacherben** zur Last fallen, also wirtschaftl nur ihn allein angehen: zB die aus der Zeit der VErbsch rückständ Zinsen von NachlSchulden; die rückständ gewöhnl Lasten u Erhaltungskosten (§ 2124). Hier haftet der VE den Gläub neben dem NE (s auch BGH FamRZ **73**, 187), ein Fall, in dem die Verbindlichk nicht dem Nachl zur Last fallen kann. Der NE kann sich an den VE halten, wenn er in Anspr genommen wird. – **d)** Für sämtl **anderen Verbindlichkeiten, soweit der Nacherbe nicht haftet** od die Gläub durch Zahlgsunfähigk des unbeschränkt haftden NE Ausfälle erleiden. Den Gläub darf durch die NErbfolge kein HaftgsGgst entzogen werden, auch dann nicht, wenn der NE unbeschränkt haftet. Die Haftg des unbeschränkb haftden VE mindert sich nur um das, was vom NE beigetrieben wird.

2   **2) Haftungsbeschränkung.** Der VE kann die Berichtig der ihm noch obliegden NachlVerbindlichk insow verweigern, als dasjenige nicht ausreicht, was ihm von der Erbsch gebührt. NachlVerwaltg u NachlKonk kommen für den VE (soweit er nicht seiners NachlGläub ist) nicht mehr in Betr. Denn das, womit er haftet, ist ja nicht der Nachl, sond es sind die Nutzgen (§ 2111), auch die nicht gezogenen nach Maßg der §§ 1991, 1978, 1979 u Verwendgen aus der Erbsch (§ 2134). Insoweit hat auch der befreite VE für die NachlVerbindlichk aus eigenem Vermögen aufzukommen (s RGRK Rn 13). – Weist er nach, daß er aus dem Nachl nichts mehr hat, ist die Klage abzuweisen. Er kann aber auch den Vorbehalt des ZPO 780 erwirken.

3   **3) Bei Fortführung eines Handelsgeschäfts** durch den VE und NE gelten die SonderVorschr in HGB 25, 27 (s dazu BGH **32**, 60; Mattern BWNotZ **60**, 166 u in Anm zu BGH **LM** § 1967 Nr 1).

2146 *Anzeigepflicht des Vorerben.* [1]Der Vorerbe ist den Nachlaßgläubigern gegenüber verpflichtet, den Eintritt der Nacherbfolge unverzüglich dem Nachlaßgericht anzuzeigen. Die Anzeige des Vorerben wird durch die Anzeige des Nacherben ersetzt.

[2]Das Nachlaßgericht hat die Einsicht der Anzeige jedem zu gestatten, der ein rechtliches Interesse glaubhaft macht.

1   **Anzeigepflicht.** Der wichtige, auch für Dritte bedeutungsvolle Vorgang des NErbfalls vollzieht sich nicht in der Öffentlich und ist daher vom VE (od seinen Erben) dem NachlG (FGG 72, 73) anzuzeigen. Bei Verletzg der Pfl ist er NachlGläub schadensersatzpflichtig. – Das NachlG hat keine Mitteilgspflicht nach § 1953 III (vgl im übrigen § 1953 Rn 6). – Gebühr: KostO 112 I Nr 5.

Vierter Titel. Vermächtnis

Einführung

1   **1) Als Vermächtnis** wird sowohl die Vfg des Erbl als auch das ihr entspringende Recht des Bedachten u schließl der so zugewendete Ggstand bezeichnet. Erbrechtl ist es die dch Test (§ 1939) od ErbVertr (§ 1941) erfolgte Einzelzuwendg eines Vermögensvorteils vTw, die gerade keine Erbeinsetzg ist (zur Abgrenzg s § 2087). Vielm begründet sie nur einen schuldrechtl Anspr (§ 2174) des bedachten VermNehmers gg den Beschwerten, der Erbe od selbst VermNehmer sein muß (§ 2147). Für seine Erfüllg kann der Erbl auch dch Ernenng eines TV sorgen (§ 2203). Eine mehrdeut letztw Vfg ist auszulegen (s § 2084 Rn 5); zB kann die vermächtnisweise Zuwendg des „Barvermögens auf der Bank" auch das Wertpapierdepot umfassen (BGH
2   WM **75**, 1259). – Ein **dingliches** Verm (Vindikationslegat) kennt das BGB nicht; es würde den Grdsätzen der Gesamtnachfolge, der Übergabe bewegl u der Umschreib unbewegl Sachen widersprechen, die Abwicklg des Nachl erschweren u Erben sowie Gläub benachteiligen. Auch ein nach ausländ ErbR als Erbstatut bestehdes Vindikationslegat begründet im Inland nur schuldrechtl Anspr (BGH NJW **95**, 58 mAv Birk ZEV **95**, 283; EG 25 Rn 11). – Im **Erbschein** wird das Verm nicht aufgeführt, es sei denn, daß es sich um das VorausVerm eines alleinigen VorE handelt, weil dieses nicht der Beschränkg dch die NErbfolge unterliegt (s § 2150 Rn 5; § 2363 Rn 6).
3   **a) Abgrenzung.** Eine Auflage (§ 1940) unterscheidet sich vom Verm dadch, daß sie keine Zwendg ist u dem Begünstigten kein Anspr auf deren Ausführg zusteht (s §§ 2192; 2194). – Der **Vertrag von Todes wegen** (bes Lebensversicherg) ist Gesch unter Lebenden. Die Schenkg vTw wird, wenn vom Erbl vollzogen, als Schenkg unter Lebenden, sonst als Verm behandelt (vgl auch § 2301). – Kein Verm ist die in einem HofübergabeVertr enthaltene Verpfl des Übernehmers, einem weichden Erben, der am Vertr nicht mitwirkt, eine Abfindg zu gewähren (Celle RdL **79**, 76).
4   **b) Rechtsgrundlage** ist nach der Legaldefinition des § 1939 stets eine Vfg vTw, also Test (auch wechselbezügl gemeinsch, § 2270 III) od ErbVertr (§§ 1941; 2278; 2299). „Gesetzl" Vermächtn gibt es begriffl nicht (Harder NJW **88**, 2716), obwohl vereinfachend von solchen gerne dann gesprochen wird, wenn das Ges die ausdrückl od entspr Anwendg von VermR anordnet: beim Voraus (§ 1932), Dreißigsten (§ 1969) od dem Anspr der Abkömml auf Ausbildgsbeihilfe bei Beendig der ZugewGemsch durch Tod (§ 1371 IV; str; vgl § 1371 Rn 7; auch Schramm BWNotZ **66**, 35); ferner dem Recht auf bestimmte Sachen nach EG 139. Erst recht ist der Pflichtt kein ges Verm; auch nicht der ErbersatzAnspr (§ 1934 a–c), nur weil er statt einer dingl NachlBeteiligg lediglich einen Anspr gg den Erben begründet (aA Coing NJW **88**, 175), tatsächl aber der wertmäßige Ausgleich für ein vom Ges vorenthaltenes Recht, also eine besond Ausgestaltg des ges ErbRs u daher auch einem solchen im PflichttR gleichgestellt (§ 2338 a) ist.
5   **c) Besondere Arten** des Vermächtn sind: VorausVerm (§ 2150); AlternativVerm (§§ 2151, 2152); Wahl-Verm (§ 2154); GattgsVerm (§ 2155); ZweckVerm (§ 2156); gemeinschaftl Verm (§ 2157); VerschaffgsVerm (§ 2170); FordergsVerm (§ 2173); UnterVerm (§ 2186); ErsatzVerm (§ 2190); NachVerm (§ 2191); Rück-Verm (§ 2177 Rn 7). – Zum GrdstVerm im HöfeR s § 2174 Rn 2.

2) Gegenstand eines Vermächtn vermag alles zu sein, was auch Ggst einer Leistg aus einem SchuldVer- 6
hältn sein kann, sofern nur ein **Vermögensvorteil** zugewendet wird. Dieser braucht aber nicht von Dauer
zu sein u keine Vermögensmehrg (Bereicherg) zu enthalten. Es genügt auch ein mittelb Vermögensvorteil
(Staud/Otte § 1939 Rn 8–10; Johannsen WM **72**, 866; vgl auch § 1939 Rn 3). – **Beispiele:** Ein Geben od
Verschaffen. – Die Übereigng von Sachen. – Einräumg eines **Nießbrauchs** wie lebenslängl NutzgsR (KG
NJW **64**, 1808; LG Mü I BayNotV **63**, 337) od Nießbr an Aktien (BGH WM **68**, 696; **77**, 689) od NutzgsR
an Grdst (BGH WM **77**, 416; Petzold, Vorerbsch u NießbrauchsVerm BB **75** Beil Nr 6; BayObLG Rpfleger
81, 64); ein lebenslängl WohnR (LG Mannh MDR **67**, 1012; auch BGH WM **70**, 1520). – Ein **GmbH**-Anteil
(Haegele BWNotZ **76**, 53/57) od ein Kommanditanteil (Hamm OLGZ **93**, 286, auch zur Eintragg im
HandReg). – Ein ÜbernahmeR an einem NachlGgst (§ 2048 Rn 8; BGH **36**, 115; Karlsr Just **62**, 152). –
Zahlung einer Geldsumme, auch in „W-DM" gem Anordnung eines DDR-Erbl (BGH WM **70**, 480); eines
dem Erbteil bei gesetzl Erbfolge entsprechenden Barbetrags (**Quoten**-Verm; BGH NJW **60**, 1759; FamRZ
74, 652; LG Köln FamRZ **75**, 289; Johannsen WM **72**, 880; **79**, 606 f; BGH DNotZ **78**, 487 zur Berechng des
Verm, wenn Unternehmen zum Nachl gehört); GeldVerm in Währgseinheiten nach Preis einer Ware (BGH
WM **71**, 1151). – Eine **Rente** (s BGH **LM** Nr 1 DevG) od ein Altenteil (Oldbg RdL **68**, 236 zur Umwandlg
der Naturalleistg in GeldBetr). – Ein Gewinnanteil (BGH NJW **83**, 937), auch nach Maßg des vom Finanz-
amt festgestellten Steuergewinns (BGH WM **69**, 337). – Die **Abtretung** von Fdgen. – Die Befreiung von
Verbindlichk (**Erlaß**-Verm; BGH FamRZ **64**, 140, Lange/Kuchinke § 27 V 2 f) sowie überh jede Hdlg od
Unterlassg des Beschwerten, auf die eine RechtsPfl begründet werden kann wie zB Aufnahme des Bedach-
ten in die Gesellsch (OLG **44**, 196), was keine AuskPfl begründet (RG JW **27**, 1201). – Leistg persönl
Dienste wie ärztl Behandlg, Pflege usw. – Die Einräumg eines **Ankaufsrechts** (RFH **12**, 278). – Verm von
WiedergutmachgsLeistgen aGrd ergänzder TestAuslegg (BGH WM **71**, 533). – Verm der Erbsch im ganzen
od eines Bruchteils ist als Erbeinsetzg anzusehen (§ 2087). Dagg ist „Universalvermächtnis" eines **Unter-
nehmens**, auch wenn dieses im wesentl die Gesamth des Vermögens des Erbl ausmacht (Verdrängg des
§ 2087 II), bei entspr letztw Vfg mögl (s Dobroschke Betr **67**, 803; Klunzinger BB **70**, 1199; s auch Lange/
Kuchinke § 27 II 2 a⁴⁹). – Wg eines HausratsVerm vgl Reichel AcP **138**, 194 ff; § 2164 Rn 1. – Auch das
Urheberrecht kann Ggst eines Verm sein (UrhG 29; Fromm NJW **66**, 1247).

3) Der Vermächtnisnehmer, der zugl auch Erbe sein kann (§ 2150), wird schon mit dem Erbfall berufen. 7
Da er jedoch als solcher nicht zu den Erben gehört, braucht der Anfall des Verm nicht unbedingt mit dem Erb-
fall zusammentreffen (§§ 2176 ff). Er kann eine natürl od jur Pers sein od auch Gemsch zur ges Hand (Lange/
Kuchinke § 27 III 2 a; bestr) u braucht beim Erbfall noch nicht zu existieren; jedoch muß der Bedachte in
diesem Ztpkt noch leben (§ 2160). Der Anfall erfolgt ohne Annahme, aber mit der Möglichk der Ausschlagg,
für die ebso wie bei § 333 eine bestimmte Frist nicht vorgeschrieben ist (§ 2180). – Da die schuldrechtl
VermVerpflichtg (§ 2174) eine NachlVerbindlichk (§ 1967) begründet, ist der VermNehmer ein NachlGläub,
der jedoch in manchen Beziehungen hinter anderen Gläub zurückzustehen hat (vgl §§ 1992–1994; 1980; 1991–
1992; 2318; RG 219; 222; 226 bis 228; 230; AnfG 3 a). – Dagg ist die Höhe des Verm nicht beschränkt. Dieses
kann also möglicherw den ganzen Nachl aufzehren und dem Erben nichts mehr übrig lassen.

4) Erbschaftsteuer (s ErbStG 1 I Nr 1; 3 I Nr 1; Einl 13–17 vor § 1922). Die Steuer entsteht mit dem 8
Erbfall (ErbStG 9 I Nr 1), bei bedingtem Verm mit Eintritt der Bedingg (ErbStG 9 I Nr 1 a). SteuerSchu ist
der VermNehmer als Erwerber (ErbStG 20 I); der Nachl haftet daneben nur bis zur Auseinandersetzg
(§ 2042) für die Steuerschuld des VermNehmers als einem am Erbfall Beteiligten (ErbStG 20 III). Für
Nießbrauch- u RentenVerm gilt ErbStG 25 (Soergel/Wolf Rn 14 vor § 2147). Über Abzugsfähigk des Verm
als NachlVerbindlk s ErbStG 10 V Nr 2.

2147 *Beschwerter.* **Mit einem Vermächtnisse kann der Erbe oder ein Vermächtnisneh-**
mer beschwert werden. Soweit nicht der Erblasser ein anderes bestimmt hat, ist der
Erbe beschwert.

1) Beschwerter. Der Erbl kann mit einem Verm nur beschweren, wer als Erbe od VermNehmer etwas 1
aus der Erbsch erlangt hat. Bei mehreren Beschwerten gilt § 2148. Bei Wegfall des Beschwerten s § 2161. –
Erbe ist ein gesetzl, test od vertragl (s aber § 2289 I 2) Erbe. Ferner der ErsatzE. Auch ledigl der VorE; der
NachE erst beim od nach Eintritt der NErbfolge, nicht schon vorher (BayObLG **66**, 271; s auch § 2144
Rn 2). Ist bei Vor- u NErbfolge nicht ausdrückl bestimmt, wer beschwert sein soll, ist das Verm eine Last
der Erbsch als solcher (Lange/Kuchinke § 27 III 1). Ist dem NachE eine vor Eintritt des NErbfalls zu
erfüllende Verpflichtg auferlegt, handelt es sich idR um eine bedingte NErbeinsetzg (RGRK Rn 6). Auch ein
aufschiebend bedingt eingesetzter Erbe kann beschwert werden; das Verm ist dann nur bei Eintritt der
Bedingg wirks (Staud/Otte Rn 2). – Ein **Vermächtnisnehmer** (dazu Einf 7 vor § 2147) wird dch sog 2
Untervermächtn (§§ 2186 ff) beschwert. Mögl ist dies auch bei sog „Quoten" Verm (dazu Einf 4 vor § 2147).
– Der **Erbersatzberechtigte** kann auch mit einem Verm beschwert werden, da er gem § 1934 a nicht einem
PflichtBerecht gleichgestellt werden kann (s § 2306 Rn 18; Soergel/Wolf Rn 15; str; aA MüKo/Skibbe Rn 3;
Soergel/Dieckmann § 2306 Rn 32). – Ferner auch der auf den Todesfall **Beschenkte**, wenn er den Schenker
überlebt u nicht § 2289 I 2 entggsteht.

a) Die Ergänzungsregel des Satz 2 bestimmt, daß bei fehlender anderweitiger Bestimmg des Erbl der 3
Erbe beschwert ist. – Ferner bestehen für das Verm in §§ 2151–2156 verschied Ausnahmen von der Regel
des § 2065 II, wonach nur der Erbl den Bedachten u den Ggstand der Zuwendg bestimmen kann.

b) Der Erbe des Beschwerten hat an dessen Stelle ein Verm zu erfüllen, das bis zum Tod des Beschwerten 4
aufschiebend bedingt od befristet (§ 2177) od erst bei seinem Tode fällig (§ 2181) ist (RG Warn **18** Nr 61).

c) Höferecht. Der Begünstigte eines HofübergabeVertr kann mit einem Verm beschwert werden, weil 5
hier ausnahmsw die vorweggenommene Hoferbfolge einem Anfall des Hofes beim Erbfall gleichzusetzen ist
(vgl HöfeO 17 II; BGH **37**, 192; NJW-RR **86**, 164).

6 **2) Nicht beschweren** kann der Erbl Personen, die am Nachl nur aGrd PflichttR beteiligt sind. Ferner nicht Dritte, selbst wenn sie vom Erbl dch RGesch unt Leb eine unentgeltl Zuwendg erhalten haben (BGH NJW-RR **86**, 164); zB wenn sie dch Vertr zG Dr (§§ 331, 332) mit dem Tod des Erbl das Recht auf eine Leistg erwerben (str; aA Soergel/Wolf Rn 15). Auch nicht sonstige Personen, die aus dem Erbfall Vorteile ziehen, ohne aber etwas vom Erbl zugewandt erhalten zu haben, wie der **Erbeserbe** (der aber uU das seinem Erbl auferlegte Verm erfüllen muß, § 2181; s Olshausen DNotZ **79**, 707/717); der Ehegatte od ein Verwandter des Bedachten; der Auflagenbegünstigte (einschränkd insow Soergel/Wolf Rn 12). Ferner nicht den TestVollstr.

2148 **Mehrere Beschwerte.** Sind mehrere Erben oder mehrere Vermächtnisnehmer mit demselben Vermächtnisse beschwert, so sind im Zweifel die Erben nach dem Verhältnisse der Erbteile, die Vermächtnisnehmer nach dem Verhältnisse des Wertes der Vermächtnisse beschwert.

1 **1) Verhältnismäßige Beschwerung** tritt nach dieser **Auslegungsregel** ein, soweit nicht der Wille des Erbl etwas anderes ergibt. MitE, die alle beschwert sind, haften gem § 2058 als Gesamtschuldner (vgl aber auch §§ 2060, 2061), so daß die Teilg nach § 2148 nur für das **Innenverhältnis** von Bedeutg ist (s BayObLG **7**, 211). Ist nur ein Teil der MitE od sind mehrere VermNehmer beschwert, ist auch hier § 2148 anzuwenden (Soergel/Wolf Rn 1; str). Entscheidend ist immer nur das Verhältn der Erbteile bzw das Wertverhältn der beschwerten Verm zur Zeit des Erbfalls (s Staud/Otte Rn 6). – Eine **Ausnahme** von § 2148 enthält § 2320 (RG JW **18**, 768).

2 **2) Entsprechende Anwendung** erfolgt, wenn mehrere Erben u VermNehmer gemeins mit einem Verm beschwert sind (Staud/Otte Rn 5; RGRK Rn 2).

3 **3) Bei unteilbarer Leistung** haften die mehreren Beschwerten als GesSchuldner (§ 431; RGRK Rn 5).

4 **4) Alternatives Vermächtnis.** Ist dieser od jener Erbe od VermNehmer beschwert, haften sie idR nach § 421 als GesSchu (RGRK Rn 6). Die §§ 2073, 2151, 2152 gelten dagg für mehrere alternativ Bedachte.

2149 **Vermächtnis an den gesetzlichen Erben.** Hat der Erblasser bestimmt, daß dem eingesetzten Erben ein Erbschaftsgegenstand nicht zufallen soll, so gilt der Gegenstand als den gesetzlichen Erben vermacht. Der Fiskus gehört nicht zu den gesetzlichen Erben im Sinne dieser Vorschrift.

1 **1) Die Vermächtnisanordnung** ist nicht an bestimmte Ausdrücke (wie „vermachen") gebunden. Sind einzelne Ggstände zugewendet, gilt dies iZw als Verm (§ 2087 II). Was dem eingesetzten Erben nicht zufallen soll, „gilt" nach der **Vermutung** des G als Verm an die gesetzl Erben nach Maßg ihrer Anteile, ebso wie ihnen das ErbR zufällt, soweit darüber nicht verfügt ist (§§ 2088, 2104, 2105). Sind (abgesehen von dem hier ebso wie in § 2104 S 2 ausscheidenden Fiskus) gesetzl Erben nicht vorhanden, erhält der eingesetzte Erbe den Ggst doch.

2 **2) Besondere Anordnungen.** Hat sich der Erbl ledigl **vorbehalten,** noch über ErbschGgstände zu verfügen, gilt § 2086 (Staud/Otte Rn 3). – Wenn er dem **Erben verboten** hat, über ErbschGegenstand unter Lebenden od vTw zu verfügen, muß durch Auslegg ermittelt werden, ob ein NachVerm (§§ 2191, 2338), eine Auflage (§ 2192), eine auflösd bedingte Zuwendg (§ 2192 Rn 2) od nur ein rechtl unverbindl Wunsch vorliegt (Soergel/Wolf Rn 2).

2150 **Vorausvermächtnis.** Das einem Erben zugewendete Vermächtnis (Vorausvermächtnis) gilt als Vermächtnis auch insoweit, als der Erbe selbst beschwert ist.

1 **1) Begriff.** Ein VorausVerm liegt vor, wenn dem VermNehmer zusätzl zu seinem Erbteil ein Vermögensvorteil zugewendet wird, den er sich (im Ggsatz zur Teilungsanordng, § 2048) nicht auf seinen Erbteil anrechnen lassen muß. Es belastet den ganzen Nachl u kann gg die ErbenGemsch durchgesetzt werden (s Rn 4). Der Bedachte ist selbst auch od sogar allein der Beschwerte (als AlleinE od alleiniger VorE, BGH NJW **60**, 959). Er hat also eine Doppelstellg. Als VermNehmer ist ihm das Zugewendete ungekürzt u ohne Anrechng auf den Erbteil zu gewähren, sofern nicht andere NachlGläub bessere Rechte haben. Soweit der Erbe selbst beschwert ist, liegt zwar eigentl kein Verm vor, da niemand sein eigener Schu sein kann. Es „gilt" aber insow als Verm, dh es soll wie ein solches behandelt werden (s Staud/Otte Rn 1; 8 aE). – Sind einzelne MitE zG eines anderen MitE mit einem Verm beschwert, liegt ein gewöhnl Verm vor, bei dem der Bedachte ledigl die Stellg eines VermNehmers einnimmt (vgl noch § 2063 II).

2 **2) Voraussetzung.** Die Anordg des VorausVerm erfordert, daß dem Erben (MitE) neben seiner Erbeinsetzg ein bestimmter einzelner Ggst od eine Mehrheit von solchen noch besonders zugewendet wird. Über das Verhältn zw VorausVerm u Teilgsanordng, insb Zuwendg eines Übernahmerechts, s § 2048 Rn 5; Loritz NJW **88**, 2697.

3 **3) Wirkung.** Dch die rechtl Selbständgk ist das VorausVerm von der Erbenstellg unabhäng. Der Vorausbedachte kann also die Erbsch ausschlagen u das Verm annehmen wie auch umgekehrt. Bei Ausschlagg der Erbsch hat er ggf Pflichtt-Restanspruch (§ 2307 I 2). Eine Bedingg od Unwirksamk der Erbeinsetzg gilt nicht ohne weiteres auch für das VorausVerm (§ 2085).

4 **a) Ein Miterbe,** dem ein VorausVerm zugewendet und der zugl selbst mitbeschwert ist, erhält damit eine Zuwendg über seinen Erbteil hinaus u eine Begünstigg vor den übr ME (s KG OLGZ **77**, 457/461). Bei einer Masse von zB 30000 DM erhält der vorbedachte Drittel-MitE das Verm von zB 6000 DM ungekürzt; sein Erbteil beläuft sich dann aber nur auf ⅓ von 24000, weil die zu verteilende Masse sich durch die ungekürzte Erfüllg des Verm entspr mindert u diese Minderg den Vorausbedachten in gleicher Weise (näml nach dem Verhältn seines Erbteils) trifft wie die Minderg dieser Masse durch die übr Bruchteile des Verm. Die MitE haben zu diesem Verm in vollem Umfang verhältnismäßig beizutragen, also nicht bloß zu den auf ihre Erbteile entfallenden Bruchteilen, sond auch zu dem Bruchteil, der auf den Erbteil des Vorausbedachten entfällt. Das VorausVerm bildet also einen Abzugsposten von der Teilgmasse. – Der Vorausbedachte kann die **Erfüllung** bereits aus dem ungeteilten Nachl mit der Gesamthandsklage (§ 2059 II) verlangen (RG **93**, 196; KG aaO; vgl § 2046 Rn 5; Johannsen WM **72**, 870). Im Verhältn zu NachlGläub, die nicht VermNehmer sind, gilt der Vorausbedachte als VermNehmer (vgl §§ 1973, 1974; 1979; 1991, 1992); auch im Konk (KO 226) und hins der Anfechtg (KO 222; AnfG 3a). Wegen des NachE vgl § 2110 II; des Erbscheins § 2110 Rn 3. – **Mehrere vorausbedachte Miterben** sind iZw zu gleichen Teilen berecht (§§ 2091, 2157), aber nach Verhältn ihrer Erbteile beschwert (§ 2148; RGRK Rn 6; auch Staud/Otte Rn 5).

b) Für den Alleinerben kann das VorausVerm auch von Wert sein (vgl §§ 2085, 2110 II, 2373), auch im **5** GrdbuchVerkehr (OLG **30**, 202) sowie ggü einem TestVollstr (HRR **29** Nr 712; §§ 2203, 2213) od NachlVerw (§§ 1975 ff); s auch RGRK Rn 1. Der **alleinige Vorerbe** erwirbt den ihm durch VorausVerm zugewendeten Ggst ohne weiteres mit dem Vorerbfall (BGH **32**, 60 = **LM** § 1967 Nr 1 mAv Mattern; s auch Johannsen aaO 871).

4) Beschwerung. Hat der Erbl mit dem VorausVerm **nur die anderen Miterben,** nicht aber auch den **6** Vorausbedachten beschwert, gelten die allgem Grdsätze (s §§ 2046 II, 2063 II), so daß § 2150 dann ohne bes Bedeutg ist.

2151 *Mehrere Bedachte; Bestimmungsrecht des Beschwerten.* [I]Der Erblasser kann mehrere mit einem Vermächtnis in der Weise bedenken, daß der Beschwerte oder ein Dritter zu bestimmen hat, wer von den mehreren das Vermächtnis erhalten soll.

[II]Die Bestimmung des Beschwerten erfolgt durch Erklärung gegenüber demjenigen, welcher das Vermächtnis erhalten soll; die Bestimmung des Dritten erfolgt durch Erklärung gegenüber dem Beschwerten.

[III]Kann der Beschwerte oder der Dritte die Bestimmung nicht treffen, so sind die Bedachten Gesamtgläubiger. Das gleiche gilt, wenn das Nachlaßgericht dem Beschwerten oder dem Dritten auf Antrag eines der Beteiligten eine Frist zur Abgabe der Erklärung bestimmt hat und die Frist verstrichen ist, sofern nicht vorher die Erklärung erfolgt. Der Bedachte, der das Vermächtnis erhält, ist im Zweifel nicht zur Teilung verpflichtet.

1) Eine Ausnahme vom Grds des § 2065 II enthält die Vorschr (wie iü auch §§ 2152–2156), die bes **1** praktisch wird für die Regelg einer Unternehmensnachfolge. Vgl dazu Sudhoff (Betr **66**, 650, 1720) über VorausVerm der Unternehmensnachfolge bei mehreren Kindern; Dobroschke (Betr **67**, 803) über Unternehmensnachfolge Minderjähriger, der zutr darauf hinweist, daß § 2087 die Zuwendg des Unternehmens auch dann nicht ausschließt, wenn das Verm den Nachl im wesentl, wenn auch nicht in seiner Gesamth ausmacht; ähnl Klunzinger BB **70**, 1199 für Verm eines Betriebs; auch Haegele BWNotZ **72**, 74/78 f u Rpfleger **73**, 203/204. – Der Wille des Erbl, ein Verm mit Bestimmg des VermNehmers unter seinen Kindern dch einen Dritten auszusetzen, muß aber aus der letztw Vfg eindeut hervorgehen. Über BestimmgsVerm im EhegTest s Keller BWNotZ **70**, 51. – **a) Der Kreis der Bedachten** muß bestimmbar sein (RG **96**, 15; Düss JW **25**, 2147). Aus der letztw Vfg selbst müssen im Fall von **III** die GesamtGläub feststellb sein. Genügend ist zB Verm „für meine Bundesbrüder"; auch die Bezugnahme auf Traubibel genügt (RG JW **37**, 2832). Die Zahl der Personen darf nicht allzu weit ausgedehnt werden (Haegele aaO 78); sonst handelt es sich um Aufl (§ 2193), etwa bei Zuwendg eines NachlRests zu „wohltätigen Zwecken" (RG Recht **20** Nr 1531); vgl Brox § 27 III 2b; Hass SchlHA 74, 136. Auch der Beschwerte kann zum Kreis der Bedachten gehören. – **b) Der vermachte Gegenstand** muß bestimmt sein; andernf gelten §§ 2154–2156.

2) Die Bestimmung (II) geschieht dch formlose, unwiderrufl Erkl. Sie muß (wie in den Fällen der **2** §§ 319, 2155 III, 2156) billig sein (aA Soergel/Wolf Rn 4: freies Ermessen) u ist bei Irrt od Argl anfechtb (str; s auch Klunzinger BB **70**, 1201; Johannsen WM **72**, 872; RGRK Rn 6, 7). – Das BestimmgsR ist nicht übertragb. Kann es nicht ausgeübt werden, gilt **III** 1. Bei Verzöger od Verweigerg der Bestimmg kann nicht auf Vornahme geklagt werden, sond nach **III** 2 nur beim NachlG (Rpfleger, RPflG 3 Nr 2c) **Fristsetzung** beantragt werden. Gegen diese findet befristete, gg ablehnende Vfg unbefristete Erinnerg statt (RPflG 11; FGG 80). – **Gebühr:** KostO 114 Nr 2. – **III** 3 ist eine echte Ausn von § 430. – Ist einem in ZugewinnGemsch lebenden, nicht erbenden Eheg ein Verm nach § 2151 zugewendet, so ist ggf § 1371 II zu beachten.

2152 *Wahlweise Bedachte.* Hat der Erblasser mehrere mit einem Vermächtnis in der Weise bedacht, daß nur der eine oder der andere das Vermächtnis erhalten soll, so ist anzunehmen, daß der Beschwerte bestimmen soll, wer von ihnen das Vermächtnis erhält.

Der Beschwerte soll iZw das BestimmgsR nach § 2151 haben, auch wenn mehr als 2 Personen bedacht **1** sind. Bei Beschwerg mehrerer Personen ist Übereinstimmg aller Beschwerten erforderl (§ 317 II; Staud/Otte § 2151 Rn 4). Unterläßt der Beschwerte die Bestimmg, gilt § 2151 III.

2153 *Bestimmung der Anteile.* [I]Der Erblasser kann mehrere mit einem Vermächtnis in der Weise bedenken, daß der Beschwerte oder ein Dritter zu bestimmen hat, was jeder von dem vermachten Gegenstand erhalten soll. Die Bestimmung erfolgt nach § 2151 Abs. 2.

ᴵᴵKann der Beschwerte oder der Dritte die Bestimmung nicht treffen, so sind die Bedachten zu gleichen Teilen berechtigt. Die Vorschrift des § 2151 Abs. 3 Satz 2 findet entsprechende Anwendung.

1   **Die Bestimmung der Anteile** an einem vermachten Ggst (Übbl 2 vor § 90) erfolgt bei Teilbark nach realen Teilen, bei Unteilbark nach gedachten Bruchteilen. Sie braucht nicht gleichzeitig zu erfolgen, wird aber erst verbindl, wenn der ganze Ggst aufgeteilt ist (RGRK Rn 2). Die Best nach I 2, § 2151 II braucht nicht nach bill Ermessen zu erfolgen (Johannsen WM **72**, 872). – Die vollzogene Verteilg ist für den Bestimmenden unwiderrufl und für die Bedachten (außer bei Argl) unanfechtb (RGRK Rn 4). – Die Möglichk der §§ 2151 und 2153 können miteinander verbunden werden (RG **96**, 17), zB der TestVollstr soll unter die Freunde des Erbl etwas nach seinem Ermessen verteilen.

2154   *Wahlvermächtnis.*   ᴵDer Erblasser kann ein Vermächtnis in der Art anordnen, daß der Bedachte von mehreren Gegenständen nur den einen oder den anderen erhalten soll. Ist in einem solchen Falle die Wahl einem Dritten übertragen, so erfolgt sie durch Erklärung gegenüber dem Beschwerten.

ᴵᴵKann der Dritte die Wahl nicht treffen, so geht das Wahlrecht auf den Beschwerten über. Die Vorschrift des § 2151 Abs. 3 Satz 2 findet entsprechende Anwendung.

1   **Das Wahlvermächtnis** („eines meiner Bilder") begründet eine Wahlschuld iS der §§ 262–265. Im Zw ist also in erster Linie der Beschwerte wahlberechtigt (§ 262). Ist nach der Bestimmg des Erbl der Bedachte wahlberecht, kann er bei einer vom Beschwerten verschuldeter Unmögk der Leistg auch SchadErsatz verlangen (§ 265 S 2; § 280). Unter mehreren Wahlberecht muß Übereinstimmg herrschen (vgl §§ 317 II; 747; 2040 I; 2224). Im übr sind aber §§ 317 ff bei Wahl dch einen Dritten nicht anwendb. – Der Beschwerte ist nach §§ 242, 809 zur Vorzeigg der zur Wahl stehden Ggstände verpflichtet (Staud/Otte Rn 8). Verfügt der Erbl, daß der vermachte Ggst durch das Los od ein sonstiges Ereign bestimmt werden soll, liegt ein bedingtes Verm vor. – Über den Unterschied zw Wahlschuld u begrenzter Gattgsschuld vgl Reichel AcP **138**, 200.

2155   *Gattungsvermächtnis.*   ᴵHat der Erblasser die vermachte Sache nur der Gattung nach bestimmt, so ist eine den Verhältnissen des Bedachten entsprechende Sache zu leisten.

ᴵᴵIst die Bestimmung der Sache dem Bedachten oder einem Dritten übertragen, so finden die nach § 2154 für die Wahl des Dritten geltenden Vorschriften Anwendung.

ᴵᴵᴵEntspricht die von dem Bedachten oder dem Dritten getroffene Bestimmung den Verhältnissen des Bedachten offenbar nicht, so hat der Beschwerte so zu leisten, wie wenn der Erblasser über die Bestimmung der Sache keine Anordnung getroffen hätte.

1   **1) Das Gattungsvermächtnis** („10 Sack Getreide") wird in Abweichg von § 243 I geregelt u betrifft nur Sachen, nicht sonstige Ggstände (str; aA MüKo/Skibbe Rn 2). Die Artmerkmale der Gattg werden nicht obj, sond vom Erbl bestimmt. Der Bedachte kann daraus eine seinen persönl Verhältn entsprechende Sache fordern (**I**). Mängel der Sache verpfl Beschwerten zur Gewährleistg (§§ 2182; 2183). Die Sachen brauchen nicht im Nachl vorhanden zu sein, da § 2169 I für ein GattgsVerm nicht gilt, soweit nicht der Erbl abweich bestimmt, daß nur im Nachl befindl Sachen zu leisten sind (auf den Nachl beschränktes GattgsVerm), Staud/Otte Rn 3. Erfüllt der Erbl selbst noch das Verm, kann der Bedachte nicht nochmals Erfüllg verlangen, u zwar auch dann nicht, wenn der Erbl bei TestErrichtg an diese Möglichk nicht gedacht hat, denn die VermAnordg ist unter der Bedingg stehend anzusehen, daß der Bedachte den Ggstand nicht schon zu Lebzeiten des Erbl erhält (s dazu eingehend Kuchinke JZ **83**, 483). – Ein Streit ist im ProzWege auszutragen (s Soergel/Wolf Rn 5). Vollstreckg erfolgt nach ZPO 884. Sind Sachen der betr Art im Nachl nicht vorhanden, kann Ersatz nach ZPO 893 verlangt werden. Im Falle des **III** hat der Beschwerte nach **I** zu leisten nach §§ 2182, 2183. – Für das **Geldsummenvermächtnis** gilt § 2155 nicht (aA MüKo/Skibbe Rn 2).

2   **2) Vermächtnis eines Sachinbegriffs** (§ 92 II) mit wechselndem Bestand bezieht sich iZw auf die im Ztpkt des Erbfalls dazu gehörenden Sachen (§ 2164 Rn 1; Staud/Otte § 2164 Rn 6).

2156   *Zweckvermächtnis.*   Der Erblasser kann bei der Anordnung eines Vermächtnisses, dessen Zweck er bestimmt hat, die Bestimmung der Leistung dem billigen Ermessen des Beschwerten oder eines Dritten überlassen. Auf ein solches Vermächtnis finden die Vorschriften der §§ 315 bis 319 entsprechende Anwendung.

1   **Die Zweckbestimmung** wie zB Studium; Reise (dazu auch Schäfer BWNotZ **62**, 207); Ersatz für den entgangenen Erbteil (BGH NJW **83**, 277); Verschaffg der Stellg eines Gesellschafters (BGH NJW **84**, 2570) als auch die VermAnordng selbst muß vom Erbl getroffen sein (Warn **11** Nr 42). Dann kann ein Dritter als Bestimmgsberechtigter den Ggst, die Bedingg der Leistg u deren Zeit feststellen, jedoch nicht die Person des Empfängers, soweit nicht zugleich ein Fall der §§ 2151, 2152 vorliegt (anders bei der Aufl, § 2193). Dem Bedachten selbst kann Erbl Bestimmg der Leistg nicht überlassen (BGH NJW **91**, 1885; mit krit Anm Kanzleiter DNotZ **92**, 511; str); auch dem freien Belieben eines Dritten kann BestimmungsR nicht überlassen bleiben (BGH NJW **84**, 2570). S aber auch die Fälle der §§ 2154, 2155. – Bei Wegfall des Dritten entscheidet die Billigk schlechthin. Nachprüfg der Verbindlichk erfolgt nach § 315 III, bei Bestimmg durch einen Dritten nach § 319.

2157 *Gemeinschaftliches Vermächtnis.* **Ist mehreren derselbe Gegenstand vermacht, so finden die Vorschriften der §§ 2089 bis 2093 entsprechende Anwendung.**

1) Gemeinschaftliches Vermächtnis. Hat der Erbl denselben Ggst mehreren Bedachten vermacht, **1** ohne selbst dessen Aufteilg zu realen od ideellen Teilen anzuordnen od dafür einen Bestimmgsberecht (§§ 2151–2153) einzusetzen, erfolgt die Aufteilg nach §§ 2089–2093. Die Bedachten sind also zu gleichen Teilen eingesetzt (§ 2091). Das Verm kann auch in mehreren Vfgen ausgesetzt sein, sofern nicht die spätere die frühere aufhebt (§ 2258). Anwendb auch, wenn ein Grdst mehreren zu Bruchteilen vermacht ist (s BayObLG **13**, 18). – Bei Verm einer teilbaren Leistg ist durch Auslegg zu ermitteln, ob ein gemschaftl od mehrere einzelne Verm vorliegen (RGRK Rn 3).

2) Forderungsrecht. Die Bedachten können den vom Beschwerten geschuldeten Ggst bei idealler od **2** unmögl Teilg nur als GemeinschGläub (§ 432) fordern, bei realer Teilbark auch einzeln ihre Teile (§ 420). § 432 gilt auch, wenn nach dem Willen des Erbl die Aufteilg nur für das Innenverhältn der Bedachten gelten soll. – Über einen ideellen Anteil als solchen kann jeder Bedachte verfügen (§ 741).

2158 *Anwachsung.* **¹Ist mehreren derselbe Gegenstand vermacht, so wächst, wenn einer von ihnen vor oder nach dem Erbfalle wegfällt, dessen Anteil den übrigen Bedachten nach dem Verhältnis ihrer Anteile an. Dies gilt auch dann, wenn der Erblasser die Anteile der Bedachten bestimmt hat. Sind einige der Bedachten zu demselben Anteile berufen, so tritt die Anwachsung zunächst unter ihnen ein.**
ᴵᴵDer Erblasser kann die Anwachsung ausschließen.

Die Anwachsung setzt den Wegfall (s dazu § 2094 Rn 2) eines gültig berufenen Mitberechtigten an **1** demselben Ggst voraus. Stirbt er nach dem Erbfall oder Anfall, ohne vorher ausgeschlagen zu haben, kommt es nur zur Anwachsg, wenn die Erben des Bedachten (§§ 2180, 1952) ihrers ausschlagen (Staud/Otte Rn 4). Ferner darf die Anwachsung nicht ausdrückl od mittelb (zB dch Ersatzberufg, §§ 2190, 2099) ausgeschlossen sein (**II;** OLG **42**, 137 zur Anwachsg bei Verm einer Jahresrente an die „Descendenz"). Soll nach dem Willen des Erbl mit dem Wegfall das Verm hinfällig werden, kommt der Anteil des Weggefallenen dem Beschwerten zugute. – Das Recht des **Nachvermächtnisnehmers** umfaßt iZw die Anwachsg (§§ 2191, 2110). – § 2158 ist entspr anzuwenden, wenn die mehreren Bedachten unter einer auflösnd Bedingg od Bestimmg eines Endtermins eingesetzt sind, ohne daß der Erbl bestimmte, wer an die Stelle eines Mitbedachten treten soll, bei dem die Bedingg od der Endtermin eintritt (RG JW **36**, 41).

2159 *Selbständigkeit der Anwachsung.* **Der durch Anwachsung einem Vermächtnisnehmer anfallende Anteil gilt in Ansehung der Vermächtnisse und Auflagen, mit denen dieser oder der wegfallende Vermächtnisnehmer beschwert ist, als besonderes Vermächtnis.**

Selbständigkeit des anwachsenden Anteils gilt nur für Beschwergen entspr § 2095 (mit Ausnahme der **1** nur bei gesetzl Erbfolge geltenden Ausgleichg). Der so begünstigte VermNehmer haftet einem Unterbedachten nur mit dem Wert des beschwerten Anteils (§ 2187 II). – Der Erbl kann abweichende Anordngen treffen.

2160 *Vorversterben des Bedachten.* **Ein Vermächtnis ist unwirksam, wenn der Bedachte zur Zeit des Erbfalls nicht mehr lebt.**

1) Unwirksamkeit. Die Wirksamk letztw Zuwendgen ist idR ausgeschl, wenn der Bedachte vor dem **1** Erbfall (vor od nach TestErrichtg) gestorben ist od die Bedachte jur Pers vorher zu bestehen aufgehört hat (vgl auch § 1923). Doch braucht der mit einem Verm Bedachte (anders als der Erbe, § 1923 II) beim Erbfall nicht bereits zu leben, erzeugt od sonst bestimmt zu sein (§ 2178), da hier keine unmittelb Gesamtnachfolge eintritt (vgl auch §§ 2162, 2163). Der VermAnfall (§ 2176) trifft also nicht immer mit dem Erbfall zusammen. – Die Unwirksamk kommt dem Beschwerten, nicht den gesetzl Erben zugute. – Die Wirksamk einer VermAnordng ist vom Gericht selbst u unabhäng von rechtl Erklärgen der Parteien zu prüfen (BGH WM **70**, 1520).

2) Andere Unwirksamkeitsgründe sind Verzicht (§ 2352); Eheauflösg usw (§ 2077); Zeitablauf **2** (§§ 2162, 2163); Ausschlagg (§ 2180); Anfechtg (§§ 2078 ff; 2345); Tod vor Eintritt der Bedingg (§ 2074); Unmöglichk (§§ 2171, 2172).

3) Wirksamkeit. Die Vorschr gilt nicht bei **Ersatzberufung** (§ 2190 od stillschw nach § 2069; RG LZ **3** **20**, 385) od bei **Anwachsung** (§ 2158). Ferner kann unter bes Umständen im Wege ergänzender Auslegg statt eines nicht mehr vorhandenen Bedachten ein anderer als bedacht angesehen werden (zB die polit Gemeinde statt einer aufgehobenen Schulgemeinde, Celle Nds Rpfl **48**, 8; vgl § 2084 Rn 8).

2161 *Wegfall des Beschwerten.* **Ein Vermächtnis bleibt, sofern nicht ein anderer Wille des Erblassers anzunehmen ist, wirksam, wenn der Beschwerte nicht Erbe oder Vermächtnisnehmer wird. Beschwert ist in diesem Falle derjenige, welchem der Wegfall des zunächst Beschwerten unmittelbar zustatten kommt.**

Trotz Wegfalls des Beschwerten (sei er nun Erbe od VermNehmer) bleibt das Verm iZw erhalten, **1** auch wenn der Bedachte durch den Wegfall MitE wird (RG Recht **13** Nr 1615). Der an Stelle eines selbst beschwerten VermNehmers Eintretende haftet neu, aber nicht weiter als der Weggefallene (§ 2187 II), weil der Bedachte aus dem Wegfall keinen Vorteil ziehen soll. – Über den Begriff des Wegfalls vgl § 2094 Rn 2.

2162 *Dreißigjährige Frist für aufgeschobenes Vermächtnis.* [I]Ein Vermächtnis, das unter einer aufschiebenden Bedingung oder unter Bestimmung eines Anfangstermins angeordnet ist, wird mit dem Ablaufe von dreißig Jahren nach dem Erbfall unwirksam, wenn nicht vorher die Bedingung oder der Termin eingetreten ist.

[II]Ist der Bedachte zur Zeit des Erbfalls noch nicht erzeugt oder wird seine Persönlichkeit durch ein erst nach dem Erbfall eintretendes Ereignis bestimmt, so wird das Vermächtnis mit dem Ablaufe von dreißig Jahren nach dem Erbfall unwirksam, wenn nicht vorher der Bedachte erzeugt oder das Ereignis eingetreten ist, durch das seine Persönlichkeit bestimmt wird.

1   **1) Aufgeschobene Vermächtnisse** (§§ 2177, 2074) werden ähnl wie Nacherbsch behandelt (§ 2109), um eine Verewigg der VermWirkg zu verhindern. Ist jemand, dessen „Kinder" bedacht sind, 30 Jahre nach dem Erbfall noch kinderlos, wird das Verm unwirks, wenn er nicht der Beschwerte ist (§ 2163 I Nr 1; vgl RGRK § 2109 Rn 7). – Vgl auch Ebbecke Recht **14**, 280; Johannsen WM **72**, 878.

2   **2) Für die Fristberechnung** gilt § 188 II 1. Alt. Die Frist kann sich jedoch im Falle des **II** noch um die Empfängniszeit verlängern (§ 2178).

2163 *Ausnahmen von der dreißigjährigen Frist.* [I]Das Vermächtnis bleibt in den Fällen des § 2162 auch nach dem Ablaufe von dreißig Jahren wirksam:

1. wenn es für den Fall angeordnet ist, daß in der Person des Beschwerten oder des Bedachten ein bestimmtes Ereignis eintritt, und derjenige, in dessen Person das Ereignis eintreten soll, zur Zeit des Erbfalls lebt;

2. wenn ein Erbe, ein Nacherbe oder ein Vermächtnisnehmer für den Fall, daß ihm ein Bruder oder eine Schwester geboren wird, mit einem Vermächtnisse zugunsten des Bruders oder der Schwester beschwert ist.

[II]Ist der Beschwerte oder der Bedachte, in dessen Person das Ereignis eintreten soll, eine juristische Person, so bewendet es bei der dreißigjährigen Frist.

1   **Die Ausnahmen** von § 2162 entsprechen denen bei der Vor- u Nacherbsch (§ 2109). **I** Nr 1 ist nicht erweiternd dahin auslegb, daß das Ereign, von dessen Eintritt das Verm abhängt, nicht in der Person des Beschwerten, sond eines früh Bedachten eintreten soll (BGH FamRZ **92**, 667; 800). – **Ereignis** (**I** Nr 1) kann nicht nur ein Geschehen sein, das den Beschwerten od Bedachten unabhängig von seinem Willen trifft (wie etwa Erwerbsunfähigk od Tod; Anfall des Vorerbteils eines verstorbenen MitE, Hbg FamRZ **85**, 538; BayObLG FamRZ **91**, 1234); es kann auch auf der Willensentschließg des Betreffenden selbst beruhen (zB Wiederverheiratg). Es muß auch nicht den Beschwerten od Bedachten in seiner Stellg als Person berühren. Es genügt, wenn deren vermögensrechtl Stellg betroffen wird, sei es dch ein von seinem Willen unabhäng Ereign (zB Konkurs), sei es dch einen vermögensrechtl Vorgang, der auf dem Willen des Beschwerten od Bedachten beruht wie zB Landverkauf (BGH NJW **69**, 1112).

2164 *Erstreckung auf Zubehör.* [I]Das Vermächtnis einer Sache erstreckt sich im Zweifel auf das zur Zeit des Erbfalls vorhandene Zubehör.

[II]Hat der Erblasser wegen einer nach der Anordnung des Vermächtnisses erfolgten Beschädigung der Sache einen Anspruch auf Ersatz der Minderung des Wertes, so erstreckt sich im Zweifel das Vermächtnis auf diesen Anspruch.

1   **1) Umfang und Zustand,** in dem die vermachte Sache zu leisten ist, richten sich wie sonst auch nach dem **Zeitpunkt des Erbfalls** u nicht nach dem der TestErrichtg od des Anfalls (s Staud/Otte Rn 4). Auch bei aufschiebd bedingtem od befristetem Verm ist deshalb iZw Zubehör in dem Umfang vermacht, wie es beim Erbfall (nicht bei Bedingungseintritt) vorhanden war; es kann aber angenommen werden, daß nach dem Willen des Erbl der Beschwerte Ersatz für Fehlstücke od Verschlechterg bei Eintritt der Bedingg od Befristg zu leisten hat (s §§ 2179, 160 I; Soergel/Wolf Rn 2). Das gilt auch für vermachte **Sachinbegriffe** wie 2 Hausrat (vgl Reichel AcP **138**, 199). – Was **Zubehör** ist, entscheidet das G (§§ 97, 98, 314, 926). Der Wille des Erbl entscheidet aber, ob mehr od weniger als das gesetzl Zubehör vermacht ist; dann verschafft nicht der Irrt des Erbl, sond eine besondere Vfg das Verm. Fehlende Zubehörstücke, mögen sie auch für den wirtschaftl Zweck der Hauptsache notw sein, gelten nicht als vermacht. Zubehörstücke dürfen im Rahmen ordngsmäß Bewirtschaftg ausgewechselt werden (Staud/Otte Rn 4); es ist dann das Ersatzstück vermacht (entw kr dingl Surrogation, §§ 2041, 2111, od als VerschaffgsVerm, § 2170). Bei Zubehör, das nicht dem Erbl gehört, ist iZw der Besitz vermacht (§ 2169 II), zB unter EigtVorbeh vom Erbl gekaufte Maschinen (s auch Johannsen WM **72**, 875); uU ist ein VerschaffgsVerm anzunehmen (§ 2170; Staud/Otte Rn 4).

3   **2) Der Ersatzanspruch (II)** kann auf G od Vertr beruhen, auf SchuldVerh, RGesch (Versicherg) od unerl Hdlg (s §§ 249ff; 812ff). Er umfaßt auch GewährleistgsAnspr (§ 459ff) mit Ausn der Wandlg (s aber Soergel/Wolf Rn 5: § 2169 III entspr), jedoch nicht entgangene Nutzung. Bei Zerstörg od Entziehg der Sache greift § 2169 III ein; ErsVorteil kann auch die AusglLeistg nach dem LAG für Zerstörg od Beschädigg des ausgesetzten VermGgst sein (BGH **LM** Nr 1; Johannsen WM **73**, 549). Entsteht der Anspr erst nach dem Erbfall, gehört er zum Nachl u ist nach §§ 281, 2184 abzutreten (Kipp/Coing § 58 II). Verwendgen des Beschwerten regelt § 2185.

4   **3) Zusammenhängende Teile.** Mit der vermachten Sache in wirtschaftl Zusammenhang stehende Ggstände können nach dem Willen der Erbl als mitvermacht gelten (Staud/Otte Rn 7). – Wesentl u unwe-

sentl **Bestandteile** einer Sache können Ggst eines selbständigen Verm sein oder beim Verm der Sache ausgenommen werden (Staud/Otte Rn 5).

2165 *Beseitigung von Belastungen.* [1]**Ist ein zur Erbschaft gehörender Gegenstand vermacht, so kann der Vermächtnisnehmer im Zweifel nicht die Beseitigung der Rechte verlangen, mit denen der Gegenstand belastet ist. Steht dem Erblasser ein Anspruch auf die Beseitigung zu, so erstreckt sich im Zweifel das Vermächtnis auf diesen Anspruch.**

[2]**Ruht auf einem vermachten Grundstück eine Hypothek, Grundschuld oder Rentenschuld, die dem Erblasser selbst zusteht, so ist aus den Umständen zu entnehmen, ob die Hypothek, Grundschuld oder Rentenschuld als mitvermacht zu gelten hat.**

1) Die dinglichen Rechte (PfandR, Nießbr, Hyp) belasten iZw (Warn **13** Nr 242) den vermachten Ggst, 1 da der VermNehmer grdsl nur das erhalten soll, was dem Erbl zustand. Befreiung von gesetzl Pfandrechten (§§ 559, 647) wird aber verlangt werden können. – Da der Ggst zur Erbsch gehören muß, ist **I** 1 **nicht** anwendb auf VerschaffgsVerm (§§ 2170, 2182 II); ebsowenig auf GattgsVerm (§§ 2155, 2182). Hier kann der VermNehmer iZw Leistg einer lastenfreien Sache verlangen (Ausn bei GrdstVerm, § 2182 III). – Bei Zuwendg zur Sicherh an Dritte übereigneter Ggstände wird der Wille des Erbl idR im Sinne von § 2169 dahin gedeutet, daß der Beschwerte den Ggst dem Bedachten verschaffen soll; es sind nicht §§ 2165–2168 a, sond § 2182 II, III anzuwenden (Staud/Otte Rn 1, 4). – Bei Befriedigg des Pfandgläubigers durch den Bedachten gilt § 1249. Anspr des Erbl auf Beseitigg einer Belastg gelten iZw als mitvermacht. Der Verm-Nehmer kann dann vom Beschwerten Übertragg dieses BeseitiggsAnspr u aGrd desselben Beseitigg der Belastg vom Berecht verlangen (Soergel/Wolf Rn 3; s BGH **LM** Nr 1; auch MDR **80**, 386).

2) Auf Eigentümer-Grundpfandrechte des Erbl an dem vermachten Grdstück (§§ 1163, 1168, 1170 II, 2 1171, 1196) findet die Vermutg des **I** keine Anwendg; vielm entscheidet die Auslegg nach den Umst des Einzelfalles. Bei noch auf den Namen des Gläub eingetragenen Grdpfandrechten sprechen im allg die Umst dafür, daß die infolge ganzer od teilw Rückzahlg dem Erblasser als Eigtümer zustehenden Grdpfandrechte mit vermacht sind (s Staud/Otte Rn 9). – Im übrigen vgl §§ 2166–2168 a.

2166 *Belastung mit Hypothek.* [1]**Ist ein vermachtes Grundstück, das zur Erbschaft gehört, mit einer Hypothek für eine Schuld des Erblassers oder für eine Schuld belastet, zu deren Berichtigung der Erblasser dem Schuldner gegenüber verpflichtet ist, so ist der Vermächtnisnehmer im Zweifel dem Erben gegenüber zur rechtzeitigen Befriedigung des Gläubigers insoweit verpflichtet, als die Schuld durch den Wert des Grundstücks gedeckt wird. Der Wert bestimmt sich nach der Zeit, zu welcher das Eigentum auf den Vermächtnisnehmer übergeht; er wird unter Abzug der Belastungen berechnet, die der Hypothek im Range vorgehen.**

[2]**Ist dem Erblasser gegenüber ein Dritter zur Berichtigung der Schuld verpflichtet, so besteht die Verpflichtung des Vermächtnisnehmers im Zweifel nur insoweit, als der Erbe die Berichtigung nicht von dem Dritten erlangen kann.**

[3]**Auf eine Hypothek der im § 1190 bezeichneten Art finden diese Vorschriften keine Anwendung.**

1) Ein Grundstück (auch einen Bruchteil) muß der Bedachte iZw mit den auf ihm ruhenden Hyp, 1 Dienstbark usw übernehmen (§ 2165 I). Bei **persönlicher Schuld** des **Erblassers** (nicht bei bloß dingl Haftg) haftet der Bedachte dem Erben (nicht dem Gläub, § 329) für Erfüllg der Hypothekenschuld, soweit sie durch den Wert des Grdst gedeckt wird. Befriedigt der VermNehmer den Gläub u übersteigt seine Leistg den GrdstWert, geht insoweit die Fdg gg den persönl Schu nach § 1143 auf ihn über. Zahlt der Erbe die Schuld, geht die Hyp bis zur Höhe des GrdstWerts auf diesen über (Staud/Otte Rn 4). Auf eine **Grundschuld** zur Sicherg einer persönl Schuld des Erbl ist § 2166 entspr anzuwenden (KG NJW **61**, 1680; BGH NJW **63**, 1612; Staud/Otte Rn 10–12). Die Ausleggsregel des **I** 1 gilt aber bei einer Grdschuld jedenf dann nicht, wenn diese der Sicherg eines Kreditverhältnisses in laufender Rechg mit wechselndem Bestand der Schuld dient (BGH **37**, 246 mAv Mattern **LM** BBauG Nr 1; s auch Johannsen WM **72**, 874). § 2166 ist ferner nicht anwendb, wenn der Erbl zur Darlehenssicherg ggü einer Bank eine Grdschuld bestellt u eine RisikolebensVers abgeschl, der Erbe das Darlehen aus der LebensVers getilgt u die Bank ihm die Grdschuld abgetreten hat (Mü NJW **75**, 1521).

2) Für die Wertberechnung (**I** 2) ist der gemeine Wert (Verkehrswert) iSv BBauG 141; BewertsG 9 II 2 zZt des EigtÜbergangs (§§ 873, 925), nicht des Erbfalls od des Anfalls maßgebd. Die der Hyp vorrangigen Belastgen werden grdsätzl abgezogen. Nicht abgezogen werden aber mitvermachte Grundpfandrechte; in § 2165 II erwähnte Eigentümerrechte, soweit nicht der Erbl das Ggteil bestimmte; ebsowenig die HöchstbetragsHyp od entspr eine SichergsGrdschuld für Kontokorrentkredit (vgl BGH **37**, 246; NJW **63**, 1612), da sie gem **III** außer Betr bleiben, weil sie idR keine Kapitalanlage darstellen, die sich aus dem Grdst verzinst und amortisiert. Dagg gilt auch für letztere § 2165 I 1; aber der Erbe bleibt persönl Schuldner, so daß der VermNehmer, der den Gläub befriedigt, die Fdg erwirbt (Staud/Otte Rn 9). – Im Fall des **II** haftet der Bedachte nur hilfsweise.

2167 *Belastung mit Gesamthypothek.* **Sind neben dem vermachten Grundstück andere zur Erbschaft gehörende Grundstücke mit der Hypothek belastet, so beschränkt sich die im § 2166 bestimmte Verpflichtung des Vermächtnisnehmers im Zweifel auf den Teil der Schuld, der dem Verhältnisse des Wertes des vermachten Grundstücks zu dem Werte der sämtlichen Grundstücke entspricht. Der Wert wird nach § 2166 Abs. 1 Satz 2 berechnet.**

1   **Dem Gläubiger der Gesamthypothek,** also nach außen haftet der Bedachte dingl mit dem Grdst unbeschränkt (§ 1132 I). Gleiches gilt nach § 2168 für GesamtGrdschulden. – Nur im InnenVerhältn zum Erben gilt § 2167, so daß die Beschrkg nach dem in S 1 angegebenen Wertverhältn nur hins der Verpflichtg des VermNehmers ggü dem Erben zur Befriedigg des Gläubigers eintritt (s Staud/Otte Rn 1, 2). Gehören die anderen Grdst nicht zur Erbsch, gilt § 2166; vgl auch § 2168 II.

2168   *Belastung mit Gesamtgrundschuld.*   [1]Besteht an mehreren zur Erbschaft gehörenden Grundstücken eine Gesamtgrundschuld oder eine Gesamtrentenschuld und ist eines dieser Grundstücke vermacht, so ist der Vermächtnisnehmer im Zweifel dem Erben gegenüber zur Befriedigung des Gläubigers in Höhe des Teiles der Grundschuld oder der Rentenschuld verpflichtet, der dem Verhältnisse des Wertes des vermachten Grundstücks zu dem Werte der sämtlichen Grundstücke entspricht. Der Wert wird nach § 2166 Abs. 1 Satz 2 berechnet.

[2]Ist neben dem vermachten Grundstück ein nicht zur Erbschaft gehörendes Grundstück mit einer Gesamtgrundschuld oder einer Gesamtrentenschuld belastet, so finden, wenn der Erblasser zur Zeit des Erbfalls gegenüber dem Eigentümer des anderen Grundstücks oder einem Rechtsvorgänger des Eigentümers zur Befriedigung des Gläubigers verpflichtet ist, die Vorschriften des § 2166 Abs. 1 und des § 2167 entsprechende Anwendung.

1   **1) Für Gesamtgrundschulden** gilt das gleiche wie für GesHyp (§ 2167; s dort). Die BefriediggsPfl des Bedachten geht auch im Falle des **I** nicht über den Wert des Grdst (§ 2166 I S 1) hinaus; aber gesagt ist es nicht (Redaktionsversehen).

2   **2) Absatz II** erweitert die Ausgleichspflicht des VermNehmers auf eine Ersatzpflicht des Erbl ggü dem Eigentümer der gesamtbelasteten Grdstücke (s § 1173 II). Jedoch besteht keine BefriediggsPfl ggü dem Erben, soweit der Erbl nicht zur Befriedigg des Gläub verpflichtet ist, wohl aber die Haftg mit dem Grdst (§§ 1132 I, 1192 I).

2168a   *Anwendung auf Schiffe, Schiffsbauwerke und Schiffshypotheken.*   § 2165 Abs. 2, §§ 2166, 2167 gelten sinngemäß für eingetragene Schiffe und Schiffsbauwerke und für Schiffshypotheken.

1   **Geltungsbereich.** § 2165 II gilt nur in den Fällen des SchiffsRG 64 II, IdR erlischt die SchiffsHyp, wenn sie mit dem Eigt in derselben Person zusammentrifft (SchiffsRG 64 I). § 2168 ist nicht entspr anwendb, da das SchiffsRG nur die SchiffsHyp kennt.

2169   *Vermächtnis fremder Gegenstände.*   [1]Das Vermächtnis eines bestimmten Gegenstandes ist unwirksam, soweit der Gegenstand zur Zeit des Erbfalls nicht zur Erbschaft gehört, es sei denn, daß der Gegenstand dem Bedachten auch für den Fall zugewendet sein soll, daß er nicht zur Erbschaft gehört.

[2]Hat der Erblasser nur den Besitz der vermachten Sache, so gilt im Zweifel der Besitz als vermacht, es sei denn, daß er dem Bedachten keinen rechtlichen Vorteil gewährt.

[3]Steht dem Erblasser ein Anspruch auf Leistung des vermachten Gegenstandes oder, falls der Gegenstand nach der Anordnung des Vermächtnisses untergegangen oder dem Erblasser entzogen worden ist, ein Anspruch auf Ersatz des Wertes zu, so gilt im Zweifel der Anspruch als vermacht.

[4]Zur Erbschaft gehört im Sinne des Absatzes 1 ein Gegenstand nicht, wenn der Erblasser zu dessen Veräußerung verpflichtet ist.

1   **1) Nach der Vermutung des I** will ein Erbl idR nur ihm gehörende Ggstände vermachen. Deshalb ist das Verm eines bestimmten Ggst grdsl nur wirks, wenn der Ggst zur Zeit des Erbfalls (nicht der Anordng) zum Vermögen des Erbl gehört; auf GattungsVerm (§ 2155) ist die Vorschr nicht anwendb. Ob dies der Fall ist, beurteilt sich nach wirtschaftl Betrachtweise, wie sich aus **IV** ergibt (s BGH FamRZ **84**, 41). Danach gehört ein Ggst schon bei wirksamer und beim Erbfall noch bestehender Verpflichtg des Erbl darüber nicht mehr zur Erbsch, auch wenn er dingl noch dazugehört (s Rn 9). Gehört ein Ggst nur teilw zur Erbsch, ist nur der Teil vermacht. Ist der Erbl MitE eines noch ungeteilten Nachl eines Dritten, gehört zur Erbsch des Erbl nur dessen Erbteil, nicht aber einzelne Ggstände od ein Bruchteil der einzelnen Ggst (RG **105**, 250; KG NJW **64**, 1809); das Verm einzelner dieser Ggstände ist daher grdsätzl unwirks. –
2   **Bestimmter Gegenstand** kann Sache od Recht sein. **I** gilt auch, wenn ein Recht an einem Ggst vermacht wird; wenn das Recht zugewendet wird, von dem Beschwerten einen bestimmten Ggst käufl zu erwerben (RGRK Rn 1). Gehört der das vermachte Recht tragende Ggst nicht zum Nachl, ist das Verm grdsätzl unwirks (RG SeuffA **80** Nr 14; Celle HEZ 3, 39; s aber Rn 3). – Gleichgült ist, ob die Zuwendg dch Test od ErbVertr erfolgt. Die Regelg des § 2169 steht mit der Bindgswirkg von ErbVertr u gemschaftl Test nicht in Widerspr (s § 2286; BGH **31**, 17; Johannsen WM **69**, 1226; **72**, 873; dazu auch Bund JuS **68**, 273).
3   **a) Ein Verschaffungsvermächtnis** (§ 2170) kann aber entgg der ges Vermutg vom Erbl gewollt sein, wenn er den nicht mehr zur Erbsch gehörenden Ggst od das Recht an einem Ggst auch für den Fall der Nichtzugehörigk zuwenden wollte (BGH **LM** § 2288 Nr 2). Bes nahe liegt dies dann, wenn der Ggst zwar nicht rechtl, aber wirtschaftl zum Nachl gehört (BGH NJW **83**, 937). – Maßgebl ist immer der Wille zur Zeit der VermAnordng (RG **104**, 196). Auch der Anspr auf Auszahlg eines Gewinnanteils kann Ggst eines VerschaffgsVerm sein (BGH aaO). Ein solches kann auch dann vorliegen, wenn bei gemschaftl Test od ErbVertr unter Lebenden über den Ggst eines Verm verfügt u dieses dadurch unwirks wird (§ 2271 Rn 10; BGH NJW **58**, 547; **59**, 2252 mAv Baumgärtel MDR **60**, 296, Coing JZ **60**, 538). Vermacht der überlebende Eheg einen zum Gesamtgut der fortgesetzten GüterGemsch gehörenden Ggst, handelt es sich um

ein VerschaffgsVerm (BayObLG **60**, 254, 507; BGH NJW **64**, 2298: Verm eines ÜbernahmeR von Grdst, die zum Gesamtgut der fortges GütGemsch gehören; dazu Mattern BWNotZ **65**, 4; Bühler DNotZ **64**, 581).

b) Kenntnis. Bewußtsein der Nichtzugehörig beim Erbl ist nicht Voraussetzg, sond sein qualifizierter **4** Zuwendgswille (BGH NJW **83**, 672), so daß auch bei einem Irrtum des Erbl üb die Zugehörig zu seinem Vermögen VerschaffgsVerm vorliegen kann (BGH FamRZ **84**, 41). Jedoch wird ein auf VerschaffgsVerm gerichteter Wille regelm dann anzunehmen sein, wenn der Erbl die Nichtzugehörig kannte (Celle aaO). Allerd ist dies nur ein Indiz; entscheidend ist die Intensität des Zuwendgswillens (BGH NJW **83**, 937). Bei Sichergsübereigng durch den Erbl ist idR entweder ein VerschaffgsVerm gewollt od der Anspr auf Leistg nach **III** vermacht.

c) Der Beweis, daß der vermachte Ggst nicht zum Nachl gehört, trifft den Beschwerten. Der Bedachte **5** hat dann zu beweisen, daß die Zuwendg auch für diesen Fall angeordnet ist (BGH FamRZ **84**, 41).

d) Haftung. Beim Verm eines bestimmten Ggst haftet der Beschwerte nicht für Sachmängel (§ 2183 **6** Rn 2), für Rechtsmängel aber iZw wie ein Verkäufer (§ 2182 II). Er hat also alle Rechte zu beseitigen, die nach Erfüllg von Dritten gg den Bedachten geltend gemacht werden könnten, aber nicht die Rechte des Bedachten selbst (Bühler DNotZ **64**, 583). Der Erbl kann die Haftg für Rechtsmängel ausschließen od verschärfen; er kann auch Sachmängelhaftg anordnen (Bühler aaO 584). Für Grdstücke s § 2182 III.

2) Besitzvermächtnis (II). Ist der Erbl nur Besitzer der vermachten Sache, ist iZw kein Verschaffgs- **7** Verm anzunehmen, sond nur der Besitz vermacht. Wenn aber der Besitz keinen rechtl Vorteil gewährt, ist das Verm unwirks, falls nicht § 2170 einschlägt. Keinen rechtl Vorteil gewährt der Besitz namentl dann, wenn seine Unrechtmäßigk bekannt u Herausg vom Eigtümer bereits verlangt ist, GgAnsprüche (s § 994) aber nicht bestehen (Soergel/Wolf Rn 12).

3) Vermächtnis eines Leistungs- oder Ersatzanspruchs (III). Eine Sache, die dem Erbl rechtl nicht **8** gehört, auf die er aber einen Anspr hat, wird gem **III** bes behandelt: Im Zw ist das Vermächtn einer solchen nicht zum Nachl gehörigen Sache zwar nicht gem I unwirks; es gilt aber nicht die Sache, sond der Anspr auf sie als vermacht. Es wird vermutet, daß iZw kein VerschaffgsVerm gewollt ist, sond ein Verm des Leistgs- bzw ErsatzAnspr. Wenn der Erbl den Wertersatz selbst noch nicht erhalten hatte, gilt § 2173. Hat er aber den VermGgst veräußert u den Erlös selbst noch eingezogen, ist der Ggst weder untergegangen noch entzogen u der Erlös tritt daher grdsätzl nicht an die Stelle des VermGgstandes (s BGH **31**, 13); das Verm ist unwirks. Denn der Grds des **III** darf nicht zu einem allg gültigen Surrogationsprinzip erweitert werden (Staud/Otte Rn 15). Im Wege der ergänzenden Auslegg kann aber uU doch der Erlös als vermacht angesehen werden (BGH **22**, 357 = **LM** Nr 1 mAv Johannsen; KG FamRZ **77**, 267/270; Johannsen WM **79**, 606 f), zB bei Ausgleichsleistg nach LAG 229 (BGH NJW **72**, 1369) od bei Rückerstattg als Ersatzleistg für verfallenes Vermögen (Mü RzQRW **67**, 538). S auch § 2164 Rn 3.

4) Veräußerungspflicht (IV). War der Erbl beim Erbfall zwar Eigtümer der vermachten Sache, **9** aber zur Veräußerg verpflichtet, gehört die Sache gem **IV** nicht mehr zur Erbschaft, weil der verkaufte, aber noch nicht übergebene Ggst dem Erbl zwar noch dingl, aber nicht mehr wirtschaftl gehörte. Hier kann **III** nicht entspr angewendet werden. Zu prüfen ist aber, ob notfalls im Weg ergänzender TestAuslegg festgestellt werden kann, daß der Erbl mit dem Verm des Ggstandes auch die GgLeistg für dessen Veräußerg vermachen wollte (Nürnbg NJW **56**, 1882; KG aaO). – **IV** gilt auch entspr für vertragsmäß Zuwendgen durch ErbVertr (Stgt BWNotZ **58**, 307; BGH **31**, 13); s auch § 2288 Rn 1.

2170 Verschaffungsvermächtnis. [I]Ist das Vermächtnis eines Gegenstandes, der zur Zeit des Erbfalls nicht zur Erbschaft gehört, nach § 2169 Abs. 1 wirksam, so hat der Beschwerte den Gegenstand dem Bedachten zu verschaffen.

[II]Ist der Beschwerte zur Verschaffung außerstande, so hat er den Wert zu entrichten. Ist die Verschaffung nur mit unverhältnismäßigen Aufwendungen möglich, so kann sich der Beschwerte durch Entrichtung des Wertes befreien.

1) Das Verschaffungsvermächtnis ist auf einen Ggstand gerichtet, der nicht zum Nachl gehört (s **1** § 2169 I Alt 2). Die Anordg setzt aber nicht voraus, daß der Erbl sich darüber bewußt ist (BGH NJW **83**, 937; s auch § 2169 Rn 3). Der **Beschwerte** hat den Ggstand (dazu § 2169 Rn 2) anzuschaffen u (nebst etwaigem Zubehör, § 2164) dem Bedachten zu übereignen od ihm das zu begründende Recht (RG LZ **23**, 454) zu verschaffen. Die Verpflichtg ist NachlVerbindlichk (§ 1967 II; BGH FamRZ **64**, 425). Über Haftg des Beschwerten s § 2169 Rn 6; über Durchsetzg des Verschaffgsanspruchs s Bühler DNotZ **64**, 581/589 ff, Johannsen WM **72**, 875. – Gehört der Ggst bereits dem Beschwerten, gilt § 2174 (Haegele Rpfleger **64**, 138; s dazu Kuchinke JZ **83**, 483). Gehört er dem Bedachten (weil er ihn etwa vom Erbl schon zu dessen Lebzeiten erhalten hatte), ist das Vermächtn wirkgslos; ein Anspr auf Wertersatz wird ihm nur in bes Fällen zustehen (Soergel/Wolf Rn 1). Wenn aber der Bedachte dem Erbl herausgabepflichtig war, ist er von der HerausgabePfl befreit; s auch RG **164**, 202.

2) Subjektives Unvermögen der Verschaffg (zB durch Weiger od übermäßige PreisFdg des Dritten) **2** verpflichtet zum Wertersatz; im zweiten Fall (**II** 2) berechtigt sie dazu (vgl §§ 251 II; 633 II). Maßgebend ist der gemeine Wert nicht zZ des Erbfalls, sond im Fall **II** 1 zZ des Entstehens der Ersatzverpflichtg, in der sich das subj Unvermögen des Beschwerten endgültig herausstellt, und im Fall **II** 2 zZ der Leistg (Soergel/Wolf Rn 9). Zur Entschädig des Bedachten, dem Gelegenh zum Eintritt in eine OHG vermacht wurde, bei verschuldeter Unmöglichk des Eintritts s BGH NJW **84**, 2570. Die Verpflichtg zum Wertersatz entfällt aber, wenn die Leistg des vermachten Ggstandes nachträgl ohne Verschulden u ohne Verzug des Beschwerten obj unmögl wird (RGRK Rn 12; str).

3 **3) Objektive Unmöglichkeit.** Bei ursprüngl (anfängl) ist das Verm unwirks (§ 2171). Wird die Verschaffg nachträgl ohne Verschulden und ohne Verzug des Beschwerten obj unmögl (zB dch zufälligen Untergang, § 275 I), wird der Beschwerte befreit; vgl aber § 281 (s RG DR **44**, 292; RGRK Rn 6; Bühler DNotZ **64**, 581/586; einschränkend Soergel/Wolf Rn 6). Bei nachträgl Unmöglichk, die der Beschwerte zu vertreten hat, gilt § 280 I (Johannsen WM **72**, 875).

4 **4) Beim Erbvertrag** besteht eine Sonderregelg nach § 2288.

2171 *Unmögliches oder verbotenes Vermächtnis.* Ein Vermächtnis, das auf eine zur Zeit des Erbfalls unmögliche Leistung gerichtet ist oder gegen ein zu dieser Zeit bestehendes gesetzliches Verbot verstößt, ist unwirksam. Die Vorschriften des § 308 finden entsprechende Anwendung.

1 **1) Objektive Unmöglichkeit** (vgl §§ 275, 306) wird erfordert, zB Untergang in der Zeit zw Anordng u Erbfall, soweit hier nicht der Anspr auf WertErs als vermacht anzusehen ist (§ 2169 III). § 2171 bezieht sich auf die **anfängliche** Unmöglichkeit und stellt in Abweichg von § 306 auf den Erbfall ab; bei einem bedingten od befristeten Verm muß die obj Unmöglichk aber auch noch zZ des Eintr der Bedingg od des Anfangstermins vorliegen (§§ 308, 2177; BGH NJW **83**, 937; Soergel/Wolf Rn 4; s auch § 2170 Rn 3). Nach **S 2** ist das Verm trotz zZ des Erbfalls bestehender Unmöglichk od Verbotswidrigk der Leistg bei Vorliegen der Voraussetzgen des § 308 wirks (s RGRK Rn 8). – Nachträgl Unmöglichk s §§ 275 ff und § 2170 Rn 2, 3. Über aufschiebende u auflösende unmögl Bedinggen vgl § 2074 Rn 3. Bei Unvermögen des Beschwerten zZ des Erbfalls gelten §§ 2169, 2170.

2 **2) Ein gesetzliches Verbot** macht das Verm schon nach § 134 nichtig; zB ein Einfuhrverbot; od Verstoß gg Devisenbestimmgen. Das gesetzl Verbot muß aber zZ des Erbfalls u nicht der Errichtg der Vfg bestehen. – Bei Verstoß gg die **guten Sitten** ist ein Verm nach § 138 nichtig (vgl § 1937 Rn 20–24; auch Soergel/Wolf Rn 6–8). Die Frage der Sittenwidrigk ist aber nicht nach dem Verhältn zZ des Erbfalls, sondern der Errichtg zu beurteilen (BGH **20**, 71; § 1937 Rn 21; str; aA Soergel/Wolf Rn 8). Bei Änderg des sittl Maßstabs in der Zeit zw Errichtg u gerichtl Entscheid ist jedoch die Beurteilg im Ztpkt des Richterspruchs maßg (§ 1937 Rn 21; dort auch weitere Einzelheiten). Unentgeltlich u ungleiche Bedenkg der Kinder macht Verm nicht nach § 138 unwirks (BGH NJW **64**, 2299).

3 **3) Genehmigungsbedürftigkeit.** Bedarf ein Verm seinem Inhalt nach einer behördl Genehmigg (zB nach GrdstVG; BBauG), ist es bis zur Entscheidg über die Genehmigg od den Wegfall des GenErfordernisses **schwebend unwirksam** (BGH **37**, 233 = **LM** § 19 BauGB Nr 1 mAv Mattern; s auch Johannsen WM **72**, 876). Zum GenehmiggsVerf s Hense DNotZ **58**, 562; Bitter DVBl **62**, 41. – Über Verm landw Grdst an Nichtlandwirt s Stgt BWNotZ **64**, 335. Vgl § 2174 Rn 12. – Die Zuwendg **sachwertabhängiger Geldvermächtnisse** bedarf keiner Genehmigg nach WährG 3 S 2 (Soergel/Wolf Rn 10).

2172 *Verbindung, Vermischung, Vermengung der vermachten Sache.* ¹Die Leistung einer vermachten Sache gilt auch dann als unmöglich, wenn die Sache mit einer anderen Sache in solcher Weise verbunden, vermischt oder vermengt worden ist, daß nach den §§ 946 bis 948 das Eigentum an der anderen Sache sich auf sie erstreckt oder Miteigentum eingetreten ist, oder wenn sie in solcher Weise verarbeitet oder umgebildet worden ist, daß nach § 950 derjenige, welcher die neue Sache hergestellt hat, Eigentümer geworden ist.

²Ist die Verbindung, Vermischung oder Vermengung durch einen anderen als den Erblasser erfolgt und hat der Erblasser dadurch Miteigentum erworben, so gilt im Zweifel das Miteigentum als vermacht; steht dem Erblasser ein Recht zur Wegnahme der verbundenen Sache zu, so gilt im Zweifel dieses Recht als vermacht. Im Falle der Verarbeitung oder Umbildung durch einen anderen als den Erblasser bewendet es bei der Vorschrift des § 2169 Abs. 3.

1 **Verbindung usw (I)** der vermachten Sache mit einer anderen machen die Leistg unmögl, u zwar ohne Rücks darauf, ob die Verbindg usw nur Sachen des Erbl od auch fremde Sachen betrifft u ob die Verbindg durch den Erbl od einen Dritten erfolgt. – **II** enthält aber Ausnahmen für den Fall, daß ein Dritter ohne den Willen des Erbl die Verbindg usw vornahm. – Über II hinaus kann aber die Vfg nach Sachlage dahin ausgelegt werden, daß auch in anderen Fällen etwaige WertersatzAnspr als vermacht gelten. Mögl ist auch ein Verm dahin, daß die vermachte Sache von der anderen abzutrennen u dann zu leisten ist. Ebenso ist auch in den Fällen des **I** denkb, daß ein entstandenes AlleinEigt an der neuen Sache (§§ 947 II, 948) od ein MitEigt des Erbl (§§ 947 I, 948) als vermacht gilt.

2173 *Forderungsvermächtnis.* Hat der Erblasser eine ihm zustehende Forderung vermacht, so ist, wenn vor dem Erbfalle die Leistung erfolgt und der geleistete Gegenstand noch in der Erbschaft vorhanden ist, im Zweifel anzunehmen, daß der Bedachte dieser Gegenstand zugewendet sein soll. War die Forderung auf die Zahlung einer Geldsumme gerichtet, so gilt im Zweifel die entsprechende Geldsumme als vermacht, auch wenn sich eine solche in der Erbschaft nicht vorfindet.

1 **1) Beim Forderungsvermächtnis** erlangt der Bedachte gemäß § 2174 gg den Beschwerten den Anspr auf Übertragg der vermachten Fdg (§§ 398 ff) nebst Zinsen seit dem Anfall (§ 2184) und etw Nebenrechten (§§ 401, 402). Wird eine SchuldUrk (zB ein Sparkassenbuch) vermacht, ist regelm die Zuwendg der verbrieften Fdg in ihrer beim Erbfall bestehenden Höhe gemeint. Bei Verm eines Schreibtischs „mit Inhalt" ist dies Auslegsfrage (§ 2084 Rn 15; RG SeuffA **75** Nr 107). Ob bei einem Verm von Wertpapieren, die vor dem Erbfall veräußert sind, der Beschwerte zur Herausg des Erlöses verpflichtet ist, muß nach den Umst des Einzelfalles entschieden werden (Erman/Hense/Schmidt Rn 1). Auch künftig entstehende Fdgen können vermacht werden. Beim Verm einer Leibrente wird die Schriftform (§ 761) durch die TestForm (§§ 2231 ff; BeurkG 1 ff) ersetzt.

2) Erfüllung. Nach der Ausleggsregel des **S 1** tritt im Zw an die Stelle einer untergegangenen Fdg der **2** geleistete Ggst, wenn die Fdg **vor dem Erbfall** dch Erfüllg getilgt wird. Das Verm wird also iZw nicht unwirks, sofern sich der geleistete Ggst noch im Nachl befindet; od wenn es sich um eine Geldschuld handelt **(S 2)**, da die Absicht des Erbl idR auf Zuwendg des SchuldGgstandes geht. Die Ausleggsregel des **S 2** (Warn 30 Nr 60) greift auch bei der **Aufrechnung** ein, soweit sie für den Erbl denselben wirtschaftl Erfolg wie die Erfüllg herbeiführt.

3) Was der Erbe nach dem Erbfall durch Zahlg der Schuld einnahm, hat er dem Bedachten zu ersetzen. **3** Erfolgt nach dem Erbfall die Aufrechng durch den Schuldner mit einer ihm gg den Nachl od den Erben zustehenden Fdg ggü dem Bedachten, haftet der Erbe dem Bedachten, soweit er infolge der Aufrechng bereichert ist.

4) Beim Befreiungsvermächtnis, das nicht bes geregelt ist und ebenf keine dingl Wirkg hat, kann der **4** Bedachte verlangen, von einer Schuld befreit zu werden. War es eine Schuld ggü dem Erbl, kann der Bedachte Schulderlaß, ev Freigabe der Sicherh für die erlassene Schuld, Quittg und Rückgabe des Schuldscheins (§§ 368, 371) beanspruchen (BGH FamRZ **64,** 140). Er hat auch nach Verjährg seines Anspr eine Einrede (vgl § 821). War es eine Schuld ggü einem Dritten, hat der Beschwerte durch Zahlg, Aufrechng od sonstwie den Bedachten zu befreien (RG LZ **14,** 760). War die Schuld vom Bedachten schon vor dem Erbfall getilgt, kann Verm der Schuldsumme gemeint sein (RG Gruch **62,** 248).

5) Schuldvermächtnis. Vermacht der Erbl etwas, was er dem Bedachten ohnehin schuldet, kann dies als **5** Verm eines Schuldanerkenntnisses aufgefaßt werden. Dem Bedachten wird so der Beweis des Bestehens der Schuld erspart (OLG **12,** 363). Doch kann der Beschwerte nach § 2078 anfechten, wenn die Schuld nicht bestand. War sie vor dem Erbfall getilgt (nicht bloß verjährt), wird das Verm nach § 2171 unwirks. – Die Bestätigg einer unwirksamen Schenkg in einem Test kann als Verm ausgelegt werden (RG **82,** 149).

2174 *Anspruch aus Vermächtnis.* **Durch das Vermächtnis wird für den Bedachten das Recht begründet, von dem Beschwerten die Leistung des vermachten Gegenstandes zu fordern.**

1) Schuldrechtlicher Anspruch. Das Verm verschafft dem Bedachten nur ein FdgsR gg den Beschwer- **1** ten, auf das (von der Ausschlagg abgesehen) nach § 397 verzichtet werden kann (vgl Einf 1 vor § 2147). Wann die Fdg entsteht, regelt nicht § 2174, sond die §§ 2176 ff (BGH NJW **61,** 1915). Die gegenseitigen Rechte und Pflichten des Bedachten u Beschwerten richten sich nach den Vorschr des **allgemeinen Schuldrechts,** insb hins Fälligk (§ 271; s aber § 2181); eigenen u fremden Verschuldens (§§ 276 ff); der Unmöglichk (§§ 280, 275 II; s BGH NJW **84,** 2570); des Verzuges (§§ 286 ff) und der ZinsPfl (§ 291; Warn **27** Nr 35). Sie stehen auch unter dem Gebot von Treu u Glauben, § 242 (BGH **37,** 240; Johannsen WM **72,** 877). Dagg greifen die Regeln üb Wegfall der GeschGrdlage nicht ein (BGH NJW **93,** 850); fehlen wesentl Umst od ändern sie sich nachträgl, kann dem idR nur mittels ergänzder TestAusslegg (§ 2084 Rn 8) Rechng getragen werden (BGH aaO). – **Klage** kann in jedem Falle beim Gerichtsstand der Erbsch (ZPO 27) erhoben werden u richtet sich iZw gg den Erben (§ 2147), vor der Annahme gg den NachlPfleger od verwaltenden TestVollstr (§§ 1958; 2213) od KonkVerwalter (KO 226 Nr 5; 219 I 2). Im ordentl RWeg kann die Klage auch gg eine Stiftg erhoben werden, die einwendet, sie brauche das Verm nach LandesstiftgsR nicht zu erfüllen (BGH WM **75,** 198). – Vor Annahme der Erbsch **haftet** der Beschwerte wie ein GeschFührer ohne Auftr (vgl § 1978 I 2). – Die Gefahr einer nach dem Erbfall eingetretenen Verschlechterg seiner Wirtschaftslage trägt iZw der Beschwerte, nicht der Bedachte. – Wird der Anspr vereitelt u wirkt dabei ein Dritter in sittenwidr Weise mit, kommt Anspr aus § 826 in Betr (BGH NJW **92,** 2152).

2) Zur Erfüllung der iZw sofort fälligen (§ 271; s aber § 2181) VermFdg hat der Beschwerte (§ 2147) ein **2** Grdst nach §§ 873, 925, bewegl Sachen nach §§ 929 ff zu übereignen, eine vermachte Fdg abzutreten usw. Wurde der Bedachte vom Erbl zur Auflassg an sich selbst bevollmächt, wird das Grdst gleichf vom Erben (vertreten dch den Bedachten) erworben (Köln Rpfleger **92,** 299). Das Verm muß grdsl bis zur völligen Ausschöpfg des Nachl erfüllt werden (§§ 1990 ff; BGH NJW **93,** 850). – **Genehmigung:** Das ErfüllgsGesch kann nach §§ 1643; 1821 einer Gen bedürfen. Das Verm eines unter GrdstVG 1 fallenden Grdst bedarf nicht der Gen nach GrdstVG 2 I, wohl aber einer Auflassg zwecks Erfüllg (str; s Hamm RdL **65,** 120; 299; Stgt BWNotZ **65,** 353; Karlsr AgrarR **75,** 106). Im Bereich der HöfeO ist dessen § 16 I zu beachten, falls das vermachte Grdst zu einem Hof gehört. Ist das GrdstVerm von einer dem KirchenR unterstehenden jur Person als Erbe zu erfüllen, gelten kirchenrechtl GenehmiggsPfl, der sonst bei GrdstÜbertragen dch kirchl Organisationen auch vom GBAmt zu beachten sind, nicht (Memmingen RPfleger **90,** 70 mAv Khan; s auch Übbl 26 vor § 873). – Verm einer **Eigentumswohnung** fällt nicht unter WEG 12 (LG Nürnbg–Fürth MittBayNot **76,** 27; s WEG 12 Rn 4). – Beim Verm eines entgeltl lebenslängl **Wohnrechts** bestimmen sich die ggseit Rechte u Pflichten der Beteiligten nicht nach Vorschr für MietVertr, sond der erbrechtl Grdsätzen auf der Grdlage der test Anordng (LG Mannh MDR **67,** 1012). – Hinsichtl eines vermachten UrheberR s UrhRG 29, eines vermachten GmbHAnteils s GmbHG 15 III, V (dazu Däubler, Die Vererbg des GeschAnteils bei der GmbH, 1965, S 26 ff; Haegele BWNotZ **76,** 53/57). – Als Erfüllgsort wird meist der letzte Wohnsitz des Erbl maßgebend sein (§§ 269; 270).

a) Zur Auskunft über den NachlBestand ist der Beschwerte an sich nicht verpflichtet (RG **129,** 239). **3** Eine solche Pflicht kann sich aber aus § 242 ergeben, wenn die Ausk für die Sicherstellg des Anspr des Bedachten erforderl ist. Auch kann das AuskR mitvermacht sein. Ist der Bedachte pflichtberechtigt, kann er Ausk gem § 2314 beanspruchen (BGH **28,** 177). Soll bei einem GewinnVerm der vom FinAmt festgestellte Steuergewinn maßg sein, hat der VermNehmer gg den Beschwerten nur einen Anspr auf Vorlage der Gewinnfeststellg des FinAmts, nicht aber auf Ausk od Rechngslegg über Einnahmen und Ausgaben des

Betriebs (BGH WM **69**, 337). Ein nach § 242 bestehender AuskAnspr kann sich bei Vor- u NErbfolge auch gg den befreiten VorE richten (Oldbg NJW-RR **90**, 650). – Auch eine Pflicht zur **Rechnungslegung** od Vorzeigung kann sich nur aus den Umständen ergeben (§ 242) od auch mitvermacht sein (RG LZ **31**, 688), insb beim Verm eines Bruchteils des ReinNachl.

4   **b) Die Kosten** der Entrichtg des Verm fallen dem Beschwerten, die der Abnahme u Übersendg (man denke an Hausrat) iZw dem Bedachten zur Last (vgl §§ 242; 448 I; 449). Eine Bringschuld (Schickschuld) kann uU dann anzunehmen sein, wenn die Übersendgskosten vom Bedachten schwer, vom Nachl leicht zu tragen oder im Verhältn zum Wert der Zuwendg hoch sind (Reichel AcP **138**, 201). Der mit einem GrdstVerm Beschwerte hat auch die Kosten der GrdstUmschreibg zu tragen (BGH NJW **63**, 1602).

5   **c) Die Erbschaftssteuer** für das Verm schuldet der VermNehmer (ErbStG 20 I). Daneben haftet der Nachl mit, aber nur bis zur Auseinandersetzg (ErbStG 20 III). S Einf 8 vor § 2147.

6   **d) Annahmeverzug.** Durch die Ablehng der Leistg nach Annahme (§ 2180 I) kommt der Bedachte in AnnVerzug; vor Annahme kann er aber nicht in AnnVerzug kommen (s § 2180 Rn 6; Lange/Kuchinke § 27 IV 2 d). Der Beschwerte muß ggf nach § 383 verfahren, sofern nicht der Bedachte endgültig verzichtet (Reichel aaO 204).

7   **e) Abtretung, Pfändung.** Der Anspr ist vom Erbfall an (§ 2176) abtretb od pfändb (RG **67**, 425; § 2177 Rn 2) und (außer im Fall des § 2074) auf die Erben des Bedachten übertragb (zur Pfändbark s Stöber[8] Rn 414–419). Ist aber Ggst des Verm der Anteil an einer OHG od KG, ist die Abtretung (§ 399) des VermAnspr nur mit Zust der and Gesellschafter mögl, falls nicht der GesellschVertr die Abtretg ohne deren Zust zuläßt (BGH **LM** Nr 5 zu § 399; s auch Baumgärtel JZ **58**, 654). Steht der GesellschVertr einer Beteilig des VermNehmers entgg, hat der Erbe ihm wenigstens die übertragb Rechte (auf Gewinnausschütt, Auseinandsetzgsguthaben) abzutreten (BGH WM **76**, 251, dort auch zur Wertermittlg). Die Abtretg eines dem gesetzl Vertr eines minderj Erben vermachten Kommanditanteils bedarf weder einer Pflegerbestellg noch einer vormschaftl Genehmigg (LG Nürnbg-Fürth MittBayNot **77**, 239), Abtretg eines Anspr aus GrdstVerm ist nicht nach GrdstVG genehmiggspflicht (Ffm RdL **80**, 216). – Schuldet der VermNehmer eine Leistg an den Nachl, so kann sich für ihn eine VorleistgsPfl ergeben; er kann in einem solchen Fall ggü der ihn treffden NachlSchuld kein ZurückbehaltgsRecht (§ 273 I) geltend machen (s Dütz NJW **67**, 1108).

8   **f) Verjährung** des VermAnspr tritt nach dreißig Jahren (§§ 194, 195) ein. Die Frist beginnt mit dem Anfall des Verm (§§ 198, 2176 ff). Wg Hemmg der Verjährg s § 202.

9   **3) Nachlaßverbindlichkeit** (§ 1967 II) ist das Verm, wenn der Erbe damit beschwert ist. Es ist eine Verbindlichk zweiter Klasse, wie sich bes beim NachlKonk zeigt (KO 226). Das Verm hat nur soweit Geltg, als der Nachl nach Abzug der Schulden (es Verm 1972, 2060, 1992, 2306, 2318, 2322, 2323); mehrere Verm sind ggfs verhältnismäßig zu kürzen (§ 1991 IV mit KO 226 II; vgl § 2189 Rn 1). Im übr kann der Erbl den Rang bestimmen (§ 2189). Ist ein VermNehmer beschwert, gelten §§ 2186 ff.

10 **4) Besondere Sicherungsrechte** des VermNehmers bestehen nicht, soweit sie nicht mitvermacht sind (RG JR **25** Nr 1526). Er ist nach dem Erbfall auf Arrest, einstw Vfg, NachlVerw (§ 1981), bei GrdstR auf Sicherg durch eine Vormerkg (§§ 883, 885 I 2) angewiesen (s RGRK Rn 13). Zu Lebzeiten des Erbl ist Vormerkg unmögl, auch wenn der Erbl die Eintragg bewilligte (BGH **12**, 115; s § 1922 Rn 7). – Ob eine schuldrechtl Verpflichtg, die neben dem ErbVertr übernommen und deren Zulässig vom BGH (NJW **59**, 2252) anerkannt wird, durch Vormerkg gesichert werden kann, ist str (s § 883 Rn 9). Der schuldrechtl Vertr, durch den sich ein Erbl ggü seinem VermNehmer verpflichtet, über das vermachte Grdst auch unter Lebenden nicht zu verfügen, bedarf nicht der Form des § 313 (BGH NJW **63**, 1602). S auch § 2179 Rn 1.

2175 *Wiederaufleben erloschener Rechtsverhältnisse.* Hat der Erblasser eine ihm gegen den Erben zustehende Forderung oder das er ein Recht vermacht, mit dem eine Sache oder ein Recht des Erben belastet ist, so gelten die infolge des Erbfalls durch Vereinigung von Recht und Verbindlichkeit oder von Recht und Belastung erloschenen Rechtsverhältnisse in Ansehung des Vermächtnisses als nicht erloschen.

1   **Das Nichterlöschen** wird angeordnet, um ein Unmöglichwerden des Verm zu verhüten (vgl § 2169). Konfusion tritt auch nicht ein, wenn ein mit einem Recht des Erben belasteter Ggst vermacht ist (vgl § 2165; Staud/Otte Rn 5). Soweit die vermachte Fdg fortbesteht, bleiben auch die **Sicherungen** (PfandR; Rechte gg Bürgen) ggü Dritten und zG des Bedachten u seiner RNachfolger bestehen. – **Nicht** unter § 2175 fallen Rechte, die nicht vererbl sind (§§ 1059, 1061, 1090 II, 1092). Sie erlöschen mit dem Erbfall; nach § 2169 I ist daher das Verm insow unwirks (Soergel/Wolf Rn 3). – Zu beachten ist, daß in den Fällen der §§ 889, 1063, 1068, 1256, 1273 die Vereinigg von Recht u Belastg in einer Person überh nicht erlöschend wirkt und bei NachlVerw u NachlKonk die Vereiniggswirkgen schon nach § 1976 nicht eintreten.

2176 *Anfall des Vermächtnisses.* Die Forderung des Vermächtnisnehmers kommt, unbeschadet des Rechtes, das Vermächtnis auszuschlagen, zur Entstehung (Anfall des Vermächtnisses) mit dem Erbfalle.

1   **1) Der Vermächtnisanspruch** (§ 2174) entsteht regelm mit dem Erbfall unabhäng von dem Erwerb der Erbsch durch den Erben; vor Annahme der Erbsch kann er allerd nicht eingeklagt werden (s § 1958; 2014 ff). Der **Anfall** des Verm erfolgt also wie der Erbanfall unmittelb mit dem Tode des Erbl; die Fdg des VermNehmers wird mit dem Erbfall existent (BGH NJW **61**, 1915). Ausnahmen regeln §§ 2177 bis 2179. Vor diesem Zeitpkt besteht nur eine tatsächl Aussicht, auch wenn das Verm auf einem ErbVertr beruht (BGH **12**, 115; § 2174 Rn 10). Diesen Ztpkt muß der Bedachte erlebt haben (§ 2160; s § 2177 Rn 1; 4).

2   **2) Die Fälligkeit** des Verm ist vom Anfall zu unterscheiden (§§ 271, 2181; vgl SeuffA **72** Nr 55). Sie kann nie vor dem Anfall, wohl aber erst nach ihm eintreten, wenn dies vom Erbl bestimmt ist od sich eine

solche Bestimmg aus Umständen zZ der Errichtg der letztw Vfg ergibt (Celle NdsRpfl **61**, 198). Über **Stundung** der VermFdg u deren Widerruf s BGH FamRZ **74**, 652. – Bestimmt sich die Höhe eines Verm nach dem Wert eines Bruchteils des Nachl, ist hierfür der Ztpkt des Erbanfalls maßg, soweit sich nicht aus dem Test des Erbl ein anderes ergibt (BGH NJW **60**, 1759). Nach einer Geldentwertg über den Wert des Bruchteils nach dem Ztpkt der Tilgg, wenn dies dem ErblWillen entspricht (BGH FamRZ **74**, 652). Der Ztpkt für Bemessg der Höhe eines GeldwertVerm in Währgeinheiten nach Kaufpr einer Ware richtet sich nicht nach § 2176, sond nach TestAuslegg (BGH WM **71**, 1151). – Wegen der Auschlagg s § 2180. – Für die Entstehg des **Erbersatzanspruchs** gilt § 2317 I sinngem; für Annahme u Ausschlagg gelten §§ 2176, 2180 mit § 1934 b II 1.

2177 *Anfall bei Bedingung oder Befristung.* **Ist das Vermächtnis unter einer aufschiebenden Bedingung oder unter Bestimmung eines Anfangstermins angeordnet und tritt die Bedingung oder der Termin erst nach dem Erbfall ein, so erfolgt der Anfall des Vermächtnisses mit dem Eintritte der Bedingung oder des Termins.**

1) Für ein aufschiebend bedingtes Vermächtnis gilt die Ausleggsregel des § 2074. Im Zweifel, vor **1** allem wenn das Ereign zu der Person des Bedachten in Beziehg gesetzt ist, muß der Bedachte den Eintritt der Bedingg erleben (s RGRK Rn 1). S aber auch § 2069 u BGH **LM** Nr 1 hierzu, wonach der Abkömml des Bedachten ersatzw bedacht sein können, wenn Erbl seinem Sohn ein Verm aufschiebd bedingt zugewandt u dieser nach dem Erbfall, aber vor Eintritt der Bedingg verstorben ist. Ist nach dem Willen des Erbl die Regel des § 2074 nicht anwendb, fällt das Verm mit Eintritt der Bedingg den Erben des Bedachten zu, wenn dieser zu diesem Ztpkt nicht mehr lebt (s Johannsen WM **72**, 877). – **a) Anwartschaft.** Mit dem Erbfall erlangt der **2** Bedachte bereits eine rechtl geschützte Anwartsch (§§ 160 ff, 2179), die rechtsgeschäftl übertragen und unbeschadet der Ausschlaggsmöglichk gepfändet werden kann (RG JW **29**, 586; BGH **LM** Nr 28 zu § 1 VHG; Stöber⁸ Rn 418). – **b) Erst mit Eintritt** der Bedingg od dem Anfangstermin kommt der VermAnspr zur Entstehg (RGRK Rn 3, 4; s Karlsr Just **62**, 153; auch Olshausen DNotZ **79**, 707/716 zum Anfall beim Tod des beschwerten Erben). – **c) Beispiele.** Ein Verm iS des § 2177 liegt vor, wenn der Erbl eine Tochter um ihrer Versorgg willen zum AlleinE einsetzt u bestimmt, das zum Nachl gehörige Haus solle dann, wenn sie kinderlos sterbe, an die Kinder seines Sohnes fallen (s Gudian NJW **67**, 431). Zu Unrecht nimmt aber Gudian aaO an, die Neffen seien gg den Verkauf durch die Tochter des Erbl gem § 2179 mit § 161 geschützt, es könne auch der Rechtsgedanke des § 2136 („befreiter Beschwerter“) herangezogen werden; denn § 161 ist hier nicht anwendb (s § 2179 Rn 2) u für eine Anwendg des § 2136 auf die VermAnwartsch fehlt es an den entspr Voraussetzgen (s Bühler BWNotZ **67**, 180 ff). – **d) Nacherbfolge.** § 2177 betrifft auch den Fall, daß **3** nur ein NachE mit dem Verm beschwert ist. Es kommt dann erst mit dem Nacherbfall zur Entstehg. Überträgt der NachE schon vorher sein AnwR auf den VorE, werden damit nicht die an den Eintritt des NachErbfalls geknüpften Verm fällig (LG Heilbronn NJW **56**, 513). Über Fälligk s § 2174 Rn 2 u § 2181. Vormerkg zur Sicherg eines vom NE zu erfüllen GrdstVerm ist zw Erbfall u NErbfall nicht mögl, da Schu u GrdstEigtümer dann noch nicht ident sind (Schlesw NJW-RR **93**, 11).

2) Für das befristete Vermächtnis gilt das gleiche. Jedoch kommt § 2074 nicht in Frage, so daß also der **4** Bedachte mit dem Erbfall eine vererbl Anwartsch erwirbt, sofern nicht durch Auslegg festgestellt werden kann, daß der Bedachte den Anfangstermin erleben muß (RG JW **18**, 502). Hiervon zu unterscheiden ist das **betagte** Verm, bei dem die VermFdg schon mit dem Erbfall entsteht u nur deren Geltdmachg (Fälligk) hinausgeschoben ist (zB Anordng der Auszahlg erst nach dem Tode des überlebenden Eheg). Ob mit der Setzg eines Anfangstermins (od FälligkZeitpunktes) zugl die Bedingth des Verm gewollt war, ist Ausleggsfrage (RG aaO). Durch §§ 2162, 2163 sind zeitl Grenzen gesetzt. – **Beim Vermächtnis wiederkehrender 5 Leistungen** (Renten; Leibrenten) kann ein einheitl Verm od eine Reihe nach § 2177 zu beurteilender Verm vorliegen; bei Leibrenten handelt es sich iZw um ein einheitl Recht (Staud/Otte Rn 5).

3) Ein Vermächtnis unter auflösender Bedingung (Beisp bei Johannsen WM **72**, 878) **oder Befristung 6** hat die Bedeutg eines NachVerm (§ 2191), wenn der Ggst einem Dritten zugewendet ist. Hat der Erbl niemand bezeichnet, der den Ggst bei Eintritt der Bedingg od Befristg erhalten soll, kann der Beschwerte dessen Rückgewähr verlangen (RGRK Rn 12; s auch Bungenroth NJW **67**, 1357; Johannsen aaO). Ein testamentar Weitervererbgsverbot an den VermNehmer ohne ausdrückl Bestimmg der Folgen der ZuwiderHdlg kann entweder auflösende Bedingg seines Verm od Auflage od aufschiebd bedingtes NachVerm sein (s BGH BWNotZ **61**, 229).

4) Ein Rückvermächtnis liegt vor, wenn das Verm unter eine auflösde Bedingg od Befristg gestellt ist **7** und der Erbl verfügt hat, daß beim Eintr der Bedingg od Befristg der vermachte Ggst an den mit dem Verm Beschwerten herauszugeben ist (Lange/Kuchinke § 27 V 1 c; Johannsen WM **77**, 276; BayObLG Rpfleger **81**, 190 zur GrundbuchVormerkg).

2178 *Anfall bei Ungewißheit des Bedachten.* **Ist der Bedachte zur Zeit des Erbfalls noch nicht erzeugt oder wird seine Persönlichkeit durch ein erst nach dem Erbfall eintretendes Ereignis bestimmt, so erfolgt der Anfall des Vermächtnisses im ersteren Falle mit der Geburt, im letzteren Falle mit dem Eintritte des Ereignisses.**

Der Anfall ist bei einem noch nicht erzeugten Bedachten bis zur Behebung der Ungewißh **hinausgescho-** **1 ben.** Eine Rückbeziehg wie bei der Erbeinsetzg (§ 1923 II) findet also nicht statt. Die Fristen der §§ 2162, 2163 dürfen aber nicht überschritten werden; vgl insb § 2162 II, wonach es genügt, daß der später lebend Geborene zu jener Zeit bereits erzeugt war. – Dem beim Erbfall bereits Erzeugten kommt das Verm schon mit dem Erbfall zu (§ 1923 II). – Die Vorschr gilt bei einer noch nicht zur Entstehg gelangten **juristischen Person** entspr. – War der Erbl zugl Stifter, gilt die genehmigte **Stiftung** als schon vor seinem Tod entstanden (§ 84), so daß hier das Verm schon mit dem Erbfall anfällt (§ 2176).

2179 *Schwebezeit.* **Für die Zeit zwischen dem Erbfall und dem Anfalle des Vermächtnisses finden in den Fällen der §§ 2177, 2178 die Vorschriften Anwendung, die für den Fall gelten, daß eine Leistung unter einer aufschiebenden Bedingung geschuldet wird.**

1 **1) Anwartschaft.** Während der Schwebezeit besitzt der Bedachte bereits eine rechtl geschützte Anwartsch. Sie kann übertragen werden, auch wenn die Ausleggsregel des § 2074 Platz greift (s § 2177 Rn 1) und kann durch einstw Vfg (ZPO 916 II, 936; Bungeroth NJW **67**, 1357) od im Konk (KO 67) gesichert werden (BGH **LM** Nr 28 zu § 1 VGH), sofern nicht ein solcher SichersgsAnspr bereits mitvermacht ist (RG DNotZ **32**, 539). Ist VermGgst ein Grdst od GrdstR, kann nach dem Erbfall die Rechtsstellg des VermNehmers dch Vormerkg (§ 883) gesichert werden (Staud/Otte Rn 12; BayObLG Rpfleger **81**, 190). – Die Rechtsstellg der AnwartschBerecht kann vom Erbl in den allgemeinen Grenzen der §§ 137, 138, 276 II, 226 abweichend vom Gesetz geregelt werden (s Bühler BWNotZ **67**, 174/180ff). – Bei Ungewißh üb die Person des VermNehmers erfolgt Pflegerbestellg nach § 1913.

2 **2) Haftung.** Aus der in § 2179 angeordneten Anwendg der Vorschr über aufschieb bedingte Leistgspflichten ergibt sich, daß § 160 I u § 162 gelten (s Staud/Otte Rn 4, 5, 7). Vom Erbfall an haftet der Beschwerte für jedes Verschulden (§ 276), dch das der Anspr des Bedachten vereitelt od beeinträcht wird (§§ 160, 281, 282,; BGH aaO; Brox § 27 V 1 d). Zur Heranziehg des § 162 s BGH BWNotZ **61**, 265; Stgt FamRZ **81**, 818 mAv Bausch. – **§ 161** ist dagg idR **nicht** anwendb, denn er enthält eine für aufschiebend bedingte Vfgen geltde Bestimmg (Bungeroth NJW **67**, 1357; Bühler BWNotZ **67**, 174; Staud/Otte Rn 5; Soergel/Wolf Rn 2; aA Gudian NJW **67**, 431). Über Fälle der Anwendbark des § 161 s Schlüter § 43 III 1 a.

2180 *Annahme und Ausschlagung.* [I] **Der Vermächtnisnehmer kann das Vermächtnis nicht mehr ausschlagen, wenn er es angenommen hat.**
[II] **Die Annahme sowie die Ausschlagung des Vermächtnisses erfolgt durch Erklärung gegenüber dem Beschwerten. Die Erklärung kann erst nach dem Eintritte des Erbfalls abgegeben werden; sie ist unwirksam, wenn sie unter einer Bedingung oder einer Zeitbestimmung abgegeben wird.**
[III] **Die für die Annahme und die Ausschlagung einer Erbschaft geltenden Vorschriften des § 1950, des § 1952 Abs. 1, 3 und des § 1953 Abs. 1, 2 finden entsprechende Anwendung.**

1 **1) Annahme und Ausschlagung** sind formlose (auch dch schlüss Verhalten mögl) empfangsbedürftige WillensErkl (§§ 130–132). Abzugeben sind sie ggü dem Beschwerten od auch ggü einem NachlPfleger (§§ 1960 II, 1961) od TestVollstr (§ 2213 I), sofern der VermAnspr gg diese Vertreter geltd gemacht werden kann; aber nicht ggü dem NachlG, das sie allerd weiterleiten kann (RG **113**, 237). Stillschweigde Annahme ist zB idR die Annahme des zugewendeten Ggst (s Johannsen WM **72**, 879). – Die Erkl kann erst nach dem Erbfall, aber bei hinausgeschobenen Verm (§ 2177) schon vor dem Anfall erfolgen. – **Eine Ausschlagungs-**
2 **frist** bestimmt das Gesetz (abweichd von §§ 1943, 1944) **nicht** (ErklFrist nur bei § 2307 II). Der Erbl kann als Bedingg die Annahme binnen einer bestimmten Frist verfügen (Reichel AcP **138**, 202). Ablehng des Verm vor Annahme wird als Ausschlagg zu werten sein. – Es handelt sich um **persönliche Rechte,** die aber
3 dch Vertreter ausgeübt werden können. Das AusschlaggsR ist vererbl (III iVm § 1952 I). Bei Ehegatten ist nur der Bedachte zur Annahme und Ausschlagg berechtigt, und zwar auch dann, wenn bei GüterGemsch das Gesamtgut vom anderen Eheg od von beiden gemeins verwaltet wird (§§ 1432 I, 1455 Nr 1). Eltern bedürfen zur Ausschlagg eines dem Kind angefallenen Verm der Genehmigg des VormschG nach Maßg des § 1643 II, ebso der Vormund nach § 1822 Nr 2. Bei Anfall vor KonkEröffng steht Annahme u Ausschlagg
4 dem GemeinSchu zu (KO 9). – Die Ausschlagg wird auch durch die **Pfändung** des Verm od der Anwartsch nicht ausgeschlossen u unterliegt der GläubAnfechtg nicht (vgl auch § 517). Eine Gruppe von VermNehmern kann einen bisher üb die Annahme seines VermAnteils (an Grdst) unentschlossenen VermNehmer auf Erkl über eine Annahme od Ausschlagg verklagen (Schalhorn JurBüro **76**, 1301).

5 **2) Unwiderruflich** ist die abgegebene Erkl, jedoch nach allg Vorschr (§§ 119–124, 142–144) ggü dem Beschwerten **anfechtbar** (Ausnahme § 2308 II). Durch die Anfechtg wird der Zustand der Ungewißh wiederhergestellt. Wird das Verm vom Beschwerten angefochten (§ 2078), hat die Ausschlagg nur Bedeutg, wenn die Anfechtg unbegründet od gem § 2082 verspätet war; hier wird die Praxis iZw die Ausschlagg durchgreifen lassen (Reichel AcP **138**, 215).

6 **3) Wirkung.** Die Annahme schließt Ausschlagg aus **(I).** Nach der Annahme kann der Bedachte in Annahmeverzug gesetzt werden (§ 372). – Die Ausschlagg läßt das Verm nicht zum Anfall kommen, so daß es hinfäll ist, sofern nicht Anwachsg eingreift (§ 2158) od ein ErsBerecht vorhanden ist (§ 2190). Hier tritt Rückbeziehg nach § 1953 ein, aber weder auf die Zeit des Erbfalls noch auf die des Erwerbs, sond auf die Entstehg einer vererbl Anwartsch (RGRK Rn 13; Erman/Hense/Schmidt Rn 3; aA Soergel/Wolf Rn 11; MüKo/Skibbe Rn 8), was wg der Theorie (§ 2184) von Bedeutg sein kann. – Zu unterscheiden von der
7 Ausschlagg ist der vor dem Erbfall erklärte **Verzicht** ggü dem Erbl (§ 2352) oder der nach Annahme durch formlosen ErlaßVertr mit dem Beschwerten bewirkte Verzicht (§ 397). – Bei Ausschlag eines Verm dch einen PflichtBerecht s §§ 2307, 2306 (dazu BGH NJW **81**, 1837).

2181 *Fälligkeit der Leistung.* **Ist die Zeit der Erfüllung eines Vermächtnisses dem freien Belieben des Beschwerten überlassen, so wird die Leistung im Zweifel mit dem Tode des Beschwerten fällig.**

1 **Die Auslegungsregel** des § 2181 betrifft nur die **Fälligkeit** der VermFdg (Ausn von § 271 I), so daß §§ 2162, 2163 nicht gelten. Die Erfüll als solche darf nicht in das Belieben des Beschwerten gestellt sein, da sonst kein wirks Vermächtn vorliegt. FälligkZeitpkt ist der Tod des Beschwerten; davor kann dieser zwar erfüllen (§ 271 II), der Bedachte aber nicht Erfüllg verlangen. Allerd kann er schon Klage auf Feststellg der befristeten Verpflichtg erheben (ZPO 256; RG Warn **19** Nr 198). – Der **Anfall** des Verm richtet sich dagg

nach §§ 2176–2178, kann also vor Fälligk liegen, sofern nach dem ErblWillen nicht auch der Anfall hinausgeschoben ist (vgl Soergel/Wolf Rn 3). – Ob der Bedachte den Tod des Beschwerten erleben muß, ist 2 Ausleggsfrage (RG JW **18**, 502). Ebso, ob seit dem Erbfall gezogene Früchte herauszugeben sind (§ 2184) od dem Beschwerten verbleiben.

2182 *Gewährleistung für Rechtsmängel.* [1]Ist eine nur der Gattung nach bestimmte Sache vermacht, so hat der Beschwerte die gleichen Verpflichtungen wie ein Verkäufer nach den Vorschriften des § 433 Abs. 1, der §§ 434 bis 437, des § 440 Abs. 2 bis 4 und der §§ 441 bis 444.

[II]Dasselbe gilt im Zweifel, wenn ein bestimmter nicht zur Erbschaft gehörender Gegenstand vermacht ist, unbeschadet der sich aus dem § 2170 ergebenden Beschränkung der Haftung.

[III]Ist ein Grundstück Gegenstand des Vermächtnisses, so haftet der Beschwerte im Zweifel nicht für die Freiheit des Grundstücks von Grunddienstbarkeiten, beschränkten persönlichen Dienstbarkeiten und Reallasten.

1) Für Rechtsmängel haftet nur bei GattungsVerm (§ 2155) und VerschaffgsVerm (§ 2170) der Be- 1 schwerte wie ein Verkäufer; ausgenommen sind nur §§ 438, 439 sowie § 440 I, an dessen Stelle § 280 SchadensErs regelt. Bei Grdst (**III**), wo ein GattgsVerm prakt nicht vorkommt, erhält § 435 I beim VerschaffgsVerm Bedeutg über **II**. – Soll ein Recht verschafft werden, dessen Bestehen der Erbl voraussetzte, das aber nicht od nicht mehr bestand, so ist es Ausleggsfrage, ob § 2170 II Platz greift. Kann ein dahingehender Wille nicht ermittelt werden, wird das Verm (weil auf eine unmögl Leistg gerichtet, § 2171) als unwirks anzusehen sein (RGRK Rn 6). – Beim WahlVerm (§ 2154) richtet sich die Haftg nach der RNatur des gewählten Ggstandes (Staud/Otte Rn 9). – **Keine** RMängelhaftg besteht beim Verm eines bestimmten, im Nachl vorhandenen EinzelGgst (s §§ 2165–2168a; RGRK Rn 3). Gewährleistg wg **Sachmängel** besteht nur nach § 2183 beim GattgsVerm.

2) Absatz II enthält im Ggsatz zu I eine Ausleggsregel für das VerschaffgsVerm. Der Beschwerte kann 2 sich hier dch Wertersatz stets befreien (§ 2170 II). – **Absatz III** schränkt § 436 weiter ein. Für die genannten Freiheiten wird entgg § 434 nicht gehaftet.

3) Guter Glaube wird auch beim Erwerb des Verm geschützt. Dem Bedachten, der aGrd § 932 Eigt 3 erlangt hat, steht kein GewährleistgsAnspr zu. Dies gilt auch dann, wenn er nach § 816 I 2 dem Bereicherungs-Anspr des Berechtigten ausgesetzt ist (RGRK Rn 11).

2183 *Gewährleistung für Sachmängel.* Ist eine nur der Gattung nach bestimmte Sache vermacht, so kann der Vermächtnisnehmer, wenn die geleistete Sache mangelhaft ist, verlangen, daß ihm an Stelle der mangelhaften Sache eine mangelfreie geliefert wird. Hat der Beschwerte einen Fehler arglistig verschwiegen, so kann der Vermächtnisnehmer statt der Lieferung einer mangelfreien Sache Schadensersatz wegen Nichterfüllung verlangen. Auf diese Ansprüche finden die für die Gewährleistung wegen Mängel einer verkauften Sache geltenden Vorschriften entsprechende Anwendung.

1) Für Sachmängel haftet der Beschwerte nur beim GattgsVerm (§ 2155); für positive FgsVerletzg dagg 1 bei allen Verm. Die Gewährleistgpflicht entspricht der beim Kauf (§§ 480, 459 I, 460, 464, 465, 476, 477, 481 ff) mit dem Unterschied, daß kein Anspr des Bedachten auf Wandelg od Minderg besteht, sond nur auf Lieferg einer mangelfreien Sache. Ein NachbessergsR entspr § 476a kann nur der Erbl einräumen.

2) Beim Sachvermächtnis (bestimmte einzelne Sache; VerschaffgsVerm, § 2170) ist eben nur diese 2 Sache (so wie sie ist) geschuldet od (wie sie auch sei) zu liefern. Der Beschwerte haftet hier für Fehler nicht.

2184 *Früchte; Nutzungen.* Ist ein bestimmter zur Erbschaft gehöriger Gegenstand vermacht, so hat der Beschwerte dem Vermächtnisnehmer auch die seit dem Anfalle des Vermächtnisses gezogenen Früchte sowie das sonst auf Grund des vermachten Rechtes Erlangte herauszugeben. Für Nutzungen, die nicht zu den Früchten gehören, hat der Beschwerte nicht Ersatz zu leisten.

1) Beim Stückvermächtnis eines bestimmten, zur Erbsch gehörenden Ggstands (s Einf 6 vor § 2147) 1 hat der Beschwerte, sofern der Erbl nichts anderes bestimmt hat, nur die seit Anfall des Verm (§§ 2176–2178) wirkl gezogenen Früchte (§ 99) herauszugeben, nicht aber sonst Nutzgen wie zB Benutzg eines Kfz; Gartennutzg (S 2; § 100). Die zeitl Aufteilg bestimmt sich nach § 101, die Kosten der Fruchtziehg nach § 102. Sind herauszugebende Früchte nicht mehr vorhanden, besteht ErsatzPfl nur nach § 280; bei erlangten Surrogaten greift § 281 ein. Haftg nach § 812 (Eingriffskondiktion) setzt regelm Erwerb des HauptGgst dch Bedachten voraus (Soergel/Wolf Rn 4). – **Früchte** sind bei Vermächtn einer GeldFdg auch die seit Erbfall 2 fällig gewordenen Zinsen. Beim NießbrauchsVerm muß der Nießbrauch erst bestellt sein, ehe er Früchte tragen kann; die davor zB an einem Grdst seit Anfall gezogenen Nutzgen sind Früchte des Grdst u nicht des Nießbrauchs (KG NJW **64**, 1808). Allerd kann ein Verm dahin auszulegen sein, daß auch die Früchte vom Erbfall an mitvermacht sind (BGH WM **77**, 416). Auch beim Verm eines WohnR ist die vom Beschwerten vereinnahmte Miete keine Frucht des WohnR, sond RFrucht (§ 99 III) des vermieteten Gebäudes (Stgt OLG **6**, 313) u daher dem Bedachten nicht aus § 2184 herauszugeben, wenn dieser von seinem vermachten Recht zur unentgelt Nutzg der Räume keinen Gebrauch gemacht hat. Hat allerd der Beschwerte dch anderweit Vermietg die Überlassg an den Bedachten unmögl gemacht, kann neben SchadErsatzAnspr (§ 280) auch Anspr auf Herausgabe der Miete bestehen (§ 281), ggf auch aus Eingriffskondiktion (§ 812 I 1) analog der RLage bei unbefugter Vermietg fremder Sachen (s § 816 Rn 7 mN); so im Ergebn auch Staud/Otte Rn 2. – Der Beschwerte ist allerd nicht verpflichtet, in der Zeit zw Anfall u Erfüllg des Verm für den Bedachten überh Nutzgen zu ziehen. Er hat SorgfaltsPfl nur bezügl Erhaltg des Ggstands u seines Bestandes. Für **unterlassene** Fruchtziehg kann er erst ab Verzug od RHängigk schadensersatzpfl werden (§§ 284, 286; 291, 292 iVm § 987 II); die verschärfte Haftg wird nicht schon dch Kenntn seiner ErfüllgsPfl ausgelöst. Bei vorsätzl Unterlassg kommt uU § 826 in Betracht.

3   **2) Bei Gattungs-** (§ 2155) od **Verschaffungsvermächtnis** (§ 2170) eines nicht zur Erbsch gehörenden Ggst (zB Geldsumme) hat der Bedachte einen Anspr auf Früchte (zB Zinsen) u Nutzgen erst ab Verzug (§§ 284ff). Beim VerschaffgsVerm gilt daneben § 2184 ab Besitzerlangg des Ggst dch den Beschwerten. Beim **Wahlvermächtnis** (§ 2154) ist der Ggst erst bestimmt, wenn die Wahl vorgenommen ist (Staud/Otte Rn 7). Bei Einräumg eines **Übernahmerechts** an NachlGgst an einen MitE gebühren ihm die Nutzgen idR von der Ausübg des ÜbernahmeR an (BGH BWNotZ **62**, 259).

4   **3) Erlangt** kann auch ein **Ersatzanspruch** (§ 281) sein; gleichgültig ist, ob dieser vor oder nach dem Anfall entstanden war. Im übr ist als Erlangtes iS von **S 1** zB ein Erwerb durch Verbindg od Vermischg (§§ 946–949) anzusehen (Staud/Otte Rn 6). Wegen **Zubehör** s § 2164.

2185 *Ersatz von Verwendungen.* Ist eine bestimmte zur Erbschaft gehörende Sache vermacht, so kann der Beschwerte für die nach dem Erbfall auf die Sache gemachten Verwendungen sowie für Aufwendungen, die er nach dem Erbfalle zur Bestreitung von Lasten der Sache gemacht hat, Ersatz nach den Vorschriften verlangen, die für das Verhältnis zwischen dem Besitzer und dem Eigentümer gelten.

1   **1) Ersatzansprüche** gem §§ 994–1003; 256–258 gg den Begünstigten gewährt das Ges dem Beschwerten für seine nach dem Erbfall gemachten Verwendungen (Vorb 5 vor § 994) bzw Aufwendgen auf eine zur Erbsch gehörende **Sache**, indem es ihn wie den nichtberecht (Eigen-)Besitzer u den VermNehmer wie den Eigent behandelt. Entspr gilt im Falle eines VerschaffgsVerm nach Besitzerlangg (für GattgsVerm gilt § 304). Somit kann er vor Kenntn des eingetretenen od zu erwartenden Anfalls od vor Rechtshängigk als gutgläub notw u nützl Verwendgen (so auch Prozeßkosten) ersetzt u verzinst (Ausn § 256 S 2) verlangen (§§ 994, 996, 256). Bei Bösgläubigk hat er Anspr nur nach Maßg des § 994 II; abzustellen ist dafür beim bedingten (Nach)Verm schon auf Kenntn der VermAnordng od auf Kenntn, daß Verm mit Sicherh anfallen wird (BGH **114**, 16 mAv Leipold JZ **91**, 990; str). Bei entggstehendem Willen des Bedachten scheidet ein ErsAnspr für notwend Verwendgen nach RHängigk od Bösgläubigk gem §§ 994 II, 683 aus (Soergel/Wolf Rn 2 mN; str). Ersatz gewöhnl Erhaltgskosten ist ausgeschlossen, soweit die Nutzgen dem Beschwerten verbleiben (§§ 994, 995, 997, 998, 2184 S 2), zB Verwendgen auf einen vom Beschwerten benutzten Kraftwagen (s auch § 256 S 2).

2   **2) Lasten** (öffentl wie private; gewöhnl wie außerordentl) hat der Beschwerte zu tragen, soweit u solange ihm die Nutzgen verbleiben. Im übrigen trägt sie der Bedachte, jedoch nicht vor dem Erbfall aufgelaufene Rückstände. Persönl Verpflichtgen des Erbl berühren den Bedachten nicht. Bei Vermiet od Verpachtg des vermachten Grdstücks gelten §§ 571ff (Bühler BWNotZ **67**, 175); bei bewegl Sachen wird der Bedachte den MietVertr zu erfüllen haben.

2186 *Fälligkeit des Untervermächtnisses.* Ist ein Vermächtnisnehmer mit einem Vermächtnis oder einer Auflage beschwert, so ist er zur Erfüllung erst dann verpflichtet, wenn er die Erfüllung des ihm zugewendeten Vermächtnisses zu verlangen berechtigt ist.

1   **Weitere Belastung** des Bedachten, der nicht Erbe ist, mit einem UnterVerm (s KG NJW **64**, 1808; BGH DRiZ **66**, 398) od einer Aufl ist zuläss, auch wenn der Erbl lediglich beabsichtigt, den Ggst dem Zweitbedachten mittelbar zuzuwenden. Sind beide Verm angefallen (§ 2176), tritt die Fälligk des ZweitVerm nicht vor der des HauptVerm ein. Dagg ist es für die Fälligk des UnterVerm belanglos, ob der Erstbedachte das Verm bereits angenommen hat. Eine Ausschlagg (§ 2180), die die Klage des Zweitbedachten erledigt, hat der Hauptbedachte zu beweisen. Die Wirksamk des UnterVerm wird dadurch nicht berührt (§ 2161). Wegen des Umfangs der Haftg u der Kürzgen s §§ 2187, 2188. – Mit UnterVerm können auch Personen beschwert sein, denen ein gesetzl Verm zusteht.

2187 *Haftung des Hauptvermächtnisnehmers.* [I]Ein Vermächtnisnehmer, der mit einem Vermächtnis oder einer Auflage beschwert ist, kann die Erfüllung auch nach der Annahme des ihm zugewendeten Vermächtnisses insoweit verweigern, als dasjenige, was er aus dem Vermächtnis erhält, zur Erfüllung nicht ausreicht.

[II]Tritt nach § 2161 ein anderer an die Stelle des beschwerten Vermächtnisnehmers, so haftet er nicht weiter, als der Vermächtnisnehmer haften würde.

[III]Die für die Haftung des Erben geltenden Vorschriften des § 1992 finden entsprechende Anwendung.

1   **1) Haftungsbeschränkung.** Ebenso wie der Erbe soll der beschwerte VermNehmer nicht weiter haften, als das ihm Zugewendete (dh zunächst seine Fdg aus § 2174, nach deren Erfüllg das Erlangte) reicht. Auch die in Kenntn der Beschwerg erfolgte Annahme ändert an dieser HaftgsBeschrkg nichts. Das gilt auch für den an seine Stelle Tretenden (ErsatzVermNehmer; MitVermNehmer, § 2159), da der Bedachte durch den Wegfall keinen Vorteil haben soll.

2   **2) Die etwaige Überschuldung (III)** beruht hier nur auf dem UnterVerm, so daß an Stelle des Nachl (§§ 1990–1992) der Wert des HauptVerm tritt, da die sonstigen NachlVerbindlichkeiten den ersten VermNehmer nichts angehen (Staud/Otte Rn 6–9). Er hat zu beweisen, daß dasjenige, was er aus dem Verm erhalten od zu erhalten hat, von vornherein od mangels Beitreibgsmöglichk nicht ausreicht, und muß das etwa Erlangte dem Zweitbedachten zwecks Befriedigg überlassen. Er haftet wg seiner Verwaltg u auf Rechngslegg (§§ 1991, 1978). Inventarerrichtg ist zweckm. – **Prozessual** gilt dasselbe wie beim Erben (ZPO 786). Er muß also Vorbehalt (ZPO 780) erwirken, falls es nicht zur Klageabweisg kommt, und seine Haftgsbeschrkg ggü einer ZwVollstr in andere Ggstände klageweise geltd machen (ZPO 767, 770, 785).

3) Bei mehreren Vermächtnissen, die einem VermNehmer zugewendet sind, gilt jedes dieser Verm **3** hinsichtl der ihm auferlegten Beschwergen durch UnterVerm od Auflagen für die HaftgsBeschrkg als selbständig. Wg Anwachsg s § 2159.

2188 *Kürzung der Beschwerungen.* **Wird die einem Vermächtnisnehmer gebührende Leistung auf Grund der Beschränkung der Haftung des Erben, wegen eines Pflichtteilsanspruchs oder in Gemäßheit des § 2187 gekürzt, so kann der Vermächtnisnehmer, sofern nicht ein anderer Wille des Erblassers anzunehmen ist, die ihm auferlegten Beschwerungen verhältnismäßig kürzen.**

Kürzung kann nach §§ 1990–1992; 2187; 2318 I; 2322 ff; KO 226 u nach LAG 70 I eintreten. Ist das so **1** gekürzte Verm seinerseits beschwert (§ 2187 I), kann der Beschwerte diese Leistgen verhältnismäßig kürzen, wie wenn er u der UnterVermNehmer nebeneinander bedacht wären, selbst wenn die gekürzte Zuwendg zur Erfüllg des Auferlegten noch ausreicht. Denn der Beschwerte soll nach dem vermutl ErblWillen den Nachteil der Kürzg nicht allein tragen. Bei unteilbarer Leistg braucht der Beschwerte nur den verhältnismäßig gekürzten Schätzwert zu bezahlen, wenn der Bedachte die Kürzg nicht vergüten will (BGH **19**, 309 = **LM** § 2322 Nr 1 mAv Johannsen).

2189 *Anordnung eines Vorrangs.* **Der Erblasser kann für den Fall, daß die dem Erben oder einem Vermächtnisnehmer auferlegten Vermächtnisse und Auflagen auf Grund der Beschränkung der Haftung des Erben, wegen eines Pflichtteilsanspruchs oder in Gemäßheit der §§ 2187, 2188 gekürzt werden, durch Verfügung von Todes wegen anordnen, daß ein Vermächtnis oder eine Auflage den Vorrang vor den übrigen Beschwerungen haben soll.**

Eine Rangordnung statt der verhältnismäß Kürzgen (§§ 1991 IV mit KO 226 II; 2188) kann der Erbl test **1** od erbvertragl anordnen. Eine derart Anordng wird in KO 226 III 2 vorausgesetzt. § 2189 ist auf Zuwendgen, die der Erbl unter die Bedingg einer Leistg zG eines Dritten stellt (vgl § 2076), entspr anwendbar; für die Frage, ob in diesem Fall die übrigen Beschwergen einer Kürzg ausgesetzt sind, muß man den Wert der Zuwendg nach Vorabzug des Kostenwerts der Bedinggsleistg mit den Verm u Auflagen vergleichen (Kipp/Coing § 80 III; Staud/Otte Rn 1, 2 mit Beisp).

2190 *Ersatzvermächtnis.* **Hat der Erblasser für den Fall, daß der zunächst Bedachte das Vermächtnis nicht erwirbt, den Gegenstand des Vermächtnisses einem anderen zugewendet, so finden die für die Einsetzung eines Ersatzerben geltenden Vorschriften der §§ 2097 bis 2099 entsprechende Anwendung.**

Das Ersatzvermächtnis entspricht dem ErsatzerbR und wird ihm entspr behandelt. Die Ersatzmänner **1** treten aber entzg § 2098 zu gleichen Teilen ein, falls sie nicht mit demselben Ggst bedacht sind. Auch die Vererblichk ist die gleiche wie beim ErbR (vgl § 2096 Rn 6). Der Ersatzberufene braucht nur den Erbfall zu erleben, nicht auch den Wegfall des zunächst bedachten VermNehmers (§§ 2160, 2178). Über den Unterschied zw Ersatz- und NachVerm s OGH NJW **50**, 596.

2191 *Nachvermächtnis.* **¹Hat der Erblasser den vermachten Gegenstand von einem nach dem Anfalle des Vermächtnisses eintretenden bestimmten Zeitpunkt oder Ereignis an einem Dritten zugewendet, so gilt der erste Vermächtnisnehmer als beschwert.**
¹¹ Auf das Vermächtnis finden die für die Einsetzung eines Nacherben geltenden Vorschriften des § 2102, des § 2106 Abs. 1, des § 2107 und des § 2110 Abs. 1 entsprechende Anwendung.

1) Nachvermächtnis liegt vor, wenn der Erbl denselben Ggstand zeitl nacheinander verschiedenen **1** Personen zuwendet dergestalt, daß bei Eintritt des Termins od der Bedingg der erste VermNehmer den Ggstand dem zweiten herauszugeben hat. Es beschwert anders als sonst nicht den Erben, sond den VorVermNehmer (nur dies regelt I); der Erbe hat nach Leistg an den Erstbedachten mit der späteren Herausgabe an den Nachbedachten nichts mehr zu tun, selbst wenn Grdst noch auf ihn im GB eingetragen ist (OGH NJW **50**, 596). Es kann sich auch nur einen (realen od ideellen) Teil des VorVerm handeln. Mehrere VermFälle können nacheinand angeordnet sein. Die Vorschr üb den vermachten Ggstand sowie die zeitl Schranken (§§ 2162, 2163) sind wie sonst beim Verm. Es ähnelt der Nacherbeinsetzg, nur daß es nicht dingl wirkt (§ 2174).

2) Rechtliche Ausgestaltung. Für das NachVerm gelten VermGrdsätze, da es ein UnterVerm (§ 2147 **2** S 1) besond Art ist (Leistg hat und Inhalt), das sich mit entspr aufschiebd bedingten od befristeten Verm (§ 2177) deckt. Vorschr üb die NErbsch sind mit Ausn der in **II** ausdrückl genannten weder unmittelb noch entspr anwendb. Der **Nachbedachte** hat zwar auch ab Erbfall eine Anwartsch (BGH MDR **63**, 824), die aber nicht mit dem AnwR des NachE vergleichb ist u für die § 2108 nicht gilt (Bengel NJW **90**, 1826). Fällt er weg, kommen seine Abkömml nur zum Zug, wenn der Erbl sie unter seinem Stamm (u nicht nur ihn persönl) bedenken wollte (BGH NJW **58**, 22; **73**, 240; Bengel aaO). – Der **Vorvermächtnisnehmer** ist nicht verfüggsbeschränkt wie ein VorE (RG Warn **10** Nr 157); der Nachbedachte ist aber dch § 2179 geschützt (BGH BWNotZ **61**, 265; s § 2179 Rn 1). Er zieht die Nutzgen bis Anfall u darf sie auch behalten, sofern Erbl nichts and bestimmt hat (§ 2184); dafür trägt er die gewöhnl Erhaltungskosten u bestimmte Lasten (§ 2185

Rn 2). Anspr auf Verwendgsersatz bestimmt sich nach § 2185 (BGH **114**, 16 mAv Leipold JZ **91**, 990), jedoch erst ab Anfall an Nachbedachten. Diesem ist er aber auch schon vor Anfall zur ordngsgem Verwaltg verpflichtet (BGH aaO). – BGH BWNotZ **63**, 70 hat es offen gelassen, ob (analog §§ 2107, 2191 II) auch die Beschwerg eines als Erben eingesetzten Abkömmlings mit einem bei seinem Tod fälligen Verm iZw dann entfällt, wenn dieser zZ der Errichtg der letztw Vfg tatsächl od nach Annahme des Erbl keinen Abkömml hatte, bei seinem Tod jedoch Nachkommensch vorhanden ist. Die Frage dürfte zu bejahen sein; dazu (wie hier) BGH JR **80**, 282 mAv Schubart (Auslegg ist aber zu beachten). – **Nachvermächtnisvollstreckung** ist zulässig (§ 2223 Rn 2).

3   **3) Vormerkungsfähigkeit.** Der Anspr des NachVermNehmers ist, wenn Ggst des NachVerm ein in Grdst od GrdstR ist, grdsätzl vormerkbar (BayObLG Rpfleger **81**, 190; Bengel NJW **90**, 1826). – Zur VfgsBeschränkg des VorvermNehmers nach Eintragg einer Vormerkg u zur analogen Anwendg von §§ 2124ff; 2120 s Maur NJW **90**, 1161. – **Erbschaftssteuer:** wie bei NErbsch (ErbStG 6; s Einf 4 vor § 2100); zu den erhebl Nachteilen s Bengel aaO.

Fünfter Titel. Auflage

Einführung

1   **1) Begriff.** Eine Aufl ist nach der Legaldefinition des § 1940 Verpflichtg ohne Rechtszuwendg. Entscheidend ist regelm die Zweckbestimmg (vgl hierzu § 2193 I). Die Erfüllg der Aufl braucht für den Verpflichteten nicht immer einen in Geld schätzbaren Aufwand zu bedeuten (zB die Aufl, jährl das Grab des Erbl zu besuchen). Die Aufl kann sogar vorzugsweise den Vorteil des Beschwerten bezwecken wie zB Anweisgen über die Führg eines Geschäfts, Anlegg von Geld usw (s auch § 1940 Rn 2). – Die Aufl ist nicht Zuwendg (vgl die GgÜberstellg in § 2192). Das KlageR auf Vollziehg (§ 2194) ist deshalb mangels Vermögenswerts nicht pfändbar. Einen Begünstigten setzt die Aufl nicht voraus (zB die Anordng der Versorgg von Lieblingstieren).

2   **2) Abgrenzung.** Von dem auch die Aufl umfassenden letzten Willen unterscheiden sich **letzte Wünsche;** Ratschläge; Empfehlungen, die den Beschwerten nicht rechtl, sond nur moralisch binden (RG LZ **17**, 806; vgl dazu § 2084 Rn 20).

3   **3) Erbschaftsteuer.** S Einl 13–17 vor § 1922. Über Zuwendgen unter einer Aufl s ErbStG 1 I Nr 3; 3 II Nr 2; 8; 9 I Nr 1 d; 20 I. Über Abzugsfähigk der Aufl beim steuerpflicht Erwerb s ErbStG 10 V Nr 2.

2192 *Anzuwendende Vorschriften.*   **Auf eine Auflage finden die für letztwillige Zuwendungen geltenden Vorschriften der §§ 2065, 2147, 2148, 2154 bis 2156, 2161, 2171, 2181 entsprechende Anwendung.**

1   **1) Keine Zuwendung** ist die Aufl. Jedoch findet eine Reihe von Zuwendgsvorschriften entspr Anwendg, wohl auch § 2170. Die §§ 2159, 2186–2189, 2318, 2322, 2323 betreffen die Aufl ebenfalls. Auch eine Aufl kann wg der Verpflichtg des Erben zur Leistg der Vermögensabgabe nach dem LAG entspr gekürzt werden (LAG 70 I–III); wer aGrd einer Aufl Vermögen erwirbt, haftet nach LAG 71 neben dem Erben in Höhe der Bereicherg für die Abgabeschuld (vgl Hense DNotZ **53**, 81). – **Fällig** wird die Aufl mangels Zeitangabe spätestens mit dem Tode des Beschwerten (§ 2181). – **Beschwert** ist iZw der Erbe (§ 2147). Auch VermNehmer kann beschwert sein; NachE erst bei od nach Eintritt der Nacherbfolge (BayObLG **66**, 271; s § 2147 Rn 1). Doch haben Aufl oft insofern einen höchstpersönl Charakter, als sie nur einen ganz bestimmten Beschwerten treffen sollen. Wegen Bestimmg der Leistg u des Begünstigten vgl §§ 2156, 2193. – **Keine Anwendung** finden die Vorschr, die den Bedachten betreffen, zB § 2180 (Ausschlagg) u § 2307 (RG HRR **28** Nr 427), da ein allenfalls Begünstigter kein Recht auf Leistg hat. Auch eine zeitl Grenze (wie in §§ 2162, 2163) ist nicht gezogen, da Aufl auch stiftgsähnl Dauerzwecken dienen sollen.

2   **2) Gegenstand** der Auflage kann alles sein, wozu man sich schuldrechtl verpflichten kann (vgl § 1940 Rn 2). Oft betrifft die Aufl Grabpflege u Art der Bestattg. Es kann auch die Verwendg bestimmter Mittel zur Errichtg einer Stiftg od für diese auferlegt werden. Es kann dem Erben auferlegt werden, Vfgen über NachlGgstände zu unterlassen, insbes Grdstück nicht zu veräußern (BayObLG FamRZ **86**, 608; Johannsen WM **73**, 535) od nicht ohne Rat od Zustimmg eines Dritten (Köln FamRZ **90**, 1402). Ggst einer Aufl kann auch (soweit nicht Sittenwidrigk anzunehmen ist) die Verpfl sein, zu heiraten od nicht zu heiraten; einen bestimmten Beruf zu ergreifen; den Beruf, die Konfession od den Wohnsitz nicht zu wechseln; einer **3** Vereinigg beizutreten od nicht beizutreten (s auch § 2074 Rn 2; § 2075 Rn 1; 2). – Dagg kann **nicht** Ggst einer Aufl sein, ein best Test zu errichten (BayObLG **58**, 225/230), aufzuheben od dies nicht zu tun (vgl § 2302). Wenn gg die Anerkenng von Verpflichtgen, die mit einer Zuwendg verbunden sind (zB ein Kind anzunehmen od zu legitimieren; den Familiennamen zu ändern) Bedenken bestehen, ist die Umdeutg einer Aufl in eine auflösd bedingte Zuwendg denkb (Staud/Otte § 1940 Rn 9). – Über Auflagen bezügl eines GeschAnteil einer GmbH s Däubler. Die Vererbg eines GeschAnteils bei der GmbH, 1965, § 7 I; Haegele BWNotZ **76**, 55/58. Bezügl TestVollstrg bei Fortführg eines EinzelhandelsGesch s § 2205 Rn 7–13. Allgem über Auflagen zur Unternehmensfortführg od -umgründg s Esch/Schulze zur Wiesche Rn 570ff.

2193 *Bestimmung des Begünstigten.*   [1]**Der Erblasser kann bei der Anordnung einer Auflage, deren Zweck er bestimmt hat, die Bestimmung der Person, an welche die Leistung erfolgen soll, dem Beschwerten oder einem Dritten überlassen.**

[2]**Steht die Bestimmung dem Beschwerten zu, so kann ihm, wenn er zur Vollziehung der Auflage rechtskräftig verurteilt ist, von dem Kläger eine angemessene Frist zur Vollziehung**

bestimmt werden; nach dem Ablaufe der Frist ist der Kläger berechtigt, die Bestimmung zu treffen, wenn nicht die Vollziehung rechtzeitig erfolgt.

III Steht die Bestimmung einem Dritten zu, so erfolgt sie durch Erklärung gegenüber dem Beschwerten. Kann der Dritte die Bestimmung nicht treffen, so geht die Bestimmungsrecht auf den Beschwerten über. Die Vorschrift des § 2151 Abs 3 Satz 2 findet entsprechende Anwendung; zu den Beteiligten im Sinne dieser Vorschrift gehören der Beschwerte und diejenigen, welche die Vollziehung der Auflage zu verlangen berechtigt sind.

1) Bestimmung (I) des Begünstigten kann ein Erbl, der den Zweck einer Aufl wenigstens in erkennb **1** Umrissen (RG **95**, 15) bestimmt hat, abweichd von § 2065 II u über §§ 2156; 2192 hinaus dem Beschwerten od einem Dritten (zB dem TestVollstr, BayObLG **13**, 743) überlassen. Der dann zur Auswahl Berecht kann insow den Erbl im Willen vertreten, bleibt aber an dessen erkennb Vorgaben insbes zum Zweck der Aufl gebunden. Auch wenn er nach freiem Ermessen bestimmen kann, ist seine Entscheid gerichtl überprüfb, aber nur darauf, ob sie diesen Zweck offensichtl verfehlt od auf Arglist beruht (BGH **121**, 357 mAv Schubert JR **94**, 158).

2) Das Bestimmungsrecht geht erst u nur dann auf die aus § 2194 klagende Partei über, wenn der **2** AuswahlBerecht zur Vollziehg der Aufl rkräft verurteilt, ihm eine Frist gesetzt u diese fruchtlos verstrichen ist. Die Fristsetzg kann bei **II** auch durch das Gericht (ZPO 255 II) und ggü dem Dritten (nicht dem Beschwerten) erfolgen, im Falle des **III** durch das NachlG (**III** 3; Rpfleger, RPflG 3 Nr 2c; 11; FGG 80, 20). – **II** Hs 2 ist aber nicht entspr anwendb, wenn die getroffene Bestimmg sich als unwirks erweist; vielm bleibt dann der Berecht verpflichtet, eine wirks Bestimmg nachzuholen (BGH **121**, 357; str). Beweislast für die zur Unwirksk führden Tats trifft den aus § 2194 vorgehden Kläger; Beklagter kann aber Darleggslast haben (BGH aaO).

2194 *Anspruch auf Vollziehung.* Die Vollziehung einer Auflage können der Erbe, der Miterbe und derjenige verlangen, welchem der Wegfall des mit der Auflage zunächst Beschwerten unmittelbar zustatten kommen würde. Liegt die Vollziehung im öffentlichen Interesse, so kann auch die zuständige Behörde die Vollziehung verlangen.

1) Das Klagerecht ist gewährt, damit die Aufl nicht unerfüllt bleibt, weil dem AuflBegünstigten kein **1** FdgsR, also auch kein KlageR zusteht. Eingeräumt ist es als eigenes Recht auf Leistg an Dritte (vgl § 335) den Vollzugsberechtigten: dem Erben od ErbesE (gg den beschwerten VermNehmer; zum Einwand nach § 2187 s Hass aaO); dem MitE (gg den beschwerten Erben od VermNehmer); dem TestVollstr (§§ 2208 II, 2223), neben diesem aber auch dem Erben selbst, da § 2212 nicht entspr angewendet werden kann (ebso Erman/Hense/Schmidt Rn 3; aM LG Brschw MDR **55**, 169); sowie demjenigen, dem der Wegfall des mit der Aufl Beschwerten unmittelb zustatten kommen würde (§§ 2161, 2192; s Staud/Otte Rn 3); auch denjenigen, dem der Erbl das KlageR in der letztw Vfg ausdrückl eingeräumt hat (Staud/Otte Rn 5). – Bei **öffentlichem Interesse** (worüber ordentl Gericht entscheidet) hat KlageR auch die nach **2** LandesR (s dazu jew AGBGB) zuständ Behörde als Partei kr Amtes. – Wegen der Vollstreckgsfragen vgl § 2196 II.

2) Der Vollziehungsberechtigte ist ein Rechtsträger in fremdem Interesse, der (ähnl § 335) Leistg nur **3** an den Begünstigten verlangen kann. Der Begünstigte hat keinen eigenen Anspr. Bei Nichterfüll besteht kein SchadErsAnspr, da der Eintritt eines Schadens begriffl ausgeschlossen ist (MüKo/Skibbe Rn 9); vgl aber § 2196. – Eine Verpflichtg zum Verlangen auf Vollziehg besteht nicht. Verzicht hierauf ist zuläss, wenn er dem mutmaßl Willen des Erbl entspricht (RGRK Rn 9; str). Mehrere Berechtigte sind nicht GesamtGläub, da jeder dasselbe u nicht für sich verlangt. Das Recht auf Vollziehg ist nicht übertragbar u pfändbar, aber auf jeden Fall bei Erben u MitE vererbl (s RGRK Rn 8). Der Erbl kann den Kreis der VollziehgsBerecht erweitern od einschränken.

2195 *Selbständigkeit von Auflage und Zuwendung.* Die Unwirksamkeit einer Auflage hat die Unwirksamkeit der unter der Auflage gemachten Zuwendung nur zur Folge, wenn anzunehmen ist, daß der Erblasser die Zuwendung nicht ohne die Auflage gemacht haben würde.

Die Selbständigkeit der Auflage (vgl auch § 2085) bildet die Regel, falls es nicht dem Erbl in erster **1** Linie auf die Erfüllg der Aufl ankam (zB Rente für Grabunterhalt; diese entfällt mit dem Grab). Die Unwirksamk kann von Anfang an bestehen (Unmöglichk; Sittenwidrigk; Anfechtg der betr Anordng) oder nachträgl eintreten (Ausfall der Bedingg; Sonderfall § 2196). Veränderte Umstände machen die Aufl noch nicht unwirks, wenn dem mit ihr zum Ausdruck gebrachten Willen des Erbl durch eine andere Art der Vollzieh Rechng getragen werden kann (BGH **42**, 327 mAv Kreft zu **LM** Nr 1). – Umgekehrt entfällt die Aufl nicht notw durch teilweise Unwirksamk der Zuwendg (RG Gruch **52**, 1087) od dadurch, daß nicht der zunächst Bedachte sie erhält (§§ 2192, 2161).

2196 *Unmöglichkeit der Vollziehung.* ¹Wird die Vollziehung einer Auflage infolge eines von dem Beschwerten zu vertretenden Umstandes unmöglich, so kann derjenige, welchem der Wegfall des zunächst Beschwerten unmittelbar zustatten kommen würde, die Herausgabe der Zuwendung nach den Vorschriften über die Herausgabe einer ungerechtfertigten Bereicherung insoweit fordern, als die Zuwendung zur Vollziehung der Auflage hätte verwendet werden müssen.

^{II}**Das gleiche gilt, wenn der Beschwerte zur Vollziehung einer Auflage, die nicht durch einen Dritten vollzogen werden kann, rechtskräftig verurteilt ist und die zulässigen Zwangsmittel erfolglos gegen ihn angewendet worden sind.**

1   **1) Bei unverschuldeter Unmöglichkeit** (vgl auch § 2195) wird der Beschwerte frei u behält die Zuwendg (§ 275). Bei **verschuldeter Unmöglichkeit (I)** oder **Weigerung (II)** soll sich der Beschwerte nicht bereichern dürfen (§§ 276 ff), sofern nicht überh dann auch die Zuwendg nach dem ErblWillen entfällt. Der Erbl kann die Nichtvollziehg der Aufl auch zur auflösenden Bedingg der Zuwendg gestalten (vgl auch RG SeuffA **74** Nr 101). – Kann auch ein Dritter die Aufl vollziehen, erfolgt gewöhnl ZwangsVollstr nach ZPO 887 (Ermächtigg). Andernf ist nach ZPO 888, 890 zu vollstrecken. Erfordert die Aufl keinen Vermögensaufwand, besteht kein BereicherungsAnspr.

2   **2) Der Bereicherungsanspruch,** der nur dem evtl nachrückenden Beschwerten (nicht dem TestVollstr od der Behörde, § 2194) zusteht, bemißt sich nach §§ 818, 819 (vgl auch §§ 291, 292, 989). Der Herausgabeberechtigte ist seiners verpflichtet, die Aufl mit dem Erlangten zu erfüllen, sofern sie nicht etwa nur durch den zunächst Beschwerten erfüllt werden sollte od ihre Vollziehg obj unmögl ist (Kipp/Coing § 65 III).

Sechster Titel. Testamentsvollstrecker

Einführung

Schrifttum: Bengel/Reimann u. a., Handbuch der TVstrg (1994); Haegele/Winkler, Der TV (13. Aufl 1994); Hartmann, TVstrg u Nießbr zur Sicherg der Nachfolge des EinzelUntern (2. Aufl 1983); Möhring/ Beisswingert/Klingelhöffer, Vermögensverwaltg in Vormsch- u NachlSachen (7. Aufl 1992); Muscheler, Die Haftgsordng der TVstrg, 1994.

1   **1) Die Testamentsvollstreckung** beruht vornehml auf dem Interesse des Erbl an dem künft Schicksal seines Vermögens (BayObLG **76**, 67). Im Normalfall ist für sie kennzeichnend, daß dch ihre Anordng Inhabersch u Ausübg des Rechts auseinanderfallen (MüKo/Brandner § 2205 Rn 1): Dem Erben ist die Ausübg seiner Rechte verwehrt (§ 2211), solange u soweit sie dem TV dch Anordng des Erbl übertragen ist (§§ 2205; 2208); seine Haftg wird dadch jedoch nicht berührt. Allein die Anordng des Erbl bestimmt also, in welchem Umfang die TV tätig zu werden berechtigt u verpflichtet ist; zur Vfg üb NachlGgstände, die nicht der Verwaltg der TV unterliegen, ist allein der Erbe befugt. TVstrg kann uU sittenwidr sein (s zB Düss NJW **88**, 2615 bei Anordng nur wg Zugehörigk des Erben zu Sekte). Sie kann auch für einen Vermächtn-Nehmer angeordnet werden (BGH **13**, 203); s § 2223. – Regelfall ist die ausführende TVstrg od **Abwicklungsvollstreckung** (§§ 2203–2207); ihren Zwecken ist das Verwaltgs- u VfgsR des § 2205 untergeordnet. – Der Erbl kann aber auch dch **Dauervollstreckung** (§ 2209 S 1 Hs 2) dem TV die Verwaltg des Nachl auch für die Zeit nach Erledig der sonst zugewiesenen Aufgaben übertragen. – Er kann auch eine reine **Verwaltungsvollstreckung** anordnen (§ 2209 S 1 Hs 1).

2   **2) Rechtsstellung.** Der TV hat die Stellg eines Treuhänders u ist Inhaber eines privaten Amtes (BGH **25**, 275), das erst mit der Annahme (§ 2202 I) beginnt. Er ist nicht Vertreter od Beauftragter des Erbl (wg Vereinbargen mit diesem vgl § 2203 Rn 1) u auch nicht des Nachl, der ja keine RPersönlich ist. Er ist auch nicht gesetzl Vertreter des Erben, denn er kann auch gg diesen vorgehen (vgl §§ 2206 II, 2217); sein rechtsgeschäftl Wille, der den Nachl verpflichtet, ist nicht der des Erben. Er übt vielmehr das ihm zugewiesene Amt **aus eigenem Recht** gem dem letzten Willen des Erbl u dem G selbständ aus (s BGH **LM** Nr 1 zu § 2203). Dabei muß er sich allerdings nach außen hin als TV bezeichnen, um aus seinen RGeschäften nicht persönl haftbar gemacht zu werden. Indessen ist seine Stellg der eines gesetzl Vertreters (iwS) in gewissen Beziehgen angenähert. Denn der eigentl Herr des Nachl ist der Erbe, der TV sein Verwalter. Im Rahmen dieser Verwaltg werden Rechte u Pflichten des Erben vom TV wahrgenommen u treffen dessen Hdlgen in ihren Wirkgen den Erben als solchen (vgl § 278 und dazu RG **144**, 401; §§ 2206, 2213, 2216–2219), ausgenommen unerlaubte Hdlgen des TV (vgl § 2219 Rn 5). – Über mitwirkendes Verschulden vgl § 254 Rn 5. – Über die Frage der Anwendbark des § 181 vgl § 2205 Rn 30. – Beauftragter des Erben ist der TV nicht, wenn auch § 2218 aus techn Gründen die entspr Anwendg einiger AuftrVorschriften anordnet. Ernenng durch den Erbl u Annahme des Amtes schaffen auch kein AuftrVerh zw Erbl und TV; §§ 164 ff sind aber entspr anwendb (Schlüter § 42 I 3a). – Derjenige, dem zu eigenen Nutzen Verwaltg und Vfg über einen Nachl eingeräumt wurde, ist nicht TV, sond regelm VorE (Mü JFG **16**, 310).

3   **a) Das Nachlaßgericht** ist nicht zur Überwach der Tätigk des TV berufen u nicht ermächtigt, in seine Amtsführg einzugreifen. Das G kennt keine gerichtl od behördl Dauerkontrolle des TV (s Reimann FamRZ **95**, 588), auch nicht dch GenehmiggsBedürftigk wichtiger Gesch. Auch der Erbl kann den TV nicht der Aufsicht des NachlG unterstellen, da dies ein Eingriff in öff R wäre. Die gesetzl Befugnisse des NachlG sind vielm auf Maßnahmen beschränkt, die das Vollstreckeramt erleichtern sollen wie zB Ernenng auf Ersuchen (§ 2200); Entggnahme von Erkl (§§ 2198 I 2, 2202 II 1); Außerkraftsetzg letztw Anordngen (§ 2216 II 2) od Entscheidg bei Meinungsverschiedenh (§ 2216 II 2). Es kann ihm folgl nicht dch einstw Anordng ein konkretes rechtsgeschäftl Handeln untersagen (Köln OLGZ **87**, 280), auch nicht das BeschwerdeG aGr FGG 24 III (Köln aaO). Erst auf Antrag eines Beteiligten hat das NachlG üb seine Entlassg aus wicht Grd zu entscheiden (§ 2227), wodch dann eine gewisse gerichtl Überwach der Tätigk mögl ist. – Der Aufsicht des

4   **Vormundschaftsgerichts** kann der TV bei minderj Erben gleichfalls nicht unterstellt werden (hM; H/Winkler Rn 218; aM Greiser DFG **36**, 245), obwohl der (die) ges Vertr minderj u geschäftsunfäh Erben von der Verwaltg des ererbten Vermögens insow ausgeschlossen ist, als dieses der TVstrg unterliegt. Er kann allerd mit Zustimmg des TV eine Vfg üb derartiges Vermögen treffen u bedarf dann dazu (wie bei Vfg des TV allein) nicht einer sonst erforderl vormschgerichtl Genehmigg (Celle FamRZ **68**, 489; AG Bremen Rpfleger **72**, 369; s auch § 2204 Rn 4).

b) Der Erbe kann vom TV jederzeit verlangen, daß dieser seine Befugn nicht überschreitet. Er kann im 5 Zivilprozeß seinen Anspr auf ordnungsmäßige Verwaltg durchsetzen u den TV auf Erfüllg seiner Pflichten verklagen (BGH **48**, 214; **25**, 283 mAv Johannsen **LM** § 2205 Nr 2). Insow wird ihm unter den Voraussetzgen von ZPO 935ff auch einstw RSchutz zu gewähren sein (Köln OLGZ **87**, 280). – Beim NachlG kann der Erbe die Entlassg des TV bei Pflichtverletzgen od sonst wicht Grd beantragen (§ 2227). Auch dadch wird ihm eine gewisse Einwirkg auf den TV ermöglicht. – Der TV **haftet** dem Erben (§ 2219), mit Ausn von § 826 nicht aber den NachlGläub (wie etwa der NachlVerwalter, § 1985 II).

d) Ergänzungspfleger (§§ 1909) ist zu bestellen, wenn zum TV ein Elternteil od der Vormund od 6 Betreuer des Erben ernannt ist. Dch ihre Doppelstellg als TV u ges Vertr sind sie rechtlich gehindert (§§ 1629 II; 1795 II; 1796; 1908i; § 181), den Erben in Bezug auf die Wahrg seiner Rechte ggü dem TV zu vertreten (Hamm OLGZ **93**, 392 mAv Reimann MittBayNot **94**, 55; LG Ffm Rpfleger **90**, 207; s dazu Damrau ZEV **94**, 1). Ggstandslos wird die TVstrg dch Anordng einer ErgänzgsPflegsch hinsichtl eines VermögensGgstands, der aGrd Vertr zg Dritter (§§ 331; 332) nicht in den Nachl fällt (Bln Rpfleger **79**, 204).

3) Aufgabenkreis. Der TV hat, den Willen des Erbl auszuführen. Jedoch können nach Inhalt u Umfang seines 7 Amts nach dem durch §§ 2203ff dem Erbl gewährten Spielraum sehr mannigfaltig sein. Seine Aufgaben können sich in einer einzelnen Maßnahme erschöpfen wie zB für die Vollziehg einer Auflage zu sorgen (BayObLG NJW-RR **86**, 629) od für die Durchführung der Bestattg; Auflassg eines Grdstücks an sich selbst (Lindemann DNotZ **51**, 215); Ausübg des Stimmrechts aus einem GmbH-Geschäftsanteil, auch noch nach der Auseinandersetzg (Hamm JMBl NRW **56**, 158). Sie können sich aber auch bei der selbständ Verwaltg des § 2209 nach § 2210 auf Jahrzehnte, auf den Nachl im ganzen od einzelne NachlGgstände od nur auf ein Vermächtn (vgl § 2223 Rn 2) erstrecken. – Ihm obliegt auch die **Auseinandersetzung** (§ 2204). 8 Dadch entfällt die Befugn des NachlG zu ihrer Vermittlg (FGG 86). – Zur Eingehg von **Verbindlichkeiten** für den Nachl ist er befugt (§ 2206). Diese Befugn kann sogar unbeschränkt sein (§ 2207) od aber auch enger beschränkt (§ 2208) od sogar ganz ausgeschlossen sein (RG **132**, 141). – Die TVstrg kann auch ggständl od auf bestimmte Erbteile **beschränkt** werden; eine solche Beschrkg kann sich auch nachträgl ergeben (s BGH 9 NJW **62**, 912; BayObLG FamRZ **91**, 231; dazu v Preuschen FamRZ **93**, 1390). – Auch die Ausübg des UrheberR kann dch letztw Vfg einem TV übertragen werden (UrhRG 28 II; Fromm NJW **66**, 1245).

4) Prozeßführung. – a) Für den Nachlaß kann allein der TV im Rahmen seiner VerwaltgsBefugn die 10 zum Nachl gehörenden Rechte gerichtl geltd machen, währd der Erbe Nebenintervenient (ZPO 66) u Zeuge sein kann. Der TV führt die Prozesse in eigenem Namen, aber in seiner Eigensch als TV, als „Partei kraft Amts", also für Rechng des Nachl u mit Wirkg für u gg den Erben (§ 2212; ZPO 327 I), auch soweit es sich um eine Feststellgsklage, ErbschKlage od VollstrGgKlage handelt. Betrifft der Prozeß eine NachlVerbindlichk, wirkt das Urteil für u gg den Erben nur, soweit der TV nach § 2213 prozeßführgsbefugt war. ZwVollstr erfolgt nach ZPO 728 II, 748, 780 II.

b) Prozesse gegen den Nachlaß (insb aus NachlVerbindlichk) können, wenn der TV zur Verwaltg des 11 ganzen Nachlasses befugt ist, sowohl gg den Erben als auch gg den TV gerichtet werden (§ 2213 I 1; s aber auch ZPO 327 II, 748 I). Ist der TV nicht zur Verwaltg des ganzen Nachl berechtigt, so ist nur der Erbe passiv legitimiert (§ 2213 I 2). Die Zwangsvollstreckg in die vom TV verwalteten einzelnen NachlGgstände erfordert aber neben dem Urteil gg den Erben ein solches auf Duldg gg den TV (ZPO 748 II; § 2213 III), da das Urteil gg den Erben keine Rechtskr gg den TV schafft (RG **109**, 166). Der PflichtAnspr (einschließ des vorbereitenden AuskBegehrens, § 2314) muß gg den Erben gerichtet werden; doch ist auch hier ein Duldgsurteil gg den TV erforderl (§ 2213 I 3, III; ZPO 748 III).

c) Über das Erbrecht selbst, das seiner Verwaltg nicht unterliegt, kann der TV grdsl keinen Prozeß 12 führen (RG **106**, 47). Hat er jedoch in seiner Eigensch als TV ein rechtl Interesse an dessen Feststellg, liegt also die Prozeßführg im Rahmen seiner Verwaltgsaufgabe, ist seine Klage als Partei kr Amtes zulässig (BGH WM **87**, 564). Dies ist zB der Fall, wenn ein von ihm nicht anerkannter Erbanwärter Anspr auf den Nachl erhebt. Auf das ErbSchVerf braucht er sich dabei nicht zu verlassen, weil er ein eigenstd Recht hat, den letzten Willen des Erbl zu verwirklichen u zu verteidigen (BGH **69**, 235 u aaO). Inzidenter kann er üb das ErbR prozessieren, soweit es sich um das Bestehen seines Amtes od die Gültigk der ihn berufenden letztw Vfg od um sein Recht zu deren Ausführg usw handelt. Rechtskr (ZPO 325) wirkt nur zw den Parteien. Im Verf über die vormschaftsgerichtl Genehmigg eines Vergleichs über das ErbR (§ 1822 Nr 1) ist der TV nicht beschwerdeberecht (Zweibr OLGZ **80**, 142).

5) Bekanntmachung. – a) Im Erbschein ist die Ernenng des TV anzugeben (§ 2364 I). Bei aufschiebend 13 bedingter TVstrg ist diese erst nach Eintritt der Bedingg (KG JFG **10**, 73) zu erwähnen. Der Umfang der Befugn des TV ergibt sich aus dem Zeugnis (§ 2368).

b) Im Grundbuch (GBO 52) ist die TVstrg gleichzeitig mit der Eintragg des Erben (KG DNotZ **56**, 14 195), aber niemals ohne diese zu vermerken, wenn der NachlGgst seiner Verwaltg unterliegt. Das gleiche gilt auch für das Schiffsregister (SchiffsRegO 55); s auch LuftfzRG 86 I. – Der Erbl kann die Eintragg nicht verbieten, der TV auf sie nicht verzichten, da er seine Befugnisse im Interesse des Erben auszuüben hat (Mü JFG **20**, 294). Durch die Eintragg wird üb die Vfgen des Erben gesperrt (§ 892 Rn 18). – Löschg erfolgt bei UnrichtigkNachw (GBO 22, 84), wenn die TestVollstrg in Wirklichk nicht bestand; od bei Nachweis der Beendigg der TVstrg dch öff Urk (GBO 29 I 2); eine solche kann auch das TV-Zeugn sein, wenn sich aus diesem die Beendigg ergibt (BayObLG **90**, 51). Dagg kommt Löschg allein aGrd Bewilligg des TV nicht in Betr (Hamm RPfleger **58**, 15; Starnberg Rpfleger **85**, 57). Vielm ist der Grund hinreichend nachzuweisen. Bei Niederlegg des Amtes durch einen TV ist jedoch noch nicht nachgewiesen, daß auch die TestVollstrg als solche beendet ist, da der Erbl Ersatzbestimmgen getroffen haben kann (Hamm Rpfleger **58**, 15). – Den Antrag auf Berichtigg des GB dch Eintr des Erben als Eigtümer kann der TV stellen (KGJ **51**, 216; Mü JFG **20**, 373). Ob hierzu auch der Erbe selbst berecht ist, wird von der hM verneint; dagg aber mit beachtl Gründen Bertsch Rpfleger **68**, 178.

c) Ob in das Handelsregister ein TV-Vermerk gehört, ist bestr. Nachdem nicht nur kr ausdrückl ges 15 Vorschr einzutragen ist, sond auch ohne solche nach den Erfordern von Sinn u Zweck des HandelsReg

(Baumbach/Hopt HGB 8 Anm 3; zB die Gestattg des Selbstkontrahierens, BGH **87**, 60), ist in bezug auf die Beteiligg des Erbl an PersonenGes die bish ablehnende hM infolge der nunmehr vom BGH anerkannten Zulässigk der TVstrg (s § 2205 Rn 14; 20) zu überprüfen, zumal die ablehnende Entscheidg RG **132**, 138 auf der damaligen, jetzt aufgegeben Rspr beruhte. Soweit die TVstrg die RMacht des Kommanditisten beschränkt u Außenwirkg entfaltet (zB nach § 2212 für Aktivprozesse; § 2214 für den Zugriff von EigenGläub), sollte die Eintragg eines TV-Vermerks im HandelsReg zugelassen werden (Reimann DNotZ **90**, 190/194; Ulmer NJW **90**, 73/82; aA LG Bln Rpfleger **93**, 25; Damrau BWNotZ **90**, 69). – Zur Anmeldg des Eintritts des Gter-Erben ist der TV berechtigt u verpflichtet, soweit seine Befugnis reicht (BGH **108**, 187) u die nur bei TVstrg nach § 2209 besteht, nicht aber bei bloßer AbwicklgsVstrg (KG OLGZ **91**, 261); dagg kann er das Ausscheiden des Erbl für die Erben, die selbst nicht Gter wurden, stets anmelden ohne Rücks auf die Art der TVstrg (KG aaO; HGB **107**; 108 I; 143 II; 161 II). Ob neben einer bestehenden Befugn des TV auch noch der Erbe ein AnmeldeR hat, ließ BGH aaO offen, ist aber zu verneinen (Reimann aaO). – Hinsichtl der Fortführg des Geschäfts eines **Einzelkaufmanns** s § 2205 Rn 9; im Falle der sog Vollmachtlösg (§ 2205 Rn 9; 10) hat sich Konstanz FamRZ **90**, 441 im Anschluß an Baur FS Dölle, 1963, I 249 für die Eintragg des TV entschieden.

16   **6) Vollmacht auf den Todesfall.** Der Erbl kann zu seinen Lebzeiten statt einer Vollm, die mit seinem Tod nicht erlischt (s § 168; § 1922 Rn 35), auch eine Vollm erteilen, die vorneherein auf seinen Todesfall beschränkt ist, dh erst beim Erbfall zur Entstehg gelangt (RG **114**, 354; Trapp ZEV **95**, 314). Darin liegt aber noch keine Vfg des Erbl zB üb sein Bankguthaben, weil die postmortale Vollm auch nach dem Tod des Erbl nicht die Verteilg seines Vermögens ändert; dieses fällt auch dann in den Nachl, wenn es von da an der Verfüggsbefugn eines Bevollmächtigten unterliegt (Köln ZIP **88**, 1203). Das Risiko des **Mißbrauchs** einer nach außen unbeschränkten Vollm trägt der Vertretene. Der VertrPartner hat keine PrüfgsPfl, es sei denn bei obj Evidenz des Mißbrauchs, die aber massive Verdachtsmomente voraussetzt (BGH NJW **94**, 2082); solche ergeben sich zB noch nicht aus einer Vermögensübertragg auf eigene Konten (BGH NJW **95**, 250). Ohne solche muß Bank die ihr vom Bevollmächtigten erteilten Weisgen unverzügl u unbeschaltsolos ausführen u ist nicht berecht od verpflichtet, die Zustimmg des Erben abzuwarten od ihm dch Zuwarten Widerruf zu ermöglichen (BGH aaO). – Üb Vollm des Erbl bei **Vor-** u **Nacherbfolge** s § 2212 Rn 7. – Liegt der Vollm ein Auftr od ein GeschBesorggsVertr zugrunde, ergibt sich ihre Fortdauer über den Tod hinaus idR aus §§ 168, 672, 675. Diese ist aber auch mögl, wenn die Vollm unabhängig von einem bestimmten RVerhältn erteilt wird (isolierte Vollm; Staud/Reimann Rn 102 vor § 2197). Sonderfälle: HGB 52 III; ZPO 86.

17   **a) Erteilung.** Die postmortale Vollm kann als Innen- od AußenVollm durch RGesch unter Lebenden (§ 167) erteilt werden (s dazu Mü Betr **73**, 693); es genügt, wenn die Erklärg nach dem Tod des VollmGebers dem zu Bevollmächtigenden zugeht (§ 130 II). Die empfangsbedürft Erkl der Vollm kann auch in einem gemeinschaftl Test od ErbVertr bei Beteiligg des zu Bevollmächtigenden u sogar in einer einseitigen letztw Vfg (auch eigenhändigem Test, § 1937 Rn 12) erfolgen, wenn das Zugehen der Erkl nach dem Tode des Erbl sichergestellt ist (Köln NJW-RR **92**, 1357; Staud/Reimann Vor Rn 104); eine Anfechtg des Test erfaßt dann nicht automat auch die VollmErteilg (Köln aaO). Die Frage, ob Vollm od TVBestellg vom Erbl gewollt ist, muß dch Auslegg (§§ 133, 2084) festgestellt werden (Oldbg Rpfleger **65**, 305).

18   **b) Der Bevollmächtigte,** der ein Dritter, aber auch der TV od ein Erbe sein kann (Röhm Betr **69**, 1973/1978), vertritt nach Tod seines VollmGebers dessen Erben bis zum VollmWiderruf (dazu Rn 20); es tritt also ledigl eine Änderg in der Person des Vertretenen ein, nicht aber hinsichtl Umfang u Inhalt der Vollm. Mit dem Erbfall erwirbt er die Befugn, innerhalb der ihm eingeräumten Vertretgsmacht üb das zum Nachl gehörende Vermögen in Vertretg des (der) Erben zu verfügen (§ 672; BGH **87**, 19; BayObLG **19** A 174; s auch Kuchinke FamRZ **84**, 109; Mattern BWNotZ **65**, 8, 9), u zwar ohne Erbnachweis (KG JFG **12**, 274). Ein im Rahmen seiner Vertretgsmacht u des ErblAuftrags handelnder Bevollm braucht sich dann nicht der Zustimmg der Erben für seine RGesch zu versichern (BGH NJW **95**, 215), bedarf auch nicht einer sonst für den ges Vertr minderj Erben etwa notwend Genehmigg des VormschG (RG **106**, 186) u hat auch nicht generell eine RückfragePfl, ob die Erben die Vollm widerrufen wollen (Trapp ZEV **95**, 314). Er kann auch nach dem Tod des VollmGebers für diesen Anmeldgen zum HandelsReg unter Vorlage eines ErbSch vornehmen (Hbg DNotZ **67**, 30). Über Verkehr mit dem Grundbuchamt s Lukowsky RhNK **63**, 115/120ff; Haegele Rpfleger **68**, 345. Das Handeln des Bevollm kann aber ausnahmsw eine unzuläss RAusübg darstellen od gg die guten Sitten verstoßen (BGH NJW **69**, 1245 mit abl Anm von Finger 1624; dazu auch Hopt ZfHK **133** (1970), 322ff). Ist der **Umfang** seiner Vertretgsmacht nicht eindeut, so ist Einschränkges ggf dch Auslegg aus der Sicht eines obj ErklEmpfängers zu ermitteln (Hamm FamRZ **95**, 832). BankVollm zB umfaßt grdsl nur übl Kontovorgänge, berecht also nicht ohne weiteres zur Umwandlg des GemschKontos in Einzelkonto (Ffm WM **85**, 1199); der überlebde Ehepartner als Bevollm kann zu seiner Absicherg dazu allerd als berecht angesehen werden, ohne daß dann § 181 entspr angewendet werden muß (Hamm aaO). Da der Bevollmächtigte seine RMacht aber nicht von den Vertretenen, sond vom Erbl ableitet, können seine Rechte weitergehend sein als die der vertretenen Erben. Auch wird der Bestand der Vollm dch eine nach ihrer Erteilg eintretende Beschränkg in der Vfgsmacht der vertretenen Erben nicht berührt (Rehmann BB **87**, 213).

19   **c) Bei Testamentsvollstreckung** wird die Vertretgsmacht des Bevollmächtigten nicht schon dch deren Anordng berührt (aA Staud/Reimann Vorb Rn 110; MüKo/Brandner § 2211 Rn 13). Erfolgte diese vor od gleichzeit mit der VollmErteilg, ist vielm anzunehmen, daß der Erbl dann die Befugn des TV entspr (widerrufl) beschränken wollte. Auch dch ein der Vollm nachfolgendes spät Test mit Einsetzg eines TV, in dem der Wille des Erbl zur Einschränkg der Vollm erklärt ist, kann wg der Empfangsbedftigk eines solchen teilw Widerrufs der Bevollmächtigte nur wirks beschränkt werden, wenn der Erbl den Zugang der Erkl an diesen (§§ 168, 167, 130 II) sichergestellt hat (Rehmann BB **87**, 213 am Bspl Bankvollm; dazu auch Merkel WM **87**, 1001). – Wird ein TV aGrd einer ihm erteilten postmortalen Vollm als Bevollm tätig, unterliegt er nicht den Beschrkgen eines TV (BGH NJW **62**, 1718 mAv Haegele Rpfleger **62**, 439). Er kann also im

Rahmen seiner Vollm auch unentgeltl Vfgen treffen, soweit darin nicht ein Mißbr der Vollm liegt (BGH aaO, auch Röhm Betr **69**, 1973/1976). Ein TV kann zugl aGrd eines ihm vom Erbl über den Tod hinaus erteilten Vollm die Stellg eines GeneralBevollm inne haben. Das Recht des Abschl von InsichGesch (§ 181) darf ihm aber nicht erteilt werden (s auch § 2205 Rn 30). – Über Fortführg eines EinzelhandelsGesch dch den TV namens des (der) Erben u über die Ausübg der PersonengesellschRe des Erbl dch den TV als ErbenBevollm s § 2205 Rn 9; 16; H/Winkler Rn 309; 350 ff; Haegele Rpfleger **73**, 115, 158. – Zur Bevollmächtigg dch den TV s § 2218 Rn 2.

d) Zum Widerruf der Vollm ist (auch währd des Bestehens einer ErbenGemsch) jeder einzelne **Erbe**   20 befugt, und zwar ohne Rücks darauf, ob ein RGesch zugrunde liegt od nicht. Durch den Widerruf eines MitE wird aber das VertretgsR des Bevollmächtigten hins der übrigen Miterben nicht berührt (RG JW **38**, 1892). Auch der **Testamentsvollstrecker** kann eine Vollm über den Tod hinaus im Rahmen des § 2205 widerrufen, sofern nicht das Test ein anderes bestimmt (Staud/Reimann Vorb Rn 114). Die Widerruflichk der Vollm richtet sich nach dem ihr zugrunde liegenden RGesch (§ 168; dazu BGH DNotZ **72**, 229; NJW **95**, 250). Die isolierte Vollm ist idR widerrufl (s § 168 Rn 5), sofern sie nicht ohnehin mit dem Tod des VollmGebers erlischt, wenn kein wirks GeschBesorggsverhältn begründet worden ist (Kuchinke FamRZ **84**, 109/111). Ist der Widerruf vom VollmGeber ausgeschlossen, kann die Vollm nur aus wichtigem Grd widerrufen werden. Die Unwiderruflichk einer über den Tod hinaus erteilten **Generalvollmacht** ist wg nicht zu billigender Knebelg der Erben u Umgehg der TestVollstrg sittenwidrig (§ 138; Staud/Reimann Vorb Rn 115; Röhm aaO 1977); sie gilt als widerrufliche fort, wenn der VollmGeber sie auch ohne den Verzicht auf das WiderrufR erteilt hätte (§ 139; Lukowsky aaO 129); sie kann möglicherw in Erbeinsetzg umgedeutet werden (Erman/Hense/Schmidt Rn 10 vor § 2197).

7) Fremdes Erbstatut. Kommt ErbR der fr **DDR** zur Anwendg (EG 235 § 1), ist in Erbfällen zw 1. 1. 76 u   21 2. 10. 90 zu beachten, daß nach DDR-ZGB TVstrg zwar mögl war, aber nicht zu einer VfgsBeschränkg des Erben führte (ZGB 371 II, III); vielm beurteilte sich das RVerhältn zw TV u Erben nach den Vorschr üb Vertretg (ZGB 53) u Auftrag (ZGB 275 ff) sowie SchadErs (ZGB 330 ff). S dazu Bestelmeyer Rpfleger **92**, 229; vMorgen/Götting DtZ **94**, 199, insbes zur RLage bei NachlSpaltg; Einl 5 vor § 1922. In Erbfällen vor dem 1. 1. 76 s zur RStellg des TV Jahnke DtZ **94**, 364. – Ein trustee **amerikanischen** Rs kann als TV iS des deutschen Rs behandelt werden (Ffm DNotZ **72**, 542; BayObLG **80**, 42 [executor]). Zur Rechtsstellg des von einem Gericht des Staates New York eingesetzten Administrators s KG RzW **72**, 409; s auch BGH WM **76**, 811.

2197   *Ernennung durch Testament.*   [1]Der Erblasser kann durch Testament einen oder mehrere Testamentsvollstrecker ernennen.

[2]Der Erblasser kann für den Fall, daß der ernannte Testamentsvollstrecker vor oder nach der Annahme des Amtes wegfällt, einen anderen Testamentsvollstrecker ernennen.

1) Die Ernennung des TV dch den Erbl erfolgt entweder unmittelb **(I)** od zum Ersatz eines anderen **(II)**,   1 stets aber dch letztw Vfg, dh Test od einseit Vfg im ErbV gem §§ 2299; 2278 II (zur Ernenng dch Andere s dagg §§ 2198–2200). Eine bestimmte Ausdrucksweise ist dafür nicht erforderl (RG **92**, 72). Die Bezeichng als Pfleger, Verwalter, Bevollmächtigter zur Verteilg des Nachl nach bill Ermessen (BayObLG Recht **15** Nr 329), Bevollmächtigter mit voller u alleiniger Vfgsgewalt über Nachl (Oldbg Rpfleger **65**, 305) genügt, wenn der (durch Auslegg nach § 133 zu ermittelnde) ErblWille zur Vollstreckg im fremden Interesse anzunehmen und nicht in Wirklichk Erbeinsetzg unter Auflage (vgl OLG **21**, 359) oder Vor- u Nacherbfolge (KG DRZ **27** Nr 680) od VerwVorausvermächtn an MitE (OGH **4**, 223) od eine Anordng nach § 2048 gemeint ist. – Ernennen **Ehegatten** in einem gemeinschaftl Test einen Dritten zu ihrem TV, ist er für beide Erbfälle ernannt, falls nicht die Auslegg ergibt, daß die Ernenng nur für den Fall des Todes des Überlebenden gelten soll (KG JFG **14**, 275; Granicky NJW **57**, 407); ist der überlebde Ehegatte AlleinE des Erstversterbenen u sind für den ersten Erbfall keine weiteren, der Ausführg bedürftigen Vfgen getroffen u keine Anhaltspunkte für eine Verwaltgs- od Dauervollstreckg vorhanden, wird der TV nur für den Nachl des Überlebenden eingesetzt sein (Staud/Reimann Rn 5). Bei Ernenng sowohl für den Nachl des erstversterbenden als auch des letztversterbenden Ehegatten handelt es sich um eine fortgesetzte, sond um zwei voneinander rechtl unabhängige TestVollstrgen (BayObLG **85**, 233). – Die **ersatzweise** Ernenng eines TV **(II)** gilt auch für den Fall der Ablehng des Amtes (§ 2202 II; III). – Die Ernenng ist, auch bei gemschaftl Test (§ 2270 III), seitens der Erbl jederzeit **widerruflich** (Stade MDR **60**, 142), nach § 2081 I anfechtb u bei   2 Ungültigk des Test nach Maßg des § 2085 unwirks, woran auch die Erben nichts zu ändern vermögen. Doch können diese den TV zum rechtsgeschäftl Bevollmächtigten bestellen. – Ist eine TVstrg für den ganzen Nachl angeordnet, die Anordng aber hins eines MitE wg eines fr ErbVertr ungült (§ 2289), kann die Anordng den and Erben ggü wirks sein, wenn TeilTestVollstrg dem Willen des Erbl entspr (BGH **LM** § 2085 Nr 3). Eine Anordng der TVstrg ohne Angabe des TV od eines BestimmgsBerecht ist idR als Ersuchen iS von § 2200 auszulegen, ebso der Ausschluß des Erben von jegl Verwaltg (s § 2200 Rn 1; H/ Winkler Rn 75); dagg nicht ohne weiteres die Ernenng eines inzwischen verstorbenen TV. – Eine Bestellg durch **Vertrag** mit dem Erblasser ist nur als Auftrag wirks und vom Erbl u den Erben nach § 671 widerrufl (RG **139**, 41; vgl auch § 2202 Rn 2). – Ernenng steht iSv BeurkG 7, 27 einer Zuwendg gleich (s Rn 3).

2) Auswahl des Testamentsvollstreckers. Zum TV kann jede Person ernannt werden, sofern sie nicht   3 nach § 2201 untaugl ist, also auch die Ehefrau od eine ausländ od auch eine juristische Person (§ 2210 S 3). TV kann auch der jeweilige Träger eines Amts, Notariats (BayObLG **20**, 55) sein, nicht jedoch eine Behörde als solche, etwa das NachlG. Ob die Einsetzg der Geliebten als TV dch verheirateten Erbl sittenwidr ist (so BGH FamRZ **54**, 194/198), hängt von den Umständen ab (s § 1937 Rn 20 ff). Der **Alleinerbe** od der alleinige VorE kann nicht alleiniger TV, sond nur MitVollstr (§ 2224) sein (KG JFG **11**, 125; OLGZ **67**, 361), von § 2223 abgesehen (s aber auch Rohlff DNotZ **71**, 518/527 ff). Wohl aber kann ein MitVorE zum TV u zugl zum NachE-TV berufen werden, wenn die TVollstrg dch ein Kollegium ausgeübt wird (BayObLG **76**, 67). Ein NachE oder einer von mehreren NachE (BayObLG NJW **59**, 1920) kann zum TV für den VorE ernannt werden (BGH NJW **90**, 2056). Der MitE kann ohne weiteres TV sein, da er als TV ein Tätigkeitsfeld zugewiesen erhält, das er als bloßer MitE (§§ 2038 bis 2040) nicht besitzt (KR JR **52**, 324). Auch können sämtl MitE (allein od neben einem Mitvollstr) TV sein, da dann § 2224 I (statt § 2038 II) Geltg u der Erbl die Möglichk hatte, die Verwaltg abweichd zu regeln (Soergel/Damrau Rn 13). Auch ein VermächtnNehmer, Vormund, Nießbraucher (dazu BayObLG MDR **78**, 142; Rohlff aaO 519ff; Staud/Reimann Rn 22–25) kann TV sein. – **Nichtig** ist gem § 125; BeurkG 27; 7 die Ernennung des beurkundenden Notars od seines an den Einnahmen aus der TVstrg beteiligten Sozius zum TV (Oldbg DNotZ **90**, 431 mit abl Anm Reimann; s auch Reimann FS von Lübtow, 1991, 317). Wg der Notarvertreters s BNotO 41 II. Will der Erbl unbedingt den Notar als TV, muß er ihn anderweitig berufen. Zu den verschiedenen Möglichk s Reimann aaO 433; § 2200 Rn 3. – Übernimmt Bank od Sparkasse TVstrg geschäftsmäß, bedarf dies als Besorgg fremder RAngelegenh der Erlaubn (Art 1 § 1 RBerG; Karlsr WM **94**, 680; dazu Heussler ZEV **94**, 261; Schaub FamRZ **95**, 845). – Wegen des TV neben einem VE od NE vgl § 2222.

4　**3) Sonderfälle:** Auch unter einer Bedingg (vgl **II**) u od Befristg, zB als Nachvollstrecker (TV nach Amtsbeendigg des Vorgängers), kann die Ernenng erfolgen; ferner für einen bestimmten Erbteil od ein Vermächtn od nur zur Beschrkg eines bestimmten Erben (§ 2338 I 2). Fällt dieser Erbe weg, ist die TVstrg ggstandslos, ohne daß es der Anfechtg od Entlassg bedürfte (vgl Staud/Reimann Rn 26). Auch für die gesetzl Erbfolge und im Rahmen des § 1514 mit §§ 1512, 1513, 1516 für die fortgesetzte Gütergemeinsch kann TV bestellt werden; unzuläss ist aber Beschränkg des VerwR des überlebenden Eheg dch Überweisg der Verw an TV (§ 1518 Rn 2; s auch RG JW **16**, 43; Haegele Rpfleger **63**, 331; H/Winkler Rn 72).

2198　*Bestimmung durch einen Dritten.* [1]Der Erblasser kann die Bestimmung der Person des Testamentsvollstreckers einem Dritten überlassen. Die Bestimmung erfolgt durch Erklärung gegenüber dem Nachlaßgerichte; die Erklärung ist in öffentlich beglaubigter Form abzugeben.

[II]Das Bestimmungsrecht des Dritten erlischt mit dem Ablauf einer ihm auf Antrag eines der Beteiligten von dem Nachlaßgerichte bestimmten Frist.

1　**1) Voraussetzung** ist, daß der Erbl überh TestVollstrg angeordnet hat (KGJ **42**, 219), wobei ggf wohlwollende Auslegg (§ 2084) helfen kann (Greiser DFG **39**, 216). Dann kann er in Abweichg von § 2065 dch entspr test od einseit erbvertragl Anordng die Auswahl des TV einem Dritten übertr. – **Dritter** kann auch der Erbe sein (RG **92**, 68) od der Leiter einer einschlägigen Behörde, zB der Direktor eines AG (Hamm DNotZ **65**, 487) od der jeweilige Leiter als Privatperson (KG JW **38**, 1900).

2　**2) Die Bestimmung** durch den Dritten ist wie die Ausschlagg (§ 1945 I) behandelt und unwiderrufl. Sie wird mit dem Eingang beim NachlG wirks, auch wenn sie diesem erst nach dem Tod des Erklärden zugeht (§ 130 II; Staud/Reimann Rn 9). Bestimmg erfolgt nach freiem Ermessen; Haftg nur nach § 826. Der Dritte kann auch sich selbst bestimmen, falls er nicht AlleinE ist (Haegele BWNotZ **74**, 109/112). Hat der Erbl allerd einen Personenkreis vorbestimmt, muß er darunter auswählen. – **Öffentliche Beglaubigung** der Unterschr (§ 129, BeurkG 39, 40, 63) genügt, auch wenn der Erbl Beurkundg vorschrieb (Soergel/Damrau Rn 4 mN; aM Staud/Reimann Rn 14, RGRK § 2199 Rn 5). Die Bestimmg kann auch in einem öff Test getroffen werden, ebso wie in einem Test eine Schenkg widerrufen werden kann (§ 531 Rn 1; str; ebso Staud/Reimann Rn 15; Soergel/Damrau Rn 6; vgl § 130 Rn 12 u KG JW **36**, 2462). Kosten der Beglaubigg trägt der Bestimmgsberechtigte mit RückgrAnspr gg den Erben nach § 2218. Akteneinsicht nach § 2228. – **Keiner Beglaubigung** bedürfen öff Urk wie die in amtl Form erfolgte Bestimmg des TV dch den Präsidenten des OLG (Stgt NJW-RR **86**, 7) od der RA-Kammer (KG JFG **23**, 306) od dch einen Notar (Neust DNotZ **51**, 339); aA zur Ernenng dch den Präsidenten der IHK KG JW **38**, 1900; dch den AG-Direktor Hamm DNotZ **65**, 487; dch den Vorsitzenden einer Zivilkammer RG **53**, 1. S zur Benennung eines Schiedsrichters Mü OLGZ **19**, 165; Hbg OLGZ **35**, 159; Arnold NJW **68**, 781.

3　**3) Fristsetzung** (wie bei Vermächtn u Aufl, §§ 2151 III, 2193 II) erfolgt zur Klarstellg. Zuständig ist RPfleger (RPflG 3 Nr 2c). Eine vom Erbl gesetzte Frist kann durch das NachlG verlängert wie verkürzt werden. Beteiligte sind Erben, NachE, MitVollstr, PflichtBerechtigte, VermNehmer, AuflBerechtigte (§ 2194; nicht der durch die Aufl Begünstigte, LG Verden MDR **55**, 231; aM insoweit Staud/Reimann Rn 27), ErbersatzansprBer sowie sonstige NachlGläubiger (vgl BGH **35**, 296). – Gegen die Fristsetzg ist befristete, gg die Ablehng (auch einer Verlängerg) einf Erinnerg gegeben (RPflG 11; FGG 80, 20). Abänderg der gerichtl Frist ist unzulässig (FGG 18 II; Höver DFG **39**, 25). – Gebühren nach KostO 112 I Nr 6. – Durch fruchtlosen Fristablauf wird die TestVollstrg hinfällig, falls nicht vorsorgl ein weiterer Bestimmgsberechtigter benannt od nach § 2197 II ein Ersatzmann bestimmt od ein bedingtes Ersuchen iS des § 2200 vorliegt. BestimmgsR erlischt auch bei Ablehng vor Fristablauf (Greiser DFG **39**, 216).

2199　*Ernennung von Mitvollstrecker oder Nachfolger.* [1]Der Erblasser kann den Testamentsvollstrecker ermächtigen, einen oder mehrere Mitvollstrecker zu ernennen.

[II]Der Erblasser kann den Testamentsvollstrecker ermächtigen, einen Nachfolger zu ernennen.

[III]Die Ernennung erfolgt nach § 2198 Abs. 1 Satz 2.

1　**1) Die Ermächtigung** zur Ernenng von MitVollstr (§ 2224) und Nachfolgern kann dem TV durch Test od einseitige Vfg im ErbVertr erteilt werden (vgl OLG **44**, 96). Seine Entscheidg betrifft nicht nur die Person des zu Ernennenden (wie bei § 2198), sond auch dessen Eintritt überhaupt. – Zur Absetzg der ernannten MitTV kann der TV nicht ermächtigt werden. – Gemäß §§ 2198, 2200 kann der Erbl auch einem Dritten od dem Nachlaßgericht die Ernennung von Mitvollstreckern od eines Nachfolgers überlassen.

2　**2) Das Bestimmungsrecht**, das einer Fristsetzg nicht unterliegt, hat der TV nur so lange, als er bei WirksWerden der Ernenng (**III**; §§ 130ff) selbst noch im Amt ist (vgl auch JW **28**, 1943). Nach § 130 II ist jedoch die Ernenng auch wirks, wenn der bish TV vor Eingang der Erklärg beim NachlG stirbt, sofern er nur alles tat, was von seiner Seite erforderl war, um die Wirksamk der Erkl herbeizuführen (vgl RG **170**, 382). Ein **Nachfolger, II** (auch mehrere, Staud/Reimann Rn 13, wenn der Erbl dies gestattet hat), kann **nur** für den Fall der Beendigg des Amtes (§§ 2225 bis 2227) ernannt werden. Die Ernenng wird mit Eingang der Erklärg beim NachlG wirks (III; Staud/Reimann Rn 5 mit § 2198 Rn 7 ff). Sind mehrere TV ermächtigt, ist durch Ausslegg zu ermitteln, ob Ernenng durch Mehrheits- od einstimmigen Beschluß zu erfolgen hat (Staud/Reimann Rn 1). Über den Fall, daß zw mehreren ermächtigten TV Meingsverschiedenh bestehen, vgl § 2224 Rn 2–4. – Vererbl ist das Amt nicht (§ 2225). S hierzu allgem Haegele BWNotZ **74**, 109/112.

3) Für sorgfältige Auswahl haftet der TV nach §§ 2218, 2219. – Akteneinsicht nach § 2228. – Gebühr **3** nach KostO 112 I Nr 6. – Wegen **Bevollmächtigung** durch den TV vgl RG **81**, 166 und § 2218 Rn 2.

2200 *Ernennung durch Nachlaßgericht.* [I]Hat der Erblasser in dem Testamente das Nachlaßgericht ersucht, einen Testamentsvollstrecker zu ernennen, so kann das Nachlaßgericht die Ernennung vornehmen.

[II]Das Nachlaßgericht soll vor der Ernennung die Beteiligten hören, wenn es ohne erhebliche Verzögerung und ohne unverhältnismäßige Kosten geschehen kann.

1) Ersuchen des Erbl an das NachlG ist Voraussetzg für die gerichtl Ernenng eines TV. Es muß in **1** testamentar Form gestellt sein, dh im Test irgendwie seinen Ausdruck gefunden haben. Ist es nicht ausdrückl gestellt, kann es dch Ausslegg ermittelt werden (auch ergänzende, KG OLGZ **92**, 138; Hamm OLGZ **76**, 20; BayObLG FamRZ **87**, 98; s § 2084 Rn 4). Ein dch ergänzde Ausslegg festzustelldes Ersuchen kommt nach Wegfall des TV (u ggf auch noch des ErsatzTV) insbes bei Beendigg des Amtes dch seinen Tod in Betr, wenn der Erbl diesen Fall nicht bedacht hat u die TVstrg nach seinem hypothet Willen noch andauern soll, weil die dem TV zugewiesenen Aufgaben noch nicht erledigt sind (KG aaO; BayObLG FamRZ **88**, 325). Nimmt dagg der vom Erbl eingesetzte TV nach dem Erbfall das Amt nicht an, kann in dieser Einsetzg allein noch kein Ersuchen gesehen werden (BayObLG aaO; hM), jedoch in Verbindg mit den übr getroffenen Regelgn, zB wenn der Ausschluß der geschiedenen Ehefrau ersehen läßt, daß diese auch nicht als gesetzl Vertr minderj Erben den Nachl verwalten soll; od ggf aus Teilsanordngen, wenn sie zweckmäß eine Auseinandersetzg dch TV erfordern; wenn dem Erben für immer die Verwaltg entzogen (OLG **43**, 401 Fußn 1 b) od durch den Einsatz unzulässigerw Pflegsch angeordnet ist (Warn **13** Nr 239; § 140); s auch § 2197 Rn 2. Auch die einem TV auferlegte Pfl, einen Nachfolger zu ernennen (§ 2199 II), enthält nicht ohne weiteres ein Ersuchen an das NachlG (BayObLG FamRZ **88**, 325). – Das Ersuchen kann auch **bedingt** sein (zB für den Fall der Nichtannahme des Amtes; des Fristablaufs, § 2198). Lehnt der um Übernahme der TestVollstrg gebetene aufsichtsführende Richter eines AG die Bestimmg des TV nach § 2198 I 1 ab, ist zu prüfen, ob nicht ein Ersuchen an das AG im Sinn des § 2200 vorliegt (Hamm DNotZ **65**, 487). – Auf Ersuchen eines **ausländischen** Erbl kann das deutsche NachlG einen TV nur ernennen, wenn dies auch nach seinem maßgebl HeimatR (EG 25) zuläss ist (Neuhaus JZ **51**, 644; s auch Staud/Firsching § 2368 Rn 33, 34). – Der **Erbe** od ein Beteiligter kann das NachlG nicht um Ernennung ersuchen; dieses hat keine allg Hilfszuständigk im NachlInteresse (MüKo/Brandner Rn 1).

2) Ernennung. Nur das NachlG kann ernennen. Es muß dem an dieses gerichteten Ersuchen nicht ohne **2** weiteres nachkommen (aA MüKo/Brandner Rn 5), da es in seinem pflichtgem Ermessen („kann") steht, ob unter Berücksichtigg der Lage des Nachl u der Interessen der Beteiligten ein TV zu ernennen ist (Hamm Rpfleger **84**, 316). Es kann die Ernenng zwar nicht wg Überlastg ablehnen, aber zB dann, wenn der Nachl eine Vollstr nicht lohnt. Keine Ernenng erfolgt mehr, wenn das TVAmt mit der Ausführg aller Aufgaben geendet hat; eine trotzdem erfolgte Ernennng eines neuen TV ist von vornherein ggstandslos (BGH NJW **64**, 1316 m Av Strickrodt; dazu auch Bund JuS **66**, 60; Jansen NJW **66**, 331; auch Johannsen WM **69**, 1403). – Fällt der Ernannte weg od nimmt er das Amt nicht an, kann NachlG einen Nachfolger (u auch weitere) ernennen.

a) Die Auswahl des TV steht im pflichtgemäßen Ermessen des Gerichts (Ffm Rpfleger **78**, 178), soweit **3** nicht der Erbl Personen ausgeschlossen hat (Staud/Reimann Rn 9). Auch Notar, der die Vfg vTw beurkundete, kann ernannt werden (Stgt OLGZ **90**, 14; Göttingen DNotZ **52**, 445; s aber Reimann DNotZ **94**, 659); BeurkG 27 mit 7 stehen nicht entgg, auch wenn Notar einen entspr Wunsch des Erbl mit beurkundet hat (Stgt aaO). NachlG darf aber keine für das Amt ungeeignete Person ernennen, zB wenn Schwierigk mit den Erben vorauszusehen sind, die zu einer Entlassg der in Aussicht genommenen Person führen könnte. Es ist nicht an eine Einigg der Erben gebunden; diese hat nur die Bedeutg einer Anregg (Hamm Rpfleger **59**, 53; JMBl NRW **62**, 211).

b) Fehlerhafte Ernennung. Eine ohne ErblErsuchen erfolgte Ernennung ist ggstandslos u vom BeschwG **4** zur Beseitigg des nachteil RScheins aufzuheben (BayObLG FamRZ **95**, 124). Das NachlG kann seine rgestalde Vfg nach Wirksamk (Rn 5) nicht selbst vAw aufheben. Es ist an seine Entscheidg gebunden, kann aber auf Antr TV entlassen, da wicht Grd (§ 2227) vorliegt (KG Recht **25** Nr 2438; DNotZ **55**, 648; Hbg NJW **65**, 1969).

3) Verfahren. Zuständ ist NachlRichter (RpflG 16 I Nr 2). Er hat vor der Entscheidg die Beteiligten **5** anzuhören (GG 103 I), also diejenigen, deren Rechte u Pflichten dch die gerichtl Entscheidg unmittelb betroffen werden können (s § 2198 Rn 3; § 2360 Rn 1). Wirks wird die Ernennng ggü den Beteiligten nur bei formgerechter Bekanntmachg dch Zustellg (FGG 16 II); ggü dem Ernannten dch formlose Bekanntmachg (FGG 16 I; KG OLGZ **73**, 385; str; vgl BayObLG **85**, 233), für den das Amt erst mit Annahme beginnt (§ 2202). – Ein **Vorbescheid** ist hier nicht zuläss (BayObLG **93**, 389 m Av Graf ZEV **94**, 106; Hamm OLGZ **84**, 282). Ernennng kann aber in der Erteilg eines TV-Zeugn liegen (BayObLG **85**, 233; **92**, 175). – Verzögert sich die Entscheidg, kommt Pflegerbestellg (§ 1913) für unbekannten od ungewissen TV in Betr (Damrau, FS Lange 1992, 797). – Das NachlG kann die wirks gewordene Ernennng nicht vAw aufheben (s aber Köln

FamRZ **93**, 1124 im Falle wirks TestAnfechtg), auch nicht im ErbSchVerf überprüfen (Hbg NJW **65**, 1968; Jansen NJW **66**, 331). Auch GBAmt u RegisterG sind daran gebunden u haben kein eigenes PrüfgsR (Soergel/Damrau Rn 10), ebsowenig ProzeßG auf Klage (KG Recht **25** Nr 2438; einschränkd BGH **41**, 23).

6   **4) Rechtsmittel** ist bei Ablehng die fristlose, bei Ernenng die sofort Beschwerde (FGG 81; vgl auch FGG 32). Beschwberecht sind bei Ernenng die Erben, auch MitE nach Pfändg der MitE-Anteile. Dagg nicht der TV selbst, der ablehnen kann (§ 2202); auch nicht gewöhnl NachlGläub (KG OLGZ **73**, 385). Wird Ernenng dch BeschwG aufgehoben, ist TV zur sofort weit Beschw berecht, sofern er Amt angenommen hatte (KG OLGZ **92**, 138). – Gg Ablehng der Ernenng ist auch PflichttBerechtigter beschwerdeberecht (KG NJW **63**, 1553).

2201   *Unwirksamkeit der Ernennung.* **Die Ernennung des Testamentsvollstreckers ist unwirksam, wenn er zu der Zeit, zu welcher er das Amt anzutreten hat, geschäftsunfähig oder in der Geschäftsfähigkeit beschränkt ist oder nach § 1896 zur Besorgung seiner Vermögensangelegenheiten einen Betreuer erhalten hat.**

1   **1) Unfähig** für das Amt des TV sind GeschUnfähige (§ 104); Minderjährige; der bei Besorgg seiner eigenen Vermögensangelegenh selbst Betreute (§ 1896). Maßgebender Ztpkt ist weder der Erbfall noch die Annahme, sond idR die Erlangg der Kenntn von der Ernenng als TV; nur bei befristeter, bedingter od einem Dritten übertragener Ernenng kann ein späterer Ztpkt in Frage kommen. – Die Ernenng eines Unfähigen ist **unwirksam**, ohne daß es einer Aufhebg od Entlassg bedarf. Eine Ernenng wird auch dadurch unwirks, daß der Ernannte vor der Annahme od dem Erbfall stirbt od nach der Annahme unfähig wird (§ 2225). Nachträgl Wegfall der UnfähigkGründe hat keine rückw Kraft (Soergel/Damrau Rn 4).

2   **2) Untauglichkeitsgründe** (wie beim Vormd, §§ 1780, 1781) gibt es nicht. Doch ist ein TV, der in Konk geraten ist, die eidesstattl OffenbargsVersich abgegeben hat od gerichtl bestraft ist, in aller Regel nach § 2227 zu entlassen.

2202   *Annahme und Ablehnung des Amtes.* [I]**Das Amt des Testamentsvollstreckers beginnt mit dem Zeitpunkt, in welchem der Ernannte das Amt annimmt.**
[II]**Die Annahme sowie die Ablehnung des Amtes erfolgt durch Erklärung gegenüber dem Nachlaßgerichte. Die Erklärung kann erst nach dem Eintritte des Erbfalls abgegeben werden; sie ist unwirksam, wenn sie unter einer Bedingung oder einer Zeitbestimmung abgegeben wird.**
[III]**Das Nachlaßgericht kann dem Ernannten auf Antrag eines der Beteiligten eine Frist zur Erklärung über die Annahme bestimmen. Mit dem Ablaufe der Frist gilt das Amt als abgelehnt, wenn nicht die Annahme vorher erklärt wird.**

1   **1) Erst mit der Annahme,** die endgült sein muß (KG JFG **44**, 34), beginnt das Amt des TV. Der Erbfall muß eingetreten sein. Annahme der Erbsch (§ 2213 II) od TestEröffng ist nicht notwend. Der TV kann seine vor Annahme vorgenommenen **Rechtsgeschäfte** nach der Annahme (vgl auch § 108 III) nach Maßg der §§ 177, 180 durch Genehmigg wirks machen; ebso vorher getätigte Vfgen (§ 185 II 1 Fall 1).
2   § 185 II 1 Fall 2 u Satz 2 sind nicht entspr anwendb (bestr; Soergel/Damrau Rn 5). – **Keine Verpflichtung** besteht für jemand zur Übernahme einer TestVollstrg, auch nicht im Falle des § 2200. Aus einer eingegangenen Verpflichtg zur AmtsÜbern kann weder auf SchadErs (der übrigens schwer zu begründen wäre) noch auf VertrStrafe u auch nicht auf Annahme des Amtes (mit der Folge des ZPO 894) geklagt werden, da dies der Natur der TestVollstrg als eines Vertrauensamtes widersprechen würde und der so in sein Amt Gezwungene jederzeit kündigen (§ 2226) könnte (str; aA Soergel/Damrau Rn 2 mN). Ein gewisser Zwang zur Übernahme kann allerd durch eine Zuwendg unter der Bedingg der Amtsübernahme ausgeübt werden (Kipp/Coing § 67 II 1). Dann entfällt mit Ablehng die Zuwendg von selbst. Bei einer Zuwendg unter Auflage der Amtsübernahme gilt bei Ablehng Entsprechendes wie nach § 2195. Ggf kann die Zuwendg bei Ablehng auch teilw unwirks sein, etwa weil sie teilw TestVollstrVergüt sein sollte (s auch Staud/Reimann Rn 21). – **Eine Bindung des Erblassers** zur Ernenng einer bestimmten Person wird schon durch § 2302 ausgeschl.

3   **2) Für die Annahmeerklärung** genügt die privatschriftl Form. Sie wird wirks nach § 130. Eine mündl Erkl ist zu beurkunden (vgl § 2228). Im Antrag des TV auf Erteilg des Zeugn liegt spätestens die Annahme des Amts (BGH WM **61**, 479). – Annahme und Ablehng (gleiche Form) erfordern GeschFgk. Bei in der GeschFgk Beschränkten ist Erkl durch gesetzl Vertreter mögl, wenn die Ernenng aufschieb bedingt od befristet ist u mit dem Wegfall der GeschBeschränkth bis zum Amtsantritt zu rechnen ist. Die Erklärgen sind unwiderrufl (vgl aber § 2226). Über die Annahme kann TV vom NachlG eine **Bestätigung** verlangen (OLG **14**, 316; H/Winkler Rn 106 mit Muster Rn 878). Sie ergibt sich im übr mittelb aus dem Zeugnis (§ 2368 I). – **Kosten** der Annahme od Ablehng (KostO 112 I Nr 6) tragen die Erben als NachlVerbindlichk (KostO 6 S 2).

4   **3) Die Erklärungsfrist (III)** – vgl § 2198 II – erübrigt sich, wenn der Ernannte unbekannt od nicht erreichb ist. Dann Entlassg nach § 2227 (Zustellg nach Maßg des FGG 16 II); Bestellg eines Pflegers (§ 1913) für den unbekannten od ungewissen TV empfiehlt dagg Damrau FS Lange, 1992, 797. Zuständig zur Fristbestimmg ist der RPfleger (RPflG 3 Nr 2c). Über AntrBerechtigg s § 2198 Rn 3; RMittel ist Erinnerg gem RPflG 11; FGG 81 I. Ist Amtsbeginn vom Eintritt einer Bedingg od Befristg abhängig, ist Fristbestimmg nicht vor diesem Ztpkt mögl (Erman/Hense/Schmidt Rn 3). – Das NachlG kann auch vAw den Ernannten zur Erkl über Annahme od Ablehng auffordern (Staud/Reimann Rn 15).

2203 *Ausführung der letztwilligen Verfügungen.* **Der Testamentsvollstrecker hat die letztwilligen Verfügungen des Erblassers zur Ausführung zu bringen.**

1) Regelfall ist die ausführende od **Abwicklungsvollstreckung** (BayObLG **76**, 67/71f) der §§ 2203 bis 1 2207, **Ausnahme** die Dauervollstreckung (§ 2209). Anordng der TestVollstrg ohne nähere Angaben ist daher als ausführende zu deuten. – Um seiner Aufgabe gerecht werden zu können, wird sich der TV, der von seiner Ernenng Kenntn hat u annehmen will (§ 2202), sofort beim NachlG melden u die TestEröffng (§§ 2260f) betreiben. Seine Tätigk bezieht sich iZw auf alle Bestimmgen vTw des Erbl, die ein Dritter ausführen kann, also nicht in den Fällen der §§ 1639, 1803, 1909, 1917; vgl jedoch § 2208 II. – Als Vollstrecker des letzten Willens hat der TV die letztw Vfgen des Erbl aber nur auszuführen, nicht auch auszulegen; jedenf nicht hinsichtl solcher Bestimmgen, die den Bestand seines Amts selbst betreffen (BGH **41**, 23; Bund JuS **66**, 61); od gar sie iS von nur vermuteten Absichten des Erbl zu erweitern (BayObLG FamRZ **89**, 668). Jedoch kann ihm vom Erbl die Aufgabe eines **Schiedsrichters** zur Beilegg von Meingsverschiedenh zw den Erben zuerkannt werden (ZPO 1048; RG **100**, 77; Kohler DNotZ **62**, 125/129; str), wobei ihm auch die Befugn zur Auslegg sonstiger str TestBestimmgen zukommt. Bei ErbVertr kann Schiedsabrede zw den am Vertr Beteiligten aber nur in gesonderter Urk getroffen werden (Hamm NJW-RR **91**, 455), zumal einseit test Einsetzg eines Schiedsgerichts beeinträchtigende Vfg (§ 2289) ist (Hamm aaO).

2) Die Ausführung der letztw Vfgen setzt deren RGültig voraus (bei Streit über Gültigk od Tragweite 2 FeststellgsKl nach ZPO 256; vgl auch Einf 12 vor § 2197; Erman/Hense/Schmidt Rn 4). Bei der Durchführ hat der TestVollstr die Anordngen u den erkennb ErblWillen zu befolgen, ohne an Weisgen des Erben gebunden zu sein (vgl auch §§ 2208, 2211, 2216 II; RG **105**, 250), zB Übereigng eines NachlGrdst an begünstigten VermNehmer u Einhaltg bestimmter vom Erbl verfügter Bedinggen (BGH WM **70**, 930). Doch wird er sich bei auftauchenden Bedenken mit dem NachlG u den Erben ins Benehmen setzen u letztere von der Ausführg der letztw Vfg benachrichtigen (RG **130**, 139). Der TV hat insb für die Erfüllg od Sicherstellg von Vermächtn und Auflagen (auch soweit sie einen VermNehmer beschweren) u die Berichtigg der ErbschSteuer zu sorgen und auch die „ihm sonst zugewiesenen Aufgaben" (§ 2209 S 1) zu erledigen wie zB die Bestattg; Veröff von Schriftstücken; Leistg von Rechtsbeistand. Keine bindden VerwAnordnen sind idR Wünsche, Hoffnungen u Bitten, die der Erbl im Test zum Ausdruck bringt (BayObLG **76**, 67).

a) Ein Anfechtungsrecht (§ 2078) steht dagg dem TV (soweit er nicht selbst MitE od VermNehmer ist) 3 nur ggü Vfgen zu, die seine Rechte beschränken od aufheben (vgl BGH NJW **62**, 1058). Dies gilt aber nicht für die Anfechtg der Vfg vTw, durch die TestVollstrg angeordnet ist; auch nicht hins einer solchen Vfg, durch die dem Erbl der Nachl eines Dritten zugefallen war. Soweit eine Vfg der letzteren Art noch anfechtb ist, steht die Anfechtg ebenf nur dem Nehmer, nicht dem TV zu, da jener allein über sein ErbR verfügen kann (§ 2205 Rn 4). Der TV bedarf der Zustimmg des Erben, um ggü der LeistgsPfl aus einer (nicht rechtzeitig) angefochtenen letztw Vfg die Einrede der Anfechtbark (§ 2083) zu erheben (BGH NJW **62**, 1058).

b) Zur Aufklärung eines Miterben, daß dieser uU vorteilh von dem AusschlaggsR nach § 2306 I 2 4 Gebr machen könnte, ist der TV weder verpflichtet noch überh berechtigt (Kohler DNotZ **58**, 246).

c) Die Mittel zur Ausführung erhält der TV durch sein Recht zur Verwaltg und Vfg (§ 2205) und zur 5 Eingeh von Verpflichtgen (§§ 2206, 2207). Bei unzureichendem Nachl kann er NachlKonk (KO 217) beantragen, auch die dem Erben nach § 1992 zustehenden Rechte gebrauchen (vgl § 2205 Rn 5). Die Erfüllg einer Verbindlichk muß der Erbe (vorbehaltl des BereichergsAnspr) gg sich gelten lassen, sowie Urteile nach Maßgabe von ZPO 327 II (vgl dazu §§ 2212, 2213 u Einf 10 vor § 2197).

3) Der Erbe (vgl §§ 2218, 2219), und zwar jeder einzelne kann seiners auf **Erfüllung** der dem TV 6 obliegenden **Verpflichtung** zur Verwaltg (§ 2216) und Vollstrg (zB Auszahlg von Vermächtn) klagen, notf einstw Vfg erwirken (s Einf 5 vor § 2197).

2204 *Auseinandersetzung unter Miterben.* [I]**Der Testamentsvollstrecker hat, wenn mehrere Erben vorhanden sind, die Auseinandersetzung unter ihnen nach Maßgabe der §§ 2042 bis 2056 zu bewirken.**
[II]**Der Testamentsvollstrecker hat die Erben über den Auseinandersetzungsplan vor der Ausführung zu hören.**

1) Die Auseinandersetzung (vgl die Erläutergen zu §§ 2042–2056) hat der TV vorzunehmen, soweit 1 ihm diese nicht nach §§ 2208 I 1, 2209 I entzogen ist (vgl auch Rn 6). Er ist dazu verpflichtet (auch soweit über einen Teil des Nachl Streit herrscht, BGH WM **77**, 276) u kann von den Erben darauf verklagt werden. Das NachlG (FGG 86 I), das nur vermittelt, währd der TV teilt, ist hier ausgeschaltet. Auch ein Zuweisgs-Verf nach dem GrdstVG ist unzuläss (GrdstVG 14 III). Bei Streit (über die Art der Teilg, Widerspr gg den Teilgsplan, **II**) ist das ProzeßG anzurufen.

a) Pflicht zur Auseinandersetzung. Der TV hat entspr den Anordngen des Erbl, möglicherw auch 2 nach bill Ermessen (§ 2048; dazu Johannsen WM **70**, 744) u gem dem G zu teilen, ohne an Weisgen der Erben gebunden zu sein. Er kann aber einer Vereinbarg aller Erben, der etwaige Anordngen des Erbl nicht entggstehen, entsprechen. Doch ist die Auseinandersetzg zu unterlassen, wenn alle Erben wirks vereinbart haben, die ErbenGemsch hinsichtl des Nachl od eines Teiles von ihm fortzusetzen (§§ 2042, 749ff; H/Winkler Rn 510). Denn die Erben haben zwar ein Recht auf sie, aber keine Pfl zu ihrer Duldg. – Der TV hat in den Fällen der §§ 2043–2045 die Teilg aufzuschieben. Verstoß macht sie aber nicht unwirks (KGJ **52**, 113); insb steht ein Auseinandersetzgsverbot des Erbl der Wirksamk einer im Wege der Auseinandersetzg getroffenen Vfg über NachlGgstände nicht entgg, wenn sie vom TV u allen Erben (NachE, nicht ErsatzNachE) getroffen wird (BGH **40**, 115; **56**, 275 mAv Mattern **LM** § 2208 Nr 3; s hierzu Kegel, FS R. Lange, 1976 S 927/934; Kapp/Ebeling Rn I 471f). Wenn später ein MitE aus wicht Grd die Auseinandersetzg verlangt od die Erben die Auseinandersetzg nur widerrufl ausgeschl haben, sie aber nunmehr verlangen, ist der TV zuständig (RGRK Rn 2; aM Mü JFG **14**, 190: für Zustdgk des NachlG). – Ist der überlebende Eheg bis zur Wiederverheiratg als TV berufen, aber die Auseinandersetzg bis zur Wiederverheiratg ausgeschl, so ist uU anzunehmen, daß der Ausschluß nur im Interesse des Überlebenden angeordnet ist u er die Auseinandersetzg auch vor der Wiederverheiratg vornehmen darf (Stgt HEZ **2**, 116). Ist der als MitE mit mj Kindern eingesetzte überleb Eheg zum TV berufen, ist im Fall der Wiederverheiratg § 1683 zu beachten, auch wenn der Erbl die Auseinandersetzg ausgeschlossen hat (BayObLG **67**, 230; s § 2044 Rn 5, aber auch § 1683 Rn 2).

3   **b) Einzelpflichten.** Der TV hat nach § 2046 zuerst die Schulden zu bezahlen (RG **95**, 329). Jedoch braucht er mit der Ausschüttg der verbleibenden Masse nicht solange zu warten, sond kann die erforderl Beträge zurückhalten (BGH **51**, 125). Die AusgleichgsPfl, §§ 2050 ff (§ 2057 gilt hier nur zG des TV, § 2057 Rn 1) od Teilgsanordngen (§ 2048) hat er zu berücksichtigen. Im übr hat er die gesetzl TeilgsVorschr (§§ 2042 II; 752–754) zu beachten; doch ist § 753 hier durch § 2205 S 2 ausgeschaltet (Johannsen WM **69**, 1409), so daß es zB in seinem pflichtgem Ermessen steht, ob er ein NachlGrdst versteigern od freihändig verkaufen will (RG **108**, 289). Bei landw Grdst empfiehlt sich die ZwVerst (ZVG 180), da sie von der GenehmiggsPfl ausgenommen ist (GrdstVG 37) u daher vielf einen höheren Erlös verspricht (Klingenstein BWNotZ **65**, 25). Über die Haftg eines zum TV ernannten Notars, wenn das Höchstgebot in der Versteigerg hinter Angeboten bei der freihändigen Veräußerg zurückbleibt, vgl Saarbr JZ **53**, 509 mAv Keidel; auch BGH WM **60**, 1419.

4   **2) Der Auseinandersetzungsplan (II)** wird vom TV aufgestellt u für verbindl erkl. Vor seiner Ausführg sind die Erben zu hören. Er bedarf aber weder ihrer Genehmigg noch der des VormschG (Soergel/Damrau Rn 21 ff), da er kein Vertr ist, sond diesen ersetzt (s BayObLG **67**, 240). Der Plan wirkt als nicht nur verpflichtend u berechtigend für die Erben (RG JW **16**, 1586). Aber der TV verfügt dingl zum Zweck der Auseinandsetzg über die NachlGgstände; doch kann er nicht gleichzeitig den Empfänger des Zuzuteilenden vertreten; anders, wenn er selbst MitE ist (vgl § 2205 Rn 30). – Bei der Gesamtgutsauseinandersetzg hat er mitzuwirken, soweit der Nachl beteiligt ist (RG **85**, 1 ff). – Bei Vorhandensein von mj od unter Betreug stehder MitE bedarf der TV zu einem sich im Rahmen seiner Befugn haltnd Teilgsplan nicht der Genehmigg des VormschG, ausgenommen, wenn im Plan bes Vereinbgen der Erben enthalten sind, die weder den Anordngen des Erbl noch gesetzl Vorschr entsprechen (H/Winkler Rn 531; BGH **56**, 275; AG Bremen Rpfleger **72**, 369). Ist TV ein Elternteil des mj Erben, kann er nicht als dessen ges Vertr an der Auseinandersetzg mitwirken, so daß ErgänzsPfleger zu bestellen ist (Hamm OLGZ **93**, 392; Damrau ZEV **94**, 1; s auch Einf 6 vor § 2197). – Ist der TV gleichzeitig für VorE und NachE ernannt (s BayObLG **59**, 129), hat er den Nachl spätestens unter den NachE auseinanderzusetzen. Der TeilgsPlan kann wegen Ungesetzl od offenbarer Unbilligk von jedem MitE dch Klage gg TV angefochten werden (H/Winkler Rn 533), ohne daß er seine MitE mitverklagen muß (Karlsr NJW-RR **94**, 905).

5   **3) Die Ausführung** der Teilg erfolgt durch Zuteilg selbständiger Rechte an die Erben. Kraft seiner Vfgsmacht (§ 2205) kann der TV die durch den Plan geschaffene Übertraggsverpflichtg der Erben gegeneinander erfüllen, auch selbst dingl Rechte (unter Wahrg der Übertraggsformen, Auflassg, Übergabe) begründen. Seine Vfgen werden durch Verletzg der AuseinandersetzgsVorschr nicht berührt (vgl aber § 2219). Die Kosten der Auseinandersetzg (auch Auslagen für Gutachten usw) treffen die Erben (§§ 2218, 670). Werden von der Auseinandersetzg land- od forstwirtschaftl Grundstücke erfaßt, ist die GenehmiggsPfl nach GrdstVG 2 zu beachten (s auch Stgt RdL **66**, 123; H/Winkler Rn 536). – Setzt sich der TV über die Anordngen des Erbl hinweg, macht er sich der ErbenGemsch schaderspflichtig. Der von ihm aufgestellte Auseinandersetzgsplan ist dann unverbindl und die Leistgen an die MitE ohne RechtsGrd erfolgt; die ErbenGemsch hat folgl ggü den LeistgsEmpfängern nach § 812 Anspr auf Rückgewähr des Empfangenen. Diesen Anspr kann jeder MitE nach § 2039 geltd machen (BGH bei Johannsen WM **70**, 744).

6   **4) Bei Teilvollstreckung** ist der TV, der nur für ein Erbteil od einen bestimmten Erben sowie in den Fällen der §§ 2222, 2223 berufen ist, nicht berecht, die Auseinandersetzg allein zu bewirken, da er nur die Rechte des MitE wahrnimmt (s dazu v Preuschen FamRZ **93**, 1390). Dah kann er nur die Auseinandersetzg fordern (auch die nach FGG 86) u nur die Rechte zB aus §§ 2034, 2039 wahrnehmen.

2205   *Verwaltung des Nachlasses.* **Der Testamentsvollstrecker hat den Nachlaß zu verwalten. Er ist insbesondere berechtigt, den Nachlaß in Besitz zu nehmen und über die Nachlaßgegenstände zu verfügen. Zu unentgeltlichen Verfügungen ist er nur berechtigt, soweit sie einer sittlichen Pflicht oder einer auf den Anstand zu nehmenden Rücksicht entsprechen.**

1   **1) Das Verwaltungsrecht** (S 1) besteht während der Dauer der Vollstrg (s dazu § 2225 Rn 1); ist dem TV allein die Verwaltg übertragen (§ 2209), besteht zudem die zeitl Grenze des § 2210; allerd kann auch darin die Übertragg aller Befugn liegen (Düss NJW **52**, 1259). Der Erbl kann dch Anordngen das VerwaltgsR beschränken (§ 2208). Ohne solche Beschränkg untersteht grsl dem gesamte Nachl der Verwaltg des TV; zum Nachl gehört auch, was der TV dch RGesch mit Mitteln des Nachl erwirbt (KGJ **40**, 192). Seinem Inhalt nach verleiht das Recht dem TV die Befugn, grdsl alle Handlgen vorzunehmen, die im Rahmen seiner Aufgaben (s §§ 2203, 2204) den Zwecken der TVollstrg dienen u die ohne deren Anordng dem Erben zuständen. Dem steht die Pflicht ggü, sich bei Ausübg des Rechts von den Grdsätzen einer ordngsmäßigen Verwaltg leiten zu lassen (§ 2216 I; dort Rn 2).

2   **a) Der Erbe** kann während der Dauer der TVollstrg den Nachlaß nicht verwalten. Dies gilt auch für die Zeit, in der währd der Dauer der TestVollstrg kein TV das Amt bekleidet (**LM** Nr 2, Anm Johannsen). Der Erbe kann hier nur als GeschFührer ohne Auftr tätig werden (§ 2211 Rn 3). Die Erben (auch jeder einzelne) können also jederzeit nachsehen, daß der TV seine Befugn nicht überschreitet u seine Pflichten erfüllt (BGH NJW **83**, 41). – Der TV kann sich Dritten od dem Erben ggü nicht wirks verpflichten, nur solche Hdlgen vorzunehmen, denen der Erbe vorher zustimmte (BGH **25**, 275). Ob der TV bei Vorgängen, die eine VerwaltgsMaßn vorbereiten, dem Erben Mitteilg machen und ihn anhören muß, bemißt sich nach dem Einzelfall (BGH **30**, 73).

b) Erlöschen. Das VerwaltgsR des TV erlischt endgültig hinsichtl solcher NachlGgstände, die er dem 3 Erben zur freien Vfg überläßt (§ 2217 I 2). Verpflichtet ist er hierzu auf Verlangen, soweit er ihrer zur Erfüllg seiner Obliegenheiten offenbar nicht mehr bedarf (§ 2217 I); berechtigt hierzu ist er auch ohne die Schranke des § 2217 I, soweit er trotz eines Vfgsverbots den Erbl üb einen NachlGgstand verfügen darf od auch eine unentgeltl Vfg treffen kann (BGH **56**, 284; s Rn 32; 35). – Gleich dem Erben verliert auch der TV das VerwaltgsR, wenn **Nachlaßverwaltung** angeordnet wird (§§ 1981, 1984, 1985), sofern er nicht selbst zum Verwalter bestellt wird. Gleiches gilt bei Anordng des NachlKonkurses (Haegele KTS **69**, 159; Emmerich ZHR **132**, 307). Nach Verfahrensbeendigg kommen seine Rechte wieder frei zur Entfaltg (RG LZ **19**, 875). Ein VergleichsVerf üb den Nachl berührt die TVollstrg nicht (s Rn 5).

2) Von den Rechten des Erben kann der TV dessen höchstpersönl nicht wahrnehmen, da er nur den 4 Nachl verwaltet. Er kann daher nicht erkl: Annahme od Ausschlagg der Erbsch, für die er bestellt ist, soweit er nicht selbst zum Erben berufen ist (Staud/Reimann Rn 13); Annahme od Ausschlag einer dem Erbl zugefallenen Erbsch (str; vgl Staud/Reimann Rn 13; aM Kipp/Coing § 68 III 9); wohl aber die Verwaltg einer solchen Erbsch (Schlüter § 42 IV 3 f); nicht Anfechtg der Vfg vTw nach § 2078 (vgl aber § 2203 Rn 3); Widerruf einer Schenkg (§ 530 II); Anfechtg wg Erbunwürdigk; Anspr wg Verletzg des NamensR (Staud/Reimann Rn 13); Anspr auf Herausgabe einer beeinträchtigenden Schenkg nach § 2287 (RG **77**, 5); nicht Anfechtg der vormschgerichtl Genehmigg zu einem Vergleich über das ErbR eines Pflegebefohlenen (Zweibr OLGZ **80**, 143). – Der AusglAnspr des HandelsVertr (HGB 89b) fällt in den Nachl u damit in die Verwaltgsbefugn des TV (Soergel/Damrau Rn 8). S allg Soergel/Damrau Rn 6, 7. – Zur Wahrnehmg ererbter MitgliedschR bei Personengesellschaften s Rn 14–19. – Zur Beschränkg der **Haftung** des Erben kann er dagg bei unzureichendem Nachl dessen Rechte wahrnehmen. Er kann also **Nachlaßkonkurs** und 5 **Nachlaßverwaltung** beantragen (KO 217; § 1981; s Haegele KTS **69**, 158; Staud/Reimann Vorb Rn 23, 24). Währd ihrer Dauer ist er, sofern man ihn nicht zum Verwalter macht, praktisch ausgeschaltet. Nach Verfahrensbeendigg kommt sein Recht wieder frei zur Entfaltg (RG Recht **19** Nr 773). NachlVergleichsVerf berührt die TestVollstrg nicht; der TV übernimmt die Vertretg des Erben (Bley/Mohrbutter Anm II 4 zu § 113 VerglO; auch Staud/Reimann Vorb Rn 25–27). Bei Konkurseröffng über das Eigenvermögen des Erben kommt der vom TV verwaltete Nachl unter Aufrechterhaltg der Vfgsbeschrkg (§ 2211) u des Vollstreckgsverbots (§ 2214) zur KonkMasse (LG Aachen NJW 60, 46; auch Haegele aaO 159 ff). – Der TV kann das **Aufgebot** der NachlGläub u ZwVersteiger eines NachlGrdst beantragen (ZPO 991 II; ZVG 175 I 2). – Er kann bei rechtl Interesse **Todeserklärung** od Feststellg des TodesZtpkts des verschollenen (Mit)Erben beantragen (VerschG 16 II c), sofern der Erbe vor dem Erbl verstorben sein soll; s Düss OLGZ **66**, 222; Ffm OLGZ **77**, 407 (Beschwerde gg TodesErkl). – Eine **Inventarfrist** kann ihm nicht gestellt werden, da die InvErrichtg ausschließl Sache des Erben ist (§ 2215 iVm § 1994) u die TestVollstrg keine beschränkte Erbenhaftg herbeiführt. – Der TV kann die aufschiebenden **Einreden** (§§ 2014, 2015), auch die aus § 1990, 1992 geltd machen. Hins des AnfechtgsRs aus § 2078 vgl § 2203 Rn 3. – Der **Erbschaftsanspruch** (§ 2018) steht ihm zwar zu, besteht aber nicht gg ihn als solchen, da er sich ja kein ErbR anmaßt (RG **81**, 151). – § 2041 (Ersatzsurrogation) ist im Bereich der TVstrg entspr anzuwenden, wenn es sich um AlleinE handelt (BGH NJW **91**, 842).

3) Die Befugnisse des TV stehen unter dem leitenden Gesichtspkt der Dchführg seiner Aufgaben (s Einf 6 7 vor § 2197). Sie sind teilw ausschließl Natur (zB Führg von Aktivprozessen, § 2212). Zum Teil laufen sie aber neben den fortbestehenden Rechten des Erben einher, zB bei Geltendmachg von Anspr gg den Nachl (§ 2213 I 1); bei dem Aufgebot der NachlGläub (§ 1970 iVm ZPO 989, 991 II, III) u dem gleichzustellenden Fall des Antr auf Zwangsversteiger eines NachlGrdst (ZVG 175 I); bei Antr auf Erteilg od Einziehg eines Erbscheins (s Einf 12 vor § 2197). – Der TV hat einers die zum Nachl gehörenden Fdgen geltend zu machen (auch solche gg die Erben, Johannsen WM **61**, 1407). – Andrers hat er die NachlVerbindlichkt zu berichtigen, auch die **Steuerschulden** des Erbl sowie die ErbschSt (AO 34; 69), deren Festsetzg gg Erben mit Bekanntgabe des StBescheids an TV wirks wird (BFH NJW **91**, 3303). Jedoch ist der TV nicht zur Abgabe allg SteuerErkl an Stelle des Erben verpflichtet (BFH Betr **80**, 2118); üb seine Rechte u Pfl im BesteuergsVerf s BFH NJW **77**, 1552 mH; **78**, 1465. – Der TV ist auch zum **Empfang** rgeschäftl Erkl, die ggü dem Nachl abzugeben sind (zB Kündigg; Aufrechng) legitimiert. – Macht der TV von seinem Recht Gebrauch, den Nachl in **Besitz** zu nehmen (S 2), wird er mit Erlangg der tatsächl Gewalt (§ 854 I) unmittelbarer Besitzer. Der Erbe, auf den der Besitz nach § 854 übergegangen war, wird mittelbarer (§ 868). Der Besitzschutz steht dem TV erst ab Besitzergreifg zu (Staud/Reimann Rn 23).

a) Handelsgeschäft des Erblassers. Umfaßt die angeordnete TestVollstrg die Verwaltg eines Handels 7 Gesch (allein od innerh eines NachlVermögens, s § 2209), bestehen nach hM hinsichtl der Fortführg der Einzelfirma des Erbl wg der Ggsätzlichk von erbrechtl u handelsrechtl Vorschr folgende Möglichk:

aa) In eigenem Namen, eigener Haftg und Verantwortg führt der TV nach außen das HandelsGesch 8 fort, im Innenverhältnis aber als **Treuhänder** des (der) Erben (BGH **12**, 100; **35**, 13; eingehd John BB **80**, 747/758 ff, der für die „Vollrechtstreuhand" eintritt). Der TV wird damit nicht Eigentümer des NachlVermögens (nicht VersNehmer eines Firmenwagens, BGH NJW **75**, 54). Er muß sich in diesem Fall persönl als Inh des Gesch in das HandelsReg eintragen lassen (s Hamm NJW **63**, 1554). HGB 27 greift nicht Platz (RG **132**, 144). HGB 25 II kann aber angewendet werden (KG JFG **18**, 282). Mehrere TV, die ein HandelsGesch vorübergehend treuhänderisch fortführen, bilden keine OHG (BGH NJW **75**, 50). – Der TV hat aber ggü dem Erben Anspr auf Befreiung von seiner unbeschr Haftg für die vom Erbl stammenden u die neubegründeten GeschVerbindlichk (§§ 2218, 670; s H/Winkler Rn 308). Der TV kann für das HandelsGesch Prokura erteilen u eine bestehende Prokura widerrufen (KG NJW **59**, 1086). Denkb ist auch, daß ein Prokurist zum TV ernannt ist (dazu H/Winkler Rn 325); in diesem Fall verliert der Prokurist dch Annahme des TV-Amtes nicht die Prokura (s Hofmann, Der Prokurist[6], S 132; aber auch Dempewolf Betr **55**, 889).

bb) Im Namen des Erben führt der TV das HandelsGesch fort (BGH **12**, 100; **35**, 13; KG JFG **14**, 428; 9 Staud/Reimann Rn 76). In diesem Fall wird der Erbe (die Erben), der anmeldepfl ist, als Inh des zum Nachl gehörden HandelsGesch ins HandelsReg eingetragen; eine AnmeldePfl des TV besteht nicht (Keidel/

Schmatz/Stöber, RegisterR³, Rn 169³²). Zu dieser Regelg bedarf es des Einverständn des (der) persönl haftden Erben (H/Winkler Rn 309); der TV bedarf in diesem Fall einer Vollmacht des (der) Erben (BayObLG **69**, 138 mAv Haegele Rpfleger **69**, 299). Der Erbl kann aber dch letztw Anordng einer entspr Bedingg od Aufl den Erben verpflichten, dem TV eine Rechtsstellg einzuräumen, die ihm die Befug gibt, über § 2206 hinaus Verpflichtgen für den Erben einzugehen (BGH **12**, 103; H/Winkler Rn 313). In der Anordng einer TestVollstrg nach § 2209 kann uU eine derart Bedingg liegen. Der TV kann die Vollziehg der Bedingg oder Aufl von dem Erben verlangen (§§ 2208 II; 2194; BGH aaO; BayObLG aaO 141). Ob ein Erbe dch eine Aufl des Erbl rechtswirks gebunden werden kann, dem TV eine derart RStellg einzuräumen, möchte BGH WM **69**, 492 eher verneinen. – Für die Beschrkg der Haftg gelten HGB 25, 27; für die namens des (der) Erben für das Gesch eingegangenen Verbindlichk haftet dieser persönl, nicht aber der TV (Baur, Der TV als Unternehmer, FS Dölle 1963, 249/256; Langenfeld/Gail IV Rn 138ff). – Auch bei dieser Regelg ist der TV befugt, Prokura zu erteilen od eine vom Erbl erteilte zu widerrufen (KG NJW **59**, 1086).

10   **cc)** Für eine **„echte Testamentsvollstrecker-Lösung"** tritt Baur (aaO 249ff) in folgder Weise ein: Inh des HandelsGesch ist der Erbe. Dieser ist im HandelsReg einzutragen. Die Verwaltg des HandelsGesch obliegt aber unter Ausschl des Erben dem TV; klarstelld ist im HandelsReg der TV zu vermerken. Im GeschVerk zeichnet der TV mit der Firma, muß aber zum Ausdr bringen, daß er als TV handelt. Für das GeschVermögen gilt § 2041 entspr. Neuerwerb des TV gehört also wieder zum Nachl. Für eine etwaige Freigabe der Nutzgen greift § 2217 Platz. Zu Vfgen ist nur der TV befugt; vom TV beim Betrieb des Gesch eingegangene Verbindlichk sind NachlVerbindlichk; seine Befug hiezu bemessen sich nach § 2209 S 2 mit § 2207. Die EigenGläub des Erben können sich nicht an das GeschVerm halten (§ 2214). – Gg die Baursche Lösg Holzhauer (Erbrechtl Untersuchgen, 1973, 7ff), der (S 61) eine normale AbwicklgsVollstrg nach 2197ff auch dann für zuläss erachtet, wenn ein HandelsGesch od ein OHG-Anteil zum Nachl gehört.

11   **dd) Zur Verpachtung, Stillegung oder Veräußerung** des HandelsGesch ist der TV auch berecht, falls sich aus den Anordngen des Erbl nichts Ggteiliges ergibt (H/Winkler Rn 320). Bei Freigabe des Handels-Gesch dch den TV (§ 2217), die aber bei einer VerwVollstrg nicht zuläss ist, kann der Erbe diese auch selbst fortführen (s hierzu KG DNotZ **42**, 225; BGH **12**, 100; H/Winkler Rn 321).

12   **ee) Die Erben** können das HandelsGesch **selbst** mit od ohne Freigabe dch den TV fortführen (s H/Winkler Rn 321ff). Sie haben ihre Eintragg ins HandelsReg zu bewirken; der TV hat der Anmeldg beizutreten.

13   **ff) Bei Erbengemeinschaft,** auf die das EinzelhandelsGesch übergegangen ist, verwandelt es sich nach dem ungenutzten Ablauf der Frist von HGB 27 II nicht ohne weiteres in eine OHG (s § 2032 Rn 7). Der TV als solcher kann das Unternehmen nicht in eine OHG (HGB 105 II) umwandeln (s KG RJA **12**, 229). Denkb ist aber, daß der Erbl den TV ausdrückl damit beauftragt, eine OHG zu gründen.

14   **b) Personengesellschaften.** Der GesAnteil des Erbl an einer PersonenGes, der an die GterErben im Wege der Sondererbfolge gelangt (s § 1922 Rn 18), ist aGrd gesellschrechtl Besonderh der VfgsGewalt eines TV in der Weise entzogen, daß ein TV nicht in die inneren Angelegenheiten der Ges eingreifen kann u darf und haftrechtl den Erben ohne dessen Einverständn auch nur im Rahmen des NachlVermögens verpflichten könnte, während ein persönl haftender Gter notwendigerw unbeschränkt haftet. Seit BGH **98**, 48 ist allerd anerkannt, daß der Anteil als Ganzes, quasi mit „seiner Außenseite" der Verwaltg eines TV unterstellt werden kann, allerd nicht zur Ausübg der Mitgliedsrechte, sond um zu verhindern, daß der Gter-Erbe üb den Anteil u die daraus erwachsenen Vermögensrechte vfgen kann (§ 2211) u seine EigenGläub in den Anteil u die daraus erwachsenen Vermögensrechte vollstrecken (§ 2214) können (eingehd Marotzke JZ **86**, 457; Esch NJW **81**, 2222; **84**, 339). Der Anspr auf Gewinn od das Auseinandersetzgs- od das Abfindgsguthaben unterliegt dagg stets (auch ohne Zustimmg der übr Gter) einer angeordneten TVollstrg, da es sich dabei um verkehrsfähige vermögensrechtl Anspr (§ 717 S 2; HGB 105 II; 161 II) handelt (BGH NJW **81**, 749; **85**, 1953; Esch NJW **81**, 2222). S dazu Weidlich ZEV **94**, 205 mit Hinweisen für die gestalde RPraxis. – Soll der TV als Fremdverwalter allerd nicht nur auf die Vermögensrechte beschränkt bleiben, werden zwei Ersatzlösgen

15   praktiziert: Wird dem TV der GesAnteil als **Treuhänder** übertragen, nimmt er die GterRechte in eigenem Namen, aber für Rechng der Erben wahr. Diese Treuhandlösg ist zuläss, falls sie im GesellschVertr vorgesehen ist od die Mitgesellschafter ihr zustimmen (s Bengel/Reimann V Rn 166ff; BGH NJW **81**, 750). Der TV

16   haftet dann den Gläub der Gesellsch persönl unbeschränkt. – Ferner kann der TV als **Bevollmächtigter** entw des Erben od aGrd einer erst mit seinem Tode beginnenden (widerrufl) Vollmacht des Erbl die ererbten GterRechte ausüben, wenn dies dem GesVertrag entspricht od die MitGter zustimmen (BayObLG **86**, 34). Zwingen kann der Erbl den Erben, indem er einen ihm dch Auflage die VollmErteilg zur Pflicht macht (s BayObLG FamRZ **86**, 613 mN; str; aA Emmerich ZHR **132**, 314, weil Erbl den Erben nicht verpflichten könne, eine Befugnis zu erteilen, die Verpflichtgen auch hinsichtl seines Privatvermögens gestattet; BGH WM **69**, 492 ließ die Frage offen) od durch auflösende Bedingg die Erbeinsetzg von der VollmErteilg abhängig machen (s H/Winkler Rn 350ff; Johannsen WM **70**, 570; Finger Betr **75**, 2021).

17   **aa) Das Eintrittsrecht** in eine OHG, also die dch GesellschVertr einem (od mehreren) Erben eingeräumte Befugn zum Eintritt in die Gesellsch nach dem Tod des Erbl, gehört zum Nachl, sond entsteht in der Person des Erben (BGH **22**, 186). Eine TestVollstrg daran kommt daher nicht in Frage.

18   **bb) Für minderjährige Erben** des verstorbenen Gesellschafters od geschäftsunfähige übt der ges Vertr die Gesellschafterrechte aus (dazu Stöber Rpfleger **68**, 1). Ist ihm die Vermögensverwaltg letztw entzogen (§§ 1638; 1909 I 2), kann insoweit der TV als Pfleger für den Erben bestellt werden (KG JFG **13**, 98).

19   **cc) Die Anmeldung** des Neueintritts des Erben in die Gesellsch zum **Handelsregister** trifft die Gter persönl (HGB 108; 143 I; 161 II) u ist daher dch den TV nicht mögl (Hbg NJW **66**, 986; auch BayObLG Rpfleger **72**, 259), es sei denn, daß die Erstreckg seines Machtbereichs auch auf den GesAnteil anerkannt wird (Hamm OLGZ **89**, 148; s Rn 20). – Die Eintragg eines TV-Vermerks ins **Grundbuch** (GBO 52) kommt nicht in Betr, wenn zum Vermögen einer BGB-Gesellsch Grdst gehören, auch wenn der TV Erbenbevollmächtigter ist (LG Hbg Rpfleger **79**, 26; H/Winkler Rn 388).

c) Ein Kommanditanteil (HGB 161) des Erbl kann in eine DauerTVstrg dann einbezogen werden, 20 wenn sämtl weiteren Gter damit einverstanden sind (BGH **108**, 187); Einschränkgen können sich insbes daraus ergeben, daß der TV nicht befugt ist, den Erben persönl zu verpflichten. Mit dieser GrdsatzEntscheidg hat der BGH eine lange streitige Frage geklärt, ohne daß damit allerd schon alle Probleme gelöst sind (s dazu Weidlich ZEV **94**, 205; Reimann DNotZ **90**, 190; Raddatz, NachlZugehörigk vererbter PersonenGesAnteile, 1991). Unter rein erbrechtl Grdsätzen kann eine Beteiligg des Erbl an PersonenGes in den Machtbereich des TV fallen, weil sie als Teil des hinterlassenen Vermögens zum Nachl gehört, allerd mit der Besonderh, daß bei Vorhandensein mehrerer Erben sie im Wege der Sondererbfolge u damit unter Ausgliederg aus dem gesamthänderisch gebundenen übr Nachl auf den od die Erben übergeht, die nach Vfg vTw u GesVertr zum Nachfolger bestimmt u geeignet sind (s Rn 14; § 1922 Rn 18, 19). Beim Kommanditanteil ist es auch mit den gesellschrechtl Besonderh grdsl vereinbar, ihn dch einen fremdnützigen, grdsl nicht persönl haftenden Sachwalter verwalten zu lassen, weil nach der Ausgestaltg der RStellg eines Kommanditisten seine Haftg auf die geleistete Einlage beschränkt (HGB 170 I), er idR nicht geschäftsführgs- u vertretgsbefugt ist (HGB 164, 170) u die wenigen Ausnahmen, in denen es zu einer persönl Haftg kommen kann, keine unüberwindl Schwierigk bereiten. Damit entfällt bei ihm der tragende Grund für die Unzulässigk einer TVstrg über den Anteil des persönl haftenden Gters, daß näml der TV den Erben ohne dessen Einverständn nur im Rahmen des NachlVermögens verpflichten kann, während ein persönl haftender Gter notwendigerweise unbeschränkt haftet (s Rn 14). Ohne die erforderl **Zustimmung** der übr Gter (BGH aaO) kann der 21 TV allerd die Rechte des Gter-Nachfolgers in der Ges nicht wahrnehmen, weil sich diese wg ihres persönl Verbunds in der KG niemand aufdrängen lassen müssen, mit dem sie sich nicht auf die Ges eingelassen hatten (Hamm aaO; Stgt aaO). Diese Zustimmg ist keine zusätzl erbrechtl Voraussetzg, sond handelsrechtl bedingt (Reimann FamRZ **92**, 117); sie kann also im GesVertr (auch konkludent, Hamm NJW-RR **91**, 837) od auch später erteilt werden (BGH aaO; NJW **85**, 1953; Stgt aaO). – Zu den RFolgen dieser Rspr, insbes bezügl der Ausübg der MitgliedschRe, s ausführl Ulmer NJW **90**, 74. Zu Eintraggen im Handelsregister s Einf 15 vor § 2197. – Dem Willen des Erbl, die Verwaltg des Kommanditanteils für bestimmte Zeit nicht dem Erben zu übertragen, kann auch dadch Rechg getragen werden, daß dem TV entw Vollmacht erteilt 22 od die Verwaltg **treuhänderisch** übertragen wird (s Rn 15; 16). Der Erbl kann dies erzwingen entw dch Auflage (str) od dch eine Strafklausel, mit der er die Erbeinsetzg unter die auflösende Bedingg der VollmErteilg od das Unterlassen des Widerrufs einer erteilten ErblVollm u das Unterlassen eigenen Tätigwerdens des Erben stellt (s Rn 16; Damrau aaO, auch zu den dabei str Detailfragen). – Der **Erwerb** eines Kommanditanteils für den Nachl dch den TV wird von Hbg MDR **82**, 849; MüKo/Brandner Rn 47 grdsl für zulässig erachtet. Dem widerspricht zu Recht Damrau DNotZ **84**, 660, weil vorhandenen MitE dogmatisch keine Anteile an dem rechtsgeschäftl erworbenen Kommanditanteil vom TV zugewiesen werden können, so daß der Erwerb auf AlleinErbsch beschränkt wäre.

d) Rechte des stillen Gesellschafters (s HGB 234 II). Der TV kann die Rechte des (der) Erben eines 23 stillen Gesellschafters wahrnehmen (Paulick, Handbuch der stillen Gesellsch, 3. Aufl 1981, § 16 II 9; H/Winkler Rn 389 ff). Das EintrittsR eines MitE (Erben), den der Erbl entspr dem GesellschVertr zu seinem Rechtsnachfolger als stiller Gesellschafter bestimmt hat, wird dch eine TestVollstrg nicht berührt (s BGH WM **62**, 1084).

e) GmbH-Anteil. Der TV verwaltet einen zum Nachl gehör GeschAnteil kraft eigenen Rechts unter 24 Ausschluß des (der) Erben (BGH NJW **59**, 1820; Betr **76**, 2295/2296; H/Winkler Rn 393; Priester, FS Stimpel, 1985, 463). Auch bei TestVollstrg für den alleinigen GesellschafterErbl einer GmbH tritt der verwaltende TV an die Stelle des Erben (LG Köln RhNK **66**, 127). Ein TV kann auch ledigl zu dem Zweck ernannt sein, das StimmR aus dem GeschAnteil unter Ausschl des Erben auszuüben (Hamm BB **56**, 511; dagg Schilling FS W. Schmidt, 1959, 208/217). Über Mitwirkg des TV bei seiner Wahl zum GeschFührer der GmbH s Rn 30 aE. Als solcher od als Mitglied eines and Organs der GmbH ist er vom StimmR ausgeschlossen, soweit es um seine Entlastg od die der Mitglieder geht (GmbHG 47 IV 1); an seiner Stelle üben das StimmR die Erben aus, weil ihr Vertreter in einer Angelegenh rechtl verhindert ist, die ihn persönl betrifft (BGH BB **89**, 1499). – Ob der TV im Rahmen seiner Befugnisse mit Wirkg für die Erben einen GesellschVertr zur Errichtg einer GmbH abschließen kann, ist bestr (s Staud/Reimann Rn 89; H/Winkler Rn 405 ff). Hat ihn der Erbl letztw damit beauftragt, das hinterlassene Unternehmen in eine GmbH umzuwandeln od sich sonst an der Errichtg einer GmbH zu beteiligen, kann er dies als Treuhänder der Erben im eigenen Namen durchführen. – Gehört zum Nachl ein treuhänd abgetretener Geschäftsanteil, kann TV Rückabtretg dchführen, wenn dies aus Mitteln des Nachl bewirkt wird u für den Erben als Treugeber keine zusätzl Pflichten begründet werden (BayObLG **91**, 127).

f) Zum Nachlaß gehörende Aktien. Der TV verwaltet die zum Nachl gehör Aktien (Inhaber-, Na- 25 mensaktien). Er übt auch das StimmR aus (AktienG 134 mit Anm 2 bei Godin/Wilhelmi). Auch zur Geltdmachg von Bezugsrechten ist er befugt (s AktienG 186). Wird eine AG in eine KG umgewandelt, bei der der Aktionär-Erbe Kommanditist wird, geht das VerwaltgsR des TV unter. Er hat aber Anspr auf Wiederherstellg dieses Rechts in der Form, daß ihm der Erbe treuhänderisch den Teil seines Kommanditanteils überträgt, der den Aktien entspricht, die zunächst der TestVollstrg unterlagen (BGH **24**, 106 mAv Fischer **LM** Nr 1 zu § 2218).

g) Anteil an einer Genossenschaft. Nach GenG 77 I geht mit dem Tod eines Genossen die Mitgliedsch 26 auf die Erben über; sie endet mit dem Schluß des GeschJahrs, in dem die Erbfolge eingetreten ist. Bis zu diesem Ztpkt kann für mehrere Erben dch einen Bevollmächtigten ausgeübt werden. Für den Zeitraum der Fortsetzg der Mitgliedsch kann ein TV die MitgliedschR wahrnehmen. § 77 II GenG sieht die Möglichk einer Fortsetzg der Mitgliedsch dch den (die) Erben des verstorbenen Genossen vor. Etwa hierzu erforderl Erklärgen kann der TV nicht abgeben (s H/Winkler Rn 429, 430; § 1922 Rn 25; aA MüKo/Brandner Rn 45).

4) Die Verfügungsbefugnis des TV (S 2) ist Ausfluß seines VerwaltgsR. Er erhält sie mit demselben 27 Inhalt, wie sie dem Erben ohne Anordng der TVstrg zustehen würde. Sie ist ausschließl (§ 2211), bezieht sich aber nur auf die zum Nachl gehörenden Ggstände und nicht auch auf die Anteile der MitE am Nachl (§ 2033 I). Letzteres betrifft aber nicht Erbteile an einem anderen Nachl, die bereits dem Erbl zugestanden hatten u damit als einzelne Ggstände Bestandteil des vom TV verwalteten Nachl sind (BGH NJW **84**, 2464; s Rn 31). – Keine Einschränkung bewirkt das nur schuldrechtl Wirkgen zeitigende Auseinandersetzgsverbot des § 2044 (KGJ **52** A 113; s auch BGH NJW 71, 805). – Für den Erlös aus Vfgen üb NachlGgstände gilt § 2041 entspr (s dort Rn 1).

28   **a) Umfang.** Die Befug des TV zu Vfgen üb die seiner Verwaltg unterliegenden NachlGgstände ist grdsl unbeschränkt (S 2); nur unentgeltl Vfgen sind ihm untersagt (S 3; dazu Rn 32; 35). Dies gilt auch dann, wenn **Nacherben** vorhanden sind (KG DR **43**, 90). Das VerwaltgsR des TV geht auch dem des befreiten VorE vor, solange der TV nicht den Nachl an ihn herausgegeben hat (BayObLG **59**, 129; hM); an die einem VorE auferlegten Beschränkgen der §§ 2113, 2114 ist der TV nicht gebunden, da sie nur im Verhältn zw VorE u NachE gelten (Neust NJW **56**, 1881; Stgt BWNotZ **80**, 92), jedenf wenn TV zugl für VorE u NachE eingesetzt ist (BGH **40**, 115; BayObLG **86**, 208). Ist allerd der TV zugl MitvorE od als alleiniger VorE MitTV, ist die RLage anders (s § 2112 Rn 1). – Den TV berühren auch nicht solche Beschränkgen, denen nur der Erbe unterliegt, zB wenn sein Erbteil gepfändet od verpfändet ist (KG JR **52**, 323), wenn er unter elterl Sorge od Vormdsch steht (KG OLG **38**, 250; der ges Vertr hat nur ggüb dem TV die Rechte des Minderj zu vertreten); od wenn seine VfgsBefug kr ehel Güterrechts (§§ 1365; 1423; 1424) beschränkt ist (Staud/Reimann Rn 59; Haegele Rpfleger **63**, 331); ist die GüterGemsch des Erbl dch seinen Tod beendet, aber noch nicht auseinandergesetzt, kann der TV gemeins mit dem Ehegatten ohne Beteiligg der Erben üb einzelne Ggstände des Gesamtguts in Liquidation verfügen (Stgt NJW **67**, 1809; s auch BGH **26**, 378; **64**, 768). – Zur Erteilg einer widerrufl **Generalvollmacht** dch den TV s § 2218 Rn 2; eine unwiderrufl ist grdsl unwirksam, da sie einer unzuläss dauernden Übertragg seiner Rechte u Pfl gleichkäme u daher mit seiner Vertrauensstellg unvereinbar ist (KGJ **32**, 90). Zum Widerruf einer vom Erbl erteilten GeneralVollm s Einf 20 vor § 2197.

29   **b) Wirksam** sind die Vfgen des TV nur, wenn sie entgeltl sind od wenn ihnen die Erben u Vermächtn-Nehmer zugestimmt haben (BGH **57**, 84; s Rn 32; 35). Seine VfgsHandlgen wirken dann unmittelb für u gg die Erben (RG **59**, 361; **76**, 125). Dies gilt selbst dann, wenn der TV zugl MitE ist u die Vfgen ihm eigene Rechte einräumen. – Eine den **gutgläubigen Erwerb** schützende Vorschr (wie § 2113 III) ist entbehrl, da insow §§ 2368 III; 2366 gelten. Verfügt der TV als angebl Eigentümer, greifen §§ 932ff ein. Eine Schutz-Vorschr enthält allerd § 2211 wg des Ausschlusses des VfgsRechts des Erben (s dort).

30   **c) Insichgeschäft.** § 181 ist grdsätzl auch auf Insichgeschäfte des TV anwendbar (BGH **30**, 67); ihm können sie jedoch in weiterem Umfang durch den Erbl (ausdrückl od stillschw) gestattet werden (RG **61**, 139; KG JFG **12**, 202). Ist der TV zugl MitE, so ist die Annahme gerechtfert, daß der Erbl trotz eines Interessenwiderstreites dem TV die Vornahme von RGesch mit sich selbst gestattet hat. Die Zulässigk eines solchen RGesch ist aber dadurch begrenzt, daß die Gestattg nur im Rahmen einer ordngsgem Verwaltg (§ 2216 I) anzunehmen ist, wobei an den Begriff der ordnungsgemäßen Verwaltg strenge Anfordergen zu stellen sind (BGH NJW **59**, 1429; WM **60**, 1419; dazu von Lübtow JZ **60**, 151). Dem TV, der nicht MitE u auch sonst nicht letztw bedacht ist, sind daher Insichgeschäfte grdsätzl versagt (BGH **30**, 67; auch DRiZ **69**, 280). Insichgeschäfte des erbenden und nichterbenden TV, die gg das Gebot der ordngsgem Verwaltg verstoßen, sind unwirks (KG JW **35**, 2755), u zwar auch dann, wenn sie etwa vom Willen des Erbl gedeckt sein sollten, da er den TV von der Verpflichtg zur ordngsgem Verw nicht befreien kann (§ 2220; Mattern BWNotZ **61**, 149/155). Die Unwirksamk ist aber nur eine schwebende mit der Möglichk einer Heilg durch Genehmigg der (übrigen) Erben. Nichtig u nicht heilb sind aber Geschäfte, die dem Willen des Erbl widersprechen (Lübtow JZ **60**, 157; s auch Mattern aaO 157). – **Beweispflichtig** für die Gestattg des Selbstkontrahierens ist der TV, der den Beweis dadurch führen kann, daß er die Ordngsmäßigk nachweist (BGH WM **60**, 1419). Er kann aber auch die Gestattg unmittelb nachweisen; dann muß der Gegner die Überschreitg einer ordnungsgem Verwaltg nachweisen (BGH NJW **59**, 1429). Ergibt sich hiernach die Unzulässigk des eig Handelns des TV und ist seitens des Erbl keine Ersatzanordng getroffen, steht das VfgsR dem Erben selbst zu (KGJ **50** A 164). – **Entsprechend** ist der Rechtsgedanke des § 181 anwendb, wenn ein TV, der AnteilsR an einer GmbH verwaltet, über seine Bestellg u Anstellg als GeschFührer der GmbH mitentscheiden soll; er darf dies nur, wenn der Erbl od die Erben ihm dies gestattet haben (BGH **51**, 209; s auch Johannsen WM **69**, 1405).

31   **d) Keine Verfügung** über einen NachlGgst bedeutet der Verzicht des zur Ausübg der Nacherbrechte berufenen TV (§ 2222) auf die Eintragg des NEVermerks ins GB (Einf 10 vor § 2100); dieses Recht entspringt schon der allg Verwaltgtätigk des TV (KG DNotZ **30**, 480). – Auch bei der Vfg eines MitE über seinen Anteil am Nachl (§ 2033) steht eine Vfg über eine NachlGgst nicht in Frage; die Vfg darüber od die Mitwirkg bei einer solchen ausschließl dem MitE selbst vorbehaltenen Vfg steht dem TV nicht zu (KG DJ **41**, 350), auch nicht im Rahmen der Erbauseinandersetzg (§ 2204; BGH WM **69**, 1404; RGRK Rn 20); dies gilt aber nicht für den Erbteil an einem and Nachl, der bereits dem Erbl zugestanden hatte (BGH NJW **84**, 2464). Der Erbteilserwerber kann ohne Mitwirkg des TV seine Eintrag als RNachfolger des bisherigen Mitglieds der im Grdbuch eingetr ungeteilten ErbenGemsch beantragen (Essen Rpfleger **60**, 58). Das VerwaltgsR des TV an den einzelnen NachlGgst bleibt aber bestehen; jedoch hat er kein VerwaltgsR an der GgLeistg, die der ErbschVerkäufer erzielt hat (H/Winkler Rn 233).

32   **5) Schenkungsverbot (Satz 3).** Zu unentgeltl Vfgen über NachlGgst ist der TV (mit Ausnahme von Pflicht- u Anstandsschenkgen, § 534) nicht berechtigt, es sei denn, daß alle Erben u VermächtnNehmer der Vfg zustimmen (s Rn 35). Der Erbl kann den TV hiervon nicht befreien (§ 2207 S 2); er kann allerd dch Straf- od Verwirkgsklausel die Zustimmg der Erben zu solchen Vfgen hintanhalten (H/Winkler Rn 211). – **Keine** unentgeltl Vfgen sind allerd solche, die der TV zur Erfüllg wirks letztw Anordngen des Erbl (zB Vermächtn) od and rbeständ NachlVerbindlk vornimmt, weil der Ggwert in der Befreig des Nachl von der Schuld als Vermögensvorteil liegt (BGH NJW **63**, 1613; BayObLG **86**, 208). Irrte sich allerd der TV bezügl des Vorliegens einer NachlVerbindlk, ist Erfüllg stets unentgeltl (KG OLGZ **92**, 138). – Unentgeltl Vfgen

kann der Erbl im übr dadurch ermöglichen, daß er dem TV Vollm über den Tod hinaus erteilt (BGH NJW **62**, 1718), die aber von den Erben widerrufen werden kann (Einf 20 vor § 2197; Schlüter § 6 IV 2g).

a) Unentgeltlichkeit bedarf hier keiner Einigg der Beteiligten (vgl § 516), sond setzt (wie bei § 2113 II) **33** **objektiv** nur voraus, daß aus dem Nachl ein Wert hingegeben wird, ohne daß die dadch eingetretene Verringerg dch Zuführg eines entspr Vermögensvorteils ausgeglichen wird. **Subjektiv** muß hinzukommen, daß der TV weiß od bei ordngsgem Verwaltg hätte erkennen müssen, daß die Leistg der Ggseite unzulängl war (BGH **57**, 84; NJW **91**, 842); Erkennbark der Pflichtverletzg dch die Ggseite ist nicht erforderl (BGH NJW **63**, 1614; aM Lange/Kuchinke § 29 VI 2b). Allerd ist nicht eine obj Gleichwertig von Leistg u Ggleistg erforderl, um Entgeltlichk der Vfg annehmen zu können (s ebso § 2113 Rn 10). Vielmehr genügt es, wenn die beiderseit Leistgen für die verfolgten Zwecke gleichgestellt werden u von dem TV nach dem Maßstabe einer ordngsgem Verwaltg einander gleichgestellt werden dürfen, vorausgesetzt nur, daß er seine Leistg nicht im irrigen Glauben an die GgLeistg bewirkt (RG **105**, 249; **117**, 97). Neben dem objektiven sind also auch hier subjektive Momente heranzuziehen (RG **81**, 364). Jedoch haben die letzteren nicht die gleiche Bedeutg wie beim VorE (s BayObLG **56**, 54), da der TV Verwalter fremden Vermögens ist u (soweit er nicht etwa MitE ist) keine eig Interessen verfolgt. – Für die Beurteilg maßgebend ist der Ztpkt der Vfg. – **34** Unentgeltl Vfg kann auch ein Vergleich enthalten u darin wirks sein, wobei aber ein gewisser Ermessensspielraum des TV besteht (BGH NJW **91**, 842 mAv Bork JZ **91**, 728). Bei Erbauseinandersetzung kann eine unentgeltl Vfg vorliegen, wenn ein MitE wertmäß mehr zugeteilt bekommt, als seiner Erbquote entspricht (BGH; KG je aaO; BayObLG **86**, 208; dazu Keller, Haegele BWNotZ **63**, 285; **69**, 277ff); auch bei Änderg eines bindenden VertrAngebots des Erbl (Fichter BWNotZ **63**, 158). Unentgeltl ist eine Vfg auch dann, wenn ein nicht an letzter Rangstelle stehdes zur EigtümerGrdSch gewordenes GrdPfandR gelöscht wird, ohne daß der dadch im Rang aufrückende Nachhypothekar eine GgLeistg für die Rangverbesserg an die NachlMasse gewährt (s KG JFG **15**, 191); und aber, wenn die Löschg in Erfüllg der in einem KaufVertr übernommenen Verpflichtg bewilligt wird, dem Käufer das Grdst frei von Lasten in Abt III des GB zu verschaffen (KG NJW **68**, 1632; Stade JurBüro **80**, 1574). – Ist die Vfg ordngsmäßig, so steht nicht entgg, daß die Leistg an den TV selbst erfolgt (Mü JFG **21**, 242). – Als unentgeltl gilt auch die rechtsgrundlose Verfügg (RG **105**, 246; **163**, 348; s auch Rn 32; aM Spellenberg aaO 353). Sog unbenannte Zuwendgen unter Ehegatten sind im ErbR schon bei nur obj Unentgeltlk grdsl wie Schenkg zu behandeln (BGH NJW **92**, 564; s auch § 2325 Rn 15).

b) Wirkung. Die Einschränkg der VfgsBefugn dch **Satz 3** führt bei Verstößen zur Unwirksamk sowohl **35** des schuldrechtl Gesch als auch des dingl Vollzugsgeschäfts. Da S 3 allerd nicht die Aufgabe hat, den Erben vor eigener Freigebigk zu schützen (Lehmann AcP **188**, 1), kann der TV mit **Zustimmung** derjen Personen, zu deren Schutz das VfgsVerbot besteht, also der Erben (samt NachE) und der VermächtnNehmer über NachlGgst auch unentgeltl wirks vfgen, wobei ein etwa entggstehender Wille des Erbl unbeachtl ist (BGH **57**, 84; BayObLG **86**, 208; KG OLGZ **92**, 138); dagg ist die von Auflagebegünstigten od sonstigen NachlGläub stets entbehrl. Die Zustimmg bedarf mat-rechtl nicht der für das RGesch vorgeschriebenen Form (KG aaO), ist dem GBAmt allerd in Form von GBO 29 nachzuweisen (s auch § 2217 Rn 3; 6).

6) Legitimation. TV weist seine RStellg dch TV-Zeugnis (§ 2368) nach, ohne aber dazu immer genötigt **36** zu sein. Der mit dem TV in rechtsgeschäftl Beziehgen tretende Dritte kann nicht unbedingt dessen Vorlage verlangen (s BGH WM **61**, 479; **67**, 25). – Ggüber **Grundbuchamt** gilt die SonderVorschr des GBO 35 II; uU kann Bezugnahme auf Nachlaßakten genügen (Mü JFG **20**, 374). Hat TV als Veräußerer die Auflassg eines Grdst erklärt, wird seine VfgsBefugn vom GBA nachgeprüft, da die Eintragg vom Nachweis der Einigg abhängt (GBO 20). Dem GBAmt ist also nachzuweisen, daß TV entw in Erfüllg einer letztw Vfg des Erbl od aber **entgeltlich** handelte. Diese Nachweise brauchen aber nicht in der Form des GBO 29 geführt **37** zu werden (BayObLG NJW-RR **89**, 587). Es genügt, daß Zweifel an der Pflichtmäßigk der Vfg ausgeräumt werden können, indem TV den RGrund u die für seine Vfg maßgebenden Beweggründe darlegt, wenn diese verständl u der Wirklichk gerecht werdend erscheinen u begründete Zweifel an der Pflichtmäßigk der Hdlg nicht ersichtl sind (KG JFG **7**, 284; Zweibr Rpfleger **68**, 89). GBA kann auch WahrscheinlichkErwägen berücksichtigen, die sich auf allg Erfahrgssätze stützen (BayObLG **56**, 55; s auch Lüb JurBüro **76**, 1486). – Soweit die GgLeistg **nicht** dem Nachl zufließt, muß sie bei der Prüfg, ob die Vfg des TV entgeltl ist, außer Betr bleiben (RG **125**, 245); anders aber, wenn bei NachlAuseinandersetzg der TV NachlGgste auf einen MitE überträgt u dieser an andere MitE dafür Ausgleich leistet, der somit nicht in den Nachl fließt (KG Rpfleger **72**, 58). Sofern es dabei für die Beurteilg der Entgeltlichk auf die ErbenEigensch ankommt, ist diese stets in Form von GBO 35, ggf GBO 36 nachzuweisen (BayObLG **86**, 208). Für die Beurteilg der Entgeltlichk der Vfg ist es ferner ohne Bedeutg, wie der TV die GgLeistg, wenn sie bereits in den Nachl gelangt ist, verwendet (KG JW **38**, 949). Bei Bestellg einer Fremdgrundschuld muß TV darlegen, ob Anlaß eine DarlAufnahme ist u an wen das Darlehen geleistet worden ist (Aachen Rpfleger **84**, 98). – War die Vfg **38** **unentgeltlich**, aber der TV dch Zustimmg der Erben dazu berechtigt, setzt der Nachweis der Zustimmg voraus, daß die Zustimmenden auch Erben sind; letzteres ist dch ErbSch (GBO 35) bzw nach GBO 36 nachzuweisen (BayObLG NJW-RR **89**, 587). – Hat das GBA vor Eintragg des neuen Eigtümers nicht in erforderl Umfang geprüft, ob der TV etwa unentgeltl verfügt hat, so ist schon aus verfahrensrechtl Gründen ein **Amtswiderspruch** (GBO 53) einzutragen (Zweibr Rpfleger **68**, 88 mAv Haegele). Der TV od ein von ihm ermächtigter MitE kann die Eintr eines AmtsWiderspr mittels Beschw (GBO 71 II 2) fordern. Dies kann bei unentgeltl Vfg des TV auch ein NachE mit dem Ziel der Eintr eines AmtsWiderspr zG des VorE (KG DR **43**, 90). – Ggü dem **Registergericht** genügt das erteilte Zeugn auch (s § 2368 Rn 1). **39**

2206 *Eingehung von Verbindlichkeiten.* [1]Der Testamentsvollstrecker ist berechtigt, Verbindlichkeiten für den Nachlaß einzugehen, soweit die Eingehung zur ordnungsmäßigen Verwaltung erforderlich ist. Die Verbindlichkeit zu einer Verfügung über einen Nachlaßgegenstand kann der Testamentsvollstrecker für den Nachlaß auch dann eingehen, wenn er zu der Verfügung berechtigt ist.

^{II}**Der Erbe ist verpflichtet, zur Eingehung solcher Verbindlichkeiten seine Einwilligung zu erteilen, unbeschadet des Rechtes, die Beschränkung seiner Haftung für die Nachlaßverbindlichkeiten geltend zu machen.**

1   **1) Von der Befugnis** zur Eingeh von Verbindlichk für den Nachl (**I 1**) darf der TV nur im Rahmen der **ordnungsmäßigen Verwaltung** (§ 2216 I) Gebr machen, andernf die getroffene Maßn unwirks bleibt. Das Erfordern der ordnungsmäßigen Verwaltg ist aber nicht rein obj zu verstehen. Erweist sich, daß die Eingeh objektiv nicht erforderl war, kann dennoch eine wirks NachlVerbindlk zustande kommen, wenn der VertrPartner des TV annimmt u ohne Fahrlässig annehmen durfte, die Eingeh sei zur ordngsmäß Verwaltg erforderl (BGH NJW **83**, 40). Im Streitfall ist der Dritte beweispflichtig (Staud/ Reimann Rn 10, 11). Konnte der VertrPartner dies nicht annehmen, erlangt er keine Rechte gg den Nachl (§ 2216 Rn 1) und kann den TV höchstens aus § 179 verantwortl machen (H/Winkler Rn 193). Befreiung vgl §§ 2207, 2209 S 2.

2   **2) Bei Verfügungen** über NachlGgst ist nach **I 2** die Vertretgsmacht des TV bezügl des zGr liegenden VerpflichtgsVertr nicht auf Geschäfte beschränkt, die zur ordngsgemäßen Verwaltg des Nachl erforderl sind. Die Einschränkg des **I 1** ist hier also ausgeschaltet, weil es keinen Sinn gäbe, man dem TV zwar die freie VfgsBefugn zu geben (§ 2205 S 2), ihn aber in der Eingeh von Verbindlichk zu seinen Vfgen zu beschränken (KGJ **27** A 192). Verletzt also der TV bei KaufVertr über NachlGgst seine Pflicht zur ordngsgemäßen Verwaltg (§ 2216), berührt dies nach **I 2** nicht die Gültigk des Vertrags (kann TV aber schadensersatzpfl machen); erweist sich seine Pflichtverletzg allerd als Treubruch, ist das VerpflGeschäft gem § 138 I nichtig, wenn der Vertragspartner mit dem TV bewußt zum Nachteil des Nachl zusammengewirkt hat; fehlt ein solcher Vorsatz des Vertragspartners, kann sich der Erbe über den Einwand unzuläss RAusübg auf Mißbrauch der Vertretgsmacht nur dann berufen, wenn sich der TV ersichtlich verdächtig verhalten hatte (BGH NJW-RR **89**, 642).

3   **3) Einwilligung des Erben.** Da der TV in erster Linie den Anordngen u dem sonst zum Ausdr gelangten Willen des Erbl zu folgen hat, über die Tragweite dieser Willensäußergen aber Zweifel entstehen können, gibt **II** die Möglichk, Klarheit darüber herbeizuführen, ob die vom TV getroffene Maßn noch seiner Vfgsmacht entspricht. Deshalb ist die **Beiziehung des Erben** (bei Vorerbsch des VorE; nicht aber eines NachE oder ErsatznachE, Neust NJW **56**, 1881; RGRK Rn 5) bei Eingeh der Verbindlich vorgesehen (RG **74**, 219). Der TV kann aber ein rechtl Interesse an der Mitwirkg des NachE haben (s Neust aaO). Der Erbe ist aber nur dann zur Einwillig verpflichtet, wenn die Eingeh der Verbindlich zur ordngsgemäß Verwaltg erforderl ist. Er kann sie auch verweigern, wenn es sich um die Verbindlich zu einer Vfg (**I 2**) handelt, die der TV nach §§ 2205, 2208 eingehen kann, deren Eingeh aber ordngsgem Verwaltg widerspricht (Staud/ Reimann Rn 14; Kipp/Coing § 68 III 7 d). Durch die Erteilg der Einwillig ist der TV gg SchadErsAnspr aus § 2219 geschützt. Dch die Einwilligung des (der) Erben können unter den in § 2205 Rn 32 genannten Voraussetzgen unentgeltl Vfgen des TV wirks werden. Dies gilt aber nicht für die Eingeh von Verbindlichk, wenn der TV keinen Anspr auf Einwilligg gem **II** hat (Staud/Reimann Rn 15).

4   **4) Den Nachlaßverbindlichkeiten** des § 1967 gleichzusetzen sind die rechtswirks eingegangenen Verbindlichk (Staud/Reimann Rn 16). Im NachlKonkurs gehören sie zu den Masseschulden (KO 224 Nr 5; dazu Jäger/Weber Rn 15, 16).

5   **5) Bei fehlender Verpflichtungsmacht** des TV ist Heilg mögl: Vor Amtsannahme vorgenommene Rechtsgeschäfte kann der TV nach der Annahme dch Genehmig wirks machen (§ 2202 Rn 1). – Fehlt es an der wirks Anordng einer TestVollstrg (zB Anordng in nichtiger Vfg vTw), kann der Erbe das VerpflichtgsGesch mit der Wirkg genehmigen (§ 177), daß eine NachlErbenschuld begründet wird. – Ein rechtsgeschäftl Handeln des angebl TV kann dch den amtierenden TV genehmigt werden (Müller JZ **81**, 370/375; 380).

2207   *Erweiterte Verpflichtungsbefugnis.*   **Der Erblasser kann anordnen, daß der Testamentsvollstrecker in der Eingehung von Verbindlichkeiten für den Nachlaß nicht beschränkt sein soll. Der Testamentsvollstrecker ist auch in einem solchen Falle zu einem Schenkungsversprechen nur nach Maßgabe des § 2205 Satz 3 berechtigt.**

1   **1) Eine Befreiung** des TV von der Beschrkg des § 2206 I durch den Erbl im Wege letztw Vfg sieht die Vorschr vor (ähnl wie § 2136 für gewisse Beschränkgen des VorE). Bei Übertragg der ausschließlichen Verwaltungsbefugn an den TV gilt die Ermächtig des § 2207 ohne bes Anordng als erteilt (§ 2209 S 2). In dem Auftrag des Erbl an den TV zur Erfüllg eines Verschaffgsvermächtn (§ 2170) ist regelm die nach § 2207 wirksame Ermächtig enthalten, die zum Erwerbe des VermächtnGgstandes unumgänglichen Verpflichtgen für den Nachl einzugehen (RG **85**, 7). Ausn von der Ermächtig besteht nach S 2 nur für SchenkgsVerspr (ebso beim VorE, §§ 2113 II, 2136). Über Aufnahme der Befreiung ins TV-Zeugnis s § 2368 I 2.

2   **2) Für das Verhältnis gegenüber dem Erben** bleibt § 2206 entscheidend, so daß der TV allen sonstigen Pflichten (bes der Pfl zur ordngsmäß Verwaltg) unterworfen bleibt (§§ 2220, 2216). Er kann daher auch die Einwilligg des Erben nach § 2206 II verlangen (str; ebso Soergel/Damrau Rn 2; MüKo/Brandner Rn 7; s Staud/Reimann Rn 4).

2208   *Beschränkung der Rechte.*   ^I**Der Testamentsvollstrecker hat die in den §§ 2203 bis 2206 bestimmten Rechte nicht, soweit anzunehmen ist, daß sie ihm nach dem Willen des Erblassers nicht zustehen sollen. Unterliegen der Verwaltung des Testamentsvoll-**

streckers nur einzelne Nachlaßgegenstände, so stehen ihm die im § 2205 Satz 2 bestimmten Befugnisse nur in Ansehung dieser Gegenstände zu.

IIHat der Testamentsvollstrecker Verfügungen des Erblassers nicht selbst zur Ausführung zu bringen, so kann er die Ausführung von dem Erben verlangen, sofern nicht ein anderer Wille des Erblassers anzunehmen ist.

1) Willentliche Beschränkung (I 1). Der Erbl kann die Befugn des TV nach seinem Willen verschie- 1
dentl beschränken: Durch Entzieh eines Teils seiner Rechte (§ 2208; s zB BGH **56**, 275) od dch Bindg an die Zustimmg der Erben (H/Winkler Rn 145). – Durch Beschrkg auf die Verwaltg (§ 2209 S 1, 1. Halbs) od auch nur auf bestimmte einzelne Verwaltgsaufgaben (BayObLG **56**, 186), zB Verwaltg eines HandelsGesch (s Nolte, FS Nipperdey, 1965, I 667); Beschränkg auf vermittelnde und schlichtende Tätigk nach Beendigg der Verwaltg (BGH WM **66**, 189). – Durch bloße Übertragg einzelner Rechte (zB §§ 2222, 2223; s Einf 7 vor § 2197). Auch bei Bestellg zur „Verwaltung" kann nach Sachlage die Übertragg aller Befugnisse gewollt sein (Düss NJW **52**, 1259). – Auch die VfgsMacht eines verwaltenden TV kann der Erbl zeitl od ggständl für einzelne od sämtl NachlGgstände mit dingl Wirkg entziehen (s BGH **56**, 275; NJW **84**, 2464; MüKo/Brandner Rn 7; Staud/Reimann Rn 4). ZB kann er verbieten, ein Grdst zu veräußern od zu belasten. Da dann aber auch der Erbe nicht allein vfgen kann (§ 2211), wäre damit der NachlGgst vom Erbl dem RVerkehr auf Dauer entzogen. Nach hM ist zur Überwindg dieser Blockierg eine gemeinsame Vfg, näml Vfg des TV **mit Zustimmung** aller Erben mögl u wirks (s BGH **40**, 115; **56**, 275; **57**, 85; MüKo/Brandner 2
Rn 5; Staud/Reimann Rn 19), auch wenn die rechtl Konstruktion dafür weitgeh ungeklärt blieb (s dazu Lehmann AcP **188**, 1). Ergibt sich eine solche dingl wirkende Beschränkg nicht ausdrückl aus der Bestimmg des Erbl, ist Zurückhaltg geboten; so ist sie nicht schon in der Anordng einer befreiten Vorerbsch zu sehen (BGH **40**, 115) od in einem Auseinandersetzgsverbot (BayObLG **67**, 230; str); auch eine Teilgsanordng beschränkt den TV nur schuldrechtl (sofern nicht nach § 2216 II aufgehoben), aber nicht mit dingl Wirkg (Johannsen WM **70**, 744). BGH NJW **84**, 2464 hat allerd entschieden, daß bei einem TV, der dch Anordng des Erbl gehalten ist, über NachlGgstände nur in bestimmter Weise zu verfügen, seine Befugn zu widersprechenden Vfgen „in der Regel" auch dingl ausgeschlossen sei; dem widersprecht zu Recht Damrau JR **84**, 106.

a) Die Beschränkung od völlige Entzieh einzelner Befugnisse muß nicht ausdrückl erfolgen. Sie kann 3
sich auch aus dem Umst (Interessenwiderstreit, RG SeuffA **85** Nr 165) sowie mittelb aus der an sich nicht wirksamen Anordng ergeben, daß der TV der Beaufsichtig od Genehmigg des NachlG unterliege (vgl Einf 3 vor § 2197). Im letzteren Fall steht dem TV entweder kein selbständ VfgsR zu (KG OLG **7**, 360) od die Anordng ist als ggstandslos zu betrachten (Kipp/Coing § 69 I 3). – Eine Beschränkg ergibt sich aber nicht schon aus der Anordng einer befreiten Vorerbsch (RG JW **38**, 1454; BayObLG **58**, 304; **59**, 129) od aus der vermächtnisweisen Zuwendg des Anspr auf die NachlNutzgen noch aus der Bestellg eines Nießbrauchs am Nachl; der Nießbraucher erhält dann nur mittelbaren Besitz (BGH **LM** Nr 1 zu § 2203). Wenn der für Vor- u NachE eingesetzte TV nach Erfüllg besonderer letztw Anordngen des Erbl den Nachl an den VorE herauszugeben hat, liegt hierin keine Beschrkg nach § 2208; daher erfolgt auch keine Eintragg in das TVZeugn nach § 2368 I 2 (BayObLG **59**, 129). Die Beschrkg ist auch gg Dritte wirks, wenn sie ihnen bekannt od im Zeugn (§§ 2368, 2366) erwähnt od kein Zeugn erteilt ist (§ 2205 Rn 36; § 2211 Rn 8).

b) Eine Erweiterung der Befugnisse des TV ist mögl: Durch DauerVollstrg (§ 2209 S 1, 2. Halbs; S 2); 4
durch Übertragg von Befugnissen, wie sie jedem Dritten zugeteilt werden können (vgl zB § 2048; 2151; 2153–2156; 2192; 2193; aber auch § 2065 Rn 7); durch Befreiung (§§ 2207, 2220). Eine sonstige Erweiterg ist unwirks (s H/Winkler Rn 142).

2) Die gegenständliche Beschränkung (I 2; vgl auch ZPO 748 II) der Befugn des TV ist die Folge, 5
wenn der Erbl seiner Verwaltg nur einz NachlGgst unterstellt hat, auch wenn der Ggst zum Anteil an einer noch ungeteilten ErbenGemsch gehört (BayObLG **82**, 59). Das Recht des TV zur Besitzergreifg, Vfg und Eingehg von Verpflichtgen (§§ 2205, 2206 I) erstreckt sich dann nur auf die betr NachlGgstände, die dem Teilgsverbot (§ 2044) unterliegen (s § 2044 Rn 1; vgl auch Dresd Recht **20** Nr 1911 wg Verwaltg einer Fabrik). Für nach § 2206 I eingegangene Verbindlichkeiten haftet aber der gesamte Nachl (Staud/Reimann Rn 7). – Bei Verwaltg eines **Erbteils** (dazu Muscheler AcP **95**, 35), die zB eintreten kann, wenn die 6
TestVollstrg zwar für den ganzen Nachl angeordnet ist, die Anordng aber hins eines früheren ErbVertr ungültig ist (BGH NJW **62**, 912; BayObLG FamRZ **91**, 231; s dazu v Preuschen FamRZ **93**, 1390), kann der TV die Rechte des MitE ausüben, nicht aber über den Erbteil verfügen (Staud/Reimann Rn 13; vgl §§ 2204 Rn 6; 2338 Rn 5). Über Beschränkg auf Verwaltg eines VermächtnGgstandes s § 2223 Rn 2. Über Beschränkg des TV auf Ausübg der StimmR aus einem zum Nachl gehörigen GeschAnteil einer GmbH s Hamm JMBl NRW **56**, 158. Über Erbauseinandsetzgsverbote s § 2204 Rn 2.

3) Die beaufsichtigende Vollstreckung (II) gibt dem TV nicht die Befugn der §§ 2203–2206, sond nur 7
den Anspr, vom Erben die Ausführg der betr Vfgen zu verlangen (Vermächtnisse; Teilgsanordngen; Herausgabe der Erbsch an den NachE; Auflagen, bei diesen aber mangels eines Berechtigt kein SchadErsAnspr wg Nichterfüllg der Aufl, Warn **37** Nr 133, Staud/Reimann Rn 16). Hier prozessiert er nicht in Verwaltg des Nachl, so daß ihn die Prozeßkosten beim Unterliegen treffen; er hat aber RückgrR gg die Erben, § 2218 (aM Lange/Kuchinke § 29 V 1 a[108]). Soll ihm auch dieses Vollzugsverlangen nicht zustehen, ist er kein TV, sond nur Berater des Erben.

2209 *Verwaltung des Nachlasses; Dauervollstreckung.* Der Erblasser kann einem Testamentsvollstrecker die Verwaltung des Nachlasses übertragen, ohne ihm andere Aufgaben als die Verwaltung zuzuweisen; er kann auch anordnen, daß der Testamentsvollstrecker die Verwaltung nach der Erledigung der ihm sonst zugewiesenen Aufgaben fortzuführen hat. Im Zweifel ist anzunehmen, daß einem solchen Testamentsvollstrecker die im § 2207 bezeichnete Ermächtigung erteilt ist.

1   **1) Verwaltungsvollstreckung.** Von den in S 1 geregelten zwei Sonderfällen, die sich ggseit ausschließen, betrifft S 1 Hs 1 die Vollstrg nur zur Verwaltg des Nachl ohne andere Aufgaben, deren Zulässigk sich schon aus § 2208 ergibt u die daher auch auf bestimmte einzelne Verwaltgsaufgaben beschränkt werden kann (zB Abwicklg bestimmter NachlVerbindlichk, BayObLG **56**, 186; Verwaltg eines HandelsGesch, Nolte aaO). Mit der Verwaltg kann auch ein Nießbr des TV an dem Nachl verbunden sein (Mü JFG **16**, 310). – **Kein Fall** des § 2209 liegt vor, wenn ein TV, der für den VorE u den NachE ernannt ist, einen NachlGgst bis zum Eintritt der Nacherbfolge zu verwalten hat (BayObLG **58**, 299, 305). – **Bei Ende des Amts** od der **Verwaltung** gilt ZPO 239 (RG **155**, 350). – VerwaltgsR ist im **Zeugnis** (§ 2368) nur in den Fällen des § 2209 zu erwähnen (KGJ W **38**, 2823).

2   **2) Dauervollstreckung** gestattet S 1 Hs 2. Sie beschränkt den Erben erhebl. Endet näml sonst die Verwaltg als eine dem TV neben der Vollstrg u Auseinandersetzg (§§ 2205, 2203, 2204) obliegende u damit zusammenhängende Aufgabe mit der Erledigg der Aufgaben, bedeutet die DauerVollstrg eine zeitl Verlängerg der VollstrTätigk u stellt eine Art fürsorgl Bevormundg der Erben dar. Dieser weitgehenden Beschrkg der Erben steht aber (abgesehen von § 2210) eine gesetzl Beschrkg ihrer Voraussetzgn u ihrer Zeitdauer nicht ggü. Ihre **Anordnung** kann angenommen werden, wenn der Nachl für einen AlleinE zu verwalten ist u dem TV keine besond Aufgaben zugewiesen sind (BGH NJW **83**, 2247; BayObLG **92**, 175). – Der Erbe kann sich ggf helfen durch Anfechtg (§ 2078) und das Verlangen des Pflichtteils (§ 2306). Eine Außerkraftsetzg nach § 2216 II 2 ist dagg nicht mögl, da die TestVollstrg selbst nicht außer Kraft gesetzt werden kann (§ 2216 Rn 4; Staud/Reimann Rn 11; s aber § 2227 Rn 13). Unter Umst können die einschläg Bestimmgen in der letztw Vfg wg übermäßiger Beschrkg des Erben sittenwidrig sein (vgl Mü JFG **14**, 428; Lange JuS **70**, 107).

3   **a) Aufgaben.** Der Dauervollstrecker hat den Nachl in seinen Besitz zu nehmen u im allg auch in Besitz zu halten. S ferner § 2203 Rn 2–5. Es gelten auch hier §§ 2215–2219. Der Inhalt seiner Pfl zur ordngsmäß Verwaltg (§ 2216) läßt sich nicht für jeden Einzelfall gleich beschreiben, weil die vom Erbl gestellten Aufgaben sehr verschieden sein können (s BGH FamRZ **87**, 377; **88**, 279). Unentgeltl Vfgen sind nur mit Zustimmg des Erben mögl (s § 2205 Rn 35; bestr). Eine HerausgabePfl (§ 2217) besteht nur hinsichtl der Ggstände, an denen eine Verwaltg nicht mögl ist. Der Erbe kann jährl Rechngslegg verlangen (§§ 2218 II; 2220). Den jährl Reinertrag kann er nur beanspruchen, wenn dies der Wille des Erbl war (RG HRR **29** Nr 1652) od die Herausgabe den Grdsätzen ordngsgemäß Verwaltg entspr (BGH Rpfleger **86**, 434; FamRZ **88**, 279; str). Dies gilt auch, wenn ein Unternehmen zum Nachl gehört. – Die unbeschränkte Eingehg von Verpflichtgen (S 2) entspricht der Notwendigk, fortlaufend neue Geschäfte abschließen zu müssen. – Ver-
4 waltet der TV einen der **Vor- und Nacherbfolge** unterliegenden Nachl, verdrängt er das VerwaltgsR des VorE. Dem VorE steht der Reingewinn wie alle Nutzgen (S 100) zu, der also nicht dem TV verwaltet wird. Ob er ihn herauszugeben hat, hängt davon ab, ob dies ordngsgemäß Verwaltg entspr (s oben). Der TV hat den InteressenGgsatz zu berücksichtigen, der daraus entsteht, daß der VorE auf die Erzielg mögl hoher (ihm zustehender) Gewinne bedacht sein wird, der NachE dagg die Erträge mehr zur Erhaltg u Mehrg der Substanz eingesetzt wissen will. Der TV darf also weder dem VorE gebührenden Nutzgen schmälern noch die Substanz mindern od gefährden. Dabei muß er die §§ 2124–2126 beachten, die den Ausgl von Aufwendgen zw VorE u NachE regeln (BGH aaO).

5   **b) Wirkungen.** Die DauerVollstrg erweitert die Befugn des TV erhebl (s H/Winkler Rn 130 ff). Ausgeschaltet werden kann die so sowohl die elterl Vermögenssorge (§§ 1626; 1638 f; 1793, 1803) als auch die Bestellg eines Pflegers nach § 1909 I 2 (ebso Staud/Reimann Rn 4; Dortmd NJW **59**, 2264; aM KGJ **38** A 73 u RGRK Rn 2). Auch kann dadurch ein volljähriger Erbe in guter Absicht beschränkt (§§ 2211, 2214, 2338) oder dem TV (zB der Witwe) die Stellg eines nicht der Aufsicht des VormschG unterstehenden FamOberhaupts verschafft werden (s Hartmann 2.1.3). Vfgen des Erben (aber nicht tatsächl Maßnahmen, wie Umbau eines Hauses usw) sind unwirks (§ 2211), sofern nicht der TV zustimmt (§§ 182–185) oder die Verwaltg aufgehoben wird (§ 185 II).

6   **3) Auch bei mehreren Erben** ist DauerVollstrg mögl. Erstreckt sie sich auf alle Erben od auf einzelne Ggstände (§ 2208), ist insow die Teilg noch aufzuschieben (§ 2044). Der Teilsausschluß steht aber der Wirksamk einer dch Erbauseinandersetzg getroffenen Vfg über einen NachlGgst nicht entgg, wenn sie von allen Erben u dem TV gemeins vorgenommen wurde (LG Bremen Rpfleger **67**, 411; s auch BGH **40**, 115; H/Winkler Rn 541). Über TeilgsAusschluß u § 1683 s § 2044 Rn 1; § 2204 Rn 2. Bezieht sich die TVstrg auf einzelnen Erben od Erbteil, erhält der TV zur Verwaltg, was bei der Teilg auf den Erben fällt (s § 2204 Rn 6).

7   **4) Stiftung.** Hat der Erbl eine rechtsfäh Stiftg testamentarisch begründet u als Alleinerbin eingesetzt, ist Dauervollstrg zur Mitwirkg des TV bei der Errichtg der Stiftg, bei künftigen Satzgsanpassgen u stiftgsinterner Überwachg denkbar (vgl BGH **41**, 23 u dazu bes Strickrodt NJW **64**, 1316; Bund JuS **66**, 60).

2210   *Dreißigjährige Frist für Dauervollstreckung.*   **Eine nach § 2209 getroffene Anordnung wird unwirksam, wenn seit dem Erbfalle dreißig Jahre verstrichen sind. Der Erblasser kann jedoch anordnen, daß die Verwaltung bis zum Tode des Erben oder des Testamentsvollstreckers oder bis zum Eintritt eines anderen Ereignisses in der Person des einen oder des anderen fortdauern soll. Die Vorschrift des § 2163 Abs. 2 findet entsprechende Anwendung.**

1   **1) Die Höchstgrenze** von 30 Jahren gilt nur für die VerwaltgsVollstrg (§ 2209), hier allerd für jede. Die AbwicklgsVollstrg (§ 2203) hat dagg keine zeitl Grenze, weil davon ausgegangen wird, daß sie sich in angemessener Zeit erledigt (bei schuldh Verzögerg hilft nur Entlassg). – **Zweck** der zeitl Begrenzg ist es, grdsl zu verhindern, daß dem Erben die Herrsch üb den Nachl dch TVstrg für immer entzogen werden
2 kann; diesen Schutz hat das G dch Satz 2 aber nur schwach ausgestaltet (s Rn 3). – Die **Frist** beginnt mit dem Erbfall. Sofern die DauerVollstrg nicht ohnehin für kürzere Zeit angeordnet wurde (dies ist ggf dch Ausslegg

zu ermitteln) u auch nicht dch vorzeit Erledigg der Verwaltgsaufgaben endete, ist sie grdsl mit Ablauf der 30-Jahresfrist von selbst beendet. Einer Aufhebg dch NachlG od Amtsniederlegg dch TV bedarf es dann nicht (RG **81**, 166). – Der Erbl kann auch ein auf 30 Jahre ernanntes TV-Kollegium ermächtigen, die Beendigg der Verwaltg selbst vorzeitig zu beschließen (BayObLG **76**, 67).

2) Verlängerung. Satz 2 läßt ErblAnordngen zu, die eine Dchbrechg der zeitl Höchstdauer bewirken u **3** ggf eine lebenslängl Beschränkg des Erben herbeiführen. Die VerwaltgsVollstr kann näml bis zum Tod des Erben (auch des NachE) od des TV festgelegt werden (ggf auch bis zu and Ereign in der Person des Erben od TV). Dadch könnte sie in Verbindg mit einer Ermächtigg des TV zur Nachfolgerernenng (§ 2199 II) zeitl nahezu uneingeschränkt dauern; um dies zu verhindern, kann die Dauer sich nach dem Lebenszeit eines Nachfolgers nur richten, wenn dieser beim Erbfall schon gelebt hat (MüKo/Brandner Rn 6 mN). – § 2210 gilt auch nicht, wenn TV mit Ausübg eines UrheberR (UrhG 28 II) betraut ist, weil dessen Schutz bis 70 Jahre nach dem Tod des Urhebers (UrhG 64 I) vorgeht.

3) Ist eine juristische Person Erbe oder TV (zB Bank; TreuhandGes), bleibt es auf jeden Fall bei der **4** 30jährigen Frist (S 3 iVm § 2163 II), damit nicht die VerwaltgsVollstr dch Anordng auf Lebenszeit verewigbar ist. Eine längere Dauer der TVstrg ist in diesem Fall ges ausgeschlossen, selbst wenn sie dch Anordng bis zum Tod des NachE an sich vorgesehen war.

2211 Verfügungsbeschränkung des Erben. [1]Über einen der Verwaltung des Testamentsvollstreckers unterliegenden Nachlaßgegenstand kann der Erbe nicht verfügen.

[2]Die Vorschriften zugunsten derjenigen, welche Rechte von einem Nichtberechtigten herleiten, finden entsprechende Anwendung.

1) Verfügungsentziehung. In Ergänzg von § 2205 und als Ausnahme von § 137 (BayObLG **52**, 250) **1** stellt die Vorschr klar, daß der TV nicht nur die alleinige Verwaltg, sond auch das ausschließl VfgsR über die NachlGgstände hat. Sie spricht also nur die gesetzl Folge der dem TV eingeräumten Befugn und nicht ein rgeschäftl Veräußerungsverbot iSd § 135 aus (BGH **56**, 275; RG **87**, 433). Dem Erben ist jegliches VfgsR **dinglicher** Art entzogen, sofern nicht ein Fall des § 2208 vorliegt.

a) Bereits mit dem Erbfall tritt der Entzug ein, auch wenn der TV sein Amt noch nicht angenommen **2** hat od seine Ernenng dch das NachlG od Dritte noch nicht erfolgt ist (BGH **25**, 275; **48**, 214). Kommt es aber überh nicht zur Annahme seitens des TV od seiner Ersatzmänner, sind die Vfgen des Erben wirks; ebso wenn sie mit Einwilligg des TV erfolgen (§ 183). Genehmigt der TV, tritt nach § 184 I Wirksamk ein (RG **87**, 432ff). Ob dies auch gilt, wenn es sich um eine unentgeltl Vfg (§ 2205 S 3) handelt, ist bestr (s Düss NJW **63**, 162; LG Oldbg Rpfleger **81**, 197; dazu § 2205 Rn 35). Fällt die Verwaltg od TestVollstrg weg, wird die Vfg ohne Rückwirkg nach § 185 wirks (Kipp/Coing § 70 I). Prozesse sind auszusetzen (RG **155**, 350).

b) Wirkung. Vfgen des Erben sind unwirks (vorbehaltl des **II**), nicht aber nichtig. Sie werden also nach **3** § 185 II wirks, wenn der TV sie genehmigt od ein Recht wegfällt, bevor er entggstehnde Vfgen getroffen hat (RG LZ **31**, 1325; Rn 2; RGRK Rn 3. – Im einzelnen gilt: Die Erben sind nicht befugt zur Bewilligg der Eintragg eines VorkR an einem NachlGrdst, das der Verwaltg eines TV unterliegt (Düss NJW **63**, 162). – Der Erbe des Mieters kann nicht nach § 569 kündigen (RG **74**, 35). – Der Erbe kann aber sich persönl (nicht den Nachl) schuldrechtl verpflichten, ohne (aus dem Nachl) erfüllen zu können (RG HRR **29** Nr 1833). Der TV kann daher auch nicht auf Erfüllg solcher Verbindlich in Anspr genommen werden, die von den Erben ohne seine Zustimmg über NachlGgstände eingegangen wurden; insoweit besteht auch kein Aufrechngs- od ZurückbehaltgsR (BGH **25**, 257; dazu Coing JZ **58**, 169). Dies gilt auch für die Zeit, in der währd der Dauer der TestVollstrg kein TV das Amt bekleidet, es sei denn, daß die Erben hier als GeschF ohne Auftr tätig werden (Johannsen Anm zu **LM** § 2205 Nr 2). – **Bedingte** Vfgen sind mögl (vgl auch § 160), falls nicht der **4** TV anderw verfügt. Im Falle des § 2217 kann der Erbe vom TV die Zustimmg zur Vfg verlangen (s § 2217 Rn 1; Erman/Hense/Schmidt Rn 3). – Ein Anspr des Erben gg den Erbl, der idR dch Vereinigg von Recht u Verbindlich in seiner Person erlischt, bleibt bestehen, wenn TestVollstrg zur Verwaltg des Nachl angeordnet ist (BGH **48**, 214). – **Gemeinsam** können TV u Erben über NachlGgstände auch dann verfügen, wenn **5** der Erbl dch Anordng vTw eine Vfg verboten hat; § 137 steht nicht entgg (BGH **56**, 275 mAv Mattern **LM** § 2208 Nr 3; s auch § 2204 Rn 2).

c) Über seinen Erbteil kann der MitE, unbeschadet der Fortdauer der Rechte des TV, nach § 2033 **6** verfügen (§ 2205 Rn 31; RGRK Rn 6). Die Eintragg der Verpfändg des Erbanteils eines MitE, die im GB vermerkt ist, verliert ihre Bedeutg, wenn der TV das Grdst wirks veräußert; das PfandR erstreckt sich nunmehr auf den Erlös (§ 2041; KG JFG **22**, 122).

2) Der gutgläubige Dritte (II; §§ 932ff; 892, 893; 1032; 1207) ist bei RGeschäften **mit dem Erben** **7** geschützt, wenn er das Bestehen einer TVstrg nicht kannte od gutgläubig annahm, daß der Ggst nicht zum Nachl gehört od der Verwaltg des TV nicht unterliegt. Der gute Glaube ist aber regelm ausgeschlossen, wenn die Verwaltgsbefugn des TV nach außen erkennb gemacht ist. Diese Kundmachg erfolgt im Erbschein (§§ 2364, 2366), ferner bei bewegl Sachen, Wertpapieren durch Inbesitznahme (§ 2205), bei Grdst (GrdstRechten) durch Eintragg des TV-Vermerks (GBO 52; SchiffsRegO 55). Rechtsirrtum wird kaum in Betracht kommen (Staud/Reimann Rn 19). – **II gilt entsprechend** für NachlFdgen; der gutgläubig an den Erben leistende Schuldn wird befreit (vgl §§ 1984 I u 407 I; Soergel/Damrau Rn 10). Zahlt die Bank an die wg bestehender TestVollstrg nicht verfügsberecht Erbin des Konteninhabers aus, kommt es für den Gutglaubensschutz (§ 2211 II mit § 407 I) auf die Kenntn der auszahlenden Stelle an. Hat die Bank aber Kenntn von der TestVollstrg, jedoch die kontoführende Stelle nicht benachrichtet, wird sie ggü dem TV nicht befreit (Bremen MDR **64**, 328).

3) Nicht geschützt wird der gute Glaube an die VfgsBefugn bei RGesch mit dem TV. Gutgläub Erwerb **8** eines NachlGgst, auf den sich die Vfgsbefugn des TV nicht erstreckt, ist also auch bei gutem Glauben an diese Vfgsbefugn nicht mögl (Staud/Reimann Rn 23; Lange/Kuchinke § 29 V 6; s auch § 2205 Rn 29). Auch kann ein Dritter aus einem vom TV unter Mißbr seiner Befugnisse abgeschl RGesch keine Rechte geltd machen, wenn er diesen Mißbr hätte erkennen müssen (s RG **83**, 353; **130**, 134; s auch § 2206 Rn 1; § 2368 Rn 9). – Gehört ein vom TV veräußerter fremder Ggst **nicht zum Nachlaß**, ist für den Erwerb § 932 maßgebd (BGH NJW **81**, 1251).

2212 *Prozeßführungsrecht für Aktivprozesse.* **Ein der Verwaltung des Testamentsvollstreckers unterliegendes Recht kann nur von dem Testamentsvollstrecker gerichtlich geltend gemacht werden.**

1   **1) Klagebefugnis.** Für Aktivprozesse steht die ProzeßführgsBefug dem TV zu (wg der Passivprozesse vgl § 2213). Einen dch Tod des Erbl unterbrochenen (ZPO 239) Aktivprozeß kann nur er (nicht der Erbe) aufnehmen (ZPO 243; BGH **104**, 1). NachlRe, die seiner Verwaltg unterliegen (vgl §§ 2208, 2209; BGH **31**, 284), können also nur vom TV gerichtl geltend gemacht werden (auch ggü einem Amtsvorgänger, RG **138**, 132; BGH MDR **58**, 670). Dies gilt im ordentl Prozeß (Klage, Widerklage, VollstrGgklage; Einrede, Aufrechng; Verteidgg eines Streitpatents gg NichtigkKlage, BGH NJW **66**, 2059; s § 2213 Rn 4) wie im VerwaltgsgerichtsVerf u der freiw Gerichtsbark (zB Berichtig des GB). – **Nicht** unter § 2212 fällt das Verlangen auf Vollziehg einer Auflage (§ 2194), das auch dem Erben zusteht (vgl § 2194 Rn 1). Auch Ansprüche des Erben aus § 2287 gehören nicht zum Nachl. Sie können vom TV nur mit Ermächtigg des Erben geltd gemacht werden (gewillkürte Prozeßstandsch); s BGH NJW **80**, 2461 u eingehd Tietke JZ **81**, 429. – Wegen RStreits über das ErbR als solches s Einf 12 vor § 2197; Löwisch DRiZ **71**, 272; H/Winkler Rn 435. – Zur Rechtsstellg des TV im **Steuerverfahren** s BFH NJW **77**, 1552; **78**, 1456, 2264; Betr **80**, 2118; H/Winkler Rn 780, 781; Thietz/Bartram DB **89**, 798).

2   **a) „Partei kraft Amtes"** ist der TV. Ihm ist Prozeßkostenhilfe zu bewilligen (ZPO 114 mit 116 S 1 Nr 1; dazu Grunsky NJW **80**, 2041/2044). Er ist als Partei zu vernehmen. Lehnt er die Prozeßführg ab, kann ihn der Erbe darauf verklagen (§ 2218) od seine Entlassg beantragen (§ 2227). Der Erbe kann Zeuge, Neben- u auch Hauptintervenient (ZPO 66, 69, 64) sowie Streitverkündeter (ZPO 72ff; §§ 2216 I, 2219) sein. In die Kosten ist der TV zu verurteilen; er haftet aber für sie nur mit dem Nachl (StJ/Leipold Rn 23 vor ZPO 91), denn die Parteistellg hat er in fremdem Interesse; eigene Kostenhaftg aus § 2219 (Hbg DNotZ **39**, 127). – In **eigenem Namen** klagt dagg der TV, wenn er seine persönl Anspr (zB Aufwendgsersatz, §§ 2218, 670) od die ihm zustehde Vergütg (§ 2221) verfolgt. Entscheidd für die Frage, ob der TV als Partei kr Amtes od eigenen Namens streitet, ist iZw, ob es um Interessen des Nachl od um seine persönl geht. Dabei spielt es auch keine Rolle, ob er mit Recht od zu Unrecht einen Anspr für den Nachl geltd macht od einen gg den Nachl gerichteten Anspr bestreitet (Kessler DRiZ **67**, 299ff; auch **65**, 195).

3   **b) Bei Wegfall** des TVAmtes od des VerwaltgsR (§ 2209) gelten ZPO 239, 246 entspr (RG **155**, 350). Eine bisher gg den TV gerichtete Klage eines NachlGläub kann jedenf dann gg einen MitE fortgeführt werden, wenn dies der bish TV ist (BGH NJW **64**, 2301). **Wechselt nur die Person** des TV (infolge Tod, Kündigg od Entlassg), gelten sinngem ZPO 241, 246 (Warn **13** Nr 330); § 207 ist entspr anzuwenden (vgl § 207 Rn 1 und RG **100**, 279).

4   **2) Rechtskraft.** Das Urteil wirkt entspr dem VfgsR des TV für und gg den Erben, wenn der TV zur Führg des RStreits befugt, also (bei Aktivprozessen) verwaltgberechtigt war (ZPO 327 I). Prozesse, die nicht in Verwaltg des Nachl, sond zB gegen dritte Erbanwärter geführt sind, berühren den wahren Erben nicht. Anderers binden die unter den mehreren Erbanwärtern ergangenen Urt den TV nicht; er kann aber an den Obsiegenden leisten (RGRK Rn 9). Vollstreckb Ausfertigg gegen den Erben ist jederzeit, für ihn erst dann zu erteilen, wenn das VerwaltgsR des TV entfallen ist (ZPO 728 II).

5   **3) Die Klage des Erben** ist mangels Klagebefug abzuweisen (s BGH **31**, 279), falls nicht der TV ihn dazu ermächtigt hat od seiner Prozeßführg zustimmt (s BGH **38**, 287 mAv Nirk u Johannsen in **LM** § 1984 Nr 1). Letzterenfalls wirkt das Sachurteil auch für u gegen den TV. Auch ohne Freigabe dürften durchgreifende Bedenken gg eine Klage des Erben bei Zustimmg des TV nicht bestehen (s Staud/Reimann Rn 5; Lange/Kuchinke § 29 VI 4f; s auch BGH **38**, 287; Bötticher JZ **63**, 582). Auch ein Antr der MitE auf TeilgsVersteigerg eines NachlGrdst (§ 180 ZVG) kann dch Genehmigg des TV wirks werden (Lübeck SchlHA **70**, 231). – Der TV kann auch einen MitE ermächtigen, die Eintr eines AmtsWiderspr im Wege der Beschw (GBO 71) zur Sicherg eines Grundbuchberichtiggsanspruchs (§ 894) einer ErbenGemsch zu deren Gunsten im eigenen Namen (§ 2039 S 2) zu fordern (Zweibr Rpfleger **68**, 88).

2213 *Prozeßführungsrecht für Passivprozesse.* [I]**Ein Anspruch, der sich gegen den Nachlaß richtet, kann sowohl gegen den Erben als gegen den Testamentsvollstrecker gerichtlich geltend gemacht werden. Steht dem Testamentsvollstrecker nicht die Verwaltung des Nachlasses zu, so ist die Geltendmachung nur gegen den Erben zulässig. Ein Pflichtteilsanspruch kann, auch wenn dem Testamentsvollstrecker die Verwaltung des Nachlasses zusteht, nur gegen den Erben geltend gemacht werden.**

[II]**Die Vorschrift des § 1958 findet auf den Testamentsvollstrecker keine Anwendung.**

[III]**Ein Nachlaßgläubiger, der seinen Anspruch gegen den Erben geltend macht, kann den Anspruch auch gegen den Testamentsvollstrecker dahin geltend machen, daß dieser die Zwangsvollstreckung in die seiner Verwaltung unterliegenden Nachlaßgegenstände dulde.**

1   **1) Das Prozeßführungsrecht** (ZPO 327 II) bei Passivprozessen hängt davon ab, ob der TV den ganzen Nachl, nur einzelne Ggstände (§ 2208 I 2) od gar nichts zu verwalten hat (§ 2208 I 1, II). Im letzteren Fall kann die Klage nur gg den Erben erhoben werden (**I** 2). Eine Ausnahme gilt auch bei PflichtAnspr einschl des AuskBegehrens nach § 2314 (s unten; auch Einf 11; 12 vor § 2197). Über die Rechtslage bei Wegfall des TVAmts währd des Prozesses s § 2212 Rn 3.

a) Bei Verwaltung des ganzen Nachlasses kann ein NachlAnspr sowohl gg den Erben (nach Annahme **2** der Erbsch, § 1958) wie auch gg den verwaltenden TV (nach Amtsbeginn, II, § 2202) geltend gemacht werden; zweckmäßig, wenn auch nicht notw (RG **109**, 166), ist Klage gg beide zugleich, und zwar entweder gg beide auf Leistg od gg den Erben auf Leistg u gg den TV auf Duldg (jetzt hM; zB BGH **104**, 1). Denn zur ZwVollstr in den Nachl ist die Verurteilg des TV (ZPO 748 I), zur ZwVollstr in das Eigenvermögen des Erben dessen Verurteilg zweckm (Staud/Reimann Rn 11; s auch Rn 7). Ggf muß Bestimmg des zuständigen Gerichts nach ZPO 36 Nr 3 beantragt werden. – Ist ein gg den Erbl geführter Passivprozeß dch dessen Tod unterbrochen (ZPO 239), kann er von den Erben aufgenommen werden, ohne daß ZPO 243 im Weg steht (BGH aaO); der Gegner kann aber den TV in das Verfahren dch Anzeige seiner FortsetzgsAbsicht (ZPO 243; 241) stets hineinziehen (BGH aaO).

b) Bei Teilverwaltung, ebso bei Geltdmachg eines **Pflichtteilsanspruchs** (§§ 2303, 2306 I 2, 2314, **3** ZPO 748 II, III) ist Klage gg den Erben auf Leistg u gg den TV auf Duldg notw (vgl KG NJW **63**, 1553; Hamm Rpfleger **77**, 306; betr Umdeutg des Leistgsbegehrens in Duldg RG HRR **32** Nr 1453). Wegen der pers Fragen, die beim PflichtAnspr mitspielen, soll der Erbe immer gehört werden (Prot **5**, 300). Erkennt der Erbe den PflichtAnspr eines Abkömml des Erbl an, ist der TV an dieses Anerkenntn nicht gebunden (Celle MDR **67**, 46). Der TV kann nichtstreitige PflichtAnspr auch ohne Zustimmg der Erben erfüllen; jedoch kann er eine streitige PflichtFdg ohne den Willen des Erben nicht mit Wirkg gg diesen rechtsgeschäftl anerkennen (BGH **51**, 125; dazu Merkel NJW **69**, 1285). – I 3 u die vorstehd hierzu dargelegten Grds gelten auch für den ErbersatzAnspr (§ 1934b II 1).

c) Eine Patentnichtigkeitsklage (PatG 37) ist auch dann, wenn das Streitpatent der Verwaltg des TV **4** unterliegt, gg den in der Rolle als Patentinhaber eingetragenen Erben zu richten. Zur Führg des Nichtigk-Prozesses auf der BeklSeite u damit auch zur Erteilg der ProzVollm ist jedoch nur der TV befugt; dieser ist auch neben dem als Patentinhaber eingetragenen Erben im Urteilsrubrum aufzuführen (BGH NJW **66**, 2059).

d) Streitigkeiten der Erben über die Ausgleichung haben diese untereinander auszumachen (RG **5** Recht **29** Nr 516). Erhebt der TV selbst (zB als VermächtnNehmer) Anspr auf einen NachlGegenstand, kann er den Erben verklagen; er begibt sich damit der eigenen Vfg über den Ggst u überläßt diesen zum Zweck der Erfüllg dem Erben (RG **82**, 149 ff).

e) Gegen den TV persönlich richtet sich die Klage, wenn seine Ernenng bestritten werden soll (OGH **2**, **6** 45); wenn der Erbe nach Beendigg der TVollstrg den Nachl vom TV herausverlangt (§§ 2218, 667); wenn er ihn auf SchadErsatz in Anspr nimmt (§ 2219; BGH FamRZ **88**, 279); od bei Geltdmachg einer NachlFdg dch einen Erben (BGH **48**, 214). Verklagt jemand den TV auf Feststellg, er sei Erbe od hinsichtl eines bestimmten Ggst VermächtnNehmer geworden, hat er die Klage gg ihn als Partei kr Amtes zu erheben (BGH bei Kessler DRiZ **67**, 299). Er kann nicht gleichzeit gg ihn hilfsw Verurteilg zu Schadensersatz wg schuldh Pflichtverletzg beantragen; denn der HauptAntr richtet sich gg den TV als Partei kr Amtes (Repräsentanten der Erben), der HilfsAnspr gg den TV persönl. Die Ansprüche müssen im Prozeß so behandelt werden, als richteten sie sich gg verschiedene Personen (BGH bei Kessler DRiZ **65**, 195).

2) Rechtskraft des **gegen** den TV ergangenen Urteils wirkt für u gegen den Erben (ZPO 327 II). – Das **7** Urteil **gegen den Erben** allein wirkt nicht gegen den verwaltenden TV (ZPO 748 I), weil der Erbe nicht das Recht zur ProzFührg über den Nachl hat. Er kann wg der NachlSchulden auch verklagt werden, da er für sie auch persönl haftet (worauf ZPO 728 II 2 beruht), aber eben nur solange dies zutrifft (vgl § 1984 I 3). – **Für den Erben** ergangene Urteile kommen dem TV zugute, der andernf würde der Erbe mit den der Verwaltg des TV unterliegenden NachlGgständen uU doch aufkommen müssen. – Wegen der Unterbrechg s § 2212 Rn 1. Wg der vollstreckb Ausfertig für u gegen den Erben s ZPO 728, des ErblUrteils für u gegen den TV s ZPO 749, 779 II. – **Vorbehalt** (ZPO 780 I) ist bei Klage gg TV allein nicht erforderl, da er auf die HaftgsBeschrkg nicht verzichten kann. – Haftet der Erbe nach materiellem Recht unbeschränkt (§ 2013), ist das gg den TV ergangene Urt auch in Eigenvermögen des Erben vollstreckb (s ZPO 728 II; Staud/Reimann Rn 8); dies bleibt auch dann so, wenn das VerwaltgsR des TV nicht mehr besteht (Kipp/Coing § 71 II 2 aβ).

2214 *Eigengläubiger des Erben.* **Gläubiger des Erben, die nicht zu den Nachlaßgläubigern gehören, können sich nicht an die der Verwaltung des Testamentsvollstreckers unterliegenden Nachlaßgegenstände halten.**

Die Eigengläubiger des Erben (PrivatGläub) können nicht mehr Rechte haben als der Erbe selbst **1** (§§ 2205, 2211). Schuldrechtl Geschäfte über NachlGgstände kann der Erbe zwar eingehen. Sie bewirken aber keine NachlVerbindlichk, sond verpflichten nur ihn, ohne gg den TV erzwungen werden zu können (ZPO 748). – **Dingliche Rechte** bleiben durch § 2214 unberührt. Ebso das Recht auf Pfändg des Erbanteils, **2** die aber Befugn des TV zur Vfg über die einzelnen NachlGgstände nicht beschränkt (KG JR **52**, 323); aber ggf Auseinandersetzg erreichb macht (Ensthaler Rpfleger **88**, 94); od Pfändg der Ansprüche des AlleinE gg den TV, zB auf Herausgabe des Nachl (Ausnahme ZPO 863 I 2). – Im übrigen ist jede Vollstrg zG eines ErbenGläub vom Erbfall ab unzuläss und auf Erinnerg des TV (ZPO 766) aufzuheben. Denn der TV darf in der Erfüllg seiner Aufgaben durch Maßnahmen von EigenGläub nicht gehindert werden; also auch nicht durch VollstrHdlgen mit bedingter od aufgeschobener Wirkg (RG LZ **16**, 1473).

2215 *Nachlaßverzeichnis.* **¹Der Testamentsvollstrecker hat dem Erben unverzüglich nach der Annahme des Amtes ein Verzeichnis der seiner Verwaltung unterliegenden Nachlaßgegenstände und der bekannten Nachlaßverbindlichkeiten mitzuteilen und ihm die zur Aufnahme des Inventars sonst erforderliche Beihilfe zu leisten.**

²Das Verzeichnis ist mit der Angabe des Tages der Aufnahme zu versehen und von dem Testamentsvollstrecker zu unterzeichnen; der Testamentsvollstrecker hat auf Verlangen die Unterzeichnung öffentlich beglaubigen zu lassen.

^{III}Der Erbe kann verlangen, daß er bei der Aufnahme des Verzeichnisses zugezogen wird.

^{IV}Der Testamentsvollstrecker ist berechtigt und auf Verlangen des Erben verpflichtet, das Verzeichnis durch die zuständige Behörde oder durch einen zuständigen Beamten oder Notar aufnehmen zu lassen.

^VDie Kosten der Aufnahme und der Beglaubigung fallen dem Nachlasse zur Last.

1   **1) Das Nachlaßverzeichnis** ist unverlangt jedem Erben (auch dem PfandGläub u Nießbraucher am Erbteil, nicht dem VermächtnNehmer) über den ganzen Nachl zu erteilen. Doch kann der Erbe (nicht der Erbl, § 2220) den TV davon befreien. Er kann aber auch Aufn dch Notar od Behörde verlangen (**IV**). Die Verpflichtg des TV hierzu besteht aber nach Kündigg des Amts nicht mehr (Koblz NJW-RR **93**, 462). – Das Verzeichn dient als Grdlage der dem TV obliegenden Verwaltg (§ 2216 I), seiner späteren Rechngslegg (§ 2218), möglicherw auch seiner Verantwortlichk (§ 2219). – Darüber hinaus ist der TV (abgesehen von der Hilfe zur Inventarerrichtg, s Rn 2) nicht verpflichtet, weitere Angaben über Nachl-Bestand u Verbindlichk zu machen (Stgt Just **65**, 28). – **Form, Aufnahme, Kosten** sind wie beim VorE geregelt (§ 2121 I 2; II–IV). Beschreibg u Wertangabe (§ 2001 II) ist nicht vorgeschrieben, aber zweckm, weil dann sich der Erbe nach § 2004 darauf berufen kann. Zum **Inhalt** s H/Winkler Rn 485 ff. – Ist der TV zugleich SorgeBerecht eines mj MitE, ist bestr, ob zur ordnungsmäß Prüfg des vom TV erteilten NachlVerzeichn ein Pfleger (§ 1909) für diesen MitE bestellt werden muß (dafür H/Winkler Rn 491; dagg Damrau ZEV **94**, 1). – Zur eidesstattl Versicherg ist der TV nur nach §§ 2218, 666, 259, 260 verpflichtet (vgl Stgt aaO; Mü OLG **40**, 135; s auch § 2218 Rn 3). – Verzögerl Erstellg kann uU Entlassg begründen (s § 2227 Rn 3).

2   **2) Inventar.** Das Verzeichn des TV hat nicht die Bedeutg eines Inventars zur Erhaltg der HaftgsBeschrkg. Der TV unterliegt auch nicht der InvFrist des § 1994. Er hat aber dem Erben bei Inventarerrichtg (§§ 1993 ff) zu helfen, insbes Einsicht in den Nachl u die Auskunft zu gewähren, die sein Verzeichn nicht schon bietet (Stgt Just **65**, 29). Der Erbe kann darauf klagen, wozu ein bestimmter Antr erforderl ist (OLG **16**, 269). S auch § 2004 Rn 1.

2216 Ordnungsmäßige Verwaltung des Nachlasses. ^IDer Testamentsvollstrecker ist zur ordnungsmäßigen Verwaltung des Nachlasses verpflichtet.

^{II}Anordnungen, die der Erblasser für die Verwaltung durch letztwillige Verfügung getroffen hat, sind von dem Testamentsvollstrecker zu befolgen. Sie können jedoch auf Antrag des Testamentsvollstreckers oder eines anderen Beteiligten von dem Nachlaßgericht außer Kraft gesetzt werden, wenn ihre Befolgung den Nachlaß erheblich gefährden würde. Das Gericht soll vor der Entscheidung, soweit tunlich, die Beteiligten hören.

1   **1) Die Verwaltungspflicht** des TV ist das Ggstück seines Vfgs- u Verwaltgsrechts. Sie geht nicht weiter als dieses VerwaltgsR, das vom Erbl eingeschränkt werden kann (§ 2208). Soweit diese Pfl (ggü dem Erben und VermächtnNehmer, § 2219 I; BGH NJW **71**, 2266) besteht, kann ihn der Erbl nicht davon befreien (§ 2220), auch nicht, soweit Insichgeschäfte des TV in Frage kommen (vgl § 2205 Rn 30). Die VerwaltgsPfl ist fortlaufend zu erfüllen u muß den Zweck der Erfüllg im Auge behalten. Sie kann nicht Ggstand eines ZurückbehaltgsR des Erben gg den TV sein (RG Recht **17** Nr 1093). Der Erbe kann gg den TV auf Erfüllg dieser Pflichten klagen (BGH **25**, 275; **48**, 214; Einf 5 vor § 2197). **Pflichtwidriges** Handeln führt idR zu Schadensersatz (§ 2219) u Entlassg (§ 2227), aber nicht zur Unwirksamk (s jedoch § 2205 Rn 1; 30; § 2206 Rn 2; BGH **30**, 73 bei Verletzg einer Mitteilgs- u AnhörgsPfl). Handelt der TV den Grdsätzen einer ordnungsgemäßen Verwaltg zuwider u mußte ein Dritter bei einem mit ihm abgeschlossenen RGesch erkennen, daß der TV seine VerwaltgsBefug überschreitet od mißbraucht, wird der Erbe nicht verpflichtet (BGH NJW **83**, 40; s § 2206 Rn 1; 2).

2   **2) Ordnungsmäßige Verwaltung (I).** Nach ihren Grdsätzen hat der TV seine VerwaltgsPfl zu erfüllen. An die Ordnungsmäßigk werden nach obj Gesichtspkten (BGH **25**, 280) strenge Anfordergn gestellt (BGH NJW **59**, 1820). Der TV ist zu besond Gewissenhaftigk u Sorgfalt angehalten (RG **130**, 131). Er muß das ihm anvertraute Vermögen sichern u erhalten, Verluste verhindern u Nutzg gewährleisten; der Verkauf eines NachlGrdst muß aber nicht auch zu einer Mehrg des Nachl führen (BGH NJW-RR **89**, 642). Zu berücksichtigen ist aber auch, daß der TV weitgehend nach seinem Ermessen selbständ, uU gg den Willen der Erben entscheidet u daher pflichtwidrig erst handelt bei Überschreitg der Grenzen dieses Ermessens, die dch allg Grdsätze der Wirtschaftlichk gezogen werden (BGH WM **67**, 25; BayObLG **76**, 67) und deren äußerste § 2205 S 3 bildet (Verbot unentgeltl Vfgen). Bei der **Vermögensanlage** ist dem TV ein Ermessensspielraum einzuräumen (BGH FamRZ **95**, 478). Er soll ähnl wie der Erbl selbst, dessen bes Vertrauen er als Person u als Institution genießt (BGH aaO), sein Handeln an Umfang, Zusammensetzg u Struktur des Nachl orientieren, also bei größerem Vermögen uU wie ein Unternehmer u nach dem Bild eines zwar umsichtigen u soliden, dabei aber dynamischen Geschäftsführers erfolgsorientiert handeln (BGH NJW **87**, 1070). Folgl ist er nicht immer an den „sichersten Weg" (zB mündelsichere Anlage) gebunden, zumal er sich nicht mit möglich Erfolg begnügen, sond Möglichk zu besserem Erfolg wahrzunehmen hat (BGH WM **67**, 25: Ausübg von BezugsR bei Aktien); s dazu Klumpp ZEV **94**, 65. Die Eingehg eines kalkulierten Wagnisses ist dah nicht ohne weiteres ausgeschlossen; rein spekulative Anlagen sind aber jedenf dann zu unterlassen, wenn sie den gesamten Nachl od einen sehr hohen Teil davon erfassen (BGH aaO im Anschl an Coing, FS H. Kaufmann, 1972, 131 ff; s auch Klumpp aaO). Keine Verletzg seines pflichtgemäß Ermessens liegt im Behalten von Aktien bekannter Unternehmen trotz sinkender Kurse statt Tausch gg festverzinsliche Wertpapiere, weil er ohne besond Anlaß nicht verpflichtet ist, Aktienwerte in mündelsichere Papiere umzutauschen (Köln, Die AG **64**, 308). Geld, auf das er ggf kurzfristig zur Tilgg von NachlVerbindlk angewiesen ist, kann er bei seiner Bank bestmögl anlegen u muß sich nicht vorab einen Übbl üb etwa bessere Zinsen bei allen Geld-

instituten verschaffen (BGH FamRZ **95**, 478). – Bloße Fragen der **Zweckmäßigkeit** entscheidet allein der TV, andernf seine Tätigk lahmgelegt wäre. Seine unternehmerischen Entscheidgen sind vom NachlG nur unter dem Maßstab grober Pflichtverletzg eingeschränkt nachprüfb (BayObLG **90**, 177).

3) Besondere Anweisungen des Erbl sind vom TV zu befolgen, **II** 1 (zB das Gebot od Verbot bestimm- **3** ter rechtsgeschäftl Vfgen; die Auszahlg von Einkünften, RG HRR **29** Nr 1652). Bloße Wünsche des Erbl sind dagg nicht unbedingt bindend (BayObLG 76, 67) und eine Vollm des Erbl ist widerrufl (RG **139**, 41; Einf 20 vor § 2197). Anordngen des Erbl können allerd wg Verstoßes gg die guten Sitten nichtig sein (§ 138), zB wenn er mit dem Test eine übermäß Beschränkg der Persönlich des Erben u ihrer unentbehrl BeweggsFreih bezweckt u bewirkt (Mü JFG **14**, 428). – Mit Einverständn der Erben kann der TV aber wirks Vfgen vornehmen, die den Anordng des Erbl zuwiderlaufen (s § 2204 Rn 2; Erman/Hense/Schmidt Rn 4f). Dadch wird zwar nicht die Anordng außer Kr gesetzt; jedoch können dann die Erben Vorwürfe u damit etwaige SchadErsAnspr gg den TV nicht erheben (Erman/Hense/Schmidt aaO; s auch § 2217 Rn 2).

a) Außerkraftsetzen von Anordnungen. Ein Erbl ist weder unfehlb noch kann er die spätere Ent- **4** wicklg immer voraussehen. Deshalb können zwar nicht die TestVollstrg als solche außer Kraft gesetzt werden (KG HRR **34** Nr 1681; KG JR 51, 732) und ebensowenig Anordngen über deren Dauer, die Zahl der TV u ihre Vergütg (für Vergütgsänderg ProzG zuständig, KG JW **37**, 475), auch nicht dem Erben gemachte Auflagen (BayObLG **61**, 155); wohl aber die eigentl VerwaltgsAnordngen des Erbl. Besteht die Verwaltgs-Anordng aus mehreren selbständ Teilen, kann auch nur ein Teil außer Kr gesetzt werden, wenn nur dessen Befolgg den Nachl erhebl gefährdet (KG OLGZ **71**, 220). Die Befugn des NachlG zur Änderg kann dch den Erbl nicht entzogen werden (vgl auch § 2220).

b) Voraussetzung ist die Gefährdg der Substanz des Nachlasses; in ausdehnender Gesetzesauslegg ge- **5** nügt aber schon die zu besorgende Schädigg der an ihm interessierten Personen (KG HRR **33** Nr 1765), wodch mittelb auch die Vollziehg einer Teilgsanordng verhindert werden kann (KG JFG **14**, 154; s auch Staud/Reimann Rn 21; vgl § 1803 II). Daß der TV sich bereits über die Anordng (zB durch Verkauf unter dem Mindestpreis) hinweggesetzt hat, hindert die – ja auch der Beseitigg der RegreßPfl dienende – Außerkraftsetzg nicht (ebso Soergel/Damrau Rn 13 mN; aM KG RJA **10**, 114; Staud/Reimann Rn 19 Abs 3).

c) Verfahren. Die Entscheidg obliegt dem NachlG, **II** 2. Zuständig ist der Richter (RPflG 16 I Nr 3). **6** Erforderl ist ein Antrag entw des TV (bei gemeinschaftl Amtsführg aller TV, Mü JFG **20**, 121; str) od eines und Beteiligten (Erbe; VermächtnNehmer; dagg nicht NachlGläub od PrivatGläub des Erben, vgl BGH **35**, 296; BayObLG **82**, 459). Vor seiner Entscheidg hat das NachlG die Betroffenen anzuhören (II 3; GG 103 I, s § 2360 Rn 1). Es kann nur aufheben od den Antr ablehnen, nicht aber eine eigene Anordng treffen (KG OLGZ **71**, 220); es übt auch keine allg Aufsicht üb den TV aus (s Einf 3 vor § 2197). Gebühr: KostO 113. – **Rechtsmittel:** Gegen die stattgebende Entscheidg steht Beschwerde jedem Beeinträchtigten zu; bei mehreren TV jedem selbständ (FGG 19, 20, 81 I); gg Ablehng dem AntrSt (FGG 20 II), bei mehreren TV allen gemeins (Mü JFG **20**, 121; str). Mit der Beschw kann aber nicht Entlassg des TV begehrt werden, wenn das AG damit noch nicht befaßt war (BayObLG **34**, 365).

2217 *Überlassung von Nachlaßgegenständen.* [1]Der Testamentsvollstrecker hat Nachlaßgegenstände, deren er zur Erfüllung seiner Obliegenheiten offenbar nicht bedarf, dem Erben auf Verlangen zur freien Verfügung zu überlassen. Mit der Überlassung erlischt sein Recht zur Verwaltung der Gegenstände.

[II]Wegen Nachlaßverbindlichkeiten, die nicht auf einem Vermächtnis oder einer Auflage beruhen, sowie wegen bedingter und betagter Vermächtnisse oder Auflagen kann der Testamentsvollstrecker die Überlassung der Gegenstände nicht verweigern, wenn der Erbe für die Berichtigung der Verbindlichkeiten oder für die Vollziehung der Vermächtnisse oder Auflagen Sicherheit leistet.

1) Überlassung an Erben. Der TV benötigt den Nachl, um zB Steuern u Schulden zu bezahlen (s auch **1** II) und ggf die Auseinandersetzg vorzunehmen (§ 2204); bei DauerVollstrg gibt er ihn idR gar nicht frei. Bedarf er allerd zur Aufgabenerfüll einzelner NachlGgstände nicht mehr, hat er sie auf Verlangen dem Erben zu überlassen (s dazu Rn 5–9), damit dieser in den Genuß des Nachl kommt.

a) Überlassungsrecht. § 2217 besagt dazu nichts (BGH **56**, 275/284). Der TV kann nach Annahme des **2** Amtes (vorbehaltl seiner Haftg ggü MitE, VermächtnNehmern nach § 2219 I; KG JFG **20**, 261/263; Häußermann BWNotZ **67**, 234) unverlangt einzelne NachlGgstände dem (den) Erben überlassen mit der Wirkg, daß sein VerwaltgsR erlischt. Bei TVstrg zur Verwaltg des Nachl od einzelner NachlGgste ist eine vorzeit Herausgabe insow nicht zuläss, als NachlGgste für den TV zur Erfüllg der VerwaltgsR unentbehrl sind (s RG LZ **29**, 1406/1407; auch KG DR **42**, 980). Zur Ausführg letztw Vfg od Bewirkg der Auseinandersetzg (§§ 2203, 2204) bedarf der TV zunächst einmal der zur Erfüllg von Vermächtn u Auflagen zu verwendenden Ggste sowie der nöt Mittel zur Erfüllg der NachlVerbindlich (RGRK Rn 2). – Die ÜberlassgsBefugn kann dch den Erbl ausgeschlossen werden. Der TV kann aber auch entg einem VfgsVerbot des Erbl über NachlGgste verfügen, entw die Erben (Vor-, NachE; evtl VermächtnNehmer) zustimmen (BGH **56**, 275; **57**, 84). Die Wirksamk der Freigabe, insb der Vfg über NachlGgste (auch einer unentgeltl), wird dch § 137 S 1 nicht beeinträcht (BGH **56**, 275/279ff; **57**, 84; gg letztere Staud/Reimann Rn 5). Der Erbl kann aber zur Durchsetzg seines Willens (VfgsVerbot) Strafklauseln anordnen (s H/Winkler Rn 506 mit 211).

b) Eine Überlassungspflicht des TV ergibt sich dagg aus § 2217 S 1. NachlGgstände, deren er zur **3** Erfüllg seiner Aufgaben „offenbar" (was im Streitfall ohne weitläufige Beweiserhebg feststellb sein muß) nicht mehr bedarf, hat er auf Verlangen des (der) Erben diesen zu überlassen. Er kann vom Erben (bei Mehrh nur von allen gemeins) im Klageweg zur Überlassg gezwungen werden. Zur Herausg der für die Durchführg seiner Aufgaben zur Abwicklg od Verwaltg (Dauervollstreckg, § 2209) erforderl Ggste ist er nicht verpflichtet (s Rn 2). – Von der ÜberlassgsPfl kann der TestVollstr gem § 2220 befreit werden. Mit

Zustimmg der Erben (Vor- u NachE) kann der TV aber NachlGgstände unter Nichtbeachtg der Schranken des § 2217 S 1 u ohne Rücks auf den ErblWillen (falls dieser die ÜberlassgsBefug ausgeschl hat) freigeben u damit mit diesen (u etwaigen VermächtnNehmern) gemeins wirks über NachlGgstände unentgeltl, auch über § 2205 S 3 hinaus unentgeltl verfügen (BGH **57**, 84, auch **56**, 275; Haegele BWNotZ **74**, 109/115;
4 Neuschwander BWNotZ **78**, 73; § 2205 Rn 35). – Bei **befreiter Vorerbschaft** ist die Frage, wie lange der TV den Nachl im Besitz behalten darf, in Anwendg der allgemein für die TestAusslegg geltenden Grdsätze zu beurteilen (BayObLG **59**, 129).

5   **2) Freigabe** liegt vor, wenn der TV einen Ggst rechtswirks u endgült so aufgibt, daß der Erbe im RVerkehr darüb frei vfgen kann (Hamm Rpfleger **73**, 133); dies ist nicht schon der Fall, wenn der TV ein Grdst dem Erben nur zur Verwaltg u Nutznießg überläßt, ihm also die VfgsBefug verbleibt; wohl aber bei Verteilg des Verkaufserlös dch Teilauseinandersetzg (BayObLG DNotZ **93**, 399 mAv Weidlich). Gegenstand (s Übbl 2 vor § 90) kann auch selbständ Recht sein, auch Anteile an GüterGemeinsch (Häußermann BWNotZ **67**, 234). Kein selbständ R ist aber die Befug, den NachlGgst zu belasten (Düss NJW **63**, 162). –
6 **a) Vornahme.** Sie geschieht dch empfangsbedürft Erkl des Verzichts auf das Verwaltgs- u VfgsR üb den betr Ggst (hM; für gemischten Realakt Hamm aaO). Die Erkl kann formlos erfolgen u sich auch konkludent aus dem Umstand ergeben, zB aus Überlassg eines HandelsGesch zur Führg in eigenem Namen (BGH **12**, 100); ggü GBAmt ist sie allerd in Form v GBO 29 I 1 nachzuweisen (Hamm aaO), auch wenn TV selbst
7 Notar ist (Düss Rpfleger **89**, 58). – **b) Wirkung.** Der TV verliert bezügl des freigegebenen Ggst das Verwaltgs-, Vfgs- u ProzeßführgsR. Die Freigabe wirkt stets dingl (BayObLG **59**, 35), selbst wenn sie grdlos od sogar gg Anordnung des Erbl erfolgte (s Rn 2) u führt grdbuchmäßig zur Löschg des VollstrVermerks (GBO 52; SchiffsRegO 55); erfolgte die Freigabe schon vor der Eintragg des Vermerks, kann die Eintragg von Anfang an unterbleiben (KGJ **40**, 212). Wird GesamthandsEigt in BruchteilsEigt der Erben verwandelt, wird der TV-Vermerk im GrdBuch gelöscht, auch wenn die Voraussetzgen des § 2217 nicht gegeben sind (BGH NJW **71**, 1805 mAv Mattern **LM** § 2208 Nr 3). – **Rückgängigmachung** ist mögl, indem der Erbe den ihm überlassenen NachlGgst freiwill in die VfgsGewalt des TV zurückgibt (KG **40**, 207; Damrau FamRZ **92**, 604; aA BayObLG **92**, 390). Gab der TV den Ggst irrtüml frei, hat er schuldr Anspr auf
8 Wiederherstellg seiner VfgsGewalt aus § 812 (BGH **24**, 106 mAv Fischer **LM** § 2218 Nr 1). – **c) Zeitpunkt.** Vor Erledigg der steuerl Verpflichtgen kann Überlassg nicht verlangt werden, soweit nicht feststeht, daß ein Teil des Nachl zur Steuerzahlg nicht benötigt wird. Über die Pflichten des TV hinsichtl der Entrichtg der
9 ErbschSteuer s AO 34, 69; ErbStG 31 V, 32 I; Megow/Michel Einl IV 4 vor ErbStG 1. – **d) Kein Zurückbehaltungsrecht** besteht hinsichtl einzelner NachlGgste wg des Honorars des TV (Häußermann aaO 235; Staud/Reimann Rn 9). – **e) Die Gläubiger** können sich nur an den ÜberlassgsAnspr des Erben, nicht an den TV unmittelb halten. – **f)** Die Herausgabe von **Nutzungen** richtet sich nach § 2216 (Staud/Reimann Rn 17; Häußermann aaO 234).

10   **3) Bei Sicherheitsleistung (II)** muß der TV dem Erben die Ggstände herausgeben, die an sich zur Berichtigg der NachlVerbindlichk benötigt werden; nur bei schon fälligen Vermächtn u Aufl besteht keine HerausgPfl. Es genügt, daß die Sicherh vom Erben dem Gläub, VermächtnNehmer, Auflageberechtigten geleistet u dem TV nachgewiesen wird (Kipp/Coing § 73 II 4e); dem TV die Sicherh zu bestellen, verlangt Lange/Kuchinke § 29 VIII 1³³⁵. – Die TestVollstrg als solche kann weder durch SicherhLeistg beseitigt noch einem Dritten überlassen werden (vgl auch § 2218, andererseits § 2199). Wegen der Herausgabe zwecks Umschuldg vgl Heck AcP **141**, 445.

11   **4) Im Testamentsvollstreckerzeugnis** (§ 2368) sind weder die Freigabeverpflichtg des TV noch die erfolgte Freigabe zu vermerken (LG Mannh JW **38**, 2476; BayObLG **59**, 135).

2218 *Rechtsverhältnis zum Erben; Rechnungslegung.* ¹**Auf das Rechtsverhältnis zwischen dem Testamentsvollstrecker und dem Erben finden die für den Auftrag geltenden Vorschriften der §§ 664, 666 bis 668, 670, des § 673 Satz 2 und des § 674 entsprechende Anwendung.**

II Bei einer länger dauernden Verwaltung kann der Erbe jährlich Rechnungslegung verlangen.

1   **1) Gesetzliches Schuldverhältnis.** Der TV handelt aGrd ges Verpflichtg, die auf dem Willen des Erbl beruht. Zw ihm u den Erben besteht kein Vertr- od verträhnl Verhältn; nur in §§ 2206 II, 2208 II, 2215 und 2217 ist von unmittelb Beziehgen die Rede. In § 2218 werden nur aus rtechn Gründen bestimmte AuftrVorschriften (also nicht die §§ 665, 669, 671 I, 672, 673 S 1; wg § 671 II, III vgl § 2226) zur Anwendg gebracht. – Eine über die gesetzl Regelg hinausgehende gütl Einigg zw Erbe u TV ist mögl (Flad DFG **36**, 134, 135; vgl auch Einf 2 vor § 2197). – Gegenüber VermächtnNehmern u PflichtBerechtigten gilt § 2218 nicht (Rn 9; vgl aber § 2219). Bei Vermächtn kann ein AuskAnspr mitvermacht sein. – Der NachE hat währd der Vorerbsch nur die Rechte aus § 2127.

2   **2) Auftragsvorschriften.** Im einzelnen kommen gem I zur entspr Anwendg: – **a) Ausführungsübertragung (§ 664).** Der TV darf nicht sein Vertrauensamt im ganzen einem Dritten übertragen (vorbehaltl der Ernenng eines Nachfolgers, § 2199), auch nicht mit Zustimmg der Erben. Dagg darf er (und muß er bei Verhinderg) einen Bevollm u sogar einen GeneralBevollm bestellen, wenn er sich Widerruf vorbehält (KG JFG **7**, 282; letzteres ist str; aM Schlüter § 42 XII 1 b ee; s auch Gerlach, Die Untervollmacht, 1967, 102 ff). Widerruft er die Vollm nicht, obwohl der Bevollm ungeeignet ist, kann er entlassen werden (§ 2227). Die Vollm erlischt mit dem Amt des TV (aM Kipp/Coing § 73 II 5b). Wegen des Verschuldens vgl § 664 I, 2, 3. Bei Hdlgen, die der TV nur zu veranlassen hat (ProzFührg; Gutsverwaltg, Handwerkerarbeiten) erschöpft sich seine Verpflichtg in sorgfältiger Auswahl und Anweisg (Kipp/Coing § 73 II 5b).

3   **b) Die Auskunfts- und Rechenschaftspflicht (§ 666)**, erweitert durch II und § 2215 (dazu H/Winkler Rn 549 ff), kann unter den Voraussetzgen der §§ 259 II, 260 zur eidesstattl Vers verpflichten, zB wenn Anlaß zu der Annahme besteht, daß die Einnahmen in der Rechng unvollst angegeben waren (BGH WM **64**, 950).

Sie besteht ggü jedem Erben, auch ggü dem einzelnen MitE (BGH NJW **65**, 396). Dieser kann sie aber nur derart geltd machen, daß Leistg an alle MitE verlangt wird. Betrugsversuch durch falsches Verzeichn (RGSt **71**, 361). Der Anspr ist pfändb mit dem Erbanteil (RG LZ **16**, 1473). In der vorbehaltlosen EntggNahme von Leistgen liegt im allg keine Verwirkg des Anspruchs der Erben auf Rechngslegg od ein Verzicht darauf (Mü HRR **41** Nr 628). Über etwaige Mitteilgs- u AnhörgsPfl vgl § 2205 Rn 2. Ist TV ein Elternteil u endet die TVstrg vor Volljährigk des Erben, bedarf es keiner Pflegerbestellg für die Entggnahme u Prüfg der Abrechng des TV (Damrau ZEV **94**, 1).

c) Die Herausgabepflicht (§ 667; vgl aber auch §§ 2217, 2019, 2041, 2111) besteht bei Beendigg des **4** Amtes (vgl auch § 260). Auf das Verzeichn des § 2215 kann sich der TV berufen, wenn es noch zutrifft. Wegen der beiderseitigen Ansprüche ist ZurückbehR (§ 273) mögl (s § 2221 Rn 16). – Im eigenen Interesse verwendetes **Geld** ist von der Verwendg ab zu **verzinsen** (§ 668; vgl §§ 246, 1834).

d) Aufwendungsersatz (§ 670). Seine Auslagen erhält der TV (ohne VorschußR) ersetzt, wenn er sie **5** den Umständen nach für erforderl halten durfte. Dazu gehören auch die Kosten notwend **Hilfspersonen**, es sei denn, daß ihnen der Verwalter Arbeiten übertragen hat, die er in zumutbarer Weise selbst hätte erledigen können (vgl H/Winkler Rn 636). – Die Kosten eines **Rechtsstreits**, in dem der TV unterlegen ist od die nicht beitreibbar sind, fallen nur unter § 2212, wenn er diesen als TV im Rahmen seines Amts geführt hat. Persönl RStreite hat der TV selbst zu zahlen, es sei denn, daß er den Prozeß für erforderl halten durfte, um den letzten Willen des Erbl zu verteidigen (RG JW **36**, 3388), zB im Streit um die Gültigk des Test mit seiner Ernenng (s H/Winkler Rn 449). – Die dch Einschaltg eines RA angefallenen **Anwaltsgebühren** kann der TV dann ersetzt verlangen, wenn er eine Vertretg dch einen RA für erforderl halten durfte (BGH **69**, 235 m Av Johannsen **LM** Nr 6 u Schelter DNotZ **78**, 439; Möhring/Segebrecht JurBüro **78**, 145). – Obwohl der Beruf des TV für die Vergütg bedeutgslos ist, sind besond **berufliche Dienste**, die der TV in seiner **6** Eigensch als RA; Steuerberater; Notar; Handwerker usw für den Nachl erbringt, zu vergüten, die er sonst einem Dritten hätte übertragen müssen, weil der TV regelm nur gg Entgelt Dienste zu leisten hat (s KG NJW **65**, 1540; H/Winkler Rn 635). Etwas anderes gilt nur dann, wenn solche Dienste dch die vom Erbl festgesetzte Vergütg mit abgegolten sein sollten u dies dem TV bei Amtsannahme bekannt war (Kipp/ Coing § 73 IV 2). – Zu ersetzen sind uU auch Aufwendgen, die der TV nach seiner Entlassg gemacht hat (BGH WM **72**, 536). – Bei nichtigem Test gelten §§ 683, 684, 812ff (s § 2221 Rn 3).

e) Bei Tod des Testamentsvollstreckers (§ 673 S 2) hat dessen Erbe AnzeigePfl ggü dem Erben **7** (Anzeige an NachlG zweckmäß) und bei Gefahr im Verzuge die Geschäfte einstweilen fortzuführen. Insow gilt er als beauftragt.

f) Amtsfortdauer (§ 674) gilt zugunsten des TV, wenn ohne seine Kenntn auflösde Bedingg eintritt (vgl **8** auch § 2210 S 2 und § 169). Dies gilt aber nicht für eine Entlassg (§ 2227), bei der es auf die Bekanntmachg der EntlassgsVfg (FGG 16) ankommt. § 674 ist auch nicht anwendb, wenn die Ernenng des TV wg Ausführg aller Aufgaben ggstlos war (BGH **41**, 23). Hat eine TVstrg nach dem Willen des Erbl infolge Ausschlagg des (Vor-) Erben geendet, stehen dem vermeintl TV gg die späteren (Ersatz-)Erben keine Anspr aus §§ 2118 und 674 zu; auch keine Anspr gem § 683, wenn diese Erben die TVstrg abgelehnt haben (BGH NJW **77**, 1726; s Rn 6).

3) Vermächtnisnehmer od PflichttBer haben ggü dem TV keinen allgemeinen, unmittelbaren Anspr auf **9** Rechngslegg. Ein Anspr auf Auskunft u damit auch auf Rechngslegg kann aber mit vermacht sein, zB wenn Ggst od Umfang des Vermächtn nur aGrd einer derartigen Auskunft bestimmt werden kann, insb bei Quotenvermächtn; Vermächtn von Sachinbegriffen (s § 260); Vermächtnissen, deren Höhe sich aus dem Wert anderer unbestimmter Vermögensteile ergibt (BGH WM **64**, 950).

4) Seinem Nachfolger im Amt ggü ist der TV nicht zur Auskunfterteilg u RechenschAblegg **10** verpflichtet. Vielm hat er an diesen auch alles herauszugeben, was er zur Ausführg seines Amts erhalten u aus dessen Besorgg erlangt hat. Dazu gehören auch die Unterlagen seiner Amtsführg (§§ 2218 I, 666, 667 entspr; BGH NJW **72**, 1660).

2219 *Haftung.* [1]Verletzt der Testamentsvollstrecker die ihm obliegenden Verpflichtungen, so ist er, wenn ihm ein Verschulden zur Last fällt, für den daraus entstehenden Schaden dem Erben und, soweit ein Vermächtnis zu vollziehen ist, auch dem Vermächtnisnehmer verantwortlich.
[2]Mehrere Testamentsvollstrecker, denen ein Verschulden zur Last fällt, haften als Gesamtschuldner.

1) Dem Erben haftet der TV für schuldhafte (§ 276) Verletzg seiner Pflichten, die dch seine freie Stellg **1** entstehen (§§ 2215; 2216; 2218; 2219). Die ggü dem Erben Schu eines gesetzl Schuldverhältnisses ist (§ 2218; RG JW **36**, 3390), das ihn zu sorgfältiger u gewissenhafter Ausführg der ihm obliegenden Verrichtgen (§§ 2203 bis 2209; 2212–2218; 2226 S 3) verpflichtet. Von seiner SchadErsatzPfl kann ihn der Erbl nicht befreien (§ 2220), auch nicht dch BefreigsVermächtn (Kipp/Coing § 73 II 7). Allerd kann ihn der Erbe von seiner Haftg freistellen, außer bei Vorsatz (§ 276 II); mitwirkdes Verschulden des Erben ist beachtl (§ 254; RG **138**, 132). Mehrere TV (**II**; § 2224) haften dann als GesamtSchu (§§ 421ff), wenn sie das Amt gemeins führen u jeden ein Verschulden trifft (vgl auch § 1833 II). – **Beispiele:** Der TV haftet zB für Kosten erkennb überflüssiger, leichtfertiger od dch eigene persönl Interessen beeinflußter Prozeßführg (BGH WM **67**, 29); für verzögerte Auseinandersetzg; Geldeinlage bei unzuverlässiger Bank; Versteigerg trotz der Möglichk eines günstigeren freihändigen Verkaufs (Saarbr JZ **53**, 509; BGH WM **60**, 1421); für Versäumg der Pflicht, seine Legitimation zur Vfgsbefugn über verwahrte Wertpapiere des Nachl auf ein Verlangen der sie verwahrenden Bank nachzuweisen (BGH WM **67**, 25); für unnötige Umwandlg eines Einzelhandelsgeschäfts in eine GmbH (BGH MDR **58**, 670). Beruhen die Handlgen des TV auf seiner Auslegg nicht eindeut letztw Vfgen des Erbl, fehlt Verschulden, wenn er nach sorgfält Ermittlg aller erkennb erhebl Anhaltspkte zu einer

2 immerhin vertretb Ausleg gelangt ist (BGH NJW-RR **92**, 775). – **Verjährung** nach § 195. – **Keinen** SchadensersAnspr kann ein MitE gg den TV daraus herleiten, daß er bei Verteilg des Nachl schlechter gestellt worden ist als dem Test entspr, wenn er der getroffenen Regelg zugestimmt u dem TV hinsichtl dieser Regelg Entlastg erteilt hat (BGH DRiZ **69**, 281). – Ein TV, dem die nötigen Kenntnisse für sein Amt fehlen, darf dieses nicht annehmen, od muß zu schwierigen Entscheidgn, die über seine eigenen Fachkenntnisse hinausgehen, einen Rechtsanwalt zu Rate ziehen (Stgt BWNotZ **62**, 61).

3   **2) Dem Vermächtnisnehmer** haftet der TV gleichfalls (auch im Falle der §§ 2208 II, 2223). Dieser ist nicht genötigt, seine Anspr zunächst gg den Erben od sonst Beschwerten geltd zu machen (BGH **LM** Nr 1 zu § 2258; s auch WM **64**, 950). – Den übrigen **Nachlaßgläubigern** (insb Pflichtt- od ErbersatzBerecht) und **Auflagebegünstigten** haftet der TV nur bei unerlaubter Hdlg (vgl Rn 5). – **Dritten** haftet der TV für unerlaubte Handlgn, die er bei Verwaltg des Nachl begangen hat, persönl (BGH **LM** § 823 [Ad] Nr 1).

4   **3) Weitere Erbenrechte.** Unabhängig von einer SchadErsatzPfl nach § 2219 kann der Erbe Klage gg den TV auf Einhaltg der Grenzen seiner VerwaltgsBefugn u Vornahme pflichtmäßiger Maßn erheben (RG **73**, 26) und ggü einer Klage des TV einwenden, daß dieser seine Befugnisse überschreite. Er kann aber dem TV nicht entgeghalten, es sei zur ordngsmäß Verwaltg nicht erforderl, daß dieser Anspr geltd gemacht werde. Die Entscheidg hierüber kann idR nur durch das NachlG im Rahmen der Entscheidg über einen Entlassgs-Antr nach § 2227 erfolgen (BGH **25**, 275). Andererseits kann der TV auf Feststellg des Nichtbestehens einer SchadErsPfl klagen (Staud/Reimann § 2218 Rn 20; Hambg OLG **16**, 281). – Für Anspr des TVgg den Erben auf Entlastg Erman/Hense/Schmidt Rn 4. – Die Geltdmachg eines ErsatzAnspr, der dem Erben aus der Pflichtverletzg eines früheren TV zusteht u der zum Nachl gehört (§ 2041), obliegt nur dem neuen TV, nicht aber daneben auch dem Erben (BGH MDR **58**, 670).

5   **4) Die Erben** selbst haften (vorbehaltl der beschränkten Erbenhaftg, § 1978 Rn 3) nach § 278 für das Verschulden des TV bei Erfüllg von Verbindlichk im gleichen Umfang wie für eigenes Verschulden (BGH NJW **58**, 670; JR **57**, 297), nachdem ein Verstoß des TV gg die ihm obliegden Verpflichtgen regelmäß keine Nichtigk der von ihm getroffenen Vfgen bewirkt. – Für unerlaubte Handlgn des TV haftet dieser, aber nicht die Erben an dessen Stelle (BGH **LM** § 823 [Ad] Nr 1); § 831 ist unanwendb, da TV nicht Verrichtgs-gehilfe des Erben ist (Staud/Schäfer § 831 Rn 79). Str ist, ob sie dafür aber analog §§ 31, 86 haften (so MüKo/Brandner Rn 18; Staud/Reimann Rn 21; dagg Soergel/Damrau Rn 8).

2220   *Zwingende Vorschriften.*   **Der Erblasser kann den Testamentsvollstrecker nicht von den ihm nach den §§ 2215, 2216, 2218, 2219 obliegenden Verpflichtungen befreien.**

1   **Zweck.** Der Erbl soll den Erben nicht mit gebundenen Händen der Willkür eines TV ausliefern. § 2220 darf daher nicht durch Umgehgsversuche zu einer stumpfen Waffe in der Hand des ohnehin durch den TV sehr eingeschränkten Erben gestaltet werden (RG **133**, 135). Der Erbl kann insb nicht die Entlassg des TV (§ 2227) ausschließen od die dem TV nach §§ 2218, 259, 260, 666, 667 möglicherw obliegden Pfl zur Abgabe einer eidesstattl Vers; od ihm unentgeltl Vfgen über § 2205 S 3 hinaus gestatten (s § 2205 Rn 32). Übermäßige Beschrkg der Persönlichk des Erben durch Einräumg zu weitgehder Machtbefugnisse an den TV bzgl eines zum Nachl gehörenden Geschäfts kann sittenw sein (Mü JFG **14**, 428). Der Erbe kann aber auf den Schutz des § 2220 verzichten (OLG **43**, 403; H/Winkler Rn 142).

2221   *Vergütung.*   **Der Testamentsvollstrecker kann für die Führung seines Amtes eine angemessene Vergütung verlangen, sofern nicht der Erblasser ein anderes bestimmt hat.**

1   **1) Der Erblasserbestimmung** unterliegt der VergütgsAnspr des TV; nur wenn sie fehlt, steht TV eine angemessene Vergütg zu, für die es keine ges Regelg gibt (Rn 4). Der Erbl kann also dch Test eine verbindl Festlegg dahin treffen, daß der von ihm eingesetzte TV eine Vergütg nicht od nur in bestimmter Höhe od Art erhalten soll; bei nicht eindeut Vfg muß sein wirkl od mutmaßl Wille erforscht werden (BayObLG Rpfleger **80**, 152). Der TV kann dann nach Annahme des Amts auch nur die festgelegte Vergütg verlangen (BGH WM **69**, 410), ohne daß deren Angemessenh zu prüfen ist. Ist sie unangemessen hoch, stellt sie insow ein unter der Bedingg der Amtsannahme stehendes Vermächtn dar; eine Verwaltgsanordng iS von § 2216 II liegt darin nicht. – Erfährt der TV erst nachträgl dch ein später aufgefundenes Test, daß er sein Amt unentgeltl führen soll, kann er für seine bis dahin geleistete Tätigk eine Vergütg verlangen (H/Winkler Rn 629; s auch Rn 3). – Der Erbl kann die Vergütg auch indirekt bestimmen, indem er einen **Dritten** mit ihrer Festsetzg betraut (§§ 2156; 315ff; BGH WM **72**, 101). – **Kein** Anspr auf Vergütg besteht bei Ausschluß dch Erbl; ferner dann, wenn der TV bereits vor Annahme entlassen wurde od er sonst keine Tätigk entfaltet hat. – Der VergütgsAnspr ist **abtretbar** (KG NJW **74**, 752).

2   **a) Sind mehrere** TV ernannt, kann jeder die entspr Tätigk entspr Vergütg unabhängig von den and TV beanspruchen (BGH NJW **67**, 2400). Ihre Vergütgen können verschieden hoch sein, weil es auf die Aufgabe, Leistg u Verantwortg jedes einzelnen ankommt, so daß insgesamt keine Verdoppelg ggü dem einzelnen TV eintreten wird (H/Winkler Rn 605). Eine Vereinbarg mehrerer TV untereinander üb ihre Vergütg ist unzulässig (BGH NJW **57**, 947). – Die Aufwendgen eines jeden TV sind gesondert abzurechnen.

3   **b) Vermeintlicher Testamentsvollstrecker.** Wer als TV tätig geworden ist, obwohl sich nachträgl seine Ernenng als unwirks erweist, kann im Falle seiner Gutgläubigk wie ein TV je nach Lage des Einzelfalls Vergütg verlangen, da die tatsächl Arbeit u Verantwortlichk denselben Umfang hat. AnsprGrdlage ist dann nicht § 2221, sondern GeschäftsbesorggsVertr, §§ 675, 612 (BGH NJW **63**, 1615; aA Dittus NJW **61**, 590: nur BereicherungsAnspr). Haben allerd die Erben die TVollstrg von vornherein bestritten, kommt nur die entspr Anwendg von §§ 2218, 2221 in Betr; diese ist auch gerechtfertigt, weil von einem gesetzl SchuldVerhältn auszugehen ist (u keinem rechtsgeschäftl), bei dem der Erbe den vom Erbl formgerecht gesetzten RSchein gg sich gelten lassen muß (H/Winkler Rn 632; aA BGH NJW **77**, 1726: kein Anspr). Nur wenn der TV den Mangel seiner Ernenng kannte od kennen mußte, steht ihm kein Anspr zu (Schelter DNotZ **78**, 494). – Ist das wirks begründete Amt nachträgl entfallen, nimmt der TV jedoch irrtüml dessen Fortbestand an, gilt die Vollstrg zugunsten des TV als fortbestehend (§§ 674, 2218), weil zunächst ein auf dem Willen des Erbl beruhendes besond ges Verhältn von ggseit Rechten u Pfl bestanden hat (BGH **69**, 235).

2) Regelvergütung. Für die normal verlaufde AbwicklgsVollstrg sieht § 2221 auch bei unterschiedl **4** Umfang eine einmalig zu zahlde Vergüt vor. Diese wird nur bei fehler ErblBestimmg (Rn 1) als angemessene idR dch einen Hundertsatz vom BruttoNachl ausgedrückt (zu dessen Ermittlg s Rn 10). Ob der TV sich damit zu begnügen hat, hängt von der Art seiner Tätigk ab (s zu Sondervergütgen Rn 6–9). Für die **Höhe** der angemessenen Vergüt sind stets die Umstände des Einzelfalls maßgebend, näml der dem TV im Rahmen der Vfg vTw nach dem Gesetz obliegende Pflichtenkreis, der Umfang der ihn treffenden Verantwortg (§§ 2219; 276) u die von ihm geleistete Arbeit. Zu berücksichtigen sind dabei die Schwierigk der geleisteten Aufgabe, die Dauer der Abwicklung od der Verwaltg, die Verwertg besond Kenntnisse u Erfahrgen sowie die Bewährg einer sich im Erfolg ausdrückenden Geschicklichk (BGH WM **72**, 101; DNotZ **68**, 355; **LM** Nr 2 mAv Haegele Rpfleger **63**, 79). Richtsätze von Körperschaften od Berufsvereiniggen (dazu H/Winkler Rn 580 ff) dürfen auch auf Notare u RAe als TV nicht schematisch angewandt werden, auf and Personen erst recht nicht (Köln NJW-RR **95**, 202). – Die Vergüt ist eine Bruttovergüt, so daß anfallde Mehrwertsteuer (Rn 17) vom TV nicht aufgeschlagen werden kann (hM; zB Köln FamRZ **94**, 328; aA Klingelhöffer ZEV **94**, 121; Bengel/Eckelskemper X Rn 111). – Eine **Verminderung** der Regelgebühr **5** ist mögl. Bei vorzeit Beendigg des Amts infolge Kündigg (§ 2226) od Entlassg (§ 2227) od bei Anordng einer NachlVerwaltg mindert sich die Vergüt entsprechend (vgl auch § 628). Dies gilt auch bei testamentarisch festgelegter Vergüt (BGH bei Keßler DRiZ **66**, 398). Bei Entlassg wg gröbl Pflichtverletzg kann uU sein Anspr ganz entfallen (s Rn 15). Auch bei besond schneller Abwicklg des Nachl infolge seiner einfachen Zusammensetzg ist ein Abschlag von der Regelvergüt vorzunehmen (H/Winkler Rn 608). Überläßt der TV Arbeiten, die er zumutbar selbst hätte erledigen können, zu seiner Entlastg einem Dritten gg Vergütg, mindert sich seine eigene im Umfang der dadch unnötig verursachten Kosten (vgl BGH BB **67**, 184); zum Kostenersatz für Hilfspersonen s § 2218 Rn 5. – **Aufwendungsersatz** regeln §§ 2218, 670. Einzeln s § 2218 Rn 5.

2) Sondergebühren. Nur bei längerer Verwaltg ist es zulässig, daß die Vergüt in Teilen gezalt wird **6** entspr den Zeit- u Arbeitsabschnitten der Konstituierg des Nachl u der sich daran je nach Anordng des Erbl anschließenden weiteren Verwaltg (BayObLG **72**, 379; Köln NJW-RR **95**, 202), ggf auch noch der Auseinandersetzg. Die Praxis hat allerd keine gesicherten Erkenntn üb das Verhältn dieser Gebühren zueinander sowie einer Wechselwirkg hinsichtl der Höhe der Vergütgsarten (Klingelhöffer ZEV **94**, 121). Fallen alle nebeneinander an, addieren sie sich nicht; vielm muß vom Gesamtbetrag ein gewisser Abschlag gemacht werden (Bengel/Eckelskemper X Rn 51).

a) Eine Konstituierungsgebühr kann der TV verlangen, wenn er entw dies mit den Erben vereinbart **7** hat od wenn er zu Beginn der TVstrg eine besonders arbeitsreiche u verantwortgsvolle Tätigk hat entfalten müssen (BGH NJW **63**, 1615; BayObLG aaO). Unter Konstituierung versteht man die Ermittlg u Inbesitznahme der NachlGgstände (§ 2205), die Aufstellg des NachlVerzeichnisses (§ 2215), die Regelg der Fordergen u der vom Erbl herrührenden Schulden, die Bezahlg der Beerdigg, des Grabsteins u der ErbschSteuer. Die Auseinandersetzg des Nachl gehört nicht dazu. Mit Beendigg dieser oft aufwendigen Tätigk hat der TV die Grdlage für die weitere laufende Verwaltg geschaffen. – Wird auf diese Weise eine besond aufwend Mühewaltg des TV zu Beginn seiner Tätigk abgegolten, ist unstr, daß eine daran anschließde VerwaltgsTätigk zusätzl jährl Verwaltgsgebühren auslöst (Rn 8). In der Rspr nicht geklärt u in Schrifft nicht eindeut beantwortet ist dagg die Frage, ob der TV daneben auch noch eine Abwicklgsgebühr verlangen kann, sofern die TVstrg auch diese Tätigk umfaßt. Da das G letztl von einer einheitl Vergüt ausgeht, aber nur eine Differenzierg nach Tätigk dem Einzelfall gerecht wird, erscheint es richtig, einzelne TätigkAbschnitte für sich zu sehen u zu bewerten, wenn im Vergleich zum Normalfall zusätzl eigenes Gewicht haben u nicht nur jeweils kurze Dchgangsstadien bis zur Auseinandersetzg sind (Bengel/Eckelskemper X Rn 20; ähnl Möhring/Beisswingert/Klingelhöffer S 222, 229; Köln FamRZ **94**, 328 bezeichnet die Konstituiergsgebühr als eine Art „Grundgebühr"). Fallen mehrere Gebühren nacheinander an, ist nach Bengel/Eckelskemper X Rn 51 eine Herabsetzg der Gesamtgebühr um 15% zur Abgeltg ledigl der Konstituiergsarbeiten angemessen.

b) Eine periodische Verwaltungsgebühr, die jährl berechnet wird, kommt zusätzl dann in Betr, wenn **8** sich an die Konstituierg eine längere Verwaltg anschließt (zB bei Unternehmensführg; minderj Erben) od die Verwaltg eine besond umfangreiche u zeitraubende Tätigk erfordert. Bei der Bestimmg dieser Gebühr sind §§ 315, 316 entspr anzuwenden (BGH NJW **63**, 1615). Ihre **Höhe** ist erhebl niedriger zu bemessen als die Konstituiergsgebühr (BGH NJW **67**, 876; s auch KG NJW **74**, 752). Im Regelfall wird sie in Hundertsätzen entw vom Bruttowert des Nachl (1/3%–1/2%) od vom Jahresbetrag der laufenden Einkünfte (2–4%) bemessen u in periodischen Zeitabschnitten (jährl) laufend gezahlt (s Glaser DB **79**, 877; MDR **83**, 93; H/Winkler Rn 595 ff). Über die Vergüt des TV, der eine Tätigk als Unternehmer in einem zum Nachl gehörden Betrieb ausübt, s LG Hbg MDR **59**, 761.

c) Eine Auseinandersetzungsgebühr als zusätzl Gebühr ist umstritten. Sie wird für mögl erachtet, **9** wenn auf Konstituierg u lange Verwaltg nach Jahren noch eine Auseindersetzg folgt, die dann selbst anspruchsvoll u mit besond Schwierigk verbunden war (Köln FamRZ **94**, 328) u für die solche ArbeitsErgebn, die bereits dch früh Gebühren abgegolten sind, nicht mehr verwertet werden können (Bengel/Eckelskemper X Rn 52).

4) Berechnung und Höhe. Für die nicht vom Erbl festgesetzte, sond als angemessen zu ermittelnde **10** Vergüt ist BewertgsGrdlage der Verkehrswert des AktivNachl, wenn die TVstrg den ganzen Nachl umfaßt; vom Erbl letztw angeordnete abweichende Bewertgen sind aber auch hier zu beachten (Soergel/

Damrau Rn 10). NachlVerbindlk werden nicht abgezogen, weil gerade die Schuldenregelg oft besond aufwend ist u sonst bei Überschuldg keine Vergüt zu gewähren wäre; anders ist es dagg, wenn ihre Regulierg nicht in den Aufgabenbereich des TV fällt (BGH **LM** Nr 2). – BewertgsStichtag ist für die Regelvergüt (Rn 4) od die Konstituiergsgebühr (Rn 7) der Erbfall. Ändert sich im Laufe einer langen Tätigk Zusammensetzg u Wert des der TVstrg unterstellten Nachl od der Aufgabenbereich des TV, ist dies für Sondergebühren (Rn 8; 9) zu berücksichtigen. – Als **Vergütungsrichtsätze** sind Vomhundertsätze übl, gerechnet auf den der TVstrg unterliegden Bruttowert des Nachl. Als Richtsätze existieren in der Praxis unterschiedl Tabellen. Die am längsten gebräuchl ist die *Rheinische Tabelle* des Notariatsvereins für Rheinpreußen von 1925, die auf Tätigk eines Notars als TV abstellte u für den Regelfall einer normalen Abwicklg eine Staffelg zw 4% u 1% je nach NachlWert empfiehlt (abgedruckt bei Köln FamRZ **94**, 328). Sie wird auch heute noch herangezogen, jedenfalls wenn NachlWert wesentl dch Immobilien bestimmt wird (Köln aaO; BGH zuletzt NJW **67**, 2400); allerd ist strittig, ob ihre Richtsätze heute nicht generell zu erhöhen sind (vgl H/Winkler Rn 581 mN). Als Fortentwicklg empfehlen Bengel/Eckelskemper X Rn 11 u Weirich Rn 487 die Beibehaltg der Prozentsätze, aber höhere Stufenwerte. Stärker differenziert die im Vordringen begriffene *Möhring'sche Tabelle,* die sich zw 7,5% u 2,81% der Aktivmasse bewegt (abgedruckt bei Möhring/Beisswingert/Klingelhöffer S 224).

11   **5) Fälligkeit.** Die Vergütg wird idR mit Beendigg des Amts in einem Betrag fällig (§§ 614, 628). Ein Anspr auf Vorschuß besteht nicht. Nur bei länger dauernder Verwaltg (§ 2218 II), insbes bei Dauervollstr (§ 2209), kann TV seine Vergütg in periodischen Abschnitten (jährl nachträgl) verlangen (BGH WM **64**, 950; BayObLG **72**, 380), die Schlußvergütg aber stets erst nach Rechnglegg (BGH **LM** Nr 1).

12   **a) Entnahme.** Der TV kann die vom Erbl bestimmte, sonst die von ihm für angemessen erachtete Vergütg grdsl selbst dem Nachl entnehmen (BGH WM **72**, 101). Da der TV aber ihre Höhe ohne eine dahingehende Bestimmg des Erbl weder für sich noch für einen Mitvollstrecker festsetzen kann (BGH WM **73**, 360), trägt er dabei das Risiko, daß der entnommene Betrag nicht der tatsächl geschuldete ist (BGH NJW **63**, 1615). Die Entnahme einer zu hohen Vergütg kann sogar ein EntlassgsGrd sein (s § 2227 Rn 3). Ob er sich die zur Entnahme erforderl Geldmittel dch Veräußerg von Sachwerten (zB Aktien) verschaffen darf, hängt von den Einzelumständen ab (BGH aaO). Wertvolle NachlGgstände darf er jedenf nur versilbern, wenn besond Umstände dies rechtfertigen od die Erben dem zustimmen, andernf SchadensersatzPfl besteht (BGH WM **73**, 360).

13   **b) Schuldner** sind die Erben. Die Vergütg ist NachlVerbindlich u aus dem Nachl zu leisten (s auch KO 224 Nr 6; dazu Haegele KTS **69**, 162). Die Vergütg eines VermächtnTV geht auf Rechng des Vermächtn-Nehmers (H/Winkler Rn 641). Dieser kann auch sonst uU mindestens teilw mit der Vergütg belastet werden, wenn sein Vermächtn unverhältnismäß hoch im Vergl zum Rest des Nachl ist, der den Erben verbleibt. – Beim Erben können Aufwendgen des TV Betriebsausgaben sein (s BFH NJW **78**, 1880). Zur steuerl AbzugsFähigk der gezahlten Vergütg bei der EinkSt sowie zu deren Behandlg bei der ErbschSt s Ebeling BB **92**, 325.

14   **c) Festsetzung.** Im Streitfall zwischen TV u Erben ist für die Festsetzg der Vergütg das Prozeßgericht zuständig (nicht das NachlG, BGH WM **72**, 101; dazu Johannsen WM **73**, 56). Der TV hat in seiner Klage den von ihm verlangten Betrag grdsl im Antrag zu beziffern (RG JW **37**, 3184).

15   **d) Verjährung:** Der VergütgsAnspr verjährt nach 30 Jahren (§ 195; BGH WM **69**, 1411). – **Verwirkung** der Vergütg kann nur ausnahmsw bei besond schwerwiegenden vorsätzl od grob fahrläss Verstößen des TV gg seine Amtspflichten eintreten, dagg nicht, wenn er in dem Glauben, zum Wohle der Erben zu handeln, dch irrtüml Beurteilg der Sach- u Rechtslage fehlerhafte Entschlüsse faßte u Entscheidgn traf (BGH DNotZ **76**, 559; **80**, 164).

16   **6) Ein Zurückbehaltungsrecht** (§ 273) hat der TV wg seiner Vergütg ggü dem Anspr des Erben auf Herausgabe des Nachl, nicht aber ggü dem Anspr auf Auskunft u Rechngslegg (§ 2218) u nicht ggü dem ÜberlassgsAnspr nach § 2217 (s dort Rn 9). Die Ausübg des ZbR kann allerd bei besond Umständen gg § 242 verstoßen.

17   **7) Steuerpflicht.** Die Tätigk des TV fällt für die EinkSt unter selbständige Arbeit (EStG 18 I Nr 3); s dazu H/Winkler Rn 653ff. – Der **Umsatzsteuer** unterliegt die Vergütg dann nicht, wenn der TV seine Tätigkeit einmalig, aber nicht nachhaltig ausübt u wenn er sie nicht im Rahmen seiner freiberufl Tätigk (als RA; Steuerberater usw) erbringt. Mehrjährige Verwaltgstätigk bei großem Vermögen ist idR umsatzsteuerpflichtig (s BFH BStBl **76** II 57). Bei einem RA ermäßigt sich der Steuersatz grdsl nicht, wohl aber bezügl seiner anwaltstyp Tätigkeiten (dazu BFH NJW **88**, 224).

2222   *Nacherbenvollstrecker.* **Der Erblasser kann einen Testamentsvollstrecker auch zu dem Zwecke ernennen, daß dieser bis zu dem Eintritt einer angeordneten Nacherbfolge die Rechte des Nacherben ausübt und dessen Pflichten erfüllt.**

1   **1) Bei Vor- und Nacherbfolge** kann der Erbl gewöhnl TVstrg ab Erbfall nur für den VE währd der VErbsch od ab NErbfall nur für den NE (BayObLG **58**, 299) od beides anordnen; was er gewollt hat, ist iZw dch Ausslegg zu ermitteln (BayObLG **58**, 301). Diese TVstrgen sind keine NE-Vollstreckg iSv § 2222 (dazu Rn 2); desh ist iZw auch nicht anzunehmen, daß ein allg ernannter TV zugleich NE-Vollstr sein soll (BayObLG **59**, 129; LG Oldbg Rpfleger **81**, 197), es sei denn, daß die Ausslegg einen and Willen ergibt (s BayObLG FamRZ **95**, 124). – Zur RStellg des gewöhnl TV bei Vor- u NErbfolge s § 2112 Rn 1; § 2205 Rn 31. Üb TVstrg für den befreiten VE s § 2205 Rn 28; BayObLG **59**, 129. Nicht überlassen kann der Erbl dem TV die Bestimmg des Zeitpkts, zu dem die NErbfolge eintreten soll (§ 2065 Rn 2). – Als TV für den VE kann auch der NE bestellt werden (OLG **40**, 136). Ferner kann für VE u NE derselbe TV bestellt werden, dem dann ein einheitl Zeugn (§ 2368) zu erteilen ist (BayObLG **59**, 129). Dieser kann dem VE NachlGgstände entgeltl so überlassen, daß die Beschränkgen erlöschen u sie aus dem Nachl ausscheiden (KG JFG **11**,

121). – Beim Tod des NE noch vor dem NErbfall übt ein vom NE für seinen eigenen Nachl bestellter TV währd der VErbsch die Befugn des NE aus (RG **103**, 356).

2) Nacherbenvollstrecker (§ 2222) ist ein TV, der nach dem Willen des Erbl währd der Zeit der **2** VErbsch die schon vor dem NErbfall bestehenden Rechte u Pfl der NE wahrzunehmen hat. Er beschränkt den NE (nicht den VE) u kann auch neben einem zu Lasten des VE für die Verwaltg der VErbsch ernannten TV bestellt werden. Der Erbl kann dann für beide TVstrgen auch die gleiche Person bestellen, ohne daß damit die Rechte des NE (od des VE) stärker beschränkt werden als bei Bestellg verschiedener TV (BGH NJW **95**, 456). – NE-TV kann auch ein Mit-VE sein; dagg nicht der alleinige VE (Staud/Reimann Rn 5; aA Rohlff DNotZ **71**, 527; s auch § 2197 Rn 3), es sei denn neben Mitvollstreckern (§ 2224 I), dch die er genügd überwacht wird (KG JFG **11**, 126).

a) Rechtsstellung. Dem NE-TV obliegt nicht die Verwaltg des Nachl, sond nur die Wahrnehmg der **3** Rechte u Pfl, in denen sich die Anwartsch des NE (§ 2100 Rn 11) vor Eintritt des NErbfals äußert. Er hat nicht mehr od weniger Rechte u Pfl als sie dem NE im allg ggü dem VE zustehen (BGH NJW **95**, 456). In diesem Rahmen sind die allg Vorschr der TVstrg auch auf ihn anzuwenden. Da er die gleiche Stellg wie der verwaltende TV hat, ist er dah insbes zur ordngsmäß Verwaltg der Re der NE verpflichtet (§ 2216), denen er auch haftet (§ 2219).

b) Die Befugnisse u Aufgaben des NE-TV ergeben sich aus der RStellg der NE. Wie diese kann u muß **4** er den VE nach Maßg der §§ 2116–2119; 2121–2123; 2127; 2128; 2115 iVm ZPO 773 beaufsichtigen, wobei er die einem befreiten VE zustehden Erleichtergen (§§ 2136, 2137) zu beachten hat. Er erteilt die nach §§ 2113 ff erforderl Zustimmg zu Vfgen des VE über NachlGgstände (Staud/Reimann Rn 10) u bedarf dazu keiner sonst erforderl vormschgerichtl Genehmigg (Einf 3 vor § 2197). Die Anwartsch der NE kann er allerd nicht übertragen (KG JW **37**, 1553) u nicht auf deren Rechte verzichten, wohl aber auf Sicherg dch Eintragg des NE-Vermerks im GBuch (BayObLG **89**, 183; s Einf 10 vor § 2100).

c) Pflichten. Ggü dem VE ist er zu dessen Unterstützg bei der Verwaltg gem §§ 2120; 2123 verpflichtet. – **5** Den NE muß er schon bei Amtsübernahme von sich aus grdlegende Ausk üb den vorhandenen Bestand des Nachl geben; diesen auf Ausk an alle gerichteten Anspr kann jeder NE geltd machen. Aus dem von ihm zu erstellde Verzeichn (§ 260 I) müssen die bei Übernahme des TV-Amts im Nachl vorhandenen Ggstände zu ersehen sein, da § 2218 auch ihn an die erkennb Informations- u Kontrollinteressen der NE bindet (BGH NJW **95**, 456). Zur Erlangg erforderl Informationen muß er sich des Anspr aus § 2121 gg VE bedienen. Ist diese Ausk ungenau, braucht er sie (ebsowenig wie VE) nicht für einen späteren Stichtag zu wiederholen, es sei denn, daß NE Grd zur Annahme haben, der VE verletze dch seine Verwaltg Rechte der NE, so daß für sie der TV gg VE aus § 2227 vorgehen muß (BGH aaO). Auf Verlangen ist TV den NE auch gem §§ 2218; 666 auskpflicht, wenn er Rechte der NE gem §§ 2213; 2216 ggü dem VE wahrgenommen hat.

d) Das Amt endet mit Eintritt der NErbfolge (§ 2139). Trat Vorerbschaft gar nicht ein (zB bei Aus- **6** schlagg), kommt es auch nicht zur TVstrg für den NachE (BGH NJW **77**, 1726). – Vermerk im GBuch (GBO **51**, 52) u Erbschein (§ 2363) wie beim VE. – Der Anspr auf **Vergütung** (§ 2221) richtet sich geg den NE, nicht gg den VE; Haftg wie für gewöhnl NachlVerbindlichk (Staud/Reimann Rn 12).

2223 *Vermächtnisvollstrecker.* **Der Erblasser kann einen Testamentsvollstrecker auch zu dem Zwecke ernennen, daß dieser für die Ausführung der einem Vermächtnisnehmer auferlegten Beschwerungen sorgt.**

1) Vermächtnisvollstrecker. Der Erbl kann den TV zu dem Zweck ernennen, für die Ausführg der **1** einem VermächtnNehmer auferlegten Beschwergen zu sorgen, zB für die Vollziehg einer Auflage (BayObLG **86**, 34). Die Fürsorge für Untervermächtnis und Auflagen (auch NachVermächtn, § 2191) kann dem TV neben seinen anderen wie auch als einzige Aufgabe übertragen sein. An Stelle des Nachl tritt das beschwerte Vermächtn. – Auf eine derartige TVstrg sind, abhängig vom ErblWillen (§ 2208), weitgehend die Vorschr entspr anzuwenden, die auch den Erben beschränken (BGH **13**, 203). Dazu gehören §§ 2203; 2205, so daß der TV den vermachten Ggstand verwaltet u darüber verfügt; handelt es sich um ein Grdstück, ist Eintragg der TVstrg im GBuch entspr GBO 52 mögl (BayObLG **90**, 82). Die TVstrg kann auch in der Weise angeordnet sein, daß der VermächtnNehmer verfügen kann, aber nur mit Zustimmung des TV (BayObLG aaO). – Der TV ist nach §§ 2212, 2213 klagberechtigt u beklagbar (RG DJZ **24**, 475). Er ist dem VermächtnNehmer, dem UntervermächtnNehmer (§ 2186) u dem NachvermächtnNehmer (§ 2191) ggü verantwortl. – Hier kann auch der AlleinE TV sein. – Im Erbschein ist der VermächtnVollstr nicht zu erwähnen (KGJ **46**, 141). Ihm ist jedoch ein Zeugnis nach § 2368 zu erteilen (§ 2368 Rn 4).

2) Die Verwaltung des einem VermächtnNehmer zugewendeten Gegenstandes (zB eines Grdst, einer **2** Fabrik) kann aber auch dem TV als einzige Aufgabe od für die Zeit nach Ausführg der Beschwergen übertragen werden. Das G sagt das zwar nicht ausdrückl. Jedoch sind die §§ 2209, 2210 entspr anzuwenden (BayObLG **86**, 34; FamRZ **91**, 490). Ein solcher TV kann dann zugl für den Erben und den VermächtnNehmer bestimmt werden (BGH **13**, 203). Einsetzg der Witwe auf den Pflichtt, verbunden mit dessen Verwaltg durch einen „Pfleger", kann als Vermächtnis u Ernenng eines TV nach § 2223 angesehen werden (BayObLG RJA **15**, 24). Auch Einsetzg eines TV zur Ausübg der Rechte des NachvermächtnNehmers bis zum Anfall des NachVermächtn (§ 2191) ist zuläss (Dietrich NJW **71**, 2017; Staud/Reimann Rn 10). – Einem TV kann auch die Verwaltg eines **Erbersatzanspruchs** (§ 1934a) übertragen werden.

2224 *Mehrere Testamentsvollstrecker.* **¹Mehrere Testamentsvollstrecker führen das Amt gemeinschaftlich; bei einer Meinungsverschiedenheit entscheidet das Nachlaßgericht. Fällt einer von ihnen weg, so führen die übrigen das Amt allein. Der Erblasser kann abweichende Anordnungen treffen.**

ᴵᴵJeder Testamentsvollstrecker ist berechtigt, ohne Zustimmung der anderen Testamentsvoll-
strecker diejenigen Maßregeln zu treffen, welche zur Erhaltung eines der gemeinschaftlichen
Verwaltung unterliegenden Nachlaßgegenstandes notwendig sind.

1   **1) Gesamtvollstrecker** sind mehrere TV (§§ 2197, 2199, 2219 II), sofern nicht jemand ledigl als Ratgeber
od Anwalt dem TV empfohlen ist (vgl RG **130**, 138). Sie führen das Amt gemeinschaftl nach innen wie
außen (BGH NJW **67**, 2402). Doch können sie vorbehaltl ihrer Haftg (§ 2218, 664) die Ausführg einem TV
od Dritten übertragen (vgl § 2218 Rn 2 und KG JFG **7**, 279) od den Wirkgskreis unter sich aufteilen.
Auskunft u Rechensch kann von jedem gefordert werden; GBBerichtiggszwang (GBO 82) nur gg alle (Mü
HRR **38** Nr 1019). – Aus der gemeinschaftl Amtsführg folgt, daß grdsätzl (abgesehen von abweichenden
Anordngen des Erbl) mehrere TV nur gemeins Anträge stellen u Beschwerde einlegen können (Mü JFG **20**,
121). Ausnahmen hiervon bestehen nur bei Außerkraftsetzg einer Anordng (§ 2216 Rn 6) u bei Meingsver-
schiedenh (s Rn 2; FGG 82). – Zu ihrer Vergütg s § 2221 Rn 2. – **Nachfolgerernennung** (§ 2199 II) gehört
nicht zur Amtsführg iS des § 2224 (KG DFG **42**, 45; ebso RGRK § 2199 Rn 2). Bei Meingsverschiedenh, ob
nach der Bestimmg des Erbl ein einziger TV seinen Nachfolger ernennen darf od nur mehrere gemeins,
entsch nicht das NachlG, sond das ProzeßG; dagg das NachlG gem I, wenn mehrere zur Ernenng berufene
TV sich über die Person des Nachfolgers nicht einigen können (vgl Staud/Reimann Rn 12, 13).

2   **2) Meinungsverschiedenheiten** entscheidet auf Antr, zu dem jeder MitVollstr od ein and Beteiligter
berecht ist, das **Nachlaßgericht** (Richter, RPflG 16 I Nr 4) unter Ausschluß des ProzeßG. Rechtsmittel ist
die sofortige Beschwerde (FGG 53; 60 Nr 6; 82 II), zu der nur der AntrSteller berecht ist (FGG 20 II). –
Gebühr: KostO 113. – Bei landw Grdst iS der HöfeO entscheidet das LwG (Soergel/Damrau Rn 12).

3   **a) Voraussetzung** ist, daß es sich um einen Streit innerh der gemeinschaftl sachl Amtsführg handelt
(BGH **20**, 264; BayObLG MDR **78**, 142; aA Baur JZ **56**, 494). Dagg ist das ProzeßG zuständ, wenn die TV
darüber uneinig sind, ob eine VerwaltgsHdlg überh zum gemschaftl Verwaltgsrecht gehört, insb ob sie mit
dem G od der letztw Vfg des Erbl in Einklang steht. Nach Hbg MDR **53**, 364 kann das NachlG überh nicht
über RFragen entscheiden. Vgl dagg Staud/Reimann Rn 12, wonach das NachlG nur dann ausscheidet,
wenn die RFragen den eigentl Ggst des Streites bilden.

4   **b) Entscheidung.** Das NachlG kann nur aussprechen, daß der sich weigernde MitTV zuzustimmen habe
od die Entscheidg ablehnen. Es kann aber nicht die verweigerte Zustimmg ersetzen (str; KG DR **43**, 353;
Soergel/Damrau Rn 15 mN), weil **I** sich nicht mit §§ 1365 II, 1369 II, 1426, 1430, 1452 I, 1727, 1748,
1803 III, 1917 III deckt; über den Vollzug s Sauerlandt DFG **40**, 13. Der TV, dessen Meing gebilligt wurde,
kann notf allein die Maßnahmen durchführen (Kipp/Coing § 74 I 1; str). Wenn das NachlG keine der
vertretenen Meingen billigt, ist es nicht befugt, an Stelle der Streitenden selbst zu entscheiden; es muß die
Entscheidg ablehnen (hM; vgl KG JW **36**, 1017; § 1797 Rn 6). Eine unzulässige dritte Meing des NachlG
liegt aber nicht vor, wenn es von der gebilligten Meing eines TV nur unwesentl abweicht, od wenn sich die
Meingen der TV (zB hinsichtl der Höhe eines Kaufpreises) nur dem Betrag nach unterscheiden u es sich für
einen Betrag entscheidet, der in der Mitte zw dem höchsten u dem niedrigsten Vorschlag bleibt. Vgl Mü
JFG **15**, 344.

5   **3) Der Wegfall** eines TV kann durch Ablehng od Beendigg des Amtes (§§ 2202, 2225–2227) eintreten
sowie bei dauernder tatsächl od rechtl Behinderg, zB infolge Interessenwiderstreits (RG **98**, 174; KGJ **46**,
134) od im Falle des § 181 (§ 34 entspr, Kipp/Coing § 74 III); Vermißter auch vor Amtsannahme (OGH
NJW **50**, 64); weiterghd Oldbg ZJBlBrZ **48**, 144, wonach Wegfall auch dann anzunehmen ist, wenn ein TV
zu der Zeit, in der seine Tätigkeit zu erfolgen hat, nicht zur Vfg steht.

6   **4) Abweichende Anordnungen** kann der **Erblasser** durch letztw Vfg für den Wirkgskreis der TV
treffen, zB Teilg des Aufgabenkreises **(Nebenvollstrecker).** Er kann für Ersatz sorgen od bei Wegfall eines
TV die Beendigg des TestVollstrg überh vorschreiben (KG JR **55**, 65), auch die Entscheidg des NachlG
ausschließen u sie einem Dritten übertragen; nicht aber umgekehrt die GenehmiggsPfl des NachlG vor-
schreiben. Auch kann er nicht die Initiative des einzelnen TV im Rahmen des **II**, die uU zur Pfl werden
kann, lähmen od ausschließen, wie Sinn und Anordg des G ergeben.

7   **5) Ohne Zustimmung der anderen** kann der MitVollstr bei dringl Geschäften (uU auch Beitreibg einer
NachlFdg, RG **98**, 174) tätig werden. Auch die Verteidigg ggü Fordergen, die zu einer Schmälerg des Nachl
führen können, fällt unter die Einzelzuständig eines jeden TV, zB die Einlegg eines Rechtsmittels gg einen
vollstreckb Titel wie Kostenrechng eines Notars (Saarbr NJW **67**, 1137). Im übrigen gelten §§ 677 ff.
Genehmigg nach §§ 177 ff, 185 ist mögl, aber auch notw, wenn **II** nicht gegeben war; in diesem Fall kann er
auch das NachlG **(I 1)** anrufen (RGRK Rn 15).

2225   *Erlöschen des Amtes.* Das Amt des Testamentsvollstreckers erlischt, wenn er
stirbt oder wenn ein Fall eintritt, in welchem die Ernennung nach § 2201 unwirksam
sein würde.

1   **1) Amtsbeendigung.** Das Amt des TV erlischt in den in §§ 2225–2227 genannten Fällen; außerdem bei
Eintritt einer auflösenden Bedingg od Endfrist, bei Ablauf der Frist des § 2210 u durch Erledigg der
zugewiesenen Aufgaben, wobei weder eine Niederleg des Amts noch eine Anzeige an das NachlG od eine
Aufhebg der TestVollstrg notw ist (RG **81**, 166; BGH **41**, 23). Ferner, wenn die Erben nach Erledigg seiner
übrigen Aufgaben vereinbaren, die Auseinandersetzg zu unterlassen und die ErbenGemsch fortzusetzen (vgl
§ 2204 Rn 2; Hannover JR **50**, 693 mAv Hartung). – **aa) Durch Tod** des TV (bei jur Pers durch Verlust der
RechtsFgk) endet stets sein nicht vererbl Amt. Es ist aber nach §§ 2218, 673 S 2 uU durch seinen Erben (od
gesetzl Vertreter des Erben, Kipp/Coing § 75 I) einstw weiterzuführen. – Tod des Erben beendet die
Vollstrg nur, wenn sie gerade für ihn od seine Lebenszeit (vgl § 2338) angeordnet war (Mü NJW **51**, 74).
Ergeben sich nachträgl RückerstattgsAnspr, lebt die TestVollstrg wieder auf (Mü aaO); sie war in Wirklichk

noch gar nicht beendet (RGRK Rn 10). – Prozesse führt der Erbe fort (ZPO 241, 246). – **bb) Durch Geschäftsunfähigkeit** (§ 2201) tritt gleichf endgültige Amtsbeendigg ein. Dies ist auch der Fall, wenn der TV einen Betreuer (§ 1896) od vorläuf Betreuer (BayObLG NJW-RR **95**, 330) zur Besorgg seiner VermögensAngelegenh erhält (§ 2201).

2) Nicht beendet wird das Amt des TV dch entspr Vereinbarg mit den Erben; hieraus kann sich aber eine **2** Verpflichtg zur Amtsniederleg ergeben (BGH NJW **62**, 912; s auch § 2226 Rn 1). Durch NachlVerwaltg, Konkurs über den Nachl od das Vermögen des TV wird sein Amt auch nicht beendet (vgl auch § 2205 Rn 5). Jedoch wird er bei EigenKonk od Abgabe der eidesstattl Vers regelm zu entlassen (§ 2227) sein. – Ein **Streit**, ob die TVstrg als solche beendet ist, kann nur vor dem ProzeßG ausgetragen werden (BGH **41**, 23; KG JR **51**, 732; BayObLG **53**, 360; Schlesw SchlHA **57**, 303). Jedoch hat sich das NachlG als Vorfrage damit zu befassen, wenn die Fortdauer des Amtes Voraussetzg für eine zu treffende Entscheidg (zB üb Entlassg) ist (BayObLG **88**, 42; § 2227 Rn 13).

3) Folgen der Amtsbeendigg sind die Herausgabe- u RechenschPfl (§§ 2218; 666, 667; 259–261), das **3** Kraftloswerden des Zeugnisses (§ 2368 III mit Rn 10) u die Löschg des Grdbuchvermerks (GBO 52) nach GBO 22 I, 84 (dazu Mö-Gladb RhNK **80**, 10). Ob nach Entlassg des TV § 878 Anwendg findet, ist str (s dazu § 878 Rn 11). Hins Unterbrechg anhängiger Prozesse s § 2212 Rn 3. – Die Vollstrg selbst endet dagg dann nicht, wenn Erbl Ersatzbestimmungen traf (§§ 2197 II; 2199 II; 2200; 2224 I 3; RG **156**, 76; Hamm Rpfleger **58**, 15). In diesem Fall kann die Vollstrg auch nicht durch Vereinbg der Erben u des TV aufgehoben werden. – **Zeugnis.** Üb eine Erteilg nach Amtsbeendigg s § 2368 Rn 10 aE; Stgt DNotZ **81**, 294. **4**

2226 *Kündigung.* **Der Testamentsvollstrecker kann das Amt jederzeit kündigen. Die Kündigung erfolgt durch Erklärung gegenüber dem Nachlaßgerichte. Die Vorschriften des § 671 Abs. 2, 3 finden entsprechende Anwendung.**

1) Kündigung steht im Belieben des TV. Die Fortführg des Amtes ist freiwillig wie seine Übernahme **1** (vgl auch § 671 I). Ein Verzicht auf das KündR hindert entspr § 671 III nicht die Künd bei wichtigem Grunde (schwere Erkrankg, anderw Überlastg, Verfeindg mit Erben od Mitvollstr). – Die (formlos mögl) zugegangene Künd (S 2, § 130) ist **unwiderruflich**, aber in gleicher Weise – dch Erklärg ggü dem NachlG – nach § 119 anfechtb (KG RhNZ **32**, 140). Anfechtg der Kündigg verpflichtet zum SchadErs (nicht nach § 122, da das NachlG ja keinen Schaden erleidet) wie unzeitgemäße Kündigg (§§ 671 II, 2219; Staud/Reimann Rn 4). – Teilw Künd ist mögl, wenn mit dem Willen des Erbl vereinb. Dieser kann die Künd u damit die Freiwilligk der Amtsführg nicht ausschließen, wohl aber eine Zuwendg entspr auflösd bedingen. – **Vereinbarung** einer Verpflichtg des TV zur Amtsniederlegg mit dem Erben ist zuläss und einklagb (RG **156**, 75; BGH **25**, 281; NJW **62**, 912; FamRZ **66**, 140; einschränkd Coing JZ **58**, 170). Nichteinhaltg der Vereinbg könnte uU auch einen EntlassgsGrd (§ 2227) darstellen (Hamm JMBl NRW **58**, 101). – **Teilkündigung** ist ges nicht geregelt u nur mögl, wenn dem Test der Wille des Erbl zu entnehmen ist, eine solche zuzulassen. Eine unzuläss führt aber nicht zum Erlöschen des Amtes, weil ihr nicht die Bedeutg einer Gesamtkündigg beigelegt werden kann (Hamm OLGZ **91**, 388 mAv Reimann FamRZ **92**, 117; str). – Unzulässig ist eine Verpflichtg des TV, das Amt jederzeit auf Verlangen eines od aller Erben niederzulegen (BGH **25**, 275), sofern nicht der Erbl dies ausdrückl od stillschw gebilligt hat. – **Gebühr:** KostO 112 I Nr 6.

2) Wirkung. Das Amt des TV erlischt dch die Kündigg. Die Vollstrg als solche endet allerd dann nicht, **2** wenn der Erbl Ersatzbestimmungen getroffen hat (s § 2225 Rn 3). Die Ernennung des ErsatzVollstr (§ 2199 II, III) muß spätestens gleichzeit mit der Kündigg erfolgen (vgl Staud/Reimann § 2199 Rn 6).

3) Einen Streit, ob eine Kündigg des TV-Amtes wirks erfolgt od die erklärte Kündigg wirksam ange- **3** fochten ist, hat das ProzeßG (nicht nach NachlG) zu entscheiden. Das NachlG kann dies nur als Vorfrage prüfen, zB im Rahmen einer Entscheidg nach § 2200.

2227 *Entlassung.* **[I]Das Nachlaßgericht kann den Testamentsvollstrecker auf Antrag eines der Beteiligten entlassen, wenn ein wichtiger Grund vorliegt; ein solcher Grund ist insbesondere grobe Pflichtverletzung oder Unfähigkeit zur ordnungsmäßigen Geschäftsführung.**

[II]Der Testamentsvollstrecker soll vor der Entlassung, wenn tunlich, gehört werden.

1) Die Entlassung setzt eine gültige Ernenng des TV voraus, die vAw zu prüfen ist. Das NachlG (s Rn 9) **1** kann den TV „gegen seinen Willen" (FGG 81 II) entlassen (auch schon vor dem Amtsantritt u Annahme), wenn ein wichtiger Grd vorliegt, aber nicht mehr nach Erlöschen des Amtes (s Rn 13). Es darf nach Stellg des Antr (Rn 7) sich nicht nur auf die Prüfg der vorgebrachten Gründe beschränken, sond hat alle erforderl Ermittlgn vAw vorzunehmen (BayObLG **88**, 42). Die Entlassg bewirkt die endgült Amtsbeendigg; eine nur vorläufige kommt daher nicht in Betr (s Rn 10). – Über Entlassg des TV im Falle seiner Ernenng dch das NachlG ohne Ersuchen des Erbl s § 2200 Rn 4.

2) Wichtiger Grund (I) ist nicht nur bei den im Ges bes genannten Beispielsfällen gegeben (dazu Rn **2** 3; 4), sond kann sich auch aus and objekt Gründen ergeben u liegt auch dann vor, wenn der TV begründeten Anlaß zu der Annahme gibt, daß ein längeres Verbleiben im Amt der Ausführg des ErblWillens hinderlich sei; od daß sich dadch eine erhebl Gefährdg der Interessen der an der Ausführg od am Nachl Beteiligten ergeben würde (BayObLG **85**, 298). Tatsachen, die dem Erbl bei der Berufg des TV **bekannt** waren, rechtfertigen die Entlassg regelm nicht; vielmehr muß dann berücksichtigt werden, ob der Erbl diesen TV nicht ernannt hätte, wenn er die späteren Auswirkgen dieser Tatsachen gekannt hätte (Düss RhNK **65**, 505). – Dch Zeitablauf **verwirkt** sein kann die Berechtigg zur Berufg auf einen die Entlassg rechtfert Vorgang nur bei Hinzutritt bes Umstände.

3   **a) Grobe Pflichtverletzung** ist eine erhebl u zudem schuldhafte Zuwiderhandlg gg die dem TV kr G obliegenden Pflichten (BayObLG FamRZ **91**, 235; 615). Sie kann zB vorliegen bei: Eigennützigem Verhalten (ausnahmsw nicht, wenn TV auch bei pflichtgemäßer Einstellg in der gleichen Weise hätte handeln dürfen, OGH **3**, 242). – Mißachtg der vom Erbl letztw verfügten Verwaltgs-Anordngen (Zweibr Rpfleger **89**, 370). – Bevorzugg einzelner Erben vor den anderen od der eigenen Interessen vor denen der Erben. – Benachteiligg eines MitE (s BGH **25**, 284; Celle OLGZ **78**, 442). – Inanspruchnahme u Einbehaltg einer ganz unangemessenen Vergütg (BayObLG **72**, 380; Rpfleger **80**, 152; Köln NJW-RR **87**, 1097; OLGZ **88**, 26). – Unterlassg der Vorlage eines NachlVerz (§ 2215 I; Hamm OLGZ **86**, 1; LG Ffm BWNotZ **81**, 117); od Verzögerg seiner Erstellg, sofern dadch die Interessen des Erben ernstl gefährdet werden (Köln OLGZ **92**, 192). – Nichtbeachtg von Ersuchen des Erben um Auskunft u Rechngslegg od unzulängl AuskErteilg (BayObLG NJW-RR **88**, 645). – Auswahl od Beibehaltg ungeeigneter Vertreter, insb Generalbevollmächtigter; überh Täuschg des in ihn gesetzten Vertrauens (vgl auch RG **130**, 131).

4   **b) Unfähigkeit** setzt Verschulden nicht voraus, muß aber die VerwaltgsVollstrg des TV so nachhaltig beeinträchtigen, daß von **ordnungsgemäßer** Verwaltg nicht mehr gesprochen werden kann (BayObLG FamRZ **91**, 235). Sie kann sich aus Untätigk ergeben od aus Unvermögen, zB infolge längerer Abwesenh od Krankh (BayObLG FamRZ **91**, 615); Verhaftg; Konk; Bestrafg; erhebl Interessenkonflikt (Dresden JFG **3**, 169); **nicht** aber die bloße Behinderg bei einzelnen Maßn (RG **88**, 173); die Eigensch als NachlGläub (soweit nicht erhebl InteressenGgsätze); die Erschöpfg des Nachl (dann Beendigg; vgl § 2225 Rn 1).

5   **c) Andere Fälle** eines wichtigen Grundes können zB sein: **Feindschaft** zw TV u Erben oder MitVollstr nur unter bes Umst (s Köln OLGZ **69**, 281 mAv Haegele Rpfleger **69**, 207), vor allem wenn sie die ordngsgemäß Amtsführg gefährdet (BayObLG **88**, 42). – Persönl **Spannungen** zwischen TV und (Mit)Erben nur ausnahmsw (Düss ZEV **94**, 302). – Ein auf Tatsachen und nicht nur auf subj Gefühlsmomenten beruhendes, also obj gerechtfert **Mißtrauen** (BayObLG **88**, 42 u st Rspr; Hamm NJW **68**, 800), etwa wenn TV eidesstl Versicherg abgeben mußte u sich daraus greifbare Gefährdg der ErbenInteress ergibt (Hamm Rpfleger **94**, 213). – Erhebl **Interessengegensatz** zwischen TV u Erben (BayObLG **85**, 298; Schlesw SchlHA **58**, 312; Stgt OLGZ **68**, 457; Zweibr Rpfleger **77**, 306; MittBayNot **77**, 238 mAv Kaempfle). –

6   Überschreitg der Befugn dch **Erhöhung von Zuwendungen** aGr nur vermuteten ErblWillens ohne Erbenzustimmg (BayObLG FamRZ **89**, 668). – Erhebliche **Gefährdung** des Erben od der sonst Beteiligten (Düss DNotZ **50**, 67). – Auch ein vor Amtsantritt liegendes Verhalten kann das Mißtrauen begründen (Hamm Rpfleger **94**, 213). – Entlassg kann schon dann zuläss sein, wenn Umstände vorliegen, die den Erbl (wenn er noch lebte) mutmaßl zum Widerruf der Ernenng veranlaßt hätten (BayObLG **85**, 298; Köln aaO); od um eine Absicht des Erbl zum Widerruf, die nicht mehr verwirklicht wurde, zu berücksichtigen (BayObLG FamRZ **91**, 490).

7   **3) Auf Antrag** erfolgt die Entlassg, nicht vAw; auch keine Zurücknahme der gerichtl Ernenng (§ 2200) vAw. Zurücknahme des Antr ist zulässig (Staud/Reimann Rn 13). **Antragsberechtigt** ist jeder Beteiligte, der ein rechtl Interesse an der TVstrg hat (BGH **35**, 296): Erben (NachE); MitE bleiben dies auch, wenn sie ihren Erbteil übertragen (§ 2033) od dieser gepfändet ist, mAv ihres Haftg gem §§ 2382, 2385 fortdauert (KG Recht **29** Nr 1232). – Mitvollstrecker (so noch im Amt, Köln NJW-RR **87**, 1098). – VermächtnNehmer (§ 2219 I). – Auflageberechtigte (§ 2194); nicht aber der Auflagebegünstigte (LG Verden MDR **55**, 231). – PflichttBerechtigte (notfalls ihre gesetzl Vertreter, BayObLG **67**, 239); ihr AntrR wird nicht beeinträchtigt,

8   wenn eine PflichtEntziehg vorliegt, deren Wirksamk zweifelh ist (Hildesheim MDR **64**, 849). – **Nicht** antragsberechtigt sind dagg: Der MitE, der als TV nur üb einen und Erbteil entlassen worden ist (Köln Rpfleger **87**, 313). Auch nicht der GgVormund, der nicht gesetzl Vertreter ist. Ferner nicht Eltern, die der Erbl gem § 1638 von der Verwaltg des dem Kind zugewendeten Nachl ausgeschlossen hat (BGH **106**, 96); allerd kann ein bestellter Pfleger ihren Antr rückwirkend (auch noch in 3. Instanz) genehmigen (BGH aaO). Auch nicht der gewöhnl NachlGläubiger (BGH **35**, 296 mAv Baur JZ **62**, 123), zumal er NachlVerwaltg beantragen kann (§ 1981), od der EigenGläub des Erben, der dessen Erbteil gepfändet hat (LG Stgt BWNotZ **92**, 59). Erst nachf der Staatsanwaltschaft od eine sonst Behörde (MüKo/Brandner Rn 6; aA KG JFG **16**, 74). – EntlassgsAntr des TV selbst ist als Kündigg anzusehen. Der Erbl kann die Entlassg nicht ausschließen (vgl § 2220 Rn 1; RG **133**, 128). – Auf Beschwerde gg Ernenng (§ 2200) können nachträgl eingetretene EntlassgsGrde nicht berücksichtigt werden (Ffm Rpfleger **78**, 118).

9   **4) Entscheidung.** Das NachlG (FGG 72, 73; Richter, RPflG 16 I Nr 5) entscheidet zuerst, ob ein wicht Grd vorliegt; dies ist Tat- u Rechtsfrage (BayObLG **76**, 67). Ob dann wg eines wicht Grdes auch die Entlassg erfolgen soll, ist Ermessensfrage: Trotz Vorliegens eines wicht Grundes können überwiegende Gründe für das Verbleiben des TV sprechen (BayObLG **76**, 67; FamRZ **87**, 101; Hamm NJW **68**, 800; OLGZ **86**, 1; Zweibr DNotZ **73**, 112; Celle OLGZ **78**, 442); dabei sind der (ggf mußmaßl) ErblWille u die Interessen der Beteiligten zu berücksichtigen u ggeinander abzuwägen (Hamm aaO). – Die Entlassung erfolgt nach Anhörg des TV (GG 103 I) u möglichst auch der AntrSt u Beteiligten (sämtl Erben, Hamm Rpfleger **94**, 213) dch Beschluß des NachlG. Mit dessen Zustellg an den Entlassenen (FGG 16) endet das Amt ohne Rücks auf die Rechtskr der Entscheidg (BayObLG **69**, 142); zu den Folgen s § 2225 Rn 3. Einen

10   ErsatzTV kann das NachlG nur ernennen, wenn ein Ersuchen des Erbl vorliegt (§ 2200). – **Vorläufige Anordnungen** kann das NachlG **nicht** treffen (KG JFG **3**, 174). Es kann auch keine zeitweil Entlassg verfügen, weil es nicht die Möglichk hat, während dieser Zeit anderweit Vorsorge zu treffen (Köln OLGZ **87**, 280; H/Winkler Rn 804). Auch die dem BeschwerdeG nach FGG 24 III zustehende Befugn zu einstw Anordngen ermächtigt nicht zu einer vorläuf Entlassg, weil auch das Hauptverfahren nur die endgült Amtsenthebg zum Ziel hat (Köln aaO); wohl aber zur vorläuf Amtsfortführg (BayObLG FamRZ **91**, 235). –

11   **Rechtsmittel** ist bei Entlassg wider Willen des TV die sofortige, bei Ablehng des Antr die unbefristete Beschw (FGG 81, 20); zur sofort weiteren Beschw (FGG 29 II) s BayObLG **85**, 298. Hatte ein TV, der seine Entlassg mit der sof Beschw bekämpft, sein Amt für eine zum Ztpkt gekündigt, in dem über diese noch nicht entschieden ist, erledigt sich das BeschwVerf an dem Tag, auf den gekündigt wurde (BayObLG **69**, 138). Die Beschwerdekammer kann formlose Ermittlgen dch beauftragten Richter dchführen (BayObLG FamRZ

87, 101; dort auch zur Verletzg rechtl Gehörs). Wird Entlassg auf Beschw aufgehoben, entfällt deren Wirksamk u das Amt des TV wird als fortbestehd angesehen (BayObLG **59**, 128; FamRZ **91**, 615). – **Kosten:** Gerichtsgebühren regelt KostO 113. In einem auf Entlassg des TV gerichteten Verfahren sind die 12 den Erben entstandenen außergerichtl Kosten einer unbegründeten Beschwerde des TV zunächst diesem aufzuerlegen (FGG 13a I 2); das schließt jedoch das Recht des TV nicht aus, diese Kosten dem Nachl zu entnehmen od gg die Erben geltd zu machen, wenn er sich in dem Verf in berechtigter Verteidigg des letzten Willens des Erbl befunden hat (Hbg MDR **63**, 423).

5) Aufhebung der Vollstreckung als solcher durch das NachlG ist nicht mögl (Soergel/Damrau Rn 23; 13 s auch H/Winkler Rn 811, 812). Sie läßt sich nur dadurch herbeiführen, daß der TV u die etwaigen Ersatz- männer (§§ 2224 I 2, 3; 2197 II; 2198; 2199) kündigen od entlassen werden, wenn sie auf der Beibehaltg einer wirtschaftl nicht tragbaren Vollstrg uneinsichtig beharren (vgl auch Vogel JW **34**, 1400). Über einen Streit, ob die Vollstrg noch fortbesteht, entscheidet ggf das ProzeßG (SchlHOLG SchlHA **57**, 303; § 2225 Rn 1). Jedoch hat das NachlG im EntlassgsVerf als Vorfrage zu prüfen, ob die TestVollstrg nicht bereits ggstands- los geworden ist (BayObLG **88**, 42; Köln MDR **63**, 763; Hamm Rpfleger **73**, 303; s auch § 2225 Rn 1). Verneint es dies, kann es über Entlassg beschließen.

6) Keine Wiedereinsetzung. Ein TV, der wg eines in seiner Person eingetretenen Grundes rechtskr 14 entlassen ist, hat auch nach Wegfall des Entlassgsgrundes kein Recht auf Wiedereinsetzg in sein früheres Amt (BayObLG **64**, 153 mAv Haegele Rpfleger **64**, 181; SchlHOLG SchlHA **65**, 107); auch nicht der wg Konk entlassene TV nach inzw erfolgter Aufhebg des KonkVerf. Ggf kann eine Ernenng nach § 2200 in Betr kommen.

7) Internationale Zuständigkeit. Bestr ist, ob das deutsche NachlG zur Entscheid über die Entlassg 15 eines TV, dessen Rechtsstellg sich nach ausländ Recht richtet, international zuständ ist (siehe hierzu BayObLG **65**, 377/383; Ffm OLGZ **77**, 180 u allgemein Pinckernelle/Spreen DNotZ **67**, 208f). Kennt das ausländ (ungarische) Recht eine dch Gericht od eine Behörde zu verfügende Entlassg des TV nicht, kann das dtsche NachlG einen hierauf gerichteten Antr auf jeden Fall abweisen (BayObLG aaO).

2228 *Akteneinsicht.* **Das Nachlaßgericht hat die Einsicht der nach § 2198 Abs. 1 Satz 2, § 2199 Abs. 3, § 2202 Abs. 2, § 2226 Satz 2 abgegebenen Erklärungen jedem zu ge- statten, der ein rechtliches Interesse glaubhaft macht.**

Einsicht (vgl § 1953 Rn 7) hat das NachlG als zentrale Auskunftsstelle zu erteilen. Einsicht der Akten u 1 Abschrift beurteilt sich nach FGG 34, 78, 85. Über Erteilg einer Erbscheinsausfertigg an DarlehensGläub nach Tod des Schuldners s KG Rpfleger **78**, 140.

Siebenter Titel. Errichtung und Aufhebung eines Testaments

Einführung

1) Formzwang. Die Errichtg von Test (od ErbVertr) ist nur in den gesetzl festgelegten Formen mögl. 1 Welche dies sind, bestimmt sich in Erbfällen mit Auslandsberührg nach dem Haager Testamentsabkom- men, das für alle nach dem 31. 12. 65 errichteten letztw Vfgen das EGBGB verdrängt (BGH NJW **95**, 58). Es wurde im wesentl inhaltl identisch in EG 26 übernommen; seitdem ist str, ob diese jedenf für ErbVertr geltende Norm für Test im Hinblick auf den Vorrang von StaatsVertr (EG 3 II) eine selbständ Geltg beanspruchen kann (s EG 3 Rn 8; EG 26 Rn 1). Die in der fr DDR vor dem 3. 10. 90 erfolgte TestErrichtg wird nach damaligem Recht beurteilt (s EG 235 § 2). – Das deutsche ErbR entspricht in seiner Formstrenge dem GrdstR. Zum Zweck der erbrechtl Formen s § 2231 Rn 1. Die bei Einführg des BGB noch ausgeprägte- re Formstrenge führte in einer unnötigen Vielzahl zur Nichtigk des ErblWillens (§ 125 BGB). Sie wurde gemildert durch das **Testamentsgesetz** vom 31. 7. 38 (RGBl I 973), das bei Erbfällen **nach dem 4. 8. 38** die 2 Errichtg u Aufhebg von Vfgen vTw nicht mehr den bis dahin geltden Vorschr des BGB unterstellte. Es brachte zahlr Formerleichtergen. Eine zuverläss Wiedergabe des letzten Willens sollte aber gewährleistet sein. Seine Vorschr wurden ohne sachl Änderg dch das am 1. 4. 53 in Kraft getretene GesEinhG vom 5. 3. 53 (BGBl 33) wieder in das BGB übernommen; nur die sprachl Fassg wurde in einigen Fällen (so in §§ 2229, 2247, 2250 u 2273) dem BGB angepaßt. Vom damaligen ÜbergangsR ist auch heute noch bei Erbfällen nach dem 4. 8. 38 für eine davor errichtete Vfg vTw **TestG 51** wg der darin geregelten Überleitg der Former- leichtergen auch auf die früh errichteten letztw Vfgen beachtet; auf abgeschlossene, schon vor dem 4. 8. 38 eingetretene Erbfälle können die milderen FormVorschr dagg nicht rückwirkd angewandt werden (TestG 51 ist zuletzt abgedruckt in der 45. Aufl vor § 2229 Einf 3).

2) Sondervorschriften außerhalb des BGB gelten für das **Konsulartestament.** Die im Ausland von 3 Konsularbeamten (KonsG 18–20; 24) beurkundeten Test und ErbV (KonsG 10 I Nr 1; 11 I) stehen den von einem inländ Notar aufgenommenen Urkunden gleich (KonsG 10 II). Beurkundg soll nur erfolgen, wenn der Erbl Deutscher (GG 116) ist (KonsG 11 I); beim ErbV kann der Vertragspartner auch Ausländer sein. Für das Verfahren gilt das BeurkG mit den sich aus KonsG 10 III Nr 1, 2 ergebenden Abweichungen (dazu allg Geimer DNotZ **78**, 3/18ff). Zur Verwahrg s § 2258a Rn 2; zur Eröffng s § 2260 Rn 2. – Der früher im TestG enthaltene Vorbeh von SonderVorschr für **Wehrmachtsangehörige** wurde nicht übernommen. Die 4 einschläg SonderVorschr für MilitärTest mit ihren Formerleichtergen (WehrmFGG vom 24. 4. 34, RGBl 335 mit VO vom 6. 9. 43, RGBl I 537) sind nur noch für die unter ihrer Geltgszeit errichteten Test von Bedeutg (Einzelh s Staud/Firsching Vorbem 63–73; Soergel/Müller, 10. Aufl, Rn 17–21 je vor § 2229). Sie gelten nicht für die deutsche Bundeswehr. – Zum **Verfolgtentestament** s § 2231 Rn 4.

2229 *Testierfähigkeit.* [I] **Ein Minderjähriger kann ein Testament erst errichten, wenn er das sechzehnte Lebensjahr vollendet hat.**

[II] **Der Minderjährige bedarf zur Errichtung eines Testaments nicht der Zustimmung seines gesetzlichen Vertreters.**

[III] *(aufgehoben mit Wirkg vom 1. 1. 92 dch das BtG)*

[IV] **Wer wegen krankhafter Störung der Geistestätigkeit, wegen Geistesschwäche oder wegen Bewußtseinsstörung nicht in der Lage ist, die Bedeutung einer von ihm abgegebenen Willenserklärung einzusehen und nach dieser Einsicht zu handeln, kann ein Testament nicht errichten.**

1   **1) Testierfähigkeit** ist die Fähigk, ein Test zu errichten, zu ändern od aufzuheben. Obwohl ein Unterfall der GeschFähigk (§ 104 ff), ist sie von dieser unabhäng geregelt (nicht für ErbVertr, § 2275); vgl auch BeurkG 11, 28 („erforderl GeschFähigk"). Sie erfordert die Vorstellg des Erbl, daß er ein Test errichtet u welchen Inhalt die darin enthaltenen letzw Vfgen aufweisen. Er muß dabei in der Lage sein, sich ein klares Urteil zu bilden, welche Tragweite seine Anordngen haben, insbesond welche Wirkgen sie auf die persönl u wirtschaftl Verhältn der Betroffenen ausüben. Das gilt auch für die Gründe, welche für od gg die sittl Berechtigg der Anordngen sprechen. Nach seinem so gebildeten Urteil muß der Testierende frei von Einflüssen Dritter handeln können (allg M; s BGH FamRZ **58**, 127; NJW **59**, 1822; BayObLG **79**, 256/263; FamRZ **86**, 728), wobei er kraft eigenen Entschlusses dchaus Anregungen eines Dritten aufnehmen od sich dch dessen Fdgen u Erwartgen zur Errichtg des Test veranlaßt sehen kann (BayObLG FamRZ **90**, 318). Weiter setzt die Testierfähigk voraus, daß der Erbl imstande ist, den Inhalt des Test von sich aus zu bestimmen u auszudrücken. Sie muß beim Abschluß der Errichtg vorhanden sein (BGH **30**, 294) u soll von der AmtsPers geprüft werden (BeurkG 11, 28). – Nachträgl Verlust der TestierFähigk berührt die Gültigk des Test nicht (s auch Rn 11). – Für die Bestätigg eines im Zustand der Testierunfähig errichteten Test ist eine neuerl Unterschrift notwend. – Es gibt keine je nach Schwierigk des Test abgestufte (relative) TestierFähigk (BGH **30**, 117) u auch keine partielle für einen bestimmten, ggständl abgegrenzten Kreis von Angelegenh (wie bei der GeschFähigk, s § 104 Rn 6), weil die Fähigk zur TestErrichtg entw gegeben ist od ganz fehlt, selbst wenn sich krankhafte Geistesstörgen beim Erbl nur in einzelnen Lebensbereichen auswirkten (BayObLG **91**, 59 unter Klarstellg von BayObLG FamRZ **85**, 539; Weser MittBayNot **92**, 169). Für ein System der abgestuften Testierfähigk bei Betreug ist Dieckmann JZ **88**, 789/795 ff.

2   **a) Unbeschränkt testierfähig** ist jeder Volljährige (§ 2), der nicht unter **IV** fällt (dazu Rn 5). Ist er des Sprechens, Lesens u Schreibens nicht kundig, s §§ 2247 **IV**; 2233 II; III. Bestimmte körperl Gebrechen verhindern nicht rechtl, aber praktisch eine TestErrichtg (s Rn 7–10). Bestand für den Erbl eine **Betreuung** (§ 1896 nF), kann aus seiner Betreugsbedürftigk nicht generell auf seine TestierUnfähigk geschlossen werden. Im Ggteil besteht auch für den Betreuten die Vermutg seiner Testierfähigk, wie dies schon bisher für die mit Einwilligg des Erbl erfolgte Anordng einer GebrechlichkPflegsch (§ 1910 aF) galt (s Rn 13; Weser MittBayNot **92**, 169); seine TestierUnfähigk ist deshalb der allg Regel des **IV** zu entnehmen, wobei zum Nachweis ggf auch auf ein im BetreugsVerf erholtes Gutachten zurückgegriffen werden kann (Hahn FamRZ **91**, 27). Der Betreute ist auch in seiner Testiermöglichk nicht beschränkt (im Ggsatz zum Minderjähr, s Rn 4); das VormschG kann nicht im Einzelfall anordnen, daß er ein Test nur in not Form errichten kann (Hahn aaO, der allerd eine § 2233 entspr Regelg für besser hielte). Auch kann seine TestErrichtg nicht der Einwilligg eines Betreuers vorbehalten werden (§ 1903 II mit Rn 12).

3   **b) Bei ausländischem Erblasser** ist die Anknüpfg der Testierfähigk im IPR gesetzl nicht vorgegeben u str (EG 7 od EG 25; s dazu EG 25 Rn 16; van Venrooy JR **88**, 485). – Über **Staatenlose** vgl EG 5 II. – **Flüchtlinge und Vertriebene** deutscher Volkszugehörigk sind Deutsche (GG 116 I; Art 9 II Nr 5 FamRÄndG); vgl auch EG 5 Anh II.

4   **2) Beschränkt testierfähig** sind zum einen **Minderjährige,** da sie erst nach Vollendg des 16. Lebensjahres testieren können (**I**). Dann benötigen sie nicht die Zustimmg ihres ges Vertreters zur TestErrichtg (**II**), sind allerd auf die Form des öff Test angewiesen u dabei auf die Abgabe mündl Erkl od Übergabe einer offenen Schrift beschränkt (§ 2233 I). Vom privatschriftl Test sind sie ausgeschlossen (§ 2247 IV). – Zum and sind es **stumme** Personen (§ 2233 III; BeurkG 31 mit 22); **Taubstumme,** soweit sie nicht die Lautsprache beherrschen (§ 2233 III; BeurkG 23; 24; 31); **Lesensunkundige** (§ 2233 II; BeurkG 22). – Beim Zusammentreffen verschiedener Behindergen kann praktisch Testierunfähigk eintreten (s Rn 7–10).

5   **3) Testierunfähig** sind Minderjähr unter 16 Jahren immer **(I),** wobei der Tag der Geburt mitzurechnen ist (§ 187 II); ihr ges Vertreter kann nicht für sie testieren. – **Volljährige** sind es dagg nur bei mangelnder Einsichtsfähigk üb die Bedeutg ihrer WillErkl infolge krankhafter Störg ihrer Geistestätigk, Geistesschwäche od Bewußtseinsstörg (**IV**; §§ 104, 105 II), wobei auf den Zeitpkt der TestErrichtg abzustellen ist. Leidet ein Erbl an einer dieser krankh Erscheingen derart, daß ihm die Einsichts- u HandlgsFähgk verlorengegangen ist, reicht es nicht mehr aus, wenn er noch eine allg Vorstellg von der Tats der Errichtg des Test u dem Inhalt seiner Vfgen hat. Nur wenn er auch in der Lage ist, sich über die Tragweite seiner Anordngen, insb auch über ihre Auswirkgen auf die persönl u wirtschaftl Verhältnisse der Betroffenen u über die Gründe, die für u gg ihre sittl Berechtigg sprechen, ein klares Urteil zu bilden u nach diesem Urteil frei von den Einflüssen etwaiger interessierter Dritter zu handeln, ist er testierfäh (s Rn 1; Köln FamRZ **91**, 1356). Psychopathie od Rauschgiftsucht schließen zB die TestierFgk idR nicht aus (BayObLG **56**, 377; **91**, 59/64 f), auch nicht querulator Veranlagg u abnormes PersönlichkBild (BayObLG FamRZ **92**, 724). Bei Cerebralsklerose s zur Notwendigk eines Gesamtbildes BayObLG **79**, 256; Rpfleger **85**, 239. Zu Ermittlg u Nach

6   weis s Rn 13 ff. – Bei **wechselnden Zuständen** des Erbl sind die in lichten Zwischenräumen errichteten Vfgen wirksam. Auch Bewußtseinsstörgen führen nicht ohne weiteres zur TestierUnfgk, wenn noch die EinsichtsFgk nach **IV** vorliegt. Wenn daher der Erbl im Vollbesitz seiner Geisteskräfte dem Notar seinen letzten Willen erklärt, dann aber einen Schlaganfall mit der Folge einer Bewußtseinstrübg erleidet, genügt es, wenn er den am nächsten Tag verlesenen Text versteht u erfaßt, daß es sich um ein Test handelt, und wenn er frei darü entscheiden kann, ob dieses Test wirks werden soll (BGH **30**, 294).

a) Sonderfälle. Bestimmte Doppelbehindergen machen Testieren unmögl (dazu Rossak ZEV **95**, 236; **7** MittBayNot **91**, 143; Ertl MittBayNot **91**, 196 mit verfassgsrechtl Bedenken): **Stumme Schreibensunkundige** od **-unfähige** können zwar nicht aus Rechts-, aber aus Formgründen praktisch nicht testieren (§ 2233 III; BeurkG 31), da ihnen sowohl die schriftl Erkl beim öff Test (BeurkG 31 S 1) wie die Niederschrift beim eigenhänd Test (§ 2247) unmögl ist (Hamm NJW-RR **94**, 593, gg das VerfassgsBeschw eingelegt wurde; Bochum NJW-RR **93**, 969). – Gleiches gilt für **stumme Lesensunkundige** (§ 2233 II, **8** § 2247 IV); auch für **stumme Blinde,** welche die Blindenschrift nicht beherrschen (vgl § 2233 Rn 4). Über Anwendg des § 2276 II s Höfer JurA **70**, 751. – **Taube Analphabeten,** mit denen eine Verständigg unmögl **9** ist, können praktisch auch nicht testieren (s BeurkG 24; Reimann Rn 57). – Ebensowenig **stumme Minder- 10 jährige,** die nicht schreiben können (Reimann Rn 58).

b) Rechtsfolge der Testierunfähig ist, daß das errichtete Test unwirksam ist und bleibt. Es wird also **11** selbst bei späterem Eintritt der TestierFgk nicht wirks, sond muß dann formgerecht neu errichtet werden (§ 141 I). Daher sind auch die bis **31. 12. 91** errichteten Test **Entmündigter** weiterhin unwirks, nachdem **12** bis zu diesem Zeitpkt ein entmündigter Erbl von der Stellg des Antr an ein Test nicht mehr wirks errichten konnte (**III** aF; ZPO 647; 680 aF); etwaige lichte Zwischenräume blieben unberücksichtigt. Dies gilt auch dann, wenn die Entmündigg am 1. 1. 92 kr G in eine Betreug umgewandelt wurde (Art 9 § 1 BtG), zumal diese Umwandlg keine rückwirkende u damit heilende Kraft hat (Hahn FamRZ **91**, 27). Wirks u kein Fall des III 2 aF ist dagg ein nach Antragstellg errichtetes Test (sofern nicht **IV** eingreift), wenn wg Inkrafttreten des BtG nicht mehr eine Entmündigg, sond ledigl eine Betreug angeordnet wurde (Hahn aaO). Zu den ab 1. 1. 92 errichteten Test Betreuter s Rn 2.

4) Beweisfragen (s dazu Baumgärtel/Strieder § 2229). Da die Störg der Geistestätig die Ausnahme **13** bildet, ist ein Erbl solange als testierfäh anzusehen, als nicht das Gegenteil bewiesen ist. Dies gilt auch, wenn für den Erbl GebrechlkPflegsch nach § 1910 aF (BayObLG **82**, 309; **88**, 1099) od Betreug (§ 1896 nF; s Rn 2) bestand. Zweifel an der Testierfähig, die auf konkreten Umständen (nicht nur pauschaler Behauptg) beruhen, hat das NachlG vor Erteilg (od Einziehg) eines ErbSch ohne Bindg an den Vortrag der Beteiligten vAw (§ 2358; BayObLG FamRZ **90**, 2081) zu klären. Dazu sind zunächst die konkreten auffälligen Verhaltensweisen des Erbl aufzuklären, sodann Klarh üb den medizinischen Befund zu schaffen u anschließend die hieraus zu ziehenden Schlüsse zu prüfen (Hamm OLGZ **89**, 271; Rpfleger **89**, 23). Für die Schlußfolgerg wird in aller Regel die eigene Kenntn des Gerichts nicht ausreichen. Daher ist das Gutachten eines fachkund ärztl **Sachverständigen** (Psychiater, nicht bloß prakt Arzt) notwendig (allg M; zB BGH FamRZ **84**, 1003). Auf Antr ist das schriftl Gutachten mündl zu erläutern (FGG 15 iVm ZPO 402; 397; s Hamm OLGZ **92**, 409). Das erstattete Gutachten hat das Gericht auf seinen sachl Gehalt, seine logische Schlüssig sowie darauf zu überprüfen, ob es von dem vom Gericht selbst für erwiesen erachteten Sachverhalt ausgeht (BayObLG **82**, 309); werden im Gutachten Zweifel geäußert, hat das Gericht diesen nachzugehen (BayObLG Rpfleger **88**, 67). An das erholte Gutachten ist das Gericht nicht gebunden (BGH NJW **61**, 2061), sond kann nach dem Grdsatz freier Beweiswürdigg auch abweichen, muß sich dann allerd damit eingehend auseinandersetzen (BayObLG Rpfleger **85**, 239). – Die Einholg eines sog **Obergutachtens** kommt in Betr bei bes schwierigen **14** Fragen od bei groben Mängeln des Erstgutachtens (Widersprüche; Zweifel an der Sachkunde) od bei Zugrundelegg unzutreffender Tatsachen od wenn der neue Sachverständige über überlegene Forschgsmittel verfügt (BGH **53**, 258 f; BayObLG **82**, 315). – Die zur Klärg des Sachverhalts vorab erforderl Vernehmg von **Zeugen** u die Beurteilg ihrer Glaubwürdig u der Glaubhaftig ihrer Bekundgen ist Aufgabe des Gerichts u nicht des Sachverständigen (BayObLG FamRZ **85**, 739; NJW-RR **91**, 1287; zum Ermittlgsumfang s Köln NJW-RR **91**, 1412; **94**, 396); zur Vernehmg ist der Sachverständige zuzuziehen, wenn es nämlich auf seine Sachkunde ankommt (vgl BGH NJW **62**, 1770). Zum ZeugnVerweigersgR zB des behandelnden Arztes s § 2353 Rn 30. Hat der Sachverständige zur Vorbereitg seines Gutachtens AuskPersonen gehört, können ihre Aussagen in der Entscheidg nur verwertet werden, wenn nicht die AufklärgsPfl die richterl Vernehmg gebietet (BayObLG **62**, 219). Den bekundeten Sachverständ Zeugen kommt grdsl erhöhter Beweiswert zu (BayObLG Rpfleger **85**, 239). – **Anscheinsbeweis** kann bei Feststellg der Testierunfähig **15** uU in Betr kommen (BayObLG **79**, 256), insbes wenn Testierunfähig vor u nach der TestErrichtg festgestellt ist (Karlsr OLGZ **82**, 280; Köln NJW-RR **91**, 1412). Die ernsth Möglk eines lichten Intervalls reicht aber zur Erschütterg des ersten Anscheins aus; die hat dazuliegen u zu beweisen, wer Rechte aus dem Test herleitet (BGH NJW **88**, 3011; Karlsr aaO; BayObLG ZEV **94**, 303 mAv Jerschke; wohl auch FamRZ **90**, 801 mAv Rüßmann). Dies ändert jedoch nicht die **Feststellungslast,** die stets denjenigen trifft, der das **16** Test angreift (s § 2353 Rn 31; § 104 Rn 8). Im **Rechtsstreit** trifft BeweisPfl für mangelnde TestierFähig den, der sie behauptet (BGH FamRZ **58**, 127); Ausnahmen s jedoch § 2247 Rn 21. – Unter MitE besteht keine **Auskunftspflicht** üb Umstände betreffend die Testierunfähig (s § 2038 Rn 13).

2230 *aufgehoben mit Wirkg vom 1. 1. 92 dch das BtG. Nach Abschaffg der Entmündigg sind Regelgen üb die Test Entmündigter (§§ 2229 III; 2230 aF) nicht mehr erforderl (dazu Hahn FamRZ **91**, 27).*

2231 *Ordentliche Testamentsformen.* **Ein Testament kann in ordentlicher Form errichtet werden**

1. zur Niederschrift eines Notars;

2. durch eine vom Erblasser nach § 2247 abgegebene Erklärung.

1) Formzwang. Das ErbR ist hins der Einhaltg der ges FormVorschr nicht weniger streng als das **1** GrdstR. Deren **Zweck** ist vor allem, den wirkl Willen des Erbl zur Geltg kommen zu lassen, indem er möglichst deutl zum Ausdruck gebracht wird. Ferner soll der Erbl dch die Form gezwungen sein, sich über den Inhalt seiner Vfg vTw selbst klar zu werden. Auch soll die Echth seiner Erkl sichergestellt u nach Möglk auch die Selbständig seines Willens verbürgt werden. Es soll also verantwortl Testieren gefördert, Streitigk über den TestInhalt hintangehalten werden (BGH **80**, 242 u 246). Selbst ein etwaiges Versagen des Notars entbindet von der Einhaltg der Förmlichkeiten nicht (BGH FamRZ **81**, 651).

2 **2) Zwei ordentliche Testamentsformen,** die erbrechtl gleichwertig sind, sieht das G vor: Das **öffentliche** Test (§§ 2231 Nr 1; 2232; 2233; BeurkG 27–35 mit §§ 1–11, 13, 16, 17, 18, 22–26), zu denen auch das KonsularTest (s Einf 3 vor § 2229) u das BürgermeisterTest (§ 2249) zählen. Ferner das **eigenhändige**
3 Testament (§§ 2247, 2267). – Die **Wahl** zwischen beiden Formen steht dem Erbl frei. Das öff Test hat den Vorzug rechtskund Beratg (BeurkG 17; 30), ersetzt im GB-Verkehr den sonst notwend ErbSch (GBO 35), hat auch weitere Bedeutg (s SchiffsRegO 41, RSchuldbG 16; s auch wg des HandelsReg LG Bln JR **50**, 688) u wird stets in besond amtl Verwahrg genommen (BeurkG 34; §§ 2258a; 2258b). Privatschriftl Test sind dagg einfacher, bequemer u ohne Kosten zu errichten; dch sie können iü auch öffentl Test geändert, ergänzt oder widerrufen werden. Dafür ist bei ihnen die Gefahr des Verlustes, der Unterdrückg od Fälschg höher.

4 **3) Außerordentliche** Testamente sind die **Nottestamente:** BürgermstrTest (§§ 2249, 2250 I), DreizeugenTest (§ 2250 I, III), das SeeTest, § 2251 (Verweisg auf § 2250 III). – Eine Sonderform ist auch das **Konsulartestament** (Einf 3 vor § 2229). Weitere außerordentl TestFormen waren das WehrmachtsTest (vgl Einf 4 vor § 2229) u die VerfolgtenTest nach REG 67 *(BrZ)*, 80 *(AmZ)*, 69 *(Bln)*.

2232 *Öffentliches Testament.* **Zur Niederschrift eines Notars wird ein Testament errichtet, indem der Erblasser dem Notar seinen letzten Willen mündlich erklärt oder ihm eine Schrift mit der Erklärung übergibt, daß die Schrift seinen letzten Willen enthalte. Der Erblasser kann die Schrift offen oder verschlossen übergeben; sie braucht nicht von ihm geschrieben zu sein.**

1 **1) Notarielle Zuständigkeit.** Seit Inkrafttreten des BeurkG am 1. 1. 70 kann das öff Test (ebso der ErbVertr) grdsl nur vor dem Notar errichtet werden (§ 2231 Nr 1; BNotO 20; BeurkG 64; zum Notar im Landesdienst s *Ba-Wü* LFGG 3; 13–25; 48–50). Ausnahmen gelten für das KonsularTest (s Einf 3 vor § 2229) und das BürgermeisterTest (§ 2249). – Für alle vor dem 1. 1. 70 eingetretenen Erbfälle gelten noch die früh Vorschr, die auch eine gerichtl Beurkundg dch das AG vorsahen (§§ 2234ff aF). Eine dem TestG 51 entspr Überleitgsregel (s Einf 2 vor § 2229) wurde nicht geschaffen. – Bei Erbfällen nach dem 1. 1. 70 sind davor errichtete letztw Vfgen also nur gült, wenn sie nicht den strengeren FormVorschr zum ErrichtgsZeitpkt, sond nur den erleichterten Vorschr des BeurkG genügen (Soergel/Harder vor § 2229 Rn 8; MüKo/Burkart vor § 2229 Rn 5; str). Die not Zuständigk gilt auch für WiderrufsTest (§§ 2254; 2258) od den aufhebenden Vertr (§ 2290 IV). – In einem **Prozeßvergleich** kann ein Test nicht errichtet werden (s § 127a Rn 3), wohl aber ein ErbVertr (s § 2276 Rn 9).

2 **2) Das Beurkundungsverfahren** regelt das BeurkG, neben dessen allg Vorschr (BeurkG 1–11; 13; 16–18) spezielle für Vfgen vTw gelten (BeurkG 27–35). Bei Beteiligg behinderter Personen, insbes bei körperl Behinderg des Erbl sowie seiner Schreib- od Sprechunfähigk sind BeurkG 21–27; 31 zu beachten; bei Doppelbehinderg s Rn 15; § 2229 Rn 7–10; § 2233 Rn 2ff. – Die örtl Zuständigk des Notars ergibt sich aus BNotO 11; Verstöße hiergg führen aber nicht zur Unwirksamk der Beurkdg (BeurkG 2). Im Ausland
3 können deutsche Notare nicht wirks beurkunden. – **a) Ausschließungsgründe** bestehen nach BeurkG 6; 7; 27. Danach ist eine Beurkdg zumindest teilweise unwirks, wenn an ihr der Notar od sein Ehegatte od bestimmte Angehörige entw beteiligt waren od in der Vfg vTw bedacht bzw zum TV ernannt wurden.
4 Mitwirkungsverbote ergeben sich für den Notar aus BeurkG 3 (SollVorschr). – **b) Verhandlung und Niederschrift.** Die TestErrichtg besteht stets aus der vom Notar selbst zu führenden Verhandlg (er darf sie nie Dritten überlassen), der Niederschrift (dazu Rn 8), ihrer Vorlesg, dem Genehmigen (Rn 9) u Unterschreiben dch Erbl sowie dem Abschluß dch Unterschrift des Notars u etwaiger sonst mitwirkender Personen. Notar hat Identität u Testierfähigk des Erbl zu prüfen (BeurkG 10; 11; 28), sowie wahren Willen zu erforschen, den Sachverhalt zu klären, üb die rechtl Tragweite des Geschäfts zu belehren u die Erkl des
5 Erbl unzweideut wiederzugeben (BeurkG 17). – **c) Verschließung** sowie die bes amtl **Verwahrung** öff
6 Test regeln BeurkG 34 u §§ 2258a; b. – **d) Kosten** s KostO 46; 141.

7 **3) Mündliche Erklärung** zur Niederschrift des Notars (Satz 1, Altern 1) ist die eine der beiden Errichtgsformen (zur and s Rn 10ff). Auch eine Verbindg beider Formen ist mögl (Soergel/Harder Rn 14). Die mündl Erkl richtet sich an Notar u muß mit verständl ausgesprochenen Worten abgegeben werden (unverständl Lallen daher unzureichd). Sie darf nicht nur dch Zeichen od Gebärden zum Ausdruck kommen (BGH **2**, 172; BayObLG **68**, 272), kann also nicht dch Kopfnicken, Gebärden od sonst Zeichen bewirkt werden (BGH aaO; Hamm NJW-RR **94**, 593). Sie kann aber dch abschnittsweises Vorlesen eines zuvor niedergeschrieb TestEntwurfs u mündl erklärte Bejahg der Richtigk dch den Erbl zum Ausdruck kommen (s BGH **37**, 84; BayObLG **68**, 272f). Es genügt dann (noch) ein bloßes Jasagen des Erbl auf Fragen des Notars, wobei auch ein von einem Dritten (in Abwesenh des Erbl) gefertigter Entwurf verwendet werden kann (KG DNotZ **60**, 485). Die von der RSicherh gezogene Grenze ist jedoch überschritten, wenn ein fast taubstummer Erbl die ihm vorgelegte Urk selbst liest u dann einen gerade noch verständl, vom Notar als Bejahg empfundenen Laut von sich gibt (Hamm OLGZ **89**, 20 mAv Burkart DNotZ **89**, 587), zumal mangelnde Hörfähigk zur Beachtg von BeurkG 23 (auch bei der Genehmigg) zwingt.

8 **a) Die Niederschrift** ist grdsl in deutscher Sprache zu errichten (nur auf Verlangen in einer and, BeurkG 5, wobei dann zur Übersetzg BeurkG 16; 32 gelten). Sie muß die Erklärg des Erbl enthalten (BeurkG 9 I 1 Nr 2), in Ggwart des Notars vorgelesen, genehmigt u eigenhänd unterschrieben werden (BeurkG 13 I); zur Schreibhilfe bei Unterzeichnung s § 2247 Rn 6. – Bei Schreibunfähigk ist Schreibzeuge od 2. Notar zuzuziehen (BeurkG 25); dies erfordert, daß der Zeuge im Bewußtsein seiner Mitwirkg u Verantwortg an dem BeurkVorgang teilnimmt (BayObLG **84**, 141), beim Verlesen u bei der Genehmigg anwesend ist u die Niederschrift unterschreibt. – Auch Karten usw können Ggst der Niederschr sein (BeurkG 9 I 3). Die Erklärgen können auch in einem Schriftstück enthalten sein, auf das in der Niederschr verwiesen wurde und

das mit vorgelesen werden muß (Anl; BeurkG 9 I 2); handelt es sich bei dem Schriftstück, auf das verwiesen wurde, um eine andere not Niederschr, kann auf deren Vorlesg u Beifügg verzichtet werden (§ 13 a). – Die Unterschrift des Notars auf der Niederschrift fordert BeurkG 13 III; fehlt sie, genügt gem BeurkG 35 die Unterschrift auf dem verschlossenen Umschlag, in den die Niederschrift zu nehmen ist (BeurkG 34). – Ein not Test, das eine Erbeinsetzg enthält, ermangelt der ges Form (§ 125), wenn in der Niederschr die einge-setzte Pers nicht wenigstens andeutgsweise genannt od sonst zu bestimmen ist, weil es nicht die erhöhte Sicherh vor nachträgl Veränderg u Verfälschgen liefert u hins der zuverläss Willensüberliefg keinerlei Vorzug vor einer nicht beurkundeten mündl Erklärg verdient (BGH **80**, 246). Über den Formmangel kann auch nicht bei etwaigem Versagen des Notars hinweggesehen werden (BGH aaO u NJW **81**, 1900 gg Kegel, FS Flume, 1978, S. 554 ff).

b) Die Genehmigung der Niederschr nach BeurkG 13 I u die Erkl des letzten Willens können in einem **9** Akt vollzogen werden. Die bloß stillschweigde Genehmigg (zB dch Kopfnicken) der vorgelesenen Nie-derschr od ihre Unterzeichng (BeurkG 13 I), insb Stillschweigen zum Diktat, ersetzt die Erkl des letzten Willens nicht (KG aaO). Es genügt aber, wenn der Erbl nach vollständ Vorlesg auf die Frage nach der Richtigk des Vorgelesenen – mag das Test auch mehrere Vfgen vTw enthalten – sein Einverständn mit Worten zu erkennen gibt, mag er auch zwischendurch nur dch Gesten zugestimmt haben (RGZ **161**, 381; auch Reimann Rn 14). Hat der schreibunfäh Erbl seinen letzten Willen mündl erklärt, kann er die danach noch erforderl Genehmigg der Niederschr auch dch Kopfnicken zum Ausdr bringen. Zum Beweis der Richtigk der TestErrichtg kommt der not Urkunde erhöhte Beweiskraft zu (ZPO 415; Ffm NJW-RR **90**, 717). Bei gemschaftl Test, bei denen häufig der eine Eheg allein spricht, ist darauf zu achten, daß sich auch der and mündl erklärt.

4) Testamentserrichtung durch Übergabe einer Schrift (S 1, 2. Altern; S 2) mit der Erkl des Erbl, **10** daß sie seinen letzten Willen enthalte, ist die zweite ErrichtgsForm. Die offene od verschlossene Schrift muß nicht von Hand zu Hand übergeben werden. Es genügt zB, wenn der Notar die von ihm selbst gefertigte Schrift an das Krankenlager des Erbl mitbringt, sie vor diesem vorliest u der Erbl in der Lage ist, sie an sich zu nehmen, u er seinen ÜbergWillen erklärt (RG **150**, 191; Schlüter § 17 III 3 b). – Die Erkl des Erbl kann auch in der allg Genehmigg der Niederschr gem BeurkG 13 I erblickt werden (Soergel/Harder Rn 7).

a) Die Schrift braucht vom Erbl nicht selbst geschrieben zu sein. Sie kann von einem Dritten (zB der **11** UrkPers) entworfen sein (KG DNotZ **60**, 487; vgl BGH **37**, 85); der Dritte ist dadch von der Bedenkg in dem Test nicht ausgeschl (wg Bedenkg der an der Beurk Mitwirkenden s aber BeurkG 27 mit 7, 26 I Nr 2). Die Schrift kann in jeder Form (Druck, Maschinenschr, Lithographie, Pause, Blindenschrift, Kurzschrift od auch in fremden Schriftzeichen u fremder Sprache) gefertigt sein. Der Erbl muß den Inhalt kennen (MüKo/ Burkart Rn 25; Erman/Hense/ Schmidt Rn 5; aM Soergel/Harder Rn 4; Staud/Firsching Rn 24). Datum, Ortsangabe u Unterschrift sind überflüss. – Von der **offen** übergegebenen Schrift soll der Notar vom Inhalt **12** Kenntn nehmen, sofern er der Sprache, in der die Schrift verfaßt ist, hinreichend kundig ist (BeurkG 30 S 4). Die Prüfgs- u BelehrgsPfl (BeurkG 17) umfaßt in diesem Fall auch den Inhalt der offen übergebenen Schrift. – Die **verschlossen** übergebene Schrift ist erst bei der TestEröffg (§ 2260 II) zu öffnen. Auch hier ist der **13** Notar aber berecht, wenn auch nicht verpflichtet, den Erbl über den Inhalt zu befragen u ihn auf mögl Bedenken hinzuweisen (Reimann BeurkG 30 Rn 10; Erman/Hense/Schmidt Rn 5; s auch BeurkG 27 mit 7; 24 II; 26 I Nr 2; ferner § 17). Minderjährige können auf diese Weise allerd nicht testieren (§ 2233 I).

b) Der Niederschrift (Rn 9) soll die Schrift des Erbl beigefügt werden mit einer Kennzeichng, die **14** Verwechslg ausschließt (s Keidel/ Winkler, BeurkG 30 Rn 7); einer Vorlesg der Schrift bedarf es nicht (BeurkG 30 S 2, 5). Sie muß die Feststellg enthalten, daß die Schrift übergeben worden ist (BeurkG 30 S 1); andernfalls ist die Beurkdg unwirks, auch wenn die Übergabe tatsächl erfolgt ist. Auch soll vermerkt werden, ob sie offen od verschlossen übergeben worden ist (BeurkG 30 S 3). – Die übergebene Schrift wird nicht Bestandteil der Niederschr; wohl aber gilt sie als Bestandteil des öffentl Test (Soergel/Harder Rn 10).

5) Sonderfälle: Bei **Minderjährigen** s § 2233 I; 2229 I. – Für **Sprachunkundige** sind gem § 2232 III **15** von BeurkG 16 mit 6, 7; 27; 32 zu beachten. – **Stumme** können gem § 2233 III ein öffentl Test nur dch Übergabe einer Schrift errichten (s auch BeurkG 22, 31); bei Taubstummen ist auch BeurkG 23 heranzuzie-hen. Ist der Stumme schreib- od lesensunfähig, kann er überh kein Test errichten (BeurkG 31; §§ 2233 III, 2247 IV; s 2229 Rn 7; Rossak MittBayNot **91**, 193; ZEV **95**, 236 verlangt verfassgskonforme GAuslegg). – **Taube** können ein öffentl Test in allen drei Arten errichten; wg des Verf s BeurkG 22 ff. – **Blinde,** welche die Blindenschrift beherrschen, können dch Überg einer Blindenschrift testieren (Soergel/Harder § 2233 Rn 3), andernf nur dch mündl Erkl (s § 2233 II); zum Verf s BeurkG 22. Ist der Blinde schreibunfäh, also nicht in der Lage, die erforderl eigenhänd NamensUnterschr zu leisten (Jansen BeurkG 25 Rn 2), greift BeurkG 25 Platz. Die Errichtg eines privatschriftl Test ist dem Blinden nicht mögl (§ 2247 Rn 6). – Über Errichtg öffentl Test in **fremder Sprache** s BeurkG 5 II; 16; 32.

2233 *Sonderfälle der Errichtung.* [1]Ist der Erblasser minderjährig, so kann er das Testa-ment nur durch mündliche Erklärung oder durch Übergabe einer offenen Schrift errichten.

[2]Ist der Erblasser nach seinen Angaben oder nach der Überzeugung des Notars nicht imstande, Geschriebenes zu lesen, so kann er das Testament nur durch mündliche Erklärung errichten.

[3]Vermag der Erblasser nach seinen Angaben oder nach der Überzeugung des Notars nicht hinreichend zu sprechen, so kann er das Testament nur durch Übergabe einer Schrift errichten.

1) Minderjährige (I) sind erst nach Erreichg des 16. Lebensjahres testierfäh (§ 2229 I). Nicht minderjähr **1** war, wer für volljähr erklärt worden war (§§ 3–5, ab 1. 1. 75 aufgeh dch das VolljkG). Die Volljährigk wird mit Vollendg des 18. LebensJ erreicht (§ 2). S auch § 2229 Rn 4. – Der testierfähige Minderjähr kann **nur** in der Form eines öffentl Test letztw Vfg u auch so nur dch mündl Erkl vor dem Notar od dch Überg einer offenen Schrift (§ 2232). Dch Übergabe einer verschlossenen Schrift kann er nicht testieren wie er auch ein privatschriftl Test nicht errichten kann (§ 2247 IV). Der Zustimmg seines gesetzl Vertr bedarf er nicht (2229 II). Aus **III** ergibt sich, daß auch testierfäh Mj, die nicht hinreichd zu sprechen vermögen, dch Überg einer offenen Schrift ein Test errichten können (s auch BeurkG 22, 24, 31). § 2233 I ist eine zwingde Vorschr, so daß bei Verstoß eine Heilg nach Eintritt der Volljährigk nicht mögl ist (Soergel/Harder Rn 2).

2   **2) Lesensunfähige (II)** können ein Test nur dch mündl Erklärg errichten; bei Doppelbehinderg s § 2229 Rn 7–10. Es genügt die Angabe des Erbl, nicht hinreichd sprechen zu können. Maßgebl ist dann die Überzeugg des Notars (Rn 2), die dch Irrtum nicht dch abweichde Feststellgn des Gerichts ersetzt werden kann (Köln FGPrax **95**, 69, auch zu Beweisfragen). **III** ist zwingde Vorschr, so daß Verstoß zur Nichtigk des Test führt, falls Erbl tatsächl nicht sprechen konnte u dies dem Notar erkl hat od wenn Notar hiervon überzeugt war (Rn 2). – **a) Lesensunfäh** ist, wem die Fähigk, den Text einer Schrift zu entziffern, abgeht; trotz Vorliegen dieser Fähigk auch, wer die in einer fremden Schrift verwendeten Zeichen inhaltl nicht verstehen kann (Soergel/Harder Rn 3). Lesensunfäh sind also zB Analphabeten; auch Blinde, welche die Blindenschr nicht beherrschen; uU auch hochgrad Schwachsichtige (s SchlHOLG SchlHA **70**, 138) u dergl. Ob ein Erbl lesensunfäh ist, richtet sich in erster Linie danach, ob er sich für lesensunfäh erklärt; an diese Erkl ist der Notar gebunden. Daneben wird auf die Überzeugg des Notars abgestellt für den Fall, daß der Erbl seine vom Notar erkannte Lesensunfähigk nicht zugeben will. – Die **Erklärung** des Beteiligten, Geschriebenes nicht lesen zu können, od die Überzeugg des Notars hiervon, soll in die Niederschr aufgenommen werden (wie dies BeurkG 22 I 2 für Blinde vorschreibt). – **b) Nur durch mündliche Erklärung** vor dem Notar können Lesensunfähige iSv **II** ein Test errichten (§ 2232). Auch die Errichtg eines eigenhänd Test ist nicht mögl (§ 2247 IV). § 2233 II ist eine zwingde Vorschr. Das dch Überg einer Schrift errichtete Test eines Leseunfäh ist gleichwohl nur dann nichtig, wenn der Erbl tatsächl nicht lesen konnte u wenn er seine Lesensunfähigk entw dem Notar angegeben hatte od dieser der Überzeugg war, daß der Erbl nicht imstande ist, Geschriebenes zu lesen; ein Irrt des Notars über die tatsächl Voraussetzgn der Lesensunfähigk macht das Test nicht unwirks (RGRK Rn 3; Soergel/Harder Rn 4).

3   **3) Stumme (III)** können ein Test nur dch Überg einer (offenen od verschlossenen) Schrift errichten (§ 2232 Rn 10, 11); bei Doppelbehinderg s § 2229 Rn 7–10. Es genügt die Angabe des Erbl, nicht hinreichd sprechen zu können. Maßgebl ist dann die Überzeugg des Notars (Rn 2), die bei Irrtum nicht dch abweichde Feststellgn des Gerichts ersetzt werden kann (Köln FGPrax **95**, 69, auch zu Beweisfragen). **III** ist zwingende Vorschr, so daß Verstoß zur Nichtigk des Test führt, falls Erbl tatsächl nicht sprechen konnte u dem
4   Notar erkl hat od wenn Notar hiervon überzeugt war (Rn 2). – **a) Stumm** iSv **III** sind Personen, die nicht hinreichd zu sprechen vermögen. Am Sprechen verhindert ist ein Erbl, der nur unartikuliert lallen kann. Der Grd der Verhinderg am Sprechen ist rechtl ohne Bedeutg; es kann dies zB eine Erkrankg der Sprachorgane, ein Schlaganfall, ein ärztl Sprechverbot sein (Reimann Rn 22, 23). Bloße Zeichen od Gebärden reichen als Ausdrucksmittel allein nicht aus; nicht stumm ist aber ein Erbl, der das Sprechen zu einzelnen Punkten dch Zeichen od Gebärden unterstützen od ersetzen muß (Köln MDR **57**, 740; BayObLG **68**, 272; Reimann Rn 22; dazu auch Rossak MittBayNot **91**, 193; ZEV **95**, 236). – Ist der Stumme noch minderjähr, kann er nur dch Übergabe einer offenen Schrift testieren (§ 2233 II). Ein schreibunfäh Stummer kann überh kein Test errichten, ebenso ein Stummer, mit dem eine schriftl Verständigg nicht mögl ist (BeurkG 31 S 1; vgl
5   § 2229 Rn 8; Jansen BeurkG 31 Rn 8). – **b) Das Verfahren** regeln BeurkG 31 mit 22. Der Erbl muß mit der Übergabe der Schrift die Erkl verbinden, daß sie seinen letzten Willen enthalte. Diese Erkl muß er bei der Verhandlg eigenhändig in die Niederschr od auf ein besond Blatt in Ggwart des Notars (u des Zeugen bzw zweiten Notars, BeurkG 22) schreiben. Zu den Feststellgn in der Niederschr s BeurkG 22 I 2; 31 S 2. Bei Taubstummen ist auch noch BeurkG 23 zu beachten.

2234–2246 enthielten verfahrensrechtl Regelgen u sind am 1. 1. 70 mit Inkrafttreten des BeurkG weggefallen, jedoch für alle bis 31. 12. 69 errichteten öff Test weiterhin maßgebl (s § 2232 Rn 1).

2247 **Eigenhändiges Testament.** [I]Der Erblasser kann ein Testament durch eine eigenhändig geschriebene und unterschriebene Erklärung errichten.

[II]Der Erblasser soll in der Erklärung angeben, zu welcher Zeit (Tag, Monat und Jahr) und an welchem Ort er sie niedergeschrieben hat.

[III]Die Unterschrift soll den Vornamen und den Familiennamen des Erblassers enthalten. Unterschreibt der Erblasser in einer anderen Weise und reicht diese Unterzeichnung zur Feststellung der Urheberschaft des Erblassers und der Ernstlichkeit seiner Erklärung aus, so steht eine solche Unterzeichnung der Gültigkeit des Testaments nicht entgegen.

[IV]Wer minderjährig ist oder Geschriebenes nicht zu lesen vermag, kann ein Testament nicht nach obigen Vorschriften errichten.

[V]Enthält ein nach Absatz 1 errichtetes Testament keine Angabe über die Zeit der Errichtung und ergeben sich hieraus Zweifel über seine Gültigkeit, so ist das Testament nur dann als gültig anzusehen, wenn sich die notwendigen Feststellungen über die Zeit der Errichtung anderweit treffen lassen. Dasselbe gilt entsprechend für ein Testament, das keine Angabe über den Ort der Errichtung enthält.

1   **1) Zwingendes Formerfordernis** eines privatschrift Test ist, daß es vom Erbl in seinem gesamten Wortlaut **eigenhändig** geschrieben u unterschrieben wurde (**I**; s § 2231 Rn 1), so daß dieser also seinen letzten Willen nicht wirks zB auf Tonband sprechen kann. In der Wahl der TestForm ist der Erbl frei, nicht aber bezügl deren Einhaltg (zu den jeweil Vorzügen u Nachteilen s § 2231 Rn 3). Die Zuziehg von Zeugen ist für die eigenhänd TestErrichtg unnötig u unübl, aber auch unschädl. Die Angabe von Zeit und Ort sowie der Gebrauch einer vollständ Unterschrift ist seit den Formerleichtergn dch das TestG (s Einf 2 vor § 2229)

nicht mehr zwingend, wird vom Ges aber weiterhin dch SollVorschr angeraten (**II, III**), um Beweisschwierig u damit eine mögl Ungültig zu vermeiden (**III; V;** s Rn 12; 17). – Verstoß gg **I** bewirkt **Nichtigkeit** (§ 125) des Test, selbst wenn die Urhebersch des Erbl u die Ernstlichk seiner Erkl feststehen (zB bei mit Schreibmaschine geschriebenem Test). Der favor testamenti (§ 2084) hilft nicht üb fehlende FormErfordern hinweg (§ 2084 Rn 18). Auch die Ermittlg des Inhalts mehrdeut Test findet ihre Grenze an den FormVorschr: Ein Wille des Erbl, der in dem Test nicht enthalten u nicht einmal angedeutet ist, ermangelt der ges Form u ist gem § 125 nichtig (s § 2084 Rn 4). Deshalb kann zB die letztw Anordng der „gesetzl Erbfolge" nicht als unschädl falsche Bezeichg einer bestimmten Pers angesehen werden, weil sie ledigl als Verweisg auf die gesetzl Regelg zu verstehen u als anderer Wille formungült ist (BGH **80**, 246). Formungült ist ein Test auch, wenn der Erbl versehentl nicht erklärt hat, wer als Erbe eingesetzt ist (Köln Rpfleger **81**, 357). Der dch formnichtige Vfg Eingesetzte kann ein Recht am Nachl auch nicht unter Berufg auf Treu u Glauben (§ 242) geltend machen (s § 2359 Rn 1). Die Erben sind jedoch nicht gehindert, den Inhalt des nichtigen Test vertragl anzuerkennen (s Bengel Rn 57; 58). – Für die **Aufbewahrung** des errichteten Test u sein Auffinden beim Erbfall ist der Erbl selbst verantwortl. Auf sein Verlangen wird es von jedem AG verwahrt (§§ 2248; 2258a II Nr 3). Aus dieser Verwahrg kann es der Erbl persönl jederzeit wieder zurückverlangen, ohne daß dadch die Gültigk berührt wird (§ 2256 II; III).

2) Testierwille. Die niedergelegte Erkl muß auf einem ernstl Testierwillen beruhen. Dies ist bei einem **2** formgerecht abgefaßten u inhaltl vollständ Test idR nicht zweifelh (KG OLGZ **91**, 144). Die Form der Eigenhändigk soll also neben anderen Zwecken (s auch § 2231 Rn 1) dazu dienen, Vorüberleggen u Entwürfe von der maßgebenden Vfg exakt abzugrenzen sowie erhöhte Sicherh vor Verfälschgen des ErblWillens bieten (BGH **80**, 242; s auch Grundmann AcP **187**, 429). Nur wenn die Umstände Anlaß zu Zweifeln bieten, ist zu prüfen, ob es sich bei der Urk nur um einen **Entwurf** handelt. Hat zB der Erbl am **3** gleichen Tag mehrere „Testamente" verschiedenen od widersprüchl Inhalts angefertigt, müssen diese Schriftstücke nicht schon nur wg Einhaltg der Form als entgült letztw Vfgen betrachtet werden (BayObLG FamRZ **89**, 1124; **93**, 117). Andrers muß nicht allein wg Niederlegg auf ungewöhnl Unterlage (wie Briefumschlag) od wg Aufbewahrg an ungewöhnl Ort (zB im Scheckheft; Schuhkarton) Entwurf angenommen werden (BayObLG FamRZ **92**, 226; 1206). Im Zw ist dch Heranziehg aller erheblichen, auch außerh der Urkunde liegden Umstände u der allg Lebenserfahrg zu ermitteln, ob der Erbl rechtsverbindl Anordngen über sein Vermögen nach seinem Tode treffen wollte, zumindest aber das Bewußtsein hatte, das Schriftstück könne uU als sein Test angesehen werden (BayObLG NJW-RR **89**, 1092; BayObLG **70**, 173 zur Wirksamk eines als „Entwurf" bezeichneten, aber formgült Schreibens). Die favor testamenti-Regel des § 2084 gilt dafür nicht (s § 2084 Rn 20). – Bei Unaufklärbark trägt Feststellgslast, wer Rechte aus dem Schriftstück herleitet (KG OLGZ **91**, 144). – Auch in einem von Erbl eigenhänd geschriebenen u unterschriebenen **Brief** kann sein letzter Wille enthalten sein, sofern er mit ernstl Testier- **4** willen verfaßt wurde. Dafür ist erforderl, daß der Erbl mit seiner briefl Erkl eine letztw Vfg treffen wollte od sich mindestens dessen bewußt war, der Brief könne als sein Test angesehen werden (BayObLG bei Plötz Rpfleger **90**, 199). Da dies aber nicht den übl Gepflogenheiten entspricht, sind strenge Anfordergen an den Nachw des Testierwillens zu stellen (KG NJW **59**, 1441; Stgt Rpfleger **64**, 148; BayObLG Rpfleger **80**, 189; FamRZ **83**, 836; **90**, 672). S auch BGH WM **76**, 744 (außergewöhnl Umst bei rass Verfolgten); Prior JuS **78**, 772; § 2084 Rn 19.

3) Für die Niederschrift des ganzen TestWortlauts ist die persönliche Herstellg (Ziehen) der Schrift **5** unmittelb mit der Hand (bei Versehrten mit Prothese, Fuß, Mund oä) vorgeschrieben, um die Echtheit des Test aGd der individuellen Schriftzüge nachprüfen zu können. Dieses zwingende Erfordern kann nicht umgangen werden, etwa indem der Erbl einen Dritten ermächtigt, für ihn die letztw Vfg niederzuschreiben (BayObLG FamRZ **90**, 441). Ist die volle Eigenhändigk gewahrt, kommt es nicht mehr auf die äußerl Form des Schreibens (Brief od Postkarte), das Material, Schreibmittel (Tinte, Blei, Farbe, Kreide, Schiefer), die Sprache od Schrift (auch Rundschrift, Schrift in Druckbuchstaben, oder Kurzschrift) an, wenn das Test nur verständl ist u auf ernsth Testierwillen des Erbl beruht, also kein Entwurf od Scherz ist (Haegele BWNotZ **77**, 29; KG FamRZ **77**, 483/484; BayObLG Rpfleger **77**, 438: Test auf gebrauchtem Briefumschlag). Bei Verwendg ausgefallenen Materials ist allerd bes sorgfält zu prüfen, ob es sich nicht um einen bloßen TestEntwurf handelt. Auch die mittels Kohlepapier hergestellte **Durchschrift** eines eigenhändigen Test (Blaupause) ist stets formgerecht u kann Test sein, sofern sie auf einem ernstl Testierwillen beruht u nicht nur Entwurf od bloße Abschrift ist (BGH **47**, 68; BayObLG **95**, 897; BayObLG **65**, 258; FamRZ **86**, 1043), sond zweite Urschrift od sogar das einzige Original (BayObLG Rpfleger **93**, 405); sorgfält Prüfg auf Echth ist aber geboten. Wer sich auf ein solches Schriftstück beruft, hat die Umstände darzutun, aus denen sich ein entspr ErblWille ergibt (dazu Johannsen WM **71**, 405 f); er trägt die Feststellgslast dafür, daß der Erbl mit der Durchschrift eine TestUrschrift errichten wollte (BayObLG Rpfleger **81**, 282). – Abfassg in einer and **Sprache** als der dtschen ist zuläss (Zweibr FamRZ **92**, 608; MüKo/Burkart Rn 11).

a) Die Schriftzeichen müssen von der Hand des Erbl stammen u die verwendete Sprache muß ihm **6** bekannt sein. Die Eigenhändigk fehlt nicht nur bei mechanischer Schrift (Druck, Schreibmaschine, Telegramm), sond auch bei Durchpausen eines von fremder Hand geschriebenen TestEntwurfs od bei Nachmalen eines von fremder Hand stammenden Schriftstücks dch Leseunkundige (Mü DNotZ **37**, 68; BayObLG **65**, 261; BGH **47**, 68). – Der Erbl kann beim Schreiben von einem Dritten **unterstützt** werden, etwa dch Halten des Arms od der Hand. Eine bloße Unterstützg liegt so lange vor, als die Schriftzüge des Erbl von seinem Willen abhängig sind u bestimmt, also nicht von dem Helfer geformt werden (BGH **47**, 68/71); ohne Bedeutg ist dann, ob der Erbl seine eigenvoll Schriftzüge zustande bringt u ob seine Unterschr lesbar ist (BayObLG Rpfleger **85**, 493). Das Test darf also nicht von dem Dritten dch Führen der Hand des Testierenden ohne dessen Willen hergestellt werden. Kann ein Erbl bei der Leistg des Schriftzuges nicht mehr aktiv mitwirken, ist er nicht mehr schreibfäh (BGH NJW **81**, 1900; s auch Köln DNotZ **57**, 158; Stgt BWNotZ **77**, 70). – **Schreibunfähige** müssen öffentl testieren (**IV**). Blinde gehören praktisch immer dazu, auch wenn sie die Blindenschr (od Blindenkurzschr) beherrschen (Hann NJW **72**,

1204; Werner DNotZ **72**, 8; Schulze DNotZ **55**, 625), weil die mit der Hand gefertigte PunktSchr keinen sicheren Schluß auf die Person des Schreibers zuläßt (Soergel/Harder Rn 16 mN; bestr).

7   **b) Zusätze Dritter** od Einschalten in mechanischer Schrift od Abschnitte von fremder Hand gelten als nicht geschrieben u machen nicht das ganze Test ungültig, es sei denn, daß der Erbl den übr Teil nicht ohne die unwirks Vfg geschrieben hätte (BayObLG FamRZ **86**, 726). Mitunterzeichng dch Begünstigte macht Test nicht zu formnicht ErbV (BayObLG **93**, 248).

8   **c) Bezugnahmen** in der Weise, daß Erbl den Inhalt seiner letztw Vfg dch Verweisg auf ein nicht eigenhändig geschriebenes Schriftstück zum Ausdr bringt (früh als sog testamentum mysticum bezeichnet), wahren nicht die Form u können nach den Grdsätzen der §§ 2085, 139 die Nichtigk der gesamten Vfg bewirken, wenn sich die Erbeneinsetzg od die Zuwendg von Vermächtn in der Bezugnahme erschöpft (BGH Rpfleger **80**, 337; BayObLG **79**, 215). Gleiches gilt, wenn sich dch die Bezugnahme überhaupt erst der Testierwille ergibt (Hamm FamRZ **92**, 356 mAv Musielak). Dagg greift es die Formgültigk nicht, wenn die Bezugnahme nur zur näheren Erläuterg der test Bestimmgen erfolgt, es sich also nur um die Auslegg des formgült erklärten wirkl Willens handelt, wozu sie geeignet ist (BGH, BayObLG aaO; Zweibr FamRZ **89**, 900: Verweisg auf Aufllistg mittels KennNr); zur Abgrenzg unzulässiger Bezugnahme von der zur Auslegg gebotenen Heranziehg außertest Umstände s BGH JR **81**, 23 mAv Schubert. — Im gemeinsch eigenhänd Test ist die bloße BeitrittsErkl eines Eheg zur formnichtigen (weil nicht unterschriebenen) HauptErkl des and Eheg nichtig u keine zuläss Bezugnahme (BayObLG **68**, 311).

9   **d) Unlesbare Teile** des Test machen die dort enthaltenen Vfgen unwirks (s § 2085 Rn 3). Ist das ganze Test bereits bei Errichtg obj vollkommen unlesb, liegt keine Erkl im RSinne vor; es ist nichtig u bleibt es, selbst wenn seine Bedeutg dch Umstände außerh der Urk (zB Zeugenaussagen) ermittelt werden kann (Hamm FamRZ **92**, 356). Hat der Erbl allerd eine Geheimschrift benutzt, zu deren Entziffer auf einen Code außerh der Urk zurückgegriffen werden muß, ist sein Wille obj erkennb schriftl niedergelegt u damit formwirks erkl (Musielak in Anm zu Hamm aaO 358). Nicht mehr Lesbares, von dem feststeht, daß es lesbar niedergeschrieben wurde, berührt die Formgültigk des Test nicht; eine andere Frage ist, ob der Inhalt noch ermittelt werden kann (s auch Rn 17). Bei schwer leserlicher Schrift kann später Sachverständiger helfen (KG JW **37**, 2831; s auch Werner DNotZ **72**, 12).

10   **e) Sonstiges.** Anfertig auf mehreren losen Blättern, von denen nur das letzte unterschrieben ist u deren Zusammengehörigk feststeht, ist mögl (Neust Rpfleger **62**, 446); dazu gehört aber nicht ein Ringbuch mit Öffnungsmechanik (Hamm NJW **83**, 689). — Erstellg von mehreren Urschriften ist zulässig. Eine formgültige Niederschr kann uU auch wirks sein, wenn der Erbl noch eine Reinschrift anfertigen wollte (BayObLG **70**, 173/179). – Durchstreichen, Rasuren sind nicht verboten, aber unzweckmäßig, da sie den Beweiswert der Urk beeinträchtigen (ZPO 419) uU als Widerruf angesehen werden können (§ 2255).

11   **4) Die Unterschrift** muß gleichf eigenhänd sein (Rn 5; 6). Durch sie will da G ein Mindestmaß an RSicherh gewährleisten (Identifikation des Erbl; sein Bekenntn zum Inhalt; den Abschluß der Vfg). Leserlichk ist nicht erforderl, wohl aber ein die Identität ausreichd kennzeichnender individueller Schriftzug (vgl BGH Rpfleger **64**, 211; **76**, 127 mAv Vollkommer uwH; Krapp JurBüro **77**, 11). Zweckmäß ist Vor- u Zuname; Handzeichen (§ 126 I), bloße Schnörkel od drei Kreuze genügen nicht (RG **134**, 310). Nach **III** ist aber auch die Unterzeichng „in anderer Weise" wirks, wenn Identität u Ernstlichk festgestellt werden können. Desh kann auch Unterzeichng nur mit dem Vornamen od nur mit Nachnamen od sogar nur mit der Familienbezeichng („Euer Vater") od mit Kose-, Künstlername usw ausreichen, wenn wirkl eine ernstl, endgültige Erklärg vorliegt. In diesen Fällen ist aber bes sorgfält zu prüfen, ob es sich nicht ledigl um einen Entwurf od eine Ankündigg (bes bei BriefTest, s BayObLG **63**, 58 u Rn 4) handelt (Vogels JW **38**, 2162; KG DFG **41**, 9).   **12**   **Abkürzungen** (von Handzeichen od bloßen Schnörkeln abgesehen) sind wohl zulässig, wenn im Zweifelsfall der Erbl (**III** S 2) u untervorliegen bloßen Entwurfs feststellbar ist; zB „F. M." od „Mü." statt „Ferdinand Mühlens". Ebso, wenn Erbl unter Abkürzg bekannt war u sich ihrer stets bedient hat (str; wie hier Celle NJW **77**, 1690; Stgt Just **77**, 378; Soergel/Harder Rn 26, 27 mwH; aA amtl Begr DJ **38**, 1257; RGRK Rn 17; Staud/Firsching Rn 52, da dies den Erfordern einer Unterschr nicht entspreche; vgl auch BGH Betr **67**, 1628), da die Erfordern hinsichtl der Identitätsbezeichng nach **III** äußerst gering sind, so daß auch nachlässige Form genügend ist. Dem Sinne des G entspricht es jedenf eher, den letzten Willen an diesen Formalien nicht scheitern zu lassen (s auch Bengel Rn 24–26; Brox § 11 III 2a).

13   **a) Als Abschluß** der Urk muß die Unterschrift am Schluß des Textes stehen, um diesen auch räuml abzudecken (Oberschrift ist keine Unterschrift, BGH **113**, 48 mAv Köhler JZ **91**, 408); unerhebl ist allerd, wenn nach ihr noch Zeit- u Ortsangabe folgt. Bei einem vollbeschriebenen Blatt kann die Unterschr aber auch quergeschrieben sein, od mangels freien Raums am Textende daneben stehen (BayObLG **81**, 79; FamRZ **86**, 728; Hamm FamRZ **86**, 728; vgl zur „Nebenschrift" aber auch allg BGH NJW **92**, 829). Auch zeitl wird sie im Regelfall als Abschluß unter den fertigen Text gesetzt. Allerd ist nicht notwend, daß Abschluß der ErrichtsHandlg u Unterschr zeitl zusammenfallen, da die TestErrichtg nicht einheitl od zusammenhängend erfolgen muß (BGH NJW **74**, 1083) u zw der Niederschrift einzelner Teile auch lange Zeiträume liegen können (BayObLG **84**, 194); theoretisch kann sie also auch schon vor dem Text geschrieben werden. – Die bloße **Selbstbezeichnung** des Erbl im Eingangstext seines eigenhänd Test („Ich, Klaus **14**   Schmitt, bestimme als meinen letzten Willen . . .") ist desh noch keine Unterschrift (hM, zB Köln OLGZ **67**, 69; BayObLG FamRZ **88**, 1211; Hamm OLGZ **86**, 292; aA Grundmann AcP **187**, 429/458). Zwar wird hierdch die Person des Testierden bezeichnet; aber die Selbstbezeichng ist nicht Fortsetzg u Abschluß der Vfg. Dies gilt auch dann, wenn die Erkl ihrem äußeren Anschein nach als abgeschlossen darstellt (zB durch die Schlußworte „Dies ist mein letzter Wille" od „geschrieben in meiner Wohnung", „persönlich", BayObLG **79**, 203), da eben diese abgeschlossene Erkl nicht unterschrieben ist (RG DR **42**, 1340; Brschw MDR **55**, 292; Freibg DRZ **49**, 19; aM KG DR **41**, 1464). In den meisten Fällen würde übrigens die Frage, ob die Erkl wirkl abgeschlossen ist, kaum zweifelsfrei gelöst werden können (s von Hippel AkZ **41**, 269). Dagg ist Selbstbezeichng am Schluß der Erkl eine gültige Unterschr, wenn dadurch die Erkl abgeschlossen werden sollte (Düss JMBl NRW **54**, 116; s auch Haegele JurBüro **68**, 343 f).

b) Besonderheiten. Wurde das Test nicht unterzeichnet, ist es aber in einem **Umschlag** aufbewahrt, der 15 mit einer den Inhalt bezeichnenden Aufschrift u der Unterschrift des Erbl versehen ist, kann der Umschlag Teil der TestUrkunde u die TestForm gewahrt sein, wenn der Unterschrift auf dem Umschlag keine selbständ Bedeutg zukommt u wenn sie mit dem Text auf den einliegenden Blättern in einem so engen inneren Zusammenhang steht, daß sie sich nach dem Willen des Erbl u der Verkehrsauffassg als äußere Fortsetzg u Abschluß der einliegenden Erklärg darstellt (BayObLG FamRZ **88**, 1211; Hamm OLGZ **86**, 292). Nach den Umständen des Einzelfalls muß daher beurteilt werden, ob der Umschlag letzter Teil der mehrteiligen TestUrk ist u als solcher auch die Unterschrift tragen kann. Gleiches gilt, wenn vom Erbl nur das Begleitschreiben unterzeichnet wurde, mit dem er sein nicht unterschriebenes Test an Notar übersandte (BayObLG FamRZ **92**, 477). Hamm (aaO) hat allerd die Abschlußfunktion allg verneint bei Unterzeichnung nur eines **unverschlossenen** Umschlags wg der zu losen, jederzeit aufhebbaren Verbindg zwischen Hülle u darin befindl Text (bejaht dagg von BayObLG Rpfleger **86**, 294). – Vom Erbl selbst geschriebene **Anlagen** 16 bedürfen nur dann keiner besonderen Unterschr, wenn sie nach seinem erkennb Willen zum Bestandteil des Test gemacht sind. – Bei **mehrseitigem** Test ist Unterschr auf dem letzten Blatt ausreichend (Soergel/ Harder Rn 28; BayObLG **75**, 243); zum Ringbuch mit Öffnungsmechanik s Hamm NJW **83**, 689.

5) Zeit und Ort sind keine notwend Angaben, sollen aber **(II)** aufgenommen werden, um die Feststellg 17 zu ermöglichen, welches von 2 Test früh errichtet wurde (§ 2258; s dort Rn 1 bei gleichem Datum) u ob bei späterer od zeitweil TestUnfähigk das Test wirks ist. Entspr Angaben sind also keine WillErkl u unterliegen auch nicht dem Formzwang (können also maschinenschriftl sein), sond haben die Bedeutg eines Zeugn des Erbl üb Zeit u Ort seiner TestErrichtg u bis zum Beweis des Gteils die Vermutg der Richtigk für sich (BayObLG FamRZ **91**, 237). Wer ihre Unrichtigk geltd macht, trägt bei Unerweisbark im ErbschVerf Feststellgslast (BayObLG aaO). – Bei **mehreren** Zeitangaben ist die durch die Unterschr gedeckte jüngste maßg; ist aber die Zeit nicht erkennb, so ist die Zeitangabe als fehlend anzusehen (RGRK Rn 28). – Sind vorhanden gewesene Angaben unleserl geworden, gilt nicht **V**, sond freie Beweiswürdigk (KG JW **38**, 1601). – **Fehlen** diese Angaben od sind sie zweideut (zB doppelte Ortsangabe), kommt es aber auf sie an **(V)**, ist jedes Beweismittel zulässig („anderweit").

6) Nachträge. Für die Formgültigk späterer Zusätze ist entscheidend, daß die TestUrkunde zZ des 18 Erbfalls eine die gesamten Erkl deckende Unterschrift aufweist. Der Erbl kann daher zur Errichtg eines formgült Test auch ein Schriftstück benutzen, das er als früh Test od sogar zu anderen Zwecken niedergeschrieben hat, indem er dieses so vollendet, daß es nunmehr gewolltes Test darstellt (BayObLG **84**, 194; **92**, 1131). Die Berichtigg von Schreibfehlern od offensichtl Unrichtigk ist stets ohne Unterzeichng mögl. – **a) Auf demselben Blatt,** also auf der formgült TestUrk angebrachte Nachträge müssen vom Erbl dann nicht gesondert unterzeichnet werden, wenn sie nach seinem festgestellten Willen vor der ursprüngl Unterschr gedeckt sein sollten u das räuml Erscheingsbild der TestUrk dem nicht entggsteht (BGH NJW **74**, 1083; BayObLG **65**, 262; **84**, 194). Befindet sich die Ergänzg unterhalb der Unterschrift, kommt Ausn nur in Betr, wenn Deckg zweifelh ist (Köln FamRZ **94**, 330), zB wg vollgeschriebenem Blatt (Rn 13). Od wenn der ursprüngl Text ohne die Ergänzg lückenh, unvollständ od nicht dchführb wäre u desh der wirkl Wille des Erbl nur aus beiden Erkl ersichtl wird (BGH aaO; BayObLG FamRZ **86**, 835; Ffm NJW-RR **95**, 711); od der Nachtr nur eine Klarstellg od Bekräftigg der früh Vfg enthält (BayObLG FamRZ **91**, 962). – Gesonderte Unterzeichng des Nachtr ist dagg auch bei räuml Abdeckg zur Wirksamk erforderl, wenn der Haupttext noch gar keine letztw Vfgen, sond nur tatsächl Angaben enthält (Hamm Rpfleger **84**, 468); od als früh Test bereits vor dem Nachtr widerrufen worden war (BayObLG **92**, 81; FamRZ **95**, 246; Schlesw SchlHA **76**, 9); od der neue Text ggü der ursprüngl Vfg neue selbständ Vfgen enthält (BayObLG FamRZ **84**, 1270); od der Nachtrag die ursprüngl klare u eindeut Erbeinsetzg dch eine and ersetzt, also Widerruf ist (BayObLG FamRZ **86**, 835). Ist der Nachtrag eigens unterschrieben, kann die Einschaltg in den ursprüngl Text od eine Ergänzg Widerruf od Einschränkg (§§ 2255; 2258) sein. – **b) Auf gesondertem Blatt** gesetzte Nachträge müssen vom Erbl stets eigens unterzeichnet sein, da sie in keinem räuml Zusammenhang mit dem bereits vorhandenen Test stehen u daher den Charakter einer neuen letztw Anordg haben (BGH NJW **74**, 1083; Hamm NJW **83**, 689; BayObLG FamRZ **84**, 1269). Eine inhaltl Anknüpfg allein kann hier das Formerfordern nicht ersetzen (für neue Abgrenzgskriterien dagg Stumpf FamRZ **92**, 1131). – Vgl auch §§ 2085; 2086.

7) Minderjährige und Lesensunfähige (s § 2233 I, II) sind vom eigenhänd Test ausgeschlossen **(IV).** 19 Die Volljährigk tritt seit 1. 1. 75 mit der Vollendg des 18. Lebenj ein (§ 2). Lesefähigk ist eine in der Person des Erbl zu erfüllende Voraussetzg für eigenhändiges Testieren. Die Feststellgslast obliegt daher dem, der sich auf die mangelnde Fähigk beruft (BayObLG Rpfleger **85**, 239). Hat ein Erbl sein Test eigenhänd geschrieben, steht jed nicht sicher fest, ob er zu dieser Zeit noch „Geschriebenes zu lesen vermochte" u kann auch die Beweiserhebg darüber keine Klarheit bringen, ist vom Regelfall auszugehen, daß er lesen konnte (Neust FamRZ **61**, 541 mAv Lutter u Habscheid JZ **62**, 417; Werner DNotZ **72**, 14). Malt aber ein Schreibunkundiger die von einem Anderen erstellte Vorlage ab, ist die Erkl keine eigenhänd (s Rn 6). Hinsichtl des öffentl Test vgl § 2233 I, II mit Rn 1; 2.

8) Beweisfragen: Im ErbscheinsVerf erfolgt Amtsprüfg (s § 2358). Die mat Beweislast für den erbrechtl 20 Charakter einer Erkl trägt, wer aus ihr ein ErbR für sich in Anspr nimmt (BayObLG **62**, 303; Hamm OLGZ **66**, 498). – **a) Eigenhändigkeit.** Echtheit der Unterschr ist noch kein Beweis, aber ein BewAnzeichen für die Eigenhändigk der letztw Erkl (Stgt BWNotZ **77**, 69; Ellw BWNotZ **77**, 91). ZPO 416 u 440 II sind unanwendb, da hier nicht die Abgabe, sond zugl eine bestimmte Form in Frage steht (Hamm OLGZ **93**, 141). Bei vorhandener Zeit- od Ortsangabe spricht eine Vermutg für ihre Richtigk (s Rn 17). Im Zweifelsfall ist im ErbSchVerf vAw (FGG 12) ein schriftvergleichendes Gutachten zu erholen. Dieses kann schriftl od mündl erstattet werden od sich in beigezogenen Akten befinden. Zum SachverständBeweis s § 2229 Rn 13; 14; üb Schriftsachverständige Deitigsmann JZ **53**, 494; Falck JR **56**, 255. Ungeklärten Zweifeln des Gutachters hat das Gericht gem FGG 12 nachzugehen (BayObLG Rpfleger **88**, 67). – Feststellgslast für Echtheit und Eigenhändigk trägt derjenige, der Rechte aus dieser Urkunde herleiten will (BayObLG FamRZ **85**, 837).

21 **b) Fehlt die Zeitangabe,** kommt es aber (zB wegen zeitweiser TestierUnfähigk des Erbl) auf diese an, hat die BewLast derjenige, der sich auf TestGültigk beruft (**V** S 1). Bei BewFälligk ist Test als ungültig anzusehen, obwohl es materiell gültig sein mag. Dasselbe gilt bei Widerspr zw einem datierten u einem undatierten Test (**V** S 1, § 2258 I). – **V** ist entspr anwendb, wenn an der Gültigk eines Test gerade desh Zweifel entstehen, weil es eine Zeitangabe enthält, der Erbl aber zu dem angegebenen Ztpkt testierunfäh war (LG Koblz DNotZ **70**, 426; s auch RGRK Rn 27). – **c) Fehlen der Ortsangabe** (**II**, **V** S 2) führt nicht zur Ungültigk.

2248 Verwahrung des eigenhändigen Testaments.

Ein nach den Vorschriften des § 2247 errichtetes Testament ist auf Verlangen des Erblassers in besondere amtliche Verwahrung zu nehmen (§§ 2258a, 2258b). Dem Erblasser soll über das in Verwahrung genommene Testament ein Hinterlegungsschein erteilt werden.

1 **1) Die Verwahrung** seines eigenhänd Test ist dem Erbl nicht vorgeschrieben u macht es nicht zu einem öffentl. Sie soll die Auffindg des Test beim Erbfall sichern u Schutz vor Unterdrückg u Fälschg bieten. Das Verwahrgsverlangen kann formlos auch durch Vertreter erfolgen. Überbringg durch Boten ist zulässig. Rücknahme aus der Verwahrg ist jederzeit zulässig (§ 2256 II) u kein Widerruf (§ 2256 III).

2 **2) Zuständig** ist beim PrivatTest jedes AG (§ 2258a II Nr 3). – VerwaltgsVorschr: AktO 27 III. S auch § 2258a Rn 1; 2. – Gebühren: KostO 101.

2249 Nottestament vor dem Bürgermeister.

[I]**Ist zu besorgen, daß der Erblasser früher sterben werde, als die Errichtung eines Testaments vor einem Notar möglich ist, so kann er das Testament zur Niederschrift des Bürgermeisters der Gemeinde, in der er sich aufhält, errichten. Der Bürgermeister muß zu der Beurkundung zwei Zeugen zuziehen. Als Zeuge kann nicht zugezogen werden, wer in dem zu beurkundenden Testament bedacht oder zum Testamentsvollstrecker ernannt wird; die Vorschriften der §§ 7, 27 des Beurkundungsgesetzes gelten entsprechend. Für die Errichtung gelten die Vorschriften der §§ 2232, 2233 sowie die Vorschriften der §§ 2, 4, 5 Abs. 1, §§ 6 bis 10, 11 Abs. 1 Satz 2, Abs. 2, § 13 Abs. 1, 3, §§ 16, 17, 23, 24, 26 Abs. 1 Nr. 3, 4, Abs. 2, §§ 27, 28, 30 bis 32, 34, 35 des Beurkundungsgesetzes; der Bürgermeister tritt an die Stelle des Notars. Die Niederschrift muß auch von den Zeugen unterschrieben werden. Vermag der Erblasser nach seinen Angaben oder nach der Überzeugung des Bürgermeisters seinen Namen nicht zu schreiben, so wird die Unterschrift des Erblassers durch die Feststellung dieser Angabe oder Überzeugung in der Niederschrift ersetzt.**

[II]**Die Besorgnis, daß die Errichtung eines Testaments vor einem Notar nicht mehr möglich sein werde, soll in der Niederschrift festgestellt werden. Der Gültigkeit des Testaments steht nicht entgegen, daß die Besorgnis nicht begründet war.**

[III]**Der Bürgermeister soll den Erblasser darauf hinweisen, daß das Testament seine Gültigkeit verliert, wenn der Erblasser den Ablauf der im § 2252 Abs. 1, 2 vorgesehenen Frist überlebt. Er soll in der Niederschrift feststellen, daß dieser Hinweis gegeben ist.**

[IV]**Für die Anwendung der vorstehenden Vorschriften steht der Vorsteher eines Gutsbezirks dem Bürgermeister einer Gemeinde gleich.**

[V]**Das Testament kann auch vor demjenigen errichtet werden, der nach den gesetzlichen Vorschriften zur Vertretung des Bürgermeisters oder des Gutsvorstehers befugt ist. Der Vertreter soll in der Niederschrift angeben, worauf sich seine Vertretungsbefugnis stützt.**

[VI]**Sind bei Abfassung der Niederschrift über die Errichtung des in den vorstehenden Absätzen vorgesehenen Testaments Formfehler unterlaufen, ist aber dennoch mit Sicherheit anzunehmen, daß das Testament eine zuverlässige Wiedergabe der Erklärung des Erblassers enthält, so steht der Formverstoß der Wirksamkeit der Beurkundung nicht entgegen.**

1 **1) Das Bürgermeistertestament** (od GemeindeTest) gehört als NotTest zu den außerordentl Test (s § 2231 Rn 4). Es kann von Ehegatten auch als gemeinschaftl Test errichtet werden (§ 2266). Einen Not-ErbVertr gibt es aber nicht (§ 2276). Da der Bürgermstr als Urkundsperson an die Stelle des Notars tritt (vgl §§ 2256 I; 2258a II Nr 2), steht sein Test wie jedes NotTest, ist aber nur zeitl beschränkt gültig (§ 2252). Die Beweiskraft einer öffentl Urkunde (ZPO 415) hat nur die ordngsmäß Niederschr.

2 **2) Voraussetzungen.** Das NotTest kann nur in zwei bestimmten Situationen errichtet werden: – **a) Bei Absperrung** (§ 2250 I; s dort Rn 2). – **b) Bei Besorgnis des vorzeitigen Ablebens** des Erbl, bevor ihm **3** die Errichtg eines Test vor dem Notar mögl ist (**I**). – Ihr gleichgestellt ist die Besorgnis des Eintritts einer bis zum Tod fortdauernden **Testierunfähigkeit** des Erbl (BGH **3**, 372). Die Befürchtg muß beim **Bürgermeister** als der Urkundsperson vorhanden sein; die des Zeugen oder des Erbl ist unmaßgbl (BGH aaO). Hegt er sie, kommt es nicht mehr darauf an, ob sie auch begründet ist (**II**). Ist die Besorgn objektiv gegeben, ist das NotTest auch dann gült, wenn der Bürgermstr die Besorgn nicht hatte (RG **171**, 29). Nur wenn keine Lebensgefahr bestand und der Bürgermstr dies erkannte, ist das Test ungült, selbst wenn die Besorgn pflichtwidr festgestellt würde. Die nicht rechtzeitige Erreichbark des Notars steht es gleich, wenn dieser nicht tätig werden will (Soergel/Harder Rn 3).

4 **3) Mitwirkende Personen. – a) Der Bürgermeister** od in gemeindefreien Gutsbezirken der Gutsbezirksvorsteher übernimmt die Rolle des Notars (**I** 4; **IV**). Er muß also anwesend sein, mit dem Erbl selbst verhandeln und dessen letzten Willen entgegennehmen. Nach BeurkG 7; 27 ist er ausgeschlossen, wenn er od sein Ehegatte dch das Test bedacht, als TV ernannt werden od einen rechtl Vorteil erlangen soll. Er wird aber nicht dadurch ausgeschlossen, daß seine Gemeinde vom Erbl bedacht wird. Ablehnen kann er die

Beurkdg im Fall von BeurkG 4. – **Zuständig** ist nur der Bürgermstr oder Gutsbezirksvorsteher des Aufenthaltsorts. An Stelle der früh DGO (Bürgermstr § 6, Vertreter § 35, GutsbezVorsteher §§ 12 II, 13, 119) sind heute die Gemeindeordngen maßgebend. Zuständig ist auch der nach der DGO in der früheren *BrZ* bestellte Hauptgemeindebeamte u dessen Vertreter (DVO des ZJA, VOBlBrZ **47**, 9, aufrechterhalten durch Teil II Art 4 Nr 6 GesEinhG); s Zimmermann Rpfleger **70**, 195f. – Befugt ist auch der dch GemeindeO ges bestimmte **Vertreter** des Bürgermstr (**V**), nicht aber ein sonstiger Gemeindeangestellter (KG NJW **5** 47/48, 188). In Hbg ist der Standesbeamte zust (DVO des BGB u Hbg AGBGB v 20. 5. 58, AAnz 441). – Die örtl Unzuständigk des Bürgermstr (Gutsbezirksvorsteher) führt nicht mehr zur Nichtigk des Test. Nach **I 4**, BeurkG 2 ist das Test auch gült, wenn der Bürgermstr (GutsBezVorst) die Beurk außerh seines AmtsBez (Gemeindegebietes) vorgenommen hat. – **Verwaltungsverfügungen:** S die Übersicht bei Soergel/Harder Rn 2; für *Bay* MEntschl vom 24. 2. 70 (MABl 657).

b) Zwei Zeugen muß der Bürgermstr immer zur Beurkdg zuziehen (**I 2**). Die in dem NotTest Bedach- **6** ten od der zum TestVollstr Ernannte sind als Zeugen ungeeignet u ausgeschlossen (**I 3**); Verstoß macht das Test allerd nicht in vollem Umfang unwirks, da BeurkG 7; 27 entspr anzuwenden sind. Mitwirkgsverbote ergeben sich aus BeurkG 26, insbes dessen I Nr 3, 4; II. S auch § 2250 Rn 4; 5.

c) Haftung. Für schuldhafte PflVerletzgen des Bürgermstrs haftet die Gemeinde (GG 34; § 839; Nürnb **7** OLGZ **65**, 157). Gg diese Amtshaftg kann nicht ein Selbstverschulden des Erbl od seines Beraters eingewendet werden, wenn der Erbe des dch die Pflichtverletzg nichtigen Test SchadErsatz verlangt (BGH NJW **56**, 260). – In öff **Krankenhäusern** ist der Träger sowohl öff-rechtl als auch vertragl verpflichtet, organisatorisch sicherzustellen, daß einem testierwilligen Patienten die Errichtg eines wirksamen Test ermöglicht wird (BGH NJW **89**, 2945; **58**, 2107; dazu Schlund ArztR **79**, 206).

4) Testamentserrichtung. Der Errichtungsakt als solcher erfordert hinsichtl aller wesentl Teile die ständige **8** Anwesenh des Bürgermstrs und der beiden Zeugen, andernf das Test nichtig ist (s Rn 12). Vor allen Mitwirkenden erklärt zunächst der Erbl seinen letzten Willen, entw mündl od dch Übergabe einer offenen od verschlossenen Schrift (**I 4**; § 2232). Ist er minderjährig, lese- od sprachunfähig, gelten die SonderVorschr des § 2233. – Anschließend fertigt der Bürgermstr üb die TestErrichtg eine **Niederschrift** (s dazu Rn 10), die er auch in Kurzschrift abfassen kann; ohne eine solche ist das Test nicht wirks errichtet (s Rn 12). Ist sie mangelhaft angefertigt, steht dies der Gültigk dann nicht entgg, wenn in ihr der Inhalt der letztw Erkl des Erbl wiedergegeben u sie vom Aussteller unterschrieben ist (BGH NJW **62**, 1149; s Rn 11). – Die gefertigte Niederschr muß sodann in Anwesenh aller Mitwirkenden dem Erbl **vorgelesen** werden (dies ist nicht etwa **9** wg lauten Diktats der Niederschr entbehrl). – Der Erbl muß die ihm vorgelesene Niederschr **genehmigen**. – Abschließend ist die genehmigte Niederschr vom Erbl, dem Bürgermstr u den beiden Zeugen zu **unterschreiben**; ist der Erbl entw nach seinen Angaben od nach Überzeug des Bürgermstrs (**I 6**) schreibunfähig, ersetzt die entspr Feststell seine Unterschrift (**I 6**). Unterbleibt die Unterschrift aller Mitwirkenden, liegt begriffl keine Niederschrift vor (KG NJW **66**, 1661; BayObLG **79**, 232; Köln Rpfleger **94**, 65; s aber Rn 11). – Wird für die TestErrichtg ein bereits vorbereiteter schriftl Entwurf benutzt, der dem Erbl Satz für Satz vorgelesen u von ihm (nicht nur mit Gebärden) gebilligt wird, kann die mündl Erkl des letzten Willens mit der Verlesg u der Genehmigg der Niederschr in einem Errichtgsvorgang zusammengefaßt werden (RG **161**, 378; Zweibr Rpfleger **87**, 22). – Für die TestErrichtg genügt es, wenn sich aus der erstellten Urkunde die erforderl rechtserhebl Umstände u Erklärgen ergeben, also in ihr irgendwie schriftl niedergelegt sind, u wenn dies in Gegenwart der mitwirkenden Personen erfolgt u dch deren Unterschrift bezeugt ist (BGH **37**, 79/90ff).

a) Die Aufnahme der Niederschr wird gem I 4 dch folgende VerfahrensVorschr des **BeurkG** (Einzeln s **10** dort) mit der Maßgabe geregelt, daß der Bürgermstr an die Stelle des Notars tritt: **§ 5 I:** Errichtg der Urk in dtscher Sprache; in einer and Sprache ist sie ausgeschlossen. – **§§ 8, 9:** Niederschr über die Verhandlg. – **§ 10:** Feststellg der Person des Erbl. – **§ 11 I 2, II:** Feststellen über GeschFgk (TestierFgk). – **§ 13 I, III:** Vorlesen, Genehmigen, Unterschreiben der Niederschr. – **§ 16:** Übersetzg der Niederschr. – **§ 17:** Prüfgs- u BelehrgsPfl. – **§§ 23, 24:** SonderVorschr für taube Erbl, für Taube u Stumme, mit denen eine schriftl Verständigg nicht mögl ist (auch für das NotTest gilt aber der allg Grds, daß schreibunfäh od lesensunkund Stumme überh kein Test errichten können; s § 2229 Rn 7, 8; § 2232 Rn 15; § 2233 Rn 4). – **§ 28:** Feststellg der GeschFgk, TestierFgk (s auch den oben angeführten § 11 I 2, II). – **§ 30:** Übergabe einer Schrift. – **§ 31:** Übergabe einer Schrift dch Stumme. – **§ 32:** Sprachunkundig des Erbl (s auch den angeführten § 16). – **§ 34:** Verschließg, Verwahrg des Test. – **§ 35:** Niederschr ohne Unterschr des Bürgermstr.

b) Formverstöße, die bei der **Abfassung** der Niederschr unterlaufen (also nur ihren Inhalt u nicht den **11** Errichtgsakt als solchen betreffen, s Rn 12), sind **unschädlich (VI),** wenn gleichwohl eine zuverlässige Wiedergabe des letzten Willens anzunehmen ist; für letzteres ist beweispfl, wer sich auf die Wirksamk des Test beruft (BGH **LM** Nr 1 zu ZPO 416). Was hierzu zählt, soll zur Vermeidg unnöt Formstrenge zwar weit ausgelegt werden (BGH **37**, 88; **54**, 89; BayObLG **70**, 53), darf aber nicht den mat-rechtl Erfordernissen zuzurechnen sein. – Unschädl ist zB: Nichtfeststellg der Besorgn der Todesgefahr (BayObLG **79**, 232) od der Schreibunfähigk des Erbl (MüKo/Burkart Rn 34); fehlende Angaben üb Zeit, Ort; ungenaue Bezeichng der Mitwirkenden; fehlende Unterschr nur der Zeugen auf einem vom Erbl genehmigten u unterschriebenen Test (s § 2250 Rn 10), da diese auch noch nach dem Tod des Erbl ohne Beteiligg and Mitwirkenden nachgeholt werden können (KG NJW **47/48**, 190; s auch BayObLG aaO 240).

c) Unheilbar ist dagg die Nichtbeachtg der wesentl Erfordern des **Errichtungsakts.** Verstöße, die das **12** Test nichtig machen, sind zB: Niederschr wird nicht od erst nach Ableben des Erbl erstellt od von keinem unterschrieben; ihre Vorlesg der Genehmigg dch den Erbl unterbleibt (BGH **115**, 6; BayObLG **79**, 232; Ffm Rpfleger **79**, 206); Zeugen werden nicht od nur einer od es werden ausgeschlossene Personen zugezogen (bei letztem Verstoß ist ggf nur Zuwendg, nicht Test unwirks, s Rn 6); Verstoß gg die dauernde AnwesenhPfl (BayObLG Rpfleger **77**, 439); fehlende Unterschr des Bürgermstr (sofern nicht BeurkG 35 eingreift) od des schreibfäh Erbl (KG JFG **21**, 296; aA Staud/Firsching Rn 33); Verwandtsch des Bürgermstr (**I 4** mit BeurkG 6).

13   **5) Verschließung.** Die Niederschr ist vom Bürgermstr nach TestErrichtg in einen Umschlag zu nehmen, der mit dem Amtssiegel zu verschließen, zu beschriften und zu unterschreiben (BeurkG 35!) und sodann unverzügl in die bes amtl **Verwahrung** zu geben ist (I 4; BeurkG 34; § 2258a II Nr 2).

14   **6) Sonderfall.** Über Errichtg eines (etwa dem dtschen „Dorf"-Testament entspr) Test dch dtschen Erbl in den unter **polnischer Verwaltung** stehenden Ostgebieten s BayObLG **68**, 262.

2250   *Nottestament in besonderen Situationen.* [I] Wer sich an einem Ort aufhält, der infolge außerordentlicher Umstände dergestalt abgesperrt ist, daß die Errichtung eines Testaments vor einem Notar nicht möglich oder erheblich erschwert ist, kann das Testament in der durch § 2249 bestimmten Form oder durch mündliche Erklärung vor drei Zeugen errichten.

[II] Wer sich in so naher Todesgefahr befindet, daß voraussichtlich auch die Errichtung eines Testaments nach § 2249 nicht mehr möglich ist, kann das Testament durch mündliche Erklärung vor drei Zeugen errichten.

[III] Wird das Testament durch mündliche Erklärung vor drei Zeugen errichtet, so muß hierüber eine Niederschrift aufgenommen werden. Auf die Zeugen sind die Vorschriften der § 6 Abs. 1 Nr. 1 bis 3, §§ 7, 26 Abs. 2 Nr. 2 bis 5, § 27 des Beurkundungsgesetzes, auf die Niederschrift sind die Vorschriften der §§ 8 bis 10, 11 Abs. 1 Satz 2, Abs. 2, § 13 Abs. 1, 3 Satz 1, §§ 23, 28 des Beurkundungsgesetzes sowie die Vorschriften des § 2249 Abs. 1 Satz 5, 6, Abs. 2, 6 entsprechend anzuwenden. Die Niederschrift kann außer in der deutschen auch in einer anderen Sprache aufgenommen werden. Der Erblasser und die Zeugen müssen der Sprache der Niederschrift hinreichend kundig sein; dies soll in der Niederschrift festgestellt werden, wenn sie in einer anderen als der deutschen Sprache aufgenommen wird.

1   **1) Voraussetzung.** Ist eine der beiden in Rn 2; 3 genannten Situationen gegeben, kann – ebso wie auf einer Seereise (§ 2251) – ein NotTest dch mündl Erkl vor drei Zeugen errichtet werden, im Falle der Rn 2 wahlweise statt vor dem Bürgermstr nach § 2249. Dies ist auch als gemeinschaftl NotTest mögl (§ 2266; s dort). Liegen die Voraussetzgen dieses NotTest obj vor, ist eine entspr Überzeugg bei den Zeugen entbehrl, sogar ihre ggteilige Auffassg unschädl (BGH **3**, 372). Das NotTest ist aber auch dann wirks errichtet, wenn die angenommene Gefahr tatsächl nicht bestand, wohl aber nach der subj Überzeugg aller Zeugen. Die entspr Besorgn des Erbl selbst ist dagg ohne Bedeutg (BGH aaO). Nur wenn weder obj noch subjekt die Voraussetzgen bestanden haben, ist das NotTest unwirks. Diese sind alternativ:

2   **a) Absperrung (I)** als Folge außerordentl Umstände wie Hochwasser od Verschüttg. Da Ort nicht gleich Ortschaft ist, genügt auch Absperrg in einem Haus od an anderer Örtlichk; im Juli 45 auch infolge Erkrankg, weil die meisten Notare (u ÄGe) noch nicht wieder tätig waren (Hamm JMBl NRW **62**, 60). Dagg kann ein nur subj Notstand, in dem sich der zur Errichtg eines eigenhändig Test nicht mehr fähige Erbl befindet (zB Furcht vor Strafe wg Nichtanzeige von Westvermögen in der DDR), den Voraussetzgen von **I** nicht gleich gestellt werden (KG Rpfleger **68**, 391). – NotTest kann in dieser Lage auch vor Bürgermeister errichtet werden (**I**).

3   **b) Nahe Todesgefahr (II)** gleich aus welchen Gründen u gleich an welchem Ort, ob im Hochgebirge od Krankenhaus (s zB BayObLG **90**, 294). Ihrer Befürchtg gleich steht die des Eintritts einer bis zum Tod fortdauernden **Testierunfähigkeit** (BGH **3**, 372). – Unter **II** fällt auch die Errichtg eines Test durch die Insassen eines Flugzeugs bei naher Todesgefahr (vgl auch Seibert AkZ **38**, 666).

4   **2) Die Zeugen** übernehmen hier die Beurkundgsfunktion, da eine amtl Urkundsperson (Notar; Bürgerm) fehlt. Sie müssen desh während des gesamten Errichtgsvorgangs anwesend sein (BGH **54**, 89). Jeder trägt gleichberecht mit den and die Verantwortg für die richtige Wiedergabe der Erkl u muß daher zur Mitwirkg von Anfang an bereit sein. Zeuge ist desh nicht, wer die Erkl des Erbl ledigl mit anhört, ohne zur TestErrichtg hinzugezogen zu sein od von sich aus seine Mitwirkgsbereitsch erkennen gegeben zu haben (BGH FamRZ **71**, 162; NJW **72**, 162). – Die Zeugen können untereinander verwandt od verschwägert sein.

5   **Ausgeschlossen** sind gem **III** 2 der Erbl selbst, sein Ehegatte u die mit ihm in gerader Linie Verwandten (BeurkG 6 Nr 1–3). Ferner sollen als Zeugen nicht Minderjähr, Geisteskranke u -schwache, Taube, Stumme, Blinde u Schreibunfäh herangezogen werden (BeurkG 26 II Nr 2–5); jedoch führt die Mitwirkg eines geisteschwachen Zeugen nicht zur Unwirksamk (Hamm OLGZ **92**, 29). Die Geliebte des Erbl kann Zeugin sein, nicht aber die Ehefr; diese kann aber mittestieren (§ 2266). – Die Mitwirkg eines dch BeurkG 6 Nr 1–3 ausgeschlossenen Zeugen macht die Beurkundg insgesamt unwirks. Wirken allerd außer dem ausgeschlossenen Zeugen noch drei rechtl geeignete hinzu, ist seine Beteiligg unschädl (BGH **115**, 169 gg die strengere Auffassg von Ffm MDR **81**, 673, das bei Mitwirkg von mehr Zeugen als den vorgeschriebenen drei verlangt, daß keiner ausgeschlossen sein darf). Wird in dem beurkundeten Test dem Ehegatten (auch früh) od einem nahen Angehörigen iSv BeurkG 7 Nr 3 eines Zeugen ein rechtl Vorteil verschafft od wird er bedacht od als TV ernannt, ist dies ein Verstoß gg die zwingden Vorschr von BeurkG 7; 27. Dieser bewirkt zwar nicht die Unwirksamk des gesamten Test, wohl aber die der betr EinzelVfg od Zuwendg, da es sich insow nicht nur um eine heilbaren Formmangel handelt (BayObLG ZEV **95**, 341).

6   **3) Der Errichtungsakt** für ein wirks NotTest umfaßt zwingd folge Teilakte: Zunächst muß der Erbl vor den drei Zeugen mündl seinen letzten Willen erklären (Übergabe einer Schrift ist unwirks, Ffm HEZ **1**, 236; Sprechunfähige sind also von einem NotTest ausgeschlossen, s § 2233 III; BeurkG 31). Als nächstes muß noch zu seinen Lebzeiten hierüber eine **Niederschrift** angefertigt werden (Einzelh s Rn 7–9). Abschließend muß die angefertigte Niederschr dem Erbl **vorgelesen** (dazu Rn 8), von ihm **genehmigt** (dazu Rn 9) u von ihm im Falle seiner Schreibfähigk **unterschrieben** werden (**III** 2; BeurkG 8, 13 I); bei SchreibUnfähigk s Rn 9. Alle **Zeugen** müssen aGrd ihrer Beurkundgsfunktion währd der Erkl des Erbl, dem Vorlesen der Niederschr, ihrer Genehmigg u Unterzeichng dch den Erbl **ständig anwesend** sein; nur währd der Anfertigg der Niederschr (zB im Büro des Krankenhauses) ist dies nicht erforderl. Das Fehlen auch nur eines von ihnen bei einem dieser wesentl Teilakte macht das NotTest ebso unheilb nichtig (BGH **54**, 89) wie auch jeder andere Verstoß gg die zwingden Erfordern des Errichtgsakts (BGH **115**, 6; s § 2249 Rn 12).

a) **Die Niederschrift** üb den letzten Willen des Erbl muß noch zu seinen Lebzeiten zwingend angefertigt 7 werden. Dies kann dch einen der Zeugen, aber auch dch eine and Person erfolgen. Die Anfertigg kann auch in einem and Raum u ohne die Zeugen geschehen. Stirbt der Erbl nach Erkl seines letzten Willens, bevor die Niederschr vorgelesen od genehmigt od unterschrieben worden ist, liegt kein wirks Test vor (Hamm JMBl NRW **62**, 212; Köln JMBl NRW **74**, 221; BayObLG **79**, 232). Als Schrift kann auch Kurzschrift verwendet werden (BayObLG **79**, 232). Die Abfassg in einer and Sprache als der deutschen ist nur dann zuläss, wenn auch der Erbl u alle Zeugen der fremden Sprache hinreichd mächtig sind (**III** 3, 4); andernf ist Test nichtig. Als **Inhalt** ist in die Urkunde außer dem letzten Willen im wesentl aufzunehmen (**III** 2): Angaben zur Person des Erbl u der Zeugen; Tag u Ort (BeurkG 9, 10). Feststellungen sollen getroffen werden über die Beteiligten (BeurkG 9); die Testierfähigk des Erbl (BeurkG 11 I 2), ggf die Schwere seiner Erkrankg; eine **Schreibunfähigkeit** des Erbl (nach seinen Angaben od nach Überzeugg der Zeugen); die nahe Todesgefahr (Testierunfähigk) bzw die Absperrg. – Das **Vorlesen** der angefertigten Urk in Anwesenh aller Zeugen ist notwendig 8 (BeurkG 13 I). Es kann dch einen Zeugen, aber auch dch Dritte oder den Bedachten erfolgen. Lautes Diktat bei der Niederschr ist kein wirks Ersatz (BayObLG aaO). Einem **tauben** Erbl ist die Niederschr statt vorzulesen zur Durchsicht vorzulegen (BeurkG 23). – Der Erbl muß die vorgelesene Niederschr vor allen Zeugen **genehmigen,** weil erst dies die Sicherh verschafft, daß sein letzter Wille richtig niedergeschrieben 9 wurde; dies kann ggf dch Kopfnicken „Punkt für Punkt" geschehen (BayObLG **90**, 294). – Wurde bei der TestErrichtg ein aGrd der Angaben des Erbl vorbereiteter schriftl Entwurf benutzt, kann die mündl Erkl des Erbl mit der Verlesg u Genehmigg in einem Errichtgsakt erfolgen (s § 2249 Rn 9). – Die Niederschr ist von dem schreibfäh Erbl sowie von den Zeugen zu **unterschreiben;** die ErblUnterschr wird dch die Feststellg seiner Schreibunfähigk ersetzt (**III** 2; § 2249 I 6). Eine Niederschr liegt begrifl nicht vor, wenn die Urk von keinem unterschrieben ist (s § 2249 Rn 12). Unterschreibt der Erbl nach seiner Genehmigg ein und, vom vorgelesenen abgeschriebenes Schriftstück, liegt kein wirks Test vor (BGH **115**, 169).

b) **Formverstöße** sind nur dann unschädl, wenn sie nur bei Abfassg der Niederschr unterlaufen sind (**III** 10 2 iVm § 2249 IV), also nicht mehr den Errichtgsakt als solchen betreffen (s Rn 6 u § 2249 Rn 11; 12) wie zB: die Feststellgen (Rn 7) wurden unterlassen; Angabe von Tag, Ort od Beteiligten fehlt; Zeugen haben die vom Erbl unterschriebene Urk im Eingangsteil statt am Ende unterzeichnet (BayObLG **90**, 294) od gar nicht (KG NJW **66**, 1661; Köln Rpfleger **94**, 65; offen gelassen von BGH **115**, 169).

4) **Beschränkte Gültigkeitsdauer** besteht auch hier (§ 2252). – **Verwahrung** (§§ 2258a, b) ist wohl wg 11 Fehlens einer AmtsPers nicht erwähnt, aber entspr § 2248 auch hier zulässig. Da kein öffentl Test vorliegt (BayObLG **79**, 232; Soergel/Harder Rn 14), sind BeurkG 34 I, § 2256 I nicht anwendb (s § 2256 Rn 1). Als PrivatUrk unterliegt das NotTest der freien richterl Würdigg (BGH **LM** Nr 1 zu § 416 ZPO). – Anwendg beim gemeinschaftl Test vgl § 2266.

5) **Völlige Formlosigkeit** gilt beim VerfolgtenTest, REG Art 80 *(AmZ),* 67 *(BrZ)* 69 *(Bln);* s auch 12 § 2252 Rn 3. – Auch nach dem WehrmFGG waren völlig formlose Test uU wirks (s Einf 4 vor § 2229).

2251 *Seetestament.* **Wer sich während einer Seereise an Bord eines deutschen Schiffes außerhalb eines inländischen Hafens befindet, kann ein Testament durch mündliche Erklärung vor drei Zeugen nach § 2250 Abs. 3 errichten.**

1) **Das Seetestament** ist eine außerordentl TestForm, aber kein NotTest, da es keine Notlage (wie 1 Seenot, Krankheit, Absperrg) voraussetzt. Es ist ein privates, kein öff Test. – Ist zufäll ein **Notar** an Bord, kann auch in ordentl Form testiert werden, ohne daß die Form des § 2251 ausgeschlossen wäre. § 2252 II steht nicht entgg.

a) **Seereise** ist jede Seefahrt außerh eines inländ Hafens, also auch die Küstenfahrt. Nicht dazu zählen aber 2 kurze Sport- od Vergnüggsfahrten (RGRK Rn 2) od Fischereifahrten mit baldiger Rückkehr. Der Aufenth in **ausländischen Häfen** zählt zur Seereise, solange der Erbl an Bord ist. In inländ Häfen gibt es nur die gewöhnl TestFormen (bei Quarantäne allerd § 2250 I).

b) **An Bord eines deutschen Schiffes** muß sich der Erbl befinden. Dies beurteilt sich nach dem 3 FlaggenrechtsG vom 8. 2. 51 (BGBl 79); auf die Eintragg im Schiffsregister kommt es nicht an. Unerhebl ist die Schiffsart (Motor- od Segelboot; See- od Binnenschiff). Nach dem eindeutigen Wortlaut fallen aber Luftschiffe od Flugzeuge nicht unter die Vorschr (aM RGRK Rn 4); bei diesen sind nur NotTest nach § 2250 mögl. – Der Erbl kann Deutscher od Ausländer sein. Für Deutsche auf fremden Schiffen gilt EG 11 I (Soergel/Harder Rn 7).

2) **Zeitlich beschränkte Wirksamkeit** hat das SeeTest (§ 2252). – Amtl **Verwahrung** ist nicht vorge- 4 schrieben, aber zuläss (§ 2250 Rn 11). – Zu Seeverschollenh s VerschG 5.

2252 *Gültigkeitsdauer der Nottestamente.* [1]**Ein nach § 2249, § 2250 oder § 2251 errichtetes Testament gilt als nicht errichtet, wenn seit der Errichtung drei Monate verstrichen sind und der Erblasser noch lebt.**

[2]**Beginn und Lauf der Frist sind gehemmt, solange der Erblasser außerstande ist, ein Testament vor einem Notar zu errichten.**

[3]**Tritt im Falle des § 2251 der Erblasser vor dem Ablauf der Frist eine neue Seereise an, so wird die Frist mit der Wirkung unterbrochen, daß nach Beendigung der neuen Reise die volle Frist von neuem zu laufen beginnt.**

[IV] Wird der Erblasser nach dem Ablauf der Frist für tot erklärt oder wird seine Todeszeit nach den Vorschriften des Verschollenheitsgesetzes festgestellt, so behält das Testament seine Kraft, wenn die Frist zu der Zeit, zu welcher der Erblasser nach den vorhandenen Nachrichten noch gelebt hat, noch verstrichen war.

1   **1) Zeitliche Beschränkung.** Die Unwirksamk eines NotTest mit seinem nur vorläuf Charakter tritt rückwirkd in drei Monaten nach Errichtg ein, wenn der Erbl dann noch lebt u zur Errichtg eines Test vor einem Notar (also nicht vor einem Konsul) in der Lage ist (**I**). Das unwirks gewordene NotTest behält auch nicht die Wirkg eines Widerrufs (§§ 2254; 2258). Irrtum des Erbl über den Eintritt der Ungültigk berechtigt zur Anfechtg nach § 2078 nur, wenn ursächl Zusammenhang besteht (RG **104**, 322). – Durch fortdauernde od wiedereinsetzende Absperrg, sonstige Unmöglichk, einen Notar zu erreichen (zB auf einem Schiff), od durch TestierUnfähigk wird Beginn u Lauf der Frist **gehemmt** (**II**). – Eine Sonderregelg gilt für SeeTest in **III**. – Wirksam bleibt allerd ein NotTest, wenn es zugleich den Erfordernissen eines eigenhänd Test entspricht, auch nach Ablauf der Frist.

2   **2) Bei Todeserklärung** des Erbl schließt **IV** die Vermutg des VerschG 9 I u 44 I aus. Der TestGültigk
3 steht der TodesZtpkt des Beschlusses (VerschG 23, 44) nicht entgg (Arnold Rpfleger **57**, 145). – **Verfolgtentestamente** wurden nach dem REG am 30. 9. 45 unwirks, wenn Erbl nach diesem Ztpkt zur Errichtg einer formgerechten Vfg in der Lage war (vgl § 2250 Rn 12).

4   **3) Beweislast** für Hemmg der Frist hat, wer sich auf die fortdauernde Wirksamk des Test beruft. Ist TodesZtpkt streitig, muß der die Unwirksamk Geltdmachende beweisen, daß Erbl die Frist überlebte.

2253   *Widerruf des Testaments.*   Der Erblasser kann ein Testament sowie eine einzelne in einem Testament enthaltene Verfügung jederzeit widerrufen.

Vorbemerkung. Abs II aF wurde mit Wirkg vom 1. 1. 92 dch das BtG aufgehoben. Mit Abschaffg der Entmündigg wurde auch die Regelg des Widerrufs eines vor der Entmündigg errichteten Test ggstandslos. Ein Betreuter (§ 1896) kann sein Test jederzeit widerrufen, sofern er nicht testierunfäh ist (§ 2229 IV).

1   **1) Das Recht zum jederzeitigen** Widerruf entspringt der Testierfreiheit (§ 1937 Rn 3) u liegt im Wesen des Test als einer erst mit dem Tode wirks Vfg. Der Erbl kann also jederzeit frei widerrufen u damit den Eintritt der Wirkgen des widerrufenen Test verhindern (von Lübtow NJW **68**, 1849). Das WiderrufsR ist unverzichtb (§ 2302) wie auch eine Pflicht zum Widerruf vertragl nicht begründet werden kann (BGH FamRZ **60**, 28). Seine Ausübg setzt Testierfähigk voraus. – Die Vorschr gilt an sich auch für gemeinschaftl Test; bei bedingten wechselbezügl Vfgen bestehen aber Ausnahmen (§ 2271), vgl § 2255 Rn 15; § 2272 Rn 2. Ebenso gelten für Erbverträge bes Vorschr (§§ 2290 ff). – Zum Widerruf eines Test, der vor dem 3. 10. 90 in der fr DDR erfolgte, s EG 235 § 2 Rn 2. – Zur **Auslegung** eines späteren Test kann auch der Inhalt des widerrufenen Test herangezogen werden. Beinhaltete das aufgehobene Test aber zB eine Vor- u Nacherbfolge, kann es idR nicht mehr darüber aussagen, ob mit dem späteren gült Test eine Vorerbsch beabsichtigt ist (Oldbg NdsRpfl **68**, 281).

2   **2) Vier Widerrufsmöglichkeiten** hat ein Erbl für sein errichtetes Test: Errichtg eines reinen Widerrufs-Test (§ 2254). – Vernichtg der TestUrk u ähnl schlüssige Hdlgen (§ 2255). – Rücknahme eines öff Test aus der bes amtl Verwahrg (§ 2256). – Errichtg eines neuen Test mit widersprechendem Inhalt (§ 2258). – Andere Möglichk gibt es nicht. Doch kann ein Test auch aus anderen Gründen nachträgl unwirks werden (vgl § 1937 Rn 25).

3   **3) Letztwillige Verfügung** ist auch der Widerruf eines Test. Da er ex nunc wirkt, vernichtet das WiderrufsTest sofort u unmittelb den RBestand der widerrufenen Vfg (bestr; wie hier Bengel Rn 8; von Lübtow I S 235 f). – Der Widerruf einer letztw Vfg ist seiners nach § 2078 **anfechtbar** (BayObLG **60**, 490); ebso der nach §§ 2255; 2256; 2272 erklärte (s auch § 2256 Rn 3).

2254   *Widerruf durch Testament.*   Der Widerruf erfolgt durch Testament.

1   **1) Ein reines Widerrufstestament,** das sonst keine Vfgen zu enthalten braucht (solche aber enthalten kann), ist mögl. Es kann auch als NotTest (dann jedoch mit zeitl beschränkter Wirkg, § 2252) errichtet werden oder ein sog BriefTest sein (dazu § 2247 Rn 4), nicht aber ein bloßer TestEntwurf. Ist es als „Nachtrag" zeitl später auf die Rückseite des Test gesetzt, muß dch Auslegg die Reichweite seiner Auswirkg ermittelt werden (BayObLG FamRZ **90**, 318). – Das WiderrufsTest bedarf nicht der gleichen Form wie das zu widerrufende, so daß ein öff Test durch ein eigenhänd widerrufen werden kann u umgekehrt (Köln OLGZ **68**, 325). Nur ein gült u wirks Test kann widerrufen werden u ein ungült WiderrufsTest hat keine Wirkg (s Schlesw SchlHA **76**, 9). Auch bedingter Widerruf ist mögl (Verwirkgsklausel, § 2074 Rn 6) oder ein auf einzelne test Anordngen beschränkter. – Ein **Widerruf** des Widerrufs ist nach §§ 2254–2256; 2258 mögl. Seine Wirkg regelt § 2257.

2   **2) Der Widerruf** nach § 2254 muß nicht ausdrückl erklärt sein. Er kann auch durch Auslegg od Umdeutg aus einer widersprechenden anderweitigen Vfg nach § 2258 entnommen werden (BayObLG **56**, 377; Hamm MDR **71**, 137) od einem späteren Test, mit dem der Erbl die Erbfolge abschließd und ausschließl regeln wollte (BayObLG **65**, 91). – Ein rechtswirks Widerruf (od dessen Einschränkg) eines in **amtlicher Verwahrung** befindl Test liegt auch dann vor, wenn der Erbl auf eine mit Schreibmaschine geschriebene TestAbschr den Widerruf (od die Einschränkg) dch handschriftl mit Ortsangabe u Datum versehenen eigenhändig geschriebenen u von ihm unterzeichneten Zusatz vornimmt, der erst in Verbindg mit der Test-Abschr voll zu verstehen ist (BGH NJW **66**, 201; Köln OLGZ **67**, 324). – In einem **Prozeßvergleich** kann der Widerruf nicht erkl werden (BGH FamRZ **60**, 30; vgl § 2232 Rn 1). – Gebühr: KostO 46.

2255 *Widerruf durch Vernichtung oder Veränderungen.* **Ein Testament kann auch dadurch widerrufen werden, daß der Erblasser in der Absicht, es aufzuheben, die Testamentsurkunde vernichtet oder an ihr Veränderungen vornimmt, durch die der Wille, eine schriftliche Willenserklärung aufzuheben, ausgedrückt zu werden pflegt. Hat der Erblasser die Testamentsurkunde vernichtet oder in der bezeichneten Weise verändert, so wird vermutet, daß er die Aufhebung des Testaments beabsichtigt habe.**

1) Der Widerruf durch schlüssige Handlung erfordert **objektiv** eine körperl Veränderg des Test und 1 **subjektiv** die Absicht seiner Aufhebg (BGH NJW **59**, 2113). Er ist daher idR nur beim eigenhänd Test praktikabel; beim öff Test ist er mögl, sofern die Urk in die Hände des Erbl gelangte, sei es vor ihrer amtl Verwahrg od nach Rückgabe unter Verstoß gg § 2256, zB dch Versehen od auf unrechtmäß Weise.

a) Der Erblasser persönlich muß zu seinen Lebzeiten die Urschrift der Urk vernichtet od verändert 2 haben. Dies ist auch gegeben, wenn der Erbl sich eines Dritten als unselbständ Werkzeug bedient, der im Auftr u mit Willen des Erbl zu dessen Lebzeiten die Urk vernichtet (BayObLG FamRZ **92**, 1350; KG JFG **6**, 146; Soergel/Harder Rn 11). Er muß zu diesem Zeitpunkt testierfäh (§ 2229) sein, da der Widerruf als letztw Vfg anzusehen ist; die UrkVernichtg dch einen Widerrufsunfähigen beseitigt also rechtl das Test nicht, sofern sein Inhalt noch bewiesen werden kann (vgl Rn 12). – Wird nach dem Erbfall die TestUrk verändert od überh nicht aufgefunden, besteht keine ges Vermutg dafür, daß dies auf eine Handlg des Erbl zurückzuführen ist. Es spricht also für eine **Unauffindbarkeit** der Urk keine Vermutg dafür, daß der Erbl sie in Widerrufsabsicht vernichtet habe (st Rspr, zB BayObLG **80**, 60; FamRZ **93**, 117; KG OLGZ **75**, 355; Hamm NJW **74**, 1827). Form u Inhalt des verschwundenen Test können vielm mit allen zuläss Beweismitteln erwiesen werden (s Rn 12); ungült ist es nur, wenn sich seine Formgültigk u sein Inhalt nicht mehr feststellen lassen. **Beweispflichtig** für die Vernichtg od Veränderg dch den Erbl selbst ist im RStreit, wer sich darauf 3 beruft (Zweibr Rpfleger **87**, 373; Ffm Rpfleger **78**, 310/312); verbleiben trotz ausreichender Ermittlgen Zweifel, geht dies auch im ErbSchVerf zu Lasten desjenigen, der sich auf die Veränderg zur Begründg seines ErbRs beruft (BayObLG **83**, 204). Befand sich die veränderte Urk bis zuletzt im Gewahrs des Erbl und fehlen Anzeichen für Handlgen eines Dritten, sind die Beweisanfordergen aber nicht zu hoch anzusetzen (BayObLG aaO mN).

b) Veränderungen müssen an der TestUrk selbst vorgenommen sein. Sind mehrere Urk vorhanden u 4 wird nur eine von ihnen vernichtet od verändert, greift S 1 schon vom Wortlaut her nicht ein; damit gilt auch nicht die Vermutg des S 2, so daß Widerruf nur anzunehmen ist, wenn nach den Umständ des Falles u freier Beweiswürdigg kein Zweifel üb Aufhebgswillen des Erbl besteht (KG FamRZ **95**, 897 mwN). Wird nur die Abschrift eines amtl verwahrten Test verändert, ist dies rechtl wirkglos, es sei denn, daß die Veränderg selbst der TestForm genügt (Ffm NJW **50**, 607). – **Veränderungen** erfolgen idR durch Einrei- 5 ßen (BayObLG **83**, 204), Einschneiden, Durchstreichen; Ungültigkeitsvermerke (dazu Rn 6); dch Zerknüllen der Urk in Verbindg mit der Erklär des Erbl, daß sein Vermächtnis nunmehr hinfäll sei (BayObLG **80**, 95). Bloße Streichungen brauchen die TestFormen nicht einzuhalten, sofern nicht die Streichgen mittelb eine positive Vfg enthalten. Wenn zB der Erbl geschrieben hatte: „Ich setze A und B als Erben ein, wobei A mein Vorerbe und B mein Nacherbe sein soll" und den mit „wobei" beginnenden zweiten Halbsatz später streicht, um damit B zum sofortigen Vollerben zu 1/2 einzusetzen, ist diese positive Vfg nur wirks, wenn die Streichg dch die ursprüngl Unterschr gedeckt wird (s § 2247 Rn 18). Werden dagg von mehreren Erben einer od mehrere gestrichen, liegt ein gültiger Widerruf der Einsetzg der Gestrichenen vor; auf den frei gewordenen Teil sind dann §§ 2088 II, 2089 anzuwenden (Soergel/Harder Rn 10; Staud/Firsching Rn 11; KG JFG **6**, 148; aM RGRK Rn 3, der in letzterem Fall Ungültigk der Streichg annimmt). – **Ungültigkeits-** 6 **vermerke** (wie „ungültig"; „annuliert"; „überholt" usw) über dem Text od am Rande od quer üb den Text sind dann als ausreichende Veränderg anzusehen, wenn für jedermann sofort erkennbar ist, daß die Urkunde als solche nicht mehr gelten soll (RG JW **11**, 545; KG NJW **57**, 1364). Sie brauchen nach hM nicht gesondert unterschrieben zu sein (KG aaO; Soergel/Harder Rn 9; aA Schmidt MDR **51**, 324). Ein nicht unterschriebener Entwertgsvermerk nur auf dem **Umschlag** reicht allerd nicht aus (RG JW **25**, 475; BayObLGZ **63**, 31), 7 es sei denn, daß er selbst dem TestErfordern entspricht. Bei gemeinschaftl Test kann der überlebende Ehegatte einen ihm vorbehaltenen Widerruf wechselbezügl Vfgen nicht dch einen nicht unterschriebenen Ungültigkeitsvermerk ausüben, da dieser Widerruf TestForm erfordert (Stgt NJW-RR **86**, 632; s § 2271 Rn 23).

c) Auch einzelne Verfügungen (§ 2253) können (zB durch Streichg od Abschneiden eines Teils der 8 Urk) aufgehoben werden (vgl auch § 2247 Rn 18; RG **111**, 262). Das Test kann dadch unvollständ od auslegsbedürft werden (BayObLG FamRZ **91**, 1114). Dienen die Verändergen zur Vorbereitg eines neuen Test, wirken sie noch nicht als Widerruf, wenn das alte Test noch bis zur Errichtg des neuen gelten soll (RG **71**, 300; **111**, 265).

2) Aufhebungsabsicht. Nur wenn feststeht, daß der widerrufsfäh Erbl persönl die Urk vernichtet od 9 verändert hat, knüpft das Ges an dieses Handeln die (widerlegb) **Vermutung**, daß dies in der Absicht einer Aufhebg der Vfg geschah (S 2). Vernichtet er nur eine von mehreren Urschriften, greift diese Vermutg noch nicht ein (s Rn 4). Rechtl wirkglos ist die Vernichtg nur der Abschrift eines vom Test (s Rn 4). Ein Wegwerfen der Urk (zB in den Papierkorb) läßt idR AufhebgsAbs ersehen u steht der Vernichtg gleich (aA Soergel/Harder Rn 5 mN). Diese kann fehlen, wenn das Zerreißen des Test im Hinblick auf eine neu errichtete Vfg vTw erfolgte, deren Formnichtigk der Erbl nicht erkannte (Freibg Rpfleger **52**, 340; RGRK Rn 5 will hier nur Anfechtg nach § 2078 II zulassen). – Dagg fehlt die Absicht bei **unfreiwilligem Verlust** der Urk. Die Wirksamk eines Test berührt es daher nicht, wenn die Urkunde ohne Willen u Zutun des Erbl vernichtet worden, verloren gegangen od sonst nicht auffindbar ist (allg M; zB BayObLG FamRZ **93**, 117). Errichtg u Inhalt des Test können dann mit allen zuläss Mitteln bewiesen werden (s Rn 12). Dasselbe gilt bei Vernichtg in Unkenntn, daß es sich um das eigenhänd Test handelt (LwG Neumünster SchlHA **66**, 83); od bei Undeutlichwerden des Schriftstücks; wenn ein Test in amtl Verwahrg (§ 2256) verlorengeht od dort verse-

hentl vernichtet wird. Insbes wird ein durch Kriegsereignisse verlorengegangenes Test durch den Verlust
10 nicht wirkgslos. – Die formlose **Billigung** des Verlusts ist kein Widerruf, so daß Widerruf nach § 2254 od
§ 2258 notw ist (BGH **LM** Nr 1 zu § 1960; dazu Johannsen WM **71**, 408). Das Gleiche gilt auch dann, wenn
ein Dritter das Test ohne Wissen des Erbl vernichtet, da dies nicht Widerruf, sond Realakt ist, so daß
11 §§ 182 ff nicht anwendbar sind (aM Schmidt MDR **51**, 321). – Ist nur **ein Teil** eines Testamentsinhalts **nicht
mehr feststellbar,** aber der Gesamtwille des Erbl insow erkennbar, daß er auch ohne den fehlenden Teil
Bestand hat u hierdurch nicht wesentl berührt wird, ist der festgestellte Teil des Test wirks (BGH **LM** Nr 1
zu § 2085; s auch BayObLG **67**, 206 f).

12   **3) Beweisfragen:** Mit allen zuläss Beweismitteln (Ablichtg, Dch- u Abschriften, Zeugen, Sachverst)
kann u muß sowohl die Errichtg unter Einhaltg der FormVorschr als auch grdsl der Gesamtinhalt eines nicht
mehr vorhandenen Test (Ausn s Rn 11) zuverläss nachgewiesen werden. An den Nachweis sind **strenge**
Anfordergen zu stellen (BayObLG FamRZ **90**, 1162). Da die zu treffende Feststellg für die Entscheidg
ausschlaggebend ist, verdient das förml BeweisVerf idR den Vorzug (BayObLG FamRZ **86**, 1043; Köln
NJW-RR **93**, 970), zumal wenn sonst MitwirkgsRe der Beteil nicht hinreichd gesichert sind (BayObLG
NJW-RR **92**, 653 mAv Pohlmann Rpfleger **92**, 484). Beweispfl ist, wer aus dem Test Rechte herleiten will.
Ist im ErbscheinsVerf auch nach abschließen Ermittlgen vAw keine sichere Feststellg mögl, trägt Fest-
stellgslast, wer seinen Antr auf das nicht mehr vorhandene Test stützt (Hamm NJW **74**, 1827; BayObLG **77**,
59; Rpfleger **80**, 60; Ffm Rpfleger **78**, 310/312). Hat aber der Gegner durch (schuldh) Vernichtg des Test
diesen Nachw erschwert od vereitelt, muß er bis zum Beweis des Ggteils sich so behandeln lassen, als ob ein
formgültiges Test errichtet worden wäre (Hamm OLGZ **67**, 79). – Wird der Beweis geführt, ist für die
Ungültigk des unauffindbaren Test beweispfl, wer sich darauf beruft (Düss NJW-RR **94**, 142; s Rn 3).

13   **4) Die Ersetzung** zerstörter oder abhanden gekommener gerichtl od notarieller Urkunden (nicht eigen-
händ Test, Hamm Rpfleger **59**, 353) war geregelt durch VO vom 18. 6. 42 (RGBl 395). Diese ist auf die
unter BeurkG 1; 68 fallenden Urk nicht mehr anzuwenden (BeurkG 57 X). Für öff Test gilt vielm BeurkG
46, der auch entspr anwendb ist, wenn eine Urk aus polit Gründen unbenützbar wurde (KG JR **52**, 443). –
Über Ersatzzuständigk nach § 6 ZuständErgG s § 2353 Rn 19.

14   **5) Der Widerruf** nach § 2255 kann **nicht widerrufen** werden (GgSchluß aus § 2257), ist aber uU nach
§ 2078 anfechtb (RG **102**, 70; BayObLG **83**, 204). Die bloße Aufbewahrg eines zerrissenen Test macht dieses
selbst bei einem Willen zur Fortgeltg nicht wieder wirks, weil es nur unter Beachtg der FormVorschr des
§ 2247 als eigenhänd Test wiederhergestellt werden kann (von Lübtow NJW **68**, 1852); dies gilt auch dann,
wenn nach Vernichtg der Urschrift eine bloße Abschrift als Test gelten soll. Klebt der Erbl das zerrissene
Test wieder zusammen, steckt es in einen Umschlag, versieht diesen eigenhänd mit dem Vermerk „Mein
Test" u unterschreibt diesen, kann ein gült neues Test vorliegen (Düss JZ **51**, 309; Staud/Firsching Rn 7;
dazu auch KG NJW **70**, 613), nachdem eine UmschlagsUnterschr uU ausreicht (s § 2247 Rn 15). Steht allerd
weder der Zeitpkt des Widerrufs noch der so erfolgten Neuerrichtg fest, ist das neue Test ggf nach § 2247 V
ungültig.

15   **6) Gemeinschaftliches Testament.** Ein Ehegatte kann seine eigenen **einseitigen Verfügungen** in der
Form des § 2255 widerrufen (ohne Zustimmg des anderen u auch noch nach dessen Tod), solange das Test
nicht an das NachlG abgeliefert ist. Er kann in dieser Form auch einseitige Vfgen des anderen Eheg
widerrufen, wenn er hierzu beauftragt ist u solange der andere lebt (s Rn 2; Schmidt MDR **51**, 321).
16 Nachträgl formlose Billigg des anderen reicht aber nicht aus (s Rn 10; aM Schmidt aaO). – **Wechselbezüg-
liche** Vfgen können in der Form des § 2255 nicht einseitig durch einen Ehegatten widerrufen werden. Das
Test bleibt wirks, wenn der Inhalt erweislich ist. Gemeinsame Vernichtg od gemeins Verändergen an der
Urkunde durch beide Eheg sind denkbar. Handelt ein Eheg im Einverständn mit dem and, ist der Widerruf
wirks (Staud/Kanzleiter § 2271 Rn 2; Erman/Hense/Schmidt Rn 10; vgl auch BayObLG **65**, 92; RG DR **45**,
76; Schlesw SchlHA **57**, 181); nachträgl formlose Zustimmg des and Teils genügt nicht (bestr). Dch die
einseitige Vernichtg eines gemschftl Test werden die wechselbezügl Vfgen nicht unwirks. Es können aber
Beweisschwierigk bei der Rekonstruktion des gemschftl Test entstehen (s Soergel/Harder Rn 14); den
Eheg, der das gemschftl Test vernichtet hat, trifft die Beweislast dafür, daß das Test ungült ist (OGH **1**, 268
mAv Leonhardt DRZ **49**, 113; auch Hamm OLGZ **67**, 74). Bei **Unauffindbarkeit** ist das gemeinsch Test
schon dann als unfreiwill vernichtet od abhanden gekommen anzusehen, wenn es ohne Wissen u Willen des
überlebenden Ehegatten beseitigt wurde. – Zum ErbVertr s §§ 2289 ff.

2256   *Rücknahme des Testaments aus der amtlichen Verwahrung.* [I]**Ein vor einem
Notar oder nach § 2249 errichtetes Testament gilt als widerrufen, wenn die in amtli-
che Verwahrung genommene Urkunde dem Erblasser zurückgegeben wird. Die zurückgebende
Stelle soll den Erblasser über die im Satz 1 vorgesehene Folge der Rückgabe belehren, dies auf der
Urkunde vermerken und aktenkundig machen, daß beides geschehen ist.**

[II]**Der Erblasser kann die Rückgabe jederzeit verlangen. Das Testament darf nur an den Erblasser
persönlich zurückgegeben werden.**

[III]**Die Vorschriften des Absatzes 2 gelten auch für ein nach § 2248 hinterlegtes Testament; die
Rückgabe ist auf die Wirksamkeit des Testaments ohne Einfluß.**

1   **1) Widerrufswirkung (I).** Nur beim öffentl Test (§§ 2232; 2249; auch das bis 31. 12. 69 vor einem
Richter errichtete, BeurkG 68 III), das in bes amtl Verwahrg (§ 2258 a) gegeben worden ist, bewirkt die vom
Erbl verlangte u an ihn persönl erfolgte (s Rn 2) Rückgabe des Test dessen Widerruf (**I** 1). Der Widerruf ist
dann endgült, kann also nicht dch neuerliche bes amtl Verwahrg des zurückgegeben öff Test beseitigt u
auch nicht seiners dch Test widerrufen werden (§ 2257 Rn 1). – **Keine** Widerrufswirkg hat dagg die Rückga-
be eines öff Test aus nur einfacher Verwahrg od die Rücknahme eines eigenhänd Test aus der bes amtl

Verwahrg **(III);** ein gült öff Test fällt auch dann nicht unter **III,** wenn es zugleich der Form des § 2247 entspricht (MüKo/Burkart Rn 3; Soergel/Harder Rn 7; aA Staud/Firsching Rn 14). Auch das Dreizeugen-Test (§§ 2250; 2251) kann nicht in der Form des § 2256 widerrufen werden. – Auf **Erbverträge** ist § 2256 nicht anwendb (s § 2277 Rn 4). – Entspr Anwendg findet § 2256 I, II dagg auf das vor einem **Konsul** errichtete Test, auch wenn die Vorschr in KonsG 16a I nicht mehr angeführt ist.

2) Persönliche Rückgabe (II 2) an den (testierfäh) Erbl ist formell vorgeschrieben u auch Wirksamk- **2** Voraussetzg für den Widerruf. Der Ausschluß der Stellvertretg hängt mit der RNatur der Rücknahme als Vfg vTw zusammen (s Rn 3), soll aber auch sicherstellen, daß der Erbl die Rückgabe bis zuletzt noch will (BGH NJW **59,** 2113). Keinen Widerruf bewirkt daher die Rückgabe an einen bevollmächt Vertr (hM, zB BGH aaO; Saarbr NJW-RR **92,** 586) od Aushändig unter Verletzg des **II,** zB dch Übersendg an Erbl ohne entspr Verlangen od an Dritten. – Keine Rückgabe ist die Vorlage des Test **nur zur Einsicht** bei Gericht (vgl Bengel Rn 10–12). Das Test bleibt wirks, sofern es nicht vom Erbl entw schon während der Verwahrg od nach der Aushändigg in den Formen der §§ 2254, 2258, ggf auch nach § 2258 widerrufen wurde.

3) Rücknahme (II 1) dch den Erbl ist jederzeit mögl u ihrer RNatur nach sowohl RGesch unter Leben- **3** den als auch wg der damit zwangsläufig verbundenen Widerrufswirkg zugleich Vfg vTw (BGH **23,** 211; BayObLG **73,** 35; aM von Lübtow NJW **68,** 1849/1851; Merle AcP **171,** 486/492, 509: Fiktion). Daher wird einers TestierFähigk vorausgesetzt. Andrers ist eine **Anfechtung** nach § 2078 dch die nach § 2080 Berecht (nicht aber dch den Erbl) mögl (BayObLG **60,** 490; aM Kipp/Coing § 31 II 3; Merle aaO 504; von Lübtow aaO), wobei sich ein Irrt auf die Rücknahme beziehen muß (BayObLG FamRZ **90,** 1404). Beispiele: Wenn Erbl das herausverlangte Test irrtüml für ggstandslos hielt, ein neues zweites Test aber nichtig war; wenn er zur Rücknahme dch falsche Erwartgen über den weiteren Verlauf eines ihm bekannten Vorfalls (KG DR **42,** 143) od dch den Irrt veranlaßt wurde, er könne die Folgen des Widerrufs testamentar wieder aufheben (KG NJW **70,** 612 mAv Riedel 1278); od widerrechtl dch Drohg bestimmt wurde (BayObLG **60,** 494). Bei Verfahrensweise nach **I** 2 ist aber ausgeschlossen, daß er die Widerrufswirkg nicht kannte; andernf ist Anfechtg mögl (KG JFG **21,** 324).

4) Verfahren. Der RPfleger gibt das Test aus der bes amtl Verwahrg nur an den Erbl persönl **(II** 2) u nur **4** gg Vorlage des Hinterleggsscheins (§ 2258b III; AktenO 27 Nr 6, 9) zurück, ggf auch dch RHilfe (FGG 2; KG RJA **13,** 91; AktenO 27 Nr 8). Er ist nicht befugt, selbst den Umschlag (BeurkG 34) zu öffnen, sofern nicht der Erbl zustimmt (Staud/Firsching Rn 15; bestr; s Granicky Rpfleger **57,** 246; Fischer Rpfleger **58,** 177).

2257 *Widerruf des Widerrufs.* **Wird der durch Testament erfolgte Widerruf einer letztwilligen Verfügung widerrufen, so ist im Zweifel die Verfügung wirksam, wie wenn sie nicht widerrufen worden wäre.**

1) Widerruf des Widerrufs behandelt das G im Zw so, als ob der Widerruf des ursprüngl Test nie **1** stattgefunden hat; ein Zweifelsfall liegt allerd nicht vor, wenn sich ursprüngl Test u (das jetzt widerrufene) WiderrufsTest decken (BayObLG **65,** 92). Auch er ist letztw Vfg. Seine Erkl setzt daher Testierfähigk voraus, muß in den Formen der §§ 2254–2256; 2258 erfolgen u ist nach §§ 2078 ff anfechtb. – Nur der nach § 2254 erfolgte Widerruf dch Test kann ganz od auch nur teilw mit der Wirkg des § 2257 widerrufen werden; auf den nach §§ 2255; 2256 ist die Vorschr unanwendb (s Rn 3).

2) Wirkung. Das ursprüngl Test tritt iZw wieder in Kraft, wie wenn es nie widerrufen worden wäre. Die **2** Wirkg des test Widerrufs wird also rückwirkg dch den zweiten Widerruf beseitigt (s auch § 2258 II). Es handelt sich um eine AusleggsVorschr. Ist ein ggteil Wille des Erbl feststellb, bleibt das früh Test widerrufen; es tritt dann ges Erbfolge ein, sofern nicht in dem zweiten Widerruf eine neue Vfg getroffen wurde (s Klunzinger DNotZ **74,** 278). – Wird der zweite Widerruf erneut widerrufen, tritt die Wirkg des § 2257 hinsichtl des ersten Widerrufs ein, der dann wieder gilt, so daß das ursprüngl Test unwirks bleibt. – **Ungültig** bleibt das ursprüngl Test, wenn es dch schlüss Handlg (§ 2255) od Rücknahme (§ 2256) widerru- **3** fen worden ist; dies war endgült, so daß das vernichtete od zurückgenommene Test zur Wiederherstellg neu errichtet werden muß (BayObLG **73,** 35). Entfernt von Streichgen od Unterpunktierg gestrichener Sätze genügen nicht. Bei Streichg nur der Unterschr genügt neue Unterzeichng. Das Zusammenkleben der zerrissenen Urk stellt Test nicht wieder her; das zusammengeklebte Schriftstück kann allerd Bestandteil einer neuen gleichlautden Vfg werden, indem der Erbl es mit eigenhänd geschriebenem u unterschriebenem Vermerk versieht (evtl auf verschlossenem Umschlag, § 2247 Rn 15). Die Streichg des Rücknahmevermerks (§ 2256 II) durch den aus der amtl Verwahrg zurückgenommenen öff Test mit unterschriebenem handschriftl Zusatz: „Das Test hat Gültigk" stellt das ursprüngl Test allerd nicht wieder her (BayObLG **73,** 35; möglw aA KG NJW **70,** 612 mAv Riedel 1278).

2258 *Widerruf durch späteres Testament.* [I]**Durch die Errichtung eines Testaments wird ein früheres Testament insoweit aufgehoben, als das spätere Testament mit dem früheren in Widerspruch steht.**
[II]**Wird das spätere Testament widerrufen, so ist im Zweifel das frühere Testament in gleicher Weise wirksam, wie wenn es nicht aufgehoben worden wäre.**

1) Mehrere Testamente eines Erbl sind dahin zu überprüfen, ob sie in ihrer Gesamth den Willen des **1** Erbl repräsentieren u sich ergänzen od ob spätere Vfgen zu früheren inhaltl in Widerspr stehen und diese dann insow kr Gesetzes aufheben, ohne daß es dafür eines entspr ErblWillens od auch nur seiner Kenntn von der früh Vfg bedarf. Die spätere Errichtg ergibt sich idR aus der Datierg, bei gleichem od fehlendem Datum oft aus dem Inhalt od den Umständen. Bei Ungewißh üb den ErrichtgsZtpkt ist jedes Beweismittel zur

Klärg zulässig; uU hilft auch die Auslegg (BayObLG Rpfleger **79**, 123). Läßt sich eine Klärg nicht erreichen, gelten mehrere Test mit gleichem Datum als gleichzeit errichtet (KG OLGZ **91**, 144). Sie heben sich dann ggseit (nur) insoweit auf, als sie widersprüchl Anordngen enthalten (KG aaO; BayObLG FamRZ **91**, 237). Gleiches gilt für mehrere undatierte Test. Ist ein Test datiert, das andere undatiert, gilt iZw das undatierte als das ältere, so daß das datierte Bestand hat (s § 2247 V u dort Rn 17; 21). – Beim eigenhänd Test kann das spätere auch in einer Einschaltg bestehen, die aber unterschrieben sein muß (s § 2247 Rn 18). – Bei mehreren gleichlautenden, aber nacheinander errichteten Test bleibt idR auch das früh wirks (s aber Rn 2); das ErbR beruht dann auf jedem einzelnen Test (BayObLG FamRZ **89**, 441). – Die Auslegg einer mehrfachen Bedenkg derselben Person ist vom Einzelfall abhängig (s RG JW **13**, 981; Warn **31** Nr 12).

2   **2) Widerspruch.** Mehrere Vfgen vTw widersprechen sich inhaltl, wenn sie sachl miteinander unvereinbar sind. – Bei inhaltl Vereinbark kann ein Widerspr dann bestehen, wenn nach dem dch Auslegg zu ermittelnden ErblWillen die spätere Vfg eine ausschließl u alleinige Geltg haben sollte, also die kumulative Geltg aller Vfgen den im spätern Test zum Ausdr gebrachten Absichten des Erbl zuwiderliefe (BGH NJW **81**, 2746), etwa wenn der Erbl mit dem späteren Test die Erbfolge abschließend regeln wollte, sei es insgesamt od auch nur für einen bestimmten Teilbereich (BGH NJW **85**, 969), wobei es nicht darauf ankommt, ob er an seine früh Vfg überh noch gedacht hat (BayObLG FamRZ **89**, 441). Ist die früh Einsetzg des SchlußE im späteren gemsch Test nicht mehr enthalten, so kann ein Widerruf vorliegen (BayObLG FamRZ **92**, 607).

3   **a) Die Aufhebungswirkung (I)** reicht nur insow, als der Widerspr besteht. Die alleinige Erbeinsetzg eines Abkömml muß hinsichtl seiner Berufg also nicht einem früh ErbV widersprechen, in dem er auch, aber neben Geschwistern eingesetzt war (BayObLG Rpfleger **87**, 59). Die alleinige Erbeinsetzg des Ehegatten in einem not Test widerspricht als Wiederholg nicht einer früh dch PrivatTest, auch wenn nun noch Regelgen für den Fall des gleichzeit Versterbens od des Längerlebens des Erbl getroffen werden (BayObLG FamRZ **89**, 441). Die Wirkg des **I** kommt nur einem zZ seiner Errichtg gült Test zu (KG DNotZ **56**, 564). Sie bleibt dann aber bestehen, auch wenn das Test letztl dch Tod od Ausschlagg des Bedachten ggstandslos od dch Bedinggsausfall od auch Verlust (KG JW **35**, 3122) wirkslos wird. Anders ist dies allerd bei wirks Anfechtg; bei Fristablauf eines NotTest (§ 2252); auch beim ErbVertr (s § 2289 Rn 6–8).

4   **b) Beseitigung der Aufhebungswirkung** erfolgt dch Widerruf des späteren Test in den Formen der §§ 2254–2256 (**II**), ohne daß dies ausdrückl verfügt werden muß. **II** ist allerd nur Auslegsregel (iZw). Der Wille des Erbl kann also auch dahin gehen, trotz des Widerrufs die Wiederherstellg des ersten Test auszuschließen, also mit dem späteren auch das früh Test aufzuheben (Hamm Rpfleger **83**, 401). Ein Wille des Erbl, das früh Test nur teilw wiederherzustellen u einzelne Bestimmgen zu revidieren, kann nur dch neue Vfg wirks werden (Klunzinger DNotZ **74**, 286ff). – Das früh Test bleibt immer unwirks, wenn es aus der bes amtl Verwahrg zurückgenommen (§ 2256) od dch Handlgen nach § 2255 widerrufen worden war.

2258 a *Zuständigkeit für die besondere amtliche Verwahrung.* ¹Für die besondere amtliche Verwahrung der Testamente sind die Amtsgerichte zuständig.

   ᴵᴵ**Örtlich zuständig ist:**

1. **wenn das Testament vor einem Notar errichtet ist, das Amtsgericht, in dessen Bezirk der Notar seinen Amtssitz hat;**
2. **wenn das Testament vor dem Bürgermeister einer Gemeinde oder dem Vorsteher eines Gutsbezirks errichtet ist, das Amtsgericht, zu dessen Bezirk die Gemeinde oder der Gutsbezirk gehört;**
3. **wenn das Testament nach § 2247 errichtet ist, jedes Amtsgericht.**

   ᴵᴵᴵ**Der Erblasser kann jederzeit die Verwahrung bei einem anderen Amtsgericht verlangen.**

1   **1) Die besondere amtliche Verwahrung** bezweckt die Sicherg der letztw Erkl dch Erhalt der Urkunde u Schutz vor ihrer Veränderg sowie die Geheimhaltg ihres Inhalts. Dazu wird die Urkunde aus der allg Aktenverwahrg entnommen u einer Sonderform der Verwahrg (§ 2258b) unterworfen. Über die AbliefergsPfl des Notars s BeurkG 34 I 4 u zum Vollzug DONot 16. Die vor dem BeurkG (1. 1. 70) vor einem Richter errichteten öff Test sind weiter zu verwahren (Zimmermann Rpfleger **70**, 194). – VollzugsVorschr vgl AktO 27. – **Das Standesamt** ist von der erfolgten Verwahrg zu benachrichtigen. Es verständigt seiners vom Tod des Erbl das Gericht (Notar). S dazu die bundeseinheitliche Bek der Länder üb Benachrichtigg in NachlSachen u die bundeseinheitl Anordng über Mitteilgen in Zivilsachen (MiZi) 2. Teil Nr XVII/1. – **Gebühr:** KostO 101.

2   **2) Die Zuständigkeit** des AmtsG (dort Rpfleger, RPflG 3 Nr 2c) besteht für das ganze Bundesgebiet; in *Ba-Wü* sind allerd die Notariate zuständig (LFGG 1 I, II; 38; 46 III; Stgt BWNotZ **76**, 175; Karlsr BWNotZ **77**, 45). Verlangt der Erbl Verwahrg dch ein and Gericht, ist ihm stets u ohne weiteres stattzugeben (**III**), falls
3 kein offensichtl Mißbrauch vorliegt. Die Ablieferg muß nicht persönl erfolgen. – **Konsulartestamente** sind beim AG Schöneberg in Bln zu hinterlegen, sofern der Erbl nicht ein and AG verlangt hat (KonsG 11 II). – Hinterlegg beim örtl unzuständigen Gericht nimmt dieser nicht den Charakter der bes amtl Verwahrg (vgl FGG 7); das unzuständige Gericht wird aber das Test weiterleiten.

2258 b *Verfahren bei der besonderen amtlichen Verwahrung.* ¹Die Annahme zur Verwahrung sowie die Herausgabe des Testaments ist von dem Richter anzuordnen und von ihm und dem Urkundsbeamten der Geschäftsstelle gemeinschaftlich zu bewirken.

   ᴵᴵ**Die Verwahrung erfolgt unter gemeinschaftlichem Verschluß des Richters und des Urkundsbeamten der Geschäftsstelle.**

   ᴵᴵᴵ**Dem Erblasser soll über das in Verwahrung genommene Testament ein Hinterlegungsschein erteilt werden. Der Hinterlegungsschein ist von dem Richter und dem Urkundsbeamten der Geschäftsstelle zu unterschreiben und mit dem Dienstsiegel zu versehen.**

1) Das Verfahren bei der Annahme von Test zur bes amtl Verwahrg sowie bei ihrer Herausgabe regelt 1
§ 2258 b; AusführgsVorschr enthält AktO 27. Die Aufgaben des Richters sind dem RPfleger übertragen
(RPflG 3 Nr 2c); zu *Ba-Wü* s § 2258a Rn 2. – Die **Annahme** ist vom RPfleger anzuordnen u von ihm
gemeinsch mit dem UrkBeamten zu bewirken **(I).** Eine Pflicht zur Prüfg der RGültigk des Test besteht
dabei nicht. – Ein **Hinterlegungsschein (III 1)** soll dem Erbl (bei ErbVertr jedem VertrSchließenden, 2
§ 2277) erteilt werden. Zum Inhalt s AktO 27 Ziff 6. Über den Vollzug der bes amtl Verwahrg dch den
Notar s BeurkG 34 I 4, DONot 16; BeurkG 34 Rn 4–7. – Beim AG ist ein **Verwahrungsbuch** über alle zur 3
Verwahrg gebrachten Vfgen vTw zu führen (AktO 27 Ziff 4). Die Verwahrg hat unter gemeinschaftl
Verschluß des RPflegers u des UrkBeamten zu erfolgen **(II).**

2) Die Herausgabe eines Test aus der bes amtl Verwahrg erfolgt entw zur Eröffng (§§ 2260ff) od zur 4
Rückgabe an den Erbl, an diesen aber nur persönl (§ 2256 II 2), bei gemeinsch Test nur an beide Ehegatten
(§ 2272). Erbl kann sie jederzeit (§ 2256 II 1) gg Vorlage des Hinterlegsscheins verlangen. Sie ist vom
RPfleger anzuordnen u von ihm gemeins mit dem UrkBeamten zu bewirken. Zur **Belehrungspflicht** bei
öff Test s § 2256 I 2. – Dagg sind **Erbverträge** nie den VertrSchließenden auszuhändigen, sond in die
gewöhnl Verwahrg des Notars zurückzugeben (§ 2277 Rn 4).

2259 *Ablieferungspflicht.* [1]**Wer ein Testament, das nicht in besondere amtliche Ver-
wahrung gebracht ist, im Besitz hat, ist verpflichtet, es unverzüglich, nachdem er von
dem Tode des Erblassers Kenntnis erlangt hat, an das Nachlaßgericht abzuliefern.**

[II]**Befindet sich ein Testament bei einer anderen Behörde als einem Gericht in amtlicher Verwah-
rung, so ist es nach dem Tode des Erblassers an das Nachlaßgericht abzuliefern. Das Nachlaßge-
richt hat, wenn es von dem Testament Kenntnis erlangt, die Ablieferung zu veranlassen.**

1) Ablieferungspflicht. Die zwingde Vorschr gilt für Test und ErbVertr (§ 2300); nicht aber für den 1
AufhebgsVertr (§ 2290, Düss RhNK **73**, 199) od für ErbverzichtsVertr (§ 2346; BayObLG **83**, 149) u bloße
Anordngen über Feuerbestattg (RGRK Rn 3). Sie dient der Erhaltg u Sicherstellg nicht verwahrter Vfgen
vTw sowie der Vorbereitg der Eröffng (§§ 2260ff). – Die Verpflichtg, von welcher der Erbl nicht befreien
kann, trifft den unmittelbaren **Besitzer (I; § 857; BayObLG FamRZ 88,** 658). – Ablieferungspflicht **Behörde
(II)** kann ein Konsularbeamter, Notar od Bürgermeister sein, wenn entgg KonsG 11 II, BeurkG 34 I, § 2249
I 4 das Test noch nicht in amtl Verwahrg gebracht wurde; od ein Notar, der einen ErbVertr verwahrt
(BeurkG 34 II, BNotO 25 II, DONot 16 II); ggf die Polizei od Staatsanwaltsch bei Beschlagnahmen; auch
Gerichte, die nicht Verwahrgsgerichte iS des § 2261 sind. Bei Weigerg hilft nur AufsBeschw. – In *Ba-Wü* ist
das verwahrende Notariat seit 1. 9. 86 nicht mehr abliefergspflichtig, sond selbst für die Eröffng zuständig.

2) Abzuliefernde Schriftstücke sind ausnahmslos alle nicht in Verwahrg des NachlG befindl Schrift- 2
stücke, die sich äußerl od nach ihrem Inhalt als letztw Vfg des Erbl darstellen ohne Rücksicht darauf, ob sie
als solche sachl u formell gültig, offen od verschlossen sind (BayObLG aaO). Abzuliefern sind also auch alle
Schriftstücke, deren Eigensch als Test zweifelh ist, weil allein das NachlG (nicht der Besitzer) entscheidet,
ob es den Anforderngen genügt, gültig, widerrufen od ggstandslos ist (KG OLGZ **77**, 394; BayObLG
Rpfleger **84**, 19). Es sind also auch nach §§ 2256, 2272 zurückgenommene Test abzuliefern (KG JFG **15**, 93),
wenn noch vorhanden; od Briefe od Vereinbargen, sofern sie als erbrechtl Anordngen aufgefaßt werden
können (BayObLG aaO). Auch Test von Ausländern sind abzuliefern (Soergel/Harder Rn 17). – Die Ablie-
fergsPfl bezieht sich aber nicht auf die Gesamth verschiedener, in einem Behältn aufbewahrter unbekannter
Schriftstücke zwecks Prüfg ihres Inhalts (BayObLG FamRZ **88**, 658). – Abzuliefern sind die **Urschriften** 3
(dazu Soergel/Harder Rn 4), bei deren Verlust eine etwa vorhandene begl Abschrift (Hbg RJA **15**, 25). Die
Ablieferg hat unverzügl (§ 121) nach Kenntn vom Tod des Erbl zu erfolgen, muß aber nicht persönl
geschehen. Ihre Kosten treffen den Erben (KGJ **25** B 31). Abgabe beim nächsten AG statt beim zuständ
NachlG erfüllt die Pflicht auch. Nichtablieferg kann straffällig u schadensersatzpflichtig machen.

3) Zwang. Erhält das NachlG Kenntn, daß jemand im Besitz eines Test ist, fordert es den Besitzer 4
zunächst zur Ablieferg auf. Bleibt dies erfolglos, kann es die Ablieferg erzwingen entw dch Festsetzg von
Zwangsgeld (FGG 83 I; 33 I) od dch Anwendg unmittelb Zwangs (FGG 33 II). Zwang kann auch angeord-
net werden, wenn kein Pflichtiger, wohl aber bekannt ist, daß sich die Urk in Bankfach, Wohng, Versteck
befindet. Besteht nur eine Vermutg, kann NachlG den bestreitenden Besitzer zur Abgabe eidesstattl Vers
anhalten (FGG 83 II); dies kann vAw od auf Antr erfolgen; bei Ablehng Beschw (Karlsr Just **78**, 141). – Für
das Verfahren nach § 2259, FGG 83, 33 I, II 1 ist der Rpfleger zuständig (RPflG 3 Nr 2c); s auch *Ba Wü* LFGG
40 I.

4) Nach Ablieferung werden die Test nicht in bes amtl Verwahrg gebracht, sond bei den anzulegenden 5
Akten bis zur Eröffng aufbewahrt (AktO 27 Nr 11). Ein Hinterleggsschein wird nicht erteilt, jedoch auf
Verlangen eine Empfangsbestätigg.

2260 *Eröffnung des Testaments durch das Nachlaßgericht.* [1]**Das Nachlaßgericht hat,
sobald es von dem Tode des Erblassers Kenntnis erlangt, zur Eröffnung eines in seiner
Verwahrung befindlichen Testaments einen Termin zu bestimmen. Zu dem Termin sollen die
gesetzlichen Erben des Erblassers und die sonstigen Beteiligten, soweit tunlich, geladen werden.**

[II]**In dem Termin ist das Testament zu öffnen, den Beteiligten zu verkünden und ihnen auf
Verlangen vorzulegen. Die Verkündung darf im Falle der Vorlegung unterbleiben. Die Verkün-
dung unterbleibt ferner, wenn im Termin keiner der Beteiligten erscheint.**

[III]**Über die Eröffnung ist eine Niederschrift aufzunehmen. War das Testament verschlossen, so
ist in der Niederschrift festzustellen, ob der Verschluß unversehrt war.**

1 **1) Eröffnung.** Zu eröffnen ist jedes Schriftstück, das angebl vom Erbl stammt u sich äußerl u inhaltl als Test od ErbVertr darstellt (Einzelh s Rn 3). Die materielle od formelle Gültigk ist dabei noch nicht zu prüfen. Deshalb sind selbst aufgehobene, nichtige od dch Vorversterben des Bedachten überholte Test zu eröffnen u sogar solche, die inhaltl übereinstimmen (KG Rpfleger **79**, 277). – Die Eröffng ist von Amts wg vorzunehmen, sobald NachlG vom Todesfall zuverläss durch Standesbeamten, Polizei usw Kenntn hat (vgl die LänderVorschr über die Benachrichtigg in BeurkG 34 Rn 11). Ausnahmsw können auch ohne Todesnachweis Test, die mehr als 30 Jahre verwahrt sind, eröffnet werden (§ 2263a). – Die Eröffng ist ein formaler Akt, also mat-rechtl weder WirksamkVoraussetzg für die in der Urkunde enthaltenen letztw Vfgen noch Nachweis für die Erbfolge (BayObLG **83**, 176; Rpfleger **86**, 303). Dch sie wird idR die Ausschlagsfrist (§ 1944 II 2) in Lauf gesetzt (s § 1944 Rn 3).

2 **a) Sachlich zuständig** ist das **Nachlaßgericht** (s dazu § 1962 Rn 1; Rpfleger, RPflG 3 Nr 2c), ausnahmsw das Verwahrgsgericht (§ 2261) u der Konsularbeamte (KonsG 11 III), nicht aber ein ersuchtes Gericht (BayObLG **31**, 91). In *Ba-Wü* ist das verwahrende Notariat auch für die Eröffng zuständig. – Verzicht der Beteiligten auf förml Eröffng ist unbeachtl (BayObLG **51**, 391), ebso ein Verbot des Erbl (§ 2263). – Gg Ablehng der Eröffng ist Erinnerg (RPflG 11) statth (s Ffm FamRZ **77**, 482), nicht aber gg die erfolgte Eröffng (BayObLG NJW **94**, 1162).

3 **b) Gegenstand** der Eröffng ist jede amtl verwahrte oder nach § 2259 abgelieferte, sich äußerl als (wenn auch formungült) Test darstellde Urk. Einen Brief, der äußerl nicht als Test bezeichnet ist, kann das NachlG inhaltl prüfen, ob es sich um ein Test handelt (Ffm Rpfleger **70**, 392; KG Rpfleger **77**, 256). Auch widerrufene Test sind zu eröffnen u mitzuteilen (BayObLG **89**, 323; Düss OLGZ **66**, 64). Über die Gültigk ist erst bei ErbschErteilg (§§ 2353ff) oder vom ProzRichter zu entsch (Hbg JFG **1**, 174; KG JFG **14**, 158, 171). – Zu eröffnen ist die **Urschrift,** bei mehreren sämtliche, notf bei Verlust eine etwa vorhandene begl Abschr, nicht aber einf Abschr (KG JW **19**, 586). Kann Eröffng wg TestVerlusts nicht erfolgen, hindert dies (falls Inhalt erweisl, zB durch eine einf Abschrift) die ErbschErteilg nicht (KG JW **19**, 586; vgl § 2255 Rn 10). Wegen Ersetzg zerstörter od abhanden gekommener gerichtl od not Urk vgl § 2255 Rn 13.

4 **c) Ausländer.** Ihre letztw Vfgen sind auf jeden Fall dann zu eröffnen, wenn ein StaatsVertr die Mitwirkg des deutschen Gerichts vorsieht; wenn kraft Rückverweisg deutsches materielles ErbR, auch nur auf einen Teil des Nachl, anzuwenden ist (BayObLG **58**, 34; Staud/Firsching Rn 16); ein FremdR-ErbSch (§ 2369) **5** beantragt werden soll (Lüb SchlHA **58**, 334) od ein Sichergsbedürfn für den Nachl besteht (Pinckernelle/ Spreen DNotZ **67**, 201). – Ein in **Österreich** vom dortigen VerlassenschGer „kundgemachtes" Test eines Deutschen braucht im ErbSchVerf nicht ein zweites Mal eröffnet zu werden (Will DNotZ **74**, 273).

6 **2) Verfahren.** Zum alsbald anzusetzenden Termin (**I** 1) sollen die gesetzl Erben geladen werden sowie die sonst **Beteiligten,** denen dch die letztw Vfgen des Erbl ein (wenn auch aufschiebd bedingtes od befristetes) Recht gewährt od genommen od deren Rechtslage in sonstiger Weise unmittelb beeinflußt wird (Erben; TestVollstr; VermNehmer; Empfänger von Auflagen, § 2194; Behörde, die Vollziehg einer Auflage verlangen kann; Personen, bezügl deren familienrechtl Anordngen getroffen sind; nicht: NachlGläub), soweit sie bekannt sind (bei verschlossenem Test sind Angehörige, Polizei, Nachbarn zu befragen; zeitraube Ermittlgen aber vor der Eröffng zu unterlassen). In der Praxis unterbleibt oft die Ladg als „untunlich", weil die Beteiligten zweckmäßiger, schneller und zuverlässiger dch Übersendg von Ablichtgen des Test als dch Verkündg unterrichtet werden.

7 **a) Im Termin** hat der Rpfleger unter Feststellg des Todestags (mittels SterbeUrk, TodesErkl od and Nachweis) sowie der Unversehrtheit des Verschlusses ein verschlossenes Test zu öffnen. Die Eröffng erfolgt dch Verkündg an die Beteiligten; diese unterbleibt nur bei Vorlegg od Nichterscheinen (der ordngsmäßig geladenen) od Nichtermittlg von Beteiligten; es ist dann zur Niederschr (**III**) auf den Grund des Unterbleibens der Verkündg festzustellen u Benachrichtigg nach § 2262 vorzunehmen. – Zu sonstigen Erklärgen od Belehrg über Echth, Ausschlagg, Annahme, Anfechtg, Erbenhaftg, Erbteilg, Steuerfragen ist der Termin zwar nicht bestimmt. Er wird jedoch mit Recht auch zu derart Erörtergen in der Praxis genutzt. – Über die **8** erfolgte Eröffng ist eine **Niederschrift** zu fertigen (**III**). Ihr Inhalt ist ges nur hinsichtl der Mindestanfordergen festgelegt, ergibt sich aber daraus, daß die erfolgten Feststellgen samt Auffälligkeiten zu protokollieren sind. Der in der Praxis verbreitete Stempelaufdruck auf der Originalurkunde mag rechtl der Mindestanforderg genügen, ist aber weder zweckmäßig noch sinnentspr (vgl dazu Westphal Rpfleger **80**, 214, 460; **83**, 210; von Rechberg Rpfleger **80**, 458; Bayer Rpfleger **80**, 459). Die Niederschrift ist zwar eine öff Urkunde (ZPO 415), aber kein Nachweis für die Erbfolge (vgl BayObLG **83**, 176/181; Übbl 5 vor § 2353).

9 **b) Nach Eröffnung** wird auf das eröffnete Test zweckm ein Eröffngsvermerk gesetzt. Das Test bleibt dann offen bei den NachlAkten (Ausn § 2273 II 2), auch nach Erteilg eines Erbscheins (vgl auch § 2264). Keine Herausg an die Beteiligten (KG DFG **43**, 51; Rpfleger **77**, 256; aM Hbg MDR **75**, 666, wenn Urschrift für die Hinterbliebenen erhebl ethischen Wert hat; ebso Stgt Rpfleger **77**, 398; wie hier aber BGH NJW **78**, 1484). – Dem zuständ GBA soll das NachlG bei bekannt gewordenem Grundbesitz nach GBO 83 Mitteilg vom Erbfall machen; die Erben sollen auf die Unrichtigkeit des Grundbuchs hingewiesen werden sowie auf bestehende Gebührenvergünstiggen (s KostO 60 IV).

2261 *Eröffnung durch ein anderes Gericht.* **Hat ein anderes Gericht als das Nachlaßgericht das Testament in amtlicher Verwahrung, so liegt dem anderen Gericht die Eröffnung des Testaments ob. Das Testament ist nebst einer beglaubigten Abschrift der über die Eröffnung aufgenommenen Niederschrift dem Nachlaßgericht zu übersenden; eine beglaubigte Abschrift des Testaments ist zurückzubehalten.**

1 **1) Das Verwahrungsgericht** (ein AG, BeurkG 34; § 2248, § 2258a; KonsG 11 III; in *Ba-Wü* seit 1. 9. 86 das verwahrende Notariat) nimmt mit der Eröffng des Test eine eigenständ Aufgabe wahr, die auch dann zu erfüllen ist, wenn die Verwahrg keine bes iS von § 2258a; BeurkG 34 I war (Hamm Rpfleger **72**, 23). Es leitet seine Funktionen nicht von der Tätigk des NachlG ab wie auch dieses nicht die Tätigk des VerwahrgsG fortsetzt (Hbg Rpfleger **85**, 194). Eine Zuständigk wird auch dch TestAblieferg beim „nächsten AG" eröffnet (BayObLG **92**, 123). Für späteren ZuständigkStreit ist Eröffng keine Befassg iS von FGG 5 (BayObLG Rpfleger **95**, 254). – Wegen der Verlustgefahr muß das VerwahrgsG eröffnen u erst das eröffnete Test samt begl Abschr an das NachlG weiterleiten, womit seine Funktionen enden, während das NachlG ein völlig neues Verfahren in Gang setzt (Hbg aaO). Bei Verlust des Test kann sein Inhalt an Hand der zurückbehaltenen begl Abschrift festgestellt werden. – Beschwerde steht dem VerwahrgsG gg die Weigerg eines und Gerichts zu, das übersandte Test zur endgült Verwahrg anzunehmen (KG Rpfleger **77**, 100). – Prozeß- u StrafG sind nicht zur Eröffng befugt.

2) Vom Nachlaßgericht ist das eröffnete Test weiter zu verwahren (KG Rpfleger **77**, 100; s auch § 2273 **2** Rn 6; § 2300 Rn 3) u die nach KostO 103 III angefallene Gebühr zu erheben. Beschwerde kann es zwar nicht gg die erfolgte Eröffng mit dem Ziel einer Berichtigg u Ergänzg einlegen (BayObLG **86**, 118), wohl aber gg die Verweigerg der Auslieferg des Test (KG JFG **14**, 168).

2262 **Benachrichtigung der Beteiligten.** **Das Nachlaßgericht hat die Beteiligten, welche bei der Eröffnung des Testaments nicht zugegen gewesen sind, von dem sie betreffenden Inhalt des Testaments in Kenntnis zu setzen.**

1) Benachrichtigung. Ihr Zweck ist, Personen, deren RLage dch die in der Vfg vTw getroffenen **1** Bestimmgen des Erbl unmittelb beeinflußt wird, Kenntn von dem sie betreffenden Inhalt des Test zu geben, um sie in den Stand zu versetzen, das zur Wahrnehmg ihrer Interessen Zweckdienliche zu veranlassen (BGH **70**, 173; BayObLG **89**, 323). Eine Unterlassg mit Rücks auf das PersönlichkR des Erbl od der Erben ist nicht gerechtfertigt (BayObLG aaO). – **Beteiligte** sind zB: die Bedachten, auch bei nur bedingter Zuwendg (s § 2260 Rn 6); der VermächtnNehmer, auch wenn das Vermächtn dch ein weiteres Test widerrufen ist (BayObLG aaO; Düss OLGZ **66**, 64; s aber auch BGH **70**, 173 = **LM** Nr 1 mAv Johannsen zum ErbVertr); ferner die gesetzl Erben, die nach § 1938 ausgeschlossen od auf den Pflichtt gesetzt sind, od denen der Pflichtt entzogen ist, auch wenn sie in der Vfg nicht erwähnt sind (Staud/Firsching Rn 7; Düss RhNK **78**, 160 zum ErbVertr); nichtehel Verwandte, deren gesetzl ErbR od deren ErbersatzAnspr ausgeschlossen, beschränkt od beschwert ist (Schramm BWNotZ **70**, 17). – **Mitteilungspflicht:** Das NachlG (nicht das **2** nach § 2261 eröffnende Gericht) hat die Beteiligten formlos u ohne Rücks auf die Gültigk des Test in Kenntn zu setzen (s LG Köln Rpfleger **92**, 436). Verletzg dieser MitteilgsPfl kann SchadErsAnspr begründen (BGH NJW **92**, 1884). Die Beteiligten sind ggf zu ermitteln (RG **69**, 274), zB wer zum Kreis der VermächtnNehmer gehört; ev ist Pfleger (§ 1913) zu bestellen (BayObLG **79**, 340/343); s auch Bremen Rpfleger **73**, 58: Ist TV ernannt, genügt es, wenn VermächtnNehmern die sie betr Vfg u der Name des TestVollstr bekannt gemacht wird. – Der Erbl kann Benachrichtigg ebensowenig verbieten wie die Eröffng (§ 2263; Düss aaO). Die Beteiligten können auf Benachrichtigg verzichten. – Der Erbe ist gg die vom NachlG beabsichtigte Bekanntgabe einer VermächtnAnordng an den Bedachten beschwerdeberecht (Düss aaO); über BeschwerdeR des TV gg Durchführg einer über die gesetzl Vorschr hinausgehden Mitteilg s Bremen aaO.

2) Erbenermittlung. In Süddeutschland hat das NachlG nach *BaWü* LFGG 41 u *Bay* AGGVG 37 vAw **3** die Erben zu ermitteln (in *BaWü* auch die ErbersatzBerecht); *Bay* schränkt diese Fürsorge für den Nachl allerd auf die Fälle ein, daß ein Grdst od wesentl Aktivvermögen vorhanden ist. Das NachlG hat die ermittelten Erben dann vom Erbfall u dem Ermittlgsergebn zu unterrichten u auf die Berichtigg des GB hinzuwirken (*BaWü* s Sandweg BWNotZ **86**, 5; **79**, 25, der auch bei Ausländern die Pfl zur Erbenermittlg bejaht; üb die Mitwirkg der Standesbeamten u der Gemeinden s Richter StAZ **88**, 249). – Im Rahmen einer Erbenermittlg vAw kann das NachlG ua die Unwirksamk einer Erbausschlagg aussprechen; dieser Beschluß ist mit Beschw (FGG 19 ff) anfechtb. Es kann gem § 35 vom Standesamt über die in den Sammelakten aufgeführten Angehörigen des Erbl Auskunft verlangen (Brschw Rpfleger **89**, 371). – Über Erbenermittlg auf Ersuchen des GBA im BerichtiggszwangsVerf s GBO 82a; KG OLGZ **69**, 134. – Erbenermittlg dch darauf spezialisierte Sucher zu dem Zweck, sich gg Erfolgshonorar mit der NachlAbwicklg beauftragen zu lassen, ist erlaubnispflichtig nach Art 1 § 1 RBerG (BGH NJW **89**, 2125).

3) Mitteilung an Finanzamt ist nach ErbStDVO 12, ErbStRG 9 vorgeschrieben. Vgl ferner die bundes- **4** einheitl Anordng über Mitteilgen in Zivilsachen (MiZi) 2. Teil XVII/2 über Mitteilgen zu steuerl Zwecken.

2263 **Nichtigkeit eines Eröffnungsverbots.** **Eine Anordnung des Erblassers, durch die er verbietet, das Testament alsbald nach seinem Tode zu eröffnen, ist nichtig.**

Unbeachtlich wie das Eröffngsverbot ist auch das Verbot der Ablieferg, Benachrichtigg, Einsicht **1** (§§ 2259, 2262, 2264; s KG Rpfleger **79**, 137/138) sowie der Öffng der ErblWohng u ihrer Behältnisse. Die Nichtigk solcher Bestimmgen berührt iZw das Test im übrigen nicht (§ 2085). Doch wird Nichtigk dann anzunehmen sein, wenn der Erbl verboten hat, das Test überh zu eröffnen, weil es damit nicht ernstl gemeint (§ 118) od uU widerrufen (§§ 2253 ff) ist (ebso Soergel/Harder Rn 3; aM Staud/Firsching Rn 3).

2263a **Eröffnungsfrist für Testamente.** **Befindet sich ein Testament seit mehr als dreißig Jahren in amtlicher Verwahrung, so hat die verwahrende Stelle von Amts wegen, soweit tunlich, Ermittlungen darüber anzustellen, ob der Erblasser noch lebt. Führen die Ermittlungen nicht zu der Feststellung des Fortlebens des Erblassers, so ist das Testament zu eröffnen. Die Vorschriften der §§ 2260 bis 2262 sind entsprechend anzuwenden.**

1) Eröffnungspflicht entsteht stets dann, wenn sich ein Test (auch ein gemschaftl, obwohl § 2273 nicht **1** erwähnt ist) mehr als 30 Jahre in amtl Verwahrg befindet. Dies soll verhindern, daß eine TestEröffng auf

Dauer nur desh unterbleibt, weil Tod des Erbl nicht dem verwahrenden Gericht mitgeteilt wurde. Verwahrg ist jede amtl, ob bes, einfache od Aktenverwahrg (Hornung JVBl **64**, 226). – Der Zeitpkt der Errichtg od Annahme des Test zur Verwahrg ist gleichgült. Desh sind auch vor dem 1. 1. 1900 errichtete Test (ErbV) grdsl zu eröffnen (BGH DNotZ **73**, 379; Memmingen Rpfleger **77**, 440); nur wenn feststeht, daß ihnen keine Bedeutg mehr zukommt, kann davon abgesehen werden. – Der Eröffng voraus geht eine mit Fristab-

2 lauf entstehde **Ermittlungspflicht** des VerwahrgsG, deren Umfang aber in ihr pflichtgem Ermessen gestellt ist. Bleibt Tod des Erbl ungeklärt, ist sein Test so zu eröffnen, als ob er unmittelb vor Eröffng im

3 Bezirk des VerwahrgsG gestorben wäre (Bengel Rn 5). – **Zuständig** ist RPfleger (RPflG 3 Nr 2c), in Ba-Wü Notariat (§ 2258a Rn 2; § 2261 Rn 1). – AusführgsVorschr: AktO 27 Abs 10.

4 **2) Eine Eröffnung noch zu bei Lebzeiten** des Erbl (sei es versehentl od nach ergebnislosen od mangelh Erhebgen) berührt die Gültigk des Test nicht. Das Test ist wieder zu verschließen u zu verwahren. Ggf ist Erbl zu verständigen, der nur bei versehentl Eröffng SchadErsatz verlangen kann, wenn er dadurch berechtigten Anlaß zur Errichtg eines neuen Test erhielt u ihm daraus besondere Kosten erwachsen, die nicht niedergeschlagen od erlassen werden können.

2264 **Einsichtnahme, Abschrifterteilung.** Wer ein rechtliches Interesse glaubhaft macht, ist berechtigt, ein eröffnetes Testament einzusehen sowie eine Abschrift des Testaments oder einzelner Teile zu fordern; die Abschrift ist auf Verlangen zu beglaubigen.

1 **1) Rechtliches Interesse** (vgl FGG 85) erfordert, daß das Test nach der Eröffng auf die Gestaltg der rechtl Beziehgen des Einsichtnehmers einwirkt. Es ist daher enger als das berechtigte (wirtschaftl, wissenschaftl) Interesse gem FGG 34 (Keidel/Reichert FGG 34 Rn 13), der neben § 2264 gilt (KG Rpfleger **78**, 140). Glaubhaftmachg erfolgt gem FGG 15 II. – Zu Lebzeiten des Erbl kann nur dieser Einsicht in sein amtl verwahrtes Test nehmen.

2 **2) Einsicht** können auch die nicht bedachten gesetzl Erben des Erbl verlangen, ebso Abschriften seines Test (BayObLG **54**, 312). Der Berechtigte kann auch durch Vertreter einsehen, vom NachlG (nicht vom beurkundenden Notar, BayObLG **54**, 310) Abschriften verlangen, Photokopien anfertigen, aber keine chemische Untersuchg vornehmen lassen. Er hat bei Ablehng Erinnerg gem RPflG 11. – Behörden, insb dem FinA (AO 111ff) ist ohne weiteres Einsicht zu gewähren. – Bei nur teilw Eröffng eines gemeinschaftl Test (§ 2273) wird nur Einsicht in den eröffneten Teil u AbschrErteilg von diesem gewährt. Sonst kann der Berecht Einsicht u Abschr des ganzen Test verlangen (Hamm FamRZ **74**, 387/389). Zum Test zählen auch die Anlagen u das EröffngsProt (MüKo/Burkart Rn 6; str). – Für eröffnete **Erbverträge** gilt nicht § 2264, sond FGG 34, so daß berecht Interesse genügt (dann Ermessensentscheidg). – FGG 34 regelt auch die

3 Einsicht in die **Akten** des NachlG (s dazu § 2353 Rn 28).

Achter Titel. Gemeinschaftliches Testament

Einführung

1 **1) Der Begriff** des gemsch Test ist im G nicht geregelt. Es steht nur Ehegatten offen (§ 2265; zur Umdeutg gemsch Test von Nichtehegatten s § 2265 Rn 3) u ist deshalb weitgehend vom Bestand der Ehe abhängig (§ 2268). Auch im gemsch Test verfügt jeder Ehegatte stets einseit als Erblasser üb sein Vermögen für den Fall seines Todes, so daß rechtl eine doppelte einseit Vfg vTw vorliegt. Die Unterschiede zu zwei EinzelTest liegen in den ges Formerleichtergen (§§ 2266, 2267), im Ausschluß einseit Rücknahme aus amtl Verwahrg (§ 2272) u vor allem in der Möglichk, die letztw Vfgen beider Ehegatten so miteinander zu verbinden, daß sie in ihrem Bestand voneinander abhängig sind (§ 2270) u nur nach § 2271 widerrufen werden können. – Zu GestaltsMöglichk bei nichtehel Partnersch s Grziwotz ZEV **94**, 267.

2 **a) Das Wesen** des gemeinsch Test besteht in der **Gemeinschaftlichkeit** seiner Errichtg aGr eines gemeins Entschlusses beider Ehegatten. Die früh vom RG vertretene obj Theorie, nach der die äußere Form einer einheitl Urkunde für wesentl erachtet wurde (RG **72**, 202), wird heute fast allg als zu formal abgelehnt. Weitgehend herrscht Einigk, daß der Wille zur gemsch Testierg maßgebl ist (subjekt Theorien). Unterschiedl Auffassgen bestehen jedoch darüber, wie dieser Wille zum Ausdruck gebracht u nachgewiesen sein muß (Einzelh s Pfeiffer FamRZ **93**, 1266). Die rein subjekt Theorie begnügt sich damit, die Gemeinschaftlichk aus irgendwelchen, auch außerh der Urk liegenden Umständen herzuleiten (OGH NJW **49**, 304; Lange/Kuchinke § 22 III 2). Demgegü verlangt im Interesse der RSicherh die heute wohl überwiegende vermittelnde Auffassg in Anlehng an die Andeutgstheorie (s dazu § 2084 Rn 4), es müsse aus der TestUrk selbst erkennb sein, daß es sich um eine gemsch Erklärg handelt (BGH **9**, 113; Köln OLGZ **68**, 321; Celle OLGZ **69**, 84), mag sich der volle Beweis dann auch erst dch Umstände außerh der Urk ergeben (Ffm OLGZ **78**, 267; Hamm OLGZ **79**, 266). Dem ist zuzustimmen. Der als maßgebl angesehene Wille bezieht sich nur auf den Errichtgsakt, der als gemeins äußerl erkennb sein muß, aber nicht auf die inhaltl Übereinstimmg der beiden letztw Vfgen, die nicht begriffsnotwend aufeinander abgestimmt sein müssen; jeder Ehegatte verwirklicht seinen eigenen Willensentschluß u muß die Vfg des and nur deshalb kennen, um sich darauf einzustellen u seine eigene Vfg damit abstimmen zu können. Der Wille ist also kein rechtsgeschäftl, sond ein tatsächl, der sich auf die gemsch Errichtg beschränkt (s MüKo/Musielak Einl u § 2265 Rn 9ff; Soergel/Wolf vor § 2265 Rn 6; KG NJW **72**, 2133; vgl auch Kanzleiter DNotZ **73**, 133; für rechtsgesch Qualität Pfeiffer FamRZ **93**, 1266) und der sogar erst später gefaßt werden kann, sich aber stets aus den TestUrk ergeben muß.

3 **b) Vom Erbvertrag** unterscheidet sich das gemsch Test verschiedentl: Der ErbVertr kann auch von Nichteheleuten u zwischen mehr als zwei VertrPartnern geschlossen werden, braucht dann aber nur die

letztw Vfg einer Person zu enthalten; er erzeugt als Vertr stets Bindgswirkg u kann vom Erbl grdsl nicht mehr widerrufen, sond nur noch angefochten od dch vorbehaltenen Rücktritt beseitigt werden; er bedarf stets not Form u kennt keine Formerleichterg.

2) Testamentserrichtung. Unter der Besonderh, daß stets zwei Erbl vorhanden sind, die beide testier- **4** fähig sein müssen (§ 2229), können die Ehegatten frei wählen, ob sie ihr gemsch Test in Form des öff od des eigenhänd Test errichten wollen. Beide Formen sind erbrechtl gleichwertig, der angestrebte Zweck ist mit jeder Form erreichb; zu den jeweiligen Vorzügen s § 2231 Rn 3. Entscheiden sich die Eheleute für die privatschriftl Form, können sie zusätzl die Erleichterg des § 2267 in Anspr nehmen, müssen dies aber nicht. IdR werden beide Ehegatten in der gleichen Form testieren. Es sind aber auch **Mischformen** zulässig (einer errichtet öff, der andere privatschriftl Test; bei Behinderg s aber Rn 6), sofern der Wille, ein gemsch Test zu errichten, hinreichend erkennb ist (str; ebso Soergel/Wolf § 2265 Rn 12; RGRK Rn 11, 12; aA MüKo/Musielak § 2267 Rn 3). – Neben diesen ordentl Test (§ 2231) können die Ehegatten auch gemsch außerordentl Test errichten (§§ 2249–2251); dabei muß für ein NotTest die Voraussetzgn des § 2249 od des § 2250 nur bei einem Ehegatten bereits vorliegen (§ 2266). – Zur **Aufhebung** dch Widerruf s § 2271 Rn 1–8; § 2255 Rn 15. Bei Unauffindbark od unfreiw Verlust s § 2255 Rn 9–12; 15.

a) Das öffentliche gemsch Test kann seit 1. 1. 70 nur noch zur Niederschrift eines Notars errichtet **5** werden (§ 2231 Nr 1; 2232). Die Gemeinschaftlichk wird idR dch die Einheitlichk der Beurkundg hergestellt. Jedoch kann das gemsch Test auch dch getrennte öff Test errichtet werden, sofern nur der gemsch Wille erkennb ist, zB der eine Ehegatte vor einem Notar das gemsch Test errichtet u der andere vor einem anderen Notar erklärt, das ihm bekanntgemachte Test sei auch sein eigenes (RGRK Rn 10; Soergel/Wolf § 2265 Rn 12). – Ihren letzten Willen können die Eheleute auf die gleiche Weise od auf verschiedene Art erklären (§ 2232 iVm BeurkG 9 I Nr 2; 13 I; 30), sei es daß beide mündl sich erklären, daß der eine mündl u der andere dch Übergabe einer Schrift testiert, daß beide eine gemeins Schrift übergeben od jeder eine gesonderte, daß der eine zur übergebenen Schrift mündl Ergänzgen erklärt, der andere nicht. Stets muß jedoch sichergestellt sein, daß jeder Ehegatte von der Vfg des and Kenntnis hat u sich auf sie einstellen kann; bei Übergabe einer verschlossenen Schrift soll der Notar deshalb entspr Erkl beider Ehegatten in die Niederschr aufnehmen. – Bestehen Hindernisse in der **Person** eines Ehegatten, muß die Form beachtet **6** werden, die dem beschränkten Ehegatten zum Testieren offen steht (§ 2233): Ist ein Ehegatte minderjährig, kann auch der volljähr nur dch mündl Erkl od Übergabe einer offenen Schrift testieren (§ 2233 I; BeurkG 30); ist einer lesensunkundig, können beide Ehegatten nur dch mündl Erkl testieren (§ 2233 II); ist einer stumm, kann dieser stets nur dch Schriftübergabe testieren (§ 2233 III; BeurkG 22, 31), der and Ehegatte auch mündl, ohne daß dann schon genügt, wenn der Stumme schriftl erklärt, daß die aufgenommene Niederschr auch seinen Willen enthalte; der Stumme muß also eine Schrift mit seinem Willen übergeben u noch die schriftl Erkl nach BeurkG 31 abgeben. – **Verfahren:** Beide Ehegatten müssen anwesend sein u bis **7** zur Unterschrift eines jeden leben. Beide müssen sich vor dem Notar erklären, die Niederschr genehmigen u sie unterzeichnen (BeurkG 9 I Nr 2; 13 I). Bei Gebrechen auch nur eines gelten BeurkG 22 ff, 31. Die Ausschließgsgründe nach BeurkG 6, 7, 27 gelten, auch wenn sie nur in der Person eines Ehegatten vorliegen. Übersetzg bzw Dolmetscher (BeurkG 16; 32) ist erforderl, wenn auch nur ein Ehegatte nicht sprachkundig ist. – Zur Verschließg u Veranlassg der Verwahrg s BeurkG 34. – **Gebühr** s KostO 46.

b) Das eigenhändige gemsch Test kann von den Ehegatten nur gewählt werden, wenn beide volljähr **8** sind und lesen können (§ 2247 IV), anderf nur das öff Test zulässig ist (§ 2233 I; s Rn 6). Es kann dann sowohl in einem einzigen gemsch Test, aber auch in mehreren Urkunden, dann auch in zeitl Abstand voneinander (RG 72, 204) u selbst ohne ausdrückl Bezugnahme, Ergänzgs- od Nachtragsvermerk errichtet werden. – **aa) Bei getrenntem** Testieren in Form zweier privatschriftl EinzelTest muß zunächst jeder **9** Ehegatte seine Vfg zur Gänze eigenhänd schreiben und unterschreiben (§ 2247); es ist also nicht formgerecht, wenn der Ehemann nach seiner Vfg auch den Text der Ehefrau schreibt, diesen aber nur die Ehefrau unterschreibt u nicht auch der Ehemann, weil die FormVorschr nicht schon wg der Absicht zur Errichtg eines gemsch Test unbeachtet bleiben können (BGH NJW 58, 547; Hamm OLGZ 72, 139 m Av Haegele Rpfleger 72, 404; aA Celle NJW 57, 876). **Zusätzlich** muß der Wille beider Ehegatten zum gemsch Testieren sich aus beiden Urk zumindest andeutgsweise ergeben, wobei zum vollen Beweis auch Umstände außerh der Urkunden herangezogen werden können (BGH 9, 114; Ffm OLGZ 78, 267; Hamm OLGZ 79, 266). Dazu reicht nicht schon die gesonderte Errichtg zweier sich inhaltl im wesentl entspr Test am gleichen Ort u zur gleichen Zeit aus (BGH, Hamm aaO). Ausreichende Anhaltspkte können dagegen sein, daß die Ehegatten in ihren Vfgen das Wort „wir" od „gemeinsam" verwenden (BayObLG FamRZ 91, 1485; 93, 240); od jeweils die Vfg des and mitunterschreiben (BayObLG 59, 199; Ffm aaO); od wenn beide EinzelTest auf demselben Bogen Papier geschrieben werden, inhaltl aufeinander abgestimmt sind u sich aus der Urk die Gleichzeitig der Errichtg ergibt (aA Hamm aaO). Noch nicht genügend ist dagg die bloße Verwahrg beider Test in einem gemeins unbeschrifteten offenen Umschlag (BayObLG 59, 229; Köln OLGZ 68, 321; Haegele JurBüro 68, 347 ff); jedoch kann bei verschlossenem Umschlag aus dessen Beschriftg der gemeins Testierwille ersehen werden (Hamm aaO), wobei Köln aaO in der Aufschrift „Unser Test" noch keinen derart Willen gesehen hat. – **bb) Bei gemeinsamer Urkunde** gewährt § 2267 Former- **10** leichtergen. Der gemeins Testierwille kann sich dann schon aus der gemeins Unterzeichng der nur von einem Ehegatten geschriebenen Vfgen ergeben od aus der jeweiligen Mitunterzeichng der von jedem Teil selbst geschriebenen Vfg (Einzelh s bei § 2267).

3) Inhalt. Im gemsch Test können die Eheleute alle Vfgen treffen, die sie sonst in EinzelTest treffen **11** würden. Deshalb kann auch nur eine äußerl TestierGemsch vorliegen, zB wenn jeder Eheg verschiedene Personen bedenkt, etwa die Kinder aus seiner früheren Ehe (sog gleichzeitiges Test). Dies gilt auch dann, wenn sich die Eheleute ggseit, jedoch ohne inneres BeziehgsVerhältn, bedenken od so zugunsten desselben Dritten testieren (sog ggseit Test). Die Besonderh des gemsch Test liegen jedoch in der Möglichk zu wechselbezügl Vfgen (§ 2270 I), dem häufigsten Fall **(wechselbezügliches Testament).** Hier wird jede Vfg nicht nur mit Rücks auf die andere, sond nicht ohne die andere getroffen, steht u fällt also mit ihr (RG

116, 149). Das G beschränkt die wechselbezügl Vfgen auf Erbeinsetzgen, Vermächtn u Auflagen (§ 2270 III), führt einzelne Vfgen an, in denen iZw Wechselbezüglichk vorliegt (§ 2270 II) u zieht in § 2270 I aus der Wechselbezüglichk die Folgerg, daß Nichtigk od Widerruf der einen Vfg die Unwirksamk der anderen herbeiführt. In § 2271 wird schließl der Widerruf wechselbezügl Vfgen behandelt. – Bei **einseitiger Abhängigkeit** (einseit Bindg), bei der dem anderen Eheg der AbhängigkWille fehlt, sind §§ 2270, 2271 entspr anwendb (KG JFG **10**, 67; **17**, 46; Kipp/Coing § 35 I 2; Brox § 15 V 1; bestr; s dazu ausführl Buchholz Rpfleger **90**, 45). – Auch in **unwirksamen** gemsch Test, insb von Nichtehegatten, sind wechselbezügl Vfgen möglich (BGH NJW-RR **87**, 1410). Hierauf sind zwar die §§ 2270 ff nicht anwendb; wohl aber ist die eine Vfg bei Unwirksamk der anderen anfechtbar. – In einem notariellen gemsch Test kann auch die stillschw Erkl eines Erb- od Pflicht-**Verzichts** des einen Eheg u dessen Annahme dch den and Eheg enthalten sein (BGH NJW **77**, 1728; dazu Habermann JuS **79**, 169). – Ein gemsch Test kann auch dch einen ErbVertr od dch ein späteres gemsch Test (gleich ob eigenhänd od notariell) in der Weise **ergänzt** werden, daß die neuen Vfgen mit den bisherigen sich als einziges gemsch Test darstellen (BayObLG Rpfleger **80**, 283; s dazu auch § 2270 Rn 4).

12   **4) Auslegung.** Die allg Grds zur Auslegg nicht eindeutiger Vfgen vTw (s § 2084 Rn 1 ff) gelten auch hier. Jedoch ist bei gemeins Vfgen in einem gemschaftl Test stets für jede zu prüfen, ob ein nach dem Verhalten des einen Eheg mögl AusleggsErgeb auch dem Willen des and entsprochen hat (BGH **112**, 229; BayObLG **81**, 79). Dabei kommt es auf den übereinstimmenden Willen zZt der TestErrichtg an (BGH aaO). Auch für die Ermittlg des mutmaßl od des hypothet Willens ist die Willensrichtg beider Ehegatten maßgebend (KG OLGZ **66**, 506; BayObLG **62**, 142). Läßt sich keine Übereinstimm der beiderseit Vorstellgen u Absichten feststellen, muß auf den Willen gerade des Erbl abgestellt werden mit der Besonderh, daß hier gem § 157 eine Beurteilg aus der Sicht des und Ehegatten stattfindet. Dieser muß näml die Möglichk haben, sich bei seinen Vfgen auf die des and Teils einzustellen u umgekehrt (BGH NJW **93**, 256). – Die bes von älteren Eheleuten gern benutzte Formulierung „Falls uns beiden etwas zustößt" od „Im Falle unseres beiderseitigen Ablebens" ist nicht eindeut u daher auslegsbedürft, weil eine Regelg sowohl für den (seltenen) Fall des gleichzeit Versterbens als auch für den (regelm) des Nacheinanderversterbens gewollt sein kann (BayObLG **81**, 79; FamRZ **90**, 563; s dazu auch § 2269 Rn 9; 10).

2265 *Errichtung durch Ehegatten.* **Ein gemeinschaftliches Testament kann nur von Ehegatten errichtet werden.**

1   **1) Nur Ehegatten** ist die Errichtg eines gemeinsch Test vorbehalten. Diese Einschränkg ist verfassgsrechtl unbedenkl u verstößt nicht gg GG 3 I (BVerfG NJW **89**, 1986). Die Eheleute müssen zZt der TestErrichtg in einer gültigen Ehe leben (Eheschließg kann hier frei nachgewiesen werden, da § 2356 nur für ges ErbR des Eheg gilt, BayObLG FamRZ **90**, 1284). Die Ehe darf also nicht nachträgl für nichtig erklärt worden sein (EheG 23). S dazu näheres bei § 2268, dort auch über die Auswirkgen einer Ehescheidg od Eheauflösg auf das gemeinsch Test. – Zu den Möglichk eines gemeinsch Test bei **Ausländern** u Umstätter DNotZ **84**, 532. Ist nur einer der Ehgatten Ausländer u kennt sein HeimatR das gemsch Test nicht, ist die Zulässigk eines solchen Test str (s EG 25 Rn 13; Zweibr FamRZ **92**, 608). – Zum Wesen gemsch Vfg und zur TestErrichtg s Einf 1–10 vor § 2265. – Lit: Langenfeld, Das EhegTest, 1994.

2   **2) Unverheiratete Personen** (Verlobte; Verwandte; Partner eheähnl Lebensgemeinsch) können sich des gemeinsch Test mit seiner Bindgsmöglich u Formerleichterg nicht bedienen. Sie müssen entw zwei getrennte EinzelTest errichten od not ErbVertr (§ 2276) abschließen, falls Bindg gewollt wird. Ein von ihnen gleichwohl errichtetes gemeinsch Test, das sich nicht als zwei nur äußerl in einer Urk verbundene EinzelTest erweist, ist als solches nichtig; dies wird auch nicht dch spätere Heirat geheilt (Soergel/Wolf Rn 5).

3   **3) Umdeutung.** Ob die in dem nichtigen gemsch Test getroffenen Vfgen unverheirateter Personen nach § 140 als EinzelTest aufrecht erhalten werden können, hängt zunächst einmal davon ab, ob die vollständige Form des § 2247 von jedem Testierenden eingehalten wurde; bei gewählter Formerleichterg nach § 2267 trifft dies nur auf einen zu. Soweit die Form gewahrt ist, bleiben **einseitige** Vfgen stets gültig (BGH NJW-RR **87**, 1410; KG NJW **72**, 2133; BayObLG FamRZ **93**, 1370). Für **wechselbezügliche** Vfgen wird dies dagg von der bisher hM abgelehnt (RG **87**, 33; KG Rpfleger **69**, 93), weil derartige Vfgen miteinander stehen u fallen, also gerade nicht isoliert gelten sollen (s § 2270 Rn 1); es ist aber dann auch zu beachten, daß für die Feststellg einer Wechselbezüglichk der Vfgen von Unverheirateten nicht ohne weiteres die für Ehegatten geltende Vermut des § 2270 II herangezogen werden kann, zumal wenn es sich um Blutsverwandte handelt (zB Geschwister, s Zweibr FamRZ **89**, 790). Inzwischen hat sich allerd ein gewisser Meingswandel vollzogen, wonach unter bestimmten Voraussetzgen auch bei wechselbezügl Vfgen die Möglichk einer Umdeutg zu bejahen ist (s KG NJW **72**, 2133; Ffm MDR **76**, 667; FamRZ **79**, 347; LG Karls BWNotZ **89**, 62; Soergel/ Wolf Rn 5; RGRK Rn 14; Schlüter § 26 III 2 c; Lange/Kuchinke § 33 **4**   V 1 b[113]; Kanzleiter DNotZ **73**, 133 u in Staud Rn 4 ff; wohl auch MüKo/Musielak Rn 9). **Voraussetzung** dafür ist allerd außer der Wahrg der Form eines EinzelTest vor allem ein entsprechender Wille beider Testierender. Soergel/Wolf (aaO u vor § 2265 Rn 12) stellt darauf ab, ob eine beiders auflösende Bedingg od eine WirksamkErwartg nach § 2078 II als gewollt angesehen werden kann. Da dem G kein Umdeutgsverbot zu entnehmen ist, sollte anerkannt werden, daß der formgerecht erklärte Wille des Testierenden eines fehlgegangenen gemeinschaftl Test auch bei wechselbezügl Vfg als EinzelTest aufrecht erhalten werden kann, wenn festgestellt wird, daß er bei Kenntn der Unwirksamk des angestrebten gemeinsch Test eine gleichlautende einseit letztw Vfg getroffen hätte (Staud/Kanzleiter Rn 12; Bengel Rn 7); bei Zuwendg an einen Dritten, die in der Absicht erfolgte, daß sie nicht nachträgl aufgehoben werden kann, wird die Umdeutg unter Beifügg einer Bedingg, daß der letztbegünstigte Dritte das ihm Zugewendete erhält, häufig mögl sein (Staud/Kanzleiter Rn 13).

2266   *Gemeinschaftliches Nottestament.*   **Ein gemeinschaftliches Testament kann nach den §§ 2249, 2250 auch dann errichtet werden, wenn die dort vorgesehenen Voraussetzungen nur bei einem der Ehegatten vorliegen.**

1) Ein gemeinschaftliches Nottestament nach § 2249 od § 2250 ist auch zulässig, wenn die dort 1 bezeichneten Voraussetzgen nur bei einem Eheg vorliegen. Beim AbsperrgsTest (§ 2250 I) und beim See-Test (§ 2251) ergibt sich im allg, daß deren Voraussetzgen bei beiden Eheg vorliegen. Jedoch kann ein gemschaftl Test auch dadurch zustande kommen, daß ein Eheg seine Erkl in der Form u unter den Voraussetzgen der §§ 2250 I od 2251 abgibt, der andere in der ordentl Form (RGRK Rn 2).

2) Als nicht errichtet ist das Test zu betrachten, wenn beide Eheg die **Frist** des § 2252 I, II überleben. 2 Die Frist ist gehemmt, solange nur einer der Eheg kein öff Test errichten kann. Dagg bleibt die ganze Vfg wirks, wenn einer der Eheg währd der Frist stirbt, also auch beim Tod des Gefährdeten (KGJ **51**, 89). Der Überlebende ist dann nach § 2271 an seine wechselbezügl Vfgen gebunden. Auch seine einseit Vfgen bleiben wirks (str; ebso Soergel/Wolf Rn 3; MüKo/Musielak Rn 4; aA Staud/Kanzleiter Rn 5 mN).

2267   *Gemeinschaftliches eigenhändiges Testament.*   **Zur Errichtung eines gemeinschaftlichen Testaments nach § 2247 genügt es, wenn einer der Ehegatten das Testament in der dort vorgeschriebenen Form errichtet und der andere Ehegatte die gemeinschaftliche Erklärung eigenhändig mitunterzeichnet. Der mitunterzeichnende Ehegatte soll hierbei angeben, zu welcher Zeit (Tag, Monat und Jahr) und an welchem Ort er seine Unterschrift beigefügt hat.**

1) Formerleichterungen gewährt § 2267, wenn die Eheg eigenhänd testieren (zur TestErrichtg und 1 Wahl der Form s Einf 4 vor § 2265; zum früh TestG 28 II s ÜbergangsVorschr Einf 2 vor § 2229); daneben stehen auch and Formen zur Vfg (s Einf 8–10 vor § 2265). Es genügt, daß sämtl Vfgen beider Eheg nur von einem niedergeschrieben werden, wenn dann beide Eheg diese Vfgen unterschrieben (vgl Hamm OLGZ **72**, 139/143). Eine ausdrückl BeitrittsErkl ist nicht erforderl; wurde sie (entspr fr R) abgegeben, kann sie auch auf unterzeichnetem besond Blatt stehen, wenn Beziehung zur HauptErkl feststeht (BayObLG **93**, 240). Wenn ein Eheg die vom anderen getroffenen Vfgen mitunterzeichnet, will er damit möglicherw zum Ausdr bringen, daß er auch für seine Person Vfgen treffen will, die denen des anderen Eheg entsprechen. Aus der Mitunterzeichng ergibt sich dann eine gemeinschaftl Erkl (Soergel/Wolf Rn 2). Zum vollen Beweis der Gemeinschaftlichk können außertestamentarische Umstände herangezogen werden (s Einf 2 vor § 2265; BayObLG **59**, 199; s auch Hamm aaO). Der beitretende Eheg kann seine Unterschr auch noch später beifügen (Haegele BWNotZ **77**, 29/33). Jedoch muß zum Zeitpkt der Unterzeichng des Letztunterschreibenden der and Eheg noch am Leben sein. – Zeit- und Ortsangabe sind beim Mitunterzeichnenden ebso erwünscht wie beim Schreibenden (§ 2247 II), jedoch nicht notw. Die mögl Folgen einer Unterlassg (§ 2247 V) können aber auch hier eintreten. – Über die RFolgen, falls der andere Eheg nicht beitritt, vgl § 2270 Rn 2.

a) Formmängel. Kein gemschaftl Test liegt dann vor, wenn die Unterschr des and Eheg unterbleibt od 2 wenn ein Eheg ohne eigenen Testierwillen die vom anderen einseitig getroffenen Vfgen nur zum Zeichen der KenntnNahme od Billigg mitunterzeichnet (vgl Schlesw SchlHA **55**, 21; KGJ **42**, 116; BayObLG **59**, 199). Der Form des § 2267 entspricht es auch nicht, wenn die Eheg den Text abwechselnd schreiben; od ein Eheg vorab blanko unterschreibt u der and danach den Text räuml darüber setzt (Hamm OLGZ **93**, 141); od der Schreibende Lücken läßt, mit deren Ausfüllg dch den and Eheg erst das von beiden Gewollte erkl ist (Hamm FamRZ **92**, 356 mAv Musielak). – Entspricht die TestUrk nach ihrem äußerl Bild einem formgerechten gemsch Test, begründet dies eine tatsächl, aber entkräftb Vermutg, daß die ges vorgeschriebene Reihenfolge eingehalten wurde (Hamm OLGZ **93**, 141).

b) Nachträge müssen wie beim EinzelTest (s § 2247 Rn 18) durch die urspr Unterschr der beiden Eheg 3 gedeckt sein. Es genügt dann, wenn der eine Eheg sie mit Billigg des anderen beifügt. Nicht durch die urspr Unterschr mehr gedeckte Nachträge müssen also von beiden Eheg unterschrieben sein (RGRK Rn 14). Zur Möglichk der Ergänzg s auch § 2270 Rn 4.

2) Umdeutung. Hat ein Eheg die gemsch Erkl vollständ niedergeschrieben u unterschrieben, wird diese 4 vom and Eheg aber nicht (mehr) unterzeichnet, liegt nur der Entwurf eines gemsch Test vor. Dieser kann aber, da er die Form des § 2247 wahrt, ein rechtswirks EinzelTest sein. Dafür kommt es nicht darauf an, ob es sich um den Entwurf von Eheg od Unverheirateten handelt, sond nur auf den Willen desjenigen, der seine Erkl bereits abgegeben hat (BGH NJW-RR **87**, 1410): Geht dieser Wille dahin, daß seine Vfg unabhängig von dem Beitritt des and gelten soll, kann der Entwurf als sein EinzelTest aufrecht erhalten werden; war dagg von ihm nur eine wechselbezügl Vfg gewollt, ist dies nicht mögl (BGH aaO). Die Ausleggsregel des § 2084 ist bei dieser Ermittlg anwendb (BayObLG FamRZ **92**, 353). – Eine Umdeutg (§ 140) in ein EinzelTest kommt wg der Formbedürftigk prakt nur für die HauptErkl in Betracht, da die BetrittsErkl für sich betrachtet idR kein vollständ formgerechtes EinzelTest darstellt; deshalb kann die BeitrittsErkl „Dies ist auch mein Test u Wille" nicht als rechtswirks EinzelTest aufrecht erhalten werden (BayObLG **68**, 311).

2268   *Wirkung von Ehenichtigkeit oder -auflösung.*   [1]**Ein gemeinschaftliches Testament ist in den Fällen des § 2077 seinem ganzen Inhalte nach unwirksam.**

[II]**Wird die Ehe vor dem Tode eines der Ehegatten aufgelöst oder liegen die Voraussetzungen des § 2077 Abs. 1 Satz 2 oder 3 vor, so bleiben die Verfügungen insoweit wirksam, als anzunehmen ist, daß sie auch für diesen Fall getroffen sein würden.**

1) Volle Unwirksamkeit (I). In den Ehebeseitiggsfällen des § 2077 (Scheidg, Auflösg, Nichtigk, Tod 1 des AntrSt währd laufendem Scheidgs- od AufhebgsVerfahren) bestimmt **I** als lex spec, daß ein gemsch Test der Ehegatten dann insgesamt unwirks ist, also auch hinsichtl der Vfgen zugunsten Dritter u der nicht wechselbezügl Vfgen. Das G geht davon aus, daß sie vermutl nicht gemschaftl testiert hätten, wenn sie mit dem Scheitern ihrer Ehe gerechnet hätten (BGH FamRZ **60**, 28; Hamm OLGZ **92**, 272). Diese RFolge trifft sogar gemsch Test, in denen die Ehegatten nur Dritte bedacht haben (vgl BayObLG FamRZ **94**, 193). – **I** ist eine dispositive Norm (Muscheler DNotZ **94**, 733; str; nach aA Ausleggsregel, s Hamm aaO; BayObLG FGPrax **95**, 159), da **II** Ausnahme zuläßt, allerd nicht für den Fall der Nichtigk. Wird also die Ehe für **nichtig** erklärt (EheG 23; dies kann auch nach dem Tod eines Eheg erfolgen, EheG 24), ist das gemschaftl Test stets unwirks. Dann können aber solche Anordngen, die einen Dritten begünstigen u mit der Ehe nichts zu tun haben, in EinzelTest nach § 140 umgedeutet werden (Staud/Kanzleiter Rn 5; Muscheler aaO; weitergehend Lange/Kuchinke § 38 I 2; für Umdeutgsverbot Lutter FamRZ **59**, 273).

2   **2) Die Ausnahme des II** gilt nicht bei nichtiger Ehe, sond nur in den übr Fällen des § 2077, also bei Auflösg der Ehe des Erbl vor seinem Tod (s § 2077 Rn 3) sowie in den ihr gleichgestellten Fällen des § 2077 I 2; 3 (s dazu § 2077 Rn 4). Die Vfgen des Erbl im gemsch Test (auch seine wechselbezügl) bleiben entgg **I** wirks, soweit sie auch für einen solchen Fall getroffen sind od anzunehmen ist, daß der Erbl sie auch für diesen Fall getroffen hätte. Letzteres entspricht § 2077 III, der bei einseit Vfgen zugunsten des Ehegatten auch dem mutmaßl ErblWillen Vorrang einräumt (zum ErbV s § 2279 II). Für die Feststellg eines (wirkl od hypothet) **Aufrecht-erhaltungswillens** kommt es bei wechselbezügl Vfgen auf den Willen beider Ehegatten an (Einf 12 vor § 2265), bei and auf den des jew Verfügenden, stets aber auf den zum Zeitpkt der TestErrichtg (BayObLG **93**, 240); spätere Umstände können nur als Anzeichen für den bereits früh vorhanden gewesenen Willen berücksichtigt werden (BGH FamRZ **61**, 364 zu § 2077). Er kann nur angenommen werden, wenn der Erbl zu der Vfg nicht dch die Erwartg des Fortbestands der Ehe bestimmt worden ist; liegen der Vfg mehrere Beweggründe zugrunde, muß ausgeschlossen werden können, daß diese Erwartg sich zumindest wesentl mitbestimmend ausgewirkt hat (Hamm OLGZ **92**, 272). Regelmäß wird dies nur bei einseit Vfgen gelten. Dagg ist Wechselbezüglichk der Vfg Indiz gg Aufrechterhaltgswillen (Hamm aaO; Staud/Kanzleiter Rn 10). Etwas anderes kann sich aus der Person des Bedachten ergeben, etwa wenn bereits nach dem Erstverstorbenen gemschaftl Kinder als Erben zu bestimmten Teilen eingesetzt sind (BayObLG **93**, 240; Stgt OLGZ **76**, 17; Dieterle BWNotZ **70**, 171). – Heiraten sich die geschiedenen Eheleute **wieder**, wird ihr Test nicht allein dadch wieder wirks (hM, zB BayObLG FGPrax **95**, 159 mN; Keuk, ErblWille, 1965, 53f). Jedoch kann dies bei Ermittlg des hypothet Willens Berücksichtigg finden u ggf zur Weitergeltg führen (BayObLG aaO). Zum EinzelTest s § 2077 Rn 7. – Ob aus **II** wirks wechselbezügl Vfgen auch nach Eheauflösg als solche iS der §§ 2270; 2271 anzusehen sind (wovon zB BayObLG aaO ausgeht) od idR nur als einseit weitergelten, ist im Einzelfall zumindest zu prüfen, sofern nicht ohnehin jede Wechselbezüglk zwingd mit Eheauflösg endete (so

3   Muscheler DNotZ **94**, 733). – Die mat **Feststellungslast** für Aufrechterhaltgswillen trifft, wer sich auf Wirksamk die Test beruft (Hamm OLGZ **92**, 272 mwN). – Eine freiere Beurteilg greift ein, wenn bei begründetem ScheidgsAntr od begründeter AufhebgsKl des Erbl der andere Ehegatte währd des Prozesses stirbt; denn bei ihm ist § 2077 u demzufolge auch § 2268 I unanwendb (s Staud/Kanzleiter Rn 8 mN).

2269 *Berliner Testament.* [I]Haben die Ehegatten in einem gemeinschaftlichen Testamente, durch das sie sich gegenseitig als Erben einsetzen, bestimmt, daß nach dem Tode des Überlebenden der beiderseitige Nachlaß an einen Dritten fallen soll, so ist im Zweifel anzunehmen, daß der Dritte für den gesamten Nachlaß als Erbe des zuletzt versterbenden Ehegatten eingesetzt ist.

[II]Haben die Ehegatten in einem solchen Testament ein Vermächtnis angeordnet, das nach dem Tode des Überlebenden erfüllt werden soll, so ist im Zweifel anzunehmen, daß das Vermächtnis dem Bedachten erst mit dem Tode des Überlebenden anfallen soll.

1   **1) Gestaltungsmöglichkeiten.** Wollen Eheg, die ihr Vermögen häufig als Einheit ansehen, dch erbrechtl Vfgen sicherstellen, daß nach dem Tod des ersten von ihnen das gemeins Vermögen zunächst dem überlebenden Teil verbleiben soll und erst nach dessen Ableben auf einen von ihnen gemeinsam bestimmten Dritten (meist die Abkömml) übergehen soll, stehen ihnen dafür drei Möglichk grdsl offen:

2   **a) Vor- und Nacherbfolge** (sog. Trenngslösg). Jeder Eheg kann den anderen als seinen VorE, den Dritten als seinen NachE und zugleich als ErsatzE (für den Fall des eigenen Überlebens) einsetzen. Nach dem ersten Erbfall ist dann beim Überlebenden zw Eigenvermögen und Nachl des Erstverstorbenen zu unterscheiden. Nach seinem Tod (der zugleich Nacherbfall ist) erhält der Dritte beide Vermögensmassen getrennt u aus verschiedenen Berufsgründen, näml den Nachl des Erstverstorbenen als dessen NachE und den des Überlebenden als dessen VollE (an Stelle des zunächst vorgesehenen, aber vorverstorbenen und Eheg). Fehlt die ausdrückl Bestimmg, daß NE zugleich ErsatzE sein soll u schafft auch die Auslegg keine Klarh, ist § 2102 anzuwenden (str; s § 2102 Rn 2). – Für den Fall, daß der eingesetzte NachE den Nacherbfall nicht erlebt, können die Eheg auch einen SchlußE einsetzen (BayObLG **66**, 408).

3   **b) Voll- und Schlußerbfolge** (sog Einheitslösg). Setzen sich die Eheg ggseit zu AlleinE ein u bestimmen sie, daß nach dem Tod des Überlebenden der beiderseit Nachl an einen Dritten fallen u dieser SchlußE von jedem Eheg als ErsatzE für den Fall berufen, daß der andere zuerst stirbt. Beim Tod des Erstversterbenden wird der Überlebende VollE, so daß sich in seiner Hand Nachl u Eigenvermögen zu einer einheitl Vermögensmasse vereinigen, über die er zu seinen Lebzeiten frei verfügen kann (soweit nicht § 138 entggsteht, s § 2271 Rn 11) u die nach seinem Tod als GesamtNachl auf den Dritten als seinen Erben übergeht. Als „Berliner Test" wird heute eine Vfg vTw bezeichnet, bei der die sich ggseit zu AlleinE einsetzenden Eheg ihre Kinder (od Dritte) zu Erben des Längerlebenden mit der Maßgabe berufen, daß diesem der GesamtNachl zur freien Verfüg allein verbleibe u den Kindern nur das bei seinem Tod vorhandene Vermögen zufallen soll (BayObLG **66**, 408). – Geht der überlebende Eheg eine zweite Ehe ein u macht er von seinem AnfechtgsR (s § 2271 Rn 26) keinen Gebr, erhält bei seinem Ableben der neue Eheg seinen Pflichtt aus dessen gesamtem Nachl (bei ZugewinnGemsch s § 2280 Rn 3). – Nach dem SchlußE können die Eheg **Nacherben** einsetzen (BayObLG FamRZ **86**, 610).

c) Nießbrauchsvermächtnis und Vollerbschaft. Die Eheg können den Dritten auch schon als VollE 4
des Erstversterbenden berufen, den Nießbrauch am Nachl aber im Wege des Vermächtn dem Überlebenden
zuwenden (s Einf 6 vor § 2147; § 1089).

2) Auslegungsregel. Verknüpfen Eheleute ihre ggseit (nicht notwend wechselbezügl) Einsetzg zu 5
AlleinE mit der Bestimmg eines Erben für den Überlebenden (die bei Abkömml nicht stets ausdrückl sein
muß, zB sich auch aus einer Strafklausel mit PflichtFolgen ergeben kann, BayObLG **59**, 199; **60**, 218) u ist
ihr gemeins Wille nicht eindeut, ist er zunächst dch Auslegg auf der Grdlage des erklärten Willens beider
Eheleute (s Einf 12 vor § 2265) zu erforschen. Hiervon befreit § 2269 nicht. Nur wenn Zweifel bestehen
bleiben, die auch nach Ermittlg aller in Betr kommenden Umstände nicht zu beheben sind, kommt die
Auslegungsregel des **I** (keine gesetzl Vermutg) zur Anwendg (BGH **22**, 366; WM **73**, 41; Hamm OLGZ
68, 486). Im Zw hat das G sich also für die Einheitslösg entschieden u damit eine alte Streitfrage geregelt (zur
Entstehgsgeschichte u etwaigen Reform s Buchholz FamRZ **85**, 872). § 2269 ist aber nicht anwendb, wenn
der Längerlebende nur als MitE eingesetzt ist. Auch nicht, wenn die Schlußerbeneinsetzg mit einem früh
Zeitpkt od Ereignis verknüpft ist; eine Wiederverheiratgsklausel (Rn 16) steht einer Auslegg allerd nicht
entgg (BGH NJW **83**, 277). Die Bezeichng des Dritten als „NachE" hat dagg für sich allein keine entschei-
dende Bedeut (s Rn 7).

3) Auslegungsfragen. Schlußerbeneinsetzg ist als gewollt anzunehmen, wenn beide Eheg das beiderseit 6
Vermögen ersichtl als eine Einheit ansehen u eine verschiedene RStellg der Überlebenden zu den beiden
urspr Vermögensmassen u die Möglichk einer Trenng der Massen beim Tod des Längstlebenden haben
ausschließen wollen (RG **113**, 240; BayObLG **66**, 61, 417; KG DNotZ **55**, 411). Sind zB die beiders
Verwandten als Schlußerben eingesetzt, erhalten sie iZw das Gesamtvermögen ohne Unterschied, was vom
Mann od der Frau herstammte. Sind die Kinder ohne nähere Bezeichng als SchlußE eingesetzt u hinterläßt
der Überlebende sowohl ehel als auch nichtehel Kinder, kann der Verwendg einer PflichtSanktionsklausel
(s Rn 13) entnommen werden, daß SchlußE nur diejenigen Kinder sind, denen ein Pflichtt in Bezug auf
beide Eheg zusteht (BayObLG Rpfleger **88**, 314). Haben die Eheg sich dagg nur ggseit eingesetzt, kann die
unterbliebene Einsetzg eines SchlußE nicht in der Verwendg einer Straf- od Wiederverheiratgsklausel gefun-
den werden (Saarbr Rpfleger **92**, 393).

a) Vor- und Nacherbschaft ist dagg anzunehmen, wenn das Auseinanderfallen des Vermögens in seine 7
urspr Bestandteile gewollt war, zB wenn die Verwandten des Mannes als Erben für seinen Nachl, die der
Frau als Erben ihres Nachl bezeichnet werden (RG **79**, 277, auch wg weiterer Verteilgsfragen; vgl Köln
HEZ **3**, 36). Für Vor- und Nacherbeinsetzg spricht auch die Anordng, daß die Kinder ein gewisses Kontroll-
oder MitverwaltgsR haben (RG **60**, 118) od daß der überl Teil nur Verwaltg u Nießbr hat u von jeder
SicherhLeistg befreit sein soll. Dagg macht nicht schon allein die Verwendg der Begriffe Vor- u NachE das
Test eindeutig, weil nicht feststeht, daß die Eheleute diese Begriffe rechtl zutreffend gebraucht haben
(BayObLG FamRZ **92**, 1476). Selbst in einem notariellen Test kann damit der ErblWille unpräzise od
unrichtig erfaßt sein (KG Rpfleger **87**, 110; s zB Hamm JZ **94**, 628), obwohl einem Notar solche Begriffe
geläufig sein müssen (RG **160**, 109). Maßg ist näml nicht die Auffassg des Notars, sond die des Erbl, auch
wenn der Notar glaubt, die von ihm gewählte Formulierung gebe den Willen des Erbl wieder (BGH **LM**
Nr 1 zu § 2100). Erst recht ist bei dem PrivatTest eines Laien der Gebr der Worte „Vorerbe" od „Nacherbe"
(BGH NJW **83**, 277; BayObLG **66**, 419; Karlsr OLGZ **69**, 495) od ungenauer Ausdrücke wie „Nacherbe des
Zuletztversterbenden" (Ffm OLGZ **72**, 122) nicht entscheidd. Haben die Ehegatten bei der Einsetzg eines
„NachE" sinnwidrig nicht zwischen ihren beiden Nachlässen unterschieden, so wäre jeder für seinen
Überlebensfall auch zugunsten dieses „NachE" testierend, bildet der Wortlaut eine hinreichende Stütze für die
Ermittlg, ob damit dessen Einsetzg als VollE gewollt war (KG aaO; Hamm JZ **94**, 628 mAv Muscheler; s
§ 2102 Rn 2). Haben Eheg wg vereinbarter GüterGemsch bezügl des Gesamtguts keinen Anlaß zur Unter-
scheidg, wem dieses Vermögen zusteht (§ 1416 I), kann bei Zuwendg von Grundvermögen aus dem Ge-
samtgut an die Abkömml Nacherbfolge angeordnet sein (BayObLG FamRZ **88**, 542).

b) Die Vermögenslosigkeit des überlebden Eheg allein zwingt bei einer im gemsch Test angeordneten 8
Erbfolge der Kinder nach dem zunächst alleinerbenden Überlebenden nicht zur Annahme von Vor- od
NachErbsch (BayObLG **66**, 49). Ebso für einen ähnl gelagerten Fall BGH (Urt v 2. 2. 67, III ZR 17/65), in
dem angeführt ist, die mögliche Vermögenslosigk des überlebenden Ehemanns brauche noch kein hin-
reicher Hinweis dafür zu sein, daß Vor- u NachErbsch gewollt war (vgl BayObLG NJW **66**, 1223). Sie
könnte aber als ein Hinweis darauf angesehen werden, wenn anzunehmen wäre, die (vorverstorbene) Ehefr
habe Wert darauf gelegt, daß die Substanz ihres Vermögens unvermindert auf ihre Verwandten übergehe.
Dagg spricht an KG DNotZ **55**, Vermögenslosigk eines Eheg für Vor- u Nacherbeneinsetzg, weil
ohne Vorhandensein eines nennenswerten Vermögens des einen Eheg ein maßgebl BewegGrd für die
Gestaltg der Erbfolge iS einer Behandlg des „beiderseitigen Vermögens als Einheit" fehle; s hierzu aber
BayObLG **66**, 62 f.

c) Gleichzeitiges Versterben. Eheleute verfügen häufig für diesen Fall, der aber kaum eintritt, auch bei 9
einem gemeins Unfall kaum nachzuweisen wäre (s § 1922 Rn 2), so daß er im SprachGebr nicht medizinisch
zu verstehen ist. Vielmehr fällt darunter auch der Fall, daß die Ehegatten aGrd desselben Ereignisses kurz
nacheinander eines unnatürlichen Todes sterben (BayObLG **81**, 79; **86**, 426; Stgt OLGZ **82**, 311). Hiervon
abgesehen wurde bish von der Rspr „gleichzeitig" als einheit u auslegsfähig angesehen (KG FamRZ **68**,
217; **70**, 148), es sei denn, daß ganz besondere Umstände des Einzelfalls vorliegen (BayObLG **79**, 427; auch
Einf 12 vor § 2265). Nunmehr hat Stgt FamRZ **94**, 852 entschieden, daß es auch als „kurz nacheinander"
ausgelegt werden könne u dann auch bei natürl Tod gelte, weil das subj Verständn der Erbl vom verwende-
ten Begriff u nicht der obj Wortlaut maßgebl sei (BGH **86**, 246; s § 2084 Rn 5). – Bei Einsetzg für den Fall
des **„gemeinsamen Todes"** fehlt Eindeutigk, ebso für den Fall des „beiderseitigen Ablebens". Hier legt die 10
nächstliegende Auslegg es zwar nahe, daß sie nur für den Fall des gleichzeit Versterbens od kurz nacheinan-
der aGr desselben Ereignisses angeordnet sein soll (BayObLG **86**, 426; Karlsr OLGZ **88**, 24). Jedoch ist bei
Vorliegen ausreichender Anhaltspkte eine and Auslegg nicht ausgeschlossen, so daß darin zB auch die

Erbeinsetzg der Kinder nach dem zuletzt verstorbenen Eheg liegen kann (BayObLG FamRZ **88**, 879; **90**, 563); solche Anhaltspkte hat Ffm Rpfleger **88**, 483 in den zusätzl Worten gesehen „u kein Überlebender mehr von uns beiden vorhanden ist".

11   **4) Dem Schlußerben** eines Berliner Test (od ErbVertr), der nur Erbe des Längerlebenden ist u als Nachl nur das bei dessen Tod Vorhandene erhält, erwächst dch den Tod des Erstversterbenden noch kein Recht od ein vererbl Voranfall (anders beim NachE, § 2108 II). Er erwirbt dadch aber eine Anwartsch (str), über die er zwar nicht vfgen kann (§ 312 I), die ihn aber zur Feststellgsklage berechtigt, wenn der überlebende Eheg entgg der eingetretenen Bindg abweichend letztw verfügt (RG HRR **28** Nr 843) od das Test anficht (vgl BGH **37**, 331) od eine Vfg unter Lebenden wg Umgehung des Widerrufsverbots nach § 2271 II aus besond Gründen nichtig ist (s § 2271 Rn 11). Erlebt er den zweiten Erbfall nicht, setzt eine stillschw Ersatzberufg nach § 2069 an sich voraus, daß er Abkömml des Längerlebenden war; die Auslegg wird hier aber meist dazu führen, daß auch Abkömml des Erstverstorbenen in Frage kommen (hM). – Für eine beabsichtigte **Anfechtung** beginnt die Frist erst mit dem Tod des Überlebenden (s § 2082 Rn 5; § 2271 Rn 33). – **Bedingt** ist die Einsetzg des SchlußE im Falle einer Strafklausel, mit der die Fdg des Pflichtt (s Rn 12; 13) verhindert werden soll (BayObLG Rpfleger **88**, 314).

12   **a) Den Pflichtteil** kann ein Abkömml od Elternteil (§§ 2303ff) als SchlußE nach dem Tod des erstverstorbenen Eheg fordern, da es sich um zwei Erbl handelt u er beim ersten Erbfall übergangen ist (hM); mit einem ErbVertr kann dagg uU ein stillschw abgeschlossener PflichttVerzichtsVertr verbunden sein (BGH **22**, 364). Ausschlagg nach § 2306 I 2 kommt nicht in Betr, denn wo nichts zugewendet wurde, ist auch nichts auszuschlagen. In der Geltdmach des Pflichtt liegt auch kein Verzicht auf die SchlußErbsch. Die PflichttFdg können die Testierenden rechtl selbst dann nicht verhindern, wenn sie ihrem Ziel widerspricht, dem Überlebenden das Vermögen ungeschmälert u frei verfügbar zu belassen. Sie können aber mittelbar

13   versuchen, den SchlußE dch **Sanktionen** von der Fdg seines Pflichtt nach dem ersten Erbfall abzuhalten. Vielf übl ist die Strafklausel, daß ein Kind, das beim Tod des Erstversterbenden seinen Pflichtt verlangt, beim Tod des Längerlebenden auch nur den Pflichtt erhält. Zuwiderhandlg des SchlußE führt dann zum Verlust der test Zuwendg, so daß es sich um eine auflösende Bedingg handelt (§ 2075; § 2074 Rn 8). Die rechtl Wirksamk solcher Klauseln, mit denen das Ziel verfolgt wird, den Nachl zunächst dem Überlebenden ungeschmälert zukommen zu lassen, wird allg nicht in Zweifel gezogen (s § 2074 Rn 6; BayObLG **90**, 58); nur wenn sie zu weit gehen, können §§ 134; 138 zur Nichtigk führen (BayObLG **94**, 164). Welches Verhalten dann tatsächl die Verwirkg auslöst, hängt von der Gestaltg der Klausel dch die Testierenden ab. Daher ist dch Auslegg zu ermitteln (BayObLG aaO; FamRZ **95**, 1019), wodch ein Pflichtt „verlangt" ist, ob dch die Fdg von Geld iS einer bloßen Geltendmach (dann allerd noch nicht dch AuskAnspr, BayObLG FamRZ **91**, 494), dch Mahng mit Verzugsfolge, dch gerichtl Dchsetzg ab RHängigk od erst dch tatsächl Erhalt der Zahlg (s ausführl Lübbert NJW **88**, 2706). Auch muß als subj Moment ein bewußter Verstoß des SchlußE iS einer Auflehng gg den ErblWillen hinzukommen (s § 2074 Rn 9; hiergg Lübbert aaO). – Die PflichttKlausel kann auch Kinder aus früh Ehen betreffen, die nur ggü einem der testierenden Ehegatten pflichtberecht sind. Dies ist auch dann keine unangemessene Benachteiligg der Stiefkinder des Überlebenden, wenn allein der Erstverstorbene vermögend war (BayObLG FamRZ **95**, 249). Zu den verschiedenen Zwecken einer solchen Klausel s Saarbr NJW-RR **94**, 844. Bei Verstoß gg Klausel kommt es dann in erster Linie darauf an, ob sie aus dem Nachl des jeweil Stiefelternteils überh etwas erhalten sollen, sei es auch nur ein Vermächtn in Höhe des Pflichtt, das ggf nochmals an dem Erstverstorbenen anknüpft (BGH FamRZ

14 **91**, 796). – **Rechtsfolge** einer Zuwiderhandlg ist, daß der Überlebende endgült VollE wird u an die Einsetzg des SchlußE nicht mehr gebunden ist (BayObLG **90**, 58 mAv Steiner MDR **91**, 156). Die Verwirkgsklausel kann deshalb für den Überlebenden auch einen Ändergsvorbehalt beinhalten (s § 2271 Rn 22). – Läßt sich ein Kind dadch nicht abhalten, erhält es im Ergebn vom Vermögen des Vorversterbenden den Pflichtt doppelt, da im Vermögen des Überlebenden das des Erstverstorbenen ja mitenthalten ist (s BayObLG **66**, 55). Anrechng des ersten Pflichtt auf den zweiten ist rechtl nicht mögl, weil der Pflichtt sich nach dem G u nicht nach ErblWillkür bestimmt (str; s RGRK Rn 34 u Ebbecke Recht **23**, 88). Erwartet der Erbl, daß ein PflichttBer seinen Erbfall dch den Pflichtt fordert, kann er nur durch Aussetzg von Geldvermächtn, die beim ersten Erbfall anfallen, aus dem Vermögen des Erstverstorbenen zu entrichten und bis zum zweiten Erbfall gestundet sind, zugunsten der ihren Pflichtt nicht Fordernden in Höhe ihres gesetzl Erbteils helfen (Formel nach Jastrow DNotZ **04**, 424; Johannsen WM **69**, 1318; Dippel AcP **177**, 350/362; Schopp Rpfleger **78**, 77/80; Olshausen DNotZ **79**, 704/ 714, 718; Buchholz FamRZ **85**, 872). UU kann Anrechng des Pflichtt auf den Erbteil aus der SchlußErbsch als verfügt angesehen werden (RGRK Rn 35); vgl auch Hamm DNotZ **51**, 41; BayObLG **59**, 199; **60**, 218; FamRZ **94**, 1206.

15   **b) Einzelfälle:** Haben sich die Eheg ggseit zu Alleinerben eingesetzt u bestimmt, die Tochter müsse sich von den Eltern das unter Lebenden Zugewandte auf den Pflichtt anrechnen lassen, sowie beigefügt „ihr Pflichtt ist damit mehr als abgegolten", so ist die Tochter nur für den 1. Erbfall, nicht auch schon für den 2. von der gesetzl Erbfolge ausgeschl (Neust MDR **63**, 137). Haben Eheg in gemschaftl Test ihre aus fr Ehen stammenden Kinder als Erben des Überlebden eingesetzt u bestimmt, daß ausgeschlossen sei, wer nach dem Tod des zuerst Versterbenen den Pflichtt verlange, u sterben die Eheg kurz nacheinander, so steht der Tod des Überlebden der Geltendmach des Pflichtt auf den Tod des zuerst Verstorbenen nicht entgg. Das Verlangen hat den Verlust des Erbes nach dem Tod des Überlebden zufolge, aber erst mit dem Ztpkt der Geltendmachg; in der Zwischenzeit besteht Vorerbfolge (Stgt OLGZ **79**, 52). Dazu krit Olshausen DNotZ **79**, 707, der insb den Fall der Gleichstellg der Kinder erörtert.

16   **5) Wiederverheiratungsklausel.** In einem gemsch Test können Eheg ihre ggseit Einsetzg zu VollE (s Rn 3) mit der Klausel versehen, daß der Überlebende im Falle seiner Wiederheirat den Nachl des Erstversorbenen ganz od teilw an als Erben eingesetzte Dritte (meist die gemeinsch Abkömml) herausgeben od daß er sich dann mit den Abkömml auseinandersetzen muß. Mögl ist auch die in ihrer rechtl Auswirkg einfachere Anordng, daß der Überlebende bei Wiederheirat Vermächtn auszuzahlen habe, zB an die Kinder des Erstverstorbenen (s Rn 22). – Mit einer solchen Klausel wollen die Eheg die Wiederheirat als unwägb

Moment ihres gemeins Ordngsplans regeln (Buchholz, Erbfolge u Wiederverheiratg, 1986, S 10; dazu Otte AcP **187**, 603; Leipold, FamRZ **88**, 352). Ihr gemeins Wille wird vorwiegend auf Erhaltg der Vermögenssubstanz für die gemeins Abkömml, aber auch auf Ausschluß des neuen Eheg u seines Stammes gerichtet sein. Je nach Hauptmotiv werden sie den Überlebenden in seinen VfgsBefugn mehr od weniger frei stellen. Formulieren sie allerd die angestrebten RFolgen nicht genau, ist die im Einzelfall zutreffende rechtl Konstruktion oft unklar. – Vom Grds her wird dch eine solche Klausel die Erbeinsetzg des Überlebenden zulässigerweise unter eine auflösende, nur von seinem Willen abhängige (Potestativ-)Bedingg gestellt (§ 2075; s Rn 17). Die Gültigk dieser Beschränkg, die sich die Eheg ggseit auferlegen, wird bei ihnen kaum in Frage gestellt (zB von Otte aaO), obwohl Zölibatsklauseln sonst von der hM als sittenwidrig wg unzulässiger Einflußnahme auf eine höchstpersönl Entscheidg angesehen werden (zur Sittenwidrigk s auch Thielmann, bei § 1937 Rn 20, S 259). Auch ist (je nach Klausel) bedenkl, daß dem die Erbsch annehmenden Eheg bei Wiederheirat ein Vermögensnachteil ohne Ausgleich, uU sogar der ersatzlose Verlust der ganzen Erbsch zugemutet wird, während der ausschlagende Überlebende von den Abkömml Pflicht u Zugewinn-Ausgl verlangen (§ 1371 II; III) u dann bei Wiederheirat auch behalten kann (vgl Haegele Rpfleger **76**, 73/82; Dippel AcP **177**, 349). Die Beschränkg des Überlebenden sollte unter diesem Gesichtspkt möglichst nicht weiter gehen, als daß er bei Wiederheirat zum VorE eingesetzt ist, der Nacherbfall aber erst mit seinem Tode eintritt (Otte aaO). – Zur Verfassgsmäßigk einer solchen Klausel s BGH FamRZ **65**, 600. – Zum PflichttR der Abkömml bei bedingter Nacherbfolge s § 2306 Rn 9–11.

a) Rechtswirkungen bei Einheitslösung (s Rn 3). Bestimmen Ehegatten, daß im Falle der Wiederhei- 17 rat des Längerlebenden der Nachl des Erstverstorbenen vorzeit auf die eingesetzten SchlußE übergehen soll, ist die Vollerbsch des Überlebenden nur bedingt angeordnet. Daneben besteht eine durch seine Wiederheirat bzw Nicht-Wiederheirat bedingte Vor- u NachErbsch, wobei str ist, ob diese auflösend od aufschiebd bedingt ist. Nach hM ist der Überlebende bis zu seiner evtl Wiederheirat auflösend bedingter VollE (§ 2075) u zugleich aufschiebend bedingter VorE, da er mit seiner Wiederheirat die RStellg des VollE verliert, nun feststeht, daß er bis dahin nur VorE war u gleichzeit dch Eintritt der NErbfolge der Nachl (ganz od teilw) auf Andere übergeht. Der NachE ist dagg unter der aufschiebenden Bedingg (§ 2074) eingesetzt, daß der Überlebende wieder heiratet. Eine solche Kombination von auflösend bedingter VollErbsch u aufschiebend bedingter NachErbsch ist rechtl zulässig u wirtschaftl sinnvoll (BGH **96**, 198 mAv Zawar DNotZ **86**, 544; s Meier-Kraut NJW **92**, 143 zum Stand der Meingen; teilw abweiche Auffassgen vertreten Wilhelm NJW **90**, 2857; Buchholz aaO S 55; Zawar NJW **88**, 16).

aa) Als bedingter Vorerbe unterliegt der Überlebende auch den ges Beschränkgen eines VorE 18 (§§ 2113 ff) so lange, als nicht der Ausfall der Bedingg feststeht u in dem Umfang, in dem er bei Wiederheirat den Nachl des Erstverstorbenen herauszugeben hat (hM; zB BGH **96**, 198; aA MüKo/Musielak Rn 55 ff; Buchholz aaO § 15 ff mit abl Anm von Zawar aaO). Im Regelfall ist er allerd als **befreiter** VorE (§ 2136) anzusehen, sofern nicht eine ggteilige Anordg getroffen ist od sonst Umstände der Annahme entggstehen, daß die Eheg einander im Rahmen der gesetzl Ermächtigg befreien wollten (hM; zB BGH FamRZ **61**, 275; BayObLG **66**, 227; Hamm DNotZ **72**, 96; Staud/Kanzleiter Rn 42 a, allerd differenzierend hinsichtl der §§ 2133, 2134 als Vorschr zur Substanzerhaltg). Falls er nicht mehr heiratet, behält er diese bedingte RStellg bis zu seinem Tode, weil sich erst dann feststellen läßt, daß die Bedingg für seine Vollerbsch ausgefallen ist u sich hieran nichts mehr ändern kann, er also endgültig VollE geworden ist. Damit erweisen sich auch alle seine Vfgen als wirksam, selbst wenn sie entgg §§ 2113 ff getroffen waren u bei Eintritt der Bedingg unwirks gewesen wären. Diese Sicherstellg seiner Vfgen ist ua Sinn der Klausel (BGH aaO). Die SchlußE haben dann nur Anspr auf das, was vom beiderseit Nachl beim Tod des Letztverstorbenen noch übr blieb (RG **156**, 181).

bb) Bei Wiederheirat steht von da an fest, daß die Bedingg eingetreten u der Überlebende endgült nur 19 befreiter VorE hinsichtl des Teils des Nachl gewesen ist, der an die Abkömml (od Dritte) fallen soll. Zugleich fällt die NErbsch an, so daß die gemeins Abkömml od die sonst bedachten Dritten als Nach-E die Herausgabe des Nachl von dem überleb Ehegatten nach Maßg der Klausel verlangen können. – Für die vom VorE getroffenen Vfgen unter Lebenden üb Ggstände, die der NErbsch unterliegen, gelten §§ 2113 II; 161 II. Im Verhältn des VorE zu den NachE ist § 159 iZw zu beachten. – Bestand bis dahin eine **Bindung** des Überlebenden an seine eigenen Vfgen vTw im gemsch Test üb seinen Nachl, entfällt diese regelmäß, wenn er dch seine Wiederheirat jegl Beteiligg am Nachl des Erstverstorbenen verlustig geht, weil diese Vfgen mit der Wiederheirat iZw den Charakter der Wechselbezüglichk verlieren, es sei denn, daß ein anderweit Wille ausdrückl od eindeut feststeht (dann ist ggf Anfechtg mögl, s § 2271 Rn 26). Er kann sie also widerrufen u frei üb sein eigenes Vermögen neu vTw vfgen (BayObLG **62**, 137; KG FamRZ **68**, 332; Köln FamRZ **76**, 552); die auf der Anordg des Erstverstorbenen beruhde bedingte NErbeneinsetzg kann er allerd nicht widerrufen (Mü JFG **15**, 42) wie er auch üb die der NErbfolge unterliegden Ggstände als jetzt fremdes Vermögen nicht mehr letztw vfgen kann. Unterläßt er einen Widerruf od eine neue Vfg vTw, sollen nach der Rspr die im gemsch Test getroffenen Vfgen des Überlebenden mit der Wiederheirat von selbst gegenstandslos werden, sofern nicht besond Umstände vorliegen, so daß mangels letztw Vfg ges Erbfolge eintritt (KG NJW **57**, 1073; FamRZ **68**, 331; Hamm FamRZ **95**, 250; ebso Soergel/Wolf Rn 31). Richtiger erscheint, dies dahin einzuschränken, daß im Einzelfall konkret ermittelt werden muß, ggf dch ergänzende Auslegg, ob der gemeins Wille der Testierenden dahin (wie häufig) gegangen ist (ebso Staud/Kanzleiter Rn 48; MüKo/Musielak Rn 59; Erman/Schmidt Rn 14; Bengel Rn 45). Bleiben sie bestehen, kommt Anfechtg nach §§ 2281; 2285 iVm §§ 2078; 2079 in Betr (s § 2271 Rn 33). – Seinen **Pflichtteil** kann der wiederverheiratete 20 Überlebende nun nicht mehr geltd machen, obwohl er den Nachl des Erstverstorbenen herausgeben muß, da er die Erbsch angenommen, also gerade nicht fristgerecht ausgeschlagen (§ 2306 I 2) hat. Der mit dem Erbl im ges Güterstand verheirat gewesene Überlebende muß also bereits nach dem Erbfall wählen, ob er nicht dch Ausschlagg der dch die Klausel mit einer bedingten NErbeneinsetzg belasteten Erbsch sich besser nur den Anspr auf Zugewinnausgleich u Pflicht sichert (s § 2303 Rn 4; 8), da ihm dieser geringere Vermögenswert auch bei Wiederheirat verbleibt (vgl Haegele Rpfleger **76**, 82; MüKo/Musielak Rn 58).

21   **b) Rechtswirkung bei Trennungslösung** (Rn 2). Hier tritt die an keine Bedingg geknüpfte NErbfolge in jedem Fall ein, spätestens mit dem Tod des Überlebenden. Die Wiederverheiratgsklausel führt hier nur dazu, daß der NErbfall zeitl vorverlegt wird auf die Wiederheirat (s Zawar DNotZ **86**, 515). Eine aufschiebend bedingte VollErbsch des Überlebenden ist hier nicht mögl, da er auch ohne Wiederheirat nur VorE bleibt. Da die NErbfolge unbedingt angeordnet ist, scheidet eine Anwendg von § 2108 mit § 2074 aus.

22   **c) Gestaltung einer Vermächtnislösung.** Mögl ist auch eine Regelg, dch die der Überlebende von Anfang an als unbedingter VollE eingesetzt, aber mit einem aufschiebend bedingten Vermächtn belastet wird, das im Falle seiner Wiederheirat den Abkömml einen Anspr auf einen Teil des Nachl zuwendet; od das ihm selbst nur bestimmte VermögensGgst beläßt; od dch das ein Anspr auf Auseinandersetzg nach der ges Erbfolge angeordnet wird (s zB Karlsr NJW **61**, 1410; BayObLG **62**, 137; Köln FamRZ **76**, 552; ausführl Zawar DNotZ **86**, 515). Für die RStellg der VermächtnNehmer gelten dann nach dem Tode des Erstverstorbenen gem § 2179 die §§ 158, 159, 160 u 162 (nicht § 161, Bungeroth NJW **67**, 1357), wobei der Erbl weitere SichergsRe anordnen kann (Zawar aaO).

23   **d) Im Erbschein** ist die Wiederverheiratgsklausel zu vermerken. Die Fassg richtet sich nach dem jeweiligen Inhalt (zB: Die NErbfolge tritt ein mit dem Tod od mit der Wiederverheiratg des VorE. . .; Im Falle seiner Wiederverheiratg hat der VorE. . .). Einzelheiten s bei Firsching/Graf 4.297 ff; Ripfel Rpfleger **51**, 578; Asbeck MDR **59**, 897; Hurst RhNK **62**, 435; Hilgers RhNK **62**, 381; Haegele Rpfleger **76**, 78 ff.

24   **6) Vermächtnis im Berliner Testament.** Bei II soll als Erbl, dem der Dritte das Vermächtnis verdankt, nur der **Längstlebende** gelten, den der VermNehmer daher gem § 2160 überleben muß (**LM** § 2271 Nr 6 Anm von Johannsen). II beruht auf einer Lebenserfahrg; wer für sich Rechte aus einer solchen Bestimmg in einem Test herleitet, hat damit selbst dann Erfolg, wenn sich nicht feststellen läßt, wie die Bestimmg von dem Erbl gemeint war (BGH FamRZ **60**, 432). Im Zw ist also nicht anzunehmen, daß das Vermächtn schon mit dem Tode des Erstversterbenden anfallen u nur seine Fälligk bis zum Tode des Längstlebenden hinausgeschoben sein sollte (vgl RG **95**, 14). Es gelten also nicht §§ 2177, 2179, 2074 (Staud/Kanzleiter Rn 63; Johannsen WM **69**, 1318), denn es liegt iZw ein Vermächtn des Letztversterbenden vor (RGRK Rn 37; s § 2160, auch § 2069). Der überlebde Eheg ist dch die VermächtnAnordng grdsätzl nicht gehindert, über den VermächtnGgst unter Lebden zu verfügen (Staud/Kanzleiter Rn 64). – Wenn Eheg eines ihrer Kinder für den GesamtNachl als Erben des Überlebenden einsetzen u zur Abfindg der übr Kinder Vermächtn anordnen, ist ein Vertr, durch den diese bei Lebzeiten des Überlebenden die Abfindg anderw regeln, nach § 312 I nichtig (BGH NJW **56**, 1151). Soll der Überlebde die Höhe dieser Abfindg bestimmen können, ist er dabei nicht frei, sondern ihm eine Grenze gesetzt, wobei die Feststellg des ihm verbliebenen Spielraums Ausleggsfrage ist (BGH NJW **83**, 278).

2270 *Wechselbezügliche Verfügungen.* [1]Haben die Ehegatten in einem gemeinschaftlichen Testamente Verfügungen getroffen, von denen anzunehmen ist, daß die Verfügung des einen nicht ohne die Verfügung des anderen getroffen sein würde, so hat die Nichtigkeit oder der Widerruf der einen Verfügung die Unwirksamkeit der anderen zur Folge.

[II]Ein solches Verhältnis der Verfügungen zueinander ist im Zweifel anzunehmen, wenn sich die Ehegatten gegenseitig bedenken oder wenn dem einen Ehegatten von dem anderen eine Zuwendung gemacht und für den Fall des Überlebens des Bedachten eine Verfügung zugunsten einer Person getroffen wird, die mit dem anderen Ehegatten verwandt ist oder ihm sonst nahe steht.

[III]Auf andere Verfügungen als Erbeinsetzungen, Vermächtnisse oder Auflagen findet die Vorschrift des Absatzes 1 keine Anwendung.

1   **1) Wechselbezüglich** sind in einem gemsch Test getroffene letztw Vfgen, wenn die Vfg des einen Ehegatten nicht ohne die Vfg des and getroffen worden wäre, wenn also jeder Ehegatte seine Vfg gerade deshalb getroffen hat, weil auch der and eine bestimmte Vfg traf u nach dem **Willen** der gemsch Testierenden die eine Vfg mit der and stehen u fallen soll. Kennzeichnd ist also die ggseit innere Abhängigk der beiderseit Vfgen aus dem Zusammenhang des Motivs (KG FamRZ **77**, 485; Stgt FamRZ **77**, 274; BayObLG **87**, 23; dazu Pfeiffer FamRZ **93**, 1266: Kausalität des korrespektiven Motivs). Wechselbezüglich ist nur mögl bei Erbeinsetzg, Vermächtn (auch VorausVerm, Benk RhNK **79**, 53) u Auflage (**III**; s auch Rn 11). Sie setzt aber nicht voraus, daß die Ehegatten sich ggseit zu Erben einsetzen od sonst bedenken (BayObLG **91**, 173). Sie erstreckt sich auch nicht zwangsläuf auf das gesamte gemsch Test, sond ist für **jede einzelne** darin getroffene Vfg gesondert zu prüfen (BGH **LM** Nr 2; BayObLG **83**, 213). Bei ggseit Erbeinsetzg u Einsetzg von SchlußE ist also die Frage, ob die Erbeinsetzg eines Eheg nur erfolgt ist, weil auch der and u so verfügt hat, gesondert davon zu prüfen, ob der vorverstorbene Eheg den Überlebden nur desh eingesetzt hatte, weil dieser seinerseits die SchlußE eingesetzt hat.

2   **a) Die Besonderheit** wechselbezügl Vfgen liegt zum einen darin, daß zu Lebzeiten beider Ehegatten der einseit Widerruf nicht dch Test, sond nur dch formbedürft Erkl ggü dem and erfolgen kann (§ 2771 I) u der wirks Widerruf (dazu § 2271 Rn 1–8) ebso wie die Nichtigk einer Vfg die damit wechselbezügl Vfg des and Eheg von selbst unwirks macht (**I**). Zum and tritt mit dem Tod eines Eheg die erbrechtl Bindg des Überlebenden an seine wechselbezügl Vfgen ein, die ihn hindert, diese nun noch zu widerrufen oder abweichd letztw neu zu vfgen (§ 2271 II 1; Einzelh s § 2271 Rn 9–16), wobei eine Befreiung von der Bindg mögl ist (s § 2271 Rn 17–24). – Die **Nichtigkeit** kann auf formellen od sachl Mängeln beruhen, schon ursprüngl bestehen od auch erst nachträgl eintreten (zB dch Anfechtg; s dazu § 2271 Rn 25–36). Ob auch bei einer aus anderen Grden eintretden Unwirksamk der wechselbezügl Vfg (zB infolge Ausschlagg; Vorversterben; Erbunwürdigk) die Folge des **I** eintritt, hängt von dem (zu ermittelnden) Willen der Ehegatten ab. – Ob von der Nichtigk der wechselbezügl Vfg auch and Vfgen (Rn 11) betroffen werden, richtet sich nach § 2085 (RG **116**, 49; Staud/Kanzleiter Rn 36); wer deren Unwirksamk geltd macht, hat zu beweisen, daß auch diese nicht ohne die nach **I** unwirks Vfg getroffen worden wäre.

b) Wirkungsbeschränkungen. Den Eheg steht es grdsätzl frei, die Wirkgen, die das G an die Wechsel- 3 bezüglichk knüpft, auszuschließen od zu beschränken (Staud/Kanzleiter Rn 6; s auch BGH **2**, 37; **30**, 265; NJW **64**, 2056). Daher kann auch **einseitige Abhängigkeit** gewollt sein (KG JFG **10**, 67), also nur die Vfg des einen Eheg von der Wirksamk des and abhängen, während die anderen auf jeden Fall wirks sein soll (Erman/Hense/Schmidt Rn 1; Johannsen WM **69**, 1314; dazu eingehend Buchholz Rpfleger **90**, 45; Pfeiffer FamRZ **93**, 1266), so daß dann eine entspr Anwendg von §§ 2270; 2271 mögl ist (s auch Einf 11 vor § 2265). – In einem neuen einseitig Test kann jeder Eheg die Wechselbezüglichk seiner eigenen letztw Vfg wieder ausschließen. Dieser Eheg bleibt aber seiners gebunden, nur der andere Eheg wird frei; § 2271 steht nicht entgg (RGRK Rn 12).

c) Nachträgliche Herbeiführung. Um wechselbezügl zu sein, müssen Verfügungen nicht in demselben 4 Test getroffen sein. Es ist den Eheleuten nicht verwehrt, die in einem früheren Erbvertrag od gemeinsch Test enthaltenen Regelgen dch ein späteres gemeinsch Test nicht nur aufzuheben od abzuändern, sond auch zu ergänzen (s § 2292 Rn 1). § 2270 steht dem nicht entgg. Ggseit Erbeinsetzg u Berufg des SchlußE müssen also nicht in derselben Vfg getroffen werden (BayObLG FamRZ **94**, 191). Eine solche Änderg od Ergänzg bewirkt, daß die früheren Vfgen mit den späteren wechselbezügl werden, wenn der Wille der Testierenden dahin geht, daß nunmehr auch die früheren Vfgen nur für den Fall der Wirksamk der neueren gelten sollen u umgekehrt (BayObLG FamRZ **86**, 392). Die spätere Einsetzg eines SchlußE ist aber nicht allein desh als wechselbezügl anzusehen, weil die Eheg sich in der früh Vfg gegseit eingesetzt haben (BayObLG FamRZ **93**, 1126). – Mögl ist auch die einseitige Bindg nur eines Ehegatten an die Schlußerbeneinsetzg (BayObLG **83**, 213), zB wenn nach dem Willen der Testierenden die Bestimmg des früheren gemeinsch Test als solche zwar weiter bestehen, aber dch das spätere ergänzt werden sollen (BayObLG FamRZ **86**, 392).

2) Die Ermittlung der Wechselbezüglichk erfolgt nach Wortlaut u Inhalt des gemsch Test. Enthält 5 dieses dazu keine klaren u eindeut Anordngen, muß sie dch **Auslegung** nach allg Grds (s § 2084 Rn 4–7) u für jede einzelne Vfg gesondert ermittelt werden, auch wenn es sich um ein Berliner Test handelt (BayObLG **83**, 213); auch eine ergänzde Auslegg kann vorgenommen werden (KG NJW **63**, 766). Dabei kommt es auf den übereinstimmenden Willen beider Ehegatten zZt der TestErrichtg an (Einf 12 vor § 2265). Allerd gibt es keine Regel, die Schlüsse auf eine bestimmte Willensrichtg u Interessenlage der Testierenden zuläßt, etwa für das Verhältn der Einsetzg des Überlebenden zum AlleinE ggü der Einsetzg der SchlußE. Der Grad der Verwandtsch od Schwägersch des SchlußE zum Erbl besagt nichts (BayObLG FamRZ **92**, 1102). Sogar dann, wenn die sich gegseit bedenkden Ehegatten bestimmen, daß nach dem Tod des Längerlebenden der beiderseit Nachl an die gemeins Kinder fallen soll, ist noch ohne weiteres anzunehmen, daß jeder Ehegatte die Kinder deshalb bedenkt, weil auch der and dies tut (BayObLG FamRZ **86**, 392). Allerd sprechen gleichlautde Vfgen im gemsch Test für ihre Wechselbezüglk (Hamm FamRZ **94**, 1210). Das NachlG muß also das Für u Wider prüfen und abwägen, indem es den Inhalt der Erkl als Ganzes einschließl aller Nebenumstände würdigt und alle allg Lebenserfahrg berücksichtigt. Umstände außerh der Test-Urk sind einzubeziehen wie zB Äußergen der Erbl, ihre beiderseit Vermögensverhältn, Zuwendgen während der Ehe od der Umstand, daß ein Ehegatte dem and zu bes Dank verpflichtet war. Besaß nur einer der Ehegatten Vermögen, so daß er keinen Vermögensvorteil zu erwarten hatte, gibt dies zwar zu einem bes Prüfg Anlaß, ob er trotzdem daran interessiert war, seine eigene letztw Vfg in ein AbhängigkVerhältn zu der seines Ehegatten zu stellen, spricht aber nicht direkt gg Wechselbezüglk (RG DR **40**, 723; BayObLG FamRZ **95**, 251; Hamm NJW-RR **95**, 777); es ist auch nur einseit Wechselbezüglk mögl (BayObLG FamRZ **84**, 1154). Dies gilt auch dann, wenn nach dem Tode des einen Eheg das Vermögen vollständ verlorengeht u der Überlebende später neues Vermögen neu erwirbt (Kiel HEZ **2**, 329). – **Beispiele:** Nicht wechselbezügl ist 6 iZw die Einsetzg von SchlußE, die mit keinem der testierden Eheg verwandt od verschwägert sind, so daß nach ihrem Willen der Überlebende die Einsetzg der SchlußE jederzeit ändern kann, insbes bei Verschlechterg seiner persönl Beziehgen zu den Bedachten (BayObLG FamRZ **91**, 1232 mAv Hohloch JuS **92**, 77). Auch reicht für die Annahme einer inneren Abhängigk zwischen Erbeinsetzg der Ehefrau dch ihren vorverstorbenen Mann mit der ihrer erstehel Tochter als SchlußE der überlebenden Ehefrau gutes Einvernehmen zwischen Stiefvater u Stieftochter, auch Briefe u Kartengrüße, allein nicht aus (BayObLG FamRZ **84**, 1154; **86**, 392). Es entspricht auch der Lebenserfahrg, daß bei Einsetzg eines Verwandten der Ehefrau als SchlußE der Ehemann nach seinem Ableben seiner Ehefrau das Recht zur Abänderg der Einsetzg des SchlußE zB bei Verschlechterg der persönl Beziehgen belassen wollte (BayObLG FamRZ **85**, 1287; KG OLGZ **93**, 398). Die Einsetzg einer gemeinnützigen od caritativen Organisation als SchlußE ist idR nicht wechselbezügl u kann daher vom Überlebenden dch Test widerrufen werden (vgl BayObLG FamRZ **86**, 604). S auch Rn 10. Gg Wechselbezüglk spricht auch der Umstand, daß die Zuwendg des einen an den and hinter dessen ges Erb- od sogar Pflichtteil zurückbleibt (KG JFG **22**, 106). – Die **Feststellungslast** für Tatsachen, welche die Wechselbezüglichk begründen, trifft denjenigen, der sein ErbR auf die Wechselbezüglichk stützt (BayObLG FamRZ **70**, 173); insoweit noch verbleibende Zweifel gehen zu seinen Lasten (BayObLG FamRZ **86**, 392).

a) Die Auslegungsregel des II greift erst u nur dann ein, wenn die Auslegg bezügl der Wechselbezüglk 7 kein eindeut Ergebn gebracht hat, die Erforschg des Willens beider Eheg also weder die ggseit Abhängigk noch die ggseit Unabhängigk ergab. Im Zweifel ist danach Wechselbezüglk in zwei Fallgestaltgen anzunehmen, die auch miteinander verbunden werden können (Köln FamRZ **93**, 1371): Wenn sich die Eheleute ggseit bedacht haben (auch nur mit Vermächtn, Hamm FamRZ **94**, 1210). – Oder wenn der einen Eheg (zB dem überlebden Mann) von dem and (seiner vorverstorbenen Frau) eine Zuwendg gemacht worden ist u er (der Bedachte) für den Fall seines Überlebens eine Vfg zugunsten solcher Personen getroffen hat, die mit seinem Eheg (der vorverstorben Frau) verwandt sind od ihm nahestanden. Dies beruht auf der Erwägg, daß der eine Eheg in der Vfg, die zugunsten einer ihm nahestehden Person von dem and Eheg getroffen wird, eine Art GgLeistg dafür zu sehen pflegt, daß er seinerseits dem letzteren eine Zuwendg macht (KG OLGZ **93**, 398; DNotZ **32**, 122). Haben sich also zB die Eheleute ggseit zu AlleinE u Verwandte der Ehefrau als SchlußE eingesetzt, ist bei Überleben des Mannes nach der Ausleggsregel seine Erbeinsetzg dch die vorverstorbene Ehefrau wechselbezügl zur Einsetzg der SchlußE. Das **Verwandtschaftsverhältnis** ist ges gere- 8 gelt (§ 1589), beurteilt sich allerd nach dem Recht des Wohnsitzes der test Eheleute (KG FamRZ **83**, 98). Es muß nicht schon bei TestErrichtg bestanden haben u kann sich daher auch auf die zu diesem Ztpkt noch nicht geborenen Personen erstrecken (KG aaO), aber nicht auf ein nach fr Recht mit dem Erbl nicht verwandtes Adoptivkind trotz der zwischenzeitl RÄnderg (KG aaO). Es können auch die gemeinschaftl Kinder

9 sein (RG **116**, 150; Köln FamRZ **93**, 1371). – **„Nahestehen"** ist nach den konkreten Umst des Einzelfalls zu entscheiden, wobei an den Begriff hohe Anfordergen zu stellen sind, um die Vermutg nicht zur ges Regel werden zu lassen (KG OLGZ **93**, 398; BayObLG FamRZ **91**, 1232). Es fallen nur Personen darunter, zu denen der test Ehegatte enge persönl u innere Beziehg gehabt hat, die mindestens dem übl Verhältn zu nahen Verwandten entsprechen (KG aaO; BayObLG **82**, 474). In Betr kommen zB Adoptiv-, Stief- u Pflegekinder, enge Freunde, evtl langjähr Angestellte, bewährte Hausgenossen (BayObLG aaO). Ob verschwägerte Personen einand nahestehen, kann nicht generell, sond nur nach den Verhältn des Einzelfalls beurteilt werden (KG OLGZ **93**, 398; BayObLG Rpfleger **80**, 259; 283; DNotZ **77**, 5; mAv Bengel DNotZ **77**, 5). Gut nachbarl Beziehgen reichen dazu auch noch nicht aus (BayObLG FamRZ **91**, 1232). Auch nicht darunter fallen können Personen, die zZt der TestErrichtg noch nicht geboren od dem Erbl aus and Gründen unbekannt waren (KG FamRZ **83**, 98); ferner nicht jur Personen.

10   **b) Umfang.** Die Vfg, dch die Verwandte des Mannes u der Frau als SchlußE (§ 2269) eingesetzt sind, braucht nicht im vollen Umfang wechselbezügl zu sein. Die Wechselbezüglichk ist vielm iZw auf die Einsetzg der Verwandten des Erstversterbenden beschränkt (BGH **LM** Nr 2). Im Umkehrschluß kann gefolgert werden, daß der Überlebde an die Einsetzg eigener Verwandter zu SchlußE im Grdsatz nicht gebunden ist (KG OLGZ **93**, 398). – **Beispiele:** Setzen sich kinderlose Eheg ggseit zu Erben ein u bestimmen sie, daß nach dem Tod des Längerlebden der beiderseit Nachl teils an Verwandte des Mannes u teils an die der Frau fallen, ist die vom Ehemann verfügte Erbeinsetzg seiner Ehefrau nur wechselbezügl mit der von der Ehefrau verfügten Einsetzg ihres Ehemannes u seiner Verwandten, nicht aber ohne weiteres mit der Berufg der eigenen Verwandten dch die Ehefrau selbst (BGH aaO). Hat jeder Eheg seine eigenen Verwandten für sein Vermögen eingesetzt, wobei dem jeweils überlebden Eheg hins des ererbten Vermögens des anderen nur eine Zwischenstellg als VorE zukam, so steht die Einsetzg der jeweiligen eigenen Verwandten auf das eigene Vermögen nicht im Verhältn ggseitiger Abhängigk. Haben die Eheg bestimmt, daß jeder von ihnen nach der gesetzl Erbfolge beerbt werden soll, zerfällt diese Erbeinsetzg auf Seiten jedes von ihnen in zwei Teile: in die Einsetzg der gesetzl Erben für den erstversterbenden u in die der gesetzl Erben für den überlebenden Gatten. Letztere Einsetzg ist nach § 2270 II grdsätzl wechselbezügl (BayObLG **64**, 94; FamRZ **74**, 395; s auch Stgt BWNotZ **60**, 151; 258). Ob die Anordg „Bezügl unseres übrigen Nachl verbleibt es bei den gesetzl Bestimmgen" eine testamentar Einsetzg der gesetzl Erben als SchlußE enthält u ob eine solche Einsetzg mit der Einsetzg des überlebenden Eheg als Erben wechselbezügl sein soll, ist dch Auslegg zu ermitteln (BayObLG **65**, 53). Die Einsetzg der ges Erben des Überlebden als Schlußerben ist idR nicht wechselbezügl zur ggs Erbeinsetzg der Ehegatten (BayObLG Rpfleger **81**, 282). Auch bei einseitiger Vermögenslosigk der Ehegatten kann die Abhängigk ihrer ggs Erbeinsetzg von der Schlußerbeneinsetzg verneint werden (BayObLG Rpfleger **81**, 282; **85**, 240). Die Freistellg des überlebden Eheg in einem gemschaftl Test hins der Vfg vTw über seinen Nachl muß nicht notw gg eine Wechselbezüglichk sprechen (BGH NJW **64**, 2056; Stgt NJW-RR **86**, 632; dazu RGRK Rn 8).

11   **3) Andere Verfügungen (III)** sind zB: Enterbung (§ 1938; BayObLG FamRZ **93**, 240). – Anordg einer TVstrg (vgl hierzu § 2197 Rn 1; zum einseit Widerruf od nachträgl Anordg s § 2271 Rn 16). – Teilgsanordngen (BGH **82**, 277; BayObLG FamRZ **88**, 660; entgg BGH ist es jedoch keine Frage von **III**, sond von § 2271 II, wenn der gebundene Eheg nachträgl noch eine Teilgsanordg trifft, s Lehmann MittBayNot **88**, 157). – PflichtEntzieh (§ 2336 und Warn **33** Nr 152). – Familienrechtl Anordngen. – Diese Vfgen können zwar wechselbezügl gewollt sein, doch tritt insow Unwirksamk kraft G statt ein, wie sich aus **III** iVm § 2278 II ergibt, so daß insb § 2271 auf solche Vfgen nicht anzuwenden ist. Jedoch ist uU Anfechtg (§ 2078) mögl. Auch der beiders Verzicht auf Erb- u PflichtAnspr der Eheg in gemschaftl Test kann nicht wechselbezügl sein (BGH **30**, 261/ 265; Bengel Rn 5).

2271   *Widerruf wechselbezüglicher Verfügungen.* [I]Der Widerruf einer Verfügung, die mit einer Verfügung des anderen Ehegatten in dem im § 2270 bezeichneten Verhältnisse steht, erfolgt bei Lebzeiten der Ehegatten nach den für den Rücktritt von einem Erbvertrage geltenden Vorschriften des § 2296. Durch eine neue Verfügung von Todes wegen kann ein Ehegatte bei Lebzeiten des anderen seine Verfügung nicht einseitig aufheben.

[II]Das Recht zum Widerruf erlischt mit dem Tode des anderen Ehegatten; der Überlebende kann jedoch seine Verfügung aufheben, wenn er das ihm Zugewendete ausschlägt. Auch nach der Annahme der Zuwendung ist der Überlebende zur Aufhebung nach Maßgabe des § 2294 und des § 2336 berechtigt.

[III]Ist ein pflichtteilsberechtigter Abkömmling der Ehegatten oder eines der Ehegatten bedacht, so findet die Vorschrift des § 2289 Abs. 2 entsprechende Anwendung.

1   **1) Der Widerruf** des gemeinsch Test ist zu Lebzeiten beider Ehegatten jedem von ihnen ohne bes Grd zu jeder Zeit gestattet. Er muß dazu persönl handeln, Vertretg ist ausgeschlossen. Für die einseit Vfgen kann er die allg Formen (§§ 2254ff) benutzen. Wechselbezügl Vfgen (§ 2270) können dagg ausschließl dch nicht beurkundete Erkl ggü dem and Teil widerrufen werden entspr dem Rücktr vom ErbVertr (**I**; § 2296; s Rn 3– 8); dieses WiderrufsR geht erst mit dem Tod seines Ehegatten verloren (s Rn 14). – In der Möglichk des Widerrufs liegt der Hauptunterschied zum ErbV, nach dessen Abschluß der Erbl seine vertragsmäß Vfgen auch zu Lebzeiten des anderen nicht mehr frei widerrufen kann (s Übbl 5 vor § 2274); bei vereinbarter Unwiderruflichk eines „gemeinsch Test" kann daher ein ErbV anzunehmen sein, wenn die Form des § 2276 gewahrt ist (KG OLG **35**, 19). – Solange die Widerrufsmöglichk besteht, ist eine Anfechtg des Test ausgeschlossen (s Rn 25). – Vfgen unter Lebenden kann jeder Ehegatte unbeschränkt vornehmen, zumal der andere sich dch das WiderrufsR schützen kann; § 2287 gilt zu diesem Zeitpkt noch nicht (s § 2287 Rn 2; bejahend für unentgeltl Vertr zGDr auf den Todesfall Speth NJW **85**, 463).

a) Wechselbezügliche Verfügungen. Die Besonderh des § 2271 betreffen nur den **einseitigen** Wider- 2 ruf von wechselbezügl Vfgen dch einen Ehegatten, für den zwingend die Beachtg der Form des § 2296 sowie Zugangsbedürftigk vorgeschrieben ist, damit der and Ehegatte zuverlässig Kenntn erlangt u sich mit seinen eigenen Vfgen einrichten kann (s Rn 3). Soweit dagg die Ehegatten **gemeinsam** handeln, können sie in allen Formen widerufen: Dch gemeinsch WiderrufsTest (§ 2254) od widersprechendes Test (§ 2258), zB ein von beiden Eheg unterschriebenes Test, in dem ein Eheg seine wechselbezügl Vfg aufhebt, wodch die Wechselbezüglichk der Vfg des anderen Eheg mit der aufgehobenen wegfällt. Unterscheiden sich zwei gemeinsch Test nur darin, daß im späteren die Einsetzg der SchlußE nicht wiederholt ist, liegt insow ein Widerspr (§ 2258 I) nur vor, wenn die Auslegg ergibt, daß die Erbfolge dch das spätere Test abschließd u ausschließl geregelt sein soll (BayObLG **91**, 10). – Dch Erbvertrag (§ 2289 I 1), auch dch einen im Prozeßvergleich enthaltenen ErbVertr (Köln OLGZ **70**, 114; s dazu § 2276 Rn 9). – Dch gemeinschaftl Rücknahme des öff Test (§ 2272). – Dch einvernehmliche Vernichtung der TestUrk od gemeins Streichg der betr Vfgen (§ 2255 Rn 15). – Bei Vermächtnis- und Auflagenanordnungen analog § 2291 dch Test unter beurkundeter Zustimmg des and Ehegatten (RGRK Rn 8; Kipp/Coing § 35 III 3a Fußn 25; str).

b) Formbedürftige Erklärung. Der einseit Widerruf wechselbezügl Vfgen dch einen Eheg kann aus- 3 schließl dch notariell beurkundete Erkl ggü dem anderen (**I** 1; § 2296 II) erfolgen, damit dies nicht heimlich hinter dessen Rücken geschieht u dieser sich bezügl seiner eigenen Vfgen darauf einrichten kann. Dagg ist ihr einseit Widerruf dch neue Vfg vTw stets ausgeschlossen (**I** 2), selbst wenn der andere zustimmt (RG DR **45**, 76; Schlesw SchlHA **57**, 181). Somit kann auch das von den Eheg sich verwahrte eigenhänd Test (§ 2267) dem widerstrebenden Ehegatten nur in dieser Form aus der Welt geschafft werden. – Will ein Ehegatte wechselbezügl Vfgen nur **teilweise** widerrufen, zB nur abändern od den Bedachten nachträgl 4 noch beschränken (auch über § 2270 III hinaus) dch Anordng von Vermächtn, Auflagen, Nacherbfolge od TestVollstrg, ist gleichf die Widerrufsform des § 2296 erforderl (jedoch nicht bei Auswechslg nur der Person des TV, KG FamRZ **77**, 485). Hierzu genügt jedoch, daß der Widerruf auf den zu ergänzenden Punkt beschränkt wird. – Die WiderrufsErkl ist Vfg vTw, kann also von dem (auch beschränkt geschäftsfäh) Erbl nur **persönlich** abgegeben werden, nicht dch Vertreter (§§ 2064; 2296 I) u unterliegt der Anfechtg nach § 2078 (im Ggsatz zum gemeinsam Test als solchen, s Rn 25).

c) Empfangsbedürftig ist der einseit Widerruf (**I**; § 2296 II 1). Die in Abwesenh des Empfängers abge- 5 gebene Erkl muß daher dem and Ehegatten (bzw dessen ges Vertr) in Urschrift od Ausfertigg der not Urk zu dessen Lebzeiten zugehen (§ 130); Zugang nur einer beglaub Abschrift genügt nicht (st Rspr, zB BGH **31**, 5; **36**, 201; Hamm FamRZ **91**, 1486; § 130 Rn 10; aA Soergel/Wolf Rn 8 mwN). Zustellg (§ 132) dch GVz ist dafür nicht notwend, aber aus BeweisGrden zweckmäß. Öff Zustellg ist ggf erforderl; wird sie erschlichen, bleibt sie zwar wirks, jedoch ist dann gg Geltendmach von Rechten aus dem Widerruf der Einwand unzuläss RAusübg mögl (BGH **64**, 5 mAv Johannsen **LM** Nr 19). Zu Ersatzzustellg s § 2296 Rn 2. Vereinbarg and Voraussetzgen wirks Zugangs (BGH NJW **95**, 2217; § 130 Rn 19) liegt beim Test regelm nicht vor. – **Zeitpunkt:** Der Zugang ist trotz der zeitl begrenzten Widerrufsmöglichk (**I** 1) noch nach dem Tod des 6 Erkl mögl (BGH **48**, 374; aA Kreft Anm zu **LM** § 130 Nr 10; krit auch Hamm FamRZ **91**, 1486), kann aber nur an den lebden ErklEmpfänger erfolgen. § 130 II ist anwendb, aber zum Schutz des Empfängers einschränkd auszulegen, da in dessen Interesse die Frage der TestGültigk beim Tod des Partners mögl geklärt sein sollte. Der Widerruf muß sich daher beim Tod des Erklärenden zumindest bereits auf dem Weg zum Adressaten befinden u der Zugang alsbald nachfolgen, um wirks zu sein. **Unwirksam** ist er, wenn der Erbl 7 bewußt den Zugang hinauszögerte, um bis zu seinem Tod den and Teil vom Widerruf nichts wissen zu lassen (BGH **9**, 233; Roth NJW **92**, 791 mwN); od wenn zu Lebzeiten des Widerrufenden nur beglaub Abschrift zuging, dieser Mangel erst nach seinem Tod erkannt wurde u zur Abhilfe nun erst noch eine Ausfertigg zugestellt wird (BGH **48**, 374; Hamm FamRZ **91**, 1486 mAv Hohloch JuS **92**, 259).

d) Vernichtung od **Veränderung** eines gemschaftl Test nur dch einen Ehegatten **ohne** Einverständn 8 des andern od gg dessen Willen ist rechtswidr. Hinsichtl der Wirkgen ist zu unterscheiden (s § 2255 Rn 15): Nur seine eigenen einseit Vfgen kann der handelnde Eheg in der Form des § 2255 widerrufen. Die wechselbezügl Vfgen können aber in dieser Form nicht widerrufen werden u bleiben trotz einseit Vernichtg des gemschaftl Test wirks. Es können aber Beweisschwierigk bei der Rekonstruktion des gemschaftl Test auftreten (von Lübtow I 495 f). Zur Feststellgslast s OHG **1**, 268; Hamm OLGZ **67**, 79. – Über **einseitige Zurücknahme** eines öffentl gemschaftl Test aus der amtl Verwahrg s § 2272 Rn 2.

2) Die erbrechtliche Bindung (II 1) an seine wechselbezügl Vfgen tritt für den Überlebenden mit dem 9 **Tod** seines Ehegatten ein u bewirkt die Beschränkg seiner TestierFreih (nicht seiner TestierFähigk); wurde das Test vor dem 3. 10. 90 in der fr DDR errichtet, gilt insow ggf bish R (EG 235 § 2 S 2 mit Rn 4). Von dieser Bindgswirkg wird der Überlebende nur mehr in bestimmten Fällen frei (dazu Rn 17–23). Eine Anfechtg der eigenen wechselbezügl Vfgen u der Vfgen des Erstverstorbenen ist jetzt mögl (s Rn 26–36). – Vfgen üb sein Vermögen **unter Lebenden** kann der Überlebende weiterhin frei vornehmen. Insoweit 10 besteht **keine** Bindg, da § 2286 entspr anwendb ist (BGH DNotZ **51**, 344; § 2286 Rn 6); eine Ausn besteht nur im HöfeR, da ggü der Hoferbenbestimmg durch bindendes gemschaftl Test od ErbVertr ein widersprechender ÜbergabeVertr unwirks ist (Celle RdL **68**, 72; s auch NdsRpfl **71**, 255). Sie sind auch dann zulässig u wirks, wenn dadch der Nachl geschmälert wird, selbst bei einer absichtl Benachteiligg dch Schenkg unter Lebenden, da für diesen Fall in entspr Anwendg des § 2287 (s § 2287 Rn 3) nur ein BereichergsAnspr vorgesehen ist (BGH BWNotZ **59**, 205; s auch Reimann § 2287 Rn 9 ff; RGRK § 2269 Rn 15, 16). Solche Vfgen sind auch dann wirks, wenn dadurch ein Vermächtn unwirks werden sollte; soweit kein Verschaffgs-Verm (§ 2169 I) vorliegt, hat der bedachte VermNehmer nur die Rechte aus § 2288 II (BGH NJW **58**, 547; vgl hierzu Anm Johannsen in **LM** Nr 6). – Ein RGesch des Überlebenden, dch das er NachlGgst **lebzeitig** 11 auf einen Dritten übertragen hat, ist nicht schon desh nichtig, weil dadch dem Schlußbedachten das ererbte Erbgut entzogen wird (heute allg M). Allenfalls greift bei Vorliegen besond Umstände § 138 ein (BGH **59**,

12 343; WM **73**, 680). Denkb ist auch eine **Haftung des Empfängers** ggü dem Erben gem § 419, wenn der Erbl dch das RGesch sein ganzes od sein im wesentl ganzes Vermögen übertragen hat (BGH **59**, 352). Auch §§ 2287, 2288 sind entspr anwendb (BGH NJW **82**, 43; **76**, 749). Neben diesen ist ein Anspr aus § 826 nur **13** unter besond Voraussetzgen gegeben (s dazu § 2287 Rn 2). – **Keine Bindung** des überl Eheg besteht auch familienrechtl insofern, als er im Falle seiner Wiederheirat mit seinem neuen Ehepartner GüterGemsch vereinbaren oder gesetzl Güterstand der ZugewGemsch gelten lassen kann. Etwaige Pflichtteils- u Zugew-AusglVerbindlk, die aus Anlaß des Todes des Eheg zG des neuen Ehepartners erwachsen, muß der SchlußE erfüllen (BGH FamRZ **69**, 207).

14 **a) Nur auf letztwillige Verfügungen** wirkt sich die Bindg als rein erbrechtl aus. Seine im gemsch Test getroffenen wechselbezügl Vfgen kann der Überlebende grdsl nicht mehr widerrufen (**II** 1), es sei denn, daß er von der Bindg befreit ist od wird (dazu Rn 17–23). Dies betrifft die wechselbezügl Zuwendgen an Dritte, weil die Vfgen zugunsten des verstorbenen Ehegatten ggstandslos geworden sind (§§ 1923; 2160). Die Einschränkg des WiderrufsR dient nicht dem Schutz des Dritten, der zu diesem Ztpkt noch keine dem ErbV vergleichbare Anwartsch hat, da ein Widerruf bei Ausschlagg noch mögl ist (s Rn 17) u selbst dch Eintritt der Bindg noch kein gesichertes Recht erwirbt (s § 2269 Rn 11). Sie ist vielmehr darin begründet, daß der Überlebende von der wechselbezügl Vfg im gemeinsch Test, auf deren Bestand der Verstorbene vertraute, **15** sich nicht mehr soll lösen können, nachdem er deren Vorteile in Anspr genommen hat. – **aa) Für neue** Vfgen vTw, die der dch gemeinsch Test in seiner TestierFreih beschränkte Ehegatte ohne wirks förml Widerruf getroffen hat, sind Umfang u Wirkg der Bindg nicht eigens ges geregelt. Wegen der Vergleich-bark mit der erbvertragl Bindg ergeben sie sich daher dch analoge Anwendg von § 2289 (RG **58**, 64; Ffm NJW-RR **95**, 265; MüKo/Musielak Rn 15; Gerken Rpfleger **92**, 252). Sie sind also nicht von vornherein nichtig. Voll **wirksam** sind sie vielm dann, wenn sie den dch Eheg rechtl besser stellen als bish (BGH **30**, 261; BayObLG **66**, 245), nur die wechselbezügl Anordng wiederholen (Hamm OLGZ **67**, 77; BayObLG **61**, 12) od wenn die vorrangige wechselbezügl Vfg unwirksam ist od ggstandslos wird (RG **149**, 200; Ffm NJW-RR **95**, 265). Ggstandslos wird die wechselbezügl Vfg zB dch ersatzlosen Wegfall des Bedachten infolge Vorversterbens, Erb- oder Zuwendgsverzicht (§ 2352), ErbunwürdigErkl (§ 2344) od Ausschlagg; dagg nicht, wenn an die Stelle des Weggefallenen ein ErsatzE tritt (§§ 2096; 2069; BayObLG FamRZ **95**, 251) od sein Erbteil den übr Bedachten anwächst (§ 2094). – **Unwirksam** sind die vom Überlebenden (gleich in welcher Form) nach dem gemeinsch Test einseitig getroffenen letztw Vfgen nur insoweit und so lange, als sie die Rechte des dch eine wechselbezügl Vfg Bedachten beeinträchtigen würden (dazu Rn 16). Von dieser Bindgswirkg sind auch solche Vfgen nicht ausgenommen, mit denen einer sittl Pflicht od einer auf den Anstand zu nehmenden Rücks entsprochen wurde (s BGH NJW **78**, 423). Beeinträchtigende letztw Vfgen werden nur dch Wegfall der Bindg (Rn 17–23), aber nicht schon dadurch wirks, daß der Bedachte formlos zustimmt, weil die Bindg ggü dem Erstverstorbenen besteht (BGH **LM** Nr 7; Hamm OLGZ **82**, 272; aA RG **134**, 325). Nur wenn der Bedachte in der Form des § 2352 auf die Zuwendg verzichtet, wird die neue Vfg wirks, soweit dch den Verzicht die wechselbezügl Vfg ggstandslos geworden ist (RG Warn **18** Nr 124; Soergel/Wolf Rn 17; dahingestellt von BGH aaO). Dies entspricht der Wirkg in den übrigen Fällen ihres Ggstandsloswerdens. Der nur formlos zustimmende od verzichtende Bedachte kann allerd treuwidrig han-**16** deln, wenn er sich später auf die Bindg beruft (BGH aaO; LG Düss FamRZ **88**, 661). – **bb) Beeinträchtigt** wird das Recht des Bedachten zB durch: Nachträgl Einsetzg eines NachE. – Beschwerg mit einem Vermächtn (BGH FamRZ **64**, 592; **69**, 207; NJW **78**, 423 mit krit Anm Schubert JR **78**, 287 u Tiedtke NJW **78**, 2572; KG OLGZ **77**, 457; BayObLG Rpfleger **89**, 457). – Ausschließg der Rechte des Schwiegersohns vom Erbteil der Tochter (Hbg Recht **12** Nr 2298). – Wertverschieben zu Lasten des Bedachten infolge neuer Teilgsan-ordng (§ 2048; Soergel/Wolf Rn 16; BGH **82**, 274 läßt sie bei AusgleichsPfl zu; Lehmann MittBayNot **88**, 157 erachtet jede Teilgsanordng als beeinträchtigende Vfg; s auch Staud/Kanzleiter § 2289 Rn 12). – Nach-trägl Anordng einer TVstrg (Köln FamRZ **90**, 1402; BayObLG FamRZ **91**, 111; Ffm WM **93**, 803), es sei denn, daß dies dem Überlebenden gestatt war od er hierzu nach dem Willen beider Eheleute befugt sein sollte; dies kann sich dch (auch ergänzende) Auslegg bei verständig Würdigg der tatsächl Verhältn ergeben (KG OLGZ **66**, 503; Zweibr WPg **75**, 87; s auch Haegele BWNotZ **74**, 109). Keine Beeinträchtigg liegt dagg in der Aufhebg einer TVstrg od der Auswechslg nur der Person des TV (KG FamRZ **77**, 485). – Der Überlebende kann seine eigene Zuwendg in einem späteren Test insow einschränken, als der Vater od die Mutter des minderj Erben von der Verwaltg des Zugewendeten ausgeschl wird (Brschw DNotZ **51**, 374; RGRK Rn 16). Er kann auch die gemschaftl Erbeinsetzg später wiederholen, so daß diese dann auf beiden Test beruht (KG JW **39**, 353).

17 **b) Befreiung von der Bindung.** Haben sich die Ehegatten nicht bereits im gemsch Test die Freih zu abweichden Vfgen vorbehalten (dazu Rn 19ff) u ist die Bindg auch nicht dch ersatzlosen Wegfall des Bedachten entfallen (s Rn 15), kann der Überlebende nach dem Erbfall noch in folgenden Fällen seine TestierFreih wiedererlangen: – **aa) Durch Ausschlagung (II 1)** des ihm vom Erstverstorbenen Zugewen-deten entfallen sowohl Bindgszweck als auch Vermögensanfall (§§ 1953, 2180). Nach Annahme od nach seinem Tod dch seine Erben ist dies nicht mehr mögl (RG **95**, 218). War dem Überlebden nichts zugewen-det, kann er auch nichts ausschlagen u daher auch nicht widerrufen. Ist jedoch die Zuwendg nur wirtschaftl wertlos (zB wg Überschuldg), muß der Überlebde ausschlagen, um seine Testierfreih zu erhalten (Kiel HEZ **2**, 333; BGH MDR **61**, 402). Wird der Überlebende aGrd der Ausschlagg ges Erbe u ist der ihm zufallde ges Erbteil nicht erhebl kleiner, sond fast od sogar gleich groß wie der ausgeschlagene, ist nach KG OLGZ **91**, 6 erforderl, daß er zur Erlangg seiner TestierFreih sogar aus beiden Berufsgründen ausschlagen u dadch ein erhebl Vermögensopfer bringen muß. Zweck des **II** sei es näml, das Vertrauen des Erstverstorbenen auf den Fortbestand der Bindgswirkg zu schützen; dies sei idR nur erreichb, wenn der Überlebende dch einen spürb Verlust davon abgehalten werde, sich von der Bindg zu lösen. Hiergg wendet Tiedtke FamRZ **91**, 1259 zu Recht ein, daß diese Opfertheorie weder dch Wortlaut u Entstehgsgeschichte noch dch Sinn u Zweck der Vorschr gestützt wird, weil **II** tatsächl nur die gleiche Aufgabe wie **I** iVm § 2270 I hat, näml zu verhindern, daß der Überlebende sich von den Nachteilen des gemsch Test löst, dessen Vorteile aber behalten kann. Daher muß entgg KG die Ausschlagg nur des Zugewendeten stets ausreichen, um die TestierFreih zu erlangen. Im Einzelfall kann allerd für den Fall der Ausschlag im gemsch Test stillschweigd u bedingt die Enterbg des Ausschlagenden angeordnet sein; dies hängt aber von besond Umständen ab (Tiedtke aaO; s auch § 1938 Rn 2). – **Wirkung:** Da die Bindg beseitigt ist, kann der Überlebende nunmehr nach §§ 2253 ff seine eigenen Vfgen widerrufen. Ein derart erklärter Widerruf der wechselbezügl Vfgen des Überlebden zieht die Unwirksamk der entspr Vfgen des Erstverstorbenen nach sich (§ 2270; s Warn **21** Nr 75; Bengel Rn 44); s aber auch BGH bei Johannsen WM **73**, 534. – War nicht der Überlebende, sond ein Verwandter od eine nahestehende Person (§ 2270 II) bedacht, steht deren Ausschlag nicht dem Ausschlag des Ehegatten gleich u berecht daher auch nicht zur Aufhebg (Staud/Kanzleiter Rn 40). War sowohl dem Gatten als auch dem Verwandten etwas zugewandt u stehen beide Zuwendgen in einem AbhängigkVerhältn zu den Vfgen des Überlebenden, müssen beide ausschlagen (aA Staud/Kanzleiter Rn 41, der Ausschlag des Ehegatten genügen läßt).

bb) Gegenüber Bedachten, denen schwere Verfehlgen (§§ 2294, 2333, 2336) vorzuwerfen sind, ist der **18** Überlebende auch nach Annahme der Zuwendg zur Aufhebg seiner wechselbezügl Vfg berechtigt (**II** 2). – Ferner kann er pflichtteilberecht Abkömml zu deren Schutz beschränken (**III**; §§ 2289 II; 2338). Denn hiermit würde auch der Verstorbene einverstanden sein. Die Aufnahme des Grundes in die Vfg ist unerläßl (§ 2336 II; KG OLG **21**, 340). Als Grd für beschränkende Anordngen kommen nach § 2338 nur Verschwendg od eine (bereits vorliegende), Köln MDR **83**, 318) Überschuldg in Betracht. Der überlebende Eheg kann die Erbeinsetzg des Kindes auch dann aufheben, wenn es den ehrlosen Lebenswandel (§ 2333 Nr 5), den es schon zZ der Errichtg des gemschaftl Test führte, bis zum Tod des überlebenden Eheg fortsetzt (BayObLG **63**, 271). Die Aufhebg der Erbeinsetzg nach § 2271 I 2 führt mit der Ersatzberufg der Kinder dieses Erben zur Folge (s § 2069); es befreit den überleb Eheg (im Umfang der Aufhebg der Erbeinsetzg) von der Bindg an das gemschaftl Test (BayObLG aaO).

3) Änderungsvorbehalt. Da die Ehegatten die Bindgswirkg beschränken od ausschließen können (s **19** § 2270 Rn 3), können sie auch die Widerrufbark wechselbezügl Vfgen üb § 2271 II hinaus erweitern u dem Überlebenden sogar ein freies WiderrufsR einräumen (BGH **2**, 35; KG OLGZ **77**, 457). Der ÄndergsVorbeh kann dem Test im Zw dch Auslegg zu entnehmen sein, etwa wenn Erbl seinen Nachl zur Sicherg seiner Altersversorgg einsetzte u desh die Erbeinsetzg mit der Erwartg bestimmter Leistgen des Bedachten verknüpfte (Hamm NJW-RR **95**, 777). Jeder Ehegatte kann sich folgl mit Zustimmg des anderen dch letztw Vfg das Recht vorbehalten, seine **eigenen** Vfgen ganz od teilweise zu widerrufen. Die Eheleute können sich nach allg Meing auch ggseit ermächtigen, daß der Überlebende üb seinen eigenen Nachl (zu dem bei ggseit Vollerbeneinsetzg auch das Vermögen des Erstverstorbenen gehört) abweichend von den getroffenen Anordngen verfügen u dabei auch wechselbezügl Vfgen abändern darf (BGH NJW **64**, 2056; WM **77**, 278). Dch eine solche Freistellgsklausel wird nicht notwendg die Wechselbezüglichk von beidseit wechselbezügl Vfgen ausgeschlossen (s Rn 24). Dies ist vielmehr getrennt zu prüfen von der Frage, ob u in welchem Umfang das Recht zur einseit Aufhebg u Abänderg besteht. Die Befugn hierzu kann einem Ehegatten auch **nachträglich** dch **20** einseit letztw Vfg gewährt werden. Wird ein ErbV mit ggseit Erbeinsetzg der Ehegatten und Freistellgsklausel (die zunächst inhaltsleer ist, weil dem Überlebenden die Änderg der eigenen Erbeinsetzg gestattet wäre) nachträgl dch ein gemeinsch Test mit Einsetzg eines SchlußE zu einer Einheit ergänzt, als wäre der letzte Wille in einer Urkunde niedergelegt (dazu § 2292 Rn 1; § 2270 Rn 4), ist es mögl, daß die Änderungsbefugn auch mit Wirkg für das spätere Test fortbesteht u dem Überlebenden bezügl des SchlußE freie Hand läßt; aufgehoben wäre die Klausel nur bei entspr Vereinbarg (§ 2292) od als ggs Folge eines widersprechenden späteren Test (§ 2258), das bei einer dch Bezugnahme im gemeinsch Test auf den ErbV zustande gekommenen „Gesamterbregelg" nicht vorliegt (BGH NJW **87**, 901 mit krit Anm Kanzleiter DNotZ **87**, 433; BayObLG **87**, 23).

a) Die Ermächtigung kann nur dch Vfg vTw eingeräumt werden. Sie kann Befugn zum abweichenden **21** Testieren sein. Die wechselbezügl Vfg des Erstversterbenden kann aber auch unter die Bedingg gestellt werden, daß der Überlebende nicht anderweitig testiert. Eine solche Ermächtigung braucht nicht ausdrückl erklärt, sond kann auch iW der Auslegg ermittelt werden, wobei allerd Zurückhaltg geboten ist (BayObLG FamRZ **91**, 1488); eine stillschweigend eingeräumte Befugn kann zB nicht allein daraus entnommen werden, daß der Erstverstorbene vermögenslos war (Mü DNotZ **37**, 704) od nur aus der Anordng einer befreiten Vorerbsch (KG OLGZ **77**, 457). Sie kann sich auch dch ergänzde TestAuslegg ergeben (Zweibr FamRZ **92**, 608 m Av Gerken Rpfleger **92**, 252). – Das Recht, auch die Vfg des anderen zu ändern, kann dem Überlebenden nicht eingeräumt werden (§ 2065). Dies berührt jedoch nicht die Befugn zur Abänderg des SchlußE, der nur den Überlebenden beerbt (s § 2269 Rn 11), so daß dieser im Falle der Änderg mit üb seinen eigenen Nachl verfügt. Auch die Einsetzg eines Dritten als NachE des Längerlebenden (dazu § 2269 Rn 2) hindert die Eheg nicht, dem Überlebenden zu gestatten, über den Nachl anders vTw zu verfügen; die Einsetzg des NachE ist dann an die Bedingg geknüpft, daß der Überlebende nicht anderweitig verfügt (s § 2065 Rn 8; BGH **59**, 220; Huber Rpfleger **81**, 437). Verliert der Überlebende bei Wiederheirat infolge Wiederverheiratgsklausel seine Rechte am Nachl des Erstverstorbenen, kann er idR nunmehr frei verfügen (s § 2269 Rn 19). – Die Änderungsbefugn kann an best Bedinggen geknüpft od nur aus bestimmten Gründen erlaubt werden; ist dann beigefügt, daß die Vfg des Überlebenden keiner gerichtl Nachprüfg unterliegt, ist eine Überprüfg der vom Überlebenden angenommenen Gründe auf ihre Richtigk ausgeschlossen (BGH NJW **51**, 959).

b) Umfang u Inhalt des vorbehaltenen Rechts zur einseit Abänderg müssen sich aus einer letztw Vfg **22** ergeben u sind im Zweifelsfall dch Auslegg (auch ergänzende) nach dem Willen beider Ehegatten zu ermitteln. Der Vorbehalt muß sich auf die Befugn zu abweichenden Vfgen vTw beziehen. Die häufige Bestimmg, daß der Überlebende frei u ungehindert verfügen dürfe, ist mangels und Anhaltspkte nur die Ermächtigg zu Vfgen unter Lebenden (BayObLG FamRZ **85**, 209). Der Vorbehalt kann weit gehen (zB Änderg der Schlußerbfolge), aber auch nur beschränkte Befugnisse eröffnen, zB zur Anordng einer TVollstrg od von Vermächtn ermächtigen. Lautet der Vorbehalt, daß „die Eltern das Test abändern können", muß bei jurist Laien aus der Überflüssigk des Vorbehalts gemeinsamer ÄndergsBefugn (s Rn 2) allein nicht geschlossen werden, er sei als einseit ÄndergsR des Überlebenden auszulegen (BayObLG NJW-RR

89, 587). Eine Befugn, ausgesetzte Vermächtn der Höhe nach zu verändern, berechtigt nicht zum Austausch der Person des VermNehmers (RG Recht **14** Nr 945); auch kann das Recht zur Anordg zusätzl Vermächtn dahin auszulegen sein, daß den bereits Bedachten die Zuwendg nicht mehr entzogen werden darf (RG LZ **20**, 705). Die Befugn des Überlebenden zur Anordg von Vermächtn kann sich auch auf Vfgen nur über das eigene Vermögen ohne das ererbte beschränken, etwa wenn das gemeinsame Vermögen größtenteils von dem Vorverstorbenen stammt u die Eheleute davon ausgingen, daß es im wesentl dem als SchlußE eingesetzten Kind zufallen soll (BGH FamRZ **73**, 189; dazu Johannsen WM **73**, 534). Es entspricht der Lebenserfahrg, daß ein Ehemann nach seinem Ableben seiner Ehefrau das Recht zur Abänderg des SchlußE zB bei Verschlechterg der persönl Beziehgen belassen wollte, wenn nur ein Verwandter der Ehefrau als SchlußE eingesetzt war (BayObLG FamRZ **85**, 1287). Die Klausel, daß der seine Einsetzg als SchlußE anstreitende Abkömml nur den Pflichtt erhalten soll, kann beinhalten, daß der Überlebende nicht an die vorgenommene Einsetzg des SchlußE gebunden sein soll, wenn das Kind beim ersten Erbfall seinen Pflichtt fordert (BayObLG **90**, 58).

23　　**c) Die Ausübung** des vorbehaltenen Widerrufs nach dem Tod des Ehegatten bedarf auch bei wechselbezügl Vfgen nicht mehr der not Beurk des **I**, kann aber nur in Form einer letztw Vfg des Überlebenden erfolgen entspr dem Rücktritt vom ErbV (§ 2297). Dazu reicht ein auf das Test gesetzter nicht unterschriebener UngültigkVermerk nicht aus (Stgt NJW-RR **86**, 632; s § 2255 Rn 6). Widerruf der Einsetzg eines ErsatzE kann zB in einer späteren Wiederholg der Erbeinsetzg unter Weglassg des ErsatzE liegen (Köln OLGZ **93**, 275). § 2336 II, der eine Nenng des EntziehgsGrds verlangt, ist nicht entspr anwendb (Köln aaO); bei Beschränkg des WiderrufsRs auf bestimmte Gründe ist die Angabe des Grundes jedenfalls dann nicht erforderl, wenn nach dem gemeinsch Test es nur einen Grd geben kann (Düss JMBl NRW **63**, 272).

24　　**d) Wirkung.** Der erfolgte Widerruf einer wechselbezügl Anordng beseitigt nach § 2270 grdsl auch die entspr Vfg des Vorverstorbenen, es sei denn, daß (wie oft) ein entgegengesetzter Wille der Eheleute ausdrückl od stillschweigend dch TestAuslegg gewollt ist. Die Befugn, daß der Überlebende üb seinen Nachl frei verfügen kann, schließt die Wechselbezüglichk nicht notwendig aus (BGH NJW **64**, 2056; **87**, 901; Stgt NJW-RR **86**, 632), kann aber je nach den gegebenen Umständen dahin ausgelegt werden, daß die Einsetzg des SchlußE nicht wechselbezügl sein soll (BayObLG **87**, 23). Die Auslegg kann also ergeben, daß § 2270 I bezügl der Folgen des Widerrufs dch den gemeins Willen der Ehegatten eingeschränkt wird, so daß die Erbeinsetzg des Überlebenden wirks bleibt.

25　　**4) Die Anfechtung** des gemeinsch Test ist zu Lebzeiten beider Ehegatten als entbehrl ausgeschlossen, weil jeder Ehegatte seine wechselbezügl Vfgen in der Form des § 2271 I 1 u einseitige Vfgen frei widerrufen kann gem §§ 2253ff (RG **77**, 169; **87**, 97; LG Karlsr **58**, 714; s Rn 1). Eine Anfechtg durch Dritte scheidet aus, da der Erbfall noch nicht eingetreten ist. Erst **nach dem Tod eines Ehegatten** ist die Anfechtg des gemschaftl Test sowohl dem überlebenden Eheg als auch Dritten gestattet.

26　　**a) Der überlebende Ehegatte** kann sowohl Vfgen des Erstverstorbenen als auch seine eigenen wechselbezügl Vfgen nach den allg Vorschr der §§ 2078ff anfechten. Eine Anfechtg eigener einseitiger Vfgen ist nicht mögl, denn insow steht ihm nach §§ 2253ff das WiderrufsR zu (Bengel Rn 60).

27　　**aa) Die Selbstanfechtung** eigener wechselbezügl Vfgen ist in entspr Anwendg der §§ 2281ff mit §§ 2078, 2079 mögl (RG **132**, 4; BGH **37**, 333; FamRZ **70**, 79; Peter BWNotZ **77**, 113). Der überlebende Eheg, der eine neue Ehe eingeht, kann zB binnen Jahresfrist nach dem Eheschließg od nach der Geburt eines Kindes aus dieser Ehe seine wechselbezügl Vfgen anfechten, § 2079 (BayObLG FamRZ **95**, 1024; Hamm NJW **72**, 1088 zu § 2079 S 2); dabei ist Rücksichtnahme auf den Willen des verstorbenen Eheg geboten. Auch die Geburt eines nichtehel Kindes kann ein Anfechtgsrecht nach § 2079 begründen (2079 Rn 3). – Die
28 **Anfechtungserklärung** bedarf nach § 2282 III der not Beurkundg (Düss DNotZ **72**, 42; Celle RdL **68**, 72). – Die **Anfechtungsfrist** (§ 2283) beginnt mit dem Ztpkt, in dem der überleb Eheg vom AnfechtgsGrd zuverläss Kenntn erlangt hat (§ 2283 Rn 1), aber nicht vor dem Tod des Erstverstorbenen. Die Frist läuft auch dann, wenn der Erbl an das gemschaftl Test nicht gedacht hat. Kenntn reicht, wenn das Test soweit aus der Erinnerg des Erbl entschwunden ist, daß es selbst bei Befassg mit Fragen der NachlRegelg nicht in dessen Bewußtsein zurückgerufen worden ist (BayObLG FamRZ **95**, 1024; Kiel HEZ **2**, 334), u zw so lange, bis er konkret an seine früh Vfg erinnert wird. Über RechtsIrrt als HemmgsGrd für den Fristbeginn s § 2082 Rn 4; BGH FamRZ **70**, 79. Die Frist läuft, wenn der überl Eheg das Test entweder für ungült, zB für wirks angefochten od widerrufen hält (KG JW **37**, 2976; FamRZ **68**, 218; BGH FamRZ **70**, 79; Hamm OLGZ **71**, 312), wohl aber, wenn die Ungültigk aus rechtsirrtüml Beurteilg des Anfechtgstatbestdes hergeleitet wurde (RG **132**, 4; Kiel aaO) od wenn der AnfechtgsBerecht von der Möglichk und Notwendigk der Anfechtg nichts gewußt hat (RG **132**, 4). Bedenkl jedoch Koblz NJW **47/48**, 628, wonach rechtsirrtüml Auslegg den Fristablauf nicht hindert (dazu auch Johannsen WM **73**, 531; dort auch über die Zulässigk erneuter Anfechtg, wenn das AnfR nach § 2079 dch Zeitablauf verloren gegangen ist, aber ein neuer
29 PflichttBer hinzugetreten ist). – **Unzulässig** ist die Selbstanfechtg, wenn der überleb Eheg die Voraussetzgen für die Anfechtg nach § 2078 II selbst durch ein Verhalten herbeigeführt hat, das gg Treu u Glauben od gg §§ 138, 226 verstößt (BGH **4**, 91; FamRZ **62**, 428; **70**, 82; s § 2078 Rn 10; § 2281 Rn 2). – Der überleb Eheg kann auch eigene wechselbezügl Vfgen **bestätigen** (§§ 2284, 144) u zwar dch einseit formlose Erkl (BayObLG **54**, 71). – Im Falle der Anfechtg einer VermächtnAnordng dch den überlebenden Eheg kann gg ihn von dem bedachten Dritten Klage auf Feststell erhoben werden, daß die VermächtnAnordng nicht unwirks geworden ist (BGH **37**, 331).

30　　**bb) Verfügungen des erstverstorbenen Ehegatten** (einseit od wechselbezügl) kann der Überlebende nach § 2078 anfechten, nicht aber nach § 2079, da dieses AnfechtgsR nur dem übergangenen PflichtBerecht zusteht (§ 2080 III). Die Anfechtg kann auch erfolgen, nachdem der Überlebende das ihm Zugewendete angenommen hat (RGRK Rn 42). – Anfechtgsform: § 2081.

31　　**b) Dritte** können die Vfgen des **erstverstorbenen** Eheg in dem gemschaftl Test nach §§ 2078, 2079, 2080ff anfechten; zu § 2078 II s Köln OLGZ **70**, 114. Nach § 2079 können insb PflichttBerecht, die zw

Errichtg des Test u dem Tod des erstverst Eheg hinzugekommen sind (zB dch Adoption von Kindern des zweiten Eheg) von diesem Recht Gebr machen (BGH FamRZ **70**, 79). Bei Wiederverheiratg ist auch Anfechtg dch Kinder der neuen Ehe mögl (KG JFG **15**, 330), falls nicht eine Wiederverheiratgsklausel (§ 2269 Rn 16) diesen Fall berücksichtigt. – **Form** der Anfechtg: § 2081. Bestr, aber zu verneinen ist, ob auf **32** die Anfechtg wechselbezügl Vfgen des erstverst Eheg (sei es vor od nach dem Tod des überlebden) § 2285 Anwendg findet (Staud/Kanzleiter Rn 67; Soergel/Wolf Rn 38; aA LG Karlsr NJW **58**, 714; s auch KG NJW **63**, 766; Bln FamRZ **76**, 293; Schubert/Czub JA **80**, 334/339). – Vfgen des **überlebenden** Eheg können **33** Dritte erst nach dessen Tod, nicht zu seinen Lebzeiten anfechten (KG FamRZ **68**, 219). Wenn ihnen die Aufhebg des gemschaftl Test od einzelner in ihm enthaltener Vfgen unmittelbar zustatten kommen würde (§ 2080), können sie das Test od einzelne Vfgen desselben aGrd §§ 2078, 2079 in der Form des § 2081 anfechten. ZB kann der neue Eheg des zuletzt Verstorbenen als PflichttBerecht nach §§ 2281, 2079 das gemschaftl Test der früheren Eheg soweit anfechten, daß ihm der gesetzl Erbteil zusteht (RG **132**, 1; KG FamRZ **68**, 219). Das AnfechtgsR unterliegt aber, soweit es wechselbezügl Vfgen des zuletzt verstorbenen Eheg betrifft, der Einschränkg des § 2285; solche Vfgen können also nicht mehr angefochten werden, wenn der zuletzt verstorbene Eheg das Recht, die Vfg aus demselben Grunde anzufechten, verloren hatte, zB durch Fristablauf od Bestätigg, §§ 2283, 2284 (Hamm OLGZ **71**, 313; KG aaO; BayObLG NJW-RR **89**, 587). Diese Einschränkg gilt jedoch nicht für die Anfechtg einseitiger Vfgen des überlebenden Eheg (BGH FamRZ **56**, 83); die wirksame Anfechtg solcher Vfgen kann aber uU auch die Unwirksamk wechselbezügl Vfgen nach sich ziehen (§ 2085; s RGRK Rn 56; Bengel Rn 68; Erman/Hense/Schmidt Rn 18).

c) Wirkungen der Anfechtung. – aa) Die begründete Anfechtg **eigener** wechselbezügl Vfgen dch den **34** überl Eheg bewirkt nach § 2270 grdsätzl auch die Unwirksamk der wechselbezügl Vfgen des anderen Eheg, insb dessen Vfg, durch die der Überlebende als Erbe eingesetzt wurde, so daß idR nachträgl gesetzl Erbfolge nach dem ErstVerst eintritt (s Peter BWNotZ **77**, 113/114). Das gilt aber nicht, wenn ausnahmsw anzunehmen ist, daß der erstversterbende Eheg seine mit der angefochtenen in Wechselbeziehg stehende Vfg in gleicher Weise getroffen hätte, wenn die Vfg des Überlebenden schon bei Errichtg des Test den Inhalt gehabt hätte, den sie durch die Anfechtg haben würde (RGRK Rn 50; Hamm NJW **72**, 1089). – **bb)** Die **35** wirksame Anfechtg der wechselbezügl Vfgen des **Erstverstorbenen** durch den überl Eheg bewirkt nach § 2270 auch die Nichtigk seiner eigenen wechselbezügl Vfgen. – **cc)** Die Anfechtg durch den Überlebenden od Dritte nach § 2079 kann auf **einzelne Verfügungen** des Test **beschränkt** werden (bestr). Über die **36** Wirkg der Anfechtg nach § 2079 s § 2079 Rn 7; auch Staud/Kanzleiter Rn 66, 73 u § 2281 Rn 33 ff; BGH FamRZ **70**, 79. Auch § 2079 S 2 ist anwendb (Hamm aaO). Die wirks Anfechtg wechselbezügl Vfgen eines Eheg durch Dritte hat nach § 2270 I die Nichtigk der wechselbezügl Vfgen des anderen zur Folge.

5) Wegfall der Geschäftsgrundlage begründet kein Recht des überlebden Eheg, die wechselbezügl **37** Vfgen des gemschaftl Test den veränderten Verhältn anzupassen (s auch BGH **37**, 233/241).

2272 **Rücknahme aus amtlicher Verwahrung.** **Ein gemeinschaftliches Testament kann nach § 2256 nur von beiden Ehegatten zurückgenommen werden.**

1) Die gemeinschaftliche Rücknahme ist wg der Aufhebgswirkg bei öff Test (§ 2256) selbst nach **1** Scheidg od Aufhebg der Ehe erforderl (vgl § 2268 II; KG **48**, 103). Dazu müssen die Eheg persönl u gleichzeitig erscheinen. Dies entspricht der Gemeinsamk der Errichtg (Einf 2 vor § 2265) u bedeutet zugl einen Schutz des mit der Aufhebg nicht einverstandenen Eheg. Wg weiterer Widerrufsmöglichk s § 2271; § 2255 Rn 15.

2) Einseitige Rücknahme zwecks Widerruf ist weder beim öff noch beim eigenänd Test statth, nach **2** dem Tode des Erstversterbenden (§ 2273 II 2) überh ausgeschlossen u abzulehnen. Sie würde Widerrufswirkg beim öff Test höchstens hins der einseit Vfgen des Zurücknehmenden haben. Vgl im übr § 2271. – **Einsicht** kann allerdings auch ein Eheg allein nehmen (KG JFG **4**, 159; LG Halberstadt JW **22**, 522 zur Einsicht durch Abschriftenanforderg).

2273 **Eröffnung.** [I] **Bei der Eröffnung eines gemeinschaftlichen Testaments sind die Verfügungen des überlebenden Ehegatten, soweit sie sich sondern lassen, weder zu verkünden noch sonst zur Kenntnis der Beteiligten zu bringen.**

[II] **Von den Verfügungen des verstorbenen Ehegatten ist eine beglaubigte Abschrift anzufertigen. Das Testament ist wieder zu verschließen und in die besondere amtliche Verwahrung zurückzubringen.**

[III] **Die Vorschriften des Absatzes 2 gelten nicht, wenn das Testament nur Anordnungen enthält, die sich auf den Erbfall beziehen, der mit dem Tode des erstversterbenden Ehegatten eintritt, insbesondere wenn das Testament sich auf die Erklärung beschränkt, daß die Ehegatten sich gegenseitig zu Erben einsetzen.**

1) Eröffnung. Auch beim gemeinsch Test sind nach dem Tod des zuerst verstorbenen Ehegatten nur **1** dessen Vfgen (vollständ) zu eröffnen; § 2262 darf dch die gewählte Verbindg der beiderseit letztw Vfgen nicht umgangen werden. Verfügen des Überlebenden werden nicht eröffnet. Sein Geheimhaltgsinteresse wird grdsätzl geschützt, soweit sich seine Vfgen nach der Abfassg des Test von denen des and Testierenden absondern lassen **(I).** Ist dies nicht mögl, müssen sie zwangsläufig mit verkündet bzw bekannt gemacht werden; dies ist jedoch nur ein tatsächl Vorgang u keine Eröffng im Rechtssinn (RG **137**, 222; Hamm OLGZ **87**, 283), sond notwend Folge der von dem Testierenden gewählten Verbindg ihrer Vfgen. Die Wahrg des Geheimhaltgsinteresses liegt näml in deren Händen. Sie können bei Errichtg des gemeinsch Test die Schwierigk bedenken u ausräumen. Haben sie dch die von ihnen herbeigeführte Unmöglichk der Absonderg einen Konflikt zwischen Unterrichtgsbedürfn der Erben u Geheimhaltgsinteresse des Überlebenden selbst herbeigeführt, wird ersterem dch das Ges der Vorrang eingeräumt (BGH **91**, 105 mAv Bökelmann JR **84**, 501).

2 Diese Regelg ist verfassgskonform (BVerfG NJW **94**, 2535). – **Absondern** läßt sich eine Vfg des Überlebenden schon äußerl nur dann, wenn sie sprachl als Einzelanordng abgefaßt ist, also in verständl Sätzen für sich steht (s KGJ **31** A 365). Untrennbar sind dagg Verfügen in „Wir"-Form; in ein u demselben Satz enthaltene; die auf Vfgen des and verweisen od Bezug nehmen od die ihrem Inhalt nach beiden Ehegatten in gleicher Weise zuzuordnen sind (Hamm OLGZ **82**, 136; BayObLG Rpfleger **90**, 22) wie zB: „Unser Sohn erhält"; „Erbe des Überlebden von uns ist" (vgl BVerfG aaO); „Der Überlebende von uns ist verpflichtet". Die Trennbark richtet sich jeweils nach den Umständen des Einzelfalls. Bei inhaltl Verknüpfg der Vfgen hat die Eröffng so zu geschehen, daß jeder Beteiligte ein richtiges Bild von der Tragweite der Vfgen des Erstverstorbenen für seine RPosition gewinnen kann.

3   **2) Umfang.** Zu eröffnen ist wie bei § 2260, also jede Urkunde, die sich äußerl als gemeinsch Test darstellt. Das NachlG hat nicht vorab zu prüfen, welche Teile des Test od Erbvertrags von Belang od ggstandslos, gültig od ungültig sind (BGH **91**, 105; BayObLG Rpfleger **90**, 22; Hamm NJW **82**, 57; Ffm Rpfleger **77**, 206 mAv Haegele; KG OLGZ **79**, 269). Zu verkünden sind also auch gemeinsch Regelungen für den nicht eingetretenen Fall gleichzeit Versterbens (Köln DNotZ **88**, 721 mAv Cypionka); eine von beiden Eheg verfügte Wiederverheiratgsklausel (§ 2269 Rn 16; Asbeck MDR **59**, 897); Strafklauseln; die Aussetzg von Vermächtnissen (BGH FamRZ **84**, 690; Hbg NJW **65**, 1969 mit krit Anm von Lützeler NJW **66**, 58; aber mit Recht einschränkend für Vermächtnisse, die in ggseit ErbVertr vom Längstlebenden ausgesetzt sind, BGH **70**, 173 = **LM** § 2262 Nr 1 mAv Johannsen); mit der Einsetzg des überlebenden Eheg zum VorE auch die Berufg der Kinder als NachE (Haegele aaO 139). – Über den Umfang der Eröffng entscheidet nicht der Überlebende (od gar der Erstversterbende), sond das eröffnende **Gericht** (§§ 2260, 2261); bei mögl Sonderg kann zB vermerkt werden „Eröffnet mit Ausnahme der eingeklammerten Stellen" (Brand/Kleef 276). Ein Verzicht der Beteiligten kann erhebl sein, wenn keine überwiegenden öff Interessen

4 entggstehen (Hamm JMBl NRW **62**, 62; s auch RGRK Rn 6). – **Beteiligt** u zu benachrichtigen (§ 2262) ist jeder, dem dch die letztw Vfg des Erbl ein Recht gewährt od genommen wird oder dessen RLage dch sie in sonst Weise unmittelb beeinflußt wird (BGH **70**, 173), also die Bedachten; die ges Erben des Erstverstorbenen (nicht die des Überlebenden), vor allem die PflichttBerecht; NachE; VermächtnNehmer; TV. Der SchlußE ist beim ersten Erbfall nur ausnahmsw Beteiligter, näml wenn er zu den ges Erben des Erstverstorbenen gehört (zB als Abkömml, Hamm OLGZ **82**, 136) od es als mögl erscheint, daß in seiner Einsetzg auch die Berufg als NachE od als ErsatzE des Erstverstorbenen liegen kann (s Stgt BWNotZ **79**, 11; LG Stgt BWNotZ **89**, 81 mAv Bühler); dagg nicht, wenn er eindeut erst nach dem Überlebenden Rechte erwerben

5 wird. – **Rechtsmittel.** Gegen Ausschluß eines Teils od Ablehng der Beschrkg ist **Erinnerung** nach RPflG 11 statthaft (Ffm Rpfleger **77**, 206; LG Aachen RhNK **65**, 368). – **Erbvertrag** wird grdsl wie ein gemeinsch Test behandelt (§ 2300).

6   **3) Wiederverwahrung.** Nach Eröffng ist eine beglaub Abschrift der eröffneten Vfgen zu fertigen (**II** 1), die im RVerkehr (zB im Falle des GBO 35) an die Stelle der Urschrift tritt. Ein bisher amtl verwahrtes gemsch Test ist in die bes amtl Verwahrg zurückzubringen, wenn es letztw Vfgen des Überlebenden enthält, die nicht dch den Tod des Erstverstorbenen ggstandslos geworden sind (**II** 2; **III**). Die örtl Zuständig für diese Wiederverwahrg ist ges nicht geregelt u str. Den Vorzug verdient die Auffassg, daß das gemsch Test in die Verwahrg des bish nach § 2258a zuständ Gerichts zurückzubringen ist (BayObLG **89**, 39; FamRZ **95**, 681; Saarbr Rpfleger **88**, 484; Stgt Rpfleger **88**, 189; Oldbg NJW-RR **87**, 265; KG Rpfleger **81**, 304; Schlesw SchlHA **78**, 101; Köln Rpfleger **75**, 249; str). Nach der Ggmeinung soll die Weiterverwahrg aus praktischen Gründen entspr § 2261 S 2 vom jetzigen NachlaßG übernommen werden (Ffm NJW-RR **95**, 460; Karlsr BWNotZ **89**, 63; Zweibr Rpfleger **88**, 149; Hamm OLGZ **87**, 283; **90**, 276; Celle Rpfleger **79**, 24), obwohl die ZuständigkRegelg des § 2258a einen Wechsel nicht vorsieht und § 2261 S 2 dch **II** als lex spec verdrängt wird. Will keines der beiden Gerichte die Verwahrg dchführen, liegt ein nach FGG 5 zu klärender Streit üb die örtl Zuständig vor. – Ein nach § 2259 abgeliefertes gemschaftl Test verbleibt nach der Eröffng bei den Akten, wenn nicht der Überlebende die bes Amtsverwahrg beantragt; doch kommt im Falle des **III** nur gewöhnl Verwahrg in Betracht (AktO 27). Keine Rückgabe an den Überlebenden (KGJ **49**, 55; s auch § 2260 Rn 9). Dieser kann auch nicht gem § 2258a III Abgabe an ein anderes Ger verlangen, wenn das NachlG das gemschaftl Test eröffnet u wieder in bes amtl Verwahrg gegeben hat (Mü BayJMBl **60**, 22; s

7 auch Hamm OLGZ **72**, 73). – **Entbehrlich (III)** wird die dch **II** vorgeschriebene Fertigg einer begl Abschr u die Wiederverwahrg, wenn das Test für den Tod des Überlebenden keine Bestimmungen enthält. Daher wird ein solches Test nur in gewöhnl Verwahrg genommen u bei einem erfall nicht nochmals eröffnet u verkündet, da dies sinnlos wäre. Zum Verfahren für *BaWü* s 1. VVFGG 13 I.

8   **4) Nach dem Tode des Längstlebenden** sind dessen Vfgen nach den gewöhnl Vorschr (§§ 2260ff) zu eröffnen, auch soweit sie mangels Trenngsmöglichk bereits bei der 1. Verkündg hatten verlesen werden müssen (RG **137**, 222). Nochmalige Verkündg unterbleibt im Falle des **III**. Der nochmaligen Eröffng bedarf es aber auch dann, wenn zweifelh ist, ob das Test Anordngen enthält, die sich auf diesen Erbfall beziehen (Hamm OLGZ **75**, 94). – Sodann erfolgt gewöhnl Aufbewahrg; bei ZustdgkWechsel Eröffng durch das erste NachlG als VerwahrgsG, Aufbewahrg durch das Gericht des zweiten Erbfalls (§ 2261 S 2; Mü JFG **14**, 73; s auch Hamm aaO; KG Rpfleger **77**, 24).

9   **5) Eröffnungsgebühr** (KostO 102, 103) wird nur nach dem NachlWert des jeweils Versterbenden berechnet. Im Fall des **III** kommen mangels Eröffng beim zweiten Erbfall Gerichtskosten nicht in Frage.

Vierter Abschnitt. Erbvertrag

Überblick

1) Begriff. Der ErbV ist die vertragsmäßige, dh mit einer Bindswirkg nach § 2289 ausgestattete Erbein- **1** setzg u die vertragsmäßige Anordng von Vermächtn od Auflage (§§ 1941; 2278). Er muß also mindestens eine solche vertragsmäß Vfg enthalten; ist dies der Fall, können beliebig auch test Vfgen als einseit hinzugefügt werden (§ 2299). Begünstigter der vertragsmäß Vfg kann sowohl der VertrPartner als auch ein am ErbV nicht beteiligter Dritter sein (§ 1941 II). – Die in VertrForm errichtete Vfg vTw unterscheidet sich vom Test im Prinzip dadch, daß sie vom Erbl nicht mehr frei widerrufl ist, weil er seine TestierFreih im Umfang der von ihm freiw eingegangenen Bindg aufgegeben hat (s § 2289 Rn 1). Im Ggsatz zum gemsch Test, das nur Ehegatten gestattet ist (§ 2265), steht sie auch unverheirateten Personen und mehr als zwei offen. – Das Gesetz verwendet den Begriff unterschiedl; es kann sowohl das Vertragswerk, der erbrechtl Akt (zB in §§ 2274–2278, 2298) als auch die vertrmäß Vfg (zB in §§ 2281 ff, 2293 ff) gemeint sein. – Der **Erbverzicht** ist ein negativer ErbV, der besond Vorschr unterliegt (§§ 2346 ff). – Verträge über den Nachlaß eines noch lebenden Dritten vgl § 312. – Über Errichtg einer **Stiftung** dch ErbV s §§ 83, 84; BGH NJW **78**, 943. – Kommt in einem zw 1. 1. 76 u 2. 10. 90 eingetretenen Erbfall das ErbR der fr **DDR** zur Anwendg (EG 235 § 1 I), ist zu beachten, daß das ZGB den ErbV abschaffte (s Einl 5 vor § 1922, auch zu früh ErbV). Davor von Eheleuten errichtete sind dann üb ZGB 372 in gemsch EhegTest (ZGB 388) umzudeuten (Hamm FamRZ **95**, 758). Hat währd der Geltg des ZGB ein DDR-Bürger einen ErbV in der fr BRD abgeschlossen, kommt dessen Umdeutg in ein Test in Betr (Jena FamRZ **94**, 786). Ist Grdbesitz in der fr DDR als rechtl selbständ Nachl zu behandeln (§ 1922 Rn 8), wurden erbvertragl Vfgen des westdtschen Erbl auch von der fr DDR gem RAG 26 als wirks erachtet (BayObLG FamRZ **95**, 1089).

a) Einseitig ist ein ErbV, wenn nur der Erbl vertragsmäß Vfgen vTw trifft, auch wenn sich der ledigl **2** annehmende VertrGegner gleichzeit zu Leistgn unter Lebenden verpflichtet od einseit vTw verfügt. – **Zweiseitig** ist ein ErbV, wenn beide Teile als Erbl hinsichtl ihres Nachlasses vertrmäß verfügen, **gegenseitig,** wenn sich die Erbl dabei jeweils bedenken, **mehrseitig,** wenn mehr als zwei Personen vertrmäßige Vfgen vTw treffen.

b) Entgeltlich wird ein ErbV bezeichnet, der mit einem RGeschäft verbunden ist, in dem der VertrPart- **3** ner sich zu einer Leistg ggü dem Erbl (zB Unterhaltszahlg) verpflichtet. Auch wenn diese Verpflichtg mit Rücksicht auf die Zuwendg des Erbl eingegangen wird, steht sie zu ihr nicht im Verhältn von Leistg u GgLeistg iSd §§ 320 ff (MüKo/Musielak Einl vor § 2274 Rn 21, 29); bei Leistgstörgen s § 2295 Rn 2.

2) Rechtsnatur. Der ErbV ist ein einheitl RGeschäft, das eine **Doppelnatur** als Vertr u als Vfg vTw **4** aufweist. Als **Vertrag** läßt er mit seinem Abschluß Bindgen entstehen. Während aber ein RGesch unter Lebenden schon vor dem Erbfall Rechte u Pflichten erzeugt, begründet der ErbV als **Verfügung von Todes wegen** keine schuldrechtl Verpfl (auch nicht für den VertrGegner, etwa zur Annahme der Erbsch), sondern läßt seine RWirkgen erst mit dem Erbfall eintreten. Auch wenn er zwei- od mehrseit (Rn 2) abgeschlossen wird, kann er daher niemals ggseit iS der § 320 ff sein. Wird im Zusammenhang mit der Vfg vTw eine Leistgspflicht vereinbart, handelt es sich insoweit um ein RGesch unter Lebenden, das nicht Bestandteil des ErbV ist, auch wenn es in der gleichen Urkunde enthalten ist (BGH **36**, 65; MüKo/Leipold § 1941 Rn 4; s auch Rn 7).

3) Wirkung. – a) Der Erblasser wird dch Abschluß des ErbV in seiner **Testierfreiheit** beschränkt, aber **5** nicht an Vfgen unter Lebenden gehindert; diese sind wirks (§ 2286) u führen allenfalls zu Anspr nach §§ 2287, 2288. Während ein Test frei widerrufen werden kann (§§ 2253 ff), ist der ErbV grdsl unwiderrufl. Allerdings ist der Erbl nur an seine vertragsmäß Vfgen gebunden, nicht aber an seine einseitigen. Die **Bindung** ergibt sich aus der vertragl Natur des RGesch u nicht erst aus § 2289, der nur die Folgen ausspricht (BGH **26**, 204). Sie entfällt dch wirks Anfechtg (§§ 2281 ff), Aufhebg (§§ 2290 ff) od Rücktritt (§§ 2293 ff) od dch Gegenstandsloswerden des ErbVs infolge Vorversterbens, Ausschlagg od Erbunwürdigk des Bedachten. Auch kann sich der Erbl dch **Vorbehalt** das Recht sichern, vertragsmäß Vfgen nachträgl einseit zu ändern od aufzuheben (s § 2289 Rn 3). – **b) Der Vertragserbe** hat zu Lebzeiten des Erbl nur eine **Anwartschaft, 6** später möglicherw Erbe zu werden (Erwerbsaussicht, Kapp BB **80**, 845), die nicht vererbl u nicht übertragb (Mattern BWNotZ **62**, 229; auch BGH **37**, 319) u auch nicht Vermögen iSd § 1836 ist (BayObLG **52**, 290). Bei einem erbvertragl ausgesetzten **Vermächtnis** besteht vor dem Erbfall nur eine tatsächl Aussicht u kein schuldrechtl Anspruch (BGH **12**, 115). Im einzelnen s § 1922 Rn 3–5. – Ist ein **Dritter** bedacht, liegt kein Vertr zGDr iSd § 328 vor (BGH aaO), da der Erbl keine Verpflichtg ggü dem Dritten eingeht. Bei Aufhebg des ErbV ist daher die Zustimmg des bedachten Dritten nicht erforderl.

4) Die Form des ErbV entspricht der des öff Test (§ 2276). Bei Ehe- u ErbV in einer Urkunde genügt **7** EheVertrForm (§ 2276 II). Auch mit anderen Vertr ist eine urkundl **Verbindung** zuläss (s § 2276 Rn 10). In diesen Fällen ist dann vom zweiseit ErbV zB wieder der **Unterhaltsvertrag** (§ 2295) zu unterscheiden, der sich aus einem ErbV und einem schuldrechtl Vertr zusammensetzt. Im Erbeinsetzungsvertrag können sich die Parteien ggseit od nur einen der anderen einsetzen (§ 1941 II) zu „Vertragserben" (auch Vor-, Nach- od Ersatzerben) berufen, auf den ganzen Nachl od einen Bruchteil, neben gesetzl od TestErben. – Beim **Vermächtnisvertrag** können Beschwerte od Bedachte die Parteien wie auch Dritte sein, nicht aber kann ein ErbesE od der Erbe eines VermNehmers beschwert werden. Über die Rechtsnatur der Anwartsch des Erben od VermNehmers s Übbl 6; § 1922 Rn 3. – Bei der **Auflage** steht die Klage auch hier nur den Vollziehgsberechtigten (§ 2194), nicht dem VertrGegner zu. – **Gesellschaftsvertragliche Nachfolgeregelungen,** die alsbald Rechte u Pflichten zw den Beteiligten begründen sollen, sind kein ErbV, auch wenn sie erst im Todesfall ihre volle Wirkg entfalten (BGH WM **66**, 367; s auch § 2301 Rn 15). – Zu den Möglichk einer **vorweggenommenen** Erbfolge s Einl 7; 8 vor § 1922.

8   **5) Auslegung.** Die Tats, daß ErbV notariell beurkundet ist, hindert nicht seine Auslegg (§ 2084 Rn 6; Saarbr NJW-RR **94**, 844). Auch eine nicht ausdrückl erkl Annahme kann dch Auslegg festgestellt werden (Ffm Rpfleger **80**, 344). Für seinen Inhalt gelten bei einseit Vfgen des Erbl TestRegeln (§ 2084 Rn 1 ff), da bei ihnen kein Vertrauensschutz besteht u es nur auf den ErbIWillen ankommt (§ 2084 Rn 1). Für vertragsmäß Vfgen (§ 2274) ist dagg, selbst wenn nur ein VertrTeil vTw verfügt hat, der erklärte übereinstimmde Wille beider VertrParteien maßgebl (BGH FamRZ **83**, 380), u zwar so wie sie den Vertr u seinen Wortlaut übereinstimmend verstanden haben, weil das jeder Interpretation vorgeht (BGH NJW **84**, 721); ggf ist § 157 heranzuziehen (BGH NJW **89**, 2885; BayObLG **94**, 313). Brox (§ 16 III) beschränkt dies auf den entgeltl Vertrag; für Zuwendgen ohne Ggleistg soll dagg stets TestR statt VertrR anzuwenden sein. Auch bei der ergänzenden Auslegg ist der Wille beider Vertragsparteien maßgebend (Hamm RdL **69**, 152). Der Gesamth der Erkl kann sogar eine nicht ausdrückl erkl Erbeinsetzg entnommen werden (Mattern DNotZ **66**, 250). Die Formbedürftigk der Erkl (§ 2276) setzt der Auslegg Grenzen (s § 2084 Rn 7). S auch §§ 2279; 2280.

9   **6) Umdeutung** eines ErbV in ein Test nach § 140 ist grdsl zuläss. Ist ein ErbV wg Formmangels, beschr GeschFähigk od unzuläss Inhalts unwirks od ist er undurchführb geworden, kann er uU als einseit Test aufrechterhalten werden, wenn dessen Anforderg en gewahrt sind (als gemeinschaftl Test nur bei Ehegatten, § 2265), s § 2276 Rn 14. – Über Umdeutg eines unwirks ÜbergabeVertr in einen ErbV s BGH **40**, 218; ZEV **94**, 296 mAv Krampe; der Verpflichtg in einer Scheidgsvereinbarg, ein vorhandenes Test nicht zu ändern, in einen ErbV Stgt OLGZ **89**, 415.

10   **7) Nichtigkeit.** Abgesehen von der Formungültigk eines ErbV kann dieser nichtig sein, wenn sein Inhalt gg ein gesetzl Verbot od gg die guten Sitten (§§ 134, 138) verstößt (s § 1937 Rn 17 ff). Verstoß gg § 138 ist insbes auch gegeben, wenn er auf eine sittl zu mißbilligde Art zustande gekommen ist, zB wenn er dem VertrErben außergewöhnl Vorteile bietet u dieser die Unerfahrenh des Erbl ausgenützt hat od wenn der VertrErbe eine psychische Zwangslage des Erbl herbeigeführt u ausgenützt hat (s BGHZ **50**, 63/70 mAv Mattern LM § 138 (A a) Nr 19; **LM** § 138 (B c) Nr 1; Johannsen WM **71**, 927 ff). Zu ErbV, die zur Verhin- derg des Zugriffs der Sozialbehörde die Substanz des Vermögens einem NachE statt dem behinderten Kind zukommen lassen, s § 1937 Rn 22.

2274   *Persönlicher Abschluß.*   **Der Erblasser kann einen Erbvertrag nur persönlich schließen.**

1   **1) Der Erblasser** kann nicht durch einen Vertreter, sei es im Willen, sei es in der Erkl, einen ErbV schließen, bestätigen (§ 2284), aufheben (§ 2290) od von ihm zurücktreten (§ 2296). Dies entspricht der Vorschr für Test (§ 2064). Für Anfechtg bestehen die SonderVorschr des § 2282. Wegen Zustimmg des gesetzl Vertr vgl § 2275 II. Bei betreutem Erbl (§ 1896) erstreckt sich ein Einwilliggsvorbehalt nicht auf ErbV (§ 1903 II mit Rn 12).

2   **2) Der Vertragsgegner** kann dagg vertreten werden, mag er bedacht sein od nicht, wenn er nicht ebenf Erbl ist. Jeder VertrSchließende kann gleichzeitig Erbl u VertrGegner sein (§§ 2278, 2298, 2299); ebso können mehrere Erbl mit einem VertrGegner abschließen u umgekehrt (s Reithmann DNotZ **57**, 527; Kipp/ Coing § 36 III). Annehmender Teil kann auch eine jur Person sein, wobei eine Vertretg notwendig ist.

2275   *Voraussetzungen.*   **I Einen Erbvertrag kann als Erblasser nur schließen, wer unbe- schränkt geschäftsfähig ist.**

II Ein Ehegatte kann als Erblasser mit seinem Ehegatten einen Erbvertrag schließen, auch wenn er in der Geschäftsfähigkeit beschränkt ist. Er bedarf in diesem Falle der Zustimmung seines gesetzlichen Vertreters; ist der gesetzliche Vertreter ein Vormund, so ist auch die Genehmigung des Vormundschaftsgerichts erforderlich.

III Die Vorschriften des Absatzes 2 gelten auch für Verlobte.

1   **1) Unbeschränkte Geschäftsfähigkeit des Erblassers (I).** Während für die Errichtg von Test in §§ 2229, 2233 I, 2247 IV ein bes Begriff der TestierFähigk geschaffen ist, wird in § 2275 die Ausdrucksweise u die Regelg des Allg Teils (§§ 2; 104 ff) beibehalten (so auch BeurkG 11, 28). ErbV GeschUnfähiger od beschränkt GeschFähiger sind nichtig (Ausn s **II** 2). Sie sind auch nicht unter Mitwirkg oder Zustimmg des gesetzl Vertreters mögl, da der ErbV den Erbl erhebl mehr bindet als das Test. Keine Heilg tritt bei Wegfall der Beschränkg ein; jedoch ist Umdeutg in Test mögl (s Übbl 9 vor § 2274). Stand der Erbl unter Betreug, wird er nicht beschränkt, wenn für letztw Vfgen unzuläss EinwilliggsVorbeh (s § 2274 Rn 1) für and Lebensbereiche angeordnet war (Weser MittBayNot **92**, 161/169). – Im RStreit ist bei Anhaltspunkten für GeschUnfähigk Gutachten eines Sachverständigen (Psychiater, nicht bloß prakt Arzt) einzuholen (BGH FamRZ **84**, 1003).

2   **2) Für minderjährige Erblasser** (§ 106; EheG 3) bestehen Ausnahmen zugunsten ihres Ehegatten (**II**) bzw Verlobten (**III**); bis 31. 12. 91 galt dies auch für volljähr, aber in der GeschFähigk beschränkte Erbl. Auch sie müssen den ErbV persönl abschließen (§ 2274). Die erfordl Zustimmg des gesetzl Vertreters richtet sich nach §§ 108, 182–184, 1882. Sie kann formlos erfolgen; an sich auch nachträgl (§ 184). Doch wird die Urkundsperson (jetzt Notar, § 2276 I; BeurkG 11, 18, 28), außer bei Gefahr im Verzug, ohne Nachweis der Einwilligg die Beurkundg verweigern müssen (s auch Soergel/Wolf Rn 7). Die Zustimmg formpflichtig zu machen, wäre zweckmäßig. – Bei fehlender Zustimmg ist Genehmigg dch den Erbl nach Erlangg der unbeschr GeschFähigk mögl (§ 108 III), aber nicht mehr nach dem Tod des anderen Teils, der ebenf Erbl war (KGJ **47**, 100). – Die gerichtl Genehmigg (**II** letzter Halbs) erfolgt durch den Richter (RPflG 14 Nr 17). – Für Partner einer eheähnl **Lebensgemeinschaft** gelten **II**; **III** nicht (sie können aber ErbV schließen).

3) Für den Vertragsgegner, der nicht Erbl ist, gelten die allg Vorschr über Verträge (vgl auch §§ 104, 3 105 ff, 114). Durch den ErbV erlangt er ausschließl Vorteile (§ 107), soweit er nicht Verpflichtgen (Unterhalt, Pflege) übernimmt (§ 2295). Nach dem Tod des Erbl kann ein wg mangelnder Vertretg des Vertr-Gegners schwebend unwirksamer ErbV durch nachträgl Zustimmg des gesetzl Vertr nicht mehr geheilt werden (BGH NJW **78**, 1159).

2276 *Form.* [I] Ein Erbvertrag kann nur zur Niederschrift eines Notars bei gleichzeitiger Anwesenheit beider Teile geschlossen werden. Die Vorschriften der § 2231 Nr. 1, §§ 2232, 2233 sind anzuwenden; was nach diesen Vorschriften für den Erblasser gilt, gilt für jeden der Vertragschließenden.

[II] Für einen Erbvertrag zwischen Ehegatten oder zwischen Verlobten, der mit einem Ehevertrag in derselben Urkunde verbunden wird, genügt die für den Ehevertrag vorgeschriebene Form.

1) Materielle Formvorschriften. Nur vor Notar kann der ErbV im Inland geschlossen werden; im 1 Ausland können auch noch Konsularbeamte (KonsG 18–20; 24) für deutsche Staatsangehörige ErbV beurkunden (KonsG 11 I, 10). Die Aufnahme der Niederschr darf nur bei gleichzeit Anwesenh beider VertrTeile erfolgen. Der (die) Erbl muß persönl anwesend sein (§ 2274); dagg kann sich der VertrGegner, mag er bedacht sein od nicht, vertreten lassen (§ 2274 Rn 2; s auch § 177). Der gesetzl Vertr des Erbl (§ 2275 Rn 3) braucht nicht anwesend zu sein. – **IPR:** EG 26 IV (s dort Rn 5; Riering/Bachler DNotZ **95**, 580).

a) Vertragsabschluß. Es sind die Formen des öffentl Test zu wahren (s §§ 2231 Nr 1, 2232, 2233). Dies 2 gilt auch für den VertrGegner, der nicht Erbl ist. Jedoch sind Bestimmgen, deren Voraussetzgen in der Person des Erbl erfüllt sind (zB wg Minderjährigk, Lesensunfähigk, Stummheit, § 2233), auf den Vertr-Gegn, der keine vertragsmäß Vfgen vTw trifft, nicht anzuwenden. Vielm gelten sie für den VertrGegner idR nur dann, wenn ihre Voraussetzgen (auch) in seiner Person liegen (Bengel Rn 6).

b) Die Erklärung des letzten Willens kann mündl od dch Schriftübergabe geschehen. Der and Vertr- 3 Schließde kann die Annahme dieser Erklärg ebenf mündl od in einer übergebenen Schrift erklären (§ 2232; BeurkG 30, 33). Die VertrSchließden brauchen ihren Willen nicht in derselben Weise zu erklären; der eine kann ihn mündl erklären, der and eine Schrift überreichen; sie können ihre Erklärgen auch in einer gemeins Schrift niederlegen u übergeben. Über die mündl Erklärg s § 2232 Rn 7, zur Übergabe einer Schrift § 2232 Rn 10, 11; BeurkG 30. – **Besonderheiten:** Bei Minderjährigk, Lesensunfähigk u Sprechunfähigk (Stumm) 4 muß § 2233 beachtet werden. Handelt für den anderen VertrSchließden ein (gesetzl) Vertreter, gilt dies auch für die Person des Vertreters. Der VertrGegner od sein Vertreter, der nicht lesen kann u auch die Blindenschrift nicht beherrscht, kann seine Erklärg nur mündl abgeben (§ 2233 II); in diesem Fall muß auch der Erbl seine Vfgen mündl erklären, damit der annehmende Teil vor Abschluß des ErbV die Vfgen des Erbl kennen lernt (Bengel Rn 10).

2) Das Beurkundungsverfahren regelt das BeurkG. Einzelh dazu s § 2232 Rn 2–6. Bezügl der Mit- 5 wirkgsverbote (BeurkG 3) ist der ErbV auch als eine Angelegenh des VertrGegners anzusehen, der keine Vfg vTw errichtet. Die Ausschließungsgründe ergeben sich aus § 6. Wirkt für den Annehmenden ein 6 Vertreter mit, ist das Vorliegen des AusschließgsGrdes aus dessen Person zu beurteilen (BeurkG 6 I Nr 4, II). Die Ausschließg wegen Verhältn zum Bedachten ergibt sich aus BeurkG 27 mit 7. Die Niederschr (s 7 dazu § 2232 Rn 8) muß in Gegenwart des Notars den Beteiligten vorgelesen, von ihnen genehmigt u eigenhänd von beiden VertrSchließden (Vertr des VertrGegners) unterschrieben werden. Für den anderen VertrSchließden, der nicht Erbl ist, gelten gem BeurkG 33 dessen §§ 30–32 entspr.

3) Eigenhändige od nur **beglaubigte Erbverträge** sind ausgeschlossen. Ebenso der Abschluß vor 8 Bürgermeister oder 3 Zeugen (§§ 2249, 2250). Dagg kann ein ErbV in einem persönl abgeschlossenen **Prozeßvergleich** (dazu §§ 127a Rn 2) od in einem persönl im Verf der FreiwG geschlossenen Vergleich 9 beurkundet werden. Besteht im Verf Anwaltszwang, müssen sowohl der Erbl persönl als auch sein Prozeßbevollmächtigter die erforderl Erkl abgeben (vgl BGH **14**, 381 mAv Keidel DNotZ **55**, 190; NJW **80**, 2307; § 127a Rn 3). Die Billigg des Vergleichs dch den Erbl persönl muß im Einzelfall festgestellt werden u läßt sich auch bei seiner Anwesenh im Termin nicht aus der Lebenserfahrg ableiten (Stgt OLGZ **89**, 415), ohne daß aber dieser Nachweis nur aus dem Protokoll geführt werden kann (Stgt aaO).

4) Verbindung mit Ehevertrag od anderem Vertr (zB Erbverzicht, § 2348) ist mögl, wobei Zusam- 10 menhang in einer Niederschrift ausreicht (anders bei § 2295, wo innerer Zusammenhang erforderl ist). Auch ein stillschweigend abgeschlossener PflichttVerzicht kann uU mit einem ErbV verbunden sein, in dem die Eheg sich ggseit zu AlleinE u einen pflichttberecht Abkömml zum SchlußE einsetzen (BGH **22**, 365; FamRZ **77**, 390 zum gemeinsch Test).

a) Form. Grdsl genügt nicht die Beachtg der für einen verbundenen Vertr bestehenden FormVorschr, 11 sond es müssen die Erfordernisse des [I] gewahrt werden. – Nur für einen zw Eheg od Verlobten geschlossenen ErbV gewährt [II] eine **Erleichterung,** wenn er in derselben Urk mit einem **Ehevertrag** (§ 1408) verbunden wird. Die ehevertragl Form (§ 1410) genügt dann auch für den ErbV. In diesem Fall gelten für das Verfahren BeurkG 2–5, 6–13, 14, 16–18, 22–26. Aus BeurkG 9 I 2, 13 I ergibt sich aber, daß eine die Vereinbg der Beteiligten enthaltende Schrift nur offen übergeben werden kann (Bengel Rn 20). Die §§ 2274, 2275 werden dch [II] nicht berührt; auch §§ 2231, 2232, 2233 müssen eingehalten werden. Die Ausdehng des BeurkG 7 dch BeurkG 27 bleibt ebenf anwendb; BeurkG 28–35 scheiden als SonderVorschr für Vfgen vTw aus (Soergel/Wolf Rn 13); gem BeurkG 34 II 2 ist iZw anzunehmen, daß die bes amtl Verwahrg ausgeschlossen sein soll, so daß diese nur auf Antrag eines VertrSchließenden vorzunehmen ist. – Dagg reicht für den **Ehevertrag** die Beachtg der Form des ErbV nicht aus (Mecke BeurkG 33 Anm 5; bestr). – Die VertrSchließden können auch nicht in einzelnen Punkten die FormVorschr des EheVertr u solche des ErbV wählen (Bengel Rn 4).

12   **b) Auswirkungen.** Wird dch **Auflösung** des Verlöbn der von den Verlobten geschlossene EheVertr
unwirks, gilt dies auch für den damit verbundenen ErbV, sofern in ihm nichts anderes bestimmt ist (§ 2279
II iVm § 2077). Bei **Tod** eines Verlobten bleibt der ErbV idR wirksam (KGJ **37** A 115). – Str ist, wie die
Unwirksamkeit eines der beiden verbundenen Vertr sich auf den anderen TeilVertr auswirkt. Da sie nicht
notwendig eine rechtl Einh iSv § 139 bilden, ist grdsl die Wirksamkeit des restl TeilVertr anzunehmen.
Ausnahmsw kann aber bei einem von Anfang an nichtigen ErbV (wg Formmangel, § 125; infolge Anfechtg;
nach § 2289 II usw) sich gem § 139 diese Nichtigk ex tunc auch auf den in demselben Urk geschlossenen
EheVertr erstrecken, wenn näml nach dem Willen der Eheg (Verlobten) beide Vertr ein einheitl RGesch
darstellen (Stgt FamRZ **87**, 1034; offen gelassen von BGH **29**, 129); die Annahme eines EinheitlichkWillens
zZt des VertrAbschlusses ist aus Inhalt u Zustandekommen des Vertr unter Berücksichtigg des Interesses
der VertrSchließenden festzustellen, wobei sich aus der Zusammenfassg in einer Urk eine tatsächl Vermutg
ergibt (Stgt aaO). Dagg ist bei nachträgl Aufhebg des ErbV dch Rücktritt die Anwendg des § 139 dch die
SonderVorschr für den Rücktritt stets ausgeschlossen (BGH **29**, 129; s auch BGH NJW **67**, 152).

13   **5) Nicht** der Form des ErbV bedarf idR ein **besonderer** im Zusammenhang mit dem ErbV stehender
Vertrag, durch den sich der in einem ErbV Begünstigte zu Leistgn (einmaliger od wiederkehrender Art)
an den Erbl verpflichtet (BGH **LM** Nr 4 mAv Piepenbrock; s Übbl 7 vor § 2274). Ist er formnichtig (s zB
§ 761), ist auch ErbV nichtig, wenn nicht anzunehmen ist, daß die VertrTeile auch ohne das nichtige
RGesch unter Lebenden abgeschl hätten, § 139 (aA Schlüter § 25 I 2b; s Rn 12). Über Verbindg eines ErbV
mit einem **Verfügungsunterlassungsvertrag** s § 2286 Rn 2; nach BGH WM **77**, 689 kann mit einem ErbV
ein Vertr verbunden werden, in dem sich der VermNehmer ggü den Erben verpflichtet, zu Lebzeiten vom
Erbl keine Zuwendgn anzunehmen. Dieser Vertr bedarf nicht der Form des § 2276. – Zu formlosen
Hofübergabe- u Erbverträgen s § 125 Rn 26.

14   **6) Umdeutung** eines formungült od aus anderem Grd nichtigen ErbV in einen and Vertr od in ein Test
ist mögl (§ 140; BGH bei Johannsen WM **79**, 604; s auch Übbl 9 vor § 2274). Auch ein zweiseit, von Eheg
errichteter ErbV kann in ein eigenhänd gemschaftl Test umgedeutet werden. – Ein gem § 1365 unwirks
notariell KaufVertr kann in einen ErbV umgedeutet werden (BGH WM **80**, 895); ebso die Verpflichtg in
einem Scheidgsvergleich, ein Test nicht zu ändern (Stgt OLGZ **89**, 415).

2277   *Amtliche Verwahrung.* Wird ein Erbvertrag in besondere amtliche Verwahrung genommen, so soll jedem der Vertragschließenden ein Hinterlegungsschein erteilt werden.

1   **1) Verschließung.** Die Niederschr über den Abschluß eines ErbV soll der Notar idR in einen Umschlag
nehmen u diesen mit dem Prägesiegel verschließen. In den Umschlag sollen auch die nach BeurkG 30–32 (s
BeurkG 33) beigefügten Schriftstücke genommen werden, also bei Erklärg des letzten Willens (Annah-
meErkl) dch Schriftübergabe die eine Vfg vTw (AnnahmeErkl) enthaltende Schrift (§ 30), bei Schriftübergabe
dch Stumme die in § 31 vorgesehene Erklärg sowie bei Sprachunkundigen die nach Maßg des § 32 vor-
geschr Übersetzg (BeurkG 34 II mit I 1, 2). Auch sonstige Anlagen wie zB eine Vollmacht des nur anneh-
menden VertrTeils (§ 2274 Rn 2) od eine bereits vorliegende vormschgerichtl Genehmigg (§ 2275 II) sollen
mit in den Umschlag genommen werden. – Auf dem Umschlag soll der Notar die Vertragschließenden
ihrer Person nach näher bezeichnen u angeben, wann der ErbV abgeschlossen worden ist; diese Aufschr soll
der Notar unterschreiben (BeurkG 34 II mit I 3). Über das Prägesiegel des Notars s DONot 2.

2   **2) Amtliche Verwahrung.** Der Notar soll veranlassen, daß der ErbV unverzügl in bes amtl Verwahrg
gebracht wird (BeurkG 34 II mit I 4). Für Zuständigk u Verf gelten nach § 2300 die §§ 2258a, b entspr. Für
BaWü s LFGG 1 II, 46 III, 1. VVLFGG 11 ff. Dazu bestimmt § 2277 ergänzend, daß jedem VertrSchließen-
den über den in bes amtl Verwahrg genommenen ErbV ein **Hinterlegungsschein** erteilt werden soll (s
§ 2258b Rn 2). Gem DONot 16 I 3 soll der Notar auf Wunsch der VertrSchließenden eine Abschrift des
ErbV, den er zur bes amtl Verwahrg bringt, zurückbehalten; sie ist zu beglaubigen u zu den Akten zu
nehmen. S ferner AktO 27 Nr 4 f und die bundeseinheitl Bek über die Benachrichtigg in NachlSachen (s
§ 2258a Rn 1) sowie DONot 16 I, II. Über Anfertigg eines Vermerkblattes s DONot 16 I 1, 2. – **Einsicht** in
die verwahrte Urkunde od eine Abschrift kann jede VertrPartei jederzeit verlangen.

3   **a) Ausschließung.** Die bes amtl Verwahrg unterbleibt, wenn die VertrSchließden sie ausschließen (Be-
urkG 34 II). Der Widerspr muß gleich nach der Errichtg erklärt werden. Der Widerspr eines VertrTeils
genügt nicht, in diesem Fall ist amtl zu verwahren. Wird der Widerspr später widerrufen, so ist der ErbV in
bes amtl Verwahrg zu bringen. – ErbV, deren bes amtl Verwahrg ausgeschlossen ist (dazu auch BeurkG
34 II Halbs 2), verbleiben in der Verwahrg des UrkNotars, der bei Eintritt des Erbfalls an das NachlG
abzuliefern hat (BNotO 25 II, § 2259, DONot 16 II). Nach § 2300 gelten auch für die gewöhnl amtl Ver-
wahrg dch den Notar §§ 2258a, b, entspr, ebso § 2300a; s ferner AktO 27 Nr 4 ff. Der Notar hat nach Maßg
des DONot 16 III, IV über die ErbV, die er gem BNotO 25 II 1 in Verwahrg nimmt, ein Verzeichn zu
führen (s hiezu Dumoulin DNotZ **66**, 70; Kanzleiter DNotZ **70**, 585 f; **75**, 26). – Über Benachrichtigg des
Standesbeamten im Fall der BNotO 25 II 1 s DONot 16 II 1; § 2258a Rn 1.

4   **b) Rücknahme** aus der amtl Verwahrg können die Vertragsparteien verlangen. Die Urk gelangt dann in
die gewöhnl Verwahrg des UrkNotars; sie ist nicht etwa an die VertrSchließden zurückzugeben (Hamm
FamRZ **74**, 391). Die Wirksamk des ErbV wird dadch aber nicht berührt (Jansen BeurkG 34 Rn 14). Es
gelten ausschließl die §§ 2290, 2292.

5   **c) Nach Aufhebung** eines ErbV (§§ 2290, 2292) darf der Notar die Urschrift selbst bei entspr Verlangen
weder an die VertrSchließenden herausgeben (Ausn: BeurkG 45) noch sie vernichten, sond hat sie weiter
selbst zu verwahren (BNotO 25 II; Köln NJW-RR **89**, 452).

2278 *Vertragsmäßige Verfügungen.* [I] In einem Erbvertrage kann jeder der Vertragschließenden vertragsmäßige Verfügungen von Todes wegen treffen.
[II] Andere Verfügungen als Erbeinsetzungen, Vermächtnisse und Auflagen können vertragsmäßig nicht getroffen werden.

1) Vertragsinhalt. Ein ErbV muß mind eine vertragsmäß Vfg enthalten, weil nur eine solche die dem 1
ErbV eigentüml erbrechtl Bindg herbeiführt (§ 2289 Rn 1). Andernf liegt kein Vertr vor (s Übbl 1 vor § 2274;
zu seiner RNatur s Übbl 4; 6), zumal dann auch kein Unterschied zum Test bestünde (s auch Rn 4). Diese
Bindg kann zwar dch einen in den ErbV aufgenommenen Vorbeh gelockert u eingeschränkt werden, darf aber
nicht völl fehlen, selbst wenn sie nachträgl wieder entfallen kann (s § 2289 Rn 2; 3). – Erbvertragl Bestimmgen
kann **jeder** der VertrSchließenden treffen (§ 2298 I), auch mehrere Erbl jeweils mit dem gleichen Partner od 2
umgekehrt, ohne daß diese Vfgen voneinander abhängen müßten (wie bei § 2295). Im Ggsatz zum gemsch
Test (§ 2265) müssen die VertrSchließenden auch nicht miteinander verheiratet sein. – Bei Ehegatten gilt die
VfgsBeschränkg des § **1365** nicht für ihre Vfgen vTw (BGH **40**, 224).

2) Vertragsmäßige Verfügungen können nach II nur Erbeinsetzg, Vermächtn und Auflagen sein, wie 3
dies an sich bereits § 1941 bestimmt. Diese sind aber nicht allein schon deshalb vertragsmäßig, weil sie in
einem ErbV stehen; es ist desh empfehlenswert, im ErbV zum Ausdruck zu bringen, ob es sich um eine
vertragsmäß od um eine einseit Vfg handelt. Hat der Erbl sie nicht ausdrückl als „vertragsmäßig" bezeichnet,
ist dch Ausleg gem §§ 133, 157 (s Übbl 8 vor § 2274) für jede Vfg gesondert zu ermitteln, ob u inwieweit
ggseitige Bindg od freie Widerruflichk der Bestimmg beabsichtigt war (BayObLG **61**, 206; FamRZ **94**, 196).
Dabei liegt die Annahme einer vertragsmäßigen Vfg besond nahe, wenn dch die letztw Vfg eine Zuwendg an
den VertrPartner selbst erfolgte (BGH **26**, 204; **106**, 359); zB ggseit Erbeinsetzg von Eheg (Hamm NJW **74**,
1774; Zweibr FamRZ **95**, 1021) od Vermächtn eines Übernahmerechts an Miterben, wenn nicht ausdrückl als
einseitig bezeichnet (BGH **36**, 116); wird mit dem Vermächtn in demselben Vertr ein ggseit Erbverzicht
verbunden, spricht dies für (kausalen) Zusammenhang u damit vertragsmäß Vermächtn (BGH **106**, 359).
Erfolgte die Zuwendg an einen dem VertragsPartner nahestehenden, insbesond verwandten **Dritten**, ist sie
idR als bindend gewollt anzusehen, wenn der Erbl od der and VertrPartner ein Interesse an der Bindg gehabt
haben (BGH NJW **61**, 120; DNotZ **70**, 356; Gerken BWNotZ **92**, 93) wobei die Grdsätze zur Wechselbezüglk
(§ 2270) herangezogen werden können (Zweibr FamRZ **95**, 1021). Vertragsmäßig ist zB anzunehmen, wenn
Kinder der Vertragsschließenden als Erben eingesetzt sind (BayObLG FamRZ **89**, 1353; Saarbr NJW **94**, 844);
setzen kinderlose Ehegatten sich zunächst ggseitig u dann beiderseits Verwandte zu Erben des Überlebenden
ein, ist idR die Erbeinsetzg der Verwandten des Erstversterbenden vertragsmäß, die der Verwandten des
Überlebenden dagg einseitig (BGH NJW **61**, 120). Auch ein vertragl vorbehaltenes RücktrR iVm teilw
Freistellg spricht eher für Vertragsmäßigk der Einsetzg eines SchlußE (BayObLG FamRZ **94**, 196).

3) Einseitige Verfügungen. Im ErbV kann gem § 2299 zu den vertragsmäß Vfgen als einseitige Vfgen all 4
das hinzugefügt werden, was auch dch Test bestimmt werden kann. Der Unterschied liegt darin, daß diese
einseit Anordngen vom Erbl auch jederzeit wieder nach TestVorschr widerrufen werden können (§ 2299 II).
Einseit anordnen kann er also zB Teilgsanordngen; Ausschluß der Auseinandsetzg; Enterbgen; Einsetzg eines
TV (RG **116**, 322; Düss ZEV **94**, 302); Erteilg einer Vollmacht, auch wenn sie nach dem Willen des Erbl erst
bei Eröffng zur Kenntn des zu Bevollmächtigenden gelangt (Köln DNotZ **51**, 36); PflichtEntziehg (§ 2333;
BGH FamRZ **61**, 437).

4) Vereinbarungen unter Lebenden können mit dem ErbV verbunden werden (s Einl 6; 7 vor § 1922). 5
Dies wird in § 2276 II; BeurkG 34 II vorausgesetzt (BGH **26**, 65 mAv Piepenbrock **LM** § 2276 Nr 4;
BayObLG Rpfleger **76**, 290 zu LeibgedingsVertr, § 2293); s wg der Form § 2276 Rn 13. Ist bloß die
VertrErfüllg bis nach dem Tode des Schuldners hinausgeschoben, handelt es sich überh nicht um einen ErbV
(Düss NJW **54**, 1041; Übbl 11 v § 2274). Wenn durch Vertr Grdbesitz od sonstiges Vermögen mit der Maßg
übergeben wird, daß der Vertr erst nach dem Tode des Übergebers vollzogen werden soll, hängt es von dem
VertrInhalt u den Umständen ab, ob ein Vertr unter Lebenden od ein verschleierter ErbV vorliegt (BGH NJW
53, 182; BayObLG **53**, 226). – Die ggü dem VertrPartner eingegangene Verpflichtg, ein Grdst nicht zu
veräußern u bei Verstoß hiergg das Eigentum auf die VertrE zu übertragen, kann dch Vormerkg gesichert
werden (BayObLG FamRZ **89**, 321).

2279 *Vertragsmäßige Zuwendungen und Auflagen.* [I] Auf vertragsmäßige Zuwendungen und Auflagen finden die für letztwillige Zuwendungen und Auflagen geltenden Vorschriften entsprechende Anwendung.
[II] Die Vorschriften des § 2077 gelten für einen Erbvertrag zwischen Ehegatten oder Verlobten auch insoweit, als ein Dritter bedacht ist.

1) Anwendbares Testamentsrecht (I). Bei vertragsmäß Zuwendgen (§ 2278 II) bezieht sich die entspre- 1
chende (nicht buchstäbliche) Anwendung der TestVorschr insb auf den zuläss Inhalt und die notwend
Bestimmth sowie auf die Ausleg, dh auf §§ 2064–2076; 2077; 2084 bis 2093 (zu § 2085 s aber § 2298); 2096–
2099; 2100–2146; 2147–2168; 2169 (dazu BGH **31**, 13/17 mAv Hieber DNotZ **60**, 209); 2170–2174; 2181–2193.
Ferner auf den Anfall u Erwerb des Zugewendeten u die Auflageverpflichtg (§§ 1923 mit 2160; 1937–1959;
2094; 2095; 2176; 2180; RG **67**, 66). Dagg nicht auf §§ 2265–2268 (vgl Rn 2). Selbst die Mitwirkg des
Bedachten als annehmender Teil hindert nicht die Anwendg der Vorschr über Annahme u Ausschlagg
(§§ 1942ff, 2180). Ein Verzicht auf das AusschlaggsR im ErbV wäre nichtig. – Die Beurteilg von **Willens-
mängeln** ist zT eine andere als bei einseitigen letztw Vfgen. Da der Erbl hier seine Erkl einem anderen ggü
abzugeben hat, gelten im Ggsatz zu den Test (§ 1937 Rn 15) auch die §§ 116 S 2, 117 (vgl auch RG **134**, 327), so
daß ggf die Willensübereinstimmg u damit die Gültigk ausgeschlossen werden. – §§ 320ff finden auf zweiseit
ErbV, in denen beide Vertragsteile vertragsmäß Vfgen treffen, keine Anwendg (Übbl 4 vor § 2274).

2   **2) Der Erbvertrag zwischen Ehegatten (Verlobten)** steht u fällt mit der Gültigk u dem Bestand der Ehe (des Verlöbnisses, § 2077 II), falls nicht der Tod der LösgsGrd od anzunehmen ist, daß der Erbl die Vfg auch für einen solchen Fall getroffen haben würde (§ 2077 III; BGH FamRZ **61**, 365). Dies gilt nicht nur dann, wenn der Erbl den ErbV mit seinem Eheg (Verlobten) selbst schließt, sond auch, wenn er ihn zu dessen Gunsten mit einem Dritten geschlossen hat. – Die Unwirksamk des ErbV (und damit auch der etwaigen Zuwendgen an Dritte) ergibt sich bei zweiseit Verträgen schon aus § 2298 I. Erbl iS des § 2077 ist auch beim ggseit ErbV nur der zuerst verstorbene Eheg (Hamm FamRZ **65**, 78; BayObLG FamRZ **90**, 322). Die Unwirksamk eines zw den Eheg geschlossenen ErbV mit Erbeinsetzg des überlebden Eheg erstreckt sich auch auf die gleichzeit Erbeinsetzg der aus der geschied Ehe hervorgegangenen Kinder, es sei denn, daß die Eheg bei Abschluß des ErbV etwas and gewollt haben (Hamm FamRZ **94**, 994; Stgt OLGZ **76**, 17; s auch § 2268 Rn 2). – Nach **II** soll aber § 2077 auch beim einseitigen ErbV Anwendg finden, bei dem nur ein Eheg (Verlobter) als Erbl auftritt u ein Dritter bedacht wird, und zwar dann, wenn der jetzt verstorbene Eheg – nicht aber, wenn der andere – berechtigten ScheidsAntr (AufhebgsKl) erhoben hatte (vgl RGRK Rn 4). Es wird angenommen, daß der Vertr auch hier durch die Ehe stark beeinflußt ist. Soweit das nicht der Fall war, kann die Drittzuwendg nach § 2077 III aufrechterhalten werden, da es sich nur um Ausleggsregeln handelt (vgl auch § 2085, 2298 III; Dieterle aaO 172); § 2268 gilt hier nicht. Auch auf die Erbeinsetzg der Schwiegertochter ist § 2077 analog anwendb, wenn mit dem Fortbestand ihrer Ehe mit dem Sohn nicht mehr gerechnet werden kann (Saarbr FamRZ **94**, 1205).

2280 *Auslegungsregeln bei Ehegattenerbvertrag.* **Haben Ehegatten in einem Erbvertrage, durch den sie sich gegenseitig als Erben einsetzen, bestimmt, daß nach dem Tode des Überlebenden der beiderseitige Nachlaß an einen Dritten fallen soll, oder ein Vermächtnis angeordnet, das nach dem Tode des Überlebenden zu erfüllen ist, so finden die Vorschriften des § 2269 entsprechende Anwendung.**

1   **1) Beim Ehegattenerbvertrag** ist die Berufg eines Dritten nach dem Tod des Längerlebden entspr § 2269 iZw als Einsetzg zum SchlußE anzusehen (EinhLösg, § 2269 Rn 3). Dritter ist zunächst, wer am Abschluß des ErbV weder als Erbl noch als dessen VertrPartner beteiligt war, bei vertrmäß erfolgter ggseit Erbeinsetzg der Ehegatten aber stets auch der nicht am ErbV beteiligte Erbe des Überlebenden (MüKo/ Musielak Rn 7; vgl auch § 2352 Rn 7). Der Überlebende kann also unter Lebenden über das beiderseitige Vermögen verfügen (§ 2286), ohne daß darin eine Aufhebg iS des § 2290 I 2 zu finden wäre; vgl auch KG HRR **38** Nr 1338 mit JFG 15, 325; § 2269 Rn 16 (Wiederverheiratgsklausel); Hamm JMBl NRW **60**, 125 (Umdeutg der Verpflichtg des längstlebenden Eheg, das beim Tod vorhandene Vermögen auf die Kinder zu übertragen, in Erbeinsetzg) s zur Erläutergen zu § 2269. – u zum Inhalt. – Auch Nichteheleute können in einem ErbV Vfgen dieses Inhalts treffen. Dann ist aber die AusleggsRegel des § 2269 I nur entspr anwendb, wenn zw den VertrSchließden ein ähnl starkes VertrauensVerh wie zw Eheg besteht (Köln FamRZ **74**, 387).

2   **2) Pflichtteilsklauseln.** Haben die sich ggseit einsetzden Eheleute nicht ausdrückl bestimmt, daß der Nachl nach dem Tod des Längstlebden an die Abkömml fallen soll, diese aber dch Pflichtt- od Wiederverheiratgsklausel (§ 2269 Rn 16) in ihre Regelg einbezogen, kann darin je nach ihrem Zweck die Erbeinsetzg der Kinder verborgen sein (Saarbr NJW-RR **94**, 844), so daß der ErbV auszulegen ist ʿ(dazu Übbl 8 vor § 2274). Allerd genügt nicht schon eine PflichttVerweig für den Fall der VertrAnfechtg (OGH MDR **50**, 669). Dagg kann PflichttSanktionsklausel (§ 2269 Rn 13) mit Wiederverheiratgsklausel uU so auszulegen sein (Saarbr aaO gg Saarbr NJW-RR **92**, 841; s auch BayObLG **60**, 218). – Die in einem ErbV zw Eheg mit einem ihrer Kinder abgeschlossenen ErbV abgegebenen Erklärgen können uU auch als **Verzicht** des SchlußE auf seinen **Pflichtteil** u als Annahme dieses Verzichts dch die Erbl angesehen werden, wenn der ErbV dahingeht, daß die Eheg sich ggseit als Alleinerben und das am Vertr beteiligte Kind als SchlußE einsetzen, währd den and Kindern Vermächtnisse für den Fall zugewendet werden, daß sie keine PflichttAnsprüche geltd machen (BGH **22**, 364 mAv Johannsen **LM** Nr 1 zu § 2348; s auch Lübtow JR **57**, 340). – Die Anordng einer entspr Anwendg des § 2270 in § 2280 erübrigte sich, weil aus dem Charakter des ErbV die grdsätzl Bindg der VertrSchließden an ihre vertragl Vfgen folgt (BGH DNotZ **70**, 358, dort auch über einen Fall bindender Erbeinsetzg der Kinder nach dem letztversterbenden Eheg).

3   **3) Bei Zweitehe** eines Erbl, der die Regelg nach § 2269 nicht nach §§ 2281, 2079 angefochten hat, erhält der neue Eheg den Pflichtt aus dem gesamten Nachl, und zwar bei **Zugewinngemeinschaft** den kleinen Pflichtt u daneben den Anspr auf Ausgleich des in der zweiten Ehe erzielten Zugewinns (§ 1371 II). Es besteht kein WahlR mit dem großen Pflichtt (str; vgl § 2303 Rn 8).

2281 *Anfechtung durch den Erblasser.* **ᴵ Der Erbvertrag kann auf Grund der §§ 2078, 2079 auch von dem Erblasser angefochten werden; zur Anfechtung auf Grund des § 2079 ist erforderlich, daß der Pflichtteilsberechtigte zur Zeit der Anfechtung vorhanden ist.**

ᴵᴵ Soll nach dem Tode des anderen Vertragschließenden eine zugunsten eines Dritten getroffene Verfügung von dem Erblasser angefochten werden, so ist die Anfechtung dem Nachlaßgerichte gegenüber zu erklären. Das Nachlaßgericht soll die Erklärung dem Dritten mitteilen.

1   **1) Beseitigung des Erbvertrags.** Beim ErbV muß sich auch der Erbl bei Vorliegen eines AnfGrundes vom Vertr lösen können, um die volle TestierFreih wiederzuerlangen. Jedoch gilt auch hier der Grdsatz, daß die Ausleg (auch die ergänzende) Vorrang vor der Anfechtg hat (s auch § 2078 Rn 1). Zur Selbstanfechtg eingeh Veit NJW **93**, 1553. – Weitere Möglichk der Entkräftg des ErbV bieten die Aufhebung (§§ 2290–2292) u der Rücktritt (§§ 2293 ff). Ferner kann der ErbV kraftlos werden durch Vorversterben, Erbunwürdigk, Ausschlag od Erbverzicht des Bedachten. Zum Vorbehalt s § 2289 Rn 3.

2) Das Anfechtungsrecht des Erbl besteht nur hinsichtl vertragsmäß Vfgen (§ 2278), da er seine einseit 2 (§ 2299) frei widerrufen kann und daher insow der Anfechtg (wie beim Test) nicht bedarf. Der Erbl kann im ErbV auf das AnfechtgsR ganz od teilw **verzichten** mit der Folge, daß die Anfechtg wg solcher Tatsachen, auf die sich der Verzicht bezieht, für die Zukunft ausgeschlossen ist (BGH NJW **83**, 2247; Celle NJW **63**, 353; dazu Bengel DNotZ **84**, 132). – Ferner ist die Anfechtg auch hier **ausgeschlossen,** wenn der Erbl die Voraussetzgen wider Treu u Glauben od dch Verstoß gg §§ 138, 826 herbeiführte (BGH **4**, 91; FamRZ **70**, 82). – Zur Bestätigg des anfechtb ErbV s § 2284. – §§ 2281 ff gelten auch für die Anfechtg wechselbezügl Vfgen in **gemeinschaftlichem Testament** (Mü JFG **15**, 353; BGH FamRZ **70**, 71; BGH **37**, 333; vgl § 2271 Rn 27; Schubert/Czub JA **80**, 334/338); für die Anfechtg nicht wechselbezügl Vfgen in einem gemschaftl Test gelten dagg die §§ 2078 ff (BGH FamRZ **56**, 83). – Über das AnfechtgsR **Dritter** s § 2285. – Der **Vertragsgegner** kann nach §§ 119, 123 nur seine eigene Erkl sowohl vor als auch nach dem Erbfall anfechten, als Nächstberufener auch die des Erbl nach §§ 2078, 2079, 2080.

3) Die Anfechtung kann den ganzen ErbV, aber auch nur eine einzelne Vfg zum Ggstand haben. – Form 3 und Frist regeln §§ 2282 III; 2283 I. – Anfechtgsgründe sind dieselben wie beim Test (§§ 2078, 2079). Für die Anwendg der §§ 119, 123 bleibt kein Raum. – Die materielle **Beweislast** trifft für AnfechtsGrd den, der sich auf die Anfechtg beruft (Hamm OLGZ **66**, 497); für Ausschluß des AnfechtgsR dch Zeitablauf den AnfGegner (BayObLG **63**, 264; FamRZ **95**, 1024).

a) Irrtum, auch im Beweggrunde (§ 2078). Es ist daher (abweichd von § 123 II) gleichgült, ob die 4 etwaige Täuschg vom VertrRegner od einem Dritten verübt wurde. Irrtumsfall kann hier auch sein, daß der Erbl nicht wußte, daß er sich vertragsmäßig band, mag er nun geglaubt haben, ein Test zu errichten, od über die RWirkgen, insb die Bindgswirkgen, des ErbV falsch unterrichtet gewesen sein (Hamm OLGZ **66**, 497). Grund zur Anfechtg kann auch die irrige Erwartg des Erbl sein, daß der VertrRegner od ein Dritter den Erbl in bestimmter Weise betreuen werde (BGH FamRZ **73**, 539; § 2078 Rn 4); ebso bei Nichterfüllg einer GgLeistg des VertrGegners (Kipp/Coing § 40 I 2b; Schubert/Czub aaO 337; § 2295 Rn 2). – Str ist, ob bei der Anfechtg dch den Erbl auch dessen irrealer Wille zu berücksichtigen ist (dazu MüKo/Musielak Rn 10). BGH lehnt dies ab, läßt aber immerhin sog unbewußte Vorstellgen ausreichend sein (NJW **63**, 246; FamRZ **70**, 79); s dazu Veit NJW **93**, 1553.

b) Übergehung eines Pflichtteilsberechtigten (§ 2079). Es genügt hier (im Ggsatz zu § 2079 S 1), daß 5 dieser zZ der Anfechtg vorhanden ist, auch wenn er später den Erbfall nicht mehr erlebt (BGH FamRZ **70**, 79/82). Die Anfechtg ist grdsl auch dann mögl, wenn ihre Voraussetzgen vom Erbl selbst geschaffen wurden; nur wenn besond Umstände vorliegen, kann nach § 226 od § 138 die Anfechtg nichtig sein, etwa wenn eine Adoption ausschließl zu dem Zweck vorgenommen wurde, die Anfechtg zu ermöglichen (BGH FamRZ **70**, 79; RG **138**, 373). Der Erbl kann zB nach Wiederverheiratg den mit seinem früh Ehegatten geschlossenen ErbV anfechten. Od nach Annahme eines Kindes, auch wenn es sich dabei um die Kinder seiner zweiten Ehefrau handelt (LG Hbg MDR **64**, 507). – Unerhebl ist, ob der PflichtBerecht irrtüml übergangen wurde od erst nachträgl geboren od pflichtberecht geworden ist. Zur Anfechtg wg Übergehg eines am 1. 7. 70 pflichttber gewordenen nichtehel Kindes s Damrau BB **70**, 474; Johannsen WM Sonderbeil Nr 3/**70**, 23 f. – War der Pflicht entzogen, der EntziehgsGrd aber nachträgl weggefallen (vgl §§ 2336 IV), besteht die AnfMöglichk höchstens dann, wenn der Erbl irrtümlicherw mit einer Besserg nicht gerechnet hatte (§ 2078 II). – Auch § 2079 S 2 ist zu berücksichtigen (Hamm NJW **72**, 1089; Rpfleger **78**, 179).

4) Anfechtungsgegner ist bei Lebzeiten des VertrGegners nur dieser (§§ 143 II, 130–132), wobei aber 6 der Erbl die Form (§ 2282 III) einzuhalten hat (Düss DNotZ **72**, 42). Nach dem Tod des VertrErbl können seine Erben nach Maßg des § 2080 anfechten. – Für den **Überlebenden** kann nur noch die Anfechtg vertragsmäß Erbeinsetzgen, Vermächtnisse u Auflagen zG Dritter in Frage kommen, da er ja nicht die zu seinen Gunsten getroffenen Vfgen des anderen anfechten kann u seine eigenen Anordngen zG des anderen Teils sich durch dessen Tod erledigt haben. Da sich für den noch lebenden VertrErbl kein NachlG finden läßt, ist das für den Todesfall des Erstverstorbenen zuständige **Nachlaßgericht** (FGG 73, Wohnsitz zZ des 7 Erbfalls) Empfänger der AnfErkl. Mitteilg an die Erben des Erstverstorbenen ist zweckm.

5) Wirkung. Die erfolgreiche Anfechtg vertragsmäß Vfgen führt zu deren Nichtigk von Anfang an 8 (§ 142). Diese Wirkg tritt ein, so weit die Anfechtg reicht. Inwieweit nur vom AnfGrd erfaßte letztw Vfgen des Erbl nichtig sind, beurteilt sich bei einseit ErbV nach § 2085; bei zweiseitigen ErbV bewirkt allerd die Nichtigk einer vertragsmäß Vfg die des ganzen Vertr (§ 2298). Nach § 2078 können die Erkl des Erbl nur insoweit angefochten werden, als sie auf Irrtum od Drohg beruhen. Eine Anfechtg nach § 2079 dch den Erbl selbst führt idR zur Nichtigk des gesamten Vertr, da eine bedingte Anfechtg nicht zugelassen wurde. Er hätte den ErbV nicht abgeschlossen, wenn ihm das Vorhandensein des PflichttBerecht bekannt gewesen wäre. Die Anfechtg dient auch seinen eigenen Interessen, da er dch sie die volle Testier-Freih zurückgewinnt (BGH FamRZ **70**, 79; Johannsen WM **73**, 532). Dagg dient eine nach dem Tod des Erbl dch den PflichttBerecht erfolgte Anfechtg nur dessen Interessen u Schutz. Dch sie sollte deshalb der ErbV grdsl nur insow unwirks werden, als seine Vfgen dem ErbR des PflichttBerecht entggstehen (MüKo/ Musielak Rn 18). Ist der Wille des Erbl feststellbar, kann üb § 2079 S 2 die angefochtene Vfg teilweise bestehen bleiben (Hamm Rpfleger **78**, 179). – Die Nichtigk des ErbV kann nach § 139 sogar die Nichtigkeit **weiterer,** äußerl davon getrennter Vertr zur Folge haben (zB eines weiteren ErbV; eines AdoptionsVertr), 9 wenn der Wille der VertrParteien darauf gerichtet war, daß die äußerl getrennten RGesch miteinander stehen u fallen sollen (BGH **LM** § 139 Nr 34; s § 139 Rn 5; § 2276 Rn 12). – Eine Aufrechterhaltg nichtiger Vfgen des Erbl als Test ist uU nach § 140 mögl, etwa wenn nur der VertrGegner angefochten hat. – Der selbst anfechtende Erbl haftet auf Ersatz des **Vertrauensschadens** (§ 122), da der Haftgausschluß dch 10 § 2078 III nur für Dritte gilt, die nicht für Folgen eines ErbIrrtums haften sollen (Staud/Kanzleiter Rn 37; str). Der Ersatz umfaßt aber nicht den Wert der vertragl Zuwendg, da § 122 keinen Anspr wg Nichterfüllg gewährt u der vertragl Bedachte ohnehin nur eine Erwerbsaussicht hatte (Übbl 6 vor § 2274). – Nach erfolgter Anfechtg kann Erbl auf Feststellg der Nichtigk des ErbV klagen (Johannsen WM **69**, 1320).

2282 Form der Anfechtung.

2282 **Form der Anfechtung.** ^I **Die Anfechtung kann nicht durch einen Vertreter des Erblassers erfolgen. Ist der Erblasser in der Geschäftsfähigkeit beschränkt, so bedarf er zur Anfechtung nicht der Zustimmung seines gesetzlichen Vertreters.**

^{II} **Für einen geschäftsunfähigen Erblasser kann sein gesetzlicher Vertreter mit Genehmigung des Vormundschaftsgerichts den Erbvertrag anfechten.**

^{III} **Die Anfechtungserklärung bedarf der notariellen Beurkundung.**

1   **1) Nur persönlich** kann der **Erblasser** hier handeln, wie bei der Aufhebg u dem Rücktr (§§ 2290 II 2; 2296 I 2) u zwar nur durch not beurkudete Erkl. Auch eine bloße Vertretg in der Erkl ist ausgeschlossen (Lent DNotZ **51**, 151; Bengel Rn 1). Dies gilt auch für den in der GeschFähig Beschränkten (für Einschränkg seines AnfR unter Heranziehg von § 107 Bengel Rn 2). Ist für ihn Betreuer bestellt (§ 1896), kann seine Erkl nicht dessen Einwilligg vorbehalten werden (§ 1903 II mit Rn 13). – Das Zugehen der Erkl bedarf der Beurk nicht; dem Empfänger der AnfErkl muß diese in Urschr od Ausfertigg zugehen, § 130 (s BayObLG **63**, 260). – **Ausnahme:** Für einen nach Errichtg geschäftsunfäh Gewordenen kann dessen gesetzl Vertreter mit vormschgerichtl Genehmigg (**II**; RPflG 3 Nr 2a) anfechten (anders §§ 2229, 2274). Damit ist gewährleistet, daß erzwungene od auf Irrt beruhende, etwa verschlechterte VertrBestimmgen im Interesse des GeschUnfäh wieder beseitigt werden können. Bestand Betreug (§ 1896), greift **II** auch nur ein, wenn der betreute Erbl geschäftsunfäh (§ 104 Nr 2) ist. Anfechtsberecht ist der Vertreter, dem die Vermögensverwaltg zusteht (vgl auch § 2283 III).

2   **2) Der Formzwang (III)** betr nur die Anfechtg dch den **Erblasser,** und zwar ggü dem VertrGegner wie dem NachlG (§ 2281 II), nicht aber dch and Personen, die formlos anfechten können (Bengel Rn 5). – Über entspr Anwendg von **III** beim **gemeinschaftlichen Testament** s § 2271 Rn 28; Düss DNotZ **72**, 42.

2283 Anfechtungsfrist.

2283 **Anfechtungsfrist.** ^I **Die Anfechtung durch den Erblasser kann nur binnen Jahresfrist erfolgen.**

^{II} **Die Frist beginnt im Falle der Anfechtbarkeit wegen Drohung mit dem Zeitpunkt, in welchem die Zwangslage aufhört, in den übrigen Fällen mit dem Zeitpunkt, in welchem der Erblasser von dem Anfechtungsgrunde Kenntnis erlangt. Auf den Lauf der Frist finden die für die Verjährung geltenden Vorschriften der §§ 203, 206 entsprechende Anwendung.**

^{III} **Hat im Falle des § 2282 Abs. 2 der gesetzliche Vertreter den Erbvertrag nicht rechtzeitig angefochten, so kann nach dem Wegfalle der Geschäftsunfähigkeit der Erblasser selbst den Erbvertrag in gleicher Weise anfechten, wie wenn er ohne gesetzlichen Vertreter gewesen wäre.**

1   **1) Die einjährige Ausschlußfrist (I)** beginnt gem **II** 1 im Fall der Drohg mit Beendigg der Zwangslage, in allen and Fällen mit Kenntn des Anfechtgsgrundes, wofür Gewißheit über alle für die Anfechtg wesentl Tatumstände erforderl ist (BGH FamRZ **73**, 539; BayObLG **63**, 263; **90**, 95; FamRZ **95**, 1024); s auch § 2271 Rn 28. Unkenntn der Tatsachen kann auch dch einen RIrrtum bedingt sein (s dazu § 2082 Rn 4). Die Frist läuft deshalb nicht, wenn der ErbV (entspr das gemschtl Test) irrtüml für ungült, zB für bereits wirks angefochten, gehalten wird (vgl KG FamRZ **68**, 218; BayObLG FamRZ **92**, 1102), außer wenn die Ungültigk aus einem Umstand hergeleitet wird, der die Anfechtg erst begründet (§ 2271 Rn 28; BGH FamRZ **70**, 79) od der Irrtum nur die ges Anfordergen der Anfechtg betrifft (Hamm FamRZ **94**, 849). Auch rechtsirrige Beurteilg der Wirksamk eines fr Widerrufs kann bewirken, daß die Frist für die Anfechtg eines ErbV nicht in Lauf gesetzt wird (Köln OLGZ **67**, 496). Unbeachtl RIrrt ist dagg, daß Erbl den ErbV wg ihm bekannter tatsächl Ereign nicht mehr für bindend hält (BayObLG MittBayNot **91**, 84). – Die Entscheidg üb die Rechtzeitig der Anfechtg erfordert zunächst eine Klarstellg des Anfechtgsgrundes (BayObLG FamRZ **90**, 322). – Die Frist läuft auch ggü dem in der GeschFähig Beschränkten (§ 2282 I 2) u gesetzl Vertreter (§ 2282 II); im letzteren Fall kann aber der später wieder geschäftsfäh gewordene Erbl selbst anfechten (**III**), wobei ihm eine Nachfrist gewährt ist (**II** 2 iVm § 206). Eine zeitl Schranke, wie im § 124 III, besteht hier nicht.

2   **2) Nur für den Erblasser** gilt § 2283. Bei mehreren Erbl kann jeder für sich anfechten; ficht nur einer an, fallen auch die vertragsmäß Vfgen des anderen weg (Reithmann DNotZ **57**, 529). – Für den **Vertragsgegner** (s § 2281 Rn 2) gelten dagg §§ 121, 124, für sonstige AnfBerechtigte (§ 2285) die §§ 2080, 2082. – Ist das AnfR nach § 2079 dch Zeitablauf verloren gegangen, ergibt das Hinzutreten eines neuen PflichttBerechtigten wiederum ein AnfR (Johannsen WM **73**, 531).

3   **3) Beweislast.** Die materielle Beweislast für den Ausschluß des AnfR durch Zeitablauf trifft den AnfGegner (BayObLG **63**, 264; Baumgärtel/Strieder Rn 1; aA MüKo/Musielak Rn 6: Erbl).

2284 Bestätigung.

2284 **Bestätigung.** **Die Bestätigung eines anfechtbaren Erbvertrags kann nur durch den Erblasser persönlich erfolgen. Ist der Erblasser in der Geschäftsfähigkeit beschränkt, so ist die Bestätigung ausgeschlossen.**

1   **1) Bestätigung** (§ 144; hierzu Ischinger Rpfleger **51**, 159) steht als Verzicht auf das AnfR dem Erbl persönl zu u gilt nur für vertragsmäß (§ 2278) Vfgen; einseit (§ 2299) sind für den Erbl widerrufl, daher (wie beim Test) nicht zusätzl anfechtb u können daher auch nicht bestätigt werden. Die einseit Erkl ist nur dem vollgeschäftsfäh Erbl gestattet; auch für minderjähr Eheg u Verlobte (§ 2275 II) besteht insow keine Ausn (für Anwendg des § 2275 II Erman/Hense/Schmidt Rn 1); die übr NachlBeteiligten können aber auf ihr AnfechtgsR verzichten (vgl § 2081 Rn 10).

2   **2) Keine Form.** Die Bestätigg bedarf nicht der Form der ErbV od der Anfechtg (§ 144 II; s dazu aber Bengel DNotZ **84**, 132) und ist auch durch schlüss Hdlg mögl, da ja auch das nicht formbedürft Verstrei-

chenlassen der AnfFrist (§ 2283) Bestätiggswirkg hat. Sie setzt aber Kenntnis des AnfGrundes voraus (MüKo/Musielak Rn 5). Sie ist nicht empfangsbedürft, braucht daher nicht dem anderen VertrTeil od nach dessen Tod dem NachlG ggü abgegeben zu werden (BayObLG **54**, 77, hM).

2285 *Anfechtung durch Dritte.* Die im § 2080 bezeichneten Personen können den Erbvertrag auf Grund der §§ 2078, 2079 nicht mehr anfechten, wenn das Anfechtungsrecht des Erblassers zur Zeit des Erbfalls erloschen ist.

1) Das Anfechtungsrecht Dritter entsteht mit dem Tod des Erbl u richtet sich grdsl nach TestR. **1** Wem die Aufhebg unmittelb zustatten kommt (§§ 2279 I, 2080), kann innerhalb der Frist des § 2082 durch formlose Erklärg anfechten, die bei Erbeinsetzg u Auflagen ggü dem NachlaßG (§ 2081 I, III), bei Vermächtn ggü dem Bedachten (§ 143; RG **143**, 353) abzugeben ist. Das AnfR ist jedoch von dem des Erbl **abhängig**, soweit dieser anfberecht war (also nicht bei einseit Vfgen, § 2281 Rn 2), wird also durch dessen Bestätigg (§ 2284), Fristversäumn (§ 2283), Verzicht od rechtsmißbräuchl Herbeiführg des Anf-Grundes (§ 2281 Rn 2) zerstört. – Zum AnfR des VertrGegners s § 2281 Rn 2. – § 2285 gilt auch bei wechselbezügl Vfgen im **gemeinschaftlichen Testament** (RG **132**, 4; KG FamRZ **68**, 218; Berlin FamRZ **76**, 293/295; s § 2271 Rn 33). – Die **Beweislast** dafür, daß AnfR des Erbl ausgeschlossen ist, trifft den Anfechtsgegner (Stgt OLGZ **82**, 315; BayObLG FamRZ **95**, 1024; § 2281 Rn 3).

2) Anfechtungstatsachen. Hat der Erbl sein AnfechtgsR ohne Erfolg ausgeübt, wurde also gg ihn **2** rkräft erkannt, daß es nicht besteht, ist es nicht erloschen iS des § 2285 (BGH **4**, 91; dazu Johannsen WM **73**, 531). Man wird jedoch § 2285 entspr anwenden u Dritten ein AnfR versagen müssen, wenn der AnfTatbestd derselbe ist (RGRK Rn 4; aM Bengel Rn 6). Dritte können aber aGrd neuer Tatsachen an-fechten u hierbei zu deren Unterstützg auch auf solche zurückgreifen, auf die eine selbständ Anfechtg nicht mehr gestützt werden kann, wenn es nach dem AnfGrd auf das Gesamtverhalten des AnfGegners ankommt (BGH aaO mAv Ascher **LM** Nr 1).

2286 *Verfügungen unter Lebenden.* Durch den Erbvertrag wird das Recht des Erb-lassers, über sein Vermögen durch Rechtsgeschäft unter Lebenden zu verfügen, nicht beschränkt.

1) Sein freies Verfügungsrecht unter Lebenden verbleibt dem Erbl auch nach Abschluß eines **1** ErbV hinsichtl seines gesamten Vermögens, da er sich dch Vereinbg vertragsmäß Vfgen nur hinsichtl seiner künft letztw Vfgen bindet, also sich selbst in seiner TestierFreih beschränkt. Überträgt daher der erbvertragl gebundene Erbl VermögensGgst lebzeit an einen Dritten, ist ein solches RGesch wirks, weil er weiterhin ohne jede Einschränkg über sein Vermögen dch RGesch unter Lebden vfgen kann (BGH WM **73**, 680; heute allg M). Nur bei Vorliegen bes Umstände kann sich der Bedachte auf § 138 berufen (BGH **59**, 343/351), auf § 826 nur unter bes Voraussetzgen (s dazu § 2287 Rn 2); uU kann sich auch eine Haftg des Empfängers ggü dem VertrErben aus § 419 ergeben (BGH aaO 352; dazu Teichmann JZ **74**, 34; Stöcker WM **80**, 482/490; s ferner § 2271 Rn 12). Die Anweisg an eine Bank (Spark), nach dem Tod ein Guthaben an eine bestimmte Pers auszuzahlen, ist eine rechtswirks Zuwendg dch Vertr zugunsten Dritter (§ 331); sie ist nicht schon aus dem Gesichtspkt der Umgehg der Bindg an einen ErbVertr od gemschaftl wechselbezügl Test unwirks; dem benachteiligten VertrE od SchlußE kann aber ein Berei-chergsAnspr nach § 2287 zustehen (BGH **66**, 8 mAv Johannsen **LM** § 2301 Nr 6; dazu Harder FamRZ **76**, 418). – Zur Position des Bedachten vor dem Erbfall s § 1922 Rn 3; Übbl 6 vor § 2274. Ausnahmen zum Schutz gg den Mißbrauch der VfgsFreih enthalten §§ 2287, 2288.

2) Vertragliche Beschränkung des lebzeit VfgsR ist zuläss. Der Erbl kann sich also in einem besond **2** schuldrechtl VfgsUnterlassgsVertr mit dem Bedachten formlos und uU stillschw wirks verpflichten, eine Vfg unter Lebenden zu unterlassen (BGH **31**, 13, hM; s MüKo/Musielak Rn 10 mN); an den Nachw eines stillschw Abschlusses sind strenge Anfordergen zu stellen (BGH DNotZ **69**, 760, WM **70**, 1366, NJW **73**, 242); für Annahme eines schuldrechtl GrdGesch im ErbV s Stöcker WM **80**, 482. Folgl kann sich ein Erbl ggü seinem VermNehmer verpflichten, über das vermachte Grdst auch unter Lebenden nicht zu verfügen (BGH NJW **63**, 1602). Auch im Zusammenhang mit einer Erbeinsetzg kann mit dem Erben eine Vereinbg getroffen werden, die darauf abzielt, das Recht der Vfg zu Lebzeiten schuldrechtl auszu-schließen od zu beschränken; eine solche VfgsBeschränkg ist nur in bezug auf die Zuwendg eines bestimmten Ggstandes denkb (BGH FamRZ **67**, 470). – **a) Form.** Der Vertr kann mit dem ErbV ver-bunden werden (BeurkG 34; vgl § 2276 Rn 10). Dieser Vertr bedarf auch bei Grdst nicht der Form des § 313 (BGH FamRZ **67**, 470, DNotZ **69**, 760). Die Form des ErbV muß nur gewahrt werden, wenn ErbV u VerpflichtgsGesch unter Lebden eine rechtl Einheit bilden sollen (BGH FamRZ **67**, 470); andernf bedarf er nicht der Form des § 2276 (BGH WM **77**, 689). – **b) Wirkung:** Durch eine derartige Ver-**3** pflichtg wird die VfgsFreih des Erbl nicht mit Wirkg gg Dritte ausgeschlossen od beschränkt, da sie nur im Verhältn zw den Beteiligten schuldrechtl wirks ist (Hamm DNotZ **56**, 151). Die Verletzg eines sol-chen Vertrages führt aber zu SchadErsAnsprüchen ggü dem Erbl und seinen Erben (BGH NJW **64**, 549; Kohler NJW **64**, 1395; Mattern BWNotZ **66**, 12; Johannsen WM **69**, 1226). Die vertragl übernommene Verpflichtg, ein Grdst nicht zu veräußern, kann ergänzd dahin ausgelegt werden, daß das Grdst belastet werden darf, wenn der Verpflichtete in eine Notlage gerät (BGH FamRZ **67**, 470). – **c) Absicherung.** **4** Strittig ist, ob die schuldrechtl durch ErbV getroffene schuldrechtl Vereinbarg durch Vormerkg gesichert wer-den kann (vgl § 883 Rn 9; BGH FamRZ **67**, 470). Für einen VfgsUnterlassgsVertr ist dies zu verneinen (BGH aaO). Dagg kann ein schuldrechtl ÜbereignsAnspr so gesichert werden (LG Kreuznach DNotZ **65**, 301; Staud/Kanzleiter Rn 17). Über weitere Sichergsmöglichkeiten s Kohler NJW **64**, 1393; Lange NJW **63**, 1571; Bund JuS **68**, 268; Mattern BWNotZ **66**, 11 ff; letzterer nennt außer dem VfgsUnter-lassgsVertr die Einräumg eines Vorkaufsrechts an den Erstbedachten, die Beschwerg des Erstversterbden

– beim Berliner Test – mit einem VfgsUnterlassgsVermächtn zG der Schlußerben, Anordng einer Nach-Erbsch für den Fall eines aushöhlenden ZweitGesch.

5   **3) Familienrechtliche Handlungen** wie Eheschließg, Annahme eines Kindes, EhelichErkl sind dem Erbl nicht verwehrt, obwohl diese RGeschäfte uU PflichtRechte Dritter begründen u auf diese Weise mittelb dem vertragsmäß Bedachten beeinträchtigen können. Andererseits kann der PflichtAnspr durch den ErbV weder ausgeschlossen noch beschränkt werden (Ausnahmen: §§ 2333 bis 2336). Anfechtg nach § 2079, §§ 2279, 2285 ist schon im ErbV ausschließbar (s § 2281 Rn 2; § 2285 Rn 1).

6   **4) Auf wechselbezügliche Verfügungen** in einem **gemeinschaftlichen Testament** ist § 2286 entspr anwendb (BGH DNotZ **51**, 345; DNotZ **65**, 357). Durch die nach dem Tode des Erstverstorbenen eingetretene Bindg werden RGeschäfte unter Lebenden nicht ausgeschl (§ 2271 Rn 10).

2287 *Beeinträchtigende Schenkungen.* **I** Hat der Erblasser in der Absicht, den Vertragserben zu beeinträchtigen, eine Schenkung gemacht, so kann der Vertragserbe, nachdem ihm die Erbschaft angefallen ist, von dem Beschenkten die Herausgabe des Geschenkes nach den Vorschriften über die Herausgabe einer ungerechtfertigten Bereicherung fordern.

II Der Anspruch verjährt in drei Jahren von dem Anfalle der Erbschaft an.

1   **1) Schutz des Vertragserben.** Da auch dem dch ErbV gebundenen Erbl (§ 2289) seine VfgsFreih unter Lebenden uneingeschränkt verbleibt (§ 2286), kann er bis zu seinem Tod sein Vermögen dch unentgeltl lebzeit RGesch beliebig vermindern. Seine unentgeltl Vfgen sind selbst dann wirks, wenn damit die Beeinträchtigg des VertrE beabsichtigt war, so daß dieser als RNachfolger des Erbl sie auch gg sich gelten lassen muß; sittenwidr (§ 138) können hohe Geldzuwendgen allerd aGrd des vom Empfänger verfolgten Zwecks u der Art u Weise seines Vorgehens sein (BGH FamRZ **90**, 1343). Gg einen solchen Mißbrauch der fortbestehenden Vfgsgewalt dch „bösliche" Schenkgen des vertragl gebundenen Erbl wird der VertrE aber dch **I** wenigstens in dem Umfang geschützt, daß ihm nach Anfall der Erbsch (§ 1942 I) ein HerausgabeAnspr gg den Beschenkten entsteht. Auf entgeltl RGesch des Erbl ist § 2287 dagg nicht anwendb. Der Vermächtn-Nehmer wird dch § 2288 geschützt. – Gg den **Erblasser** selbst bestehen dagg idR keine Anspr. Der VertrE besitzt zu seinen Lebzeiten kein AnwartschR (§ 1922 Rn 3). Für § 823 I fehlt es an einem verletzten R. Mit einer FeststellgsKlage kann er gg Erbl bei Zweifel nur die Wirksamk des ErbV klären lassen (dazu Hohmann ZEV **94**, 133). Hat allerd der VertrE Aufwendgen für ein Grdst des Erbl erbracht, hat er bei dessen Veräußerg gg den Erbl Anspr aus §§ 812 I 2; 818; 819 (BGH bei Johannsen WM **77**, 280).

2   **a) Eine Sonderregelung** abschließeder Art ist § 2287 bezügl des Schutzes der Erberwartg gg unentgeltl Vfgen. Neben ihr ist desh kein Platz für einen originär in der Person des VertrE entstehenden Anspr aus § 826 gg den Erbl, wenn die erfolgte Weggabe von Vermögen sittl zu mißbilligen war (BGH **108**, 73 mit teilw krit Anm von Schubert JR **90**, 159; Kohler FamRZ **90**, 464; Hohloch JuS **89**, 1017); dies gilt selbst dann, wenn der Erbl mit einem Dritten kollusiv in der Absicht der Schädigg des VertrE zusammengewirkt hat (BGH aaO). Allerd kann dann § 138 eingreifen, etwa wenn das Gesch bewußt darauf gerichtet war, einen VfgsUnterlassgsVertr (§ 2286 Rn 2) zu brechen (BGH NJW **91**, 1952). – Davon zu unterscheiden ist aber der Fall, daß die zu mißbilligende Preisgabe von Vermögensbestandteilen schon den Erbl selbst schädigte (zB weil er von dem Dritten zu einem sittenwidr od anfechtbaren RGesch veranlaßt wurde). Standen dadch bereits dem Erbl gg einen Dritten neben und Anspr auch SchadErsatzAnspr nach § 826 zu, gehen solche Anspr als Bestandteil des ErblVermögens auch auf den VertrE unter der Voraussetzg über, daß der Erbl an das von ihm getätigte Geschäft ggü dem Dritten nicht gebunden war od dieses wieder rückgängig machen konnte. Hatte dieser sich dann gleichwohl nicht zurückgezogen, kann dem VertrE ein Anspr aus § 826 nur noch entstehen, wenn er dem Erwerb des Dritten zumindest die schuldrechtl Grundlage entziehen kann, zB über §§ 138; 2113 II; 2329 I 1 (BGH **108**, 73; NJW **91**, 1952). – Ist ein NachE zugleich VertrE, greift zu seinem Schutz gg unentgeltl Geschäfte außer § 2113 II auch § 2287 ein; dieser schützt auch gg reine Verpflichtgsgeschäfte (Celle MDR **48**, 142 mAv Kleinrahm).

3   **b) Bei gemeinschaftlichem Testament** kommen §§ 2287; 2288 auf bindend gewordene Vfgen gleichf zur Anwendg (BGH **82**, 274, § 2271 Rn 12). Ein Anspr kommt aber nicht in Betr, wenn der Ehegatte des Schenkers zZt der Schenkg noch lebte, weil dann die wechselbezügl Vfg des Erbl noch nicht bindend geworden war (BGH **87**, 19). Die Vorschr greifen auch nicht ein, wenn der überlebende Erbl sein Vermögen im Wege vorweggenommener Erbfolge auf die eingesetzten Schluße (ungleich) verteilt (BGH **82**, 274 mAv Kuchinke JuS **88**, 853). Für entspr Anwendg des § 2287 zum Schutz des testamentstreuen Ehegatten vor unentgeltl Vertrag zGDr Speth NJW **85**, 463.

4   **2) Voraussetzungen (I)** eines BereichergsAnspr sind, daß die berecht Erwartg des VertrE (SchlußE) **objektiv** dch eine Schenkg beeinträchtigt worden sein muß (dazu Rn 5), die der Erbl **subjektiv** in Benachteiligsabsicht vorgenommen hat, indem er sein Recht zu lebzeit Vfgen mißbrauchte (s Rn 6–9). Ist seine Erberwartg obj gar nicht beeinträchtigt, verschafft selbst eine in Benachteiligsabsicht vorgenommene Schenkg keinen Anspr (BGH FamRZ **89**, 175), zB wenn der beschenkte MitE dadch ausgleichspfl wird (§§ 2050; 2052) u der Nachl ausreicht, um bei der Auseinandersetzg die MitE üb die Ausgleich völlig gleichzustellen (BGH aaO); od wenn ungedeckte NachlVerbindlichk offen sind, die den verschenkten Ggstand aufgezehrt haben würden, wenn er sich zZ des Erbfalls noch im Nachl befunden hätte (BGH NJW **89**, 2389/2391). Vereitelte die Verschenkg eines Ggst die Erfüllg eines angeordneten Vermächtn u nimmt der VermNehmer desh den Erben nach § 2288 in Anspr, erleidet dieser dadch keinen beeinträchtigden Nachteil iS des **I,** weil der Erbl dch die beanstandete Schenkg nicht seine berecht Erberwartg auf den weggeschenkten Ggst enttäuscht hat (Ffm NJW-RR **91**, 1157).

5   **a) Schenkung** muß nach Abschluß des ErbV erfolgt sein (zeitl Schranke wie bei § 2325 III besteht nicht). Sie ist auch hier iS von § 516 zu verstehen. Erforderl ist also eine Zuwendg des Erbl, dch die obj die Substanz

seines Vermögens vermindert u das Vermögen des Empfängers entspr vermehrt wird, sowie Einigg üb die Unentgeltlichk der Zuwendg (dazu Spellenberg NJW **86**, 2531; Beckmann RhNK **77**, 26 f). Dabei kommt es weder auf die Größe der Schenkg an noch auf ihren Ggst (aus dem Stamm od aus Erträgen des Vermögens od aus Einkünften). Unter Schenkg fallen auch: die gemischte od verschleierte (BGH FamRZ **61**, 72; **63**, 426; **64**, 429), die aber bei fehlendem Schenkgswillen (etwa bei Kauf zum FreundschPreis, BGH WM **73**, 680/681) nicht angenommen werden kann; das SchenkgsVerspr (§ 518; OLG Celle MDR **48**, 142) und die vollzogene Schenkg auf den Todesfall (§ 2301 II), wogg ein SchenkgsVerspr vTw ohne weiteres wirks ist (§§ 2301 I; 2289 I); sog unbenannte Zuwendgen unter Ehegatten schon bei nur obj Unentgeltlk (BGH **116**, 167; s dazu § 2325 Rn 15). Ob im übr der SchenkgsVertr wirks ist, ist ohne Bedeutg (Münzberg JuS **61**, 389/ 391, auch Spellenberg FamRZ **74**, 357). – Keine Zuwendg aus dem Vermögen des Erbl ist die Aufhebg eines Erbverzichts nach § 2351 (s dort Rn 1). – **Beweisfragen:** Bei auffallendem, grobem Mißverh zw Leistg u GgLeistg spricht eine tatsächl Vermutg für Schenkg (BGH **82**, 274; s auch § 2325 Rn 18).

b) Beeinträchtigungsabsicht ist die Absicht des Erbl, dem VertrErben die Vorteile der Erbeinsetzg zu **6** entziehen od zu schmälern. Sie braucht nicht der eigentl leitende Beweggrund der Schenkg zu sein, wie überh die Absicht, den Beschenkten zu begünstigen und den VertrErben zu benachteiligen, prakt meist in untrennb Zushang stehen wird (BGH **59**, 353). Die inneren Motive des Erbl brauchen daher bis zum letzten aufgeklärt zu werden. Die Abgrenzg zw Mißbrauch u einer Fallgestaltg, bei der ein VertrE schutzlos bleibt, erfolgt vielm aGrd einer Interessenabwägg nach obj Kriterien, die ergeben muß, ob der Erbl an der Schenkg ein lebzeitiges **Eigeninteresse** hatte, das dann eine Beeinträchtiggsabsicht ausschließt (BGH **82**, 274; NJW **92**, 564/566). Ein solches wird angenommen, wenn nach dem Urteil eines obj Beobachters die Beweggründe des Erbl in Anbetracht der gegebenen Umstände so sind, daß der erbvertragl Bedachte sie anerkennen u seine Benachteiligg dch die ErblVfg hinnehmen muß (BGH **83**, 44). Es muß nicht erst nach Abschluß des ErbV entstanden sein (BGH aaO), setzt aber eine sittl Verpflichtg des Erbl voraus, die sich nur aus besond Leistgen, Opfern od Versorgungszusagen ergibt, die der Beschenkte für den Erbl od ihm nahestehde Personen erbracht hat (Köln FamRZ **92**, 607). Es wird also zB bejaht, soweit die Schenkg dem Bemühen des Erbl entspringt, seine Altersversorgg zu verbessern (BGH **66**, 8; **77**, 264; Düss NJW-RR **86**, 806; Mü NJW-RR **87**, 1484), wobei sein Bedürfn hierfür mit den Jahren dringender u gewichtiger wird (BGH **83**, 44); od dem Bedürfn, die jüngere Ehefrau zwecks Betreug u Pflege im Alter an sich zu binden (BGH NJW **92**, 2630, der auch Abgrenzg zu seiner Rspr zur unbenannten Zuwendg vornimmt, s Rn 5); od wenn VertrE sich schwerer Verfehlgen ggü Erbl schuldig gemacht hat (Gießen MDR **81**, 582). – **aa) Kein** **7** Eigeninteresse hat der Erbl, wenn er nach dem Abschluß des ErbV umentschlossen ist u aGr seines Sinneswandels nun seine Vfg vTw dch Zuwendg an eine ihm jetzt genehmere Person korrigieren will (st Rspr, zB BGH **83**, 44; NJW **80**, 2307; Ffm NJW-RR **91**, 1157). Ferner nicht, wenn er nach Abschluß des ErbV zum Beschenkten enge persönl Bindgen entwickelt hat u dch seine Schenkg nun seiner Zuneigg Ausdr verleihen möchte (Köln FamRZ **92**, 607); od wenn seine Schenkg der Einsicht entspringt, daß er in der bindend gewordenen Vfg vTw den Beschenkten zu gering bedacht hat (BGH **77**, 264). Ist dieser allerd ein PflichttBerecht, der auf sein ges ErbR verzichtet hat, ist der Schutz des VertrE insoweit eingeschränkt, wie dem Erbl der Weg der Verzichtsaufhebg nach § 2351 offengestanden hätte (BGH **77**, 264; auch Hülsmeier NJW **81**, 2043). Ob bei nachfolger Ehe Schenkgen des Erbl an seinen neuen Ehegatten grdsl anzuerkennen sind (so Remmele NJW **81**, 2290), ist jedenf dann zweifelh, wenn Schenkg den wesentl Teil des Nachl umfaßt u Erbl keine Anfechtg nach §§ 2281, 2079 erkl hat (ebso Kblz OLGZ **91**, 235). – **bb) Die Einwilli-** **8** **gung** des vertrmäß bedachten VertrPartners nimmt ihn nur dann den Schutz des § 2287, wenn sie in notarieller Form (entspr dem Erbverzicht, § 2348) erklärt ist, weil aus Gründen der RKlarh u auch des Schutzes vor unüberlegten Äußergen auf die Einhaltg der Form des § 2348 abzustellen ist (BGH **108**, 252; aA RG **134**, 325 u hM); diese Analogie zum Erbverzicht überzeugt allerd nicht (Kanzleiter DNotZ **90**, 776; krit auch Damrau FamRZ **91**, 552). Eine nur formlose Einwilligg hat diese Wirkg nicht, kann aber ausnahmsweise den Arglisteinwand begründen (BGH aaO). Bei minderjähr Bedachten bedarf dessen ges Vertreter für die Erkl der Einwilligg der vormschgerichtl Genehmigg (BGH **83**, 44/49). – **cc) Beweislast** für die **9** BenachteiliggsAbs hat im RStreit der VertrE (BGH **66**, 8). Auf seine Behauptg, der Erbl habe ohne lebzeit Eigeninteresse gehandelt, muß allerd zunächst der Beschenkte schlüss die Umstände darlegen, die für ein solches Interesse sprechen (BGH NJW **86**, 1677). Erst dann kann u muß der VertrE die angeführten Umstände widerlegen u damit die ErblAbsicht beweisen (Mü NJW-RR **87**, 1484; Köln FamRZ **92**, 607). Pflichtschenkgen (§§ 534, 1624) schließen die BeeinträchtiggsAbsicht dann nicht aus, wenn sie jedes vernünft Maß überschreiten (Kblz aaO). Kenntnis des Empfängers ist nur für § 819 von Bedeutg.

c) Anfall der Erbschaft an den VertrE (§ 1942 I). Dabei ist gleichgült, ob er VertrGegner od nur als **10** Dritter bedacht war. Dch Ausschlag entfällt sein Recht rückwirkd (§ 1953; Muscheler FamRZ **95**, 1361 läßt Anspr entfallen), auch wenn sie auf der durch die Schenkg bewirkten NachlÜberschuldg beruhte (Reimann Rn 18). Das G will rasch klare Verhältnisse schaffen (vgl **II**).

3) Der Herausgabeanspruch gehört nicht zum Nachl (BGH **78**, 1; **108**, 73; s dazu aber Muscheler **11** FamRZ **95**, 1361), entsteht vielm als persönl Anspr des VertrE (SchlußE) mit dem Anfall der Erbsch (Rn 10). Er unterliegt daher nicht einer vom Erbl angeordneten TVstrg (RG JW **36**, 251); allerd erscheint es richtig, einen verschenkten Ggstand, der ohne die Schenkg unter die TVstrg gefallen wäre, nach seiner Zurückholg ihr zu unterstellen (Muscheler FamRZ **95**, 1361). Er kann auch nicht in die Auseinandersetzg des Nachl einbezogen werden (BGH FamRZ **92**, 665). Ein Verzicht des beeinträchtigten Erben ist daher mögl (OHG **2**, 169; Dittmann Rn 25). Ein völliger vertragl Ausschluß des § 2287 ist zwar zuläss, verstößt aber im Einzelfall gg die guten Sitten u verstößt (Soergel/Wolf Rn 1; aA Kipp/Coing § 38 IV 2 c: stets unzuläss; s auch § 276 II). Einsetzg des VertrE auf den Überrest schließt Anspr nicht aus (RG LZ **19**, 1187); ebsowenig RücktrVorbehalt nach § 2293.

a) Auf Herausgabe des Geschenks nach §§ 818–822 geht der Anspr. Kenntn (§ 819) oder Rechtshän- **12** gigk verschärfen die Haftg. Bei noch nicht erfülltem SchenkgsVerspr geht der Anspr auf Befreiung (vgl auch § 821). Bei teilweiser Unentgeltlichk geht der Anspr nur dann auf Herausg, wenn der unentgeltl

Charakter des Geschäfts überwiegt (BGH NJW **53**, 501); sonst auf Erstattg der Wertdifferenz (RG **148**, 236; BGH **30**, 120; Lange/Kuchinke § 37 II 2 a⁴⁴). Ist der Beschenkte pflichtberecht, kann der VertragsE den HerausgabeAnspr nur Zug um Zug gg Zahlg des PflichtBetrags geltend machen (BGH **88**, 269). – Ein vertragl **Miterbe** kann den (nicht in die gesamthänd Bindg fallenden) Anspr nur zu einem seiner Erbquote entsprechenden Bruchteil, nicht aber insgesamt geltend machen (BGH NJW **80**, 2461; **89**, 2389). Er kann also nicht Herausg an die ErbenGemsch verlangen, sond nur Einräumg des Miteigentums entspr seiner Erbquote (vgl BGH NJW **82**, 43); ist dem MitE der verschenkte Ggst allerd im ErbV dch Teilgsanordng zugedacht, kann er ausnahmsw Herausgabe an sich selbst verlangen (Ffm NJW-RR **91**, 1157; aA Waltermann JuS **93**, 276). – Hat Erbl vertragsmäß **Vor- u Nacherbfolge** angeordnet, kann VE das Geschenk zurückfordern. Würde es dann aber auch bei ihm in sein Eigenvermögen fallen, wäre der VE besser gestellt als wenn der Erbl die beeinträchtigde Schenkg unterlassen hätte; dah sollte hier das zurückerhaltene Geschenk dem Nachl zugeordnet werden (Muscheler FamRZ **95**, 1361).

13 **b) Gegen den Beschenkten** richtet sich der Anspr (nicht gg den Erbl od die Miterben; anders bei §§ 2288, 2325 ff). Seinem Umfang nach kann der Anspr nicht höher sein als die dch die Schenkg herbeigeführte Beeinträchtigg des VertrE (SchlußE), selbst wenn der Erbl eine darüber hinausgehende Benachteiligg
14 beabsichtigt haben sollte (BGH FamRZ **89**, 175). – Vom Beschenkten kann der VertrE gem § 242 **Auskunft** dann verlangen, wenn er die Voraussetzgn für das Bestehen eines Anspr aus § 2287 schlüssig u in substantiierter Weise dargetan hat (BGH **97**, 188 mAv Hohloch JuS **86**, 811; aA noch BGH **18**, 67); dagg nicht zur bloßen Ausforschg einer Schenkg (BGH **61**, 180). Die Darleggspflicht des VertragsE ist dabei um so höher, je konkreter der Begünstigte Behauptgen zum lebzeit Eigeninteresse (s Rn 6) aufstellt (BGH NJW **86**, 1755).
15 – Ist der Beschenkte **Pflichtteilsberechtigter**, erfährt der mit § 2287 bezweckte Schutz des Erben Einschränkgen, weil dieser bei seiner Erberwartg mit der PflichtLast rechnen muß. Der VertragsE (ebso SchlußE) ist also von vorneherein nicht beeinträchtigt, soweit ein Geschenk des Erbl den Pflichtteil des Beschenkten zu decken geeignet ist, so daß der Anspr auf das beschränkt ist, was nach Begleichg des Pflichtteils übrig bleibt (BGH **88**, 269). Selbst wenn der PflichtBerecht auf sein ges ErbR samt PflichtR verzichtet hat, kann der VertragsE den Schutz des § 2287 insoweit nicht beanspr, wie dem Erbl der Weg der Aufhebg des Verzichts gem § 2351 offengestanden hätte (BGH **77**, 264).
16 **c) Den Nachlaßgläubigern** kann der VertrE dch Beschränkg seiner Haftg das bereicherungsrechtl zurückzufordernde Geschenk entziehen, sofern nicht der Sonderfall einer Anfechtg nach KO 29ff; AnfG 3ff vorliegt. Darin liegt keine ungerechtfertigte Besserstellg des Erben, weil zum einen der verschenkte Ggstand im Verhältn zu den NachlGläub aus dem haftendem Vermögen des Erbl schon zu dessen Lebzeiten ausgeschieden war (Kohler FamRZ **90**, 464), zum anderen es bereits an der Voraussetzg der obj Beeinträchtigg des VertrE fehlt, wenn noch ungedeckte NachlVerbindlichk offen sind, die den verschenkten Ggstand aufgezehrt haben würden, falls er sich zZ des Erbfalls noch im Nachl befunden hätte (s Rn 4).
17 **d) Sicherung.** Ggü dem Beschenkten kann der künft BereichergsAnspr nach erfolgter Schenkg, also noch zu Lebzeiten des Erbl, nicht dch Arrest od einstw Vfg gesichert werden (hM; zB BayOblG **52**, 290; Koblenz MDR **87**, 935; aA Hohmann ZEV **94**, 133 mwN). Jedoch kann der VertrE dch Feststellgsklage (ZPO 256) das Bestehen des Anspr klären lassen, sobald ihm sein ErbR nicht mehr entzogen werden kann (Koblenz aaO; Hohmann aaO mN; str). – Gg den Erbl ist eine solche Feststellgsklage nicht mögl (s aber Rn 1). Dieser kann sich allerd im ErbV verpflichten, üb einen vermachten Ggst nicht zu verfügen (s Johannsen WM **79**, 633; § 2286 Rn 2).

2288 *Beeinträchtigung des Vermächtnisnehmers.* ⁱ Hat der Erblasser den Gegenstand eines vertragsmäßig angeordneten Vermächtnisses in der Absicht, den Bedachten zu beeinträchtigen, zerstört, beiseite geschafft oder beschädigt, so tritt, soweit der Erbe dadurch außerstande gesetzt ist, die Leistung zu bewirken, an die Stelle des Gegenstandes der Wert.

ⁱⁱ Hat der Erblasser den Gegenstand in der Absicht, den Bedachten zu beeinträchtigen, veräußert oder belastet, so ist der Erbe verpflichtet, dem Bedachten den Gegenstand zu verschaffen oder die Belastung zu beseitigen; auf diese Verpflichtung finden die Vorschriften des § 2170 Abs. 2 entsprechende Anwendung. Ist die Veräußerung oder die Belastung schenkweise erfolgt, so steht dem Bedachten, soweit er Ersatz nicht von dem Erben erlangen kann, der im § 2287 bestimmte Anspruch gegen den Beschenkten zu.

1 **1) Erweiterten Schutz (I)** vor rein tatsächl Beeinträchtigen gewährt § 2288 dem erbvertragl bindend bedachten VermächtnNehmer (vom Schenkgsfall abgesehen, **II** 2) dch Verschaffgs- bzw WertersatzAnspr gg den Erben. Der dch § 2287 geschützte Erbe könnte demggüb gar nicht bei sich od seinen MitE Rückgriff nehmen (BGH NJW **94**, 317 sieht Grd dagg in seiner erhöhten Schutzbedürftigk; dazu in Anm Siegmann ZEV **94**, 38; Hohmann MittBayNot **94**, 231). Nachdem ein Vermächtn unwirks ist, wenn der vermachte Ggst beim Erbfall nicht mehr zum Nachl gehört u nach dem Willen des Erbl dann auch nicht verschafft werden soll (§ 2169 I; vgl auch §§ 2165; 2171), wird damit dem Fall vorgebeugt, daß der trotz ErbV vfgs- und handlgsbefugte Erbl (§ 2286) sich dch Zerstörg etc des Ggst der erbvertragl Bindg entzieht. Bei Einzieh einer Fdg od beim VerschaffgsVerm bestehen zwar WertersatzVorschr (§§ 2173, 2170 II), bei letzterem gewährt aber § 2288 für den Fall obj Unmöglichk (Zerstörg) Schutz (s auch Reimann Rn 11, 13). Vertragl Ausschluß ist auch hier unzulässig (bestr). Allerd kann bei Änderg der Sachlage nach Abschluß des ErbV ein lebzeit Eigeninteresse des Erbl (§ 2287 Rn 6) der Anwendg auch des § 2288 entggstehen (BGH NJW **84**, 731). – Der Schutzbereich des § 2288 ist nicht auf StückVermächtn beschränkt, sond gilt auch für Geld- od sonst GattgsVermächtn (BGH **111**, 138). – Die Vorschr ist auf gemeinschaftl Test ebenf anwendb (vgl § 2287 Rn 3).

2 **2) Willkürliche Vernichtung (I)** od Verringerg des Werts der vermachten Sache dch ein Eingreifen des Erbl in BeeinträchtiggsAbsicht (§ 2287 Rn 6) löst nach **I** Anspr gg den Erben od die ErbenGemsch aus. Den

aufgezählten Handlgsweisen (zerstören, beiseite schaffen, beschädigen) ist gleichzusetzen, wenn die Sache dch Verarbeitg, Verbindg, Vermischg od Verbrauch untergeht od im Wert gemindert wird (MüKo/Musielak Rn 2). Ob Beschädigen auch dch Unterlassen geschehen kann, ist str (abl wohl BGH aaO; dafür Hohmann; Siegmann je aaO). Kein Anspr wird allerd dadch ausgelöst, daß der Erbl zu seinen Lebzeiten den Ggst nicht instand hielt; dies ist keine Beschädigg, so daß auch der VermNehmer die Sache nur in dem Zustand erhält, in dem sie sich bei unbeeinflußter Entwicklg im Ztpkt des Erbfalls befindet (BGH NJW **94**, 317). – Der Anspr richtet sich auf Wiederherstellg od Wiederbeschaffg; ist Erbe dazu außerstande, auf Ersatz des gemeinen Wertes zur Zeit des VermächtnAnfalls (§ 2176). Soweit als Schuldner nur der beschwerte Erbe angesehen wird (Soergel/Wolf Rn 3; Reimann Rn 4), ist nicht berücksichtigt, daß die ErbenGemsch für das Verhalten des Erbl einzustehen hat (MüKo/Musielak Rn 9).

3) Bei Veräußerung od **Belastung (II)** durch den Erbl in Beeinträchtiggsabsicht (s § 2287 Rn 6) steht **3** dem VermächtnNehmer gg den Erben bzw die ErbenGemsch (BGH **26**, 280) ohne Rücks darauf, ob er beschwert ist, der Anspr auf Verschaffg des Ggstandes od Beseitigg der Belastg zu **(II 1).** Ist der Erbe hierzu außerstande, besteht Anspr auf Wertersatz (§ 2170 II 1). – Bei Beeinträchtigg dch **Schenkung (II 2)** haftet **4** der Beschenkte dem Bedachten hilfsw, wenn u soweit von dem Erben (wg beschränkter Haftg od Zahlgs-Unfähigk) nichts zu erlangen ist, aus ungerechtfertigter Bereicherg (s § 2287); daneben besteht kein Anspr aus § 826 (s § 2287 Rn 2). Der mit Vermächtn belastete Erbe kann dagg nicht selbst Herausg vom Beschenkten verlangen (Ffm NJW-RR **91**, 1157; s § 2287 Rn 4). – Der Anspr nach **II** besteht auch bei VerschaffgsVermächtn (BGH **111**, 138) od bei schuldrechtl Verpflichtg zur Veräußerg des vermachten Ggstandes (BGH **31**, 23, dazu Bund JuS **68**, 274).

4) Eine Vereitelung des VermächtnAnspr dch Schenkgen, die den Nachl erschöpfen, gibt nach dem **5** Zweck dieser Schutzbestimmg den Anspr gg den Beschenkten auch dann, wenn es sich um ein GattgsVermächtn handelte (BGH **111**, 138; aM Reimann Rn 11).

2289 *Wirkung auf letztwillige Verfügungen.* **I** Durch den Erbvertrag wird eine frühere letztwillige Verfügung des Erblassers aufgehoben, soweit sie das Recht des vertragsmäßig Bedachten beeinträchtigen würde. In dem gleichen Umfang ist eine spätere Verfügung von Todes wegen unwirksam, unbeschadet der Vorschrift des § 2297.

II Ist der Bedachte ein pflichtteilsberechtigter Abkömmling des Erblassers, so kann der Erblasser durch eine spätere letztwillige Verfügung die nach § 2338 zulässigen Anordnungen treffen.

1) Die erbvertragliche Bindung als solche ist nicht in § 2289 geregelt, der nur ihre Folgen ausspricht. **1** Sie ergibt sich vielm unmittelb aus der Vertragsnatur des RGesch (BGH **26**, 204). Eine Bindg ist notwend, weil der ErbV als Vfg vTw im Ggsatz zum schuldrechtl Vertr od gar dem dingl VfgsGesch weder einen Anspr verschafft (der Bedachte hat nur eine tatsächl Aussicht, s § 1922 Rn 3) noch eine unmittelb RÄnderg bewirkt. Er nimmt dem Erbl auch nicht das Recht, weiterhin sich sein Vermögen frei unter Lebenden zu verfügen (§ 2286). Seine RPosition verändert sich gleichwohl, weil er mit dem ErbV von seiner TestierFreih konkret in einer Weise Gebr macht, daß er hieran grdsl nichts mehr ohne Mitwirkg des VertrPartners ändern kann. Er gibt also seine TestierFreih im Umfang der von ihm vertragsmäß getroffenen Vfgen für die Zukunft auf u verschafft dch den ErbV dem vertrmäß Begünstigten eine Position, die beim Erbfall ohne weiteres Zutun zur RNachfolge führt. An die Beibehaltg dieser von ihm geschaffenen Lage ist der Erbl gebunden, hierin liegt das Wesen des ErbV (Gerken BWNotZ **92**, 93). – Die im ErbV nur **einseitig** getroffenen Anordngen nehmen als solche an der Bindgswirkg teil (§ 2299). Der Erbl kann sie dah jederzeit wie beim Test frei widerrufen (§ 2299 II). – Der **Umfang** der vertragsmäßigk u damit der Bindg richtet sich innerh der ges Grenzen ausschließl nach dem Willen der VertrSchließenden.

a) Wegfall der Bindung. Nur der wirks geschlossene u wirks gebliebene ErbV entfaltet Bindgswirkg. **2** Ist der ErbV nichtig oder wird er wirks beseitigt od wird die vertragsmäß Vfg ggstandslos, entfällt damit auch die Bindg (allgM; zB Zweibr OLGZ **90**, 134). Beseitigt des ErbV kann dch Aufhebg (§§ 2290–2292), Rücktritt (§§ 2293 ff) od Anfechtg (§§ 2281 ff) erfolgen. Ggstandslos wird eine vertragsmäß Vfg infolge Wegfalls des Bedachten vor od nach dem Erbfall dch Tod, Ausschlagg od ErbunwürdigErkl. Auch kann die Bindg an die Einsetzg eines SchlußE dch dessen bewußten Verstoß gg eine Verwirkgsklausel (s § 2269 Rn 13) entfallen (BayObLG **90**, 58). Zum Wegfall bei einer dch Wiederheirat wirks gewordenen Klausel s § 2269 Rn 19. Schließl kann sich der Erbl seine TestierFreih dch den Vorbehalt anderweit Testierens weitgehd erhalten:

b) Änderungsvorbehalt. Die VertrParteien können sich im ErbV selbst (ausdrückl od stillschweigd) das **3** Recht vorbehalten, anders als im Vertr vorgesehen u abweichd von diesem zu testieren (BGH NJW **82**, 441; BayObLG FamRZ **91**, 1359) u sich dadch ihre TestierFreih im Umfang des Vorbehalts bewahren, weil es grdsl ihrem Willen unterliegt, den Umfang der Bindg festzulegen. Der formbedürft (§ 2276) Vorbehalt kann auch dch Auslegg des ErbVs festgestellt werden (BayObLG **61**, 210; Köln NJW-RR **94**, 651). Dabei kann sich ergeben, daß mit dem Vorbehalt, beliebige andere Vfgen zu treffen, tatsächl ein RücktrVorbeh gem § 2293 gewollt war (BayObLG FamRZ **89**, 1353). – Die **Grenzen** eines solchen Vorbehalts sind str u angesichts der in der Praxis verwendeten Typenvielfalt nicht leicht zu ziehen (dazu Mayer DNotZ **90**, 755/762 ff, zugleich zum Stand der Meingen). Keinesfalls kann er als TotalVorbeh alle Vfgen od die einzige Vfg des ErbV in der Weise erfassen, daß der Erbl zu seiner uneingeschränkten Abänderg berecht wäre. Ein ErbV ohne jegliche Bindg würde sich nämlich seines eigentl Wesens entkleidet u inhaltslos wäre (BGH NJW **58**, 498; Düss OLGZ **66**, 70) u verlangt, daß wenigstens eine vertragsmäß Vfg nicht vom Vorbehalt erfaßt werden dürfe (Stgt OLGZ **85**, 434; Köln NJW-RR **94**, 651). Damit wird aber die vertragl Bindg als das Wesen des ErbV bildend stets als strikte iS von Unabänderbark verstanden, obwohl sie auch abgeschwächt vereinbart werden kann u nur Willkür ausgeschlossen sein muß (Mayer aaO 766). Auch ist damit die Folge eines unbegrenzten Vorbehalts noch nicht geklärt, etwa ob er od der ganze Vertrag unwirks ist od dieser als einseit Vfg wirks bleibt (s dazu Weiler DNotZ **94**, 427). Zu unterscheiden ist hierfür zwischen Wirksamk des Vorbehalts einers u Vertragsmäßigk der Vfg anderers (zum ähnl Problem der Wechselbezüglk beim gemeinsch Test mit Freistellgsklausel s § 2271 Rn 19). Hülsmeier NJW **86**, 3115 ist zuzustimmen, daß jeder Vorbehalt wirks ist ebso wie die erbvertragl Zuwendg auch von einer Bedingg od Befristg abhängig gemacht werden kann. Vertragsmäß Vfg liegt aber nur vor, wenn der Vorbehalt so ausgestaltet ist, daß der Erbl in seiner erbrechtl GestaltgsFreih in bestimmter Weise eingeschränkt bleibt (Mayer aaO 774; Weiler aaO). Nur dann erwirbt der Bedachte überh ein Recht iS von § 2289, das dch Ausnutzg des Vorbeh nicht beeinträcht wird, weil es von vornherein dch den Vorbeh bestimmt wurde. Die Einschränkg des Erbl bei Errichtg neuer Vfgen kann dann auch bei nur einer vertragsmäß Vfg dadch erfolgen, daß entweder die zuläss RFolgen dem Bedachten eine erbrechtl Mindestposition belassen muß od daß die Ändergsvoraussetzgen (inhaltl od zeitl befristet) festgelegt werden (Mayer aaO 774; Hülsmeier aaO). Die erbvertragl Bindg wirkt sich dann dahin aus, daß der Erbl nur noch solche einseit Vfgen treffen kann, die im Rahmen des Vorbehalts liegen. – **Beispiele** für zulässige Vorbehalte: Nachträgl Berufg weiterer Erben neben dem eingesetzten AlleinE; das Recht des überlebenden Ehegatten, die für den zweiten Erbfall getroffenen Bestimmgen in einem bestimmten Rahmen abzuändern (Stgt OLGZ **85**, 434) od „wenn sich die Verhältn ändern" (LG Koblenz JurBüro **68**, 254); die nachträgl Anordng von Vermächtn od Auflagen (Düss OLGZ **66**, 68); einer TestVollstrg, ggf nur mit einer bestimmten Person als TV (Stgt OLGZ **79**, 49). Der Vorbehalt von Vermächtn berecht aber nicht zu einer neuen Erbregelg; der zur Reduzierg des Nachl nicht auch zur Anordng einer TVollstrg (LG Koblenz aaO), es sei denn, daß die Erbeinsetzg insgesamt widerrufen werden darf.

4   **c) Als gesetzlicher Vorbehalt** berecht **II** den Erbl, einem (am ErbV beteiligten od als Dritten bedachten) pflichtteilsberecht **Abkömmling** die gemachte Zuwendg in guter Absicht (§ 2338) wieder zu entziehen. Ein vorheriger Verzicht auf dieses Recht wäre nichtig (§ 138 I). Die Anordng erfolgt einseitig, Kenntn od gar Zustimmg des Vertragspartners (Abkömml) ist nicht erforderl. Soll ein Dritter beschränkt werden, kann dies auch noch nach Tod des VertrPartners geschehen. – Die Entziehg des Pflichtt selbst (§ 2333) ist nicht nach **II,** sond nur nach Rücktritt vom ErbV (§ 2294) mögl.

5   **d) Die Einwilligung** des bedachten VertrPartners ist grdsl geeignet, den Erbl von seiner Bindg zu befreien u trotz **I** eine weitere Vfg vTw im Rahmen der Einwilligg wirks werden zu lassen (differenzierd nach Interessenlage Stumpf FamRZ **90**, 1057). Sie muß dann in der für die VertrAufhebg vorgeschriebenen Form (§§ 2290 IV; 2276) erklärt sein (BGH **108**, 252), wofür zwischen Ehegatten auch ein gemeinsch Test (§ 2292), bei Vermächtn einseit not beurkundete Erkl (§ 2291 II) genügt. Wirks ist auch die vor dem Erbfall in Form des Erbverzichts (§ 2348) erkl Zustimmg (BayObLG **74**, 401). – Dagg kommt der **formlos** erkl Einwilligg eine solche Wirkg nicht zu (BGH aaO; Köln NJW-RR **94**, 651). Wird sie allerd nach dem Erbfall erkl, sollte, nachdem der Bedachte jetzt die Zuwendg ganz ausschlagen kann, auch eine Beschränkg seiner RStellg als Teilausschlag dann beachtl sein, wenn seine nicht formgerechte Zustimmg nach Frist u Form der Ausschlagg (§§ 1944, 1945) entspricht (Soergel/Wolf Rn 14). – Auch im Falle unwirks Zustimmg muß sich der Bedachte im Einzelfall uU den Arglisteinwand entgegenhalten lassen, wenn er sich später auf die Unwirksamk der sein Recht beeinträchtigenden Vfg beruft (BGH **108**, 252; WM **78**, 171).

6   **2) Wirkung.** Der abgeschlossene ErbV entfaltet bezügl seiner vertragsmäß Vfgen (§ 2278; für einseit gelten §§ 2258; 2299) sowohl Aufhebgs- als auch Bindgswirkg, die jeweils auf den Umfang der Beeinträchtigg (Rn 8) abgestellt ist: – **a) Frühere,** also zeitl vor dem ErbV errichtete Vfgen vTw werden im Umfang ihrer Beeinträchtigg **aufgehoben** (**I** 1), sofern sie nicht ihrerseits als wechselbezügl gemeinsch Test od ErbV dem jetzigen ErbV vorgehen u seine Wirksamk verhindern (§§ 2271; 2289 I 2). Ist allerd der ErbV nur Ersatz des gemeinschftl Test od des früheren Vertr, also von gleichen Partnern geschl worden, liegt Aufhebg (§ 2290) vor, so daß es auf Beeinträchtigg nicht ankommt. Wird die frühere Vfg im ErbV ganz od teilw ausdrückl aufrecht erhalten, ist die vertrmäß Vfg dch genannten Willen der VertrSchließenden von vornherein eingeschränkt. Letzteres gilt auch für beeinträchtigende einseit Anordngen des Erbl in der VertrUrkunde, da sie dem VertrPartner regelm bekannt sind (Hamm OLGZ **76**, 20/24; MüKo/Musielak Rn 5). Fällt die Bindg weg (dazu Rn 1), entfällt auch die Aufhebgswirkg, es sei denn, daß sich aus dem ErbV der Wille 7 ergibt, die früh Vfg auf jeden Fall aufzuheben. – **b) Nachträgliche,** also zeitl spätere Vfgen vTw des vertragsmäß gebundenen Erbl sind als Folge der Bindg **unwirksam** (**I** 2), soweit sie das Recht des vertragsmäß Bedachten beeinträchtigen würden, es sei denn, daß der Erbl sich die abweichende Vfg ausdrückl od stillschweigend im ErbV vorbehalten hatte (s Rn 3). Ist der ErbV nichtig, zB wirks angefochten od fällt die Bindg nachträgl weg (s Rn 1), wird die spätere Vfg vTw wirks. Zur nachträgl Zustimmg des Vertragspartners (Bedachten) s Rn 5.

8   **c) Beeinträchtigung** des Rechts des Bedachten liegt vor, wenn die anderweit letztw Vfg die vertragsmäß Zuwendg mindern, beschränken, belasten od ggstandslos machen würde (Hamm OLGZ **74**, 378). Wirtschaftl Beeinträchtigg genügt (Soergel/Wolf Rn 3; Hülsmeier NJW **81**, 2043; aA MüKo/Musielak Rn 10: nur rechtl). Bei Widerspruch zwischen vertragl u anderweit Vfg liegt immer eine Beeinträchtigg vor, selbst wenn die andere Vfg für den Bedachten wirtschaftl günstiger wäre (BGH **26**, 204; dazu Küster JZ **58**, 394; anders beim gemeinsch Test). Eine vorausgehende Vfg muß allerd nicht auch widersprechend sein, um den vertragsmäß Bedachten beeinträchtigen zu können (§ 2289 geht üb § 2258 hinaus); zB beeinträchtigt ein test Vermächtn den Umfang einer späteren vertragl Erbeinsetzg, auch wenn sie als Vfgen als Willen des 9 Erbl ergänzen. – **Beispiele** für Beeinträchtigg: Zurückstufg des VertragsE zum VorE dch spätere Vfg (Hamm NJW **74**, 1774). – Anordng wertverschiebender Teilsanordng (Lehmann MittBayNot **88**, 157 erachtet Teilsanordngen jegl Art als beeinträchtigende Vfg; BGH **82**, 274; NJW **82**, 441 läßt Teilsanordngen als wertverschiebende nur bei entspr AusgleichsPfl zu; dagg Staud/ Kanzleiter Rn 12). – Anordng von Vermächtn; Auflage. – Test (auch frühere) Anordng einer TestVollstrg (BGH NJW **62**, 912), selbst wenn die Erben nachträgl einverstanden sind (KG JW **38**, 2746) od der Erbl üb den halben Nachl frei vfgen durfte (LG Stgt Rpfleger **93**, 68); die bloße Auswechslg nur der Person des TV beeinträchtigt allerd nicht (Düss ZEV **94**, 302; s auch § 2271 Rn 16; aA Stgt OLGZ **79**, 49; Meyding ZEV **94**, 98 bei Austausch der im ErbV

festgelegten Person). – Test Einsetzg eines Schiedsgerichts (Hamm NJW-RR **91**, 455). – Der Erbl kann auch nicht ohne weiteres den Vertragspartner zu Lasten anderer vertragsmäß Bedachter besserstellen; haben zB Ehegatten vertragsmäß ihre Abkömml zu Erben berufen, kann ein Ehegatte später nicht mehr einseit den anderen zu seinem Erben einsetzen (BayObLG **61**, 206). Wohl aber kann ein Ehegatte bei vertragl ggseit Erbeinsetzg noch zu Lebzeiten des anderen Gatten einseit für den Fall neu testieren, daß der andere zuerst verstirbt, weil dann eine Beeinträchtigg nicht mehr vorliegt (s Rn 1).

3) Rechtsgeschäfte unter Lebenden. Auch wenn durch sie dem VertragsE der erwartete Nachl entzogen **10** wird, sind sie nur unter bes Umständen nichtig (s § 2286 Rn 1). Zur Frage einer entspr Anwendg des § 2289 I 2 auf Vfgen zG Dr auf den Todesfall (§ 2301) s Johannsen DNotZ **77** SH 79ff. Da § 2289 ebso wie § 2286 nicht für familienrechtliche Geschäfte gilt, kann der Erbl trotz Bindg kraft ErbV dch **Eingehung** einer (neuen) **Ehe** uU die Entsteh eines erhöhten PflichtAnspruchs des (2.) Eheg nach § 1371 I herbeiführen (s § 2303 Rn 5; § 2286 Rn 5). Dies gilt auch dann, wenn Eheleute einen ErbV iS von § 2280 errichtet haben u nach dem Tod des einen Eheg der andere wieder heiratet u vor seinem 2. Ehegatten im Güterstd der ZugewGemsch stirbt (Reimann Rn 30; Erman/Hense/Schmidt Rn 1). Treffen Eheg in einem ErbV, in dem sie sich ggseit u nach dem Tode des Längstlebenden ihre Kinder zu Alleinerben eingesetzt haben, die Bestimmg, daß im Fall der Wiederverheiratg des überlebden Teils den Kindern der den gesetzl Erbteil übersteigde Betrag des Nachlasses des ErstVerstorbenen als Vermächtnis herauszugeben ist, ist der überlebende Eheg im Fall der Wiederverheiratg an seine Vfg zG seiner Kinder nicht gebunden (Zweibr OLGZ **73**, 217).

2290 *Aufhebung durch Vertrag.* [I] Ein Erbvertrag sowie eine einzelne vertragsmäßige Verfügung kann durch Vertrag von den Personen aufgehoben werden, die den Erbvertrag geschlossen haben. Nach dem Tode einer dieser Personen kann die Aufhebung nicht mehr erfolgen.

[II] Der Erblasser kann den Vertrag nur persönlich schließen. Ist er in der Geschäftsfähigkeit beschränkt, so bedarf er nicht der Zustimmung seines gesetzlichen Vertreters.

[III] Steht der andere Teil unter Vormundschaft oder wird die Aufhebung vom Aufgabenkreis eines Betreuers erfaßt, so ist die Genehmigung des Vormundschaftsgerichts erforderlich. Das gleiche gilt, wenn er unter elterlicher Sorge steht, es sei denn, daß der Vertrag unter Ehegatten oder unter Verlobten geschlossen wird.

[IV] Der Vertrag bedarf der im § 2276 für den Erbvertrag vorgeschriebenen Form.

1) Der Aufhebungsvertrag kann nur von den Parteien des ErbV, nicht aber von ihren Erben (I 2) od zw **1** Erbl u bedachtem Dritten geschlossen werden (I 1). Der **Erblasser** kann ihn in allen Teilen nur persönl schließen, II 1 (wie schon den ErbV, § 2274), Vertretg ist bei ihm ausgeschlossen. Ist er minderjähr, bedarf er nicht der Zustimmg seines ges Vertr (II 2; § 106) od einer gerichtl Genehmig (kann aber keinen neuen ErbV mehr schließen, § 2275 I); bei nachträgl GeschUnfähigk ist Aufhebg nicht mehr mögl. Ist für ihn Betreuer bestellt (§ 1896), kann die Aufhebg nicht dessen Einwilligg vorbehalten werden (§ 1903 II mit Rn 13). – **a) Der Vertragspartner,** der nicht selbst zugleich Erbl ist, kann bei nachträgl GeschUnfähigk dch seinen ges Vertr handeln. Dieser bedarf der Genehmigung des VormschG (III); ebso der Betreuer, wenn er innerh seines Aufgabenkreises (§ 1896 II) den Betreuten beim AufhebgsVertr vertritt. Der minderjähr VertrPartner bedarf der Einwilligg des ges Vertr (§ 107). – Die Zustimmg eines bedachten **Dritten** ist nicht erforderl, da er vor dem Erbfall noch keinerlei Rechte erwirbt (s Übbl 6 vor § 2274); verhindert er argl die Aufhebg, muß er sich so behandeln lassen, als wenn sie erfolgt wäre (RG **134**, 327). Er wird im übr dadurch einigermaßen geschützt, daß die Aufhebg nur vertragl (nicht einseit) u nach dem Tode einer Partei überh nicht mehr mögl ist, ebsowenig durch Ausschlagg (anders bei §§ 2271 II, 2298 II). Doch ist zu beachten, daß der Gegner nicht Erbe des Erbl sein muß u Vfgen zu seinen Gunsten inf seines Todes von selbst wegfallen (s auch § 2297). – **b)** Einen **Erbverzichtsvertrag** (§ 2352) kann der Erbl mit dem bedachten VertrGegner nicht schließen (BayObLG **74**, 401; Hamm DNotZ **77**, 752; Stgt OLGZ **79**, 129), wohl aber mit dem bedachten Dritten (Düss DNotZ **74**, 368; s § 2352 Rn 7). – Aufhebg kann iü auch dch neuen ErbV mit abweichdem Inhalt erfolgen (BayObLG FamRZ **94**, 190).

2) Die Form ist dieselbe wie beim ErbV **(IV);** § 2276 erfordert gleichzeit Anwesenh beider Teile. Auch ist **2** ein Ehe- u AufhebgsVertr mögl (§ 2276 II). § 2277, BeurkG 34 gelten nicht. Auch Aufhebg durch Rückn des Vertr aus der amtl Verwahrg (§§ 2256, 2272) kommt nicht in Frage. – Aufhebg im Prozeßvergleich ist zulässig; Erbl muß aber anwesend sein. Zum Prozeß mit Anwaltszwang s § 2276 Rn 9.

3) Die Aufhebungswirkung besteht darin, daß der ErbV od die aufgehobenen vertragsmäß Vfgen kraft- **3** los werden; sie erstreckt sich iZw auch auf einseit Vfgen (§ 2299 III); sie kann auf den Fortfall der Bindg beschränkt, es kann auch die Aufhebg mit einem neuen ErbV od Test (§§ 2274, 2275, 2299 I) verbunden werden.

4) Anfechtung des AufhebgsVertr kann durch den Gegner, der den Vertr nicht zugl als Erbl geschlossen **4** hat, nur nach §§ 119ff, durch den Erbl entspr § 2281 (§ 2285; str; wie hier MüKo/Musielak Rn 9; aM RGRK Rn 9) erfolgen (bei letzterem angesichts seiner wiedererlangten TestierFreih kaum prakt); der Bestand eines mit dem AufhebgsVertr verbundenen Abfindgsvertrags richtet sich nach § 139. Durch Beseitigg od vertragl **Aufhebung** des Aufhebungsvertrags (wofür §§ 2274, 2275, nicht § 2290 II, III gilt) wird der ErbV wiederhergestellt (§§ 2257, 2279 I).

2291 *Aufhebung durch Testament.* [I] Eine vertragsmäßige Verfügung, durch die ein Vermächtnis oder eine Auflage angeordnet ist, kann von dem Erblasser durch Testament aufgehoben werden. Zur Wirksamkeit der Aufhebung ist die Zustimmung des anderen Vertragschließenden erforderlich; die Vorschriften des § 2290 Abs. 3 finden Anwendung.

^{II} **Die Zustimmungserklärung bedarf der notariellen Beurkundung; die Zustimmung ist unwiderruflich.**

1   **1) Das Aufhebungstestament** bezügl vertrmäß Vfgen (§ 2278) kommt nur bei Vermächtn und Auflage, nicht aber bei Erbeinsetzg in Betracht, I 1. Es ist nur der Form nach Test, der Sache nach aber Vertr (str, aM MüKo/Musielak Rn 3), weil es im Zusammenwirken der ErbVertrParteien durch Zustimmg des VertrGegners erfordert, I 2, um wirks zu sein. Die **Formerleichterung** liegt in der Zulassg auch des PrivatTest (§§ 2231 Nr 2) u darin, daß der Gegner zwar zustimmen, aber nicht gleichzeit anwesend sein muß.

2   **2) Die Zustimmungserklärung** ist empfangsbedürft und bedarf der not **Form, II,** um ein zuverlässiges BewMittel u den Parteien zweifelsfrei Kenntn der nunmehr wieder unbeschränkten TestierFreih zu verschaffen. Das ZustimmgsR geht nicht auf die Erben der VertrGegners über, kann also nur zu dessen Lebzeiten ausgeübt werden (s aber § 130 II); nach dem Tode des Erbl kann die Zust als empfbed WE nicht mehr erteilt werden (Hamm NJW **74**, 1774). Eine bereits im ErbV ausgesprochene Zustimmg, die nicht schon im Einverständn mit einem Rücktrittsvorbehalt (§ 2293) liegt, nimmt der entspr Vfg ihren vertrmäß Charakter. Die Zustimmg kann auch dch Vertr erklärt werden, wobei nach I 2 in den Fällen des § 2290 III Genehmigg des VormschG erforderl ist.

3   **3) Widerruf.** Das AufhebgsTest kann der Erbl nach §§ 2253ff, solange der VertrGegner nicht zugestimmt hat, mit der Wirkg widerrufen, daß die vertragsmäß Vfg wieder wirks wird. Nach Erteilg der Zustimmg kann das AufhebgsTest nur mit Zustimmg des VertrGegners – in der Form von II – widerrufen werden. Der Widerruf hat auch in diesem Fall die Wirkg, daß die vertragsmäß Vfg wieder auflebt.

2292   *Aufhebung durch gemeinschaftliches Testament.* **Ein zwischen Ehegatten geschlossener Erbvertrag kann auch durch ein gemeinschaftliches Testament der Ehegatten aufgehoben werden; die Vorschriften des § 2290 Abs. 3 finden Anwendung.**

1   **1) Nur Ehegatten** können den von ihnen geschl ErbV durch gemeinschaftl Test aufheben (**I** u § 2265), auch dann, wenn die VertrTeile bei Aufhebg verheiratet sind, diese Voraussetzg aber bei Abschluß des ErbV noch nicht vorlag (Köln FamRZ **74**, 51). **Die Aufhebung** kann sich hier (anders bei § 2291) auch auf vertragsm Erbeinsetzgen beziehen. Das Test kann sich mit der Aufhebg der früher getroffenen Vfgen begnügen; es kann auch nur einzelne Vfgen aufheben, und bestehen lassen (BayObLG **60**, 192). Erfolgt die Aufhebg nicht ausdrückl u stehen die test Vfgen zu den früheren des ErbV nicht in Widerspr, kann **Ergänzung** zu einer einheitl gemeinschaftl Vfg vTw vorliegen (BayObLG Rpfleger **80**, 283). Wollen die Eheleute beide Vfgen als Einheit gelten lassen, können die vertragsmäß Erbeinsetzg u die test Einsetzg des SchlußE bei entspr Bindgswillen sogar wechselbezügl werden (BayObLG FamRZ **86**, 392). Die zeitl nacheinander errichteten Vfgen sind dann so auszulegen, als wäre der Wille der Ehegatten in einer einheitl Urkunde niedergelegt, wobei der vertragl Bindg nur insow als aufgehoben anzusehen ist, als das spätere gemeinsch Test ihr widerspricht (BayObLG **87**, 23). Lag ein einseitiger ErbV vor od ist nur die Aufhebg der Vfgen des einen Teils beabsichtigt, hat der andere Teil der Aufhebg ledigl zuzustimmen.

2   **2) Das Aufhebungstestament** kann in jeder zulässigen Form des gemeinschaftl Test, aber nicht dch übereinstimmende EinzelTeste errichtet werden (dazu Einf 9 vor § 2265; § 2266). Dch die Verweisg auf § 2290 III gelten allerd best VertrVorschr. Für den **Erblasser** (bei zweiseit ErbV für beide Ehegatten) gelten §§ 2229f, 2253. Der bloß annehmende Gatte bedarf zur Aufhebg, wenn er in der GeschFähig beschränkt ist, der Zustimmg des gesetzl Vertreters und vormschaftsgerichtl Genehmigg (§ 2290 III). Nachträgl Genehmigg nach erlangter GeschFähigk behebt den Mangel (aber nur solange der Erbl lebt, § 108 III; MüKo/Musielak Rn 3; s auch § 2275 Rn 3). Ein eigenhänd gemschaftl Test ist jedoch unheilb nichtig, wenn ein Eheg minderjährig war (§ 2247 IV; s Einf 8 vor § 2265).

3   **3)** Durch **einseitigen Widerruf** des AufhebgsTest (§§ 2271; 2253ff) kann der ErbV nicht wieder in Kraft gesetzt werden (er ist aber uU gem § 140 in eine einseit letztw Vfg umdeutbar); wohl aber kann diese Wirkg durch einen ErbV, einen Vertr nach § 2290, ein neues gemschaftl Test erzielt werden.

2293   *Rücktritt bei Vorbehalt.* **Der Erblasser kann von dem Erbvertrage zurücktreten, wenn er sich den Rücktritt im Vertrage vorbehalten hat.**

1   **1) Das Rücktrittsrecht** sichert dem Erbl persönl (nicht seinen Erben, § 2296 I) das Recht, dch einseit Erklärg seine vertragsmäß Vfgen (§ 2278) außer Kraft zu setzen. Solange er davon aber keinen Gebrauch macht, besteht auch die erbvertragl Bindg. Das RücktrR erlischt zwingd mit Tod des RücktrBerecht (§§ 2065, 2279 I). Dagg läßt der Tod des VertrPartner beim einseit ErbV das R unberührt (ändert aber die Form, § 2297); beim zweiseit erlischt es iZw bei Nichtausüb (§ 2298 II, III). – Ein erkl Rücktritt kann nur bei test Ausübg (§ 2297) widerrufen werden. – Unterblieb ein RücktrVorbehalt, stehen dem Erbl unter den jeweiligen Vorauss nur die Anfechtg (§§ 2281ff) od die ErbV (§§ 2294, 2295) zur Vfg (s Müller BWNotZ **84**, 113).

2   **2) Der Vorbehalt** unterliegt dem Willen der VertrParteien. Er kann für den ganzen ErbV od nur für einzelne vertrmäß Vfgen, unbeschränkt od nur für bestimmte Fälle, bedingt od befristet erklärt werden. Der Erbl kann von dem Vorbehalt auch nur teilw Gebrauch machen. – **Im Vertrag** muß der Vorbeh gemacht sein; auch in einem NachtragsVertr mögl, für den, wenn er nur den Vorbeh enthält, dann § 2290 II, III (nicht § 2275) gilt. Er kann auch in anderen Begriffen ausgedrückt sein ("widerrufen", "aufheben"). Eine WiederverheiratgsKlausel in einem EhegattenErbV enthält idR stillschweigend einen RücktrVorbeh für den Überlebenden im Falle der Wiederheirat (Karlsr NJW **61**, 1410; Zweibr OLGZ **72**, 217). – **Keinen** RücktrVorbeh enthält ao Vorbeh, abweichend vTw zu verfügen, kann aber tatsächl so gemeint sein (s § 2289 Rn 3; BayObLG FamRZ **89**, 1353); od eine auflösende Bedingg.

3) Die Ausübung des RücktrR bedarf der Form des § 2296 II od § 2297; Befristg kann vereinb werden (s **3** Rn 2). Ist der Rücktr für den Fall vorbehalten, daß der Begünstigte versprochene Leistgen nicht erfüllen wird, kann der Erbl nicht zurücktreten, wenn er das Verhalten des Begünstigten stillschw duldete (Oldbg NdsRpfl **55**, 191). Hat der Erbl sich den Rücktr für den Fall vorbehalten, daß der VertrErbe die Pflicht, den Erbl zu verpflegen, nicht ordnsgem erfüllt, dann kann der Grdsatz von Treu u Glauben dazu führen, daß der Rücktr erst nach einer Abmahnung zuläss ist (BGH **LM** § 242 (Cd) Nr 118); zu deren Inhalt s Düss FamRZ **95**, 58. Erfolgte trotz Abmahng kein Rücktr, kann ein späterer nicht mehr auf die früh Grde gestützt werden (Düss aaO). Keine Abmahng ist aber erforderl bei eindeut Verstößen gg klare VertrPflichten (BGH NJW **81**, 2299). Die schuldrechtl Vorschr der §§ 346ff sind für den Rücktr des Erblassers grdsätzl nicht anwendb; in dem vom BGH (aaO) entschiedenen Fall wirft dieser allerd mit Recht die Frage auf, ob die Beweislastregel des § 358 dennoch Geltg zu beanspruchen hat. – Wenn Eheg in einem mit dem ErbV verbundenen EheVertr (§ 2276 II) GüterGemsch vereinb haben, kann zwar jeder Eheg unter den Voraussetzgen der §§ 2293ff vom ErbV od einer vertragsmäß Vfg zurücktreten, die Weitergeltg des EheVertr wird aber dadurch nicht berührt (BGH **29**, 129).

4) Der Gegner braucht dem Rücktr nicht zuzustimmen. Seine Zustimmg liegt schon in der Vereinbg des **4** RücktrVorbehalts. Er hat kein gesetzl RücktrR, sond kann ausschlagen. Jedoch kann ein RücktrVorbeh seinerseits prakt werden, wenn er mit Rücks auf den ErbV (§ 2295) Leistgen gemacht od Verpflichtgen übernommen hat. Dieses vorbehaltene RücktrR richtet sich dann nach §§ 346ff. Seine Ausübg beseitigt die LeistgsPfl und berechtigt zur RückFdg des Geleisteten. Es vernichtet aber die Vfgen des Erbl nicht ohne weiteres, sond kann dessen vorbehaltenes od gesetzl RücktrR (§ 2295) auslösen.

2294 *Rücktritt bei Verfehlungen des Bedachten.* **Der Erblasser kann von einer vertragsmäßigen Verfügung zurücktreten, wenn sich der Bedachte einer Verfehlung schuldig macht, die den Erblasser zur Entziehung des Pflichtteils berechtigt oder, falls der Bedachte nicht zu den Pflichtteilsberechtigten gehört, zu der Entziehung berechtigen würde, wenn der Bedachte ein Abkömmling des Erblassers wäre.**

1) Ein gesetzliches Rücktrittsrecht besteht bei Verfehlgen (§§ 2333–2335) des Bedachten (mag er **1** VertrGegner od Dritter sein; nicht die des bloß Annehmenden). Sie verdienen keine Belohng (ähnl § 530). Im Ggsatz zu § 2297 ordnet aber § 2294 die entspr Anwendg des § 2336 II–IV nicht an, da bei § 2294 der Rücktr zu Lebzeiten des anderen VertrSchließenden, bei § 2297 aber erst nachher erfolgt (BGH NJW **52**, 700; FamRZ **85**, 919; hM). Hieraus ergibt sich für § 2294: Verfehlgen vor dem Abschl des ErbV, auch wenn sie dem Erbl unbekannt sind, begründen nicht RücktrR, sondern uU Anfechtg nach §§ 2281, 2078. – **Form** des Rücktr: §§ 2296, 2297. Der RücktrGrd braucht nicht angegeben zu werden (Johannsen WM **73**, 530). – **Wirkung** s § 2296 Rn 4.

2) Beweislast. Die Darleggs- u Beweislast für die Gründe einer PflichtEntzieh trägt der widerrufende **2** Erbl (Baumgärtel/Strieder Rn 1). § 2294 verweist nicht auf die Regel des § 2336 III. Also muß der Erbl auch den Tatbestand der körperl Mißhandlg (§ 2333 Nr 2) od eines Verbrechens od schweren vorsätzl Vergehens (§ 2333 Nr 3) beweisen; nach allg Regeln ist aber der Bedachte insow beweispflichtig, als er sich für seine Schuldlosigk auf wirkl od vermeintl Notwehr od sonstige Schuldausschließgsgründe beruft (BGH NJW-RR **86**, 371). Besserg oder Verzeihg vor Rücktr (§§ 2336 IV, 2337 S 1) vernichten das an sich unverzichtbare RücktrR, Verzeih nach Rücktr (§ 2337 S 2) od Besserg nach dem Rücktr machen ihn nicht mehr unwirks.

3) Ist ein Ehevertrag mit dem ErbV verbunden, wird durch den Rücktr eines Ehegatten vom ErbV die **3** Weitergeltg des EheVertr nicht berührt (BGH **29**, 129).

2295 *Rücktritt bei Aufhebung der Gegenverpflichtung.* **Der Erblasser kann von einer vertragsmäßigen Verfügung zurücktreten, wenn die Verfügung mit Rücksicht auf eine rechtsgeschäftliche Verpflichtung des Bedachten, dem Erblasser für dessen Lebenszeit wiederkehrende Leistungen zu entrichten, insbesondere Unterhalt zu gewähren, getroffen ist und die Verpflichtung vor dem Tode des Erblassers aufgehoben wird.**

1) Gesetzliches Rücktrittsrecht. Ist im Zusammenhang mit einem ErbV (nicht notw darin) dch sog **1** VerpfründgsVertr eine Verpflichtg des Bedachten zu wiederkehrenden Leistgen an den Erbl bis zu dessen Ableben (Unterhalt, Rente, Pflege, Verpflegg usw) vereinbart worden (s Übbl 7 vor § 2274), berechtigt die Aufhebg dieser Verpflichtg vor dem Erbfall den Erbl zum Rücktritt vom ErbV. Dieses ges RücktrittsR ist auf die im Zweckzusammenhang stehenden vertragsmäß Vfgen beschränkt u insow auch erforderl, weil ErbV u schuldrechtl Verpflichtg nur ursächl verknüpft sind, aber nicht im Verhältn von Leistg u GgLeistg iSv §§ 320ff stehen (s Übbl 4 vor § 2274). Allerd kann der ErbV von vornherein von der Bedingg des Fortbestands der Verpflichtg (od deren Erfüllg) abhäng gemacht werden (BayObLG Rpfleger **76**, 290), möglicherw stillschweigend (Hamm DNotZ **77**, 751), so daß es dann eines Rücktr nicht bedarf (s 158 II).

a) Aufhebung. Der vertragl Aufhebg steht der nachträgl Wegfall der Verpflichtg (dch Rücktritt, Be- **2** dinggseintritt, Unmöglichk) gleich. – **Leistungsstörungen** wie Nicht- od Schlechterfüllg, die den ErfüllgsAnspr bestehen lassen, berechtigen nicht zum Rücktr. Da §§ 320ff nicht anwendbar sind, ist nach hM die Anfechtg (§§ 2078 II, 2281ff) zulässig, sofern nicht beide Vertr als dch die Wirksamk jeweils des and bedingt abgeschlossen wurden od sie ein einheitl RGesch iS von § 139 bilden (vgl Lüke, Vertragl Störgen beim entgeltl ErbV, 1990). Nach aA ist Rücktr gem § 326 eröffnet, weil dem entgeltl ErbV GrundGesch wie beim Erbverzicht zugrde liege (Stöcker WM **80**, 482; Stürzebecher NJW **88**, 2727); für Rücktr auch LG Köln DNotZ **78**, 685 mit abl Anm Bengel; nach and Meing kommt KondiktionsR (§ 812 I 2, Fall 2) zur Anwendg, weil die beiden VertrAbschlüsse dch Zweckabrede zusammenhängen sollen (RGRK Rn 3; Reimann

Rn 6; Knieper DNotZ **68**, 331), obwohl es sich nicht um Bestandteile eines ggseit Vertr handelt u der Anspr auch undurchführb wäre, wenn Erbl vor seiner Durchsetzg verstirbt. – RücktrR des Erbl ist auch mögl, wenn die Verpfl nicht entstanden ist, zB infolge Nichtigk (Brox § 14 III 2 b; aA MüKo/Musielak Rn 6).

3 **b) Zusammenhang** zw den beiden RGesch ist erforderl. Die inhaltl Verbindg wird dch den vom Erbl verfolgten und dem Bedachten bekannten Zweck seiner vertrmäß Vfg hergestellt.

4 **2) Form** des Rücktr regeln §§ 2296, 2297. – Die **Umdeutung** (§ 140) eines formnichtigen VertrAngeb
5 zur Aufhebg eines ErbV in Rücktr nach § 2295 ist mögl (Hamm DNotZ **77**, 752). – **Nach** Rücktr kann der Verpflichtete **erbrachte Leistungen** gem § 812 I 2 wg Nichterreichg des mit der Leistg bezweckten Erfolgs zurückfordern.

2296 *Form des Rücktritts.* ¹ **Der Rücktritt kann nicht durch einen Vertreter erfolgen. Ist der Erblasser in der Geschäftsfähigkeit beschränkt, so bedarf er nicht der Zustimmung seines gesetzlichen Vertreters.**

II Der Rücktritt erfolgt durch Erklärung gegenüber dem anderen Vertragschließenden. Die Erklärung bedarf der notariellen Beurkundung.

1 **1) Die Rücktrittserklärung** (§§ 2293–2295) ist dem Erbl **persönlich** vorbehalten u geht nicht auf seine Erben über. Vertretg ist ausgeschlossen (**I** 1). Als beschr geschäf Minderjähr bedarf er nicht der Zustimmg seines ges Vertr (**I** 2); als GeschUnfäh kann er nicht mehr zurücktreten. Ist für ihn Betreuer bestellt (§ 1896), kann seine Erkl nicht dessen Einwilligg vorbehalten werden (§ 1903 II mit Rn 13). – **a) Empfangsbedürftig** ist die einseit WillErkl (**II** 1), die zwingend der not Beurk bedarf (**II** 2). Um wirks zu werden, muß der in Abwesenh des and VertrSchließenden erkl Bedachter diesem (seinem ges Vertr, § 131)
2 zugehen (§ 130), bei mehreren VertrSchließenden jedem (Reithmann DNotZ **57**, 529), und zwar in **Urschrift** od **Ausfertigung;** Abschrift genügt auch dann nicht, wenn sie dch RA, Notar, GVz beglaubigt ist (hM, s § 2271 Rn 5; MüKo/Musielak Rn 6 mN). Zustellg (§ 132) ist nicht notwend, aber aus Beweisgründen zweckm; ZPO 170 I Halbs 2 gilt nicht; Ersatzzustellg an den die Zustellg betreibden Teil macht die Zustellg unwirks (ZPO 185). Vereinbarg and Voraussetzgn wirks Zugangs wäre mögl (BGH NJW **95**, 2217; § 130 Rn 19). Eine unwirks Zustellg (s dazu BGH NJW **75**, 827) der RücktrErkl kann nach dem Tod des Vertragserben nicht mit heilender Wirkg nachgeholt werden (Düss OLGZ **66**, 68). – **Zeitlich** ist der Zugang begrenzt (s dazu § 2271 Rn 6). Hat Notar zunächst nur begl Abschr des Rücktr zustellen lassen u wurde erst nach dem Tod des Erklärenden eine Ausfertigg erneut zugestellt, um dem jetzt erst erkannten Zustellgsmangel abzuhelfen, ist der Rücktr unwirks (BGH **48**, 374). Darauf, ob der Erklärde vor seinem Tod alles getan hat, was von seiner Seite aus geschehen mußte, damit die Erkl dem and Teil zugeht, kommt es nicht an. Im übr ist der Rücktr auf jeden Fall unwirks, wenn die Erkl beim Tod des Widerrufden sich nicht bereits auf dem Weg zum Adressaten befand u der Zugang alsbald erfolgte, sond erst zu einem Ztpkt zugestellt wurde, zu dem der VertrPartner mit einem Rücktr nicht mehr zu rechnen brauchte
3 (BGH aaO; Hamm FamRZ **91**, 1486). – **b) Die spätere Errichtung** eines Test mit abweichdem Inhalt ist mangels Erkl ggü dem and VertrTeil noch kein Rücktr. Eine Anweisg, den TestInhalt (Widerruf) erst nach dem Tod des Erbl dem VertrGegner zu übermitteln, ist unzul (BGH **9**, 235); im übr ist aber § 130 II anwendb (vgl § 2271 Rn 6). Der das Test nur verwahrende Notar ist nicht ermächtigt, nach dem Tod des Erbl durch Versendg des Test den Rücktr zu erklären (Saarbr SaarlRZ **57** (1. Halbjahr), 45). – **c) Unwiderruflich** ist der einseit Rücktr (wie jede empfangsbedürft Erkl). Er kann nicht unter einer Bedingg erklärt werden (Stgt OLGZ **79**, 129) u läßt sich nur dch neuen Vertr beseitigen. Nach dem Tode des anderen Teils gilt § 2297. – **d) Gebühr:** KostO 46 II.

4 **2) Wirkung.** Dch wirks Rücktr werden die vertrmäß Vfgen des Zurücktretenden immer, die des and Teils aber nur bei vorbehaltenem Rücktr aufgehoben (§ 2298 II, III), während diese sonst, zB bei Rücktr wg Verfehlgs (§ 2294) wirks bleiben (arg e contrario aus § 2298 II; Müller-Rottach BWNotZ **87**, 42). Einseit Vfgen treten außer Kr (§ 2299 III). Bei Teilrücktr beurteilt sich die Wirksamk der übrigbleibenden Bestimmgen nach §§ 2279, 2085; Ausn: § 2298.

2297 *Rücktritt durch Testament.* **Soweit der Erblasser zum Rücktritte berechtigt ist, kann er nach dem Tode des anderen Vertragschließenden die vertragsmäßige Verfügung durch Testament aufheben. In den Fällen des § 2294 finden die Vorschriften des § 2336 Abs. 2 bis 4 entsprechende Anwendung.**

1 **1) Der Tod des Vertragsgegners** läßt bei einseitigen ErbV das RücktrR des Erbl unberührt, ändert aber die RücktrForm (Anfechtg ist außerdem mögl, aber mit geänderten Empfänger, § 2281 II). Dagg erlischt bei zweiseitigen ErbV iZw mit dem Tod des and Teils bei Nichtausschlagg der RücktrVorbeh (§ 2298 II 2, 3, III). – Der Rücktr erfolgt nicht ggü den Erben od dem bedachten Dritten, sond allein durch aufhebendes Test (§§ 2254, 2258), gleichviel ob der Grd zum Rücktr vor od nach dem Tode des anderen Teils eintrat. Beim Tod einzelner von mehreren VertrSchließenden hält Reithmann (DNotZ **57**, 529) den Rücktr ggü den noch Lebenden nach § 2296 II für ausreichend. Der Rücktr ist bei § 2297 (anders bei § 2296) widerrufl wie jedes Test (§§ 2253 ff).

2 **2) Verfehlungen des Bedachten.** Erklärt der Erbl desh den Rücktritt in TestForm, muß er im Ggsatz zu § 2294 aus dem PflichttEntziehgsR die Vorschr des § 2336 II bis IV beachten. Ob der nicht erwähnte § 2337 Anwendg findet, ist str. Nach hM beseitigt Verzeihg vor dem Rücktr das Recht zur Aufhebg, eine nachträgl Verzeihg aber nicht die Wirksamk des Rücktr; Erbl muß dann entw das AufhebgsTest widerrufen od dem Bedachten eine neue Zuwendg machen.

2298 *Zweiseitiger Erbvertrag.* ^I Sind in einem Erbvertrage von beiden Teilen vertragsmäßige Verfügungen getroffen, so hat die Nichtigkeit einer dieser Verfügungen die Unwirksamkeit des ganzen Vertrags zur Folge.

^{II} Ist in einem solchen Vertrage der Rücktritt vorbehalten, so wird durch den Rücktritt eines der Vertragschließenden der ganze Vertrag aufgehoben. Das Rücktrittsrecht erlischt mit dem Tode des anderen Vertragschließenden. Der Überlebende kann jedoch, wenn er das ihm durch den Vertrag Zugewendete ausschlägt, seine Verfügung durch Testament aufheben.

^{III} Die Vorschriften des Absatzes 1 und des Absatzes 2 Satz 1, 2 finden keine Anwendung, wenn ein anderer Wille der Vertragschließenden anzunehmen ist.

1) **Nichtigkeit** auch nur einer **vertragsmäßigen** Vfg eines Erbl in einem **zweiseitigen** ErbV (s Übbl 2 **1** vor § 2274) macht nach der AusleggsRegel (III) des **I** den ganzen Vertr unwirks. Ob die Erbl sich auch ggseit (od Angehörige) bedacht haben, ist unerhebl. Wenn beide VertrParteien als Erbl auftreten und die Vertragsmäßigk ihrer Vfgen feststeht, ist iZw (nicht notw) ggseit Abhängigk voneinander anzunehmen (BGH NJW **61**, 120; anders § 2270 II). Die Nichtigk ist idR eine anfängl (wg GeschUnfähigk; Formmangel; Sittenverstoß usw) od eine dieser gleichstehende (bei Anfechtg, § 142). Eine von Anfang an gegebene Unwirksamk im Falle des § 2289 I 2 ist ihr gleichzusetzen. – Wird dagg eine vertrmäßige Vfg **gegenstandslos** (zB durch Vorversterben, Ausschlag des Bedachten, Bedingungsausfall, Erbunwürdigk), ist dies regelm auf die Bestimmgen des Gegners ohne Einfluß. – Ob **einseitige** Vfgen durch die Nichtigk einzelner vertragsmäßiger Bestimmgen **2** berührt werden, bemißt sich nach § 2085 (s dazu Bühler DNotZ **62**, 367 ff). Bei Nichtigk des ganzen ErbV sind auch einseitige Verfüggen unwirks, soweit nicht § 140 (Umdeutg in Test) eingreift.

2) **Rücktritt.** Nur die Ausübg eines nach § 2293 vorbehaltenen Rücktritts (nicht des gesetzl nach §§ 2294, **3** 2295) dch einen VertrSchließenden macht nach der AusleggsRegel (III) des **II 1** gleichfalls den gesamten ErbV hinfäll. – **a) Vorbehalten** können sich den Rücktritt beide od nur einer; vgl iü § 2293 Rn 2. Wurde der Vorbehalt auf eine einzelne Vfg beschränkt, ist idR anzunehmen, daß diese Vfg nicht im Verhältn ggseitiger Abhängigk zum übrigen Inhalt des ErbV stehen soll (s aber auch KG OLG **44**, 107). Wenn die Beteiligten den Vorbehalt ganz weglassen können, dürfen sie ihn auch zeitl einschränken; sie dürfen also auch TestAufhebg bei Ausschlag (**II 3**) durch Vereinbg ausschließen, so daß diese Art der Aufhebg ohne Ausschlag gestattet u umgekehrt Aufhebg trotz Ausschlag untersagt werden kann. – **b) Erlöschen.** Das vorbehaltene RücktrR **4** erlischt beim Tode des anderen, sofern nicht ein and Wille beider VertrParteien zZ des VertrSchlusses anzunehmen (**III**) u ggf dch Auslegg zu ermitteln ist (BayObLG FamRZ **94**, 196; Übbl 8 v § 2274). Doch gibt die Ausschlag des im Vertr (vertragl od letztwill) Zugewandten aGrd des RücktrVorbehalts das Recht zur Aufhebg der eigenen Vfgen durch Test. Nur wer auf den ganzen GgWert verzichtet, kann von dem ganzen Vertr loskommen. War nichts zugewandt, so kann auch nicht durch Ausschlag aufgeh werden; über die bestr Bedeutg der Ausschlag eines bedachten Dritten vgl § 2271 Rn 17.

3) **Die Wirkung der Rücktrittserklärung** (Aufhebg) richtet sich auch hier zunächst nach ihrem Umfang, **5** in jedem Falle aber nach dem alles entscheidenden Parteiwillen, **III**, wobei die Hauptrolle spielt, ob u inwieweit die Vfgen wechselbezügl sind. Der Parteiwille kann auch aGrd von Tatsachen außerh des Vertr sowie der allg Lebenserfahrg ermittelt werden. S auch Rn 1; § 2085 u wg einseitiger Vfgen § 2299 III.

2299 *Einseitige Verfügungen.* ^I Jeder der Vertragschließenden kann in dem Erbvertrag einseitig jede Verfügung treffen, die durch Testament getroffen werden kann.

^{II} Für eine Verfügung dieser Art gilt das gleiche, wie wenn sie durch Testament getroffen worden wäre. Die Verfügung kann auch in einem Vertrag aufgehoben werden, durch den eine vertragsmäßige Verfügung aufgehoben wird.

^{III} Wird der Erbvertrag durch Ausübung des Rücktrittsrechts oder durch Vertrag aufgehoben, so tritt die Verfügung außer Kraft, sofern nicht ein anderer Wille des Erblassers anzunehmen ist.

1) **Einseitige Verfügungen.** Der ErbV ist gewissermaßen ein Stützpunkt für testamentar Vfgen jeder **1** Partei, sofern er wirks zustande kam, also wenigstens eine vertrmäß Vfg (§ 2278) enthält (s Übbl 1 vor § 2274). Ob eine vertragsmäß (§ 2278) od eine einseit Vfg (§ 2278 Rn 4) vorliegt, ist iZw dch Auslegg zu ermitteln (dazu Übbl 8 vor § 2274; § 2278 Rn 3). Für die einseit gelt TestR (**II** 1), zB für ihre Auslegg (§ 2084). Auch ist TestierFähigk (s § 2229) erforderl. Der Bindgswirkg nach § 2289 unterliegen sie nicht. Auch die Erleichtergen des § 2275 II, III gelten für sie nicht (hM; aA MüKo/Musielak Rn 4).

2) **Die Aufhebung** einseit Vfgen kann sowohl einseit dch Test, dh jederzeit nach § 2255 ff, als auch dch **2** Vertr nach § 2290 (**II** 2) od dch Rücktritt vom ErbV nach §§ 2293 ff (**III**) erfolgen. Die Beseitigg des gesamten ErbV (nicht nur einzelner vertrmäß Vfgen) dch Rücktritt od Aufhebg setzt auch die einseit Vfg außer Kraft, wenn nicht der ErblWille entgegensteht (**III**; Ausleggsregel).

2300 *Amtliche Verwahrung; Eröffnung.* Die für die amtliche Verwahrung und die Eröffnung eines Testaments geltenden Vorschriften der §§ 2258a bis 2263, 2273 sind auf den Erbvertrag entsprechend anzuwenden, die Vorschriften des § 2273 Abs. 2, 3 jedoch nur dann, wenn sich der Erbvertrag in besonderer amtlicher Verwahrung befindet.

1) **Die besondere amtliche Verwahrung** von ErbV ist nach BeurkG 34 II die Regel. Die VertrSchließen- **1** den können sie dch gemeins Erkl ausschließen. Dies ist iZw anzunehmen, wenn der ErbV mit einem and Vertr (zB EheVertr, § 2276 II) verbunden ist; in solchen Fällen überwiegt das Interesse der Beteil an der alsbald Benutzg der Urk idR das Interesse an der Sicherg u Geheimhaltg. Durchführg: s § 2277 Rn 3. – Zuständigk u Verfahren: §§ 2258a, b. – Bei Ausschluß bleibt die Urk in der Verwahrg des UrkNotars (BNotO 25 II 1).

2 **2) Ablieferungspflicht.** Notar hat den von ihm gewöhnl verwahrten ErbV (auch einen aufgehobenen) nach dem Tod des Erbl unverzügl an das NachlG gem §§ 2300, 2259 abzuliefern (BNotO 25 II 2, DONot 16 II 2), auch bei Verbindg mit einem anderen Vertr.

3 **3) Eröffnung** u Verkündung geschieht wie beim Test (§§ 2260 bis 2263; dazu BGH **70**, 173; Ffm Rpfleger **77**, 206; BayObLG Rpfleger **90**, 22). Auch ein aufgehobener ErbV ist zu eröffnen (LG Münst NRW JMBl **57**, 196); ebso ein mit einem and Vertr verbundener ErbV, nicht aber ein AufhebgsVertr, § 2290 (Düss RhNK **73**, 199). Bei zweiseit ErbV gilt § 2273 entspr, ebso wenn nur auf einer Seite zwei Erbl stehen. – Im Falle der bes amtl Verwahrg wird nach § 2273 II, III verfahren (BayObLG **74**, 9). Ein nach § 2259 abgelieferter ErbV wird daher offen bei den NachlAkten aufbewahrt, wenn nicht der Überlebde die amtl Verwahrg beantragt, die jedoch im Fall des § 2273 III nicht in Frage kommt. Ein bish in bes amtl Verwahrg befindl ErbV ist ggf wieder in bes amtl Verwahrg zu nehmen (s § 2273 Rn 6). In die Verwahrg des Notars ist der Vertr auf keinen Fall zurückzugeben (vgl § 2273 Rn 6; AktO 27 Nr 11). – Enthält der Vertr auch Vfgen des Überlebden, erfolgt nochmalige Eröffg bei seinem Ableben (vgl § 2273 Rn 8). – Über entspr Anwendg des § 2300 s KonsG 11 III. – **Einsichtnahme** nach Eröffng: FGG 34 (vgl § 2264 Rn 2).

2300 a *Eröffnungsfrist.* **Befindet sich ein Erbvertrag seit mehr als fünfzig Jahren in amtlicher Verwahrung, so ist § 2263a entsprechend anzuwenden.**

1 **Eröffnungsfrist.** Entspr Vorschr für Test (§ 2263a); jedoch beträgt die Eröffngsfrist bei ErbV 50 Jahre, da sie vielf schon in jüngeren Jahren abgeschlossen werden. Die Vorschr gilt für alle ErbV, und zwar nicht nur für die in bes amtl Verwahrg befindl, sond auch für die beim Notar verwahrten Urkunden. Im letzteren Fall obliegt dem Notar die Nachprüfg u ggf die Ablieferg an das NachlG zwecks Eröffng (DONot 16 II 3, IV). – Auch für Notar gelten die in § 2263a angeführten Grdsätze. Er muß also ggf auch ErbV, die vor dem 1. 1. 1900 errichtet worden sind, an das NachlG (§ 2260) abliefern (s § 2263a Rn 2); er kann auch an ein and AG abliefern, zB das AG des Amtssitzes (§§ 2259 mit 2261; s auch § 2263a Rn 3; Hamm Rpfleger **72**, 23). **2** Lehnt das angegangene AG die **Annahme** des ErbV zur Eröffng **ab,** ist Notar zur Einlegg der Erinnerg (RPflG 11) befugt (BayObLG **83**, 149; Memmg Rpfleger **77**, 440). – Die Vorschr ist auf den Erbverzichts-Vertr nicht entspr anwendb (BayObLG aaO).

2301 *Schenkungsversprechen von Todes wegen.* [I] **Auf ein Schenkungsversprechen, welches unter der Bedingung erteilt wird, daß der Beschenkte den Schenker überlebt, finden die Vorschriften über Verfügungen von Todes wegen Anwendung. Das gleiche gilt für ein schenkweise unter dieser Bedingung erteiltes Schuldversprechen oder Schuldanerkenntnis der in den §§ 780, 781 bezeichneten Art.**

[II] **Vollzieht der Schenker die Schenkung durch Leistung des zugewendeten Gegenstandes, so finden die Vorschriften über Schenkungen unter Lebenden Anwendung.**

1 **1) Schenkung von Todes wegen.** Stellt der Erbl ein unentgeltl RGesch unter die Bedingg, daß der Beschenkte ihn überlebt, liegt eine Schenkg unter Lebenden auf den Todesfall vor. Im BGB sind solche RGesch nicht als eigenständ RInstitut ausgestaltet. Sie sind nach § 2301 zwar zulässig, werden aber unterschiedl Vorschr unterworfen: Vollzieht der Erbl (persönl od dch einen Vertreter) noch zu seinen Lebzeiten eine solche Schenkg u mindert damit sein Vermögen, wird sie auch als Schenkg unter Lebenden behandelt **(II).** Ist sie dagg von ihm nur versprochen u demnach auch erst nach seinem Tode zu erfüllen, untersteht sie den Vorschr über die Vfgen vTw, weil das lebzeit Schenkgsversprechen einer letztwill Zuwendg gleichkommt **(I** 1). – Liegt eine wirks Schenkg vTw vor, sind die Rechte des VertrErben auf § 2287, der Pflichtt-Berecht auf §§ 2325; 2329 u der NachlGläub auf AnfG 3; KO 32 beschränkt. – Für entgeltl Vertr gilt § 2301 nicht (BGH **8**, 23).

2 **a) Zweck** dieser Regelg ist, die Umgeh der zwingenden erbrechtl Vorschriften dch formlose RGe-schäfte zu verhindern. Es besteht jedoch kein Anlaß, Abs I ausdehnend u Abs II einengend auszulegen (ebenso BGH BWNotZ **64**, 331), da ein gewisses Bedürfn für die rgeschäftl Regelg des Vermögens auf den Todesfall durchaus besteht. Bei der Vielfalt rechtl GestaltgsMöglk liegt die Schwierigk zunächst darin, den Übergang vom Versprechen zum Vollzug eindeut festzulegen. Ferner ist dch die Anerkenng des Vertrags zGDr auf den Todesfall als RGesch unter Lebenden eine weitgehende Möglichk zur Umgeh erbrechtl Vorschr vorhanden (s Rn 17). Im Schrifttum gehen die Meingen im Einzelnen auseinander.

3 **b) Überlebensbedingung.** Kennzeichnend für die auf den Erbfall befristete Schenkg vTw od für ihr Versprechen ist die damit verknüpfte Bedingg, daß der Beschenkte den Schenker überlebt. Ob eine Schenkg unter Lebenden od vTw vorliegt, richtet sich also danach, ob eine solche Bedingg vereinbart ist. Sie kann aufschiebend od auflösend formuliert sein. Zuläss ist es, die Bedingg mit der Beschränkg auf einen bestimmten Fall des Ablebens (bestimmte Lebensgefahr) zu verbinden (RGRK Rn 5). Die Überlebensbedingg ist vielfach auch dann gewollt, wenn der Erbl sie nicht ausdrückl erklärt hat, etwa wenn die Gründe für die nach seinem Tod versprochene Zuwendg gerade in der Person des Empfängers liegen (BGH **99**, 97 mAv Leipold JZ **87**, 362 u Olzen JR **87**, 372); bei dieser Prüfg braucht der Richter nicht engherzig zu verfahren (BGH aaO). Eine Regel gibt es jedoch nicht; maßgebl ist stets der individuelle Wille. Dieser ist im Einzelfall dch Auslegg (§ 133) festzustellen. Führt sie zu keinem eindeut Ergebn, ist auch der RGedanke des § 2084 heranzuziehen, also iZw die Auslegg zu wählen, bei der der Wille des Erbl Erfolg hat (BGH NJW **88**, 2731; aA Bork JZ **88**, 1059, wonach § 2084 dch die von § 2301 geforderte Auslegg ausgeschlossen wird, daß iZw Schenkg vTw anzunehmen ist, wenn die Schenkg so ausgestaltet ist, daß sie sich wirtschaftl erst nach dem **4** Tod des Schenkers auswirken soll. – **Ohne** diese Überlebensbedingg liegt ein nur auf den Tod des Schenkers befristetes Versprechen unter Lebenden vor, wenn der Schenker sich (od seine Erben) schon endgült zur

Leistg verpfl hat, aber vereinbart wurde, daß die Erfüllg auf die Zeit seines Todes od später hinausgeschoben wird (BGH **8**, 31; NJW **59**, 2254; **85**, 1553: formlos eingeräumtes WohnR); es bedarf als reines RGesch unter Lebenden der Form des § 518 u läßt dann bereits bei Lebzeiten des Schenkers einen Anspr entstehen, der bei Vorversterben des Beschenkten auf dessen Erben übergeht. **I** ist auch nicht anwendb, wenn das SchenkgsVerspr nach seinem Inhalt erst nach dem Tod des Versprechenden angenommen werden darf, aber auch bei vorzeit Tod des VersprEmpfängers von dessen Erben angenommen werden kann (OHG MDR **49**, 282) od wenn die Bedingg auf gleichzeit Versterben von Schenker u Beschenktem lautet. Keine Bedingg, sond nur Motiv ist es, wenn das Verspr in der sicheren Erwartg des bald Todes abgegeben wird.

2) Schenkungsversprechen vTw ist die versprochene, erst nach dem Tod des Schenkers u nur bei **5** Überleben des Beschenkten zu erfüllende Schenkg. Es setzt eine dch Annahme bereits verbindl gewordene VerpflErkl voraus, ist also Teil eines einseitig verpflichtenden SchenksVertr (s § 518 Rn 2; Hamm FamRZ **89**, 673; aA MüKo/Musielak Rn 5 ff). Durch die Gleichstellg mit den Vfgen vTw (**I** 1) untersteht es daher auch den Vorschr üb den ErbV, insbes dessen Form (§ 2276); eine aA läßt dagg die für einseit Erkl ausreichende Form des § 2247 genügen (s MüKo/Musielak Rn 13; Kuchinke FamRZ **84**, 109/113).

a) Wirkung. Dch die Gleichstellg mit den Vfgen vTw ist das formgerechte SchenkgsVerspr entw als **6** Vermächtn (bei EinzelGgst) od als Erbeinsetzg (bei gesamtem Vermögen od Bruchteil, § 2087) zu behandeln. Der Empfänger erlangt daher bis zum Tode des Schenkers keine gesicherte RPosition, insbes kein AnwR (s Übbl 6 vor § 2274) u einen Anspr auf die Zuwendg erst mit dem Erbfall, sofern er ihn erlebt. Der Schenker ist an das in ErbVertrForm abgegebene Verspr gebunden, kann sich aber dch Anfechtg, Aufhebg u Rücktr (§§ 2281; 2290; 2293 ff) befreien; widerrufen gem §§ 530 ff kann er dagg nicht. Grober Undank ist aber idR Anfechtgsgrund (§ 2078 Rn 4). – Ist die Form nicht beachtet, kann ein schriftl SchenkgsVerspr bei entspr Voraussetzgen (zB Brief) als eigenhänd Test aufrechterhalten werden (§ 140; s dort Rn 10). Jedoch kann es ebsowenig wie eine formnichtige Vfg vTw nach dem Erbfall dch Handlgen eines vom Erbl Bevollmächtigten in Kr gesetzt werden; § 518 II ist hier nicht anwendbar (BGH NJW **88**, 2731; dazu Bork JZ **88**, 1059; s auch Rn 8).

b) Schuldversprechen u **Schuldanerkenntnis (I 2)** sind gleichgestellt (wie bei § 518 I 2), insbes form- **7** bedürft, wenn der abstr Vertr eine Schenkg als RGrund u das Überleben des Beschenkten als Bedingg hat.

3) Vollzogene Schenkung. Die unter Überlebensbedingg erfolgte (s Rn 3; 16) vollzogene Schenkg **8** untersteht nicht dem Recht der Vfg vTw, sond wird wie eine Schenkg unter Lebden behandelt **(II)**. Handelt es sich nicht um eine Handschenkg (§ 518 Rn 4), sond um Erfüllg einer formncht Verspr, wird dieses wirks, wenn der Versprechende den zugesagten Ggstand leistet **(II**; § 518 II). Diese **Heilung** tritt aber nur ein, wenn die Schenkg noch zu Lebzeiten des Erbl vollzogen ist. Die Voraussetzgen von **II** u § 518 II sind also nicht völlig identisch: Während beim formgült Versprechen unter Lebenden Heilg auch noch dch Leistg nach dem Tod des Versprechenden, sei es dch dessen Erben od einen von ihm postmortal Bevollmächt, eintritt, führt beim Schenkgsversprechen unter Überlebensbedingg Leistg nach dem Tod nie mehr zur Heilg, weil es dann bereits den Vorschr des ErbR untersteht (BGH **99**, 97 mAv Leipold JZ **87**, 362).

a) Dingliche Erfüllung. Vollziehung erfordert, daß noch der Schenkende selbst das Vermögensopfer **9** bringt, nicht erst sein Erbe (Brox Rn 712). Dies trifft zu in allen Fällen der dinglichen Erfüllg (§§ 929 ff; 398; 397), die den zugewendeten Ggstand aus dem Vermögen des Schenkers in das des Beschenkten übergehen läßt. Nur vorbereitende u sichernde Handlgen (s § 518 Rn 16–18) sind kein Vollzug, zB Ermächtigg zur Abhebg der zZ des Todes vorhandenen Fdg (RG LZ **19**, 692). Die Erteilg einer Vollmacht, verbunden mit dem Auftrag des Erbl, nach seinem Tod das ErfüllgsGesch vorzunehmen, genügt selbst dann nicht, wenn die Vollm unwiderrufl erteilt wurde, auch wenn der zu Beschenkende tatsächl nach dem Tod des Erbl auf Grd der Vollm das versprochene Bankguthaben erlangt (BGH **87**, 19 mit abl Anm Kuchinke FamRZ **84**, 109; zust Bork JZ **88**, 1059). Bei Vollmacht zur Vfg über ein Sparguthaben braucht auch in der Übergabe des Sparbuchs noch kein Vollzug gesehen werden (BGH WM **78**, 895). – Mit dem Vollzug ist der Vorbehalt eines Widerrufs vereinbar (MüKo/Musielak Rn 22); der Widerruf bestimmt sich nach §§ 530–532.

b) Ausstehende Erfüllung. Steht die dingl Erfüllg noch aus, erfordert der Bejahg des Vollzugs, daß der **10** Erbl seinen ZuwendgsWillen bereits in entspr Umfang in die Tat umgesetzt u schon zu Lebzeiten alles getan hat, was von seiner Seite zur Vermögensverschiebg erforderl ist, so daß diese ohne sein weiteres Zutun eintreten kann (BGH **87**, 19). Der Bedachte muß also bereits eine solche RPosition erreicht haben, daß sie ohne weiteres Zutun des Erbl mit od nach dessen Tod zur vollen Inhabersch des Rechts führt (Erman/Hense/Schmidt Rn 8). Dies ist zB der Fall, wenn zur Wirksamk nur noch behördl Genehmigg erforderl ist. Wie bei § 518 II (s dort Rn 9) muß der Leistgserfolg noch nicht eingetreten sein. Der Erwerb kann befristet od (dch das Vorversterben des Schenkers) bedingt sein (KG NJW **72**, 497; 1357 mAv Walter u Finger). Für Vollzug genügt dann, daß für den Berecht ein ErwerbsR od AnwartschR begründet wird, das sich bei Eintritt der Bedingg zwangsläufig zu einem VollR entwickelt. Das verschaffte AnwartschR mehrt als gesicherte RStellg das Vermögen des Beschenkten bereits u mindert das des Erbl noch zu Lebzeiten (vgl BGH **8**, 28; NJW **78**, 424, auch NJW **70**, 942; 1638; **74**, 2319). Erweiternd ist aus dem Zweck der §§ 130 II, 153 Vollzug auch dann zu bejahen, wenn der Beschenkte bis zum Erbfall trotz aller erforderl ErfüllgsHandlgen des Schenkers noch kein AnwR erwerben konnte, weil ihm dessen WillensErklärgen erst nach Ableben zugingen u erst dann dch Annahme zum RErwerb führten, sofern der Zugang vom Schenker nicht absichtl bis nach dem Erbf verzögert wurde (str, s MüKo/Musielak Rn 23 mN). Stirbt der Schenker, bevor ein von ihm beauftragter Dritter (Treuhänder, Bevollmächtigter, Bote) die ihm aufgetragenen Erfüllgshandlgen ausführt, ist Vollzug zu bejahen, wenn der Mittler unwiderrufl beauftragt war (zB Bank zur Aushändigg verwahrter Wertpapiere), in and Fällen, wenn die WillErkl des Schenkers nicht vor ihrer Annahme dch den Beschenkten von dem Erben widerrufen wurde (MüKo/Musielak Rn 24). Auch bei Übertragg an einen Treuhänder, der einem Dritten zur Übertragg verpfl ist, liegt Vollzug vor (teilw aA Staud/Kanzleiter Rn 38).

c) Einzelfälle: Vollzogene Schenkg ist auch der vertragl vereinbarte **Erlaß** einer Darlehensschuld in der **11** zum Todeszeitpkt des Gläub noch bestehenden Höhe (befristeter Erlaßvertrag, Hbg NJW **61**, 76); als Folge der Befristg auf den Todesfall kann sich der Gläub zu seinen Lebzeiten noch Rückzahlgen vorbehalten, weil dies das Erstarken des AnwartschR zum VollR im Augenblick des Todes hindert (Karlsr FamRZ **89**, 322). – Nach Lage des Falles kann eine aufschiebd bedingte u damit vollzogene Schenkg vorliegen (vgl Rn 16): Bei der schenkgsweisen Zuwendg eines GesellschAnt dch GesellschVertr (KG JR **59**, 101); bei

12 schenkgsweiser Abtretg eines **Bankkontos** für den Zeitpkt des Ablebens des Gläub in Verbindg mit Erteilg einer BankVollm (Hbg NJW **63**, 449, auch KG WM **69**, 1047, dazu auch Kegel, Zur Schenkg vTw (1972), 55 f). Bei schenkgsw Zuwendg eines GeldBetr dch Erteilg eines BankAuftr zur Auszahlg nach dem Tod des Erbl (BGH NJW **75**, 382 mAv Bökelmann JR **75**, 243; BGH **66**, 8; dazu Harder FamRZ **76**, 418, Johannsen Anm zu **LM** Nr 6, Bühler NJW **76**, 1727); der Auftr kann allerd vom Erben widerrufen werden, sofern ihm dies der Erbl nicht dch letztw Vfg od Ernenng eines TV untersagt hat (Kümpel WM **77**, 1186/1192). – Bei sog Oder-Konto von Ehegatten mit beiderseit VfgsBefugn (s § 428 Rn 3) liegt das für Vollzug erforderl lebzeit Vermögensopfer bereits in der Einräumg der MitverfüggsBefugn (BGH FamRZ **86**, 982); für Schenkg genügt dann der Wille der Eheleute bei Kontoeinrichtg, daß im TodesZtpkt des einen die Fdg gg die Bank auf den Überlebenden als AlleinBerecht übergehen soll u ihre laienhafte Kenntn, daß dafür ihr Einverständn erforderl ist, ohne daß noch eine exakte Vorstellg üb die rechtl Einkleidg dieses Willens als aufschiebend bedingte Abtretg vorhanden sein muß (BGH FamRZ **85**, 693 u aaO). Ferner dch TreuhandVertr zw Erbl u Bank mit Anweisg, bei dessen Tod dem Begünstigten den VerkErlös von WertPap auszuzahlen (rechtswirks Schenkg, Widerruflichk) (BGH WM **76**, 1130, dazu auch üb die Bindg der Erben dch die sog SelbstkontrahiergsKlausel, §§ 177 I, 178 S 1 Halbs 2, od die Widerrufsverzichtsklausel, §§ 130 I S 2, 671, Kümpel aaO 1193 ff, auch Hager, FS Caemmerer, 1978, 137). Ausreichend für Vollzug ist auch die aufschiebd bedingte Abtretg eines Sparkontos (s BGH **87**, 19/23; FamRZ **89**, 959; Ffm MDR **66**, 503); schenkgsw Übertr von Wertpapieren in Bankkonto (BGH **41**, 95 mAv Mattern **LM** Nr 2; ablehnend Büsselberg NJW **64**, 1952). – Bei **Postsparguthaben** ist deren formlose Abtretg wg Verstoßes gg PostG 23 IV 3 gem § 125 nichtig (BGH NJW **86**, 2107; abl Wagner NJW **87**, 928: nur relative Unwirksamk; so auch KG OLGZ **70**, 140 zum fr PostsparO 16) u dadch weder wirks Handschenkg noch Bewirkg eines wirks

13 Versprech; jedoch wird der Formmangel dch Auszahlg geheilt (§ 518 II). – Bei **Versicherungsverträgen** stellt die Übertr der Versichergsnehmereigensch für den Fall des Todes des Versichergsnehmers sich als ein unter Lebden vollzogenes RGesch dar, das gem § 2301 II mit § 518 II keiner bes Form bedarf (s Mohr VersR **66**, 702). – Ebso die entschädiggslose Einräumg eines ÜbernahmeR bei Tod eines Gesellschters (BGH WM **71**, 1338). – Kegel (aaO 53) stellt die widerrufl, aber nicht widerrufene Vfg der unwiderrufl gleich. – Setzt

14 Schenker zum Vollzug **Hilfsperson** ein (zB Bote od Bank soll Wertpapier übergeben) u führt diese die ihr aufgegebene Handlg erst nach seinem Tod aus, liegt auch bei postmortaler Übergabe u Annahme bewegl Sachen vollzogene Schenkg vor, es sei denn, daß noch vor der Annahme die WillErkl des Schenkers von seinen Erben wirks widerrufen wurde (MüKo/Musielak Rn 25; Kegel aaO 55; aA RG **83**, 225 im Bonifatiusfall; zu diesem Martinek/Röhrborn JuS **94**, 473, 564). Wurde die Hilfsperson als Vertreter des Schenkers tätig, kann sie nach seinem Tod noch alle erforderl VollzugsErkl aGr Vollmacht abgeben, sofern die Erben diese nicht wirks widerrufen haben (s § 1922 Rn 34). Schlüssiges Verhalten des Erben ohne ErklBewußtsein kann aber nicht Widerruf einer ihm unbekannten Vollm ggü dem vom Erbl Bevollmächtigten sein (BGH FamRZ **95**, 424).

15 **d) Schenkung liegt** aber überh **nicht vor,** wenn nach dem GesellschVertr der Anteil eines Gesellschafters bei dessen Tod einem Mitgesellschafter zuwächst u dieser den Erben den Wert des Anteils zu vergüten hat (BGH **LM** § 516 Nr 3). Eine gesellschaftsvertragl Nachfolgeregelg, die für alle Gesellschafter gilt u die, weil sie alsbald Rechte u Pflichten zw den Beteiligten begründen soll, keine Vfg von Todes wg darstellt, ist auch dann keine Schenkg, wenn ein AbfindgsAnspr der Erben ausgeschl ist (BGH **22**, 194; DNotZ **66**, 620; NJW **77**, 1339; KG OLGZ **78**, 464/467, dazu Zimmermann, BB **69**, 969). – Über Nachfolgeklauseln allg Ulmer, ZGR **72**, 212 ff, 332 ff; NJW **79**, 81; Finger, Betr **74**, 27; Käppler, ZGR **78**, 542 (dort insb üb Ermächtigg zur unentgeltl Einziehg des GeschAnteils eines verstorb Gesellsch, 547 ff).

16 **e) Die Bedingung** ist bei vollzogener Schenkg regelm eine **auflösende.** Überlebt der Beschenkte den Erbl, besteht die Schenkg auch künftig zu Recht. Ihr Ggst gehört nicht mehr zum Nachl u bleibt bei dessen Abwicklg außer Betr. Bei Vorversterben des Empfängers fällt der Ggst wieder an den Schenker zurück (ob auch mit dingl Wirkg, hängt von den Umst ab; bei Grdstücken dingl Rückfallsicherg wg § 925 II nur durch eine Vormerkg, § 883, zu erreichen). Zuwendgen unter **aufschiebender Bedingg** des Überlebens des Bedachten sind auch **vollzogene Schenkgen** (KG NJW **71**, 1808, 2311, **72**, 497, 1357), wenn alle übr Voraussetzgen für den RErwerb erfüllt sind.

17 **4) Verträge zu Gunsten Dritter auf den Todesfall** sind gesetzl nur unvollkommen geregelt (vgl §§ 330, 331). In der Rspr ist anerkannt (zB BGH NJW **84**, 480; **87**, 3131), daß der echte Vertr zGDr (§§ 328; 331) neben den Vfgen vTw ein zuläss Mittel für die gewillkürte Weitergabe von Vermögensstücken ist, da dem Erbl auch außerhalb des ErbRs rechtl Gestaltgsmöglichk offensteht (s Einl 6 v § 1922). Mit seiner Hilfe kann sich der Erbl eine Leistg an den von ihm begünst Dritten derart versprechen lassen (sog Deckungsverhältn; s Einf 3 vor § 328), daß dieser nach dem Tode des Erbl einen eigenen Anspr gg den Versprechenden auf die Leistg erlangt, die Begünstigg also nicht aus dem Nachl erhält, sond kr Vertrags unmittelb vom Versprechenden (Versicherg; Bank usw). Behalten darf der solchermaßen Begünstigte den Ggstand der Zuwendg, also den erworbenen Anspr gg den Versprechenden od die zu dessen Erfüllg bewirkte Leistg, freilich nur, wenn in seinem Verhältn zum Erbl (Valuta-Verhältn; s Einf 4 vor § 328) ein rechtl Grd für das Vermögensverschieb besteht; andernfalls hat er sie herauszugeben (§ 812 I 1; BGH aaO; s Rn 19). – Das Deckgsverhältn, also die RBeziehg des Erbl (als VersprechensEmpf) zum Versprechenden,

18 entscheidet auch üb die **Form** derartiger Vertr; damit sind die zwingenden FormVorschr des ErbR nicht einzuhalten (str; s Einf 7 vor § 328), weil das Deckungsverhältn ebso wie der dadch begründete Anspr des Dritten dem SchuldR zumindest im Grdsatz unterliegt (dazu BGH **66**, 8). Dem Valuta-Verhältn, also der RBeziehg zw Erbl u Drittem, ist dagg der **rechtliche Grund** für die Leistg des Versprechenden an den Dritten (Drittleistg) zu entnehmen, so daß SchuldR auch darüb entscheidet, ob der Dritte die Leistg behalten

darf od an den Erben herausgeben muß (BGH aaO). – Im Schrifft ist im Einzelnen vieles streitig (s zB bei Liessem BB **89**, 862; Muscheler WM **94**, 921).

a) Bei unentgeltlicher Begünstigung des Dritten ist das Valutaverhältn eine Schenkg, die dem Erbl 19 auch dann gestattet ist, wenn er erbrechtl dch Erbvertrag od wechselbezügl gemeinsch Test gebunden ist (BGH **66**, 8/14). Hierzu bedarf es einer Einigg des Begünstigten mit dem Schenker über die Unentgeltlichk (§ 516), da der RErwerb des Dritten im Verhältn zum Erben nur gesichert ist, wenn die Voraussetzgen der §§ 516 ff eingehalten sind. Der SchenkgsVertr (s § 516 Rn 11) kommt also zu Lebzeiten nur zustande, wenn das SchenkgsVersprechen dem Dritten zugeht u er das Angebot (auch stillschweigend, § 151 S 1) annimmt. Die Einhaltg der Form (§ 518 I) muß gewahrt od der Mangel dch Vollzug, dh Bewirken der Leistg geheilt sein (§ 518 II). Vielfach wird die Abrede jedoch zw Gläub u Schu getroffen, ohne daß der Dritte über seine Begünstigg informiert wird, so daß die Einigg über die Unentgeltlk fehlt. Der SchenkVertr wird in diesem Fall wirks dadurch geschlossen, daß der VersprEmpf mit dem Abschluß des Vertr zGDr das Schenkgsangebot erklärt u den Versprechenden mit der Weitergabe nach seinem Tode an den Dritten beauftragt (§ 130 II), der dann ohne Erklärg ggü dem Erben annehmen kann (§§ 151, 153). Ein Formmangel (§ 518 I) wird gem § 518 II geheilt, da der Dritte mit dem Tod des Schenkenden den Anspr unmittelb erworben hat (BGH NJW **75**, 383; **84**, 2157; WM **76**, 1130). Der Erbe kann allerdings noch bis zum Zugang an den Dritten das VertrAngebot u den Auftrag zur Weitergabe widerrufen u dadurch den RErwerb verhindern (BGH NJW **84**, 480; Muscheler WM **94**, 921). Der Erbl kann ihm dies nicht untersagen, weil das Recht auf Widerruf od Änderg kein höchstpersönl Recht ist (BGH NJW **75**, 383); will er das, muß er testieren. Das Änderungs-berechtigte ist Vfg, bedarf also bei GüterGemsch im Falle der Zugehörigk zum Gesamtgut der Zustimmg des Ehegatten (§§ 1450 I; 182 ff; s BGH NJW **84**, 2156). – Der SchenkgsVertr kann auch mit einer Auflage wie zB zur Teilg eines Sparguthabens mit and Personen verbunden werden (Ffm WM **87**, 1248 mAv Hammen); die Begünstigten haben dann iZw einen Anspr auf ihren Anteil gem § 330 S 2 Alt 1 (Hammen aaO). – **Ohne Schenkungsvertrag** kann dem Dr der Einwand unzuläss RAusübg (§ 242) entgg 20 gehalten werden, da er nach § 812 I 1 die Pflicht zur alsbald Rückgewähr hat (BGH NJW **75**, 383; s auch § 242 Rn 52). – Die Konstruktion der Rspr ist im Schrifttum vielfält kritisiert worden (s MüKo/Musielak Rn 34 ff mN).

b) Beispiele für rwirks Zuwendgen auf den Todesfall gem § 331: Der Inh eines **Wertpapierdepots** kann 21 auf den Ztpkt seines Todes durch Vertr mit seiner Bank zG eines Dritten für diesen einen schuldrechtl Anspr gg die Bank auf Übereigng der Wertpapiere begründen (BGH **41**, 95 mAv Mattern **LM** Nr 2; aM Büsselberg NJW **64**, 1952; s auch Hinz JuS **65**, 299). – Wer aus seinem Vermögen **Sparbuch** 22 and (zB Enkel) anlegt, vollzieht damit Schenkg, auch wenn er sich Besitz des Sparbuchs u Vfg üb das Guthaben zu seinen Lebzeiten vorbehält (BGH ZEV **94**, 184; Koblz NJW-RR **95**, 1074). – Auftr des Erbl an eine Bank, einem Dritten einen GeldBetr vom Konto auszuzahlen, kann Vertr zG dieses Dritten sein, wenn der Erbl dem Dritten das Guthaben zuwenden wollte u diese RFolge auch vom VertrWillen der Bank mit umfaßt war, woran aber keine strengen Anfordergen zu stellen sind (BGH NJW **75**, 382; **84**, 480; dazu krit Harder Grdz § 9 II 4 u FamRZ **76**, 418). – Schenkg dch **Hingabe eines Schecks** u Einlös nach dem Tod 23 des Ausstellers ist wirks (BGH JR **78**, 454 mAv Bökelmann). – Wird in **Bausparvertrag** für den Todesfall des Bausparers ein Dritter unentgeltl begünstigt, ist hierin idR eine schenkw Zuwendg an den Dritten auch hinsichtl der Aufwendgen (Sparraten) zu sehen, die der Sparer in Erfüllg der Verpflichtgen aus dem Vertr gemacht hat (BGH NJW **65**, 1913, dazu Hippel NJW **66**, 867). – Auch bei **Lebensversicherungsvertrag** ist 24 unentgeltl Zuwendg iS des Anspr von VertrErben (§ 2287), PflichttBer (§§ 2325, 2329), NachGläub (AnfG 3; KO 32) nicht die VersichSumme, sond die gezahlten Prämien (BGH FamRZ **76**, 616). – Ein zukünft **Erbe** kann sich ggü Erbl verpflichten, über einzelne Teile des künft Vermögens, das er vom Erbl erben würde, zugunsten eines Dritten zu verfügen (BGH WM **76**, 744).

2302 Unbeschränkbare Testierfreiheit. **Ein Vertrag, durch den sich jemand verpflichtet, eine Verfügung von Todes wegen zu errichten oder nicht zu errichten, aufzuheben oder nicht aufzuheben, ist nichtig.**

1) Gesetzliches Verbot. Die TestierFreih (§ 1937 Rn 3) kann außer dch gemeinsch Test u ErbV nicht 1 beschränkt werden. Ges verboten u nichtig (§ 134) ist jegl Art von Vertr üb Vfgen vTw (dazu Stöcker WM **80**, 482/487). Darunter fällt vor allem die Verpflichtg, eine Vfg vTw zu errichten od in bestimmter Form od in bestimmter Weise zu testieren (zB die gesetzl Erbfolge nicht zu ändern, sofern damit nicht in Wahrh Erbeinsetzg gewollt ist); eine Vfg vTw aufzuheben od zu unterlassen od nicht aufzuheben. Unwirks ist auch eine zur Sicherg des Versprechens vereinb **Vertragsstrafe** (§ 344); im ErbV 2 der **Verzicht** auf Rücktr- od AufhebgsR (§§ 2294 ff, 2290 ff (BGH NJW **59**, 625). Die in einem ProzeßVergl übernommene Verpfl zum Abschluß eines ErbV kann nicht nach ZPO 888 erzwungen werden (Ffm Rpfleger **80**, 117). – **Entsprechend** anzuwenden ist § 2302 auch auf test **Auflagen** des Erbl zur Beschränkg der 3 TestFreih anderer. Nichtig ist daher zB die Beschwerg des Bedachten mit der Verpfl, eine Vfg vTw zu errichten od zu unterlassen, aufzuheben od nicht aufzuheben. Eine Zuwendg kann allerd an die **Bedingung** geknüpft werden, daß der Empf seiner jemand letztw bedenkt (BGH **LM** Nr 1 zu § 533; NJW **77**, 950), weil dadch ledigl die Zuwendg eingeschränkt wird, nicht aber die TestFreih (aber Verstoß gg §§ 134, 138 mögl; s auch § 2074 Rn 4). – **Wirksam** u nicht gg § 2302 verstoßend ist die schuldr Verpfl zur Ausschlagg 4 der Erbsch. Mit dem Erbl ist ein solcher Vertr formbedürftiger Erbverzicht (§ 2348); mit Dritten s § 312.

2) Rechtsfolgen. Die Nichtigk ergreift den ganzen Vertr, auch Verspr der GgLeistg. Da keine rechtl 5 Verpfl begründet wird, kann aus der Zusage einer test Zuwendg grdsl kein SchadErsAnspr hergeleitet werden (BGH NJW **67**, 1126). VertrStrafe ist unwirks, § 344 (s Rn 2). – Allerd kann das Versprechen, eine Vfg vTw bestimmten Inhalts zu errichten, **Grundlage** eines and RGesch sein u die Nichteinhaltg sich auf 6 dessen Inh gem § 242 auswirken (BGH NJW **77**, 950 mAv Jochem JuS **77**, 473). Das nichtige Versprechen, erbrachte **Dienstleistungen** dch letztw Zuwendg zu entgelten, kann als Zusage einer Vergütg (§ 612 II)

Anspr des DienstVerpfl begründen. BereichergsAnspr (§ 812 I 2) setzen voraus, daß kein schuldr Vertr bestanden hat (BGH FamRZ **65**, 318). S dazu auch § 2057a üb die AusglPfl unter Abkömml für bes Leistgen.

7   **3) Umdeutung** nichtiger Vereinbargen (§ 140) ist mögl, zB die Verpflichtg des in einem ErbV bedachten Ehegatten zur Übertragg des Vermögens auf die ehel Kinder in eine Erbeinsetzg der Kinder (Hamm JMBl NRW **60**, 125); die der alleinerbenden Ehefrau gemachte Auflage, test Vfgen ausschließl zugunsten der gemeinschaftl Kinder zu treffen, in eine Anordng der Vor- u NachErbsch (Hamm NJW **74**, 60); bei Zuwendg bestimmter Werte die Anordng, die Ehefrau habe diese den gemeinschaftl Kindern zu vererben, in ein Nachvermächtn (BGH DRiZ **66**, 398); die Verpfl zum Abschluß eines ErbV in einen Vertr zGDr (BGH WM **61**, 87, dazu Johannsen WM **72**, 1046).

Fünfter Abschnitt. Pflichtteil

Überblick

1   **1) Das Pflichtteilsrecht** ist Ausfluß u Ersatz des ges ErbR (Mot **5**, 388, 472) u Grundlage des Pflichtt-Anspr. Es garantiert den übergangenen nächsten Angehörigen (s § 2303) dch die Einschränkg der Testier-freih des Erbl u selbst gg dessen Willen eine Mindestbeteiligg am Nachl, allerd nicht in Gestalt eines Erbteils (NoterbR), sond nur eines GeldAnspr. Zum Schutz der PflichtBerecht wehrt das G zu starke Beschränkgen u Beschwergen ab (§ 2306) u hilft dch Ausgleichspflicht (§ 2316) u ErgänzgsAnspr (§§ 2325 ff), einen vom Erbl geschmälerten Nachl mögl wieder aufzufüllen. Ob u welchem Umfang das PflichttR auch dch die Verfassg garantiert wird, ist noch nicht abschließd geklärt (s Einl 3 vor § 1922). Die bestehende Regelg genügt jedenf allen verfassgsrechtl Vorgaben, so daß keine Verpflichtg des GesGebers besteht, darüb hinaus den Verwandten einen unentziehb NachlAnteil zu sichern (BVerfG **67**, 329; FamRZ **95**, 405). – **a) Es beruht** auf Verwandtsch od Ehe u begründet ein **Rechtsverhältnis,** das schon zu Lebzeiten des Erbl besteht (vgl §§ 312 II, 1643, 1822 Nr 1, 2281, 2346), seinen Tod überdauert u mit den Erben sich fortsetzt. Es kann desh Ggst einer FeststellgsKlage sein (BGH NJW **74**, 1084; **90**, 911; Saarbr NJW **86**, 1182; Tod des Erbl läßt FeststellgsInteresse entfallen, BGH NJW-RR **93**, 391) u ist auch dann von Bedeutg, wenn im Einzelfall ein PflichttAnspr mit dem Erbfall nicht entsteht (vgl §§ 2305 f, 2314, 2316, 2319, 2326; grdsl BGH **28**, 177). Das Recht besteht unter Verwandten aber nicht notwend wechselseit (Enkel ggü Großeltern, aber nicht umge-
2   kehrt). – **b) Es geht verloren** dch Pflichtt- u Erbverzicht (§§ 2346, 2349); Erbunwürdk (§§ 2344, 2345); PflichttEntziehg (§ 2333 ff); vorzeit Erbausgleich (§ 1934 d); Verlust des ges EhegErbR nach § 1933 od dch Scheidg, Nichtigk od Aufhebg der Ehe (§ 2077); ferner dch Ausschlagg (Ausn: §§ 1371 III; 2306 I 2). –
3   **c) Reformgedanken.** Das derzeit PflichttR wird ganz (Petri ZRP **93**, 205) od teilw (zB Gerken Rpfleger **89**, 45) in Frage gestellt. Dazu Otte ZEV **94**, 193, der allenf Detailkorrekturen befürwortet.

4   **2) Sondervorschriften. – a) Für den Ehegatten** gilt bei ZugewinnGemsch **§ 1371,** der nach § 2303 II unberührt bleibt. Hat er als Geschiedener einen Unterhaltsanspruch, der nach dem Erbfall gg den Erben weiterbesteht (§ 1586 b I), wird die Haftg des Erben für diese NachlVerbindlichk begrenzt auf den fiktiven ordentl (ohne ErgänzgsAnspr, AG Bottrop FamRZ **89**, 1009) Pflichtt des geschiedenen Ehegatten (§ 1586 b I 3; s dort Rn 6; 7); dabei werden für die PflichttBerechng güterrechtl Besonderh (§§ 1371; 1931 IV) od ein neuer Ehegatte nicht berücksichtigt. Bei der Konkurrenz von Unterh- u PflichttAnspr befürwortet Probst AcP **191**, 138 ff einen funktional beschränkten Vorrang des EhegUnterh. – **b) Im Höferecht** gelten bes Bestimmgen für die Berechng des Pflichtteils des Hoferben u der übrigen, s HöfeO 16 II mit § 12 II, III.
5   Zuständ für die Entscheidg über den Pflichtt nach der HöfeO ist das LwG (LwVG 1 Nr 5). – **c) Recht der DDR** als Erbstatut: Kommt in Erbfällen nach dem 1. 1. 76 u vor dem 3. 10. 90 das DDR-ZGB insgesamt (EG 235 § 1 Rn 5) od hinsichtl des Immobilienvermögens in der fr DDR (1922 Rn 8) zur Anwendg, richtet sich auch ein PflichttAnspr nach ZGB 396 ff (EG 235 § 1 I; s auch § 1922 Rn 8), die teilw erhebl vom BGB abweichen: Stets pflichtteilberecht war nur der beim Erbfall mit Erbl verheiratete Ehegatte. Kinder, Enkel u Eltern dagg nur im Falle ihrer Unterhaltsberechtig (FGB 81 ff) ggü Erbl beim Erbfall (ZGB 396 I). – PflichttAnspr: ⅔ des Wertes des ges Erbteils (ZGB 396 II) in Geld; war vererbl (ZGB 396 IV). Erfüllg gem ZGB 398; 409 ff. – Verjährg: 2 Jahre ab Kenntn von Erbfall u Test, spät 10 Jahre nach Erbfall (ZGB 396 III 3). – Kein Recht zur PflichttErgänzg od PflichttEntziehg (vgl Schübel/Wiedemann JZ **95**, 858). – S dazu Freytag ZRP **91**, 304.

6   **3) Der Erbschaftssteuer** unterliegt der PflichttAnspr mit seiner Geltendmachg (ErbStG 9 I Nr 1b; s Einl 15 vor § 1922). Wird dann statt Geld ein Grdstück an Erfüllgs Statt übertragen, errechnet sich die ErbschSt bislang nach dem Einheitswert (BFH BB **82**, 911), ohne daß zusätzl GrderwerbsSteuer anfällt (BFH NJW **82**, 960; s auch § 1922 Rn 39); übersteigt der GrdstWert den PflichttAnspr u muß der Berecht dies ausglei-chen, ist er der Besteuerg nur im Ausmaß des PflichttAnspr zugrde zu legen (BFH FamRZ **89**, 1171).

2303   *Pflichtteilsberechtigte; Höhe des Pflichtteils.* [I] Ist ein Abkömmling des Erb-lassers durch Verfügung von Todes wegen von der Erbfolge ausgeschlossen, so kann er von dem Erben den Pflichtteil verlangen. Der Pflichtteil besteht in der Hälfte des Wertes des gesetzlichen Erbteils.

[II] Das gleiche Recht steht den Eltern und dem Ehegatten des Erblassers zu, wenn sie durch Verfügung von Todes wegen von der Erbfolge ausgeschlossen sind. Die Vorschriften des § 1371 bleiben unberührt.

1   **1) Pflichtteilsberechtigt (I, II)** sind nur die nächsten Angehörigen des Erbl, näml seine Abkömml (dazu Rn 2) unter Ausschluß der entfernteren (§ 2309), seine Eltern (s aber § 2309) und sein Ehegatte (dagg nicht

Geschwister, Großeltern od sonstige Verwandte). Nur ihnen wird dch das G eine Mindestbeteiligg am Nachl garantiert, falls sie vom Erbl um die dch ihr gesetzl ErbR begründete Erberwartg gebracht wurden (s Übbl 1). – **Voraussetzung** jedes PflichttR ist wg dieser Ersatzfunktion also ein bestehendes ges ErbR des Berecht, das nur desh nicht zum Zuge kommt, weil es dch Vfg vTw ausgeschlossen wurde. Wer demnach auch ohne Vfg vTw nicht als ges Erbe berufen wäre, hat auch kein PflichttR. – **Ausschluß** liegt vor bei (ausdrückl od stillschweigender) Enterbg (§ 1938), zu der auch die Einsetzg nur als ErsatzE gehört; die Entziehg eines ErbersatzAnspr steht der Enterbg gleich (§ 2338a). Dagg ist die auf dem eigenen Willen des pflichtberecht Erben beruhende Ausschlagg kein „Ausschluß" und führt deshalb grdsl auch zum Verlust seines PflichttR; eine Ausnahme hiervon gilt nur für den Ehegatten bei ges Güterstand (§ 1371 III; s Rn 4) sowie in den Fällen des § 2306 I 2; § 2307. Bei teilw Ausschlagg s §§ 2305–2307.

a) Abkömmlinge (I 1) sind alle Verwandten in gerader, absteigender Linie jegl Grades (s § 1924 Rn 7 ff), **2** lebend geborene auch dann, wenn sie beim Erbfall erst erzeugt waren (§ 1923 II). Eine Einschränkg bei entfernteren Abkömml macht allerd § 2309. – Das **nichteheliche Kind** ist beim Tod der Mutter schon immer erb- u damit auch pflichtberecht, beim Tod des Vaters dagg erst in Erbfällen seit dem 1. 7. 70, sofern die Vatersch festgestellt (§ 1600a; BGH **85**, 274) u das Kind nicht vor dem 1. 7. 49 geboren ist (s § 1924 Rn 9–13). Auch wenn es dann nur ErbersatzAnspr hätte (§ 1934a), besteht bei dessen Entziehg PflichttAnspr (§ 2338a mit Rn 4; BGH **80**, 290). Wirks Vereinbg od rkräft Urt über vorzeit Erbausgl (§ 1934 d) läßt PflichttR entfallen (§ 1934e). Legitimation (§§ 1719, 1723) macht Kinder pflichtberecht, idR auch nachträgl Eheschließg (§ 1924 Rn 8). Für die Regelg seiner PflichttRechte erhält das unter elterl Sorge der Mutter stehende nichtehel Kind gem § 1706 Nr 3 einen Pfleger (s auch §§ 1707–1709; Damrau FamRZ **69**, 585; Göppinger FamRZ **70**, 61). – Das **angenommene Kind** (u seine Abkömml, s § 1924 Rn 14–23) ist seit dem Grdsatz der Volladoption (s Einf 2 vor § 1741) in seiner neuen Familie erb- u pflichtberecht (§§ 1754, 1755); zum ÜbergangsR s Einf 11 vor § 1741; zu den Sonderproblemen bei Annahme Verwandter (wg § 1756) s MüKo/Frank Rn 9. Der angenommene Volljährige ist nach den Sonderregeln der §§ 1767 II, 1754, 1770 sowohl nach seinen leibl als auch nach seinen Adoptiveltern erb- u pflichtberecht; das VormschG kann gem § 1772 allerd auch VolladoptionsWirkgn bestimmen.

b) Eltern (II 1) haben ein dch § 2309 eingeschränktes PflichttR. Auch der Vater eines seit dem 1. 7. 49 **3** geborenen nichtehel Kindes ist in Erbfällen seit dem 1. 7. 70 pflichtberecht, wenn sein Kind keine Abkömml hinterläßt, sofern die Vatersch festgestellt ist (§ 1600a; BGH **85**, 274; s § 1924 Rn 9–13). Auch wenn er nur ErbersatzAnspr hätte (§ 1934a), besteht bei dessen Entziehg PflichttAnspr (§ 2338a; s Rn 2; § 2338a Rn 4). Vorzeitiger Erbausgleich (§ 1934d) führt zum Verlust (§ 1934e). – Erb- u PflichttR steht seit Einführg der Volladoption (s Einf 2 vor § 1741; zum ÜbergangsR dort Einf 11) auch den Annehmenden (Adoptiveltern) zu.

c) Der Ehegatte (II 1, 2) des Erbl hat ein PflichttR, sofern die Ehe beim Erbfall rechtsgült noch **4** bestanden hat (s § 1931 Rn 3). Er verliert es also dch rkräft Scheidg (§ 1564), NichtigErkl (EheG 23, 24; ZPO 631, 636) od Aufhebg (EheG 29) seiner Ehe mit dem Erbl (s auch § 2077 Rn 3). Wurde das Scheidgsverfahren vor RKraft eines Urteils dch den Tod des Erbl vorzeitig beendet, entfällt trotz formell noch gült Ehe das PflichttR dann, wenn es nach § 1933 zum Verlust des ges ErbR gekommen ist, weil dieser Verlust kein „Ausschluß" ist (Rn 1). – Bei **Zugewinngemeinschaft** bleibt der § 1371 unberührt. Folgl trat bei Auflösg des Güterstands dch Tod eines Ehegatten der Überlebende einen erhöhten Pflichtt (s Rn 7). Bei Ausschlagg der Erbsch (§§ 1942 ff), die nach erbrechtl Grdsätzen zum Verlust des Pflichtt führt (s Rn 1), gewährt ihm ferner § 1371 III als SonderVorschr den kleinen Pflichtt (s § 1371 Rn 19), und zwar neben dem Anspr auf Ausgleich des Zugewinns (§ 1371 III; vgl § 1371 Rn 12–19). Hatte jedoch der überlebende Eheg auf sein Erb- od PflichttR verzichtet, besteht auch kein PflichttR mehr (§ 1371 III Halbs 2); ebso nicht, wenn er ausschlägt, was ihm durch Vfg vTw zugewendet ist od – bei Verzicht nur auf das PflichttR – was er kr Gesetzes erben würde.

2) Die Pflichtteilsquote ergibt sich als Bruchteil dch Halbierung des ges Erbteils. Für jeden Berechtig- **5** ten ist sein Erbteil gesondert zu bestimmen, wobei die Erbfolge abstrakt unter Beachtg von § 2310 zu ermitteln ist (s dort). Ist beim Pflichtt entfernterer Abkömml u der Eltern § 2309 maßgebl, wird bei Ermittlg ihrer Quote der weggefallene Näherberechtigte trotz 2310 mitgezählt, wenn gerade dch seine Ausschlagg der Entferntere erst pflichtberecht wird (s § 2310 Rn 1). Der ErbersatzAnspr steht dem ges Erbteil gleich (§ 2338a S 2). Ist ein **Ehegatte** vorhanden, ergeben sich in Erbfällen nach dem 1. 7. 58 dch die seitdem bestehde Verknüpfg des Erb- u PflichttR mit dem Güterstand Besonderheiten:

a) Wird **Zugewinngemeinschaft** der Ehegatten dch den Tod des Erbl beendet, ist zu unterscheiden: – **6** **aa) Den großen Pflichtteil** aus seinem erhöhten Erbteil erhält der überlebende Ehegatte, wenn es zur sog erbrechtl Lösg kommt (§ 1371 I: Ausgleich des Zugewinns dch Erhöhg des ges Ehegattenerbteils um ¼; s § 1371 Rn 2–11). – **Voraussetzung** hierfür ist, daß der Ehegatte Erbe (auch AlleinE, BGH **37**, 58) od VermächtnNehmer ist (s § 1371 Rn 2). Steht ihm damit der Anspr auf den erhöhten Pflichtt zu, entfällt dafür die Fdg eines ZugewinnAusgl. Als eingesetzter Erbe hat er nur ein WahlR zwischen Annahme u Ausschlagg (dazu Rn 4) der Erbsch. – Die **Wirkung** der erbrechtl Lösg besteht also beim Ehegatten darin, daß sich seine PflichttQuote neben Abkömml auf ¼, neben Eltern auf ⅜ erhöht, iF von § 1931 I 2 ggf noch höher ist. Die Quote der and Berecht vermindert sich dadurch von selbst, so daß Abkömmlinge dann nur einen Pflichtt von zusammen ¼ und Eltern einen Pflichtt von zusammen ⅛ haben. Ferner ist der große EhegattenPflichtt maßgebl für den ZusatzrestAnspr (§§ 2305; 2307), für ErgänzgsAnspr (§§ 2325; 2329) sowie idR für die Fälle der §§ 2306; 2318; 2319. – **bb) Der kleine Pflichtteil** aus seinem erhöhten Erbteil wird dem **7** überlebenden Ehegatten stets nur dann zugebilligt, wenn es zur sog güterrechtlichen Lösg kommt (§ 1371 II: ZugewinnAusgl neben Pflichtt; s § 1371 Rn 12–17). Er wird dann so behandelt, wie wenn der ges Güterstand anders als dch den Tod des Erbl beendet worden wäre. – **Voraussetzung** für diese Lösg ist, daß der überlebende Ehegatte trotz seines ges ErbRs (s Rn 4) weder Erbe geworden (BGH **37**, 58) noch mit einem Vermächtn bedacht ist (BGH **42**, 182; DNotZ **83**, 187 mAv Wolfsteiner S 190 u Dieckmann S 630). Der Ausschluß von der ges Erbfolge kann dch Vfg vTw erfolgen, liegt iZw aber auch in der Zuwendg nur des

Pflichtt (§ 2304). Gleichfalls zur güterrechtl Lösg führt auch die **Ausschlagung** der Erbsch dch den Ehegatten, die entgg erbrechtl Grdsätzen hier den kleinen PflichttAnspr unberührt läßt (§ 1371 III; s Rn 4 u § 1371

8 Rn 18; 19). – Die **Wirkung** der güterrechtl Lösg besteht also beim Ehegatten darin, daß seine PflichttQuote sich aus der Halbierg seines ges Erbteils (§ 1931) ergibt, dessen Erhöhg stets außer Betr bleibt unabhäng davon, ob das Verlangen auf Ausgleich des Zugewinns gestellt wird u ob ein Zugewinn überhaupt erzielt wurde. Es bleibt also dem Ehegatten überlassen, ob er neben dem Pflichtt noch güterrechtl Vorschr (§§ 1373ff) Ausgleich eines etwaigen Zugewinns fordert. Ein WahlR zum großen Pflichtt hat er nicht, selbst wenn er von der Möglichk des ZugewinnAusgl keinen Gebrauch macht (s § 1371 Rn 15; str). Eine gleichwohl erhobene Klage auf Zahlg des großen Pflichtt unterbricht nicht auch die Verjährg des (selbständ) Anspr auf ZugewinnAusgl (BGH NJW **83**, 388); nach BGH NJW **84**, 2935. – Die Quote der

9 and PflichttBerecht erhöht sich damit von selbst (§ 1371 II Hs 2). – **cc) Die Höhe** des PflichttAnspr errechnet sich aus dem NachlWert (zu dessen Berechng s §§ 2311ff; auch § 1371 Rn 5). Der Erbl kann eine abweichde Berechng nicht willkürl vorschreiben (s § 2311 II 2; aber auch § 2312). Er kann aber wie auch der Erbe die Höhe dadch beeinflussen, daß er die güterrechtl Lösg herbeiführt.

10 **b) Bestand Gütertrennung** (§ 1414) beim Tod eines Ehegatten u sind neben dem Überlebenden ein od zwei Kinder des Erbl als Erben berufen, so erben der überlebende Eheg u jedes Kind zu gleichen Teilen (§ 1924 III gilt auch in diesem Fall), § 1931 IV. Sind diese Voraussetzgen gegeben u ist einer der gesetzl Erben dch Vfg vTw von der Erbfolge ausgeschlossen od ist in einem solchen Fall dem nichtehel Kind des verstorbenen Ehemannes der ErbersatzAnspr entzogen (§ 2338a), so bemißt sich die Höhe des Pflichtt nach der Hälfte des sich aus § 1931 IV ergebenden gesetzl Erbteils (Haegele BWNotZ **72**, 131f; Staud/Ferid/Cieslar Rn 45).

11 **3) Der Pflichtteilsanspruch** ist vom PflichttR (s Übbl 1) zu unterscheiden. Er entspringt diesem, entsteht aber erst mit dem Erbfall (§ 2317) u kann dann nicht ausgeschlagen, sond nur noch erlassen werden. Er ist eine gewöhnl GeldFdg (BGH **28**, 178) in Höhe des Wertes des halben gesetzl Erbteils, wobei der Berechng der Bestand u Wert des Nachl zZ des Erbfalls zugrunde gelegt wird (**I** 2; §§ 2311ff); bei Entziehg des ErbersatzAnspr kann seine Höhe allerd nicht dch bloße Halbierg ermittelt werden (s § 2338a Rn 4). Steht der Anspruch einem **minderjährigen** Kind ggü einem Elternteil zu, bleibt es grdsl dem Kind nach Eintritt der Volljährigk überlassen, ob es seinen PflichttAnspr auch einfordern u durchsetzen will (vgl § 204). Dies soll nicht vom Ermessen des VormschG od vom Willen eines nach § 1909 bestellten Pflegers abhängen, deren Aufgabe im Normalfall nur ist, bis dahin den Anspr im Falle seiner Gefährdg zu sichern (BayObLG **88**, 385). – Der entstandene Anspr ist vererbl u übertragbar (§ 2317), pfändbar aber nur, sofern er anerkannt od rechtshängig ist (ZPO 852). Einzeln s § 2317 Rn 1–6. – **Ergänzung** des Pflichtt kann bei Schenkungen des Erbl unter den Voraussetzgen der §§ 2325–2331 verlangt werden. – Verjährg s § 2332. – Stundg s § 2331a.

12 **a) Pflichtteilsschuldner** ist der Erbe od die MitE (**I** 1); dagg kann der Anspr sich nicht gg einen TV richten (s § 2213 Rn 3). Mehrere MitE haften nach außen grdsl als Gesamtschuldner (§ 2058); zum Innenverhältn s §§ 2318ff. Gleiches gilt auch für den ErgänzgsAnspr (§ 2325; Ausn § 2329). Bei Einsetzg eines NachE (§§ 2100, 2139) kann der Anspr während der Dauer der Vorerbschaft nur vom VorE verlangt werden (RG **113**, 49). – Erfüllg des PflichttAnspr kann Erbe nicht davon abhäng machen, daß der Pflichtt-Berecht auf eine Anfechtg des Test verzichtet (Heidelbg NJW-RR **91**, 969); die vom Erbl angeordnete Gestaltg der Erbfolge ist von der Geltendmachg des Pflichtt unabhäng (Staud/Ferid/Cieslar Rn 72). – Der PflichttAnspr ist NachlVerbindlichk (§ 1967 II), unterliegt aber bes Vorschr (§§ 1972; 1974 II; 1991 IV). – Zur Erbenhaftg für UnterhaltsAnspr des geschiedenen Eheg des Erbl s Übbl 4; § 1586b.

13 **b) Treu und Glauben** (§ 242). Eine früh PflichttVereinbarg, die scheinbar verlorene Grdst des Erbl in der fr DDR als damals wertlos außer acht ließ, kann bei späterer Rückgabe der Grdst od Entschädig üb Wegfall der GeschGrdlage anzupassen sein (§ 242 Rn 152d; Ffm FamRZ **93**, 1128). – Unzuläss RAusübg kann dem PflichttAnspr aus einem dem Erben ggü gezeigten Verhalten entgegengesetzt werden, schwerl aber aus dem Verhalten ggü dem Erbl. Hat zB die Ehefrau die Scheidg betrieben und ein Urteil erwirkt, dieses aber in Absprache mit ihrem Ehemann aus steuerl Gründen nicht rechtskräft werden lassen, kann sie nach dem Tod des Mannes ihren Pflichtt als gesetzl Konsequenz der noch bestehenden Ehe verlangen (BGH FamRZ **74**, 648); ggf kann aGrd § 242 auch der Einwand der Verwirkg erhoben werden (BGH WM **77**, 688).

2304 *Auslegungsregel.* **Die Zuwendung des Pflichtteils ist im Zweifel nicht als Erbeinsetzung anzusehen.**

1 **1) Allgemeines.** Die Zuwendg des Pflichtt kann verschieden ausgelegt werden: als **Erbeinsetzung** (die einen PflichttAnspr ausschließt); als bloße **Verweisung auf den Pflichtteil** (Enterbung); als **Vermächtnis** (vgl § 2087 Rn 8), so daß der Berechtigte den Pflichtt kraft letztw Vfg u nicht kraft G erhält. Eine Zuwendg als Vermächtn ist von Bedeutg (s eingehd Staud/Ferid/Cieslar Rn 32ff) wg § 2307, wg der Verjährg nach §§ 195, 198 (im Ggsatz zu § 2332) u wg der Ausschlagg, die im Falle des § 2303 nicht mögl ist (§ 2303 Rn 11) sowie wg § 1371 (s Rn 7–11). – PflichttZuwendg an NichtPflichttBerechtigte kann Vermächtnis in Höhe des gesetzl Erbteils sein (Ferid NJW **60**, 121), eher aber Vermächtn in Höhe der Hälfte des gesetzl Erbteils.

2 **2) Auslegungsregel.** Im Zweifel liegt in der Zuwendg des Pflichtt **keine Erbeinsetzung** (BayObLG **66**, 398). – **a)** Bei der Ausleg kommt es darauf an, ob das Test von Rechtskundigen od Unkundigen, aus älterer od aus einer Zeit stammt, in der die rechtl Unterschiede schon eingebürgt waren (BayObLG JFG **14**, 79). Wenn der Berechtigte auf den Pflichtt als persönl GeldAnspr beschränkt wurde, ist er enterbt. Dies ist bei der TestAnfechtungsklausel (BayObLG **59**, 205; vgl OGH MDR **50**, 669) der Fall (s § 2074 Rn 6, auch Staud/Ferid/Cieslar Rn 26). Die Berechtigten erhalten dann prakt keine Zuwendg, sond werden von allem ausgeschl, worauf sie keinen unentziehbaren Anspr haben **(Pflichtteilverweisung).** – **b)** Diese Ausleggsre-

geln gelten auch für die Zuwendg des Pflichtt an Personen, denen kraft Ges ledigl ein **Erbersatzanspruch** 3 zustünde. Die Zuwendg enthält iZw keine Erbeinsetzg; sie kann ein Vermächtn od Entziehg des ErbErsatz-Anspr bei Anerkenng des PflichttAnspr sein (s § 2338a, Soergel/Dieckmann Rn 4). – In der Zuwendg eines ErbersatzAnspr wird idR die Verweisg auf diesen nach Maßg der §§ 1934a, b liegen; der Erbl kann aber den ErbersatzAnspr auch als Verm zuwenden, § 1939; von Bedeutg ist dies für die Verjährg (s Rn 1). Eine Erbeinsetzg wird in der ausdrückl Zuwendg eines ErbErsAnspr wohl kaum erblickt werden können.

3) Bei Zugewinngemeinschaft ist zu unterscheiden: – **a)** Handelt es sich um eine **Verweisung auf den** 4 **Pflichtteil**, die eine Enterbg bedeutet, so erhält der überlebende Eheg nur den kleinen Pflichtt (§ 1371 Rn 12–17; RGRK Rn 8; Bohnen NJW **70**, 1531). – **b)** Ist dem Eheg der **Pflichtteil zugewendet**, so liegt idR ein **Vermächtnis** des erhöhten Pflichtt vor; der Eheg kann dieses 5 Vermächtn ausschlagen u den kleinen Pflichtt neben dem ZugewAusgl verlangen (Staud/Ferid/Cieslar Rn 70ff). Ist ausdrückl, zB dch Gebr der alten Quote von ⅛, der kleine Pflichtt zugewendet, so kann der Eheg bei Annahme nach § 2307 I (im AusnFall eines Erbteils nach § 2305) den RestAnspr in Höhe seines großen Pflichtt verlangen (Staud/Ferid/Cieslar Rn 80; Boehmer NJW **58**, 526, s auch Johannsen FamRZ **61**, 20). Er kann aber statt dessen bei vermächtnweiser Zuwendg des kleinen Pflichtt daneben den ZugewAusgl fordern; dies gilt insb, wenn der Erbl die Zuwendg des kleinen Pflichtt unter der stillschw Bedingg gemacht hat, daß Ergänzg auf den großen nicht gefordert wird (RGRK Rn 10; s aber auch Bohnen NJW **70**, 1532). Eine Verweisg auf den großen Pflichtt ist nicht mögl (Staud/Ferid/Cieslar Rn 79, 80). – **c)** Ist die Zuwendg 6 ausnahmsw **Erbeinsetzung,** muß er aber ausschlagen, um den ZugewinnAusgl neben dem kleinen Pflichtt zu erhalten (Staud/Ferid/Cieslar Rn 80). – **d)** Bei PflichttZuwendg in den **vor dem 1. 7. 1958** errichteten Testamenten muß geprüft werden, ob der Erbl seinem Eheg dch letztw Vfg den großen od kleinen Pflichtt zuwenden wollte (vgl auch KG FamRZ **61**, 477; auch § 2066 Rn 2).

2305   *Rest-Pflichtteil.* **Ist einem Pflichtteilsberechtigten ein Erbteil hinterlassen, der geringer ist als die Hälfte des gesetzlichen Erbteils, so kann der Pflichtteilsberechtigte von den Miterben als Pflichtteil den Wert des an der Hälfte fehlenden Teiles verlangen.**

1) Der Pflichtteilsrestanspruch ist eine der Höhe nach auf die Differenz zw zugewendetem Erbteil u 1 vollem Pflichtt (§ 2303 I 2) begrenzte GeldFdg. Er ist ein wirkl PflichttAnspr (kein PflichttErgänzg, §§ 2325ff) u verhilft dem PflichttBerecht dann zu einem Wertausgleich, wenn ihn der Erbl zwar als MitE eingesetzt hat, sein Erbteil aber wertmäß hinter seinem Pflichtt zurückbleibt. Dessen Höhe wird hier unter Berücksichtigg etwaiger Anrechngs- od AusgleichsPfl (§§ 2315, 2316 mit Rn 7) errechnet (Soergel/Dieckmann Rn 2). Ist der Erbteil infolge Beschränkg od Beschwerg unzureichd, greift § 2306 ein (s dort Rn 1). Wurde ein Vermächtn zugewendet, gilt § 2307. – Der Anspr ist bei der Auseinandersetzg geltd zu machen (§ 2046). Er ist NachlVerbindlk; die MitE haften für ihn aber nur beschränkt (§ 2063 II). Er verjährt in 3 Jahren (§ 2332).

a) Bei Annahme des unzureichden Erbteils erhält der MitE diesen u zusätzl den RestPflichtt. Der 2 überlebde Ehegatte kann bei ZugewinnGemsch Ergänzg zu seinem großen Pflichtt (§ 2303 Rn 6) verlangen, da er als MitE keinen Anspr auf ZugewinnAusgl hat (§ 1371 I). Will Erbl ihm den Wert des großen Pflichtt vorenthalten, kann er ihn mit einem zw kleinen u großem Pflichtt liegdn Erbteil unter der Bedingg einsetzen, daß er den RestAnspr nicht verlangt. Nimmt der Eheg dann an, verzichtet er damit auf den RestAnspr (dazu auch Bohnen NJW **70**, 1533).

b) Bei Ausschlagung der Zuwendg kann der PflichttBerecht zwar nicht seinen vollen Pflichtt verlangen 3 (§ 2303 Rn 1), wohl aber den RestAnspr (BGH NJW **73**, 995; DNotZ **74**, 597). Irrte er sich üb diese RFolge, kann er seine AusschlaggsErkl nicht nach § 119 anfechten (str; ebso MüKo/Frank Rn 2; Soergel/Dieckmann Rn 2; aA Hamm OLGZ **82**, 41). Bei Ausschlagg unter Vorbehalt des Pflichtt ist hier keine unzuläss Bedingg (§ 1947) anzunehmen, da bei Abgabe der Erkl bereits feststand, ob Pflichtt entstanden ist (str; ebso MüKo/Frank Rn 2; dagg Soergel/Dieckmann Rn 3). – Der überlebde **Ehegatte** erhält bei ges Güterstd dagg auch bei Ausschlagg den (kleinen) Pflichtt u hat daneben noch Anspr auf Zugewinnausgleich (§ 1371 III; s § 2303 Rn 4).

2) Wurde der Erbersatzanspruch des PflichttBerecht (§ 1934a) vom Erbl unter die Hälfte des ges Maßes 4 (s § 1934b Rn 5; 6 sowie § 2338a Rn 4) gekürzt, kann der ErbersatzBerecht entspr § 2305 Ergänzg verlangen. Dafür ist unerhebl, ob die Kürzg bei Quote od Betrag erfolgte od auf ungünst Wertbestimmgen des Erbl od Belastgen des Anspr beruht (MüKo/Frank Rn 5; Soergel/Dieckmann Rn 7). Bei Ausschlagg des gekürzten ErsatzAnspr muß der PflichttBerecht sich mit dem RestAnspr bescheiden (MüKo/Frank Rn 5; aA Soergel/Dieckmann Rn 7). – Hat ihm der Erbl dagg den ErsatzAnspr entzogen u ihn dafür auf einen Erbteil eingesetzt, der wertmäß unter seinem halben ges Erbteil bleibt, kann er die Differenz als RestPflichtt nach § 2305 verlangen.

2306   *Beschränkungen und Beschwerungen.* **¹ Ist ein als Erbe berufener Pflichtteilsberechtigter durch die Einsetzung eines Nacherben, die Ernennung eines Testamentsvollstreckers oder eine Teilungsanordnung beschränkt oder ist er mit einem Vermächtnis oder einer Auflage beschwert, so gilt die Beschränkung oder die Beschwerung als nicht angeordnet, wenn der ihm hinterlassene Erbteil die Hälfte des gesetzlichen Erbteils nicht übersteigt. Ist der hinterlassene Erbteil größer, so kann der Pflichtteilsberechtigte den Pflichtteil verlangen, wenn er den Erbteil ausschlägt; die Ausschlagungsfrist beginnt erst, wenn der Pflichtteilsberechtigte von der Beschränkung oder der Beschwerung Kenntnis erlangt.**

II Einer Beschränkung der Erbeinsetzung steht es gleich, wenn der Pflichtteilsberechtigte als Nacherbe eingesetzt ist.

1   **1) Normzweck.** Die dch das PflichttR garantierte Mindestbeteiligg am Nachl (Übbl 1 vor § 2303) soll der Erbl auch nicht dadch mindern können, daß er den PflichttBerecht zwar nicht ausschließt, sond als MitE einsetzt, aber den zugewendeten Erbteil belastet. Ist also ein pflichttberecht MitE mit nicht mehr bedacht als mit der Hälfte seines ges Erbteils, soll ihm dch § 2306 jedenfalls das Zugewendete in vollem Umfang zugute kommen, näml ohne die angeführten Beschränkgen u Beschwergen (s Rn 9); dazu kommt bei geringerem Erbteil noch der Anspr auf den PflichttRest in Höhe des Wertes des an der Hälfte fehlenden Erbteils (§ 2305; s Rn 9). Auch wenn der zugewendete Erbteil größer ist als die Hälfte des ges Erbteils, kann der PflichttBerecht dch angeordnete Beschränkgen weniger erhalten als seinen Pflichtt. Daher gewährt ihm § 2306 ein WahlR (s Rn 15) u regelt so die Fälle eines belasteten Erbteils unterschiedl je nach dessen Größe. Die Vorschr ist aber nicht anwendb auf die erbrechtl Nachfolge bei PersonenGes, da sonst die angeordnete Sondererbfolge (§ 1922 Rn 18) undurchführb wäre (Hamm OLGZ **91**, 388; aA in Anm dazu Reimann FamRZ **92**, 117; s **2** auch Marotzke EWiR **91**, 977). – Mit einem **halben unbeschränkten** od unbeschwerten Erbteil, der dem Pflichtt gleichkommt, muß sich der Berecht dagg regelmäßig zufriedengeben. Schlägt er diesen aus, hat er auch keinen PflichttAnspr, weil er dann dch eigene WillErkl u nicht dch Vfg des Erbl von der Erbfolge ausgeschlossen ist. Eine Ausnahme besteht aber für den überlebenden Ehegatten bei ZugewinnGemsch: Dieser hat auch bei Ausschlagg Anspr auf Zugewinnausgleich u daneben noch auf den kleinen Pflichtt (§ 2303 Rn 7; § 1371 Rn 18–20).

3   **a) Hinterlassener Erbteil.** Ob er kleiner, gleich od größer als die Hälfte des ges Erbteils ist, wird dch Vergleich der halben ges Erbquote mit dem hinterlassenen quotenmäßigen Anteil am GesamtNachl festgestellt, wobei die Belastgen u Beschwergen des hinterlassenen Erbteils außer Betracht gelassen werden. Maßgebl sind die erbrechtl Verhältn im Zeitpkt des Erbfalls (SchlHOLG NJW **61**, 1929 mAv Lange). Abgestellt wird also sowohl beim hinterlassenen als auch bei dem zum Vergleich stehenden ges Erbteil stets auf die **Quote,** also die Bruchteilsgröße, u nicht auf den Wert des Hinterlassenen (sog Quotentheorie; BGH WM **68**, 543; BayObLG **68**, 112; Marotzke AcP **191**, 563; hM; Ausn s Rn 5). Besteht die Zuwendg aus EinzelGgständen od Geldbeträgen, liegt aber gleichwohl Erbeinsetzg vor (s § 2087 Rn 6), ist die Quote aus dem WertVerhältn zw Zuwendg u GesamtNachl zu ermitteln (RG LZ **32**, 1050). Ein zusätzl zum Erbteil **4** zugewendetes Vermächtn ist hinzuzurechnen (§ 2307 Rn 4). – Hat der Erbl im Güterstand der **Zugewinngemeinschaft** gelebt, ist die halbe gesetzl Erbquote des überlebenden Ehegatten nach dem um ¼ erhöhten Erbteil (§ 1371 I) zu bestimmen (s § 2303 Rn 6). Für Eltern u Abkömml kommt es darauf an, ob die Ehegatte sich für die erb- od die güterrechtl Lösg entscheidet: Nur wenn der Ehegatte ausschlägt, wird der **5** nicht erhöhte Erbteil zugrunde gelegt, so daß sich der Pflichtt der and Berecht erhöht. – Ein **Wertvergleich** statt des Quotenvergleichs ist allerd dann vorzunehmen, wenn bei Berechng des Pflichtt Anrechngs- u AusgleichsPfl (§§ 2315, 2316) zu berücksichtigen sind. Entspricht näml im Einzelfall der konkrete Pflichtt (den § 2306 nur schützt) gar nicht dem Wert des halben ges Erbteils, weil Vorempfänge anzurechnen sind, wäre es nicht gerechtfertigt, dem PflichttBerecht einen zugewendeten beschwerten halben Erbteil lastenfrei zukommen zu lassen. Deshalb ist hier zu vergleichen, ob der rechnerische Betrag des konkreten Pflichtt (unter Berücksichtigg der Ausgl- u AnrechngsPfl) hinter dem Rohwert des hinterlassenen Erbteils (dh ohne Abzug der Beschränkgen u Beschwergen) zurückbleibt od nicht (sog Werttheorie; RG **113**, 48; BayObLG **59**, 80; **68**, 112; aA Stgt NJW **59**, 1735).

6   **b) Die Beschränkungen (I 1; II)** sind abschließend aufgezählt. Dch die Berufg nur zum VorE (auch als befreiter) wird der PflichttBerecht immer beschränkt. – Gleiches gilt für die Anordng einer TVstrg wg der Verwaltgs- u VfgsBefugn des TV. – In einer TeilsAnordng liegt nur dann eine Beschränkg, wenn sie den PflichttBerecht benachteiligt, vor allem die Werte ggü der Quote verschiebt (vgl § 2289 Rn 9); nicht aber, wenn sie ihn begünstigt (zB ÜbernahmeR) od gar nicht berührt (MüKo/Frank Rn 9). Liegt in der Zuwendg bestimmter Ggstände in Wirklichk Erbeinsetzg (§ 2087 II), entfällt die mitenthaltene Teilsanordng bei kleinerem Erbteil über I 1 nicht vollständ, sond bleibt insoweit bestehen, als sie die Erbquote bestimmt **7** (BGH FamRZ **90**, 396; RG LZ **32**, 1050; str). – Die Einsetzg des PflichttBerecht als **Nacherben** wird dch II der Erbeinsetzg unter einer Beschränkg gleichgesetzt, weil der Bedachte den ihm zugedachten Erbteil nicht sogleich, sond erst nach dem VorE erhalten soll (s dazu Rn 15). – Als **Beschwerungen** kommen nur **8** Vermächtn u Auflage in Betr (I 1). – **Andere Anordnungen** als die in § 2306 erschöpfend aufgezählten muß der als Erbe berufene PflichttBerecht hinnehmen wie zB: die Einsetzg nur als ErsatzE od bedingter NachE (hier kann der Berecht den vollen Pflichtt verlangen, den er bei Eintritt der Ersatz- od NErbfolge erforderlichenf sich anrechnen lassen muß); BayObLG **66**, 230); die Einsetzg als SchlußE nach § 2269 (denn dem SchlußE war nichts zugewendet); familienrechtl Anordngen (zB nach § 1638 I; § 1418 II Nr 2; dazu Wendelstein BWNotZ **74**, 10); Beschränkgen nach §§ 2333ff od in guter Absicht (2338) sowie solche Beschränkgen, die schon vor dem Erbfall od durch Ausschlagg des Bedachten weggefallen sind (§§ 1953 I, 2180 III, vgl aber § 2308).

9   **2) Gleicher oder kleinerer Erbteil (I 1).** Ist der PflichttBerecht zugewendete belastete Erbteil gleich oder kleiner als die Hälfte seines ges Erbteils, so daß dieser sich nur mit dem Pflichtt deckt od sogar hinter diesem zurückbleibt, werden die darauf lastenden Beschränkgen u Beschwergen (dazu Rn 6; 7) kr G gestrichen. Sie entfallen dann also hinsichtl dieses Erbteils (nicht aber insgesamt) von selbst, gelten insow als „nicht angeordnet". Die PflichttLast wird dann von demjenigen getragen, zu dessen Gunsten die Beschwergen angeordnet waren (Staud/Ferid/Cieslar Rn 53). Doch kann der Erbl die Wahl zw der beschränkten Erbeinsetzg u dem persönl PflichttAnspr gestatten (Staud/Ferid/Cieslar Rn 60; aM MüKo/Frank Rn 12; RGRK Rn 15). Bei Zugewinngemeinsch steht hier dem Eheg kein AusglAnspr zu, da er Erbe ist (§ 1371 II). Die Unwirksk einer angeordneten TVstrg ist vom NachlG vAw zu beachten (vgl Haegele BWNotZ **74**, **10** 109/110). **Verwirkungsklauseln,** dch die der Erbl seine Angehör zur Beachtg seines letzten Willens anhalten will, od Strafklauseln, mittels derer er die Beteiligg der PflichttBerecht unter das pflichttrechtl gebotene Mindestmaß kürzen will, sind im Bereich des I 1 unwirks (BGH **120**, 96 mAv Hohloch **LM** H 3/93 § 2306 Nr 11; Schubert JR **93**, 368; dagg Kanzleiter DNotZ **93**, 780). – Bei geringerem Erbteil hat der pflichttberecht MitE daneben noch den RestAnspr bezügl des Wertes der zur Hälfte fehlenden Differenz (§ 2305), so daß er damit stets seinen vollen Pflicht erhält. – Eine ges **Ausnahme** von I 1 ergibt sich aus § 2311 I 2. Erfüllt der PflichttBerecht das ihn belastende Vermächtn, so gilt § 812 I 1, evtl § 814. – Bei **Ausschlagung** 11 eines zu geringen Erbteils erwirbt der PflichttBerecht nur den RestAnspr, § 2305 (RG **93**, 9, BGH NJW **58**, 1964), da er iü nicht dch Vfg den Erbl von der Erbfolge ausgeschlossen ist, sond dch eigenen Entschluß. Schlägt er einen dem Pflicht gleichen Erbteil aus, steht ihm erst recht kein PflichttAnspr zu (s Rn 2); ein darüb hinaus zugewandtes Vermächtn kann er allerd ausschlagen, um einen befreiten Erbteil zu erhalten (BGH NJW **81**, 1837). Ob die Beschränkg od Beschwerg sich letztl auch zum Nachteil des PflichttBer auswirken würde, ist nicht zu prüfen (BGH aaO). Bei ZugewinnGemeinsch erhält der ausschlagende Ehegatte neben dem Anspr auf Ausgleich des Zugewinns auch den kleinen Pflicht ohne WahlR (§ 2303 Rn 8). – Bei Ausschlagg sind die Beschränkgen u Beschwergen wirks zu Lasten desj, der an die Stelle des Ausschlagenden tritt. Zur Ausschlagg unter Vorbehalt des Pflichtt s § 1950 Rn 1, aber auch Hamm OLGZ **82**, 41 (unwirks TeilAusschlagg, § 1950).

3) Größerer Erbteil (I 2). Ist der dem PflichttBerecht zugewendete belastete Erbteil größer als die Hälfte 12 seines ges Erbteils, hat er kr G ein WahlR: Er kann entw den höheren Erbteil samt Beschränkgen u Beschwergen (dazu Rn 6; 7) annnehmen od die Erbsch ausschlagen u den vollen Pflicht verlangen. Ob die Ausschlagg ratsam ist, hängt davon ab, wie hoch der Erbe die Beschränkgen u Belastgen wirtschaftl bewertet (Maßfeller Betr **57**, 624; auch DNotZ **74**, 597f). Größer ist der Erbteil auch dann, wenn er zwar genau dem Pflichtt entspricht, der Erbe aber zusätzl noch ein Vermächtn angenommen hat (Neust NJW **57**, 1523). Im Falle der ZugewinnGemeinsch muß der dem Ehegatten hinterlassene Erbteil größer als der Wert der Hälfte des nach § 1371 I um ¼ erhöhten gesetzl Erbteils sein. Der Eheg kann entweder den zugewendeten Erbteil mit den Belastgen behalten od ausschlagen; im letzteren Fall steht ihm dann der kleine Pflichtt zu, da er daneben noch den Anspr auf Ausgleich des Zugewinns erhält. Er hat kein WahlR zw kleinem Pflichtt mit ZugewAusglAnspr u großem Pflichtt (vgl § 2303 Rn 8). Auch dies ist bei der Überlegg, ob ausgeschlagen werden soll, zu beachten.

a) Ausschlagung. Der Fristbeginn hängt hier neben den allg Voraussetzgen des § 1944 davon ab, daß der 13 PflichttBerecht von den Beschrkgen u Beschwergen Kenntn erlangt hat (I 2), sofern diese auch wirkl bestehen u vom Erben nicht nur irrig angenommen werden (BGH **112**, 229). Die Kenntn eines belastenden Test reicht also nicht aus, um die Ausschlaggsfrist in Lauf zu setzen, solange der Betroffene das Test für unwirks hält (BGH **LM** Nr 4). Ferner muß der PflichttBerecht davon Kenntn haben, ob der hinterlassene Erbteil die Hälfte des gesetzl Erbteils übersteigt, nur dann eine Ausschlagg in Frage kommt. Dies gilt auch, wenn der überlebende Eheg bei ZugewinnGemeinsch mit mehr als ¼ – bei Vorhandensein von Abkömmlingen – unter Auferlegg von Beschrkgen od Beschwerg bedacht ist (Staud/Ferid/Cieslar Rn 70). Ist der PflichttBerecht als Erbe auf eine Summe od auf einzelne Ggstände eingesetzt (§ 2087 Rn 6), beginnt die Frist erst, wenn er das Wertverhältn dieser Zuwendgen zum ganzen Nachl überblicken kann. Im übrigen ist grdsätzl die Erbquote, nicht der Wert des Hinterlassenen maßgebend. Eine Ausn besteht aber dann, wenn eine Anrechngs- od AusgleichsPfl (§§ 2315, 2316) od beide in Frage kommen (s Rn 5). Hier beginnt die Frist erst dann, wenn der PflichttErbe weiß, ob sein Erbteil den ihm bei Berücksichtigg der gesetzl AnrechngsanrechngsPfl zukommenden PflichttBetr übersteigt od nicht (RG **93**, 3, **113**, 45; BayObLG **59**, 77; aM Natter JZ **55**, 138, auch Stgt NJW **59**, 1735). Wenn aber ungewiß ist, ob überh eine AnrechngsPfl bestimmt ist, so soll nach BayObLG (aaO) der Fristbeginn dadurch nicht hinausgeschoben werden; dies dürfte nur dann zutreffen, wenn (wie im Fall von BayObLG aaO) der hinterlassene Erbteil in jedem Fall den Pflicht übersteigt; denn solange der PflichttBerecht nicht weiß, ob eine Anrechnungsbestimmg getroffen ist, weiß er auch nicht, wie sich der Pflichtt stellt.

b) Rechtsfolge der Ausschlagg ist, daß dann der Nächstberufene (§§ 2161, 2192) die PflichttFdg erfüllen 14 u die Lasten (ggf gekürzt nach § 2322) tragen muß, wenn er nicht ebenf ausschlägt od der Berechtigte sich mit den VermNehmern vergleicht (s Staud/Ferid/Cieslar Rn 71, 72). – Anfechtg der Ausschlagg u der Annahme vgl § 2308.

4) Nacherbfolge (II). Ist der PflichttBerecht nur als NachE eingesetzt u übersteigt die Quote des ihm 15 hinterlassenen NErbteils nicht die Hälfte des ges Erbteils, gilt die NErbfolge als nicht angeordnet. Er wird daher im Umfang seiner Erbeinsetzg sofort VollE. Ggf hat er noch den RestAnspr gem § 2305 (s auch Lange NJW **61**, 1929; Staudenmaier BWNotZ **66**, 279). Eine Ausschlagg dieses NErbteils verschafft ihm keinen PflichttAnspr, es sei denn, daß es sich um den überlebenden Ehegatten einer ZugewinnGemeinsch handelt u dieser auch noch die VollErbsch ausschlägt. Die weggefallene NErbfolge wird als ges Rechtsfolge nicht in einem zu erteilenden Erschein vermerkt. War er bereits erteilt u die NErbfolge vermerkt, wird er bei nachträgl Eintreten der Voraussetzg des I 1 unrichtig (SchlHOLG NJW **61**, 1929); vgl auch § 2069 Rn 6; BayObLG **62**, 239. – Ist dagg der NErbteil **größer** als der halbe ges Erbteil, kann der als NachE eingesetzte 16 PflichttBerecht nach seiner Wahl entw die Nacherbsch annehmen od ausschlagen u den Pflicht fordern (BayObLG **66**, 232). Vor Ausschlagg ist er nicht pflichtteilsberecht (LG Bln Jur Büro **63**, 423). Die **Ausschlagungsfrist** beginnt für ihn nicht vor dem Eintritt der NErbfolge. Da aber unabhäng davon die VerjFrist des § 2332 I, III läuft (SchlHOLG NJW **61**, 1930), wird er gut daran tun, schon vorher (§ 2142) auszuschlagen (RGRK Rn 31). Über die Unterbrech der Verj bei Vor- u NachErbsch vgl Donau MDR **58**, 735; Anerkenng des PflichttAnspr dch Vorerben u die damit herbeigeführte Unterbrech der Verjährg wirkt auch gg den NachE (BGH NJW **73**, 1690; aM Donau aaO). In dem Verlangen des Pflicht kann eine Ausschlagg der Erbsch (§ 2142) nicht erblickt werden. Kommt es ohne Ausschlagg gleichwohl schon zur Auszahlg des Pflichtt, muß sich der NE bei Eintritt des NErbfalls im rechtsgrundlosen Vorausempfang samt Nutzgen auf den Erbteil anrechnen lassen (Soergel/Dieckmann Rn 11; MüKo/Frank Rn 6). Ein NE-Vermerk (GBO 51) wird in diesem Fall vor Eintritt des NErbfalles nicht gegenstandslos (BayObLG **73**, 272/275). Vgl auch § 2269 Rn 12. – Bei Überleitg des PflichttAnspr auf den Träger der **Sozialhilfe** nach BSHG 90 geht nicht auch das AusschlaggsR mit über, weil dieses im PflichttR u nicht im -Anspr gründet (Kuchinke FamRZ **92**, 363; Nieder NJW **94**, 1265 mN; hM; aA van de Loo RhNK **89**, 249).

17   **5) Nichtehelichenrecht.** Auch wenn dem zum Erben eingesetzten PflichttBerecht bei ges Erbfolge nur ein Erbersatzanspruch zustünde, ist § 2306 anwendbar (hM). Übersteigt also der ihm hinterlassene Erbteil nicht die Hälfte des ges Erbteils, gelten Beschränkgen dch Ernennung eines TV, Einsetzg eines NE od eine beschränkende Teilsanordng od seine Einsetzg nur als NE od Beschwergen mit einem Vermächtn od einer Auflage als nicht angeordnet. Übersteigt der hinterlassene beschränkte od beschwerte Erbteil die Hälfte des
18   ges Erbteils, hat der Eingesetzte das WahlR nach I 2; II (MüKo/Frank Rn 19 mN). – Ist der **Erbersatzanspruch** vom Erbl mit Beschränkgen od Beschwergen belastet (str, ob dies mögl ist; s Soergel/Dieckmann Rn 15), besteht nur unter den Voraussetzgen des I 2 die Möglichk, auszuschlagen u den Pflichtt zu verlangen. Ist der belassene ErbersatzAnspr gleich od kleiner als der Wert des halben ges Erbteils, entfallen die Beschränkgen u Beschwergen (I 1). Als Beschränkgen kommen hier nicht die Anordng einer TestVollstrg, NErbschaft od NachlTeilg in Betracht, da sie den ErsatzBerecht nicht beeinträchtigen, sond nur Vermächtn; Auflagen; Aufschub der Fälligk; Einhaltg auflösender Bedinggen (Bosch FamRZ **72**, 177); ungünstige Wertbestimmg (dazu Brüggemann FamRZ **75**, 309/317 f). Eine aufschiebend bedingte NErbeneinsetzg fällt nicht unter § 2306 II (MüKo/Frank Rn 21). Schlägt aber der ErbersatzBerecht den unbeschränkten u unbeschwerten ErbersatzAnspr aus, kann er nicht den Pflichtt verlangen.

2307   *Zuwendung eines Vermächtnisses.* [I] Ist ein Pflichtteilsberechtigter mit einem Vermächtnisse bedacht, so kann er den Pflichtteil verlangen, wenn er das Vermächtnis ausschlägt. Schlägt er nicht aus, so steht ihm ein Recht auf den Pflichtteil nicht zu, soweit der Wert des Vermächtnisses reicht; bei der Berechnung des Wertes bleiben Beschränkungen und Beschwerungen der im § 2306 bezeichneten Art außer Betracht.

[II] Der mit dem Vermächtnisse beschwerte Erbe kann den Pflichtteilsberechtigten unter Bestimmung einer angemessenen Frist zur Erklärung über die Annahme des Vermächtnisses auffordern. Mit dem Ablaufe der Frist gilt das Vermächtnis als ausgeschlagen, wenn nicht vorher die Annahme erklärt wird.

1   **1) Durch Ausschlagung (I 1; § 2180)** eines ihm zugewendeten **Vermächtnisses** kann der nicht als Erbe berufene PflichttBerecht seinen vollen Pflichtt ungekürzt verlangen, da er sich nicht mit einem Vermächtn abfinden lassen muß. Dies gilt auch, wenn er nur erbersatzberecht ist (§ 1934a), sofern er statt seines ErsatzAnspr nur Vermächtn zugewendet erhielt (§ 1934b II 1; § 2338a S 2). Für Auflagen gilt dagg § 2307 nicht, da sie nicht ausgeschlagen werden können. – Der PflichttAnspr entsteht dann mit der Ausschlagg. Er bestimmt sich bei ZugewinnGemeinsch sowohl für den Eheg wie für andere PflichttBerechtigte nach dem nicht erhöhten EhegErbteil (§ 1371 II). Daneben steht dem Eheg noch der ZugewAusglAnspr zu (Maßfeller Betr **57**, 623; Soergel/Dieckmann Rn 5); er hat aber kein WahlR zw großem und kleinem Pflichtt
2   (§ 2303 Rn 8). – Zur **Pflichtteilslast** s § 2321. – Zur Anfechtg s § 2308. – Ein **Auskunftsanspruch** ist unabhängig davon, ob das Vermächtn ausgeschlagen wird od den Wert des Pflichtt übersteigt (s § 2314 Rn 1). – Zur **Verjährung** s § 2332.

3   **2) Bei Annahme (I 2)** des Vermächtn hat der Bedachte nur noch Anspr auf etwaigen RestPflichtt (§ 2305), soweit der Wert des Vermächtn hinter seinem Pflichtt zurückbleibt; bei ZugewinnGemsch ist der Wertunterschied zum großen Pflichtt maßgebl, da sich der Pflichtt des Ehegatten u der and Berecht nach dem großen EhegErbteil bestimmen (daneben besteht dann kein Anspr auf ZugewAusgl, da kein Fall des § 1371 II vorliegt). – Ist das Vermächtn **beschränkt** od beschwert iS von § 2306, werden bei der Wertermittlg des Vermächtn die darauf beruhden Belastgen nicht wertmindernd berücksichtigt (I 2). Der belastete VermNehmer ist damit dem pflichttberecht Erben gleichgestellt. – Ist das Vermächtn nur unter aufschiebder Bedingg zugewendet, wird von der hM wie eine Beschränkg behandelt (zB Oldbg NJW **91**, 988) u es damit ohne Rücks auf den ungewissen Eintritt der Bedingg mit seinem vollen Wert angerechnet. Richtiger erscheint es, den VermNehmer wie den vergleichbaren bedingten NachE zu behandeln (s § 2306 Rn 8) u ihn den vollen Pflichtt ohne Ausschlag des Vermächtn mit der Maßgabe fordern zu lassen, daß das Vermächtn bei Eintritt der Bedingg angerechnet wird (MüKo/Frank Rn 6; Schlitt NJW **92**, 28). Bestehen bleibt auch die etwaige Anordng eines Nachvermächtn (§ 2191). – **Gleichrang** des Vermächtnis nach § 2307 besteht im Konkurs (KO 226 III). – Nachträgl Verschlechterg der WirtschLage des Beschwerten berecht diesen nicht zur Kürzg, gewährt ihm aber uU einen StundgsAnspr (RG AkZ **38**, 277 mAv Boehmer).

4   **3) Ein zusätzliches Vermächtnis,** mit dem der PflichttBerecht neben einem Erbteil bedacht ist, muß (wenn angenommen) dem Erbteil hinzugerechnet werden. Daraus bemißt sich dann, ob im Fall des § 2305 das Hinterlassene die Hälfte des gesetzl Erbteils erreicht od nicht. Wenn der beschränkte od beschwerte Erbteil (§ 2306) u das Vermächtn zusammen die Hälfte des gesetzl Erbteilswertes übersteigen, fallen die Beschränkgen u Beschwergen nicht weg. Es kommt also § 2306 I 2 (nicht I 1) in Betr (Neust NJW **57**, 1523); wird allerd durch Ausschlagg des Vermächtn die Hälfte erreicht od unterschritten, gilt § 2306 I 1 (BGH FamRZ **81**, 663). – Ist bei Zugewinngemeinsch der überlebende Eheg als Erbe eingesetzt u mit einem Vermächtn bedacht, muß er Erbsch u Vermächtn ausschlagen, wenn er den kleinen Pflichtt mit ZugewAusgl verlangen will. Nimmt er beides an, so hat er einen PflichttRestAnspr nur, wenn der hinterlassene Erbteil geringer ist als der große Pflichtt u auch der Wert des Vermächtn hinzugezählt nicht ausreicht (§§ 2305 mit 2307 I; Braga FamRZ **57**, 339). Schlägt nur den Erbsch aus, kann er Ergänzg des Vermächtn auf den Wert des großen Pflichtteils fordern (RGRK Rn 17); schlägt er nur das Vermächtn aus, kann er Ergänzg des Erbteils auf den Wert des großen Pflichtteils verlangen (Braga aaO). Über weitere Fragen s Braga aaO; BGH FamRZ **76**, 334 u § 2304 Rn 4–6.

5   **3) Die Fristsetzung (II)** ist dem beschwerten Erben (nicht dem beschwerten VermNehmer od nichtbeschwerten Erben) gewährt, da für Annahme od Ausschlagg von Vermächtn gesetzl Fristen nicht bestehen u der Erbe Klarh haben muß, ob er Verm od Pflichtt zu entrichten hat. Sind mehrere MitE mit demselben Vermächtn beschwert, können sie das FristsetzgsR nur gemeinsam ausüben (Mü FamRZ **87**, 752).

2308 *Anfechtung der Ausschlagung.* [I] Hat ein Pflichtteilsberechtigter, der als Erbe oder als Vermächtnisnehmer in der im § 2306 bezeichneten Art beschränkt oder beschwert ist, die Erbschaft oder das Vermächtnis ausgeschlagen, so kann er die Ausschlagung anfechten, wenn die Beschränkung oder die Beschwerung zur Zeit der Ausschlagung weggefallen und der Wegfall ihm nicht bekannt war.

[II] Auf die Anfechtung der Ausschlagung eines Vermächtnisses finden die für die Anfechtung der Ausschlagung einer Erbschaft geltenden Vorschriften entsprechende Anwendung. Die Anfechtung erfolgt durch Erklärung gegenüber dem Beschwerten.

1) Anfechtungsgrund bei Anfechtg der Ausschlagg der Erbsch od des Vermächtn ist hier auch der **1** Motivirrtum, damit der Berecht durch die Anfechtg (§ 1957) möglicherw mehr erhalten kann als den Pflichtt u weil er sonst nicht einmal den Pflichtt bekäme, da § 2306 I 2 für nicht beschwerte Erbteile nicht gilt. Hat PflichttBerecht die Beschränkg (Beschwerg) nach Ausschlagg dch TestAnfechtg rückwirkd (§ 142) selbst beseitigt, kann Ausschlagg anfechtb sein (BGH **112**, 229). Hamm (OLGZ **82**, 41) läßt Anfechtg wg beachtl RIrrtums zu, wenn der Berecht eine unbelasteten Pflichtt den Erbteil vom Standpkt des § 2306 I aus zu Unrecht ausgeschlagen hat. – Anfechtg der in Unkenntn von Beschrkgen erfolgten **Annahme** ist zuläss, damit sich der Berechtigte wenigstens den Pflichtt ganz sichern kann, richtet sich aber nach § 119 (BayObLG NJW-RR **95**, 904; Kraiß BWNotZ **92**, 31; str); s dazu § 1954 Rn 2–4. – § 2308 gilt auch für den dch § 1934a nur auf einen ErbersatzAnspr verwiesenen PflichttBerecht, der als solcher od als eingesetzter Erbe od als VermNehmer in der in § 2306 bezeichneten Art beschränkt od beschwert ist u den ErbersatzAnspr, den Erbteil od das Vermächtn ausgeschlagen hat (§ 2338a S 2).

2) Form u Frist der Anfechtg bestimmen §§ 1954; 1955. Keiner Form bedarf allerd Anfechtg der Ver- **2** mächtnAusschlagg, da hier der Beschwerte an die Stelle des NachlG tritt (**II**; §§ 1955; 1957 II). – **Wirkung:** Anfechtg gilt als Annahme des Erbteils (§ 1957 I). Eine Genehmigg des VormschG ist nicht erforderl, da kein rechtsgeschäftl Verzicht auf Pflichtt erfolgt.

2309 *Pflichtteilsrecht der Eltern und entfernteren Abkömmlinge.* Entferntere Abkömmlinge und die Eltern des Erblassers sind insoweit nicht pflichtteilsberechtigt, als ein Abkömmling, der sie im Falle der gesetzlichen Erbfolge ausschließen würde, den Pflichtteil verlangen kann oder das ihm Hinterlassene annimmt.

1) Zweck der Vorschr ist, eine Vervielfältigg der PflichttLast zu verhindern. Bei Abkömml gilt: Dem- **1** selben Stamm nicht zwei Pflichtteile (Mot **5**, 401); kein Pflichtteil neben einer Zuwendung. § 2309 schränkt somit ein an sich gegebenes PflichttR ein: Eltern u entferntere Abkömml sollen im Falle eigener Berechtigg gleichwohl kein PflichttR haben, wenn u soweit ein näher Berecht entw selbst den Pflichtt verlangen kann od eine (den Pflichtt deckende) Zuwendg annimmt. Ihr PflichttR setzt also sowohl voraus, daß der sie an sich nach §§ 1924 II, 1930 ausschließende nähere Abkömml erbunwürdig ist, ausgeschlagen od auf sein gesetzl ErbR verzichtet hat od daß ihm der Pflichtt entzogen ist (§§ 1953, 2344, 2346, 2333) als auch, daß sie selbst nach § 2303 von der Erbfolge ausgeschlossen, also an sich pflichtteilsberecht sind u nicht etwa nach § 2069 eintreten.

2) Eltern ist also ein PflichttR versagt, wenn ihr Abkömml seinen Pflichtt verlangen kann (nicht: ihn **2** unberechtigt fordert u erhält, RG **93**, 195). Entspr gilt für **entferntere** Abkömml. Verlangen kann ihn jeder vorberecht Abkömml, der enterbt (§ 2303) od geringer bedacht ist (§ 2305) od die Zuwendg nach §§ 2306 I S 2, 2307 I S 1 ausgeschlagen hat. Dagg können die Eltern (entferntere Abkömml) ihren Pflichtt verlangen, wenn der sie an sich ausschließde Abkömml dazu rechtl nicht in der Lage ist (s Rn 1). – Ist letzteres zwar der Fall, ist ihm aber etwas hinterlassen u **nimmt er an**, so ist das PflichttR der Nachstehden nur „insoweit", dh in Höhe des Werts des Hinterlassenen, abzügl Belastgen, beseitigt. Sie sind daher pflichtteilsberecht in Höhe des Unterschieds zw dem Wert des Pflichtt u des Hinterlassenen. Wegen der AnrechngsPfl vgl § 2315. – Dies gilt auch bei **nichtehelicher** Abstammg in Erbfällen seit dem 1. 7. 70, sofern das Kind nicht vor dem **3** 1. 7. 49 geboren u die Vatersch festgestellt ist (§ 1600a; s § 1924 Rn 9–13); ein wirks vorzeit Erbausgleich zw Vater u nichtehel Kind (§ 1934d) beseitigt auch die PflichttBerechtigg des Vaters und entfernterer Abkömml (§ 1934e). Bsp: Hinterläßt der Vater einen Sohn u hat dieser ein nichtehel Kind, so ist bei Erbverzicht des Sohnes der nichtehel Enkel iZw nicht pflichttberecht, wenn er von der Erbfolge (vom ErbersatzAnspr) ausgeschlossen wurde. Ist dagg der Sohn pflichttberecht geblieben, ist in den genannten Fällen (Rn 2) dem Enkel das PflichttR versagt. – Auch bei einer **Annahme als Kind** (s dazu § 1924 Rn 14 ff) **4** gilt § 2309 für das Verhältn der Adoptiveltern bzw entfernterer Verwandter zum angenommenen Kind.

2310 *Feststellung des Erbteils.* Bei der Feststellung des für die Berechnung des Pflichtteils maßgebenden Erbteils werden diejenigen mitgezählt, welche durch letztwillige Verfügung von der Erbfolge ausgeschlossen sind oder die Erbschaft ausgeschlagen haben oder für erbunwürdig erklärt sind. Wer durch Erbverzicht von der gesetzlichen Erbfolge ausgeschlossen ist, wird nicht mitgezählt.

1) Erbteilsbestimmung (S 1). Der für den Pflichtt maßgebl Erbteil (§ 2303 I 2) wird für jed Berecht **1** gesondert bestimmt, u zwar abstrakt: Mitgezählt werden alle Personen, die zum Zeitpkt des Erbfalls als gesetzl Erben (od ErbersatzBerecht) berufen waren, auch wenn sie konkret infolge Enterbg, Ausschlagg od Erbunwürdigk weggefallen sind (S 1). Ihr Wegfall soll nicht den Pflichtt vergrößern, kommt also dem Erben zugute, weil der Erbl einerseits die Größe des Pflichtt nicht dch Enterbg von seinem Willen abhängig machen, anders die Höhe der bestehenden Pflichtt für die NachlRegelg trotz Unvorhersehbark von Ausschlagg u Erbunwürdigk überschauen können soll. – Die Vorschr ändert aber für die Berechng nicht die

Grdsätze der Verwandtenerbfolge. Wer den Erbfall nicht erlebt, wird ebensowenig mitgezählt wie ein Abkömml, dessen Verwandtsch zur leibl Familie infolge Annahme als Kind eines Dritten gem § 1755 erloschen ist. Auch bleibt es beim Grdsatz der §§ 1924 II, 1930, 1935, so daß der Weggefallene nicht mitgezählt wird, wenn es um den Pflicht eines entfernteren Abkömml od um den der Eltern (§ 2309) geht.

2 **2) Wegfall durch Erbverzicht (S 2)** wirkt pflichtteilserhöh, weil ein auf sein ges ErbR Verzichtender (§ 2346 I) nicht mitgezählt wird. Mit einem solchen ErbVerz ist näml idR die Zahlg einer den Nachl schmälernden Abfindg verbunden; allerd wollte der GesGeber aus Gründen der RSicherh die Regelg nicht davon abhängig machen. Erstreckt sich der Verzicht entgg § 2349 ausnahmsw nicht auf die Abkömml, werden diese entspr ihrem EintrittsR (§ 1924 III) mitgezählt. – Wie ein Erbverzicht zu behandeln ist auch ein vereinbarter od titulierter **vorzeitiger Erbausgleich,** der Erb- u PflichtR des Kindes u seiner Abkömml nach dem Vater beseitigt wie auch umgekehrt (§ 1934e). – Außer Betr bleiben dagg der bloße **Pflichtteilsverzicht** (§ 2346 II) u der Verzicht unter Vorbehalt des Pflicht (§ 2346 Rn 6; Soergel/Dieckmann Rn 11).

2311 *Wert des Nachlasses.* [I] Der Berechnung des Pflichtteils wird der Bestand und der Wert des Nachlasses zur Zeit des Erbfalls zugrunde gelegt. Bei der Berechnung des Pflichtteils eines Abkömmlings und der Eltern des Erblassers bleibt der dem überlebenden Ehegatten gebührende Voraus außer Ansatz.

[II] Der Wert ist, soweit erforderlich, durch Schätzung zu ermitteln. Eine vom Erblasser getroffene Wertbestimmung ist nicht maßgebend.

Schrifttum: Piltz, Wissmann, Unternehmensbewertg beim Zugewinnausgleich, NJW **85,** 2673; Troll/Simon, Wertermittlg bei Geschäfts- u Fabrikgrundstücken (2. Aufl 1986); Meincke, Recht der NachlBewertg im BGB (1973); Rössler/Langner/Simon, Schätzg u Ermittlg von GrdstWerten, 5. Aufl 1986.

1 **1) Nachlaßbestand.** Er ergibt sich dch Vergleich der im Zeitpkt des Erbfalls vorhandenen Aktiva u Passiva. Zu dem zunächst festzustellenden **Aktivbestand** (dazu BGH WM **71,** 1338) gehören auch Surrogate, zB LastenAusglAnspr für vor dem Erbfall eingetretene Schäden, auch wenn sie erst in der Person des Erben entstanden sind (BGH FamRZ **78,** 128/129). Ebso Anspr auf Rückübertragg von Grdst od Entschädigg für Grdst in der fr DDR nach dem VermögensG (BGH **123,** 76 m krit Anm Dieckmann ZEV **94,** 198; s auch § 1922 Rn 50; Faßbender DNotZ **94,** 359; Casimir DtZ **93,** 362; de Leve DtZ **94,** 270); entstehen sie erst dem Erben, weil der Erbfall schon vor dem 29. 9. 90 eintrat, s § 2313 Rn 1; 2. Dagg nicht Lebensversiche2 rungen (s § 1922 Rn 47). Dauernde Nutzgen sind zu kapitalisieren (RG **72,** 381). RVerhältn, die am dem Erbfall infolge Vereinigg von Recht u Verbindlich erlöschen, gelten als nicht erloschen (BGH DNotZ **78,** 487/489). Der Wert eines dem PflichtBerecht zugewendeten Vermächtn ist bei Berechng des Wertes des AktivNachl zu berücksichtigen (BGH WM **70,** 1520). Enthält der für die PflichtBerechng maßgebl Nachl eine Beteiligg an dem Nachl eines vorverst ErbE (ErstErbl) u schlägt der ErbesE die Erbsch nach dem ErstErbl aus, so mindert sich der für einen nach ZweitErbl PflichtBerecht maßgebl Nachl (s Brüstle BWNotZ **76,** 78).

3 **2) Verbindlichkeiten.** Der PflichtBerecht geht den and NachlGläub nach, da er Befriedigg erst aus dem schuldenfreien Nachl verlangen darf. Die ermittelte Summe des Aktivbestands ist daher um den Betrag der Passiva zu kürzen. Da auf den Nachl abgestellt wird, ist es ohne Einfluß, wenn eine zweifelsfreie ErblSchuld (§ 2113) dem Erben nach dem Erbfall erlassen wird. Ist der Nachl im Zeitpkt des Erbfalls bereits überschuldet, entsteht überhaupt kein PflichtAnspr (Stgt NJW-RR **89,** 1283). Wird der Nachl erst nach dem Erbfall unzulängl, kann der Erbe Befriedigg des PflichtGläub gem §§ 1990; 1991 IV iVm KO 226 verweigern (s § 1990 Rn 9ff; § 1991 Rn 5). Hat der Erbe in Unkenntn der UnzulänglichkEinrede erfüllt, kommt ein BereicherungsAnspr in Betr (Stgt aaO; § 1991 Rn 5). Die Eintrag einer SichergsHyp für PflichttAnsprüche, deren endgült Höhe noch nicht feststeht, ist zulässig (LG Aachen Rpfleger **63,** 117).

4 **a) Abzusetzen** sind daher die **Erblasserschulden** wie zB: Anspr der Ehefr gg den Erbl aus gemschaftl WirtschFührg (Johannsen WM **73,** 541). – Anspr Dritter für Mitarbeit u Dienstleistgen im Betrieb des Erbl gem § 612 (dazu § 612 Rn 4–6). – Kreditgewinnabgabe (LAG 173). – GrdstLasten (auch HypGewinnabgabe, Johannsen WM **70,** 113; **79,** 635). – Sämtl Steuern (Besitz-, Verkehrs-, Realsteuern), soweit sie zu Lasten des Erbl (befristet od unbefristet) entstanden sind (Sudhoff NJW **63,** 421); über Berücksichtigg künftiger vom Erbl herrührder, aber erst in der Pers des Erben entstandener Steuerschulden s Kröger, BB **71,** 647, auch BGH NJW **72,** 1269; s auch den Sonderfall im BGH NJW **79,** 546 zu AO 44 I, EStG 26b, dazu Johannsen WM **79,** 636. – Abzusetzen sind auch alle Verbindlk, deren RGrd **bereits beim Erbfall** bestand, zB Beerdiggs-, NachlSichergs-, NachlVerwaltgs-, Inventar-, NachlProzeßkosten, RAGebühren eines ErbSchVerf jedenf dann, wenn Bestreiten des ErbR dch PflichttBer Anlaß für Inansprnahme des RA war (BGH 5 MDR **80,** 831; §§ 1968, 1960, 1975, 1993, 2314 II), vgl auch KO 226. – Ferner die **Zugewinnausgleichsforderung** des überlebden Eheg in den Fällen des § 1371 II, III, da sie eine NachlVerbindlichk begründet (BGH **37,** 64; § 1371 Rn 12–17; Staud/Ferid/Cieslar Rn 65, dort auch üb Anspr nach §§ 1585, 1586b u Rn 68; Johannsen in Anm zu **LM** Nr 2 zu § 2303; Erman/Schlüter Rn 5, bestr; s auch Flik BWNotZ **78,** 117). – RückfdgsAnspr des Trägers der **Sozialhilfe** nach BSHG 92c sind absetzb NachlVerbindlk (s § 1967 Rn 14). – Für die **Vermögensabgabe** des Lastenausgleichs besteht weder eine Haftg noch eine AusglPfl des PflichtBerecht. Bei der Wertberechng ist sie nach dem Zeitwert (LAG 77) in Ansatz zu bringen (BGH **14,** 368; Hamm RdL **64,** 243); eine nicht abgelöste HypGewinnabgabe ist nicht mit dem Ablösgsbetrag, sond mit dem Kapitalwert anzusetzen (BGH NJW **64,** 1414). Für einen VertreibgsSchaden nach dem LAG zugebilligte AusglLeistungen sind der Berechng des Pflichtt als ErsVorteile auch dann zGrde zu legen, wenn der Schaden noch vor dem Erbf eingetreten ist, der AusglAnspr aber erst danach in der Pers der Erben (VE) 6 entstanden ist (BGH **LM** Nr 3 zu § 2041). – Verbindlichkeiten, die auf **wiederkehrende Leistungen** gerichtet sind, werden mit ihrem Kapitalwert abzusetzen sein (RG **72,** 382; BGH **14,** 376: Anwendg versicherungstechn Grdsätze bei Renten). WertÄndergen nach dem Erbfall können nur insoweit in Rechng

gestellt werden, als sie auch schon zZ des Erbfalls einen vorbestimmenden Einfluß hatten. Allg über Bewertg von Verbindlichk Meincke aaO § 13 IV; auch § 7.

b) Nicht abzusetzen sind die im Range nachgehden (s §§ 1992; 1991 IV; KO 226 II Nr 5, 6) Vermächtn, **7** Auflagen, ErbersatzAnspr; Anspr aus dem Dreißigsten (§ 1969); gesetzl Vermächtn an die Abkömml nach § 1371 IV. – Ferner nicht die Kosten einer TVstrg, es sei denn, daß diese auch für den PflichtBerecht von Vorteil ist (BGH **95**, 222). – Auch nicht die den Erben treffenden ErbschSteuern; od die Ertragssteuer (EStG 16), wenn Erbe zum Nachl gehör HandelsUntern aufgibt (BGH **LM** Nr 7; dazu Kapp BB **72**, 829; Johannsen WM **73**, 539; Esch/Schulze zur Wiesche Rn 367–369).

c) Der Voraus des überlebden Eheg, den dieser bei ges Erbfolge beanspruchen kann (§ 1932 I), bleibt bei **8** der Berechng des Pflichtt von Abkömml od Eltern außer Ansatz (**I** 2), um den Zweck des § 1932 nicht zu vereiteln. Deren Pflichtt wird also aus dem übr Nachl berechnet, auch wenn der Voraus ausgeschlagen wird. Voraussetzg ist, daß dem Eheg der Voraus auch „gebührt". Dies ist nicht der Fall, wenn die aus Voraussetzgen des § 1932 (dort Rn 2) nicht gegeben sind, zB er test Allein- od MitE ist (BGH **73**, 29; hM; aA MüKo/ Frank Rn 28 mwN). Zu beachten ist auch, daß nur bei Eltern der volle Voraus abzuziehen ist, bei Abkömml dagg nur der zur angemessenen Haushaltsführg benötigte (§ 1932 I 2). – Der Pflichtt des Eheg selbst errechnet sich nach dem GesamtNachl ohne Abzug des Voraus.

3) Wertermittlung. Nach dem Stichtagsprinzip (**I** 1) wird die Höhe des PflichttAnspr dch den Bestand u **9** den Wert des Nachl im Ztpkt des Erbfalls festgelegt. Nachträgl Wertsteigergen od -Mindergen müssen desh außer Betr bleiben (BGH **7**, 135; BWNotZ **61**, 232), zB die eines beim Erbfall in der fr DDR belegenen Grdst infolge der späteren staatl Vereinigg. Der PflichtBerecht ist wirtschaftl so zu stellen, als sei der Nachl beim Tod des Erbl in Geld umgesetzt worden. Daher ist auf den gemeinen Wert abzustellen, der dem Verkaufswert entspricht (BGH **14**, 376). – Eine bestimmte **Methode** der Wertberechng ist nicht vorgeschrieben (BGH NJW **72**, 1269). Jedoch verdient eine Bewertg, die sich an einen tatsächl Verkauf des zu bewerdten NachlGgstands anlehnen kann, den Vorzug vor einer Schätzg (BGH NJW-RR **93**, 131). Wurde der Verkaufspreis alsbald nach dem Erbfall erzielt, hat sich die Bewertg folgl daran zu orientieren (BGH **14**, 376: Unternehmen; BGH NJW-RR **91**, 900: Grdsbesitz). Bei zeitl Abstand ist das Ergebn je nach Entwicklg der Preise zu korrigieren (BGH NJW-RR **93**, 834). Blieben die Marktverhältn seit Erbfall im wesentl unverändert, hat selbst ein 5 Jahre nach Erbfall erzielter Erlös Aussagekraft (BGH NJW-RR **93**, 131). Andernf ist der Wert dch Schätzung zu bestimmen (**II** 1), ggf durch Sachverständige (dazu Johannsen WM **79**, 635). – Der Erbl kann den Wert nicht bestimmen (**II** 2; Ausn § 2312). Seine Wertbstimmung kann aber als TeilsAnordng (§ 2048) Bedeutg haben, jedoch nur, soweit sie den PflichttAnspr nicht verkürzt (Staud/ Ferid/Cieslar Rn 12 ff). Bei Berechtig des Erbl zur PflichttEntzieh (§ 2333) kann er aber statt der Entziehg eine den PflichttBerechtigten benachteiligende Bewertg des Aktivbestands bindend anordnen od Anrechnungspflichten bestimmen, AusglPflichten mindern od ausschließen (§§ 2315, 2316), PflichtErgänzansprüche mindern od ausschließen (§§ 2325 ff); dabei ist aber § 2336 zu beachten (Erman/Schlüter Rn 3).

a) Grundstücke. Ihr Wert ist idR der Verkehrswert (gemeiner Wert); ein fiktiver wie der als Denkfigur **10** gebildete sog innere Wert gilt nur für Ausnahmebedinggen wie Stopp-Preise etc (BGH **LM** Nr 4). Bei **unbebauten** Grdst wird er dch Vergleich ermittelt (direkt od indirekt mittels Bodenrichtwerte), da hier idR eine ausreichende Zahl vergleichbarer Kaufpreise zur Vfg steht; bei Verkauf nach Erbfall verdient der tatsächl erzielte Verkaufserlös den Vorzug (s Rn 9). Bei **bebauten** Grdst wird das SachwertVerf angewandt, wenn für potentielle Käufer Herstellgskosten vorrangig sind (eigengenutztes Einfamilienhaus od Eigt-Wohng; Geschäftshaus; BGH NJW **70**, 2018; Köln MDR **63**, 411), dagg das ErtragswertVerf, wenn Renditeüberleggen im Vordergrd stehen (bei Miethaus, BGH aaO; Ffm FamRZ **80**, 576); in besond Fällen ist auch bei Renditehaus der Sachwert ergänzend zu berücksichtigen (BGH WM **61**, 700). Ein Mischwert wird von BGH gg die Literatur, die ihn als zu schematisch ansieht, zugelassen (**LM** Nr 5; NJW-RR **86**, 226; abl Düss BB **88**, 1001: nur für Beleihgszwecke). Beim SachwertVerf werden der Bodenwert dch Preisvergleich, der Wert von Gebäude u Außenanlagen üb durchschnittl Herstellgskosten zum Stichtag (vermindert um Wertminderung dch Alter, Schäden usw) ermittelt u beide addiert. Beim ErtragswertVerf werden der Bodenwert ebso, der Wert von Gebäude u Außenanlagen dagg als Rentenbarwert ermittelt, wobei der jährl Reinertrag (verkürzt um Bodenwertverzins) mittels der Rentenformel kapitalisiert wird als Jahresbetrag einer Zeitrente üb die Restnutzgsdauer, und alle Werte addiert. – **Bauerwartungsland** ist ebenf mit dem Verkehrswert anzusetzen, wobei die darauf ruhende latente EinkSteuerlast jedenf dann zu berücksichtigen ist, wenn der Wert nur dch Verkauf realisiert werden kann (BGH **98**, 382). – **Sonderfälle:** Wert bei nur vorübergehender Preisänder BGH NJW **65**, 1589; FamRZ **86**, 40. – Landwirtsch Grdst (hängt von der Eigng zur landw Nutzg ab, BGH DNotZ **90**, 49) Oldbg RdL **68**, 265; Steffen RdL **76**, 116; in Großstadtnähe Stgt NJW **67**, 2410; vgl iü § 2312 u § 1376 Rn 4. – In Erbfällen vor dem 1. 10. 93 (s § 1922 Rn 10) ist bei **Heimstätte** der obj Erwerbspreis (RHeimstG 15) anzusetzen (dazu BGH NJW **72**, 1669; **75**, 1021; Johannsen WM **73**, 530).

b) Bargeld, Wertpapiere: Der Wert von Bargeld od unbestrittenen Außenständen liegt klar zutage u **11** erfordert nie eine Schätzg. – Bei Wertpapieren mit Kurswert (Aktien; Pfandbriefe; Bundesobligationen usw) ist idR der mittlere Tageskurs zZ des Erbfalls maßgebl. Nur in besond Fällen, zB bei Aktienpaketen (Minoritätspaketen unter 25%) ist der innere Wert durch Gutachten zu ermitteln (Nirk NJW **62**, 2185; s auch Soergel/Dieckmann Rn 18; Staud/Ferid/Cieslar Rn 41; aA Veith (NJW **63**, 1521), der grdsätzl – auch bei Aktien von FamGesellschaften – für den Börsenpreis zZ des Erbfalls ist u nur in seltenen AusnFällen aGrd § 242 eine Korrektur des Börsenpreises für zulässig hält.

c) Gesellschaftsanteile des Erbl sind grdsl mit ihrem vollen wirkl Wert zu bewerten (BGH NJW **82**, **12** 2441; WM **86**, 234); übl ist dafür die Ertragswertmethode (BGH NJW **85**, 192; dazu Reimann DNotZ **92**, 473; ZEV **94**, 7); im Einzelfall kann allerd Substanzwertmethode anzuwenden sein (BGH DNotZ **92**, 526). – Kommt es dch den Tod des an einer PersonenGes beteiligten Erbl zur **Auflösung** u Liquidation der Ges, ist den PflichttAnspr die Beteilig der Erben am Liquidationserlös zugrde zu legen. – Wird die Ges mangels Vererblichk des ErblAnteils nur unter den **übrigen Gesellschaftern** fortgesetzt, ist für die AbfindgsAnspr **13**

der Erben gg die Gter (u folgl auch für PflichttAnspr) grdsl der wirkl Wert der ErblBeteiligg unter Berück-
sichtigg der offenen u stillen Reserven anzusetzen. Sie müssen allerd nach überw Meing es hinnehmen,
wenn die Gter im Rahmen ihrer VertrFreih vereinbart haben, für diese Fälle die Abfindg abweichd vom
Verkehrswert zu berechnen od sie sogar ganz auszuschließen (s § 1922 Rn 15; Reimann DNotZ **92**, 487); dies
ist dann auch für die PflichttAnspr maßgebl, weil nur der Buchwert od gar keine Abfindg in den Nachl fällt
(vgl Eiselt NJW **81**, 2447 mit Fallgruppen). Den PflichttBerecht kann dann allenf Anfechtg nach AnfG 3 I
Nr 3; KO 32 helfen. Für ausnahmsw Begründg eines AbfindgsAnspr in Sonderfällen mit Zumutbark Über-
legen ist Reimann ZEV **94**, 7 unter Hinweis auf BGH NJW **93**, 3193. – Bei Nachfolge aller od eines **Erben**
14 in ErblAnteile an PersonenGes (§ 1922 Rn 17) kommt es bei **Abfindungsklauseln** zum Konflikt zw ErbR u
GesVertr hinsichtl der PflichttAnspr gg die Erben u bei qualifizierter NachfKlausel auch hinsichtl der
AusglAnspr nicht beteiligter MitE gg die GterErben (§ 1922 Rn 17): Der Ansatz des Vollwerts bedeutet eine
Härte für den Erben, weil er zur Auszahlg des Pflicht seinen Anteil nur zum Buchwert realisieren kann; bei
Ansatz des Buchwerts wird dagg der überschießde wirkl Wert dem PflichttBerecht entzogen. Der BGH hat
zwar die inhaltl Grenzen für die Regelg des Abfindgsguthabens im GesVertr geklärt (s BGH NJW **92**, 892;
93, 2101; Schulze-Osterloh JZ **93**, 45), aber üb die erbrechtl Relevanz von Buchwertklauseln bislang nicht
entschieden. Zur Lösg des Konflikts werden in der Lit deshalb verschiedene Kompromißlösgen vorgeschla-
gen (s die Nachweise bei MüKo/Frank Rn 26 od Eiselt NJW **81**, 2447 sowie § 1376 Rn 7): Vollwert nur bei
Fortsetzg der Beteiligg; nur bei Realisierbark mit Übergang zum Buchwert bei Mittellosigk des Erben;
nur als vorläufiger, auflösd od aufschiebd bedingter Wert, ggf mit Ausgleich nach § 2313 I; als Zwischen-
wert. Richtig erscheint es, grdsl die PflichttBerechng nach dem Vollwert des GesAnteils vorzunehmen,
wenn der Erbe in die Ges einrücken kann, da sonst der Mehrwert dem PflichttBerecht vorenthalten wird.
Für diesen Fall ist Reimann (aaO 486) für ähnl Lösg wie bei ZugewinnAusgl. Siebert (NJW **60**, 1033) räumt
dagg dem Erben ein LeistgsVerweigR ein, wenn zZ des Erbfalls nur der Buchwert realisiert werden kann;
Zimmermann (BB **69**, 965) weist auf § 2331a hin u erachtet eine darüber hinausgehde Anwendg des § 242
nicht für gerecht; Heckelmann, Abfindgsklauseln in GesVertr (1973), 209 ff u ihm folgend MüKo/Frank
Rn 26, Haegele BWNotZ **76**, 25, mit Einschränkg auch Soergel/Dieckmann Rn 30 sind für Anfechtg der
Klausel nach KO 32, AnfG 3 I Nr 3 zur Realisierg des vollen Anteilswert, da AbfindgsVereinbg zus mit
Kündigg nach Erbf unentgeltl Vfg sei. – Für GmbH-Anteile ist wg GmbHG 15 (s § 1922 Rn 24) generell str,
ob Klauselwerte überh erbrechtl Auswirkgen haben (s Reimann aaO 485 mN).

15 **d) Bei einem Handelsgeschäft** gehört dazu auch der innere Wert, good-will (RG **106**, 132; Johannsen
WM **70**, 111; § 1376 Rn 6), der nicht etwa unter § 2313 II fällt (BGH NJW **73**, 509, wonach bei Fortführg
eines Untern grdsätzl nicht der Liquidationswert zu Grde gelegt werden kann, dazu Breidenbach Betr **74**,
104; Langenfeld/Gail IV Rn 174; s allgem zum UnternWert W. Müller JuS **73**, 603; **74**, 147, 288, 424, 558;
75, 489, 553). Die gleichen Grdsätze müssen auch für einen Handwerksbetrieb gelten (aM Nürnb FamRZ
66, 512, das hier § 2313 II für anwendbar erachtet).

2312 *Landgut.* [1] Hat der Erblasser angeordnet oder ist nach § 2049 anzunehmen, daß
einer von mehreren Erben das Recht haben soll, ein zum Nachlasse gehörendes Land-
gut zu dem Ertragswerte zu übernehmen, so ist, wenn von dem Rechte Gebrauch gemacht wird,
der Ertragswert auch für die Berechnung des Pflichtteils maßgebend. Hat der Erblasser einen
anderen Übernahmepreis bestimmt, so ist dieser maßgebend, wenn er den Ertragswert erreicht
und den Schätzungswert nicht übersteigt.

[II] Hinterläßt der Erblasser nur einen Erben, so kann er anordnen, daß der Berechnung des
Pflichtteils der Ertragswert oder ein nach Absatz 1 Satz 2 bestimmter Wert zugrunde gelegt wer-
den soll.

[III] Diese Vorschriften finden nur Anwendung, wenn der Erbe, der das Landgut erwirbt, zu den
im § 2303 bezeichneten pflichtteilsberechtigten Personen gehört.

1 **1) Eine Bewertungsregel** für das PflichtR enthält § 2312 bezügl eines Landguts des Erbl, wenn sein
Abkömml, Ehegatte od Elternteil (**III;** § 2303) als MitE im Rahmen der Erbauseinandersetzg von einem ihm
eingeräumten Recht zur Übernahme Gebrauch macht. Kann er dabei das Landgut zu einem günstigeren
Wert aus dem Verkehrswert (§ 2311) übernehmen (weil dies vom Erbl so angeordnet wurde od gem § 2049
anzunehmen ist), ist dieser günstigere Wert auch für die Berechng des Pflicht sowohl des Übernehmers
selbst als auch der übr Berecht maßgebl (**I** 1). Belanglos ist dafür, ob der Übernehmer im Einzelfall tatsächl
einen PflichttAnspr hat (§ 2303 Rn 11) od dch Näherstehende ausgeschlossen wird (§ 2309). Die Vorschr ist
2 nur anzuwenden, wenn die Erbfolge in den Hof nicht den Sonderregelgen eines AnerbenG unterliegt (s
§ 1922 Rn 9; EG 64). – Als **Übernahmepreis** kann der Erbl den ggü dem Verkehrswert idR erhebl
günstigeren Ertragswert (§ 2049 II) bestimmen, dessen Berechng dch Kapitalisierg des jährl Reinertrags mit
einem idR nach LandesR (EG 137) festgesetzten Faktor erfolgt (s § 2049 Rn 3), aber auch einen and günstige-
3 ren Wert, wobei ihm dann aber Schranken nach oben u unten gesetzt sind (**I** 2). – Auch zugunsten eines
pflichtberecht **Alleinerben** kann der Erbl anordnen, daß der PflichttBerechng ein anderer Wert des Land-
guts als der Verkehrswert zugrunde zu legen ist (**II**). Diese Anordg kann ggf stillschweigd erfolgt sein od
4 sich dch ergänze TestAusleg ergeben (BGH **98**, 375; NJW **75**, 1831 ff). Eine unwirks PflichttEntzieh
kann aber nicht ohne weiteres in eine solche Anordg umgedeutet werden (Stgt NJW **67**, 2410). – **Keine**
Anwendg findet § 2312, wenn der übernehmende Mit- od AlleinE nicht zum Kreis der PflichttBerecht
gehört (**III;** s Becker AgrarR **75**, 57); od wenn das Landgut auf mehrere MitE zu Bruchteilen übergeht (BGH
FamRZ **77**, 195). – Gehörte dem Erbl nur der **Bruchteil** eines Landguts, den ein MitE übernimmt, kann der
Bruchteil iZw nicht zum Ertragswert angesetzt werden (BGH NJW **73**, 995).

5 **2) Bei lebzeitiger Übergabe** des Landguts dch den Erbl ist bei Geltdmachg von PflichttErgänzgsAnspr
(§§ 2325 ff) gg den Übernehmer eine analoge Anwendg von § 2312 mögl (BGH Rpfleger **64**, 312 mAv
Haegele; **LM** § 2325 Nr 5; Ulm BWNotZ **64**, 283), allerd nur, wenn seine Voraussetzgen zum Zeitpkt des

Erbfalls gegeben sind (BGH NJW **95**, 1352), auch wenn der Übernehmer sie erst hergestellt hatte. Dagg reicht es nicht aus, wenn sie zwar bei Übergabe vorgelegen haben, aber nicht mehr beim Erbfall, zu dem die Belastg eintritt (BGH aaO). Dies gilt auch, wenn es sich um eine vorweggenommene Erbfolge (Einl 7 vor § 1922) handelte. – Zur entspr Anwendbark, wenn zum Nachl GütergemeinschAnteil an Landgut gehört, s Oldbg RdL **57**, 220; Haegele BWNotZ **73**, 34.

3) Normzweck dieser Privilegierg des selbst pflichtberecht Übernehmers ist das öff Interesse an der **6** Erhaltg eines leistgsfäh landw Betriebs in der Hand einer vom Ges begünstigten Person (BGH **98**, 382). Seine Belastg wird nur zur Erhaltg der Wirtschaftlich u LeistgsFähigk des Landguts vermindert, nicht aber auch zum Erhalt der bish Größe als solche (BGH FamRZ **92**, 172; **83**, 1220). Diese Begünstigg zu Lasten der weichden Erben u der and PflichtBerecht ist mit GG 3 I zu vereinbaren, solange im Einzelfall davon ausgegangen werden kann, daß der Gesetzeszweck auch erreicht wird (BGH **98**, 375; BVerfG **67**, 348 zu § 1376 IV). **Nicht gerechtfertigt** ist die Ertragswertberechng daher, wenn das Landgut nicht als geschlos- **7** sene Einh fortgeführt wird u nicht mehr lebensfäh ist; od wo ein Betrieb zwar noch bewirtschaftet wird, aber abzusehen ist, daß er binnen kurzem nicht mehr als solcher wird gehalten werden können (BGH FamRZ **92**, 172; s Rn 9). Ferner nicht hinsichtl solcher bes wertvoller Teile des Landguts, die sich aus diesem ohne Gefahr für seine dauernde Lebensfähigk beim Erbfall herauslösen lassen u daher mit ihrem Verkehrs- wert anzusetzen sind (BGH FamRZ **92**, 172; s auch Weber BWNotZ **92**, 14). Dies betrifft zB Grdstücke, die praktisch baureif sind (BGH **98**, 382); od für eine Auskiesg reife u benötigte Äcker, die unmittelb an ein Kieswerk angrenzen u für die eine Genehmigg zum Abbau bereits erteilt ist (BGH FamRZ **92**, 172). Zu landw genutzem Gelände in Großstadtnähe s Stgt NJW **67**, 2410, zu Bau- u Bauerwartgsland Müller-Feldhammer ZEV **95**, 161. Unerhebl ist, ob der Erbe solch wertvolle Grdst verkaufen will od nicht od damit noch zuwartet, da ihr dauernder Verbleib beim Hof schon wg der Wirtschaftlich ihrer Veräußerg nicht gewährleistet erscheint (BGH aaO). – Das Ertragswertprinzip gilt nach seinem Zweck auch nur, wenn das Landgut im Alleineigentum einer natürl Person steht od zum Gesamtgut der GüterGemsch (auch der fortgesetzten) gehört (Becker AgrarR **75**, 57; Weber BWNotZ **92**, 14).

4) Als Landgut versteht die Rspr (Legaldefinition fehlt) eine Besitzg, die eine zum selbständ u dauernden **8** Betrieb der Landwirtsch geeignete u bestimmte WirtschEinh darstellt u mit den nöt Wohn- u WirtschGe- bäuden versehen ist (BGH **98**, 375). Das BestimmgsR obliegt insoweit dem Eigentümer im Rahmen der Verkehrsauffassg (BGH aaO 382). Die Besitzg muß eine ausreichde Größe erreichen (die aber verhältnmäß klein sein kann, BGH NJW-RR **92**, 770) u für den Inhaber eine selbständ Nahrgsquelle darstellen, ohne daß eine sog Ackernahrg vorliegen muß. Zur Landwirtsch zählt nicht nur Viehzucht u Ackerbau, sond auch Forstwirtsch; nach Oldb FamRZ **92**, 726 auch Gartenbau. – Der Betrieb kann auch nebenberufl geführt werden, wenn er nur zu einem erhebl Teil zum LebensUnterh seines Inhabers beiträgt (BGH **98**, 375). – **Kein** Landgut iS von §§ 2312; 2049 ist also der reine Zuschußbetrieb (Stgt NJW-RR **86**, 822); od der **9** Betrieb, der nicht mehr als geschlossene Einh fortgeführt wird u nicht mehr lebensfäh ist od zwar noch bewirtschaftet, aber nicht als Landgut gehalten werden kann (BGH **98**, 382; s auch BGH FamRZ **89**, 1277). – Es kommt auf die Verhältn zZ des **Erbfalls** an (BGH NJW **95**, 1352). Zu diesem Zeitpkt muß der Betrieb **10** aber nicht bewirtschaftet sein, sofern nur die geeignete, dh den landwirtschl Betrieb auch in Zukunft ermöglichde Besitzg noch vorhanden ist. Zusätzl muß dann aber die begründete Erwartg bestehen, daß der stillgelegte Betrieb dch den Eigentümer od einen Abkömml künft wieder aufgenommen wird (BGH NJW-RR **92**, 770). Ist also eine Fortführg des vorhandenen Betriebs in absehbarer Zeit mögl u auch beabsichtigt, steht es seiner Bewertg als Landgut nicht entgg, wenn seine Bewirtschaftg schon seit Jahren aufgegeben, das Inventar verkauft u die Ländereien verpachtet worden sind (BGH aaO); od wenn der übernehmde Erbe selbst den Betrieb weder wiederaufnehmen kann noch will (BGH aaO), aber zB der überlebde Ehegatte als Erbe das Anwesen einem pflichtberecht Abkömml als WirtschEinh erhalten möchte (BayObLG **88**, 385). Die künft Bewirtschaftg muß der auf den Pflicht in Anspr genommene Erbe dartun u ggf beweisen (BGH NJW-RR **90**, 68).

2313 **Bedingte, ungewisse oder unsichere Rechte.** [I] Bei der Feststellung des Wertes des Nachlasses bleiben Rechte und Verbindlichkeiten, die von einer aufschiebenden Be- dingung abhängig sind, außer Ansatz. Rechte und Verbindlichkeiten, die von einer auflösenden Bedingung abhängig sind, kommen als unbedingte in Ansatz. Tritt die Bedingung ein, so hat die der veränderten Rechtslage entsprechende Ausgleichung zu erfolgen.

[II] Für ungewisse oder unsichere Rechte sowie für zweifelhafte Verbindlichkeiten gilt das gleiche wie für Rechte und Verbindlichkeiten, die von einer aufschiebenden Bedingung abhängig sind. Der Erbe ist dem Pflichtteilsberechtigten gegenüber verpflichtet, für die Feststellung eines unge- wissen und für die Verfolgung eines unsicheren Rechtes zu sorgen, soweit es einer ordnungsmäßi- gen Verwaltung entspricht.

1) Als erbrechtliche Sonderregelung, die bei Berechng des Zugewinns nicht entspr anwendb ist (BGH **1** **87**, 367), durchbricht die Vorschr das sonst geltende Stichtagsprinzip (s dazu §§ 2311 I; 1934 b I) hinsichtl der Feststellg des NachlBestands (aber nicht dessen Bewertg, s Rn 3): Ggstände, deren Zugehörigk zum Nachl ungewiß ist, bleiben unberücksichtigt. Erhalten sie nach Eintritt der Bedingg od der Gewißh einen wirt- schaftl Wert, erfolgt nachträgl eine der veränderten RLage entspr Ausgleich ([I] 3). Der PflichttBerecht soll damit vergleichb dem Erben behandelt werden, dem aufschiebd bedingte od zweifelh Rechte regelmäß erst zugute kommen, wenn die Bedingg eingetreten oder die Zweifelhaftigk behoben ist, während aufschiebd bedingte od zweifelh Verbindlich ihn wirtschaftl erst belasten, wenn die Bedingg eintritt od die Zweifel- haftigk entfallen ist (BGH aaO).

2) Aufschiebend bedingte, ungewisse od **unsichere** Rechte u Verbindlich bleiben demnach vorläuf **2** außer Ansatz. Dies betrifft zB Leistgspflichten aus dem Lastenausgleich, soweit sie der Höhe nach noch nicht feststehen (BGH FamRZ **77**, 128). Auch Anspr nach dem VermögensG auf Rückübertragg von Grdst des Erbl in der fr DDR od ersatzw auf Entschädigg (§ 1922 Rn 50), die erst in der Person des Erben begründet wurden (BGH **123**, 76 m krit Anm Dieckmann ZEV **94**, 198; Koblz DtZ **93**, 253; Faßbender DNotZ **94**, 359; Wasmuth DNotZ **92**, 3/16; Dressler DtZ **93**, 229), sofern auf den Erbfall nicht ZGB zur Anwendg kommt (EG 235 § 1; dazu de Leve DtZ **94**, 270). Od uU zum Nachl gehörige Nacherbrechte (RG **83**, 253), die sich ja meist nicht genau schätzen lassen. Ferner zweifelh Verbindlichkeiten, dh solche, die zZ des Erbfalls zweifelh waren u zZ der Geltdmachg des Pflichtt noch in voller Höhe zweifelh sind (BGH **3**, 394), zB vom Erben bestrittene, wenn auch schon rechtshängige NachlSchulden, wobei zweifelh bedeutet, ob sie rechtl bestehen od sie tatsächl verwirkl werden können (dazu Johannsen WM **70**, 113f; BGH WM **77**, 1410). Soweit nicht mehr zweifelh, sind sie aufzunehmen. – Als unsicherer Wert kann aber nicht ein Handwerksbetrieb erachtet werden (aM Nürnb FamRZ **66**, 512). Gesellsch-Anteile an PersGesellsch, deren Wert AbfindgsBeschränkgen bedrohen, sind ebenfalls nicht als unsichere Werte zu erachten (Soergel/Dieck-

3 mann Rn 7 mit § 2311 Rn 30). – Die bei Wegfall der Ungewißh nachträgl vorzunehmde **Ausgleichung** hat den PflichtBerecht so zu stellen, wie wenn das ungewisse od zweifelh Recht schon im Zeitpkt des Erbfalls verläßl bestanden hätte (BGH NJW **93**, 2176). Ein enteigntes Grdst in der fr DDR wird also bei Rücküber-tragg auf den Erben gem VermögensG so behandelt, als ob es schon beim Erbfall nicht enteignet gewesen wäre (Mü DtZ **93**, 153; Celle AgrarR **93**, 118). Für die Bewertg ist § 2311 insow zu beachten, als Werterhöh-gen od -mindergen nach dem Erbfall außer Betr bleiben (BGH aaO). Erhält also der Erbe das in der DDR enteignete Grdst des Erbl zurück, ist dessen Wert bei Wiedererlangg des Eigtums zu schätzen u auf den Erbfall unter Berücksichtigg des Kaufkraftschwunds (s § 2325 Rn 19) umzurechnen; erhält der Erbe statt dessen Entschädigg in Geld, kann der ausgezahlte Betrag der PflichttBerechg zugrde gelegt werden, falls bei dessen Bemessg der Kaufkraftschwund seit Erbfall schon berücksichtigt wurde, andernf Umrechng erforderl ist (BGH NJW **93**, 2176 mit abl Anm Dressler NJW **93**, 2519, der als maßgebl Stichtag Inkrafttr des VermG ansieht u Rückrechng auf Erbfall für verfehlt hält).

4   **3) Auflösend bedingte** Rechte u Verbindlichkeiten sind einstweiln ihrem ganzen Betrage nach zu berücksichtigen. Bestand mit dem Erbl eine einheitl GeschVerbindg, bei der die beiderseitigen Fdgen u Verbindlichk ggseitig verrechnet wurden, und sind diese nur teilw sicher u unzweifelh, so muß das RVer-hältn als Ganzes behandelt werden u die beiderseitigen Fdgen insow unberücksichtigt bleiben, als die sicheren sich mit etwaigen ungewissen decken (BGH **7**, 134). Bei Bedinggseintritt (rechtskräftiger Fest-stellg, FdgsEinziehg) hat entsprechende Ausgleich zu erfolgen, je nachdem, ob sich der NachlWert ver-mehrt od vermindert. Sicherheitsleistg für den zukünftigen Fall kann von keiner Seite gefordert werden. – **Befristete** Anspr u Verpflichtgen sind nach § 2311 II; KO 65 II, 70 zu schätzen (BGH FamRZ **79**, 787). – Über Berücksichtigg künft Steuerschulden s Kröger BB **71**, 647; BGH NJW **72**, 1269.

2314   *Auskunftspflicht des Erben.* [I] Ist der Pflichtteilsberechtigte nicht Erbe, so hat ihm der Erbe auf Verlangen über den Bestand des Nachlasses Auskunft zu erteilen. Der Pflichtteilsberechtigte kann verlangen, daß er bei der Aufnahme des ihm nach § 260 vorzulegen-den Verzeichnisses der Nachlaßgegenstände zugezogen und daß der Wert der Nachlaßgegenstände ermittelt wird. Er kann auch verlangen, daß das Verzeichnis durch die zuständige Behörde oder durch einen zuständigen Beamten oder Notar aufgenommen wird.
[II] Die Kosten fallen dem Nachlasse zur Last.

1   **1) Der Auskunftsanspruch** ist auf die Weitergabe von Wissen gerichtet, das der Verpflichtete hat od sich verschaffen muß (BGH **89**, 24). Er soll dem pflichtberecht **Nichterben** zur Durchsetzg seiner Rechte verhelfen, da es seine Sache ist, sich die notwend Kenntnisse über Bestand u Wert des Nachl auf dem Weg des § 2314 zu verschaffen. Voraussetzg ist nur die PflichttR, nicht auch ein PflichtAnspr, zu dessen Beur-teilg die Auskunft erst dienen soll (BGH **28**, 177 mAv Mattern LM Nr 3; BGH NJW **81**, 2052). Steht allerd bereits fest, daß der Berecht einen PflichttAnspr nicht geltend machen kann, ist der AuskAnspr nicht gegeben (BGH **28**, 177; s auch Rn 6). Berechtigte PflichttEntziehg hindert das Entstehen des AuskAnspr (Hamm NJW **83**, 1067). – Zusätzl besteht noch der selbständ **Wertermittlungsanspruch** nach I 2 (Rn 13ff). Beide Anspr sind nach ihrem Inhalt deutl auseinanderzuhalten. Während näml der AuskAnspr ledigl auf die Weitergabe von Wissen gerichtet ist, bezweckt die Wertermittlg unabhängig von diesem Wissen eine vorbereitende Mitwirkg anderer Art (BGH **89**, 24). – § 2314 gilt entspr für den **Erbersatzberechtigten** (§ 1934a) ggü dem Erben (§ 1934b II 1; BGH FamRZ **77**, 388).

2   **a) Auskunftsberechtigt** ist nach dem Wortlaut jeder **Nichterbe** aus dem Personenkreis der §§ 2303, 2309, 2338a. Dazu gehört der PflichttBerecht, der enterbt ist (§ 2303); od nach § 2306 I 2 ausschlägt od nur mit einem Vermächtn bedacht ist (§ 2307) ohne Rücks auf dessen Höhe od Ausschlagg (BGH NJW **81**, 2051; Oldbg NJW-RR **93**, 782) od das Feststehen eines RestAnspr (§ 2305); bei ZugewinnGemsch der überlebende Eheg, der ausschlägt (§ 2306 Rn 2). Auskunftsberecht ist auch der neue Gläub bei Abtretg (§§ 2317; 398). Erweiternd wird dem nichterbenden PflichttBerecht auch gg den vom Erbl beschenkten Dritten ein Ausk-Anspr in entspr Anwendg von I 1 zugebilligt (BGH **55**, 378; **89**, 24/27), sofern ihm nicht schon der Erbe Ausk erteilt hat (BGH NJW **85**, 384). Allerdg sollte mit Rücks auf die Kosten (II) die Analogie nicht so weit gehen, daß er dann stets auch alle kostenträcht Rechte aus I 2 od I 3 soll beanspruchen können (Dieckmann

3 NJW **88**, 1809). – Auf sein AuskR kann der Berecht **verzichten,** u zwar dem Erben ggü formlos, dem Erbl ggü nur in der Form der §§ 2348, 2346 II. – **Keinen** AuskAnspr gg den Beschenkten aus § 2314 hat dagg der pflichtberecht **Erbe,** für den eine analoge Anwendg des auf den NichtE zugeschnittenen umfassenden Anspr aus I nicht in Betr kommt. Dafür gewährt ihm die Rspr einen allg AuskAnspr gem § 242, sofern er sich die erforderl Kenntn nicht auf andere ihm zumutbare Weise verschaffen kann u der Beschenkte die Ausk unschwer zu geben vermag (BGH **61**, 180 mAv Johannsen LM Nr 8; KG JuS **73**, 514 mAv Reuter; Zweibr OLGZ **73**, 218). – Auch dem pflichtberecht **Miterben,** der zB ErgänzgsPflicht geltd macht, steht kein Anspr aus § 2314 zu (BGH NJW **93**, 2737). Er kann sich als Gesamthänder jederzeit selbst üb Bestand u

Wert des Nachl in Kenntn setzen u dazu ggf Mitwirkg der übr MitE verlangen (BGH NJW **73**, 1876; Lorenz JuS **95**, 569; s auch § 2038 Rn 13), da ihm die Anspr nach §§ 2027, 2028, 2038, 666, 681 zustehen. Auch der **Nacherbe** ist Erbe u kann sich gem §§ 2121, 2122, 2127 informieren; § 2314 steht ihm auch dann nicht zu, wenn seine RStellg auflösend bedingt ist (BGH NJW **81**, 2051). Gg den vom VorE Beschenkten steht dem NachE dagg ein Anspr analog **I** zu (BGH **55**, 378; **58**, 237).

b) Auskunftspflichtig ist der **Erbe** persönl, mehrere als GesamtSchu. Dies gilt auch dann, wenn daneben **4** eine AuskPfl des NachlVerwalters gem § 2012 I 2 besteht (Celle MDR **60**, 402). Der Erbl kann ihn diese AuskPfl nicht erlassen. – Der **Testamentsvollstrecker** ist nicht auskunftspflichtig (§ 2213 I 3). – Neben dem Erben kann auch der vom Erbl in den letzten 10 Jahren vor dem Erbfall **Beschenkte** verpflichtet sein, dem pflichttberecht NichtE auf Verlangen Ausk üb den fiktiven Nachl zu erteilen (s Rn 2); nach dem Grdsatz von § 242 auch dem pflichttberecht Erben, sofern er die Ausk unschwer erteilen kann u der Erbe auf sie angewiesen ist (BGH **61**, 180; s Rn 3). – Der vom VorE Beschenkte ist dem NachE auskunftspflichtig (s Rn 3).

c) Umfang. Zweck des AuskAnspr ist die Offenlegg der Berechngsfaktoren (BGH **33**, 374). In der Praxis **5** hat sich der Wortlaut der Vorschr dafür als zu eng erwiesen, so daß die Rspr den Anwendgsbereich des § 2314 nicht nur in persönl Hinsicht (s Rn 2), sond auch bezügl des Umfangs der AuskPflichten ausgeweitet hat: Der Berecht hat nach ständ Rspr (s BGH **89**, 24 mN) Anspr auf Ausk über die beim Erbfall tatsächl vorhandenen **Nachlaßgegenstände** (reale Nachlaßaktiva) u über die **Nachlaßverbindlichkeiten** (Passiva; BGH **LM** Nr 5; FamRZ **65**, 135); ferner über den sog **fiktiven Nachlaßbestand,** also die ausgleichspflichtigen Zuwendgen des Erbl (§§ 2316 I; 2052; 2055 I; 1934b III) und seine Schenkungen innerh seiner letzten 10 Lebensjahre (§ 2325). Der Erbe muß über sein eigenes Wissen hinaus sich die zur AuskErteilg notwendig Kenntn soweit mögl verschaffen (BGH **89**, 24), zB auch von einem AuskR ggü einer Bank gem §§ 675, 666 (s 1922 Rn 30) Gebrauch machen (BGH **107**, 104 mAv Kuchinke JZ **90**, 652). Auf Verlangen hat sich die Ausk auch auf Pflicht- u Anstandsschenkgen (§ 2330) zu erstrecken sowie auf solche ungeklärten u streit Veräußergen, deren Umstände die Annahme nahelegen, es handele sich (wenigstens zum Teil) um eine Schenkg (BGH **74**, 379; NJW **62**, 245; FamRZ **87**, 87); die Ausk muß sich auf alle VertrBedinggen erstrecken, deren Kenntn wesentl ist für die Beurteilg, ob u in welcher Höhe ein PflichtErgänzsAnspr (§ 2325) geltd gemacht werden kann (BGH **LM** Nr 5; s auch Coing NJW **70**, 732f; BGH **55**, 378 = **LM** Nr 6 mAv Johannsen). – Der Erbe hat in zul Anwendg von **I** den pflichttberecht Abkömml u Eltern auch Ausk zu erteilen, ob der verheiratete Erbl im **Güterstand** der ZugewinnGemsch gelebt u ein ihm zugewandtes Vermächtn angenommen od ausgeschlagen hat (§ 1371).

d) Verjährung. Während Pflichtt- und –ErgänzgsAnspr in 3 Jahren verjähren (§ 2332), fehlt für die **6** Anspr des § 2314 ein bes Bestimmg. Diese verjähren folgl in 30 Jahren (§ 195). Nachdem sie aber nur der Durchsetzg eines HauptAnspr dienen, muß dessen Verjährg Einfluß auf die Geltendmachg der HilfsAnspr haben. Die rechtl Begründg dafür ist allerd streitig. Seit BGH **33**, 379 galt, daß der AuskAnspr in 30 Jahren, aber nicht später als der PflichtAnspr verjährt; die Verjährgseinrede des Schu mußte vom Gläub mit dem Einwand unzuläss RAusübg bekämpft werden (s Dieckmann FamRZ **85**, 589). BGH NJW **85**, 384 gab diese Begründg auf u entschied statt dessen, daß die Anspr nach § 2314 nicht mehr erhoben werden können, wenn ein entspr Informationsbedürfn objektiv nicht mehr besteht; dies ist zB noch gegeben, wenn Vermächtn-Anspr besteht (Köln NJW-RR **92**, 8). Zu Recht verlangt allerd Dieckmann (aaO) in Anm hierzu, daß die Darleggs- u Beweislast für das bes Informationsinteresse dem PflichttBerecht erst nach Erhebg der Verjährgseinrede obliegt.

2) Auskunftserteilung. Das Ges gewährt AuskAnsprüche verschiedener Stärkegrade, die als selbständ **7** Anspr neben- od nacheinander geltend gemacht werden können (Coing aaO): Der Berecht kann sich mit der Vorlage eines ohne seine Mitwirkg vom Erben hergestellten privaten Verzeichnisses begnügen (**I** 1); er kann seine Zuziehung bei Aufstellg dieses Verzeichn verlangen (**I** 2 Hs 1); schließl kann er Aufnahme des Verzeichn dch eine Amtsperson verlangen (**I** 3). Das schriftl Bestandsverzeichnis (§ 260 I) muß den NachlBestand gem dem AnsprUmfang (s Rn 5) wiedergeben, also auch die Passiva (§ 2311 Rn 1–8), da der Berecht nur so über die Höhe seines ZahlgsAnspr unterrichtet werden kann (RG **129**, 240; Hbg JW **39**, 155; BGH **33**, 373). Zum Bestand gehören auch solche Ggstände, an denen der Erbl nur Besitz hatte. – Der Berecht kann, wenn ein **Unternehmen** od eine Unternehmensbeteiligung zum Nachl gehört u die Beurteilg seines Wertes **8** ohne Kenntn insb der Bilanzen u ähnl Unterlagen dem PflichttBerecht nicht mögl wäre, die Vorlage derartiger Unterlagen verlangen, zB Bilanzen, Gewinn- u Verlustrechngen (BGH **LM** Nr 1 zu § 260; NJW **61**, 601/604; FamRZ **65**, 136; BGH **65**, 79 mAv Blunck NJW **75**, 2191; Reuter-Kunath JuS **77**, 376); der AuskAnspr umfaßt aber die Vorlage von Belegen nicht in der Allgemeinh wie beim RechngsleggsAnspr (s § 259 I). Im Urteil brauchen die vorzulegenden Belege nicht näher bezeichnet zu werden, da der Erbe im VollstreckgsVerf geltend machen kann, daß bestimmte EinzelUrk nicht mehr dem Zweck entspr (Zweibr FamRZ **87**, 1197). – Hinsichtl der Ausk über **Schenkungen** (§ 2325) kann die Vorlage von Unterlagen zur **9** Feststellg des Wertes der fortgegebenen Vermögensteile, nicht aber die Vorlage von Wertfeststellgen (zB Schätzgutachten), die der Erbl od der Erbe hat anfertigen lassen, verlangt werden (BGH FamRZ **65**, 135; Oldbg NJW **74**, 2093). Jedoch kann der PflichttBerecht, wenn die Feststellg des Nachl zB die Bewertg eines Unternehmens erfordert u er diese aGrd der Bilanzen u der sonst Belege nicht allein vornehmen kann, vom Erben die Wertermittlg dch Einholg eines Sachverständigengutachtens verlangen (KG OLGZ **69**, 254; Schleswig NJW **72**, 586; Mü NJW **74**, 2094; BGH NJW **75**, 258; LG Mü I FamRZ **78**, 364); s aber auch Hamm NJW **69**, 433, das eine Verpfl des Erben hierzu verneint u diesen nur für verpfl erachtet, zu dulden, daß sich der PflichttBerecht bei der Wertermittlg eines Sachverst bedient. – Solange dem AuskVerlangen nicht entsprochen ist, kann der Berecht die Annahme eines ihm angebotenen Betrags verweigern; der Erbe wird daher durch Hinterlegg (§ 378) von seiner Verbindlichk nicht befreit (BGH FamRZ **58**, 23). – Zum AuskAnspr bei Vorliegen gesellschaftsrechtl Abfindungsklauseln vgl Sudhoff NJW **61**, 807 (bedenkl Einschränkgen).

a) Das Bestandsverzeichnis (§ 260 I) ist kein Inventar (§ 2001). Es kann aber auf ein solches verwiesen **10** werden. Der PflichttBerecht kann auch Setzg einer InvFrist beantragen (§ 1994). Wurde das Verzeichn ohne die schon vorher verlangte Zuziehg des PflichttBerecht angefertigt, muß ein neues Verzeichn unter seiner Zuziehg erstellt werden; das gleiche gilt auch dann, wenn das Verlangen auf Zuziehg erst nachträgl gestellt wird, soweit nicht diesem Verlangen die §§ 226, 242 entggstehen (s auch Rn 11). – **Ergänzung** kann verlangt werden, wenn der Pflichtige einen best Vermögensteil ganz ausließ (RG JW **14**, 348) od aus Rechtsirrtum eine unbestimmte Anzahl von Ggständen nicht aufnahm (BGH **LM** Nr 1 zu § 260). Abgesehen hiervon kann wg sonstiger Mängel ein neues Verzeichn od seine Ergänzg grdsl nicht gefordert werden. Diese Mängel sind vielm im Verfahren zur Abgabe der eidesstattl Vers od im RStreit zu erörtern.

11   **b) Amtsperson.** Das in I 3 genannte NachlVerzeichn stellt eine UrkHdlg dar, die zu den nicht rechtsgeschäftl Beurkundgen gehört (KG KGJ **43** B 339/342). Hierfür sind nach BundesR die Notare zuständig (BNotO 20 I); landesrechtl ist daneben auch die Zustdgk des AmtsG (nicht des NachlG) u zwar des Richters gegeben; s für den Geltgsbereich des *Preuß*FGG dessen Art 31 I, II u dazu Hamm OLGZ **77**, 257; auch Schubart DNotZ **34**, 497 (zum Verz nach § 2121 III); für *BaWü* s § 41 V LFGG. – Die Aufnahme durch eine Amtsperson (s § 2002 Rn 2) kann noch nachträgl verlangt werden, selbst wenn sich der Berecht zunächst mit einem privaten Verzeichn begnügte, sofern nicht inzw der PflichttAnspr verjährt ist (Köln FamRZ **92**, 1104; Oldbg NJW-RR **93**, 782); er braucht sich also nicht auf das Verfahren zur Abgabe einer eidesstattl Vers verweisen zu lassen (BGH NJW **61**, 602; LG Essen MDR **62**, 585). Der PflichttBerecht hat aber kein Recht, beim AG od Notar selbst die Aufnahme eines Verzeichn zu verlangen (Stgt BWNotZ **63**, 265).

12   **c) Die eidesstattliche Versicherung** hat der Pflichtige auf Verlangen über das Verzeichnis nach § 260 II abzugeben, sofern näher erläutert wird, warum das Verzeichn unsorgfält ist (KG JR **49**, 410; auch Zweibr FamRZ **69**, 230). Dies ist aber nicht desh der Fall, weil es erkennb unvollständ ist; vielm liegt dann insow noch gar kein Verzeichn vor, so daß erst noch ergänzde Ausk erreicht werden muß (Oldbg FamRZ **92**, 1104). § 260 II ist auch nicht schon dann gewahrt, wenn der Verpflichtete mangels entspr Aufforderg des Berecht das Verzeichn ohne Zuziehg eines Notars (Beamten) u zunächst ohne Belege einreichte. Das unsorgfält Verzeichn kann vor der Abgabe ergänzt werden, was eine Änderg der Formel für die eidesstattl Vers dch das nach ZPO 889 zuständ VollstreckgsG veranlassen kann (vgl § 261 II). Die eidesstattl Vers kann, ebso wie die AuskErteilg, in Teilakten über jeweils einen and AuskGgst abgegeben werden; sie muß aber auch dahin gelten, daß die Summe der Teilauskünfte die Ausk im geschuldeten Gesamtumfang darstellt (BGH **LM** Nr 5, FamRZ **62**, 429). – **Verweigerung** der eidesstattl Vers führt jedoch (anders als im Fall des Verfahrens nach §§ 1993 ff, § 2006 III) keine unbeschränkte Haftg herbei (vgl aber ZPO 888). – Der zur Abgabe **bereite** Erbe kann die eidesstattl Vers vor dem AG abgeben (FGG 163). S auch § 261 Rn 28–34.

13   **3) Der Wertermittlungsanspruch (I 2)** steht selbständ neben dem AuskAnspr des **I** 1 (Coing NJW **83**, 1298; s Rn 1). Erst wenn (ggf nach erteilter Auskunft) der Bestand des Nachl feststeht, kann sein Wert ermittelt werden. Der Anspr ist im Ggsatz zum AuskAnspr vom Wissen u den Wertvorstellgen des Verpflichteten gänzl unabhängig. Der Erbe muß auf Kosten des Nachl (**II**; dazu Rn 21) den Wert der NachlGgstände einschließl derjenigen, die dem realen Nachl hinzuzurechnen sind (fiktiver Bestand, s Rn 5), dch Gutachten eines unparteiischen Sachverständigen ermitteln lassen (BGH NJW **75**, 258; **89**, 2887), bei einem Unternehmen dch Vorlage einzelner Unterlagen (Coing aaO; einschränkd Soergel/Dieckmann Rn 29). Bei der Bewertg der zum fiktiven Nachl gehörenden Ggstände ist dabei auf die für eine begehrte PflichttErgänzg maßgebl Stichtage (§ 2325 II 2) abzustellen (BGH **107**, 200 mAv Kuchinke JZ **90**, 652). – Bei mehreren ernstl in Betr kommenden **Bewertungsmethoden** hat der Sachverständige zur Erfüllg des Anspr alle mögl Werte zu ermitteln u anzugeben, um den Berecht umfassend ins Bild zu setzen (Mü NJW-RR **88**, 390). – Das erholte Wertgutachten ist nicht verbindl u hat meist nur die Funktion, das Risiko eines Prozesses idn Pflicht abschätzen zu können (BGH aaO). Im RStreit wird das Gericht oft ein neues erholen; allerd können dann die Kosten des vom Erben veranlaßten u im RStreit verwerteten Gutachtens (sog Privatgutachtens) als notwendige erstattgsfähig sein (ZPO 91; s Mü Rpfleger **83**, 486). Hat statt des Erben der PflichttBerecht eigenmächtig ein Gutachten erstellen lassen, sind die dafür angefallenen Kosten nicht vom Nachl zu tragen (Karlsr MDR **90**, 341).

14   **a) Anspruchsberechtigt** ist der pflichttberecht Nichterbe, sofern er ein schutzwürd Interesse an der Wertermittlg hat. Dieses ist zu bejahen, wenn er seinen Pflichtt nicht berechnen kann, weil die ihm zugängl Tatsachen ihm kein ausreichendes Bild über den Wert der vorhandenen (od verschenkten) Ggstände verschaffen (BGH **89**, 24). Da der Anspr nur eine Hilfe bei der Berechg bezweckt, muß der PflichttBerecht die NachlZugehörigk des zu bewertenden Ggstandes darlegen u beweisen (BGH aaO).

15   **b) Gerichtet** ist der Anspr gg den **Erben.** Dieser ist auch verpflichtet, den Wert eines innerhalb der Frist des § 2325 III vom Erbl verschenkten Ggstandes auf Verlangen des PflichttBerecht dch einen unabhängigen Sachverständ ermitteln zu lassen, allerd nicht schon auf den bloßen Verdacht hin, der Erbl habe einen bestimmten Ggstand weggeschenkt, sond nur bei Nachweis der Zugehörigk des dach Ggstands zum fiktiven Nachl. Eine Wertermittlg des fiktiven Nachl od eines seiner Bestandteile kann nicht bejaht werden, wenn nicht die Voraussetzgen des § 2325 erfüllt sind (BGH **89**, 24 mAv Dieckmann FamRZ **84**, 880 u Baumgärtel JR **84**, 198). – Zur **Verjährung** des Anspr s Rn 6.

16   **c) Der vom Erblasser beschenkte Dritte** ist dagg nicht verpflichtet, auf eigene Kosten entspr **I** 2 eine Wertermittlg dch Sachverständigen zu veranlassen, wenn der pflichttberecht Nichterbe dies verlangt, weil er seinen (ergänzenden) PflichttAnspr nicht berechnen kann (BGH **107**, 200). Da der Beschenkte nach der eindeut Regel des § 2329 mit dem „Erlangten" nur begrenzt u nur für einen exakten Fehlbetrag haftet, kann er darüber hinaus nicht noch mit einer kostenträchtigen WertermittlPfl belastet werden (BGH aaO mAv Dieckmann FamRZ **89**, 857). Dagg will Winkler v Mohrenfels NJW **87**, 2557 einen WertermittlgsAnspr analog § 2314 I 2 stets zubilligen, wenn der pflichtberecht Nichterbe die erforderl Anhaltspunkte für eine Schenkg darlegt. Hiergg krit Dieckmann NJW **88**, 1809 wg Vernachlässig der Kostenprobleme; zu bejahen sei ein solcher Anspr unter den Voraussetzgen, daß die Zugehörigk des Ggstands zum fiktiven Nachl feststeht u die vorrangige WertermittlgsPfl des Erben nicht eingreift; allerd soll dann der Beschenkte für die Kosten entspr den HaftgsGrds der §§ 2325, 2329 stets nur mit dem Wert des Geschenks haften. – Erst recht

ist dem pflichtberecht **Erben** ein WertermittlgsAnspr gg den Beschenkten auf dessen Kosten analog **I** 2	17
versagt (BGH **108**, 393). Übernimmt er allerd die Kosten selbst, kann ihm gem § 242 ein Anspr auf Ermittlg
des Wertes an den maßgebenden Stichtagen (§ 2325 II) gg den Beschenkten einzuräumen sein, weil die
RVerhältn zwischen beiden es mit sich bringen, daß der Berecht unverschuldet selbst dann keine Gewißh üb
Bestehen u Umfang eines Rechts auf PflichttErgänz gewinnen kann, wenn er alle pflichtrelevanten
Schenkgen kennt (BGH aaO; vgl auch BGH NJW **86**, 127 mAv Dieckmann FamRZ **86**, 258). Dieser Anspr
setzt nicht voraus, daß sein mögl ErgänzgsAnspr bereits dem Grde nach feststeht (BGH NJW **93**, 2737 mAv
Hohloch JuS **94**, 76). – Die Vorlage zB von **Bilanzen** od Geschäftsunterlagen kann eine Wertermittlg	18
vielfach nicht ersetzen, weil der Berecht daraus seine Ergänz mangels vollständ Erschließg der stillen
Reserven u der Ertragskraft nicht berechnen kann (BGH **108**, 393).

4) Prozessual bedarf die AuskPfl keiner näheren Umschreibg im Urteil, da sich Art u Umfang aus dem	19
G ergeben (Hbg FamRZ **88**, 1213). – Ausk- und PflichttAnspr können dch Stufenklage (ZPO 254) verfolgt
werden, so daß die Bezifferg des ZahlgsAnspr erst nach teilurteilsweiser Erledigg des Antrags auf Vorlegg des
Verzeichn (evtl auch Abg der eidesstattl Vers) zu erfolgen hat. Die Möglichk der Stufenklage hindert aber
den Gl nicht, die einzelnen Stufen zum Ggst gesonderter Klagen zu machen (Zweibr FamRZ **69**, 230). –
Durch die Stufenklage wird die Verjährg des PflichttAnspr sogleich unterbrochen (BGH NJW **75**, 1409),
nicht aber dch die bloße Klage auf AuskErteilg (RG **115**, 29, Köln JR **58**, 223). – Dem KlageR gem § 2314
mit § 260 II steht nicht im Wege, daß der PflichttBerecht als NachlGläub daneben vom Erben die Abgabe
der eidesstattl Vers vor dem NachlG aGrd § 2006 verlangen kann (vgl Zweibr aaO). Ein Rechtsschutzinter-
esse an der Kl aGrd § 2314 kann auch fortbestehen, wenn der PflichttAnspr währd des RechtsStr verjährt ist
(BGH DRiZ **69**, 282). – Die **Zwangsvollstreckung** wg AuskErteilg u der Vorlegg des Verzeichn erfolgt	20
gem ZPO 888 (Mü NJW **69**, 436; Ffm Rpfleger **77**, 184); gleiches gilt für Wertermittlg dch Zuziehg eines
Sachverständ (Ffm OLGZ **87**, 480). Aus dem AuskUrteil kann bezügl aller od auch nur einzelner Auskünfte
vollstreckt werden; allerd müssen im VollstrVerfahren die Rechte des Bekl genau gewahrt werden (Hbg
FamRZ **88**, 1213). Hinsichtl der Abgabe der eidesstattl Vers s ZPO 889 II. – Zum Streitwert s Johannsen
WM **79**, 635.

5) Die Kosten (II) des Verzeichnisses, der Wertermittlg u der amtl Aufnahme treffen den Nachl (auch bei	21
einem Ggstand des sog fiktiven Nachl, BGH **89**, 24) und sind NachlVerbindlichk, die rechngsmäßig vom
Aktivbestande (§ 2311) abgesetzt werden können und daher im Ergebn sowohl den Erben als auch den
PflichttBerecht belasten (BGH **84**, 35). Ist der Nachl wertlos, kann der Erbe die Einholg eines Wertgutach-
tens verweigern (§ 1990 I; BGH **107**, 200). Mit seinem Eigenvermögen muß der Erbe für die Kosten der
Wertermittlg nach dem HaftgsVerständn des BGH (s Rn 16) nicht einstehen, solange er die Möglichk der
HaftgsBeschränkg noch hat (Dieckmann FamRZ **89**, 857 in Anm zu BGH; aA Mü NJW **69**, 436). Dieck-
mann (aaO) gibt zu erwägen, ob dann der selbst pflichtberecht Erbe nicht auch von den Wertermittlgsko-
sten für den „fiktiven" Nachl (s Rn 15) verschont werden sollte. – Der Beschenkte hat nie auf eigene Kosten
das Geschenk bewerten zu lassen (s Rn 16). – Die Kosten der Abnahme der eidesstattl Vers (§ 261 III) trägt
der AntrSt selbst (s auch § 261 Rn 34).

2315 *Anrechnung von Zuwendungen auf den Pflichtteil.* [I] Der Pflichtteilsberechtigte
hat sich auf den Pflichtteil anrechnen zu lassen, was ihm von dem Erblasser durch
Rechtsgeschäft unter Lebenden mit der Bestimmung zugewendet worden ist, daß es auf den
Pflichtteil angerechnet werden soll.

[II] Der Wert der Zuwendung wird bei der Bestimmung des Pflichtteils dem Nachlasse hinzuge-
rechnet. Der Wert bestimmt sich nach der Zeit, zu welcher die Zuwendung erfolgt ist.

[III] Ist der Pflichtteilsberechtigte ein Abkömmling des Erblassers, so findet die Vorschrift des
§ 2051 Abs. 1 entsprechende Anwendung.

1) Anrechnungspflicht (I). Der PflichttBerecht hat sich auf diejen lebzeit Zuwendgen auf seinen Pflichtt	1
anrechnen zu lassen, die er vom Erbl mit entspr Zweckbestimmg (Rn 2) erhalten hat. Mit der Aus-
gleichsPfl der Abkömml (§ 2316) hat diese AnrechngsPfl nichts zu tun. Sie trifft auch Eltern od Eheg u gilt
auch ggü familienfremden NachlBeteiligten. – **Zuwendung** ist jede freiw u freigiebige Verschaffg eines
Vorteils (Düss ZEV **94**, 173), zB Ausstattgen nach § 1624, vollzogene Schenkgen, SchenkgsVerspr, bezahlte
Schulden. Nicht darunter fallen also Zuwendgen aGrd einer Verpflichtg; ferner nicht Zuwendgen an die
Ehefrau des PflichttBerecht (Erman/Schlüter Rn 2; Sostmann RhNK **76**, 480, 487). – Sind verschieden hohe
Zuwendgen an mehrere Personen anrechngspflichtig, ist bei jedem auch ein verschiedener, näml um die
Zuwendg erhöhter NachlBestand zugrunde zu legen. – Die Vorschr hat eine Parallele beim Zugewinnaus-
gleich (§ 1380; s dort Rn 4). – § 2315 gilt entspr, wenn ein beabsicht vorzeit **Erbausgleich** (§ 1934 d) nicht
wirks zustande kam (§ 1934 e) u der Vater seine hierfür bereits erfolgten Zahlgen an sein nichtehel Kind nicht
zurückgefordert hat (§ 1934 d IV 3; Damrau FamRZ **69**, 587).

2) Die Anrechnungsbestimmg ist eine vom Erbl ggü dem Empfänger der Zuwendg vor od mit dieser	2
abzugebde einseit WillErkl. Sie muß diesem zugehen u in ihrer Tragweite zu seinem Bewußtsein gebracht
werden (BayObLG **59**, 81; Düss ZEV **94**, 173 mAv Baumann), was aber vorausetzt, daß der Annehmende um
die seinen Pflichtt beeinflussde Beschaffenh der Zuwendg weiß (Schlesw AgrarR **72**, 362; Düss aaO mN).
Dann braucht sie nicht ausdrückl erfolgt, muß aber auch als stillschweigde so eindeut sein, daß sie für den
PflichttBerecht vor od bei Zuwendg als solche erkennb ist. Dieser soll abwägen können, ob ihm angesichts
der Zuwendg eine Verminderg seines späteren Pflichtt wert ist. – Eine **nachträgliche** einseit Anrechngsbe-	3
stimmg des Erbl (zB dch Vfg vTw) ist nicht mögl, es sei denn, daß er sie sich vorbehalten hatte od an Stelle
einer berecht PflichttEntziehg (§ 2333) erklärte. Bei Einwilligg des PflichttBerecht kann sie allerd als teilw
PflichttVerzicht not beurkundet werden (§§ 2346 II; 2348; dazu Nieder Rn 265 ff). – Die Anrechngsbe-
stimmg darf nicht bloß auf den Erbteil erfolgt sein; in diesem Fall kann die Anordng ihrer Anrechng auf den

Pflichtt sich aber durch Auslegg ergeben (Staud/Ferid/Cieslar Rn 43, 44). Die Anrechngsbestimmg kann auch bedingt getroffen werden (Sostmann aaO 484). – Die Bestimmg, daß die Zuwendg auf den Erbteil anzurechnen ist, beinhaltet nicht ohne weiteres, sond nur unter bes Umständen auch die Anrechng auf einen Pflichtt (Düss aaO).

4   **3) Berechnungsmethode (II).** Der Wert des Vorempfangs wird dem Nachl hinzugerechnet (fiktiver Nachl), aus der Summe der quotenmäßige Betrag des PflichttBerecht errechnet u von diesem die Zuwendg als bereits empfangen abgezogen. Bei mehreren Anrechngspflichtigen wird nicht für alle ein einheitl fiktiver Nachl gebildet, sond der Anspr jedes Einzelnen individuell aus der Summe von Nachl u seiner Zuwendg errechnet (MüKo/Frank Rn 13), so daß bei unterschiedl Zuwendgen von verschieden hohen Nachl auszuge-
5 hen ist. – Für die **Bewertung** der Zuwendg ist auf den Ztpkt ihrer Vornahme abzustellen (**II** 2), sofern nicht der Erbl einen geringeren Wert bestimmt hat, da von seinem Willen die Anrechng überhaupt abhängt (**I**); nachträgl Veränderungen, die den Wert erhöhen, mindern od ganz beseitigen, bleiben außer Betracht. Jedoch ist zur wirtschaftl Vergleichbark der Kaufkraftschwund des Geldes zu berücksichtigen, indem der Zeitwert auf die Zeit des Erbfalls umgerechnet wird (BGH **65**, 75 mAv Löbbecke NJW **75**, 2292; Johannsen WM **75**, 860); dazu wird er mit der Preisindexzahl für die Lebenshaltg des Todesjahres multipliziert u dch die entspr Preisindexzahl für das Zuwendgsjahr dividiert (vgl BGH FamRZ **92**, 1071). – **Beispiele:**

6   **a)** Nachl 6000, Söhne A, B u C. Erben sind A u B. Bei 1200 anrechnungspflichtigem Vorempfang ist für den Pflichtt des C zu rechnen: (6000 + 1200) : 6 – 1200 = 0. Er erhält also nichts.

b) War C der einzige Sohn und sind als Erben Geschwister des Erbl eingesetzt, erhält C (6000 + 1200) : 2 – 1200 = 2400. Das gleiche gilt, wenn der Enkel E an Stelle seines Vaters C getreten war (vgl auch § 1935).

c) Ist außer Sohn C die Witwe W (mit 400 Vorempfang) pflichtberecht u Erbe ein Nichtverwandter, so erhalten (wenn keine Zugewinngemeinsch bestand od die güterrechtl Lösg nach § 1371 II gewählt wurde): C (6000 + 1200) × 3 : 8 – 1200 = 1500 und W (6000 + 400) : 8 – 400 = 400. Die PflichttLast beträgt also nur 1900, während sie ohne Anrechng 3000 betragen würde. – Bei Zugewinngemeinsch u erbrechtl Lösg (§ 1371 I) erhalten: C (6000 + 1200) : 4 – 1200 = 600 und W (6000 + 400) : 4 – 400 = 1200.

7   **4) Ein eintretender Abkömmling (III,** § 2051) muß sich die Zuwendgen anrechnen lassen, die dem Weggefallenen hätten angerechnet werden können, wenn er nicht beweist, daß die AnrechngsPfl des Empfängers nur für dessen Person begründet war. Ob noch andere Abkömmlinge vorhanden sind, ist hier gleichgültig. Für Eltern (und Eheg) gilt **III** nicht, wohl aber § 2309, der ein PflichttR nur insow entstehen läßt, als der Weggefallene nicht schon zu Lebzeiten darauf abgefunden od als er vor dem Erbl verstorben war (vgl RGRK Rn 23). S dazu Johannsen WM **70**, 117.

2316   *Ausgleichungspflicht.* **I** Der Pflichtteil eines Abkömmlings bestimmt sich, wenn mehrere Abkömmlinge vorhanden sind und unter ihnen im Falle der gesetzlichen Erbfolge eine Zuwendung des Erblassers oder Leistungen der in § 2057a bezeichneten Art zur Ausgleichung zu bringen sein würden, nach demjenigen, was auf den gesetzlichen Erbteil unter Berücksichtigung der Ausgleichungspflichten bei der Teilung entfallen würde. Ein Abkömmling, der durch Erbverzicht von der gesetzlichen Erbfolge ausgeschlossen ist, bleibt bei der Berechnung außer Betracht.

II Ist der Pflichtteilsberechtigte Erbe und beträgt der Pflichtteil nach Absatz 1 mehr als der Wert des hinterlassenen Erbteils, so kann der Pflichtteilsberechtigte von den Miterben den Mehrbetrag als Pflichtteil verlangen, auch wenn der hinterlassene Erbteil die Hälfte des gesetzlichen Erbteils erreicht oder übersteigt.

III Eine Zuwendung der im § 2050 Abs. 1 bezeichneten Art kann der Erblasser nicht zum Nachteil eines Pflichtteilsberechtigten von der Berücksichtigung ausschließen.

IV Ist eine nach Absatz 1 zu berücksichtigende Zuwendung zugleich nach § 2315 auf den Pflichtteil anzurechnen, so kommt sie auf diesen nur mit der Hälfte des Wertes zur Anrechnung.

1   **1) Bedeutung.** Die Vorschr regelt die allg Berechng der Quote des pflichtberecht Abkömml für den Fall, daß er bei Eintritt ges Erbfolge neben weiteren Abkömml berufen u dann unter diesen eine Ausgleichg (§§ 2050 ff) vorzunehmen wäre. Sie gilt also im Ggsatz zu § 2315 nur für den pflichtberecht Abkömml (einschließl nichtehel, § 2303 Rn 2), u zwar sowohl zugunsten als auch zu Lasten des enterbten, sowie auch für den in Anspr genommenen alleinerbenden, aber selbst pflichtberecht Abkömml (BGH NJW **93**, 1197 gg Stgt DNotZ **89**, 184). Bei der abstrakten Ermittlg seines die PflichttQuote bestimmenden Erbteils (dazu § 2310 Rn 1) werden auch die Abkömml gezählt, die vor der Erbfolge ausgeschlossen sind, ausgeschlagen haben od für erbunwürdig erkl sind (§ 2310 S 1). Nur durch Erbverzicht ausgeschiedene werden nicht berücksichtigt (**I** 2). – Während § 2315 regelt, welche Zuwendg der PflichttBerecht sich konkret auf seinen Pflichtt anrechnen lassen muß, ist Ggstand der Regelg des § 2316 die Frage, wie sich allg der für den Pflichtt maßgebl gesetzl Erbteil eines Abkömmlings (auch des nichtehel) unter Berücksichtigg der Ausgleichsrechte u -pflichten (§§ 2050 ff) bemißt.

2   **2) Berechnungsmethode.** Grdsl finden die Vorschr über die AusgleichsPfl im Falle gesetzl Erbfolge (§§ 2050 ff) Anwendg (Beisp bei Schalhorn, JurBüro **75**, 1428). Zuwendgen erhöhen also rechnerisch den Nachl, Leistgen nach § 2057a sind abzuziehen u mindern ihn. Über die Wertberechng der Zuwendgen u insb die Berücksichtigg des Kaufkraftschwunds des Geldes hierbei s § 2315 Rn 4. Namentl gilt auch § 2056 für den Erben (RG **77**, 282). § 2057 (AuskunftsPfl) ist zG des pflichtteilsberecht Abkömmlings entspr anwendbar (RGRK Rn 3). – Der Erbl kann aber die AusgleichsPfl einer Ausstattg (§ 2050 I) nicht zum Nachteil des PflichttBerecht ausschließen (**III**). Das gleiche gilt auch für die Zuwendgen des § 2050 II, der ledigl eine Ergänzg des § 2050 I bildet (hM; s Staud/Ferid/Cieslar Rn 14; Johannsen WM **70**, 117). Ebenso bleiben Zuwendgen, die erst durch letztw Vfg für ausgleichspflichtig erklärt sind, außer Betr, soweit sie zu einer Minderg des Pflichtteils führen würden, wenn dieser nach dem Bestande u Werte des Nachl zuzügl der nach § 2050 I–III sich ergebenden Ausgleichsposten berechnet wird (RG **67**, 306; vgl § 2050 Rn 15, 16).

a) Beispiele. – aa) Zugewinngemeinschaft. Gesetzl Erben sind Ehegatte G u die Kinder A, B u C. Der **3** Nachl beträgt 20000. Die ausgleichpflicht Zuwendgen betragen bei A 2000 u bei B 4000. Bei der güterrechtl Lösg (§ 1371 II; kleiner Pflichtt, s § 2303 Rn 7) ist für **G** der gesetzl Erbteil 20000 : 4 = 5000, Pflichtteil 2500; der Ehegatte wird von der AusglPfl nicht berührt (vgl Rn 1 und § 2050 Rn 6). Für **A** ist gesetzl Erbteil (15000 + 2000 + 4000) : 3 = 7000 − 2000 = 5000, Pflichtteil 2500; für **B** ist gesetzl Erbteil 7000 − 4000 = 3000, Pflichtteil 1500. Für **C** ist gesetzl Erbteil 7000 − 0, Pflichtt 3500. – Bei der erbrechtl Lösg (§ 1371 I; großer Pflichtt, s § 2303 Rn 6) ist für **G** ges Erbteil 20000 : 2 = 10000, Pflichtt 5000. Für **A** ist dann ges Erbteil (10000 + 2000 + 4000 = 16000) : 3 = 5333,33 − 2000 = 3333,33; Pflicht somit 1666,66. Für **B** ist ges Erbteil (5333,33 (wie bei A) − 4000 = 1333,33; sein Pflicht somit 666,66. Für **C** ist ges Erbteil 5333,33 (wie bei A), sein Pflicht 2666,66. – **bb) Variante:** Hätte im gegebenen Beispiel A 11000 auszugleichen, so **4** würde sich für A, B und C die Berechng bei der güterrechtl Lösg folgendermaßen gestalten: Für **A** ist gesetzl Erbteil (15000 + 11000 + 4000) : 3 = 10000 − 11000 = 0; da er mehr empfangen hat als den gesetzl Erbteil, gilt § 2056, so daß A ganz ausscheidet. Für **B** ist also gesetzl Erbteil (15000 + 4000) : 2 = 9500 − 4000 = 5500, Pflichtteil 2750; für **C** ist gesetzl Erbteil (15000 + 4000) : 2 = 9500 − 0; Pflichtt 4750. – Bei der erbrechtl Lösg ergibt diese Variante folgende Berechng: Für **G** ist ges Erbteil 10000, sein Pflicht 5000. Für **A** ist ges Erbteil (10000 + 11000 + 4000) : 3 = 8333,33 − 11000 = 0; sein Pflicht ist 0. Für **B** ist ges Erbteil (10000 + 4000) : 2 = 7000 − 4000 = 3000; sein Pflicht ist 1500. Für **C** ist ges Erbteil (10000 + 4000) : 2 = 7000; sein Pflicht ist 3500. – **cc) Gütertrennung** (Fall des § 1931 IV). Ges Erben sind Ehegatte G u die **5** Kinder A u B. Nachl ist 30000. Als ausgleichpflicht Zuwendg hat A 5000 erhalten. Für **G** ist gesetzl Erbteil 30000 : 3 = 10000, Pflichtt = 5000; der Eheg wird von der AusgleichsPfl nicht berührt. Für **A** ist ges Erbteil (20000 + 5000) : 2 = 12500 − 5000 = 7500, Pflichtt 3750. Für **C** ist ges Erbteil (20000 + 5000) : 2 = 12500 − 0; Pflichtt 6250.

b) Ausgleichungspflicht für besondere Leistungen. Zu berücksichtigen ist bei Bemessg des Pflichtt **6** von Abkömml (auch des nichtehel Kindes nach Tod des Vaters) die in § **2057a** geregelte Ausgleich unter Abkömml zG desjenigen, der dch Mitarbeit im Haushalt, Beruf od Geschäft des Erbl währd längerer Zeit, dch erhebl Geldleistgen od in anderer Weise in bes Maße dazu beigetragen hat, daß das Vermögen des Erbl erhalten od vermehrt wurde, od der unter Verzicht auf berufl Einkünfte den Erbl währd längerer Zeit gepflegt hat. Es gelten also die oben dargelegten Grdsätze iVm den Regeln des § 2057a. – **Beispiel:** Nachl 9000, gesetzl Erben die Abkömml A, B u C je zu ⅓. Ausgleichsbetrag für A 3000, so daß Nachl sich rechnerisch auf 6000 vermindert, die ges Erbteile von A, B u C also 2000 betragen. Dann ist Pflichtt für A (2000 + 3000) : 2 = 2500, Pflichtt für B u C je 2000 : 2 = je 1000. Der gesetzl Erbteil u damit der Pflichtt des überlebenden Eheg wird dch die Ausgleich nicht berührt; die Höhe seines gesetzl Erbteils (s § 1931) beeinflußt aber die Höhe des gesetzl Erbteils der Abkömml u damit deren Pflichtt.

3) Restanspruch (II). Auch bei gewillkürter Erbfolge soll dem eingesetzten Erben ein RestAnspr **7** (§ 2305) zustehen, wenn zwar seine Quote nicht kleiner ist als die Hälfte seines ges Erbteils, der Wert seines Erbteils aber nicht die Hälfte des Betrags erreicht, der sich bei ges Erbfolge dch Berücksichtigg der Ausgleich als Wert ergäbe. Daher gesteht II auch ihm unter der Voraussetzg, daß er nach §§ 2305–2307 überh anspruchsberecht ist, den RestAnspr zu, wenn sich ein Mehrbetrag bei Vergrößerg seines Pflichtt als Folge der Hinzurechng der ausgleichpflichtigen Zuwendgen errechnet (Beisp s MüKo/Frank Rn 19). Verjährg § 2332.

4) Zusammentreffen von Ausgleichungspflicht und Anrechnungspflicht. IV regelt den Fall, daß **8** für die bei Berechng des Erbteils gem I zur Ausgleich zu bringende Zuwendg gleichzeitig auch nach § 2315 Anrechng auf den Pflichtt angeordnet ist. Hier wird zunächst der gesetzl Erbteil nach I berechnet. Auf den daraus gewonnenen Pflichtt ist die Zuwendg dann nur noch mit der Hälfte des Wertes in Anrechng zu bringen. Damit wird verhindert, daß die Zuwendg doppelt angerechnet wird (s MüKo/Frank Rn 20; auch Johannsen WM **70**, 118; Sostmann RhNK **76**, 493ff). Es kommt nicht darauf an, ob Abkömml allein od neben Eheg pflichttberecht sind (Staud/Ferid/Cieslar Rn 51; MüKo/Frank Rn 21).

2317 *Entstehung und Übertragbarkeit des Pflichtteilsanspruchs.* [I] Der Anspruch auf den Pflichtteil entsteht mit dem Erbfalle.
[II] Der Anspruch ist vererblich und übertragbar.

1) Der Pflichtteilsanspruch ist eine gewöhnl GeldFdg (BGH **28**, 178), die sich aus dem Reinertrag des **1** Nachl (§ 2311) in Höhe der Hälfte des Wertes des ges Erbteils (§ 2303 I 2) errechnet. Er ist NachlaßVerbindlk (§ 1967 II), unterliegt aber einigen SonderVorschr (§§ 1972; 1974 II, 1991 IV). Dem **Rang** nach steht er hinter den sonstigen NachlVerbindlichk (zu denen auch die ZugewinnausglFdg gehört, s § 2311 Rn 5; Reinicke Betrieb **60**, 1267), aber noch vor Vermächtn u Aufl (§§ 1973; 1991 IV; KO 226 II Nr 4, 6; III). Dies gilt auch für den PflichttAnspr des nichtehel Kindes (BGH NJW **88**, 136). – Der Anspr als reine Fdg ist zu unterscheiden von dem bereits vor dem Erbfall als Anwartsch bestehenden PflichttR (Übbl 1 vor § 2303). PflichttVerzicht (§ 2346 II) ist folgl auch nicht identisch mit AnsprVerzicht (§ 397; s auch § 1822 Z 1 u 2). – Auf den **Erbersatzanspruch** (§ 1934a) ist § 2317 entspr anzuwenden (§ 1934b II 1), nicht aber ZPO 852 (§ 1934b Rn 4).

a) Entstehung. Der konkrete Anspruch entsteht mit dem Erbfall, also mit dem Tod des Erbl (§ 1922). **2** Dies gilt auch bei Anordng einer Nacherbfolge, so daß mit dem Eintritt des Nacherbfalls kein neuer PflichttAnspr gg den NachE entsteht (aM Ottow MDR **57**, 211). Der Nachl darf aber beim Erbfall nicht schon überschuldet sein (s § 2311 Rn 3). Auch bei Vorliegen eines gemeinsch Test sind die zwei PflichttAnspr des Kindes nach dem Vater und nach der Mutter deutl auseinanderzuhalten (vgl BGH **88**, 102; NJW **83**, 277). In den Fällen der §§ 2306, 2307 entsteht der Anspr zwar erst mit der Ausschlagg, wird aber nach der Ausschlagg als mit dem Erbfall entstanden behandelt (vgl § 2332 III; abw RGRK Rn 4; RG JW **31**, 1354, die den Anspr als mit dem Erbfall entstanden, die fehlde Ausschlagg nur als Hindern für seine Geltdmachg ansehen). Vor dem Erbfall ist keine Sicherg durch Arrest od einstw Vfg mögl (Staud/Ferid/Cieslar Rn 162 vor § 2303), doch ist schon Klage auf Feststellg des Bestehens od Nichtbestehens des PflichttRechts od des Rechts auf PflichttEntziehg zulässig (Übbl 1 vor § 2303). – Der Anspr **entsteht nicht** bei Erbverzicht od vorherigem PflichttVerzicht (§ 2346 II) od bei wirks vorzeitigem Erbausgleich (§§ 1934 d, e).

3　　**b) Vererblich** und **übertragbar** (§§ 398 ff) ist der entstandene Anspr (**II**, der als SpezialVorschr § 400 vorgeht. – Der **Pfändung** ist der noch nicht abgtretene Anspr erst nach RHängigk (ZPO 852 I) od vertragl Anerkenntn voll unterworfen, weil seine Geltendmachg nicht der BestimmgsFreih des Berechtigten entzogen sein soll; dafür ist kein Anerkenntn nach § 781 erforderl, sond es genügt jede Vereinbarg (auch Abtretg), die den Willen zur Geltendmachg erkennen läßt (Karlsr HRR **30** Nr 1164; s auch § 2332 Rn 10). Bis dahin ist aber bereits eine eingeschränkte Pfändg des Anspr als ein in seiner zwangsw Verwertbark aufschiebd bedingter mögl, die bei Eintritt der Verwertgsvoraussetzgen zum vollwert PfandR führt (BGH NJW **93**, 2876; dazu Kuchinke NJW **94**, 1769). Eine Unpfändbark ist nur nach ZPO 766 geltd zu machen (RG **93**, 77). Nach dieser neuen Rspr des BGH gehört der Anspr auch im **Konkurs** von vornherein zum beschlagsfäh Vermögen; ausgeschlossen ist ledigl noch seine Verwertg (Kuchinke aaO). – Bei Abtretg od der ihr gleichzustellden Verpfändg besteht kein Pfändgsschutz, auch nicht im Falle des § 2307. Aus ZPO 852 folgt auch, daß vor Eintritt der PfändbarkVoraussetzgen der Anspr nicht dch Aufrechng (§ 394 I) seitens des Verpflichteten getilgt werden kann (Staud/Ferid/Cieslar Rn 25).

4　　**c) Keine Ausschlagung** des Anspr ist (wie beim Vermächtn, § 2180) einseitig mögl. Er kann nur durch formlosen Vertr (§ 397) dem Erben **erlassen** werden (KG OLGZ **76**, 193). Bei Ehegatten bedarf der pflichtteilsberecht Teil zum Abschl des Erlaßvertrags in keinem Fall der Zust des anderen Teils, und zwar auch dann nicht, wenn bei GüterGemsch das Gesamtgut vom anderen Teil od von beiden gemeins verwaltet wird (§§ 1432 I, 1455 Nr 2). Die Eltern bedürfen der Genehmigg des VormschG nach Maßg des § 1643 II, der Vormd nach § 1822 Nr 2. Ob der Erlaß des Anspr eine Schenkg ist, ist str (vgl § 517 Rn 2).

5　　**d) Verzinslich** ist die Fdg erst bei Verzug od Rechtshängigk (BGH DRiZ **69**, 281). Verzug tritt dch Mahng auch dann ein, wenn Anspr noch nicht beziffert werden kann (BGH NJW **81**, 1732); auch bei nur hilfsw Anmahng neben einem HauptAnspr als Miterbe (BGH aaO). – **Verjährung** s § 2332.

6　　**e) Steuerpflichtig** ist der Anspr nur, wenn er geltd gemacht wird (ErbStG 3 I Nr 1; s Einl 15 vor § 1922 u Übbl 6 vor § 2303). – Abzugsfähig beim Erben als NachlVerbindlk (ErbStG 10 V Nr 2), aber nicht als Sonder- od Betriebsausgabe (BFH NJW **95**, 2311 mAv Söffing 2273). – Haftg ErbStG 20 I, III.

7　　**2) Anspruchsberechtigt** sind nur Abkömml, Eltern od die Eheg, sofern ihnen ihr ges ErbR dch Vfg vTw entzogen wurde (s § 2303 Rn 1). Hat der Erbl den Nachl dch Schenkgen geschmälert, werden sie zusätzl dch ErgänzgsAnspr geschützt (§§ 2325 ff), Abkömml uU auch noch dch AusgleichsPfl (§ 2316). Sind sie **unwürdig**, rechtfertigt dies Anfechtg nach § 2345 II. – Ist der berecht Abkömml **minderjährig** u der überlebende Elternteil AlleinE, kann dieser als ges Vertreter den gg ihn gerichteten PflichttAnspr seines Kindes selbst berechnen und zunächst darüber entscheiden, ob er geltend gemacht werden soll, weil §§ 1629 II, 1795 II, 181 dafür noch nicht eingreifen. Da hier die Verjährg ohnehin nicht vor Eintritt der Volljährigk in Gang gesetzt wird (§ 204), soll die Geltendmachg od Durchsetzg letztlich dem Kind selbst überlassen bleiben (s § 2303 Rn 11). Eine Pflegerbestellg (§ 1909) ist grdsl nur erforderl, wenn der überlebende Elternteil den PflichttAnspr des Kindes gefährdet od wenn ihm die Vermögenssorge entzogen ist (BayObLG **63**, 132; **88**, 385); auch dann ist aber Aufgabe von VormschG u Pfleger in erster Linie, den PflichttAnspr ledigl zu sichern u nur in Ausnahmefällen, ihn auch durchzusetzen (BayObLG aaO). Das vom Elternteil nach § 1640 einzureichende Vermögensverzeichn muß aber in jedem Fall Aufschluß über die Art der PflichttBerechng geben (Haegele Rpfleger **64**, 269; s auch § 1640 Rn 8).

8　　**3) Anspruchsgegner** ist der Erbe od MitE, nicht der TestVollstr (§ 2213 I 3; ZPO 748 III). Einzelh s § 2303 Rn 12. **Stundung** kann der Erbe unter den Voraussetzgen des § 2331a verlangen. – Gilt der Erbe den Anspr dch Übertragg eines HausGrdst ab, gelten für Gewährleistg wg Mängel der Sache §§ 493, 477 I (BGH NJW **74**, 363). – Über ZurückbehaltgsR gg PflichttAnspr s Dütz NJW **67**, 1107.

9　　**4) Prozessuales.** Streitige PflichttAnspr sind beim ProzeßG geltend zu machen. Gerichtsstand ist wahlweise der des Beklagten (ZPO 12 ff) od der Erbsch (ZPO 27). Der PflichttBerecht hat alle Tatsachen zu beweisen, von denen Grd u Höhe des Anspr abhängen (BGH **7**, 134). Eine Verletzg der AuskPfl durch den Erben (§ 2314) ist allerdings bei der Beweiswürdigg zG des Beweispflichtigen zu berücksichtigen. Prozeßkostenvorschuß vom Eheg kann nicht gefordert werden, da grdsl keine persönl Angelegenh iS von § 1360a IV sind (Köln NJW-RR **89**, 967; str; s § 1360a Rn 19). – Ein Teilurteil über eine teilweise Klageabweisg ist nur zulässig, wenn geklärt ist, ob sie wg zu geringer NachlAktiva od wg zu hoher NachlPassiva erfolgt (BGH NJW **64**, 205). – Das LandwirtschG ist für PflichttAnspr eines weichenden Erben jedenfalls dann zuständig, wenn sie den Hof betreffen (Hamm RdL **64**, 214; LwVG 1 Nr 5).

2318 *Pflichtteilslast bei Vermächtnissen.* [I] Der Erbe kann die Erfüllung eines ihm auferlegten Vermächtnisses soweit verweigern, daß die Pflichtteilslast von ihm und dem Vermächtnisnehmer verhältnismäßig getragen wird. Das gleiche gilt von einer Auflage.

[II] Einem pflichtteilsberechtigten Vermächtnisnehmer gegenüber ist die Kürzung nur soweit zulässig, daß ihm der Pflichtteil verbleibt.

[III] Ist der Erbe selbst pflichtteilsberechtigt, so kann er wegen der Pflichtteilslast das Vermächtnis und die Auflage soweit kürzen, daß ihm sein eigener Pflichtteil verbleibt.

1　　**1) Kürzungsrecht.** Im Innenverhältnis zum VermächtnNehmer od AuflBerecht kann der Erbe, der im Außenverhältn allein PflichttSchu ist (bzw der ErbenGemsch, §§ 2058 ff vorbehaltl § 2319), auf diese einen

Teil der PflichttLast abwälzen als Ausgleich dafür, daß bei der PflichttBerechng die im Range nachgehenden Vermächtn u Auflagen nicht abgesetzt werden (§ 2311 Rn 7). Nach der **Grundregel (I),** die allerd dch abweichende Anordngen des Erbl abdingbar ist (§ 2324) u dch §§ 2320–2323 modifiziert wird, haben Erbe und VermächtnNehmer (AuflBerecht) die PflichttLast nach dem Verhältn ihrer Beteiligg am Nachl zu tragen. Zur Last wird der Pflichtt erst, wenn der Erbe als Schuldner auch in Anspr genommen wird u erfüllen muß; wird ihm dann die Erfüllg dch Schenkg erlassen, entfällt dadch das KürzgsR nicht mehr (LG Mü II NJW-RR **89,** 8). Die Höhe des zur Leistgsverweiger berechtigenden **Kürzungsbetrags** ergibt sich also dadch, daß der VermächtnNehmer an der PflichttLast mit dem gleichen Prozentsatz wie am Nachl beteiligt ist. **Beispiel:** Nachl 100.000, Vermächtn 20.000, Pflicht 25.000; NachlBeteiligg Erbe 80%, VermächtnNehmer 20%; Kürzg des Vermächtn um den Betrag, der 20% vom Pflicht 25.000 = 5.000 entspricht. Andere Berechngsformel ist (dh idR (dh ohne Beeinflussg des Pflicht dch Anrechngs- od AusgleichsPfl) der Erbe das Vermächtn um den gleichen Prozentsatz kürzen kann, mit dem der PflichttBerecht am Nachl beteiligt ist (im Beispl: PflichttQuote ¼ = 25%; Kürzg des Vermächtn von 20.000 um 25% = 5.000). – Zu den kürzbaren **Vermächtnissen** gehören auch die gesetzl wie der Dreißigste (§ 1969), allerd 2 nicht der Voraus (§ 1932), weil dieser bereits bei der PflichttBerechng abgezogen wurde (§ 2311 I 2). – Sind **mehrere** VermächtnNehmer (AuflBerecht) vorhanden, ist der Erbe ggü jedem zur verhältnismäß Kürzg befugt, soweit nicht II od § 2189 eingreift; das Verhältn ergibt sich aus dem Anteil sämtl Zuwendgen am NachlWert. – Gehört zum Nachl ein **GmbH**-Anteil, s zur Anwendg von § 2318 Haegele BWNotZ **76,** 59; Käppler ZGR **78,** 565. – Hat der Erbe in Unkenntn seines LeistgsverwR das Vermächtn voll erfüllt, kann er in Höhe des KürzgsR die erbrachte Leistg gem § 813 I **zurückfordern** (KG FamRZ **77,** 267). – Im **Prozeß** mit dem PflichttBerecht wird der Erbe dem VermächtnNehmer den Streit verkünden (ZPO 72ff). – Der VermächtnNehmer kann ggf seinerseits nach §§ 2188, 2189 kürzen.

2) **Zwei Ausnahmen** von der Grdregel, daß Erbe, VermächtnNehmer u AuflBerecht die PflichttLast 3 anteilig tragen sollen, enthalten **II** u **III** (dazu Johannsen WM **70,** 241):

a) **Eingeschränkt** wird das KürzgsR ggü einem selbst **pflichtsberechtigten Vermächtnisnehmer** 4 dch **II** (der nicht abänderbar ist, § 2324): Dessen Vermächtn ist bis zur Höhe seines PflichttAnspr nicht kürzgsfähig, sond nur hinsichtl des **Mehrbetrags.** Ist VermächtnNehmer der überlebende Ehegatte, ergibt sich bei ZugewinnGemsch die Kürzgsgrenze aus dem erhöhten (§§ 1371 I; 1931 III) Pflichtt; dies wirkt sich auch auf and PflichttBerecht aus (s § 2303 Rn 6).

b) **Erweitert** wird das KürzgsR zugunsten des selbst **pflichtteilsberechtigten Erben** dch **III:** Läuft 5 dieser dch das Zusammentreffen von Vermächtn- (od Aufl) mit PflichttAnspr (auch nichtehel Kinder, BGH NJW **88,** 136) Gefahr, daß ihm von dem hinterlassenen Nachl nach Erfüllg beider Anspr weniger verbleibt als sein eigener Pflichtt ausmacht, kann er sein Erbe in Grenzen verteidigen. Die Vorschr ist allerd wenig glückl gefaßt. Sie verschiebt nicht die in § 2306 vorgesehenen Belastgsgrenzen. Da nach § 2306 I 1 bei einem den Pflichtt nicht erreichenden Erbteil Vermächtn u Auflagen ohnehin gestrichen werden, hat sie nur Bedeutg, wenn der beschwerte Erbteil größer als die Hälfte des ges Erbteils war, aber der Erbe es versäumt hat, sich dch Ausschlagg von den Beschwergen zu befreien (§ 2306 I 2). Dann muß er näml Vermächtn voll tragen, ggf auch auf Kosten seines Pflichtt. Begrenzt wird seine Belastg dch **III** dann nur, wenn **zusätzlich** noch eine PflichttLast hinzukommt: Da er auch diesen Anspr erfüllen muß, ist ihm nun die Kürzg des Vermächtn (od einer Aufl) gestattet, aber nur um den Betrag, um den andernf die PflichttLast seinen eigenen Pflichtt zusätzlich beeinträchtigen würde. **III** gewährleistet also nicht, daß dem Erben dann der eigene Pflichtt voll verbleibt, sond berecht ihn zu dessen Verteidigg **nur wegen der Pflichtteilslast,** nicht auch wg der Vermächtn (BGH **95,** 222 mAv Kuchinke JZ **86,** 90). – Die Vorschr kommt auch **Miterben** zustatten (BGH aaO), setzt also keinen AlleinE voraus. Zur Abgrenzg von § 2319 ausführl von Olshausen FamRZ **86,** 524. – **III** ist **nicht** abändergsfähig (§ 2324; str; s MüKo/Frank Rn 9). – Bei ZugewinnGemsch wirkt sich auch hier aus, ob dem Ehegatten der große od kleine Pflichtt zusteht (s § 2303 Rn 6; 7). – Treffen dch einen selbst pflichtteilsberecht VermächtnNehmer **II** und **III** zusammen, geht das PflichttR des Erben u damit **III** vor (str; ebso Soergel/Dieckmann Rn 17; aA MüKo/Frank Rn 10).

2319 *Pflichtteilsberechtiger Miterbe.* **Ist einer von mehreren Erben selbst pflichtteilsberechtigt, so kann er nach der Teilung die Befriedigung eines anderen Pflichtteilsberechtigten soweit verweigern, daß ihm sein eigener Pflichtteil verbleibt. Für den Ausfall haften die übrigen Erben.**

1) **Im Außenverhältnis** bewahrt § 2319 den pflichttberecht MitE nach der Teilg davor, einem Pflichtt- 1 Gläub, der von ihm gem § 2058 Befriedigg verlangt, von seinem Erbteil so viel geben zu müssen, daß ihm selbst weniger als sein eigener Pflichtt verbleibt. Entspr wirkt § 2328 bei der PflichttErgänz. Bis zur Teilg gewährt § 2059 Schutz (§ 2046). – Der in Anspr genommene MitE hat daher das unabänderl Recht (§ 2324), schon gleich die Leistg des Pflichtteils an den Gläub insow zu verweigern, daß ihm sein eigener Pflichtt bleibt, und den Gläub für seinen Ausfall auf die (od den) anderen Miterben zu verweisen. Diese Befugn als Ausfluß seines PflichttR steht auch dem unbeschränkbar Haftenden zu. – Ist der Erbteil des MitE dch Zusammentreffen von PflichttLast u Vermächtn (Auflage) in Gefahr, unter den eigenen Pflichtt vermindert zu werden, kommt § 2318 zur Anwendg (s § 2318 Rn 5; von Olshausen FamRZ **86,** 524). – Bei Zugewinn-Gemsch berechnet sich der Pflichtt des überlebenden Eheg u anderer PflichttBerechtigter nach dem erhöhten EhegErbteil des § 1371 I, es sei denn, daß die Voraussetzgen des § 1371 II, III, gegeben sind (Staud/Ferid/Cieslar Rn 9). PflichttBerechng bei Gütertrennung s § 2303 Rn 10. – Auf den **Erbersatzanspruch** ist § 2319 sinngem anzuwenden (§ 1934b II 1) u gilt bei dessen Entzieh auch für einen dann gegebenen PflichttAnspr (s § 2338a).

2) **Für den Ausfall** haften dem PflichttBerechtigten die übr Miterben (u zwar nach §§ 421, 2058, 426 als 2 GesSchuldner, in den Fällen der §§ 2060, 2061 verhältnism); eine andere Anordng hins der Außenhaftg der

MitE kann der Erbl nicht treffen (§ 2324; Staud/Ferid/Cieslar Rn 10). Daraus folgt für das Innenverhältnis, daß dem pflichttber MitE bei der Auseinandersetzg fremde Pflichtteile nur soweit angerechnet werden dürfen, daß der eigene Pflichtt gewahrt bleibt (Kipp/Coing § 12 I 4; Soergel/Dieckmann Rn 4).

2320 *Pflichtteilslast des Ersatzmannes.* [1] Wer an Stelle des Pflichtteilsberechtigten gesetzlicher Erbe wird, hat im Verhältnisse zu Miterben die Pflichtteilslast und, wenn der Pflichtteilsberechtigte ein ihm zugewendetes Vermächtnis annimmt, das Vermächtnis in Höhe des erlangten Vorteils zu tragen.

[II] Das gleiche gilt im Zweifel von demjenigen, welchem der Erblasser den Erbteil des Pflichtteilsberechtigten durch Verfügung von Todes wegen zugewendet hat.

1   **1) Nur das Innenverhältnis** regelt die (nach § 2324 abändergsfäh) Vorschr. Im Verhältn der MitE untereinander trägt der an Stelle eines PflichttBerecht eintretende ges Erbe **(I)** abweichd von §§ 2038 II, 748, 2047 I, 2148 die PflichttLast in Höhe des erlangten Vorteils, während im Verhältn zu VermächtnNehmern die Grdregel des § 2318 I dch § 2320 nicht durchbrochen wird (Olshausen MDR **86**, 89). Nach **außen** verbleibt es bei der Haftg der MitE als GesSchu (§§ 2058ff). Ggü dem PflichttBerecht kann sich der Erbe auf § 2320 u auf § 2321 nicht berufen (RG JW **14**, 594). – Die MitEStellg des Eintretenden kann sich dch Enterbg (§ 1938) des PflichttBerecht od dessen Ausschlagg nach § 2306 I 2 od Erbverzicht unter PflichttVorbehalt (s § 2346 Rn 6) ergeben. Es macht keinen Unterschied, ob derjenige, dem der Erbteil anfällt, durch die Ausschließg des Berechtigten erst zur Erbfolge berufen wird od ob er den Erbteil im Wege der Erhöhg (§ 1935), Anwachsg (§ 2094) od Ersatzberufg (§ 2096) erwirbt (RG JW **18**, 768, Höfer NJW **61**, 589 [Verhältn von § 2069 zu § 2320]). – Die Vorschr ist auch für den ErbersatzAnspr entspr anzuwenden (§ 1934b II 1 mit Rn 13) u gilt auch im Falle des § 2338a.

2   **2) Zuwendung.** II regelt den Fall, daß der Erbl den Erbteil eines PflichttBerecht seinem Dritten zugewandt hat; Erbteil ist dabei der ges (BGH NJW **83**, 2378). Es ist also zunächst die ges Erbquote des PflichttBerecht festzustellen; ist dies der Eheg, kann dessen Erbteil bei ZugewinnGemsch je nach erbrechtl od güterrechtl Lösg verschieden sein (s Mauch BWNotZ **92**, 146 mit Bspl). Sodann ist zu ermitteln, wem dieser Erbteil zugewandt wurde. Dieser hat im InnenVerhältn der MitE iZw die PflichttLast in Höhe des erlangten Vorteils zu tragen (dazu Olshausen MDR **86**, 89), wobei die Höhe des Vorteils nach dem Wert zZt des Erbfalls zu bemessen ist (BGH aaO). – Für diese Verteilg der PflichttLast entspr **I** auch bei Erbeinsetzg stellt **II** eine Ausleggsregel auf; sie gilt also nur iZw, sofern der Erbl nicht eine and Verteilg dch Vfg vTw angeordnet hat (§ 2324); ein nur hypothet ErblWille reicht dafür allerd nicht aus (von BGH aaO angedeutet, aber offen gelassen).

3   **3) Der Vorteil** beläuft sich auf das, was die Eintretenden an Stelle des PflichttBerechtigten erhalten; aber Beschrkgen u Beschwergen (s auch § 2322) mindern den Vorteil. Ein Vorteil liegt auch darin, daß zB der überlebde Eheg statt neben Abkömml nunmehr neben Eltern erbt u desh sowohl dch Erhöhg des Erbteil als auch dch den Anspr auf größeren Voraus begünstigt wird (RGRK Rn 5; Soergel/Dieckmann Rn 2). – **Beispiel:** Hinterläßt Erbl Witwe, Sohn u Mutter, sind ges Erben Witwe u Sohn: bei ZugewGemsch zu je ½, bei Gütertrenng zu ¼ u ¾. Hat Erbl nun den Sohn enterbt, erben Witwe u die bish ausgeschlossene Mutter: bei ZugewGemsch zu ¾ und ¼, bei Gütertrenng zu je ½. Der Vorteil dch den Wegfall des Sohnes ist also bei ZugewinnGemsch gleich (je ¼), bei Gütertrenng unterschiedl im Verhältn ¼ : ½ = 1 : 2. Die PflichttLast für S tragen also bei ZugewinnGemsch beide gleichmäß, bei Gütertrenng die Witwe zu ⅓ u die Mutter zu ⅔.

4   **4) Auch die Vermächtnislast** soll den Eintretenden treffen, wenn ein Berechtigter ein Verm als Ersatz für den Pflichtt angenommen hatte (§ 2307) od es ihm trotz dessen wirksamer Entziehg (§§ 2333ff) zugewendet war.

2321 *Pflichtteilslast bei Vermächtnisausschlagung.* Schlägt der Pflichtteilsberechtigte ein ihm zugewendetes Vermächtnis aus, so hat im Verhältnisse der Erben und der Vermächtnisnehmer zueinander derjenige, welchem die Ausschlagung zustatten kommt, die Pflichtteilslast in Höhe des erlangten Vorteils zu tragen.

1   **1) Vermächtnisausschlagung.** Schlägt der PflichttBerecht ein ihm zugewendetes Vermächtn aus, kann er vom Erben den vollen Pflichtt verlangen (§§ 2307 I 1, 2303 I); nimmt er an, gilt § 2320 I. In diesem Fall behält aber die VermAnordng ihre Wirkg für die Verteilg der Pflichtteilslast im InnenVerhältn (RG JW **38**, 2144; DR **41**, 441), worüber der Erbl auch abweichde Bestimmgen treffen kann (§ 2324). Der Beschwerte muß dann den Wertbetrag, den er für das Verm hätte aufwenden müssen, zur Deckg der PflichttLast hergeben, soweit ihm der Wegfall des Vermächtn zustatten kommt, er also bereichert ist. – Auf den ErbersatzAnspr ist § 2321 sinngem anzuwenden.

2   **2) Der Vermächtniswegfall kommt zustatten: – a) Dem Erben,** der damit beschwert war. Soweit er allein beschwert war, aber die Last nicht auf die Miterben, u soweit alle beschwert waren, können sie diese nicht auf die Vermächtn u Auflagen abwälzen (§ 2318, RG JW **14**, 594). – **b) Dem Vermächtnisnehmer,** soweit dieser beschwert od nach §§ 2158, 2190 eingetreten war. Wird also das UnterVermächtn ausgeschlagen, hat der VermNehmer den Vorteil u der nach außen haftende Erbe ggü diesem ein AbzugsR. Vor Ausschlagg kann der Erbe nicht in entspr Anwendg des § 2307 II durch Fristsetzg die Entscheidg des PflichttBerechtigten herbeiführen (Staud/Ferid/Cieslar Rn 12).

3   **3) Der erlangte Vorteil** besteht meist (aber nicht immer) in der Höhe des ausgeschlagenen Verm; sicherl dann, wenn der VermWert den des Pflichtteils übersteigt (RG JW **14**, 594) od ihm gleichkommt. Ist das

ausgeschlagene Verm geringer als der PflichttBetrag, so ist die Höhe des Vorteils durch Vergleich der RLage vor u nach der Ausschlag zu ermitteln (Staud/Ferid/Cieslar Rn 15; vgl Schug BayNotZ **20**, 230). Der VermWert berechnet sich nach der Zeit des Erbfalls, ggf mit Zinsen u Zinseszinsen (RG aaO). Prakt Beispiel RG DR **41**, 441.

2322 *Kürzung von Vermächtnissen und Auflagen.* **Ist eine von dem Pflichtteilsberechtigten ausgeschlagene Erbschaft oder ein von ihm ausgeschlagenes Vermächtnis mit einem Vermächtnis oder einer Auflage beschwert, so kann derjenige, welchem die Ausschlagung zustatten kommt, das Vermächtnis oder die Auflage soweit kürzen, daß ihm der zur Deckung der Pflichtteilslast erforderliche Betrag verbleibt.**

1) Das Kürzungsrecht des Nachrückenden im Falle der Ausschlagg der Erbsch od eines Vermächtn **1** dch den PflichttBerecht regelt die Vorschr speziell, so daß die weitergehende Kürzgsmöglichk des § 2318 I zurücktritt (BGH NJW **83**, 2378). Derjenige, dem die Ausschlagg zustatten kommt, kann das Vermächtn nur in dem Maße kürzen, daß die ihn treffende PflichttLast gedeckt ist, weil mutmaßl der Erbl dem Ersatzmann, der erst infolge Ausschlagg Erbe wird, nicht auf Kosten des VermächtnNehmers NachlWerte zukommen lassen will (BGH aaO). Der VermächtnNehmer wird also nur zugunsten des PflichttBerecht, nicht aber des dch die Ausschlagg Begünstigten zurückgesetzt.

2) Durchführung. Da der Nachberufene als Erbe PflichttLast und Beschwergen zu tragen hat, darf er **2** Vermächtn und Auflagen (§§ 2161; 2192) nur kürzen, wenn der ihm verbleibende Nachl zur Deckg des Pflichtteils erschöpft ist. Bei unteilbarer Leistg hat der VermNehmer einen AusglBetrag an den Erben zu bezahlen; bei Weigerg des VermNehmers ist ihm nur der verhältnismäßig gekürzte Schätzgswert zu entrichten. Geht der VermAnspr auf Bestellg eines Nießbrauchs, hat der Nachberufene nicht die Rechte aus §§ 1089, 1087 (BGH **19**, 309). Vorteile bietet ein solcher ErbschErwerb daher meist nicht, so daß auch der Nachberufene besser ausschlägt. S dazu Johannsen WM **70**, 241 f.

2323 *Nicht pflichtteilsbelasteter Erbe.* **Der Erbe kann die Erfüllung eines Vermächtnisses oder einer Auflage auf Grund des § 2318 Abs. 1 insoweit nicht verweigern, als er die Pflichtteilslast nach den §§ 2320 bis 2322 nicht zu tragen hat.**

1) Soweit der Erbe nach §§ 2320/22 die PflichttLast im InnenVerhältn auf Miterben od VermNehmer **1** abwälzen od mindern kann, ist er selbst nicht kürzgsberechtigt. Sein LeistgsVerweigR ist daher eingeschränkt. § 2323 gilt auch für die KürzgsMöglk des § 2318 III (Staud/Ferid/Cieslar Rn 3).

2) Nichtehelichenrecht. § 2323 gilt auch für den PflichttAnspr im Fall des § 2338 a.   **2**

2324 *Abweichende Anordnungen des Erblassers.* **Der Erblasser kann durch Verfügung von Todes wegen die Pflichtteilslast im Verhältnisse der Erben zueinander einzelnen Erben auferlegen und von den Vorschriften des § 2318 Abs. 1 und der §§ 2320 bis 2323 abweichende Anordnungen treffen.**

1) Die Umverteilung der PflichttLasten kann der Erbl dch Test od ErbV anordnen (Regelg der **1** PflichttLast stellt ein Vermächtn zG der von ihr Entlasteten dar, vgl § 1939, ist also erbvertragl mögl, vgl § 2278 II), auch nach § 2299. Im Innenverhältn zw Erben, VermächtnNehmer u AuflageBegünst sind diese dann in dem angeordneten Umfang daran gebunden. Der Erbl kann also die PflichttLast im Verhältn der Erben untereinander (auch im Fall des § 2319 S 2, s § 2319 Rn 2) einzelnen Erben aufbürden (§§ 2046 II, 2189) od das KürzgsR erweitern, beschränken od ganz ausschließen (Warn **27** Nr 35, RG DFG **37**, 244; BGH WM **81**, 335). In das eigene PflichttR des Erben (VermNehmer) kann er, da zwingendes R, nicht eingreifen (§§ 2318 II, III, 2319 S 1; vgl § 2318 Rn 3–5). – Auch die Last zur Tragg des **Erbersatzanspruchs** kann der Erbl im Verhältn der Erben untereinander entspr § 2324 anderweit regeln (§ 1934 b Rn 13).

2) Die Haftung gegenüber dem Pflichtteilsberechtigten (§§ 2058 ff, 2303) kann auch der Erbl nicht **2** ändern; ebsowenig die ErgänzgsPfl, §§ 2325 ff.

2325 *Ergänzung des Pflichtteils wegen Schenkungen.* [I] **Hat der Erblasser einem Dritten eine Schenkung gemacht, so kann der Pflichtteilsberechtigte als Ergänzung des Pflichtteils den Betrag verlangen, um den sich der Pflichtteil erhöht, wenn der verschenkte Gegenstand dem Nachlasse hinzugerechnet wird.**

[II] **Eine verbrauchbare Sache kommt mit dem Werte in Ansatz, den sie zur Zeit der Schenkung hatte. Ein anderer Gegenstand kommt mit dem Werte in Ansatz, den er zur Zeit des Erbfalls hat; hatte er zur Zeit der Schenkung einen geringeren Wert, so wird nur dieser in Ansatz gebracht.**

[III] **Die Schenkung bleibt unberücksichtigt, wenn zur Zeit des Erbfalls zehn Jahre seit der Leistung des verschenkten Gegenstandes verstrichen sind; ist die Schenkung an den Ehegatten des Erblassers erfolgt, so beginnt die Frist nicht vor der Auflösung der Ehe.**

1) Normzweck. Die Anspr nach §§ 2325–2331 sind praktisch der einzige, zudem noch zeitl (§ 2325 III) **1** u inhaltl (§ 2329) begrenzte Schutz der nächsten Angehörigen dagg, daß der Erbl sie schon zu seinen Lebzeiten dch unentgeltl Vfg üb Teile seines Vermögens wirtschaftl um eine angemessene Beteiligg am Nachl bringt (in krassen Fällen können auch noch §§ 138, 826 eingreifen, s BGH FamRZ **72**, 255; Staud/ Ferid/Cieslar Rn 22, 24). – Kinder haben nach ihren Eltern zwei getrennte PflichttAnspr; der Begriff „Erblasser" ist daher auch bei Vorliegen eines gemeinsch Test (§ 2269) beim Tod des Letztversterbenden nicht auf den vorverstorbenen Eheg auszudehnen (BGH **88**, 102), so daß dessen Geschenke dann außer Betracht bleiben.

2 **2) Der Ergänzungsanspruch (I)** ist ein selbständ außerordentl PflichttAnspr (BGH **103**, 333) neben dem ordentl, von dessen tatsächl Bestehen also unabhäng. Er steht dem Berecht dah auch dann zu, wenn dieser nicht dch Vfg vTw von der Erbfolge ausgeschlossen ist (s § 2326) od die Erbsch ausgeschlagen hat (BGH NJW **73**, 995). Rechtl wird er entspr dem ordentl PflichttAnspr behandelt bezügl seiner Entsteh (kein Schutz vor dem Erbfall, § 2317 Rn 1) und Übertragbark (§ 2317); der AuskunftsPfl (§ 2314 mit Rn 5; nach KG MDR **73**, 500 besteht grdsätzl kein AuskunftsAnspr des MitE, dem ein ErgAnspr zusteht, gg andere MitE; aM Speckmann NJW **73**, 1870), auch über Anstandsschenkgen nach § 2330 (Hbg MDR **56**, 169; BGH NJW **62**, 245); des Anspr auf Wertermittlg (BGH **89**, 24; § 2314 Rn 15); der Pflichtteilslast (§§ 2318 ff); der Verjährg (§ 2332; BGH WM **72**, 505; SchlHOLG MDR **78**, 757) u der Entziehg (§§ 2333 ff).

3 **a) Anspruchsinhalt.** Der Berecht kann den Betrag verlangen, um den sein Pflichtt sich dch Hinzurechng des Geschenks zum Nachl erhöht. Als GeldFdg ist der Anspr also nicht auf Anfechtg der Schenkg gerichtet, sond auf Ergänzg des Pflichtt wegen aller Schenkgen, die der Erbl in den letzten zehn Jahren (Ausn bei Eheg, § 2325 III 2; s Rn 23) vor seinem Tode gemacht hat, ausgenommen Pflichtschenkgen (§ 2330). Wurde der PflichttBerecht dch verschiedene Schenkgen nacheinander beeinträchtigt, können sich daraus verschiedene ErgänzgsAnspr ergeben (s auch BGH NJW **88**, 1667). Auch bei nicht aktivem Nachl (od gerade bei ihm) erfolgt PflichttErgänzg, da der ordentl Pflicht dann gleich Null ist. Der Anspr gd den Erben ist in diesem Fall prakt aber nur dchsetzb, wenn dieser für die NachlVerbindlichk unbeschränkb haftet (§ 2013 Rn 1–4); bei völligem Fehlen bereits eines BruttoNachl u noch nicht unbeschr Erbenhaftg entfällt dagg der Ergänzgs-Anspr (s § 1990). Dann kommt § 2329 in Betr (s BGH **LM** Nr 2; e; NJW **74**, 1327; dazu Haegele BWNotZ **72**, 69/71). – Würde der Nachl selbst bei Hinzurechng der Geschenke nicht aktiv, wären die Berecht auch bei unterbliebener Schenkg leer ausgegangen; dann ist für einen ErgänzgsAnspr kein Raum (RG JR **27** Nr 1655), auch nicht gg den Beschenkten (§ 2329).

4 **b) Berechnung.** Zu ermitteln ist, um wieviel sich der ordentl Pflicht erhöhen würde, wenn der verschenkte Ggst noch zum Nachl gehören würde **(I)**. Der damit maßgebl Wert des sog fiktiven Nachl ergibt sich aus der Zusammenrechng von realem Nachl und dem Wert des Geschenks. Daraus wird der erhöhte Pflicht ermittelt, der sich bei ZugewinnGemsch für alle PflichttBerechtigten nach dem erhöhten EhegErb-teil des § 1371 I bestimmt (anders aber, wenn der Eheg weder Erbe noch VermNehmer ist, Johannsen FamRZ **61**, 21). – Beispiel: Nachl 12000, Schenkg 6000. Pflichtquote des einzigen Sohnes ½ = 9000, ErgänzgsAnspr also 3000. Noch einfacher berechnet sich die Ergänzg vom Geschenk selbst: ½ von 6000 = 3000. Weitere Beispiele Schopp Rpfleger **56**, 121 ff; Haegele BWNotZ **72**, 72; Brüggemann JA **78**, 209/213.

5 **c) Gläubiger** des ErgänzgsAnspr ist der PflichttBerecht **(I)**; hat er selbst Zuwendgen des Erbl erhalten, sind §§ 2326, 2327 zu beachten. Da ein tatsächl PflichttAnspr nicht bestehen muß (s Rn 1), ist gemeint, daß er zu den nach §§ 2303, 2309, 2338a Berecht gehört. Weitere Voraussetzg ist nach der Rspr (BGH **59**, 210), die im Schrifft überw abgelehnt wird (MüKo/Frank Rn 6 mN), daß zZ der Schenkg das RVerh, das den ErgänzgsAnspr begründet od aus dem der PflichttBerecht hervorgegangen ist, schon bestanden haben muß: Keinen Anspr hat also der überleb **Ehegatte** hinsichtl solcher Schenkgen, die der Erbl vor Eheschließg gemacht hat; das **Adoptivkind** wg Schenkgen des Elternteils vor seiner Annahme; der **nichteheliche** Abkömml wg Schenkgen vor seiner Zeugg; der **eheliche** Abkömml wg Schenkgen seiner Eltern vor Eheschließg, bei früherer Zeugg vor diesem Zeitpkt.

6 **d) Schuldner** des ErgänzgsAnspr sind die Erben; die GeldFdg ist NachlVerbindlk. Gleichgült ist, ob der Verpflichtete selbst auch pflichtteilsberecht ist od nicht (s § 2328). Bei Versagen richtet sich der Anspr direkt gg den **Beschenkten**, dann allerd nur auf Herausgabe des Geschenks zwecks Befriedigg wg des fehlen Betrags nach Bereicherungsvorschriften (§§ 2328, 2329, BGH **LM** Nr 2); letzteres gilt auch, wenn der Pflichtt-Berecht alleiniger Erbe ist (§ 2329 I 2). War auch der Berecht beschenkt, gilt § 2327.

7 **3) Voraussetzung** ist eine **Schenkung** iS der §§ 516, 517 (hM, zB BGH **59**, 132), die der Erbl einem anderen gemacht hat, der Dritter, Erbe, MitE, PflichttBerechtigter sein kann; auf deren Höhe od auf eine etw Benachteiligsabsicht kommt es nicht an (anders § 2287). Erforderl ist also obj Bereicherg des Empfän-gers aus dem Vermögen des Erbl u Einigg über Unentgeltlk der Zuwendg. Ob Schenkg vorliegt, richtet sich nach der Zeit der Zuwendg. Darunter können auch belohnende Schenkgen (§ 516 Rn 9) fallen (s BGH 8 WM **77**, 1410; **78**, 905). **Gemischte** Schenkgen (§ 516 Rn 13) sind nur hinsichtl ihres unentgeltl Teils heranzuziehen, zB bei Übergabeverträgen (BGH **59**, 132 mA v Johannsen **LM** Nr 7; NJW **64**, 1323; **65**, 1526; FamRZ **67**, 214; **74**, 650). Bewertgen der VertrPartner über Leistgen bei Übergabeverträgen müssen dabei anerkannt werden, wenn sie auch unter Berücksichtigg eines VerwandtschVerhältnisses noch in einem vernünft Rahmen bleiben (vgl BGH **LM** Nr 1). Vertragl vereinbarte Ggleistgen können nachträgl noch erhöht werden (RG **72**, 188; **94**, 157); der Schenker hat vertragl sogar das Recht, die zunächst unentgeltl Gesch dch einseit Erkl nachträgl in ein voll entgeltl umzugestalten, dies sogar dch Vfg vTw (BGH FamRZ 9 **85**, 696). – Für RGesch unter **Ehegatten** gilt im Grdsatz nichts anderes (BGH FamRZ **89**, 732); allerd erfordert der Schutzzweck des § 2325 eine Überprüfg, ob die Vereinbarg wg Mißverhältn von Leistg u Ggleistg statt nachträgl Korrektur in Wahrheit bloße Vermögensverschiebg ist, weil nach den konkre-ten Verhältn in der Ehe die zu vergütenden Leistgen nicht über die nach § 1360 zur gemeinsamen Lebens-führg beizusteuernden Dienste hinausgingen (BGH aaO). S auch Rn 15; 17. – Bei überhöhten **Anstands-schenkungen** ist auch nur der Mehrbetrag zu berücksichtigen (BGH FamRZ **81**, 765). – Ob Schenkgen, die 10 ein in der fr **DDR** lebender u nach der Vereinigg versterbener Erbl in dem Zeitraum von 10 Jahren vor dem Erbfall gemacht hat, nunmehr der im DDR-ZGB nicht vorgesehenen PflichttErgänzg unterliegen, hält BGH FamRZ **95**, 420 für fragl. Ob allerd tatsächl Vertrauensschutz verlangt werden kann, ist zweifelh (abl Kummer ZEV **95**, 319). Es wird sogar das Fehlen einer ÜbergangsRegel im EiniggsV angenommen (Schübel/Wiedemann JZ **95**, 858), so daß viele Fragen offen sind.

a) Einzelfragen. Bei der **Lebensversicherung** können die Prämien eine unentgeltl Zuwendg sein, dagg **11** nicht die Versichergssumme (vgl BGH FamRZ **76**, 616 mit ablehnder Anm von Harder; Staud/Ferid/Cieslar Rn 18; Haegele aaO **71**, dort auch über Erichtg einer Stiftg; dazu auch Wieser aaO, dort auch über Aufnahme von Kindern od Dritten in Personalgesellsch). – Vereinbart ein Erbl mit seinem Erben dessen **Aufnah- 12 me als Gesellschafter** in sein HandelsUntern u wird für beide Gesellsch der neugegründeten OHG das Recht begründet, nach dem Tod eines Gesellsch das Gesch zu übernehmen, so liegt idR keine einen PflichttErgAnspr auslöse Schenkg vor (and in bes gelagerten Fällen, KG OLGZ **78**, 464); ist neben der ÜbernahmeR ein Ausschluß jegl Abfindg vereinb, muß dch Vergl der beiderseitgen Leistgen geprüft werden, ob auffalldes, grobes Mißverhalten vorliegt (BGH NJW **81**, 1956). – **Nachfolge bei Personenge- 13 sellschaften:** Sieht der GesVertr einer OHG, KG beim Tod eines Gters die Fortsetzg unter Ausschluß des Erben vor (§ 1922 Rn 15), liegt keine unentgeltl Zuwendg an die verbleibdn Gter vor, wenn bei gleichen Risiken u Chancen für alle Gter eine Fortsetzg ohne Abfindg vereinb war (BGH **22**, 186/194; KG DNotZ **78**, 109; Düss MDR **77**, 932, str; aM MüKo/Frank Rn 16) od wenn nur ein entgeltl EintrR besteht. Ergänzgsbedürftge Schenkg kann dagg vorliegen, wenn GesVertr den AbfindgsAnspr nur für den Fall des Todes einzelner Gter ausschließt od einen Gter entschädgslos zur Übernahme berecht (s BGH JZ **81**, 445). S auch Schmidt FamRZ **74**, 518/521 mN u allg über den PflichttErgAnspr bei Ausscheiden eines Gesellsch dch Tod Haegele BWNotZ **76**, 29. – Ob **Abfindung** für einen Erb- u PflichttVerzicht idR als unentgeltl Leistg **14** des Erbl anzusehen ist, ist bestr (bejaht Speckmann NJW **70**, 117; verneint Coing NJW **67**, 1778; s auch Wieser MittBayNot **70**, 135/139; ferner BGH FamRZ **71**, 645 [gesellschaftsrechtl Regelg]; Soergel/Dieckmann Rn 18; Staud/Ferid/Cieslar Rn 7). – Die sog **unbenannte (ehebedingte) Zuwendung** unter Ehegat- **15** ten als bes RFigur des FamilienRs (s § 516 Rn 10; § 1372 Rn 3; Meincke NJW **95**, 2769) ist im ErbR bereits bei obj Unentgeltlk wie eine Schenkg zu behandeln, auch wenn die Ehegatten subj nicht von einer solchen ausgegangen sind (BGH **116**, 167; Köln FamRZ **92**, 480). Obj Unentgeltlk liegt vor, wenn die Leistg eines Ehegatten weder unterhaltsrechtl geschuldet war noch der Alterssicher od der Vergüt von Diensten diente noch ihr sonst eine dch sie ganz od teilw vergütete konkrete Gglstg des and Gatten ggüberstand (BGH aaO; dazu Kollhosser NJW **94**, 2313). Der BGH will damit im Verhältn zu Dritten eine Umgehg der erbrechtl SchutzVorschr verhindern (hierfür schon Sandweg NJW **89**, 1965; Jaeger DNotZ **91**, 431; Schotten NJW **90**, 2841; **91**, 2687), nachdem er im InnenVerhältn der Eheg derartige Zuwendgen als entgeltl ansieht (zB BGH NJW-RR **90**, 386), aber bei Ausdehg dieser Rspr auf das ErbR ein Mißbrauch der lebzeit VfgsFreih des Erbl zum Nachteil von PflichttBerecht, VertrE od NacheE mögl wäre (dazu krit Klingelhöffer NJW **93**, 1097; Kues FamRZ **93**, 924; Dingerdissen JZ **93**, 402). Es wird allerd noch als notwend erwiesen, die Fälle legitimer Teilhabe des Eheg am ehel Vermögenserwerb in angemessen Umfang (insbes bezügl Familienheim; Altersvorsorge) von Mißbrauchsfällen exakt abzugrenzen (Langenfeld ZEV **94**, 129; NJW **94**, 2133). Zu ihrer schenkgssteuerl Behandlg s BFH FamRZ **94**, 887; Albrecht ZEV **94**, 149; zur Praxis der Finanzverwaltg s ZEV **94**, 232; NJW **94**, 2275.

b) Keinen ErgänzgsAnspr begründet der Umstand, daß ein nichtehel Kind bei einem **vorzeitigen 16 Erbausgleich** (§ 1934 d) mehr erhalten hat als dem PflichttBerecht als Pflichtt verbleibt, wenn der Erb-AusglBetr dem Vermögen des Erbl hinzugerechnet wird (Damrau FamRZ **69**, 589; Johannsen WM Sonder-Nr 3/ **70**, 17; Haegele BWNotZ **72**, 71). – **Keine** Schenkg ist Erfüllg (Anerkenntn) einer Schuld trotz Verjährg w§ 362 (s § 516 Rn 9a; § 222 Rn 4). – Abschluß eines **Ehevertrags** stellt idR keine Schenkg dar **17** (Haegele aaO **71** mwH; s Zweibr OLGZ **65**, 304). Dies gilt auch für Begründg einer **Gütergemeinschaft** (s § 2113 Rn 13), selbst wenn dadch der kaum od weniger Vermögen einbringde Eheg obj eine Bereicherg erfährt, weil es dann bereits an der erforderl Einigg üb die Unentgeltlichk fehlt. Der RGrd einer solchen Bereicherg liegt vielm in dem familienrechtl Vertr; diese ehegüterrechtl causa wird nur dann dch Schenkgs-Vertr verdrängt, wenn ausnahmsw festgestellt werden kann, daß die GeschAbsichten der Eheleute nicht zwecks Verwirklich der Ehe auf eine Ordng der beiderseit Vermögen gerichtet war (BGH **116**, 178). Anzeichen dafür können zB sein, daß GüterGemsch noch kurz vor Tod vereinb wurde; daß nach einheitl Plan GüterGemsch u später und Güterstand vereinb wurde; daß wertvoller Grdbesitz aus dem Vorbehaltsgut des einen Eheg in das des and od ins Gesamtgut verschoben wurde (BGH aaO). Auch kann in einer nachfolgden Auseinandersetzg des Gesamtguts verdeckte Schenkg darin liegen, daß ein Eheg mehr erhält, als ihm nach § 1476 zustand (BGH aaO).

c) Beweisfragen. Der PflichttBerecht muß darlegen und beweisen, daß der vom Erbl angebl verschenkte **18** Ggstand zum (ggf fiktiven) Nachl gehört (BGH **89**, 26). Es ist zu ermitteln, in welcher Höhe sich Leistg u GglLeistg ggüstehen. PflichttBer trägt BewLast für beide Werte (BGH FamRZ **81**, 765). Bei obj Wertdifferenz ist zu prüfen, ob die Bewertg der Leistgen dch die VertrPartner bei verständiger Würdigg der konkreten Umstände (noch) vertretb war (BGH aaO). Ergibt der Vergleich ein auffalld grobes MißVerh, spricht eine tats Vermutg dafür, daß sich die VertrPart über die Unentgeltlk auch einig waren (BGH **59**, 132).

4) Bewertung (II). Der Wert des Geschenks ist grdsl mit dem Verkehrswert anzusetzen (s § 2311 Rn 9). **19** Für das von einem MitE übernommene Landgut ist unter den Voraussetzgen des § 2312 allerd nur der Ertragswert maßgebl (BGH NJW **64**, 1323; 1414; s § 2312 Rn 5), sofern es sich nicht nur um einen Bruchteil handelt (BGH **LM** Nr 9; § 2312 Rn 4). Erträgnisse eines geschenkten Ggstands mindern die GglLeistg (Haegele BWNotZ **72**, 70). – Der **Bewertungsstichtag** ist dagg je nach Art des verschenkten Gstands verschieden: Alle **verbrauchbaren** Sachen (§ 92) wie zB Geld, Wertpapiere werden stets mit ihrem Wert zum Ztpkt der Schenkg (**II 1**) angesetzt. Zu ihnen zählt auch der schenkgsweise Erlaß einer GeldFdg, der als Hingabe von Geld gilt (RG **80**, 138; BGH **98**, 226 zum Erlaß einer Leibrente mit krit Anm von Frank JR **87**, 243 u Paulus JZ **87**, 153). – Bei **anderen** Ggständen wie zB Grdstück ist von den beiden in Betr kommenden Stichtagen (Erbfall od Schenkgsvollzug) derjen maßgebl, zu dem das Geschenk weniger wert war (**II 2**). Desh ist eine Vergleichsberechg vorzunehmen, bei der zur Feststell des niedrigeren Werts der für den Ztpkt der Schenkung ermittelte Wert nach den Grdsätzen über die Berücksichtig des Kaufkraftschwundes (BGH **65**, 75; s § 2315 Rn 5) auf den Tag des Erbfalls umzurechnen u in dieser Höhe dem Wert beim Erbfall ggüber zu stellen ist. Nach diesem **Niederstwertprinzip** wird also bei nicht verbrauchbaren Ggständen der **20**

inflationsbereinigte Wert zZ des Erbfalls mit dem Wert zZ der Schenkg verglichen u nur der niedrigere von beiden dem Nachl hinzugerechnet. Bei nachträgl Wertsteigergen kommt es auf den Wert an, dessen sich der Erbl im Zeitpkt der Schenkg entäußert hat (BGH **118**, 49). Die Bewertg eines in der fr DDR verschenkten HausGrdstücks kann sich dabei nicht an damals ggf übl Schwarzgeldzahlgen orientieren (BGH FamRZ **95**, 420); jedoch kann im Falle erkennb vorübergehender Preisbegrenzgen den Interessen des PflichttBerecht unter dem Gesichtspkt eines höheren „inneren" Wertes geholfen werden (BGH aaO; FamRZ **93**, 1048; s aber Rn 10). – Hat der Erbl sich lebenslängl **Nießbrauch** am verschenkten Grdst vorbehalten u verblieb ihm so die Nutzg des Geschenks, ist dieses ledigl in dem Umfang in Ansatz zu bringen, in dem der Wert des weggeschenkten Grdst den Wert der kapitalisierten Nutzg übersteigt (BGH **118**, 49), da eine wirtschaftl Betrachtgsweise geboten ist. Für die Vergleichsrechng ist der maßgebl Bewertgsstichtag gem **II** 2 zunächst ohne Berücksichtigg des NutzgsR (Nießbr; WohnR, AltenteilsR etc) zu ermitteln. Erweist sich danach der inflationsbereinigte Wert des Geschenks zZ des Erbfalls niedriger als zZ der Schenkg (die mehr als 10 Jahre zurückliegen kann, s Rn 22) u damit als der maßgebl, findet ein Wertabzug für das mit dem Tod erloschene NutzgsR nicht statt. Ist dagg wg eingetretener Wertsteigerg bis zum Erbfall der Wert zZ der Schenkg der niedrigere u damit maßgebl, ist von diesem noch der kapitalisierte Wert der beim schenkenden Erbl verbliebenen Nutzg abzuziehen; nur der so als Differenz zw Schenkgszeitwert u Nutzgswert ermittelte Restwert ist für die PflichtErgänzg dem Nachl hinzuzurechnen, da der Erbl nur diesen im Ztpkt der Schenkg wirtschaftl aus seinem Vermögen ausgegliedert hat (BGH NJW **92**, 2887; 2888; **94**, 1791 mAv Meyding ZEV **94**, 202). Kritik an dieser Rspr üben Soergel/Dieckmann Rn 35 ff; Reiff FamRZ **91**, 552; **92**, 363, 803; Dingerdissen JZ **93**, 402. S dagg auch Mayer FamRZ **94**, 739; Liedel MittBayNot **92**, 238; Hohloch JuS **93**, 164. Zum
21 Fristbeginn s Rn 22. – War die Schenkg beim Erbfall noch nicht vollzogen **(Schenkungsversprechen),** ist der Wert des Anspr auf den versprochenen Ggst maßgebl, der ebenf nach dem Niederstwertprinzip unter Berücksichtigg des Kaufkraftschwundes zu ermitteln ist (BGH **85**, 274). Bei Untergang der Sache erlischt der Anspr ganz. Im übrigen ist es gleichgültig, ob der Beschenkte die Sache noch im Besitz od veräußert hat (vgl aber § 2329). – Ein AltenteilsR ist nicht rein statistisch zu bewerten, da Erbl sich seine Versorgg in gewohnter Umgebg etwas kosten lassen darf, so daß er dabei nur etwas verschenkt hat, wenn die Ggleistg ganz unangemessen, also willkürl erscheint (Oldbg NJW-RR **92**, 778).

22   **5) Zeitliche Schranke (III).** Eine Schenkg ist der PflichtErgänzg entzogen, wenn seit Leistg des verschenkten Ggstands bis zum Erbfall 10 Jahre verstrichen sind **(III Hs 1**; s aber Rn 23). Dafür kommt es nicht auf den schuldrechtl SchenkgsVertr (s § 518 Rn 2) an, sond auf die Vfg üb den verschenkten Ggst, dch die der Schenker den Ggst auch wirkl an den Beschenkten verliert. Dies ist der Zeitpkt, zu dem obj die Leistg des Ggst erfolgte; bei mehreren Zuwendgen ist er für jeden verschenkten Ggst gesondert festzustellen (BGH NJW **88**, 138). Die Frist beginnt also mit der auf Rechtsübertragg gerichteten Vollziehgshandlg, dch die das Geschenk auch wirtschaftl aus dem Vermögen des Erbl ausgegliedert wird (BGH **98**, 226), somit bei Schenkg bewegl Sachen mit Vollendg des EigtÜbergangs, bei GrdstSchenkgen mit der Umschreibg im Grundbuch gem § 873 I (BGH **102**, 289 mAv Dieckmann FamRZ **88**, 712). Konsequenterweise führt dann im Interesse der RKlarh auch die Sicherg des ÜbereignsAnspr dch Vormerkg im Grundbuch nicht zu einer Ausnahme (Dieckmann aaO). Nutzte der Erbl den verschenkten Ggstand aGrd vorbehaltenem dingl R od schuldr Vereinbarg bis zu seinem Tod selbst weiter, ist die Schenkg unabhäng von ihrem dingl Vollzug ergänzgspflichtig, weil er dann noch nicht den von der Rspr (BGH **98**, 226) zur Verhinderg von Mißbrauch verlangten spürbaren Vermögensverlust schon so erlitten hat, daß er die Folgen selbst noch 10 Jahre lang zu tragen hatte (BGH NJW **94**, 1791 mAv Meyding ZEV **94**, 202; Draschka Rpfleger **95**, 71; **92**, 419; 437; Reif NJW **95**, 1136). Gleiches gilt bei Vorbehalt des freien Widerrufs der Schenkg (Mayer FamRZ **94**, 739;
23 Draschka aaO). – Eine **Ausnahme** zugunsten des ErgänzgsBerecht gilt für Schenkgen an den **Ehegatten** des Erbl **(III Hs 2**): Für diese beginnt die Frist erst mit Eheauflösg (statt mit Schenkgsvollzug), weil bis dahin das Geschenk wirtschaftl noch im Vermögen des Schenkers verblieben war. Trat Eheauflösg dch Tod des Erbl ein, sind daher alle währd der gesamten Ehe von ihm an seinen Eheg gemachten Schenkgen ergänzgspflichtig (soweit nicht § 2330 eingreift). Nur wenn die Ehe schon vor dem Erbfall dch Scheidg, Aufhebg od NichtigErkl od Tod des beschenkten Eheg endete u zw Eheauflösg u Erbfall 10 Jahre verstrichen sind, bleiben die ehezeitl Schenkgen des Erbl an seinen früh Eheg unberücksichtigt (MüKo/Frank Rn 26); andernf sind alle einzubeziehen. Für vorehel Schenkgen an den späteren Ehepartner gilt diese AusnRegelg nicht (aA Zweibr FamRZ **94**, 1494, das **III** Hs 2 analog anwenden will; hiergg zu Recht Dieckmann FamRZ **95**, 189; v Olshausen FamRZ **95**, 717). Zur Rlage bei Scheidg u Wiederheirat s Dieckmann aaO. Die Verfassgsmäßigk dieser unterschiedl Behandlg der Schenkgen unter Eheg ggü unentgeltl Zuwendgen an Dritte wurde erfolglos angezweifelt, da sie weder gg GG 6 I noch gg GG 3 I verstößt (BVerfG NJW **91**, 217 u 1 BvR 1145/79; Celle FamRZ **89**, 1012); die ggteil Entscheidgen verschied LGe (Braunschw NJW **88**, 1857; MöGladb FamRZ **85**, 429; Wiesb FamRZ **75**, 654) wurden nicht immer rkräftig.

24   **6) Verhältnis der §§ 2325 ff zu § 2316.** Schenkgen an Dritte sind nicht nochmals nach §§ 2325 ff zu berücksichtigen, wenn u soweit sie bereits nach § 2316 bei der Berechng des Pflichtt dem Nachl zugerechnet worden sind (RG JW **37**, 2201; Bührer ZBlFG **15**, 213/226; Sostmann RhNK **76**, 495/507 ff; dagg Sturm/ Sturm, Festgabe von Lübtow, 1980, 599). Beispiel zur Berechng des PflichtErgänzungsAnspr für den Fall, daß Erbl ausgleichspflichtige Zuwendgen sowie Schenkgen gemacht hat u keinen nennenswerten Nachl hinterläßt, BGH NJW **65**, 1526 (dazu Keßler DRiZ **66**, 399, Johannsen WM **70**, 234/239; **77**, 306; Sostmann aaO 509 f; § 2056 Rn 1; Sturm/Sturm, FS von Lübtow, 1991, 291 ff).

2326   *Ergänzung über die Hälfte des gesetzlichen Erbteils.* **Der Pflichtteilsberechtigte kann die Ergänzung des Pflichtteils auch dann verlangen, wenn ihm die Hälfte des gesetzlichen Erbteils hinterlassen ist. Ist dem Pflichtteilsberechtigten mehr als die Hälfte hinterlassen, so ist der Anspruch ausgeschlossen, soweit der Wert des mehr Hinterlassenen reicht.**

1) Der Ergänzungsanspruch ist auch dann gegeben, wenn ein Anspr auf den ordentl Pflichtt nach **1** §§ 2303, 2305 od nach § 2338a überh nicht besteht, sond dem Berecht die Hälfte des (nicht durch Schenkgen vermehrten) Erbteils u mehr durch Erbeinsetzg od VermächtnZuwendg hinterlassen ist (BGH NJW **73**, 995). Sonst könnte der Erbl fast alles wegschenken u seinen Sohn mit der noch verbleibenden Hälfte des Nachl abfinden. Der ErgänzsAnspr besteht auch dann, wenn der Berecht den zugewandten Erbteil, der mehr als die Hälfte des gesetzl Erbteils beträgt, annimmt (s aber Rn 2); er braucht also nicht auszuschlagen, nur um die Ergänzg zu bekommen. Die §§ 2306 I 2, 2307 kommen hier insow nicht in Betr (s aber Rn 3).

2) Kürzung (Satz 2). Wurde dem PflichttBerecht mehr als die Hälfte seines ges Erbteils hinterlassen, ist **2** seine PflichttErgänzg als insoweit ausgeschlossen (S 2) um den Wert des mehr Hinterlassenen zu kürzen (BGH WM **89**, 382; **LM** § 2325 Nr 2). Der gesetzl Ausschluß ist ggf vAw zu berücksichtigen (BGH NJW **73**, 995). − Beispiel: Hinterläßt der Erbl 6000 DM u hatte er 7000 verschenkt, hätte der zu ⅔ eingesetzte alleinige Sohn einen Pflichtt von ½ = 3000 u ErgänzsAnspr von 3500; da aber sein Erbteil mit 4000 seinen Pflichtt um 1000 übersteigt, kann er Ergänzg nur von 3500 − 1000 = 2500 verlangen.

3) Bei Auferlegung von Beschwerungen u Beschränkungen (§§ 2306, 2307) ist es häufig praktisch **3** unmögl, diese von dem mehr Hinterlassenen in Abzug zu bringen (vgl Staud/Ferid/Cieslar Rn 10). Hier wird man dem PflichttBerechtigten aus § 119 ein AnfechtsgsR gewähren, wenn er die beschränkte od beschwerte Zuwendg (Erbteil od Verm) in Unkenntn von der Schenkg angenommen hatte (str; vgl Staud/Ferid/Cieslar Rn 11; MüKo/Frank Rn 2). Eine Hinausschiebg der AusschlFrist (§ 2306 I 2 Halbs 2) ist aber nicht veranlaßt (Staud/Ferid/Cieslar Rn 11).

2327 *Beschenkter Pflichtteilsberechtigter.* **ᴵ Hat der Pflichtteilsberechtigte selbst ein Geschenk von dem Erblasser erhalten, so ist das Geschenk in gleicher Weise wie das dem Dritten gemachte Geschenk dem Nachlasse hinzuzurechnen und zugleich dem Pflichtteilsberechtigten auf die Ergänzung anzurechnen. Ein nach § 2315 anzurechnendes Geschenk ist auf den Gesamtbetrag des Pflichtteils und der Ergänzung anzurechnen.**
ᴵᴵ Ist der Pflichtteilsberechtigte ein Abkömmling des Erblassers, so findet die Vorschrift des § 2051 Abs. 1 entsprechende Anwendung.

1) Der selbst beschenkte Ergänzungsberechtigte darf, wie dies der Billigk entspricht, nicht wg der an **1** andere gemachten Geschenke Ergänzg verlangen, ohne sein eigenes einzuwerfen. Voraussetzg ist also, daß außer dem Eigengeschenk wenigstens noch ein Geschenk an Dritte (PflichttBerechtigte, Fremde) in Frage steht. Eine Schenkg an seinen Eheg braucht der PflichttBerecht nicht dem Nachl zurechnen u sich auf seine Ergänzg anrechnen zu lassen, es sei denn, daß in der Zuwendg an den Eheg ein Geschenk an den PflichttBerecht liegt (BGH **LM** Nr 1). Da Erbl und Schenker die gleiche Person sind, ist auch bei Vorliegen eines gemeinsch Test (§ 2269) jeweils festzustellen, welcher Ehegatte das Geschenk gemacht hat, weil getrennte Erbfälle vorliegen und damit zwei PflichttAnspr eines Kindes je nach Vater und Mutter bestehen. Deshalb ist auf den ErgänzgsAnspr des Kindes nach dem Tod der letztverstorbenen Mutter ein von dem vorverstorbenen Vater erhaltenes Geschenk nicht, auch nicht aus BilligkGrden, anzurechnen (BGH **88**, 102 mAv Kuchinke JZ **84**, 96; aA KG NJW **74**, 2131). Die Zeitschranke des § 2325 III gilt hier nicht (KG aaO; RGRK Rn 2), da der Berecht durch die Anrechng eines ihm selbst gemachten, wenn auch länger zurückliegenden Geschenks nicht unbillig geschädigt wird. Den Beschenkten trifft die **Beweislast** für die Behauptg, der Berecht habe selbst vom Erbl Schenkgen erhalten (BGH NJW **64**, 1414).

2) Die Anrechnung des Eigengeschenks erfolgt idR **(I 1)** bloß auf die Ergänzg, nicht auf den Gesamt- **2** betrag des Pflichtteils (RG Recht **15** Nr 1121). Der Betrag der PflichttErgänzg errechnet sich einfach durch Addition der Schenkgen. Bspl: Pflichtteilsberecht sind die Witwe und der mit 3000 beschenkte Sohn; ein Fremder hat 5000 geschenkt erhalten. Die Witwe erhält, abgesehen von der Zugewinngemeinsch, (5000 + 3000):4:2 = 1000; der Sohn 8000 · ¾:2 = 3000–3000, somit nichts. Da bei der Zugewinngemeinsch der gesetzl Erbteil der Witwe ½ beträgt (§ 1371 I), steht ihr eine Ergänzg von 2000 zu, wenn sie den großen Pflichtt erhält; der Sohn erhält auch hier nichts. S auch Beisp bei Haegele BWNotZ **72**, 72; KG NJW **74**, 2131 (WährgsUmstellg!). War also das Geschenk höher od gleich der Ergänzg, so muß sich der Pflichtt-Berechtigte mit seinem einfachen Pflichtt begnügen. Dieser verbleibt ihm aber ungeschmälert (Bührer, ZBlFG **15**, 222) unbeschadet der §§ 2315, 2316. War das Geschenk geringer, so kann er sich wg der Differenz ggf an den dritten Beschenkten halten (§ 2329).

a) Bei Wegfall eines pflichtberecht beschenkten Abkömml vor od nach dem Erbfall ist der Eintretende **3** verpflichtet, sich die Schenkg in gleicher Weise anrechnen zu lassen wie jener, **II,** § 2051 I (vgl auch § 2315 III). War niemand sonst beschenkt, so hat der Eintretende kein ErgänzgsR.

b) Bei Anrechnungspflicht (I 2, § 2315) eines Geschenks auf den Pflichtt infolge Anordng des Erbl ist **4** das Eigengeschenk, soweit es die Ergänzg übersteigt, auch auf den ordentl PflichttAnspr anzurechnen, und zwar mit dem Wert der Schenkgszeit (§ 2315 II 2; letzteres bestr, s MüKo/Frank Rn 9).

3) Ausgleichungspflichtige Zuwendungen. Sind Schenkgen zugleich ausgleichungspflichtig u bei Be- **5** rechng des ordentl Pflichtteils eines Abkömml bereits berücksichtigt (§ 2316), kommen sie für eine Ergänzg nur noch insoweit in Betr, als sie bei der Ausgleichg nicht bereits in Rechng gesetzt worden sind (BGH DNotZ **63**, 113). Verlangt der Abkömml, der selbst eine (nicht als Schenkg geltende) Ausstattg erhalten hat, Ergänzg wg eines Geschenks an Dritten, ist zunächst zu ermitteln, wie hoch der ordentl Pflichtt unter Berücksichtigg der AusgleichsPfl (§ 2316) wäre, wenn der verschenkte Ggst sich noch im Nachl befände. Der DifferenzBetr ergibt den ErgänzgsAnspr. Wg § 2056 ist bei hohem Vorempfang mögl, daß sich auch bei Hinzurechng des Geschenks zum Nachl ein PflichttAnspr nicht ergibt, so daß dann auch Ergänzg nicht in Betr kommt (BGH NJW **65**, 1526). § 2056 greift ein, wenn der Vorempfang des ausgleichspflicht ges Erben höher ist als dessen ges Erbteil unter Hinzurechnung aller Vorempfänge u Schenkgen (BGH aaO; s

§ 2056 Rn 1). Wird der „fiktive" Erbteil von den Vorempfängen übertroffen, sind nach BGH NJW **88**, 821 (abweichend von RG **77**, 282) ausgleichspflicht Zuwendgen bei der Bestimmg der ergänzgserhebl Erbteile in der Weise zu berücksichtigen, daß der fiktive Nachl um die ausgleichspflicht Zuwendgen ergänzt u aus diesem „doppelt fiktiven" Nachl (Dieckmann FamRZ **88**, 712) die ergänzgserhebl Erbteile ermittelt werden; scheidet dabei nach § 2056 S 2 ein Abkömml aus, weil er mit seinem Vorempfang mehr erhalten hat als das, was ihm als Erbteil aus dem doppelt fiktiven Nachl rechnerisch gebührt, erhöhen sich dadch rechnerischer Erbteil u damit auch die rechnerische PflichtQuote der übrigen Abkömml. Mit dieser erhöhten Quote sind sie dann am fiktiven Nachl zu beteiligen. Beim Anspr gg den Beschenkten (§ 2329) muß dieser denn vom Wert des Geschenks mehr opfern, als dies ohne den ausgleichspflicht Vorempfang der Fall wäre (Dieckmann aaO). S auch Johannsen WM **70**, 239, **77**, 306; Haegele BWNotZ **72**, 73 mit Beispl.

2328 *Selbst pflichtteilsberechtigter Erbe.* **Ist der Erbe selbst pflichtteilsberechtigt, so kann er die Ergänzung des Pflichtteils soweit verweigern, daß ihm sein eigener Pflichtteil mit Einschluß dessen verbleibt, was ihm zur Ergänzung des Pflichtteils gebühren würde.**

1   **1) Verweigerungsrecht.** Nur gg einen ErgänzgsAnspr (§ 2325), nicht auch gg den PflichttAnspr gewährt das G dem Erben eine Einrede, wenn er selbst pflichttberecht ist: Er kann eine geforderte Ergänzg soweit verweigern, daß ihm selbst der eigene Pflichtt einschließl einer ihm etwa gebührenden PflichttErgänzg verbleibt (BGH **85**, 274/286 f). Als Schuldner eines ErgänzgsAnspr soll er davor bewahrt werden, das erlangte Vermögen zunächst auskehren u dann bei and Beschenkten Ersatz suchen zu müssen. Daneben kann er sich nach § 1990 auf die Dürftigk des Nachl berufen (BGH WM **89**, 384). – **Beispiel:** Erben Sohn S und Neffe N zu ½; Tochter T ist enterbt. Nachlaß 2000, Schenkg an X 4000. Ordentl Pflichtt der T 500, ergänzter 1500. S muß T 500 zahlen, kann aber Ergänzg verweigern u T an N verweisen. Ist S AlleinE, verblieben ihm nach PflichtZahlg 1500, so daß er Ergänzg auch abwehren und T an Beschenkten X verweisen kann (§ 2329). – Die Vorschrift gilt bei nichtehel Verwandtsch im Fall des § 2338a. – Ggü **Vermächtnissen** ist Erbe nach § 2318 geschützt.

2   **2) Bei Zugewinngemeinschaft** berechnet sich der Pflichtt des überl Eheg u anderer PflichttBerechtiger nach dem erhöhten EhegErbteil des § 1371 I (s aber auch § 2319 Rn 1; Staud/Ferid/Cieslar Rn 10).

2329 *Anspruch gegen den Beschenkten.* **^I Soweit der Erbe zur Ergänzung des Pflichtteils nicht verpflichtet ist, kann der Pflichtteilsberechtigte von dem Beschenkten die Herausgabe des Geschenkes zum Zwecke der Befriedigung wegen des fehlenden Betrags nach den Vorschriften über die Herausgabe einer ungerechtfertigten Bereicherung fordern. Ist der Pflichtteilsberechtigte der alleinige Erbe, so steht ihm das gleiche Recht zu.**

^{II} Der Beschenkte kann die Herausgabe durch Zahlung des fehlenden Betrags abwenden.

^{III} Unter mehreren Beschenkten haftet der früher Beschenkte nur insoweit, als der später Beschenkte nicht verpflichtet ist.

1   **1) Haftung des Beschenkten.** Der vom Erbl Beschenkte muß dem PflichttBerecht das Geschenk (od was davon noch vorhanden ist) zum Ausgleich eines bestimmten Fehlbetrags zur Vfg stellen; dch freiwillige Zahlg kann er den Zugriff in das ihm Zugewendete sogar vollständ abwehren **(II)**. Seine Haftg setzt erst da ein, wo die des Erben aufhört u der Nachl zur Befriedigg der Ergänzgsberechtigten nicht ausreicht od soweit der Erbe nach § 2328 die Ergänzg verweigern darf. Es handelt sich ebso wie im Fall des § 2325 um einen Ergänzgsanspruch. Beide dienen dem gleichen Endziel, den PflichttBerecht (auch im Falle von § 2338a) vor ungerechtfertigten Nachteilen dch Schenkgen des Erbl zu bewahren. Sie unterscheiden sich nur dch Art u Umfang der Haftg (BGH NJW **74**, 1327). Die Zeitgrenze des § 2325 III gilt auch für den Anspr aus § 2329 (BGH NJW **74**, 2319); s dazu § 2325 Rn 22 u BGH **59**, 290.

2   **a) Subsidiarität.** Der Beschenkte haftet (mit Ausn des Falles I 2; dazu Rn 7) **nur,** soweit nicht der Erbe verpflichtet ist (sei es wg § 2328, od beschränkter Haftg nach §§ 1975, 1990, BGH **LM** § 2325 Nr 2, 6 od § 2060). Auch bei bloßer ZahlgsUnfähigk des unbeschränkt haftenden Erben ist der subsidiäre Anspr gg den Beschenkten zu gewähren (str; ebso Staud/Ferid/Cieslar Rn 8; aM RGRK Rn 2, MüKo/Frank Rn 2; s ferner § 2325 Rn 2). **Ist der Beschenkte zugleich Erbe,** schuldet er zunächst als Erbe die PflichttErgänzg in Geld; er kann in dieser Eigensch einen Anspr auf Vorbeh nach ZPO 780 haben (RG **80**, 136). Ist diese Haftg ausgeschl, haftet er nach § 2329 (**LM** § 2325 Nr 2). Ist der Beschenkte selbst pflichttberecht u gebührt ihm selbst ein Pflichtt (einschließl Ergänzg) nach dem Schenker, muß er entspr § 2328 mit der ihm zugewendeten Schenkg so gestellt werden wie dort der pflichttberecht Erbe (BGH **85**, 274). Bei Berücksichtig dessen, was dem beschenkten PflichttBerecht verbleiben muß, ist auf den Ztpkt der Zwangsvollstreckg abzustellen, damit ein Wertverfall des Geschenks nach dem Erbfall nicht zu Lasten des Beschenkten geht od Wertsteigergen nicht dem PflichttBerecht vorenthalten werden (BGH aaO 287 mit Vorschlag für die Urteilsformel). – Die **Beweislast** trifft den pflichttberechtigten Kläger (RG LZ **32**, 393).

3   **b) Beschränkung. I** beschränkt die Haftg des Beschenkten in doppelter Weise: Sie ist begrenzt auf das schenkweise Zugewendete (wie im BereichergsR). Das „Erlangte" ist aber (abweichend vom BereichergsR) nur zur Befriedigg wg eines anderweitig errechneten exakten Fehlbetrags herauszugeben (BGH **107**, 200), weil der Anspr nicht auf den GesamtPflichtt od die aus § 2325 errechnete „Ergänzg" geht (BGH **111**, 138). Dieser Fehlbetrag ergibt sich aus der Differenz zwischen der (vom PflichttBerecht nach § 2325 zu beanspruchenden) PflichttErgänzg u demjenigen, zu dessen Leistg der Erbe iS von § 2329 verpflichtet ist (BGH aaO mit teilw krit Anm Dieckmann FamRZ **89**, 857). § 2329 greift desh nicht ein, soweit ein Fehlbetrag dch Anspr nach §§ 2287; 2288 ausgeglichen ist (BGH **111**, 138; aA Muscheler FamRZ **95**, 1361).

4   **c) Von mehreren Beschenkten** haftet in erster Linie der zuletzt Beschenkte (**III;** vgl § 528 II). Als die spätere Schenkg ist von zwei zu versch Ztpkten bindd versprochenen ud danach zu versch Ztpkt vollzogenen

Schenkgen die später vollzogene anzusehen, auch wenn sie die früher bindd versprochene Schenkg ist (Hamm NJW **69**, 2148). Ob bei Vollzug der Schenkg erst nach dem Erbfall auch auf den Ztpkt des Vollzugs abgestellt werden kann, zieht BGH **85**, 274 in Zweifel. Der Ergänzgsberechtigte kann Klage auch gg alle Beschenkte auf Leistg, uU gg den früher Beschenkten auf Feststellg, erheben. Der Anspr gg diesen ist weder künftig noch bedingt u der Höhe nach unabhängig von dem tatsächl Ergebnis der ZwVollstr in die dem später Beschenkten zugewendeten Ggstände (BGH NJW **55**, 1185). Die Verpflichtg des später Beschenkten erlischt insb durch Wegfall der Bereicherg (vgl aber §§ 818 IV, 819), nicht durch ZahlgsUnfgk. Die Frist des § 2325 III gilt hier ebenf, auch wenn eine Person mehrf beschenkt wurde (Soergel/Dieckmann Rn 27). S zu **III** auch Johannsen WM **70**, 240.

d) Auskunftspflichtig ist der Beschenkte entspr § 2314 I ggü dem pflichtberecht Nichterben, sofern **5** dieser nicht bereits vom Erben Auskunft erhalten hat (BGH **55**, 378; **89**, 24; NJW **85**, 384). Ggü dem pflichtberecht Erben kann eine solche AuskunftsPfl nicht aus § 2314, sond nur aus § 242 abgeleitet werden u setzt dann ein besond Informationsbedürfnis voraus (s § 2314 Rn 3). – Ein Anspr auf **Wertermittlung** gg den **6** Beschenkten auf dessen Kosten analog § 2314 I 2 besteht nicht, wie nunmehr höchstrichterl geklärt ist (BGH **107**, 200). Übernimmt der Pflichtberecht allerd die Kosten der Wertermittl selbst, kann ein Anspr aus § 242 zu bejahen sein (s § 2314 Rn 17).

2) Der pflichtteilsberechtigte Alleinerbe hat von vornherein einen Anspr gg den Beschenkten (**I 2**), **7** soweit der Nachl den ergänzten Pflichtt nicht deckt. Entspr gilt für zu kurz gekommene Miterben (BGH **80**, 205). Ist Beschenkter bereits vor dem Erbfall gestorben, richtet sich Anspr gg seine Erben (BGH aaO). – Allerd ist der einen vom Erbl beschenkten NichtE auf Ergänzg seines Pflichtt in Anspr nehmende Erbe verpflichtet, dem Beschenkten Auskunft über die Geschenke zu geben, die er selbst vom Erbl empfangen hat (BGH NJW **64**, 1414). Zum **Auskunftsanspruch** des pflichtberecht AlleinE gg den Beschenkten s § 2314 Rn 3.

3) Durchsetzung. Der Anspr gg den Beschenkten ist auch ErgänzgsAnspr iS des § 2325, unterscheidet **8** sich von diesem aber nach Art u Umfang der Haftg. Auf Zahlg gerichtet ist er nur bei Geldgeschenken od bei bereichergsrechtl Werthaftg. Bei and Geschenken ist er dch Klage auf Duldg der ZwVollstr in den geschenkten Ggst in Höhe des (zu beziffernden) Fehlbetrages entspr §§ 1973 II 1; 1990 I 2 durchzusetzen (BGH **85**, 274/282). – Der Beschenkte hat die Einrede der Entreicherg (§ 818 III). Die Vollstrg kann er dch Zahlg der Ergänzg abwenden; bei der Abwendgbefugnis ist § 2325 II zu beachten. Wegen der Bereicherg s §§ 818–822. Wegfall der Bereicherg kann auch durch Anfechtg (KO 32, AnfG 3 Nr 3, 4) eintreten. – Für die Berechng des Anspr ist ein übergebenes Landgut iZw mit dem Ertragswert anzusetzen (BGH NJW **64**, 1323, aber auch BGH NJW **73**, 995). – Gg den mit einer Heimstätte Beschenkten (war bis 1. 10. 93 mögl, s § 1922 Rn 11) ist Anspr auf Wertersatz (§ 818 II) zu bejahen (Huck MDR **90**, 1054; Westphal MDR **85**, 726). – **Verjährung** des Anspr s § 2332 II mit Rn 8–10.

2330 **Anstandsschenkungen.** Die Vorschriften der §§ 2325 bis 2329 finden keine Anwendung auf Schenkungen, durch die einer sittlichen Pflicht oder einer auf den Anstand zu nehmenden Rücksicht entsprochen wird.

1) Ausgenommen von der Ergänzg sind mit Rücks auf den Erbl dessen Pflicht- u Anstandsschenkgen, **1** deren Vorliegen nach obj Kriterien (persönl Beziehgen; Lebensstellg usw) zu beurteilen ist (MüKo/ Frank Rn 2 mN). **Anstandsschenkungen** sind kleinere Zuwendgen wie übl GelegenhGaben zu bestimmten Anlässen (BGH NJW **81**, 111; § 534 Rn 1–3), wobei die örtl od gesellschaftl Verkehrssitte eine Rolle spielt. Aus **sittlicher Pflicht** ist eine Schenkg geboten, wenn ihr Unterlassen dem Erbl als Verletzg der für ihn bestehenden sittl Pfl zur Last zu legen wäre (BGH NJW **84**, 2939); da allerd auch sittl Pfl ist, den Pflichtt eines Abkömml nicht dch rechtl noch zuläss Maßn auszuhöhlen (BGH **88**, 102), ist Interessenabwägg geboten. Im Ggsatz zu Anstandsschenkgen steht hier auch ein großer Wert der Anwendg von § 2330 nicht entgg (BGH aaO). – **Einzelfälle:** Unter sittl Pfl kann fallen: Übereign des halben Familienwohnhauses an **2** unversorgte Ehefrau nach langjähr unbezahlter Mitarbeit im Geschäft (Karlsr OLGZ **90**, 456); die Sicherg des LebensUnterh für den Partner einer nichtehel LebensGemsch (BGH NJW **83**, 674); Unterhaltszahlgen für nahe Verwandte (MüKo/Kolhosser § 534 Rn 4); einzelfallbezogen auch die Zuwendg eines Grdstücks für unbezahlte langjähr Dienste im Haushalt od für unentgeltl Pflege u Versorgg (BGH WM **77**, 1410; **78**, 905); belohnende Zuwendgen für Pflegeleistgen oä dagg nur, wenn besond Umstände wie zB schwere persönl Opfer vorliegen (BGH NJW **86**, 1926). – **Übermäßige** Schenkgen sind für den das gebotene Maß übersteigenden Teil ergänzgspflichtig (s Nürnb WM **62**, 1200); mit dem Mehrwert kann der Beschenkte zur **3** PflichtErgänzg herangezogen werden (BGH **LM** Nr 2; Johannsen WM **79**, 636; s § 2325 Rn 7). Zu unbenannten Zuwendgen unter Eheg s § 2325 Rn 15.

2) Beweislast, daß Schenkg vorliegt, hat Kläger; daß es sich um AnstandsSchenkg handelte, der be- **4** schenkte Beklagte. – Auch über Schenkgen nach § 2330 ist der Erbe **auskunftspflichtig** (§ 2314; BGH **LM** Nr 5 zu § 2314).

2331 **Zuwendungen aus dem Gesamtgut.** [1] Eine Zuwendung, die aus dem Gesamtgut der Gütergemeinschaft erfolgt, gilt als von jedem der Ehegatten zur Hälfte gemacht. Die Zuwendung gilt jedoch, wenn sie an einen Abkömmling, der nur von einem der Ehegatten abstammt, oder an eine Person, von der nur einer der Ehegatten abstammt, erfolgt, oder wenn einer der Ehegatten wegen der Zuwendung zu dem Gesamtgut Ersatz zu leisten hat, als von diesem Ehegatten gemacht.

[II] Diese Vorschriften sind auf eine Zuwendung aus dem Gesamtgut der fortgesetzten Gütergemeinschaft entsprechend anzuwenden.

1   **Die Vorschrift entspricht § 2054.** Vgl die dortigen Anmerkgen und RG **94**, 263, Zweibr OLGZ **73**, 222. Sie gilt für Zuwendgen iS der §§ 2304ff, 2315, 2316, 2325ff, also sowohl für den ordentl wie für den ErgänzgsPflichtt. – § 2331 gilt auch iF des **§ 2338a.**

2331a

Stundung des Pflichtteilsanspruchs. [I] Ist der Erbe selbst pflichtteilsberechtigt, so kann er Stundung des Pflichtteilsanspruchs verlangen, wenn die sofortige Erfüllung des gesamten Anspruchs den Erben wegen der Art der Nachlaßgegenstände ungewöhnlich hart treffen, insbesondere wenn sie ihn zur Aufgabe seiner Familienwohnung oder zur Veräußerung eines Wirtschaftsgutes zwingen würde, das für den Erben und seine Familie die wirtschaftliche Lebensgrundlage bildet. Stundung kann nur verlangt werden, soweit sie dem Pflichtteilsberechtigten bei Abwägung der Interessen beider Teile zugemutet werden kann.

[II] Für die Entscheidung über eine Stundung ist, wenn der Anspruch nicht bestritten wird, das Nachlaßgericht zuständig. § 1382 Abs. 2 bis 6 gilt entsprechend; an die Stelle des Familiengerichts tritt das Nachlaßgericht.

1   **1) Stundungsvoraussetzungen.** Die Möglichk einer Stundg des PflichttAnspr dch das Gericht soll der Gefährdg des Nachl bei rücksichtsloser Geltdmachg des Anspr od seiner Durchsetzg im Wege der Zwangsvollstr vorbeugen (die Vereinbarg einer Stundg ist jederzeit zulässig, auch schon vor Entstehg des Anspr im Rahmen des § 312 II). Da die sofortige Erfüllg des mit dem Erbfall entstandenen und fälligen PflichttAnspr (§ 2317) die Regel ist, macht das Gesetz die Stundg dch doppelte Voraussetzg zur besond Ausnahme:

2   **a) Ungewöhnliche Härte für den Erben (I 1).** Stundg kann nicht schon gewährt werden, wenn die sofortige Erfüllg des Erben (wie oft) in Schwierigk bringt. Vom Erben muß erwartet werden, daß er zur Erfüllg des Anspr sich auch von Ggst trennt, an denen er hängt (Familienstück, Kunstwerk), daß er Werte zur Unzeit veräußert, sein sonst Vermögen heranzieht od Kredit auch zu ungünst Bedinggen aufnimmt. Nur wenn sich aus der **Art der Nachlaßgegenstände** eine **ungewöhnliche** Härte ergibt, ist Stundg mögl. Das Ges nennt beispielh Zwang zur Aufgabe der FamilienWohng; zur Veräußerg des die LebensGrdlage bildden WirtschGuts (Unternehmen, Mietshaus, Landwirtsch, GesellschAnteil, aus dem Erbe seine hauptsächl Einkünfte bezieht), wenn anders die Erfüllg der PflichttAnspr nicht mögl ist. Ungewöhnl hart würde es den Erben auch treffen, wenn zB dch der sof Erfüllg dem zum Nachl gehör GeschBetr soviel flüss Mittel entzogen werden müßten, daß als unmittelb Folge der Verlust des Betr zu erwarten wäre. Gehören aber zum Nachl mehrere WirtschBetr, so würde die Notwendigk der Veräußerg eines von ihnen in jedem Fall die Stundg des PflichttAnspr rechtfertigen.

3   **b) Dem Pflichtteilsberechtigten zumutbar (I 2)** muß ferner die Stundg sein, nachdem dieser ohnehin vom Erbl zurückgesetzt worden ist. Dazu ist nach den Umständen des jew Einzelfalls eine Abwägg der beiderseitgen Interessen vorzunehmen. Das Verhalten des Erben (zB Verzögerg der Erfüllg dch einen mit allen Mitteln geführten RStreit) und die Eink- u VermögensVerh des PflichttBerecht können berücksicht werden. Stdg ist auch in Form angemessener Ratenzahlg mögl. Sie ist auch unzumutb, wenn vorauszusehen ist, daß der Erbe dch sie nicht in die Lage versetzt wird, sich die Mittel zur Erfüllg des Anspr zu verschaffen.

4   **c) Mehrere Erben.** Sind mehrere selbst pflichtteilberecht Erben vorhanden, so ist bei der Entscheidung über die Stundg des PflichttAnspr zu beachten, daß bis zur Teilg des Nachl bei beschränkter Erbenhaftg keiner der Erben den PflichttAnspr aus seinem Privatvermögen erfüllen muß u sich die Vollstr nur gg den ungeteilten Nachl richten kann (§ 2059 I 1, II; s das Beispiel bei Damrau FamRZ **69**, 582). Ist von den MitE nur einer selbst pflichttberecht, so kann das Interesse des PflichttBerecht die Stundg gebieten, obwohl die übr MitE dch die sofortige Erfüllg nicht übermäßig hart getroffen werden (Damrau aaO; s auch Soergel/Dieckmann Rn 4, 9).

5   **2) Verlangen** kann die Stundg **nur ein Erbe** (MitE), der selbst pflichttberecht ist (§§ 2303, 2309; nichtehel Kind darf nicht vor dem 1. 7. 49 geboren sein, § 1924 Rn 10), nicht aber sonstige Erben. Sind mehrere Personen als Erben eingesetzt, von denen nur einer selbst pflichttberecht ist, so kann nur dieser, nicht auch die and StundgsAntr stellen. Die dem pflichttberecht Erben gewährte Stundg kommt nur diesem, nicht auch den übr Erben zugute. Über die Haftg mehrerer Erben ggü dem PflichttBerecht s §§ 1967 II, 2058ff. – **Gerichtet** wird das Stundgsbegehren gg den **Pflichtteilsberechtigten,** der seinen PflichttAnspr (§§ 2317, 2338a) geltd macht; bei mehreren PflichttBerecht kann der selbst pflichtteilberecht Erbe gg jeden einzelnen von ihnen die Stundg herbeiführen. – Ein TV kann nicht an Stelle des Erben den Antr stellen, wohl aber der KonkVerw iF des NachlKonk, der NachlVerw (§ 1984) u der NachlPfleger (§§ 1960, 1961).

6   **3) Zur Entscheidung** berufen ist nur bei unstreitigem PflichttAnspr das NachlG (**II**). Dagg kann nur beim ProzeßG Antrag auf Stundg gestellt werden, wenn der PflichttAnspr noch streitig ist u über ihn ein RStreit anhängig wird (§ 1382 V). Über den Antrag entscheidet dieses im Urteil. Liegt ein rechtskr Urteil über den PflichttAnspr vor, ist nachträgl StundgsAntr beim NachlG unzulässig (s aber Rn 8; im übr s § 1934d Rn 22). § 1382 II–VI gelten entspr (**II**), ferner FGG 83a mit 53a.

7   **a) Verfahren** vor dem NachlG: Zuständigk örtl FGG 73, funktionell Rechtspfleger, RPflG 3 Nr 2c (dazu Bosch FamRZ **72**, 174). Echtes StreitVerf. Sonderregelgen in FGG 83a iVm 53a. Erforderl ist Antrag eines Berecht (s Rn 5). NachlG soll mit den Beteil mündl verhandeln u darauf hinwirken, daß sie sich über Stundg gütl einigen. **Vergleich** ist zu Prot (nach ZPO 159–165) zu nehmen (FGG 53a I 2); es sind der SchuldBetr, die Zins- u Zahlgsbeding sowie etwa vereinb Sicherggen aufzunehmen. Zweckm ist auch eine Vereinbg über die Kosten. Zur Vollstr aus dem Vergl s FGG 53a IV. Kommt keine Einigg zustande, hat das NachlG die für die Sache erhebl Tatsachen vAw zu ermitteln (FGG 12, dazu Keidel/Amelung Rn 88) ua Grd der von ihm getroffenen Feststellgen unter Beachtg rechtl Gehörs über den Antr zu entsch. Einstw AO sind mögl (FGG 53a III). – **Entscheidung:** NachlG kann Stundg des ges Betr bis zu einem best Ztpkt od Ratenzahlgen (mit Verfallklausel) bewilligen. Auf Antr des PflichttBerecht kann es anordnen, daß der Erbe

für den gestundeten Anspr Sicherh zu leisten hat (II 2 iVm § 1382 III, IV). Es muß außerdem über die Höhe der Verzinsg – nach billigem Ermessen – u den Zinsbeginn befinden (§ 1382 II, IV); für Zinshöhe sind die wesentl Umstände des Einzelfalls, die Verhältn von Gl u Schu unter Abwägg der beiderseitigen Vor- u Nachteile maßgebl (BayObLG **80**, 421). Erachtet NachlG die Voraussetzgen einer Stundg für nicht gegeben, weist es den Antr ab. Die Vfg des NachlG über den StundgsAntr wird erst mit Rechtskr wirks (FGG 53a II). In der Vfg, in der über den Antr entschieden wird, kann Ger auf Antr des PflichttBerecht auch die Verpfl des Erben zur Zahlg des unstr PflichttAnspr aussprechen und damit einen VollstrTitel schaffen (FGG 53a II 2, IV). – **Gebühren:** KostO 106a. – **Rechtsmittel:** Gg die EndEntsch findet die befristete Erinnerg bzw sof Beschw (RPflG 11 I 2, II; FGG 60 I Nr 6) sowohl bei abweisender als auch bei (ganz oder teilw) stattgebender Entscheidg statt. Frist: FGG 22 I. Sofortige weitere Beschw: FGG 27, 29. Eine einstw Anordng kann nur zusammen mit der EndEntsch angefochten werden (FGG 53a III 2).

b) Nachträgliche Aufhebung oder Änderung der Stundungsentscheidung (§ 1382 VI). Das Nachl- **8** Ger kann auf Antr des Erben od des PflichttBerecht die rechtskr Entscheidg über die Stundg, auch die das ProzeßVerf, aufheben od ändern, wenn die Verhältn nach Entscheidg sich wesentl geändert haben. Diese EntschBefugn erstreckt sich auch auf gerichtl Vergleich, wenn nach dessen Abschluß eine wesentl Änderg der Verhältn eingetreten ist (§ 1934d Rn 27). Für das Verfahren gelten die Grdsätze unter Rn 7. Ist im ProzeßVerf kein StundgsAntr gestellt worden, so kann nach rechtskr Zuerkenng des PflichttAnspr unter den Voraussetzgen des § 1382 VI vom NachlG auf Antrag über die Stundg entschieden werden.

2332 *Verjährung des Pflichtteilsanspruchs.* **I** Der Pflichtteilsanspruch verjährt in drei Jahren von dem Zeitpunkt an, in welchem der Pflichtteilsberechtigte von dem Eintritte des Erbfalls und von der ihn beeinträchtigenden Verfügung Kenntnis erlangt, ohne Rücksicht auf diese Kenntnis in dreißig Jahren von dem Eintritte des Erbfalls an.

II Der nach § 2329 dem Pflichtteilsberechtigten gegen den Beschenkten zustehende Anspruch verjährt in drei Jahren von dem Eintritte des Erbfalls an.

III Die Verjährung wird nicht dadurch gehemmt, daß die Ansprüche erst nach der Ausschlagung der Erbschaft oder eines Vermächtnisses geltend gemacht werden können.

1) Der kurzen Verjährung nach § 2332 unterliegen alle Anspr nach §§ 2303ff, also der Anspr auf den **1** Pflichtt (§§ 2303; 2338a), auf einen Rest (§§ 2305; 2307), auf Ergänzg (§§ 2325; 2329) od Vervollständigg (§ 2316 II). Dagg nicht der MängelAnspr bezügl einer Sache, die der Berecht zur Abgeltg seines Pflichtt erhalten hat (BGH NJW **64**, 363; § 477). – Über Verjährg des AuskunftsAnspr s § 2314 Rn 11; des GewährleistgsAnspr aus einem Vergleich üb den Pflichtt § 493 Rn 1. – Bei der ZugewinnGemeinsch gilt § 2332 entsprechend für die Verjährg des AusgleichsAnspr (§§ 1378 IV 3; 1390 II). – Dagg verjährt der ErbersatzAnspr nach § 1934b II 2 (nicht aber der PflichttAnspr im Falle seiner Entziehg). Auch gilt § 2332 nicht für die auf den PflichttBruchteil (§ 2304 Rn 1) od PflichttBetrag eingesetzten Erben od VermächtnNehmer bezügl ihrer Anspr auf Auseinandersetzg od das Vermächtn (RG **113**, 237).

2) Ansprüche gegen den Erben (I) werden alle vom G gestärkt, indem die kurze Frist von 3 Jahren erst **2** dch die doppelte Kenntn des PflichttBerecht von Erbfall und beeinträchtigender Vfg in Lauf gesetzt wird; andernfalls verjähren die Anspr erst 30 Jahre nach dem Erbfall (I). – Ausnahmsweise muß bei Eintritt entfernterer Abkömml od Eltern (§ 2309) noch Kenntn des Wegfalls od des Entziehgsgrundes (§ 2333) hinzukommen. Solange dem PflichttBerecht nicht bekannt ist, ob der überlebende Eheg eine Zuwendung angenommen hat, fehlt Kenntn der Höhe seiner PflichttQuote u damit des Ausmaßes der ihn beeinträchtigenden Vfg (Staud/Ferid/Cieslar Rn 13).

a) Kenntnis. – Vom **Erbfall** erlangt der PflichttBerecht Kenntn, wenn er vom Tod des Erbl erfährt. Dies **3** gilt auch bei NErbfolge, so daß die Frist beim NErbfall nicht neu beginnt. – Kenntn von der **Verfügung** (Rn 5) kann der PflichttBerecht auch dch mündl Mitteilg erlangen (BGH **LM** Nr 1). Sie setzt allerd voraus, daß er deren wesentl Inhalt erkannt hat. Dazu ist keine in die Einzelh gehende Prüfg der Vfg u keine fehlerfreie Bestimmg ihrer rechtl Natur erforderl (BGH NJW **95**, 1157). Rechtl Zweifel üb ihre Wirksamk können (bis zur Erbscheinerteilg) Kenntn ausschließen (RG **140**, 75; Düss FamRZ **92**, 1223), jedenf wenn die WirksamkBedenken nicht von vornherein von der Hand zu weisen sind (BGH NJW **64**, 297). So kann Kenntn fehlen, wenn der PflichttBerecht infolge Tats- od Rirrtums davon ausgeht, die ihm bekannte Vfg sei unwirks u entfalte daher für ihn keine beeinträchtigde Wirkg (BGH Rpfleger **68**, 183). Davon zu unterscheiden ist aber der Fall, daß er nur eine unricht RAuffassg vom Inhalt der Vfg hat. Desh beginnt VerjFrist zB, wenn er erkannt, daß er grdsl PflichttAnspr geltd machen könnte, er sich aber üb das Ausmaß seiner Beeinträchtigg dch unricht TestAuslegg irrt (BGH NJW **95**, 1157 mAv Ebenroth/Koos ZEV **95**, 233). – **Keine** Kenntn ist bezügl des Nachl erforderl. Unerhebl ist dah fehlende Kenntn vom NachlStande u der sich **4** daraus ergebenden Beeinträchtigg des PflichttR (BGH FamRZ **77**, 128; Rg **104**, 197), so daß die VerjFrist auch dann zu laufen beginnt, wenn zum Nachl Fdgen od Verbindlichk gehören, deren Höhe noch nicht feststeht. Eine **Ausnahme** hiervon ist nur für den Fall zu machen, daß erst dch Gesetz Anspr geschaffen werden, die dem Nachl hinzuzurechnen sind, zB die erst in der Person des Erben entstehenden LastenausglAnspr (s BGH aaO) od Anspr nach dem VermG auf RückÜbertragg von bzw Entschädigg für Grdst des Erbl in der fr DDR (BGH NJW **93**, 2176; Koblz DtZ **93**, 253; Celle AgrarR **93**, 118; dazu auch Dressler DtZ **93**, 229; Casimir DtZ **93**, 234); hier beginnt die Verjährg nicht vor Entsteh des Anspr.

b) Beeinträchtigende Verfügung kann sowohl Vfg vTw als auch RGesch unter Lebenden sein: Für die **5** PflichttAnspr (§§ 2303–2307) ist es die enterbende od beschränkende letztw Vfg (BGH **95**, 76). Für den ErgänzgsAnspr (§§ 2325f) ist es dagg die das Vermögen des Erbl verkürzende Schenkg (BGH NJW **72**, 760); hat erl den PflichttBerecht dch verschiedene Schenkgen benachteiligt u erfährt dieser davon nacheinander, können sich daraus verschiedene ErgänzgsAnspr mit unterschiedl laufenden VerjFristen ergeben. – Treffen beeinträchtigende Vfg vTw u lebzeitige zusammen od wird die Beeinträchtigg erst dch

Zusammenwirken beider herbeigeführt u erfährt der PflichttBerecht zunächst nur von der Schenkg u erst danach von der Vfg vTw, beginnt die Verjährg des ErgänzgsAnspr gg den Erben (§ 2325) nicht vor Kenntn des Anspr auf den ordentl Pflichtt, sond einheitl mit der letzten Kenntn (BGH aaO; **95**, 76/80). Erlangt umgekehrt der Berecht zuerst nur Kenntn von der Vfg vTw u erst später auch von der Schenkg, beginnt zunächst die kurze Verjährg des PflichttAnspr zu laufen unabhängig von seiner Kenntn von der ebenfalls beeinträchtigenden Vfg unter Lebenden; die kurze Verjährg des ErgänzgsAnspr beginnt aber erst mit Kenntn auch der beeinträchtigenden Vfg unter Lebenden (BGH **103**, 333; Düss FamRZ **92**, 1223 gg Schlesw

6   MDR **78**, 757; aA Soergel/Dieckmann Rn 12). – Auch bei **Verwirkungsklauseln** (zB Einsetzg eines PflichttBerecht als Erben unter Verweisg auf den Pflichtt für den Fall der „Anfechtg" der letztw Vfg dch diesen, § 2074 Rn 6) beginnt die Verjährg des PflichttAnspr bereits mit der Kenntn der beeinträchtigden Vfg und nicht erst mit dem Eintritt der Beeinträchtigg. Hat aber zB der Erbl seinen Sohn zum AlleinE eingesetzt u bestimmt, daß er den Nachl an einen Dritten herausgeben muß, wenn er nicht binnen 4 Jahren eine Auflage erfüllt, so wird im Fall der Nichterfüllg u der damit eingetretenen Nacherbfolge (§ 2074 Rn 10) die

7   Verjährg des PflichttAnspr des VorE nicht vor diesem Ztpkt beginnen können. – **Lückenhaft** ist die Regelg, wenn der PflichttBerecht kurz nach Kenntn der ihn enterbenden Vfg eine weitere Vfg des Erbl entdeckt, dch die seine Enterbg allem Anschein nach wieder aufgehoben wurde. Erweist sich später, daß die Enterbg doch wirksam ist, hat er bis dahin keinen Anlaß zur weiteren Verfolgg seines PflichttAnspr. In Ausfüllg dieser Lücke hat BGH **95**, 76 entschieden, daß die frühere Kenntn entfällt u der bereits abgelaufene Teil der VerjFrist als nicht abgelaufen anzusehen ist (dazu Dieckmann FamRZ **85**, 1124).

8   **3) Ergänzungsanspruch gegen Beschenkten** (II; § 2329). Die Verjährg eines bestehden Anspr wird (im Ggsatz zu I) vom G im Interesse des Beschenkten dadch erleichtert, daß hier die Frist stets mit dem Erbfall zu laufen beginnt, also auch ohne Kenntn des AnsprBerecht (BGH FamRZ **68**, 150). Dies gilt auch dann, wenn der Beschenkte zugleich (Mit)Erbe ist (BGH NJW **86**, 1610 mAv Sick JR **86**, 111; Hamm NJW-RR **86**, 166; aA Zweibr NJW **77**, 1825).

9   **4) Hemmung** der Verjährg tritt nach §§ 202–207 ein. Demnach wird bei Anspr minderj Kinder gg einen Elternteil die Verjährg nicht vor Eintritt der Volljährigk in Gang gesetzt (§ 204). Ebso wirkt die Stundg des PflichttAnspr gem § 2331a hemmend (§ 202 I). Dagg beginnt die Verjährg nach I auch dann, wenn der

10 Anspr erst von einer Ausschlagg (§ 2306 I 2, § 2307) abhängt **(III)**. – Für die **Unterbrechung** der Verjährg gelten §§ 208 ff. Ein unterbrechendes Anerkenntn (§ 208) kann in einem Verhalten des Schu liegen, aus dem sich das Bewußtsein vom Bestehen des Anspr unzweideut ergibt; zB kann im Einzelfall sich aus der Erteilg einer Auskunft üb den NachlBestand ergeben, daß auch der PflichttAnspr als bestehend angesehen wird (BGH WM **87**, 1108; BGH **95**, 76 mAv Dieckmann FamRZ **85**, 1124). Das Anerkenntn eines VorE, das er nach Eintritt der Verjährg ggü einem Abkömml abgibt, wirkt auch gg den NachE (BGH NJW **73**, 1690 mAv Waltjen NJW **73**, 2061). – Stufenklage (ZPO 254) unterbricht Verjährg des unbezifferten Anspr (§ 209 I; BGH NJW **75**, 1409; **92**, 2563; FamRZ **95**, 797); dagg unterbr bloße Klage auf Auskunft (RG **115**, 29; Köln JR **58**, 223), wohl aber möglicherw das Verhalten des Erben ggü einem solchen Verlangen (§ 208; BGH NJW **75**, 1409). – Eine auf § 2325 gestützte ZahlgsKl unterbricht auch die Verjährg des auf § 2329 gegründeten HerausgAnspr gg denselben Verpflichteten (Erben od Erbeserben; BGH NJW **74**, 1327; **107**, 200 mAv Dieckmann FamRZ **89**, 857). Eine gg den beschenkten Erben gerichtete Kl auf PflichttErgänz unterbricht im geltd gemachten Umfang auch die Verj des PflichttAnspr, wenn der Kläger im Verfahren seine Klage entspr umstellt (BGH bei Johannsen WM **77**, 308). – **Keine** Unterbrechg tritt ein, wenn PflichttBerecht die letztw Vfg währd des Laufes der VerjFrist entgg seiner ursprüngl zutreffden Beurteilg später fehls für wahr hält (BGH aaO; WM **77**, 307). Auch die gg einen TV gerichtete Klage od ein von diesem abgegebenes Anerkenntn der PflichttFdg unterbricht die Verjährg nicht (s BGH **51**, 125; Johannsen WM **70**, 114).

11 **5) Wirkung.** Die Verjährg bewirkt ein LeistgsverweigergsR (§ 222 I; vgl auch §§ 223–225). Die Undurchsetzbark des Anspr erhöht aber nicht die PflichttAnspr der anderen Berecht. – Ist der PflichttAnspr nur gg einen Teil der PflichttSchuldner (Miterben) verjährt, gilt bei gesamtschuldnerischer Haftg (§ 2058) § 425 II.

2333 *Entziehung des Pflichtteils eines Abkömmlings.* Der Erblasser kann einem Abkömmlinge den Pflichtteil entziehen:

1. **wenn der Abkömmling dem Erblasser, dem Ehegatten oder einem anderen Abkömmlinge des Erblassers nach dem Leben trachtet;**
2. **wenn der Abkömmling sich einer vorsätzlichen körperlichen Mißhandlung des Erblassers oder des Ehegatten des Erblassers schuldig macht, im Falle der Mißhandlung des Ehegatten jedoch nur, wenn der Abkömmling von diesem abstammt;**
3. **wenn der Abkömmling sich eines Verbrechens oder eines schweren vorsätzlichen Vergehens gegen den Erblasser oder dessen Ehegatten schuldig macht;**
4. **wenn der Abkömmling die ihm dem Erblasser gegenüber gesetzlich obliegende Unterhaltspflicht böswillig verletzt;**
5. **wenn der Abkömmling einen ehrlosen oder unsittlichen Lebenswandel wider den Willen des Erblassers führt.**

1   **1) Die Pflichtteilsentziehung** ermöglicht es dem Erbl, einem pflichtteilsberecht nahen Angehörigen nach Enterbg unter best Voraussetzgen, die das G in §§ 2333 bis 2335 erschöpfend regelt, ausnahmsw auch noch die vom G an sich garantierte Mindestbeteiligg am Nachl zu verwehren. Nach BGH **109**, 306 läßt aber das verfassgsrechtl Übermaßverbot eine Entziehg ohne konkrete Abwägg der Vorwürfe gg den Abkömml mit dem Gewicht der PflichttEntziehg nicht zu (hiergg krit Leipold JZ **90**, 700, weil dieses Verbot im ZivilR vom GesGeber zu beachten ist u nicht bei der konkreten RAnwendg). Die Entziehg kann ganz od nur teilweise erfolgen od nur in Beschränkgen od Beschwergen bestehen (die sonst gem § 2306 I 1 unwirks

sind). Sie erfaßt auch die and Anspr, näml Rest- (§§ 2305, 2307), Ergänzgs- (§§ 2325 ff) u Auskunfts-Anspr (§ 2314). – Sein unverzichtbares (§ 2302) GestaltgsR kann der Erbl nur persönl u **formgebunden** (§ 2336) ausüben. Es kann noch zu seinen Lebzeiten wieder erlöschen (§ 2337) od unwirks werden (§ 2336 IV). – Der Erbl kann dch **Klage** sein EntziehgsR schon zu seinen Lebzeiten gerichtl feststellen lassen (BGH NJW **74**, 1084; Hbg NJW **88**, 977). Ob umgekehrt eine Feststellgsklage des PflichttBerecht gg den noch lebenden Erbl grdsl unzulässig ist, weil die Entziehg erst nach dem Erbfall rechtl Folgen haben kann, ließ BGH bislang offen, machte aber Ausn (**109**, 306; s auch die RevEntscheidg BGH NJW-RR **90**, 130 zu Hbg aaO, nachdem der klagende Erbl gestorben war; ferner Saarbr NJW **86**, 1182).

2) Die Entziehungsgründe zählt das G für Abkömml (§ 1924 Rn 7–21, also auch die nur Erbersatz- 2 Berecht) in § 2333, für Eltern (auch nichtehel Vater) in § 2334 u für Eheg in § 2335 jeweils abschließend auf. Sie sind daher nicht ausdehngs- od analogiefähig (BGH NJW **74**, 1084). Bei Nr 1 bis 4 handelt es sich um Verbrechen im strafrechtl Sinn od schwere vorsätzl Vergehen (idR gg den Erbl od seinen Ehegatten), ohne daß aber die Bestrafg des Täters erforderl ist. Jedoch setzen sie stets **Verschulden** voraus; dies gilt auch für Nr 5 (Düss NJW **68**, 944; Hbg NJW **88**, 977). – Die Unrechtstatbestände sind auch im Ausland erfüllbar (Ferid GRUR Intern Teil **73**, 472/476).

a) Lebensnachstellung (Nr 1) setzt ernsten Willen zur Herbeiführg des Todes des Erbl (seines Eheg; 3 eines Abkömml) voraus. Anstiftg, Beihilfe, Versuch od bloße VorbereitgsHandlg genügen.

b) Vorsätzliche körperliche Mißhandlung (Nr 2) entspr im Begriff StGB 223. Sie muß kein grober 4 od schwerer körperl Angriff sein, aber sich als schwere Verletzg der dem Erbl geschuldeten familiären Achtg („schwere Pietätsverletzg") erweisen (BGH **109**, 306 mAv Leipold JZ **90**, 697; Stgt BWNotZ **76**, 92); für diese Bewertg kommt es nicht darauf an, ob sich die Pietätsverletzg im familiären od im geschäftl Bereich ereignete (BGH aaO). Seelische Mißhandlgen fallen nur unter Nr 2, wenn dadurch die körperl Gesundh des Erbl eingewirkt werden sollte u wurde (BGH FamRZ **77**, 47 mAv Bosch). – Kein Grd liegt vor bei Handeln in Notwehr (RG JW **13**, 207) od bei unverschuldeter Notwehrüberschreitg (s Stgt aaO).

c) Verbrechen; vorsätzliche schwere Vergehen (Nr 3) gem StGB 12 gg Erbl (dessen Eheg) müs- 5 sen in deren RSphäre eingreifen (ohne Rücksicht auf die Angriffsrichtg od beurteilen sich jeweils nach den Umständen des Einzelfalls. Eigene verwerfl Lebensführg des Erbl kann Abkömml entlasten (RG JW **29**, 2707). Verfehlgen gg Eigentum od Vermögen des Erbl können unter Nr 3 fallen, wenn sie nach Natur u Begehgsweise eine grobe Mißachtg des Eltern-Kind-Verhältn u damit eine besond Kränkg des Erbl bedeuten (BGH NJW **74**, 1085). Bei Untreuehandlg (StGB 266 Alt 2) ist ein Handeln mit Einverständn des Erbl nicht pflichtwidr u damit nicht tatbestandsmäßig (BGH NJW-RR **86**, 371). Beleidigg kann uU ausreichen (BGH NJW **74**, 1085), aber nicht schon eine einzelne (RG aaO; Hannover Rpfleger **92**, 253). – Der Erbl muß in der letztw Vfg (§ 2336) den konkreten Vorgang angeben, nicht den Straftatbestand benennen. S dazu auch BGH NJW **85**, 1554.

d) Unterhaltspflichtverletzung (Nr 4) ist prakt bedeutgslos. Der bedürftige Erbl, der auf ges Un- 6 terh (§ 1606) in Geld (nicht in Betreuung, § 1612) angewiesen ist, wird dem leistgsfäh Abkömml (§ 1603) idR keinen nennenswerten Pflichtt entziehen können.

e) Ehrloser, unsittlicher Lebenswandel (Nr 5), der vom Erbl nicht geduldet u beim Erbfall noch 7 nicht aufgegeben war (§ 2336 IV), ist der problematischste EntziehgsGrd: Der vorwerfbare (verschuldete, s oben) Lebenswandel muß schutzwürd Interessen des Erbl verletzen (BGH **76**, 109: „Familienehre"), ohne daß es dann aber allein od vorrangig auf die sittl Maßstäbe des Erbl ankommen kann. Seine Wertvorstellgen u die Lebensführg seiner Familie sind zwar zu berücksichtigen, jedoch an den obj u allgemeingültigen Wertanschauungen zu messen, weil sonst das PflichttR des Kindes der Disposition des Erbl unterstellt wäre (Hbg NJW **88**, 977; die RevEntscheidg BGH NJW-RR **90**, 130 blieb wg Tod des Klägers auf ProzeßR beschränkt). Angesichts des Wandels der Wertvorstellgen und der Pluralität der Anschauungen sind jedoch allg gült Moralmaßstäbe nur mehr schwer feststellb. Gotthardt FamRZ **87**, 757 will daher zum Schutz des PflichttBerecht vor individuell zu hohen sittl Maßstäben das Unwerturteil an Hand der Grdsätze konkretisieren, die von der Rspr zum sittenwidr Test (s § 138 Rn 50) aufgestellt worden sind. – **Lebenswandel** ist ein dauerndes, auf festgewurzeltem Hang beruhendes Verhalten (RG **168**, 39); einmalige Verfehlgen reichen grdsl nicht aus. Er kann nach BGH **76**, 109 die Familienehre nur verletzen, wenn es im Übergriff in den Interessenkreis des Erbl (zB Beziehg zw Erbl u seinem nichtehel Kind) festzustellen ist (hiergg als zu weitgehend Tiedke JZ **80**, 717; Soergel/Dieckmann Rz 16). Beispiele: Prostitution; gewerbsmäßiges Glücksspiel; im Einzelfall auch weiterhin fortgesetzter Ehebruch (Hamm NJW **83**, 1067 mAv Kanzleiter DNotZ **84**, 22). Nicht mehr unter Nr 5 fällt eheähnl Zusammenleben. Trunksucht auch nicht, wenn sie auf krankhafter Veranlagg beruht (KG OLG **21**, 344) od der PflichttBerecht vermindert verantwortl ist (Düss NJW **68**, 944; s aber BGH bei Johannsen WM **73**, 543).

3) Weitere Auswirkung. Die Verfehlgen berechtigen zum Rücktr vom ErbVertr (§ 2294) u zur Auf- 8 hebg einer wechselbezügl Vfg (§ 2271 II). S auch § 1513. Zum LeistgsverweigergsR beim vorzeit Erbausgleich ohne Einhaltg der Entziehgsform s § 1934 d Rn 9. – Die Rechte aus § 569 a werden dch §§ 2333 ff nicht berührt (Däubler ZRP **75**, 136/141).

2334 *Entziehung des Elternpflichtteils.* **Der Erblasser kann dem Vater den Pflichtteil entziehen, wenn dieser sich einer der im § 2333 Nr. 1, 3, 4 bezeichneten Verfehlungen schuldig macht. Das gleiche Recht steht dem Erblasser der Mutter gegenüber zu, wenn diese sich einer solchen Verfehlung schuldig macht.**

1) Immer nur dem schuldigen Elternteil kann der Pflichtt entzogen werden, wenn einer der Grün- 1 de nach § 2333 Nr 1, 3 od 4 (s dort) gegeben ist. Dies gilt auch für den nichtehel Vater. Verfassgsrechtl Bedenken äußert Bowitz JZ **80**, 304. Straflosigk nach StGB 247 II, 289 IV schützt nicht. Böswillige Verletzg der UnterhPfl (2333 Nr 4) kann auch bei schweren Fällen der Vernachlässigg der Erziehg od Berufs-fortbildg gegeben sein (Staud/Ferid/Cieslar § 2333 Rn 7; § 2334 Rn 3).

2   **2) Form.** Entziehg erfolgt dch Vfg vTw, die den Grund anzugeben hat (§ 2336) u die bei Verzeihg unwirksam wird (§ 2337).

2335 *Entziehung des Ehegattenpflichtteils.*   **Der Erblasser kann dem Ehegatten den Pflichtteil entziehen:**

1. **wenn der Ehegatte dem Erblasser oder einem Abkömmling des Erblassers nach dem Leben trachtet;**
2. **wenn der Ehegatte sich einer vorsätzlichen körperlichen Mißhandlung des Erblassers schuldig macht;**
3. **wenn der Ehegatte sich eines Verbrechens oder eines schweren vorsätzlichen Vergehens gegen den Erblasser schuldig macht;**
4. **wenn der Ehegatte die ihm dem Erblasser gegenüber gesetzlich obliegende Unterhaltspflicht böswillig verletzt.**

1   **1) Der Ehegattenpflichtteil** kann nur in den besond schwerwiegenden Ausnahmefällen der Nr 1–4 entzogen werden. Damit entspricht die Regelg dem Schutzgebot des GG 6 I, ohne daß die dch GG 14 geschützte Testierfreiheit des Erbl übermäßig eingeschränkt wird (BGH NJW **89**, 2054; s auch Einl 8 vor § 1922). Ging das PflichttR bereits als Folge eines Scheidgsverfahrens verloren (s § 1933 mit Rn 8), ist eine Entziehg noch sinnvoll in Bezug auf den UnterhAnspr nach § 1933 S 3, weil dieser auf den fiktiven Pflichtt begrenzt (§ 1586 b I 3 mit Rn 6, 7) u dann folgl „auf Null" gestellt ist (Soergel/Dieckmann Rn 3). – Die dch das 1. EheRG erfolgte Neufassg der Vorschr gilt mangels eigener Übergangsbestimmg für alle Erbfälle ab 1. 7. 77 (EG 213 Rn 1), für die folgl eine nur nach altem Recht mögl gewesene Entziehg (zB wg Ehebruchs) nicht mehr wirksam werden kann (BGH FamRZ **89**, 609; Karlsr NJW **89**, 109). Ist der Erbl vor dem 1. 7. 77 gestorben, gilt altes Recht. – Die Regelg ist nicht überzeugend (s MüKo/Frank Rn 2). Verfassgsrechtl Bedenken äußert Bowitz JZ **80**, 304.

2   **2) Die Entziehungsgründe** sind nicht ausdehngsfähig u entspr im wesentl § 2333 Nr 1–4 (Nr 5 blieb ausgenommen). S daher zunächst § 2333 Rn 2–6. Dazu ergänzend:

3   **a) Lebensnachstellung, Nr 1.** Abkömml (s § 1924 Rn 7–21) sind auch nichtehel Kinder (wenn Vatersch festgestellt ist, § 1600 a) und Angenommene (§§ 1754–1756; 1767 II, 1770), letztere aber bei Volladoption nicht mehr bezügl leibl Verwandter (§ 1755).

4   **b) Straftaten, Nr 3** gg den Erbl setzen keine Strafbark od Bestrafg voraus, aber Vorsatz. „Schwer" ist nach den Umständen des Einzelfalls der konkreten Ehe zu entscheiden. S dazu auch den gleichart § 1579 I Nr 2 mit Rn 15, 16.

5   **c) Böswillige Unterhaltspflichtverletzung, Nr 4,** unterscheidet sich von § 2333 Nr 4 dch das wesentl kompliziertere UnterhR bei Eheg, das bei Zusammenleben wechselseit UnterhPfl dch Geld- od Haushalts-leistgen (§§ 1360, 1360 a) u nach Getrenntleben einseit GeldUnterh nach Bedürftigk vorsieht (§ 1361), so daß **böswillige** Pflichtverletzg schwerer festzustellen ist. Sie erfordert schuldhafte, nach Ausmaß u Dauer erhebl Vernachlässigg der bestehenden Verpflichtg, obwohl der Pflichtige alle tatsächl Voraussetzgen kennt u zu ihrer Erfüllg imstande ist (s Soergel/Dieckmann Rn 11). Die einseit Veränderg der UnterhSituation gg den Willen des Partners (zB dch Auszug; Aufgabe der Erwerbstätigk usw) wird Entziehg kaum rechtfertigen, da sie meist nachvollziehbare Grde hat.

6   **3) Form.** Entziehg erfolgt dch Vfg vTw, die den Grd anzugeben hat (§ 2336). Das Recht **erlischt** dch Verzeihg (§ 2337). Es hat ohnehin nicht bestanden, wenn der Erbl das Fehlverhalten des Partners gebilligt od gleichgült hingenommen hat.

7   **4) Ausgleich des Zugewinns** kann der überlebende Eheg bei ZugewinnGemsch auch nach PflichttEnt-ziehg verlangen (§ 1371 II). Die Erfüllg kann allerd bei grober Unbilligk verweigert werden (§ 1381).

2336 *Form und Grund der Entziehung.* [I] **Die Entziehung des Pflichtteils erfolgt durch letztwillige Verfügung.**

[II] **Der Grund der Entziehung muß zur Zeit der Errichtung bestehen und in der Verfügung angegeben werden.**

[III] **Der Beweis des Grundes liegt demjenigen ob, welcher die Entziehung geltend macht.**

[IV] **Im Falle des § 2333 Nr. 5 ist die Entziehung unwirksam, wenn sich der Abkömmling zur Zeit des Erbfalls von dem ehrlosen oder unsittlichen Lebenswandel dauernd abgewendet hat.**

1   **1) Formbedürftigkeit.** Die PflichtEntziehg ist eine formbedürft Erkl. Ihre Wirksamk setzt voraus, daß sowohl die Erkl als auch der Grund in einem Test niedergelegt sind. In der letztw Vfg muß die betroffene Pers bezeichnet, die Entziehg angeordnet u der Grund hierfür angegeben werden (**I; II;** dazu Nürnb NJW **76**, 2020). Wird zur Begründg ledigl auf eine nicht der TestForm genügende Anlage verwiesen, ist die Form nicht gewahrt (BGH **94**, 36 mAv Kuchinke JZ **85**, 748 u Schubert JR **86**, 26). – Die PflichtEntziehg kann in **allen Testamentsformen** u auch in ErbVertr erfolgen, dort aber nur einseit (§§ 2299 I, 2276 II) u nicht mit vertragsmäßiger Bindg; wohl aber kann eine vertragsmäß Vfg in eine einseitige umgedeutet werden (BGH FamRZ **61**, 437).

2   **2) Der Entziehungsgrund** (§§ 2333–2335) muß zur Zeit der TestErrichtg bestehen (also keine Entziehg od Verzeihg für zukünftige Fälle, RG HRR **42** Nr 524) u konkret in der Vfg angegeben sein **(II).** Dies braucht nicht in die Einzelheiten zu gehen. Der Erbl muß aber faßbar und unverwechselbar die Tatsachen festlegen. Ist das Test insoweit unvollständ u nicht eindeutig, ist zunächst dch Auslegg zu ermitteln, worauf der Erbl die Entziehg stützen wollte. Das Ergebnis ist dann am Erfordernis des **II** zu messen (BGH **94**, 36 mAv Kuchinke JZ **85**, 748 u Schubert JR **86**, 26). **Formgerecht** ist der Grund nur erklärt, wenn in der Vfg vTw zumindest ein zutreffender Kernsachverhalt angegeben ist, jedenf bei § 2333 Nr 1–4 (BGH aaO). Hinzufügg von später nicht beweisb Einzelumständen ist unschädl, wenn sie für den Entziehgswillen des Erbl ohne Bedeutg sind (BGH NJW **64**, 549). Im Fall des § 2333 Nr 5 genügt der Gesetzeswortlaut, zumal der Schuldige ja die Gründe kennt (RG **95**, 27; offengelassen von BGH aaO). Falsche, irrtüml genannte, nicht erweisl, fehlende Gründe machen die Entziehg unwirks (BGH aaO) und können nicht durch andere (nicht genannte) Gründe ersetzt werden. Ungenügend ist es, wenn Erbl im Test ledigl erklärt, er werde den Grund demnächst niederlegen u dies in einem von ihm nicht unterschriebenen Schriftstück verwirklicht (LG Köln DNotZ **65**, 108). Im Falle von § 2333 Nr 5 muß nach **IV** das Verhalten des Abkömml auch noch zZ des Erbfalls als ehrloser od unsittl Lebenswandel erscheinen (Kanzleiter DNotZ **84**, 22).

3) Die Beweislast (III) trifft den Erben (bei § 2329 den Beschenkten). Dies gilt nach allg M auch für das **3** Nichtvorliegen von Rechtfertiggs- u Entschuldiggsgründen wie zB einer vom PflichttBerechtigten behaupteten Notwehr (BGH NJW-RR **86**, 371), ohne daß damit schon entschieden ist, ob ZurechngsFähigk zum Grund der Entziehg nach § 2336 Nr 3 gehört od ob die Beweislastregel des § 827 als spez Norm vorgeht (BGH NJW **88**, 823). Auch bei § 2333 Nr 5 gilt dies nicht nur für den äußeren Entziehgstatbestand, sondern auch das Verschulden des PflichttBerecht, zB bei Trunksucht (Düss NJW **68**, 944). – Den Enterbten trifft aber die Beweislast hins der Besserg, **IV** (s LG M-Gladbach, MDR **52**, 750) u Verzeihg (§ 2337). Prozeßrichter im Erbstreit tritt an Stelle des Scheidgsrichters (RG **168**, 35). – Etwas anders verhält es sich beim Rücktritt vom ErbVertr (s § 2294 Rn 2).

4) Wirkung. Die begründete EntziehgsErkl entfaltet Wirkg nicht schon mit ihrer formgerechten Abgabe, **4** sond trotz des Wortlauts von § 2337 S 2 immer erst im Zeitpkt des Erbfalls (BGH NJW **89**, 2054). Sie umfaßt als minus den Ausschluß von der Erbfolge (§ 1938), so daß im Falle ihrer Unwirksamk nicht mehr als der Pflichtt, aber wenigstens dieser verbleibt. Nur dch wirksame Anfechtg nach § 2078 II kann der Enterbte erreichen, daß er seinen vollen Erbteil erhält (s BayObLG **21**, 331).

2337 **Verzeihung.** **Das Recht zur Entziehung des Pflichtteils erlischt durch Verzeihung. Eine Verfügung, durch die der Erblasser die Entziehung angeordnet hat, wird durch die Verzeihung unwirksam.**

1) Verzeihung liegt vor, wenn der Erbl zum Ausdruck gebracht hat, daß er die Kränkg, die er dch das in **1** Rede stehende Verhalten erfahren hat, nicht mehr als solche empfindet, wenn also das **Verletzende** der Kränkg als nicht mehr existent betrachtet wird (BGH FamRZ **61**, 437; NJW **84**, 2089 unter Hinweis auf die Mißverständlichk von BGH NJW **74**, 1085; Stgt BWNotZ **76**, 92). Vgl auch §§ 532; 2343. Versöhng ist zur Verzeihg nicht notwend; denkbar ist sogar Versöhng ohne Verzeihg. Der Wegfall des Kränkgsempfindens kann für eine Verzeihg aber dann nicht ausreichen, wenn sich der Gekränkte vom Kränkenden innerl völlig gelöst hat, also Gleichgültigk eingetreten ist. Umgekehrt schließt das Bewußtsein der früheren Kränkg Verzeihg nicht notwend aus: „vergeben, aber nicht vergessen" (BGH NJW **84**, 2089; Staud/Ferid/Cieslar Rn 22–26; Soergel/Dieckmann Rn 3). – Die Verzeihg kann formlos, auch dch schlüss Handlgen erfolgen (s BayObLG **21**, 330) u setzt grdsl Kenntnis der Verfehlgen voraus.

2) Wirkung. Die Verzeihg macht eine bereits ausgesprochene Entziehg unwirks. Der Einfluß auf die **2** übrigen Vfgen bemißt sich nach § 2085; der Berechtigte kann idR auf den Pflichtt beschränkt (s § 2336 Rn 1). Daneben ist auch der letztw Widerruf (§§ 2253 ff) mögl. Beisp (Hamm FamRZ **72**, 660): Ist in einer als Enterbg bezeichneten letztw Vfg des Erbl der Ausschl des Enterbten von der Erbf u die Entziehg des Pflichtt angeordnet u liegt Verzeihg vor, wird mit dieser nur die PflichttEntziehg unwirks; der ErbR-Aussschl kann dch formgült Test beseitigt werden. Es kann aber gem § 2085 angenommen werden, daß auch die Entziehg des gesetzl od test ErbR hinfällig wird (Staud/Ferid/Cieslar Rn 19 vor § 2333).

2338 **Pflichtteilsbeschränkung in guter Absicht.** **¹ Hat sich ein Abkömmling in solchem Maße der Verschwendung ergeben oder ist er in solchem Maße überschuldet, daß sein späterer Erwerb erheblich gefährdet wird, so kann der Erblasser das Pflichtteilsrecht des Abkömmlinges durch die Anordnung beschränken, daß nach dem Tode des Abkömmlinges dessen gesetzliche Erben das ihm Hinterlassene oder den ihm gebührenden Pflichtteil als Nacherben oder als Nachvermächtnisnehmer nach dem Verhältnis ihrer gesetzlichen Erbteile erhalten sollen. Der Erblasser kann auch für die Lebenszeit des Abkömmlinges die Verwaltung einem Testamentsvollstrecker übertragen; der Abkömmling hat in einem solchen Falle Anspruch auf den jährlichen Reinertrag.**

II Auf Anordnungen dieser Art finden die Vorschriften des § 2336 Abs. 1 bis 3 entsprechende Anwendung. Die Anordnungen sind unwirksam, wenn zur Zeit des Erbfalls der Abkömmling sich dauernd von dem verschwenderischen Leben abgewendet hat oder die den Grund der Anordnung bildende Überschuldung nicht mehr besteht.

1) Die testamentarische Beschränkung (II 1) des Pflichtteilsrechts eines Abkömml od seines Erbteils **1** (einerlei, ob dieser der Hälfte des gesetzl Erbteils entspricht od größer, RG **85**, 349, od kleiner ist) od der Alleinerbsch od eines Vermächtnisses erfolgt im wohlverstandenen Interesse des Abkömml u nicht zur Strafe (wie die Entziehg; § 2337 gilt daher nicht). Sie setzt eine Entmündigg wg Verschwendg (§ 6) nicht voraus; eine bereits bestehende Entmündigg ist aber kein Hindern für die PflichtBeschränkg (Staud/Ferid/Cieslar Rn 11). – Zu den gesetzl Erben gehört auch das nichtehel Kind eines Abkömml.

2 **a) Erbteilsbeschränkung.** Ist der dem Abkömml hinterlassene Erbteil **nicht größer als die Hälfte** des ges Erbteils, gelten entgg § 2306 I 1 die angeordneten Beschränkgen; nur so weit sie über das nach § 2338 zulässige Maß hinausgehen, gelten sie als nicht angeordnet. Schlägt er aus, so hat er keinen PflichttAnspr. – **Übersteigt** der beschränkte od beschwerte Anteil den Pflichtteil, bleibt der Berechtigte daran gebunden, wenn er ausschlägt (s KG RJA **15**, 194). Schlägt er in diesem Fall aus, erwirbt er zwar den Pflichtt-Anspr; vom Beweis der Tats der Verschwendg oder Überschuldg hängt es aber ab, ob er den Beschrkgen des § 2338 unterliegt od ob er ihn unbeschränkt erhält (RGRK Rn 8).

3 **b) Ehegatten** u **Eltern** müssen sich ebso wie Abkömml dann Beschränkgen jeder Art, also auch solche nach § 2338, gefallen lassen, wenn der Erbl zur Entziehg ihres Pflichtt berechtigt war (§§ 2333ff).

4 **2) Die möglichen Maßnahmen (I)** können jede für sich angeordnet od verbunden werden. – Dch die **Nacherbeneinsetzung** wird der Abkömml sowohl vor sich selbst geschützt (§§ 2111ff) als auch vor dem Zugriff seiner Gläub (§ 2115); dieser Schutz wird hinsichtl der Nutzgen ergänzt dch ZPO 863. Als NachE u NachVermNehmer müssen alle gesetzl Erben des Abkömml eingesetzt werden, soweit nicht bei einzelnen die Voraussetzgen für eine PflichttEntziehg vorliegen. Der Fiskus ist hier ebso wie in §§ 2104, 2149 nicht gesetzl Erbe (RGRK Rn 4). Ist der Abkömml nicht Erbe, sond hat er nur ein Vermächtn od den Pflichtt erhalten, sind die gesetzl Erben als NachVermNehmer gefährdet, wenn nicht zugl TestVollstrg angeordnet ist (§ 2211, ZPO 748). Im übrigen wirkt die Beschrkg nur ggü den persönl Gläub (§§ 1967, 2213, ZPO 863). Der Erbl kann aber die Pfändgsbefugn dieser Gläub für sich beschränken (§ 137; aM RG LZ **5** **19**, 877; dazu Staud/Ferid/Cieslar Rn 71, 72, Soergel/Dieckmann Rn 18). – Mit Anordg der **Verwaltung** dch TV **(I** 2**)** entzieht der Erbl dem Abkömml zu dessen lebenslängl Schutz das VfgsR unter Lebenden (§ 2211), schließt zugleich dessen EigenGläub vom Pfändgszugriff aus (§ 2214) u entzieht diesen die Nutzgen nach Maßgabe von ZPO 863. Dem Abkömml muß jedoch der jährl Reinertrag verbleiben (I 2). Allerd kann der Erbl entgg I 2 auch den Reinertrag der Verwaltg unterstellen (Bremen FamRZ **84**, 213). Der Erbe kann sich dagg zur Wehr setzen (s Rn 2), sich aber auch unterwerfen u damit den Reinertrag dem Zugriff seiner Gläub entziehen.

6 **3) Unwirksam** ist die Anordg (wenn sie nicht etwa nach § 2306 I 2 od § 2307 I 2 wirks ist), soweit sie sich nicht im gesetzl Rahmen hält (zB einzelne gesetzl Erben grdlos verschließt, vgl aber § 2085), keine Gründe od andere als die im G erschöpfd aufgeführten angibt od unbegründet ist. Sie wird unwirks bei dauernder Besserg od Wegfall der Überschuldg zZ des Erbfalls **(II** 2**)**. Spätere Besserg – falls dies nicht vom Erbl vorgesehen od durch ergänzende Ausleg feststellbar – hilft nicht, eine Grenzziehg war nötig; im Falle der Anordg einer TestVollstrg kann aber das NachlG beim Wegfall des TestVollstr von der ihm übertragenen Bestellg eines neuen TestVollstr absehen (KG DFG **42**, 86). Die Unwirksamk, die ohne Anfechtg eintritt, kann vom Abkömml, aber auch von einem Gläub (ZPO 863) geltd gemacht werden.

2338a *Erbersatzanspruch.* **Pflichtteilsberechtigt ist ein Abkömmling oder der Vater des Erblassers auch dann, wenn ihm der Erbersatzanspruch durch Verfügung von Todes wegen entzogen worden ist. Im Sinne der Vorschriften dieses Abschnitts steht der Erbersatzanspruch dem gesetzlichen Erbteil gleich.**

1 **1) Normzweck.** § 2338a ergänzt für das PflichttR § 2303 dch die Gleichstellg des ErbersatzAnspr mit dem ges Erbteil **(S 2)**. Andernf würde es näml an einem „Ausschluß" des ErbersatzBerecht iS von § 2303 als Voraussetzg seines PflichttR fehlen, wenn der Erbl den Eintritt der ges Erbfolge dch Vfg vTw verhindert, weil dann ein ErbersatzAnspr gar nicht entsteht (§ 1934a). **S 1** betrifft ledigl die Fälle, in denen nur der ErbersatzAnspr entzogen wurde u belegt zugleich, daß eine isolierte Entziehg zulässig ist (BGH **80**, 290). In der Zeit bis zum Erbfall ist offen, ob das nichtehel Kind, dem ein ges ErbR nach seinem Vater zusteht, zu einer formellen Erbenstellg od zu einem ErbersatzAnspr kommen wird (Brüggemann FamRZ **75**, 309/310). Für die Entstehg des Pflichtt als solchen ist auch das ÜbergangsR des Art 12 § 10 NEhelG (§ 1924 Rn 9, 10) zu beachten, das zeitl Grenzen setzt: Nur wenn der Erbl nach dem 1. 7. 70 gestorben ist, gilt neues Recht für diejenigen Kinder, die am od nach dem 1. 7. 49 geboren sind.

2 **2) Entziehung (Satz 1)** des ErbersatzAnspr braucht nicht ausdrückl angeordnet zu werden. In einer förml Enterbg ist sie jedenfalls enthalten (Brüggemann FamRZ **75**, 309; RGRK Rn 2); umgekehrt kann eine ausdrückl Entziehg des ErsatzAnspr als Enterbg ausgelegt werden. Es genügt, wenn das nichtehel Kind in einer Vfg vTw überh nicht genannt, sond dch anderweit gülsame Verteilg des Nachlasses übergangen wird (Stgt FamRZ **72**, 471; LG Oldbg FamRZ **77**, 266; MüKo/Frank Rn 4 mwN), weil bei gewillkürter Erbfolge bereits die Grdlage des ErbersatzAnspr (näml ein gesetzl ErbR) fehlt, so daß es keiner bes Entziehg mehr bedarf (BGH **80**, 290 mAv Dieckmann FamRZ **81**, 948). Auch würde dch das Erfordern einer (zumind konkludenten) Entziehg das nichtehel Kind erhebl besser gestellt als das ehel (BGH aaO).

3 **3) Geringerwertige Zuwendungen** an den ErbersatzBerecht werden wie im PflichttR behandelt: Bleibt der ihm zugewendete Erbteil wertmäßig hinter seinem Pflichtt zurück, kommt § 2305 (RestAnspr) zur Anwendg (§ 2305 Rn 4). Ist der zugewendete Erbteil beschwert od beschränkt, greift § 2306 ein (s dort Rn 17; 18), bei Aussetzg eines Vermächtn § 2307 (s dort Rn 8). Zuwendg nur seines Pflichtt ist iZw nicht Erbeinsetzg (§ 2304 mit Rn 3). – Ferner gelten §§ 2308–2315; § 2316; §§ 2317–2324; §§ 2325–2330; § 2331a; § 2332, §§ 2333, 2334, 2336–2338. Auch § 2345 II über Erbunwürdigk des PflichttBerecht ist anwendb (so dort Rn 1).

4 **4) Die Höhe** des Pflichtt eines ErbersatzBerecht entspricht dem bei Enterbg. Der PflichttAnspr kann nicht einfach dch Halbierg des ErbersatzAnspr ermittelt werden, da oft Berechngsunterschiede bestehen: Zur Ermittlg des ErbersatzAnspr sind auch nachrangige NachlVerbindlichk von den NachlAktiva abzusetzen wg der Gleichbehandlg mit dem ges Erbteil (s § 1934b Rn 5), während dies beim Pflichtt unterbleibt (s § 2311 Rn 7). Der PflichttAnspr des Nichtehelichen kann daher erhebl höher sein als der halbe Erbersatz-

Anspr, uU sogar als der ganze (BGH NJW **88**, 136). – Dem **Rang** nach ist auch der PflichttAnspr des nichtehel Kindes in der Stufe von KO 226 II Nr 4 zu erfüllen (BGH aaO).

Sechster Abschnitt. Erbunwürdigkeit

2339 *Erbunwürdigkeitsgründe.*   ^I Erbunwürdig ist:

1. wer den Erblasser vorsätzlich und widerrechtlich getötet oder zu töten versucht oder in einen Zustand versetzt hat, infolgedessen der Erblasser bis zu seinem Tode unfähig war, eine Verfügung von Todes wegen zu errichten oder aufzuheben;
2. wer den Erblasser vorsätzlich und widerrechtlich verhindert hat, eine Verfügung von Todes wegen zu errichten oder aufzuheben;
3. wer den Erblasser durch arglistige Täuschung oder widerrechtlich durch Drohung bestimmt hat, eine Verfügung von Todes wegen zu errichten oder aufzuheben;
4. wer sich in Ansehung einer Verfügung des Erblassers von Todes wegen einer Straftat nach den §§ 267, 271 bis 274 des Strafgesetzbuches schuldig gemacht hat.

^{II} Die Erbunwürdigkeit tritt in den Fällen des Absatzes 1 Nr. 3, 4 nicht ein, wenn vor dem Eintritte des Erbfalls die Verfügung, zu deren Errichtung der Erblasser bestimmt oder in Ansehung deren die Straftat begangen worden ist, unwirksam geworden ist, oder die Verfügung, zu deren Aufhebung er bestimmt worden ist, unwirksam geworden sein würde.

1) Die Erbunwürdigkeit wird bei Vorliegen eines der Gründe nach Nr 1–4 (im Ggsatz zu der dch Test **1** erfolgenden PflichttEntzieg) nach dem Erbfall dch Anfechtg (§ 2340) mittels Klage (§ 2342) des AnfechtgsBerecht (§ 2341) geltend gemacht; nur im Falle des § 2345 genügt Erklärg. Sie tritt dann erst mit RKraft des Urteils ein (§ 2342 II) u wirkt nur im Verhältn zu einem bestimmten Erbl. Mit ihr wird in erster Linie kein Strafzweck verfolgt (obwohl in Nr 1 der Strafcharakter vorherrscht). Vielm dient sie dazu, die Verdunklg des wahren ErblWillens dch Handlgen des Unwürdigen abzuwehren. Bei Verzeihg erlischt das AnfechtgsR (§ 2343). – Zur Anwendg von Pflichtt- od ErbersatzAnspr s § 2345 Rn 1. – Zwischen gesetzl u gewillkürter Erbfolge wird nicht unterschieden. – Die Unrechtstatbestände können auch im **Ausland** erfüllt werden (Ferid GRUR Intern Teil **73**, 474/476).

2) Die Gründe für eine Erbunwürdigk sind im Ges erschöpfend aufgezählt. Sie umfassen alle Formen der **2** Teilnahme, also Mittätersch, Anstiftg u Beihilfe.

a) Nr 1. Mord oder Totschlag: StGB 211, 212, 217, ferner der Versuch hierzu (StGB 22, 23); uU **3** Verstümmelg (StGB 224, 225). Nicht aber Tötg auf Verlangen (StGB 216 iVm § 2343); Körperverletzg mit Todesfolge (StGB 226) u fahrl Tötg (StGB 222). Die Tötg muß vorsätzl u widerrechtl begangen sein; die Absicht, testierunfäh zu machen, ist nicht erforderl. Täter trägt entspr § 827 Beweislast dafür, daß er zur Tatzeit unzurechnsfäh war; im Strafprozeß gilt dagg in dubio pro reo (BGH NJW **88**, 822 mAv Hohloch JuS **88**, 819). – Tötg des VorE dch den NachE gehört nicht hierher; zur Ausfüllg der Lücke ist § 162 II sinngem anzuwenden (BGH FamRZ **68**, 518; s auch Müller/Freienfels FS Schiedermair, 1976, 409/428, 429ff). – Bei dem vorsätzl u widerrechtl **Versetzen** in einen die TestFähigk bis zum Tode, also dauernd **4** ausschließenden Zustand handelt es sich insb um die Herbeiführg von Siechtum od Geisteskrankh dch Vergiften od körperl Verstümmelg. Auch hier ist die Absicht, testunfäh zu machen, nicht erforderl; es genügt der vorsätzl Herbeiführg des fragl Zustandes. Versuch (StGB 22, 23) genügt nicht (Staud/Ferid/Cieslar Rn 17).

b) Nr 2. Verhinderung kann dch physische Gewalt sowie dch Täuschg od Drohg begangen werden. Sie **5** liegt auch in der arglistigen Bestimmg zur Errichtg eines formungült Test; oder in der Verhinderg eines Widerrufs nach § 2255 dch die Vortäuschg, das Test sei bereits vernichtet worden u somit nicht mehr im Besitz des Bedachten (BGH NJW-RR **90**, 515). Verhinderg dch Unterlassen erfordert allerd RPfl zum Handeln. Bloßer Versuch der Verhinderg genügt nicht. – Vorsatz u Widerrechtlichk sind ebso zu verstehen wie in § 123 (BGH **49**, 155; NJW-RR **90**, 515). – Ein ursächl Zusammenhang muß zw der Handlgstätig u dem Unterbleiben der beabsichtigten Vfg oder Aufhebg einer solchen bestehen; der Erbl muß also eine derartige Vfg konkret beabsichtigen. Geschützt ist jede letztw Willensbildg, nicht nur eine wirksame (Staud/Ferid/Cieslar Rn 19ff).

c) Nr 3. Täuschung. § 123 kann auch in einer Unterlassg, so im Verschweigen der ehel Untreue des den **6** testierten Eheteil bestimmden Gatten liegen (BGH **49**, 155). Da allerd die ehel Untreue seit dem 1. EheRG nicht einmal mehr zur PflichttEntzieg (§ 2335) ausreicht, darf sie nicht versteckt als generelle Unwürdigk-Grund benutzt werden (MüKo/Frank Rn 23). Vor allem ist zu sehen, daß ein Verschweigen, wenn die Eheverfehlg schon weit zurückliegt, idR mangels OffenbargsPfl keine Täuschg ist (Röwer FamRZ **60**, 15). Erbunwürd ist jedoch ein Eheg, der ein fortdauerndes ehewidr Verh verschweigt, obwohl er weiß, daß der and Eheg im Vertrauen auf die Beteuerg seiner ehel Treue zu seinen Gunsten errichtet (BGH **49**, 155; dazu Deubner JuS **68**, 449, Anm v Kreft LM Nr 1, Johannsen WM **72**, 1047f). Versuch genügt auch hier nicht. Die **Drohung** muß unmittelb auf die Errichtg od Aufhebg einer Vfg vTw gerichtet sein. Ein **7** durch Drohg zustande gekommener fr KindesAnnVertr, der das gesetzl ErbR begründet (§ 1757 I aF), reicht daher nicht aus (Köln NJW **51**, 158); uU kann aber Abs **I** Nr 2 vorliegen. **Hypnose** fällt nicht unter Drohg; hier ist das Test nichtig (§ 2229 IV); im übrigen ist bei Führen der Hand des in Hypnose befindl Erbl auch Nr 4 gegeben, ebso bei **Anwendung von Gewalt** gg den Willen des Erbl (für Nichtig MüKo/Frank **8** Rn 21). Bei Irrtum, Täuschg u Drohg ist auch Anfechtg nach §§ 2078ff mögl (BGH FamRZ **68**, 153); diese beseitigt aber nicht die Stellg des Erbunwürdigen als gesetzl Erbe (Brox § 20 II 1 d).

9   **d) Nr 4.** Die **Fälschungshandlungen** können auch nach dem Erbfall begangen sein u schließen Unwürdigk auch dann nicht aus, wenn dadurch der ErblWille gerade zur formellen Geltg hatte kommen sollen (BGH NJW **70**, 197 gg RG **72**, 207; Celle NdsRpfl **72**, 238, Staud/Ferid/Cieslar Rn 47, 48; Johannsen aaO 1048; gg BGH Speckmann JuS **71**, 235). Denkb ist Einwand des RMißbr ggü dem Anfechtgskläger (Lange/ Kuchinke § 6 II 3). Bei Nr 4 genügt der Versuch (vgl StGB 267; Staud/Ferid/Cieslar Rn 44, 45). Trotz der Fassg des Gesetzes („in Anseh einer Vfg der Erbl") ist der Tatbestand auch dann gegeben, wenn der Täter die ganze unechte Urk herstellt (Stgt Rpfleger **56**, 160).

10   `3)` **Ausnahmen** macht II für die Fälle des I Nr 3; 4 bei Unwirksamk der Vfg. Der späteren Unwirksamk (durch Widerruf, Vorversterben des Bedachten) muß auch die (zB wg Formmangels bestehende) ursprüngl gleichgestellt werden (hM; aA Staud/Ferid/Cieslar Rn 53; MüKo/Frank Rn 30; Ravensbg NJW **55**, 795 mAv Bartholomeyczik).– Wenn in dem hier nicht erwähnten Fall der Verhinderg (Nr 2) es dem Erbl doch noch gelingt, zu testieren, so kann er den Täter wenigstens enterben (§ 2333 Nr 3 iVm StGB 240, 253).

2340 Geltendmachung durch Anfechtung.
I **Die Erbunwürdigkeit wird durch Anfechtung des Erbschaftserwerbes geltend gemacht.**
II **Die Anfechtung ist erst nach dem Anfalle der Erbschaft zulässig. Einem Nacherben gegenüber kann die Anfechtung erfolgen, sobald die Erbschaft dem Vorerben angefallen ist.**
III **Die Anfechtung kann nur innerhalb der im § 2082 bestimmten Fristen erfolgen.**

1   **1) Die Geltendmachung** der Erbunwürdigk kann nur dch rechtzeit Klageerhebg binnen Jahresfrist erfolgen (§ 2342; **III** iVm § 2082 I; Ausn § 2345 I 2). Damit soll ausgeschlossen werden, wer nicht handelt, obwohl er hätte handeln können. Die Anfechtg ist nicht vor dem Erbfall, sond regelm erst nach dem Anfall an den Unwürdigen, wohl aber vor dem Nacherbfall (§ 2139) u gg die Erben des Unwürdigen zulässig. Wenn der Berechtigte behauptet, daß alle vor ihm nacheinander Berufenen unwürdig seien, so kann er die Klage sofort gg alle erheben (s MüKo/Frank Rn 2 mwH; str).

2   **2) Die Jahresfrist** beginnt nach **III**; § 2082 II mit zuverläss Kenntn des Anfechtgsgrundes, bei Test-Fälschg also mit Kenntn der Fälschg u der Person des Fälschers. Dies ist der Fall, wenn dem Anfechtenden Klageerhebg zumutbar ist, zB wenn er dch ein von ihm eingeholtes Gutachten eines gerichtl beeidigten Sachverständ Fälschg u Täter kennt (BGH NJW **89**, 3214). Da der Anfechtende sich in gleicher Lage wie der Geschädigte im Fall des § 852 befindet, kann die Rspr zu § 852 bei der Frage nach der Kenntn der Erbunwürdigk herangezogen werden (BGH aaO). Auf bloße Vermutg hin ist ihm Klage noch nicht zuzumuten (Celle NdsRpfl **72**, 238).– Über das AnfechtgsR des Erbunwürdigen nach §§ 2078 ff s § 2080 Rn 3.

2341 Anfechtungsberechtigte.
Anfechtungsberechtigt ist jeder, dem der Wegfall des Erbunwürdigen, sei es auch nur bei dem Wegfall eines anderen, zustatten kommt.

1   **Der Kreis der Anfechtungsberechtigten** ist weiter gezogen als bei § 2080 I. Auch mittelbares Interesse genügt; auch der Staat gehört hierher, nicht aber VermNehmer od Auflagebegünstigter (MüKo/Frank Rn 2). Die Erbsch fällt aber immer nur an den Nächstberufenen (§ 2344 II). Das AnfR ist weder übertragb noch pfändb, wohl aber vererbl. Sind mehrere anfechtgsberechtigt, so kann jeder allein das AnfR ausüben (Staud/Ferid/Cieslar Rn 9). Über AnfBerechtigg bei Eheg s § 2080 Rn 2. S auch § 2345 Rn 1.

2342 Anfechtungsklage.
I **Die Anfechtung erfolgt durch Erhebung der Anfechtungsklage. Die Klage ist darauf zu richten, daß der Erbe für erbunwürdig erklärt wird.**
II **Die Wirkung der Anfechtung tritt erst mit der Rechtskraft des Urteils ein.**

1   **1) Die Anfechtung** kann nur dch Klageerhebg (auch Widerklage) erfolgen, nicht aber einredeweise od im ErbscheinVerf (BayObLG **73**, 257; Rpfleger **75**, 243). Im Antr ist Anfechtg wg Erbunwürdigk zum Ausdr zu bringen. Zu erheben ist die Klage gg den Erbunwürdigen (ev seine Erben), nicht gg ErbschKäufer (§§ 2371, 2385) od Erbteilserwerber (§ 2033); schlägt dieser die Erbsch aus, entfällt dadch nicht das RSchutzbedürfn für die AnfechtgsKlage (KG FamRZ **89**, 675). Verbindg mit ErbschKlage (§ 2018) ist prozeßökonom u zuläss (str), die dann auf Herausgabe erst nach RKraft zu richten ist. Im Fall des § 2339 I Nr 3 kann TestAnfechtg (§§ 2078; 2081) mit entspr Feststellgs- od Leistgsklage neben ihr stehen (BGH FamRZ **68**,
2 153; BayObLG **73**, 258).– **Zuständigkeit:** Die sachl richtet sich nach dem Streitwert, der sich nach der Beteiligg des Bekl am Nachl bestimmt (BGH NJW **70**, 197), bei Klage gg den als AlleinE Eingesetzten also nach dem Wert des GesamtNachl (Nürnb Rpfleger **63**, 219; str, s MüKo/Frank Rn 6 mN). Örtl besteht
3 neben dem allg auch Gerichtsstand der Erbsch (ZPO 27). – **Verfahren:** Die Klage ist GestaltgsKlage (hM). Nach überw Auffassg sind Anerkenntn- u VersäumnUrteil gg Beklagten jedenf dann mögl, wenn Benachteiligg Dritter ausgeschlossen ist (KG FamRZ **89**, 675; LG Köln NJW **77**, 1783; Soergel/Damrau Rn 1); dagg u für UntersuchgsGrdsatz weg der mat-rechtl begrenzten VfgsBefugn der Parteien MüKo/Frank Rn 8; v Lübtow II 740; Blomeyer MDR **77**, 674; teilw anders Aachen MDR **87**, 240. – Über Anerkenng ausl AnfechtgsUrteile u Erbunwürdigk Grden nach ausl Recht s Pinckernelle/Spreen DNotZ **67**, 209. – Erhebg der AnfechtgsKl kann Aussetzg des ErbSchVerf rechtfertigen (BayObLG **73**, 257/258). Währd des Prozeßdauer kann NachlPfleger bestellt werden (§ 1960).

4   **2) Die Wirkung** der Anfechtg tritt erst mit RKraft des der Klage stattgebenden Urteils ein (**II**), das die mat RLage ändert (§ 2344) u folgl für u gg jeden wirkt, auch gg den NachlGläub (s § 2344 Rn 2); über die Möglichk eines Schutzes gg diese Drittwirkg eines zu Unrecht ergangenen ErbunwürdigkUrt s Brox FamRZ **63**, 396 ff. Ein klageabweisendes Urteil entfaltet dagg RKraftwirkg nur zw den Parteien.

2343 *Verzeihung.* **Die Anfechtung ist ausgeschlossen, wenn der Erblasser dem Erbunwürdigen verziehen hat.**

Verzeihung (s § 2337 Rn 1; BGH NJW **84**, 2089) ist selbst bei Mordversuch mögl; sie setzt Kenntn des 1 ErbunwürdigkGrd voraus. Wenn der Erbl infolge der Hdlg des Erben später stirbt, ist Verzeihg nur dann anzunehmen, wenn er auch mit der Möglichk rechnete, daß er als Folge der Tat sterben werde; sonst ist idR nur die versuchte, nicht aber die vollendete Tötg verziehen (Halle NJ **58**, 145). Bei nach dem Erbfall begangenen FälschgsHdlgen ist Verzeihg naturgem ausgeschlossen; sie kann nicht durch die Feststellg ersetzt werden, daß der Erbl bei Kenntn verziehen hätte (Stgt Rpfleger **56**, 160). – Auf eine Anfechtg kann der AnfBerechtigte auch **verzichten;** in diesem Falle kann sich der Bekl ggü der AnfKlage mit Erfolg auf den wirksamen vertragsmäßigen Verzicht berufen (Staud/Ferid/Cieslar Rn 8, 9).

2344 *Wirkung der Erbunwürdigerklärung.* **I Ist ein Erbe für erbunwürdig erklärt, so gilt der Anfall an ihn als nicht erfolgt.**

II Die Erbschaft fällt demjenigen an, welcher berufen sein würde, wenn der Erbunwürdige zur Zeit des Erbfalls nicht gelebt hätte; der Anfall gilt als mit dem Eintritte des Erbfalls erfolgt.

1) Wirkung. Die Erbunwürdigk hat (anders als der Erbverzicht) unmittelb Auswirkg nur auf den 1 Unwürdigen persönl (nicht auch seine Abkömml), der wie bei der Ausschlagg (§ 1953 I, II) **rückwirkend** als nicht vorhanden gilt (Ausn § 2310 I), aber nicht erbunfähig wird. Die Erbsch fällt an den gesetzl Erben, an Anwachsgsberechtigte od Ersatzerben, wozu auch die Abkömml des Täters gehören können, § 2069 (so daß der Unwürdige bei deren kinderlosem Versterben doch noch zum Zuge kommen kann). Bei Erbunwürdigk eines NachE verbleibt die Erbsch idR dem VorE od dessen Erben (§ 2142 Rn 2). – Der Erbunwürdige haftet nach §§ 2018ff, 819; er haftet aber nicht mehr für NachlVerbindlichkeiten, abgesehen von NachlEigenschulden (Staud/Ferid/Cieslar Rn 8, 9). **Dritte** werden nicht geschützt, soweit nicht guter Glau- 2 be (§§ 932ff, 891ff, 1032, 1207) od § 2366 eingreift. Hat der NachlSchuldner an den Erbunwürdigen geleistet, so wird er unter den Voraussetzgen des § 2367 frei; für eine weitergehde analoge Anwendg von § 407 ist kein Raum (MüKo/Frank Rn 4, str); ist er dem wirkl Erben ggü nicht befreit worden, so haftet ihm der für erbunwürdig Erklärte idR nach § 819 (Staud/Ferid/Cieslar Rn 30). RechtsGesch der Erbunwürdigen u schlechtgläub Dritten werden unwirks; eine ZwangsHyp, die zB der Staat wg der Strafprozßkosten am NachlGrdst bestellen ließ, fällt an den Nächstberufenen (ZPO 868). Über Rechtsfolgen der ErbunwürdigkErkl eines VorE auf ErbteilsVertr mit NachE s BGH WM **68**, 474.

2) Weitere Rechtswirkungen. Der Erbunwürdige verliert auch den Anspr nach § 1932, nach § 1969 u 3 einen etwa bestehenden PflichttAnspr, es sei denn, daß die AnfBerechtigg verschieden ist od aus bes Gründen anzunehmen ist, daß die Anf nach §§ 2342ff ausschließl den ErbschErwerb zum Ggst haben sollte (Staud/Ferid/Cieslar § 2345 Rn 8). Bei Zugewinngemeinsch erhält jedoch auch der erbunwürdige Eheg den Auspr auf Ausgleich des Zugewinns (§ 1371 II), dessen Erfüllg aber bei grober Unbilligk verweigert werden kann (§ 1381 I).

2345 *Vermächtnisunwürdigkeit; Pflichtteilsunwürdigkeit.* **I Hat sich ein Vermächtnisnehmer einer der im § 2339 Abs. 1 bezeichneten Verfehlungen schuldig gemacht, so ist der Anspruch aus dem Vermächtnis anfechtbar. Die Vorschriften der §§ 2082, 2083, des § 2339 Abs. 2 und der §§ 2341, 2343 finden Anwendung.**

II Das gleiche gilt für einen Pflichtteilsanspruch, wenn der Pflichtteilsberechtigte sich einer solchen Verfehlung schuldig gemacht hat.

1) Die Geltendmachung der Vermächtn- und PflichttUnwürdigk bedarf (da § 2342 nicht erwähnt ist) 1 nicht der Klage, sond nur der AnfechtungsErkl ggü dem Unwürdigen (§ 143 I, IV, zB auch dem ErbersatzBerecht). Dies ist im Prozeß auch im Weg der Einwendg mögl (nach Fristablauf Einr aus § 2083). Anfechtgsberecht (§ 2341) ist jeder, dem die AnfechtgsWirkg auch nur mittelb zustatten kommt, also auch VermNehmer. – AnfechtgsFrist (§ 2340) beginnt mit zuverläss Kenntn des Anfechtgsgrundes. – **Anfechtgsgrund:** Über VermächtnUnwürdigk wg widerrechtl Drohg (§ 2339 I Nr 3) s Hbg HansRGZ **34** B 2 670; über Widerrechtlichk der Drohg aber auch BayObLG **60**, 497; wg FälschgsHandlgen s Celle NdsRpfl **72**, 238. Für eine Tat des VermNehmers gg den Erben gilt § 2345 nicht (BGH FamRZ **62**, 257). – Auch der PflichttAnspr nach § 2338a u der ErgänzgsAnspr (§§ 2325, 2329) gehören hierher, ebso die sog gesetzl Vermächtnisse (§§ 1932, 1969) u Schenkgen vTw (§ 2301; RGRK Rn 1) sowie der ErbersatzAnspr (§ 1934b II 1). Zum Anspr auf vorzeit Erbausgleich s § 1934d Rn 9; MüKo/Frank Rn 8.

2) Wirkung der Anfechtung. Die Anfechtg wg VermUnwürdigk beseitigt rückwirkend den schuld- 3 rechtl VermAnspr des Unwürdigen (§ 142 I). Ist ein ErsatzVermNehmer bestimmt (§ 2190), erwirbt dieser den Anspr; ist ein MitVermNehmer vorhanden, sind §§ 2158, 2159 anwendb; andernf erlischt das Verm. Für die Rückfordeng des zur Befriedigg des VermNehmers vor der Anfechtg Geleisteten gelten §§ 812 I 2, 813, 819 I. – Ist der PflichttAnspr wirks angefochten, so können die in § 2309 genannten entfernteren PflichttBerecht ihrerseits den Pflichtt verlangen.

Siebenter Abschnitt. Erbverzicht

Überblick

Schrifttum: Damrau, Der ErbVerz als Mittel zweckmäß Vorsorge für den Todesfall, 1966; Lange, Der entgeltl ErbVerz, FS Nottarp, 1961; Larenz, ErbVerz als abstraktes Rechtsgeschäft, JhJ **81**, 2;

1   **1) Der Erbverzicht** ist ein vom Erbl zu seinen Lebzeiten mit seinem Ehegatten od einem Verwandten abgeschlossener erbrechtl Vertrag, der den Verzicht seines VertrPartners auf sein ges ErbR enthält. Er kann auch nur auf das PflichttR (§ 2346 II) od ein Vermächtn bzw eine letztw Zuwendg (§ 2352) beschränkt werden; dann läßt er den PflichttAnspr od das Vermächtn nicht entstehen bzw die Zuwendg gilt als nicht erfolgt. Der Verz kann schlechthin od zG best Dritter (§ 2350) erklärt u wieder aufgehoben werden (§ 2351). – Seiner RNatur nach ist der ErbVerz ein abstraktes, unmittelb den Verlust des ges ErbR bewirkendes VfgsGeschäft. Die ges Vorschriften dazu sind zwingder Natur. Der VerzVertr ist, auch wenn er mit Rücks auf eine Ggleistg abgeschlossen wird, kein ggs Vertr iS der §§ 320ff (s Rn 6; Degenhart Rpfleger **69**, 145); auch kein Vertr zGDr (§ 328), weil er kein Recht eines Dr begründet.

2   **a) Rechtsgeschäft unter Lebenden** ist der ErbverzVertr als negativer ErbVertr, also gerade keine Vfg vTw. Maßgebl sind daher grdsl die allg Vorschr über Vertr, soweit nicht die erbr Natur des Verz entgegensteht (so kann abw von § 130 II ein VertrAngebot des Erbl nach dessen Tod nicht mehr angenommen werden). Willensmängel beurteilen sich folgl nach §§ 116ff; eine teilweise Unwirksamk nach § 139 (u nicht nach § 2085). Seine Auslegg erfolgt nach §§ 133, 157, 242, zu denen noch bes Auslegsregeln in § 2350 kommen. – Eine **Anfechtung** ist nur zu Lebzeiten des Erbl mögl u richtet sich nach §§ 119ff; ein Motivirrtum ist nicht nach § 2078 beachtl, so daß zB Anfechtg wg veränderter polit Umständ in der fr DDR idR nicht mögl is (s § 1954 Rn 3; 4). Für eine Anfechtg dch den Erbl selbst besteht allerd kein Bedürfn, da er den Ausschluß des Erben jederzeit dch neue Vfg vTw rückgängig machen kann. Nach Eintritt des Erbfalls ist Anfechtg ausgeschlossen, da die erbrechtl Wirkgen bereits eingetreten sind. Bei argl Täuschg (§ 123) steht dem Verzichtenden dann aber schuldrechtl Anspr auf Wertersatz zu, den er als NachlVerbindlk geltd machen kann (Koblz NJW-RR **93**, 708). – Ein **Rücktrittsvorbehalt** ist im Ggs zum ErbVertr (§ 2293) nicht vorgesehen u mit dem abstrakten Verz nicht vereinb. – Zuläss ist dagg die Verknüpfg mit einer aufschiebden od auflösden **Bedingung**, auch mit einer **Befristung** (Ffm DNotZ **52**, 488; BayObLG **57**, 292; BGH **37**, 327; BFH **76**, 43): zB Bedingg der Gültigk eines gleichzeit geschlossenen AbfindgsVertr (Damrau S 92ff; Rn 9), der fristgemäßen Zahlg der Abfindg. – Der unentgeltl Verzicht ist keine Schenkung (§§ 516, 517); daher ist auch keine GläubAnfechtg mögl (Staud/Ferid/Cieslar Rn 54 vor § 2346; dazu auch Haegele,

3   Schramm BWNotZ **71**, 39; 162). – Ist bei **Grundbesitz in der DDR** NachlSpaltg eingetreten (s 1922 Rn 8) u damit für diesen SonderNachl das DDR-ZGB maßgebl, ist insow ein vor dem Beitritt erkl ErbVerz unwirks, da ihn das ZGB abgeschafft hat (vgl Bestelmeyer Rpfleger **92**, 321); er bleibt dies auch, wenn der Erbfall erst nach dem 2. 10. 90 eintrat u damit dem ErbR des BGB untersteht (Bestelmeyer aaO; str).

4   **b) Wirkung.** Der formgült (§ 2348) erklärte ErbVerz wirkt in der Weise kr seiner selbst, daß der Verzichtde für die ges Erbfolge als nicht vorhanden, die zu seinen Gunsten errichtete Vfg vTw als nicht erfolgt gilt (§ 2346 I 2, § 2352); spätere begünstigende Vfgen vTw sind allerd mögl. Es wird also bereits der Anfall der Erbsch ausgeschlossen. Seine rein erbrechtl Natur zeigt sich darin, daß er unmittelb die ges Erbfolge ändert u die Wirkg einer Vfg vTw beseitigt, währd ein Vertr nach § 312 II nur schuldr wirkt. Der Verz zG eines Dr allein macht den Begünstigten aber noch nicht zum Erben; hierfür bedarf es noch eines Berufg durch G od Vfg vTw.

5   **c) Praktische Bedeutung.** Der ErbVerz ist vor allem bei vorweggenommener Erbfolge (Einl 6 v § 1922) ein wichtiges Gestaltsmittel, etwa zur vorzeit Abfindg von (erst- od nichtehel) Kindern im Zusammenhang mit Vertr zw Ehegatten. Vor allem aber ist der Verz auf den Pflichtt (§ 2346 II) bedeuts, weil insow der Nachl einer letztw Vfg der Erbl entzogen ist (Übbl 1 v § 2303), so daß oft erst ein solcher Verz die Erhaltg von Unternehmen od landw Besitz in einer Hand ermöglicht od bei Auswandrg, Klostereintritt etc die Nachlaßabwicklg erleichtert. Zur Nachfolgeplanung insb des Einzelkaufmanns mittels ErbVerz gg Pflichtt-Abfindg s Pühringer BB **89** Beil 6.

6   **2) Erbverzicht und Abfindung.** Eine GgLeistg (Abfindg) ist für den ErbVerz nicht begriffswesentl, wird aber wohl meist gewährt. Sie kann auch an einen Dritten erfolgen; od in einer Zuwendg vTw bestehen (BayObLG **95**, 29). Ihre Vereinbg steht rechtl selbständ neben der abstr ErbVerz. Sie kann deshalb schuldrechtl nicht zurückgefordert werden, wenn der Verz dch Vorversterben des Verzichtenden überflüss geworden ist (anders bei Unwirksamk od Aufhebg, §§ 2350, 2351), wie umgekehrt auch nicht der Verz, wenn die versprochene Abfindg unterblieb. §§ 320ff sind auf das aus zwei Verträgen zusammengesetzte Doppelgeschäft nicht anwendbar (Rn 1).

7   **a) Grundgeschäft.** ErbVerz u Abfindg liegt aber regelm ein schuldrechtl RGesch iS der §§ 320ff zugrunde, die einers die Verpflichtg zur Abgabe der VerzErkl, andrers die Verpflichtg des Erbl zur Leistg der Abfindg enthält, insoweit ggs Vertr ist u dch die beiden selbstd Vollzugsgeschäfte erfüllt wird (Larenz aaO **81**, 1; Lange aaO 119ff; heute allg M). Es ist wie das ErfüllgsGesch formbedürft (§ 2348 Rn 1); ein Formmangel kann allerd dch die formgült Vornahme des ErfüllgsGesch geheilt werden analog § 313 S 2, nicht aber umgekehrt (Staud/Ferid/Cieslar Rn 61 vor § 2346; abl Kuchinke NJW **83**, 2360; hiergg Damrau NJW **84**, 1163; s auch § 313 Rn 54). Auf Gr des KausalGesch kann im Falle der Nichtleistg jede Partei auf Erfüllg klagen; KonditiktionsAnspr scheiden dagg aus, schon weil ein RGrund vorhanden ist. Stirbt der Erbl vor Abschluß des VerzVertr, wird die Ggseite von ihrer LeistgsPfl frei (§ 275; BGH **37**, 327); ist die Abfindg schon bezahlt, können die Erben sie zurückfordern (§§ 323 III; 812ff). Unter den Voraussetzgen von § 326 hat jede Partei ein RücktrR, wobei die Pfl zur Rückgewähr auch Aufhebg des Verzichts gem § 2351 umfaßt (Damrau aaO 127).

b) Bei fehlendem oder **nichtigem Grundgeschäft,** aber wirks ErbVerz kann auf §§ 320ff nicht zu- 8 rückgegriffen werden, so daß ein InteressenAusgl erhebl rechtl Schwierigkeiten bereitet, wenn die Abfindg nicht erbracht wurde u keine rechtl Verknüpfg (s Rn 9; 10) besteht. Eine Anfechtg des ErbVerz (Strohal § 59 V 1) wäre nur wegen Irrtums im Beweggrund analog §§ 2281, 2078 mögl, ist ges aber nicht vorgesehen. Ein rückwirkdes RücktrittsR entspr § 2295 (Larenz aaO 81, 18) ist mit dem abstrakten ErbVerz nicht vereinb u zu verneinen (Damrau S 110ff). BereichergsAnspr (bejahd RGRK § 2346 Rn 6; MüKo/Strobel Rn 28; Lange/ Kuchinke § 7 V 2b) scheitern daran, daß der Verz keine Zuwendg ist, der Erbl also die Verbesserg seiner RStellg nicht „auf Kosten" des Verzichtden erlangt hat; der Begünstigte wiederum hat bis zum Erbfall keine vermögenswerte Anwartsch u danach eine Erbenstellg nicht kr Verzichts, sond kr BerufgsGrd erlangt (Erman/Schlüter Rn 4 vor § 2346). Letztere wollen daher dem Verzichtden den Einwand unzuläss RAusübg (§ 242) ggü demjenigen einräumen, der den Verz geltend macht od nach dem Erbf sein ErbR bestreitet. § 242 wird damit allerd eine über die rechtl Sonderbeziehg hinausgehde Geltg verschafft (s § 242 Rn 6). Die nach Eintritt des Erbfalls ohnehin nicht mehr mögl Aufhebg des rechtl selbständ Verz ist daher nicht erreichb. Bestand zB die GgLeistg in einem Vermächtn, kann der Bedachte sich nicht deswg vom ErbVerz lösen, weil beim Erbfall der vermachte Ggstd nicht mehr zum Nachl gehörte (BayObLG 95, 29). Der Verzichtde kann nur Erfüllg des AbfindgsVertr od SchadErs wg Nichterfüllg vom Erbl, von dessen Erben (als NachlVerbindlk) oder dem abfindenden Dritten verlangen (Staud/Ferid/Cieslar Rn 92 vor § 2346).

c) Rechtliche Verknüpfung. Die VertrParteien können allerd trotz Selbständig beider RGesch dch 9 Vereinbg einer **Bedingung** ErbVerz u GgLeistg rechtl voneinander abhäng zu machen, § 158 (s Rn 3). Bedingt kann der ErbVerz dch die Abfindg sein (die Wirksamk des Versprechens od die Leistg) und umgekehrt (sofern die Abfindg zeitlich vor dem Verz erbracht wurde). Die Vereinbg einer Bedingg wird jedoch nicht vermutet. Ist sie nicht ausdrückl erklärt, muß dch Auslegg (Rn 2) ein entspr beidseitiger Wille dem Vertrag selbst zu entnehmen sein, da sonst die Form des § 2348 nicht gewahrt ist. Bei Vorbeh eines RücktrittsR, der nur hinsichtl des AbfindgsVertr zuläss ist, kann ErbVerz als auflösd bedingt dch den Rücktritt vom AbfindgsVertr angesehen werden; ist der Rücktr vereinbargsgem auch noch nach dem Tode des Erbl zuläss, ist der Verzichtde vom Erbfall an aufschiebd bedingter NachE und im ErbSch aufzuführen (BayObLG 57, 300). – Der bedingte Verz wird bei **Eintritt** der Bedingg (zB Nichtzahlg der Abfindg) wirkgslos; die bedingte Abfindg ist nach VertragsGrdsätzen zurückzugewähren. Die Bedingg kann auch noch nach dem Erbfall eintreten, zB wenn Erbl vor Leistg der Abfindg stirbt; bis dahin besteht Vor- u NErbfolge (MüKo/Strobel Rn 25; Mayer MittBayNot 85, 101; aA Staud/Ferid/Cieslar Rn 89 vor § 2346).

d) Einheitliches Rechtsgeschäft. Die VertrParteien können auch die Verträge als einheitl Ganzes gestal- 10 ten, so daß § 139 (nicht § 2085) eingreift, wenn der AbfindgsVertr unwirks ist (nicht aber bei Nichterfüllg; s Celle NdsRpfl 49, 121; Lange aaO 125; Damrau S 96ff; Coing, FS Schwind, 1978, 63/67). Indiz für einen derart Willen, daß beide Geschäfte „miteinander stehen und fallen sollen", kann die Beurk von ErbVerz u Abfindgsabrede in derselben Urkunde sein (RGRK § 2348 Rn 3).

e) Nichteheliches Kind. Will der Vater zB sein Unternehmen von Erbersatz- od PflichttAnspr seines 11 nichtehel Kindes freistellen, kann er mit diesem nur einen Erb- od PflichttVerz gg Abfindg vereinbaren; ein and R zur vorzeit Abfindg ist ihm nicht eingeräumt. Das Kind kann dagg von ihm auch einen vorzeit Erbausgleich verlangen, allerd nur innerh bestimmter Altersgrenzen u nur unter Bemessg am geschuldeten Unterh (s § 1934d mit Rn 5). Diesen Erb- od PflichttVerzVertr kann der Vater nur persönl abschließen; bei seiner GeschUnfähigk bedarf der Vertr der Genehmig des VormschG (§ 2347 II). Für das Kind ist, wenn es unter Vormsch steht, die Genehmigg des VormschG notw (§ 2347 I); letzteres gilt auch bei Pflegsch nach § 1706 Nr 3 gem § 1915 I mit § 2347 I Halbs 2 (s dazu Damrau FamRZ 69, 588; Knur Betr 70, 1117; Regler DNotZ 70, 650f; Haegele BWNotZ 71, 42f).

3) Ein künftiger Erbe kann sich dch Vertr zur Ausschlagg der Erbsch verpflichten (s § 2302 Rn 4; 12 Erman/Schlüter § 2346 Rn 9). – Eine nach dem Erbfall von einem MitE zugunsten eines and MitE abgegebene privatschriftl VerzichtsErklärg kann die Verpflichtg enthalten, den letzteren so zu stellen, als ob er AlleinE wäre, §§ 133, 305 (Köln OLGZ 75, 1; s iü Staud/Ferid/Cieslar § 2346 Rn 5).

4) Steuerrecht. Eine Abfindg gilt als Schenkg u unterliegt nach Überschreiten der Freibeträge der 13 Schenkgssteuer (ErbStG 7 I Nr 5; s Einl 13 vor 1922); für die Steuerklasse ist Verhältn des Verzichtden zum Erbl maßgebl (BFH BStBl 77 II, 733).

2346   *Wirkung des Erbverzichts.* ^I **Verwandte sowie der Ehegatte des Erblassers können durch Vertrag mit dem Erblasser auf ihr gesetzliches Erbrecht verzichten. Der Verzichtende ist von der gesetzlichen Erbfolge ausgeschlossen, wie wenn er zur Zeit des Erbfalls nicht mehr lebte; er hat kein Pflichtteilsrecht.**
^{II} **Der Verzicht kann auf das Pflichtteilsrecht beschränkt werden.**

1) Verzicht. – a) Gegenstand können sein: das ges ErbR einschl des PflichttR (**I**); das ges ErbR allein; 1 das PflichttR allein (**II**); der ErbersatzAnspr (§§ 1934a, 1934b II) allein; diese Rechte in beschränkter Form (dazu Rn 4–7). – **b) Rechtsnatur** des VerzVertr s Übbl 2 vor § 2346. – **c) Verzichtende** können nur Verwandte od der Eheg sein; allerd kann auch der künft Eheg auf sein erst dch die Eheschließg entstehdes ErbR schon vorher verzichten, wie sich aus der Erwähng des Verlobten in § 2347 I ergibt; das Adoptivkind kann schon vor der Annahme verzichten (vgl Dittmann Rpfleger 78, 278; die früher nach § 1767 aF zuläss Vereinbg üb einen Ausschl des ErbR des Kindes ist kein ErbVerz). Der Fiskus kann auf sein ges ErbR (§ 1936), da nicht ausschlagb (§ 1942 II), nicht verzichten (wohl aber auf Zuwendgen, § 2352). – **d) Vertragsgegner** ist nur der Erbl. Geht Verz weiter als auf seinen Erbfall, zB ein für allemal von der Hoferbfolge, ist er dem geltden R fremd (Celle RdL 57, 322). Verträge unter künft Erben (§ 312 II) od über eine bereits angefallene Erbsch (soweit nicht § 2033 eingreift) haben nur schuldrechtl Wirkg (RG 98, 330, s Übbl 12 vor § 2346). – **e) Umfang.** Der Verz auf das ges ErbR umfaßt beim nehel Abkömml auch den 2

ErbersatzAnspr (§§ 1934a, 1934b II); beim Eheg auch den Voraus (§ 1932); beim häusl FamilienAngehör auch den Dreißigsten (§ 1969). Er ist aber grdsl auf den BerufsgsGrd beschränkt u enthält nicht notwend auch Verz auf Zuwendgen (§ 2352) u umgekehrt (s § 2352 Rn 5); bei entspr Willen kann aber zB in einem Erb- u PflichttVerz für jetzt u in alle Zukunft auch ein ZuwendgsVerz enthalten sein (BGH DNotZ **72**, 500). – **f) Bedingungen** (§ 158) und Befristgen sind zuläss (s Übbl 3 vor § 2346; Staud/Ferid/Cieslar Rn 33, 79 ff vor § 2346), ferner Vorbehalte (zB des PflichttR, s Rn 6).

3   **2) Wirkung, I 2.** Der unbeschränkte Verzicht bewirkt beim Erbfall die unmittelb Änderg der ges Erbfolge dch den Wegfall des Verzichtden, wie wenn er gestorben wäre (s auch Übbl 4 vor § 2346). Dieser verliert auch ein PflichttR (s auch §§ 2310 S 1, 2316 I 2). Es tritt Erhöhg nach § 1935 ein. In den Fällen des § 1933 bewirkt ein ErbVerz des Ehegatten, daß die Haftg der Erben für nachehel Unterh entfällt (s § 1933 Rn 8; str). Der Verzicht eines Abkömml od Seitenverwandten erstreckt sich auch auf seine Abkömml, sofern nichts anderes bestimmt ist (§ 2349). Von dieser Ausn abgesehen hat der Verz aber nur Auswirkgen auf den Verzichtden persönl. Er hindert nicht, daß dieser vom Erbl dch Vfg vTw als Erbe eingesetzt wird (BGH **30**, 267; § 2351 Rn 2). – Der bloße PflichttVerz (dazu Rn 5) läßt den Anspr nicht entstehen, aber den ges Erbteil des Verzichtden unberührt. Dem Erbl gibt er die volle TestierFreih; darin liegt aber in aller Regel noch keine Ggleistg, die der Erbl (zB GrdstÜberlassg) zu einer entgeltl iS von AnfG 3 I Nr 4 macht (BGH **113**, 393; BVerfG NJW **91**, 2695 hat diese Auslegg gebilligt, da sie nicht gg GG 14 verstößt). Durch Verz auf Bruchteil des Pflicht wird Anspr unmittelb gemindert. – Eine Abfindg (Übbl 6 vor § 2346) ist kein ausgleichspflichtiger Vorempfang, kann bei Übermaß aber Schenkg sein, §§ 2325–2329. – Der Verz nur auf den ErbersatzAnspr (Rn 7) hat zur Folge, daß der Verzichtende den Anspr nicht erwirbt u auch kein PflichttR nach § 2338a hat, hindert aber nicht den Eintritt der ges Erbfolge nach §§ 1924, 1925, wenn die Voraussetzgen des § 1934a zZ des Erbfalls nicht gegeben sind.

4   **3) Beschränkungen des Verzichts** sind zulässig u wirks. – **a) Auf einen Bruchteil** des ges ErbR od auf dessen Verminderg kann der ErbVerz gerichtet sein (und wirkt sich dann entspr auch auf das PflichttR aus). Eine Beschränkg auf reale Teile od bestimmte Gegenstände ist dagg nicht mögl, da mit Universalsukzession unvereinb; Umdeutg in BruchteilsVerz entspr den RGrdsätzen zu § 2087 ist aber mögl, zB bei Beschränkg des Verz auf den „gegenwärtigen NachlBestand" (KG JFG **15**, 98). – Verz zG eines Anderen s § 2350. –

5   **b) Verzicht nur auf den Pflichtteil (II)** nennt das G selbst als Fall einer Beschränkg. Er kann uU auch stillschweig erklärt werden u in einem od Gesch enthalten sein, zB in einem ErbVertr mit einem pflichtteilsberecht Abkömml, in dem Ehegatten sich ggseit zu Alleinerben u den Abkömml zum SchlußE einsetzen (BGH **22**, 364 mAv Johannsen **LM** § 2348 Nr 1 u von Lübtow JR **57**, 340; BGH NJW **77**, 1728: im gemschaftl Test enthaltener Erb- od PflichttVerz, dazu krit Habermann JuS **79**, 169, s auch § 2348 Rn 3); in einem außerh der Altersgrenzen vereinbarten u desh unwirks vorzeit Erbausgleich (§ 1934e Rn 2). Er umfaßt auch den ErgänzgsAnspr, § 2325. Eine weitere Beschränkg auf einen Bruchteil des PflichttR, auf eine feste Summe od eine betragsmäß Obergrenze od nur auf den ErgänzgsAnspr ist zulässig. Auch ein gegenständl beschr PflichttVerz ist (anders als beim ErbVerz) in der Weise zulässig, daß bestimmte Ggstände bei der NachlBewertg zum Zwecke der AnsprBerechng (§ 2311) außer Betracht bleiben (Fette NJW **70**, 743; Coing JZ **60**, 209; Cremer RhNK **78**, 169; Jordan Rpfleger **85**, 7; bestr). – Zuläss ist auch die Einräumg der Befugn für den Erbl, dem Verzichtden Beschwergen dch Vermächtn od Auflagen od Beschränkgen dch Anordng einer TestVollstr aufzuerlegen, die nur PflichttR nicht mögl wären (s Coing aaO 211). – Erfolgte Verzicht gg GrdstÜbereigng, ist er keine Ggleistg, die Gesch entgeltl iS von AnfG 3 I Nr 3; 4 macht (BGH NJW **91**, 1610). – Über PflichttVerz des nichtehel Kindes s Übbl 11 vor § 2346. – Verz auf bereits entstande-

6 nen PflichttAnspr (ErlaßVertr, § 397) ist eine Vfg (§ 397 Rn 3; s KG OLGZ **76**, 193). – **c) Der Vorbehalt des Pflichtteilsrechts** ist auch Beschränkg. Er ist zulässig, da der Pflichtt ein Ausfluß des ErbR ist. Darin kann ein Verz auf die Hälfte des ges ErbR liegen; er kann aber auch den Sinn haben, daß dem Verzichtden in

7 jedem Fall nur der PflichttAnspr verbleiben soll (Staud/Ferid/Cieslar Rn 40). – **d) Wird nur auf den Erbersatzanspruch** verzichtet, gilt § 2346 II sinngem (§ 1934b II). Es gelten auch §§ 2347–2351. Auch TeilVerz ist mögl (RGRK Rn 20). Der Verzichtende kann sich auch sein PflichttR vorbehalten (BayObLG **75**, 420/433; Odersky Anm II 14 zu § 1934b). Zulässig ist auch ErbVerz unter Vorbeh des ErbersatzAnspr. Der Verzichtende kann Erbe aGrd letztw Vfg werden.

8   **4) Zugewinngemeinschaft.** Hatte der überlebende Eheg auf sein Erbrecht verzichtet und ist ihm auch kein Vermächtn zugewendet, kann er regelm den ZugewinnAusgl beanspruchen, §§ 1371 II, 1373–1390 (§ 1371 Rn 12); das gilt auch, wenn der Erbverzicht von dem 1. 7. 1958 vereinbart, der Erbfall aber nach diesem Ztpkt eingetreten ist. Daß diese Folge bei früheren ErbverzichtsVertr nicht gewollt war (vgl Bärmann AcP **157**, 189), ist unerhebl, wenn die VertrSchließenden den Verzicht nicht wieder aufheben, § 2351 (s Schramm BWNotZ **66**, 30). Hat sich der Eheg beim Erbverzicht das PflichttR vorbehalten (Rn 6), steht ihm neben dem ZugewinnAusgl der „kleine Pflichtt" zu, § 1371 II (Staud/Ferid/Cieslar Rn 42). Hat er nur auf das PflichttR verzichtet, hat er die Stellg eines Erben; er kann sich nicht auf § 2306 I S 1, § 2318 II, §§ 2319, 2328 berufen u keine Restpflichtteile aus §§ 2305, 2307, 2326 geltd machen (Schramm aaO 31); die güterrechtl Lösg des § 1371 II steht ihm offen, wenn er den Erbl enterbt od er ausschlägt, § 1371 II. Wenn aber der überl Eheg auf das gesetzl ErbR einschl des Pflichtt od auf das PflichttR verzichtet hat, später aber aGrd einer Vfg vTw Erbe wird, so hat er keinen Anspr auf den Pflichtt mehr (§ 1371 III Halbs 2 u Rn 20). – Zum ErbVerz eines Kindes bei Gütertrenng s Haegele BWNotZ **71**, 42.

2347   *Voraussetzungen für Erbverzicht.* [I] Zu dem Erbverzicht ist, wenn der Verzichtende unter Vormundschaft steht, die Genehmigung des Vormundschaftsgerichts erforderlich; steht er unter elterlicher Sorge, so gilt das gleiche, sofern nicht der Vertrag unter Ehegatten oder unter Verlobten geschlossen wird. Die Genehmigung des Vormundschaftsgerichts ist auch für den Verzicht durch den Betreuer erforderlich.

[II] Der Erblasser kann den Vertrag nur persönlich schließen; ist er in der Geschäftsfähigkeit beschränkt, so bedarf er nicht der Zustimmung seines gesetzlichen Vertreters. Ist der Erblasser geschäftsunfähig, so kann der Vertrag durch den gesetzlichen Vertreter geschlossen werden; die Genehmigung des Vormundschaftsgerichts ist in gleichem Umfange wie nach Absatz 1 erforderlich.

1) Der Verzichtende kann sich vertreten lassen, andernf der GeschUnfäh sogar einen vorteilh ErbVerz **1** nicht abgeben könnte. Die Vorschr regelt die Zulässigk der Vertretg für beide VertrParteien unterschiedl (ebso die Anforderg an GeschFähigk; s Rn 2). Der vom Vormund des Verzichtenden od von seinem Betreuer innerh dessen Aufgabenkreis (§ 1896 II–IV) geschlossene Vertr bedarf nach **I** aber stets noch der vormschger Genehmigg, der von elterl SorgeBerecht dann, wenn es sich nicht um einen Vertr unter Eheg od Verlobten handelt. Dies entspr der Regel für den VertrGegner bei Aufhebg des ErbVertr (§ 2290 III). Genehmigg ist auch erforderl bei VertrAbschluß dch Pfleger (§ 1915), der für Verzicht eines nichtehel Kindes zu bestellen ist (§ 1706 Nr 3); unterbleibt dies auf Antr der Mutter (§ 1707), ist für VerzVertr mit dem Vater gleichwohl Genehmigg erforderl (**I** 1 Hs 2). – **Genehmigung** (dazu LG Düss RhNK **71**, 498; zuständ ist RPfleger, RPflG 3 Nr 2a) muß vor Eintritt des Erbfalls wirks werden nach §§ 1828, 1829 I 2, 1643 III. Auch teilw ErbVerz unterliegt der Genehmigg (BGH WM **78**, 170/173). Ein bedschr GeschFähiger (§ 106) bedarf der Zustimmg seines ges Vertr (s auch § 108 III). – Ein **Ehegatte** bedarf weder als Erbl noch als Verzichtender der Zustimmg des anderen Ehegatten (vgl § 1432 Rn 1; § 1455 Rn 2). Verzicht auf den Gesamtgutsanteil s § 1517. – Auf **schuldrechtliche** Verträge ist § 2347 grdsätzl nicht anwendb, auch wenn sie sich wirtschaftl nachteilig auf den PflichttAnspr eines am Vertr beteiligten Minderj auswirken (BGH **24**, 372, dazu Johannsen WM **72**, 1049).

2) Der Erblasser muß den Vertr grdsl **persönlich** abschließen (gilt auch für Erbverzicht im Prozeßver- **2** gleich, dazu § 2348 Rn 4). Dies gilt auch für den Minderjähr, der zur Einwilligg in den Verzicht nicht der Zustimmg seines ges Vertr bedarf (**II** 1 Hs 2; § 107); diese benötigt er nur, falls er Verz wieder aufheben will (s § 2351 Rn 1). Wird der Erbl betreut (§ 1896), kann seine Erkl nicht unter Einwilliggsvorbehalt des Betreuers gestellt werden (KG 1903 II mit Rn 13). – Eine **Ausnahme** gibt es nur für GeschUnfähige (**II** 2), die sonst keinen Verz entggnehmen könnten; ihr ges Vertr benötigt aber gerichtl Genehmigg wie nach I (s Rn 1). – Nach KonkEröffng über das Vermögen des Verzichtenden kann er noch selbst verzichten. – **II** 1 gilt nicht für **schuldrechtlichen Vertrag,** dch den sich eine Person ggü dem Erbl verpflichtet, auf ihr Erb- u PflichttR zu verzichten (s Johannsen aaO 1049).

2348 *Form.* **Der Erbverzichtsvertrag bedarf der notariellen Beurkundung.**

1) Notarielle Beurkundung ist seit 1. 1. 70 die allein zuläss Form. Dabei ist gleichzeitige Anwesenheit **1** hier nicht erforderl (§§ 128, 152). Wird der Verzicht mit einem ErbVertr od Test verbunden, muß auch hierfür die bestimmte Form gewahrt werden; die Formerleichterg des § 2276 II gilt dann nicht entspr (Staud/Ferid/Cieslar Rn 9). Ist der ErbVerz mit der Entgeltabrede durch Bedinggen verknüpft, bedarf auch sie der Form des § 2348 (Soergel/Damrau Rn 6). Ein nur dch Auslegg erschlossener, nicht ausdrückl erklärter ErbVerz genügt nicht der in § 2348 vorgeschriebenen Form. – Das dem Erbverzicht etwa zugrunde liegende VerpflichtgsGesch bedarf ebenf der not Beurkdg (KG OLGZ **74**, 263; Damrau NJW **84**, 1163; aM Kuchinke NJW **83**, 2358). – Ein **Formverstoß** wird durch § 313 S 2 beim abstr Verz nicht **2** geheilt (KG JFG **7**, 133), wohl aber ist Heilg des GrundGesch mögl (Übbl 7 vor § 2346). Doch kann bei Formnichtigk uU Umdeutg in eine letztw Vfg des Erbl (Enterbg od Widerruf) in Frage kommen (Schlüter § 5 I 5 c; s aber auch Kuchinke NJW **83**, 2360). – Im Erbscheinsverfahren hat das NachlG Wirksamk u Umfang des Verzichts vAw zu prüfen; Verweisg auf Rechtsweg ist unzulässig (BayObLG **81**, 30). – **IPR:** EG 11 (EG 25 Rn 5).

2) Verbindung mit anderem Vertrag. In einem ErbVertr zw Eheg u einem ihrer Kinder kann ein **3** stillschweigd erklärter PflichttVerz des als SchlußE eingesetzten Kindes enthalten sein (BGH **22**, 364); ebso in einem notariellen gemschaftl Test ein Erb- od PflichttVerz eines der Eheg (BGH NJW **77**, 1728; dazu Johannsen WM **79**, 631; aM Habermann JuS **79**, 169, der Gewicht auf den fehlenden Vertr legt). Erklärt sich ein Abkömml in einem Vertrag, durch den seine Eltern ihr Anwesen auf ihn übertragen, wg seines künft ErbR für abgefunden, liegt darin idR kein ErbVerz (BayObLG **81**, 30); dies gilt bes dann, wenn die Altersversorg der Eltern wesentl Vertragsbestandteil ist (BayObLG Rpfleger **84**, 191).

3) Prozeßvergleich (dazu § 127 a Rn 2) wahrt die Form (§ 127 a). Bei Anwaltszwang muß RA prozessual **4** u Erbl persönl (wg § 2347 II) die Erklärgen abgeben (BayObLG **65**, 86); s dazu § 2276 Rn 9. Zum Vergleich im Parteiprozeß s BGH Betr **59**, 790.

2349 *Wirkung auf Abkömmlinge.* **Verzichtet ein Abkömmling oder ein Seitenverwandter des Erblassers auf das gesetzliche Erbrecht, so erstreckt sich die Wirkung des Verzichts auf seine Abkömmlinge, sofern nicht ein anderes bestimmt wird.**

1) Auf den ganzen Stamm soll sich grdsätzl der Verzicht eines Abkömml od Seitenverwandten auf sein **1** ges ErbR erstrecken, also auf die vorhandenen wie die künft Abkömml, ohne daß er in deren Namen od Vertretg (§ 2347) erklärt werden müßte (ergänzende Norm). Wenn, wie es die Regel ist, mit dem Erbverzicht ein AbfindgsVertr verbunden ist, liegt eine vorweggenommene Erbfolge vor, so daß durch die Erstreckg der Verzichtswirkg auf die Abkömml die Bevorzugg eines Stammes vermieden wird. Die Erstreckg tritt aber grdsätzl auch ohne Abfindg ein; allerdings wird hierbei wohl meist ein Verzicht zugunsten Dritter (§ 2350) vereinb werden. Über den Wortlaut des Gesetzes hinaus tritt die Erstreckg auch beim Verzicht auf das PflichttR (§ 2346 II) ein (Baumgärtel DNotZ **59**, 65; hM). **Abkömmling** ist auch das nichtehel Kind ggü seinem Vater; das angenommene Kind (§ 1924 Rn 14–23; vgl Ffm OLGZ **72**, 120).

2   **2) § 2349 gilt nicht** bei abweichender Bestimmg, die ausdrückl im VerzVertr erfolgen muß; ferner nicht für Personen, die weder Abkömml noch Seitenverwandte sind, also bei Verzicht eines Vorfahren od Eheg (Regler DNotZ **70**, 646; s auch § 2352 Rn 5) und wenn der Abkömml trotz des Verzichts letztw bedacht wurde (KG JFG **23**, 255). Auch nicht beim Zuwendgsverzicht (§ 2352 Rn 5). – § 2349 **gilt entsprechend,** wenn im fr KindesannahmeVertr das ErbR des Kindes dem Annehmenden ggü ausgeschlossen wurde (§ 1767 I aF), sowohl für künft Abkömml des Kindes, als auch wenn der Vertr mit den schon lebenden Abkömmlingen des Kindes geschlossen war (Staud/Ferid/Cieslar Rn 53 vor § 2346; dazu auch Haegele BWNotZ **71**, 41). Eine derart Vorschr ist im AdoptG nicht mehr enthalten. Wg ErbVerz bei Annahme als Kind nach neuem Recht s § 2346 Rn 1.

2350   Verzicht zugunsten eines anderen.   [I] Verzichtet jemand zugunsten eines anderen auf das gesetzliche Erbrecht, so ist im Zweifel anzunehmen, daß der Verzicht nur für den Fall gelten soll, daß der andere Erbe wird.

[II] Verzichtet ein Abkömmling des Erblassers auf das gesetzliche Erbrecht, so ist im Zweifel anzunehmen, daß der Verzicht nur zugunsten der anderen Abkömmlinge und des Ehegatten des Erblassers gelten soll.

1   **1) Allgemeines.** Der ErbVerz in bedingter Form ist zulässig (s Übbl 3 vor § 2346). § 2350 stellt eine AusleggsReg für zwei Fälle des Verz auf das ges ErbR auf, die nur Platz greift, wenn die Zw nicht überwunden sind. Sie ist nicht anwendb auf den Zuwendgsverzicht, § 2352 (Lübeck SchlHA **59**, 211; aM Blomeyer FamRZ **74**, 421/426) u auch nicht auf den bloßen PflichttVerz (§ 2346 II). Der PflichtVerz nur für den Fall, daß eine bestimmte Person Erbe u deshalb mit Pflicht belastet wird, ist iü gewöhnl, bedingter Verz.

2   **2) Der zugunsten eines anderen** erklärte Erbverzicht auf das ges ErbR **(I)** ist iZw gegenstandslos, wenn der Begünstigte aus welchen Gründen auch immer nicht Erbe wird. Verz ist also auflösend bedingt dch die Erbeneigensch. Der (od die) Begünstigte muß nicht ausdrückl genannt, aber in der Urk hinreichend bestimmt sein. Erbe werden kann er kr G od dch Einsetzg, die meist in einem verbundenen ErbVertr erfolgt; nicht erforderl ist, daß er an Stelle des Verzichtenden Erbe wird. Bei Begünstig eines Miterben fällt diesem als Erben iZw der volle Erbteil des Verzichtenden zu (KG DNotZ **42**, 148; hM; aA: nur was ihm zustehen würde, wenn der Verzichtde beim Erbfall nicht gelebt hätte, MüKo/Strobel Rn 8 mN; Blomeyer FamRZ **74**, 426 f). – Die Abkömmlinge des Verzichtenden treten nur dann an dessen Stelle (§ 2069), wenn der Verzicht erkennb zu ihren Gunsten erklärt war (KG JFG **20**, 160; s auch § 2352 Rn 5). – Bei **mehreren** Begünstigten wird der Verzicht erst unwirks, wenn sie alle wegfallen (RG LZ **26**, 1006). – Die Stellg der Nichtbegünstigten verbessert sich nicht; ihnen verbleibt stets die Erbquote, die ihnen auch ohne den Verz zugestanden hat (Oldbg FamRZ **92**, 1226).

3   **3) Erbverzicht eines Abkömmlings (II)** auf ges ErbR ist iZw immer relativ iS einer Begünstigg der u Abkömmlinge u des Ehegatten des Erbl. Eine **unbeabsichtigte Begünstigung** der Verwandten der aufsteigenden od der Seitenlinie od des Staates soll vermieden werden. Verzicht ist also iZw hinfällig, wenn nur Fernerstehende erben würden, dagg wirks, wenn auch nur einer der Begünstigten (erste Ordng, § 1924, auch Stiefelternteil) Erbe wird. Abkömml ist auch das nichtehel Kind ggü seinem Vater (vgl Regler DNotZ **70**, 649 f). Über entspr Anwend auf Ausschl des ErbR bei Adoption (§ 1767 aF) s Hamm Rpfleger **52**, 89; § 2349 Rn 2; Staud/Ferid/Cieslar Rn 53 vor § 2346 u § 2346 Rn 6, 8. – Wegen § 2352 s dort.

2351   Aufhebung des Erbverzichts.   Auf einen Vertrag, durch den ein Erbverzicht aufgehoben wird, findet die Vorschrift des § 2348 und in Ansehung des Erblassers auch die Vorschrift des § 2347 Abs. 2 Satz 1 erster Halbsatz, Satz 2 Anwendung.

1   **1) Die vertragsmäßige Aufhebung** des Erb- od PflichttVerz (auch des Zuwendgsverzichts, § 2352; Kempt MittBayNot **78**, 63 mAv Büttel; bestr; s Staud/Ferid/Cieslar Rn 2) ist den VertrParteien in Form der not Beurk (§ 2348) jederzeit, aber nur bis zum Tode des Erbl mögl. Für geschäftsunfäh Erbl kann ges Vertr handeln, bedarf aber gerichtl Genehmigg (§ 2347 II 2). Der minderjähr Erbl muß persönl handeln, bedarf aber zu der (für ihn nachteiligen) Aufhebg der Zustimmg seines ges Vertr (auf § 2347 II 1 Hs 2 ist seit 1. 1. 92 infolge Änderg der Vorschr dch das BtG nicht mehr verwiesen; das bish Redaktionsversehen ist damit korrigiert). – Für den Verzichtenden, der dch die Aufhebg nur gewinnt, gilt bei Minderjährigk § 107. – Der Erbl wird auch dch Abschl eines ErbVertr nicht gehindert, einen VerzVertr aufzuheben; die VertrErben müssen dies selbst bei Unentgeltlk des Verz hinnehmen (BGH **77**, 264). – Ein Erbverzicht, der sich gem § 2349 auch auf die Abkömml erstreckt, kann von den Parteien des ErbVerzVertr ohne deren Zustimmg aufgeh werden. Zustimmg der durch den Verzicht Begünstigten ist nicht erforderl (Haegele aaO, Staud/Ferid/Cieslar Rn 8; s auch BGH NJW **80**, 2307).

2   **2) Einseitig** (insb letztw) läßt sich der Verzicht nicht beseitigen (BGH **30**, 261/267). Der Verzichtende kann zwar bedacht werden. Das gesetzl ErbR (u etw PflichttR) des Nächstberufenen wird aber dadurch nicht berührt. Hat sich zB das PflichttR anderer Pers dch den ErbVerz vermehrt (§ 2310 I 2), kann daran dch einseit Zuwendgen des Erbl nichts geändert werden (s Staud/Ferid/Cieslar Rn 4, 5).

3   **3) Wirkung.** Der AufhebgsVertr beseitigt den Erb-, Pflichtt- od ZuwendgsVerz, als sei er nie erfolgt, stellt also den früheren Zustand wieder her. Der Verzichtde erlangt die RStellg, die er ohne den ErbVerz hatte. Er wird daher nicht Erbe, wenn Erbl inzw anderweit testiert hat, kann dann aber einen Pflichtt wieder beanspr. Eine für den Verz geleistete Abfindg kann zurückgefordert werden, §§ 812ff.

2352   Verzicht auf Zuwendungen.   Wer durch Testament als Erbe eingesetzt oder mit einem Vermächtnisse bedacht ist, kann durch Vertrag mit dem Erblasser auf die

Zuwendung verzichten. Das gleiche gilt für eine Zuwendung, die in einem Erbvertrag einem Dritten gemacht ist. Die Vorschriften der §§ 2347, 2348 finden Anwendung.

1) Zuwendungsverzicht. Jeder Bedachte kann grds auf eine erfolgte (nicht auf zukünft, BayObLG 1 Rpfleger **87**, 374) Zuwendg vTw verzichten (s aber Rn 5), hier also auch der Fiskus. Die Zuwendg kann in einem einseit od gemschaftl Test sowie in einem ein- od mehrseit ErbVertr enthalten sein. Allerd stellt § 2352 für die Zulässigk des ZuwendgsVerz hinsichtl Test u ErbVertr unterschiedl Regelgen auf (s Rn 7). Bedeutg hat der Verz angesichts der Widerrufsmöglk (§§ 2253 ff) vor allem dann, wenn der Erbl nachträgl geschäftsunfäh (§§ 2229 ff, 2347 II 2) od die wechselbezügl Vfg (§ 2271 II) dch Tod des and Teils unabänderl geworden ist (Warn **18** Nr 124, Damrau aaO vor § 2346 S 42). – **Form:** Der VerzVertr bedarf notariel- 2 ler Beurkundg (S 3 iVm § 2348, s dort); für GeschFähigk u Zulässigk der Stellvertr gilt § 2347. – **Aufhebung** des VerzVertr nach § 2351 ist mögl.

a) Teilverzicht ist mögl; Verz ist auch auf ideellen Bruchteil der Erbsch beschränkb (KG JFG **15**, 99, 3 Jackschath RhNK **77**, 117/120 f). – **Bedingter Verzicht** zugunsten bestimmter Personen kann vereinbart, aber nicht über § 2350 angenommen werden (s dort Rn 1). Er bewirkt aber noch nicht die Übertragg der RStellg des Verzichtenden auf den Begünstigten (Hamm OLGZ **82**, 272). Die nach § 312 I unwirks Übertr des in einem gemschaftl Test einem Abkömml zugewendeten Erbt an seine als MitE berufenen Geschwister zu Lebzeiten des Erbl kann in einen ErbVerz zugunsten der Geschwister umgedeutet werden (§ 140), wenn der Erbl den Erklärgen zugestimmt hat u diese den dafür geltden FormVorschr (§ 2348) genügen (BGH NJW **74**, 43; s auch Blomeyer FamRZ **74**, 421, Johannsen WM **77**, 309).

b) Auf ein Vermächtnis kann ganz od teilw (dazu Coing JZ **60**, 211) verzichtet werden (s dazu Damrau 4 aaO S 88 ff), nicht aber nur auf die sog gesetzl Vermächtn des Voraus od Dreißigsten, §§ 1932, 1969.

2) Wirkung. Der ZuwendgsVerz bewirkt nicht die Aufhebg der betr Vfg vTw. Diese wird ledigl ihrer 5 Wirkg dadch entkleidet, daß der Anfall der Zuwendg unterbleibt, wie wenn der Bedachte den Erbfall nicht erlebt hätte (s § 2346 Rn 3). Ist der Verzichtende zugleich ges Erbe, enthält der ZuwendgsVerz weder grdsl noch notwend einen Verz auf das ges ErbR od PflichttR (RG LZ **19**, 594; Staud/Ferid/Cieslar Rn 29), kann aber uU darauf ausgedehnt sein (Ausleggsfrage, Übbl 2 v § 2346; s zB BGH DNotZ **72**, 500; Ffm OLGZ **93**, 201 mAv Winkler MittBayNot **94**, 237). – Der ZuwendgsVerz wirkt nur für den Verzichtenden, läßt aber dessen PflichttR unberührt (im Ggsatz zu § 2346 I 2), auch das nach § 1371 III, u wirkt sich dadch auch auf die PflichttBerechng anderer aus. Auch beseitigt er nicht ein eigenes ErbR seiner **Abkömm-** 6 **linge;** § 2349 gilt hier nicht (Stgt NJW **58**, 347; Hamm OLGZ **82**, 272; BayObLG Rpfleger **84**, 65); als ges Vertr bedürfte seine Erkl der vormschger Genehmigg (§ 2347 I). Eingesetzte Ersatzerben kommen daher auch als Abkömml der Verzichtenden zum Zuge, es sei denn, daß ihre Ersatzberufg nicht für den Fall eines ErbVerz gg volle Abfindg gewollt war; dies ist dch (ggf ergänzende) Ausslegg zu ermitteln (Köln FamRZ **90**, 99; s auch Stgt aaO; Düss DNotZ **74**, 367). Ob ErsatzE nach § 2069 stillschw berufen sind, hängt vom Willen des Erbl ab; dies wird vor allem dann anzunehmen sein, wenn zu ihren Gunsten verzichtet war (s auch RGRK Rn 8; KG JFG **23**, 255); dagg nicht, wenn gg vollständ Abfindg verzichtet wurde (KG JFG **20**, 160; BGH NJW **74**, 43; dazu Blomeyer FamRZ **74**, 427; Jackschath RhNK **77**, 117/122). – Der Verz hindert nicht, daß der Verzichtende vom Erbl in einer späteren Vfg vTw erneut bedacht wird (BayObLG Rpfleger **87**, 374).

3) Besonderheiten beim Erbvertrag (S 2). Verzichten kann hier nur der bedachte Dritte. Die Parteien 7 des ErbVertr können auf vertragl Zuwendgen nicht verzichten, sond müssen Vertr nach § 2290 aufheben. Auf einseit Vfgen (§ 2299), die aufgehoben werden können (s § 2299 Rn 2), kann aber auch der VertrPartner als Bedachter verzichten (Staud/Ferid/Cieslar Rn 10). – **a) Dritter** ist, wer weder als Erbl noch als dessen VertrPartner am Abschluß des ErbVertr beteiligt war. Wurde ErbVertr von mehreren bedachten Personen unterzeichnet, kann von diesen auf Zuwendg verzichten, wer nur formal beteiligt war (BayObLG **65**, 188; **74**, 401; s auch Jackschath RhNK **77**, 113/115; Peter BWNotZ **77**, 113/115). Der einzige VertrPartner kann aber nie als nur formal beteiligt angesehen werden (Hamm DNotZ **77**, 751; Stgt OLGZ **79**, 129). – **b) Zustimmung** des ErbVertrPartners ist für den VerzVertr mit dem Dritten nicht erforderl (s Peter aaO 114/115; Jackschath aaO 119).

Achter Abschnitt. Erbschein

Überblick

1) Verfügungsausweis des Erben. Die Person des Erben ist von Dritten nicht sicher festzustellen, da 1 tatsächl u rechtl Gründe entggstehen können u der Übergang des ErblVermögens sich ohne äußerl sichtb Vorgang von selbst vollzieht (§ 1922). Im RVerkehr muß sich der Erbe oft als solcher ausweisen, um den Nachl in Besitz nehmen u darüb verfügen zu können. Dritte müssen bei RGesch mit dem als Erbe auftretenden Person Sicherh üb seine RStellg haben. Daher stellt in allen Erbfällen seit Inkrafttr des BGB (EG 213; BayObLG FamRZ **90**, 101) das NachlG als Akt staatl Fürsorge auf Antr einen ErbSch als Zeugn üb die erbrechtl Verhältn aus (§ 2353), der im RVerkehr Legitimations- u Schutzwirkg entfaltet (s § 2366). – Die in der fr **DDR** von deren Staatl Notariaten bis zum 2. 10. 90 erteilten ErbSch können auch nach dem Beitritt weiter anerkannt werden, wie dies die BRep bei Erbl mit letztem gewöhnl Aufenth in der fr DDR schon bish vorbehaltl EG 6 tat (BGH **52**, 145; KG OLGZ **85**, 179). Im Zuge der Herstellg der Einh wurden die Staatl Notariate aufgelöst. Ob ihre ErbSch einzuziehen sind, beurteilt sich allerd nach § 2361 (s § 2361 Rn 3; 4; 8); ist vor dem 3. 10. 90 auch in der BRD ErbSch erteilt worden, müssen allerd beide ErbSch entw sachl übereinstimmen od sich ergänzen. Für einen in der BRD lebenden Erbl wurde vom Staatl Notariat idR nur bei unbewegl Vermögen in der DDR ein ggständl beschränkter ErbSch (ZGB 414) erteilt, dem das ErbR des DDR-ZGB zugrde liegt (DDR-RAG 25 II); der westdeutsche Güterstand (§ 1371 I) wurde dabei nicht berücksichtigt (Herrmann, ErbR u NachlVerf in der DDR, 1989, Rn 1.76); s dazu § 1931 Rn 10. Ein solcher ErbSch kann in Erbfällen mit **Nachlaßspaltung** (§ 1922 Rn 8) weiter als Nachweis anerkannt werden, sofern er ausdrückl nur für dieses unbewegl Vermögen Geltg beansprucht (Schotten/Johnen DtZ **91**, 257; Wähler ROW **92**, 103; Bestelmeyer Rpfleger **92**, 229); war bislang nur ein solcher anzuerkennender DDR-Erbsch erteilt worden, ist bei Neuerteil eines allg ErbSch einschränkender Geltgsvermerk geboten (s § 2353 Rn 7). ErbSch ohne Geltgsbeschränkg trotz NachlSpaltg sind nicht unricht u nicht allein desh einzuziehen, weil dieser Vermerk keine notwend Angabe, sond als klarstellender Hinweis nur zu empfehlen ist (s § 2353 Rn 5).

2   **a) Arten.** ErbSch werden idR entw für den AlleinE (§ 2353) od bei Erbenmehrh als gemeinsch (§ 2357) üb die gesamte Erbfolge ausgestellt. Mögl sind aber auch: **Teilerbschein,** auf Antr eines MitE auch über das ErbR eines anderen MitE (Mü JFG **23**, 334); ist dieser bereits verstorben, s § 2353 Rn 13. Zum TeilErbSch über Mindesterbteil s § 2353 Rn 6. Hat ein Erbe einen TeilErbSch erhalten u ergibt sich nachträgl, daß er AlleinE ist, so kann er entweder einen weiteren TeilErbSch über das restl Erbe od einen VollErbSch über sein AlleinErbR erhalten (AG Schöneberg Rpfleger **70**, 342). – **Gruppenerbschein** dch äußere ZusFassg mehrerer Teilerbscheine, ausgestellt auf Antr aller darin benannten Erben, zB für mehrere zu einem einzelnen Erbstamm gehörende MitE (KGJ **41**, 90; HRR **35** Nr 1321); er ist wenig prakt. – **Gemeinschaftlicher Teilerbschein** für einzelne Erbstämme, auf Antr eines MitE, wenn zB ein MitE ausgewandert ist (s KG JFG **13**, 41; DFG **40**, 26; Mü JFG **15**, 354). – **Vereinigter Erbschein** (Sammelerbschein) dch äußere Zusammenfassg mehrerer Erbscheine bei mehrfachem Erbgang (KGJ **44**, 99). Auch bei mehrfachen Erbgängen dürfen aber die Erbeserben nicht unter Überspringg der Zwischenglieder als Erben genannt werden; vielm sind stets dem rechtl Hergang entspr so viele Zeugnisse auszustellen als Erbfolgen vorliegen. Eine Vereinigg scheidet von vornherein aus, wenn nicht dasselbe NachlG für die Erteilg aller Erbscheine zust ist (BayObLG **51**, 695). – Ggständl beschränkter **Fremdrechtserbschein** (§ 2369).

3   **b) Ausländische Erbscheine** sind für das deutsche NachlG nicht verbindl. Sie können aber nach FGG 16a anerkannt werden (s EG 25 Rn 22; EG 19 Rn 15). Dies ist aber nicht allein dem NachlG vorbehalten. Auch ist dafür kein förml Verf vorgesehen (BGH NJW **89**, 2197). Die Anerkenng wird vielm im jeweiligen ErkenntnVerf mitentschieden. Zu ErbSch niederländ Notare u zu and ausländ Zeugn s Pinkernelle/Spreen DNotZ **67**, 215; Firsching StAZ **76**, 153; auch BayObLG **65**, 377. Eine Erbbescheinigg nach schweiz ZGB 559 ist nicht einem ErbSch vergleichb (BayObLG FamRZ **91**, 1337).

4   **c) Für Sonderzwecke** gibt es bes erbrechtl Zeugn wie das vom NachlG (str) zu erteilende Schuldbuch-zeugn (RSchuldbG 16) u das Zeugn üb die fortgesetzte GüterGemeinsch (§ 1507); bis 1. 10. 93 gab es auch noch das HeimstättenfolgeZeugn (s § 1922 Rn 11). Nachweise ggü dem GBAmt s Rn 8. – Das **Hoffolge-zeugnis** (HöfeO 18 II) ist ein auf die Hoferbfolge beschränkter ErbSch für einen Hof im Geltgsbereich der norddeutschen HöfeO (dazu EG 64 Rn 6). Es wird vom LandwirtschG erteilt. Das Verfahren richtet sich nach LwVG 1 Nr 5; 14 ff mit den landesrechtl Besonderh, die gem LwVG 20 III in *Niedersachsen* (AGLwVG II) u *NRW* (AGLwVG 2; 3) erlassen wurden. Daneben ist auch ein ErbSch üb den gesamten Nachl od ein auf das **hoffreie Vermögen** beschränkter mögl, den gleichf das LandwirtschG zu erteilen hat (BGH NJW **88**, 2739). – S auch die Regelgn in *Rh-Pf* (HöfeO 30; dazu BGH FamRZ **95**, 34: zuständ ist LandwG), *Bremen* (HöfeO 31) u *Ba-Wü* (AnerbenG 10).

5   **2) Anderweitige Erbennachweise.** Auch wenn im RVerkehr ein ErbSch der sicherste Nachw ist, bedarf der Erbe seiner häufig nicht, da er sein ErbR auch anderweit nachweisen kann. **Banken** können sich beim Tod ihres Kunden gem ihren AGB 5 (s NJW **92**, 3278) mit Vorlage einer beglaub TestAblichtg u Eröffnungsprotokoll begnügen, obwohl sie idR ErbSch verlangen müßten, da die Wirksamk des Test bei Eröffng nicht geprüft wird und das Protokoll kein Nachw dafür ist, daß nicht später noch ein weiteres Test gesondert abgeliefert u eröffnet wurde (s § 2260). Ggü **Versicherung** ist der Erbe, der im Versicherungsschein als anspruchsberecht für den Fall des Todes des Versicherungsnehmers bezeichnet wurde, gleichf nicht auf ErbSch angewiesen (Bremen OLGZ **65**, 170). – Im Streitfall können Erbprätendenten das ErbR statt dch

6   ErbSch od zusätzl im Wege des Zivilprozesses dch **Urteil** feststellen lassen. Ein solches Feststellsurteil erwächst zwischen ihnen in RKraft, die dem ErbSch nicht innewohnt, da er bei Unrichtigk vAw einzuziehen ist (§ 2361). Ein erteilter ErbSch erleichtert im Prozeß zwar die Beweisführg (s § 2365 Rn 3; 4), bindet den Prozeßrichter aber nicht (BGH **86**, 41; WM **87**, 564; NJW **83**, 277). Der Obsiegende kann seine Herausgabe an das NachlG verlangen (§ 2362) u darauf klagen. Der RStreit kann mangels Vorgreiflichk nicht bis zur Erledigg eines anhängigen ErbSchVerf gem ZPO 148 ausgesetzt werden (KG OLGZ **75**, 355), umgekehrt aber das ErbSchVerf (s § 2353 Rn 26). – Entspr gilt für den Streit mehrerer Anwärter auf das Amt des TV u die Erteilg eines TV-Zeugn sowie im Streit zwischen Erbe u TV üb das Amt od das ErbR

7   (BGH NJW-RR **87**, 1090). – Das rechtskr Urteil **bindet** das NachlG dann, wenn es zwischen allen Beteiligten den ErbSchVerf in RKraft erwachsen ist, diese also auch im ihm gegenüber die Parteien des RStreits waren. Dem Unterlegenen kann auch sonst kein ErbSch erteilt werden, weil vom ihm dort dessen Rückgabe verlangt werden könnte (§ 2362), wohl aber einem Dritten. Sofern dem Prozeßrichter unbekannte nachträgl begründete Umstände im ErbSchVerf bekannt werden, die dem Unterlegenen die Einrede arglist Ausnutzg der RKraft gewähren, besteht auch keine Bindg ggü dem Obsiegenden (RG **155**, 55; BGH NJW **51**, 759). S auch Soergel/Damrau § 2360 Rn 4.

8   **3) Zur Grundbuchberichtigung** ist die Erbfolge grdsl dch ErbSch nachzuweisen (GBO 35), ggf dch ÜberweisgsZeugn nach GBO 36; 37. Auch NachE muß zu seiner Eintrag nach Eintritt des Nacherbfalls neuen ErbSch vorlegen (s § 2139 Rn 6). Andersartige Erbenfeststellen des NachlG genügen nicht (BayObLG **89**, 8), für die Eintrag des Fiskus auch nicht Feststellgsbeschluß nach 1964 (s dort Rn 2). TV kann nicht unter Vorlage seines Zeugn Erben benennen (Köln Rpfleger **92**, 342). – Das GBA ist an die im vorgelegten ErbSch getroffenen Entscheidgn gebunden u kann nicht noch selbst üb Gültigk od Auslegg einer letztw Vfg nachermitteln. Liegen ihm Hinweise üb dessen Unrichtigk vor, sind sie dem NachlG anzuzeigen. Zieht das NachlG den ErbSch dann gleichwohl nicht ein, trägt es allein die Verantwortg (Horber/Demharter, GBO 35 Rn 26). Bei Einziehg hat GBA stets neuen ErbSch zu verlangen (s auch Ffm

Rpfleger **79**, 106). Bei Immobilie in der fr DDR reicht allg ErbSch, der vor Beitritt in einem alten Bundesland erteilt wurde, als ErbNachw nur mit entspr Geltgsvermerk (§ 2353 Rn 9) aus (Brakebusch DtZ **94**, 61 gg BezG Erfurt DtZ **94**, 77). – **a) Ausnahme.** Entbehrl ist ErbSch idR bei Vorlage eines öff Test od eines **9** ErbVertr (GBO 35 I 2). GBA hat dann die darin enthaltenen Vfgen vTw selbständ zu prüfen u auszulegen (BayObLG **82**, 449); dabei muß es ges Auslegsregeln selbst anwenden, wenn auch NachlG auf diese zurückgreifen müßte, weil von Ermittlgen mangels konkreter Umstände keine zusätzl Erkenntn zu erwarten sind (Stgt OLGZ **92**, 147 mit krit Anm Peißinger Rpfleger **92**, 427; Horber/Demharter GBO 35 Rn 42; str). Die erhöhte Beweiskr öff Urk hat es zu beachten (ZPO 415; Ffm OLGZ **90**, 288). ErbSch kann es nur verlangen, wenn Erben nicht zweifelsfrei bezeichnet sind; od tatsächl Zweifel am behaupteten ErbR bestehen, die nur dch weitere Ermittlgen geklärt werden können (BayObLG FamRZ **95**, 899); od das not Test dch ein privatschriftl widerrufen ist (BayObLG FamRZ **93**, 605); od gemeinsch Test Strafklausel enthält (s § 2074 Rn 11); od bei Einsetzg der Kinder als NachE zum Nachweis der bereits bekannten NachE (LG Ffm Rpfleger **84**, 271 mAv Grunsky; s aber auch BayObLG **82**, 449). Dagg nicht wg rechtl schwieriger letztw Vfgen; od wenn das Nichtvorhandensein weiterer Kinder dch eine in öff Urk abgegebene eidesst Versich nachgewiesen wird (Ffm OLGZ **86**, 411; Zweibr OLGZ **85**, 408; Bochum Rpfleger **92**, 194 mAv Meyer-Stolte u Peißinger Rpfleger **92**, 428; str). – **b) Kostenbefreiung** gewährt KostO 60 IV bei Berichtigg binnen **10** 2 Jahren seit Erbfall. Beim NachlG ist ein nur für GB-Zwecke beantragter ErbSch gebührenbegünstigt (s KostO 107 III); wird er aber anderweit verwendet, erfolgt Nacherhebg (KostO 107a).

2353 *Erteilung des Erbscheins.* **Das Nachlaßgericht hat dem Erben auf Antrag ein Zeugnis über sein Erbrecht und, wenn er nur zu einem Teile der Erbschaft berufen ist, über die Größe des Erbteils zu erteilen (Erbschein).**

1) Der Erbschein ist eine dem RVerkehr dienende amtl Bescheinigg, die bekundet, wer Erbe ist u **1** welchen VfgsBeschränkgen dieser unterliegt (s Übbl 1). Er bezeugt das ErbR zZ des Erbfalls. Unberücksichtigt bleiben daher solche späteren Veränderngen, die ohne Einfluß auf die eingetretene Erbfolge sind, wie Veräußerg der Erbsch bzw des Erbteils; Tod des Erben nach Annahme. Nur solche Änderngen müssen bereits berücksichtigt werden, die sich zZ seiner Ausstellg übersehen lassen (RG **142**, 172). Den Nachlaß bezeugt er dagg nicht u enthält keine Angaben üb dessen Umfang (s aber Rn 6 zu ggständl beschränkten). S zB Zimmermann ZEV **95**, 275. – Seine **Funktion** ist der Art nach die gleiche wie eine Eintragg im GBuch: **2** Er begründet die widerlegb RVermutg der Richtigk u Vollständigk seines Inhalts für u gg den darin ausgewiesenen Erben (§ 2365) und schützt dch öff Glauben den gutgläub Dritten beim Erwerb vom Erben od bei Leistgn an diesen (§§ 2366; 2367). Verkehrsschutz genießt er allerd nur im GültigkBereich dieser Vorschriften (KG OLGZ **84**, 428). – Der ErbSch ist keine öff Urkunde iS von ZPO 415 ff, da er keine von od vor einer Behörde abgegebene Erkl enthält u auch keine Tatsache bezeugt (nur das ErbR), sondern im WiederaufnahmeVerf er, soweit es um das ErbR geht, keine bedeuts Urk iS von ZPO 580 Nr 7b (BVerwG NJW **65**, 1292). Er ist aber Urk iS von StGB 271; 272 (BGH NJW **64**, 558).

2) Inhalt. Um seine Funktion zu erfüllen, muß der ErbSch aus sich selbst heraus verständl sein, so daß **3** eine Bezugnahme auf and Urkunden ebso unzuläss ist wie die Aufnahme von Anregungen, Empfehlgen od Zusätzen der Art „mit der Maßgabe, daß ..." (Schlesw SchlHA **58**, 353). Er muß also den od die Erben möglichst genau bezeichnen sowie den Umfang des Erbrechts u die auf Anordngen des Erbl beruhenden VfgsBeschränkgen des Erben aufzeigen, soweit sich diese zum Zeitpkt der Erteilg nicht schon erledigt haben (s § 2363 Rn 2; § 2364 Rn 1). Genau anzugeben sind also Namen u Todestag des Erbl; die Erben (Geburtsdaten benötigt das GBAmt, s GBVfg 15); ihre Erbteile (Quote, also Bruchteil der Erbsch); VfgsBeschränkgen, denen der Erbe vom Erbl dch Anordng einer NErbfolge (s § 2363) und TVstrg (§ 2364) unterworfen wurde. – **Nicht** angegeben wird der BerufsGrd als überflüss (BayObLG **73**, 29); seine Aufnahme ist aber unschädl. **4** Ferner nicht **Belastungen** des Erben mit Vermächtn-, Ersatz- od PflichtAnspr; Auflagen; TeilgsAnordng, da sie nicht sein ErbR als solches betreffen (zum VorausVerm des Allein-VE s § 2363 Rn 6). Auch nicht vermerkt wird ein ges Nießbrauch des Ehegatten nach ausländ Recht (BayObLG **61**, 4: ital R; Greif MDR **65**, 447: schweiz, franz R). – Zu dem besond Inhalt des ErbSch für den VorE s § 2363 Rn 2–7. – Zur Fassg bei Wiederverheiratgsklausel s § 2269 Rn 23 u üb Aufnahme von Verwirkgsklauseln § 2074 Rn 11.

a) Besonderheiten. Gehört zum Nachl eines deutschen Erbl Grundbesitz im **Ausland** u wird der **5** EigentErwerb dch Erbgang von dem R des Lageortes (lex rei sitae) bestimmt (zB in Österreich; EG 25 Rn 2), ist nach der Rspr ein einschränkender Geltgsvermerk in den ErbSch aufzunehmen („erstreckt sich nicht auf ...“; KG OLGZ **84**, 428; BayObLG **59**, 390). Dies wird im Prinzip wg fehlendem Gleichlauf von mat R u VerfR mit mangelnder Zuständigk begründet (Rn 22). Dagg mit Recht Weithase Rpfleger **85**, 267, weil ein allg ErbSch nur das vom Nachl unabhängige ErbR von Personen nach BGB bezeugt u sein Geltgsbereich dch G bestimmt wird. Die hM zwingt damit an sich stets zur Ermittlg ausländ VermögGgstände u dann ausländ Rechts, bei deren Übersehen zur Einziehg (§ 2361 Rn 3); dieser Aufwand ist unnötig, da prakt bedeutgslos, nachdem der ErbSch nur im Inland wirkt u der BelegenhStaat üb die Anerkenng der bezeugten RNachfolge selbst bestimmt (Schotten Rpfleger **91**, 181; Bestelmeyer Rpfleger **92**, 229; im Ergebn ebso Trittel DNotZ **92**, 451). – Im **Teilerbschein** für einen MitE wird nur dessen genauer Erbteil **6** angegeben, ggf auch nur als Mindestbeteil, wenn üb den restl Erbteil eine derzeit nicht behebbare Ungewißh besteht (BayObLG **60**, 479; KG JFG **13**, 43), etwa wenn die Vatersch für ein nichtehel Kind noch nicht rkräft festgestellt ist (Firsching DNotZ **70**, 522). TeilErbSch kann von mehreren Erben jeder gesondert erhalten (s Übbl 2); zum gemeinschaftl s § 2357. – Von den **Sondererbfolgen** (s § 1922 Rn 7–11) werden nur die in einen Hof (HöfeO 19 II) u bei NachlSpaltg die in Grdvermögen im Beitrittsgebiet (s Rn 7) verlautbart, nicht aber in andere NachlTeile (BayObLG **87**, 149). – Als **gegenständlich beschränkte** ErbSch gab es bislang nur den FremdrechtsErbSch (§ 2369), den auch die fr DDR hinsichtl des dortigen Grdbesitzes kannte (s Übbl 1) u den ErbSch üb hoffreies Vermögen; dazu kam bis 1. 10. 93 noch das HeimstättenfolgeZeugn (Übbl 4). Seit dem Beitritt der fr DDR kann noch in Erbfällen mit NachlSpaltg ein eigenes erbrechtl Zeugn für den SonderNachl im Beitrittsgebiet erteilt werden (s Rn 7; zur früh Praxis vgl Schotten/Johnen DtZ **91**, 225; 257). Andere gibt es nicht (BGH NJW **76**, 480), auch nicht für LAG-Zwecke (Hamm Rpfleger **71**, 219). Ein gleichwohl erteilter ist allerd nicht ungült u in seiner Wirkg nicht beschränkt (BayObLG **52**, 69).

7   **b) Bezug zur DDR.** Nach einem dtschen Erbl wird seit dem Beitritt stets ein allg ErbSch erteilt. Dies gilt auch in Erbfällen vor dem 3. 10. 90, in denen der Erbl seinen letzten gewöhnl Aufenth in der fr DDR hatte (s EG 235 § 1 Rn 5), so daß Erbstatut das ErbR der DDR ist. In Altfällen mit NachlSpaltg (§ 1922 Rn 8) muß dann die Erbfolge in die beiden rechtl selbständ NachlTeile gesondert bezeugt werden. Bei Neuverteilg kann dies (je nach Antr) bezügl des ganzen Nachl entw dch DoppelErbSch (§ 2369 Rn 9) od dch zwei sich ergänzde EinzelErbSch geschehen. Die Ausweisg des Erbstatuts empfiehlt sich, da sich nach ihm weitere RFolgen beurteilen (s § 1922 Rn 8; Schotten/Johnen DtZ **91**, 257; Wähler ROW **92**, 103). Beim DoppelErbSch gilt dies jedenf bei unterschiedl, weil nach verschiedenem ErbR ermittelter Erbfolgen; sind beide dagg im Ergebn ident, genügt Vermerk, daß die Erbfolge sowohl in Anwendg des BGB als auch des ZGB bezügl des unbewegl Vermögens iS von RAG 25 II bezeugt wird. – Zuläss ist bei
8 NachlSpaltg aber auch, einen ggständl auf das **DDR-Grundvermögen** beschränkten ErbSch zu erteilen (allg M, zB KG OLGZ **92**, 279 mN). Ist im Einzelfall zweifelh, ob RPosition mit Bezug zu Grdstücken in der DDR (wie zB Anteil an GüterGemsch) iS von RAG 25 II zu qualifizieren ist, muß diese Frage im ErbSchVerf nicht stets abschließd geklärt werden (KG OLGZ **92**, 279; Zweibr FamRZ **92**, 1474; BayObLG FamRZ **95**, 1089; aA aber Oldbg MDR **92**, 279). Ein solcher Zweifelsfall liegt allerd entgg KG; Zweibr aaO nicht mehr vor, wenn nur RestitutionsAnspr nach dem VermG geltd gemacht werden sollen, da diese nach inzw überw Meing nicht unter RAG 25 II fallen (s § 1922 Rn 50; EG 25 Rn 23); steht dann fest, daß and unbewegl DDR-Vermögen nicht vorhanden ist, fehlt es an einem selbständ NachlTeil u damit an einer mat-rechtl Voraussetzg für einen ggständl beschränkten ErbSch (Hamm FamRZ **95**, 758 unter Vorlage an BGH; Limmer ZEV **95**, 260). Seinem Inhalt nach ist dann kein solcher ErbSch kein TeilErbSch iS von § 2353 (er gibt keine Größe eines Erbteils an, Rn 6; aA Berlin FamRZ **92**, 230) u auch kein FremdR-ErbSch (§ 2369), sond allg ErbSch iS von § 2353; eine Zuständigk des Richters ist desh nicht begründet (s Rn 5). Zur inhaltl Verdeutlichg ist allerd nach dem Muster von § 2369 sowohl die ggständl Beschränkg als auch das auf den TeilNachl angewandte ErbR zu vermerken (KG aaO), also zB „Unter Beschränkg auf die in § 25 II RAG der fr DDR bezeichneten NachlGgstände wird in Anwendg des ZGB der fr DDR
9 bezeugt, daß . . .". – Liegt bereits ein **vor dem Beitritt** erteilter allg ErbSch vor, hat dieser dch den EinigsV eine erweiterte Aussagekraft erhalten. Erweist er sich als ggständl beschränkter, bedarf es entspr Klarstellg, um bei nicht ident Erbfolge der Gefahr einer Benutzg auch für den and NachlTeil vorzubeugen (Adlerstein/Desch DtZ **91**, 193; Wandel BWNotZ **91**, 1; Trittel DNotZ **91**, 237; Bestelmeyer Rpfleger **92**, 229). Dazu muß er aber nicht eingezogen werden, wenn er für den NachlTeil, den er im Wortlaut nicht nennt, die Erbfolge richtig bezeugt. Vielm ist dann insow auszunehmsw **Ergänzung** dch Anbringg eines Geltgsvermerk zuläss („Gilt nur . . ." od negativ „Gilt nicht . . ."). Auch ein in der fr DDR erteilter (s Übbl 1) kann so verdeutlicht werden. Zusätzl kann dann noch ein ggständl beschränkter ErbSch für den and NachlTeil erteilt werden (BayObLG FamRZ **94**, 723).

10   **3) Erteilungsvoraussetzungen.** Nur dem Erben wird ErbSch erteilt, auch dem VorE; dem Erbeserben als RNachfolger (s Rn 12); dem NachE erst beim NErbfall (dem VorE dann nicht mehr); dem ErsatzE nur bei Anfall an ihn. Dagg nicht dem ErbschErwerber od, und, nur aus bestimmten Gründen AntragsBerecht. – Voraussetzg sind die Annahme der Erbsch, ein Antrag, die Abgabe bestimmter Erkl dch den AntrSt (§§ 2354; 2355) sowie die Erfüllg bestimmter Förmlich u Nachweise (§§ 2356; 2357). Annahme liegt schon im Antr (§ 1943 Rn 3). Ist AntrSt nicht Erbe od nur MitE, muß die Annahme aller Erben nachgewiesen werden (§ 2357 Rn 2). – Ist Vfgen müssen eröffnet sein (§§ 2260; 2300); war Antr schon vor Eröffg gestellt, ist sie nachzuholen (Mü DFG **43**, 147). – Ist Erbe vermißt, muß nachgewiesen sein, daß er den Erbfall noch erlebte bzw für diesen Zeitpkt noch Lebensvermut nach VerschG 10 bestand (vgl 1923 Rn 3; Karlsr NJW **53**, 1303); hinsichtl mehrerer zu verschied Zeiten für tot erkl Personen s § 1923 Rn 3.

11   **a) Der Antrag** muß inhaltl bestimmt sein u das beanspruchte ErbR genau bezeichnen (zum Bestimmth-Erfordern eingehd Hilger BWNotZ **92**, 113). Antr „nach Maßgabe des Test" genügt idR nicht (BayObLG **67**, 1). Grdsl ist auch anzugeben, ob das ErbR aGrd Ges od Vfg vTw beansprucht wird (BayObLG **73**, 28); alternat Angabe ist nur zuläss, wenn bei Zweifeln üb Gültigk der Vfg der Erbe in gleichem Umfang test wie gesetzl berufen erscheint (Hamm OLGZ **67**, 71; BayObLG **74**, 464; Ffm Rpfleger **78**, 17). – Erbquoten sind genau anzugeben; hiervon kann AntrSt allerd absehen bei Gründen, die in der Natur der Sache liegen (Düss DNotZ **78**, 683). – Wurde NErbfolge angeordnet, ist anzugeben, unter welchen Voraussetzgen sie eintritt, wer NachE ist u ob ErsatzNErbfolge angeordnet. – Ferner muß aus Antr hervorgehen, ob der ErbSch allg od ggständl beschränkt (s Rn 6; § 2369) u ob er nur zu beschränktem Gebrauch (s Rn 27) erteilt werden soll. Üb kostengünstigere von mehreren Möglichk muß RPfl bei NachlVerhandlg belehren (Hamm JurBüro **73**, 1184). – Eine besond **Form** ist für den Antr nicht vorgeschrieben. Meist wird er aber zu Prot des NachlG (FGG 11) od Notars gestellt im Hinbl auf die Beurkundg der regelm erforderl eidesst Vers (§ 2356 II). – **Haupt- u Hilfsantrag** mit sachl unterschiedl Inhalten sind zuläss, wenn jeder Antr für sich das damit beanspruchte ErbR bestimmt bezeichnet u dem NachlG die Reihenfolge der Prüfg u Entscheidg angegeben wird (Hamm FamRZ **93**, 111; BayObLG **73**, 30); sachl darf dann HilfsAntr nicht vor dem HauptAntr geprüft werden. In der BeschwInstanz kann HilfsAntr aber nicht erstmals gestellt werden (Köln FamRZ **94**, 591). – **Rücknahme** ist bis zur Erteilg mögl; Notar ist dazu nur bei entspr Vollm ermächtigt (LG Düss RhNK **61**, 120). RücknErkl kann auch ggü RBeschwG abgegeben werden (BayObLG FamRZ **91**, 230) u ebso wie die Verpflichtg dazu Inhalt eines Vergl sein (Stgt OLGZ **84**, 131). – **Vertretung** ist zuläss (FGG 13), Vollm kann nachgebracht werden. VertretgsR von Eltern ist Teil ihrer Vermögenssorge (§ 1626 Rn 17), sofern nicht vom Erbl ausgeschlossen (§ 1638); Vormund ist nicht nach § 1795 Nr 3 ges ausgeschlossen (BayObLG **61**, 277). Betreuer ist nur bei entspr Wirkgskreis ges Vertreter (§ 1902 nF). ErbSchAnnahme kann im Antr des ges Vertr aber nur liegen, wenn dieser auch dazu befugt ist.

b) Das Antragsrecht ist von einer bestimmten RStellg abhäng, die der AntrSt nachweisen muß; nur **12** beim Erben genügt schlüss Behauptg, da sein ErbR erst im Verf festgestellt wird. Ihrer RStellg nach sind antragsberecht: Jeder Erbe od MitE (§ 2357 I 2), auch für and MitE (s Übbl 2, aber auch Rn 13); der VorE (der NE erst beim NErbfall); Fiskus als ges Erbe nach seiner Feststellg (§ 1964); der Erbeserbe (aber nur auf den Namen des Erben, Mü JFG **14**, 65). – Ferner TV; NachlVerw; NachlKonkursVerw; AbwesenhPfleger (§ 1911; s KG JR **67**, 26); executor nach amerik R, sofern er für die Verwaltg des inländ Vermögens in Betr kommt (BayObLG **80**, 42; s auch Einf 21 vor § 2197). – Bei ZwangsVersteigerg zwecks Aufhebg der ErbenGemsch der AntrSt für die Erben eines Beteiligten; der MitE für einen and (ZVG 180; 181; 17 I, III; Hamm MDR **60**, 1018). – Gehört die ErbSch zum Gesamtgut, sowohl der erbende Ehegatte als auch der verwaltgsberecht bzw (bei gemeinsch Verwaltg) beide gemeins (BayObLG **58**, 366). – **Nicht** antragsberecht **13** sind dagg: NachE während der VorErbsch; NachlPfleger (es sei denn bezügl eines and Nachl, an dem Rechte des Erben wahrzunehmen sind, s BayObLG FamRZ **91**, 230); Finanzamt; NachlGläub (zB Pflichtt-Berecht, Köln NJW-RR **94**, 1421) u ErbenGläub, es sei denn nach Maßg von ZPO 792; 896 bei TitelVorlage (BayObLG **73**, 224; Hamm Rpfleger **84**, 273; LG Mü DNotZ **50**, 33 zu Käufer eines NachlGrdst); auch nicht der vom Erben zur Auflassg an sich selbst Bevollmächtigte (Celle JR **48**, 317). Ferner nicht MitE zum Nachw der Erbfolge nach einem and verstorbenen MitE, es sei denn zur Aufhebg der ErbenGemsch dch ZwangsVersteigerg eines NachlGrdst (BayObLG **94**, 158).

4) Gang des Verfahrens. Die Erteilg ist nach § 2353 allein dem NachlG vorbehalten (idR ist es das AG; **14** Ausn s § 1962 Rn 1); das BeschwerdeG kann selbst nie erteilen, sond nur NachlG zur Erteilg eines bestimm-ten ErbSch anweisen. Ausnahmsw kann das LandwG zuständ sein, wenn zum Nachl ein Hof gehört (s Übbl 4 vor § 2353). – Ein **Antrag** ist stets Voraussetzg (s Rn 10; 11), selbst wenn Erbenermittlg nach LandesR vAw zu erfolgen hat (s § 2262 Rn 3). Das NachlG ist an den Antr gebunden u darf keinen and als den beantragten ErbSch erteilen. Es kann also dem Antr nur stattgeben od Erteilg ablehnen, aber nicht ErbSch mit teilw abweichendem Inhalt erteilen. Ggf ist dch ZwischenVfg zur Änderg des Antr od zur Beseitigg behebbarer Mängel aufzufordern. Ein unzuläss ohne Antr erteilter ErbSch ist einzuziehen, sofern nicht nachträgl Genehmigg der Erteilg (ggf dch schlüss Verhalten des Erben) erfolgt ist (BayObLG **70**, 106; Stgt Just **79**, 437). – Die Entscheidg ist grdsl dem RPfl übertragen (RPflG 3 Nr 2c). Dem **Richter** vorbehalten ist **15** sie nur bei Vfg vTw (RPflG 16 I Nr 6), gleichgült ob diese wirks ist (str) od ihr Existenz nur behauptet wird (BayObLG **77**, 59); ferner im Falle des § 2369. Seine funktionelle Zuständig umfaßt dann nicht nur die Erteilg, sond auch das vorausgehende Verf, so daß er BeweisAufn nicht dem RPfl überlassen kann (Mü OLGZ **80**, 191). Rückübertragg auf RPfl ist uU mögl (RPflG 16 II). Bei deutsch Erbl wirkt sich der Vorbehalt eines FremdRErbSch nie aus, selbst wenn nach der staatl Vereinigg in Altfällen die ges Erbfolge noch nach dem R der fr DDR zu prüfen (EG 235 § 1 I) od bes Zeugn (Rn 8) zu erteilen ist; allerd kann dann Vorlage nach RPflG 5 Nr 2; 3 geboten sein. – Die ZuständigkVorschr sind zwingend u gelten unabhäng davon, ob deutsches od ausländ ErbR zur Anwendg kommt (KG OLGZ **69**, 285). Das NachlG hat sie in jeder Lage des Verf vAw zu prüfen. Bei Verstößen (Erteilg dch RPfl statt Richter; dch örtl unzuständ NachlG) ist ErbSch zwar nicht unwirks (FGG 7), aber einzuziehen (§ 2361 Rn 4).

a) Örtliche Zuständigkeit. Sie wird dch den letzten inländ Wohnsitz des Erbl bestimmt, mangels eines **16** solchen dch den inländ Aufenth zZ seines Todes (FGG 73 I); andernf ist AG Schöneberg in Berlin zuständ (FGG 73 II), das aus wicht Grd an and NachlG abgeben (FGG 73 II 2) u die AbgabeVfg auch nochmals ändern kann (BayObLG FamRZ **90**, 101). Diese Regelg gilt im gesamten Staatsgebiet, nachdem das FGG am 3. 10. 90 gem Art 8 EiniggsV auf das Beitrittsgebiet übergeleitet wurde, auch wenn Erbl vor Beitritt gestorben ist (Bremen Rpfleger **94**, 113). Eine zu diesem Zeitpkt bereits rechtswirks begründete Zuständigk dauert allerd fort (KG OLGZ **92**, 287). Die nachträgl Erteilg von Ausfertiggen obliegt dagg weiterhin dem NachlG, das den ErbSch erteilt hat (KG OLGZ **93**, 293). Zur früh RPraxis in beiden Teilen s Schotten/Johnen DtZ **91**, 225; 257. – **Wohnsitz** bestimmt sich nach §§ 7ff, auch für Ausländ (lex fori, BayObLG **66**, **17** 203; KG FamRZ **61**, 383). IdR ist er der SterbeUrk zu entnehmen (KG OLGZ **73**, 149; Rpfleger **74**, 399 zu amtsgerichtl Zweigstellen). Polizeil Anmeldg ist weder erforderl noch ausreichend (§ 7 Rn 7). Bei dauernder Unterbringg des Erbl in Anstalt s § 8 Rn 1; Betreuer ist für Begründg od Aufhebg nur bei geschunfäh Betreutem ges Vertr (§ 8 Rn 1; BayObLG **90**, 73; **92**, 123). Bei Doppelwohnsitz (§ 7 Rn 13) ist zuerst tätig gewordenes NachlG zuständ (FGG 4; BayObLG FamRZ **85**, 533); bei Streit bestimmt das gemeinsch Obergericht (FGG 5). Aufhebg des bish Wohnsitzes (§ 7 III) bedarf entspr, nach außen erkennb gewordener Absicht (§ 7 Rn 12; BayObLG FamRZ **95**, 680). – **Aufenthalt** ist der Ort, an dem sich der Erbl beim Tod **18** tatsächl befand (s § 7 Rn 2), gleichgült ob gewollt od unfreiw, bewußt od unbewußt (KG Rpfleger **68**, 287), auf Dauer od nur vorübergeh (zB auf Durchreise, KG OLGZ **73**, 149; BayObLG Rpfleger **78**, 287). Zum Nachweis genügt SterbeUrk (Keidel/Winkler § 73 Rn 9). Ein Wohnsitz im Ausland ist unerhebl. – **Ersatz- 19 zuständigkeit.** Hatte der Erbl letzten Wohnsitz (od Aufenth) in einem Gebiet des fr deutschen Reichs, in dem heute als Kriegsfolge deutsche Gerichtsbark nicht mehr ausgeübt wird, ist gem ZustErgG 7 mit 6 II (s bei Keidel/Winkler FGG 73 Rn 10) jedes inländ NachlG zuständ, in dessen Bezirk sich NachlGgstände befinden, sonst das AG Schöneberg in Berlin. – Damit ist für einen deutsch Erbl immer die Zuständigk eines inländ NachlG gegeben. Als **Deutscher** wird ein Erbl auch dann behandelt, wenn er neben der deutsch **20** zugleich eine fremde Staatsangehörig besaß (EG 5 I 2). Hatte er die deutsche verloren, gilt FGG 73 III; ist der Verlust nicht feststellb, gilt er als Deutscher bis zum Nachweis seiner AusländerEigensch (BayObLG Rpfleger **83**, 315); der Ausbürgerg deutscher Juden vor dem 8. 5. 45 war nichtig, sofern der Betroffene seine deutsche Staatsangehörig weiter besitzen wollte (BVerfG **23**, 98; Anh 13 zu EG 5). – Bei **ausländischem 21** Erbl gilt FGG 73 I auch; hatte er allerd im Inland weder Wohnsitz noch Aufenth, müssen sich im Inland zumindest NachlGgstände befinden (s Rn 23), deren Lage dann die Zuständigk bestimmt (§ 2369 II; FGG 73 III). Kommt als inländ NachlGgst nur ein Anspr in Betr, ist zuständ: Bei LAG-Anspr das AG, in dessen Bezirk das zuständ Ausgleichsamt seinen Sitz hat (Hamm NJW **73**, 2156; BayObLG FamRZ **91**, 992; **92**, 1352: mehrere AusglÄmter; **93**, 368: mehrere zuständ NachlG; s aber Rn 23); bei RückerstattgsAnspr das AG des Entziehungsorts (BayObLG **61**, 79; **67**, 5); bei rückerstattgsrechtl ErfüllgsAnspr das AG, in dessen Bezirk die zuständ OberFinDir ihren Sitz hat (Bln RzW **66**, 208); bei EntschädiggsAnspr nach dem BEG das AG, in dessen Bezirk sich entw die unterste Entschädiggsbehörde (Stgt BWNotZ **63**, 300) od die Feststellgsbehörde befindet (Hamm JMBl NRW **57**, 161); bei Anspr nach HäftlingshilfeG das AG, in dessen Bezirk die Behörde Sitz hat, die den Anspr als zuständ bearbeitet (BayObLG **91**, 6). Die so begründete Zuständigk dauert fort, wenn ein Bedürfn für eine erweiterte Bezeug des ErbR (zB gem Rn 7) auftritt (KG OLGZ **93**, 17).

22 **b) Internationale Zuständigkeit.** Sie muß in Fällen mit Auslandsberührg als Befugn des inländ NachlG zur hoheitl Betätigg in Form der Erteilg eines ErbSch ausdrückl festgestellt werden. Gesetzl ist diese verfahrensrechtl Frage allerd nicht geregelt, insbes nicht im IPR (s Einl 3 vor EG 3; BayObLG FamRZ **87**, 526). Jedoch ist sie als Statutzuständigk stets gegeben, wenn der Erbfall deutschem ErbR zumind teilw untersteht, zB infolge Rückverweisg (EG 25 Rn 2) od RWahl (EG 25 II mit Rn 7); auch ein ausländ Zeugn üb die Beerbg eines deutsch Erbl hindert dann die Erteilg nicht (BayObLG FamRZ **91**, 1237). Dieser Grdsatz des Gleichlaufs von materiellem R u VerfahrensR (s EG 25 Rn 18–20) wird nur bei deutsch Erbl eingeschränkt, die ein and Erbstatut als das des BGB hatten (Sudetendeutsche, die vor od während der Vertreibg starben, wurden nach dem in ihrer Heimat geltenden R beerbt; s EG 25 Rn 20). Damit soll einer an RVerweigerg grenzenden Notlage der vertriebenen Erben entsprochen werden; bei Grundbesitz im Elsaß ist eine solche allerd nicht zu befürchten (Zweibr OLGZ **85**, 413 mAv Witz/Bopp IPrax **87**, 83). – Für österr Grdbesitz eines Deutschen als abgespaltenem Nachl fehlt nach KG OLGZ **84**, 428 die internat Zuständigk, weil das Gleichlaufprinzip nicht eingreift, wenn der RÜbergang nicht deutschen Regeln folgt (s Rn 5 mit

23 abw Auffassg). – Unterliegt die Erbfolge **nicht** deutschem Recht, wird eine internat Zuständigkeit gem § 2369 nur dch NachlGgstände im Inland begründet (s auch Rn 21) u nur für einen besond, ggständl beschränkten FremdrechtsErbSch (s § 2369 Rn 2), sofern nicht ausnahmsw die Erteilg eines allg ErbSch geregelt ist (s EG 25 Rn 4). Bei LAG-Anspr muß analog FGG 73 III das Vermögen des ausländ Erbl noch zu seinen Lebzeiten von Kriegs- od Vertreibgsschäden betroffen worden sein, um zum Nachl gehörend angesehen zu werden, nicht erst wenn bereits Erbe Eigentümer geworden war (BGH NJW **72**, 945; Hamm OLGZ **73**, 286; BayObLG **74**, 460).

24 **c) Verfahrensregeln.** Das ErbSchVerf ist teilw im BGB selbst, im übr im FGG geregelt. Die am Verf Beteiligten müssen keine ggsätzl Interessen verfolgen. Sie sind gehalten, dch Angabe von Tats u Beweismitteln mitzuwirken (Köln Rpfleger **81**, 65), können aber den Inhalt des ErbSch nicht wirks vereinbaren, da die Erbenstellg nur dch Ges, Test od ErbVertr begründet werden kann (BayObLG **91**, 1); zu ihrer Stellg s auch § 2358 Rn 4. Der AntrSt, der das Verf in Gang bringt (s Rn 10), hat notwend Erkl abzugeben (§§ 2354/ 2355) sowie Nachw dch öff Urk u eidesst Versich (§ 2356) zu erbringen. Den Beteiligten ist rechtl Gehör zu gewähren (GG 103 I; s § 2360); vor Ablehng des Antr ist auf Bedenken hinzuweisen (KG DNotZ **55**, 408).

25 Zur Bewilligg von Prozeßkostenhilfe s AG Olpe Rpfleger **87**, 373. – Das **Rechtsschutzbedürfnis** kann idR nicht verneint werden, weil Erbe keines ErbSch bedürfe. Das NachlG hat grdsl nicht zu prüfen, aus welchem Grd u zu welchem Zweck ErbSch beantragt wird (BayObLG Rpfleger **90**, 512). Ausnahmsw fehlt es aber, wenn ErbSch ohne jedes Bedürfn für eine RFolge begehrt wird (BayObLG FamRZ **86**, 1151); od wenn bereits ein ausländ ErbSch vorliegt, der anzuerkennen ist (s Übbl 3), sofern nicht der AntrSt dessen

26 Unrichtigk behauptet (KG OLGZ **85**, 179). – Materielle **Rechtskraft** kennt das ErbSchVerf nicht, da sich dch Erteilg od Ablehng des ErbSch sachl nicht die Erbfolge verändert (BGH **47**, 58/66), der unricht ErbSch vielm einzuziehen ist (§ 2361). Zur Bindg des NachlG an ein rkräft Feststellgsurteil s Übbl 6; dch Urteil kann auch die Rückgabe des ErbSch an NachlG erzwungen werden (§ 2362 I). – **Aussetzung** des ErbSch-Verf (auch noch dch RBeschwG, BayObLG NJW-RR **92**, 968) kann angeordnet werden, sofern ein vorgreifl RStreit üb das ErbR anhäng (auch im Ausland, KG FamRZ **68**, 219) u die Verzöger den Beteiligten zumutb ist (BayObLG Rpfleger **75**, 243). – **Unterbrechung** tritt dch Tod des AntrSt od eines Beteil nicht

27 ein. – **Kosten:** Gerichtsgebühren gem KostO 107; 49 errechnen sich aus Reinnachlaß; PflichtAnspr mindern immer Wert (Düss Rpfleger **91**, 23; Köln Rpfleger **88**, 25). KostO 19 IV privilegiert landw Betriebe, die ExistenzGrdlage einer bäuerl Familie sind (BayObLG NJW-RR **92**, 1416) u gilt dann auch bei ges Erbfolge (BayObLG **92**, 264). Gebührenvorteile sind vorgesehen, wenn ErbSch zB nur für GBuchzwecke (KostO 107 III), ggf auch nur für unbeweg Vermögen in der fr DDR (s Rn 8) beantragt wird; od nur für EntschädiggsVerf (LAG 317 II; BEG 181 III). Der ErbSch wird dann mit einschränkendem Vermerk versehen u direkt der Behörde zur amtl Verwendg übersandt (Beteiligte erhalten weder Ausfertig noch Abschrift). Zweckfremde Verwendg dieses gleichwohl vollwert ErbSch führt zu Gebührennacherhebg (KostO 107a; BayObLG **83**, 180). – Erstatt der außergerichtl Kosten eines Beteiligten dch and mit ggsätzl

28 Interesse richtet sich nach FGG 13a. – **Akteneinsicht** nur bei berecht Interesse (FGG 34; 78; für Behörden gilt allerd GG 35), dh wenn künft Verhalten des AntrSt dch Kenntn vom Akteninhalt beeinflußt werden kann (BGH NJW-RR **94**, 381; BayObLG **95**, 1), weil er als Erbe, Pflichtberecht od Vermächtnis-Nehmer in Betr kommt (BayObLG Rpfleger **84**, 328; Lübeck Rpfleger **85**, 151) od als NachlGläub gg TV Anspr verfolgen will (BayObLG FamRZ **90**, 1124). Sie umfaßt dann auch NachlVerzeichn (BayObLG FamRZ **90**, 1124; Bayreuth Rpfleger **90**, 258); NachlG kann im Einzelfall Einsicht aber versagen, wenn ganz überwiegende Tats Geheimhaltg notwend erscheinen lassen (BayObLG **95**, 1). Einsicht in eröffnetes Test erfordert sogar rechtl Interesse (§ 2264). ErbSchAusfertig an Dritte: FGG 85 (dazu KG Rpfleger **78**, 140). Einsicht wird nur auf Geschäftsstelle (wg Gefahr des UrkVerlusts, Köln Rpfleger **83**, 325) gewährt; Anspr auf Einsicht in RA-Kanzlei besteht nicht (Ffm Rpfleger **91**, 460), es sei denn, daß EinsichtsR sonst vereitelt od wesentl erschwert würde (Ffm aaO; BayObLG **95**, 1). – Zur Auskunft, wer Erbe wurde, ist NachlG nicht allg verpflichtet.

29 **d) Beweiserhebung.** Das NachlG ist vAw verpflichtet, die erforderl Ermittlgen dchzuführen u die notwend Beweise zu erheben (§ 2358; FGG 12); Einzelh zu Art u Umfang der gebotenen Ermittlgen s § 2358 Rn 1; 2. Allerd ist es seinem pflichtgemäß Ermessen überlassen, ob es sich mit formlosen Ermittlgen begnügt (Freibeweis; FGG 12) od ob es eine förml Beweisaufnahme anordnet (Strengbeweis; FGG 15). Dies hängt im wesentl von der Bedeutg des Beweismittels für die Entscheidg ab (s BayObLG NJW-RR **92**, 653 mAv Pohlmann Rpfleger **92**, 484). Entschließt es sich zur förml Beweisaufnahme, gilt der Grds der Unmittelbark (ZPO 355) entspr mit den sich aus der Natur des FGG- Verf ergebenden Abweichgen (FGG 15; BayObLG FamRZ **88**, 422 mN). Die Anordg der Beweiserhebg ist grdsl nicht isoliert anfechtbar. Das

Verfahren ist nichtöffentl. Nach dem Grds der Parteiöffentlichk haben jedoch die Beteiligten u ihre Bevollmächt das Recht, an einer förml Beweisaufnahme teilzunehmen (KG NJW 62, 2114), nicht aber bei formloser Anhörg (KG NJW 60, 486). Das Ergebn ist vor Erlaß einer Entscheid den Beteiligten zur Kenntn zu bringen u ihnen Gelegenh zur Stellgnahme zu geben (s § 2360 Rn 2). – **Beteiligte** können nicht als Zeugen vernommen (BayObLG 60, 216; 272; 493), aber im Wege formloser Beweisaufnahme ebso wie and Auskunftspersonen angehört werden. Str ist, ob sie auch beeidigt werden können (ja hM, zB Keidel/Amelung FGG 15 Rn 48 mN; nein BayObLG FamRZ 86, 1043 mN). Zum persönl Erscheinen der Beteiligten kann das Gericht dch Androhg u Verhängg von Zwangsgeld anhalten (KG JZ 60, 446; Hamm Rpfleger 56, 243). – **Zeugen** können im Wege der RHilfe vernommen werden, wenn es für die Würdigg ihrer Aussage nicht entscheidend auf den persönl Eindruck ankommt; ersuchtes AG ist auch zuständ, wenn es nach LandesR nicht NachlG ist (Karlsr Rpfleger 94, 255). Ihre Vereidigg erfolgt nach dem Ermessen des Gerichts (FGG 15 I 2); ZPO 391 ist nicht anwendbar. Ob eine eidesstattl Versicherung von Zeugen verlangt werden kann, ist str, aber zu bejahen (Celle FamRZ 59, 33; Düss MDR 61, 261; aA Celle Rpfleger 59, 61). – Ein **Zeugnisverwei-** 30 **gerungsrecht** haben RA, Notar od Steuerberater, die berufl an TestErrichtg mitgewirkt haben; ebso Arzt hinsichtl solcher Tats, die er im Rahmen seiner Behandlg des Erbl aGrd seiner Vertrauensstellg erfahren hat (BGH 91, 392). Bei der Frage, ob diese Personen als Zeugen von ihrer Verpflichtg zur Verschwiegenh befreit werden können (ZPO 385 II mit 383 I Nr 4, 6), ist davon auszugehen, daß GeheimnSchutz u damit SchweigePfl auch nach dem Tod des Erbl fortbestehen; in welchem Umfang, ist nach Lage des Falles differenzierend festzustellen. Tats aus seiner höchstpersönl Sphäre, zu denen auch solche üb die Testierfähigk gehören (BGH aaO; BayObLG 86, 332), unterliegen nicht der Disposition der Erben od nächsten Angehör; nur soweit eine Tats dem vermögensrechtl Bereich zuzuordnen ist, geht mit dem Vermögen (§ 1922) auch die BefreigsBefugn auf den Erben über (Stgt OLGZ 83, 6; BayObLG 66, 86). Eine Befreig hängt daher allein vom (auch konkludent) erkl Willen des Erbl ab; läßt er sich nicht feststellen, von seinem mutmaßl, also ob er unter Berücksichtigg seines wohlverstandenen Interesses u seiner persönl Belange auf Geheimhaltg verzichten würde. Ist ein solcher Wille zweifelh, liegt die Verantwortg beim Geheimnisträger (BGH aaO). Dieser ist aber nicht frei, sond hat nur ein Ermessensspielraum, ob er sich bei gewissenhafter Prüfg als entbunden ansehen kann. Da er sachfremden Erwägen zur Aussage verpflichtet ist, hat er darzulegen, auf welche Belange er Weigerg stützt (BGH aaO); allg Gründe des Gewissens od Standesethos reichen nicht, da SchweigePfl nicht Schutz des RA od Arztes dient (s auch § 1922 Rn 46). Anerkannt ist, daß die Aufklärg von Zweifeln an der Testierfähigk im wohlverstandenen Interesse eines Erbl liegt, der Test errichtet hat (BGH aaO; BayObLG aaO; NJW-RR 91, 1287), selbst wenn alte Menschen ihre Auffälligk idR nicht vor Gericht erörtert haben wollen (LG Düss NJW 90, 2337). Geht es um Ermittlg seines wirkl Willens u damit um Tats, deren Offenlegg seinem mutmaßl Willen stets entspr, besteht mangels Konflikt mit berufsbedingter Vertrauensstellg ohnehin keine SchweigePfl (Köln OLGZ 86, 59; BayObLG FamRZ 91, 231). – Verstoß gg SchweigePfl führt nicht zu Verwertgsverbot (BayObLG aaO). – Zur Notwendigk der Erholg des Gutachtens eines **Sachverständigen** s § 2229 Rn 13.

e) Beweislast. Eine formelle gibt es nicht, abgesehen von den in § 2356 begründeten Ausn (BayObLG 31 76, 151/164). Läßt sich jedoch trotz Ausschöpfg aller ErkenntnQuellen eine Tats nicht feststellen, muß es eine Regel geben, welchen Beteiligten die Unaufklärbark trifft. Die Grdsätze für die Verteilg dieser sog **Feststellungslast** (BayObLG FamRZ 85, 837; Hamm OLGZ 67, 69; Ffm Rpfleger 78, 210) ergeben sich aus dem mat R (auf die Stellg im Verf kommt es nicht an). Danach trägt sie für die das ErbR begründenden Tats derjenige, der das ErbR in Anspr nimmt u für die das ErbR vernichtenden Tats derjenige, dem diese Tats zugute kämen (KG OLGZ 91, 144). Unter einen das nachgewiesene ErbR beseitigenden AusnTatbestand fallen sowohl Tats, die das zunächst begründete ErbR vernichten (wirks Anfechtg; Ausschlag; Erbverzicht; Eintritt auflösder Bedingg) als auch solche Tats, die schon vor dem Erbfall die Gültigk des Test betreffen (Testierunfähigk; Existenz eines WiderrufsTest; Bindg an ErbVertr od gemeinsch Test, Stgt Just 67, 50). – Zur Beweislast für Sittenwidrigk s § 1937 Rn 28. – Bei nicht beizubringender TestUrk s zu den Beweisanforderg § 2255 Rn 12.

f) Entscheidung ergeht stets dch Beschluß. Die antragsgem Bewilligg der Erteilg erfordert nur dann eine 32 Begründg, wenn damit auch üb ggsätzl Antr mehrerer Beteil (somit teilw ablehnend) entschieden ist od nur dem HilfsAntr (Rn 11) entsprochen wurde, der erst nach dem HauptAntr sachl geprüft werden darf (Hamm FamRZ 93, 114); allerd ist aber bei Beweiswürdigg od Testauslegg Begründg anzeigt. Ablehng des Antr erfordert stets Begründg. – Dch **Vorbescheid** wird die Erteilg eines bestimmten, inhaltl genau bezeichneten 33 ErbSch nur angekündigt für den Fall, daß nicht binnen bestimmter Frist Beschwerde eingelegt wird (ggf auch ohne Fristsetzg, KG OLGZ 91, 144). Er ist im G nicht vorgesehen, wurde aber von der RPraxis für Ausnahmefälle geschaffen, weil die Publizitätswirkg des ErbSch (§§ 2365–2367) nicht mehr rückwirkd beseitigt werden kann. Verfahrensrechtl handelt es sich dabei um keine die Instanz abschließende Endentscheidg, sond um eine bes ZwischenVfg, so daß abweichende Antr damit noch nicht abgewiesen werden. Zuläss ist diese ErbSchAnkündigg nur in einem aGrd vollständ Ermittlgen entscheidungsreifen Verfahren (Köln FamRZ 91, 1356; BayObLG 94, 73), sofern von den Beteiligten ggsätzl ErbSchAntr gestellt wurden (ggf erst nach Beschw, BayObLG 94, 73), darunter dem angekündigten ErbSch entspr (zumindest aber zu erwarten ist, BayObLG 63, 20; str; aA Hamm OLGZ 70, 117), u ausnahmsw wg der schwierigen Sach- u RLage ein Bedürfn für eine Vorklärg besteht, um Schaden zu vermeiden, der bei Erteilg eines unricht ErbSch bis zu dessen Einziehg entstehen kann (st Rspr; zB BGH 20, 255; Köln NJW-RR 91, 1412; dazu Pentz MDR 90, 586 mwN). Ob eine solche Ausn vorliegt, beurteilt NachlG nach seinem Ermessen (BayObLG FamRZ 91, 494). – Statt Erteilg kann es bei widerspr Antr aber auch dch Ablehng des für unbegründet erachteten Antr beschwerdefäh Entscheid herbeiführen (ggf sogar neben Vorbescheid, BayObLG NJW-RR 91, 1287). Unzuläss ist es dagg, eine Abweisg des Antr dch Vorbescheid nur anzukündigen (Hamm NJW 74, 1827; KG Rpfleger 74, 398; Düss NJW-RR 94, 906). – Vorbescheid ist auch bezügl TV-Zeugn ausnahmsw zuläss (BayObLG FamRZ 91, 111). – **Tatsächlich erteilt** ist der ErbSch erst mit 34 Aushändigg einer Urschrift od Ausfertigg an einen AntrSt, seinen Bevollmächt od an eine von ihm bestimmte Behörde, zB an das GBAmt zwecks GB-Berichtigg (BayObLG 60, 192; Hamm Rpfleger 94, 248);

dagg nicht schon mit Übersendg nur des BewilliggsBeschl (aA Stgt OLGZ **93**, 383, falls die erteilte Ausfertigg nicht als solche kenntl ist). Keine Erteilg ist die Übersendg einer Abschr an Finanzamt (ErbStDV 12) od Mitteilg an GBAmt nach GBO 83. – **Berichtigung** des erteilten ErbSch od Ergänzg ist dann nur noch zur Beseitigg von offenbaren Unrichtigk (zB Schreibversehen) od von überflüss Zusätzen zuläss (Einzelh s § 2361 Rn 2).

35 **5) Rechtsmittel** sind gg Entscheid des RPfl die Erinnerg (RPflG 11), iü Beschw zum LG (FGG 19) u weitere Beschw als RBeschw zum OLG (FGG 27), in *Bay* zum BayObLG. NachlG ist zur Abhilfe befugt (FGG 18), auch wenn es Beschw schon vorgelegt hat (Hamm JMBl NRW **59**, 176). BeschwRücknahme ist formlos bis zum Erlaß der Entscheidg mögl.

36 **a) Statthaft** (FGG 19 I) ist die Beschw gg Ablehng des Antr; gg BewilliggsBeschluß, solange Erbsch noch nicht erteilt ist, wobei dch die Erteilg das RMittel nicht erledigt wird (Zweibr OLGZ **84**, 3); gg die erfolgte Erteilg nur mit dem Ziel der Einziehg (u zwar wahlw neben dem EinziehgsAntr an NachlG nach § 2361), aber nicht mehr nach Einziehg; gg Ankündgg der Erteilg (Rn 33) dch Vorbescheid (KG OLGZ **91**, 144; BayObLG **94**, 73), wobei BeschwVerf dch eine ErbSchErteilg ggstandslos wird, prozeßökonom dann aber mit Einziehgsziel fortgesetzt werden kann (Karlsr FamRZ **70**, 255; BayObLG FamRZ **91**, 618); gg ZwischenVfg (Hamm OLGZ **93**, 11); gg Aussetzg des Verf (aber nicht dch LG als BeschwG, Düss OLGZ **93**, 37 414; aA BayObLG **66**, 213). – **b) Form:** FGG 21 II; Einlegg bei AG od LG mögl (FGG 21 I). Vertretg ist zulässig (FGG 13); kein Anwaltszwang (für weit Beschw s aber FGG 29 I). – **Frist:** keine.

38 **c) Beschwerdeberechtigt** ist nur, wessen R dch die Entscheid des NachlG beeinträchtigt ist (FGG 20 I). Dies ist jeder, der geltd macht, daß seine erbrechtl Stellg im ErbSch nach dessen notwend Inhalt nicht od nicht richtig ausgewiesen werde. Das beeinträchtigte R muß dem BeschwFührer jedoch tatsächl zustehen u ist bereits für die Zulässigk nachzuweisen (KG FamRZ **95**, 837). Für diese Prüfg wird die Unrichtigk der angefochtenen Entscheid iS des BeschwFührers unterstellt. Behauptet dieser zB ein ges ErbR wg Nichtigk des Test, kann also Nichtigk unterstellt werden, nicht aber sein ErbR; desh muß feststehen, daß er dann auch tatsächl den Erbl als ges Erbe beerben würde (Jansen FGG 20 Rn 54). Entbehrl ist der Nachw der RBeeinträchtigg nur, wenn deren Überprüfg mit der Sachprüfg zusammenfällt (BGH MDR **63**, 39); dies richtet sich nach dem jew VerfahrensGgstand. Schlüss Behauptg reicht also aus, wenn die RBeeinträchtigg sich aus Tats ergibt, die mit denjen Tats identisch sind, von denen auch die Begründeth abhängt (KG aaO). Bei Auslandsberührg beurteilt sich die RBeeinträchtigg nach dem dch EG 25 berufenen Erbstatut (BayObLG NJW **88**, 2745). Ein bestehdes BeschwR wird nicht dch Verstreichenlassen längerer Zeit verwirkt (BayObLG **63**, 26; s auch BGH **47**, 58). – Gg **Erteilg** eines ErbSch sind unter diesen Voraussetzgen also beschwberecht: Jeder Erbprätendent, der das bezeugte ErbR selbst beanspr; der im ErbSch ausgewiesene Erbe, wenn er sich nicht (od nicht so) als Erbe betrachtet, auch der ASt selbst (KG NJW **60**, 1158); der NachE, wenn seine RStellg nicht ausgewiesen ist; ErsatzE dann, wenn seine Anwartsch (§ 2096 Rn 6) sich bereits hinreichd konkretisiert hat, zB nach erfolgter, aber rechtl ungeklärter Ausschlagg (BayObLG ZEV **95**, 256); TV (schon wg seines AntrR) gg Erteilg insges od wg fehldem Vermerk; NachlGläub (auch VermNehmer, PflichttBerecht) nur, wenn sie VollstrTitel besitzen (Hamm Rpfleger **84**, 273 mN); NachlPfleger nur in NachlVerf, für das er nicht bestellt ist, an dem aber die von ihm vertretenen unbek Erben beteiligt sind (BayObLG FamRZ **91**, 230). – Gg **Vorbescheid** (Rn 33) steht BeschwR jedem Beteiligten zu, der auch gg Erteilg des angekündigten ErbSch beschwberecht wäre (BayObLG FamRZ **92**, 1205; **95**, 1089; 39 Hamm FamRZ **95**, 1092). – Bei **Ablehnung** der ErbSchErteilg ist zusätzl zur RBeeinträchtigg (FGG 20 I) noch ABweisg des Antr erforderl (FGG 20 II). Üb den AntrSt hinaus wird das BeschwR aber erweiternd jedem AntrBerecht zugestanden, der in erster Instanz ErbSchAntr hätte stellen können (hM; zB KG OLGZ **90**, 407; Ffm DtZ **91**, 300), bei gemsch ErbSch also jedem MitE, auch wenn er selbst keinen Antr gestellt hat.

40 **d) Entscheidung.** Eine unzuläss Beschw wird vom LG (FGG 19 II) verworfen, eine unbegründete zurückgewiesen. – Bei begründeter Beschw wird die Vorentscheidg aufgeh (kassatorischer Teil) u sachl anderweit entschieden (reformatorischer Teil). Eine dazu erforderl Ausführgshandlg wie die Erteilg (od Einziehg) eines ErbSch ist dem dafür funktionell allein zuständ NachlG zu überlassen (s Rn 14), das entspr angewiesen wird. Die Anweisg hat inhaltl den zu erteilden ErbSch eindeut zu bezeichnen; das NachlG ist daran gebunden. – IdR hat das BeschwG in der Sache selbst zu entscheiden; es kann sich dabei nicht darauf beschränken, dem NachlG aufzugeben, nach seinen Bedenken Abstand zu nehmen u neu zu befinden (BayObLG **64**, 6; Hamm OLGZ **68**, 60). Eine Zurückverweisg der Sache an das NachlG ist nur ausnahmsw bei bes schwerwiegden VerfMängeln mögl, zB bei ganz ungenügder Sachaufklärg (Keidel/Kuntze FGG 25 Rn 7 mwN). Das Verbot der Schlechterstellg des BeschwFührers (reformatio in peius) ist im AntrVerf auf Erteilg zu beachten (Hamm OLGZ **68**, 332; Keidel/Kahl FGG 19 Rn 115; anders im AmtsVerf auf Einziehg, BayObLG **79**, 220); diese ergibt sich aber nur aus dem Entscheidgssatz, nicht aus den Gründen (BayObLG **92**, 175). Das BeschwG kann auch nicht üb den Antrag des BeschwFührers hinausgehen; ein neuer ErbSchAntr kann nur wieder beim NachlG als erster Instanz gestellt werden. Dch eine früh Entscheidg hat sich das BeschwG nur im selben Verf, dh bei gleichem ErbschAntr selbst gebunden (BayObLG **91**, 323). – Ist ein 41 **Vorbescheid** (Rn 33) angefochten, kann es diesen aufheben u das NachlG anweisen, den für richtig erachteten ErbSch zu erteilen. Die Anweisg setzt aber voraus, daß ein der RAuffassg des BeschwG entspr ErbSchAntrag beim AG bereits gestellt war; aus prozeßökonomischen Grden ist ausreichend, daß er dort jedenf bei der Entscheidg üb die Nichtabhilfe der Beschwerde vorgelegen hat. Verfahrensrechtl unzulässig ist es aber, ErbschAntr endgültig zurückzuweisen (Hamm OLGZ **70**, 117; BayObLG **81**, 69; FamRZ **86**, 604; s auch Pentz MDR **90**, 586) od dch eigenen Vorbescheid and ErbSch anzukündigen (BayObLG **94**, 73). Dch jede sachl Entscheidg des LG üb den angefochtenen Vorbescheid wird das NachlG gebunden, also nicht 42 nur bei förml Zurückverweisg (Karlsr Rpfleger **88**, 315). – Zum **Verfahren:** Das BeschwG hat vAw (FGG 12) die Richtigk der angefochtenen Entscheid voll zu überprüfen u dabei neue Tats u Beweise zu beachten (Einzelh s Keidel/Kuntze FGG 23 Rn 2; FGG 25 Rn 1 ff). Begründgszwang besteht in tatsächl u rechtl Hinsicht (FGG 25). Die entscheidenden Richter müssen nicht mit den beweiserhebenden identisch sein. Hat das Gericht allerd eine förml BeweisAufn dchgeführt, ist der dabei gewonnene persönl Eindruck von einem

Zeugen bei Besetzgswechsel nur verwertbar, wenn er in einem Prot niedergelegt wurde (BayObLG **82**, 384). Soll die Glaubwürdigk der vom NachlG förml vernommenen Zeugen abweichend gewürdigt werden, ist deren erneute Vernehmg erforderl (Zweibr OLGZ **89**, 295). Erörterg mit Beteiligten erfolgt nur als Form der Gewährg rechtl Gehörs (BayObLG **90**, 177). – Zur Beauftragg eines Richters mit Zeugenvernehmg s Köln MDR **83**, 326. – Das BeschwVerf wird dch Tod eines BeschwFührers nicht unterbrochen.

e) Kostenentscheidung. Bezügl der Gerichtskosten ist sie stets entbehrl (FGG hat keine Vorschr wie **43** ZPO 91; Gebühr ist in KostO 131 geregelt). – Üb außergerichtl Kosten erfolgt sie nach FGG 13a, wenn am BeschwVerf mehrere Beteil in entggengesetztem Sinn mitgewirkt haben: bei erfolglosem RMittel muß BeschwFührer Kostenerstattg auferlegt werden (FGG 13a I 2), bei (Teil-) Erfolg kann Erstattg nach Billig (FGG 13a I 1) angeordnet werden. Bei Zurückverweisg wird die Entscheidg der 1. Instanz überlassen.

2354 **Angaben des gesetzlichen Erben.** [I] Wer die Erteilung des Erbscheins als gesetzlicher Erbe beantragt, hat anzugeben:
1. die Zeit des Todes des Erblassers;
2. das Verhältnis, auf dem sein Erbrecht beruht;
3. ob und welche Personen vorhanden sind oder vorhanden waren, durch die er von der Erbfolge ausgeschlossen oder sein Erbteil gemindert werden würde;
4. ob und welche Verfügungen des Erblassers von Todes wegen vorhanden sind;
5. ob ein Rechtsstreit über sein Erbrecht anhängig ist.

[II] Ist eine Person weggefallen, durch die der Antragsteller von der Erbfolge ausgeschlossen oder sein Erbteil gemindert werden würde, so hat der Antragsteller anzugeben, in welcher Weise die Person weggefallen ist.

2355 **Angaben des eingesetzten Erben.** Wer die Erteilung des Erbscheins auf Grund einer Verfügung von Todes wegen beantragt, hat die Verfügung zu bezeichnen, auf der sein Erbrecht beruht, anzugeben, ob und welche sonstigen Verfügungen des Erblassers von Todes wegen vorhanden sind, und die im § 2354 Abs. 1 Nr. 1, 5, Abs. 2 vorgeschriebenen Angaben zu machen.

1) Notwendige Angaben. Dem AntrSt, der das ErbSchVerf in Gang bringt, sind dch §§ 2354; 2355 **1** MitwirkgsPfl auferlegt; die Richtigk seiner Angaben hat er nach § 2356 nachzuweisen. Bei mehreren Erben ist noch § 2357 III, IV zu beachten. Ohne die von **I** geforderten Angaben ist ein ErbschAntr (dazu § 2353 Rn 11) unzulässig; dies gilt auch bei bloß pauschaler Bezugn auf die Angaben in einem and Verfahren (Bonn Rpfleger **85**, 29). Eine bes Form für die Angaben ist nicht vorgeschrieben; sie können, sofern sie nicht zweckm in der ErbSchVerhandl gemacht sind (§ 2356 II), auf ZwischenVfg nachgeholt werden.

2) Bei gesetzlicher Erbfolge sind die Angaben dch § 2354 vorgeschrieben, deren Nr 1 u 5 sich selbst **2** erkl; zu Vfgen vTw (Nr 4) s Rn 4. – **a) Verhältnis (§ 2354 Nr 2)** ist die Stellg zum Erbl: Verwandtsch, EhelichErkl (§ 1723), VaterschFeststellg (§ 1600a), Kindesannahme (§§ 1754ff). Zu den Angaben gehört bei Ehegatten auch der **Güterstand** (§ 2356 II); s dazu Grdz vor § 1363; zum Güterstand von Flüchtlingen s EG 15 Anh II. Der Fiskus hat die Voraussetzg des § 1936 anzugeben. Falls für Erbstatut erforderl (EG 25), ist auch die Staatsangehörig des Erbl anzugeben, die im ErbSchVerf ggf aber vAw festzustellen ist (BayObLG **65**, 380). **Beruhen** macht idR weitere Darleggen erforderl, zB Wegfall vorgehender Verwandter. Üb Nachweis der Angaben s § 2356 Rn 6. – **b) Der Wegfall anderer Personen (§ 2354 Nr 3; II)** vor **3** od nach dem Erbfall (Köln MDR **59** 585) durch Tod od gem §§ 1933, 1934e, 1938, 2346, 1953, 2344 muß angegeben werden, mögen sie gesetzl od TestErben sein (s Celle JR **62**, 101; KG OLGZ **75**, 93; Rpfleger **77**, 209 zu Angaben bei fr Verheiratg des Erbl). Bei Angabe der Personen gem Nr 3 ist auch die Erbfolge zw nichtehel Kind u seinem Vater zu beachten; über die Wirkgen eines vorzeit Erbausgleichs s § 1934e Rn 2. Entfernt liegde Möglichk (Schwangersch, nichtehel Nachkommensch der Witwe) können außer Betr bleiben. – Bedarf NachlGläub eines ErbSch, müssen im Falle ges Erbfolge die nach **I** 3, **II** notwend Angaben idR datenmäß bekannt sein; sonst § 1961 (KG JFG **17**, 106). Über AmtsermittlgsPfl des NachlG bei GläubAntr s Hildesheim MDR **62**, 56; Flensburg Jur Büro **68**, 558.

3) Bei gewillkürter Erbfolge muß AntrSt außer dem Todestag des Erbl (§ 2354 I Nr 1), der Erwähng **4** etwaiger ErbRProzesse (§ 2354 I Nr 5) sowie der Art u Weise des Wegfalls anderer (§ 2354 II) auch alle **Verfügungen von Todes wegen** (§ 2354 Nr 4; § 2355) angeben (Test; ErbVertr) ohne Rücks auf ihre Gültigk od ihren Inhalt. Die Vfg, mit der er sein ErbR begründet, hat er zu bezeichnen (§ 2355) und vorzulegen (§ 2356). Weitere Umstände sind vorzutragen, wenn die Vfg vTw nur unter deren Berücksichtigg die Erbfolge ergibt. – Ist die Gültigk einer Vfg vTw streitig, der Erbe aber sowohl nach ihr als auch sonst nach dem G zum gleichen Erbteil berufen, kann er im ErbSchAntr den BerufgsGrd dahingestellt sein lassen (s § 2353 Rn 11; KG JW **28**, 118).

2356 **Nachweis der Richtigkeit der Angaben.** [I] Der Antragsteller hat die Richtigkeit der in Gemäßheit des § 2354 Abs. 1 Nr. 1, 2, Abs. 2 gemachten Angaben durch öffentliche Urkunden nachzuweisen und im Falle des § 2355 die Urkunde vorzulegen, auf der sein Erbrecht beruht. Sind die Urkunden nicht oder nur mit unverhältnismäßigen Schwierigkeiten zu beschaffen, so genügt die Angabe anderer Beweismittel.

[II] Zum Nachweise, daß der Erblasser zur Zeit seines Todes im Güterstand der Zugewinngemeinschaft gelebt hat, und in Ansehung der übrigen nach den §§ 2354, 2355 erforderlichen Angaben hat der Antragsteller vor Gericht oder vor einem Notar an Eides Statt zu versichern, daß ihm nichts bekannt sei, was der Richtigkeit seiner Angaben entgegensteht. Das Nachlaßgericht kann die Versicherung erlassen, wenn es sie für nicht erforderlich erachtet.

III Diese Vorschriften finden keine Anwendung, soweit die Tatsachen bei dem Nachlaßgericht offenkundig sind.

1   **1) Förmliche Nachweise** hat der AntrSt hinsichtl seiner notwend Angaben (§§ 2354; 2355) zu erbringen (nicht der Notar als „Behörde", Ffm OLGZ **87**, 159 mit abl Anm Vetter DNotZ **88**, 137, aber als Bevollm, Ffm NJW-RR **95**, 846). Entbehrl sind diese nur, soweit die Tats offenkund sind (**III**). BewMittel sind öff Urk (**I**), Vorlage der Vfg vTw (**I**) u eidesstattl Vers (**II**). Erleichtergen sind für bestimmte Fälle (I 2; II 2) vorgesehen. Bei mehreren Erben sind § 2357 III 2, IV zu beachten. – **Offenkundig** (III; ZPO 291) sind nur solche Tatsachen, die nach allg Erfahrg feststehen od dem NachlG amtl bekannt sind, zB bei Ausschlagg, Anfechtg ggü NachlG od wenn schon ein MitE die Versicherg abgegeben hatte. Hohe Wahrscheinlich reicht nicht aus; daher ist durch zweite Eheschließg Wegfall (Tod) des ersten Gatten vor der Wiederverheiratg nicht offenkundig, sond durch SterbeUrk nachzuweisen (KG JW **35**, 1885; auch Rpfleger **77**, 209; Soergel/Damrau Rn 24).

2   **a) Öffentliche Urkunden.** Der Begriff entspr ZPO 415; ihm können auch ausländ Urk genügen (bei Zweifel an Echth Legalisation, dazu MüKo/Promberger Rn 17). Sie sind in Urschrift, Ausfertigg od begl Abschr beizubringen, auf Verlangen aber (nach Abschr für Akten) wieder zurückzugeben (KG RJA **15**, 283); zur BeweisKr von Ablichtgen s BayObLG Rpfleger **83**, 354. Statt Vorlage genügt Bezugn, wenn das Gericht (auch Abteilg) die Urk bereits besitzt od ihren Inhalt in Akten festgehalten hat; dagg ersetzt Verweis auf Akten eines fremden Gerichts Vorlage trotz Möglk der Beziehg nicht (MüKo/Promberger Rn 5; aM Köln MDR **59**, 585). Urk aus der DDR bedürfen idR keines EchthBew (vgl aber BGH NJW **79**, 1506 mit krit Anm von Sachse StAZ **79**, 143). – Für die **Beweiskraft** gelten ZPO 415, 417, 418, 435. – Als 3 wichtigste öff Urk haben **Personenstandsurkunden** (PStG 61a) dieselbe Beweiskraft wie Personenstandsbücher (PStG 66). Das PStG vom 9. 8. 57 (BGBl 1125) ist die Neufassg des PStG 1937 (RGBl I 1146), das seinerseits das PStG 1875 (RGBl 23) abgelöst hat. Die in PStG 60, 66 angeordnete Beweiskraft kommt auch fast allen seit 1876 gefertigten Auszügen aus Standesregistern zu (Ausn s MüKo/Promberger Rn 20). – Für die Zeit vor dem PStG 1875 kommen in Frage Einträge in Kirchenbüchern, Standes- u Gerichtsregistern; für die Zeit nach dem Inkrafttr dieses Gesetzes Auszüge aus dem StandesReg über Geburten, Heiraten u Sterbefälle (über Beweiskraft s AVO PStG 61). Hins der Beweiskraft der alten FamStammbücher vgl KG JFG **15**, 52, der Geburts-, Heirats- u Todesscheine (§§ 15a–c PStG 1875 idF v 14. 2. 1924, RGBl 116) KG OLG **46**, 243, Hamm JMBlNRW **64**, 135. Auf jeden Fall können die alten FamStammbücher als „anderes 4 Beweismittel", **I** 2, in Betr kommen. – **Unrichtigkeit:** Im ErbSchVerf kann auch der Beweis der Unrichtigkeit standesamtl beurkundeter Tatsachen nach PStG 60 geführt werden. Das Gericht muß ernsth Zweifel an der Richtigk standesamtl Urkunden dch eig Ermittlgen u BewErhebgen gem FGG 12 unter Beachtg der Beweisregeln der ZPO 415, 418 iVm PStG 60 I, 66 aufzuklären versuchen, wenn die Erteilg des ErbSch davon abhängig ist, ohne den AntrSt auf das BerichtiggsVerf (PStG 47 ff) verweisen zu können (Hamm MDR **53**, 747, BayObLG **81**, 38 u 173; s auch Sachse StAZ **80**, 179).

5   **b) Todeszeit** des Erblassers (§ 2354 I Nr 1; § 1922 Rn 2) kann außer dch SterbeUrk auch durch Todeserklärgs- od TodeszeitfeststellgsBeschl (VerschG 23, 44) nachgewiesen werden. Die hierdurch begründete Todeszeitvermut kann jedoch im ErbSchVerf widerlegt werden (BayObLG **53**, 120; Hbg NJW **52**, 147); s auch zur Kommorientenvermutg (VerschG 11) Düss NJW **54**, 1654; JMBl NRW **66**, 141; KG FamRZ **67**, 514; BGH NJW **74**, 699. Ausl Todeserklärgen Deutscher sind grdsätzl anzuerkennen (LG Mönchen-Gladb DNotZ **72**, 50; bestr, s auch Staud/Coing/Weick EG 9 Rn 109–111). S auch Rn 10. – Wird ErbSch für das RückerstattgsVerf benötigt, gilt die ges Sonderregelg des REG üb Todesvermutg nicht, weil es keinen nur auf RE-Anspr beschränkten ErbSch gibt (BGH **1**, 9; Ffm MDR **52**, 491). Dagg ist nach BEG 181 II auch für die Erteilg des ErbSch die Todesvermutg des BEG 180 ausreichd (LG Hbg JR **57**, 266) u die im EntschädiggsVerf nach BEG 180 II getroffenen TodesZtpktFeststellg für ErbSchErteilg nach BEG 181 maßgebl (Neust RzW **62**, 374; Krohn RzW **64**, 12).

6   **c) Nachweise** zu den Angaben nach § 2354 I Nr 2: **Abstammung** kann nicht dch Geburtsschein im Familienbuch nachgewiesen werden (Mainz Rpfleger **88**, 25). – **Heiratsurkunden** (Heiratsschein) sind nötig für Eheg als ges Erbe des Erstverstorbenen (KG FamRZ **71**, 432: SterbeUrk genügt nicht als Ersatz für HeiratsUrk, soweit das gesetzl ErbR des überlebenden Eheg in Frage steht); nicht auch für Erbfolge nach Mutter, Vater u Geschwistern. Verheiratete Erbinnen haben nur GeburtsUrk vorzulegen, wenn ErbR nicht auf Verheiratg beruht (Mü JFG **21**, 120; Boos NJW **49**, 335; LG Brschw DRZ **49**, 89); bei Zweifeln über die richtige Namensbezeichng Erhebgen vAw (Oldbg DNotZ **56**, 566; aM AG Delmenhorst NJW **56**, 1443). – Zum Nachw der **Auflösung** fr Ehen des Erbl dienen SterbeUrk, ScheidgsUrt (Ausfertigg, Abschr), Aus-7 zug aus FamBuch (KG Rpfleger **77**, 209). – Zum Nachw, daß **keine** od keine weiteren **Kinder,** auch keine nichtehel Kinder des Vaters, vorhanden sind, wird das NachlG idR eine eidesstattl Vers zu verlangen haben; die Angaben des AntrStellers zus mit FamBuchAuszügen od -Abschriften reichen idR nicht aus (Neuschwander, BWNotZ **68**, 30). – Öffentl Urk zum Nachw der **nichtehelichen** Verwandtsch zw Vater u Kind sind Ausfertiggen od beglaubigte Abschr der Anerkenng, ZustimmgsErkl (§§ 1600 c, d, e); des Urt eines ProzG od Beschl eines VormschG (§ 1600 n); PersonenstandsUrk gem § 61a PStG, soweit sie den Randvermerk über die nichtehel Verwandtsch enthalten (§ 29 PStG). – Zu u Nachw s Rn 10.

8   **d) Wegfallnachweise** (§ 2354 II): ErbverzichtsVertr (§ 2348); Urt über Erbunwürdigk (§ 2342); AusschlErkl (§ 1945); vorzeit ErbAusgl (§ 1934 d, e); Scheidg od Aufhebg der Ehe (KG OLGZ **75**, 93, LG Bln Rpfleger **76**, 99). – Zu u Nachw s Rn 10.

9   **2) Verfügung von Todes wegen** ist zum Nachw des test ErbR in Urschrift vorzulegen, sofern sich nicht das angegangene Ger durch früh Ablieferg u Eröffng schon im Besitz der Urschrift befindet (dann Bezugn; s auch § 2260 II). Bei Unauffindbark ist eine vorhandene Fotokopie vorzulegen od and Nachw zu erbringen (BayObLG FamRZ **93**, 117; s § 2255 Rn 12); fehlt nur ein Teil, s § 2255 Rn 11. Bei PrivTest kann

über Echtheit Beweis erhoben werden. Eine letztw Vfg muß grdsätzl ihrem vollem Umfang nach feststehen, wenn Rechte aus ihr hergeleitet werden sollen (BayObLG **67**, 206).

3) Andere Beweismittel (I 2) können als Nachw der nach § 2354 I Nr 1; 2; II erforderl Angaben **10** ausreichen, wenn öff Urk nicht od nur mit unverhältnism Schwierig od Kosten zu beschaffen sind, zB weil es sich um ältere od ausländ Urk handelt (s BayObLG **51**, 694; Hamm JMBl NRW **64**, 134). In Betr kommen dann Zeugen; eidesst Versicher Dritter bei undchführbarer Zeugenvernehmg (Düss MDR **61**, 242); Abschriften; FamStammbücher; FamStandszeugnisse. Das Beweismittel muß aber ähnl klare u verläßl Folgergen ermöglichen wie die öff Urk, so daß die Anfordergen an die Beweisführg regelm streng sind wie bei fehlendem Test (KG FamRZ **95**, 837). Schriftproben sind zugelassen, wenn zB bzgl der Echth eines eigenhänd Test Zweifel bestehen od das Test verlorengegangen (KG JW **19**, 586; Oldbg Rpfleger **67**, 416) od aus Kostengründen vernichtet ist (Flensbg JurBüro **76**, 532). Die Abschr eines privatschriftl Test mag Beweis dafür liefern, daß der Erbl ein entspr Test errichtet hat (s KG OLGZ **75**, 355 zur Vorlage einer Ablichtg); daraus folgt indes nicht mit genügend Sicherh, daß er es auch bis zu seinem Tode aufrechterhalten wollte u aufrechterhalten hat (Oldbg aaO; s zur Beweislast § 2353 Rn 31).

4) Eidesstattliche Versicherung (II 1) braucht nur negativ ein Nichtwissen auszudrücken (BayObLG **11** **61**, 23). Nachweis der ZugewinnGemsch ist wg des erhöhten gesetzl Erbteils des überlebenden Eheg (§ 1371 I) notw, aber durch öff Urk idR nicht zu erbringen; er erübrigt sich, wenn es sich nicht um gesetzl Erbfolge handelt, sond der „gesetzl Erbteil" zugewendet wurde, der Güterstd also im Rahmen des § 2358 ermittelt werden muß (KG FamRZ **61**, 447). Nichtbestehen von Ausschlußgründen (zB kein ScheidgsVerf anhängig, § 1933) braucht ohne konkreten Anlaß nicht ausdrückl angegeben u versichert zu werden (Hamm OLGZ **93**, 11; für rechtens hielt dies dagg Brschw DNotZ **91**, 550 mit abl Anm Promberger). – **a) Abzuge-ben** ist sie vor Notar od vor Gericht (jedes AG, Winkler Rpfleger **71**, 346; auch RechtshilfeG, Ffm Rpfleger **70**, 206; Celle MDR **70**, 930; zuständ Rechtspfleger, RPflG 3 Nr 1 f, Nr 2 c); vom Antragsteller (als solchem auch von TV, KG OLGZ **67**, 249; Nachl- u NachlKonkVerw; Gläub) **persönlich** od seinem ges Vertreter (ggf seinem Pfleger, Bonn Rpfleger **85**, 30), bei Minderj über 16 Jahren auch durch diese selbst. Dagg nicht vom gewillkürtem Vertr (KG OLGZ **67**, 249), auch nicht vom Bevollmächtigten des gesetzl Vertreters (BayObLG **61**, 10). Zum Verf s BeurkG 1 II; 38; dazu Bonn aaO. – Bei ErbSch für NachE bedarf es nicht unbedingt neuer Versicherg (KGJ **46**, 146). Das NachlG kann die Fassg der Erklärg aber den den tatsächl Verhältn anpassen (Staud/Firsching Rn 36, 39); zur Angabe des Güterstands s Wuppertal RhNK **73**, 265. – **Bezugnahme** auf Schriftstück, in dem die Angaben (§§ 2354, 2355) enthalten sind, ist gem BeurkG 38 mit 9 I zuläss, falls in der Niederschr auf das Schriftstück verwiesen u es dieser beigefügt wird; falls das in Bezug genommene Schriftst eine notarielle Niederschr ist, gelten die Erleichtergen des BeurkG 13a. Es genügt auch Vorlage einer beglaubigten Abschr der eidesstattl Vers enthaltenen notariellen ErbSchVerhandlg (LG Berl DNotZ **68**, 51, LG Düss RhNK **69**, 725). – **b) Verweigerung** der eidesstattl Vers od der Vorlegg **12** anderer BewMittel rechtfertigt Abweisg des Antr nur, wenn sich das NachlG nicht vAw die erforderl BewMittel verschaffen kann (§ 2358, FGG 12; Flensbg JurBüro **76**, 532; aM MüKo/Promberger Rn 1). – Bei **Unrichtigkeit** der eidesstattl Vers kann eine neue nur verlangt werden, wenn sie für die Entscheidg wesentl ist (KG DR **43**, 1071; Köln MDR **59**, 585). Gibt AntrSteller im ErbSchVerf eine eidesstattl Vers nach §§ 2356 II 1, 2354 I Nr 4 ab, besteht idR kein Bedürfn, ihn auch noch zur Abg einer eidesstattl Vers nach FGG 83 II anzuhalten (BayObLG **77**, 59). – **c) Erlaß** der Versicherg liegt im pflichtgemäßen Ermessen des **13** NachlG (**II** 2). Wird nach Wegfall der TestVollstrg die Erteilg eines der veränderten Sachlage entspr ErbSch beantragt, so wird es nur unter bes Umständen einer erneuten eidesstattl Versicherg bedürfen (KG OLGZ **67**, 247). – **d) Beschwerde** (Erinnerg) gg Anforderg zuläss (KG OLGZ **67**, 248; aM RGRK Rn 15). Das **14** Unterlassen der Prüfg, ob Erlaß geboten, begründet Gesetzesverletzg nach FGG 27 (Köln MDR **59**, 585). Beschw gg Ablehng des Antr auf Erteilg eines ErbSch ist zuläss, wenn das Ger sich über die Befugn zum Erlaß der eidesstattl Versicherg im klaren ist, vom Erlaß aber abgesehen u den Antr deshalb abgelehnt hat, weil der AntrSteller keine eidesstattl Versicherg iS des § 2356 abgegeben hat (Celle NdsRpfl **68**, 131). – **e) Gebühr:** KostO 49; 107 I 2.

2357 *Gemeinschaftlicher Erbschein.* [I] **Sind mehrere Erben vorhanden, so ist auf An-** **trag ein gemeinschaftlicher Erbschein zu erteilen. Der Antrag kann von jedem der Erben gestellt werden.**

[II] **In dem Antrage sind die Erben und ihre Erbteile anzugeben.**

[III] **Wird der Antrag nicht von allen Erben gestellt, so hat er die Angabe zu enthalten, daß die übrigen Erben die Erbschaft angenommen haben. Die Vorschriften des § 2356 gelten auch für die sich auf die übrigen Erben beziehenden Angaben des Antragstellers.**

[IV] **Die Versicherung an Eides Statt ist von allen Erben abzugeben, sofern nicht das Nachlaßge-** **richt die Versicherung eines oder einiger von ihnen für ausreichend erachtet.**

1) Besonderheiten. Bei einer ErbenGemsch kann die Erbfolge in den ganzen Nachl dch gemeinsch **1** ErbSch festgestellt werden (zum TeilErbSch s § 2353 Rn 6). – **a) Das Antragsrecht** steht hier jedem Erben zu, sofern er Erteilg an sich beantragt; dagg kann ein MitE ohne Bevollmächtig nicht beantragen, daß einem and MitE ein gemeinsch ErbSch erteilt wird. Ein gemeinsch TeilErbSch kann auch von einem Erben beantragt werden, der nicht zu dem betreff Stamm gehört (Greiser DFG **36**, 192). – **b) Angaben.** In dem Antr sind sämtl **Erben** u ihre **Erbteile anzugeben** (Haupt- u Hilfsantrag zul; vgl § 2353 Rn 11; kennt AntrSt nicht alle Erben, kann nach § 2358 II geholfen werden). Erbteil ist auch hier Bruchteil des Erbrechts, nicht ein Geldbetrag. Erbteilsangabe fällt nicht unter die eidesstattl Versicherg des § 2356 II; – **c) Erb-** **2** **schaftsannahme** liegt beim antragstellenden Erben idR schon im Antr (§ 1943 Rn 3). Bezügl der übr Miterben muß er sie nicht nur behaupten, sond auch beweisen, dh durch eigene Erkl der Miterben, Urk od eidesstattl Versicherg (§ 2356), bei Verschollenen durch Erkl des AbwesenhPflegers; Voraussetzg ist hierbei

entw Bestehen einer Lebensvermutg (VerschG 10) zZ des Erbfalls od Nachweis, daß der Verschollene den Erbfall erlebte (RGRK Rn 7; Oldbg NdsRpfl **52**, 53). Diese BeweisPfl obliegt auch dem nicht erbenden
3 AntrSt (TestVollstr, Gläub). – **d) Versicherung an Eides Statt (IV)** kann von allen Miterben verlangt werden, auch wenn sie nicht AntrSt sind (beim gemschaftl TeilErbSch nur von den Stammesangehörigen), wenn das NachlG auf Grd der eingereichten eidesstattl Vers des AntrSt die zur Begründg des Antr erforderl Tats noch nicht für festgestellt erachtet (LG Kblz Rpfleger **70**, 170; Wuppt RhNK **77**, 57; KG JFG **12**, 207). Sie kann aber nicht von NachE verlangt werden (KGJ **33** A 98). AntrSt kann Mitwirkg der and nach
4 § 2038 I 2 verlangen. – **e) Beschwerde** (Erinnerg) gem FGG 19, 20 steht gg Ablehng dem AntrSt, aber auch den and Miterben zu (s § 2353 Rn 36).

5   **2) Zeitweilig unzulässig** ist die Erteilg, wenn die Erbteile wg der zu erwartenden Geburt von Miterben od aus sonstigen Gründen (§ 2043 II) noch unbestimmt sind. Hier hilft nur Teilerbschein für die Witwe u auch für die Abkömmlinge, der nach der Geburt einzuziehen ist (KGJ **42**, 128). Stirbt der nichtehel Vater vor Feststellg der Vatersch ohne Hinterlassg einer Ehefr u ehel Abkömml sowie ohne Vfg vTw, kann das NachlG ErbSch für die sonstigen gesetzl Erben bis zur Feststellg od Nichtfeststellg der Vatersch des nichtehel Kindes nicht erteilen (s Knur Betr **70**, 1061). S auch § 2353 Rn 6.

6   **3) Ungeklärte Quoten.** Stößt die Feststellg der Größe der Erbteile auf unüberwindl BewSchwierigk, ist fragl, ob ein ErbSch erteilt werden kann, der die bestehenden Zweifel offen läßt; von BayObLG **62**, 54 im Einzelfall verneint. Lange/Kuchinke (§ 41 IV 3) erachtet Angabe der Bruchteile für entbehrl, wenn sämtl Erben feststehen (vorläufiger Erbschein). S auch Brox § 35 II 2c; Hamm Rpfleger **69**, 299 (ErbSch mit ungewisser Erbschaftsquote, Angabe eines Mindesterbteils); SchlHOLG SchlHA **78**, 37 (vorläuf ErbSch mit Hinw auf die zu errechndn Quoten). S auch Düss DNotZ **78**, 683.

2358 *Ermittlungen von Amts wegen.* [I] **Das Nachlaßgericht hat unter Benutzung der von dem Antragsteller angegebenen Beweismittel von Amts wegen die zur Feststellung der Tatsachen erforderlichen Ermittlungen zu veranstalten und die geeignet erscheinenden Beweise aufzunehmen.**

[II] **Das Nachlaßgericht kann eine öffentliche Aufforderung zur Anmeldung der anderen Personen zustehenden Erbrechte erlassen; die Art der Bekanntmachung und die Dauer der Anmeldungsfrist bestimmen sich nach den für das Aufgebotsverfahren geltenden Vorschriften.**

1   **1) Die Ermittlungspflicht** des NachlG (FGG 12, 15) ist durch den ErbSchAntr bedingt u richtet sich stets nach dem Einzelfall. Das Ger ist dch den Grds der Amtsermittlg verpflichtet, sämtl zur Aufklärg des Sachverhalts dienlichen Beweise zu erheben. Die Beteiligten sind gehalten, dch Angabe von Tats u BewMitteln eine Aufklärg zu ermöglichen (Köln Rpfleger **81**, 65), ohne daß Ger an BewAntr od BewMittel gebunden ist. Ger muß aber nicht allen nur denkb Möglk nachgehen (Köln FamRZ **91**, 117). Die Ermittlgen sind soweit auszudehnen, als bei sorgfältiger Überlegg das Vorbringen der Beteil u der festgestellte Sachverh dazu Anlaß geben; sie sind abzuschließen, wenn vollständ aufgeklärt od von weiteren Nachforschgen ein entscheidgserhebl Ergebn nicht mehr zu erwarten ist (BGH **40**, 57; BayObLG **79**, 261 mN).

2   **2) Umfang.** Die Ermittlgspflicht gilt zunächst für die VerfVorschr, insbes die örtl Zuständigk ohne Rücks auf die Angaben in der SterbeUrk über den Wohns des Erbl (KG Rpfleger **59**, 54). Sachl wird sie dch die jeweiligen TatbestVoraussetzgen des mat Rechts begrenzt (Köln OLGZ **89**, 144). Sie erstreckt sich zB auf die Staatsangehörigk des Erbl; bei Verheirateten auf den Güterstand (§ 2355 Rn 2); auf das Hinzutreten od den Wegfall eines zur ges Erbfolge berufenen Verwandten dch Annahme als Kind, ggf auch auf die Wirksamk einer Adoption (BGH FamRZ **74**, 645; BayObLG **64**, 385); auf die Beseitigg des ges ErbRs eines nichtehel Kindes dch vorzeit Erbausgleich (§ 1934e); auf das Vorhandensein, die Echtheit, Wirksamk u den Sinn der Vfg vTw nicht aber auf die Person des TestFälschers, BayObLG FamRZ **92**, 118); auf die Testierfähigk (SachverstGutachten; s § 2229 Rn 13; 14); auf die Anfechtg, jedoch grdsätzl nur auf den geltend gemachten AnfechtgsGrd (BayObLG **62**, 47; **73**, 257; FamRZ **94**, 848); auf die Ausschlagg (Düss MDR **78**, 142) u die Gebundenh durch ErbVertr u gemschaftl Test. – Die Behauptg der Vernichtg eines späteren Test dch den Bedachten ist nur unter dem GesichtsPkt der Aufhebg des vorgelegten Test zu prüfen (BayObLG aaO). Auch wenn der AntrSteller aus Kostengründen das Test vernichtet u die Abgabe einer eidesstattl Vers verweigert hat, ist das NachlG verpflichtet, sachtspr Ermittlgen zur Verbescheidg des ErbSchAntr durchzuführen (Flensbg JurBüro **76**, 532). – Eine Verpfl des NachlG, eindeut nur ErbersatzBerecht vAw zu ermitteln, besteht nicht, da sie nur NachlGläub sind. – Bei TestAnfechtg ist Verweisg auf den
3 ordentl Rechtsweg unzulässig (KG NJW **63**, 767). – Die Kenntn **ausländischen Rechts** muß sich das Ger selbst vAw verschaffen (s Einl 34 vor EG 3; Hetger FamRZ **95**, 654; DNotZ **88**, 425).

4   **3) Die Beteiligten** können die PrüfgsPfl des NachlG nicht dch Anerkenng des ErbR beseitigen. Ihr Nichtbestreiten von Behauptgen befreit das NachlG nicht von seiner Pfl, die unstreit Tats vAw auf ihre Richtigk zu überprüfen (BayObLG **82**, 181). Allerd wird in der Praxis einverständl Erkl aller Beteiligten üb die TestAuslegg bes Gewicht beigelegt. Dies ist legitim, wenn die Interessen Dritter dadch nicht berührt werden (BGH NJW **86**, 1812). Zum formbedürft, aber nur schuldrechtl „AusleggsVertr" s § 2385 Rn 2. – Ein **Vergleich** ist im Verf der fG nur soweit mögl, als die Beteiligten üb den Ggst des Streits verfügen können, also insbes üb Rücknahme von ErbSchAntr od RMittel; od üb die Aufteilg des Nachl (Stgt OLGZ **84**, 131). Dagg nicht üb den Inhalt des zu erteilenden ErbSch (dagg kann im Zivilprozeß FeststellgsUrteil auf Anerkenntn beruhen; s Übbl 6 vor § 2353 u § 2353 Rn 24). Wird ein zuläss Vergl als unwirks angefochten, ist darüb vom NachlG im ErbSchVerf selbst zu entscheiden (Stgt aaO).

5   **4) Öffentliche Aufforderung** (II; § 1965 I; ZPO 948–950) ist veranlaßt, wenn der AntrSt selbst nicht weiß, ob er sämtl Miterben angegeben hat, od das Vorhandensein Besser- bzw Gleichberechtigter mögl u wahrscheinl ist (dazu Frohn Rpfleger **86**, 43; Bln Rpfleger **94**, 255). Sie soll den Kreis der Erbanwärter

begrenzen u dadch die ErbschErteilg ermöglichen, ist also insbes bei Aufenth im Ausland anwendb. Ob das NachlG von ihr Gebr macht, steht in seinem pflichtgem Ermessen. Es kann davon absehen, wenn es keine Zweifel an der Existenz der vorrangig erbberecht Person hat (Ffm Rpfleger **87**, 203). – Die öff Aufforderg kommt grdsätzl erst in Betr, wenn das Ger seiner ErmittlgsPfl genügt hat. Sie ist rechtsgrdsätzl nicht ausgeschlossen, wenn das NachlG vorher eine öff Aufforderg iS des § 1965 erlassen hat (KG Rpfleger **70**, 339). Mit ihr ist keine Ausschlußwirkg verbunden. Die nicht angemeldeten Erbrechte sind bis zu deren etwaigen nachträgl Feststell unberücksichtigt zu lassen (KG JFG **20**, 389; LG Bln DNotZ **51**, 525); die Anmeldg dch den AbwesenhPfleger des Vermißten reicht nicht ohne weiteres aus, diesem das ErbR zu erhalten (SchlHOLG SchlHA **65**, 279). Bei Verschollenh eines Berechtigten ist grdsl TodeserklVerfahren dchzuführen, wenn dies mögl ist (Frohn aaO mN; str). – Die Ablehng einer öff Aufforderg unterliegt nicht der Beschwerde (LG Ffm Rpfleger **84**, 191).

2359 *Feststellung des Erbrechts.* **Der Erbschein ist nur zu erteilen, wenn das Nachlaßgericht die zur Begründung des Antrags erforderlichen Tatsachen für festgestellt erachtet.**

1) Nach freier Überzeugung entscheidet das NachlG im ErbSchVerf üb das Vorliegen der tatsächl u **1** rechtl Voraussetzgen des Erbrechts, also ohne Bindg an Beweisregeln (s aber § 2353 Rn 31) od an die übereinstimmende TestAusslegg der Beteiligten (BayObLG FamRZ **89**, 99; sog AusleggsVertr haben nur schuldrechtl Wirkg, § 2385 Rn 2) od an Vergleiche (BayObLG **29**, 211; **66**, 236; Stgt OLGZ **84**, 131; dazu auch § 2358 Rn 4). Die Erbenstellg kann nicht dch Anerkenntn od Vergleich, sond nur dch Gesetz, rechtsgült Test od rechtswirks ErbVertr begründet werden. Umgekehrt sind auch die Voraussetzgen, unter denen ein Erbe wegfallen kann, im Gesetz erschöpfend geregelt. Die erlangte Erbenstellg kann nicht mehr nach § 242 angezweifelt werden (BayObLG **65**, 90). Auch die Einrede der unzuläss RAusübg hat im ErbSchVerf keine Geltg.

2) Selbständig hat das NachlG auch üb die Staatsangehörig des Erbl od üb den Güterstand zu entschei- **2** den (§ 2358 Rn 2). Auch ausgestellte Vertriebenenausweise sind dabei nicht bindend (BayObLG **64**, 291). – Zweifel tatsächl od rechtl Natur hat das NachlG selbständig zu entscheiden, mag dies nun zur Erteilg od Ablehng des Erbscheins führen (s BGH FamRZ **74**, 645: Nachprüfg der Wirksk einer dch Erbl erfolgten Adoption; dazu auch BayObLG FamRZ **76**, 101). Bloße **Anfechtbarkeit** einer Vfg vTw hindert die Erteilg nicht (wg VerfAussetzg s § 2353 Rn 26); über die Wirksamk einer erfolgten TestAnfechtg ist aber im ErbSchVerf zu befinden (KG NJW **63**, 766); die materielle Beweislast für die Anfechtgsgründe trifft den, der die Anfechtung geltd macht (BayObLG **62**, 299; KG NJW **63**, 766; s § 2353 Rn 31). – Zur Bindung des NachlG an rechtskr Urteile üb das ErbR s Übbl 7 vor § 2353.

2360 *Anhörung des Gegners.* **ᴵ Ist ein Rechtsstreit über das Erbrecht anhängig, so soll vor der Erteilung des Erbscheins der Gegner des Antragstellers gehört werden.**

ᴵᴵ Ist die Verfügung, auf der das Erbrecht beruht, nicht in einer dem Nachlaßgerichte vorliegenden öffentlichen Urkunde enthalten, so soll vor der Erteilung des Erbscheins derjenige über die Gültigkeit der Verfügung gehört werden, welcher im Falle der Unwirksamkeit der Verfügung Erbe sein würde.

ᴵᴵᴵ Die Anhörung ist nicht erforderlich, wenn sie untunlich ist.

1) Rechtliches Gehör ist ein tragender VerfahrensGrdsatz u dch seine verfassgsrechtl Garantie (GG 103 I) **1** als zwingendes R auch in allen VerfArten der fG gilt (BVerfG **19**, 49), so daß § 2360 insow nicht mehr maßgebl ist. Es ist allen (parteifäh) Personen zu gewähren, deren Rechte dch die im Verf ergehende Entscheidg unmittelb beeinträchtigt werden können, also den mat u formell Beteiligten. Diese üben das Recht persönl aus, soweit sie verfahrensfäh sind, andernf dch ihre ges Vertr; fehlt ein solcher, ist er verhindert od besteht ein schwerwiegder InteressenGgsatz (Bochum Rpfleger **94**, 418), ist Pflegerbestellg geboten (Keidel/ Amelung FGG 12 Rn 104 ff). Betroffen von der Entscheidg im ErbSchVerf sind bei gewillkürter Erbfolge die ges Erben, iü der verdrängte Erbanwärter, der NachE hinsichtl des NErbenVermerks (§ 2363).

a) Inhalt. Das Vorbringen der Beteiligten, soweit es für die Entscheidg möglw erhebl sein kann, muß **2** vom Ger zunächst zur Kenntn genommen u in Erwägg gezogen werden (BVerfG NJW **83**, 2017 u st Rspr). Dies gilt stets, wenn es noch vor Erlaß (dh Hinausgabe) der Entscheidg bei Gericht eingeht, selbst wenn eine gesetzte ErklFrist abgelaufen war (BVerfG NJW **88**, 1963) od die Vorlage an den Richter unverschuldet unterblieben ist (BayObLG **89**, 116). Das Ger muß den Beteiligten von allen Tats (aus dem Vorbringen anderer, aus formlosen Ermittlgen dch Auskünfte, Akteneinsicht, schriftl Befragg usw) Kenntn geben u darf seiner Entscheidg zum Nachteil eines Beteiligten nur solche Tats u BeweisErgebn zugrunde legen, zu denen sich dieser vorher äußern konnte (BVerfG **6**, 12 u st Rspr). Bei förml BeweisAufn muß den Beteiligten ohnehin das Anwesenh- u FrageR ermögl werden (Grds der Parteiöffentlichk).

b) Ausübung. Außer Kenntn der wesentl Tats müssen die Beteil auch Gelegenh erhalten, eigene Anträ- **3** ge, Beweismittel, Einwendgen, Tatsachen u Rechtsmeingen vorbringen zu können. Ausreichend ist idR die Ermöglichg einer schriftl Äußerg innerh angemessen Frist; ein Anspr auf persönl Anhörg folgt aus dem rechtl Gehör nicht notw, es sei denn, daß VerfVorschr od bes Umstände (Unfähgk zu schriftl Äußerg) dies gebieten. Ob Beteil von dem gebotenen Recht auch Gebrauch macht, ist ihm überlassen.

c) Verstoß begründet VerfFehler (auch wenn Ger kein Verschulden trifft), der aber dch Nachholg im **4** BeschwVerf (nicht im RBeschwVerf) geheilt wird. BeschwGer kann jedoch das Verf dann zurückverweisen, wenn die Behebg des VerfMangels dem Verlust einer Tatsacheninstanz gleichkäme. Ein ErbSch ist aber nicht schon wg Verletzg rechtl Gehörs einzuziehen (BGH NJW **63**, 1972).

5   **2) Anhörung** der Beteiligten dient sowohl der GehörGewähr als auch der SachAufklärg. Für das rechtl Gehör hat § 2360 wg der zwingenden höherrang Norm des GG 103 I selbst bei verfassgskonformer Auslegg keine eigenständ Bedeutg mehr. I verpfl aber das NachlG, bei Anhängg eines ErbRStreits (FeststellgsKlage, AnfKlage nach § 2342) den Gegner formell zu beteiligen – **II** verschärft die ErmittlgsPfl bei PrivatTest (§§ 2247, 2250, 2251) ggü öff Vfgen vTw (MüKo/Promberger Rn 17). Daß aber auch bei ErbVertr od öff Test die gesetzl Erben rechtl Gehör erhalten müssen, gebietet GG 103 I (Köln NJW **62**, 1729; BayObLG **60**,
6   432; MüKo/Promberger Rn 11; Soergel/Damrau Rn 5). – Untunlich, **III**, ist, soweit die Vorschr mit dem GG überh in Einklang zu bringen ist, allenf als „tatsächl unmögl" zu verstehen (Staud/Firsching Rn 16). Dies ist nicht der Fall, wenn zahlreiche od weit entfernt wohnende od schwierig zu ermittelnde Personen als gesetzl Erben in Betracht kommen (BayObLG **60**, 432). – Keine Pflicht besteht zur Anhörg gesetzl Erben, die aus jedem RGrund ausgeschlagen haben; von ErbersatzBerecht (str; s § 1934a Rn 15).

2361 *Einziehung oder Kraftloserklärung des unrichtigen Erbscheins.* [I] Ergibt sich, daß der erteilte Erbschein unrichtig ist, so hat ihn das Nachlaßgericht einzuziehen. Mit der Einziehung wird der Erbschein kraftlos.

[II] **Kann der Erbschein nicht sofort erlangt werden, so hat ihn das Nachlaßgericht durch Beschluß für kraftlos zu erklären. Der Beschluß ist nach den für die öffentliche Zustellung einer Ladung geltenden Vorschriften der Zivilprozeßordnung bekannt zu machen. Mit dem Ablauf eines Monats nach der letzten Einrückung des Beschlusses in die öffentlichen Blätter wird die Kraftloserklärung wirksam.**

[III] **Das Nachlaßgericht kann von Amts wegen über die Richtigkeit eines erteilten Erbscheins Ermittlungen veranstalten.**

1   **1) Die Einziehung (I)** u die KraftlosErkl **(II)** sowie das Verlangen auf Herausgabe (§ 2362) dienen der Beseitigg eines wirks erteilt ErbSch (BayObLG **60**, 501), aber unrichtigen ErbSch. Solange allerd der ErbSch noch nicht ausgehändigt ist, kann nur die Aufhebg des Anordngsbeschlusses erfolgen. Die Einziehg bildet das Ggstück zur Erteilg. Sie läßt die Wirkgen der §§ 2365–2367 entfallen u verhindert so den gutgläub Erwerb vom NichtE (§ 2366 Rn 8). Für die Beseitigg eines unricht ErbSch besteht keine zeitl Grenze (BayObLG **66**, 49; 233), so daß seine Einziehg auch dann noch zuläss ist, wenn seit Erteilg ein langer Zeitraum verstrichen ist, zwischenzeitl keine neuen Tatsachen aufgetreten sind u die der Erteilg zugrundeliegende TestAuslegg denkgesetzl mögl war (BGH **47**, 58; BayObLG **75**, 62/65; Rpfleger **76**, 421). Der Einziehg kann nicht mit dem Hinweis auf Treu u Glauben entgg getreten werden. – Ausnahmsw darf statt
2   Einziehg eine **Berichtigung** od eine Ergänzg des ErbSch zur Beseitigg von offenbaren Unrichtigk (Schreibfehler; unerhebl Falschbezeichn uä; s § 2353 Rn 34) od von unzulässigen bzw überflüssigen Zusätzen vorgenommen werden, wenn dies den sachl Inhalt des ErbSch unberührt läßt u die zu streichenden Angaben nicht an seinem öffentl Glauben teilnehmen (KG OLGZ **66**, 612; Hamm OLGZ **83**, 59; BayObLG FamRZ **89**, 1348). Eine weitergehende, die RichtigkVermut berührende Änderg, Berichtigg od Ergänzg des ErbSch ist nicht statth (Ffm Rpfleger **78**, 310/311; Ausn s § 2363 Rn 3). Desh ist zB bei Erledigg der TestVollstr der Erbsch nicht zu berichtigen, sond einzuziehen (Hamm OLGZ **83**, 59).

3   **2) Unrichtigkeit** des erteilten ErbSch liegt vor, wenn die Voraussetzgen für die Erteilg entw schon ursprüngl nicht gegeben waren od nachträgl nicht mehr vorhanden sind. Dies ist zB der Fall bei falscher Bezeichng der Erben od der Erbteile; Übersehen von ErbBerecht od Test; wirks Anfechtg; wirks Ausschlag nach Erteilg; Ausschlagg eines NachE od Wechsel in der Person der angegebenen NachE od Eintritt der NErbfolge (§ 2363 Rn 8; 9); TestNichtig, zB inf Geisteskrankh (vgl Höver DFG **50**, 81); Nichtanführg von Beschränkgen (§§ 2363, 2364; Ffm Rpfleger **78**, 310) od Befreiungen (§ 2136); fehlendem Gültigkeitsvermerk (s § 2353 Rn 7; Übbl 1 vor § 2353); Widersprüchlichk (s KG RJA **17**, 56); and rechtl Beurteilg (Ffm Rpfleger **53**, 37) od and Auslegg (BGH **47**, 58); nachträgl Feststellg der Voraussetzgen des § 2306 I 1 mit II (Schlesw NJW **61**, 1929); Erledigg der TestVollstr (Hamm OLGZ **83**, 59). – In der **DDR** erteilte ErbSch sind nach dem Beitritt nur einzuziehen bei unricht Bezeugg der Erbfolge (wobei zu beachten ist, daß das ErbR der DDR zeitl unterschiedl gegolten hat, s Einl 5 vor § 1922; dazu ausführl Bestelmeyer Rpfleger **92**, 229), zB infolge unzutreff Anwendg des KollisionsR; od zur Auflösg bish hinkender RVerhältn (s EG 235 § 1 Rn 5; Schotten/Johnen DtZ **91**, 225); fehlt bei NachlSpaltg einschränkender Geltgsvermerk, s § 2353 Rn 7. Ist er sachl mit einem in der BRD erteilten unvereinb, wird nur der unricht ErbSch eingezogen. Wurde in der fr DDR in Sterbefällen bis 31. 12. 75 bei einem Bundesbürger DDR-ErbR angewandt, weil ihn die dortigen Behörden als ihren Staatsbürger angesehen haben, kann sich jetzt eine and Erbfolge ergeben u ein DDR-ErbSch unrichtig sein, weil bis dahin weitgehd noch ErbR nach BGB (s Einl 5 vor § 1922) gegolten hat (Trittel DNotZ **91**, 237/244), allerd mit verschiedenem GüterR (§ 1371 I) seit 30. 6. 58 (s Reinhardt DtZ **91**, 185).

4   **a) Verfahrensfehler** im Erteilsverfahren nötigen nur in gravierenden Fällen zur Einziehg, zB bei fehlender Verfahrensvoraussetzg, selbst wenn ErbSch inhaltl richtig ist (BGH NJW **63**, 1972, KG NJW **63**, 880). Dazu gehört auch die Erteilg durch ein **örtlich unzuständiges** Gericht (Hamm OLGZ **72**, 352/353; BayObLG Rpfleger **75**, 304, **81**, 112; s Weiß Rpfleger **84**, 389); von BGH (Rpfleger **76**, 174) aber verneint, wenn sich die örtl Unzuständigk des tätig gewordenen Ger nicht aus einer eindeut Vorschr ergibt; durch einen nicht mit Rechtspflegeraufgaben betrauten Beamten des gehobenen Justizdienstes (Ffm NJW **68**, 1289); od dch einen **funktionell unzuständigen** Rpfleger (LG Kbzl DNotZ **69**, 431; aA Weiß aaO). – Bei
5   Erteilg **ohne Antrag** od auf Antr eines NichtBerecht od abweichd vom Antrag eines Berecht ist Einziehg nur geboten, wenn nicht der AntrBerecht die Erteilg nachträgl ausdrückl od stillschw genehmigt hat (BGH NJW **89**, 984; BayObLG **67**, 9, **70**, 109f); s auch Stgt Just **79**, 437 (Nachholg des Antr beim NachlG). – Auch die unricht Beurteilung des Erbstatuts des Erbl (EG 25) od die Nichtangabe des die Erbfolge bestimmden ausländ Rechts od die unrichtige Beurteilg der Staatsangehörig des Erbl (s zB BVerfG **23**, 98 zur Beibehaltg der deutsch StAngehörig polit, rassisch u religiös Verfolgter trotz Entziehg) kann zur Unrichtigk des

ErbSch führen (KG Rpfleger **77**, 307). – Dagg führen and Verstöße gg Verfahrensregeln wie zB die Verletzg des (nachholbaren) **rechtlichen Gehörs** für sich allein nicht zur Einziehg.

b) Keine Unrichtigkeit des ErbSch tritt ein dch Erbteilsübertragung (§ 2033), Erbschaftsverkauf od bei **6** Wechsel in der Person des TV. Ebso nicht allein deswegen, weil der ErbSch auf die Todesvermutg des REG *AmZ* 51 gestützt ist, obwohl diese Vorschr im ErbSchVerf nicht anwendb ist (BayObLG **52**, 163). Eine im ErbSchVerf abgegebene falsche eidesstattl Versicherg (§ 2356 II) nötigt für sich allein nicht zur Einziehg des ErbSch (Hamm OLGZ **67**, 74). Die Einziehg des ErbSch kommt auch nicht in Betr, wenn sich nachträgl herausstellt, daß die letzw Vfg, von der das NachlG bei Erteilg ausgegangen ist, aus irgend einem Grd unwirks ist od sein könnte, sich das bezeugte ErbR im selben Umfang aber aus einer anderen letztw Vfg ergibt (Hamm aaO); wenn der ehemals unrichtige ErbSch sich später als richtig erweist (LG Kblz DNotZ **69**, 430).

3) Das Nachlaßgericht hat vAw zu ermitteln, wenn Zweifel an der Richtigk eines erteilten ErbSch sich **7** amtl ergeben od dch Anregg eines Beeinträchtigten an das NachlG herangetragen werden. Dies kann auch noch lange nach Erteilg erfolgen (Rn 1). Zur Einleitg des EinziehgsVerf ist kein Antr erforderl. Er kann aber gestellt u mit neuem ErbSchAntr verbunden werden; Antr auf Vornahme einer nicht zuläss Berichtigg (Rn 2) kann als Antr auf Einziehg u Neuerteilg aufgefaßt werden. Das NachlG kann auch dann einziehen, wenn der richtige Erbe den ErbSch selbst beantragt u auch nach Kenntn der Unrichtigk nichts gg dessen Fortbestehen unternommen hat (BGH **47**, 58).

a) Zuständig ist nur dasjenige NachlG, das den ErbSch erteilt hatte ohne Rücks darauf, ob es internat u **8** örtl zuständ war (BayObLG **77**, 59; Hamm OLGZ **72**, 352; KG Rpfleger **66**, 209), auch wenn Wohnsitzgemeinde inzw dem Bezirk eines and AG zugeordnet wurde (Ffm Rpfleger **81**, 21). Ausn: Beruhte bei DDR-Erbl vor dem Beitritt die Erteilgszuständigk nur auf FGG 73 II; III anlog, gilt für die Einziehg nunmehr die primäre Zuständigk nach FGG 73 I (KG OLGZ **93**, 15). Für die Einziehg eines in der fr DDR von einem inzw aufgelösten Staatl Notariat erteilten ErbSch ist das für den damal Notariatsbezirk errichtete AG zuständ (s § 1962 Rn 1). – Richter entscheidet, wenn die Voraussetzgn des RPflG 16 I Nr 7 vorliegen.

b) Verfahren. Vor einer Entscheidg muß das NachlG die Sachlage abschließd aufklären u die dazu **9** erforderl Ermittlgen vAw dchführen (FGG 12). Bloße Zweifel an der Richtigk rechtfertigen die Einziehg nicht. Unzuläss ist dah eine vorläuf bis zum Abschluß der Ermittlgen, um den erteilten ErbSch vorsorgl aus dem RVerkehr zu ziehen (BGH NJW **63**, 72; KG NJW **63**, 880; s auch Rn 11); erweist sie sich als voreilig u ErbSch als richtig, hat sie unnöt Kosten u die Gefahr einer Haftg (§ 839) zur Folge. Den von einer Einziehg Betroffenen ist vor der Entscheidg rechtl Gehör zu gewähren (GG 103 I). – Zur Feststellgslast s § 2353 Rn 31. – Die Anhängigk eines für das ErbR vorgreiflichen Gerichtsverfahrens hindert die Einziehg nicht (Bln Rpfleger **71**, 149 mAv Bonnet; gg Bonnet aber Gienke Rpfleger **73**, 52). – Ist aGrd eines gemeinsch Test ErbSch nach dem Längerlebenden zu erteilen, kann dabei nachgeprüft werden, ob der nach dem Erstverstorbenen erteilte ErbSch richtig ist (Ffm Rpfleger **72**, 56). – Auch bei Einziehg eines Fremdrechts-ErbSch (§ 2369) richten sich die verfahrensrechtl Voraussetzgn nach § 2361 (Hamm NJW **64**, 554). – **Kosten:** KostO 107 II; 108; KostO FGG 13a. Bei unrichtiger Sachbehandlg KostO 16.

c) Entscheidung. Das NachlG muß nach abschließdn Ermittlgn (Rn 9) sich in die Lage versetzen, als **10** hätte es den ErbSch erstmals zu erteilen. Kommt es dabei zu dem Ergebn, daß der ErbSch aus tatsächl od rechtl Grden so nicht mehr erteilt werden dürfte, hat es ihn einzuziehen (BGH **40**, 54; BayObLG **77**, 59). Es muß also die Unrichtigk des ErbSch feststellen od zumindest zur Überzeugg kommen, daß der ErbSch jedenfalls so wie geschehen nicht erteilt werden konnte. Ist der ErbSch nach seiner Überzeugg unricht, darf NachlG sich auch bei schwieriger Sach- u RLage nicht mit der Ankündigg der Einziehg dch Vorbescheid (§ 2353 Rn 33) begnügen (BayObLG **94**, 169), sond hat dch Beschluß die Einziehg anzuordnen. Dieser wird mit der Aufforderg an den (die) Besitzer verbunden, die erteilten Ausfertigungen binnen kurzer Frist bei Meidg von Zwangsgeld (FGG 33) abzuliefern. Eine gewaltsame Wegnahme ist mögl. Rechte Dritter stehen nicht entgg. – **Durchgeführt** ist die Einziehg erst mit Abliefg der Urschrift u aller erteilten Ausfertigungen (BayObLG **66**, 233; **80**, 72). Erst damit wird der eingezogene ErbSch kraftlos (**I** 2); bei unterlassener od unmöglicher Abliefg s Rn 13. – Nicht ausreichend ist also ein bloßer Vermerk auf der Urschrift (Oldbg DNotZ **58**, 263). Dieser Vermerk u die Unbrauchbarmachg der Ausfertiggen (ähnl wie beim HypBrief) sind ledigl innerdienstl Bestätiggen der tatsächl erfolgten Einziehg (Keidel DNotZ **58**, 263). Wurde keine Ausfertigg od Urschrift hinausgegeben, zB nur der NachlAkt mit dem ErbSch dem GBA zur Umschreibg zugeleitet worden, genügt Bek der EinziehgsVfg an ErbSchErben (BayObLG **60**, 501). – Verfügg der Rückgabe des ErbSch zu den Akten durch **einstweilige Anordnung** (zuläss nach FGG 24 III, Köln OLGZ **11** **90**, 303; BayObLG FamRZ **93**, 116; aA Schopp Rpfleger **83**, 264) hat nicht die Wirkg der Einziehg, auch wenn dieser zurückgegeben wird.

d) Neuerteilung. Sind bei Einziehg schon alle Voraussetzgn für die Erteilg eines neuen ErbSch gege- **12** ben, kann mit dem Einziehgsbeschluß zugleich dessen Erteilg bewilligt werden (BGH **40**, 54; KG NJW **63**, 706; BayObLG **66**, 233; Ffm Rpfleger **78**, 310). Mit der Aushändigg soll aber zugewartet werden, bis der alte ErbSch abgeliefert od für kraftlos erklärt wurde, weil schon wg des fehlenden Gutglaubensschutzes (s § 2366 Rn 2) zu vermeiden ist, daß Erbscheine widersprechenden Inhalts in Umlauf sind.

e) Kraftloserklärung (vgl § 176 I, ZPO 204) ist geboten, wenn mind eine der Ausfertiggen nicht zu **13** erlangen od Erfolgslosigk der Einziehg vor vorneherein feststeht (BayObLG OLG **40**, 155). Sie erledigt die Einziehg. Keine **Beschwerde** findet gg die KraftlosErkl statt, wenn diese nach **II** vorschriftsgemäß durchgeführt ist (FGG 84); wohl aber ist die Beschw mit dem Ziel der Neuerteilg eines gleichlautenden Erbscheins zulässig (KG JFG **10**, 79, Halle NJ **49**, 21; aM Oldbg DNotZ **55**, 158; dagg Keidel daselbst 162). Ist jedoch der KraftlosErklBeschl ledigl den Beteiligten zugestellt, aber nicht nach **II** 2 öffentl bekannt gemacht, so ist die Beschw zulässig (BayObLG **58**, 364).

4) Rechtsmittel gg die Anordnung der Einziehung wie deren Ablehng ist **Beschwerde** u weitere **14** Beschw (FGG 19, 20, 27). – **a)** Ist die vom NachlG angeordnete Einziehg dch Abliefrg od KraftlosErkl tatsächl bereits erfolgt, ist Beschw (weitere Beschw) nur mehr mit dem Ziel zuläss, das NachlG zur Erteilg eines neuen gleichlautenden ErbSch anzuweisen, da die durchgeführte Einzieh als solche nicht mehr rückgängig gemacht werden kann (BGH **40**, 54; BayObLG **80**, 72; FamRZ **89**, 550). Ist inzw neuer ErbSch mit and Inhalt erteilt, muß sich BeschwFührer zugleich gg diesen wenden, da sonst zwei sich widersprechde ErbSch vorlägen (Köln NJW-RR **94**, 1421). – Hat NachlG dagg die Einzieh abgelehnt, kann Ziel der Beschw nur sein, das NachlG möge zur Einzieh angewiesen werden; das BeschwG kann nie selbst einen ErbSch einziehen, da dies (wie schon die Erteilg) stets dem NachlG vorbehalten ist (Ffm Rpfleger **73**, 95). Will das NachlG der Beschw von sich aus abhelfen, weil es die erfolgte Einzieh nachträgl für ungerechtfertigt erachtet (FGG 18), kann es auch nur einen neuen ErbSch mit gleichem Inhalt erteilen. – Über die Bindg des BeschwGerichts an seine Entscheidg vgl BGH NJW **55**, 21; KG NJW **55**, 1074; LM § 2353 Nr 2 Anm 15 Johannsen. – **b) Beschwerdeberechtigt** (FGG 20 I) ist bei **Ablehnung** der Einzieh jeder, der das für einen and bescheinigte ErbR selbst in Anspr nimmt (Hamm Rpfleger **86**, 138); auch wer behauptet, zu einer and Quote als der ausgewiesenen beteiligt zu sein (BayObLG **91**, 1); ferner ein TV (Oldbg Rpfleger **65**, 305); NachlGläub, wenn er VollstrTitel besitzt (Hamm Rpfleger **77**, 306); auch der ausgewiesene Erbe, weil er nicht Erbe sei (BGH **30**, 263; BayObLG **77**, 163); der ErsNachE, weil der ErbSch des VE unrichtige Angaben über die Nacherbfolge enthalte (BayObLG **60**, 407). Auch ein zw den Beteil geschlossener Vergleich üb bestimmte TestAusslegg hindert sie nicht, die Unrichtigk des ErbSch mit Beschw geltd zu machen (BayObLG **91**, 1). Am EinziehsVerf nicht beteiligt ist aber, wer von einer durch ErbSch ausgewiesenen Person einen NachlGgst erworben hat, wenn dieser ErbSch eingezogen werden soll (BayObLG **66**, 49). – Bei **Anordnung** der Einzieh sind beschwerdeberecht alle AntrBerechtigten (s § 2353 Rn 12), also auch TV (Hamm NJW-RR **93**, 461), auch wenn sie die Erteilg des ErbSch nicht beantragt haben (BGH **30**, 220). Ein BeschwR gg die Einzieh kann aber nur aus der Entscheidsformel, nicht aus den Gründen hergeleitet werden (KG OLGZ **66**, 74; s aber auch BayObLG **75**, 62). NachE hat gg Einzieh des dem VorE erteilten ErbSch kein BeschwR (§ 2363 Rn 8). – **Verwirkung** des BeschwdeR kommt grdsätzl nicht in Betr (BayObLG Rpfleger **79**, 333).

2362 *Herausgabeanspruch des wirklichen Erben.* [1] **Der wirkliche Erbe kann von dem Besitzer eines unrichtigen Erbscheins die Herausgabe an das Nachlaßgericht verlangen.**

[2] **Derjenige, welchem ein unrichtiger Erbschein erteilt worden ist, hat dem wirklichen Erben über den Bestand der Erbschaft und über den Verbleib der Erbschaftsgegenstände Auskunft zu erteilen.**

1   **1) Herausgabeanspruch.** Der wirkl Erbe (auch der NachE, § 2363 II; der TV, § 2364 II; der unrichtigerw für tot Erklärte, § 2370 II) muß hat unricht ErbSch nicht dessen Einziehg dch NachlG (§ 2361) abwarten, sond kann auch dch eigenes Betreiben den ErbSch aus dem Verkehr ziehen. Dazu gewährt ihm **I** einen matrechtl Anspr auf Herausgabe an das **Nachlaßgericht**, der im Prozeßweg dchgesetzt werden kann. Gegner ist jeder Besitzer, mag er auch nicht als Erbe bezeichnet sein; auch ein MitE bei unrichtiger Erbteilsangabe. Die Ablieferg des ErbSch beim NachlG (nicht schon die Herausgabe an GVz) wirkt dann als Einziehg (§ 2361 I 2). – Beweispflichtig für ErbR u Besitz ist der Kläger. Jedoch gilt die Vermutg des § 2365 für den Gegner nicht, da der Kläger sonst schlechter gestellt wäre als bei dem Amtsverfahren des § 2361 (s auch § 2365 Rn 3). Dem Begehren kann uU eine peremtorische Einrede entgg gehalten werden (Johannsen WM **79**, 636 f). – Gerichtsstand der Erbsch (ZPO 27) gilt hier nicht, wenn nicht ErbschKlage verbunden wird (dazu MüKo/Promberger Rn 2). ZwVollstr nach ZPO 883.

2   **2) Auskunft (II,** § 260) kann der wirkl Erbe von jedem verlangen, dem ein unrichtiger ErbSch erteilt wurde, also auch wenn er den ErbSch nicht besitzt od nicht mehr Erbschaftsbesitzer (§ 2027) ist.

2363 *Erbschein für den Vorerben.* [1] **In dem Erbscheine, der einem Vorerben erteilt wird, ist anzugeben, daß eine Nacherbfolge angeordnet ist, unter welchen Voraussetzungen sie eintritt und wer der Nacherbe ist. Hat der Erblasser den Nacherben auf dasjenige eingesetzt, was von der Erbschaft bei dem Eintritte der Nacherbfolge übrig sein wird, oder hat er bestimmt, daß der Vorerbe zur freien Verfügung über die Erbschaft berechtigt sein soll, so ist auch dies anzugeben.**

[2] **Dem Nacherben steht das im § 2362 Abs. 1 bestimmte Recht zu.**

1   **1) Besonderheiten.** Bei angeordneter Vor- u NErbfolge kann nach dem Erbfall nur dem VorE ein ErbSch erteilt werden. Nur dieser wird als Erbe ausgewiesen, weil die NErbfolge bis zum Eintritt des NErbfalls noch nicht bezeugt, sond nur als Hinweis auf die dadch bewirkte VfgsBeschränkg des VorE vermerkt werden kann (s BGH **84**, 196/200). Antrberecht ist daher auch nur der VorE (Hamm Rpfleger **80**, 347). Inhaltl ist in diesem ErbSch für den VorE außer den allg Angaben (§ 2353 Rn 3) zusätzl anzugeben: –
2   **a) Die Anordnung der Nacherbfolge,** ihre Voraussetzgen u der Ztpkt ihres Eintritts (BayObLG **65**, 86). Ist sie auf einen Bruchteil beschränkt, muß Quote angegeben werden. Auch Einsetzg des NachE unter Bedingen ist zum Ausdruck zu bringen (LG Mannheim MDR **61**, 58). Zu Wiederverheiratungs- u Verwirkgsklauseln s § 2269 Rn 16–19; § 2074 Rn 6–10. Aufzuführen ist auch eine **zweite** NErbfolge u weitere, sofern dritte od spätere nach § 2109 noch eintreten kann (BayObLG FamRZ **90**, 320). Nicht mehr angegeben wird die NErbfolge allerd, wenn sie bereits ggstandslos u der VorE somit VollE geworden ist, zB dch Vorversterben des NE; Übertragg des AnwR auf VorE (§ 2108 Rn 8; LG Bln DNotZ **76**, 569); Nichteintritt 3 einer Bedingg (Celle NdsRpfl **55**, 189). – **b) Der Nacherbe** mit mögl genauer Bezeichng, idR namentl (vgl BayObLG **83**, 252), nicht aber die Bruchteile, zu denen sie eingesetzt sind. Sie sind gem § 2358; FGG 12 vAw zu ermitteln (Ffm NJW **53**, 507). Können die NachE zunächst nicht namentl aufgeführt werden (zB im Falle des § 2104), ist möglichst genaue Umschreibg zu wählen (zB „die bei Eintritt der NErbfolge vorhande-

nen ehel Abkömmlinge des VorE"); werden ihre Namen später festgestellt, ist ausnahmsw Ergänzg zulässig (Planck Anm 2c). Sind die Quoten der VE ungewiß, weil der Erbl alle seine Kinder einschließl solcher, die erst nach dem Erbfall ggf noch erzeugt werden, eingesetzt hat, ist die Fassg des ErbSch problemat. S dazu Köln Rpfleger **92**, 391, dessen Vorschlag nicht überzeugt; den Vorzug verdient Eschelbach in Anm dazu. Hatte zZ der ErbSchErteil ein NE bereits sein AnwartschR übertragen, sind die damit verbundenen unmittelb mat-rechtl Wirkgen (s § 2108 Rn 8) zu beachten, da andernf der ErbSch unricht ist (Rn 8). Im Ggsatz zu Erbteilskäufer u ErbschErwerber (Übbl 2; 5 vor § 2371) sind daher an Stelle des ursprüngl NE der Erwerber des AnwR sowie die RStellg vorhandener ErsatzNE (§ 2102 Rn 5) aufzunehmen (KG JFG **20**, 21; Bestelmeyer Rpfleger **94**, 189; aA Düss MDR **81**, 143; OLGZ **91**, 134; s auch Rn 8; 10). – **c) Ein Ersatz-** **4** **nacherbe** wird angegeben, auch wenn er stillschweigd (§ 2069) eingesetzt ist (RG **142**, 171; BayObLG **60**, 410; Hamm OLGZ **75**, 156; vgl auch GBO 51). – **d) Die Vererblichkeit** der NachEAnwartsch (§ 2108 **5** II 1). In der Praxis wird vielfach allerd nur die Nichtvererblichk angegeben, so daß Fehlen des Vermerks die Vererblichk bezeugt (RG **154**, 330; Köln NJW **55**, 635). – **e) Befreiung** des VorE von Beschränkgen (§ 2136 **6** mit Rn 12), die auch dch ein **Vorausvermächtnis** (beim alleinigen VorE (§ 2110 II) bewirkt wird (s § 2150 Rn 5), so daß dieses ausnahmsw anzugeben ist (KG JFG **21**, 122; BayObLG **65**, 465): „Das R des NachE erstreckt sich nicht auf folgende Gegenstände: . . .". – **f)** Einsetzg des NachE auf den **Überrest** (§ 2137). – **7** **g)** Bestellg eines **Testamentsvollstreckers** für den **Nacherben** (§ 2222).

2) **Unrichtig** ist od wird der ErbSch des VE beim Fehlen des vorgeschriebenen Inhalts; durch Eintritt des **8** NErbfalls (§ 2139, Hamm Rpfleger **80**, 347), auch wenn nur einer von mehreren Vorerben weggefallen ist (KGJ **37**, 135; LG Bln WM **61**, 313; s auch Schmidt BWNotZ **66**, 139; Becher Rpfleger **78**, 87); durch Nichterwähng einzelner NachE; durch unrichtige Bezeichng der NErbfolge (BayObLG **60**, 407); durch Wechsel in der Person des NachE, sei es wg § 2108 II bei seinem Wegfall vor dem NErbfall (BayObLG FamRZ **88**, 542); infolge Übertragg der NachERechte auf den VorE (KG JW **38**, 3118; Bln DNotZ **76**, 569; s § 2108 Rn 8). Der ErbSch ist dann kr GewohnheitsRs jeweils **einzuziehen** (Köln Rpfleger **84**, 102), ohne daß der NachE dadch in seinen Rechten beeinträchtigt wird (Köln aaO; Oldbg DNotZ **58**, 264). Trotz Einziehg wg Eintritts des NErbfolge kann ein RSchutzBedürfn bestehen, den ErbSch nochmal mit Wirkg ab Ausstellg als unrichtig einzuziehen, wenn in ihm die NErbfolge unrichtig aufgeführt war (AG Osterode NdsRpfl **69**, 154).

3) **Rechtsstellung des Nacherben. – a) Beim Erbfall** kann der NE keinen ErbSch erhalten (BGH **9** Rpfleger **80**, 182); ein gleichwohl erteilter ist einzuziehen (Mannh MDR **61**, 58). Er kann nur verlangen, daß er im ErbSch des VorE richtig angegeben wird als die Person, zu deren Gunsten der VorE vfgsbeschränkt ist u daß die NErbfolge richtig bezeichnet wird. Andernf kann er Einziehg (§ 2361) verlangen u SchadErsatz geltend machen (RG **139**, 343). Einziehg kann er auch dann anregen, wenn er zu Unrecht als NachE aufgeführt ist (Mannh aaO). Gg Ablehng steht ihm dann BeschwR zu (FGG 20 I). – Dagg bezieht die Einziehg des dem VorE erteilten ErbSch seine Rechte nicht (BayObLG **61**, 200; Oldbg DNotZ **58**, 263 mAv Keidel), nachdem er auch nicht dessen Erteilg herbeiführen kann (Hamm Rpfleger **80**, 347). – Auch der HerausgAnspr (II; § 2362 I) steht ihm gg den VorE zu, wenn dessen ErbSch unrichtig iS von **I** ist. Ausk verlangen (§ 2362 II) kann er dagg erst ab dem NErbfall (vgl auch § 2130). – UrkNotar, den der VorE auch mit Entggnahme seines ErbSch beauftragte, hat auch ggü dem NachE inhaltl PrüfgsPfl bezügl Übereinstimmg von beantragtem u erteiltem ErbSch (BGH NJW **88**, 63 mAv Bernhard DNotZ **88**, 375); einen unricht erteilten ErbSch darf er VorE nicht aushändigen (BGH aaO). – **b) Tritt Nacherbfall** ein, kann von **10** da an ErbSch nur noch dem NachE erteilt werden. Ist von mehreren VorE nur einer verstorben, gilt dies auch hinsichtl des bereits eingetretenen Nacherbfolge (Hamm NJW **74**, 1827; dazu Schmidt BWNotZ **66**, 139, der auch nach Eintritt des Nacherbfalls die Erteilg eines zeitl beschränkten ErbSch für den VE für zuläss erachtet). Hat einer von zwei NachE sein AnwR dem and übertragen, kann dieser wg der mat-rechtl Wirkg der Übertragg (§ 2108 Rn 8) als AlleinE ausgewiesen werden (KG JFG **20**, 21; aA Düss OLGZ **91**, 134). Im ErbSch ist der Ztpkt des Nacherbfalls anzugeben (BayObLG **65**, 86; Stgt DNotZ **79**, 104/107), nicht aber unbedingt der Name des VorE (KGJ **50**, 85; vgl Hamm JMBl NRW **62**, 63). Eine neue eidesstattl Versicherg (§ 2356 II) ist nicht unbedingt erforderl (KGJ **46**, 146). Die Rechtsnachfolger des VorE haben ein RSchutzbedürfnis hins des Antrags auf Einziehg des dem NachE erteilten ErbSch, wenn dieser zB einen unrichtigen Ztpkt für den Eintritt der Nacherbfolge angibt (Hamm JMBl NRW **62**, 63). – Zur Umschreibg des Grdbuchs s § 2139 Rn 6.

2364 *Angabe des Testamentsvollstreckers.* ¹ Hat der Erblasser einen Testamentsvollstrecker ernannt, so ist die Ernennung in dem Erbschein anzugeben. ¹¹ **Dem Testamentsvollstrecker steht das im § 2362 Abs. 1 bestimmte Recht zu.**

1) **Zweck.** Dch die Angabe der TVstrg werden die Vfgsbeschränkg des Erben Dritten bekanntgemacht **1** (vgl GBO 52); auch die NachETestVstrg (§ 2222) ist anzugeben (KGJ **43**, 92). Bei aufschiebender Bedingg wird die TVstrg erst mit deren Eintritt angegeben (KG JFG **10**, 73). Sie muß auch erfolgen, wenn in den Fällen der §§ 2198, 2200 ein TestVollstr noch nicht ernannt ist. Sie erübrigt sich, wenn er abgelehnt hatte u ein Ersatzmann nicht ernannt war od er den Erben nicht beschwert (Backs DFG **40**, 50) od wenn zw Erbfall u ErbSchErteilg die TestVollstrg weggefallen ist (BayObLG Rpfleger **74**, 345). – Der Name des TV wird im ErbSch nicht angegeben, der Umfang seiner Befugn nur in bes gelagerten Fällen, nachdem der TV selbst sich dch sein Zeugn ausweist (§ 2368). – **Unrichtig** u damit einzuziehen (§ 2361) ist der ErbSch bei fehlender Angabe der TVstrg (BayObLG FamRZ **77**, 347/349) od wenn der angegebene TV-Vermerk ggstandslos geworden od überholt ist, da er nicht berichtigt werden kann (Hamm OLGZ **83**, 59; Köln FamRZ **93**, 1124). Ein Wechsel in der Person des TV berührt die Richtigk des ErbSch dagg nicht. – Zum ggständl beschränkten ErbSch mit TVstrgsKlausel (uU zB bei trustee nach US-Recht) s Ffm DNotZ **72**, 543; H/Winkler Rn 36, 37.

2   **2) Herausgabe (II)** kann der TV insbes verlangen, wenn die TVstrg im ErbSch nicht angegeben war. Er kann auch die Erteilg u die Einziehg des ErbSch beantragen u gg Erteilg eines nach seiner Auffassg unricht ErbSch Beschwerde einlegen (Oldbg Rpfleger **65**, 305). Ein **Auskunftsanspruch** (§ 2362 II) steht ihm nach §§ 2205, 2209 zu.

2365 *Vermutung der Richtigkeit des Erbscheins.* Es wird vermutet, daß demjenigen, welcher in dem Erbschein als Erbe bezeichnet ist, das in dem Erbschein angegebene Erbrecht zustehe und daß er nicht durch andere als die angegebenen Anordnungen beschränkt sei.

1   **1) Rechtsvermutung.** Mit der Aushändigg des ErbSch (s § 2353 Rn 34) ist eine positive u eine negative Vermutg verbunden. Die positive bezieht sich nur auf das bezeugte ErbR u geht nicht dahin, daß der Besitzer der Urk auch der Erbe sei, sond daß dem in der Urk angegebenen Erben das bezeugte ErbR zusteht (MitE der ausgewiesene Erbteil). Negativ wird vermutet, daß andere Beschränkgen als die angegebenen nicht bestehen (VollständigkVermutg); es wird also nicht vermutet, daß angegebene Beschränkgen auch wirkl bestehen (Ffm WM **93**, 803; MüKo/Promberger Rn 12; str). Ist keine Beschränkg aufgeführt (es kommen gem §§ 2363, 2364 nur TVstrg, Nach- u ErsatzNErbfolge in Frage), gilt der Erbe als nicht dch Anordngen des Erbl vfgsbeschränkt. Diese RVermutg endet mit Ablieferg des eingezogenen ErbSch bzw KraftlosErkl od Herausgabe (§§ 2361; 2362). – Sind mehrere einander widerspr ErbSch in Umlauf, heben die Vermutgen einander auf. Soweit also der Widerspr besteht, entfällt für jeden ErbSch die Vermutg seiner 2 Richtigk (BGH **33**, 314; hM; aA Lange/Kuchinke § 41 II 5b Fn 69; Lindacher DNotZ **70**, 93). – **Keine** Vermutg besteht dagg für den (oft angegebenen) BerufsgsGrd (str; s MüKo/Promberger Rn 7 mH). Ferner wird alles, was von Rechts wg nicht in den ErbSch gehört, zB Vermächtn, Teilgsanordngen, Fortbestehen des Rechts des VorE (vgl dazu § 2140), Erbteils- oder ErbschVerkauf, NachlVerw u -Konk, auch von der Vermutg nicht gedeckt. Der ErbSchE ist noch kein ErbschBesitzer (§ 2018).

3   **2) Prozessuales.** Macht der ErbSchInh sein ErbR bzw das Fehlen von Beschränkgen ggü Dritten geltd, muß er im Streitfall nur die Voraussetzgen für das Eingreifen der Vermutg beweisen, also ErbSchErteilg u Identität mit dem im ErbSch Genannten. Die Vermutg greift sowohl zu seinem Vorteil als auch zu seinem Nachteil ein u kehrt im RStreit mit Dritten analog ZPO 292 die Beweislast um. – Str ist dagg, ob die Vermutg auch im Streit der **Erbprätendenten** um das ErbR gilt. Dies wird sowohl verneint (Soergel/ 4 Damrau Rn 4; Baumgärtel/Strieder Rn 9: es gelten allg Beweislastregeln; Prozeßrichter entscheidet unabhäng vom NachlG) wie bejaht (MüKo/Promberger Rn 24) als auch von der jew Parteirolle abhängig gemacht: Als Kläger kann sich ErbSchE auf § 2365 berufen, sein Gegner muß die Tatsachen für das von ihm beanspruchte ErbR darlegen u beweisen; als Beklagter benötigt ErbSchE die Vermutg nicht, da der Kläger bereits nach allg Regeln die Tatsachen für das behauptete ErbR beweisen muß (RG Warn **13** Nr 300; Hagen NJW **66**, 1660; Staud/Firsching Rn 25; Erman/Schlüter Rn 4; offen gelassen von BGH **47**, 58). Den Vorzug verdient die Ansicht, daß § 2365 keine Anwendg findet u die Beweislastverteilg nicht von der Parteirolle abhängt. – Geht es im RStreit nur um die Auslegg eines Test, ist der Prozeßrichter ohnehin nicht an ErbSch gebunden (BGH **47**, 67). – Greift die Vermutg ein, ist sie mit allen BewMitteln (zB Bezugn auf die 5 NachlAkten) **widerlegbar,** auch mit solchen, die bei Schaffg der Urk bereits vorgelegen haben (Nürnb WM **62**, 1200). Neue Tatsachen sind hierbei nicht erforderl (Warn **42** Nr 25).

6   **3) Grundbuchverkehr.** Soweit die dem § 891 entsprechende Vermutg des § 2365 reicht, genießt der ErbSch öff Glauben, falls nicht dem GBA neue UnrichtigkTats bekannt werden (KG JFG **18**, 44; vgl auch Übbl 8 vor § 2353). Der öffentl Glaube des Grdbuch geht jedoch dem des ErbSch vor. Dem vom ErbSchErben A erwerbenden B nützt sein guter Glaube an die Richtigk des Erbscheins nichts, wenn ein anderer C im Grdbuch eingetragen war.

2366 *Öffentlicher Glaube des Erbscheins.* Erwirbt jemand von demjenigen, welcher in einem Erbschein als Erbe bezeichnet ist, durch Rechtsgeschäft einen Erbschaftsgegenstand, ein Recht an einem solchen Gegenstand oder die Befreiung von einem zur Erbschaft gehörenden Rechte, so gilt zu seinen Gunsten der Inhalt des Erbscheins, soweit die Vermutung des § 2365 reicht, als richtig, es sei denn, daß er die Unrichtigkeit kennt oder weiß, daß das Nachlaßgericht die Rückgabe des Erbscheins wegen Unrichtigkeit verlangt hat.

1   **1) Die Verkehrssicherheit,** der mit der widerlegbaren Vermutg des § 2365 nicht gedient ist, erfordert, daß der GeschPartner des ErbSch sich unbedingt auf die Richtigk des Zeugnisses verlassen kann („RichtigkFunktion“, s Wiegand JuS **75**, 283/284 f). Der Schutz des § 2366 reicht aber nicht weiter als die Vermutg des § 2365. Der öff Glaube des Erbscheins bezieht sich deshalb nicht auf die Zugehörigk eines Ggst zum Nachl; das VfgR des Erben; insb nicht darauf, daß ein im ErbSch aufgeführter MitE nicht seinen Anteil veräußert hat (BGH WM **63**, 219). Er schützt nur den **rechtsgeschäftlichen** Einzelerwerb dch dingl RGesche (nicht den durch ZwVollstr, dingl unvollzogene Schuldgeschäfte, Erwerb der Erbschaft od eines Erbteils, §§ 2371, 2385, 2033, 2030, rechtsgeschäftl Gesamtnachfolge, Rechtserwerb kraft Gesetzes), u zwar von **Erbschaftsgegenständen** (Grdstücke, GrdstRechte, bewegl Sachen u Fdgen, auch Ersatzstücke, Mitgliedschafts- u sonstige Rechte, auch wenn sie außerh § 2366 nicht gutgl erworben werden können, Wiegand JuS **75**, 284).

2   **2) Nur der** erteilte (§ 2353 Rn 34) und **in Kraft** befindl ErbSch genießt öff Glauben (nicht der bereits eingezogene od für kraftlos erklärte, § 2361; auch nicht die Ausfertigg eines ledigl die Erteilg anordnenden Beschlusses, BayObLG **60**, 192). Nicht nötig ist, daß er vorgelegt, erwähnt od dem Erwerber auch nur bekannt war (s BGH **33**, 317). Durch einstw Anordng im ErbSchVerf (FGG 24) kann aber die Gefahr gutgläubigen Dritterwerbs u befreiender Leistg an den ErbSchErben **nicht** ausgeschlossen werden (BGH 3 **40**, 54; Köln OLGZ **90**, 303; BayObLG **62**, 299; aM Lindacher NJW **74**, 20). – Nur der **redliche** Erwerb

wird geschützt. Er setzt das Bewußtsein voraus, einen ErbschGgst zu erwerben (Wiegand JuS **75**, 285 f). Kennenmüssen steht der Kenntn nicht gleich. Die Kenntn des Rückgabeverlangens des ErbSch dch das NachlG, der Verurteilg zur Herausg (§ 2362 I) od der Anfechtbark der Test (§ 142 II) macht aber bösgläubig. Maßgebder Ztpkt ist die Vollendg des Erwerbs (s BGH WM **71**, 54), anders § 892 II. ErbSchErteilg nach Auflassg, aber vor Eintragg kann also noch gutgl Erwerb vermitteln (s aber Rn 6). – Bestehen gleichzeitig **mehrere** ErbSch mit widersprüchl Inhalten nebeneinander, entfällt im Umfang des Wider- 4 spruchs nach hM für beide ErbSch sowohl die Vermutg der Richtigk (§ 2365) als auch die Wirkg des öff Glaubens, auch wenn dem sich auf einen ErbSch Berufenden der andere ErbSch nicht bekannt war (BGH **33**, 314; **58**, 105). – Entspr gilt bezügl ErbSch u TV-Zeugn (s § 2368 Rn 9). Dies wird als dem Interesse der Sicherh des RVerkehrs bzw dem System des Vertrauensschutzes widersprechend zunehmend kritisiert (Lindacher DNotZ **70**, 99; Klein Rpfleger **84**, 389; Parodi AcP **185**, 362; Herminghausen NJW **86**, 571). – Zur SchadErsPfl bei Erteilg unricht ErbSch s § 839 Rn 146; BGH FamRZ **92**, 427.

3) Erwerb vom Nichtberechtigten. Die §§ 892, 893, 932–936, 1032 S 2, 1207 gelten selbständig neben 5 den §§ 2366, 2367, da der ErbSch dem Dritten nur Gewähr für das ErbR des darin Ausgewiesenen u das Fehlen von nicht angegebenen Beschränkgen des als Erbe Bezeichneten bietet; nicht aber dafür, daß der VfgsGgst zur Erbsch u dem Erben gehört od daß ein im ErbSch angeführter MitE nicht seinen Anteil veräußert hat (BGH WM **63**, 219; s Boehmer, AcP **154**, 61/62; Wiegand JuS **78**, 150).

a) War im Grundbuch der Erbe bereits eingetragen, kommen für den Erwerb ledigl die Vorschriften 6 über den öff Glauben des GBs (§§ 891 ff) in Betr. – War noch der **Erblasser** eingetragen, so gelten beide Arten von Vorschr. Der Erwerber ist bzgl des Mangels der VfgsR des Veräußerers durch den ErbSch geschützt (BGH **57**, 341 m Av Mattern **LM** Nr 2; RGRK Rn 12); daneben kommt ihm der öff Glaube des Grdbuchs insofern zustatten, als das Grdst od das Recht daran als zur Erbsch gehörend gilt (Kuntze JR **72**, 202; Wiegand JuS **75**, 286; § 2367 Rn 1). Andererseits nützt bei Eintragg eines Widerspr dem Erwerber der öff Glaube des Erbscheins nichts, wenn der Erwerber zw Antr u Eintragg bösgl wird (s Erman/Schlüter Rn 7). Der öff Glaube nach § 2366 wirkt nicht im Verhältn unter MitE, die sich auseinandersetzen wollen (Hamm FamRZ **75**, 510/513 f).

b) Bei Veräußerung beweglicher Sachen wird durch § 2366 der gute Glaube ggü §§ 932 ff erhebl 7 erweitert, da er nur durch positive Kenntn von der Unrichtigk des ErbSch od von der Anordng der Einziehg ausgeschl wird. Auch wenn die bewegl Sachen dem wahren Erben abhanden gekommen sind (§ 935), ist der Erwerber nach § 2366 geschützt (s § 857 Rn 2). Gehört die Sache nicht zum Nachl, so muß der Erwerber hins des Eigtums des Erbl gutgläubig sein (s Wiegand JuS **75**, 285); war sie schon als abhanden gekommene beim Erbl, erwirbt der Erwerber trotz Gutgläubigk kein Eigentum (Lange/Kuchinke § 41 VII 3 d).

4) Erlöschen. Die Einzieh des ErbSch, seine wirks Kraftloserklärg od die Herausg des Besitzers an das 8 NachlG (§§ 2361, 2362) bewirken das Erlöschen des Gutglaubenschutzes.

2367 *Leistung an Erbscheinserben.* **Die Vorschriften des § 2366 finden entsprechende Anwendung, wenn an denjenigen, welcher in einem Erbschein als Erbe bezeichnet ist, auf Grund eines zur Erbschaft gehörenden Rechtes eine Leistung bewirkt oder wenn zwischen ihm und einem anderen in Ansehung eines solchen Rechtes ein nicht unter die Vorschrift des § 2366 fallendes Rechtsgeschäft vorgenommen wird, das eine Verfügung über das Recht enthält.**

1) Bei Leistungen an den Erbscheinserben (§§ 241, 893) wird der gutgläub NachlSchu auch dann 1 befreit, wenn der Empfänger sich nicht als wirkl Erbe erweist od entgg dem ErbSch beschränkt war; Haftg des Scheinerben nach § 816 II. Hierher gehören auch **einseitige Verfüggen** (Aufrechng, Künd; s Hoffmann, Wiegand JuS **68**, 228; **75**, 284; Verzicht fällt unter § 2366). Vfg ist auch die Eintr einer Vormerkg ins GrdB (BGH **57**, 341 m Av Kuntze JR **72**, 201 u Mattern **LM** § 2366 Nr 2). Durch bloße Schuldgeschäfte (Vermietg, Verpachtg von NachlGrdst) wird dagg der wahre Erbe nicht verpflichtet, auch nicht durch Prozesse über zur Erbsch gehörende Rechte. Das rechtskr Urt zG des Gutgläubigen wirkt nicht etwa so, als wäre der ScheinE prozeßführgsberechtigt gewesen. Der NachlSchu darf aber die Zahlg nicht bis zur Vorlegg eines ErbSch verweigern, wenn ihm das ErbR sonst ausreichend nachgewiesen wird (MüKo/Promberger § 2365 Rn 2).

2) Gesellschaftsrecht. § 2367 ist entspr anzuwenden, wenn der dch ErbSch ausgewiesene Scheinerbe 2 eines Geschäftsanteils einer GmbH an den Beschlüssen der Gesellschafterversammlg der GmbH mitwirkt (s Däubler Rdsch GmbH **63**, 181; Die Vererbg des GeschAnteils bei der GmbH, 1965, § 10); s hiezu ferner Schreiner NJW **78**, 921 (dort auch zur Mitwirkg von Scheinerben bei OHG- od KG-Beschlüssen).

2368 *Testamentsvollstreckerzeugnis.* **^I Einem Testamentsvollstrecker hat das Nachlaßgericht auf Antrag ein Zeugnis über die Ernennung zu erteilen. Ist der Testamentsvollstrecker in der Verwaltung des Nachlasses beschränkt oder hat der Erblasser angeordnet, daß der Testamentsvollstrecker in der Eingehung von Verbindlichkeiten für den Nachlaß nicht beschränkt sein soll, so ist dies in dem Zeugnis anzugeben.**

^{II} Ist die Ernennung nicht in einer dem Nachlaßgerichte vorliegenden öffentlichen Urkunde enthalten, so soll vor der Erteilung des Zeugnisses der Erbe wenn tunlich über die Gültigkeit der Ernennung gehört werden.

^{III} Die Vorschriften über den Erbschein finden auf das Zeugnis entsprechende Anwendung; mit der Beendigung des Amtes des Testamentsvollstreckers wird das Zeugnis kraftlos.

1) Das Testamentsvollstreckerzeugnis bestätigt, daß der darin Genannte wirks zum TV ernannt ist u 1 daß keine weiteren als die in dem Zeugn angegebenen Beschränkgen od Erweitergen seiner Befugn bestehen

(KG NJW **64**, 1905; Hamm OLGZ **77**, 422/423). Es ist dem Erbschein verwandt, dient aber dem Schutz des öff Glaubens bei den vom TV kr gesetzl Befugnis vorgenommenen Vfgsgeschäften (BayObLG **84**, 225). Der TV kann aber den Beweis seiner Ernenng u Amtsannahme auch durch Vorlegg des Test u der Ausfertigg der AnnahmeErkl führen (RG **100**, 282). – Das Zeugnis wird dch die Bestätigg des NachlG üb die Annahme des Amts (s § 2202 Rn 3) nicht entbehrl (H/Winkler Rn 685). – Für das GBuch gelten GBO 35 II; 52; für Schiffsregister SchiffsRegO 41 II. GBA hat im wesentl gleiche PrüfgsPfl wie bei ErbSch (vgl Übbl 8 vor § 2353; H/Winkler Rn 714). – Auch für Anmeldg zum Handelsregister legitimiert das erteilte Zeugn; RegisterG hat kein Recht zur eigenen TestAuslegg (KG OLGZ **91**, 261). – Das NachlG kann aber kein Zeugn üb die Fortführg eines HandelsGesch erteilen, das TV nur dch Vollmacht des **Erben** verwaltet, auch nicht in Ergänzg eines TV-Zeugn. Es müßte sofort zurückgefordert werden (BayObLG **69**, 138).

2   2) Erteilung. Gem **III** gelten hierfür die Vorschr üb den ErbSch entspr (s § 2353). **Zuständig** ist das NachlG (Richter, RPflG 16 I Nr 6), selbst wenn ein Hof zum Nachl gehört (BGH **58**, 105; bestr). Es prüft gem §§ 2358 ff die Voraussetzgen der Erteilg, vor allem die Wirksamk der Ernenng u ihren Wegfall nach § 2306; ferner ob etwa die Aufgaben des TV ggstandslos sind (BayObLG **56**, 186; **65**, 389; MDR **78**, 142). Nach wirks gewordener Entlassg kommt eine Ausstellg nicht mehr in Betr (s aber auch Rn 10). – **Anhörung** der TestErben ist vorgeschrieben (GG 103; **I** hat keine selbständ Bedeutg; s § 2360 Rn 1; 5); ist ein ErbSch nicht vorhanden, idR auch der gesetzl Erben (vgl § 2360 Rn 5; 6). – Im Falle einer aufschiebend bedingt angeordneten TVstrg kann ein Zeugn erst nach Eintritt der Bedingg erteilt werden (KG JFG **10**, 73). – Vorbescheid (s 2353 Rn 33) ist zulässig, allerd nicht bei unbegründ Antr, der zurückzuweisen ist (Düss NJW-RR **94**, 906). – **Gebühr** KostO 109 I Nr 2 mit 30 II. – **Ausfertigung** u Einsicht FGG 85, 78. – Mitteilg an **Finanzamt** ErbStDV 12.

3   a) Antragsberechtigt ist der TV (**I**; spätestens in der AntrStellg liegt die Annahme des Amts) od ein NachlGläubiger (ZPO 792; 896). Der Erbe als solcher dagg nicht. – Für den Inhalt des Antr gelten §§ 2354–2356 entspr. Das NachlG kann dem Antr nur entsprechen od ihn ablehnen; ein Zeugn mit abweichenden Inhalt darf es nicht erteilen (s § 2353 Rn 14); andernf ist es einzuziehen (Zweibr OLGZ **88**, 155).

4   b) Inhalt. Das Zeugn muß enthalten: Bezeichng des Erbl. – Namen des TV in möglichst genauerer Bezeichng (auch Aufn der Berufsbezeichng ist zweckm, zB RA, Steuerberater; s LG Bln Rpfleger **76**, 182), bei mehreren TV aller. – Beschränkgen in der gesetzl Vfgsbefugn (**I** 2 und §§ 2208–2210, 2222–2224 I 3), zB wenn TV nur Beaufsichtigg (§ 2208 II) übertragen erhielt (BayObLG FamRZ **91**, 612). Eine Sonderform wie die Verwaltgs- od die DauerVstrg ist als Abweichg vom Regeltyp anzugeben (KG OLGZ **91**, 261; BayObLG **92**, 175) einschließl eines besond Endzeitpkts (§ 2210 S 2); fehlt Angabe der DauerVstrg, ist das Zeugn unricht u einzuziehen (BayObLG FamRZ **92**, 1354). Ein Zeugn ohne solche Angaben bringt näml zum Ausdruck, daß TV die Befugn gem §§ 2203–2206 zustünden, aber auch nur diese (KG aaO; H/Winkler Rn 692). Nur im InnenVerh wirks Verwaltgsanordngen (§ 2216 II) sind nicht aufzunehmen. – Es kann sich auf einen Bruchteil des Nachl beziehen (über Angabe des Erben). – Mögl ist auch gemschaftl Zeugn od Teilzeugn od gemschaftl Teilzeugn (Übbl 2 vor § 2353; H/Winkler Rn 694, 698), doch müssen die aus dem Vorhandensein von Mitvollstreckern sich ergebenden Beschränkgen angegeben werden. – Bei TVstrg für Vor- u Nacherbfolge ist ein einheitl Zeugn zu erteilen (BayObLG NJW **59**, 1920). – Gehört zum Nachl ein Kommanditanteil, kann ein unbeschränktes Zeugn nur erteilt werden, wenn sich die TVstrg darauf erstreckt (Stgt ZIP **88**, 1335; s § 2205 Rn 20). – Die **Berichtigung** des erteilten Zeugn ist (außer entspr ZPO 319) unzulässig (Mannh MDR **60**, 843; s § 2361 Rn 2); ein unricht ist einzuziehen (Rn 11).

5   c) Gegenständlich beschränkt kann das Zeugn werden, wenn der Erbl nach ausländ Recht beerbt wird (**III** iVm § 2369; BayObLG **86**, 466), nachdem sich auch Inhalt u RWirkgen einer TVstrg nach dem Erbstatut richten (BayObLG **90**, 51 mAv Roth IPRax **91**, 322). Die örtl Zuständigk des NachlG ergibt sich aus FGG 73 I, III; die internationale aus § 2368 III iVm § 2369, wobei ihr nicht entggsteht, wenn bereits im Ausland ein ErbSch erteilt worden ist (s BayObLG **65**, 382). Das Verfahren richtet sich stets nach dtschem R als lex fori (BayObLG aaO 386, doch auch zum ungar R). – Aus **III** ergibt sich aber nicht ohne weiteres die **6** Befugn des deutschen NachlG zur **Ernennung** od Entlassg eines TV, wenn der ausländ Nachl nach seinem HeimatR beerbt wird (s § 2200 Rn 1; BayObLG **65**, 383). – Über Einzelh bei Erteilg des TVZeugn unter Anwendg amerikanischen u engl Rechts s Staud/Firsching § 2368 Rn 37 ff; Firsching, Deutsch-amerikanische Erbfälle, 1965, S 136 ff; unter Anwendg österr Rechts BGH ZfRV **77**, 153.

7   d) Rechtsmittel: Gg Erteilg Beschwerde wie beim ErbSch (§ 2353 Rn 35–37; BayObLG FamRZ **92**, 1354); wahlweise auch Antr auf Einziehg (KG JW **28**, 1943). Über BeschwBerechtigg s § 2353 Rn 38; Behauptg eines unmittelb beeinträchtigten ErbR reicht aus (BayObLG FamRZ **88**, 1321). Bei TVstrg am Kommanditanteil hat BeschwR auch ein MitGter, dessen Zustimmg (§ 2205 Rn 21) erforderl ist (Hamm OLGZ **91**, 388). – Gg Verweigerg der ZeugnErteilg hat der TV BeschwR, nicht aber der Erbe als solcher (FGG 20 II).

8   3) Beweiskraft. Die entspr Anwendg der ErbSchVorschr (**III**) bezieht auch die §§ 2365–2367 mit ein. Die **Vermutung** des § 2365 geht hier dahin, daß der als TV im Zeugn Bezeichnete rechtsgültig TV geworden ist u daß ihm das Amt in seinem regelm Umfang zusteht od daß es nicht zu daß es nicht anders als die angegebenen Anordngen beschränkt ist. Nicht vermutet wird aber das Fortbestehen des Amtes über seinen Wegfall hinaus (s Rn 10; RG **83**, 352 u BGH **41**, 23) und auch nicht, daß eine angegebene Beschrkg seiner Befugnisse tatsächl besteht (Lange/Kuchinke § 41 VIII 3a; Staud/Firsching Rn 11). Bei Erweiterg seiner Befugnisse besteht nur eine Vermutg für ihr Bestehen, nicht für das Fehlen nicht angegebener. – Der **9 öffentliche Glaube** (§§ 2366, 2367) reicht soweit wie die Vermutg; er gilt für Verfügsgeschäfte. Der Dritte kann sich aber nicht darauf verlassen, daß die Ggstände, über die der durch das Zeugn Legitimierte verfügt, wirkl zum Nachl od zu dem der Verw des TestVollstr unterliegenden Nachl gehören (Staud/Firsching 13; s auch § 2211 Rn 8). Der öff Glaube erstreckt sich aber auch auf Verpflichtgsgeschäfte des Legitimierten (MüKo/Promberger Rn 43). Der ScheinVollstr kann nach §§ 2206, 2207 NachlVerbindlichk eingehen, obwohl er in Wirklichk nicht Vollstr od nicht verpflichtungsbefugt ist (Staud/Firsching Rn 12). Der öff Glaube kommt dem Zeugn aber nicht ggü dem Erben zu (BGH **41**, 23). – Ist im ErbSch TVstrg nicht angegeben, steht wg des Widerspr beider Zeugn keinem der § 2365 zur Seite, so daß die Schutzwirkg des § 2366 in dem Umfang entfällt, als sich die Zeugn inhaltl widersprechen (BGH FamRZ **91**, 1111; s auch § 2366 Rn 4).

4) Bei Beendigung des Amts wird das Zeugn **von selbst** kraftlos (**III** Hs 2, im Ggsatz zum ErbSch). 10 Damit werden auch die damit verbundene Vermutg (§ 2365) und gutgläub Erwerb gegenstandslos (s Wiegand JuS **75**, 285). Eine Einziehg erübrigt sich daher u ist unzulässig (allg M). Das NachlG kann jedoch das Zeugnis zu den Akten zurückfordern, um einem mögl Mißbrauch zu begegnen (Köln Rpfleger **86**, 261). Stellt sich nachträgl heraus, daß das Amt doch nicht beendet war, kann es wieder ausgehändigt werden. Die **Beendigung** kann eintreten nach §§ 2225–2227, durch Zeitablauf (§ 2210) od bei auflösender Bedingg u Endtermin. Wenn allerdings ein EntlassgsBeschl des NachlG durch das BeschwG aufgehoben wird, so gilt das Zeugn nicht als kraftlos geworden (BayObLG NJW **59**, 1920). Die vom Erbl selbst verfügten Beschrkgen der Amtsdauer müssen aber im Zeugn angegeben sein, widrigenf es nicht sofort kraftlos wird (RG **83**, 352). Auch bei bloß tatsächl Beendigg des Amtes durch Erledigg aller Aufgaben wird das Zeugn von selbst kraftlos (H/Winkler Rn 707); der Erbe od ein nachfolgender TV kann die Herausgabe an das NachlG verlangen (§ 2362 I entspr; von Lübtow II 978; für Zulassg von Einziehg u KraftlosErkl auch in diesem Fall Lange/Kuchinke § 41 VIII 5). – Die Ereilg eines Zeugn nach Amtsbeendigg ist nur mit entspr Vermerk hierüber zulässig (KG NJW **64**, 1905; Stgt DNotZ **81**, 294).

5) Durch Einziehung wg Unrichtigk (**III**; § 2361) od KraftlosErkl verliert das erteilte Zeugn noch vor 11 Amtsbeendigg seine Wirkg (s BGH **40**, 54; Köln NJW **62**, 1727). Einziehg erfolgt zB bei inhaltl unricht Angaben (Rn 4) od nach wirks Anfechtg des die Ernenng enthaltenden Test (Köln FamRZ **93**, 1124). Im RVerkehr wird daher der GeschGegner eines TV gut daran tun, sich außer dem Zeugn noch eine Bescheinigg des NachlG über Fortdauer des Amts vorlegen zu lassen (vgl H/Winkler Rn 706, 707). – BeschwerdeR gg Einziehg hat TV, nicht aber Erbe (BayObLG FamRZ **95**, 124). Gg Ablehng der Einziehg ist PflichttBerecht nicht beschwberecht (Hamm OLGZ **77**, 422; s auch § 2361 Rn 15).

2369 *Gegenständlich beschränkter Erbschein bei fremdem Erbrecht.* **¹** Gehören zu einer Erbschaft, für die es an einem zur Erteilung des Erbscheins zuständigen deutschen Nachlaßgerichte fehlt, Gegenstände, die sich im Inlande befinden, so kann die Erteilung eines Erbscheins für diese Gegenstände verlangt werden.

² Ein Gegenstand, für den von einer deutschen Behörde ein zur Eintragung des Berechtigten bestimmtes Buch oder Register geführt wird, gilt als im Inlande befindlich. Ein Anspruch gilt als im Inlande befindlich, wenn für die Klage ein deutsches Gericht zuständig ist.

1) Fremdrechtserbschein. Der Nachl eines Ausländers unterliegt an sich nicht der Fürsorge des deutsch 1 NachlG. Gehören dazu allerd auch (od nur) Ggstände im Inland, entsteht für einen ErbSch ein Bedürfn zum Schutz des inländ RVerkehr, zur Erleichterg von Vfgen u zur GB-Berichtigg. Desh gewährt **I** für diesen Fall der Anwendg ausländ materiellen ErbR dem deutschen NachlG die Befugn zur Erteilg eines sowohl ggständl (auf den Nachl) als auch territorial (auf das Inland) beschränkten besond ErbSch unabhäng davon, ob der Erbl zZ seines Todes im In- od Ausland Wohnsitz bzw Aufenthalt hatte u ob sein HeimatR einen ErbSch kennt. Diese Bedeutg des **I** erschließt sich nur indirekt üb die verfahrensrechtl Formulierg, daß bezügl der Erbschaft ein für die ErbSchErteilg zuständ deutsches NachlG fehlen muß. Dies bezieht sich auf die **internationale Zuständigkeit**, die nach hM dch einen Gleichlauf von materiellem u VerfahrensR 2 hergestellt wird u damit an sich von der Anwendg deutschen ErbR abhängt (s EG 25 Rn 18). Nach diesem Grdsatz bestünde bei ausländ Erbl keine Befugn eines deutschen NachlG zur ErbSchErteilg, weil das anzuwendende ErbR idR dch die Staatsangehörigk bestimmt wird (EG 25), es sei denn, daß das ausländ Recht auf das deutsche zurückverweist. Um dem abzuhelfen u bei Anwendg ausländ Rechts die Erbteilg eines ErbSch für inländ NachlVermögen unter allen Umständen zu gewährleisten, eröffnet § 2369 als Ausn vom GleichlaufGrdsatz eine internat Zuständigk zur Erteilg eines sog FremdrechtsErbSch.

2) Voraussetzungen für dessen Erteilg sind also die Anwendg ausländ ErbR auf den Erbfall u das 3 Vorhandensein von NachlGgständ im Inland bei Antragstellg (KG OLGZ **75**, 293). Desh ist nach einem deutschen Erbl nie ein ErbSch nach § 2369, sond stets ein gewöhnl EigenrechtsErbSch (§ 2353) zu erteilen (der in Sonderfällen auch ggständl beschränkt sein kann, s § 2353 Rn 6). Dies gilt seit 3. 10. 90 ausnahmslos 4 im gesamten Bundesgebiet unabhäng davon, wann u wo der deutsche Erbl gestorben ist, wo er zuletzt Wohnsitz od Aufenth hatte u ob noch ErbR der fr DDR zur Anwendg kommt (EG 235 § 1 I) od Grundbesitz im Gebiet der fr DDR in bestimmten Fällen als Sondervermögen zu behandeln ist (BayObLG **92**, 54; Zweibr FamRZ **92**, 1474; s Rn 9). Ferner gilt dies auch, wenn Erbl Deutscher nur iS von GG 116 ohne deutsche Staatsangehörigk war; od Sudetendeutscher (BayObLG **80**, 72), selbst wenn er noch vor od während der Vertreibg gestorben ist u desh nach ausländ R beerbt wurde (BayObLG **67**, 197; 347).

a) Ausländisches Erbrecht ist auf die Erbfolge nur nach einem zum Zeitpkt des Erbfalls ausländ Erbl 5 anzuwenden (so daß Feststellg seiner Staatsangehörigk zum TodesZeitpkt erforderl ist) u auch bei ihm nur dann, wenn das dch Staatsvertrag od nach EG 25 berufene fremde ErbR (s dazu Siehr IPrax **87**, 4) zur Anwendg kommt, also das IPR des fremden Rechts nicht auf dtsches Recht zurückverweist. Eine **Rückverweisung** wird vom dtsch Recht stets angenommen (EG 4 I 2; einen Überblick zu den rückverweisenden Staaten gibt Soergel/Damrau Rn 13). Sie muß sich nicht auf den ganzen Nachl beziehen, kann also territorial beschränkt sein (nur für den in Deutschl befindl Nachl) od auch ggständl (zB nur für Immobilien). Gilt dann nur für einen Teil des Nachl dtsch Recht, ist insow ein territorial od ggständl beschränkter Eigenrechts-ErbSch (§ 2353) zu erteilen. Auch darf der ausländ Erbl nicht für inländ unbewegl Vermögen dtsch Recht dch Vfg vTw gewählt haben, wie dies nun EG 25 II gestattet; sogar eine nach seinem HeimatR zulässige

6 weitergehende Erbrechtswahl ist nach dtsch IPR beachtl. – Ist der Erbl **Doppelstaater** u besitzt er neben and auch die dtsche Staatsangehörig, wird er im Inland stets nach dtsch Recht beerbt (EG 5 I 2); soweit darin wg effektiver ausländ Staatsangehörig ein Wechsel des Erbstatuts liegt, ist dieser nach EG 220 I zu beurteilen (dazu Dörner DNotZ **88**, 67). – Staatenlose Erbl werden gem EG 5 II dann nach dtsch Recht beerbt, wenn sie ihren gewöhnl Aufenth (mangels eines solchen ihren Aufenth) zum Zeitpkt des Todes im Inland hatten (s auch EG 5 Anh I). Zum Erbstatut der Flüchtlinge, Vertriebenen, Spätaussiedler u AsylBerecht s EG 5 Anh II. – S dazu Schotten Rpfleger **91**, 181.

7   **b) Inländischer Nachlaß.** Auf dessen Art u Wert kommt es nicht an. Sein Vorhandensein wird dch den ErbSch auch nicht bezeugt (s § 2353 Rn 1). Verfahrensrechtl genügt daher die Angabe des AntrSt, daß solche Ggstände vorhanden sind (BayObLG **95**, 47; Zweibr Rpfleger **94**, 446). Welche Ggstände zum Nachl gehören, bestimmt sich nach der lex rei sitae (KG OLGZ **77**, 457). War es ein Grdst in der fr DDR, tritt an dessen Stelle der RestitutionsAnspr nach VermG (BayObLG **94**, 40; s auch § 1922 Rn 50). Zu Anspr nach dem LAG s § 2353 Rn 21; 23; KG OLGZ **78**, 156; Johannsen WM **77**, 309 f; zu RückerstattgsAnspr s KG RzW **61**, 479; § 2353 Rn 21. – Im Inland befinden sich nach der zwingenden Vorschr des **II** auch solche NachlGgstände, für die von einer dtsch Behörde ein zur Eintragg des Berecht bestimmtes Buch od **Register** geführt wird (Grundbuch; Handels-, Schiffs-, Musterregister; Patentrolle; Staatsschuldrolle ua). – Für **Ansprüche** ist maßgebl, ob ein dtsch Gericht für die Klage zuständ (ZPO 12–32) wäre; der Anspr muß nicht bereits in der Person des Erbl entstanden, sond kann auch unmittelb dem Erben erwachsen sein (KG JR **63**, 144; aA BayObLG **56**, 121).

8   **c) Nachlaßspaltung.** Das dch StaatsVertr od EG 25 berufene ausländ Recht muß den Nachl nicht einheitl behandeln, sond kann verschiedene Teile des Nachl unterschiedl Recht unterstellen. Vielfach findet sich in fremden ROrdngen zB noch, daß für die RNachfolge in bewegl Vermögen das Personalstatut (Heimat- od Wohnsitz- bzw DomizilR) des Erbl, für die Erbfolge in unbewegl Vermögen BelegenheitsR gilt: zB im anglo-amerikanisch RKreis (s zum engl Recht BayObLG **84**, 47); in Frankreich (s BayObLG NJW-RR **90**, 1033; Lorenz Rpfleger **90**, 167); zum österr IPR s EG 25 Rn 2; Lorenz IPRax **90**, 206; BayObLG **95**, 47. NachlSpaltg tritt auch bei Ausübg der beschränkten Rechtswahl ein (EG 25 II; 4 II; dazu ausführl Dörner

9 DNotZ **88**, 67). – **Folge:** Das dtsche IPR folgt mittelb über die Vorschr der Rück- u Weiterverweig (EG 4 I) einer solchen NachlSpaltg, wenn das zunächst berufene fremde Recht sie selbst praktiziert; ferner auch der Sonderanknüpfg für bestimmte Vermögensteile (EG 3 III), die auch bei westdeutsch Erbl zu beachten ist, wenn er zw dem 1. 1. 76 u 3. 10. 90 gestorben ist u Grdbesitz in der fr DDR hinterließ (s § 1922 Rn 8). Zum Anwendgsgebiet des jeweiligen Erbstatuts s EG 25 Rn 10 ff. Verweist also das ausländ Recht bezügl bestimmter NachlTeile auf dtsch Recht zurück u unterliegt dann zB nur der inländ Grundbesitz gem EG 4 I 2 dtsch Recht, wird für den bewegl Nachl dagg ausländ Recht, wird für den Grundbesitz ein (ggständl u territorial beschränkter) EigenrechtsErbSch (§ 2353), für den bewegl Nachl ein FremdrechtsErbSch (§ 2369) erteilt (BayObLG **71**, 34; **75**, 86). Diese beiden ErbSch können als DoppelErbSch in einer Urkunde zusammengefaßt werden. Unterliegt dagg kr Rückverweig der ganze Nachl dtsch Recht, greift § 2369 nicht ein (BayObLG **67**, 1; **72**, 383).

10   **3) Inhalt.** Im FremdrechtsErbSch ist zunächst die territoriale u ggständl **Beschränkung** herauszustellen („Unter Beschränkg auf den im Inland befindl Nachl; . . . bewegl Nachl; . . . unbewegl Nachl"), ohne daß aber die im Inland befindl NachlGgstände einzeln aufzuführen sind; auch nicht ein Vermächtn, selbst wenn es nach ausländ Recht dingl Wirkg hat (Köln NJW **83**, 525; BayObLG **74**, 460). Er ist aber nicht ungült, wenn ein einzelner Ggstand aufgeführt ist. Da der ErbSch nach § 2369 sich vom gewöhnl nur dch den Umfang seiner Wirksamk unterscheidet, nicht aber sonst, bezeugt er nicht die Zugehörig einzelner im ErbSch aufgeführter Vermögensstücke zum Nachl (Soergel/Damrau Rn 7). Sodann ist immer anzugeben,

11 **nach welchem Recht** sich die Erbfolge richtet („. . . wird in Anwendg italienischen Rechts bezeugt"). Fehlt diese Angabe, ist der ErbSch unvollständig u damit als unrichtig einzuziehen (§ 2361; Düss NJW **63**, 2230; KG Rpfleger **77**, 307). Eine nach ausländ R angeordnete TVstrg ist zu vermerken (BGH NJW **63**, 46; BayObLG **90**, 51 mAv Roth IPRax **91**, 322). RInstitutionen, die das dtsch Recht nicht kennt, sind im FremdrechtsErbsch als solche aufzuführen (Düss aaO betr NoterbR; Köln NJW **83**, 525; Soergel/Damrau Rn 7; Taupitz IPrax **88**, 207 am Bspl des schweiz PflichttR; aA Staud/Firsching Rn 36).

12   **4) Das Verfahren** für die Erteilg des FremdrechtsErbSch beurteilt sich stets nach dtsch Recht. Die Erteilg ist dem Richter vorbehalten (RPflG 16 I Nr 6). Die internat Zuständig ergibt sich aus § 2369 selbst (s Rn 2). Die örtl Zuständig bestimmt sich nach FGG 73 I; III (s dazu § 2353 Rn 21). – An einen schon vorhandenen ausländ ErbSch nach dem gleichen Erbl u an die von der ausländ Behörde getroffenen Feststellgen des ErbR ist das dtsch NachlG nicht gebunden (BayObLG NJW-RR **91**, 1098; EG 25 Rn 22), es sei denn, daß staatsvertragl mit dem Heimatstaat die Anerkenng des ausländ Zeugnisses vereinbart ist; in diesem Fall kann uU sogar das RSchutzbedürfn für die Erteilg eines nochmaligen ErbSch fehlen (s § 2359 Rn 3). – Die Staatsangehörig des Erbl ist von Amts wg festzustellen. Auch die Kenntn des **ausländischen Rechts** muß sich das NachlG von Amts wg verschaffen (s Einl 34–36 vor EG 3; zB aus Ferid/Firsching/Lichtenberger,

13 Internat ErbR). – Zur str Frage, wie das für familienrechtl **Vorfragen** (zB Scheidg) maßgebl R zu bestimmen ist, s Hamm NJW-RR **93**, 838; Einl 29 vor EG 3. Zu den güterrechtl Verhältn in gemischt-nationalen Ehen s Hamm FamRZ **93**, 111; EG 15 Rn 17 ff. – Bei Anwendg **österreichischen** Erbrechts hat NachlG die Erfordernisse der Annahme der Erbschaft dch sog Erbserklärg im Abhandlgsverfahren u ErbSchErwerb mittels förml Einantwortg dch ein österr VerlassenschGericht zu beachten (BayObLG **71**, 34; Firsching IPrax **81**, 86; Hoyer IPrax **86**, 345); nur wenn eine VerlassenschAbhandlg in Ö nicht stattfindet, kann das NachlG auf eine Einantwortg verzichten u die Erkl der ErbschAnnahme entgegennehmen (BayObLG **95**, 47; Riering/Bachler DNotZ **95**, 580, auch zum öst ErbVortr). Die Einantwortgsurkunde kann aber im deutschen GrdbuchVerf nicht als Nachw verwendet werden (Zweibr Rpfleger **90**, 121), zumal sie sich nicht auf

14 inländ Grdbesitz bezieht (Krzywon BWNotZ **89**, 133; dort auch zu und ausländ ErbRZeugn). – **Kosten** werden nach dem Wert der inländ NachlGgstände berechnet (KostO 107 II 3).

2370 *Öffentlicher Glaube bei Todeserklärung.* **¹ Hat eine Person, die für tot erklärt oder deren Todeszeit nach den Vorschriften des Verschollenheitsgesetzes festgestellt ist, den Zeitpunkt überlebt, der als Zeitpunkt ihres Todes gilt, oder ist sie vor diesem Zeitpunkt gestorben, so gilt derjenige, welcher auf Grund der Todeserklärung oder der Feststellung der Todeszeit Erbe sein würde, in Ansehung der in den §§ 2366, 2367 bezeichneten Rechtsgeschäfte zugunsten des Dritten auch ohne Erteilung eines Erbscheins als Erbe, es sei denn, daß der Dritte die Unrichtigkeit der Todeserklärung oder der Feststellung der Todeszeit kennt oder weiß, daß sie aufgehoben worden sind.**

II Ist ein Erbschein erteilt worden, so stehen demjenigen, der für tot erklärt oder dessen Todeszeit nach den Vorschriften des Verschollenheitsgesetzes festgestellt ist, wenn er noch lebt, die im § 2362 bestimmten Rechte zu. Die gleichen Rechte hat eine Person, deren Tod ohne Todeserklärung oder Feststellung der Todeszeit mit Unrecht angenommen worden ist.

1) Todeserklärung (VerschG 29) u TodeszeitErkl (VerschG 40) fingieren über die TodesVermutg **1** (VerschG 9 I) bzw TodeszeitVermutg (VerschG 44 II) hinaus, daß die mit Bezug auf die Erbenstellg vorgenommenen Vfgen desjenigen als wirks gelten, der im Fall des tatsächl Todes des Erbl zu dem (unrichtig) festgestellten Ztpkt Erbe wäre. – Positive **Kenntnis** der Unrichtigk schließt öff Glauben aus. – **Aufhebung** der TodesErkl (TodeszeitFeststellg) läßt Vermutg u öff Glauben entfallen, entgg dem GesWortlaut ohne Rücks auf ihre Kenntn (MüKo/Promberger Rn 5). – Rechtl **Interesse** an einer TodesErkl kann iü auch aus einer RBeziehg hergeleitet werden, die erst nach Eintritt der Verschollenh begründet worden ist (BGH **82**, 83).

2) Herausgabe- und Auskunftsansprüche gewährt **II** dem fälschl für tot gehaltenen Erbl bei ErbSch- **2** Erteilg in gleicher Weise wie dem wirkl Erben nach § 2362. Ist der angebl Erbl zu einem späteren Ztpkt gestorben, stehen die Anspr seinem Erben u NachE (§ 2363 II) sowie dem TestVollstr (§ 2364 II) zu.

Neunter Abschnitt. Erbschaftskauf

Überblick

1) Rechtsnatur. ErbschKauf ist der schuldr KaufVertr (iS der §§ 433 ff) über die angefallene Erbsch, also **1** die Gesamth des dem Erben zugefallenen NachlVermögens (nicht über das ErbR u nicht über einzelne oder alle Gegenstände). – **a) Gegenstand** des Vertr ist also beim AlleinE der Inbegriff des Nachl, beim MitE dessen quotenmäß Anteil (§ 1922 II), beim NachE dessen AnwR (s § 2100 Rn 11). Zuläss ist auch, den Vertr zu beschränken auf den **Bruchteil** einer Erbsch, der kein Erbteil ist, od den Bruchteil eines Erbteils (BGH WM **79**, 592, dazu Neusser RhNK **79**, 143, dort auch üb SichergsProbleme beim ErbtKauf). Der Käufer eines **einzelnen** Ggst aus einer Erbsch ist nur dann als ErbschKäufer anzusehen, wenn er weiß, daß es sich um die ganze od nahezu die ganze Erbsch od den ganzen od nahezu den ganzen Erbteil des Veräußerers handelt, od zumindest die Verhältn kennt, aus denen sich dies ergibt (BGH FamRZ **65**, 267). – **b)** Als **schuldrechtlicher Vertrag** ändert er nichts an der Erbenstellg des Verkäufers, sond verpflichtet diesen zur **2** Übertragg der zur Erbsch gehörenden Gegenstände (bzw des MitEAnteils, des NachEAnwRs). Der AlleinE (u nach Teilg auch der MitE, RG **134**, 299) **erfüllt** den KaufVertr dch Einzelübertragg der verkauften Sachen u Rechte (§ 2374), der MitE dch Übertragg seines Erbteils nach § 2033, der NachE dch Übertragg des AnwR entspr § 2033 (s § 2108 Rn 8); erfolgt zw Verkauf des MitEAnteils u Erfüllg des KaufVertr die Auseinandersetzg des Nachl, tritt an die Stelle des Anspr auf Übertragg des Erbteils der Anspr auf Übertragg der dem Verkäufer bei der Auseinandersetzg zugefallenen NachlGgstände. – **c) Kaufrecht** gilt, soweit nicht **3** die §§ 2371 ff Sonderregelgn enthalten, u zwar gelten allg Vorschr für KaufVertr, also auch die über Wiederkauf, §§ 497 ff (RG **101**, 192), insbes aber die §§ 320 ff. Rücktr ist daher mögl, zB wg Nichterfüllg der Erbverbindlk dch Übernehmer (Warn **33** Nr 163). Abdingbar (in der Form des § 2371) sind die Vorschr über das Verh zw den VertrParteien (§§ 2372–2381), zwingend die Vorschr üb Form (§ 2371) u GläubSchutz (§§ 2382, 2383). – **d)** Die Veräußerg eines Erbanteils kann einem anderen als an einen MitE unterliegt, wenn der Nachl im wesentl aus einem **land- od forstwirtschaftlichen Betrieb** besteht, der Genehmigg nach **4** GrdstVG 2 II Nr 2. – **e)** Der Verkauf einer Erbsch od des Bruchteils einer solchen u die entspr ErfüllgsGesch können unter **§ 1365** fallen, wenn sie das ganze Vermögen des Erben im Sinn dieser Vorschr darstellen. S auch § 1822 Nr 1, 10; § 2205 Rn 31. – **f)** Vertrag über den Nachl eines Lebenden s § 312.

2) Wirkung. Der ErbschKauf macht den **Käufer nicht zum Erben** (keine GesRNachfolge), sond gibt **5** ihm nur den Anspr, wirtschaftl so gestellt zu werden, als ob er an Stelle des Verkäufers Erbe sei. Dafür haftet er neben dem Verkäufer als GesamtSchu für die NachlVerbindlk (§§ 2382, 2383). – **Verfahrensrecht:** Dch **6** den Verk wird ein dem Erben erteilter ErbSch nicht unricht. Der Käufer kann einen ErbSch nicht für sich, sond nur auf den Namen des Erben beantragen. – Umschreibg der VollstrKlausel nach ZPO 729 ermögl ZwVollstr gg Käufer aus einem gg Erbl od Verk ergangenen u vor dem Verkauf rkr gewordenen Urteil (MüKo/Musielak § 2382 Rn 9).

2371 *Form.* **Ein Vertrag, durch den der Erbe die ihm angefallene Erbschaft verkauft, bedarf der notariellen Beurkundung.**

1) Verkauf. Jeder Erbe kann nach dem Erbfall seine Erbsch veräußern, sowohl der AlleinE als auch der **1** MitE, NachE, ErsatzE. Verpfl- u ErfüllgsGesch können in einer Urk zusammengefaßt werden. Es ist Ausleggsfrage, ob bloßer Erbteilsverkauf od zugleich dingl Erbteilsübertragg vorliegt (letzteres bei sofortiger KaufprZahlg anzunehmen, Warn **15** Nr 264). Das dingl ErfüllgsGesch kann kraft Parteivereinbg von der rechtl Wirksamk des SchuldGrdes abhäng gemacht werden (BGH FamRZ 67, 465). Die Anteilsübertragg kann in uU formlose ErbauseinandS od Auflassg des zur Erbmasse gehörigen Grdst umgedeutet werden (RG **129**, 123, dazu aber Kipp/Coing § 111 II[8]). Überträgt ein MitE seinen Erbanteil an einen Dritten zur Sicherg für ein von diesem gewährtes Darlehen, dessen Höhe etwa dem Wert des Erbteils entspricht, ist das der Übertragg zugrunde liegende schuldrechtl Verhältn in Wirklichk ein ErbschKauf, wenn die Rückzahlg des Darlehens einers u die Rückübertragg des Erbanteils anderers durch die Abmachgen praktisch für immer ausgeschl sind (BGH NJW **57**, 1515). – Ein bindendes notarielles **Angebot** eines MitE zum Verkauf u zur Übertragg seines MitEAnteils kann **nicht** durch **Vormerkung** gesichert werden, auch wenn der Nachl nur aus einem Grdst besteht (Jahr, Michaelis JuS **63**, 229; 231).

2 **2) Formbedürftigkeit.** Der Verkauf unterliegt not Beurk, um einers den Erben vor übereiltem Abschluß zu warnen, andrers die RVerhältn auch im Interesse der NachlGläub klarzustellen u eindeut Beweis zu ermöglichen. Der Formzwang (§§ 128, 125, 152) erstreckt sich auf alle VertrAbreden, auch Nebenabreden (zB wg der ErbschSteuer, § 2379) u deren Änderg (BGH FamRZ **67**, 465). Nebenabreden, die nicht in der Form des § 2371 vereinb wurden, sind nichtig; ggf ist gem § 139 auch das Gesamtabkommen nichtig (BGH aaO, s aber auch BGH WM **69**, 592). Einwand der Nichtigk kann uU durch Einrede der Argl zurückgeschlagen werden (Warn **25** Nr 162; § 125 Rn 16; auch BGH FamRZ 67, 465/469). Keine Einrede der Argl hat dagg der vorkaufsberecht MitE, wenn sich der verkaufende MitE u der Käufer auf die Formungültigk des Vertrages berufen (RG **170**, 203). Eine nachträgl Änderg od die Aufhebung des noch nicht erfüllten ErbschKaufs ist gleichfalls formbedürftig (Schlesw SchlHA **57**, 181; aM Lange/Kuchinke § 47

3 II 1, Zarnekow RhNK **69**, 624). – Prozeßvergleich wahrt die Form, § 127a (s dort). – **b) Keine Heilung.** Dch gleichzeit od nachfolgende Erfüllg wird im formnichtiger (§ 125) ErbschKauf nicht geheilt (BGH NJW **67**, 1128; str; zum Stand der Meingen, beachtl zum Erbteilskauf, s MüKo/Musielak Rn 8). – **c) Genehmigung** des VormschG nach §§ 1643, 1822 Nr 1.

2372 *Umfang des Kaufgegenstandes.* Die Vorteile, welche sich aus dem Wegfall eines Vermächtnisses oder einer Auflage oder aus der Ausgleichungspflicht eines Miterben ergeben, gebühren dem Käufer.

1 **Vermögenswerte Vorteile,** die sich aus dem nachträgl Wegfall von Verm u Aufl od aus der AusgleichgsPfl bei Miterben (§§ 2050ff, 2376) ergeben, gebühren dem Käufer. Entsprechendes muß für den Wegfall von NachE, TestVollstr od einer TeilgsAnordg nach VertrAbschluß gelten. Wegfall vor Kaufab-
2 schluß kann Verk zur Anfechtg berecht (§ 119 II). – **Abweichende Vereinbarungen** sind mögl (s Übbl 3).

2373 *Dem Verkäufer verbleibender Anfall.* Ein Erbteil, der dem Verkäufer nach dem Abschlusse des Kaufes durch Nacherbfolge oder infolge des Wegfalls eines Miterben anfällt, sowie ein dem Verkäufer zugewendetes Vorausvermächtnis ist im Zweifel nicht als mitverkauft anzusehen. Das gleiche gilt von Familienpapieren und Familienbildern.

1 **1) Nach der Auslegungsregel** des S 1 verbleibt dem Verk der zusätzl Anfall eines ErbR nach Verkauf (§§ 2139, 1935, 2094–2096; anders 2110), da es auf seinem nicht übertragb ErbR beruht. Auch ein Voraus-Verm (§ 2150), zu dem auch der Voraus nach § 1932 gehört, gilt iZw als nicht mitverkauft. Rechte u Pflichten aus einer TeilgsAnordg gehen auf den Käufer über (Benk RhNK **79**, 53/57).

2 **2) Satz 2.** Der Anwendg dieser AusleggsRegel steht es nicht entgg, wenn die Familienpapiere u -bilder erhebl Vermögenswert haben (Staud/Ferid/Cieslar Rn 8).

2374 *Herausgabepflicht.* Der Verkäufer ist verpflichtet, dem Käufer die zur Zeit des Verkaufs vorhandenen Erbschaftsgegenstände mit Einschluß dessen herauszugeben, was er vor dem Verkauf auf Grund eines zur Erbschaft gehörenden Rechtes oder als Ersatz für die Zerstörung, Beschädigung oder Entziehung eines Erbschaftsgegenstandes oder durch ein Rechtsgeschäft erlangt hat, das sich auf die Erbschaft bezog.

1 **1) Die Herausgabepflicht** (s auch § 260) des Verk erstreckt sich bereits nach § 433 I auf die verkauften NachlGgstände, die der AlleinE (der MitE nach Auseinandersetzg) nach den jeweil Vorschr (§§ 929ff; 873, 925ff; 398ff), der MitE bei Verkauf seines Erbteils nach § 2033 I zu übertragen hat (s Übbl 2). Ergänzend regelt § 2374, daß zu den ErbschGegenständen auch die vor Verkauf erlangten Surrogate gehören (ähnl § 2041, s dort), auch vom Verk kraft der Erbenstellg erlangte Ansprüche (RGRK Rn 2). Auch Surrogate sind jedoch nur herauszugeben, wenn sie zZt des Verkaufs noch vorhanden waren. Bei NachlVerwaltg ist
2 Genehmigg des Verw erforderl (§ 1984). – Nutzungen s § 2379. – **Guter Glaube** des Käufers wird geschützt, wenn einzelne Sachen nicht dem Erben gehören. Bei Übertragg seitens eines Scheinerben (§§ 2031, 944) kann der ErbschKäufer aber kein Recht auf Kosten des wahren Erben erwerben (s § 2030 Rn 1, § 2366 Rn 1). – § 2374 ist abdingb (s Übbl 3).

3 **2) Kein Zugewinnausgleich.** Verkauft ein Ehegatte sein ErbR nach dem Erstverstorbenen, mit dem er in ZugewGemsch gelebt hat, gilt § 1371 I. Es entstand kein Anspr auf ZugewAusgl, auf den sich der Verkauf erstrecken könnte.

2375 *Ersatzpflicht.* [1] Hat der Verkäufer vor dem Verkauf einen Erbschaftsgegenstand verbraucht, unentgeltlich veräußert oder unentgeltlich belastet, so ist er verpflichtet, dem Käufer den Wert des verbrauchten oder veräußerten Gegenstandes, im Falle der Belastung die Wertminderung zu ersetzen. Die Ersatzpflicht tritt nicht ein, wenn der Käufer den Verbrauch oder die unentgeltliche Verfügung bei dem Abschlusse des Kaufes kennt.

II Im übrigen kann der Käufer wegen Verschlechterung, Unterganges oder einer aus einem anderen Grunde eingetretenen Unmöglichkeit der Herausgabe eines Erbschaftsgegenstandes nicht Ersatz verlangen.

1) Wertersatz (I 1) hat der Verk zu leisten, wenn er ohne Kenntn des Käufers **(I 2)** vor dem Verkauf einen 1 ErbschGgst verbraucht, veräußert od belastet hat, **ohne** daß dem Nachl dafür ein Gegenwert zugeflossen ist; bei Surrogation greift § 2374 ein. Ab KaufVertr gelten §§ 433 ff. Zu ersetzen ist der obj Wert im Ztpkt des Verbrauchs od der Veräußerg. – Abweichende Vereinbargen sind zuläss (s Übbl 3).

2) Freistellung von der Haftung (II) bezieht sich auf die Zeit vor VertrAbschluß u gilt unabhäng von 2 einem Verschulden des Verkäufers. II ist wie I abdingbar.

2376 *Beschränkte Haftung des Verkäufers.* **I** Die Verpflichtung des Verkäufers zur Gewährleistung wegen eines Mangels im Rechte beschränkt sich auf die Haftung dafür, daß ihm das Erbrecht zusteht, daß es nicht durch das Recht eines Nacherben oder durch die Ernennung eines Testamentsvollstreckers beschränkt ist, daß nicht Vermächtnisse, Auflagen, Pflichtteilslasten, Ausgleichungspflichten oder Teilungsanordnungen bestehen und daß nicht unbeschränkte Haftung gegenüber den Nachlaßgläubigern oder einzelnen von ihnen eingetreten ist.

II Fehler einer zur Erbschaft gehörenden Sache hat der Verkäufer nicht zu vertreten.

1) Die Gewährleistung des Verkäufers ist beim ErbschKauf eingeschränkt. Für **Rechtsmängel (I)** ist 1 die Haftg auf die aufgezählten Fälle beschränkt, zu denen aber als weitere Belastgen erb Ursprungs ErbersatzAnspr (§ 1934a) u ZugewAusglAnspr (§ 1371, II, III) hinzukommen (Staud/Ferid/Cieslar Rn 15, 16; MüKo/Musielak Rn 5). Beim Erbteilskauf haftet Verk auch dafür, daß keine AusglPflichten (§§ 2050 ff) od Teilgsanordngen (§ 2048) bestehen. – Kenntn des Käufers bei KaufAbschluß schließt Haftg aus, § 439 I. – Die Rechte des Käufers bestimmen sich nach §§ 440, 441. – Abweichende Vereinbgen sind mögl (s Übbl 3); § 443 gilt dabei. – Beweislast: § 442.

2) Haftung für Sachmängel (II) ist ausgeschlossen, aber nicht bei Arglist des Verk od Zusicherg einer 2 Eigensch (§§ 459 II, 463).

2377 *Wiederaufleben erloschener Rechtsverhältnisse.* Die infolge des Erbfalls durch Vereinigung von Recht und Verbindlichkeit oder von Recht und Belastung erloschenen Rechtsverhältnisse gelten im Verhältnisse zwischen dem Käufer und dem Verkäufer als nicht erloschen. Erforderlichen Falles ist ein solches Rechtsverhältnis wiederherzustellen.

Die Fiktion, daß dch Konfusion od Konsolidation erloschene RVerh (s Übbl 1 vor § 1942) weiterbe- 1 stehen, gilt nur im Verhältn zw Verk u Käufer, um die Benachteiligg einer VertrPartei zu vermeiden. Diese müssen sich das gewähren, was bei weiterbestehendem RVerh verlangt werden kann. Da bei Miterben vor Auseinandersetzg keine Vereinigg eintritt, ist § 2377 beim Verkauf eines Erbteils (s Übbl 1) ggstandslos.

2378 *Nachlaßverbindlichkeiten.* **I** Der Käufer ist dem Verkäufer gegenüber verpflichtet, die Nachlaßverbindlichkeiten zu erfüllen, soweit nicht der Verkäufer nach § 2376 dafür haftet, daß sie nicht bestehen.

II Hat der Verkäufer vor dem Verkauf eine Nachlaßverbindlichkeit erfüllt, so kann er von dem Käufer Ersatz verlangen.

1) Im Innenverhältnis ist der Käufer zur Erfüllg der NachlVerbindlk verpflichtet, soweit nicht der 1 Verkäufer nach § 2376 dafür haftet; bei Kenntn (§ 439 I) ist er demnach ggü dem Verk auch zur Befriedigg von VermAnspr usw verpflichtet. Sonderregel für bestimmte Lasten enthält § 2379. Die Pflicht kann im Ggsatz zu der Haftg nach außen (§§ 2382, 2383) abbedungen werden.

2) Ersatzpflicht, II, wird wie die Erfüllgspflicht nach I dch § 2376 eingeschränkt. 2

2379 *Nutzungen, Lasten.* Dem Verkäufer verbleiben die auf die Zeit vor dem Verkaufe fallenden Nutzungen. Er trägt für diese Zeit die Lasten, mit Einschluß der Zinsen der Nachlaßverbindlichkeiten. Den Käufer treffen jedoch die von der Erbschaft zu entrichtenden Abgaben sowie die außerordentlichen Lasten, welche als auf den Stammwert der Erbschaftsgegenstände gelegt anzusehen sind.

Bis zum Verkauf gebühren die seit dem Erbf angefallenen Nutzgen (vgl § 100) dem Verkäufer, danach 1 dem Käufer (§ 2380 S 2). Bis dahin trägt Verk auch die Lasten (vgl § 103), ausgenommen die von der Erbsch zu entrichtenden Abgaben (zB ErbschSteuer) u die außerordentl Lasten (vgl § 2126), **S 3.** Abweichende Vereinbg ist zuläss (s Übbl 3). Beim **Erbteilskauf** gilt nicht § 2379, sond § 2038 II 2 (Staud/Ferid/Cieslar Rn 6). Schon verteilte Reinerträge (§ 2038 II 3) behält jedoch der Verk.

2380   *Gefahrübergang.* Der Käufer trägt von dem Abschlusse des Kaufes an die Gefahr des zufälligen Unterganges und einer zufälligen Verschlechterung der Erbschaftsgegenstände. Von diesem Zeitpunkt an gebühren ihm die Nutzungen und trägt er die Lasten.

1   **Schon mit Kaufabschluß** geht die Gefahr (abw von § 446) auf den Käufer über, da Ggstand des ErbschKaufs der Inbegriff des Nachl und nicht ein best EinzelGgstand ist (s Übbl 1). Gleichzeitig verteilen sich Nutzen u Lasten neu, **S 2;** bis dahin gilt § 2379.

2381   *Ersatz von Verwendungen.* [I] Der Käufer hat dem Verkäufer die notwendigen Verwendungen zu ersetzen, die der Verkäufer vor dem Verkauf auf die Erbschaft gemacht hat.

[II] Für andere vor dem Verkaufe gemachte Aufwendungen hat der Käufer insoweit Ersatz zu leisten, als durch sie der Wert der Erbschaft zur Zeit des Verkaufs erhöht ist.

1   **1) Notwendige Verwendungen** des Verkäufers (vgl § 994) vor Verkauf hat der Käufer zu ersetzen, **I,** da sie Substanz u Nutzbark der Erbsch erhalten; abw von § 994 I 2 gilt dies auch für gewöhnl Erhaltgskosten, die keine Lasten iSd § 2379 sind (str, s MüKo/Musielak Rz 2). Sonstige Verwendgen (vgl §§ 996, 2022) sind VerkRisiko. – Bei Erbteilskauf vor Auseinandersetzg gilt § 2038. – Nach Verkauf gilt § 450. – Abweichende Vereinbgen sind zuläss (s Übbl 3).

2   **2) Andere Aufwendungen, II,** (s BGH **59,** 328) sind nur zu ersetzen, soweit sie Werterhöhg bewirkten, die beim Verkauf noch besteht.

2382   *Haftung gegenüber Nachlaßgläubigern.* [I] Der Käufer haftet von dem Abschlusse des Kaufes an den Nachlaßgläubigern, unbeschadet der Fortdauer der Haftung des Verkäufers. Dies gilt auch von den Verbindlichkeiten, zu deren Erfüllung der Käufer dem Verkäufer gegenüber nach den §§ 2378, 2379 nicht verpflichtet ist.

[II] Die Haftung des Käufers den Gläubigern gegenüber kann nicht durch Vereinbarung zwischen dem Käufer und dem Verkäufer ausgeschlossen oder beschränkt werden.

1   **1) Haftung des Käufers.** Ab dem wirks Abschluß (BGH NJW **67,** 1128) des KaufVertr mit dem (wirkl) Erben haftet der Käufer den NachlGläub neben dem Verkäufer (GesamtSchu, §§ 421 ff) wie ein Vermögensübernehmer (§ 419), allerd beschränkt (§ 2383); § 2378 regelt nur das InnenVerh. Bei Verk des NachEAnwR tritt die Haftg erst mit dem NachErbf ein, da Verkäufer vorher auch nicht verpfl ist (Heilbronn NJW **56,** 513; s auch Zarnekow RhNK **69,** 620/631 ff; Neusser RhNK **79,** 143). **Kenntnis** des Käufers von den NachlVerbindlk ist nicht erforderl. Er muß aber wissen, daß es sich bei dem VertrGgstand um die ganze od nahezu ganze Erbsch od den ganzen oder nahezu ganzen Erbteil des Verk handelt, od zumindest die Verh kennen, aus denen sich dies ergibt (BGH **43,** 174). – **Ausschluß** der Haftg **(II)** kann zw den VertrParteien nicht vereinb werden, wohl aber mit den NachlGläub (auch dch Verkäufer, vgl § 414).

2   **2) Der Umfang** der Haftg richtet sich nach der des Erben (§ 1967) ohne Rücksicht auf das InnenVerh (§§ 2378, 2376). Sie erstreckt sich daher auf alle NachlVerbindlk (RG **112,** 129), also auch auf Anspr aus Pflichtt, Vermächtn, Auflagen, ZugewAusgl (§ 1371 II, III), auch auf die vom Erben in ordngsmäß Verwaltg des Nachl eingegangenen Verbindlk (NachlErbenschulden, s § 1967 Rn 8). – Aufhebg des KaufVertr vor Vollzug und Anzeige an NachlG (§ 2384) lassen die Haftg **erlöschen.** – ZwangsVollstreckg s Übbl 6. – **b)** Beim **Erbteilskauf** bestimmt sich die Haftg nach der bes Regel nach §§ 2058–2063 (RG **60,** 3   131); der Käufer muß auch mit der Geltendmachg des VorkaufsR der MitE nach §§ 2034 rechnen (BGH **LM** Nr 2), dazu auch §§ 2035, 2036, 2046 I. Der Käufer des Erbteils haftet auch für die Ansprüche eines anderen MitE gg die ErbenGemsch aus einem zw den MitE vor dem Erbteilskauf abgeschlossenen ErbauseinandSVertr (BGH **38,** 187).

2383   *Beschränkte Haftung des Käufers.* [I] Für die Haftung des Käufers gelten die Vorschriften über die Beschränkung der Haftung des Erben. Er haftet unbeschränkt, soweit der Verkäufer zur Zeit des Verkaufs unbeschränkt haftet. Beschränkt sich die Haftung des Käufers auf die Erbschaft, so gelten seine Ansprüche aus dem Kaufe als zur Erbschaft gehörend.

[II] Die Errichtung des Inventars durch den Käufer oder den Käufer kommt auch dem anderen Teile zustatten, es sei denn, daß dieser unbeschränkt haftet.

1   **1) Haftungsbeschränkung** kann der Käufer selbständ für sich herbeiführen, sofern Verk bei VertrAbschluß sein BeschränkgsR noch nicht verloren hat (dazu Einf 3 vor § 1967); andernfalls haftet er unbeschränkt **(I 2;** hiergg als Fehlkonstruktion Kipp/Coing § 112 I 3; Lange/Kuchinke § 53 III 2a). Er kann deshalb das Aufgebot gem §§ 1970 ff verlangen (ZPO 1000), NachlKonk (§ 1975; KO 232) u NachlVerw (§ 1981) sowie VerglVerf (VerglO 113 I Nr 1) beantragen u hat die Einreden der §§ 1990 bis 1992, 2014, 2015; ZPO 782. Verk kann entspr KO 232 II nach § 1981 II noch NachlVerw beantragen. Im **Nachlaßkonkurs** gehören zur Masse nicht nur der Nachl, sond auch die sonstigen Ansprüche aus dem KaufVertr, zB auf Übertragg von ErbschGgständen, Wertvergüt oder SchadErs. Trotz des nur verfahrensrechtl KO 232 I kann KonkVerw nach KO 7, 8, 43 auch die Aussonderg der vom Verk noch nicht übertragenen NachlGgstände aus dem etw ErbenKonk verlangen (vgl Jaeger/Weber KO 232, 233 Rn 16).

2   **2) Inventarerrichtung** (§§ 1993 ff) erhält die Möglk der HaftgsBeschränkg (Vorb 1 vor § 1993) u kommt (abw von I) auch dem VertrPartner zustatten, sofern dieser nicht bereits unbeschr haftet, **II.**

2384 *Anzeigepflicht des Verkäufers.* [1] Der Verkäufer ist den Nachlaßgläubigern ge-
genüber verpflichtet, den Verkauf der Erbschaft und den Namen des Käufers unver-
züglich dem Nachlaßgericht anzuzeigen. Die Anzeige des Verkäufers wird durch die Anzeige des
Käufers ersetzt.
[II] Das Nachlaßgericht hat die Einsicht der Anzeige jedem zu gestatten, der ein rechtliches Inter-
esse glaubhaft macht.

1) Anzeigepflicht des Verk dient der Unterrichtg der NachlGläub u entspr der des Vorerben (§ 2146). **1**
Sie umfaßt sowohl den schuldrechtl ErbschKauf als auch die dingl Erbteilsübertragg (Haegele BWNotZ **72**,
6), gilt auch für Erbteilkauf u ist auf VertrAufhebg vor Erfüllg entspr anzuwenden (MüKo/Musielak Rn 2).
NachlGericht: FGG 72ff. Gebühr: KostO 112 I Nr 7. – Einsicht **(II)** setzt rechtl (nicht nur berecht) Interesse
voraus (s dazu § 2264 Rn 1).

2) Pflichtverletzung begründet bei Verschulden SchadErsAnspr des NachlGl gg Verk (§ 823 II, MüKo/ **2**
Musielak Rn 3), sofern nicht Anzeige des Käufers (I 2) od unmittelb Information des NachlGläub Kausalität
der Unterlassg beseitigt.

2385 *Anwendung auf ähnliche Verträge.* [1] Die Vorschriften über den Erbschaftskauf
finden entsprechende Anwendung auf den Kauf einer von dem Verkäufer durch Ver-
trag erworbenen Erbschaft sowie auf andere Verträge, die auf die Veräußerung einer dem Veräu-
ßerer angefallenen oder anderweit von ihm erworbenen Erbschaft gerichtet sind.
[II] Im Falle einer Schenkung ist der Schenker nicht verpflichtet, für die vor der Schenkung
verbrauchten oder unentgeltlich veräußerten Erbschaftsgegenstände oder für eine vor der Schen-
kung unentgeltlich vorgenommene Belastung dieser Gegenstände Ersatz zu leisten. Die im § 2376
bestimmte Verpflichtung zur Gewährleistung wegen eines Mangels im Rechte trifft den Schenker
nicht; hat der Schenker den Mangel arglistig verschwiegen, so ist er verpflichtet, dem Beschenk-
ten den daraus entstehenden Schaden zu ersetzen.

1) Andere Veräußerungsverträge (vgl dazu ZPO 1000 II, KO 233) sind Rückkauf; Weiterverkauf; **1**
Tausch; Schenkg (Sonderregeln in **II**); Belastg der Erbsch seitens des Erben mit einem Nießbr (§§ 1089,
1068; bestr, aM Staud/Ferid/Cieslar Rn 160, 161 vor § 2371); auch ein Vertr, durch den ein ErbschVerkauf
rückgäng gemacht wird (SchlHOLG SchlHA **57**, 181; Staud/Ferid/Cieslar § 2371 Rn 12; str; s § 2371 Rn 2);
Verpflichtg zur Hingabe der Erbsch an Zahlgs Statt (Lange/Kuchinke § 47 I 3); in Verträgen über die Verpfl
zur Übertr von Erbanteilen enthaltener Auftr an den Bevollm, die Erbanteile an sich selbst zu übertr (Karlsr
BWNotZ **70**, 22). – Weiter fallen unter § 2385: **Außergerichtliche Vergleiche** zw ErbschPrätendenten
über die Verteilg der Erbsch ohne Rücks auf den Anfall. Ferner ein „**Auslegungsvertrag**", dch den die **2**
Beteiligten für ihr Verhältn untereinander verbindl festlegen, wie ein Test auszulegen ist mit der Folge, daß
sie schuldrechtl verpflichtet sind, sich so zu stellen, als sei die vereinbarte Auslegg zutreffend (BGH NJW **86**,
1812 mAv Damrau JR **86**, 375 u Cieslar DNotZ **87**, 113); od ein Vertrag über die Anerkennung eines
zweifelhaften Test (RG **72**, 209; OLG Nürnb WM **58**, 81). Dingl kann dann die Stellg der Beteiligten mittels
Erbteilsübertragg (§ 2033) der vereinbarten RLage angenähert werden (BGH aaO). Schließl auch ein Vertr,
der zum Verzicht auf das NacherbenanwartschR verpflichtet (RG DNotZ **42**, 145; s auch Zarnekow RhNK
69, 637). – Auch für die Erfüllg eines Vermächtn, das den VermNehmer berecht, den gesamten Nachl (zB
ein Unternehmen) gg ein bestimmtes Entgelt zu kaufen, gelten § 2385 I (od II) die Bestimmgen üb den
ErbschKauf entspr; der VermNehmer haftet nach §§ 2378, 2382, 2383 für die Verbindlichk des Gesamt-
Nachl (Dobroschke Betr **67**, 803/805, auch Lange/Kuchinke § 27 II 2a). – **Nicht** unter § 2385 fallen ErbAus- **3**
einandersetzgsVertr (§ 2042); Verpflichtg zur Erbausschlag; SichergsVertr (s aber § 2371 Rn 1). – Die von
einem MitE einem Dritten unter Freistellg von § 181 unwiderrufl erteilte Vollm zur Vfg über seinen Erbteil
kann nicht in einen ErbschVerkauf umgedeutet werden (BGH WM **60**, 551).

2) Rechtsfolge ist die entspr Anwendg der §§ 2371ff. Die and Vertr unterliegen insbes dem **Form- 4**
zwang des § 2371. Für die Haftg gelten §§ 2382, 2383.

3) Sonderregeln bei Schenkung einer Erbsch **(II).** Der Schenker hat keine ErsatzPfl nach § 2375 u ist **5**
von Gewährleistg wg Rechtsmängeln (§ 2376) frei, ausgenommen bei argl Verschweigen. Der Beschenkte
hat im InnenVerh alle NachlVerbindlk zu tragen (§ 2378), von denen ihn Schenker bei RückFdg Zug um
Zug befreien muß. SchenkVertr ist formbedürft, § 2371. Im übr gelten die allg SchenkgsVorschr.

Einführungsgesetz
zum Bürgerlichen Gesetzbuche

Vom 18. August 1896

(RGBl S 604/BGBl III 400–1) in der ab 1. Oktober 1994 geltenden Neufassung vom 21. September 1994 (BGBl I S 2494), zuletzt geändert durch das Vermögensrechtsanpassungsgesetz vom 4. Juli 1995 (BGBl I S 895)

Bearbeiter:

Dr. Bassenge:	Art 96, 120, 124, 181, 182, 184, 187, 233
Dr. Diederichsen:	Art 234
W. Edenhofer:	Art 64, 137–140, 147–152, 213, 235
Dr. Heinrichs:	Art 1, 2, 55, 169, 170, 230–232 § 1
Dr. Heldrich:	Art 3–38, 220, 236
Dr. Putzo:	Art 93, 94, 219, 221, 222, 232 §§ 1a, 2–5, 8
Dr. Thomas:	Art 75–81, 97–108, 232 §§ 6, 7, 9, 10

Erster Teil. Allgemeine Vorschriften

Erstes Kapitel. Inkrafttreten. Vorbehalt für Landesrecht. Gesetzesbegriff

EG 1 *Inkrafttreten des BGB; Vorbehalt für Landesrecht.* [1] **Das Bürgerliche Gesetzbuch tritt am 1. Januar 1900 gleichzeitig mit einem Gesetz, betreffend Änderungen des Gerichtsverfassungsgesetzes, der Zivilprozeßordnung und der Konkursordnung, einem Gesetz über die Zwangsversteigerung und die Zwangsverwaltung, einer Grundbuchordnung und einem Gesetz über die Angelegenheiten der freiwilligen Gerichtsbarkeit in Kraft.**

[II] **Soweit in dem Bürgerlichen Gesetzbuch oder in diesem Gesetz die Regelung den Landesgesetzen vorbehalten oder bestimmt ist, daß landesgesetzliche Vorschriften unberührt bleiben oder erlassen werden können, bleiben die bestehenden landesgesetzlichen Vorschriften in Kraft und können neue landesgesetzliche Vorschriften erlassen werden.**

1   I regelt das Inkrafttreten des BGB. II war ursprüngl Art 3. Er ist dch das IPRG I Nr 3 als Abs 2 an den Art 1 angefügt worden. Die Vorbeh des BGB u EG für das LandesR sind zT dch spätere Reichs- od BundesG überholt (s bei den einz Vorschr). II stellt klar, daß die Vorbeh im 3. Teil unabhängig von der gebrauchten Formulierg neben dem Weiterbestehen des geltden LandesR auch die Befugn zum Erlaß neuen LandesR umfassen. Er ist Ausdr eines allg RGedankens, kann also auf spätere Vorbeh zG des LandesGesGebers entspr angewandt w (BVerfG **7**, 124 zu BetrVerfG 88).

EG 2 *Begriff des Gesetzes.* **Gesetz im Sinne des Bürgerlichen Gesetzbuchs und dieses Gesetzes ist jede Rechtsnorm.**

1   RNormen iSd Art 2 sind a) Gesetze im formellen Sinn einschl Staatsverträge, b) Rechtsverordnungen, c) autonome Satzgen u Tarifverträge, d) GewohnhR; keine RNormen sind dagg Handelsbrauch, Verkehrssitte, Vereinssatzgen u AGB (s näher Einl 19 v § 1). EGZPO 12, EGKO 2 u EGStPO 7 enthalten eine inhaltl übereinstimmende Vorschr.

Zweites Kapitel. Internationales Privatrecht

(Die Überschriften der Art 3–37 sind amtlich.)

Schrifttum

a) Gesamtdarstellungen: v Bar, IPR Bd I, 1987, Bd II, 1991. – Ferid, IPR, 3. Aufl 1986. – Firsching/ v Hoffmann,, IPR, 4. Aufl 1995. – Kegel, IPR, 7. Aufl 1995. – Kropholler, IPR, 2. Aufl 1994. – Kunz, IPR, 3. Aufl 1993. – Lüderitz, IPR, 2. Aufl 1992. – Raape-Sturm, IPR Bd I, 6. Aufl 1977 (nur allg Lehren). – Schlosshauer-Selbach, IPR, 1989. – Schotten, Das IPR in der not Praxis, 1995. – **b) Kommentare:** Erman-Hohloch, Bd II, 9. Aufl 1993. – MüKo-Sonnenberger, Bd 7: EG, 2. Aufl 1990. – Staud-Blumenwitz, 12. Aufl 1988 Art 5–6 EGBGB. – Staud-Großfeld, Internat GesellschR, 13. Aufl 1993. – Staud-Stoll, 12. Aufl 1985 Nach Art 12 (Internat SachenR). – Staud-Henrich/Kropholler/Pirrung, 13. Aufl 1994 Kindschr Übk; Art 19 EGBGB. – Staud-Kropholler/Henrich, 12. Aufl 1988 Art 20–24 EGBGB. – Staud-Dörner, 13. Aufl 1995 Art 25, 26 EGBGB. – Staud-Firsching, 12. Aufl 1987 Vorbem zu Art 27–37 EGBGB. – Staud-v Hoffmann, 12. Aufl 1992 Art 38. – Staud-Dörner, 12. Aufl 1993 Artt 220, 236. –

c) Textsammlung: Jayme/Hausmann, Internat Priv- u VerfR, 7. Aufl 1994. – **d) Zeitschriften:** RabelsZ (seit 1927), IPRax (seit 1981). – **e) Rechtsprechungssammlungen:** Die dtsche Rspr auf dem Gebiet des IPR, 1926–1934, 1935–1944 (2 Bd), 1945 ff (zuletzt 1992), derzeit bearbeitet v Kropholler. – Schack, Höchstrichterl Rspr zum int Priv- u VerfR, 1993. – **f) Hilfsmittel bei der Anwendung fremden Rechts:** v Bar, Ausl Priv- u PrivVerfR in dtscher Sprache, 1993; ders, DeliktsR in Europa, 1994; Bergmann-Ferid, Internat Ehe- u KindschR, 6. Aufl 1983 (bish 121 Lieferungen); DNotI, Gutachten z int u ausl PrivR 1993 (1994); Brandhuber-Zeyringer, StA u Ausl (bish 15 Lieferungen); Ferid-Firsching-Lichtenberger, Internat ErbR, 1955 ff (bish 36 Lieferungen); Ferid-Kegel-Zweigert, Gutachten z internat u ausl PrivR, 1965 ff (zuletzt 1987 u 1988); Schönhofer-Böhner, Haus- u GrdBes im Ausland, 1982 ff; Wengler, Gutachten z internat u ausl Fam- u ErbR, 2 Bde 1971.

Einleitung

1) Begriff und Aufgabe des IPR. a) Wesen der Kollisionsnormen. Das IPR best die maßg PrivRO **1** bei **Sachverhalten mit Auslandsberührung** (zB ausl Staatsangehörigk od ausl Wohns eines Beteil, Vornahme eines RGesch oder einer unerl Hdlg im Ausland). Es besteht aus sog Kollisionsnormen, die mit Hilfe best Anknüpfgspunkte das in der Sache anzuwendende Recht bezeichnen. Dabei soll diej RO ausgewählt werden, mit der der Sachverhalt die engste Berührg hat (internatprivr Gerechtigk), vgl dazu Flessner, Interessenjurisprudenz im IPR, 1990, Schurig Rabels Z **95**, 229. Zur Anwendg berufen wird dabei staatl Recht, nicht Traditionen einer Volksgruppe, Köln NJW-RR **94**, 1026 (Roma), and Hamm StAZ **95**, 239 (Kurden). Völkerr Anerkenng des rechtssetzden Staates ist nicht erforderl; entscheidd ist die effektive Geltg einer ROrdng z maßg Ztpkt, vgl Engel Fschr Rothoeft (1994) 87. Inhalt u Qualität der zur Auswahl stehden Sachnormen bleiben bei der Anknüpfg grdsl unberücks. – Das dtsche IPR ist vom Richter **von Amts wegen anzuwenden,** nicht nur wenn die Part sich darauf berufen, BGH NJW **93**, 2305, **95**, 2097, aM Flessner RabelsZ **70**, 547, Sturm Fschr Zweigert (1981) 329, die für ein fakultatives KollisionsR, dh für grdsl Anwendg des dtschen SachR, eintreten; zur Best des anwendb Rechts dch int SchiedsGer Sandrock RIW **92**, 785. – Die Vorschr des dtschen IPR berufen im allg nicht nur die Sachnormen, sond auch die KollNormen einer ausl RO zur Anwendg (Grds der Gesamtverweig). Ein abw kollr Standpunkt des betr fremden Rechts wird daher dch Befolgg einer Rück- od Weiterverweis idR beachtet, vgl dazu Art 4 I. – Die dch eine KollNorm auf einen best Fragenkomplex zur Anwendg berufenen Sachnormen bilden das sog **Sachstatut** (zB Schuldstatut, GüterRStatut, Erbstatut). – Von der Verweisgsregeln des IPR zu unterscheiden sind die **selbstbegrenzten Sachnormen,** deren Tatbestand ihre Anwendbk unmittelb regelt, die also einen kollr u einen matr Bestandt haben, vgl dazu Kegel in: Internat PrivR, internat WirtschR (1985) 8; Siehr RabelsZ **82**, 357. Zur Einbeziehg ausl Rechts als „datum" bei der Anwendg dtscher Generalklauseln vgl Hessler, Sachrechtl Generalklausel u internat FamR, 1985 § 5.

b) Nationaler Charakter. Das IPR trifft eine Regelg für internat Sachverhalte, ist aber grdsl **staatliches, 2** dh von Land zu Land versch Recht. Eine Vereinheitlg des IPR ist in Teilbereichen dch Staatsverträge erfolgt, vgl dazu Rn 6, z den Vor- u Nachteilen Kropholler Fschr Müller-Freienfels (1986) 409; Kötz RabelsZ **86**, 1. Eine wichtige Rolle spielt dabei die Haager Konferenz für IPR, vgl dazu Pirrung Fschr Ferid (1988) 339; Fischer u RabelsZ **93**, 1–302; zum Einfluß des EG-Rechts vgl Art 3 Rn 9. Bei Vereinheitlg des mat Rechts wird das IPR grdsl überflüss, vgl dazu einschränkd Kropholler RabelsZ **74**, 372; Hartwieg ZHR **74**, 457; Mann Fschr Vischer (1983) 207; über transnat Recht u lex mercatoria vgl Siehr in: Internat PrivR, internat WirtschR (1985) 103; Spickhoff RabelsZ **92**, 116; Mertens RabelsZ **92**, 219; Remien RabelsZ **92**, 300; Blaurock ZEuP **93**, 247; Berger IPRax **93**, 281. Obwohl das IPR zum innerstaatl Recht gehört, ist bei der Anwendg u Fortbildg seiner Kollisionsnormen RVergleichg vielf unerläßl, zB für Qualifikation, Rn 27, od Angleichg, Rn 32. Soweit dch das IPR **ausländisches Recht** berufen wird, setzt seine Verwirklg Kenntnisse des betr fremden Rechts voraus; wichtige Hilfsmittel in der Praxis sind dabei zB Bergmann-Ferid, Internat Ehe- u KindschR u Ferid-Firsching, Internat ErbR.

c) Nachbargebiete. Währd dch das IPR das in der Sache maßg Recht best wird, erfolgt die Abgrenzg zw **3** der Zustdgk inl u ausl Zivilgerichte dch die Regeln des internat VerfahrensR über die **internationale Zuständigkeit,** BGH (GrZS) **44**, 46. Diese ist lückenh in einigen SonderVorschr der ZPO (zB § 606a) u des FGG (zB §§ 35b, 43b) sowie in Staatsverträgen, insb im MSA (vgl Anh 1 zu Art 24) sowie im EG-Übk über die gerichtl Zustdgk u die Vollstr gerichtl Entsch in Zivil- u Handelssachen v 27. 9. 68, BGBl **72** II 774 geregelt. Zu unterscheiden ist zw sog **Befolgungsregeln** über die internat Zustdgk der **inländischen** Gerichte in Fällen mit Auslandsberührg, wie sie auch in den erwähnten Übk enth sind, u sog **Beurteilungsregeln** über die internat Zustdgk **ausländischer** Gerichte, die vor allem im Zushang mit der Anerkenng ausl Entsch anzuwenden sind, zB nach ZPO 328 I Z 1 od FGG 16a Z 1. – Vom IPR z unterscheiden ist auch das **Fremdenrecht,** dh die Gesamth v SonderVorschr des inl mat R für Ausl, zB im AuslG v 9. 7. 90, BGBl 1354, vgl dazu Kloesel/Christ/Häußer, Dtsches AuslR, 3. Aufl 1991 ff; Kanein/Renner, AuslR 5. Aufl 1992; Hailbronner AuslR 1992 ff; Schiedermair/Wollenschläger, Hdb des AuslR der BRepD 1985 ff. Zur fremdenrechtl Sonderstellg der Angeh der Stationiergsstreitkräfte im Bereich des NATO-Truppenstatuts vgl Beitzke Fschr Kegel (1987) 33.

d) Interlokales Privatrecht. Zahlr Staaten besitzen kein einheitl PrivatR, sond zerfallen in versch Teil- **4** rechtsgebiete. Eine solche **territoriale Rechtsspaltung** ist bes häufig bei Bundesstaaten (zB USA, Kanada, Australien, Mexiko), findet sich aber auch sonst (zB Großbritannien, Spanien). Die intern jeweils maßgebl

Teilrechtsordnung wird durch die Kollisionsnormen des **interlokalen Privatrechts (ILR)** best. Sie haben innerh eines MehrRStaates die gleiche Funktion wie das IPR im Verh mehrerer Staaten zueinander. Verweist das dtsche IPR auf das Recht eines MehrRstaates, so ist die maßg TeilROrdnung grdsl mit dessen ILR zu bestimmen, vgl dazu Art 4 III.

Neben der territorialen findet sich auch eine **personale Rechtsspaltung**, insb in Staaten, die das Personalstatut ihrer Bürger dem Recht der jew ReligionsGemsch unterstellen (so vor allem islam Staaten, zB Indonesien, Pakistan, Ägypten), vgl BGH FamRZ **80**, 237. Hier wird das anwendb Recht in 1. Linie dch das **interreligiöse Recht** des betr Staates best, vgl dazu näher Art 4 Rn 14. Personale u territoriale RSpaltg können auch zus auftreten, vgl zB Richter, Die RSpaltg im malays FamR, 1978. Zum innerdtschen KollisionsR vgl Anh zu Art 3 u Art 236 Rn 4 f.

5   **2) Quellen des deutschen IPR;** vgl dazu **Textsammlung** von Jayme/Hausmann, Internat Priv- u VerfR, 7. Aufl 1994. **a) Autonomes deutsches Kollisionsrecht.** Eine Kodifikation des dtschen IPR enth Art 3–38. Die Neuregelg des Rechts der außervertragl SchuldVerh u des SachenR steht noch aus. Insow bleibt es im wesentl bei der Maßgeblichk gewohnheitsr Anknüpfgsregeln (vgl dazu Art 38 mit Anh). Weitere Vorschr des dtschen IPR finden sich verstreut in verschiedenen SpezialG, wie zB WechselG 91 ff, ScheckG 60 ff, BörsenG 61, AGBG 12. Eine Ergänzg für außervertragl SchadErsanspr enthält VO v 7. 12. 42, RGBl 706 (abgedr Anh I z Art 38).

6   **b) Staatsverträge.** Eine weitere wicht Rechtsquelle sind die **Staatsverträge;** vgl dazu grdsl Kropholler, Internat EinhR (1975), Jayme/Meessen, StaatsVertr zum IPR, 1975, Meyer-Sparenberg, StaatsvertragI KollNormen, 1990. **aa)** Zu den **multilateralen** StaatsVertr gehören vor allem die **Haager Abkommen,** so das EheschlAbk v 12. 6. 02, vgl Anh 2 z Art 13, das VormschAbk v 12. 6. 02, vgl Anh 2 zur Art 24, das MSA v 5. 10. 61, vgl Anh 1 zu Art 24, die UnterhAbk v 24. 10. 56 u 2. 10. 73, vgl Anh 1 u 2 zu Art 18, das TestamentsformAbk v 5. 10. 61, vgl Anh zu Art 26, sowie das KindesentführgsAbk v 25. 10. 80, vgl Anh 3 zu Art 24. Zu einem Rückblick auf 100 Jahre Haager Konferenz vgl Fischer ua RabelsZ **93**, 1–302. Von den übr multinationalen Abk seien etwa die UNÜbk über die RStellg der Staatenlosen v 28. 9. 54 u das Genfer Abk u Protokoll über die RStellg der Flüchtlinge v 28. 7. 51 bzw 31. 1. 67, vgl Anh I u II z Art 5, u das EG-SchuldVertrÜbk v 19. 6. 1980 genannt, vgl Rn 1 vor Art 27. Zum Stand der Vereinheitlichg des IPR in der **Europäischen Gemeinschaft** Jayme/Kohler IPRax **94**, 405, Kohler IPRax **92**, 280, sowie Jayme, Ein IPR für Europa, 1991, Taupitz JZ **93**, 538. Neben den multilateralen spielen auch **bilaterale** StaatsVertr mit
7   einzelnen Staaten eine Rolle, vgl zB Art 17 Rn 4 u Art 25 Rn 4. **bb)** Eine staatsvertragl Regelg, welche innerstaatl in Kraft gesetzt ist, geht dem autonomen dtschen IPR im **Rang** vor, vgl Art 3 II. Bei der **Auslegung** von StaatsVertr kann nicht ohne weiteres die BegrBedeutg des innerstaatl Rechts zugrundegelegt werden, BGH **52**, 216, NJW **76**, 1583; vielm ist eine **einheitliche** Auslegg u Anwendg in den VertrStaaten anzustreben, vgl Art 36. Bei der Auslegg sind desh auch der Wortlaut des Abk in den übr VertrSprachen u seine Bedeutg vor dem Hintergrund der jew fremden ROrdng sowie die RPraxis in den and VertrStaaten z berücksichtigen. Geboten ist also eine autonome Qualifikation der VerweisgsBegriffe auf rechtsvergleichder Grdl unter Berücksicht der Entstehgsgeschichte u des Zwecks der staatsvertragl Regelg,
8   vgl dazu Kropholler, Internat EinhR § 22 I, Beitzke RabelsZ **84**, 636 u unten Rn 28. **cc)** Die Kodifikation des IPR in Art 3–38 hat im Interesse der Überschaubark des dtschen KollisionsR u der Erleichterg seiner Anwendg einige von den dch der BRep ratifizierte multilaterale StaatsVertr in ihrem wesentl Inhalt unmittelb in das EG übern. Dies gilt für das Haager UnterhÜbk v 2. 10. 73 (Art 18), das Haager TestamentsformÜbk v 5. 10. 61 (Art 26) u das EGSchuldVertrÜbk v 19. 6. 80 (Art 27–37). Bei der Anwendg dieser **inkorporierten** staatsvertragl Best sind die in Rn 7 erläuterten Grds zu beachten, vgl dazu unten Rn 21 u 28. Daraus ergeben sich **unterschiedliche Auslegungsregeln** für die einzelnen Teile der Kodifikation des dtschen IPR. Der mit der Inkorporation angestrebte Vorteil der RKlarheit u RVereinfachg geht dadch zT verloren. Dies gilt bes für diej Artikel, die teils staatsvertragl u teils autonomen Charakter haben, zB Art 4 III, 6 u 12, bei deren Anwendg je nach Sachgebiet eine unterschiedl Qualifikationsmethode zu befolgen ist; für einheitl Auslegg Pirrung, Int Priv- u VerfR, 1987 S 110. **Vorfragen** sind im Bereich der Kollisionsnormen mit staatsvertragl Charakter grdsl unselbst anzuknüpfen; vgl Rn 30, **Rück-** od **Weiterverweisung** sind nicht zu
9   beachten, vgl Art 4 Rn 12 u 13. **dd)** Im Ausl geltde StaatsVertr sind bei Rück- od Weiterverweisg z beachten, vgl Jayme Fschr Beitzke (1979) 541; Kropholler BerGesVR 28 (1988) 109. – Zur Einwirkg des **Völkerrechts** auf das IPR vgl Meessen Fschr Mann (1977) 227, Neuhaus JblIntR **78**, 60, Bleckmann DÖV **79**, 309. Anfordergen an die nationalen KollRe ergeben sich insbes aus der **Europäischen Menschenrechtskonvention;** das dtsche IPR wird ihnen gerecht, vgl Engel RabelsZ **89**, 3, Matscher Fschr Schwind (1993) 71, Ehricke EuGRZ **93**, 113, vBar BerGesVR 33 (1994) 191; zur Durchsetzg der EMRK mH des ordre public s Art 6 Rn 7; zur Vereinbark der Sitztheorie mit dem EMRK s Anh zu Art 12 Rn 2; zum int NamensR Art 10 Rn 1 u 7; zum int ErbR Art 25 Rn 18. Zum **Einfluß des EG-Rechts** Art 3 Rn 9.

10   **c) Recht der DDR.** In der früh DDR war das EGBGB dch § 15 Abs 2 I Z 2 EGZGB v 19. 6. 75, GBl I 517 mit Wirkg zum 1. 1. 76 aufgeh worden; zum gleichen Ztpkt waren auch die famr KollNormen der §§ 15–25 EGFGB v 20. 12. 65 außer Kraft getreten, § 15 Abs 1 II Z 37 EGZGB. Eine umfassende Neuregelg des IPR brachte das **RechtsanwendungsG** v 5. 12. 75, GBl I 748, zuletzt geändert dch G v. 11. 1. 90, GBl I 10; vgl dazu Komm zum RAG, 1989; Lübchen/Posch, ZivilRVerhältnisse mit Auslandsberührg, 1979; Rudolph/Strohbach, Die rechtl Regelg der intersystemaren WirtschBeziehgen der DDR, 1982. Das RAG wurde in der DDR auch im Verh zur BRep angewandt; vgl Mansel DtZ **90**, 226. Es ist mit dem Beitritt zur BRep gem Art 8 u 9 des EiniggsV v 31. 8. 90 außer Kraft getreten. Damit gilt seit dem 1. 10. 90 einheitl das KollR des EGBGB, vgl dazu Anh zu Art 3 Rn 2 f u Art 236 Rn 1. Zur Frage der Fortgeltg der von der DDR abgeschl StaatsVertr auf dem Gebiet des IPR nach dem Beitritt zur BRep vgl Art 236 Rn 2. Eine matr Regelg für internat WirtschVertr enthielt das G v. 5. 2. 76, GBl I 61, das als G über WirtschVertr an Stelle des VertrG v 25. 3. 82 getreten war, vgl dazu G v 28. 6. 90, GBl I 483. Zum KollR ggü der DDR vgl Anh z Art 3 u Art 236 Rn 4.

11   **3) Grundgesetz und IPR.** Die Bestimmgen des dtschen IPR u eines dch sie im Einzelfall zur Anwendg berufenen ausl Rechts sind am GG z messen, BVerfG **31**, 58, NJW **83**, 1968; vgl dazu Pitschas in: Jayme/

Mansel, Nation u Staat im IPR (1990) 99. Danach ist insb die Auswahl der **kollisionsrechtlichen Anknüpfungspunkte** auf Vereinbk mit den GrdRechten zu prüfen, BVerfG **31**, 73; dies gilt auch für die innerstaatl Anwendg staatsvertragl KollNormen, BGH FamRZ **86**, 1200, **87**, 679, vgl dazu Jayme/Meessen, Staats-Vertr zum IPR (1975).

Mit der Neuregelg des IPR dch G v 25. 7. 86, BGBl 1142, sind die früheren verfassgswidr familienr **12** KollNormen, vgl dazu Rn 13, dch verfassgskonforme Anknüpfgen ersetzt worden. Das Problem der Verfmäßigk des dtschen IPR dürfte damit vorerst erledigt sein. Problematisch ist allerd die Verfassgsmäßigk der ÜbergVorschr in Art 220 III S 1 Z 3, vgl dazu EG 15 Rn 10. Auch bei **Anwendung** eines nach dem dtschen IPR maßg **ausländischen Rechts** sind die dtschen **Grundrechte** nach GG 1 III **zu beachten,** BVerfG **31**, 72. Kollr wird der GrdRSchutz dch die VorbehKlausel des ordre public verwirklicht, Art 6 S 2. Dabei sind andere Maßst anzulegen als bei der RAnwendg in einem reinen InlFall: bei ganz od überwieg auslandsbezogenen Sachverhalten ist eine differenzierde Anwendg der GrdRe im Rahmen ihrer aus der Verf selbst zu entwickelnden Reichweite geboten, BVerfG **31**, 77, BGH **60**, 78, **63**, 226, FamRZ **93**, 317, vgl dazu Art 6 Rn 7.

4) Entstehungsgeschichte der Neuregelung des IPR. a) Das EG enthielt in seiner ursprüngl Fassg **13** eine lückenh Regelg des IPR in Art 7–31. Sie war im wesentl auf das internationale Personen-, Familien- u ErbR beschränkt. Allseitige KollNormen, die das anwendb Recht generell best, waren die Ausn. Vor allem die familienr KollNormen bestimmten überw nur den AnwendgsBereich des dtschen Rechts (unvollkommene od einseit KollNormen). Die Anknüpfg stellte dabei vielf auf die Staatsangehörigk des Mannes ab, die der über FamMitglieder wurde nicht ausr berücksichtigt. Zentrale Vorschr des früheren internat FamR wurden desh vom BVerfG wg Verstoßes gg Art 3 II GG für nichtig erkl, vgl BVerfG **63**, 181 zu EG 15 aF u BVerfG **68**, 384 z EG 17 I aF. Die Fortgeltg änd derartiger Vorschr war umstr, eine gleichheitskonforme Neuregelg unerläßl. Auch die fortschreitde Überlagerg des autonomen dtschen KollR dch StaatsVertr erschwerte die prakt Handhabg.

b) Umfassende Reformvorschläge wurden zuerst vom **Deutschen Rat für IPR** vorgelegt; vgl Vor- **14** schläge u Gutachten (jew herausgegeben v Lauterbach) zur Reform des dtschen internat EheR (1962), des dtschen internat Kindsch-, Vormundsch- u PflegschR (1966), des dtschen internat ErbR (1969) u des dtschen internat Personen- u SachenR (1972), sowie die überarbeiteten Vorschläge u Gutachten (herausgegeben von Beitzke) zur Reform des dtschen internat Personen-, Familien- u ErbR (1981) u die Vorschläge u Gutachten zur Reform des dtschen IPR der außervertragl SchuldVerh (herausgegeben von v Caemmerer, 1983), sowie zur Reform des dtschen int Sachen- u ImmaterialgüterR (herausgegeben von Henrich, 1991). Hinzu kam ein im Auftrag des BMJ erstellter **Gesetzesentwurf** von **Kühne** (IPR-GesetzEntwurf, 1980, vgl dazu Baer ZBlJugR **80**, 676, FamRZ **81**, 117, Wengler JR **81**, 268, E. Lorenz ZRP **82**, 148, sowie StellgN des Dtschen Instituts für VormschWesen DAVorm **80**, 585 u des Bundesverbandes der Dtschen Standesbeamten StAZ **81**, 165), ferner ein GegenEntw des **Max-Planck-Instituts** für ausl u internat PrivatR RabelsZ **80**, 326, vgl dazu auch Dopffel/Drobnig/Siehr, Reform des dtschen IPR, 1980.

c) Die **Bundesregierung** leitete dem BT am 20. 10. 83 den **Entwurf eines Gesetzes zur Neuregelung** **15** **des IPR** (IPRG) mit einer StellgN des BR vom 1. 7. 83 u einer Gegenäußerg der BReg zu (**BT-Drucksache** **10/ 504**). Der Entw hat eine lebhafte **Diskussion** in Wissensch u Praxis ausgelöst, vgl die StellgN des Max-Planck-Instituts für ausl u internat PrivatR RabelsZ **83**, 595; ferner Beitzke DAVorm **83**, 163; StellgN des Bundesverbandes der Dtschen Standesbeamten StAZ **84**, 97; Kühne StAZ **84**, 3; Otto StAZ **84**, 29; Schwimann JuS **84**, 14; Sturm FamRZ **84**, 744; Lausanner Kolloquium über den dtschen u den schweizerischen GesetzEntw zur Neuregelg des IPR, 1984; Henrich in: Internat PrivR, internat WirtschR (1985) 339; Geimer Sonderheft DNotZ **85**, 102; Grasmann Fschr Neumayer (1985) 249.

Unter dem Eindruck dieser Diskussion wurde der RegEntw in den Beratgn des **Rechtsausschusses** des BT in nicht unerhebl Umfang abgeändert (vgl dazu BeschlEmpfehlg u Bericht v 9. 6. 86, BT-Drucks 10/ 5632) und in dieser Fassg vom BT dch Gesetz vom 25. 7. 86, BGBl 1142, verabschiedet. Zur Entstehg des Gesetzes vgl Rabelsz **86**, 647; Pirrung, Int Priv- u VerfR, 1987 S 82; zum Einfluß der Haager Abk Kropholler RabelsZ **93**, 207; zur Bewährg Hohloch JuS **89**, 81. Das IPRG ist am 1. 9. 86 in Kr getreten; z ÜbergRegelg vgl Art 220 I–III. Die neuen KollNormen sind inzw bereits mehrfach geändert worden (Streichg v Art 8 , Neufassg v Art 10 u 24, Streichg v Art 220 IV u V); weitere Ändergen wird die geplante Reform des KindschR bringen (ReferentenEntw v 24. 7. 95).

d) Ebenfalls dch Gesetz v 25. 7. 86 hat der BT die **Vertragsgesetze** zum EG-SchuldVertrÜbk v 19. 6. 80 **16** (BT- Drucks 10/503), BGBl **86** II 809, u zu den beiden Haager Übk v 2. 10. 73 über die Anerkenng u Vollstreckg von UnterhEntscheidgen sowie über das auf UnterhPflichten anzuwendde Recht (BT-Drucks 10/258), BGBl **86** II 825, u das UnterhVollstr-Übk-AusführgsG (BT-Drucks 10/241) verabschiedet (BGBl **86** I 1156). Der kollrechtl Inhalt des EG-SchuldVertrÜbk v 19. 6. 80 (gg eine Empfehlg der EG-Kommission vom 15. 1. 85, IPRax **85**, 178) u des Haager Übk über das auf UnterhPflichten anzuwendde Recht v 2. 10. 73 ist in die Neuregelg des IPR in Art 3–38 eingearbeitet; zur Problematik dieser Inkorporation vgl Max-Planck-Institut RabelsZ **83**, 595, 602; v Hoffmann IPRax **84**, 10; Beitzke RabelsZ **84**, 637; Kohler EuR **84**, 155; Nolte IPRax **85**, 71; Matscher/Siehr/Delbrück, Multilaterale StaatsVertr erga omnes u deren Inkorporation in nationale IPR-Kodifikationen (1986); Meyer-Sparenberg, Staatsvertragl Kollisionsnormen (1990) 47; Kropholler RabelsZ **93**, 213.

5) Grundzüge des geltenden IPR. a) Die Kodifikation des IPR ist **unvollständig.** Die noch fehlde **17** Regelg des Rechts der außervertragl SchuldVerh u des SachenR ist in Vorbereitg; ein entspr ReferentenEntw eines Gesetzes zur Erg des IPR liegt seit langem vor (Stand: 1. 12. 93, IPRax **95**, 132); vgl StellgN des Max-Planck-Instituts für ausl u internat Patent-, Urheber- u WettbewerbsR GRUR Int **85**, 104; Spickhoff VersR **85**, 124; Basedow NJW **86**, 2972, sowie Henrich (Hrsg), Vorschläge u Gutachten zur Reform des dtschen int Sachen- u ImmaterialgüterR, 1991. Bislang nicht berücksichtigt sind auch die zur Personen; mit Recht krit Stoll IPRax **84**, 4, vgl dazu Anh z Art 12. Auch die allg AnknüpfgsRegeln sind lückenh; eine Regelg von Vorfragen, Qualifikation u Angleichg (vgl Rn 27–32) fehlt. Das innerdtsche KollisionsR ist

nicht geregelt (vgl Anh z Art 3). Der **Standort** des IPR im EG ist beibehalten; die neuen Vorschr entspr
18 ziffernmäß möglichst weitgeh dem alten Recht. **b)** Das IPR-NeuregelgsG beruht im Ggs z EG 7ff aF auf
einem System **allseitiger Kollisionsnormen,** regelt also nicht nur die Anwendbark des dtschen, sond jedes
beliebigen ausl Rechts; es geht von der Gleichwertigk u Austauschbark der nationalen PrivatROrdngen aus.
Staatsvertragliche KollNormen, welche ohne Rücksicht auf Gegenseitigk anzuwend sind, wurden inhaltl
in das Gesetz **übernommen,** um der Praxis eine einheitl RGrdl des gesamten kodifizierten KollR zu bieten.
Auf diese Weise wurden in das Gesetz inkorporiert das Haager TestamentsformÜbk v 5. 10. 61, das Haager
19 UnterhÜbk v 2. 10. 73 u das EG-SchuldVertrÜbk v 19. 6. 80. **c)** Bei der Anknüpfg des **Personalstatuts** im
Bereich des Personen-, Familien- u ErbR folgt das Gesetz grdsätzl dem **Staatsangehörigkeitsprinzip;** vgl
dazu Basedow/Diehl-Leistner in Jayme/Mansel, Nation u Staat im IPR (1990) 13 (krit) u Pitschas ebda 93
(verfassgsr geboten), Rohe Fschr Rothoeft (1995) 1; zur Vereinbark mit dem EG-rechtl Diskriminiergsver-
bot Fischer in: vBar, Europ GemschR und IPR (1991) 157, vgl auch Mü NJW **93**, 865, Düss NJW **93**, 2447,
LG Münst NJW **95**, 2860, Rohlfs NJW **95**, 2211 (ProzKostensicherh). Damit werden Grundfragen der
persönlichen Existenz der Regelg des Heimatstaates unterstellt, weil die Betroffenen diesem Staat und
seinem Recht idR eng verbunden sind; ggü Wohns od gewöhnl Aufenth als Anknüpfgspunkten hat die
Staatsangehörigk zudem den Vorteil der Stabilität, der sicheren Feststellbark u des einheitl Charakters. Wo
das StaatsangehörigkPrinzip versagt, dh vor allem bei RVerh, an denen mehrere Personen mit versch
Staatsangehörigk beteiligt sind, wird auf den **gewöhnlichen Aufenthalt** als **Auffanganknüpfung** abge-
stellt. Dies gilt insb für allg Ehewirkgen, Güterstand u Ehescheidg (Art 14–17) sowie grdsätzl auch für
eheliche Abstammg, Eltern-Kind-Verh u Legitimation dch nachfolgde Ehe (Art 19 u 21). Dabei schreitet das
Gesetz über eine sog **Anknüpfungsleiter** von der Anknüpfg an die gemeins bzw letzte gemeins Staatsange-
hörigk zur ersatzweisen Anknüpfg an die gemeins bzw letzten gemeins gewöhnl Aufenth u schließl zur
Anknüpfg aGrd gemeins engster Verbindg fort (vgl Art 14 I). Für die **primäre** Anknüpfg an den gewöhnl
Aufenth des Hauptbeteiligten entscheidet sich das Gesetz bei den **Wirkungen** familienr RVerh, insb für das
UnterhR u das Eltern-Kind-Verhältn außerh vollständ Familien (vgl Art 18 I, 19 II 2 u 20 II). Im ganzen
stellt die gesetzl Regelg also einen Kompromiß zw StaatsangehörigkPrinzip u AufenthPrinzip dar. Das
StaatsangehörigkPrinzip wird vor allem im internat KindschR dch das **Günstigkeitsprinzip** ergänzt. Die-
ses sieht im Interesse gewünschter Erg, zB der ehel Abstammg od der Feststellg der Vatersch, **alternative**
20 Anknüpfgen an versch ROrdngen vor (vgl Art 19 I u 20 I). **d)** Das Gesetz trägt bei der Bestimmg des
anwendb Rechts auch dem **Parteiwillen** Rechnung. Die Möglichk einer **Rechtswahl** wird nicht nur wie
bish für das SchuldVertrR (vgl Art 27), sond auch im NamensR (Art 10), für die allg Ehewirkgen (Art
14 III), die güterrechtl Ehewirkgen (Art 15 II) u die RNachfolge vTw (Art 25 II) eröffnet; vgl dazu Kühne
IPRax **87**, 69; V. Stoll, Die RWahl im Namens-, Ehe- und ErbR, 1991.

21 **6) Anknüpfung. a) Allgemeines.** Die KollNormen des IPR best das anwendb Recht aGrd typischer
Merkmale der zu beurteilen LebensSachverh, die auf eine enge Verbindg zu einer ROrdng hindeuten
(**Anknüpfungspunkte** od -momente). Die Auswahl dieser Anknüpfgspunkte hängt mit der Eigenart der
von den versch KollNormen erfaßten RBereiche (**Anknüpfungsgegenstände**) zus, zB Lageort einer Sache
im int SachenR, Staatsangehörigk einer Pers im int NamensR. Die Anknüpfgspunkte variieren also mit dem
AnknüpfgsGgst. Sie können in der **Person** der Beteiligten liegen (zB Staatsangehörigk, gewöhnl Aufenth,
Verwaltgssitz einer jur Person), in ihren Willenserklärgen (zB RWahl soweit zugelassen) od Handlgen (zB
AbschlOrt eines RGesch, Gebrauchsort einer Vollm, Tatort einer unerl Hdlg) od in den Eigensch einer
Sache (zB Lageort eines Grdst). Eine Reihe von KollNormen stellen mehrere Anknüpfgspunkte alternativ
nebeneinand, ermöglichen also iS des GünstigkPrinzips eine **Alternativanknüpfung** an versch ROrdngen,
zB Art 11 I, 26 I, vgl dazu Baum, Alternativanknüpfgen, 1985. Soweit es sich bei den Anknüpfungspkten
um RBegriffe handelt (zB gewöhnl Aufenth, Tatort), braucht sich deren Bedeutg nach den versch ROrdn-
gen nicht notw zu decken. Ihre **Auslegung** kann grdsätzl nur iS der ROrdng erfolgen, der die betr
KollNorm angehört, bei Anwendg des dtschen IPR also nach dtschem Recht, bei Anwendg ausl IPR im
Rahmen der Prüfg einer Rück- od Weiterverweisg, Art 4 I, nach dem betr ausl Recht, vgl zB BayObLG **67**,
423 zum Domizilbegriff nach anglo-amerikanischem Recht. Dagg sind Anknüpfgspunkte in staatsvertragl
KollNormen iS einer einheitl Auslegg in allen VertrStaaten zu qualifizieren, vgl näher Rn 7.
22 Der wichtigste persönl Anknüpfgspunkt, die **Staatsangehörigkeit** (vgl dazu Art 5 Rn 1), wird internat
im wesentl einheitl verstanden; ihr Vorliegen ist stets nach dem Recht des Staates zu beurteilen, um dessen
Staatsangehörigk es sich handelt; dabei auftretde **Vorfragen,** zB eheliche Abstammg od Eheschließg, sind
also unselbständ anzuknüpfen, vgl Rn 30. Zum Begriff des gewöhnl Aufenth vgl Art 5 Rn 10.

23 **b) Tatsächliche Veränderung der Anknüpfgspunkte.** Viele Anknüpfgspunkte sind **wandelbar,** zB
dch Wechsel der Staatsangehörigk, Verlegg des gewöhnl Aufenth od Verwaltgssitzes, Verlagerg einer
bewegl Sache. Sofern die Anknüpfg nicht auf einen best Ztpkt fixiert ist, zB auf die Staatsangehörigk zZ der
Eheschl, Art 13 I, od zZ des Erbf abgestellt wird, Art 25 I, ändert sich das anwendb Recht grdsätzl ex nunc
mit der Änderg des maßgebden Anknüpfgspunkts (**Statutenwechsel**), zB das RVerh zw Eltern u nichtehel
Kind mit dem jew gewöhnl Aufenth des Kindes, Art 20 II. Ob u inwieweit dch Wandel der Anknüpfgs-
punkte auch ein Statutenwechsel eintritt, hängt also von der Formulierg der einzelnen KollNorm ab. Auch
iF eines Statutenwechsels besteht aber iZw ein nach dem früheren Statut entstandenes subj Recht als
wohlerworbenes Recht weiter, gleichgültg, ob es auch nach dem neuen Statut entstanden wäre, vgl zB
BGH **63**, 107 (Ehename), ferner Anh II z Art 38 Rn 6–10. Zur Frage der Heilg eines RVerh dch Statuten-
wechsel Siehr Gedächtnisschrift Ehrenzweig (1976) 129.

24 **c) Inhaltsänderung des anwendbaren Rechts.** Vom Fall der tatsächl Veränderg des maßg Anknüpfgs-
punkts z unterscheiden ist der Eintritt einer **inhaltlichen Änderung** des maßg Rechts. Ob altes oder neues
Recht maßg ist, beurteilt sich nach den Vorschr des **intertemporalen Rechts.** Dies gilt insb bei Änderg des
anzuwendenden **IPR.** Zur **Übergangsregelung** anläßl der **Neuregelung** des dtschen IPR dch Gesetz vom
25. 7. 86, BGBl 1142, vgl Art 220, anläßl der dtschen Vereinigg vgl Art 236. Bei Änderg eines ausländ IPR
sind dessen ÜbergVorschr maßg (zB bei Prüfg einer Rückverweisg), bei deren Fehlen ersatzw die allg

Regeln des intertemporalen Rechts (zB Grds der Nichtrückwirkg, Bestandsschutz für die unter dem alten Recht vorgenommenen RGesch, vgl Dörner DNotZ **82**, 56, KG StAZ **88**, 326, Rstk NJ **93**, 563) unter Berücksichtig der bes Interessenlage im IPR. Bei einer Änderg des anwendb **materiellen Rechts** erstreckt sich die kollr Verweisg auch auf die ÜbergVorschr des Sachstatuts, die über die Anwendbark der früh od späteren Rechtsumgebung entscheiden.

7) Gesetzesumgehung. Das IPR eröffnet den Parteien gewisse Möglichk, auf das anwendb Recht Einfl **25** zu nehmen, zB dch RWahl, soweit diese zuläss ist, dch Formenmißbr bei VermGesch, dch Manipulierg von Anknüpfgspunkten (zB Wechsel des gewöhnl Aufenth, Verlegg des Abschl- od Lageorts) od dch Erschleichg der int Zustdgk in einem Staat mit and Koll- u Sachnormen (zB Scheidgsparadiese). Eine ges Regelg dieser Problematik fehlt. Sie kann auch nicht allein mit dem ordre public gelöst werden, wie der Fall des arglist Einschleichens in die inl ROrdng zeigt, Schurig Fschr Ferid (1988) 386.

Grdsl ist auch die zweckorientierte Herstellg der Tatbestdsmerkmale inl od ausl KollNormen wirks. Dies **26** gilt insbes bei einem StaatsangehörigkWechsel, gleichgült auf welchen Motiven er beruht, BGH NJW **71**, 2124, Schurig Fschr Ferid (1988) 402. Verlegen die Part den AbschlOrt eines RGesch ins Ausl, um die dtsche FormVorschr zu umgehen, so ist die Gesetzesumgeh wg Art 11 I ebenf grdsl nicht z beanstanden, vgl Art 11 Rn 16. Die Ortsform genügt auch für die Eheschl im Ausl ohne Rücks auf das HeimatR der Verlobten, vgl dazu Art 13 Rn 19, 20. Eine von den Part im Rahmen der Parteiautonomie des int SchuldR getr RWahl ist regelm anzuerkennen; bei einem reinen InlGesch kann aber die Anwendg zwingder Vorschr des dtschen Rechts dch Wahl eines ausl Rechts nicht ausgeschl werden, Art 27 III, vgl ferner Art 29 I u 30 I. Wegen des Schutzes der Verkehrsinteressen wirks ist auch die Verbringg einer bewegl Sache in ein und Land zur Herbeiführg der Anwendbk einer günstigeren lex rei sitae, Ferid IPR Rdz 3–187. Im übr ist bei einer in fraudulöser Absicht vorgen Beeinflussg der AnknüpfgsTats zunächst zu prüfen, ob die jew KollNorm diese überh genügen läßt, zB ob dch Kindesentführg gewöhnl Aufenth begründet werden kann, vgl dazu Anh z Art 24 Rn 12. Wäre die Anknüpfg an sich zu beachten, so kann sie weiter mit Rücks auf den Schutzzweck der umgangenen Sachnormen ausgeschaltet werden, zB wenn ein Erwerbsvorgang nur zZw der Umgeh der dtschen AnfVorschr ins Ausl verlegt wird, BGH **78**, 318, krit dazu Hanisch ZIP **81**, 569.

8) Qualifikation. Schrifttum: Weber, Die Theorie der Qualifikation, 1986; Heyn, Die Doppel- u Mehr- **27** fachqualifikation im IPR, 1986. **a) Grundsatz.** Die dtschen KollNormen umschreiben ihren jew Anwendgsbereich (AnknüpfgsGgst) mit Begriffen, die dem dtschen mat Recht entlehnt sind, zB RFähigk, GeschFgk, Form von RGesch, Güterstd, Scheidg, Unterh usw. Die **Auslegung** dieser Begr entsch über Reichweite u Abgrenzg der versch KollNormen. Dabei ist von derj ROrdng auszugehen, welche die jew KollNorm aufgestellt hat; für die Qualifikation maßg ist daher grdsl die **lex fori,** vgl BGH **29**, 139 (Zulassg einer Handschuhehe als FormVorschr), **44**, 124 (FamName der verh Frau als pers Ehewirkg), **47**, 324 (Trenng v Tisch u Bett als Scheidg), FamRZ **93**, 290 (unbenannte Zuwendgen unter Eheg), NJW **93**, 2306 (elterl PflVerletzg), Hamm NJW **70**, 390, Düss FamRZ **75**, 42 (ProzKostenVorschußPfl als Folge der UnterhPfl), FamRZ **93**, 1084; ebso die überw RLehre, vgl Raape-Sturm IPR § 15 II, Ferid IPR Rdz 4–16, Kropholler IPR § 16 I, Dörner StAZ **88**, 350, aM vor allem Wolff IPR 3. Aufl 1954 S 54ff (für Anwendg der lex causae), Rabel RabelsZ **31**, 241 (für autonome rechtsvergleichde Qualifikation), vgl auch Hartwieg RabelsZ **93**, 607 (verfahrensorientierte Qualifikation). Die grdsätzl Maßgeblichk der lex fori bedeutet jedoch nicht, daß die RBegr der dtschen KollNormen notw mit denen des dtschen mat R übereinstimmen; sie müssen vielm entspr ihrer kollr Funktion oft weit ausgelegt werden, um auch ausl Regelgen zu erfassen, BGH **47**, 336 (insow autonome Qualifikation), vgl dazu Grundmann, Qualifikation gg die Sachnorm, 1985. Dabei ist auch der matr Gehalt der in Betr kommden ausl Sachnormen zu prüfen, insb dann, wenn ein dem dtschen Recht unbekanntes RInstitut subsumiert („qualifiziert") werden muß, zB die Morgengabe nach islam Recht, vgl dazu Art 13 Rn 9. Insow sind die ausl Sachnormen vom Standpkt des ausl R z würdigen u mit den dtschen RInstituten zu vergleichen, BGH **29**, 139. Entsch ist, ob das ausl RInstitut dem Verweisgs-Begr der dtschen Kollisionsnorm funktionell adäquat ist; als Prüfstein kann dabei dienen, in welchem systemat ZusHang das dtsche mat Recht die betr Frage regeln würde. Unerhebl ist, ob das ausl Recht selbst das RInstitut an einer und Stelle systemat einordnet, zB die Folgen des VerlöbnBruchs delikt, Art 13 Rn 30, od die Verj prozeßr qualif, RG **145**, 126, BGH NJW **60**, 1720, od ein dem dtschen Recht überh unbekanntes RInstitut ausgebildet hat, BGH **55**, 188 (Anerkenng v VerwandtschVerh). Zur Qualifikation im intertemporalen Recht Deutsch IPRax **92**, 284.

b) Einzelheiten. Vorauss u Umfang einer Rück- od Weiterverweisg dch ein ausl KollR beurteilen sich **28** nach dieser fremden ROrdng; ihr unterliegt daher auch die Qualifikation, s zB BGH FamRZ **80**, 673, vgl auch oben Rn 21, 22, sofern sie nicht selbst eine Qualifikationsverweisg auf ein and Recht enth, zB bei der Ausfüllg des Begr unbewegl Verm im amerik KollR, vgl dazu Kropholler IPR § 16 II, Schurig IPRax **90**, 389. Die grdsl Maßgeblichk der lex fori schließt nicht aus, Qualifikationsfragen bei **staatsvertraglichen** KollNormen im Interesse ihrer einheitl Anwendg aGrd der Entstehgsgeschichte u des Zwecks des Abk unter vergleichder Heranziehung der ROrdngen der VertrStaaten zu beantworten, vgl oben Rn 7, 8, Kropholler, Internat EinhR § 22 I, Meyer-Sparenberg, Staatsvertragl Kollisionsnormen (1990) 132; zur Auslegg internat EinhR ebso BGH NJW **76**, 1583.

9) Vorfragen. Schrifttum: Schurig Fschr Kegel (1987) 549; Winkler v Mohrenfels RabelsZ **87**, 20; Samt- **29** leben RabelsZ **88**, 466. **a) Grundsatz.** Enth der Tatbestd einer vom dtschen IPR zur Anwendg berufenen Sachnorm einen RBegr, für welchen das dtsche IPR eine spezielle KollNorm bereithält, macht also zB ein ausl Deliktsstatut den SchadErsAnspr vom Eigt des Kl abhäng od stellt ein ausl UnterhStatut auf die Ehelk des Kindes ab, so ergibt sich das Problem, ob solche präjudiziellen RVerh (Vorfragen) nach dem für die Hauptfrage (SchadErsAnspr od UnterhAnspr) maßg Recht zu beurteilen od das für sie maßg Recht gesondert anzuknüpfen ist. Eine gesetzl Regelg dieser Frage fehlt. Grdsätzl ist das für die Vorfrage maßgebde Recht gesondert zu best; dabei ist vom IPR der lex fori, dh von den dtschen KollNormen, auszugehen **(selbständige Anknüpfung),** hM, vgl zB BGH NJW **81**, 1901, Hamm FamRZ **93**, 607, Schurig aaO 591, Kegel IPR § 9 II, Erman-Hohloch Einl Rn 42. Danach beurteilt sich etwa die Frage der Gültigk einer Ehe

(Vorfrage) bei der Entsch über den ErbAnspr des überlebden Eheg (Hauptfrage) nicht nach dem IPR des HeimatR des Erbl als dem nach Art 25 berufenen Erbstatut, sond nach dem von Art 13 od Art 17 berufenen Recht, vgl BGH NJW 81, 1901, i Erg auch Hamm NJW-RR 93, 838. Diese Lösg gewährleistet die einheitl Beurteilg der Gültigk der Ehe für alle im Inl zu entsch Fälle, wahrt also den **inneren Entscheidungseinklang.** Dagg wollen Wengler RabelsZ 34, 148, ders NJW 81, 2617, Wolff IPR 3. Aufl 1954 S 80, MüKo-Sonnenberger Einl IPR Rn 390ff, Neuhaus, GrdBegre § 46 II Vorfragen grdsl unter Einschaltg der Koll-Normen des für die Hauptfrage maßg Rechts beurteilen (sog unselbstd Anknüpfg), für die Vorfrage nach der Wirksamk der Eheschließg ebso Böhmer Fschr Firsching (1985) 41, im Einzelfall auch BayObLG 90, 1 (im Hinblick auf GG 6 I, krit Wengler IPRax 91, 105), vgl dazu Rn 30. Diese Lösg sichert die Übereinstimmg mit dem in der Sache in 1. Linie anwendb Recht, wahrt also den **äußeren Entscheidungseinklang.** Keine „unselbständige" Anknüpfg, sond Verz auf gesonderte Anknüpfg überh ist die Beantwortg von Vorfragen in unmittelb Anwendg der einschläggen Sachnormen des Statuts der Hauptfrage (dh ohne Einschaltg von dessen Kollisionsnormen), so etwa bei Mü IPRax 88, 356. Für eine matr Lösg bei hinkden

30 RVerhen Winkler v Mohrenfels RabelsZ 87, 20, ders IPRax 88, 341. **b) Ausnahmen.** Die **unselbständige Anknüpfung** von Vorfragen nach dem IPR des für die Hauptfrage anwendb Rechts ist ausnahmsw dann geboten, wenn der äußere EntschEinklang mit diesem Recht aus dem Grden dem Interesse am inneren EntschEinklang vorgeht. Dies gilt insbes für Vorfragen im **Staatsangehörigkeitsrecht;** Eheschließg, ehel od nichtehel Abstammg, Adoption od Legitimation als Vorauss für den Erwerb od Verlust einer Staatsangehörig sind daher nach dem IPR des Staates zu beurteilen, um dessen Staatsangehörigk es geht, Kegel IPR § 13 II 4, differenzierd Sturm Fschr Jahr (1993) 501. Unselbstd anzuknüpfen sind im Interesse des EntschEinklangs mit dem nach Art 10 I berufenen Recht grdsätzl auch Vorfragen (zB ehel Abstammg) im Bereich des **Namensrechts,** vgl BGH 90, 140 (and aber BGH FamRZ 86, 984), BayObLG StAZ 91, 192 u Art 10 Rn 2; zur **alternativen** Anknüpfg der Vorfrage der Wirksamk der Eheschl zG der **Ehelichkeit** eines Kindes vgl EG 19 Rn 6 u EG 21 Rn 5. Auch bei **staatsvertraglichem** KollR ist eine unselbstd Anknüpfg von Vorfragen zur Sicherg des internat EntschEinklangs grdsl geboten, vgl Kropholler, Internat EinhR § 22 IV, Wienke, Zur Anknüpfg der Vorfrage bei internatprivatr Staatsverträgen, 1977, aM Meyer-Sparenberg, Staatsvertragl Kollisionsnormen (1990) 146; dies gilt auch für die in das EG inkorporierten staatsvertragl Best, vgl

31 Rn 8. **c) Substitution.** Soweit im Tatbestd einer anzuwendben Sachnorm RBegriffe verwendet werden, zB Auflassg, not Beurk, entsteht das Problem, ob die betr TatbestdElemente auch im Ausl erfüllt werden können, zB ein dtsches Grdst auch im Ausl aufgelassen, § 925, od ein GeschAnteil an einer dtschen GmbH auch vor einem ausl Notar übertr werden kann, § 15 III GmbHG. Über die Wirksamk einer solchen Substitution ist dch Ausleg der jew Sachnorm zu entsch; dabei kommt es entsch auf die Gleichwertigk des ausl RVorgangs an, vgl dazu Art 11 Rn 7–9, ferner Hug, Die Substitution im IPR, 1983.

32 **10) Angleichung (Anpassung).** Dch die unterschiedl Anknüpfgspunkte der einz KollNormen werden oft mehrere ROrdngen in einem Fall nebeneinander zur Anwendg berufen. Dabei kann eine Harmonisierg erforderl werden, wenn diese ROrdngen sich widersprechen (Normenhäufg) od eine Lücke lassen (Normenmangel), so etwa wenn das nach Art 15 maßg GüterRStatut keine güterrechtl, sond nur eine erbrechtl u das nach Art 25 maßg Erbstatut keine erbrechtl, sond nur eine güterrechtl Beteiligg des überl Eheg am Verm des Verst vorsieht, vgl Art 15 Rn 26, od ein AuskAnspr nach dem anwendb Sachstatut prozeßrechtl u nach der für das Verf maßg lex fori matrechtl geregelt ist, vgl Art 15 Rn 25, Art 18 Rn 17. Die notw Harmonisierg der versch RSysteme ist dch **Anpassung** der **Kollisionsnormen** (Einschränkg od Erweiterg des Verweisgsumfangs) oder der **Sachnormen** unter Berücksichtig der Interessenlage zu erreichen, vgl dazu BGH DtZ 93, 280, Köln FamRZ 95, 1200, Kropholler Fschr Ferid (1978) 279.

33 **11) Anwendung ausländischen Rechts in der Praxis. a)** Das dtsche Gericht hat grdsätzl nur sein **eigenes Verfahrensrecht** anzuwenden, vgl zB BGH 78, 108, BGH NJW 85, 552, 88, 647, NJW-RR 93, 130, BayObLG FamRZ 95, 1210, einschränkd Grunsky ZZP 76, 241, Geimer, Internat Zivilprozeßr, 1987 S 67; dies gilt insb für das BewVerf, BGH WPM 77, 793 (z ZPO 286), KG IPRspr 77 Nr 19, Neumeyer RabelsZ 79, 225; die Regelg der BewLast ist aber grdsl dem Sachstatut zu entnehmen, BGH 3, 342, Kblz RIW 93, 502, vgl dazu Art 32 III 1, ebso die DarleggsLast, BGH WPM 77, 793, NJW 92, 3106; für eine alternative Anwendg von lex fori u lex causae in beweisrechtl Fragen Coester-Waltjen, Internat BewR, 1983. Die Maßgeblk der lex fori für das Verf schließt die Anwendg ausl VerfVorschr nicht aus, soweit diese vom Standpkt des dtschen IPR matr zu qualifizieren sind, vgl oben Rn 27 u Art 11 Rn 3, 4.

34 **b)** Nach dem inl VerfR, insb ZPO 293, FGG 12, ist auch die **Ermittlung ausländischen Rechts** vorzunehmen, vgl dazu Fastrich ZZP 84, 423, Otto StAZ 94, 178, IPRax 95, 299, Sommerlad/Schrey NJW 91, 1377, Samtleben NJW 92, 3061, Hetger FamRZ 95, 654. Der dtsche Richter hat die für die Entsch maßg ausl RVorschr **von Amts wegen festzustellen,** BGH NJW 88, 647, RIW 87, 545, NJW-RR 90, 249, NJW 92, 2029, 3106, FamRZ 94, 434, NJW-RR 95, 767, BVerwG FamRZ 94, 628, insow besteht also auch keine BewLast, BGH NJW 61, 410, 82, 1216, BGH IPRax 83, 178, Kblz RIW 93, 936, abweg LG Köln VersR 78, 957; dies gilt nicht für BewAngebot bzgl ausl Handelsbrauch (TatsBehauptg), BGH JZ 63, 167. Zu ermitteln ist der wirkl RZust unter Heranziehg von RLehre u Rspr, BGH IPRspr 74 Nr 4, NJW 88, 648 (Höhe des Schmerzensgelds), RIW 90, 581, NJW 91, 1419, 92, 3107, IPRax 94, 42, einschränkd Däubler IPRax 92, 83, Samtleben NJW 92, 3060; dies schließt eine Fortbildg des ausl Rechts für die von ihm nicht bedachten Sonderfallgestalten nicht aus, vgl AG Charl IPRax 83, 128 u dazu Rumpf ebda 114, Jayme/Bissias IPRax 88, 94. Verpflichtg zur Ermittlg ausl Rechts gilt auch für die SchlüssigkPrüfg im VersäumnVerf, Küppers NJW 76, 489 gg Mü ebda; geringere Anfordergen gelten im summarischen Verf des Arrests od der einstw Vfg, vgl Ffm NJW 69, 991, Hbg IPRax 90, 400 (Glaubhaftmachg genügt), Kblz RIW 93, 939, einschränkd Mankowski/Kerfack IPRax 90, 372, Sommerlad/Schrey NJW 91, 1381, Schack IPRax 95, 160. Der Richter hat bei der Ermittlg ausl Rechts alle ihm zugängl ErkenntnQuellen auszuschöpfen, BGH NJW 91, 1418 (prakt **Hilfsmittel** v. Bar, Ausl Priv- u PrivVerfR in dtscher Sprache, 1993; ders, DeliktsR in Europa, 1994; Bergmann-Ferid, Internat Ehe- u KindschR; Brandhuber/Zeyringer, StA u Ausländer; DNotI, Gutachten z int u ausl PrivR 1993 (1994); Ferid-Firsching, Internat ErbR; Ferid-Kegel-Zweigert, Gutachten zum internat

u ausl PrivR, 1965 ff; Schönhofer-Böhner, Haus- u GrdBes im Ausland (1982 ff); die Part müssen ihn dabei nach Kräften unterstützen, BGH NJW **76**, 1581, vgl dazu Fastrich ZZP **84**, 426; haben sie Zugang zu den entspr Quellen, so müssen sie das ausl Recht idR konkr darstellen, BGH NJW **92**, 2029, 3098; and im FGG-Verf, Kln WM **88**, 1749; zur Zulässigk eines AuflagenBeschl Huzel IPRax **90**, 80. Übereinstimden PartVortrag über Inhalt des ausl Rechts darf Ger idR als richt zugrdelegen, BAG AWD **75**, 521, Celle RIW **93**, 587, krit Birk Sammlg ArbE **79**, 125; bei kontroverser Darlegg besteht umfassde ErmittlgsPfl, vgl BGH NJW **92**, 2029; iü hängen Umfang u Intensität der ErmittlgsPfl von den Umst des Einzelfalls ab, BGH FamRZ **94**, 434. Auf welche Weise der Richter sich Kenntn v maßg ausl R verschafft, steht in seinem Ermessen, ZPO 293, BGH IPRax **95**, 38, NJW **95**, 1032. In der Praxis ist vor allem die Einhol v RGutachten dch wissensch Institute übl (vgl die Übers zu den in Betr kommenden Sachverständigen in DNotZ **94**, 88, ferner Bendref MDR **83**, 892); zu deren Problematik vgl BGH NJW **91**, 1418 (Einholg eines Obergutachtens zur ausl RPraxis, dazu Sommerlad RIW **91**, 856, Kronke IPRax **92**, 303, Samtleben NJW **92**, 3057), Simitis StAZ **76**, 6, ferner Jayme StAZ **76**, 358, Heldrich Fschr Ferid (1978) 213, Sturm RabelsZ **83**, 386, Kegel Fschr Hübner (1984) 515, Otto Fschr Firsching (1985) 219, IPRax **95**, 299; im FGG-Verf darf die Einholg solcher GA nicht von einem Kostenvorschuß abhäng gemacht werden, Mannh IPRspr **76** Nr 1; zu der beweisverfr Behandlg von RAuskünften s BGH IPRspr **74** Nr 1 b, SchlH SchlHA **84**, 16 (Beweisgebühr), zur Kostenerstattg für Privatgutachten Köln AWD **85**, 330, Ffm IPRspr **86** Nr 196, Huzel IPRax **90**, 82, zur Ladg des Sachverst zur mdl Verhandlg BGH NJW **75**, 2142, **91**, 1419, **94**, 2959, Otto IPRax **95**, 305, Fuchs RIW **95**, 807, ferner Arens Fschr Zajtay (1982) 7, Fastrich ZZP **84**, 434; zur Verpflichtung zur Zuziehg eines Sachverst bei der Ausleg einer fremdsprach Vertragsklausel BGH NJW **87**, 591. Zuziehg dch einen Anwalt erfolgt idR im eigenen Namen, AG Charl NJW-RR **95**, 57; zur Haftg des Anwalts Raiser NJW **91**, 2051; zur Einholg u Bewertg von RAuskünften im BeurkPraxis s Sturm Fschr Ferid (1978) 428, Schütze DNotZ **92**, 776, BWNotZ **92**, 122, zur BelehrgsPfl des Not Düss NJW-RR **95**, 1147.

Daneben besteht die Möglk, fremdes Recht nach dem **Europäischen Übereinkommen betreffend** **35** **Auskünfte über ausländisches Recht** vom 7. 6. 68, BGBl **74** II 937, mit Zusatzprotokoll vom 15. 3. 78, BGBl **87** II 60 u 593 (betr Erstreckg auf StrafR, vgl dazu Geimer NJW **87**, 2131) und dem hierzu ergangenen AusfG vom 5. 7. 74, BGBl I 1433, geändert dch G vom 21. 1. 87, BGBl **87** II 58, zu ermitteln. Das Abk ist für die BRep am 19. 3. 75 in Kraft getreten, vgl Bek v 4. 3. 75, BGBl II 300. Es gilt ferner für Belgien, Bulgarien, Costa Rica, Dänemark, Finnland, Frankreich (einschl überseeischer Gebiete), Griechenland, Großbritannien (mit Jersey), Island, Italien, Liechtenstein, Luxemburg, Malta, Niederlande (einschl Aruba), Norwegen, Österreich, Polen, Portugal, Rumänien, Russ Föderation, Schweden, Schweiz, Sowjetunion (ehem), Spanien, Türkei, Ukraine, Ungarn, Zypern, vgl FundstellenNachw B 1995 S 440; im Verh zu Marokko gilt der Vertr v 29. 10. 85, BGBl **88** II 1055, in Kraft seit 23. 6. 94, BGBl **94** II 1192. Zur Verpflichtg der Gerichte, eine solche Ausk bei Zweifeln über den Inhalt des anwendb Rechts einzuholen, vgl BGH RIW **83**, 617, NJW-RR **92**, 643. AuskErsuchen (zum Inhalt vgl Art 4 des Übk) sind mit SachverhDarstellg u Übersetzg in die Amtssprache des ersuchten Staates der dtschen Übermittlgsstelle vorzulegen, § 1 AusfG, die das Ersuchen unmittelbar der ausl Empfangsstelle zuleitet. Dtsche Übermittlgsstellen sind für die Gerichte des Bundes der BMJ, für die Gerichte der Länder die von den Landesregiergen best Stellen, § 9 II AusfG. Vgl dazu im einz Wolf NJW **75**, 1583, Otto Fschr Firsching (1985) 220, ders JbItalR **91**, 139, **94**, 233 (auch zu prakt Erfahrgen). Zur Verwertg der Ausk einer ausl Botsch Hamm RIW **94**, 514. Im Verh zu Marokko gilt der Vertr v 29. 10. 1985, BGBl **88** II 1054, in Kraft seit 23. 6. 94, BGBl **94** II 1192.

Läßt sich der **Inhalt des anwendbaren Rechts nicht** zweifelsfrei **feststellen**, so ist in erster Linie eine **36** größtmögliche Annäherg an den unbekannten tats RZustd zu suchen, Heldrich Fschr Ferid (1978) 216, Wohlgemuth StAZ **81**, 41, Ebke RabelsZ **84**, 337, insb auf die Regelg verwandter ROrdngen aus dem gleichen RKreis abzustellen, Erm-Hohloch Einl Rn 56, Schütze, Dtsches Internat ZivilprozeßR, 1985 S 121, vgl zB LG Hbg IPRspr **76** Nr 160; sollte auch dies mißlingen, gilt ersatzw dtsches R, Kegel IPR § 15 V 2, **str;** nach BGH **69**, 387, NJW **82**, 1215 gilt als ErsatzR grdsl dtsches Recht, nur wenn dies äußerst unbefriedigd wäre, das nächstverwandte od wahrscheinl geltde Recht, ähnl Stgt DAVorm **84**, 423, zustd Sturm StAZ **78**, 323, Buchholz Fschr Hauß (1978) 27, Flessner, Interessenjurisprudenz im IPR (1990) 129, Sommerlad/Schrey NJW **91**, 1383, krit Heldrich Fschr Ferid (1978) 209, Dilger StAZ **79**, 37, Wengler JR **83**, 221, Siehr in: Albert A Ehrenzweig u das IPR, 1986 S 118; für kollr Ersatzanknüpfg wie iF von Art 5 II Müller NJW **81**, 481, ähnl Kreuzer NJW **83**, 1943, der hilfsw auch die Anwendg internat EinheitsR vorschlägt. Im Verf nach ZPO 620 wird in der Praxis dtsches Recht auch dann angewandt, wenn das an sich maßg ausl Recht nicht schnell genug festgestellt werden kann, Düss FamRZ **74**, 456, KG IPRax **91**, 60, Mankowski/Kerfack IPRax **90**, 374.

c) Das vom dtschen Richter angewandte **ausländische Recht** ist grdsl **nicht revisibel**, § 549 I ZPO, vgl **37** BGH NJW **88**, 647, RIW **90**, 581, NJW **91**, 635, NJW **92**, 2029, Gottwald IPRax **88**, 210, Thode EWiR **90**, 515, Gruber ZRP **92**, 6, Schütze ZVglRWiss **93**, 36; dies gilt auch dann, wenn es mit dem dtschen Recht übereinstimmt, BGH IPRspr **80** Nr 3; zur Abgrenzg von revisiblen VerfFehlern bei der Ermittlg ausl Rechts BGH NJW **92**, 2029, 3106, Fastrich ZZP **84**, 435, Hanisch IPRax **93**, 71; nicht revisibel ist auch die Auslegung von ausl AGB, BGH WM **86**, 461, NJW **92**, 1033, **94**, 1409. Seit dem Beitritt revisibel ist aber das Recht der DDR, BGH NJW **93**, 260 u 1858, **94**, 260 u 2685, DtZ **94**, 154 (partielles BundesR), und noch BGH DtZ **91**, 343. Auch ausl Recht ist revisibel, soweit es sich um eine Vorauss für die Anwendg dtschen Rechts wie im Falle der Rückverweisg, BGH **LM** EGBGB 27 Nr 3, BGH FamRZ **79**, 474, krit dazu Buchholz Fschr Hauß (1978) 30 (nicht dagg auch der Weiterverweisg, BGH **45**, 351), od der Verbürgg der Gegenseitigk nach ZPO 328 I Nr 5 handelt, BGH **42**, 194, **49**, 50. Auch auf die nicht vollst Anwendg ausl Rechts kann die Rev nicht gestützt werden, BGH NJW **63**, 252, IPRspr **74** Nr 2, anders aber wenn der Inhalt des ausl Recht überhaupt nicht, nicht als Ganzes od fehlerh ermittelt wurde, BGH NJW **88**, 647, **92**, 3106, BGH **122**, 378, IPRax **95**, 38, vgl dazu Gottwald IPRax **88**, 212. Das RevGer kann aber eine dem BerufsGer unbekannte, BGH **40**, 197, od erst nach Erlaß des BerufsUrt in Kraft getretene ausl RVorschr anwenden, BGH **36**, 348. Eine überraschde Anwendg ausl Rechts in der BerufsgsInst ohne vorher Hinw an die Part verletzt Anspr auf rechtl Gehör, BGH NJW **76**, 474. Da das ausl Recht im Ggs zum dtschen grdsätzl nicht revisibel ist, kann in der TatsInst (im Ggs z RevInst, BGH NJW **78**, 1159, BGH **78**, 318, FamRZ **81**, 651, NJW **91**, 2214) grdsl nicht dahingestellt bleiben, ob ausl oder dtsches Recht anzuwenden ist, BGH NJW **56**, 1155, **63**, 252, RIW **88**, 736, aM Soergel-Kegel Rn 118; Verstöße sind jedoch unschädl, wenn beide ROrdngen im Erg keine entscheidgserhebl Unterschiede aufweisen, BGH **78**, 321, Kln IPRax **90**, 46. – Im arbgerichtl Verf ist auch ausl Recht revisibel, BAG AWD **75**, 521. – Im Verf der FG kann Ger der weiteren Beschw auch ausl Recht nachprüfen, Ffm NJW-RR **94**, 72; eine Vorlage an den BGH nach FGG 28 II wg Abw, die ausschl die Anwendg ausl Rechts betrifft, ist jedoch unzul, BGH FamRZ **79**, 474.

Erster Abschnitt. Verweisung

Vorbemerkung

1   Das IPR ist derzeit in Art 3–38 geregelt; eine Ergänzg dch Vorschren über das Recht der außervertragl SchuldVerh u das SachenR ist in Vorbereitg; sie soll in die jetzt zw Art 38 u Art 50 bestehde Lücke eingestellt werden. Die Gliederg des Gesetzes entspr nicht der Systematik des BGB. Der 1. Abschn „Verweisung" enth einige Grds aus den allg Regeln des IPR (Art 3–6), der 2. bringt KollNormen zum „Recht der natürl Pers u der RGesch", mithin zu Fragen aus dem Allg Teil des BGB (Art 7–12); das gesetzl nicht geregelte Recht der jur Pers ist im Anh zu Art 12 dargestellt. Der folgde 3. Abschn betrifft das „FamilienR" (Art 13–24), der 4. das „ErbR" (Art 25 u 26) u der 5. das „SchuldR" (Art 27–38). Das gesetzl noch nicht geregelte SachenR ist im Anh II zu Art 38 dargestellt.

EG 3   *Allgemeine Verweisungsvorschriften.* [I] Bei Sachverhalten mit einer Verbindung zum Recht eines ausländischen Staates bestimmen die folgenden Vorschriften, welche Rechtsordnungen anzuwenden sind (Internationales Privatrecht). Verweisungen auf Sachvorschriften beziehen sich auf die Rechtsnormen der maßgebenden Rechtsordnung unter Ausschluß derjenigen des Internationalen Privatrechts.

[II] Regelungen in völkerrechtlichen Vereinbarungen gehen, soweit sie unmittelbar anwendbares innerstaatliches Recht geworden sind, den Vorschriften dieses Gesetzes vor. Regelungen in Rechtsakten der Europäischen Gemeinschaften bleiben unberührt.

[III] Soweit Verweisungen im Dritten und Vierten Abschnitt das Vermögen einer Person dem Recht eines Staates unterstellen, beziehen sie sich nicht auf Gegenstände, die sich nicht in diesem Staat befinden und nach dem Recht des Staates, in dem sie sich befinden, besonderen Vorschriften unterliegen.

1   **1) Allgemeines.** Art 3 enth Regelgen unterschiedl Art. Abs 1 beschreibt die Aufgabe des IPR u seiner VerweisgsVorschr (KollNormen); er hat den Charakter einer Definitionsnorm. Abs 2 regelt das Verh zw den KollNormen des EGBGB u StaatsVertr sowie Europäischem GemeinschR. Abs 3 normiert den wichtigen kollrechtl Grds der Näherberechtigg; er schränkt den Verweisgsumfang best KollNormen ein.

2   **2) Funktion des IPR (Absatz 1). a)** Entspr seiner Aufgabe, Rn 1–4 vor Art 3, best das IPR das anwendb Recht bei SachVerh mit **Auslandsberührung (Satz 1).** Daraus folgt zunächst, daß die KollNormen auf reine InlFälle nicht anzuwenden sind; bei diesen bedarf die Anwendg dtschen Rechts keiner Begründg; krit dazu Jahr RabelsZ **90**, 500. Ein ausreichder AuslBezug liegt aber bei SchuldVertr bereits in der Wahl eines ausl Rechts, vgl Art 27 I u III, aM Kindler RIW **87**, 661. Im übrigen läßt das Gesetz die Art der AuslBeziehg
3 offen. **b)** Gefordert wird aber eine Verbindg zum Recht eines **ausländischen Staates.** Dch Art 3 ff nicht direkt geregelt daher wird das **innerdeutsche Kollisionsrecht,** vgl Begründg zum Entw BT-Drucks 10/504
4 S 30 u dazu Anh Rn 3. **c)** Nach Abs 1 S 1 best die kollrechtl VerweisgsVorschr, welche „ROrdnungen" anzuwenden sind. Daß es sich dabei nur um PrivatR handeln dürfe, sagt das Gesetz nicht. Das IPR ist zwar das KollR für das PrivatR. Unter Umst werden aber Vorschr des **öffentlichen Rechts** von ihm zur Anwendg berufen, soweit sie vom Verweisgsumfang einer dtschen KollNorm erfaßt werden, dh aus der Sicht des dtschen Rechts, vgl dazu Rn 27 vor Art 3, entspr zu qualifizieren sind, zB das HeimfallR des Staates bei einem erblosen Nachl als erbr, vgl Art 25 Rn 10. Ein allg Grds der Nichtanwendg ausl öffentl Rechts besteht nicht, vgl Zweigert Fschr Kieler Inst f internat Recht (1965) 124, Siehr RabelsZ **88**, 75, aM BGH **31**, 367, **64**, 183, grdsl auch Schulze, Das öff Recht im IPR (1972) 206, Kegel/Seidl-Hohenveldern Fschr Ferid (1978) 239; dies zeigt etwa die Anwendg ausl StaatsangehörigkGe, Art 5 Rn 1 od ausl Verk-Vorschr, Art 38 Rn 12; zum TerritorialitätsGrds im internat EnteigngsR vgl Anh II z Art 38 Rn 11. Zur
5 Anwendbark v Eingriffsnormen eines ausl Schuldstatuts vgl Art 34 Rn 6. **d)** Verweisgen der KollNormen auf das Recht eines ausl Staates sind grdsätzl **Gesamtverweisungen,** die auch dessen IPR umfassen u daher auch zu einer Rück- od Weiterverweisg führen können, Art 4 I. Eine Ausn gilt für Verweisgen auf **Sachvorschriften** (zB Art 4, 12, 18 I, III, 35 I); diese beziehen sich nach **Satz 2** unmittelb auf die Sachnormen des betr Rechts unter Ausschl seiner KollNormen; eine Rück- od Weiterverweisg kommt hier nicht in Betr. Dies gilt insb iF einer RWahl, Art 4 II, soweit diese zugel ist, zB nach Art 10 II u III, 14 II, III, 15 II, 25 II. SachnormVerweisgen sind ferner dann gegeben, wenn eine KollNorm ausdrückl auf **deutsches** Recht (vgl Art 9 S 2, 10 II S 1 Nr 2, III Nr 2, III S 1, 17 I S 2, 18 II, III S 1, 19 III, 23 S 2, 24 I S 2, 25 II, 38) od unmittelb auf Sacherfordernisse des maßg Rechts verweist (vgl zB 11 I, II, IV, V, 14 IV, 15 III, 19 III, 23 S 1, 24 III). SachnormVerweisgen sind schließl alle für SchuldVertr in Art 27–34 vorgesehenen Anknüpfgen, Art 35 I; Rück- u Weiterverweisgen sind daher hier generell ausgeschl.

6   **3) Vorrang von Staatsverträgen (Absatz 2). a)** Das dtsche IPR beruht zu einem erhebl Teil auf Staatsverträgen, vgl Rn 6 vor Art 3. Abs 2 Satz 1 stellt klar, daß diese den Vorrang vor dem in Art 3 ff geregelten autonomen dtschen KollR besitzen. **Voraussetzung** dafür ist, daß die betr Vereinbg **völkerrechtlich** in **Kraft** getreten ist, insb die erforderl Zahl von Ratifikationsurkunden hinterlegt ist, **und** in unmittelb anwendb innerstaatl Recht **transformiert** worden ist; das letztere ist bei den KollNormen in Art 1–21 des EG-SchuldVertrÜbk **nicht** geschehen, vgl Art 1 II des ZustimmgsG vom 25. 7. 86, BGBl II 809. Die Umsetzg in unmittelb anwendb innerstaatl Recht kommt bei solchen VertrBestimmgen nicht in Betr, die nur Rechte u Pflichten der vertragschließden Staaten begründen, zB Art 22–33 des EG-SchuldVertrÜbk v 19. 6. 80, vgl Rn 1 vor Art 27. – **b)** Der Vorrang völkerr Vereinbgen vor dem autonomen dtschen Recht **7** ergibt sich nicht bereits aus dem GG, insb nicht aus dessen Art 25, vgl BVerfG **6**, 363, **41**, 120, Maunz-Dürig Rz 29 (sofern das Abk nicht allg Regeln des VölkerR enth); staatsvertragl Kollisionsnormen unterliegen daher bei ihrer innerstaatl Anwendg der Nachprüfg auf ihre Verfassgsmäßigk, BGH FamRZ **86**, 1200, **87**, 679, KG IPRax **87**, 117, Karlsr IPRax **90**, 122, Rauscher NJW **87**, 531. Die innerstaatl Geltg eines Gesetzes wird also dch einen Verstoß gg völkerr VertrR grdsätzl nicht berührt. Die in innerstaatl Recht transformierten StaatsVertre stehen vielm dem einfachen BundesR gleich, Maunz-Dürig aaO, Jayme-Meessen, StaatsVertre zum IPR, 1975 S 25, Hannappel, Staatsangehörigk und VölkerR, 1986 S 22. Ihr Verh zum autonomen BundesR beurteilt sich grdsätzl nach den allg Regeln zum Vorrang des späteren bzw des spezielleren Rechts. Danach geht ein früh StaatsVertr einem späteren autonomen BundesG nicht notw im Rang vor; der in Art 3 II angeordnete unbedingte Vorrang des völkervertragl KollR hat desh nicht nur klarstellen, sond teilw **konstitutiven** Charakter, ebso Meyer-Sparenberg, Staatsvertragl Kollisionsnormen (1990) 68, aM Begründ BT-Drucks 10/504 S 36. Er beschr sich auf die in Art 3 ff selbst getroffenen Regeln ("Vorschriften dieses Gesetzes"), gilt also zB derzeit nicht für das internat DeliktsR (Ausn: Art 38) od das internat SachenR. **c)** Dagg bezieht sich der in Abs 2 angeordnete **Vorrang** von Staatsverträgen **8** gerade auch auf die in das EG **inkorporierten** Kollisionsnormen staatsvertragl Ursprungs, soweit der betr StaatsVertr unmittelb anwendb innerstaatl Recht gew ist, wie die Haager Übk über das auf UnterhVerpflichtgen ggü Kindern anzuwendde Recht vom 24. 10. 56 u über das auf UnterhPflichten anwendb Recht v 2. 10. 73 im Verh zu Art 18, sowie das Haager Übk über das auf die Form letztw Verfüggen anzuwendde Recht vom 5. 10. 61 im Verh z Art 26, nicht dagg auch das EG-Übk über das auf vertragl SchuldVerh anzuwendde Recht v 19. 6. 80 im Verh z Art 27–37, vgl oben Rn 6. Die staatsvertragl KollNorm hat insow Vorrang vor ihrem Abbild im EG, vgl BGH DAVorm **91**, 674; dies erlangt prakt Bedeutg bei der in Art 4 III vorgesehenen Unteranknüpfg bei MehrRStaaten, vgl dort Rn 16. Sofern der Inh der in das EG eingearbeiteten staatsvertragl KollNormen mit dem Inh des StaatsVertr vollst übereinstimmt, wird aber der Vorrang des StaatsVertr dch die Anwendg der entspr KollNorm des EG **nicht verletzt**. Art 3 Abs 2 gebietet daher nicht, im Geltgsbereich eines StaatsVertr stets dessen KollNormen an Stelle derjenigen des EG anzuwenden, ebso vBar IPR I Rz 203, Schurig JZ **87**, 764, Pirrung IPR S 110, i Erg auch Erm-Hohloch Rn 10, aM Jayme IPRax **86**, 266, Basedow NJW **86**, 2975, Mansel StAZ **86**, 316, Breuer in Rahm/Künkel Hdb VIII Rn 55, Meyer-Sparenberg, Staatsvertragl Kollisionsnormen (1990) 72. Die inkorporierten KollNormen staatsvertragl Ursprungs sind aber im Geltgsbereich des StaatsVertr anders **auszulegen** als die autonomen KollNormen des dtschen Rechts. Währd bei diesen die VerweisgsBegre grdsätzl iS der dtschen ROrdnung als lex fori zu verstehen sind, vgl Rn 27 vor Art 3, ist bei jenen eine einheitl Auslegg anzustreben, bei welcher der Wortlaut des StaatsVertr in den verschiedenen VertrSprachen, die Entstehgsgeschichte u der Zweck des Abk sowie die RPraxis in den übr VertrStaaten zu berücks sind, vgl Rn 7 vor Art 3. **d)** Nach **9** Abs 2 **Satz 2** bleiben Regeln in **Rechtsakten der Europäischen Gemeinschaften** unberührt, gehen also Art 3 ff vor. Die Vorschr ist erst vom RAusschuß in Anlehnung an Art 20 des EG-SchuldVertrÜbk eingefügt worden, um Aufmerksamk auf spezialgesetzl RSetzg dch GemschOrgane zu lenken, BT-Drucks 10/5632 S 39. Sie betrifft nur unmittelb anwendb KollNormen der Gemsch und hat wg des Anwendungsvorrangs von GemschR (EuGH, Costa/ENEL, Slg. 1964, 1251) nur deklaratorischen Charakter. Eine unmittelb anwendb gemschr KollNorm enth Art 2 I EWIV-Verordng (VO 2137/85/EWG, ABl EG 1985 Nr L 199/1), vgl Anh z Art 12 Rn 20. Eine versteckte KollNorm enth zB Art 93 der VO 1408/71/EWG zur Anwendung der Systeme der soz Sicherh auf ArbN u Selbstde sowie deren FamAngehör idF von Anh I der VO 2001/83/EWG, ABl EG 1983 Nr L 230/8, vgl dazu Brödermann/Iversen, Europ GemschR u IPR, 1994, Rn 308 ff. **Nicht** unter S 2 fällt nationales, aGrdv **EG-Richtlinien** harmonisiertes Recht, dessen Verh zu Art 3 ff nach den allg Regeln v Vorrang des späteren bzw spezielleren Gesetzes zu beurteilen wäre; allerd kann bei seiner Auslegg der gemschr Hintergrund z berücksichtigen sein, vgl Lutter JZ **92**, 593. Nicht rechtzeitig umgesetzte Richtl entfalten keine horizontale Direktwirkg, die nationales KollR verdrängen könnte, s EuGH NJW **94**, 2473, Heinrichs NJW **95**, 154 u Anh nach AGBG 30 Rn 10. Zu Art 9 der Time-Sharing-Richtl v 16. 10. 1994 vgl Mäsch EuZW **95**, 13, Mankowski RIW **95**, 367, zu Art 6 II der fristgem umgesetzten EG-Richtl über mißbräuchl Klauseln in VerbrVertren v 4. 5. 93 vgl Art 29 Rn 1, zu den aGrd einer EG-Richtl erlassenen Art 7–14 EGVVG vgl Art 37 Rn 1. Nicht unter S 2, sond unter S 1 fallen ferner KollNormen in völkerr Vereinbargen zw den MitglStaaten der EU, auch wenn sie aGrdv **Art 220 EGV** geschl werden. Zur RLage beim EG-Übk v 19. 6. 80 über das auf vertragl SchuldVerhe anwendb Recht vgl Vorbem vor Art 27 Rn 1, zum EG-Übk über die ggseitige Anerkenng von Gesellschaften u jur Pers v 29. 2. 68 vgl Anh zu Art 12 Rn 1. Zum **Einfluß des EG-Rechts** auf das IPR Brödermann/Iversen, Europ GemschR u IPR, 1994, Roth IPRax **94**, 165; RabelsZ **91**, 623, v Hoffmann ZfRV **95**, 45, Basedow RabelsZ **95**, 1. Im Anwendgsbereich des GemschR gebietet Art 5 EGV eine gemschfreundl bzw **gemeinschaftsrechtskonforme Auslegung** und Anwendg der eig IPR (Brödermann/Iversen Rn 419 ff), insb seiner Generalklauseln wie Art 6 (Brödermann/Iversen Rn 1014 ff, Martiny in: v Bar, Europ GemschR u IPR, 1991, 211) u Art 34 (Roth RabelsZ **91**, 660) bzw der berufenen KollR und SachR eines anderen MitglStaates. Läßt sich ein Widerspruch zum GemschR durch Auslegg nicht vermeiden, kann die nationale Norm im Einzelfall nicht zur Anwendg gelangen. Ein Verstoß gg Art 6 I EGV bzw spez **Diskriminierungsverbote** kommt bei offener od versteckter Privilegierg von Inl im AnwendgsBereich des EGV in Betr. Die Anknüpfg an die Staatsangehörigk, zB bei der GeschFgk, ist keine Diskriminierg, Brödermann/Iversen Rn 457 f, Jayme/Kohler in: Reichelt (Hrsg) Europ KollR, 1993, 129, zweifelnd Roth RabelsZ **91**, 644, aA Drobnig RabelsZ **70**, 636, Fischer in: v Bar, Europ GemschR u IPR, 1991, 157, Ultsch MittBayNot **95**, 13 (NachlVerf), vgl auch vor Art 3 Rn 19. Das gleiche gilt für den UbiquitätsGrds im dt int DeliktsR (Art 38 Rn 3), vgl Jayme/Kohler aaO, aA Roth 645. Eine Diskriminierg und EU-Angehöriger kann dagg Art 38 bewirken, vgl dort Rn 28. Ein Verstoß gg **Beschränkungsverbote** würde vorliegen, wenn dch zwinge

Anknüpfgen bzw Sonderanknüpfgen (zu § 12 AGBG Grundmann IPRax **92**, 1) od dch die Anordng eines Statutenwechsels anläßl grenzüberschreitder Vorgänge die Freih des Waren-, Dienstleistgs-, Kapital- bzw Zahlgsverkehrs od der Niederlassg eingeschränkt wird u der Eingr nicht gemschr gerechtfertigt ist, vgl Roth RabelsZ **91**, 645. Derartige Vorschr enth das EGBGB nicht; bis auf Art 38 sind seine KollNormen gemschr unbedenkl. Zum int NamensR vgl Art. 10 Rn 1 u 7, zur Vereinbark der Sitztheorie im int GesellschR mit Art 52, 58 EGV vgl Anh nach Art 12 Rn 2 u 5. Zur Frage, ob das Herkunftslandprinzip Ändergen, zB im int
10 MobiliarsachenR, erfordert, Jayme/Kohler aaO 129, Roth RabelsZ **91**, 664, Basedow RabelsZ **95**, 41. **e)** Die **Kollision mehrerer Staatsverträge** ist in Art 3 II nicht geregelt, vgl dazu Volken, Konventionskonflikte im IPR, 1977; Majoros RabelsZ **82**, 84. Sofern der Konflikt nicht in den betreffden Verträgen selbst geregelt ist, wie etwa in Art 21 des EG-SchuldVertrÜbk v 19. 6. 80 (Vorrang anderer internat Übk) od in Art 34 des Haager KindesentführgsÜbk v 25. 10. 80, ist auf allg Prinzipien zurückzugreifen. Danach wird in 1. Linie eine generelle staatsvertragl Regel dch eine speziellere verdrängt; in 2. Linie geht, soweit sich die VertrPart decken, in ihrem Verh zueinander das jüngere Abk vor, im übr gilt dasj Abk, dem beide Staaten als VertrPart angehören, vgl Art 30 III u IV des Wiener Übk v 23. 5. 69 über das Recht der Verträge, BGBl **85** II 926.

11 **4) Vorrang des Einzelstatuts (Absatz 3);** vgl dazu Wochner Fschr Wahl (1973) 161; Stöcker WPM **80**, 1134; Reichelt, Gesamtstatut und Einzelstatut im IPR, 1985. **a)** Die KollNormen des Fam- u ErbR unterstellen die RVerh einer Pers, zB ihren Güterstd od ihren Beerbg, grdsätzl einer einzigen ROrdng als „Gesamtstatut", ohne dabei auf ihren Lageort ihrer VermGgst Rücks z nehmen. In sachl Übereinstimmg mit Art 28 aF
12 ordnet Abs 3 den Vorrang eines von diesem Gesamtstatut versch BelegenhStatuts (lex rei sitae) an, soweit dieses für die in seinem Gebiet befindl VermGgste „besondere Vorschriften" aufstellt. **b)** Diese Regel bezieht sich auf alle Verweisgen im 3. u 4. Abschnitt, die das **Vermögen** einer Pers einem best Recht unterstellen, insbes also das Ehewirkgsstatut, Art 14, das GüterRStatut, Art 15, das Scheidgsstatut (zB bezügl Hausratsteilg), Art 17, das KindschStatut, Art 19 II, 20 II, das VormschStatut, Art 24, u das Erbstatut, Art 25. Die Art der VermGgste ist gleichgültg; der Vorrang des BelegenhStatuts gem Abs 3 gilt nicht nur für Grdst u bewegl Sachen, sond uU auch für Rechte, vgl Piltz FamRZ **79**, 991, Kropholler IPR § 26 II.
13 Eine Abs 3 entspr SonderVorschr enth Art 11 IV für die Form von GrdstVertr. **c) Besondere Vorschriften** des BelegenhStaates sind zunächst Best über **Sondervermögen** (Fideikommisse, Lehen usw), im dtschen Recht zB für Vererbg des GesellschAnteils eines pers haftden Gesellschafters (Sondererbfolge), aM MüKo-Sonnenberger Rn 32, v Oertzen RIW **94**, 819, od für landwirtsch Höfe (SonderNachf des Hoferben), BGH MDR **65**, 818, Oldenbg IPRspr **79** Nr 135, Stöcker WPM **80**, 1134, nicht dagg über die GenBedürftigk v RGesch über Grdst, BGH NJW **69**, 369, od über VersorggsAnwartsch, die auch im Hinbl auf §§ 1587 ff nach dtschem Recht kein SonderVerm bilden, wie hier Soergel/Schurig, Nachträge EG 17 Rn 141, aM AG Charl NJW **84**, 2043, Piltz FamRZ **79**, 991, ebensowenig der Grds des numerus clausus der dingl Rechte im dtschen SachenR, dessen Anwendbk der lex rei sitae, nicht aber Abs 3 zu entnehmen ist, Staud-Graue EG 28
14 aF Rn 23, aM BayObLG **61**, 4, 19. – Darü hinaus fallen unter Abs 3 aber auch **kollisionsrechtliche Vorschriften**, die eine **Vermögensspaltung** vorsehen, also unterschiedl Anknüpfg für bewegl u unbewegl Verm, vor allem im Falle einer Spaltg des GüterRStatuts od der **Nachlaßspaltung**, wenn also zB nach der lex rei sitae für Grdst ein and ErbStatut gilt als für das übr Verm, Art 25 Rn 2, wie in den USA, BGH NJW **93**, 1921, in Frankreich, BayObLG **82**, 288, NJW-RR **90**, 1033 (auf LG Mü RPfl **90**, 167 mAv S. Lorenz), Zweibr OLGZ **85**, 413, od Belgien, Köln Rpfleger **86**, 224, FamRZ **92**, 860, sowie in der fr DDR, RAnwendgsG 25 II, vgl KG ROW **86**, 379, Wähler Fschr f Mampel (1983) 192 u dazu Art 25 Rn 23, zur RLage in Österreich Art 25 Rn 2; von Bedeutg ist dies, wenn die lex rei sitae nicht von den allg dtschen KollNormen als Gesamtstatut z Anwendg berufen wird. Die Erbfolge ist dann für jeden TeilNachl nach der dafür geltdn Vorschr gesondert zu beurteilen, teilw abw Staud-Graue EG 28 aF Rn 6, der für Ausgl aus dem verdrängten Gesamtstatut eintritt; zur Haftg für NachlVerbindlichken vgl Art 25 Rn 9, zur Testamentsform Art 26. Die gg die Anwendg v Art 28 aF bei kollr VermSpaltg geltd gemachten Gründe, vgl zB Wochner aaO, dürften mit der ausdrückl Beibehaltg der Vorschr in Art 3 Abs 3, vgl dazu BT-Drucks 10/
15 504 S 36, erledigt sein, ebso Hanisch ZIP **90**, 1246. **Keine** besonderen Vorschren iSv Abs 3 sind gegeben, wenn der BelegenhStaat eine andere Anknüpfg des Gesamtstatuts vorsieht, zB das Erbstatut für den gesamten Nachl mH des Wohns statt mit der Staatsangehörig des Erblassers best, wie etwa bei einem zum Nachl eines Dtschen gehörden Grdst in Dänemark, Staud-Graue Art 28 aF Rn 3.

Anhang zu Art 3

Innerdeutsches Kollisionsrecht

1 **1) Allgemeines.** Die Teilg Dtschlands nach dem Ende des 2. Weltkriegs hatte den Verlust der REinheit zur Folge. In der BRep u in der DDR entwickelten sich höchst unterschiedl ROrdngen. Die Best des anwendb Rechts wurde in Westdeutschland mH „interzonaler" „interlokaler" od „innerdeutscher" KollNormen vorgen, die in entspr Anwendg des IPR entwickelt wurden. In Ostdeutschland wurde das RAG v 5. 12. 75 unmittelb angewandt, vgl Rn 10 vor Art 3. Mit der Vereinigg der beiden dtschen Staaten wurde Deutschland wieder zu einem einheitl RGebiet. Den ersten Schritt zu diesem Ziel bildete der StaatsVertr über die Schaffg einer Währgs-, Wirtsch- u Sozialunion v 18. 5. 90, BGBl II 517 (in Kraft seit 30. 6. 90, BGBl II 700), der eine Vereinh in Teilbereichen des Handels-, Wettbew-, Gesellsch-, Arbeits- u VerbraucherschutzR gebracht hat. Gem Art 8 des **Einigungsvertrages** v 31. 8. 90, BGBl II 885, ist in der früh DDR mit Wirkg zum 3. 10. 90 grdsl das ges **Bundesrecht** in Kraft getreten; dies gilt insb für das **BGB,** Art 230 II; ausgen sind neben einz arbeitsr Best nur best Vorschr über nehel Kinder, vgl Art 230 I. ÜberleitgsVorschr enth Art 231 ff; danach bleibt in gewissem Umfang für „Altfälle" das bish Recht anwendb. Ob u inwieweit als bish Recht das Recht der früheren DDR maßg ist, hängt von den Vorschr des innerdtschen KollisionsR ab, vgl dazu Art 236 Rn 4. Auch nach der dtschen Vereinigg bleiben desh KollNormen zur Best der maßg dtschen TeilROrdng erfdl.
2 Mit dem BundesR ist im Beitrittsgebiet auch das im EG geregelte **IPR** am 3. 10. 90 in Kraft getreten. Die Frage der Anwendbark dtschen od ausl Rechts ist also seither ausschließl nach diesen Vorschr zu beantwor-

ten. Das RAG der früh DDR v 5. 12. 75, vgl dazu Rn 10 vor Art 3, ist gleichzeitig außer Kraft getreten. Es bleibt aber im IPR nach der **Übergangsregelung** in Art 236 § 1 auf vor dem Stichtag abgeschl Vorgänge anwendb, vgl dazu näher dort Rn 6 ff.

Eine gesetzl Regelg des **interlokalen Privatrechts** für das vereinigte Deutschland fehlt. Art 3 ff sind **3** nicht unmittelb anwendb, vgl Art 3 Rn 3. Die Entwicklg entspr KollNormen wurde in der BRep der RPraxis überlassen, vgl Begr BT-Drucks 10/504 S 30. Diese hat schon bish die Regeln des **IPR** grdsl auch im innerdtschen KollisionsR **entsprechend** angewandt, BGH **40**, 32, **85**, 16, 22 (nicht für Scheidgsfolgen), Mü OLGZ **86**, 188. Die auf dieser Grdl entwickelten Anknüpfgsregeln sind gem Art 8 EiniggsVertr am 3. 10. 90 auch im Beitrittsgebiet in Kraft getreten, BGH **124**, 273, Art 236 Rn 1. Für die Anwendg des gleichzeitig außer Kraft getretenen RAG der DDR v 5. 12. 75 ist auch im Rahmen der Übergsregelg in Art 236 kein Raum mehr, da diese nur für das IPR gilt, vgl dort Rn 1 u 4.

2) Anknüpfung des Personalstatuts. Die bislang hM stellte bei der Best des anwendb Rechts im **4** Bereich des Pers-, Fam- u ErbR statt auf die Staatsangehörigk auf den **gewöhnlichen Aufenthalt** (zum Begr siehe Art 5 Rn 10) des od der Betroffenen ab, BGH **40**, 32, FamRZ **76**, 612, BGH **91**, 196, KG FamRZ **57**, 383, Köln FamRZ **59**, 220, Hamm StAZ **59**, 294, Brem FamRZ **60**, 158, Karlsr OLGZ **77**, 399, Mü FamRZ **80**, 374, RPfl **87**, 109, Düss FamRZ **81**, 270, LG Hbg ROW **85**, 172, AG Charl FamRZ **91**, 336. Die abw Ansicht, die das dtsche Personalstatut mH der effektiveren dtschen Staatsangehörigk bestimmen wollte, vgl Nachw in 50. Aufl, hat mit dem Untergang der Staatsbürgersch der DDR am 3. 10. 90 ihre Grdl verloren. Im Interesse einheitl Anknüpfgsregeln im innerdtschen KollR kann an ihr auch bei der Beurteilg von Altfällen, deren Tatbestd sich vor der dtschen Vereinigg ereignet hat, nicht länger festgehalten werden, ebso BGH FamRZ **94**, 305, im EinzFall auch BayObLG **93**, 388, abw Mansel DtZ **90**, 227. Soweit die Anknüpfg an den gewöhnl Aufenth versagt, wie bei AusIDtschen, od im Einzelfall zu unangemessenen Ergen führt, ist das maßg dtsche Personalstatut analog Art 4 III 2 mH des Prinzips der engsten Verbindg zu bestimmen, vgl Kropholler IPR § 29 III, Beitzke StAZ **90**, 150, Rauscher StAZ **91**, 1, Spickhoff JZ **93**, 343.

EG 4 *Rück- und Weiterverweisung; Rechtsspaltung.* **¹ Wird auf das Recht eines anderen Staates verwiesen, so ist auch dessen Internationales Privatrecht anzuwenden, sofern dies nicht dem Sinn der Verweisung widerspricht. Verweist das Recht des anderen Staates auf deutsches Recht zurück, so sind die deutschen Sachvorschriften anzuwenden.**

ᴵᴵ Soweit die Parteien das Recht eines Staates wählen können, können sie nur auf die Sachvorschriften verweisen.

ᴵᴵᴵ Wird auf das Recht eines Staates mit mehreren Teilrechtsordnungen verwiesen, ohne die maßgebende zu bezeichnen, so bestimmt das Recht dieses Staates, welche Teilrechtsordnung anzuwenden ist. Fehlt eine solche Regelung, so ist die Teilrechtsordnung anzuwenden, mit welcher der Sachverhalt am engsten verbunden ist.

1) Grundsatz der Gesamtverweisung (Absatz 1). a) Das IPR ist nationales, von Land zu Land versch **1** Recht; die Anknüpfgspunkte der KollNormen der einz Staaten können voneinander abweichen (zB Staatsangehörigk od Wohns bei der Best des Personalstatuts, vgl Art 5 Rn 1). Das auf einen konkreten Fall anzuwendde Recht kann also variieren je nachdem, wo er zur Entsch gelangt. Daraus ergibt sich das Problem, ob ein abw kollr Standpunkt einer and beteiligten ROrdng bei der Best des maßg Rechts zu berücks ist. Nach Abs 1 S 1 erfaßt die Verweisg der dtschen KollNormen auf ein ausl Recht grdsätzl nicht nur dessen Sachnormen, sond auch seine KollNormen (**Gesamtverweisg**). Der dtsche Richter hat also im Interesse des äußeren EntschEinklangs grdsätzl auch das IPR der zur Anwendg berufenen fremden ROrdng zu beachten. Will dieses das dtsche Recht angewandt sehen (**Rückverweisung** oder „renvoi") od erkl es eine dritte ROrdng für maßg (**Weiterverweisung**), so ist dem zu folgen. Die Auslegg (Qualifikation) der fremden KollNormen erfolgt dabei auf der Grdl der bei ausl ROrdng, RG **145**, 85, BGH **24**, 352, NJW **80**, 2016, sofern diese nicht eine Qualifikationsverweis auf ein and Recht enth, vgl Rn 28 vor Art 3. Das fremde IPR unterliegt aber der Kontrolle des Art 6, wenn dieser auch selten eingreifen wird, vgl dort Rn 9.

b) Vor allem im angloamerikanischen Recht existieren auf manchen RGebieten, zB im Ehe- u KindschR, **2** keine echten KollNormen iSv VerweisgsVorschr; statt dessen wird ledigl die int Zustdgk („jurisdiction") der eigenen Gerichte geregelt, die ihr eigenes mat Recht als lex fori anwenden. Ist danach die int Zustdgk der Gerichte eines fremden Staates gegeben, so bleibt diesen stillschw die Anwendg ihrer eigenen SachVorschren überlassen. Die darin liegde **versteckte Rückverweisung** bzw Weiterverweisg ist ebenf zu beachten, vgl KG NJW **60**, 248, **80**, 535, BayObLG **62**, 39, **65**, 245, LG Hbg IPRspr **73** Nr 52, Bambg FamRZ **79**, 930, Hanisch NJW **66**, 2085, krit z Konstruktion Schwimann NJW **76**, 1000; vgl ferner Beitzke RabelsZ **84**, 627; Adam IPRax **87**, 100.

c) Um ein endloses Hin u Her zu vermeiden, muß die Rück- od Weiterverweisg einmal **abgebrochen 3** werden. Nach Abs 1 S 2 ist daher die **Rückverweisung** dch das fremde IPR selbst dann unmittelb auf die dtschen **Sachvorschriften** (unter Ausschluß des dtschen IPR, vgl Art 3 I 2) zu beziehen, wenn das fremde IPR an sich ebenf eine Gesamtverweisg ausspricht, also seiners von einer Rückverweisg dch die dtsche IPR ausgehen würde. Bei einer Rückverweisg auf das dtsche Recht bleibt es also entg dem Interesse am äußeren EntschEinklang in jedem Fall bei der Anwendg der dtschen Sachnormen („Heimwärtsstreben"). Die maßg dtsche TeilROrdng ist soweit erfdl mH des innerdtschen KollR zu best, vgl dazu Anh zu Art 3 u Art 236 Rn 4 f. Im Fall einer **Weiterverweisung** bleibt es jedenf dann bei der Anwendg der Sachnormen der berufenen dritten ROrdng, wenn diese Weiterverweisg von vornherein nicht als Gesamtverweisg versteht. Geht das vom dtschen IPR berufene fremde IPR dagg ebenf vom Grds der Gesamtverweisg aus, so führt seine Weiterverweisg nach Abs 1 S 1 grdsätzl auch zum IPR des dritten Staates; eine Rück- od Weiterverweisg dch dessen KollNormen ist daher grdsl ebenf anzuerkennen. Führt dies zum dtschen Recht, so wird die **Verwei-**

sungskette hier abgebrochen, Abs 1 S 2, sonst bei derj fremden ROrdng, die erstmals erneut in der Ver-
4 weisgskette erscheint (Analogie zur Rückverweig). **d)** Rück- od Weiterverweis waren bish auch im
innerdeutschen Kollisionsrecht zu beachten, wenn die KollNormen der BRep auf das Recht der DDR
verwiesen u dieses das Recht der BRep oder eines 3. Staats für anwendb erklärte, vgl BGH FamRZ **79**, 793,
KG FamRZ **68**, 91, ROW **86**, 379, 162, Mansel DtZ **90**, 232. Seit dem Beitritt der fr DDR zur BRep u dem
damit verbundenen Außerkrafttreten des RAG, vgl Art 236 Rn 4, ist das innerdtsche KollR vereinheitl. Eine
Rück- od Weiterverweis kommt daher insw nicht mehr in Betr.

5   **2) Ausnahmen (Sachnormverweisung).** Der Grds der Gesamtverweis wird von zahlr Ausn durch-
brochen. **a)** Soweit das dtsche IPR **deutsches** Recht für anwendb erklärt, zB Art 9 S 2, 10 II S 1 Nr 2, III
Nr 2, 13 II, III S 1, 16, 17 III S 2, 18 II, V, 24 I S 2, bezieht sich dies stets ohne weitere kollr Prüfg unmittelb
6 auf die dtschen SachVorschriften. **b)** Bei Verweisg auf ein fremdes Recht ist dessen IPR nicht zu beachten,
sofern dies dem **Sinn der Verweisung widerspricht**, Abs 1 S 1. Bei dieser erst im Rechtsausschuß einge-
fügten Einschränkg, vgl BT-Drucks 10/5632 S 39, handelt es sich um eine Ausn vom Prinzip der Gesamt-
verweisg, die eng auszulegen ist, aM Flessner, Interessenjurisprudenz im IPR (1990) 139. Maßg sind dabei
die rechtspolit Ziele der dtschen Verweisgsnormen. Die Anwendg von Art 4 I S 1 HS 2 kommt danach vor
7 allem bei **alternativen Anknüpfungen** aGrd des GünstigkPrinzips in Betr, vgl Rn 19 vor Art 3, zB
Art 10 IV, 19 I S 2 u 4, 20 I S 3, 21 I S 2. Soweit dch Rück- od Weiterve.weisg der Sinn einer solchen
alternativen Anknüpfg, dh das Erreichen eines günstigen Erg (zB Ehelichk, Feststellg der Vatersch) verfehlt
werden würde, ist sie nicht zu beachten. Im Erg bedeutet dies, daß insweit dch Rück- od Weiterverweisg
das Spektrum der anwendb ROrdngen nur erweitert, nicht aber verengt werden darf; es sind daher jedenf
auch die Sachnormen der vom dtschen IPR alternativ berufenen ROrdngen zu prüfen; sollte dies zu einem
negativen Erg führen, kann jedoch auch hier unbedenkl dch Rück- od Weiterverweisg die Anwendbk
weiterer ROrdngen erschlossen werden, zust Kartzke IPRax **88**, 9, MüKo-Sonnenberger Rn 22, Kropholler
IPR § 24 II, aM Kühne Fschr Ferid (1988) 258, Rauscher NJW **88**, 2153, zT auch Staud-Henrich Art 19
8 Rn 48. Die Beachtg einer Rück- od Weiterverweis ist nach dem Sinn der Verweisg ferner bei Maßgeblk des
Rechts der **gemeinsamen engsten Verbindung** ausgeschl, Art 14 I Nr 3. Diese Anknüpfg beruht auf einer
Würdigg aller Umst des Einzelfalles, beruft also unabhäng von typisierenden Kriterien wie Staatsangehö-
rigk od gewöhnl Aufenth das für den **konkreten** Fall sachnächste Recht; dch eine Beachtg der Kollisions-
normen dieser ROrdng würde die vom dtschen IPR vorgesehene Wertg für den Einzelfall uU verfehlt. Dch
die Anknüpfg aGrd der engsten Verbindg werden daher unmittelb die Sachnormen der betr fremden
ROrdng für anwendb erkl, ebso Böhmer/Siehr FamR II 1.8.1.3, Siehr Fschr Ferid (1988) 441, Piltz, Internat
ScheidgsR (1988) 58, Johannsen/Henrich, EheR Art 17 Rz 17, Staud-Henrich Art 19 Rn 39, Erm-Hohloch
Rn 18, grdsl auch Stoll FS Keller (1989) 521, aM v Bar IPR I Rn 622 u II Rn 208, Pirrung IPR S 110, MüKo-
Sonnenberger Rn 22, Kropholler IPR § 24 II, Kartzke IPRax **88**, 9, Kühne Fschr Ferid (1988) 262, Ebenroth/
9 Eyles IPRax **89**, 11, für Abwägg im Einzelfall Breuer in Rahm/Künkel Hdb VIII Rz 76. Dagg widerspricht
bei der Anknüpfg an den Tatort die Beachtg einer Rück- od Weiterverweis nicht dem Sinn der Verweisg,
vgl Art 38 Rn 2, ebsowenig bei den akzessorischen Anknüpfgen im internat FamR, Kartzke IPRax **88**, 10,
auch soweit diese auf Art 14 I Nr 2 beruhen. Auch die Anwendg **gleichberechtigungswidriger** ausl
Kollisionsnormen im Rahmen einer Rück- od Weiterverweis widerspr nicht notw dem Sinn der dtschen
Verweisg, und für einen Sonderfall BGH FamRZ **87**, 681; die Ausschaltg solcher Vorschr kann nur über
EG 6 erfolgen, vgl dort Rn 9, wie hier Kartzke IPRax **88**, 11, Schurig IPRax **88**, 93, Ebenroth/Eyles IPRax
10 **89**, 11, abw Kühne Fschr Ferid (1988) 259, Böhmer/Siehr FamR II 1.8.1.3. **c)** Verweisungen des dtschen
IPR auf **Sachvorschriften** einer best ROrdng, zB Art 11, 12 u 18 schließen nach Art 3 I 2 die Prüfg einer
11 Rück- od Weiterverweis vor vornherein aus; vgl dazu näher Art 3 Rn 5. **d)** Derartige Sachnormverwei-
gen liegen nach **Absatz 2** in allen Fällen einer vom Gesetz zugelassenen **Rechtswahl** vor, zB bei Art 10 II,
III, 14 II u III, 15 II, 25 II. Maßg sind hier nur die SachVorschr des gewählten Rechts unter Ausschl seiner
KollNormen; dies gilt auch soweit die getr RWahl sich mittelb kraft akzessorischer Anknüpfg auf and
Sachgebiete auswirkt, zB nach Art 15 I, 17 I S 1, Kartzke IPRax **88**, 10, teilw abw Kühne Fschr Ferid (1988)
12 263. Die Wahl eines KollR ist nicht möglich, aM Schröder IPRax **87**, 92 (im SchuldVertrR). **e)** Aus ähnl
Erwäggen ist eine Rück- od Weiterverweis für den Bereich der **vertraglichen Schuldverhältnisse** über-
13 haupt ausgeschlossen, Art 35 I. **f)** Auch bei **staatsvertraglichen** KollNormen ist Rück- od Weiterverweis
grdsl unbeachtl, vgl Kropholler, Internat EinhR § 22 III; v Bar IPR I Rn 212. Dies gilt insb für die in den
neueren Haager Konventionen ausgepr Anwendbk des innerstaatl Rechts („loi interne"), vgl zB MSA
Art 2–4 u dazu Anh zu Art 24 Rn 16–33, sowie grdsl Graue RabelsZ **93**, 26; desh ist auch bei Art 18, vgl dort
Rn 3, u Art 26, vgl dort Rn 2, eine Rück- od Weiterverweis grdsl ausgeschl. Soweit nach einem StaatsVertr
Rück- od Weiterverweis ausnahmsw zu beachten sind, wird dies zT auf die Fälle ausdr AO beschr, zB
Haager EheschlAbk Art 1, vgl Anh z Art 13 Rn 4.

14   **3) Unteranknüpfung bei Mehrrechtsstaaten (Absatz 3). a)** Führt eine kollr Verweis zum Recht
eines Staates ohne einheitl PrivatR (MehrRStaat), vgl dazu Rn 4 vor Art 3, so muß die maßg TeilROrdng
dch eine Unteranknüpfg best werden. Diese ergibt sich nach Abs 3 S 1 1. HS („ohne die maßgebde zu
bezeichnen") unmittelb aus den Anknüpfgspunkten der dtschen VerweisgsVorschr, soweit diese auf einen
best Ort abstellen (zB Tatort, Lageort, gewöhnl Aufenth). Hier wird das anzuwendende TeilR bereits dch
die Präzisierg der vom dtschen IPR ausgesprochenen Verweisg direkt best; für eine Befragg des interlokalen
PrivatR des betr MehrRStaates ist insow kein Raum, Ferid IPR Rz 2–38, Stoll FS Keller (1989) 515,
Ebenroth/ Eyles IPRax **89**, 6, aM Rauscher IPRax **87**, 206, der dies entgg dem Wortlaut des Abs 3 S 1 1. HS
nur für Sachnormverweisgen, nicht auch für Gesamtverweisgen des dtschen IPR gelten lassen will, Jayme
IPRax **89**, 288 (für Anwendg v Abs 3 S 1) u v Bar IPR I Rn 281, der die in Abs 3 S 1 1. HS vorgesehene
Präzisierg der Verweisg nur im Rahmen von Abs 3 S 2 anwenden will, ebso Spickhoff JZ **93**, 337. Läßt sich
die maßgebde TeilROrdng nicht unmittelb mit einem vom dtschen IPR verwandten räuml Anknüpfgs-
punkt bestimmen, wie bei der Anknüpfg an die Staatsangehörig, aGrd gemeins engster Verbindg, aM
Spickhoff JZ **93**, 337, od bei einer personalen RSpaltg, so bleibt die erforderl Unteranknüpfg nach Abs 3 S 1

2. HS in zweiter Linie dem interlokalen od interreligiösen PrivatR des betr ausl Gesamtstaates überlassen; zur RLage in den USA vgl Droop Jura **93**, 293; Bungert IPRax **93**, 10. Vor allem im angloamerikanischen RKreis haben Staaten ohne REinheit jedoch auch kein einheitl ILR entwickelt, sind also auch kollr gespalten. Hier ist nach Abs 3 S 2 das TeilR anwendb, mit welchem der Sachverh am engsten verbunden ist; vgl dazu Spickhoff JZ **93**, 336. Im Bereich des Pers-, Fam- u ErbR entsch danach regelm der gewöhnl bzw letzte gewöhnl Aufenth derj Person in ihrem Heimatstaat, auf welche die dtsche KollNorm abstellt, krit Hay IPRax **88**, 266; im Rahmen v Art 14 I entsch die Verhältn beider Eheg, vgl dazu Stoll FS Keller (1989) 523. **b)** Bei der Prüfg einer **Rück- oder Weiterverweisung** n Abs 1 S 1 kommt es auf die KollNormen der dch **15** Unteranknüpfg nach den eben erläuterten Regeln best TeilROrdng an, wenn der betr MehrRStaat auch kollr im Verh zur Außenwelt gespalten ist, also jedes RGebiet sein eigenes IPR besitzt (zB USA). Verfügt der Gesamtstaat dagg über ein einheitl IPR, so entsch dessen KollNormen (als die für alle TeilROrdngen geltende Regel) über das Vorliegen einer Rück- od Weiterverweis nach den oben Anm 1 erläuterten Regeln, zT aM Otto IPRax **94**, 1. Auch bei Unteranknüpfg aGrd engster Verbindg gem Abs 3 S 2 ist die Beachtg einer Rück- od Weiterverweis nicht ausgeschl, Stoll FS Keller (1989) 521. **c)** Im Bereich der vertragl SchuldVerhe trifft Art 35 II eine **Sonderregelung** der Unteranknüpfg bei MehrRStaaten. Eine mit **16** Abs 3 nicht durchwegs übereinstimmde Regelg enth die in den Haager Abk verwandte interlokalr Formel, vgl dazu Ferid IPR Rz 2–35, 5, Rauscher IPRax **87**, 207, Stoll FS Keller (1989) 518, etwa Art 14 MSA, vgl Anh z Art 24 Rn 48, Art 1 II des Haager TestamentsformÜbk vom 5. 10. 61, vgl Anh z Art 26 Rn 1, u Art 16 des Haager UnterhÜbk vom 2. 10. 73, vgl Anh z Art 18 Rn 6. Die Abweichg dieser Vorschr von Abs 3 erkl sich überwiegd aus der Anknüpfg an die Staatsangehörig, bei der eine unmittelb Bezeichng der maßg TeilROrdng nicht in Frage kommt, zutr Stoll aaO. Ein sachl Unterschied zu Abs 3 besteht ledigl bei Art 16 Haager UnterhÜbk, aM Stoll aaO; diese Vorschr geht Abs 3 vor, EG 3 II; im Anwendgsbereich des UnterhÜbk ist also das anwendb TeilR allein mit Hilfe des fremden ILR bzw des Grds der engsten Verbindg zu bestimmen. **d)** Soweit das anwendb R durch **Rechtswahl** best wird, richtet sich diese gem Abs 2 **17** unmittelb auf die Sachnormen einer wählbaren TeilROrdng; die Unteranknüpfg ergibt sich also aus dem Parteiwillen, vgl Stoll FS Keller (1989) 526.

EG 5 *Personalstatut.* [I] **Wird auf das Recht des Staates verwiesen, dem eine Person angehört, und gehört sie mehreren Staaten an, so ist das Recht desjenigen dieser Staaten anzuwenden, mit dem die Person am engsten verbunden ist, insbesondere durch ihren gewöhnlichen Aufenthalt oder durch den Verlauf ihres Lebens. Ist die Person auch Deutscher, so geht diese Rechtsstellung vor.**

[II] **Ist eine Person staatenlos oder kann ihre Staatsangehörigkeit nicht festgestellt werden, so ist das Recht des Staates anzuwenden, in dem sie ihren gewöhnlichen Aufenthalt oder, mangels eines solchen, ihren Aufenthalt hat.**

[III] **Wird auf das Recht des Staates verwiesen, in dem eine Person ihren Aufenthalt oder ihren gewöhnlichen Aufenthalt hat, und ändert eine nicht voll geschäftsfähige Person den Aufenthalt ohne den Willen des gesetzlichen Vertreters, so führt diese Änderung allein nicht zur Anwendung eines anderen Rechts.**

Schrifttum: Mansel, Personalstatut, Staatsangehörigk u Effektivität (1988); Sonnenberger, Berichte der dtschen Gesellsch f VölkerR Heft 29 (1988).

1) Staatsangehörigkeitsprinzip. a) Das dtsche IPR geht bei der Anknüpfg des Personalstatuts, dh des **1** auf die pers LebensVerhe anwendb Rechts im Bereich des Personen-, Familien- u ErbR, vom StaatsangehörigkGrds aus: Personalstatut ist danach grdsätzl das HeimatR des Betroffenen. Nur wo das StaatsangehörigkPrinzip versagt, wird ersatzw an den gewöhnl Aufenth angeknüpft; vgl dazu Rn 19 vor Art 3. Das StaatsangehörigkPrinzip liegt auch dem IPR der meisten kontinentaleurop ROrdngen zugrunde; dagg wird vor allem im angloamerikan RKreis an den Wohns („domicile") angeknüpft. **b)** Welche Staatsangehörig jmd besitzt, entsch allein das **Staatsangehörigkeitsrecht** des betr Staates; soweit danach Erwerb od Verlust der Staatsangehörig von privatr Vorgängen abhängen, zB Eheschließg, ehel Abstammg od Adoption, ist deren Wirksamk daher nach dem IPR des Staates zu beurteilen, um dessen Staatsangehörig es geht (unselbständ Anknüpfg einer Vorfrage), vgl Rn 30 vor Art 3, vgl dazu Sturm FS Jahr (1993) 501. Zum geltden dtschen StaatsangehörigkR vgl Anh Rn 6–8; zum ausl StaatsangehörigkR vgl etwa Bergmann-Ferid, Internat Ehe- u KindschR; zum Einfluß des EG-Rechts Zimmermann EuR **95**, 55. **c)** Das StaatsangehörigkPrinzip bedarf einer Ergänzg, wenn eine Person eine mehrf od überhaupt keine Staatsangehörig besitzt; diese enth Abs 1 u 2. Abs 3 regelt die Beachtlichk eines unfreiwilligen AufenthWechsels, soweit das dtsche IPR auf das AufenthR verweist.

2) Personalstatut von Doppel- oder Mehrstaatern (Absatz 1). a) Durch Anknüpfg an die Staatsan- **2** gehörigk kann das Personalstatut allein nicht best werden, wenn der Betroffene mehrere Staatsangehörigken besitzt, zB bei Einbürger unter Beibehaltg der bish Staatsangehörig, wie sie nunm vielf gefordert wird; zu den kollr Konsequenzen vgl Nomer JZ **93**, 1142, Martiny JZ **93**, 1145, Kiliç StAZ **94**, 77, Dethloff JZ **95**, 64. Handelt es sich dabei **nur** um **ausländische** Staatsangehörigken, so ist für die Anknüpfg nach Abs 1 **Satz 1** diejenige maßg, mit welcher er am engsten verbunden ist. Bei der Feststellg dieser sog **effektiven Staatsangehörigkeit** ist in erster Linie, aber nicht notw allein, auf den gewöhnl Aufenth, vgl dazu Rn 10, zum maßgden Ztpkt abzustellen, sofern sich dieser in einem der **Heimatstaaten** befindet. Daneben sind aber auch and Umst aus dem vergangenen, gegenwärt u für die Zukunft geplanten Verlauf seines Lebens zu berücksichtigen, zB Inanspruchn staatsbürgerl Rechte u Erfüllg staatsbürgerl Pflichten, kulturelle Prägg, Sprache, wirtschaftl, berufl u private Verbindgen, Zukunftspläne, vgl dazu Mü FamRZ **94**, 634, Mansel § 7 Rz 304, Dörner StAZ **90**, 2. Unter Umst kann daher trotz gewöhnl Aufenth in einem Heimatstaat die Staatsangehörig eines and die effektive sein. Dabei ist auch der erkl Wille des Betroffenen zu beachten, soweit er den tats Verh nicht offenkundig widerspricht. Bei gewöhnl Aufenth in einem **Drittstaat** kommt es bei der Ermittlg der effektiven Staatsangehörigk auf die sonstigen Umst des Lebensverlaufs an, insb auf die offenkund Präferenz des Betroffenen, hilfsw die größere Ähnlkeit der Lebensformen des AufenthStaates mit einem der beiden Heimatstaaten, BayObLG **84**, 164, krit Mansel IPRax **85**, 212, and auch Ffm FamRZ **94**, 716; eine schematische Anknüpfg an den letzten gewöhnl Aufenth ist verfehlt, and Mansel § 7 Rz 380. Zur Problematik der Nichtfeststellbark einer effektiven Staatsangehörigk Ffm FamRZ **94**, 716 (für entspr Anwendg v EG 5 II).

3 **b)** Besitzt der Betroffene neben einer ausl **auch** die **deutsche Staatsangehörigkeit** od ist er auch Dtscher iS des GG vgl Anh Rn 6–13, so ist diese RStellg nach Abs 1 **Satz 2** bei der Anknüpfg allein maßg. Dies gilt im Ggs zur früh Rspr, vgl zB BGH **75**, 32, BGH NJW **80**, 2016, **81**, 520, LG Stgt StAZ **94**, 260, selbst dann, wenn die Beziehg zu einem ausl Heimatstaat wesentl enger ist. Das Gesetz stellt insow das Interesse an RKlarh u Praktikabilität über das Interesse an der Maßgeblkeit der sachnäheren ROrdng; für Einzelfallkor-**4** rektur Sonnenberger, BerGesVR 29 (1988) 21, abl Pitschas in: Jayme/Mansel, Nation u Staat im IPR (1990) 97, vgl dazu auch Mansel § 6 Rz 270, v Mangoldt StAZ **90**, 245. **c) Ausnahmen** vom Vorrang der effektiven (S 1) bzw dtschen (S 2) Staatsangehörigk sieht das Gesetz bei den RWahlMöglichk in Art 10 II, III u 14 II vor. Hier wird ausdrückl auch die Anknüpfg an die nicht effektive bzw nicht dtsche von mehreren Staatsangehörigken gestattet. Eine analoge Anwendg dieser AusnVorschr auf die in Art 15 II eröffnete RWahlMöglk ist geboten. Darü hinaus kann eine nicht effektive bzw nicht dtsche Staatsangehörigk in Abweichg von Art 5 I auch bei den im Gesetz vorgesehenen alternativen Anknüpfgen an versch HeimatRe im Interesse günstiger Ergebnisse, insbes bei Art 19 I, 20 I, 21 I, berücksichtigt werden, aM Pirrung IPR **5** S 121, Mansel § 9 Rz 416; vgl dazu für einen Sonderfall Art 26 I Nr 1. Im **internationalen Verfahrensrecht** gilt Art 5 I nicht, BGH **118**, 328. Soweit die (internat) Zustdgk dtscher Ger v der RStellg als Dtscher abhängt, zB nach §§ 606a I, 640a II ZPO, §§ 35b I, 36 II, 43a I, III, 43b I, III, IV FGG, bleibt aber wie bish eine daneben bestehde ausl Staatsangehörigk außer Betr, vgl zB BayObLG **82**, 32, Karlsr FamRZ **84**, 819.

6 **3) Personalstatut von Staatenlosen (Absatz 2). a)** Die Anknüpfg an die Staatsangehörigk versagt bei Personen, die keine Staatsangehörigk besitzen (Staatenlosen). Nach Abs 2 tritt bei diesen ebso wie nach Art 29 aF an die Stelle der Staatsangehörigk ihr **gewöhnlicher Aufenthalt,** vgl dazu Rn 10, bei Fehlen eines solchen ihr schlichter Aufenth, als Anknüpfgspunkt ihres Personalstatuts. Das gleiche gilt bei Personen, deren Staatsangehörigk **nicht festgestellt** werden kann, vgl zB Hamm StAZ **95**, 238, ferner AG Neumünster RPfl **87**, 311 mit abl Anm v Deumeland (betr Palästinenser, vgl dazu BVerwG InfAuslR **87**, 278, StAZ **94**, 82, VG Berlin InfAuslR **87**, 118, **88**, 174, 225, OVG NRW ZAR **88**, 38, VGH BaWü NJW **87**, 3094, Mühl-Jäckel Fschr Berge (1989) 43, sowie Anh zu Art 5 Rn 2), zB Asylbewerbern, die ihren Paß weggeworfen haben. Ob eine Person staatenlos ist, beurteilt sich nach allen in Betr kommden StaatsangehörigkGesetzen, vgl Rn 1. Der Richter hat die Staatsangehörigk vAw festzustellen, soweit es kollr darauf ankommt, **7** BGH WM **87**, 218. Eine Bindg an Feststellgen ausl Behörden besteht nicht, BGH IPRspr **77** Nr 110. **b)** Abs 2 wird weitgehend dch **vorrangige völkervertragliche Regelungen verdrängt.** Dies gilt insbes für das New Yorker **Übereinkommen über die Rechtsstellung der Staatenlosen** vom 28. 9. 54, BGBl **76** II 473, vgl Anh Rn 1, zB nur soweit dieses Abk nicht eingreift, dh insbes bei Palästinaflüchtlingen, die unter der Obhut der UNRWA stehen, ist Abs 2 anzuwenden, vgl Begründg BT-Drucks 10/504 S 41. Ein sachl Widerspr zw beiden Regelgen besteht jedoch nicht, da auch das Abk iS einer Anknüpfg an den gewöhnl Aufenth auszulegen ist, vgl Anh Rn 2. Soweit Staatenlose unter den Anwendgsbereich der **Son-8 derregelungen** für **Verschleppte und Flüchtlinge** fallen, vgl dazu Anh Rn 3–33, gehen diese dem Abs 2 als SpezialGe ebenf vor. **c)** Personalstatut eines Staatenlosen ist nach Abs 2 in erster Linie das Recht seines gewöhnl Aufenth. **Rück- oder Weiterverweisung** dch die KollNormen dieser ROrdng sind aber nach den **9** allg Grds zu beachten, vgl zB KG IPRax **86**, 41. **d)** Staatenlose mit gewöhnl Aufenth im Inl besitzen nach Abs 2 ebso wie nach Art 12 des im Anh Rn 1, 2 abgedruckten Abk **deutsches Personalstatut.** Die Frage, ob sie desh auch als **Deutsche** iS aller derj Kollisionsnormen z behandeln sind, die an diese Rechtsstellung anknüpfen, zB Art 7 II, 13 II, III, 17 I, 18 V, ist nach dem Sinn u Zweck der einz VerweisgsVorschren z beantworten. Die volle Gleichstellg mit Dtschen ist immer dann geboten, wenn die betr KollNorm nicht als Exklusivnorm zG od zum Schutz Dtscher zu verstehen ist.

10 **4) Anknüpfung an den gewöhnlichen Aufenthalt;** vgl dazu Baetge, Der gewöhnl Aufenth im IPR, 1994. **a)** Der Begr des gewöhnl Aufenth als Auffanganknüpfg des Personalstatuts, vgl Rn 19 vor Art 3, wird vom Gesetz nicht definiert. Gemeint ist der Ort eines nicht nur vorübergehden Verweilens, an dem der Schwerpunkt der Bindgen einer Person insbes in familiärer od berufl Hins, ihr **Daseinsmittelpunkt,** liegt, BGH NJW **75**, 1068, **93**, 2048. Entsch sind also in erster Linie die obj Merkmale der Dauer u Beständigk des Aufenth; der Wille, den AufenthOrt zum Daseinsmittelpunkt zu machen, ist nicht erforderl, BGH NJW **81**, 520, **93**, 2048. Auch einen abgeleiteten gewöhnl Aufenth, zB für Kinder, entspr § 11 gibt es nicht, da allein die tats Verhe entsch; freil werden Kinder idR den gewöhnl Aufenth eines ElternT teilen, vgl zB Brem FamRZ **92**, 963 (Schulort). Der gewöhnl Aufenth ist also ein fakt Wohns, der auch dch zeitweil Abwesenh bei Rückkehrwillen nicht aufgeh wird (zB Internatsbesuch), BGH NJW **75**, 1068, **93**, 2048, sofern dadch der Schwerpunkt der Bindgen der Pers nicht verändert wird, vgl zB Düss FamRZ **80**, 728, Stgt NJW **83**, 1981, Hamm FamRZ **89**, 1331 (auswärtiger Studienort, vgl dazu Henrich IPRax **90**, 59), NJW **91**, 3101, **92**, 637, Celle FamRZ **91**, 598; dagg begründet zwangsw Verbringen od Verbleiben an einem Ort keinen gewöhnl Aufenth (Strafhaft, Kriegsgefangensch), Soergel-Kegel Art 29 aF Rn 40, v Bar IPR I Rn 529, vgl auch Hamm FamRZ **93**, 69, Hbg NJW-RR **95**, 40, str, aM zB Raape-Sturm § 9 A III 4, vgl auch Abs 3 u dazu unten Rn 11. Ein mehrf gewöhnl Aufenth ist ausgeschl, da der Daseinsmittelpunkt auf einen einzigen Ort verweist, Staud-Kropholler Rn 61 vor EG 18, v Bar IPR I Rn 528, str, aM BayObLG **80**, 52, KG FamRZ **87**, 603, Erm-Hohloch Rn 55, Baetge aaO 142, Spickhoff IPRax **95**, 189 (Grenzpendler); dagg muß eine Pers nicht notw immer einen gewöhnl Aufenth besitzen, BGH NJW **93**, 2049; z gewöhnl Aufenth auf einem Schiff vgl LG Hbg NJW-RR **95**, 183. Der gewöhnl Aufenth erfordert eine gewisse Eingliederg in die soziale Umwelt, welche dch die tats Dauer des Aufenth indiziert wird; als Faustregel wird in der Praxis häufig von

6 Monaten ausgegangen, Hamm NJW **74**, 1053, FamRZ **91**, 1347, NJW **92**, 637, Ffm IPRspr **74** Nr 93, Stgt NJW **78**, 1746, Mü FamRZ **81**, 389, Düss FamRZ **84**, 194, **95**, 38, Celle FamRZ **91**, 1222, Bamb IPRspr **89** Nr 134 (jew z Art 1 MSA). Ist der Aufenth von vornherein auf längere Dauer angelegt, so kann er aber auch schon mit seinem Beginn als gewöhnl Aufenth angesehen werden, BGH NJW **81**, 520, **93**, 2049, Hbg IPRax **87**, 319, JM BaWü FamRZ **90**, 1017, Hamm FamRZ **91**, 1347, NJW-RR **92**, 711, IPRax **93**, 105, Celle FamRZ **93**, 95, Kln FamRZ **95**, 172; insof spielen bei der Feststell des gewöhnl Aufenth auch subj Merkmale eine Rolle. Der auf Verweilen gerichtete Wille ist aber unbeachtl, wenn der längerfristige Aufenth nach fremdenr Best ersichtl unzul ist, LG Bln DAVorm **78**, 679 (betr offenbar unbegründeten AsylAntr), Karlsr FamRZ **90**, 1351, Memmg DAVorm **91**, 876, Brem FamRZ **92**, 962 (abgelehnter Asyl-Antr), LG Rottw NJW-RR **95**, 967, aM Spickhoff IPRax **90**, 227; ausgeschl wird dadch jedoch nur die Bejahg eines gewöhnl Aufenth **vor** Abschl der soz Integration. Ist diese unzweifelh gegeben, zB bei Asylbewerbern mit mehrjährigem Aufenth im Inl, so ist der inl gewöhnl Aufenth unabhäng vom voraussichtl Abschl des AsylVerf zu bejahen, LG Kassel StAZ **90**, 170, Hamm NJW **90**, 651, Nürnb FamRZ **89**, 1304, Kblz FamRZ **90**, 536, LG Stgt DAVorm **90**, 887, Kiel DAVorm **91**, 960, Karlsr FamRZ **92**, 317; aM Memmg DAVorm **91**, 876, vgl dazu auch Brem FamRZ **92**, 962, Spickhoff IPRax **90**, 225. Ob die Vorauss eines gewöhnl Aufenth erfüllt sind, ist nach dem Verhen zu dem für die Anknüpfg maßg Ztpkt zu beurteilen, bei einer SchutzMaßn nach Art 1 MSA daher im Ztpkt der tatrichterl Entsch, BGH NJW **81**, 520, abl Schlosshauer-Selbach FamRZ **81**, 536. **b)** Nach Abs 2 **11** wird das Personalstatut von Staatenlosen dch Anknüpfg an ihren gewöhnl, ersatzw an ihren schlichten Aufenth best. Darü hinaus wird in zahlr KollNormen des Ehe- u KindschR an die Staatsangehörigk an den gewöhnl Aufenth einer Person angeknüpft, vgl Rn 19 vor Art 3. Der gewöhnl Aufenth kann jedenf nicht gg den Willen des Betroffenen begründet werden, vgl Rn 10. Ist er **nicht voll geschäftsfähig,** so kommt es nach **Absatz 3** auf den Willen seines gesetzl Vertreters an. Dies gilt insbes in den Fällen einer **Kindesentführung.** Ob die GeschFgk fehlt, ist dabei nach dem von Art 7 berufenen Recht z beurteilen. Wer der gesetzl Vertr ist, beurteilt sich nach den einschlägigen famr KollNormen, vor allem Art 19 II u 20 II. Soweit darin an den gewöhnl Aufenth des Mj angeknüpft wird, sind für die Best des gesetzl Vertr die Verhe **vor** dem AufenthWechsel maßg, Begründg BT-Drucks 10/504 S 42. Abs 3 stellt klar, daß eine AufenthÄnderg einer nicht voll geschäftsfähigen Person **ohne** (dh nicht notwend gegen) den Willen ihres gesetzl Vertr, bei gesetzl Vertretg dch beide Eltern also ohne den Willen beider Eltern, für sich **allein** keinen Statutenwechsel herbeiführt. Dies entspr der Praxis bei der Anwendg v Art 1 MSA, vgl Anh zu Art 24 Rn 12. Dch die Entführg eines Kindes dch einen nicht od nicht allein sorgeberecht ElternT ohne den Willen des (auch od allein) sorgeberecht anderen ElternT wird also ein neuer gewöhnl Aufenth nicht begründet. Der neue AufenthOrt kann aber bei Hinzutreten weiterer Umst, dh insbes bei fester u dauerhafter Eingliederg in die neue soziale Umwelt, zum gewöhnl Aufenth werden, vgl dazu Art 1 MSA Anh zu Art 24 Rn 12 mwN; dabei kann auch die oben Rn 10 genannte Faustregel für die Begründg eines neuen gewöhnl Aufenth nach 6 Monaten als Anhaltspunkt dienen, vgl dazu Düss FamRZ **94**, 644; ands ist aber der entggsthde Wille des Sorgeberecht ein Indiz dafür, daß der neue Aufenth noch nicht auf Dauer angelegt ist, BGH NJW **81**, 520, Düss FamRZ **84**, 194, Hamm FamRZ **89**, 1110, **90**, 782, NJW **92**, 637, Celle FamRZ **91**, 1222, vgl auch Bambg NJW-RR **90**, 774, Mansel IPRax **87**, 302. – Die unmittelb prakt Bedeutg von Abs 3 ist gering, da er im **Bereich des MSA nicht 12** anwendb ist; dort haben sich aber bei der Beurteilg von Kindesentführern entspr Grdse herausgebildet, vgl dazu Anh zu Art 24 Rn 12. Zur Rückführg vgl **Haager KindesentführgsÜbk** v 25. 10. 80 Anh zu Art 24 Rn 59, insbes dessen Art 12 II (keine Rückgabe bei Einleben in die neue Umgebg). Im übr gilt Abs 3 aber uneingeschränkt bei Anknüpfgen an den gewöhnl Aufenth eines nicht voll geschäfigen Vollj sowie bei Anknüpfgen an den gewöhnl Aufenth eines Mj außerh des sachl od räuml Anwendgsbereichs des MSA.

Anhang zu Art 5

I. Übereinkommen über die Rechtsstellung der Staatenlosen
Vom 28. 9. 1954, BGBl **1976** II 474

Vorbemerkung

Art 5 II wird weitg verdrängt dch das Übk über die RStellg der Staatenlosen v 28. 9. 54. Es ist für die BRep **1** am 24. 1. 77 in Kraft getr, vgl Bek v 10. 2. 77, BGBl II 235; zum Kreis der VertrStaaten vgl FundstellenNachw B 1995 S 317, zuletzt ergänzt dch Bek v 27. 1. 95 BGBl II 200. Die RStellg der Staatenlosen sollte ursprüngl zus mit der RStellg der Flüchtlinge in einer Konvention geregelt werden. Das Übk stimmt daher weitgehd mit der Genfer Flüchtlingskonvention überein; auf die Erläutergen hierzu kann verwiesen werden, vgl Anh Rn 19–29.

Der Begr des Staatenlosen wird in Art 1 definiert. Der AusnKatalog in Art 1 II entspr im wesentl Art 1 D–F **2** der Flüchtlingskonvention (Anh Rn 19–29), vgl Rn 23. Die Anwendbk des Übk entfällt nach Art 1 II insb bei Palästinaflüchtlingen, die unter der Obhut der UNRWA stehen; ist dies nicht der Fall, kommt Anwendbk auch bei Palästinensern in Frage, vgl dazu BVerwG InfAuslR **92**, 161, StAZ **93**, 357, **94**, 82, OVG Münster NVwZ **89**, 790, OVG Bln InfAuslR **90**, 76. In Art 12 I wird das **Personalstatut** der Staatenlosen, dh alle RVerhe, die nach dtschem IPR dem HeimatR einer Pers unterstellt sind, an den Wohns angeknüpft; die nach dem fr Personalstatut erworbenen Rechte bleiben bestehen, Art 12 II. Diese Regelg entspr Art 12 der Flüchtlingskonvention, vgl dort Rn 29; der Begr des **Wohnsitzes** ist auch hier iS des **gewöhnlichen Aufenthalts** zu verstehen, vgl dazu Rn 27, zust MüKo- Sonnenberger Rn 7, Ferid IPR Rz 1–32, sowie Begründg BT-Drucks 10/504 S 41. Im Erg stimmt damit die Anknüpfg des Personalstatuts in Art 12 mit Art 5 II EG bzw Art 29 EG aF überein; ein **Statutenwechsel** für Staatenlose wurde also dch das Inkrafttr des Übk in Dtschland **nicht** bewirkt. Im pers Anwendbereich überschneidet sich das Übk weitgehend mit der Genfer Flüchtlingskonvention, da viele Flüchtlinge staatenl sind. Wg der ident Anknüpfg des Personalstatuts nach beiden Abk braucht aber die Frage ihrer Abgrenzg kollr nicht entsch zu werden.

Art. 1 Definition des Begriffs „Staatenloser". (1) *Im Sinne dieses Übereinkommens ist ein „Staatenloser" eine Person, die kein Staat auf Grund seines Rechtes als Staatsangehörigen ansieht.*

(2) *Dieses Übereinkommen findet keine Anwendung*

i) auf Personen, denen gegenwärtig ein Organ oder eine Organisation der Vereinten Nationen mit Ausnahme des Hohen Flüchtlingskommissars der Vereinten Nationen Schutz oder Beistand gewährt, solange sie diesen Schutz oder Beistand genießen;

ii) auf Personen, denen die zuständigen Behörden des Landes, in dem sie ihren Aufenthalt genommen haben, die Rechte und Pflichten zuerkennen, die mit dem Besitz der Staatsangehörigkeit dieses Landes verknüpft sind;

iii) auf Personen, bei denen aus schwerwiegenden Gründen die Annahme gerechtfertigt ist,

a) daß sie ein Verbrechen gegen den Frieden, ein Kriegsverbrechen oder ein Verbrechen gegen die Menschlichkeit im Sinne der internationalen Übereinkünfte begangen haben, die abgefaßt wurden, um Bestimmungen hinsichtlich derartiger Verbrechen zu treffen;

b) daß sie ein schweres nichtpolitisches Verbrechen außerhalb ihres Aufenthaltslands begangen haben, bevor sie dort Aufnahme fanden;

c) daß sie sich Handlungen zuschulden kommen ließen, die den Zielen und Grundsätzen der Vereinten Nationen zuwiderlaufen.

Art. 12 Personalstatut. (1) *Das Personalstatut eines Staatenlosen bestimmt sich nach den Gesetzen des Landes seines Wohnsitzes oder, wenn er keinen Wohnsitz hat, nach den Gesetzen seines Aufenthaltslands.*

(2) *Die von einem Staatenlosen früher erworbenen, sich aus seinem Personalstatut ergebenden Rechte, insbesondere die aus der Eheschließung, werden von jedem Vertragsstaat vorbehaltlich der nach seinen Gesetzen gegebenenfalls zu erfüllenden Förmlichkeiten geachtet; hierbei wird vorausgesetzt, daß es sich um ein Recht handelt, das nach den Gesetzen dieses Staates anerkannt worden wäre, wenn der Berechtigte nicht staatenlos geworden wäre.*

II. Sonderregelungen für Flüchtlinge, Verschleppte und Vertriebene

Vorbemerkung

3 Die jüngste Geschichte hat zahll Menschen genötigt, ihre Heimat z verlassen. Der Zustrom von Flüchtlingen hält auch in der Ggwart an. Um die rechtl Lebensumstände dieses PersKreises zu erleichtern, sind seit dem Ende des 2. Weltkriegs eine Reihe von einander teils überschneidenden kollr Sonderregelgen getroffen worden, die vor allem eine Neuordng des Personalstatuts betreffen. Diese SonderVorschr haben grdsl **keine Rückwirkung,** führen also zu einer Änderg des Personalstatuts erst von Ztpkt ihres Inkrafttr an, Soergel-Kegel Rdz 13, 55 im Anh zu EG 29, str, aM zB Raape-Sturm § 10 A I (für Rückwirkg auf den Ztpkt der Flucht od Wohnsitznahme im Zufluchtsland); eine Besonderh gilt für FamRÄndG Art 9 II Z 5, vgl dazu unten Rn 6–13. Die nach dem früh Personalstatut erworbenen Rechte bleiben grdsl gewahrt, vgl G v 25. 4. **4** 51 § 8 (unten Rn 17, 18) od FlüchtlKonv Art 12 II (unten Rn 19–29). Die **Flucht** dtscher Staatsangehör **aus der DDR** in die BRep war kollr nicht bes geregelt (Ausn: Anh z EG 15 Rn 2); sie führte mit der Begründg **5** des gewöhnl Aufenth in der BRep zu einem **Statutenwechsel,** vgl dazu Anh zu Art 3 Rn 4. Für Flüchtlinge, die unter keine kollr Sonderregelg fallen, zB WirtschFlüchtlinge, die die Vorauss von FlüchtlingsÜbk Art 1 nicht erfüllen od illegale Einwanderer, die einen unbegründeten AsylAntr gestellt haben, gelten die allg Regeln des IPR. Ihre pers RVerhe beurteilen sich also grdsl nach ihrem HeimatR (Anknüpfg an die Staatsangehörigk).

1. Volksdeutsche Flüchtlinge und Vertriebene (Art 9 II Z 5 FamRÄndG iVm Art 116 GG)

Art 9 Abschnitt II Nr 5 FamRÄndG vom 11. 8. 61: [1] *Soweit im deutschen bürgerlichen Recht oder im deutschen Verfahrensrecht die Staatsangehörigkeit einer Person maßgebend ist, stehen den deutschen Staatsangehörigen die Personen gleich, die, ohne die deutsche Staatsangehörigkeit zu besitzen, Deutsche im Sinne des Artikels 116 Abs. 1 des Grundgesetzes sind.* [2] *Rechtskräftige gerichtliche Entscheidungen bleiben unberührt.*

Art 116 GG: [1] *Deutscher im Sinne dieses Grundgesetzes ist vorbehaltlich anderweitiger gesetzlicher Regelung, wer die deutsche Staatsangehörigkeit besitzt oder als Flüchtling oder Vertriebener deutscher Volkszugehörigkeit oder als dessen Ehegatte oder Abkömmling in dem Gebiete des Deutschen Reiches nach dem Stande vom 31. Dezember 1937 Aufnahme gefunden hat.*

[II] *Frühere deutsche Staatsangehörige, denen zwischen dem 30. Januar 1933 und dem 8. Mai 1945 die Staatsangehörigkeit aus politischen, rassischen oder religiösen Gründen entzogen worden ist, und ihre Abkömmlinge sind auf Antrag wieder einzubürgern. Sie gelten als nicht ausgebürgert, sofern sie nach dem 8. Mai 1945 ihren Wohnsitz in Deutschland genommen haben und nicht einen entgegengesetzten Willen zum Ausdruck gebracht haben.*

6 **1) Deutsche Staatsangehörigkeit als Anknüpfungspunkt. a)** Das dtsche IPR geht bei der Bestimmg des Personalstatuts vom StaatsangehörigkPrinzip aus. Dtsche Staatsangehörige unterstehen desh in ihren persönl RVerhen grdsätzl dem dtschen Recht, auch wenn sie im Ausl leben. **Erwerb und Verlust der deutschen Staatsangehörigkeit,** vgl dazu Makarov-v. Mangoldt, Dtsche Staatsangehörigk, 3. Aufl 1982ff, Hailbronner/Renner, StaatsangehörigkR, 1991, richten sich in erster Linie nach dem **Reichs- u StaatsangehörigkG vom 22. 7. 13,** RGBl 583. Das Gesetz ist seit seinem Inkrafttr wiederholt geändert worden, zuletzt dch G v 30. 6. 1993, BGBl 1062, vgl dazu Sturm StAZ **94,** 273. Hinzu kamen zahlreiche SonderVorschr, die prakt Bedeutg behalten, auch soweit sie inzw außer Kr getreten od grdsl gew sind. Über Erwerb u Verlust der Staatsangehörigk entsch grdsl der RZust zZ der Erf des jew Tatbestd, zB Geburt, Heirat od Adoption. Bei der Beurteilg staatsangehörigkeitsr Fragen sind daher vielf früh RLagen **7** maßg. **aa)** Gegenwärtig wird die dtsche Staatsangehörigk **erworben dch Geburt,** wenn ein EltT Dtscher ist; ist bei einem nehel Kind nur der Vater Dtscher, so ist eine nach den dtschen Gesetzen wirks Feststellg der Vatersch erfdl, § 4 I; diese kann sich auch aus der Anwendg eines vom dtschen IPR berufenen ausl Rechts od aus einem in Dtschl anzuerkennden VaterschFeststellgsUrt ergeben, vgl BT-Drucks 12/4450 S 36. Für die in der Zeit zw dem 1. 4. 53 u dem 31. 12. 74 geborenen ehel Kinder dtscher Mütter bestand nach Art 3 RuStAÄndG v 20. 12. 74, BGBl 3714 die Möglk, die dtsche Staatsangehörig dch Erkl zu erwerben; zur Verfassgsmäßigk dieser Regelg VGH BaWü StAZ **87**, 226, OVG NRW StAZ **94**, 14; zur Einbürgerg bei Fristversäumnis BVerwG NJW **90**, 1433 (dazu Gaaz StAZ **90**, 203), Löwer FamRZ **92**, 23. Nehel Kinder dtscher Väter waren bish unter best Voraussetzungen einzubürgern, § 10; zur Altfallregelg vgl Art 4 RuStAÄndG v 20. 12. 74, VG Gött NJW-RR **94**, 842. Die dtsche Staatsangehörig wird ferner erworben dch **Legitimation** dch einen Dtschen, § 5, u bei mj Kindern dch **Adoption** dch einen Dtschen, § 6, vgl dazu Art 21 Rn 13 u Art 22 Rn 16. **Heirat** mit einem Dtschen ist als solche heute **kein** ErwerbsGrd mehr, hat aber Erleichterg der Einbürgerg z Folge, § 9. Zum Erwerb dch **Einbürgerung** vgl §§ 8 ff, ferner VO z Regelg v StaatsangehörigFragen v 20. 1. 42, RGBl 40 (betr Einbürgerg ohne dtsche Niederlassg), G zur Regelg von Fragen der Staatsangehörig v 22. 2. 55, BGBl 65 (vor allem zur Einbürgerg dtscher Volkszugehöriger), G zur Verminderg der Staatenlosigk v 29. 6. 77, BGBl 1101 (betr im Inland geborene Staatenlose) u § 85f AuslG idF des G v 30. 6. 93, BGBl 1062 (betr erleichterte Einbürgerg). Zur RWirksk von Sammeleinbürgergen in den Jahren 1938 bis 1945 vgl §§ 1 ff StaatsangehörigRegelgsG v 22. 2. 55. **bb) Verlust** der dtschen **8** Staatsangehörig tritt ein dch Entlassg, §§ 18 ff, Erwerb einer ausl Staatsangehörig auf Antr dch Dtsche ohne inl Wohns (zum Begr vgl BVerwG **71**, 309; als Inl gilt dabei das Gebiet des Deutschen Reiches in den Grenzen v 31. 12. 37, vgl Schleser StAZ **79**, 198 u 256, also einschließl der früh DDR, KG NJW **83**, 2324), sofern keine Gen z Beibehaltg der dtschen Staatsangehörig erteilt wird, § 25 (zur Verfassgsmäßigk BVerfG NJW **90**, 2193, zur Erstreckg des Verlustgrundes auf mj Kinder BVerwG NJW **87**, 1157), Verzicht bei Mehrstaatern, § 26, u dch Adoption dch einen Ausl, § 27, vgl dazu Art 22 Rn 17. Heirat mit einem Ausl hat seit dem 1. 4. 53 den Verlust der dtschen Staatsangehörig auch dann nicht z Folge, wenn damit ein Erwerb der ausl Staatsangehörig kr Gesetzes verbunden ist.

b) Die **DDR** hatte sich eine eigene Staatsangehörig gegeben, vgl StaatsbürgerG v 20. 2. 67, GBl I 3 mit **9** DVO v 3. 8. 67, GBl II 681, ferner G zur Regelg v Fragen der Staatsbürgersch v 16. 10. 72, GBl I 265, sowie VO zur Fragen der Staatsbürgersch v 21. 6. 82, GBl I 418 (beide betr Ausbürgerg v Republikflüchtlingen) u ÄndG v 29. 1. 90, GBl I 31. Mit dem Beitritt zur BRep dch den EinigsVertr v 31. 8. 90, BGBl II 885 ist diese Staatsbürgersch untergegangen. Das in der BRep geltde StaatsangehörigkR ist aber stets von einer einheitl dtschen Staatsangehörig ausgegangen, die auch die Bewohner der DDR umfaßt, vgl BVerfG **36**, 31, **40**, 141, 163. Der Erwerb der Staatsbürgersch der DDR hatte in den Grenzen des ordre public (vgl dazu BVerwG NJW **86**, 1506) auch den Erwerb der gesamtdtschen Staatsangehörig zur Folge, BVerfG NJW **88**, 1313. Dagg berührte ein Verlust der Staatsbürgersch der DDR den Besitz der gesamtdtschen Staatsangehörigk grdsl nicht, KG NJW **83**, 2324, VGH BaWü ROW **87**, 373, and VG Greifswald StAZ **95**, 109 (Art 1 I Übk über die Verringerg der Mehrstaatigk v 6. 5. 63, BGBl **69** II 1954), krit Silagi ebda.

c) Die VOen vom 3. 7. 38, RGBl 790, u 30. 6. 39, RGBl 1072, über die dtsche Staatsangehörig im Lande **10** **Österreich** sind dch das 2. Gesetz zur Regelg v Fragen der Staatsangehörig v 17. 5. 56 ausdr aufgeh; zum automat Verlust der dtschen u Erwerb der österr Staatsangehörig mit Wiederherstellg der Republik Österreich am 27. 4. 45 vgl BVerwG DÖV **75**, 533, NJW **90**, 2215. – Dch den dtsch-tschechoslowak Vertr v 11. 12. 73, BGBl II 989 werden Fragen der Staatsangehörig nicht berührt, Art II Abs 2; die **Sudetendeutsche** sind daher weiterhin dtsche StaatsAngeh, BVerfG **43**, 203, BGH **75**, 32, BayObLG **80**, 72. – **Jenseits der Oder-Neiße-Linie ansässige Deutsche** haben die dtsche Staatsangehörig auch dann nicht verloren, wenn sie dch Maßn des poln GGebers die poln Staatsangehörig erworben haben, BVerfG **40**, 141, 163, BayObLG **83**, 29, Bay VGH StAZ **87**, 22, Hamm FamRZ **92**, 338, Düss FamRZ **94**, 1262, Alexy NJW **89**, 2851. Dch den dtsch-poln Vertr v 7. 12. 70, BGBl II 362 hat sich hieran nichts geändert, BVerfG NJW **94**, 1402, Meessen JZ **72**, 674, Seeler NJW **78**, 924, Klein DVBl **78**, 876. Bei der Best des Personalstatuts der jens der Oder-Neiße-Linie wohnden Dtschen entsch nunmehr nach Art 5 I 2 allein ihre dtsche Staatsangehörig. Der absolute Vorrang der dtschen Staatsangehörig bei der Anknüpfg des Personalstatuts ist aber gerade bei diesem Personenkreis verfehlt. Zur Frage des Fortbestandes der poln Staatsangehörig bei Aussiedlern bzw Spätaussiedlern vgl Stoll JBOstR **78** II 183. – Über **Namibia-Deutsche** Steinmann MDR **94**, 1066.

2) Kollisionsrechtliche Gleichstellung volksdeutscher Flüchtlinge und Vertriebener. a) Nach **11** **Art 116 I GG** sind dtschen Staatsangehörigen gleichgestellt ("Deutsche im Sinne des GG" od "Statusdeutsche") Flüchtlinge od Vertriebene (zum Begr vgl BVFG 1 f, BVerwG NJW **93**, 2257) dtscher Volkszugehörigk (vgl dazu BVFG 6, VGH BaWü IPRax **91**, 51), die im Gebiet des Deutschen Reichs nach dem Stand vom 31. 12. 37 Aufn gefunden haben, ohne die dtsche Staatsangehörigk zu besitzen. Notw ist eine Aufn im Gebiet der BRep einschl dem der früh DDR; die Gebiete jenseits der Oder-Neiße-Linie sind Vertreibgs-, nicht AufnGebiet, BayObLG IPRspr **75** Nr 184, MüKo-Sonnenberger Art 5 Anh II B Rn 25. Die Gleichstellg erfaßt auch Eheg (dazu einschränkd BVerwG FamRZ **93**, 51, vgl auch Hamm NJW-RR **93**, 1353) und Abkömmlinge (zum Begriff vgl BVerwG NJW **90**, 2215, FamRZ **93**, 53), auch wenn diese die Voraussetzgen der dtschen Volkszugehörigk nicht erf, vgl dazu BVerwG NJW **89**, 2904, **90**, 1127, Schleser StAZ **97**, 254; dch das AussiedlerAufnG v 28. 6. 90 hat sich hieran nichts geändert, BayObLG FamRZ **93**, 555; der Angehörigenstatus muß aber bereits bei ihrer Aufn vorliegen; erst nach der Aufn geborene Abkömmlinge sind Dtsche iS des GG, wenn sie nach dtschem StaatsangehörigkR die Staatsangehörig eines ElternT erwerben würden, der Statusdtscher iSv Art 116 I ist, BVerwG **71**, 301. Vertriebene sind auch **Aussiedler** (vgl BVFG 1 II Z 3), sofern sie vor dem 1. 1. 93 das AufnVerf dchlaufen haben, u zwar uU auch dann, wenn sie schon bish im ehemal Reichsgebiet gelebt haben, BVerwG **38**, 224. Nach BVFG 4 III sind Dtsche iSv Art 116 I GG auch **Spätaussiedler** (zum Begr vgl BVFG 4 I u II, 5) sowie ihre Eheg u Abkömmlinge. Zum Anspr auf Einbürgerg vgl StaatsangehörigkRegelgsG vom 22. 2. 55 § 6. **b)** Den Streit um die **kollisions-** **12** **rechtlichen Auswirkungen** v GG 116 I (dagg BGH NJW **57**, 100, **93**, 2245) hat der GesGeber dch **FamRÄndG vom 11. 8. 61, Art 9 Abschnitt II Ziff 5** beendet; zu der wenig glückl Formulierg vgl Ferid

IPR Rz 1–28. Diese Vorschr enth eine bloße **Klarstellung,** die auf den Ztpkt des Inkrafttr v GG 116 I am 24. 5. 49 zurückwirkt, Celle FamRZ **95,** 1228, Soergel-Kegel Rdz 83 im Anh z EG 29 aF. Dagg hat GG 116 I keine Rückwirkg; die Gleichstellg Volksdtscher mit dtschen Staatsangeh wirkt also ledigl ex nunc für die Zeit ab Aufn, BGH **121,** 314, BayObLG **94,** 298, and Zweibr StAZ **93,** 12. Der von GG 116 I umfaßte PersKreis erwirbt mit der Aufn im ehemal Reichsgebiet, frühestens aber am 24. 5. 49, das dtsche Personalstatut auch soweit er nicht die dtsche Staatsangehörigk besitzt; zum Wechsel des Güterstds siehe G vom 4. 8. 69 in Anh z Art 15 Rn 2. Die kollrechtl Gleichstellg gilt für **sämtliche** KollNormen, die auf die RStellg als **Deutscher** abstellen, auch für Exklusivnormen zum Schutz od zG Deutscher, zB Art 38. Sie gilt auch im VerfR. Ggü sonst Vorschr für Flüchtlinge, Verschleppte od Vertriebene enth GG 116 I iVm Art 9 II Z 5 FamRÄndG vom 11. 8. 61 eine **vorrangige Sonderregelung.** Für die Zeit vor Inkrafttr v GG 116 I bzw vor Aufn der betr Pers im ehemal Reichsgebiet bleibt es bei der Anknüpfg an die nichtdtsche Staatsangehörigk bzw bei Staatenlosen an den gewöhnl Aufenth; die Aufn im Inland hat also idR einen Statutenwechsel zur Folge; zu den namensrechtl Folgen vgl Art 10 Rn 10; zu den güterrechtl Folgen Art 15 Anh II.

13 **3) Wiedererwerb der deutschen Staatsangehörigkeit durch Verfolgte.** Art 116 II GG regelt den Wiedererwerb der dtschen Staatsangehörigk dch die ausgebürgerten Verfolgten des NS-Regimes u deren Abkömml (einschl Enkel, BVerwG StAZ **94,** 153, Bay VGH StAZ **94,** 48), die infolge der Ausbürgerg eines EltT nicht Dtsche geworden sind, BVerwG StAZ **92,** 211, nicht also auch nehel Kinder eines dem dtschen Vaters, BVerwG StAZ **84,** 160 (zum fr RZustd), ebsowenig vor dem 1. 4. 53 geborene ehel Kinder einer ausgebürgerten ehemals dtschen Mutter, BVerwG NJW **90,** 2213 gg VG Bln StAZ **87,** 142. Die Ausbürgerg der dtschen Juden dch die 11. VO z ReichsbürgerG v 25. 11. 41, RGBl 772 war von Anfang an nichtig, BVerfG **23,** 98; die Betroffenen haben dadch die dtsche Staatsangehörigk nicht verloren, sofern sie keinen entgegengesetzten Willen z Ausdr gebracht haben, was aus dem Erwerb einer ausl Staatsangehörigk auf Antr vor Inkrafttr des GG nicht notw folgt, BVerfG **8,** 87, BSG VersR **85,** 1065; dennoch werden sie aber vom dtschen Staat so lange nicht als Dtsche betrachtet, als sie sich nicht dch WohnsBegr od Antr auf ihre dtsche Staatsangehörigk berufen; sind sie vor dem 8. 5. 45 gestorben, ist zu prüfen, ob sie ihre dtsche Staatsangehörigk aufgeben wollten; bei Verlust der dtschen Staatsangehörigk dch Erwerb einer fremden Wiedereinbürgerg nach GG 116 II, BVerfG **23,** 98, **54,** 53, BVerwG StAZ **94,** 85 (krit dazu Mann Fschr Coing [1982] 323). Der Wiedererwerb der dtschen Staatsangehörigk ist grdsl auch für die kollrechtl Anknüpfg beachtl, einschränkd Staud-Blumenwitz Art 5 Rz 16; seine Rückwirkg gem GG 116 II läßt aber die Gültigk einer währd des Exils geschl Ehe mit einem Ausl unberührt; als EheschlStatut bleibt das zZt der Heirat anwendb Recht maßg, BGH **27,** 375. Auch das GüterRStatut best sich weiterh nach der Staatsangehörigk zZ der Eheschließg, Düss IPRax **81,** 219.

2. AHKGes 23 über die Rechtsverhältnisse verschleppter Personen und Flüchtlinge

Vom 17. 3. 1950, AHKABl 140 (SaBl 256) idF des ÄndG 48 v 1. 3. 51, AHKABl 808 (SaBl 322)

Schrifttum: Dölle StAZ **50,** 106; Makarov DRZ **50,** 318; Schwenn SJZ **50,** 652; v Stackelberg NJW **50,** 808; s auch Reithmann DNotZ **58,** 512; Brintzinger FamRZ **68,** 1; MüKo-Sonnenberger, Art 5 Anh II D I; Soergel-Kegel, Anh nach Art 29 Rz 1 ff, Lass, Der Flüchtling im dtschen IPR 1995 S. 23.

Vorbemerkung

14 Das Gesetz will verschleppten Pers u Flüchtlingen (zum Begr vgl Art 10) vor allem die Ordng ihrer FamVerhe ermögl. Ihre pers RVerhe werden daher, ebso wie bei Staatenlosen, dem Recht ihres gewöhnl Aufenth unterstellt, Art 1. Weitere Vorschr betr die prozessuale Gleichstellg mit Dtschen in Ehesachen, Art 3, die Befreig v EheFgkZeugn gem EheG 10, Art 4, u die Heilg nicht wirks zustande gekommener Ehen, Art 6–9. – Das Gesetz hat **keine rückwirkende** Kraft, bewirkte vielm für die Betroffenen mit seinem Inkrafttr am 31. 3. 50 einen Statutenwechsel ex nunc, Freib JZ **52,** 481, BayObLG **59,** 49, **90,** 3, Neustadt StAZ **60,** 289, Soergel-Kegel Rdz 13, str, aM zB Raape-Sturm § 10 A I 1; zum Schutz der nach dem früh Personalstatut erworbenen Rechte vgl G v 25. 4. 51 § 8 (unten Rn 17, 18). – Volksdtsche Flüchtlinge u Vertriebene iSv GG 116 I erfaßt das Gesetz nicht; für sie gilt nur die Regelg in GG 116 I iVm FamRÄndG Art 9 II Z 5, vgl dazu oben Rn 11 f. Dagg überschneidet sich sein Anwendgsbereich teilw mit dem weiteren der Genfer Flüchtlingskonvention, vgl dazu unten Rn 19–29; soweit diese eingreift, geht sie als spätere Regelg dem AHKG 23 vor, Raape-Sturm § 10 A II. – Kollr relevant sind folgde Best:

Erster Teil. Allgemeine Vorschriften

Art. 1. *Soweit das Einführungsgesetz zum Bürgerlichen Gesetzbuch bestimmt, daß die Gesetze des Staates, dem eine Person angehört, maßgebend sind, werden die Rechtsverhältnisse einer verschleppten Person oder eines Flüchtlings nach dem Recht des Staates beurteilt, in welchem die Person oder der Flüchtling zu der maßgebenden Zeit den gewöhnlichen Aufenthalt hat oder gehabt hat, oder falls ein gewöhnlicher Aufenthalt fehlt, nach dem Recht des Staates, in welchem die Person oder der Flüchtling sich zu der maßgebenden Zeit befindet oder befunden hat.*

Art. 2. *Artikel 1 findet keine Anwendung auf die in den Artikeln 24 und 25 des Einführungsgesetzes zum Bürgerlichen Gesetzbuch geregelten Gegenstände.*

Dritter Teil. Schlußvorschriften

Art. 10. *Im Sinne dieses Gesetzes bedeutet:*

a) der Ausdruck „verschleppte Personen und Flüchtlinge" Personen, die nicht die deutsche Staatsangehörigkeit besitzen oder deren Staatsangehörigkeit nicht festgestellt werden kann, sofern sie ihren Aufenthalt im Gebiete der Bundesrepublik haben und eine amtliche Bescheinigung darüber besitzen, daß sie der Obhut der internationalen Organisation unterstehen, die von den Vereinten Nationen mit der Betreuung der verschleppten Personen und Flüchtlinge beauftragt ist;

1) Grundsatz. Ebso wie bei Staatenlosen n Art 5 II tritt auch bei verschleppten Pers u Flüchtlingen nach 15 Art 1 an die Stelle der Staatsangehörig als Anknüpfgspkt der gewöhnl, hilfsw der schlichte Aufenth zum jew maßg Ztpkt; zum Begr des gewöhnl Aufenth vgl Art 5 Rn 10. Bei gewöhnl Aufenth im Inl besitzen die betroffenen Personen dtsches Personalstatut; zur Anwendbark v KollNormen, die an die RStellg als Dtscher anknüpfen vgl Art 5 Rn 9. Sachl gilt diese Regelg für alle pers RVerhe mit **Ausnahme des Erbrechts,** Art 2 (mit nunm unzutreffender Verweisg auf Art 24 u 25 aF); mit dem Inkrafttr der Genfer Flüchtlingskonvention gilt aber auch für das Erbstatut die Anknüpfg an den Wohns iSv gewöhnl Aufenth, vgl dazu Rn 19–29.

2) Der **persönliche Geltungsbereich** des Gesetzes best sich nach Art 10. Erfaßt werden nur Pers, die 16 nicht die dtsche Staatsangehörig besitzen (also auch Staatenlose) od deren Staatsangehörig rechtl od tats nicht feststellb ist, wobei übermäß Schwierigk der Feststellg genügen, Soergel-Kegel Rdz 5. Erfdl ist ferner wenigstens schlichter Aufenth im Bundesgebiet; die Anwendbk des Gesetzes entfällt für den Zeitraum, in welchem der Betreffde sich im Ausl aufhält. Hinzukommen muß schließl der Besitz einer amtl Bescheinigg der zust UN-Hilfsorganisation, dh zunächst der IRO u nach deren Auflösg des Hohen Kommissars der UN für das Flüchtlingswesen; daß diese Bescheinigg behördl verwahrt wird, ist unschädl, Hbg IPRspr **79** Nr 53. Volksdtsche Flüchtlinge u Vertriebene erf diese Voraussetzg nicht; für sie gilt nur GG 116 I iVm FamRÄndG Art 9 II Z 5, Soergel-Kegel Rdz 5, vgl dazu oben Rn 11f. Dagg fallen unter das Gesetz auch Pers, die kr Gesetzes die Staatsangehörig od Staatenlosigk eines Verschleppten od Flüchtlings iSv Art 10 teilen, ohne selbst dessen Voraussetzgen zu erf, BayObLG **83**, 4, Soergel-Kegel Rdz 8.

3. Gesetz über die Rechtsstellung heimatloser Ausländer im Bundesgebiet

Vom 25. 4. 1951, BGBl 269, für West-Bln vgl G v 28. 2. 52, GVBl 126.

Schrifttum: Maßfeller StAZ **51**, 130, 155; Jahn JZ **51**, 326; Makarov ZaöRV **51**/52, 431.

Vorbemerkung

Das am 28. 4. 51 in Kraft getretene G ist zuletzt dch das AuslG v 9. 7. 90, BGBl 1354 abgeänd worden. 17 Es ergänzt die Regelg des AHKG 23, indem es den Status sog heimatl Ausl (zum Begr vgl §§ 1, 2, 26) insb dch Gewährg best GrdRe u Gleichbehandlg im prozessualen Bereich der RStellg dtscher Staatsangeh annähert. Es **enthält** eine **kollisionsrechtliche Regelung nur** in § 8; daß heimatl Ausl iS v §§ 1, 2 u 26 aGrd des Ges dtsches Personalstatut besitzen, läßt sich seinen Best nicht entnehmen, aM AG Aachen NJW **70**, 392, Celle FamRZ **87**, 838, ist also ggf mit AHKG 23 Art 1 (Rn 14–16) bzw mit Genfer Flüchtlings-Übk Art 12 (Rn 19–29) zu begründen, vgl auch BayObLG RPfl **88**, 367. Wg der geringen Bedeutg für das IPR wird auf den Abdr der Best über den pers Geltgsbereich des Gesetzes verzichtet (vgl dazu 39. Aufl); dieser deckt sich weitgehd mit dem des AHKG 23; § 1 II ist neu gefaßt dch Art 4 AuslG v 9. 7. 90, BGBl 1383 (betr abgeleiteter Status v heimatl Ausl).

Kapitel II. Bürgerliches Recht

8. Hat ein heimatloser Ausländer vor Inkrafttreten dieses Gesetzes nach anderen als den deutschen Vorschriften Rechte erworben, so behält er diese, sofern die Gesetze des Ortes beobachtet sind, an dem das Rechtsgeschäft vorgenommen ist. Dies gilt insbesondere für eine vor Inkrafttreten dieses Gesetzes geschlossene Ehe.

Die Vorschr ist schlecht formuliert. Sie stellt klar, daß die Anknüpfg des Personalstatuts in AHKG 23 18 Art 1 u damit die Anwendg dtschen Rechts auf verschleppte Pers u Flüchtlinge (dh heimatl Ausl iS des § 8) mit Aufenth im Inl nur solche Tatbestde erfaßt, die nach dem Inkrafttr des AHKG 23 verwirklicht wurden, vgl BayObLG **83**, 3. § 8 ergänzt damit AHKG 23 dch ein Rückwirkgsverbot in Form der Wahrg der nach einem früh Personalstatut erworbenen Rechte, hM, vgl zB Soergel-Kegel Rdz 18, aM Brintzinger FamRZ **68**, 6ff. Diese Regelg entspr den allg Grds über die kollisionsr Tragweite eines Statutenwechsels, vgl Rn 23 vor Art 3; eine ParallelVorschr enthält Genfer Flüchtlingskonvention 12 II.

4. Abkommen über die Rechtsstellung der Flüchtlinge (Genfer Flüchtlingskonvention)

Vom 28. 7. 1951, BGBl **1953** II 559; vgl dazu auch Protokoll v 31. 1. 67, BGBl **1969** II 1294.

Schrifttum: Mezger JZ **54**, 663; Ferid DNotZ **54**, 350; Weis JblntR **54**, 53; Seidl-Hohenveldern, Fschr Schätzel (1960) 441; Weis/Jahn, Die Vereinten Nationen u die Flüchtlinge in: Schätzel/Veiter, Handbuch des internat FlüchtlingsR (1960) 245; Kimminich, Der internat RStatus des Flüchtlings (1962) 285; ders, Fschr Menzel (1975) 307; Beitzke, Festschr Fragistas (1966) 377; Hirschberg NJW **72**, 361; Brintzinger FamRZ **68**, 1; Marx ZRP **80**, 192; Beitz/Wollenschläger, Handbuch des AsylR (1981) Bd 2, 552ff; MüKo-Sonnenberger, Art 5 Anh II D II; Soergel-Kegel, Anh nach Art 29 Rz 22ff; Roth ZAR **88**, 164; Lass, Der Flüchtling im dtschen IPR 1995.

Vorbemerkung

Das Abk ist für die BRep **innerstaatlich** am 24. 12. 53 **in Kraft** getr, G v 1. 9. 53, BGBl II 559 (Art 2), 19 völkerr am 22. 4. 54, Bek v 25. 5. 54, BGBl II 619. Es wird **ergänzt** dch das **Protokoll** v 31. 1. 67, BGBl **69** II 1294, in Kraft seit 5. 11. 69, Bek v 14. 4. 70, BGBl II 194. Zum Kreis der VertrStaaten vgl FundstellenNachw B 1995 S 297 u 432, zuletzt ergänzt dch Bek v 29. 6. 95, BGBl II 629. Die nach dem Abk den Flüchtlingen verliehene RStellg wurde dch spätere **Bundesgesetze** auf **andere Personengrup-**

pen ausgedehnt: Asylberechtigte, AsylVfG 2 u 3 (vgl Rn 30–32) u im Rahmen humanitärer Hilfsaktionen aufgenommene Flüchtlinge, G v 22. 7. 80, BGBl 1057 (vgl Rn 33).

20 Das Abk enth im wesentl Best des FremdenR, welche die Flüchtlinge in best Bereichen den Angeh ihres WohnsLandes gleichstellen. Von **kollisionsrechtlicher** Bedeutg ist nur **Art 12**, der das WohnsR zum **Personalstatut** der Flüchtlinge best. Der **Begriff des Flüchtlings** wird in Art 1 definiert; eine wicht Erweiterg enth Art I des Prot v 31. 1.67. Ob sich ein Flüchtling im Inl od Ausl aufhält, ist für die Anwendg von Art 12 gleichgült. Dem AHKG 23 geht das Abk als spätere Regelg seit seinem Inkrafttr vor, Raape-Sturm § 10 A II. Zum Verhältn des Abk z dtsch-iranischen NiederlassgsAbk v 17. 2. 29, RGBl **30** II 1006 vgl BVerwG InfAuslR **84**, 312, StAZ **89**, 152, Silagi ebda 272.

Art 1. Definition des Begriffs „Flüchtling"

A.

Im Sinne dieses Abkommens findet der Ausdruck „Flüchtling" auf jede Person Anwendung:

1. Die in Anwendung der Vereinbarungen vom 12. Mai 1926 und 30. Juni 1928 oder in Anwendung der Abkommen vom 28. Oktober 1933 und 10. Februar 1938 und des Protokolls vom 14. September 1939 oder in Anwendung der Verfassung der Internationalen Flüchtlingsorganisation als Flüchtling gilt.

Die von der Internationalen Flüchtlingsorganisation während der Dauer ihrer Tätigkeit getroffenen Entscheidungen darüber, daß jemand nicht als Flüchtling im Sinne ihres Statuts anzusehen ist, stehen dem Umstand nicht entgegen, daß die Flüchtlingseigenschaft Personen zuerkannt wird, die die Voraussetzungen der Ziffer 2 dieses Artikels erfüllen.

2. Die infolge von Ereignissen, die vor dem 1. Januar 1951 eingetreten sind, und aus der begründeten Furcht vor Verfolgung wegen ihrer Rasse, Religion, Nationalität, Zugehörigkeit zu einer bestimmten sozialen Gruppe oder wegen ihrer politischen Überzeugung sich außerhalb des Landes befindet, dessen Staatsangehörigkeit sie besitzt, und die den Schutz dieses Landes nicht in Anspruch nehmen kann oder wegen dieser Befürchtungen nicht in Anspruch nehmen will; oder die sich als staatenlose infolge solcher Ereignisse außerhalb des Landes befindet, in welchem sie ihren gewöhnlichen Aufenthalt hatte, und nicht dorthin zurückkehren kann oder wegen der erwähnten Befürchtungen nicht dorthin zurückkehren will.

Für den Fall, daß eine Person mehr als eine Staatsangehörigkeit hat, bezieht sich der Ausdruck „das Land, dessen Staatsangehörigkeit sie besitzt" auf jedes der Länder, dessen Staatsangehörigkeit diese Person hat. Als des Schutzes des Landes, dessen Staatsangehörigkeit sie hat, beraubt gilt nicht eine Person, die ohne einen stichhaltigen, auf eine begründete Befürchtung gestützten Grund den Schutz eines der Länder nicht in Anspruch genommen hat, deren Staatsangehörigkeit sie besitzt.

B.

1. Im Sinne dieses Abkommens können die im Artikel 1 Abschnitt A enthaltenen Worte „Ereignisse, die vor dem 1. Januar 1951 eingetreten sind" in dem Sinne verstanden werden, daß es sich entweder um

a) „Ereignisse, die vor dem 1. Januar 1951 in Europa eingetreten sind" oder

b) „Ereignisse, die vor dem 1. Januar 1951 in Europa oder anderswo eingetreten sind"

handelt. Jeder vertragschließende Staat wird zugleich mit der Unterzeichnung, der Ratifikation oder dem Beitritt eine Erklärung abgeben, welche Bedeutung er diesem Ausdruck vom Standpunkt der von ihm auf dieses Abkommen übernommenen Verpflichtungen zu geben beabsichtigt.

2. Jeder vertragschließende Staat, der die Formulierung zu a) angenommen hat, kann jederzeit durch eine an den Generalsekretär der Vereinten Nationen gerichtete Notifikation seine Verpflichtungen durch Annahme der Formulierung b) erweitern.

C.

Eine Person, auf die die Bestimmungen des Absatzes A zutreffen, fällt nicht mehr unter dieses Abkommen,

1. wenn sie sich freiwillig erneut dem Schutz des Landes, dessen Staatsangehörigkeit sie besitzt, unterstellt; oder

2. wenn sie nach dem Verlust ihrer Staatsangehörigkeit diese freiwillig wiedererlangt hat; oder

3. wenn sie eine neue Staatsangehörigkeit erworben hat und den Schutz des Landes, dessen Staatsangehörigkeit sie erworben hat, genießt; oder

4. wenn sie freiwillig in das Land, das sie aus Furcht vor Verfolgung verlassen hat oder außerhalb dessen sie sich befindet, zurückgekehrt ist und sich dort niedergelassen hat; oder

5. wenn sie nach Wegfall der Umstände, auf Grund deren sie als Flüchtling anerkannt worden ist, es nicht mehr ablehnen kann, den Schutz des Landes in Anspruch zu nehmen, dessen Staatsangehörigkeit sie besitzt.

Hierbei wird jedoch unterstellt, daß die Bestimmung dieser Ziffer auf keinen Flüchtling im Sinne der Ziffer 1 des Abschnittes A dieses Artikels Anwendung findet, der sich auf zwingende, auf früheren Verfolgungen beruhende Gründe berufen kann, um die Inanspruchnahme des Schutzes des Landes abzulehnen, dessen Staatsangehörigkeit er besitzt;

6. wenn es sich um eine Person handelt, die keine Staatsangehörigkeit besitzt, falls sie nach Wegfall der Umstände, auf Grund deren sie als Flüchtling anerkannt worden ist, in der Lage ist, in das Land zurückzukehren, in dem sie ihren gewöhnlichen Wohnsitz hat. Dabei wird jedoch unterstellt, daß die Bestimmung dieser Ziffer auf keinen Flüchtling im Sinne der Ziffer 1 des Abschnittes A dieses Artikels Anwendung findet, der sich auf zwingende, auf früheren Verfolgungen beruhende Gründe berufen kann, um die Rückkehr in das Land abzulehnen, in dem er seinen gewöhnlichen Aufenthalt hatte.

D.

Dieses Abkommen findet keine Anwendung auf Personen, die zur Zeit den Schutz oder Beistand einer Organisation oder einer Institution der Vereinten Nationen mit Ausnahme des Hohen Kommissars der Vereinten Nationen für Flüchtlinge genießen.

Ist dieser Schutz oder diese Unterstützung aus irgendeinem Grunde weggefallen, ohne daß das Schicksal dieser Personen endgültig gemäß den hierauf bezüglichen Entschließungen der Generalversammlung der Vereinten Nationen geregelt worden ist, so fallen diese Personen ipso facto unter die Bestimmungen dieses Abkommens.

E.

Dieses Abkommen findet keine Anwendung auf eine Person, die von den zuständigen Behörden des Landes, in dem sie ihren Aufenthalt genommen hat, als eine Person anerkannt wird, welche die Rechte und Pflichten hat, die mit dem Besitz der Staatsangehörigkeit dieses Landes verknüpft sind.

F.

Die Bestimmungen dieses Abkommens finden keine Anwendung auf Personen, in Bezug auf die aus schwerwiegenden Gründen die Annahme gerechtfertigt ist,

a) daß sie ein Verbrechen gegen den Frieden, ein Kriegsverbrechen oder ein Verbrechen gegen die Menschlichkeit im Sinne der internationalen Vertragswerke begangen haben, die ausgearbeitet worden sind, um Bestimmungen bezüglich dieser Verbrechen zu treffen;

b) daß sie ein schweres nichtpolitisches Verbrechen außerhalb des Aufnahmelandes begangen haben, bevor sie dort als Flüchtling aufgenommen wurden;

c) daß sie sich Handlungen zuschulden kommen ließen, die den Zielen und Grundsätzen der Vereinten Nationen zuwiderlaufen.

Art I des Protokolls über die Rechtsstellung der Flüchtlinge v 31. 1. 67, BGBl 69 II 1294

(1) *Die Vertragsstaaten dieses Protokolls verpflichten sich, die Artikel 2 bis 34 des Abkommens auf Flüchtlinge im Sinne der nachstehenden Begriffsbestimmung anzuwenden.*

(2) *Außer für die Anwendung des Absatzes 3 dieses Artikels bezeichnet der Ausdruck „Flüchtling" im Sinne dieses Protokolls jede unter die Begriffsbestimmung des Artikels 1 des Abkommens fallende Person, als seien die Worte „infolge von Ereignissen, die vor dem 1. Januar 1951 eingetreten sind, und . . ." sowie die Worte „. . . infolge solcher Ereignisse" in Artikel I Abschnitt A Absatz 2 nicht enthalten.*

(3) *Dieses Protokoll wird von seinen Vertragsstaaten ohne jede geographische Begrenzung angewendet; jedoch finden die bereits nach Artikel 1 Abschnitt B Absatz 1 Buchstabe a) des Abkommens abgegebenen Erklärungen von Staaten, die schon Vertragsstaaten des Abkommens sind, auch auf Grund dieses Protokolls Anwendung, sofern nicht die Verpflichtungen des betreffenden Staates nach Artikel 1 Abschnitt B Absatz 2 des Abkommens erweitert worden sind.*

1) Der **persönliche Geltungsbereich** des Abk ergibt sich in erster Linie aus **Art 1 A;** vgl dazu Gutachten 21 des Amtes des Hohen Kommissars der UN für Flüchtlinge RzW **68**, 150. **Ziff 1** verweist auf den Flüchtlingsstatus nach früh Vertr (sog Nansen-Flüchtlinge) bzw nach der Verf der Internat Flüchtlingsorganisation (sog IRO-Flüchtlinge). Die zentrale Vorschr ist **Ziff 2**, ergänzt dch **Protokoll Art I Abs 2.** Nach der ursprüngl geltden Fassg mußte die Flucht auf Ereign im weitesten Sinn zurückgehen, die **vor dem 1. 1. 51** in Europa od anderswo (Art 1 B iVm Erkl der BRep BGBl **53** II 579) eingetreten sind. Art I Abs 2 des Prot v 31. 1. 67 hat diese **zeitliche Schranke beseitigt.** Diese Modifizierg hat klarstellden Charakter. Schon vorher war Art 1 Z 2 zB auf **Ungarnflüchtlinge** angewandt worden, die ihre Heimat nach dem Aufstand im Oktober 56 verlassen hatten, Stgt FamRZ **62**, 160, JM NRW FamRZ **66**, 637, vgl ferner BayObLG **74**, 95. Art I Abs 2 des Prot hat also die RLage nicht verändert. Zweifelsfrei findet das Abk danach auch auf die jüngsten Flüchtlingsbeweggen Anwendg, zB aus Afghanistan, Indochina, Iran (zum Verhältn zum dtsch-iranischen NiederlassgsAbk v 17. 2. 29 BVerwG InfAuslR **84**, 312), sowie dem ehem Jugoslawien. Grd des Exils muß aber stets die **begründete Furcht vor Verfolgung,** insbes aus rass, ethnischen, religiösen od pol 22 Grden sein; bloße Unzufriedenh am wirtsch Verh im Heimatland (sog WirtschFlüchtlinge, vgl dazu Hailbronner ZAR **93**, 3) genügt nicht; zum Verh zum Begr des pol Verfolgten iSv GG 16a I vgl BVerfG **74**, 51, 66, **80**, 315, 345 (Tamilen); Roth ZAR **88**, 164, Weides/Zimmermann DVBl **90**, 410. GG 16a I ist enger gefaßt, daher grdsl keine Verweisg auf AsylVerf zur Feststellg der Flüchtlingseigensch, VG Düss NVwZ **90**, 102. Die Verfolgg, zB aus pol Grden, kann aber auch in der bloßen Bedrohg der wirtsch Existenz bestehen, Soergel-Kegel Rdz 35. Die Verfolgg muß nicht notwend unmittelb v staatl Organen ausgehen; es genügt, daß diese sie nicht verhindern, BGH MDR **65**, 985, RzW **66**, 367, **67**, 325, **68**, 571. Eine eigentl **Flucht** braucht die Furcht vor Verfolgg nicht ausgelöst zu haben; es genügt, daß einer außerhalb des Heimatstaates befindl Pers die Heimkehr aus den genannten Grden nicht zugemutet werden kann, vgl Bamberg FamRZ **82**, 505. Der Erwerb des Flüchtlingsstatus u der damit verbundene Statutenwechsel, vgl Rn 29, tritt in diesen Fällen in dem Ztpkt ein, in dem der Verzicht auf Rückkehr in den Heimatstaat eindeutig manifestiert wird, zB dch Antr auf Anerkenng als pol Flüchtling, Bamberg aaO, Hamm FamRZ **92**, 1181. Daß der Heimatstaat selbst zu den VertrStaaten gehört, steht der Anwendg des Abk nicht entgg. Gleichgült ist auch, ob sich der Flüchtling innerh eines VertrStaates befindet. Er muß sich aber jedenf außerh seines Heimatstaates aufhalten; schon aus diesem Grd **entfiel** die Anwendg des Abk für **Deutsche** aus **der fr DDR,** die in die BRep geflohen sind. Selbstverständl steht Staatenlosigk der Flüchtlingseigensch nicht entgg, Z 2; für Mehrstaater s Z 2 Abs 2.

2) Ausgeschlossen ist die Anwendg des Abk bei Pers, die von einer Sondereinricht der UN (mit Ausn 23 des Hohen Kommissars für Flüchtlinge) betreut werden, **Art 1 D;** dies kommt heute prakt nur mehr bei **Palästinaflüchtlingen** in Frage, die von der UNRWA betreut werden, soweit sie sich im Nahen Osten aufhalten, vgl dazu VG Bln InfAuslR **90**, 81, BVerwG StAZ **93**, 359, Weis/Jahn aaO 288, Kimminich, RStatus 279, Nicolaus/Saramo ZAR **88**, 67. Von der Konvention nicht erfaßt werden ferner Pers, die v den

Beh des AufenthLandes den eigenen Staatsangehör gleichgestellt werden, **Art 1 E;** dies gilt insbes für **volksdeutsche Flüchtlinge** iSv GG 116 I, vgl dazu Rn 11 f. Schließl entfällt die Anwendg des Abk bei Schwerverbrechern, vgl näher **Art 1 F.**

24 **3)** Die **Flüchtlingseigenschaft endet nach Art 1 C** mit der freiw Unterstell unter den Schutz des Heimatstaats, Z 1, zB dch Beantragg od Verlängerg eines Reisepasses dch die Auslandsvertretg dieses Staates, BGH RzW **66**, 140, Hamm FamRZ **93**, 113, LG Stgt StAZ **92**, 347, vgl dazu aber auch BVerwG StAZ **93**, 219 (zu § 15 AsylVfG), mit der Wiedererlangg der früh od dem Erwerb einer neuen Staatsangehörigkeit, Z 2 u 3, mit Rückkehr u Niederlassg im Verfolggsstaat, Z 4, u mit dem Wegfall der Vorauss für die Anerkenng als Flüchtling, vgl dazu näher Z 5 u 6; dies hat erhebl praktische Bedeutg bei Flüchtlingen aus **Osteuropa.**

25 **4)** Die Definition des Flüchtlingsbegriffs in Art I des Protokolls läßt die Frage offen, ob **Familienangehörige** eines Flüchtlings, die die dort genannten Vorauss nicht erf, ebenf die **Flüchtlingseigenschaft** erh, vgl dazu Jayme IPRax **81**, 74. Jedenf für die kollrechtl Beurteilg besitzen einen solchen **abgeleiteten Flüchtlingsstatus** mj Kinder, die die Staatsangehörigk eines Flüchtlings iS des Abk teilen, BayObLG **74**, 95, Bochum IPRspr **76** Nr 61, MüKo-Sonnenberger Rn 69, Henrich StAZ **89**, 160, aM Düss StAZ **89**, 282, vgl dazu auch § 1 II HeimatlAuslG v 25. 4. 51 idF des AuslG v 9. 7. 90, VG Darmst InfAuslR **84**, 207, od deshalb staatenl sind, weil der Flüchtling staatenl ist; das gleiche muß für Eheg eines Flüchtlings gelten, soweit sie mit der Heirat kr Gesetzes dessen Staatsangehörigk erwerb od dch die Heirat staatenl werden; bei mehrf Staatsangehörigk des Kindes od Eheg kommt es zu einem abgeleiteten Flüchtlingsstatus u damit zur Maßgeblk des AufenthR, wenn die effektive Staatsangehörigk mit der des Flüchtlings übereinstimmt. – Kr Gesetzes **ausgedehnt** wird der Flüchtlingsstatus auf anerkannte AsylBerecht, Rn 30–32, u Flüchtlinge, die im Rahmen humanitärer Hilfsaktionen aufgen worden sind, Rn 33.

26 **5)** Ob die Voraussetzgen der FlüchtlingsEigensch gegeben sind, hat das entscheidde Gericht inzident zu **prüfen,** ohne an VerwAkte gebunden zu sein, Stgt FamRZ **62**, 160, Soergel-Kegel Rdz 30; auch die Anerkenng als pol Flüchtling dch einen and VertrStaat ist rechtl nicht bindd, ist aber ein wichtiges Indiz für die FlüchtlingsEigensch, BVerfG NJW **80**, 516, BVerwG NVwZ **87**, 507. Mit der Anerkenng als AsylBerecht steht auch die Anwendbk des Abk nach AsylVfG 2 I rechtsverbindl fest. Das gleiche gilt im Falle der Aufn iR humanitärer Hilfsaktionen unter den Vorauss v § 1 G v 22. 7. 80, vgl Rn 33. Im übrigen ist eine behördl Anerkenng als Flüchtling nicht Vorauss für die Anwendg des Abk in der zivilgerichtl Praxis; hieran hat sich auch dch § 3 f AsylVfG nF nichts geändert, vgl Rn 31. Flüchtlinge iSv Art 1 A Z 1 sind idR dch Vorlage entspr Ausweise legitimiert (Nansen-Paß, IRO-Ausweis).

Art. 12. Personalstatut. (1) *Das Personalstatut jedes Flüchtlings bestimmt sich nach dem Recht des Landes seines Wohnsitzes oder, in Ermangelung eines Wohnsitzes, nach dem Recht seines Aufenthaltslandes.*

(2) *Die von einem Flüchtling vorher erworbenen und sich aus seinem Personalstatut ergebenden Rechte, insbesondere die aus der Eheschließung, werden von jedem vertragschließenden Staat geachtet, gegebenenfalls vorbehaltlich der Formalitäten, die nach dem in diesem Staat geltenden Recht vorgesehen sind. Hierbei wird jedoch unterstellt, daß das betreffende Recht zu demjenigen gehört, das nach den Gesetzen dieses Staates anerkannt worden wäre, wenn die in Betracht kommende Person kein Flüchtling geworden wäre.*

27 **1)** Das **Personalstatut** eines Flüchtlings, dh alle RVerh, die nach dtschem IPR grdsl dem HeimatR einer Pers unterstellt sind, unterliegt dem Recht seines Wohns, ersatzw seines Aufenth, **Absatz 1.** Dies gilt abw von AHKG 23 Art 2 auch für die Beerbg eines Flüchtlings (das sog Erbstatut). An die Stelle der Staatsangehörigk als **Anknüpfungspunkt** tritt also bei Flüchtlingen in erster Linie der **Wohnsitz.** Dieser Begr wird im Abk nicht definiert; seine Ausfüllg bleibt der jew lex fori überlassen. Maßg für die Anwendg des Abk im Inl ist desh grdsl der dtsche WohnsBegr. Dies schließt jedoch nicht aus, iR des dtschen IPR einen spezifisch kollr WohnsBegr zu entwickeln, welcher dem in den modernen Konventionen bevorzugten Begr des **gewöhnlichen Aufenthalts** entspricht, ebso Kropholler IPR § 37 II 2, Erm-Hohloch Rn 84, v Bar IPR I Rn 186, und Soergel-Kegel vor z EG 29 Rdz 38, Raape-Sturm § 10 A I 3. Die Anknüpfg an den gewöhnl Aufenth ist zur Herstellg internat EntschGleich besser geeignet als die WohnsAnknüpfg, vgl Kropholler, Internat EinhR § 22 II; zum Begr des gewöhnl Aufenth vgl Art 5 Rn 10. Entsch ist der gewöhnl Aufenth zu dem von der jew KollNorm bezeichneten Ztpkt, zB zZ der Heirat, Art 15, des ScheidgsAntr, Art 17 od der Geburt, Art 20, sofern diese Anknüpfg nicht dem Regelgsziel der Konvention (Schutz vor dem Recht des Verfolgerstaates) widerspricht, Lass 108 f. Flüchtlinge mit gewöhnl Aufenth im Inl besitzen dtsches Personalstatut. Ob sie damit auch Dtschen iS derj KollNormen gleichstehen, die auf diese RStellg abstellen, ist nach Sinn u Zweck der jew Vorschr zu entsch; vgl dazu Hasselmann MDR **86**, 891 u Art 5 Rn 9. Das gleiche gilt für Flüchtlinge über die internat Zustdgk, zB ZPO 606a I, vgl dazu Mü IPRax **89**, 238 (nein); zur Entbehrlichk der Urteilsanerkenng bei Ehescheidg nach ZPO 606b aF vgl BGH NJW **82**, 2732, **85**, 1283. –

28 **Rück-** od **Weiterverweisung** dch das KollR des WohnsLandes sind grdsl **unbeachtlich;** Art 12 enth eine Sachnormverweisg, Hamm StAZ **91**, 317, **93**, 79, Erm-Hohloch Rn 87, aM MüKo-Sonnenberger Rn 78. Dies gilt jedoch nur für die allg Anknüpfg des Personalstatuts; soweit das IPR des WohnsLandes best RFragen abw vom dtschen IPR nicht dem Personalstatut sond einem and angeknüpften Sonderstatut unterwirft, zB Beerbg von Grdst der lex rei sitae, ist dies im Interesse der Integration des Flüchtlings in das Recht seines WohnsLandes zu beachten, Raape-Sturm § 10 A I 3.

29 **2)** Mit dem Erwerb des Flüchtlingsstatus ist also nach dtschen IPR idR ein **Statutenwechsel** verbunden (Übergang v Staatsangehörigk- z Domizilprinzip). Eine RStellg, die nach dem bish vom IPR der lex fori zur Anwendg berufenen Recht erworben wurde, bleibt jedoch auch nach dem neuen Personalstatut des Flüchtlings gewahrt, **Absatz 2 Satz 1** (zB hinsichtl des FamNamens, BayObLG **68**, 7, **71**, 204, Hamm OLGZ **83**, 55), soweit nicht der ordre public dieser ROrdng entggsteht, **Absatz 2 Satz 2,** vgl dazu Hamm OLGZ **83**, 56 (nicht bei Unveränderlk des dch Geburt erworbenen FamNamens bei Heirat). Dies gilt auch für die vor

Inkrafttr der Flüchtlingskonvention erworbenen Rechte. Das Abk **wirkt** also **nicht zurück,** Bamberg FamRZ **82,** 505, BayOblG **90,** 3, Soergel-Kegel Rdz 55, Erm-Hohloch Rn 88, im Ergebn auch MüKo-Sonnenberger Rn 74, str, aM Beitz/Wollenschläger 562.

5. Asylverfahrensgesetz

idF der Bek vom 27. 7. 93, BGBl 1361, geändert dch G v 2. 8. 93, BGBl 1442, v 28. 10. 94, BGBl 3186 u v 31. 3. 95, BGBl 430

Vorbemerkung

Eine Erweiterg des Anwendgsbereichs von Art 12 Genfer FlüchtlingsÜbk enthalten §§ 2 u 3 AsylVfG idF **30** v 26. 6. 92, BGBl I 1126. Danach genießen **Asylberechtigte** die RStellg von Flüchtlingen iS des Flücht- lingsÜbk, § 2 I AsylVfG; zum Begr vgl **Art 16a GG** idF des Gesetzes v 28. 6. 93, BGBl 1002 u dazu Wollenschläger/Schraml JZ **94,** 61. Vom Anwendgsbereich der Regelg ausgen sind nach § 1 II AsylVfG heimatl Ausl iS des G v 25. 4. 51, vgl oben Rn 17, 18, sowie sog Kontingentflüchtlinge iS des G v 22. 7. 80, vgl unten Rn 33. Nicht asylberechtigt sind ferner Ausl, die aus einem EG-Land od einem and Drittstaat einreisen, in dem die Anwendg der Genfer Flüchtlingskonvention u der EMRK sichergestellt ist. Daß dem AsylAntr bereits stattgegeben worden ist, verlangt § 2 I AsylVfG seinem Wortlaut nach nicht. Dennoch ist **31** die Vorschr so zu verstehen, daß sie nur dem **anerkannten** Asylsuchenden die RStellg nach der Flüchtlings- konvention verleiht, BGH FamRZ **93,** 48, Hamm StAZ **91,** 317, **93,** 78; GK-AsylVfG (1986) § 3 Rz 8, Marx/Strate/Pfaff, AsylVfG, 2. Aufl (1987) § 3 Rz 3, Jayme IPRax **84,** 115, vgl auch § 51 III AuslG; gleichgestellt sind Ausl, denen vor dem 3. 10. 90 in der früh DDR Asyl gewährt worden ist, § 2 III AsylVfG, ferner sonstige politische Verfolgte iSv § 3 AsylVfG iVm AuslG 51 I. Zum Erlöschen dieser RStellg vgl §§ 72 u 73 AsylVfG, BVerwG StAZ **93,** 219. Asylbewerber, über deren Antr noch nicht entschieden ist, können jedoch unmittelb die Voraussetzgen von Art 1 A FlüchtlingsÜbk iVm Art I des Prot, vgl oben Rn 19–29, erfüllen, ebso BayOblG **86,** 193, Hamm StAZ **91,** 317, **93,** 78; sofern sie ihren gewöhnl Aufenth im Inl haben (verneinend BSozG DVBl **87,** 1123, InfAuslR **88,** 112, Memmg DAVorm **91,** 873, Brem FamRZ **92,** 562, vgl dazu Art 5 Rn 10), besitzen sie desh dtsches Personalstatut nach Art 12 FlüchtlingsÜbk, GK-AsylVfG § 3 Rz 26. § 2 I AsylVfG hat dann insow keine konstitutive Bedeutg. Die Vorschr erübrigt aber jedenf bei den behördl bereits anerkannten AsylBerecht die nochmalige Überprüfg der Flüchtlingseigensch; das gleiche gilt bei einer unanfechtb Feststellg des Vorliegens der Vorauss des Abschiebeverbots gem § 51 I AuslG nach § 3 AsylVfG. Eine Bindg der ZivilGer an einen **ablehnenden** Bescheid des zust Bundesamts besteht nicht, vgl Marx/Strate/Pfaff aaO § 3 Rz 26, aM Raape-Sturm § 10 A I 3; dch die Neufassg von § 4 AsylVfG hat sich hieran nichts geändert, da AuslG 51 I mit Art 1 A Nr 2 FlüchtlingsÜbk iVm Art I des Prot v 31. 1. 67 nicht vollst übereinstimmt, vgl aber BVerwG InfAuslR **92,** 207. Auch Asylbewerber, deren Antr abgelehnt worden ist, können also trotzdem die Flüchtlingseigensch iSv Art 1 A FlüchtlingsÜbk besitzen, vgl dazu OVG NRW InfAuslR **88,** 236, BVerwG InfAuslR **91,** 305. – Eheg u mj ledige Kinder eines Asylberechtigten genießen nach § 2 I die RStellg von Flüchtlingen iS des **32** FlüchtlingsÜbk, sofern sie nach § 26 AsylVfG als AsylBerecht anerkannt sind, vgl dazu BVerwG InfAuslR **91,** 313, **93,** 152, OVG Hbg InfAuslR **92,** 267, Hess VGH InfAuslR **92,** 179; hiervon abgesehen können sie auch einen abgeleiteten Flüchtlingsstatus besitzen, vgl oben Rn 25. – Das GünstigkPrinzip nach § 2 II rechtf uU eine ergänzde Anwendg des HeimatR nach den allg kollrechtl Anknüpfgsregeln, vgl Jayme IPRax **84,** 115, Düss StAZ **89,** 282, aM Soergel-Kegel, Nachträge Anh zu EG 29 Rdz 71 c, Lass S 59 f.

Erster Abschnitt. Allgemeine Bestimmungen

§ 1. Geltungsbereich. (1) *Dieses Gesetz gilt für Ausländer, die Schutz als politisch Verfolgte nach Artikel 16a Abs. 1 des Grundgesetzes oder Schutz vor Abschiebung oder einer sonstigen Rückführung in einen Staat beantragen, in dem ihnen die in § 51 Abs. 1 des Ausländergesetzes bezeichneten Gefahren drohen.*

(2) Dieses Gesetz gilt nicht

1. *für heimatlose Ausländer im Sinne des Gesetzes über die Rechtsstellung heimatloser Ausländer im Bundesgebiet in der im Bundesgesetzblatt Teil III, Gliederungsnummer 243–1, veröffentlichten bereinigten Fassung, zuletzt geän- dert durch Artikel 4 des Gesetzes vom 9. Juli 1990 (BGBl. I S. 1354),*
2. *für Ausländer im Sinne des Gesetzes über Maßnahmen für im Rahmen humanitärer Hilfsaktionen aufgenommene Flüchtlinge vom 22. Juli 1980 (BGBl. I S. 1057), zuletzt geändert durch Artikel 5 des Gesetzes vom 9. Juli 1990 (BGBl. I S. 1354).*

§ 2. Rechtsstellung Asylberechtigter. (1) *Asylberechtigte genießen im Bundesgebiet die Rechtsstellung nach dem Abkommen über die Rechtsstellung der Flüchtlinge vom 28. Juli 1951 (BGBl. 1953 II S. 559).*

(2) Unberührt bleiben die Vorschriften, die den Asylberechtigten eine günstigere Rechtsstellung einräumen.

(3) Ausländer, denen bis zum Wirksamwerden des Beitritts in dem in Artikel 3 des Einigungsvertrages genannten Gebiet Asyl gewährt worden ist, gelten als Asylberechtigte.

§ 3. Rechtsstellung sonstiger politisch Verfolgter. *Ein Ausländer ist Flüchtling im Sinne des Abkommens über die Rechtsstellung der Flüchtlinge, wenn das Bundesamt oder ein Gericht unanfechtbar festgestellt hat, daß ihm in dem Staat, dessen Staatsangehörigkeit er besitzt oder in dem er als Staatenloser seinen gewöhnlichen Aufenthalt hatte, die in § 51 Abs. 1 des Ausländergesetzes bezeichneten Gefahren drohen.*

§ 4. Verbindlichkeit asylrechtlicher Entscheidungen. Die Entscheidung über den Asylantrag ist in allen Angelegenheiten verbindlich, in denen die Anerkennung oder das Vorliegen der Voraussetzungen des § 51 Abs. 1 des Ausländergesetzes rechtserheblich ist. Dies gilt nicht für das Auslieferungsverfahren.

6. Gesetz über Maßnahmen für im Rahmen humanitärer Hilfsaktionen aufgenommene Flüchtlinge

Vom 22. 7. 1980, BGBl I 1057

Schrifttum: Jayme, Zum Personalstatut der „Kontingentflüchtlinge", IPRax **81**, 73; Lass, Der Flüchtling im dtschen IPR 1995 S 64.

Vorbemerkung

33 Die BRep hat in den letzten Jahren iRv humanitären Hilfsaktionen Flüchtlinge aGrd Sichtvermerks der dtschen Auslandsvertretgen od aGrd v ÜbernErkl des BMI aufgenommen, zB aus Südostasien, Chile, Argentinien, Irak u Uganda. Eine Anerkenng als Asylberecht ist mit dieser Aufn nicht verbunden. Um die Eingliederg dieser sog Kontingentflüchtlinge z erleichtern, wird ihnen in § 1 I des Gesetzes v 22. 7. 80, abgeändert dch Art 5 AuslG v 9. 7. 90, BGBl 1354, die RStellg v Flüchtlingen iS des Genfer FlüchtlingsÜbk verliehen, ohne zuvor das AsylVerf dchlaufen z müssen. Das gleiche gilt für Ausl, die vor Vollendg des 16. LebensJ u vor dem Inkrafttr des G zur Neuregelg des AuslR v 9. 7. 90 am 1. 1. 1991 (vgl dessen Art 15 II) im Rahmen humanitärer Hilfsaktionen ohne AufenthErlaubn in Form des Sichtvermerks u ohne ÜbernErkl des BMI aufgenommen worden sind, § 1 II. Die Aufn eines Flüchtlings unter den genannten Vorauss hat die gleichen Folgen wie die Anerkenng als AsylBerecht nach § 2 AsylVfG; mit ihr ist insbes der **Erwerb des inländischen Personalstatuts** gem FlüchtlingsÜbk Art 12 verbunden; vgl dazu die Erläuterg auch; zur Ausdehg dieser RStellg auf FamAngeh (abgeleiteter Flüchtlingsstatus) s Rn 25, sowie Jayme IPRax **81**, 74. Zum Nachw ihrer RStellg erh die betroffenen Flüchtlinge eine **amtliche Bescheinigung**, § 2, deren Vorlage eine Überprüfg ihres Status erübrigt. Zum Erlöschen der RStellg vgl § 2a (insb dch Ann od Erneuerg des Nationalpasses). Das Gesetz ist am 1. 8. 80 in Kraft getreten, § 6. Es erfaßt von diesem Ztpkt an den in § 1 umschriebenen PersKreis, besitzt also **keine Rückwirkung** bei bereits früh aufgenommenen Flüchtlingen. Da diese idR ohnehin unter FlüchtlingsÜbk Art 1 iVm Prot Art I fallen, ist mit dem Inkrafttr ein **Statutenwechsel** regelm nicht verbunden. Dagg bewirkt die Aufn als Flüchtling nach dem 1. 8. 80 unter den in § 1 genannten Vorauss den Übergang v Staatsangehörigk- z Domizilprinzip, hat also ebso wie bei unmittelb Anwendg v FlüchtlingsÜbk Art 12 einen Statutenwechsel zur Folge.

§ 1. Rechtsstellung. (1) Wer als Ausländer im Rahmen humanitärer Hilfsaktionen der Bundesrepublik Deutschland auf Grund der Erteilung einer Aufenthaltserlaubnis vor der Einreise in der Form des Sichtvermerks oder auf Grund einer Übernahmeerklärung nach § 33 Abs 1 des Ausländergesetzes im Geltungsbereich dieses Gesetzes aufgenommen worden ist, genießt im Geltungsbereich dieses Gesetzes die Rechtsstellung nach den Artikeln 2 bis 34 des Abkommens über die Rechtsstellung der Flüchtlinge vom 28. Juli 1951 (BGBl. 1953 II S. 559).

(2) Auch ohne Aufenthaltserlaubnis oder Übernahmeerklärung genießt die Rechtsstellung nach Absatz 1, wer als Ausländer vor Vollendung des 16. Lebensjahres und vor dem Inkrafttreten des Gesetzes zur Neuregelung des Ausländerrechts im Rahmen humanitärer Hilfsaktionen der Bundesrepublik Deutschland im Geltungsbereich dieses Gesetzes aufgenommen worden ist.

(3) Dem Ausländer wird eine unbefristete Aufenthaltserlaubnis erteilt.

EG 6 *Öffentliche Ordnung (ordre public).* **Eine Rechtsnorm eines anderen Staates ist nicht anzuwenden, wenn ihre Anwendung zu einem Ergebnis führt, das mit wesentlichen Grundsätzen des deutschen Rechts offensichtlich unvereinbar ist. Sie ist insbesondere nicht anzuwenden, wenn die Anwendung mit den Grundrechten unvereinbar ist.**

Schrifttum: Jayme, Methoden der Konkretisierg des ordre public im IPR, 1989; Spickhoff, Der ordre public im IPR, 1989; ders JZ **91**, 323.

1 **1) Allgemeines. a)** Ausgangspkt eines entwickelten IPR ist es, einen RFall nach der ROrdng zu entsch, zu welcher er die engste Beziehgen hat. Der GesGeber nimmt dabei im Interesse der internatprivatr Gerechtigk, vgl Rn 1 vor Art 3, bewußt Entsch in Kauf, die von den nach dem eig Recht zu fällenden abw. Dch die kollr Verweisg auf fremdes Recht dürfen die inl Ger aber nicht zu Entsch genötigt werden, die iErg grdlegden dtschen RAnschauungen krass widerstreiten. Für solche AusnFälle schließt Art 6 (der in seinem sachl Gehalt Art 30 aF entspr, BGH **104**, 243) zum Schutz der inl öffentl Ordng **(ordre public)** die Anwendg ausl Rechts für den konkreten Sachverhalt aus. Eine solche **Vorbehaltsklausel** findet sich im IPR aller Staaten ebso wie in allen neueren StaatsVertren. Art 6 gilt nur für das KollR; entspr Vorschren enth aber auch das internat VerfahrensR, insbes ZPO 328 I Nr 4, 1041 I Nr 2, 1044 II Nr 2, FGG 16a Nr 4, Art 27 2 Nr 1 EuGVÜ; zum internat ordre public vgl zB BGH **118**, 320, BayObLG FamRZ **93**, 453. **b)** In Art 6 inkorporiert sind die ordre public-Klauseln in das EG eingearbeiteten StaatsVertrage, vgl Rn 18 vor Art 3. Dies gilt insbes für Art 7 des Haager TestamentsformÜbk vom 5. 10. 61, vgl dazu Art 26 Rn 1, für Art 16 des EG- SchuldVertrÜbk vom 19. 6. 80, vgl dazu Rn 1 vor Art 27, u Art 11 I des Haager UnterhÜbk vom 2. 10. 73, vgl dazu Art 18 Rn 1. Bei der Anwendg des im staatsvertragl Bereich sind die dafür geltden bes **Auslegungsregeln** zu beachten, vgl Rn 7 f vor Art 3, ebso Jayme, Methoden S 13. Auch die staatsvertragl VorbehKlauseln verweisen auf den ordre public des Staates des angerufenen Gerichts. Maßg ist also auch hier die dtsche öffentl Ordng, nicht etwa die and VertrStaaten. Gerade im staatsvertragl Bereich ist aber mit Rücks auf die angestrebte RVereinh von Art 6 besonders zurückhaltd Gebrauch z machen, aM v 3 Bar IPR I Rn 637. **c)** Durch Art 6 werden ausl RNormen, die dch die dtschen KollNormen für anwendb

erkl werden, in seltenen AusnFällen von der Anwendg im Inl **ausgeschlossen;** der ordre public hat also insow nur eine **negative Funktion.** Dagg wird dch Art 6 nicht die unbedingte Anwendg best zwingder Vorschr des dtschen od eines and Rechts gesichert (positive Funktion des ordre public), Triebel/Peglow ZIP **87,** 618, vgl aber die AusnVorschr des Art 34 im SchuldVertrR. Die im Entw des IPR-Gesetzes ursprüngl vorgesehene **Sonderanknüpfung zwingender Eingriffsnormen** ist in der parlamentar Beratg gestrichen worden; vgl dazu Art 34 Rn 1. Zur Anwendg dtschen Rechts als ErsatzR vgl Rn 13.

2) Voraussetzungen der Anwendung. a) Die VorbehKlausel des Art 6 ist eine die regelmäß Anknüpfg 4 dchbrechde **Ausnahmevorschrift,** die eng auszulegen ist. Ihre Anwendg setzt voraus, daß das an sich maßg ausl Recht „mit **wesentlichen Grundsätzen** des dtschen Rechts offensichtlich unvereinbar ist", also im konkreten Fall zu einem Erg führen würde, das den KernBestand der inl ROrdng antasten würde, Begr BT-Drucks 10/504 S 42. In den wesentl Grdsen des dtschen Rechts sind die in Art 30 aF enth Begre der guten Sitten u des Zwecks eines dtschen Gesetzes zusammengefaßt. Maßg für den Verstoß gg den ordre public ist daher nach wie vor, „ob das Ergebn der Anwendg des ausl Rechts zu den GrdGedanken der dtschen Regelg u der in ihnen liegden GerechtigkVorstellgen in so starkem Widerspr steht, daß es von uns für untragbar gehalten wird", BGH **50,** 376, **75,** 32, **104,** 243, NJW **91,** 1420, BGH **118,** 330, **123,** 270, vgl auch BVerfG NJW **89,** 1275, weitergehd BGH NJW **79,** 488, der zur Anwendg der VorbehKlausel „die Dchsetzg v Wertvorstellgen des GGebers über die innerstaatl Sozialordng" genügen läßt, vgl dazu Lüer JZ **79,** 174 u Wengler JZ **79,** 177. Der AusnCharakter der VorbehKlausel wird in der Formulierg des Art 6 im Anschl an die darin inkorporierten staatsvertragl ordre public-Klauseln nunmehr auch dadch hervorgehoben, daß die Anwendg der ausl RVorschr **„offensichtlich"** (manifestly, manifestement) mit der dtschen öffentl Ordng **unvereinbar** sein muß; der Verstoß gg den ordre public muß also eklatant sein. Als Prüfgsmaßstab sind die RAnschauungen zZ der richterl Entsch maßgebd, RG **114,** 171, BGH **51,** 290; desh schließt die Übereinstimmg ausl Rechts mit dem früheren dtschen RZust einen Verstoß gg den ordre public nicht aus, Jayme, Methoden S 33. Die Anwendg der VorbehKlausel ist aber grdsätzl nicht schon desh gerechtfertigt, weil das fremde Recht vor zwingden dtschen Vorschr abweicht, BGH NJW **92,** 3101, Düsss DAVorm **80,** 762. Eine **Sonderanknüpfung** inl zwingder RNormen gilt nach **Art 34** bei **Schuldverträgen.**

b) Abzustellen ist immer darauf, ob das **Ergebnis** der Anwendg ausl Rechts im **konkreten Fall** in 5 untragb Widerspr zu grdlegden dtschen GerechtigkVorstellgen stünde, vgl zB BGH **118,** 331, Saarbr FamRZ **92,** 849. Voraussetzg dafür ist, daß der Inhalt des anwendb fremden Rechts ermittelt werden kann; ist dies ausgeschl, kommt Anwendg der lex fori als ErsatzR in Betr, vgl Rn 36 vor Art 3, Heldrich Fschr Ferid (1978) 218 (keine Anwendg von Art 6 „auf Verdacht"), and BGH **69,** 387, wo beide Fragen verquickt werden, vgl dazu Jayme StAZ **80,** 304. Wo eine **Anpassung** zur Auflösg von NormWiderspr erfolgen kann, vgl Rn 32 vor Art 3, hat diese Vorrang vor Prüfg des ordre public, Kropholler Fschr Ferid (1978) 288. Art 6 kann im übr nicht nur dann anwendb sein, wenn der pos Gehalt einer ausl Vorschr den dtschen RAnschauungen widerspricht, sond ebso, wenn sich aus dem Fehlen einer ges Regelg (zB über Legitimation nehel Kinder) ein Verstoß gg den dtschen ordre public ergibt, Hann FamRZ **69,** 669 gg Hamm FamRZ **59,** 28; zur ersatzw Anwendg dtschen Rechts vgl Rn 13.

c) Bei der Anwendg von Art 6 ist große **Zurückhaltung** geboten. Der dtsche Richter darf sich nicht zum 6 Sittenrichter über fremdes Recht aufwerfen, BayObLG **69,** 70; daß eine Norm im Ursprungsland selbst als reformbedürftig gilt, erleichtert die Heranziehg von Art 6, Jayme, Methoden S 43. Die Anwendg der VorbehKlausel setzt voraus, daß der zu beurteilde Tatbestd eine **genügende Inlandsbeziehung** aufweist; die internat Zustdgk der dtschen Ger genügt allein hierfür nicht, Hamm StAZ **82,** 136. Als Anhaltspkt kann dabei neben dem gewöhnl Aufenth, MüKo-Sonnenberger Rn 74, ua die Staatsangehörigk der Beteil dienen, vgl zB RG JW **38,** 1518 (InlBeziehg verneint bei Scheidg v Sowjetrussen im Heimatstaat), BGH **28,** 375 (InlBeziehg bejaht bei dtscher Staatsangehörigk der verlassenen Braut). Die jeweils erfdl Intensität der InlBeziehg steht auch in Relation zu dem jew Gehalt der zu prüfden Norm: je krasser der Verstoß gg die dtschen GerechtigkVorstellgen, desto schwächer kann die für die Anwendg von Art 6 notw InlBeziehg sein, ebso Kropholler IPR § 36 II 2, MüKo-Sonnenberger Rn 73, abl Raape-Sturm IPR § 13 VI 4, vgl auch BGH **118,** 349, Hbg IPRspr **79** Nr 2 A, Oldenb IPRax **81,** 136. Vor allem bei Beurteilg von **Vorfragen** kann die InlBeziehg fehlen, zB bei Feststellg der Ehelichk von Kindern aus einer im Ausl nach dem HeimatR der Eheg wirks geschl Mehrehe, LG Ffm FamRZ **76,** 217; dagg würde die Eingehg der polygamen Ehe im Inl gg Art 6 verstoßen.

d) Ein wesentl Bestandt der dtschen öffentl Ordng sind die GrdRe. Der ordre public dient daher, wie 7 **Satz 2** nunm ausdrückl klarstellt, auch, aber keineswegs nur als **Einbruchstelle der Grundrechte in das IPR,** so schon BGH **60,** 68, ebso BGH FamRZ **93,** 317, vgl dazu Rn 11f vor Art 3. Dies gilt auch im SchuldVertrR, obwohl der in Art 6 eingearbeitete Art 16 des EG-SchuldVertrÜbk diese an sich überflüss Klarstellg nicht enth. Dem ordre public widerspricht aber nicht jede RAnwendg, die bei einem reinen InlFall grundrechtswidrig wäre, Begr BT-Drucks 10/504 S 44. Entsch ist vielm, ob das jew GrdR für den **konkreten** Sachverhalt Geltg beansprucht, was wesentl von den InlBeziehgen des Einzelfalls abhängt, vgl BGH FamRZ **93,** 317; keine unnöt Aufoktroyierg des GleichberechtiggsGrds gem GG 3 II bei ausl Staatsangehörigk aller Beteil, BGH **60,** 68. Bei gleichzeitigem Verstoß gg die EMRK genügt aber auch eine schwache InlBeziehg für die Anwendg von Art 6, Staud-Blumenwitz Rz 99 u 113, ähnl Ehricke EuGRZ **93,** 117. Auch soweit der GeltgsAnspr der GrdRechte reicht, verbieten sie die Anwendg ausl Rechts nur dann, wenn es im konkr Fall zu einem verfwidr **Ergebnis** führt, vgl BVerfG NJW **89,** 1275, Saarbr FamRZ **92,** 849, Hamm FamRZ **93,** 114 (abstrakter Verstoß gg GleichberechtiggsGrds reicht nicht aus, krit dazu Lorenz IPRax **93,** 148). Verweist das ausl IPR unter Verletzg von GG 3 II dch Anknüpfg an die Staatsangehörigk des Mannes auf dtsches Recht zurück, so ist dem grdsl zu folgen, weil die Anwendg dtschen SachR die Ehefr mat idR nicht benachteil. – Unter „Grundrechten" sind nicht nur die des GG, sond auch die der LänderVerfassgen u der menschenr Übk, insbes der EMRK vom 4. 11. 50, zu verstehen, vgl Begründg aaO; ferner Stöcker StAZ **81,** 16, v Bar BerGesVR **33** (1994) 207, Matscher Fschr Schwind (1993) 78.

e) Den **ordre public einer ausländischen Rechtsordnung** hat der deutsche Richter nicht zu wahren, 8 außer wenn das Recht, auf das verwiesen wird, die Rück- oder Weiterverweis verbietet, weil das von seinen KollNormen berufene Recht seinem ordre public widerspricht, vgl AG Duisb StAZ **80**, 335, Raape-Sturm IPR § 13 IX, Kegel IPR § 10 VI. Wg Verstoßes gg ein ausl VerbotsG vgl Art 34 Rn 4, 5; die in Art 34 I des RegEntw vorgesehene begrenzte Anerkenng eines ausl ordre public im Inl in der parlamentarischen Beratg gestrichen worden. Zum Verh von ordre public u EG-Recht vgl BGH **123**, 278; Martiny in: v Bar, Europ GemschR und IPR (1991) 211, Art 3 Rn 9. Für die Anerkenng eines internat ordre public im WirtschaftsR Horn RabelsZ **80**, 423, vgl auch Meessen NJW **81**, 1131, Jayme, Methoden S 51.

9   **3) Anwendungsbereich. a)** Art 6 enthält einen **allgemeinen Grundsatz**, der die gesamte Anwendg ausl Rechts in Deutschland beherrscht, zB auch des **ausländischen Kollisionsrechts** bei Prüfg einer Rück- od Weiterverweis, vgl Siehr ZBlJugR **80**, 674 (betr GG 3 II, vgl dazu aber auch Rn 7), Wolfsteiner DNotZ **87**, 85. Die Ausschaltg gleichberechtiggswidr fremder KollNormen wg Verstoßes gg den dtschen ordre public setzt aber wie immer voraus, daß ihre Anwendg im konkreten Fall zu einem untragb Erg führt, v Bar IPR I Rn 634 u 636, Kartzke IPRax **88**, 11, vgl dazu Rn 4, 5; die bloße Verweis auf MannesR reicht also für die Anwendg von EG 6 nicht aus; erfdl wäre, daß die zur Anwendg berufene ROrdng die Frau mat unerträgl **10** benachteil; prakt kommt dies nur bei Weiterverweisg in Betr. **b)** In versch KollNormen wird dtsches Recht in best Umfang unbedingt, insbes Art 13 III u 34, od bei Vorliegen gewisser Voraussetzgen ergänzd für anwendb erkl, insbes Art 13 II, 17 III, 18 II, 23, 24 I, 38, AGBG 12 u BörsenG 61. Im Rahmen dieser bes VorbehKlauseln ist für die Anwendg des Art 6 kein Raum, da die dtsche öffentl Ordng bereits dch die Verweis auf dtsches Recht gewahrt ist; für AGBG 12 aM Landfermann AWD **77**, 445, Kropholler RabelsZ **78**, 651, Otto, AGB u IPR (1984) 218; wenn die genannten SonderVorschren tatbestandsmäß nicht erfüllt **11** sind, bleibt Art 6 jedoch anwendb, vgl zB Reithmann/Martiny Rz 454. **c)** Soweit das dtsche IPR auf **Staatsverträgen** beruht, müssen diese selbst einen Vorbehalt zG des ordre public enth; nur soweit dieser reicht, kann das zur Anwendg berufene ausl Recht wegen Unvereinbark mit der dtschen öffentl Ordng im Einzelfall ausgeschl werden, vgl dazu BGH FamRZ **93**, 316, 1053, Saarbr FamRZ **92**, 849, Hamm FamRZ **93**, 111 (sämtl zum dtsch-iran NiederlassgsAbk v 17. 2. 29, vgl dazu Rn 53 Anh z Art 24). Wegen der in **12** Art 6 inkorporierten staatsvertragl ordre public-Klauseln s Rn 2. **d)** Die VorbehKlausel wie auch im **innerdeutschen** KollisionsR zu beachten, vgl BGH NJW **89**, 1352, KG FamRZ **75**, 54. Mit dem EiniggsV v 31. 8. 90 ist aber für die Anwendg von Art 6 grdsl **kein Raum** mehr, vgl dazu BGH **127**, 204, 309, aM Dresd DtZ **93**, 345, Drobnig DtZ **94**, 90, Horn AcP **94**, 195, Lipp OLG-NL **95**, 242, offen lassd KG FGPrax **95**, 158. Soweit er die Weitergeltg des DDR-Rechts vorsieht, müssen dessen Vorschr auch im Rahmen von Art 6 toleriert werden; diese Best wird insow dch den EiniggsV überlagert, vgl Art 3 II 1. Da es sich um eine ggwärtige Anwendg dtschen Rechts dch dtsche Gerichte handelt, muß das fortgeltde DDR-Recht aber mit den grdlegden Wertgen des dtschen Rechts, insbes mit den tragden verfassgsr Wertgen des **Grundgesetzes** in Einklang stehen, vgl BGH **117**, 35 (verfassgskonforme Auslegg), BGH NJW **93**, 2532, BGH **124**, 277, **126**, 91, **127**, 204 („Ausstrahlgswirkgen des verfassgsr Wertewandels auf die intertemporale Anwendg der ROrdng der ehemaligen DDR"), BGH ZEV **95**, 226, Horn DWiR **92**, 46, s aber auch BVerfG DtZ **93**, 309, aM Drobnig DtZ **94**, 90; es wird desh auch von den elementaren RPrinzipien der guten Sitten, Dresd NJ **93**, 228, u von Treu und Glauben überlagert, BGH NJW **93**, 261, 1859, **94**, 1796, DtZ **94**, 340, deren Geltg im DDR-Recht sich auch aus Leitsatz A I 2 des Gemeins Prot über Leitsätze zum StaatsVertr über die Schaffg einer Währgs-, Wirtsch- u Sozialunion v 18. 5. 90, GBl I 339 ergibt, BGH aaO, vgl dazu auch BGH DtZ **93**, 210, **94**, 340, NJW **94**, 656 (Berufg auf Formmangel), BGH **126**, 104 (Berufg auf Verj); auf diese Weise sind insbes die Grdse über den Wegfall der GeschGrdl zu beachten, BGH NJW **93**, 261, 1859, **94**, 261, 2690, FamRZ **95**, 546, BGH **127**, 217, einschränkd Dresd FamRZ **94**, 709, DtZ **95**, 24, vgl dazu Fischer IPRax **93**, 387, Oetker JZ **93**, 1164, Drobnig DtZ **94**, 90, Leipold JZ **95**, 833; Vorschr, die auf spezifisch sozialistischen Wertgen u Grdsen beruhen, bleiben unberücksichtigt, BGH NJW **93**, 2531, BGH **124**, 277, Oetker JZ **92**, 613, s auch BVerfG DtZ **93**, 309 (Bedeutgswandel), KG ZIP **94**, 1817.

13   **4) Folge der Anwendung.** Dch Art 6 wird idR ein ausl RSatz im Einzelfall von der Anwendg im Inl ausgeschl; das ausl Recht bleibt jedoch im übr anwendb. Entsteht dch die Ausschaltg der ordre publicwidrigen Vorschr eine regelsbedürftige Lücke, so ist auch diese nach Möglk aus dem anzuwendenden ausl Recht zu schließen, BGH FamRZ **93**, 318, Hamm FamRZ **93**, 115; finden sich darin keine passenden Vorschren, so ist hilfsw **deutsches** Recht als Ersatzrecht anzuwenden, Ferid IPR Rz 3–34; dies gilt insbes bei Anwendg von Art 6 wg Fehlens einer Regelg, vgl Rn 5; für stärkere Berücksichtigg der lex fori v Bar IPR I Rn 641.

14   **5) Einzelfälle aus der gerichtlichen Praxis.** Dch die Neufassg der VorbehKlausel in Art 6 ist keine Änderg des sachl RZust ggü Art 30 aF eingetreten. Die früh Rspr, wonach ausl Recht nicht schlechthin wg Verstoßes gg GG 3 II unanwendb sei, BGH **42**, 7, **54**, 132, BayObLG **69**, 70, ist aber dch die Entsch des BVerfG **31**, 58 überholt, vgl dazu Rn 11 f vor Art 3 u zu den erforderl InlBeziehgen oben Rn 7. Mit diesem Vorbeh ist die Aussagekraft der früh Judikatur erhalten geblieben; Eingreifen von Art 6 (Verstoß gg dtschen ordre public) bejaht = ja, verneint = nein.

15   **a) Allgemeiner Teil des IPR.** Beseitigg der **Adelsprädikate** nach ausl Recht, auch wenn sie sich im wesentl gg dtsche Minderh richtet: nein, BVerfG NJW **60**, 452, BayObLG **60**, 418 (Deutsch-Balten), BVerwG StAZ **81**, 277, BayVGH StAZ **89**, 77, Bungert IPRax **94**, 110, vgl aber ErgG z NamensÄndG v 29. 8. 61, BGBl 1621 u dazu Art 10 Rn 10; Ann eines Adelsnamens dch Namensänderg: nein, Hdlbg IPRax **89**, 52; Eintragg ausl Adelsprädikate als solcher in dtsche PStBücher: ja, BayObLG StAZ **91**, 44; beliebige Namensänderg dch einfache Erkl LG Stgt StAZ **92**, 348; Fortführg des **Firmennamens** des in der DDR enteigneten Betriebes, falls Unternehmen in BRep vom bisherigen Inh unter dem alten Namen fortgeführd wird: ja, BGH **LM** § 12 Nr 18, vgl dazu Anh II zu Art 38 Rn 14. **Selbstkontrahierungsrecht** in weiterem Umfang als § 181: nein, RG JW **28**, 2013; Fristunterschiede bei **Verjährung**: nein, RG **151**, 201; Unverjährbark nach schweiz Recht: ja, RG **106**, 82, krit Spickhoff aaO 166.

16   **b) Internationales Schuldrecht.** Abweichg von SchutzBest des fr **Abzahlungsgesetzes**: nein, Celle RIW **93**, 588, ja, RG JW **32**, 592, AG Lichtenfels IPRax **90**, 235, aM Lüderitz ebda 218, vgl auch v Hoffmann

RabelsZ **74**, 396; **Anpassung** einer Fdg an die **Geldentwertung:** nein, BGH NJW **93**, 1802; Fehlen einer dem § 817 S 2 entspr **bereicherungsrechtlichen** Vorschr: nein, BGH NJW **66**, 730; Inanspruchn eines **Bürgen** gem § 765 nach entschädiggsloser Enteigng seiner Anteile am Hauptschuldner dch ausl Staat, welcher den BürgschGläubiger beherrscht: ja, BGH **104**, 240, krit Sonnenberger EWiR **88**, 675, Behrens IPRax **89**, 217, Schwung RIW **89**, 482; **Devisenbestimmungen** der früh DDR od CSSR: nein, Celle FamRZ **81**, 200, Ffm IPRspr **86** Nr 119, vgl auch BGH NJW **90**, 2198, Stgt NJW **90**, 197, aM Hildebrand ROW **81**, 123; fristloses KündR hins **Dienstvertrag** ohne wicht Grd: nein, BAG AWD **75**, 521; vertragl Verz auf Kündiggsschutz: ja, BAG NJW **79**, 1120; **Direkthaftung** eines Beamten für hoheitl Handeln: nein, BGH **123**, 268, Heß IPRax **94**, 15; Vereinbg eines Erfolgshonorars mit ausl Anw: nein, BGH **22**, 162, **44**, 190, NJW **92**, 3101, Zweibr IPRspr **77** Nr 174; bei Vereinbg mit einem in EntschSachen zu Vertretg berecht früheren dtschen Anw: ja, BGH **51**, 290; zG der Durchsetzg v § 2 I 1 VO z § 34c **Gewerbeordnung:** ja, Hamm NJW **77**, 1594 (abzulehnen, da Inhalt des anwendb ausl Rechts überh nicht geprüft, vgl dazu Dörner NJW **77**, 2032, Ahrens AWD **77**, 782, Reithmann Fschr Ferid (1988) 368); formloser InlandsKaufvertr über ausl **Grundstück:** nein, RG **63**, 18; umgekehrt: nein, RG **121**, 154; Verstoß gg **Haftungsausschluß** der RVO 636, 637: ja, BGH **123**, 275 (krit Basedow IPRax **94**, 85, Haas ZZP **95**, 219); Abweichg von Schutz-Best des **HaustürwiderrufsG:** ja, LG Bambg NJW-RR **90**, 694, Celle RIW **91**, 423, dahingestellt AG Lichtenfels IPRax **90**, 235, nein, Hamm NJW-RR **89**, 496, LG Düss NJW **91**, 2220, RIW **95**, 416, Stade IPRspr **89** Nr 39, Hildesh IPRax **93**, 173, vgl dazu Taupitz BB **90**, 650; Nichtzulassg des Einw des **Rechtsmißbrauchs** nach ausl Recht: ja, LG Ffm NJW **81**, 56, SozG Stgt FamRZ **92**, 235 (Verwirkg); bei pauschaliertem **Schadensersatz** aGrd von gerichtl Schätzg: nein, BGH **75**, 167; bei immat SchadErs: nein, Heilbr RIW **91**, 343; Ersatzfähigk fiktiver Behandlgskosten: nein, BGH **118**, 331; StrafschadErs (punitive damages) von nicht unerhebl Höhe neben Ersatz für mat u immat Schäden: ja, BGH **118**, 312 (betr VollstreckbErkl) mwN, vgl dazu Koch NJW **92**, 3073, Schack ZZP **93**, 104, Deutsch JZ **93**, 266, Bungert ZIP **92**, 1707, **93**, 815, Schütze RIW **93**, 139, Koch/Zekoll IPRax **93**, 288, zur KlZustellg Düss NJW **92**, 3110, Mü NJW **92**, 3113, KG OLGZ **94**, 587, BVerfG RIW **94**, 769, **95**, 320, Frank/Diedrich ZIP **94**, 1830, Merkt, Abwehr der Zustellg punitive damages-Klagen, 1995; Vereinbg einer **Vertragsstrafe** für den Fall des Unterbleibens einer Eheschl: ja, Waldshut-Tiengen IPRspr **79** Nr 17; zG der Herabsetzg übermäßiger VertrStrafen: ja, Hbg OLG **6**, 231, vgl dazu Rau AWD **78**, 23.

c) Internationales Sachenrecht. Enteignung: ohne Entschädigg: grdsl ja, BGH **104**, 244 (vgl dazu **17** oben Rn 16), and aber, wenn auf Territorium des enteignenden Staates beschr, BVerfG NJW **91**, 1600, krit Leisner ebda 1571 (vgl dazu Anh II z Art 38 Rn 13); die Überprüfg der entschädiggslosen Enteigng dtschen Verm im Ausl währd u nach dem 2. Weltkrieg gem Art 30 aF ist dch AHKG 63 u dch Teil VI Art 3 ÜberleitsVertr ausgeschl, vgl BGH NJW **57**, 217; zur Frage der Anerkenng völkerrechtswidr Enteignung vgl Anh II zu Art 38 Rn 13; bei Hinn derart EnteignsMaßn fremder Staaten im Rahmen dtschen Lasten-Ausgl: nein, BVerwG MDR **79**, 166; Steuerpfändg u Verwertg nach ZwangsvollstrR der DDR: nein, BGH NJW **89**, 1352 (gg KG NJW **88**, 341), vgl dazu Armbrüster/Jopen ROW **89**, 332, Kreuzer IPRax **90**, 365; zG des dtschen **Faustpfandprinzips** (ggü franz RegisterPfandR): nein, BGH **39**, 177; **Schatzregal** eines ausl Staates: nein, Schlesw NJW **89**, 3105; zG der dtschen PublizitätsVorschr über das **Schiffspfandrecht:** nein, BGH NJW **91**, 1418 entgg RG **80**, 129, vgl auch Brem IPRax **92**, 324.

d) Internationales Familienrecht. Vgl dazu Jayme StAZ **80**, 301; Weitz, InlBeziehg u ordre public in **18** der dtschen Rspr zum int FamR, 1981; Griesbeck FamRZ **83**, 961; Spickhoff JZ **91**, 323.

aa) Verlöbnis. Versagg des **Kranzgeldanspruchs** für verlassene Braut: ja, BGH **28**, 385 (abzulehnen), **19** nunmehr aufgegeben dch BGH **62**, 282; Vertragsstrafe bei Scheitern der Eheschl: ja, Bochum FamRZ **90**, 883.

bb) Ehe. Verneing der Wirksk einer **Stammesehe** zw Dtschem u Nigerianerin: ja, Mü StAZ **93**, 151 (bei **20** langem ZusLeben), Bungert ebda 144; **Erschleichen** ausl EheschlForm dch verdeckte StellVertr: nein, Karlsr StAZ **94**, 287. Wenn als Grd einer **Eheanfechtung** nur Irrtum über die Identität der Pers zul ist: nein, RG HRR **30**, 1736; **Ehehindernis** der Religionsverschiedenh (israel R) bei starker Inlandsbeziehg: ja, BGH **56**, 180, Hamm NJW **77**, 1596, vgl auch Kblz NJW-RR **94**, 647; **Ehemündigkeit** einer Frau mit 15 Jahren: nein, KG FamRZ **90**, 46, mit 14: nein, AG Tüb ZfJ **92**, 48, krit Coester ebda 141; GenErfordernis für Heirat mit Ausl: ja, AG Bad Wildungen StAZ **90**, 170; span **Eheverbot** der höheren Weihen: ja, Hamm OLGZ **74**, 103; bei Eheverbot nach malaysischem Recht trotz einer im Inl vollz Geschlechtsumwandlg: ja, AG Hbg StAZ **84**, 42; Vertr über **Morgengabe** nach iran Recht: ja, LG Kln IPRspr **80** Nr 83 (abwegig); wenn die Ehefr nach dem maßg HeimatR bei Heirat nicht den **Namen** des Mannes erwerben kann: nein, KG NJW **63**, 52, Hbg StAZ **70**, 53, Ffm OLGZ **76**, 286, Hamm StAZ **79**, 170; wenn die Eheg sonst unterschiedl Ehenamen führen: nein, Hamm OLGZ **81**, 187; **gesetzliche Vertretung** der Ehefr dch ihren Mann: ja, LG Bln FamRZ **93**, 198; **Nichtigerklärung** einer lange bestehden Ehe wg Eheschl vor einem örtl unzust StBeamten: nein, Celle NJW **63**, 2235 (abzulehnen); **Unauflöslichkeit** der Ehe: nein, BGH **41**, 147, **42**, 11, Karlsr NJW **73**, 425, Hamm FamRZ **75**, 630; im Ausland geschlossene **Mehrehe,** die nach dem HeimatR der Eheg gestattet ist: nein, VG Gelsenkirchen FamRZ **75**, 338, LG Ffm FamRZ **76**, 217, BVerwG **71**, 228, BFH Betr **86**, 1262, OVG NRW IPRax **85**, 351, Hamm StAZ **86**, 352, implizit auch Düss FamRZ **93**, 189, vgl dazu Cullmann FamRZ **76**, 313, Spickhoff JZ **91**, 326; Behandlg im Ausland formgültig geschl Mehrehe als Nichtehe: nein, BGH FamRZ **91**, 303, als gültig u daher zu scheiden: nein, BayObLG **93**, 225.

cc) Ehescheidung. Zulassg eines Antr auf ger **Ehetrennung,** bevor die Eheg ein Jahr getrennt leben: **21** nein, Bambg FamRZ **79**, 514; Zuweisg der **Ehewohnung** an den gesch Ehemann: ja, KG FamRZ **89**, 74; Fehlen einer Zuweisgregelg überh: ja, AG Recklingh FamRZ **95**, 677; **Fortbestand** einer in Dtschland gesch Ehe nach dem HeimatR eines Verl, der in Dtschland eine neue Ehe schließen will: ja, BGH NJW **72**, 1619, **77**, 1014, Hbg IPRspr **77** Nr 54, nein, Mü IPRax **88**, 356 (vgl dazu jetzt Art 13 II); **Privatscheidung/Verstoßung,** vgl dazu Bolz NJW **90**, 620, Lüderitz Fschr Baumgärtel (1990) 337, Spickhoff JZ **91**, 328, Beitzke IPRax **93**, 231; talaq-Scheidg nach islamischem Recht: ja, AG Mü IPRax **82**, 250 (aM Jayme ebda), Ffm IPRax **89**, 237 – nein, Stgt NJW **71**, 994, Mü IPRax **89**, 241, Kblz FamRZ **93**, 563, Hamm IPRax **95**,

175, die mit Recht darauf abstellen, ob im Einzelfall auch Scheidg nach dtschem Recht mögl, zust Jayme IPRax **89**, 223, Beitzke IPRax **93**, 233, Henrich IPRax **95**, 166, offen gelassen KG NJW-RR **94**, 199; Verstoßg einer dtschen Frau gg ihren Willen dch PrivScheidg im Ausland nach ägypt Recht: ja, BayObLG IPRax **82**, 104; wenn diese einverst ist: nein, Ffm NJW **85**, 1293, Kblz NJW-RR **94**, 647, zust Henrich IPRax **85**, 48, Krzywon StAZ **89**, 104; Verstoßg marokk Frau dch marokk Mann, wenn Ehe gescheitert: nein, JM NRW StAZ **92**, 46; einverständl thailänd PrivScheidg eines dtschen Mannes mit Wohns im Inl: ja, JM NRW IPRax **82**, 25; Mißbrauch einer Vollm zur Dchführg einer PrivScheidg: ja, BayObLG **77**, 180; (zur Frage der Wirksk von PrivScheidgen vgl Art 17 Rn 35–37, ferner Beule StAZ **79**, 29); **Scheidungsstrafen:** ja, KG JW **38**, 2750, nein: Ffm FamRZ **92**, 1183 (betr Ersatz immat Schad); **Verschuldensgrundsatz** nach ausl ScheidgsR: nein, BGH NJW **82**, 1940, Oldbg FamRZ **90**, 632; fehlder **Versorgungsausgleich** nach schweiz Recht: nein, Ffm FamRZ **83**, 728.

22 **dd) Kindschaft. Adoption:** generelle Unzulässigk der **Adoption** nach iran Recht: ja, AG Hagen IPRax **84**, 279 (zur Unzulässigk bei ReligionsVerschh Otto StAZ **93**, 45); Unzulässigk einer Volladoption: nein, Göttingen FamRZ **81**, 207; Kinderlosigk als Voraussetzg einer Adoption: nein, AG Weilheim IPRax **82**, 161, ja, AG Recklinghausen IPRax **82**, 205, AG Siegen IPRax **93**, 184, zust Schnabel ebda 169; Adoption mit schwacher Wirkg: ja, AG St. Ingbert StAZ **83**, 317, zust Jayme IPRax **84**, 43 (zu weitgehd, wie hier Wohlgemuth ROW **88**, 90, vgl auch BayVGH StAZ **89**, 289); wenn leibl Mutter bei Stiefkindadoption die elterl Sorge verliert: ja, AG Wolfsburg IPRax **84**, 44; bei Entbehrbk der Einwilligg der Mutter: nein, LG Ffm StAZ **95**, 75; Nichtberücksichtigg des Kindeswohls: ja, Hess VGH FamRZ **94**, 956; Fehlen einer der

23 **Ehelicherklärung** auf Antr des Kindes nach §§ 1740 ff entspr Regelg: nein, KG FamRZ **87**, 859; Versagg des Status der **Ehelichkeit** des Kindes einer verh Mutter aGrd der tats Verhältn: nein, BGH FamRZ **86**, 984, vgl auch Hamm StAZ **82**, 136 (frz Recht); Begr der ehel Abstammg dch Registrierg (türk R): nein, BGH NJW-RR **87**, 147; **Ehelichkeitsanfechtung:** Geltendmachg ohne bes Verf: nein, AG Bielefeld FamRZ **63**, 458; Versagg od Einschränkg eines EhelichkAnfechtsgR zG des Kindes: nein, AG Regensb DAVorm **76**, 143, KG DAVorm **77**, 525, OLGZ **77**, 452, Düss DAVorm **79**, 142, Ffm StAZ **81**, 112; ja: LG Stgt DAVorm **76**, 146, Mü DAVorm **79**, 859, AG Hbg DAVorm **85**, 423, Nürnb NJW-RR **86**, 301 (bei starker InlBeziehg), vgl dazu Rauscher DAVorm **85**, 619; das Problem hat sich nunm weitgehd erledigt dch Art 19 I S 4, vgl Jayme, Methoden S 21; kürzere Frist für die EhelichkAnf: nein, BGH **75**, 32 (Tschechoslowakei), Düss FamRZ **73**, 311 (Italien), Mü DAVorm **84**, 328 (Ägypten), AG Waldkirch IPRspr **85** Nr 81, Karlsr IPRspr **86** Nr 72 (Griechenland), AG Mannheim IPRax **93**, 311 (Jugoslawien); Unmöglk der **Einbenennung:** nein, AG Hbg FamRZ **71**, 48; Verlangen der **Herausgabe** eines Kindes dch seinen Vater nach italien Recht: nein, BGH **54**, 123, **88**, 113, BayObLG **69**, 70, nach poln Recht: uU ja, Hamm IPRax **93**, 104 (bei Verletzg des Kindeswohls),

24 vgl dazu Dörner ebda 87; Unzulk einer **Legitimanerkennung** nach islam Recht zu einem scheinehel Kind: nein, AG Flensb StAZ **81**, 199; **Legitimation:** wenn ausl Recht Legitimation dch nachf Ehe überh nicht kennt: ja, BGH **69**, 387, Karlsr FamRZ **70**, 251, Hann StAZ **74**, 273, Kln StAZ **77**, 106, **79**, 241, ZBlJugR **77**, 93, StAZ **78**, 244, AG Bochum DAVorm **78**, 815, AG Freib StAZ **81**, 149, AG Hann StAZ **82**, 72, Zweibr IPRax **83**, 43, vgl dazu Wengler ebda 28, Ffm OLGZ **84**, 138 (anders wenn Legitimation im Einzelfall nicht dem Kindeswohl entspr, Ffm OLGZ **85**, 5, was nicht gg GG 6 verstößt, BVerfG NJW **89**, 1275, aM Siehr IPRax **89**, 287, oder wenn Legitimationswirkgen auf and Weg erreichb, BGH **55**, 188, LG Bielefeld StAZ **79**, 16, KG NJW **82**, 528, BayObLG **87**, 210, AG Hbg DAVorm **87**, 286 mAv Klinkhardt; zu weitgehd AG Hbg DAVorm **77**, 775, das EG 30 aF schon dann anwendet, wenn Legitimationsstatut VaterschAnerk vor od bei der Eheschl verlangt); bei Ablehng der Legitimation von Ehebruchskindern dch nachf Ehe, sofern die Familie seit langem in Dtschland wohnt (starke InlBeziehg): ja, BGH **50**, 375, Hbg StAZ **73**, 72, Celle NJW **72**, 397, Karlsr FamRZ **72**, 651, Hann StAZ **77**, 314, **78**, 245, Aach StAZ **83**, 347, KG StAZ **94**, 193, s auch Beitzke Fschr Kegel (1977) 100; Ausschl der Legitimation bei Offenlegen des illegitimen Abstammg: ja, LG Freib Just **82**, 294, vgl auch Ffm IPRax **84**, 220; bewußt wahrheitsw VaterschAnerkenng u dadch bewirkte Legitimation dch nachf Eheschl ohne Zust des Kindes: ja, Düss FamRZ **73**, 213, vgl auch BGH **64**, 19, Celle OLGZ **72**, 93,

25 Ffm FamRZ **73**, 468, aM noch LG Freib JZ **56**, 253, FamRZ **65**, 622; wenn **Sorgerecht** für Knaben ab 3., für Mädchen ab 8. LebensJ allein dem Vater zusteht (iran Recht): uU ja, BGH FamRZ **93**, 316 (bei Verletzg des GrdR des Kindes auf Entfaltg seiner Persönlichk), FamRZ **93**, 1054 (nicht wg Benachteiligg der Mutter), vgl dazu Henrich IPRax **93**, 83, Spickhoff JZ **93**, 210, Wolf FamRZ **93**, 874, Berger LM Nr 3, Rauscher JR **94**, 184; and dagg noch Ffm FamRZ **91**, 730, im Einzelfall auch Ffm FamRZ **80**, 79, Celle IPRax **89**, 390 (krit Coester IPRax **89**, 236), FamRZ **90**, 656, Brem FamRZ **92**, 344, Saarbr FamRZ **92**, 848; bei insof fast gleichem irak Recht: ja, KG NJW **68**, 361; bei syr Recht: ja, LG Hann NJW **72**, 1625 (dagg enth die ähnl Regelg des hanefit Rechts in Ägypten nach BGH **54**, 132 als solche keinen Verstoß gg den dtschen ordre public, ebso AG Solingen FamRZ **82**, 738, Stgt DAVorm **86**, 556; ähnl erblickt Saarbrücken NJW **66**, 308 in der Belassg der elterl Gew beim Vater nach Ehescheidg keinen Anwendungsfall von EG 30 aF; diese Auffassg ist dch BVerfG **31**, 58 überholt, vgl dazu Rn 11 f vor Art 3; Verstoß gg ordre public bei der entspr Regelg des algerischen, jordanischen od tunesischen Rechts daher mit Recht bejaht von Ffm IPRspr **81** Nr 110, Karlsr FamRZ **92**, 1465, Düss FamRZ **94**, 644, vgl dazu auch BGH FamRZ **93**, 316, 1053); Stichentscheid des Vaters nach türk Recht, ja: BGH DAVorm **92**, 354, AG Eschwege FamRZ **95**, 565, Henrich IPRax **89**, 312; Verknüpfg von SorgeRRegelg mit Religionszugehörigk: ja, Hamm FamRZ **90**, 781 (vgl dazu Klinkhardt IPRax **91**, 174); zG der Unverzichtbark des Rechts der Eltern auf pers **Umgang** mit dem Kind: ja, KG DJZ **31**, 365; ausschl

26 Übertragg den AnfR hins rechtskr **Vaterschaftsfeststellung** auf den Staatsanwalt nach dem Recht der DDR: ja, KG FamRZ **75**, 54; Unzulässigk der Feststellg der nehel Vatersch nach dem HeimatR des Mannes bei ausl UnterhStatut u geringen Inlandsbeziehgen: nein, BGH **63**, 219; Feststellg eines Zahlvaters: ja, AG Hbg-Wandsbek DAVorm **82**, 706; VaterschFeststellg ohne medizin Abstammgsgutachten: nein, LG Hbg FamRZ

27 **93**, 981; alleiniges Recht des Vaters, den **Vornamen** des Kindes zu bestimmen: nein, LG Wuppt StAZ **73**, 305, Krüger StAZ **82**, 39; Koppelg der Vornamengebg mit der kirchl Taufe: ja, LG Kln StAZ **76**, 82; Einschränkgen der Namenswahl dch ausl HeimatR: nein, LG Bln StAZ **83**, 348; Statthaftigkeit eines geschlechtsneutralen Vornamens: nein, Düss StAZ **89**, 280 (zur Anwendg v EG 30 aF bei der Wahl des Vornamens vgl Dörner IPRax **83**, 287).

ee) Unterhalt. Zulassg eines Verzichts auf **Kindesunterhalt** für die Zukunft: ja, Koblenz IPRax **86**, 40, **28** Celle FamRZ **91**, 599; Abgeltg aller UnterhAnspr eines ehel Kindes dch Hinterlegg eines Geldbetrages: ja, Kblz NJW-RR **90**, 264; AbfindgsVertr zw Vater u nehel Kind: nein, Paderb DAVorm **93**, 99; Verneing des UnterhAnspr des nehel Kindes gg den Erzeuger: ja, LG Stgt JW **32**, 1415, nein, LG Düss MDR **54**, 615 (nicht überzeugt); Herabsetzg des UnterhBedarfs eines Kindes auf die Hälfte: ja, AG Stgt DAVorm **86**, 737; Bejahg der UnterhPflicht des Stiefvaters: ja, LG Düss FamRZ **91**, 581 mit abl Anm v Gottwald; Fehlen einer **Prozeßkostenvorschußpflicht:** nein, Düss FamRZ **78**, 908, AG Düss IPRspr **79** Nr 41; Verpfl zu **rückwirkender** UnterhLeistg: nein, Düss DAVorm **80**, 762; Verneing eines UnterhAnspr der Ehefr nach **Scheidung:** ja, Düss FamRZ **95**, 885 (bei Versorgg mj Ki), nein, Ffm FamRZ **81**, 1191, Karlsr IPRspr **85** Nr 69b, FamRZ **89**, 749, 1312, vgl dazu Griesbeck FamRZ **83**, 961, Henrich IPRax **87**, 123; zeitl Befristg seiner Geltendmachg: nein, Brschw NJW-RR **89**, 1097; UnterhPfl des ehel Vaters ohne **Selbstbehalt:** ja, AG Hbg IPRax **86**, 178, nein, Stgt DAVorm **93**, 195; Abhängigmachen des Anspr der Ehefr auf **Trennungsunterhalt** von einem TrenngsUrt (Italien): uU ja, LG Darmstadt NJW **62**, 1162, nein, SchlHOLG SchlHA **79**, 38; oder von sehr viel engeren Voraussetzgn als nach § 1361: ja, Oldenb IPRax **81**, 136 (bei starker InlBeziehg), AG Altena IPRax **81**, 182, vgl dazu Griesbeck FamRZ **83**, 961; Verneing von UnterhAnspr des getrennt lebden Ehem: nein, Bremen FamRZ **80**, 570, vgl dazu Kotzur, Kollisionsr Probleme christl-islam Ehen (1988) 151.

ff) Sonstiges. Verpfl der Ehefr zur **Abtreibung:** ja, Stgt FamRZ **87**, 700; Anerkenng der **Geschlechts-** **29** **umwandlung** nach ausl Recht: ja, Präs Hamm StAZ **74**, 69 (überholt dch TranssexuellenG v 10. 9. 80, BGBl 1654).

e) Internationales Erbrecht. Benachteiligung **weiblicher** gesetzl Erben nach islam Recht: nein, **30** Hamm FamRZ **93**, 111, LG Hbg IPRspr **91** Nr 142, aM Lorenz IPRax **93**, 148, Dörner IPRax **94**, 35; **Genehmigungserfordernis** für Vermächtniserwerb dch Körpersch: nein, Celle ROW **89**, 442; ges ErbR der **Lebensgefährtin:** nein, BayObLG NJW **76**, 2076; Versagg des **Pflichtteilsanspruchs:** nein, RG JW **12**, 22, Kln FamRZ **76**, 170, krit Dörner IPRax **94**, 363; Schlechterstellg eines naziverfolgten Beteil ggü dtschem ErbR dch Anwendg allgemeinen ausl ErbR in **Rückerstattungsfällen:** nein, Hamm NJW **54**, 1731; **rückwirkende** Anwendg neuen ErbR: nein, BayObLG **81**, 145; Notwendigk der Zust des **Testamentsvollstreckers** zu VerpflGeschäften über NachlGgstände: nein, BGH NJW **63**, 46.

f) Internationales Handels-, Wettbewerbs-, Arbeits- und Wirtschaftsrecht. Fehlen von dem dtschen **31** Standard entspr **Arbeitsschutzvorschriften:** nein, BGH GRUR **80**, 858 (im Rahmen von § 1 UWG), vgl dazu Katzenberger IPRax **81**, 7; falls ausl Recht den **Differenzeinwand** des § 764 nicht kennt: nein, BGH RIW **91**, 420, NJW-RR **93**, 1520, Ffm NJW-RR **93**, 306 (bei professioneller Spekulation), and noch BGH NJW **79**, 488, **81**, 1898, WPM **87**, 1154, Kln IPRspr **79** Nr 12, Ffm WPM **86**, 701, vgl dazu auch Düss RIW **90**, 401, LG Ffm NJW-RR **92**, 109; **Einfuhr- u ZollBest:** uU ja, Hbg RIW **94**, 687; **Frauenbeschäftigungsverbot:** nein, LAG Kln IPRspr **82** Nr 40; Anerkenng einer englischen **Handelsgesellschaft** (Limited) mit geringem Haftgskapital: nein, Hbg RIW **88**, 816 (abw LG Hbg IPRspr **86** Nr 17); Ausschl des AusgleichsAnspr des **Handelsvertreters:** HGB 89b: nein, BGH NJW **61**, 1061, LG Ffm IPRax **81**, 134, dazu Martiny ebda 118, Hepting RIW **89**, 342, Spickhoff aaO 188, Wegen WiB **94**, 256; Fehlen von **Kündigungsschutz** zu Beginn des ArbVerh: nein, BAG Betr **90**, 1668; unterschiedl KündSchutz versch Gruppen von ArbN: nein, LAG Mü IPRax **92**, 97, vgl dazu Däubler ebda 82; fehlder Bestandsschutz wie nach BGB 613a: nein, BAG IPRax **94**, 129, LAG Kln RIW **92**, 935; **Mitbestimmungsregelung** anläßl grenzüberschreitder Fusion: nein, BGH AWD **82**, 353, vgl auch Großfeld/Erlinghagen JZ **93**, 222 (zu weitgehd); bei Verstoß gg Vorschr des GWB zur Nichtigk von **Preisbindungsklauseln:** ja, LG Ffm AWD **74**, 629; Abhängigk eines **Provisionsanspruchs** vom Fortbestehen eines ArbeitsVerh: nein, BAG NJW **85**, 2910; unbeschr bei **Reederhaftung:** nein, Hbg RIW **95**, 680; Verpfl zu **Schmiergeldzahlung** zur Erlangg eines Löschplatzes in ausl Hafen: nein, Hbg IPRspr **79** Nr 2 A; Nichtigk einer Schmiergeldvereinbarg nach ausl Recht: nein, Hbg NJW **92**, 635; Gründg einer JP nach liechtenstein Recht zZw der **Steuerhinterziehung:** nein, BGH WPM **79**, 692; Verstoß ausl RVorschr gg die zwingden Verpfl des **Verfrachters** in HGB 662: nein, Hbg IPRspr **78** Nr 36 A; Beschränkg der Höchsthaftg des Verfrachters: nein, Hbg VersR **82**, 1097; Verstoß gg Vorschr des **Warenzeichengesetzes** z Bindg der Marke an den GeschBetr: ja, BGH **100**, 26; ausl **Wettbewerbsvorschriften,** die auf milderen Maßstäben beruhen als die dtschen: grdsl nein, BGH **35**, 329, Sack GRUR Int **88**, 330; **Zinssatz** v 14% unter Einschluß von Zinseszinsen: nein, Hbg RIW **91**, 152, vgl auch Hbg NJW-RR **92**, 568, Celle RIW **93**, 587.

Zweiter Abschnitt. Recht der natürlichen Personen und der Rechtsgeschäfte

Vorbemerkung

Der 2. Abschn. (Art 7–12) enth eine lückenh Regelg von Rechtsanwendgsproblemen aus dem Allgemeinen **1** Teil des Bürgerlichen Rechts. Sie beschr sich auf das Recht der natürl Personen u der RGesche. Eine KollNorm über juristische Personen fehlt, vgl dazu Anh z Art 12. Aus dem Bereich der RGeschLehre wird neben der GeschFgk nur die Form behandelt; die weiteren hier auftretden Sachfragen, zB VertrSchluß, Stellvertretg, Willensmängel, sind gesetzl nicht geregelt; sie werden im Rahmen des internat SchuldVertrR angesprochen, vgl dazu Art 31 Rn 3 u Art 32 Rn 3.

EG 7 *Rechtsfähigkeit und Geschäftsfähigkeit.* [I] **Die Rechtsfähigkeit und die Geschäfts-fähigkeit einer Person unterliegen dem Recht des Staates, dem die Person angehört. Dies gilt auch, soweit die Geschäftsfähigkeit durch Eheschließung erweitert wird.**

[II] **Eine einmal erlangte Rechtsfähigkeit oder Geschäftsfähigkeit wird durch Erwerb oder Verlust der Rechtsstellung als Deutscher nicht beeinträchtigt.**

1 **1) Allgemeines. a)** RFähigk u GeschFähigk natürl Personen sind nach ihrem **Personalstatut,** grdsätzl also nach ihrem HeimatR zu beurteilen, **Absatz 1** S 1, nicht etwa nach dem Wirkgsstatut, nach welchem das betr RVerh im übrigen zu beurteilen ist. Rechts- u GeschFähigk sind also nach dtschem IPR grdsätzl **Vorfragen,** die selbstd anzuknüpfen sind, vgl Rn 29 vor Art 3; eine **Ausnahme** davon gilt aber für die **besonderen** Rechts- u GeschFähigken für best Sachbereiche, zB Erbfähigk, Deliktsfähigk, die nach dem Wirkgsstatut zu beurteilen sind; vgl Rn 2, 3. Zur Anknüpfg bei Mehrstaatern, Staatenlosen, Flüchtlingen vgl Art 5 mit Anh. Rück- u Weiterverweisg dch die Kollisionsnormen des HeimatR sind zu beachten; vgl dazu Art 4 I; im Erg kann dadch statt des HeimatR das WohnsR des Betreffden maßg sein. Zur Anknüpfg des Personalstatuts im innerdtschen KollR vgl Köln DtZ **91,** 28, ferner Anh zu Art 3 Rn 4 u Art 236 Rn 4f. **b)** Rechts- u GeschFähigk juristischer Personen sind in Art 7 nicht geregelt; vgl dazu Anh z Art 12 Rn 7, 10. **c)** Eine **Ausnahme** von der grdsätzl Maßgeblichk des HeimatR gilt im Interesse des **Verkehrsschutzes** beim VertrSchluß nach **Art 12;** krit dazu Goldschmidt Fschr Kegel, 1987 S 163.

2 **2) Anwendungsbereich** (Qualifikation). **a) Rechtsfähigkeit.** Nach Art 7 beurteilen sich Beginn u Ende der **Rechtsfähigkeit;** eine Sonderregelg enth Art 9 für die TodesErkl. Die **besonderen** RFähigken, zB Erbfähigk od Fähigk zum Erwerb v Grdsten in einem fremden Staat, sind dagg nach dem Wirkgsstatut zu beurteiln, MüKo-Birk Rn 18. Die Parteifähigk beurteilt sich als verfrechtl Frage nach der lex fori, im Inl also wg der Verweisg in ZPO 50 I ebenf nach dem Personalstatut, bei JP also nach dem Recht des tats
3 Verwaltgssitzes, Anh zu Art 12 Rn 2, LG Essen NJW **95,** 1500, LG Zwickau BB **95,** 1664. **b) Geschäftsfähigkeit. aa)** Art 7 regelt ferner die **Voraussetzungen** der vollen od beschr Geschäftsfähigk, zB Altersstufen, geistige Gesundh, sowie ihre Erweiterg dch Heirat, Abs 1 **Satz 2** (Heirat macht mündig), währd Beschrkgen der GeschFgk dch Heirat nach Art 14 u 15 u ggebenenf nach Art 6 zu beurteiln sind. Auch die Vorauss einer Entziehg od Beschränkg der GeschFgk dch staatl Einzelakt sind nach Abs 1 grdsätzl nach dem **Heimatrecht** (Personalstatut) des Betroffenen zu beurteiln. Eine Entm können dtsche Ger aber auch dann nicht vornehmen, wenn das ausl Personalstatut des Betroffenen dies vorsieht, v Bar IPR II Rn 47; zu Anerkenng ausl Entmen vgl Rn 9. Voraussetzgen u Wirkgen der **Betreuung** sind nach Art 24 z beurt. **Nicht** nach Art 7 sond nach dem jew Wirkgsstatut zu beurteilen sind die **besonderen** GeschFgken, zB Deliktsfgk, EheFgk od TestierFgk, vgl dazu Art 38, 13 u 25; das gleiche gilt für familienrechtl Handlgsbefugnisse, zB die gesetzl Vertretg v Kindern dch ihre Eltern (insoweit gelten Art 19 od 20), od Beschrkgen v Eheg zur Eingeh best RGesche, insb VerfüggsBeschrkgen aGrd GüterR (wie n § 1365) od sog InterzessionsBeschrkgen, BGH NJW **77,** 1011 mAv Jochem (ZustErfordern bei Bürgsch), Kühne JZ **77,** 439 (insow gelten Art 14 od 15). Nicht hierher gehört auch eine SonderGeschFgk für die VaterschAnerkenng, abw
4 Siehr StAZ **76,** 356. Zur Wechsel- u ScheckFgk vgl WechselG 91 u ScheckG 60. – Die **Prozeßfähigkeit** beurteilt sich als verfrechtl Frage nach der lex fori, im Inland also gem ZPO 51 f mittelb nach Art 7, vgl BGH JZ **56,** 535, KG FamRZ **91,** 1456, LG Zwickau BB **95,** 1664, aM MüKo-Sonnenberger Einl Rn 310, Neuhaus JZ **56,** 537 u fr Aufl; AusnRegelg in ZPO 55; zur prozessrechtl Qualifikation der ProzFührgsBefugn BGH **118,** 315, **125,** 199, Gottwald IPRax **95,** 157. Entspr Reg gelten für das FGGVerf, vgl BayObLG **63,** 35. Bei der Beurteilg der verwaltgsr HdlgsFähigk nach VwVfG 12 ist ebenf Art 7 maßg, BayObLG DÖV **79,** 62, BVerwG NJW **82,** 539; vgl dazu auch KG OLGZ **82,** 175 (Fürsorgebedürfn zur Einleitg einer ErgänzgsPflegsch nach Art 1 u 2 MSA); zur HdlgsFähigk im AsylVerf vgl AsylVfG 12, im AuslR AuslG 68;
5 zur Vertretg Mj im VerfassgsbeschwerdeVerf BVerfG **72,** 122. **bb) Nicht** nach Art 7 zu beurteilen ist auch die **Notwendigkeit** der GeschFgk. Ob u welcher Grad der GeschFgk zum Abschl eines gültigen RGesch, aber auch zu Rechtshdlgen (Wohns, Besitzerwerb) erfordert ist, entscheidet das Wirkgsstatut, AG Hildesheim IPRspr **73** Nr 94, vgl Rn 1. **cc)** Dagg sind die **Folgen mangelnder Geschäftsfähigkeit** nicht nach dem Wirkgsstatut, sond nach Art 7 zu beurt, Staud-Beitzke Rdz 47, Kegel IPR § 17 I, str, aM Düss NJWRR **95,** 755, MüKo-Birk Rdz 35, soweit es sich nicht um bes GeschFgken handelt, die auch insow dem dafür berufenen Sonderstatut (Wirkgsstatut) folgen. Das HeimatR best also, ob das Gesch unwirks, schwebd unwirks od anfechtb ist, aber auch, ob u wie der Mangel geheilt werden kann, zB dch Zustimmg des ges Vertreters, uU unter Mitwirkg des VormschG, KG IPRspr **29** Nr 88; die Folgen der Nichtigk eines SchuldVertr, insbes bereichergsr Konsequenzen, beurteilen sich nach Art 32 I Nr 5 nach dem Vertragsstatut. Wer der ges Vertreter ist u welche Befugnisse er hat, insbes ob die von ihm vorgen RGesch für u gg den
6 Vertretenen wirken, richtet sich aber nicht nach Art 7, sond nach Art 19, 20, 22, 24. **c) Geschlechtszugehörigkeit** nach vollz Geschlechtsumwandlg beurteilt sich analog Art 7 I ebenf nach dem Personalstatut, vgl
7 AG Hbg StAZ **84,** 42, MüKo-Birk Rn 16. **d) Kaufmannseigenschaft** beurt sich nach dem Recht am Ort der gewerbl Niederlassg, Ebenroth JZ **88,** 19, aM MüKo-Birk Rn 44, Erm-Hohloch Rn 11 (Wirkgsstatut), vgl auch van Venrooy, Die Anknüpfg der Kaufmannseigensch im dtschen IPR (1985).

8 **3) Statutenwechsel (Absatz 2).** Rechts- u GeschFgk unterliegen nach Abs 1 dem jew HeimatR (dh Personalstatut) im Ztpkt des RErwerbs bzw der Vorn der Handlg. Eine Ausn hiervon enth Abs 2. Danach wird der bereits erlangte Status der RFgk od der vollen od beschr GeschFgk dch Erwerb od Verlust der RStellg als Dtscher, vgl dazu Anh z Art 5 Rn 6–13, nicht beeinträchtigt. Obwohl Abs 2 dies nur für das dtsche Personalstatut best, um den Eindruck eines Eingr in fremde ROrdngen z vermeiden, vgl BT-Drucks 10/504 S 45, muß das gleiche analog in jedem and Fall eines Wechsels des Personalstatuts gelten, zust Pirrung IPR S 127, differenzierd Erm-Hohloch Rn 22. Eine Abs 2 vergleichb Regelg enth Art 26 V 2 für die TestierFgk.

9 **4) Internationales Verfahrensrecht.** Soweit die GeschFgk dch Gestaltgsakte ausl Ger begründet od erweitert wird, zB VolljErkl od Emanzipation, hängt deren Wirksamk von den Regeln über die Anerkenng ausl Entsch ab, insbes FGG 16a, vgl Ferid IPR Rz 5–31, 2. Die Anerkenng ausl Entm ist dch die Abschaffg der Entm im dtschen Recht nicht ausgeschl, v Bar IPR II Rn 48, aM Erm-Hohloch EG 8 Rn 2. Maßg ist FGG 16a, weil das nunm dtsche Äquivalent der Betreuung im FGG geregelt ist u es sich der Sache nach um eine Maßn der fürsorgden Gerichtsbark handelt, Zöller-Geimer ZPO 328 Rn 90. Vorauss ist danach insb die int Zustdgk des entsch ausl Ger entspr FGG 43 I iVm 35 b. Die Entm eines **Ausländers** in seinem Heimatstaat od im Staat seines gewöhnl Aufenth ist desh weiterhin grdsl anzuerkennen, vgl aber Art

12 Rn 4; die Entm eines **Deutschen** im Staat seines gewöhnl Aufenth dagg nur mit den Wirkgen einer Betreuung nach dtschem Recht in deren weitestreichdem Umfang (insb nach § 1903), vgl v Bar aaO; die generelle Entzieh der GeschFgk würde insow gg den ordre public verstoßen, FGG 16a Nr 4. Zur Anerkenng ausl Betreuungsentscheidgen vgl Art 24 Rn 9.

EG 8 Entmündigung (weggefallen)

Anhang zu Art 8

Haager Entmündigungsabkommen vom 17. 7. 05

Deutschland war seit dem 23. 8. 1912 VertrStaat des Haager EntmAbk, RGBl **12**, 463. Es galt zuletzt nur **1** mehr im Verhältn zu **Italien,** Bek v 14. 2. 55, BGBl II 188. Das Abk ist nunm mit Wirkg zum 23. 8. 92 **gekündigt** worden, Bek v 23. 3. 92, BGBl II 272.

EG 9 *Todeserklärung.* **Die Todeserklärung, die Feststellung des Todes und des Todeszeitpunkts sowie Lebens- und Todesvermutungen unterliegen dem Recht des Staates, dem der Verschollene in dem letzten Zeitpunkt angehörte, in dem er nach den vorhandenen Nachrichten noch gelebt hat. War der Verschollene in diesem Zeitpunkt Angehöriger eines fremden Staates, so kann er nach deutschem Recht für tot erklärt werden, wenn hierfür ein berechtigtes Interesse besteht.**

1) Allgemeines. Art 9 best das anwendb Recht bei Ungewißh, ob die RFähigk eines Menschen dch den **1** Tod erloschen ist; eine ergänzde Sonderregel enth VerschÄndG Art 2 § 1 IV. Art 9 tritt an die Stelle von VerschG 12 aF in dessen kollrechtl Gehalt; diese Vorschr regelt in ihrer Neufassg nurmehr die internat Zustdgk. Anknüpfgspkt für die Bestimmg des anwendb Rechts ist nach Art 9 grdsl die Staatsangehörigk des Betroffenen; zur Anknüpfg bei Mehrstaatern, Staatenlosen u Flüchtlingen vgl Art 5 mit Anh; zum innerdt-schen KollR vgl Anh zu Art 3 Rn 4 u Art 236 Rn 4f.

2) Maßgeblichkeit des Personalstatuts (Satz 1). TodesErkl, Feststellg des Todes u des TodesZtpkts **2** sowie Lebens- u Todesvermutgen unterliegen grdsätzl dem HeimatR (dh dem Personalstatut iS des Art 5) des Verschollenen zZ des Eintritts der Verschollenh, nicht dagg dem Recht, dem eine RBeziehg untersteht, an welcher der Verschollene beteiligt ist (Wirkgsstatut), zB die Ehe oder ein Vertr; die selbst Anknüpfg nach Art 9 gilt insbes auch im Verh zum Erbstatut, vgl Art 25 Rn 10. Rück- u Weiterverweisg dch das IPR des HeimatR sind zu beachten, Art 4 I. Das jew Personalstatut gilt grdsätzl auch für Kommorientenvermutgen; bei unterschiedl Staatsangehörigk der Verstorbenen ist das für ihre famrechtl Beziehg maßg Recht entsch, vgl Jayme/Haack ZVglRWiss **85**, 81, für Angleichg MüKo-Birk Rn 47, ähnl Erm-Hohloch Rn 14.

3) Ausnahmen. a) Soweit die internat Zustdgk der dtschen Ger nach VerschG 12 vorliegt, ist ein Ausl im **3** Inl grdsl gem S 1 nach seinem ausl HeimatR für tot zu erkl, Pirrung IPR S 128. Die TodesErkl eines Ausl ist aber nach **Satz 2** nach **deutschem** Recht vorzunehmen, wenn an der Anwendg dieses Rechts ein **berechtigtes Interesse** besteht. Entsch sind die Umst des Einzelfalles, etwa ob der Verschollene im Inl seinen letzten gewöhnl Aufenth hatte od Verm besaß, ob sein Eheg od and nahe Angeh Dtsche sind od im Inl ihren gewöhnl Aufenth haben od ob die TodesErkl für nach dtschem Recht zu beurteilde RVerhältnisse von Bedeutg ist; ein berecht Interesse an der Anwendg des dtschen VerschR kann sich auch daraus ergeben, daß das HeimatR des Verschollenen die TodesErkl od ein entspr RInstitut nicht kennt. Im Erg wird damit bei Bejahg der internat Zustdgk nach VerschG 12 I Z 2 u II idR auch die Anwendbark des dtschen SachR ermögl; ein striktes Gleichlaufsprinzip besteht jedoch nicht. **b)** Die TodesErkl eines Ausl nach dtschem Recht ermögl unter best Vorauss auch VerschÄndG Art 2 § 1 IV.

4) Internationales Verfahrensrecht. Zur internat Zustdgk der dtschen Ger für TodesErkl vgl VerschG **4** 12; zur Anerkenng ausl TodesErklen u verwandter Entschgen vgl VerschG 12 Rn 4 in 50. Aufl, BGH FamRZ **94**, 498.

EG 10 *Name.* [I] **Der Name einer Person unterliegt dem Recht des Staates, dem die Person angehört.**

[II] **Ehegatten können bei oder nach der Eheschließung gegenüber dem Standesbeamten ihren künftig zu führenden Namen wählen**

1. nach dem Recht eines Staates, dem einer der Ehegatten angehört, ungeachtet des Artikels 5 Abs. 1, oder

2. nach deutschem Recht, wenn einer von ihnen seinen gewöhnlichen Aufenthalt im Inland hat.

Nach der Eheschließung abgegebene Erklärungen müssen öffentlich beglaubigt werden. Für die Auswirkungen der Wahl auf den Namen eines Kindes ist § 1616a des Bürgerlichen Gesetzbuchs sinngemäß anzuwenden.

[III] **Vor der Beurkundung der Geburt eines ehelichen Kindes können seine Eltern gegenüber dem Standesbeamten bestimmen, daß das Kind den Familiennamen erhalten soll**

1. nach dem Recht eines Staates, dem ein Elternteil angehört, ungeachtet des Artikels 5 Abs. 1, oder

2. nach deutschem Recht, wenn ein Elternteil seinen gewöhnlichen Aufenthalt im Inland hat.

[IV] **Ein nichteheliches Kind kann den Namen auch nach dem Recht des Staates erhalten, dem ein Elternteil oder ein den Namen Erteilender angehört.**

1 **1) Allgemeines. a)** Die Vorschr ist dch das FamNamRG v 16. 12. 93, BGBl 2054 **neu gefaßt** worden; vgl dazu Hepting StAZ **94**, 1; Coester FuR **94**, 1; Henrich IPRax **94**, 174; Bornhofen StAZ **94**, 141. Die Neuregelg hat das int NamensR gestrafft u vereinfacht; Abs 3 u 4 des Art 10 aF sowie die ergänzden namensr Sachnormen in Art 220 IV u V wurden gestrichen. Der unverändert gebliebene Abs 1 knüpft bei der Beurteilg namensr Fragen in Übereinstimmg mit der früh Praxis, vgl BGH **56**, 193, **73**, 370, NJW **78**, 1107, BayObLG IPRax **87**, 242, grdsl an die **Staatsangehörigkeit des Namensträgers** an; Erwerb, Führg u Verlust des Namens sind also in 1. Linie nach dem HeimatR des Betroffenen (bzw sonst nach dessen Personalstatut, vgl dazu Art 5 mit Anh) zu beurteilen, Abs 1; EG-Recht u EMRK stehen dem nicht entgg, zT aA Benicke/Zimmermann IPRax **95**, 141. Dch diese Anknüpfg wird der Name als Attribut der Persönlichk dem für die persönl RVerhe auch sonst maßg Personalstatut unterstellt. Sie führt zu einer einheitl Beurteilg der privatr mit den öff-rechtl Namensfragen, die gleichfalls dem HeimatR des Namensträgers unterstehen (Ausstellg von Ausweispapieren dch den Heimatstaat). Sie dient damit der RSicherh u RKlarh. Art 10 läßt von der Maßgeblichk des HeimatR des Namensträgers daher grdsätzl auch dann **keine Ausnahme** zu, wenn Erwerb od Verlust eines Namens auf einem **familienrechtlichen** Verh beruhen, zB Ehe, Adoption od Legitimation, vgl Rn 9;. Eine ergänzde Sonderregelung gilt nach Abs 2 für den Ehenamen u nach Abs 3 u 4 für den Kindesnamen. Die **intertemporale** Anwendbark von Art 10 ist in Art 220 I geregelt, vgl dazu dort Rn 5; zur Übergangsregel für die Neufassg dch das FamNamRG v 16. 12. 93 vgl dessen Art 7

2 § 5 u dazu unten Rn 14 u 21. **b)** Bei der Beurteilg von Namensfragen auftretde **Vorfragen**, zB ehel Abstammg od Eintritt einer Legitimation, sind im Interesse des EntschEinklangs mit dem von Art 10 berufenen Recht (dh in 1. Linie dem HeimatR des Namensträgers) ausnahmsw **unselbständig** anzuknüpfen, vgl BGH **90**, 140 (and aber für die Beurteilg der ehel Abstammg BGH FamRZ **86**, 984), BayObLG **86**, 155, FamRZ **90**, 93 (aber offen gelassen bei RWahl), StAZ **91**, 191, KG StAZ **88**, 327 (abl Hepting ebda), Wengler IPRax **87**, 164, Pirrung IPR S 130, Sturm StAZ **90**, 350, aM Massfeller/Hoffmann/Hepting, PStG § 21 Rz 231, vgl dazu Rn 30 vor Art 3; auf diese Weise kann die Übereinstimmg der standesamtl Beurkund-

3 gen mit den Eintren in Reisepässen od sonstigen Identitätspapieren gefördert werden. **c) Rück- u Weiterverweisung,** auch àGrdv abw Qualifikation (zB Unterstellg unter Ehewirkgsstatut, Hepting StAZ **94**, 3), sind nach Art 4 I zu beachten, soweit der Name nach Abs 1 unmittelb dem HeimatR (bzw sonst dem Personalstatut) unterstellt wird, Hamm StAZ **91**, 141; dem Sinn der Verweisg widerspricht dies trotz der öff-rechtl Bezüge des NamensR nicht. Dagg bezieht sich die in Abs 2 S 1 Nr 1, Abs 3 Nr 1 eröffnete kollrechtl Option für ein best ausl NamensR nach Art 4 II unmittelb auf die namensr Sachnormen dieses Rechts unter Ausschluß des IPR; das gleiche gilt bei der in Abs 4 vorgesehenen alternativen Anknüpfg, vgl

4 dazu Art 4 Rn 7, 11. **d)** Im **innerdeutschen Kollisionsrecht** wurde bei der Beurteilg von Namensfragen an den gewöhnl Aufenth angeknüpft, AG Ulm StAZ **77**, 50, vgl dazu Anh zu Art 3 Rn 4 u Art 236 Rn 4f.

5 Zur ÜbergRegelg für ehem DDR-Bürger vgl Art 236 § 3 u § 10. **e)** Für den Namen einer **juristischen Person** gilt Art 10 entspr, vgl Köln DtZ **91**, 28; maßg ist auch für sie das Personalstatut, dh das Recht am Sitz der Hauptverwaltg, vgl Anh z Art 12 Rn 8. Die **Firma** als Handelsname beurt sich nach dem Recht des Sitzes des Untern bzw der betr Zweigniederlassg, gleichgült ob es sich um eine natürl od JP handelt, Kegel IPR § 17 IV 3. Der Firmenschutz unterliegt dem Recht des Staates, in dessen Gebiet er beansprucht wird (Recht des Schutzlandes), Stgt RIW **91**, 955; bei dauernder GeschTätigk im Inl Firmenschutz für ausl Untern nach dtschem Recht, BGH **75**, 172, Düss RIW **90**, 404.

6 **2) Grundsatz (Absatz 1). a) Maßgeblichkeit des Personalstatuts.** Der Name einer Pers unterliegt ihrem HeimatR; bei Mehrstaatern entsch die effektive bzw die dtsche Staatsangehörig, vgl Art 5 I; bei Staatenlosen, Flüchtlingen usw tritt an Stelle der Staatsangehörig der gewöhnl Aufenth als Anknüpfgspkt, vgl Art 5 II u Anh z Art 5, zur Namensführg von Aussiedlern Rn 10; zur Beachtg einer Rück- od Weiterver-

7 weisg vgl oben Rn 3. **b) Reichweite.** Die Maßgeblichk des Personalstatuts erstreckt sich auf die **Namensführung insgesamt,** dh Familiennamen, Vornamen, vgl dazu Rn 26, 27 u 35, sowie Schreibweise, BGH **121**, 311, Zweibr StAZ **93**, 12, Rstk StAZ **94**, 288; über **Transliteration** vgl Übk v 13. 9. 73, BGBl **76** II 1473, sowie BGH FamRZ **94**, 225, ferner BayObLG **89**, 360, **90**, 221, **94**, 290 (ursprüngl in dtscher Form geführte Namen statusdtscher Aussiedler in dieser Form einzutragen), StAZ **95**, 170, Hamm OLGZ **89**, 411, FamRZ **92**, 1172, StAZ **94**, 81, Karlsr StAZ **93**, 114, Köln StAZ **93**, 214, C. Böhmer StAZ **90**, 153, Binz StAZ **91**, 333, **93**, 105; eine Transliteration, dch die der Name in seiner Aussprache verfälscht wird, kann gg das Diskriminiergsverbot des Art 52 EGV verstoßen, vgl EuGH StAZ **93**, 256, Streinz ebda 243, Böhmer IPRax **94**, 80, Pintens ZEuP **95**, 92, Benicke/Zimmermann IPRax **95**, 141. Das Personalstatut des Namensträgers entscheidet über Zwischennamen (Vatersnamen), BGH NJW **93**, 2245, Köln NJW **93**, 336, BayObLG **94**, 298, sonstige Eigennamen, KG StAZ **93**, 9, BayObLG StAZ **93**, 387, die Statthaftigk priv Namenszusätze, AG Trier StAZ **79**, 169, Sonderformen für weibl Familiennamen, Hamm OLGZ **82**, 34, vgl aber auch Hamm StAZ **86**, 10, u das Recht zur Führg eines Adelsprädikats, BayObLG **71**, 90 u 204, **89**, 150, StAZ **91**, 43; Adelsabschaffg dch HeimatR ist also auch im Inl zu beachten, BVerwG StAZ **81**, 277, BayVGH StAZ **89**, 77, hM, abw Kegel IPR § 17 IV 2 (für entspr Anwendg des EnteigngsR); vgl dazu auch unten Rn 10. Zur Behandlg von Zwischennamen (Vatersnamen) u Namenszusätzen nach ausl Recht in dtschen PersStBüchern (Zuordng zum FamNamen) vgl BGH NJW **71**, 1521, BayObLG StAZ **87**, 168, BayObLG **91**, 400 u 406, Stgt FamRZ **92**, 1457, Cttb StAZ **94**, 194, ferner Hamm StAZ **78**, 65, Köln StAZ **80**, 92, AG Köln StAZ **81**, 275 (für Zuordng zum Vornamen), dahingestellt Hamm StAZ **81**, 190, zur Problematik vgl ferner Karlsr StAZ **90**, 72, Oldbg StAZ **91**, 254 mAv Otte, AG Schöneberg StAZ **92**, 348, KG StAZ **93**, 9, Hamm FamRZ **94**, 631, Rstk StAZ **94**, 288, Will StAZ **74**, 291, Gaaz StAZ **89**, 172; zur Behandlg weibl Namensformen nach ausl Recht in dtschen PersStBüchern vgl KG IPRspr **79** Nr 105, Hamm OLGZ **82**, 34, LG Oldbg StAZ **90**, 196, Gaaz aaO 171, Bungert StAZ **90**, 126; zur Behandlg des

8 Zusatzes jr AG Cobg StAZ **90**, 106, AG Bad Kreuznach StAZ **90**, 107. **c) Namensänderung.** Nach dem Personalstatut des Namensträgers beurteilen sich auch die Vorauss einer behördl Namensänderg, Hamm OLGZ **75**, 275, VGH BaWü StAZ **85**, 254, VGH Kass NJW-RR **91**, 70, OVG NRW NJW **92**, 2501, StAZ **94**, 195 mAv Gaaz ebda 386, vgl dazu AllgVerwVorschr v 11. 8. 80, StAZ **80**, 291 sowie RdErl MdI Nds StAZ **81**, 100, u das Übk v 4. 9. 58 über die Änderg v Namen u Vornamen, BGBl **61** II 1055, 1076, **62** II 45,

Liste der VertrStaaten in FundstellenNachw B (1995) 369 (zur Möglk der behördl Abänderg eines nach dtschem Recht gebildeten Ehenamens eines ausl Eheg vgl Henrich FamRZ **86**, 844, ferner OVG Hbg StAZ **85**, 45, sowie BVerwG NJW **86**, 601). Das gleiche gilt für Namensänderg dch Erkl des Namensträgers, Hbg StAZ **80**, 285, Bn StAZ **84**, 343, Hdlbg IPRax **89**, 52, LG Bln StAZ **90**, 20 (WiederAnn des Geburtsnamens dch Witwe), Luther StAZ **80**, 61; ausl Behörden od Ger können den FamNamen eines Dtschen nicht wirks ändern, BayObLG StAZ **93**, 388, Henrich aaO, Gaaz StAZ **89**, 168; dagg sind Namensändergen dch die Behörden des Heimatstaates grdsl anzuerkennen, vgl Bremen StAZ **86**, 9. **d) Einfluß familienrechtlicher** 9 **Verhältnisse.** Nach dem Personalstatut des Namensträgers beurteilen sich Erwerb u Verlust des Namens grdsätzl auch dann, wenn es sich um die Auswirkgen famrechtl Verhe handelt. Art 10 I bricht insow mit der bish verbreiteten Meing, nach welcher der Namen in diesen Fällen nach dem für die betreffde famrechtl Beziehg maßg Recht zu beurteilen war, also zB dem Ehewirkgs-, Kindsch-, Legitimations- od Adoptionsstatut, unzutr AG Karlsr StAZ **90**, 264. Eine **Auflockerung** des Grds von der Maßgeblichk des Personalstatuts ergibt sich jedoch für den Ehenamen aus Abs 2, für den Kindesnamen aus Abs 3 u 4. **e) Statutenwech-** 10 **sel.** Bei **Wechsel des Personalstatuts** unterliegt die Namensführg fortan dem jetzt maßg Recht; iZw bleibt aber der bish Name weiter bestehen, der Statutenwechsel läßt also den Namen grdsl unberührt, BGH **63**, 107, BGH FamRZ **83**, 881, BGH **121**, 313, Celle StAZ **81**, 57, Hamm OLGZ **82**, 34, StAZ **85**, 205, **90**, 261, **95**, 239, BayObLG **83**, 168, **89**, 147 (keine Eindeutschg ungarischer Adelsbezeichng, aM Hbg OLGZ **90**, 29, zust Beitzke StAZ **90**, 138), **91**, 402, **94**, 300, Krefeld StAZ **83**, 281, LG Bln StAZ **83**, 348 (keine automat Eindeutschg ausl Vornamen bei Einbürgerg), Bay VGH StAZ **87**, 24, VG Berlin NJW-RR **91**, 262, Zweibr StAZ **93**, 12, KG StAZ **93**, 11, Gaaz StAZ **89**, 167, 169; dies gilt nicht, wenn eine behördl NamensÄnd erfolgt, Hamm OLGZ **75**, 275, AG Augsb IPRspr **77** Nr 180, od sonstige ÄndGrde eintreten, zB weil das neue Personalstatut das Recht zur namensm Anpassg an die Umwelt gewährt, Hbg StAZ **77**, 224, was nach dtschem Recht grdsl nicht der Fall ist, aM AG Hagen StAZ **95**, 149 (betr eingebürgerte Asylrecht). Auch **Aussiedler** dtscher Volkszugehörigk behalten grdsl den Namen, den sie vor der Aufn in der BRep geführt haben, BGH **121**, 305, NJW **93**, 2245 (keine rückw Anwendg dtschen NamensR), Hamm StAZ **94**, 79; § 94 **BVFG** idF des Gesetzes v 21. 12. 92 BGBl 2094 ermöglicht aber die **Anpassung an die deutsche Namensführung** dch Ablegg von Namensbestandteilen, Ann der männl od einer dtschsprachigen Form des FamNamens u Änderg des Vornamens, vgl dazu BGH **121**, 317, NJW **93**, 2245, Hamm StAZ **94**, 79 (keine Rückwirkg), Celle StAZ **94**, 220 (unanwendb bei Kind, das erst nach Aufn in BRep geboren wurde), BayObLG **94**, 290 u 395, StAZ **95**, 169, 214, Bornhofen StAZ **93**, 101. Die bish Rspr ist damit überholt, vgl dazu noch BayObLG **91**, 400 u 406, Hamm StAZ **92**, 112, Celle StAZ **92**, 142, Stgt FamRZ **92**, 1457, Zweibr StAZ **93**, 11, Kln NJW **93**, 336, Gaaz StAZ **92**, 166. Der **Verlust** eines **Adelsprädikats** nach dem bish HeimatR bleibt also auch nach Erwerb des dtschen Personalstatuts rechtswirks, BayObLG **64**, 377, **71**, 204, BVerwG StAZ **84**, 103, OVG RhPf StAZ **84**, 105, Bungert StAZ **91**, 275; zur Frage eines Verstoßes gegen Art 6 vgl dort Rn 15; nach § 3a NamensändG idF des ErgG v 29. 8. 61, BGBl 1621, kommt aber uU Namensänderg in Betr, vgl dazu BayVGH StAZ **89**, 77, VGH BaWü StAZ **92**, 380, BVerwG StAZ **94**, 118, Bungert IPRax **94**, 109. Grdsätzl keine Übersetzg ausl Adelsprädikate, vgl BayObLG **89**, 147 (betr ungarischer Adel, hierzu aM Hbg OLGZ **90**, 25, zust Beitzke StAZ **90**, 138, vgl auch Silagi StAZ **92**, 133), BayObLG StAZ **91**, 43; eine Ausn gilt bei DtschBalten, vgl Brem OLGZ **67**, 229, aber auch LG Verden StAZ **90**, 143 (betr untitulierter russischer Adel); auch keine Verdeutschg ausl Adelsbezeichng iW der NamÄnderg BayVGH StAZ **94**, 13. **f) Namensschutz:** Maßg ist das Deliktsstatut, vgl BVerfG DtZ **91**, 27 11 u Köln ebda, Stgt IPRspr **88** Nr 14, MüKo-Birk Rn 30, Heldrich Fschr für Zajtay (1982) 232, wohl auch Begründg BT-Drucks 10/504 S 46; für Anwendg des Personalstatuts des Namensträgers grdsl noch RG **100**, 182, **117**, 215, BGH **8**, 318; zur Begrenzg gem Art 38 Mü IPRspr **90** Nr 18.

3) Sonderregelung für die Namensführung von Ehegatten (Absatz 2). a) Grundsatz: aa) Auch die 12 Namensführg von Eheg beurteilt sich nach **Abs 1** grdsätzl nach ihrem jew HeimatR; dabei bleibt eine dch Heirat erworbene Staatsangehörigk außer Betr, vgl BGH **72**, 163, Hamm StAZ **79**, 147, KG StAZ **82**, 135, BayObLG IPRax **87**, 242. Die alternative Anwendg des Ehewirkgsstatuts im Wege einer Doppelqualifikation ist mit der Neuregelg dch das IPRG entfallen, vgl aber auch unten Rn 24. Soweit das **gemeinsame** HeimatR wie im romanischen RKreis häufig eine Namensänderg dch Eheschließg nicht kennt, führen die Eheg im Rechtssinn getrennte Familiennamen, was den tats Gebrauch eines Ehenamens als Pseudonym nicht ausschließt. Bei **gemischtnationalen** Ehen ist für den Namen jedes Eheg sein Personalstatut maßg; bei dieser isolierten Betrachtg der Namensführg jedes Eheg bleibt es auch dann, wenn das anwendb mat NamensR beide Eheg erfassen will, aM Hepting StAZ **94**, 3. Führen die Personalstatute der Eheg im konkreten Fall, vgl dazu Henrich IPRax **89**, 334, zu unterschiedl namensr Folgen der Eheschließg, so lautet der Name der Eheg entspr verschieden. Die Wahl eines gemeins FamNamens setzt voraus, daß **beide** Eheg nach ihrem Personalstatut ein entspr matr WahlR haben. Bei der grdsätzl Maßgeblichk des Personalstatuts der Eheg bleibt es im Prinzip auch dann, wenn die Eheg von der in Abs 2 eröffneten Möglichk einer RWahl u einer damit verbundenen Namenswahl Gebrauch machen. Diese erstreckt sich nur auf die Befugn, einen best Namen zu führen, einschl der damit zusammenhängenden Fragen, vgl dazu Rn 14–17, damit insbes auch auf die Befugn, diesen Namen trotz Auflösg od Nichtigk der Ehe fortzuführen, teilw abw Henrich IPRax **86**, 336 (kollisionsr Option zG des Personalstatuts), Lüderitz IPRax **87**, 77 (soweit Anpassg wg Normenmangels erfdl, vgl Rn 32 vor Art 3). Dagg gelten für die Zulässigk einer späteren Namensänderg, vgl dazu LG Hagen IPRax **85**, 294, Henrich ebda 273, die Auswirkgen eines Statutenwechsels u den Namensschutz die oben Rn 8–11 erläuterten allgemeinen Regeln. **bb)** Diese Regeln gelten auch in gemischtnationalen Ehen, an denen ein **Deutscher** beteiligt ist. Der 13 Familienname des dtschen Eheg beurteilt sich grdsätzl nach dtschem Recht, dh nach § 1355. Die Wahl eines Ehenamens n § 1355 II setzt jedoch voraus, daß **beide** Eheg nach dem für sie maßg Recht eine entspr Wahlmöglichk haben. Für den Fall, daß das HeimatR des ausl Partners ein solches BestimmgsR nicht kennt, kommt die Wahl eines Ehenamens nur aGrd einer RWahl gem Abs 2 in Betr. Die ergänzde namensr Sachnorm des Art 220 IV ist dch das FamNamRG gestrichen worden.

b) Rechtswahl durch beide Ehegatten (Absatz 2). Wie bish haben die Eheg auch nach der Neufassg v 14 Abs 2 die Möglk einer gemeins **Rechtswahl** für ihre Namensführg. **aa) Voraussetzungen.** Im Ggs zum

bish Recht spielt es für die RWahl **keine** Rolle, ob die Ehe im Inl od im Ausl geschl u ob die Wahl bei od nach der Heirat getroffen wird; auch eine Befristg der späteren RWahl ist nicht vorgesehen; § 1355 III iVm EheG 13a II gilt auch nicht entspr, aM Coester FuR **94**, 8; bei Wahl des dtschen Rechts als Namensstatut muß aber die nachträgl Bestimmg eines Ehenamens gem § 1355 III 2 innerh von 5 Jahren nach der Heirat erfolgen, vgl Henrich IPRax **94**, 175. Die Wirksamkeit der RWahl nach Abs 2 setzt ledigl voraus, daß die Eheg die Wahl gemeins treffen u daß sie diese Erkl ggü dem StBeamten abgeben; eine erst nach der Heirat vorgen RWahl bedarf nach II 2 zusätzl der öff Beglaubigg iSv § 129. Die Formerfordernisse der RWahl sind in II selbst normiert; Art 11 ist nicht anwendb, da eine Art 27 IV entspr Vorschr fehlt, aM Hepting aaO 7. Daß die Erkl ggü einem dtschen StBeamten abgegeben wird, verlangt II nicht; bei Abgabe im Ausl ist aber funktionelle Gleichwertigk des ausl StBeamten erforderl; das gleiche gilt für die öff Beglaubigg dch einen ausl Notar, vgl Rn 31 vor Art 3. Eine **Übergangsregel** für die vor dem 1. 4. 1994 geschl Ehen enthält FamNamRG 7 § 5 I. Danach können die Eheg noch bis zum 31. 3. 96 dch gemeins öff beglaubigte Erkl ggü dem (ggf auch ausl) StBeamten eine RWahl nach Abs 2 für ihre Namensführg treffen; dies gilt auch dann, wenn die Eheg bereits „Erklärgen auf der Grdl des bish Rechts", also eine gemeins RWahl nach Art 10 II aF, eine einseitige nachträgl RWahl nach Art 10 III aF od eine nachträgl Wahl eines Ehenamens nach Art 220 IV aF od nach Art 10 IV aF getroffen haben; vgl dazu Henrich IPRax **94**, 176, Bornhofen StAZ **94**, 149. Die Eheg können von der Möglk einer (erneuten) RWahl nach der Übergangsregel in FamNamRG 7 § 5 I auch Gebrauch machen, um eine Namensgestaltg herbeizuführen, die sie schon nach bish geltdem Recht hätten
15 wählen können, Coester FuR **94**, 8. **bb)** Zur **Wahl gestellt** werden der Eheg ihre beiders **Heimatrechte,** wobei abw von Art 5 I bei mehrf Staatsangehörigk jedes der HeimatRe gewählt werden kann, sowie ggf zusätzl das **deutsche** Recht, sofern einer der Eheg bei Abgabe der Erkl, dh nicht notw auch im Zeitpkt der Eheschließg, aM Hepting aaO 5, seinen gewöhnl Aufenth im Inl hat; ein ausl AufenthR ist nicht wählb, aM
16 Sturm StAZ **95**, 259. **cc) Folge** einer wirks RWahl ist, daß die Eheg den FamNamen erhalten, der ihnen nach dem gewählten Recht zukommt. Dabei muß es sich nicht notw um einen gemeins FamNamen handeln, Hepting aaO 7. Im Erg können die Eheg dch die von ihnen getroffene RWahl also mittelb auch den von ihnen zu führden FamNamen bestimmen. II spricht desh verkürzd von der Wahl des künftig zu führden Namens. Die Vorschr selbst gewährt aber nur eine kollrechtl, nicht auch eine matrechtl WahlFreih. Soweit allerdings nach dem gewählten Recht auch matrechtl ein gemeins FamName gewählt werden kann, zB nach § 1355, besitzen die Eheg als Folge der RWahl auch eine namensrechtl Option; beide Erklärgen können miteinand verbunden werden. Zur Wahl eines von mehreren gleichberecht Eigennamen eines Pakistani Kln StAZ **88**, 296, eines spanischen, Brschw StAZ **92**, 242, Düss StAZ **95**, 41 od portugiesischen Geburtsna-
17 mens LG Mü StAZ **92**, 74. **dd)** Die v den Eheg getroffene RWahl erstreckt sich nicht automat auch auf die aus der Ehe hervorgedhen **Kinder;** insow müssen nach Abs 2 S 3 zusätzl die Vorauss von § 1616a erfüllt sein, vgl dazu Rn 18.

18 **4) Sonderregelung für den Namen ehelicher Kinder. a) Grundsatz:** Die Frage, welchen **Familien-namen** ein eheliches Kind mit der Geburt erwirbt, ist nach seinem HeimatR bzw sonstigen Personalstatut zu beurteilen, bei (auch) dtscher Staatsangehörigk des Kindes also nach dtschem Recht, Abs 1 iVm Art 5 I 2, mithin nach § 1616 u § 1616a; bei nur ausl Staatsangehörigk (zu deren Feststellg Henrich StAZ **89**, 159) entsch das jew fremde Recht. Unabhäng vom Personalstatut des Kindes (dh auch bei ausl Staatsangehörigk) gilt aber nach **Absatz 2 Satz 3** für die Auswirkgen der in II S 1 eröffneten RWahl auf den Kindesnamen **§ 1616a** entspr, vgl Sturm StAZ **94**, 372. Eine Änderg des Geburtsnamens des Kindes tritt also dch eine erst nach seiner Geburt von den Eltern getroffene RWahl u deren namensrechtl Auswirkgen nur unter den in § 1616a I zusätzl normierten Voraussetzgen ein (insbes Notwendigk einer Anschlußerklärg des Kindes ggü dem StBeamten, Mitwirkg des gesetzl Vertreters, uU Genehmigg des VormschGer). Auch die Berechtigg
19 zur Erteilg eines **Vornamens** u ihre Wirksamk sind nach dem Personalstatut des Kindes zu beurteilen, da es unzweckm wäre, versch ROrdngen über die einz Namensbestandteile entsch zu lassen, Hamm OLGZ **83**, 42, StAZ **85**, 131, Düss StAZ **89**, 282, LG Frankth StAZ **90**, 298, AG Mü StAZ **92**, 313, Dörner IPRax **83**, 287, Gaaz StAZ **89**, 168, unklar Oldenburg StAZ **90**, 262, dahingestellt Karlsr StAZ **89**, 284, Ffm OLGZ **90**, 140, KG OLGZ **91**, 167, BayObLG StAZ **95**, 107, aM AG Duisburg StAZ **87**, 283, MüKo-Birk Rn 19 (Anwendg v Art 19); zur Erteilg eines Vornamens nach türkischem vgl Ffm OLGZ **78**, 411, **90**, 139, IPRax **92**, 51, Düss StAZ **89**, 281, Hess VGH FamRZ **92**, 1100 (Abänderg), nach tunesischem Recht vgl Lübeck StAZ **81**, 146.

20 **b) Rechtswahl durch den gesetzlichen Vertreter (Absatz 3).** Ähnlich wie für die Namensführg von Eheg nach Abs 2 ermöglicht Abs 3 (bish Abs 5) den Eltern eine bes RWahl bezügl des FamNamens eines ehel Kindes; für analoge Anwendg auf legitimierte nehel Kinder Celle StAZ **91**, 227, AG Nürnb StAZ **94**, 13, abl Hepting IPRax **93**, 26, vgl dazu Rn 25. Die bish vorgesehene Beschränkg dieser RWahlmöglk auf ausl Eltern (vgl Abs 5 aF) ist entfallen. Besitzt ein EltT u damit auch das Kind (auch) die dtsche Staatsangehörigk, so
21 können die Eltern nunmehr gemeins auch ein **ausländisches** HeimatR eines der beiden EltTe für den FamNamen des Kindes als maßgebd bestimmen; das gleiche gilt bei Flüchtlingen mit ausl Staatsangehörigk, die dtsches Personalstatut besitzen, Massfeller/Hoffmann/Hepting PStG 21 Rz 260. Die RWahl muß für jedes Kind einzeln vor der Beurk der Geburt erfolgen (also in sehr knapper Frist, vgl PStG 16); dabei ist gleichgült, ob das Kind im Inl od im Ausl geboren wird; die Möglk einer nachträgl Best des FamNamens bei Geburt im Ausl nach Art 220 V 2 aF ist weggefallen, vgl dazu Rn 1. Die Erkl muß von den Eltern ggü dem StBeamten abgegeben werden; sie ist im übr an keine Form gebunden; steht die ges Vertretg nach dem von EG 19 II berufenen Recht nur einem EltT zu, genügt dessen Erkl. Eine **Übergangsregelung** für vor dem 1. 4. 1994 geborene Kinder enth FamNamRG Art 7 § 5 II. Danach kann die RWahl dch öff beglaubigte Erkl ggü dem (ggf auch ausl) StBeamten, vgl Rn 14, bis zum 31. 3. 1996 nachgeholt werden, sofern das Kind zZ der Abgabe der Erkl noch mj ist, Bornhofen StAZ **94**, 150. Für die Auswirkgen dieser Erkl auf den FamNamen des Kindes gilt § 1616a I u III entspr (Notwendigk einer AnschlußErkl des Kindes ggü dem
22 StBeamten in öff beglaubigter Form, Mitwirkg des ges Vertr, uU Gen des VormschGer usw). **bb)** Zur **Wahl gestellt** werden an Stelle des Personalstatuts des Kindes die HeimatRe beider EltTe (bei Mehrstaatern

abweichend v Art 5 I 1 sämtliche) sowie zusätzl das dtsche Recht, wenn ein EltT seinen gewöhnl Aufenth im Inl hat. **cc) Folge** der wirks getroffenen RWahl ist, daß das Kind den Familiennamen erhält, der ihm nach **23** dem gewählten Recht zukommt, vgl zB Kln StAZ **95**, 42 (Doppelname spanischen Rechts).

5) Sonderregelung für den Namen nichtehelicher Kinder (Absatz 4), vgl dazu M. Böhmer StAZ **24 90**, 121. **a)** Nach Abs 1 beurteilt sich auch der Familienname des nichtehel Kindes nach seinem HeimatR bzw Personalstatut; dies gilt insb für die Frage, welchen Namen es mit der Geburt od nach einer Anerkenng od Legitimation erwirbt, vgl Rottw StAZ **91**, 231, Stgt FamRZ **92**, 102, AG Bln-Schönberg StAZ **92**, 248, Ffm StAZ **93**, 391, sowie für die Befug zur Erteilg eines Vornamens u deren Wirksamk, BayObLG StAZ **90**, 70. **b)** Nach Abs 4 sind aber neben dem Personalstatut des Kindes **alternativ** auch die HeimatRe beider **25** Eltern u eines den Namen Erteilden anzuwenden, vgl dazu Henrich StAZ **89**, 162. **aa)** Sinn dieser dunklen Vorschr ist offenb, die „namensr Eingliederg" des Kindes zu fördern, vgl Begründg BT-Drucks 10/504 S 47. Sie ist deshalb auf den **Familiennamen** des Kindes zu beschr; der Vorname beurteilt sich nur nach dem Personalstatut des Kindes. Im übr erfaßt Abs 4 jedoch neben den Fällen der Namenserteilung dch den nichtehel Vater od der Einbenenng dch den Muttergatten auch die Fälle eines **gesetzlichen** Namenserwerbs, insb die namensrechtl Folgen einer VaterschAnerkenng mit Standesfolge u der Legitimation, ebso Samtleben StAZ **91**, 314, aM Celle StAZ **91**, 227. **bb)** Abs 4 läßt offen, welche namensrechtl Regelg **26** anzuwenden ist, wenn die in Frage kommden ROrdgen zu unterschiedl Ergen führen, zB das HeimatR des Kindes den Erwerb des Geburtsnamens der Mutter, das HeimatR des anerkennden Vaters den Erwerb des Namens des Vaters u das HeimatR des einbenennden Muttergatten den Erwerb des Namens des Ehem vorsieht. Nach dem Zweck der Vorschr verdient hier diejenige ROrdng den Vorrang, welche dem Kind unter Berücksichtigg seiner persönl LebensVerhe den **günstigeren** namensrechtl Status verleiht, AG Rottweil DAVorm **89**, 625 (dazu Henrich IPRax **90**, 128), MüKo-Birk Rn 124, es also einem ehel Kind möglichst gleichstellt, im Beispielsfall also im Zweifel dem HeimatR des Muttergatten; zur Beachtlichk einer Rück- od Weiterverweisg vgl Art 4 Rn 7, BayObLG FamRZ **90**, 93. Die Wahl des günstigeren Rechts obliegt dem gesetzl Vertreter des Kindes (zu dessen Bestimmg vgl Art 20 II), Kass StAZ **92**, 309, Mansel StAZ **86**, 315, Henrich StAZ **89**, 163, teilw aM M. Böhmer StAZ **90**, 123; ist dtsches Recht Vertretgsstatut, also dem Pfleger, § 1706 Nr 1, vgl LG Bln JbItalR **90**, 186; die Erkl ist ggü dem StBeamten abzugeben, M. Böhmer StAZ **90**, 124; eine Form od Frist ist nicht einzuhalten, AG Fbg DAVorm **93**, 997, aM AG Bln-Schöneberg IPRax **92**, 249, M. Böhmer aaO; die Wahl unterliegt im Rahmen des Berichtiggsverfahrens nach PStG 47 auf Antrag eines Beteiligten der gerichtl Nachprüfg. Wird keine Wahl getroffen od ist die getroffene Wahl unwirks, so bleibt es bei der GrdRegel nach Abs 1, Kass StAZ **92**, 309. **cc) Zustimmungs-** **27 erfordernisse** zur AbstammgsErkl, Namensteilg u Legitimation unterliegen nach Art 23 **zusätzlich** dem HeimatR bzw Personalstatut des Kindes od statt dessen dem dtschen Recht, soweit es zum Wohl des Kindes erforderl ist, vgl dazu Art 23 Rn 6. Damit werden die Interessen des Kindes bei der Anwendg einer ihm günst ROrdng zusätzl geschützt.

EG 11 *Form von Rechtsgeschäften.* [I] **Ein Rechtsgeschäft ist formgültig, wenn es die Formerfordernisse des Rechts, das auf das seinen Gegenstand bildende Rechtsverhältnis anzuwenden ist, oder des Rechts des Staates erfüllt, in dem es vorgenommen wird.**

[II] **Wird ein Vertrag zwischen Personen geschlossen, die sich in verschiedenen Staaten befinden, so ist er formgültig, wenn er die Formerfordernisse des Rechts, das auf das seinen Gegenstand bildende Rechtsverhältnis anzuwenden ist, oder des Rechts eines dieser Staaten erfüllt.**

[III] **Wird der Vertrag durch einen Vertreter geschlossen, so ist bei Anwendung der Absätze 1 und 2 der Staat maßgebend, in dem sich der Vertreter befindet.**

[IV] **Verträge, die ein dingliches Recht an einem Grundstück oder ein Recht zur Nutzung eines Grundstücks zum Gegenstand haben, unterliegen den zwingenden Formvorschriften des Staates, in dem das Grundstück belegen ist, sofern diese nach dem Recht dieses Staates ohne Rücksicht auf den Ort des Abschlusses des Vertrages und auf das Recht, dem er unterliegt, anzuwenden sind.**

[V] **Ein Rechtsgeschäft, durch das ein Recht an einer Sache begründet oder über ein solches Recht verfügt wird, ist nur formgültig, wenn es die Formerfordernisse des Rechts erfüllt, das auf das seinen Gegenstand bildende Rechtsverhältnis anzuwenden ist.**

1) Allgemeines. a) Die Neufassg des Art 11 dch das IPRG entspr inhaltl weitgehend Art 11 aF; dies gilt **1** insb für die alternative Maßgeblichk v GeschR u OrtsR, Abs 1. In der Neufassg inhaltl eingearbeitet ist **Art 9** des **EG-Schuldvertragsübereinkommens** von 19. 6. 80, vgl dazu Rn 8 vor Art 3; Abs 1 entspr sachl Art 9 I u IV, Abs 2–4 stimmen im wesentl mit Art 9 II, III u VI überein; Art 9 V entspr EG 29 III. Der Anwendgsbereich des Art 11 erstreckt sich aber auf RechtsGesche aller Art, beschränkt sich also **nicht** auf SchuldVertre. **b) Sondervorschriften** für die Anknüpfg der Form best RechtsGesche gelten für die Eheschließg im Inl, Art 13 III, Verfüggen vTw, Art 26, VerbraucherVertre, Art 29 III, sowie für die Form der RWahl, Art 14 IV, 15 III, 27 IV. **c)** Nach der Begründg des RegEntw des IPRG ist in Art 11 auch die Form v Vorgängen nicht geregelt, die sich auf die Verfassg von Gesellschaften u **juristischen Personen** beziehen, BT-Drucks 10/504 S 49. Im Gesetz selbst findet diese Einschränkg keinen Ausdr; zu einer Änderg der bish Anwendg des Art 11 aF auch auf gesellschr Geschäfte besteht daher keine Veranlassg, aM Lichtenberger DNotZ **86**, 653, Heckschen DB **90**, 161; Schervier NJW **92**, 594. **d)** Die Beachtg von **Rück- oder Weiterverweisung** ist im ganzen Bereich des Art 11 **ausgeschlossen**; die Vorschr verweist unmittelb auf die Formerfordern in den SachVorschr des maßg Rechts, vgl Art 4 Rn 10 u BT-Drucks 10/504 S 48; soweit bei der Bestimmg des GeschR eine Rück- od Weiterverweisg zu beachten ist (nicht also bei Schuldvertren, Art 35 I), wirkt dies mittelb auf die Anknüpfg der Form zurück, vgl zB Hamm StAZ **91**, 317. **e)** Die Anwendg von Art 6 ggü ausl FormVorschr kommt praktisch kaum in Betr, vgl Ffm Betr **81**, 1456, weitergehend Stauch aaO 67. So ist zB auch ein in Dtschland formlos abgeschl KaufVertr über ein ausl Grdst wirks, wenn das GeschR, dh regelm das BelegenhR, eine Form nicht erfordert, RG **63**, 18. **f)** Art 11 gilt entspr auch im dtschen **interlokalen** PrivR, LG Gött StAZ **95**, 216, vgl dazu Anh zu Art 3 Rn 1 f, Art 236 Rn 4, Trunk MittBayNot **90**, 215; für die Formgültigk von KaufVertr über Grdste in der fr DDR, die vor dem 3. 10. 90 von westdtschen Notaren beurk wurden, genügt daher nach Art 11 I die Einhaltg der westdtschen Ortsform, Steiner DtZ **91**, 372, Schotten DNotZ **91**, 779, aM Andrae WR **92**, 177; das Bedürfn nach einer analogen Anwendg von Art 11 IV iVm § 12 III RAG ist mit der Öffng der innerdtschen Grenze entfallen, Steiner aaO, in der Begr abw Schotten aaO; dagg halten KreisG Leipzig-Stadt DtZ **91**, 306, BezG Leipzig DtZ **92**, 58, Schäfer-Gölz/Lange DtZ **91**, 292 u **92**, 44, Andrae aaO derart Vertr für unwirks; vgl dazu nunm Art 231 § 7 idF des 2. VermRÄndG v 14. 7. 92, BGBl 1257, BGH DtZ **93**, 210, ferner Heldrich, Das ILP Dtschlands nach dem EinigsV (1992) 12 f; zur matrechtl Wirksk solcher Verträge Schotten/Schmelenkamp DNotZ **92**, 203, Heldrich aaO. **g)** Für den Bew der Echth ausl öff Urk dch **Legalisation** gilt Art 11 nicht, vgl dazu BayObLG DNotZ **93**, 397, Roth IPRax **94**, 86, Bindseil DNotZ **92**, 275.

2   **2) Grundsatz (Absatz 1). a) Alternative Anknüpfung.** Die Formgültigk eines RGesch beurteilt sich nach Abs 1 alternativ nach dem dafür inhaltl maßg Recht („das auf das seinen Ggst bildende RVerh anzuwenden ist"), dem sog **Geschäftsrecht** (Wirkungsstatut) od nach dem Recht am Ort der Vornahme, dem sog **Ortsrecht** (Ortsform). Abs 1 enth **kein zwingendes Recht.** Soweit die Part aGrd der im SchuldR herrschden VertrFreih das maßg GeschR selbst best können, vgl Art 27 ff, ist ihnen auch gestattet, die alternative Anwendg des OrtsR od eines and Rechts nach Abs 1 auszuschließen, vgl BGH **57**, 337, od die Geltg des GeschR zG der alleinigen Geltg des OrtsR abzubedingen, MüKo-Spellenberg Rn 31; eine Ausn gilt für die Form v VerbraucherVertren, Art 29 III, u ArbVertren, Art 30 I.

3   **b) Anwendungsbereich.** Abs 1 erfaßt RechtsGesche aller Art, also Vertre ebso wie einseitige RGesche, auf allen Gebieten des bürgerl Rechts, vgl aber oben Rn 1. Der Verweisgsumfang der Vorschr bezieht sich auf die **Formerfordernisse** des Gesch- od OrtsR. Was darunter zu verstehen ist, beurteilt sich nach den allg Regeln der Qualifikation, vgl Rn 27 f vor Art 3, grdsätzl nach dtschem Recht, BGH **29**, 137; im staatsvertragl Anwendgsbereich der Vorschr, dh insb bei SchuldVertren, ist aber auch der Vereinheitlichgszweck zu berücksichtigen u damit eine vergleichde Heranziehg der ROrdngen der übr VertrStaaten, vgl dazu Rn 1 vor Art 27, einschließl der dortigen Handhabung der Vorschr geboten. Danach ist zu entsch, ob eine ausl Best als FormVorschr od als sachlrechtl Voraussetzg eines RGesch anzusehen ist, welche allein dem Wirgsstatut zu entnehmen ist. Zur Form gehört daher etwa das Erfordern der religiösen Eheschl, Ffm FamRZ **71**, 179; die Zulässigk einer Handschuhehe, BGH **29**, 137, Hamm StAZ **86**, 134, LG Stgt StAZ **92**, 379, vgl dazu Art 13 Rn 10; das Verbot der Errichtg privatschriftl Testaments im Ausland nach niederl Recht, BGH NJW **67**, 1177. Die Frage, auf welche Weise ein RGesch im Prozeß **bewiesen** werden kann, beurteilt sich grdsätzl **4** nach der lex fori, BGH **LM** Nr 2; anders wenn eine ausl BeweisVorschr als FormVorschr zu qualifizieren ist, zB Unklagbk v KaufVertr über mehr als 500 $ bei mangelnder Beurk u Nichtvorliegen einer Teilleistg nach amerikan Recht, aM Donath IPRax **94**, 333; Ausschl des ZeugenBew bei Geschen v mehr als 5000 frs nach frz Recht, cc 1341 iVm Dekret Nr 80 – 533 vom 15. 7. 80, aM BGH JZ **55**, 702 mit abl Anm v Gamillscheg, v Marschall Fschr Beitzke (1979) 625, wie hier zB Kegel IPR § 17 V 3 d; BeweismittelVorschr des ital Rechts über Urk- u ZeugenBew, LG Mannh NJW **71**, 2129, nicht dagg auch Vorschren über Untauglk v Zeugen aus pers Grden, KG IPRspr **77** Nr 19; bei SchuldVertren sind für den Nachw eines RGesch innerh der Grenzen der lex fori auch die Beweismittel des Formstatuts zugel, **Art 32 III 2,** vgl dort Rn 9. Zur Form iwS gehören auch die **Zuständigkeit** v Behörden u UrkPersonen (insb Notaren) zur Vornahme einer Beurk, vgl Zweibr StAZ **79**, 242, Stgt FamRZ **90**, 560, u das dabei zu beachtde **Verfahren,** nicht dagg EintrBedürftigk, behördl GenErfordernisse od Fiskalformen, MüKo-Spellenberg Rn 25 f.

5   **c) Geschäftsrecht. aa)** Die Einhaltg der Formerfordernisse des GeschR (Wirkgsstatuts) ist für die Formgültigk grdsätzl ausreichd; eine Ausn gilt für die Eheschließg im Inl nach Art 13 III 1. Abgrenzg v FormVorschren u sachl-rechtl Vorschren vgl oben Rn 3, ist dabei im Erg ohne Bedeutg, da auch die letzteren grdsätzl dem GeschR zu entnehmen sind, Staud-Firsching Rdz 36. Welches Recht für das betreffde RGesch inhaltl maßg ist, beurteilt sich nach den dafür gelten Anknüpfgsregeln, bei der Eheschließg also nach Art 13, bei einem EheVertr nach Art 15, bei einem SchuldVertr nach Art 27 ff; sind danach wie bei Art 13 I mehrere ROrdngen maßg, so bilden diese in kumulativer Anwendg die Formerfordernisse des GeschR. Soweit bei SchuldVertren das GeschR dch den Parteiwillen best wird, ist die Wirksamk der RWahl unabhängig v der **6** Formgültigk des matr Vertr nach dem gewählten Recht, BGH **73**, 391. Ist daher der **Verkauf** eines **ausländischen Grundstücks** vertragl dem dtschen Recht unterstellt, so kommt bei der Anwendg des GeschR auch § 313 zur Anwendg, BGH **52**, 239, **53**, 194, **57**, 337, NJW **72**, 715, BGH **73**, 391, Düss NJW **81**, 529, Mü NJW-RR **89**, 665, Spellenberg IPRax **90**, 298, aM Wengler NJW **69**, 2237; bei Nichtbeachtg dieser Form besteht Heilgsmöglk entspr § 313 S 2 dch EigtÜbertragg nach dem R des Lageorts, auch wenn dieses weder Auflassg noch Eintragg ins GrdBuch kennt, Mü OLGZ **74**, 19 (ital R), od die RegEintr in das Belieben der Part stellt, BGH **73**, 391 (krit dazu Löber NJW **80**, 496), abw (für Notwendigkeit der RegEintr) Köln OLGZ **77**, 201 (span Recht, aufgehoben dch BGH **73**, 391), LG Hbg IPRspr **78** Nr 14; Düss NJW **81**, 529 lehnt Heilg nach § 313 S 2 bei privatschriftl Kauf einer span EigtWohng wg unvollständ Erfüllg nach dem span Recht des Lageorts ab. Zur Beachtg der zwingden FormVorschr der lex rei sitae vgl aber unten **7** Rn 20. **bb)** Soll die Form des Wirkgsstatuts dch eine **Beurkundung** außerh seines räuml Geltgsbereichs **im Ausland** erfüllt werden, so ist dafür **Gleichwertigkeit** der UrkPers u des Beurkdgsvorgangs erforderl, BGH **80**, 76 (krit dazu Geimer DNotZ **81**, 406), Hbg IPRspr **79** Nr 40, Düss RIW **89**, 225, Winkler NJW **72**, 985, Mann ZHR **74**, 453 ff, Bokelmann NJW **75**, 1626, Kropholler ZHR **76**, 405, Wolfsteiner DNotZ **78**, 532, aM Brambring NJW **75**, 1255, der statt auf die Gleichwertigk auf den Zweck der dtschen Vorschr, dh der BGB 128 abstellen will, Schervier NJW **92**, 595, der zusätzl Haftg des ausl Notars entspr BNotO verlangt; zur Frage der Gleichwertigk allg Basedow RabelsZ **91**, 428, Reithmann DNotZ **95**, 362, des spanischen Notars Löber RIW **89**, 94, des amerik notary public AG Karlsr DAVorm **90**, 391, MüKo-Spellenberg Rn 48 f, des schweiz Notars AG Fürth MittBayNot **91**, 30, LG Nürnb NJW **92**, 633, krit Schervier NJW **92**, 596 („Farce"); zum **konsularischen** BeurkWesen Bindseil DNotZ **93**, 5. Davon unabhäng kann sich aber selbstverständl die Formgültigk der ausl Beurk auch aus der Einhaltg der Ortsform ergeben; vgl dazu unten Rn 11–17. Die Gleichwertigk einer ausl Beurk wurde aus der Sicht des dtschen **8** Rechts als Wirkgsstatut bei **gesellschaftsrechtlichen Geschäften** wg unzureichder jur Beratg vielf verneint, vor allem bei Übertragg v Geschäftsanteilen nach GmbHG 15 III u IV, so LG Mü DNotZ **76**, 501, zust Schmidt Betr **76**, 2202, dahingestellt BayObLG NJW **78**, 500, differenzierd Wolfsteiner DNotZ **78**, 532, od bei SatzgsÄndergsBeschl einer GmbH mit Sitz in der BRep, Hamm NJW **74**, 1057 (vgl dazu Kuntze NJW **74**, 2167), Karlsr AWD **79**, 567, AG Kln RIW **89**, 990 (zust Heckschen EWIR **90**, 55), DB **90**, 171, vgl auch Ulm RPfl **88**, 108, zust Schmidt Betr **74**, 1216, Winkler NJW **74**, 1032, ders Rpfleger **78**, 44, Hommelhoff DNotZ **89** Sonderheft 110, Schervier NJW **92**, 595. BGH **80**, 76 (krit dazu Geimer DNotZ **81**, 406, Firsching IPRax **83**, 79), ebso BGH RIW **89**, 649, ist dem mit Recht entgegengetreten, da die Prüfgs- u Belehrgsfunktion der not Beurk verzichtb ist u dieser Verz auch konkludent erkl werden kann (insb dch Zuziehg eines ausl Notars, vgl Düss RIW **88**, 226); auch sonst besteht kein Grd, die Gleichwertigk ausl Beurk bei gesellschaftsr Gesch generell zu verneinen, zutr LG Stgt IPRspr **76** Nr 5 A, Kln WM **88**, 1750, LG Kln RIW **89**, 990 (abl Heckschen RPfl **90**, 122, DB **90**, 161), Bungert AG **95**, 29, einschränkd Hbg NJW-RR **93**, 1317 (krit v Bar/Grothe IPRax **94**, 270); zur Kostenfolge bei vorausgehder Beurk dch ausl Notar, Düss RIW **90**, 500 gg Krfld ebda 501. Dagg kann ein **deutsches Grundstück** nur v einem dtschen Not **9** aufgelassen werden, Köln OLGZ **72**, 321, KG DNotZ **87**, 44, Riedel DNotZ **55**, 521, Kropholler ZHR **76**, 410, aM Mann NJW **55**, 1177; nach KonsG 12 Z 1 sind aber zur Entggnahme der Auflassg auch dtsche Konsularbeamte befugt; zur UnterschrBeglaubigg einer Vollm BayObLG DNotZ **93**, 397 u dazu Roth IPRax **94**, 87.

cc) Ist die vom GeschR erforderte **Form verletzt,** so fragt sich zunächst, ob wenigstens die Ortsform **10** eingehalten ist, vgl Rn 11–17; ist auch das nicht der Fall, so richten sich die Folgen nach dem milderen Recht; denn Zweck der alternativen Anknüpfg in Art 11 I ist, das RGesch möglichst bestehen zu lassen.

d) Ortsrecht. aa) Gleichrang neben dem GeschR ist auch die Einhaltg der Formerfordernisse des OrtsR **11** für die Formgültigk grdsätzl ausr; **Ausnahmen** von der Maßgeblk der Ortsform ergeben sich aus Abs 4 u 5, vgl dazu Rn 20–22. Die Beobachtg der Ortsform ist also auch dann aus, wenn das Wirkgsstatut sie nicht genügen läßt, RG **88**, 191, BGH NJW **67**, 1177. Für **Schuldverträge kann** die Maßgeblk der Ortsform **ausgeschlossen** werden, BGH **57**, 337, dagg Jayme NJW **72**, 1618, Frank BWNotZ **78**, 95, vgl oben Rn 2. Bei der alleinigen Maßgeblk des GeschR bleibt es ferner auch dann, wenn das Recht des VornOrts ein derartiges RGesch überh **nicht kennt,** RG **160**, 225, KG FamRZ **93**, 1363, Bokelmann NJW **72**, 1731, ders NJW **75**, 1625, Lorenz IPRax **94**, 196, also eine Ortsform nicht bereith. Dies ist aber nicht schon dann der Fall, wenn die jur Ausgestaltgn des RGesch in der nach dem AbschlOrt u dem Wirkgsstatut zur Anwendg kommden Form sich, wie sehr häufig, nicht völlig decken. Die Übereinstimmg in den wesentl geschtypischen Merkmalen genügt, Begründg BT-Drucks 10/504 S 49, Düss RIW **88**, 226. **bb)** Im übr genügt die **12** Einhaltg der Ortsform grdsätzl bei **allen Rechtsgeschäften,** also zB auch beim VaterschAnerk, AG Karlsr DAVorm **90**, 391, bei der Einwilligg z Adoption, KG FamRZ **93**, 1363, der Eheschl (für die Eheschl von Ausl im Inl gilt zusätzl Art 13 III 2), EheVertren sowie der Verpflichtg zur **Veräußerung eines inländischen Grundstücks,** BayObLG DNotZ **78**, 58 (daher kann im Ausl, wenn es das Recht des AbschlOrtes zuläßt, auch ein forml KaufVertr über ein in Dtschland gelegenes Grdst abgeschl werden, RG **121**, 154, KG OLG **44**, 152; zur Auflassg dtscher Grdst vgl aber Rn 9, 22, zu deren Kosten Düss DNotZ **91**, 410, Stgt ebda 411). Auch die Formgültk der Beurk **gesellschaftsrechtlicher Vorgänge** beurteilt sich nicht ausschl nach **13** dem Personalstatut der JP als dem Wirkgsstatut; die Einhaltg der Ortsform genügt, BayObLG NJW **78**, 500, Ffm Betr **81**, 1456 (betr Übertr von GeschAnteil einer GmbH), Stgt NJW **81**, 1176 (VorlBeschl, vgl dazu zust BGH **80**, 76), Düss RIW **89**, 225 betr Satzgsänderg bei dtscher GmbH, wohl auch Mü RIW **93**, 504 (dazu Bungert DZWir **93**, 494), ebso Bokelmann NJW **72**, 1729, Müller-Gindullis RabelsZ **74**, 643, Mann ZHR **74**, 452, Bernstein ZHR **76**, 414, Wiedemann GesellschR I § 14 IV 2, MüKo-Spellenberg Rdz 92, sehr str, **aM** Hamm NJW **74**, 1057, Karlsr AWD **79**, 567, AG Kln RIW **89**, 991 (zust Heckschen EWIR **90**, 55), DB **90**, 171, AG Fürth MittBayNot **91**, 30, Winkler NJW **72**, 981, ders NJW **74**, 1032, ders RPfl **78**, 44, Brambring NJW **75**, 1255, Wolfsteiner DNotZ **78**, 532, Staud-Großfeld Rdz 300 u 310, Firsching IPRax **83**, 80, Lichtenberger DNotZ **86**, 653, Schervier NJW **92**, 593, Ebenroth/Wilken JZ **91**, 1064, für eintraggspfl VerfassgsAkte auch Kropholler ZHR **76**, 402, Hachenburg-Behrens GmbHG Einl Rn 162, Scholz-Westermann GmbHG Einl Rz 93, Bredthauer BB **86**, 1864, Heckschen DB **90**, 161, die insow Art 11 II aF (dh nunmehr Abs 5) analog anwenden; differenzierd Rothoeft Fschr Esser (1975) 113. Vgl dazu auch Rn 1. Daher ist insb auch die Beurk von GesellschBeschl dch einen ausl Not unter Beobachtg der Ortsform grdsätzl wirks, sofern nach dem Personalstatut der gesellschaftsr Vorgang nicht im Inl stattfinden muß, wie nach allerd umstr Ans die Hauptversammlg der AG, vgl Hbg NJW-RR **93**, 1317 (krit v Bar/Grothe IPRax **94**, 269, Bungert AG **95**, 26), Baumbach-Hueck, AktG 121 Rn 9, aM MüKo-Spellenberg Rn 45; zur Gesellschafterversammlg der GmbH vgl Düss RIW **89**, 226, Scholz-K. Schmidt GmbHG § 48 Rn 7ff. **cc)** Die **14** **Gleichwertigkeit** der UrkPers u des BeurkVorgangs aus der Sicht des GeschR ist bei der Einhaltg der Ortsform **entbehrlich** (and wenn etwa die Form des dtschen Rechts als Wirkgsstatut beachtet werden soll, vgl dazu oben Rn 7–9), Bokelmann NJW **72**, 1731, ders NJW **75**, 1625, teilw aM Rothoeft Fschr Esser (1975) 113, offenb mißverstanden v AG Hbg IPRspr **80** Nr 193. **dd)** Maßg sind die Formerfordernisse des **15** **Vornahmeorts.** Für deren Einhaltg spricht auch bei Zuziehg eines Notars kein Erfahrgssatz, aM Wiesbaden RPfl **88**, 17. VornOrt ist bei einseit RGeschen der Ort, an dem die Erkl abgegeben wird, da die Empfangsbedürftigk nicht zur Form gehört, KG HRR **31**, 1051, MüKo-Spellenberg Rn 64; bei VertrAbschl unter Abwesenden grdsätzl der Ort, an dem die Ann erkl wird, RG **62**, 381; befinden sich die VertrSchließenden beim VertrSchluß in verschiedenen Staaten, so genügt nach Abs 2 jedoch die Einhaltg der Form eines dieser Staaten, bei VertrSchluß dch einen StellVertr ist VornOrt der AufenthOrt des Vertr, Abs 3. – Die **16** Dauer des Aufenth am VornOrt ist belanglos. Da der Gesetzgeber selbst die Ortsform genügen läßt, kommt eine Nichtanerkenng dieser Form wg **Gesetzesumgehung** auch dann nicht in Betr, wenn der AbschlOrt gerade wg der Formerleichterg, vgl Ffm OLGZ **67**, 377, od um Kosten zu ersparen, ins Ausland verlegt worden ist, RG **62**, 381, Stgt Rpfl **82**, 137, Düss RIW **89**, 225, ebso MüKo-Spellenberg Rn 61, Soergel-Kegel Rdz 38, Müller-Gindullis RabelsZ **74**, 644, Maier-Reimer BB **74**, 1234, grdsl auch Kropholler ZHR

76, 399, Bredthauer BB **86**, 1864, aM Reithmann DNotZ **56**, 476, Winkler NJW **72**, 984, ders NJW **74**,
17 1033, Wolfsteiner DNotZ **78**, 536, Geimer DNotZ **81**, 410; vgl auch Rn 26 vor Art 3. **ee)** Sind die Former-
fordernisse am VornOrt nicht eingehalten, so beurteilen sich die RFolgen für die Formgültigk des RGesch
zunächst nach dem jew OrtsR; ist das Gesch danach nichtig, so bleibt es gleichwohl gültig, wenn es bei
einem DistanzVertr iSv Abs 2 der Ortsform des and Staates genügt od wenn es der Form des GeschR entspr.
Sind die Formerfordernisse sowohl des VornOrts (bzw der VornOrte, Abs 2) als auch des GeschR verletzt,
so beurteilt sich die Frage der Formgültigk nach dem milderen Recht, vgl oben Rn 10.

18   **3) Distanzverträge (Absatz 2).** Eine Ergänzg bezügl der maßg Ortsform enth Abs 2 für DistanzVertr,
bei deren Abschl sich die Part in verschied Staaten befinden. Hier genügt für die Formgültigk des Vertr
neben der Einhaltg der Formerfordern des GeschR, vgl Rn 5–10, die der Formerfordern derj Staaten, in
welchen sich die VertrSchließden aufhalten, vgl dazu Rn 15–17; zur Anwendbk auf BürgschVertr BGH
NJW **93**, 1128.

19   **4) Vertragsschluß durch Stellvertreter (Absatz 3).** Bei VertrSchluß dch einen StellVertr wird die
einzuhaltde Ortsform iSv Abs 1 u 2 dch den AufenthOrt des Vertreters, nicht denjenigen des Vertretenen,
best. Dies gilt auch bei einem BürgschVertr, BGH NJW **93**, 1128, od einer Handschuhehe, vgl oben Rn 3.

20   **5) Grundstücksverträge (Absatz 4).** In Abweichg v Abs 1–3 unterliegen Vertre über ein dingl Recht an
einem Grdst od ein Recht zur GrdstNutzg den zwingden FormVorschren des Staates der belegenen Sache,
wenn diese ohne Rücks auf den AbschlOrt u das maßg GeschR Anwendg fordern. Ob die jew lex rei sitae
ausschl Geltg beansprucht, ist dem betr fremden Recht zu entnehmen. Das dtsche Recht erhebt für schuld-
rechtl Vertre über inl Grdste diesen Anspruch nicht, vgl Rn 12, Begründg BT-Drucks 10/504 S 49, krit
Reithmann Fschr Ferid (1988) 371 (wg Belehrg bei Bauherrnmodellen); zur Auflassg dtscher Grdste vgl
dagg Rn 9. Abs 4 bezieht sich **nicht** auf GrdstVertre mit **dinglicher** Wirkg; insow gilt Abs 5. Zur analogen
Anwendg im dtschen ILP vgl Rn 1.

21   **6) Sachenrechtliche Rechtsgeschäfte (Absatz 5).** In sachl Übereinstimmg mit Art 11 II aF sieht Abs 5
die ausschließl Maßgeblk der Formerfordern des GeschR bei dingl RGeschen vor; prakt bedeutet dies, daß
bei solchen Geschäften über die Formgültigk die lex rei sitae entsch, vgl Anh II z Art 38 Rn 2–5; die Einhaltg
der Ortsform genügt dafür nicht. Abs 5 gilt für bewegl Sachen u Grdste. Die Vorschr bezieht sich jedoch
nur auf Verfügen, nicht auch auf die schuldr VerpflichtsGesche, die diesen zugrundeliegen; dies gilt auch
dann, wenn ein bes sachenrechtl VollzugsGesch zur Bewirkg des EigtÜbergangs nicht erfdl ist (roman
Rechte), Köln OLGZ **77**, 201, Küppers DNotZ **73**, 666, Staud-Firsching Rdz 157, aM Soergel- Kegel
Rdz 15. Nicht hierher gehört auch die Erteilg einer Vollm, Stgt MDR **81**, 405 (AuflVollm), Kegel IPR § 17
22 V 3b, aM Ludwig NJW **83**, 495 (für die unwiderrufl AuflVollm). Für die **Auflassung** eines **deutschen**
Grdst gilt nach Abs 5 ausschließl die vom dtschen Recht vorgeschriebene Form, dh § 925; danach ist die
Auflassg vor einem ausl Notar nicht wirks, vgl Rn 9. Auf die Übertragg eines Erbteils ist Abs 5 auch nicht
entspr anzuwenden, aM Ludwig NJW **83**, 496, Staud-Firsching Rdz 159, ebsowenig auf Satzsänderg einer
GmbH, Düss RIW **89**, 225, str, vgl Rn 13.

EG 12   *Schutz des anderen Vertragsteils.* Wird ein Vertrag zwischen Personen geschlos-
             sen, die sich in demselben Staat befinden, so kann sich eine natürliche Person, die nach
den Sachvorschriften des Rechts dieses Staates rechts-, geschäfts- und handlungsfähig wäre, nur
dann auf ihre aus den Sachvorschriften des Rechts eines anderen Staates abgeleitete Rechts-, Ge-
schäfts- und Handlungsunfähigkeit berufen, wenn der andere Vertragsteil bei Vertragsabschluß
diese Rechts-, Geschäfts- und Handlungsunfähigkeit kannte oder kennen mußte. Dies gilt nicht
für familienrechtliche und erbrechtliche Rechtsgeschäfte sowie für Verfügungen über ein in ei-
nem anderen Staat belegenes Grundstück.

Schrifttum: Fischer, Verkehrsschutz im internat VertragsR, 1990; Schotten DNotZ **94**, 670.

1   **1) Allgemeines.** Rechts-, Geschäfts- u HdlgsFähigk beurteilen sich nach Art 7 I nach dem Personalstatut
des Betroffenen. Art 12 enth eine **Ausnahme** von dieser Regel im Interesse des **Verkehrsschutzes.** Satz 1
entspr inhaltl **Art 11 des EG-Schuldvertragsübereinkommens** vom 19. 6. 80, vgl dazu Rn 8 vor Art 3.
Satz 2 übernimmt die bisher in Art 7 III 2 aF getroffene Regelg. Die noch im RegEntw in Art 12 II vorgese-
hene analoge Anwendg auf die fehlde Vertretgsmacht eines Elternteils, Vormunds od Pflegers ist im
Rechtsausschuß gestrichen worden. Eine Art 12 ergänzde Sonderregelg für das ehel GüterR enth Art 16.

2   **2) Grundsatz (Satz 1).** Art 12 schützt das Vertrauen auf eine nach dem Recht des AbschlOrtes bestehde
Rechts-, Geschäfts- u HdlgsFähigk (zum Begr vgl Art 7 Rn 2–5) einer natürl Person, deren Personalstatut
einem and Recht unterliegt; zur entspr Anwendg auf ausl JP vgl Anh zu Art 12 Rn 7. **a) Voraussetzung** ist
(1) ein VertrSchluß zw Pers, die sich im selben Staat befinden (ein eins RGesch genügt nicht, aM Lichtenber-
ger DNotZ **86**, 652); bei VertrSchl dch StellVertr gilt Art 11 III entspr, Liessem NJW **89**, 501, aM Schotten
DNotZ **94**, 671; (2) eine nach dem Recht des AbschlOrtes bestehde Rechts-, Geschäfts- u HdlgsFähigk eines
VertrSchließden, die nach seinem Personalstatut nicht besteht und (3) eine nicht auf Fahrlässigk beruhde
Unkenntn des VertrGegners v einer fehlden Rechts-, Geschäfts- u HdlgsFähigk; die bloße Kenntn des
VertrGegners, daß er es mit einem Ausl zu tun hatte, rechtfertigt den Vorwurf der fahrläss Unkenntn grdsl
nicht, vgl dazu Liessem NJW **89**, 501, Schotten DNotZ **94**, 672; zur Beweislast Wolfsteiner DNotZ **87**, 82.
3   **b)** Sind diese Vorauss erf, so kann sich der nach seinem Personalstatut Rechts-, Geschäfts- od HdlgsUnfähi-
ge nicht auf die daraus resultierden Folgen für die Wirksamk des Vertrages berufen, bei VertrSchluß eines
18-jährigen Ausl in der BRep also nicht auf eine nach seinem HeimatR noch nicht eingetretene Volljährigk
einschl ihrer RFolgen, vgl dazu Hepting FamRZ **75**, 452. Der Vertr ist also wirks, wenn er bei Abschl dch
einen Inl wirks wäre. Bei Kenntn od fahrl Unkenntn des VertrPart von der mangelnden Rechts-, Gesch- od
HdlgsFähigk beurt sich dagg die Wirksamk des Vertrages nach dem an sich maßg ausl Recht, and Liessem

aaO 501. **c)** Art 12 gilt grdsätzl auch bei einer **Entmündigung** eines Ausl dch seinen Heimatstaat, soweit **4** sie im Inl anzuerkennen ist, vgl Art 7 Rn 9; sie hat unter den genannten Vorauss, vgl Rn 2, nur die Wirkgen der Betreuung nach dtschem Recht in deren weitestreichdem Umfang (insb nach § 1903), vgl dazu Fischer aaO 129.

d) Art 12 S 1 gilt nicht nur wie Art 7 I für die Rechts- u GeschFähigk, sond ausdrückl auch für die allg **5** **Handlungsfähigkeit.** Trotz der Streichg des Abs 2 des RegEntw, vgl Rn 1, ist der Grds desh auch auf **familienrechtliche Handlungsbeschränkungen** anzuwenden, wie den Umfang der gesetzl Vertretgs- macht der Eltern, des Vormundes od Pflegers, vgl BT-Drucks 10/5632 S 40 f, Erm-Hohloch Rn 11, od Beschränkgen v Eheg bei der Eingeh best RGesche, zB Verfüggsbeschränkgen, LG Aurich FamRZ **90,** 776, od Interzessionsbeschränkgen, Hanisch IPRax **87,** 51; zur Anwendg v § 1357 bei InlGeschen vgl Art 16.

3) Ausnahme (Satz 2). Die Anwendg des in S 1 vorgesehenen VerkSchutzes ist wegen der abw Interes- **6** senlage ausgeschl bei familien- u erbrechtl RGeschen, zB Verlöbnis, EheVertr, Kindesannahme, unrichtig AG Korbach StAZ **81,** 203, vgl dazu v Mangoldt ebda, Errichtg od Aufhebg einer Verfügg vTw, Erbaus- schlagg, Erbverzicht. Das gleiche gilt für Verfügen über ein in einem and Staat belegenes Grdst; der Begr der Verfügg ist dabei nach dtschem Recht z qualifizieren, da es sich um eine Vorschr des autonomen dtschen IPR handelt, vgl Rn 1; VerpflichtgsGesche, wie GrdstKauf, -miete od -pacht fallen nicht darunter. Soweit S 2 eingreift, hat es bei der selbständ Anknüpfg der Vorfrage nach Art 7 I sein Bewenden; Rechts-, Ge- schäfts- u HdlgsFähigk beurteilen sich also ausschließl nach dem Personalstatut der VertrPart.

Anhang zu Art 12

Juristische Personen und Gesellschaften

Abgekürzt zitierte **Literatur:** Hachenburg-Behrens, GmbHG, 8. Aufl Bd I (1990); MüKo-Ebenroth, Nach Art 10 EGBGB; Scholz, GmbHG, 8. Aufl (1993); Staud-Großfeld, Internat GesellschR, 13. Aufl 1993; Wiedemann, GesellschR Bd I (1980).

1) Allgemeines. Auch die Neuregelg des IPR dch das IPRG enth keine KollNorm über **juristische** **1** **Personen,** vgl Rn 17 vor Art 3; vom Anwendgsbereich der Art 27 ff werden Fragen betr das GesellschR, das VereinsR u das Recht der JP ausdrückl ausgen, Art 37 Nr 2. Motiv dieser Enthaltsamk war ua das von der BRep bereits ratifizierte, aber noch nicht in Kraft getretene EG-Übk über die ggseitige Anerkenng von Gesellschaften u JP vom 29. 2. 68, BGBl 72 II 369, vgl dazu Rn 21. Die Best der RO, die für die RVerh der JP maßg ist (dh ihr **Personalstatut**), bleibt daher weiterhin Raspr u RLehre überlassen. Auf die An- knüpfgspkte für das Personalstatut natürl Pers, wie Staatsangehörigk, Wohns od gewöhnl Aufenth, kann dabei nicht zurückgegriffen werden. In Betr kommt vor allem die Unterstellg unter diej RO, nach der die JP gegründet worden ist **(Gründungstheorie)** od die Anwendg der ROrdng, in deren Bereich ihr Sitz liegt **(Sitztheorie).** Die Gründgstheorie ist im anglo-amerikanischen RKreis herrschd. Sie läßt dem PartWillen Spielraum u birgt das Risiko der Manipulation. Demgü beruft die Sitztheorie die ROrdng zur Anwendg, in deren Geltgsgebiet der Schwerpkt der tats geschäftl Aktivitäten der JP liegt. Sie hat den Vorzug der Sachnähe u erleichtert die wirks Kontrolle dch den hauptbeteil Staat. Im dtschen IPR wurde bish überw die Sitztheorie vertreten; sie beherrscht heute die Rspr. In der Literatur hat dagg neuerd die Gründgstheorie in versch Varianten erhebl Einfl gewonnen.

2) Personalstatut juristischer Personen. a) Anknüpfgspkt für das Personalstatut der JP ist der **tatsäch-** **2** **liche Sitz der Hauptverwaltung,** BGH **53,** 181, 183, **78,** 318, 334, BGH **97,** 269, st Rspr, vgl zB noch Saarbr NJW **90,** 647, Oldbg NJW **90,** 1422, Ffm NJW **90,** 2204, BayObLG **92,** 113, Düss RIW **95,** 509, Hamm RIW **95,** 153, grdsl auch KG NJW **89,** 3101 (vorbehaltl EG-R); ebso die hM im Schrifttum, vgl zB Staud-Großfeld Rdz 68; Erm-Hohloch Art 37 Rn 25; Ferid IPR Rdz 5–63; MüKo-Ebenroth Rn 177 ff; grdsl auch Soergel-Lüderitz Rdz 204 vor EG 7 (aber Vermutg für Sitz im Staat, nach dessen Recht die Gründg erfolgt ist); **abweichend** (für Gründgstheorie) Beitzke ZHR **64,** 1, Hachenburg-Behrens GmbHG Einl Rn 125, Ansay Fschr Ferid (1978) 3 (für Gastarbeitergesellschaften), Neumayer ZVglRWiss **84,** 139, Knob- be-Keuk ZHR **90,** 325 u grdsl auch Grasmann, System des internat GesellschR, 1970 (der unterschiedl Behandlg von Außen- u InnenVerh verlangt); für grdsl Anwendg des Gründgsstatuts, das aber in best Umfang vom Sitzstatut verdrängt wird (Überlagergstheorie) Sandrock RabelsZ **78,** 227, ders RIW **89,** 249, 505; für eine vermittelnde Lösg auch Wiedemann Fschr Kegel (1977) 194, der nach Fallgruppen unterschei- det. Die Sitztheorie ist mit dem europ GemschR, insb der Niederlassgsfreih von Gesellsch gem Art 52 u 58 EWGV vereinb, vgl EuGH RIW **89,** 304, Großfeld/Erlinghagen JZ **93,** 218, MüKo-Ebenroth Rn 201, Ebenroth/Auer JZ **93,** 374, GmbHR **94,** 16, Koch NJW **92,** 412, S. Schmidt DWiR **92,** 449, Hachenburg- Behrens Einl Rn 123, für die Ggwart auch noch Sack JuS **90,** 352, Roth ZEuP **94,** 21, zweifelnd BayObLG **86,** 359 (vgl jetzt **92,** 113), KG NJW **89,** 3101, Fischer IPRax **91,** 103, aM Wessel/Ziegenhain GmbHR **88,** 427, Sandrock RIW **89,** 508, Meilicke RIW **90,** 449, Knobbe-Keuk ZHR **90,** 325, Drobnig in: v Bar, Europ GemschR und IPR (1991) 194, Schümann EuZW **94,** 269; auch die EMRK steht nicht entgg, ebso S. Schmidt DWiR **92,** 451, Bungert EWS **93,** 17, Engel ZEuP **93,** 152, Großfeld/Erlinghagen JZ **93,** 219, Großfeld/Boin JZ **93,** 370, Ebenroth/Auer JZ **93,** 376, vBar BerGesVR **33** (1994) 200, aM Meilicke RIW **92,** 578.

Maßg ist das Recht am effektiven VerwSitz, von dem aus die JP tats gelenkt wird, dh am **Schwerpunkt** **3** **des körperschaftlichen Lebens,** wo die grdlegden Entsch der UnternLeitg effektiv in laufde GeschFührgs- akte umgesetzt werden, BGH **97,** 272. Dabei sind die Umst des Einzelfalles zu berücksichtigen, zB Sitz der Generaldirektion, Taggsort von Vorstd, AufsRat u HauptVers, Ort der GeschLeitg, vgl dazu Ebenroth/ Bippus JZ **88,** 677, FG Düss IPRspr **86** Nr 23; die bloße nominale Festsetzg eines VerwSitzes in der Satzg (Briefkastengesellsch) ist unerhebl, vgl BayObLG **85,** 280, differenzierd v Falkenhausen RIW **87,** 818; ledigl sekundäre Verwaltgstätigk, zB Buchhaltg, Steuerangelegenh, sind nicht ausreichd, LG Essen NJW **95,** 1500;

iZw befindet sich aber der effektive VerwSitz einer jur Pers in dem Staat, nach dessen Recht sie erkennb organisiert ist, Mü NJW **86**, 2197, LG Rottweil IPRax **86**, 110, von der Seipen ebda 93, Hamm RIW **95**, 154 (jedenf im GB-Verf), Bungert DB **95**, 963, ähnl Oldbg NJW **90**, 1422, dahingestellt Ffm NJW **90**, 2205, abl Ebenroth/Bippus JZ **88**, 681. Der effektive VerwSitz ist für jede JP selbstd zu best; auch wenn sie als TochterG in einen **Konzern** eingebunden ist, kann sie einen von der MutterG versch Sitz haben, Ebenroth JZ **88**, 23; für die RVerhe zw der herrschden u der abhäng Gesellsch gilt das Statut der letzteren, Wiedemann GesellschR I § 14 III. – Die gleichen Grdse galten auch im **innerdeutschen** KollisionsR. Zur Anwendg gelangte auch hier das Recht des Ortes, an dem die Verwaltg tats geführt wird, vgl BPatG IPRspr **88** Nr 14, **90** Nr 26, Staud-Großfeld Rn 737; zur Weitergeltg dieses Grds vgl BGH **128**, 44 u Art 236 Rn 4. Eine **Übergangsregelung** für Vereine u Stiftgen, die nach dem Recht der DDR gegründet wurden, enth Art 231 §§ 2–4, vgl dazu Nissel DtZ **91**, 239, Christoph ebda 234. Zu den bei einer Enteigng der JP auftauchenden Fragen vgl Anh II z Art 38 Rn 11–14.

4 **b) Ausnahmen.** Rück- od Weiterverweig (vor allem wenn Sitzstaat der Gründgstheorie folgt) sind zu beachten, Art 4 I, Hbg RIW **88**, 816, Ffm NJW **90**, 2204, Ebenroth/Eyles IPRax **89**, 9, vgl ferner Staud-Großfeld Rdz 103, Kaligin Betr **85**, 1451, einschränkd Soergel-Lüderitz Rdz 267 vor EG 7. Die Anwendg ausl SitzR kann nach Art 6 ausgeschl sein; die Abs, unter Ausnutzg der GesellschForm Steuern zu sparen, genügt dafür nicht, BGH WPM **79**, 692. – Nach §§ 23, 80 S 2 kann BMI einem Verein od einer Stiftg mit
5 Sitz im Ausl die RFgk in Anwendg dtschen Rechts verleihen, zB dtschen Schulvereinen im Ausl. – **Sitzverlegung** in ein anderes Land hat einen **Statutenwechsel** zur Folge, BGH **97**, 269, Mü NJW **86**, 2197; die JP besteht aber unter Wahrg ihrer Identität fort, wenn dies nach dem Recht sowohl des alten wie des neuen Sitzes statth ist, BGH **97**, 269, Ffm NJW **90**, 2204, Zweibr Betr **90**, 1660 (dazu Großfeld/König IPRax **91**, 380), Behrens RIW **86**, 590. Ist dies nicht der Fall (wie bei Sitzverlegg in die BRep), kommt nur Auflösg u Neugründg in Betr, vgl BGH **97**, 269, Nürnb AWD **85**, 494, BayObLG **92**, 113 (zust S. Schmidt DWiR **92**, 448, Ebenroth/Auer JZ **93**, 374), Rehbinder IPRax **85**, 324, Buyer DB **90**, 1682 (steuerr Konsequenzen), aM Wessel/Ziegenhain GmbHR **88**, 427, Großfeld/König RIW **92**, 436, vgl auch Kronke ZGR **94**, 26 (grenzüberschreitde Umwandlg); diese Regelg ist mit Art 52 u 58 EWGV vereinb, EuGH RIW **89**, 304, BayObLG RIW **92**, 674, aM Thönnes DB **93**, 1021, zur Problematik Staud-Großfeld Rn 113f, Sandrock/Austmann RIW **89**, 249, Sack JuS **90**, 352, Bokelmann EWIR **90**, 947, Knobbe-Keuk ZHR **90**, 325, Drobnig in: v Bar, Europ GemschR und IPR (1991) 201. Sie gilt grdsl auch dann, wenn das mat GesellschR des alten u des neuen Sitzstaats übereinstimmt, Scholz-Westermann GmbHG Einl Rdz 126, einschränkd Großfeld/Jasper RabelsZ **89**, 52 (auch zur grenzüberschreitder Fusion); Besonderh galten aber bei Rückwanderg dtscher Gesellsch aus abgetrennten Gebieten, vgl RG **107**, 94, OLG **43**, 201, BGH **25**, 134. Zu den RProblemen der Spaltgesellsch bei Enteigng im Sitzstaat vgl Anh II z Art 38 Rn 11–14. Zur Beurteilg transnationaler Unternehmen Großfeld ZGR **87**, 504; Ebenroth JZ **88**, 75; Kaiser RIW **88**, 589; Ebenroth/Wilken ZVglRWiss **91**, 235; zur privatr RFähigk internat Organisationen Kunz-Hallstein GRUR Int **87**, 819, 824; Ebenroth JZ **88**, 83, Ebenroth/Fuhrmann JZ **89**, 211; Mann ZHR **88**, 311.

6 **3) Anwendungsgebiet des Personalstatuts.** Das Recht des Verwaltgssitzes entsch über das Vorhandensein einer JP, RG **92**, 74, dh zunächst ihre **Gründung** (einschl RLage der GründgsGesellsch u Haftg ihrer Gter, KG NJW **89**, 3100, Staud-Großfeld Rdz 245, während der GründgsVorvertr nach dem Schuldstatut zu beurt ist, Kaligin Betr **85**, 1453); eine nach ausl Recht gegründete JP, die ihren Verwaltgssitz im Inl hat, ist desh nicht wirks errichtet, LG Marbg NJW-RR **93**, 222, vgl auch BFH IPRax **93**, 249 (dazu Großfeld/Luttermann ebda 229); das gleiche gilt idR umgekehrt bei Gründg nach dtschem Recht u Verwaltgssitz im
7 Ausl, Großfeld/König RIW **92**, 433. Nach dem Personalstatut beurt sich Beginn u Umfang der **Rechtsfähigkeit** im allg, BGH **128**, 44, Hbg IPRspr **77** Nr 5, LG Rottw IPRax **86**, 110, KG NJW **89**, 3100, Oldbg NJW **90**, 1422, Ffm NJW **90**, 2204 (dazu Großfeld/König IPRax **91**, 379), vgl auch Rn 18; wg der sog bes RFgk vgl Art 7 Rn 2 u EG 86, 88; zur bes RFähigk zum Erwerb einer Beteiligg an einer inl Gesellsch vgl BayObLG **86**, 61 (dazu Ebke ZGR **87**, 265, Schmidt-Hermesdorf RIW **90**, 707), sowie Saarbr JZ **89**, 904 (dazu Ebenroth/Hopp ebda 883, Ebenroth/Auer DNotZ **90**, 139, Großfeld/Strotmann IPRax **90**, 298, Kronke RIW **90**, 799, Großfeld/König RIW **92**, 437), LG Stgt RIW **93**, 850; zur Erteilg der steuerl UnbedenklkBescheinigg bei inl GrdstGesch Braun RIW **95**, 499. Bei Beschrkg der RFgk auf den satzgsmäß Zw, zB nach der engl ultra vires-Lehre, ist inl GeschVerk entspr Art 12 z schützen, Staud-Großfeld Rdz 262, MüKo-Ebenroth Rn 264ff, abw Soergel- Lüderitz Rdz 234 vor EG 7. Nach dem Personalstatut bestimmen sich
8 sich weiter der **Name** der JP, BayObLG **86**, 61 (zum Namensschutz Art 10 Rn 5) sowie die **körperschaftli-**
9 **che Verfassung** einschl der **Mitbestimmung** der ArbNehmer in den GesellschOrganen, vgl Däubler RabelsZ **75**, 444, Birk AWD **75**, 589, Müffelmann BB **77**, 628, Lutter Fschr Zweigert (1981) 256, Schubert, Unternehmensmitbestimmg u internat WirtschVerflechtg, 1984; daher grdsl keine Anwendg der dtschen MitBestVorschr auf unselbstd inl Zweigniederlassg eines ausl Unternehmens, einschränkd Staud-Großfeld Rdz 463, aM Ebenroth/Sura ZHR **80**, 619, wohl aber auf die in einen ausl Konzern eingebundene rechtl selbstd InlGesellsch, Lutter Fschr Zweigert (1981) 262. Die dtschen MitBestVorschr beanspruchen grdsl keine Anwendg im Ausl, vgl LAG Berlin AWD **77**, 1302, LG Düss Betr **79**, 1451 (kein WahlR der ArbN ausl TochterGft zum AufsR der dtschen Konzernspitze), LG Stgt RIW **93**, 849, Duden ZHR **77**, 182, Pipkorn ZHR **77**, 339, Bellstedt BB **77**, 1326, Ebenroth/Sura ZHR **80**, 610, Lutter Fschr Zweigert (1981) 260; eine Ausn gilt nach BPersVG **79** für die Dienststellen der BRep im Ausland; ebso bei AuslMitArb eines EntwicklgsHilfeUntern, LG Ffm Betr **82**, 1312, vgl dazu Richardi IPRax **83**, 217; zur Berücksichtigg der dtschen MitBestVorschr bei der Unterstellg einer dtschen Gesellsch unter ein ausl Untern im Rahmen eines BeherrschgsVertr vgl Bernstein/Koch ZHR **79**, 522, Ebenroth/Sura ZHR **80**, 620, Hanau/Ulmer MitbestG
10 (1981) § 5 Rdz 56. Das Personalstatut gilt ferner für die **Geschäftsführung**, insb die **Vertretungsmacht** der **Organe**, vgl BGH **40**, 197 (aber auch Gesichtspkt der AnscheinsVollm z berücksichtigen, BGH aaO 204), BGH IPRax **85**, 221, NJW **92**, 618 u 628, DNotZ **94**, 487, BGH **128**, 44, Hamm AWD **84**, 653 (auch im Konkurs), RIW **94**, 514, Ffm IPRspr **84** Nr 21, LG Hbg WM **92**, 1602, Düss RIW **95**, 325, vgl auch Köln RIW **92**, 147, währd für die Vertretgmacht sonst MitArb das jew VollmStatut gilt, vgl dazu Anh zu Art 32.
11 Das Personalstatut der Gesellsch regelt auch die **Haftung** der Organe, LG Marbg NJW-RR **93**, 222, u der

Gter, insb aGrd Dchgriffshaftg, BGH IPRspr **56/57** Nr 34, BGH **78**, 318, 334, KG NJW **89**, 3100, Düss RIW **95**, 508, sowie umgekehrt den Durchgriff gg die JP weg Schulden der Gter, BGH NJW **92**, 2030, NJW-RR **95**, 767, vgl dazu Hanisch ZIP **81**, 575, Bernstein Fschr Zweigert (1981) 37, Khadjavi-Gontard/ Hausmann AWD **83**, 1, C. Schmidt, Der HaftgsDurchgriff u seine Umkehrg im IPR, 1993; dagg beurteilen sich die Voraussetzgen einer Zurechng delikt Verhaltens Dritter nach dem Deliktsstatut, Anh zu Art 38 Rn 22, vgl auch Schohe, Die Haftg JPen für ihre Organe im IPR, 1991; zum HaftgsDurchgriff auf die MutterG vgl Behrens RabelsZ **82**, 308, 341, Lorenz IPRax **83**, 85 (grdsl maßgebd Statut der abhängigen Gesellsch), ferner Fischer IPRax **89**, 215; zum HaftgsDurchgriff bei Staatsunternehmen auf den Staat vgl v Hoffmann, BerGesVR 25 (1984) 69. Das gleiche gilt für Form u RWirksk der **Satzung** u ihrer Abändergen **12** sowie die rechtl Folgen dieser Abändergen, RG **73**, 367 (Formerfordern der Satzgsänderg einer GmbH mit Sitz in der BRep ist aber bei Vornahme im Ausl nicht ausschließl nach dtschem Recht zu beurteilen; Beobachtg der Ortsform gem Art 11 I genügt, vgl dazu Art 11 Rn 13, str), Fassg u Anf eines **Beschlusses 13** der Mitgliederversammlg, Zulässigk u Wirkgen v StimmbindgsVertr, Overrath ZGR **74**, 86, Wiedemann GesellschR I § 14 IV 1b, Kaligin Betr **85**, 1453. Das GesellschStatut best über Erwerb u Verlust der Mitgliedsch, BGH NJW **94**, 940, insbes die Vererblichk der GesellschStellg, vgl dazu v Oertzen IPRax **94**, 73, u die Vorauss der **Übertragung** von AnteilsRen, Karlsr IPRspr **83** Nr 20, Celle WPM **84**, 500, währd für das **14** schuldr GrdGesch grdsl das VertrStatut gilt, vgl dazu Art 27 u 28 II (soweit die ÜbertraggsPfl nicht gesellschaftsr Ursprungs ist, Scholz- Westermann GmbHG Einl Rn 116) u über der Form EG 11 entsch, vgl dort Rn 2–19; dies gilt auch für die Form der Übertr von GmbH-Anteilen, die bei Vorn im Ausl gem Art 11 I alternativ nach GmbHG 15 III als Wirkgsstatut u dem Recht des VornOrtes zu beurteilen ist, BayObLG NJW **78**, 500, Ffm Betr **81**, 1456, Maier-Reimer BB **74**, 1230, Hachenburg-Behrens GmbHG Einl Rn 163, Bernstein ZHR **76**, 414; aM Staud-Firsching EG 11 Rdz 97, Staud-Großfeld Rdz 449, Winkler NJW **72**, 982, ders Rpfleger **78**, 44, Schervier NJW **92**, 598, Ebenroth/Wilken JZ **91**, 1065; zur Anwendbk von GmbHG 15 IV auf ausl GmbH vgl Celle DNotZ **93**, 625 (ja), Mü RIW **93**, 504 (nein), Bungert DZWir **93**, 494, Depping GmbHR **94**, 386, Merkt ZIP **94**, 1417; über kapitalersetzde GesellscherDarlehen vgl Schücking ZIP **94**, 1156. Die Zulässigk des Erwerbs von AnteilsR dch eine JP an einer und Gesellsch ist nach den Personalstatuten beider Gesellschen zu beurteilen, BayObLG **86**, 61; nach dtschem Recht kann sich eine ausl KapitalGesellsch als Komplementär an einer KG beteiligen, BayObLG aaO; Saarbr JZ **89**, 904; LG Stgt RIW **93**, 850, aM Großfeld/Johannemann IPRax **94**, 271, vgl auch Rn 7. Nach dem Personalstatut beurteilt sich auch die **Umstrukturierung,** vgl Kronke ZGR **94**, 31, sowie die **Beendigung** der RFgk, BGH **51**, 27, also auch **15** deren Entziehg, RG **129**, 98; jedoch ist bis zur Beendigg der Liquidation des inl Vermögens vom Fortbestand einer ausl JP auszugehen, die nach ihrem Personalstatut die RFgk verloren hat, Stgt NJW **74**, 1627. Das Personalstatut der abhäng Gesellsch (nicht das des herrschden Untern) entsch grdsl auch über Vorauss u RFolgen **grenzüberschreitender Beherrschungsverträge,** Ffm EWiR **88**, 587, vgl ferner Wiedemann **16** GesellschR I § 14 III 2, differenzierd Kronke ZGR **89**, 473, Rundshagen/Strunk RIW **95**, 666, für Maßgeblk des VertrStatuts Neumayer ZVglRWiss **84**, 149; insow findet das WeisgsR des herrschden ausl Untern bei den inl MitBestVorschr seine Grenze; für Unzulässigk derart Vertr Ebenroth JZ **88**, 77. Eine **Enteignung 17** dch den Sitzstaat erfaßt grdsl nicht auch das im Ausl belegene Verm, BGH **25**, 127, stRspr. Hat die enteignete JP Verm im Inl, so besteht sie selbst, die Vertretgsmacht ihrer Organe u die Mitgliedsch an ihr in der BRep weiter, BGH **43**, 51. Vgl dazu näher Anh II zu Art 38 Rn 12. Eine Enteigng des AuslVerm ist auch nicht auf dem Umweg der Enteigng aller od nahezu aller MitgliedschRe mögl, BGH **32**, 256. Wg des **ILR,** insb der Enteignen in der früh DDR Anh II zu Art 38 Rn 14.

4) Anerkennung ausländischer juristischer Personen. Die Frage, ob eine JP besteht u rechtsfäh ist, dh **18** als solche „anzuerkennen" ist, beurteilt sich nach ihrem Personalstatut, befindet sich der effektive VerwSitz im Inl also nach dtschem Recht, auch wenn die Gründg im Ausland nach ausl Recht erfolgt ist, KG NJW **89**, 3100, Oldbg NJW **90**, 1422; fehlt danach einer KapitalG die RFgk, haften die Gesellschafter analog HGB 128 und die Handelnden GmbHG 11 II, Fischer IPRax **91**, 100, für analoge Anwend von § 179 LG Stgt ebda 118, vgl auch Bogler Betr **91**, 850. Ausl JP, die nach ihrem Personalstatut wirks gegründet sind, besitzen die RFgk auch im Inl, ohne daß es dafür einer bes Anerkenng bedarf, BayObLG **86**, 61 (vgl dazu Großfeld IPRax **86**, 351, Ebke ZGR **87**, 245, Schmidt-Hermesdorf RIW **90** 707), Saarbr JZ **89**, 904 (auch zur bes RFähigk zur Beteiligg an dtscher KG, vgl dazu Ebenroth/Hopp ebda 883, Ebenroth/Auer DNotZ **90**, 139), Düss RIW **93**, 325, st Praxis; diese ergibt sich vielm aus der Anwendg der einschläg Vorschr des allg GesellschStatuts, Behrens ZGR **78**, 510, Staud-Großfeld Rdz 164, dh des Rechts des VerwSitzes, vgl oben Rn 2, 3. Das gleiche gilt auch für ausl JP öffr Charakters; zu deren Immunität vgl Baumbach/Lauterbach ZPO § 20 GVG Anm 2. – Die Anerkenng der JP schließt nicht ohne weiteres die Zulassg zur geschäftl **19** Tätigk in sich ein. Diese unterliegt vielm im allg der bes fremdenr Genehmigg des anerkennenden Staates, vgl dazu Ebenroth JZ **88**, 84.

5) Entspr Reg gelten auch für **handelsrechtliche Gesellschaften ohne Rechtsfähigkeit,** zB OHG od **20** KG, BGH NJW **67**, 36, Ffm IPRax **86**, 373, Ahrens ebda 357, Hamm RIW **95**, 53, vgl auch KG NJW **89**, 3100, Oldbg NJW **90**, 1422 (engl private company mit Sitz im Inl), sowie allg für **Personenvereinigungen** mit eigener Organisation, die nach ihrem Personalstatut **nicht rechtsfähig** sind, insbes nichtrechtsfäh Vereine od Partnerschaften. Auch die RVerhe solcher Vereiniggen sind nach ihrem Personalstatut, dh der RO an ihrem Sitz zu beurteilen, Staud- Großfeld Rdz 686, Ebenroth JZ **88**, 23; dies gilt insb für die Haftg der Gesellsch u grdsl auch der Gter, RG **124**, 146, BGH LM HGB 105 Nr 7, LG Hbg IPRspr **76** Nr 210, KG NJW **89**, 3101, u zwar auch dann, wenn für die Fdg ein Recht maßg ist. Im allg gilt die ROrdng des Sitzstaates auch für das InnenVerh der Gter, RG JW **11**, 718. Wg Gesellsch des bürgerl Rechts ohne eig Organisation vgl Art 28 Rn 19. Für die Europ wirtsch Interessenvereinigg enth Art 2 I der VO Nr 2137/85/ EWG v 25. 7. 85, ABl Nr L 199/1 eine Sonderregelg.

6) Staatsverträge. Die Anerkenng jur Personen u anderer Handelsgesellschaften ist vielf staatsvertragl **21** sichergestellt; vgl dazu Beitzke Fschr Luther (1976) 1, Ebenroth/Bippus Betr **88**, 842, RIW **88**, 336, NJW **88**, 2137, Ebenroth/Auer RIW Beil 1 zu Heft 3/92 Rn 15. Eine einschlägige KollNorm enth zB Art XXV Abs 5 des dtsch-amerik Vertrags v 29. 10. 54, BGBl **56** II 487 (Anerkenng der RFähigk nach GründgsR), vgl dazu Zweibr NJW **87**, 2168, Düss RIW **95**, 510, NJW-RR **95**, 1184, Ebenroth/Bippus NJW **88**, 2137, Ebenroth/Kemner/Willburger ZIP **95**, 972, Großfeld/Erlinghagen JZ **93**, 224, Bungert ZVglRWiss **94**, 132. Der **EG-Vertrag** selbst enth keine dahingehde Verpflichtg, aM jetzt Staud-Großfeld Rdz 161, vgl ferner BayObLG **85**, 280 u dazu Großfeld IPRax **86**, 145. Das ÜbK üb die gegenseitige Anerkenng von Gesellsch u jur Personen der EWG-Staaten v 29. 2. 68 u das zugehör G v 18. 5. 72, BGBl II 369, sowie das G v 14. 8. 72, BGBl II 857 z Protokoll v 3. 6. 71 betr die Auslegg des ÜbK sind noch nicht in Kraft getreten; vgl dazu Ebenroth/Sura RabelsZ **79**, 319, sowie ZIP **86**, 677, Ebenroth/Auer DNotZ **90**, 151, Knobbe-Keuk ZHR **90**, 329, Großfeld/König RIW **92**, 435. Zur Vereinbk der Sitztheorie mit der EMRK s Rn 2.

Dritter Abschnitt. Familienrecht

Vorbemerkung

1 Auf der Neuregelg des internat FamR in Art 13–24 liegt neben der des internat SchuldVertrR der Schwerpkt der Reform dch das IPRG. Von grdlegder Bedeutg ist dabei Art 14, der über seinen unmittelb Anwendgsbereich der persönl Ehewirkgen hinaus eine GrdsKollisionsnorm für die RBeziehgen zw Eheg untereinand u zu ihren Kindern enth (vgl die Verweisgen in 15 I, 17 I, 19 I, II, 21 I u 22). Auf diese Weise wird ein **einheitliches Familienstatut** geschaffen, das freil im einz nicht ohne Modifikationen bei der Anknüpfg der Einzelstatuten dchgehalten wird. Die Neuregelg geht vom Vorrang der Staatsangehörigk als Anknüpfgspkt aus, die dch den gewöhnl Aufenth als Auffanganknüpfg ergänzt wird. Eine wesentl Änderg ggü dem bish RZustand bringt die Zulassg einer **Rechtswahl** dch die **Ehegatten,** vgl Art 14 II u III, 15 II, die aber auf deren RBeziehgen beschr bleibt u keine Auswirkgen auf den Status eines Kindes hat, vgl die Einschränkg der Verweisg auf Art 14 I in Art 19 I 1, II 1, 21 I 1, 22 S 2. Damit soll es den Beteiligten angesichts der Vielfalt der in Betr kommden Interessen ermögl werden, selbst ein für ihre Bedürfn geeignetes Recht zu best. Die RWahl wird allerdings in der GrdsKollisionsnorm des Art 14 auf die HeimatRe der Eheg beschränkt; für das ehel GüterR werden zusätzl die ROrdngen ihres gewöhnl Aufenth u für Grdste ihres Lageorts z Wahl gestellt.

Praktische Hinweise: Oellrich, FamSachen mit AuslBerührg, 1992 (mit Schriftsatzmustern u Checklisten); Rausch NJW **94**, 2120.

EG 13 *Eheschließung.* [I] Die Voraussetzungen der Eheschließung unterliegen für jeden Verlobten dem Recht des Staates, dem er angehört.

[II] **Fehlt danach eine Voraussetzung, so ist insoweit deutsches Recht anzuwenden, wenn**

1. ein Verlobter seinen gewöhnlichen Aufenthalt im Inland hat oder Deutscher ist,

2. die Verlobten die zumutbaren Schritte zur Erfüllung der Voraussetzung unternommen haben und

3. es mit der Eheschließungsfreiheit unvereinbar ist, die Eheschließung zu versagen; insbesondere steht die frühere Ehe eines Verlobten nicht entgegen, wenn ihr Bestand durch eine hier erlassene oder anerkannte Entscheidung beseitigt oder der Ehegatte des Verlobten für tot erklärt ist.

[III] **Eine Ehe kann im Inland nur in der hier vorgeschriebenen Form geschlossen werden. Eine Ehe zwischen Verlobten, von denen keiner Deutscher ist, kann jedoch vor einer von der Regierung des Staates, dem einer der Verlobten angehört, ordnungsgemäß ermächtigten Person in der nach dem Recht dieses Staates vorgeschriebenen Form geschlossen werden; eine beglaubigte Abschrift der Eintragung der so geschlossenen Ehe in das Standesregister, das von der dazu ordnungsgemäß ermächtigten Person geführt wird, erbringt vollen Beweis der Eheschließung.**

1 **1) Allgemeines. a)** Art 13 regelt die mat **Voraussetzungen** einer Eheschl einschl der Folgen ihres Fehlens sowie die **Form** einer Eheschl im **Inland.** Soweit dabei in Abs 1 das **Heimatrecht** der Verlobten für anwendb erkl wird, sind **Rück- oder Weiterverweisung** zu beachten, Art 4 I, vgl zB Hamm StAZ **91**, 317; zur Anknüpfg bei Mehrstaatern, Staatenlosen, Flüchtlingen vgl Art 5 mit Anh. Art 13 galt entspr auch im innerdtschen KollisionsR; vgl dazu wurde an den gewöhnl Aufenth der Verlobten angeknüpft, vgl dazu Anh zu Art 3 Rn 4 u Art 236 Rn 4 f. Über **staatsvertragliche Sonderregelungen,** die nach Art 3 II 1 Art 13

2 vorgehen, vgl Anh. **b)** Abs 2 enth eine spezielle VorbehKlausel aus ordre public-Erwäggen zG des dtschen Rechts, in deren Anwendgsbereich der Rückgr auf Art 6 überflüss ist, vgl dort Rn 10. Sind die Voraussetzgen des Abs 2 nicht erf, so kann die Anwendg fremden Rechts auch dch **Art 6** ausgeschl sein, vgl dort Rn 20 u unten Rn 16. Bei hinreichd starker InlBeziehg mit Art 6 unvereinb ist das Eheverbot der Religionsverschiedenh, BGH **56**, 180, Hamm FamRZ **77**, 323, Verbot der Heirat vor Erfüllg der Wehrpfl, vgl Düss StAZ **80**, 308, die Verhängg von Scheidgsstrafen, KG JW **38**, 2750, Staud-v Bar Rdz 146, vgl aber Ffm FamRZ **92**, 1183, od das Eheverbot der höheren Weihen, Hamm StAZ **74**, 66; nicht dagg Anerkenng der Geschlechtsumwandlg dch operativen Eingriff nach ausl HeimatR, aM Präs Hamm StAZ **74**, 69 (überholt dch TranssexuellenG v 10. 9. 80, BGBl 1654). Nach Neuhaus Fschr Schwind (1978) 236 soll auch eine nachträgl Heilg einer wg Formmangels nichtigen Ehe in AusnFällen auf Art 6 gestützt werden können, vgl

3 dazu Rn 4. **c) Die Form** der Eheschl im **Inland** ist nunmehr, von staatsvertragl Sonderregeln abgesehen, **vollständig** in Abs 3 geregelt; der frühere § 15a EheG ist weitgehend in diese Vorschr übernommen. Für Eheschl im Ausl gilt Art 11 I, vgl zB Karlsr StAZ **94**, 286. **d)** Art 13 gilt nach dem für die Qualifikation maßgebden Begriff der Ehe im dtschen Recht, vgl Rn 27 vor Art 3, **nicht** für die Begründg einer **eheähnlichen** (zB gleichgeschlecht) **Lebensgemeinschaft;** dies gilt auch dann, wenn diese nach dem Personalstatut der Partner mit spezifischen RWirkgen ausgestattet ist, aM MüKo-Schwimann Rn 6, Henrich Fschr Beitzke

(1979) 513, Jayme IPRax **90**, 197 (betr dänische registrierte Partnersch); das auf die Verpfl der Part anwendb Recht ist nach Art 27 f zu best, i Erg wie hier Erm-Hohloch Rn 13 vor Art 13. Die entspr Anwendg v Art 13 müßte die der Art 14–17 nach sich ziehen; dies würde idR Normenmangel mit Anpassgsproblemen zur Folge haben, vgl Rn 32 vor Art 3. Zur vermögensr Auseinandersetzg bei Beendigg vgl Art 17 Rn 14. Über Verlöbnis vgl Rn 30.

2) Grundsatz (Absatz 1). a) Maßgeblichkeit des Personalstatuts der Verlobten. aa) Abs 1 unter- **4** stellt die mat **Gültigkeitsvoraussetzungen** einer Eheschl bei jedem Verlobten seinem HeimatR (bzw Personalstatut) im Ztpkt der Heirat. Anknüpfgspunkt für das EheschlStatut ist also die Staatsangehörigk der Verlobten unmittelb **vor** der Heirat; eine erst dch Heirat erworbene Staatsangehörigk bleibt außer Betr. Das EheschlStatut ist **unwandelbar,** dahingestellt BGH IPRspr **71** Nr 123, vgl auch Kblz IPRspr **73** Nr 33, **78** Nr 44, **88** Nr 62 (religiöse Eheschl jüd Auswanderer); dies gilt auch bei Eheschl dch einen ausgebürgerten Dtschen vor rückwirkdem Wiedererwerb der dtschen Staatsangehörigk gem GG 116 II 2, vgl BGH **27**, 375. Haben die Eheg aber nach der Eheschl ein and Personalstatut erworben u ist die Ehe nach ihrem neuen Personalstatut trotz der Verletzg des HeimatR eines Eheg zZ der Eheschl gültig, so kommt es zu einer Heilg dch Statutenwechsel, vgl KG FamRZ **86**, 680, Kblz IPRspr **88** Nr 62, Mü StAZ **93**, 152 (dazu Bungert ebda 145), ebso Bayer/Knörzer/Wandt FamRZ **83**, 773, einschränkd MüKo-Schwimann Rdz 18, aM Soergel-Kegel Rdz 41, Henrich FamRZ **87**, 950; für weitergehde Möglk der Heilg unwirks Eheschl dch Statutenwechsel Siehr, GedächtnSchr f Ehrenzweig (1976) 163 f. **bb)** Für jeden Verl ist also nach seinem HeimatR zZ **5** der Heirat z prüfen, ob in seiner Pers alle Voraussetzgen für das wirks Zustandekommen einer Ehe vorliegen. Jeder Verl muß den Vorschr seines HeimatR genügen, um in einer rechtsgült Ehe zu leben; diese Regelg ist mit GG 6 I vereinb, obwohl sie uU die EheschlFreih eines Dtschen bei Heirat mit einem Ausl über das bei einer Heirat mit einem Dtschen bestehde Maß einschränkt, vgl BVerfG **31**, 58, NJW **83**, 511, BT-Drucks 10/504 S 52 (auch im Hinbl auf Abs 2). Nach dem Personalstatut jedes Verl ist insb über das Vorliegen v Ehehindern in seiner Pers zu entsch. UU gestattet das anzuwendde R aber nur die Eheschl mit einem Partner, in dessen Pers best Vorauss erf bzw nicht erf sind **(zweiseitige Ehehindernisse);** dann sind auch solche Ausstrahlgen des Personalstatuts des einen Verl auf die Pers des and zu beachten. Ob ein zweis Ehehindern vorliegt, ist eine Frage der Auslegg des jew Personalstatuts. Beispiele aus dem dtschen Recht EheG 5, vgl zB AG Paderborn StAZ **86**, 45, Hbg StAZ **88**, 132, EheG 7, wohl auch 18 I, KG JW **37**, 2039 für den entspr § 1325 I, nicht dagg auch EheG 8, aM Scholl StAZ **74**, 169 mit beachtl rechtspolit Grden, die aber mit dem klaren Wortlaut der Vorschr nicht vereinb sind.

b) Anwendungsgebiet. aa) Zu den mat **Voraussetzungen** der Eheschl iSv Abs 1 gehören **Ehemün-** **6** **digkeit** (soweit zusätzl GeschFgk verlangt wird, beurteilt sich diese Art 7 I, Kegel IPR § 20 IV 1), Erfordern der **Zustimmung** Dritter, Ffm MDR **51**, 299 (ob ein Verl minderj ist, ist dabei wiederum nach Art 7 I zu entsch, Staud-v Bar Rdz 76), beiders **Erleben** der Eheschließg, Karlsr StAZ **90**, 335 (aM Beitzke IPRax **91**, 228), Einfluß von **Willensmängeln,** LG Hbg FamRZ **74**, 96, Vorliegen von **Ehehindernissen,** insb der **Doppelehe;** dabei ist das gült Bestehen einer and Ehe eine Vorfrage, die selbständ anzuknüpfen, dh nach den HeimatRen der daran beteiligten Gatten zu beurteilen ist, vgl BGH FamRZ **76**, 336, aM Mü IPRax **88**, 356 (krit Winkler v Mohrenfels ebda 341, zust dagg Hausmann in: JbItalR 2 [1989] 25), Schwimann StAZ **88**, 37. Ist danach die frühere Ehe wirks geschl, so hängt die Wirksk ihrer späteren Auflösg, insb dch **7** **Scheidung,** von deren Gültigk ab; handelt es sich um ein **deutsches** ScheidgsUrt, das nach dem HeimatR eines der beiden Verl nicht anerkannt wird, so steht die frühere (geschiedene) Ehe der neuen Heirat unter den Vorauss v Abs 2 nicht entgg, vgl dort Nr 3; die früh heftig umstr Frage, vgl 45. Aufl Anm 5 a, ist dch diese Vorschr nunm gesetzl geregelt; handelt es sich um ein **ausländisches** ScheidgsUrt, so kommt es auf dessen **Anerkennung** im Inl nach Art 7 § 1 FamRÄndG bzw ZPO 328 an, Abs 2 Nr 3, ebso schon AG Flensburg StAZ **82**, 47 mAv Zimmermann; ist die Feststellg des Vorliegens der Anerkenngsvoraussetzgen erfolgt, so ist das ausl ScheidgsUrteil in seinen RWirkgen dem dtschen gleichgestellt; ist die Feststellg noch nicht herbeigeführt worden, so ist das Verf zur Befreiung von der Beibringg des EhefähigkZeugn auszusetzen, bis die Feststellg getroffen ist; wird das Nichtvorliegen der Anerkenngsvoraussetzgen festgestellt, so hat das ausl ScheidgsUrt im Inl keine Wirkg u ist die Ehe daher als fortbestehd anzusehen, BSozG FamRZ **77**, 636, abw LG Hbg IPRspr **76** Nr 32 (das die Wirksk der Scheidg nach dem v EG 13 berufenen R beurteilt), ebso Hausmann, Kollisionsr Schranken v ScheidgsUrt (1980) § 30. Dch bloße Scheidg (Trenng) v Tisch u Bett wird die Ehe dem Bande nach nicht aufgelöst, RG **151**, 313, Karlsr NJW **73**, 425; zur Wirksk v Privatscheidgen vgl Art 17 Rn 35–37. Unter Art 13 I fallen ferner die **übrigen Ehehindernisse,** zB der Verwandtsch od **8** Schwägersch, des Ehebruchs od der Ann als Kind, ebso das Ehehindern der Wartezeit, vgl dazu Scholl StAZ **74**, 169, u des Auseinandersetzgszeugn, KG FamRZ **61**, 477, AG Moers DAVorm **92**, 967. Ehehindernisse aus rassischen Gründen, Verbot der Eheschl mit fremden Staatsangehörigen sind bei entspr InlBeziehg nach Art 6 unbeachtl, vgl Wähler StAZ **89**, 182, Jayme IPRax **90**, 311; dies gilt auch, soweit eine solche Eheschl einer bes Gen bedarf, AG Bad Wildungen StAZ **90**, 170, ebso Ferid StAZ **54**, 19, vgl auch EMRK Art 14; es trifft aber dann nicht zu, wenn AuslandsR nur Genehmig bei Ausländern seiner Beamten u Offiziere fordert (früh Iran), KG NJW **61**, 2209, Wähler StAZ **89**, 186. Auch Eheverbote aus rel Grden, vgl dazu Elwan IPRax **86**, 124 (Iran), sind bei genügd intensiver InlBeziehg wg Art 6 unbeachtl, BGH **56**, 180, Hamm FamRZ **77**, 323, Krüger StAZ **84**, 337. Auch das Erfordern einer **Morgengabe** ist nach Art 13 **9** zu beurteilen, soweit davon die Wirksk der Eheschließg abhängt, vgl dazu Köln IPRspr **82** Nr 43, Düss FamRZ **93**, 188, Krüger FamRZ **77**, 114, Heldrich IPRax **83**, 64, Heßler IPRax **88**, 95; soweit die Brautgabe noch nicht geleistet ist, gilt für den Anspr vor Eingeh der Ehe das Verlöbnisstatut, vgl Rn 30, LG Bochum FamRZ **90**, 883, währd des Bestehens der Ehe Art 14, im Zushg mit einer Scheidg Art 18 IV, KG FamRZ **88**, 296, AG Hbg IPRax **83**, 74, AG Memmg IPRax **85**, 230, ferner KG FamRZ **80**, 470 (zur unterhaltssichernden Funktion der Brautgabe), Hamm FamRZ **81**, 875 (betr Hausratsteilg), FamRZ **91**, 1320 (dtsch-iran NiederlassgsAbk, vgl Art 14 Rn 5), Kotzur, Kollisionsr Probleme christl-islam Ehen (1988) 156, sowie im Zushg mit dem Tod des Mannes Art 25, Heldrich IPRax **83**, 64; für güterr Qualifikation des Anspr auf Morgengabe nach Ehescheidg Brem FamRZ **80**, 606, Köln IPRax **83**, 73, NJW-RR **94**, 200 (betr Anspr auf Rückg), grdsl auch MüKo-Siehr EG 15 Rdz 91; die Qualifikation der Morgengabe bleibt offen in BGH

FamRZ **87**, 463 (vgl dazu Heßler IPRax **88**, 95), ferner LG Kln IPRspr **80** Nr 83, Hbg IPRax **83**, 76, Zweibr IPRax **84**, 329, Hamm FamRZ **88**, 516, **91**, 1319, Mü IPRspr **85** Nr 67.

10 **bb)** Dagg ist die Zulässigk des Auftretens eines Stellvertr od Boten bei der Eheschl **(Handschuhehe)**, vgl dazu Jacobs StAZ **92**, 5, dh das Erfordern der pers u gleichzeitigen Anwesenh beider Verlobter, nach dem für die **Form** maßg Recht zu beurteilen, hM, vgl BGH **29**, 137, Karlsr StAZ **94**, 286, teilw abw Soergel-Kegel Rdz 62, der die Handschuhehe dch StellVertr nach Art 13 I beurteilt, ebso anscheinend Begr BT-Drucks 10/504 S 52; das Formstatut entscheidet auch über die Folgen eines Formfehlers, Karlsr aaO. Als VornOrt ist dabei der Ort der Heiratszeremonie anzusehen. Für die von einem Dtschen dch einen StellVertr in der Erkl vor einem ausl EheschlOrgan mit einem ausl geschl Ehe ist also auch dann die ausl Ortsform maßg, wenn die entspr Vollm in Dtschland erteilt worden ist, BGH **29**, 137 (Italien), Bremen FamRZ **75**, 209 (Kolumbien, dazu Dieckmann StAZ **76**, 33), LG Stgt StAZ **92**, 380 (Pakistan), Dieckmann, Die Handschuhehe dtscher StaatsAngeh nach dtschem IPR (1959), Rauscher StAZ **85**, 102, aM LG Hbg StAZ **55**, 61. Dagg ist die Frage der Zulässigk einer StellVertr im Willen als sachlichr Ehevorauss zu qualifizieren u nach dem Grds des Art 13 I anzuknüpfen, v Bar IPR II Rn 163.

11 **cc)** Abs 1 regelt nicht nur die sachl Vorauss einer Eheschl, sond auch die **Folgen** ihres Nichtvorliegens, Hbg StAZ **88**, 132, Mü IPRax **88**, 354, BayObLG **93**, 224, sowie die Möglk einer Heilg etwa dch Zeitablauf od Bestätigg. Das jeweilige HeimatR entsch also, ob eine Nichtehe vorliegt, es also keines gerichtl Ausspruchs der Nichtigk bedarf, Hbg StAZ **88**, 134, Karlsr StAZ **94**, 287, ob die Ehe nichtig ist oder nur ein die Wirksamk der Ehe nicht berührendes Eheverbot vorliegt, RG **120**, 37, sowie ob der Staatsanwalt ein selbstd KlageR hat, vgl zB AG Hdlbg IPRax **86**, 165, Karlsr IPRax **86**, 166 u dazu Heßler ebda 146. Die **Nichtigkeit** kann jeder Eheg geltd machen, gleichgült ob die Gründe in seinem oder dem HeimatR des atl liegen, RG **136**, 142. Nach dem HeimatR jedes Verl beurteilt sich auch, ob die Ehe **aufhebbar** od anfechtb ist, insb die Bedeutg von Willensmängeln, LG Hbg FamRZ **74**, 96. Behandelt das fremde Recht Aufhebgs- als Scheidgsgründe, so werden auch diese RFolgen einer fehlerh Ehe v Art 13, nicht v Art 17 erfaßt, Soergel-

12 Kegel Rdz 5. Das nach Abs 1 in Betr kommde Recht regelt ferner, ob von einem Eheverbot **Befreiung** gewährt werden kann, RG JW **35**, 1403, u deren Wirkg. Eine ausschl Zustdgk der HeimatBeh des betr Verl ist nicht anzuerkennen. Die Befreiung kann also auch von einem dtschen Ger erteilt werden, falls dieses internat zust ist, zB nach FGG 43 I, 35 b, vgl AG Bad Wildungen StAZ **90**, 169 (aufgeh dch LG Kass ebda);

13 eingeschränkt (bei unaufschiebb Fürsorgebedürfn) Hamm NJW **69**, 373, ebso Kremer StAZ **90**, 171. Auch UnterhAnspr der Scheinehegatten, vgl Art 18 IV, u die **vermögensrechtlichen Wirkungen** einer Nichtehe od nichtigen Ehe sind nach dem Recht zu beurteilen, das über die Gültigk der Ehe entsch, Soergel-Kegel Rdz 95. Auch die RStellg der aus einer ungültigen Ehe hervorgegangenen **Kinder** beurteilt sich grdsl nach

14 dem EheschlStatut, Soergel-Kegel Rdz 97, Erm-Hohloch Rn 38, vgl dazu Art 19 Rn 6. Bei Verschiedenh der Wirkgen eines Eheverbots od des Fehlens einer sachl Ehevoraussetzg in den in Betr kommden Rechten **entscheidet** das **ärgere Recht**, BGH FamRZ **91**, 303, Hbg StAZ **87**, 311, **88**, 134, **89**, 195, Düss FamRZ **92**, 815, BayObLG **93**, 224, Henrich FamRZ **87**, 950; so wäre die Ehe einer Dtschen mit einem verheirateten Engländer als Nichtehe anzusehen, LG Hbg FamRZ **73**, 602, Raape FamRZ **59**, 478. Sind die Folgen nach beiden Rechten ihrem sachl Gehalt nach gleich, wenden LG Hbg IPRspr **75** Nr 38, Düss FamRZ **92**, 816 (krit Henrich IPRax **93**, 236) das Recht des „verletzten" (getäuschten) Eheg an; ein solcher ist aber uU gar nicht vorh; auch besteht kein Bedürfn, hier vom Grds der kumulativen Anwendg abzugehen; dies gilt auch für RFolgen des Verstoßes, zB UnterhAnspr od RStellg v Kindern, aM Düss aaO.

15 **3) Ausnahmsweise Anwendung deutschen Rechts (Absatz 2).** Ist nach den gem Abs 1 zur Anwendg berufenen ROrdngen eine mat Voraussetzg für eine wirks Eheschl nicht gegeben, so kann sie nach Abs 2 dch partielle Anwendg des dtschen Rechts erfüllt werden. Dabei handelt es sich um eine auf **ordre public**-Erwäggen beruhde bes VorbehKlausel, vgl dazu Rn 2, Hausmann in: JbItalR 2 (1989) 27, Sturm Fschr

16 Lorenz (1991) 597. **a) Voraussetzung** ihrer Anwendg ist neben dem Fehlen einer EheschlVoraussetzg nach einem od beiden Personalstatuten der Verlobten, (1) daß wenigstens ein Verl zZ der Heirat seinen gewöhnl Aufenth im Inl hat od Dtscher iSv GG 116 I ist, vgl dazu Anh zu Art 5 Rn 6–13 (entspr Anwendg bei Staatenlosen u Flüchtlingen mit dtschem Personalstatut, vgl dazu Art 5 Rn 9 u Anh zu Art 5 Rn 27, ist unbedenkl, ebso Schwimann StAZ **88**, 36), also ein ausr InlBezug vorliegt; (2) daß die Verl das ihnen Zumutbare getan haben, um die Ehehindern zu beheben, zB die Anerkenng eines ScheidgsUrt dch den Heimatstaat od ersatzw eine Zweitscheidg im Heimatstaat betrieben od bei dessen Beh Befreiung v einem Ehehindern beantragt haben, wenn diese Schritte nicht von vornherein aussichtslos sind, vgl Celle StAZ **88**, 261, ferner Kln StAZ **89**, 260, KG FamRZ **94**, 1414, **und** (3) die Versagg der Heirat mit dem GrdR der EheschlFreih gem GG 6 I unvereinb wäre, zB bei Verbot der Ehe mit Ausländern, nicht aber bei beabsichtigter Scheinehe, vgl Celle StAZ **88**, 261. Die Voraussetzgen (1)–(3) müssen **kumulativ** erfüllt sein; liegen sie nicht vor, so kommt die Ausschalt des Ehehindernisses nur über Art 6 in Betr; prakt bleibt aber für die Anwendg des allg ordre public-Vorbeh neben Abs 2 nur geringer Spielraum, da dessen Nr 1 den auch für Art 6 erfdl InlBezug, vgl dort Rn 6, konkretisiert u dessen Nr 3 den „wesentl Grds" des dtschen Rechts nennt, mit welchem die Versagg der Heirat in Konflikt geraten kann, zT and Schwimann StAZ **88**, 38.

17 **b)** Das Fehlen einer EheschlVoraussetzg kann sich insb daraus ergeben, daß das HeimatR (bzw Personalstatut) eines od beider Verl eine früher geschl Ehe als fortbestehd ansieht, obwohl sie inzw dch (gerichtl) **Entscheidung** beseitigt worden ist, od der Eheg des betreffden Verl für tot erkl worden ist, vgl Rn 6, 7. Handelt es sich um eine rechtskräftige **deutsche** gerichtl Entscheidg, dch welche die Ehe für nichtig erkl, aufgeh od gesch, od ihr Nichtbestehen festgestellt worden ist, od eine dtsche TodesErkl (bzw gerichtl Feststellg der Todeszeit, vgl Begr BT-Drucks 10/504 S 53), die nach dem HeimatR eines Verl nicht anerkannt wird, so ist nach Nr 3 **Halbsatz 2** ein **Verstoß** gg das GrdR der **Eheschließungsfreiheit** stets gegeben (was aber die Prüfg der Voraussetzgen gem Nr 1 und Nr 2 nicht erübrigt, vgl Kln StAZ **89**, 260); eine im Inl vollzogene Privatscheidg genügt dafür nicht, Art 17 II. Handelt es sich um eine im Ausl ergangene Entscheidg dieser Art, die nach dem HeimatR eines Verlobten nicht anerkannt wird, so liegt Unvereinbk mit der EheschlFreih vor, wenn die betreffde Entsch im Inl nach den dafür geltden Vorschren, insb Art 7 § 1

FamRÄndG, ZPO 328 sowie FGG 16 a, anerkannt wird. Wird sie danach hier nicht anerkannt, so entfaltet sie im Inl keine Wirkgen; es bleibt also bei der sich aus Abs 1 ergebden RFolge, sofern sie nicht im konkreten Fall gg Art 6 verstößt.

c) Sind die Vorauss des Abs 2 Nr 1–3 erf, so ist hins des nach dem EheschlStatut gem Abs 1 fehlden 18 GültigkErfordern partiell **deutsches Recht** anzuwenden, also zu prüfen, ob der Ehe auch nach dtschem Recht ein entspr Ehehindern entggsteht; dabei beurteilt sich die Wirksk der Auflösg einer früh Ehe nach den zu Rn 17 genannten Regeln. Besteht nach dtschem Recht kein Ehehindern, so ist die Eheschl nach Abs 2 wirks, sofern die übr mat GültigkVoraussetzgen nach dem Personalstatut der Verl (Abs 1) vorliegen.

4) Formstatut. a) Bei Heirat im Ausland. aa) Die Form der Eheschl beurteilt sich **grundsätzlich** nach 19 Art 11 I; alternativ maßg ist also das GeschR (Wirkgsstatut, dh das Personalstatut beider Verl, Abs 1, od das Recht des Ortes, an dem die Eheschl vollzogen wurde; zur entspr Anwendg im dtschen ILP LG Gött StAZ **95**, 216. Ob nach dem Ortsrecht die Form des HeimatR des Verl zur Wirksamk einer Eheschl nicht ausreicht (zB HeimatR verlangt kirchl Trauung, während das OrtsR die Eheschl vor dem StBeamten fordert), ist für die Anerkenng in Dtschland unerhebl, da die Gültigk dann aus dem HeimatR folgt. Umgekehrt genügt die **Ortsform** auch dann, wenn das HeimatR diese für eine wirks Eheschl nicht ausreichen läßt, zB bei Nevada-Ehen dtscher Touristen, Jayme StAZ **82**, 208 (auch zur Möglk der Aufhebg). Ein Dtscher kann im Ausl also eine gült Ehe auch kirchl schließen, vorausgesetzt, daß das der Ortsform entspricht (zB in Kalifornien, Hamm NJW **88**, 3097, Jordanien, AG Brem StAZ **91**, 232, Sudan, Böhmer StAZ **92**, 116, nicht aber in Thailand, LG Hbg StAZ **77**, 342), aber auch wenn das Gesetz des EheschlOrtes die kirchl Eheschl nur fakultativ gestattet. Da Art 11 I ausdr die Ortsform zuläßt, kann der Gesichtspkt der Gesetzumgehg für die FormVorschr nicht durchgreifen, hM. Doch die Anerkenng der Ortsform ist eine Berufg auf Art 6 insow ausgeschl, Celle MDR **58**, 101 (ägypt Recht). Als in Dtschland wirks Eheschl eines Dtschen ist mithin auch anerkannt worden die common-law-Ehe des nordam Rechts (Eheschl nudo consensu), RG **138**, 214, KG FamRZ **93**, 59, die registrierte Sowjetehe, RG JW **31**, 1334, wohl auch die fakt Ehe, RG **157**, 257; über eheähnl LebensGemsch vgl Rn 3; zur Registrierg sog Imam-Ehen nach türk Recht AG Fbg FamRZ **91**, 1304; vgl ferner Düss FamRZ **92**, 1078 (Libanon), **93**, 187 u 1083 (Marokko, dazu Kotzur IPRax **93**, 305, Börner StAZ **93**, 377), Brem FamRZ **92**, 1083 (Ghana), Mü StAZ **93**, 151 u Bungert ebda 140 (nigerian Stammesehe). Eine Frage der Form ist auch die Zulässigk einer Handschuhehe, vgl Rn 10, einer Heirat des Analphabeten per zust Beh per Post, vgl AG Tüb IPRax **89**, 397, Erforderlk eines EhefähigkZeugn, AG Crailsh IPRax **93**, 256, ebso die Zustdgk des StBeamten, Celle NJW **63**, 2235, od Geistlichen, RG **133**, 161. Wahlw nach dem Personalstatut beider Verl od nach dem OrtsR ist auch zu beurteilen, welche Folgen sich an die Verletzg seiner FormVorschr für die Gültigk der Ehe knüpfen, RG **133**, 161, Brem FamRZ **75**, 209 (unwirks Vollm bei Handschuhehe), Dieckmann StAZ **76**, 40; ist sowohl die Ortsform wie die Form des Wirkgsstatuts verletzt, beurteilen sich die Folgen nach dem **milderen** Recht, vgl Art 11 Rn 10. **bb) Bei Eheschließung von Deutschen im Ausland** besteht neben der 20 Heirat entspr der Ortsform gem EG 11 I 2 in den vom Auswärt Amt im Benehmen mit dem BMI bezeichneten KonsBezirken auch die Möglk der Eheschl **vor dem deutschen Konsularbeamten;** Vorauss dafür ist, daß mind einer der Verl Dtscher u keiner von ihnen Angeh des Empfangsstaates ist, § 8 I KonsG v 11. 9. 74, BGBl 2317, vgl dazu Ausf-Vorschr v 11. 12. 74, StAZ **75**, 109, in der Neufassg v 1. 6. 85, StAZ **85**, 290, zuletzt geändert dch RdErl v 3. 9. 90, StAZ **91**, 58. Verzeichn der in Betr kommden KonsBezirke in RdErl des Auswärt Amts v 1. 2. 90, StAZ **90**, 151. Der KonsBeamte gilt nach § 8 I KonsG als StBeamter iSd EheG, des PStG u der dazu ergangenen AusfVorschr. Aufgeb, Prüfg der Ehefgk, Vornahme u Beurk der Eheschl u die Ausstellg v PersStUrk hierü beurt sich nach diesen Vorschr.

b) Bei Heirat im Inland (Absatz 3). aa) Eine Ausn von der alternativen Maßgeblk von GeschR u OrtsR 21 gem Art 11 I gilt für die Form einer im Inl geschl Ehe. Sie **muß** nach Abs 3 S 1 den FormVorschren des dtschen OrtsR genügen, also grdsätzl (vgl aber S 2) vor dem dtschen StBeamten in gehöriger Form geschl sein, EheG 11, 13; die Einhaltg der Form des EheschlStatuts nach Abs 1, also des Personalstatuts beider Verl, genügt nicht. Ist die vom dtschen Recht geforderte Form nicht eingehalten, so liegt je nach der Art des Verstoßes eine Nichtehe bzw Nichtigk vor, BSozG FamRZ **81**, 767 (vgl dazu Behn ZfJ **82**, 177, Schmidt-Räntsch IPRax **83**, 112), KG FamRZ **93**, 60, die aber bei Wirksk nach dem HeimatR der Verl dennoch den Schutz v GG 6 I genießen kann, BVerfG NJW **83**, 511 (zur berecht Kritik an der Begründg dieser Entscheidg s Müller-Freienfels JZ **83**, 230, v Bar NJW **83**, 1930, Bayer/Knörzer/Wandt FamRZ **83**, 770, zust dagg Bosch FamRZ **83**, 253, Samtleben RabelsZ **88**, 490) gg BSozG aaO (betr Anspr auf Witwenrente), vgl auch BSozG IPRspr **89** Nr 82, ebso Karlsr FamRZ **83**, 757 (betr KindesUnterh), LSG Hbg FamRZ **86**, 994 (Witwenrente), Kln StAZ **93**, 257 (Anerkenng des FamStands); für Heilg bei langjähr ehel LebensGemsch Hbg FamRZ **81**, 356, vgl dazu aber Köln IPRax **85**, 352. Zur ges Problematik Steding, Der rechtl Schutz nichtstandesamtl geschl Ehen, 1985; Hepting IPRax **94**, 355. Die ausschließl Maßgeblk des dtschen OrtsR schließt aber die Anerkenng einer ausl Entscheidg nicht notw aus, dch die das Bestehen einer Ehe festgestellt wird, die unter Verletzg der dtschen FormVorschren im Inl geschl worden ist, vgl dazu Bayer/Knörzer/Wandt FamRZ **83**, 774; das gleiche gilt umgekehrt für die Anerkenng eines ausl Urt, das eine nach dtschem Recht formgültig im Inl geschl Ehe für nichtig erkl, aM KG FamRZ **76**, 353, krit dazu Görgens StAZ **77**, 79.

bb) Abs 3 S 1 gilt für Inländer wie für Ausl; letztere haben dem StBeamten ein **Ehefähigkeitszeugnis** vorzu- 22 legen, EheG 10, vgl Erläuterg dort; zur Möglk der Befreig vgl Schulz StAZ **91**, 32; trotz Vorlage eines EhefähigkZeugnisses hat der Standesbeamte die Pflicht, den Ledigenstand des ausl Verl selbstd nachzuprüfen, vgl dazu Böhmer StAZ **86**, 273. Zur Möglk der Ablehng des Aufgebots u der Eheschl **bei beabsichtigter Scheinehe** zum Zweck des Erwerbs der AufenthErlaubn vgl BayObLG **82**, 179, StAZ **84**, 200, 341, **85**, 70, Celle StAZ **82**, 308, Hamm StAZ **82**, 309, Hbg StAZ **83**, 130, Karlsr StAZ **83**, 14, Stgt StAZ **84**, 99, LG Brem StAZ **90**, 139, LG Kiel StAZ **90**, 141, LG Limbg StAZ **94**, 10, LG Mü NJW-RR **94**, 835, Ffm StAZ **95**, 139, Finger StAZ **84**, 89, Spellenberg StAZ **87**, 41, IPRax **92**, 233, Kartzke, Scheinehen zur Erlangg aufenthrechtl Vorteile, 1990; zur Versagg des EhefähigkZeugnisses bei einer im Ausl geplanten Scheinehe AG Bonn IPRax **84**, 42.

cc) Abs 3 S 1 gilt grdsl auch, wenn die Gültigk der in Dtschland geschl Ehe als **Vorfrage** zu beurteilen ist, 23 vgl Bayer/Knörzer/Wandt FamRZ **83**, 772, zB bei Befreiung vom EhefähigkZeugn, KG FamRZ **76**, 353 (die Entsch verkennt freil, daß im konkr Fall vorgreifl über die Anerkenng eines ausl NichtigkUrt zu befinden war, vgl die berecht Kritik v Görgens StAZ **77**, 79), bei Entsch über UnterhAnspr eines Eheg nach Art 18, vgl Hamm FamRZ **82**, 166, od über die ehel Abstammg, Art 19 I, vgl aber dort Rn 6.

24   **dd)** Haben die Ehel im Inl entspr Abs 3 die Ehe formgültig vor dem StBeamten geschl, macht aber das HeimatR eines von ihnen die Gültigk von der religiösen Trauung abhäng, so liegt eine Ehe mit beschr Wirkgskreis **(hinkende Ehe)** vor, RG **105**, 365; so früh bei nur standesamtl Eheschl eines kath Spaniers, LG Bln JR **55**, 60, ebso früh bei nur standesamtl Eheschl eines orthodoxen Griechen, BayObLG **63**, 265, Stgt FamRZ **80**, 783. Eine solche Ehe ist aber in den dtschen PersStBüchern entspr den dtschen Gesetzen einzutragen, BayObLG **63**, 269. Demgem richtet sich dann die Möglichk einer NichtigErkl, Mü IPRspr **50/51** Nr 59, ebso der Scheidg einer solchen Ehe nur nach dtschem Recht, da die Scheidgsmöglichk im Heimatland mangels Anerkenng der Eheschl entfällt, Nachw bei Art 17 Rn 10, vgl auch RG JW **26**, 375, KG
25 FamRZ **76**, 353; für die Ehewirkgen gilt das von Art 14 berufene Recht, vgl dort Rn 17. Umgekehrt ist es auch denkb, daß eine in Dtschland nur kirchl geschl Ehe, mithin also nach Abs 3 iVm EheG 11 eine Nichtehe, vgl zB BSozG FamRZ **78**, 240, **81**, 767 (die allerd trotzdem den Schutz v GG 6 I genießen kann, BVerfG NJW **83**, 511, Karlsr FamRZ **83**, 757, vgl oben Rn 21), außerh der dtschen Grenzen als gült angesehen wird. Haben die Eheg unter Verletzg v Abs 3 in Dtschland in rel Form geheiratet u erwerben sie später beide die Staatsangehörigk eines Landes, nach dessen Recht die Ehe gült ist, so wird der Formmangel nach dtschem IPR geheilt, Kblz IPRspr **75** Nr 39, Staud-v Bar Rdz 248, aM mit beachtl Grden Bayer/ Knörzer/Wandt FamRZ **83**, 773, Böhmer Fschr Firsching (1985) 41; der bloße gemeins Aufenth in einem solchen Land läßt die Heilg nicht eintreten, BSozG FamRZ **78**, 240, vgl auch Rn 4.

26   **5) Besondere Formvorschrift bei Eheschließung von Ausländern im Inland (Absatz 3 Satz 2). a)** Die ausschließl Maßgeblk der dtschen FormVorschren gilt bei Eheschl im Inl nach Abs 3 S 1 unabhäng von der Staatsangehörigk der Verl, also insb auch dann, wenn beide Ausl sind; auch für die Angehörigen der Stationiergsstreitkräfte im Bundesgebiet gilt keine Ausn, BSozG FamRZ **59**, 278, Breidenbach StAZ **85**, 22. S 2 ergänzt aber die anzuwendden dtschen Vorschren um eine bes **Sachnorm** für Eheschl von Verlobten, von denen keiner Dtscher ist. Die Regelg entspr inhaltl dem bish **EheG 15a I aF**, der dch das IPRG aufgehoben worden ist. Sie ermögl Ausl die Eheschl vor einer von der Reg des Heimatstaates ordngsgem ermächtigten Trauungsperson in der nach dem Recht dieses Staates vorgeschr Form. Über staatsvertragl Sonderregelgen, die nach Art 3 II 1 vorgehen, vgl Anh.

27   **b) Voraussetzung** einer nach Abs 3 S 2 wirks geschl Ehe ist zunächst, **aa)** daß **keiner** der Verl (sei es nur auch, vgl Art 5 I 2) **Deutscher** iSv GG 116 I ist, vgl dazu Anh z Art 5 Rn 6–13; beide müssen also Ausl gleich welcher Staatsangehörigk od einer Ausl, der and Staatenloser sein; sind beide staatenlos, so fehlt es an den Vorauss zu Rn 28. Ist an der in der Form des Abs 3 S 2 geschl Ehe ein Dtscher beteiligt, so liegt eine
28 Nichtehe iSv EheG 11 vor, Celle FamRZ **65**, 43, abw LG Kleve FamRZ **64**, 365. **bb)** Die Ehe muß ferner vor einer von der **Regierung** des Heimatstaates eines Verl **ordnungsgemäß ermächtigten Person** geschl werden, vgl dazu Hepting StAZ **87**, 154. In Betr kommen dafür in 1. Linie diplomatische od konsularische Vertr des Heimatstaates (vgl dazu Art 5 lit f) des Wiener Übk üb konsular Beziehgen vom 24. 4. 1963, BGBl **69** II 1587, **71** II 1285), aber auch Militärgeistl od Truppenoffiziere der Stationiergsstreitkräfte, vgl Hamm OLGZ **86**, 135 (betr belgische Offiziere), krit Beitzke Fschr Kegel (1987) 54, ders IPRax **87**, 17; eine Benenng best Personen ist nicht erforderl, Henrich FamRZ **86**, 842. Das Vorliegen dieser Ermächtigg ist nach dem **staatlichen** Recht des Entsendestaates z beurteilen; eine bloße Mitwirkgsbefugn nach kirchl Recht genügt dafür nicht. Daher **keine** ausreichde Ermächtigg eines Geistlichen der röm-kathol Kirche aGrd seiner kirchl Trauungsbefugn, Celle FamRZ **64**, 209, BayObLG FamRZ **66**, 147 (jew betr Heirat kathol Spanier vor dtschem kathol Pfarrer), vgl dazu Jayme Fschr Ferid (1988) 203, ders in: JbItalR 2 (1989) 13 (betr Heirat von Italienern), ebsowenig eines griech-orthodoxen Priesters zur Trauung griech Staatsangehöriger, BGH **43**, 213, LG Brem StAZ **76**, 172, Ffm OLGZ **78**, 2, BayObLG **94**, 230, sofern sie nicht von den jew Reg (dch Verbalnote) ggü der BRep als ermächtigt benannt worden sind, BGH **43**, 213 (keine Rückwirkg), Kln FamRZ **81**, 868; zur Frage der Ermächtigg eines Shia Shariat-Priesters Kln StAZ **81**, 326, eines alger Mufti AG Bonn StAZ **82**, 249. Daß die TrauungsPers die Staatsangehörigk des ermächtigden Staates besitzt, ist nicht erfdl; sie kann auch Dtscher sein. Bei Zweifeln üb das Vorliegen einer Ermächtigg ist Anfrage beim Bundesverwaltgsamt in Kln, hilfsw auch bei der diplomat od konsular Vertretg des Heimatstaates geboten. Fehlt die Ermächtigg, so ist die Ehe in Dtschland eine Nichtehe, vgl Kln FamRZ **81**, 868, die aber trotzdem den Schutz von GG 6 I genießen kann, BayObLG **94**, 232 (Eintragg im Sterbebuch); zum Anspr auf Witwenrente BSozG FamRZ **78**, 587 (ebso schon LSozG BaWü StAZ **78**, 335), vgl dazu auch BVerfG NJW **83**, 511, Rauscher NJW **83**, 2474, NJW **84**, 1014, Wengler IPRax **84**, 68, Müller-Freienfels, Sozialversichergs-, Familien- u IPR u das BVerfG, 1984. **cc)** Mind einer der Verl muß die Staatsangehörigk des Landes besitzen, dessen Reg die TrauungsPers ermächtigt hat. **dd)** Die Eheschl muß in der vom Recht des ermächtigden Staates vorgeschr Form erfolgen; dieses Recht gilt auch über die RFolgen v Formfehlern. Im übr liegt bei Fehlen der in Rn 27, 28 genannten Voraussetzgen eine Nichtehe vor, EheG 11 I.

29   **c)** Der **Beweis** einer solchen Eheschl kann nach Abs 3 S 2 2. HS dch eine beglaubigte Abschr der Eintragg der Ehe in das von der ermächtigten Pers geführte StandesReg erbracht werden; bei Vorlage darf StBeamter keine weiteren Ermittlgen anstellen, BayObLG **88**, 91. Die Eintragg in ein solches Register ist aber für die Wirksk der Eheschl nicht erfdl, BayObLG **88**, 86, VG Stgt InfAuslR **91**, 224, anwohl BGH **43**, 226; sie hat keine konstitutive Bedeutg, BGH aaO, Kln StAZ **81**, 868; sie kann deshalb bei Fehlen einer der in b aufgeführten Vorauss die Ehe nicht nachträgl heilen, vgl Kln aaO.

30   **6) Verlöbnis.** Auf die Eingehg eines Verlöbn ist Art 13 I entspr anzuwenden, BGH **28**, 375, LG Bochum FamRZ **90**, 882, LG Esn FamRZ **90**, 884, LG Krfld StAZ **90**, 336 und Krüger ebda 314, LG Bln FamRZ **93**, 198 (zum türk R). Das Verlöbn kommt also nur dann gült zustande, wenn es den Erfordern des HeimatR der Verl genügt. Die GeschFgk richtet sich nach Art 7, die Form nach Art 11. Die **Wirkungen des Verlöbnisbruchs,** insb Verpfl zur Rückg v Geschenken u SchadErsPfl, sind nach dem Recht des Verpfl zu beurteilen, BGH **28**, 379, Düss FamRZ **83**, 1229 (krit dazu Fudickar IPRax **84**, 253), Zweibr FamRZ **86**, 354, KG FamRZ **90**, 45, Düss FamRZ **92**, 1295, Henrich FamRZ **86**, 842, aM Köln NJW-RR **94**, 1026 (Art 28 II), ähnl Staud-v Bar Anh z EG 13 Rdz 14 (Recht des AnsprStellers), Soergel-Kegel vor EG 13 Rdz 16 (Grds des schwächeren Rechts), Erm-Hohloch Rn 7 vor Art 13 (gemeins UmweltR); zum türk Recht Rumpf FamRZ **94**, 571. Ob das HeimatR den Anspr als bes Folge des VerlöbnBruchs oder zB als Deliktsfolge ansieht, ist unerhebl. Für Anspr, die über den Rahmen der dch das dtsche Recht gegebenen Verlöbn-Anspr hinausgehen u auf unerl Hdlg beruhen, gilt jedoch Art 38. Rück- u Weiterverweis sind zu beachten, Art 4 I, vgl BGH **28**, 380. Die Anwendg ausl Rechts kann dch Art 6 eingeschränkt werden, insb wenn dieses einen Zwang zur Eheschl unmittelb oder mittelb zuläßt, nicht aber schon deshalb, weil das ausl Recht weitergehende Anspr als §§ 1298 ff überh zuläßt oder solche Anspr überh ablehnt, insb wenn eine dem § 1300 entspr Vorschr fehlt, Düss NJW **67**, 2121, aM noch BGH **28**, 385, aufgegeben in BGH **62**, 282. – Zur Begr einer **eheähnlichen Lebensgemeinschaft** vgl Rn 3.

Anhang zu Art 13

1) Konsularverträge. Bes Vorschriften über die Eheschl enthält der KonsularVertr mit der Türkei v **1** 28. 5. 1929, RGBl 30 II 748, wieder in Kraft, Bek v 29. 5. 52, BGBl II 608, Art 18, vgl dazu BayObLG **88**, 86, Bornhofen StAZ **81**, 269, ferner die dtsch-schwedische Vereinbg über diplomatische u konsularische Eheschl, in Kraft seit 26. 7. 33, RGBl II 530 (da jedoch dt Konsularbeamte in Schweden zur Eheschl nicht zugel sind, fehlt es an der Ggseitigk, Böhmer StAZ **69**, 230), das Abk mit Japan betr Erteilg standesamtl Befugnisse v 27. 6. 57, BAnz v 11. 9. 57 u StAZ **57**, 314, vgl dazu Sakurada StAZ **75**, 85 u mit der früh UdSSR, Art 23 KonsVertr v 25. 4. 58, BGBl **59** II 232, 469. Die in diesen Verträgen den Konsuln übertragenen Befugnisse zur Vornahme von Eheschl können, soweit die Ggseitigk gegeben ist, auch Konsuln and Länder haben, wenn die Handelsverträge mit diesen Ländern die Meistbegünstiggsklausel enthalten.

2) Abk z Regelg des Geltgsbereichs der Gesetze auf dem Gebiet der Eheschl **(Haager Eheschließungs-** **2** **abkommen)** v 12. 6. 02, RGBl **04**, 221.

a) Allgemeines. Das Abk ist für Deutschland in Kraft getreten am 1. 8. 04; es galt vor dem 2. Weltkrieg im Verhältn zu Italien, Luxemburg, Niederlande, Polen, Rumänien, Schweden, Schweiz u Ungarn. Schweden hat das Abk mit Wirkg v 1. 6. 59 gekündigt, Bek v 15. 5. 59, BGBl II 582, ebso die Schweiz, Bek v 16. 7. 73, BGBl II 1028, Ungarn u Polen, Bek v 21. 12. 73, BGBl **74** II 42, sämtl mit Wirkg v 1. 6. 74, sowie die Niederlande, Bek v 2. 5. 77, BGBl II 448 mit Wirkg z 1. 6. 79 u Luxemburg mit Wirkg zum 1. 6. 89, Bek v 23. 12. 88, BGBl **89** II 69. Das Abk **gilt** daher **gegenwärtig** nur noch im Verh z **Italien**, Bek v 14. 2. 55, BGBl II 188, vgl Jayme in: JbItalR 2 (1989) 13. Die früh DDR hat das Abk mit Wirkg v 19. 1. 58 wieder angewandt; das Abk war aber im Verh der beiden dtschen Staaten unanwendb, Bek v 25. 6. 76, BGBl II 1349; vgl dazu auch Art 236 Rn 2. – Das neue Haager Abk über die Schließg u Anerkenng der Gültigk von Ehen v 14. 3. 78, welches zw den VertrStaaten aSt des Haager EheschlAbk v 1902 treten soll, ist noch nicht in Kraft getreten; vgl dazu Kegel IPR § 20 IV 5, Böhmer StAZ **77**, 185, v Bar RabelsZ **93**, 63.

b) Anwendungsgebiet. Das Abk findet nur auf Ehen Anwendg, die **(a)** zeitl nach dem Inkrafttr, RG JW **3** **12**, 642, räuml **(b)** im europ Gebiet der VertrStaaten, Art 9 u **(c)** persönl unter Beteilig mindestens eines Angeh eines VertrStaates geschl werden, Art 8 I; daß einer der Eheschließden Dtscher ist, während der andere keinem VertrStaat angehört, ist also grdsl ausreichd, AG Memmingen IPRax **83**, 300 (Formgültigk einer konsularischen Ehe), aM Soergel-Kegel EG 13 Rdz 130, Müller-Freienfels, Fschr Ficker (1967) 308 ff; jedoch wird dch das Abk kein Staat zur Anwendg eines Rechts verpflichtet, das nicht dasjenige eines VertrStaates ist, Art 8 II. **Soweit das Abkommen eingreift, tritt es an Stelle von EG 13 u 11 I.**

c) Kurze Erläuterung. EG 6 kann im Rahmen des Abk nur Anwendg finden, soweit es dieses ausdr **4** zuläßt, vgl Art 2, 3 II, Hamm FamRZ **74**, 457. Mit den sich aus dem Abk ergebenden Ausn sind also die Ehen, die dem Abk unterstehen, Rn 3, u ihm entspr geschl werden, auch in jedem u jedem VertrStaat anzuerkennen. Sachlichrechtl bestimmt sich wie in EG 13 I, dort Rn 4–14, das Recht zur Eingehg der Ehe in Ansehg eines jeden der Verl nach dem HeimatR. Diese Regelg bezieht sich auch auf WillMängel. Eine Verweisg des HeimatR auf ein anderes ist nur zu beachten, wenn sie ausdr geschieht, Art 1. Dem nach Art 1 anzuwendnden HeimatR sind ferner die Folgen einer fehlerh Ehe zu entnehmen, KG JW **36**, 1949. Wg der sachlrechtl Vorschr im übr vgl Art 2 u 3, EhefähigZeugn Art 4, der formellen Voraussetzgn Art 5–7; zur Auslegg des Art 5 II vgl Stgt FamRZ **76**, 359. An EG 13 III ändert das Abk nichts.

d) Auszug aus der amtlichen Übersetzung des Abkommens (offizieller Text franz): **5**

Art 1. Recht zur Eingehung der Ehe. Das Recht zur Eingehung der Ehe bestimmt sich in Ansehung eines jeden der Verlobten nach dem Gesetze des Staates, dem er angehört (Gesetz des Heimatstaats), soweit nicht eine Vorschrift dieses Gesetzes ausdrücklich auf ein anderes Gesetz verweist.

Art. 2. Ehehindernisse. Das Gesetz des Ortes der Eheschließung kann die Ehe von Ausländern untersagen, wenn sie verstoßen würde gegen seine Vorschriften über
1. die Grade der Verwandtschaft und Schwägerschaft, für die ein absolutes Eheverbot besteht;
2. das absolute Verbot der Eheschließung zwischen den des Ehebruchs Schuldigen, wenn auf Grund dieses Ehebruchs die Ehe eines von ihnen aufgelöst worden ist;
3. das absolute Verbot der Eheschließung zwischen Personen, die wegen gemeinsamer Nachstellung nach dem Leben des Ehegatten eines von ihnen verurteilt worden sind.
Ist die Ehe ungeachtet eines der vorstehend aufgeführten Verbote geschlossen, so kann sie nicht als nichtig behandelt werden, falls sie nach dem im Artikel 1 bezeichneten Gesetze gültig ist.
Unbeschadet der Bestimmungen des Artikel 6 Abs. 1 dieses Abkommens ist kein Vertragsstaat verpflichtet, eine Ehe schließen zu lassen, die mit Rücksicht auf eine vormalige Ehe oder auf ein Hindernis religiöser Natur gegen seine

Gesetze verstoßen würde. Die Verletzung eines derartigen Ehehindernisses kann jedoch die Nichtigkeit der Ehe in einem anderen Lande als in dem, wo die Ehe geschlossen wurde, nicht zur Folge haben.

Art. 3. Ehehindernisse religiöser Natur. *Das Gesetz des Ortes der Eheschließung kann ungeachtet der Verbote des im Artikel 1 bezeichneten Gesetzes die Ehe von Ausländern gestatten, wenn diese Verbote ausschließlich auf Gründen religiöser Natur beruhen.*

Die anderen Staaten sind berechtigt, einer unter solchen Umständen geschlossenen Ehe die Anerkennung als einer gültigen Ehe zu versagen.

Art. 4. Ehefähigkeitszeugnis. *Die Ausländer müssen zum Zwecke ihrer Eheschließung nachweisen, daß sie den Bedingungen genügen, die nach dem im Artikel 1 bezeichneten Gesetz erforderlich sind.*

Dieser Nachweis kann durch ein Zeugnis der diplomatischen oder konsularischen Vertreter des Staates, dem die Verlobten angehören, oder durch irgendein anderes Beweismittel geführt werden, je nachdem die Staatsverträge oder die Behörden des Landes, in welchem die Ehe geschlossen wird, den Nachweis als genügend anerkennen.

Art. 5. Form der Eheschließung. *In Ansehung der Form ist die Ehe überall als gültig anzuerkennen, wenn die Eheschließung dem Gesetze des Landes, in welchem sie erfolgt ist, entspricht.*

Doch brauchen die Länder, deren Gesetzgebung eine religiöse Trauung vorschreibt, die von ihren Angehörigen unter Nichtbeachtung dieser Vorschrift im Ausland eingegangenen Ehen nicht als gültig anzuerkennen.

Die Vorschriften des Gesetzes des Heimatstaats über das Aufgebot müssen beachtet werden; doch kann das Unterlassen dieses Aufgebots die Nichtigkeit der Ehe nur in dem Lande zur Folge haben, dessen Gesetz übertreten worden ist.

Eine beglaubigte Abschrift der Eheschließungsurkunde ist den Behörden des Heimatlandes eines jeden der Ehegatten zu übersenden.

Art. 6. Diplomatische und konsularische Ehe. *In Ansehung der Form ist die Ehe überall als gültig anzuerkennen, wenn sie vor einem diplomatischen oder konsularischen Vertreter gemäß seiner Gesetzgebung geschlossen wird, vorausgesetzt, daß keiner der Verlobten dem Staate, wo die Ehe geschlossen wird, angehört und dieser Staat der Eheschließung nicht widerspricht. Ein solcher Widerspruch kann nicht erhoben werden, wenn es sich um eine Ehe handelt, die mit Rücksicht auf eine vormalige Ehe oder ein Hindernis religiöser Natur gegen seine Gesetze verstoßen würde.*

Der Vorbehalt des Artikel 5 Abs. 2 findet auf die diplomatischen oder konsularischen Eheschließungen Anwendung.

Art. 7. Nichtbeachtung der Ortsform. *Eine Ehe, die in dem Lande, in welchem sie geschlossen wurde, in Ansehung der Form nichtig ist, kann gleichwohl in den anderen Ländern als gültig anerkannt werden, wenn die durch das Gesetz des Heimatstaats eines jeden der Verlobten vorgeschriebene Form beobachtet worden ist.*

Art. 8. Anwendungsgebiet in persönlicher Beziehung. *Dieses Abkommen findet nur auf solche Ehen Anwendung, welche im Gebiete der Vertragsstaaten zwischen Personen geschlossen sind, von denen mindestens eine Angehöriger eines dieser Staaten ist.*

Kein Staat verpflichtet sich durch dieses Abkommen zur Anwendung eines Gesetzes, welches nicht dasjenige eines Vertragsstaats ist.

6   **3) CIEC-Übereinkommen zur Erleichterung der Eheschließung im Ausland** v 10. 9. 1964, BGBl 69 II 451.

   a) Allgemeines. ZustimmgsG der BRep v 3. 3. 69, BGBl II 445, 588, in Kraft seit 25. 7. 69, Bek v 22. 9. 69, BGBl II 2054. Vertragsstaaten Niederlande u Türkei, Bek v 22. 9. 69, BGBl II 2054, Spanien, Bek v 26. 1. 77, BGBl II 105, sowie Griechenland, Bek v 11. 6. 87, BGBl II 364.

7   **b) Kurze Erläuterung.** Die BRep hat Titel I des Übk, der die Befreiung ausl Verlobter von Ehehindernissen ihres HeimatR dch Behörden des EheschlStaates vorsieht, von der Geltg ausgeschl. Bei Eheschl gem der Ortsform ist dessen Vorschr für die Form des Aufgebots ausschl maßgebd, Art 4. Ist in einem VertrStaat religiöse Eheschl vorgeschrieben, so kann statt dieser unter best Voraussetzgen gem Art 5 die Trauung von einem diplomat od konsular Vertreter der and VertrStaaten vorgen w; da heute alle VertrStaaten zumindestens fakultativ die Zivilehe eingeführt haben, ist diese Regelg gegenstandsl. Auf den Abdruck des Textes des Übk wird daher verzichtet; vgl dazu 50. Aufl, Jayme/Hausmann Nr 21.

EG 14 *Allgemeine Ehewirkungen.* [I] Die allgemeinen Wirkungen der Ehe unterliegen

   1. dem Recht des Staates, dem beide Ehegatten angehören oder während der Ehe zuletzt angehörten, wenn einer von ihnen diesem Staat noch angehört, sonst

   2. dem Recht des Staates, in dem beide Ehegatten ihren gewöhnlichen Aufenthalt haben oder während der Ehe zuletzt hatten, wenn einer von ihnen dort noch seinen gewöhnlichen Aufenthalt hat, hilfsweise

   3. dem Recht des Staates, mit dem die Ehegatten auf andere Weise gemeinsam am engsten verbunden sind.

 [II] **Gehört ein Ehegatte mehreren Staaten an, so können die Ehegatten ungeachtet des Artikels 5 Abs. 1 das Recht eines dieser Staaten wählen, falls ihm auch der andere Ehegatte angehört.**

 [III] **Ehegatten können das Recht des Staates wählen, dem ein Ehegatte angehört, wenn die Voraussetzungen des Absatzes 1 Nr. 1 nicht vorliegen und**

   1. kein Ehegatte dem Staat angehört, in dem beide Ehegatten ihren gewöhnlichen Aufenthalt haben, oder

   2. die Ehegatten ihren gewöhnlichen Aufenthalt nicht in demselben Staat haben.

Die Wirkungen der Rechtswahl enden, wenn die Ehegatten eine gemeinsame Staatsangehörigkeit erlangen.

IV Die Rechtswahl muß notariell beurkundet werden. Wird sie nicht im Inland vorgenommen, so genügt es, wenn sie den Formerfordernissen für einen Ehevertrag nach dem gewählten Recht oder am Ort der Rechtswahl entspricht.

1) Allgemeines. a) Art 14 best das für die allg Ehewirkgen, dh mit Ausn vor allem der güterr Beziehgen 1 u der Scheidgsfolgen, anwendb Recht. Über diesen unmittelb Anwendgsbereich hinaus strahlt die Vorschr als **Grundsatzkollisionsnorm** auf die Anknüpfg and Teilbereiche des Ehe- u KindschR aus, die das EG dch Verweisg auf Art 14 geregelt hat, insb das GüterRStatut, Art 15 I, das Scheidgsstatut, Art 17 I, das Abstammgs- u KindschStatut, Art 19 I u II, das Legitimations- u Adoptionsstatut, Art 21 I u 22. In dieser mittelb Anwendg auf die Verhe in einer Ehe überh einschl der Beziehgen zu den ehel Kindern führt Art 14 in gewissem Umfang zu einem einheitl **Familienstatut**. Die Vorschr ist daher für das internat Ehe- u KindschR von zentraler Bedeutg. Für die Wirkgen nehel LebensGemsch gilt Art 14 nicht, vgl Art 13 Rn 3, aM MüKo-Siehr Rn 140, v Bar IPR II Rn 122; diese beurteilen sich nach dem maßg Vertr- od GesellschStatut, i Erg ebso Erm-Hohloch Rn 13 vor Art 13. **b)** HauptanknüpfgsPkt für das Ehewirkgsstatut ist die 2 **Staatsangehörigkeit** der Eheg; bei Mehrstaatern vgl Art 5 Rn 2–5, bei Staatenl Art 5 Rn 6–9 u Anh z Art 5 Rn 1, 2, bei Flüchtlingen Anh z Art 5 Rn 3–33. **c) Rück- und Weiterverweisung** sind grdsätzl zu beach- 3 ten, Art 4 I; gilt auch, soweit in Art 14 I Nr 2 an den gewöhnl Aufenth angeknüpft wird, **nicht** aber bei Maßgeblk des Rechts der gemeins engsten Verbindg, Art 14 I Nr 3, da hier die Prüfg einer Rück- od Weiterverweisg nach dessen IPR dem Sinn der Verweisg widerspr würde, vgl Art 4 Rn 8; auch Art 14 IV 2 enth Sachnormverweisgen, vgl Art 4 Rn 11. Soweit das Ehewirkgsstatut dch RWahl best wird, Art 14 II u III, sind Rück- od Weiterverweisg überh ausgeschl, Art 4 II. Zum Vorrang des BelegenhStatuts s Art 3 III u dort Rn 11–15. **d)** Art 14 galt entspr auch im **innerdeutschen Kollisionsrecht;** an Stelle der Staatsangehö- 4 rigk der Eheg wurde dabei auf den gewöhnl Aufenth abgestellt, vgl BGH FamRZ **61,** 261, bei unterschiedl gewöhnl Aufenth auf den letzten gemeins gewöhnl Aufenth, vgl KG FamRZ **58,** 464, BSozG FamRZ **77,** 251; vgl dazu nunmehr Anh z Art 3 Rn 4, Art 236 Rn 4f, sowie Art 234 § 3, Jayme IPRax **91,** 11. **e)** Eine 5 **staatsvertragliche** Sonderregelg enthielt das Haager Ehewirkgsabkommen; es ist aber von der BRep zum 23. 8. 87 gekündigt worden, vgl dazu Anh z Art 15 Rn 1. Weiter in Kraft ist dagg das dtsch-iran NiederlassgsgAbk v 17. 2. 29, RGBl **30** II 1006, BGBl **55** II 829, das in Art 8 III eine vorrangige Kollisionsnorm für das ges FamR enth, vgl dazu Celle FamRZ **90,** 656 (WohngsZuweisg bei Getrenntleben), Coester IPRax **91,** 236; Schotten/Wittkowski FamRZ **95,** 264.

2) Grundsatzanknüpfung (Absatz 1). a) Das Gesetz best das Ehewirkgsstatut in Abs 1 in erster Linie 6 dch objektive Anknüpfgspkte in Form einer Anknüpfgsleiter; dabei wird primär auf die Staatsangehörigk der Eheg, ersatzw auf ihren gewöhnl Aufenth u hilfsw auf ihre gemeins engste Beziehg zu einer ROrdng abgestellt. Diese Anknüpfgspkte sind zeitl nicht fixiert; zur Anwendg auf die allg Ehewirkgen gelangt grdsätzl das **jeweilige** Heimat- bzw AufenthR. Das Ehewirkgsstatut ist also **wandelbar.** Dagg wird bei der mittelb Verwendg der Anknüpfgsleiter des Abs 1 in and famrechtl Teilbereichen überw auf das Ehewirkgsstatut zu einem best Ztpkt abgestellt, etwa der Eheschl, Art 15 I, 21 I, der RHängigk, Art 17 I, der Geburt des Kindes, Art 19 I (and bei Art 19 II) od der Vornahme einer Adoption, Art 22. Dort wird das betr Statut also unwandelb festgeschrieben. **b)** Als Ehewirkgsstatut ist nach Abs 1 **Nr 1** vorbehaltl einer Rück- od 7 Weiterverweisg in erster Linie das derzeitige **gemeinsame HeimatR** der Eheg berufen. Bei Mehrstaatern ist dabei nur diejenige Staatsangehörig zu berücks, mit welcher der betr Eheg am engsten verbunden ist, Art 5 I 1; eine erst dch Heirat erworbene zusätzl Staatsangehörig wird diese Voraussetzg zu Beginn der Ehe meist nicht erfüllen. Besitzt ein Eheg neben einer ausl Staatsangehörig auch die dtsche, so kommt bei der Anwendg v Nr 1 nur diese in Betr, Art 5 I 2, zT abw MüKo-Siehr Rn 22. Die Anknüpfg an die derzeitige gemeins ausl Staatsangehörig versagt also, wenn diese für einen Eheg nicht effektiv ist od er auch Dtscher iSv GG 116 I ist, vgl Hamm FamRZ **90,** 54; die Eheg können aber in einem solchen Fall ihr Nr 1 nicht anwendb gewordenes HeimatR dch RWahl zum Ehewirkgsstatut best, vgl Abs 2 u dazu unten Rn 12. Haben die Eheg währd der Ehe zunächst eine gemeins Staatsangehörig besessen, die gem Art 5 I bei der Anknüpfg zu berücks ist, hat aber ein Eheg diese Staatsangehörig später verloren, währd den and beibehalten hat, so gilt das **frühere gemeinsame HeimatR** nach Nr 1 im Interesse der Kontinuität als Ehewirkgsstatut so lange weiter, *vie* der and Eheg diese Staatsangehörig beibehält. Bei Staatenl od Flüchtlingen ist an Stelle der Staatsangehörig ihr dch den gewöhnl Aufenth best Personalstatut maßg, vgl Art 5 II u Anh z Art 5, Hamm StAZ **93,** 78. **c)** Versagt die Anknüpfg an die gemeins bzw letzte gemeins Staatsangehörig nach den in Rn 7 dargestellten 8 Regeln, etwa weil die Eheg währd der Ehe niemals eine gemeins Staatsangehörig besäßen od beide eine gemeins Staatsangehörig später verloren haben, so ist nach Abs 1 **Nr 2** als Ehewirkgsstatut vorbehaltl einer Rück- od Weiterverweisg das Recht des Staates berufen, in dem **beide** Eheg derzeit ihren **gewöhnlichen Aufenthalt** haben; daß dieser innerhalb des betr Staates am selben Ort liegt, ist nicht erfdl; zum Begr des gewöhnl Aufenth vgl Art 5 Rn 10, 11. Haben die Eheg ihren gewöhnl Aufenth derzeit in versch Staaten, so ist ersatzw ihr beiders **letzter gewöhnlicher Aufenthalt** im selben Staat maßg, solange ein Eheg seinen gewöhnl Aufenth in diesem Staat ununterbrochen beibehält („noch . . . hat"), BGH NJW **93,** 2048. **d)** Ver- 9 sagt auch die Anknüpfg an den gemeins bzw letzten gemeins gewöhnl Aufenth nach den in Rn 8 dargestellten Regeln, so ist nach Abs 1 **Nr 3** als Ehewirkgsstatut das Recht des Staates berufen, mit dem die Eheg auf andere Weise **gemeinsam** am **engsten verbunden** sind; die Beachtg einer Rück- od Weiterverweisg ist dabei ausgeschl, da sie dem Sinn einer solchen **generalklauselartigen** Anknüpfg an die stärkste Beziehg widerspr würde, die auf einer umfassden Würdigg aller Umst des Einzelfalls beruht, vgl Art 4 Rn 8 u oben Rn 3. Als Anhaltspkte für die engste Verbundenh war im RegEntw beispielh auf „den Verlauf der ehel Lebensgemeinsch" od auf „den Ort der Eheschl" hingewiesen worden. Der RAusschuß hat diese Beispiele aus gutem Grd gestrichen, da sie teils neue Zweifel aufwerfen würden (Verlauf der Lebensgemeinsch), teils für die Anknüpfg des Ehewirkgsstatuts u ihre Ausstrahlgen auf and Bereiche des internat FamilienR, vgl Rn 1, zu schwach sind (Heiratsort). Zu prüfen ist also in jedem **Einzelfall,** zu welchem Staat u damit zu 10 welcher ROrdng beide Eheg gemeins die stärkste Beziehg besitzen, vgl dazu BGH NJW **93**, 2049. Dabei können auch Staatsangehörigk u gewöhnl Aufenth berücks werden, soweit sie nicht bereits nach Abs 1 Nr 1 u Nr 2 zu einer Anknüpfg führen, also etwa letzte gemeins Staatsangehörigk od letzter gemeins gewöhnl Aufenth in einem Staat, die keiner der Eheg beibehalten hat, sofern die Verbindgen zu diesem Staat weiter gepflegt werden u nicht ganz abgerissen sind. In Betr kommen aber vor allem auch gemeins soziale Bindgen der Eheg an einen Staat dch Herkunft (im weiteren Sinne), Kultur, Sprache od berufl Tätigk, ferner gemeins (nicht nur ganz vorübergehder) Aufenth der Eheg in einem Staat, gemeins Zugehörigk zu einem rel Recht, vgl MüKo-Siehr Rn 36, u schließl gemeins objektiv feststellb Zukunftspläne der Eheg, zB beabsichtigter Erwerb einer gemeins Staatsangehörigk dch Einbürgerg od beabsichtigte Begründg eines gemeins gewöhnl Aufenth in einem Staat, insb als erster ehel Wohns, vgl BT-Drucks 10/5632 S 41. Als Nothelfer kann auch der Ort der Eheschl berücks werden, sofern er dch und Indizien verstärkt wird u nicht rein zufäll Charakter hat, vgl zB BGH NJW **93**, 2049. Sollten alle and Indizien versagen, wäre notf auf die gemeins Verbindg zum Gerichtsstaat abzustellen, ähnl MüKo-Siehr Rn 37, Spickhoff JZ **93**, 341. Der generalklauselartige Auffang-Tatbestd des Abs 1 Nr 3 besitzt bes Bedeutg bei der Anknüpfg des GüterRStatuts gem Art 15 I, da dort wegen der Fixierg auf den Ztpkt der Eheschl die vergangenhbezogenen Stufen der Anknüpfgsleiter (letzte gemeins Staatsangehörigk, letzter gemeins gewöhnl Aufenth) nicht eingreifen können; gerade hier wird es vielfach auch auf die gemeins Zukunftspläne der Eheg entsch ankommen.

11 **3) Berücksichtigung einer Rechtswahl (Absatz 2–4).** Art 14 ermöglicht es den Eheg, innerh best Grenzen, das Ehewirkgsstatut dch RWahl zu best, die auch auf die mittelb Anwendg dieses Statuts im GüterR u ScheidgsR ausstrahlt, vgl Art 15 I u 17 I, jedoch keine Auswirkgen auf den Status von Kindern hat, vgl Art 19 I u II, 21. Die Wirkgen der RWahl treten erst dann ein, wenn die Vorauss ihrer Zulässigk erf sind, vgl dazu Rn 12, 13; die RWahl kann aber vorsorgl auch schon zu einem **früheren Zeitpunkt** vorgen werden, insb dch Verl vor der Eheschl od dch Eheg vor dem geplanten Erwerb einer and Staatsangehörigk.

12 **a) Wahl eines gemeinsamen Heimatrechts.** Zur Wahl gestellt ist den Eheg nach **Absatz 2** ein gemeins HeimatR, das nicht bereits gesetzl Ehewirkgsstatut nach Abs 1 Nr 1 geworden ist, weil ein Eheg neben der gemeins ausl Staatsangehörigk die dtsche Staatsangehörigk, Art 5 I 2, od eine weitere ausl Staatsangehörigk besitzt, zu der eine stärkere Beziehg besteht, Art 5 I 1, vgl dazu Rn 7. Für Zulässigk einer RWahl zG eines gemeins HeimatR, das bereits gesetzl Ehewirkgsstatut ist Kühne IPRax **87**, 70 (Zweck: Ausschl einer Rückverweisg nach Art 4 II), dagg mit Recht Lichtenberger Fschr Ferid (1988) 273.

13 **b) Wahl des Heimatrechts eines Ehegatten.** Die Eheg können nach **Absatz 3** auch das HeimatR eines von ihnen als Ehewirkgsstatut wählen, **sofern nicht** bereits nach Abs 1 Nr 1 ein **gemeinsames** bzw letztes gemeins **Heimatrecht** kraft Gesetzes maßg ist. Zweck dieser RWahlBefugn ist es, unangemessene Erg zu vermeiden, zu welchen die ersatzw eingreifde Anknüpfg an den gewöhnl Aufenth gem Abs 1 Nr 2 führen könnte. Das Gesetz macht desh die RWahl neben dem Nichtvorliegen der Voraussetzgen von Abs 1 Nr 1 **alternativ** von folgden zusätzl **Voraussetzungen** abhängig: (1) **kein** Eheg besitzt die Staatsangehörigk des Staates, in dem beide ihren gewöhnl Aufenth haben, die Verbindg z diesem Staat ist also relativ schwach, währd umgekehrt die Beziehg zu einem der beiden HeimatRe vergleichsmäß eng sein kann, zB bei gemeins gewöhnl Aufenth von Europäern versch Nationalität in einem Entwicklgsland; **oder** (2) die Eheg haben ihren gewöhnl Aufenth in **verschiedenen** Staaten, so daß allenfalls die relativ schwache Anknüpfg an ihren früh gemeins gewöhnl Aufenth in Frage kommt. Zur Wahl gestellt wird den Eheg nur das HeimatR eines von ihnen. Ob bei **mehrfacher** Staatsangehörigk **jedes** beteiligte HeimatR od nur das Recht des Staates gewählt werden kann, welches nach der allg Anknüpfgsregel für Mehrstaater gem Art 5 I maßg ist, läßt das Gesetz offen; ein Umkehrschluß aus Abs 2, wo die RWahl im Ggs zu Abs 3 ausdrückl „ungeachtet des Art 5 I" eröffnet wird, ist nicht angezeigt, da Abs 2 speziell die RWahl bei mehrf Staatsangehörigk regelt; nach dem Zweck des Abs 3, die Interessen der Betroffenen zu berücks, ist die Wahl jedes beteiligten HeimatR statthaft, zust Lichtenberger Fschr Ferid (1988) 273, aM Kühne IPRax **87**, 71, Wegmann NJW **87**, 1741, Pirrung IPR S 143, v Bar IPR II Rn 200. Für die Wahl eines den Eheg gemeins HeimatR, welches nicht die Vorauss von Abs 1 Nr 1 erfüllt, vgl dazu Rn 7, gilt die Sonderregel des Abs 2, ebso Kühne IPRax **87**, 71.

14 **c) Form der Rechtswahl (Absatz 4).** Eine nach Abs 2 od Abs 3 im Inl getroffene RWahl bedarf im Interesse der RKlarh u der jur Beratg nach dem Vorbild des EheVertr im mat dtschen Recht, § 1410, der not Beurkundg, vgl dazu Wegmann NJW **87**, 1741; wird diese Form nicht eingehalten, ist die RWahl nichtig, vgl Düss FamRZ **95**, 932. Bei Vorn im Ausl genügt die Einhaltg der Formerfordern für einen EheVertr nach dem gewählten, dh von den Parteien als Ehewirkgsstatut vereinbarten Recht od nach dem OrtsR; vgl dazu Lichtenberger Fschr Ferid (1988) 270. Das wirks Zustandekommen der RWahl beurteilt sich iü nach der lex fori, Börner IPRax **95**, 313.

15 **d) Erlöschen der Rechtswahl. aa)** Die nach Abs 3 getroffene RWahl verliert nach Abs 3 S 2 ihre Wirkg, wenn die Eheg eine **gemeinsame Staatsangehörigkeit** erlangen. Daß die gemeins Staatsangehörigk die Vorauss für eine gesetzl Anknüpfg nach Abs 1 Nr 1 erfüllt, dh einem Mehrstaater auch nach Art 5 I die maßg ist, vgl dazu Rn 7, verlangt das Gesetz nicht, aM Kühne IPRax **87**, 72; mit dem Erwerb einer gemeins Staatsangehörigk, der selbstverständl nicht gleichzeitig erfolgen muß, tritt in jedem Fall eine neue Interessenlage ein, welche die Grdlage der früher getroffenen RWahl verändert. Diese tritt damit nach Satz 2 automat außer Kraft; das Ehewirkgsstatut best sich ex nunc nach den gesetzl Anknüpfgsregeln, dh insb nach Abs 1 Nr 1, soweit dessen Vorauss vorliegen, ersatzw nach Nr 2 u 3; damit wird ex nunc auch eine Rück- od Weiterverweisg nach Art 4 I beachtl, abw Kühne IPRax **87**, 72. Bei einer nach Abs 2 getroffenen RWahl gilt diese Regelg nicht, da bei ihr schon im Ztpkt ihrer Vorn eine gemeins Staatsangehörigk der Eheg vorliegen

16 muß; für analoge Anwendg des Abs 3 S 2 dagg Kühne aaO. **bb)** Die im RegEntw vorgesehene **Aufhebung** der RWahl dch die Eheg (für den Fall des späteren Verlustes der Staatsangehörigk des gewählten Rechts) ist im RAusschuß gestrichen worden; dennoch ist die Aufhebg einer bereits getroffenen RWahl jederzeit mögl, Kühne IPRax **87**, 72, Wegmann NJW **87**, 1742, Lichtenberger Fschr Ferid (1988) 274; es gilt dann ex nunc die gesetzl Regelanknüpfg nach Abs 1. Die Eheg können auch jederzeit unter den Voraussetzgen v Abs 2 u 3 eine **neue** RWahl treffen, dch welche die frühere ersetzt wird.

4) Anwendungsbereich (Qualifikation). a) Art 14 regelt unmittelb nur das auf die **allgemeinen Wir-** 17
kungen der Ehe anzuwendde Recht. Dieser Begr ist nach den allg Regeln der Qualifikation, vgl Rn 27 vor
Art 3, nach dtschem Recht zu verstehen; er umfaßt etwa die in §§ 1353–1362 geregelten Sachbereiche, dh
alle RBeziehgen, die auf der **Ehe als solcher** beruhen u weder zum GüterR gehören, vgl dazu Art 15, noch
Scheidgsfolge sind, vgl dazu Art 17. Die **Vorfrage** des Bestehens einer Ehe ist nach den einschläg KollNor-
men des dtschen IPR selbstd anzuknüpfen, vgl Rn 29 vor Art 3. Ist eine im Inl nach Art 13 III formgült
geschl Zivilehe nach dem HeimatR eines Eheg eine Nichtehe, so best sich die Wirkgen einer solchen hinken
Ehe nach dem von Art 14 berufenen Recht, KG NJW **63**, 51, Soergel-Kegel Rdz 63, Staud-v Bar Rdz 52, str,
dahingestellt in BGH **78**, 292. – Auch die persönl Nachwirkgen aus einer bereits geschiedenen Ehe fallen
unter Art 14, BGH FamRZ **84**, 465 (AuskunftsAnspr). – Die RBeziehgen der Partner einer **nichtehelichen**
Lebensgemeinschaft beurteilen sich nach dem maßg Schuldstatut (VertrStatut, Deliktsstatut etc), vgl
Art 13 Rn 3, str, aM zB Kegel IPR § 20 III (gemeins Personalstatut).

b) Im einzelnen fallen unter Art 14 demnach das Recht, die **Herstellung** der **ehelichen** Lebensgemeinsch 18
zu verlangen od zu verweigern, BGH NJW **76**, 1028, auch wenn die Klage der Vorbereitg einer Scheidgskla-
ge dient, RG **147**, 385, damit auch die Berechtigg zum Getrenntleben, MüKo-Siehr Rn 81, aM Mü FamRZ
86, 807; läßt anwendb Recht das Herstellgsverlangen nicht zu, verstößt dies nicht notwend gegen Art 6;
dagg würde einer Durchsetzg des Anspr etwa iW mittelb od unmittelb Zwangs wegen ZPO 888 II Art 6
entggstehen. Unter Art 14 fällt auch die beiders Verpflichtg der Eheg, sich bei der Verfolgg von RAngele-
genhen zu unterstützen, zB dch **Auskunft,** BGH FamRZ **84**, 465 (auch als Nachwirkg einer gesch Ehe); für
den AuskAnspr im Zusammenhang mit güterr Auseinandersetzg gilt jedoch Art 15, vgl dort Rn 25, mit
UnterhAnspr nach Ehescheidg Art 18 IV, vgl Art 17 Rn 17. Zu den allg Ehewirkgen gehören ferner **Ent-**
scheidungs- und Eingriffsrechte eines Gatten, zB WohnsBest, KündiggsR; bei gleichheitswidr Befugn
des Ehem kann Art 6 eingreifen. Nach Art 14 ist auch der ges Wohns der Ehefr zu beurteilen, KG FamRZ
58, 464 (interlokal). Die **Schlüsselgewalt** fällt ebenfalls unter Art 14; dies gilt insb für ihren Umfang u die
Mögllk ihrer Einschränkg (Zustdgk u Verfahren hierbei beurteilen sich nach der lex fori); im Verh zu gutgl
Dritten gilt aber bei InlandsGeschen § 1357 sinngemäß, falls dieser günstiger ist als das fremde Recht,
Art 16 II, vgl Celle IPRax **93**, 96, Jayme ebda 80; allg Vertretgsmacht der Eheg ist grdsätzl nach Art 14 zu
beurteilen, sofern sie nicht Folge eines best Güterstandes ist, die von Art 15 erfaßt wird. Art 14 gilt auch für
Zuweisg von **Hausrat** u **Ehewohnung** währd bestehder Ehe, Stgt FamRZ **90**, 1354 (mit eingehder Be-
gründg), ebso Ffm FamRZ **89**, 84, **94**, 633 (aber bei Normenmangel lex fori), 716, Hamm FamRZ **90**, 54,
KG FamRZ **91**, 1190, MüKo-Siehr Rn 104, v Bar IPR II Rn 190, **sehr str,** aM Stgt FamRZ **78**, 686 (lex rei
sitae), Karlsr IPRax **85**, 106 (bei Eilbedürftigk lex fori), Hamm FamRZ **89**, 621, IPRax **90**, 186, FamRZ **93**,
191, Kblz NJW-RR **91**, 522, Düss NJW **90**, 3091, Ffm FamRZ **91**, 1190, Karlsr FamRZ **93**, 1464, Henrich
Fschr Ferid (1988) 152, Weber IPRax **90**, 95 (sämtl für Anwendg von Art 18, vgl dagg überzeugd Stgt
FamRZ **90**, 1356), offen gelassen bei Celle FamRZ **91**, 440; im ScheidgsVerf gilt Art 17, vgl dort Rn 17.
Nach Art 14 beurteilt sich auch der Anspr auf eine noch nicht geleistete **Morgengabe** währd des Bestehens
der Ehe, vgl Art 13 Rn 9. Das gleiche gilt vorbehaltl des Art 16 II für **Eigentumsvermutungen** zw den
Ehegatten od im Verhältn zu ihren Gläubigern, sofern sie, wie nach § 1362, unabhäng vom jew Güterstand
bestehen (andernf gilt Art 15, zB bei Vermutg der Zugehörigk zum Gesamtgut, § 1416 Anm 2 aE). Die in
manchen ROrdngen vorgesehene **Legalhypothek** am Vermögen des and Eheg ist ebenf als allg Ehewirkg
iSv Art 14 zu qualifizieren; ihre Wirksamk setzt aber Verträglk mit der lex rei sitae voraus, was nach
dtschem Recht zu verneinen ist. Auch das **Verbot** best **Rechtsgeschäfte** unter Eheg, zB Kauf, Schenkg, od
mit Dritten, zB Bürgsch (abw BGH NJW **77**, 1011) fällt unter Art 14, ebso MüKo-Siehr Rn 90; Verkehrsin-
teressen werden aber nach Art 12 geschützt, vgl dort Rn 5, vgl dazu auch Art 16 Rn 3. Dagg fällt das Verbot
von **Gesellschaftsverträgen** unter Eheg regelm unter Art 15, vgl dort Rn 25. Beschränkgen der **Ge-**
schäftsfähigkeit eines Eheg infolge der Ehe als solcher ebenf nach Art 14, nicht nach Art 7 zu
beurteilen, vgl dort Rn 3; bei hinreichend InlBeziehg wird Art 6 eingreifen; im übrigen Schutz des rechtsge-
schäftl Verkehrs nach Art 12. Dagg fällt die Erweiterg der GeschFgk dch Heirat unter Art 7 I 2.

c) Nicht nach Art 14 zu beurteilen sind die Auswirkgen der Ehe auf den **Namen** der Eheg; insow gilt **19**
Art 10; die alternative Anwendg des Ehewirkgsstatuts ist damit entfallen, vgl dazu Art 10 Rn 12, 13. Für den
Unterhalt insb von getrennt lebden Eheg gilt Art 18 u damit das Recht des gewöhnl Aufenth des Unterh-
Berechtigten; dies gilt insb auch für **Prozeßkostenvorschußpflicht,** die nach § 1360a IV Ausfluß der
UnterhPflicht u daher nicht als allg Ehewirkg zu qualifizieren ist, ebso MüKo-Siehr Rn 102, vgl auch Art 18
Rn 17. Dch die Sonderregelg des Ehenamens u des ehel Unterh ist der unmittelb Anwendgsbereich des
Art 14 im Vergl mit dem fr RZustand stark reduziert worden. Für den Versorggsausgleich gilt Art 17, vgl
dort Rn 19–26.

EG 15 **Güterstand.** [I] Die güterrechtlichen Wirkungen der Ehe unterliegen dem bei der
Eheschließung für die allgemeinen Wirkungen der Ehe maßgebenden Recht.

[II] **Die Ehegatten können für die güterrechtlichen Wirkungen ihrer Ehe wählen**

1. das Recht des Staates, dem einer von ihnen angehört,

2. das Recht des Staates, in dem einer von ihnen seinen gewöhnlichen Aufenthalt hat, oder

3. für unbewegliches Vermögen das Recht des Lageorts.

[III] **Artikel 14 Abs. 4 gilt entsprechend.**

[IV] **Die Vorschriften des Gesetzes über den ehelichen Güterstand von Vertriebenen und Flücht-**
lingen bleiben unberührt.

1) Allgemeines. a) Gleichlauf von Güterrechtsstatut und Ehewirkungsstatut. Art 15 I unterstellt **1**
die güterrechtl Wirkgen der Ehe im Interesse einer einheitl Anknüpfg aller RBeziehgen zw den Eheg u im
Verh zu ihren Kindern (Familienstatut) dem von der GrdsKollisionsnorm des Art 14 berufenen Recht, vgl

dort Rn 1. Dies gilt auch, soweit das Ehewirkgsstatut nach Art 14 II u III von den Eheg vor der Eheschl dch RWahl best wird. Zusätzl ermöglicht Art 15 II den Eheg auch eine auf ihre güterrechtl Beziehgen beschr
2 RWahl. – Soweit bei der Anknüpfg des Ehewirkgsstatuts gem Art 14 **Rück- oder Weiterverweisung** zu beachten sind (nicht also insb bei der Anknüpfg aGrd gemeins engster Verbindg), vgl dazu dort Rn 3, gilt dies mittelb auch für die Anknüpfg des GüterRStatuts, vgl zB Kblz NJW-RR **94**, 648; soweit das GüterRStatut mittelb gem Art 14 II u III od unmittelb, Art 15 II, dch RWahl best wird, sind Rück- od Weiterverweisg überhaupt ausgeschl, Art 4 II, wie hier Kartzke IPRax **88**, 10, MüKo-Siehr Rn 116, teilw aM Kühne IPRax **87**, 73, Fschr Ferid (1988) 264, Rauscher NJW **88**, 2154. – Zum Vorrang des **Belegenheitsstatuts** s Art 3 III u dort Rn 11–15. – Im **innerdeutschen** KollisionsR, vgl dazu Wassermann FamRZ **90**, 333, Rauscher DNotZ **91**, 209, Henrich IPRax **91**, 14, Bosch FamRZ **91**, 1002, sowie Anh zu Art 3 u Art 236 Rn 4 f, galt Art 15 entspr; dabei war auf den gewöhnl Aufenth der Eheg im Ztpkt der Heirat abzustellen, vgl BGH **40**, 32, Brem FamRZ **60**, 158, Wassermann FamRZ **90**, 335; die Anknüpfg an den jew gewöhnl Aufenth (Wandelbark), so Hamm FamRZ **63**, 253, Soergel-Kegel Rdz 62, Heldrich FamRZ **59**, 49, Schurig JZ **85**, 562, hatte sich nicht durchgesetzt. Dch Gesetz v 4. 8. 69, BGBl 1067 wurde desh der Güterstd von DDR-Flüchtl od von daher Zugezogenen mit Wirkg v 1. 10. 69 ausdrückl auf den in der BRep gelten Güterstd umgestellt, soweit ein Eheg dem nicht fristgerecht widersprochen hat, vgl dazu Anh Rn 2; an der Geltg dieses Gesetzes hat sich dch das IPRG nichts geändert, Art 15 IV; auch dch den EiniggsV v 31. 8. 90, BGBl II 889 ist seine Geltg nicht berührt worden. Allein nach diesen Regeln ist zu beurt, ob in einer Ehe dtscher Staatsangeh am 3. 10. 90 das ehel GüterR des BGB od des FGB maßg war; im letzteren Fall gilt die ÜbergRegelg in Art **234 § 4**, vgl BGH DtZ **94**, 347. Eine Weiteranwendg des RAG der DDR bei der Best des dtschen GüterRStatuts scheidet aus, da dieses Gesetz am 3. 10. 90 außer Kraft getreten ist u Art 236 nur für das IPR gilt, vgl dazu Art 236 Rn 1 u 4 f. – Eine **staatsvertragliche** Sonderregelg enthielt das Haager EhewirkgsAbk; es ist von der BRep zum 23. 8. 87 gekündigt worden, vgl dazu Anh Rn 1.

3　**b) Unwandelbarkeit des Güterrechtsstatuts.** Art 15 I stellt bei der Anknüpfg des GüterRStatuts auf die Verhe **bei der Eheschließung** ab; als GüterRStatut grdsätzl maßg ist das **in diesem Zeitpunkt** zur Anwendg gelangde Ehewirkgsstatut. Eine spätere Veränderg der für die Anknüpfg des Ehewirkgsstatuts maßg Verhe, zB Staatsangehörig- od AufenthWechsel, spätere RWahl, ist für die gesetzl Anknüpfg des GüterRStatuts unerhebl, dieses ist also, von der Möglk der besond güterr RWahl gem Abs 2 abgesehen, **unwandelbar.** Die matrechtl Weiterentwicklg des so fixierten GüterRStatuts ist jedoch selbstverständl zu beachten; aus der Unwandelbk des Statuts folgt keine Unwandelbk des Güterstands; die Verweisg des Art 15 bezieht sich auch auf die intertemporalen Vorschren des maßg fremden GüterR, Stgt NJW **58**, 1972. Dies gilt auch, wenn die Beziehgen zum Heimatstaat dch Emigration, Flucht od Vertreibg abgerissen sind; die für diesen Fall früh vertretene matrechtl Fixierg des anwendb GüterR auf seinen Zust im Ztpkt des Abbruchs der Beziehgen zum alten Heimatstaat (**Versteinerung** des Güterstandes), vgl BayObLG **59**, 89, **61**, 123, Hamm NJW **77**, 1591, Wuppt IPRspr **87** Nr 54, ebso im Verh zur früh DDR BGH **40**, 32, BGH FamRZ **76**, 612, Brem FamRZ **60**, 158, führt zur Anwendg antiquierter RSätze, die den Interessen der Part nicht gerecht werden, ebso Soergel-Kegel Rdz 4, MüKo-Siehr Rn 57, grdsätzl auch Staud-v Bar Rdz 44, offen gelassen bei Düss FamRZ **79**, 160. Bei **deutschen Flüchtlingen** ist der UnwandelbkGrds dch das Gesetz vom 4. 8. 69, vgl dazu Abs 4 u Anh Rn 2 durchbrochen.

4　**c) Einheitlichkeit des Güterrechtsstatuts.** Das GüterRStatut gilt grdsätzl für alle VermögensGgste der Eheg, gleichgült wo sie sich befinden. Eine **Spaltung** des anwendb GüterR kann sich aber ausnahmsw aus dem Vorrang des Einzelstatuts gem Art 3 III ergeben, vgl dort Rn 11–15, insb bei kollrechtl Spaltg des GüterRStatuts für bewegl u unbewegl Sachen, BayObLG **71**, 34, vgl auch KG NJW **73**, 428 (güterrechtl Vereinbg rechtsgesch Veräußergsverbots inl VermGgste unterliegt § 137); ferner aus der in Abs 2 Nr 3 eröffneten RWahl zG der lex rei sitae für unbewegl Vermögen.

5　**d) Anwendbarkeit auf früher geschlossene Ehen (Art 220 Absatz 3);** vgl dazu S. Lorenz, Das intertemporale EhegüterR nach Art 220 III EG u die Folgen eines Statutenwechsels, 1991.

6　**aa) Bei Heirat vor dem 1. 4. 53.** Art 15 I aF hatte in seiner gewohnhrechtl Fortbildg zu einer allseit KollNorm die güterrechtl Verhe dem HeimatR des Ehem zZ der Eheschl unterstellt. Das BVerfG hat diese Regelg dch Beschl vom 22. 2. 83, BGBl 525, NJW **83**, 1968 wegen Verstoßes gg GG 3 II für nichtig erkl; sie war damit gem GG 117 I am 1. 4. 53 außer Kraft getreten. Für die **vor** dem 1. 4. 53 geschl Ehen bleibt es bei der Anwendg des aus Art 15 aF entwickelten allg Grds; die am 1. 4. 53 eingetretene Änderg des KollR hat wegen der Unwandelbk des GüterRStatuts keinen Einfluß auf die damals bereits bestehen Ehen, vgl Art 220 III S 6, ebso MüKo-Siehr Rn 145, Staud-v Bar Rdz 39, Lichtenberger DNotZ **83**, 398; insow bleibt es also bei der grdsl Maßgeblk des HeimatR des Mannes; die Eheg können jedoch nach Art 220 III S 6 eine RWahl gem Art 15 II treffen. Diese Regelg ist verfassgsr unbedenkl, zweifelnd Schurig IPRax **88**, 89.

7　**bb) Bei Heirat nach dem 31. 3. 53 und vor dem 9. 4. 83.** Die RPraxis ist bis zum Beschl des BVerfG vom 22. 2. 83, BGBl 525, aus Grden der RSicherh u des Vertrauensschutzes überw von der Fortgeltg der aus EG 15 entwickelten KollNorm ausgegangen, vgl insb BGH NJW **80**, 2643, BGH NJW **82**, 1937. Das BVerfG hat diese Auffassg abgelehnt, NJW **83**, 1970, mit Recht krit dazu Lichtenberger DNotZ **83**, 394, Henrich IPRax **83**, 209. Damit ist für die nach dem 31. 3. 53 geschl Ehen rückw eine neue Lage entstanden. Das IPRG trägt dem dch eine komplizierte **Übergangsregelung** in **Art 220 III** S 1–4 Rechng. Danach sind bei der Beurteilg der güterr Wirkgen von Ehen, die **nach** dem 31. 3. 53 (dh dem Inkrafttreten von GG 3 II) und **vor** dem 9. 4. 83 (dh dem Bekanntwerden des Beschl des BVerfG vom 22. 2. 83) geschl wurden, zwei versch Zeiträume zu unterscheiden: **Ab** dem 9. 4. 83 gilt die Anknüpfgsregelg des Art 15 nF, Art 220 III S 2 (mit einer Modifikation gem S 3); **bis** zu diesem Ztpkt gilt für die betr Ehen die bes Anknüpfgsregelg des Art 220 III S 1, welche dem Gesichtspkt des Vertrauensschutzes in die sZt faktisch bestehde RLage Rechng trägt, vgl BGH FamRZ **87**, 680.

8　(1) Die güterr Wirkgen solcher Ehen unterliegen danach **bis zum 9. 4. 83** in erster Linie (vorbehaltl einer Rück- od Weiterverweisg, Art 4 I) dem **gemeinsamen Heimatrecht** der Eheg zZ der Eheschl, S 1 **Nr 1;** der bloß beabsicht Erwerb der Staatsangehörigk des and Eheg zu einem späteren Ztpkt genügt dafür nicht,

BGH FamRZ **87**, 681, aM Schurig IPRax **88**, 90; bei Doppelstaatern gilt Art 5 I, insb dessen S 2, vgl BGH FamRZ **86**, 1203, **87**, 681, Karlsr IPRax **90**, 123, Lichtenberger MittBayNot **87**, 258, aM Jayme IPRax **87**, 96, **90**, 103, Schurig IPRax **88**, 90, MüKo-Siehr Rn 151 (maßg nur effektive Staatsangehörigk). (2) In **9** Ermangelg einer gemeins (effektiven) Staatsangehörigk entsch in zweiter Linie das Recht, dem **beide** Eheg dch formfreie ausdrückl od stillschw RWahl sich **unterstellt** haben od von dessen Anwendg sie ohne einen entspr Willensakt tats **gemeinsam ausgegangen** sind, insb nach dem sie einen EheVertr geschl haben, S 1 **Nr 2;** Rück- od Weiterverweisg dch dieses „gewählte" Recht sind nicht zu beachten, Art 4 II. Obwohl das bis zum 9. 4. 83 faktisch praktizierte KollR eine derartige wirkl od fingierte Wahl des GüterRStatuts nicht kannte, verstößt diese Regelg nicht etwa gg das verfassgsr Rückwirkgsverbot, da sie die gemeins Vorstellgen der Part legalisiert, sich also nicht über deren Vertrauen in die Fortgeltg einer best RLage hinwegsetzt, BGH FamRZ **87**, 680 (bestätigt dch BVerfG FamRZ **88**, 920), Stgt FamRZ **91**, 709, aM Rauscher NJW **87**, 533, IPRax **88**, 348. Die Grenzen zw einer formlosen konkludenten RWahl u einer bloßen faktischen Hinnahme der gedachten Maßgeblichk einer ROrdng (iS einer fingierten RWahl, vgl BGH FamRZ **88**, 41) sind fließend; bei der Ermittlg der Vorstellgen der Part sind alle Umst des Einzelfalls zu berücksichtigen, zB gewöhnl Aufenth u Erwerbstätigk der Eheg, Ort der Heirat, Belegenh ihres Vermögens, Erklen ggü Beh od Ger, evtl auch Orientierg an der seinerzeitigen RPraxis, die von der Weitergeltg des Art 15 I aF ausging, vgl dazu BGH FamRZ **93**, 292, FG Düss RIW **87**, 644, Ffm FamRZ **87**, 1147, KG IPRax **88**, 106, Karlsr IPRax **90**, 123, Henrich IPRax **87**, 94, Böhringer BWNotZ **87**, 106. Ausreichd ist, daß die Eheg nach ihren gesamten LebensUmst unbewußt wie selbstverständl von der Maßgeblichk der ihnen nächstliegden ROrdng ausgegangen sind, vgl Ffm FamRZ **87**, 1147, KG IPRax **88**, 107, Puttfarken RIW **87**, 840, krit Schurig IPRax **88**, 91, Dörr NJW **89**, 1964, MüKo-Siehr Rn 152. Stets muß es sich aber um eine gemeins Vorstellg beid Eheg handeln, Karlsr IPRax **90**, 123 u dazu Jayme ebda 102. Haben sich die Vorstellgen der Part im Verlauf der Ehe **geändert,** so entsch das Recht, dem die Eheg sich vor dem 9. 4. 83 **zuletzt** gemeins unterstellt haben od von welchem sie zuletzt übereinstimmd ausgegangen sind, BGH FamRZ **88**, 41, **93**, 292, Karlsr IPRax **90**, 123. (3) Kommt auch eine wirkl od fingierte RWahl nach Nr 2 nicht in Betr, so gilt in **10** dritter Linie das **Heimatrecht des Ehemannes** zZ der Eheschl, S 1 **Nr 3.** Diese Auffanganknüpfg sanktioniert im Interesse der RSicherheit in den von Nr 1 od Nr 2 nicht erfaßten Fällen für eine ÜbergZeit den damals faktisch praktizierten RZustand; sie entspr rechtsstaatl GrdSätzen u ist desh **verfassungsmäßig,** BGH FamRZ **86**, 1202 (bei weiter Auslegg von Nr 2), BGH FamRZ **87**, 680, Lichtenberger DNotZ **87**, 297, Sonnenberger Fschr Ferid (1988) 460, insow offen gelassen Karlsr IPRax **90**, 124, aM Basedow NJW **86**, 2974, Rauscher NJW **87**, 534, Puttfarken RIW **87**, 838, MüKo-Siehr Rn 163, Schurig IPRax **88**, 93, grdsl auch Henrich IPRax **87**, 94, **88**, 367; vgl dazu die berecht Kritik v Lüderitz FS Rwiss Fakultät Kln (1988) 275.

Auch die in der Zeit nach dem 31. 3. 53 u vor dem 9. 4. 83 geschl Ehen sind aber **ab dem 9. 4. 83** in ihren **11** güterrechtl Wirkgen nach Art 15 nF zu beurteilen, Art 220 III **Satz 2;** zur Verfassgsmäßigk dieser Differenzierg BGH FamRZ **87**, 680 (bestätigt dch BVerfG FamRZ **88**, 920), Karlsr IPRax **90**, 124, Stgt FamRZ **91**, 709, aM Rauscher NJW **87**, 534. Hieraus ergibt sich idR kein Statutenwechsel, soweit für die Ehe bish nach Art 220 III S 1 Nr 1 das gemeins HeimatR der Eheg zZ der Heirat galt, Art 15 I iVm Art 14 I Nr 1 (and bei Nichtanwendg v Art 5 I 2, vgl Rn 8, MüKo-Siehr Rn 168). Das gleiche gilt, soweit für die betreffde Ehe bish das von den Eheg dch wirkl od fingierte RWahl best GüterR nach Art 220 III S 1 Nr 2 maßg war; die bish RWahl behält unter den Voraussetzgen des Art 15 II, Lichtenberger DNotZ **87**, 300, weiterhin ihre Gültigk; dabei kann von der Einhaltg der Form des Art 15 III iVm Art 14 IV abgesehen werden, BT-Drucks 10/5632 S 46, BGH FamRZ **86**, 1202, Karlsr IPRax **90**, 123, ebso Jayme IPRax **87**, 96, Lichtenberger DNotZ **87**, 299 u jetzt auch Henrich IPRax **87**, 93; dies gilt auch für den Fall, daß die Part von der Anwendg eines best Rechts ledigl „ausgegangen" sind, also keine echte RWahl getroffen haben, BGH FamRZ **87**, 681, **88**, 41, **93**, 291, Lichtenberger MittBayNot **87**, 258, selbst wenn auf diese Weise iErg das HeimatR des Mannes über den 8. 4. 83 hinaus fortgilt, BGH FamRZ **87**, 681, aM Henrich IPRax **87**, 95, MüKo-Siehr Rn 172. Verfassgsr Bedenken gg die Fortgeltg der wirkl od fingierten RWahl, vgl dazu Schurig IPRax **88**, 92, Siehr Fschr Ferid (1988) 440, sind nicht durchgreifd; sie die Vorstellgen der Part übernimmt, also das bish zumeist unabhäng von jur Beratg gebildet haben. Dagg wird bei bish **12** Maßgeblk des HeimatR des Mannes gem Art 220 III S 1 Nr 3 in der betreffden Ehe am 9. 4. 83 in Anwendg v Art 15 I nF regelm ein **Statutenwechsel** eintreten; dabei ist für die Anknüpfg von den Verh der Eheg am 9. 4. 83 auszugehen, Art 220 III **Satz 3,** also von der gemeins Staatsangehörigk (unter Beachtg von Art 5 I, BGH FamRZ **87**, 681), dem gemeins gewöhnl Aufenth od hilfsw der gemeins engsten Verbindg an diesem **Stichtag,** BGH FamRZ **93**, 291, Henrich FamRZ **86**, 848. Für güterrechtsrelevante Vorgänge, zB Scheidg, Tod eines Eheg, die vor dem 9. 4. 83 eintreten, gilt dann in der betr Ehe das bish GüterRStatut, für güterrechtsrelevante Vorgänge nach diesem Ztpkt das neue nach Art 15 I iVm Art 14 best GüterRStatut, vgl Karlsr IPRax **90**, 123. Das jeweils maßg GüterR erfaßt das **gesamte** (beim Eintritt des Vorgangs vorh) **13** Vermögen der Eheg, BGH FamRZ **86**, 1202, **87**, 680 (keine güterr Aufspaltg in zwei Vermögensmassen), Hamm FamRZ **93**, 115, krit Dörner IPRax **94**, 34. Mit dem Eintritt des Statutenwechsels wird auch nicht notwend eine AuseinandS des am Stichtag vorh Vermögens erfdl, BGH FamRZ **87**, 680, Hamm FamRZ **93**, 115, aM Rauscher NJW **87**, 532, IPRax **88**, 347, Lichtenberger DNotZ **87**, 302, Schurig IPRax **88**, 93, wohl auch v Bar JZ **87**, 756. Galt zB in der betr Ehe bis zum 8. 4. 83 der ges Güterstd der ZugewinnGemsch nach dtschem Recht, nach diesem Ztpkt Gütertrenng nach ausl Recht u wird die Ehe nunm gesch, so kommt ein ZugewinnAusgl nicht in Frage; die Umwandlg in den neuen gesetzl Güterstd erfolgt kraft Gesetz u löst desh keinen ZugewinnAusgl aus (§ 1372 wäre unanwendb) u zZ der Scheidg der Ehe gilt bereits Gütertrenng. Galt dagg umgekehrt zunächst Gütertrenng u seit dem 9. 4. 83 ZugewinnGemsch, so erfaßt der Zugewinn-Ausgl bei einer nunm erfolgden Scheidg das ges Verm der Eheg auch soweit es unter der Herrsch des früh ges Güterstands der Gütertrenng erworben wurde (AnfangsVerm wäre das Verm zZ des Eintritts des früheren gesetzl Güterstds, welcher in den Güterstd der ZugewinnGemsch umgewandelt worden ist, aM Lichtenberger MittBayNot **87**, 258: Berechng des AnfangsVerm zum 9. 4. 83, ebso Rauscher IPRax **88**, 348). Galt in der Ehe vor dem 9. 4. 83 der ges Güterstd der GüterGemsch nach ausl Recht, währd seit dem 9. 4. 83 Gütertrenng (mit od ohne ZugewinnAusgl) gilt, so verwandelt sich das bish GesamthandsEigt der Eheg am Stichtag automat in MitEigt nach Brucht, was ggf eine GB-Berichtigg erfdl macht. Allerd sieht **14**

Art 220 III **Satz 4** ausdr eine Regelg für den Fall vor, daß sich „allein aus dem Wechsel des anzuwendd Rechts" zum Ablauf des 8. 4. 83 „Anspr wegen der Beendigg des früheren Güterstds ergeben würden"; solche Anspr gelten bis zum Inkrafttr des IPRG am 1. 9. 86 als gestundet; die Frist für eine Verjährg derartiger Anspre kann also erst an diesem Tag zu laufen beginnen. Diese Regelg bezieht sich jedoch nur auf Ehen, die in der Zeit zwischen dem 8. 4. 83 u dem 1. 9. 86 geschl worden sind u für die sich erst aGrd von Art 220 III S 2 u S 5 rückw ein güterr Anspr ergeben hat, BGH FamRZ **87**, 680, aM Rauscher IPRax **88**, 347.

15   **cc) Bei Heirat ab dem 9. 4. 83** ist Art 15 nF unbeschränkt anwendb, Art 220 III S 5. Das GüterRStatut ist in diesen Ehen vom Tag der Eheschl an (ggf also auch rückw auf die Zeit vor Inkrafttreten des IPRG am 1. 9. 86) nach den jetzt geltden Regeln (dh in Anwendg v Art 14 nF) zu best; gg rückw Anwendg von Art 5 I 2 Schurig IPRax **88**, 89.

16   **2) Grundsatzanknüpfung (Absatz 1).** Das ehel GüterR unterliegt nach Abs 1 grdsl dem für die allg Ehewirkgen bei der Eingeh der Ehe maßg Recht, dh dem in diesem Ztpkt nach Art 14 zur Anwendg berufenen Recht. Dabei sind sämtl Anknüpfgen des Art 14 einschließl der darin eröffneten RWahlmöglichken zu berücksichtigen; wegen des Abstellens auf den Ztpkt der Eheschl können aber jew die verschiedenbezogenen Stufen der Anknüpfgsleiter in Art 14 I Nr 1 u 2 (früh gemeins Staatsangehörigk u früh gemeins gewöhnl Aufenth) nicht eingreifen, vgl BT-Drucks 10/5632 S 41. Im einz ergeben sich daraus folgde
17 Konsequenzen: **a)** Das ehel GüterR ist in erster Linie nach dem **gemeinsamen Heimatrecht** der Eheg zZ der Eheschl zu beurteilen, Abs 1 iVm Art 14 I Nr 1; bei Mehrstaatern ist dabei nur die in Art 5 I bezeichnete (dh die effektivere bzw die dtsche) Staatsangehörigk zu berücksichtigen; bei Staatenl od Flüchtlingen ist an Stelle der Staatsangehörigk ihr dch den gewöhnl Aufenth best Personalstatut maßg, vgl Art 5 II u Anh zu Art 5; die Anknüpfg an eine früh gemeins Staatsangehörigk kommt wegen des Abstellens auf den Ztpkt der Heirat nicht in Betr; aus dem gleichen Grd ist eine erst dch Heirat erworbene Staatsangehörigk nicht zu
18 berücksichtigen. **b)** Besitzen die Eheg bei ihrer Heirat keine gemeins (nach Art 5 I zu berücksichtigde) Staatsangehörigk, so kommt in zweiter Linie das GüterR des Staates zur Anwendg, in dem **beide** Eheg zZ der Heirat ihren **gewöhnlichen Aufenthalt,** zum Begriff vgl Art 5 Rn 10, 11, haben (der sich selbstverständl nicht am selben Ort befinden muß), Abs 1 iVm Art 14 I Nr 2; die Anknüpfg an einen früh gewöhnl Aufenth im selben Staat kommt wegen des Abstellens auf den Ztpkt der Heirat nicht in Betr. Daß einer der Eheg auch die Staatsangehörigk des Staates des beiders gewöhnl Aufenth besitzt, ist nach Art 14 I Nr 2 nicht erfdl. Ein erst im Anschluß an die Heirat begründeter gemeins gewöhnl Aufenth im selben Staat genügt für die Anknüpfg des GüterRStatuts nach Abs 1 iVm Art 14 I Nr 2 nicht, vgl Begr BT-Drucks 10/504 S 58,
19 spielt aber bei der Auffanganknüpfg nach Art 14 I Nr 3, dazu Rn 19, eine Rolle. **c)** Besitzen die Eheg zZ der Heirat weder eine gemeins (nach Art 5 I z berücksichtigde) Staatsangehörigk noch einen gewöhnl Aufenth im selben Staat, so beurteilen sich ihr güterr Verhe in dritter Linie nach dem Recht des Staates, mit dem sie **zu diesem Zeitpunkt** auf and Weise **gemeinsam am engsten verbunden** sind, Abs 1 iVm Art 14 I Nr 3, vgl dazu dort Rn 9, 10. Dabei sind sämtl Umst des Einzelfalls zZ der Heirat zu berücksichtigen, insb gemeins soziale Bindungen der Eheg an einen Staat dch Herkunft, Kultur, Sprache od berufl Tätigk, gemeins schlichter Aufenth in einem Staat, sofern er nicht ganz vorübergehder Natur ist, Ort der Eheschl, sofern er nicht ganz zufäll gewählt ist u vor allem gemeins objektiv feststellb **Zukunftspläne,** insb die beabsichtigte Begr eines gemeins gewöhnl Aufenth in einem best Staat im Anschl an die Heirat (erster
20 ehelicher Wohns) od uU erst z einem späteren Ztpkt. **d)** Haben die Eheg bereits vor der Heirat das Ehewirkgsstatut unter den Voraussetzgen des Art 14 II–IV, vgl dort Rn 11–16, wirks gewählt, so ist diese **Rechtswahl** nach Abs 1 mittelb auch für das GüterRStatut maßg. Sie geht der gesetzl Anknüpfg des GüterRStatuts gem Abs 1 iVm Art 14 I vor.

21   **3) Bestimmung des Güterrechtsstatuts durch unmittelbare Rechtswahl (Absatz 2 und 3). a)** Das Gesetz gestattet den Part in Abs 2 auch unabhäng von der Anknüpfg des Ehewirkgsstatuts eine bes auf die güterrechtl Wirkgen ihrer Ehe beschr RWahl. Damit soll den Eheg insb die Möglk gegeben werden, das GüterRStatut ihren veränderten Lebens- u VermögensVerhen anzupassen. Die RWahl ist an **keine Voraussetzungen** geknüpft; ledigl aus dem Kreis der zur Wahl gestellten ROrdngen ergeben sich Einschränkgen. Auch **deutsche** Eheg können desh ihre güterr Beziehgen einem ausl Recht unterstellen, sofern einer von ihnen in dem betr Staat sein gewöhnl Aufenth hat (Abs 2 Nr 2) od dort unbewegl Verm besitzt (Abs 2 Nr 3). Auch der **Zeitpunkt** der RWahl ist nicht fixiert; sie kann als vorgezogene RWahl bereits vor der Heirat (aber erst mit Wirkg ab dieser) od zu einem belieb Ztpkt währd der Ehe (mit Wirkg ex nunc) vorgen werden; dies gilt nach Art 220 III S 6 insb auch für Ehen, die vor Inkrafttreten des GleichberechtiggsGrds am 1. 4. 53 geschl worden sind, vgl dazu Rn 6. Daraus folgt zugleich, daß die Eheg eine einmal getroffene RWahl mit Wirkg für die Zukunft jederzeit aufheben od ändern können; dann gilt fortan das gesetzl od ein vereinbartes and GüterRStatut, das grdsl auch über die Abwicklg u Überleitg des bish Güterstandes best, aM Wegmann NJW **87**, 1744 (Abwicklg nach dem bish GüterRStatut); die Eheg können aber bei der von ihnen vorgenommenen RWahl auch ausdr das bisher vorh Verm dem neuen GüterRStatut unterstellen, vgl
22 dazu Begr BT-Drucks 10/504 S 58. **b)** Zur **Wahl** freigestellt sind den Eheg als GüterRStatut (1) ihre jew **Heimatrechte,** Abs 2 Nr 1; bei mehrf Staatsangehörigk ist ebso wie nach Art 14 III die Wahl **jedes** beteiligten (nicht nur eines nach Art 5 I z berücksichtigden) HeimatR statth, vgl dazu Art 14 Rn 13, ebso MüKo-Siehr Rn 25, aM Lichtenberger DNotZ **86**, 659, Johannsen/Henrich, EheR Art 15 Rz 10; (2) das **Recht** des Staates des **gewöhnlichen Aufenthalts,** zum Begr vgl Art 5 Rn 10, 11, mind eines der Eheg u (3) hins ihres **unbeweglichen** Vermögens auch das Recht des **Lageortes;** dabei ist der Begr des unbewegl Verm iS des dtschen Rechts zu verstehen, was eine abweichde Qualifikation nicht ausschließt, vgl Rn 27 vor Art 3, Böhringer BWNotZ **87**, 109, Lichtenberger Fschr Ferid (1988) 284, MüKo-Siehr Rn 27, aM Kühne IPRax **87**, 73, Johannsen/Henrich, EheR Art 15 Rz 12 (für Qualifikation nach dem Recht des Lageortes); er umfaßt Grdste samt ihren Bestandt nebst Zubehör, sowie Wohngs- bzw StockwerksEigt u ErbbauRe, vgl Übbl vor § 90 Rn 3, ferner die sonst beschr dingl Rechte an Grdsten, Jayme IPRax **86**, 270, Lichtenberger DNotZ **86**, 659, MüKo-Siehr Rn 28, nicht dagg auch bloße Fordergen, aM Wegmann NJW **87**, 1743, od GesellschAnteile, Röll MittBayNot **89**, 3; dch diese erst im RAusschuß eingefügte zusätzl Wahlmöglk sollen insb die

beim Erwerb **deutscher** Grdste durch **ausländische** Eheg sonst auftreten prakt Probleme gemindert werden, vgl BT-Drucks 10/5632 S 42; sie bezieht sich aber selbstverständl auch auf ausl GrdBes dtscher od ausl Eheg; dabei muß nicht notw das gesamte in dem betreffden Staat belegene unbewegl Verm dem Recht des Lageorts unterstellt werden; die RWahl kann also auch auf ein **einzelnes** Grdst beschr werden, um für die übr im selben Staat belegenen Grdste ein and GüterRStatut gelten zu lassen, LG Mainz NJW-RR **94**, 73, Henrich FamRZ **86**, 847, Lichtenberger DNotZ **86**, 659, **87**, 300, Fschr Ferid (1988) 275, Böhringer BWNotZ **87**, 109, Röll MittBayNot **89**, 3, Erm-Hohloch Rn 29, Mankowski FamRZ **94**, 1457, aM Kühne IPRax **87**, 73, Langenfeld FamRZ **87**, 13, Wegmann NJW **87**, 1743, Schotten DNotZ **94**, 566. Währd die in Abs 2 Nr 1 u 2 eröffnete RWahl die gesamten güterrechtl Beziehgen der Eheg betrifft, beschr sich die RWahl nach Abs 2 Nr 3 in ihren Wirkgen auf das von ihr erfaßte unbewegl Verm, führt also idR z einer **Spaltung des Güterrechtsstatuts**, vgl oben Rn 4. Jede Vermögensmasse der Eheg ist dann nach den dafür maßg güterrechtl Vorschren gesondert zu beurteilen; so können etwa bezügl der einen VerfüggsBeschrkgen bestehen, bezügl der and nicht, bezügl der einen kann bei Beendigg des Güterstd ein ZugewinnAusgl erfdl werden, bezügl der and nicht. **c)** Für die **Form** der RWahl gilt nach Abs 3 Art 14 IV entspr, vgl dazu dort 23 Rn 14. Die RWahl muß im Interesse der RKlarh ausdr erfolgen; aus der Wahl dtschen Rechts für den GrdstKaufVertr ergibt sich keine ehegüterr RWahl, LG Augsburg MittBayNot **95**, 233.

4) Anwendungsbereich. a) Art 15 best das maßg Recht für die Sonderordng des Vermögens der Eheg 24 währd u aGrd der Ehe. Die **Vorfrage** des Bestehens einer Ehe ist selbstd anzuknüpfen, vgl Rn 29 vor Art 3, hins der Formgültigk einer im Inland geschl Ehe insb nach Art 13 III, vgl Stgt FamRZ **78**, 507 (Nichtanerkenng der Gültigk der Ehe nach dem anwendb GüterRStatut ist unerhebl). Der **inländische Rechts- und Geschäftsverkehr** wird nach **Art 16** in best Umfang dch Anwendg dtschen Rechts geschützt. Für die vermögensr Folgen nehel LebensGemsch gilt Art 15 nicht, aM Henrich, Internat FamR S 23, MüKo-Siehr Rn 188; diese beurt sich nach dem maßg Vertr- od GesellschStatut bzw die dingl RLage nach dem Belegenh-Statut.

b) Der Begr der güterrechtl Wirkgen der Ehe ist iS des dtschen Rechts zu **qualifizieren**, vgl Rn 27 vor 25 Art 3. Hierunter fallen alle RSätze, die eine Sonderordng für das Vermögen der Eheg währd der Ehe schaffen, von ihr absehen (Gütertrenng) od nach Auflösg der Ehe für ihre Abwicklg sorgen, BT-Drucks 10/504 S 57, Hamm FamRZ **92**, 965. Schuldrechtl RGeschäfte, die das GüterRStatut nicht erfaßt, zB Arbeitsverträge unter Eheg, unterliegen ihrem Schuldstatut, BGH FamRZ **93**, 290 (unbenannte Zuwendgen unter Eheg), vgl auch Lorenz ebda 393. Vorauss u Wirkgen sachenrechtl RGeschäfte unterliegen grdsl der lex rei sitae, zB Erwerb von AlleinEigt od MitEigt dch Eheg, Köln NJW-RR **94**, 200, aM LG Bln FamRZ **93**, 198 (betr Hochzeitsgeschenke), vgl auch LG Tüb NJW-RR **92**, 1096; das GüterRStatut best jedoch, ob der betr Ggst einem bes güterrechtl Regime unterworfen ist, zB einer ErrungenschGemsch. Art 15 erfaßt sowohl das gesetzl wie das vertragl GüterR. Im **einzelnen** ist nach Art 15 zu beurteilen, welcher von den mehreren Güterstden einer ROrdng maßg ist, seine Wirkgen, insb, welche Gütermassen zu unterscheiden sind u zu welcher ein VermGgst eines Eheg gehört, zB ob Erwerb unter Lebden ins Gesamtgut, Oldbg RPfleger **91**, 412, BayObLG **92**, 85 (Eintraggspfl des GBA trotz bestehder Zweifel), Erwerb vTw ins VorbehGut fällt, ferner NutzgsRe, ErwerbsBeschrkgen (zB im Zusammenhang mit Auflassgsvormerkg, vgl dazu BayObLG DNotZ **86**, 487, Rauscher RPfl **86**, 119 gegen Amann ebda 117) od VfgsBeschrkgen inf des Güterstds, vgl §§ 1365, 1369, BayObLG JZ **54**, 441, die auch im inl GBVerk zu beachten sind, vgl dazu Lichtenberger MittBayNot **86**, 111, wobei für eingetr RInh die Vermutg des § 891 spricht, KG NJW **73**, 428, and Köln OLGZ **72**, 171. Nach Art 15 zu beurteilen ist auch ein GesellschVerbot zw Eheleuten, etwa nach frz u belg Recht, RG **163**, 367, MüKo- Siehr Rn 94, vgl dazu Art 14 Rn 18 (dagg beurt sich GesellschVertr zw Eheg im übr grdsl nach dem GesellschStatut, bei Fehlen einer körperschähnl Organisation nach dem Schuldstatut, aM Stgt NJW **58**, 1972), sowie die vom Güterstd abhäng Haftg eines Eheg für Verbindlichk des and, MüKo-Siehr Rn 68, einschl der AusglPfl der Eheg untereinander, LG Hbg IPRspr **77** Nr 65; nach Art 15 regelt sich ferner die Auseinandersetzg u zwar auch aGrd einer Scheidg, einschl einer **Auskunftspflicht** der Eheg, vgl BGH FamRZ **79**, 690, **86**, 1200, Bamberg FamRZ **83**, 1233, Hamm NJW-RR **87**, 1476 (vgl dazu Jayme/ Bissias IPRax **88**, 94), Stgt FamRZ **89**, 622, IPRax **90**, 250 (griech R, dazu Kerameus ebda 228), Karlsr FamRZ **95**, 740; sieht das GüterRStatut keinen AuskunftsAnspr vor, weil es insow im Ggs zur dtschen lex fori vom AmtsermittlgsGrds ausgeht, so ist der Anspr dch Anpassg zu ergänzen, Ffm NJW-RR **91**, 583, Karlsr FamRZ **95**, 740. Nach Art 15 beurt sich auch Verpflichtg zur Rückzahlg einer Mitgift, vgl Karlsr IPRax **88**, 294, Jayme/ Bissias ebda 280. Dagg beurteilt sich der Anspr auf Herausg des pers Eigent gg den and Eheg iF der Scheidg grdsl nach der lex rei sitae, Anh II zu Art 38 Rn 5, ebso Köln NJW-RR **94**, 200, vgl auch Hamm FamRZ **93**, 212; für scheidgsrechtl Sonderregelgen, zB Hausratsteilg, gilt das Scheidgsstatut, str, vgl dazu Art 17 Rn 17. Der VersorggsAusgl ist als Scheidgsfolge nach Art 17 zu beurteilen, vgl dort Rn 19–26, BGH NJW **93**, 2049. Der Anspr auf die nach islam Rechten vorgesehene Morgengabe ist wegen seiner unterhsichernden Funktion als pers Ehewirkg iSv Art 14 bzw als Scheidgsfolge iSv Art 17 iVm Art 18 IV zu qualifizieren, vgl näher Art 13 Rn 9, aM (GüterRStatut) Bremen FamRZ **80**, 606, MüKo-Siehr Rdz 87, wohl auch Köln IPRax **83**, 73, NJW-RR **94**, 200 (betr Anspr auf Rückg), LG Ffm IPRspr **87** Nr 52.

c) Nach dem GüterRStatut ist insb der **Zugewinnausgleich** zu beurteilen, vgl zB Düss FamRZ **95**, 1203; 26 das gilt auch, wenn die AusgleichsFdg mit dem Tod eines Eheg entsteht, vgl § 1371 II, BayObLG **80**, 276, od der Zugewinnausgleich pauschaliert dch eine **Erhöhung des gesetzlichen Erbteils** erfolgt, wie nach **§ 1371 I**, Memmg IPRax **85**, 41 (dazu Clausnitzer IPRax **87**, 102), Karlsr NJW **90**, 1421 (dazu Schurig IPRax **90**, 391), Soergel-Kegel Rdz 9, Staud-v Bar Rdz 101 f, Clausnitzer MittRhNotK **87**, 15, Erm-Hohloch Rn 37, Dörner IPRax **94**, 34, aM (erbrechtl Qualifikation) Raape IPR S 336. Dagg wollen Düss IPRspr **87** Nr 105, Staud-Gamillscheg Rdz 335, Staud- Firsching Rdz 227 vor EG 24–26, Ferid IPR Rdz 8–130, MüKo-Siehr Rn 102, MüKo-Birk Art 25 Rn 156, Vékás IPRax **85**, 24, Schotten MittRhNotK **87**, 18, Schotten/Johnen DtZ **91**, 259 die Erhöhg des ges Erbteils nach § 1371 I grdsl nur gelten lassen, wenn dtsches Recht auch als Erbstatut maßg ist; bei Zustreffen des dtschen GüterRStatuts mit einem ausl Erbstatut sei der ZugewinnAusgl nach § 1371 II dchzuführen. Indessen wird damit ohne Grund auf die praktikable erbrechtl

Lösg des § 1371 I verzichtet, Soergel-Kegel Rdz 11, Erm-Hohloch Rn 37; Vorauss der Erhöhg des ges Erbteils ist allerd, daß dieser eine echte Erbquote ist, die nicht bereits einen güterr Ausgleich bewirken soll, Dörner IPRax **94**, 34, ähnl Clausnitzer MittRhNotK **87**, 17, der Gleichwertig des ausl mit dem dtschen ErbR fordert. Führt die Anwendg unterschiedl Güter- u ErbR zu unbilligen Ergebnissen, indem sie den überlebden Eheg schlechter (Normenmangel) od besser (Normenhäufg) stellt als er bei vollständ Anwendg jeder der beteiligten ROrdngen stehen würde, so ist seine Beteiligg am Nachl dch **Angleichung** so zu korrigieren, daß er mind bzw höchstens das erhält, was ihm nach jedem der beiden Rechte für sich betrachtet zustünde, Staud-v Bar Rn 111, Schurig IPRax **90**, 391, aM Kropholler IPR § 34 IV; zum Normwiderspruch zw Güter- u Erbstatut ferner Clausnitzer ZRP **86**, 254, IPRax **87**, 102. – Ob u unter welchen Voraussetzgen dem überl Eheg ein Pflichtteil zusteht, entscheidet allein das Erbstatut; ist dieses ein ausl Recht, so bleiben § 1371 II HS 2 u III insoweit außer Betr, Staud-Gamillscheg Rdz 338; ob dagegen ein ZugewinnAusgl stattfindet, entsch dagg das GüterRStatut, ggf also § 1371 II HS 1. – Die Erhöhg des EhegErbteils nach **§ 1931 IV** bei **Gütertrennung** ist dagg erbrechtl zu qualifizieren, Ferid IPR Rdz 8–134, Erm-Hohloch Rn 38, Staud-v Bar Rdz 107, grdsl auch Jayme Fschr Ferid (1978) 221, aM Soergel-Kegel Rdz 9; die Anwendg des § 1931 IV bei ausl GüterRStatut setzt jedoch voraus, daß die ausl Gütertrennng derjen des BGB entspr, Jayme aaO. – Wird ein **Erbvertrag** zus mit einem GüterVertr geschl, so bleibt für jenen das Erbstatut maßg, LG Mü I FamRZ **78**, 364, BayObLG **81**, 178, Soergel-Kegel Rdz 33, str, aM Raape IPR § 31 V 3, Staud-v Bar Rdz 97.

30 **d)** Das GüterRStatut best auch über Zulässigk, GültigkVoraussetzgen u mögl Inhalt eines **Ehevertrages,** zB ob ein EheVertr geschl od abgeändert werden darf, hM, aM Grundmann FamRZ **84**, 447 (Ehewirkgsstatut), ob eine ger Gen od eine bes GeschFgk erfdl ist u welche Form als GeschR, Art 11 I, gewahrt werden muß. Bei **deutschem** GüterRStatut ergeben sich Schranken der VertrFreih aus § 1409, vgl dazu Anm dort.

Anhang zu Art 15

I. Staatsverträge

1   Als Staatsvertr auf dem Gebiet der pers Ehewirkgen u des GüterR kam bish das Haager Abk v 17. 7. 05 betr den Geltgsbereich der Gesetze in Ansehg der Wirkgen der Ehe auf die Rechte u Pflichten der Eheg in ihren pers Beziehgen u auf das Verm der Ehegatten in Betr, RGBl **12**, 453 u 475 **(Haager Ehewirkungsabkommen).** Es galt zuletzt nur noch im Verh zu Italien, Bek v 14. 2. 55, BGBl II 188. Die BRep hat das Abk mit Wirkg zum 23. 8. 87 **gekündigt**, Bek vom 26. 2. 86, BGBl I 505. **Art 2 I** des Abk unterstellte die güterr Wirkgen der Ehe dem HeimatR des Ehem zZ der Eheschl; diese Regelg war wg Verstoßes gg GG 3 II ebso wie Art 15 I aF **verfassungswidrig**, BGH FamRZ **86**, 1200, **87**, 679, **88**, 40, KG IPRax **87**, 117, Ffm FamRZ **87**, 1147, Karlsr IPRax **90**, 122, vgl dazu Art 3 Rn 7. Für ÜbergFragen, die sich aus der Verfassgswidrigk des Art 2 I des Abk ergeben, gilt **Art 220 III** entspr, BGH aaO, BT-Drucks 10/5632 S 46, Ultsch MittBayNot **94**, 279, vgl dazu Art 15 Rn 5–15.

II. Gesetz über den ehelichen Güterstand von Vertriebenen und Flüchtlingen

Vom 4. 8. 1969, BGBl I 1067

Schrifttum: Herz DNotZ **70**, 134; Firsching FamRZ **70**, 452; Silagi IPRax **82**, 100; Henrich IPRax **83**, 25; P. Wassermann FamRZ **90**, 333.

Vorbemerkung

2   Die Grdse der Unwandelbk u die bish vielf vertretene Versteinerg des GüterRStatuts nach Art 15 I, vgl dort Rn 3, führen bei Flüchtlingen, die ihr Verm in der alten Heimat zurückgelassen u im Zufluchtsland von vorne angefangen haben, zu unbefriedigden Erg. Auch wenn ihre pers RVerhe grdsl dem Recht ihres AufenthLandes unterstellt werden, vgl Anh z Art 5 Rn 3–33, bleibt für den ehel Güterstd uU in versteinerter Form das alte HeimatR maßg, mit dem die Ehel nichts mehr verbindet. Häufig gehen die Betroffenen irrtüml davon aus, daß auch für ihre güterr Bez das AufenthR gelte. Dies kann namentl im Erbfall (Unanwendbk v § 1371 I 1) zu unliebs Überraschgen führen. Vor allem bei **deutschen Flüchtlingen,** die seit dem Ende der 2. Weltkriegs im Gebiet der BRep Aufn gefunden haben, entsprach die volle rechtl Integration in die neue Heimat einer selbstverständl Erwartg. Die Rspr ist aber auch bei DDR-Flüchtlingen von der Unwandelbk des GüterRStatuts ausgegangen, vgl Art 15 Rn 3. Aus diesem Grd ist dch Gesetz v 4. 8. 69 **§ 1 I 1** für Vertriebene u Sowjetzonenflüchtlinge iSv §§ 1, 3 u 4 BVFG (vgl zu diesen Voraussetzgen BGH NJW **82**, 1937, Henrich IPRax **83**, 26) mit Wirkg v 1. 10. 69, § 7, dh **ohne Rückwirkung,** Hamm NJW **77**, 1591, aM Sonnenberger Fschr Ferid (1988) 458, das ehel GüterR der BRep, dh des Güterstd der ZugewGemsch (zur Berechng des Zugew vgl § 1 III), eingeführt worden. Das gleiche gilt für dtsche Eheg, die aus der früh sowjetischen Besatzgszone „zugezogen" sind, § 1 I 2. Diese Regelg gilt auch für **Übersiedler,** die nach Öffng der innerdtschen Grenze am 9. 11. 89 u vor Herstellung der staatl Einh Dtschlands am 3. 10. 90 ihren gewöhnl Aufenth in die BRep verlegt haben, vgl dazu Wassermann FamRZ **90**, 341. **Voraussetzung** dieser Überleitg nach § 1 ist, daß **beide** Eheg zum Ztpkt des Inkrafttr ihren gewöhnl Aufenth in der BRep hatten. Wurde diese Voraussetzg erst zu einem späteren Ztpkt erf, zB dch gemeins Flucht aus der DDR od Übersiedlg des zunächst dort allein zurückgebliebenen Eheg, so gilt für die Eheg das GüterR der BRep vom Beginn des 4. Monats ihres beiders gewöhnl Aufenth in der BRep an, § 3. Die Überleitg setzt ferner voraus, daß die Eheg bish in einem **gesetzlichen** (dh nicht auch: in einem ehevertragl vereinb) Güterstd gelebt haben, der außerh der BRep galt od gilt. Das ist auch bei Ehel der Fall, die in der DDR oder Ost-Bln nach dem 6. 10. 49 geheiratet haben, da in der DDR ab 7. 10. 49 (Ost-Bln dch VO v 12. 10. 50) Gütertrenng, ab 1. 4. 66 aGrd des FamGB (§ 15) ErrungenschGemsch gesetzl Güterstd

war. Dagg ist diese Voraussetzg nicht erf, wenn sich ein als dtsches PartikularR geltder ges Güterstd nach dem österr ABGB dch GG 3 II, 117 I in den Güterstd der Gütertrenng verwandelt hat, BGH FamRZ **76**, 612 (Sudetendtsche) od wenn kraft Rückverweisg dch das RAG der fr DDR das GüterR der BRep anwendb war, aM Wassermann FamRZ **90**, 337. Die **Überleitung** greift **nicht** ein, wenn der bish Güterstd rechtzeit im GüterRReg eines AG der BRep **eingetragen** worden ist, §§ 1 II u 2, od einer der Eheg sie dch not beurk Erkl, § 4 I, ggü einem AmtsGer **abgelehnt** hat, §§ 2 u 3. Die Geltg des G v 4. 8. 69 ist dch die Neufassg des Art 15 ausdr unberührt geblieben, Abs 4.

§ 1. [Überleitung (Personenkreis, Wirkung)] [1] *Für Ehegatten, die Vertriebene oder Sowjetzonenflüchtlinge sind (§§ 1, 3 und 4 des Bundesvertriebenengesetzes), beide ihren gewöhnlichen Aufenthalt im Geltungsbereich dieses Gesetzes haben und im gesetzlichen Güterstand eines außerhalb des Geltungsbereichs dieses Gesetzes maßgebenden Rechts leben, gilt vom Inkrafttreten dieses Gesetzes an das eheliche Güterrecht des Bürgerlichen Gesetzbuchs. Das gleiche gilt für Ehegatten, die aus der sowjetischen Besatzungszone Deutschlands oder dem sowjetisch besetzten Sektor von Berlin zugezogen sind, sofern sie im Zeitpunkt des Zuzugs deutsche Staatsangehörige waren oder, ohne die deutsche Staatsangehörigkeit zu besitzen, als Deutsche im Sinne des Artikels 116 Abs. 1 des Grundgesetzes Aufnahme gefunden haben.*

[II] *Die Vorschriften des Absatzes 1 gelten nicht, wenn im Zeitpunkt des Inkrafttretens der bisherige Güterstand im Güterrechtsregister eines Amtsgerichts im Geltungsbereich dieses Gesetzes eingetragen ist.*

[III] *Für die Berechnung des Zugewinns gilt, wenn die in Absatz 1 genannten Voraussetzungen für die Überleitung des gesetzlichen Güterstandes in das Güterrecht des Bürgerlichen Gesetzbuchs bereits damals vorlagen, als Anfangsvermögen das Vermögen, das einem Ehegatten am 1. Juli 1958 gehörte. Liegen die Voraussetzungen erst seit einem späteren Zeitpunkt vor, so gilt als Anfangsvermögen das Vermögen, das einem Ehegatten in diesem Zeitpunkt gehörte. Soweit es in den §§ 1374, 1376 des Bürgerlichen Gesetzbuchs auf den Zeitpunkt des Eintritts des Güterstandes ankommt, sind diese Vorschriften sinngemäß anzuwenden.*

§ 2. [Ablehnung der Überleitung] [1] *Jeder Ehegatte kann, sofern nicht vorher ein Ehevertrag geschlossen worden oder die Ehe aufgelöst ist, bis zum 31. Dezember 1970 dem Amtsgericht gegenüber erklären, daß für die Ehe der bisherige gesetzliche Güterstand fortgelten solle. § 1411 des Bürgerlichen Gesetzbuchs gilt entsprechend.*

[II] *Wird die Erklärung vor dem für die Überleitung in das Güterrecht des Bürgerlichen Gesetzbuchs vorgesehenen Zeitpunkt abgegeben, so findet die Überleitung nicht statt.*

[III] *Wird die Erklärung nach dem Zeitpunkt der Überleitung des Güterstandes abgegeben, so gilt die Überleitung als nicht erfolgt. Aus der Wiederherstellung des ursprünglichen Güterstandes können die Ehegatten untereinander und gegenüber einem Dritten Einwendungen gegen ein Rechtsgeschäft, das nach der Überleitung zwischen den Ehegatten oder zwischen einem von ihnen und dem Dritten vorgenommen worden ist, nicht herleiten.*

§ 3. [Späterer Eintritt der Voraussetzungen] *Tritt von den in § 1 Abs. 1 genannten Voraussetzungen für die Überleitung des Güterstandes die Voraussetzung, daß beide Ehegatten ihren gewöhnlichen Aufenthalt im Geltungsbereich dieses Gesetzes haben, erst nach dem Inkrafttreten des Gesetzes ein, so gilt für sie das Güterrecht des Bürgerlichen Gesetzbuchs vom Anfang des nach Eintritt dieser Voraussetzung folgenden vierten Monats an. § 1 Abs. 2, 3 Satz 2, 3 ist entsprechend anzuwenden. Die Vorschriften des § 2 gelten mit der Maßgabe, daß die Erklärung binnen Jahresfrist nach dem Zeitpunkt der Überleitung abgegeben werden kann.*

§ 4. [Verfahren] [1] *Für die Entgegennahme der in den §§ 2, 3 vorgesehenen Erklärung ist jedes Amtsgericht zuständig. Die Erklärung muß notariell beurkundet werden.*

[II] *Haben die Ehegatten die Erklärung nicht gemeinsam abgegeben, so hat das Amtsgericht sie dem anderen Ehegatten nach den für Zustellungen von Amts wegen geltenden Vorschriften der Zivilprozeßordnung bekanntzumachen. Für die Zustellung werden Auslagen nach § 137 Nr. 2 der Kostenordnung nicht erhoben.*

[III] *Wird mit der Erklärung ein Antrag auf Eintragung in das Güterrechtsregister verbunden, so hat das Amtsgericht den Antrag mit der Erklärung an das Registergericht weiterzuleiten.*

[IV] *Der auf Grund der Erklärung fortgeltende gesetzliche Güterstand ist, wenn einer der Ehegatten dies beantragt, in das Güterrechtsregister einzutragen. Wird der Antrag nur von einem der Ehegatten gestellt, so soll das Registergericht vor der Eintragung den anderen Ehegatten hören. Besteht nach Lage des Falles begründeter Anlaß zu Zweifeln an der Richtigkeit der Angaben über den bestehenden Güterstand, so hat das Registergericht die erforderlichen Ermittlungen vorzunehmen.*

§ 5. [Geschäftswert] *Für die Beurkundung der Erklärung nach § 2 Abs. 1, für die Aufnahme der Anmeldung zum Güterrechtsregister und für die Eintragung in das Güterrechtsregister beträgt der Geschäftswert 3000 Deutsche Mark.*

§ 6. [Berlinklausel] *Dieses Gesetz gilt nach Maßgabe des § 13 des Dritten Überleitungsgesetzes vom 4. Januar 1952 (Bundesgesetzbl. I S. 1) auch im Land Berlin.*

§ 7. [Inkrafttreten] *Dieses Gesetz tritt am 1. Oktober 1969 in Kraft; die §§ 2, 4 und 5 treten jedoch am Tage nach der Verkündung★ in Kraft.*
★ Verkündung: 5. 8. 1969.

EG 16 ***Schutz Dritter.*** [1] **Unterliegen die güterrechtlichen Wirkungen einer Ehe dem Recht eines anderen Staates und hat einer der Ehegatten seinen gewöhnlichen Aufenthalt im Inland oder betreibt er hier ein Gewerbe, so ist § 1412 des Bürgerlichen Gesetzbuchs entsprechend anzuwenden; der fremde gesetzliche Güterstand steht einem vertragsmäßigen gleich.**

II Auf im Inland vorgenommene Rechtsgeschäfte ist § 1357, auf hier befindliche bewegliche Sachen § 1362, auf ein hier betriebenes Erwerbsgeschäft sind die §§ 1431 und 1456 des Bürgerlichen Gesetzbuchs sinngemäß anzuwenden, soweit diese Vorschriften für gutgläubige Dritte günstiger sind als das fremde Recht.

1   **1) Allgemeines.** Art 16 erkl zum Schutz des inl RVerk best Vorschr des dtschen EheR auch dann für anwendb, wenn die Eheg nach Art 14 u 15 einem ausl Ehewirkgs- od GüterRStatut unterworfen sind. Die Regelg entspr inhaltl Art 16 aF. Eine weitere SchutzVorschr zG der Verkehrsinteressen enth Art 12; zum Verh der beiden Vorschr Liessem NJW **89**, 500.

2   **2) Wirkung eines fremden Güterstandes gegenüber Dritten (Absatz 1).** Vgl dazu Schotten DNotZ **94**, 674. Gilt für die güterrechtl Wirkgen einer Ehe gem Art 15 fremdes Recht, so können sich die Eheg nach Abs 1 entspr § 1412 ggü Dritten bei einem RGesch od im RStreit auf ihren fremden gesetzl od vertragl Güterstd nur dann berufen, wenn dieser im dtschen GüterRRegister eingetragen ist **oder** der Dritte ihn kennt, dh positiv weiß, daß ein best ausl Güterstd zur Anwendg kommt; bloße Kenntn von der Anwend-bark ausl GüterR genügt nicht, aM Liessem NJW **89**, 500, Schotten DNotZ **94**, 677. Zur örtl u internat Zustdgk des RegGer vgl § 1558 I. **Voraussetzung** der entspr Anwendg des § 1412 ist neben der Maßgeblk eines fremden GüterRStatuts (einschließl des Rechts der fr DDR), daß wenigstens einer der Eheg seinen gewöhnl Aufenth, zum Begr vgl Art 5 Rn 10, 11, im Inl hat od im Inl ein Gewerbe betreibt. Aus Art 16 I folgt, daß Dritte bei fehlder Eintragg darauf vertrauen können, daß Eheg im dtschen gesetzl Güterstd leben, sofern einer von ihnen sich gewöhnl im Inl aufhält, vgl zB LG Aur FamRZ **90**, 776 u dazu Roth IPRax **91**, 320. Zum Schutz des RVerkehrs bei der Überleitg des ges Güterstdes der DDR vgl Art 234 § 4 II u dazu Rauscher DNotZ **91**, 232.

3   **3) Zusätzlicher Schutz des inländischen Rechts- und Geschäftsverkehrs (Absatz 2). a)** Bei Vorlie-gen eines ausr InlBezugs werden **gutgläubige** Dritte, welche die Maßgeblk fremden Rechts als Ehewirkgs-bzw GüterRStatuts weder kennen noch infolge grober Fahrlässigk nicht kennen, zusätzl im Rahmen von Abs 2 dch Anwendg best Vorschren des dtschen FamR geschützt. Allg Voraussetzg dafür ist, daß diese Vorschren dem Dr günstiger sind als ein nach Art 14 od Art 15 an sich maßg ausl Recht. Entsch sind dabei die Umst des Einzelfalls, zB ob sich der Dr auf die Gültigk od Ungültigk eines RGesch beruft. Im Innen-Verh der Eheg bleibt es bei der Anwendg des ausl Rechts. **b)** Im einz handelt es sich um die Regelg der **Schlüsselgewalt** gem § 1357 (einschl deren Beschrkgen od Ausschließg u ihrer Aufhebg), sofern das betr RGesch im Inl vorgen wird, vgl zB BGH NJW **92**, 909, Celle IPRax **93**, 96, Jayme ebda 80; Anwesenh eines VertrPart bzw dessen StellVertr im Inl ist ausr, Art 11 II u III entspr; ferner um die **Eigentumsvermutun-gen** gem § 1362 bei im Inl befindl beweg Sachen sowie um die **Zustimmungserfordernisse** seitens des und Eheg beim selbstd Betrieb eines **Erwerbsgeschäfts** im Inl gem §§ 1431, 1456; dieser Schutz entfällt, wenn der Dr schon dch Abs 1 iVm § 1412 geschützt wird; §§ 1431, 1456 greifen also nur ein, wenn der fremde Güterstd im GüterRReg eingetragen od dem Dr bekannt ist, Reithmann-Martiny-Hausmann, Inter-nat VertrR Rz 1089. **c)** Eine **analoge** Anwendg des Abs 2 ist nicht ausgeschl; sie kommt etwa bei Be-schränkgen von Eheg hins des Abschl best RGesche, zB einer Bürgsch, nach an sich maßg fremden Recht in Betr, vgl Begr BT-Drucks 10/504 S 59.

EG 17 *Scheidung.* I Die Scheidung unterliegt dem Recht, das im Zeitpunkt des Eintritts der Rechtshängigkeit des Scheidungsantrags für die allgemeinen Wirkungen der Ehe maßgebend ist. Kann die Ehe hiernach nicht geschieden werden, so unterliegt die Scheidung dem deutschen Recht, wenn der die Scheidung begehrende Ehegatte in diesem Zeitpunkt Deutscher ist oder dies bei der Eheschließung war.

II Eine Ehe kann im Inland nur durch ein Gericht geschieden werden.

III Der Versorgungsausgleich unterliegt dem nach Absatz 1 Satz 1 anzuwendenden Recht; er ist nur durchzuführen, wenn ihn das Recht eines der Staaten kennt, denen die Ehegatten im Zeit-punkt des Eintritts der Rechtshängigkeit des Scheidungsantrags angehören. Kann ein Versor-gungsausgleich danach nicht stattfinden, so ist er auf Antrag eines Ehegatten nach deutschem Recht durchzuführen,

1. wenn der andere Ehegatte in der Ehezeit eine inländische Versorgungsanwartschaft erworben hat oder

2. wenn die allgemeinen Wirkungen der Ehe während eines Teils der Ehezeit einem Recht unter-lagen, das den Versorgungsausgleich kennt,

soweit seine Durchführung im Hinblick auf die beiderseitigen wirtschaftlichen Verhältnisse auch während der nicht im Inland verbrachten Zeit der Billigkeit nicht widerspricht.

1   **1) Allgemeines. a)** Art 17 I unterstellt Vorauss u Folgen einer Ehescheid im Interesse einer einheitl Anknüpfg aller RBeziehgen zw den Eheg u im Verh zu ihren Kindern (FamStatut) dem von der GrdsKoll-Norm des Art 14 zur Anwendg berufenen Recht, vgl dort Rn 1. Die einheitl Anknüpfg von allg Ehewirkgen u Ehescheid ist auch wegen des inhaltl Zusammenhangs des aus der Ehe erwachsden Pflichten mit den scheidgsrechtl Folgen ihrer Verletzg zweckmäßig.

2   **b)** Soweit bei der Anknüpfg des Ehewirkgsstatuts gem Art 14 **Rück- oder Weiterverweisung** zu beach-ten sind (**nicht** also insb bei der Anknüpfg aGrd gemeins engster Verbindg, Art 14 I Nr 3, u bei der Bestimmg des anwendb Rechts dch RWahl, Art 14 II u III), vgl Art 14 Rn 3, gilt dies mittelb auch für die Anknüpfg des Scheidgsstatuts, ebso Johannsen/Henrich, EheR Art 17 Rz 17 u 24, Piltz, IntScheidgsR (1988) 58, zT auch Kartzke IPRax **88**, 10; maßgebd ist dabei die ausl KollNorm für die Ehescheidg, vgl Karlsr NJW-RR **90**, 777, Henrich FamRZ **86**, 850, ferner Ebenroth/Eyles IPRax **89**, 12. Die Rückverweisg kommt insb bei Staaten mit Domizilprinzip in Betr, also zB bei England, Hamm NJW **91**, 3101, Irland, Kln IPRax

89, 297 (dazu Coester-Waltjen ebda 282), AG Minden IPRax **92**, 108, USA, Bambg FamRZ **79**, 930, AG Hdlbg IPRax **88**, 113, **90**, 126, vgl dazu Hay IPRax **88**, 265, Bungert IPRax **93**, 10, Norwegen, Celle JW **26**, 388, Dänemark u Island, SchlH SchlHA **82**, 27, Peru, AG Hbg NJW-RR **86**, 374, Argentinien, AG Fbg u AG Bonn IPRax **89**, 108, AG Detm IPRax **90**, 415, in gemischtnat Ehen auch bei Polen, Stgt FamRZ **79**, 1022, Frankreich, BGH NJW **82**, 1940 u Österreich, Mü FamRZ **86**, 806. Die Rückverweis kann auf den VersorggsAusgl grdsl auch dann erstreckt werden, wenn der betr ausl Recht dieses RInstitut nicht bekannt ist, Stgt FamRZ **86**, 687 (krit dazu Adam IPRax **87**, 98), Hamm IPRax **91**, 197, MüKo-Lorenz Rdz 336, grdsl auch Jayme u Lardschneider in: Zacher, VersorggsAusgl S 105 u 116, Soergel-Kegel/Schurig Nachträge Rdz 140, Samtleben IPRax **87**, 98, Lüderitz IPRax **87**, 80, aM Bambg FamRZ **79**, 930, Oldenbg FamRZ **84**, 715, AG Pforzh IPRax **83**, 81, krit dazu Henrich ebda, AG Hbg NJW-RR **86**, 374, vgl auch AG Landstuhl IPRax **85**, 231; zum Ausschl von Rück- od Weiterverweig bei Abs 3 S 1 HS 2 vgl Rn 30. – Zum Vorrang des **Belegenheitsstatuts** s Art 3 III u dort Rn 11–15. **c)** Für die Anwendg des **ordre public** ist seit 3 dem Wegfall der bes VorbehKlausel des Art 17 IV aF etwas mehr Raum, vgl dazu Art 6 Rn 21, Dopffel FamRZ **87**, 1213, Bolz NJW **90**, 620; mit Art 6 unvereinb ist insb eine PrivScheidg Dtscher im Ausl, vgl dazu Rn 35; eine gewisse „Entlastung" der allg VorbehKlausel wird aber dch die regelwidr Anwendg dtschen Rechts nach Art 17 I 2 u III 2 bewirkt, Basedow NJW **86**, 2975. **d)** Eine **staatsvertragliche** 4 **Kollisionsnorm** (Maßgeblk des HeimatR) enth das dtsch-iran NiederlassgsAbk v 17. 2. 29, RGBl **30** II 1002, noch in Kraft, vgl Bek v 15. 8. 55, BGBl II 829, dessen Art 8 III iVm Z I Abs 3 des Schlußprotokolls auch für Scheidgssachen gilt, in der BRep also, wenn beide Eheg iran Personalstatut haben, vgl dazu BGH FamRZ **90**, 33 (nicht wenn ein Eheg Flüchtling mit dtschem Personalstatut), KG NJW-RR **94**, 199, ferner Hamm FamRZ **76**, 29, BayObLG FamRZ **78**, 243, Mü IPRax **89**, 240, Ffm OLGZ **89**, 283, Kln IPRspr **82** Nr 43, AG Hdlbg IPRax **88**, 367 mAv Jayme, Schotten/Wittkowski FamRZ **95**, 264. Über staatsvertragl Bindgen dch Anerkennungs- u VollstrAbk vgl Rn 30. Dem Haager EhescheidgsAbk v 12. 6. 02 gehört Dtschland seit dem 1. 6. 34 als VertrStaat nicht mehr an, RGBl. **34** II 26. **e)** Im **innerdeutschen** KollisionsR 5 galt Art 17 entspr, vgl dazu näher Rn 38, 39.

f) Die am 1. 9. 86 in Kr getretene **Neuregelung** des Scheidgsstatuts ist auf die zu diesem Ztpkt bereits 6 rechtshäng Scheidgsverfahren nach **Art 220 Absatz 1** ohne Einfluß, da das Scheidgsstatut gem Art 17 I 1 unwandelb angeknüpft wird, vgl Rn 7, es sich also aus der Sicht des neuen IPR u der von ihm getroffenen ÜbergRegelg kollisionsr um einen „abgeschl Tatbestd" handelt, BGH FamRZ **87**, 793, **90**, 32, NJW **90**, 638, **90**, 2195 (bei PrivScheidg Ztpkt erstmaliger Befassg des Scheidgsgegners maßg), **91**, 3088, FamRZ **90**, 386, **91**, 421, **93**, 177, **94**, 884 (interlokal), IPRax **91**, 196, hM, und aber Celle FamRZ **87**, 160, Karlsr FamRZ **88**, 296, Mü IPRax **89**, 238, Rauscher IPRax **87**, 137, Hepting IPRax **88**, 153, Breuer in Rahm/Künkel Hdb VIII Rz 212.5, Dörner/Kötters IPRax **91**, 39, Kegel IPR § 20 VII 2, vgl dazu Art 220 Rn 2, 3; ist der ScheidgsAntrag bereits vor dem 1. 9. 86 zugestellt worden, so best sich das Scheidgsstatut nach den bish verfassgskonform weiterentwickelten KollNormen, BGH FamRZ **87**, 794, **90**, 386, BSozG NJW-RR **91**, 260 (eingehd), vgl dazu 45. Aufl Art 17 Anm 2; dies gilt insb auch für die Durchf des VersorggsAusgl, BGH NJW **90**, 638, FamRZ **90**, 386, NJW **91**, 3088, FamRZ **92**, 295, **93**, 416, **94**, 885, zweifelnd Hamm FamRZ **92**, 828 (betr Abänderg einer Entscheidg), aM Mü IPRax **89**, 242; bei einer zZ der Inkrafttreten des IPRG bereits rechtskräft gesch Ehe kommt daher selbstverständl auch keine nachträgl Durchf eines VersorggsAusgl aGrd v Art 17 III nF in Frage, BGH NJW **90**, 638, **91**, 3088, FamRZ **93**, 416, **94**, 885, so iErg auch Karlsr FamRZ **88**, 296, Hepting IPRax **88**, 159, aM Ffm IPRax **88**, 175. Zur nachträgl Abänderg einer Entscheidg Rn 26 aE.

2) Regelmäßige Anknüpfung des Scheidungsstatuts (Absatz 1 Satz 1). a) Die Scheidg unterliegt 7 nach Abs 1 dem Recht, das im **Zeitpunkt** des Eintritts der **RHängigk** des ScheidgsAntr, in Dtschland also im Ztpkt der Zustellg der AntrSchrift, ZPO 261, gem Art 14 für die betr Ehe als Ehewirkgsstatut maßg ist. Wird die Scheidg im Ausl durchgeführt, so kommt es auf den Ztpkt derjenigen Maßn an, welche der RHängigk des Antr funktionell vergleichb ist, bei der PrivScheidg also auf den Ztpkt, in dem der Scheidgsgegner mit der Scheidg erstmals förml befaßt wird, vgl BT-Drucks 10/504 S 60, BGH NJW **90**, 2195, vgl auch BayObLG NJW-RR **94**, 772. Verändern sich die für die Anknüpfg des Ehewirkgsstatuts gem Art 14 maßg Umst nach diesem Ztpkt, so ist dies im Ggs zu dem fr RZustand, vgl 45. Aufl Anm 3, für das Scheidgsstatut ohne Bedeutg; dieses ist also währd des ScheidgsVerf **nicht** mehr **wandelbar**, Hamm FamRZ **95**, 933; vgl aber Rn 6. **b)** Für die Anknüpfg des Scheidgsstatuts sind sämtl Anknüpfgen des 8 Ehewirkgsstatuts einschl der in Art 14 II u III eröffneten Möglken einer RWahl zu berücksichtigen; das für die allg Ehewirkgen gewählte Recht ist auch für die Scheidg maßg. Im einz ergeben sich aus der Verweisg des Art 17 I auf Art 14 folgde Konsequenzen: **aa)** Die Scheidg unterliegt in erster Linie dem **gemeinsamen Heimatrecht** der Eheg zum maßg Ztpkt, Abs 1 S 1 iVm Art 14 I Nr 1; bei Mehrstaatern ist dabei nur die in Art 5 I bezeichnete (dh die effektivere bzw die dtsche) Staatsangehörigk zu berücksichtigen, BGH FamRZ **94**, 435, Stgt FamRZ **89**, 760, Mü FamRZ **94**, 634, BayObLG NJW-RR **94**, 772, Düss FamRZ **94**, 1262, abw Düss FamRZ **87**, 198 mAv Henrich. Bei Staatenlosen u Flüchtlingen ist an Stelle der Staatsangehörigk ihr dch den gewöhnl Aufenth best Personalstatut maßg, vgl Art 5 II u Anh z Art 5, Karlsr FamRZ **91**, 83, Hamm FamRZ **92**, 1181; bei Fehlen eines derzeitigen gemeins HeimatR in dem genannten Sinn entscheidet subsidiär, vgl BGH FamRZ **94**, 435, das **letzte** gemeins HeimatR (bzw Personalstatut), sofern ein Eheg dem betr Staat noch angehört (bzw als Staatenloser od Flüchtling sich dort noch gewöhnl aufhält); auch bei dieser Hilfsanknüpfg ist Art 5 mit Anh zu beachten. **bb)** Besitzen die Eheg zum maßg Ztpkt keine gemeins (nach Art 5 I z berücksichtigde) Staatsangehörigk (bzw bei Staatenlosen od Flüchtlingen kein gemeins Personalstatut u haben sie auch früher keine gemeins (nach Art 5 I z berücksichtigde) Staatsangehörigk (bzw bei Staatenlosen od Flüchtlingen kein gemeins Personalstatut) besessen od diese beide verloren, so unterliegt die Scheidg nach Abs 1 S 1 iVm Art 14 I Nr 2 in zweiter Linie dem **Recht** des Staates, in dem **beide** Eheg zZ der RHängigk des ScheidgsAntr ihren **gewöhnlichen Aufenthalt** haben, z Begr vgl Art 5 Rn 10, 11; haben die Eheg zu diesem Ztpkt ihren gewöhnl Aufenth in versch Staaten, so ist hilfsw das Recht des Staates maßg, in dem **beide** Eheg zuletzt ihren gewöhnl Aufenth hatten, sofern er v einem Eheg beibehalten worden ist, krit hierzu v Bar IPRax **94**, 102; daß ein Eheg auch die Staatsangehörigk dieses

AufenthLandes besitzt oder besaß, verlangt Abs 1 iVm Art 14 I Nr 2 nicht. **cc)** Versagt auch die Anknüpfg an den gewöhnl Aufenth, so unterliegt die Scheidg in dritter Linie dem **Recht** des Staates, dem die Eheg zum maßg Ztpkt auf and Weise **gemeinsam am engsten verbunden** sind, Abs 1 S 1 iVm Art 14 I Nr 3. Dabei sind sämtl Umst des Einzelfalls zu berücksichtigen, vgl dazu Art 14 Rn 10. **dd)** Haben die Eheg bereits vor RHängigk des ScheidgsAntr das Ehewirkgsstatut unter den Voraussetzgen des Art 14 II–IV wirks gewählt, so ist diese **Rechtswahl** mittelb auch für das Scheidgsstatut maßg. Sie geht der gesetzl Anknüpfg des Scheidgsstatuts gem Abs 1 S 1 iVm Art 14 I vor; die Wirksamk der RWahl beurteilt sich nach der RLage zZ der Vereinbg, BayObLG NJW-RR **94**, 772.

9 **3) Regelwidrige Anwendung deutschen Rechts. a)** Ist die Scheidg nach dem v Abs 1 S 1 iVm Art 14 zur Anwendg berufenen Recht **nicht möglich**, so unterliegt die Scheidg nach **Absatz 1 Satz 2** dem dtschen Recht, wenn der die Scheidg begehrde Eheg bei Eintritt der RHängigk des ScheidgsAntr Dtscher iSv GG 116 I ist (späterer Erwerb der dtschen Staatsangehörigk genügt nicht, aM Lüderitz IPRax **87**, 76, Kersting FamRZ **92**, 275) od es bei der Eheschl war; die entspr Anwendg bei Staatenlosen od Flüchtlingen mit dtschem Personalstatut, vgl dazu Art 5 Rn 9 u Anh zu Art 5 Rn 27, ist statth, ebso Breuer in Rahm/Künkel Hdb VIII Rz 207, MüKo-Winkler v Mohrenfels Rn 53. Die regelwidr Anwendg des dtschen ScheidgsR setzt voraus, daß die Scheidg nach dem an sich maßg Scheidgsstatut wenigstens **derzeit** nicht mögl ist, zB weil eine längere Trenngsfrist als nach § 1566 vorgesehen noch nicht abgelaufen ist; daß das maßg Recht eine Scheidg überhaupt nicht zuläßt, verlangt Abs 1 S 2 nicht, Celle FamRZ **87**, 160, AG Mainz NJW-RR **90**, 779, Henrich FamRZ **86**, 850, Jayme IPRax **86**, 267, **87**, 168, Dopffel FamRZ **87**, 1213, and AG Bergisch-Gladbach IPRspr **89** Nr 89. Die Undurchführbrk der Scheidg nach dem gem Abs 1 S 1 anwendb Recht muß festgestellt werden; entscheid ist dabei der Ztpkt der letzten mdl Verhandlg, aM Kersting FamRZ **92**, 274 (RHängigk); eine entspr Anwendg von Abs 1 S 2 kommt aber in Betr, wenn sich der Inhalt des maßg Rechts nicht ermitteln läßt, aM Kersting aaO 271. Die subsidiäre Geltg des dtschen Rechts kann im Ggs zum fr RZustand, vgl 45. Aufl Anm 2d nicht allein damit begründet werden, daß der die Scheidg begehrde Eheg Dtscher ist od war. Sind die Vorauss des Abs 1 S 2 erf, so ist auf die Scheidg grdsl nicht nur hins der ScheidgsGrde, sond auch hins der Scheidgsfolgen, dtsches Recht anzuwenden, für Hausratsteilg aM Piltz Int

10 ScheidgsR (1988) 101; eine Ausn gilt aber für die Durchf eines VersorggsAusgl, vgl Rn 19. **b)** Die Scheidg einer **Ehe mit auf Deutschland beschränktem Wirkungskreis** (hinkde Ehe, vgl dazu Art 13 Rn 24) erfolgt nach dtschem Recht, soweit sie nach dem maßg Scheidgsstatut nicht als Ehe angesehen wird, Stgt FamRZ **80**, 783 (das allerd die Scheidgsfolge des VersorggsAusgl ausnimmt), Kblz NJW-RR **94**, 647, Hamm StAZ **94**, 221, vgl ferner BT-Drucks 10/504 S 60, Samtleben IPRax **87**, 96, Breuer in Rahm/Künkel Hdb VIII Rz 209, dahingestellt BGH DAVorm **82**, 925; abw Soergel-Kegel Rdz 22, Johannsen/Henrich, EheR Art 17 Rz 34 (grdsl für Anwendg des Scheidgsstatuts), Galster StAZ **88**, 160 (für Ersatzanknüpfgen); wird die Ehe später auch von dem als Scheidgsstatut maßg Recht als wirks angesehen, so bleibt es bei der Anwendg seiner Vorschr, AG Hbg-Altona IPRspr **82** Nr 72.

11 **4) Besonderheiten für das inländische Scheidungsverfahren nach ausländischem Recht (Absatz 2). a)** Das Verf richtet sich nach der lex fori; dies gilt auch für die Zulässigk eines **Antrags** u die Zulässig eines gemeins Antr der Eheg, Henrich Fschr Bosch (1976) 413 ff. In der Sache ist grdsl das nach den oben erläuterten Anknüpfgsregeln, vgl Rn 7, 8, best Scheidgsstatut maßg. Danach ist zunächst zu prüfen, ob die Scheidg der Ehe dem Bande nach überh zul ist; Unzulässig verstößt nicht etwa gg den ordre public, Hamm FamRZ **75**, 630 (ggf kann aber Abs 1 S 2 eingreifen), auch wenn nach diesem Recht nicht der Frau ein ScheidgsR gegeben ist, vgl Soergel-Kegel EG 17 Rdz 145 u Art 6 Rn 21. Nach dem gleichen Recht beurteilen sich ferner die ScheidgsGrde u deren Entkräftg, zB dch Verzeih oder Verwirkg, vgl Ffm FamRZ **78**, 510; enger gefaßte ScheidgsGrde als im dtschen Recht begründen grdsl nicht Anwendg v Art 6; ggf kann aber Abs 1 S 2 eingreifen. Das ausl Scheidgsstatut kann die Scheidg auch v keinerlei Grden

12 abhängig machen, KG JW **36**, 3579. **b)** Nach Abs 2 kann eine Ehe im Inl aber auch bei Maßgeblk ausl ScheidgsR im Interesse der RKlarh u zur Wahrg der Interessen mittelb Beteiligter, insb der Kinder, nur dch **gerichtliches Urteil** gesch werden. Eine im **Inland** mit od ohne Mitwirkg einer fremden Beh (zB auch in einer ausl Botsch) vollz **Privatscheidung** ist daher auch dann **unwirksam**, wenn sie den Vorauss eines fremden Scheidgsstatuts genügt (zB bei rechtsgeschäftl Scheidg nach islamischem, vgl Wiedensohler StAZ **91**, 40, od jüdischem Recht, vgl dazu BGH FamRZ **94**, 435, KG FamRZ **94**, 839), BGH **82**, 45, Stgt IPRax **88**, 172; das gleiche gilt für eine InlScheidg dch ein geistl Ger, vgl AG Hbg StAZ **81**, 83, JM BaWü IPRax **90**, 51 (vgl dazu Jayme ebda 32), Krzywon StAZ **89**, 105. Die Unwirksk tritt auch dann ein, wenn bei einem mehraktigen Geschehen die konstitutive **Teilakt**, dh die eheauflöse RHandlg im Inl vorgen wird, vgl Düss FamRZ **74**, 528, Beule IPRax **88**, 151; die Abgabe der VerstoßgsErkl (talaq) im Inl ist dafür ausr, auch wenn sie einer Registrierg im Heimatstaat bedarf, BayObLG FamRZ **85**, 75, Düss IPRax **86**, 305, Stgt IPRax **88**, 172, krit Beule ebda 150; vgl dazu auch Krzywon StAZ **89**, 105, sowie Rn 35–37. Unwirks ist eine im Inl vollz PrivScheidg nach Abs 2 insb auch dann, wenn an ihr **nur Ausländer** beteil sind u deren HeimatR die Scheidg anerkennt, vgl schon BGH **82**, 34; die Ehe kann daher grdsl v einem dtschen Ger „erneut" gesch werden, vgl zB LG Hbg IPRspr **77** Nr 66; Nichtanerkenng des dtschen Urt dch den Heimatstaat, der die PrivScheidg als wirks ansieht, steht der internat Zustdgk trotz ZPO 606a I Nr 4 nicht entgg, vgl BGH **82**, 34, 50, Stgt IPRax **88**, 172, Beitzke IPRax **93**, 232. Die Unwirksk einer ganz od teilw im Inl vollz Priv-Scheidg ist entspr FamRÄndG Art 7 § 1 in dem danach vorgesehenen Verf festzustellen, wenn bei der Scheidg eine ausl Beh mitgewirkt hat, BGH **82**, 34, BayObLG FamRZ **85**, 1258, Krzywon StAZ **89**, 94, aM Bolz NJW **90**, 620; die Unwirksk einer reinen PrivScheidg ohne behördl Mitwirkg ist ohne förml Verf v dem mit der Sache befaßten Ger oder Beh inzidenter festzustellen.

13 **5) Anwendungsbereich. a)** Art 17 setzt den wirks Bestand einer **Ehe** voraus; die Aufhebg od Anfechtg der Ehe wg Mängeln, die zZ der Eheschl vorlagen, beurteilt sich nach Art 13. Die **Vorfrage** des Bestehens der Ehe ist selbstd anzuknüpfen, Rn 29 vor Art 3, die Wirksk der Eheschl zB nach Art 11, 13; zur Scheidg einer hinkden Ehe nach dtschem Recht vgl Rn 10; zur Scheidg türk Imam-Ehen AG Fbg FamRZ **91**, 1304; die Wirksk eines ausl ScheidgsUrt hängt v dessen Anerkenng im Inl ab, vgl dazu Rn 29–37, BGH FamRZ

83, 357; ein inl ScheidgsVerf ist zur Klärg dieser Frage ggf auszusetzen, BGH FamRZ **82**, 1203, dazu Basedow IPRax **83**, 278, Bürgle IPRax **83**, 281, dies IPRax **84**, 84, vgl Rn 31. Für die Auflösg von **eheähnli-** 14 **chen Gemeinschaften,** vgl dazu Henrich, Internat FamR (1989) 23, Šarčević ZVglRWiss **85**, 274, Striewe, Ausl u IPR der nehel Lebensgemeinsch, 1986, gelten die Vorschr des jew Schuldstatuts (zB für Bereichergs-Anspr, vertragl UnterhAnspr, Widerruf v Schenkgen), GesellschStatuts od Deliktsstatuts, ebso Erm-Hoh-loch Rn 13 vor Art 13, aM v Bar IPR II Rn 122 (für famrechtl Qualifikation u damit Anwendbark des (letzten) gemeins HeimatR, ersatzw des Rechts am (letzten) gemeins gewöhnl Aufenth), ebso Striewe IPRax **83**, 248, MüKo-Winkler v Mohrenfels Rn 84, Kropholler IPR § 46 V, Kegel IPR § 20 III, ähnl MüKo-Schwimann Art 13 Rn 6, der zw anerkannten u nicht anerkannten Gemschen unterscheidet, offenlassd Zweibr NJW-RR **93**, 1478; soweit das als Schuldstatut maßg Recht spezifische famrechtl Ansprüche vor-sieht, ist ggf Anpassg erfdl, vgl Rn 32 vor Art 3. – Dagg gilt Art 17 nicht nur für die Scheidg, sond auch für **andere Arten** der **Eheauflösung** ex nunc, zB dch Tod, TodesErkl, Wiederheirat nach TodesErkl, Reli- 15 gionswechsel, Kln IPRspr **82** Nr 43, Soergel-Kegel Rdz 9. Art 17 gilt ferner entspr für die Lockerg des Ehebandes dch **Trenng v Tisch u Bett,** BGH **47**, 324, BGH FamRZ **87**, 793, Stgt NJW-RR **89**, 261, Hamm FamRZ **90**, 61, auch in Form der gerichtl Bestätigg einer einverständl Trenng, Karlsr FamRZ **91**, 1309; auf sie kann auch in Dtschland in Anwendg ausl Rechts dch Urt, Abs 2, erkannt werden, BGH **47**, 324 (dazu Heldrich JZ **67**, 675, Jayme RabelsZ **68**, 323), Karlsr FamRZ **73**, 546, Kln NJW **75**, 497, Düss FamRZ **78**, 418, **81**, 146, Koblenz FamRZ **80**, 713, SchlH DAVorm **82**, 709, Karlsr IPRax **82**, 75, aA RG **167**, 193 u fr allg M; die Dchführg eines VA setzt aber die Scheidg der Ehe voraus, BGH FamRZ **94**, 826. Zust für das EhetrenngsVerf ist das FamG, AG Offenbach FamRZ **78**, 509, unzutr AG Darmst FamRZ **77**, 649; ZPO 606a ist anzuwenden, BGH FamRZ **87**, 793, Düss FamRZ **81**, 146, Stgt NJW-RR **89**, 261, Karlsr FamRZ **91**, 1309; ZPO 623 (EntschVerbund) ist entspr anwendb, Ffm FamRZ **94**, 715, ebso schon Karlsr FamRZ **91**, 1309, aM Koblenz FamRZ **80**, 713, Bremen IPRax **85**, 46, Ffm NJW-RR **95**, 140 u fr Aufl.

b) Nach dem v Art 17 I berufenen Scheidgsstatut beurteilen sich die **Voraussetzungen** der Scheidg, also 16 insb Scheidgs- u ggf EhetrenngsGrde, einschl Schuldvorauss, BGH NJW **82**, 1940, vgl Rn 18, Verstoßg, vgl AG Esslingen IPRax **93**, 250, Beitzke ebda 233 sowie Art 6 Rn 21, Trenngsfristen, Statthaftigk einer einver-ständl Scheidg, Bedeutg eines Widerspr, Düss FamRZ **92**, 946; dagg ist die Berechtigg zum Getrenntleben währd der Ehe nach Art 14 zu beurteilen, vgl dort Rn 18; Notwendigk eines Sühneversuchs ist regelm prozr zu qualif, also nach der lex fori zu beurteilen, vgl Bambg IPRspr **79** Nr 61, Johannsen/Henrich, EheR Art 17 Rz 38. Dem Scheidgsstatut unterliegen ferner grdsl auch die **Wirkungen** der Scheidg, insb die Auflösg bzw 17 Lockerg des Ehebandes; die Möglk der **Wiederverheiratung** ist aber nach Art 13 zu beurteilen, vgl dort Rn 6, 7. Art 17 regelt mittelb über Art 18 IV S 1, vgl dazu näher dort Rn 12, auch die **Unterhaltspflichten,** einschl eines AuskunftsAnspr, Düss FamRZ **81**, 42, KG NJW-RR **86**, 306, sowie die **Abänderung** einer bereits getroffenen Entsch über den EhegUnterh, Art 18 IV S 1; der UnterhAnspr bei einer nur nach dtschem Recht gültigen u nach diesem wieder gesch hinkden Ehe, vgl Rn 10, richtet sich also nach dtschem Recht; nach Art 17 ist grdsl auch die Schadensersatzpflicht des schuldigen Eheg zu beurteilen, vgl AG Karlsr FamRZ **88**, 837, Ffm FamRZ **92**, 1182 (auch zu Art 6, vgl dort Rn 21), Stgt FamRZ **93**, 974, sofern sie nicht unterhrechtl Charakter hat, Stgt FamRZ **93**, 975 (Art 18 IV). Art 17 gilt auch für den Anspr auf eine noch nicht geleistete **Morgengabe** im Zusammenhang mit der Scheidg der Ehe, vgl Art 13 Rn 9, ebso für den **Widerruf von Schenkungen** aus Anlaß der Scheidg, vgl dazu eingehd Kühne FamRZ **69**, 375; für den Widerruf aus schenkgsr Gründen (zB grober Undank) gilt daneben das Schenkgsstatut; zum türkischen Recht vgl Tüb NJW-RR **92**, 1095, Kln NJW-RR **94**, 200, **95**, 135. Über den Anspr auf Herausgabe des pers Eigentums iZshg mit einer Scheid entscheidet die lex rei sitae, Hamm FamRZ **93**, 212, Kln NJW-RR **94**, 200; soweit er als Scheidgsnebenfolge gesondert geregelt ist, gilt Art 17, str, für Art 15 Hamm FamRZ **92**, 963, **94**, 1259 betr türkisches Recht, offen gelassen Kln FamRZ **94**, 1476. Dagg sind die **namensrechtlichen** Scheidgsfolgen nach Art 10, vgl dort Rn 12, AG Duisbg StAZ **91**, 256, die **güterrechtlichen** (insb Zuge-winnAusgl) nach Art 15 zu beurteilen, vgl dort Rn 26–29; die Zuteilg v **Hausrat** u **Ehewohnung** beurteilt sich aber grdsl nach Art 17, vgl Hamm FamRZ **74**, 25, **80**, 901, **81**, 875, **93**, 212, IPRspr 90 Nr 96, Mü FRES **80** Nr 0413, Ffm FamRZ **89**, 77, Stgt FamRZ **90**, 1355, Düss FamRZ **93**, 576, AG Hanau FamRZ **95**, 887, Lüderitz IPRax **87**, 77, MüKo-Winkler v Mohrenfels Rn 175, str, aM Stgt FamRZ **78**, 686, KG FamRZ **89**, 74 (Recht des Lageorts), Hamm FamRZ **89**, 621, **92**, 191, Henrich Fschr Ferid (1988) 158 (Art 15 bzw Art 18), offengelassen in Köln NJW-RR **89**, 646; Voraussetzgen u Wirkgen des EigtErwerbs kr richterl Gestaltg unterliegen jedoch der lex rei sitae, vgl Jayme IPRax **81**, 50; bei Eilbedürftigk einstweil Anordng nach HausrVO § 13 IV (abgedr Anh z § 1587p), Ffm FamRZ **80**, 174; stets für Anwendg der lex fori Staud-Gamillscheg Rdz 612, Ferid-Böhmer IPR Rdz 8–159; für Zuweisg von Hausrat u Ehewohng währd des Getrenntlebens der Eheg gilt Art 14, vgl dort Rn 18. Für die Verteilg des **Sorgerechts** für die gemeins **Kinder** gilt Art 19 II, ebso AG Einbeck FamRZ **91**, 590, Pirrung IPR S 149, MüKo- Winkler v Mohrenfels Rn 177, Dörner IPRax **91**, 173, Erm-Hohloch Rn 40, **str,** für Anwendg v Art 17 Begr BT-Drucks 10/504 S 60, Ffm FamRZ **90**, 783, Hamm FamRZ **90**, 781, Karlsr FamRZ **92**, 1466, Piltz, Int ScheidgsR 1988 S 108; eine vorrangige staatsvertragl Sonderregelg enthält das MSA, vgl Anh z Art 24 Rn 5.

c) Ob ein **Schuldausspruch** zu erfolgen hat, ist ebenf nach dem Scheidgsstatut zu beurteilen, BGH NJW 18 **82**, 1940, FamRZ **87**, 793, Karlsr NJW-RR **90**, 778, Düss FamRZ **94**, 1261, da es sich um eine sachlr Frage handelt, aM Soergel-Kegel Rdz 65 (für prozeßr Qualifikation). Ein SchuldAusspr kommt deshalb auch nach der Reform des dtschen ScheidgsR dch das 1. EheRG v 14. 6. 76, BGBl 1421, noch in Betr, wenn das in der Sache maßg ausl Scheidgsstatut es ausdrückl vorsieht, Düss FamRZ **78**, 418, Mü NJW **78**, 1117, Hamm FamRZ **78**, 511, NJW **78**, 2452, Bambg FamRZ **79**, 514, Ffm FamRZ **79**, 587 (betr MitschuldAntr) u 813, Karls FamRZ **80**, 682, SchlH DAVorm **82**, 709. Eine nach dem ScheidgsStatut gebotene Schuldfeststellg kann trotz der Beseitigg der Verschuldenscheidg im dtschen Recht **auch im Tenor** eines dtschen Scheidgs-Urt erscheinen u braucht nicht ledigl in dessen Gründen ausgewiesen zu werden, BGH FamRZ **87**, 795, Hamm FamRZ **89**, 625, Celle FamRZ **89**, 623, Karlsr NJW-RR **90**, 778, FamRZ **95**, 738, Lüderitz IPRax **87**, 77, Johannsen/Henrich, EheR Art 17 Rz 39, and noch BGH NJW **82**, 1940 (nach der lex fori zu beurt VerfFrage). Zum Erfordern eines SchuldAusspr bei Scheidg oder Trenng nach ital Recht BGH FamRZ **87**,

793, nach griech Recht Mü IPRspr **79** Nr 50, Ffm IPRax **82**, 22, nach poln Recht Hamm FamRZ **89**, 625, Celle FamRZ **89**, 623, nach portugiesischem Recht, Karlsr NJW-RR **90**, 778.

19 **6) Sonderregelung für den Versorgungsausgleich (Absatz 3).** Schrifttum: Adam, Internat VersorggsAusgl, 1985; E. Lorenz FamRZ **87**, 645. **a) Grundsätzliche Maßgeblichkeit des Scheidungsstatuts.** Der VA unterliegt als Scheidgsfolge grdsl dem als Scheidungsstatut berufenen Ehewirkgsstatut gem Art 14, Abs 3 **Satz 1 Halbsatz 1,** vgl dazu Rn 7, 8; bei der Maßgeblk des von Art 14 berufenen Rechts bleibt es auch bei der regelwidr Anwendg dtschen Rechts als Scheidgsstatut gem Abs 1 S 2, vgl Abs 3 S 1, AG Mainz NJW-RR **90**, 780, Jayme IPRax **87**, 168, Lüderitz IPRax **87**, 78, unzutr Karlsr IPRax **90**, 52 (krit Jayme ebda 33). Auch die Wirksk eines vertragl Ausschl des VA (zur Form vgl Art 11) ist nach dem als Scheidgsstatut maßgebden Ehewirkgsstatut zu beurteilen; da dieses bei VertrSchluß nicht immer vorhersehb ist, genügt aber Wirksk auch nach derj ROrdng, die zum damaligen Ztpkt für die Scheid maßg gewesen wäre; die güterrechtl Wirkgen einer solchen Vereinbg, zB Eintritt der Gütertrenng n § 1414 S 2, unterliegen dem GüterRStatut. Ist ausl Recht Scheidgsstatut, so ist der VA dchzuführen, aus dem be
rechtsdies vorsieht; zur Verfmk dieser Regelg BVerfG IPRspr **90** Nr 93. Nach dtschem Recht ist der VA nach Abs 1 iVm Art 14, vgl dazu oben Rn 8, dchzuführen, wenn entweder (1) beide Eheg zum maßg Ztpkt, vgl Rn 7, wenigstens auch die dtsche Staatsangehörigk besitzen oder zuletzt besessen haben (sofern einer noch Dtscher ist), Abs 1 iVm Art 14 I Nr 1; od (2) beide Eheg keine gemeins (nach Art 5 I zu berücksichtigde) Staatsangehörigk (bzw Personalstatut) besitzen od besessen haben od diese beide verloren haben und beide ihren gewöhnl Aufenth im Inl haben oder währd der Ehe zuletzt gehabt haben (sofern einer der Eheg hier noch lebt), Abs 1 iVm Art 14 I Nr 2; od (3) bei Nichtvorliegen der Voraussetzgen des Art 14 I Nr 1 u 2 zum maßg Ztpkt dem dtschen Recht auf and Weise gemeins am engsten verbunden sind, Abs 1 iVm Art 14 I Nr 3; od (4) unter den Voraussetzgen des Art 14 III dtsches Recht als Ehewirkgsstatut u damit nach Abs 1 auch als Scheidgsstatut gewählt haben, vgl zB Ffm NJW-RR **90**, 582.

20 **b) Einschränkung durch zusätzliche Anwendung des Heimatrechts.** Ein nach dem ausl od dtschen Scheidgsstatut an sich dchzuführder VA ist nach Abs 3 **Satz 1 Halbsatz 2** ausgeschl, wenn ihn das Recht keines der Staaten kennt, denen die Eheg im Ztpkt der RHängigk des ScheidgsAntr angehören; bei Mehrstaatern ist nur das in Art 5 I bezeichnete HeimatR zu berücksichtigen; bei Staatenlosen u Flüchtlingen tritt an Stelle ihres HeimatR das dch den gewöhnl Aufenth best Personalstatut, Art 5 II u Anh z Art 5. Die Durchf eines vom Scheidgsstatut vorgesehenen VA setzt also **zusätzlich** voraus, daß ihn mind das HeimatR **eines** Eheg kennt; soweit dieses nicht ohnehin als Scheidgsstatut berufen ist (dann erübrigt sich die in HS 2 vorgeschriebene Überprüfg); dabei kommt es allein auf das mat Recht des Heimatstaates an, Rück- od Weiterverweisg sind also insow nicht zu beacht, vgl AG Hdlbg IPRax **90**, 126, Samtleben IPRax **87**, 98, Kartzke IPRax **88**, 13, aM Lüderitz IPRax **87**, 80, offengelassen v Kblz FamRZ **91**, 1324. Ausreichd ist, daß das betr HeimatR einen VA im Grds kennt, vgl dazu Lüderitz IPRax **87**, 79, Rausch NJW **94**, 2124; daß seine Ausgestaltg im einz derj des Scheidgsstatuts (dh idR der §§ 1587ff) entspr, verlangt HS 2 nicht. Zweck dieser Zusatzanforderg dch ggf alternative Anwendg der HeimatRe ist es, den Eheg vor allem bei Anwendg des AufenthR als Scheidgsstatut Überraschgen zu ersparen, die sich aus der den meisten ROrdngen unbekannten Einrichtg eines VA ergeben können. Auf welche Weise das Scheidgsstatut bestimmt worden ist, ist aber für die Anwendg von HS 2 gleichgült, abw Kartzke IPRax **88**, 13. Ist die Voraussetzg des HS 2 erfüllt, so richtet sich die Durchf des VA allein nach dem Scheidgsstatut, aM Lüderitz IPRax **87**, 79 (für kumulative Anwendg von HS 1 u 2). PraktBedeutg hat die in HS 2 vorgesehene Einschränkg vor allem bei der Scheidg v Ausländern verschiedener Staatsangehörigk mit gewöhnl Aufenth im Inl; zu den prakt Problemen bei ihrer Anwendg E. Lorenz FamRZ **87**, 649; zur Unanwendbark in „Altfällen" BGH FamRZ **90**, 386.

21 **c) Regelwidrige Durchführung nach deutschem Recht. aa)** In einem vor einem dtschen FamGer anhäng ScheidgsVerf kommt es daher grdsl nicht zu einem VA, wenn dieser bereits dem Scheidgsstatut unbekannt ist (S 1 HS 1) od zwar dem Scheidgsstatut bekannt, den HeimatRen (Personalstatuten) der Eheg aber unbekannt ist (S 1 HS 2). Die Versagg des VA kann jedoch unbillig sein, weil sie einem Eheg (häufig der Frau) einen Anspruch gegen den and vorenthält, der ihm unter vergleichb Umst bei einem reinen InlFall selbstverständl zustünde. Die erst in den Beratgen des RAusschusses entworfene Sonderregelg des Abs 3 **Satz 2** ermögl daher ausnahmsw die Durchf eines VA nach **deutschem** Recht, obwohl dieses nicht Scheidgsstatut ist oder zwar als Scheidgsstatut an sich maßg ist, die Anwendg der §§ 1587ff aber an S 1 HS 2 **22** scheitert; zur Verfmk BVerfG IPRspr **90** Nr 93, Düss FamRZ **93**, 434. **bb) Voraussetzung** dieser regelwidr Anwendg der dtschen Vorschren über den VA ist, (1) daß ein VA nach S 1 an sich **nicht möglich** ist, vgl dazu Rn 21, wobei es nicht ausreicht, daß er nach Art u Umfang hinter dem dtschen Recht zurückbleibt, aM Düss FamRZ **93**, 434, Lüderitz IPRax **87**, 79 (keine Ausschalts für ein Linsengericht), Johannsen/Henrich, EheR Art 17 Rz 60, MüKo-Winkler v Mohrenfels Rn 197, (2) daß ein Eheg die Durchführg eines VA **beantragt,** vgl dazu Hamm FamRZ **89**, 1191, **91**, 204, Mü FamRZ **90**, 186, Schleswig FamRZ **91**, 96 (nicht notw im VerbundVerf, vgl dazu Schulz FamRZ **91**, 98) u (3) daß entweder der and Eheg in der Ehezeit, dh bis zur Zustellg des ScheidgsAntr, BGH FamRZ **94**, 825 (auch bei voraussegegangener Ehetrenng), Kblz FamRZ **91**, 1324, eine **inländische Versorgungsanwartschaft** erworben hat **(Nr 1)** od **Ehewirkungsstatut** (FamStatut) gem Art 14, vgl dort Rn 6–16, wenigstens währd eines Teils der Ehezeit eine ROrdng war, welche den VA kennt **(Nr 2);** für analoge Anwendg von Nr 1 bei Erwerb ausl VersorggsAnwartschen in einem Staat, dessen Recht den VA kennt, E. Lorenz FamRZ **87**, 653, MüKo-Winkler v Mohrenfels Rn 205. Die Voraussetzgen (1)–(3) müssen kumulativ erfüllt sein; dabei genügt bei (3) das Vorliegen einer der beiden Alternativen. Der VA beschr sich auf die inl bzw währd der Maßgeblichk des betr Ehewirkgsstatuts **23** erworbenen Anwartschaften. **cc)** Auch bei Vorliegen der genannten Voraussetzgen ist der VA nach der **Billigkeitsklausel** am Ende des Satz 2 eingeschränkt od ausgeschl, soweit seine Durchf im Hinblick auf die beiders wirtschaftl Verhältnisse auch währd der nicht im Inl verbrachten Zeit nicht angemessen wäre. Ob die Durchf der Billigk widerspricht, hat das Ger unter Berücksichtigg der Umst des Einzelfalls zu prüfen, ohne dabei auf die in der BilligkKlausel genannten Anhaltspkte (wirtschaftl Verhe, AufenthDauer im Inl) beschr zu sein; die Frage der Schuld an der Zerrüttg der Ehe spielt dabei jedoch grdsl keine Rolle, Celle

FamRZ **91**, 205. In Betr kommt die Einschränkg od der Ausschluß des VA etwa dann, wenn nur ein Eheg eine inl Altersversorgg aufgebaut hat, die zum Ausgl herangezogen werden kann, währd der and VermWerte im Ausl besitzt, die für einen VA nicht in Betr kommen od nicht zu ermitteln sind, BT-Drucks 10/5632 S 42, krit dazu Lüderitz IPRax **87**, 79. Aus der negativen Formulierg („soweit nicht widerspricht") ergibt sich, daß der VA bei Vorliegen der in Rn 22 genannten Voraussetzgen grdsl durchgeführt werden muß, sofern dies wegen der bes Umst des Einzelfalls nicht **ausnahmsweise** unbillig wäre, vgl dazu BGH FamRZ **94**, 825, Karlsr FamRZ **89**, 399, Ffm FamRZ **90**, 417, Celle FamRZ **91**, 205, Düss FamRZ **93**, 434, Hamm FamRZ **94**, 578. **dd)** Sind die Voraussetzgen der Sonderregelg nach Abs 3 S 2 erfüllt, so ist der VA (beschr **24** auf die inl bzw währd der Maßgeblichk des betr Ehewirkgsstatuts erworbenen Versorggsanwartschaften, vgl Rn 22) nach dtschem Recht, dh nach §§ 1587ff, durchzuführen; dabei ist matrechtl auch die Härteklausel des § 1587c zu berücksichtigen, BGH FamRZ **94**, 827, vgl dazu E. Lorenz FamRZ **87**, 650.

d) Praktische Durchführung eines Versorgungsausgleichs. aa) Daß der AusglBerecht seinen Wohns **25** im Ausl hat, schließt die Durchf eines VA nicht aus, BGH FamRZ **83**, 264, NJW **86**, 1932. Auch Art 3 III ist nicht anwendb, str, vgl dort Rn 13. **Ausländische Versorgungsanwartschaften** können v dtschen Gerichten weder dch Splitting noch dch Quasisplitting, § 1587b I u II, ausgeglichen werden, BGH **75**, 246f, BGH NJW **89**, 1997, Bamberg NJW **79**, 497, FamRZ **86**, 691, Ffm FRES **80** Nr 0483, Stgt FamRZ **89**, 761, Hamm NJW-RR **89**, 584, v Bar in: Zacher, VersorggsAusgl S 382; insow bleibt grdsl nur der schuldrechtl VA, vgl VAHRG § 2 u § 3aff, BGH NJW **89**, 1997, Stgt FamRZ **89**, 761, Hamm NJW-RR **89**, 584, v Bar aaO, vgl ferner BGH FamRZ **82**, 473, AG Landstuhl IPRax **85**, 231, FamRZ **94**, 838; zur prakt Durchf Rahm/Paetzold Hdb VIII Rdz 1071ff (eingehend), Johannsen/Henrich, EheR Art 17 Rz 71, Bergner IPRax **82**, 231, Nolte-Schwarting aaO 185f, Lardschneider, Maier u v Bar in: Zacher, VersorggsAusgl S 117, 143 u 379; vgl ferner Bambg FamRZ **80**, 62 (schwed RentenVers), AG Kaufbeuren FamRZ **82**, 76 (österr PensionsAnw), AG Hbg FamRZ **82**, 717, Stgt FamRZ **89**, 760 (frz SozialVers), Karlsr IPRax **82**, 245, KG FamRZ **90**, 1257 (schweiz RentenAnw), Kln FamRZ **86**, 689 (ital VersorggsAnw), AG Hdlbg IPRax **90**, 126, AG Landstuhl FamRZ **94**, 837, Gümpel FamRZ **90**, 226, Reinhard ebda 1194 und Gümpel FamRZ **91**, 138 (amerik social security), Celle FamRZ **94**, 1463 (niederl RentenAnw), AG Hbg FamRZ **78**, 421, **79**, 54 (Ausschl des VA bei Nichtvollstreckbk dtschen Urt im WohnsLand eines Eheg), AG Düss IPRspr **77** Nr 77, AG Lünebg NdsRPfl **79**, 120 u 200, AG Hbg FamRZ **81**, 292 zur Undchführbk ggü Polen (vgl aber dazu nunm BGH FamRZ **83**, 263, NJW **89**, 1997, Karlsr FamRZ **89**, 399, Hamm FamRZ **94**, 578, Bergner IPRax **84**, 189), Rumänien u Schweden; zum innerdtschen KollisionsR vgl Rn 38–41. **bb)** Bei einer im Inl anzuer- **26** kennden AuslScheidg kann dtsches Ger einen **nachträglichen Versorgungsausgleich** dchführen, wenn dafür nach dtschem IPR das dtsche Recht maßg ist, vgl BGH NJW **83**, 1270, **93**, 2047, FamRZ **93**, 176, NJW-RR **94**, 322, KG NJW **79**, 1107, Düss FamRZ **80**, 698, **84**, 714, Karlsr IPRax **85**, 36, Stgt FamRZ **91**, 1068, aM Ffm FamRZ **82**, 77 (falls die AuslScheidg nach ausl Recht erfolgt ist, sei damit das Scheidgsfolgenstatut festgelegt); zur internat Zustdgk der dtschen Ger vgl Rahm/Paetzold Hdb VIII Rdz 855ff. Auch die **Abänderg** einer Entscheidg über den VA gem § 10a VAHRG setzt die Anwendbk dtschen Rechts für den VA voraus, Hamm FamRZ **92**, 827.

7) Internationales Verfahrensrecht. a) Internationale Zuständigkeit. aa) Die internat Zustdgk der **27** dtschen Ger in Ehes ist nunm in dem dch das IPRG neu gefaßten ZPO 606a geregelt; die Neuregelg erfaßt auch die im Ztpkt ihres Inkrafttretens bereits anhäng Verf, BGH FamRZ **87**, 580, NJW **88**, 636, **90**, 638, FamRZ **90**, 386. Der Beschl des BVerfG vom 3. 12. 85, BGBl **86** I 242 = NJW 86, 658, vgl dazu Henrich IPRax **86**, 139, Rauscher JZ **86**, 319, Winkler v Mohrenfels NJW **86**, 639, Grundmann NJW **86**, 2165, zur teilw Unvereinbk des früheren ZPO 606b mit GG 3 II hatte den letzten Anstoß zur Verabschiedg des ReformGes gegeben. Die dtsche internat Zustdgk zur Scheidg einer Ehe ist nach ZPO 606a I nunm gegeben, wenn im Ztpkt der Verkünd der Entsch alternativ (1) **ein** Eheg (wenigstens auch, einschränkd Spellenberg IPRax **88**, 4) Dtscher ist od bei der Heirat war, od (2) **beide** Eheg ihren gewöhnl Aufenth im Inland haben, od (3) ein Eheg Staatenloser mit gewöhnl Aufenth im Inland (dh mit dtschem Personalstatut, Art 5 II) ist; dem muß ein Flüchtling mit dtschem Personalstatut gleichstehen, vgl dazu Anh z Art 5 Rn 27–33, BGH FamRZ **90**, 33, KG NJW-RR **94**, 199 (offen gelassen ob Nr 1 od Nr 3), Celle FamRZ **89**, 623 (für Anwendg v Nr 1), Kilian IPRax **95**, 9 od (4) wenigstens **ein** Eheg seinen gewöhnl Aufenth im Inland hat, es sei denn, daß die zu fällde Entsch **offensichtlich** nach keinem der HeimatRe der Eheg anerkannt werden wird; bei Mehrstaatern genügt die Anerkenng in einem der beteiligten Heimatstaaten; Art 5 I gilt hier nicht, aM MüKo-Winkler v Mohrenfels Rn 257, Henrich FamRZ **86**, 849, Spellenberg IPRax **88**, 5. Damit ist das bish nach ZPO 606b Nr 1 bestehde **Anerkennungserfordernis** bei reinen Ausländerehen **erheblich eingeschränkt** worden; es entfällt überhaupt bei gewöhnl Aufenth beider Eheg im Inland; besitzt nur ein Eheg seinen gewöhnl Aufenth im Inland, so ist die dtsche internat Zustdgk im Interesse der Vermeidg einer hinkden Scheidg nur dann zu verneinen, wenn mit der Anerkenng des Urt **offensichtlich,** dh schon ohne intensive Nachforschgen, BT-Drucks 10/5632 S 47 in keinem der beteiligten Heimatstaaten zu rechnen ist, vgl dazu Ffm FamRZ **92**, 700, Hamm FamRZ **92**, 822, IPRax **94**, 305 (Iran, vgl dazu Elwan ebda 282). Selbst eine geringe Wahrscheinlk der Anerkenng würde also zur Bejahg der internat Zustdgk genügen; diese ist nur dann zu verneinen, wenn aus den jedermann zugängl Erläutergsbüchern die Nichtanerkenng klar ersichtl ist, Hamm IPRax **87**, 250, vgl aber auch Dopffel FamRZ **87**, 1210, Spellenberg IPRax **88**, 6, MüKo-Winkler v Mohrenfels Rn 258. Auf die Dokumentation der Rspr zur Frage der voraussichtl Anerkenng wird desh wegen der verhältnismäß geringen prakt Bedeutg hier verzichtet, vgl dazu die Länderberichte bei Staud-Spellenberg Rn 249. Auch bei Vorliegen der Vorauss des ZPO 606a I 1 entfällt die internat Zustdgk, wenn das Scheidgsstatut eine dem dtschen Recht **wesensfremde** gerichtl Tätigk erfordert, KG FamRZ **94**, 839 (Rabbinatsscheidg). **bb)** Die dch ZPO 606a I 1 begründete internat Zustdgk ist gem S 2 **nicht aus- 28 schließlich,** schließt also die Anerkenng einer ausl Ehescheid nicht schlechth aus; vgl dazu Rn 29–37. § 606a I gilt wg des **Verbundprinzips,** ZPO 623, soweit keine staatsvertragl Sonderregelg besteht (zB MSA, EuGVÜ, vgl dazu Jayme FS Keller [1989] 451), auch für die **Folgesachen,** vgl Jayme IPRax **84**, 121, Graf, Die internat Verbundszuständigk, 1984, zB das Verf über den VersorggsAusgl, BGH **75**, 241, FamRZ **84**, 674 (für die interlokale Zustdgk), **94**, 828, die Übertragg der elterl Sorge (soweit nicht Art 1 MSA eingreift, BGH **89**, 336, AG St. Wendel FamRZ **89**, 1317), Düss FamRZ **81**, 1005, Mü FamRZ **82**, 315, Ffm IPRax **83**, 294, Nürnberg IPRax **84**, 330 mit zust Anm v Jayme (abw AG Kelheim ebda 329), Hamm FamRZ **94**, 773, od die Zuweisg der Ehewohng, Mü FRES **80** Nr 0413; bei Anhängigk des ScheidgsVerf im Ausl können dtsche Gerichte aber trotzdem über die Folgesachen entsch (keine internat Verbundunzuständigk), Düss IPRax **83**, 129, Ffm FamRZ **90**, 747. Im EhetrenngsVerf gilt das Verbundprinzip entspr, vgl Rn 15.

29   **b) Anerkennung ausländischer Scheidungen.** Das AnerkenngsVerf ist in **FamRÄndG Art 7 § 1** geregelt, vgl dazu Rn 31–34; die Anerkenngsvoraussetzungen ergeben sich aus ZPO 328 iVm ZPO 606a, soweit keine staatsvertragl Regelg besteht; diese geht dem autonomen innerstaatl Recht vor, BayObLG FamRZ **90**, 897. Dch die Neufassg von ZPO 606a wurde die Anerkenng wesentl erleichtert. Die Voraussetzgen der Anerkenng sind aber grdsl nach den zZ des Erlasses der ausl Entscheidg gelten Vorschr zu beurteilen, BGH NJW **90**, 2195, KG OLGZ **88**, 172, NJW **88**, 649, Geimer ebda 651; für Prüfg der Anerkenngsfähig nach den Vorschr im Ztpkt der Anerkenng, wenn diese dadch erleichtert wird BayObLG **87**, 439, krit dazu Geimer NJW **88**, 2180, vgl auch Krzywon StAZ **89**, 102. Die Anerkenng eines ausl ScheidgsUrt verleiht diesem keine weitergehenden Wirkgen als nach dem Recht des Gerichtsstaats, Hamm FamRZ **93**, 215, sie schließt eine nachträgl Abänderg im Inland gem ZPO 328 nicht aus, vgl Ffm IPRax **81**, 136 u dazu Schlosser ebda 120, ferner BGH FamRZ **83**, 806.

30   **aa) Staatsverträge.** Das CIEC-Übk über die Anerkenng von Entsch in Ehesachen v 8. 9. 67, Text StAZ **67**, 320, dazu Böhmer StAZ **67**, 313, u das Haager Abk über die Anerkenng v Scheidgen sowie Trenngen v Tisch u Bett v 1. 6. 70, vgl Kegel IPR § 22 V 5, sind für die BRep noch nicht in Kraft. Staatsvertragliche Bindgen bestehen dch das dtsch-schweiz Anerk- u VollstrAbk (Art 3) v 2. 11. 29, RGBl **30** II 1066, vgl dazu BGH NJW **86**, 1440 (VollstreckbarErkl einer Ehescheidgskonvention), Stürner/Münch JZ **87**, 178, BGH FamRZ **87**, 580 (Rhängigk), Düss FamRZ **94**, 1480; das dtsch-ital Abk in Zivil- u Handelssachen (Art 1, 3, 4) v 9. 3. 36, RGBl **37** II 145, wieder in Kraft seit 1. 10. 52, BGBl II 986, vgl dazu BayObLG FamRZ **90**, 897, **93**, 452, Karlsr FamRZ **91**, 839, Celle FamRZ **93**, 1216; das dtsch-belg Abk in Zivil- u Handelssachen (Art 1, 2, 4) v 30. 6. 58, BGBl **59** II 766, in Kraft seit 27. 1. 61, BGBl **60** II 2408, vgl dazu Celle FamRZ **93**, 439; das dtsch-brit Abk (Art 1 VIII, 3, 4 I c, Unterzeichnungsprotokoll) v 14. 7. 60, BGBl **61** II 302, in Kraft seit 15. 7. 61, BGBl II 1025; das dtsch-griech Anerkenngs- u VollstrAbk (Art 2–4) v 4. 11. 61, BGBl **63** II 110, in Kraft seit 18. 9. 63, BGBl II 1278, vgl dazu Pouliadis IPRax **85**, 357; das dtsch-tunes Abk (Art 27–30, 32) v 19. 7. 66, BGBl **69** II 890, in Kraft seit 13. 3. 70, BGBl II 125; das dtsch-spanische Abk v 14. 11. 83, BGBl **87** II 34, in Kraft seit 18. 4. 88, BGBl II 375. Text der Abk auszugsw in Baumb-Lauterbach ZPO SchlußAnh V B. Der dtsch-österr Anerkenngs- u VollstrVertr v 6. 6. 59, BGBl **60** II 1246, Art 14 I Z 1, sowie der dtsch-niederländ Anerkenngs- u VollstrVertr v 30. 8. 62, BGBl **65** II 27, Art 1 III b, nehmen Ehesachen aus. Auch das Übk der Europ Gemsch über die gerichtl Zustdgk u die Vollstreckg gerichtl Entsch in Zivil- u Handelssachen v 27. 9. 68, BGBl **72** II 774, erstreckt sich nicht auf Scheidgssachen (Art 1 II Z 1), vgl BGH NJW-RR **92**, 642; dies gilt nicht für die im Rahmen eines Scheidgsverf erlassenen einstw UnterhAnordngen od die in einem ScheidgsUrt getr UnterhRegelg, EuGH NJW **80**, 1218; Ffm IPRax **81**, 136, Hausmann IPRax **81**, 5.

31   **bb) Autonomes Recht.** Das AnerkenngsVerf richtet sich bei **Scheidung Deutscher im Ausland** nach FamRÄndG Art 7 § 1 idF dch 1. EheRG v 14. 6. 76, BGBl 1421, Art 11 Z 5, vgl dazu Baumb-Lauterbach ZPO § 328 Anm 7, Beule StAZ **82**, 154 (Statistik), Krzywon StAZ **89**, 93; zur Verfmäßigk dieser Regelg BGH **82**, 34. Anerkenngsfäh sind nur Entsch, dch die nach dem Recht des GerStaates die Ehe aufgelöst worden ist, BayObLG **77**, 71 (betr fehlde Registrierg des ScheidgsUrt); die Entsch muß also formell rechtskräft sein, Düss FamRZ **76**, 355, BayObLG FamRZ **90**, 897. Zur Anerkenng v PrivScheidgn vgl unten Rn 35–37. Ein ausl EhetrenngsUrt ohne Auflösg des Ehebandes ist grdsl anerkenngsfähig, BayObLG FamRZ **90**, 897, jedoch selbstverständl nicht als Ehescheidg, Hbg IPRspr **83** Nr 184. Die Entsch ergeht auf Antr, der nicht fristgebunden ist, BayObLG FamRZ **79**, 1014; zur Möglk einer Verwirkg vgl Düss IPRspr **77** Nr 162; zur Antragsberechtigg Krzywon IPRax **88**, 349. Bei WiederAufn der ehel Gemeinsch kann Antr rechtsmißbräuchl sein, JM BaWü FamRZ **79**, 811. Anerkenng erfolgt nur, wenn die LJustizVerw festgestellt hat, daß ihre Voraussetzgen vorliegen, was dann auf Ztpkt der Rechtskr der Entsch zurückwirkt, BGH NJW **83**, 515, BayObLG **76**, 149, **77**, 183, Hamm NJW-RR **92**, 710, und bei Prüfg der Anerkenngsfähigk nach neuem Recht BayObLG **87**, 439. Die Anerkenng umfaßt auch den SchuldAusspr, BGH FamRZ **76**, 614, aM Krzywon StAZ **89**, 96. Stellt sich die Anerkenng in einem gerichtl Verf als Vorfrage, erfolgt Aussetzg nach ZPO 148, vgl BGH FamRZ **82**, 1203, Ffm IPRspr **80** Nr 159, Karlsr FamRZ **91**, 92, Basedow StAZ **77**, 6. Die Entsch ist für Gerichte u VerwBehörden bindd, vgl dazu BGH **82**, 39, FamRZ **83**, 358; wird die Entsch des OLG beantragt, FamRÄndG Art 7 § 1 IV, so bindet diese, Mü NJW **62**, 2013; zur Antragsberechtig Koblenz IPRax **88**, 359, Krzywon ebda 350. Für die Anerkenng der nicht unmittelb auf dem Scheidgsausspruch beruhden **Nebenfolgen**, zB Regelg der UnterhPfl ggü gemeinschl ehel Kind, ist Dchführg des Verf nach FamRÄndG Art 7 § 1 grdsl nicht erfdl, Karlsr DAVorm **81**, 165, Mü DAVorm **82**, 490, vgl auch KG FamRZ **94**, 759, Geimer ZZP **90**, 486; zur Anerkenng ausl SorgeRRegelg s Art 19 Rn 15.

32   Die Anerkenng hängt sachl vom Vorliegen der **Voraussetzungen** des **ZPO 328** ab; diese Vorschr ist dch Art 4 Nr 1 IPRG teilw neu gefaßt worden. Die Anerkenng ist also ua dann zu versagen, wenn die Ger des UrtStaates im Ztpkt des Erlasses der anzuerkennden Entsch, vgl dazu BayObLG FamRZ **90**, 1265, **91**, 585, nach den dtschen Beurteilgsregeln keine internat Zustdgk besaßen, ZPO 328 I Z 1, zB weil keiner der Eheg seinen gewöhnl Aufenth iS des dtschen R im UrtStaat hatte, BayObLG FamRZ **90**, 650, od weil eine ausschl internat Zustdgk der dtschen Ger besteht, BayObLG **80**, 52; dch ZPO 606a I S 1 wird eine solche aber nicht begründet, S 2. Bei der nach ZPO 328 I Nr 1 gebotenen spiegelbildl Anwendg der dtschen ZustdgkVorschren wird ZPO 606a I S 1 dch II stark eingeschränkt; zur Bedeutg dieser Vorschr BayObLG FamRZ **92**, 585, Mansel StAZ **86**, 317, Lüderitz IPRax **87**, 81. Auch die weiteren Voraussetzgen einer UrtAnerkenng nach ZPO 328 I Nr 2–4 sind dch das IPRG erhebl verändert worden; insb ist die Abweichg v Art 17 zum Nachteil einer dtschen Part im Ggs zum bish Recht kein Anerkenngshindern mehr. Zur Anerkenng von Scheinscheidgen vgl JM NRW IPRax **86**, 167, BayObLG FamRZ **93**, 451, Schmidt-Räntsch ebda 148; zu

33   Mexiko-Scheidgen Sachsen Gessaphe StAZ **92**, 334. – Bei **Scheidung von Ausländern im Heimatstaat**

hängt die Anerkenng gerichtl Entscheidgen nicht von der Feststellg dch die Landesjustizverwaltg ab, Art 7 § 1 I S 3 FamRÄndG; ein freiw eingeleitetes AnerkenngsVerf ist jedoch zul, BGH **112**, 127, ebso schon Stgt IPRspr **87** Nr 163b, Ffm NJW-RR **90**, 778, offen gelassen BayObLG FamRZ **90**, 898, aM noch Ffm NJW **71**, 1528. Das FeststellgsVerf gem Art 7 § 1 FamRÄndG ist zwingd geboten, wenn einer der gesch Eheg auch die dtsche Staatsangehörig hatte, JM NRW IPRax **86**, 167, JM BaWü IPRax **90**, 51, BayObLG FamRZ **90**, 898, od wenn Zweifel bestehen, ob beide Eheg zZ des Urteils die Staatsangehörig des Urteilsstaates besessen haben, Hbg IPRspr **82** Nr 181, bei Mehrstaatern entsch entspr Art 5 I S 1 die gemeins effektive Staatsangehörig, and Krzywon StAZ **89**, 95. Die Anerkenngsvoraussetzgen beurteilen sich auch hier nach ZPO 328, vgl dazu oben; dies gilt auch für Anerkenng ausl gerichtl Scheidgsfolgenregelg nach wirks PrivScheidg, vgl Rn 35–37, AG Hbg IPRax **86**, 114. Zur Anerkenng v PrivScheidg vgl Rn 36, v DelibationsUrt für kirchl Urte Jayme IPRax **90**, 32. – Bei **Scheidung von Ausländern in einem Drittstaat** gilt für das AnerkenngsVerf FamRÄndG Art 7 § 1, vgl zB BayObLG **73**, 251. Die Anerkenngsvoraus- **34** setzgen ergeben sich aus ZPO 328. Die Anerkenng hängt nach ZPO 328 I Z 1 zunächst davon ab, ob die Ger des UrtStaats nach den dtschen Beurteilsregeln über die internat Zustdgk zust waren, Bürgle NJW **74**, 2163, Otto StAZ **75**, 183, einschränkd Geimer NJW **74**, 1026, ders NJW **75**, 1079. Dabei ist die Anerkenng der Entsch im Heimatstaat der Eheg nicht erfdl, aM Ffm OLGZ **89**, 406, kann aber die sonst fehlde internat Zustdgk des ausl Ger ersetzen, vgl ZPO 606a II.

cc) **Wirksamkeit von Privatscheidungen.** Das nach Art 17 zur Anwendg berufene Scheidgsstatut **35** entsch grdsl auch darüber, wie eine Scheidg zustandekommt, etwa nur dch gerichtl Urt wie nach § 1564 S 1 od auf sonst Weise, zB dch priv RGesch (Überg eines Scheidebriefes, Verstoßg) od dch religiöse Zeremonie (Rabbinatsscheidg, dazu Scheftelowitz FamRZ **95**, 593, Henrich IPRax **95**, 86), BGH FamRZ **94**, 435, KG FamRZ **94**, 839. Eine **im Ausland** ohne Mitwirkg staatl Ger **vollzogene Privatscheidung** ist daher grdsl auch im Inl anzuerkennen, sofern die Voraussetzgen des nach Art 17 maßg Rechts eingehalten sind, BGH NJW **90**, 2194, FamRZ **94**, 435, Ffm OLGZ **89**, 282, NJW-RR **90**, 778, Celle IPRspr **89** Nr 225b, **nicht** daher aus, wenn danach dtsches Recht anzuwenden war, BGH NJW **90**, 2194, BayObLG NJW-RR **94**, 771, ebso schon Düss IPRspr **81** Nr 190b, JM NRW IPRax **82**, 25, BayObLG **82**, 394, Krzywon StAZ **89**, 103, zweifelnd Henrich IPRax **84**, 218, aM Koblenz IPRax **88**, 178; bei Beteiligg eines Dtschen kann Art 6 eingreifen, vgl dazu BayObLG **77**, 180, IPRax **82**, 104, FRES **82** Nr 0830, JM NRW IPRax **82**, 25, Ffm NJW **85**, 1293, Henrich IPRax **85**, 48, nicht dagg bei PrivScheidg v Ausländern im Heimatstaat, vgl JM NRW IPRspr **83** Nr 2. Über die Anerkenng einer **im Ausland** vollzogenen PrivScheidg ist im **Verfahren** nach **36** FamRÄndG Art 7 § 1 zu entsch, sofern dabei eine ausl Beh zB dch Registrierg mitgewirkt hat, BGH **82**, 34, NJW **90**, 2195, BayObLG NJW-RR **94**, 771, vgl auch Hamm IPRax **89**, 107, NJW-RR **92**, 710, JM NRW StAZ **92**, 46. Voraussetzg der Anerkenng ist aber, daß die Ehe zweifelsfrei geschieden, BayObLG **82**, 259, u jedenf der konstitutive RAkt der Scheidg im Ausl vollzogen wurde, Düss FamRZ **74**, 528 (Vollz des wesentl Teils im Ausl genügt), KG StAZ **84**, 309 (Beglaubigg der Unterschr unter der VerstoßgsErkl im Inl zuläss), vgl dazu Rn 12; Anerkenng wirkt auf den Ztpkt der RWirksk der Eheauflösg zurück, Hamm NJW-RR **92**, 710. Die Wirksk einer reinen PrivScheidg, die ohne jede behördl Mitwirkg vollzogen wurde, ist ohne förml AnerkenngsVerf inzidenter zu beurteilen, Hamm IPRax **89**, 107, Soergel-Kegel Rdz 79, Rahm/Breuer Hdb VIII Rdz 171, str, aM Otto FamRZ **76**, 279, Lüderitz IPRax **87**, 76, Richter JR **87**, 102, Krzywon StAZ **89**, 94, Lüderitz Fschr Baumgärtel (1990) 340; auch eine Feststellgsklage ist zuläss, AG Hbg IPRspr **82** Nr 66 A. Die Voraussetzgen der „Anerkenng" ergeben sich in beiden Fällen aus dem v Art 17 zur Anwendg berufenen ausl Recht (vorbehaltl Art 6), nicht aus ZPO 328, BGH NJW **90**, 2194, FamRZ **94**, 435, Ffm OLGZ **89**, 282, NJW-RR **90**, 778, JM NRW StAZ **92**, 47.

Eine im **Inland** mit od ohne Mitwirkg einer fremden Beh (zB auch in einer ausl Botschaft) **vollzogene** **37** **Privatscheidung** ist auch dann unwirks, wenn sie den Voraussetzgen eines ausl Scheidgsstatuts genügt, Abs 2, vgl Rn 12.

8) Innerdeutsches Kollisionsrecht; vgl dazu Bosch FamRZ **91**, 1376. **a)** Im innerdtschen KollisionsR **38** war Art 17 entspr anzuwenden, LG Hbg FamRZ **73**, 263, AG Lüneb NJW **78**, 379, Hbg FamRZ **83**, 512, AG Charl FamRZ **91**, 335, **aM** BGH **85**, 22, **91**, 191 (weil EG 17 den Besonderh des Verh zw beiden dtschn Staaten nicht genügend Rechng trage), SchlHOLG IPRax **84**, 210, i Erg auch Düss FamRZ **81**, 270, offengelassen bei Celle IPRspr **79** Nr 51b. An Stelle der Staatsangehörig wurde in der Praxis an den **39** gewöhnl Aufenth angeknüpft, Mü FamRZ **80**, 374, AG Charl FamRZ **91**, 336; vgl dazu Anh zu Art 3 Rn 4. Seit dem Inkrafttr des BGB in der früh DDR am 3. 10. 90 stellt sich das Problem der Anknüpfg des Scheidgsstatuts grdsl nur mehr für „Altfälle", dh ScheidgsVerf, die an dem genannten Stichtag bereits rechtskr abgeschlossen waren. Bei diesen kann es kollrechtl nur um die Beurteilg der **Scheidungsfolgen**, insb Unterh u VersAusgl gehen. Das darauf anwendb Recht ist in entspr Anwendg v Art 17 aF bzw Art 17 u 18 nF zu best; zur intertemporalen Anwendg vgl Rn 6 u Art 220 Rn 4 u 7. Im Ggs zum IPR ist aber die Rspr im innerdtschen KollisionsR bish von der **Wandelbarkeit** des Scheidgsfolgenstatuts ausgegangen. Angeknüpft wurde also grdsl an den **jeweiligen** gemeins gewöhnl Aufenth beider Eheg, BGH **85**, 25, i Erg auch Düss FamRZ **81**, 270, vgl ferner Ffm FamRZ **83**, 188 mAv Henrich IPRax **83**, 245 (jeweils bei nachehel Unterh), ersatzw an den letzten gemeins gewöhnl Aufenth, wenn ein Eheg diesen beibehalten hat, BGH **91**, 196, FamRZ **91**, 421, **92**, 295 (betr VersAusgl), BSG DtZ **92**, 95 (nachehel Unterh), vgl auch BGH FamRZ **93**, 44, zust Drobnig ROW **85**, 55, krit v Bar IPRax **85**, 22. Solange ein Eheg den letzten gemeins gewöhnl Aufenth in der früh DDR beibehielt, kam desh ein VersAusgl nach dem Recht der DDR nicht in Betr, BGH **91**, 197, BGH FamRZ **94**, 884, KG IPRspr **84** Nr 71, Ffm FamRZ **91**, 1323, **93**, 1097, vgl dazu aber die beachtl Kritik bei v Bar IPRax **85**, 22; erst vom Ztpkt der Übersiedlg auch des and Eheg in die BRep war der VersAusgl nachträgl mit Wirkg für die Zukunft dchzuführen, BGH **91**, 197.

Mit der Neufassg des EG dch das IPRG v 25. 7. 86, BGBl 1142 hat sich die RLage auch im innerdtschen **40** KollisionsR geändert. Für den nachehel **Unterhalt** galt nunm entspr Art 18 IV das im ScheidgsUrt tats angewandte Scheidgsstatut, vgl Art 18 Rn 12, BGH FamRZ **94**, 161, **95**, 1346, Hamm FamRZ **94**, 707; hatte der UnterhVerpfl seinen gewöhnl Aufenth in der BRep, nach dem Gebietsstand vor dem Beitritt der DDR, so galt entspr Art 18 V das Recht der BRep als UnterhStatut, vgl Art 18 Rn 21, BGH FamRZ **94**, 160, 563 u

824, **95**, 473, Köln FamRZ **94**, 708, Hamm FamRZ **94**, 707, aM KG FamRZ **93**, 568, Staud-Rauscher Art 234 Rn 14, Dieckmann FamRZ **94**, 1076, Siehr IPRax **94**, 360. Nach diesen Regeln ist das UnterhStatut gem Art 220 II seit dem 1. 9. 86 auch in Ehen zu best, die vor diesem Ztpkt geschieden wurden, vgl Art 18 Rn 6 u 220 Rn 7. Das Statut wandelte sich seither bereits dch die Verlegg des gewöhnl Aufenth allein des **Verpflichteten** in die BRep, BGH FamRZ **94**, 160, 824 u 1582; zur Verfmk dieser Regelg BVerfG FamRZ **94**, 1453; dies galt erst recht, wenn beide Eheg dorthin übersiedelten, Köln FamRZ **94**, 708. Dch den EiniggsV v 31. 8. 90, BGBl II 889, hat sich hieran nichts geändert, BGH FamRZ **94**, 161, ebso Düss FamRZ **92**, 573, Hamm FamRZ **94**, 707, Köln FamRZ **94**, 708, Brudermüller FamRZ **94**, 1025, aM Jayme/Stankewitsch IPRax **93**, 162. Die genannten KollNormen sind der Bestimmg des „bisherigen Rechts" iS der ÜbergRegelg in Art 234 § 5 vorgeschaltet, vgl dazu BGH FamRZ **93**, 44, **94**, 161, 824, 1583, KG FamRZ **93**, 568, Hamm FamRZ **94**, 707, sowie Art 236 Rn 4. UnterhAnspre eines gesch Eheg, die danach bish nach dem Recht der BRep zu beurteilen waren, beurteilen sich weiterhin nach diesem Recht. Allerdings kommt seit dem Beitritt der DDR zur BRep die entspr Anwendg von Art 18 V im innerdtschen KollisionsR nicht mehr in Betr, da der Begr „Inland" seither insow seine Unterscheidgskraft verloren hat, ebso BGH FamRZ **94**, 161, aM Dieckmann FamRZ **94**, 1077. Zur Anwendg der Vorschr des BGB über den nachehel Unterh entspr Art 18 V kommt es also nur, wenn der Verpfl bereits im Ztpkt des Beitritts am 3. 10. 90 seinen gewöhnl Aufenth im Inl hatte; iü bleibt es bei der Anwendg der GrdRegel des Art 18 IV, dh der Maßgeblichk des tats angewandten Scheidgsstatuts, Art 234 § 5. Zur Abänderg von Entsch der DDR-Gerichte über nachehel Unterh BGH FamRZ **93**, 43, **94**, 562, **95**, 544, KG FamRZ **93**, 567, Düss FamRZ **94**, 1344, Graba DtZ **93**, 39, FamRZ **93**, 392, Stankewitsch IPRax **94**, 103, Brudermüller FamRZ **94**, 1025, **95**, 915, Leipold JZ **95**, 833, Fritsche/Lingelbach NJ **95**, 398.

41 Auch für die Beurteilg eines **Versorgungsausgleichs** hat sich dch die Neufassg des EG dch das IPRG v 25. 7. 86, BGBl 1142 im innerdtschen KollisionsR eine Änderg der RLage ergeben. Sie bleibt aber gem Art 220 I auf Scheidgen ohne Einfl, die bereits **vor** dem 1. 9. 86 rechtshängig waren, vgl Rn 6 u Art 220 Rn 4. Hier ist weiterhin von Art **17** aF auszugehen u damit auch von den oben Rn 39 erläuterten Regeln, BGH FamRZ **91**, 421, **92**, 295, **94**, 884, krit dazu Jayme IPRax **91**, 252. Bei Übersiedlg beider Eheg in die BRep bleibt also ein nachträgl VersAusgl mit Wirkg für die Zukunft weiterhin mögl. Seit der Herstellg der staatl Einheit Dtschlands am 3. 10. 90 ist aber eine Übersiedlg aus der DDR in die BRep im Rechtssinn ausgeschlossen, so iErg auch BGH FamRZ **94**, 884, Ffm FamRZ **93**, 1097, Staud-Rauscher Art 234 Rn 15. Die Dchführg eines nachträgl VersAusgl bei einer nach dem Recht der DDR gesch Ehe kommt daher nur bei Übersiedlg beider Eheg vor diesem Stichtag in Frage, BGH FamRZ **94**, 884. Wurde der ScheidgsAntr **nach** dem 1. 9. 86 rechtshängig, so ist von Art **17** nF auszugehen, vgl zB AG Charl FamRZ **91**, 335, Celle FamRZ **91**, 714. Bei Maßgeblichk des Rechts der früh DDR als Scheidgsstatut ist ein (nachträgl, vgl dazu Mü FamRZ **90**, 186) VersAusgl also nur unter den Voraussetzgen von Art 17 III 2 statthaft, Celle FamRZ **91**, 715, Mansel DtZ **90**, 228, Adlerstein/Wagenitz FamRZ **90**, 1306, Henrich FamRZ **91**, 877, teilw aM AG Charl FamRZ **91**, 1069 (Antr entbehrl), Ffm FamRZ **91**, 1323 (gg analoge Anwendg v Abs 3 S 2), vgl auch BGH FamRZ **94**, 884.

Allerd gilt bei ScheidgsUrt, die im Gebiet der früh DDR vor dem 1. 1. 92 ergangen sind od ergehen, gem **Art 234 § 6** S 1 das Recht des VersAusgl nicht; bei ScheidgsUrt nach diesem Stichtag ist seine Dchführg eingeschränkt, S 2; vgl dazu Adlerstein/Wagenitz aaO 1304. Diese Regelg ist jedoch nur als Ausn zu dem grdsl Inkrafttr des BGB in den beigetretenen Gebieten am 3. 10. 90 zu verstehen. Soweit der VersAusgl kollrechtl schon bish nach dem BGB dchzuführen war, hat es dabei sein Bewenden, BGH FamRZ **92**, 295, **94**, 884; auch die Wirksamk eines nach diesem Recht bereits dchgeführten VersAusgl bleibt selbstverständl unberührt.

42 **b)** Die früh DDR war nicht Inland iS v ZPO 606 I 2; für Zustdgk der Gerichte der BRep genügte also hiesiger gewöhnl Aufenth eines Eheg, BGH **7**, 218, NJW **56**, 1031, FamRZ **84**, 674. – **Scheidungsurteile der DDR** waren grdsl in der BRep wirks, ohne daß es eines förml AnerkenngsVerf gem Art 7 § 1 FamRÄndG bedurfte, vgl zB BGH **85**, 18, dagg mit beachtl Grden Knoke, Dtsches interlokales Priv- u PrivVerfR nach dem GrdVertr (1980) 203 ff. Die Unwirksk war vielm im Wege einer EhefeststellgsKl gem ZPO 606 ff geltd zu machen, Oldenbg FamRZ **83**, 94. KlErhebg innerh angemessener Fr, BGH **34**, 148, NJW **63**, 1981, FamRZ **65**, 37. Prüfgsmaßstab: ZPO 328 I Nr 1–4 analog. Ger der DDR mußten also interlokal zustd sein, BGH **34**, 139, FamRZ **61**, 203. Rechtsstaatl VerfGrdse mußten beachtet werden, zB Grds des rechtl Gehörs; pers Anwesenh des Bekl war aber nicht erfdl, BGH FamRZ **61**, 210. Vom Vorbeh des ZPO 328 I Nr 4 war nur in krassen Fällen Gebr zu machen, vgl BGH **20**, 323, FamRZ **61**, 210. Zu den Auswirkgen des **Einigungsvertrages** auf die Anerkenng v DDR-Scheidgen AG Bautzen FamRZ **94**, 1388 mAv Bosch, v AuslScheidgen Leible FamRZ **91**, 1245.

EG 18 *Unterhalt.* ᴵ Auf Unterhaltspflichten sind die Sachvorschriften des am jeweiligen gewöhnlichen Aufenthalt des Unterhaltsberechtigten geltenden Rechts anzuwenden. Kann der Berechtigte nach diesem Recht vom Verpflichteten keinen Unterhalt erhalten, so sind die Sachvorschriften des Rechts des Staates anzuwenden, dem sie gemeinsam angehören.

ᴵᴵ Kann der Berechtigte nach dem gemäß Absatz 1 Satz 1 oder 2 anzuwendenden Recht vom Verpflichteten keinen Unterhalt erhalten, so ist deutsches Recht anzuwenden.

ᴵᴵᴵ Bei Unterhaltspflichten zwischen Verwandten in der Seitenlinie oder Verschwägerten kann der Verpflichtete dem Anspruch des Berechtigten entgegenhalten, daß nach den Sachvorschriften des Rechts des Staates, dem sie gemeinsam angehören, oder, mangels einer gemeinsamen Staatsangehörigkeit, des am gewöhnlichen Aufenthalt des Verpflichteten geltenden Rechts eine solche Pflicht nicht besteht.

ᴵⱽ Wenn eine Ehescheidung hier ausgesprochen oder anerkannt worden ist, so ist für die Unterhaltspflichten zwischen den geschiedenen Ehegatten und die Änderung von Entscheidungen über diese Pflichten das auf die Ehescheidung angewandte Recht maßgebend. Dies gilt auch im

Fall einer Trennung ohne Auflösung des Ehebandes und im Fall einer für nichtig oder als ungültig erklärten Ehe.

V **Deutsches Recht ist anzuwenden, wenn sowohl der Berechtigte als auch der Verpflichtete Deutsche sind und der Verpflichtete seinen gewöhnlichen Aufenthalt im Inland hat.**

VI **Das auf eine Unterhaltspflicht anzuwendende Recht bestimmt insbesondere,**

1. **ob, in welchem Ausmaß und von wem der Berechtigte Unterhalt verlangen kann,**

2. **wer zur Einleitung des Unterhaltsverfahrens berechtigt ist und welche Fristen für die Einleitung gelten,**

3. **das Ausmaß der Erstattungspflicht des Unterhaltsverpflichteten, wenn eine öffentliche Aufgaben wahrnehmende Einrichtung den ihr nach dem Recht, dem sie untersteht, zustehenden Erstattungsanspruch für die Leistungen geltend macht, die sie dem Berechtigten erbracht hat.**

VII **Bei der Bemessung des Unterhaltsbetrags sind die Bedürfnisse des Berechtigten und die wirtschaftlichen Verhältnisse des Unterhaltsverpflichteten zu berücksichtigen, selbst wenn das anzuwendende Recht etwas anderes bestimmt.**

1) Allgemeines. a) Zugleich mit der Verabschiedg des IPRG hat der BT dch G vom 25. 7. 86, BGBl II **1** 825, neben dem Haager Übk über die Anerkenng u Vollstreckg v UnterhEntschen vom 2. 10. 73, vgl dazu Anh Rn 9, auch dem **Haager Übereinkommen über das auf Unterhaltspflichten anwendbare Recht** (UntPflÜbk) vom 2. 10. 73 zugestimmt, vgl dazu Denkschr BR-Drucks 10/258 S 24 u Anh Rn 4–6. Das Abk ist für die BRep am 1. 4. 87 in Kraft getreten, Bek v 26. 3. 87, BGBl II 225 (mit Vorbeh aus Art 15). Es ersetzt nach Art 18 im Verh zu den and VertrStaaten das alte Haager Übk über das auf UnterhPflichten ggü **Kindern** anwendb Recht vom 24. 10. 56, vgl dazu Anh Rn 1–3; im Ggs zu diesem Abk ist es nach Art 3 unter Verzicht auf das GegenseitigkErfordern ohne Beschrkg des PersKreises auch bei gewöhnl Aufenth des Berecht in einem NichtVertrStaat anwendb (loi uniforme). Mit dem Inkrafttr des UntPflÜbk für die BRep ist daher für eine autonome kollrechtl Regelg des Unterh kein Raum mehr; die kollrechtl Vorschr des UntPflÜbk, dh dessen Art 4–10 u 11 II, sind desh im Interesse der Übersichtlk des geltden dtschen IPR, vgl dazu Rn 18 vor Art 3, mit geringen Abweichgen unmittelb in den **Wortlaut** des Art 18 **eingestellt.** Trotz **2** des Vorrangs der staatsvertragl Regelg vor dem autonomen dtschen KollR gem Art 3 II 1 **genügt** desh grdsl die Anwendg des **Art 18** bei der Bestimmg des UnterhStatuts, vgl Art 3 Rn 8, zust Pirrung IPR S 155, Kartzke NJW **88**, 105, ähnl Johannsen/Henrich, EheR Art 18 Rz 2, Kropholler IPR § 47 I 4, i Erg wie hier auch BGH NJW **91**, 2213, BayObLG **87**, 444; die Vorschr hat, obgleich in das IPRG aufgen, **staatsvertraglichen Charakter;** der Rückgr auf die entspr Regelg des UntPflÜbk ist damit zwar keinesw ausgeschl, vgl Denkschrift BT-Drucks 10/258 S 27, jedoch überflüssig, vgl dazu zB Brschw NJW-RR **89**, 1097, Dortm NJW-RR **90**, 12, Bambg NJW-RR **90**, 198, aM Hamm FamRZ **87**, 1307, **88**, 517, **89**, 1085, **89**, 1334 (and aber Hamm FamRZ **89**, 1095 u 1332, NJW-RR **92**, 711), **92**, 1428, KG FamRZ **88**, 169, **91**, 808, Hbg FamRZ **90**, 794, **93**, 101, Karlsr FamRZ **90**, 1351, **92**, 58 (and Karlsr FamRZ **92**, 316), Kblz FamRZ **93**, 1428, Saarbr FamRZ **94**, 579, Jayme IPRax **86**, 266, MüKo-Siehr Rn 1, Mansel StAZ **86**, 316, Basedow NJW **86**, 2975, Rauscher StAZ **87**, 129, IPRax **88**, 349, Piltz, Int ScheidgsR (1988) 63 u 111, Hausmann IPRax **90**, 383; eine Ausn gilt bei der Unteranknüpfg in MehrRStaaten gem Art 16 UntPflÜbk, vgl dazu Art 4 Rn 16. Das gleiche gilt für die Regelg des alten Haager Übk über das auf UnterhPflten ggü Kindern anwendb Recht vom 24. 10. 56, das im Verh zu denjenigen Staaten weitergilt, die nicht zu den VertrPartnern des neuen UntPflÜbk gehören, vgl dazu Anh Rn 1; zwar besitzt auch das alte Übk vom 24. 10. 56 gem Art 3 II 1 Vorrang vor dem autonomen dtschen IPR; die Regelg des Art 18 steht jedoch nicht in Widerspr zu den Vorschren des alten Übk einschl des in dessen Art 2 eröffneten Vorbeh, von welchem die BRep bei der Ratifizierg Gebrauch gemacht hat, vgl dazu Anh Rn 2; auch insoweit ist deshalb die Beschränkg auf die Anwendg des Art 18 unbedenkl, vgl Art 3 Rn 8. Bei der **Auslegung** des Art 18 gelten jedoch zT and Regeln als bei der Anwendg des autonomen dtschen IPR; bei ihr ist der staatsvertragl Charakter der Vorschr zu berücksichtigen, vgl Rn 7 f vor Art 3.

b) Art 18 enth eine **umfassende** Anknüpfgsregel für famrechtl UnterhPflten, die bish verstreut in **3** versch einz KollNormen, zB Art 17, 19, 21 aF sowie dem erwähnten alten Haager Übk vom 24. 10. 56 enthalten war. Dabei wird entspr dem staatsvertragl Hintergrd der allg Anknüpfgsregel jeweils auf **Sachvorschriften** od dtsches Recht als lex fori verwiesen; die Beachtg einer **Rück- oder Weiterverweisung** dch das IPR des zur Anwendg berufenen Rechts scheidet aus, Art 3 I 2, vgl dazu Art 4 Rn 5–13; iRv Abs **4** wird aber das UnterhStatut mittelb dch das Scheidgsstatut best; soweit bei diesem eine Rück- od Weiterverweisg zu beachten ist, Art 17 Rn 2, wirkt sich dies i Erg auch hier aus; auch dch Abs 4 werden aber nur die Sachnormen des ScheidgsStatuts berufen, BGH NJW **91**, 439, Johannsen/Henrich, EheR Art 18 Rz 17. Der Vorbeh des **ordre public** gilt grdsl auch bei der Anwendg v Art 18, vgl Art 4 des Übk vom 24. 10. 56, abgedruckt Anh Rn 3, u Art 11 UntPflÜbk, abgedruckt Anh Rn 6; wegen der weitgehden Sicherstellg des UnterhBerecht dch Vorbehalte zG der Anwendg dtschen Rechts, Abs 2 u 5, sowie der dch Abs 7 zwingend vorgeschr Berücksichtigg der Bedürfn des Berecht u der wirtsch Verhe des Verpfl wird aber für die Anwendg v Art 6 kaum ein Bedürfn bestehen, vgl aber BGH NJW **91**, 2213 (betr Härtefall bei GeschiedenenUnterh). Zur Anwendg von Art 18 im **innerdeutschen** KollR vgl Rn 21. **c)** Eine ggü Art 18 **4** u den beiden Haager Übk vom 24. 10. 56 u 2. 10. 73 vorrangige **staatsvertragliche Sonderregelung,** vgl dazu Art 3 Rn 10, enth das dtsch-iranische NiederlassgsAbk vom 17. 2. 29, RGBl **30** II 1006 (noch in Kraft, vgl Bek vom 15. 8. 55, BGBl II 829); UnterhAnspre iran Kinder gegen eine iran EltT unterliegen daher weiterhin iran Recht, vgl BGH FamRZ **86**, 345, Schotten/Wittkowski FamRZ **95**, 268; bei versch Personalstatut der Beteiligten entfällt die Anwendbk des dtsch-iran Abk, BGH FamRZ **86**, 345, **90**, 33, LG Karlsr FamRZ **82**, 536, Bremen IPRax **85**, 296 (bei Doppelstaatern entsch die effektive Staatsangehörigk).

d) Der Erleichterg der Geltendmachg von UnterhAnspr aus Ausl, insb in den Staaten des angloamerikan **5** RKreises, dient das **Auslandsunterhaltsgesetz** vom 19. 12. 86, BGBl 2563, das am 1. 1. 87 in Kraft getreten ist. Vgl dazu Böhmer IPRax **87**, 139, Uhlig/Berard NJW **87**, 1521. Das Gesetz regelt die Zusammenarbeit mit ausl Ger u Behörden ähnl wie das UNÜbk über die Geltendmachg von UnterhAnspr im Ausl, vgl dazu Anh Rn 7. Es enth keine kollrechtl od matrechtl Regelg. Zur Verbürgg der Gegenseitigk nach AUG § 1 II vgl die Übersicht in FamRZ **90**, 1329 und zuletzt Bek v 24. 11. 93, BGBl I 2045. Zu den versch Abk über die Durchsetzg v UnterhAnspren u -entscheidgen vgl Anh Rn 7–10. Zur **Anerkennung** ausl UnterhEntsch vgl Anh Rn 8–10; soweit keine staatsvertragl Regelg besteht, gelten die allg Vorschr, insbes ZPO 328, vgl zB Hamm FamRZ **93**, 189 u 339, **94**, 759; Düss FamRZ **93**, 347; zur Abänderg ausl UnterhEntsch vgl Rn 12 u 17.

6 **e)** Die Neuregelg in Art 18 gilt gem **Art 220 II**, vgl dort Rn 7, für alle **nach dem 1. 9. 86** fällig gewordenen UnterhAnspr, vgl dazu BGH FamRZ **87**, 682, **91**, 926, **93**, 178, KG FamRZ **88**, 169, Düss FamRZ **92**, 573, u damit auch für die Abänderg einer vor dem 1. 9. 86 erlassenen UnterhEntsch, vgl Kartzke NJW **88**, 107. Die intertemporale Regelg in Art 12 UntPflÜbk, vgl Anh Rn 4–6, stimmt (zeitl versetzt zum 1. 4. 87) mit diesen Grdsen überein. Art 220 II gilt auch für den ScheidgsUnterh, BGH FamRZ **91**, 926 (dazu Henrich IPRax **92**, 85), FamRZ **93**, 178, zweifelnd Zweibr FamRZ **88**, 624; wg Abs 4 kam es aber insow am 1. 9. 86 nicht zu einem Statutenwechsel.

7 **2) Grundsätzliche Anknüpfung des Unterhaltsstatuts (Absätze 1 und 2).** Art 18 verfolgt bei der Bestimmg des UnterhStatuts das Ziel, eine dem UnterhBerecht günstige ROrdng zu berufen. Die Anknüpfg nimmt desh entgg den GrdPrinzipien des IPR, vgl Rn 1 vor Art 3, auch auf den Inhalt der in Betr kommden Sachnormen Rücks. Die so entstandene abgestufte Regelg entspr Art 4–6 UntPflÜbk; allerd wird dabei an Stelle der von Art 6 UntPflÜbk berufenen lex fori in Abs 2 dtsches Recht gesetzt, vgl dazu Böhmer JA **86**, 238; dies ist jedoch bei der Anwendg des Übk im Inl unbedenkl; die GrdsAnknüpfg des UnterhStatuts ist auch mit dem alten Übk vom 24. 10. 56 in dessen sachl AnwendgsBereich vereinb, vgl dessen Art 1 I 8 u II, 3. **a) Grundsatz.** UnterhAnspre sind nach **Absatz 1 Satz 1** grdsl nach dem mat Recht am jew **gewöhnlichen Aufenthalt**, zum Begr vgl Art 5 Rn 10, 11, des UnterhBerecht zu beurteilen. Das Statut ist **wandelbar;** mit Verlegg des gewöhnl Aufenth in einen and Staat unterliegt die UnterhPflicht ex nunc einem and Recht, vgl dazu Düss FamRZ **95**, 37. Eine Ausn von der primären Anknüpfg an den gewöhnl 9 Aufenth des Berecht gilt nach Abs 5, vgl Rn 13. **b) Durchbrechung.** Gewährt das Recht seines jew gewöhnl Aufenth (ggf also auch das dtsche Recht, Kln IPRspr **90** Nr 107) dem UnterhBerecht keinen UnterhAnspr, so ist die UnterhPflicht **nach Absatz 1 Satz 2** subsidiär nach dem mat **gemeinsamen Heimatrecht** der Part zu beurteilen; ob ein solches vorhanden ist, beurteilt sich bei Mehrstaatern nach Art 5 I (ausschl Berücksichtigg der effektiven bzw dtsch Staatsangehörig). Voraussetzg der subsidiären Anwendg eines gemeins HeimatR ist, daß der UnterhBerecht nach dem Recht an seinem gewöhnl Aufenth vom Verpfl überh **keinen** Unterh erhält, etwa wg Ablaufs einer Klagefrist gegen den nehel Vater, vgl MüKo-Siehr Anh I Rn 121, Karlsr DAVorm **79**, 537; daß ein Anspr gegen eine and Pers besteht, zB die Mutter, ist dabei unerhebl. Dagg ist der Anwendg v S 2 **nicht** ausr, daß das UnterhStatut gem Abs 1 S 1 dem Berecht gegen den Verpfl Anspre in geringerer Höhe od mit kürzerer Laufzeit einräumt als das gemeins HeimatR, Karlsr FamRZ **90**, 1352, Hamm NJW-RR **92**, 711, zB zwar Unterh, aber keinen Prozeßkostenvorschuß, KG FamRZ **88**, 169, zust v Bar IPRax **88**, 222; Korrekturmöglk nach Abs 7 bleibt jedoch unberührt, BGH NJW **91**, 2214, Hamm NJW-RR **92**, 711 u Rn 20. Ist die Voraussetzg der Anwendbk v S 2 erfüllt, so ist der Anspr in vollem Umfang, dh nach Grd u Höhe nach dem gemeins HeimatR zu beurteilen, vgl Rn 16, 17. 10 **c) Ersatzweise Heranziehung deutschen Rechts.** Gewährt das Recht des jew gewöhnl Aufenth dem Berecht keinen UnterhAnspr, vgl dazu Rn 9 (also nicht etwa nur in geringerer Höhe, Hamm NJW-RR **92**, 711), u ist ein gemeins HeimatR der Part nicht vorhanden od versagt auch dieses den Anspr, so ist die UnterhPflicht in letzter Linie nach dtschem Recht zu beurteilen, **Absatz 2.** Gewährt auch dieses keinen Anspr, so hat es damit sein Bewenden. Ist der Anspr nach dtschem Recht begründet, so entsch dieses auch über seinen Umfang, vgl Rn 16, 17.

11 **3) Ausnahmen. a) Einschränkung bei entfernter Beziehung (Absatz 3).** Die Anknüpfg des Unterh-Statuts nach Abs 1 u 2 berücksichtigt vor allem die Verhe des Berecht, der dch Verlegg seines gewöhnl Aufenth das anwendb Recht grdsl frei manipulieren kann, vgl Rn 25 f vor Art 3. Dies erscheint unbillig bei ihrer Art nach ungewöhnl UnterhPflichten, die nur relativ wenige ROrdngen aufstellen. Aus diesem Grd gewährt Abs 3 dem v einem **Verwandten in der Seitenlinie** od einem **Verschwägerten** in Anspr genommenen UnterhSchuldner eine Einr, vgl MüKo-Siehr Anh I Rn 148, gegen die nach dem UnterhStatut gem Abs 1 an sich bestehende UnterhPflicht, wenn das gemeins HeimatR der Part (bei Mehrstaatern vgl Art 5 I) od in dessen Ermangelg das Recht am gewöhnl Aufenth des Verpfl eine solche Pfl nicht kennt. – Diese Regelg entspr Art 7 UntPflÜbk; sie ist auch mit dem alten Übk vom 24. 10. 56 in dessen auf Kinder unter 21 Jahre beschr AnwendgsBereich vereinb, vgl dessen Art 5 I u zur Anerkenng einer UnterhPflicht eines Verschwä- 12 gerten dessen Art 4. **b) Maßgeblichkeit des tatsächlichen Eheauflösungsstatuts (Absatz 4).** Die Unterh-Pflicht zw gesch Eheg (also nur der NachscheidgsUnterh, Hamm NJW-RR **92**, 711) unterliegt nach Abs 4 dem auf die Ehescheidg angewandten Recht, dh demjenigen Recht, nach welchem die Ehe tats gesch worden ist, BGH FamRZ **87**, 682 (auch zur Verfassgsmäßigk dieser Regelg), BGH NJW **91**, 2213, FamRZ **93**, 790, Kartzke NJW **88**, 105, bei Scheidg im Inl also dem Art 17 zugrundegelegten Scheidgsstatut, bei einer im Inl anzuerkennden AuslScheidg, vgl Art 17 Rn 29–36 u 42, dem vom ausl Ger angewandten Recht, vgl BGH NJW **91**, 2213, Oldbg FamRZ **88**, 170, Kln FamRZ **88**, 1177, Saarbr FamRZ **94**, 579, Hamm FamRZ **94**, 582, 886 (förml AnerkenngsVerf nicht erforderl), Düss FamRZ **95**, 885, Henrich IPRax **92**, 85, unzutr Kln **89**, 396, das nicht notw dem v Art 17 berufenen zu entsprechen braucht. Das gleiche gilt bei einer Ehetrenng ohne Auflösg des Ehebandes, bei NichtigErkl od Aufhebg der Ehe. Das tats angewandte Scheidgsstatut entscheidet auch über die Wirksk einer vor der Scheidg geschl Vereinbarg über den nachehel Unterh. Die UnterhAnspr **getrennt** lebder Eheg beurt sich nach Abs 1 u 2, Hamm NJW-RR **92**, 711, Karlsr FamRZ **92**, 58. Eine auch ggü Abs 4 vorrangige Sonderregelg enth Abs 5, vgl Rn 13. Versagt das Scheidgs-statut den UnterhAnspr, so kann nicht auf Abs 2 zurückgegriffen werden, BGH NJW **91**, 2213, Karlsr FamRZ **89**, 748; uU kommt aber ein Verstoß gg den ordre public in Betr, vgl dazu BGH aaO (dazu Henrich IPRax **92**, 86) sowie oben Rn 3. Dem tats Eheauflösgsstatut unterliegt nach Abs 4 S 1 auch die **Änderung**

einer **Entscheidung** über die UnterhPfl. Die Abänderg ausl UnterhTitel ist völkerrechtl zul, BGH FamRZ **83**, 806, Hbg DAVorm **85**, 509; sie unterliegt nach Abs 4 sachl dem vom ErstGer angewandten Eheauflösgsstatut; vgl dazu auch Rn 16, 17. Zur Abänderg von DDR-Entsch BGH FamRZ **93**, 43, **94**, 372, 562, 95, 554, KG FamRZ **93**, 567, Hamm FamRZ **93**, 1477, Düss FamRZ **94**, 1344, Karlsr FamRZ **95**, 937, Graba DtZ **93**, 39, Stankewitsch IPRax **94**, 103, Brudermüller FamRZ **95**, 915 sowie Art 17 Rn 40; zur Verfassgsmk dieser Regelg BVerfG FamRZ **94**, 751, Dresd FamRZ **94**, 710. – Abs 4 entspr Art 8 UnterhPflÜbk; das alte Übk v 24. 10. 56 ist sachl nicht einschlägig.

c) Anwendung deutschen Rechts bei starkem Inlandsbezug (Absatz 5). Eine Ausn von der An- **13** wendg des Rechts am gewöhnl Aufenth des Berecht od der Maßgeblk des Eheauflösgsstatuts gem Abs 4, vgl BGH NJW **91**, 2213, Henrich IPRax **92**, 86 gilt nach Abs 5, wenn beide Part Dtsche iSv GG 116 I sind **und** der Verpfl seinen gewöhnl Aufenth im Inl hat (bloßer Wohns genügt nicht, Stgt IPRspr **87** Nr 76); die Gleichstellg von Staatenlosen u Flüchtlingen mit dtschem Personalstatut ist unbedenkl, vgl Karlsr FamRZ **91**, 1449, Hamm FamRZ **94**, 575, Art 5 Rn 9 u Anh z Art 5 Rn 27. Bei so weitgehdem InlBezug gilt nach Abs 5 **deutsches** Recht auch dann, wenn der Berecht seinen gewöhnl Aufenth im Ausl hat u UnterhStatut nach Abs 1 S 1 desh an sich ausl Recht wäre, vgl zB Hamm NJW-RR **94**, 331, Düss FamRZ **94**, 112, od die Ehe nach ausl Recht gesch worden ist, Düss FamRZ **92**, 953, Hamm FamRZ **94**, 575. – Die Regelg entspr Art 15 UnterhPflÜbk; die BRep hat einen entspr Vorbeh bei der Ratifizierg des Abk erkl, vgl Bek v 26. 3. 87, BGBl II 225; die Regelg ist auch mit dem alten Übk vom 24. 10. 56 vereinb, vgl dessen Art 2 u dazu Art 1 a des ZustG v 24. 10. 56 idF des ErgG v 2. 6. 72, BGBl II 589.

4) Anwendungsbereich. a) Bei der Beurteilg einer UnterhPflicht auftretde Vorfragen, zB Gültigk einer **14** Ehe, ehel od nehel Abstammg, Zustandekommen einer Adoption, sind wg des staatsvertragl Charakters des Art 18 ausnahmsw **unselbständig** anzuknüpfen, vgl Rn 30 vor Art 3, dh nach dem vom IPR des UnterhStatuts zur Anwendg berufenen Recht zu beurteilen, ebso LG Dortm NJW-RR **90**, 12, Strunk FamRZ **91**, 654, aM Piltz, Int ScheidsR (1988) 118 (Beurteilg nach dem mat UnterhStatut), differenzierd Johannsen/Henrich, EheR Art 18 Rz 18–23, MüKo-Siehr Anh I Rn 242, Müller StAZ **89**, 304. Dies gilt insb bei der **Feststellung der Vaterschaft** im Zusammenhang mit der Beurteilg des UnterhAnspr eines nehel Kindes, vgl BGH NJW **76**, 1028. Ist **deutsches** Recht nach Abs 1, 2 od 5 UnterhStatut, so beurteilt sich die VaterschFeststellg also nach dem v **Art 20 I** bezeichneten Recht, ebso Sturm IPRax **87**, 3, Kropholler IPR § 47 II 5. Danach wird alternativ neben dem HeimatR der Mutter auch das des Vaters sowie das Recht am gewöhnl Aufenth des Kindes berufen, also im Interesse des Kindes im Erg auch eine VaterschFeststellg nach dtschem Recht ermögl, die Sperrwirkg des § 1600a somit überwunden; die bish akzessor Anknüpfg der VaterschFeststellg bei dtschem UnterhStatut, vgl dazu 45. Aufl Art 21 Anm 4b u Anh 1 z Art 21 Art 1 Anm 3b, ist damit überflüssig geworden, zust Strunk FamRZ **91**, 654.

b) Sachlich best Art 18 das auf **Unterhaltspflichten** aller Art anwendb Recht; zur Qualifikation Haus- **15** mann IPRax **90**, 382, Jayme Fschr v Overbeck (1990) 529. **aa)** Wie sich aus Art 1 UntPflÜbk ergibt, sind damit nur UnterhPflichten gemeint, die sich aus Beziehgen der Familie, Verwandtsch, Ehe od Schwägersch ergeben, einschl der UnterhPfl güü einem nehel Kind, vgl Begr BT-Drucks 10/504 S 63, sowie dessen Mutter, vgl dazu Staud-Kropholler Art 20 nF Rz 24, nicht aber auch UnterhAnspr bei Beendigg einer nehel LebensGemsch, vgl Jayme Fschr Overbeck (1990) 535, Erm-Hohloch Rn 26, aM Henrich, Int FamR S 25, FamRZ **86**, 843, MüKo-Siehr Anh I Rn 38. Nicht hierher gehören ferner etwa güterrechtl AusglLeistgen, Karlsr FamRZ **89**, 748, zust Jayme aaO 540, abl Hausmann IPRax **90**, 382, ebsowenig UnterhZahlgen aGrd deliktischer od vertragl Schadensersatzpflicht, wohl aber das Bestehen einer famrechtl UnterhPfl als Vorfrage eines deliktischen SchadensersatzAnspr wg entgangenen Unterh, vgl dazu Art 38 Rn 26; daß ein UnterhAnspr selbst als SchadensersatzAnspr konstruiert ist, steht der Anwendg v Art 18 ebenf nicht entgg, Stgt IPRspr **86** Nr 71 A, FamRZ **93**, 975, AG Hbg FamRZ **89**, 749 u 752 (GeschiedenenUnterh nach türk Recht); zu UnterhAnspr gg den Nachlaß Art 25 Rn 10. **bb)** Das nach Art 18 zu bestimmde UnterhStatut entsch **16** nach **Absatz 6 Nr 1** nicht nur über das **Bestehen** (also insb Beginn und Beendigg einschl Verj u Verwirkg, Erlöschen dch Tod des Berecht od Verpfl, Art 25 Rn 17, Leistgsfähigk des Verpfl, Hamm FamRZ **90**, 1137, UnterhVerzicht, Karlsr FamRZ **92**, 317) des Anspr, sond auch über dessen **Ausmaß,** also Art (zB Natural-Unterh, vgl BGH NJW **92**, 974) u Höhe der UnterhLeistgen, insb über die Währg, in der zu zahlen ist (Erfüllg daher grdsl in der Währg am gewöhnl Aufenth des Berecht, sofern dem Verpfl die Zahlg in dieser Währg nicht unmögl od dem Berecht wg der an seinem gewöhnl Aufenth herrschden Inflation, Rottw DAVorm **88**, 195, od der für ihn geltden DevisenVorschr unzumutb ist, vgl BGH FamRZ **87**, 370 (keine Erfüllg dch einen im AufenthStaat des Berecht lebenden Dritten in dortiger Währg), **87**, 682, NJW **90**, 2198 (zust Geimer ZZP **90**, 477), FamRZ **92**, 1063, ferner Nürnb IPRax **85**, 353, Düss FamRZ **87**, 195, Ffm IPRspr **86** Nr 119, FamRZ **87**, 623, KG FamRZ **88**, 296, Köln IPRax **88**, 31, LG Düss DAVorm **89**, 626, Hbg DAVorm **89**, 334, KG FamRZ **90**, 437. Für den UnterhBedarf maßg ist allein der Binnenwert der Währg, nicht die Wechselkursentwicklg, Hamm FamRZ **94**, 763. Leben UnterhBerecht u UnterhPflichtiger in Ländern mit unterschiedl Lebensstandard, so ist der UnterhBedarf zwar grdsl nach den tats Verhen am AufenthOrt des Berecht zu best, vgl zB BGH FamRZ **87**, 683, Hamm FamRZ **89**, 626, darü hinaus jedoch, soweit das UnterhStatut es gestattet, auch eine gewisse Teilhabe an den besseren Lebensbedinggen am AufenthOrt des Verpfl zu gewähren, st Rspr, vgl zB Düss FamRZ **89**, 98, Hamm FamRZ **89**, 1334, **91**, 105, Hbg DAVorm **89**, 334, Bambg NJW-RR **90**, 198, Karlsr FamRZ **91**, 602, Schlesw IPRspr **91** Nr 102, and bei EhegUnterh, wenn die ehel LebensGemsch nur im Ausl bestand, Hamm FamRZ **89**, 626, Kblz FamRZ **93**, 1428 u 1442. Zur Berechng der UnterhAnspr in **Polen** lebder Kinder vgl zuletzt Celle FamRZ **93**, 103, Hamm FamRZ **93**, 839, **94**, 763, 773, 774, KG FamRZ **94**, 759, Düss DAVorm **93**, 460, SchlHOLG DAVorm **93**, 861, Nürnb FamRZ **94**, 1133, sowie Passauer FamRZ **90**, 19, Bytomski FamRZ **91**, 783 (Wegfall der Devisenbeschränkg!); zur UnterhPfl des in Polen lebenden Vaters güü dem im Inl lebenden Kind Hamm FamRZ **90**, 1137; zum UnterhBedarf des in **Ungarn** lebden Kindes AG Stgt IPRspr **90** Nr 98. Bei der Bemessg der Höhe des Unterh eines im Inl lebden UnterhBerecht können trotz Anwendbk ausl UnterhR auch die dtschen UnterhTabellen berücksichtigt werden, vgl AG Solingen IPRax **84**, 102, Henrich

FamRZ **86**, 845, sowie BGH FamRZ **83**, 808 f; praktisch spielt dies wg der grdsl Anknüpfg der Unterh-
Pflicht an den gewöhnl Aufenth nach Abs 1 u der ergänzden Anwendg des dtschen Rechts nach Abs 2 u 5
nur bei UnterhAnspren nach Eheauflösg eine Rolle, die nach Abs 4 nach dem tats angewandten Eheauf-
17 lösgsstatut zu beurteilen sind, vgl Rn 12. Das UnterhStatut best auch über einen **Auskunftsanspruch** sowie
die **Prozeßkostenvorschußpflicht** als Ausfluß der UnterhPfl, BGH FamRZ **94**, 558, Düss DAVorm **83**,
964, Kln FamRZ **95**, 680, Henrich FamRZ **86**, 843, etwa bei Getrenntleben der Eheg od iZshg mit einer
Ehescheidg, KG FamRZ **88**, 167, zust v Bar IPRax **88**, 220, Stgt IPRax **90**, 113 (bei Fehlen eines matrechtl
Anspr Anpassg, vgl dazu Hamm FamRZ **93**, 69, Morweiser IPRax **92**, 65, Eidenmüller ebda 356), aM Stgt
NJW **56**, 1404, Just **79**, 229, Köln MDR **73**, 674, Karlsr Just **86**, 48, IPRax **87**, 38, Schwoerer FamRZ **59**, 449
(Anwendg der lex fori); zur Qualifikation der Morgengabe vgl Art 13 Rn 9, zur Zuteilg von **Hausrat u
Ehewohnung** vgl Art 14 Rn 18 u 17 Rn 17. Auch die **Person** des UnterhSchuldners ist nach dem Unterh-
Statut zu best; zur Anknüpfg der Vorfrage der ehel od nehel Abstammg vgl oben Rn 14. Das von Art 18
berufene Recht entsch auch über die sachrechtl Voraussetzgen einer **Abänderung** einer **Unterhaltsent-
scheidung** aGrd von Verändergen in der Lage des Berecht od Verpfl, vgl Denkschrift BT-Drucks 10/258
S 65, BGH NJW-RR **87**, 770, Koblenz NJW **87**, 2167, 90, 426, Karlsr FamRZ **90**, 314, KG FamRZ **93**, 978,
Dresd FamRZ **94**, 709, Hamm FamRZ **95**, 883, Kartzke NJW **88**, 105, **str**, and Karlsr FamRZ **89**, 1210,
Saarbr IPRax **89**, 396, Düss FamRZ **89**, 1335, Mü NJW-RR **90**, 649, Leipold Fschr Nagel, 1987 S 189,
Baumann IPRax **90**, 31, **94**, 438, Stankewitsch IPRax **94**, 103, offen gelassen BGH FamRZ **92**, 1062, Karlsr
FamRZ **89**, 1310, Celle FamRZ **93**, 104, KG FamRZ **94**, 760; auch Art u Ausmaß der Abänderg unterliegen
dem UnterhStatut, KG FamRZ **93**, 978, Kartzke NJW **88**, 107; vgl dazu auch Spellenberg IPRax **84**, 304,
Henrich IPRax **88**, 21, **89**, 53 (zu Kln ebda); dies gilt auch für die Anwendbk v ZPO 323 III (Abänderg nur
für die Zukunft), vgl Hamm DAVorm **92**, 362, Gottwald FamRZ **92**, 86 gg AG Hbg-Altona ebda, Gott-
wald ebda 1376, für prozeßrechtl Qualifikation Düss FamRZ **93**, 348, Hamm FamRZ **93**, 1477, vgl dazu
auch BGH FamRZ **93**, 43; für das AbändergsVerf gilt dtsches Recht als lex fori, Hamm FamRZ **91**, 718; zur
Anerkenng des ausl Urt als ZulässigkVoraussetzg Hamm FamRZ **93**, 189; zur Sonderregelg nach Abs 4 bei
18 Ehescheidg vgl Rn 12. **cc)** Nach **Absatz 6 Nr 2** regelt das UnterhStatut auch die KlageBerechtigg einschl
der **Vertretung** eines Kindes im Verfahren, vgl dazu BGH FamRZ **86**, 345, Karlsr FamRZ **90**, 1107, NJW **92**, 974,
Karlsr FamRZ **86**, 1226, KG FamRZ **90**, 437, Stgt FamRZ **91**, 595, Hamm FamRZ **93**, 190, Rauscher StAZ
87, 130, Heldrich IPRax **89**, 347, für alternative Anknüpfg LG Bln FamRZ **91**, 104, MüKo-Siehr Anh I
Rn 291, Kropholler IPR § 47 II 5 c, Beitzke IPRax **90**, 172, sowie etwaige Klagefristen; zur Verj vgl Rn 16.
dd) Das UnterhStatut entsch nach **Absatz 6 Nr 3** ferner über eine **Erstattungspflicht** des UnterhSchuld-
ners ggü einer in Vorleistg getretenen öffentl Einrichtg, zB einer Gemeinde, Köln IPRspr **91** Nr 100 b,
UnterhVorschußkasse od Jugend- u Sozialbehörde sowie gemeinwirtschl betriebene Krankenhäuser, Brück-
ner IPRax **92**, 367, Wandt VersR **92**, 616. **Ob** der betr Einrichtg überhaupt ein ErstattgsAnspr zusteht, ob es
aus originärem Recht od aus gesetzl FdgsÜbergang, regelt die für sie geltde ROrdng, nach der sie tätig
geworden ist. Ledigl das **Ausmaß** der ErstattgsPfl des UnterhSchuldners unterliegt dem UnterhStatut; auf
einen etwa kraft Gesetz übergegangenen Anspr ist also weiterh das vor dem AnsprÜbergang maßg Recht
19 anzuwenden; dies gilt auch für die Verj, aM Wandt ZVglRWiss **87**, 296. **c)** Die Regelg des Abs 6 entspr
inhaltl Art 9 u 10 UnterhPflichtÜbk, sowie Art 1 I u III des alten Übk vom 24. 10. 56.

20   **5) Ergänzende Sachnorm zur Bemessung des Unterhalts (Absatz 7).** Unabhäng von dem zur An-
wendg berufenen UnterhStatut sind bei der Bemessg des UnterhBetrags nach Abs 7, der Art 11 II Unt-
PflÜbk entspricht, in jedem Fall die Bedürfnisse des Berecht u die wirtschaftl Verhe des Verpfl zu berück-
sichtigen. Die Vorschr ist eine Konkretisierg des ordre public-Vorbeh, vgl Celle FamRZ **90**, 1391, Beitzke
ZfJ **86**, 480 u steht desh auch mit Art 4 des alten Übk vom 24. 10. 56 in Einklang. Abs 7 enth eine
Sachnorm mit internat zwingdem Charakter, die nicht anzuwenden ist, wenn das maßg UnterhStatut
beide Gesichtspkte in irgendeiner Art berücksichtigt; der praktische Bedeutg der Regelg ist demnach sehr
gering; für restriktive Anwendg AG Paderborn IPRax **89**, 248, weitergehd BGH NJW **91**, 2214, Hamm
NJW-RR **92**, 711 (Korrektur bis zur Gewährg angemessenen Unterh), Karlsr FamRZ **90**, 313 (Selbstbehalt
wie im AufenthStaat), vgl auch Hamm FamRZ **89**, 1084, 1086, SozG Stgt FamRZ **92**, 235, Henrich IPRax
92, 86.

21   **6) Innerdeutsches Kollisionsrecht. a)** Mit dem Inkrafttr des BGB in der früh DDR, vgl Anh zu Art 3
Rn 1, haben sich die kollrechtl Probleme weitgehd erledigt. Zum nachehel Unterh vgl Art 17 Rn 40; zum
UnterhR im Beitrittsgebiet Maurer FamRZ **94**, 337 (auch zur Abänderg von DDR-Entsch), Wichorski DtZ
93, 379 (UnterhTabellen); die maßg RegelunterhVO folgt aus dem gewöhnl Aufenth des UnterhBerechtig-
ten, Halle NJ **94**, 276, Mühlh DAVorm **94**, 642, Karlsr FamRZ **94**, 1410. **b)** Art 18 galt ebso wie das
UntPflÜbk u das alte Übk vom 24. 10. 56 auch im Verh zur früh DDR, vgl zB Hamm FamRZ **94**, 656;
Art 17 UntPflÜbk steht nicht entgg. Wg der GrdsAnknüpfg an den gewöhnl Aufenth des UnterhBerecht,
Abs 1 S 1, bereitete die Bestimmg des UnterhStatuts grdsl keine Schwierigk; hierzu ergab sich auch dessen
Wandelbk, vgl LG Kln FamRZ **92**, 851, Strunk FamRZ **91**, 655; die Anwendg eines gemeins HeimatR nach
Abs 1 S 2 u Abs 3 setzte voraus, daß die Beteiligten dasselbe dtsche Personalstatut besäßen; zu dessen
Bestimmg vgl Anh z Art 3 Rn 4; bei Anwendg v Abs 5 genügte es, wenn beide Dtsche iSv GG 116 I waren u
der Verpfl seinen gewöhnl Aufenth in der BRep hatte, BGH FamRZ **94**, 160, 563 u 824, Köln FamRZ **94**,
708, Hamm FamRZ **94**, 707, aM KG FamRZ **93**, 568, Dieckmann FamRZ **94**, 1076, Siehr IPRax **94**, 360.
Zur Abänderg von DDR-Entsch vgl Rn 12 u 17. **c)** Das auf die Vorfrage der **Vaterschaftsfeststellung**
anwendb Recht war bish entspr Art 20 I zu best; für die akzessorische Anknüpfg an das UnterhStatut, vgl
dazu 45. Aufl Art 21 Anm 7, besteht kein Bedürfnis, da Art 20 I hier i Erg praktisch immer die VaterschFest-
stellg nach §§ 1600 a ff ermögl. Eine ÜbergsRegelg enth Art 234 § 7.

Anhang zu Art 18

1) Haager Übereinkommen über das auf Unterhaltsverpflichtungen gegenüber Kindern anzu- 1
wendende Recht v 24. 10. 56, BGBl **61** II 1012, nebst ErgG v 2. 6. 72, BGBl II 589 (Art 1a).

a) Allgemeines. Das Übk gilt seit 1. 1. 62 f Österr, Italien, Luxemburg u die BRep, Bek v 27. 12. 61,
BGBl **62** II 16, seit 14. 12. 62 auch für die Niederlande, Bek v 11. 12. 62, BGBl **63** II 42 (einschl Aruba, Bek v
6. 4. 87, BGBl II 249), ab 1. 7. 63 für Frankreich, Bek v 11. 6. 63, BGBl II 911 (ab 1. 12. 66 für dessen
gesamtes HoheitsGeb, Bek v 14. 6. 67, BGBl II 2001), ab 17. 1. 65 für die Schweiz, Bek v 6. 1. 65, BGBl II
40 (vgl dazu Bek v 22. 6. 93, BGBl II 1007), ab 3. 2. 69 für Portugal u ab 3. 9. 69 für die portugies
Überseeprovinzen, Bek v 19. 4. 70, BGBl II 205, ab 25. 10. 70 für Belgien, Bek v 14. 10. 70, BGBl **71** II 23,
für die Türkei ab 28. 4. 72, Bek v 15. 9. 72, BGBl II 1460, für Liechtenstein ab 18. 2. 73, Bek v 6. 6. 73,
BGBl II 716, für Spanien ab 25. 5. 74, Bek v 1. 8. 74, BGBl II 1109, für Japan ab 19. 9. 77, Bek v 23. 9. 77,
BGBl II 1157. Das Übk ist im Verh zu dessen VertrPartnern dch das **Haager Übereinkommen über das**
auf Unterhaltspflichten anwendbare Recht vom 2. 10. 73, BGBl **86** II 837, ersetzt worden; es gilt jedoch
im Verh zu denjenigen VertrPart fort, die dem Übk vom 2. 10. 73 noch nicht beigetreten sind, dh ggü
Belgien, Liechtenstein u Österreich; eine Kündigg des Übk ist daher derzeit nicht beabsichtigt, vgl Denk-
schrift BT-Drucks 10/258 S 28. Das Übk steht in seinem auf UnterhAnspre v Kindern beschr Anwendgsbe-
reich inhaltl mit **EG 18** im Einklang; mit der Anwendg v EG 18 wird also zugleich den Bestimmgen des
Übk entsprochen, ohne daß dessen Vorrang, Art 3 II 1, vgl dort Rn 8, dadurch verletzt wird. Auf eine
gesonderte Kommentierg wird desh nunm verzichtet. Zum Verh zum dtsch-iran NiederlassgsAbk vom
17. 2. 29 vgl EG 18 Rn 4.

b) Anwendungsbereich. Das Übk regelt das anwendb Recht auf dem Gebiet der UnterhPfl, enthält also 2
nur eine **kollisionsrechtliche,** nicht auch eine zustdgkrechtl Regelg, vgl Düss FamRZ **79**, 313, Nürnb
FRES **80** Nr 0511. Es gilt sachl nur für **Unterhaltsansprüche** v **Kindern,** zum Begr s Art 1 IV. In
persönlicher Hins ist das Übk auf Kinder anwendb, die ihren gewöhnl Aufenth in einem **Vertragsstaat**
haben, Art 6 iVm Art 1 I (eine Ausn kann sich aus Art 2 ergeben, vgl dazu Art 1a des dtschen ZustG, abgedr
unten Rn 3); gleichgült ist dabei, ob der Heimatstaat des Kindes od des UnterhSchu zu den VertrStaaten
gehören, BGH FamRZ **73**, 185, NJW **75**, 1068, VersR **78**, 346, SchlHOLG SchlHA **79**, 39, Karlsr DAVorm
79, 444, KG DAVorm **80**, 660, Müller NJW **67**, 141, unzutr AG Mainz DAVorm **90**, 560.

c) Wortlaut des Abkommens (in der amtl dtschen Übersetzg des frz Originaltextes) ohne Art 7–10 3
u 12.

Art. 1. (1) *Ob, in welchem Ausmaß und von wem ein Kind Unterhalt verlangen kann, bestimmt sich nach dem*
Recht des Staates, in dem das Kind seinen gewöhnlichen Aufenthalt hat.

(2) *Wechselt das Kind seinen gewöhnlichen Aufenthalt, so wird vom Zeitpunkt des Aufenthaltswechsels an das Recht*
des Staates angewendet, in dem das Kind seinen neuen gewöhnlichen Aufenthalt hat.

(3) *Das in den Absätzen 1 und 2 bezeichnete Recht gilt auch für die Frage, wer die Unterhaltsklage erheben kann*
und welche Fristen für die Klageerhebung gelten.

(4) *„Kind" im Sinne dieses Übereinkommens ist jedes eheliche, uneheliche oder an Kindes Statt angenommene Kind,*
das unverheiratet ist und das 21. Lebensjahr noch nicht vollendet hat.

Art. 2. *Abweichend von den Bestimmungen des Artikels 1 kann jeder Vertragsstaat sein eigenes Recht für anwend-*
bar erklären,

a) wenn der Unterhaltsanspruch vor einer Behörde dieses Staates erhoben wird,

b) wenn die Person, gegen die der Anspruch erhoben wird, und das Kind die Staatsangehörigkeit dieses Staates besitzen
und

c) wenn die Person, gegen die der Anspruch erhoben wird, ihren gewöhnlichen Aufenthalt in diesem Staate hat.

Art. 3. *Versagt das Recht des Staates, in dem das Kind seinen gewöhnlichen Aufenthalt hat, ihm jeden Anspruch*
auf Unterhalt, so findet entgegen den vorstehenden Bestimmungen das Recht Anwendung, das nach den innerstaatlichen
Kollisionsnormen der angerufenen Behörde maßgebend ist.

Art. 4. *Von der Anwendung des in diesem Übereinkommen für anwendbar erklärten Rechts kann nur abgesehen*
werden, wenn seine Anwendung mit der öffentlichen Ordnung des Staates, dem die angerufene Behörde angehört,
offensichtlich unvereinbar ist.

Art. 5. (1) *Dieses Übereinkommen findet auf die unterhaltsrechtlichen Beziehungen zwischen Verwandten in der*
Seitenlinie keine Anwendung.

(2) *Das Übereinkommen regelt das Kollisionsrecht nur auf dem Gebiet der Unterhaltspflicht. Der Frage der sonstigen*
familienrechtlichen Beziehungen zwischen Schuldner und Gläubiger und der Frage der Abstammung kann durch
Entscheidungen, die auf Grund dieses Übereinkommens ergehen, nicht vorgegriffen werden.

Art. 6. *Dieses Übereinkommen findet nur auf die Fälle Anwendung, in denen das in Artikel 1 bezeichnete Recht*
das Recht eines Vertragsstaates ist.

Art. 7–10. (nicht abgedruckt)

Art. 11. *Jeder Vertragsstaat kann sich bei Unterzeichnung oder Ratifizierung dieses Übereinkommens oder bei*
seinem Beitritt vorbehalten, es nicht auf die an Kindes Statt angenommenen Kinder anzuwenden.

d) Deutsches Zustimmungsgesetz vom 24. 10. 56 idF des ErgänzgsG vom 2. 6. 72, BGBl II 589.

Art. 1a. Auf Unterhaltsansprüche deutscher Kinder findet deutsches Recht Anwendung, wenn die Voraussetzungen des Artikel 2 des Übereinkommens vorliegen.

4 **2) Haager Übereinkommen über das auf Unterhaltspflichten anwendbare Recht** v 2. 10. 73, BGBl **86** II 837; vgl dazu Denkschrift BT-Drucks 10/258 S 24.

a) Allgemeines. Das Übk ist für die **Bundesrepublik** am **1. 4. 1987** in Kraft getreten, Bek v 26. 3. 87, BGBl II 225; es gilt ferner seit 1. 10. 77 für Frankreich, Portugal u die Schweiz, seit 1. 3. 81 für die Niederlande, seit 1. 1. 82 für Italien u Luxemburg, seit 1. 11. 83 für die Türkei, seit dem 1. 9. 86 für Japan u seit 1. 10. 86 für Spanien, Bek v 26. 3. 87, BGBl II 225. Es ersetzt gem Art 18 I im Verh der VertrStaaten das bish Haager Übk vom 24. 10. 56, vgl dazu Anh Rn 1–3.

5 **b) Anwendungsbereich.** Das Übk regelt umfassend das auf familienrechtl UnterhPflichten anwendb Recht, beschr sich also nicht auf die UnterhAnspr v Kindern, Art 1. Es enth nur eine kollisionsrechtl, nicht auch eine zuständigkeitsrechtl Regelg, Art 2 I. Das Übk gilt nach Art 3 nicht nur im Verh zu den VertrStaaten, sond best das UnterhStatut unabhängig davon, ob es sich um das Recht eines VertrStaates od eines NichtVertrStaates handelt (loi uniforme). Wg seines allseitigen GeltgsAnspr läßt es desh für ein **abweichendes autonomes** KollisionsR auf dem Gebiet der UnterhPflicht **keinen** Raum. Die kollisionsrechtl Vorschren des Übk, dh dessen Art 4–10 u 11 II, sind deshalb unmittelb in den Wortlaut des EG 18 eingearbeitet, vgl dort Rn 1, 2. Mit der Anwendg des EG 18 wird daher zugleich die kollisionsr Regelg des Übk angewandt; auf eine gesonderte Erläuterg seiner Vorschr wird desh verzichtet.

6 **c) Wortlaut des Abkommens** (in der amtl dtschen Übersetzg) ohne Art 20–23, 24 II–27.

Kapitel I. Anwendungsbereich des Übereinkommens

Art. 1. Dieses Übereinkommen ist auf Unterhaltspflichten anzuwenden, die sich aus Beziehungen der Familie, Verwandtschaft, Ehe oder Schwägerschaft ergeben, einschließlich der Unterhaltspflicht gegenüber einem nichtehelichen Kind.

Art. 2. Dieses Übereinkommen regelt das Kollisionsrecht nur auf dem Gebiet der Unterhaltspflicht.
Die in Anwendung dieses Übereinkommens ergangenen Entscheidungen greifen dem Bestehen einer der in Artikel 1 genannten Beziehungen nicht vor.

Art. 3. Das von diesem Übereinkommen bestimmte Recht ist unabhängig vom Erfordernis der Gegenseitigkeit anzuwenden, auch wenn es das Recht eines Nichtvertragsstaats ist.

Kapitel II. Anzuwendendes Recht

Art. 4. Für die in Artikel 1 genannten Unterhaltspflichten ist das am gewöhnlichen Aufenthalt des Unterhaltsberechtigten geltende innerstaatliche Recht maßgebend.
Wechselt der Unterhaltsberechtigte seinen gewöhnlichen Aufenthalt, so ist vom Zeitpunkt des Aufenthaltswechsels an das innerstaatliche Recht des neuen gewöhnlichen Aufenthalts anzuwenden.

Art. 5. Kann der Berechtigte nach dem in Artikel 4 vorgesehenen Recht vom Verpflichteten keinen Unterhalt erhalten, so ist das Recht des Staates, dem sie gemeinsam angehören, anzuwenden.

Art. 6. Kann der Berechtigte nach den in den Artikeln 4 und 5 vorgesehenen Rechten vom Verpflichteten keinen Unterhalt erhalten, so ist das innerstaatliche Recht der angerufenen Behörde anzuwenden.

Art. 7. Bei Unterhaltspflichten zwischen Verwandten in der Seitenlinie oder Verschwägerten kann der Verpflichtete dem Anspruch des Berechtigten entgegenhalten, daß nach dem Recht des Staates, dem sie gemeinsam angehören, oder, mangels einer gemeinsamen Staatsangehörigkeit, nach dem innerstaatlichen Recht am gewöhnlichen Aufenthalt des Verpflichteten eine solche Pflicht nicht besteht.

Art. 8. Abweichend von den Artikeln 4 bis 6 ist in einem Vertragsstaat, in dem eine Ehescheidung ausgesprochen oder anerkannt worden ist, für die Unterhaltspflichten zwischen den geschiedenen Ehegatten und die Änderung von Entscheidungen über diese Pflichten das auf die Ehescheidung angewandte Recht maßgebend.
Absatz 1 ist auch im Fall einer Trennung ohne Auflösung des Ehebandes und im Fall einer für nichtig oder als ungültig erklärten Ehe anzuwenden.

Art. 9. Für das Recht einer öffentliche Aufgaben wahrnehmenden Einrichtung auf Erstattung der dem Unterhaltsberechtigten erbrachten Leistungen ist das Recht maßgebend, dem die Einrichtung untersteht.

Art. 10. Das auf eine Unterhaltspflicht anzuwendende Recht bestimmt insbesondere,
1. ob, in welchem Ausmaß und von wem der Berechtigte Unterhalt verlangen kann;
2. wer zur Einleitung des Unterhaltsverfahrens berechtigt ist und welche Fristen für die Einleitung gelten;
3. das Ausmaß der Erstattungspflicht des Unterhaltsverpflichteten, wenn eine öffentliche Aufgaben wahrnehmende Einrichtung die Erstattung der dem Berechtigten erbrachten Leistungen verlangt.

Art. 11. *Von der Anwendung des durch dieses Übereinkommen bestimmten Rechtes darf nur abgesehen werden, wenn sie mit der öffentlichen Ordnung offensichtlich unvereinbar ist.*

Jedoch sind bei der Bemessung des Unterhaltsbetrags die Bedürfnisse des Berechtigten und die wirtschaftlichen Verhältnisse des Unterhaltsverpflichteten zu berücksichtigen, selbst wenn das anzuwendende Recht etwas anderes bestimmt.

Kapitel III. Verschiedene Bestimmungen

Art. 12. *Dieses Übereinkommen ist nicht auf Unterhalt anzuwenden, der in einem Vertragsstaat für eine vor dem Inkrafttreten des Übereinkommens in diesem Staat liegende Zeit verlangt wird.*

Art. 13. *Jeder Vertragsstaat kann sich gemäß Artikel 24 das Recht vorbehalten, dieses Übereinkommen nur anzuwenden auf Unterhaltspflichten*

1. zwischen Ehegatten und zwischen früheren Ehegatten;

2. gegenüber einer Person, die das einundzwanzigste Lebensjahr noch nicht vollendet hat und unverheiratet ist.

Art. 14. *Jeder Vertragsstaat kann sich gemäß Artikel 24 das Recht vorbehalten, dieses Übereinkommen nicht anzuwenden auf Unterhaltspflichten*

1. zwischen Verwandten in der Seitenlinie;

2. zwischen Verschwägerten;

3. zwischen geschiedenen oder ohne Auflösung des Ehebandes getrennten Ehegatten oder zwischen Ehegatten, deren Ehe für nichtig oder als ungültig erklärt worden ist, wenn das Erkenntnis auf Scheidung, Trennung, Nichtigkeit oder Ungültigkeit der Ehe in einem Versäumnisverfahren in einem Staat ergangen ist, in dem die säumige Partei nicht ihren gewöhnlichen Aufenthalt hatte.

Art. 15. *Jeder Vertragsstaat kann gemäß Artikel 24 einen Vorbehalt machen, daß seine Behörden sein innerstaatliches Recht anwenden werden, wenn sowohl der Berechtigte als auch der Verpflichtete Staatsangehörige dieses Staates sind und der Verpflichtete dort seinen gewöhnlichen Aufenthalt hat.*

Art. 16. *Kommt das Recht eines Staates mit zwei oder mehr Rechtsordnungen mit räumlicher oder personeller Anwendung auf dem Gebiet der Unterhaltspflicht in Betracht – beispielsweise, wenn auf das Recht des gewöhnlichen Aufenthalts des Berechtigten oder des Verpflichteten oder auf das Recht des Staates, dem sie gemeinsam angehören, verwiesen wird –, so ist die Rechtsordnung anzuwenden, die durch die in diesem Staat geltenden Vorschriften bestimmt wird, oder mangels solcher Vorschriften die Rechtsordnung, zu der die Beteiligten die engsten Bindungen haben.*

Art. 17. *Ein Vertragsstaat, in dem verschiedene Gebietseinheiten ihre eigenen Rechtsvorschriften über die Unterhaltspflicht haben, ist nicht verpflichtet, dieses Übereinkommen auf Kollisionsfälle anzuwenden, die nur seine Gebietseinheiten betreffen.*

Art. 18. *Dieses Übereinkommen ersetzt in den Beziehungen zwischen den Staaten, die Vertragsparteien sind, das Haager Übereinkommen vom 24. Oktober 1956 über das auf Unterhaltsverpflichtungen gegenüber Kindern anzuwendende Recht.*

Jedoch ist Absatz 1 nicht auf einen Staat anzuwenden, der durch einen Vorbehalt nach Artikel 13 die Anwendung dieses Übereinkommens auf Unterhaltspflichten gegenüber Personen ausgeschlossen hat, die das einundzwanzigste Lebensjahr noch nicht vollendet haben und unverheiratet sind.

Art. 19. *Dieses Übereinkommen berührt nicht andere internationale Übereinkünfte, deren Vertragspartei ein Vertragsstaat des Übereinkommens ist oder wird und die Bestimmungen über die durch dieses Übereinkommen geregelten Angelegenheiten enthalten.*

Kapitel IV. Schlußbestimmungen

Art. 24. *Jeder Staat kann spätestens bei der Ratifikation, der Annahme, der Genehmigung oder dem Beitritt einen oder mehrere der in den Artikeln 13 bis 15 vorgesehenen Vorbehalte machen. Andere Vorbehalte sind nicht zulässig.*

3) Weitere multilaterale Abkommen über die Durchsetzung von Unterhaltsansprüchen. a) UN- **7** Übk über die **Geltendmachung von Unterhaltsansprüchen im Ausland** v 20. 6. 56, BGBl **59** II 149. Es ist ein RechtshilfeAbk, das im administrativen Wege die Durchsetzg des Anspr erleichtern soll, indem dieser auf Veranlassg einer staatl Stelle des Staates, in dem sich der Berecht befindet (Übermittlgsstelle), unter Mithilfe einer Stelle im AufenthStaat des Verpflichteten (Empfangsstelle) geltend gemacht wird, Art 3 I Übk; keine Gewährg von Prozeßkostenhilfe, Ffm FamRZ **87**, 302. Die Erwirkg von Unterh kann auf diese Weise auch aGrd von Titeln geschehen, die anderwärts gg den Verpflichteten erwirkt sind, Art 5. Auf UnterhAnspr für mj Kinder ist das Übk nicht beschränkt. Text u Erläut bei Baumb-Lauterbach, ZPO im Anh zu GVG 168. Das Übk gilt nicht im Verh zu den USA; vgl dazu jetzt AuslandsUnterhG vom 19. 12. 86, Art 18 Rn 5.

b) Haager Übereinkommen über die Anerkennung und Vollstreckung von Entscheidungen auf 8 dem Gebiet der Unterhaltspflicht gegenüber Kindern v 15. 4. 58, BGBl **61** II 1005, ist für die BRep in Kraft getreten am 1. 1. 62; vgl dazu AusführgsG v 18. 7. 61, BGBl 1033; in Kraft ferner für Belgien, Italien, Österr, Bek v 15. 12. 61, BGBl **62** II 15, Niederlande, Bek v 9. 6. 64, BGBl II 784 (vgl dazu Bek v 17. 2. 81, BGBl II 118), niederl Antillen und Suriname, Bek v 26. 10. 64, BGBl II 1407 u v 13. 5. 77, BGBl II 467 (vgl dazu Bek v 29. 10. 80, BGBl II 1416), Ungarn, Bek v 21. 1. 65, BGBl II 123, Schweiz, Bek v 17. 8. 65, BGBl II 1164, Norwegen, Bek v 19. 10. 65, BGBl II 1584, Dänemark, Bek v 18. 1. 66, BGBl II 56, Schweden, Bek v 23. 2. 66, BGBl II 156, Frankreich, Bek v 17. 5. 67, BGBl II 1810, nebst seinen überseeischen Departements u überseeischen HohGebieten, Bek v 16. 10. 69, BGBl II 2124, Finnland, Bek v 9. 8. 67, BGBl II 2311, CSFR, Bek v 12. 7. 71, BGBl II 988, Liechtenstein, Bek v 18. 1. 73, BGBl II 74, Türkei, Bek v 14. 8. 73, BGBl II 1280, Spanien, Bek v 13. 11. 73, BGBl II 1592, Portugal, Bek v 22. 7. 74, BGBl II 1123. Es dient der Erleichterg der Vollstr von Entsch internat oder innerstaatl Charakters, die den UnterhAnspr eines ehel, nehel od an Kindes Statt angen Kindes zum Ggst haben, sofern es unverheiratet ist u das 21. LebensJ noch nicht vollendet hat, umfaßt also die gleichen Anspr wie das in Rn 3 genannte Haager Übk. Im Verh zur fr DDR galt das Abk nicht, vgl Düss FamRZ **79**, 313. Die internat Zustdgk der dtschen Gerichte in UnterhSachen wird dch das Abk unmittelb nicht geregelt, abw BGH NJW **85**, 552, vgl dazu richtig Henrich IPRax **85**, 207. Wg Text u Erläut Baumb-Lauterbach ZPO SchlußAnh V A 2. – Zur VollstreckbErklärg ausl UnterhTitel mit gesetzl Indexierg s Hbg FamRZ **83**, 1157, Schlesw DAVorm **93**, 463, Dopffel DAVorm **84**, 217, Gross DAVorm **84**, 549.

9 **c) Haager Übereinkommen über die Anerkennung und Vollstreckung von Unterhaltsentscheidungen** v 2. 10. 73, BGBl **86** II 826; vgl dazu AusführgsG v 25. 7. 86, BGBl 1156, sowie BGH NJW **89**, 1356, Beitzke ZfJ **86**, 480, Baumann, Die Anerkenng u Vollstreckg ausl Entscheidgen in UnterhSachen, 1989, Galster IPRax **90**, 146. Das Übk ist für die BRep am 1. 4. 87 in Kraft getreten, Bek v 16. 3. 87, BGBl 944; in Kraft ferner seit 1. 8. 76 für Portugal, Schweiz (vgl dazu Bek v 23. 6. 93, BGBl II 1008), Tschechoslowakei (nunm Tschechische Republik, vgl Bek v 23. 6. 93, BGBl II 1008, u Slowakei, vgl Bek v 6. 10. 93, BGBl II 2170), seit 1. 5. 77 für Schweden, seit 1. 10. 77 für Frankreich, seit 1. 7. 78 für Norwegen, seit 1. 3. 80 für Großbritannien, seit 1. 3. 81 für die Niederlande, seit 1. 6. 81 für Luxemburg, seit 1. 1. 82 für Italien, seit 1. 7. 83 für Finnland, seit 1. 11. 83 für die Türkei, Bek v 25. 3. 87, BGBl II 220, seit 1. 9. 87 für Spanien, Bek v 14. 7. 87, BGBl II 404, seit 1. 1. 88 für Dänemark, Bek v 6. 1. 88, BGBl II 98. Das Übk betrifft UnterhEntsch v Ger od VerwBeh (einschl Vergleiche) aGrd familienr UnterhPfl, beschr sich also im Ggs zu dem zu b genannten Übk incl Verh zw den VertrPart das Übk von 15. 4. 58; dieses gilt also weiterhin im Verh zu Belgien, Liechtenstein, Österreich, Suriname, Ungarn; eine Kündigg ist derzeit nicht beabsichtigt, vgl Denkschrift BT-Drucks 10/258 S 28.

10 **d) Das Übereinkommen** der Europ Gemsch über die **gerichtliche Zuständigkeit und die Vollstreckung gerichtlicher Entscheidungen in Zivil- und Handelssachen** v 27. 9. 68, BGBl **72** II 774, das am 1. 2. 73 für den 6 ursprüngl EWG-Staaten in Kraft getreten ist, betr auch die internat Zustdgk für Unterh-Klagen, vgl insb Art 5 Nr 2, ferner Karlsr FamRZ **86**, 1226, Henrich IPRax **85**, 207, sowie die Anerkenng u Vollstreckg v UnterhTiteln, vgl Hamm FamRZ **93**, 214, Wolf DAVorm **73**, 329, Geimer IPRax **92**, 5. IdF des 1. BeitrittsÜbk v 9. 10. 78 (BGBl **83** II 803) ist das EuGVÜ am 1. 11. 86 zw den 6 ursprüngl EWG-Staaten u Dänemark (Bek v 14. 11. 86, BGBl II 1020), am 1. 1. 1987 im Verh zu Großbritannien (Bek v 12. 12. 86, BGBl II 1146) sowie am 1. 6. 88 auch im Verh zu Irland (Bek v 20. 6. 88, BGBl II 610) in Kraft getreten; zu der mit dem 1. BeitrittsÜbk zushängenden Revision des EuGVÜ vgl Kohler IPRax **87**, 201, Jayme FS Keller (1989) 452 (zur Neufassg v Art 5 Nr 2). Seit dem 1. 4. 89 gilt das EuGVÜ idF des 2. BeitrittsÜbk v 25. 10. 82 (BGBl **88** II 454) zw den 6 ursprüngl EWG-Staaten, Dänemark, Irland u Griechenland (Bek v 15. 2. 89, BGBl II 214), seit 1. 10. 89 auch für Großbritannien, Bek v 24. 8. 89, BGBl II 752; zum Beitritt Spaniens u Portugals vgl 3. BeitrittsÜbk v 26. 5. 89 (BGBl **94** II 519), das für die BRep am 1. 12. 94 Kraft getreten ist, vgl Bek v 25. 10. 94 BGBl II 3707 mit Übersicht über den Stand der Ratifikation; das EG/EFTA ParallelÜbk von Lugano v 16. 9. 88 BGBl **94** II 2660 ist für die BRep am 1. 3. 95 in Kraft getreten, vgl Bek v 8. 2. 95 BGBl II 221 mit Übersicht über den Stand der Ratifikation. Texte der versch Übk bei Jayme/Hausmann Nr 72–77. Zu den Vorteilen dieses Übk im Vergl mit dem oben Rn 8 genannten Haager Abk v 15. 4. 58 vgl Linke FamRZ **78**, 924; zur gleichrangigen Geltg mit dem oben Rn 9 genannten Haager Übk v 2. 10. 73 Hbg ZfJ **92**, 547.

11 **4) Übereinkommen über die Erweiterung der Zuständigkeit der Behörden, vor denen nichteheliche Kinder anerkannt werden können** v 14. 9. 61. Das Übk ist für die BRep aGrd des ZustG v 15. 1. 65, BGBl II 17, am 24. 7. 65 in Kraft getr. Es gilt derzeit im Verhältn zu Frankreich, Niederlande, Schweiz, Türkei, BGBl **65** II 1162, Belgien, Bek v 11. 10. 67, BGBl II 2376, Griechenland, Bek v. 28. 8. 79, BGBl II 1024, Italien, Bek v 5. 8. 81, BGBl II 625, Portugal, Bek v 4. 9. 84, BGBl II 875 u Spanien, Bek v 29. 7. 87, BGBl II 448. Es handelt sich um ein bloßes ZustdgkAbk ohne unmittelb kollisionsr Bedeut. Da das Recht aller VertrStaaten nunmehr die „Anerkenng mit Standesfolge" vorsieht, ist das Übk derzeit ohne prakt Bedeut. Wg der Einzelh vgl Böhmer/Siehr FamR II 7.2.

EG 19 *Eheliche Kindschaft.* [I] Die eheliche Abstammung eines Kindes unterliegt dem Recht, das nach Artikel 14 Abs. 1 für die allgemeinen Wirkungen der Ehe der Mutter bei der Geburt des Kindes maßgebend ist. Gehören in diesem Zeitpunkt die Ehegatten verschiedenen Staaten an, so ist das Kind auch dann ehelich, wenn es nach dem Recht eines dieser Staaten ehelich ist. Ist die Ehe vor der Geburt aufgelöst worden, so ist der Zeitpunkt der Auflösung maßgebend. Das Kind kann die Ehelichkeit auch nach dem Recht des Staates anfechten, in dem es seinen gewöhnlichen Aufenthalt hat.

[II] Das Rechtsverhältnis zwischen den Eltern und einem ehelichen Kind unterliegt dem Recht, das nach Artikel 14 Abs. 1 für die allgemeinen Wirkungen der Ehe maßgebend ist. Besteht eine Ehe nicht, so ist das Recht des Staates anzuwenden, in dem das Kind seinen gewöhnlichen Aufenthalt hat.

[III] Ist das Wohl des Kindes gefährdet, so können Schutzmaßnahmen auch nach dem Recht des Staates ergriffen werden, in dem das Kind seinen gewöhnlichen Aufenthalt hat.

1 **1) Allgemeines. a)** Art 19 regelt die Anknüpfg der ehel Abstammg, Abs 1, u des RVerh zw Eltern u ehel Kindern, Abs 2; die Vorschr hat wg der Verschiedenartigk der erfaßten Sachgebiete keinen einheitl Charakter. Im Interesse einer gleichmäß Anknüpfg aller RBeziehgen in einer Familie werden auch die ehel Abstammg u das Eltern-Kind-Verh grdsl dem v Art 14 I berufenen Recht als **Familienstatut** unterstellt, vgl dort Rn 1; dabei wird die Berücksichtigg einer RWahl nach Art 14 II–IV ausdrückl ausgeschl; die grdsl Anwendg des Ehewirkgsstatuts wird dch vielfältige **Ausnahmen** im Interesse des Kindes durchbrochen, Abs 1 S 2 u 4, Abs 2 S 2, Abs 3. **b) Rück- und Weiterverweisung** sind nach Art 4 I zu beachten, sofern **2** dies nicht dem Sinn der Verweisg widerspr, nicht also bei der Anknüpfg nach Art 14 I Nr 3, ebso Staud-Henrich Rn 39; Einschränkgen bestehen bei den in Abs 1 S 2 u 4 vorgesehenen **alternativen** Anknüpfgen, bei welchen der Kreis der anwendb ROrdnungen dch Rück- u Weiterverweis nur erweitert, nicht aber verengt werden darf, vgl dazu Art 4 Rn 7, abw Hepting/Gaaz PStG 30 Rn 113; nach dem Sinn der Verweisg **nicht** ausgeschl ist eine Rück- od Weiterverweis bei den Anknüpfgen an den gewöhnl Aufenth der Eltern, Art 14 I Nr 2 od des Kindes, Abs 2 S 2; dagg enth Abs 3 eine Sachnormverweis, vgl Art 3 Rn 5. – Zum Vorrang des BelegenhStatuts s Art 3 III u dort Rn 11–15. **c) Staatsvertragliche Regelungen,** die nach Art 3 II 1 Art 19 vorgehen, betreffen vor allem dessen Abs 2 u 3; zu nennen ist hier in erster Linie das Haager **Minderjährigenschutzabkommen,** vgl dazu Anh zu Art 24 Rn 1–54. Das Haager Übk über die **zivilrechtlichen Aspekte internationaler Kindesentführung** v 25. 10. 80, BGBl **90** II 206, in Kraft seit 1. 12. 90, vgl Bek v 11. 12. 90, BGBl **91** II 329, vgl dazu Anh zu Art 24 Rn 59, ist ein RechtshilfeÜbk mit einheitl Verf- und SachVorschr über die Rückführg entführter od zurückgehaltener Kinder; es regelt weder das SorgeR selbst noch das auf eine SorgeREntscheid anwendb Recht, vgl MüKo-Siehr ErgänzgsBd 2. Aufl (1991) Art 19 Anh II Rn 4; eine kollrechtl Regelg enthält Art 3 I betr Definition der Widerrechtlichk des Verbringens od Zurückhaltens (Verweis auf das nach dem Recht des AufenthStaates unter Einschluß von dessen Kollisionsnormen bestehde SorgeR). Das Europ Übk über die Anerkenng u Vollstreckg von Entscheidgen über das SorgeR für Kinder u die Wiederherstellg des Sorgeverhältnisses v 20. 5. 80, BGBl **90** II 220, ist für Deutschland am 1. 2. 91 in Kraft getreten, vgl Bek v 19. 12. 90, BGBl 91 II 392 sowie Anh zu Art 24 Rn 63; es ist ein RHilfeÜbk auf dem Gebiet der Anerkenngs- und VollstreckgsR, vgl MüKo-Siehr aaO Art 19 Anh III Rn 5 u enthält keine Regelg des auf das SorgeR anwendb Rechts. Zu beiden Übk vgl AusführgsG v 5. 4. 90, BGBl 701, sowie Mansel NJW **90,** 2176, Baer ZRP **90,** 209. **d) Zum innerdeutschen Kollisionsrecht** vgl Rn 17.

2) Eheliche Abstammung (Absatz 1). a) Grundsatz. Die ehel Abstammg eines Kindes unterliegt nach **3** Abs 1 S 1 unwandelb dem nach Art 14 I in der Ehe der Mutter zZ der Geburt als **gesetzliches** Ehewirkgsstatut geltdn Recht; ist die Ehe vor der Geburt dch Scheidg od Tod aufgelöst worden, so entsch nach Abs 1 S 3 der Ztpkt der Auflösg. Maßg ist also gem Art 14 I Nr 1 in erster Linie das gemeins HeimatR (bzw bei Staatenlosen u Flüchtlingen das gemeins Personalstatut) der Eheg zum maßg Ztpkt, in dessen Ermangelg das letzte gemeins HeimatR (bzw Personalstatut), sofern es von einem der Eheg beibehalten worden ist; bei Mehrstaatern ist dabei nur die in Art 5 I bezeichnete (dh effektivere bzw dtsche) Staatsangehörigk zu berücksichtigen. In zweiter Linie entsch gem Art 14 I Nr 2 das Recht des Staates, in dem beide Eheg zum maßg Ztpkt ihren gewöhnl Aufenth, zum Begr vgl Art 5 Rn 10, 11, haben bzw bei dessen Fehlen zuletzt gehabt haben, sofern einer der Eheg diesen gewöhnl Aufenth beibehalten hat. Bei Versagen auch dieser Anknüpfg beurteilt sich die ehel Abstammg nach Art 14 I Nr 3 in dritter Linie nach dem Recht des Staates, dem die Eheg zum maßg Ztpkt auf and Weise gemeins am engsten verbunden sind, vgl dazu Art 14 Rn 9, 10. Ein v den Eheg dch **Rechtswahl** gem Art 14 II–IV best Ehewirkgsstatut ist bei der Anknüpfg der ehel Abstammg nicht zu berücksichtigen.

b) Erweiterung. Gehören die Eheg zum maßg Ztpkt **verschiedenen** Staaten an, so kann sich die **4** Ehelichk des Kindes nach Abs 1 S 2 **zusätzlich** auch aus einem dieser HeimatRe ergeben; bei Mehrstaatern ist dabei nur die von Art 5 I bezeichnete (dh effektivere bzw dtsche) Staatsangehörigk zu berücksichtigen. Voraussetzg der alternativen Anwendg der HeimatRe der Eheg ist, daß das Kind nach dem in der Ehe der Mutter zum maßg Ztpkt geltdn Ehewirkgsstatut nicht ehel wäre; die Anknüpfg nach Abs 1 S 2 ist also ggü derjenigen nach Abs 1 S 1 **subsidiär,** vgl BGH NJW **94,** 2360, ebso Erm-Hohloch Rn 15, aM Dörner StAZ **90,** 8, MüKo-Siehr Rn 15, Staud-Henrich Rn 36, Kropholler IPR § 48 III 2; sie dient zwar grdsl der Förderg der Ehelichk des Kindes, jedoch nur soweit dies angezeigt ist. Aus diesem Grd bleibt es bei der Ehelichk des Kindes gem Abs 1 S 1 iVm dem zur Anwendg gelangdn gesetzl Ehewirkgsstatut, wenn dieses im Ggs zu dem od den HeimatRen der Eheg eine **Anfechtung** der Ehelichk im konkreten Fall ausschließt, vgl Hamm FamRZ **93,** 843; ebso bleibt es aber umgekehrt auch bei der Anfechtk der Ehelichk des Kindes nach dem Ehewirkgsstatut gem Abs 1 S 1, obwohl das HeimatR eines od beider Eheg sie ausschließt, BGH NJW **94,** 2361, vgl Rn 5. Ergibt sich dagg die Ehelichk eines Kindes erst aus der subsidiären Anwendg des od eines HeimatRe der Eheg nach Abs 1 S 2, so entsch auch dieses Recht vorbehaltl des S 4 über die Anfechtg der Ehelichk, Begr BT-Drucks 10/504 S 65.

c) Sonderregelung für die Anfechtung der Ehelichkeit. Grdsl sind auch die Voraussetzgen einer **5** Anfechtg der Ehelichk nach dem für die ehel Abstammg maßg Statut zu beurteilen, vgl dazu Rn 3, 4, BGH NJW **94,** 2361, Mü IPRax **93,** 184, Klingelhöffer ebda 167. Schutzgut ist dabei neben der Förderg der Ehelichk auch das Interesse an der Feststellg der wahren Abstammg des Kindes. Läßt das von Abs 1 S 1 berufene Recht die Anfechtg zu, während das HeimatR eines od beider Eheg sie ausschließt, so bleibt also die Anfechtg mögl (keine Sperrwirkg v Abs 1 S 2), BGH NJW **94,** 2361, gg Stgt FamRZ **93,** 471 (krit dazu Henrich IPRax **93,** 394). Nach Abs 1 S 4 gilt für das Recht des Kindes (nicht also auch eines sonstigen Beteiligten) zur Anfechtg der Ehelichk **zusätzlich** auch das Recht des Staates, in dem das Kind seinen jew gewöhnl Aufenth hat, zum Begr vgl Art 5 Rn 10, 11; das Statut ist dch Verlegg des gewöhnl Aufenth wandelb. Diese Regelg soll ähnl wie S 2 das Interesse des Kindes an einer ihm günstig erscheinenden Klärg der Abstammg (dh nicht notw an der Aufrechterhaltg seiner Ehelichk) fördern; versagt das nach Abs 1 S 1 od S 2 berufene Abstammgsstatut dem Kind unter den gegebenen Umst das AnfR, so kann dieses auf das AufenthR des Kindes gestützt werden; die Anwendg dieses Rechts setzt jedoch nicht voraus, daß die Anf nach dem v Abs 1 S 1 od S 2 berufenen Recht nicht zulässig wäre; diese Statuten brauchen also nicht notw durchgeprüft zu werden, um eine EhelichkAnf nach dem Recht des gewöhnl Aufenth des Kindes durchf zu können, vgl dazu auch BGH NJW **94,** 2361. Ist das Kind nach dem Recht des gewöhnl Aufenth ohnehin nichtehel, kommt Feststellgsklage in Frage, Beitzke ZfJ **86**, 483, aM Erm-Hohloch Rn 17, Staud-Henrich Rn 164.

6   **d) Anwendungsbereich. aa)** Die Anwendg von Abs 1 setzt grdsl das Bestehen einer **wirksamen Ehe** der Mutter voraus, vgl BGH **43**, 213, 218. Die Vorschr greift also nicht ein, wenn die Mutter unverh war, teilw aM MüKo-Siehr Rn 30 f, Staud-Henrich Rn 73, Klinkhardt StAZ **89**, 182 (betr Kinder aus nichtehel LebensGemschen), selbst wenn das Kind aus einem and Grd mit der Geburt eine der ehel Abstammg vergleichb RStellg erlangt, zB weil das HeimatR der Eltern zw ehel u nehel Kindern nicht unterscheidet, vgl dazu Art 21 Rn 1, od nach dem HeimatR des Vaters eine sog Legitimanerkenng zul ist, vgl dazu Art 21 Rn 9; Abs 1 ist auch unanwendb, wenn die Ehe der Mutter zZ der Geburt nichtig od aufgeh war; die irrtüml spätere Scheidg einer solchen Nichtehe ändert daran nichts, Bonn IPRax **85**, 353; ob die Kinder trotzdem ehel sind, best sich nach dem EheschlStatut nach Art 13, vgl dort Rn 13. Auch die Vorfrage, ob eine gült Ehe der Mutter zustande gekommen ist, beurteilt sich grdsl nach Art 13, BGH **43**, 213, BayObLG **66**, 1, Zweibr FamRZ **74**, 153, Köln StAZ **72**, 140, KG FamRZ **73**, 313, Hamm StAZ **91**, 316. Ist eine im Inland nach Art 13 III formgült geschl Ehe nach dem HeimatR der Eheg wg Formmangels nichtig, so ist sie bei Beurteilg ihres wirks Zustandekommens als Vorfrage für die ehel Abstammg daher als gült anzusehen, hM, BayObLG **63**, 265, Soergel-Kegel Art 18 Rdz 5; die hinkde Ehe der Eltern hat also auch eine hinkde Ehelk der Kinder zur Folge. Ist die Ehe wg Art 13 III in Dtschland eine Nichtehe, so müssen die Kinder in Dtschland aber trotzdem als ehel angesehen werden, falls die Ehe nach dem HeimatR beider Verlobter gült zustande gekommen ist (alternative Anknüpfg der Vorfrage in favorem legitimitatis), vgl Siehr StAZ **71**, 205 u dazu Beitzke Fschr Kegel (1977) 102, ders ZfJ **86**, 482, im Erg ebso KG JW **37**, 2526, Karlsr FamRZ **83**, 757, Raape MDR **48**, 98, Neuhaus FamRZ **73**, 583, Rauscher StAZ **85**, 101, **86**, 89, Staud-Henrich Rn 63, **aM** BGH **43**, 213, Celle FamRZ **64**, 209, BayObLG **66**, 1, Karlsr StAZ **68**, 103, Hamm NJW **73**, 1554, Ffm OLGZ **78**, 2, Soergel-Kegel Art 18 Rdz 5, Bayer/Knörzer/Wandt FamRZ **83**, 772, MüKo-Schwimann Rn 35, Erm-Hohloch Rn 18. Ob die Ehe der Mutter dch Scheidg aufgelöst war, ist ebenf eine selbstd anzuknüpfde Vorfrage, AG u LG Bonn StAZ **88**, 354 (ScheidgsUrt eines dtschen Ger trotz fehler
7 Anerkenng im Heimatstaat zu beachten). **bb)** Die Anknüpfg nach Abs 1 betrifft zunächst die in §§ 1591– 1600 geregelten Fragen, also Beiwohngs- u VaterschVermutgen, Empfängniszeit, EhelichkAnf, insb Anf-Frist u AnfBerechtigg, vgl zB Zweibr NJW **92**, 640; Verstöße gegen Art 6 wg Versagg des AnfR, vgl dort Rn 23, sind wg der alternativen Anknüpfg an den gewöhnl Aufenth des Kindes nach Abs 1 S 4 kaum mehr denkb; Anordg einer Pflegsch für die Vertretg des Kindes beurteilt sich in erster Linie nach dem Vorschr des MSA, vgl Anh zu Art 24 Rn 13, sonst nach dem v Abs 2 u 3 berufenen Recht, vgl dazu BayObLG **82**, 32; die Erteilg einer vormundschaftsgerichtl Genehmigg zur EhelichkAnf dch einen Pfleger beurteilt sich nach Art 24, vgl LG Bln StAZ **80**, 23. Nach Abs 1 sind auch die Auswirkgen eines VaterschAnerk dch einen Dritten auf die Ehelichk eines Kindes zu beurteilen, vgl BGH **90**, 129, Stgt StAZ **85**, 106, ferner Beitzke StAZ **84**, 198, Rauscher StAZ **84**, 306, **85**, 194, Macke LM Nr 4, Klinkhardt IPRax **86**, 21; soweit es sich um die Feststellg der nehel Vatersch handelt, gilt Art 20 I.

8   **3) Rechtsverhältnis zwischen Eltern und Kind (Absätze 2 und 3). a) Grundsatz.** Auch das RVerh zw Eltern u ihrem ehel Kind wird nach Abs 2 **Satz 1** im Interesse der **Familieneinheit,** vgl Rn 1, dem jew gesetzl Ehewirkgsstatut nach Art 14 I unterstellt; das Statut ist also im Ggs zu Abs 1 **wandelbar.** Maßg ist in erster Linie das **jeweilige** gemeins HeimatR (bzw Personalstatut, vgl dazu BGH FamRZ **93**, 48) der Eheg, ersatzw das letzte gemeins HeimatR (bzw Personalstatut), sofern es von einem Eheg beibehalten worden ist; in zweiter Linie das Recht des Staates, in dem beide Eheg jeweils ihren gewöhnl Aufenth haben oder ersatzw zuletzt gehabt haben, sofern er von einem Eheg beibehalten worden ist; in dritter Linie das Recht des Staates, dem die Eheg jeweils auf and Weise gemeins am engsten verbunden sind; vgl dazu oben Rn 3. Ein von den Eheg dch RWahl gem Art 14 II–IV best Ehewirkgsstatut ist bei der Anknüpfg nach Abs 2 S 1 nicht zu
9 berücksichtigen. **b) Ausnahme bei nicht mehr bestehender Ehe.** Ist die Ehe der Eltern **aufgelöst,** etwa dch den Tod, dch NichtigErkl od Aufhebg (zu deren Konsequenzen für den Status der Ehelichk vgl Rn 6 u Art 13 Rn 13), so tritt für das RVerh des Kindes zu seinen Eltern an die Stelle des gesetzl Ehewirkgsstatuts gem Art 14 I nach Abs 2 **Satz 2** das Recht am jew **gewöhnlichen Aufenthalt** des Kindes, zum Begr vgl Art 5 Rn 10, 11, Bambg NJW-RR **90**, 774. Diese Anknüpfg ist **ausschließlich,** ersetzt also das nach Abs 2 S 1 währd der Dauer der Ehe berufene KindschStatut; krit dazu Rauscher StAZ **87**, 127. Die Anwendg von Abs 2 S 2 setzt nicht unbedingt voraus, daß eine Ehe der Eltern jemals bestanden hat; die Vorschr gilt auch dann, wenn das Kind auf and Weise den Status eines ehel Kindes erlangt hat, zB dch EhelichkErkl od Legitimanerkenng iSv Art 21 II. Das Recht des gewöhnl Aufenth des Kindes ist auch dann maßg, wenn die Ehe der Eltern dch **Scheidung** aufgelöst wurde, insb für die damit in Zusammenhang stehde Verteilg des SorgeR, Düss FamRZ **94**, 644, AG Einbeck FamRZ **91**, 590, Erm-Hohloch Rn 24, Henrich FamRZ **86**, 852, Lüderitz IPRax **87**, 76, Dörner IPRax **91**, 173, **93**, 87, Klinkhardt IPRax **91**, 175, str, aM Begr BT-Drucks 10/504 S 60 u 66, Piltz, Internat ScheidgsR (1988) 108 (Scheidgsstatut gem Art 17 I), Hamm FamRZ **90**, 781 (vgl aber auch IPRax **93**, 106), Ffm FamRZ **90**, 783, Karlsr FamRZ **92**, 1466 (krit Henrich IPRax **93**, 82), soweit nicht ohnehin die damit im Grds übereinstimmde vorrangige Sonderregel des MSA eingreift, vgl
10 Anh zu Art 24 Rn 13. **c) Schutzmaßnahmen bei Gefährdung des Kindeswohls** können nach **Absatz 3** auch währd des Bestehens der Ehe der Eltern zusätzl nach dem Recht am gewöhnl Aufenth des Kindes getroffen werden. Die Anwendg des AufenthR tritt fakultativ neben das grdsl maßg KindschStatut nach Abs 2 S 1. Die Vorschr stimmt sachl weitgehd mit dem vorrangigen **Art 8 MSA** überein, setzt aber im Ggs zu diesem nicht voraus, daß das Kind seinen gewöhnl Aufenth in einem VertrStaat hat. In Betr kommen etwa Maßn nach §§ 1666 u 1666a, vgl BayObLG FamRZ **94**, 914, **95**, 948.

11   **d) Anwendungsbereich. aa)** Die Anwendg des Abs 2 setzt voraus, daß es sich um ein **eheliches** Kind handelt. Die **Vorfrage** der ehel Abstammg ist selbständ nach Abs 1 anzuknüpfen; Abs 2 gilt grdsl auch für legitimierte od adoptierte Kinder, soweit das Legitimations- od Adoptionsstatut keine Sonderregel enth;
12 das Zustandekommen einer wirks Legitimation od Adoption beurteilt sich nach Art 21–23. **bb)** Sachl fällt unter Abs 2 die **elterliche Sorge** (Entstehg, Trägersch, Beschränkg, Ruhen, Entziehg, Verwirkg u Inhalt

im einz), soweit nicht die **vorrangige** staatsvertragl **Sonderregelung** des **MSA** eingreift, vgl dazu Anh zu Art 24 Rn 1–53; Art 3 MSA, vgl Anh zu Art 24 Rn 20, 21, ist aber keine selbstd Kollisionsnorm, die Art 19 II ausschaltet, BGH **111**, 199, Sturm StAZ **87**, 186, Heldrich Fschr Ferid (1988) 134, grdsl auch Pirrung IPR S 159, aM Rauscher StAZ **87**, 128, MüKo-Siehr Rn 77, Kropholler IPR § 48 V 1. Hierher gehören zB die gesetzl Vertretgsmacht der Eltern, LG Saarbr ZfJ **91**, 604, vgl aber auch Art 12 Rn 5, Bestimmg des Wohns des Kindes, vgl BGH FamRZ **90**, 1225, zweifelnd FamRZ **93**, 47, Entscheidg über religiöse Kindererziehg, vgl dazu Henrich Fschr Kegel, 1987 S 197, Regelg des SorgeR im Zusammenhang mit Ehescheidg, vgl oben Rn 9, Anspr auf Herausgabe des Kindes gegen den und EltT, KG IPRax **91**, 60, od einen Dritten, VerkehrsR der Eltern, Notwendigk u Wirksamwerden einer Genehmigg des VormschGer, Haftg der Eltern wg Verletzg famrechtl Pflichten, BGH NJW **93**, 2306, Entziehg der elterl Sorge, Karlsr FamRZ **91**, 1337, BayObLG FamRZ **95**, 949 u and vormschaftsgerichtl SchutzMaßn (insow wird zumeist Abs 3 erfüllt sein). Abs 2 gilt **nicht** für den **Namen** des Kindes, vgl dazu Art 10 Rn 18–23, aM AG Duisbg StAZ **87**, 283 (Vorname), u für den **Unterhalt** des Kindes, vgl dazu Art 18 mit Anh, unzutr Hamm FamRZ **87**, 1305. Wg der weitgehden Verdrängg dch die vorrangige Sonderregelg durch das MSA ist der verbleibde prakt Anwendgsbereich v Abs 2 u 3 gering.

4) Internationales Verfahrensrecht. a) Die **internationale Zuständigkeit** für eine **Ehelichkeitsan- 13 fechtungsklage** od eine Klage auf Feststellg des Bestehens od Nichtbestehens eines Eltern-Kind-Verh ist in **ZPO 640a II** geregelt; ausr ist, daß eine der Part Dtscher iSv GG 116 I ist od ihren gewöhnl Aufenth im Inland hat; daß das Urt im Heimatstaat der Part anerkannt wird, ist nicht erfdl; uU kann aber bei Nichtanerkenng das Rechtsschutzbedürfn fehlen, vgl LG Hbg IPRspr **81** Nr 90b. Die dch ZPO 640a II begründete internat Zustdgk ist nicht ausschl; zur **Anerkennung** ausl Entschen vgl ZPO 328, sowie zB Hamm DAVorm **93**, 104. **b)** Die internat Zustdgk der dtschen **Familien-** und **Vormundschaftsgerichte** best sich **14** in erster Linie nach den Vorschren des MSA, vgl Anh zu Art 24 Rn 1–53, Hüßtege ZfJ **94**, 253, od eines and StaatsVertr, zB des Haager Übk über die zivilr Aspekte int Kindesentführg v 25. 10. 80, oben Rn 2, vgl dazu Siehr StAZ **90**, 331, od des dtsch-österr VormschAbk, Anh zu Art 24 Rn 59. Soweit eine staatsvertragl Regelg fehlt, gilt nunmehr **FGG 35b** iVm FGG 43 I; danach ist ausr, daß das Kind Dtscher ist od seinen gewöhnl Aufenth im Inland hat od der Fürsorge dch ein dtsches Ger bedarf; diese Zustdgk ist nicht ausschl, FGG 35b III, vgl dazu BGH FamRZ **90**, 392 mAv Henrich, ferner BGH FamRZ **93**, 307, Hamm FamRZ **92**, 208 u 338, IPRax **93**, 106 (betr FGG 36), AG Weinh IPRax **94**, 371 mAv Jayme ebda 354, Dörner IPRax **93**, 86. Die internat Zustdgk für die SorgeRRegelg iR eines ScheidsVerf folgt aus dem Verbundprinzip, vgl dazu Art 17 Rn 28. **c)** Die **Anerkennung** ausl **Akte** der **freiwilligen Gerichtsbarkeit**, zB SorgeRRegel- **15** gen od Entschen über die Herausgabe eines Kindes an einen EltT, vgl BGH FamRZ **83**, 1008, ist in **FGG 16a** geregelt, vgl dazu BGH FamRZ **89**, 378, Hamm FamRZ **87**, 506, BayVGH StAZ **89**, 289, Koblenz NJW **89**, 2203, KG DAVorm **91**, 206, Mü FamRZ **93**, 350, VG Kblz FamRZ **93**, 987, Geimer Fschr Ferid (1988) 89, zur Anerkenng ausl UmgangsRegelgen Dörner IPRax **87**, 155; im Anwendungsbereich des MSA sind nur dessen Vorschr maßg; für die Anerkenng ausl SorgeREntscheidgen gilt zusätzl das Europ Übk v 20. 5. 80, oben Rn 2, vgl dessen Art 7 u 19 sowie Anh zu Art 24 Rn 63. Ein besond AnerkenngsVerf ist in FGG 16a nicht vorgesehen; bei SorgeRRegelg im Zushang mit einem ausl ScheidgsUrt ist aber vorher Durchf des Verf nach FamRÄndG Art 7 § 1 erfdl, soweit es sich nicht um eine HeimatstaatsEntsch handelt, BGH **64**, 19, Ffm OLGZ **77**, 141, SchlH SchlHA **78**, 54, Mansel IPRax **87**, 300. **Voraussetzungen** der Anerkenng sind: (1) internat Zustdgk des ausl Ger (bzw Behörde) in spiegelbildl Anwendg dtschen Rechts, (2) Gewährg des rechtl Gehörs, (3) keine Unvereinbk mit einer bereits vorliegden gültigen Entsch (zur Anwendbark auf einstw AO Hbg ZfJ **88**, 94) od mit inl RHängigk u (4) Vereinbk mit dem dtschen ordre public, insb den GrdRen (dabei entsch der Ztpkt der Anerkenng, BGH FamRZ **89**, 381). Die Anwendg des aus dtscher Sicht „richtigen“ Rechts setzt die Anerkenng im Inland nicht voraus, ebsowenig die Anerkenng auch in demjenigen Staat, dessen Recht nach Art 19 maßg ist. Die Abänderbk der Entsch schließt ihre Anerkenng nicht aus, vgl BGH **88**, 123, Karlsr FamRZ **84**, 819. Mit der Anerkenng entfaltet die Entsch im Inland grdsl die Wirkg, die ihr der EntschStaat beilegt. Eine **Abänderung** einer anerkenngsfähigen ausl **16** SorgeREntsch dch dtsches VormschG ist zulässig, soweit internat Zustdgk besteht u Abänderg nach dem v dtschen IPR berufenen SachR statth ist, vgl dazu BGH **64**, 19, BGH IPRax **87**, 317, KG OLGZ **75**, 119, Hamm IPRspr **80** Nr 96, IPRax **93**, 106, Karlsr FamRZ **95**, 563, Beitzke IPRax **84**, 314 (auch Ersetzg dch neue SorgeRRegelg), Mansel IPRax **87**, 298 (eingehend).

5) Innerdeutsches Kollisionsrecht. Vgl dazu Rauscher StAZ **91**, 1. **a)** Im innerdtschen KollisionsR war **17** Art 19 entspr anwendb; bei der Beurteilg der ehel Abstammg entschied nach Abs 1 S 1 in erster Linie das gemeins (bzw letzte gemeins u v einem beibehaltenen) Personalstatut der Eheg zZ der Geburt; zu dessen Bestimmg vgl Anh zu Art 3 Rn 4; die Anf der Ehelichk dch das Kind beurteilte sich zusätzl nach dem Recht an seinem gewöhnl Aufenth, Abs 1 S 4. Nach dem Inkrafttr des BGB im beigetretenen Gebiet am 3. 10. 90 stellen sich kollisionsr Fragen nur noch bei der Beurteilg von Altfällen, dh insb bei der Beurteilg der ehel Abstammg u der elterl Sorge bei Kindern, die vor dem Stichtag geboren sind. Soweit dafür nach den einheitl Regeln des dtschen ILP, vgl dazu Art 236 Rn 4, bish das Recht der DDR maßg war, trifft **Art 234** § 7 u § 11 eine ÜbeggsRegelg. **b)** Das RVerh zw Eltern u Kind unterlag nach Abs 2 S 1 grdsl dem jew gemeins (bzw letzten gemeins u von einem beibehaltenen) Personalstatut der Eheg. Seit dem 3. 10. 90 gilt insow einheitl das BGB. SorgeRRegelgen dch Ger der früh DDR waren in der BRep auch ohne bes AnerkenngsVerf grdsl wirks, Oldbg FamRZ **83**, 94.

EG 20 *Nichteheliche Kindschaft.* ¹ **Die Abstammung eines nichtehelichen Kindes unterliegt dem Recht des Staates, dem die Mutter bei der Geburt des Kindes angehört. Dies gilt auch für Verpflichtungen des Vaters gegenüber der Mutter auf Grund der Schwangerschaft. Die Vaterschaft kann auch nach dem Recht des Staates, dem der Vater im Zeitpunkt der Geburt des Kindes angehört, oder nach dem Recht des Staates festgestellt werden, in dem das Kind seinen gewöhnlichen Aufenthalt hat.**

ᴵᴵ **Das Rechtsverhältnis zwischen den Eltern und einem nichtehelichen Kind unterliegt dem Recht des Staates, in dem das Kind seinen gewöhnlichen Aufenthalt hat.**

1 **1) Allgemeines. a)** Art 20 best das anwendb Recht bei nehel Kindern; der Aufbau der Vorschr ähnelt der Parallelregelg für die ehel Kindsch in Art 19. Abs 1 regelt die Abstammg des nehel Kindes, dh die Begr des RVerh der nehel Kindsch (einschl der Verpflichtgen des Vaters ggü der Mutter aGrd der Schwangersch), Abs 2 betr die Wirkgen dieses RVerh; für den Namen des Kindes gilt Art 10, Rottw StAZ **91**, 230, vgl dort Rn 35–38, für die UnterhPflicht Art 18. Art 20 gilt nur für nehel Kinder; die **Vorfrage**, ob das Kind im Hinblick auf eine bestehde Ehe der Mutter ehel od nehel ist, ist selbstd anzuknüpfen, vgl Rn 29 vor Art 3, dh nach dem von Art 19 I berufenen Recht zu beurteilen, ebso Dortm NJW-RR **90**, 13, krit Hepting Fschr Ferid (1988) 163, für Anwendg v Art 20 Müller StAZ **89**, 303; ist die Ehe, aus der das Kind stammt, nichtig, so entsch über die Ehelk das nach Art 13 maßg Recht, vgl Art 19 Rn 6; ob das Kind dch Legitimation od Adoption den Status eines ehel Kindes erlangt hat, ist nach dem von Art 21 u 22 berufenen Recht zu **2** beurteilen. **b) Rück- oder Weiterverweisung** sind nach Art 4 I grdsl zu beachten; Einschränkgen gelten für die in Abs 1 vorgesehenen alternativen Anknüpfgen im Interesse des Kindes, vgl dazu Art 4 Rn 7. **c)** Art 20 galt entspr im **innerdeutschen** KollisionsR, vgl dazu Hamm StAZ **95**, 175. HeimatR der Beteiligten war ihr dtsches Personalstatut; zu dessen Bestimmg vgl Anh zu Art 3 Rn 4; für die RWirkgen der Eltern-Kind-Beziehg, insb die elterl Sorge, galt das Recht am jew gewöhnl Aufenth des Kindes. Seit dem 3. 10. 90 gilt einheitl das BGB, mit Ausn der Vorschr über die Pflegsch für nehel Kinder, vgl Art 230 I; insow gilt im Beitrittsgebiet weiterhin ein bes RZust; maßg dafür ist entspr Art 20 II der jew gewöhnl Aufenth des Kindes, vgl dazu Rn 11, aM Siehr IPRax **91**, 23, vgl auch LG Bln DAVorm **91**, 481. Soweit für die Feststellg der Abstammg eines vor dem Stichtag geborenen Kindes nach den einheitl Regeln des dtschen ILP, vgl dazu Art 236 Rn 4, das Recht der früh DDR maßg war, trifft **Art 234 § 7** eine Überggsregelung. Soweit für die Beurteilg der elterl Sorge bish das Recht der DDR anwendb war, gilt eine Übergsregelg gem Art 234 § 11. **d)** Eine vorrangige **staatsvertragliche** Sonderregelg enth vor allem das MSA, vgl Anh zu Art 24 Rn 1–53; über weitere StaatsVertre vgl dort Anh zu Art 24 Rn 55 ff.

3 **2) Feststellung der Abstammung des Kindes (Absatz 1). a) Grundsatz.** Die Abstammg eines nehel Kindes ist nach Abs 1 **S 1** grdsl nach dem HeimatR der Mutter zZ der Geburt zu beurteilen; zur Anknüpfg bei Mehrstaatern, Staatenlosen u Flüchtlingen vgl Art 5 mit Anh; das Statut ist unwandelb; bei vor dem 1. 9. 86 geborenen Kindern gilt übergangsr nach Art 220 I das bish IPR, BGH FamRZ **87**, 583, NJW-RR **89**, 707, **4** vgl dazu Art 220 Rn 4. **b) Anwendungsbereich.** Nach dem so best Abstammgsstatut beurteilt sich, ob die Begründg des RVerh der nehel Kindsch, insb im Verh zum Vater, eine gerichtl Abstammgsfeststellg erfordert (Abstammgssystem) od eine bloße Anerkenng genügt (Anerkenngssystem), diese aber etwa wie in den meisten roman Rechten auch von der Mutter erkl werden muß (MutterschAnerkenntn); zur Beurkundg u Beischreibg vgl PStG 29b. Für die VertrStaaten des **Übereinkommens über die Feststellung der mütterlichen Abstammung nichtehelicher Kinder** v 12. 9. 62, BGBl **65** II 23 (Deutschland, Niederlande, Schweiz, Türkei, Griechenland, Luxemburg u Spanien, vgl FundstellenNachw B (1995) 400) kann die Anerkenng vor zust Behörde jedes VertrStaates erfolgen (vgl dazu Böhmer/Siehr FamR II 7.3, v Sachsen Gessaphe IPRax **91**, 108); auch dch Angehörige eines NichtVertrStaates, vgl dazu BayObLG **78**, 333, Simitis RabelsZ **69**, 40. Das nach Abs 1 S 1 berufene Abstammgsstatut regelt insb die WirkskVoraussetzgen der Anerkenng (für die Form gilt Art 11 I) u ihre Anf; die Erfdlk u die Erteilg einer Zustimmg des Kindes od eines EltT (zu einer Anerkenng ist nach Art 23 zusätzl nach dem HeimatR des Kindes u ggf auch nach dtschem Recht zu beurteilen. Nach dem Abstammgsstatut nach Abs 1 S 1 beurteilen sich grdsl auch die **Wirkungen** der Anerkenng auf den Status des Kindes (für den Namen des Kindes gilt jedoch Art 10, vgl dort Rn 24–27); Voraussetzgen u Wirkgen einer **Legitimationsanerkenng,** welche dem Kind die RStellg eines ehel Kindes verschafft, sind jedoch nach dem v Art 21 berufenen Recht zu beurteilen, vgl dort Rn 9.

5 **c) Erstreckung auf die Verpflichtungen des Vaters gegenüber der Mutter.** Auch die aus der Schwangersch erwachsden Verpflichtgen des Vaters ggü der Mutter zur Erstattg der damit verbundenen Kosten sowie zur UnterhLeistg unterliegen nach Abs 1 **Satz 2** dem allg Abstammgsstatut, dh dem HeimatR (bzw Personalstatut) der Mutter zZ der Geburt, Abs 1 S 1. Über etwaige delikt ErsatzAnspr der Mutter entsch das Deliktsstatut, vgl Art 38; für einen etwaigen UnterhAnspr gilt Art 18, vgl dazu Staud-Kropholler Rn 24; zu den Anspren aus Verlöbn vgl Art 13 Rn 30.

6 **d) Alternative Zusatzanknüpfungen für die Vaterschaftsfeststellung. aa)** Die Feststellg der Vatersch unterliegt wie die Abstammg überhaupt grdsl dem HeimatR (bzw Personalstatut) der Mutter zZ der Geburt, Abs 1 S 1. Daneben kann die VaterschFeststellg, sei es dch gerichtl Entsch od sei es dch AnerkenngsErkl nach Abs 1 **Satz 3** alternativ auch unwandelb nach dem HeimatR (bzw Personalstatut) des Vaters zZ der Geburt od wandelb nach dem Recht am jew gewöhnl Aufenth des Kindes festgestellt werden, vgl BGH NJW **91**, 2962. Prakt wird damit eine VaterschFeststellg nach dtschem Recht ermögl, wenn entwed die Mutter od der Vater zZ der Geburt des Kindes dtsches Personalstatut besitzen, od das Kind **7** derzeit seinen gewöhnl Aufenth im Inland hat. **bb)** Es ist daher nur bei ausl Staatsangehörigk aller Beteil u gewöhnl Aufenth des Kindes im Ausland denkb, daß sich die **Unterhaltsansprüche** des Kindes gem Art 18 II ersatzw nach **deutschem** Recht beurteilen, ohne daß dtsches Recht nach Abs 1 S 3 wenigstens alternativ auch für die VaterschFeststellg maßg wäre. In allen übr Fällen der Anwendbk dtschen Rechts als UnterhStatut gem Art 18 I 1 od 2 u V kann auch die VaterschFeststellg nach Abs 1 S 3 alternativ nach dtschem Recht erfolgen. Damit ist das Bedürfn für eine akzessorische Anknüpfg der VaterschFeststellg an dtsches Recht als UnterhStatut, die mit der Sperrwirkg v § 1600a begründet wurde, vgl dazu 45. Aufl Art 21 Anm 4b, entfallen. Die VaterschFeststellg beurteilt sich nunm auch dann ausschl nach den v Abs 1 S 1 u S 3 zur Wahl gestellten ROrdngen, wenn sie als Vorfrage bei der Geltendmachg v UnterhAnspr zu beurteilen ist, ebso Sturm IPRax **87**, 3, grdsl auch Staud-Kropholler Rz 66, abw AG Duisburg DAVorm **87**, **8** 925. **cc)** Welche der in Betr kommden ROrdngen im konkreten Fall für die VaterschFeststellg maßg ist, ist nach dem **Kindeswohl** zu entsch, vgl BT-Drucks 10/5632 S 43, AG Hann DAVorm **90**, 832, Hamm StAZ **91**, 195 (kein WahlR des Anerkennden), LG Kass StAZ **92**, 308, AG Tüb DAVorm **94**, 127, KG FamRZ **94**,

988. Dabei wird es praktisch vor allem darauf ankommen, die UnterhAnspr des Kindes gegen seinen Erzeuger zu sichern, bei Anwendbk dtschen UnterhR also insb die Erfüllg der Voraussetzgen des § 1600a sicherzustellen. Für eine Rangordng nach dem Prioritätsprinzip Müller StAZ **89**, 305. **dd)** Die alternativen **9** Zusatzanknüpfgen gem Abs 1 S 3 an die Staatsangehörigk des Vaters u den gewöhnl Aufenth des Kindes gelten **nur** für die **Vaterschaftsfeststellung;** für ein MutterschAnerkenntn u für die Verpflichtgen des Vaters ggü der Mutter zur Erstattg der Kosten der Schwangersch u der Geburt sowie zur UnterhLeistg bleibt allein das Abstammgsstatut gem Abs 1 S 1 u 2 maßg. Das jeweils für die VaterschFeststellg angewandte Statut entsch auch über die WirksamkVoraussetzgen, Stgt FamRZ **90**, 559, u RWirkgen des VaterschAnerk (zur Form vgl Art 11 I, zu ZustErfordernissen vgl zusätzl Art 23) u über dessen Anf dch den Vater, KG FamRZ **94**, 989; ist zweifelh, nach welchem Recht die Vatersch anerkannt worden ist, so ist die Anf ausgeschl, wenn sie auch nur nach einer der nach Abs 1 S 1 u S 3 in Betr kommden ROrdng nicht statth ist, weil diese ROrdng als dem Kind günstiger maßg ist, aM Hepting/Gaaz PStG 30 Rn 156. Zur Anerkenng ausl VaterschFeststellgen Henrich StAZ **94**, 173.

3) Rechtsverhältnis zwischen Eltern und Kind (Absatz 2). Abs 2 unterstellt das RVerh eines nehel **10** Kindes zu seinen **beiden** Eltern, dh also die **Wirkungen** der nehel Kindsch, insb die Frage ihrer Unterschiede u ihrer Übereinstimmg mit der Stellg ehel Kinder, einschl der Folgen aus den verwandtschaftl Beziehgen zu den Familien der Mutter od des Vaters, BayObLG FamRZ **91**, 219, einheitl dem Recht am jew **gewöhnlichen Aufenthalt** (zum Begr vgl Art 5 Rn 10, 11) des **Kindes;** das Statut ist dch Veränderg des gewöhnl Aufenth ex nunc **wandelbar.** Zur Anknüpfg der Vorfrage der Nichtehelichk vgl Rn 1. Sachl betrifft Abs 2 ebso wie Art 19 II die **elterliche Sorge,** insb der Mutter, KG FamRZ **94**, 988, BayObLG FamRZ **94**, 914, u deren Entziehg, BayObLG FamRZ **93**, 844, sowie das UmgangsR des Vaters, BayObLG DAVorm **91**, 508. Ein **ausländisches** nehel Kind mit gewöhnl Aufenth, vgl dazu Art 5 Rn 10, im **Inland** steht daher unter der **11** elterl Sorge seiner ausl Mutter nach Maßg des **deutschen** Rechts, §§ 1705 ff; das **Jugendamt** wird desh nach § 1709 I kraft Gesetzes mit der Geburt Amtspfleger eines solchen Kindes zur Wahrnehmg der in § 1706 umschriebenen Aufgaben, BGH **111**, 199, BayObLG **90**, 247, ebso Sturm StAZ **87**, 184, IPRax **91**, 231, Dörner JR **88**, 265, Heldrich Fschr Ferid (1988) 131; diese Lösg steht in **Einklang** mit **Art 18 VI Nr 2,** der für die Geltendmachg von UnterhAnspr solcher Kinder ebenf zur Anwendg von § 1709 führt, BGH **111**, 212, vgl dazu Dörner JR **88**, 271, Heldrich IPRax **89**, 347. Der Inh der gesetzl AmtsPflegsch ist also hier abweichd von Art 24 I 1 nicht nach dem HeimatR des Schützlings zu beurteilen, vgl dort Rn 5; **Art 3 MSA** ist **nicht** zu berücksichtigen, da es sich nicht um eine Schutzmaßn handelt, vgl Anh zu Art 24 Rn 14, 20, 21, u diese Vorschr keine selbst allg Kollisionsnorm darstellt, die in ihrem räuml u persönl Anwendgsbereich Art 20 II verdrängt, BGH **111**, 205. Mit der Entsch des BGH, vgl dazu Brüggemann DAVorm **90**, 737, Sturm IPRax **91**, 231, Brötel FamRZ **91**, 775, dürfte die zu dieser Frage entstandene Kontroverse beigelegt sein; Nachweise zum Streitstand s 50. Aufl. Zur Frage des gewöhnl Aufenth nehel Kinder von Asylbewerbern verneind Memmg DAVorm **91**, 873, bej Kiel DAVorm **91**, 960. Ist das Kind bereits vor dem Inkraftr des IPRG am 1. 9. 86 geboren od verlegt es erst später seinen gewöhnl Aufenth ins Inland (dh in das Gebiet der alten Bundesländer), so tritt die gesetzl AmtsPflegsch des Jugendamtes erst am 1. 9. 86 bzw zu dem betreffden späteren Ztpkt ein, BayObLG **88**, 13, DAVorm **88**, 548, KG FamRZ **92**, 474, **94**, 988, LG Dortm DAVorm **93**, 993, Hamm StAZ **95**, 176, einschränkd Notariat Stgt DAVorm **93**, 94. Bei Übersiedlg des Kindes ins Ausland (bzw in die neuen Bundesländer) erlischt die Amtspflegsch mit dem Wegzug, KG FamRZ **92**, 473 auf LG Bln DAVorm **89**, 330, Lünebg FamRZ **92**, 1101, LG Kass FamRZ **93**, 233, LG Aachen DAVorm **93**, 1239, Sturm IPRax **91**, 235 (ausdrückl Aufhebg nach § 1919 aber empfehlenswert), Klinkhardt IPRax **94**, 285, aM LG Stgt DAVorm **89**, 521, Memmg DAVorm **89**, 796, Not Stgt-Botnang BWNotZ **92**, 130, Lück FamRZ **92**, 889; zur Aufhebg der Amtspflegsch vgl Bochum DAVorm **89**, 519. Das dtsch-österr VormAbk, vgl Anh zu Art 24 Rn 59, enth eine vorrangige Sonderreglg, vgl Paderb ZfJ **88**, 98, Karlsr FamRZ **89**, 898; ebso Art 13 ZusatzAbk zum Nato-Truppenstatut, Notariat Ulm IPRspr **88** Nr 128, Zweibr FamRZ **90**, 91, Fulda DAVorm **91**, 958, Karlsr FamRZ **93**, 848, vgl dazu Beitzke IPRax **90**, 170.

Im übr wird Abs 2 in weitem Umfang dch die **vorrangige staatsvertragliche** Sonderreglg des **MSA 12** überlagert, vgl dazu Anh zu Art 24 Rn 1–53; Schutzmaßn zG des Kindes, zum Begr vgl Anh zu Art 24 Rn 13, 14, beurteilen sich ausschl nach diesem Abk, wenn das Kind seinen gewöhnl Aufenth in einem Vertragsstaat hat, insb im Inland lebt. Für die **Unterhaltsansprüche** des Kindes gilt allein Art 18 mit Anhang, für den **Namen** Art 10, BayObLG StAZ **90**, 70, vgl dort Rn 24–27. In dem verbleibden Rahmen regelt Abs 2 etwa den Umfang der gesetzl Vertretgsmacht der Mutter, Wohns des Kindes, VerkehrsR des Vaters, Notwendigk u Wirksamwerden einer Genehmigg des VormundschGer, MitarbeitsPfl u AusstattgsAnspr (für den vorzeitigen ErbAusgl gilt jedoch das Erbstatut, vgl Art 25 Rn 10). Welche Auswirkgen die Einwilligg der Mutter in die Adoption des Kindes auf ihre elterl Sorge hat, ist nach dem Adoptionsstatut zu beurteilen, vgl Art 22 Rn 5.

EG 21 **Legitimation.** ^I **Die Legitimation durch nachfolgende Ehe unterliegt dem nach Artikel 14 Abs. 1 für die allgemeinen Wirkungen der Ehe bei der Eheschließung maßgebenden Recht. Gehören die Ehegatten verschiedenen Staaten an, so wird das Kind auch dann legitimiert, wenn es nach dem Recht eines dieser Staaten legitimiert wird.**

^{II} **Die Legitimation in anderer Weise als durch nachfolgende Ehe unterliegt dem Recht des Staates, dem der Elternteil, für dessen eheliches Kind das Kind erklärt werden soll, bei der Legitimation angehört oder, falls er vor dieser gestorben ist, zuletzt angehörte.**

1) Allgemeines. a) Art 21 regelt die Anknüpfg der Legitimation eines nehel Kindes. Abs 1 betrifft die **1** Legitimation dch nachfolgde Ehe, Abs 2 alle übr Legitimationsarten; wg der unterschiedl Interessenlage wird dabei auf unterschiedl Anknüpfgspkte abgestellt. Für die erfdl **Zustimmung** des Kindes und eines Dritten zur Legitimation enth Art 23 zusätzl eine Sonderanknüpfg. Die **Vorfrage,** ob das Kind nehel ist, also überh legitimiert werden kann, ist selbstd nach Art 19 anzuknüpfen, vgl dazu Art 20 Rn 1, Kblz IPRax

90, 54 (dazu Henrich ebda 35), KG StAZ **94**, 192 (rechtskr dtsches StatusUrt für dtschen Ri verbindl), Henrich StAZ **88**, 31, and Hepting Fschr Ferid (1988) 163; zu weiteren Vorfragen Rn 5. Dabei kommt es nur auf den Status der Ehelk bzw Nichtehelk an, eine Legitimation ist also auch dann mögl, wenn das v Art 19 I berufene Abstammgsstatut bei den **Wirkungen** v einer völligen Gleichstellg v ehel u nehel Kindern ausgeht, vgl AG Fbg StAZ **81**, 326 (vgl aber auch StAZ **86**, 14), Bremen StAZ **84**, 342 (jugosl Recht, insow and LG Bonn StAZ **84**, 279); dagg wird dch eine nach dem maßg Recht wirks Legitimationsanerkenng, vgl unten Rn 9–11, der Status der Ehelk begründet, so daß eine Legitimation dch nachf Eheschl entfällt, vgl Köln IPRax **86**, 181, AG Fbg StAZ **86**, 14, Beitzke StAZ **80**, 26. Zur Legitimation dch nachf Eheschl bei vorangegangener hinkder Scheidg der Kindesmutter AG Bonn IPRax **83**, 131. Für die **Folgen** einer wirks zustandegekommenen Legitimation für das Eltern-Kind-Verh gilt grdsl das v Art 19 II berufene Recht, dh das jew gesetzl Ehewirkgsstatut gem Art 14 I, wenn die Eltern verheiratet sind (dh insb im Fall des Abs 1),
2 bzw das Recht am gewöhnl Aufenth des Kindes (insb im Fall des Abs 2). **b) Rück- und Weiterverweisung** sind nach Art 4 I zu beachten, sofern dies nicht dem Sinn der Verweisg widerspricht, nicht also bei der Anknüpfg aGrd engster Verbindg nach Abs 1 iVm Art 14 I Nr 3; Einschränkgen bestehen bei den in Abs 1 S 2 vorgesehenen alternativen Anknüpfgen, bei welchen der Kreis der anwendb ROrdngen dch Rück- od Weiterverweisg nur erweitert, nicht aber verengt werden darf, vgl dazu Art 4 Rn 7, zust Staud-Henrich Rz 19, Henrich IPRax **90**, 34. Zur Rückverweisg in dtsch-portugiesischen Legitimationsfällen Bogler StAZ **87**, 160. **c)** Im **innerdeutschen** KollisionsR war Art 21 entspr anzuwenden; soweit danach auf das HeimatR der Beteiligten verwiesen wird, entschied ihr jew dtsches Personalstatut; zu dessen Bestimmg vgl Anhang zu Art 3 Rn 4. Seit dem Inkrafttr des BGB im Beitrittsgebiet am 3. 10. 90 kann sich die kollisionsr Frage nur mehr bei der Beurteilg von Altfällen stellen, vgl dazu Art 236 Rn 4; eine ÜberggsRegelg hierfür enth Art 234 § 12.

3 **2) Legitimation durch nachfolgende Ehe (Absatz 1). a) Grundsatz.** Nach Abs 1 **Satz 1** unterliegen die Voraussetzgen des Eintritts einer Legitimation dch nachfolgde Eheschl u ihre Wirkgen auf den Status des Kindes (nicht dagg auch ihre Folgen für das Eltern-Kind-Verh, vgl Rn 1) dem **gesetzlichen** Ehewirkgsstatut zZ der Heirat; entsch ist nur das in diesem Ztpkt berufene Recht; das Legitimationsstatut ist also **unwandelbar**. Wg des Abstellens auf den Ztpkt der Eheschl können die jeweils vergangenheitsbezogenen Stufen der Anknüpfgsleiter in Art 14 I Nr 1 u 2 (frühere gemeins Staatsangehörigk u früherer gemeins gewöhnl Aufenth) nicht eingreifen, vgl Art 15 Rn 16–20. Maßg ist also gem Art 14 I Nr 1 in erster Linie das gemeins HeimatR (bzw bei Staatenlosen u Flüchtlingen das gemeins Personalstatut, vgl Art 5 mit Anh) zZ der Eheschl; bei Mehrstaatern ist nur die in Art 5 I bezeichnete (dh effektivere bzw dtsche) Staatsangehörigk zu berücksichtigen, vgl Ffm NJW **88**, 1472. In zweiter Linie entsch gem Art 14 I Nr 2 das Recht des Staates, in dem beide Eheg zZ der Heirat ihren gewöhnl Aufenth haben, zum Begr vgl Art 5 Rn 10, 11. Bei Versagen auch dieser Anknüpfg beurteilt sich die Legitimation nach Art 14 I Nr 3 in dritter Linie nach dem Recht des Staates, dem die Eheg zZ der Heirat auf and Weise gemeins am engsten verbunden sind; vgl dazu Art 14 Rn 9, 10. Ein v den Eheg dch **Rechtswahl** gem Art 14 II–IV best Ehewirkgsstatut ist bei der Anknüpfg des Legitimationsstatuts nicht zu berücksichtigen. **b) Alternative Zusatzanknüpfung.** Gehören die Eheg zZ
4 der Heirat verschiedenen Staaten an, so kann sich die Legitimation nach Abs 1 **Satz 2** ähnl wie nach Art 19 I 2 zusätzl auch aus einem dieser HeimatRe ergeben; bei Mehrstaatern ist dabei nur die v Art 5 I bezeichnete (dh effektivere bzw dtsche) Staatsangehörigk zu berücksichtigen. Die Durchbrechg der Regelanknüpfg nach Abs 1 S 1 dient der Förderg der Legitimation; Abs 1 S 2 ist aber im Ggs zu Art 19 I 2 im Verh zur Regelanknüpfg nicht subsidiär. Es genügt also, wenn der Eintritt der Legitimation nach einer der in Betr kommden ROrdngen festgestellt werden kann, BayObLG StAZ **94**, 285, vgl auch LG Ffm StAZ **87**, 349, Dörner IPRax **89**, 30, StAZ **90**, 8; sie brauchen nicht alle od in einer best Reihenfolge geprüft zu werden, zust Gaaz StAZ **88**, 61.

5 **c) Anwendungsbereich. aa)** Abs 1 regelt die Legitimation dch nachf Ehe; die Eheschl der Eltern muß also eine der Tatbestandsvoraussetzgen zur Herbeiführg der Ehelk des Kindes sein; bei Legitimation unabhängig v einer Heirat gilt Abs 2. Über die **Vorfrage,** ob das Kind nehel ist, entsch Art 19 I, vgl Rn 1, über die Wirksamk der VaterschAnerk Art 20, Hamm StAZ **91**, 195, **93**, 79, BayObLG StAZ **94**, 285, vgl auch AG Weilbg FamRZ **94**, 990, über die Wirksk der Eheschl Art 13, aM MüKo-Klinkhardt Rn 43. Ist eine in Dtschland standesamtl geschl **Ehe** nach dem HeimatR der Eheg wg Formmangels **ungültig,** so kommt ihr dah v Standpkt des dtschen Rechts LegitimationsWirkg zu, da über die Formgültigk der Ehe Art 13 III entscheidet, BGH NJW **78**, 1107, Celle NJW **72**, 401, MüKo-Klinkhardt Rn 46; aus der hinkden Ehe ergibt sich dann eine hinkde Legitimation, vgl dazu Beitzke Fschr Kegel (1977) 106. Ist eine im Inland geschl Ehe wg Art 13 III eine Nichtehe, währd sie nach dem HeimatR der Eheschließden gült ist, so hat sie ebenf Legitimationswirkg, wenn dies dem Standpkt des nach Art 21 I berufenen Recht entspr (alternative Anknüpfg der Vorfrage in favorem legitimitatis, vgl Art 19 Rn 6); i Erg ebso BayObLG **90**, 1, LG Kln MDR
6 **53**, 488, Hepting StAZ **90**, 133, aM Soergel-Kegel Art 22 Rn 37, Beitzke Fschr Kegel (1977) 109. **bb)** Sachl betrifft das v Abs 1 berufene Statut die **Voraussetzungen** der Legitimation dch nachf Ehe (vgl §§ 1719ff), etwa ob dafür neben der Heirat zusätzl eine Feststellg der väterl u mütterl Abstammg, insb eine Anerkenng dch einen od beide EltT, vgl Hamm StAZ **91**, 195, sowie eine gerichtl Bestätigg od Feststellg der Legitimation od eine Eintragg in das ZivilstandsReg, vgl LG Bonn StAZ **84**, 344, erfdl ist; ein vom Legitimationsstatut etwa verlangtes VaterschAnerkenntn braucht dabei nicht notwendig den Tats zu entspr, vgl BGH **64**, 24, Beitzke Fschr Schwind (1978) 15, zB die GefälligkLegitimation dch einen Nichtvater nach franz Recht, VG Fbg FamRZ **74**, 474; dagg ist die Beurteilg der Wirksamk der Feststellg der Abstammg, insb eines VaterschAnerk eine selbstd anzuknüpfde Vorfrage, vgl Rn 5, str, für unselbst Anknüpfg Celle IPRax **91**, 122, Henrich StAZ **88**, 32, v Sachsen Gessaphe IPRax **91**, 108. Für das Erfordern der Zustimmg des Kindes od eines Dritten gilt zusätzl Art 23. Abs 1 regelt auch das Bestehen v Legitimationshindernissen, zB Verbot der Legitimation v Ehebruchskindern, wobei Art 6 zu beachten ist, vgl dort Rn 24. Nach dem Legitimationssta-
7 tut zu beurteilen ist schließl auch, ob die Heirat überh **Legitimationswirkung** hat, dh den Status des Kindes verändert u ob diese Wirkg ex nunc od ex tunc eintritt; verneint das anwendb Recht den Eintritt einer Legitimation, so kann Art 6 verletzt sein, vgl dort Rn 24; der ordre public ist aber nicht verl, wenn die

Legitimation v and Voraussetzgen abhängt als nach dtschem Recht, vgl KG NJW **82**, 528, od ihre Wirkgen auf and Weg erreichb sind, BGH **55**, 188, zu weitgehd daher AG Hbg DAVorm **77**, 775, od die Legitimation im Einzelfall nicht dem Kindeswohl entspr, Ffm OLGZ **85**, 5, vgl auch BVerfG NJW **89**, 1275 u dazu krit Siehr IPRax **89**, 283. Dagg unterliegen die **Folgen** der Legitimation für das RVerh zw Eltern u Kind **8** dem v Art 19 II berufenen Recht, soweit das Legitimationsstatut nicht ausnahmsw dafür matrechtl Sonderregeln aufstellt; für den Namen des Kindes gilt Art 10, Rottw StAZ **91**, 230, vgl dort Rn 24–27; für die UnterhPflicht Art 18. Zur grdsl Entbehrlich eines Beschl nach PStG 31 bei Legitimation nach dtschem Recht, Stgt StAZ **88**, 206, Hamm OLGZ **89**, 408, LG Verden StAZ **95**, 145, AG Bln-Schöneberg StAZ **95**, 145; Vorlagepflicht des StBeamten aber schon dann, wenn Zweifel an der ausschl Anwendbark dtschen Rechts (auch im Hinblick auf Vorfragen od auf Art 23) bestehen, Ffm NJW **88**, 1472, BayObLG **88**, 6, StAZ **94**, 285, Düss StAZ **89**, 313, **91**, 71, Staud-Henrich Rz 66, aM LG Mü StAZ **88**, 14, Gaaz StAZ **88**, 61, differenzierd Dörner IPRax **89**, 28.

3) Legitimation in sonstiger Weise (Absatz 2). a) Eine Legitimation, die unabh v einer späteren **9** Eheschl der Eltern eintritt, unterliegt nach Abs 2 dem **Heimatrecht** des **Legitimierenden** zZ des Eintritts der Legitimationswirkg bzw, falls er vorher gestorben ist, seinem letzten HeimatR; das Statut ist **unwandelbar;** zur Anknüpfg bei Mehrstaatern, Staatenlosen u Flüchtlingen vgl Art 5 mit Anhang. Die Vorschr betrifft etwa die Legitimation dch staatl Akt, insb die EhelErkl (wie nach §§ 1723 ff od nach §§ 1740 a ff), KG FamRZ **87**, 859, aM Dörner IPRax **88**, 222 (analoge Anwendg v Abs 1 S 2), aber auch dem dtschen Recht unbekannte and Legitimationsarten wie eine **Vaterschaftsanerkennung,** dch welche das Kind die rechtl Stellg eines **ehelichen** Kindes erlangt, wie dies insb in ehem sozialist ROrdngen der Fall ist, vgl zB AG Fbg StAZ **86**, 14, AG Lüb StAZ **88**, 209, Celle FamRZ **91**, 1100 (krit Hepting IPRax **93**, 24), AG Kln DAVorm **93**, 106, LG Rottw NJW-RR **95**, 967, Staud-Henrich Rz 105 u die Übers bei Reichard StAZ **86**, 197, ebso im ital R, KG DAVorm **90**, 1158, od das **Legitimanerkenntnis des islamischen Rechts** (Iqrar), LG Bln FamRZ **88**, 208, Staud-Henrich Rz 91, vgl dazu auch BayObLG **87**, 203, Hamm FamRZ **88**, 314, AG Hann DAVorm **90**, 832, Oldbg NJW-RR **94**, 391, abw Hepting/Gaaz PStG 30 Rn 217 (Doppelqualifikation); für Anwendg von Abs 1 wenn die Eltern geheiratet haben MüKo-Klinkhardt Rn 17. Legitimierender ist dabei jew der EltT, bei dem die alleinigen od stärkeren Legitimationswirkgen eintreten, KG FamRZ **87**, 859, LG Bln FamRZ **88**, 209, krit Dörner IPRax **88**, 223. Im Geburtenbuch erfolgt Beischreibg nach PStG 30, nicht nach PStG 31; regelm ist aber Entsch des Ri nach PStG 45 II herbeizuführen, vgl BGH **55**, 188, ferner Köln StAZ **78**, 244 u BGH FamRZ **79**, 474 (unzul VorlageBeschl), BayObLG RPfl **82**, 421, BayObLG **87**, 208. **b)** Das Personalstatut des Legitimierden regelt die TatbestdVoraussetzgen u die statusverändernden Wirk- **10** gen einer derartigen Legitimation; handelt es sich um eine rechtsgeschäftl Erkl (nicht um einen Staatsakt), so beurteilt sich deren Form nach Art 11 I. Zur selbstd Anknüpfg der **Vorfrage** der Nichtehelichk vgl Rn 1. Die GeschFgk der Beteil ist als solche nach Art 7 zu beurteilen; SonderVorschren über die Mitwirkg v geschäftsunfäh od geschäftsbeschr Pers (wie nach §§ 1728 II, 1729, 1740 c) sind dagg dem Legitimationsstatut zu entnehmen, vgl RG **125**, 265, aM AG Münster IPRspr **77** Nr 93, das eine SonderGeschFgk auch hier nach EG 7 beurteilt, vgl dazu auch Siehr StAZ **76**, 356. Die Pers des ges Vertr best sich nach EG 19, 20, 24, vgl BayObLG **87**, 205, Magnus/Münzel StAZ **77**, 69. Nach dem Legitimationsstatut ist grdsl auch die Notwendigk v **Zustimmungen** der Beteiligten sowie deren Ersetzg u das Erfordern einer vormschgerichtl Genehmigg einschl der RFolgen des Fehlens derartiger Voraussetzgen zu beurteilen; dabei ist zusätzl Art 23 zu beachten. Auch die unmittelb Legitimationswirkg unterliegt dem v Abs 2 berufenen Recht; dies gilt auch für die Auswirkgen auf das SorgeR des bish Inhabers, vgl Begr BT-Drucks 10/504 S 70. Dagg sind die **Folgen** der Legitimation für das Eltern-Kind-Verh im übr, insb zum legitimierden ElternT, nach dem **11** Recht am gewöhnl Aufenth des Kindes zu beurteilen, Art 19 II 2. Für den Namen des Kindes gilt Art 10, vgl dort Rn 24–27, für die UnterhPflicht gilt Art 18.

4) Internationales Verfahrensrecht. Die **internationale Zuständigkeit** der dtschen VormschGer für **12** eine EhelErkl ist in FGG 43 a I geregelt; sie ist gegeben, wenn entweder der Vater od das Kind Dtscher ist od seinen gewöhnl Aufenth im Inland hat. Diese Zustdgk ist nicht ausschließl, schließt also die **Anerkennung** eines entspr ausl Staatsakts nicht aus; deren Voraussetzgen ergeben sich aus FGG 16 a, vgl dazu Art 19 Rn 15.

5) Legitimation als **Vorfrage** im dtschen **StaatsangehörigkR;** vgl dazu v Mangoldt JZ **84**, 821. Erwerb **13** der dtschen Staatsangehörig dch Legitimation nach RuStAG 5 setzt eine nach dtschem Recht wirks Legitimation voraus; diese Frage ist unter Einbeziehg des dtschen KollR zu beurteilen, BVerwG StAZ **84**, 160 gg OVG Hbg StAZ **81**, 205 mit Anm v Silagi (betr Legitimation dch einen dtsch-israel Doppelstaater), vgl dazu auch Wengler IPRax **85**, 79; erforderl ist aber jedenf, daß ein danach anwendb ausl Recht das RInstitut der Legitimation kennt, BVerwG aaO, krit dazu v Mangoldt JZ **84**, 821.

EG 22 *Annahme als Kind.* **Die Annahme als Kind unterliegt dem Recht des Staates, dem der Annehmende bei der Annahme angehört. Die Annahme durch einen oder beide Ehegatten unterliegt dem Recht, das nach Artikel 14 Abs. 1 für die allgemeinen Wirkungen der Ehe maßgebend ist.**

1) Allgemeines. a) Art 22 regelt die Anknüpfg der Adoption u vergleichb REinrichtgen, dch die eine **1** Eltern-Kind-Beziehg od sonstige VerwandtschBeziehg außerh der Legitimation begründet wird, zB Pflege-Kindsch, Annahme an Enkels od an Bruders Statt. Für die erfdl Zustimmg des Adoptivkindes u eines Dritten enth Art 23 zusätzl eine Sonderanknüpfg. **b) Rück- und Weiterverweisung** sind nach Art 4 I zu **2** beachten, sofern dies nicht dem Sinn der Verweisg widerspr, nicht also bei der Anknüpfg der EhegAdoption aGrd engster Verbindg nach S 2 iVm Art 14 I Nr 3. Maßg sind die auch KollNormen einer solchen Adoption; dies gilt auch im Rahmen der akzessorischen Anknüpfg nach S 2, Staud-Henrich Rz 14, Dörner StAZ **90**, 5. Zu einer versteckten Rückverweisg kann es insb bei einer Verweisg auf angloamerikan Recht kommen, welches auf die „jurisdiction" des Domizilstaates abstellt, vgl Art 4 Rn 2, ferner BayObLG **68**, 331, KG FamRZ **60**, 245 (USA), LG Freibg DAVorm **77**, 60 (Kanada), Wuppt FamRZ **76**, 714, KG OLGZ **83**, 129, AG Darmst ZfJ

88, 152 (England), AG Hdlbg IPRax **92**, 327, Otto StAZ **93**, 44 (Indien), aM Wengler NJW **59**, 127, Beitzke RabelsZ **73**, 380, **84**, 627. **c)** Im **innerdeutschen** KollisionsR war Art 22 entspr anzuwenden, vgl AG Ahrensburg IPRspr **89** Nr 150; soweit auf das HeimatR verwiesen wird, entschied das jew dtsche Personalstatut; zu dessen Bestimmg vgl Anh zu Art 3 Rn 4. Eine ÜberggsRegelg für Adoptionen, die vor Inkraftttr des BGB in der früh DDR am 3. 10. 90 nach deren Recht vorgen wurden, enth Art 234 § 13, vgl dazu Wolf FamRZ **92**, 12, Weber DtZ **92**, 10. **d)** Über die Bemühgen um staatsvertragl Regelgen vgl Pirrung RabelsZ **93**, 142; Marx StAZ **93**, 1. Das Europ Übk über die Adoption von Kindern v 24. 4. 67, BGBl **80** II 1093 enth eine matr Regelg; es ist dch das AdoptionsG v 2. 7. 76, BGBl I 1749 in dtsches Recht umgesetzt worden, vgl Pirrung aaO 143.

3 **2) Grundsatz. a)** Die Ann als Kind unterliegt nach **Satz 1** dem HeimatR des Annehmden im Ztpkt der Annahme, dh der Erf der letzten für ihre Wirksk erfdl Vorauss; das so best Adoptionsstatut ist **unwandelbar;** zur Anknüpfg bei Mehrstaatern, Staatenlosen u Flüchtlingen vgl Art 5 mit Anh sowie zB AG Lübbecke
4 ROW **88**, 379. **b)** Das Personalstatut des Annehmden zZ der Ann regelt die **Voraussetzungen** der Adoption (bzw der adoptionsähnl Einrichtg), insb Altersgrenzen u Altersunterschiede, Erfordern der Kinderlosigk, AG Siegen IPRax **93**, 184 (Verstoß gg Art 6, vgl dort Rn 22) od des Verheiratetseins, Hamm FamRZ **94**, 658, Vorauss u Wirkgen einer Irrtumsanfechtg, sowie die Rückgängigmachg u **Aufhebung** einer Adoption, vgl BayObLG FamRZ **90**, 1392, ZfJ **92**, 442. Bei dtschem Adoptionsstatut sind §§ 1759 ff auch dann maßg, wenn es sich um eine im Ausl vorgen u im Inl anzuerkennde Adoption handelt. Soll eine fr Adoption im Zushang mit einer neuen aufgeh werden, so entscheidet darü das neue Adoptionsstatut, Jayme
5 IPRax **81**, 182. Nach dem Adoptionsstatut zu beurteilen ist auch die Art u Weise des **Zustandekommens** einer Adoption, insb ob dazu ein Vertr od ein GerBeschl erfdl ist, BayObLG StAZ **90**, 70, welche Pers dabei mitwirken, welche Erkl sie abgeben müssen, BayObLG FamRZ **89**, 1337 (insow gilt aber zusätzl Art 23, zur Form vgl Art 11 I, KG FamRZ **93**, 1363 u dazu Lorenz IPRax **94**, 193) u welche Folgen diese haben, Celle FamRZ **79**, 861, LG Bonn FamRZ **79**, 1078, LG Kass FamRZ **93**, 235 mit abl Anm v Henrich (Auswirkgen der Einwilligg auf die elterl Sorge), AG Altötting StAZ **79**, 204 mit zust Anm v Jayme, abw LG Stgt DAVorm **79**, 193 (Eintritt der AmtsVormsch des JA), ob die Einwilligg des Kindes der Genehmigg des VormschGer bedarf (wie nach § 1746 I 4), schließl auch, ob u unter welchen Vorauss diese Erkl ausnahmsw entbehrl sind, AG Ibbenbüren IPRax **88**, 368, od ersetzt werden können, BayObLG **67**, 443, **78**, 105, FamRZ **84**, 937, **88**, 868, LG Bielef FamRZ **89**, 1338, AG Plettenbg IPRax **94**, 219. Die ges Vertretg des Kindes beurteilt sich nach den dafür maßgebden KollNormen, insbes EG 19 II, 20 II, 24 I bzw nach den Regeln über die Anerkenng ausl Entsch, insbes FGG 16a, vgl dazu Hohnerlein IPRax **94**, 198. Seit dem Übergang des dtschen AdoptionsR v Vertrags- zum **Dekretsystem** bereitet die Vorn v Adoptionen nach ausl Rechten, die ein GerDekret erfordern, keine Schwierig mehr. Folgt das ausl Adoptionsstatut dem VertrSystem, so hat das dtsche VormschG nach Prüfg des wirks Zustandekommens des Vertr (auf der GrdLage des fremden Rechts, ggf unter Beachtg der Einwilliggserfordern nach Art 23) dennoch die Ann auf Antr, BayObLG **82**, 318, dch **Beschluß** auszusprechen; § 1752 I hat insow auch verfahrensr Charakter, aM Beitzke, Einbindg fremder Normen in das dtsche PersonenstandsR (1985) 7, MüKo-Klinkhardt Rn 21.
6 Nach dem Adoptionsstatut beurteilen sich weiter die statuslösden u statusbegründeten **Wirkungen**, insb ob die bish VerwandtschVerh erlöschen u das angen Kind einem ehel Kind des Annehmden in jeder Hins gleichsteht, also eine Volladoption eintritt, vgl Klinkhardt IPRax **87**, 158; dies gilt insbes für die mit der Adoption verbundenen **erbrechtlichen** Konsequenzen im Verh zur natürl Familie u zur Adoptivfamilie: dem Adoptionsstatut ist zu entnehmen, ob es zw Erbl u Adoptivkind zu einer so starken RBeziehg kommt, wie sie das Erbstatut für die gesetzl Erbf voraussetzt, BGH FamRZ **89**, 379 (krit dazu Beitzke IPRax **90**, 36), vgl ferner Müller NJW **85**, 2056, str, für grdsl Maßgeblichk des Erbstatuts noch KG FamRZ **83**, 98, grdsl auch **88**, 434 (and wenn Adoptionsstatut gesetzl ErbR versagt, krit Gottwald ebda), LG Bln IPRspr **88** Nr 131, Beitzke Fschr Firsching (1985) 19, ders IPRax **90**, 37, ähnl Staud-Henrich Rz 70. Wird das angenommene Kind einem ehel gleichgestellt, so gilt für das RVerh zu den AdoptivElt, v den unmittelb Statuswirkgen der Adoption abgesehen, das KindschStatut gem Art 19 II, hier also grdsl das Recht am jew gewöhnl Aufenth des Kindes (bei EhegAdoption, vgl dazu Rn 7, 8, gilt nach Art 19 II 1 insow das jew gesetzl EhewirkgsStatut); die Anknüpfg der Folgen der Adoption im Eltern-Kind- Verhältn ist also wandelb. Die namensr Wirkgen der Adoption beurteilen sich nach dem uU dch die Adoption veränderten, vgl Rn 16, Personalstatut des Kindes, Art 10 Rn 9, MüKo-Klinkhardt Rn 42, aM AG Detm IPRax **90**, 254 (für Art 22), vgl auch AG Karlsr StAZ **90**, 264, AG Siegen IPRax **92**, 259.

7 **3) Sonderregelung bei Ehegattenadoptionen. a)** Die Adoption dch einen Eheg oder gemeins dch beide Eheg unterliegt im Interesse der FamilienEinh nach **Satz 2** dem gesetzl Ehewirkgsstatut zZ ihrer Vorn. Zur Anwendg gelangt also nach Art 14 I Nr 1 in 1. Linie das gemeins HeimatR (bzw bei Staatenl u Flüchtlingen das gemeins Personalstatut) der Eheg zu diesem Ztpkt, in dessen Ermangelg das letzte gemeins HeimatR (bzw Personalstatut), sofern es von einem der Eheg beibehalten worden ist; bei Mehrstaatern ist dabei nur die in Art 5 I bezeichnete (dh effektive bzw dtsche) Staatsangehörig zu berücksichtigen. In 2. Linie ist als Adoptionsstatut gem Art 14 I Nr 2 das Recht des Staates berufen, in dessen Gebiet zZ der Adoption ihren gewöhnl Aufenth haben, zum Begr vgl Art 5 Rn 10, 11, bzw bei dessen Fehlen zuletzt gehabt haben, sofern einer der Eheg diesen gewöhnl Aufenth beibehalten hat. Bei Versagen auch dieser Anknüpfg beurteilt sich die EhegAnknüpfg nach S 2 iVm Art 14 I Nr 3 in 3. Linie nach dem Recht des Staates, dem die Eheg zum maßg Ztpkt auf and Weise gemeins am engsten verbunden sind, vgl Art 14 Rn 9, 10. Ein v den Eheg dch **Rechtswahl** gem Art 14 II–IV best Ehewirkgsstatut ist bei der Anknüpfg des
8 Adoptionsstatuts nach S 2 **nicht** zu berücksichtigen. **b)** Für den **Anwendungsbereich** des Adoptionsstatuts gelten grdsl keine Besonderheiten, vgl dazu Rn 4–6. Zu den Vorauss der Adoption, welche nach dem v S 2 berufenen Recht zu beurteilen sind, gehört auch die Frage, ob Eheg gemeinschaftl adoptieren können u welche Ausn hiervon ggf bei einer Stiefkindadoption gelten (wie nach § 1741 II). Die Folgen der Adoption in der Eltern-Kind-Beziehg (abgesehen v den nach dem Adoptionsstatut zu beurteilden Statuswirkgen) unterliegen bei der Ehegattenadoption nach Art 19 II 1 dem jew gesetzl Ehewirkgsstatut, das

häufig, aber nicht immer mit dem als Adoptionsstatut unwandelb festgeschriebenen gesetzl Ehewirkgsstatut nach S 2 iVm Art 14 I zusfallen wird.

4) Internationales Verfahrensrecht. a) Die **internationale Zuständigkeit** der dtschen Gerichte in 9 Adoptionsangelegenh ist nach **FGG 43 b I** gegeben, wenn der Annehmde, einer der annehmden Eheg od das Kind entweder Dtscher iSv GG 116 I ist od seinen gewöhnl Aufenth im Inl hat; voraussichtl Anerkenng einer im Inl vollz Adoption in dem Staat, dessen Recht als Adoptionsstatut maßg ist, ist nicht erfdl, vgl dazu Ordelheide DAVorm **87**, 589; bei RückkehrAbs aller Beteil in den betr Staat kann die mit Sicherh zu erwartde Nichtanerkenng aber das RSchutzbedürfn entfallen lassen. Die in FGG 43 b I begründete internat Zustdgk der dtschen Ger ist nicht ausschl; dies gilt auch für die Adoption eines dtschen Kindes. Das Problem der sog wesenseigenen Zustdgk, wenn ein ausl Adoptionsstatut eine weitergehde Prüfg verlangt als § 1754 II aF, hat sich dch die Reform des AdoptionsR dch Ges vom 2. 7. 76 erledigt, vgl § 1741. Folgt das maßg fremde Adoptionsstatut dem sog VertrSystem, verlangt aber eine gerichtl Bestätigg des AdoptionsVertr, so kann das zust dtsche Ger in analoger Anwendg der für den Beschl iSv § 1752 I geltden VerfVorschren in FGG 56 d, 56 e u 56 f auch die Bestätigg vornehmen, vgl BT-Drucks 10/504 S 105 u BT-Drucks 10/5632 S 44. Zur Vornahme einer Minderadoption dch dtsche Gerichte Wohlgemuth ROW **88**, 90. **b)** Bei der 10 **Anerkennung** einer im **Ausland** vorgen Adoption, vgl dazu Hepting StAZ **86**, 305, Klinkhardt IPRax **87**, 157, Wandel BWNotZ **92**, 17, ist zu unterscheiden, ob es sich um ein bloßes RGesch (wie nach dem reinen VertrSystem) handelt, od ob die Adoption dch einen gerichtl od behördl Staatsakt vollz wurde (wie insb nach dem Dekretsystem). **aa)** Die Wirksk einer im Ausl dch **Rechtsgeschäft** vorgen Adoption setzt die 11 Einhaltg der WirkskVoraussetzgen des nach Art 22 zur Anwendg berufenen Rechts voraus, zB Tüb StAZ **92**, 217; bei dtschem Adoptionsstatut ist eine solche Adoption also unwirks, § 1752, wie hier Hepting StAZ **86**, 307, vgl auch LG Bln StAZ **86**, 70, aM Beitzke, Einbindg aaO 6, Sturm StAZ **87**, 181; das im Ausl vorgen RGesch kann aber ggf die nach dtschem Recht vorgeschriebenen Einwilliggen enth. Eine im Inl dch RGesch vorgen Adoption ist wg des auch verfahrensr Charakters des § 1752, vgl oben Rn 5, auch dann unwirks, wenn das nach Art 22 zur Anwendg berufene Recht auf dem VertrSystem beruht; zur Wirksk im dtschen RBereich ist ein entspr Beschl des VormschG erfdl, der auch den Charakter einer Bestätigg des AdoptionsVertr haben kann, vgl oben Rn 9. **bb)** Stellt die im Ausl vollz Adoption eine **ausländische** 12 **Entscheidung** eines Ger od einer Behörde dar, wie im Fall eines Adoptionsdekrets aber auch einer gerichtl Bestätigg des AdoptionsVertr, so hängt ihre Anerkenng v der Erf der Vorauss des **FGG 16a** ab; vgl dazu Art 19 Rn 15, Hess VGH FamRZ **94**, 956, LG Ffm StAZ **95**, 74, AG Schwandorf IPRax **95**, 252; ein förmliches **Anerkennungsverfahren** wie bei ausl ScheidgsUrt nach FamRÄndG Art 7 § 1, vgl Art 17 Rn 31–34, ist nicht vorgesehen, vgl dazu BGH FamRZ **89**, 378, krit Schurig IPRax **86**, 221, ferner Hepting StAZ **86**, 313, Geimer Fschr Ferid (1988) 110, bei Eintraggen in das FamBuch kann der StBeamte in Zweifelsfällen nach PStG 45 II die Entsch des Ger einholen. Die Anerkenng setzt insb die internat Zustdgk 13 der Ger (bzw Behörden) des ausl Staates aGrd spiegelbildl Anwendg der entspr dtschen Vorschren zZ der ausl Entscheidg bzw, soweit diese anerkenngsfreundlicher, zZ der Anerkenng, Klinkhardt IPRax **87**, 160, Hepting IPRax **87**, 162, voraus, jetzt also FGG 16a Nr 1 iVm 43 b I; ausr ist also, daß der Annehmde, einer der annehmden Eheg od das Kind zZ der Adoption entweder die Staatsangehörig des EntschStaates besitzt od seinen gewöhnl Aufenth in diesem Staat hat. Erfdl ist ua ferner, daß die Anerkenng der Entsch nicht gegen den dtschen ordre public verstößt, FGG 16a Nr 4, zB ausschl dem Zweck dient, dem Kind die AufenthBerechtigg im Inland zu verschaffen, vgl BVerwG StAZ **87**, 20, zur ordre public-Widrigk ausl Scheinadoptionen auch Sturm Fschr Firsching, 1985 S 316; unter dem Blickwinkel des ordre public ist vorbehaltl des FGG 16a Nr 2 auch zu prüfen, ob das ausl AdoptionsVerf rechtsstaatl Grdsen entspr, Beitzke, Einbindg aaO 3, vgl auch Zweibr StAZ **85**, 132, BVerwG StAZ **87**, 20, zB Zust der leibl Eltern od des Eheg des Annehmden vorliegt, abw LG Nürnb IPRax **87**, 179, Klinkhardt ebda 161, AG Rottweil FamRZ **91**, 229. Dagg setzt die Anerkenng **nicht** voraus, daß die Adoption nach dem v Art 22 berufenen Adoptionsstatut vorgen wurde; dies gilt auch dann, wenn danach dtsches Recht anzuwenden war, AG Karlsr StAZ **90**, 265, AG Bonn StAZ **92**, 41; jedoch ist eine unter Verletzg v Art 23 im Ausland vollz Adoption eines dtschen Kindes nach FGG 16a Nr 4 nicht anzuerkennen, aM LG Offenbg StAZ **88**, 355, LG Bln DAVorm **90**, 816 (krit dazu Beitzke StAZ **90**, 68), Klinkhardt IPRax **87**, 160; die versäumte Einwilligg des Kindes od deren vormundschgerichtl Genehmigg kann jedoch nachgeholt werden, vgl BayObLG **57**, 25, Celle NJW **65**, 44, Jayme StAZ **76**, 4, Beitzke StAZ **90**, 69. Die Anerkenng erstreckt die im ausl Adoptionsdekret ausgespro- 14 chenen Wirkgen auf das Inl, BayVGH StAZ **89**, 289; daher keine Transformation ausl schwacher Adoption in dtsche Volladoption, AG Schöneberg IPRax **83**, 190 (dazu Jayme ebda 169), AG St. Ingbert StAZ **83**, 317, Zweibr StAZ **85**, 132, Hepting StAZ **86**, 308, MüKo-Klinkhardt Rn 93; eine solche Adoption verstößt auch nicht gg den dtschen ordre public, Zweibr StAZ **85**, 132, Voss StAZ **84**, 95, Hepting StAZ **86**, 308, Klinkhardt IPRax **87**, 158, aM AG St. Ingbert aaO, zust Jayme IPRax **84**, 43, ebsowenig eine ausl Volladop- tion, die vor der Reform des dtschen AdoptionsR dch das G vom 2. 7. 76 vorgenommen wurde, BGH FamRZ **89**, 380. Zur Problematik der Anerkenng ausl Inkognito-Adoptionen Hepting IPRax **87**, 161, der Anerkenng von Thai-Adoptionen Marx StAZ **90**, 97. **cc)** Ist zweifelh, ob die Vorauss der Anerkenng einer 15 im Ausl vorgen Adoption erfüllt sind, so kann die Adoption mit Wirkung ex nunc **im Inland wiederholt** werden, AG Miesbach IPRspr **79** Nr 130, LG Köln NJW **83**, 1982, Ravbg StAZ **84**, 39, AG Ibbenbüren IPRax **84**, 221, AG Hagen IPRax **84**, 279, AG Höxter IPRax **87**, 124, AG Schwandorf IPRax **95**, 252, Lüderitz Fschr Beitzke (1979) 602, Jayme StAZ **79**, 205, Kronke IPRax **81**, 184, Schurig IPRax **84**, 25, Voss StAZ **84**, 94, Klinkhardt IPRax **95**, 238, abl Beitzke StAZ **80**, 37; das gleiche gilt, wenn an die Stelle einer ausl schwachen Adoption eine dtsche Volladoption gesetzt werden soll, LG Stgt StAZ **89**, 316 (vgl dazu Hohnerlein IPRax **90**, 312), Ffm NJW-RR **92**, 777 (erneute Einwilligg der leibl Eltern erforderl, aM Zenger FamRZ **93**, 595), Kropholler IPR § 49 V 5.

5) Adoption als Vorfrage im deutschen Staatsangehörigkeitsrecht; vgl dazu v Mangoldt StAZ **81**, 16 313, **85**, 301, Hepting StAZ **86**, 310, Hecker StAZ **88**, 98. **a)** Nach RuStAG 6 erwirbt ein Kind, das im Ztpkt des AnnahmeAntr das 18. LebensJ noch nicht vollendet hat, mit einer nach dtschem Recht wirks

Adoption dch einen Dtschen die dtsche Staatsangehörigk; bei gemeinschaftl Annahme dch ein Ehepaar genügt die dtsche Staatsangehörigk eines Eheg. Daß die Adoption selbst nach dtschem Recht vorgen wird, verlangt RuStAG 6 nicht; es genügt, daß es sich um eine Volladoption handelt, vgl Hepting StAZ **86**, 310, Klinkhardt IPRax **87**, 159, die nach dem v Art 22 berufenen Adoptionsstatut wirks ist bzw gem FGG 16a anzuerkennen ist, BayVGH StAZ **89**, 287, VG Mü StAZ **92**, 351, vgl auch VGH BaWü StAZ **92**, 147 sowie oben Rn 10–15.

17 **b)** Ein Dtscher gleich welchen Lebensalters **verliert** dch wirks (nicht also bei Fehlen der nach Art 23 erfdl Einwilligg, vgl Rn 13) Adoption dch einen Ausl die dtsche Staatsangehörigk, sofern er dadch die Staatsangehörigk des Annehmden erwirbt; der Verlust tritt nicht ein, wenn der Angenommene mit einem dtschen EltT verwandt bleibt, RuStAG 27; diese Voraussetzg ist auch bei gemeinschaftl Annahme dch einen ausl u einen dtschen Eheg erfüllt, vgl Begr des RegEntw BT-Drucks 7/3061 S 67.

EG 23 *Zustimmung.* Die Erforderlichkeit und die Erteilung der Zustimmung des Kindes und einer Person, zu der das Kind in einem familienrechtlichen Verhältnis steht, zu einer Abstammungserklärung, Namenserklärung, Legitimation oder Annahme als Kind unterliegen zusätzlich dem Recht des Staates, dem das Kind angehört. Soweit es zum Wohl des Kindes erforderlich ist, ist statt dessen das deutsche Recht anzuwenden.

1 **1) Allgemeines. a)** Art 23 enth eine **ergänzende** kollisionsr **Sonderregelung** für best RVorgänge, die den Status eines Kindes verändern (VaterschAnerkenntn, Legitimation, Adoption) od eine solche Veränderg zumind vorspiegeln (Einbenenng). Wg der großen Bedeutg, die derartige **statusverändernde** Vorgänge für das Kind als Hauptbetroffenen haben, werden die **Zustimmungserfordernisse** zusätzl auch dem HeimatR des Kindes (S 1) od, wenn dem Interesse des Kindes besser entspr, stattdessen auch dem dtschen Recht unterstellt (S 2). Art 23 ist eine Weiterentwicklg der in EG 22 II aF getroffenen Regelg zu einer allseitigen KollNorm mit erweitertem Anwendgsbereich. Sie läßt die elternbezogenen Anknüpfgen unberührt, welche die für die betr RVorgänge anzuwendden KollNormen der Art 10 I u VI, 20 I, 21 u 22 verwenden. Die Vorauss der Einbenenng, AbstammgsErkl, Legitimation od Adoption sind also dem jew Namens-, Abstammgs-, Legitimations- od Adoptionsstatut zu entnehmen; dies gilt **auch** für die ZustErfordernisse in der Pers des Kindes od eines Dritten. Art 23 beruft aber für diese ZustErfordernisse **zusätzlich** auch das HeimatR des Kindes (bzw das dtsche Recht); diese ROrdngen sind also insow **kumulativ** neben dem an sich maßg GrdStatut der Art 10 I u VI, 20 I, 21 u 22 anzuwenden. Durch diese Kumulation v ZustErfordernissen sollen die Interessen des Kindes wenigstens in ihrem Kernbereich geschützt werden, auch wenn das für die Statusänderg maßg familienrechtl GrdStatut im übr dch elternbezogene Anknüpfgen best wird. Die Vorschr gilt nur für ZustErfordernisse, nicht auch für die Statthaftigk der RVorggs selbst, vgl dazu Jayme NJW **89**, 3070. Die Zusatzanknüpfg in Art 23 S 1 läuft leer, wenn das HeimatR des Kindes im konkreten Fall mit dem für die Statusänderg geltden Statut zusfällt. Dagg behält die in S 2 vorgesehene Anwendg dtschen **2** Rechts auch in diesem Fall ihre Bedeutg, vgl dazu Rn 6. **b)** Art 23 S 1 ist wg seines Schutzzwecks als Sachnormverweis, vgl Art 3 Rn 5, zu verstehen; **Rück-** und **Weiterverweisung** dch das HeimatR des Kindes sind daher gem Art 3 I 2 **nicht** zu beachten, BayObLG FamRZ **88**, 868, LG Bielef FamRZ **89**, 1338, ebso Kropholler IPR § 49 IV 2, aM AG Bielefeld IPRax **89**, 172, AG Siegen IPRax **92**, 259, Staud-Henrich Rz 6, Jayme IPRax **89**, 157, **90**, 310, v Bar IPR II Rn 323, Otto StAZ **93**, 45, Hohnerlein IPRax **94**, 197. Bei Mehrstaatern, Staatenlosen u Flüchtlingen gilt Art 5 mit Anhang. **c)** Im **innerdeutschen** KollisionsR galt bish Art 23 entspr; an Stelle des HeimatR war das jew dtsche Personalstatut des Kindes maßg, AG Ahrensburg IPRspr **89** Nr 150; zu dessen Bestimmg vgl Anh zu Art 3 Rn 4. Dtsches Recht iSv Art 23 S 2 war schon bish nur das Recht der BRep.

3 **2) Grundsatz. a)** Art 23 **Satz 1** beruft das HeimatR (Personalstatut) des Kindes bei Statusverändergen ergänzend zur Anwendg für die Notwendigk u die Erteilg der **Zustimmung** (Einwilligg od Genehmigg) des Kindes od eines Dritten, zu welchem es in einem familienr Verh steht, insb eines EltT; dabei ist auf die Staatsangehörigk des Kindes im Ztpkt der Erteilg der Zustimmg abzustellen; eine dch die Statusveränderg erworbene Staatsangehörigk bleibt außer Betr, Ffm NJW **88**, 1472. Hierher gehören neben der Erfdlk überh auch die WirkskVoraussetzgen der Zust (soweit sie nicht, wie die GeschFgk od Form, vgl dazu Stgt FamRZ **90**, 560, als Vorfragen selbst anzuknüpfen sind, verworren Rottw DAVorm **89**, 717) einschl ihrer Ersetzbk u ggf ihrer gerichtl od behördl GenBedürftigk, sowie des Ztpkts, in welchem diese Vorauss vorliegen müssen. Verlangt das HeimatR (Personalstatut) des Kindes die Mitwirkg seines gesetzl Vertr, so ist auch dies zu beachten; ob der gesetzl Vertr ist, ist eine nach Art 19 II, 20 II u 24 I selbstd anzuknüpfde Vorfrage, zweifelnd Dörner JR **88**, 271, aM Staud-Henrich Rz 10 (Maßgeblichk des HeimatR des Kindes); Zust eines EltT als gesetzl Vertr schließt die pers Zust dieses EltT ein, Ffm StAZ **89**, 115. Nach dem HeimatR (Personalstatut) des Kindes beurteilen sich auch die RFolgen des Fehlens od eines Mangels der Zust, vgl LG Nürnb IPRax **87**, 180. Ist danach die betr Statusveränderg unwirks, so hat es damit sein Bewenden, auch wenn sie nach dem im übr berufenen GrdStatut (Namens-, Abstammgs-, Legitimations- od Adoptionssta- **4** tut) an sich wirks zustandegekommen wäre. **b)** Art 23 betrifft **Abstammungserklärungen,** dh v allem das VaterschAnerkenntn, vgl Stgt FamRZ **90**, 560, aber auch das MutterschAnerkenntn, deren Wirksk im übr kumulativ nach dem v Art 20 I berufenen Recht zu beurteilen ist, vgl dort Rn 3–9 u zu den ZustErfordern nach ausl Recht Deinert DAVorm **91**, 365; ferner **Namenserteilungen,** insb dch Einbenenng eines nehel Kindes dch die Mutter u deren Ehemann, aber auch die Namenserteilg dch den nehel Vater (zu dem im übr kumulativ anwendb Namensstatut vgl Art 10 Rn 24–27); sowie **Legitimation,** einschl VaterschAnerkenng mit Standesfolge u Legitimanerkenng (zum anwendb Recht vgl Art Rn 3–11) u **Adoption** (zum anwendb Recht vgl Art 22 Rn 3–8); für analoge Anwendg bei Aufhebg einer Adoption Jayme IPRax **88**, 251. **5** **c)** Ist das Kind **Dtscher** iSv GG 116 I od besitzt es sonst dtsches Personalstatut, so sind für die Zust zur **Vaterschaftsanerkennung** also neben den Voraussetzgen des nach Art 20 I berufenen Abstammgsstatuts etwa auch §§ 1600c–1600f anzuwenden, für die Zust zur **Einbenennung** neben den Vorauss des v Art 10 I u IV berufenen Rechts auch § 1618, für die Zust zur **Legitimation** neben dem Legitimationsstatut gem Art

21 auch §§ 1726–1729 u 1740b; dies gilt entspr auch bei den dem dtschen Recht unbekannten Legitimations-arten der VaterschAnerkenng mit Standesfolge u der Legitimanerkenng, vgl dazu Art 21 Rn 9, die wg der erhebl statusr Auswirkgen aGrd rechtsanaloger Anwendg v §§ 1723, 1740a I, 1746 I der Mitwirkg des VormschG dch vormschgerichtl Gen bedürfen, BGH FamRZ **82**, 52, vgl dazu für Ffm NJW **76**, 1592, Düss StAZ **76**, 361, LG Bln DAVorm **84**, 939, Winkler v Mohrenfels RabelsZ **84**, 362, MüKo-Klinkhardt Rn 33 u 36, aM Kln OLGZ **76**, 300, DAVorm **79**, 446 (aufgegeben IPRspr **82** Nr 98), Jayme/Goussous IPRax **82**, 179 (mit Erwiderg v Kohler IPRax **83**, 171), Voss StAZ **85**, 62 (außer bei einer isolierten Legitimanerkenng ohne Ehe der Kindseltern); dabei ist zu prüfen, ob die Statusänderg dem Wohl des Kindes entspricht. Ebenso gelten für die Zust zur **Adoption** neben dem v Art 22 berufenen Recht auch §§ 1746, 1747 u 1750 (dabei ist insb auch das Erfordern der vormschgerichtl Gen gem § 1746 I 4 zu beachten, welches bish in der Sachnorm des EG 22 II 2 enth war, vgl dazu Krzywon BWNotZ **87**, 58, MüKo-Klinkhardt Art 22 Rn 32; sie kann aber dch ein ausl Adoptionsdekret ersetzt werden, wenn dieses nach Prüfg des Kindeswohls ergangen ist u auch insow die Vorauss für eine Anerkenng vorliegen, BGH FamRZ **89**, 380, weitergehend LG Bln DAVorm **90**, 811).

3) Ausnahme. Nach **Satz 2** sind die ZustErfordernisse ausnahmsw statt nach dem HeimatR (Personal- **6** statut) des Kindes nach **deutschem** Recht, vgl dazu Rn 5, zu beurteilen, soweit es zum Wohl des Kindes erfdl ist. Die Heranziehg dtschen Rechts kommt insb (aber nicht allein) bei **Inlandsadoptionen** v AuslKin-dern aus der 3. Welt (etwa auch in Form der Wiederholg einer Auslandsadoption, deren AnerkenngsFgk zweifelh ist, vgl Art 22 Rn 15) in Betr, wenn die ZustErfordernisse des HeimatR nicht od nicht in angemes-sener Zeit od nur mit unverhältnismäßig großen Schwierigkeiten geklärt od erfüllt werden können, vgl LG Kass StAZ **92**, 309, BayObLG **94**, 332; dabei ist insb an die Entbehrlichk nach § 1747 IV, MüKo-Klinkhardt Rn 44, od die Ersetzg der Einwilligg eines EltT nach § 1748 zu denken, BayObLG **94**, 336. Voraussetzg für die Anwendg der einschlägigen dtschen Vorschren ist aber, daß dies zum **Wohl des Kindes** erfdl ist, insb um ihm die Eingliederg in eine Pflegefamilie zu ermögl, in deren Obhut es sich bereits befindet, vgl dazu BayObLG FamRZ **88**, 870, BayObLG **94**, 332, AG Lübbecke mAv Jayme IPRax **87**, 327, AG Lahnstein FamRZ **94**, 1350, Wohlgemuth ROW **88**, 380, ferner AG Ffm DAVorm **94**, 734 (VaterschAnerk). Bei der Prüfg des Vorliegens dieser Voraussetzg sind strenge Maßstäbe anzulegen; S 2 ist eine AusnVorschr, die eng auszulegen ist, Celle StAZ **89**, 9, BayObLG **94**, 337, und AG Lahnstein FamRZ **94**, 1350. Im übr kommt die Anwendg dieser Vorschr jedoch auch dann in Frage, wenn das HeimatR (Personalstatut) des Kindes mit dem für die Statusänderg maßg familienr GrdStatut zufällt, vgl dazu Rn 1.

EG 24 *Vormundschaft, Betreuung und Pflegschaft.* **I Die Entstehung, die Änderung und das Ende der Vormundschaft, Betreuung und Pflegschaft sowie der Inhalt der gesetzlichen Vormundschaft und Pflegschaft unterliegen dem Recht des Staates, dem der Mündel, Betreute oder Pflegling angehört. Für einen Angehörigen eines fremden Staates, der seinen ge-wöhnlichen Aufenthalt oder, mangels eines solchen, seinen Aufenthalt im Inland hat, kann ein Betreuer nach deutschem Recht bestellt werden.**

II Ist eine Pflegschaft erforderlich, weil nicht feststeht, wer an einer Angelegenheit beteiligt ist, oder weil ein Beteiligter sich in einem anderen Staat befindet, so ist das Recht anzuwenden, das für die Angelegenheit maßgebend ist.

III Vorläufige Maßregeln sowie der Inhalt der Betreuung und der angeordneten Vormundschaft und Pflegschaft unterliegen dem Recht des anordnenden Staates.

1) Allgemeines. a) Im Ggs z EG 23 aF, der unmittelb nur die internat Zustdgk der dtschen VormschGe **1** in Vormsch- u PflegschSachen betraf, vgl dazu Rn 8, best Art 24 das Recht v Vormsch, Betreuung u Pflegsch anwendb Recht. Die Vorschr ist dch das BtG v 12. 9. 90, BGBl 2002, neu gefaßt worden; damit wird insb dem Wegfall der Entmündigg und der damit zusammenhängden Streichg von Art 8 Rechng getragen. **b)** Soweit Art 24 auf das HeimatR des Schützlings verweist, Abs 1 S 1, sind **Rück- und Weiterverwei-sung** gem Art 4 I zu beachten; mittelb kann eine Rück- od Weiterverweisg auch bei der Anwendg des für die Sache maßg Rechts eine Rolle spielen, Abs 2. Auch der Vorrang des Einzelstatuts gem Art 3 III ist zu beachten, vgl dort Rn 12–15. **c)** Art 24 galt entspr auch im **innerdeutschen** KollisionsR; an Stelle seines HeimatR war das dtsche Personalstatut des Schützlings maßg; zu dessen Bestimmg vgl Anh zu Art 3 Rn 4; unter dem dtschen Recht iSv Abs 1 S 2 war nur das Recht der BRep zu verstehen. Zur Überleitg der zZ des Beitritts in der früh DDR bestehden Vormschen u Pflegschen vgl Art 234 § 14 u § 15. **d)** Art 24 wird in **2** weitem Umfang dch **staatsvertragliche** Sonderregelgen verdrängt. Zu beachten sind insb das **deutsch-österreichische Vormundschaftsabkommen**, das **Haager Abkommen zur Regelung der Vormund-schaft über Minderjährige** u das **Haager Minderjährigenschutzabkommen**, vgl Anh. Da die Anordng einer Vormsch, Betreuung, Pflegsch od Beistandsch SchutzMaßn iS des zuletzt genannten Übk sind, vgl Anh Rn 13, **entfällt** insow die **Anwendbarkeit** v Art 24 bei Minderjährigen mit **gewöhnlichem Aufent-halt im Inland.** Der Anwendgbereich der Vorschr beschr sich daher im wesentl auf die Vormsch, Betreug u Pflegsch über Volljährige, sowie auf die kraft Ges eintretde Vormsch u Pflegsch über Minderjährige, soweit diese nicht nach Art 20 II zu beurt sind, vgl Rn 5.

2) Anknüpfung. a) Nach **Absatz 1 Satz 1** unterliegen die Voraussetzgen des Eintritts, der Inhalt, die **3** Änderg u das Ende (insb Beendiggsgründe u Aufhebg) einer Vormsch, Betreuung od Pflegsch dem Hei-matR des Schützlings; zur Anknüpfg bei Mehrstaatern, Staatenl u Flüchtlingen vgl Art 5 mit Anh; zur Ermittlgspfl bei konkreten Anhaltspkten für eine ausl Staatsangehörigk des Betroffenen vgl BayObLG IPRax **85**, 354. Diese Regelg gilt neben der gerichtl Bestellg eines Betreuers grdsl für Vormschen u Pfleg-schen aller Art, gleichgült, ob sie auf Anordng beruhen od kraft Gesetzes eintreten; sie gilt darü hinaus auch für verwandte RInstitute wie die Beistandsch, nicht dagg auch für öffentlrechtl Maßn wie die früh Fürsorge-erziehg, vgl Hamm ZBlJR **65**, 111; im Verh zu Österreich ist hier das Abk über Fürs u JWPflege vom 17. 1. 66, BGBl **69** II 2 nebst DurchfVereinbarg vom 25. 10. 68, BGBl **69** II 1285 zu beachten; beides in Kr seit 1. 1.

4 70, Bek vom 11. 8. 69, BGBl II 1550. **b)** Im einz ergeben sich aber bei den versch Arten der in Frage kommden RInstitute gewisse Besonderheiten: **aa)** Eine **angeordnete** Vormsch, Betreuung, Pflegsch od Beistandsch unterliegt in Entstehg, Änderg u Beendigg nach Abs 1 S 1 dem HeimatR (Personalstatut) des Schützlings, soweit keine staatsvertragl Sonderregelg eingreift, vgl Rn 2; eine **Ausnahme** gilt nach Abs 1 **Satz 2** im Falle eines Ausl mit gewöhnl Aufenth im Inland, der infolge psychischer Krankh od körperl, geistiger od seelischer Behinderg seine Angelegenh ganz od teilw nicht besorgen kann. Für ihn kann das VormschGer einen **Betreuer nach deutschem Recht**, dh nach §§ 1896 ff bestellen. Der **Inhalt** der Betreuung u der angeordneten Vormsch od Pflegsch, dh insb Qualifikation, Auswahl u Bestellg des Vormunds, Betreuers od Pflegers, seine Pflichten u Befugnisse, insb die Reichweite eines EinwilliggsVorbeh u der Umfang seiner Vertretgsmacht, sowie seine Kontrolle dch das VormschGer, zB Erfordernis der Genehmigg zur EhelkAnfechtg, LG Bln StAZ **80**, 23 (keine SchutzMaßn iS des MSA, vgl Anh Rn 14), unterliegt nach **Absatz 3** dem Recht des anordnenden Staates, bei Anordng im Inland also dtschem Recht, sonst der jew

5 fremden lex fori. **bb)** Eine **kraft Gesetzes** eintretde Vormsch od Pflegsch unterliegt dagg in vollem Umfang dem HeimatR (Personalstatut) des Schützlings gem Abs 1 S 1. Eine **Sonderregelung** gilt aber für ausl **nichteheliche Kinder** mit gewöhnl Aufenth im Inland; nach Art 20 II unterliegen sie hinsichtl der elterl Sorge u deren Einschränkgen dem dtschen Recht, insb § 1706; sie stehen daher unter der ges Amtspflegsch bzw Amtsvormsch des Jugendamts, §§ 1709 u 1791c; Entstehg, Inhalt, Änderg u Beendigg dieser ges Amtspflegsch od AmtsVormsch unterliegen daher in Abweichg v Abs 1 S 1 nicht dem HeimatR des Kindes,

6 sond gem Art 20 II dem **deutschen** Recht, BGH **111**, 203 mwN, hM, vgl auch Art 20 Rn 11. **c)** Ist für einen **unbekannten** od wg **Auslandsaufenthalts** an der Besorgg seiner Angelegenheiten verhinderten Beteil eine Pflegsch zu bestellen (wie n §§ 1911 II, 1913), so unterliegt diese nach **Absatz 2** dem für die betr Angelegenh

7 maßg Recht, zB Erbstatut. **d)** Für **vorläufige Maßregeln,** zB Hinterlegg v Geld u Wertpapieren, Inventarerrichtg, gilt nach **Absatz 3** ausschl das Recht des anordnenden Staates; Vormsch u Pflegsch sind keine vorläuf Maßregeln, AG Moers DAVorm **91**, 965; dies gilt auch für die vorl Vormsch, vgl Hamm FamRZ **73**, 316, BayObLG IPRspr **71** Nr 112; für sie gelten die Regeln in Rn 4.

8 **3) Internationales Verfahrensrecht. a)** Die **internationale Zuständigkeit** für Verrichtgen, die eine Vormsch, Pflegsch od Beistandsch betreffen, ist in **FGG 35 b** geregelt; danach sind die dtschen Ger zust, wenn der Schützling entw Dtscher ist od seinen gewöhnl Aufenth im Inland hat (Abs 1), unabh v diesen Voraussetzgen ferner auch insow als der Schützling der Fürsorge dch ein dtsches Ger bedarf (Abs 2); diese

9 Zustdgken sind nicht ausschl (Abs 3). **b)** Die **Anerkennung** einer im Ausland erfolgten Anordng od Aufhebg einer Vormsch, Betreuung od Pflegsch ist nach FGG 16a zu beurteilen, vgl dazu Art 19 Rn 15.

Anhang zu Art 24

(Staatsverträge)

1) Übereinkommen über die Zuständigkeit der Behörden und das anzuwendende Recht auf dem Gebiet des Schutzes von Minderjährigen v 5. 10. 61, BGBl **71** II 217 **(MSA).**

a) Vorbemerkungen

Schrifttum: Kropholler, Das Haager Abk üb den Schutz Mj, 2. Aufl 1977; Böhmer/Siehr, FamR II 7.5; Staud-Kropholler Vorbem D z EG 18; Rahm/Paetzold Hdb VIII Rn 414 ff; MüKo-Siehr, Anh zu Art 19; Oberloskamp, Haager MSA, 1983; Soergel-Kegel Rdz 3 ff vor EG 18; Allinger, Das Haager MSA, 1988; Hüßtege ZfJ **94**, 253; Boelck, Reformüberleggen z Haager MSA, 1994.

1 **aa) Allgemeines.** Das Abk ist für die BRep am 17. 9. 71 in Kraft getreten, Bek v 11. 10. 71, BGBl II 1150. Es gilt seit 4. 2. 69 ferner für die Schweiz (Vorbeh aus Art 15 I zurückgen, Bek v 28. 2. 94, BGBl II 388), Portugal, Luxemburg (mit Vorbeh aus Art 13 III u 15 I), seit 18. 9. 71 für die Niederlande und die niederländ Antillen, Bek v 22. 12. 71, BGBl **72** II 15 u v 19. 3. 82, BGBl II 410 (betr Rückn v Vorbeh aus Art 13 III u 15 I, vgl dazu Sumampouw IPRax **84**, 170), seit 10. 11. 72 für Frankreich, Bek v 9. 11. 72, BGBl II 1558 (mit Vorbeh aus Art 15 I, Bek v 10. 10. 75, BGBl II 1495, zurückgenommen mit Wirkg v 28. 4. 84, Bek v 4. 4. 84, BGBl II 460), seit 11. 5. 75 für Österreich, Bek v 22. 4. 75, BGBl II 699, u v 20. 3. 91, BGBl II 646 (Rückn des Vorbeh aus Art 13 III), seit 16. 4. 84 für die Türkei, Bek v 4. 4. 84, BGBl II 460, seit 21. 7. 87 für Spanien (mit Vorbeh aus Art 13 III, zurückgenommen mit Wirkg v 19. 8. 95), Bek v 29. 7. 87, BGBl II 449, v 6. 9. 88, BGBl II 860 u v 8. 9. 95, BGBl II 863, seit 13. 11. 93 für Polen, Bek v 28. 2. 94, BGBl II 388 u seit 23. 4. 95 auch für Italien, Bek v 4. 4. 95, BGBl II 330. Die Reform des dtschen IPR dch das IPRG vom 25. 7. 86, BGBl 1142, hat die Geltg des Übk nicht berührt; im Ggs zu and multilateralen StaatsVertren, vgl dazu Rn 8 u 18 vor Art 3, wurden seine Vorschren auch nicht in das EG eingearbeitet. Zur Reform des MSA Kropholler RabelsZ **94**, 1.

2 **bb) Anwendungsbereich.** Das Übk gilt **sachlich** für Maßn zum Schutz der Pers u des Verm v Mj; zum Begr derart Maßn vgl Rn 13, 14. In **persönlicher** Hins ist das Übk auf Mj (zum Begr Art 12 mit Anm) anwendb, die ihren gewöhnl Aufenth, vgl dazu Rn 10–12, in einem VertrStaat haben, Art 13; ob der Heimatstaat des Mj zu den VertrStaaten gehört, ist gleichgült, da die BRep einen Vorbeh nach Art 13 III nicht erkl hat; das Übk war desh auch im Verh zur DDR anwendb, Rn 47. **Zeitlich** ist das Übk auf die nach seinem Inkrafttr getroffenen Maßn anzuwenden, Art 17 I; es war aber auch noch in der RBeschwInst zu berücksicht, BGH **60**, 68, BayObLG **72**, 292. Die Best des Übk gehen nach Art 3 II 1 den allg Vorschr des EG vor; vor allem EG 19, 20 u 24 sind teilw dch das Übk ersetzt. Zum Verh zu and StaatsVertren s MSA 18 mit Rn 2, 3.

3 **cc) Grundregeln.** Das Übk trifft eine Regelg der internat Zustdgk u des anwendb Rechts auf dem Gebiet des MjSchutzes. Dabei geht es vom sog **Gleichlaufsgrundsatz** aus: sachl maßg ist das innerstaatl Recht der zust Ger od Beh, Art 2. Eine wesentl Einschränkg der Anwendbk der lex fori ergibt sich aber aus der in Art 3 vorgesehenen Anerkenng ges GewVerhe. Da die internat Zustdgk nach Art 1 in erster Linie den Beh des AufenthStaates zukommt, ist grdsl das **Recht des gewöhnlichen Aufenthalts** des Mj maßg, also nicht

sein HeimatR wie nach EG 24 u Haager VormschAbk Art 1; dieser Grds gilt auch für Maßn aGrd der Gefährdgs- od EilZustdgk nach Art 8 u 9, vgl Erläut dort. Eine **Ausnahme** zG der Anwendbk des HeimatR des Mj schafft Art 3. – **Rück-** od **Weiterverweisung** sind im Anwendgsbereich des Übk **nicht** zu beach- 4 ten, da seine Vorschr unmittelb auf das innerstaatl Recht verweisen, Zweibr FamRZ **74**, 153, Karlsr NJW **76**, 485, vgl Rn 22. **Vorfragen,** die nicht in unmittelb Zushang mit dem sachl Anwendgsbereich des Übk stehen, zB Bestehen einer Adoption, Ehelk des Kindes, sind selbstd anzuknüpfen, Zweibr aaO, Stgt FamRZ **76**, 359, NJW **80**, 1229; ü ist im Interesse des internat EntschEinklangs unselbstd Anknüpfg geboten, vgl Rn 30 vor Art 3; dies gilt zB für die Vorfrage nach dem Bestehen elterl Sorge bei Anwendg v Art 3, Karlsr NJW **76**, 485, dahingestellt bei KG OLGZ **76**, 281. Soweit das Übk auf die Staatsangehörigk des Kindes abstellt, zB Art 3, 4, 12, entsch bei **Mehrstaatern** grdsl die effektivere Staatsangehörigk, EG 5 I 1, wenn eine der Staatsangehörigken die dtsche ist, entsch nur diese, EG 5 I 2, str, vgl Rn 19. Ist der Heimatstaat ein Mehrrechtsstaat, gilt Art 14 MSA. Zum Vorbeh des ordre public s Art 16 MSA.

b) Text des Übereinkommens (in der amtl dtschen Übersetzg des frz Originaltextes) mit **Erläuterun-** 5 gen:

1 *[Internationale Zuständigkeit]* **Die Behörden, seien es Gerichte oder Verwaltungsbehörden, des Staates, in dem ein Minderjähriger seinen gewöhnlichen Aufenthalt hat, sind, vorbehaltlich der Bestimmungen der Artikel 3, 4 und 5 Absatz 3, dafür zuständig, Maßnahmen zum Schutz der Person und des Vermögens des Minderjährigen zu treffen.**

1) Allgemeines. Die Vorschr begründet die **internationale Zuständigkeit** der Ger od VerwaltgsBeh 6 des **Aufenthaltsstaates** eines Mj für best SchutzMaßn. In Betr kommen in Dtschland vor allem das VormschG, das FamG u das JugAmt; zur örtl Zustdgk s zB FGG 36 ff, 43, ZPO 606, 621 II. Die Zustdgk ist nicht ausschließl, schließt also die Anerkenng einer Entsch des Heimatstaates des Mj nicht aus, selbst wenn dieser kein VertrStaat ist, KG OLGZ **75**, 172, BGH FamRZ **79**, 577. Zur Beachtg ausl RHängigk Roth IPRax **94**, 19. Die Zustdgk der Beh des AufenthStaates **entfällt** bei Bestehen eines **gesetzlichen Gewalt-** 7 **verhältnisses** iS des **Art 3,** soweit darin keine ausfüllgsfäh Lücke, vgl Rn 24–26, u soweit keine Kompetenz wg ernstl Gefährdg des Mj nach Art 8 od kr EilZustdgk in dringden Fällen nach Art 9 besteht (sog HeimatRTheorie), BGH **60**, 68, FamRZ **84**, 686, Zweibr FamRZ **75**, 172, Stgt FamRZ **76**, 359, BayObLG IPRspr **78** Nr 87, **79** Nr 85, KG OLGZ **79**, 183, Düss FamRZ **80**, 728, Hbg DAVorm **83**, 151, Kln FamRZ **91**, 362, Wuppermann FamRZ **74**, 418, Ahrens FamRZ **76**, 305, Kropholler ZfRV **75**, 213, **strittig,** aM Stgt NJW **85**, 566, Ferid IPR Rdz 8–231, Stöcker DAVorm **75**, 507, Sturm NJW **75**, 2121, jetzt auch Staud-Kropholler Vorbem zu EG 18 Rdz 408 f, Henrich Fschr f Schwind (1978) 82, Siehr IPRax **82**, 88, MüKo-Siehr Rn 110, Oberloskamp Rdz 167, ZfJ **85**, 225, Allinger MSA S 124, die die internat Zustdgk des AufenthStaates auch bei Bestehen eines ges GewVerh nach dem HeimatR des Mj bejahen, soweit trotz Anerkenng dieses RVerh nach dem AufenthR ein Bedürfn nach einer SchutzMaßn besteht (sog Anerkenngs-theorie). Die HeimatBeh des Mj können das im AufenthStaat anhäng Verf an sich ziehen, wenn das Wohl 8 des Kindes ihrer Auffassg nach das erfordert, Art 1 iVm **Art 4;** damit entfällt die Zustdgk des AufenthStaa-tes, vgl Rn 32; bei Verlegg seines gewöhnl Aufenth vom Heimatstaat in einen und VertrStaat bleiben die HeimatBeh für die Durchf der bish Maßn solange zust, bis die Beh des neuen AufenthStaates das Verf übernehmen, Art 1 iVm **Art 5 III,** vgl Rn 35. – Die Vorauss der internat Zustdgk sind grdsl nach den Verh zZ des Eintr der RHängigk zu beurteilen, BGH FamRZ **94**, 828; jedoch läßt **Aufenthaltswechsel** währd 9 eines anhäng Verf zunächst gegebene internat Zustdgk entfallen u begründet neue, Hamm FamRZ **89**, 1110, **91**, 1346, Düss FamRZ **75**, 641, Stgt FamRZ **89**, 1111, AG Bingen IPRspr **85** Nr 73, aM KG NJW **74**, 424, Mü FamRZ **81**, 390; aber keine Aufhebg der SchutzMaßn eines TatsGer in der BeschwInst, wenn die internat Zustdgk bei Erl der AO noch gegeben u erst später dch AufenthWechsel weggefallen ist, BayObLG **76**, 25, vgl auch Hbg IPRax **86**, 386. Bei Verlegg des gewöhnl Aufenth in einen NichtVertrStaat entfällt die Anwendbk des Abk, vgl Rn 34. Dagg kann Begründg des gewöhnl Aufenth im Inland, Hamm FamRZ **88**, 864, od Erwerb der dtschen Staatsangehörigk dch den Mj u Entfallen eines bish bestehdn ges GewVerh nach dem fr HeimatR die dtsche internat Zustdgk noch in der BeschwInst begründen, BayObLG FamRZ **76**, 49, Düss NJW **76**, 1596. – Zum anwendb Recht s Art 2; zum Begr der Mj Art 12.

2) Gewöhnlicher Aufenthalt. Die Zustdgk ist an den gewöhnl Aufenth des Mj geknüpft; dieser ist 10 grdsl ebso zu verstehen wie im autonomen dtschen KollR, vgl dazu EG 5 Rn 10, 11, mithin als der Ort des tats Mittelpunktes der Lebensführg des Mj, des Schwerpunkts seiner soz Bindgen, insb in familiärer u schulischer bzw berufl Hins, BGH NJW **75**, 1068, **81**, 520 („Daseinsmittelpunkt"), BayObLG **73**, 345, Hamm NJW **92**, 637, Kropholler NJW **71**, 1724; ein dahingehder Wille ist nicht erforderl („faktischer Wohns"), BGH NJW **81**, 520, ist aber immerhin ein Indiz für Begründg eines neuen gewöhnl Aufenth, vgl Hamm NJW **92**, 638 (Rückkehrverweiger des Kindes); auch der entggstehde Wille des Mj od eines EltT ist grdsl unbeachtl, Hbg FamRZ **72**, 514, LG Zweibr FamRZ **74**, 140, Kleve FamRZ **77**, 335, AG Bonn IPRspr **79** Nr 86, BayObLG DAVorm **84**, 931, Düss FamRZ **94**, 108; jedoch wird dch zwangsw Unterbringg als solche, zB Strafhaft, gewöhnl Aufenth nicht begründet, Kropholler, Haager Abk 61. Zeitweil Unterbrech-gen beenden den gewöhnl Aufenth nicht, wenn der Schwerpunkt der Bindgen der Pers dadch nicht verän-dert wird, vgl dazu Saarbr IPRspr **76** Nr 76, Düss FamRZ **80**, 728, Stgt NJW **83**, 1981, Hamm NJW **92**, 637, Karlsr NJW-RR **94**, 1420. Gewöhnl Aufenth erfordert eine gewisse Eingliederg in die soz Umwelt; als Indiz 11 kann dabei die tats Dauer des Aufenth dienen (als Faustregel werden häuf etwa 6 Mo genannt, Hamm NJW **74**, 1053, Ffm IPRspr **74** Nr 93, Stgt NJW **78**, 1746, Mü FamRZ **81**, 389, Düss FamRZ **84**, 194), Kln FamRZ **91**, 364, die im Ztpkt der richterl Entsch zu beurteilen ist, BGH NJW **81**, 520, Hamm NJW **92**, 637, abl Schlosshauer-Selbach FamRZ **81**, 536; ist der Aufenth von vornherein auf längere Dauer angelegt, so kann er aber auch schon mit seinem Beginn als gewöhnl Aufenth angesehen werden, BGH NJW **81**, 520, Bambg IPRspr **83** Nr 86, Hbg IPRax **86**, 386, **87**, 319, Hamm FamRZ **88**, 1198, IPRax **93**, 105, Celle FamRZ **93**, 95, Kropholler, Haager Abk 62; dies gilt nicht, wenn ein längerfrist Aufenth nach fremdenr Best ersichtl unzul ist, LG Bln DAVorm **78**, 679 (betr offenb unbegründeten Asylantrag), vgl dazu Art 5 Rn 10, sowie AG

12 Duisbg ZfJ **89**, 433, AG Moers DAVorm **91**, 963, offengelassen von Duisbg DAVorm **89**, 719. Zum Problem des Aufenth bei Internatsbesuch BGH NJW **75**, 1068, bei **Kindesentführung** vgl Siehr DAVorm **73**, 259, **77**, 219, IPRax **84**, 309, Wuppermann FamRZ **74**, 416, Stöcker DAVorm **75**, 522, Henrich IPRax **81**, 125, Böhmer IPRax **84**, 282, Sturm Fschr Nagel (1987) 457 u Müller-Freienfels JZ **88**, 120. Dch eine Entführg des Kindes ohne od gg den Willen seines ges Vertr als solche wird der gewöhnl Aufenth nicht verändert, vgl auch ParallelVorschr in EG 5 III; da der Begr des gewöhnl Aufenth fakt, nicht rechtl geprägt ist, schließt eine Verlegg des gewöhnl Aufenth gg den Willen des Sorgeberecht jedoch nicht aus, daß der neue AufenthOrt des Kindes dch Eingliederg in die soz Umwelt zum gewöhnl Aufenth wird, BGH NJW **81**, 520 mit abl Anm v Schlosshauer-Selbach FamRZ **81**, 536, BayObLG **81**, 246 (vgl dazu BayVerfGH IPRax **82**, 110 u Hüßtege ebda 95), DAVorm **84**, 931, Düss FamRZ **84**, 194, Oldbg IPRspr **82** Nr 89, Ffm IPRax **86**, 384, Karlsr IPRspr **86** Nr 83, Hbg ZfJ **88**, 94, Hamm FamRZ **88**, 1198, **89**, 1110, NJW **92**, 637, Koblenz NJW **89**, 2201, Celle IPRax **89**, 390 (dazu Siehr ebda 373), FamRZ **91**, 1222, Karlsr FamRZ **93**, 97, Mü FamRZ **93**, 349, vgl dazu ferner Henrich IPRax **81**, 125, Hohloch JuS **81**, 460, Christian DAVorm **83**, 435, abw Karlsr NJW **76**, 485, FamRZ **79**, 840, offengelassen in BGH FamRZ **79**, 577, KG NJW **80**, 1226; an die Begr des neuen gewöhnl Aufenth sind jedoch strenge Anfordergen zu stellen, Hamm IPRax **86**, 45, FamRZ **89**, 1110 (dazu Henrich ebda 1325), NJW **92**, 637, IPRax **93**, 105 (dazu Dörner ebda 85), Bambg NJW-RR **90**, 775; insb ist der entggstehde Wille des Sorgeberecht ein Indiz dafür, daß der neue Aufenth noch nicht auf Dauer angelegt ist, BGH NJW **81**, 520, Bambg IPRspr **83** Nr 86, Düss FamRZ **84**, 194, Celle FamRZ **91**, 1222, Hamm NJW **92**, 638. Einheitl Verf- u SachVorschr über die **Rückführung** entführter Kinder enth das **Haager Übereinkommen über die zivilrechtlichen Aspekte internationaler Kindesentführung** v 25. 10. 80, BGBl **90** II 206, vgl dazu Rn 59. Zusätzl kommt das Europ Übk über die Anerkennung u Vollstr v Entschen über das SorgeR u die Wiederherstellg des SorgeVerh v 20. 5. 80, BGBl **90** II 220 in Betr; vgl dazu Rn 63. Eine Übertragg der in diesen Übk vorgesehenen Zeitgrenzen auf die Begründg eines neuen gewöhnl Aufenth iSv Art 1 MSA nach Kindesentführg erwägt Hamm IPRax **93**, 105, mit Recht ablehnd Dörner ebda 85.

13   **3) Schutzmaßnahmen.** Die Zustdgk erstreckt sich auf Maßn zum Schutz der Pers u des Verm des Mj, die dch behördl od gerichtl Einzelakt zum Schutz eines best Kindes getroffen werden können. Der Begr ist weit zu fassen; er umfaßt alle Maßn, die im Interesse des Kindes erfdl sind, BGH **60**, 68, u umschließt sowohl privr wie öffr Maßn, Jayme JR **73**, 177, nicht aber auch kr Ges eintretde RFolgen. In Betr kommen insb Entsch nach § 1632 über die Herausg des Kindes v and Elternteil, Ffm FamRZ **72**, 266, Hbg FamRZ **72**, 514, Karlsr NJW **76**, 485, Düss FamRZ **80**, 728, Stgt NJW **85**, 566, od v einem Dritten, Zweibr OLGZ **81**, 146, BayObLG **90**, 245, Hamm DAVorm **81**, 921, Hbg NJW-RR **90**, 1289, abw Staud-Kropholler Vorbem zu EG 18 Rdz 279 u fr Aufl; über die Verkehrsregelg, §§ 1634 II, 1711, Stgt NJW **78**, 1746, Karlsr IPRax **89**, 249 (UmggsR des islam Vaters), Celle FamRZ **90**, 1131, Karlsr FamRZ **91**, 363; Maßregeln nach §§ 1666–1667, BayObLG **73**, 331 u 345, StAZ **77**, 137, IPRspr **78** Nr 88, FamRZ **91**, 1219, **93**, 230, Zweibr FamRZ **74**, 153, Hamm NJW **78**, 1747, Stgt FamRZ **80**, 1152, LG Hbg FamRZ **81**, 309; Übertr der elterl Sorge nach Scheidg, § 1671, BGH **60**, 68, BayObLG **74**, 106, **78**, 115, KG FamRZ **74**, 144, u ihre Abänderg, § 1696, BayObLG IPRspr **78** Nr 87, **79** Nr 85 (auch in Abänd ausl SorgeREntsch, BGH IPRax **87**, 317, KG OLGZ **75**, 119, BayObLG **75**, 218, Ffm FamRZ **80**, 730, Karlsr FamRZ **95**, 563) od bei Getrenntleben, § 1672, BGH NJW **81**, 520, FamRZ **84**, 686, BayObLG **74**, 126, Hamm NJW **74**, 1053, FamRZ **88**, 864, KG FamRZ **77**, 475 (hier ist aber stets zu prüfen, ob nach dem HeimatR des Mj das SorgeR kr Gesetzes auf einen EltT übergeht, Art 3); einstw AOen gem ZPO 620 nF, SchlH SchlHA **78**, 54, Karlsr FamRZ **79**, 840, Düss FamRZ **84**, 194 (auch bei entggstehder einstw AO eines ausl Gerichts); Feststellg des Ruhens der elterl Sorge nach § 1674, BayObLG **74**, 491, FamRZ **92**, 1348, Kln DAVorm **91**, 507 (and bei § 1673, BayObLG **76**, 198, da ledigl deklarator Bedeutg); Bestellg eines Beistandes nach § 1685, LG Bln FamRZ **91**, 104, od eines Betreuers nach § 1896, AO einer Pflegsch u Bestellg eines Pflegers, zB nach § 1708, Stgt FamRZ **77**, 208, BayObLG StAZ **78**, 208, AO einer Vormsch u Bestellg eines Vormds, §§ 1773ff, BayObLG FamRZ **92**, 1348, **93**, 464, Entlassg eines Vormds, §§ 1886ff, BayObLG **90**, 245, FamRZ **92**, 1348, AO einer ErgPflegsch, § 1909, BayObLG **78**, 251, KG OLGZ **78**, 159, **82**, 175, LG Hbg IPRspr **81** Nr 90b, LG Stgt DAVorm **87**, 147, u Bestellg eines ErgPflegers; Entscheidg über religiöse Kindererziehg, vgl dazu Henrich Fschr f Kegel, 1987 S 197; früher AO der ErzBeistandsch od der FürsErz, JWG **57**, 65, 67 (aufgeh dch KJHG), AG Ingolstadt DAVorm **76**, 596, vgl dazu Oberloskamp ZfJ **85**, 275, sowie Erziehgshilfen während der Berufsvorbereitg nach JWG 5 u 6 (aufgeh dch KJHG), VG Bln DAVorm **84**, 720, VGH BaWü FamRZ **85**, 1158, nunm ErzHilfen nach KJHG 27ff u vorl Unterbringg nach KJHG 42f; vormschger Gen zur Unterbringg eines Kindes nach § 1631b, AG Glückstadt FamRZ **80**, 824 mit Anm v Kropholler.

14   **Keine Schutzmaßnahmen** sind dagg grdsl Einzelmaßn zur Überwachg v Eltern od zur Durchf einer Vormsch od Pflegsch (insow best sich internat Zustdgk u anwendb Recht nach den allg Regeln, zB EG 19 II, 20 II, 24 u FGG 35b, 43 I), so die vormschger Gen v RGesch, Staud-Kropholler Vorbem zu EG 18 Rdz 308, Siehr DAVorm **73**, 263, grdsl auch Schwimann FamRZ **78**, 303, aM BayObLG IPRspr **85** Nr 87, Stöcker DAVorm **75**, 507, MüKo-Siehr Rdz 57, Siehr IPRax **82**, 90 (aber AnnexZustdgk nach Art 1 bei Gen, die als Folge einer vom AufenthStaat getroffenen SchutzMaßn notw wird, Staud-Kropholler aaO Rdz 310, noch weitergeh Schwimann aaO u Staud-Kropholler Rdz 313ff, die dem Übk eine allg Zustdgk für Dchführgs-Maßn iRv ges GewVerhen entnehmen wollen, vgl dazu Oberloskamp Rdz 102ff), ferner nicht vormschger Befreiungen v SchutzVorschr wie Befreiung v Erfordern der Ehemündigk, EheG 1 II, Erteilg des Auseinand SZeugn, EheG 9, AG Moers DAVorm **91**, 966, aM MüKo-Siehr Rdz 58, Zuweisg der Ehewohng an die Mutter, MüKo-Siehr Rn 93, aM Karlsr IPRax **85**, 106, vgl dazu Henrich ebda 89, Geltendmachg eines SchadErsAnspr gg die Eltern, BGH NJW **93**, 2306. Ebsowenig gehören hierher die kraft Gesetzes (dh nicht dch behördl od gerichtl Einzelakt) eintretde Amtspflegsch des JugA, § 1709, BayObLG **78**, 325, **88**, 76, LG Saarbr DAVorm **81**, 411, vgl dazu auch BGH **111**, 206, Kropholler IPRax **84**, 82, Düss DAVorm **88**, 193, LG Ffm DAVorm **88**, 468, Celle FamRZ **88**, 647, Kln DAVorm **88**, 470, offengelassen Kln DAVorm **88**, 470. AO der NachlPflegsch bei mj Erben, § 1960, Feststellg der Legitimation, PStG 31, Ffm FamRZ **73**, 468, EhelichErkl, § 1723, Entsch über die Anfechtg der Ehelk eines Kindes, KG OLGZ **77**, 452, Ausspr der

Adopt, § 1752 I u Ersetzg der Einwilligg eines EltT dabei, § 1748, Berichtigg des Namenseintrags, LG Bochum IPRspr **76** Nr 85 A, Gen zur Entlassg eines Mj aus der dtschen u zum Erwerb einer ausl Staatsangehörigkeit (RuStAG 19, 25), Art 3 ZustimmgsG, KG FamRZ **80**, 625.

4) Benachrichtigungspflicht ggü Beh des Heimatstaates n Art 11.   **15**

2 *[Anwendung des Aufenthaltsrechts]* Die nach Artikel 1 zuständigen Behörden haben die nach ihrem innerstaatlichen Recht vorgesehenen Maßnahmen zu treffen.
Dieses Recht bestimmt die Voraussetzungen für die Anordnung, die Änderung und die Beendigung dieser Maßnahmen. Es regelt auch deren Wirkungen sowohl im Verhältnis zwischen dem Minderjährigen und den Personen oder den Einrichtungen, denen er anvertraut ist, als auch im Verhältnis zu Dritten.

1) Sachl maßg ist das innerstaatl R der nach Art 1 zust Beh **(Gleichlaufsgrundsatz)**, dh prakt das **16** AufenthR. Die lex fori best über die **Voraussetzungen** einer SchutzMaßn, zB über die Zulässigk von Gewaltanwendg gg das sich der Herausgabe widersetzde Kind, BayObLG **85**, 145 (das dabei zu Recht auch die GrdRechte des grundrechtsmünd Kindes nach dem dtschen AufenthR beachtet, krit dazu Knöpfel FamRZ **85**, 1211, Schütz FamRZ **86**, 528, zust dagg Wieser FamRZ **90**, 696); sie entsch ferner über die **Wirkungen**, u zwar sowohl im InnenVerh, zB Haftg des Vormds ggü Mj, als auch im Verh zu Dr, zB Vertretgsmacht des Vormds od Notwendigk einer vormschger Gen, II, vgl Kropholler, Haager Abk 111 f.

2) Sieht das innerstaatl R des AufenthStaates **keine Schutzmaßnahme** vor, da es v einem kr Gesetzes **17** eintretden RZust ausgeht, zB der elterl Sorge der Mutter od der gesetzl Amtspflegsch des JA, so hat eine SchutzMaßn grdsl zu unterbleiben. Eine Ausn gilt, wenn das Kind nach dem maßg KindschStatut, vgl dazu Rn 20, ohne SorgeBerecht, insb ohne gesetzl Vertr, ist. Da EG 20 II nunm ebenf auf das v Art 2 berufene Recht verweist, ist eine solche Diskrepanz allerd nur bei ehel Kindern aGrd der Regelanknüpfg gem EG 19 II 1 in seltenen Fällen denkb, vgl Heldrich Fschr Ferid (1988) 142. Der dtsche Richter hat dann in Anpassg des dtschen SachR einen v dem innerstaatl Recht kraft Gesetzes bestehden Zustand die eine entspr AO herzustellen, zB dem überlebden EltT nach dem Tod des and die elterl Sorge zu übertr; vgl dazu Hamm NJW **78**, 1749, BayObLG **78**, 332, FamRZ **83**, 948, Oldbg DAVorm **80**, 62, Kropholler ZfRV **75**, 212, Sturm NJW **75**, 2125, Oberloskamp ZfJ **85**, 225 (jeweils zum Problem der Übertragg der nehel Sorge auf die nehel Mutter, das nach der Neufassg von EG 20 II nicht mehr relevant ist), and Jayme StAZ **76**, 199, der zum automat Eintritt des dtschen GewaltVerh dch unselbstd Anknüpfg einer Vorfrage im Rahmen von Art 2 II gelangt, im Erg ebso Kropholler IPRax **84**, 81, Staud-Kropholler Art 20 nF Rz 74; gg die Gleichsetzg eines gesetzl GewaltVerh mit einer SchutzMaßn auch Karlsr NJW **76**, 485. Sollte das HeimatR des Kindes in Übereinstimmg mit dem Recht des AufenthStaates ein gesetzl GewaltVerh vorsehen, so wäre dies trotz Art 3 nicht zu beachten, da das Kind wg Fehlens eines SorgeBerecht nach dem KindschStatut in seiner Pers od in seinem Verm ernstl gefährdet ist, Art 8, vgl dazu Heldrich Fschr Ferid (1988) 140. – Zur Anknüpfg v Vorfragen vgl oben Rn 4.

3 *[Nach Heimatrecht bestehende Gewaltverhältnisse]* Ein Gewaltverhältnis, das nach dem innerstaatlichen Recht des Staates, dem der Minderjährige angehört, kraft Gesetzes besteht, ist in allen Vertragsstaaten anzuerkennen.

1) Allgemeines. a) Die Vorschr begründet eine Verpfl aller VertrStaaten zur Anerkenng v **Gewaltver- 18 hältnissen**, die nach dem HeimatR des Mj **kraft Gesetzes** bestehen, zB elterl Sorge, AmtsVormsch. Es muß sich dabei um eine RBeziehg handeln, die sich ohne gerichtl od behördl Eingreifn unmittelb ex lege aus der ROrdng des Heimatstaates ergibt. Die Pflicht zur Anerkenng erstreckt sich auch auf die den Inh des ges GewVerh konkretisierden ausl RVorstellgen, LG Bln FamRZ **83**, 943, vgl dazu John FamRZ **83**, 1274. In Durchbrechg des GleichlaufsGrds wird das für die Beurteilg eines Bestehens eines solchen RVerh anwendb Recht dch **Anknüpfung** an die **Staatsangehörigkeit** best. Die Staatsangehörigk des Mj ist festzustellen (Ausn: Art 8, vgl Rn 39, 40); die dabei auftretden Vorfragen sind nach dem IPR des Staates selbstd anzuknüpfen, um dessen Staatsangehörigk es geht, Stgt FamRZ **76**, 359, vgl Art 5 Rn 1; die Feststellg der Staatsangehörigk ist allenf dann entbehrl, wenn nach allen in Betr kommden HeimatRen kein ges GewVerh besteht, BayObLG IPRspr **76** Nr 70. Eine bes Regelg für die Anknüpfg bei **Mehrstaatern** enth das MSA **19** nicht, für analoge Anwendg von Art 14 aber Mü IPRax **88**, 32, zust Mansel ebda 22; insow gelten ergänzd die Vorschren des autonomen dtschen KollisionsR; maßg ist also grdsl nach EG 5 I 1 diejenige Staatsangehörigk, mit welcher der Mj am engsten verbunden ist; dabei kommt es nur auf die Verhe des Kindes, nur mittelb auch die seiner Eltern an, Mansel IPRax **85**, 210 (keine abgeleitete Effektivität); sollte eine effektivere Staatsangehörigk nicht festzustellen sein, so sind die beteiligten HeimatRe kumulativ anzuwenden, Mü IPRax **88**, 32, Mansel ebda 23; besitzt der Mj **auch** die **deutsche** Staatsangehörigk, so entsch nach EG 5 I 2 nur diese, vgl dazu Hamm FamRZ **88**, 1199 (offen gelassen NJW **92**, 638), BayObLG **90**, 247, Düss FamRZ **94**, 109 (iErg), Staud-Peschel-Gutzeit § 1634 Rn 354, aM Mansel IPRax **88**, 23, Jayme IPRax **89**, 107, Henrich, Internat FamR S 233. Bei Staatenlosen, Flüchtlingen usw ist auf das dch den gewöhnl Aufenth best Personalstatut, s EG 5 mit Anh, abzustellen, BayObLG **74**, 95, 345, LG Bochum IPRspr **76** Nr 61, Kropholler aaO 116. Bei einem StaatsangehörigkWechsel entsch das neue HeimatR; das Statut ist also wandelb; StaatsangehörigkWechsel ist auch in der BeschwInst zu berücksichtn, BGH NJW **81**, 520, BayObLG FamRZ **76**, 49, Düss NJW **76**, 1596. Bei MehrRStaaten ist die maßg TeilROrdng nach Art 14 zu best.

b) Das HeimatR des Mj wird v Art 3 nur bei der Beurteilg der Vorfrage zur Anwendg berufen, ob die **20** internat Zustdgk des AufenthStaates zur Anordng einer Schutzmaßn nach Art 1 dch ein ges GewVerh eingeschränkt wird. Art 3 ist also **keine selbständige Kollisionsnorm**, die auch unabhäng v einer Schutzmaßn das Bestehen eines ges GewVerh, insb der elterl Sorge, dem HeimatR des Betr unterstellt, BGH **111**, 205, zust Sturm IPRax **91**, 231, ebso BayObLG **90**, 248 u hM in der Rspr, weitere Nachw zu dieser bish sehr

umstr Frage in 50. Aufl; insow bleiben die autonomen Kollisionsnormen des EG maßgebd, insb EG 19 II,
21 vgl dort Rn 12, u 20 II, vgl dort Rn 10–12. Die Beschrkg des AnwendgsBer v Art 3 auf die Vornahme von SchutzMaßn hat eine **gespaltene** kollisionsr Beurteilg gesetzl GewaltVerhe zur Folge. Solange **keine** SchutzMaßn getroffen werden soll, ist über Bestehen u Umfang etwa der elterl Sorge nach dem von EG 19 II u EG 20 II berufenen Recht zu entsch. Erst wenn sich aGrd der Umst des Einzelfalles das Bedürfn nach einer SchutzMaßn ergibt, zB anläßl Ehescheidg, ist das MSA anzuwenden. Spanngen zw dem von EG 19 II u EG 20 II berufenen KindschStatut u dem von Art 3 berufenen HeimatR lassen sich mit Hilfe von Art 8 I lösen, vgl Rn 39, BGH **111**, 211, sowie Heldrich Fschr Ferid (1988) 137.

22   **c)** Die Verpfl zur Anerkenng eines ges GewVerh besteht **unabhängig** davon, ob der **Heimatstaat** des Mj zu den **Vertragsstaaten** gehört, Hamm NJW **78**, 1747, Düss FamRZ **79**, 1066, **80**, 728, Ahrens FamRZ **76**, 312, aM Ferid-Böhmer IPR Rdz 8–240; and bei Anwendg des Art 5 III, vgl Rn 34, 35. Die Anerkenngs-Pfl reicht nur soweit, als das HeimatR des Mj sie fordert; **Rück- od Weiterverweisung** dch das HeimatR sind im Rahmen v Art 3 wg des klaren Wortlauts der Vorschr (nach dem „innerstaatl" Recht des Heimat-staates) jedoch nicht zu beachten, ebso Kropholler NJW **72**, 371, MüKo-Siehr Rdz 178, Jayme JR **73**, 181 f, Henrich Fschr f Schwind (1978) 79, 85, aM Ferid-Böhmer IPR Rdz 8–239, vgl auch AG Hbg DAVorm **74**,
23 684 u oben Rn 4; zur Anknüpfg v **Vorfragen** vgl ebda. – Die nach Art 3 gebotene Anwendg des ausl HeimatR steht unter dem Vorbeh des **ordre public,** Art 16; insow auch GeltgsAnspr der dtschen **Grund-rechte** zu berücksichtigen, vgl dazu BGH **60**, 68, Wuppermann FamRZ **74**, 419. Verstößt die so Regelg des GewVerh nach dem HeimatR des Mj offensichtl gg die dtsche öff Ordng, so entfällt die AnerkenngsPfl nach Art 3; die dtschen Beh des AufenthLandes sind dann nach Art 1 zust u wenden nach Art 2 dtsches Recht an, Zweibr FamRZ **75**, 172. Ein solcher Verstoß ist aber nicht bei jeder mit dem Grds des GG 3 II unvereinb Ausgestaltg des ausl HeimatR gegeben, es kommt entsch auf die Inlandsbeziehgen des Falles an, BGH **60**, 68, vgl auch LG Nürnb FamRZ **73**, 380, Celle IPRax **89**, 391 u EG 6 Rn 7.

24   **2) Einschränkung der Zuständigkeit des Aufenthaltsstaates. a)** Die internat Zustdgk der Beh des AufenthStaates nach Art 1 steht unter dem Vorbeh der Verpfl zur Anerkenng ges GewVerhe nach Art 3. Hierin liegt eine wesentl Einschränkg der AufenthZustdgk u der Maßgeblk des AufenthR. Soweit die AnerkenngsPfl reicht, entfällt die dch Art 1 begründete Zustdgk, str, vgl Rn 7. Eingr nach AufenthR in kr Gesetzes bestehdes GewVerh nach ausl R können die Ger des AufenthStaates nur bei ernstl Gefährdg nach Art 8 u in dringden Fällen nach Art 9 vornehmen, BGH NJW **73**, 417, BayObLG **74**, 126, 322, FamRZ **93**, 464, Hamm NJW **75**, 1083, Ffm IPRax **82**, 22, krit dazu Schurig FamRZ **75**, 459. Ist das Kind nach dem vom IPR des AufenthStaates berufenen Recht, vgl dazu oben Rn 20, 21, ohne gesetzl Vertr, während das von Art 3 berufene HeimatR ein umfassdes gesetzl GewaltVerh vorsieht, so liegt ernstl Gefährdg iSv Art 8 vor; die Bestellg eines gesetzl Vertr nach AufenthR scheitert also nicht an Art 3, vgl Heldrich Fschr Ferid (1988) 137. KG NJW **85**, 68 hält weitergehde Eingriffe für denkbar, wenn das gesetzl GewaltVerh die Freiheit des Mj unzumutb einschränkt, vgl dazu Wengler IPRax **85**, 334; zur Lösg derartiger Konflikte zw Eltern u Kind sind aber im Rahmen v Art 2 auch die inl GrdRechte des Kindes aus GG 1 I u 2 I zu beachten, vgl BayObLG DAVorm **84**, 931 u FamRZ **85**, 737, krit dazu Knöpfel FamRZ **85**, 1211, Schütz FamRZ **86**, 528, vgl dazu auch Wieser FamRZ **90**, 693.

25   **b)** Ein Eingr in das gesetzl GewaltVerh liegt jedoch nur vor, wenn das ausl HeimatR des Mj eine solche Maßn nicht zuläßt; zum Begr des Eingr vgl Zweibr FamRZ **72**, 649, Kropholler NJW **72**, 371. Läßt das HeimatR innerh eines an sich bestehden GewVerh gerichtl od behördl Eingr zu, zB Regelg der Ausübg der elterl Sorge nach Scheidg, enthält es also eine **regelungsfähige Lücke,** so entfällt in diesem Umfang die AnerkenngsPfl nach Art 3 u tritt die grdsl Zustdgk des AufenthStaates zur Vorn v SchutzMaßn nach seinem eig Recht gem Art 1 u 2 wieder in Kraft, BGH FamRZ **84**, 686, Hamm IPRspr **78** Nr 90, Düss FamRZ **80**, 728, so im Erg auch Schurig FamRZ **75**, 459, Rahm/Paetzold Hdb VIII Rdz 453 ff, Jayme IPRax **85**, 23, abl Ahrens FamRZ **76**, 305. Das ausl HeimatR des Mj best dabei nur den äußeren Rahmen, innerh dessen **Schutzmaßnahmen nach Aufenthaltsrecht** zu treffen sind; dagg sind diese Maßn dch die Ger des AufenthStaates nicht selbst nach dem ausl HeimatR vorzunehmen, Rahm/Paetzold Hdb VIII Rn 456, and LG Nürnb FamRZ **73**, 380, vgl dazu Kropholler, Haager Abk 73.

26   **c)** Besteht nach dem dtschen Recht als AufenthR ein ges GewVerh (zB der nehel Mutter n § 1705), währd das ausl HeimatR des Mj ein ges GewVerh überh nicht vorsieht od innerh eines solchen GewVerh eine Ausübgsregelg zuläßt, so hat eine SchutzMaßn nach Art 1 u 2 grdsl zu unterbleiben; eine Ausn gilt aber, wenn auch das vom autonomen dtschen IPR (insb EG 19 II) berufene KindschStatut ein solches GewaltVerh überh nicht oder nur in beschr Umfang vorsieht; der dtsche Ri hat dann den nach dtschem Recht kr Gesetzes bestehden RZust in Anpassg seines SachR dch eine entspr AO herzustellen, vgl dazu Rn 17.

27   **3) Einzelfälle.** Die folgde Übersicht ist ledigl eine Dokumentation der Rspr; sie entspricht nicht notw der heutigen RLage. **a)** Ein nach Art 3 anzuerkennendes **gesetzliches Gewaltverhältnis** wurde in der Rspr **bejaht** zB **aa)** bei **ehelichen** Kindern währd des **Bestehens der Ehe** nach **belgischem,** BayObLG **74**, 491 (Änderg der RLage dch G v 27. 4. 87), nach bish **iranischem,** Ffm FamRZ **80**, 79, nach früh, BayObLG **74**, 126, u ggwärt geltdem **italienischem** Recht, Düss FamRZ **79**, 1066, vgl aber auch BayObLG DAVorm **83**, 78, Hamm FamRZ **92**, 1335, Karlsr FamRZ **93**, 97 (Ausübgsregelg statth), ebso nach **marokkanischem,** Kblz IPRspr **79** Nr 89 (Regelg der PersSorge statth), **südkoreanischem,** KG IPRax **85**, 110, BayObLG FamRZ **93**, 464 (auch nach dem Tod eines EltT) u **nach türkischem Recht,** BGH DAVorm **92**, 353, KG IPRspr **81**, Nr 91, Celle ZfJ **84**, 97, BayObLG IPRspr **85** Nr 85, AG Moers DAVorm **91**, 964, Kln FamRZ **91**, 364, jedoch vorbehaltlich Ausübungsregelung, BayObLG DAVorm **84**, 936, Nbg IPRax **84**, 220 mAv Henrich, Stgt NJW **85**, 566, KG NJW **85**, 69, Hamm FamRZ **89**, 1324 (dazu Henrich IPRax **90**, 126), Celle FamRZ **89**, 1325, Kln IPRax **89**, 312, FamRZ **91**, 364, Kblz FamRZ **90**, 553, Ffm FamRZ **92**, 463, Mü FamRZ **92**, 343, vgl dazu ferner Coester-Waltjen ZfJ **90**, 644, Zemen IPRax **92**, 121, sowie **nach Eltern-scheidung** nach **ägyptischem,** BayObLG **74**, 322, Zweibr FamRZ **75**, 172, AG Solingen FamRZ **82**, 738, Stgt DAVorm **86**, 556, grdsl auch nach **französischem** (aber Ausübgsregelg mögl), AG Hameln FamRZ **73**, 662, vgl auch LG Saarbr DAVorm **77**, 214, nach **griechischem** (überholt dch Neufassg u Art 1513

ZGB), Hamm FamRZ **72**, 381, Stgt FamRZ **76**, 359 m Anm Jayme, Ffm FamRZ **79**, 743, IPRax **82**, 22, Stgt NJW **80**, 1229, **83**, 1981, im Grds nicht abw Düss FamRZ **80**, 728, 729, nach bish **iranischem** Recht hins der VermSorge, BGH **60**, 68, BayOblG **74**, 355 (nicht auch hins der PersSorge, AG Hbg IPRspr **74** Nr 90), vorbehaltl Ausübgsregelg auch nach dem fr **italienschem** Recht, KG NJW **74**, 423, Hamm NJW **74**, 1053, dch das ReformG v 19. 5. 75 hat sich hieran nichts geändert, Düss FamRZ **79**, 1066, Ffm IPRax **82**, 30, Stgt NJW-RR **89**, 262, Ffm FamRZ **94**, 716 (z Ausübgsregelg bei Ehetrenng), sowie nach fr **österreichischem** Recht, BayOblG **74**, 106, Stgt NJW **76**, 483, Ffm OLGZ **77**, 416 (nach § 177 ABGB nF erfolgt nunm idR Zuteilg der elterl Gew dch das Gericht) u geltdem **polnischen Recht**, Ffm FamRZ **94**, 716; **bb) bei** 28 **nichtehelichen** Kindern nach **englischem**, KG DAVorm **74**, 283, Darmst DAVorm **89**, 524, **französischem**, Karlsr FamRZ **89**, 896, **griechischem**, Hamm IPRspr **78** Nr 90 (Änderg des Art 1915 ZGB dch G v 18. 2. 83), ehem **jugoslawischem**, Osnabr ZBlJugR **74**, 446, Traunst DAVorm **84**, 732, KG OLGZ **87**, 145 u **philippinischem** Recht, Darmst DAVorm **89**, 434.

b) Kein bzw kein unbeschränktes ges GewVerh wurde dagg angenommen **aa) bei ehelichen** Kindern 29 währd **des Bestehens** der Ehe der Eltern nach **australischem**, BayOblG DAVorm **80**, 758, **gambischem**, Ffm FamRZ **95**, 564, **ghanaisch-englischem**, Hbg FamRZ **83**, 1271, **griechischem**, Bambg IPRspr **83** Nr 86, **spanischem**, AG Hbg IPRspr **74** Nr 84 (überholt dch Neufassg v Art 154, 156 span CC), **tunesischem** Recht, BGH FamRZ **84**, 686, vgl dazu Jayme IPRax **85**, 23, bei einem Kind in AdoptionsPfl auch nach **jugoslawischem** Recht, LG Stgt DAVorm **79**, 867, **nach Elternscheidung** nach dem Recht v **Angola**, Celle FamRZ **82**, 813, BGH **89**, 325, nach **belgischem**, AG Cloppenburg IPRspr **73** Nr 58, **indonesischem**, Hbg IPRspr **83** Nr 153, nach bish **iranischem** Recht hins der PersSorge, KG OLGZ **79**, 187, nach **israelischem** staatl Recht, Hann IPRspr **73** Nr 60, nach vormals **jugoslawischem**, BGH FamRZ **94**, 828, ferner AG Ingolstadt DAVorm **75**, 270, Mü IPRspr **79** Nr 97, AG Bremervörde IPRspr **81** Nr 87, Karlsr FamRZ **84**, 57, **peruanischem**, AG Hbg NJW-RR **86**, 374, **polnischem**, Schlesw NJW-RR **94**, 586, **schweizerischem** Recht, Hamm NJW **92**, 638 (auch nicht bei Tod des EltT, dem die elterl Gew zugeteilt wird, Karlsr NJW **76**, 485), ehem **sowjetrussischem**, Celle FamRZ **82**, 813, BGH **89**, 325, **türkischem**, KG OLGZ **75**, 119, Ffm FamRZ **80**, 730, LG Hbg IPRspr **81** Nr 90b, vgl auch Karlsr FamRZ **91**, 363, nach **tunesischem** Recht, BGH FamRZ **84**, 686, IPRax **87**, 317, nach dem Recht des Staates Georgia **(USA)** hins der VermSorge, AG Ingolstadt DAVorm **75**, 120, zum amerik Recht vgl auch Wiesb FamRZ **77**, 60, u nach **venezolanischem** Recht, Karlsr FamRZ **95**, 562; **bb) bei nichtehelichen** Kindern nach **griechischem**, 30 LG Stgt DAVorm **75**, 485 (überholt dch Neufassg v Art 1915 ZGB), **schweizerischem**, Hann DAVorm **73**, 499 (überholt dch Neufassg v Art 298 ZGB), sowie nach **türkischem** Recht, AG Brem ZBlJugR **73**, 445 (vgl dazu Jayme aaO 438), BayOblG StAZ **78**, 208, FamRZ **83**, 948, Oldenbg DAVorm **80**, 62, Stgt IPRspr **88** Nr 96.

4 *[Eingreifen der Heimatbehörden]* Sind die Behörden des Staates, dem der Minderjährige angehört, der Auffassung, daß das Wohl des Minderjährigen es erfordert, so können sie nach ihrem innerstaatlichen Recht zum Schutz der Person oder des Vermögens des Minderjährigen Maßnahmen treffen, nachdem sie die Behörden des Staates verständigt haben, in dem der Minderjährige seinen gewöhnlichen Aufenthalt hat.

Dieses Recht bestimmt die Voraussetzungen für die Anordnung, die Änderung und die Beendigung dieser Maßnahmen. Es regelt auch deren Wirkungen sowohl im Verhältnis zwischen dem Minderjährigen und den Personen oder den Einrichtungen, denen er anvertraut ist, als auch im Verhältnis zu Dritten.

Für die Durchführung der getroffenen Maßnahmen haben die Behörden des Staates zu sorgen, dem der Minderjährige angehört.

Die nach den Absätzen 1 bis 3 getroffenen Maßnahmen treten an die Stelle von Maßnahmen, welche die Behörden des Staates getroffen haben, in dem der Minderjährige seinen gewöhnlichen Aufenthalt hat.

1) Allgemeines. Die Vorschr begründet eine konkurrierde Zustdgk der Beh des Heimatstaats zu Schutz- 31 Maßn iS v Art 1, falls sie dies im Kindeswohl für erfdl halten, etwa weil die AufenthBeh zu SchutzMaßn nicht bereit od in der Lage sind od weil die HeimatBeh rascher u sachnäher handeln können, Stgt NJW **78**, 1746, vgl auch Karlsr NJW **79**, 500, FamRZ **94**, 643, NJW-RR **94**, 1420. Es handelt sich um eine AusnRegelg, die zurückhaltd anzuwenden ist, BGH NJW **92**, 637, Hamm FamRZ **91**, 1467, Celle FamRZ **93**, 96, MüKo-Siehr Rn 214; die bloße Anhängigk eines ScheidgsVerf im Heimatstaat, in dessen Rahmen auch eine SorgeRRegelg zu treffen ist, reicht zur Begr der HeimatZustdgk nach Art 4 I nicht aus, Celle FamRZ **93**, 96, Düss FamRZ **93**, 1109, Jayme FamRZ **79**, 21, für großzüg Anwendg von Art 4 dagg BayOblG **78**, 113, zust Böhmer/Siehr Rdz 1. Bei Doppelstaatern begründet nur die effektive Staatsangehörigk die Zustdgk nach Art 4, Rauscher IPRax **85**, 214, aM Beitzke IPRax **84**, 313, MüKo-Siehr Rn 219; besitzt das Kind auch die dtsche Staatsangehörigk, so ist nach EG 5 I 2 nur diese maßg, vgl Hamm NJW **92**, 637, FamRZ **92**, 338; and österr OGH IPRax **92**, 177, Mottl ebda 179. Die HeimatZustdgk gilt nur zG v VertrStaaten, Art 13 II; ggü NichtVertrStaaten gilt allein AufenthZustdgk gem Art 1, vgl Hamm FamRZ **92**, 338, IPRax **93**, 105, Dörner ebda 85. Umgekehrt gilt auch die Pfl zur Verständigg der Beh des AufenthStaates nach I nur ggü einem VertrStaat, Kropholler, Haager Abk 84. Vorherige Erf der VerständiggsPfl ist Voraussetzg der Zustdgk nach Art 4 I, vgl KG NJW **74**, 425, BayOblG **76**, 31, dahingestellt Stgt NJW **78**, 1746, Celle FamRZ **93**, 96, aM Düss FamRZ **93**, 1109 (nachholbar). – Sachl maßg ist auch hier die lex fori, II. Zur Durchf vgl III u Art 6 I mit Rn 36; zur Zustdgk für die Mitteilgn nach I s ZustG Art 2. Die v den HeimatBeh getroffenen Maßn ersetzen automat bereits getroffene SchutzMaßn des AufenthStaates, sofern die Voraussetzgn nach Abs 1 erf sind, insb die dort vorgesehene Mitteilg erfolgt ist, Abs 4, Kropholler aaO 85. Zum Inkraftbleiben der Maßn des Heimatstaates bei AufenthWechsel Art 5 III u dazu Karlsr NJW-RR **94**, 1420.

32 **2) Verhältnis zu Art 1.** Die AufenthZustdgk nach Art 1 steht unter dem Vorbeh der HeimatZustdgk nach Art 4. Sie entfällt also, soweit die HeimatBeh SchutzMaßn gem Art 4 getroffen hat; daher auch keine Zustdgk zur Abänderg od Aufhebg solcher Maßn, Kropholler aaO 81; Ausn: Art 8 u 9.

33 **3) Benachrichtigungspflicht** ggü den Beh des gewöhnl AufenthLandes nach Art 11 wird idR dch die nach I erfdl vorherige Verständigg erf, vgl Kropholler aaO 100.

5 *[Verlegung des Aufenthalts in einen anderen Vertragsstaat]* **Wird der gewöhnliche Aufenthalt eines Minderjährigen aus einem Vertragsstaat in einen anderen verlegt, so bleiben die von den Behörden des Staates des früheren gewöhnlichen Aufenthalts getroffenen Maßnahmen so lange in Kraft, bis die Behörden des neuen gewöhnlichen Aufenthalts sie aufheben oder ersetzen.**
Die von den Behörden des Staates des früheren gewöhnlichen Aufenthalts getroffenen Maßnahmen dürfen erst nach vorheriger Verständigung dieser Behörden aufgehoben oder ersetzt werden.
Wird der gewöhnliche Aufenthalt eines Minderjährigen, der unter dem Schutz der Behörden des Staates gestanden hat, dem er angehört, verlegt, so bleiben die von diesen nach ihrem innerstaatlichen Recht getroffenen Maßnahmen im Staate des neuen gewöhnlichen Aufenthaltes in Kraft.

34 Mit der Verlegg des gewöhnl Aufenth, zum Begr Rn 10–12, v einem VertrStaat in einen anderen ist auch ein Wechsel der internat Zustdgk des AufenthStaates nach Art 1 verbunden; zu den Konsequenzen für ein schwebdes Verf s Rn 9. Nach Art 5 I bleiben aber die v **früheren Aufenthaltsstaat** getroffenen SchutzMaßn (daher nicht auch eine ges Amtspflegsch des JugA, LG Saarbr DAVorm **81**, 411) vorläuf in Kraft; dies gilt auch für wirks erstinstanzl Entschen vor abschließder tatrichterl Behandlg des Falles, Hbg IPRax **86**, 386, differenziert Henrich ebda 366; sie dürfen erst nach Verständigg seiner Beh aufgeh werden, II; zur Zustdgk für diese Mitteilg s ZustG Art 2. – Mit der Verlegg des gewöhnl Aufenth in einen NichtVertrStaat entfällt die Anwendbk des Übk, Art 13 I, vgl Stgt FamRZ **80**, 1152, Düss FamRZ **81**, 1005, Ffm IPRax **83**, 294 (dazu Schlosser ebda 285), Hbg IPRax **87**, 319, Celle FamRZ **91**, 1222, Henrich IPRax **86**, 366, Mansel IPRax **87**, **35** 301, Roth IPRax **94**, 20 (jeweils auch zur Zustdgkfortdauer nach dtschem R). – Auch SchutzMaßn des **Heimatstaats,** sei es aGrd v Art 1 od sei es aGrd v Art 4, überdauern in ihrer Wirksk den AufenthWechsel, III. Voraussetzg dafür ist selbstverständl, daß der Heimatstaat zu den VertrStaaten gehört, Hamm NJW **75**, 1083, u daß der Aufenth in einen and VertrStaat verlegt wird, BayObLG **76**, 25. Die AufenthZustdgk steht nach Art 1 unter dem Vorbeh des Fortbestandes solcher Maßn; vgl dazu Rn 32 entspr; ihre Aufhebg od Abänderg kommt grdsl nur aGrd v Art 8 u 9 in Frage, Hamm NJW **75**, 1083, BayObLG **81**, 246. Gebietet das Recht des neuen AufenthStaates zwingd den Erl einer neuen widerspr SchutzMaßn, so ist eine Aufhebg der bish Maßn dch den Heimatstaat einvernehml zu erwirken, vgl Greif-Bartovics DAVorm **80**, 520 (betr dtsch-niederländ Adoptionsfälle).

6 *[Übertragung der Durchführung von Maßnahmen]* **Die Behörden des Staates, dem der Minderjährige angehört, können im Einvernehmen mit den Behörden des Staates, in dem er seinen gewöhnlichen Aufenthalt hat oder Vermögen besitzt, diesen die Durchführung der getroffenen Maßnahmen übertragen.**
Die gleiche Befugnis haben die Behörden des Staates, in dem der Minderjährige seinen gewöhnlichen Aufenthalt hat, gegenüber den Behörden des Staates, in dem der Minderjährige Vermögen besitzt.

36 Grdsl haben die Beh des Heimatstaates die v ihnen getroffenen SchutzMaßn selbst dchzuführen, Art 4 III. Art 6 I begründet die Möglk einer ZustdgkÜbertr im Einvernehmen zw ersuchden u ersuchten Beh. Eine entspr Möglk besteht für den AufenthStaat, II.

7 *[Anerkennung der Maßnahmen, nicht ohne weiteres bei Vollstreckung]* **Die Maßnahmen, welche die nach den vorstehenden Artikeln zuständigen Behörden getroffen haben, sind in allen Vertragsstaaten anzuerkennen. Erfordern diese Maßnahmen jedoch Vollstreckungshandlungen in einem anderen Staat als in dem, in welchem sie getroffen worden sind, so bestimmen sich ihre Anerkennung und ihre Vollstreckung entweder nach dem innerstaatlichen Recht des Staates, in dem die Vollstreckung beantragt wird, oder nach zwischenstaatlichen Übereinkünften.**

37 Voraussetzg der **Anerkennungspflicht** ist die Einhaltg der ZustdgkVorschr des Übk. Nach dem Wortlaut der Best („nach den vorstehden Artikeln") besteht keine AnerkennungsPfl für Maßn aGrd v Art 9; insow entsch die allg Anerkennungsregeln, Ffm FamRZ **92**, 463, vgl zB EG 19 Rn 15, aM Kropholler, Haager Abk 104, MüKo-Siehr Rn 277; zur Anerkenng v Maßn nach Art 8 vgl dessen II; zur Anerkenng vormschgerichtl Gen vgl Schwimann FamRZ **78**, 306. Bei Anerkenng v SchutzMaßn in einem ScheidgsUrt ist Verf nach FamRÄndG Art 7 § 1 dchzuführen, soweit es sich nicht um eine HeimatstaatEntsch handelt, BGH **64**, 19, Kropholler aaO 106, Siehr IPRax **82**, 90; vgl dazu EG 17 Rn 31–34 u EG 19 Rn 15; zur Anerkenng u Vollstreckg ausl Umgangsregeln vgl Dörner IPRax **87**, 155. Die AnerkenngsPfl steht unter dem Vorbeh des ordre public, Art 16. Eine unter Verletzg der Anerkennungspfl getr abw Entsch eines später angegangenen Ger eines VertrStaates ist nicht anerkenngsfäh, Ffm FamRZ **92**, 463. Für die Anerkenng v ger Entsch eines Heimatstaates, der nicht (od noch nicht, vgl Art 17) VertrStaat ist, gilt Art 7 S 1 nicht, vgl Art 13 II (verkannt bei KG DAVorm **80**, 210); auch insow gelten die allg Reg, BGH FamRZ **79**, 577, Beitzke **38** IPRax **84**, 313, vgl auch Rn 6; zur Anerkenng ausl Akte der FG s EG 19 Rn 15, 16. – Für die **Vollstreckung** v SchutzMaßn in einem and Staat trifft das Übk keine Regelg; insow gilt das jew innerstaatl Recht bzw das StaatsVertr, S 2, vgl BGH FamRZ **77**, 126, DAVorm **83**, 840, BayObLG **81**, 246, vgl dazu BayVerfGH IPRax **82**, 110, Hüßtege ebda 95; für die Vollstr von SorgeREntschen gilt seit 1. 2. 91 in dessen räuml, pers u sachl Anwendgbereich, vgl dazu Rn 63, das Europ Übk über die Anerkenng u Vollstr von Entschen über das SorgeR für Kinder u die Wiederherstellg des SorgeVerh v 20. 5. 80, BGBl 90 II 220.

8 *[Maßnahmen des Aufenthaltsstaates bei Gefährdung des Minderjährigen]* **Die Artikel 3, 4 und 5 Absatz 3 schließen nicht aus, daß die Behörden des Staates, in dem der Minderjährige seinen gewöhnlichen Aufenthalt hat, Maßnahmen zum Schutz des Minderjährigen treffen, soweit er in seiner Person oder in seinem Vermögen ernstlich gefährdet ist.**
Die Behörden der anderen Vertragsstaaten sind nicht verpflichtet, diese Maßnahmen anzuerkennen.

1) a) Die Einschränkgen der AufenthZustdgk nach Art 1 aGrd v Art 3, 4 u 5 III gelten nicht bei **ernstlicher** **39** **Gefährdung** des Kindeswohls; eine solche liegt idR vor, wenn die Voraussetzgen der §§ 1666–1667 u 1680 erf sind, BGH **60**, 68, BayObLG **73**, 331, DAVorm **83**, 78, FamRZ **90**, 780, **91**, 218, **93**, 230, 465 (auch zur Abwehr drohder Gefährdg), **94**, 914, Ffm FRES **79** Nr 0014, Nürnb FamRZ **81**, 707, LG Bln FamRZ **83**, 943 (vgl dazu John FamRZ **83**, 1274), KG OLGZ **86**, 324, Kln DAVorm **91**, 506, FamRZ **91**, 364, BayObLG FamRZ **91**, 1219; zur Entziehg des SorgeR bei geplanter Rückführg eines GastArbKindes in die Türkei vgl Celle InfAuslR **84**, 291, Düss NJW **85**, 1291, KG NJW **85**, 68, vgl dazu ferner BayObLG DAVorm **84**, 931 u FamRZ **85**, 737, Wengler IPRax **85**, 334, bei geplanter Rückführg in den Iran Celle IPRax **89**, 390 (vgl dazu Siehr ebda 373); ernstl Gefährdg des Kindeswohls idR ferner gegeben bei vorläuf od einstw AOen in einem Verf nach §§ 1671, 1672 od 1696, BayObLG **75**, 291, Hbg DAVorm **83**, 151, Karlsr IPRspr **86** Nr 83, sowie bei Feststellg des Ruhens der elterl Sorge nach § 1674, BayObLG **74**, 491, Duisbg DAVorm **89**, 719, Kln FamRZ **92**, 1093. Art 8 ist ferner anzuwend, wenn das Kind nach dem von EG 19 II bzw EG 20 II berufenen Recht ohne gesetzl Vertr ist, währd das von Art 3 berufene HeimatR ein umfassdes gesetzl GewaltVerh vorsieht, vgl Rn 20, 21 u 26, aM MüKo-Siehr Rn 319, Rauscher DAVorm **88**, 760, Kropholler IPRax **88**, 286, Dörner IPRax **89**, 33. Bei Vorliegen einer ernstl Gefährdg kann notf auf die Feststellg der Staatsangehörigk des Kindes u eines nach dem HeimatR bestehden ges GewVerh iS des Art 3 verzichtet werden, BayObLG **75**, 291, KG FamRZ **77**, 475, Ffm FRES **79** Nr 0014. **b)** Die SchutzMaßn aGrd der GefährdgsZustdgk nach Art 8 sind **40** nach der lex fori zu treffen, BayObLG Rpfleger **88**, 258, FamRZ **91**, 218, **93**, 230, Kropholler, Haager Abk 110, MüKo-Siehr Rn 326; sie können endgült Art sein, zB Zuweisg der elterl Sorge, Hbg FamRZ **83**, 1271, Celle ZBlJugR **84**, 96, Kropholler aaO 88. Eine AnerkenngsPfl der übr VertrStaaten besteht nicht, II.

2) **Benachrichtigungspflicht** ggü Beh des Heimatstaats n Art 11. **41**

9 *[Eilzuständigkeit]* **In allen dringenden Fällen haben die Behörden jedes Vertragsstaates, in dessen Hoheitsgebiet sich der Minderjährige oder ihm gehörendes Vermögen befindet, die notwendigen Schutzmaßnahmen zu treffen.**
Die nach Absatz 1 getroffenen Maßnahmen treten, soweit sie keine endgültigen Wirkungen hervorgebracht haben, außer Kraft, sobald die nach diesem Übereinkommen zuständigen Behörden die durch die Umstände gebotenen Maßnahmen getroffen haben.

1) Die Vorschr begründet die internat Zustdgk der Beh im Staat eines auch nur vorübergehd **einfachen** **42** **Aufenthalts** des Mj od des Lageortes seines Verm für die in **dringenden Fällen** notw SchutzMaßn, zB bei EilmaßN nach § 1666, LG Bln FamRZ **82**, 841; diese Voraussetzg ist erf, falls die Beh am gewöhnl AufenthOrt ohne ernsth Gefährdg des Mj rechtzt v ihrer RegelZustdgk nach Art 1 Gebrauch machen kann, vgl Düss IPRspr **74** Nr 93; befindet sich der gewöhnl Aufenth des Mj nicht in einem VertrStaat, so entfällt die Anwendbk des Übk, Hamm FamRZ **92**, 209, Kropholler, Haager Abk 90. Die Beh des gewöhnl AufenthLandes können eine Maßn ebenf auf Art 9 stützen, zB bei Eingr in ein ges GewVerh iS v Art 3, vgl Rn 24–26. Die EilMaßn ist nach der lex fori z treffen, BayObLG StAZ **77**, 137, LG Bln FamRZ **82**, 841, Kropholler aaO 113 mN, abw Kegel IPR § 20 VIII 4, der das jew IPR des VertrStaates einschalten will, für fakultative Anwendg des HeimatR des Mj Böhmer/Siehr Rdz 9. Die Maßn ist auf das unbdgt Erforderl zu beschränken; sie tritt regelm außer Kraft, wenn die nach Art 1 od Art 4 zust Beh gehandelt haben, II, vgl BayObLG IPRspr **76** Nr 69.

2) **Benachrichtigungspflicht** ggü Beh des Heimatstaates u des gewöhnl AufenthStaates nach Art. 11. **43**

10 *[Meinungsaustausch mit den Behörden des anderen Vertragsstaates]* **Um die Fortdauer der dem Minderjährigen zuteil gewordenen Betreuung zu sichern, haben die Behörden eines Vertragsstaates nach Möglichkeit Maßnahmen erst dann zu treffen, nachdem sie einen Meinungsaustausch mit den Behörden der anderen Vertragsstaaten gepflogen haben, deren Entscheidungen noch wirksam sind.**

Die Vorschr hat empfehldten Charakter („nach Möglichkeit"); ein Unterbleiben des MeingsAustausches **44** berührt die Wirksk der getroffenen Maßn nicht. Zur Durchführg vgl ZustG Art 2; unmittelb BehVerk ist statth, Kropholler, Haager Abk 99.

11 *[Anzeige an die Behörden des Heimatstaates]* **Die Behörden, die auf Grund dieses Übereinkommens Maßnahmen getroffen haben, haben dies unverzüglich den Behörden des Staates, dem der Minderjährige angehört, und gegebenenfalls den Behörden des Staates seines gewöhnlichen Aufenthalts mitzuteilen.**
Jeder Vertragsstaat bezeichnet die Behörden, welche die in Absatz 1 erwähnten Mitteilungen unmittelbar geben und empfangen können. Er notifiziert diese Bezeichnung dem Ministerium für Auswärtige Angelegenheiten der Niederlande.

Die Vorschr begründet eine BenachrichtiggsPfl, deren Verletzg die Wirksk der Maßn jedoch nicht berührt, **45** Kropholler, Haager Abk 101. Unmittelb BehVerk, II; zur Zustdgk der dtschen Ger u Beh ZustG Art 2; zur Zustdgk der Beh and VertrStaaten für den Empfang der Mitteilgen s BAnz 1974 Nr 195, 1977 Nr 51 = DAVorm **77**, 422, vgl auch Böhmer/Siehr Rdz 15ff.

12 *[Begriff des Minderjährigen]* Als „Minderjähriger" im Sinne dieses Übereinkommens ist anzusehen, wer sowohl nach dem innerstaatlichen Recht des Staates, dem er angehört, als auch nach dem innerstaatlichen Recht des Staates seines gewöhnlichen Aufenthalts minderjährig ist.

46 Der pers Anwendgsbereich des Übk beschränkt sich auf **Minderjährige,** vgl oben Rn 2. Die Mjk muß sowohl nach dem HeimatR als auch nach dem Recht des gewöhnl Aufenth gegeben sein. Rück- od Weiterverweisg sind hier wie stets unbeachtl; bei Mehrstaaten entsch die effektive bzw dtsche Staatsangehörig, vgl EG 5 I u dazu Rn 19, aM MüKo-Siehr Rn 413, der Mjk nach allen HeimatRen fordert. Die Anwendbk des Übk entfällt bei VolljErkl od Emanzipation, nicht dagg bei beschr voller GeschFgk nach §§ 112, 113, vgl Kropholler, Haager Abk 45f.

13 *[Anwendungsgebiet]* Dieses Übereinkommen ist auf alle Minderjährigen anzuwenden, die ihren gewöhnlichen Aufenthalt in einem der Vertragsstaaten haben.

Die Zuständigkeiten, die nach diesem Übereinkommen den Behörden des Staates zukommen, dem der Minderjährige angehört, bleiben jedoch den Vertragsstaaten vorbehalten.

Jeder Vertragsstaat kann sich vorbehalten, die Anwendung dieses Übereinkommens auf Minderjährige zu beschränken, die einem der Vertragsstaaten angehören.

47 Die Anwendbk des Übk setzt den gewöhnl Aufenth des Mj in einem VertrStaat voraus; ist dies nicht der Fall, so gelten die allg Regeln über die internat Zustdgk der dtschen Ger, Bamberg NJW **82**, 527, Hamm FamRZ **92**, 209, vgl zB EG 19 Rn 14, sowie über das anzuwendde Recht, insb EG 19, Stgt NJW **80**, 1227. Dagg ist unerhebl, ob der Mj auch die Staatsangehörig dieses, Düss FamRZ **79**, 75, od überh eines VertrStaates besitzt, BGH **60**, 68, FamRZ **79**, 577, NJW **81**, 520, Hamm NJW **78**, 1747. Die BRep hat v dem Vorbeh nach III (im Ggs zu Luxemburg u früher Österreich, vgl oben Rn 1) keinen Gebrauch gemacht. Das Übk ist daher für die dtschen Beh auf jeden Mj mit gewöhnl Aufenth im Inland (bzw einem and VertrStaat) anwendb; es galt daher auch für einen Mj aus der früh DDR, der seinen gewöhnl Aufenth in der BRep hatte, Kleve FamRZ **77**, 335, vgl dazu Andrae IPRax **92**, 117. – Die Zustdgk der HeimatBeh aGrd des Art 4 u damit auch die Einschränkg der AufenthZustdgk nach Art 1 gilt jedoch nur für VertrStaaten, II.

14 *[Uneinheitlichkeit des Heimatrechts des Minderjährigen]* Stellt das innerstaatliche Recht des Staates, dem der Minderjährige angehört, keine einheitliche Rechtsordnung dar, so sind im Sinne dieses Übereinkommens als „innerstaatliches Recht des Staates, dem der Minderjährige angehört" und als „Behörden des Staates, dem der Minderjährige angehört" das Recht und die Behörden zu verstehen, die durch die im betreffenden Staat geltenden Vorschriften und, mangels solcher Vorschriften, durch die engste Bindung bestimmt werden, die der Minderjährige mit einer der Rechtsordnungen dieses Staates hat.

48 Die Vorschr regelt die Unteranknüpfg bei Verweisen auf **Mehrrechtsstaaten,** vgl auch EG 4 III u dort Rn 14–17. Sie ist prakt v Bedeutg vor allem für die in Art 3 u 12 vorgeschriebene Anwendg des HeimatR des Mj. Das maßg TeilRGebiet wird in 1. Linie dch das einheitl ILP des betr Gesamtstaats best; bei dessen Fehlen entsch die engste Bindg, dh regelm der gewöhnl Aufenth. – Art 14 galt bish entspr auch im **Verhältnis zur DDR** für die Best der anwendb dtschen TeilROrdng, Betz FamRZ **77**, 337, Staud-Kropholler Vorbem zu EG 18 Rdz 730, Staud-Peschel-Gutzeit § 1634 Rn 370, Rahm/Paetzold Hdb VIII Rn 428, aM Böhmer/Siehr Rdz 2. Eine AnknüpfgsRegelg für Mehrstaater läßt sich der Vorschr nicht entnehmen, aM Mü IPRax **88**, 32, zust Mansel ebda 22.

15 *[Vorbehalt zugunsten der Ehegerichte]* Jeder Vertragsstaat, dessen Behörden dazu berufen sind, über ein Begehren auf Nichtigerklärung, Auflösung oder Lockerung des zwischen den Eltern eines Minderjährigen bestehenden Ehebandes zu entscheiden, kann sich die Zuständigkeit dieser Behörden für Maßnahmen zum Schutz der Person oder des Vermögens des Minderjährigen vorbehalten.

Die Behörden der anderen Vertragsstaaten sind nicht verpflichtet, diese Maßnahmen anzuerkennen.

49 Die BRep hat im Ggs zu Frankreich, Luxemburg u Schweiz einen entspr Vorbeh nicht erkl; für dtsche Ger daher nur bei Prüfg der Anerkenng auslt Maßn v Bedeutg, vgl dazu BGH FamRZ **77**, 126, ferner Jayme FS Keller (1989) 455. Die ScheidgsZustdgk nach Art 15 greift nur ein, wenn keine AufenthZustdgk nach Art 1 u keine HeimatZustdgk nach Art 4 besteht, Staud-Kropholler Rdz 748, str. Eine SchutzMaßn, die von einem AufenthStaat getroffen wurde, der einen Vorbeh nach Art 15 I erklärt hat, ist desh als in Anwendg v Art 1 erfolgt anzusehen u genießt in and VertrStaaten Bestandsschutz zB nach Art 5 I, vgl KG NJW **80**, 1226, od Art 7; abw Staud-Kropholler Rdz 757, der auf die RGrdLage abstellt, welche der AufenthStaat gewählt hat, wie hier Siehr IPRax **82**, 89. Über die Anerkenng einer nach Art 15 I getroffenen Maßn entsch die Regeln des allg VerfR, vgl dazu EG 19 Rn 15, 16.

16 *[Ordre public]* Die Bestimmungen dieses Übereinkommens dürfen in den Vertragsstaaten nur dann unbeachtet bleiben, wenn ihre Anwendung mit der öffentlichen Ordnung offensichtlich unvereinbar ist.

50 Die Vorschr enth den Vorbeh des ordre public; sie entspr inhaltl EG 6, dem sie als Spezialregelg vorgeht, KG IPRspr **81** Nr 91. Die sprachl Fassg ist mißglückt; selbstverständl ist der ordre public nicht gg die Vorschr des Übk als solche anwendb, insow abweg Zweibr FamRZ **75**, 172; an der VorbehKlausel zu messen ist nur das Erg der RAnwendg im Einzelfall. Prakt Bedeutg besitzt Art 16 vor allem bei der Prüfg von ges GewVerhen im Rahmen v Art 3, vgl Rn 18–23, zB wenn danach ein Stichentscheid des Vaters gilt, BGH DAVorm **92**, 354, AG Mü IPRax **83**, 131, wobei allerd zunächst Art 8 zu prüfen ist, vgl Kln FamRZ **91**, 362 (mit abl Anm v Henrich) u 363; daneben auch bei der Anerkenng ausl SchutzMaßn, Art 7. Die Vorschr muß sehr zurückhaltd angewandt werden („offensichtlich unvereinbar"); dies gilt auch für die Aktualisierg der **Grundrechte**, als deren Einfallstor auch Art 16 anzusehen ist, BGH **60**, 68; entsch ist, ob das GrdR für den konkreten Sachverh unter Berücksichtigg der Gleichstellg and Staaten u der Eigenständigk ihrer ROrdngen Geltg beansprucht, BGH aaO (zB nicht wenn alle Beteil Ausl mit gleicher Staatsangehörig sind), ebso KG IPRax **85**, 110, Celle IPRax **89**, 391; vgl auch Kropholler, Haager Abk 29 u EG 6 Rn 7; Wolf FamRZ **93**, 877.

17 *[Zeitpunkt der Anwendung]* **Dieses Übereinkommen ist nur auf Maßnahmen anzuwenden, die nach seinem Inkrafttreten getroffen worden sind.**
Gewaltverhältnisse, die nach dem innerstaatlichen Recht des Staates, dem der Minderjährige angehört, kraft Gesetzes bestehen, sind vom Inkrafttreten des Übereinkommens an anzuerkennen.

Die Vorschr regelt den zeitl Anwendgsbereich des Übk; vgl dazu oben Rn 1, 2. Bei der Vorn einer **51** SchutzMaßn kommt es auf das Inkrafttr für denj Staat an, dessen Beh tätig werden sollen; bei der Anerkenng einer v einem and Staat getroffenen Maßn ist zusätzl Inkrafttr für den anerkennden Staat erforderl. Die BRep ist also aGrd des MSA nicht zur Anerkenng v vor dem 17. 9. 71 getroffenen Maßn verpflichtet, Staud-Kropholler Rdz 772, aM KG FamRZ **74**, 146.

18 *[Inkrafttreten]* **Dieses Übereinkommen tritt im Verhältnis der Vertragsstaaten zueinander an die Stelle des am 12. Juni 1902 im Haag unterzeichneten Abkommens zur Regelung der Vormundschaft über Minderjährige.**
Es läßt die Bestimmungen anderer zwischenstaatlicher Übereinkünfte unberührt, die im Zeitpunkt seines Inkrafttretens zwischen den Vertragsstaaten gelten.

Die Vorschr regelt das Verh des Übk zu and StaatsVertr. Nach Abs 1 wird das Haager **Vormundschafts- 52 abkommen** v 12. 6. 02, vgl unten Rn 55–58, im Verh der VertrStaaten aufgeh, nicht also auch im Verh zu Belgien u Italien, vgl Stgt FamRZ **80**, 1152. Das Übk läßt nach II auch **andere zwischenstaatliche Übereinkünfte** „zw den VertrStaaten" unberührt; dies gilt insb für das **deutsch-österreichische Vormundschaftsabkommen** v 15. 2. 27, Ferid-Böhmer IPR Rdz 8–227, vgl dazu auch BayObLG **81**, 246 (keine Anwendg bei dtsch-österr Doppelstaatern), AG Kamen DAVorm **83**, 157 u unten Rn 64. Wie der **53** maßg frz Text ergibt, ist die dtsche Übersetzg insow zu eng. Das Übk berührt Abk der VertrStaaten mit Drittländern ebenf nicht, Kropholler NJW **72**, 371. Dies gilt insb für das **deutsch-iranische Niederlassungsabkommen** v 17. 2. 29, RGBl **30** II 1006, noch in Kraft, vgl Bek v 15. 8. 55, BGBl II 829, vgl dazu BGH **60**, 68, welches in Art 8 III eine kollrechtl (nicht aber auch eine zuständigkrechtl) Regelg enth, BGH FamRZ **93**, 316, DAVorm **93**, 574, BayObLG **87**, 205, Celle IPRax **89**, 390 (dazu Siehr ebda 373), FamRZ **90**, 656 u 1131, Ffm FamRZ **91**, 731, Brem FamRZ **92**, 343, Saarbr FamRZ **92**, 848, Krüger FamRZ **73**, 5, Dilger FamRZ **73**, 530, Böhmer/Siehr Rdz 26, Jayme IPRax **88**, 367, Coester IPRax **91**, 236, Schotten/Wittkowski FamRZ **95**, 268; die Anwendbk dieser Regelg entfällt, wenn die (ggf: effektive) Staatsangehörigk eines Beteil nicht die iran ist, KG OLGZ **79**, 187, Brem IPRax **85**, 296. Ein Vorrang des MSA läßt sich auch nicht aus dem in Art 8 III S 2 des dtsch-iran NiederlassgsAbk enth Vorbeh ableiten, wie hier mit eingehndr Begr Krüger FamRZ **73**, 6, ebso nunmehr Staud-Kropholler Vorbem zu EG 18 Rdz 784. Auch das Europäische Fürsorgeabkommen v 11. 12. 53, BGBl **56** II 563 bleibt unberührt, VG Bln DAVorm **84**, 720, Oberloskamp Rdz 14, ZfJ **85**, 275. Soweit das MSA in seinem sachl Anwendgsbereich sich mit dem des **Haager Kindesentführungsübereinkommens** v 25. 10. 80 überschneidet, dh bei der Regelg der int Zustdgk für die Anordng einer Rückführg sowie bei der Beurteilg der Widerrechtlich einer Entführg, geht das letzte Übk vor, vgl dessen Art 34 S 1 u dazu unten Rn 59, ferner Siehr StAZ **90**, 331, Mansel NJW **90**, 2176. Das Europ Übk über die Anerkenng u Vollstreckg von Entschen über das SorgeR für Kinder u die Wiederherstellg des SorgeVerh v 20. 5. 80, vgl dazu unten Rn 63, liegt außerh des sachl Anwendgsbereichs des MSA, vgl Siehr aaO 333.

(Art 19–25 nicht abgedruckt)

c) Deutsches Zustimmungsgesetz v 30. 4. 71, BGBl II 217. **54**

Art. 1 (nicht abgedruckt)

Art. 2. *[Ausführungsbestimmungen]* [1] *Für die in Artikel 4 Abs. 1, Artikel 5 Abs. 2, Artikel 10 und Artikel 11 Abs. 1 des Übereinkommens vorgesehenen Mitteilungen sind die deutschen Gerichte und Behörden zuständig, bei denen ein Verfahren nach dem Übereinkommen anhängig ist oder, in den Fällen des Artikels 5 Abs. 2, zur Zeit des Aufenthaltswechsels des Minderjährigen anhängig war.*

[2] *Ist ein Verfahren im Geltungsbereich dieses Gesetzes nicht anhängig, so ist für den Empfang der Mitteilungen nach Artikel 4 Abs. 1 und Artikel 11 Abs. 1 das Jugendamt zuständig, in dessen Bezirk der Minderjährige seinen gewöhnlichen Aufenthalt hat. Für den Empfang der Mitteilungen, die nach Artikel 11 Abs. 1 des Übereinkommens an die Behörden des Staates zu richten sind, dem der Minderjährige angehört, ist, wenn im Geltungsbereich dieses Gesetzes weder ein Verfahren anhängig ist noch der Minderjährige seinen gewöhnlichen Aufenthalt hat, das Landesjugendamt Berlin zuständig.*

[3] *Die Mitteilungen können unmittelbar gegeben und empfangen werden.*

[4] *Die in den anderen Vertragsstaaten für die Mitteilungen nach dem Übereinkommen zuständigen Behörden sind im Bundesanzeiger bekanntzugeben.*

Art. 3. [Keine Einwirkung auf RuStAG] Die Vorschriften der §§ 19, 25 Abs. 1 des Reichs- und Staatsange-
hörigkeitsgesetzes vom 22. Juli 1913 (Reichsgesetzbl. S. 583), zuletzt geändert durch das Gesetz zur Änderung des
Reichs- und Staatsangehörigkeitsgesetzes vom 8. September 1969 (Bundesgesetzbl. I S. 1581), bleiben unberührt.

(Art 4 u 5 nicht abgedruckt)

55 **2) Haager Abkommen zur Regelung der Vormundschaft über Minderjährige** v 12. 6. 02, RGBl
04, 240.

a) Allgemeines. Für Dtschland in Kraft getreten am 31. 7. 04. Mit Inkrafttreten des **MSA** ist das
VormschAbk **im Verhältnis der Vertragsstaaten** zueinander **nicht mehr anzuwenden,** Art 18 I MSA.
Das VormschAbk gilt deshalb heute nur noch im Verhältn zu **Belgien,** Bek v 14. 2. 55, BGBl II 188.
Schweden hat das Abk mit Wirkg v 1. 6. 59 gekündigt, Bek v 15. 5. 59, BGBl II 582, ebso Ungarn mit
Wirkg v 1. 6. 74, Bek v 21. 12. 73, BGBl **74** II 42, Italien ist mit Wirkg z 23. 4. 95 dem MSA beigetreten.

56 **b) Anwendungsbereich.** Das Abk findet, soweit es sich nicht um vorl Maßregeln, Art 7, od die
Benachrichtigg von der in Aussicht genommenen Einleitg der Vormsch handelt, Art 8, in persönl Hinsicht
nur auf die Vormsch über Mj Anwendg, die Angeh eines VertrStaats sind u ihren gewöhnl Aufenth im
Gebiet eines dieser Staaten haben, Art 9. Nicht anwendb ist es bei Staatenlosen. Räuml findet das Abk nur
auf die europ Gebiete der VertrStaaten Anwendg. Sachl behandelt es nur die Vormsch über Mj, ist also nicht
anwendb auf Pflegsch (diese aber als vorl Maßregel – abw v EG 24 III, vgl dort Rn 7 – mögl, KG **35**, 15),
Beistandsch, KG JR **27** Rspr 1030, Vormsch für Vollj (vgl insof HaagerEntmAbk Art 8, 10), Sorgerechts-
verteilg zw getr lebden od gesch Eltern, Hamm FamRZ **92**, 1335, Knöpfel FamRZ **59**, 483, sowie sonstige
Maßnahmen, die das 4. Buch des BGB dem VormschG überträgt, KGJ **45**, 18.

57 **c) Kurze Erläuterung.** Soweit das Abk gilt, scheidet EG 6 aus, da das Abk keine Vorbehalte enthält.
Der **Staatsangehörigkeitsgrundsatz** ist scharf durchgeführt; demgem bestimmt sich die Vormsch
(Zustdgk der Behörden, Umfang ihrer Tätigk, Rechte u Pflichten des Vormundes usw, vgl EG 24 Rn 4;
dabei erstreckt sich die Vertretgsmacht des Vormds auch auf das ausl Verm des Mündels, soweit nicht etwa
im Ausland liegende Grdst dort einer bes Güterordng unterliegen, Art 6) nach dem HeimatR des Mj, Art 1.
An dessen Stelle tritt allerd für den Fall, daß nach jenem eine Vormsch nicht angeordnet w kann od eine
Übern dch den diplomat od konsular Vertreter des Heimatstaates nicht erfolgt, Art 2, für die Anordng u
Führg der Vormsch das Recht des AufenthStaates, wenn von dessen Behörden die Vormsch angeordnet w,
Art 3. Auch dann richten sich aber Grund u Dauer der Vormsch nach dem HeimatR des Mj, Art 5. Stets
bleibt also zu prüfen, ob das HeimatR den Mj etwa unter elterl Sorge stehen läßt od eine gesetzl Vormsch
vorsieht, so daß die Anordng einer Vormsch nicht mehr in Betr kommt. Für die Anordng vorl Maßregeln,
insb in dringden Fällen, trifft Art 7 eine Sonderregelg. Von der Notwendigk der Anordng einer Vormsch ist
von den Behörden des AufenthStaates denen des Heimatstaats auf diplomat Wege, KGJ **41**, 27, Nachricht zu
geben; diese haben sich dann zu äußern, ob ihrerseits eine Vormsch angeordnet ist od wird, Art 8.

58 **d) Amtliche Übersetzung des Abkommens** (Offiz Text französisch):

*Art. 1. Staatsangehörigkeitsgrundsatz. Die Vormundschaft über einen Minderjährigen bestimmt sich nach
dem Gesetze des Staates, dem er angehört (Gesetz des Heimatstaats).*

*Art. 2. Übernahme der Fürsorge durch den diplomatischen oder konsularischen Vertreter. Sieht
das Gesetz des Heimatstaates für den Fall, daß der Minderjährige seinen gewöhnlichen Aufenthalt im Auslande hat, die
Anordnung einer Vormundschaft im Heimatlande nicht vor, so kann der von dem Heimatstaate des Minderjährigen
ermächtigte diplomatische oder konsularische Vertreter gemäß dem Gesetze dieses Staates die Fürsorge übernehmen,
sofern der Staat, in dessen Gebiete der Minderjährige seinen gewöhnlichen Aufenthalt hat, dem nicht widerspricht.*

*Art. 3. Hilfsweise Aufenthaltsrecht maßgebend. Falls eine Vormundschaft gemäß den Bestimmungen des
Artikel 1 oder des Artikel 2 nicht angeordnet ist oder nicht angeordnet werden kann, so ist für die Anordnung und die
Führung der Vormundschaft über einen Minderjährigen, der seinen gewöhnlichen Aufenthalt im Auslande hat, das
Gesetz des Aufenthaltsorts maßgebend.*

*Art. 4. Spätere Vormundschaftsanordnung durch den Heimatstaat. Ist die Vormundschaft gemäß der
Bestimmung des Artikel 3 angeordnet, so kann gleichwohl eine neue Vormundschaft auf Grund des Artikel 1 oder des
Artikel 2 angeordnet werden.*
*Hiervon ist der Regierung des Staates, in welchem die Vormundschaft zuerst angeordnet wurde, sobald wie möglich
Nachricht zu geben. Diese Regierung hat davon entweder die Behörde, welche die Vormundschaft angeordnet hat, oder
in Ermangelung einer solchen Behörde den Vormund selbst zu benachrichtigen.*
*In dem Falle, den dieser Artikel vorsieht, bestimmt sich der Zeitpunkt, in welchem die ältere Vormundschaft endigt,
nach der Gesetzgebung des Staates, in dessen Gebiete diese Vormundschaft angeordnet war.*

*Art. 5. Zeitpunkt und Gründe für Beginn und Beendigung der Vormundschaft. In allen Fällen
bestimmen sich der Zeitpunkt und die Gründe für den Beginn sowie für die Beendigung der Vormundschaft nach dem
Gesetze des Heimatstaats des Minderjährigen.*

*Art. 6. Umfang der vormundschaftlichen Verwaltung. Die vormundschaftliche Verwaltung erstreckt sich
auf die Person sowie auf das gesamte Vermögen des Minderjährigen, gleichviel an welchem Orte sich die Vermögensge-
genstände befinden.*
*Von dieser Regel sind Ausnahmen zulässig in Ansehung solcher Grundstücke, welche nach dem Gesetze der
belegenen Sache einer besonderen Güterordnung unterliegen.*

Art. 7. Vorläufige Maßregel. *Solange die Vormundschaft nicht angeordnet ist, sowie in allen dringenden Fällen können die zuständigen Ortsbehörden die Maßregeln treffen, die zum Schutze der Person und der Interessen eines minderjährigen Ausländers erforderlich sind.*

Art. 8. Gegenseitige Mitteilungspflicht. *Liegt Anlaß vor, für einen minderjährigen Ausländer die Vormundschaft anzuordnen, so haben die Behörden des Staates, in dessen Gebiet er sich befindet, von dem Sachverhalte, sobald dieser ihnen bekannt wird, die Behörden des Staates zu benachrichtigen, dem der Minderjährige angehört.*

Die in solcher Art benachrichtigten Behörden sollen den Behörden, die ihnen die Mitteilung gemacht haben, sobald wie möglich Kenntnis geben, ob die Vormundschaft angeordnet ist oder angeordnet werden wird.

Art. 9. Persönliches und räumliches Anwendungsgebiet. *Dieses Abkommen findet nur Anwendung auf die Vormundschaft über Minderjährige, die Angehörige eines der Vertragsstaaten sind und ihren gewöhnlichen Aufenthalt im Gebiete eines dieser Staaten haben.*

Die Artikel 7 und 8 dieses Abkommens finden jedoch auf alle Minderjährige Anwendung, die Angehörige eines Vertragsstaats sind.

3) Haager Übereinkommen über die zivilrechtlichen Aspekte internationaler Kindesentführung 59
v 25. 10. 80, BGBl **90** II 206.

Schrifttum: MüKo-Siehr, Ergänzgsband, 2. Aufl (1991) Art 19 Anh II; Siehr StAZ **90**, 330; Mansel NJW **90**, 2176; Hüßtege IPRax **92**, 369; Pirrung RabelsZ **93**, 124; Bruch FamRZ **93**, 745; Staud-Pirrung Vorbem D zu Art 19 Rn 627 ff; Jorzik, Das neue zivilrechtl KindesentführgsR 1995.

a) Allgemeines. Das Übk ist für Deutschland am 1. 12. 90 in Kraft getreten, Bek v 11. 12. 90, BGBl **91** II 329. Es gilt bereits seit 1. 1. 87 für Australien, seit 1. 12. 83 für Frankreich u Kanada, seit 1. 1. 87 für Luxemburg, seit 1. 9. 90 für die Niederlande, seit 1. 4. 89 für Norwegen, seit 1. 10. 88 für Österreich, seit 1. 12. 83 für Portugal, seit 1. 6. 87 für Schweden, seit 1. 1. 84 für die Schweiz, seit 1. 9. 87 für Spanien (vgl dazu auch BGBl **95** II 486), seit 1. 7. 88 für die USA u seit 1. 8. 86 für das Vereinigte Königreich von Großbritannien und Nordirland (mit Insel Man, BGBl **91** II 1027); es ist am 1. 12. 90 ferner im Verh zu Belize u Ungarn, BGBl **91** II 329, am 1. 6. 91 für Argentinien u am 1. 7. 91 für Dänemark, BGBl **91** II 911, **92** II 20, am 1. 12. 91 für das ehem Jugoslawien, BGBl **93** II 2169 (RNachfolge Bosnien-Herzegowina u Kroatien, BGBl **94** II 1432), am 1. 2. 92 für Mexico (vgl dazu auch BGBl **95** II 486) u Neuseeland, BGBl **92** II 19, am 1. 10. 91 für Irland, am 1. 12. 91 für Israel, BGBl **92** II 185, am 1. 9. 92 für Ecuador, am 1. 1. 93 für Burkina Faso, BGBl **93** II 748, am 1. 1. 93 für Polen, BGBl **94** II 1432, am 1. 6. 93 für Griechenland u am 1. 7. 93 für Rumänien, BGBl **93** II 1192, am 1. 7. 93 für Monaco, am 1. 12. 93 für Mauritius, am 1. 5. 94 für Bahamas, am 1. 8. 94 für Finnland u Honduras, BGBl **94** II 1432, am 1. 5. 95 für Italien, St. Kitts und Nevis sowie Zypern, am 1. 6. 95 für Chile, Panama u Slowenien, BGBl **95** II 485 (jeweils mit Angabe der jew zentralen Behörde iSv Art 6) in Kraft getreten. AusführgsVorschren enth das SorgeRÜbkAG v 5. 4. 90, BGBl 701 (Bestimmg des Generalbundesanwalts als zentrale Behörde, § 1; Zustdgk der FamGe, § 5; Anwendbark des FGG, § 6).

b) Anwendungsbereich. Das Übk gilt in **persönlicher** Hins für Kinder, die das 16. Lebensjahr noch 60 nicht vollendet haben und die unmittelb vor der Verletzg des SorgeR od des UmgangsR ihren gewöhnl Aufenth in einem VertrStaat (sog Herkunftsstaat) hatten, Art 4, vgl dazu Dörner IPRax **93**, 84. In **sachlicher** Hins regelt es vor allem die Rückg von widerr in einen VertrStaat (sog Zufluchtsstaat) verbrachten od dort zurückgehaltenen Kindern, Art 8 ff, daneben auch die faktische Respektierg eines SorgeR und die Verwirklichg eines BesuchsR, Art 21. Zum **zeitlichen** Anwendgsbereich vgl Art 35 u dazu Karlsr FamRZ **92**, 847, Hüßtege IPRax **92**, 370.

c) Grundregeln. Primärer Zweck des Übk ist die rasche Rückführg von widerr, dh unter Verletzg eines 61 faktisch ausgeübten SorgeR iSv Art 5 lit a, entführten od zurückgehaltenen Kindern u damit die Wiederherstellg des status quo, die eine Entsch über das SorgeR nicht vorwegnehmen soll, vgl Art 19, Celle FamRZ **95**, 955 (Parallele zu Besitzschutz), AG Groß-Gerau FamRZ **95**, 1169. Es ist desh in 1. Linie ein RHilfeÜbk mit einheitl Verf- und SachVorschr. Es regelt aber auch die int Zustdgk der Ger od Beh im Zufluchtsstaat für Maßn iZshg mit einer solchen Rückführung, vgl Siehr StAZ **90**, 331. Voraus solcher Maßn ist die **Widerrechtlichkeit** der Entführg, die von rechtl (Art 3 I lit a) u tats Kriterien (Art 3 I lit b) abhängt. Art 3 I lit a enth eine fragmentar kollrechtl Regel für die Beurteilg der Widerrechtlichk (Gesamtverweisg auf das Recht des Herkunftsstaates), vgl dazu AG Bielef FamRZ **92**, 467, AG Hbg-Altona IPRax **92**, 390, MüKo-Siehr Rn 18, Mansel NJW **90**, 2177, Hüßtege IPRax **92**, 371. Insow überschneidet sich das Übk mit dem MSA; es geht dessen Regelg vor, Art 34 S 1, vgl dazu oben Rn 53. Widerrechtl Zurückhalten setzt eine Veränderg der tats Situation voraus, zB Beendigg des Urlaubs, Karlsr FamRZ **92**, 1213, Düss FamRZ **94**, 182. Ein ursprüngl rechtm Verbringen wird also nicht schon desh zu einem widerrechtl Zurückhalten, weil dieses gg eine später erl gerichtl od behördl Entsch verstößt, dh nach dem von Art 3 I lit a berufenen Recht anzuerkennen ist, Karlsr FamRZ **92**, 1213, Düss FamRZ **94**, 182. Zum Erfordern der tats Ausübg des SorgeR nach Art 3 I lit b vgl Düss FamRZ **94**, 181. Die AO der Rückführg nach Art 8 ff setzt die Verletzg des SorgeR, insbes des AufenthBestR iSv Art 5 lit a, voraus; bei bloßer Verletzg des UmgangsR iSv Art 5 lit b kann nur die Gewähr des pers Kontakts nach Art 21 verlangt werden. Die Ger od Beh im Zufluchtsstaat können die Vorlage einer WiderrechtlkBescheinigg seitens des Herkunftsstaates verlangen, Art 15; in Dtschland sind hierfür die VormschGerichte zust, BayObLG **94**, 378. Die sofortige Rückg des Kindes ist nach Art 12 I anzuordnen, wenn das widerrechtl Verbringen od Zurückhalten (das als einmaliger Eingr zu verstehen ist, Karlsr IPRax **92**, 386, FamRZ **92**, 1213) bei Eingang des Antr beim zust Ger (bzw Beh) noch kein Jahr zurückliegt; Eingang bei der Zentralen Beh wahrt diese Frist nicht, Bambg FamRZ **95**, 305. Bei späterem Eingang entfällt diese AO, wenn sich das Kind in die neue Umgebg **eingelebt** hat, Art 12 II, dh in das neue familiäre, soziale u kulturelle Umfeld voll integriert hat, vgl dazu AG Besigh IPRax **92**, 386, Kblz FamRZ **94**, 183, Bmbg FamRZ **95**, 306. Nicht angeordnet werden muß die Rückg ferner bei Vorliegen eines der

AusnTatbestde in Art 13, insbes bei tatsächl Nichtausübg des SorgeR od bei Zustimmg zu der Entführg, Art 13 I a, vgl dazu Düss FamRZ **94**, 181, AG Weilburg FamRZ **95**, 242, sowie bei schwerwiegder **Gefahr** eines körperl od seelischen **Schadens** für das Kind, Art 13 I b; dabei handelt es sich um eine dem Ziel des Übk zuwiderlaufde AusnBest, die eng auszulegen ist, Düss FamRZ **94**, 186, Mü FamRZ **94**, 1338; bloße Belange des Kindeswohls, die bei einer SorgeRRegelg zu prüfen sind, genügen nicht, vgl Art 16 u 19, Mü aaO, Bambg FamRZ **94**, 182, Ffm FamRZ **94**, 1339, Celle FamRZ **95**, 955, ferner AG Darmst FamRZ **94**, 184, AG Weilburg FamRZ **95**, 242, Nürnb IPRax **95**, 118, weitergehd AG Saarbr IPRax **92**, 387, Kblz FamRZ **93**, 97, LG Kaisersl NJW-RR **95**, 774, vgl auch Bruch FamRZ **93**, 749, Hüßtege IPRax **92**, 372. Die Rückgabe kann ferner abgelehnt werden, wenn ein urteilsfähiges **Kind** sich ihr **widersetzt,** Art 13 II; eine Altersgrenze besteht nicht, entscheidd ist die Reife des Kindes zur Beurteilg der Rückführg, Celle FamRZ **95**, 955 (bejaht bei Kindern v 7 u 9 Jahren), LG Kaiserl NJW-RR **95**, 775 (bejaht bei 6 u 7 Jahren). Einen **ordre public** – Vorbeh zG der Grundwerte über den Schutz der **Menschenrechte** u **Grundfreiheiten** im ersuchten Staat enth Art 20; der Rückgr auf die allg VorbehKlauseln in EG 6, vgl dort Rn 11, od FGG 16a Nr 4 ist ausgeschl, Staud-Pirrung Rn 698. Die Vorschr ist eng auszulegen, Kblz FamRZ **93**, 98; sie erfaßt nur flagrante Verletzgen der EMRK od der dtschen Grundrechte, zB bei rechtsstaatswidr Verh im Herkunftsstaat, vgl Staud-Pirrung aaO, Ffm FamRZ **94**, 1340 (v vornherein ausgeschl bei beantragter Rückführg in die USA). Das BVerfG hat die Rückführg eines Kleinkindes zu seinem Vater in den USA dch einstw AO wg mögl Gefährdg des Kindeswohls u damit der GrdRe aus GG 1 u 2 untersagt, BVerfG FamRZ **95**, 663, and IPRax **95**, 118; sollte die v der Mutter erhobene VerfBeschw endgültig Erfolg haben, wäre damit der Zweck des Übk gefährdet.

62 **d) Text des Übereinkommens** in der amtl dtschen Übersetzg (Auszug)

Kapitel I. Anwendungsbereich des Übereinkommens

Art. 1. *Ziel dieses Übereinkommens ist es,*

a) die sofortige Rückgabe widerrechtlich in einen Vertragsstaat verbrachter oder dort zurückgehaltener Kinder sicherzustellen und

b) zu gewährleisten, daß das in einem Vertragsstaat bestehende Sorgerecht und Recht zum persönlichen Umgang in den anderen Vertragsstaaten tatsächlich beachtet wird.

Art. 2. *Die Vertragsstaaten treffen alle geeigneten Maßnahmen, um in ihrem Hoheitsgebiet die Ziele des Übereinkommens zu verwirklichen. Zu diesem Zweck wenden sie ihre schnellstmöglichen Verfahren an.*

Art. 3. *Das Verbringen oder Zurückhalten eines Kindes gilt als widerrechtlich, wenn*

a) dadurch das Sorgerecht verletzt wird, das einer Person, Behörde oder sonstigen Stelle allein oder gemeinsam nach dem Recht des Staates zusteht, in dem das Kind unmittelbar vor dem Verbringen oder Zurückhalten seinen gewöhnlichen Aufenthalt hatte, und

b) dieses Recht im Zeitpunkt des Verbringens oder Zurückhaltens allein oder gemeinsam tatsächlich ausgeübt wurde oder ausgeübt worden wäre, falls das Verbringen oder Zurückhalten nicht stattgefunden hätte.

Das unter Buchstabe a genannte Sorgerecht kann insbesondere kraft Gesetzes, aufgrund einer gerichtlichen oder behördlichen Entscheidung oder aufgrund einer nach dem Recht des betreffenden Staates wirksamen Vereinbarung bestehen.

Art. 4. *Das Übereinkommen wird auf jedes Kind angewendet, das unmittelbar vor einer Verletzung des Sorgerechts oder des Rechts zum persönlichen Umgang seinen gewöhnlichen Aufenthalt in einem Vertragsstaat hatte. Das Übereinkommen wird nicht mehr angewendet, sobald das Kind das 16. Lebensjahr vollendet hat.*

Art. 5. *Im Sinn dieses Übereinkommens umfaßt*

a) das „Sorgerecht" die Sorge für die Person des Kindes und insbesondere das Recht, den Aufenthalt des Kindes zu bestimmen;

b) das „Recht zum persönlichen Umgang" das Recht, das Kind für eine begrenzte Zeit an einen anderen Ort als seinen gewöhnlichen Aufenthaltsort zu bringen.

Kapitel II. Zentrale Behörden

Art. 6. *Jeder Vertragsstaat bestimmt eine zentrale Behörde, welche die ihr durch dieses Übereinkommen übertragenen Aufgaben wahrnimmt.*

Einem Bundesstaat, einem Staat mit mehreren Rechtssystemen oder einem Staat, der aus autonomen Gebietskörperschaften besteht, steht es frei, mehrere zentrale Behörden zu bestimmen und deren räumliche Zuständigkeit festzulegen. Macht ein Staat von dieser Möglichkeit Gebrauch, so bestimmt er die zentrale Behörde, an welche die Anträge zur Übermittlung an die zuständige zentrale Behörde in diesem Staat gerichtet werden können.

Art. 7. *Die zentralen Behörden arbeiten zusammen und fördern die Zusammenarbeit der zuständigen Behörden ihrer Staaten, um die sofortige Rückgabe von Kindern sicherzustellen und auch die anderen Ziele dieses Übereinkommens zu verwirklichen.*

Insbesondere treffen sie unmittelbar oder mit Hilfe anderer alle geeigneten Maßnahmen, um

a) den Aufenthaltsort eines widerrechtlich verbrachten oder zurückgehaltenen Kindes ausfindig zu machen;

b) weitere Gefahren von dem Kind oder Nachteile von den betroffenen Parteien abzuwenden, indem sie vorläufige Maßnahmen treffen oder veranlassen;

c) die freiwillige Rückgabe des Kindes sicherzustellen oder eine gütliche Regelung der Angelegenheit herbeizuführen;

d) soweit zweckdienlich Auskünfte über die soziale Lage des Kindes auszutauschen;

e) im Zusammenhang mit der Anwendung des Übereinkommens allgemeine Auskünfte über das Recht ihrer Staaten zu erteilen;

f) *ein gerichtliches oder behördliches Verfahren einzuleiten oder die Einleitung eines solchen Verfahrens zu erleichtern, um die Rückgabe des Kindes zu erwirken sowie gegebenenfalls die Durchführung oder die wirksame Ausübung des Rechts zum persönlichen Umgang zu gewährleisten;*

g) *soweit erforderlich die Bewilligung von Prozeßkosten- und Beratungshilfe, einschließlich der Beiordnung eines Rechtsanwalts, zu veranlassen oder zu erleichtern;*

h) *durch etwa notwendige und geeignete behördliche Vorkehrungen die sichere Rückgabe des Kindes zu gewährleisten;*

i) *einander über die Wirkungsweise des Übereinkommens zu unterrichten und Hindernisse, die seiner Anwendung entgegenstehen, soweit wie möglich auszuräumen.*

Kapitel III. Rückgabe von Kindern

Art. 8. *Macht eine Person, Behörde oder sonstige Stelle geltend, ein Kind sei unter Verletzung des Sorgerechts verbracht oder zurückgehalten worden, so kann sie sich entweder an die für den gewöhnlichen Aufenthalt des Kindes zuständige zentrale Behörde oder an die zentrale Behörde eines anderen Vertragsstaats wenden, um mit deren Unterstützung die Rückgabe des Kindes sicherzustellen.*

Der Antrag muß enthalten

a) *Angaben über die Identität des Antragstellers, des Kindes und der Person, die das Kind angeblich verbracht oder zurückgehalten hat;*

b) *das Geburtsdatum des Kindes, soweit es festgestellt werden kann;*

c) *die Gründe, die der Antragsteller für seinen Anspruch auf Rückgabe des Kindes geltend macht;*

d) *alle verfügbaren Angaben über den Aufenthaltsort des Kindes und die Identität der Person, bei der sich das Kind vermutlich befindet.*

Der Antrag kann wie folgt ergänzt oder es können ihm folgende Anlagen beigefügt werden:

e) *eine beglaubigte Ausfertigung einer für die Sache erheblichen Entscheidung oder Vereinbarung;*

f) *eine Bescheinigung oder eidesstattliche Erklärung (Affidavit) über die einschlägigen Rechtsvorschriften des betreffenden Staates; sie muß von der zentralen Behörde oder einer sonstigen zuständigen Behörde des Staates, in dem sich das Kind gewöhnlich aufhält, oder von einer dazu befugten Person ausgehen;*

g) *jedes sonstige für die Sache erhebliche Schriftstück.*

Art. 9. *Hat die zentrale Behörde, bei der ein Antrag nach Artikel 8 eingeht, Grund zu der Annahme, daß sich das Kind in einem anderen Vertragsstaat befindet, so übermittelt sie den Antrag unmittelbar und unverzüglich der zentralen Behörde dieses Staates; sie unterrichtet davon die ersuchende zentrale Behörde oder gegebenenfalls den Antragsteller.*

Art. 10. *Die zentrale Behörde des Staates, in dem sich das Kind befindet, trifft oder veranlaßt alle geeigneten Maßnahmen, um die freiwillige Rückgabe des Kindes zu bewirken.*

Art. 11. *In Verfahren auf Rückgabe von Kindern haben die Gerichte oder Verwaltungsbehörden eines jeden Vertragsstaats mit der gebotenen Eile zu handeln.*

Hat das Gericht oder die Verwaltungsbehörde, die mit der Sache befaßt sind, nicht innerhalb von sechs Wochen nach Eingang des Antrags eine Entscheidung getroffen, so kann der Antragsteller oder die zentrale Behörde des ersuchten Staates von sich aus oder auf Begehren der zentralen Behörde des ersuchenden Staates eine Darstellung der Gründe für die Verzögerung verlangen. Hat die zentrale Behörde des ersuchten Staates die Antwort erhalten, so übermittelt sie diese der zentralen Behörde des ersuchenden Staates oder gegebenenfalls dem Antragsteller.

Art. 12. *Ist ein Kind im Sinn des Artikels 3 widerrechtlich verbracht oder zurückgehalten worden und ist bei Eingang des Antrags bei dem Gericht oder der Verwaltungsbehörde des Vertragsstaats, in dem sich das Kind befindet, eine Frist von weniger als einem Jahr seit dem Verbringen oder Zurückhalten verstrichen, so ordnet das zuständige Gericht oder die zuständige Verwaltungsbehörde die sofortige Rückgabe des Kindes an.*

Ist der Antrag erst nach Ablauf der in Absatz 1 bezeichneten Jahresfrist eingegangen, so ordnet das Gericht oder die Verwaltungsbehörde die Rückgabe des Kindes ebenfalls an, sofern nicht erwiesen ist, daß das Kind sich in seine neue Umgebung eingelebt hat.

Hat das Gericht oder die Verwaltungsbehörde des ersuchten Staates Grund zu der Annahme, daß das Kind in einen anderen Staat verbracht worden ist, so kann das Verfahren ausgesetzt oder der Antrag auf Rückgabe des Kindes abgelehnt werden.

Art. 13. *Ungeachtet des Artikels 12 ist das Gericht oder die Verwaltungsbehörde des ersuchten Staates nicht verpflichtet, die Rückgabe des Kindes anzuordnen, wenn die Person, Behörde oder sonstige Stelle, die sich der Rückgabe des Kindes widersetzt, nachweist,*

a) *daß die Person, Behörde oder sonstige Stelle, der die Sorge für die Person des Kindes zustand, das Sorgerecht zur Zeit des Verbringens oder Zurückhaltens tatsächlich nicht ausgeübt, dem Verbringen oder Zurückhalten zugestimmt oder dieses nachträglich genehmigt hat oder*

b) *daß die Rückgabe mit der schwerwiegenden Gefahr eines körperlichen oder seelischen Schadens für das Kind verbunden ist oder das Kind auf andere Weise in eine unzumutbare Lage bringt.*

Das Gericht oder die Verwaltungsbehörde kann es ferner ablehnen, die Rückgabe des Kindes anzuordnen, wenn festgestellt wird, daß sich das Kind der Rückgabe widersetzt und daß es ein Alter und eine Reife erreicht hat, angesichts deren es angebracht erscheint, seine Meinung zu berücksichtigen.

Bei Würdigung der in diesem Artikel genannten Umstände hat das Gericht oder die Verwaltungsbehörde die Auskünfte über die soziale Lage des Kindes zu berücksichtigen, die von der zentralen Behörde oder einer anderen zuständigen Behörde des Staates des gewöhnlichen Aufenthalts des Kindes erteilt worden sind.

Art. 14. *Haben die Gerichte oder Verwaltungsbehörden des ersuchten Staates festzustellen, ob ein widerrechtliches Verbringen oder Zurückhalten im Sinn des Artikels 3 vorliegt, so können sie das im Staat des gewöhnlichen Aufenthalts des Kindes geltende Recht und die gerichtlichen oder behördlichen Entscheidungen, gleichviel ob sie dort förmlich* *anerkannt sind oder nicht, unmittelbar berücksichtigen; dabei brauchen sie die besonderen Verfahren zum Nachweis dieses Rechts oder zur Anerkennung ausländischer Entscheidungen, die sonst einzuhalten wären, nicht zu beachten.*

Art. 15. *Bevor die Gerichte oder Verwaltungsbehörden eines Vertragsstaats die Rückgabe des Kindes anordnen, können sie vom Antragsteller die Vorlage einer Entscheidung oder sonstigen Bescheinigung der Behörden des Staates des gewöhnlichen Aufenthalts des Kindes verlangen, aus der hervorgeht, daß das Verbringen oder Zurückhalten widerrechtlich im Sinn des Artikels 3 war, sofern in dem betreffenden Staat eine derartige Entscheidung oder Bescheinigung erwirkt werden kann. Die zentralen Behörden der Vertragsstaaten haben den Antragsteller beim Erwirken einer derartigen Entscheidung oder Bescheinigung soweit wie möglich zu unterstützen.*

Art. 16. *Ist den Gerichten oder Verwaltungsbehörden des Vertragsstaats, in den das Kind verbracht oder in dem es zurückgehalten wurde, das widerrechtliche Verbringen oder Zurückhalten des Kindes im Sinn des Artikels 3 mitgeteilt worden, so dürfen sie eine Sachentscheidung über das Sorgerecht erst treffen, wenn entschieden ist, daß das Kind aufgrund dieses Übereinkommens nicht zurückzugeben ist, oder wenn innerhalb angemessener Frist nach der Mitteilung kein Antrag nach dem Übereinkommen gestellt wird.*

Art. 17. *Der Umstand, daß eine Entscheidung über das Sorgerecht im ersuchten Staat ergangen oder dort anerkennbar ist, stellt für sich genommen keinen Grund dar, die Rückgabe eines Kindes nach Maßgabe dieses Übereinkommens abzulehnen; die Gerichte oder Verwaltungsbehörden des ersuchten Staates können jedoch bei der Anwendung des Übereinkommens die Entscheidungsgründe berücksichtigen.*

Art. 18. *Die Gerichte oder Verwaltungsbehörden werden durch die Bestimmungen dieses Kapitels nicht daran gehindert, jederzeit die Rückgabe des Kindes anzuordnen.*

Art. 19. *Eine aufgrund dieses Übereinkommens getroffene Entscheidung über die Rückgabe des Kindes ist nicht als Entscheidung über das Sorgerecht anzusehen.*

Art. 20. *Die Rückgabe des Kindes nach Artikel 12 kann abgelehnt werden, wenn sie nach den im ersuchten Staat geltenden Grundwerten über den Schutz der Menschenrechte und Grundfreiheiten unzulässig ist.*

Kapitel IV. Recht zum persönlichen Umgang

Art. 21. *Der Antrag auf Durchführung oder wirksame Ausübung des Rechts zum persönlichen Umgang kann in derselben Weise an die zentrale Behörde eines Vertragsstaats gerichtet werden wie ein Antrag auf Rückgabe des Kindes.*
Die zentralen Behörden haben aufgrund der in Artikel 7 genannten Verpflichtung zur Zusammenarbeit die ungestörte Ausübung des Rechts zum persönlichen Umgang sowie die Erfüllung aller Bedingungen zu fördern, denen die Ausübung dieses Rechts unterliegt. Die zentralen Behörden unternehmen Schritte, um soweit wie möglich alle Hindernisse auszuräumen, die der Ausübung dieses Rechts entgegenstehen.
Die zentralen Behörden können unmittelbar oder mit Hilfe anderer die Einleitung eines Verfahrens vorbereiten oder unterstützen mit dem Ziel, das Recht zum persönlichen Umgang durchzuführen oder zu schützen und zu gewährleisten, daß die Bedingungen, von denen die Ausübung dieses Rechts abhängen kann, beachtet werden.

Kapitel V. Allgemeine Bestimmungen

Art. 31. *Bestehen in einem Staat auf dem Gebiet des Sorgerechts für Kinder zwei oder mehr Rechtssysteme, die in verschiedenen Gebietseinheiten gelten, so ist*
a) eine Verweisung auf den gewöhnlichen Aufenthalt in diesem Staat als Verweisung auf den gewöhnlichen Aufenthalt in einer Gebietseinheit dieses Staates zu verstehen;
b) eine Verweisung auf das Recht des Staates des gewöhnlichen Aufenthalts als Verweisung auf das Recht der Gebietseinheit dieses Staates zu verstehen, in der das Kind seinen gewöhnlichen Aufenthalt hat.

Art. 32. *Bestehen in einem Staat auf dem Gebiet des Sorgerechts für Kinder zwei oder mehr Rechtssysteme, die für verschiedene Personenkreise gelten, so ist eine Verweisung auf das Recht dieses Staates als Verweisung auf das Rechtssystem zu verstehen, das sich aus der Rechtsordnung dieses Staates ergibt.*

Art. 33. *Ein Staat, in dem verschiedene Gebietseinheiten ihre eigenen Rechtsvorschriften auf dem Gebiet des Sorgerechts für Kinder haben, ist nicht verpflichtet, dieses Übereinkommen anzuwenden, wenn ein Staat mit einheitlichem Rechtssystem dazu nicht verpflichtet wäre.*

Art. 34. *Dieses Übereinkommen geht im Rahmen seines sachlichen Anwendungsbereichs dem Übereinkommen vom 5. Oktober 1961 über die Zuständigkeit der Behörden und das anzuwendende Recht auf dem Gebiet des Schutzes von Minderjährigen vor, soweit die Staaten Vertragsparteien beider Übereinkommen sind. Im übrigen beschränkt dieses Übereinkommen weder die Anwendung anderer internationaler Übereinkünfte, die zwischen dem Ursprungsstaat und dem ersuchten Staat in Kraft sind, noch die Anwendung des nichtvertraglichen Rechts des ersuchten Staates, wenn dadurch die Rückgabe eines widerrechtlich verbrachten oder zurückgehaltenen Kindes erwirkt oder die Durchführung des Rechts zum persönlichen Umgang bezweckt werden soll.*

Art. 35. *Dieses Übereinkommen findet zwischen den Vertragsstaaten nur auf ein widerrechtliches Verbringen oder Zurückhalten Anwendung, das sich nach seinem Inkrafttreten in diesen Staaten ereignet hat.*
Ist eine Erklärung nach Artikel 39 oder 40 abgegeben worden, so ist die in Absatz 1 des vorliegenden Artikels enthaltene Verweisung auf einen Vertragsstaat als Verweisung auf die Gebietseinheit oder die Gebietseinheiten zu verstehen, auf die das Übereinkommen angewendet wird.

4) Europäisches Übereinkommen über die Anerkennung und Vollstreckung von Entscheidun- 63 gen über das Sorgerecht für Kinder und die Wiederherstellung des Sorgeverhältnisses v 20. 5. 80, BGBl **90** II 220; für Deutschland in Kraft seit 1. 2. 91, Bek v 19. 12. 90, BGBl **91** II 392; vgl dazu SorgeRÜbkAG v 5. 4. 90, BGBl 701. Weitere VertrStaaten: Belgien seit 1. 2. 86, Frankreich und Luxemburg seit 1. 9. 83, Niederlande seit 1. 9. 90, Norwegen seit 1. 5. 89, Österreich seit 1. 8. 85, Portugal seit 1. 9. 83, Schweden seit 1. 7. 89, Schweiz seit 1. 1. 84, Spanien seit 1. 9. 84, Vereinigtes Königreich von Großbritannien u Nord-Irland seit 1. 8. 86, Zypern seit 1. 10. 86, BGBl **91** II 392, Dänemark seit 1. 8. 91, Bek v 4. 7. 91, BGBl II 832, Irland seit 1. 10. 91, Bek v 23. 10. 91, BGBl II 1076, Griechenland seit 1. 7. 93, Bek v 20. 7. 93, BGBl II 1274, Finnland seit 1. 8. 94, Bek v 16. 9. 94, BGBl II 3538 u Italien seit 1. 6. 95, Bek v 19. 5. 95 BGBl II 460. Das Übk gilt für Kinder unter 16 Jahren, vgl näher Art 1 lit a, u regelt vor allem die Anerkenng u Vollstreckg von SorgeREntschen, vgl Art 7 u dazu Mü FamRZ **92**, 1213; es beschr sich nicht auf Entführgsfälle, enth aber SonderVorschr im Fall des unzul Verbringens eines Kindes, vgl Art 8ff u überschneidet sich insof mit dem Haager EntführgsÜbk v 25. 10. 80. Die beiden Übk gelten nebeneinander, vgl Art 34 des Haager Übk u Art 19 des Europ Übk; nach § 12 SorgeRÜbkAG ist aber in Deutschland „zunächst" das Haager EntführgsÜbk anzuwenden, sofern der ASt nicht ausdrückl die Anwendg des Europ Übk wünscht; vgl dazu Siehr StAZ **90**, 333.

5) Bilaterale Abk mit **Österreich.** Im Verh zu Österreich ist das **deutsch-österreichische Vormund- 64 schaftsabkommen** v 5. 2. 1927 wieder anwendb, Bek vom 21. 10. 59, BGBl II 1250 (betr nur Vormsch selbst, nicht die Tätigk des VormschG in FamSachen); letzteres w dch das in EG 24 Rn 3 genannte Abk über Fürs u JWPflege nicht berührt, es geht dem MSA vor, vgl dessen Art 18 II, AG Kamen DAVorm **83**, 157, LG Paderb ZfJ **88**, 98, Karlsr FamRZ **89**, 898, zweifelnd LG Graz DAVorm **82**, 845.

6) Konsularverträge. Nach Art 5 lit h des Wiener Abk über konsular Beziehgen v 24. 4. 63, BGBl **69** II 65 1587, für die BRep in Kr getreten am 7. 10. 71, BGBl II 1285, gehört zu den konsular Aufgaben die Wahrg der Interessen mj u und nicht voll geschäftiger Angehöriger des Entsendestaates, insb wenn für sie eine Vormsch od Pflegsch erfdl ist; diese Aufgabe beschr sich auf die Interessenwahrnehmg u besteht nur im Rahmen der ROrdng des Empfangsstaates. Darü hinaus finden sich bes Bestimmgen über **konsularische Befugnisse** in Vormsch- u PflegschSachen in KonsularVertr u über Meistbegünstiggsklauseln auch in HandelsVertr; vgl dazu Soergel-Kegel EG 23 Rdz 53, zT abw Erm-Marquordt EG 23 Rdz 38.

Vierter Abschnitt. Erbrecht

Vorbemerkung

Art 25 u 26 regeln das internat ErbR; sie ersetzen die Vorschren der bish EG 24–26 aF. Das Erbstatut wird **1** grdsl dch die Staatsangehörigk des Erbl best, Art 25 I. Die kasuistischen Durchbrechgen dieser GrdsAnknüpfg, die in EG 24 II aF u EG 25 S 2 aF vorgesehen waren, hat das IPRG nicht übernommen. Dagg hat es den Grds der NachlEinheit dch die Möglichk einer RWahl für im Inland belegenes unbewegl Verm teilw preisgegeben, Art 25 II. Für die TestForm werden in Art 26 die Vorschren des Haager Übk über das auf die Form letztwilliger Verfüggen anzuwendende Recht v 5. 10. 1961, BGBl **65** II 1145, übern; vgl dazu Rn 8 u 18 vor Art 3.

EG 25 *Rechtsnachfolge von Todes wegen.* **¹ Die Rechtsnachfolge von Todes wegen unterliegt dem Recht des Staates, dem der Erblasser im Zeitpunkt seines Todes angehörte.**
II Der Erblasser kann für im Inland belegenes unbewegliches Vermögen in der Form einer Verfügung von Todes wegen deutsches Recht wählen.

1) Allgemeines. a) Abs 1 enth die GrdsAnknüpfg des Erbstatuts; Abs 2 sieht hiervon eine Ausn dch **1** Einräumg einer begrenzten RWahl vor. Ergänzde Sonderregeln für Verfüggen vTw enth Art 26. Erbstatut für den ges Nachl **(Nachlaßeinheit)** ist grdsl das **Heimatrecht** des Erblassers zZ seines Todes; zur Anknüpfg bei Mehrstaatern, Staatenlosen u Flüchtlingen vgl Art 5 mit Anh. **b) Rück- oder Weiterverwei- 2 sung** dch die KollNormen des HeimatR (Personalstatut) des Erblassers sind nach Art 4 I zu beachten. So entsch kr Rück- od Weiterverweisg das Recht des letzten **Wohnsitzes** des Erbl nach dem Recht v Dänemark, Norwegen, vgl Staud-Graue Rdz 146 z EG 27, Schweiz, BGH FamRZ **61**, 364 (zur ggwärt RLage Krzywon BWNotZ **89**, 153, Lorenz DNotZ **93**, 148), für den **beweglichen** Nachl auch nach dem Recht von Argentinien, Großbritannien, BayObLG **82**, 336, Zweibr Rpfleger **95**, 466, USA, vgl Firsching, Dtschamerikan Erbfälle, 1965 (wg der DomizilBest nach engl Recht vgl BayObLG **67**, 1, nach dem Recht der USA BayObLG **75**, 86), von Belgien, Kln FamRZ **92**, 861 u Frankreich, vgl BayObLG NJW-RR **90**, 1033 auf LG Mü RPfl **90**, 167 mAv S. Lorenz, Riering ZEV **94**, 226, sowie Indien, AG Groß-Gerau IPRspr **91** Nr 151, währd für die Erbf hins des **unbeweglichen** Nachl nach dem IPR dieser Länder das Recht des Lageortes gilt **(Nachlaßspaltung),** Ffm NJW **54**, 111, BayObLG **82**, 336, FamRZ **88**, 1100 (Großbritannien), Saarbr NJW **67**, 732, BayObLG NJW-RR **90**, 1033 (Frankreich, vgl dazu Veelken RabelsZ **85**, 7), Köln NJW **86**, 2199, FamRZ **92**, 861 (Belgien), BGH NJW **93**, 1921, BayObLG **74**, 223, **75**, 86, **80**, 42, RPfl **84**, 66, Karlsr NJW **90**, 1420 (USA), dazu Schurig IPRax **90**, 389, Otte IPRax **93**, 142; dem Prinzip der NachlSpaltg folgt nur eingeschränkt weiterhin auch das österr IPR: ledigl der Eigentumserwerb an NachlGrdsten im Erbgang (modus) richtet sich nach der lex rei sitae, währd die Berufg zum Erben (titulus) auch insow dem allg Erbstatut unterliegt, S. Lorenz IPRax **90**, 206, vgl ferner BayObLG **80**, 276, Firsching IPRax **83**, 168, Jayme ZfRV **83**, 167, zu weitgehd OGH ZfRV **87**, 278, BayObLG **82**, 245, v Bar IPR I Rn 535, II Rn 365, offengelassen v KG OLGZ **84**, 428; zum fr RZust BGH **50**, 63, KG OLGZ **77**, 309, BayObLG **71**,

34, **75**, 153, vgl dazu auch BGH NJW **80**, 2016; zu dtsch-österr Erbfällen Hoyer IPRax **86**, 345, Riering/Bachler DNotZ **95**, 580. Zu Italien vgl S. Lorenz IPRax **90**, 82 (betr Ausgestaltg der ErbenGemsch), zu den Niederlanden vgl Ebke RabelsZ **84**, 319, zu Griechenland Karlsr FamRZ **90**, 1398. Die Rückverweisg kann sich auch aus einer abw RWahl dch den Erbl ergeben, soweit diese nach seinem HeimatR zul ist. Bei der in Abs 2
3 eröffneten RWahl können selbstverständl nur die dtschen Sachvorschren gewählt werden, Art 4 II. **c)** Sieht das IPR am Lageort v NachlGgstden eine unterschiedl Anknüpfg für die Erbfolge in bewegl u unbewegl Verm vor, so besitzen diese **besonderen** Vorschren des **Belegenheitsstaates** nach Art 3 III **Vorrang** vor der Anknüpfg
4 des Erbstatuts nach Abs 1, vgl dazu Art 3 Rn 14; es kommt dann ebenf zu einer **Nachlaßspaltung. d)** Eine **staatsvertragliche** Sonderregelung enth das Haager Übk über das auf die Form letztw Verfüggen anwendb Recht v 5. 10. 1961, vgl Anh z Art 26, dessen Inhalt in Art 26 eingearbeitet ist. Als Sonderregelg zu beachten sind ferner das dtsch-iran NiederlassgsAbk v 17. 2. 29, RGBl **30** II 1006, wieder in Kraft, vgl Bek v 15. 8. 55, BGBl II 829, das in Art 8 III für die Erbf ebso wie grdsl nach Abs 1 die Anwendg des HeimatR vorsieht, vgl dazu Hamm FamRZ **93**, 111, Schotten/Wittkowski FamRZ **95**, 268, der dtsch-türkische KonsularVertr v 28. 5. 29, RGBl **30** II 758 (Anlage zu Art 20), wieder in Kraft gem Bek v 29. 5. 52, BGBl II 608 (grdsl HeimatR, für Grdst lex rei sitae, vgl dazu Kremer IPRax **81**, 205, zu den Befugn der Konsuln LG Augsbg u Mü ebda 215, Reinhart BWNotZ **87**, 98, zur Anwendg bei Doppelstaatern AG Bad Hombg IPRspr **77** Nr 103), ferner der dtsch-amerikanische Freundsch-, Handels- u KonsularVertr v 29. 10. 54, BGBl **56** II 488, nebst Protokoll, BGBl **56** II 502 (Art 9 Z 3: Inländerbehandlg bei der Erbf) u der dtsch-sowj KonsularVertr v 25. 4. 58, BGBl **59** II 232, dessen Art 28 III die Erbf in das unbewegl Verm der lex rei sitae unterstellt, vgl Hamm OLGZ **73**, 388. Der StaatsVertr zw dem Großherzogtum Baden u der Schweiz Eidgenossensch v 6. 12. 1856, der in Art 6 eine erbr Kollisionsnorm enthielt (grds lex rei sitae), vgl dazu H. Müller Fschr Raape (1948) 229, ist am 28. 2. 79 außer Kraft getreten, Bek v 15. 1. 79, GBlBaWü **79**, 76, Wochner RIW **86**, 134. Zum Entwurf eines Haager Abk über die internat Abwicklg v Nachl, abgedr in RabelsZ **75**, 104, vgl Lipstein RabelsZ **75**, 29; zum Entw eines Haager Übk über
5 das auf die RNachfolge v Tw anzuwendde Recht vgl van Loon MittRhNotK **89**, 9, Kunz ZRP **90**, 212. **e)** Zum innerdtschen KollisionsR vgl Rn 23, 24.

6 **2) Bestimmung des Erbstatuts. a) Grundsatz (Absatz 1).** Nach Abs 1 unterliegt die RNachf v Tw dem HeimatR (Personalstatut) des Erbl zZ seines Todes; dieses Erbstatut gilt grdsl für den gesamten Nachl unabh v Art u Lage der einz NachlGgst (NachlEinheit); Ausn können sich aber aus einer partiellen Rück- od Weiterverweisg, Rn 2, od aus abweichden Anknüpfgsregeln des BelegenhStaates ergeben, Rn 3. Wohns od gewöhnl Aufenth des Erbl sind für die Anknüpfg des Erbstatuts grdsl belanglos; Ausn gelten bei Staatenl u Flüchtlingen, vgl Art 5 mit Anh, sowie im Fall einer Rück- od Weiterverweisg auf den Domizilstaat, vgl
7 Rn 2. **b) Rechtswahl (Absatz 2).** Eine RWahl ist bei der Bestimmg des Erbstatuts grdsl unbeachtl, vgl BayObLG **94**, 48; auch aus der matrechtl Testierfreih ergibt sich keine Befugn zur testamentarischen Bestimmg des Erbstatuts, vgl BGH NJW **72**, 1001; Verweisg auf eine best ROrdng als Ausleggshilfe eines Testaments ist jedoch statth, vgl BGH NJW **72**, 1001, Dopffel DNotZ **76**, 347; auch für Bereichergsausgleich bei rechtsgrdloser Leistg aus dem Nachl ist RWahl zul, Hdlbg IPRax **92**, 171. Nach dem erst im RAusschuß eingefügten Abs 2 kann der Erbl aber nunmehr für im **Inland** belegenes unbewegl Vermögen in der Form einer Verfügg v Tw **deutsches** Recht wählen; der Inhalt der Verfügg kann sich auf die isolierte RWahl beschr. Dabei ist der Begr des unbewegl Vermögens iS des dtschen Rechts z verstehen, vgl Rn 27 vor Art 3; er umfaßt Grdst samt ihren Bestandten nebst Zubeh, sowie Wohngs- bzw StockwerksEigt u ErbbauRe, vgl Überblick vor § 90 Rn 3, ferner die sonst beschr dingl Rechte an Grdsten, Jayme IPRax **86**, 270, vgl dazu Krzywon BWNotZ **86**, 154, **87**, 4, nicht aber auch GesellschAnteile od Miterbenanteile, Reinhart BWNotZ **87**, 101, Tiedemann RabelsZ **91**, 36, aM Dörner DNotZ **88**, 95, Pünder MittRhNotK **89**, 4, od Anspre aus Grdstkauf, -miete od -pacht, wie hier MüKo-Birk Rn 65, aM Dörner ebda 96, Pünder aaO. Die RWahl ist nur für das in der BRep belegene unbewegl Vermögen u nur zG des dtschen Rechts zugelassen; bei Wahl dtschen Rechts für das **gesamte** Verm ist Aufrechterhaltg für inl GrdBesitz statth, Tiedemann RabelsZ **91**, 24. Sofern der Erbl nicht ohnehin nach Abs 1 evtl iVm einer Rückverweisung nach dtschem Recht beerbt wird, hat die Wahl des dtschen Rechts eine kollrechtl **Nachlaßspaltung** zur Folge; der im Inl belegene GrdBesitz wird nach einem and Recht vererbt als der übrige Nachl (sofern es nicht auch für diesen noch nach Art 3 III od 4 I z einer NachlSpaltg kommt, vgl oben Rn 6).
8 Die RWahl kann ebso wie bei Art 15 II Nr 3, vgl dort Rn 22, auch auf ein **einzelnes** hier belegenes Grdst beschr werden, währd für das übrige im Inl belegene unbewegl Vermögen das HeimatR des Erbl in Geltg belassen wird, Lichtenberger DNotZ **86**, 665, Fschr Ferid (1988) 285, Ferid IPR Rz 9–12, 12, Siehr IPRax **87**, 7, Pirrung IPR S 171, Reinhart BWNotZ **87**, 102, Dörner DNotZ **88**, 86, aM Kühne IPRax **87**, 73; vgl dazu auch Art 15 Rn 22. Die RWahl muß nicht ausdr erfolgen, LG Hbg IPRspr **91** Nr 142 (Orientierg am dtschen R bei TestAbfassg genügt). Für die Beurteilg der Formgültigk gilt Art 26, wie hier MüKo-Birk Rn 35, abw Dörner DNotZ **88**, 87, für das Zustandekommen iü dtsches Recht, Tiedemann RabelsZ **91**, 26. Der Erbl kann die RWahl jederzeit in Form einer VvTw widerrufen, auch wenn sie in einem ErbVertr getroffen wurde, ebso Dörner DNotZ **88**, 91, aM Lichtenberger DNotZ **86**, 665, Fschr Ferid (1988) 286, Siehr IPRax **87**, 7, MüKo-Birk Rn 56; der Widerruf läßt aber Gültigk u Bindgswirkg einer früher errichteten VvTw nach dem bish gewählten Recht unberührt, Art 26 V 1, zust Kühne IPRax **87**, 74, Dörner DNotZ **88**, 88.
9 **c) Nachlaßspaltung.** Auch das neue dtsche IPR behandelt den Nachl im Ggs zu vielen ausl KollisionsRen ebso wie im mat dtschen ErbR als geschl Einheit. Dennoch kann es aGrd staatsvertragl Sonderregelg, vgl Rn 4, abw Anknüpfgsregeln des BelegenhStaates, Art 3 III, partieller Rück- od Weiterverweisg, Art 4 I, od aGrd beschr RWahl, Art 25 II, zu einer unterschiedl erbr Behandlg einz NachlTeile kommen (NachlSpaltg). Der durch Aufspaltg entstandene Nachlaßteil ist grdsl als selbst bezüg Nachl anzusehen, dh nach dem zw maßg Erbstatut so abzuhandeln, als ob er der gesamte Nachl wäre, BGH **24**, 355, BayObLG FamRZ **94**, 725, BayObLG **95**, 88, FGPrax **95**, 115; selbst Erbeinsetzg auf den dem dtschen Recht unterstehden Teil ist also mögl u ist als Einsetzg zu einem Bruchteil mit Teilgsanordng aufzufassen, Karlsr JFG **7**, 139; für jeden NachlTeil nach dem für ihn gelten Recht selbst sind auch die Wirksk einer Erbausschlagg, LG Bln FamRZ **95**, 757, sowie Auslegg u Gültigk eines Testaments zu beurteilen, vgl BayObLG **80**, 42, **95**, 89, KG FamRZ **95**, 762, Firsching IPRax **82**, 98 (zur TestAnf); dasselbe Test kann also für den einen Teil wirks, für

den and unwirks sein, Erm-Marquordt Rdz 39, für den einen kann gesetzl, für den and gewillk Erbf eintreten, BayObLG **95**, 89. Auch das Bestehen von Pflichtteilsansprüchen, Hbg DtZ **93**, 28 u die Haftg für NachlVerbindlk ist für jeden TeilNachl nach dem dafür maßg Erbstatut selbstd zu prüfen; haftet danach jeder Nachl, so kann der Gläub wählen, gg welchen er vorgehen will; der in Anspr genommenen Nachl-Masse ist das Geleistete im Verh des Wertes der NachlTeile zu ersetzen, vgl Staud-Raape 687 f, differenzierd Dörner DNotZ **88**, 106. – Der dtschen ErbschSteuer können auch Nachl unterliegen, die nach ausl Erbstatut abzuwickeln sind, vgl dazu BFH IPRspr **77** Nr 102.

3) Anwendungsgebiet des Erbstatuts. a) Qualifikation. aa) Nach dem Erbstatut, Rn 6–9, werden **10** grdsätzl alle erbr Fragen beurteilt, also Eintritt u Ztpkt eines Erbfalls (aber Eintritt des Todes sowie Kommorientenvermutg nach Personalstatut, bei unterschiedl Staatsangehörigk der Verst Familienstatut, vgl dazu Jayme/Haack ZVglRWiss **85**, 81, aM Dörner IPRax **94**, 365, für Todesvermutg gilt Art 9), Erbfähigk (vgl aber auch Rn 16) u Berufg zum Erben, insb der **Kreis der gesetzlichen Erben** u ihre Erbquoten, zB das ges ErbR des Eheg (zur Abgrenzg v Erb- u GüterRStatut Art 15 Rn 26–29), des nehel Kindes, BayObLG **93**, 385, auch in der Form des ErbersatzAnspr od des Anspr auf vorzeit ErbAusgl, BGH **96**, 262 (maßg hypothet Erbstatut zZ der Durchführg), LG Hbg FamRZ **94**, 1490, Kegel IPRax **86**, 229, sowie das Vorliegen eines erbenl Nachl, u das ges ErbR des Fiskus gleich welcher Form; ist dieses nach dem ausl Erbstatut als öffrechtl Aneigns-(Heimfalls-)R ausgestaltet, so wirkt es aber grdsl nur territorial be-grenzt, ist also im Inl nicht zu beachten, vgl KG OLGZ **85**, 280 (zust Firsching IPRax **86**, 25), Stgt IPRax **87**, 125, ähnl Graupner/Dreyling ZVglRWiss **83**, 200; für den inl Nachl gilt dann aGrd TeilrückVerweisg insow § 1936 u damit ges ErbR des dtschen Fiskus, Lüderitz IPR Rn 417, Soergel-Kegel Vor Art 24 Rn 15, Bungert MDR **91**, 716, ZfRV **91**, 241. Das Erbstatut ist maßg für das **Pflichtteilsrecht**, BGH **9**, 154, NJW **93**, 1921, Hbg DtZ **93**, 28, v Oertzen RIW **94**, 818, auch in Form eines mat NotErbR od eines PflichtErgänzsAnspr, Staud-Ferid/Cieslar Einl zu §§ 2303 ff Rdz 185 (selbst wenn er sich gg Dritte richtet, vgl RG **58**, 128). UnterhAnspr sind dagg auch dann nach Art 18 zu beurteilen, wenn sie sich gg den Nachl richten u ein fehldes ErbR ausgleichen; bei Normenmangel od –häufg Anpassg, Rn 32 vor Art 3, für erbrechtl Qua-lifikation Henrich Fschr Gernhuber 1993 S 667. Das Erbstatut entscheidet über die mit dem **Erwerb der Erbschaft** zuhängden Fragen, insb Universalsukzession od Sondererbfolge (zB an GesellschAnteilen, vgl dazu v Oertzen IPRax **94**, 73), Einschaltg eines Treuhänders (wie im angloamerik Recht, vgl v Oertzen aaO 76), Vonselbsterwerb od Erfordern einer Einantwortg (nach österr Recht), vgl BayObLG **95**, 47, LG Kln IPRspr **90** Nr 147, Bungert IPRax **92**, 227, Ann u Ausschlagg, LG Saarbr ZfJ **91**, 604, BayObLG **94**, 49 (dazu auch Rn 17), Rauscher DNotZ **85**, 204, sowie deren Anfechtg, BayObLG **94**, 53. Das Erbstatut regelt ferner Erbunwürdigk, Ferid Fschr Beitzke (1979) 482 (auch zur Bedeutg ausl ErbunwürdigkUrteile bei dtschem Erbstatut) u Erbverzicht, erbr ErwerbsBeschrkgen v JPen, vgl dazu Celle ROW **89**, 442, Wohlge-muth ebda 418, den Umfang des Nachlasses, BGH NJW **59**, 1317, vgl aber S. Lorenz NJW **95**, 176, Rn 17, Gestaltg der ErbenGemsch (Gesamthands- oder BruchteilsGemsch), AusgleichsPfl, Erbenhaftg, BGH **9**, 154, ErbschAnspr, Nürnb OLGZ **81**, 115, LG Hbg ROW **85**, 172, Ans IPRspr **89** Nr 163 (auch seine AbtrKG IPRspr **72** Nr 6), AusgleichsAnspr nach HöfeO 13, Oldenbg IPRspr **79** Nr 135, sowie die ErbAusein-andS, BGH NJW **59**, 1317, BGH **87**, 19, u den ErbschKauf, Staud-Ferid/Cieslar Einl z § 2371 Rdz 169 ff. **bb)** Nach dem Erbstatut beurteilen sich grdsl die Vorauss u Wirkgen der **Verfügungen von Todes** **11** **wegen,** insb der statth Inhalt des Test, zB hins der Möglk v Erbeinsetzg od VermächtnAO, BayObLG **74**, 460 (Vindikationslegat an inl Grdst nach ausl Erbstatut aber nach dem insow als lex rei sitae maßgebden dtschen Recht als Damnationslegat zu behandeln, vgl Art 3 Rn 14, BGH NJW **95**, 59, BayObLG **61**, 4, 19, **74**, 466, Birk ZEV **95**, 285, aM Münst IPRspr **89** Nr 162a, auch keine Aufn in dtschen ErbSch, Köln NJW **83**, 525, BayObLG **74**, 466, vgl dazu Hamm IPRspr **89** Nr 162b, aM van Venrooy ZVglRWiss **86**, 205), der Zulässigk v Vor- u Nacherbsch, Celle FamRZ **57**, 273, der Errichtg eines trust od der AO der TestVoll-streckg, BayObLG **65**, 377, **86**, 475, insb ihre RWirkgen, BayObLG **90**, 51 (dazu Roth IPRax **91**, 322), BFH IPRspr **88** Nr 134 (RStellg eines executor), Hdlbg IPRax **92**, 171, die Befugn zur Ernenng u Entlassg des TestVollstr, Hamm OLGZ **73**, 289 (interlokal) u Umfang seiner RStellg, BGH NJW **63**, 46; praktische Hinw für die Gestaltg v Test mit AuslBerührg bei v Oertzen ZEV **95**, 167. Das Erbstatut ist auch für die **Testamentsauslegung,** BGH WPM **76**, 811, Köln NJW **86**, 2199, BayObLG **86**, 473, RPfl **88**, 366, sowie **12** die TestAnf maßg, BGH FamRZ **77**, 786, vgl auch Bestelmeyer FamRZ **94**, 1444 (interlokal); bei der Ermittlg des ErblWillens können aber auch RGrdse einer and ROrdng berücksicht werden, unter deren Einfluß der Erbl bei der TestErrichtg stand **(Handeln unter falschem Recht),** BayObLG **80**, 42, vgl dazu Firsching IPRax **82**, 98, Heßler, Sachrechtl Generalklausel u internat FamR, 1985 S 155, zB über die Funktion eines TestVollstr, vgl LG Hbg IPRspr **80** Nr 190. Auch die Möglichk der **Umdeutung** einer unwirks Verfüg vTw beurteilt sich nach dem Erbstatut, Jena FamRZ **94**, 787; zur Umdeutg der Anordg einer nach dem Erbstatut unzulässigen Vor- u Nacherbsch vgl Veelken RabelsZ 85, 1; zur Qualifikation einer testamentarischen joint tenancy vgl Czermak ZVglRWiss **88**, 72. **cc)** Nach dem Erbstatut beurteilen **13** sich grdsl auch der Widerruf eines Test, Hdlbg IPRax **92**, 171 sowie die **Zulässigkeit** der Errichtg einer best Art von Verfügungen vTw u deren **Bindungswirkung;** dies gilt insb für **gemeinschaftliche Testamente** u Erbverträge, BayObLG **95**, 51; bei versch Erbstatuten der Eheg bzw der VertrSchließen müssen sie den GültigkAnfordergen beider Erbstatute entspr, insbes also nach beiden Erbstatuten zul sein, sofern sie nicht nur Verfügungen über den Beteil enth (dazu schon bei einem eins ErbVertr); die Bindswirkg beurteilt sich dann für jeden Eheg nach dem für ihn maßgebden Erbstatut, Zweibr NJW-RR **92**, 588, aM Pfeiffer FamRZ **93**, 1276, Erm-Hohloch Rn 31, Riering ZEV **94**, 226 (sämtl für Kumulation der Erbstatute). Das Erbstatut gilt auch für Zulässigk u Verzichtswirkg eines **Erbverzichts** sowie für Zulässigk u Bindgswirkg v **Testierverträ-gen,** MüKo-Birk Art 26 Rn 145, abw van Venrooy JZ **85**, 609 (grdsl für schuldr Qualifikation), deren Zulässigk grdsl auch nicht gg Art 6 verstößt, van Venrooy JZ **85**, 610, MüKo-Birk Art 26 Rn 146. Im Falle eines **Statutenwechsels** gelangt nach **Art 26 V** jedoch nicht das tats Erbstatut, dh das HeimatR (Personal-statut) des Erbl zZ seines Todes, sond das **hypothetische Erbstatut** zZ der Errichtg zur Anwendg, vgl **14** näher Art 26 Rn 7, 8. Für die **Form** gilt Art 26 I–IV. Sofern das Verbot der Errichtg eines gemschaftl Testaments in dem nach Abs 1 berufenen Erbstatut als Formerfordern zu qualifizieren ist, wie im franz od

niederl Recht, vgl Ferid IPR Rdz 9–63, Riering ZEV **94**, 227, Riering/Marck ZEV **95**, 90, ist ein solches Testament also gültig, wenn es den Anfordergen eines der nach Art 26 I berufenen Rechte genügt, abw Düss NJW **63**, 2227, Hamm NJW **64**, 553 (zum niederl Recht). Ist das Verbot dagg matrechtl Art, wie nach ital Recht, so ist das gemschaftl Test nichtig, BayObLG **57**, 376, Ffm IPRax **86**, 111, Grundmann ebda 94, Rehm MittBayNot **94**, 277, teilw aM Neuhaus/Gündisch RabelsZ **56**, 563. Ähnl Fragen treten bei einem gemschaftl Test v Schweizern in Dtschland auf, vgl BayObLG IPRspr **75** Nr 114 (Umdeutg in Einzeltestament); zur Problematik gemschaftl Testamente im dtsch-engl RVerkehr vgl Dopffel DNotZ 76, 335, sowie
15 allg Umstätter DNotZ **84**, 532. Entspr Regeln gelten für den ErbVertr. **dd) Schenkungen von Todes wegen** unterliegen dem Erbstatut, soweit sie beim Tod des Schenkers noch nicht vollz sind (andernf Schenkgsstatut, vgl dazu Art 28 Rn 10), BGH NJW **59**, 1317, MüKo-Birk Art 26 Rn 147, Winkler v Mohrenfels IPRax **91**, 239; die Frage, ob u wann die Schenkg vollz ist, entsch das für den RÜbergang, zB EigtÜbertragg od Abtretg, maßg Statut, vgl Henrich Fschr Firsching (1985) 118; damit dürfte sich die umstr Qualifikationsfrage (lex fori, Erbstatut od Schenkgsstatut, vgl Henrich aaO, ders Fschr Lorenz (1991) 379, offengelassen bei BGH **87**, 19) weitgehd erledigen.

16 **b) Vorfragen.** Die **Erbfähigkeit** des zur Erbsch Berufenen, zB der Leibesfrucht, beurteilt sich grdsl ebenf nach dem Erbstatut; soweit danach RFähigk erfdl ist, handelt es sich um eine selbstd anzuknüpfde Vorfrage, maßg ist also das HeimatR bzw bei JP das Recht des Sitzes, vgl Art 7 I u Anh z Art 12 Rn 2–5, str, für unselbst Anknüpfg Ebke RabelsZ **84**, 320. Über die **Testierfähigkeit** entsch Art 7 I, soweit sie von der GeschFgk abhäng gemacht ist; soweit es sich um eine bes, nur auf das Testieren abgestellte Fähigk handelt, Art 25, Soergel-Kegel vor EG 24 Rdz 35, and Staud-Firsching Rdz 17, MüKo-Birk Art 26 Rn 13 (stets Erbstatut), van Venrooy JR **88**, 485 (stets Art 7 I); ebso wie die GeschFgk nach Art 7 II wird die einmal erlangte TestierFgk dch Erwerb od Verlust der RStellg als Dtscher iSv GG 116 I u entspr in jedem und Fall eines Wechsels des Personalstatuts nicht beeinträchtigt, Art 26 V 2, vgl dort Rn 9. Ob eine Pers die zur
17 **Berufung erhebliche Rechtsstellung** hat, zB Ehefr, ehel od nehel Kind od dch Adoption einem ehel Kind in jed Hins gleichgestellt ist, richtet sich nach dem dafür in Betr kommden Statut, also Art 13, 19 I, 20 I, 21, 22, Aurich FamRZ **73**, 54, BayObLG **80**, 72, Müller NJW **85**, 2059, vgl Art 22 Rn 6, für unselbst Anknüpfg Oldbg IPRspr **87** Nr 107; selbstd anzuknüpfen ist also insb die Vorfrage des gültigen Bestehens einer Ehe, BGH NJW **81**, 1900, grdsl auch Hamm FamRZ **93**, 607 mAv Haas; nach Art 17 I ist zu beurteilen, ob ein Eheg als schuld an der Scheidg anzusehen wäre, sofern davon sein ErbR abhängt, BayObLG **80**, 276 (bei Zustreffen v dtschem Scheidgsstatut mit ausl Erbstatut, das an der Schuldfrage abstellt, kann Anpassg erfdl sein, vgl dazu Firsching IPRax **81**, 86 u Coester IPRax **82**, 206). Welche **Gegenstände zum Nachlaß** gehören, ist ebenf eine selbstd anzuknüpfde Vorfrage, BGH BB **69**, 197 (Bankguthaben), Kln OLGZ **75**, 1 (VersichergsAnspr), KG DNotZ **77**, 749 (lex rei sitae für TrHdEigt); über die Vererblichk von GesellschAnteilen u die Zulässigk einer TestVollstreckg an diesen entscheidet desh das GesellschStatut, vgl dazu v Oertzen IPRax **94**, 73, RIW **94**, 818. Ob ein UnterhAnspr mit dem Tod des Berecht od Verpfl erlischt, entsch das UnterhStatut, vgl BayObLG **95**, 51, Staud-Dörner Rn 132. Selbstd anzuknüpfen ist auch die ges Vertretgsmacht bei Erbausschlagg, LG Saarbr ZfJ **91**, 604. Für die Beurteilg der **Formgültigkeit** einer Verfügg vTw gilt Art 26.

18 **4) Internationales Verfahrensrecht.** Schrifttum: Firsching-Graf, NachlR, 7. Aufl (1994) 107 ff; Berenbrok, Internat NachlAbwicklg (1989). **a)** Das IPRG hat auf eine Neuregelg der **internationalen Zuständigkeit** in NachlAngelegenh wg Fehlens eines zwingden Bedürfnisses u wg der bestehden Zweifel bei den GrdsFragen verzichtet, Begr BT-Drucks 10/504 S 92. Die internat Zustdk der dtschen NachlGere setzt nach der bish stRspr bei Fehlen einer staatsvertragl ZustdgkRegelg grdsl voraus, daß dtsches ErbR anzuwenden ist **(Gleichlaufsgrundsatz),** KGJ **47**, 238, JFG **15**, 78, BayObLG **56**, 119, **58**, 34, **67**, 1, **76**, 151, **95**, 49, KG OLGZ **77**, 309, Zweibr OLGZ **85**, 413; dch das Inkrafttr des IPRG hat sich hieran nichts geändert, BayObLG **86**, 469, NJW-RR **91**, 1099, FamRZ **94**, 331. Die internat Zustdk ist damit abhäng v dem nach dtschem IPR zu bestimmden HerrschBereich des dtschen mat Rechts, wobei Rückverweisg u NachlSpaltg zu beachten sind, vgl oben Rn 6–9. Eine Ausnahme gilt für vorl sichernde Maßn u Erteilg v ggstdl beschr Erbscheinen u TestVollstrZeugnissen, §§ 2369, 2368 III. Diese Praxis ist im Schrift auf zunehmde **Kritik** gestoßen, vgl Heldrich, Internat Zustdk u anwendb Recht, 1969 § 10 IV, Kegel IPR § 21 IV, Wiethölter in: Vorschläge u Gutachten zur Reform des dtschen internat ErbR (1969) 141, Berenbrok S 248, Rehm MittBayNot **94**, 275, Ultsch MittBayNot **95**, 6. Danach soll die dtsche internat Zustdk in NachlSachen bei Vorliegen einer örtl Zustdk, FGG 73, grdsl auch bei Anwendbk ausl Rechts bestehen, sofern dieses mit dem inl VerfR verträgl ist, also keine wesensfremde Tätig erfordert, Soergel-Kegel vor EG 24 Rdz 62; zT wird zusätzl die Billig der Mitwirkg des dtschen NachlGe dch das ausl Erbstatut verlangt, Erm-Marquordt EG 24 Rdz 49. Die Rspr hat sich dieser Auffassg angenähert, soweit Ablehng der internat Zstdk zu RVerweigerg führen würde, BayObLG **65**, 423 (Mitwirkg bei ErbschAnn u InvErrichtg nach ital Recht), dazu Heldrich NJW **67**, 417, Neuhaus NJW **67**, 1167; Hamm OLGZ **73**, 289 (interlokal) u Ffm OLGZ **77**, 180 lassen Durchbrechg des GleichlaufsGrds auch aus Grden des FürsBedürfn od der Not zu (Entlassg eines Testvollstr); ähnl BayObLG **94**, 50 (Entggn einer AusschlaggsErkl nach ausl R wirks analog FGG 7), krit dazu S. Lorenz ZEV **94**, 148; SchlHOLG SchlHA **78**, 37 leitet (allerd bei Anwendg v EG 25 S 2 aF) internat Zustdk schlechthin aus der örtl Zustdk ab; für weitgehde Aufgabe des GleichlaufsGrds unter Hinw auf
19 EMRK 6 I u EGVG auch Ultsch aaO. Ohne Einschränkg zuläss sind **vorläufige sichernde Maßregeln,** da es der internat Übg entspricht, daß die inl Gerichte im BedürfnFalle bei der Sicherg des inl Nachl eines Ausländers mitzuwirken haben, KGJ **53**, 79. Demgem auch in diesem weiteren Rahmen NachlPflegsch nach § 1960, BayObLG **82**, 288 (vgl dazu Firsching IPRax **83**, 83), aber auch § 1961 mögl, KG JW **34**, 909, Mü JFG **16**, 98, selbst wenn das ausl Recht eine solche nicht kennt; die Vertretgsbefugn hängt auch hier davon ab, ob der NachlPfleger zweck- u pflichtm handelt, BGH **49**, 1; hierher gehört auch die TestEröffng, sofern
20 der Sichergszweck die Eröffng verlangt, vgl Firsching NachlR S 177. Zum **Erbscheinsverfahren** vgl Schotten RPfl **91**, 181, Otte IPRax **93**, 142. Die dtsche internat Zustdk zur Erteilg eines ggstdl beschr Erbscheins in Anwendg ausl Rechts (FremdRErbSch) ergibt sich aus § 2369; Korrektur des Erbstatuts gem Art 6 ist darin zu vermerken, Lorenz IPRax **93**, 150. Ein allg ErbSch nach § 2353 wird nach der bish Praxis

nur erteilt, wenn dtsches ErbR anwendb ist (EigenRErbSch). Soweit nach Art 3 III, 4 I od 25 II NachlSpaltg eintritt, vgl Rn 9, ist für den dtschem Recht unterliegden NachlTeil ein allg ErbSch nach § 2353 auszustellen, BayObLG **64**, 387, **67**, 8, **80**, 42, Saarbr NJW **67**, 732; die eingeschr Geltg eines solchen EigenRErbSch ist in ihm zu vermerken, BayObLG **67**, 8 u 430. Nach einer im Schriftt vertr Auffassg soll dagg die Ausstellg eines allg ErbSch gem § 2353 unabhäng von der Anwendbk dtschen Rechts erfolgen, Soergel-Kegel vor EG 24 Rdz 71. Bei Beerbg **Deutscher** nach ausl Recht wird auch nach ggwärt Praxis der NachlGe allg ErbSch nach § 2353 erteilt, BayObLG **61**, 176, **67**, 197 (Sudetendtsche, die vor od währd der Vertreibg gestorben sind), vgl auch BayObLG **64**, 292; ähnl Zweibr OLGZ **85**, 413 (bei im Ausl belegenem GrdBes eines dtschen Erbl, der nach Art 3 III nach dem Recht des Lageortes vererbt wird, wenn die Gefahr einer RVerweigerg besteht; vgl dazu Witz/Bopp IPRax **87**, 83). Für das **Testamentsvollstreckerzeugnis** gelten **21** die genannten Grdse entspr, vgl § 2368 III u dazu § 2369 Anm 5, abw LG Hbg IPRspr **80** Nr 190; zum FremdRZeugn nach § 1507 vgl Dörner DNotZ **80**, 662.

b) Für die **Anerkennung** eines von einem ausl Ger erteilten ErbSch gilt grdsl FGG 16a; vgl dazu Art 19 **22** Rn 15, Geimer Fschr Ferid (1988) 117 (grdsl keine Anerkenng wg fehlder RKraftwirkg), Krzywon BWNotZ **89**, 133; zur österr Einantwortg vgl Zweibr RPfl **90**, 121, LG Kln MittRhNotK **90**, 285, Bungert IPRax **92**, 225, zur schweiz Erbbescheinigg BayObLG NJW-RR **91**, 1098. Trotz Vorliegens der Anerkenngsvorauss besteht aber bei internat Zustdgk auch der dtschen NachlGer zur Erteilg eines ErbSch **keine Bindung** an einen bereits im Ausl erteilten ErbSch, BayObLG **65**, 377, NJW-RR **91**, 1099; das gleiche gilt, wenn der ausl ErbSch inhaltl nicht der nach den dtschen KollNormen gegebenen RLage entspr, KG IPRspr **73** Nr 105.

5) Innerdeutsches Kollisionsrecht. a) Seit dem Beitritt der früh DDR zur BRep am 3. 10. 90 gilt auch **23** im ErbR einheitl das BGB; eine **Ausnahme** gilt nach Art 235 § 1 II für die Vorschr über den **Erbersatzanspruch,** §§ 1934a bis 1934e, 2338a, bei nehel Kindern, die vor dem 3. 10. 90 geboren sind. Ihnen sollen die Vorteile der erbr Gleichstellg mit ehel Kindern nach dem ZGB der DDR erhalten bleiben. Insow stellt sich weiterhin die Frage des anwendb ErbStatuts; dabei ist grdsl an den gewöhnl Aufenth des Erbl anzuknüpfen, vgl Anh zu Art 3 Rn 4, wobei nach dem Schutzzweck des Art 235 § 1 II auf den Stichtag des Art 3. 10. 90 abzustellen ist, LG Bln FamRZ **92**, 1105, Kln FamRZ **93**, 484 mAv Bosch, Trittel DNotZ **91**, 242, Schotten/Johnen DtZ **91**, 233, Böhringer Rpfleger **91**, 279 u Art 235 Rn 2, Bosch FamRZ **92**, 994, Eberhardt/Lübchen DtZ **92**, 209 (eingehd), Bestelmeyer Rpfleger **92**, 324, Heldrich Fschr Lerche 1993 S 927, zT auch Staud-Dörner Rn 932f, aM Henrich IPRax **91**, 19, Wähler ROW **92**, 111, Sandweg BWNotZ **92**, 47, Köster Rpfleger **92**, 369, Lück JR **94**, 45; nur wenn der Erbl im Ztpkt des Beitritts in der fr DDR lebte, oder schon damals ein dort belegenes Grdst besaß, vgl Heß JR **94**, 274 (insow ggf NachlSpaltg gem Art 3 III iVm § 25 II RAG), gelten also für das gesetzl Erb- und PflichtteilsR auch bei einem nehel Kind die Vorschr über das ErbR des ehel Kindes; Geburtsort u gewöhnl Aufenth des Kindes sind dabei gleichgültig, ebso LG Bln FamRZ **92**, 1105. Im übr ergeben sich kollrechtl Probleme grdsl nur mehr in Erbfällen, die vor dem Stichtag eingetreten sind. Ob für diese gem Art 235 § 1 I statt des BGB das ZGB der fr DDR anzuwend ist, best sich nach den bish Regeln des dtschen interlokalen PrivatR, die nunm einheitl gelten, Art 236 Rn 1 u 4, BGH **124**, 270 (mAv Thode JZ **94**, 472 u Dörner IPRax **95**, 89), Erf FamRZ **94**, 465. Im Verh zur DDR galt Art 25 entspr; vgl dazu im einz Dörner DNotZ **77**, 324, Lange/Kuchinke, ErbR S 48, Kringe NJW **83**, 2292, Wähler Fschr Mampel (1983) 191, Wohlgemuth ROW **85**, 162. Als Erbstatut maßgebd ist also bei Altfällen grdsl das Recht am letzten gewöhnl Aufenth des Erblassers, BGH **124**, 273, vgl ferner BayObLG **91**, 105, **92**, 64, Ffm DtZ **91**, 301, Jena FamRZ **94**, 787, Hamm FamRZ **95**, 759. Eine **Ausnahme** gilt aber für in der fr DDR belegene **Grundstücke,** bei welchen auch das bish interlokale PrivatR in der BRep seit dem Inkrafttr des RAG der fr DDR am 1. 1. 76 gem Art 3 III iVm § 25 II RAG zur Anwendg des ErbR der DDR gelangt ist, vgl Art 3 Rn 14; an dieser RLage hat sich mit dem Inkrafttr des BGB u des EGBGB in ganz Deutschland nichts geändert; zur Auslegg v § 25 II RAG vgl BayObLG **95**, 85, Solomon IPRax **95**, 28. Bei Erbfällen in der Zeit zw dem 1. 1. 76 u dem 3. 10. 90 ist die Erbfolge in ein in der fr DDR belegenes Grdst also auch dann nach dem ZGB zu beurteilen, wenn der Erbl seinen letzten gewöhnl Aufenth im alten Bundesgebiet hatte **(Nachlaßspaltung),** hM, BGH FamRZ **95**, 481, BayObLG **91**, 105, FamRZ **94**, 724, FGPrax **95**, 114, KG FamRZ **92**, 611, 1478, **95**, 762, Zweibr FamRZ **92**, 1474, Oldbg NdsRpfl **92**, 180, Hbg DtZ **93**, 28, Köln OLGZ **94**, 336, Hamm FamRZ **95**, 759, Karlsr DtZ **95**, 338, vgl dazu BVerfG DtZ **93**, 209 (unzul VorlageBeschl); dagg kommt es nicht zur NachlSpaltg, wenn der Erbf vor Inkrafttr des RAG am 1. 1. 76 eintrat, Ffm DtZ **91**, 301, FamRZ **93**, 857, BayObLG **92**, 64, **93**, 385, **94**, 47, FamRZ **94**, 848, Gieß FamRZ **92**, 603, LG Zweibr Rpfleger **92**, 107, Mü DtZ **93**, 154, trotzdem erörtert in BGH NJW **93**, 2177. Das Bestehen von PflichtAnspren, Hbg DtZ **93**, 28, die Wirksk einer Erbausschlagg u ihrer Anf ist bei NachlSpaltg für jeden TeilNachl nach dem für ihn maßg Recht zu beurteilen, BayObLG **91**, 105, **95**, 79, FamRZ **94**, 726, Bn Rpfleger **91**, 508, KG FamRZ **92**, 612, 1478, Dörner IPRax **91**, 395, S. Lorenz DStR **94**, 584, vgl auch Bln NJW **91**, 1238; das gleiche gilt für TestAnf, vgl dazu BGH **124**, 270, TestAuslegg, Köln OLGZ **94**, 336, abw Oldbg DtZ **92**, 290, u TVollstreckg, KG FGPrax **95**, 158, v Morgen/Götting DtZ **94**, 199, ebso für Erbteilübertragg, vgl dazu Bultmann NJ **94**, 5. Zur NachlSpaltg gem Art 3 III iVm § 25 II RAG kommt es auch, wenn das NachlGrdst im Ztpkt des Erbf unter vorl Verwaltg gestellt war, LG Karlsr DtZ **94**, 318. Dagg entstand der Anspr auf Rückübertragg enteigneter Grdste od Gebäude in der fr DDR nach § 3 I VermG im Ztpkt des Inkrafttr des VermG am 29. 9. 90 originär in der Pers des an diesem Stichtag Berecht iSv § 2 I VermG, dh ggf des RNachfolgers des v der Enteigng ursprüngl Betroffenen, vgl BGH NJW **93**, 2177, Kblz DtZ **93**, 254, Fieberg/Reichenbach, VermG 1992 § 2 Rn 10; da der RNachfolger diesen Anspr nicht vom Erbl geerbt hat, er vielmehr gar nicht in dessen Nachl fällt, BG Erfurt NJ **93**, 373, Limmer ZEV **94**, 31, aM Hamm MittBayNot **95**, 222 (Ersatzsurrogation), kommt die Anwendg v § 25 II RAG insow nicht in Betr, Heldrich, Das ILP Dtschlands nach dem EinigsV (1992) 21, Staud-Dörner Rn 901, iErg auch BGH NJW **93**, 2177 (Anwendg von BGB 2313 auf Anspre aus dem VermG wg GrdVerm in der fr DDR), Celle DtZ **92**, 355, Oldbg NdsRpfl **92**, 180, Hamm FamRZ **95**, 758, 1092, MittBayNot **95**, 220, LG Hbg FamRZ **95**, 833, Schotten/Johnen DtZ **91**, 260, Dressler DtZ **93**, 230, aM S. Lorenz DStR **93**, 1226, Casimir DtZ **93**, 364, Bader DtZ **94**, 23, Bestelmeyer FamRZ **94**, 610, Dieckmann ZEV **94**, 199, Solomon IPRax **95**, 24, vgl auch BayObLG **94**, 45 (NachlGgst iSv § 2369); auf die Qualifikation des schuldr RückübertraggsAnspr als „anderes Recht" an Grdsten od Gebäuden iSv § 25 II RAG kommt es dabei nicht an (gg eine solche Qualifikation mit Recht Celle DtZ **92**, 355, Oldbg NdsRpfl **92**, 180, Hamm FamRZ **95**, 758, 1092, Erm-Hohloch Rn 59, Staud-Rauscher Art 235 Rn 9, Schotten/Johnen aaO, Faßbender DNotZ **94**, 362, Bader DtZ **94**, 22, aM Trittel DNotZ **92**, 452, vgl auch Zweibr FamRZ **92**, 1475, KG ZEV **94**, 314). Die ggt Ans, die bei der Best des RNachfolgers RAG 25 II heranzieht, insbes das Erbstatut fiktiv so bestimmt, als ob die Enteigng nicht erfolgt wäre, unterstellt die Erbfolge rückw dem ZGB der DDR, obwohl dieses im Ztpkt des Erbf aus der Sicht keiner der beiden dtschen ROrdngen maßgebd war. Für die

24 Beurteilg der Formgültigk u Bindgswirkg v Verfüggen vTw gilt Art 26, vgl Rstk ZEV **95**, 334. **b)** Feste Regeln für die Anknüpfg der **interlokalen Zuständigkeit** der NachlGe der BRep hatten sich nicht herausgebildet; KG OLGZ **76**, 167 wendet GleichlaufsGrds, vgl Rn 18–21, entspr an, mit Recht abl Hamm OLGZ **73**, 289, das auf FürsBedürfn abstellt, Kuchinke Fschr v d Heydte 1011 ff; für Anknüpfg an letzten Wohns Karlsr FamRZ **90**, 894; BGH **65**, 311, FamRZ **77**, 786, läßt die Frage dahingestellt. Bei Erbl mit letztem Wohns in der DDR u NachlGgsten in der BRep wurde in entspr Anwendg v FGG 73 III ein ggständl beschr ErbSch dch jedes Ger der BRep, in dessen Bez sich NachlGgstde befinden, erteilt, vgl BGH **52**, 123, insow dch BGH **65**, 311 nicht in Frage gestellt, LG Berlin ROW **83**, 86, KG ROW **86**, 379, vgl auch FamRZ **93**, 489, offengelassen in BayObLG Rpfleger **79**, 104; seit dem 3. 10. 90 kommt dies nicht mehr in Betr, BayObLG **92**, 54, KG OLGZ **92**, 291, vgl auch Schotten/Johnen DtZ **91**, 260, Graf DtZ **91**, 371, außer zur Erweiterg des bereits erteilten ErbSch, KG OLGZ **93**, 17 od zur Erteilg weiterer Ausfertiggen, OLGZ **93**, 293. Bei NachlSpaltg gem Art 3 III iVm § 25 II RAG ggstdl beschr TeilErbsch, Bln FamRZ **91**, 1361, **92**, 231, LG Mü FamRZ **91**, 1489, KG FamRZ **92**, 612, Zweibr FamRZ **92**, 1475, Hamm FamRZ **95**, 758 (nicht ausr RückübertraggsAnspr nach § 3 I VermG) od DoppelErbsch, Aach Rpfleger **91**, 460, vgl dazu Trittel DNotZ **92**, 451, Bestelmeyer RPfleger **92**, 231, für grdsl Geltg eines vor dem 3. 10. 90 dch westdtsches NachlG erteilten allg ErbSch gem § 2353, LG Hbg FamRZ **92**, 1476. Zur Anerkenng von in der früh DDR ausgestellten ErbSch Schotten/Johnen aaO; Dörner IPRax **91**, 394.

EG 26 *Verfügungen von Todes wegen.* [I] Eine letztwillige Verfügung ist, auch wenn sie von mehreren Personen in derselben Urkunde errichtet wird, hinsichtlich ihrer Form gültig, wenn diese den Formerfordernissen entspricht

1. des Rechts eines Staates, dem der Erblasser ungeachtet des Artikels 5 Abs. 1 im Zeitpunkt, in dem er letztwillig verfügt hat, oder im Zeitpunkt seines Todes angehörte,

2. des Rechts des Ortes, an dem der Erblasser letztwillig verfügt hat,

3. des Rechts eines Ortes, an dem der Erblasser im Zeitpunkt, in dem er letztwillig verfügt hat, oder im Zeitpunkt seines Todes seinen Wohnsitz oder gewöhnlichen Aufenthalt hatte,

4. des Rechts des Ortes, an dem sich unbewegliches Vermögen befindet, soweit es sich um dieses handelt, oder

5. des Rechts, das auf die Rechtsnachfolge von Todes wegen anzuwenden ist oder im Zeitpunkt der Verfügung anzuwenden wäre.

Ob der Erblasser an einem bestimmten Ort einen Wohnsitz hatte, regelt das an diesem Ort geltende Recht.

[II] Absatz 1 ist auch auf letztwillige Verfügungen anzuwenden, durch die eine frühere letztwillige Verfügung widerrufen wird. Der Widerruf ist hinsichtlich seiner Form auch dann gültig, wenn diese einer der Rechtsordnungen entspricht, nach denen die widerrufene letztwillige Verfügung gemäß Absatz 1 gültig war.

[III] Die Vorschriften, welche die für letztwillige Verfügungen zugelassenen Formen mit Beziehung auf das Alter, die Staatsangehörigkeit oder andere persönliche Eigenschaften des Erblassers beschränken, werden als zur Form gehörend angesehen. Das gleiche gilt für Eigenschaften, welche die für die Gültigkeit einer letztwilligen Verfügung erforderlichen Zeugen besitzen müssen.

[IV] Die Absätze 1 bis 3 gelten für andere Verfügungen von Todes wegen entsprechend.

[V] Im übrigen unterliegen die Gültigkeit der Errichtung einer Verfügung von Todes wegen und die Bindung an sie dem Recht, das im Zeitpunkt der Verfügung auf die Rechtsnachfolge von Todes wegen anzuwenden wäre. Die einmal erlangte Testierfähigkeit wird durch Erwerb oder Verlust der Rechtsstellung als Deutscher nicht beeinträchtigt.

1 **1) Allgemeines. a)** Art 26 Abs 1–3 übernimmt im Interesse der Übersichtlk des geltden dtschen IPR, vgl dazu Rn 8 und 18 vor Art 3, den wesentl kollisionsr Inh des für die BRep am 1. 1. 1966 in Kraft getretenen **Haager Übereinkommens** über das auf die Form letztw Verfüggen anzuwendende Recht v 5. 10. 61, BGBl **65** II 1145, **66** II 11. Zum Kreis der übr VertrStaaten vgl Beilage z BGBl FundstellenNachw B 1993 S 385, zuletzt ergänzt dch Bek v 9. 12. 93, BGBl II 296. Da das Übk nach Art 6 **allseitig** anzuwenden ist, auch wenn die Beteil keinem VertrStaat angehören u das maßgebl Recht nicht das eines VertrStaates ist (loi uniforme), läßt es für eine autonome Regelg des internat Rechts der Testamentsform im dtschen Recht keinen Raum. Trotz des Vorrangs der staatsvertragl Regelg gem Art 3 II I **genügt** die Anwendg des **Art 26** bei der Beurteilg der Testamentsform, soweit dieser nicht v den Vorschren des Haager Übk abweicht; **Art 26 Abs 1–3** hat ebso wie Art 18 trotz seines Standorts im EGBGB **staatsvertragl** Charakter; der Rückgr auf die entspr Anknüpfgsregeln im Haager Übk, vgl Anh, ist damit grdsl überflüss, im Erg ebso Schurig JZ **87**, 764, Pirrung IPR S 110 u 172, aM MüKo-Birk Rn 2, Jayme IPRax **86**, 266, Mansel StAZ **86**, 316, Basedow NJW **86**, 2975, Siehr IPRax **87**, 6, Reinhart BWNotZ **87**, 98. In Art 26 **nicht** aufgenommen wurde die in Art 1 II des Übk vorgesehene Unteranknüpfg bei MehrRStaaten, die mit EG 4 III nicht ganz übereinstimmt, vgl dazu dort Rn 16, ebsowenig der ordre public- Vorbeh in Art 7, der EG 6 entspr. Von den in Art 3 des Übk vorbehaltenen weiteren Anknüpfgen hat der Gesetzgeber dch Einfügg v Abs 1 Nr 5

Gebr gemacht. Eine **Abweichung** vom Haager Übk stellen die Abs 4 u 5 dar. **Absatz 4** dehnt die Anknüpfgsregeln der Abs 1–3 (u damit das Haager Übk) auf and Arten v Verfüggen vTw, insb ErbVertr, aus; das Haager Übk steht dem nicht entgg. **Absatz 5** trifft eine kollisionsrechtl Regelg für die Auswirkgen eines Statutenwechsels auf die Gültigk u Bindgswirkg v Verfüggen vTw, die sachl z Bestimmg des Erbstatuts gehört u ihren Platz daher besser in Art 25 gefunden hätte; diese Sonderregelg hat mit der Form letztw Verfüggen u damit mit dem Inhalt des Haager Übk ebenf nichts z tun. **b)** Die Beachtg einer **Rück- oder 2 Weiterverweisung** ist im Anwendgsbereich v Abs 1–4 grdsl ausgeschl, weil damit unmittelb auf die sachrechtl Formerfordernisse der betr ROrdng verwiesen wird; eine Ausn gilt aber mittelb für die Anknüpfg in Abs 1 Nr 5, die sicherstellen soll, daß auch die Erfüllg der Formerfordernisse eines Rück- od Weiterverweisg berufenen Erbstatuts ausr ist, vgl BT-Drucks 10/5632 S 44. Auch bei der Bestimmg des hypothet Erbstatuts gem Abs 5 S 1, vgl dazu Art 25 Rn 13, u des für die TestierFgk maßg Rechts, vgl Art 25 Rn 16, sind Rück- od Weiterverweisg nach Art 4 I z beachten.

2) Anknüpfung des Formstatuts (Abs 1–4). a) Grundsatz. Nach Abs 1 ist die Form einer Verfügg 3 vTw im Interesse ihrer Gültigk **alternativ** nach einer Reihe v ROrdngen z beurteilen; diese Regelg stimmt inhaltl mit Art 1 I u III u Art 4 des Haager Übk überein; das in Abs 1 Nr 5 zusätzl zur Formgültigk gestellte Formstatut wird v Art 3 des Haager Übk gedeckt. Die jeweils zur Anwendg berufene ROrdng entsch grdsl über die Gültigk des ganzen Testaments in Bezug auf den gesamten Nachl; eine auf den unbewegl Nachl beschr Formgültigk kann sich aber aus der Anknüpfg an das Recht des Lageorts nach Abs 1 Nr 4 ergeben; auch bei der Prüfg der Formgültigk nach dem tats od hypothet Erbstatut nach Abs 1 Nr 5 können im Falle einer NachlSpaltg, vgl Art 25 Rn 9, unterschiedl Erg für die verschiedenen TeilNachl herauskommen.

b) Anknüpfungen. Die Formgültigk einer Verfügg vTw kann sich **nach Absatz 1** im einz alternativ 4 ergeben aus: (1) dem HeimatR des Erbl (bzw bei gemschaftl Testamenten: eines der beiden Testierden) im Ztpkt der Verfügg **oder** im Ztpkt seines Todes; bei Mehrstaatern kommen sämtl HeimatRe in Betr („ungeachtet des Art 5 Abs 1"); bei MehrRStaaten gilt Art 1 II Haager Übk an Stelle von EG 4 III, vgl dort Rn 16; (2) dem Recht am Ort der Errichtg der Verfügg, vgl dazu Art 11 Rn 15, 16; (3) dem Recht am Wohns **oder** gewöhnl Aufenth des Erbl im Ztpkt der Verfügg **oder** im Ztpkt seines Todes; der Begr des Wohns best sich nach den an diesem Ort geltden Vorschren; zur Begr des gewöhnl Aufenth vgl Art 5 Rn 10, 11; (4) dem Recht des Lageorts hins unbewegl Vermögens, S 2; der Begr des unbewegl Vermögens ist nach der lex rei sitae z beurt; das Recht des Lageorts entsch nur über die Formgültigk hins des in seinem Gebiet befindl unbewegl Vermögens; hins des übr Nachl kann die Beurteilg der Formgültigk nach dem dafür gem Abs 1 Nr 1–3 u 5 maßg Recht z abw Erg führen; (5) dem tats Erbstatut od dem hypothet Erbstatut im Ztpkt der Errichtg, z dessen Bestimmg vgl Art 25 Rn 6–9; insow sind auch Art 3 III u 4 I zu beachten. **Sämtliche** nach Nr 1–5 in Betr kommden ROrdngen sind nur bei einem im EndErg ungült Testament durchzuprüfen; Formgültigk nach einem der anwendb Rechte ist grdsl ausr (sofern sie sich nicht wie bei Nr 4 u uU auch bei Nr 5 auf einen NachlTeil beschr); im übr werden die in Nr 1–5 verwendeten Anknüpfgen häuf zum selben Recht führen.

c) Anwendungsbereich. aa) Art 26 regelt über das Haager Übk hinausgehd die Form v **Verfügungen 5 von Todes wegen** aller Art, also Testamente, gemschaftl Testamente, vgl Abs 1, u ErbVertre, **Absatz 4;** das gleiche gilt für Schenkgen vTw, soweit diese nach dem Erbstatut z beurt sind, vgl Art 25 Rn 15, u danach der Form einer Verfügg vTw bedürfen (wie n § 2301 I); die Form and erbrechtl RGesch, zB Annahme u Ausschlagg der Erbsch, Testiervereinbg, Erbverzicht od ErbschKauf regelt Art 11. Die Anknüpfgsregel des Abs 1 gilt nach **Absatz 2** auch für den **Widerruf** einer letztw Verfügg (dh nur einer einseit Verfügg vTw, vgl § 1937, nicht auch eines ErbVertr) dch eine neue letztw Verfügg (dh nicht auch dch sonstige Handlgen od Tats, zB Vernichtg der Urkunde, Rücknahme aus amtl Verwahrg, Eheauflösg, deren Voraussetzgen u Wirkgen nach dem Erbstatut z beurteilen sind). Die Formgültigk eines solchen WiderrufsTest od späteren widersprechdn Test kann sich aber zusätzl auch aus einem der Formstatute ergeben, nach denen das widerrufene Test gem Abs 1 gült war, Abs 2 S 2. Enth das widerrufde Test aber auch eine **neue** letztw Verfügg, so beurteilt sich deren Formgültigk allein nach Abs 1. **bb)** Art 26 betr nur 6 die **Formerfordernisse** einer Verfügg vTw; die Ausfüllg dieses Begr bleibt dem jeweils berufenen Recht überlassen; uU kann danach auch ein mündl Test formgült sein, vgl dazu Art 10 des Haager Übk im Anh; die Frage des Nachweises einer ernstl WillensErkl beurteilt sich aber nach der für das Verf geltden lex fori, Ffm OLGZ **77**, 385. Eine ergänzde Legaldefinition des Begr der Formerfordernisse im Hinbl auf bestimmte Regelgen enth **Absatz 3.** Nicht darunter fallen Best über die **Testierfähigkeit** als solche, deren Vorliegen grdsl nach dem Erbstatut z beurteilen ist, vgl dazu EG 25 Rn 16, aM Erm-Marquordt EG 24 Rdz 21, wie hier Soergel-Kegel vor EG 24 Rdz 120. Abs 3 bezieht sich nur auf Regelgen, welche Einschränkgen der zul TestFormen aGrd v Alter, Staatsangehörigk od and pers Eigensch des Erbl vorsehen, zB ein Verbot des eigenhänd Test für Mj, § 2247 IV, od für Niederländer, die im Ausland testieren, Art 992 BWB; ob die betr ROrdng dies als Formfrage ansieht, ist gleichgült. Auch die RFolgen einer Verletzg solcher Vorschr fallen unter den Anwendgsbereich von Art 26. Ein dtscher Mj, der über 16 Jahre ist, kann also trotz §§ 2233 I, 2247 IV auch privatschriftl od dch verschlossene Schrift ein Test gült errichten, wenn das der Ortsform zZ der Errichtg entspricht. – Als Formfrage behandelt Abs 3 auch die pers Qualifikationen der v einer TestForm geforderten **Zeugen,** zB §§ 26f BeurkG. Hierher gehören auch Vorschr, nach denen ein Zeuge nicht im Test bedacht od zum TestVollstr ernannt werden darf, Soergel-Kegel Rdz 121 vor EG 24.

3) Statutenwechsel (Absatz 5). a) Zwischen der Errichtg einer Verfügg vTw u dem Erbfall liegt häuf 7 ein längerer Zeitraum, in welchem sich die für die Anknüpfg des Erbstatuts nach Art 25 maßg Umst (Staatsangehörigk des Erbl, bzw bei Staatenl u Flüchtlingen sein gewöhnl Aufenth, im Falle der Rück- od Weiterverweisg auf den Domizilstaat auch Wohns des Erbl, vgl Art 25 Rn 2, im Falle einer NachlSpaltg, vgl Art 25 Rn 9, auch Erwerb v unbewegl Vermögen an einem best Lageort) ändern können. Der Erbl kann also im Ztpkt der Errichtg einer Verfügg nicht immer vorhersehen, nach welchem Recht er beerbt wird. Um ihm dennoch die Errichtg einer bestandskräft Verfügg mit der beabsichtigten RWirkgen z ermögl, sind Gültigk u Bindgswirkg einer Verfügg vTw (Test, gemschaftl Test, ErbVertr) nach Abs 5 **Satz 1** nach dem im Ztpkt ihrer Errichtg maßg Erbstatut z beurteilen, dh nach dem Recht, das für die Erbfolge anzuwenden wäre, wenn der Erbfall im Ztpkt der Verfügg eingetreten wäre. Diese Regeln gelten entspr auch für Zulässigk u Verzichtswirkg eines Erbverzichts, vgl Staud-Firsching EG 24 Rdz 135 u 140, sowie für Gültigk u Bindgswirkg v TestierVertren (Erbstatut des Verpflichteten zZ des VertrSchlusses, Scheuermann, Statutenwechsel im int ErbR (1969) 111, vgl auch MüKo-Birk Art 26 Rn 24), u für die Wirksamk u die RFolgen des vorzeit Erbausgleichs, BGH **96**, 269 f. Unter **Gültigkeit** sind sämtl WirksamkVoraussetzgen der ganzen Verfügg od einz in ihr getroffener Anordngen z verstehen, welche nach dem Erbstatut z beurteilen sind, vgl Art 25 Rn 10–15, insb die Zulässigk der Errichtg v gemschaftl Test u ErbVertren, soweit es sich nicht um eine Formfrage handelt, vgl dazu Art 25 Rn 14; für die **Formgültigkeit** der Verfügg gelten allein die oben Anm 2 dargestellten Anknüpfgsregeln, die einem etwaigen Statutenwechsel ebenf Rechng tragen, vgl zB Abs 1 Nr 1 u 3. Abs 5 S 1 dient dem Bestandsschutz einer zunächst gültig errichteten VvTw, die nach dem sZt maßg fiktiven Erbstatut zunächst **ungültige** Verfügg dch Veränderg der für die Anknüpfg maßg Umst später wirks gew ist, best sich nach dem von Art 25 berufenen Recht; daher kann auch eine vor dem 1. 9. 86 getroffene RWahl wirks sein, wenn der Erbfall nach diesem Ztpkt eingetreten ist, aM Dörner DNotZ **88**, 84, wie hier LG Hbg IPRspr **91** Nr 142, Reinhart BWNotZ **87**, 104, Pünder MittRhNotK **89**, 6. Unter **Bindungswirkung** sind die Zulässigk u die Voraussetzgen eines Widerrufs (z dessen Form vgl Rn 5) od einer Aufhebg der Verfügg z verstehen; die Möglk einer Anfechtg wg eines Willensmangels ist nach dem tats maßg Erbstatut z beurteilen. **b)** Unabh davon, ob der Erblasser bereits eine Verfügg vTw errichtet hat od nicht, wird der Status der einmal erlangten **Testierfähigkeit** nach Abs 5 **Satz 2** dch den Erwerb od Verlust der Rechtsstellg als Dtscher iSv GG 116 I nicht beeinträchtigt. Diese Regel entspr Art 7 II hins der GeschFgk. Hier wie dort muß das gleiche analog in jedem and Fall eines Wechsels des Personalstatuts gelten, vgl Art 7 Rn 8, aM Siehr IPRax **87**, 6. Die einmal erlangte TestierFgk geht also nicht allein desh wieder verloren, weil der Erblasser ein neues Personalstatut erwirbt, welches and Anfordergen an die TestierFgk stellt; sie kann aber selbstverständl dch davon unabhängige and Umst in der Pers des Erbl, insb geistige Gebrechen, verlorengehen.

Anhang zu Art 26

Übereinkommen über das auf die Form letztwilliger Verfügungen anzuwendende Recht

Vom 5. 10. 1961, BGBl **65** II 1145

Auszug

Art. 1. [Anknüpfung] ¹ *Eine letztwillige Verfügung ist hinsichtlich ihrer Form gültig, wenn diese dem innerstaatlichen Recht entspricht:*

a) des Ortes, an dem der Erblasser letztwillig verfügt hat, oder
b) eines Staates, dessen Staatsangehörigkeit der Erblasser im Zeitpunkt, in dem er letztwillig verfügt hat, oder im Zeitpunkt seines Todes besessen hat, oder
c) eines Ortes, an dem der Erblasser im Zeitpunkt, in dem er letztwillig verfügt hat, oder im Zeitpunkt seines Todes seinen Wohnsitz gehabt hat, oder
d) des Ortes, an dem der Erblasser im Zeitpunkt, in dem er letztwillig verfügt hat, oder im Zeitpunkt seines Todes seinen gewöhnlichen Aufenthalt gehabt hat, oder
e) soweit es sich um unbewegliches Vermögen handelt, des Ortes, an dem sich dieses befindet.

ᴵᴵ *Ist die Rechtsordnung, die auf Grund der Staatsangehörigkeit anzuwenden ist, nicht vereinheitlicht, so wird für den Bereich dieses Übereinkommens das anzuwendende Recht durch die innerhalb dieser Rechtsordnung geltenden Vorschriften, mangels solcher Vorschriften durch die engste Bindung bestimmt, die der Erblasser zu einer der Teilrechtsordnungen gehabt hat, aus denen sich die Rechtsordnung zusammensetzt.*

ᴵᴵᴵ *Die Frage, ob der Erblasser an einem bestimmten Ort einen Wohnsitz gehabt hat, wird durch das an diesem Orte geltende Recht geregelt.*

Art. 2. [Widerruf letztwilliger Verfügungen] ¹ *Artikel 1 ist auch auf letztwillige Verfügungen anzuwenden, durch die eine frühere letztwillige Verfügung widerrufen wird.*

ᴵᴵ *Der Widerruf ist hinsichtlich seiner Form auch dann gültig, wenn diese einer der Rechtsordnungen entspricht, nach denen die widerrufene letztwillige Verfügung gemäß Artikel 1 gültig gewesen ist.*

Art. 3. [Bestehende Formvorschriften der Vertragsstaaten] *Dieses Übereinkommen berührt bestehende oder künftige Vorschriften der Vertragsstaaten nicht, wodurch letztwillige Verfügungen anerkannt werden, die der Form nach entsprechend einer in den vorangehenden Artikeln nicht vorgesehenen Rechtsordnung errichtet worden sind.*

Art. 4. [Anwendung auf gemeinschaftliche Testamente] *Dieses Übereinkommen ist auch auf die Form letztwilliger Verfügungen anzuwenden, die zwei oder mehrere Personen in derselben Urkunde errichtet haben.*

Art. 5. [Zur Form gehörig] *Für den Bereich dieses Übereinkommens werden die Vorschriften, welche die für letztwillige Verfügungen zugelassenen Formen mit Beziehung auf das Alter, die Staatsangehörigkeit oder andere persönliche Eigenschaften des Erblassers beschränken, als zur Form gehörend angesehen. Das gleiche gilt für Eigenschaften, welche die für die Gültigkeit einer letztwilligen Verfügung erforderlichen Zeugen besitzen müssen.*

Art. 6. [Allseitige Anwendung des Übereinkommens] *Die Anwendung der in diesem Übereinkommen aufgestellten Regeln über das anzuwendende Recht hängt nicht von der Gegenseitigkeit ab. Das Übereinkommen ist auch dann anzuwenden, wenn die Beteiligten nicht Staatsangehörige eines Vertragsstaates sind oder das auf Grund der vorangehenden Artikel anzuwendende Recht nicht das eines Vertragsstaates ist.*

Art. 7. [Ordre public-Klausel] *Die Anwendung eines durch dieses Übereinkommen für maßgebend erklärten Rechtes darf nur abgelehnt werden, wenn sie mit der öffentlichen Ordnung offensichtlich unvereinbar ist.*

Art. 8. [Intertemporale Regelung] *Dieses Übereinkommen ist in allen Fällen anzuwenden, in denen der Erblasser nach dem Inkrafttreten des Übereinkommens gestorben ist.*

Art. 9. [Vorbehalt bezüglich der Bestimmung des Wohnsitzrechtes] *Jeder Vertragsstaat kann sich, abweichend von Artikel 1 Abs. 3, das Recht vorbehalten, den Ort, an dem der Erblasser seinen Wohnsitz gehabt hat, nach dem am Gerichtsort geltenden Rechte zu bestimmen.*

Art. 10. [Vorbehalt bezüglich mündlicher Testamente] *Jeder Vertragsstaat kann sich das Recht vorbehalten, letztwillige Verfügungen nicht anzuerkennen, die einer seiner Staatsangehörigen, der keine andere Staatsangehörigkeit besaß, ausgenommen den Fall außergewöhnlicher Umstände, in mündlicher Form errichtet hat.*

Art. 11. [Vorbehalt bezüglich bestimmter Formen] [1] *Jeder Vertragsstaat kann sich das Recht vorbehalten, bestimmte Formen im Ausland errichteter letztwilliger Verfügungen auf Grund der einschlägigen Vorschriften seines Rechtes nicht anzuerkennen, wenn sämtliche der folgenden Voraussetzungen erfüllt sind:*

a) Die letztwillige Verfügung ist hinsichtlich ihrer Form nur nach einem Rechte gültig, das ausschließlich auf Grund des Ortes anzuwenden ist, an dem der Erblasser sie errichtet hat,
b) der Erblasser war Staatsangehöriger des Staates, der den Vorbehalt erklärt hat,
c) der Erblasser hatte in diesem Staate einen Wohnsitz oder seinen gewöhnlichen Aufenthalt und
d) der Erblasser ist in einem anderen Staate gestorben als in dem, wo er letztwillig verfügt hatte.

[II] *Dieser Vorbehalt ist nur für das Vermögen wirksam, das sich in dem Staate befindet, der den Vorbehalt erklärt hat.*

Art. 12. [Vorbehalt bezüglich Anordnungen nicht erbrechtlicher Art] *Jeder Vertragsstaat kann sich das Recht vorbehalten, die Anwendung dieses Übereinkommens auf Anordnungen in einer letztwilligen Verfügung auszuschließen, die nach seinem Rechte nicht erbrechtlicher Art sind.*

Art. 13. [Zeitlicher Vorbehalt] *Jeder Vertragsstaat kann sich, abweichend von Artikel 8, das Recht vorbehalten, dieses Übereinkommen nur auf letztwillige Verfügungen anzuwenden, die nach dessen Inkrafttreten errichtet worden sind.*

Fünfter Abschnitt. Schuldrecht

Erster Unterabschnitt. Vertragliche Schuldverhältnisse

Vorbemerkung

Zugleich mit der Verabschiedg des IPRG hat der Bundestag dch G v 25. 7. 86, BGBl II 809, dem EG-Übk [1] v 19. 6. 80 über das auf vertragl SchuldVerhe anwendb Recht zugestimmt (BGBl 86 II 810), vgl dazu BT-Drucks 10/503 mit Denkschrift z Übk u Bericht v Giuliano u Lagarde. Das Übk ist für Deutschland am 1. 4. 91 in Kraft getreten, Bek v 12. 7. 91, BGBl II 871, vgl dazu Martiny ZEuP **93**, 298, **95**, 67; weitere VertrPart sind Belgien, Dänemark, Frankreich, Italien, Luxemburg u das Vereinigte Königreich, BGBl aaO (vgl dazu Bek v 12. 1. 95 BGBl II 132: Erstreckg auf Gibraltar), sowie Griechenland, Bek v 12. 7. 91, BGBl II 872, Irland u Niederlande, Bek v 9. 7. 92, BGBl II 550, 9. 2. 93, BGBl II 228, einschl Antillen u Aruba, Bek v 5. 9. 94, BGBl II 2534. Zur Ratifikation des BeitrÜbk mit Spanien u Portugal vgl Ges v 10. 4. 95 BGBl II 306. Es schafft in seinen Art 1–21 einheitl **Kollisionsregeln** für vertragl SchuldVerhe, die **allseitig** gelten sollen u daher in ihrem sachl Anwendgsbereich keinen Raum für abw Vorschren des autonomen dtschen IPR lassen. Das IPRG hat deshalb entgg einer Empfehlg der EG-Kommission v 15. 1. 85, IPRax **85**, 178, die einheitl KollRegeln des Übk im Interesse der Überschaubk des gelten dtschen IPR u der Verhinderg einer RZersplitterg mit gewissen Anpassgen in Art 27–37 EGBGB eingestellt, vgl dazu Rn 18 vor Art 3, krit zu dieser Eingliederg StellgN des Max-Planck-Instituts RabelsZ **83**, 665, v Hoffmann IPRax **84**, 10, Beitzke RabelsZ **84**, 637, Nolte IPRax **85**, 71; vgl dazu sorgfält abwägd Sandrock RIW **86**, 841, Pirrung in: v Bar, Europ GemschR u IPR (1991) 21. Die über das SchuldVertrR hinausgreifden einheitl KollReg des EG-Übk sind in der Formulierg der entspr allg dtschen KollNormen berücksichtigt worden, vgl insb Art 3 I 1, 6 S 1, 11 I–IV u 12 S 1. Auch nach dem völkerrechtl Inkrafttr des Übk kann sich aber ein Konflikt mit den in das EGBGB eingearbeiteten KollNormen nicht ergeben, da Art 1 II des ZustG v 25. 7. 86 die in Art 1–21 des EG-Übk enthaltenen einheitl KollReg ausdrückl v der unmittelb **innerstaatlichen** Anwendg **ausgenommen** hat; diese besitzen aber auch nach dem Art 3 II 1 den Vorrang vor dem autonomen dtschen IPR, vgl Art 3 Rn 6; für § 12 AGBG aM Grundmann IPRax **92**, 3; z Verh z selbstbegrenzten Sachnormen, Rn 1 vor Art 3, Mankowski IPRax **95**, 230. Im Ggs zum Haager Übk über das auf UnterhPflichten anwendb Recht v 2. 10. 73, Anh 2 z Art 18, u zum Haager Übk über das auf die Form letztw Verfüggen anzuwendde Recht v 5. 10. 61, Anh z Art 26, ist bei der innerstaatl RAnwendg der Rückgr auf die kollisionsr Vorschren des EG-SchuldVertrÜbk nicht nur überflüss, sond **ausgeschlossen.** Auf den Abdruck des Übk wird deshalb verzichtet. Bei der **Auslegung** u Anwendg der Art 27–37 ist aber deren staatsvertragl Hintergrd zu berücksichtigen, dh insb die mit dem EG-SchuldVertrÜbk angestrebte **Rechtsvereinheitlichung** zu fördern, vgl dazu Rn 8 vor Art 3; darauf weist **Art 36** (in Anlehng an Art 18 des EG-Übk) ausdrückl hin.

EG 27 *Freie Rechtswahl.* [1] **Der Vertrag unterliegt dem von den Parteien gewählten Recht. Die Rechtswahl muß ausdrücklich sein oder sich mit hinreichender Sicherheit aus den Bestimmungen des Vertrags oder aus den Umständen des Falles ergeben. Die Parteien können die Rechtswahl für den ganzen Vertrag oder nur für einen Teil treffen.**

II Die Parteien können jederzeit vereinbaren, daß der Vertrag einem anderen Recht unterliegen soll als dem, das zuvor auf Grund einer früheren Rechtswahl oder auf Grund anderer Vorschriften dieses Unterabschnitts für ihn maßgebend war. Die Formgültigkeit des Vertrages nach Artikel 11 und Rechte Dritter werden durch eine Änderung der Bestimmung des anzuwendenden Rechts nach Vertragsabschluß nicht berührt.

III Ist der sonstige Sachverhalt im Zeitpunkt der Rechtswahl nur mit einem Staat verbunden, so kann die Wahl des Rechts eines anderen Staates – auch wenn sie durch die Vereinbarung der Zuständigkeit eines Gerichts eines anderen Staates ergänzt ist – die Bestimmungen nicht berühren, von denen nach dem Recht jenes Staates durch Vertrag nicht abgewichen werden kann (zwingende Bestimmungen).

IV Auf das Zustandekommen und die Wirksamkeit der Einigung der Parteien über das anzuwendende Recht sind die Artikel 11, 12 und 29 Abs. 3 und Artikel 31 anzuwenden.

1 **1) Allgemeines. a)** Art 27 entspr Art 3 des EG-Übk, vgl Rn 1 vor Art 27. Abs 1 kodifiziert den bish gewohnheitsrechtl geltden Grds der **Parteiautonomie**. Danach können die Part das für einen SchuldVertr maßg Recht (das VertrStatut) dch RWahl selbst best; zum Anwendungsbereich des VertrStatuts vgl Art 31 u 32. Die RWahl wird dch einen **kollisionsrechtlichen Verweisungsvertrag** vorgen, dessen Zustandekommen Abs 4 regelt; zu den logischen Einwänden gg diese Konstruktion vgl Mincke IPRax **85**, 313. Von der kollrechtl ist die matrechtl Verweisg zu unterscheiden, dch welche Vorschr einer best ROrdng zum VertrInh gemacht werden. Sie ist nur insow wirks, als die kollrechtl maßgebde ROrdng es gestattet, dh ihre Vorschr dispositiv sind, Kegel IPR § 18 I 1 c.

2 **b)** Die RWahl bezieht sich nur auf die **Sachvorschriften** des gewählten Rechts, vgl Art 4 II, für Zulässigk auch einen KollisionsRWahl Schröder IPRax **87**, 92, vgl dazu Pirrung IPR S 184, W. Lorenz IPRax **87**, 276; die Beachtg einer Rück- od Weiterverweisg ist ausgeschl, Art 35 I; zur Unteranknüpfg in MehrRStaaten vgl Art 35 II. Im **innerdeutschen** KollisionsR galt Art 27 entspr, vgl BGH NJW **95**, 319, Schotten/Schmellenkamp DNotZ **92**, 207, Fischer IPRax **95**, 161. War das Recht der BRep VertrStatut, so waren DDR-Gesetze nicht dch § 134 geschützt, BGH **69**, 295 (Fluchthilfe), **128**, 53, Naumbg NJ **94**, 176, konnten aber tats Unmöglichk der Leistg begründen, vgl Schulze ROW **78**, 162. Mit dem Inkrafttr des BGB im Beitrittsgebiet am 3. 10. 90, vgl Anh zu Art 3 Rn 1, hat sich die Frage des anzuwendden dtschen SchuldVertragsR erledigt. In Altfällen ist das anwendb Recht einheitl entspr Art 27 ff zu bestimmen, vgl Art 236 Rn 1 u 4, ebso Schotten/Schmellenkamp aaO 219 betr GrdstVertr vor dem 3. 10. 90, vgl dazu auch BGH NJW-RR **92**, 855, NJW **93**, 260, DtZ **93**, 58, WM **95**, 1422, Rstk OLG-NL **94**, 14, Naumbg NJ **94**, 176. Soweit für vor dem Stichtag entstandene SchuldVerhe das Recht der früh DDR maßg war, sieht **Art 232** §§ 1–10 eine **Übergangsregelung** vor. Zur Anwendbk der Maßstäbe von Treu u Glauben u der guten Sitten Art 6 Rn 12.

3 **2) Rechtswahl. a) Grundsatz.** Die Part sind nach **Absatz 1 Satz 1** in ihrer RWahl grdsl **frei,** vgl Mankowski RIW **94**, 422 (keine InhKontrolle); sie können den Vertr wirks auch einem Recht unterstellen, zu dem er sonst keine Beziehgn aufweist, zB einem neutralen Recht, vgl dazu E. Lorenz RIW **87**, 569, Sandrock RIW **94**, 385; auch ein reines InlGesch kann einem ausl Recht unterstellt werden, ebso Meyer-Sparenberg RIW **89**, 347, MüKo-Martiny Rn 16, aM Kindler RIW **87**, 441, der aber faktisch kaum vorkommen wird, vgl W. Lorenz IPRax **87**, 271. Einschränkgn der RWahlfreih bestehen aber nach Abs 3, vgl dazu Rn 4, sowie bei **Verbraucherverträgen,** Art 29 I, u **Arbeitsverträgen,** Art 30 I; eine analoge Anwendg dieser Vorschr auf and Fälle ist wg ihres AusnCharakters nicht statth, vgl Hamm NJW-RR **89**, 496, aM E. Lorenz RIW **87**, 572; ergänzd sind AGBG 12 u FernUSG 11 z beachten; dagg kann die RWahl nicht an Art 6 gemessen werden, aM LG Bln NJW-RR **95**, 754. Eine Entnationalisierg des Vertr dch Abwahl aller nationalen Rechte ist nicht mögl, aM E. Lorenz RIW **87**, 573; zur Wahl außerstaatl Rechts Siehr FS Keller (1989) 500, MüKo-Martiny Rn 23, Kappus IPRax **93**, 137 (lex mercatoria).

4 **b) Geltung zwingender Vorschriften.** Unabh von der v den Part getroffenen RWahl gelten aber kr **Sonderanknüpfung** nach **Art 34** in jedem Fall die zwingden Vorschren des **deutschen** Rechts, die den Sachverhalt ohne Rücks auf das VertrStatut regeln, dort Anm 2. Nach **Absatz 3** gelten zusätzl auch die zwingden Vorschren einer **anderen** ROrdng, wenn der Sachverhalt, abgesehen v der RWahl u ggf einer flankierden GerStandsvereinbarg, **nur** z dieser ROrdng Beziehgn aufweist, vgl dazu BGH **123**, 384, sowie zB LG Hbg RIW **90**, 1020, nicht also bei VertrAbschl im Bereich des gewählten Rechts, vgl Celle RIW **91**, 421, Stade IPRspr **89** Nr 39, LG Kbl IPRspr **89** Nr 43, Hildesh IPRax **93**, 174, Taupitz BB **90**, 648, MüKo-Martiny Rn 71, aM Ffm NJW-RR **89**, 1019, LG Hbg IPRax **90**, 240, NJW-RR **90**, 696; rein zufällige Beziehgen zu einer ROrdng sind jedoch unschädl, vgl Schurig RabelsZ **90**, 223. Aus dieser Sonderregelg ergibt sich mittelb eine Einschränkg der RWahlfreih; die **zwingenden** Vorschren des Staates, in dem alle u Elemente des Sachverhalts liegen, **müssen** ohne Rücks auf das v den Part gewählte VertrStatut weiterh angewandt werden; im übr hat es aber bei der Maßgeblk des gewählten Rechts einschl seiner zwingden Vorschren sein Bewenden. Abs 3 gilt keineswegs nur für reine InlVerträge, mißverständl E. Lorenz RIW **87**, 574. Bei einem **Konflikt** zw den verschiedenen auf einen Vertr zur Anwendg kommden zwingden Vorschren gehen die des dtschen Rechts nach Art 34 allen übr vor; im Konflikt zw den zwingden Vorschren des „normalen" VertrStatuts, Abs 3, u des gewählten VertrStatuts setzen sich nach Abs 3 die ersteren dch. Vgl zum ganzen Art 34 Rn 4–6.

5 **c) Zustandekommen. aa)** Die RWahl braucht **nicht ausdrücklich,** zB dch RWahlklausel in AGB, vgl dazu Meyer-Sparenberg RIW **89**, 347, getroffen z werden; sie kann nach **Absatz 1 Satz 2** auch konkludent erklärt werden, sofern sich ein entspr **realer** Parteiwille mit hinreichd Sicherh aus den Bestimmgen des Vertr od den Umst des Falles ergibt, vgl dazu Spellenberg IPRax **90**, 296; die Kriterien der früh Rspr zur Ermittlg des sog hypothetischen Parteiwillens dürfen dabei nicht mitverwendet werden, vgl Thode ZfBR **89**, 45. Bei Fehlen hinreichd Anhaltspkte für eine schlüssige RWahl ist das VertrStatut nach Art 28 z best.

6 **Indizien** für eine **konkludente** RWahl sind zB VertrAbschl zw im Inl ansässigen Part in dtscher Sprache im

Inl, Düss NJW-RR **91**, 55 (ReiseveranstaltgsV), die Vereinbg eines einheitl GerStands, BGH WPM **64**, 1023, AWD **76**, 447, Hbg AWD **82**, 205, Ffm MDR **83**, 578, Hbg RIW **86**, 462 (nicht aber ein formularmäß GerStandsvermerk auf einer Rechng, BGH **LM** Art 7ff Nr 33), od eines einheitl ErfOrts (bes wenn er vom tats Leistgsort abweicht), RG **58**, 367, **81**, 275, Kln RIW **95**, 970, die Vereinbg eines institutionellen SchiedsGer mit ständ Sitz, vgl zB BGH AWD **64**, 395, **70**, 31, Dtsches SeeschiedsGer IPRspr **76** Nr 26, Hbg AWD **79**, 482, die Vereinbg der Geltg von AGB einer Partei, BGH AWD **76**, 447, Karlsr AWD **79**, 642, Mü AWD **83**, 957, Hbg RIW **86**, 462, **91**, 62, Schleswig NJW-RR **88**, 283, einschränkd Meyer-Sparenberg RIW **89**, 348, die Verwendg v Formularen, die auf einer ROrdng aufbauen, BGH JZ **63**, 167, Hbg IPRspr **62**/**63** Nr 28, Karlsr AWD **79**, 642 (and wenn ihr Gebr wie im SeefrachtVerk internat übl ist, Hbg MDR **54**, 422, **55**, 109), Bezug auf ausl RVorschr in VertrUrkunde, Waldshut-Tiengen IPRax **84**, 100, Kln RIW **93**, 415 (insb bei not Beurk), einschränkd LG Hbg RIW **93**, 145; Vereinbarg der Auslegg des Vertr nach ausl Recht, LG Mü IPRax **84**, 318 (krit dazu Schröder IPRax **85**, 131, der ausdrückl RWahl annimmt), Orientierg des VertrInhalts an den bes Bedürfn der einen Part (Angeh der Stationierungsstreitkräfte), Zweibr AWD **83**, 454, od an den Gepflogenheiten des gemeins Heimatlandes, Köln NJW-RR **94**, 200 (Brautgeschenke). Ein Indiz für eine nachträgl RWahl, vgl dazu unten Rn 10, ist ferner das **Verhalten** der **Parteien im Prozeß,** 7 insb die beiderseit Behandlg der Sache nach ausl, BGH NJW-RR **90**, 249, Köln JurBüro **75**, 778, Celle RIW **90**, 322, vgl auch BGH NJW **76**, 1581, od nach dtschem Recht, BGH NJW-RR **86**, 456 (sehr weitgehd, krit dazu Schack IPRax **86**, 272, Mansel ZVglRWiss **87**, 11), WM **87**, 1501, NJW **88**, 1592, RIW **90**, 930, NJW **91**, 1293, RIW **92**, 586, NJW **92**, 909, 1380, FamRZ **93**, 290, NJW **94**, 187, RIW **95**, 412, BAG NJW-RR **88**, 482, Kln RIW **94**, 971, Hamm RIW **95**, 682; irrtüml Anführen deutscher Vorschr reicht dafür nicht aus, LG Hbg AWD **77**, 787, Köln NJW **87**, 1151; vielmehr müssen beide Parteien das ErklBewußtsein für eine RWahl haben, BGH NJW **91**, 1293 (rügel Hinnahme der UrtBegr im BerufgsVerf genügt), Köln RIW **93**, 1025, vgl auch BGH NJW **93**, 1126 (dazu Ullmann NJW **95**, 1140), ferner Schack NJW **84**, 2736, Sandrock RIW **86**, 848, Mansel ZVglRWiss **87**, 12, Thode ZfBR **89**, 45, sowie W. Lorenz IPRax **87**, 273, Straub IPRax **95**, 433; die Part dch Anwälte vertreten, so hängt die Wirksk einer solchen stillschw RWahl auch v deren Vertretgsmacht ab, vgl dazu Schack NJW **84**, 2739, Mansel ZVglRWiss **87**, 13. Auch eine enge Verknüpfg zweier RGesch kann ein Indiz für eine stillschw RWahl zG des Statuts des HauptVertr sein, vgl zB BGH IPRspr **56**/**57** Nr 55, LG Hbg IPRspr **73** Nr 9. Hingg genügt die Sprache eines Vertr allein nicht, RG JW **11**, 225, BGH **19**, 110, ebsowenig Sprache u AbschlOrt, LG Hbg RIW **93**, 145; ähnl Vorsicht ist bei der Währg geboten, Reithmann/Martiny Rz 100, vgl dazu zB BGH Betr **81**, 1279, NJW-RR **90**, 183, LG Limbg NJW **90**, 2206, Ffm NJW-RR **93**, 183, Hamm RIW **93**, 940, Kln RIW **94**, 970. **bb)** Im übr unterliegen das **Zustandekommen** u die **Wirksamkeit** der RWahlvereinbarg dem v den Part gewählten Recht, 8 **Absatz 4** iVm Art 31 I, nicht also etwa der lex fori; dies gilt insb für RWahlklauseln in AGB, vgl dazu BGH **123**, 383, NJW **94**, 2700, ferner Limbg NJW-RR **89**, 119, Hamm NJW-RR **89**, 496, Saarbr NJW **92**, 988, Hildesh IPRax **93**, 173, Wolf ZHR **89**, 302, Meyer-Sparenberg RIW **89**, 347 (dabei sind auch die Sonderanknüpfgen gem Art 29 I u AGBG 12 z berücksicht); für die Kriterien einer konkludenten RWahl gilt dies nicht; diese sind in Abs 1 S 2 selbst geregelt, zust Jayme Fschr Lorenz (1991) 438; dies gilt auch für die dabei auftretden Auslegsfragen, E. Lorenz RIW **92**, 697. Bei der Prüfg des Zustandekommens der Willenseinigg, dh des Vorliegens eines entspr Konsenses ist nach Abs 4 iVm Art 31 II **neben** dem VertrStatut **auch** das Recht am gewöhnl Aufenth einer Part anzumelden, wenn diese sich darauf beruft, daß sie dem Vertr nicht zugestimmt habe u es nach den Umst des Falles unbillig wäre, die RWirkgen ihres Verhaltens (insb die Bedeutg ihres Schweigens als Zustimmg, vgl dazu Sandrock RIW **86**, 849) allein nach dem VertrStatut z beurteilen; das Recht des gewöhnl Aufenth ist dann insow als zusätzl Voraussetzg für das Zustandekommen einer RWahl zu berücksichtign. Die **Form** der RWahl beurteilt sich nach Art 11 (bei Verbraucherverträgen mit den Einschränkgen des Art 29 III); die Vereinbarg bedarf also nicht notw der Form des abgeschl Vertr, vgl BGH **57**, 337, **73**, 391. Der PartWille kann auch zur Maßgeblk einer ROrdng führen, nach der der matr Vertr formnicht wäre, BGH NJW **69**, 1760; Marsch, Favor Negotii (1976) 57; dies ist auch bei Kenntn der Part v NichtigkGrd nicht ausgeschl, wenn sie auf die Einhaltg der Verpfl vertraut haben, BGH **53**, 189, **73**, 391; die Wirksk der RWahl ist also unabhängig v der Wirksk des matr Vertr, BGH JZ **63**, 167, Meyer-Sparenberg RIW **89**, 349. Bei kollidierden wirks RWahlklauseln in AGB kommt RWahl nicht zustande, Tiedemann IPRax **91**, 426. Die GeschFgk der Part beurteilt sich nach Art 7 mit den Einschränkgen des Art 12 zG des Verkehrsschutzes, Abs 4.

d) Spaltung des Vertragsstatuts. Die Part können nach **Absatz 1 Satz 3** die RWahl auch auf einen **Teil** 9 des Vertr beschr (zur Bestimmg des VertrStatuts im übr vgl Art 28) od für verschiedene Teile des Vertr eine jeweils unterschiedl RWahl treffen, zB über formelles Zustandekommen des Vertr einerseits u über seine materielle Wirksamk ands, Aurich AWD **74**, 282, Frank BWNotZ **78**, 95 (GrdstKauf), vgl dazu auch BGH NJW-RR **90**, 249; auch eine v der GerStandsregelg abw RWahl ist selbstverständl mögl, vgl Hbg AWD **74**, 278. Dagg gestattet Abs 1 S 3 nicht, die jew Pflichten der VertrPart versch Recht zu unterstellen, Jayme Fschr Kegel, 1987 S 263, and W. Lorenz IPRax **87**, 272, MüKo-Martiny Rn 36. **e) Nachträgliche Rechts-** 10 **wahl.** Die RWahl braucht nicht notw bei VertrSchluß getroffen z werden; sie kann nach **Absatz 2** auch z einem **späteren** Ztpkt vorgenommen werden; auch kann eine bereits getroffene RWahl jederzeit dch eine neue ersetzt werden, vgl zB BGH NJW **91**, 1293, Hamm RIW **93**, 940. Im innerdtschen KollisionsR konnte eine solche nachträgl Abänderg des VertrStatuts, vgl zB BGH NJW-RR **92**, 855, nicht schon aus Verstoß des Vertr gg DDR-Vorschr u Übersiedlg aller Beteiligten in die BRep gefolgert werden, aM KG IPRspr **79** Nr 13 A, vgl auch LG Bln u KG IPRspr **80** Nr 15. Soweit sich aus der späteren RWahl ein Wechsel des VertrStatuts ergibt, wirkt dieser im Zweifel ex nunc, Ffm IPRax **92**, 317, W. Lorenz IPRax **87**, 273, aM Lüderitz FS Keller (1989) 462; Siehr ebda 496; er läßt jedenf eine nach dem alten Statut gem Art 11 bestehe Formgültigk des Vertr u die nach dem bish maßg Recht begründeten Rechte Dritter (zB bei Bürgsch od echtem Vertr zG Dritter) unberührt, Abs 2 **Satz 2**; vgl dazu Möllenhoff, Nachträgl RWahl u Rechte Dritter, 1993.

EG 28 *Mangels Rechtswahl anzuwendendes Recht.* [1] Soweit das auf den Vertrag anzuwendende Recht nach Artikel 27 vereinbart worden ist, unterliegt der Vertrag dem Recht des Staates, mit dem er die engsten Verbindungen aufweist. Läßt sich jedoch ein Teil des Vertrages von dem Rest des Vertrages trennen und weist dieser Teil eine engere Verbindung mit einem anderen Staat auf, so kann auf ihn ausnahmsweise das Recht dieses anderen Staates angewandt werden.

[II] Es wird vermutet, daß der Vertrag die engsten Verbindungen mit dem Staat aufweist, in dem die Partei, welche die charakteristische Leistung zu erbringen hat, im Zeitpunkt des Vertragsabschlusses ihren gewöhnlichen Aufenthalt oder, wenn es sich um eine Gesellschaft, einen Verein oder eine juristische Person handelt, ihre Hauptverwaltung hat. Ist der Vertrag jedoch in Ausübung einer beruflichen oder gewerblichen Tätigkeit dieser Partei geschlossen worden, so wird vermutet, daß er die engsten Verbindungen zu dem Staat aufweist, in dem sich deren Hauptniederlassung befindet oder in dem, wenn die Leistung nach dem Vertrag von einer anderen als der Hauptniederlassung zu erbringen ist, sich die andere Niederlassung befindet. Dieser Absatz ist nicht anzuwenden, wenn sich die charakteristische Leistung nicht bestimmen läßt.

[III] Soweit der Vertrag ein dingliches Recht an einem Grundstück oder ein Recht zur Nutzung eines Grundstücks zum Gegenstand hat, wird vermutet, daß er die engsten Verbindungen zu dem Staat aufweist, in dem das Grundstück belegen ist.

[IV] Bei Güterbeförderungsverträgen wird vermutet, daß sie mit dem Staat die engsten Verbindungen aufweisen, in dem der Beförderer im Zeitpunkt des Vertragsabschlusses seine Hauptniederlassung hat, sofern sich in diesem Staat auch der Verladeort oder der Entladeort oder die Hauptniederlassung des Absenders befindet. Als Güterbeförderungsverträge gelten für die Anwendung dieses Absatzes auch Charterverträge für eine einzige Reise und andere Verträge, die in der Hauptsache der Güterbeförderung dienen.

[V] Die Vermutungen nach den Absätzen 2, 3 und 4 gelten nicht, wenn sich aus der Gesamtheit der Umstände ergibt, daß der Vertrag engere Verbindungen mit einem anderen Staat aufweist.

1   1) Allgemeines. a) Art 28 entspr Art 4 des EG-Übk, vgl Rn 1 vor Art 27. Die Vorschr best das anwendb Recht (VertrStatut), wenn die Part **keine** wirks ausdrückl od stillschw **Rechtswahl** nach Art 27 getroffen haben; zum Anwendgsbereich des VertrStatuts vgl Art 31 u 32. Allg Anknüpfungskriterium ist nach der Generalklausel des Abs 1 die **engste Verbindung** des Vertr z einem best Staat. Der Begr der engsten Verbindg wird in den folgden Absätzen 2–4 nach best Merkmalen (insb Erbringg der charakteristischen Leistg, Abs 2) od für best VertrTypen (insb Grdst- u GüterbeförderungsVertre, Abs 3 u 4) **konkretisiert;** zur Bewlast Hepting Fschr Lorenz (1991) 393. Grdsl gilt die in Art 28 getroffene Anknüpfungsregel für SchuldVertre **aller** Art; das Gesetz hat auf die Aufstellg bes Kollisionsnormen für die Vielzahl v VertrTypen verzichtet. Eine **Sonderregelung** gilt jedoch nach Art 29 II für VerbraucherVertre u nach Art 30 II für ArbeitsVertre. Zur Möglichk eines Statutenwechsels bei Veränderg der anknüpfgsrelevanten Umst Lüderitz FS Keller (1989) 459. **b)** Auch bei der Anknüpfg v SchuldVertren aGrd engster Verbindg sind nur die **Sachnormen** des VertrStatuts zur Anwendg berufen; eine Rück-od Weiterverweisg ist nach Art 35 I ausgeschl; für die erfdl Unteranknüpfg bei MehrRStaaten gilt Art 35 II. Im **innerdeutschen** KollisionsR war Art 28 entspr anzuwenden, vgl dazu Art 27 Rn 2 u 10.

2   2) Grundsatzanknüpfung. a) Bei Fehlen einer v den Part getroffenen RWahl unterliegt der Vertr nach der Generalklausel des **Absatz 1 Satz 1** dem Recht des Staates, mit dem er die **engsten Verbindungen** aufweist, in dem er also bei Würdigg aller Umst des Einzelfalls seinen räuml **Schwerpunkt** hat. Die Grenzen dieser objektiven Anknüpfg z den Kriterien für eine konkludente RWahl, vgl dazu Art 27 Rn 5–7, sind fließend. Der Inhalt der zur Auswahl stehden Sachnormen ist auch hier bei der Anknüpfg nicht z berücksicht, vgl Rn 1 vor Art 3; daher keine Bevorzugg derj ROrdnung, nach welcher der Vertr wirks wäre, aM Marsch, Favor Negotii (1976) 77 f. Das aGrd engster Verbindg best VertrStatut ist regelmäß für den **gesamten** Vertr maßg. Bei Abtrennbark eines VertrTeils mit eigenem vom Rest des Vertr abw Schwerpkt kann ausnahmsw auf diesen VertrTeil ein bes abgespaltenes VertrStatut angewandt werden, **Satz 2.** – Vorbehaltl des Abs 2, vgl dazu Rn 3, 4, ist ein **Anhaltspunkt** für die engste Verbindg eines Vertr z einem best Staat etwa die gemeins Staatsangehörigk der Part, BGH WPM **77**, 793 (and bei gemeins gewöhnl Aufenth im Ausland – Gastarbeiter –, LG Hbg IPRspr **73** Nr 16, Düss FamRZ **83**, 1229, vgl dazu Bendref MDR **80**, 639), uU auch AbschlOrt des Vertr u VertrSprache; bei Vertren mit dem Staat od öffentl rechtl Körperschen besteht iZw die engste Verbindg zum Recht des betr Staates, vgl Koblenz IPRspr **74** Nr 1 a, Kegel IPR § 18 I 1 c, aM v Hoffmann, Berichte der dtschen Gesellsch f VölkerR 25 (1984) 57.

3   b) Der wichtigste Anhaltspkt für die engste Verbindgen eines Vertr mit einem Staat ist nach **Absatz 2** die Erbringg der **charakteristischen Leistung,** dh derj Leistg, welche dem betr VertrTyp seine Eigenart verleiht u seine Unterscheidg v and VertrTypen ermögl, beim Kauf zB die Lieferg der Sache, bei der Miete die Überlassg der Mietsache, beim DienstVertr die ArbLeistg, beim WerkVertr die Herstellg des Werkes, beim VerwahrgsVertr die Leistg des Verwahrers usw. Läßt sich für den jew Vertr eine solche charakteristische Leistg ausmachen (was zB beim Tausch, uU auch bei atypischen Vertren Schwierigk bereitet), so wird **vermutet,** daß der Vertr die engsten Verbindgen z demjenigen Recht besitzt, dem der Schuldner dieser charakteristischen Leistung zZ des VertrSchlusses unterworfen ist, bei einer natürlichen Pers also dem Recht an ihrem gewöhnl Aufenth, bei einer Gesellsch od jur Pers dem Recht an ihrer Hauptverwaltg, Abs 2 S 1,

4 BGH **109**, 36. Wird der Vertr in Ausübg einer **beruflichen** od **gewerblichen** Tätigk des Schuldners der charakteristischen Leistg geschl, so ist im Zweifel kr engster Verbindg das Recht am Ort ihrer Hauptniederlassung od, falls die Leistg v einer and Niederlassg z erbringen ist, am Ort dieser and Niederlassg maßg, Abs 2 S 2. Bei Vorliegen einer charakteristischen Leistg treten and Anhaltspkte für die engste Verbindg, vgl oben a, hinter der für den Regelfall in Abs 2 aufgestellten Vermutg zurück, sofern sich nicht ausnahmsw aus der Gesamth der Umst ergibt, daß der Vertr engere Verbindgen mit einem and Staat aufweist, Abs 5, vgl dazu LG Aach RIW **90**, 491, Stgt NJW-RR **90**, 1082. Läßt sich eine charakteristische Leistg nicht bestimmen, so bewendet es bei der Anknüpfg gem Abs 1 S 1, vgl Abs 2 S 3, aM Dortm IPRax **89**, 51, wo auf Art 32 II abgestellt wird, krit Jayme ebda.

3) Sonderregelung für Grundstücksverträge und Güterbeförderungsverträge (Abs 3 u 4). **5 a)** SchuldVertre, die ein dingl Recht an einem **Grundstück** (zB Kauf, Schenkg) od ein Recht zur Nutzg eines Grdst (zB Miete, Pacht) zum Ggst haben, unterliegen bei Fehlen einer RWahl nach der Vermutg des **Absatzes 3** kraft engster Verbindg dem Recht am Lageort des Grdst, vgl zB Ffm NJW-RR **93**, 183, sofern sich nicht aus der Gesamth der Umst ergibt, daß der Vertr engere Verbindgn mit einem and Staat aufweist, Abs 5, wie zB bei Bereitstellg von Ferienwohngen im Ausland dch inl Reiseunternehmen, BGH **109**, 36, vgl auch BGH **119**, 158, ebso W. Lorenz IPRax **90**, 294, krit dazu Lindacher BB **90**, 661; insow enth aber Art 29 in seinem tatbestandl Anwendgsbereich eine vorrangige Sonderregelg, Lindacher IPRax **93**, 229, vgl Art 29 Rn 2 u 3. Unter Abs 3 fallen auch dingl ausgestaltete Time-Sharing-Vertre, vgl dazu Mankowski RIW **95**, 365, Anh II nach Art 38 Rn 5. Bei KaufVertren über ausl Grdste, die im Inland zw dtschen Part abgeschl werden, wird häufig bereits konkludent die Geltg dtschen Rechts vereinbart sein, vgl BGH **52**, 239, **53**, 189, **73**, 391 (krit dazu Löber NJW **80**, 496), Köln OLGZ **77**, 201, LG Hbg IPRspr **78** Nr 14, Mü NJW-RR **89**, 665; dies gilt entspr auch bei Vertren über Grdst in der früh DDR, vgl dazu BGH DtZ **93**, 210, Schotten/Schmellenkamp DNotZ **92**, 208 sowie Art 11 Rn 1; ebso bei Übertragg v Geschäftsanteilen einer ausl GmbH unter Dtschen, Celle NJW-RR **92**, 1126. Zur Beurteilg v KaufVertr über span Immobilien vgl BGH **73**, 391, Köln AWD **75**, 350, ÖLGZ **77**, 201, LG Oldbg AWD **85**, 576, Celle RIW **88**, 137, Mü NJW-RR **89**, 663, Hbg IPRspr **89** Nr 38, Ffm IPRax **92**, 314, Löber NJW **80**, 496, Meyer ZVglRWiss **84**, 72, Bendref AnwBl **86**, 11, Bungert RIW **90**, 461, ders IPRax **92**, 296, Reckhorn-Hengemühle ZVglRWiss **91**, 155, v Sachsen Gessaphe RIW **91**, 299. Für **dingliche** RGesche, die in Erfüllg eines solchen Vertr geschl werden, gilt stets die lex rei sitae, vgl Anh II z Art 38 Rn 2–4. **b) Gü- 6 terbeförderungsverträge** (einschl CharterVertre für eine einzige Reise) unterliegen bei Fehlen einer RWahl aGrd der Vermutg des **Absatz 4** kraft engster Verbindg dem Recht der Hauptniederlassg des Beförderers im Ztpkt des VertrSchlusses, **sofern** sich im gleichen Staat (aber nicht notw am gleichen Ort) auch der Verladeort od der Entladeort od die Hauptniederlassg des Absenders befindet, vgl dazu BGH RIW **95**, 411; liegen diese zusätzl Voraussetzgen nicht vor, zB bei Güterbeförderg dch eine Reederei in einem Billigflaggenstaat, so ist das VertrStatut nach Abs 1 mit Hilfe der engsten Verbindgn z best, **nicht** dagg auch mit Hilfe der Vermutg nach Abs 2, deren Anwendbark dch die Sonderregelg in Abs 4 ausgeschl wird, vgl Begr BT- Drucks 10/504 S 79, Mankowski TransportR **93**, 224, aM Ffm NJW-RR **93**, 809. Auch bei Vorliegen aller Voraussetzgen für das Eingreifen der Vermutg nach Abs 4 S 1 bleibt es ferner bei der Bestimmg des anwendb VertrStatuts nach der Generalklausel des Abs 1, wenn sich aus der Gesamth der Umst ergibt, daß der Vertr engere Verbindgen mit einem and Staat aufweist, Abs 5. Die Anwendbk v Abs 4 setzt nicht voraus, daß der Beförderer die Beförderg der Güter selbst durchführt; es genügt, daß er sich zur Beförderg verpflichtet, diese aber v einem Dritten durchführen läßt, vgl Bericht BT-Drucks 10/503 S 54; die Vorschr gilt desh auch für den **Speditionsvertrag,** Hbg IPRspr **89** Nr 62. Die Frage nach dem Schuldstatut stellt sich nur, soweit das Übk über den BefördergsVertr im internat StraßengüterVerk (**CMR**) v 19. 5. 56, BGBl **61** II 1119, für die BRep in Kr seit 5. 2. 62, BGBl **62** II 12, nicht eingreift; das dch das Übk geschaffene EinhR geht im Rahmen seines Geltgsbereichs, vgl dazu CMR Art 1, dem IPR vor, Art 3 II, vgl Reithmann/Martiny-van Dieken Rz 597. Für Vertre über **Personenbeförderung** gilt Abs 4 nicht; sie beurteilen sich allein nach Abs 1 u 2 sowie ggf Abs 5; Art 29 gilt dafür nicht, vgl dessen Abs 4 Nr 1.

4) Einzelne Vertragstypen

a) Warenkauf. aa) Maßg ist nunm in 1. Linie das mat EinhR des **UN-Übereinkommens über Verträ- 7 ge über den internationalen Warenkauf** v 11. 4. 80, BGBl **89** II 588 (berichtigt BGBl **90** II 1699), das für die BRep Deutschland am 1. 1. 91 in Kraft getreten ist, Bek v 23. 10. 90, BGBl II 1477 (Inkrafttr für die fr DDR bereits am 1. 3. 90, zu den daraus entstandenen Problemen vgl Herber BB-Beil 37 z Heft 30/1990 S 1, Enderlein/Graefrath BB-Beil 6 z Heft 6/1991 S 8, Herber BB-Beil 14 z Heft 18/1991 S 7, Kemper WR **91**, 183, Enderlein WR **91**, 240); weitere VertrStaaten sind: Ägypten, Argentinien, Australien, Belarus, Bosnien-Herzegowina, Bulgarien, Chile, China, Dänemark, Ecuador, Estland, Finnland, Frankreich, Georgien, Guinea, Irak, Italien, ehem Jugoslawien, Kanada (vgl dazu Bek v 11. 3. 93 BGBl II 738), Kuba, Lesotho, Litauen, Mexiko, Moldau, Neuseeland, Niederlande, Norwegen, Österreich, Polen, Rumänien, Russische Föderation, Sambia, Schweden, Schweiz, Singapur, Slowakei, Slowenien, ehem Sowjetunion, Spanien, Syrien, Tschechische Republik, Uganda, Ukraine, Ungarn, USA, Fundstellennachw B (1995) 523, zuletzt ergänzt dch Bek v 1. 9. 95, BGBl II 814. Vgl zu diesem Übk etwa Neumayer RIW **94**, 99, Piltz NJW **94**, 1101, Magnus ZEuP **95**, 202. Die Anwendbark des Übk ist ua dann gegeben, wenn die Regeln des IPR zur Anwendg des Rechts eines VertrStaates führen, Art 1 I lit b, Düss RIW **93**, 325, Kln RIW **94**, 972, vgl dazu Pünder RIW **90**, 869, Reinhart IPRax **91**, 376, v Westphalen RIW **92**, 258, Magnus IPRax **93**, 390; es war in diesem Rahmen vor dtschen Geren schon bish anzuwenden, vgl zB LG Hbg RIW **90**, 1015, Ffm NJW **91**, 3102, **92**, 634, Karlsr NJW-RR **93**, 1316. Insow behalten die Regeln des IPR ihre Bedeutg; das gleiche gilt, wenn die Part gem Art 6 die Anwendg des Übk ausschließen; auch für die Ausfüllg von Lücken ist das anwendb R nach den Regeln des IPR der lex fori z best, Art 7 II, vgl dazu Kappus RIW **90**, 788, Stoll IPRax **93**, 75, Diedrich RIW **95**, 353. Die Einheitl Ge über den int Kauf bewegl Sachen u den Abschl von int KaufVertren über bewegl Sachen v 17. 7. 73, BGBl II 885, sind am 1. 1. 91 außer Kraft getreten, vgl Bek v 30. 10. 90, BGBl II 1482 u v 12. 12. 90, BGBl I 2894 und 2895; zur Anwendg auf vorher geschl Kaufvertre BGH NJW **92**, 620, 2428, NJW-RR **92**, 886, Kblz RIW **92**, 60, SchlH RIW **92**, 583 (dazu Stoll IPRax **93**, 75), Kln RIW **92**, 1021, **93**, 143 mAv Diedrich ebda 758, Reinhart IPRax **90**, 290, Piltz IPRax **94**, 191. **Hilfsmittel** bei Anwendg ausl Rechts: v Westphalen, Hdb des KaufVertrR in den EG-Staaten 1992.

bb) Bei Fehlen einer RWahl ist im übr nach Abs 2 S 1 idR das Recht am gewöhnl Aufenth bzw der **8** Hauptverwaltg des **Verkäufers** maßg; erfolgt der VertrSchluß im Rahmen der gewerbl Tätigk des Verkäufers, so entsch das Recht am Ort seiner Hauptniederlassg bzw Zweigniederlassg, Abs 2 S 2, vgl dazu zB Hbg

RIW **90**, 225, Kblz RIW **90**, 318, Ffm NJW **91**, 3102, Kln RIW **92**, 1024, **93**, 144, Karlsr NJW-RR **93**, 568, 1316, KG RIW **94**, 683, Hamm RIW **95**, 54; zum Auktionskauf vgl Düss NJW **91**, 1492, Siehr IPRax **92**, 220; zum Praxisverkauf Hamm WiB **95**, 266 mAv vd Seipen. Bei **Verbraucherverträgen** gilt eine Sonderregelg nach Art 29. Die hilfsw Anknüpfg an den Erfüllsort u die damit verbundene Aufspaltg des Vertr, vgl 45. Aufl Vorbem 6 a bb vor EG 12, ist aufgegeben. Bei mehreren Verkäufern mit Sitz in versch Staaten Anknüpfg aGrd der engsten Verbindg, vgl Dörner JR **87**, 201. Zum Grdst-Kauf vgl Rn 5. Zum UnternKauf Ebenroth/Wilken ZVglRWiss **91**, 241, Merkt ZVglRWiss **94**, 353, RIW **95**, 533.

9   **b) Tausch.** Das anwendb Recht ist grdsl aGrd der engsten Verbindg nach Abs 1 z best; Abs 2 scheidet aus, da keine charakteristische Leistg gegeben, Abs 2 S 3. Beim GrdstTausch Schwerpkt iZw beim beurkundden Notar, LG Amberg IPRax **82**, 29, vgl auch Jayme IPRax **84**, 53. Abs 3 ist nicht anwendb, da kein Vertr über ein dingl Recht **an** einem Grdst.

10   **c) Schenkung.** Bei Grdst grdsl Recht des Lageorts nach Abs 3, bei bewegl Sachen am gewöhnl Aufenth des Schenkers, Abs 2 S 1, vgl Düss FamRZ **83**, 1229, Köln NJW-RR **94**, 1026 (Brautgeld); bei Schenkg vTw vgl Art 25 Rn 15.

11   **d) Miete, Pacht.** Bei GrdstMiete u -pacht gilt idR nach Abs 3 das Recht des Lageortes, sofern der Vertr nach der Gesamth der Umst nicht engere Verbindgen mit einem and Staat aufweist (zB bei MietVertr zw Inländern über Ferienwohng im Ausland), vgl dazu BGH **109**, 36, **119**, 157, Lorenz IPRax **90**, 294 sowie oben Rn 5; bei bewegl Sachen nach Abs 2 das Recht am gewöhnl Aufenth bzw der Hauptverwaltg des Vermieters, bei gewerbl Vermietg das Recht seiner (Haupt-)Niederlassg. Für den LeasingVertr gilt mangels RWahl das Recht des Leasinggebers, MüKo-Martiny Rn 131, Hövel Betr **91**, 1032, Knebel RIW **92**, 538, soweit nicht Art 29 einschlägig ist.

12   **e) Darlehen.** Charakteristische Leistg iSv Abs 2 erbringt der Darlehensgeber; vgl dazu LG Hbg NJW-RR **95**, 183, Düss NJW-RR **95**, 756; bei Bankdarlehen ist nach Abs 2 S 2 das Recht der (Haupt-)Niederlassung der Bank maßg, sofern nicht Art 29 II eingreift (VerbraucherVertr); vgl dazu Rosenau RIW **92**, 879. Zum früh Recht Celle NJW-RR **87**, 1190. Bei Realkredit Anknüpfg an den Lageort des belasteten Grdst, MüKo-Martiny Rn 134.

13   **f) Dienstvertrag.** Charakteristische Leistung iSv Abs 2 erbringt der Dienstverpflichtete, BGH **128**, 48; bei freiberufl Dienstleistung, zB v Arzt, Anwalt (LG Paderb EWS **95**, 248, Zuck NJW **87**, 3033, Raiser NJW **91**, 2057, ders AnwBl **91**, 495, Henssler JZ **94**, 185), Notar, Architekt (vgl Klautern NJW **88**, 652, Wenner BauR **93**, 260), ist deshalb idR Recht an der Niederlassg (Praxis) des Dienstverpflichteten maßg, Abs 2 S 2, sofern nicht die Sonderregelg des Art 29 II für VerbraucherVertre eingreift, vgl dazu auch Art 29 IV Nr 2. Für **Arbeitsverträge** gilt Art 30.

14   **g) Werkvertrag.** Bei Fehlen einer RWahl entsch nach Abs 2 grdsl die charakteristische Leistung; diese wird vom Untern erbracht, SchlH IPRax **93**, 95, Hamm IPRax **95**, 106; maßg ist daher idR das Recht am Ort seiner (Haupt-) Niederlassg, Abs 2 S 2; dies gilt auch für die Werklieferungsvertr, Ffm NJW **92**, 634, Düss RIW **93**, 845, sowie für die Anknüpfg des SubUnternVertr, vgl dazu Vetter NJW **87**, 2124, ZVglRWiss **88**, 248, aM Jayme Fschr Pleyer, 1986 S 377, v der Seipen, Akzessorische Anknüpfg u engste Verbindg im KollisionsR der komplexen VertrVerhe (1989) § 7 II. Die genannten Regeln gelten insb für BauVertre, vgl dazu Thode ZfBR **89**, 47, Kartzke ZfBR **94**, 4, W. Lorenz IPRax **95**, 331, für Personenbefördergsvertre, zB in der Passagierschiffahrt, vgl Basedow IPRax **87**, 341, od für den LuftbefördergsVertr; Art 29 gilt nicht, vgl dessen Abs 4 Nr 1; bei ausl Schuldstatut ist AGBG 12 z beachten, vgl Böckstiegel Fschr A. Mayer (1975) 57. Zur Haftg bei internat Luftbeförderg vgl § 51 LuftVG, der auf das Warschauer Abk verweist, vgl weiter Böckstiegel NJW **74**, 1017, Frings ZLW **77**, 8; Müller-Rostin Betr **77**, 1173, ders VersR **79**, 594, Giesen ZVglRWiss **83**, 31, Schneider ZLW **89**, 220 (Flugzeugentführg); zur Wirksk des Haftgs-Ausschl LG Mü I AWD **78**, 473 mit Anm v Dopatka; für SchadErsAnspr wg Nichtabschluß einer Flugga-stunfallVers, LG Köln VersR **79**, 461, od wg Nichtbeförderg inf Überbuchg gilt das Abk nicht, BGH NJW **79**, 495; Anspre aus §§ 651 d, LG Ffm NJW-RR **86**, 216, od 651 e, LG Hann NJW **85**, 2903, werden dch das Abk nicht ausgeschl; für § 50 LuftVG (VersZwang) gilt eine v Statut des BefördergsVertr unabh Sonderanknüpfg, BGH VersR **80**, 129; zur akzessor Anknüpfg delikt ErsAnspr s Art 38 Rn 14. Für **Güterbeförderung** gilt Abs 4, vgl dazu Rn 6. Bei ReiseveranstaltgsVertren ist die Sonderregelg für VerbraucherVertre gem Art 29 z beachten, Art 29 IV S 2, vgl dazu Ebenroth/Fischer/Sorek ZVglRWiss **89**, 136, Tonner, ReiseR in Europa (1992) 215.

15   **h) Handelsvertretervertrag, Vertragshändlervertrag;** vgl dazu Klima RIW **87**, 796, Hepting RIW **89**, 337, Kindler RIW **90**, 363, Wegen WiB **94**, 255, Müller-Feldhammer RIW **94**, 928. Charakteristische Leistg iSv Abs 2 erbringt der HandelsVertr bzw VertrHändler; maßg ist desh nach Abs 2 S 2 idR das Recht am Ort ihrer Niederlassg, vgl BGH NJW-RR **93**, 742, NJW **93**, 2754, **95**, 319, Kblz RIW **92**, 1020, Düss RIW **93**, 762, Hamm RIW **95**, 55, sofern sich nicht aus der Gesamth der Umst ergibt, daß der Vertr engere Verbindgen mit einem and Staat aufweist, Abs 5; das gleiche gilt für den Vertr mit dem Handelsmakler.

16   **i) Auftrag.** Charakteristische Leistg iSv Abs 2 erbringt der Beauftragte; maßg ist daher idR das Recht an seinem gewöhnl Aufenth, Abs 2 S 1, Hamm RIW **94**, 515. Bei **Geschäftsführung ohne Auftrag,** vgl dazu Degner AWD **83**, 825, v Hoffmann in: Vorschläge u Gutachten zur Reform der dtschen IPR der außervertragl Schuldverhältnisse, vorgelegt v v Caemmerer (1983) 80, Wandt, Die GoA im IPR, 1988, gilt wg der vor allem zu berücksichtigden Interessen des GeschHerrn idR das an seinem gewöhnl Aufenth geltde Recht, so insb für seine Verpfl zum Aufwendungsersatz RG SeuffA **82**, 205, Hbg IPRspr **74** Nr 18, ArbG Düss IPRax **90**, 330 (krit dazu Junker ebda 308), stillschw auch AG Bln-Charlottenbg VersR **80**, 101 (interlokal), str, aM Hbg IPRspr **88** Nr 36, Kblz OLGZ **92**, 330 (krit dazu Brückner IPRax **92**, 366, Wandt VersR **92**, 614), Soergel-Kegel vor EG 7 Rdz 535, MüKo-Kreuzer II Vor Art 38 Rn 2 (Recht des GeschFgOrts); für Anknüpfg am gemeins Personalstatut der Parteien Düss AWD **84**, 481 (auch für schuldrechtl Anspr aus Fund); für Anwendg der schuldvertragl Anknüpfgsregeln ist berecht, des Deliktsstatuts bei unberecht GoA Degner AWD **83**, 827; zum Rückgriff eines freiw Drittleistden vgl Art 33 Rn 3. Die Haftg des Kapitäns nach

HGB 511 ff ist nach Hbg EuropTransportR **79**, 737 mit Anm v Basedow als auftragsähnl ges SchuldVerh z qualifizieren, für welches Recht der Flagge maßg ist.

j) Verwahrung. Charakteristische Leistg iSv Abs 2 erbringt der Verwahrer; sofern kein Verbraucher- **17** Vertr nach Art 29 I u II vorliegt, ist daher idR Recht am Sitz des Verwahrers maßg.

k) Beherbergungsvertrag. Charakteristische Leistg iSv Abs 2 erbringt der Gastwirt; maßg ist daher idR **18** Recht der Niederlassg des Gastwirts. Bei BeherbgsVertren mit ausl Hotels gilt Art 29 nicht, vgl dessen Abs 4 Nr 2.

l) Gesellschaft. Bei GelegenhGesellschen ohne körperschaftl Organisation wird das anwendb RWahl **19** meist dch zumindest konkludente RWahl best; bei deren Fehlen ist das VertrStatut nach Abs 1 aGrd der engsten Verbindg z best; Abs 2 scheidet aus; bei GrdstGesellschen gilt nach Abs 3 die lex rei sitae. Über JP u HandelsGesellschen vgl Anh z Art 12 Rn 2–5 u 20; Art 27 ff gelten für sie nicht, Art 37 Nr 2.

m) Bürgschaft. Das BürgschStatut ist unabh vom Statut der Hauptschuld anzuknüpfen; maßg ist in **20** erster Linie die v den Part getroffene RWahl, Art 27, vgl Düss NJW **90**, 640; bei deren Fehlen ist nach Abs 2 S 1 idR das Recht am gewöhnl Aufenth des Bürgen maßg, da dieser die für den Vertr charakteristische Leistg erbringt, BGH NJW **93**, 1126, LG Hbg RIW **93**, 145; bei Bankgarantie gilt nach Abs 2 S 2 idR das Recht der Niederlassg der Bank, vgl dazu Mülbert ZIP **85**, 1113, Heldrich Fschr Kegel, 1987 S 184; die gleichen Grdse gelten für PatronatsErklen, vgl dazu Ffm IPRspr **79** Nr 10, Jander/Hess RIW **95**, 735. Das BürgschStatut entsch vor allem, ob der Bü zu leisten hat (Art der Haftg, Einr der VorausKl, Wirkg der Tilgg der Hauptschuld auf die BürgschSchuld), RG **54**, 311, BGH NJW **77**, 1011, währd das Recht, dem die Hauptschuld untersteht, besagt, was der Bü zu leisten hat, RG aaO; zur Inanspruchn dtscher Bürgen bei Devisensperre am Wohns des Schu Kühn/Rotthege NJW **83**, 1233, Rüßmann WPM **83**, 1126. Zur Form vgl Art 11 u dort Rn 18 u 19. Erfordern der Zust des Eheg für die BürgschErkl unterliegt nicht dem BürgschStatut sond dem Ehewirkgsstatut, Art 14, od dem GüterRStatut, Art 15, so mit Recht Kühne JZ **77**, 439, Jochem NJW **77**, 1012 gg BGH ebda, vgl auch Graue Fschr Schnitzer (1979) 139.

n) Bank- und Börsengeschäfte. aa) Die Beziehgen zw Bank und Kunden unterliegen idR dem Recht **21** am Sitz der kontoführden Bank; dies folgt bei inländschen Banken aus der RWahl gem Nr 26 I AGB-Banken, vgl BGH NJW **87**, 1825, die mit AGBG 9 vereinbar ist, Canaris BankVertrR, 2. Aufl Rdz 2721; hat der Kunde seinen gewöhnl Aufenth im Ausl, so gilt für das Vorliegen seiner Zust gem Art 27 IV iVm 31 II zusätzl dessen AufenthR, vgl EG 31 Rn 4, 5, Heldrich Fschr Kegel, 1987 S 184. In Ermangelg einer wirks RWahl führt die obj Anknüpfg aGrd engster Verbindg nach Art 28 I u II ebenf zum Recht an der Niederlassg der Bank, da diese die charakteristische Leistg erbringt, vgl zB Köln RIW **93**, 1025, AG Düss RIW **94**, 158, Kaiser EuZW **91**, 84 (zum grenzüberschreiden elektron ZahlgsVerk). Im Verk zw mehreren Banken gilt mangels RWahl gem Art 28 I u II das Recht der Part, welche die charakteristische bankmäß Leistg erbringt, vgl BGH **108**, 362, Pleyer/Wallach RIW **88**, 174, zB für die Rückgarantie das Recht der garantierden Erstbank, Kln RIW **92**, 145, Heldrich aaO 189, das auch über den Einwand des RMißbr entscheidet, Schefold IPRax **95**, 119. Zu AkkreditivGeschen vgl v Bar ZHR **88**, 38, Schütze RIW **88**, 343, W. Lorenz Fschr Steindorff (1990) 405; für das RVerh zw Begünstigtem u Akkreditivbank gilt mangels RWahl das Recht am Sitz dieser Bank, Ffm RIW **92**, 316, Schütze EWiR § 365 HGB 1/**88**, 81, abw Ffm WM **88**, 254, Kln ZIP **94**, 1791 (Recht am Sitz der inl Zahlstelle), krit dazu Schefold IPRax **90**, 21; vgl auch Kblz RIW **89**, 815. Zu den leitden Gesichtspkten für eine RWahl bei internat KreditVertren Harries Fschr Heinsius (1991) 205; zur kollisionsr Beurteilg von Finanzinnovationen Ebenroth Fschr Keller (1989) 391. **bb)** Bei Börsenge- **22** schäften, insb Termingeschäften, gilt mangels RWahl kraft obj Anknüpfg gem Art 28 I das Recht des Börsenplatzes, Roth IPRax **87**, 149. Aus einem ausl Recht unterliegden BörsenterminGesch können aber nach der **besonderen Vorbehaltsklausel** in der Neufassg des **§ 61 BörsG** keine weitergehden Anspre als nach dtschem Recht geltend gemacht werden, wenn (1) das Gesch für den in Anspr Genommenen mangels BörsenterminGeschFgk nach § 53 BörsG nicht verbindl ist, (2) dieser seinen gewöhnl Aufenth zZ des GeschAbschl im Inland hat **und** (3) im Inland die für den Abschl des Gesch erfdl WillensErkl abgegeben hat. Liegen diese nach dtschem Recht zu beurteilen Voraussetzgen vor, so kann der Schu insb auch den Differenzeinwand nach § 764 erheben, sofern das ausl Recht diesen Einwand nicht gewährt; des Rückgriffs auf Art 6 bedarf es nicht mehr, vgl dazu auch Henssler ZHR **89**, 637, Kümpel WM **89**, 1495, Horn ZIP **90**, 15, Schlosser Fschr Steindorff (1990) 1379, Samtleben NJW **90**, 2670, IPrax **92**, 362, Hartung ZIP **91**, 1185; zur Rückforderg der geleisteten Sicherh BGH WPM **87**, 1155, LG Ffm RIW **87**, 221, Ffm IPRspr **88** Nr 30, Düss WM **89**, 75, Triebel/Peglow ZIP **87**, 613; zur SchadErsPfl eines Anlberaters wg VertrVerl bei Abwicklg eines Börsentermingeschäfts BAG NJW **86**, 2663, BGH WPM **87**, 1156, zur Haftg ausl Brokers für unseriösen Vermittler Düss WM **89**, 45, BGH WM **90**, 462 (dazu Wach EWiR **90**, 463). Die Vereinbarg der ausschließl Zustdgk ausl Gerichte ist unwirks, wenn diese den Termineinwand zum Nachteil einer dtschen Partei nicht beachten würden, BGH NJW **84**, 2037 (zust Roth IPRax **85**, 198), NJW **87**, 3194, Ffm NJW-RR **93**, 306; das gleiche gilt für die Vereinbg eines ausl SchiedsGer iVm einer RWahl, BGH IPRax **89**, 163, Samtleben ebda 152, vgl dazu auch Düss RIW **90**, 403, krit Schütze EWiR **90**, 517.

EG 29 *Verbraucherverträge.* [1] Bei Verträgen über die Lieferung beweglicher Sachen oder die Erbringung von Dienstleistungen zu einem Zweck, der nicht der beruflichen oder gewerblichen Tätigkeit des Berechtigten (Verbrauchers) zugerechnet werden kann, sowie bei Verträgen zur Finanzierung eines solchen Geschäfts darf eine Rechtswahl der Parteien nicht dazu führen, daß dem Verbraucher der durch die zwingenden Bestimmungen des Rechts des Staates, in dem er seinen gewöhnlichen Aufenthalt hat, gewährte Schutz entzogen wird,

1. wenn dem Vertragsabschluß ein ausdrückliches Angebot oder eine Werbung in diesem Staat vorausgegangen ist und wenn der Verbraucher in diesem Staat die zum Abschluß des Vertrages erforderlichen Rechtshandlungen vorgenommen hat,

2. wenn der Vertragspartner des Verbrauchers oder sein Vertreter die Bestellung des Verbrauchers in diesem Staat entgegengenommen hat oder

3. wenn der Vertrag den Verkauf von Waren betrifft und der Verbraucher von diesem Staat in einen anderen Staat gereist ist und dort seine Bestellung aufgegeben hat, sofern diese Reise vom Verkäufer mit dem Ziel herbeigeführt worden ist, den Verbraucher zum Vertragsabschluß zu veranlassen.

^{II} ~~II~~ Mangels einer Rechtswahl unterliegen Verbraucherverträge, die unter den in Absatz 1 bezeichneten Umständen zustande gekommen sind, dem Recht des Staates, in dem der Verbraucher seinen gewöhnlichen Aufenthalt hat.

III Auf Verbraucherverträge, die unter den in Absatz 1 bezeichneten Umständen geschlossen worden sind, ist Artikel 11 Abs. 1 bis 3 nicht anzuwenden. Die Form dieser Verträge unterliegt dem Recht des Staates, in dem der Verbraucher seinen gewöhnlichen Aufenthalt hat.

IV Die vorstehenden Absätze gelten nicht für

1. Beförderungsverträge,
2. Verträge über die Erbringung von Dienstleistungen, wenn die dem Verbraucher geschuldeten Dienstleistungen ausschließlich in einem anderen als dem Staat erbracht werden müssen, in dem der Verbraucher seinen gewöhnlichen Aufenthalt hat.

Sie gelten jedoch für Reiseverträge, die für einen Pauschalpreis kombinierte Beförderungs- und Unterbringungsleistungen vorsehen.

1   **1) Allgemeines. a)** Art 29 Abs 1, 2 u 4 entspr Art 5 des EG-Übk, Abs 3 entspr Art 9 V des EG-Übk, vgl Rn 1 vor Art 27. Die Vorschr enth eine **Sonderregelung** für VerbraucherVertre, welche im Interesse der schwächeren Partei die in Art 27 eröffnete RWahlfreih einschr, Abs 1, vgl Art 27 Rn 3, u bei Fehlen einer RWahl eine v Art 28 abweichde objektive Anknüpfg an den gewöhnl Aufenth des Verbr vorsieht, Abs 2; vgl dazu Mäsch, RWahlfreih u VerbrSchutz, 1993, Mankowski RIW **93**, 453. Zur Vereinbark dieser Regel mit Art 6 II der nicht fristgem umgesetzten EG-Richtl über mißbräuchl Klauseln in VerbrVertren v 5. 4. 93 vgl Eckert WM **93**, 1077, Niebling WiB **94**, 864, Baumert EWS **95**, 57; eine Transformation der Richtl dch Auslegg, vgl Heinrichs NJW **95**, 153, Anh nach AGBG 30 Rn 11, kommt nicht in Betr, da die in Art 6 II gebrauchte Formulierg eines „engeren Zusammenhangs" mit dem Gebiet der Mitgliedstaaten hierfür zu unbestimmt ist u die in Art 29 I Nr 1–3 normierten Voraus zu detailliert sind, um eine entspr Auslegg vorzunehmen. Zu Art 9 der EG-Time-Sharing-Richtl v 29. 10. 94 Mäsch EuZW **95**, 13, Mankowski RIW **95**, 367. Ergänzd gilt neben Art 29 auch AGBG 12; v der urspr beabsichtigten Streichg dieser Vorschr hat das IPRG abgesehen; sie behält prakt Bedeutg für die in Abs 4 aus dem Anwendgsbereich v Art 29 ausgen Vertre, vgl dazu Grundmann IPRax **92**, 3. **b)** Soweit Art 29 das anwendb Recht beleuft, ist die Beachtg einer Rück- od Weiterverweig, wie im ges UnterAbschn, ausgeschl, Art 35 I; zur Unteranknüpfg in MehrRStaaten vgl Art 35 II. Im innerdtschen KollisionsR galt Art 29 entspr.

2   **2) Begriff des Verbrauchervertrages** (Abs 1 u 4). Art 29 trifft eine kollr Sonderregel für VerbrVertre. **a)** Darunter fallen nach Abs 1 Vertre über die **Lieferung** beweg **Sachen** (dh Warenkauf, nicht auch Kauf v WertPen, BGH **123**, 387, LG Darmst IPRax **95**, 320, ebensowenig Miete, vgl E. Lorenz RIW **87**, 576, wohl aber Leasing, Reithmann/Martiny Rz 437); ferner Vertre über die Erbringg v **Dienstleistungen** aller Art, dh tätigkbezogene Leistgn an einen Verbr aGrd v DienstVerhen (ohne ArbVerhe), Werk- u WerkliefergsVerhen sowie GeschBesorggsVerhen, BGH **123**, 380, zB schuldr Time-Sharing-Vertr, soweit nicht Abs 4 S 1 Nr 2 eingreift, Jayme IPRax **95**, 235, Beise NJW **95**, 1725, einschränkd Mankowski RIW **95**, 367, trhd Erwerb von KommanditAntl, BGH **123**, 386, Tätigk als Broker bei BörsenterminGeschen, Düss RIW **94**, 420, WM **95**, 1349, od als Versicherer, soweit nicht Art 37 Nr 4 eingreift, vgl Basedow NJW **91**, 788; schließl auch Vertre zur **Finanzierung** solcher Gesche, insb beim Kreditkauf, nicht aber beim normalen VerbrDarlehen, vgl dazu v Hoffmann IPrax **89**, 269, Bülow EuZW **93**, 435. **Ausgenommen** sind nach **Absatz 4 Satz 1** sämtl **Beförderungsverträge**, vgl dazu Art 28 Rn 6 u 14, sowie Vertre über **Dienstleistungen**, die ausschl in einem **anderen** Staat erbracht werden müssen als demj, in welchem der Berecht seinen gewöhnl Aufenth hat, zB bei BeherbergsVertren mit ausl Hotels, AG Bernkastel IPRax **94**, 141, od UnterrichtsVertren, die im Ausland erfüllt werden sollen, etwa Ski- od Segelkurs; insow nunmehr jedoch AGBG 12 in Betr. **Nicht** unter diese AusnRegelg fallen Vertre über die **Finanzierung** von Vertren über Dienstleistgn, BGH **123**, 387, krit W. Lorenz IPRax **94**, 430, Vereinbgen mit ausl Terminbrokern, die auch im Inl tätig werden, Düss RIW **94**, 421, sowie FerienVertre mit inl Reiseveranstaltern, deren Leistg zu einem erhebl Teil im Inl erbracht wird, Lindacher BB **90**, 661 zu BGH **109**, 29, vgl auch BGH **119**, 158 u dazu Lindacher IPRax **93**, 229, ferner Art 28 Rn 5; und bei Vertren mit ausl gewerbl Ferienhausanbietern, Kartzke NJW **94**, 825, od ausl Time-Sharing-Anbietern, Beise NJW **95**, 1725, einschränkd Jayme IPRax **95**, 236, Mankowski RIW **95**, 367, sofern deren Leistgn ausschließl im Ausl erfolgen. Dementspr fallen auch Vertre über **Pauschalreisen** nach Abs 4 S 2 uneingeschr unter den Begr des VerbrVertr, sofern dessen zusätzl Voraus erf sind, vgl zB Kstz NJW-RR **93**,

3   639. **b)** Liefer-, Dienstleistgs- u zugehörige FinanziergsVertre der genannten Art sind jedoch nur dann VerbrVertre iSd Art 29, wenn der Zweck der Lieferg od Dienstleistg überh nicht od nur zum geringeren Teil, vgl Begr BT-Drucks 10/504 S 79, dem privaten, dh außerhalb einer beruflich od gewerbl Tätigk liegenden, vgl E. Lorenz RIW **87**, 576) berufl od gewerbl Tätigk **des Berechtigten,** dh der Verbr, zugerechnet werden kann, vgl Abs 1. Bei der Zurechng der Leistg zum berufl/gewerbl od zum priv Lebensbereich entsch die dem Schuldner obj erkennb Umste des Gesch, nicht der innere Wille des LeistgsEmpf, vgl Begr aaO; zur Anwendg auf WarenterminGesch vgl BGH WPM **87**, 1154. Für das Vorliegen eines VerbrVertr belangl ist, ob der **Schuldner** die Leistg im Rahmen einer berufl od gewerbl Tätigk od als PrivPers erbringen soll; Art 29 gilt grdsl auch bei reinen PrivGeschen zw Nichtgewerbetreibden, zB beim Verk eines gebrauchten Pkw v Priv an Priv, ebso MüKo-Martiny Rn 6, Erm-Hohloch Rn 22, aM E. Lorenz RIW **87**, 576, W. Lorenz IPRax **94**, 429.

4   **3) Einschränkung der freien Rechtswahl (Absatz 1). a)** Grdsl können die Part auch bei einem VerbrVertr das VertrStatut dch ausdrückl od konkludente RWahl frei best, Art 27 I, vgl zB Mü NJW-RR **91**, 123 (zum Zustandekommen einer wirks RWahl vgl Art 27 Rn 5–8), wobei aber die Sonderanknüpfg zwingder Vorschren des „normalen" VertrStatuts nach Art 27 III sowie des dtschen Rechts nach Art 34 z beachten

ist, vgl dazu Art 27 Rn 4. Unabh davon stellt Abs 1 darü hinaus bei Vorliegen best Vorauss zusätzl auch die Anwendg der zwingden Vorschren zum Schutz des **Verbrauchers** nach dem an seinem **gewöhnlichen Aufenthalt** geltden Recht sicher, wenn das VertrStatut im konkreten Fall dahinter zurückbleibt, vgl dazu E. Lorenz RIW **87**, 577, Schurig RabelsZ **90**, 225. **b)** Diese Sonderanknüpfg zwingder VerbrSchutzVorschr ist **5** nach Abs 1 **alternativ** davon abhängig, daß entweder (1) dem VertrSchluß ein ausdrückl Angebot od eine Werbg, zB dch Zeitgsanzeige, Fernsehsendg (Teleshopping, vgl Wagner WM **95**, 1129), im AufenthStaat des Verbr auf Initiative seines VertrPartners vorausgegangen ist, vgl dazu BGH **123**, 389 **und** der Verbr dort auch die zum Abschl des Vertr erfdl RHandlgen, zB dch Ann des Angebots, vorgen hat; bei VertrSchluß dch einen Vertr gilt Art 11 III entspr, zust MüKo-Martiny Rn 14; **oder** (2) der VertrPartner des Verbr od sein Vertreter (gleich ob mit od ohne Vertretgsmacht, BGH **123**, 390) nach einer vorherige Werbg od ein ausdr Angebot in diesem Staat die Bestellg des Verbr im Staat v dessen gewöhnl Aufenth entgegengenommen hat, zB auf einer Messe; entsch ist dabei der Ort der EntggNahme der Bestellg, nicht der Ann dch Zusendg einer AuftrBestä-tigg, str, aM Ffm NJW-RR **89**, 1019, LG Hbg NJW-RR **90**, 696, IPRax **90**, 241, i Erg auch Lüderitz ebda 219; **oder** (3) der Verbr bei einem Warenkauf die Bestellg auf einer vom Verk z diesem Zweck herbeigeführten Reise (Kaffeefahrt) im Ausl aufgegeben hat, sofern der Verbr die Reise vom Staat seines gewöhnl Aufenth aus angetreten hat; für Reisen aus Drittstaaten bleibt es bei der Anwendg v Art 27 u 28, MüKo-Martiny Rn 17. Die Alternativen (1) u (2) betreffen einen VertrAbschl, der ganz od zum Teil im AufenthStaat des Verbr erfolgte, aus dessen Sicht also ein InlGesch darstellt, bei welchem er den Schutz seines AufenthR erwarten darf; die Alternative (3) betr VertrAbschle, die zwar ihren Schwerpkt im Ausl haben, bei welchen der Verk die AuslReise des Verbr jedoch selbst z diesem Zweck veranlaßt, dh zumindest organisiert hat, vgl MüKo-Martiny Rn 17 (bloßes Ausnutzen des von einem und veranstalteten Reise für VerkZwecke genügt nicht, zu weitgehd daher LG Limbg NJW **90**, 2206); gerade in dieser Alternative geht die Sonderanknüpfg zwingder VerbrSchutzVorschr nach Abs 1 über den v AGBG 12 gewährten Schutz hinaus, vgl dort Rn 4. Bei der Auslegg v Abs 1 ist Art 36 zu beachten, vgl BGH **123**, 384; bei Nichtvorliegen der Vorauss einer der drei Alternativen analoge Anwendg unzul, Hamm NJW-RR **89**, 496 (vgl dazu BGH **113**, 11), Hildesh IPRax **93**, 174, Mankowski RIW **93**, 459; dies gilt insb für KaufVertre dtscher Verbr mit ausl Verk im Ausl (Gran Canaria), die nach Rückkehr von inl Lieferanten erf werden sollen, Hamm aaO, AG Lichtenfels IPRax **90**, 236, LG Düss NJW **91**, 2220, grdsl auch Celle RIW **91**, 421, Taupitz BB **90**, 648, Mankowski IPRax **91**, 305, RIW **93**, 457, **aM** Ffm NJW-RR **89**, 1019 (vgl dazu BGH **112**, 204), LG Hbg IPRax **90**, 241, NJW-RR **90**, 696, Lüderitz IPRax **90**, 219, Klingsporn WM **94**, 1096 (jeweils für Nr 2), Stgt NJW-RR **90**, 1083 (vgl dazu BGH NJW-RR **92**, 1068), MüKo-Martiny Rn 18a, Klingsporn WM **94**, 1095 (für Nr 3), vgl auch LG Würzbg NJW-RR **88**, 1324, Kstz NJW-RR **92**, 1332 (für Art 28), LG Bambg NJW-RR **90**, 694 (für Art 6), AG Bremerhaven EuZW **90**, 294, LG Wiesb MDR **91**, 156, Celle RIW **91**, 421, Hildesh IPRax **93**, 173 (unmittelb Anwendg v EG-Richtlinie, dazu Jayme IPRax **90**, 220, Langenfeld IPRax **93**, 155, zu deren Umsetzg in span Recht Vestweber RIW **92**, 678, Blanco Ledesma RIW **92**, 971), Kohte EuZW **90**, 151, Ebke in: vBar, Europ GemschR u IPR (1991) 97, Coester-Waltjen Fschr Lorenz (1991) 315 (für Anwendg der Grdse über GUmgehg), Sack IPRax **92**, 28, Bernhard GRUR Int **92**, 373, Yeun IPRax **94**, 261. Eine Sonderanknüpfg des dtschen HausTWG gem Art 34 bleibt grdsl vorbehalten, vgl dort Rn 3; sie scheidet aber aus, wenn die Anwendg von Art 29 nur daran scheitert, daß der VertrPartner des Verbr nicht in dessen AufenthStaat in der in Abs 1 Nr 1 u 2 beschriebenen Weise tätig wurde, BGH **123**, 390 (insw Vorrang v Art 29 vor Art 34), vgl dazu Fischer JZ **94**, 369, Roth RIW **94**, 277. **c)** Erf ein VerbrVertr iSv Anm 2 die Voraussetzgen einer der in **6** Abs 1 aufgezählten Alternativen, so unterliegt der Vertr den zwingden Vorschren zum Schutz des Verbr nach dem Recht seines gewöhnl Aufenth, zB dem HausTWG; im übr bleibt es bei der Anwendg des v den Part gewählten Rechts; dies gilt insb für die Wirksk der RWahl selbst, die nach Art 27 IV iVm Art 31 I, v ihrer Formgültigkeit abgesehen (vgl dazu Art 27 IV iVm 29 III) nach dem gewählten Recht z beurteilen ist; das Recht am gewöhnl Aufenth des Verbr ist dabei jedoch bei der Prüfg des Vorliegens seiner ZustErkl im Rahmen v Art 31 II z berücksichtigen (dies gilt jedoch nur für das Vorliegen der Zust des Kunden, etwa dch Schweigen, nicht auch für die Wirksamk der RWahl, zutr Taupitz BB **90**, 643, Erman-Hohloch Rn 18, zu weitgehd daher Ffm NJW-RR **89**, 1018, LG Hbg NJW- RR **90**, 696, IPRax **90**, 240, LG Stgt NJW-RR **90**, 1394, LG Aachen NJW **91**, 2221, Düss RIW **94**, 420 (mit abl Anm v Mankowski), LG Gießen NJW **95**, 406, Klingsporn WM **94**, 1097, vgl dazu Art 31 Rn 5). **d)** Hat der Verbr seinen gewöhnl Aufenth im **Inland**, so kommen über die Sonderanknüpfg gem Abs 1 also etwa die zwingden Vorschr der §§ 651a ff, AG Waldshut-Tiengen NJW-RR **88**, 953, Kartzke NJW **94**, 825, des HausTWG, des VerbrKrG od des AGBG zur Anwendg, Düss WM **95**, 1351, Wagner WM **95**, 1136 (Teleshopping); liegen zusätzl auch die Voraussetzgen v AGBG 12 vor, so hat es bei der v Abs 1 vorgeschr **unmittelbaren** Anwendg der zwingden Vorschr des AGBG sein Bewenden, da diese den Verbr stärker schützt als die v AGBG 12 vorgesehene „Berücksichtigg" dieser Bestimmgen, vgl dort Rn 5, 6, zust Reithmann/Martiny Rz 456.

4) Ersatzanknüpfung bei fehlender Rechtswahl (Absatz 2). Haben die Part v der Möglk einer RWahl **7** gem Art 27 keinen Gebrauch gemacht od ist die v ihnen getroffene RWahl nach dem dafür maßg Recht (Art 27 IV iVm Art 31 bzw 29 III) unwirks, so unterliegt ein VerbrVertr bei Vorliegen einer der in Abs 1 genannten Alternativen, vgl Rn 5, in Abweichg v Art 28 nicht dem Recht des Staates, mit dem er die engsten Verbindgen aufweist, sond dem Recht des Staates, in dem der **Verbraucher** seinen **gewöhnlichen Aufenthalt** hat; **Absatz 2.** Nach diesem Recht als **Vertragsstatut** beurteilen sich alle mit Abschl, Wirksk, Inhalt u Abwicklg des Vertr zushängden Fragen, vgl dazu Art 31 u 32; diesem Recht ist insb auch der dem Verbr gewährte Schutz z entnehmen. Hat der Verbr seinen gewöhnl Aufenth im Ausl, ist also VertrStatut ein ausl Recht, so kommt daneben eine Sonderanknüpfg zwingder Vorschren des dtschen Rechts gem Art 34 in Betr; diese haben ggf den Vorrang auch vor den zwingden Vorschr des VertrStatuts.

5) Sonderanknüpfung der Formgültigkeit (Absatz 3). Die Formgültigkeit eines VerbrVertr ist bei **8** Vorliegen einer der in Abs 1 genannten Alternativen, vgl Rn 5, nach Abs 3 in Abweichg v Art 11 I–III **ausschließlich** nach dem Recht am gewöhnl Aufenth des Verbr z beurteilen. Dies gilt auch für die Formgültigkeit einer auf einen VerbrVertr bezogenen RWahl, Art 27 IV.

EG 30 *Arbeitsverträge und Arbeitsverhältnisse von Einzelpersonen.* [I] Bei Arbeitsverträgen und Arbeitsverhältnissen darf die Rechtswahl der Parteien nicht dazu führen, daß dem Arbeitnehmer der Schutz entzogen wird, der ihm durch die zwingenden Bestimmungen des Rechts gewährt wird, das nach Absatz 2 mangels einer Rechtswahl anzuwenden wäre.

[II] Mangels einer Rechtswahl unterliegen Arbeitsverträge und Arbeitsverhältnisse dem Recht des Staates,

1. in dem der Arbeitnehmer in Erfüllung des Vertrages gewöhnlich seine Arbeit verrichtet, selbst wenn er vorübergehend in einen anderen Staat entsandt ist, oder

2. in dem sich die Niederlassung befindet, die den Arbeitnehmer eingestellt hat, sofern dieser seine Arbeit gewöhnlich nicht in ein und demselben Staat verrichtet, es sei denn, daß sich aus der Gesamtheit der Umstände ergibt, daß der Arbeitsvertrag oder das Arbeitsverhältnis engere Verbindungen zu einem anderen Staat aufweist; in diesem Fall ist das Recht dieses anderen Staates anzuwenden.

1 **1) Allgemeines. a)** Art 30 entspr Art 6 des EG-Übk, vgl Rn 1 vor Art 27. Die Vorschr enth eine Sonderregelg für ArbVertr im Interesse der schwächeren Part; sie schränkt in Abs 1 die in Art 27 gewährte RWahlfreih ein, vgl dort Rn 3; bei Fehlen einer RWahl sieht sie eine v Art 28 abw obj Anknüpfg vor. **b)** Die Beachtg einer Rück- od Weiterverweisg ist, wie im ges UnterAbschn, ausgeschl, Art 35 I; zur Unteranknüpfg in MehrRStaaten vgl Art 35 II. Im innerdtschen KollR gilt Art 30 entspr. Zu Sonderregelgen im StaatsVertr v 18. 5. 90 über die Schaffg einer Währgs-, Wirtsch- u Sozialunion vgl Mansel DtZ **90,** 231. ArbVerhe, die bish nach DDR-R zu beurteilen waren, unterliegen seit dem 3. 10. 90 gem **Art 232** § 5 den Vorschr des BGB, dabei bleiben §§ 616 II u III sowie 622 ausgen, Art 230 I. Zum interlokalen TarifR Kempen ArbuR **91,** 129.

2 **2) Anwendungsbereich. a)** Art 30 betr **Arbeitsverträge,** dh DienstVertre zw ArbG u ArbN, die eine abhängige, weisgsgebundene Tätigk zum Ggst haben; bei Vertren über Dienstleistgen in wirtschaftl u sozialer Selbstdgk u Unabhängigk gilt Art 30 nicht, vgl dazu Art 28 Rn 13. Art 30 gilt auch für **Arbeitsverhältnisse,** dh auch für nichtige, aber in Vollzug gesetzte ArbVertre u für faktische ArbVerhe ohne vertragl **3** Grdlage, vgl Bericht BT-Drucks 10/503 S 58. **b)** Das von den Part gewählte od dch obj Anknüpfg nach Art 30 II maßg ArbeitsVertrStatut regelt vorbehaltl der Sonderanknüpfg zwingder Besten, vgl dazu Rn 4–6 sowie Art 34, ferner Däubler RIW **87,** 255, grdsl alle mit Begründg, Inhalt, Erf u Beendigg eines ArbVerh zushängden Fragen, vgl Art 31 u 32, also insb Lohnzahlgspflicht, Hohloch RIW **87,** 353 (einschl Mehrarbeitsvergütg), vgl auch LAG Hamm IPRspr **89** Nr 68, Urlaub, Schadensersatzpflicht, VertrÜbern bei BetrÜbergang, BAG IPRax **94,** 126 (zustd Mankowski ebda 96, Franzen AR-Blattei Internat ArbR 920 Nr 3), LAG Hbg IPRspr **89** Nr 70, LAG Kln RIW **92,** 933, privatr Kündiggsschutz, vgl BAG NJW **87,** 211, IPRspr **85** Nr 49, **88** Nr 51, LAG Ffm RIW **88,** 59, Wollenschläger/Frölich ArbuR **90,** 314 (nicht aber auch dessen Überlagerg dch öffentlr Vorschr, BAG NJW **87,** 2767), nachvertragl Wettbewerbsverbote, ArbNErfindgen u betriebl Altersvorsorg, Däubler RIW **87,** 254, Junker IPRax **93,** 6, aM Eichenhofer IPRax **92,** 76 (VertrStatut selbst zu bestimmen), vgl auch Schwerdtner ZfA **87,** 163. Zum internat BetrVerfR vgl E. Lorenz Fschr W. Lorenz (1991) 441; dtsches BetrVerfR gilt nach dem Territorialitätsprinzip nur für die im Inl gelegenen Betr, BAG NJW **87,** 2766, Betr **90,** 992 (sofern keine Ausstrahlg eines inl Betr bei vorübergehder AuslBeschäftigg vorliegt), für inl Betr ausl Untern daher auch dann, wenn das ArbVerh ausl Recht unterstellt worden ist, BAG NJW **78,** 1124; zum AnwendgsBereich des MitbestimmgsG LG Stgt RIW **93,** 851, Schmidt-Hermesdorf RIW **88,** 943. Das auf TarifVertre anwendb TarifVertrStatut können die Part dch ausdr od konkludente RWahl bestimmen, Art 27; in Ermangelg einer RWahl ist dasj Recht maßgebd, zu dem die engste Verbindg besteht, Art 28 I 1, insbes in dessen Bereich der TarifVertr seinen räuml Schwerpkt hat bzw ein davon abw gemeins HeimatR der Part, Junker IPRax **94,** 21, vgl auch BAG MDR **92,** 270 (betr tarifvertragl DchführgsPfl im Ausl), Wimmer IPRax **95,** 211. Ob ein TarifVertr überh auf ein einz ArbVerh einwirkt, hängt v dem dafür maßgebden ArbVertrStatut ab, zu dessen Vorschr auch die Tarifnormen gehören, Junker aaO 24 im Anschl an BAG NJW **77,** 2039; die Beschrkg des räuml u pers GeltgsBereichs eines TarifVertr ist dabei als matr Regelg zu beachten. Zur kollisionsr Beurteilg von ArbKämpfen vgl Hergenröder, Der ArbKampf mit Auslandsberührg, 1987, Birk IPRax **87,** 16, von ArbVerhen mit int Organisationen Elwan/Ost IPRax **95,** 1, vgl dazu auch BAG IPRax **95,** 33 u Seidl-Hohenveldern ebda 14 (betr LeihArbN).

4 **3) Einschränkung der Rechtswahl (Absatz 1). a)** Die Part können grdsl auch bei einem ArbVertr od ArbVerh gem Art 27 I das anzuwendde Recht ausdrückl od konkludent wählen (auch nachträgl im Prozeß, vgl BAG NJW-RR **88,** 483), wobei aber die Sonderanknüpfg zG zwingder Vorschren dtschen Rechts, Art 34, sowie zG der zwingden Vorschren des „normalen“ VertrStatuts gem Art 27 III z beachten ist, vgl dazu Junker IPRax **89,** 72; Bezugnahme auf dtsches SozialVersR reicht nicht, Junker IPRax **90,** 305 gg ArbG Düss ebda 330; zur Zulässigk einer formularmäßigen RWahl Mook Betr **87,** 2252, Birk RdA **89,** 203; die Vereinbg ausl Rechts setzt keine AuslBeührg voraus, vgl Art 27 Rn 3, aM Schmidt-Hermesdorf RIW **88,** 939; gewählt werden kann auch ein neutrales Recht, zu dem die Part keine Beziehgen haben, E. Lorenz RdA **89,** 221. Unabhängig davon versagt Abs 1 einer v den Part getroffenen RWahl insoweit die Wirksk, als dadch dem ArbN der Schutz entzogen wird, den ihm die zwingden Vorschren der ROrdng gewähren, die ohne die RWahl maßg gewesen wäre. Mit dieser Regelg soll verhindert werden, daß dch eine RWahlKl im ArbVertr die an sich maßg zwingden arbeitsr SchutzVorschr umgangen werden; der AusgleichsAnspr des HandelsVertr gehört nicht hierher, vgl dazu Klima RIW **87,** 796. Welches Recht bei Fehlen einer RWahl an sich maßg ist, regelt Abs 2 einschl der AusnKl in HS 2, BAG Betr **90,** 1666, vgl dazu Rn 7, 8; neben der dort vorgesehenen obj Anknüpfg besteht für eine ergänzde Sonderanknüpfg zG der zwingden Vorschren des **5** „normalen“ VertrStatuts gem Art 27 III kein Bedürfnis, da sie zu keinem and Recht führen kann. **b)** Ob dem ArbN dch das gewählte Recht der **Schutz** der zwingden arbeitsrechtl Best des nach Abs 2 maßg Rechts **entzogen** wird, ist dch Vergleich der beiden ROrdngen z ermitteln; dabei ist jeweils auf die **Ergebnisse**

abzustellen, zu denen diese Rechte in dem betr Teilbereich, zB Kündiggsschutz, im Einzelfall gelangen; vgl dazu BAG IPRax **94**, 126, Hönsch NZA **88**, 116, Reithmann/ Martiny Rz 718, Junker IPRax **89**, 71, Birk RdA **89**, 203; Schurig RabelsZ **90**, 225; Hausmann JbItalR **91**, 49; Eser BB **94**, 1992. Soweit das gewählte Recht mit seinen zwingden Vorschren den ArbN im Erg genauso od besser schützt als das bei Fehlen einer RWahl berufene Recht, hat es bei der Anwendg jener Vorschren sein Bewenden; soweit es hinter dem Schutz des nach Abs 2 maßg Rechts zurückbleibt, finden stattdessen die dem ArbN günstigeren zwingden Vorschren dieser ROrdng Anwendg. Auf diese Weise kann ein ArbVerh uU einem Mosaik zwingder SchutzVorschr versch staatl Herkunft unterliegen, zB den Kündiggsfristen des gewählten Rechts u der Lohnfortzahlg im KrankhFall nach dem an sich maßg Recht, einschränkd Hohloch RIW **87**, 358. **c) Zwin-** 6
gende Bestimmgen, die nach Abs 1 dch RWahl nicht ausgeschaltet werden können, finden sich verstreut im ges ArbR. In Betr kommen etwa der Gleichbehandlgs Grds, aM Bittner NZA **93**, 166, Vorschren über ArbNErfindg, Sack Fschr Steindorff (1990) 1343, über Kündiggsschutz, LAG Kln RIW **92**, 934, Vertr-Übern bei BetrÜbergang (§ 613a), BAG IPRax **94**, 126, JugendArbSchutz, Mutterschutz, ArbZeit. Dabei ist gleichgült, ob sie dem priv od öffentl Recht angehören; sie können auch in einem TarifVertr enth sein, dem die Part unterworfen sind, vgl Bericht BT-Drucks 10/503 S 57.

4) Bestimmung des Arbeitsvertragsstatuts bei fehlender Rechtswahl (Absatz 2). a) Haben die Part v 7
der Möglk einer RWahl gem Art 27 **keinen** Gebrauch gemacht (was angesichts der mit der RWahl verbunde-nen Probleme dringend anzuraten ist, vgl Rn 5) od ist die v ihnen getroffene RWahl nach dem dafür maßg Recht (Art 27 IV iVm Art 31) unwirks, so ist aGrd obj Anknüpfg nach **Absatz 2 Nr 1** grdsl das Recht des Staates maßg, in dem der ArbN in Erfüllg des Vertr (od des ArbVerh, vgl Anm 2) **gewöhnlich** seine Arb verrichtet, dh das **Recht** des normalen **Arbeitsortes**, vgl dazu Behr IPRax **89**, 322; bei Einsatz an wechseln-den Orten innerh eines Staates ist ArbOrt das Gebiet, in dem die ArbLeistg überwiegd erbracht wird, BAG IPRax **94**, 127 (betr fliegdes Personal); bei Hochseeschiffen kommt diese Anknüpfg nicht in Betr, zutr Putt-farken RIW **95**, 623, iErg auch Lagoni JZ **95**, 502. Bei der Anwendg dieses Rechts bleibt es auch dann, wenn der ArbN vorübergehd, dh nicht endgült, E. Lorenz RdA **89**, 223, weitergehd Kraushaar BB **89**, 2124 (kürzer als 2–3 Jahre), vgl auch BAG IPRax **94**, 127, in einen and Staat entsandt wird, zB auf eine ausl Montagebaustel-le; Vorschr des Rechts am ArbOrt über ArbSicherh, ArbZeit od Feiertage sind aber entspr Art 32 II zu berücksichtigen, vgl Däubler RIW **87**, 251, E. Lorenz RdA **89**, 224; bei einer auf Dauer angelegten Versetzg an einen Arbeitsort in einem and Staat kommt es zu einem Statutenwechsel, vgl Schmidt-Hermesdorf RIW **88**, 940, einschränkd Eser RIW **92**, 5. Verrichtet der ArbN seine Arb gewöhnl nicht in ein u demselben Staat, so ist nach **Absatz 2 Nr 2** grdsl das Recht der **Niederlassung** des ArbG maßg, die den ArbN eingestellt hat; diese Regel gilt grdsl auch für das fliegde Personal v LuftfahrtUnternehmen u für die Besatzg v Hochseeschiffen, ebso Erman-Hohloch Rn 19; die primäre Anknüpfg an die Nationalität des Flugzeugs, vgl LAG Bln RIW **75**, 303, od an die Flagge des Schiffes, vgl BAG NJW **79**, 1791, ist damit hinfällig, da sie im Zeitalter der Billigflaggen kein taugl Indiz für die Bestimmg des sachnächsten Rechts ist, ebso BVerfG JZ **95**, 507 für sog Zweitregisterschiffe, Lagoni JZ **95**, 502, Puttfarken RIW **95**, 623, Ebenroth/Fischer/Sorek ZVglRWiss **89**, 138, Eser RIW **92**, 2, Magnus IPRax **94**, 180, aM Däubler RIW **87**, 251, Reithmann/ Martiny Rz 733 (anders wohl MüKo-Martiny Rn 48b), E. Lorenz RdA **89**, 224, Mankowski RabelsZ **89**, 504, grdsl auch Drobnig BerGesVR **31** (1990), 60, Basedow ebda 82, offen gelassen BAG Betr **90**, 1666 (dazu Magnus IPRax **91**, 383); eine wichtige Klarstellg hierzu bringt § 21 IV FlaggenrechtsG idF der Bek v 26. 10. 94, BGBl 3141 (ArbVerhe nicht im Inl lebder BesatzgsMitgl unterliegen nicht schon desh dtschem Recht, weil in Internat Seeschiffahrts-Reg eingetragenes Schiff die Bundesflagge führt; die Vorschr ermögl insb den Abschl von TarVerträgen für Seeleute mit ausl Wohns mit deren HeimatR; die Geltg des dtschen SozialVersR bleibt aber unberührt; zur Verfmk dieser Regelg BVerfG JZ **95**, 507, Lagoni ebda 499, Puttfarken RIW **95**, 617; zur Vereinbk mit dem EWG-V EuGH IPRax **94**, 199, Magnus ebda 178). Die Anwendg der AusnKl der engeren Verbindg nach der Gesamth der Umst bleibt jedoch selbstverständl vorbehalten, vgl Rn 8; sie führt bei Zweitregisterschiffen idR zur Anwendg des HeimatR der ausl Seeleute, zutr Lagoni JZ **95**, 503, iErg auch Puttfarken RIW **95**, 624, der allerd die AusnKl in Abs 2 als Regelanknüpfg mißversteht. Eine Überprüfg des fremden Rechts am Maßstab des Art 6 bleibt unberührt, vgl BVerfG JZ **95**, 508, Lagoni ebda 503, Puttfarken RIW **95**, 625; ebso Sonderanknüpfg dtscher Eingriffsnormen gem Art 34, Lagoni aaO, Wimmer IPRax **95**, 210. **b)** Die in Abs 2 8
Nr 1 u 2 vorgesehenen Anknüpfgen an den ArbOrt bzw die AnstellgsNiederlassg sind allerdings **keine starren Regeln.** Sofern sich aus der Gesamth der Umst (zB ArbOrt, Sitz des ArbG, Wohns des ArbN, Statsangehörigk der Part, daneben auch VertrSprache u–währg, AbschlOrt, Registrierg von Schiff od Flug-zeug, Altersversorgg u Krankenkasse, vgl dazu BAG IPRax **94**, 127, LAG Kln RIW **92**, 934, Magnus IPRax **91**, 385) ergibt, daß der Vertr engere Verbindgen z einem and Staat aufweist, ist nach der **Ausnahmeklausel** in Abs 2 an Stelle des Rechts des ArbOrtes bzw der Anstellgsniederlassg das Recht jenes and Staates maßg, vgl BAG Betr **90**, 1667, IPRax **94**, 127 (Recht der USA für US-Bürger im Dienst einer amerikanischen FlugGesellsch), ArbG Klautern IPRax **88**, 250 mAv Jayme, LAG Düss RIW **92**, 402, Hönsch NZA **88**, 114, Mankowski IPRax **94**, 92, zB das dtsche Recht für dtsche Ortskräfte dtscher Auslandsvertretgn, vgl BAG **AP** IPR (ArbR) Nr 6, od dtscher Fernsehanstalten, vgl LAG RhPf IPRspr **81** Nr 44; ebso bei nicht nur vorübergehder Entsendg dtscher ArbN zu einer ausl Zweigstelle od TochterGesellsch ihres ArbG, Däubler RIW **87**, 252.

EG 31 *Einigung und materielle Wirksamkeit.* [I] Das Zustandekommen und die Wirk-samkeit des Vertrages oder einer seiner Bestimmungen beurteilen sich nach dem Recht, das anzuwenden wäre, wenn der Vertrag oder die Bestimmung wirksam wäre.

[II] Ergibt sich jedoch aus den Umständen, daß es nicht gerechtfertigt wäre, die Wirkung des Verhaltens einer Partei nach dem in Absatz 1 bezeichneten Recht zu bestimmen, so kann sich diese Partei für die Behauptung, sie habe dem Vertrag nicht zugestimmt, auf das Recht des Staates ihres gewöhnlichen Aufenthaltsorts berufen.

1) Allgemeines. Art 31 entspr Art 8 des EG-Übk, vgl Rn 1 vor Art 27. Die Vorschr regelt das Zustande- 1
kommen u die mat Wirksk eines SchuldVertr od einer seiner Best, zB die Unterwerfg unter AGB; sie gilt

nach Art 27 IV auch für eine für diesen HauptVertr geschl **Rechtswahlvereinbarung,** gleichgültig ob sie innerh des HauptVertr (als eine seiner Bestimmgen) od isoliert geschl wird, vgl dazu Art 27 Rn 8. Für die **Form** des Vertr gilt Art 11 u ggf Art 29 III; dies gilt auch für die Form der RWahlVereinbarg, Art 27 IV. Die GeschFgk der Part beurteilt sich nach Art 7.

2   **2) Grundsatz (Absatz 1). a)** Das Zustandekommen der erfdl Willenseinig u ihre mat WirkskVorausssetzgen beurteilen sich nach Abs 1 grdsl nach dem für den **Hauptvertrag** maßg **Vertragsstatut,** das nach Art 27–30 z best ist; internat zwinge Vorschren des dtschen Rechts iSv Art 34 gehen aber einem ausl VertrStatut vor; im Fall einer RWahl ist auch die Sonderanknüpfg zG zwinger Vorschren des an sich maßg Rechts gem Art 27 III, 29 I u 30 I z beachten, sofern diese Vorschr überh das Zustandekommen u die mat Wirksk des Vertr betreffen. Für die Verbindlk v AGB gilt bei ausl VertrStatut ergänzd AGBG 12, vgl dazu 3   auch Art 29 Rn 6. **b)** Das Zustandekommen u die Wirksk des Vertr od seiner Bestimmgen iSv Abs 1 betr etwa Vorschren über die Vorauss des VertrSchlusses dch Angebot u Annahme, über Dissens, Bedinggen, Willensmängel u deren Folgen, Eintritt der Nichtigk wg Gesetzes- od Sittenverstoß od wg anfängl Unmöglk (für die Folgen der Nichtigk, insb die Erstattg einer erbrachten Leistg gilt das VertrStatut gem Art 32 I Nr 5), Folgen der Teilnichtigk, Hamm RIW **95,** 682, Möglk einer Umdeutg. Auch die Einbeziehg v **AGB** u deren Wirksk gehört hierher, vgl zB Karlsr NJW-RR **93,** 568; bei der Best des anwendb Rechts ist Art 29 bes z beachten; bei Maßgeblk ausl Rechts gilt ergänzd AGBG 12. Verbindlk v AGB setzt nach deutschem R grdsl nicht voraus, daß Kunde die Sprache versteht, in der sie abgefaßt sind, BGH NJW **95,** 190, aM Kblz IPRspr **74** Nr 159, RIW **92,** 1021; Verschaffg der Möglk der Kenntnisn in zumutb Weise nach AGBG 2 I Nr 2 erfordert nicht Übersetzg, vgl dort Rn 15, BGH **87,** 114 (krit dazu Schubert JR **83,** 459), abw MüKo-Martiny Rn 26, differenzierd MüKo-Spellenberg Vor Art 11 Rn 159ff; dies gilt nicht, wenn die VertrVerhandlgen in fremder Sprache geführt worden sind, Hbg NJW **80,** 1232, Stgt IPRax **88,** 293, Schwarz ebda 278; zur Verbindlk v AGB, die nicht in der VertrSprache abgefaßt sind, vgl ferner Mü NJW **74,** 2181, Ffm EWiR § 2 AGBG 1/**87,** 631, Jayme ZHR **78,** 110, Schütze Betr **78,** 2305; zur Bedeutg der VertrSprache allg Beckmann AWD **81,** 79, Reithmann/Martiny Rz 146.

4   **3) Ergänzende Sonderanknüpfung für das Zustandekommen der Einigung (Absatz 2). a)** Nach dem Statut des HauptVertr beurt sich grdsl auch die Frage, ob die Part sich überh über den Abschl des Vertr geeinigt haben, vgl Rn 3. Nach Abs 2 kann sich aber jede Part für den Einwand, sie habe dem Vertr nicht zugest, auf die Vorschren des Rechts an ihrem gewöhnl Aufenth berufen. **Voraussetzung** dieser ergänzden Sonderanknüpfg für den zum VertrSchluß erfdl Konsens ist, (1) daß das v Art 27–30 best VertrStatut ein and Recht ist als das des gewöhnl Aufenth der betr Part, (2) daß der Vertr nach dem VertrStatut sowie den ggf kr Sonderanknüpfg z beachtenden weiteren Vorschren, vgl Rn 2, wirks geschl ist, **und** (3) daß es nach den ges Umsten des Einzelfalls, insb den bish Gepflogenhen der Part, unbill wäre, das Vorliegen einer Zust der betr Part ausschl an dem ihr fremden VertrStatut z messen. Sind diese Vorauss erf, so ist bei der Prüfg des VertrSchlusses neben dem VertrStatut iS eines zusätzl AusschlußGrds auch das Recht am gewöhnl Aufenth derj Part z berücksicht. Beruft sich eine Part darauf, daß das Zustandekommen der Einigg nach ihrem AufenthR beruft, ist für die Anwendg dieses Rechts nicht erfdl; es genügt, daß sie den Vertr für sich nicht gelten lassen will. Ist der Vertr bereits nach dem VertrStatut **nicht** wirks geschl, so besteht für die Anwendg v Abs 2 kein Bedürfnis; die Anwendg des AufenthR kann insb nicht z dem Erg führen, daß der Vertr in Widerspr z Abs 2 zustandegekommen ist, vgl Bericht BT-Drucks 10/503 S 60.
5   **b)** Prakt Bedeutg hat Abs 2 vor allem für die Entsch, ob das bloße **Schweigen** einer Part, etwa auf ein kaufm BestätSchreiben od bei der Bezugn der and Part auf ihre AGB, als Zust z werten ist, vgl Hamm RIW **94,** 1047, Sandrock RIW **86,** 849, Schwenzer IPRax **88,** 86, Schwarz IPRax **88,** 278; Abs 2 gilt aber darü hinaus auch für die Wirkgen eines aktiven Verhaltens einer Part od den VertrSchluß, insb für die Bedeutg v Willensmängeln, str, aM Erman-Hohloch Rn 15; zur Bedeutg für die Anknüpfg der RScheinhaftg vgl Fischer IPRax **89,** 216. **c)** Die ergänzde Anwendg des AufenthR nach Abs 2 bezieht sich nur auf die Frage, ob zw den Part der zum VertrSchluß erfdl Konsens besteht, nicht auch auf Bestehen eines Widerrufs-, Rücktr- od KündiggR, ebso Erman-Hohloch Rn 15, aM Ffm NJW-RR **89,** 1018, LG Aachen NJW **91,** 2221, LG Gießen NJW **95,** 406, dahingestellt LG Düss RIW **95,** 416, LG Bln NJW-RR **95,** 754, Beise NJW **95,** 1725, vgl dazu Art 29 Rn 6; im übr bleibt es bei der Maßgeblk des VertrStatuts nach Abs 1 u ggf der Sonderanknüpfg zG zwinger Vorschren des dtschen Rechts, Art 34, od des an sich maßg Rechts, Art 27 III, 29 I u 30 I.

EG 32 *Geltungsbereich des auf den Vertrag anzuwendenden Rechts.* [I] Das nach den Artikeln 27 bis 30 und nach Artikel 33 Abs. 1 und 2 auf einen Vertrag anzuwendende Recht ist insbesondere maßgebend für

1. seine Auslegung,

2. die Erfüllung der durch ihn begründeten Verpflichtungen,

3. die Folgen der vollständigen oder teilweisen Nichterfüllung dieser Verpflichtungen einschließlich der Schadensbemessung, soweit sie nach Rechtsvorschriften erfolgt, innerhalb der durch das deutsche Verfahrensrecht gezogenen Grenzen,

4. die verschiedenen Arten des Erlöschens der Verpflichtungen sowie die Verjährung und die Rechtsverluste, die sich aus dem Ablauf einer Frist ergeben,

5. die Folgen der Nichtigkeit des Vertrages.

[II] In bezug auf die Art und Weise der Erfüllung und die vom Gläubiger im Fall mangelhafter Erfüllung zu treffenden Maßnahmen ist das Recht des Staates, in dem die Erfüllung erfolgt, zu berücksichtigen.

[III] Das für den Vertrag maßgebende Recht ist insoweit anzuwenden, als es für vertragliche Schuldverhältnisse gesetzliche Vermutungen aufstellt oder die Beweislast verteilt. Zum Beweis eines Rechtsgeschäfts sind alle Beweismittel des deutschen Verfahrensrechts und, sofern dieses

nicht entgegensteht, eines der nach Artikel 11 und 29 Abs. 3 maßgeblichen Rechte, nach denen das Rechtsgeschäft formgültig ist, zulässig.

1) Allgemeines. a) Art 32 entspr den Art 10 u 14 des EG-Übk, vgl Rn 1 vor Art 27. Die Vorschr best **1** den Anwendgsbereich des für einen SchuldVertr als VertrStatut maßg Rechts; die Anknüpfg dieses VertrStatuts selbst ergibt sich aus Art 27–30, sowie im Fall einer Zession aus Art 33 I u II. Regelmäßig unterliegt der Vertr einem einheitl VertrStatut; eine **Vertragsspaltung** kann sich ausnahmsw aus einer entspr RWahl, Art 27 I S 3, vgl dort Rn 9, od gespalten obj Anknüpfg, Art 28 I S 2, vgl dort Rn 2, ergeben; dann entsch das jew VertrStatut nur über den seiner Herrsch unterworfenen Teilkomplex des Vertr. Das VertrStatut wird ggf überlagert durch eine Sonderanknüpfg zG **zwingender** Vorschren des dtschen Rechts, Art 34, od des an sich maßg Rechts, Art 27 III, 29 I u 30 I; diese setzen sich auch in dem v Art 32 umschriebenen Anwendungsbereich des VertrStatuts als vorrangige Sonderregelg dch. **b)** Im Art 32 **nicht** geregelt ist das **Zustandekommen** u die materielle Wirksk eines SchuldVertr; insow gilt Art 31, bzw hins der GeschFgk Art 7, hins der Form Art 11 u ggf Art 29 III. **c)** Anzuwenden ist das VertrStatut in seiner jew Gestalt; GesÄndergen nach VertrSchluß sind also im Rahmen der intertemporalen Vorschr des betr R z beachten, RG JW **28**, 1447. Die Part können aber grdsl die Anwendg des gewählten Rechts in seinem Zust zZ der RWahl vereinbaren (Versteinergsklausel), Sandrock, Fschr Riesenfeld (1983) 211.

2) Anwendungsbereich des Vertragsstatuts. a) Nach dem VertrStatut beurteilen sich Inhalt u Um- **2** fang der Rechte u Pflichten der Part sowie ihre Erf u NichtErf u deren Konsequenzen. Eine **beispielhafte** Aufzählg einz nach dem VertrStatut z beurt Fragen enth **Absatz 1. aa)** Das für den Vertr maßg Recht entsch **3** über seine **Auslegung, Nr 1,** vgl BGH NJW-RR **90**, 249 (früh R), Mü RIW **90**, 585 (zur Auslegg v AGB Wolf ZHR **89**, 300); dies schließt nicht aus, daß dabei auch RVorstellgen aus der Sprache berücksichtigt werden, in der der Vertr abgefaßt ist, vgl Hbg GRUR Int **90**, 388; für die Berücksichtigg v Willensmängeln u die Möglk einer Umdeutg gilt Art 31, vgl dort Rn 3 u 5. Zur Auslegg von RWahlklauseln E. Lorenz RIW **92**, 697 u Art 27 Rn 8. **bb)** Nach dem VertrStatut beurteilt sich ferner der Inhalt der beiders Verpfl u deren **4** **Erfüllung, Nr 2,** zB Grds von Treu u Glauben, Zeit u Ort der Leistg, Zulässigk v Teilleistgn, Leistg dch Dritte; soweit die Erf ein **Rechtsgeschäft** voraussetzt, gelten für dieses die dafür maßg Vorschr, zB der lex rei sitae für die Übereigng einer Sache; die GeschFgk der Part beurt sich nach Art 7; die Form des ErfGesch nach Art 11. Für die **Art und Weise** der Erfüllg, zB Feiertagsregelg, u die vom Gläubiger bei mangelh Erf z treffden Maßn, zB Untersuchgs-u Rügepflicht, Aufbewahrungsfrist, schreibt **Absatz 2** die „Berücksichtigg" der am ErfOrt geltden Vorschr vor; das VertrStatut ist also um diese Vorschr z **ergänzen,** soweit sich aus ihnen Einschränkgen od Erweitergen der die Part iZshg mit der Erf treffden Pflichten ergeben. **cc)** Das **5** VertrStatut regelt weiter die Folgen der vollst od teilw **Nichterfüllung, Nr 3,** insb Vorauss u Folgen v **Leistungsstörungen,** zB des Verzugs (einschl Erfordern v Mahng u Fristsetzg), Kln RIW **93**, 415; über die Höhe der Verzugszinsen entsch aber das Recht der geschuldeten Währg, Grunsky Fschr Merz (1992) 152, aM LG Ffm RIW **94**, 780, Gruber MDR **94**, 759. Das VertrStatut regelt die Unmöglk (soweit kein NichtigkGrd, vgl Art 31 Rn 3), positive VertrVerletzg, vgl BGH **123**, 207, LG Stgt IPRax **93**, 109, Versch-Begr, Haftg für ErfGehilfen, Einrede des nichterf Vertr, Rücktr v Vertr u SchadErsPfl, vgl Hamm FamRZ **94**, 1259, einschl der Schadensbemessg (jedoch innerh der dch das dtsche VerfahrensR als lex fori gezogenen Grenzen, insb ZPO 287, vgl dazu Rn 33 vor Art 3), sowie Wegfall der GeschGrdl, Reithmann/Martiny Rz 177, vgl dazu Art 6 Rn 12 (betr ILP). **dd)** Das VertrStatut regelt nach Abs 1 **Nr 4** ferner die versch Arten des **6** **Erlöschens** der Verpfl der Part, insb dch ErfSurrogate, vor allem die **Aufrechnung,** deren Wirkg also nach dem Statut der Forderg z beurteilen ist, gg die aufgerechnet wird, BGH NJW **94**, 1416, Kblz RIW **92**, 61, **93**, 937, Hamm RIW **95**, 55 (dies gilt entspr auch für ZurückbehaltgsR, Reithmann/Martiny Rz 189); z Aufrechng bei währgsversch Fdgen, vgl Gruber MDR **92**, 121, Vorpeil RIW **93**, 529; vom Standpkt des dtschen IPR ist die Aufrechng auch dann matrechtl z qualifizieren, wenn sie nach dem VertrStatut prozeßr geregelt ist, wie im angloamerikan Recht, vgl Rn 27 vor Art 3. Nach dem VertrStatut ist nach Abs 1 Nr 4 ferner z beurt der RVerlust dch Fristablauf u die **Verjährung** einer vertragl Forderg, insb die maßg VerjFrist, deren Hemmg od Unterbrechg, vgl dazu Otte IPRax **93**, 209, etwa dch KlErhebg (bei dtschem Schuldstatut hängt Unterbrechg der Verj dch eine im Ausl erhobene Kl v der zu erwartden Anerkenng des ausl Urt ab, RG **129**, 385, 389, Degdf IPRax **83**, 125, Duisbg IPRspr **85** Nr 43, aM Schack AWD **81**, 301, Frank IPRax **83**, 108, Geimer IPRax **84**, 83, Linke Fschr Nagel (1987) 209; das gleiche gilt umgekehrt für die Unterbrechg dch eine im Inl erhobene Kl bei ausl Schuldstatut, abw Schack aaO; bei der Klage gleichgestellten ProzHdlgen wie nach § 209 II hängt die UnterbrechgsWirkg von der Gleichwertigk ab, Köln AWD **80**, 877, Düss RIW **89**, 743). Ist die Verj nach dem VertrStatut prozeßr geregelt, wie im angloamerikan Recht, so ist sie im dtschen Verfahren aGrd materiellr Qualifikation, vgl Rn 27 vor Art 3, dennoch z beachten, BGH NJW **60**, 1720, vgl dazu Kegel, Grenze v Qualifikation u Renvoi im internat VerjährgsR, 1962. Dem VertrStatut unterliegt auch die **Verwirkung** einer vertragl Fdg, vgl Ffm RIW **82**, 914, für Berücksichtigg auch des UmweltR vgl RabelsZ **78**, 211. **ee)** Nach dem VertrStatut sind schließl nach Abs 1 **Nr 5** auch die **Folgen** der **Nichtigkeit 7** des Vertr z beurt, dh insb die Rückgewähr der erbrachten Leistgn; dabei ist gleichgült, ob die Folgen der Nichtigk vertragl od außervertragl Art sind, vgl Begründg BT-Drucks 10/504 S 82; auch die Rückabwicklg aGrd **Leistungskondiktion** gehört also hierher, BGH DtZ **95**, 253, Köln NJW-RR **94**, 1026, Hamm FamRZ **94**, 1260.

b) Nach dem Statut des angebahnten Vertr beurt sich entspr Art 31 I u 32 I Nr 3 u 5 grdsl auch die Haftg **8** aus **culpa in contrahendo,** vgl BGH NJW **87**, 1141, Mü AWD **56**, 127, Ffm IPRax **86**, 377, Degner, Kollisionsr Probleme z Quasikontrakt, 1984, S 260, krit dazu Dörner JR **87**, 203 (für analoge Anwendg von Art 31 II), auch Hbg IPRspr **88** Nr 34, sowie Bernstein RabelsZ **77**, 281, der mit beachtl Grden zw Verletzg v Aufklärgs-u BeratgsPfl (VertrStatut) u v Obhuts-u ErhaltgsPfl (Deliktsstatut) unterscheidet, zust Stoll Fschr Ferid (1988) 505, Kreuzer IPRax **88**, 17, Staud-vHoffmann Art 38 Rn 105, Scheffler IPRax **95**, 20, ähnl Fischer JZ **91**, 168; für Anwendg des Deliktsstatuts im Einzelfall auch Ffm IPRax **86**, 378, Mü WPM **83**, 1094, sowie Canaris Fschr Larenz (1983) 109, Grundmann RabelsZ **90**, 310, Mankowski RIW **94**, 424 (zur Anwendbk der RAnwendgsVO auf SchadErsAnspr aus c. i. c. vgl Anh I z Art 38 Rn 3). Die Eigenhaftg eines vertragsfremden Dritten aus c. i. c. unterliegt dem Recht seines gewöhnl Aufenth, Dörner JR **87**, 202, Reithmann/Martiny Rz 191, aM Ffm IPRax **86**, 378, Kreuzer IPRax **88**, 20 (für Deliktsstatut), krit dazu Ahrens ebda 359 (auch insow VertrStatut), Fischer JZ **91**, 174.

9   **3) Beweisfragen (Absatz 3). a)** Auch für gesetzl Vermutgen sowie für die Verteilg der BewLast ist entspr den allg Grdsen des internat VerfR, vgl Rn 33 vor Art 3, das VertrStatut maßg, Abs 3 S 1; allerd muß es sich dabei um matr BewReg handeln, die das VertrStatut speziell für vertragl SchuldVerhe aufstellt; BewVorschr verfr Art, zB ob nichtbestr Vorbringen als zugestanden gilt, sind allein der lex fori z entnehmen, vgl Bericht BT-Drucks 10/503 S 68. **b)** Welche **Beweismittel** für den Nachweis eines RGesch zugel sind, zB welche Anfordergen an den Urkunden-od Zeugenbeweis zu stellen sind, ist grdsl nach **deutschem** Recht als der für das Verf maßg **lex fori** zu beurt. Darü hinaus sind nach Abs 3 S 2 auch die BewMittel einer der nach Art 11 u Art 29 III als **Formstatut** berufenen ROrdngen zuläss, sofern das RGesch nach diesem Recht formgült ist u das dtsche BewVerfR der Zulassg des betr BewMittels nicht entggsteht, wie etwa bei der Vernehmg einer Part als Zeuge. Die alternative Anwendg der BewReg des Formstatuts soll den Part die Beweisbk des Vertr nach dem Recht ermögl, dessen FormVorschr sie beim VertrSchluß eingehalten haben.

10   **4) Währungsstatut.** Das VertrStatut best grdsl auch, in welcher Währg geschuldet wird, vgl BGH FamRZ **87**, 370 (einschl DevisenVorschr), Hamm FamRZ **91**, 1321, Maier-Reimer NJW **85**, 2055, Remien RabelsZ **89**, 248; eine auf die Währg beschr abw RWahl ist auch nachträgl statth, vgl Art 27 Rn 9, ferner Hamm FamRZ **91**, 1321. Sofern es das danach maßg Recht zuläßt, kann aber selbstverständl Zahlg in einer and Währg als der des VertrStatuts vereinb werden, vgl Grunsky Fschr Lorenz (1991) 149. Die betr Währg unterliegt dem für sie maßg WährgsR; dies gilt grdsl auch für eine Währgumstellg od eine Aufwertg, vgl RG **118**, 370, aM Mann SchweizJbIntR **80**, 102; ein neues Währgsstatut ist aber z ermitteln, wenn das alte Währgsstatut einen grdlegden WährgsEingr vornimmt u die Beteil zum Ztpkt dieses Eingr jede Beziehg z dem betr Land verloren haben, BGH **43**, 162, abl Mann JZ **65**, 450. Zur innerstaatl u internat Zulässigk v Fremdwährgsschulden u-klauseln Seetzen AWD **69**, 253; zur Umrechngsbefugn bei Fremdwährgsschulden vgl Birk AWD **73**, 425, Maier-Reimer NJW **85**, 2050; zum UmrechngsZtpkt LG Hbg AWD **80**, 64.

Anhang zu Art 32

Vollmacht

1   **1) Grundsatz.** Das für die Vollm maßg Recht ist gesetzl nicht geregelt, vgl Art 37 Nr 3. Die Vollm ist im Interesse des VerkSchutzes **selbständig anzuknüpfen**, unterliegt also nicht automat dem Recht des v Vertreter vorgenommenen RGesch (GeschStatut); als VollmStatut maßg ist vielm grdsl das Recht des Landes, in dem das Gesch vorgenommen werden soll, also des **Wirkungslandes**, BGH **64**, 183, NJW **82**, 2733, **90**, 3088, DNotZ **94**, 487, BGH **128**, 47, BFH RIW **87**, 635, BayObLG **87**, 367, Mü NJW-RR **89**, 664, grdsl auch Steding ZVglRWiss **87**, 43, **aM** Müller AWD **79**, 377, Ebenroth JZ **83**, 821 (grdsl Anknüpfg an Aufenth des Vollmachtgebers), Ferid IPR Rdz 5–147ff, Luther RabelsZ **74**, 421 (kumulative Anwendg des Rechts des Wirkgslandes u des AufenthR des VollmGebers), MüKo-Spellenberg Vor Art 11 Rn 268 (Anwendg des GeschStatuts), Soergel-Lüderitz Rdz 302 vor EG 7 (Anwendg des R, unter dem der Vertr auftritt); für begrenzte Zulässg einer RWahl Reithmann/Martiny-Hausmann Rdz 931. Die Verweisg auf das Recht des Wirkgslandes ist gem Art 4 I Sachnormverweisg. Bei einer familiären DauerVollm von
2 Eheg entscheidet deren gewöhnl Aufenth, BGH NJW-RR **90**, 250. Bei **kaufmännischen Bevollmächtigten**, zB HandelsVertr, mit fester Niederlassg ist VollmStatut das Recht der Niederlassg, BGH JZ **63**, 168, NJW **90**, 3088 (dazu Ackmann IPRax **91**, 220), LG Hbg AWD **78**, 124, Bielefeld IPRax **90**, 315, auch wenn sie in einem and Land tät werden, Staud-Firsching Rdz 228 vor EG 12, Reithmann/Martiny-Hausmann Rz 936, str, aM zB Steding ZVglRWiss **87**, 45, Sandrock/Müller, Hdb Abschn D Rdz 31 (Gebrauchsort), Ebenroth JZ **83**, 821 (Niederlassg des VertrRetenen); bei Fehlen einer festen Niederlassg entsch dagg das Recht des Gebrauchsortes, Erm- Arndt Rdz 13 v EG 12, str, abw zB Klinke AWD **78**, 642, der auf die Initiative zum VertrSchluß abstellt. Die organschl Vertretgsm der GeschFührer einer Gesellsch beurteilt sich nach dem Recht am Sitz ihrer Hauptverwaltg, BGH NJW **92**, 618, vgl Anh zu Art 12 Rn 10. Bei GrdstVfgen gilt das Recht der belegenen Sache, RG **149**, 93. Erteilg u Umfang der ProzVollm unterliegen der lex fori, BGH NJW **90**, 3088. Die Vollm des Kapitäns beurteilt sich nach dem Recht der Flagge, Raape IPR § 46 IV; zur Konnossementsausstellg Mankowski TranspR **91**, 258.

3   **2) Reichweite:** Das Recht des Wirkgslandes entsch als VollmStatut über das Bestehen, insb die wirks Erteilg einer Vollm, BGH NJW **82**, 2733, Staud-Firsching Rdz 247 vor EG 12. Das VollmStatut gilt ferner für Auslegg u Umfang einer Vollm, Zulässigk des Selbstkontrahierens, BGH NJW **92**, 618, u die Beendigg der Vertretgsmacht, zB dch Widerruf, Staud-Firsching Rdz 243 vor EG 12. Duldgs- u AnscheinsVollm beurteilen sich grdsl nach dem Recht des Ortes, wo Vertrauen geweckt, also der RSchein gesetzt worden ist, vgl BGHZ **43**, 27 (dazu Kropholler NJW **65**, 1641), Reithmann/Martiny-Hausmann Rz 960, also dem Recht des tats Wirkgslandes, dahingestellt BGH NJW-RR **90**, 250; der Vertretene kann sich aber analog Art 31 II auf das Recht an seinem gewöhnl Aufenth berufen, wenn dieses eine RScheinhaftg nicht vorsieht u er mit der Anwendg eines and Rechts nicht rechnen mußte, vgl Fischer IPRax **89**, 216 (z Koblenz IPRax **89**, 232). Bei Vertretg ohne Vertretgsmacht gilt für die RWirkgen für den Vertretenen, insb dessen GenR das GeschStatut, BGH IPRspr **64**/65 Nr 34, NJW **92**, 619, BGH **128**, 48, Celle WPM **84**, 500, v Bar JZ **92**, 582, für die Haftg des vollmachtl Vertr dagg das VollmStatut, Hbg VersR **87**, 1216, Steding ZVglRWiss **87**, 47, str, aM zB Sandrock/Müller, Hdb Abschn D Rdz 87 (Geschäftsstatut). Die Zulässigk der Stellvertretg beurteilt sich nach dem GeschStatut. Über die Form entsch Art 11, also alternativ das VollmStatut od die Ortsform, Stgt MDR **81**, 405, Mü NJW-RR **89**, 663 (AuflVollm, vgl dazu Spellenberg IPRax **90**, 295), SchlHOLG SchlHA **62**, 173 (ErbteilsÜbertr); die Einhaltg der Ortsform genügt auch dann, wenn die Vollm wg ihrer inhaltl Reichweite od der Gebundenh des VollmGebers nach

dem Recht des Wirkgslandes einer and Form bedarf, Stgt MDR **81**, 405, aM Ludwig NJW **83**, 495. – Zum Entw einer Haager Konvention über das auf die Stellvertretg anwendb Recht vgl Müller-Freienfels RabelsZ **79**, 80 (Text des Entw ebda 176), Basedow RabelsZ **81**, 196, z Vereinheitlg des mat Rechts der internat Stellvertretg vgl Stöcker WPM **83**, 778.

EG 33 *Übertragung der Forderung. Gesetzlicher Forderungsübergang.* **I** Bei Abtretung einer Forderung ist für die Verpflichtungen zwischen dem bisherigen und dem neuen Gläubiger das Recht maßgebend, dem der Vertrag zwischen ihnen unterliegt.

II Das Recht, dem die übertragene Forderung unterliegt, bestimmt ihre Übertragbarkeit, das Verhältnis zwischen neuem Gläubiger und Schuldner, die Voraussetzungen, unter denen die Übertragung dem Schuldner entgegengehalten werden kann, und die befreiende Wirkung einer Leistung durch den Schuldner.

III Hat ein Dritter die Verpflichtung, den Gläubiger einer Forderung zu befriedigen, so bestimmt das für die Verpflichtung des Dritten maßgebende Recht, ob er die Forderung des Gläubigers gegen den Schuldner gemäß dem für deren Beziehungen maßgebenden Recht ganz oder zu einem Teil geltend zu machen berechtigt ist. Dies gilt auch, wenn mehrere Personen dieselbe Forderung zu erfüllen haben und der Gläubiger von einer dieser Personen befriedigt worden ist.

1) Art 33 best das anwendb Recht im Falle einer **Zession;** vgl dazu rechtsvergleichd v Bernstorff RIW **94**, 1 542. Abs 1 u 2 regeln die **rechtsgeschäftliche** Fordergsabtretg; sie entspr Art 12 des EG-Übk; Abs 3 regelt den **gesetzlichen** Forderungsübergang; er entspr Art 13 des EG-Übk, vgl dazu Rn 1 vor Art 27.

2) Forderungsabtretung (Absatz 1 u 2). a) Bei der rechtsgeschäftl Übertragg einer Forderg unterliegt 2 die kausale VertrBeziehg zw dem alten u dem neuen Gläubiger, insb die daraus erwachsden Verpflichtgen, dem für diesen Vertr maßg VertrStatut, Abs 1; z dessen Best vgl Art 27 u 28, uU auch 29 u 30; dies gilt insbes für die einer Sichergszession zugrundeliegde SichergsAbrede, Koziol DZWir **93**, 356. Für den Übertraggsvorgang selbst, insb die Abtr als VerfüggsGesch (soweit ein solches nach dem anwendb Recht überh vorgesehen ist), gilt diese Regelg nicht, aM Einsele ZVglRWiss **91**, 1. **b)** Vielmehr sind die Vorauss einer wirks Abtretg, insb die Übertragbk der Forderg, Düss RIW **95**, 509, Bette WM **94**, 1913, einschränkd Wandt NZV **93**, 56, sowie die Art u Weise ihrer Vornahme (mit Ausn der Form, für die Art 11 gilt), etwa die Notwendigk einer SchuldnerBenachrichtigung, vgl dazu Aubin Fschr Neumayer (1985) 44, aM Koziol DZWir **93**, 356 (FormErfordern), Einfl von Mängeln des KausalGesch (AbstraktionsGrds), BGH NJW **91**, 1414 (krit dazu Ebenroth EWIR **91**, 161, v Bar IPRax **92**, 20), sowie das RVerh zw dem neuen Gläubiger u dem Schuldner, Stgt RIW **91**, 160, u die Frage, a wen unter welchen Umsten der Schuldner mit befreiender Wirkg leisten kann, schließl auch das RangVerh konkurrierder Abtretgen, BGH RIW **90**, 670 (krit dazu Stoll IPRax **91**, 223), Celle IPRspr 89 Nr 58, MüKo-Martiny Rn 8, nach dem Recht der **abgetretenen Forderung** zu beurteilen, Abs 2, dh nach dem Schuldstatut des RVerh, dem diese Forderg entstammt, bei einer vertragl Forderg also dem betr VertrStatut (zB Kauf, Darlehen), bei einer kr Gesetz entstandenen Forderg dem für ihre Entstehg maßg Recht (zB Deliktsstatut), vgl auch BGH **104**, 149, **108**, 362, NJW **88**, 3095, RIW **90**, 670, Karlsr RIW **93**, 505, Hbg NJW-RR **93**, 40 (dazu Wandt NZV **93**, 56), LG StGT IPRax **93**, 330, v Bar RabelsZ **89**, 469, v Hoffmann/Höpping IPRax **93**, 302; insow haben Alt- u Neugläubiger also nicht die Möglichk einer RWahl, vgl dazu Köln NJW **87**, 1151. Die gleichen Grdse gelten für EinziehgsErmächtigg, BGH **125**, 205, sowie eine Subrogation, vgl dazu Sonnenberger IPRax **87**, 222.

3) Gesetzlicher Forderungsübergang (Absatz 3). Der Eintritt eines gesetzl Fordergsübergangs bei 3 Verpflichtg eines Dritten zur Befriedigg des Gläubigers, zB als Bürge od Versicherer, beurteilt sich nach Abs 3 S 1 nach dem Recht, auf dem die Verpflichtg des Dritten beruht, zB dem für den BürgschVertr od VersichergsVertr maßg VertrStatut; dieses Recht entsch auch über die Höhe des Fordergsübergangs, Wandt ZVglRWiss **87**, 281; für analoge Anwend auf VermÜbergang gem BetrAVG 9 III Eichenhofer IPRax **92**, 78; Abs 3 ist unanwendb bei ges EigtÜbergang, Schack IPRax **95**, 159 gg Kblz ebda 171. Dagg entscheidet das für die übergegangne Forderg maßg Fordergsstatut, welche Anspr die Dritte als neuer Gläubiger gg den Schuldner geltd machen kann, zB ob die Forderg verjährt ist. Ob die übergegangne Forderg vertragl od gesetzl Ursprungs ist, ist (für die Anwendg v Abs 3 S 1 im systemfr Abweichg v Art 13 I des EG-Übk, vgl dazu v Bar RabelsZ **89**, 481) gleichgültig, ebso, ob die Verpfl des Dritten ggü dem Gläub od ggü dem Schuldn besteht, aM Wandt ZVglRWiss **87**, 290. Die gleichen Regeln gelten nach Abs 3 S 2 bei Befriedigg des Gläubigers dch einen v mehreren **Gesamtschuldnern,** welche dieselbe (dh dem gleichen Recht unterliegde, Wandt ZVglRWiss **87**, 293, v Bar Reithmann/Martiny Rz 227, v Bar aaO 484) Fdg zu erf haben; der Rückgr des leistden Schu gg einen MitSchu unterliegt dem Schuldstatut des Leistden im AußenVerh zum Gläub, Stoll aaO 659. Für den Rückgr eines freiw Drittleistden gilt das Statut der getilgten Fdg, Wandt ZVglRWiss **87**, 301, vgl auch Rn 2 u 3 vor Art 38; eine Ausn gilt für die Erstattgspflicht des UnterhSchuldn nach Art 18 VI Nr 3, vgl dort Rn 18.

4) Schuldübernahme. Das auf eine SchuldÜbern anwendb Recht ist gesetzl nicht geregelt. Die Vorauss- 4 setzgen einer wirks befreienden SchuldÜbern, dh die Ersetzg des alten Schuldners dch einen neuen, sind nach dem für die übernommene Schuld maßg Recht (VertrStatut, Deliktsstatut usw) z beurt, vgl RG JW **32**, 3810, aM Girsberger ZVglRWiss **89**, 37, v Bar IPRax **91**, 199. Die kausale Vereinbarg zw dem Übernehmer u dem Gläubiger bzw zw dem Übernehmer u dem alten Schuldner unterliegt dem dafür maßg Recht seines gewöhnl Aufenth bzw Niederlassg, Reithmann/Martiny Rz 233, vgl ferner Kblz RIW **92**, 491, Fischer IPRax **89**, 217. Die kollr Beurteilg der Haftg bei VermögensÜbern u Firmenfortführg ist umstr, vgl dazu Kblz IPRax **89**, 175 mAv von Hoffmann, Girsberger aaO 42, Tiedemann, Die Haftg aus VermÜbern im int R, 1995 (Anknüpfg an gewöhnl Aufenth des Überträgers), Busch/Müller ZVglRWiss **95**, 157 (zusätzl Berücksichtigg des Statuts der betr Fdg).

EG 34 *Zwingende Vorschriften.* **Dieser Unterabschnitt berührt nicht die Anwendung der Bestimmungen des deutschen Rechts, die ohne Rücksicht auf das auf den Vertrag anzuwendende Recht den Sachverhalt zwingend regeln.**

1 **1) Allgemeines. a)** Art 34 regelt einen Ausschnitt aus dem Problemkreis der Sonderanknüpfg zwingder Vorschr wirtsch- od sozialpolitischen Gehalts (sog **Eingriffsnormen**), zB Ausfuhrverbote, Preis- u DevisenVorschr, KartellBest, Mieter- u VerbraucherschutzVorschr. Die Best entspr in ihrer nunmehrigen Fassg Art 7 II des EG-Übk, vgl dazu Rn 1 vor Art 27. Die noch im RegEntw vorgesehene Übern auch des **Art 7 I** des **EG-Übereinkommens** ist in der parlamentar Beratg des IPRG aGrd des entspr Vorbeh in Art 22 I des EG-Übk gestrichen worden; Art 7 I ermöglicht eine weitgehd in das Ermessen des Richters gestellte Anwendg der internat zwingden RVorschr einer **jeden ROrdng**, zu welcher der Sachverh eine enge Verbindg aufweist; diese weite Regelg birgt die Gefahr einer erhebl RUnsicherh u führt im Erg zur Wahrg des ordre public einer ausl ROrdng, vgl dazu Art 6 Rn 8; der Bundesrat hat dagg mit Recht Einwände erhoben, BT-Drucks 10/ 504 S 100, denen sich der RAusschuß des Bundestages angeschl hat, BT-Drucks 10/5632 S 45; krit dazu v Westphalen ZIP **86**, 1504, Däubler RIW **87**, 256, Lehmann ZRP **87**, 319, Hentzen RIW **88**, 509, vgl auch v Bar Fschr Ferid (1988) 30, Sonnenberger Fschr Rebmann (1989) 824. **b)** Eine Sonderanknüpfg zwingder Vorschr einer ROrdng, die nicht VertrStatut ist, ergibt sich im Falle einer RWahl ferner aus Art **2** 27 III, vgl dort Rn 4, 29 I, vgl dort Rn 4–6, u Art 30 I, vgl dort Rn 4–6. **c)** Für das **Devisenrecht** gilt eine Sonderregelg gem Art VIII Abschn 2b des Abk über den Internat Währgsfond (Abk v Bretton Woods) BGBl **52** II 637 (Unklagbk v Vertr, die gg DevisenBest eines and Mitgliedstaates verstoßen), dazu BGH **LM** Internat Währgsfond Nr 1–4, NJW **80**, 520, **88**, 3095, WM **91**, 1009, RIW **92**, 144, NJW **93**, 1072 (dazu Fuchs IPRax **92**, 361) u 1076, **94**, 390 (dazu Ebenroth ua IPRax **94**, 276, RIW **94**, 269), RIW **94**, 327 (dazu Fuchs IPRax **95**, 82), Mü NJW-RR **89**, 1139 (dazu Ebke JZ **91**, 335, **92**, 784, Mann JZ **91**, 614), Düss RIW **89**, 987, LG Hbg WM **91**, 1671, Hbg IPRax **93**, 170 (dazu Ebenroth/Woggon ebda 151, Ebke RIW **93**, 613), Köln RIW **93**, 938, Ebke, Internat DevisenR, 1991, WM **93**, 1169, Unteregge, Ausl DevisenR u int KreditVertre, 1991, Ebenroth/Neiss RIW **91**, 617, Rauscher Fschr Lorenz (1991) 471 (zu den bereichergsr Folgen). **d)** Zur Entwicklg eines eigenständ **Wirtschaftskollisionsrechts** vgl Drobnig RabelsZ **88**, 1, Basedow RabelsZ **88**, 8, Siehr RabelsZ **88**, 41, Mestmäcker RabelsZ **88**, 205 u Diskussionsberichte ebda 256, Veelken, Interessenabwägg im WirtschKollisionsr, 1988, Schnyder, WirtschKollisionsR, 1990. Zur Anwendg von EingriffsNormen im schiedsgerichtl Verf vgl Drobnig Fschr Kegel, 1987 S 95, Schnyder RabelsZ **95**, 293. **e)** Über internat **Kulturgüterschutz** vgl Siehr Fschr Lorenz (1991) 525; Dolzer/Jayme/ Mußgnug, RFragen des int Kulturgüterschutzes, 1994.

3 **2) Sonderanknüpfung zwingender deutscher Vorschriften.** Unabh von dem für einen SchuldVertr nach Art 27–30 gelten VertrStatut sind nach Art 34 in jedem Fall die vertragl nicht abdingb Vorschr des dtschen Rechts anzuwenden, die den Sachverhalt ohne Rücks auf das auf den Vertr anzuwendde Recht **international zwingend** regeln. Die Vorschr bezieht sich nur auf „diesen Unterabschnitt" (Art 27 ff), mithin nicht auf Art 11, BGH NJW **93**, 1128. Sie ist eng auszulegen, Mann NJW **88**, 3075. Erforderl ist ein internat Geltgswille, der einer Norm auch dch Ausslegg entnommen werden kann; generelle Kriterien lassen sich dafür nicht aufstellen. Art 34 ist eine **Generalklausel**, die fallw zu konkretisieren ist. Dabei spielt ähnl wie beim ordre public neben dem GerechtigkGehalt der betr Vorschr auch der **Inlandsbezug** des zu entscheidenden Falls eine Rolle, E. Lorenz RdA **89**, 227, der umso stärker sein muß, je schwächer das Gewicht der dch die EingrNorm geschützten öff Interessen ist, Kohte EuZW **90**, 153. Die bloße Unabdingbk nach dtschem mat Recht genügt nicht, LAG Düss RIW **92**, 402, LAG Kln RIW **92**, 935, and v Hoffmann IPRax **89**, 266 für zwingde Vorschr des SonderPrivR. Daher können über Art 34 nicht etwa BGB 138 u 242 angewandt werden, aM LG Detm NJW **94**, 3301, LG Bln NJW-RR **95**, 754, LG Duisb NJW-RR **95**, 883, LG Tüb NJW-RR **95**, 1142 (jeweils betr Time-Sharing-Vertr); ihre Dchsetzg ggü dem an sich maßg ausl Recht kann nur über Art 6 erfolgen, vgl dazu Mankowski EWiR Art 1/95, Jayme IPRax **95**, 236. In Betr kommen sowohl privatrechtl wie auch öffentlrechtl Vorschr, BAG Betr **90**, 1668, IPRax **94**, 128, die im öffentl (insbes sozial- od wirtschpol) Interesse u sei es auch nur zum Schutz der sozial schwächeren VertrPart in SchuldVerhe eingreifen, zB Vorschr des AußenwirtschR, BGH RIW **81**, 194, Remien RabelsZ **90**, 463, des DevisenbewirtschgsR, BGH NJW **95**, 320 (innerdtsch), GewO 34c u MaBV 12, Reithmann Fschr Ferid (1988) 368, die Anwendg des GWB auf im Ausland veranlaßte WettbewBeschrkgen nach § 98 II, insb den Zusammenschluß zweier ausl Unternehmen nach ausl Recht, BGH **74**, 322, vgl auch KG AWD **81**, 403 u 406, Karlsr AWD **81**, 124, KG WPM **84**, 1195. Wegen ihrer bes sozialpolit Bedeutg gehören dazu grdsl auch VerbrSchutzVorschr, soweit Art 29 dafür nicht eine in sich geschlossene Sonderregelg enth, BGH **123**, 391; der Rückgr auf Art 34 bleibt also vorbehalten, wo sich Art 29 „als lückenh erweist", BGH aaO, zB bei von dieser Vorschr nicht erfaßten VertrTypen, wie Miete od VerbrKredit, Roth RIW **94**, 278, Fischer JZ **94**, 370, W. Lorenz IPRax **94**, 431; für Anwendbk von Art 34 auf dem Gebiet des VerbrSchutzes auch Reich NJW **94**, 2129 (der dies allerd ohne Rücks auf Int Dchsetzgswillen generell für die Aktualisierg der GrdRe dch die zivilr Generalklauseln gelten läßt), abl Schlosser Fschr Steindorff (1990) 1387, Mankowski RIW **93**, 460. Für eine Sonderanknüpfg gem Art 34 in Betr kommen daher etwa das dtsche Wohnraum-mietR, vgl Begr BT-Drucks 10/504 S 84, sowie das HaustürwiderrufsG, soweit die vorrangige Sonderre-gelg des Art 29 dafür Raum läßt, BGH **123**, 391, zB bei unter den Bedingen von HausTWG 1 abgeschl Immobiliengeschäften; für Anwendg v Art 34 auch LG Bln NJW-RR **95**, 754, v Hoffmann IPRax **89**, 268, zust Jayme IPRax **90**, 222, Erm-Hohloch Rn 15, grdsl auch Kohte EuZW **90**, 154 (bei starkem Inlandsbe-zug), Langenfeld IPRax **93**, 156, Klingsporn WM **94**, 1098, aM Hamm NJW-RR **89**, 496, Stade IPRspr **89** Nr 39, Kblz IPRspr **89** Nr 43, LG Hbg NJW-RR **90**, 696, AG Lichtenfels IPRax **90**, 236, Celle RIW **91**, 422, LG Düss RIW **95**, 416, Taupitz BB **90**, 649, Lüderitz IPRax **90**, 218, Coester-Waltjen Fschr Lorenz (1991) 313, Junker IPRax **93**, 9, Mankowski RIW **93**, 462, **95**, 368, Beise NJW **95**, 1725, vgl dazu Art 29 Rn 5. Eine Sonderanknüpfg kommt ferner in Betr für BGB 609a, v Hoffmann aaO 271, sowie AnlegerschutzVorschr, Hopt Fschr Lorenz (1991) 422; zum VerbrKrG vgl Bülow EuZW **93**, 436; zu den Beförderungsbeding-gen des GüKMT BGH IPRax **95**, 248, Mankowski ebda 230. Dagg gehören **nicht** hierher das dtsche MitbestR, aM

Großfeld/Erlinghagen JZ **93**, 222, Großfeld/Johannemann IPRax **94**, 272, der arbrechtl Gleichbe-
handlgsGrds, Junker IPRax **94**, 26, aM Bittner NZA **93**, 165, das KSchG, BAG Betr **90**, 1668, zust Magnus
IPRax **91**, 385, zweifelnd Birk RdA **89**, 207, sowie Bestandsschutz nach BGB 613a, BAG IPRax **94**, 128 (vgl
dazu Mankowski ebda 94, Franzen AR-Blattei Internat ArbR 920 Nr 3, Wimmer IPRax **95**, 210), LAG Kln
RIW **92**, 935, Busch/Müller ZVglRWiss **95**, 183, ebsowenig BGB 313, Kln RIW **93**, 415, vgl dazu Art 11
Rn 12. Über den Kreis der privilegierten KonkursGl entsch das Konkursstatut, BAG ZIP **92**, 1159 (krit
Langer/Lentföhr RIW **94**, 161), in der Begr zT abw LAG Düss RIW **92**, 403, das Art 34 anwendet. Zum
ArchitektenVertrR Wenner BauR **93**, 264; zu EGHGB 6 vgl Mann NJW **88**, 3074, Mankowski TransportR
88, 414, Ebenroth/Sorek RIW **89**, 165; zu SeemannsG 1 vgl BAG Betr **90**, 1668, Mankowski RabelsZ **89**, 511,
Magnus IPRax **91**, 383; zu BetrAVG Eichenhofer IPRax **92**, 76. Vorschr der in Art 34 genannten Art gehen,
den für den Vertr im übr gelten Best eines ausl Rechts vor, gleichgült, ob diese kraft RWahl gem Art 27, od
kraft obj Anknüpfg, Art 28, 29 II u 30 II berufen sind; sie setzen sich als vorrangige Sonderregelg auch ggü
zwingden Best eines fremden Rechts durch, die ebenf unabh vom VertrStatut kraft Sonderanknüpfg gem Art
27 III, 29 I u 30 I anwendb sind, aM Magnus IPRax **90**, 145.

3) Allgemeine Grundsätze zur Anwendung zwingender Vorschriften wirtschafts- oder sozialpo- **4**
litischer Art (Eingriffsnormen). a) Ist **deutsches** Recht kr RWahl VertrStatut, so kommt eine Anwendg
zwingder Vorschr eines **ausländischen** Rechts nur unter den Vorauss der Art 27 III, 29 I u 30 I in Betr; bei
Maßgeblk dtschen Rechts kr obj Anknüpfg gem Art 28, 29 II u 30 II scheidet die Anwendg zwingder Vorschr
eines fremden Rechts aus, aM Schurig RabelsZ **90**, 235, Remien RabelsZ **90**, 464; eine Ausn gilt für ausl
DevisenVorschr nach Art VIII des Abk v Bretton Woods, vgl Rn 2, weitergehd Rauscher Fschr Lorenz (1991)
479; zur unmittelb innerstaatl Geltg der EG-VOen betr Irak-Embargo vgl BGH NJW **94**, 858, Bittner RIW
94, 505, Herdegen JZ **94**, 729. Anstelle einer unmittelb Anwendg kommt aber bei entspr tats Beziehgen zu **5**
einer ausl ROrdng stets eine **faktische Berücksichtigung** ihrer Eingriffsnormen zwar nicht im Rahmen v
§ 134, RG **108**, 241, BGH **59**, 85, **69**, 295, **128**, 53 (betr DDR-Gesetz), Düss WPM **77**, 546, Hbg RIW **94**, 687,
aM Schurig RabelsZ **90**, 240, wohl aber über § 138 in Betr, BGH **59**, 85, **69**, 295, **128**, 53, vgl auch BGH **94**,
268 (Sittenwidrigk des Verstoßes gg ausl StrafVorschr betr Zahlg von Schmiergeldern, dazu auch Fikent-
scher/Waibl IPRax **87**, 86, Schurig RabelsZ **90**, 242), BGH NJW **91**, 634, **93**, 195 (Anwendg von § 826 bei
Verletzg ausl EmbargoBest) u dazu Junker JZ **91**, 699; auch können solche Gesetze z einer tats ursprüngl od
nachträgl **Unmöglichkeit** der Leistg, RG **91**, 260, vgl Mann Schweiz JbIntR **80**, 104, Remien RabelsZ **90**,
469, z Wegfall der GeschGrdlage, vgl BGH NJW **84**, 1746 (dazu Baum RabelsZ **89**, 152), od zum fakt Ausschl
best Erfüllgsweisen führen, zB dch ausl DevisenVorschr, vgl dazu Celle FamRZ **81**, 200, Hildebrand ROW
81, 123 (die insow unzutr die Vereinbk der devisenr Best der DDR mit Art 6 prüfen); zur Einbeziehg ausl
Rechts als „datum" bei der Anwendg dtscher Generalklauseln Mülbert IPRax **86**, 140, Martiny IPRax **87**, 280,
Junker JZ **91**, 702, vgl auch Zimmer IPRax **93**, 66. Gegen die bloße Berücksichtigg ausl EingriffsGe auf der
Ebene des anwendb SachR Schubert RIW **87**, 729 (für bes WirtschKollisionsR), Hentzen RIW **88**, 508,
Schurig RabelsZ **90**, 234, Schiffer IPRax **91**, 84, ZVglRWiss **91**, 390 (für Sonderanknüpfg).

b) Ist **ausländisches** Recht kr RWahl od obj Anknüpfg VertrStatut, so sind auch dessen Eingriffsnormen **6**
anzuwenden, soweit sie nicht gg den dtschen ordre public verstoßen, Art 6, Mann Fschr Wahl (1973) 139,
Stoll Fschr Kegel (1987) 628, teilw abw Soergel-Kegel Rdz 397 vor EG 7, der zusätzl Durchsetzbk dch den ausl
Staat fordert, krit auch Sonnenberger Fschr Rebmann (1989) 826, Schurig RabelsZ **90**, 244, grdsl gg die
Anwendg fremden AußenwirtschaftsR auf Grd einer RWahl Kreuzer in: Schlechtriem, Zum Dtschen und
Internat SchuldR, 1983 S 89, Remien RabelsZ **90**, 462. Auch ein allg Grds der Nichtanwendg ausl öff Rechts
(Territorialitätsprinzip) besteht nicht, vgl dazu Art 3 Rn 4. Trotz der Maßgeblk ausl Rechts setzen sich aber
aGrd Sonderanknüpfg nach Art 34 die internat zwingden Vorschr des **deutschen** Rechts dch; auch AGBG 12
kommt in Betr, vgl aber Art 29 Rn 6. Beruht die Maßgeblk des betr ausl Rechts auf einer RWahl, so sind au-
ßerdem aGrd Sonderanknüpfg gem Art 27 III, 29 I u 30 I unter den dort genannten Voraussetzgen zwingde
Vorschr des dtschen (zB des AGBG, vgl Ffm NJW-RR **89**, 1018, Wolf ZHR **89**, 317) od eines and ausl Rechts
anzuwenden. Im übr können EingrNormen eines dritten Staates auch im Rahmen der Sachnormen des ausl
VertrStatuts faktisch berücksichtigt werden, vgl dazu Rn 4, 5. Im **Konfliktsfall** setzen sich die nach Art 34 od
AGBG 12 berufenen zwingden **deutschen** Vorschr ggü den zwingden Vorschr eines ausl VertrStatuts **und**
ggü den kr Sonderanknüpfg gem Art 27 III, 29 I u 30 I zur Anwendg gelangten zwingden Vorschr eines and
ausl Rechts dch; die kr Sonderanknüpfg gem Art 27 III, 29 I u 30 I berufenen zwingden Vorschr des dtschen od
eines and ausl Rechts besitzen den Vorrang auch vor den zwingden Vorschr des ausl VertrStatuts.

EG 35 *Rück- und Weiterverweisung. Rechtsspaltung.* [I] Unter dem nach diesem Unter-
abschnitt anzuwendenden Recht eines Staates sind die in diesem Staat geltenden Sach-
vorschriften zu verstehen.
[II] Umfaßt ein Staat mehrere Gebietseinheiten, von denen jede für vertragliche Schuldverhältnisse
ihre eigenen Rechtsvorschriften hat, so gilt für die Bestimmung des nach diesem Unterabschnitt
anzuwendenden Rechts jede Gebietseinheit als Staat.

1) Allgemeines. Abs 1 entspr Art 15 des EG-Übk, Abs 2 entspr Art 19 I des EG-Übk, vgl dazu Rn 1 vor **1**
Art 27.

2) Rück- oder Weiterverweisung sind nach Abs 1 für den Bereich der vertragl SchuldVerhe insges **2**
ausgeschl, gleichgült ob das VertrStatut dch RWahl (insow übereinstimmd mit Art 4 II), aM wohl Rauscher
NJW **88**, 2153, od dch objektive Anknüpfg best wird (insow abw v Art 4 I).

3) Verweisungen auf Mehrrechtsstaaten beziehen sich ohne Einschaltg des interlokalen Rechts des **3**
Gesamtstaats (insow abw v Art 4 III) unmittelb auf die betr TeilROrdng, vgl dazu Art 4 Rn 14–17. Für das
dtsche ILP gilt diese Regelg nicht, vgl Jayme/Kohler IPRax **90**, 360.

EG 36 *Einheitliche Auslegung.* Bei der Auslegung und Anwendung der für vertragliche Schuldverhältnisse geltenden Vorschriften dieses Kapitels ist zu berücksichtigen, daß die ihnen zugrunde liegenden Regelungen des Übereinkommens vom 19. Juni 1980 über das auf vertragliche Schuldverhältnisse anzuwendende Recht (BGBl. 1986 II S. 809) in den Vertragsstaaten einheitlich ausgelegt und angewandt werden sollen.

1 Art 36 beruht auf Art 18 des EG-Übk, vgl Rn 1 vor Art 27, ferner Junker RabelsZ **91**, 674, Reinhart RIW **94**, 445. Die Vorschr will die **einheitliche Auslegg** der Kollisionsnormen für vertragl SchuldVerhe in den VertrStaaten des EG-Übk sicherstellen, vgl dazu Rn 8 vor Art 3 u Rn 1 vor Art 27. Bei der Auslegg der Art 27–37 ist daher neben dem Wortlaut des EG-Übk in den Sprachen der übr VertrStaaten vor allem auch der Bericht über die Entstehg u Zielsetzg des Übk v Giuliano u Lagarde, vgl BT-Drucks 10/503 S 33, z beachten, vgl BGH **123**, 384. Auch die gerichtl Praxis bei der Anwendg der einheitl Kollisionsnormen in den and VertrStaaten ist z berücksichtigen; vgl dazu Thode ZfBR **89**, 43, Magnus IPRax **91**, 384, Reinhart RIW **94**, 450, u die Kritik von Däubler RIW **87**, 249, Weber IPRax **88**, 82; das Gebot einheitl Auslegg gilt grdsl auch für die Sonderanknüpfg zwingder Vorschr gem Art 27 III, 29 I, 30 I u 34, vgl dazu Junker IPRax **89**, 74 gg Weber aaO 84, wie hier auch Meyer-Sparenberg, Staatsvertragl Kollisionsnormen (1990) 179; zur Unzulässigk der analogen Anwendg v Art 29 vgl dort Rn 5, aM Klingsporn RIW **94**, 1100. Das Gebot des Art 36 strahlt auch auf die Auslegg nationaler Vorschr aus, die v den einheitl Kollisionsnormen des EG-Übk abweichen, BAG Betr **90**, 1668, Magnus IPRax **91**, 411 (z § 1 SeemG). Der **Europäische Gerichtshof** besitzt zZ noch keine Zuständigk z Entscheidg v Auslegsfragen des EG-Übk, vgl BGH **123**, 385; Auslegsprotokolle nach dem Vorbild des Protokolls v 3. 6. 71 betr die Auslegg des EuGVÜ, vgl Baumbach/Lauterbach, ZPO SchlußAnh V C 3, sind noch nicht ratifiziert, vgl dazu AblEG v 20. 2. 89, Nr L 48.

EG 37 *Ausnahmen.* Die Vorschriften dieses Unterabschnitts sind nicht anzuwenden auf
1. Verpflichtungen aus Wechseln, Schecks und anderen Inhaber- oder Orderpapieren, sofern die Verpflichtungen aus diesen anderen Wertpapieren aus deren Handelbarkeit entstehen;
2. Fragen betreffend das Gesellschaftsrecht, das Vereinsrecht und das Recht der juristischen Personen, wie zum Beispiel die Errichtung, die Rechts- und Handlungsfähigkeit, die innere Verfassung und die Auflösung von Gesellschaften, Vereinen und juristischen Personen sowie die persönliche gesetzliche Haftung der Gesellschafter und der Organe für die Schulden der Gesellschaft, des Vereins oder der juristischen Person;
3. die Frage, ob ein Vertreter die Person, für deren Rechnung er zu handeln vorgibt, Dritten gegenüber verpflichten kann, oder ob das Organ einer Gesellschaft, eines Vereins oder einer juristischen Person diese Gesellschaft, diesen Verein oder diese juristische Person gegenüber Dritten verpflichten kann;
4. Versicherungsverträge, die in dem Geltungsbereich des Vertrages zur Gründung der Europäischen Wirtschaftsgemeinschaft oder des Abkommens über den Europäischen Wirtschaftsraum belegene Risiken decken, mit Ausnahme von Rückversicherungsverträgen. Ist zu entscheiden, ob ein Risiko in diesem Gebiet belegen ist, so wendet das Gericht sein Recht an.

1 Art 37, geändert dch G v 21. 7. 94, BGBl 1630, nimmt in Anlehng an Art 1 II–IV des EG-Übk best Sachgebiete aus dem Anwendgsbereich der Kollisionsnormen für vertragl SchuldVerhe in Art 27 ff aus; insow gelten grdsl die bish Anknüpfgsregeln, Jayme IPRax **86**, 266, ggf unter Heranziehg der allg RGedanken der Neuregelg, insbes des Grds der Parteiautonomie, vgl BGH NJW **87**, 1145 (Beurteilg einer RWahlklausel entspr EG 27 IV), BGH NJW **94**, 187 (wirks Abbedingg v WG 93 I), Mankowski TransportR **88**, 413 (betr Konnossement). Dazu gehören (1) **wertpapierrechtliche** Verpflichtgen, Nr 1, dh alle schuldr Verpflichtgen aus dem Wertpapier, die im Interesse seiner Verkehrsfähigk bes ausgestaltet sind, BGH NJW **87**, 1145 (betr Orderkonnossement), BGH NJW **94**, 187 (Wechsel), Hamm NJW-RR **92**, 499, vgl dazu v Bar Fschr Lorenz (1991) 284, nicht auch die Verpflichtgen aus dem zugrundeliegden Vertr, and Basedow IPRax **87**, 340 betr SeefrachtVertr, (2) ferner die RVerhe v Vereinen, Gesellschen u **juristischen Personen**, Nr 2, vgl dazu Anh z Art 12 u Art 28 Rn 19 (betr GelegenhGesellsch); (3) die **Vertretungsmacht** von StellVertr einer natürl Pers u Organen einer Gesellsch od jur Pers, Nr 3, vgl dazu Anh z Art 12 Rn 10 u Anh z Art 32 Rn 3, währd für die vertragl Beziehg der Beteil (zB DienstVertr) die Anknüpfgsregeln der Art 27 ff gelten; (4) ferner **Versicherungsverträge** zur Abdeckg v Risiken im räuml Geltsgbereich des EWGV od des EWRÜbk mit Ausn v RückVersichergsVertren, Nr 4, vgl dazu **Art 7–14 EGVVG** idF des G v 28. 6. 90, BGBl 1249, sowie des G v 21. 7. 94, BGBl 1630, ferner Reichert- Facilides IPRax **90**, 1, Aspekte des int VersVertrR im EWR, 1994, Fricke IPRax **90**, 361, VersR **94**, 773, Basedow NJW **91**, 785, Hübner in: v Bar, Europ GemeinschR u IPR (1991) 111, E. Lorenz ZVersWiss **91**, 121, Mankowski VersR **93**, 154; für Risiken außerh der EG od des EWR u RückVersVertre gelten Art 27 ff, vgl dazu Basedow aaO 788, E. Lorenz ZVersWiss **91**, 125.

Zweiter Unterabschnitt. Außervertragliche Schuldverhältnisse

Vorbemerkung

1 **1) Geltende Regelung.** Das IPRG v 25. 7. 86, BGBl 1142, enth keine Vorschren über außervertragl SchuldVerhe. Sie sollen zus mit KollNormen zum SachenR dch ein weiteres Gesetz in Art 38 ff eingestellt werden. Ein ReferentenEntw eines Gesetzes zur Ergänzg des IPR liegt bereits vor (Stand: 1. 12. 93, IPRax **95**, 132); vgl dazu StellgN des Max-Planck-Instituts für ausl u internat Patent-, Urheber- u WettbewerbsR GRUR Int **85**, 104 (krit dazu Schack GRUR Int **85**, 523); Spickhoff VersR **85**, 124; Staud-v Hoffmann Rn 5.

Zur Reform vgl ferner Vorschläge u Gutachten zur Reform des dtschen IPR der außervertragl Schuldverhältnisse, vorgelegt v v Caemmerer (1983) mit Beiträgen von W. Lorenz, Stoll, Firsching, v Marschall, Deutsch, Kreuzer, Drobnig, Sturm, Heldrich, Sandrock, E. Lorenz u Sonnenberger (zum DeliktsR); Hohloch, Das Deliktsstatut, 1984 S 221; W. Lorenz IPRax 85, 87; Schlechtriem IPRax 95, 65. Als einz das außervertragl SchuldR betr KollNorm ist wie ein Fossil aus einer untergegangenen Epoche des dtschen IPR der frühere Art 12 übr geblieben, der z Art 38 geworden ist. Diese Vorschr dient hier als Ausgangspkt für die Erläuterg des DeliktsR. Dagg besteht für die übr gesetzl SchuldVerhe, insb GeschFührg ohne Auftrag, vgl dazu Art 28 Rn 16, und ungerechtf Ber eine **Lücke.**

2) **Ungerechtfertigte Bereicherung.** Vgl dazu Einsele JZ 93, 1025, Staud-Lorenz 13. Aufl 1994 § 812 **2** Rn 115 f, Schlechtriem IPRax 95, 65. Eine v den Part nachträgl getroffene RWahl ist zu beachten, Hdlbg IPRax 92, 171, Meyer-Grimberg ebda 154. Im übrigen entscheidet bei einer **Leistungskondiktion** das Recht, welches für die (gescheiterte) Leistgsbezieh zw den Part maßg ist, dh also regelm das jew VertrStatut, Art 32 I Rn 5, vgl dort Rn 7, BGH NJW **59**, 1317, WPM **76**, 792, **77**, 398, NJW **87**, 1825, DtZ **95**, 253, Triebel/Peglow ZIP **87**, 616, Schlechtriem IPRax **87**, 356 (zur Maßgeblichk des Statuts des Deckgsverhältnisses für die Rückabwicklg fehlerh Banküberweisen), Rauscher Fschr Lorenz (1991) 471; das für die VermVerschiebg (Verfügg) selbst geltde Recht bleibt außer Betr; zur Anknüpfg einer Direktkondiktion der zuviel überweisden Bank BGH NJW **87**, 185, zust W. Lorenz NJW **90**, 609, abl Jayme IPRax **87**, 186; bei fehldem Einverständn über einen RGrd der Leistg entscheidet das Recht am Ort der Verwirklg des ErwerbsTatbestd, LG Hbg IPRax **85**, 343, vgl dazu W. Lorenz ebda 328. Bei einer VermVerschiebg **in sonstiger 3 Weise**, insb einer EingrKondiktion, entscheidet das Recht, nach welchem die VermVerschiebg eingetreten ist, BAG IPRax **92**, 94, Hbg IPRspr **82** Nr 24, ebso Einsele JZ **93**, 1030, bei einem sachenr RVorgang, zB bei Vfg eines NichtBerecht od bei EigtErwerb dch Verbindg, Vermischg u Verarbeitg, also die lex rei sitae, BGH **35**, 267 (der aber im konkreten Fall eine EingrKond nach den Regeln für die LeistgsKond anknüpfen will), LG Hbg AWD **80**, 517, bei einem schuldr RVorgang, zB wirks Leistg an einen NichtBerecht od Zahlg fremder Schuld, das für die getilgte Schuld maßg Statut, Hay, Ungerechtf Ber im IPR (1978) 32, Lorenz Fschr Zweigert (1981) 216, Wohlgemuth ROW **85**, 165 (gg LG Hbg ebda 172, das auf den Ort des BerEintritts abstellt, ebso ArbG Düss IPRax **90**, 331 [krit dazu Junker ebda 308], LG Mü IPRspr **89** Nr 52, grdsl auch MüKo-Kreuzer I Vor Art 38 Rn 27), vgl auch Art 33 Rn 3. BerAnspre wg Eingr in PersRe sind nach dem Recht des Tatorts zu beurteilen (Gleichlauf mit Deliktsstatut), vgl Art 38 Rn 15, Wagner RIW **94**, 195. Für die Verwendgskondiktion gilt das Recht der belegenen Sache, auf die Verwendgn gemacht wurden, Einsele JZ **93**, 1032. Rück- od Weiterverweisg bei der Leistgskondiktion grdsl unbeachtl, Art 35, vgl Staud-Lorenz aaO Rn 128. Zur Anknüpfg v BerAnspr bei ausl ZwVollstrMaßn trotz inl Konkurs vgl Canaris ZIP **83**, 651 (z Bestehen derartiger Anspr s BGH **88**, 147). Für die Gläubigeranfecht außerh des KonkursVerf, vgl dazu die gleichnamige Schrift v Schmidt-Räntsch, 1984, LG Bln NJW-RR **94**, 1525, Hohloch IPRax **95**, 306, gilt das Statut des anzufechtden Erwerbsvorgangs; zur Konkursanfechtg BGH NJW **92**, 2030, Riesenfeld Fschr Merz (1992) 504, sowie EGInsO 19 (in Kraft ab 1. 1. 99).

EG 38 *Unerlaubte Handlungen.* **Aus einer im Ausland begangenen unerlaubten Handlung können gegen einen Deutschen nicht weitergehende Ansprüche geltend gemacht werden, als nach den deutschen Gesetzen begründet sind.**

1) **Allgemeines.** Art 38 enth an sich nur eine **Begrenzung** der Deliktshaftg dtscher StaatsAnghgeh bei im **1** Ausl begangenen unerl Hdlgen, vgl dazu Rn 28. Dieser Regelg liegt unausgesprochen die allg Grds zugrde, daß die RFolgen eines Delikts nach dem Recht des Tatorts z beurt sind, vgl Rn 2–21. Sind Schädiger u Geschädigter **deutsche Staatsangehörige** mit gewöhnl Aufenth im Inl, so gilt auch bei Delikten im Ausl nach der im **Anhang I abgedruckten Verordnung** dtsches Recht. – Das Haager Abk über das auf StraßenVerkUnfälle anwendb Recht v 4. 5. 71, abgedr in RabelsZ **69**, 343, ist bish nicht ratifiziert, vgl dazu Beitzke RabelsZ **69**, 204, Stoll Fschr Kegel (1977) 123. Hilfsmittel bei der Anwendg ausl DeliktsR: Neidhart/Zwerger, Unfall im Ausl, 3. Ausgabe 1990; v Bar, DeliktsR in Europa 1994; ferner Schwarz NJW **91**, 2058.

2) **Grundsatz. a) Allgemeines. aa)** Die deliktische Haftg beurteilt sich grdsl nach dem **Recht des 2 Tatorts,** RG **96**, 96, BGH **57**, 265, **87**, 97, **108**, 202, **119**, 139, st Rspr. **Rück- u Weiterverweisg** sind dabei entspr Art 4 I, vgl dort Rn 9, zu beachten, Hamm VersR **79**, 926, Köln NJW **80**, 2646, NJW-RR **94**, 96, LG Nürnb-Fürth VersR **80**, 955 mAv Dörner, Schweinf IPRax **81**, 26, LG Mü I VersR **83**, 645, Mü VersR **84**, 745, Hdlbg IPRax **92**, 96 (zust Furtak ebda 81), Jayme IPRspr **78** Nr 29, Staud-v Hoffmann Rn 164, Raape-Sturm IPR § 11 II 6, Beitzke Fschr Wilburg (1975) 31, Nanz VersR **81**, 212, Dörner Jura **90**, 62, Wandt VersR **90**, 1310, einschränkd Mansel VersR **84**, 747, ZVglRWiss **86**, 19 (nicht bei akzessorischer Anknüpfg, vgl Rn 14), Sack GRUR Int **88**, 329 (nicht für WettbewerbsR), Lorenz JZ **85**, 444, Hohloch JR **85**, 24, offengelassen BGH **90**, 294, vgl dazu Weick NJW **84**, 1997, Stgt VersR **91**, 1042, vgl ferner v Hoffmann IPRax **84**, 328; prakt spielt dies vor allem im Verh z Staaten eine Rolle, die das Haager Abk über das auf StraßenVerkUnfälle anwendb Recht ratifiziert haben, zB ehem Jugoslawien u Österreich (uU Anknüpfg an das Recht des Zulassgsstaats), vgl dazu Wandt IPRax **92**, 259, Hoyer ZfRV **91**, 341, Lorenz RabelsZ **93**, 177. – Ob ein Geschehen als unerl Hdlg zu **qualifizieren** ist, entscheidet sich nach dtschem Recht, RG **138**, 243. Der in Art 38 vorausgesetzte Grds gilt auch bei Gefährdgshaftg, BGH **23**, 65, **80**, 1, NJW **76**, 1588, Köln FamRZ **95**, 1201, vgl Stoll Fschr Ferid (1978) 397, Mansel VersR **84**, 97. **bb) Tatort** ist sowohl der **3** Handlgsort als auch der Erfolgsort (UbiquitätsGrds). Liegen diese Orte in versch Staaten, so entscheidet das dem **Verletzten günstigere Recht,** BGH NJW **64**, 2012, **81**, 1606, BAG **15**, 79, Karlsr IPRspr **76** Nr 13, AWD **77**, 718, Mü IPRspr **75** Nr 23, Ffm IPRspr **79** Nr 10, offen gelassen BGH WM **89**, 1049, wobei die Begrenzg dch Art 38 zu beachten ist. Welches Recht das günstigere ist, hat der Ri grdsl v Aw zu ermitteln, BGH NJW **81**, 1606, sofern der Geschädigte nicht selbst eine Wahl getroffen hat, MüKo-Kreuzer Rdz 51, Müller JZ **86**, 212. **cc) Handlungsort** ist der Ort, wo die schadensursächl Handlg ausgeführt wird, wo also **4**

das geschützte RGut konkr gefährdet wird, Stoll IPRax **89**, 90; die bloße Vorbereitg bleibt außer Betr, BGH MDR **57**, 31. Bei einer Unterlassg entsch der Ort, an dem zu handeln war, Soergel-Lüderitz Rdz 10. Bei Gefährdgshaftg ist an den Ort des schadenstiftenden Ereign anzuknüpfen, BGH **23**, 65, Mansel VersR **84**, 101; dieser wird zwar häufig aber nicht immer (zB Grenzdelikte) mit dem Erfolgsort zusfallen, vgl dazu Stoll Fschr Ferid (1978) 397. Sind mehrere Handlgsorte in versch Staaten gegeben, so entscheidet wiederum das dem Verletzten günstigere Recht, str, aM Hbg NJW-RR **95**, 792 (für Pressedelikt), Soergel-Lüderitz
5 Rdz 16, Staud-vHoffmann Rn 122. **dd) Erfolgsort** ist der Ort des Eintritts der Rechtsgutsverletzg, dh der tatbestdsm Deliktsvollendg, zB Körperverletzg; der Ort des Eintritts weiterer Schäden ist nicht z berücksicht, vgl BGH **52**, 108, NJW **77**, 1590 (z ZPO 32), BGH **98**, 275 (zu Art 5 Nr 3 EuGVÜ, vgl dazu auch BGH RIW **87**, 623); dies gilt auch bei einer Gefährdgshaftg, vgl Hillgenberg, Das IPR der Gefährdgshaftg für Atomschäden, 1963, 148 ff; zur Haftg f Reaktorschiffe vgl Beemelmans RabelsZ **77**, 1.

6 **b) Auflockerung des Deliktsstatuts. aa)** Lassen **engere gemeinsame Beziehungen** der Beteil zu einer und ROrdng, insb eine gemeins Staatsangehörig u ein gemeins gewöhnl Aufenth, die Anknüpfg an den Tatort als unangemessen erscheinen, so kommen Ausn von dem in Art 38 vorausgesetzten Grds in Frage, vgl BGH **87**, 98, **90**, 294, **93**, 214, **108**, 202, **119**, 139. In solchen Fällen verdrängt die „Gemeinsamk
7 der RUmwelt" der Beteiligten den Tatort als Anknüpfgspunkt des Deliktsstatuts, BGH **93**, 216. **bb)** Bei **gemeinsamer deutscher Staatsangehörigkeit** der Beteil gilt nach der in Anh I abgedr VO grdsl dtsches Recht, sofern beide Beteiligte auch ihren gewöhnl Aufenth im Inland haben, Stoll Fschr Kegel (1977) 116, Lorenz Fschr Coing II (1982) 278; es bleibt daher insb dann bei der Anwendg des TatortR, wenn einer oder beide Beteiligten ihren gewöhnl Aufenth im Tatortland haben u die Beziehgen zum TatortR daher wesentl enger sind als zur dtschen ROrdng, BGH **87**, 102, NJW **83**, 2771 (zum Begriff des gewöhnl Aufenth, vgl
8 dazu Hohloch JR **84**, 63, v Hoffmann IPRax **84**, 328). **cc)** Bei **gemeinsamer ausländischer Staatsangehörigkeit und gemeinsamem gewöhnlichem Aufenthalt im Heimatstaat** gilt ebenf das gemeins HeimatR v Schädiger u Geschädigten, vgl BGH **90**, 294; dies gilt insb, wenn ihr Aufenth im Tatortland nur vorübergehd ist (zB Url- oder GeschReise) u die Beziehg zum Tatort daher zufäll erscheint, vgl BGH **57**, 265, NJW **77**, 496, Hamm VersR **79**, 926, Karlsr IPRspr **78** Nr 29, Kln NJW-RR **88**, 30, aM Mummenhoff NJW **75**, 479, Peuster VersR **77**, 797, Koziol Fschr Beitzke (1979) 581, Lorenz Fschr Coing II 276. Bei gewöhnl Aufenth der ausl Beteil im Lande des Tatorts (zB bei Unfällen v Gastarbeitern im Inland) entsch dagg auch bei gemeins Staatsangehörig das Recht des Tatorts, BGH **57**, 265, **90**, 299, **119**, 146, vgl dazu Weick NJW **84**, 1995, ebso bei VerkUnfall zw Angeh der Stationiergsstreitkräfte im Inland, AG Freibg VersR **90**, 682, Hbg NJW-RR **93**, 40, and Hdlbg IPRax **92**, 97 (betr Ehrverletzg, zust Furtak ebda 81); das
9 HeimatR tritt in diesen Fällen zurück, vgl dazu auch Seetzen NJW **72**, 1643. **dd)** Der bloße **gemeinsame gewöhnliche Aufenthalt** in einem Drittland genügte nach der früher vorherrschden Rspr grdsl nicht, um von der Anknüpfg an das TatortR abzugehen, vgl BGH NJW **77**, 496 (jedenf dann, wenn einer der Beteil die Staatsangehörig des Tatortlandes besitzt), Darmstadt IPRspr **75** Nr 24, Dortm VersR **76**, 1186, Mü VRS **79**, 20, Kln NJW **80**, 2646, NZV **91**, 193, VersR **91**, 1203, KG VersR **83**, 495, ebso Wandt VersR **90**, 1305, offengelassen BGH **90**, 299, zurückhaltder BGH **93**, 214, BGH NJW-RR **88**, 535, vgl dazu auch Wandt VersR **92**, 156; allerd wurde in der neueren Rspr bei **Verkehrsunfällen** v in der BRep lebden **Gastarbeitern** in einem Drittland schon fr häufig dtsches Recht angewandt, so LG Ffm IPRspr **75** Nr 20, LG Köln VersR **77**, 831, LG Bln VersR **79**, 750, KG VerkMitt **79**, 80, NJW **81**, 1162, LG Mü I VersR **83**, 645. Der BGH hatte sich dieser Auffassg angeschl, wenn zw Schädiger u Geschädigtem zZ des Unfalls bereits ein enger sozialer Kontakt bestand (ReiseG, familienähnl Gemeinsch), BGH **90**, 294, vgl dazu v Bar JZ **84**, 671, Weick NJW **84**, 1996, Hohloch JR **85**, 23, Lorenz IPRax **85**, 87 (der bei dieser Fallkonstellation an eine stillschw RWahl zZ des gemeins AufenthR denkt, vgl Rn 13), ähnl BGH NJW-RR **88**, 535, od wenn Schädiger u Geschädigter mit im gemeins AufenthLand zugel u versicherten Kfz in den Unfall verwickelt waren u keiner von ihnen die Staatsangehörig des Tatortlandes besitzt, BGH **93**, 214, **108**, 202 (dazu Spickhoff IPRax **90**, 165, Birkmann DAR **90**, 207), BayObLG NJW **88**, 2184, NJW-RR **90**, 893, ebso Lorenz JZ **85**, 443, Hohloch JR **85**, 372, v Hoffmann IPRax **86**, 90 (Staatsangehörigk d Beteiligten eines Unfallbeteil unerhebl, aM Mü VersR **84**, 745 mit abl Anm v Mansel). In Aufgabe der bish Rspr hat der BGH nunmehr rechtsfortbildd der Anknüpfg an den gemeins gewöhnl Aufenth von Schädiger u Geschädigtem **auch dann** den Vorzug gegeben, wenn die Beteiligten **Staatsangehörige des Tatortlandes** sind, BGH **119**, 137 (bei Registrierg des unfallbeteiligten Kfz im Staat des gemeins gewöhnl Aufenth), ebso BGH NJW **93**, 1008 (auch wenn nur der Geschädigte nach dem Unfall in das Land des gemeins gewöhnl Aufenth zurückkehrt), vgl dazu Zimmer JZ **93**, 396, Rothoeft/Rohe NJW **93**, 974, Wandt VersR **93**, 412, Wezel DAR **93**, 19. Damit ist das Tatortprinzip weitgehd dch die Anknüpfg an den gemeins gewöhnl Aufenth ersetzt. Dies führt zu einem einheitl Regulierungsstandard bei der schadensrechtl Abwicklg von VerkUnfällen u fördert die Integration in die Lebensbedinggen des AufenthLandes. Es dient einer Vereinfachg der SchadensRegulierg in der Praxis sowie dem Interesse von RSicherh u RKlarh. Fehlt ein gemeins gewöhnl
10 Aufenth der Beteiligten zZ des Unfalls, bleibt es bei der Tatortanknüpfg, BGH NJW **93**, 1010. **ee)** Die **gemeinsame Registrierung** der an einem Unfall beteil Kfze u damit das gemeins VersStatut ist für sich allein **nicht ausreichend,** um eine Ausn vom TatortGrds zu rechtfertigen, BGH NJW **77**, 496, Hamm IPRspr **78** Nr 22, KG VersR **83**, 495, Celle VersR **83**, 642; Bedeutg erlangt dieser Umstand nur dann, wenn Schädiger u Geschädigter im Registrierungsland auch ihren gemeins gewöhnl Aufenth haben, BGH **119**, 137, Köln NJW-RR **94**, 96; daß keiner von ihnen die Staatsangehörig des Tatortlands besitzt, ist dabei unerhebl, BGH aaO, und noch BGH **93**, 214, **108**, 202; für weitergehde Sonderanknüpfg an den gemeins Registriergs-
11 staat Lorenz JZ **85**, 444, ähnl Stoll Fschr Kegel (1977) 139. **ff)** Die zahlr u verwickelten Ausn zur Anknüpfg an den Tatort in der neueren Rspr hatten bish eine erhebl RUnsicherh bei der Feststellg des Deliktsstatuts zur Folge; die jüngste GrdsEntsch in BGH **119**, 137 ist desh ein bedeutder Fortschritt. Die im rechtswiss Schrifttum entwickelten Orientiergshilfen, vgl Nachw Voraufl, haben damit ihre Grdlage verloren. **Zusammenfas-**
12 **sung** der nunm geltden Grdse unten Rn 18. **gg) Verkehrsrechtliche Verhaltensnormen** sind stets (also auch bei abw RWahl, BGH **42**, 388) aGrdv abw Sonderanknüpfg dem Recht des HdlgsOrts zu entnehmen, BGH **57**, 265, **87**, 97, **119**, 140, Mü NJW **77**, 502, KG VerkMitt **79**, 71 (zum Bew des ersten Anscheins), LG

Nürnb-Fürth VersR **80**, 955, vgl ferner Deutsch NJW **62**, 1680, Stoll Fschr Lipstein (1980) 259, IPRax **89**, 92, Dörner JR **94**, 9; ob ein VerkVerstoß den Vorwurf grober Fahrlk begründet, entsch das für den ErsAnspr geltde Recht, BGH VersR **78**, 541, Weber DAR **79**, 119, ebso ob mitw Versch vorliegt, zB bei Nichtanlegen des SicherhGurts, vgl Karlsr VersR **85**, 788, v Bar JZ **86**, 967. **hh)** Für die Anknüpfg maßg **13** sind die Umstände zZ des Tatgeschehens; das **Deliktsstatut** ist grdsl **unwandelbar,** aM Hohloch IPRax **84**, 14. AGrd der im SchuldR herrschden **Parteiautonomie** ist aber eine v den Beteil vor od nach Begehg der unerl Handlg getr Vereinbg über das maßg Recht grdsl z beachten, vgl BGH **42**, 389, **87**, 103, **98**, 274, NJW **74**, 410, IPRspr **76** Nr 23, NJW **81**, 1606 (vgl dazu Kreuzer IPRax **82**, 4) **93**, 195, Lorenz Fschr Coing II 272, ders IPRax **85**, 87 (auch stillschw zG des Rechts am gemeins gewöhnl Aufenth der Unfallbeteil), Hohloch NZV **88**, 161, für WettbewerbsR aM Sack GRUR Int **88**, 329. Auf diese Weise kann eine vom TatortR getr werden; **Rechtswahl** diese kann grdsl auch stillschw dch Parteiverhalten im Proz erfolgen, BGH NJW **74**, 410, **81**, 1607, BGH **98**, 274, BGH NJW-RR **88**, 535, WM **89**, 1049, NJW **94**, 1409, setzt aber ihr Bewußtsein voraus, daß eine RWahlmöglichk besteht, vgl Art 27 Rn 7, Mansel ZVglRWiss **87**, 12, Schlosser JR **87**, 161, Schack ZZP **87**, 450, Hohloch NZV **88**, 167, aM BvH IPRax **88**, 307. Dagg beurt sich die Wirksk eines matr Verzichts auf den entstandenen Anspr ebso wie seine Übertragg nach dem Deliktsstatut, vgl Art 33 Rn 2. **ii)** Bei Delikten in sachl Zushang mit der Erfüllg bestehder VertrVerhältn, **14** zB Befördergs- od ArbVertr (nicht also bei bloßen GelegenhDelikten), ist eine **akzessorische Anknüpfung** des Deliktsstatuts an das jew VertrStatut geboten, um eine einheitl Beurteilg sämtl Anspr aus demselben Lebenssachverhalt zu erreichen, Staud-vHoffmann Rn 137, MüKo-Kreuzer Rdz 65 f (nur wenn Vertr auch Integritätsinteresse schützt), Lorenz IPRax **85**, 88, Müller JZ **86**, 216, Mansel ZVglRWiss **86**, 15, Stoll Fschr Ferid (1988) 510, IPRax **89**, 89 (der in der Abgrenzg des VertrStatuts vom Deliktsstatut ein Qualifikationsproblem sieht, das unter Berücksichtig der Erwartgen der Part zu lösen ist), Dörner Jura **90**, 58, u unten Rn 17 u 19, abl Soergel-Lüderitz Rdz 45. Dagg kommt eine akzessor Anknüpfg des Deliktsstatuts an das in Art 14 best FamStatut jedenf dann nicht in Betr, wenn es sich um innerfamiliäre SchadErsAnspr aus VerkUnfall handelt, BGH **119**, 145.

c) Einzelfälle. aa) Ansprüche aus Verletzg des **allgemeinen Persönlichkeitsrechts** beurteilen sich **15** nach dem Deliktsstatut, Kln OLGZ **73**, 330, Oldbg NJW **89**, 400, LG Ffm NJW-RR **94**, 1493 u Hbg NJW-RR **95**, 792 (gilt auch für UnterlAnspr), Heldrich Fschr Zajtay (1982) 215, Hohloch ZUM **86**, 176, vgl auch BGH NJW **77**, 1590, einschränkd Furtak IPRax **92**, 80; dies gilt auch für die Frage des Bestehens eines PersR, Wagner JZ **93**, 1034. Zum GegendarstellgsAnspr Stadler JZ **94**, 642. Für den **Datenschutz** gilt das Recht am Ort der Datenverarbeitg, Bergmann, Grenzüberschreitender Datenschutz (1985) 245, aM Koch RDV **91**, 110 (Wohns des Betroffenen), Staud-v Hoffmann Rn 490, Ellger, Der Datenschutz im grenzüberschreitenden DatenVerk (1990) 582, Bothe/Kilian, RFragen grenzüberschreitder Datenflüsse, 1992 S 385, vgl auch Knauth WM **90**, 209. Über **Organtransplantation** vgl Weber/Lejeune NJW **94**, 2396. – Für **Immaterialgüterrechte** gilt das Territorialitätsprinzip, sie werden von einem Staate mit Wirkg für sein Gebiet verliehen; in einem anderen Staat wirken sie zwar, aber nur soweit, als dieser sie anerkennt, was zT dch multilaterale Verträge gesichert ist (Anknüpfg an das Recht des **Schutzlandes,** vgl dazu Ulmer, Die ImmaterialgüterRe im IPR, 1975, ders RabelsZ **77**, 479; Neuhaus, Drobnig, v Hoffmann, Martiny RabelsZ **76**, 189ff, Max- Planck-Institut GRUR Int **85**, 106, Siehr IPRax **92**, 29 u 219; grdsl für Anknüpfg an das Recht des Ursprungslandes Schack, Zur Anknüpfg des UrheberR im IPR, 1979, ders IPRax **91**, 348; zur Anknüpfg v ArbNehmerUrhR Birk Fschr Hubmann (1985) 1.

bb) Auch für **Wettbewerbsverstöße** ist im allg das TatortR maßgebd, BGH **40**, 391. Der Tatort **16** (Begehgsort) eines Wettbewerbsverstoßes liegt aber nur dort, wo die wettbewerbl Interessen der Konkurrenten aufeinanderstoßen, BGH **35**, 329, **40**, 391, NJW **88**, 645, BGH **113**, 15, Hbg RIW **89**, 144, KG NJW-RR **91**, 301, Mü RIW **93**, 301, Düss NJW **94**, 869, grdsl auch Sack GRUR Int **88**, 322, IPRax **92**, 25 (bei Auseinanderfallen von Werbemarkt u Absatzmarkt entsch ersterer), Reich RabelsZ **92**, 480, vgl ferner Hbg IPRspr **86** Nr 115, Reuter RIW **89**, 2265; im Inland also, wenn inl Untern dch im Inland veranlaßte StrohmannGesche zZw des Exports dtsches ExportUntern schädigt, BGH IPRax **89**, 384 u dazu Lederer ebda 362. Für den Wettbewerb zw inl Unternehmen auf einem ausl Markt gilt dagg grdsl das Recht des ausl Marktes, auch wenn die Wettbewerbshandlg v Inland gesteuert wird; eine allg Verpfl inl Untern, auch ihren im Ausland stattfindden Wettbewerb im Verh z inl Mitbewerbern nach dtschem WettbewerbsR einzurichten, besteht nicht, BGH **40**, 391, GRUR **82**, 495 (keine Anwendg der im Anh abgedr VO), BGH **113**, 15 (Kaffeefahrt im Ausland, vgl dazu Koch JZ **91**, 1039, Paefgen WRP **91**, 447, Bernhard GRUR Int **92**, 366, Sack IPRax **92**, 24); das gemeins dtsche HeimatR gilt aber dann, wenn sich der Wettbewerb auf dem Auslandsmarkt ausschl zw inl Untern abspielt od die Wettbewerbshandlg sich gezielt gg den inl Mitbewerber richtet, BGH **40**, 397, Ffm Betr **78**, 1535, LG Weiden IPRax **83**, 192, Nürnb IPRspr **83** Nr 123, Mü RIW **93**, 231, Düss NJW-RR **93**, 171, Kblz NJW-RR **93**, 1196; zur Bedeutg internat VerhRegeln Weimar RIW **93**, 85; zu grenzüberschreitder Zugabe- u Rabattwerbg Sack IPRax **91**, 386; zur Prospekthaftg Hopt Fschr Lorenz (1991) 416. Zu den Einflüssen der Rspr des EuGH Bernhard EuZW **92**, 437. – Bei unberecht SchutzRVerwarng ist Erfolgsort der Sitz des betr Betriebs, LG Mannheim GRUR **80**, 935.

cc) Produzentenhaftung. Das Haager Übk über das auf Produktenhaftpfl anwendb R v 2. 10. 1973 ist **17** für die BRep bish nicht in Kraft getreten, vgl dazu Lorenz RabelsZ **93**, 195; zu den kollisionsr Auswirkgen der Umsetzg der ProdukthaftgsRichtl der EG v 25. 7. 85 in das ProdHaftG vgl Sack VersR **88**, 440, Hohloch FS Keller (1989) 433, Mayer DAR **91**, 81; z Verh z UN-KaufR vgl Otto MDR **92**, 537. Soweit vertragl Beziehgen zw Geschäd u Produzenten bestehen, empfiehlt sich eine akzessor Anknüpfg delikt ErsAnspr an das VertrStatut, vgl Lorenz RabelsZ **73**, 330; gilt auch für Benutzerschäden das Recht des Marktortes (abw Düss NJW **80**, 533 mit Anm v Kropholler, Kln RIW **93**, 326: Unfallort), für Schädigg Dr das Recht des Unfallortes, vgl Stoll Fschr Kegel (1977) 130, ähnl v Westphalen/Wilde, ProdukthaftgsHdb (1991) § 100 Rn 11 f, Wandt, Internat ProduktHaftg (1995) 514; gg diese Unterscheidg MüKo-Kreuzer Rdz 203; vgl ferner BGH NJW **81**, 1606, WM **87**, 176, Zweibr NJW **87**, 2684 (zur Produktbeobachtgspflicht der inl Vertriebsgesellschaft), Kullmann WM **81**, 1328; zur Vollstreckg von US-Urt Bungert ZIP **93**, 815.

18 **dd) Haftg aus Straßenverkehrsunfällen,** vgl näher oben Rn 6–14, Dörner JR **94**, 6, beurteilt sich grdsl nach dem Recht des **Unfallortes,** BGH **57**, 265, **87**, 95, **90**, 294, VersR **89**, 54 (krit dazu Wandt ebda 266), BGH **108**, 202, **119**, 139, Brschw IPRspr **85** Nr 39, Stgt VersR **91**, 1042, Hbg NJW-RR **93**, 40. **Ausnahmen:** (1) Das gemeins HeimatR der UnfallBeteil ist anzuwenden, wenn diese im gemeins Heimatstaat auch ihren gewöhnl Aufenth haben, BGH **87**, 101, **90**, 298. (2) Das Recht des gemeins gewöhnl Aufenth der Unfallbeteil ist maßg, wenn zw ihnen entweder bereits zZ des Unfalls ein enger soz Kontakt bestand, BGH **90**, 294 (zB familienähnl Gemeinsch) od die am Unfall beteil Kfze im gemeins AufenthLand zugel u versichert waren, BGH **93**, 214, **108**, 202, **119**, 142, BayObLG NJW **88**, 2184, NJW-RR **90**, 893. Bei Vorliegen dieser Voraussetzgen ist die AufenthAnknüpfg auch dann maßg, wenn die Beteiligten Staatsangehörige des Tatortlandes sind, BGH **119**, 137, NJW **93**, 1008, ebso schon BGH NJW-RR **85**, 535, and noch BGH NJW **77**, 496, BGH **93**, 214. (3) Die Regelg des StraßenVerkR ist auch bei Vorliegen dieser Ausnahmen stets dem Recht des Unfallortes zu entnehmen, BGH **87**, 97, **90**, 298, **119**, 140; für die Voraussetzgen eines mitwirkden Verschuldens (zB Nichtanlegen des Sicherheitsgurts) gilt jedoch das für die Haftg maßgebde Recht (Deliktsstatut), vgl dazu Karlsr VersR **85**, 788, v Bar JZ **86**, 967.

Nach dem Deliktsstatut ist auch der DirektAnspr gg die HaftpflichtVers eines Unfallbeteil zu beurteilen, BGH **57**, 265, BGH NJW **74**, 495, **77**, 496, BGH **108**, 202, **119**, 139, NJW **93**, 1007 u 1010, vgl unten Rn 27. Zur Anknüpfg der RegreßAnspre mehrer gleichrangiger Schu Wandt VersR **89**, 267; zum Legalzessionsregreß vgl Art 33 Rn 3. Übersicht über die Unfallregulierg im europ Ausland bei Neidhardt/Zwerger, Unfall im Ausland, 3. Ausgabe 1990; Schwarz NJW **91**, 2060; zur Türkei S. Lorenz DAR **91**, 126; Wandt NZV **92**, 89.

19 **ee) Delikt ErsatzAnspr aus internationaler Luftbeförderung** unterliegen kr akzessor Anknüpfg dem maßg VertrStatut (vgl dazu Art 28 Rn 14), BGH IPRspr **85** Nr 44, Frings ZLW **77**, 18, Urwantschky, Flugzeugunfälle mit Auslandsberührg, 1986; bei GefälligkBefördrg gilt Deliktsstatut, BGH **76**, 32; grdsl für Anknüpfg an das Recht des Hoheitszeichens des Flugzeugs Lukoscheck, Das anwendb DeliktsR bei Flugzeugunglücken, 1984. Die Haftg ggü Dritten beurteilt sich nach den allg Grdsen der Anknüpfg des Deliktsstatuts, vgl dazu Giemulla ZLW **80**, 119. Über Weltraumhaftg Stoffel NJW **91**, 2181.

20 **ff) Bei Schiffszusammenstoß auf hoher See** sind beide Schiffe Begehgsort, RG **138**, 243, bei gleicher Flagge entsch Recht dieser Flagge, RG **49**, 187, sonst Recht der Flagge des Bekl, ebso E. Lorenz, Fschr Duden (1977) 229 (aber nur in den Grenzen des KlägerR), and RG **138**, 243, Hbg VersR **75**, 761, die das dem Kl günstigere R anwenden, grdsl für Anwendg der lex fori Roth/Plett RabelsZ **78**, 662, Soergel-Lüderitz Rdz 40; werden von beiden Part Anspr erhoben, entsch jeweils Recht des in Anspr Genommenen; dies gilt entspr für Einwdg mitw Versch (Recht des Kl). Für Anspr aus BerggsMaßn gilt Recht der Flagge des Schädigers, LG Hbg IPRspr **88** Nr 49. In dtschen **Hoheitsgewässern** ist dtsches Recht ohne Rücks auf Nationalität der Schiffe anwendb, BGH **3**, 321, VersR **62**, 514, IPRax **81**, 99, OGH MDR **50**, 729, Hbg IPRspr **77** Nr 38 u 39, Brem IPRspr **83** Nr 45, Beitzke MDR **59**, 881. In ausl Hoheitsgewässern entsch das Recht dieses Ortes (vorbehaltl Art 38), auch hins der HaftgsBeschrkg der beteiligten Reeder, BGH **29**, 237, Hbg MDR **64**, 421 (dän Hoheitsgewässer); bei ZusStößen dtscher Schiffe in ausl Hoheitsgewässern gilt dtsches Recht nach § 1 der in Anh I abgedr VO, BGH **34**, 222. Zur Haftg in Rheinschiffahrtssachen vgl BGH **42**, 385, MDR **73**, 743. Im Anwendgsbereich des Internat Übk zur einheitl Feststellg v Regeln über den Zusammenstoß v Schiffen v 23. 9. 1910, RGBl **13**, 57, beurteilt sich die ErsatzPfl nach dessen Vorschr, BGH MDR **74**, 743, VersR **76**, 681, IPRax **81**, 99. Zur Haftg für Schäden beim **Transport gefährlicher Stoffe** auf See vgl das Internat Übk über die zivr Haftg für Ölverschmutzgsschäden v 29. 11. 69 mit ZustG v 18. 3. 75, BGBl II 301, in Kraft getr am 18. 8. 75, Bek v 10. 7. 75, BGBl II 1106 (mit Liste der VertrStaaten, zuletzt ergänzt dch Bek v 2. 3. 93, BGBl II 264; vgl dazu ferner Protokoll v 19. 11. 76, BGBl **80** II 721, 724, zuletzt ergänzt dch Bek v 12. 3. 92, BGBl II 263) idF des Protokolls v 25. 5. 84, BGBl **88** II 707, Bek v 8. 9. 88, BGBl II 824, vgl dazu Blaschczok AWD **80**, 552, Stutz VersR **81**, 897, Sieg AWD **84**, 346, Arzt/Jürgens KJ **93**, 146, Renger TranspR **93**, 132. Eine Neufassg des Übk v 29. 11. 69 dch das Protokoll v 27. 11. 92 ist noch nicht in Kraft getreten; vgl dazu G v 25. 7. 94, BGBl II 1150. Über die zivlr Haftg bei der Beförderg v Kernmaterial auf See s Übk v 17. 12. 71, BGBl **75** II 957, in Kraft getr am 30. 12. 75, Bek v 4. 2. 76, BGBl II 307; zur Haftg für Reaktorschiffe vgl Beemelmans RabelsZ **77**, 1; zur Kapitänshaftg vgl ferner Basedow Europ TransportR **79**, 744.

21 **gg) Zum grenzüberschreitenden Umweltschutz** vgl Roßbach NJW **88**, 590, Hager RabelsZ **89**, 293, Rest NJW **89**, 2153, Rest/ Leinemann UPR **89**, 364, Kreuzer BerGesVR 32 (1992) 245. Grenzüberschreitde Immissionen sind Distanzdelikte, bei denen alternativ an Hdlgs- u Erfolgsort anzuknüpfen ist (GünstigkGrds), vgl oben Rn 3, Staud-v Hoffmann Rn 611. Der SchadErsAnspr wg grenzüberschreitder Gewässerverunreinig beurteilt sich daher nach dem Recht des Geschäd nach dem Recht des Handlgs- od Erfolgsorts, Saarbr IPRspr **62/63** Nr 38, krit dazu Roßbach ZfW **79**, 16, NJW **88**, 590; für den AbwehrAnspr des Eigentümers gilt das Recht des Lageorts, vgl Anh II z Art 38 Rn 5; grdsl für Anknüpfg sämtl Ersatz- u AbwehrAnspr aus grenzüberschreitder Umweltbeeinträchtigg an den Erfolgsort Kohler aaO S 81, Roßbach NJW **88**, 590, ähnl Rest NJW **89**, 2159. Die Berücksichtigg im Ausland erteilter behördl Genehmiggen, vgl dazu Roßbach NJW **88**, 592, Hager RabelsZ **89**, 293, Rest aaO, hängt von deren Anerkenng im Inland ab, vgl dazu Staud-v Hoffmann Rn 614; zur Entschädigg bei staatsvertr gestatteten grenzüberschreitden Immissionen BGH **87**, 321. Zur Haftg ggü Dritten auf dem Gebiet der Kernenergie vgl Pariser Übk v 29. 7. 60 mit ZusatzÜbk v 31. 1. 63, jeweils nebst ZusatzProt v 28. 1. 64, BGBl **76** II 310 (Liste der VertrStaaten FundstellenNachw B 1995 S 381), sowie Prot v 16. 11. 82 zur Änderg des Übk v 29. 7. 60 bzw 31. 1. 63, BGBl **85** II 690, für die BRep in Kraft seit 7. 10. 88, Bek v 18. 1. 89, BGBl II 144 (mit Liste der VertrStaaten, zuletzt ergänzt dch Bek v 28. 8. 90, BGBl II 1311) bzw seit 1. 8. 91, Bek v 7. 7. 95, BGBl II 657 (mit Liste der VertrStaaten). Zur Haftg bei grenzüberschreitden Schäden aus Kernreaktorunfällen vgl AG Bonn NJW **88**, 1393, LG Bonn NJW **89**, 1225, Pelzer NJW **86**, 1664, DVBl **86**, 875, Rest VersR **86**, 609 u 933, Kühne NJW **86**, 2139, Schneider/Stoll BB **86**, 1233, Gornig JZ **86**, 979, Mansel IPRax **87**, 214, Gündling IPRax **88**, 338, Däubler, Haftg für gefährl Technologien (1988) 93; bei Chemie-Unfällen Rest VersR **87** A 6, Ladeur NJW **87**, 1236. Zur grenzüberschreitden Abfallentsorgg Jayme BB **93** Beil 10, 50.

3) Anwendungsbereich des Deliktsstatuts. a) Nach dem Deliktsstatut beurteilen sich die **Vorausset-** 22 **zungen** einer Haftg aus unerl Hdlg nach Tatbestd, Kausalität, RWidrigk u Versch (insb also auch Deliktsfgk u notw VerschGrad); die z beachtden Verhaltensnormen, insb des StraßenVerkR sind jedoch auch dann dem Recht des Hdlgsorts zu entnehmen, wenn dieses ausnahmsw nicht Deliktsstatut ist, vgl Rn 12; dies gilt nicht für GurtanlegePfl als Voraussetzg mitw Versch. Das Deliktsstatut regelt ferner das Einstehen für Verrichtungsgehilfen, BAG **15**, 79, od für aufsichtsbedürft Pers, Stoll Fschr Lipstein (1980) 268, sowie die Deliktshaftg v JPen Beitzke Fschr Mann (1977) 107, Stoll aaO 267; dies gilt auch für die Haftg v JPen des öff Rechts aus Teiln am PrivRVerk. Nicht nach Art 38 z beurteilen ist dagg die **Staatshaftung** bei pflicht- 23 widr Verhalten hoheitl Natur; für sie gilt stets das Recht des Amtsstaates, auch wenn die AmtsPflVerl im Ausl begangen wurde, LG Rstk NJ **95**, 490, Ferid IPR Rdz 6–192, Schurig JZ **82**, 385, MüKo-Kreuzer Rdz 277, abw Grasmann JZ **69**, 454; das gleiche gilt für die persönl Haftg des Amtsträgers, LG Rstk NJ **95**, 490, Soergel-Kegel Rdz 23; z den fremdenr Beschrkgen der dtschen Staatshaftg ggü Ausl vgl § 839 Rn 5, ferner Gramlich AWD **81**, 811, NVwZ **86**, 448, Berkemann IPRax **82**, 196. Für die allg Deliktshaftg des Staates u seiner Bediensteten aus Teiln am PrivatRVerk gilt dagg das TatortR, dh das jew Deliktsstatut; die privative HaftgsÜbern wie nach GG 34 unterliegt dem Recht des Amtsstaates, Schurig JZ **82**, 389. Über Delikte von Angehörigen der Stationierungsstreitkräfte vgl Staud-v Hoffmann Rn 230, sowie § 16 SKAufG v 20. 7. 95, BGBl 554 (zZ nicht in Kraft). Das Deliktsstatut entsch auch über das Bestehen einer **Gefähr-** 24 **dungshaftung,** vgl Rn 2, u deren Voraussetzgen, zB Haltereigenschaft, LG Mü I IPRax **84**, 101, Mansel VersR **84**, 102. **b)** Nach ihm beurteilen sich ferner Art u **Umfang** der SchadErsPfl, zB der Anspr auf 25 punitive damages, Staud-v Hoffmann Rn 206 (vgl auch Art 6 Rn 16) sowie auf Schmerzensgeld, Celle IPRax **82**, 203, zweifelnd v Bar JZ **84**, 672 (bei der Bemessg der **Höhe des Schmerzensgelds** sind aber die Richtsätze am gewöhnl Aufenth des Verletzten zu berücksichtigen, Mü VersR **84**, 745, zustd Mansel ebda 747, Staud-vHoffmann Rn 198, vgl dazu auch BGH **93**, 218, **119**, 142, v Bar JZ **85**, 968), wie auch die Berücksichtig mitw Versch, KG JW **38**, 1715, sowie die Vorteilsausgleichg, Celle VersR **67**, 164; über den Eintritt eines ges FdgsÜbergangs vgl Art 33 Rn 3, nicht aber auch über Haftgsausschluß nach RVO 636, vgl SchlHOLG SchlHA **86**, 164 u dazu Mummenhoff IPRax **88**, 215; z den währgsrechtl Problemen der SchadErsSchuld vgl v Hoffmann Fschr Firsching (1985) 125, Remien RabelsZ **89**, 245, Alberts NJW **89**, 609, ferner BGH VersR **89**, 56. **c)** Nach Art 38 beurteilt sich ferner die Pers des ErsBerecht, RG JW **06**, 297, 26 sowie die Vererblk des Anspr des Verletzten, MüKo-Kreuzer Rdz 288; die **Vorfrage** des Bestehens v UnterhAnspr gg den Getöteten od der Verpfl zur Tragg der BeerdiggsKosten ist jedoch selbstd anzuknüpfen, vgl BGH NJW **76**, 1588, VersR **78**, 346, NJW-RR **87**, 147, Celle VersR **80**, 169 (Anpassg, wenn das nach Art 18 maßg Recht UnterhAnspr verneint, jedoch den Angehör SchadErsAnspr aus eigenem Recht gewährt), LG Mü I IPRax **82**, 78, Mü NJW-RR **91**, 925, Köln FamRZ **95**, 1200 (DienstleistgsPfl), Weber DAR **79**, 119, offenb verkannt bei Hamm NZV **89**, 271, vgl dazu ferner Stoll Fschr Lipstein (1980) 270. Das Deliktsstatut regelt auch die Verj, BGH WPM **78**, 733. Die Frage, ob der ErsAnspr auch gg die Erben des Verpfl geltd gemacht werden kann, beurt sich nach dem Erbstatut, aM MüKo-Kreuzer Rdz 288.

d) Mit Ausg der internat grünen VersKarte übernimmt **Versicherer** Deckgsschutz mind nach den im 27 Besuchsland geltden VersBedinggen u VersSummen, BGH **57**, 265, NJW **74**, 495, vgl dazu ferner Wezel VersR **86**, 952. Unmittelb Anspr des Geschädigten gg HaftpflVers ist überw deliktsr Natur u unterliegt daher ebenf dem Deliktsstatut, BGH **57**, 265, Stgt AWD **74**, 696, Hamm VersR **79**, 926, KG NJW-RR **95**, 1116, grdsl auch Wandt IPRax **92**, 261; für alternative Anknüpfg an Deliktsstatut od VersVertrStatut nach dem GünstigPrinzip dagg Hübner VersR **77**, 1069. Der **Direktanspruch** gg den dtschen Versicherer eines im Inland zugelassenen Kfz beurteilt sich desh bei Unfall im Ausland grdsl nach TatortR (bzw dem an seiner Stelle maßg Recht, vgl Rn 6–14), BGH NJW **74**, 495, **77**, 496, BGH **108**, 202, **119**, 139, NJW **93**, 1007 u 1010, Celle VersR **77**, 1056, KG NJW **74**, 1055, grdsl auch Mansel, Direktansprüche gg den Haftpflichtversicherer, 1986 (aber isolierte RWahl zu beachten), aM Köln NJW **73**, 426; bei Versagg des DirektAnspr kann Art 6 anwendb sein, Trenk-Hinterberger NJW **74**, 1048, and Wandt IPRax **92**, 262.

4) Die Ausnahme des Art 38. Ist nach den in Anm 2 dargestellten Anknüpfgsregeln eine von einem 28 Dtschen im Ausl begangene unerl Hdlg nach ausl Recht zu beurteilen, so bleibt seine Haftg nach Art 38 auf das nach dtschem Recht vorgesehene Höchstmaß beschr; ein ErsAnspr besteht also nur insow, als er auch nach dtschem Recht begründet wäre; dies gilt auch für UnterlAnspr, Hbg NJW-RR **95**, 792, sowie im Regreßprozeß, Schack VersR **84**, 424. Soweit dies zur Diskriminierg anderer EG- Angeh im AnwendgsBereich des EGV führt, verstößt diese Regelg gg Art 6 EGV, vgl dazu Sack GRUR Int **88**, 331, Roßbach NJW **88**, 591, Reich RabelsZ **92**, 484, Brödermann MDR **92**, 91, aM Hbg NJW-RR **95**, 793, vgl dazu Art 3 Rn 9. Bleiben die vom ausl Recht gewährten Anspr hinter dem dtschen Recht zurück, so entsch allein das ausl Recht. Art 38 erfordert also einen **Vergleich** des als Deliktsstatut maßgebden Rechts mit dem dtschen Recht. Dabei sind nicht nur die dtschen DeliktsVorschr, sond auch alle and Best heranzuziehen, auf die der Anspruch gestützt werden könnte, zB wg VertrVerletzg od ungerecht Ber, RG **118**, 141, BGH **71**, 175, Soergel-Kegel Rdz 74, Graf v Westphalen AWD **81**, 141 (z den punitive damages nach amerik R, vgl dazu Art 6 Rn 16). Bei dieser Prüfg sind insb auch die VerjVorschr z beachten, vgl KG JW **38**, 1715, BGH FamRZ **78**, 492. Die Anwendg der HaftgsBeschrkg nach RVO 898f setzt voraus, daß der Unfallgeschäd in der dtschen ges UnfallVers versichert ist, BAG **15**, 79. Art 38 gilt auch für Haftg der Gründer einer ausl AG, Düss AWD **76**, 452, sowie die Haftg des Reeders nach HGB 485, BGH **86**, 238, vgl dazu v Hoffmann IPRax **83**, 298. – Die in Art 38 getroffene Ausn ist ein **Sonderfall des Art 6**, für dessen Anwendg daneben kein Raum bleibt. – Die Anerkenng eines ausl Urt, in welchem der dtsche Schädiger zu weitergehden Leistgen als nach dtschem Recht verurteilt wird, ist dch Art 38 nicht ausgeschlossen, BGH **88**, 17, **118**, 329 (vgl dazu Art 6 Rn 16), **123**, 271, LG Bln RIW **89**, 989 (dazu Zekoll RIW **90**, 302, Heidenberger ebda 804), Stiefel VersR **87**, A 832, aM Schack VersR **84**, 422, Schütze RIW **93**, 140.

5) Im innerdeutschen KollisionsR war ebenf das Recht des Tatorts maßg, BGH FamRZ **61**, 261, Düss 29 VersR **75**, 1124, KG VersR **90**, 395 mAv E. Lorenz u Rupf. Besaßen Schädiger u Geschäd nur die dtsche Staatsangehörig nach dem Reichs- u StaatsangehörigkG v 22. 7. 1913, od war diese Staatsangehörig bei beiden die effektive, vgl Anh z Art 3 Rn 4, so galt auch bei Unfall in der DDR das Recht der BRep, vgl Anh I Rn 4; dagg reichte der bloße gemeins gewöhnl Aufenth im Bundesgebiet od West-Bln nach dem vor dem 3. 10. 90 bestehden RZust nicht aus, um von der Anknüpfg an den Tatort abzugehen, aM KG VerkMitt **79**, 80 (VerkUnfall zw Dtschem u türk GastArb in der DDR). Zu den dabei aufgetretenen währgsr Problemen s 49. Aufl, sowie KG IPRax **90**, 183, Wandt ebda 166; zur Regulierg von Kfz-Schäden bei Unfällen vor dem 3. 10. 90 Böhm DAR **90**, 36, Bauer DtZ **90**, 16, **91**, 85, Amend NZV **90**, 452, Bultmann NJ **94**, 154 sowie Bek v 24. 8. 90, BAnz Nr 162 v 30. 8. 90. – Bei unerl Hdlgen, die nach dem 2. 10. 90 begangen wurden, gilt einheitl das BGB u seine NebenG, **Art 232** § 10; vgl dazu Sabaß ZfS **90**, 334.

Anhang zu Art 38

I. VO über die Rechtsanwendung bei Schädigungen deutscher Staatsangehöriger außerhalb des Reichsgebiets

Vom 7. 12. 1942 (RGBl I 706/BGBl III 400–1–1)

§ 1. (1) *Für außervertragliche Schadenersatzansprüche wegen einer Handlung oder Unterlassung, die ein deutscher Staatsangehöriger außerhalb des Reichsgebiets begangen hat, gilt, soweit ein deutscher Staatsangehöriger geschädigt worden ist, deutsches Recht. Es ist das im Altreich geltende Recht anzuwenden.*

(2) Absatz 1 ist auch anzuwenden auf:
1. das Reich, die Länder, Gemeinden und andere Körperschaften des öffentlichen Rechts;
2. Handelsgesellschaften, Personenvereinigungen und juristische Personen, die im Reichsgebiet ihren Sitz haben.

§ 2. *Der Reichsminister der Justiz erläßt die Vorschriften zur Durchführung und Ergänzung dieser Verordnung durch Rechtsverordnung oder im Verwaltungsweg.*

§ 3. (1) *Diese Verordnung tritt am siebenten Tage nach ihrer Verkündung in Kraft.*

(2) Die Verordnung ist auch anzuwenden auf außervertragliche Schadenersatzansprüche wegen Handlungen oder Unterlassungen, die in der Zeit vom 1. September 1939 bis zum Inkrafttreten dieser Verordnung begangen worden sind. Soweit jedoch über die Schadenersatzansprüche ein rechtskräftiges Urteil ergangen oder ein Vergleich abgeschlossen ist, behält es hierbei sein Bewenden.

(3) Der Reichsminister der Justiz bestimmt den Zeitpunkt des Außerkrafttretens dieser Verordnung.

1   **1) Allgemeines.** Die VO ist v Ministerrat für die Reichsverteidigg aus Anlaß der bes Verhe der Kriegszeit erl worden; sie ist aber nicht aufgeh worden u gilt daher fort, BGH **34**, 222, **87**, 95, st Rspr, Staud-v Hoffmann Rn 127, aM Beitzke JuS **66**, 144, zweifelnd Ballerstedt JZ **51**, 223. Die VO ist auch bei Zusstoß **deutscher Schiffe** in ausl Hoheitsgewässern anzuwenden, BGH **34**, 222, aM Wengler JZ **61**, 422, Beitzke NJW **61**, 1993; in einem solchen Fall gilt dtsches Recht auch für die Anspr der LadgsBeteil, BGH **34**, 227, aM Beitzke NJW **61**, 1998. – Zu Wettbewerbsverstößen zw dtschen Untern auf ausl Märkten s Art 38 Rn 16.

2   **2) Grundsatz.** In Abw v der Maßgeblk des TatortR ist nach VO 1 I an die gemeins dtsche Staatsangehörigk v Schädiger u Geschädigten anzuknüpfen. Dieser Grds ist im Zuge der neueren Tendenzen einer Auflockerg des Deliktsstatuts nunmehr z einer alls Reg weiterentwickelt worden, vgl Art 38 Rn 6–11. Die Anwendg dtschen R nach VO 1 I erstreckt sich auf alle haftgsr Fragen, zB die VerksicherugsPfl, Düss IPRspr **89** Nr 55. Bei der Beurteilg der Schuldfrage bei Unfällen sind aber die örtl VerhaltensReg, insb des StrVerkR, anzuwenden, Düss VersR **73**, 946, KG IPRspr **75** Nr 21, VersR **82**, 1199 (and bei mitw Versch dch Nichtanlegen des SicherhGurts), AG Köln VersR **79**, 728, Düss VersR **90**, 111, u Art 38 Rn 12.

3   **3) Anwendungsbereich. a) Sachlich.** Die VO bezieht sich, über Art 38 hinausgehend, auf alle außervertragl SchadErsAnspr bürgerl-rechtl Art, zB auch aus GeschFührg ohne Auftr, culpa in contrahendo, LG Hbg IPRspr **77** Nr 28; zur Anwendg bei Skiunfällen vgl Karlsr NJW 64, 55, Köln OLGZ **69**, 152, Mü NJW **77**, 502, Oldbg VersR **79**, 386, Düss VersR **90**, 111, Scheuer DAR **90**, 121; bei VerkUnfällen BGH **87**, 95, Düss VersR **73**, 946, Köln VersR **78**, 972, AG Krefeld VersR **79**, 168, AG Köln VersR **79**, 723, KG VersR **82**, 1199, Düss NJW-RR **91**, 55, Psolka VersR **74**, 412; bei Flugzeugunglück Köln ZLW **78**, 134; zur Anwendg bei Schiffszusstößen vgl Rn 1. UnterhAnspr gg außerehel Erzeuger beurteilen sich nach Art 18. Auf vertragl SchadErsAnspr ist die VO auch nicht entspr anzuwenden; ebsowenig trifft die VO eine Regelg für öffentl EntschädiggsAnspr.

4   **b) Persönlich.** Beide, Schädiger u Verletzter, müssen zZ der Entstehg des Schadens die dtsche Staatsangehörigk, Anh z Art 5 Rn 6–13, gehabt haben; zur Anknüpfg an eine gemeins ausl Staatsangehörigk vgl Art 38 Rn 8. Voraussetzg einer Anwendg der VO ist aber ferner, daß beide Parteien zZ des Unfalls ihren gewöhnl Aufenth im Inland haben, Peuster VersR **77**, 795, Stoll Fschr Kegel (1977) 116, Lorenz Fschr Coing II (1982) 278, Hohloch IPRax **84**, 14, hM, abw fr Aufl. Deshalb bleibt es bei gewöhnl Aufenth eines Beteiligten im Tatortland zZ des Unfalls bei der Anwendg des TatortR; die VO tritt hier zurück, BGH **87**, 95, NJW **83**, 2771, vgl dazu Hohloch JR **84**, 63, IPRax **84**, 14, Weick NJW **84**, 1994. Im **innerdeutschen** KollisionsR war Staatsangehörigk nach dem Reichs- u StaatsangehörigkG v 22. 7. 1913 erfdl, eine zusätzl bestehde Staatsbürgersch der DDR konnte in diesem Fall unberücksicht bleiben, vgl Anh z Art 3 Rn 4; Unfälle zw Bundesbürgern in DDR waren daher grdsl nach dem Recht der BRep zu beurteilen, KG IPRspr **75** Nr 21, BayObLG **90**, 161, MüKo-Kreuzer Rdz 76; bei versch Personalstatut v Schädiger u Geschädigtem galt TatortR; vgl dazu jetzt Art 38 Rn 29. Auf Staatenlose, mag auf sie auch nach Art 5 II dtsches Recht zur Anwendg kommen, bezieht sich die VO nicht. Ands schadet spätere Abtretg des Anspr an

Nichtdeutsche nicht, also auch nicht sein Übergang auf eine nichtdeutsche Versichergsgesellsch, amtl Begr. Bei Unfällen, an denen neben Dtschen auch Ausl beteil sind (zB dtscher Halter, ausl Fahrer), beurteilen sich nur die Anspr der dtschen Geschädigten gg dtsche Haftpflichtige nach dtschem Recht (also im Beispiel nur die Halterhaftg); für Anspr ausl Geschädigter od gg ausl Schädiger gelten die allg Reg, Art 38 Rn 2–21, AG Bonn VersR **75**, 528. Die VO ist auch anzuwenden, wenn JPen des öff od priv Rechts mit Sitz im Inl als Schädiger od Geschädigter, BayObLG AWD **82**, 199, VersR **86**, 299, Düss NJW-RR **91**, 55, Mü RIW **93**, 231, nicht etwa nur als Versicherer, KG NJW **74**, 1055, beteiligt sind, VO 1 II. Die weite Fassg von VO 1 II Z 2 ergibt, daß auch nichtrechtsf Handelsgesellsch u Persvereiniggen beteiligt sein können, vorausgesetzt allerd, daß sie im RechtsVerk ähnl wie JPen behandelt werden (OHG, KG, nichtrechtsf Vereine), Däubler DJ **43**, 37.

c) Örtlich. Die anspruchsbegründde Hdlg od Unterlassg muß außerh der BRep begangen sein; entsch 5 dafür, ob der Begehgsort im Ausland lag, ist der Ztpkt der Tat.

II. Sachenrecht

1) Allgemeines. Das IPRG v 25. 7. 86, BGBl 1142 enth keine Vorschren über das internat SachenR. Sie 1 sollen zus mit Kollisionsnormen über außervertragl SchuldVerhe dch ein weiteres Gesetz in Art 38 ff eingestellt werden, vgl dazu Rn 1 vor Art 38. Einstweilen gelten die von Rspr u RLehre entwickelten Anknüpfgsregeln. Rück- od Weiterverweis sind zu beachten, BGH **108**, 357, NJW **95**, 2098, KG NJW **88**, 341.

2) Grundsatz. a) Im internat SachenR gilt kraft GewohnhR grdsl das **Recht des Lageorts** (lex rei sitae), 2 u zwar sowohl für Grdst, BGH **52**, 239, NJW **95**, 59, Düss NJW **81**, 529, Mü NJW-RR **89**, 664, wie für bewegl Sachen, BGH **39**, 173, WPM **80**, 410, BGH **100**, 324, BGH NJW **89**, 2543, Hamm RPRspr **85** Nr 143; ebso für das Recht am Papier bei WertPap, BGH **108**, 356 (WertPSachstatut), Kln RIW **94**, 969, währd das verbriefte Recht seinem jew RStatut (WertPRechtsstatut) unterliegt, vgl dazu v Bar Fschr Lorenz (1991) 284, bei Aktien zB dem GesellschStatut, S. Lorenz NJW **95**, 177, Einsele IPRax **95**, 164, vgl dazu Rn 5. Für die Anknüpfg maßg ist der **Zeitpunkt** des Eintritts der in Frage stehden RFolge, zB Entstehg od Verlust eines dingl Rechts, BGH **39**, 174, **45**, 99, NJW **89**, 1352. Die Möglk einer RWahl ist, and als im internat SchuldVertrR, auch bei bewegl Sachen mit Rücks auf die VerkSicherh grdsl ausgeschl, Kln RIW **94**, 969, Kegel IPR § 19 I, MüKo-Kreuzer Nach Art 38 Anh I Rn 35 u 67, str, aM zB Drobnig Fschr Kegel (1977) 150, Staud-Stoll Rdz 195 ff nach EG 12, Weber RabelsZ **80**, 510, Siehr ZVglRWiss **84**, 100, Jayme Fschr Serick 1992 S 241. **b)** Für **Transportmittel** u **-güter** gelten Sonderregeln, vgl Rn 10. Der EigtEr- 3 werb u -verlust an **Schiffen**, die im SchiffsReg eines dtschen Ger eingetr sind, richtet sich nach dtschem Recht, SchiffsRG 1 II, sonst nach dem Recht des ausl Registerortes, Stoll JZ **95**, 787. Bei nicht registrierten Schiffen ist das Recht des Heimathafens maßg, Reg Kegel IPR § 19 V, aM Stoll JZ **95**, 788. Das Entstehen v SchiffsGläubRen unterliegt dem Schuldstatut der gesicherten Fdg, Hbg VersR **75**, 826, **79**, 933, **87**, 1088, RIW **90**, 225, LG Brem RIW **95**, 326, aA (lex rei sitae) Soergel-Kegel vor EG 7 Rdz 579, Mankowski TransportR **90**, 213 (Registerort), vgl auch BGH **35**, 267 (anscheind für Recht der Flagge), BGH NJW **91**, 1418 u dazu Kronke IPRax **92**, 305. Über die Rangfolge entsch bei Anwendbk versch ROrdngen die lex fori, Oldenbg VersR **75**, 271, Prüßmann, SeehandelsR, vor HGB 754 Anm II B 4 b bb, aA LG Hbg MDR **63**, 765. Die BRep ist dem Abk üb die internat Anerkenng von Rechten an Luftfahrzeugen v 19. 6. 48 dch Gesetz v 26. 2. 59, BGBl II 129, beigetreten, vgl dazu BGH NJW **92**, 363. **c)** Auch im 4 **innerdeutschen** KollisionsR war die lex rei sitae maßg, BGH NJW **89**, 1352, KG NJW **88**, 341. Seit dem 3. 10. 90 gilt grdsl das BGB. Zur **Übergangsregelung** vgl Art 233 §§ 1–8. Zur Wirksamk von Enteignen vgl Rn 14.

3) Anwendungsbereich. Die lex rei sitae gilt **für alle sachenrechtlichen Tatbestände.** Sie entsch, ob 5 eine Sache iS des SachenR überh vorliegt, also auch, ob es sich um einen wesentl Bestandt handelt, über die Vorauss der Entstehg, Ändg od Übertr eines dingl Rechts, zB ob sie abstrakt oder kausal ausgestaltet sind, vgl BGH IPRspr **80** Nr 3, Celle IPRax **91**, 115 (vgl dazu Witz/Zierau ebda 95), über die Modalitäten der Übereigng, zB dch Besitzkonstitut od Abtr des Herausgabe-Anspr (wobei aber die zugrdeliegden schuldr Vorgänge nach dem Schuldstatut z beurteilen sind, Schlesw IPRspr **89** Nr 77, Kegel IPR § 19 II), damit insbes auch über Zulässigk u Vorauss v EigtVorbeh u Sichgs-Übereigng, Rauscher AWD **85**, 267, über die Möglichk des Erwerbs einer Sache v NichtBerecht, Celle JZ **79**, 608, KG NJW **88**, 341, Kblz RIW **93**, 503 (dazu Frank IPRax **94**, 279), für gestohlene Sachen aM Mansel IPRax **88**, 268 (mit beachtl Gründen), u damit auch, ob für Besitzer bewegl Sachen EigtVermutg besteht, BGH NJW **60**, 774, **94**, 940, Kln IPRax **90**, 46, Armbrüster ebda 25, S. Lorenz NJW **95**, 178 u Einsele IPRax **95**, 164 (jeweiliges BelegenhStatut maßg), sowie über ein LösgsgsR des gutgl Käufers, BGH **100**, 324, vgl Siehr ZVglRWiss **84**, 100, Schütze EWiR § 549 ZPO 1/87, Stoll IPRax **87**, 357. Das Recht des Lageorts entsch auch, welche Rechte überh an einer Sache erworben werden können, RG HRR **30**, 2066, damit auch über Entstehg vertragl, Kblz RIW **93**, 502, od ges PfdRe (FdgsStatut insow unerhebl), vgl dazu Kartzke ZfBR **93**, 205, aM anscheind Düss VersR **77**, 1047, teilw abw Staud-Stoll Rdz 210 ff, über Time-Sharing v Wohngen auf sachenr Grdl, Schober Betr **85**, 1513, Kohlhepp RIW **86**, 176, Böhmer, Das dtsche IPR des timesharing 1993, Mankowski RIW **95**, 365, ferner über den Inhalt der Rechte, insb die Anspre aus Eigt u Bes, BGH **108**, 355, LG Hbg IPRspr **78** Nr 42, KG NJW **88**, 341, Kblz RIW **92**, 1020, Kreuzer IPRax **90**, 365, Kondring IPRax **93**, 372 (aM Stoll RabelsZ **73**, 357, JZ **95**, 786: Rechtsverfolg außerh des Belegenh-Staates nach lex fori; für deliktische Qualifikation Kronke/Berger IPRax **91**, 316), dh insb über SchadErs-Anspr aus dem Eigentümer-Besitzer-Verh, vgl MüKo-Kreuzer Rn 31, aM Ffm WM **95**, 52 (Deliktsstatut), die AbwehrAnspr des Eigentümers, Traunst u Mü IPRspr **76** Nr 29, BGH DVBl **79**, 226, Waldshut-Tiengen UPR **83**, 14 (betr dtsche Anlieger eines ausl Flughafens, vgl dazu BVerfG **72**, 66); auch Verlust u Untergang dingl Rechte beurteilen sich nach der lex rei sitae, zB auch Eigentumserwerb des Finders, Düss AWD **84**, 481. Das gleiche gilt für die Unterscheidg zw bewegl u unbewegl Sachen, soweit sie matrechtl v Bedeutg ist; wird sie in einer Kollisionsnorm getroffen, so entsch die ROrdng, welcher diese angehört, iF einer Rückverweis also das betr ausl IPR, RG **145**, 85 u Rn 28 vor Art 3. Das Recht des Lageorts entsch auch über die Form eines RGesch, dch das ein Recht an einer Sache begründet od über ein solches Recht verfügt wird, Art 11 V. Hins der Einwirkg der lex rei sitae auf die Form des GrdstKaufVertr vgl Art 11 Rn 5–10. Hingegen entscheidet die lex rei sitae nicht über die einem GrundpfandR zugrdeliegde Fdg, die ihrem eigenen Recht folgt, BGH NJW **51**, 400, Staud-Stoll Rdz 179. Über das Vorliegen eines WertP, dh über die Abhängigk des RSchicksals einer Fdg von der dingl RLage einer Urk, entsch das Statut des verbrieften Rechts; dagg best sich das Recht am Papier, insb seine Übertr, nach dem Recht des Lageortes, RG IPRspr **34** Nr 11, BGH **108**, 356 (dazu Kronke/Berger IPRax **91**, 316), BGH NJW **94**, 940; zu grenzüberschreitden WertPTransaktionen Einsele, WertPR als SchuldR (1995) 391. Für die GeschFgk der Vertr-Parteien bei dingl RGeschäften gilt Art 7 u Art 12 S 2. Soweit fam- u erbrechtl Vorgänge sachenrechtl Verhältnisse beeinflussen, entsch das dafür maßg Statut, vgl Art 15, 19, 25; eine Ausn gilt allerd nach Art 3 III.

6 **4) Statutenwechsel. a)** Wird eine bewegl Sache aus dem Machtbereich einer Rechtsordng in den einer anderen verbracht, so bestehen die dingl Rechte an dieser Sache in ihrer v der bish lex rei sitae empfangenen sachenr Prägg grdsl im Rahmen der neuen lex rei sitae weiter; diese RO entsch fortan über den Inhalt der Rechte u Pfl, die sich aus der dingl RLage an der Sache ergeben, BGH **39**, 173, **45**, 95, BGH **100**, 326, RIW **91**, 517, KG NJW **88**, 341, Schlesw NJW **89**, 3105, Kln IPRax **90**, 46, Hbg VersR **91**, 604, Kegel IPR § 19 III, einschränkd Stoll RabelsZ **74**, 458; vgl auch Roth ZEuP **94**, 23 (Vereinbark mit EGV). Voraussetzg für die Anerkenng der bereits wirks entstandenen Rechte an der Sache ist aber ihre Verträglk mit der sachenr GrdStruktur des neuen BelegenhStaates, zB dem geschl Katalog dingl Rechte nach dtschem SachenR, einschränkd MüKo- Kreuzer Nach Art 38 Anh I Rn 62; diese Voraussetzg ist bei der Verbringg einer mit einem besitzl PfdR belasteten Sache (frz RegPfdR an Kfz) ins Inland wg der Einschränkgen des FaustPfd-Prinzips in der dtschen REntwicklg erfüllt, BGH **39**, 173, vgl dazu Drobnig Fschr Kegel (1977) 142, Hartwieg RabelsZ **93**, 624, ebso grdsl bei einem nur relativ wirks EigtVorbeh nach ital Recht, BGH **45**, 97, vgl dazu Hartwieg aaO 627, sowie beim LösgsR des gutgl Käufers nach schweiz Recht, BGH **100**, 326 (aber Untergang dch Weiterveräußerg im Inland nach dtscher lex rei sitae), Siehr ZVglRWiss **84**, 110, Stoll IPRax **87**, 359, u bei der Autohypothek nach ital Recht, BGH RIW **91**, 517 (wie SichergsEigt zu behandeln, vgl dazu Kreuzer IPRax **93**, 159), angebl nicht aber bei der Verbringg eines in Dtschland dch Besitzkonstitut wirks sichgsübereigneten PKW nach Österreich, OGH IPRax **85**, 165, vgl dazu die berecht Kritik v Rauscher AWD **85**, 265, Martiny IPRax **85**, 168, Schwind Fschr Kegel (1987) 599. Zur Anerkenng eines PfandR an Privatflugzeug BGH NJW **92**, 362 u dazu Kreuzer IPRax **93**, 160; zur Anerkenng ausl UnternehmenspfandRe vgl Hübner Fschr Pleyer (1986) 41, Wenckstern RabelsZ **92**, 624. **b)** War ein **abgeschlossener** Tatbestd nach der bish lex rei sitae z Begr eines dingl Rechts nicht ausreichd (zB gutgl Erwerb einer gestohlenen Sache), so gelangt dieses auch dch Verbringg der Sache in das Gebiet einer and RO nicht von selbst zur Entsteh, vgl Ferid IPR Rdz 7–61. War umgekehrt das dingl Recht im bish BelegenhStaat bereits entstanden, zB EigtErwerb dch Ersitzg, so bleibt es bestehen, auch wenn die neue lex rei sitae dafür weitere Voraussetzgen aufstellen würde, zB eine längere ErsitzgsFr verlangt. Ist der Tatbestd einer RÄnderg noch **nicht abgeschlossen**, zB bei Wechsel des BelegenhStaates währd des Laufs der ErsitzgsFr, so entsch über die dingl RLage allein die neue lex rei sitae; die bereits verstrichene Besitzzeit ist auf den Lauf der nunm **8** maßg Frist anzurechnen. **c)** Wird beim **Versendungskauf** nach dem Recht des Absendelandes bereits dch die Versendg Eigt übertr, so hat der Käufer schon damit Eigt erworben, auch wenn das nach dem Recht des Empfangsstaates erst mit der Überg der Fall ist. Wird umgekehrt aus einem Land nach dessen Recht die Übereign eine Überg voraussetzt, so geht das Eigt erst mit der Überquerg der Grenze z einem BestLand über, nach dessen Recht das Eigt bereits mit der Versendg übergeht, vgl KG NJW **88**, 341, **9** MüKo-Kreuzer Nach Art 38 Anh I Rn 72. – Voraussetzgen u dingl Wirkgen eines **Eigentumsvorbehalts** im Rahmen eines internat Versendgskaufes beurteilen sich vom Grenzübertritt in BestLand an nach dessen Vorschr, bis zu diesem Ztpkt entsch das Recht des Absendestaates, Koblenz RIW **89**, 384, Hamm NJW-RR **90**, 489, hM, teilw abw (für stärkere Berücksichtigg des PartWillens dch Zulassg einer RWahl) Drobnig Fschr Kegel (1977) 147, Staud-Stoll Rdz 277ff. Zum Recht der Mobiliarsicherh im Ausland vgl Stumpf, EigtVorbeh u SichergsÜbertragg im Ausland (1980); Witz NJW **82**, 1897 u Depser AWD **84**, 177 (zum neuen frz RZustd); Schilling, Besitzlose Mobiliarsicherheiten aaO 79ff; v Bernstorff RIW **93**, 365. Ist der EigtVorbeh nur nach der RO des BestLandes zul, so ist die Vereinbg des EigtVorbeh iZw auf das Recht des BestLandes z beziehen; der EigtVorbeh erlangt dch Grenzübertritt im BestLand Wirksk nach diesem Recht, vgl BGH **45**, 95 (wonach diese RWirkg erst mit Eintreffen beim Käufer entsteht; dies könnte im konkreten Fall allenfalls damit begründet werden, daß wg der sachenr Vorprägg dch das früh BelegenhStatut eine Rückübereigng dch den Käufer erfdl ist, vgl BGH aaO 101, LG Hbg IPRspr **78** Nr 42; vgl dazu auch Hamm NJW-RR **90**, 489, Kblz RIW **92**, 1020 (krit Schurig IPRax **94**, 27), Behr AWD **78**, 495). Die Wirksamk eines verlängerten EigtVorbeh dch SichergsAbtretg richtet sich nach dem VertrStatut, das für die RBeziehgen zw VorbehVerk u VorbehKäufer gilt, abw LG Hbg IPRspr **80** Nr 53, Staud-Stoll Rdz 292, MüKo-Kreuzer Nach Art 38 Anh I **10** Rn 93 (Recht am Sitz des VorbehKäufers). **d)** Bei **Sachen**, die sich **im Transport** befinden (res in transitu), bleibt das Recht bloßer Dchgangsländer grdsl unberücksicht, sofern es sich um ges PfdRechte, zB der TransportUntern, od um örtl VollstrAkte handelt; der dingl HerausgabeAnspr, Kondring IPRax **93**, 375, sowie Verfüggen über die im Transport befindl Sache sind grdsl nach dem R des BestLandes z beurteilen, Ferid IPR Rdz 7–83, Kegel IPR § 19 IV, MüKo-Kreuzer Nach Art 38 Anh I Rn 127, sehr str, aM zB Staud-Stoll Rdz 309f (für RWahl zw Absende- u BestLand), Raape IPR § 60 III (für alternative Anwendg des Rechts v Absende-, Dchgangs- u Empfangsland). – Gewerbl **Transportmittel** sind grdsl nach dem Recht des Ortes z beurteilen, v dem aus sie eingesetzt werden, Soergel-Kegel Rdz 574 v EG 7, Drobnig Fschr Kegel (1977) 144; abw MüKo-Kreuzer Nach Art 38 Anh I Rn 131ff, der nach der Art des VerkMittels unterscheidet. Bei einem im dtschen Reg eingetragenen Schiff richtet sich Erwerb u Verlust des Eigt nach dtschem Recht, § 1 II SchiffsRG v. 15. 11. 40, vgl Rn 3. Für die Entsteh ges PfdRe u für VollstrAkte gilt auch bei Transportmitteln das Recht des jew Lageorts, Soergel-Kegel Rdz 360 v EG 7. – Für **Reisegepäck** u individuelle **Verkehrsmittel** gilt grdsl das Recht des Heimatorts, soweit nicht am Reiseort Tatbestände mit Binnenbezug verwirklicht werden, Müller AWD **82**, 461, aM MüKo-Kreuzer Nach Art 38 Anh I Rn 177.

5) Enteignung

a) Eine im **Ausland** erfolgte Enteign ist zwar grdsl als wirks anzuerkennen, sie entfaltet aber keine 11 Wirkgen über die Staatsgrenzen hinaus u ergreift nur Verm, das zum Ztpkt der Enteigng der GebietsHoh des enteigndn Staates unterliegt **(Territorialitätsprinzip)**, BVerfG NJW **91**, 1600, BGH **25**, 134, **32**, 99, 256, **39**, 220, LG Hbg AWD **73**, 163, LG Braunschw DtZ **90**, 215, Hbg IPRspr **89** Nr 25, Einsele RabelsZ **87**, 614, einschränkd Coing WPM **82**, 378 (nur bei entschädiggsloser Konfiskation); für differenziertere Anerkenngs-Voraussetzgen MüKo-Kreuzer Nach Art 38 Anh III Rn 16 ff. Für die Belegenh einer Fdg ist der Wohns des Schu maßg, BGH **5**, 35, **25**, 139, eine hyp gesicherte Fdg kann aber auch am Ort des belasteten Grdst belegen sein, BGH **LM** EG 7 ff (Enteigng) Nr 23 (typ Realkredit). Die Beschlagn der Fdg eines dtschen Gl gg ausländ Schu führt nicht zum Erlöschen der Fdg gg inländ Bürgen, BGH **31**, 168, **32**, 97. Auch ein MitSchu wird dch enteignngsbedgt Verlust der RückgrMöglk nicht ohne weiteres frei, BGH MDR **58**, 88. Bestehen bei der Enteigng einer Fdg greifb Anhaltspkte für eine Gefahr doppelter Inanspruchn des inländ Schu, kann diesem ein LeistgsVerweigergsR aus § 242 zustehen, BGH **23**, 337, **25**, 152, NJW **53**, 861, MDR **55**, 404. Eine Enteigng des Schu befreit diesen nicht von seinen Verbindlk, BGH Betr **62**, 768, Hilfe allenf über § 242 (Wegf der GeschGrdl, VertrHilfe) mögl, Soergel-Kegel vor EG 7 Rdz 861. Eine JP, die in ihrem Heimatstaat 12 enteignet wird, besteht in der BRep hins des hier belegenen Verm als selbstd JP nach dtschem Recht in Form einer sog Rest- od **Spaltgesellschaft** (zu den Begr vgl BGH **33**, 199) fort, BGH **20**, 4, **25**, 134, **33**, 199, **43**, 55, WPM **84**, 1372, NJW-RR **90**, 167, DtZ **91**, 95, NJW-RR **92**, 168 (einen RsprÜberblick gibt Wiedemann Fschr Beitzke (1979) 811), vgl ferner Ebenroth JZ **88**, 86, Einsele RabelsZ **87**, 603; krit Koppensteiner, Berichte der dtschen Gesellsch für VölkerR 13 (1974) 65, Czapski AWD **75**, 697, Flume Fschr Mann (1977) 143, Herdegen ZGR **91**, 550, einschränkd Coing WPM **82**, 378 (grdsl nur bei entschädiggsloser Enteigng). Sie kann auch solche VermWerte beanspr, die erst nach der Enteigng in die BRep gelangt sind, LG Hbg AWD **74**, 411, abl Meessen AWD **73**, 177. Macht der enteignde Staat eine gg die enteignete Gesellsch begründete Fdg nunmehr gg die SpaltG geltd, so kann dies rechtsmißbräuchl sein, BGH **56**, 66. Auch die Enteigng aller od fast aller MitglschRe an einer JP od die Absetzg ihrer Organe dch HohAkt wirkt nicht über den Enteignerstaat hinaus, BGH **25**, 134, **32**, 256 m Anm Seidl- Hohenveldern JZ **60**, 705, BAG AP IPR Nr 2, dazu auch Beitzke JZ **56**, 673, Hahn Fschr Beitzke (1979) 491; eine SpaltG entsteht jedoch nur, wenn der enteignde Staat so viele MitglschRe besitzt, daß er das Untern vermögens- u verwaltgsm beherrscht, BGH WPM **71**, 1502; dies ist nicht der Fall, wenn nahezu die Hälfte der Anteile im PrivBes bleiben, BGH AWD **77**, 779, krit dazu Teich AWD **78**, 11, Hahn Fschr Beitzke (1979) 498. Bei völl Enteign geht Sitz im Enteigngsstaat verloren, zur Neubegründg eines inländ Sitzes ist konstitutive Akt (zB Beschl der zust Organe) erforderl, BGH **29**, 328, **33**, 204, BGH **LM** UWG 16 Nr 40a, NJW-RR **90**, 167; Rechte der Mitgl aber überall dort belegen, wo Gesellsch Verm besitzt, vgl BGH **20**, 13, LG Hbg AWD **74**, 410, Serick JZ **56**, 200. Auch die Beschlagn von in dtscher Hand befindl JP im Ausland in u nach dem 2. Weltkrieg erstreckt sich auf inl VermWerte, sofern eine solche Erstreckg nicht dch AO der BesatzgsBeh od StaatsVertr erfolgt ist, BGH **25**, 127, BGH **LM** ÜberleitVertr Nr 3, WPM **76**, 1268, ferner Kuhn WPM **56**, 2. Dch Art 3 des VI. Teils des ÜberleitVertr, BGH **25**, 127, u Art 1 I (a), 2 I (a) AHKG 63, BGH **62**, 340, dazu Seidl-Hohenveldern JZ **75**, 80, wird die nachträgl Wirksk v Beschlagn, die bis zum Inkrafttr der Best noch nicht vollzogen waren, jedoch nicht begründet. Zur Haftg des enteignden Staates für die Verbindlk des betr Untern vgl Mann Fschr Zweigert (1981) 275. – Eine entschädiggslose Enteigng verstößt bei Vorliegen der erfdl Inlandbeziehg gg den dtschen 13 **ordre public,** Art 6 S 2 iVm GG 14, BGH **104**, 244 (vgl dazu Art 6 Rn 17), KG NJW **88**, 343, vgl dazu Einsele RabelsZ **87**, 618; ausr InlandsBeziehg aber zu verneinen, wenn die Enteigng nur Objekte im Gebiet des enteignenden Staates betrifft, BVerfG NJW **91**, 1600, krit dazu Leisner ebda 1571, and KG NJW **88**, 343. Dagg genügt nach LG u OLG Brem AWD **59**, 105, 207 (indones Tabakstreit) u LG Hbg AWD **73**, 163 (chilen Kupferstreit) Völkerrechtswidrigk nicht, um Verstoß gg ordre public zu bejahen, Voraussetzg ist vielm auch eine enge Beziehg zu dtschen Interessen, vgl zur letzten Entsch Meessen AWD **73**, 177 u **74**, 494, Wuppermann AWD **73**, 505, Fickel AWD **74**, 69 u 584, krit Seidl-Hohenveldern AWD **74**, 421, ders Fschr Kegel (1977) 265, Behrens RabelsZ **73**, 428. Zur völkerrechtswidr Enteigng Mann NJW **61**, 705 u Fschr Duden (1977) 287, Wehser JZ **74**, 117.

b) Diese Regeln galten auch im **innerdeutschen** KollisionsR; vgl dazu Armbrüster/Jopen ROW **89**, 14 332. Zum Grds, daß Enteignungen u Beschlagn in der früh DDR nicht über ihr Territorium hinaus wirkten, BGH **5**, 37, **20**, 4 (betr Enteigng v MitglschRen an einer GmbH), **23**, 336, **31**, 168, LG Braunschw DtZ **90**, 214, vgl dazu auch Art 6 GrdVertr v 21. 12. 72 u dazu Drobnig RabelsZ **73**, 493; zur Frage des Verstoßes einer entschädigungslosen Enteigng gg den ordre public, vgl BVerfG NJW **91**, 1600, ferner BGH NJW **89**, 1352 (u dazu BVerfG NJW **92**, 1816) gg KG NJW **88**, 341 (vgl dazu Kreuzer IPRax **90**, 365), LG Braunschw DtZ **90**, 215. Die gleichen Grds galten auch für Eingr, die zwar nicht als Enteigng bezeichnet wurden, nach Tendenz u Wirkg aber einer solchen gleichzuachten waren, BGH **LM** RTAG Nr 1, BGH NJW **89**, 1353, KG NJW **88**, 341, Armbrüster/Jopen ROW **89**, 333, ebso für öffr VfgBeschrkgen (zB devisenr Art), die ledigl staatl Interessen dienten, BGH **31**, 367, aA Ffm NJW **72**, 398 m krit Anm Kohler, sowie Hirschberg ROW **72**, 55. Mit der Herstellg der staatl Einheit Dtschlands am 3. 10. 90 haben sich die Probleme der **extraterritorialen** Wirkg von Enteigngsmaßnahmen in der früh DDR erledigt. Nunmehr geht es um die Wirksamk dieser Maßnahmen selbst; vgl dazu EiniggsVertr v 31. 8. 90 Art 41 u Anl III, sowie EALG v 27. 9. 94, BGBl 2624 u VermG v 23. 9. 90 idF der Bek v 2. 12. 94, BGBl 3610, geänd dch VermRAnpG v 4. 7. 95, BGBl 895 nebst AnmeldeVO v 11. 7. 90, GBl (DDR) 718 idF der Bek v 11. 10. 90, BGBl 2162, geändert dch 2. VermR ÄndG v 14. 7. 92, BGBl 1268 u dazu Fieberg/Reichenbach NJW **91**, 321. Zum Ausschl der Rückabwicklg v Enteigngen auf besatzgshoheitl Grdl BVerfG NJW **91**, 1597 (dazu Leisner ebda 1569), KG DtZ **91**, 298.

EG 39–EG 49 (Änderung anderer Vorschriften)

Zweiter Teil. Verhältnis des Bürgerlichen Gesetzbuchs zu den Reichsgesetzen

EG 50–53 a *(Vom Abdruck wurde abgesehen.)*

EG 54 (gegenstandslos)

Dritter Teil. Verhältnis des Bürgerlichen Gesetzbuchs zu den Landesgesetzen

1   **Vorbemerkung.** Zur Anpassg des LandesR an das BGB haben die Länder AusfG erlassen. Diese sind in einigen Ländern im Zuge der RBereinigg neugefaßt worden, in and Ländern, vor allem in denen der fr DDR, sind dagg noch die alten, weitgehd überholten AusfG in Kraft. Es gelten heute im wesentl:

2   **1. Baden-Württemberg:** AGBGB v 26. 11. 74 GVBl 498 zuletzt geändert dch G v 30. 11. 87 GVBl 534. – **2. Bayern:** AGBGB v 20. 9. 82 BayRS 400-1-J. – **3. Berlin:** *Pr*AGBGB v 20. 9. 99 GS 176 zuletzt geändert dch Art VI G v 26. 1. 93 GVBl 40. – **4. Brandenburg:** *Pr*AGBGB v 20. 9. 99 GS 176. – **5. Bremen:** AGBGB v 18. 7. 99 Slg 400-a-1. – **6. Hamburg:** AGBGB idF v 1. 7. 58 GVBl 195. – **7. Hessen:** AGBGB v 18. 12. 84 GVBl 344. – **8. Mecklenburg-Vorpommern:** AVBGB v 9. 4. 99 RegBl 57 u *Pr*AGBGB v 20. 9. 99 GS 176. – **9. Niedersachsen:** AGBGB v 4. 3. 71 GVBl 73 idF v 14. 7. 72 GVBl 387. – **10. Nordrhein-Westfalen:** *Pr*AGBGB v 20. 9. 99 GS 176. – **11. Rheinland-Pfalz:** AGBGB v 18. 11. 76 GVBl 259. – **12. Saarland:** *Pr*AGBGB v 20. 9. 99 GS 176. – **13. Sachsen:** AGBGB v 18. 6. 98 GVBl 191. – **14. Sachsen-Anhalt:** *Pr*AGBGB v 20. 9. 99 GS 176. – **15. Schleswig-Holstein:** AGBGB v 27. 9. 74 GVBl 357. – **16. Thüringen:** AVBGB v 16. 5. 23 GS 287.

EG 55 *Grundsatz.* Die privatrechtlichen Vorschriften der Landesgesetze treten außer Kraft, soweit nicht in dem Bürgerlichen Gesetzbuch oder in diesem Gesetz ein anderes bestimmt ist.

1   **1) Grundsatz.** Das BGB enthält im Verh zum LandesR eine grdsl abschließde Kodifikation des PrivR. Sow nicht Vorbehalte zG des LandesR bestehen, sind alle privatrechtl LandesGes außer Kraft getreten; neue privatrechtl Vorschr konnten u konnten die Länder nur im Rahmen der bestehden Vorbehalte erlassen. Unberührt bleibt das LandesR, sow es dem öffR angehört. Das LandesR kann daher öff Eigt vorsehen (BVerwG **27**, 131). Für die Abgrenzg von PrivR u öffR (Einl 3 vor § 1) kommt es im Rahmen des Art 55 darauf an, was bei Erlaß des BGB als öff od PrivR angesehen worden ist (Soergel-Hartmann Rn 2). Das ArbR w von Art 55 nicht mehr erfaßt, da es sich zu einem Sonderrechtsgebiet verselbständigt hat (BVerfG **7**, 350, NJW **88**, 1899, str, aA MüKo/Säcker Rn 1 Fn 3).

2   **2)** Nicht aufgeh ist das LandesR, sow das BGB (§§ 44, 85, 907, 919, 1784, 1807, 1808, 1888, 2194, 2249) od das EG (Art 56–152) **Vorbehalte** enthalten. Die Vorbehalte betreffen zT ganze RMaterien, zT auch nur einz Fragen. Einige Vorbehalte sind dch spätere Reichs- oder BundesGes überholt (s bei den einz Vorschr).

EG 56, 57 und 58 (gegenstandslos)

EG 59–63 *(Vom Abdruck wurde abgesehen.)*

EG 64 *Anerbenrecht.* [I] Unberührt bleiben die landesgesetzlichen Vorschriften über das Anerbenrecht in Ansehung landwirtschaftlicher und forstwirtschaftlicher Grundstücke nebst deren Zubehör.

[II] Die Landesgesetze können das Recht des Erblassers, über das dem Anerbenrecht unterliegende Grundstück von Todes wegen zu verfügen, nicht beschränken.

1   **1) Bedeutung des Vorbehalts.** Das in den Ländern historisch, aber uneinheitl gewachsene bäuerl ErbR, dessen Ziel es ist, daß ein landwirtschaftl Hof nebst Zubehör u Bestandteilen zur Erhaltg der wirtschaftl Einheit stets nur einem Erben (dem Anerben) zufällt, soll erhalten werden **(I)**; AnerbenR ist dabei weit zu verstehen u umfaßt jede rechtl Ausgestaltg der Hofnachfolge, also sowohl die unmittelbare dch Sondererbfolge außerhalb des BGB (HöfeR im engeren Sinne) als auch die mittelbare dch ein ÜbernahmeR ggü dem MitE im Rahmen der Erbteilg (HöfeR im weiteren Sinn; s § 1922 Rn 9). Die Landesrechte können aber nicht mehr das Recht des Erbl zur Vfg vTw über das dem AnerbenR unterliegende Grdst beschränken **(II).** Der Vorbehalt **2** wird also dch die Gewährleistg der **Testierfreiheit** (dazu § 1937 Rn 3) wesentl eingeschränkt. Deshalb kann ungeachtet einer landesrechtl Hoferbenordng der Erbl gleichwohl den ungeteilten Übergang des Hofes ausschließen (str), aber auch nur einen anderen als den gesetzl Anwärter zum Hoferben bestimmen (Staud/ Promberger/Schreiber Rn 34 ff). Der Landesgesetzgeber kann aber nach eigenem Ermessen bestimmen, ob, unter welchen Voraussetzgen, nach welcher Berechngsart u in welcher Höhe etwas auszugleichen ist, wobei allerd GG 3 zu beachten ist. – Die Vorschr ist weder dch das RErbhofG noch dch das KontrollratsG 45 (Rn 5) außer Kraft gesetzt worden, also nach wie vor geltendes Recht (bestr). Der Vorbehalt ist allerd unanwendbar, soweit das AnerbenR heute dch BundesR geregelt ist, also dch das GrdstVG (s Rn 5) od die HöfeO (s Rn 6). – Die gelten AnerbenRe sind **verfassungsgemäß**, da mit GG 14 vereinb. Dem männl Geschlecht 3 kann aber kein Vorrang bei der Anerbenfolge eingeräumt werden (BVerfG **15**, 139).

2) Rechtsentwicklung. Der Vorbehalt des **I** war weitgehd überholt, als die AnerbenRe der Länder dch 4 das RErbhofG vom 29. 9. 33 (RGBl I 685) u die dazu erlassenen VOen (mit geringen Ausn) vorübergehend außer Kraft gesetzt wurden. Dieses brachte zwangsweise für alle „Erbhöfe" im ganzen Reichsgebiet ein einheitl AnerbenR, das die TestierFreih des Erbl weitgehend beseitigte u die Rechte der weichenden Erben zugunsten des Hoferben stark einschränkte. Durch **Kontrollratsgesetz Nr 45** vom 20. 7. 47 (ABl KR 256) 5 wurde die gesamte Erbhofgesetzgebg aufgehoben (Art I) u die am 1. 1. 33 geltenden LandesRe wieder in Kraft gesetzt, soweit sie nicht gesetzl Vorschr des Kontrollrats widersprachen (Art II, III); gleichzeit wurden die Zonenbefehlshaber ermächtigt, Abändergs- u Durchführgsbestimmgen zu erlassen. Von dieser Befugn wurde nur in der *brit Zone* Gebr gemacht, indem dch VO Nr 84 vom 24. 4. 47 der Brit Militärregierg eine *HöfeO* eingeführt wurde (VOBl BRZ 33). Zur REntwicklg in der fr DDR s Rn 7. – Das KRG 45 hat seine Wirksamk (mit Ausn der ÜbergangsVorschr in Art XII 2) am 1. 1. 62 aGrd des GrdstVG v 28. 7. 61 (BGBl 1091) verloren. Die Fortgeltg der aGrd KRG 45 II wieder in Kraft gesetzten Vorschr blieb jedoch unberührt (GrdstVG 39 III).

3) Die Höfeordnung der *brit Zone* (Rn 5) gilt seit 1. 7. 76 auf der Grdlage des 2. G zur Änderg der HöfeO 6 (BGBl 76 I 881) in den Ländern **Hamburg, Niedersachsen, Schleswig-Holstein** und **Nordrhein-Westfalen** als partielles BundesR (GG 72 II Nr 3), wobei die Zuständigk des Bundes aus GG 74 Nr 1 hergeleitet wurde. Nach den ÜbergangsVorschr (Art 3 §§ 1–5) gilt diese Neufassg in allen Erbfällen ab 1. 7. 76, auch wenn Vereinbargen od letztw Vfgen davor erfolgt sind (BGH NJW **94**, 3167). Es handelt sich um ein fakultatives HöfeR. Danach unterliegen der Sondererbfolge (s § 1922 Rn 9) alle Höfe, sofern sie einen WirtschWert von 20000 DM aufwärts haben (§ 1). Eine landwirtsch od forstwirtsch Besitzg von weniger als 20000 DM, mind jed 10000 DM WirtschWert wird Hof, wenn der Eigtümer erklärt, daß sie Hof sein soll u der Hofvermerk im GrdBuch eingetragen wird (§ 1 I, III, VI, VII; HöfeVfO 2 ff). Die HofErkl ist RGesch unter Lebenden u keine Vfg vTw (BGH AgrarR **76**, 350). Eine partielle HofErkl in dem Sinn, daß einzelne Grdst ausgenommen werden können, ist nicht mögl (BGH **106**, 245; bestr). Eine Höferolle gibt es nicht. Über Bestandteile des Hofes s § 2 (dazu Nordalm, AgrarR **77**, 108), über Hofzubehör § 3. – Verlust der Hofeigensch tritt dch „negative" HofErkl (die auch für alle RNachfolger wirkt, BGH **118**, 356) u Löschg des Hofvermerks im GB ein (§ 1 IV–VII), wozu auch der VorE als AlleinEigtümer ohne Zustimmg des NachE berecht ist, selbst wenn er erst dch Erwerb des Anteils eines MitE AlleinEigt erworben hat (BGH FamRZ **91**, 1289). Er führt zum **Ausschluß** der Sondererbfolge, auch wenn zuvor der Eigentümer den HofE bindend bestimmt hatte (BGH FamRZ **88**, 497; NJW **88**, 710 mAv Otte 672 u Kroeschell JR **89**, 418). Welche Rechte sich für den Begünstigten dann ergeben, hängt von der Art der jeweils eingegangenen Bindg ab (ÜbergabeVertr od -VorVertr; ErbV; vgl BGH aaO).

4) Landesrechtliche Sonderregelungen gibt es nur in 4 der übr Bundesländer, näml in **Bremen** 7 (HöfeG), **Hessen** (Hess LandgüterO), **Rheinland-Pfalz** (HöfeO) u **Baden-Württemberg** (dort jeweils eigene für die Landesteile der früh Länder Baden, Württ-Baden u Württ-Hohenzollern; zu letzteren s Sick ZEV **94**, 242; BGH NJW **94**, 3221). – Dagg ist **kein** landwirtschaftl ErbR in *Bayern* (dazu Mü Rpfleger **81**, 103), *Berlin* u im *Saarland* eingeführt worden; in *Bay* ist aber eine Anerbensitte in Form der lebzeit Hofübergabe weit verbreitet (vgl Kreuzer AgrarR **90** Beilage II; BVerfG FamRZ **95**, 405). Auch in den neuen Bundesländern gelten derzeit grdsl keine AnerbenRe, weil die fr DDR aGr ihrer Verfassg vom 7. 10. 49 auf ihrem Gebiet AnerbenG der Länder als ggstandslos betrachtet (Adlerstein/Desch DtZ **91**, 193/200) u bestimmte AnerbenR dch EGZGB 15 II später noch ausdrückl aufgehoben hat; in *Meckl VP* auch noch dch AufhebgsG vom 24. 8. 51 (RegBl **51**, 84; dazu Rostock Neue Justiz **93**, 563; AG Pinnebg DtZ **92**, 300; unricht dah LG Zweibr Rpfleger **92**, 107). Zweifelh kann somit allenf die Geltg nicht ausdrückl aufgehobener LandesR sein (betrifft Brandenbg u den früh schles Teil von Sachsen; s Lücke/Wulff/Lüdtke-Handjery, HöfeO, 9. Aufl S 590).

EG 65–69 *(Vom Abdruck wurde abgesehen.)*

EG 70 bis 72 (weggefallen)

EG 73, 74 *(Vom Abdruck wurde abgesehen.)*

EG 75 (gegenstandslos)

EG 76 **Verlagsrecht.** *Unberührt bleiben die landesgesetzlichen Vorschriften, welche dem Verlagsrecht angehören.*

Weitgehd überholt dch G über das VerlagsR v 19. 6. 01 (RGBl 127).   1

EG 77 **Staatshaftung für Beamte.** **Unberührt bleiben die landesgesetzlichen Vorschriften über die Haftung des Staates, der Gemeinden und anderer Kommunalverbände (*Provinzial-*, Kreis-, Amtsverbände) für den von ihren Beamten in Ausübung der diesen anvertrauten öffentlichen Gewalt zugefügten Schaden sowie die landesgesetzlichen Vorschriften, welche das Recht des Beschädigten, von dem Beamten den Ersatz eines solchen Schadens zu verlangen, insoweit ausschließen, als der Staat oder der Kommunalverband haftet.**

1   Nach Art 34 GG trifft, wenn jemand in Ausübg eines ihm anvertrauten öff Amtes die ihm einem Dr ggü obligden AmtsPfl verletzt, die Verantwortlichk grdsätzl den Staat od die Körpersch, in deren Dienst er steht. Die früh Landesgesetze sind dadch im wesentl überholt. Sie sind nur noch insow von Bedeutg, als sie eine nähere Regelg der Amtshaftg bringen. – Rückgr des Staats gg den Beamten Art 34 S 2 GG, § 78 II BBG nur bei Vors od grober Fahrlässigk. Nach § 46 II BRRG sind die Länder verpfl, eine entspr Bestimmg in ihr BeamtenR aufzunehmen.

EG 78 *Haftung des Beamten für Hilfspersonen.* **Unberührt bleiben die landesgesetzlichen Vorschriften, nach welchen die Beamten für die von ihnen angenommenen Stellvertreter und Gehilfen in weiterem Umfang als nach dem Bürgerlichen Gesetzbuch haften.**

1   Der Vorbeh bezieht sich nur auf die von Beamten selbst angenommenen Vertr od Gehilfen, nicht auf amtl bestellte od beigegebene.

EG 79 *Haftung von Grundstücksschätzern.* **Unberührt bleiben die landesgesetzlichen Vorschriften, nach welchen die zur amtlichen Feststellung des Wertes von Grundstücken bestellten Sachverständigen für den aus einer Verletzung ihrer Berufspflicht entstandenen Schaden in weiterem Umfang als nach dem Bürgerlichen Gesetzbuch haften.**

1   Der Vorbehalt hat nur für nichtbeamtete Sachverständ Bedeutg. Für Beamte gilt § 839, vgl auch Art 77.

EG 80 *Vermögensrechtliche Ansprüche von Beamten, Pfründenrecht.* **[I] Unberührt bleiben, soweit nicht in dem Bürgerlichen Gesetzbuch eine besondere Bestimmung getroffen ist, die landesgesetzlichen Vorschriften über die vermögensrechtlichen Ansprüche und Verbindlichkeiten der Beamten, der Geistlichen und der Lehrer an öffentlichen Unterrichtungsanstalten aus dem Amts- oder Dienstverhältnis, mit Einschluß der Ansprüche der Hinterbliebenen.**

[II] Unberührt bleiben die landesgesetzlichen Vorschriften über das Pfründenrecht.

1   **1) Abs I.** Die dort genannten vermögensrechtl Anspr sind geregelt im BBG u den LandesbeamtenG. Das SelbstbestimmgsR der Kirchen ist dch Art 140 GG garantiert u damit auch ihr Recht, über vermögensrechtl Anspr ihrer Amtsträger dch eig Gerichte entsch zu lassen (BGH **46**, 96 [98]).

2   **2) Abs II.** Für das **Pfründenrecht**, das seiner Natur nach privatrechtl NutzgsR des Pfarrers od sonstigen kirchl Stelleninhabers ist, gilt LandesR. Insoweit, wie überh hins der Beamten u Geistl der öffrechtl Religionsgesellsch u ihrer Verbände sind die Länder von den bundesrechtl RahmenVorsch befreit, § 135 BRRG.

EG 81 *Übertragung und Aufrechnung von Gehaltsansprüchen.* **Unberührt bleiben die landesgesetzlichen Vorschriften, welche die Übertragbarkeit der Ansprüche der in Artikel 80 Abs. 1 bezeichneten Personen auf Besoldung, Wartegeld, Ruhegehalt, Witwen- und Waisengeld beschränken, sowie die landesgesetzlichen Vorschriften, welche die Aufrechnung gegen solche Ansprüche abweichend von der Vorschrift des § 394 des Bürgerlichen Gesetzbuchs zulassen.**

1   Im wesentl überholt dch BBG u die LandesbeamtenG. Für Abtretg u Aufrechng gilt BBG § 84. – Art 81 hat noch Bedeutg für Geistl u nichtbeamtete Lehrer an öff UnterrichtsAnst.

EG 82, 83 *(Vom Abdruck wurde abgesehen.)*

EG 84 (gegenstandslos)

EG 85–91 *(Vom Abdruck wurde abgesehen.)*

EG 92 (gegenstandslos)

EG 93 *Räumungsfristen.* **Unberührt bleiben die landesgesetzlichen Vorschriften über die Fristen, bis zu deren Ablauf gemietete Räume bei Beendigung des Mietverhältnisses zu räumen sind.**

1   Es gelten für *Brem* § 13 AGBGB mit VO v 10. 3. 38, für *Hbg* § 25 AGBGB idF v 1. 7. 58.

EG 94 *Pfandleihgewerbe.* **[I] Unberührt bleiben die landesgesetzlichen Vorschriften, welche den Geschäftsbetrieb der gewerblichen Pfandleiher und der Pfandleihanstalten betreffen.**

[II] Unberührt bleiben die landesgesetzlichen Vorschriften, nach welchen öffentlichen Pfandleihanstalten das Recht zusteht, die ihnen verpfändeten Sachen dem Berechtigten nur gegen Bezahlung des auf die Sache gewährten Darlehens herauszugeben.

1   **Geschäftsbetrieb (Abs I).** Nachdem die VO v 1. 2. 61 idF v 1. 6. 76 (BGBl I 1335; Lit: Damrau, PfandleiherVO, 1990) den GeschBetr der gewerbl PfdLeiher (§ 34 GewO) einheitl für das Bundesgebiet geregelt hat, ist insow der Vorbeh des Art 94 entfallen. Landesgesetze, die den GeschBetr der gewerbl **2** PfdLeiher regeln, sind außer Kraft getreten od aufgehoben (§ 13 VO v 1. 2. 61). **Lösungsanspruch** (Abs II).

Er gibt ein ZbR u ist für die Fälle von Bedeutg, in denen ein gutgl Erwerb des PfandR nach §§ 1207, 935 nicht mögl ist. Der LösgsAnspr darf nur öff Anstalten verliehen w. LandesR gilt nur noch in Bayern: Art 66 AGBGB.

EG 95 (gegenstandslos)

EG 96 *Altenteilsverträge.* Unberührt bleiben die landesgesetzlichen Vorschriften über einen mit der Überlassung eines Grundstücks in Verbindung stehenden Leibgedings-, Leibzuchts-, Altenteils- oder Auszugsvertrag, soweit sie das sich aus dem Vertrag ergebende Schuldverhältnis für den Fall regeln, daß nicht besondere Vereinbarungen getroffen werden.

1) Das **Altenteil** usw ist gesetzl nicht definiert; der Begriff wird zB in EG 96, GBO 49, EGZVG 9, ZPO **1** 850b, GVG 23 Nr 2g vorausgesetzt. **Einzelheiten** (vgl auch Wolf MittBayNot **94**, 117 mwN): – **a)** Es ist ein vertragl od dch letztwill Vfg (RG JW **35**, 3040) zugewandter **Inbegriff von Nutzungen u Leistungen** an einen Berecht (der nicht VertrPart sein muß; BGH NJW **62**, 2249) iVm einem Nachrücken des Verpflichteten dch GrdstÜbern in eine die Existenz zumind teilw begründde WirtschEinh (BGH NJW-RR **89**, 451; Zweibr NJW-RR **94**, 209). Eine einzige Nutzg/Leistg (zB WohngsR) kann ausreichen (Hamm Rpfleger **86**, 270; LG Frankth Rpfleger **89**, 324). – **b)** Die Nutzgen/Leistgen müssen der langfrist **persönlichen Versorgung** des **2** Berecht dienen (Hamm Rpfleger **86**, 270). Dafür ist die dch die (nicht notw verwandtsch) Beziehgen der Beteil geprägte soziale Motivation maßg (BGH RdL **81**, 163; BayOblG **93**, 192; Schlesw Rpfleger **80**, 348; Köln DNotZ **90**, 513; LG Kiel SchlHA **86**, 87). Kein Altenteil idR bei ggseit Vertr mit beiderseits gleichwert Leistgn (BGH DNotZ **82**, 45; NJW-RR **89**, 451; Köln RPfleger **92**, 431); zB Verrentg des wertangem GrdstKaufpr im Ggs zu Leistg entspr dem Bedarf (KG MDR **60**, 234). Versorggszweck fehlt auch, wenn dem Berecht die eigenwirtsch Tätigk gesichert werden soll; zB TotalNießbr am GrdVermögen des Verpflichteten (BayOblG **75**, 132). – **c)** Die Versorgg muß nicht aus einem Grdst (bzw MitEAnt; Düss JMBl NRW **61**, 232) **3** zu gewähren sein (BayOblG **93**, 192), aber eine **Verknüpfung des Berechtigten mit dem Grundstück** bezwecken (Hamm Rpfleger **86**, 270; BayOblG **94**, 12). Daran fehlt es, wenn Nießbr alleiniges Recht u nicht nur Bestandt (Hamm OLGZ **69**, 380; BayOblG **75**, 132). Grdst kann städtisch sein (BGH DNotZ **82**, 45; Köln RPfleger **92**, 431). – **d)** **Überlassung des Grundstücks** an Verpflichteten nicht notw (RG **162**, 52); vgl **4** aber Rn 5. – **e)** Rein **schuldrechtliches Altenteil** ohne dingl Sicherg (vgl Rn 6) mögl (BGH **53**, 41; BayOblG **75**, 132). – **f)** **Änderung** wg Wegfalls der GeschGrdLage vgl § 1105 Rn 10. Künd aus wicht Grd: BayOblG **93**, 192.

2) Der **Schuldrechtliche Altenteilsvertrag** unterliegt der VertrFreih. Das LandesR kann ergänzde **5** schuldrechtl Bestimmgen für den Fall vorsehen, daß das Grdst dem Verpflichteten überlassen wird. – **Landesrecht:** *BaWü:* AGBGB 6–17; *Bay:* AGBGB 7–23; *Bln* PrAGBGB 15; *Brem:* AGBGB 27; *Hbg:* keine Vorschr; *Hess:* AGBGB 4–18; *Nds:* AGBGB 5–17; *NRW* PrAGBGB 15, lippAGBGB 23; *RhPf:* AGBGB 2–18; *Saarl:* PrAGBGB 15, BayAGBGB 32–48; *SchlH:* AGBGB 1–12. Vgl auch HöfeO 14 II.

3) Die **dingliche Sicherung** unterliegt nur dem BGB (dazu Nieder BWNotZ **75**, 3); es gibt kein einheitl **6** dingl AltenteilsR. So kann zB ein NutzgsR am Garten dch Nießbr (BayOblG **75**, 132), ein Anspr auf Geldrente u Versorgg dch Reallast (Ffm OLGZ **72**, 175), ein WohngsR dch Dbk nach BGB 1090–1092 od 1093 od Reallast (vgl Übbl 3 vor BGB 1105; Hartung Rpfleger **78**, 48; Böhringer BWNotZ **87**, 129) u ein Anspr auf Geldabfindg dch GrdPfdR (KGJ **53**, 166) gesichert werden. Über Mehrh von Berecht vgl Meder BWNotZ **82**, 36. – **a)** Im **Grundbuch** können nach GBO 49 in Erweiterg von BGB 874 die dingl Rechte (auch wenn nur **7** eins bestellt) als Altenteil usw zufassd eingetr werden, wenn zu ihrer näheren Bezeichg u d EintrBew Bezug gen wird. Die zugefaßten EinzelRe können unterschiedl Rang haben (LG Traunst MittBayNot **80**, 65). Für mehrere Berecht als GesamtGläub eintragb (BayOblG **75**, 191); Angabe des GemschVerh gem BGB 874 genügt (BGH **73**, 211). Bei Eintr auf mehreren Grdst ausreichd u erforderl, daß EintrBew ergibt, welche EinzelRe auf welchen Grdst lasten (Hamm DNotZ **76**, 229). Ein Altenteil, das einheitl für mehrere in ihm zusgefaßte Re auf mehreren Grdst eingetr werden soll, darf bzgl der in ihm enthaltenen Dbk nicht für solche Grdst bewilligt werden, auf denen sich keine für die Benutzg infrage kommden Einrichtgen befinden (Hamm DNotZ **76**, 229; für WohngsR vgl BGB 1093 Rn 6). Erleichterg der Löschg gem GBO 23, 24 (vgl dazu BayOblG Rpfleger **83**, 308); Rückstände iSv GBO 23 hier auch bei WohngsR mögl, wenn zB LandesR (vgl Rn 5) bei Wegzug Geldrente gibt (Gantzer MittBayNot **72**, 6) od bei NutzgsR an Garten u PflegePfl (LG Bremen DNotZ **70**, 109; LG Köln RhNK **82**, 15). – **b)** In der **Zwangsversteigerung** erlöschen eingetr **8** Altenteile usw nicht (EGZVG 9; dazu Hagena BWNotZ **75**, 73; Drischler Rpfleger **83**, 229); maßg ist nicht wörtl Bezeichg als Altenteil usw, sond sachl Inhalt von Eintr u EintrBew (Hamm Rpfleger **86**, 270). Erlöschen uU als VerstBdgg beantragb (dazu Hagena Rpfleger **75**, 73).

EG 97 *Staatsschuldbuch.* [I] Unberührt bleiben die landesgesetzlichen Vorschriften, welche die Eintragung von Gläubigern des *Bundesstaats* in ein Staatsschuldbuch und die aus der Eintragung sich ergebenden Rechtsverhältnisse, insbesondere die Übertragung und Belastung einer Buchforderung, regeln.

[II] Soweit nach diesen Vorschriften eine *Ehefrau* berechtigt ist, selbständig Anträge zu stellen, ist dieses Recht ausgeschlossen, wenn ein Vermerk zugunsten des *Ehemanns* im Schuldbuch eingetragen ist. Ein solcher Vermerk ist einzutragen, wenn die *Ehefrau* oder mit ihrer Zustimmung der *Ehemann* die Eintragung beantragt. Die *Ehefrau* ist dem *Ehemann* gegenüber zur Erteilung der Zustimmung verpflichtet, wenn sie nach dem unter ihnen bestehenden Güterstand über die Buchforderung nur mit Zustimmung des *Ehemanns* verfügen kann.

1   Das StaatsschuldbuchR ist nach seiner privrechtl Seite nicht allg, sond nur in dem engen Rahmen des Art 97 den Ländern überlassen. Vgl auch § 236 Rn 1. – Abs II ist unter Berücksichtigg des GleichberG u des geltden ehel GüterR anwendb. – Der LandesGesGeber ist dch § 10 II des Auslandsbonds-EntschädiggsG v 10. 3. 60, BGBl 177, ermächtigt worden, zu bestimmen, daß EntschAnspr gg ein Land als Schuldbuchfdg einzutragen sind.

EG 98   Unberührt bleiben die landesgesetzlichen Vorschriften über die Rückzahlung oder Umwandlung verzinslicher Staatsschulden, für die Inhaberpapiere ausgegeben oder die im Staatsschuldbuch eingetragen sind.

EG 99   *Sparkassen.*   Unberührt bleiben die landesgesetzlichen Vorschriften über die öffentlichen Sparkassen, unbeschadet der Vorschriften des § 808 des Bürgerlichen Gesetzbuchs und der Vorschriften des Bürgerlichen Gesetzbuchs über die Anlegung von Mündelgeld.

1   Der Begriff der öff Sparkasse bestimmt sich nach LandesR. Dieses kann nicht nur ihre Organisation u Beaufsichtigg, sond vorbehaltl der Einschränkgen des Art 99 auch die privrechtl Seite des SparkassenR regeln. Wg der Vorschr über die Anlegg von Mündelgeld vgl §§ 1807 I 5, 1809, 1812, 1813. – Der Vorbeh ist dch BGesetze eingeschränkt. Das G über das Kreditwesen idF v 3. 5. 76 läßt die Bezeichng „Sparkasse" nur noch zu für öffrechtl Spark, die eine Erlaubn des BundesaufsAmtes erhalten haben, od für andere Unternehmen, die bei Inkrafttr des G eine solche Bezeichng nach den bish Vorschr befugt geführt haben, § 40 I. Über Bauspark u Spar- u Darlehenskassen § 40 II aaO. Es unterstellt alle Kreditinstitute der staatl Aufs, § 6, u gibt in den §§ 21, 22 Vorschr über den SparVerk. Landesrechtl Vorschr auf dem Gebiet des Kredit- u insb auch SparkWesens bleiben nur insow aufrechterhalten, als sie dem G nicht entggstehen, § 62. Die Aufs obliegt dem BAufsAmt für das Kreditwesen, § 6; eine etwa bestehde and staatl Aufs bleibt unberührt, § 52. Rspr: BGH WM **77**, 834 (ÄndergsKünd), BFH WM **74**, 25 u BVerfG WM **75**, 554 (SparkPrivileg in § 11 IV Ziff 1 GewStG), BayObLG DB **75**, 1936 (EigenUrk für Anmeldg zum HandelsReg), BayObLG NJW **75**, 1365 (EintrFähigk eines gleitden Zinssatzes für Hyp), BayVGH BayVBl **74**, 278 (Schulsparen).

EG 100   *Öffentliche Schuldverschreibungen.*   Unberührt bleiben die landesgesetzlichen Vorschriften, nach welchen bei Schuldverschreibungen auf den Inhaber, die der *Bundesstaat* oder eine ihm angehörende Körperschaft, Stiftung oder Anstalt des öffentlichen Rechts ausstellt:

1. die Gültigkeit der Unterzeichnung von der Beobachtung einer besonderen Form abhängt, auch wenn eine solche Bestimmung in die Urkunde nicht aufgenommen ist;

2. der im § 804 Abs. 1 des Bürgerlichen Gesetzbuchs bezeichnete Anspruch ausgeschlossen ist, auch wenn die Ausschließung in dem Zins- oder Rentenscheine nicht bestimmt ist.

1   Nr 1 läßt eine Ausn von § 793 II 1 zu. Art 100 will den öff Schuldverschreibgen Erleichtergen im GeschVerk gewähren. Vgl auch § 804 Rn 4.

EG 101   *Umschreibung auf den Namen.*   Unberührt bleiben die landesgesetzlichen Vorschriften, welche den *Bundesstaat* oder ihm angehörende Körperschaften, Stiftungen und Anstalten des öffentlichen Rechts abweichend von der Vorschrift des § 806 Satz 2 des Bürgerlichen Gesetzbuchs verpflichten, die von ihnen ausgestellten, auf den Inhaber lautenden Schuldverschreibungen auf den Namen eines bestimmten Berechtigten umzuschreiben, sowie die landesgesetzlichen Vorschriften, welche die sich aus der Umschreibung einer solchen Schuldverschreibung ergebenden Rechtsverhältnisse, mit Einschluß der Kraftloserklärung, regeln.

1   Vgl § 806 Rn 1.

EG 102   *Kraftloserklärung von Legitimationspapieren.*   [I] Unberührt bleiben die landesgesetzlichen Vorschriften über die Kraftloserklärung und die Zahlungssperre in Ansehung der im § 807 des Bürgerlichen Gesetzbuchs bezeichneten Urkunden.

[II] Unberührt bleiben die landesgesetzlichen Vorschriften, welche für die Kraftloserklärung der im § 808 des Bürgerlichen Gesetzbuchs bezeichneten Urkunden ein anderes Verfahren als das Aufgebotsverfahren bestimmen.

1   Das BGB kennt für die Urk des § 807 KraftlosErkl u Zahlgssperre nicht; vgl § 807 Rn 5. Der Vorbeh des Abs I läßt sie landesrechtl zu, doch hat kein Land davon Gebr gemacht. – **Abs II** vgl § 808 Rn 3.

EG 103   (gegenstandslos)

EG 104   *Rückerstattung öffentlicher Abgaben.*   Unberührt bleiben die landesgesetzlichen Vorschriften über den Anspruch auf Rückerstattung mit Unrecht erhobener öffentlicher Abgaben oder Kosten eines Verfahrens.

1   Art 104 ist dch bundesrechtl Regelgen weitgehd bedeutgslos. Für SteuererstattgsAnspr gelten §§ 37, 38, 218 AO, für ErstattgsAnspr im Bereich der Justiz §§ 8, 10 II GKG, §§ 9, 17 II KostO, § 14 JVKostO, § 12 II GVKostG. Vgl auch Einf 20–23 vor § 812.

EG 105   *Haftung für gefährliche Betriebe.*   Unberührt bleiben die landesgesetzlichen Vorschriften, nach welchen der Unternehmer eines *Eisenbahnbetriebs oder eines* *anderen* mit gemeiner Gefahr verbundenen Betriebs für den aus dem Betrieb entstehenden Schaden in weiterem Umfang als nach den Vorschriften des Bürgerlichen Gesetzbuchs verantwortlich ist.

Für den Betr von Schienen- u Schwebebahnen, EnergieAnl, Bergwerken, Steinbrüchen, Gruben u Fabriken   **1** gilt das HaftPflG. Die Länder haben von dem Vorbeh keinen Gebr gemacht.

EG 106 *Haftung bei Benutzung öffentlicher Grundstücke.* Unberührt bleiben die landesgesetzlichen Vorschriften, nach welchen, wenn ein dem öffentlichen Gebrauch dienendes Grundstück zu einer Anlage oder zu einem Betrieb benutzt werden darf, der Unternehmer der Anlage oder des Betriebs für den Schaden verantwortlich ist, der bei dem öffentlichen Gebrauch des Grundstücks durch die Anlage oder den Betrieb verursacht wird.

Der Vorbeh betr, weiter als Art 105, Betriebe aller Art, setzt aber voraus, daß zu ihrer Ausübg ein öff Grdst   **1** benutzt wird u daß dessen Benutzg erlaubt ist. Bei unerl Benutzg gelten nur §§ 823 ff, insb § 823 II. Bedeutgslos im GeltgsBereich des HaftPflG (vgl Art 105 Rn 1).

EG 107 *Haftung für Schäden an Grundstücken.* Unberührt bleiben die landesgesetzlichen Vorschriften über die Verpflichtung zum Ersatz des Schadens, der durch das Zuwiderhandeln gegen ein zum Schutz von Grundstücken erlassenes Strafgesetz verursacht wird.

Art 107 gestattet eine Erweiterg der Haftg über § 823 II hinaus. Das StrafG kann ein BundesG oder LandesG   **1** sein; in Betr kommen namentl Feld- und ForstpolizeiG.

EG 108 *Tumultschäden.* Unberührt bleiben die landesgesetzlichen Vorschriften über die Verpflichtung zum Ersatz des Schadens, der bei einer Zusammenrottung, einem Auflauf oder einem Aufruhr entsteht.

Das **Tumultschädengesetz** v 12. 5. 20 (RGBl 941) idF v 29. 3. 24 (RGBl 381) regelte den Ausgl der dch   **1** innere Unruhen verursachten Schäd an Pers u Sachen. Für PersSchäden erging dann gesondert **Personenschädengesetz** (§ 18) v 15. 7. 22 idF v 22. 12. 27 (RGBl 515, 533), das seiners gem BVG 84 II 2 c ab 1. 10. 50 außer Kraft trat, so daß BVG (allerd nur) auf damals schon zuerkannte PersTumultSchäden entspr Anwendg findet (BVG 82 I a). Heute ist das TumultschädenR allenf LandesR, soweit nicht aufgehoben. Dazu u wg des RWegs für ErsAnspr vgl eingehd Henrichs, NJW **68**, 973, 2230 u Häupke, NJW **68**, 2229; für PersSchäd SozGerichtsweg, für Sachschäd VerwRWg (vgl TumultschädG 6 I 1). – **Verjährung:** § 852, BGH **57**, 170, 176; zur Haftg für Demonstrationsexzesse vgl Diederichsen-Marburger NJW **70**, 777, krit dazu zutr Merten NJW **70**, 1625, klarstelld BGH **59**, 30. Vgl auch Brintzinger, TumultSchäd u RBereinigg, DÖV **72**, 227.

EG 109–119 *(Vom Abdruck wurde abgesehen.)*

EG 120 *Unschädlichkeitszeugnis.* ¹ Unberührt bleiben die landesgesetzlichen Vorschriften, nach welchen im Falle der Veräußerung eines Teiles eines Grundstücks dieser Teil von den Belastungen des Grundstücks befreit wird, wenn von der zuständigen Behörde festgestellt wird, daß die Rechtsänderung für die Berechtigten unschädlich ist.

II Unberührt bleiben die landesgesetzlichen Vorschriften, nach welchen unter der gleichen Voraussetzung:

1. im Falle der Teilung eines mit einer Reallast belasteten Grundstücks die Reallast auf die einzelnen Teile des Grundstücks verteilt wird;
2. im Falle der Aufhebung eines dem jeweiligen Eigentümer eines Grundstücks an einem anderen Grundstück zustehenden Rechts die Zustimmung derjenigen nicht erforderlich ist, zu deren Gunsten das Grundstück des Berechtigten belastet ist;
3. in den Fällen des § 1128 des Bürgerlichen Gesetzbuchs und des Artikel 52 dieses Gesetzes der dem Eigentümer zustehende Entschädigungsanspruch von dem einem Dritten an dem Anspruch zustehenden Recht befreit wird.

1) I deckt auch die Erteilg von UnschädlkZeugn, wenn eines von mehreren gesamtbelasteten Grdst   **1** veräußert wird (BGH **18**, 296). – Gilt auch bei ErbbR (BayObLG **62**, 396; LG Lüb SchlHA **65**, 216); auch bei MitEigtAnteilen (BayObLG **65**, 466) u WohngsEigt (BayObLG NJW-RR **88**, 592 [Einräumg von SondernutzgsR]; BayObLG WuM **93**, 689 [Umwandlg von GemschE in SE]). Belastgen iSv I sind: Überbau- u Notwegrenten, GrdPfdRe, Dbk, Reallasten u Vormkgen für diese Rechte; nicht aber ErbbR, VfgsBeschrkg (LG Ffm Rpfleger **86**, 473), AuflVormkg. Formeller Vorbeh: GBO 117.

2) Landesgesetze: *BaWü* AGBGB 22–28. – *Bay* UnschädlichkZeugnG (BayRS 403-2-J); dazu BayObLG   **2** MittBayNot **81**, 136. – *Brem* AGBGB 23. – *Hbg* AGBGB 35–42. – *Hess* G v 14. 11. 57 (GVBl 145). – *Nds* G idF v 7. 6. 90 (GVBl 155). – *NRW* G v 29. 3. 66 (GV 136). – *RhPf* G v 24. 3. 65 (GVBl 53), zuletzt geändert dch AGBGB 26. – *Saarl* G v 25. 1. 67 (ABl 206). – *SAnh* G v 4. 2. 93 (GVBl 40). – *SchlH* AGBGB 14, 15. – *Thür* G v 3. 1. 94 (GVBl 10).

EG 121–123 *(Vom Abdruck wurde abgesehen.)*

EG 124 *Nachbarrecht, Eigentumsbeschränkungen.* Unberührt bleiben die landesgesetzlichen Vorschriften, welche das Eigentum an Grundstücken zugunsten der Nachbarn noch anderen als den im Bürgerlichen Gesetzbuch bestimmten Beschränkungen unterwerfen. Dies gilt insbesondere auch von den Vorschriften, nach welchen Anlagen sowie Bäume und Sträucher nur in einem bestimmten Abstand von der Grenze gehalten werden dürfen.

Schrifttum: Dehner, NachbR in der BRep (ohne Bay) 7. Aufl 1991. – Vgl weiter zu Rn 2.

1   **1) Allgemeines.** Das LandesR kann nur weitere Beschrkgen des Eigt od MitEigt (BGH **29**, 376) einführen, nicht aber das BGB ändern. Beseitiggs Anspr der LNachbRG schließen daher Anspr aus BGB 823 II bei gleichzeit Verletzg von SchutzG nicht aus (BGH **66**, 354); Geltdmachg kann entspr § 1004 Rn 38 RMißbr sein (BGH DB **77**, 908).

2   **2) Landesrecht. – a) Nachbarrechtsgesetze:** *BaWü* G v 14. 12. 59 (GBl 171) zuletzt geändert dch G v 26. 7. 95 (GBl 605). Schrift: Vetter/Karremann/Kahl, 16. Aufl 1989; Pelka, 16. Aufl 1993. – *Bay* AGBGB v 20. 9. 82 (BayRS 400-1-J) Art 43–54. Schrift: Bayer/Lindner/Grziwotz, 2. Aufl 1994; Meisner/Ring/Götz, 7. Aufl 1986; Stadler, 4. Aufl 1986. – *Bln* G v 28. 9. 73 (GVBl 1654). – *Brdbg* vgl Dehner DtZ **91**, 108; Janke DtZ **92**, 311. – *Brem* AGBGB 24. – *Hess* G v 24. 9. 62 (GVBl 417). Schrift: Hodes/Dehner, 4. Aufl 1986; Hoof/Keil, 15. Aufl 1993. – *MecklVP* s Brdbg. – *Nds* G v 31. 3. 67 (GVBl 91), letztes ÄndG v 19. 9. 89 (GVBl 345). Schrift: Hoof, 6. Aufl 1986; Lehmann, 3. Aufl 1978. – *NRW* G v 15. 4. 69 (GV 190). Schrift: Dröschel/Glaser, 5. Aufl 1984; Schäfer, 10. Aufl 1994. – *RhPf* G v 15. 6. 70 (GVBl 198). Schrift: Hülbusch/ Rottmüller, 4. Aufl 1991. – *Saarl* G v 28. 2. 73 (AmtsBl 210). Schrift: wie RhPf. – *Sachs* u *SAnh* s Brdbg. – *SchlH* G v 24. 2. 71 (GVBl 54) zuletzt geändert dch G v 19. 11. 82 (GVOBl 256). Schrift: Bassenge/Olivet,
3   10. Aufl 1996. – *Thür* G v 22. 12. 92 (GVBl Nr 31). – Schrift: Bauer/Hülbusch/Rottmüller. – **b) Waldgesetze** (§ 903 Rn 32) enthalten zT Vorschr über WaldnotwegR (vgl § 917 Rn 1). – **c) Wassergesetze** (EG 65 Rn 3) enthalten zT Vorschr über Veränderg u Aufn wild abließden Wassers (zB *BaWü* 81; *Bay* 63; *NRW* 78; *RhPf* 82, *SchlH* 60, 61).

4   **3) Regelungsgegenstände** der NachbRG (Rn 2) **Nachbarwand** (§ 921 Rn 5): – **Grenzwand** (§ 921 Anm 3). – **Hammerschlags- u Leiterrecht** (*BaWü, Bln, Hess, Nds, NRW, RhPf, Saarl, SchlH, Thür*). – **Licht- u Fensterrecht** (*BaWü, Bay, Hess, Nds, NRW, RhPf, Saarl, SchlH*). – **Bodenerhöhungen** (*BaWü, Bln, Nds, NRW, RhPf, Saarl, SchlH, Thür*). – **Aufschichtungen** an der Grenze (*BaWü, NRW*). – **Traufrecht** (*BaWü, Hess, Nds, NRW, RhPf, Saarl, SchlH, Thür*). – **Grundwasser** (*Hess, Nds, SchlH*). – **Wild abfließender Wasser** (*Hess, Saarl*; vgl auch Rn 3). – **Einfriedigung** (*BaWü, Bln, Bay, Hess, Nds, NRW, RhPf, Saarl, SchlH, Thür*). – **Grenzabstand von Pflanzen** (*BaWü, Bay, Bln, Hess, Nds, NRW, RhPf, Saarl, SchlH, Thür*) u **Gebäuden** (*BaWü, Nds, NRW, SchlH*). – **Duldung von Versorgungsleitungen** (§ 917 Rn 1). – **Befestigung von Schornsteinen u Lüftungsleitungen** (*BaWü, Bln, Hess, Nds, NRW, RhPf, Saarl, SchlH, Thür*) u **Antennen** (*Bln, NRW, RhPf, Saarl, SchlH, Thür*) am NachbGbde. – **Anwende-/ Trepp-/Schwengelrecht** (*BaWü* AGBGB 50, *Bay* [53], *Hess* [vgl 16 I], *Nds* [vgl 31 I], *NRW* [vgl 36 II]); für *Brem* vgl OVG Brem NVwZ- RR **90**, 62.

EG 125–133 *(Vom Abdruck wurde abgesehen.)*

EG 134–136 (weggefallen)

EG 137   *Feststellung des Ertragswerts eines Landgutes.* Unberührt bleiben die landesgesetzlichen Vorschriften über die Grundsätze, nach denen in den Fällen des § 1376 Abs. 4, § 1515 Abs. 2 und 3, § 1934 b Abs. 1 und der §§ 2049 und 2312 des Bürgerlichen Gesetzbuchs sowie des § 16 Abs. 1 des Grundstücksverkehrsgesetzes in der im Bundesgesetzblatt Teil III, Gliederungsnummer 7810–1, veröffentlichten bereinigten Fassung, das zuletzt durch Artikel 2 Nr. 22 des Gesetzes vom 8. Dezember 1986 (BGBl. I S. 2191) geändert worden ist, der Ertragswert eines Landguts festzustellen ist.

1   **1) Die Bedeutung** der Norm ist str, da sie offen läßt, ob es sich um eine echte Verweisg auf LandesR handelt, so daß die mat Kriterien des Ertragswerts landesrechtl bestimmt werden können, od um eine bloße Vorbehaltsnorm. BVerfG **67**, 348 (1. Senat) hat sie als statische Verweisg qualifiziert, so daß die landesrechtl Vorschriften nur in der Fassg gelten würden, in der sie vom BundesGesGeber letztmals in ihrem Willen aufgenommen worden sind. Dagg hat BVerfG **78**, 132 (2. Senat) in ihr zurecht eine bloße Vorbehaltsnorm gesehen, die es den Ländern ledigl gestattet, die bundesrechtl vorgegebenen materiellen Bewertgskriterien umzusetzen. Der BundesGesGeber hat aber auf die Auffassg des 1. Senats reagiert u die Vorschr dch G vom 14. 9. 94 (BGBl I 2324) ergänzt, so daß die Gefahr einer Festschreibg der Berechng auf dem Stand von 1900 vermieden ist.

2   **2) Ist bei einem Landgut** (§ 2312 Rn 8–10) bundesrechtl der **Ertragswert** (§ 2049 II mit Rn 3) festzustellen, können die Länder demnach die entspr Vorschriften dahin ergänzen, wie (und in welchem Verfahren) der maßgebl Reinertrag zu ermitteln u wie aus diesem Reinertrag der Ertragswert zu errechnen ist (BVerfG **78**, 132). Von dieser Ermächtigg wurde zwar nicht bezügl der Ermittlg des Reinertrags Gebr gemacht (s § 2049 Rn 3), für einige Länder aber der auf diesen anzuwende Kapitalisierungsfaktor als Vervielfältiger generalisiert festgelegt: *Pr* AGBGB Art 83 idF des SchätzgsamtsG v 8. 6. 18 § 23 (25fach), dazu Oldbg RdL **66**, 238 (zu Grdst VG 16); gilt in *Bln, NRW,* ferner im *Saarl,* soweit nicht *Bay* AGBGB 68 maßgebld ist. – *Bay* AGBGB 68 (18fach), dazu BGH **LM** § 2325 Nr 5 u Nürnbg MittBayNot **71**, 313. – *BaWü* AG BGB 48 (18fach), dazu LFGG 44, 45, Richter, Just **75**, 36/39. – *Hess* (*Darmstadt*) AG 106, 130. – Für *Nds* s § 28 AGBGB v 4. 3. 71 (GVBl 73) mit § 3 II, § 4 ReallastenG v 17. 5. 67 (GVBl 129). – Ehemal *Lippe* (NRW) AG 46. – *RhlPf* § 24 AG BGB v 18. 11. 76 GVBl 259 (25fach). – *SchlH* AG BGB 23, der auf den steuerl EinhWert abstellte, ist nichtig, da mit § 2049 II unvereinb (BVerfG aaO).

EG 138   *Erbrecht öffentlich-rechtlicher Körperschaften.*   Unberührt bleiben die landesgesetzlichen Vorschriften, nach welchen im Falle des § 1936 des Bürgerlichen Gesetzbuchs anstelle des Fiskus eine Körperschaft, Stiftung oder Anstalt des öffentlichen Rechts gesetzlicher Erbe ist.

1) Bedeutung des Vorbehalts. Für das Erbrecht gelten die allg Bestimmgen über den Erben, daneben die 1 Sondervorschriften des BGB u anderer Bundesgesetze über das ErbR des Fiskus, zB §§ 1942 II, 1964–1966 (dazu FGG 78), 2011, 2104 S 2, VVG 167 III, ZPO 780 II. Die öffrechtl Körpersch dürfen nur an Stelle des Fiskus Erbe sein; eine Bestimmg, daß sie vor dem Fiskus erben, ist unzul. Auf Grd des Vorbehalts sind auch gesetzl Vermächtnisse zG öffrechtl Körperschaften zul (bestr; Staud/Winkler Rn 7).

2) Landesrecht: Für das ehem Land *Preußen* PrALR II 16 § 22, II 19 § 50 ff mit Art 89 Nr 1 c AG, 2 weggefallen in *NRW*, in *Hess* (Geltgsbereich des PreußRechts). Das Land *Berlin* kann jetzt nach § 1936 Erbe werden (s auch KG JR **63**, 21).

EG 139   *Nachlaß eines Verpflegten.*   Unberührt bleiben die landesgesetzlichen Vorschriften, nach welchen dem Fiskus oder einer anderen juristischen Person in Ansehung des Nachlasses einer verpflegten oder unterstützten Person ein Erbrecht, ein Pflichtteilsanspruch oder ein Recht auf bestimmte Sachen zusteht.

1) Bedeutung des Vorbehalts. Der Vorbeh ermöglicht die Aufrechterhaltg landesgesetzlicher Vorschr, 1 dch die es gestattet wird, dem Fiskus od einer anderen jur Pers ein ErbR, PflichtteilsR (auch ein nur hilfsweises für den Fall, daß das ErbR der jur Pers dch letztw Vfg ausgeschl ist) od ein Recht auf bestimmte Sachen (auch Vindikationslegat) einzuräumen, wenn es sich um den Nachl von Personen handelt, die vom Fiskus od der betr jur Pers verpflegt od unterstützt worden sind. Der Fiskus od die jur Person kann vor od neben gesetzl od gewillkürten Erben zu ihrem Recht an der Erbsch kommen.

2) Fortgeltung der vorbehaltenen Vorschriften. Die FürsPflVO ist am 1. 6. 62 aGrd BSHG 153 I, II 2 Nr 2 vom 30. 6. 61 (BGBl I 815) außer Kraft getreten. Träger der Sozialhilfe (BSHG 1 ff) sind die kreisfreien Städte u die Landkreise sowie die von den Ländern bestimmten überörtl Träger (BSHG 96). BSHG 92a, c treffen Bestimmgen über den Ersatz der Sozialhilfekosten dch den Empf u den Übergang solcher Verpflichtungen auf die Erben. Auch ggüber diesen Vorschr sind die aGrd EG 139 erlassenen landesrechtl Vorschriften als fortgeltd anzusehen (Staud/Winkler Rn 17).

3) Landesgesetze: *Pr* ALR II 16 § 22, II 19 §§ 50 ff mit Art 89 Nr 1 c AG, weggefallen in *NRW, Hess* 3 (PreußRechtskreis); *Bay* AG v 20. 9. 82 hat die früh Art 101, 102 ersatzlos aufgehob; *Hess* AG Art 127, 128; *Lübeck* früh § 142 AG aufgeh dch § 2 des 2. G über die Sammlg des SchlH LandesR v 5. 4. 71 (GVBl 182).

EG 140   *Fürsorge des Nachlaßgerichts.*   Unberührt bleiben die landesgesetzlichen Vorschriften, nach welchen das Nachlaßgericht auch unter anderen als den in § 1960 Abs. 1 des Bürgerlichen Gesetzbuchs bezeichneten Voraussetzungen die Anfertigung eines Nachlaßverzeichnisses sowie bis zu dessen Vollendung die erforderlichen Sicherungsmaßregeln, insbesondere die Anlegung von Siegeln, von Amts wegen anordnen kann oder soll.

1) Der Vorbehalt ist in *Pr* und *Bay* nicht ausgenutzt; wohl aber in *Ba-Wü* LFGG 40, 41 IV, 42; 1. VVLFGG 1 9; *Hess* FGG 23 u § 16 OrtsgerichtsG idF v 2. 4. 80 (GVBl I 113); *Nds* FGG 10–13 (dazu Firsching NachlR Abschn IV C).

2) Sicherungsmaßnahmen nach dem Ableben von Bediensteten einer öffentlichen Behörde fallen in den 2 Bereich des öff Rechts; s Art 23 *Hess* FGG.

EG 141 und 142 (weggefallen)

EG 143   I (weggefallen)
              II *(Vom Abdruck wurde abgesehen.)*

EG 144 bis 146 (weggefallen)

EG 147   *Vormundschafts- und Nachlaßsachen.*   Unberührt bleiben die landesgesetzlichen Vorschriften, nach welchen für die dem Vormundschaftsgericht oder dem Nachlaßgericht obliegenden Verrichtungen andere als gerichtliche Behörden zuständig sind.

1) Bedeutung des Vorbehalts. Art 147 gab der Landesgesetzgbg die Befugn, für alle den VormschG u 1 den NachlG zugewiesenen Aufgaben od für einz von ihnen andere als gerichtl Behörden für zuständ zu erklären. Das bestehende LandesR gilt weiter; die Länder können von dem Vorbeh weiterhin Gebr machen (s Staud/Winkler Rn 5, 17). Die früh Ausn in **II** ist gestrichen, weil der Vorbeh nach Einführg der eidesstattl Vers nicht mehr berecht war. In *BaWü* ist zur Abnahme der eidesstattl Vers das NachlG (Notariat) berufen (LFGG 1 II, 38); über Zuständigk des Rechtspflegers s RpflG 3 Nr 2c; 35 I, III. – Der Vorbeh gilt an sich auch für die vormschgerichtl Aufgaben bei der **Annahme als Kind** nach §§ 1741–1772, EG 23 u FGG 56 f II, seit diese 2 Verrichtgen auf Grd AdoptG dem VormschG übertragen wurden. In *BaWü* sind sie allerd nach LFGG § 37 I Nr 18 dem AG als VormschG vorbehalten. – Der Vorbeh gilt dagg **nicht** für Verrichtgen, für die jetzt das **Familiengericht** zuständ ist.

3   **2) Weitere Vorbehalte** für die Bestimmg der Zuständigk anderer Behörden u für das Verfahren enthalten FGG 189, 194, 195 (Verf der landesgesetzl für zust erklärten Behörden) u FGG 193 (Auseinandersetzg des Nachl od einer GütGemsch, dazu BNotO 20 IV, der hins der Zuständigk der Notare zur Vermittlg von Nachlaß- u GesamtgutauseinandersetzgenNachlaß- u Gesamtgutauseinandersetzgen auf das LandesR verweist). Über die bes amtl Verwahrg u Eröffng von Vfgen von Todes wg s §§ 2258a, 2258b, 2260, 2300; hins der Regelg in *Ba-Wü* s § 2258a Rn 2.

EG 148 *Nachlaßinventar.* **Die Landesgesetze können die Zuständigkeit des Nachlaßgerichts zur Aufnahme des Inventars ausschließen.**

1   **1) Bedeutung des Vorbehalts.** Art 148 ermächtigt die Landesgesetzgebg, die eigene Zuständigk des NachlG zur Aufnahme des Inventars auszuschließen. Die Ermächtigung bezieht sich deshalb nur auf den Fall des § 2003, nicht auf den des § 2002. Ist die Zuständigk des NachlG ausgeschlossen, kann der Erbe trotzdem den Antr auf behördl InvAufnahme beim NachlG stellen u damit auch die InvFrist wahren, § 1994; dieses muß aber die Aufnahme dem zuständ Behörde dem zuständ Beamten od Notar übertragen. § 20 IV BNotO hat den Vorbehalt nicht berührt. – S auch § 61 I Nr 2, II BeurkG.

2   **2) Landesrecht:** *Bay* AGGVG 8; *Ba-Wü* LFGG 40 III, 41 V; *Hbg* AGBGB § 78; *Brem* AGBGB 63 II; *RhPf* AGGVG 4. In diesen Ländern ist die Zuständigk des NachlG für die Inventaraufnahme ausgeschlossen. Über *Preuß* R s Staud/Winkler Rn 7–10, 16, 17, 18; ferner *Nds* FGG Art 13.

EG 149 bis 151 (weggefallen)

EG 152 *Eintritt der Rechtshängigkeit.* **Unberührt bleiben die landesgesetzlichen Vorschriften, welche für die nicht nach den Vorschriften der Zivilprozeßordnung zu erledigenden Rechtsstreitigkeiten die Vorgänge bestimmen, mit denen die nach den Vorschriften des Bürgerlichen Gesetzbuchs an die Klageerhebung und an die Rechtshängigkeit geknüpften Wirkungen eintreten. Soweit solche Vorschriften fehlen, finden die Vorschriften der Zivilprozeßordnung entsprechende Anwendung.**

1   Vgl EGZPO 3, GVG 13, 14 und BGB 209ff, 284, 291ff, 818 IV, 941, 987ff, 1002, 2023. Von dem Vorbehalt ist wenig Gebrauch gemacht worden.

Vierter Teil. Übergangsvorschriften

Überblick

1   **1)** Die Vorschriften der Art 153ff gehen davon aus, daß die Bestimmungen des BGB grdsätzl nicht zurückwirken. Sie regeln die **Überleitung** des vormaligen landesgesetzl Rechtszustandes in das Recht des BGB. Sie finden keine Anwendg, soweit aGrd der Vorbehalte der Art 55–152 LandesR in Kraft geblieben ist. Schrifttum: Habicht, Die Einwirkg des BGB auf zuvor entstandene Rechtsverhältnisse.

2   **2)** Die Bestimmgen, namentl Art 153–162, sind dch Zeitablauf im wesentl ggstandslos geworden.

EG 153 bis 156 (gegenstandslos)

EG 157 *(Vom Abdruck wurde abgesehen.)*

EG 158 bis 162 (gegenstandslos)

EG 163–168 *(Vom Abdruck wurde abgesehen.)*

EG 169 *Verjährung.* **[I] Die Vorschriften des Bürgerlichen Gesetzbuchs über die Verjährung finden auf die vor dem Inkrafttreten des Bürgerlichen Gesetzbuchs entstandenen, noch nicht verjährten Ansprüche Anwendung. Der Beginn sowie die Hemmung und Unterbrechung der Verjährung bestimmen sich jedoch für die Zeit vor dem Inkrafttreten des Bürgerlichen Gesetzbuchs nach den bisherigen Gesetzen.**

[II] Ist die Verjährungsfrist nach dem Bürgerlichen Gesetzbuche kürzer als nach den bisherigen Gesetzen, so wird die kürzere Frist von dem Inkrafttreten des Bürgerlichen Gesetzbuchs an berechnet. Läuft jedoch die in den bisherigen Gesetzen bestimmte längere Frist früher als die im Bürgerlichen Gesetzbuch bestimmte kürzere Frist ab, so ist die Verjährung mit dem Ablaufe der längeren Frist vollendet.

1   Art 169 hat dch Zeitablauf seine unmittelb Bedeutg verloren. Er ist aber entspr anzuwenden, wenn dch Ges die VerjFr abgekürzt (BGH **73**, 365, NJW **61**, 25) od unverjährb Anspr der Verj unterstellt w (BGH NJW **82**, 2385). Ersetzt das Ges den fr RZustand dch eine grdlegde Neuregelg mit geänderter VerjFr, verjährt der fr entstandene Anspr nach altem Recht (BGH NJW **74**, 237). Bejaht die Rspr in Änderg ihrer fr Praxis eine kürzere Verj, ist Art 169 II nicht entspr anwendb (BGH NJW **64**, 1023). Für die Wiedereinführg des BGB in der fr DDR enthält Art 231 § 6 eine ParallelVorschr.

EG 170 *Schuldverhältnisse.* **Für ein Schuldverhältnis, das vor dem Inkrafttreten des Bürgerlichen Gesetzbuchs entstanden ist, bleiben die bisherigen Gesetze maßgebend.**

Die Vorschr h dch Zeitablauf ihre unmittelb Bedeutg verloren. Auch auf die vor 1900 begründeten Dauer- 1 SchuldVerh ist heute neues Recht anwendb. Das folgt bei Miet-, Pacht- u DienstVertr aus Art 171, für GesellschVertr idR aus schlüss Unterwerfg unter das neue Recht (s RG **145**, 291). Art 170 ist Ausdruck des **allgemeinen Rechtsgedankens,** daß Inhalt u Wirkg des SchuldVerh nach dem Recht zu beurteilen sind, das zur Zeit der Verwirklichg seines EntstehgsTatbestandes galt (BGH **10**, 394, **44**, 194). Er ist entspr anwendb, wenn neue schuldrechtl Normen ohne Übergangsvorschriften erlassen w (BGH aaO u VersR **71**, 180, stRspr). Für die Wiedereinführg des BGB im Gebiet der fr DDR enthält Art 232 § 1 eine mit Art 170 übereinstimmde Regelg (s dort).

EG 171–180 *(Vom Abdruck wurde abgesehen.)*

EG 181 *Inhalt des Eigentums.* **[I] Auf das zur Zeit des Inkrafttretens des Bürgerlichen Gesetzbuchs bestehende Eigentum finden von dieser Zeit an die Vorschriften des Bürgerlichen Gesetzbuchs Anwendung.**

[II] Steht zur Zeit des Inkrafttretens des Bürgerlichen Gesetzbuchs das Eigentum an einer Sache mehreren nicht nach Bruchteilen zu oder ist zu dieser Zeit ein Sondereigentum an stehenden Erzeugnissen eines Grundstücks, insbesondere an Bäumen, begründet, so bleiben diese Rechte bestehen.

1) I. Der Inhalt des Eigentums ist nach neuem Recht zu beurteilen. GemeinschEigt an Giebelmauer 1 nach *Code civil* 653 *(mitoyenneté)* jetzt MitEigt nach Bruchteilen (BGH **27**, 197). Über das Eigt an öff Wegen nach *Code civil* vgl (RG **131**, 267); über das öff Eigt an Wegen u die Zulässigk von landesrechtl Sondernormen zu dessen Schutz vgl BVerwG DVBl **68**, 343 Anm Schack; vgl auch Art 55 Rn 1. Zum Inhalt des Eigtums gehört auch die Duldg eines Überbaus, so daß die §§ 912ff auch dann anzuwenden sind, wenn vor 1900 übergebaut ist (RG **169**, 187).

2) II hält nur besond RVerhältn aufrecht, nicht aber RBildgen aGrd der allg Vorschr der bish Gesetze 2 wie zB das güterrechtl od erbrechtl GesamtEigt (KGJ **28** B 92; **33**, 227). ZB Realgemeinden, EG 164; Körpersch- Waldgen iS v *bay* ForstG 1852 Art 18 (BayObLG **71**, 125); *bad* gemeins Einfahrten u Hofräume (Karlsr BadRPrax **33**, 2). KellerEigt nach *Code civil* ist jetzt StockwerksEigt, ErbbR od Dbk (KG JW **33**, 1334); über *Nürnb* KellerR GrdDbk vgl BayObLG **67**, 397; **69**, 284, über KellerR nach *gemeinem Recht* vgl BayObLG NJW-RR **91**, 1426; *bad* KellerR ist GrdDbk od StockwerksEigt (Karlsr Just **80**, 46; NJW-RR **87**, 138, dazu Thümmel BWNotZ **87**, 76).

EG 182 *Stockwerkseigentum.* **Das zur Zeit des Inkrafttretens des Bürgerlichen Gesetzbuchs bestehende Stockwerkseigentum bleibt bestehen. Das Rechtsverhältnis der Beteiligten untereinander bestimmt sich nach den bisherigen Gesetzen.**

Neues StockwerksEigt kann nicht begründet werden; über altes vgl Thümmel JZ **80**, 125 u BWNotZ 1 **80**, 97 *(Württ),* **84**, 5 *(Baden);* Hammer BWNotZ **67**, 20; EG 181 Anm 2 aE. Zur Überleitg in WohngsEigt vgl Zipperer BWNotZ **85**, 49. – *BaWü* AGBGB 36ff; *Bay* AGBGB 62.

EG 183 *(Vom Abdruck wurde abgesehen.)*

EG 184 *Inhalt beschränkter dinglicher Rechte.* **Rechte, mit denen eine Sache oder ein Recht zur Zeit des Inkrafttretens des Bürgerlichen Gesetzbuchs belastet ist, bleiben mit dem sich aus den bisherigen Gesetzen ergebenden Inhalt und Rang bestehen, soweit sich nicht aus den Artikeln 192 bis 195 ein anderes ergibt. Von dem Inkrafttreten des Bürgerlichen Gesetzbuchs an gelten jedoch für ein Erbbaurecht die Vorschriften des § 1017, für eine Grunddienstbarkeit die Vorschriften der §§ 1020 bis 1028 des Bürgerlichen Gesetzbuchs.**

1) **Allgemeines.** Art 184 gilt für beschr dingl Rechte einschl AnwR (RG **72**, 269) u dingl wirkder 1 VfgsBeschrkgen (RG **132**, 145), die am 1. 1. 1900 bestanden; bei späterer Entstehg gilt EG 189 I.

2) **Einzelheiten. – a)** Der **Fortbestand** des Rechts **(S 1)** erfordert nicht die späte GBEintr. Eintr iW 2 der GBBerichtig (aGrd Bewilligg od UnrichtigkNachw) zul u zur Vermeidg des RVerlustes inf gutgl lastenfreien Erwerb (Ausn: EG 187 für GrdDbk) zweckmäß (BayObLG **62**, 341). Über Aufhebg vgl EG 189 Anm 2. – **b) Entstehung** u Auslegg des BestellgsGesch (BayObLG **70**, 226) richten sich nach altem 3 Recht; wer sich auf Entstehg nichteingetr AltR beruft, muß sie beweisen (BayObLG **89**, 203). Die Entstehg kann beruhen auf RGesch (BGH NJW **64**, 2016; BayObLG **70**, 226), Ersitzg (BGH **LM** Code civil Nr 5; PrALR Nr 6; BWNotZ **63**, 301; BayObLG **62**, 70 u 341; Oldbg RdL **55**, 307; Hamm NJW-RR **87**, 137; LG Osnabr RdL **57**, 305; LG Stgt BWNotZ **79**, 68; LG Meing OLG-NL **94**, 115) od unvordenkl Verjährg (BayObLG **62**, 70; **94**, 129 [139]; Mü AgrarR **72**, 54; Rpfleger **84**, 461; LG Stgt aaO; LG Meing aaO); letztere gilt aber nicht im Anwendgsbereich von BGB 900 II (BGH NJW **90**, 2555). – **c)** Der **Inhalt** 4 des Rechts **(S 2)** richtet sich weiter nach altem Recht; zB ob Gemeindeservitut RNatur als GrdDbk od bpDbk (BayObLG **62**, 341; **70**, 226). Für GrdDbk (nicht bpDbk), die auch solche iS der BGB sind (BayObLG **62**, 351), gelten BGB 1020–1028 (S 2) 912ff (BGH **LM** Code civil Nr 5); für ErbbR gilt BGB 1017 iVm ErbbRVO 35, 36, 38 (S 2). – Gesetzl Inhaltsänder ab 1. 1. 1900 zu beachten; zB einer Dbk inf BedürfnÄnderg gem BGB 1018 Rn 9 (BayVerfGG ZMR **62**, 331; Karlsr OLGZ **78**, 81). Für Inhaltsänderg

5 dch RGesch gilt EG 189 I. – **d)** Der **Rang** des Rechts **(S 2)** richtet sich weiter nach altem Recht. BGB 879 gilt auch nach GBAnlegg nicht (BayObLG **59**, 478). Gutgl Erwerb des Vorrangs vorbehaltl EG 187 mögl (RG **77**, 1); daher Eintr zweckmäß (vgl Rn 2).

EG 185, 186 *(Vom Abdruck wurde abgesehen.)*

EG 187 *Grunddienstbarkeiten.* [I] Eine Grunddienstbarkeit, die zu der Zeit besteht, zu welcher das Grundbuch als angelegt anzusehen ist, bedarf zur Erhaltung der Wirksamkeit gegenüber dem öffentlichen Glauben des Grundbuchs nicht der Eintragung. Die Eintragung hat jedoch zu erfolgen, wenn sie von dem Berechtigten oder von dem Eigentümer des belasteten Grundstücks verlangt wird; die Kosten sind von demjenigen zu tragen und vorzuschießen, welcher die Eintragung verlangt.

[II] Durch Landesgesetz kann bestimmt werden, daß die bestehenden Grunddienstbarkeiten oder einzelne Arten zur Erhaltung der Wirksamkeit gegenüber dem öffentlichen Glauben des Grundbuchs bei der Anlegung des Grundbuchs oder später in das Grundbuch eingetragen werden müssen. Die Bestimmung kann auf einzelne Grundbuchbezirke beschränkt werden.

1 **1)** Art 187 gilt nur für GrdDbk, die auch solche iS des BGB (BayObLG **86**, 89) u die in dem Ztpkt bestanden, in dem das GB als angelegt anzusehen ist (EG 186); sie können gem EG 189 I nach dem 1. 1. 1900 entstanden sein.

2 **2)** Nach **I 1** (vorbehaltl II) kein lastenfreier Erwerb (BGB 891ff) des belasteten Grdst bei nie erfolgter Eintr der GrdDbk (BGH **104**, 139); BGB 891 gelten aber ggü unricht Eintr od Löschg nach Eintr (BGH aaO). – Eintr nach **I 2** ist GB-Berichtigg; sie erfolgt auf Bewilligg (notf BGB 894) od UnrichtigkNachw gem GBO 22 I, 29 (BayObLG Rpfleger **90**, 351) u ist gem BGB 899 sicherb (Kiel OLG **4**, 292). Anspr entspr BGB unverjährb (LG Osnabr RdL **57**, 305).

3 **3)** Soweit Bestimmg nach **II** ergangen, führt NichtEintr nicht zum Erlöschen, sond ermöglicht nur lastenfreien Erwerb nach BGB 891ff. – Eintr notw wenn *BaWü* AGBGB 31, *Brem* AGBGB 37; nicht in *Bay* u *Hess,* da in ÜbergangsG 10 (aufgeh dch *Bay* AGBGB 80 II Nr 2) 44 bzw AGBGB 141 II vorgesehene VO bisher nicht ergangen, u nicht in den übr Ländern. – Über Erlöschen vgl *Bay* AGBGB 57, *Hbg* AGBGB 44.

EG 188 bis 203 *(Vom Abdruck wurde abgesehen.)*

EG 204 bis 206 (gegenstandslos)

EG 207 bis 212 *(Vom Abdruck wurde abgesehen.)*

EG 213 *Erbrechtliche Verhältnisse.* Für die erbrechtlichen Verhältnisse bleiben, wenn der Erblasser vor dem Inkrafttreten des Bürgerlichen Gesetzbuchs gestorben ist, die bisherigen Gesetze maßgebend. Dies gilt insbesondere auch von den Vorschriften über das erbschaftliche Liquidationsverfahren.

1 **1) Rechtsänderungen.** EG 213 kodifiziert die allg erbrechtl Übergangsregel, daß bei RÄndergen im ErbR grdsl das beim Erbfall geltende Recht anzuwenden ist. Früh Vorschr bleiben nur maßgebend, wenn der Erbl vor Inkrafttreten der neuen Vorschr gestorben ist (allg M; s zB BGH NJW **89**, 2054; Karlsr NJW **89**, 109). Bezügl Inhalt, Auslegg u Wirkg einer Vfg vTw gilt bei temporaler Kollision allerd ausnahmslos neues R. – **Ausnahmen** von diesem Grdsatz macht das G nur in EG 214 I (für Form u Fähigk zur Errichtg u Aufhebg einer Vfg vTw gilt früh R); EG 214 II (Bindg an erbvertragl Vfgen od an wechselbezügl in gemsch Test sowie deren Beseitigg beurteilen sich nach früh R; s auch Rn 2); EG 215 (TestierFähigk nach früh R genügt); EG 217 (Erbverzicht beurteilt sich nach Ztpkt des VertrAbschlusses) u EG 235 § 2 (DDR-Vfgen vTw).

2 **2) Übergangsvorschriften.** Regelt ein das ErbR änderndes G den RÜbergang nicht ausdrückl abweich, gilt der allg Grdsatz (Rn 1) für alle erbrechtl Verhältn im weitesten Sinne: zB zwischen Vor- u NachE (UnentgeltlichkBegriff des § 2113 II auch auf das früh Recht anzuwenden, RG DR **39**, 635); Erben u TV (KG JR **26** Nr 2027; auch RG HRR 32 Nr 1452); ErbenGemsch (s BGH **55**, 66 zu code civil mAv Mattern **LM** Nr 7); PflichttEntziehg (BGH NJW **89**, 2054; Karlsr aaO). Er umfaßt auch das formelle ErbR.

3 – **Ausdrückliche** Übergangsregelgen enthalten: TestG 51 für die vor dem 4. 8. 38 errichteten Vfgen vTw (s Einf 1 vor § 2229); für die erbrechtl Vorschr des **NEhelG** dessen Art 12 § 10 (s auch § 1924 Rn 9; 10); für die des 1. **EheRG** dessen Art 12 Nr 3; 5; 11; für die des **AdoptG** § 1924 Rn 23; für §§ **1933, 2077** s § 1933 Rn 1. – Zum RÜbergang nach der staatl Vereinigg mit der fr DDR s EG 235. – Das **ReichsheimstättenG** (§ 1922 Rn 11) findet in Erbfällen vor dem 1. 10. 93 weiter Anwendg (Art 6 § 4; Art 7 AufhebgsG vom 17. 6. 93, BGBl I 912).

EG 214, 215 *(Vom Abdruck wurde abgesehen.)*

EG 216 (gegenstandslos)

EG 217, 218 *(Vom Abdruck wurde abgesehen.)*

Fünfter Teil. Übergangsrecht
aus Anlaß jüngerer Änderungen des Bürgerlichen Gesetzbuchs
und dieses Einführungsgesetzes

EG 219 *Übergangsvorschrift zum Gesetz vom 8. November 1985 zur Neuordnung des landwirtschaftlichen Pachtrechts.* [I] Pachtverhältnisse auf Grund von Verträgen, die vor dem 1. Juli 1986 geschlossen worden sind, richten sich von da an nach der neuen Fassung der §§ 581 bis 597 des Bürgerlichen Gesetzbuchs. Beruhen vertragliche Bestimmungen über das Inventar auf bis dahin geltendem Recht, so hat jeder Vertragsteil das Recht, bis zum 30. Juni 1986 zu erklären, daß für den Pachtvertrag insoweit das alte Recht fortgelten soll. Die Erklärung ist gegenüber dem anderen Vertragsteil abzugeben. Sie bedarf der schriftlichen Form.

[II] Absatz 1 gilt entsprechend für Rechtsverhältnisse, zu deren Regelung auf die bisher geltenden Vorschriften der §§ 587 bis 589 des Bürgerlichen Gesetzbuchs verwiesen wird. Auf einen vor dem in Absatz 1 Satz 1 genannten Tag bestellten Nießbrauch ist jedoch § 1048 Abs. 2 in Verbindung mit den §§ 588 und 589 des Bürgerlichen Gesetzbuchs in der bisher geltenden Fassung der Vorschriften weiterhin anzuwenden.

[III] In gerichtlichen Verfahren, die am Beginn des in Absatz 1 Satz 1 genannten Tages anhängig sind, ist über die Verlängerung von Pachtverträgen nach dem bisher geltenden Recht zu entscheiden.

Angefügt dch G v 8. 11. 85 (BGBl 2065), also im ZusHang mit der NeuRegelg des PachtRs u geänd dch **1** das IPRG v 25. 7. 1986. Die Vorschr ist dch ZtAblauf weitgehend ggstdslos geworden. Kommentiert bis zur 51. Aufl.

EG 220 *Übergangsvorschrift zum Gesetz vom 25. Juli 1986 zur Neuregelung des Internationalen Privatrechts.* [I] Auf vor dem 1. September 1986 abgeschlossene Vorgänge bleibt das bisherige Internationale Privatrecht anwendbar.

[II] Die Wirkungen familienrechtlicher Rechtsverhältnisse unterliegen von dem in Absatz 1 genannten Tag an den Vorschriften des Zweiten Kapitels des Ersten Teils.

[III] Die güterrechtlichen Wirkungen von Ehen, die nach dem 31. März 1953 und vor dem 9. April 1983 geschlossen worden sind, unterliegen bis zum 8. April 1983

1. dem Recht des Staates, dem beide Ehegatten bei der Eheschließung angehörten, sonst

2. dem Recht, dem die Ehegatten sich unterstellt haben oder von dessen Anwendung sie ausgegangen sind, insbesondere nach dem einen Ehevertrag geschlossen haben, hilfsweise

3. dem Recht des Staates, dem der Ehemann bei der Eheschließung angehörte.

Für die Zeit nach dem 8. April 1983 ist Artikel 15 anzuwenden. Dabei tritt für Ehen, auf die vorher Satz 1 Nr. 3 anzuwenden war, an die Stelle des Zeitpunkts der Eheschließung der 9. April 1983. Soweit sich allein aus einem Wechsel des anzuwendenden Rechts zum Ablauf des 8. April 1983 Ansprüche wegen der Beendigung des früheren Güterstands ergeben würden, gelten sie bis zu dem in Absatz 1 genannten Tag als gestundet. Auf die güterrechtlichen Wirkungen von Ehen, die nach dem 8. April 1983 geschlossen worden sind, ist Artikel 15 anzuwenden. Die güterrechtlichen Wirkungen von Ehen, die vor dem 1. April 1953 geschlossen worden sind, bleiben unberührt; die Ehegatten können jedoch eine Rechtswahl nach Artikel 15 Abs. 2 und 3 treffen.

1) Allgemeines. Die Vorschr trifft eine **Übergangsregelung** anläßl der Reform des dtschen Internat **1** PrivR dch das am 1. 9. 86 in Kr getretene IPRG v 25. 7. 86, BGBl 1142. Die bish in Abs 4 u 5 enth **Sachnormen** zum intertemp internat NamensR, die der GesGeber offenb als VerlegenhLösg an dieser Stelle „geparkt" hatte, sind dch das FamNamRG v 16. 12. 93, BGBl 2054 mit Wirkg z 1. 4. 94 gestrichen worden, vgl dazu Art 10 Rn 1.

2) Übergangsvorschriften (Absatz 1–3). a) Vor dem Inkrafttr des IPRG am 1. 9. 86 **abgeschlossene 2 Vorgänge** sind nach **Absatz 1** weiterh nach den Kollisionsnormen des bish dtschen IPR in ihrer verfassungskonformen Weiterentw z beurteilen; z diesen vgl 45. Aufl. Der Begr des abgeschl Vorgangs ist dch Auslegg des Abs 1 zu präzisieren, ebso Rauscher StAZ **87**, 137. Maßg ist das BegrVerständn des neuen dtschen IPR, welches über die intertemporale Anwendbark seiner Vorschren selbst entscheidet. Da es sich um eine ÜbergangsRegel für das KollisionsR (nicht etwa für das mat Recht) handelt, ist der Begr **kollisionsrechtlich**, nicht sachr zu verstehen, Hohloch JuS **89**, 84, aM Hepting StAZ **87**, 189, IPRax **88**, 153, Rauscher IPRax **87**, 138, **89**, 224, Kaum IPRax **87**, 285, Dörner IPRax **88**, 224, DNotZ **88**, 69, Staud-Dörner Rn 13, v Sachsen Gessaphe IPRax **91**, 107. Ein matrechtl Verständn würde die Best desj Rechts voraussetzen, nach welchem ein Vorgang als abgeschl gelten kann, impliziert also bereits die Entscheidg für das intertemporal anwendb KollisionsR, die mH des Begr erst getroffen werden soll. Ausw kollisionsr Sicht ist ein Vorgang abgeschl, für den das anzuwende SachR bereits abschließd best, dh unwandelb fixiert worden ist, BGH NJW **93**, 2306, **94**, 2360, zB das EheschlStatut mit dem Ztpkt der Heirat od das Erbstatut mit dem Eintritt des Erbfalls. Vor dem 1. 9. 86 „abgeschlossene Vorgänge", für welche nach Art 220 I **3** weiterhin altes IPR gilt, sind deshalb als **unwandelbar angeknüpften** RVerhältnisse, deren Anknüpfgs-Tatbestd sich vor dem maßgebl Stichtag verwirklicht hat, vgl Begr BT-Drucks 10/504 S 85, BGH FamRZ **87**, 583, **87**, 793, **90**, 34, NJW-RR **91**, 386, BayObLG **86**, 470, KG FamRZ **87**, 860, vgl auch Hamm FamRZ **88**, 317, StAZ **90**, 261, Hohloch JuS **89**, 84. Dabei ist über die Unwandelbark der Anknüpfg aGrd der Wertgen des neuen IPR zu entsch, da dieses bei der Best seines zeitl Anwendgsbereichs hierauf abstellt, mithin auch selbst entscheidet, in welchen Fällen es das Vertrauen der Beteil auf eine best RLage schützen will, vgl zB BGH NJW-RR **91**, 386, aM Kaum IPRax **87**, 284, Dörner IPRax **88**, 225, DNotZ **88**, 70. Die sachl Unterschiede zw neuem u altem IPR in der Frage der Unwandelbark von Anknüpfgen sind jedoch gering; die Wahl des neuen od des alten IPR als Ausggspunkt für die Beurteilg der Unwandelbark ist also idR nicht entscheidgs-erhebl.

4   **b)** Im einzelnen gilt danach **altes** IPR für die Beurteilg der RFolgen eines vor dem 1. 9. 86 eingegangenen Verlöbn, LG Bochum FamRZ **90**, 882, der Wirksamk einer vor dem 1. 9. 86 geschl **Ehe**, Art 13, vgl Hamm StAZ **86**, 353, Hbg StAZ **87**, 311, Mü IPRax **88**, 356, Düss FamRZ **93**, 188, BayObLG **94**, 230, für Vorauss u Folgen einer **Ehescheidung**, wenn der RHängigk des ScheidgsAntr vor dem 1. 9. 86 eingetreten ist, Art 17 I, vgl dort Rn 6, ebso BGH FamRZ **87**, 793, **90**, 32, NJW **90**, 638 u FamRZ **90**, 386 (auch für VersorggsAusgl), NJW **90**, 2195 (bei PrivScheid Ztpkt erstmaliger Befassg des Scheidgsgegners maßgebl), NJW **91**, 3088, FamRZ **92**, 295, **93**, 177 u 416, **94**, 884 (interlokal), Zweibr FamRZ **88**, 624, Mü IPRax **89**, 243 (aber nicht für Art 17 III S 2), Hamm IPRax **91**, 197, Basedow NJW **86**, 2973, aM Celle FamRZ **87**, 159 (das die Scheidg als „Wirkg eines familienr RVerh" – offenb der Ehe – auffaßt u Abs 2 anwendet, ebso Hamm FamRZ **89**, 992, dagg BGH FamRZ **93**, 417), Karlsr FamRZ **88**, 296, Mü IPRax **89**, 238 u 242 (für regelwidr Durchf eines VersAusgl, krit dazu Rauscher ebda 224), zweifelnd auch Hamm FamRZ **92**, 828 (betr AbändergsVerf), abl ferner Rauscher IPRax **87**, 138, Hepting IPRax **88**, 153, Breuer in Rahm/Künkel Hdb VIII Rz 212.5, Dörner/Kötters IPRax **91**, 39, vgl auch Dörr NJW **89**, 493, u für die **Abstammung** eines vor diesem Stichtag geborenen nichtehel Kindes, vgl die GrdsAnknüpfg in Art 20 I, ebso BGH FamRZ **87**, 583, NJW-RR **89**, 707, BayObLG **88**, 11, AG Mainz DAVorm **90**, 560, Karlsr FamRZ **91**, 1339, Oldbg DAVorm **93**, 838, Henrich IPRax **87**, 251, Künkel DAVorm **87**, 364; dies gilt insbes auch für die VaterschAnerkenng u deren Anfechtg, vgl Düss FamRZ **94**, 382, aM KG FamRZ **94**, 986, Beitzke ZfJ **87**, 478 (für VaterschFeststellg nach neuem IPR ab dessen Inkrafttreten); das gleiche gilt für die Anf der Ehelichk eines vor dem 1. 9. 86 geborenen Kindes, BGH NJW-RR **91**, 386, BGH NJW **94**, 2360, and AG Rottweil FamRZ **90**, 1030, Stgt FamRZ **93**, 471. Für die **Legitimation** dach nachfolgde Ehe gilt altes IPR, wenn Anerkenng u Eheschl vor dem 1. 9. 86 erfolgt sind, vgl Art 21 I, ebso Zweibr StAZ **87**, 225, LG Bln FamRZ **88**, 208, BayObLG **90**, 1, LG Freibg IPRspr **87** Nr 92, Düss FamRZ **94**, 383, Henrich StAZ **88**, 33, IPRax **90**, 33, abw AG Düss IPRax **87**, 188, das auf Feststellg nach PStG 30 abstellt, dagg zu Recht Henrich ebda; für die Legitimation in and Weise ist auf den Ztpkt des endgült Vollzugs des für sie maßg RVorgangs abzustellen, Art 21 II, zB den Ausspruch der vormundschgerichtl Verfügg bei einer EhelichErkl, KG FamRZ **87**, 860 (krit dazu Dörner IPRax **88**, 224), od das Vorliegen aller erfdl Einwilliggen, LG Bln FamRZ **88**, 209 (Legitimanerkenng nach islam Recht), vgl auch Henrich StAZ **88**, 34, IPRax **89**, 397 (zu AG Bn ebda); für eine Aufspaltg des Legitimationsstatuts dagg Hamm FamRZ **88**, 318, **91**, 221 im Anschl an Hepting StAZ **87**, 192, ebso KG StAZ **94**, 192, offen gelassen bei KG DAVorm **90**, 1158. Altes IPR gilt ferner für die Beurteilg des Zustandekommens u der Statuswirkgen einer vor dem 1. 9. 86 dchgeführten **Adoption**, Art 22, vgl dazu Wohlgemuth ROW **88**, 87, Beitzke IPRax **90**, 37; soweit die Adoption dch Beschl erfolgt, ist dieser maßg, nicht etwa der Ztpkt der AntrStellg, vgl AG Höxter IPRax **87**, 124, zweifelnd Jayme IPRax **87**, 188. Das gleiche gilt für die Entstehg einer **Vormundschaft** od Pflegsch vor diesem Zeitpunkt, Art 24 (im Ggs z ihrem Inhalt, ihrer Änderg u Beendigg) sowie für vor dem 1. 9. 86 eingetretene **Erbfälle**, BGH FamRZ **89**, 379 (and für AusglAnspr gem § 2313 BGH NJW **93**, 2177, krit Solomon IPRax **95**, 29), NJW **95**, 58, BayObLG **86**, 470, **94**, 46, KG FamRZ **88**, 434, Dörner DNotZ **88**, 80; zur Wirksamk einer vor dem 1. 9. 86 getroffenen RWahl vgl Art 26 Rn 8. Auch die Best des ursprüngl VertrStatuts bei einem aus der Sicht des dtschen Rechts, vgl Sandrock RIW **86**, 854, vor dem 1. 9. 86 abgeschl **Schuldvertrag** ist nach den bish Anknüpfgsregeln z treffen, BGH NJW-RR **90**, 249, NJW **92**, 619, Kblz RIW **87**, 630, RIW **89**, 816, Bambg RIW **89**, 221, Rottw IPRax **89**, 45, Karlsr NJW-RR **89**, 367, Mü RIW **89**, 745, Celle RIW **90**, 321, LG Kln IPRax **89**, 292, Hamm RIW **91**, 155, Dörner JR **87**, 201, Kindler RIW **87**, 665; dies gilt auch bei DauerschuldVerhen, die über den 1. 9. 86 hinaus wirks sind, Kblz RIW **93**, 935, Sandrock aaO, offen gelassen BGH NJW **93**, 2754, str, aM Reithmann/Martiny Rn 135; altes IPR gilt insbes auch für vor dem 1. 9. 86 geschl ArbVertre, vgl dazu Hönsch NZA **88**, 119, E. Lorenz RdA **89**, 228, **aM** BAG IPRax **94**, 123 (krit dazu Mankowski ebda 88, Franzen AR-Blattei IntArbR 920 Nr 3), ebso schon LAG Hbg IPRspr **88** Nr 52b, LAG Kln RIW **92**, 933, Däubler RIW **87**, 256, Sonnenberger Fschr Ferid (1988) 457, vgl dazu Junker IPRax **90**, 305; die Möglk einer nach diesem Zeitpkt getr abw RWahl ergibt sich

5   aus Art 27 II. **c)** Erwerb u Verlust eines **Familiennamens** sind nach dem bish IPR z beurt, wenn sie auf einem familienr Vorgang, zB Eheschl, Geburt, Adoption, beruhen, der vor dem 1. 9. 86 eingetreten ist, BGH NJW **91**, 1417, **93**, 2245, StAZ **93**, 191, ferner BayObLG **94**, 298, Bay VGH StAZ **87**, 24, KG StAZ **87**, 75, **88**, 325, Kln StAZ **88**, 296, Hamm StAZ **90**, 261 (krit dazu v Mangoldt ebda 246), Zweibr StAZ **93**, 12, für weitergehde Anwendg des neuen IPR Grasmann StAZ **89**, 129; eine spätere **Änderung** des FamNamens aGrd neuer Umst ist dagg nach Art 10 sowie ggf noch nach den am 1. 4. 94 außer Kraft getretenen namensr Sachnormen in Art 220 Abs 4 u 5 z beurt, vgl dazu Art 10 Rn 1 (für Einbenenng offen gelassen von BayObLG ZfJ **89**, 432); bei einer vor dem 1. 9. 86 geschl Ehe konnte die Erkl zur Best des Ehenamens gem Art 220 Abs 4 S 2 nachträgl in öffentl beglaubigter Form ggü dem Standesbeamten abgegeben werden, vgl Hepting StAZ **87**, 195, Bonn StAZ **88**, 328, LG Bln StAZ **89**, 315, Stgt StAZ **90**, 19. Zur Übergangsregel anläßl der Neufassg v Art 10 dch das FamNamRG v 16. 12. 93, BGBl 2054 vgl dessen Art 7 § 5 u dazu

6   Art 10 Rn 14 u 21. **d)** Gem Art 15 I wird auch das **Güterrechtsstatut**, v der Möglk der bes güterrechtl RWahl gem Art 15 II abgesehen, unwandelb angeknüpft, vgl Art 15 Rn 3. Wg der bes Probleme, die sich aus der Entsch des BVerfG zur Nichtigk des Art 15 I aF ergeben haben, sieht **Absatz 3** eine bes Übergsregelg für die güterr Wirkgen v Ehen vor, die vor dem Inkrafttreten des IPRG am 1. 9. 86 geschl wurden, vgl dazu die Erläuter bei Art 15 Rn 5–15.

7   **c)** Im übr unterliegen die **Wirkungen** familienr RVerhe **nach Absatz 2** vom Inkrafttr des IPRG am 1. 9. 86 an den neuen Vorschr. Dies gilt zB für die allg Ehewirkgen gem Art 14, vgl BGH FamRZ **87**, 464 (betr Morgengabe), Bestehen u Ausmaß einer UnterhPflicht gem Art 18 hins der nach diesem Ztpkt fällig gew Anspre, BGH FamRZ **87**, 682, **91**, 926, **93**, 178, Karlsr FamRZ **87**, 1149, KG FamRZ **88**, 167, Oldbg

FamRZ **88**, 170, Hamm FamRZ **89**, 1085, Brschw NJW-RR **89**, 1097, Köln IPRspr **91** Nr 100b, Düss FamRZ **92**, 573, sowie das Eltern-Kind-Verh gem Art 19 II u 20 II, vgl KG OLGZ **87**, 148, BayObLG **88**, 13, LG Hbg DAVorm **88**, 325, Hbg DAVorm **88**, 928; v diesem Ztpkt an beurt sich insb die elterl Sorge für ein nehel Kind nach dem Recht am gewöhnl Aufenth des Kindes; zu den sich daraus ergebden Konsequenzen vgl Art 20 Rn 10–12. **f)** Der nach dem früher maßgebl Recht bereits erlangte **Status** der Rechts-, Gesch- **8** od TestierFgk wird dch die am 1. 9. 86 in Kr getretene Neuregelg des IPR nicht berührt, Art 7 II u 26 V S 2 entspr, vgl Begr BT-Drucks 10/504 S 85; das IPRG hat aber die bisherigen Anknüpfgsregeln im wesentl beibehalten.

3) Namensrechtliche Sachnormen (Absatz 4 u 5). Vgl dazu die Erläutergen bei Art 10 Rn 12–34.   **9**

EG 221 *Übergangsvorschrift zum Gesetz vom 26. Juni 1990 zur Änderung des Arbeitsgerichtsgesetzes und anderer arbeitsrechtlicher Vorschriften.* [1] Bei einer vor dem 1. Juli 1990 zugegangenen Kündigung werden bei der Berechnung der Beschäftigungsdauer auch Zeiten, die zwischen der Vollendung des fünfundzwanzigsten Lebensjahres und der Vollendung des fünfunddreißigsten Lebensjahres liegen, berücksichtigt, wenn am 1. Juli 1990

1. das Arbeitsverhältnis noch nicht beendet ist oder
2. ein Rechtsstreit über den Zeitpunkt der Beendigung des Arbeitsverhältnisses anhängig ist.

Angefügt dch Art 3 G v 26. 6. 90 (BGBl 1206). Ggstdslos dch Neufassg des § 622 mit der ÜbgangsRegelg **1** des Art 222 EG.

EG 222 *Übergangsvorschrift zum Kündigungsfristengesetz vom 7. Oktober 1993.* Bei einer vor dem 15. Oktober 1993 zugegangenen Kündigung gilt Artikel 1 des Kündigungsfristengesetzes vom 7. Oktober 1993 (BGBl. I S. 1668), wenn am 15. Oktober 1993

1. das Arbeitsverhältnis noch nicht beendet ist und die Vorschriften des Artikels 1 des Kündigungsfristengesetzes vom 7. Oktober 1993 für den Arbeitnehmer günstiger als die vor dem 15. Oktober 1993 geltenden gesetzlichen Vorschriften sind oder
2. ein Rechtsstreit anhängig ist, bei dem die Entscheidung über den Zeitpunkt der Beendigung des Arbeitsverhältnisses abhängt von
   a) der Vorschrift des § 622 Abs. 2 Satz 1 und Satz 2 erster Halbsatz des Bürgerlichen Gesetzbuchs in der Fassung des Artikels 2 Nr. 4 des Ersten Arbeitsrechtsbereinigungsgesetzes vom 14. August 1969 (BGBl. I S. 1106) oder
   b) der Vorschrift des § 2 Abs. 1 Satz 1 des Gesetzes über die Fristen für die Kündigung von Angestellten in der im Bundesgesetzblatt Teil III, Gliederungsnummer 800-1, veröffentlichten bereinigten Fassung, das zuletzt durch Artikel 30 des Gesetzes vom 18. Dezember 1989 (BGBl. I S 2261) geändert worden ist, soweit danach die Beschäftigung von in der Regel mehr als zwei Angestellten durch den Arbeitgeber Voraussetzung für die Verlängerung der Fristen für die Kündigung von Angestellten ist.

Eingefügt dch Art 2 des KündFG v 7. 10. 93 (BGBl 1668). Verfassgsrechtl unbedenkl (vgl BVerfG NJW **1** **94**, 1340). **Anwendbar:** auf ord Künd (des ArbG od ArbN) v ArbVerh, auch ÄndKünd (BAG BB **94**, 1146), deren Zugang (BGB 130) vor dem 15. 10. 93 liegt u für die § 622 gilt. Der GesG will damit primär die wg der VerfWidrk des BGB 622 aF ausgesetzten Prozesse regeln (vgl 52. Aufl § 622 Rn 3). **Noch bestehen- 2** **des Arbeitsverhältnis** (Nr 1): Die Künd, für die zZ ihres Zugangs die Fr des § 622 aF galten, darf das ArbVerh nicht vor dem 15. 10. 93 beendet haben (BAG NJW **94**, 2564). Die Fr des § 622 aF sind für den ArbN dann günstiger, wenn die Fr für den ArbG länger ist od für eine ArbNKünd kürzer u v KündTerm unabhäng. **Anhängiger Rechtsstreit** (Nr 2): Er kann insb die Feststellg der Unwirksk einer Künd, das **3** Bestehen des ArbVerh, die LohnZahlg, auch das Bestehen einer BeschäftiggsPfl betreffen. Die Entscheidg üb den Ztpkt, wann die Künd das ArbVerh beendet hat, muß von einer für verfwidr erkl od dafür gehaltenen Vorschr abhängen, näml (a) der ggü Angest kürzeren KündFr für Arbeiter (§ 622 I S 1 u S 2 Hs 1; vgl § 622 der 52. Aufl) u (b) der KleinBetrKlausel des AngKündSchG (vgl Vorbem 86 v § 620 der 52. Aufl). **Wirkung:** Für die von Art 222 EG erfaßten Künd gilt bei Fr u KündTerm der neue § 622 u zwar rückwirkd, **4** wobei auf den Zugang (§ 130) der iü wirks erkl Künd abzustellen ist. Gg die Rückwirkg bestehen jedenf für Nr 2b keine verfrechtl Bedenken (BAG NJW **94**, 1340).

Sechster Teil
Inkrafttreten und Übergangsrecht aus Anlaß der Einführung des Bürgerlichen Gesetzbuchs und dieses Einführungsgesetzes in dem in Artikel 3 des Einigungsvertrages genannten Gebiet

(Die Überschriften der Art 230–236 sind amtlich)

Artikel 230. Umfang der Geltung; Inkrafttreten

EG 230 [1] Für das in Artikel 3 des Einigungsvertrages genannte Gebiet gelten die §§ 1706 bis 1710 des Bürgerlichen Gesetzbuchs nicht.

^{II} Das Bürgerliche Gesetzbuch und dieses Einführungsgesetz treten im übrigen in diesem Gebiet am Tag des Wirksamwerdens des Beitritts nach Maßgabe der folgenden Übergangsvorschriften in Kraft.

1 **1)** Dch den **Beitritt** der DDR zum GG ist am 3. 10. 90 das Recht der BRep im Gebiet der fr DDR in Kraft getreten (EinigsV Art 8). Zu dem übergeleiteten Recht gehören auch die von Rspr u Lehre im Wege der Analogie od der RFortbildg herausgebildeten ungeschriebenen RGrds. Einige der für die Wiedereinführg des BGB u des IPR notw Übergangsvorschr hat der EinigsV als neuen sechsten Teil in das EGBGB eingefügt. Weitere für die Vereinheitlichg des PrivR wichtige Vorschr sind in zahlreichen SonderGes enthalten, so im DM-BilanzG, LwAnpG, GrdBBereiniggsGes, BodensondergsGes, ErholNutzG, MeAnlG, VermG u Verm-ZuordngsG (alle im DDR-Schönfelder). Dch die Einfügg der §§ 11 ff in Art 233 EG (Abwicklg der Bodenreform), das SachenRBerG (Grün NJW **94**, 2641, Frenz NJW **95**, 2657) u das SchuldRAnpG (Messerschmidt NJW **94**, 2648), Schnabel NJW **95**, 2661) ist der Proz der RAngleich im wiedervereinigten Dtschl im wesentl abgeschlossen, bis zur vollst Umsetzg der Überleitgs- u AnpassgsVorschr dch Verw u Rspr werden aber noch viele Jahre vergehen. Die Art 230 ff gelten als Teil des EGBGB nicht nur in den neuen Bundesländern, sondern im **gesamten Bundesgebiet.**

2 **2)** Art 230 I nimmt jetzt nur noch die §§ 1706–1710 von der **Einführung in der früheren DDR aus** (Art 234 § 11 Rn 1 u 3). Den Vorbeh für § 622 hat das KündFG aufgeh, die Ausnahmeregel für § 616 II u III hat sich inf Aufhebg dieser Vorschr dch das EFZG erledigt. Nicht in Kraft gesetzt worden sind das VertrHilfeG u die RegUnterhVO (EinigsV Anlage I Kapitel III Sachgebiet B Abschnitt I). Vom Recht der DDR ausdr aufrechterhalten worden sind die VO über die Anmeldg vermögensrechtl Anspr vom 11. 7. u 21. 8. 90 sowie die GrdstVerkVO (jetzt idF des RegVBG) u das StHaftgG (EinigsV Anlage II, Kapitel III, Sachgebiet B, Abschnitt I–III).

3 **3)** Art 230 ff betreffen ausschließl RVerhältn, auf die vor dem 3. 10. 90 das Recht der DDR anwendb war (BGH **121**, 385, **124**, 272). Ob das zutrifft, entscheidet bei Sachverhalten mit Berührg zu beiden ROrdngen das **innerdeutsche Kollisionsrecht**/interlokale R (Anh zu Art 3). Dessen Spaltg ist nunmehr überwunden. Mit dem Inkrafttreten des EG im Gebiet der fr DDR ist grdsl auch dessen analoge Anwendg im innerdeutschen KollisionsR in ganz Deutschland verbindl (Art 236 Rn 4 f). Soweit nach Kollisions- u ÜbergangsR das Recht der fr DDR anwendb ist, stellt es gem EinigsV 9 IV 2 **partielles Bundesrecht** dar (BGH **120**, 15, NJW **94**, 2685).

4 **4)** Soweit Recht der fr DDR weiterhin anwendb ist, gelten für seine **Auslegung** nicht mehr die Grds sozialistischer Gesetzlich u Parteilich, sond die AusleggsGrds des sozialen RStaats (s Oetker JZ **92**, 608, LAG Bln BB **92**, 638, MüKo/Hinz Rn 7). Es ist auch nur noch im Rahmen der Wertentscheidgen des GG verbindl (s BGH **117**, 39, **123**, 68). Das ergibt sich aus dem VerfGrdsGes vom 17. 6. 90 (BGH **118**, 42) u aus Art 4 u 2 des StaatsV vom 18. 5. 90 (BGH **124**, 277, Oetker aaO S 612). Soweit es sich um RNormen handelt, die nicht dch Gedanken sozialistischer Gesetzlich geprägt sind, ist aber nach dem VertrauensGrds vom bisherigen Normenverständn auszugehen (BGH **124**, 277, NJW **94**, 1793, ZIP **95**, 1456). In diesem Normenbereich können auch die RiL des Plenums des fr OG der DDR weiter herangezogen w (BGH **123**, 68, s aber zum UnterhR BGH **117**, 38).

Artikel 231. Erstes Buch. Allgemeiner Teil des Bürgerlichen Gesetzbuchs

EG 231 § 1 *Entmündigung.* **Rechtskräftig ausgesprochene Entmündigungen bleiben wirksam. Entmündigungen wegen krankhafter Störung der Geistestätigkeit gelten als Entmündigungen wegen Geistesschwäche, Entmündigungen wegen Mißbrauchs von Alkohol gelten als Entmündigungen wegen Trunksucht, Entmündigungen wegen anderer rauscherzeugender Mittel oder Drogen gelten als Entmündigungen wegen Rauschgiftsucht im Sinn des Bürgerlichen Gesetzbuchs.**

1 Die nach dem Recht des ZGB angeordneten Entmündiggen sind am 1. 1. 92 ein zweites Mal übergeleitet worden, u zwar zu **Betreuungen.** Für diese Überleitg gelten dieselben RGrds, die für die von westdtschn Ger angeordneten Entmündiggen maßgebd sind. Vgl Einf 20 v § 1896.

EG 231 § 2 *Vereine.* ^I**Rechtsfähige Vereinigungen, die nach dem Gesetz über Vereinigungen – Vereinigungsgesetz – vom 21. Februar 1990 (GBl. I Nr. 10 S. 75), geändert durch Gesetz vom 22. Juni 1990 (GBl. I Nr. 37 S. 470, Nr. 39 S. 546), vor dem Wirksamwerden des Beitritts entstanden sind, bestehen fort.**

^{II} **Auf sie sind ab dem Tag des Wirksamwerdens des Beitritts die §§ 21 bis 79 des Bürgerlichen Gesetzbuchs anzuwenden.**

^{III} **Die in Absatz 1 genannten Vereinigungen führen ab dem Wirksamwerden des Beitritts die Bezeichnung „eingetragener Verein".**

^{IV} **Auf nicht rechtsfähige Vereinigungen im Sinn des Gesetzes über Vereinigungen – Vereinigungsgesetz – vom 21. Februar 1990 findet ab dem Tag des Wirksamwerdens des Beitritts § 54 des Bürgerlichen Gesetzbuchs Anwendung.**

1) Allgemeines. Das ZivilR der DDR kannte zuletzt vier Typen von körperschaftl oder gesellschafts- **1** rechtl Zusammenschlüssen: die rechtsf Vereinigg (Rn 2 f), die nichtrechtsf Vereinigg (Rn 4), die BürgerGemeinsch u seit dem 1. 7. 90, der Übern der BGB 705–740 (MantelG 17) die GbR. Für die seit dem 1. 7. 90 gegründeten GbR gelten weiter die BGB 705 ff. Die BürgerGemeinsch fällt unter die allg ÜberleitgsVorschr des Art 232 § 1. Auf sie sind weiterhin ZGB 266–273 anzuwenden (Uebler/Albrecht DtZ **91**, 400). Eine Umwandlg in eine GbR ist mögl. Der Ändergsvertrag muß gem ZGB 267 II schriftlich abgeschlossen w, bedarf aber nicht mehr der Registrierg. Bei Vereinen, die vor dem 3. 10. 90 rechtsw im Vereinsregister gelöscht worden sind, ist eine Wiedereintragg im Wege der Amtslöschg nicht ausgeschlossen (Tietje DtZ **94**, 138).

2) Rechtsfähige Vereinigungen. – **a)** Ihre RGrdl war ursprüngl die VereiniggVO v. 6. 11. 75 **2** (GBl 723). Sie erlangten RFähigk dch staatl Anerkenng, auf die kein RAnspr bestand. Das am 21. 2. 90 in Kraft getretene VereinG hat den Grds der Vereiniggsfreih verwirklicht. Die RFähigk wurde nunmehr dch gericht Registrierg erworben, u bei Erf der gesetzl Voraussetzgen bestand ein Anspr auf Eintrag. Die Altvereine mußten sich gem VereinG 22, 25 bis zum 21. 8. 90 im Vereiniggsregister eintragen lassen. Zur Erhaltg der RFgk genügt der EintraggsAntr; daß die Eintragg nicht bis zum 21. 8. 90 vollzogen worden ist, ist unschädl (Christoph DtZ **91**, 237). Vereiniggen, die keinen EintraggsAntr gestellt haben, haben ihre RFähigk verloren, bestehen aber als nichtrechtsf Vereine (Rn 5) fort.

b) Seit dem 3. 10. 90 gilt für alle rechtsf Vereiniggen das **Vereinsrecht des BGB.** Das Vereinsregister **3** wird, soweit die neuen Bundesländer die westdtsche GerVerfassg noch nicht übernommen haben, entspr EinigsV Anlage I Kapitel III Sachgebiet A Abschnitt III a von dem für den Sitz des Vereins zuständ KreisGer geführt; die in der 1. DVO z VereinG § 1 II für Großstädte vorgesehene Konzentration der Zuständigk auf ein Ger bleibt in Kraft. Der Name der Vereinigg erhält den Zusatz „eingetragener Verein", III iVm BGB 65. Hinsichtl der Haftg der Vereine für ihre Organe enthält § 4 eine SonderüberleitgsVorschr.

c) And als Art 163 verweist Art 231 § 2 auch auf die Vorschr des BGB über die **Vereinsgründung.** Die **4** zahlreichen am 3. 10. 90 anhäng EintraggsAntr sind daher nach neuem Sach- u VerfR weiterzuführen (§ 1 Rn 3, aA Nissel DtZ **91**, 240). Zu berücksichtigen ist aber, daß nach § 4 VereinG der DDR RFähigk bereits dch **Registrierung** erworben wurde. Darunter war die Vfg des Ri zu verstehen, daß der Verein im Register einzutragen sei; vom Vollzug im Register war der Erwerb der RFähigk nicht abhäng (Nissel aaO, Christoph DtZ **91**, 237, Staud-Rauscher Rn 25, aA MüKo/Reuter Rn 5). Verf, in dem die RegistriergsVfg vor dem 3. 10. 90 erlassen worden ist, sind daher nach fr Recht zu Ende zu führen.

3) Nichtrechtsfähige Vereinigungen konnten in der DDR erst seit dem 21. 2. 90, dem Inkrafttreten des **5** VereinG, gebildet werden. Für sie gelten seit dem 3. 10. 90 die Vorschr des BGB 54, dh in Wahrh die RGrds, die Rspr u Lehre im Wege der RFortbildg für den nichtrechtsf Verein herausgebildet haben.

EG 231 § 3 *Stiftungen.* [I] Die in dem in Artikel 3 des Einigungsvertrages genannten Gebiet bestehenden rechtsfähigen Stiftungen bestehen fort.
[II] Auf Stiftungen des Privaten Rechts sind ab dem Tag des Wirksamwerdens des Beitritts die §§ 80 bis 88 des Bürgerlichen Gesetzbuchs anzuwenden.

Seit dem Inkrafttreten des ZGB am 1. 1. 76 konnten in der DDR keine Stiftgen mehr errichtet w (Göhring- **1** Posch I S 109). Vorher errichtete Stiftgen bestanden weiter, für sie blieb das fr geltde Recht maßgebd, jedoch erweiterte EGZGB 9 II–IV die staatl EingriffsR. Die Neuregelg, die BGB 80–88 für anwendb erklärt, enthält stillschw die Aufhebg von EGZGB 9 II–IV. Als ergänzdes LandesR gilt, soweit die neuen Bundesländer keine eig Ges erlassen haben, das StiftgsG der Volkskammer vom 13. 9. 90 (Einf 12 vor § 80 BGB).

EG 231 § 4 *Haftung juristischer Personen für ihre Organe.* Die §§ 31 und 89 des Bürgerlichen Gesetzbuchs sind nur auf solche Handlungen anzuwenden, die am Tag des Wirksamwerdens des Beitritts oder danach begangen werden.

1) Allgemeines. Die Vorschr ergänzt §§ 2 u 3. Sie betrifft aber nicht nur Vereiniggen u Stiftgen, sondern **1** hat den gleichen umfassden Anwendgsbereich wie BGB 31 u 89. Sie gilt für alle jur Pers (BGB 31 Rn 3), bei Handeln im priv RVerk auch für alle staatl Einrichtgen (BGB 89 Rn 1). Sie ist trotz der zu engen amtl Überschr auch auf nichtrechtsf Vereiniggen (§ 2 Rn 5) anzuwenden (Staud-Rauscher Rn 3). Unter sie fallen neben den seit der Wende gegründeten GmbHs u AGs alle weiteren vom Recht der DDR als jur Pers anerkannte Organisationen (s Göhring-Posch I S 106 ff).

2) Bisheriges Recht. Das ZGB enthielt hins der Haftg jur Pers für ihre Organe keine SonderVorschr. **2** Alle jur Pers fielen unter den in ZGB 11 I–III weit gefaßten Begriff des Betr (KommZGB 11 Anm 3), bei Teiln am ZivilRVerk auch alle staatl Einrichtgen (DDR-StHaftgG 1 III). Die Organhaftg war Teil der für Betr bestehenden umfassden Mitarbeiterhaftg (ZGB 331); sie galt sowohl für den vertragl als auch den außervertragl Bereich (Göhring-Posch I S 195) u erstreckte sich auf alle Schäden, die der Mitarbeiter in Erf ihm obliegder betriebl Aufg verursacht hatte (ZGB 331). Erst das am 21. 2. 90 in Kraft getretene VereinG hat in § 8 II eine dem BGB nachgebildete Organhaftg eingeführt u in § 17 eine dem BGB 54 S 2 ähnl HandelndenHaftg. Beide Vorschr haben aber wg ihrer kurzen Geltgsdauer kaum prakt Bedeutg erlangt.

3) Anwendung neuen Rechts. Sie setzt voraus, daß die Handlg am 3. 10. 90 begangen worden **3** ist. Maßgebend ist nicht der Zeitpunkt des Schadens, sondern die Vornahme der pflichtwidr Hdlg. Bestand bei einem pflwidr Unterl sowohl vor als auch nach dem Stichtag die Möglichk, den Schaden abzuwenden, kann der Geschädigte zw der Anwendg neuen u alten Rechts wählen (str). Erstreckt sich das pflichtwidr Tun auf die Zeit vor u nach dem Stichtag (Bsp: unzureichde Beaufsichtigg von Montagearbeiten), ist entscheidd, welche Teilhdlg für den Schaden ursächl war. Läßt sich nicht aufklären, ob die pflichtwidr Hdlg vor od nach dem Stichtag begangen worden ist, gilt nach der Fassg der Vorschr („nur ... anzuwenden") altes Recht (aA Staud-Rauscher Rn 5).

EG 231 § 5 **Sachen.** [I]Nicht zu den Bestandteilen eines Grundstücks gehören Gebäude, Baulichkeiten, Anlagen, Anpflanzungen oder Einrichtungen, die gemäß dem am Tag vor dem Wirksamwerden des Beitritts geltenden Recht vom Grundstückseigentum unabhängiges Eigentum sind. Das gleiche gilt, wenn solche Gegenstände am Tag des Wirksamwerdens des Beitritts oder danach errichtet oder angebracht werden, soweit dies aufgrund eines vor dem Wirksamwerden des Beitritts begründeten Nutzungsrechts an dem Grundstück oder Nutzungsrechts nach den §§ 312 bis 315 des Zivilgesetzbuchs der Deutschen Demokratischen Republik zulässig ist.

[II]Das Nutzungsrecht an dem Grundstück und die erwähnten Anlagen, Anpflanzungen oder Einrichtungen gelten als wesentliche Bestandteile des Gebäudes. Artikel 233 § 4 Abs. 3 und 5 bleibt unberührt.

[III]Das Gebäudeeigentum nach den Absätzen 1 und 2 erlischt, wenn nach dem 31. Dezember 1996 das Eigentum am Grundstück übertragen wird, es sei denn, daß das Nutzungsrecht oder das selbständige Gebäudeeigentum nach Artikel 233 § 2b Abs. 2 Satz 3 im Grundbuch des veräußerten Grundstücks eingetragen ist oder dem Erwerber das nicht eingetragene Recht bekannt war. Dem Inhaber des Gebäudeeigentums steht gegen den Veräußerer ein Anspruch auf Ersatz des Wertes zu, den das Gebäudeeigentum im Zeitpunkt seines Erlöschens hatte; an dem Gebäudeeigentum begründete Grundpfandrechte werden Pfandrechte an diesem Anspruch.

[IV]Wird nach dem 31. Dezember 1996 das Grundstück mit einem dinglichen Recht belastet oder ein solches Recht erworben, so gilt für den Inhaber des Rechts das Gebäude als Bestandteil des Grundstücks. Absatz 3 Satz 1 ist entsprechend anzuwenden.

[V]Ist ein Gebäude auf mehreren Grundstücken errichtet, gelten die Absätze 3 und 4 nur in Ansehung des Grundstücks, auf dem sich der überwiegende Teil des Gebäudes befindet. Für den Erwerber des Grundstücks gelten in Ansehung des auf dem anderen Grundstück befindlichen Teils des Gebäudes die Vorschriften über den zu duldenden Überbau sinngemäß.

1 **1) Allgemeines.** Nach ZGB 295 I umfaßt das Eigtum am Grdst den Boden u die mit diesem fest verbundenen Gebäude u Anlagen sowie die Anpflanzgen. Dieser BGB 94 entspr Grds wird aber dch zahlreiche, prakt wicht Ausn (Rn 2) dchbrochen, die Art 233 § 2b inzw noch erweitert hat. Im Ergebn ist es so, daß in der fr DDR das Eigtum am Grdst u das am Gebäude in einer Vielzahl von Fällen verschiedenen Pers zusteht. Dem trägt ZGB 467 dadch Rechng, daß er den Sachbegriff in bewegl Sachen, Grdst u Gebäude unterteilt. § 5 hält demgüü an der dem BGB zugrde liegenden Zweiteilg in bewegl Sachen u Grdst fest, stellt aber zugl iVm Art 233 §§ 4 u 3 sicher, daß sich die RStellg der Gebäudeeigtümer dch das Inkrafttreten des BGB nicht verschlechtert. Erst ab 1. 1. 97 setzt sich der öffentl Glaube die GrdB auch ggü dem SonderEigt dch (vgl die dch das RegVBG an § 5 angefügten III–V). Schon vorher sollen das GebäudeEigt u die ihm zugrde liegden NutzgsVerh endgült in die SachenROrdng der BRep integriert w: Nach dem **SachenRBerG** hat der Nutzer das Recht, vom GrdstEigtümer die Bestellg eines ErbbR od den Erwerb des Grdst zu verlangen. Das vom Nutzer zu zahlde Entgelt berechnet sich grdsl nach dem halben VerkWert des Grdst (Grün NJW **94**, 2641; s zum Begriff des Nutzers Wesel DtZ **95**, 70). Das selbstd AnpflanzgsEigt der LPG hat das im **SchuldRÄndG** enthaltene AnpflEigtG inzw mit Wirkg zum 1. 1. 95 aufgehoben (Messerschmidt NJW **94**, 2651).

2 **2) Sondereigentum an Gebäuden.** Nach dem in den neuen Bundesländern geltden Recht besteht in folgden Fällen ein vom Grdst unabhäng Eigtum an Gebäuden, Baulichk, Anlagen u Einrichtgen: **(1)** NutzgsR an volkseigenen Grdst zum Bau eines Eigenheims od ähnl (ZGB 287–290); Voraussetzg ist eine staatl Nutzgsverleihg, eine bloße Anerkenng in der sozialen Wirklichk genügt nicht (BGH **121**, 349, BVerwG ZIP **95**, 595), uU aber ein Vertr gem ZGB 312 (KommZGB 287 Anm 1.3.). **(2)** NutzgsR an genossenschaftl Grdst zum Bau eines Eigenheims od ähnl (ZGB 291–294): begründet dch Zuweisg. **(3)** Verleihg eines NutzgsR an Genossensch für den Bau von Gebäuden auf volkseigenen Grdst (NutzgsRG 4 IV). **(4)** NutzgsR zum Bau eines Wochenendhauses od ähnl (ZGB 296); begründet dch Vertr gem ZGB 312 (Gößmann WM **91**, 1861). **(5)** Von VEB oder staatl Einrichtgen auf vertragl genutzten Grdst errichtete Gebäude od Anlagen (ZGB 459). **(6)** Dch LPG errichtete Häuser, Gebäude u Anlagen sowie Anpflanzgen (LPGG 27) u in die LPG eingebrachte Gebäude, Art 233 § 2b (BGH **120**, 357). **(7)** Beim Verkauf volkseigner Gebäude gem VerkaufsG vom 7. 3. 90. Das GebäudeEigt entstand kr Ges mit der Errichtg des Gebäudes (MüKo/Holch Rn 17). Im Fall (4) waren auf die Baulichk die für bewegl Sachen geltden Vorschr anzuwenden (ZGB 296 I 2), ähnl wie nach BGB für Scheinbestandt (BGB 95 Rn 1). In allen anderen Fällen galten für das selbständ Eigtum an Gebäuden u Anlagen die Vorschr über Grdst (ZGB 295 II). Das Gebäude, für das ein bes GrdBuchblatt anzulegen war, konnte gem ZGB 452 mit Hyp belastet werden. Bei seiner Veräußerung ging gem ZGB 289 II, 293 III zugl das NutzgsR auf den Erwerber über. Wer SonderEigt beansprucht, trägt für die das SE begründden Umst die BewLast (BGH DtZ **95**, 366).

3 **3) Überleitung. – a)** Das selbständ Eigentum an Gebäuden u Anlagen **bleibt bestehen;** für seinen Inh gilt Art 233 § 2. BGB 94 findet keine Anwendg, I S 1. Das NutzgsR, die Anlagen u das Gebäude werden dch II zu einer untrennb Einh zusgefaßt (ähnl ErbbRVO 12), Hauptsache ist nicht das NutzgsR, sond das Gebäude (and ErbbRVO 12). Der dch das 2. VermRÄndG eingefügte II 2 stellt klar, daß das NutzgsR trotz seiner BestandtEigensch dch Untergang des Gebäudes nicht erlischt (Art 233 § 4 III) u daß die Möglichk der
4 Aufhebg (Art 233 § 4 V) unberührt bleibt. – **b)** Gebäude u Einrichtungen, die **nach dem Stichtag** aufgrd eines
5 fr begründeten NutzgsR (Rn 2) errichtet w, werden gleichf Eigtum des Nutzgsberecht, I 2. – **c)** Für Vfgen über das Eigtum am Gebäude gilt Art 233 § 4 I, die Aufrechterhaltg des NutzgsR regelt Art 232 § 4 u 233 § 3, das Recht zum Besitz Art 233 § 2a.

4) Erlöschen des Gebäudeeigentums (III). – a) Art 233 §§ 4 II 1 u 5 II 1, nach denen ein nicht im GrdB 6
eingetragenes NutzgsR u MitbenutzgsR auch ggü einem gutgl Erwerber wirks bleibt, gelten nach ihrer nF
dch das RegVBG nur noch bis zum 31. 12. 96 (s bei Art 233 §§ 4 u 5). III stellt klar, daß der öffentl
Glaube der GrdB ab 1. 1. 97 auch ggü dem GebäudeEigt dchsetzt. Es bleibt bei Übertraggen des Eigt am
Grdst nur bestehen, wenn es im GrdB eingetragen (Art 233 §§ 2c I u 4 I 2 u 3) od dem Erwerber bekannt ist;
grob fahrl Unkenntn ist unschäd. Mit dem Erlöschen des GebäudeEigt wird das Gebäude gem BGB 94, 93
wesentl Bestandt des Grdst. – **b) Anspruch auf Wertersatz. – aa)** Der Anspr des GebäudeEigtümers auf
WertErs (III 2) richtet sich ausschließl gg den Veräußerer. Anspr gg den Erwerber bestehen nicht; sie können
auch nicht aus fahrl EigtVerletzg (§ 823) od § 812 hergeleitet w. – **bb) Umfang.** Maßgebd ist der Verk-
Wert, den das GebäudeEigt im Ztpkt des Erlöschens hatte. Dieser Wert wird häufig, aber nicht notw, mit
dem Wertzuwachs des Grdst übereinstimmen. – **cc)** Die am Gebäude bestehden **Grundpfandrechte** wer-
den kr Ges zu PfandR an dem WertErsAnspr. BGB 1279ff finden Anwendg. Der Erwerber kann gem BGB
1281 nur an den fr GebäudeEigtümer u den PfandGläub gemeins leisten, jedoch ist zu seinen Gunsten BGB
407 entspr anwendb.

5) Belastung des Grundstücks (IV). Wird an dem mit einem GebäudeEigt belasteten Grdst nach dem 7
31. 12. 96 ein beschränktes dingl Recht bestellt, erstreckt sich das Recht auch auf das GebäudeEigt; es geht
den am GebäudeEigt bestehden Belastgen im Rang vor. And ist es nur, wenn das GebäudeEigt als Belastg
im GrdstGrdB eingetragen ist od der Erwerber es kennt. Ein WertErsAnspr besteht in diesem Fall nicht.
Das Erlöschen des beschränkten dingl Rechts dch guten Glauben beim Erwerb des GebäudeEigt verhindert
Art 233 § 2c III (s dort).

6) Gebäudeeigentum auf mehreren Grundstücken (V). In diesem Fall gelten III u IV nur für 8
Vfgen über das Grdst, auf dem sich der überwiegde Teil des Gebäudes befindet. Dieses StammGrdst ist
– and als iF der Überbaus (BGH **110**, 298) – ausschließl nach obj Kriterien (Größe u Bedeutg der Gebäu-
deteile) zu bestimmen. Hinsichtl der Gebäudeteile auf and Grdst hat der Erwerber die iF eines rechtmäß
Überbaus bestehden Rechte u Pflten: Er wird Eigtümer des Überbaus (s BGH **110**, 298), der Nachbar
muß den Überbau dulden u hat gem BGB 912 II, 913 einen Anspr auf Überbaurente. Der WertErs-
Anspr gg den Veräußerer (Rn 2) richtet sich nach dem Wert des gesamten Gebäudes. Der Erwerber eines
Grdst, auf dem sich ein untergeordneter Teil des Gebäudes befindet, muß das GebäudeEigt sich gel-
ten lassen. Er ist ebso wie der Erwerber eines Grdst mit einem rechtmäß Überbau auf Anspr gg den
Verkäufer beschränkt.

EG 231 § 6 *Verjährung.* [1]Die Vorschriften des Bürgerlichen Gesetzbuchs über die Ver-
jährung finden auf die am Tag des Wirksamwerdens des Beitritts bestehenden
und noch nicht verjährten Ansprüche Anwendung. Der Beginn, die Hemmung und die Unterbre-
chung der Verjährung bestimmen sich jedoch für den Zeitraum vor dem Wirksamwerden des
Beitritts nach den bislang für das in Artikel 3 des Einigungsvertrages genannte Gebiet geltenden
Rechtsvorschriften.

[2]Ist die Verjährungsfrist nach dem Bürgerlichen Gesetzbuch kürzer als nach den Rechtsvor-
schriften, die bislang für das in Artikel 3 des Einigungsvertrages genannte Gebiet galten, so wird
die kürzere Frist von dem Tag des Wirksamwerdens des Beitritts an berechnet. Läuft jedoch die in
den Rechtsvorschriften, die bislang für das in Artikel 3 des Einigungsvertrages genannte Gebiet
galten, bestimmte längere Frist früher als die im Bürgerlichen Gesetzbuch bestimmte kürzere
Frist ab, so ist die Verjährung mit dem Ablauf der längeren Frist vollendet.

[3]Die Absätze 1 und 2 sind entsprechend auf Fristen anzuwenden, die für die Geltendmachung,
den Erwerb oder den Verlust eines Rechts maßgebend sind.

1) Allgemeines. § 6 entspr der Regelg, die EG 169 für das Inkrafttreten des BGB getroffen hat u die als 1
Ausdr eines allg RGedankens anerkannt ist (Art 169 Rn 1). Neu ist der für AusschlFr angefügte III. In einer
Vielzahl von Fällen sind die Fr nach ZGB u BGB gleich lang, so daß sich abgesehen vom VerjBeginn nichts
ändert (HptBeispiel: 2JahresFr für VertrAnspr gem ZGB 474 I Nr 2, soweit jetzt BGB 196 gilt). Häufig tritt
aber auch eine Verlängerg der VerjFr ein, währd Abkürzgen die Ausn sind.

2) Überleitung. – a) § 6 gilt für Anspr, die am 3. 10. 90 noch **nicht verjährt** waren; einbezogen sind 2
auch die nach DDR-Recht zu beurteilen Anspr, die erst nach dem 3. 10. 90 entstanden sind (BGH ZIP **95**,
949). Auf bereits verjährte Anspr findet ausschließl das ZGB Anwendg (KG OLGZ **93**, 408 zu III). Die Verj
ist weiter vAw zu berücksichtigen (Eckert JR **94**, 333, Staud-Rauscher Rn 5). ZGB 472, der die Wirkg der
Verj regelt, ist keine prozessuale, sond eine materiellrechtl Norm (BGH **126**, 103, Heinrichs EWiR **93**, 1187,
aA BGH **122**, 309, obiter dictum). Das Ger kann auch weiterhin für den verj Anspr RSchutz gewähren
(BGH **126**, 102, Naumbg MDR **93**, 980, aA Deutsch IPRax **92**, 290), die Voraussetzgen von ZGB 472 II
sind aber einschränkd auszulegen (BGH **126**, 103, KG OLGZ **93**, 241). Die Vorschr kann anwendb sein,
wenn der Schu sich nicht rechtzeit Geltdmachg des Anspr dch sein Verhalten, etwa dch die Erteilg falscher
Informationen, mitveranlaßt hat (s Jena OLGNL **94**, 149, 151).

b) Für die am Stichtag noch nicht verjährten Anspr bestimmt das **Recht des BGB** die Länge der VerjFr u 3
die Wirkg der Verj. Beginn, Unterbrechg u Hemmg der Verj richtet sich bis zum 2. 10. 90 nach ZGB (475–
478), danach nach BGB. Bei einem am 2. 9. 90 abgeschl KaufVertr beginnt die Verj gem ZGB 475 Nr 3 am
1. 10. 90, bei einem am 2. 10. 90 abgeschlossenen, nunmehr unter BGB 196 I Nr 1 fallden Vertr gem BGB
201 am 31. 12. 90, 24 Uhr. Ein am 2. 10. 90 abgegebenes mdl Anerkenntnis hat auf die Verj keinen Einfluß
(ZGB 476 I Nr 1), eine am 3. 10. 90 abgegebene entspr Erkl unterbricht die Verj (BGB 208). Die in einer
Vielzahl von Fällen eintretde, zT erhebl Verlängerg der VerjFr nimmt das Ges in Kauf, der Schu gilt
insoweit nicht als schutzwürdig (RG **24**, 271).

4   **c) Kürzere Verjährungsfrist.** Soweit die VerjFr des BGB kürzer sind als die des ZGB, könnte I dazu führen, daß die nunmehr maßgebde VerjFr am 3. 10. 90 bereits abgelaufen ist. Um den Gläub hiervor zu schützen, legt II fest, daß die kürzere Fr erst am 3. 10. 90 zu laufen beginnt. Die VerjFr des alten Rechts bleibt aber maßgebd, falls sie vor der kürzeren Fr des BGB endet. Die prakt Bedeutg von II ist gering, da die VerjFr des BGB idR gleich lang oder länger sind als die des ZGB.

5   **3) Ausschlußfristen (III):** I u II finden auf die am Stichtag laufenden AusschlußFr entspr Anwendg. Das gilt etwa für die AnfFr gem ZGB 70 II, die ErsitzgsFr gem ZGB 32 II, die Fr für die TestAnf gem ZGB 374 II 2 (BGH **124**, 275) u die Fr für die Anf der ErbschAusschlagg gem ZGB 405 II 2 (KG OLGZ **93**, 408).

EG 231 § 7 *Beurkundungen und Beglaubigungen.* [1]Eine vor dem Wirksamwerden des Beitritts erfolgte notarielle Beurkundung oder Beglaubigung ist nicht deshalb unwirksam, weil die erforderliche Beurkundung oder Beglaubigung von einem Notar vorgenommen wurde, der nicht in dem in Artikel 3 des Einigungsvertrages genannten Gebiet berufen oder bestellt war, sofern dieser im Geltungsbereich des Grundgesetzes bestellt war.

[II]Absatz 1 gilt nicht, soweit eine rechtskräftige Entscheidung entgegensteht.

[III]Ein Vertrag, durch den sich der Beteiligte eines nach Absatz 1 wirksamen Rechtsgeschäfts vor Inkrafttreten des Zweiten Vermögensrechtsänderungsgesetzes gegenüber einem anderen Beteiligten zu weitergehenden Leistungen verpflichtet oder auf Rechte verzichtet hat, weil dieser die Nichtigkeit dieses Rechtsgeschäfts geltend gemacht hat, ist insoweit unwirksam, als die durch den Vertrag begründeten Rechte und Pflichten der Beteiligten von den Vereinbarungen in dem nach Absatz 1 wirksamen Rechtsgeschäft abweichen.

[IV]Eine Veräußerung nach den §§ 17 bis 19 des Gesetzes über die Gründung und Tätigkeit privater Unternehmen und über Unternehmensbeteiligungen vom 7. März 1990 (GBl. I Nr. 17 S. 141), die ohne die in § 19 Abs. 5 Satz 2 dieses Gesetzes geforderte notarielle Beurkundung der Umwandlungserklärung erfolgt ist, wird ihrem ganzen Inhalt nach gültig, wenn die gegründete Gesellschaft in das Register eingetragen ist.

1   **1) Allgemeines.** Eingefügt dch das 2. VermRÄndG vom 14. 7. 92 (BGBl I 1257). Vor dem 3. 10. 90 sind in zahlreichen Fällen von West-Notaren Vertr über Grdst in der DDR geschlossen worden. Die Formgültigk dieser Vertr war str (Schotten DNotZ **91**, 771, Heldrich, Interlokales PrivR nach dem EinigsV, 1992, 13). Der Art 1 u 2 BeurkÄndG nachgebildete § 7 heilt den etwaigen Formmangel. Er will die investitionshemmende RUnsicherh über die Gültigk des Vertr beseitigen (BT-Drs 227/92 S 233) u schützt zugleich das Vertrauen der Part auf die Wirksamk des Vertr. Der dch das RegVBG angefügte IV sieht eine entspr Heilg für formunwirks UmwandlgsErkl vor (Rn 6). Die Vorschr ist – auch mit der Erweiterg dch das RegVBG – verfassgsrechtl unbedenkl (BGH DtZ **93**, 210). Weitere HeilgsVorschr enthalten §§ 8 u 9 u Art 233 § 2b VI.

2   **2) Anwendungsbereich und Voraussetzungen.** § 7 gilt für alle RGesch aus der Zeit vor dem 3. 10. 90, auf die gem RAG 12 die FormVorschr des DDR-Rechts anwendb waren u für die diese eine öff Beurk od Beglaubigg vorsahen. Prakt Bedeutg hat die Vorschr vor allem für Vertr über Grdst in der DDR, für die nach RAG 12 III, ZGB 297, 67 zwingd ohne eine § 313 S 2 entspr Heilgsmöglichk die Beurk dch einen DDR-Notar erforderl war. Dagg besteht für die ErbschAusschlagg kein Heilgsbedarf, da für ihre Formwirksamk die Wahrg der Ortsform ausreicht (Brakebusch Rpfleger **94**, 234). Voraussetzg der Heilg ist eine nach dem Recht der BRep ordngsmäß Beurk.

3   **3) Rechtsfolge.** Das RGesch ist trotz des Formmangels wirks. Die Heilg ist vAw zu beachten u wirkt ex tunc (BGH DtZ **93**, 210). Sie läßt and UnwirksamkGrde unberührt, wenn sich der Verkäufer auf das Fehlen einer unbedingten u unbefristeten Erkl über den EigtÜbergang (ZGB 297) beruft, kann aber § 242 entggstehen (BGH DtZ **93**, 210).

4   **4) Die Rechtskraft** gerichtl Entsch hat nach II vor einer Heilg den Vorrang. Die RKraft reicht aber nur so weit, als über den dch Kl od WiderKl erhobenen Anspr entschieden ist (ZPO 322); sie erstreckt sich nicht auf die Beurteilg vorgreifl RVerh (Th-P ZPO 322 Anm 6b). Ist die Klage auf Aufl rkräft abgewiesen, kann sich der Erwerber ggü der HerausgKl des Veräußerers auf I berufen. Ist die ZahlgsKl des Veräußerers wg des Formmangels rkräft abgewiesen, kann der Erwerber wg der Heilg Lieferg verlangen, wg des Verbots widersprüchl Verhaltens aber nur Zug um Zug gg Zahlg des vereinbarten Entgelts.

5   **5) III** erfaßt alle Vertr, dch die sich eine Part ggü der and u wg der von dieser geltd gemachten Formunwirksamk zu **Mehrleistungen** verpflichtet od auf Rechte verzichtet hat. Er beruht auf dem RGedanken des § 779 u den RGrds über das Fehlen der GeschGrdl. Der ZweitVertr ist, sow er vom ErstVertr abweicht, unwirks, u zwar mit Wirkg ex tunc (Rn 3). Enthält der ZweitVertr noch weitere Abreden, gilt § 139. Die RückFdg erbrachter Leistgen richtet sich nach § 812. Hat der Käufer die Kosten des ZweitVertr übernommen, ist die Kostenregelg auch dann unwirks, wenn sie inhaltl mit der des ErstVertr übereinstimmt; die Kosten des überflüss ZweitVertr haben die Part je zur Hälfte aufzubringen (s Dietlein DNotZ **80**, 221 zu BeurkÄndG 2).

6   **6) Umwandlungserklärungen (IV).** – **a)** Nach den §§ 17–19 UnternehmensG v 7. 3. 90 (DDR-Schönfelder Nr 100), das dch EinigsV 8 aufgehoben worden ist, konnten v 8. 3.–2. 10. 90 in VolksEigt übergeleitete Betr, PrivBetr u ProduktionsGenossensch auf Antrag fr Berecht in PersGesellsch, EinzelUntern od and UnternFormen umgewandelt w. Dogmat handelte es sich um sog **übertragende Umwandlungen** (s K. Schmidt GesellschR § 12 I 4). Die Umwandlg wurde vollzogen dch eine **Umwandlungserklärung**, die nach UnternehmensG 19 II 2 der notariellen Beurk bedurfte. Diese fehlt häufig, zB deshalb, weil den Beteiligten der Unterschied zw Beurk u öffentl Beglaubigg nicht bekannt war. Auch in diesen Fällen sind idR die Umwandlgen im Handels/GenossenschReg eingetragen worden; soweit zum UnternehmensVerm

7   Grdst gehörten, sind anschließd Eintragen im GrdB erfolgt. – **b)** Welche **Folgen** der Formmangel nach der

RegEintragg hatte, war zweifelhaft. Das UmwandlgsR kennt den Grds, daß die RegEintragg Mängel der Umwandlg, insbes Formmängel, heilt (AktG 352a, u jetzt UmwG 20 I Nr 4, 131 I Nr 4). Fragl war, ob dieser Grds auch auf Umwandlgsfälle nach UmwandlgsG 17ff anzuwenden ist. IV beseitigt die insoweit bestehde RUnsicherh u heilt den etwaigen **Formmangel**. Voraussetzg für die Heilg ist eine, abgesehen von der fehlden Beurk, wirks UmwandlgsErkl u die Eintragg der Umwandlg im Register. Aus IV ergibt sich zugl iW eines Umkehrschlusses, daß sich die heilde Wirkg der RegEintragg auf den Formmangel beschränkt. – **c) Rechtsfolge.** Die dch die Umwandlg bewirkte Übertragg von Sachen u Rechten auf den **8** neuen UnternTräger („Veräußerg") ist trotz des Formmangels wirks. Die Heilg wirkt auf den Ztpkt der RegEintragg zurück, läßt aber and UnwirksamkGrde unberührt. – **d) Auf Heilgen nach IV sind II und III entsprechend anwendbar.** Daß in IV eine ausdr Klarstellg fehlt, ist offenb ein Redaktionsversehen. Prakt Bedeutg werden II u III allerd auch im Anwendsbereich von IV kaum erlangen.

EG 231 § 8 *Vollmachturkunden staatlicher Organe.* Eine von den in den §§ 2 und 3 der Siegelordnung der Deutschen Demokratischen Republik vom 29. November 1966 (GBl. 1967 II Nr. 9 S. 49) und in § 1 der Siegelordnung der Deutschen Demokratischen Republik vom 16. Juli 1981 (GBl. I Nr. 25 S. 309) bezeichneten staatlichen Organen erteilte Vollmachtsurkunde ist wirksam, wenn die Urkunde vom vertretungsberechtigten Leiter des Organs oder einer von diesem nach den genannten Bestimmungen ermächtigten Person unterzeichnet und mit einem ordnungsgemäßen Dienstsiegel versehen worden ist. Die Beglaubigung der Vollmacht nach § 57 Abs. 2 Satz 2 des Zivilgesetzbuchs der Deutschen Demokratischen Republik wird durch die Unterzeichnung und Siegelung der Urkunde ersetzt.

1) Allgemeines. Eingefügt dch das SachenRÄndG, iKr seit dem 1. 10. 94. Nach dem ZGB (§ 57 II iVm **1** §§ 67, 295 II 2, 297 I 2) bedurfte der Vertreter, der bei einem Vertr über die Veräußerg eines Grdst od Gebäudes für eine Partei auftreten sollte, einer notariell beurkundeten od beglaubigten Vollm (KG DtZ **93**, 30). Abweichd von dieser gesetzl Regelg sind beim Verkauf von staatl od volkseigenen Grdst od Gebäuden für die staatl Organe idR Mitarbeiter aufgetreten, die ledigl nach der SiegelO der DDR hergestellte privatschriftl Vollm hatten. Grdl für diese Praxis war GrdBVerfO 2 II 2, wonach einseitige Erklärungen staatl Organe u volkseigener Kreditinstitute vom Leiter unterschrieben u mit einem Dienstsiegel versehen sein mußten. Außerdem wurde aus dem Staatsverständnis der DDR abgeleitet, daß die zivilrechtl Wirksamk der Erkl von Staatsorganen nicht von einer Beglaubigg dch das ledigl staatl Notariat abhängig gemacht werden konnte (s Göhring NJ **92**, 412). Das KG (aaO) ist dieser Beurteilg nicht gefolgt u hat die aGrd von privatschriftl Vollm geschlossene Vertr nach dem gem Art 232 § 1 weiterhin maßgebden Recht der DDR wg Formunwirksamk der Vollm für nichtig erklärt. Für das KG spricht, daß GrdBVerfO 2 II 2 aus systematischen Gründen wohl nur auf VerfErkl bezogen werden kann u daß überdies ZGB 57 II 1 für Vollm zum Abschluß eines GrdstVertr die speziellere Vorschr ist.

2) Heilung. Die amtl Begründg (BT-Drs 12/7425 S 90) widerspricht der RAuffassg des KG (DtZ **93**, 30) **2** u sieht in § 8 eine ledigl klarstellde Vorschr. In Wahrh handelt es sich aber um eine an § 7 anschließde HeilgsVorschr bei zweifelh RLage. § 7 Rn 2ff gelten entspr. Die Vorschr ist nach den Grds von BGH BB **93**, 1108 verfassgsrechtl unbedenkl. Da es sich um eine HeilgsVorschr handelt, braucht nicht geprüft zu werden, inwieweit der GesetzG verfassgsrechtl zu einer authentischen Auslegg mit rückwirkder Kraft berecht ist. Die Heilg tritt nur ein, wenn die Vorschr der SiegelO eingehalten worden sind u die Vollm von der zuständ staatl Stelle erteilt worden ist. Andere UnwirksamkGrde bleiben unberührt. § 7 II u III (dort Rn 3 u 4) sind nach den Grds der verfassgskonformen Auslegg entspr anzuwenden; sie werden bei § 8 aber ebso wie bei § 7 kaum praktische Bedeutg erlangen.

EG 231 § 9 *Heilung unwirksamer Vermögensübertragungen.* (1) Sollte das ehemals volkseigene Vermögen oder ein Teil des ehemals volkseigenen Vermögens, das einem Betrieb der kommunalen Wohnungswirtschaft zur selbständigen Nutzung und Bewirtschaftung übertragen war, im Wege der Umwandlung nach den in Absatz 2 genannten Umwandlungsvorschriften oder im Zusammenhang mit einer Sachgründung auf eine neue Kapitalgesellschaft übergehen und ist der Übergang deswegen nicht wirksam geworden, weil für einen solchen Vermögensübergang eine rechtliche Voraussetzung fehlte, kann der Vermögensübergang durch Zuordnungsbescheid nachgeholt werden. Eine aus dem Zuordnungsbescheid nach dieser Vorschrift begünstigte Kapitalgesellschaft kann ungeachtet von Fehlern bei der Umwandlung oder Sachgründung als Inhaberin eines Rechts an einem Grundstück oder an einem solchen Recht in das Grundbuch eingetragen werden, wenn sie im Handelsregister eingetragen ist.

(2) Im Sinne des Absatzes 1 Satz 1 sind:
1. Betriebe der kommunalen Wohnungswirtschaft:
   a) ehemals volkseigene Betriebe Kommunale Wohnungsverwaltung,
   b) ehemals volkseigene Betriebe Gebäudewirtschaft oder
   c) aus solchen Betrieben hervorgegangene kommunale Regie- oder Eigenbetriebe;
2. Umwandlungsvorschriften:
   a) die Verordnung zur Umwandlung von volkseigenen Kombinaten, Betrieben und Einrichtungen in Kapitalgesellschaften vom 1. März 1990 (GBl. I Nr. 14 S. 107),
   b) das Treuhandgesetz,
   c) das Gesetz über die Umwandlung volkseigener Wohnungswirtschaftsbetriebe in gemeinnützige Wohnungsbaugesellschaften und zur Übertragung des Grundeigentums an die Wohnungsgenossenschaften vom 22. Juli 1990 (GBl. I Nr. 49 S. 901) oder
   d) das Umwandlungsgesetz in der Fassung der Bekanntmachung vom 6. November 1969 (BGBl. I S. 2081).

(3) Durch einen solchen Bescheid kann auch ein durch die Umwandlung eines der in Absatz 1 Satz 1 bezeichneten Unternehmen eingetretener Übergang ehemals volkseigenen Vermögens geändert werden.

(4) Ein Bescheid nach den Absätzen 1 und 3 bedarf des Einvernehmens der Beteiligten. Das Einvernehmen kann durch den Zuordnungsbescheid ersetzt werden, wenn es rechtsmißbräuchlich verweigert wird. Die Ersetzung des Einvernehmens kann nur zusammen mit dem Zuordnungsbescheid vor dem Verwaltungsgericht angefochten werden. § 6 des Vermögenszuordnungsgesetzes gilt sinngemäß.

(5) Die in Absatz 1 bezeichneten Kapitalgesellschaften gelten auch schon vor Erteilung der Zuordnungsbescheide als ermächtigt, alle Rechte aus dem ehemals volkseigenen Vermögen, das auf sie übergehen sollte, oder aus Rechtsgeschäften in bezug auf dieses Vermögen unter Einschluß von Kündigungs- und anderen Gestaltungsrechten im eigenen Namen und auf eigene Rechnung geltend zu machen. Sollte ein ehemals volkseigener Vermögenswert auf mehrere Gesellschaften der in Absatz 1 bezeichneten Art übergehen, gelten die betreffenden Gesellschaften als Gesamtgläubiger. Wird eine Zuordnung nach Maßgabe der Absätze 3 und 4 geändert, gilt Satz 2 sinngemäß. Die Gesellschaft, die den Vermögenswert auf Grund der Umwandlung oder Sachgründung in Besitz hat, gilt als zur Verwaltung beauftragt. Im übrigen gilt § 8 Abs. 3 des Vermögenszuordnungsgesetzes entsprechend. Ansprüche nach dem Vermögensgesetz und rechtskräftige Urteile bleiben unberührt.

1 **1) Allgemeines.** § 9 ist nach §§ 7 I–III, 7 IV u 8 die vierte nachträgl in EG 231 eingefügte **Heilungsvorschrift.** Allerdings tritt Heilg hier nicht ex lege, sond erst dch den Erlaß eines Zuordngsbescheides ein. Geheilt wird die wg Fehlens von rechtl Voraussetzgen unwirks Übertragg von volkseigenem Verm auf KapitalGesellsch, die dch Umwandlg od Sachgründg entstanden sind, zugl aber auch die Umwandlg u die Sachgründg selbst. Da die Vorschr nur für den Bereich der WohngsWirtsch gilt, entspr Fehler aber auch in and Umwandlgsfällen unterlaufen sind (s § 7 IV), ist es nicht unwahrscheinl, daß dem § 9 bald eine weitere entspr Regelg folgen w.

2 **2) Voraussetzungen der Heilung. – a)** Es muß sich um fr volkseigenes Verm handeln, das einem Betrieb der **kommunalen Wohnungswirtschaft** zur selbstd Nutzg od Bewirtschaftg übertragen war.
3 Welche Betr hierunter fallen, ist in II Nr 1 legal definiert. – **b)** Die VermÜbertragg muß im Wege einer **Umwandlung** nach den in II Nr 2 genannten Vorschr (DDR-Schönfelder Nr 95, 96 u 123) od einer **Sachgründung** nach GmbHG 5 IV od AktG 27 auf eine **Kapitalgesellschaft** (GmbH, AG) erfolgt sein. Ist ein volkseigener WohngsbauBetr gem WohnUmwG 3 III (s II 2c) in eine Genossensch umgewandelt worden, ist § 9 unanwendb. Er kann auch auf Umwandlgen nach und als den in II Nr 2 angeführten Vorschr weder direkt noch analog angewendet w. Erfaßt werden neben Umwandlgen kr RGesch (UmwandlgsErkl) auch solche kr Ges, etwa nach TrHG 11. – **c)** Voraussetzg ist weiter, daß die GmbH od
4 AG in dem für sie zust **Handelsregister** eingetragen ist (I 2). Haben die Mängel der Umwandlg od Gründg dazu geführt, daß das RegisterGer die Eintragg verweigert od wieder gelöscht hat, findet keine
5 Heilg statt. – **d)** Erforderl ist der Erlaß eines **Zuordnungsbescheids.** Zust ist gem VZOG 1 I Nr 2 (DDR-Schönfelder Nr 45) der OFPr. Das übergehende Verm ist im Bescheid im einzelnen zu bezeichnen. Der OFPr ist befugt, den eingetretenen VermÜbergang zu ändern (III); das gilt, obwohl im GesText nicht erwähnt, erst recht für den ledigl in Aussicht genommenen, noch nicht wirks VermÜbergang. Der Bescheid bedarf, auch iF des III, des Einvernehmens der **Beteiligten** (IV), ist also ein mitwirkgsbedürftiger VerwAkt. Beteiligte sind die KapitalGesellsch, der bisherige RTräger, gem EinigsV 22 IV, VZOG 8 Ia idR die Gem, und Berecht u Pers, die nach dem VermG od gem RVorschr Anspr auf Rückübertragg geltd machen. Fehlendes Einvernehmen ist wg RMißbrauchs (IV 2) unschädlich, wenn das vom Beteiligten beanspruchte Recht offensichtl nicht besteht od wenn die Übertragg seine Interessen nicht nachteilig berührt.

6 **3) Rechtsfolgen. – a)** Die VermÜbertragg wird, auch hinsichtl etwaiger Passiva, mit Wirkg ex nunc **wirksam,** sobald der Zuordngsbescheid unanfechtb geworden ist. Daß bislang „eine rechtl Voraussetzg" (I 1 aE) fehlte, spielt keine Rolle mehr. Obwohl das Ges die Einzahl verwendet, werden auch mehrere Mängel geheilt, etwa iF der VO v 1. 3. 90 (II Nr 2a) das Fehlen der not Beurk der UmwandlgsErkl, des Gründgsberichts u der Gründgsprüfg. Bei schwerwiegden Mängeln wird die Heilg idR daran scheitern, daß die Eintragg im Handelsregister (Rn 4) nicht erfolgt ist od die Beteiligten das Einverständn verweigern (Rn 5). –
7 **b)** Liegen die Voraussetzgen gem Rn 2–5 vor, werden auch **Mängel** der **Umwandlung** u der **Sachgründung** selbst geheilt (arg I 2). Das aGrd des Zuordnungsbescheids um Eintrag ersuchte GBA kann nicht geltd machen, die GmbH od AG sei wg Fehler der Umwandlg od Gründg trotz Eintragg im Handelsregister nicht wirks entstanden. Einer Prüfg, ob u inwieweit die HeilgsVorschr des UmwandlgsR (zB § 5 UmwG 1969, AktG 352a) anwendb sind, bedarf es nicht.

8 **4) Verwaltungsbefugnisse (V).** Soweit die Voraussetzgen der Rn 2–4 vorliegen, hat die KapitalGesellsch bereits vor dem Erlaß des Zuordngsbescheids die in V umschriebene RStellg. Sie betrifft das fr volkseigene Verm, das auf die Gesellsch übergehen sollte u das sie aGrd der Umwandlg od Sachgründg in Besitz hat. Trotz der mißverständl Bezugnahme auf die GesGläubigersch (§ 428) u auf VZOG 8 III begründet V nicht das Recht, das Verm ganz od teilw zu veräußern od zu belasten. Eingeräumt werden ledigl VerwBefugnisse. Die Gesellsch darf Künd- u GestaltgsR, auch sich auf das noch nicht wirks übertragene Verm beziehen, ausüben. Sie ist auch befugt, alle Rechte, die zu dem Verm gehören od sich aus RGesch mit Bezug auf das Verm ergeben, im eig Namen gerichtl geltd zu machen. Soweit Antr gem VermG 30 vorliegen, gelten für die Befugn der Gesellsch die Beschränkgen des VermG (DDR-Schönfelder Nr 70), insb seines § 3 III (V 5). Selbstverständl bleiben auch die sich aus rechtskr Urt ergebden Beschränkgen der RStellg der Gesellsch unberührt (V 5).

5) Rechtsmittel. Gg den Erlaß od die Ablehng eines Zuordngsbescheids steht nach VZOG 6 der 9
VerwRWeg offen (vgl IV 3). Die ordentl Ger sind, abgesehen vom kaum denkb Fall der Nichtigk, nicht
befugt, den Zuordngsbescheid zu überprüfen.

Artikel 232. Zweites Buch. Recht der Schuldverhältnisse

EG 232 § 1 *Allgemeine Bestimmungen für Schuldverhältnisse.* **Für ein Schuldver-
hältnis, das vor dem Wirksamwerden des Beitritts entstanden ist, bleibt das
bisherige für das in Artikel 3 des Einigungsvertrages genannte Gebiet geltende Recht maßgebend.**

1) Allgemeines. Die Vorschr entspr der Regelg, die EG 170 für das Inkrafttreten des BGB getroffen hat 1
u die seit langem als Ausdr eines allg RGedankens anerkannt ist (BGH **10**, 394, **44**, 194); sie gilt auch für
SchuldVerh, die außerhalb des BGB geregelt sind, so etwa für VersVertr. Zu berücksichtigen ist aber, daß
die §§ 2–10 des § 1 einschränken u wichtige DauerVertr ab 3. 10. 90 dem BGB unterstellen.

2) Voraussetzung für die weitere Anwendg des bisherigen Rechts ist, daß sich der gesamte Entstehgs- 2
Tatbestd unter seiner Geltg verwirklicht hat (RG **76**, 397). – **a)** Bei **Verträgen** kommt es auf das Wirksamw
der Annahme an, idR also auf den Ztpkt des Zugangs, in den Fällen von ZGB 65 auf den der Abgabe. Wird
ein vor dem Stichtag gemachtes Angebot nach dem 2. 10. 90 angenommen, gilt das neue Recht (MüKo/
Heinrichs Rn 6, aA Amtl Begründ BT-Drs 11/7817 S 38); and ist es nur, wenn sich ein auf die Anwendg
alten Rechts gerichteter ausdrückl oder konkludent geäußerter PartWille feststellen läßt. Für bedingte od
betagte RGesch bleibt das bisherige Recht auch dann maßgebd, wenn die Bdgg od Befristg erst nach dem
Stichtag eintritt (MüKo/Heinrichs Rn 6).

b) Gesetzliche Schuldverhältnisse. Für Anspr aus unerlaubter Hdlg enthält § 10 eine Sonderregel. 3
Auch für Anspr aus c. i. c. (ZGB 92 II) ist auf den Ztpkt der Vornahme der pflichtwidr Hdlg abzustellen.
Beim Handeln ohne Auftr (ZGB 276) kommt es auf den Beginn des Handelns an (hM zu Art 170), beim
Anspr aus ZGB 356 auf den Ztpkt, in dem der Schu den Vorteil ohne RGrd erlangt hat (BGH DtZ **94**, 341,
Brdbg OLG-NL **95**, 157), für die Rechte des Finders (ZGB 359 f) auf den Ztpkt des Fundes.

3) Das **weiter anzuwendende Recht** ist idR das ZGB, bei WirtschVertr aus der Zeit vor dem 30. 6. 90 4
das **VertrG** u bei WirtschVertr aus der Zeit vom 1. 7.–2. 10. 90 das GW (MüKo/Heinrichs Rn 10). Im
AufhebgsG vom 28. 7. 90 (GBlDDR I 484) fehlt zwar für das VertrG eine entspr ÜberleitgsVorschr, es gilt
aber der allg RGrds, daß Inhalt u Wirkg eines SchuldVerh nach dem Recht zu beurteilen sind, das zur Zt der
Verwirklichg seines EntstehgsTatbestd maßgebd war (BGH **120**, 16, **121**, 385). Das VertrG ist aber nur
noch anwendb, soweit es mit den Prinzipien der sozialen Marktwirtsch vereinb ist; die auf der Verletzg
planwirtschaftl Regelgen beruhdn VertrStrafAnspr sind nicht mehr dchsetzb (BGH **LM** Nr 2 u 4). Für die
vielfach notw Anpassg der Vertr an die veränderten RahmenBdggen sind das DM-BilanzG 32 u die Grds
über den Wegfall der GeschGrdl maßgebd (§ 242 Rn 152 a).

4) Liegen die Voraussetzgen von Rn 2 od 3 vor, gilt das bisherige Recht grdsl für das **Schuldverhältnis** 5
im ganzen. – a) Die **Wirksamkeit** von Vertr u einseit RGesch (ZGB 48 II) beurteilt sich nach dem zZ
ihrer Vornahme geltdn Recht; – **aa)** Das **ZGB** entscheidet daher über Hdlgsfähigk (ZGB 49 ff), ordngs-
mäß Vertretg (ZGB 53 ff), Dissens (ZGB 63 II u III), FormErfordern (ZGB 66 ff), Gesetz- u Sittenwidrigk
(ZGB 68 I Nr 1 u 2), Erfordern behördl Gen (ZGB 68 I Nr 4) u Willensmängel. Bei nicht empfangsbedürft
WillErkl kommt es auf den Ztpkt der Abgabe an, bei empfangsbedürft auf den des Zugangs. NichtigkGrd
kann auch bei Vertr kurz vor der Wende das Fehlen einer nach fr Recht erforderl Gen sein (BGH DtZ **93**,
55, Gewerberaummiete). War über die Erteilg der Gen am 3. 10. 90 noch nicht entschieden, ist der
schwebd unwirks Vertr aber ggf dch den Wegfall des GenErfordern vollwirks geworden (Staud-Rauscher
Rn 23). Bei Anwendg von ZGB 68 I Nr 2 ist zu berücksichtigen, daß er dch die Einführg demokratisch-
rechtsstaatl Grds u die Übern der sozialen MarktWirtsch einen Bedeutgswandel erfahren hat. Er ist wie
BGB 138 auszulegen (BGH **118**, 42). Nicht der Verstoß gg die Grds der sozialistischen Moral begründet
Nichtigk, sond der gg die **guten Sitten,** verstanden iS einer freiheitl Rechts- u WirtschOrdng (KG DtZ
91, 246). Dagg geht BGH **ZIP 95**, 1456 auch im Anwendgsbereich von § 138 vom Normverständn der
DDR aus, verneint aber im konkreten Fall (GrdstSchenkg an Angeh, um Pfl zur Übereigng an LPG zu
unterlaufen) einen Verstoß. Vertr über die Veräußerg von volkseig Liegensch kurz vor der Wende können
sittenw sein (BGH DtZ **95**, 169, BezG Potsdam DtZ **94**, 33), so vor allem iF eines Verkaufs erhebl unter
Wert (Rostock OLGNL **94**, 177), ebso der AuseinandSVertr mit einem Republikflüchtigen (s BezG Cott-
bus DtZ **92**, 24). – **bb)** Die Anwendg des Rechts der DDR wird aber zT dch **Neuregelungen** verdrängt. 6
(1) Beruht der etwaige Formmangel allein darauf, daß der Vertr statt von einem DDR-Notar von einem
West-Notar beurkundet worden ist, gilt die **Heilungsvorschrift** des Art 231 § 7 (s dort); ist für ein staatl
Organ ein Vertreter mit formunwirksamer Vollm aufgetreten, gilt Art 231 § 8 (s dort). Eine Heilg kann
sich aber auch dem Grds **von Treu und Glauben** ergeben (BGH DtZ **94**, 339). So wenn ein
GrdstKaufVertr, der nicht in den Anwendgsbereich des VermG fällt, zum Schein als Schenkg beurkundet
wird (BGH **124**, 324). Ist bei einer Schenkg eine nicht mitbeurkundete bedingte Rückschenkg vereinb
worden, ist aber nur die Schenkg wirks (BGH DNotZ **94**, 297). **(2)** Soweit die **Restitutionsregelung des** 6a
VermG anwendb ist, können aus einer Drohg od Täuschg seit dem 3. 10. 90 keine Rechte mehr hergelei-
tet w (BGH **118**, 37, Tropf WM **94**, 89). Leidet der unter staatl Druck zustande gekommene GrdstKauf-
Vertr an einem zusätzl Mangel, bleiben die privatrechtl RückfordergsAnspr u die Zuständigk der ordentl
Ger grdsl unberührt (BGH **120**, 198, 204, aA Sendler NJW **95**, 1797). Bsp sind etwa BeurkMängel (BGH
120, 198); Beurk eines TrHandVertr als KaufVertr (BGH DB **93**, 1462, aA BVerwG **95**, 1506); Veräußerg
eines unter staatl TrHandVerw stehdn Grdst (BGH **123**, 58); Mitwirkg eines ausgeschl Notars (KG DtZ
92, 298); Verstoß gg HaushaltsVorschr (BezG Potsdam VersR **92**, 1099). Der **Vorrang des VermG** bleibt
dagg unberührt, wenn der zusätzl Mangel bei wertder Betrachtg in einem engen inneren Zushang mit dem
vom VermG erfaßten staatl Unrecht steht (BGH NJW **95**, 2707), so bei Veräußerg dch eine unzuständ staatl

Stelle u ohne formwirks Vollm (BGH aaO), bei Beurk des Verkaufs des Grdst eines Übersiedlers als Schenkg (BGH NJW **93**, 2530) od bei einer mit den Devisenvorschriften der DDR unvereinb Zusage, eine Zahlg in DM-West zu leisten (Rstk DtZ **94**, 249).

7 **b)** Auch für den **Inhalt der Verpflichtung,** Ort u Zeit der Leistg, Voraussetzgen u RFolgen von Leistgsstörgen, die Grde für das Erlöschen des SchuldVerhältn, Voraussetzgen u RFolgen der VertrBeendigg (BGH ZIP **95**, 1120), die Regeln über Gläub- u SchuMehrh u das Bestehen von Einwendgen od Einr ist weiter das bisherige Recht maßgebd. Weiterhin anwendb ist auch die Regelg des AufwendgsErs in VertrG 79 (BGH **121**, 386). Auch über die Abtretbark von Fdgen entscheidet das bisherige Recht (BGH **44**, 194).

8 Für seine Anwendg gelten aber zwei Schranken: – **aa)** Das **BGB** ist anzuwenden, soweit es sich um neue, von außen an das SchuldVerh herantretde, sich nicht aus seiner inneren Entwicklg ergebde Umst handelt (BGH **123**, 63). Beispiele sind etwa Folgen der Aufhebg der TrHandVerw (BGH aaO), SchuldAnerkenntn (Dresden DtZ **94**, 32), Form u Wirkg von Gläub- od SchuWechsel u Voraussetzgen u RFolgen des ErfGesch (RG **66**, 412), etwa das Bestehen eines AufrVerbots (BGH ZIP **95**, 1202). Auch die Frage, ob Schulden nach den Grds der VermÜbernahme (BGB § 419) übergegangen sind, beurteilt sich nach neuem Recht (Kühn DtZ **92**, 200). Eine Haftg der neuen BLänder od Kreise aus Verbindlichk der fr vom Rat der Kreise abgeschlossenen LandpachtVertr kann aber aus § 419 nicht hergeleit w, da § 419 auf VermögensÜbertr mit öffrechtl Grdl keine Anwendg findet; auch die Grds der **Funktionsnachfolge** sind nicht anwendb, da die Funktion des Rats des Kreises, die landwirtschaftl Bodennutzg zu lenken, auf die neue BLänder u Kreise nicht übergegangen ist (BGH DtZ **95**, 89, 90). Außerdem enthalten EinigsV 21, 22 eine abschließde Regelg, inwieweit Verbindlichk der fr DDR auf neue Funktionsträger übergegangen sind; diese Vorschr schließen es aus, eine Haftg aus dem Gesichtspkt der Funktionsnachfolge herzuleiten (BGH DtZ **95**, 203). Auch die Verbindlichk der Räte der Bezirke sind daher grdsl nicht auf die neuen BLänder übergegangen (BGH DtZ **95**, 368). Außerh des Anwendgsbereichs von EinigsV 21, 22 ist Funktionsnachfolge, wenn überhaupt, nur haftgbegründd, wenn der Nachfolger bei gleichen Zwecken die sächlichen Mittel des fr Funktionsträgers übernommen hat (Jena OLGNL **94**, 60, 141). Nach Ansicht des BGH richtet sich auch der Anspr auf FälligkZinsen nach neuem Recht (BGH DtZ **93**, 59, 211). Zinsschäden der Banken können nach den zum Recht der BRep entwickelten Grds der abstrakten Schadensberechng ermittelt w (BGH NJW **95**, 1954). –

9 **bb)** Anzuwenden auf Altverträge sind auch **§ 242 und die aus ihm abgeleiteten Rechtsinstitute** (BGH **120**, 22, **121**, 391, **124**, 324). Dem Grds von Treu u Glauben ist ebso wie beim Inkrafttreten des BGB (RG **144**, 380) reformatorischer Charakter u sofortige Wirksamk zuzuerkennen (KG DtZ **93**, 359 u BezG Cottbus ebda 362, Staud-Rauscher Rn 27). Anzuwenden sind daher auch die Grds über den Wegfall der Geschäftsgrundlage. Vgl dazu u zur VertrAnpassg nach DM-BilanzG 32 § 242 Rn 152a ff.

EG 232 § 1a   *Überlassungsverträge.* **Ein vor dem 3. Oktober 1990 geschlossener Vertrag, durch den ein bisher staatlich verwaltetes (§ 1 Abs. 4 des Vermögensgesetzes) Grundstück durch den staatlichen Verwalter oder die von ihm beauftragte Stelle gegen Leistung eines Geldbetrages für das Grundstück sowie etwa aufstehende Gebäude und gegen Übernahme der öffentlichen Lasten einem anderen zur Nutzung überlassen wurde (Überlassungsvertrag), ist wirksam.**

1 **1) Allgemeines.** § 1a ist eingefügt dch Art 13 Nr 2a RegVBG v 20. 12. 93 (BGBl 2182); iKr seit 25. 12.
2 93. **a) Begriff** des ÜblassgsVertr. Er ist dch § 1a legal definiert, ein VertrTyp eigener Art, der dem SchuldR zugeordnet ist u für den § 305 gilt. Er ist formfrei (BT-Dr 12/5553) u betrifft staatl verwaltete, nicht enteignete Grdst, die im Eigt von Pers standen, welche die DDR verlassen hatten (vgl Art 233 § 2a Rn 5). Diese Grdst wurden dem Nutzer gg Übnahme der Instandhaltg u der Lasten langfrist üblassen. Die
3 Vertr wurden seit 1960 bis zum Inkrafttr des ZGB (1. 1. 76) abgeschl. **b) Zweck.** Es soll dch § 1a die RLage klargestellt w, nachdem in der Rspr die ÜblassgsVertr verschiedentl für unzuläss u nichtig gehalten w, was aus keinem rechtl Grd angenommen w kann; denn es stand weder das BGB noch das ZGB entgg (BT-Dr 12/5553 S 128). **c) Anwendbar** ist § 1a auf alle ÜblassgsVertr, auch solche, welche die Nutzg v Boden-
4 flächen zur Erholg (sog Datschen) betreffen u für die § 4 IV gilt.

5 **2) Wirkung.** Die Wirksk eines ÜblassgsVertr kann wg seiner RNatur nicht in Frage gestellt werden u ist für alle Beteiligten bindd. Der ÜblassgsVertr konnte nicht vor dem 31. 12. 94 aufgehoben od geänd w (Art 233 § 2a Rn 10). ÜblassgsVertr unterfielen bis zum 31. 12. 94 dem § 1 als DauerschuldVerh. Vereinb der Part üb den VertrInh (zB Dauer, KündVoraussetzg, Entschäd) sind wirks u gehen vor (§ 6 II SchuldRAnpG).

6 **3) Schuldrechtliche Anpassung** v ÜblassgsVertr dch § 1 I Nr 2 SchuldRAnpG, Art 1 des SchuldRÄndG, v 21. 9. 94 (BGBl 2538), iKr seit 1. 1. 95. Bis dahin galt üb Art 232 § 1 DDR-R fort (zu prakt wicht Einzelh Horst DWW **95**, 198). Davon ausgenommen sind dch § 2 I Nr 2 SchuldRAnpG solche ÜblassgsVertr aGrd deren der Nutzer ein Eigenheim errichtet od größere baul Investitionen vorgenommen hat. Für
7 diese gilt das SachenRBereiniggsG. **a) Vertragsart.** ÜblassgsVertr sind gem § 6 SchuldRAnpG nunmehr stets MietVertr bei Überlassg zu WoZwecken (§ 34 SchuldRAnpG), Miet- od PachtVertr, je nach Inhalt bei gewerbl u und Zwecken (§ 42 I SchuldRAnpG). Das gilt aber nur, wenn kein Eigenheim errichtet u keine
8 Investitionen (§ 11 II SachenRBerG) vorgenommen wurden (§ 2 I Nr 2) SchuldRAnpG. **b) Entgelt.** Kein Anspr für die Zt v 3. 10. 90–31. 12. 94. Vertrechtl nicht zu beanstanden (BVerfG DtZ **95**, 360). Bei WoRaum galt v 1. 1.–10. 6. 95 die preisgebundene Miete (§ 11 MHG aF (§ 35 SchuldRAnpG aF). Seit 11. 6. 95 gelten die §§ 12–17 MHG nach Maßg des § 11 MHG nF (§ 35 SchuldRAnpG idF des MÜbLG v 6. 6. 95 (BGBl 748). Bei gewerbl u und bezweckter Miete gilt die ortsübl Vergütg (§ 42 III SchuldRAnpG).
9 **c) Bestandsschutz.** Künd ist bei allen ÜberlassgsVertr bis 31. 12. 95 ausgeschl (§§ 38 I, 42 II SchuldRAnpG), ledigl bei Üblassg zu WoZwecken bis 31. 12. 2000 nur bei Eigenbedarf zugelassen (§ 38 II SchuldRAnpG), bei erhebl, bis 20. 7. 93 begonnenen BauMaßn verlängert bis 31. 12. 2010 (§ 39 SchuldRAnpG).
10 Vorher erkl Künd sind unwirks (§ 7 SchuldRAnpG). **d) Gebäudeerrichtung** (od gleichwert baul Investition). Die sachenrechtl Abwicklg ist im SachenRBereiniggsG geregelt. An der Anwendg der §§ 34–42 SchuldRAnpG ändert das nichts. Bei Beendigg des Vertr gelten §§ 11–17 SchuldRAnpG mit Vorschr für Entschädigg. **e) Vorkaufsrecht** des Nutzers: § 57 SchuldRAnpG.

EG 232 § 2 *Miete.* [1]Mietverhältnisse aufgrund von Verträgen, die vor dem Wirksamwerden des Beitritts geschlossen worden sind, richten sich von diesem Zeitpunkt an nach den Vorschriften des Bürgerlichen Gesetzbuchs, soweit nicht in den folgenden Absätzen etwas anderes bestimmt ist.

[II]Auf berechtigte Interessen im Sinne des § 564b Abs. 2 Nr. 3 des Bürgerlichen Gesetzbuchs kann der Vermieter sich nicht berufen.

[III]Auf berechtigte Interessen im Sinne des § 564b Abs. 2 Nr. 2 Satz 1 des Bürgerlichen Gesetzbuchs (Eigenbedarf) kann der Vermieter sich erst nach dem 31. Dezember 1995 berufen. Dies gilt nicht,

1. wenn die Räume dem Vermieter durch nicht zu rechtfertigende Zwangsmaßnahmen oder durch Machtmißbrauch, Korruption, Nötigung oder Täuschung seitens staatlicher Stellen oder Dritter entzogen worden sind,
2. wenn der Mieter bei Abschluß des Vertrages nicht redlich im Sinne des § 4 Abs. 3 des Vermögensgesetzes gewesen ist oder
3. wenn der Ausschluß des Kündigungsrechts dem Vermieter angesichts seines Wohnbedarfs und seiner sonstigen berechtigten Interessen auch unter Würdigung der Interessen des Mieters nicht zugemutet werden kann.

Vor dem 1. Januar 1996 kann der Vermieter ein Mietverhältnis nach § 564b Abs. 4 Satz 1 des Bürgerlichen Gesetzbuchs nur in den Fällen des Satzes 2 Nr. 1 oder 2 oder dann kündigen, wenn ihm die Fortsetzung des Mietverhältnisses wegen seines Wohn- oder Instandsetzungsbedarfs oder sonstiger Interessen nicht zugemutet werden kann.

[IV]In den Fällen des Absatzes 3 kann der Mieter der Kündigung widersprechen und vom Vermieter die Fortsetzung des Mietverhältnisses verlangen, wenn die vertragsmäßige Beendigung des Mietverhältnisses für den Mieter oder seine Familie eine Härte bedeuten würde, die auch unter Würdigung der berechtigten Interessen des Vermieters nicht zu rechtfertigen ist. Eine Härte liegt auch vor, wenn angemessener Ersatzwohnraum zu zumutbaren Bedingungen nicht beschafft werden kann. § 556a Abs. 1 Satz 3, Abs. 2, 3, 5 bis 7 und § 564a Abs. 2 des Bürgerlichen Gesetzbuchs sowie § 93b Abs. 1 bis 3, § 308a Abs. 1 Satz 1 und § 708 Nr. 7 der Zivilprozeßordnung, § 16 Abs. 3 und 4 des Gerichtskostengesetzes sind anzuwenden.

[V]Der Mieter kann einer bis zum 31. Dezember 1994 erklärten Kündigung eines Mietverhältnisses über Geschäftsräume oder gewerblich genutzte unbebaute Grundstücke widersprechen und vom Vermieter die Fortsetzung des Mietverhältnisses verlangen, wenn die Kündigung für ihn eine erhebliche Gefährdung seiner wirtschaftlichen Lebensgrundlage mit sich bringt. Dies gilt nicht,

1. wenn ein Grund vorliegt, aus dem der Vermieter zur Kündigung ohne Einhaltung einer Kündigungsfrist berechtigt ist, oder
2. wenn der Vermieter bei anderweitiger Vermietung eine höhere als die bisherige Miete erzielen könnte und der Mieter sich weigert, in eine angemessene Mieterhöhung von dem Zeitpunkt an einzuwilligen, zu dem die Kündigung wirksam war, oder
3. wenn der Mieter sich weigert, in eine Umlegung der Betriebskosten einzuwilligen, oder
4. wenn dem Vermieter die Fortsetzung des Mietverhältnisses aus anderen Gründen nicht zugemutet werden kann.

Eine Mieterhöhung ist angemessen im Sinne des Satzes 2 Nr. 2, soweit die geforderte Miete die ortsübliche Miete, die sich für Geschäftsräume oder Grundstücke gleicher Art und Lage nach Wegfall der Preisbindungen bildet, nicht übersteigt. Willigt der Mieter in eine angemessene Mieterhöhung ein, so kann sich der Vermieter nicht darauf berufen, daß er bei anderweitiger Vermietung eine höhere als die ortsübliche Miete erzielen könnte.

[VI]Bei der Kündigung nach Absatz 5 werden nur die im Kündigungsschreiben angegebenen Gründe berücksichtigt, soweit nicht die Gründe nachträglich entstanden sind. Im übrigen gelten § 556a Abs. 2, 3 und 5 bis 7 und § 564a Abs. 2 des Bürgerlichen Gesetzbuchs, § 93b Abs. 1 bis 3, § 308a Abs. 1 Satz 1 und § 708 Nr. 7 der Zivilprozeßordnung sowie § 16 Abs. 3 und 4 des Gerichtskostengesetzes entsprechend.

[VII](weggefallen)

1) Allgemeines. GesÄnderg: Abs III u IV sind in geänd Fassg iKr seit 1. 1. 93 aGrd des G zur Verlängerg **1** der WarteFr in dem in Art 3 des EinigsVertr genannten Gebiet v 21. 12. 92 (BGBl I 2117). In Abs V ist die Jahreszahl 1992 ersetzt dch 1994 aGrd Art 1 G zur Änd des EGBGB v 21. 12. 92 (BGBl I 2116); iKr seit 25. 12. 92. Abs VII ist aufgeh dch Art 2 des G zur Änd des BGB v 29. 10. 93 (BGBl 1838), iKr seit 1. 1. 94. Aktuelle Mietfragen: Übbl bei Kinne WuM **92**, 403. **a) Geltung des BGB. aa) Altverträge** sind solche **2** MietVertr, die vor dem 3. 10. 90 abgeschl w. Für diese gilt seitdem das BGB mit Ausn derjen Vorschr, deren GMaterie dch Abs II–VII speziell geregelt w ist (vgl Abs I). Die Regelg für AltVertr gilt entspr für RVerh, die aus einer wirks WoZuweisg entstanden sind (KrG Potsdam WuM **92**, 533). Zu den Besonderh bei Garagen: Horst DWW **94**, 135. **bb) Neuverträge** sind alle MietVertr, die seit dem 3. 10. 90 abgeschl w sind. Für diese gilt allein und ausnahmsl das BGB u nicht EG 232 § 2. **b) Anwendbarkeit des BGB.** Sie **3** wirkt nicht auf die Zt vor dem 3. 10. 90 zurück. Für die bis dahin abgeschl Vorgänge gelten das ZGB u das GW (vgl BezG Dresd WuM **91**, 391; Hartmann ZMR **92**, 279 [280]). Das BGB ist dch Abs II–VI ausgeschl (vgl Rn 2) für die Miethöhe (für WoRaum dch §§ 11–17 MHG, für GeschRaum dch Abs V S 2 Nr 2 u S 3) u den KündSchutz (WoRaum Abs II–IV, GeschRaum Abs V, VI). Es gelten insb die §§ 536–542, sowie § 551, aber abänderb (Kinne WuM **92**, 403. Im Einzelfall kann das ZGB bei VertrLücken zur Auslegg herangezogen w (Hök MDR **94**, 1157). Für isoliert vermietete vom Verm errichtete Garagen gilt Raummiete (vgl

4 § 565 Rn 9) des BGB (vgl Abs I; Horst DWW **94**, 135). **c) Rückübertragung** v Eigt aGrd des VermG. Der Eintritt in das MietVerh richtet sich nicht nach § 571, sond ist dch die §§ 16, 17 VermG speziell geregelt.

5 **d) Beendigung** des MietVerh v AltVertr (Rn 2), auch v GeschRäumen (§ 131 ZGB) u WirtschVertr (§§ 9, 305, 306 GW) ist nach demjen R zu behandeln, das am Tag des Wirkswerdens des beendenden RGesch noch (ZGB, GW) od bereits (BGB) gegolten hat. Für die Künd gilt § 130. Insb sind einvernehml AufhebgsVertr seit 3. 10. 90 mögl (vgl § 564 Rn 1). Vor dem 3. 10. 90 gestellte AufhebgsAnträge (§§ 121, 122 ZGB)

6 können als Künd ausgelegt w (LG Bln DtZ **91**, 247). **e) Miethöhe.** Es galt der festgesetzte Betr gem § 103 ZGB weiter. Seit dem Stichtag galt die SoRegelg des § 11 MHG aF. Daraus ergab sich für MietVertr bei Wo, die am Stichtag fertiggestellt waren, daß der MietZ nicht auf die VglMiete (§ 2 MHG) erhöht werden durfte. Auch bei NeuAbschl eines MietVertr durfte die höchstzuläss Miete nicht übschritten w (§ 1 III GrundMVO; vgl 54. Aufl, § 11 MHG Rn 10). Seit 11. 6. 95 ist dch das MÜblG das VglMietenSystem

6a übtragen (vgl Vorbem vor §§ 11–17 MHG). **e) Gebäudeerrichtung** dch den Mieter bis 2. 10. 90 aGrd des MietVertr mit einer and Pers als dem GrdstEigt u mit Billigg staatl Stellen (§ 1 I Nr 3 SchuldRAnpG). Es gilt seit 1. 1. 95 das SchuldRAnpG (Art 1 des SchuldRÄndG vom 21. 9. 94 BGBl 2538). Der GrdstEigt ist in den MietVertr eingetreten (§ 8 SchuldRAnpG). Es gilt die SoRegelg der §§ 43–54 SchuldRAnpG bei MietVertr für gewerbl Zwecke u solche des Wohnens mit Vorschr üb das Entgelt (§§ 47–51 SchuldRAnpG) u KündSchutzFr (§§ 49, 52 SchuldRAnpG) sowie VorKaufsR (§ 57 SchuldRAnpG). Eine zw 3. 10. 90 u

6b 31. 12. 94 erkl Künd ist nach Maßg des § 7 SchuldRAnpG unwirks. **f) Schönheitsreparaturen** (§ 536 Rn 12). Für AltVertr (Rn 2) gilt das BGB mit InstdHaltgsPfl des Verm (§ 536). Ob für NeuVertr die ÜbBürdg auf den Mieter nichtig ist, soweit sie üb §§ 104 I, 107 II, III ZGB hinausgeht (so Müther DtZ **95**, 116), erscheint mind zweifelh.

7 **2) Kündigung von Wohnraummietverhältnissen.** Es gilt grdsätzl das gesamte MietR des BGB, insb die KündFr (§ 565 II, III) u auch § 564b, soweit die Abs II–IV, VII nicht als SpezialRegelg vorgehen (Abs I;

8 Rn 2). **a) Inhalt.** Die Künd zur wirtsch Verwertg (§ 564b II Nr 3) ist dauernd u unbefristet (Abs II), die EigenbedarfsKünd (§ 564b II Nr 2 S 1) ist bis 1. 1. 96 mit best Ausn ausgeschl (Abs III, IV) u dem Mieter ist

9 ein dem § 556a (SozKlausel) nachgebildetes WidersprR eingeräumt. **b) Zweck** der neugefaßten Abs III u IV: Die im EinigsVertr zugrdegelegte WarteFr bis 31. 12. 92 hat sich als zu kurz herausgestellt, weil in den neuen BLändern u im früheren Ostberlin noch kein funktionierter WoMarkt entstanden ist. Es soll eine „Welle von Eigenbedarfskündigungen" verhindert w (BT-Dr 12/3605). Zugleich soll für die WoRaumMietVerh aus den vor dem 3. 10. 90 abgeschl AltVertr eine sozverträgl Überleitg gefunden w. Dabei wird zugrdegelegt, daß der Mieter idR geeigneten ErsWoRaum nur schwer erlangen kann. Der Verm soll daher schon v der Künd abgehalten w u für den Fall, daß sie wirks ist, wird der Mieter geschützt, weil die

10 SozKlausel des Abs IV eingreift, wenn die Räumg eine nicht zu rechtfertigde Härte darstellt. **c) Besonderheiten.** Eheg sind nach dem 3. 10. 90 automat Mietmieter geblieben, so daß auch dem nicht im MietVertr aufgeführten Eheg gekünd w muß (Hartmann ZMR **92**, 279 [282]) od der MietVertr mit ihm aufgeh w (Rn 4; § 564 Rn 1). MischmietVerh sind nach den Grdsätzen der Einf 72–74 zu behandeln, bei untrennb vermieteten Räumen also nur nach BGB, wenn der gewerbl Zweck übwiegt.

11 **3) Eigenbedarfskündigung** (Abs III S 1 u 2). **a) Grundsatz** (S 1). Für die Künd ist § 564b anzuwenden. Es ist nur die ord Künd (§ 565) v WoRaum iS von § 564b Rn 8 wg EigBedarfs (§ 564 II Nr 2) bei verlängerter WarteFr ausgeschl, nunmehr bis 31. 12. 95, soweit nicht die Ausnahmen des S 2 Nr 1–3 zutreffen. Der Verm kann seinen EigBedarf nicht in einem KündSchreiben geltdmachen, das vor dem 31. 12. 95 zugeht (§ 130; vgl § 564b III). Die KündFr (§ 565 II) muß eingehalten w. Die unmittelb Anwendg des § 556a (SozKlausel) entfällt, weil bei Widerspr des Mieters gg die Künd dch Abs IV (Rn 20) die Interessenabwägg

12 (allerd fast gleich) geregelt ist. **b) Ausnahmen** (S 2). Es kann vor Ablauf der WarteFr das MietVerh unter Anwendg v § 564b (insb auch dessen Abs III) schon vor dem 31. 12. 95 aus EigBedarf (§ 564b II Nr 2) mit der Fr des § 565 II gekünd w, wenn einer der Tatbestde der Nr 1–3 vorliegt. Für die Tats trägt der Verm im

13 Proz die BewL. **aa) Nr 1: Rechtswidrige Entziehung** der vermieteten Räume. Verm: Das ist der Berecht, der die verm Räume üb § 3 I S 1 VermögensG rückübertragen erhalten hat u daher aGrd v § 16 II VermögensG in das MietVerh eingetreten ist (vgl § 17 VermögensG). Entzogen: Damit ist idR das Eigt gemeint. Der Wortlaut u der Zweck der Regelg umfassen auch (sollte es im Einzelfall darauf ankommen) den (un)mittelb Bes (§ 868). Entziehen setzt voraus, daß die Räume ohne, insb gg den Willen des Berecht aus dessen eigt (od Bes) auf einen and (insb Staat, staatl Stelle, polit Partei, aber auch priv Dr) übertragen, insb übereignet worden sind. Zwangsmaßnahme: Dieser Begr umfaßt die Fälle des § 1 I, II VermögensG, insb entschädiggslose od geringfüg entschädigte Enteigng, Überführg od Übernahme in VolksEigt infolge wirtsch Zwangs einschl der Weiterveräußerg an Dr. Die ZwMaßn darf darüberhinaus (auch nachträgl) nicht gerechtfert w können. Machtmißbr, Korruption, Nötigg oder Täuschg: Das sind BeispFälle „unlauterer Machenschaften" iS des § 1 III VermögensG. Dies muß vorn einer staatl Stelle od einem Dr ausgegangen u

14 Urs der Entziehg gewesen sein. **bb) Nr 2: Unredlichkeit des Mieters.** Sie ist an § 4 III VermögensG zu messen. Es sind daher diese Tatbestde v Buchst a)–c) anzuwenden (vgl MüKo/Saecker-Busche EinigsVertr Rn 1240–1246). Abschl des Vertr: Das ist das RGesch, dch welches das MietVerh begrdet wurde; auf dessen Voraussetzgn u Umstde muß sich die (Un)Redlichk des Mieters beziehen. Damit wird der KündSchutz dch Verlängerg der WarteFr dem Ausschl des RückÜbtraggAnspr dch § 4 II, III VermögensG angepaßt, sodaß

15 dem unredl Mieter schon vor dem 31. 12. 95 wirks gekünd w kann. **cc) Nr 3: Unzumutbarkeit des Ausschlusses der Kündigung.** Entsprecht dem bisher Abs III S 2; jedoch tritt bei der Interessenabwägg anstelle der „nicht zu rechtfertigenden Härte" die Unzumutbk des KündAuschl für den Verm. Es müssen daher an den KündAuschl zugunsten des Verm höhere Anfdgen gestellt w (vgl 52. Aufl Rn 5 mwN). Der Begr der Unzumutbk ist aus § 242 (dort Rn 129) abzuleiten, erfordert daher ein Übschreiten der dem Verm bei einem WoRaumMietVerh im KündSchutz des Mieters auferlegten Opfergrenze. WoBedarf od sonst berecht Interessen des Verm müssen also die des Mieters weit od wenigstens ganz erhebl übersteigen.

16 Das Ergebn muß der Entscheidg des Einzelfalls überlassen bleiben. **c) Wirkung.** Bei ausgeschlossener EigBedKünd (Abs III S 1) ist die trotzdem erkl Künd nichtig (wie § 564b Rn 58). Das gilt auch, wenn unter

Berufg auf eine Ausnahme (Abs III S 2 Nr 1–3) günd wird, obwohl deren Voraussetzgen nicht vorlagen od im Proz bestritten u nicht bewiesen wurden. Lagen sie vor u ist EigBed gem § 564b II Nr 2 zu bejahen, so ist die Künd wirks, wenn die sonstigen Voraussetzgen des § 564b erfüllt sind. Dem Mieter wird jedoch wie bei § 556a (SozKlausel) unter bestimmten Voraussetzgen ein WidersprR mit Anspr auf Fortsetzg des Miet-Verh eingeräumt (Abs IV; Rn 20).

4) Zweifamilienhäuser (Abs III S 3). **a) Anwendungsbereich.** Der des § 564b IV, auf den sich Abs III **17** S 3 bezieht, umfaßt außer typ ZweiFamHäusern auch EinFamHäuser mit EinliegerWo sowie ZweiFamHäuser mit einer dritten Wo, die nach dem 31. 5. 90 fertiggestellt worden ist (§ 564b IV S 1). Da die Vorschr nur im Beitrittsgebiet für sog AltVertr gilt (Rn 3), ist insow prakt bedeutglos, sehr erhebl aber für die vielen ZweiFamHäuser. Abs III S 2 gilt nur, wenn eine der Wo vom Verm selbst (nicht not allein) bewohnt wird (wie § 564b Rn 15); andernf gilt Abs III S 2 Nr 3 (Rn 15) mit dem stärkeren KündSchutz. **b) Voraussetzun- 18 gen.** Es ist zu unterscheiden: **aa)** Rechtswidr Entziehg der Räume (Abs III S 2 Nr 1) od unredl Mieter (Abs III S 2 Nr 2). Hierfür gelten die Rn 13 u 14 entspr; **bb)** Unzumutbk der Fortsetzg des MietVerh (Abs III S 3). Es findet (anders als bei Abs III S 2 Nr 3; Rn 15) keine InteressenAbwägg statt. Es kommt nur auf die Interessen des Verm an. Sie sind nach ihrem Ggst nicht beschränkt; Wohn- u InstandsetzgsBedarf sind besonders hervorgehoben. Das Interesse muß sich auf die Beendigg des MietVerh, daher auf Räumg richten. **c) Wirkung.** Der Verm kann das MietVerh schon vor dem 1. 1. 96 ord künd, ohne ein Interesse iS **19** des § 564b II zu haben (§ 564b I, IV S 1). Stellt sich bei einer vor dem 1. 1. 96 zugegangenen Künd heraus, daß die Voraussetzgen des Abs III S 3 (Rn 18) nicht vorliegen od werden sie bestritten u im Proz nicht bewiesen, so ist die Künd grdsätzl nichtig, kann aber nach Abs III S 2 Nr 3 (Rn 15) zuläss sein, wenn dieser Grd im KündSchreiben aufgeführt od sonst gem § 564b III zu berücks ist. Dem Mieter ist in allen Fällen ein WidersprR gem Abs IV eingeräumt (Rn 20–24).

5) Sozialklausel (Abs IV). Die Anwendg des § 556a ist für die ÜbergangsFr bei EigbedarfsKünd von **20** AltVertr (Rn 2) schon dch die erste Fassg des EG 232 § 2 III inf der dortigen Spezialregelg der InteressenAb-wägg ausgeschlossen gewesen (52. Aufl Rn 5; MüKo/Voelskow EinigsV Rn 85). Das ist dch den neuen Abs IV nicht geändert worden. Dieser ist aber nunmehr wörtl dem § 556a I S 1 u 2 angepaßt; iü ist die gesamte rechtl Regelg des § 556a nebst dem zugehör ProzR (Rn 24) dch Abs IV S 3 für anwendb erkl. **a) Anwend- 21 bar** ist Abs IV in allen Fällen des Abs III S 2 u 3. Im Fall des Abs III S 2 Nr 3 findet also nochmals eine InteressenAbwägg statt (vgl Rn 20), nunmehr nach Abs IV S 1 u 2 nur dann, wenn der Mieter der Künd wirks widersprochen hat (§ 556a V, VI). Auf die Möglk des Widerspr soll der Verm den Mieter hinweisen (Abs IV S 3, § 564a II; dort Rn 11). **b) Widerspruch und Fortsetzungsverlangen.** Diese entsprechen in **22** ihren Voraussetzgen, in Wirksamk u in der Wirkg dem § 556a I S 1, V, VI (dort Rn 9–13). Bei Künd wg Unzumutbk eines Ausschlusses (Abs III S 2 Nr 3; Rn 18) wird bei unveränderten Verh die auf Fortsetzg des MietVerh bezogene InteressenAbwägg idR zu keinem und Ergebn führen. Bei rechtswidr Entziehg u unredl Mieter (Abs III S 2 Nr 1 u 2), sowie bei ZweiFamHäusern (Abs III S 3) wird erstmals eine Interessen-Abwägg vorgenommen. Hier kann im Einzelfall die (konkret festzustellde) für den Mieter bestehende u nicht zu rechtfertigde Härte die Interessen des Verm überwiegen (wie § 556a Rn 14–19), **c) Wirkung** (üb **23** Abs IV S 3, § 556a II, III, V–VII). Greift der FortsetzgAnspr dch, ist das MietVerh zu verlängern (wie § 556a Rn 20) oder der VertrInhalt zu ändern (wie § 556a Rn 21). Andfalls wirkt die Künd wie § 556a Rn 8. Die Regelg ist unabdingb (§ 556a VII). **d) Prozessuales** (üb Abs IV S 3). Für ProzKosten (§ 93b I–III ZPO, **24** § 16 III, IV GKG), Sachanträge (§ 308a I S 1 ZPO) u vorläuf Vollstrbk (§ 708 Nr 7 ZPO) gelten die für § 556a vorgesehenen Vorschr (dort Rn 27, 28, 30).

6) Geschäftsräume und gewerblich genutzte unbebaute Grundstücke (Abs V, VI); hierzu Weite- **25** meyer/Sonnenschein DWW **91**, 198 [200]). Es gilt seit dem 3. 10. 90 das BGB, eingeschr dch Abs VI u (bis 31. 12. 93; vgl Rn 1) Abs VII, aber nur für sog AltVertr (Rn 2). Hat der gewerbl Mieter das Gebde errichtet, gilt ab 1. 1. 95 die SoRegelg des SchuldAnpG (Rn 6a). Seit 1. 1. 91 kann die Miete frei vereinb w (Schultz DtZ **91**, 285 mwN); jedoch läßt auch diese VertrÄnd (§ 305) die Identität als AltVertr unberührt (Seitz DtZ **92**, 72). Im Ggsatz zum WoRaum kann das MietVerh zwecks MietErhöhg gekünd w. Fristl Künd (insb § 554) ist bei gegebenen Grd immer zuläss (Kinne WuM **92**, 403 [414]). **a) Form.** Schriftform ist nicht **26** vorgeschrieben, weil Abs VI S 2 zwar auf § 564a I, aber nicht auf § 564b I verweist (Bub/Treier/Grapentin Nachtrag IV 47; aA Schultz DtZ **91**, 285). Schriftl Künd ist jedenf dem Verm wg Abs VI S 1 (Angabe der KündGrde) dringd zu empfehlen. Der Hinweis auf den Widerspr muß nicht schriftl erfolgen. **b) Kündi- 27 gungsfrist** des § 565 I Nr 3, für GeschRäume seit 1. 1. 94 (vgl Rn 1) die des § 565 Ia. Um 3 Monate war sie verlängert aGrd des Abs VII, bei Zugang (§ 130) vor dem 1. 1. 94 für alle Künd, auch für solche, die nicht unter Abs V fallen. **c) Kündigungsschutz** (Abs V, VI). Er ist zwingd (Abs VI, § 556a VII) u wie die **28** SozKlausel bei WoRaum (§ 556a) ausgestaltet. Hat der Mieter das Gebde errichtet, gilt ab 1. 1. 95 die SoRegelg des § 49 SchuldRAnpG (Rn 6a). **aa) Voraussetzungen: (1)** Künd muß spätestens am 31. 12. 94 zugegangen sein (§ 130). **(2)** Gefährdg: Dch die Künd muß der nahtl Verlust des GeschRaums od Grdst) muß die wirtsch LebensGrdlage erhebl gefährdet sein. Bsp: Fehler u nicht beschaffb ErsRaum; Verlust od untragb Verringerg der Rentabilität. Mieter: grdsätzl nur natürl Pers (Weitemeyer/Sonnenschein DWW **91**, 198 [200]); wg des GesZwecks auch dann gegeben, wenn der Mieter eine Gesellschaft (GmbH, oHG, KG) ist u die wirtsch LebensGrdlage (haben nur natürl Pers) der Gesellschafter gefährdet w (umstr; vgl Seitz DtZ **92**, 72). **(3)** Widerspr u FortsetzgsVerlangen: Wg der Verweisg in VI S 2 gilt hierfür § 556a Rn 9–13 entspr. **bb) Wirkung.** Es besteht Anspr auf Fortsetzg des MietVerh (V S 1), aber nicht üb den Ztpkt hinaus, zu **29** dem eine Künd, die am 1. 1. 95 zugeht, wirks w (Seitz aaO mwN). Für Dauer u Inhalt der VertrÄnd gilt § 556a II, III (dort Rn 20, 21, 23) entspr (Abs V S 2). **cc) Ausnahmen** vom KündSch sind (abweichd von Abs V **30** § 556a IV) in Abs V S 2–4 u Abs VI S 1 geregelt. Sie kommen nur für Künd in Betracht, die unter aa (Rn 28) fallen. **Nr 1:** Es muß nur der Grd vorliegen, nicht notw wg der Vorschr (§§ 553, 554 I, 554a) gekünd **31** worden sein. **Nr 2:** Der Verm muß die Möglk, eine höhere Miete zu erzielen, konkret darlegen. Angemessene MietErhöhg muß vor dem Ztpkt verlangt w, zu dem das MietVerh beendet w würde. Sie ist nur angemessen, wenn sie die vergleichb ortsübl Miete, die sich seit Freigabe der Preise gebildet hat, nicht übersteigt. Der Verm muß einen bestimmten Betr fordern u kann sich auf einen niedrigeren als den verlangten od angemesenen jederzeit einigen mit der Folge, daß das KündR entfällt (Schultz DtZ **91**, 285 [289]). Erklärt der Mieter seine Einwillig zur MietErhöhg (VertrÄnd, § 305), ist dem Verm jede Berufg auf

32 Möglichk höherer Miete verschlossen (Abs V S 4). **Nr 3:** Für BetrKosten wird § 27 der II. BV entspr anzuwenden sein (vgl § 4 MHG Rn 9). **Nr 4:** Es muß sich (wg Nr 1) um Grde handeln, die nicht unter

33 §§ 553– 554a fallen. Der Maßstab der Zumutbk ist dem § 554a zu entnehmen. **dd) Kündigungsgründe,** die (im RStreit) berücksicht w sollen, müssen wie bei § 556a I S 4 (dort Rn 19 entspr) angegeben w (Abs VI S 1), also in einem KündSchreiben (vgl Rn 26). Die Künd ist auch ohne Angabe v Grden wirks, wenn sie

34 vorliegen (Weitemeyer/Sonnenschein DWW **91**, 198 [202]). **ee) Widerspruch.** Schriftform wg Verweisg auf § 556a V; iü wie § 556a V S 2 (dort Rn 13) wg Abs VI S 2. **ff) Beweislast:** jeder VertrT für die ihm günst Behauptgen. **gg) Prozessuales.** Wg der Verweisg VI S 2 gilt § 556a Rn 24, 25, 27, 28 (ohne f), 29 u 30.

EG 232 § 3 *Pacht.* [1]Pachtverhältnisse aufgrund von Verträgen, die vor dem Wirksamwerden des Beitritts geschlossen worden sind, richten sich von diesem Zeitpunkt an nach den §§ 581 bis 597 des Bürgerlichen Gesetzbuchs.

[2]Die §§ 51 und 52 des Landwirtschaftsanpassungsgesetzes vom 29. Juni 1990 (GBl. Teil I Nr. 42 S. 642) bleiben unberührt.

1 **1) Pachtverhältnisse** (Abs I). **a) Anwendungsbereich.** Das ZGB hat PachtVertr nicht vorgesehen. Die verliehenen od zugewiesenen NutzgsRe (ZGB 287, 291) sind dingl u in Art 233 § 4 II geregelt, die Nutzg v Bodenflächen zur Erholg (sog Datschen, ZGB 312) in § 4, solche in Kleingartenanlagen (ZGB 315) in § 20a BKleingG (vgl § 4 III). Abs I gilt aber (unabhäng v II) inf der seit 1. 7. 90 gewährleisteten VertrFreih (StVertr Leitsätze A II 2 u Art 2 I S 2) für alle seitdem abgeschl PVertr. Auch vorher abgeschl PVertr zw Privaten stand das ZGB nicht im Wege (Brandb OLG–NL **94**, 208). Die rechtl Behandlg für die Zt bis 3. 10. 90 ist ähnl VertrTypen des ZGB zu entnehmen (Brandb aaO). Auch die sog KreisPVertr fallen als pachtähnl

2 RVerh unter § 3 (BGH DtZ **95**, 88). **b) Voraussetzung:** wirksamer, gem ZGB 60–66 vor dem Stichtag zustdegekommener PVertr. **c) Wirkung.** Die §§ 581–597 gelten unmittelb für die PVerh ab Stichtag. Art 232 § 2 Rn 1–3 gilt entspr. § 596 III gilt bei sog KreisPVertr nicht iVerh Eigt zu LPG (BGH DtZ **95**, 88).

3 **d) Schuldrechtsanpassung** tritt bei PachtVerh ein, die nicht mit dem GrdstEigt abgeschl u bei denen das Grdst v Pächter bebaut w (§ 1 I Nr 3 SchuldRAnpG; Art 1 SchuldRÄndG v 21. 9. 94 BGBl 2538), wenn nicht das SachenRBereiniggsG gilt (§ 2 I Nr 3 SchuldRAnpG). Der GrdstEigt tritt ab 1. 1. 95 in den PVertr ein (§ 8 SchuldRAnpG). KündFr, Entgelt, EigtErwerb, Entschädigg u VorKaufsR sind im SchuldRAnpG geregelt.

4 **2) Landpacht** (Abs II). Die vorgesehene Umwandlg der NutzgsVerh in PVerh (§ 51 LdwschAnpG) u die vorl kündb Bodennutzg (§ 52 II LdwschAnpG) sollen auch dch die BGB-Vorschr nicht berührt w. Soweit PVertr üb land- u fortwirtschaft NutzgsFlächen vor dem 3. 10. 90 abgeschlossen wurden, galten die §§ 581– 597 von Anfang an (§ 52 I LdwschAnpG; vgl Rn 1).

EG 232 § 4 *Nutzung von Bodenflächen zur Erholung.* [1]Nutzungsverhältnisse nach den §§ 312 bis 315 des Zivilgesetzbuchs der Deutschen Demokratischen Republik aufgrund von Verträgen, die vor dem Wirksamwerden des Beitritts geschlossen worden sind, richten sich weiterhin nach den genannten Vorschriften des Zivilgesetzbuchs. Abweichende Regelungen bleiben einem besonderen Gesetz vorbehalten.

[2]Die Bundesregierung wird ermächtigt, durch Rechtsverordnung mit Zustimmung des Bundesrates Vorschriften über eine angemessene Gestaltung der Nutzungsentgelte zu erlassen. Angemessen sind Entgelte bis zur Höhe des ortsüblichen Pachtzinses für Grundstücke, die auch hinsichtlich der Art und des Umfangs der Bebauung in vergleichbarer Weise genutzt werden. In der Rechtsverordnung können Bestimmungen über die Ermittlung des ortsüblichen Pachtzinses, über das Verfahren der Entgelterhöhung sowie über die Kündigung im Fall der Erhöhung getroffen werden.

[3]Für Nutzungsverhältnisse innerhalb von Kleingartenanlagen bleibt die Anwendung des Bundeskleingartengesetzes vom 28. Februar 1983 (BGBl. I S. 210) mit den in Anlage I Kapitel XIV Abschnitt II Nr. 4 zum Einigungsvertrag enthaltenen Ergänzungen unberührt.

[4]Die Absätze 1 bis 3 gelten auch für vor dem 1. Januar 1976 geschlossene Verträge, durch die land- oder forstwirtschaftlich nicht genutzte Bodenflächen Bürgern zum Zwecke der nicht gewerblichen kleingärtnerischen Nutzung, Erholung und Freizeitgestaltung überlassen wurden.

Abs IV ist eingefügt dch Art 13 Nr 2b RegVBG v 20. 12. 93 (BGBl 2182), iKr seit 25. 12. 93.

1 **1) Nutzungsverhältnisse** (zu untersch v den ÜberlassgsVertr, § 1a). Das ZGB hat für die Nutzg v Grdst dch Üblassg in den §§ 284–294 u v §§ 312–315 verschiedene Arten u NutzgVerh vorgesehen. Für die dingl ausgestalteten NutzgsRe (§§ 287–294 ZGB) gilt die sachenrechtl Regelg des Art 233 § 4 u das ErholNutzG (Art 2 des SchuldRÄndG). Schuldrechtl ausgestaltet u nunmehr dch das SchuldRAnpG (Art 1 SchuldRÄndG v 21. 9. 94, BGBl 2538) sind die schuldrechtl NutzgsVerh geregelt. Sie umfassen nicht nur die in Art 232 § 4 umschriebenen NutzgsVerh, sond solche verschiedenster Art, auch diejen; welche auf NutzgsVertr beruhen, die mit einer and Pers als dem GrdstEigt abgeschl sind (§ 1 I Nr 1 u 3 SchuldRAnpG). Daneben bestanden Miet- u PachtVertr aus der Zeit vor dem 1. 1. 76 fort, u zwar als NutzgsVerh iS der §§ 312ff ZGB (§ 2 II S 1 EGZG). NutzgsVertr sind gem § 6 I SchuldRAnpG, je nach ihrem Inhalt (Gebr-Üblassg mit oder ohne Fruchtziehg) entweder als Miet- od PachtVertr zu behandeln. Wg der seit 3. 10. 90

geltden VertrFreih gehen seitdem getroffene Vereinbg der Part vor (§ 6 II SchuldRAnpG). Für die fortbestehden NutzgsVerh gilt ab 1. 1. 95 das SchuldRAnpG mit seinen §§ 6–28 u löst die Übgangsregelg (Rn 2–5) ab. Art 232 § 4 umfaßt nur einen best Teil der NutzgVerh (Rn 3).

2) Übergangsregelung des § 4 für alle NutzgsVerh, die vor dem 3. 10. 90 begrdet u gem § 312 ZGB **2** abgeschl od den § 312 ff ZGB unterstellt w. Dazu gehören auch AltPachtVertr, die vor dem 1. 1. 76 abgeschl w. Das ist dch Abs IV klargestellt. Alle diese Vertr blieben üb den 3. 10. 90 hinaus mit dem bisher Inhalt nach Maßg des Vertr-Moratoriums (§ 4a) bestehen (Abs I). Für Grdstücke innerh v KleingartenAnl (vgl Einf 11–18 v § 581 BGB) gilt zusätzl § 20a BKleinG (Anl 1 Kap XIV Abschn 11 Nr 4 EinigsV). Das ist in Abs III klargestellt (Rn 3; vgl BGH NJW **93**, 859). **a) Anwendungsbereich:** Vertr, in denen land- und **3** forstwirtsch nicht genutzte Bodenflächen zur KleingartenNutzg, Erholg u FreiZtGestaltg üblassen w (§ 312 I ZGB). Sie müssen vor dem 3. 10. 90 begrdet w sein (Abs I S 1). Sie können seitdem nicht mehr nach diesen Vorschr begrdet w (MüKo/Voelskow EinigsV 111). Für VertrVerh, die vor dem 1. 1. 76 abgeschl w (InKrtreten des ZGB) begrdet w (Abs IV). **b) Wirkung:** Die PachtVerh richteten sich bis **4** zur Anpassg (Rn 6 ff) nach §§ 312 ff ZGB, einschl der v Nutzer errichteten Garage (Horst DWW **94**, 115 [140]). Das ist verfassgsgem (BVerfG DtZ **93**, 309). Zur Künd u den RFolgen bei Beendigg des RVerh im einzelnen: Grüneberg/Wendtland DtZ **93**, 101 [103]). Abweichendes darf nur dch bes G and geregelt w (Abs I S 2). Das ist dch das SchuldRAnpG mit Wirkg ab 1. 1. 95 geschehen (Rn 6). Ergänzd galten die Regeln des BGB. **c) Nutzungsentgelt** (Abs II). Hierzu allg: Wardenbach MDR **93**, 710. Die bislang äußerst niedr **5** Entgelte dürfen nur auf einen angemessenen Betr erhöht w. Was angemessen ist, wird dch Abs II S 2 bindd best. Die VO v 22. 7. 93 (BGBl 1339), iKr seit 1. 8. 93 regelt die Erhöhg des NutzgsEntgelts (nunmehr üb § 20 SchuldRAnpG; vgl Rn 10). Vereinbgen zw Üblassden u Nutzer bleiben wirks u sind zuläss (§ 2 I, II). Die Entgelte können dch einseit schriftl Erkl (§ 6 I) schrittw bis 1. 11. 97 erhöht w (§ 3). Der Nutzer kann bei Erhöhg mit bes Fr künd (§ 8).

3) Schuldrechtliche Anpassung der Vertr üb die Nutzg v Grdst als Kleingarten, zur Erholg- u Freizeit- **6** gestaltg (zu prakt wicht Einzelh Horst DWW **95**, 198), ist dch das SchuldRAnpG (Art 1 des SchuldRÄndG v 21. 9. 94, BGBl 2538) geschehen; iKr seit 1. 1. 95. Das entspr dem gesetzl Vorbeh in Abs I S 2. **a) Anwen- 7 dungsbereich.** Die v Art 232 § 4 umfaßten Vertr (Rn 3) werden dch § 1 I Nr 1 in das SchuldRAnpG einbezogen, soweit sie nicht der SachenRBereinigg unterfallen (§ 2 I Nr 1 SchuldRAnpG). **b) Wirkung.** Der NutzgsVertr wird als Miet- od PachtVertr behandelt (§ 6 I SchuldRAnpG), je nach Inhalt, ob außer GebrÜblassg auch Fruchtziehg vereinb war od nicht. Wg der insow eingetretenen VertrFreih gehen die seit dem 3. 10. 90 getroffenen Vereinbgen der Part vor (§ 6 II SchuldRAnpG). **c) Schriftform** des Vertr (§ 12 I **8** S 2 ZGB) ist auch für die Vergangenh dch § 19 I SchuldRAnpG beseit. **d) Bestandsschutz.** Künd, die seit **9** 3. 10. 90 ausgesprochen w, sind nach Maßg von § 7 SchuldRAnpG unwirks. Für die Zeit vom 25. 12. 93 bis 31. 12. 94 waren Künd mit Ausn der gem § 554 (ZahlsgVerz) dch Art 232 § 4a ausgeschl (§ 7 III Schuld-RAnpG). Die KündSchutzFr (§ 23 I SchuldRAnpG) verlängert den BestdsSchutz grdsätzl bis 31. 12. 99 mit Ausnahmen bis 31. 12. 2004 u weiteren Ausnahmen bis 31. 12. 2014 (§ 23 II, III SchuldRAnpG). Die Künd ist zu Lebzeiten des Nutzers ausgeschl, wenn dieser am 3. 10. 90 das 60. Lebensj vollendet hatte (§ 23 V SchuldRAnpG). Weitere SoRegelgen bestehen für bewohnte Gebde u errichtete Eigenheime (§§ 24, 25 SchuldRAnpG). **e) Entgelt.** Es gilt (nunmehr auch für unentgeltl NutzgsVertr) die NutzgsEntgeltVO **10** (Rn 5) weiter (§ 20 SchuldRAnpG). **f) Verliehenes Nutzungsrecht** (§ 287 ZGB) zur Errichtg eines Wo- **11** chenhauses od Gebdes zu and persönl Zwecken, das nicht der SachenRBereinigg unterfällt. Dafür gilt nicht das SchuldRAnpG, sond das ErholgsNutzgsRG (Art 2 SchuldRÄndG v 21. 9. 94, BGBl 2538), welches den Anspr auf ein ErbbauR für 30 Jahre vorsieht. – **g) Vorkaufsrecht** des Nutzers: § 57 Schuld- **12** RAnpG.

EG 232 § 4a **Vertrags-Moratorium.** ᴵ Verträge nach § 4 können, auch soweit sie Garagen betreffen, gegenüber dem Nutzer bis zum Ablauf des 31. Dezember 1994 nur aus den in § 554 des Bürgerlichen Gesetzbuchs bezeichneten Gründen gekündigt oder sonst beendet werden. Sie verlängern sich, wenn nicht der Nutzer etwas Gegenteiliges mitteilt, bis zu diesem Zeitpunkt, wenn sie nach ihrem Inhalt vorher enden würden.

ᴵᴵ Hat der Nutzer einen Vertrag nach § 4 nicht mit dem Eigentümer des betreffenden Grundstücks, sondern aufgrund von § 18 oder § 46 in Verbindung mit § 18 des Gesetzes über die landwirtschaftlichen Produktionsgenossenschaften – LPG-Gesetz – vom 2. Juli 1982 (GBl. I Nr. 25 S. 443) in der vor dem 1. Juli 1990 geltenden Fassung mit einer der dort genannten Genossenschaften oder Stellen geschlossen, so ist er nach Maßgabe des Vertrages und des Absatzes 1 bis zum Ablauf des 31. Dezember 1994 auch dem Grundstückseigentümer gegenüber zum Besitz berechtigt.

ᴵᴵᴵ Die Absätze 1 und 2 gelten ferner, wenn ein Vertrag nach § 4 mit einer staatlichen Stelle abgeschlossen wurde, auch wenn diese hierzu nicht ermächtigt war. Dies gilt jedoch nicht, wenn der Nutzer Kenntnis von dem Fehlen einer entsprechenden Ermächtigung hatte.

ᴵⱽ Die Absätze 1 und 2 gelten ferner auch, wenn ein Vertrag nach § 4 mit einer staatlichen Stelle abgeschlossen wurde und diese bei Vertragsschluß nicht ausdrücklich in fremdem Namen, sondern im eigenen Namen handelte, obwohl es sich nicht um ein volkseigenes, sondern ein von ihr verwaltetes Grundstück handelte, es sei denn, daß der Nutzer hiervon Kenntnis hatte.

ⱽ In den Fällen der Absätze 2 bis 4 ist der Vertragspartner des Nutzers unbeschadet des § 51 des Landwirtschaftsanpassungsgesetzes verpflichtet, die gezogenen Entgelte unter Abzug der mit ihrer Erzielung verbundenen Kosten an den Grundstückseigentümer abzuführen. Entgelte, die in der Zeit von dem 1. Januar 1992 an bis zum Inkrafttreten dieser Vorschrift erzielt wurden, sind um 20 vom Hundert gemindert an den Grundstückseigentümer auszukehren; ein weitergehender Ausgleich für gezogene Entgelte und Aufwendungen findet nicht statt. Ist ein Entgelt nicht vereinbart, so ist das Entgelt, das für Verträge der betreffenden Art gewöhnlich zu erzielen ist, unter Abzug der mit seiner Erzielung verbundenen Kosten an den Grundstückseigentümer auszukehren. Der Grundstückseigentümer kann von dem Vertragspartner des Nutzers die Abtretung der Entgeltansprüche verlangen.

^{VI} Die Absätze 1 bis 5 gelten auch, wenn der unmittelbare Nutzer Verträge mit einer Vereinigung von Kleingärtnern und diese mit einer der dort genannten Stellen den Hauptnutzungsvertrag geschlossen hat. Ist Gegenstand des Vertrages die Nutzung des Grundstücks für eine Garage, so kann der Eigentümer die Verlegung der Nutzung auf eine andere Stelle des Grundstücks oder ein anderes Grundstück verlangen, wenn die Nutzung ihn besonders beeinträchtigt, die andere Stelle für den Nutzer gleichwertig ist und die rechtlichen Voraussetzungen für die Nutzung geschaffen worden sind; die Kosten der Verlegung hat der Eigentümer zu tragen und vorzuschießen.

^{VII} Die Absätze 1 bis 6 finden keine Anwendung, wenn die Betroffen nach dem 2. Oktober 1990 etwas Abweichendes vereinbart haben oder zwischen ihnen abweichende rechtskräftige Urteile ergangen sind.

1   **Eingefügt** dch Art 13 Nr 2c RegVBG v 20. 12. 93 (BGBl 2182); iKr seit 25. 12. 93. **Zweck.** Es sollen alle dem § 4 unterfallden NutzgsVerh, auch wenn der Vertr üb das Grdst von Nichtberecht, insb von and Pers als dem Eigt abgeschl w, in ihrem Bestd bis zum 31. 12. 94 gesichert w. Nur für diesen ZtRaum gilt § 4; denn inzwischen ist die betroffenen NutzgsVerh dch das SchuldRAnpG (Art 1 SchuldRÄndG v 21. 9. 94
2   (BGBl 2538) geregelt w. Danach tritt der GrdstEigt in den Vertr ein (§ 8 SchuldRAnpG). **Bestandsschutz.** Alle unter § 4 fallden Vertr (dort Rn 3 u Abs IV) konnten bis zum 31. 12. 94, grdsätzl nicht gekünd w, nur ausnw wenn § 554 (ZahlgsVerz) erf war (Abs I S 1; KündStop); dem Nutzer stand hingg die Künd frei. Verlängert bis 31. 12. 94 trat automat ein (Abs I S 2), wenn das NutzgsVerh befristet abgeschl war u vor dem 31. 12. 94 endete. Die Fortsetzg konnte der Nutzer dch eine empfangsbedürft (§ 130) Mitt ausschließen. Seit 1. 1. 95 gilt für alle unter § 4 fallden NutzgsVerh der BestdsSchutz der §§ 23–25 SchuldRAnpG (vgl § 4
3   Rn 5). **Besitzberechtigung** (Abs II). Sie besteht aGrd des NutzgsVerh, dch den gem §§ 18, 46 LPGG die Bodenfläche überlassen w wg der fehlden Berechtig nicht gg den wirkl Eigtümer. Dies wird erst dch Abs II
4   für den gleichen Umfang u ZtRaum wie nach Abs I herbeigeführt. **Weitere Anwendbarkeit** (Abs III, IV). Der BestdSchutz u die BesBerechtigg ggü dem Eigt wird auf die Fälle erstreckt, in denen der NutzgsVertr (§ 4) von staatl Stellen abgeschl w, die hierzu nicht ermächt waren (sog wilde Verwaltgen), entw im
5   fremden Namen od im eigenen. **Entgeltabrechnung** (Abs V). Dadch soll der GrdstEigt einen Ausgleich dafür erhalten, daß er den Bes dulden muß. Es werden abschließd nur die Entgelte ab 1. 1. 92 erfaßt.
6   **Kleingärten** (Abs VI). Hierdch werden diejen Kleingärtner geschützt, die den NutzgsVertr mit einer Vereinigg, insb Gemeinsch (§ 266 ZGB) od Genossensch (§ 291 ZGB) vereinbart haben, die ihrerseits den
7   sog HauptNutzgsVertr mit einer LPG od staatl Stelle (Abs II–IV) abgeschl hat. **Abänderungen** (Abs VII). Betrifft den Bestd des NutzgsVerh, BesBerechtigg, Herausgabe u Entgelt. Betroffene: Nutzer, Überlassder u Eigt. Vereinbg gem § 305. Rechtskr Urt: formell § 705 ZPO; materiell §§ 322, 325 ZPO. Die Ergebnisse bleiben für die Part wirks u bindd, auch wenn sie den Abs I–VI widerspr.

EG 232 § 5   *Arbeitsverhältnisse.* ^I Für am Tag des Wirksamwerdens des Beitritts bestehende Arbeitsverhältnisse gelten unbeschadet des Artikels 230 von dieser Zeit an die Vorschriften des Bürgerlichen Gesetzbuchs.

^{II} § 613a des Bürgerlichen Gesetzbuches ist in dem in Artikel 3 des Einigungsvertrages vom 31. August 1990 (BGBl. 1990 II S. 885) genannten Gebiet vom Tage des Inkrafttretens dieses Gesetzes bis zum 31. Dezember 1998 mit folgenden Maßgaben anzuwenden:
1. Innerhalb des bezeichneten Zeitraums ist auf eine Betriebsübertragung im Gesamtvollstreckungsverfahren § 613a des Bürgerlichen Gesetzbuchs nicht anzuwenden.
2. Anstelle des Absatzes 4 Satz 2 gilt folgende Vorschrift:
,Satz 1 läßt das Recht zur Kündigung aus wirtschaftlichen, technischen oder organisatorischen Gründen, die Änderungen im Bereich der Beschäftigung mit sich bringen, unberührt.'

1   **1) Allgemeines.** Abs II ist angefügt seit 12. 4. 91 dch § 16 II SpTrUG u die Jahreszahl v 1994 in 1998 geänd dch Art 32 Nr 3 EGInsO v 5. 10. 94 (BGBl 2911); inKr seit 19. 10. 94 (Art 110 III EGInsO). **a) Geltung des BGB.** Dch Abs I wird nur die Geltg des BGB seit dem 3. 10. 90, insb die der §§ 611–630
2   angeordnet. Dies ist neben Art 230 u 232 § 1 für das ArbVerh als DauerschuldVerh notw. **b) Ausnahmen.** Im Beitrittsgebiet galten nicht § 616 Abs II u III (seit 1. 6. 94 dch das EFZG aufgehoben u ersetzt) sowie bis 15. 10. 93 der § 622 (vgl dort Rn 2). An deren Stelle galt bis dahin bisheriges DDR-R als BundesR weiter (Rn 7). Bis 31. 12. 98 ist § 613a bei BetrÜbTragg im GesVollstrVerf nicht anzuwenden (Abs II Nr 1) u es gilt an Stelle v § 613a IV S 2 die Fassg v Abs II Nr 2 (hierzu Rn 12), um die Sanierg personell übbesetzter Untern zur Privatisierg zu erleichtern.

3   **2) Anwendungsbereich** (Abs I). **a) Grundsatz.** § 5 gilt für alle ArbVerh (Einf 5 vor § 611), die vor dem 3. 10. 90 im Gebiet der fr DDR dch ArbVertr, Berufg od Wahl (DDR-ArbGB 38) begrdt w sind. Für ArbVerh, die noch vor dem Stichtag beendet w, ist allein das R der fr DDR (insb das ArbGB) anzuwenden u zwar von allen deutschen Gerichten. Für ArbVerh, die nach 3. 10. 90 begrdet w wird, gilt das BGB u das sonst R der BRep mit den Maßgaben u Änd, die der EinigsVertr in den Anl I u II Kap II u VIII bestimmt.
4   (Rn 7). **b) Betroffene Arbeitsverhältnisse.** Von der gem EinigsV abgeänd Geltg des BGB (Rn 6) werden diejen ArbVerh erfaßt, bei denen die ArbLeist einem ArbG mit Sitz im Beitrittsgebiet geschuldet u bei dem
5   dort gewöhnl die Arb verrichtet w (wie Art 30 II Nr 1). **c) Nicht betroffene Arbeitsverhältnisse.** Das sind solche, die bisher im Gebiet der BRep begrdt worden sind u zu erf waren, sofern die ArbLeistg

vorübgehd im Gebiet der fr DDR zu erbringen ist. Der Begriff vorübgehd ist aus der gesamten Dauer des ArbVerh abzuleiten, sodaß auch ZtRäume v mehreren Jahren darunterfallen können.

3) Geltendes Arbeitsrecht (vgl Rn 2) ist das, was dch § 5 u in Kap VIII der Anl I u II des EinigsV als **6** BundesR bestimmt ist. Es weicht in einer Reihe von Einzelheiten der ArbROrdng von dem ArbR ab, das im ursprüngl Gebiet der BRep weitergilt u dch den EinigsV nicht geänd ist. Hervorzuheben ist im Bereich des ArbVertrRs: **a) Vergütung im Krankheitsfall:** statt § 616 II, III u LFZG (weitgehd), GewO 133c, HGB **7** 63 galten DDR-ArbGB 115a, 115b I–III, 115c–e bis zum 31. 12. 94 fort (Anl I Kap VIII Sachg A Abschn III Nr 1, 2, 3a–g EinigsV; hierzu Marburger RdA **91**, 153). Seit 1. 6. 94 gilt das EntgFortzG (Art 53, 68 IV PflegeVG; BGB **94** I 1014). **b) Kündigungsfrist:** statt § 622 u SeemG 63 I u II galt DDR-ArbGB 55 bis zur **8** Aufhebg dch Art 5 KündFG vorläuf weiter (vgl 52. Aufl u § 622 Rn 2). § 622 nF mit Ausn für den öffD gilt seit 15. 10. 93 (vgl § 622 Rn 1 u EG 222). **c) Kündigungsschutz.** Das KSchG gilt seit 1. 7. 90 mit geringfüg **9** Abweichgen (Vorbem 62 vor § 620) u mit einer SoRegelg für den öffD (vgl Art XIX Sachg A Abschn III Nr 1 Abs IV). Weiter gilt der KündSchutz für Kämpfer gegen den u Verfolgte des Faschismus in DDR-ArbGB 58 I Buchst a nach Maßgabe von Anl II Kap VIII Sachg A Abschn III Nr 1 Buchst b. Wg Alters der Betroffenen prakt ggstdslos. Für Schwangere, Mütter u Väter gilt der KündSch nach BundesR. **d) Außer-** **10** **ordentliche Kündigung.** Es gilt § 626. Für den öffD besteht eine SoRegelg (Anl I Kap XIX Sachg A Abschn III Nr 1 Abs V; Lansnicker/Schwirtzek DtZ **93**, 106); dafür gilt die Fr des § 626 II nicht (BAG DtZ **93**, 125). Dch Hinauszögern der Künd bei Kenntn des KündGrds kann das KündR entfallen (BAG NZA **95**, 169). Bei dem PersKreis des DDR-ArbGB 58 I Buchst a u b muß das ArbAmt zustimmen (DDR-ArbGB 59 II). **e) Altersversorgung.** Das BetrAVG ist am 1. 1. 92 in Kraft getreten; dessen §§ 26–30 sind nicht **11** anzuwenden (Anl I Kap VIII Sachg A Abschn III Nr 16 Buchst a u c). **f) Betriebsübergang** (Abs II), auch **12** der v BetrT (wie § 613a) u Rückg (Worzella DtZ **92**, 306). Seit 3. 10. 90 gilt § 613a auch in den neuen BLändern (Richardi NZA **91**, 289). Zur Anwendg vgl Commandeur NZA **91**, 705. Seit 12. 4. 91 (§ 17 SpTrUG) ist aber § 613a bis zum 31. 12. 98 (vgl Rn 1) nicht mehr anzuwenden (vgl Rn 2), wenn die BetrÜbertragg im GesVollstrVerf erfolgt (Abs II Nr 1). Anstelle von § 613a IV S 2 gilt dessen Fassg in Abs II S 2 (hierzu § 613a Rn 31).

EG 232 § 6 *Verträge über wiederkehrende Dienstleistungen.* **Für am Tag des Wirk-samwerdens des Beitritts bestehende Pflege- und Wartungsverträge und Verträge über wiederkehrende persönliche Dienstleistungen gelten von dieser Zeit an die Vorschriften des Bürgerlichen Gesetzbuchs.**

1) Anwendungsbereich. Die Vorschr betrifft Vertr über wiederkehrde Leistgen, gekennzeichnet dadch, **1** daß der Schu sich in einem einheitl Vertr zur Erbringg wiederholter, meist gleichart Leistgen für eine gewisse ZtDauer verpfl. – **a) Der Pflege- und Wartungsvertrag** (ZGB 176) verpfl den Untern, die im **2** Vertr bezeichneten Geräte u Anl so zu pflegen u zu warten, daß ihre GebrFähigk erhalten wird. Er ist nach BGB Wk- Vertr, nach ZGB 3. Tl, 4. Kapitel DLeistgsVertr. – **b) Der Vertrag über persönliche Dienst-** **3** **leistungen** kann nach BGB als Auftr-, Dienst-, GeschBes-, ev als Ehe- bzw. PartnerschVermittlgsVertr einzuordnen sein.

2) Anzuwendendes Recht. – **a) Auf am 3. 10. 90 bestehende Verträge** mit vorstehd bezeichnetem **4** Inhalt bleiben, was ihr wirks ZustKommen betrifft, die dafür maßg Vorschr der früh DDR anwendb, iü sind ab diesem Tag die einschläg Best des BGB anzuwenden. Auf Pflege- u WartgsVertr (vgl Rn 12, 20 vor BGB 631) sind dies BGB 631 bis 651. Auf Vertr über wiederkehrde pers DLeistgen, falls sie unentgeltl zu erbringen sind, BGB 662 bis 674; falls sie gg Entgelt zu erbringen sind und die DLeistgen auf selbständ Tätigk wirtsch Art gerichtet sind, BGB 675, bei anderen DLeistgen BGB 611 bis 630, bei Ehe- od Partnersch Vermittlg (vgl BGB 652 Rn 6–9) BGB 653 bis 656. – **b) Auf die Abwicklung der am 3. 10. 90** **5** **bereits beendeten Verträge** sind für Pflege- u WartgsVertr zw Bürgern u Betrieben sowie zw Bürgern untereinander (ZGB 1 II 2) die §§ 176 bis 188, zw Kaufleuten u Unternehmen, Betrieben u gleichgestellten WirtschSubj (GW 1 I) die §§ 61 bis 97 dieses G, für Vertr über wiederkehrde pers DLeistgen ZGB 197 bis 203 bzw GW 98 bis 104 weiter anzuwenden. – **c) Auf seit dem 3. 10. 90 abgeschlossene Verträge** sind die **6** in Rn 4 genannten Vorschr des BGB anzuwenden.

EG 232 § 7 *Kontoverträge und Sparkontoverträge.* **Das Kreditinstitut kann durch Erklärung gegenüber dem Kontoinhaber bestimmen, daß auf einen am Tag des Wirksamwerdens des Beitritts bestehenden Kontovertrag oder Sparkontovertrag die Vorschriften des Bürgerlichen Gesetzbuchs einschließlich der in dem bisherigen Geltungsbereich dieses Gesetzes für solche Verträge allgemein verwendeten, näher zu bezeichnenden allgemeinen Geschäftsbedingungen anzuwenden sind. Der Kontoinhaber kann den Vertrag innerhalb eines Monats von dem Zugang der Erklärung an kündigen.**

1) Rechtliche Einordnung in der früheren DDR. Der KontoVertr ist in ZGB 233 I bis 237, der **1** SparkontoVertr in ZGB 233 I, 238 bis 240 speziell geregelt. Das GW enthält keine eig Vorschr.

2) Rechtliche Einordnung in der Bundesrepublik. Für beide Vertragstypen gibt es keine spezielle **2** Regelg. – **a) Der Girovertrag** (KontoVertr) ist ein auf die Leistg von Diensten gerichteter GeschBesVertr gem BGB 675; vgl dort Rn 8, 9. Für das KontokorrentVerh sind außerd HGB 355 bis 357 einschläg. – **b) Der Sparvertrag** ist ein unregelmäß VerwahrgsVertr gem BGB 700. Das Sparbuch ist ein NamensPap **3** mit Inhaberklausel, für das BGB 808 gilt.

3) Auf die seit dem 3. 10. 90 abgeschlossene Verträge sind die in Rn 2, 3 genannten Vorschr anzu- **4** wenden.

5   **4) Auf die am 3. 10. 90 in der früheren DDR bestehenden Verträge** sind, wenn das Kreditinstitut keine Erkl gegenüber dem Kontoinhaber abgibt, die bis dahin maßg in Rn 1 genannten Vorschr anzuwenden. Gibt das Kreditinstitut die in Art 232 § 7 vorgesehene rgestaltde Erkl ab, so gelten ab deren Zugang an den Kontoinhaber die in Rn 2 genannten Vorschr u die in der Erkl näher bezeichneten AGB. Der Kontoinhaber kann innerhalb eines Monats ab Zugang der Erkl den Vertr künd, wodurch er beendet wird.

6   **5) Für die Abwicklung der am 3. 10. 90 bereits beendeten Verträge** in der früh DDR bleiben die in Rn 1 genannten Vorschr maßg.

EG 232 § 8 *Kreditverträge.* **Auf Kreditverträge, die nach dem 30. Juni 1990 abgeschlossen worden sind, ist § 609a des Bürgerlichen Gesetzbuchs anzuwenden.**

1   **Allgemeines.** Grdsätzl richten sich gem § 1 die vor dem 3. 10. 90 abgeschl KreditVertr nach dem ZGB 241–243 (EG 232 § 1), sodaß § 609a ohne § 8 für die zw 1. 7. u 2. 10. 90 abgeschl Vertr nicht gelten würde.
2   **Anwendbar** ist § 8 nur für KreditVertr (ZGB 241), also wenn ein Kreditinstitut (nicht eine PrivPers) dem Kreditnehmer einen GeldBetr zur Vfg gestellt hat. Der VertrAbschl muß seit 1. 7. 90 stattgefunden haben. Für die vorherigen KredVertr verbleibt es bei EG 232 § 1 u dem ZinsAnpassgG Art 2 (BGBl **91**, I 1314),
3   wonach der Zins einseit angepaßt w kann (hierzu Schubert WM **92**, 45). **Wirkung.** Daß dem Kreditnehmer (DarlSchu) das KündR des § 609a (frühestens seit 3. 10. 90) zusteht, wird dch § 8 nur klargestellt; denn § 609a gilt für alle Arten v DarlVertr (dort Rn 1) u umfaßt daher auch alle KreditVertr.

EG 232 § 9 *Bruchteilsgemeinschaften.* **Auf eine am Tag des Wirksamwerdens des Beitritts bestehende Gemeinschaft nach Bruchteilen finden von dieser Zeit an die Vorschriften des Bürgerlichen Gesetzbuchs Anwendung.**

1   **Übergangsregelung.** BGB 741 bis 758 sind auf BruchtlGemschen, die am 3. 10. 90 bestanden, erst ab diesem Tag anzuwenden. Für die Abwicklg der an diesem Tag bereits beendeten alten BruchtlGemschen gelten die einschläg Best ZGB 34 bis 41, 433 I der fr DDR weiter. Für seit dem 3. 10. 90 entstandene BruchtlGemschen gelten die genannten Vorschr des BGB.

EG 232 § 10 *Unerlaubte Handlungen.* **Die Bestimmungen der §§ 823 bis 853 des Bürgerlichen Gesetzbuchs sind nur auf Handlungen anzuwenden, die am Tag des Wirksamwerdens des Beitritts oder danach begangen werden.**

1   **1) Seit dem 3. 10. 90 begangene unerlaubte Handlungen.** Es gelten uneingeschränkt BGB 823 bis 852. Dabei ist maßg, daß nach dem Stichtag der Tatbestd der VerlHdlg erfüllt bzw das SchutzG (BGB 823 II) verletzt wurde, gleichgült wann ein Schad eingetreten u wann der Verl von der Hdlg u dem Schad Kenntn erlangt hat (BGH NJW **94**, 2684). Bei Dauerhdlgen, zB laufde Einleitg von Abwasser in einen Fluß, kommt es darauf an, ob sie über den Stichtag hinaus andauern. Bei wiederholter Hdlg ist auf die Beendigg der jeweil EinzHdlg abzustellen, weil es im ZivR keine natürl HdlgsEinh od fortges Hdlg gibt. Besteht die VerlHdlg in einem pflichtwidr Unterl, kommt es darauf an, daß die unterl Hdlg pflichtgem nach dem Stichtag hätte vorgen werden müssen. Läßt sich nicht klären, ob die unerl Hdlg vor od seit dem Stichtag begangen wurde, gilt altes Recht (vgl Art 231 § 4 Rn 3).

2   **2) Vor dem 3. 10. 90 begangene unerlaubte Handlungen.** Auf Hdlgen bis einschl 2. 10. 90, die einen der Tatbestde BGB 823 ff erfüllen, u für die daran geknüpften RFolgen sind die einschläg Best ZGB/DDR 327 ff weiter so auszulegen u anzuwenden, wie es von den DDR-Ger geschehen wäre (BGH **123**, 65, **127**, 254). Die Anz einer geplanten „Republikflucht" kann als solche grdsätzl keine SchadErsPfl des Anzeigden begründen, wenn er sich auf die Erf seiner AnzPfl beschränkt hat u davon ausgegangen ist, daß die DDR-Behörden gg den Angezeigten kein den Rahmen der damals geltden rechtl Vorschr sprengdes WillkürVerf dchführen werden; and kann es sein, wenn sich der AnzErstatter darüberhinaus den Organen der Staatssicherh als Lockspitzel zur Vfg gestellt hat (BGH **127**, 254, Märker DtZ **95**, 37). § 330 ZGB/DDR kann grdsl nicht als Grdl eines SchadErsAnspr herangezogen werden, dch den ein Geschäd die vermögensr Wirkgen einer arglist erschlichenen rkräft Entsch eines DDR-Ger rückgäng machen will (BGH FamRZ **95**, 284). Für ErsAnspr von GrdstEigtümern in der fr DDR wegen StationiergsSchäd vor dem 3. 10. 90 haftet die BRepublik nicht (BGH VersR **95**, 593). Zur Bedeutg des Stichtags vgl oben Rn 1.

3   **3) Staatshaftung. – a) Seit dem 3. 10. 90 begangene Amtspflichtverletzungen** in den ostdtschen Ländern beurt sich nach BGB 839, GG 34. Daneben gilt in den ostdtschen Ländern für den Ers von Schäd, die ein MitArb od Beauftragter eines staatl od kommunalen Organs einer natürl oder jurist Pers rechtswidr zugefügt hat, das DDR-StaatsHaftgsG v 12. 5. 69 (GBl I S 34), geändert dch das G v 14. 12. 88 (GBl I S 329) idF der Anl II Kap III Sachgebiet B Abschn III Nr 1 zum EinigsV (BGBl 90 II S 1168) weiter als Landesrecht; vgl EG 77, 78; (Ossenbühl NJW **91**, 1201, Sträßer NJW **91**, 2467, Krohn VersR **91**, 1085 [1091], Lörler DtZ **92**, 135, aA Schullan VersR **93**, 283: nur § 839). Keine Staatshaftg für Notare in eigener Praxis (vgl § 839 Rn 113). – **b) Vor dem 3. 10. 90 begangene rechtswidrige Handlungen** staatl od kommunaler Mitarb oder Beauftragter in der DDR beurt sich nach dem DDR-StaatsHaftgsG (Rädler DtZ **93**, 296) in der zur Zeit der rwidr Hdlg geltden Fassg (BGH NJW **94**, 2684).

Artikel 233. Drittes Buch. Sachenrecht

Erster Abschnitt. Allgemeine Vorschriften

EG 233 § 1 *Besitz.* **Auf ein am Tag des Wirksamwerdens des Beitritts bestehendes Besitzverhältnis finden von dieser Zeit an die Vorschriften des Bürgerlichen Gesetzbuchs Anwendung.**

1) Allgemeines. Die Art 180 nachgebildete Vorschr gilt für alle vor dem 3. 10. 90 bestehdn BesVerhältn an bewegl u unbewegl Sachen u für alle BesArten (mittel/unmittelb; rechtmäß/unrechtmäß; Allein-/Mit-/TeilBes). – **a) Besitzbegriff.** Die Frage, ob ein am 3. 10. 90 gegebener Sachverhalt Besitz (u welche BesArt) ist, beurteilt sich nach dem BGB; dem BGB nicht bekannte BesVerhältn erlöschen. – **b) Besitzerwerb/-verlust.** Die Frage, ob vor dem 3. 10. 90 Bes begründet (zB dch BesMittlgsVerhältn nach ZGB 100 III 1) od verloren wurde, beurteilt sich nach fr DDR-Recht. Das ZGB enthält dazu keine allg Vorschr, kennt aber EigtümerBes (zB ZGB 19 II, 24) u NichtEigtümerBes (zB ZGB 19 I, 33 III). Ist der Erblasser vor dem 3. 10. 90 gestorben, so ist BGB 857 nicht anwendb.

2) Überleitung. – **a) Rechtsfolgen** des vor dem 3. 10. 90 begründeten u an diesem bestehdn Bes beurteilen sich nach BGB; zB die EigtVermutg nach BGB 1006 (RG **55,** 52) u der Anspr aus BGB 1007 (Kläger muß noch am 3. 10. 90 Bes gehabt haben). SchadErs- u BereicherungsAnspr wg BesEntzieh, die vor dem 3. 10. 90 erfolgte, beurteilen sich nach ZGB (Art 232 § 1). – **b) Besitzschutz.** Ein am 3. 10. 90 bestehder Bes genießt gg nach dem 2. 10. 90 erfolgter BesEntzieh/Störg BesSchutz nach BGB. Die RFolgen einer vor dem 3. 10. 90 erfolgten BesEntzieh richten sich nach fr DDR-Recht (vgl RG **50,** 8), das aber keine BGB 861 entspr Vorschr kennt; bei einer über den 2. 10. 90 fortdauernden BesStörg besteht BesSchutz nach BGB 862 (LG Bln ZMR **91,** 108), wobei die AusschlFr nach BGB 864 mit der Störg begonnen hat.

EG 233 § 2 *Inhalt des Eigentums.* [I]**Auf das am Tag des Wirksamwerdens des Beitritts bestehende Eigentum an Sachen finden von dieser Zeit an die Vorschriften des Bürgerlichen Gesetzbuchs Anwendung, soweit nicht in den nachstehenden Vorschriften etwas anderes bestimmt ist.**

[II]**Wem bisheriges Volkseigentum zufällt oder wer die Verfügungsbefugnis über bisheriges Volkseigentum erlangt, richtet sich nach den besonderen Vorschriften über die Abwicklung des Volkseigentums.**

[III]**Ist der Eigentümer eines Grundstücks oder sein Aufenthalt nicht festzustellen und besteht ein Bedürfnis, die Vertretung des Eigentümers sicherzustellen, so bestellt der Landkreis oder die kreisfreie Stadt, in dessen oder deren Gebiet sich das Grundstück befindet, auf Antrag der Gemeinde oder eines anderen, der ein berechtigtes Interesse daran hat, einen gesetzlichen Vertreter. Im Falle einer Gemeinschaft wird ein Mitglied der Gemeinschaft zum gesetzlichen Vertreter bestellt. Der Vertreter ist von den Beschränkungen des § 181 des Bürgerlichen Gesetzbuchs befreit. § 16 Abs. 3 und 4 des Verwaltungsverfahrensgesetzes findet entsprechende Anwendung. Der Vertreter wird auf Antrag des Eigentümers abberufen. Diese Vorschrift tritt in ihrem räumlichen Anwendungsbereich und für die Dauer ihrer Geltung an die Stelle des § 119 des Flurbereinigungsgesetzes auch, soweit auf diese Bestimmung in anderen Gesetzen verwiesen wird. § 11b des Vermögensgesetzes bleibt unberührt.**

1) Allgemeines. Die Art 181 I nachgebildete Vorschr gilt für Eigt an bewegl u unbewegl Sachen (nicht aber für Eigt an Rechten u Fdgen iSv ZGB 23) u für alle EigtArten (sozialist Eigt, persönl Eigt, PrivatEigt). Die SonderVorschr für das GesamtEigt (ZGB 42) werden von dieser Überleitg nicht betroffen. – **a) Eigentumsbegriff.** Die Frage, ob am 3. 10. 90 Eigt vorliegt, beurteilt sich nach dem BGB. Maßg ist, ob der Inhalt eines RVerhältn an einer Sache iS des BGB nach fr DDR-Recht es als Eigt iS des BGB erscheinen läßt. Das ist für alle EigtArten gegeben, da RInhalt trotz vielf Beschrkgen die Bes-, Nutzgs- u VfgsBefugn war (ZGB 19, 24). – **b) Wesentliche Bestandteile.** Das vor dem 3. 10. 90 bestehde selbständ Eigt an einer Sache, die nach dem BGB wesentl Bestandt einer anderen Sache ist, ist am 3. 10. 90 erloschen (RG **56,** 243), soweit Art 231 § 5 nicht die BestandtEigensch verneint. Da Anpflanzgen nicht unter BGB 95 I 2 fallen, ist selbständ Eigt an ihnen nach ZGB 288 IV, 292 III möglich. – **c) Eigentumserwerb/-verlust.** Die Frage, ob vor dem 3. 10. 90 Eigt erworben od verloren wurde, beurteilt sich nach fr DDR-Recht (Brdbg OLG-NL **95,** 153); ob nach dem 2. 10. 90 Eigt erworben od verloren wurde, beurteilt sich vorbeh §§ 4 I, 7 I nach BGB (bei Grdst iVm GrdstVerkVO). Waren vor dem 3. 10. 90 alle Erwerbsvoraussetzgen nach fr DDR-Recht erfüllt (zB SchenkgsVertr nach ZGB 25, 282 u Übg/ÜbergErs nach ZGB 26 I), so bleibt der Erwerber Eigtümer, auch wenn eine Erwerbsvoraussetzg nach BGB (Einigg) fehlt. Stellt das fr DDR-Recht weitergehde Erfordern als das BGB auf (zB KaufprZahlg nach ZGB 139 III), so trat am 3. 10. 90 kein EigtErwerb ein, wenn zuvor nur die BGB-Voraussetzgen erfüllt waren (vgl RG JW **00,** 889). Tritt ein Teil der bish Erwerbsvoraussetzgen nach dem 2. 10. 90 ein (zB KaufprZahlg nach ZGB 139 III, aufschiebde Bdgg, behördl Gen), so gilt BGB.

2) Überleitung (I). Der EigtInhalt beurteilt sich ab 3. 10. 90 nach BGB 903–1011, soweit keine Abweichg vorgesehen. Erweitergen u Beschrkgen der EigtümerRe, die das BGB nicht kennt, entfallen ab 3. 10. 90, soweit sie nicht nach Art 9 EinigsV als LandesNachbR fortgelten, weil sie nach Art 1 II, 124 dem LandesR überlassen (zB ZGB 317). – **a) Eigentumsinhalt** ist die Gesamth der Rechte u Pflichten ggü Dritten. Aus dem Eigt fließde (dingl) Anspr (zB BGB 894 [Brdbg OLG-NL **95,** 153], 915, 985, 1004) sowie EigtBeschrkgen dch DuldgsPfl (zB BGB 904, 906, 912 ff) sind auch gegeben, wenn die sie begründdn Tats (zB Überbau, BesEntziehg, EigtBeeinträchtigg) schon vor dem 3. 10. 90 vorlagen (RG **46,** 143) od die Rechte/Pfl gerichtl geltd gemacht wurden (RG **65,** 73); Renten nach BGB 913, 917 II können aber erst ab 3. 10. 90 beansprucht werden. – **b)** Bei **schuldrechtlichen Ansprüchen** (zB BGB 906 II 2, 990, 994) gilt nach Art 232 § 1 fr DDR-Recht (zB ZGB 33, 329), soweit die ansprbegründden Tats (zB Beschädigg der Sache, Vornahme der Verwendg) vor dem 3. 10. 90 eintrat (RG **46,** 143), bei Fortwirkgen gilt nach dem 2. 10. 90 BGB (zB AusglAnspr nach BGB 906 II 2 für Beeinträchtigg ab 3. 10. 90).

4   **3) Volkseigentum (II) – a) Privilegierungen** des VolksEigt, die vor dem 3. 10. 90 noch bestanden (viele [zB BelastgsVerbot nach ZGB 20 III 2 u Ausschl gutgl Erwerbs nach GDO 8 I 3] wurden schon dch 1. ZivRÄndG aufgehoben), sind am 3. 10. 90 entfallen (zB ZGB 32 II, 358 ff). – **b) Rechtsinhaber** war der Staat (BGH WM **95,** 990; LG Bln VIZ **93,** 29), die Verwaltg oblag dem sog RTräger (RtrAO v 7. 7. 69 [GBl II 433], ZGB 19, 20). VolksEigt konnte aber dch Übereign in persönl od PrivEigt umgewandelt werden (insb Grdst u Gbde nach dem VerkaufsG). Die am 2. 10. 90 bestehde RInhabersch bleibt bestehen; die künft regeln SonderVorschr (II; vgl auch KommunalvermögensG v 6. 7. 1990 [GBl I 660] mit EigtÜberführgs-VerfO v 25. 7. 90 [GBl I 781], VermZuordngsG idF v 3. 8. 92 [BGBl I 1464]). – **c) Verfügungsbefugnis** stand dem RTräger zu. Kein EigenBes iSv BGB 900 I (KG VIZ **94,** 675; vgl auch LG Mgdbg VIZ **95,** 544).

5   Eine am 2. 10. 90 bestehde VfgsBefugn des RTrägers ist erloschen. – **d) Rückübertragung** (bzw Entschädigg) von Vermögenswerten, die in VolksEigt überführt wurden, erfolgt nach Maßg EinigsV 41 iVm VermG idF v 2. 12. 94 (BGBl I 3611) u InVorG v 14. 7. 92 (BGBl I 1268). VO über die Anmeldg vermögensrechtl Anspr idF v 3. 8. 92 (BGBl I 1481). Sichg von RückÜbertrAnspr nach VermG 3 I nicht dch Vormkg od Widerspr, sond dch gerichtl VfgsVerbot (KG DtZ **91,** 298; LG Mgdbg VIZ **94,** 678; Kohler DNotZ **91,** 699). UnterlAnspr bzgl baul Veränderg, die über VermG 3 III hinausgeht (vgl BGH NJ **94,** 415).

6   **4) Vertreterbestellung (III).** Das Grdst muß auf dem Gebiet der früh DDR liegen. Das Bedürfn für die VertrBestellg kann auf öff- od privatrechtl Gebiet liegen. Gerichte u Behörden sind an die VertrBestellg gebunden u prüfen nicht deren Voraussetzgen. Trotz VertrBestellg kann der Eigtümer wirks RGesch abschließen (bei widerspr RGesch gilt § 10 Rn 3). Der Bestellte ist zur AmtsÜbern nicht verpfl. Anspr auf AufwendgsErs/Vergütg gg die bestellde Behörde (VwVfG 16 III). BGB 1773 ff, 1915 anwendb (VwVfG 16 IV). Abberufg nur dch die bestellde Behörde. – Weitere Aufgaben: SachenRBerG 17 III.

EG 233 § 2 a   *Moratorium.* [1] Als zum Besitz eines in dem in Artikel 3 des Einigungsvertrages genannten Gebiet belegenen Grundstücks berechtigt gelten unbeschadet bestehender Nutzungsrechte und günstigerer Vereinbarungen und Regelungen:

a) wer das Grundstück bis zum Ablauf des 2. Oktober 1990 aufgrund einer bestandskräftigen Baugenehmigung oder sonst entsprechend den Rechtsvorschriften mit Billigung staatlicher oder gesellschaftlicher Organe mit Gebäuden oder Anlagen bebaut oder zu bebauen begonnen hat und bei Inkrafttreten dieser Vorschrift selbst nutzt,

b) Genossenschaften und ehemals volkseigene Betriebe der Wohnungswirtschaft, denen vor dem 3. Oktober 1990 aufgrund einer bestandskräftigen Baugenehmigung oder sonst entsprechend den Rechtsvorschriften mit Billigung staatlicher oder gesellschaftlicher Organe errichtete Gebäude und dazugehörige Grundstücksflächen und -teilflächen zur Nutzung sowie selbständigen Bewirtschaftung und Verwaltung übertragen worden waren und von diesen oder ihren Rechtsnachfolgern genutzt werden,

c) wer über ein bei Abschluß des Vertrages bereits mit einem Wohnhaus bebautes Grundstück, das bis dahin unter staatlicher oder treuhänderischer Verwaltung gestanden hat, einen Überlassungsvertrag geschlossen hat, sowie diejenigen, die mit diesem einen gemeinsamen Hausstand führen,

d) wer ein auf einem Grundstück errichtetes Gebäude gekauft oder den Kauf beantragt hat.

Das Recht nach Satz 1 besteht bis zur Bereinigung der genannten Rechtsverhältnisse durch besonderes Gesetz längstens bis zum Ablauf des 31. Dezember 1994; die Frist kann durch Rechtsverordnung des Bundesministers der Justiz einmal verlängert werden. In den in § 3 Abs. 3 und den §§ 4 und 121 des Sachenrechtsbereinigungsgesetzes bezeichneten Fällen besteht das in Satz 1 bezeichnete Recht zum Besitz bis zur Bereinigung dieser Rechtsverhältnisse nach jenem Gesetz fort. Erfolgte die Nutzung bisher unentgeltlich, kann der Grundstückseigentümer vom 1. Januar 1995 an vom Nutzer ein Entgelt bis zur Höhe des nach dem Sachenrechtsbereinigungsgesetz zu zahlenden Erbbauzinses verlangen, wenn ein Verfahren zur Bodenneuordnung nach dem Bodensonderungsgesetz eingeleitet wird, er ein notarielles Vermittlungsverfahren nach den §§ 87 bis 102 des Sachenrechtsbereinigungsgesetzes oder ein Bodenordnungsverfahren nach dem 8. Abschnitt des Landwirtschaftsanpassungsgesetzes beantragt oder sich in den Verfahren auf eine Verhandlung zur Begründung dinglicher Rechte oder eine Übereignung eingelassen hat. Vertragliche oder gesetzliche Regelungen, die ein abweichendes Nutzungsentgelt oder einen früheren Beginn der Zahlungspflicht begründen, bleiben unberührt. Umfang und Inhalt des Rechts bestimmen sich im übrigen nach der bisherigen Ausübung. In den Fällen der in der Anlage II Kapitel II Sachgebiet A Abschnitt III des Einigungsvertrages vom 31. August 1990 (BGBl. 1990 II S. 885, 1150) aufgeführten Maßgaben kann das Recht nach Satz 1 allein von der Treuhandanstalt geltend gemacht werden.

[II] Das Recht zum Besitz nach Absatz 1 wird durch eine Übertragung oder einen Übergang des Eigentums oder eine sonstige Verfügung über das Grundstück nicht berührt. Das Recht kann übertragen werden; die Übertragung ist gegenüber dem Grundstückseigentümer nur wirksam, wenn sie diesem vom Veräußerer angezeigt wird.

[III] Während des in Absatz 1 Satz 2 genannten Zeitraums kann Ersatz für gezogene Nutzungen oder vorgenommene Verwendungen nur auf einvernehmlicher Grundlage verlangt werden. Der

Eigentümer eines Grundstücks ist während der Dauer des Rechts zum Besitz nach Absatz 1 verpflichtet, das Grundstück nicht mit Rechten zu belasten, es sei denn, er ist zu deren Bestellung gesetzlich oder aufgrund der Entscheidung einer Behörde verpflichtet.

IV Bis zu dem in Absatz 1 Satz 2 genannten Zeitpunkt findet auf Überlassungsverträge unbeschadet des Artikels 232 § 1 der § 78 des Zivilgesetzbuchs der Deutschen Demokratischen Republik keine Anwendung.

V Das Vermögensgesetz, die in der Anlage II Kapitel II Sachgebiet A Abschnitt III des Einigungsvertrages aufgeführten Maßgaben sowie Verfahren nach dem 8. Abschnitt des Landwirtschaftsanpassungsgesetzes bleiben unberührt.

VI Bestehende Rechte des gemäß Absatz 1 Berechtigten werden nicht berührt. In Ansehung der Nutzung des Grundstücks getroffene Vereinbarungen bleiben außer in den Fällen des Absatzes 1 Satz 1 Buchstabe c unberührt. Sie sind in allen Fällen auch weiterhin möglich. Das Recht nach Absatz 1 kann ohne Einhaltung einer Frist durch einseitige Erklärung des Grundeigentümers beendet werden, wenn
a) der Nutzer
    aa) im Sinne der §§ 20a und 20b des Parteiengesetzes der Deutschen Demokratischen Republik eine Massenorganisation, eine Partei, eine ihr verbundene Organisation oder eine juristische Person ist und die treuhänderische Verwaltung über den betreffenden Vermögenswert beendet worden ist oder
    bb) dem Bereich der Kommerziellen Koordinierung zuzuordnen ist oder
b) die Rechtsverhältnisse des Nutzers an dem fraglichen Grund und Boden Gegenstand eines gerichtlichen Strafverfahrens gegen den Nutzer sind oder
c) es sich um ein ehemals volkseigenes Grundstück handelt und seine Nutzung am 2. Oktober 1990 auf einer Rechtsträgerschaft beruhte, es sei denn, der Nutzer ist eine landwirtschaftliche Produktionsgenossenschaft, ein ehemals volkseigener Betrieb der Wohnungswirtschaft, eine Arbeiter-Wohnungsbaugenossenschaft oder eine gemeinnützige Wohnungsgenossenschaft oder deren jeweiliger Rechtsnachfolger.
In den Fällen des Satzes 4 Buchstabe a und c ist § 1000 des Bürgerlichen Gesetzbuchs nicht anzuwenden. Das Recht zum Besitz nach dieser Vorschrift erlischt, wenn eine Vereinbarung nach den Sätzen 2 und 3 durch den Nutzer gekündigt wird.

VII Die vorstehenden Regelungen gelten nicht für Nutzungen zur Erholung, Freizeitgestaltung oder zu ähnlichen persönlichen Bedürfnissen einschließlich der Nutzung innerhalb von Kleingartenanlagen. Ein Miet- oder Pachtvertrag ist nicht als Überlassungsvertrag anzusehen.

VIII Für die Zeit bis zum Ablauf des 31. Dezember 1994 ist der nach Absatz 1 Berechtigte gegenüber dem Grundstückseigentümer sowie sonstigen dinglichen Berechtigten zur Herausgabe von Nutzungen nicht verpflichtet, es sei denn, daß die Beteiligten andere Abreden getroffen haben. Ist ein in Absatz 1 Satz 1 Buchstabe a bezeichneter Kaufvertrag unwirksam oder sind die Verhandlungen auf Abschluß des beantragten Kaufvertrages gescheitert, so ist der Nutzer von der Erlangung der Kenntnis der Unwirksamkeit des Vertrages oder der Ablehnung des Vertragsschlusses an nach § 987 des Bürgerlichen Gesetzbuchs zur Herausgabe von Nutzungen verpflichtet.

IX Für die Zeit vom 1. Januar 1995 bis zum 31. Dezember 1998 kann der Grundstückseigentümer von der öffentlichen Körperschaft, die das Grundstück zur Erfüllung ihrer öffentlichen Aufgaben nutzt oder im Falle der Widmung zum Gemeingebrauch für das Gebäude oder die Anlage unterhaltungspflichtig ist, nur ein Entgelt in Höhe von jährlich 0,8 vom Hundert des Bodenwerts eines in gleicher Lage belegenen unbebauten Grundstücks sowie die Freistellung von den Lasten des Grundstücks verlangen. Der Bodenwert ist nach den Bodenrichtwerten zu bestimmen; § 19 Abs. 5 des Sachenrechtsbereinigungsgesetzes gilt entsprechend. Der Anspruch aus Satz 1 entsteht von dem Zeitpunkt an, in dem der Grundstückseigentümer ihn gegenüber der Körperschaft schriftlich geltend macht. Abweichende vertragliche Vereinbarungen bleiben unberührt.

1) Allgemeines. § 2a bezweckt eine vorläuf Sicherg des RVerh zw den in I genannten GrdstNutzern 1 u den GrdstEigtümern dch Einführg eines vorläuf BesR. Nach Ablauf des in I 2 genannten Ztpkts besteht es nur noch in den in SachenRBerG 3 III, 4, 121 genannten Fällen bis zur Bereinigg dieser RVerh über diesen Ztpkt hinaus fort (I 3), sofern es nicht vorher nach SachenRBerG 79 III 2 erlischt.

2) Besitzberechtigte (I 1). Soweit I 1 auf Institutionen iSv ParteiG-DDR 20a, 20b zutrifft, deren 2 Vermögen nach ParteiG-DDR 20b III iVm EinigsV Anl II Kap II Sachgebiet A Abschn III Maßg b von der TrHd-Anstalt verwaltet wird (vgl dazu BVerwG VIZ 93, 247; VG Bln VIZ 93, 260), kann das BesR nur von dieser geltd gemacht werden (I 4). – **a) Rechtmäßige Bebauer.** Die Bebauung muß vor dem 3 3. 10. 90 begonnen haben (Beginn der Erdarbeiten genügt). Sie muß damaligem DDR-Recht über baurechtl Zulässigk entspr u iF fehlder BauGen (Brdbg VIZ 95, 51) mit Billig staatl (zB Standortbestätigg des Ministerrats; Naumbg OLG-NL 94, 84) oder gesellschaftl (zB Partei, FDGB) Organe erfolgt sein; längere Duldg reicht (Rstk OLG-NL 95, 41), nicht aber behördeninterne Prüfg (Dresd VIZ 94, 489). Über Anlagen u Gbde vgl BauO-DDR v 20. 7. 90 (GBl I 929) 2, I, II. Der Bebauer muß das Gbde/ Anlage am 22. 7. 92 selbst nutzen; auch dch Vermietg (Naumbg DtZ 93, 252; Dresd VIZ 94, 489; Brdbg VIZ 95, 51), denn Nutzgen sind auch mittelb Sachfrüchte (BGB 99 III, 100). Bebauung dch einen and als den Nutzer reicht nicht (LG NBrdbg VIZ 93, 81). – **b) Genossenschaften, VEB der Woh-** 4 **nungswirtschaft.** Die Gbde müssen rechtmäß errichtet worden sein (Rn 3) u vor dem 3. 10. 90 den Genossensch usw mit dazugehör Flächen (zB Zufahrten, Grünanlagen, Plätze, Wege) zur Nutzg u

selbstd Bewirtsch/Verwaltg übertr worden sein. Erfaßt wird auch selbstd GbdeEigt, für das keine RGrdLage in Form eines NutzgsR mehr besteht (zB GbdeEigt gem LPG-G 27 nach Aufhebg von LPG-G 18). Die Gbde müssen von der Genossensch usw od ihren RNachf (die dann eigenes BesR haben) genutzt werden (Mitfinanzierg eines Gbdes reicht nicht; BVerwG VIZ **95**, 354); diese müssen das Gbde nicht selbst errichtet
5 haben (KG OLG-NL **94**, 227). – **c) Überlassungsnehmer.** Dch ÜberlassgsVertr wurden staatl od trhd verwaltete Grdst von Pers, die die DDR verlassen hatten (vgl § 6 VO v 17. 7. 52; GBl I S 615), Bürgern zur Nutzg dch Eigenheimbau bzw Nutzg bereits errichteter Häuser überlassen (vgl LG Bln NJ **92**, 555 Anm Göhring/Riecke). Das ZGB kannte nicht den Begr des ÜberlassgsVertr; man verstand darunter Vertr, die auf Übertr des GrdstEigt gerichtet waren (Rhode, BodenR 1989, 10.5.1.3); in I geht es aber gerade nicht um EigtErwerb an Grdst. Das Grdst muß bei VertrAbschl mit einem Wohnhaus bebaut gewesen sein. BesBerecht sind neben dem Überlassgsnehmer (Part des ÜberlassgsVertr) auch die jeweil (nicht nur im Ztpkt des
6 VertrAbschl) HausstadsMitgl (zB auch Lebensgefährten). – **d) Gebäudekäufer.** Das ErwerbsGesch muß nach DDR-Recht wirks gewesen sein (BGH NJW **94**, 1283). Erfaßt werden Eigenheime aus VolksEigt (vgl VerkaufsG). Es genügt auch die rechtl ungesicherte Zuweisg eines Bauplatzes dch den Vorstand einer Gemeinde/PLG, der dann mit staatl Krediten gefördert bebaut wurde (BT-Drucks 12/2480 S 78).

7 **3) Besitzrecht;** ges BesR iSv BGB 986. Es schließt HerausgAnspr aus Eigt (BGB 985) u Bes (BGB 1007) aus. – **a) Inhalt und Umfang (I 3)** bestimmen sich nach der bish Nutzg; zuläss daher iFv I 1a Fertigstellg der Bebauung (BGH **121**, 347). Diese ist auf das Gbde/Anlage zu beziehen (BT-Drucks 12/2480 S 78). Soweit die bish GbdeNutzg auch eine Nutzg von GbdeFlächen umfaßt (zB Garten eines Wohnhauses), wird auch diese umfaßt. Nach der bish Nutzg bestimmt sich auch die Mitbenutzg dch Dritte (zB Eheg des
8 Erbauers/Käufers), die damit ebenf vor HerausAnspr geschützt sind. – **b) Belastungsverbot (III 2).** Es gilt für beschr dingl Rechte aller Art. Verstoß macht die Belastg nicht unwirks; ggf SchadErsAnspr des BesBe-
9 recht; vgl jetzt auch SachenRBerG 36 I 2 Nr 1, 63. – **d) Rechtsnachfolge (II).** Das BesR besteht ggü dem (auch gutgl) Erwerber (dch RGesch od krG/Staatsakt) des Eigt od eines beschr dingl Rechts am Grdst. Die ÜbertrAnzeige ist formfreie empfangsbedürft WillErkl; Veräußerer kann Erwerber od Dritten zur Anzeige bevollmächtigen od Anzeige eines NichtBevollm genehmigen.

10 **4) Überlassungsverträge (IV)** bzgl eines Grdst (vgl Rn 5) können bis zu dem in I 2 genannten Ztpkt nicht nach ZGB 78 geändert od aufgehoben werden. Iü bestimmt sich das auf die anwendb Recht weiter nach Art 232 § 1.

11 **5) Vermögensrechtliche Verfahren (V)** werden weitergeführt; die Aussetzg nach V 2 aF ist entfallen (Art 3 Nr 2 VermRAnpG v 4. 7. 95, BGBl I 895). Die Aufhebg der staatl/trhd Verwaltg eines unter I 1 fallden Grdst ist weiterhin mögl u berührt die Anwendg von § 2a nicht.

12 **6) Sonstige Nutzungsrechte, Aufhebung des Besitzrechts (VI). – a)** Am 22. 7. 92 bestehde gesetzl NutzgsR des nach I BesBerecht bestehen neben dem ges BesR mit ihrem bish Inhalt fort (**VI 1**). Auch NutzgsVereinbgen, die im Verh zw Eigtümer u Nutzer wirken, bestehen fort, soweit die Nutzg nicht gem I 1 lit c erlangt ist (**VI 2**); künft NutzgsVereinbgen sind in allen Fällen des I 1 (auch lit c) mögl (**VI 3**). Nach LG Bln DtZ **93**, 284 NutzgsEntgelt auch aus c. i. c. mögl. Kündigt der Nutzer eine Vereinbg nach S 2, 3, so
13 erlischt auch das BesR nach I (**VI 6**). – **b)** Der Eigtümer kann ein BesR aus I (nicht ein daneben bestehdes NutzgsR iSv VI 1) der in **VI 4** genannten Nutzer dch einseit empfangsbedürft WillErkl mit sofortiger Wirkg beenden. IFv lit b genügt ein staatsanwaltschaftl ErmittlgsVerf nicht; das StrafVerf (zB Nötigg, Bestechg, Untreue) darf noch nicht abgeschlossen sein ("sind"). IFv lit u und c kein ZbR des Nutzers wg Verwendgen aus BGB 1000 (**VI 5**); iFv lit b Ausschl nach BGB 1000 S 2 mögl.

14 **7) Unanwendbarkeit (VII).** I–VI gelten nicht für die in **S 1** genannten Nutzgen (vgl ZGB 296, 312), zu denen jetzt auch die Nutzg in Kleingartenanlagen zählt (BGH NJW **93**, 859 dch S 1 idF Art 13 Nr 3b bb RegVBG überholt) u finden keine Anwendg auf NutzgsVerh an Grdst, die nach dem 2. 10. 90 dch Vereinbgen der Beteil verbindl geregelt worden sind (Art 14 IV 3 2. VermRÄndG v 4. 7. 92, BGBl I S 1257) od dch Aufhebg von LPG 18 entfallen sind (BGH WM **94**, 119: Wochenendhaus auf Grdst für Erholgszweck). Vertragslose Nutzgen sind daher ungeschützt (Naumbg NJ **94**, 227; Brdbg OLG-NL **94**, 178). Miet/ PachtVertr sind keine ÜberlassgVertr iSv I 1 lit c, IV (**S 2**).

15 **8) Nutzungs-/Verwendungsersatz** nach BGB 812ff, 987ff, ZGB 33, 356, 357 kann währd des BesR nach I 2 (einschl der Fortgeltg nach I 3) mangels vertragl Reglg nicht verlangt (dh gerichtl geltd gemacht) werden (**III 1;** Naumbg VIZ **93**, 364; Rstk OLG-NL **95**, 41; aA LG Bln VIZ **94**, 312); VIII aF behielt Reglg bzgl Nutzgen/Verwendgen bes Gesetz vor. Nach **VIII 1** nF braucht der BesBerecht nach I mangels vertragl Reglg Nutzgen, die er bis zum 31. 12. 94 gezogen hat, nicht herauszugeben (damit auch kein Ers für nicht gezogene Nutzgen; Ausn nach III 2 (Verweisg auf BGB 987 erfaßt auch II; der Hinweis auf BGB 987 I, 990 I 2 in BT-Drucks 12/7425 S 92 bezieht sich auf die Beendigg des Vertrauensschutzes). VIII 2 auch anwendb, wenn man BesR aus I in diesem Fall mit BGH NJW **94**, 1283 verneint.

16 **9) Nutzungsentgelt ab 1. 1. 95. – a)** Vorbehaltl abw vertragl od gesetzl Regelgen wird in den Fällen des I 3 unter den Voraussetzgen des **I 4** ein Nutzgsentgelt geschuldet, dessen Höhe sich nach SachenRBerG 43 bestimmt (Fälligk entspr SachenRBerG 44). – **b)** Die in **IX** genannten Fälle sind von der SachenRBereinigg ausgen (SachenRBerG 2 I Nr 4), sie soll dch bes Gesetz erfolgen. Fehlt ein Bodenrichtwert, so ist der VerkWert iSv BauGB 194 maßg.

EG 233 § 2 b *Gebäudeeigentum ohne dingliches Nutzungsrecht* [1]In den Fällen des § 2a Abs. 1 Satz 1 Buchstabe a und b sind Gebäude und Anlagen landwirtschaftlicher Produktionsgenossenschaften sowie Gebäude und Anlagen von Arbeiter-Wohnungsbaugenossenschaften und von gemeinnützigen Wohnungsgenossenschaften auf ehemals volkseigenen Grundstücken, auch soweit dies nicht gesetzlich bestimmt ist, unabhängig vom Eigentum am Grundstück Eigentum des Nutzers. Ein beschränkt dingliches Recht am Grundstück besteht nur, wenn dies besonders begründet worden ist. Dies gilt auch für Rechtsnachfolger der in Satz 1 bezeichneten Genossenschaften.

[II] Für Gebäudeeigentum, das nach Absatz 1 entsteht oder nach § 27 des Gesetzes über die landwirtschaftlichen Produktionsgenossenschaften vom 2. Juli 1982 (GBl. I Nr. 25 S. 443), das zuletzt durch das Gesetz über die Änderung oder Aufhebung von Gesetzen der Deutschen Demokratischen Republik vom 28. Juni 1990 (GBl. I Nr. 38 S. 483) geändert worden ist, entstanden ist, ist auf Antrag des Nutzers ein Gebäudegrundbuchblatt anzulegen. Für die Anlegung und Führung des Gebäudegrundbuchblatts sind die vor dem Wirksamwerden des Beitritts geltenden sowie später erlassene Vorschriften entsprechend anzuwenden. Ist das Gebäudeeigentum nicht gemäß § 2c Abs. 1 wie eine Belastung im Grundbuch des betroffenen Grundstücks eingetragen, so ist diese Eintragung vor Anlegung des Gebäudegrundbuchblatts von Amts wegen vorzunehmen.

[III] Ob Gebäudeeigentum entstanden ist und wem es zusteht, wird durch Bescheid des Präsidenten der Oberfinanzdirektion festgestellt, in dessen Bezirk das Gebäude liegt. Das Vermögenszuordnungsgesetz ist anzuwenden. Den Grundbuchämtern bleibt es unbenommen, Gebäudeeigentum und seinen Inhaber nach Maßgabe der Bestimmungen des Grundbuchrechts festzustellen; ein Antrag nach den Sätzen 1 und 2 darf nicht von der vorherigen Befassung der Grundbuchämter abhängig gemacht werden. Im Antrag an den Präsidenten der Oberfinanzdirektion oder an das Grundbuchamt hat der Antragsteller zu versichern, daß bei keiner anderen Stelle ein vergleichbarer Antrag anhängig oder ein Antrag nach Satz 1 abschlägig beschieden worden ist.

[IV] § 4 Abs. 1, 3 Satz 1 bis 3 und Abs. 6 ist entsprechend anzuwenden.

[V] Ist ein Gebäude nach Absatz 1 vor Inkrafttreten dieser Vorschrift zur Sicherung übereignet worden, so kann der Sicherungsgeber die Rückübertragung Zug um Zug gegen Bestellung eines Grundpfandrechts an dem Gebäudeeigentum verlangen. Bestellte Pfandrechte sind in Grundpfandrechte an dem Gebäudeeigentum zu überführen.

[VI] Eine bis zum Ablauf des 21. Juli 1992 vorgenommene Übereignung des nach § 27 des Gesetzes über die landwirtschaftlichen Produktionsgenossenschaften oder nach § 459 Abs. 1 Satz 1 des Zivilgesetzbuchs der Deutschen Demokratischen Republik entstandenen selbständigen Gebäudeeigentums ist nicht deshalb unwirksam, weil sie nicht nach den für die Übereignung von Grundstücken geltenden Vorschriften des Bürgerlichen Gesetzbuchs vorgenommen worden ist. Gleiches gilt für das Rechtsgeschäft, mit dem die Verpflichtung zur Übertragung und zum Erwerb begründet worden ist. Die Sätze 1 und 2 sind nicht anzuwenden, soweit eine rechtskräftige Entscheidung entgegensteht.

1) Selbständiges Gebäudeeigentum. – a) Erwerb (I). Sofern ihnen ein BesR nach § 2a I 1 lit a od b als **1** Nutzer zusteht, erwerben die genannten Genossensch, einschl ihrer zwischenbetriebl Einrichtgen (Brdbg OLG-NL **95**, 201) u ihre RNachf mit Inkrafttreten von § 2b Eigt an den Gbden/Anlagen (§ 1,3); auch wenn hier schon ein GbdeEigt ohne NutzgsR am Grdst (zB LPGG 27 nach Aufhebg von LPGG 18) bestand, gilt § 2b. Die Gbde/Anlagen der LPG müssen abw von denen der and Genossensch nicht auf ehem VolksEigt errichtet sein. Der EigtErwerb nach I 1 erstreckt sich nicht auf das Grdst u begründet kein dingl NutzgsR an ihm (S 2). – **b) Gebäudegrundbuch (II).** Für die Anlegg u Führg gilt jetzt die GGV (vgl aber dort § 2). **2** Nachw des GbdeEigt dch Bescheid nach Rn 3 (GGV 4 II) od gem GBO 29 (Brdbg OLG-NL **95**, 201). Die Anlegg ist nicht konstitutiv für den EigtErwerb nach I. Ist ein GbdeGBBl vor dem 25. 12. 1993 angelegt worden, so wird das GbdeEigt auf Antr als GrdstBelastg im GrdstGB eingetr (§ 2c I); wird es später angelegt, so ist eine noch nicht erfolgte Eintragg als GrdstBelastg vAw nachzuholen (vgl GGV 6). – **c) Feststellungsverfahren (III).** Das FeststellgsVerf dch den OFDPräs nach dem VZOG ist dem des GBA **3** nach der GBO nicht nachrang (III 3 Halbs 2); Rstk VIZ **94**, 142 überholt. Es ist nicht vorgreifl für Klagen aus BGB 894, 985 od auf EigtFeststellg (Dresd VIZ **95**, 114). Die Rechtmäßigk eines bestandskräft Bescheides des OFDPräs hat das GBA nicht zu prüfen (VZOG 3 II).

2) Einzelfragen. – a) Übereignung/Belastung (IV, § 4 I) des selbstd GbdeEigt nach BGB 873, 925 **4** dch Aufl/Einigg u Eintragg im GbdeGB (KG OLG-NL **95**, 77). Gesamtbelastg mit Grdst mögl. – **b) Untergang des Gebäudes (IV, § 4 III 1, 2).** Es bleibt ein AnwR auf GbdeEigt bestehen, das zur Errichtg eines neuen (gleichart) Gbdes berechtigt u an diesem zu GbdeEigt erstarkt; die bish Belastgen des GbdeEigt setzen sich daran fort. – **c) Grundstücknutzung (IV, § 4 III 3).** Das selbstd GbdeEigt berechtigt zur Benutzg des Grdst im zweckmäß ortsübl Umfang. Dieses NutzgsR tritt neben das BesR aus § 2a I. – **d) Aufhebung 5 (IV, § 4 V)** des selbstd GbdeEigt bei Eintragg im GbdeGB nach BGB 875 u bei NichtEintr dch not beurk Erkl ggü dem GBA; BGB 876 gilt in beiden Fällen. Zust des GrdstEigtümers nicht notw. Das Gbde wird (idR wesentl) GrdstBestandt; Belastgen des GbdeEigt erlöschen (Berecht ist dagg dch BGB 876 geschützt; vgl § 4 Rn 9). Unerhebl ist, ob die Aufhebg im ZusHang damit erfolgt, daß der Nutzer das GrdstEigt od ein ErbbR od der GrdstEigtümer bzw ErbbBerecht das GbdeEigt erwirbt (so IV idF RegVBG). – **e) Eigentumsvereinigung.** Erwirbt der GrdstEigtümer od ErbbBerecht das selbstd GbdeEigt od umgekehrt, so erlischt das GbdeEigt dadch nicht.

3) Mobiliarsicherheiten (V). An dem GbdeEigt konnten bish MobiliarSicherh bestellt werden (zB **6** SichgEigt; vgl BezG Dresd Rpfleger **91**, 493). Künft gilt GrdstSachenR (V, § 4 I). Die MobiliarSicherh wandeln sich nicht krG in GrdPfdR um, sond es besteht (auch iFv S 2) ein schuldrechtl Anspr auf Austausch gg ein GrdPfdR.

4) Übergangsrecht für Eigentumserwerb (VI). Wurde vor dem InkrTreten des 2. VermRÄndG ein in **7** selbstd GbdeEigt iSv VI 1 stehdes Gbde dch formlosen Vertr veräußert und nach BGB 929ff übereignet, so sind diese RGesch nicht unwirks, weil möglichw (was zweifelh ist) für sie BGB 313, 873, 925 galten (BGH DtZ **95**, 169). Andere Mängel des ErwerbsGesch werden nicht geheilt.

EG 233 § 2 c   *Grundbucheintragung.* [I] Selbständiges Gebäudeeigentum nach § 2 b ist auf Antrag (§ 13 Abs. 2 der Grundbuchordnung) im Grundbuch wie eine Belastung des betroffenen Grundstücks einzutragen. Ist für das Gebäudeeigentum ein Gebäudegrundbuchblatt nicht vorhanden, so wird es bei der Eintragung in das Grundbuch von Amts wegen angelegt.

[II] Zur Sicherung etwaiger Ansprüche aus dem Sachenrechtsbereinigungsgesetz ist auf Antrag des Nutzers ein Vermerk in der Zweiten Abteilung des Grundbuchs für das betroffene Grundstück einzutragen, wenn ein Besitzrecht nach § 2a besteht. In den in § 121 Abs. 1 und 2 des Sachenrechtsbereinigungsgesetzes genannten Fällen kann die Eintragung des Vermerks auch gegenüber dem Verfügungsberechtigten mit Wirkung gegenüber dem Berechtigten erfolgen, solange das Rückübertragungsverfahren nach dem Vermögensgesetz nicht unanfechtbar abgeschlossen ist. Der Vermerk hat die Wirkung einer Vormerkung zur Sicherung dieser Ansprüche. § 885 des Bürgerlichen Gesetzbuchs ist entsprechend anzuwenden.

[III] Der Erwerb selbständigen Gebäudeeigentums sowie dinglicher Rechte am Gebäude der in § 2 b bezeichneten Art aufgrund der Vorschriften über den öffentlichen Glauben des Grundbuchs ist nur möglich, wenn das Gebäudeeigentum auch bei dem belasteten Grundstück eingetragen ist.

1   **1)** Art 231 § 5 III 1 ermöglicht ab 1. 1. 97 das Erlöschen des nicht im GrdstGB wie eine Belastg eingetr GbdeEigt dch gutgl lastenfreien Erwerb des GrdstEigt. Um dies zu verhindern, bedarf es der Eintragg des GbdeEigt wie eine Belastg im GrdstGB. Wird das GbdeGB erst angelegt, so erfolgt diese Eintragg vAw vor seiner Anlegg (§ 2 b II 3). Ist ein GbdeGB schon angelegt, so erfolgt die Eintragg im GrdstGB auf Antr des Grdst- od GbdeEigtümers (**I 1** [GBO I 2 statt GBO II]; auch noch nach dem 31. 12. 96, wenn GbdeEigt noch nicht erloschen. Ist ein GbdeGB noch nicht angelegt u wird (nur) die Eintragg nach I 1 im GrdstGB beantragt, so wird das GbdeGB abw von § 2 b II 2 vAw angelegt (**I 2**).

2   **2)** Das SachenRBerG räumt Nutzern (§ 9) einen Anspr auf Bestellg eines ErbbR (§ 32) bzw Wohngs-ErbbR (§ 40) od Ankauf von Grdst- (§ 61) bzw WohngsEigt (§ 67) ein. Zur Sicherg dieser Anspr (§ 111; EGZVG 9a) kann auf Antr des Nutzers (u gem GBO 13 I 2 auch des GrdstEigtümers), der ein BesR nach § 2a hat, ein Vermerk in Abt II des GrdstGB eingetr werden (vgl dazu GGV 7), der diese Anspr entspr BGB 883 ff sichert (**II**). Der Vermerk heilt auch Formverstöße bei der Verpfl zur Übertragg dieser Anspr (§ 13 III Nr 2). Solange das WahlR (14, 15) nicht ausgeübt ist, sichert der Vermerk alle in Betracht kommden Anspr. Eintragg aGrd EintrBew des GrdstEigtümers od einstwVfg (BGB 885), die Glaubhaftmachg (ZPO 294) des BesR nicht aber der AnsprGefährdg (BGB 885 I 2) erfordert. Entspr anwendb ist II auf Vermerk nach § 92 V (§ 92 VI 2).

3   **3)** III macht den gutgl Erwerb von GbdeEigt an Gbden iSv § 2 b u beschr dingl Rechten an solchen Gbden davon abhäng, daß das GbdeEigt wie eine Belastg im GrdstGB eingetr ist (vgl §§ 2 b II 3, 2 c I 1). Das soll verhindern, daß eine nach Art 231 § 5 IV entstandene Mitbelastg des Gbdes, die aus dem GbdeGB nicht ersichtl ist, dch gutgl Erwerb des GbdeEigt od eines beschr dingl Rechts am Gbde erlischt bzw einen Rangverlust erleidet (BT-Drucks 12/5553 S 126). Da sich Belastgen des Gbdes aus dem GrdstGB ergeben, ist auch dieses das nach BGB 892, 893 maßg GB für das GbdeEigt (and zB für Belastgen von ErbbR, ErbbRVO 14).

EG 233 § 3   *Inhalt und Rang beschränkter dinglicher Rechte.* [I] Rechte, mit denen eine Sache oder ein Recht am Ende des Tages vor dem Wirksamwerden des Beitritts belastet ist, bleiben mit dem sich aus dem bisherigen Recht ergebenden Inhalt und Rang bestehen, soweit sich nicht aus den nachstehenden Vorschriften ein anderes ergibt. § 5 Abs. 2 Satz 2 und Abs. 3 des Gesetzes über die Verleihung von Nutzungsrechten an volkseigenen Grundstücken vom 14. Dezember 1970 (GBl. I Nr. 24 S. 372 – Nutzungsrechtsgesetz) sowie § 289 Abs. 2 und 3 und § 293 Abs. 1 Satz 2 des Zivilgesetzbuchs der Deutschen Demokratischen Republik sind nicht mehr anzuwenden. Satz 2 gilt entsprechend für die Bestimmungen des Nutzungsrechtsgesetzes und des Zivilgesetzbuchs über den Entzug eines Nutzungsrechts.

[II] Die Aufhebung eines Rechts, mit dem ein Grundstück oder ein Recht an einem Grundstück belastet ist, richtet sich nach den bisherigen Vorschriften, wenn das Recht der Eintragung in das Grundbuch nicht bedurfte und nicht eingetragen ist.

[III] Die Anpassung des vom Grundstückseigentum unabhängigen Eigentums am Gebäude und des in § 4 Abs. 2 bezeichneten Nutzungsrechts an das Bürgerliche Gesetzbuch und seine Nebengesetze und an die veränderten Verhältnisse sowie die Begründung von Rechten zur Absicherung der in § 2a bezeichneten Bebauungen erfolgen nach Maßgabe des Sachenrechtsbereinigungsgesetzes. Eine Anpassung im übrigen bleibt vorbehalten.

[IV] Auf Vorkaufsrechte, die nach den Vorschriften des Zivilgesetzbuchs der Deutschen Demokratischen Republik bestellt wurden, sind vom 1. Oktober 1994 an die Bestimmungen des Bürgerlichen Gesetzbuchs nach den §§ 1094 bis 1104 anzuwenden.

1   **1) Allgemeines.** Die Art 184, 189 III nachgebildete Vorschr gilt für beschr dingl Rechte an bewegl u unbewgl Sachen u Rechten (zB Fdgen). Erfaßt werden Rechte, die nach fr DDR-Recht begründet wurden, sowie Rechte, die nach EGZGB 5, 6 übergeleitet wurden; für gesetzl EigtBeschrkgen gilt § 2. Abweichgen enthalten §§ 4 II, 5, 6, 9. – **a) Beschränkte dingliche Rechte** nach fr DDR-Recht. Grdst konnten mit NutzgsR (ZGB 287–290, 291–294), VorkR (ZGB 306–309), MitbenutzgsR (ZGB 321, 322) u Hyp (ZGB 452–457; GrdstVollstrVO) belastet sein. Gbde in selbständ Eigt konnten nach ZGB 288 IV, 292 III gem ZGB 295 II, GrdstVollstrVO 1 III mit VorkR u Hyp belastet sein. Bewegl Sachen u Fdgen konnten mit

PfdR (ZGB 443–449; GW 234ff; DDR-ZPO 87) belastet sein. – **b) Rechtserwerb/-verlust.** Die Frage, ob 2
ein Recht am Ende des 2. 10. 90 besteht, u die Auslegg des BestellgsGesch beurteilen sich nach fr DDR-
Recht. Soweit das Recht ohne GBEintr (zB ZGB 287, 291, 322) od Überg (ZGB 448) entstehen konnte, sind
nachträgl GBEintr (iW der GBBerichtigg) bzw Überg für den Fortbestand nicht notw. Für eingetr Rechte
gilt BGB 891; wer sich auf nicht eingetr Rechte beruft, muß die Entstehg beweisen.

2) **Überleitung.** – **a) Rechtsinhalt** ist die Gesamth der Rechte u Pfl im Verhältn zw Eigtümer u 3
RInhaber. Er richtet sich nach fr DDR-Recht, soweit dieses nicht nach I 2, 3 nicht mehr anwendb od IV,
§ 4ff Abweichgen vorsehen; dieses begrenzt auch den Umfang der Inhaltsänderg, für deren Dchführg BGB
877 gilt (ggf ist erst GBEintr herbeizuführn). Soll ein Recht einen nur nach BGB mögl Inhalt erhalten, muß
es neu bestellt werden. – **b) Rang.** Er richtet sich nach fr DDR-Recht; dieses enthält nur in ZGB 453 II,
456 III (vgl dazu § 6 Rn 5) materielle RangVorschr (vgl aber GrdstVollstrVO 12, 13), währd das GBVerfR
(GDO, GVO) den Rang überhaupt nicht behandelt. Für Rangänderg gilt a) entspr.

3) **Einzelfragen.** – **a) Übertragung.** Die Übertragbark gehört zum RInhalt u richtet sich daher nach fr 4
DDR-Recht (zB ZGB 306 I 4; vgl jetzt aber IV); NutzgsRe nach ZGB 287, 291, VerkaufsG 4 II sind nicht
selbständ übertragb, sond folgen dem GbdeEigt (ZGB 289, 293, VerkaufsG 6 II). Für das ÜbertraggsGesch
gilt BGB; gutgl Erwerb wird auch dch vor dem 3. 10. 90 eingetr Widerspr ausgeschl. – **b) Erlöschen.** Die
im fr DDR-Recht für einz Rechte vorgesehenen ErlöschensGrd (zB ZGB 307 II, 322 III, 454 II 1) gehören
zum RInhalt u gelten daher fort. – **c) Aufhebung** führt nicht aus Grd des RInhalts zum Erlöschen u richtet 5
sich daher ab 3. 10. 90 nach BGB 875. Ausn in **II** für nicht eingetr nicht eintragsbedürft Rechte (vgl Rn 2),
die nach fr DDR-Recht u damit ohne vorh Eintragg aufgehoben werden. – **d) Schutz des guten Glaubens.**
Er richtet sich bei Erwerbsvorgängen nach dem 2. 10. 90 nach BGB. Im GB nicht eingetr Rechte erlöschen
bzw erleiden einen Rangverlust (vorbeh § 4 II, 5 II); besitzlose PfdRe (ZGB 448) können nach BGB 936
erlöschen.

4) **Anpassung.** – **a) III.** Die in **S 1** genannten RInstitute des fr DDR-Rechts werden dch SachenRBerG 1 I 6
Nr 1, 3ff in der Weise angepaßt, daß wahlw (§§ 14, 15) ein Anspr auf Bestellg eines ErbbR/WohngsErbbR
(§§ 32, 40) od Ankauf des GrdstEigt/WohngsEigt (§§ 61, 67) geltd gemacht werden kann. Mit ErbbRBe-
stellg erlöschen GbdeEigt u NutzgsR (§ 59); nach Erwerb des GrdstEigt ist das nicht mehr veräußerb/
belastb GbdeEigt aufzuheben (§ 78), währd das NutzgsR als Recht an eigener Sache fortbesteht, aber nicht
mehr übertragb ist. **S 2** behält die Anpassg vor, falls es zu ErbbRBestellg/GrdstAnkauf nicht kommt. In den
Fällen SachenRBerG 2 I Nr 1 erfolgt die Anpassg des NutzgsR nach SchuldRÄndG Art 2. – **b) IV.** Für
Inhalt u Ausübg des VorkR nach ZGB 306 gelten ab 1. 10. 94 BGB 1094–1104, so daß ZGB 306 I 4, 307–309
nicht mehr anwendb sind (zu diesen vgl KG NJ **94**, 372). Das VorkR muß nach fr DDR-Recht wirks bestellt
worden sein.

EG 233 § 4

Sondervorschriften für dingliche Nutzungsrechte und Gebäudeeigentum.
I Für das Gebäudeeigentum nach § 288 Abs. 4 oder § 292 Abs. 3 des Zivilgeset-
zbuchs der Deutschen Demokratischen Republik gelten von dem Wirksamwerden des Beitritts an
die sich auf Grundstücke beziehenden Vorschriften des Bürgerlichen Gesetzbuchs mit Ausnahme
der §§ 927 und 928 entsprechend. Vor der Anlegung eines Gebäudegrundbuchblatts ist das dem
Gebäudeeigentum zugrundeliegende Nutzungsrecht von Amts wegen im Grundbuch des belaste-
ten Grundstücks einzutragen. Der Erwerb eines selbständigen Gebäudeeigentums oder eines ding-
lichen Rechts am Gebäude der in Satz 1 genannten Art aufgrund der Vorschriften über den öffent-
lichen Glauben des Grundbuchs ist nur möglich, wenn auch das zugrundeliegende Nutzungsrecht
bei dem belasteten Grundstück eingetragen ist.

II Ein Nutzungsrecht nach den §§ 287 bis 294 des Zivilgesetzbuchs der Deutschen Demokrati-
schen Republik, das nicht im Grundbuch des belasteten Grundstücks eingetragen ist, wird durch
die Vorschriften des Bürgerlichen Gesetzbuchs über den öffentlichen Glauben des Grundbuchs
nicht beeinträchtigt, wenn ein aufgrund des Nutzungsrechts zulässiges Eigenheim oder sonstiges
Gebäude in dem für den öffentlichen Glauben maßgebenden Zeitpunkt ganz oder teilweise er-
richtet ist und der dem Erwerb zugrundeliegende Eintragungsantrag vor dem 1. Januar 1997
gestellt worden ist. Der Erwerber des Eigentums oder eines sonstigen Rechts an dem belasteten
Grundstück kann in diesem Fall die Aufhebung oder Änderung des Nutzungsrechts gegen Aus-
gleich der dem Nutzungsberechtigten dadurch entstehenden Vermögensnachteile verlangen,
wenn das Nutzungsrecht für ihn mit Nachteilen verbunden ist, welche erheblich größer sind als
der dem Nutzungsberechtigten durch die Aufhebung oder Änderung seines Rechts entstehende
Schaden; dies gilt nicht, wenn er beim Erwerb des Eigentums oder sonstigen Rechts in dem für
den öffentlichen Glauben des Grundbuchs maßgeblichen Zeitpunkt das Vorhandensein des Nut-
zungsrechts kannte.

III Der Untergang des Gebäudes läßt den Bestand des Nutzungsrechts unberührt. Aufgrund des
Nutzungsrechts kann ein neues Gebäude errichtet werden; Belastungen des Gebäudeeigentums
setzen sich an dem Nutzungsrecht und dem neu errichteten Gebäude fort. Ist ein Nutzungsrecht
nur auf die Gebäudegrundfläche verliehen worden, so umfaßt das Nutzungsrecht auch die Nut-
zung des Grundstücks in dem für Gebäude der errichteten Art zweckentsprechenden ortsüblichen
Umfang, bei Eigenheimen nicht mehr als eine Fläche von 500 m². Auf Antrag ist das Grundbuch
entsprechend zu berichtigen. Absatz 2 gilt entsprechend.

IV Besteht am Gebäude selbständiges Eigentum nach § 288 Abs. 4 und § 292 Abs. 3 des Zivilge-
setzbuchs der Deutschen Demokratischen Republik, so bleibt bei bis zum Ablauf des 31. Dezem-
ber 1996 angeordneten Zwangsversteigerungen ein nach jenem Recht begründetes Nutzungsrecht
am Grundstück bei dessen Versteigerung auch dann bestehen, wenn es bei der Feststellung des
geringsten Gebots nicht berücksichtigt ist.

ᵛWar der Nutzer beim Erwerb des Nutzungsrechts unredlich im Sinne des § 4 des Vermögensgesetzes, kann der Grundstückseigentümer die Aufhebung des Nutzungsrechts durch gerichtliche Entscheidung verlangen. Der Anspruch nach Satz 1 ist ausgeschlossen, wenn er nicht bis zum 31. Dezember 1996 rechtshängig geworden ist. Ein Klageantrag auf Aufhebung ist unzulässig, wenn der Grundstückseigentümer zu einem Antrag auf Aufhebung des Nutzungsrechts durch Bescheid des Amtes zur Regelung offener Vermögensfragen berechtigt oder berechtigt gewesen ist. Mit der Aufhebung des Nutzungsrechts erlischt das Eigentum am Gebäude nach § 288 Abs. 4 und § 292 Abs. 3 des Zivilgesetzbuchs der Deutschen Demokratischen Republik. Das Gebäude wird Bestandteil des Grundstücks. Der Nutzer kann für Gebäude, Anlagen und Anpflanzungen, mit denen er das Grundstück ausgestattet hat, Ersatz verlangen, soweit der Wert des Grundstücks hierdurch noch zu dem Zeitpunkt der Aufhebung des Nutzungsrechts erhöht ist. Grundpfandrechte an einem aufgrund des Nutzungsrechts errichteten Gebäude setzen sich am Wertersatzanspruch des Nutzers gegen den Grundstückseigentümer fort. § 16 Abs. 3 Satz 5 des Vermögensgesetzes ist entsprechend anzuwenden.

ᵛᴵAuf die Aufhebung eines Nutzungsrechts nach § 287 oder § 291 des Zivilgesetzbuchs der Deutschen Demokratischen Republik finden die §§ 875 und 876 des Bürgerlichen Gesetzbuchs Anwendung. Ist das Nutzungsrecht nicht im Grundbuch eingetragen, so reicht die notariell beurkundete Erklärung des Berechtigten, daß er das Recht aufgebe, aus, wenn die Erklärung bei dem Grundbuchamt eingereicht wird. Mit der Aufhebung des Nutzungsrechts erlischt das Gebäudeeigentum nach § 288 Abs. 4 oder § 292 Abs. 3 des Zivilgesetzbuchs der Deutschen Demokratischen Republik; das Gebäude wird Bestandteil des Grundstücks.

ᵛᴵᴵDie Absätze 1 bis 5 gelten entsprechend, soweit aufgrund anderer Rechtsvorschriften Gebäudeeigentum, für das ein Gebäudegrundbuchblatt anzulegen ist, in Verbindung mit einem Nutzungsrecht an dem betroffenen Grundstück besteht.

1   **1) Gebäudeeigentum (I). – a) Allgemeines.** In Ausübg eines NutzgsR nach ZGB 287, 291 vor dem 3. 10. 90 errichtete Gbde wurden nach ZGB 288 IV (vgl auch NutzgsG 4 IV 1), 292 III (vgl auch EigenhVO 4 I) Eigt des NutzgsBerecht. Dieses ggü dem GrdstEigt selbständ GbdeEigt bleibt bestehen (Art 231 § 5 I 1). Nach dem 2. 10. 90 agrd eines vor dem 3. 10. 90 begründeten NutzgsR errichtete Gbde werden ebenf 2 selbständ Eigt des NutzgsBercht (Art 231 § 5 I 2). – **b) Verfügungen** über dieses GbdeEigt richten sich ab 3. 10. 90 nach den Vorschr des BGB für die Vfgen über GrdstEigt, wobei die notw GBEintr auf dem GbdeGBBl (vgl NutzgsG 4 III, EigenhVO 4 II 2) vorzunehmen sind (EinigsV Anl I Kap III Sachgebiet B Abschnitt III Nr 1 d); das GbdeEigt wird als grdstgleiches Recht (Übbl 3 vor BGB 873) behandelt. Da das NutzgsR wesentl GbdeBestandt ist (Art 231 § 5 II), erfassen Vfgen über das GbdeEigt auch das 3 NutzgsR. – **aa)** Für die **Übereignung** gelten BGB 873, 925; Gen nach GVO 2, 23 erforderl. – **bb)** Für **Belastungen** gelten BGB 873ff. Es können nur noch die nach BGB zuläss GrdstR bestellt werden; ErbbR begriffl nicht mögl. Gesamtbelastg mit Grdst mögl. – **cc) BGB 927, 928** sind nicht anwendb; auch die entspr Vorschr des fr DDR-Rechts sind nicht mehr anwendb. – **dd) Umwandlung in Wohnungseigentum** nicht mögl, da kein GrdstMitEigtAnt vorhanden (aA Heinze DtZ **95**, 195).

3a **2) Erlöschen des Gebäudeeigentums.** Art 231 § 5 III 1 ermöglicht ab 1. 1. 97 das Erlöschen des nutzgsrechtsbewehrten GbdeEigt dch lastenfreien Erwerb des GrdstEigt. Um dies zu verhindern, bedarf es der Eintragg des NutzgsR im GrdstGB. Wird das GbdeGB erst angelegt, so erfolgt diese Eintragg vAw vor seiner Anlegg (**I 2**); ist ein GbdeGB schon angelegt, muß das NutzgsR iW der GBBerichtigg eingetr werden. Zur Eintragg vgl GGV 5. – **I 3** macht den gutgl Erwerb des nutzgsrechtsbewehrten GbdeEigt u eines beschr dingl Rechts an solchen Gbden davon abhäng, daß das zugrdliegende NutzgsR im GrdstGB eingetr ist; vgl dazu § 2c Rn 3.

4 **3) Nutzungsrechte nach ZGB 287, 291 (II–IV, VI). – a) Allgemeines.** Diese NutzgsRe bedurften zur Entstehg nicht der GBEintr (GBEintr ist deklaratorisch); sie bestehen nach dem 2. 10. 90 ohne GBEintr fort (§ 3 Rn 2) u könnten daher ab 3. 10. 90 dch gutgl Erwerb des GrdstEigt od eines GrdstR nach BGB 892 5 erlöschen bzw einen Rangverlust erleiden. – **b) Schutz.** Erlöschen/Rangverlust nach BGB 892 ist ausgeschl, wenn zu dem nach BGB 892 II maßg Ztpkt (vgl dazu BGB 892 Rn 23ff) ein nach dem Inhalt des NutzgsR zuläss Gbde ganz od teilw errichtet ist u der EintrAntr bzgl des NutzgsR vor dem 1. 1. 97 gestellt ist u (auch auf ZwVfg od Beschw) zu dessen Eintragg führt (**II 1**); der Ztpkt der Eintragg des NutzgsR ist unerhebl. Ein in Bezug auf das NutzgsR gutgl lastenfreier Erwerb scheidet also immer aus, wenn der erfolgreiche EintrAntr für das NutzgsR vor dem 1. 1. 97 gestellt ist. Kannte der Erwerber das NutzgsR zu dem nach BGB 892 II maßg Ztpkt nicht (grob fahrl Unkenntn schadet nicht) u ist der EintrAntr rechtzeit gestellt, so 6 hat der Erwerber ein AblösgsR (**II 2**). – **c) Räumlicher Umfang.** Er bestimmt sich nach der Verleihg/Zuweisg. Beschränkt diese das NutzgsR auf die GbdeGrdFläche, so erweitert **III 3** das NutzgsR auf GrdstFlächen; bei Eigenheimen (vgl dazu § 1 DB/EigenhVO v 18. 8. 87, GBl I 215) sind 500 m² auf Obergrenze, die nach Ortsüblichk unterschritten werden kann. Das NutzgsR berecht nicht zur Errichtg weiterer Gbde; iü muß die Nutzg dem GbdeZweck entspr u ortsübl sein. Bei eingetr NutzgsR ist die Erweiterg auf Antr des NutzgsBerecht od Eigtümers (GBO 13 II) in das GB einzutragen (**III 4**); der konkrete Umfang ist aber nur eintragb, wenn er gemäß GBO 29 nachgewiesn od gem BoSoG 3 festgestellt. Bei nicht eingetr NutzgsR Schutz vor Erlöschen/Rangverlust dch gutgl Erwerb entspr **II** (**III 5**). – 7 **d) Untergang des Gebäudes** (Art u Ursache gleichgült). NutzgsR besteht (auch im Umfang von III 3) fort (**III 1**), Belastgen des GbdeEigt setzen sich an ihm fort (**III 2 Halbs 2**). Das neue Gbde (**III 2 Halbs 2**) muß sich in den Grenzen des fortbesthdn NutzgsR halten u kann den räuml/örtl Umfang nach III 3 nicht erweitern; das neue Gbde wird Eigt des NutzgsBerecht, Belastgen des alten Gbdes setzen sich an ihm fort 8 (**III 2 Halbs 2**). – **e) Grundstückszwangsversteigerung (IV).** Die Vorschr entspr ErbbRVO 25. Sie gilt für NutzgsR nach ZGB 287, 291 u nur, wenn GbdeEigt des NutzgsBerecht nach ZGB 288 IV, 292 III besteht (nicht also zB, wenn Eigt dch Untergang des Gbdes ohne Neuerrichtg erloschen). Der Grd der

Nichtberücksichtigg ist gleichgült. Der Schutz nicht eingetr NutzgsR vor den Wirkgen des Zuschlags des Grdst in der ZwVerst wird bis zum 31. 12. 96 zeitl begrenzt. Er entfällt, wenn die ZwVerst nach diesem Ztpkt (auch vom RMittelGer auch vorh Zurückweisg des AnordngsAntr dch das VollstrGer) angeordnet wird. – **f) Rechtsgeschäftliche Aufhebung.** Sie richtet sich jetzt nach BGB 875 (ggf iVm 878), 876 (**VI 1**);   **9** zustimmen müssen insb DrittBerecht am erlöschden GbdeEigt, da sich deren Rechte nicht am Grdst fortsetzen (LG Mgdbg DtZ **94**, 159; LG NBrdbg NJ **94**, 321), nicht der Grdst-Eigtümer. Nicht eingetr NutzgsRe erlöschen mit Eingang der beurk AufgabeErkl beim GBA (**VI 2**). Mit dem Erlöschen des GbdeEigt erlöschen auch seine Belastgen; das Gbde wird idR wesentl GrdstBestandt (BGB 94). – **g) Grundstückser-**   **10** **werb** dch NutzgsBerecht läßt NutzgsR u GbdeEigt nicht untergehen (LG NBrdbg NJ **94**, 321; aA LG Schwerin DNotZ **93**, 512).

4) Gerichtliche Aufhebung des Nutzungsrechts (V). Auf Klage vor dem ZivilGer, die bis 31. 12. 96   **11** rhäng iSv ZPO 261 geworden sein muß, wird das NutzgsR auf Antr des GrdstEigtümers aufgeh, wenn der NutzgsBerecht bei RErwerb unredl iSv Verm 4 III war (vgl dazu BGH **118**, 34 [42]; BVerwG VIZ **94**, 239, 350; VG Bln VIZ **94**, 34). Unzulässigk der Klage nach S 3 insb bei ehemals staatl verwalteten Grdst. GrdPfdRGläub am Gbde müssen der Aufhebg nicht zustimmen (Schutz iRv S 7). Das rgestaltde Urt ermöglicht GBBerichtigg nach GBO 22. In S 4–8 werden die RFolgen der Aufhebg entspr VermG 16 III 2–4 geregelt. GrdPfdR am Gbde setzen sich nur am Anspr nach S 6 u nicht am Grdst fort. Bei einem selbst genutzten Wohnhaus wird der NutzgsBerecht entspr VermG 16 III 5 geschützt (Erlöschen des NutzgsR erst 6 Monate nach RKraft des Urt).

5) Andere Vorschriften (VII); zB VerkaufsG 4, NutzgG 5; vgl Graf Lambsdorff/Stuth VIZ **92**, 348;   **12** Kassebohm VIZ **93**, 425; Wilhelms VIZ **94**, 332.

EG 233 § 5 *Mitbenutzungsrechte.* [I]Mitbenutzungsrechte im Sinn des § 321 Abs. 1 bis 3 und des § 322 des Zivilgesetzbuchs der Deutschen Demokratischen Republik gelten als Rechte an dem belasteten Grundstück, soweit ihre Begründung der Zustimmung des Eigentümers dieses Grundstücks bedurfte.

[II]Soweit die in Absatz 1 bezeichneten Rechte nach den am Tag vor dem Wirksamwerden des Beitritts geltenden Rechtsvorschriften gegenüber einem Erwerber des belasteten Grundstücks oder eines Rechts an diesem Grundstück auch dann wirksam bleiben, wenn sie nicht im Grundbuch eingetragen sind, behalten sie ihre Wirksamkeit auch gegenüber den Vorschriften des Bürgerlichen Gesetzbuchs über den öffentlichen Glauben des Grundbuchs, wenn der dem Erwerb zugrundeliegende Eintragungsantrag vor dem 1. Januar 1997 gestellt worden ist. Der Erwerber des Eigentums oder eines sonstigen Rechts an dem belasteten Grundstück kann in diesem Fall jedoch die Aufhebung oder Änderung des Mitbenutzungsrechts gegen Ausgleich der dem Berechtigten dadurch entstehenden Vermögensnachteile verlangen, wenn das Mitbenutzungsrecht für ihn mit Nachteilen verbunden ist, welche erheblich größer sind als der durch die Aufhebung oder Änderung dieses Rechts dem Berechtigten entstehende Schaden; dies gilt nicht, wenn derjenige, der die Aufhebung oder Änderung des Mitbenutzungsrechts verlangt, beim Erwerb des Eigentums oder sonstigen Rechts an dem belasteten Grundstück in dem für den öffentlichen Glauben des Grundbuchs maßgeblichen Zeitpunkt das Vorhandensein des Mitbenutzungsrechts kannte. In der Zwangsversteigerung des Grundstücks ist bei bis zum Ablauf des 31. Dezember 1996 angeordneten Zwangsversteigerungen auf die in Absatz 1 bezeichneten Rechte § 9 des Einführungsgesetzes zu dem Gesetz über die Zwangsversteigerung und die Zwangsverwaltung in der im Bundesgesetzblatt Teil III, Gliederungsnummer 310–13, veröffentlichten bereinigten Fassung, zuletzt geändert durch Artikel 7 Abs. 24 des Gesetzes vom 17. Dezember 1990 (BGBl. I S. 2847), entsprechend anzuwenden.

[III]Ein nach Absatz 1 als Recht an einem Grundstück geltendes Mitbenutzungsrecht kann in das Grundbuch auch dann eingetragen werden, wenn es nach den am Tag vor dem Wirksamwerden des Beitritts geltenden Vorschriften nicht eintragungsfähig war. Bei Eintragung eines solchen Rechts ist der Zeitpunkt der Entstehung des Rechts zu vermerken, wenn der Antragsteller diesen in der nach der Grundbuchordnung für die Eintragung vorgesehenen Form nachweist. Kann der Entstehungszeitpunkt nicht nachgewiesen werden, so ist der Vorrang vor anderen Rechten zu vermerken, wenn dieser von den Betroffenen bewilligt wird.

[IV]Durch Landesgesetz kann bestimmt werden, daß ein Mitbenutzungsrecht der in Absatz 1 bezeichneten Art mit dem Inhalt in das Grundbuch einzutragen ist, der dem seit dem 3. Oktober 1990 geltenden Recht entspricht oder am ehesten entspricht. Ist die Verpflichtung zur Eintragung durch rechtskräftige Entscheidung festgestellt, so kann das Recht auch in den Fällen des Satzes 1 mit seinem festgestellten Inhalt eingetragen werden.

1) Allgemeines. Das fr DDR-Recht kennt keine GrdDbk od bpDbk. ZGB 321, 322 enthalten ein mit   **1** schuld- u sachenrechtl Elementen ausgestaltetes MitbenutzgsR; sein Inhalt kann nicht ein WohnR sein (Dresd OLG-NL **95**, 39). Vor dem 3. 10. 90 entstandene MitbenutzgsRe werden in ein beschr dingl Recht übergeleitet; nach dem 2. 10. 90 kann ein derart MitbenutzgsR nicht mehr bestellt werden. Für vor dem 1. 1. 76 begründete Dbk (zB WegeR; vgl OG NJ **90**, 225) galt das BGB weiter (vgl EGZGB 6).

2) Geltungsbereich (EigtümerZust). Die Begründ eines Rechts zur Mitbenutzg (dazu gehört auch das   **2** Unterl von Hdlgen dch den NutzgsBerecht des betroffenen Grdst) bedurfte der Vereinbg zw dem Nutzgs-Berecht des betroffenen Grdst u dem Mitbenutzgsinteressenten (ZGB 321 I 1). Die VertrPart sind idR GrdstNutzer iSv ZGB 286; aber auch bloße Mieter (KommZGB 321 Anm 1.1); unmittelb Nachbarsch nicht notw (KommZGB aaO). War der Eigtümer der NutzgsBerecht des betroffenen Grdst, so bedurfte es stets seiner in der Vereinbg liegden Zust. Stand das NutzgsR an dem betroffenen Grdst einem Dritten zu (zB nach ZGB 287, 291, 312), so bedurfte die Vereinbg einer dauernden Mitbenutzg (zB WegeR) stets (ZGB 321 I 3) u die einer vorübergehden Mitbenutzg (zB einmalige Gerüstaufstellg) nur bei Beeinträchtigg seiner Rechte (ZGB 321 I 4) der Zust des Eigtümers.

3   **3) Grundstücksrecht.** Ein vor dem 3. 10. 90 entstandenes MitbenutzgsR nach Rn 2 gilt ab 3. 10. 90 als beschr dingl Recht **(I)**, auf das BGB 873 ff anwendb sind, während für den RInhalt (zB Übergang auf RNachf des NutzgsBerecht nach ZGB 322 II, Erlöschen nach ZGB 322 III, Unkündbark nach ZGB 81 [vgl KommZGB 322 Anm 3.1]) weiter das ZGB gilt (§ 3 Rn 3). Dies gilt auch, wenn das Recht nicht im GB
4 eingetr ist; zur Entstehg war GBEintr nicht erforderl (vgl ZGB 322). – **Eintragungsfähig** war bish nur das Wege- u ÜberfahrtR (ZGB 322 I 1). Nunmehr sind alle MitbenutzgsRe nach Rn 2 eintraggsfäh **(III 1)**. Einzutragen ist der konkrete RInhalt, wie er zB dch Vereinbg nach ZGB 321 I bestimmt worden ist. Das LandesR kann bestimmen, daß das Recht mit einem dem BGB entspr Inhalt (idR GrdDbk, bpDbk) einzutragen ist **(IV 1)**; dann ist ein and Inhalt nur noch eintraggsfäh, wenn die Verpfl zu einer solchen Eintragg rkräft festgestellt ist **(IV 2)**. Kann der AntrSt den EntstehgsZtpkt gem GBO 29 nachweisen, so ist dieser zu vermerken **(III 2)**; sonst ist ein Vorrang vor and Rechten zu vermerken, wenn die Inh dieser Rechte (u DrittBerecht an ihnen) ihn bewilligen **(III 3)**. III 2, 3 gilt auch, wenn das Recht schon gem III 1 eingetragen. Die Eintrag richtet sich künft nach GBO, wobei ein Anspr auf die EintrBew des Eigtümers nur besteht, wenn die Eintrag mit ihm vereinbart ist (die RFolge der GBEintr nach § 322 II kann ohne Vereinbg nicht aufgezwungen werden).

5   **4) Schutz der Mitbenutzungsrechte.** – **a) Erlöschen/Rangverlust** nach BGB 892 ist ausgeschl, wenn das MitbenutzgsR nach Rn 2 nach fr DDR-Recht auch ohne GBEintr ggü einem Erwerber des Grdst od eines GrdstR wirks blieb u der EintrAntr bzgl des MitbenutzgsR vor dem 1. 1. 97 gestellt ist u (auch auf ZwVfg od Beschw) zu dessen Eintragg führt **(II 1)**; der Ztpkt der Eintragg des MitbenutzgsR ist unerhebl. Ein in Bezug auf das MitbenutzgsR gutgl lastenfreier Erwerb scheidet also immer aus, wenn der erfolgreiche EintrAntr für das MitbenutzgsR vor dem 1. 1. 97 gestellt ist. Die Wirksamk ggü einem Erwerber bestand, denn bei Übereigng des betroffenen Grdst gingen mangels abw Vereinbg mit dem Berecht Verpfl aus zur Mitbenutzg berechtigden Vertr (KommZGB 297 Anm. 2.2) auch ohne GBEintr auf den Erwerber über (ZGB 297 II) u Rangverlust nicht eintraggsfäh GrdstRe bei rgeschäftl Bestellg eines weiteren Rechts sahen das ZGB u §§ 7, 9 GDO nicht vor, Für eintraggsfäh aber nicht eintraggsbedürft u auch nicht eingetr GrdstR ist die Anwendg von BGB 892 streitig (vgl MüKo/Wacke § 892 Rn 9 ff Staud/Gursky § 892 Rn 23); ein Rangverlust des nicht eingetr WegeR trotz Eintraggsfähigk nach ZGB 322 I dürfte aber entspr ZGB 297 II zu verneinen sein, zumal die GBEintr eine auf die RNachf des NutzgsBerecht beschr Wirkg hat (vgl auch
6 KommZGB 322 Anm 1.2). – **b) Ablösungsrecht (II 2)** des Erwerbers, wenn er das MitbenutzgsR zu dem
7 nach BGB 892 II maßg Ztpkt nicht kannte (grob fahrl Unkenntn genügt nicht). – **c) Zwangsversteigerung (II 3).** Die Anwendbark von ZVG 9 bedeutet, daß vorbehaltl abw LandesR ein ohne GBEintr gg Dritte wirks MitbenutzgsR in der ZwVerst bestehen bleibt, auch wenn es nicht im geringsten Gebot berücksicht ist; auf Verlangen des Inh eines vor- od gleichrang Rechts, das beim Fortbestehen beeinträchtigt würde (mindere Befriedig), ist das Erlöschen als VerstBdgg anzuordnen. Der Schutz nicht eingetr MitbenutzgsR vor den Wirkgen des Zuschlags des Grdst in der ZwVerst wird bis zum 31. 12. 96 zeitl begrenzt. Er entfällt, wenn die ZwVerst nach diesem Ztpkt (auch vom RMittelGer nach vorh Zurückweisg des AnordngsAntr dch das VollstrGer) angeordnet wird.

EG 233 § 6 Hypotheken. [1]Für die Übertragung von Hypothekenforderungen nach dem Zivilgesetzbuch der Deutschen Demokratischen Republik, die am Tag des Wirksamwerdens des Beitritts bestehen, gelten die Vorschriften des Bürgerlichen Gesetzbuchs, welche bei der Übertragung von Sicherungshypotheken anzuwenden sind, entsprechend. Das gleiche gilt für die Aufhebung solcher Hypotheken mit der Maßgabe, daß § 1183 des Bürgerlichen Gesetzbuchs und § 27 der Grundbuchordnung nicht anzuwenden sind. Die Regelungen des Bürgerlichen Gesetzbuchs über den Verzicht auf eine Hypothek sind bei solchen Hypotheken nicht anzuwenden.

[2]Die Übertragung von Hypotheken, Grundschulden und Rentenschulden aus der Zeit vor Inkrafttreten des Zivilgesetzbuchs der Deutschen Demokratischen Republik und die sonstigen Verfügungen über solche Rechte richten sich nach den entsprechenden Vorschriften des Bürgerlichen Gesetzbuchs.

1   **1) Allgemeines;** vgl auch Welter WM **91**, 1189; Beckers WM **91**, 1701 (AufbauHyp) u DNotZ **93**, 364; Janke NJ **91**, 29 (gutgl Erwerb vor 3. 10. 90). Eine Fdg kann nach ZGB 442 I an unbewegl Sachen nur dch eine Hyp iSv ZGB 452 ff gesichert werden. Diese ist streng akzessorisch, denn sie besteht (= entsteht) nur in Höhe der gesicherten Fdg einschl Zinsen/NebenFdg (ZGB 454 I) u erlischt mit dieser (ZGB 454 II), ohne daß insoweit eine (dem ZGB fremde) EigtümerGrdSch entsteht u die Hyp daher ohne sie nicht erworben werden (BGH WM **95**, 150); Abweich gilt für die dch das 1. ZivRÄndG eingeführte u BGB 1190 nachgebildete HöchstBetrHyp (ZGB 454a). Für Überleitg einer vor dem 3. 10. 90 od nach Maßg von § 7 II danach entstandenen Hyp enthält § 6 eine SonderVorschr neben § 3. Über GrdPfdR aus der Zeit vor dem 1. 1. 76 vgl Rn 6.

2   **2) ZGB-Hypotheken (I).** – **a) Übertragung:** bish in ZGB 454 III geregelt (das GenErfordern nach GrdstVerkVO 2 Ih ist dch § 2 Nr 1 des 1 ZivRÄndG entfallen). Da das ZGB keine BriefHyp kennt u dem Grds der strengen Akzessorietät folgt (Rn 1), ähnelt die ZGB-Hyp der BGB-SichgsHyp. Für die Übertragung der gesicherten Fdg gelten daher ab 3. 10. 90 (vgl aber § 7 II) die BGB-Vorschr für die SichgsHyp **(I 1)**. Die Übertragg der gesicherten Fdg erfolgt nach BGB 1154 III, mit der Fdg geht die Hyp über (BGB 1153 I). Wichtig ist der Ausschl von BGB 1138 dch BGB 1185 II: bei Nichtvalutierg erwirbt ein Gutgläubiger weder Fdg noch Hyp u Einreden gg die Fdg wirken auch bei Gutgläubigk ggü der Hyp (vgl BGB 1184 Rn 2). Dies gilt auch für die HöchstBetrHyp nach ZGB 454a (vgl BGB 1190 III). – **b) Aufhebung;** bish in ZGB 311 als **3** Verzicht geregelt. Die HypAufhebg richtet sich ab 3. 10. 90 (vgl aber § 7 II) nach BGB 875 (§ 3 Rn 4). Eine EigtümerZust ist weder materiell– (BGB 1183) noch verfrechtl (GBO 27) erfordert **(I 2)**, da agrd des fortgeltden RInhalts nach ZGB (§ 3 Rn 3) eine EigtümerGrdSch nicht entsteht. – **c) Verzicht;** bish im ZGB **4** als Aufhebg geregelt (vgl Rn 3). BGB 1168 ist nicht anwendb **(I 3),** weil die Entstehg einer EigtümerGrdSch ausgeschl werden soll; damit ist auch BGB 1169 nicht anwendb. Mögl bleibt die Aufhebg der Hyp (Rn 3) u der zum Erlöschen der Hyp führde Erlaß der gesicherten Fdg (ZGB 454 II gilt gem § 3 als RInhalt fort). – **d) Sonstiges.** Gem § 3 bleibt die Hyp mit ihrem RInhalt u Rang bestehen; der Vorrang der AufbauHyp **5** (ZGB 456 III) besteht nach Maßg v 1. ZivRÄndG 1, 3 fort. Daher besteht kein ges LöschgsAnspr aus BGB 1179a (wg Nichtentstehens einer EigtümerGrdSch auch nicht bedeuts). Wg des Erlöschens der Hyp bei Erlöschen der gesicherten Fdg findet kein HypÜbergang nach BGB 1164 statt. Keine Umwandlg einer ZGB-Hyp in ein BGB-GrdPfdR; Aufhebg u Neubestellg (ggf mit Rangverlust) erfordert.

3) Alte Grundpfandrecht (II). Auf GrdPfdRe aus der Zeit vor dem 1. 1. 76 blieb das BGB anwendb **6** (EGZGB 6 I). RAusübg u Vfgen richteten sich jedoch nach ZGB (EGZGB 6 II); nunmehr gilt ab 3. 10. 90 auch insoweit wieder das BGB (die Wirksamk von Vfg vor diesem Ztpkt beurteilt sich nach Maßg von § 7 II nach ZGB).

EG 233 § 7 Am Tag des Wirksamwerdens des Beitritts schwebende Rechtsänderungen.

[1]Die Übertragung des Eigentums an einem Grundstück richtet sich statt nach den Vorschriften des Bürgerlichen Gesetzbuchs nach den am Tag vor dem Wirksamwerden des Beitritts geltenden Rechtsvorschriften, wenn der Antrag auf Eintragung in das Grundbuch vor dem Wirksamwerden des Beitritts gestellt worden ist. Dies gilt entsprechend für das Gebäudeeigentum. Wurde bei einem Vertrag, der vor dem 3. Oktober 1990 beurkundet worden ist, der Antrag nach diesem Zeitpunkt gestellt, so ist eine gesonderte Auflassung nicht erforderlich, wenn die am 2. Oktober 1990 geltenden Vorschriften des Zivilgesetzbuchs der Deutschen Demokratischen Republik über den Eigentumsübergang eingehalten worden sind.

[2]Ein Recht nach den am Tag vor dem Wirksamwerden des Beitritts geltenden Vorschriften kann nach diesem Tage gemäß diesen Vorschriften noch begründet werden, wenn hierzu die Eintragung in das Grundbuch erforderlich ist und diese beim Grundbuchamt vor dem Wirksamwerden des Beitritts beantragt worden ist. Auf ein solches Recht ist § 3 Abs. 1 und 2 entsprechend anzuwenden. Ist die Eintragung einer Verfügung über ein Recht der in Satz 1 bezeichneten Art vor dem Wirksamwerden des Beitritts beim Grundbuchamt beantragt worden, so sind auf die Verfügung die am Tag vor dem Wirksamwerden des Beitritts geltenden Vorschriften anzuwenden.

1) Allgemeines. Da die Beteil den Ztpkt der GBEintragg nicht bestimmen können, wird an die An- **1** trStellg (Eingang bei der das GB führden Behörde vor dem 3. 10. 90) angeknüpft, weil die Eintragg erst nach dem 2. 10. 90 erfolgt Ausn: I 3. Da es um das anzuwendde Recht u nicht (wie zB in BGB 878) um die Möglichk der RÄnderg geht u § 7 nur von AntrStellg spricht (u nicht zugl davon, daß die Beteil die notw VfgsErkl abgegeben haben müssen od nur noch die Eintragg fehlen darf), schaden AntrMängel, die auf ZwBescheid behoben werden, nicht (BGH DtZ **95,** 131), selbst wenn die Mangelbehebg (zB Erteilg notw Genehmigg; Behebg materieller Mängel des VfgsGesch) nicht auf den 2. 10. 90 zurückwirkt. Bei Aufhebg einer AntrZurückweisg auf Beschw lebt der Antr mit der Wirkg des § 7 wieder auf. Das EintraggsVerf richtet sich weiterhin nach der GVO (EinigsV Anl 1 Kap III Sachgebiet B Abschnitt III Nr 1f).

2) Übereignung (I). – a) Grundstück. ZGB 297 gilt weiter; soweit die ÜbereignsErkl nach § 2 I 2 der **2** 2. DVOzZGB v 3. 1. 79 (GBl I 25) nicht der Beurk bedarf, bleibt es dabei. Wurde der Antr auf EigtUmschreibg abw von I 1 erst nach dem 2. 10. 90 gestellt, so ist gleichwohl eine Aufl (die das fr DDR-Recht nicht vorsah) nicht notw, wenn vor dem 3. 10. 90 ein beurk Vertr nach ZGB 297 wirks geschl war (BezG Dresden NJ **92,** 35 u BezG Gera VIZ **92,** 332 damit überholt). ZGB 299 (EhegErwerb) u § 7 der 2. DVOzZGB (Erlöschen von Belastgen) sind nicht mehr anwendb, da sie nur die Wirkgen der Übereigng regeln; zur Fortgeltg von ZGB 300ff richtet sich nach Art 232 § 1. – **b) Gebäude.** ZGB 297 iVm 295 II gilt weiter für alle Gbde, die in Ausübg eines NutzgsR nach ZGB 287, 291, VerkaufsG 4 errichtet wurden. Für Gbde, die nach ZGB 296 I 2 wie bewegl Sachen behandelt werden, gilt § 2 Rn 2.

3) Grundstücksrechte (II); gilt auch für beschr dingl Rechte an Gbden (vgl ZGB 294 II), da II allg von **3** GBEintr spricht. II ist nur anwendb bei eintraggsbedürft Rechten; daher nicht bei NutzgsR nach ZGB 287ff, 291ff u §§ 32, 322 (auch wenn Eintragg vereinbart). – **a) Begründung (II 1).** ZGB 306, 453 gelten weiter; die Hyp darf aber nicht erst nach Eintragg valutiert werden. – **b) Inhalt, Rang (II 2).** Trotz Entstehg nach dem 2. 10. 90 gilt das fr DDR-Recht weiter (vgl § 3 Rn 3). – **c) Verfügungen (II 3);** zB Übertragg (ZGB 454 III), Inhaltsänderg (vgl GVO 13), Verzicht (ZGB 310, 311). Trotz Wirksamwerden der Vfg nach dem 2. 10. 90 gilt das fr DDR-Recht weiter.

EG 233 § 8 Rechtsverhältnisse nach § 459 des Zivilgesetzbuchs.

Soweit Rechtsverhältnisse und Ansprüche aufgrund des früheren § 459 des Zivilgesetzbuchs der Deutschen Demokratischen Republik und der dazu ergangenen Ausführungsvorschriften am Ende des Tages vor dem Wirksamwerden des Beitritts bestehen, bleiben sie vorbehaltlich des § 2 und der im Sachenrechtsbereinigungsgesetz getroffenen Bestimmungen unberührt. Soweit Gebäudeeigentum besteht, sind die §§ 2b und 2c entsprechend anzuwenden.

1) Allgemeines. Nach ZGB 459 I, III, IV können VEB, stattl Organe/Einrichtgen, sozialist Genossensch **1** u gesellschaftl Organisationen dch vertragl zuläss Baumaßn auf vertragl genutzten Grdst (vgl dazu Brdbg

VIZ **95**, 51; LG Ffo NJ **94**, 275) Eigt an Gbden (vgl Volhard VIZ **93**, 481) u Anlagen bzw einen MitEigtAnt an Grdst lastenfrei erwerben (RVerhältn); vgl auch ZGB 459 V iVm § 27 LPG-G v 2. 7. 82 (GBl I 443). Nach ZGB 459 II kann jeder VertrPartner verlangen, daß die sich aus den Baumaßn ergebden Rechte u Pfl festgelegt werden u die RÄnder (deklaratorisch) im GB eingetr wird (Anspr).

2 **2) Überleitung.** Vor dem 3. 10. 90 begründete RVerhältn u Anspr (Rn 1) bleiben mit folgden Maßg bestehen (kein neuer EigtErwerb mehr nach ZGB 459): – **a)** Der **Eigentumsinhalt** richtet sich künft nach BGB (§ 2 I), für VolksEigt nach ZGB 459 I gilt § 2 II. – **b)** Für **Gebäudeeigentum** nach ZGB 459 I 1 gelten die Vorschr über das nichtnutzgsrechtbewehrte GbdeEigt (§§ 2 b, 2 c) entspr; zum Nachw für seine Eintragg vgl GGV 4 III. Die Anpassg an das BGB u seine NebenG erfolgt nach SachenRBerG 1 I Nr 1 b, 3 ff (Ausn in SachenRBerG 2 I S 2, 3). – **c) Grundstücksmiteigentum** wird angepaßt nach SachenRBerG 113–115. – **d) Anlageneigentum** wird angepaßt nach SchuldRÄndG Art 4.

EG 233 § 9 *Rangbestimmung.* [1]Das Rangverhältnis der in § 3 Abs. 1 bezeichneten Rechte an Grundstücken bestimmt sich nach dem Zeitpunkt der Eintragung in das Grundbuch, soweit sich nicht im folgenden etwas anderes ergibt.

[2]Bei Rechten an Grundstücken, die nicht der Eintragung in das Grundbuch bedürfen und nicht eingetragen sind, bestimmt sich der Rang nach dem Zeitpunkt der Entstehung des Rechts, im Falle des § 5 Abs. 3 Satz 2 und 3 nach dem eingetragenen Vermerk.

[3]Der Vorrang von Aufbauhypotheken gemäß § 456 Abs. 3 des Zivilgesetzbuchs der Deutschen Demokratischen Republik in Verbindung mit § 3 des Gesetzes zur Änderung und Ergänzung des Zivilgesetzbuchs der Deutschen Demokratischen Republik vom 28. Juni 1990 (GBl. I Nr. 39 S. 524) bleibt unberührt. Der Vorrang kann für Zinsänderungen bis zu einem Gesamtumfang von 13 vom Hundert in Anspruch genommen werden. Die Stundungswirkung der Aufbauhypotheken gemäß § 458 des Zivilgesetzbuchs der Deutschen Demokratischen Republik in Verbindung mit § 3 des Gesetzes zur Änderung und Ergänzung des Zivilgesetzbuchs der Deutschen Demokratischen Republik vom 28. Juni 1990 (GBl. I Nr. 39 S. 524) entfällt. Diese Bestimmungen gelten für Aufbaugrundschulden entsprechend.

1 **1) Allgemeines.** § 9 erfaßt beschr dingl Rechte, mit denen ein Grdst am 2. 10. 90 belastet war (vgl § 3 Rn 1). Diese blieben nach § 3 I mit dem Rang bestehen, den sie nach fr DDR-Recht hatten; materielle RangVorschr enthielten zur ZGB 453 II, 456 III. § 9 ist eine abw Regelg iSv § 3 I.

2 **2) Beschränkte dingliche Rechte** (ohne AufbauHyp). – **a)** Bei **eingetragenen Rechten (I),** auch wenn Eintragg nicht erforderl (zB ZGB 322), bestimmt sich der Rang nach dem EintrZtpkt. Da gleichzeit Eintragg mehrerer Rechte nicht anzunehmen, ergibt sich aus gleichem EintrDatum kein Gleichrang, sond
3 Reihenfolge maßg. – **b)** Bei **nichteingetragenen Rechten (II),** die auch zur Entstehg nicht der Eintragg bedurften (zB ZGB 287, 291), bestimmt sich der Rang nach dem EntstehgsZtpkt. Wird ein MitbenutzgsR nach ZGB 321, 322 nach § 5 III erst nach dem 2. 10. 90 eingetr mit einem Vermerk über den EntstehtgsZtpkt od über den Vorrang nach § 5 III 2, 3, so ist ohne Rücks auf den wahren EntstehgsZtpkt der Inhalt des Vermerks maßg.

4 **3) Aufbauhypothek,** die vor dem 1. 7. 90 begründet wurde (vgl 1. ZivRÄndG § 1 Anlage 1 Nr 12, § 3) hat nach § 3 I, ZGB 456 III Vorrang vor and Hyp u nach § 3 I, ZGB 458 Stundgswirkg für and Hyp. Der Vorrang vor and Hyp bleibt bestehen (**III 1**), währd für den Rang zu and Rechten einschl AufbauHyp (denn hier begründete ZGB 456 III keinen Vorrang) I u II gelten. Die Zinsen (nicht and Nebenleistgen) können bis auf insgesamt 13% ohne Zustimmg nachrang Berecht erhöht werden (**III 2**). Die Stundgswirkg entfällt (**III 3**).

EG 233 § 10 *Vertretungsbefugnis für Personenzusammenschlüsse alten Rechts.* [1]Steht ein dingliches Recht an einem Grundstück einem Personenzusammenschluß zu, dessen Mitglieder nicht namentlich im Grundbuch aufgeführt sind, ist die Gemeinde, in der das Grundstück liegt, vorbehaltlich einer anderweitigen landesgesetzlichen Regelung gesetzliche Vertreterin des Personenzusammenschlusses und dessen Mitglieder in Ansehung des Gemeinschaftsgegenstandes. Erstreckt sich das Grundstück auf verschiedene Gemeindebezirke, ermächtigt die Flurneuordnungsbehörde (§ 53 Abs. 4 des Landwirtschaftsanpassungsgesetzes) eine der Gemeinden zur Vertretung des Personenzusammenschlusses.

[2]Im Rahmen der gesetzlichen Vertretung des Personenzusammenschlusses ist die Gemeinde zur Verfügung über das Grundstück befugt. Verfügungsbeschränkungen, die sich aus den Bestimmungen ergeben, denen der Personenzusammenschluß unterliegt, stehen einer Verfügung durch die Gemeinde nicht entgegen. Die Gemeinde übt die Vertretung des Personenzusammenschlusses so aus, wie es dem mutmaßlichen Willen der Mitglieder unter Berücksichtigung der Interessen der Allgemeinheit entspricht. Hinsichtlich eines Veräußerungserlöses gelten die §§ 666 und 667 des Bürgerlichen Gesetzbuchs entsprechend.

[3]Die Rechte der Organe des Personenzusammenschlusses bleiben unberührt.

[4]Die Vertretungsbefugnis der Gemeinde endet, wenn sie durch Bescheid der Flurneuordnungsbehörde aufgehoben wird und eine Ausfertigung hiervon zu den Grundakten des betroffenen Grundstücks gelangt. Die Aufhebung der Vertretungsbefugnis kann von jedem Mitglied des Personenzusammenschlusses beantragt werden. Die Flurneuordnungsbehörde hat dem Antrag zu entsprechen, wenn die anderweitige Vertretung des Personenzusammenschlusses sichergestellt ist.

^VDie Absätze 1 bis 4 gelten entsprechend, wenn im Grundbuch das Grundstück ohne Angabe eines Eigentümers als öffentliches bezeichnet wird.

1) Allgemeines. In den in Art 3 EinigsV genannten Gebieten bestehen noch altrechtl PersZusSchlüsse, **1** denen als GesHdsGemsch Rechte an Grdst zustehen. Diese PersZusSchlüsse sind idR nicht handlgsfäh, weil keine vertretgsberecht Pers mehr leben u die Mitgl nicht bekannt sind.

2) Vertretungsbefugnis. – a) Voraussetzungen. Ein dingl Recht (Eigt od beschr dingl Recht) an einem **2** Grdst muß einem PersZusSchluß zustehen, dessen Mitgl nicht namentl im GB angefürt sind (**I** 1), od ein Grdst ist in Abt I des GB ohne EigtümerAngabe als „öffentl Weg/Graben/Gewässer" oä bezeichnet (**V**). – **b) Gesetzliche Vertretungsmacht** hat die in I 1, 2 bezeichnete Gemeinde für den PersZusSchluß u dessen Mitgl; sie besteht krG ohne bes Anordng. Sie bezieht sich auf alle RGesch, die den GemschGgst betreffen (**I** 1), u berechtigt zu Vfgen über das Grdst (**II** 1), sofern dieses GemschGgst od iFv V. **II** 3 begründet ein nicht die Verpfl im InnenVerh, ohne die Vertretgsmacht nach außen einzuschränken. AuftrGeber iSv BGB 666, 667 ist der Vertretene. Keine Befreiung vom Verbot des BGB 181. – **c) Verfügungsbeschränkungen** aus dem Recht des PersZusSchlusses gelten für Vfgen der Gemeinde nicht (**II** 2); zB TeilsVerbot für MitEigt u TrenngsVerbot von Eigt an nutzgsberecht Grdst. – **d) Vertretungsmacht der Organe** bleibt unberührt **3** (**III**). Widerspr VerpflGesch der Gemeinde u des Organs sind beide wirks, bei VfgsGesch das zeitl frühere. – **e) Ende der Vertretungsmacht** mit Eingang des AufhebgsBescheids beim GBA (**IV** 1); auch wenn die Voraussetzungen von IV 3 nicht vorlagen (Bescheid muß aufgehoben werden).

Zweiter Abschnitt. Abwicklung der Bodenreform

EG 233 § 11 *Grundsatz.* ^IEigentümer eines Grundstücks, das im Grundbuch als Grundstück aus der Bodenreform gekennzeichnet ist oder war, ist der aus einem bestätigten Übergabe-Übernahme-Protokoll oder einer Entscheidung über einen Besitzwechsel nach der (Ersten) Verordnung über die Durchführung des Besitzwechsels bei Bodenreformgrundstücken vom 7. August 1975 (GBl. I Nr. 35 S. 629) in der Fassung der Zweiten Verordnung über die Durchführung des Besitzwechsels bei Bodenreformgrundstücken vom 7. Januar 1988 (GBl. I Nr. 3 S. 25) Begünstigte, wenn vor dem Ablauf des 2. Oktober 1990 bei dem Grundbuchamt ein nicht erledigtes Ersuchen oder ein nicht erledigter Antrag auf Vornahme der Eintragung eingegangen ist. Grundstücke aus der Bodenreform, die in Volkseigentum überführt worden sind, sind nach der Dritten Durchführungsverordnung zum Treuhandgesetz vom 29. August 1990 (GBl. I Nr. 57 S. 1333) zu behandeln, wenn vor dem Ablauf des 2. Oktober 1990 ein Ersuchen oder ein Antrag auf Eintragung als Eigentum des Volkes bei dem Grundbuchamt eingegangen ist.

^{II}Das Eigentum an einem anderen als den in Absatz 1 bezeichneten Grundstücken, das im Grundbuch als Grundstück aus der Bodenreform gekennzeichnet ist oder war, wird mit dem Inkrafttreten dieser Vorschriften übertragen,

1. wenn bei Ablauf des 15. März 1990 eine noch lebende natürliche Person als Eigentümer eingetragen war, dieser Person,
2. wenn bei Ablauf des 15. März 1990 eine verstorbene natürliche Person als Eigentümer eingetragen war oder die in Nummer 1 genannte Person nach dem 15. März 1990 verstorben ist, derjenigen Person, die sein Erbe ist, oder einer Gemeinschaft, die aus den Erben des zuletzt im Grundbuch eingetragenen Eigentümers gebildet wird.

Auf die Gemeinschaft sind die Vorschriften des Fünfzehnten Titels des Zweiten Buchs des Bürgerlichen Gesetzbuchs anzuwenden, die Bruchteile bestimmen sich jedoch nach den Erbteilen, sofern nicht die Teilhaber übereinstimmend eine andere Aufteilung der Bruchteile bewilligen.

^{III}Der nach § 12 Berechtigte kann von demjenigen, dem das Eigentum an einem Grundstück aus der Bodenreform nach Absatz 2 übertragen worden ist, Zug um Zug gegen Übernahme der Verbindlichkeiten nach § 15 Abs. 1 Satz 2 die unentgeltliche Auflassung des Grundstücks verlangen. Die Übertragung ist gebührenfrei. Jeder Beteiligte trägt seine Auslagen selbst; die Kosten einer Beurkundung von Rechtsgeschäften, zu denen der Eigentümer nach Satz 1 verpflichtet ist, trägt der Berechtigte. Als Ersatz für die Auflassung kann der Berechtigte auch Zahlung des Verkehrswertes des Grundstücks verlangen; maßgeblich ist der Zeitpunkt des Verlangens. Der Eigentümer nach Absatz 2 kann seine Verpflichtung zur Zahlung des Verkehrswertes durch das Angebot zur Auflassung des Grundstücks erfüllen.

^{IV}Auf den Anspruch nach Absatz 3 sind die Vorschriften des Bürgerlichen Gesetzbuchs über Schuldverhältnisse anzuwenden. Der Eigentümer nach Absatz 2 gilt bis zum Zeitpunkt der Übereignung aufgrund eines Anspruchs nach Absatz 3 dem Berechtigten gegenüber als mit der Verwaltung des Grundstücks beauftragt.

^VIst die in Absatz 1 Satz 1 oder in Absatz 2 Satz 1 bezeichnete Person in dem maßgeblichen Zeitpunkt verheiratet und unterlag die Ehe vor dem Wirksamwerden des Beitritts dem gesetzlichen Güterstand der Eigentums- und Vermögensgemeinschaft des Familiengesetzbuchs der Deutschen Demokratischen Republik, so sind diese Person und ihr Ehegatte zu gleichen Bruchteilen Eigentümer, wenn der Ehegatte den 22. Juli 1992 erlebt hat. Maßgeblich ist

1. in den Fällen des Absatzes 1 Satz 1 der Zeitpunkt der Bestätigung des Übergabe-Übernahme-Protokolls oder der Entscheidung,
2. in den Fällen des Absatzes 2 Satz 1 Nr. 1 und 2 Fall 2 der Ablauf des 15. März 1990 und
3. in den Fällen des Absatzes 2 Nr. 2 Fall 1 der Tod der als Eigentümer eingetragenen Person.

1 **1) Allgemeines. – a) Bodenreformgrundstücke** (BRefGrdst). Agrd nahezu inhaltsgl BRefVO der Länder der fr SBZ (zB *MecklVP* VO Nr 19 v 5. 9. 45; Amtsbl 46 S 14) wurden bestimmte landw Grdst enteignet u in den „staatl Bodenfonds" eingebracht (zur Wirksamk dieser Enteign nach dem 2. 10. 90 vgl BVerfG DtZ **93**, 275). Aus dem Bodenfonds erhielt ein bestimmter PersKreis dch Hoheitsakt Landzuteilgen (sog „Neubauernstelle"). Die Neubauern wurden als Eigtümer (nicht konstitutiv) im GB eingetr u das Grdst dort als BRefGrdst gekennzeichnet. Nach Art VI BRefVO bestand eine in Abt II des GB eingetr umfassde VfgsBeschrkg (insb Veräußergs- u BelastgsVerbot). Diese VfgsBeschrkg wurde dch G v 6. 3. 90 (GBl I 134) mit Wirkg vom 16. 3. 90 aufgeh; dadch keine Heilg früherer Vfgen (BGH DtZ **94**, 347). Zur RNatur vgl

2 53. Aufl. – **b) Übertragung unter Lebenden.** BRefGrdst konnten nach den BesitzwechselVO (BWVO) v 21. 6. 51 (GBl I 629) u 23. 8. 56 (GBl I 685) bzw nach deren Aufhebg dch die BWVO v 7. 8. 75 (GBl I 629) idF v 7. 1. 88 (GBl I 25) nur dch Hoheitsakt übertr werden; diese Vorschr wurden mit Wirkg vom 16. 3. 90 aufgeh (G v 6. 3. 90). Die Übertragg erfolgte außerh des GB (BezG Dresd NJ **92**, 172; KrG Rstk-Stadt VIZ

3 **92**, 195), die (berichtigde) GBEintr unterblieb vielf. – **c) Vererbung.** Sehr str ist, ob das BRefGrdst beim Tod des Neubauern agrd der BWVO automat an den Bodenfonds zurückfiel (BezG Dresd NJ **92**, 172; BezG Rstk VIZ **92**, 193; BezG NBrdbg DtZ **92**, 217; Naumbg VIZ **95**, 472) u dch neuen Hoheitsakt auf den Erben od einen Dritten übertr werden mußte (alles außerh des GB, dessen Berichtigg vielf unterblieb), od ob die Erben in die RStellg des Neubauern eintraten (Bez/BStfZ Dresd VIZ **92**, 278; LG NBrdbg Rpfleger **94**, 57), bis dch Hoheitsakt eine Rückführg in den Bodenfonds od eine Übertragg auf eine and Pers erfolgte (alles außerh des GB, dessen Berichtigg vielf unterblieb).

4 **2) Gültigkeit von Besitzwechseln und Rückführungen (I).** I behandelt BesWechsel/Rückführgen, die vor dem 16. 3. 90 außerh des GB wirks geworden sind, als gült (dh der Begünstigte hat mit ProtBestätigg/Entscheidg Eigt erworben), sofern der Antr bzw das Ersuchen auf (berichtigde) GBEintr vor dem 3. 10. 90 bei der zum damaligen Ztpkt das GB führden Behörde (vgl GBO 144 I Nr 1) eingegangen ist; kein ÜbereignsAnspr nach Rn 8. War eine GBEintr aGrd Antr/Ersuchen vor dem 16. 3. 90 erfolgt (erledigter Antr/Ersuchen), so gilt II (LG NRupp NJ **94**, 468). §§ 11ff gelten nicht, wenn BRefVermerk vor dem 16. 3.

5 90 gelöscht war. – **a) Besitzwechsel (S 1).** Das Grdst muß im GB als BRefGrdst gekennzeichnet sein od (auch vor Anlegg eines neuen Blattes) gewesen sein. Es kann sich um einen freiw BesWechsel (zB II 2 I, 4 I 2 BWVO 75/88) auch mit einem aufgezwungenen Erwerber (zB § 2 III BWVO 75/88) od um einen erzwungenen BesWechsel (zB § 9 BWVO 75/88) handeln; der BesWechsel muß etwaigen nach § 11 BWVO 75/88 erlassenen Vorschr entspr haben. S 1 gilt auch bei BesWechseln für TeilGrdst (zB § I BWVO 75/88). –

6 **b) Rückführung (S 2)** in VolksEigt (Bodenfonds). Das Grdst muß trotz des von S 1 abw Wortlauts im GB als BRefGrdst gekennzeichnet sein od gewesen sein. Es kann sich um eine freiw (zB § BWVO 75/88) od erzwungene (zB §§ 4 V, 9 BWVO 75/88) Rückführg handeln; sie muß etwaigen nach § 11 BWVO 75/88 erlassenen Vorschr entspr haben. S 2 gilt auch bei Rückführg von TeilGrdst (zB § 3 I 2 BWVO 75/88). Diese Grdst werden nach Maßg der 3. DVO/TreuhG von der TrhdAnstalt verwaltet u bei NichtÜbertr in das Eigt der Länder/Kommunen privatisiert.

7 **3) Gesetzliche Eigentumszuweisung (II)** bei BRefGrdst, die als solche im GB gekennzeichnet sind u waren u für die die Voraussetzgen von I nicht erfüllt sind (über entspr Anwendg bei rgrdloser Eigtümer-Eintr vor 22. 7. 92 vgl Naumbg VIZ **95**, 472). Diese Grdst wurden am 22. 7. 92 unbeschr Eigt der in Nr 1 u 2 bezeichneten Pers; ohne Rücks darauf, ob sie es schon vorher erworben hatten; sie gelten als Eigtümer u VfgsBerecht (LG NBrdbg MDR **92**, 1056). Ob sie Eigtümer bleiben, richtet sich nach III. – **a) Nr. 1.** Die am 15. 3. 90 eingetr natürl Pers muß am 22. 7. 92 noch gelebt haben. Bei späterem Tod gilt allg ErbR. – **b) Nr. 2.** Fall 1 betrifft am 15. 3. 90 eingetr aber zu diesem Ztpkt schon verstorbene natürl Pers (Alterbfälle). Fall 2 betrifft den Fall, daß eine am 15. 3. 90 eingetr natürl Pers danach u vor dem 22. 7. 92 verstorben ist (Neuerbfälle). Erben iSv Nr 2 sind die tats (nicht die gesetzl) Erben. Mehrere Erben bilden in Ansehg des Eigt keine ErbenGemsch sond eine BruchtGemsch nach BGB 741ff, wobei die Brucht den Erbteilen entspr (vgl auch Jena OLG-NL **95**, 79), sofern nicht (dch Aufl) and Brucht vereinbart sind; über den Ant kann verfügt werden. Das nach II erworbene Eigt ist vererbl.

8 **4) Übereignungsanspruch (III, IV). – a) Inhalt.** Berecht nach § 12 hat gg Erwerber des Eigt iW des II u V (Keller MittBayNot **93**, 71) einen schuldr Anspr auf unentgeltl Übereigng des Grdst (**III 1**); AnsprSichg nach § 13. Auf diesen Anspr sind BGB 241–432 anzuwenden (**IV 1**); danach regeln sich zB Abtretg, NichtErf und Verzug. Iü gelten im Verhältn zw Eigtümer u Berecht ab AnsprEntstehg (nicht erst ab Geltdmachg) BGB 662–676 (**IV 2**); Voraussetzg ist aber, daß die Übereigng in Erfüllg des Anspr aus III 1

9 erfolgt. – **b) Durchführung** der Übereigng nach BGB 873, 925. Für GBEintr keine Gebühr nach KostO 60 (**III 2**). Kosten für AuflBeurk trägt im InnenVerh der Berecht (**III 3**); im AußenVerh zum Notar gelten

10 KostO 2 Nr 1, 5. – **c) Zurückbehaltungsrecht** des Eigtümers (**III 1**, BGB 273). Entgg dem Wortlaut von III 1 handelt § 15 I 2 von ErsVerpfl u § 15 I 1 von Verbindlichk, die beide nach § 15 I 3 zu übernehmen sind, so daß wg der gesamten ÜbernPfl aus § 15 I 3 das ZbR besteht. Die Übern muß nicht befreiend sein (zB wenn Gläub nicht genehmigt; BGB 425 III).

11 **5) Zahlungsanspruch.** Der Berecht hat wahlw einen Anspr auf Zahlg eines GeldBetr iH des GrdstVerk-Werts im Ztpkt der Geltdmachg des ZahlgsAnspr (**III 4**); für die formfreie Ausübg des WahlR gilt BGB 263. Hat der Berecht den ZahlgsAnspr gewählt, so kann der Eigtümer ihn dch ein Angebot zur Aufl des Grdst in der Form des BGB 313 erfüllen (**III 5**), dessen Annahme (BGB 146ff) im Belieben des Berecht steht; bei Ablehng besteht weder ein AuflAnspr (dch Wahl des ZahlgsAnspr entfallen) noch ein ZahlgsAnspr (dch AuflAngebot erfüllt).

12 **6) Ehegattenmiteigentum (V)** zu ½. – **a)** Wenn derj, der dch ProtBestätigg/Entscheidg unter den Voraussetzgen des **I 1** Eigtümer geworden ist, in diesem Ztpkt im Güterstand des FGB 13 verheiratet war u der Eheg am 22. 7. 92 lebte. – **b)** Wenn derj, der bei Ablauf des 15. 3. 90 eingetr war u am 22. 7. 92 noch lebte (**II 1 Nr 1**), bei Ablauf des 15. 3. 90 im Güterstand des FGB 13 verheiratet war u der Eheg am 22. 7. 92 lebte. – **c)** Wenn derj, der bei Ablauf des 15. 3. 90 als Eigtümer eingetr aber schon verstorben war (**II 1 Nr 2**

Fall 1), bei seinem Tod im Güterstand nach FGB 13 verheiratet war u der Eheg am 22. 7. 92 lebte. –
d) Wenn derj, der am 15. 3. 90 lebte u als Eigtümer eingetr war, aber danach verstorben ist **(II 1 Nr 2 Fall 2)**, bei Ablauf des 15. 3. 90 im Güterstand nach FGB 13 verheiratet war u der Eheg am 22. 7. 92 lebte. –
e) Einzelheiten. In allen Fällen der Rn 12 ist es unerhebl, ob die Ehe nach dem nach V 2 maßg Ztpkt **13** geschieden wurde u die Eheg eine neue Ehe eingingen. Der Eheg hat den 22. 7. 92 auch dann erlebt, wenn er an diesem Tag gestorben ist. Ist der nach V MitEigt erwerbde Eheg am 22. 7. 92 od danach gestorben, so hat er seinen MitEigtAnt nach allg ErbR vererbt. Zur Bedeutg im GBVerf u ggü BGB 891 vgl Rstk EWiR § 891 BGB 1/**94**, 657.

EG 233 § 12 *Berechtiger.* ¹Berechtigter ist in den Fällen des § 11 Abs. 2 Satz 1 Nr. 1 und Nr. 2 Fall 2 in nachfolgender Reihenfolge:
1. diejenige Person, der das Grundstück oder der Grundstücksteil nach den Vorschriften über die Bodenreform oder den Besitzwechsel bei Grundstücken aus der Bodenreform förmlich zugewiesen oder übergeben worden ist, auch wenn der Besitzwechsel nicht im Grundbuch eingetragen worden ist,
2. diejenige Person, die das Grundstück oder den Grundstücksteil auf Veranlassung einer staatlichen Stelle oder mit deren ausdrücklicher Billigung wie ein Eigentümer in Besitz genommen, den Besitzwechsel beantragt hat und zuteilungsfähig ist, sofern es sich um Häuser und die dazu gehörenden Gärten handelt.

^{II}Berechtigter ist in den Fällen des § 11 Abs. 2 Satz 1 Nr. 2 Fall 1 in nachfolgender Reihenfolge:
1. bei nicht im wesentlichen gewerblich genutzten, zum Ablauf des 15. März 1990 noch vorhandenen Häusern und den dazugehörenden Gärten
   a) diejenige Person, der das Grundstück oder der Grundstücksteil, auf dem sie sich befinden, nach den Vorschriften über die Bodenreform oder den Besitzwechsel bei Grundstücken aus der Bodenreform förmlich zugewiesen oder übergeben worden ist, auch wenn der Besitzwechsel nicht im Grundbuch eingetragen worden ist,
   b) diejenige Person, die das Grundstück oder den Grundstücksteil, auf dem sie sich befinden, auf Veranlassung einer staatlichen Stelle oder mit deren ausdrücklicher Billigung wie ein Eigentümer in Besitz genommen, den Besitzwechsel beantragt hat und zuteilungsfähig ist,
   c) der Erbe des zuletzt im Grundbuch aufgrund einer Entscheidung nach den Vorschriften über die Bodenreform oder über die Durchführung des Besitzwechsels eingetragenen Eigentümers, der das Haus am Ende des 15. März 1990 bewohnte,
   d) abweichend von den Vorschriften der Dritten Durchführungsverordnung zum Treuhandgesetz vom 29. August 1990 (GBl. I Nr. 57 S. 1333) der Fiskus des Landes, in dem das Hausgrundstück liegt, wenn dieses am 15. März 1990 weder zu Wohnzwecken noch zu gewerblichen Zwecken genutzt wurde;
2. bei für die Land- oder Forstwirtschaft genutzten Grundstücken (Schlägen)
   a) diejenige Person, der das Grundstück oder der Grundstücksteil nach den Vorschriften über die Bodenreform oder den Besitzwechsel bei Grundstücken aus der Bodenreform förmlich zugewiesen oder übergeben worden ist, auch wenn der Besitzwechsel nicht im Grundbuch eingetragen worden ist,
   b) der Erbe des zuletzt im Grundbuch aufgrund einer Entscheidung nach den Vorschriften über die Bodenreform oder über die Durchführung des Besitzwechsels eingetragenen Eigentümers, der zuteilungsfähig ist,
   c) abweichend von den Vorschriften der Dritten Durchführungsverordnung zum Treuhandgesetz der Fiskus des Landes, in dem das Grundstück liegt.

^{III}Zuteilungsfähig im Sinne der Absätze 1 und 2 ist, wer bei Ablauf des 15. März 1990 in dem in Artikel 3 des Einigungsvertrages genannten Gebiet in der Land-, Forst- oder Nahrungsgüterwirtschaft tätig war oder wer vor Ablauf des 15. März 1990 in dem in Artikel 3 des Einigungsvertrages genannten Gebiet in der Land-, Forst- oder Nahrungsgüterwirtschaft insgesamt mindestens zehn Jahre lang tätig war und im Anschluß an diese Tätigkeit keiner anderen Erwerbstätigkeit nachgegangen ist und einer solchen voraussichtlich auf Dauer nicht nachgehen wird.

^{IV}Erfüllen mehrere Personen die in den Absätzen 1 und 2 genannten Voraussetzungen, so sind sie zu gleichen Teilen berechtigt. Ist der nach Absatz 1 Nr. 1 oder Absatz 2 Nr. 1 Buchstaben a und b oder Nr. 2 Buchstabe a Berechtigte verheiratet und unterlag die Ehe vor dem Wirksamwerden des Beitritts dem gesetzlichen Güterstand der Eigentums- und Vermögensgemeinschaft des Familiengesetzbuchs der Deutschen Demokratischen Republik, so ist der Ehegatte zu einem gleichen Anteil berechtigt.

^VWenn Ansprüche nach den Absätzen 1 und 2 nicht bestehen, ist der Eigentümer nach § 11 verpflichtet, einem Mitnutzer im Umfang seiner Mitnutzung Miteigentum einzuräumen. Mitnutzer ist, wem in einem Wohnzwecken dienenden Gebäude auf einem Grundstück aus der Bodenreform Wohnraum zur selbständigen, gleichberechtigten und nicht nur vorübergehenden Nutzung zugewiesen wurde. Für den Mitnutzer gilt Absatz 4 sinngemäß. Der Anspruch besteht nicht, wenn die Einräumung von Miteigentum für den Eigentümer eine insbesondere unter Berücksichtigung der räumlichen Verhältnisse und dem Umfang der bisherigen Nutzung unbillige Härte bedeuten würde.

1) Allgemeines. § 12 bezeichnet diejenigen, die gg den Eigtümer nach § 11 II den ÜbereignungsAnspr **1** aus § 11 III haben. Die Berecht stehen in einer Rangfolge; ein nachrang Berecht kommt nur zum Zuge, wenn ein vorrang Berecht nicht vorhanden ist (nicht auch, wenn dieser seinen Anspr nicht geltd macht).

2 **2) Berechtigter bei Eigentum nach § 11 II 1 Nr 1 und Nr 2 Fall 2 (I).** – **a)** **Nr 1** erfaßt BRefGrdst aller Art (Hauswirtsch iSv II Nr 1 u Schläge iSv II Nr 2). Die Berechtigg erfordert eine förml Zuweisg dch eine ZuweisgsEntscheidg od ein bestätigtes BesWechselProt der zuständ Organe nach den damals dafür geltdn Vorschr (BRefVO [§ 11 Rn 1] bei Zuweisg nach den Vorschr über die BRef und BWVO [§ 11 Rn 2] bei
3 Zuweisg nach den Vorschr über den BesWechsel). – **b)** **Nr 2** erfaßt BRefGrdst unter Beschrkg auf sog Hauswirtsch. Für die Berechtigg genügt auch eine fakt (bei förml gilt Nr 1) Zuweisg, die voraussetzt: EigenBes entspr BGB 872 auf Veranlassg od mit (nicht nur stillschw) Billigg einer (nicht notw zuständ) staatl Stelle (Partei od LPG reichen nicht), BesWechselAntr (dieser u nicht eine Maßn der Wohraumlenkg muß GrdLage der Zuweisg gewesen sein) u Zuteilgsfähigk iSv III (Rn 6). Der EigenBes muß fortbestehen, braucht aber kein unmittelbarer zu sein.

4 **3) Berechtigter bei Eigentum nach § 11 II 1 Nr 2 Fall 1 (II).** Erfaßt werden nur Alterbfälle (§ 11 II 1 Nr 2 Fall 1), währd für Neuerbfälle (§ 11 II 1 Nr 2 Fall 2) I gilt (vgl auch BMJ VIZ **93**, 152 vor Neufassg dch Art 13 Nr 3j RegVBG). – **a)** **Nr 1** erfaßt sog Hauswirtsch, wenn auf dem Grdst nicht im wesentl gewerbl genutzte Häuser bei Ablauf des 15. 3. 90 noch vorhanden waren; waren solche Häuser zu diesem Ztpkt nicht mehr vorhanden od sind die Häuser im wesentl gewerbl genutzt (Staud/Rauscher Rn 16), so gilt Nr 2. Berecht sind: An erster Stelle Begünstigte einer förml Zuweisg (Nr 1a; vgl Rn 2). An zweiter Stelle der Eigenbesitzer agrd fakt Zuweisg od mit (vgl Rn 3), sofern er zuteilgsfäh iSv III (vgl Rn 6) ist (Nr 1b). An dritter Stelle derjenige, der das Haus am Ende des 15. 3. 90 bewohnte u tats (nicht nur gesetzl) Erbe desjenigen ist, der zuletzt im GB agrd einer förml Zuweisg (vgl Rn 2) als Eigtümer eingetr ist (Nr 1c); and Erben können von ihm keinen Ausgl verlangen. Nr 1d soll in der Praxis aufgetretene Zweifelsfälle (zB bei langjähr Nutzg
5 dch nicht mehr bestehde öff Dienststelle) klären. – **b)** **Nr 2** erfaßt am 15. 3. 90 (Naumbg VIZ **95**, 114) land- u fortwirtsch genutzte Grdst, zeitw Brachliegen unschädl (Naumbg aaO). Berecht sind: An erster Stelle der Begünstigte einer förml Zuweisg (Nr 2a; vgl Rn 2), der am 22. 7. 92 gelebt hat (Naumbg VIZ **95**, 472). An zweiter Stelle des tats Erbe derjenigen, der zuletzt im GB agrd einer förml Zuweisg (vgl Rn 2) als Eigtümer eingetr ist, sofern er zuteilgsfäh iSv III (vgl Rn 6) ist (Nr 2b). An dritter Stelle der Landesfiskus (Nr 2c).

6 **4) Zuteilungsfähigkeit (III)** iSv I Nr 2, II Nr 1b, 2b. Die Tätigkeit muß bei Ablauf des 15. 3. 90 auf dem Gebiet der fr DDR ausgeübt worden sein (Naumbg OLG-NL **95**, 2); Urlaub/Krankh zu diesem Ztpkt unschädl. Die Art der Tätigk (zB LPG-Mitgl, Arbeiter, Angestellter) ist gleichgült; sie braucht nicht in örtl ZusHang mit dem zu übereigndn Grdst ausgeübt worden zu sein (Rstk OLG-NL **95**, 207). Tätig in der Nahrgs/ Genußmittelindustrie (Rstk aaO) od als Dachdecker in einer im landw Bereich tät Genossensch (LG Rstk VIZ **95**, 54) reichen nicht, wohl aber als Arbeiter in einer zwbetriebl Bauorganisation als GemschEinrichtg von LPGs (LG Lpzg OLG-NL **95**, 83). Der Kreis der zuteilgsfäh Pers wird unter best Voraussetzgen auf Pers erweitert, die bei Ablauf des 15. 3. 90 nicht mehr die genannte Tätigk in der fr DDR ausgeübt haben. Damit sollen vor allem (bei Ablauf des 15. 3. 90 in der fr DDR lebde) Rentner erfaßt werden, die langjähr in der Landwirtsch usw tätig waren. „Insgesamt" bedeutet, daß die Tätigk nicht zushängd ausgeübt sein muß.

7 **5) Mehrheit von Berechtigten, Ehegatten (IV).** – **a)** Mehreren Berecht innerhalb derselben Rangklasse steht der ÜbereignsAnspr aus § 11 III 1 (u etwaige FolgeAnspr zB bei NichtErf) in BruchtGemsch zu gleichen Teilen zu (**S 1**); auch Miterben iFv II Nr 1c, 2b bei unterschiedl Quote. Ihnen ist das Grdst zu MitEigt zu gleichen Teilen zu übereignen. Die AuseinandS richtet sich nach BGB 749–758. – **b)** Der Eheg eines iSv **S 2** Berecht ist zu 1/2 mitberecht an dem ÜbereignsAnspr aus § 11 III 1 (u etwaigen FolgeAnspr), wenn für die Ehe vor dem 3. 10. 90 der Güterstd nach FGB 13ff galt. Die Ehe muß am Ende des 2. 10. 90 u am 22. 7. 92 (Entstehen des Anspr) bestanden haben.

8 **6) Mitnutzer von Wohnraum (V).** – **a)** **Voraussetzung. S 1** ist mißverständl, denn I u II begründen keinen Anspr, sond bestimmen nur den Berecht des Anspr aus § 11 III 1. Gemeint ist, daß ein Anspr aus § 11 III 1 eines nach I od II Berecht nicht besteht (darunter fällt nicht das Erlöschen dch Erlaß); vom
9 Mitnutzer zu beweisen. – **b)** **Berechtigt** ist ein Mitnutzer (**S 2**). Die Mitnutzg erfordert nach Schutzzwck der Vorschr eigenes Bewohnen der Räume (nicht bloße Vermietg). Die Zuweisg muß förml od fakt entspr II Nr 1a, 1b erfolgt sein (BGH DtZ **94**, 347). Zuteilgsfähig iSv von III ist nicht erforderl (BGH aaO). Bei
10 mehreren Mitnutzern desselben Wohnraums u verheirateten Mitnutzer gilt IV sinngem (**S 3**). – **c)** **Verpflichtet** ist der Eigtümer iSv § 11 I u II (**S 1**) ggf iVm § 11 V, obwohl nur bei einem Eigtümer iSv § 11 II ÜbereignsAnspr eines nach I od II Berecht bestehen können. „Eigtümer nach § 11" beschreibt Eigtümer iS
11 dieser Vorschr (vgl zB § 13 I, II). – **d)** **Anspruchsinhalt. S 1** begründet einen selbstd Anspr u modifiziert nicht nur den aus § 11 III 1; „nach § 11" bezieht sich auf „Eigtümer" (vgl Rn 10), denn bei einer Verweis auf den Anspr würde es heißen „nach § 11 III 1 verpflichtet" (vgl § 14). Daraus folgt, daß § 13 III 2, 3 IV, nicht anwendb sind. Die MitEigtQuote des Mitnutzers berechnet sich nach dem Verhältn der beiderseit Nutzflächen an Wohnraum, sonstigen Räumen u unbebauten GrdstFlächen (wird zB dem Mitnutzer 100 m^2 Wohnraum zugewiesen u nutzt der Eigtümer 100 m^2 Wohnraum u 400 m^2 Garten, so lautet die Quote ⅙ zu ⅚). Innerh der MitEigtümerGemsch (BGB 741ff) wirkt die Zuweisg wie eine
12 Benutzgsregelg. – **e)** **Anspruchsausschluß (S 4)** insb bei sehr hohen Investitionen des Eigtümers od wenn Mitnutzer nur sehr kleinen MitEigtAnt erhalten würde. – **f)** **Anspruchssicherung.** Nicht nach § 13 I, da der Mitnutzer kein Berecht iSv § 13 II ist. Selbstd Sichg mögl (vgl § 13 Rn 1).

EG 233 § 13 *Verfügungen des Eigentümers.* [1]Wird vor dem **31. Dezember 1996 die Eintragung einer Verfügung desjenigen beantragt, der nach § 11 Abs. 2 Eigentümer ist, so übersendet das Grundbuchamt der Gemeinde, in der das Grundstück belegen ist, und dem Fiskus des Landes, in dem das Grundstück liegt, jeweils eine Abschrift dieser Verfügung. Teilt eine dieser Stellen innerhalb eines Monats ab Zugang der Mitteilung des Grundbuchamts mit, daß der Verfügung widersprochen werde, so erfolgt die Eintragung unter Eintragung einer Vormerkung im Rang vor der beantragten Verfügung zugunsten des Berechtigten; seiner genauen Bezeichnung bedarf es nicht.**

^{II}Die Unterrichtung nach Absatz 1 unterbleibt, wenn
1. eine Freigabe nach Absatz 6 durch eine schriftliche Bescheinigung der Gemeinde, des Landesfiskus oder des Notars nachgewiesen wird,
2. das Eigentum an dem Grundstück bereits auf einen anderen als den in § 11 Abs. 2 bezeichneten Eigentümer übergegangen ist,
3. bereits eine Vormerkung auf einen Widerspruch der widersprechenden Stelle hin eingetragen worden ist.

^{III}Die Gemeinde, in der das Grundstück belegen ist, darf der Eintragung nur widersprechen, wenn einer der in § 12 Abs. 1 oder Abs. 2 Nr. 1 Buchstabe a oder b oder Nr. 2 Buchstabe a genannten Berechtigten vorhanden ist, sofern dieser nicht mit der Verfügung einverstanden ist. Der Widerspruch ist nur zu berücksichtigen, wenn er den Berechtigten bezeichnet. Der Fiskus des Landes, in dem das Grundstück liegt, darf nur in den Fällen des § 12 Abs. 2 Nr. 2 Buchstabe c widersprechen.

^{IV}Die auf den Widerspruch der Gemeinde, in der das Grundstück belegen ist, oder des Fiskus des Landes, in dem das Grundstück liegt, hin eingetragene Vormerkung wird, sofern sie nicht erloschen ist (Absatz 5), von Amts wegen gelöscht, wenn die betreffende Stelle ihren Widerspruch zurücknimmt oder der Widerspruch durch das zuständige Verwaltungsgericht aufgehoben wird. Das gleiche gilt, wenn sich der in dem Widerspruch der Gemeinde, in der das Grundstück belegen ist, bezeichnete Berechtigte einverstanden erklärt. Das Einverständnis ist in der in § 29 der Grundbuchordnung vorgeschriebenen Form nachzuweisen.

^VDie Vormerkung erlischt nach Ablauf von vier Monaten von der Eintragung an, wenn nicht der Berechtigte vor Ablauf dieser Frist Klage auf Erfüllung seines Anspruchs aus § 11 Abs. 3 erhoben hat und dies dem Grundbuchamt nachweist; auf den Nachweis findet § 29 der Grundbuchordnung keine Anwendung. Die Löschung der Vormerkung erfolgt auf Antrag des Eigentümers oder des aus der beantragten Verfügung Begünstigten.

^{VI}Die Gemeinde, in der das Grundstück liegt, und der Landesfiskus können vor der Stellung des Antrags auf Eintragung oder vor Abschluß des Rechtsgeschäfts durch den Notar zur Freigabe des Grundstücks aufgefordert werden. Die Freigabe hat zu erfolgen, wenn die Voraussetzungen für einen Widerspruch nach Absatz 3 nicht vorliegen. Sie gilt als erteilt, wenn weder die Gemeinde noch der Landesfiskus innerhalb von vier Monaten ab Zugang der Aufforderung gegenüber dem Notar widerspricht; dies wird dem Grundbuchamt durch eine Bescheinigung des Notars nachgewiesen.

^{VII}Die Gemeinde, in der das Grundstück belegen ist, unterrichtet den in ihrem Widerspruch bezeichneten Berechtigten von dem Widerspruch. Daneben bleibt jedem Berechtigten (§ 12) die selbständige Sicherung seiner Ansprüche (§ 11 Abs. 3) unbenommen.

1) Allgemeines. § 13 enthält ein bes System zur Sichg des ÜbereignsAnspr des Berecht aus § 11 III **1** (nicht auch aus § 12 V; vgl § 12 Rn 12). Unabhäng davon hat der Berecht die Möglichk, seinen Anspr dch ein iW einstwVfg erlangtes VfgsVerbot gg den Eigtümer (vgl. BGB 888 Rn 10) zu schützen (VII 2); § 13 nimmt dafür nicht das RSchutzInt.

2) Eintragungsantrag (I 1). Er muß von einem Eigtümer iSv § 11 II 1 Nr 1 od 2 vor dem 31. 12. 96 **2** gestellt worden sein; I 1 gilt auch, wenn die Zurückweis eines solchen Antr auf Beschw aufgehoben wird. Nach dem Zweck des § 13 muß eine Eintragg beantragt sein, dch deren Vollzug der Anspr aus § 11 III 1 beeinträchtigt würde (zB Übereigng od Belastg einschließl Vormkg zu ihrer Sichg; nicht aber Aufhebg einer Belastg).

3) Verfahren des Grundbuchamts (I). Unzuläss od unbegründete Antr darf das GBA ohne Verf nach **3** § 13 zurückweisen. Soweit die Unterrichtg nach II unterbleiben kann, erfolgt die Eintr ohne sie. – **a)** Un- **4** terrichtung. Bei zuläss u begründetem Antr übersendet das GBA vorbeh II eine (nicht notw begl) Abschrift an die Gemeinde u den Fiskus (S 1), wg S 2gg EmpfangsNachw. – **b) Eintragung der Rechtsänderung.** **5** Geht binnen einem Monat ab MitteilgsZugang kein Widerspr der Gemeinde/Fiskus ein, so wird die beantragte RÄnderg ohne gleichzeit Vormkg eingetr (bei vorh Eintr wäre die RÄnderg wirks, aber SchadErs wg AmtsPflVerletzg mögl). Geht ein Widerspr rechtzeit ein, so werden eine Vormkg (Rn 6) u die RÄnderg eingetr (S 2); wird die RÄnderg ohne Vormkg eingetr, so ist sie ggü dem Berecht wirks (vgl auch RegVBG Art 19 III 1), aber SchadErs wg AmtsPflVerletzg mögl. Bei verspätet eingegangenem Widerspr ist die RÄnderg ohne Vormkg einzutragen, denn S 2 stellt es auf die Einhaltg der WidersprFrist ab. – **c) Vormer-** **6** kung. Sie ist mit Rang vor der RÄnderg einzutragen. Der EintrVermerk muß den im Widerspr bezeichneten Berecht (vgl. III 2) bestimmb als Gläub u den gesicherten Anspr (§ 11 III 1) angeben (vgl BGB 885 Rn 16).

4) Unterbleiben der Unterrichtung (II) nach I 1. Ein ohne Unterrichtg erhobener Widerspr ist unbe- **7** achtl. – **a) Nr. 1.** Gemeint ist hier die positive FreigBescheinigg der Gemeinde/des Landesfiskus (ob sie zu Recht erteilt ist, prüft das GBA nicht) od die Bescheinigg des Notars, daß nicht rechtzeit Widerspr erhoben wurde (die Richtigk prüft das GBA nicht). – **b) Nr 2.** Betroffen sind insb rgesch Vfgen über das Eigt vor dem 22. 7. 92, so daß die Erfüllg des Anspr aus § 11 III dem Eigtümer nach II nicht mehr mögl ist. – **c) Nr 3.** Hier besteht bereits eine Sicherg.

5) Widerspruch (III); für die Form gilt GBO 29 III. Der Widerspr den Gemeinde muß einen Berecht iSv **8** S 1 bezeichnen (dieser wird VormkgsBerecht); fehlt diese Bezeichg, so wird die RÄnderg ohne Vormkg eingetr (S 2). Bei einem Widerspr des Fiskus ist dieser als VormkgsBerecht einzutragen (S 3); bezeichnet er einen and Berecht, so ist er unbeachtl. WdersprBegründg nicht notw. Das GBA prüft die Rechtmäßigk des Widerspr nicht. Werden mehrere Berecht von der Gemeinde bezeichnet od widersprechen Gemeinde u

Fiskus, so ist für jeden Berecht eine Vormkg (untereinand im Gleichrang) einzutragen. UnterrichtsPfl der Gemeinde (**VII 1**) insb im Hinblick auf V u § 14.

9 **6) Löschg der Vormerkung (IV).** WidersprRückn in der From des GBO 29 III od EinverständnErkl des Berecht in der Form von GBO 29 I. Eine vormkgswidr Vfg wird mit der Löschg ggü dem VormkgsBerecht wirks; eine ohne WidersprRückn/EinverständnErkl gelöschte Vormkg wirkt fort (vgl BGB 886 Rn 1). Für die Löschg einer nach V 1 eingetr Vormkg gilt V 2.

10 **7) Erlöschen der Vormerkung (V).** – **a)** Entgg dem Wortlaut erlischt die Vormkg materiellrechtl auch ohne Nachw der nicht rechtzeit Klageerhebg mit dieser. Der Nachw der dch das Erlöschen eingetretenen GBUnrichtig (GBO 22) wird dch S 1 Halbs 2 erleichtert (im Ggsatz zu IV 3 kann hier die formlose Bestätigg des Berecht genügen). Kann der Nachw nicht geführt werden, so muß auf GBBerichtigg geklagt **11** werden (BGB 894). – **b)** § 13 aF enthielt keine Vorschr über das Erlöschen der Vormkg nach I. Die vor dem 1. 6. 94 begründeten Vormkgen erlöschen spätestens mit Ablauf des 30. 9. 94, wobei für Nichterlöschen u Löschg V entspr gilt (RegVBG Art 19 III 2, 3; 20).

12 **8) Grundstücksfreigabe (VI).** Die tats (S 1) u fiktive (S 3) GrdstFreigabe macht eine Unterrichtung der Gemeinde/des Landesfiskus dch das GBA nach II entbehrl. Die Freigabe (S 2) kann nur im VerwRWeg erzwungen werden. Für die Notarbescheinigg gilt BeurkG 39.

EG 233 § 13a *Vormerkung zugunsten des Fiskus.* **Auf Ersuchen des Fiskus trägt das Grundbuchamt eine Vormerkung zur Sicherung von dessen Anspruch nach § 11 Abs. 3 ein. Die Vormerkung ist von Amts wegen zu löschen, wenn das Ersuchen durch das zuständige Verwaltungsgericht aufgehoben wird.**

1 § 13a ermöglicht eine Vormkg zG des Landesfiskus ohne EintrAntr iSv § 13 I. Die Eintragg unterbleibt aber bei Nachw einer Freigabe nach § 13 VI.

EG 233 § 14 *Verjährung.* **Der Anspruch nach § 11 Abs. 3 Satz 1 verjährt innerhalb von sechs Monaten ab dem Zeitpunkt der Eintragung der Vormerkung, spätestens am 2. Oktober 2000.**

1 Gilt nur für den Anspr aus § 11 III 1 u (entspr) 4 (LG Chem VIZ **95**, 475); nicht für den aus §§ 12 V 1, 16 II 2 (Naumbg OLG-NL **95**, 159). Die sechsmonatige Verj wird dch die Löschg der Vormkg nach § 13 III nicht berührt. Für die Löschg der Vormkg nach Verj des gesicherten Anspr gilt BGB 886.

EG 233 § 15 *Verbindlichkeiten.* [1]**Auf den Eigentümer nach § 11 Abs. 2 gehen mit Inkrafttreten dieser Vorschriften Verbindlichkeiten über, soweit sie für Maßnahmen an dem Grundstück begründet worden sind. Sind solche Verbindlichkeiten von einem anderen als dem Eigentümer getilgt worden, so ist der Eigentümer diesem zum Ersatz verpflichtet, soweit die Mittel aus der Verbindlichkeit für das Grundstück verwendet worden sind. Der Berechtigte hat die in Satz 1 bezeichneten Verbindlichkeiten und Verpflichtungen zu übernehmen.**

[2]**Der Eigentümer nach § 11 Abs. 2 ist zur Aufgabe des Eigentums nach Maßgabe des § 928 Abs. 1 des Bürgerlichen Gesetzbuchs berechtigt. Er kann die Erfüllung auf ihn gemäß Absatz 1 übergegangener Verbindlichkeiten von dem Wirksamwerden des Verzichts an bis zu ihrem Übergang nach Absatz 3 verweigern. Die Erklärung des Eigentümers bedarf der Zustimmung der Gemeinde, in der das Grundstück belegen ist, die sie nur zu erteilen hat, wenn ihr ein nach § 12 Berechtigter nicht bekannt ist.**

[3]**Das Recht zur Aneignung steht im Fall des Absatzes 2 in dieser Reihenfolge dem nach § 12 Berechtigten, dem Fiskus des Landes, in dem das Grundstück liegt, und dem Gläubiger von Verbindlichkeiten nach Absatz 1 zu. Die Verbindlichkeiten gehen auf den nach § 12 Berechtigten oder den Fiskus des Landes, in dem das Grundstück liegt, über, wenn sie von ihren Aneignungsrechten Gebrauch machen. Der Gläubiger kann den nach § 12 Berechtigten und den Fiskus des Landes, in dem das Grundstück liegt, zum Verzicht auf ihr Aneignungsrecht auffordern. Der Verzicht gilt als erklärt, wenn innerhalb von drei Monaten ab Zugang eine Äußerung nicht erfolgt. Ist er wirksam, entfallen Ansprüche nach § 12. Ist der Verzicht erklärt oder gilt er als erklärt, so können andere Aneignungsberechtigte mit ihren Rechten im Wege des Aufgebotsverfahrens ausgeschlossen werden, wenn ein Jahr seit dem Verzicht verstrichen ist. Mit dem Erlaß des Ausschlußurteils wird der beantragende Aneignungsberechtigte Eigentümer. Mehrere Gläubiger können ihre Rechte nur gemeinsam ausüben.**

1 **1) Allgemeines.** BRefGrdst konnten nicht belastet werden (vgl § 11 Rn 1). Die für die Bewirtschaftg notw Kredite wurden als Personalkredite vergeben u begründeten dingl nicht gesicherte schuldrechtl RückzahlgsVerpfl.

2 **2) Übergang/nahme von Verbindlichkeiten, Ersatzpflicht (I).** – **a) Übergang (S 1).** Die Verbindlichk müssen für Maßn an dem Grdst (Maßn der GrdstBewirtschaftg wie zB Bodenverbesserg, GbdeErrichtg/Erhaltg, Anschaffg/Erhaltg von Geräten für die GrdstBewirtschaftg) begründet worden sein; tats Verwendg dafür abw von § 2 nicht erforderl. Übergang auf denjenigen, der nach § 11 II am 22. 7. 92 **3** GrdstEigt erwirbt; bish Schuldn wird frei. – **b) Ersatzpflicht (2).** Am 22. 7. 92 bereits getilgte Verbindlich iSv S 1 können nicht mehr übergehen. Sind die Mittel aus der Verbindlichk tats für Maßn an dem

Grdst iSv S 1 verwendet worden u ist die Verbindlichk vor dem 22. 7. 92 getilgt worden (auch dch Aufrechng), so ist der Eigtümer nach § 11 II dem Tilgden zum Ers verpfl. – **c) Übernahmepflicht (S 3).** **4** Nur wenn der Berecht nach § 12 Übereign des Grdst nach § 11 III 1 verlangt, muß er die auf den Eigtümer nach S 1 übergegangenen Verbindlichk übernehmen; gilt trotz des Hinweises auf S 1 auch für die ErsPfl aus S 2, denn sonst ginge das Wort „Verpfl" ins Leere. Zur Sichg der ÜbernPfl vgl § 11 Rn 10.

3) Eigentumsaufgabe (II). Der Eigtümer nach § 11 II kann das GrdstEigt nach BGB 928 I aufgeben **5** **(S 1);** wg dieser Berechtigg kein SchadErs wg Verletzg der Verpfl aus § 11 III 1. Die VerzErkl des Eigtümers bedarf der Zustimmg der Gemeinde **(S 3);** VerzEintr ohne Zustimmg macht das GB unricht. Die ZustErkl ist materiellrechtl formfrei, verfrechtl gilt GBO 29 III; das GBA hat nicht zu prüfen, ob die Gemeinde die Zustimmg erteilen durfte. Der Verzicht (EigtAufg) wird mit der GBEintr wirks (BGB 928 I); die Haftg für die nach I 1 übergegangenen Verbindlichk besteht bis zum Übergang auf den Aneigndn fort (vgl III 2), der bish Eigtümer hat aber ein dch Einrede geltd zu machdes LeistgsverweigergsR **(S 2).** S 2 gilt nach seinem Wortlaut nicht für die ErsPfl aus I 2 (keine übergegangene Verbindlichk), aber entspr Anwendg geboten, zumal I 3 auch beide gleichstellt u nur auf I 1 verweist.

4) Aneignungsrecht (III) bzgl des nach II aufgegebenen Eigt. – **a) Aneignungsberechtigt** sind die in **6** S 1 Genannten in der dortigen Reihenfolge; die Berecht nach § 12 in der dortigen Reihenfolge. – **b) Berech- 7 tigte nach § 12, Fiskus (S 2).** GebrMachen vom AneignsR bedeutet EigtErwerb dch Ausübg des An- eigngsR. Für den EigtErwerb dch diese Berecht gilt S 7 nicht, denn S 3–8 gelten nur für die Aneigng dch den Gläub. EigtErwerb dch AneignsErkl in der From von GBO 29, EintrAntr u GBEintr (BGB 928 Rn 4); dabei ist in der Form von GBO 29 nachzuweisen (idR schwer mögl), daß ein vorrang AneigngsR nicht besteht; Eintr unter Verletzg vorrang AneigngsR bewirkt keinen EigtErwerb. Mit EigtErwerb gehen Verbindlichk auf den Aneigndn über u die Haftg nach I erlischt; S 2 gilt auch für ErsVerpfl aus I 2 (vgl Rn 4, 5). – **c) Gläubiger der Verbindlichkeit nach I 1** (S 3–8); gilt auch für Gläub einer ErsVerpfl nach I 2 **8** (vgl Rn 4, 5, 7). Er kann in einem AuffordergsVerf den Untergang der vorrang AneigngsRe herbeiführen. Hat ein vorrang AneigngsBerecht den Verzicht erklärt od gilt er nach S 4 als erklärt, so kann der Gläub ein AufgebotsVerf nach ZPO 946ff betreiben, für das ZPO 978–981 entspr gelten (sonst fehlte es schon an einer Zuständigk vgl ZPO 946 II). Das AusschlUrt darf erst ein Jahr nach der VerzErkl bzw dem FrAblauf nach S 4 ergehen; VerfEinleitg schon früher mögl. Mehrere Gläub **(S 8)** erwerben MitEigt im Verhältn ihrer Anspr. S 5 geht ins Leere, weil § 12 keine Anspr begründet, sond Berecht für den Anspr aus § 11 III 1 u das AneigngsR aus III 1 bestimmt. Mit EigtErwerb erlöschen die Anspr des Gläub (Vereinigg von Schuld u Fdg).

EG 233 § 16 *Verhältnis zu anderen Vorschriften, Übergangsvorschriften.* [1]**Die Vorschriften dieses Abschnitts lassen die Bestimmungen des Einigungsgesetzes sowie andere Vorschriften unberührt, nach denen die Aufhebung staatlicher Entscheidungen oder von Verzichtserklärungen oder die Rückübertragung von Vermögenswerten verlangt werden kann. Durch die Vorschriften dieses Abschnitts, insbesondere § 12 Abs. 2 Nr. 2 Buchstabe c, werden ferner nicht berührt die Vorschriften der Dritten Durchführungsverordnung zum Treuhandgesetz sowie Ansprüche nach Artikel 21 Abs. 3 und nach Artikel 22 Abs. 1 Satz 7 des Einigungsvertrages. Über die endgültige Aufteilung des Vermögens nach § 12 Abs. 2 Nr. 2 Buchstabe c wird durch besonderes Bundesgesetz entschieden.**

[2]**Der durch Erbschein oder durch eine andere öffentliche oder öffentlich beglaubigte Urkunde ausgewiesene Erbe des zuletzt eingetragenen Eigentümers eines Grundstücks aus der Bodenreform, das als solches im Grundbuch gekennzeichnet ist, gilt als zur Vornahme von Verfügungen befugt, zu deren Vornahme er sich vor dem Inkrafttreten dieses Abschnitts verpflichtet hat, wenn vor diesem Zeitpunkt die Eintragung der Verfügung erfolgt oder die Eintragung einer Vormerkung zur Sicherung dieses Anspruchs oder die Eintragung dieser Verfügung beantragt worden ist. Der in § 11 bestimmte Anspruch richtet sich in diesem Falle gegen den Erben; dessen Haftung beschränkt sich auf die in dem Vertrag zu seinen Gunsten vereinbarten Leistungen. Die Bestimmungen dieses Absatzes gelten sinngemäß, wenn der Erwerber im Grundbuch eingetragen ist oder wenn der Erwerb von der in § 11 Abs. 2 Satz 1 Nr. 1 bezeichneten Person erfolgt.**

[3]**Ein Vermerk über die Beschränkungen des Eigentümers nach den Vorschriften über die Bodenreform kann von Amts wegen gelöscht werden.**

1) Verhältnis zu anderen Vorschriften (I). Die §§ 11 ff enthalten eine rein sachenrechtl Abwicklgs- **1** regelg, die die in I genannten SonderVorschr u damit die endgült Zuordng der BRefGrdst unberührt läßt.

2) Verfügungsbefugnis (II). Ohne Rücks auf die materielle Berechtigg gilt der gem S 1 (die öffentl bzw **2** öffentl begl Urk müssen nach ihrer BewKraft die Erbenstellg bezeugen) als Erbe des zuletzt eingetr Eigtümers eines BRefGrdst Legitimierte als zu Vfgen über das Grdst (Veräußerg, Belastg) befugt, zu denen er sich vor dem 22. 7. 92 rwirks verpfl hat, wenn vor dem 22. 7. 92 entweder die RÄnderg im GB eingetr od ihre GBEintr beantragt worden ist od wenn vor dem 22. 7. 92 die Eintragg einer Vormkg zur Sichg des RÄndergsAnspr beantragt worden ist (erst recht reicht die Eintragg der Vormkg vor dem 22. 7. 92); wg der AntrStellg beim GBA vgl § 7 Rn 1. Seine Vfg ist wirks (LG Rstk VIZ **95,** 54). Der Anspr des nach § 12 Berecht aus § 11 III richtet sich nach den gem S 1 VfgsBefugten (nicht gg den Eigtümer nach § 11 II), wobei iF der Nichterfüllg der SchadErs auf den Erlös begrenzt ist. II 3 erweitert die vereinfachte Regel des II 2 auf einen Erwerb, der dch GBEintr bereits vollzogen ist, sowie auf den Erwerb von einer Pers, die als Eigtümer eingetr war u selbst verfügt hat (hier braucht der Erwerb nach Maßg von II 1 noch nicht dch Eintr vollzogen zu sein).

3   **3) Löschung der Verfügungsbeschränkung (III).** Das AmtslöschgsVerf ist kostenfrei (KostO 70). Schon vor dem 22. 7. 92 wurden BRefVermerke vielf gelöscht (vgl Böhringer VIZ **92**, 179). Bei Neuanlage von GB ist der gelöschte Vermerk wg § 13 zu übertragen.

Artikel 234. Viertes Buch. Familienrecht

Einführung

1   **Geltungsumfang und Inkrafttreten:** Art 230. Zum FamR in der ehem DDR: Grandke DtZ **90**, 321.
2   Die **Überleitungsregelung** stellt die Rechtseinheit auf dem Gebiet des FamR entspr dem BeitrPrinzip dadch her, daß die famrechtl Verhältn der früh DDR in das FamR der BuRep übergeleitet w (Art 234 § 1). Art 234 §§ 2–15 enthalten Ausn, inhaltl u zeitl Modifikationen usw (vgl 50. Aufl).

EG 234 § 1 *Grundsatz.* **Das Vierte Buch des Bürgerlichen Gesetzbuchs gilt für alle familienrechtlichen Verhältnisse, die am Tag des Wirksamwerdens des Beitritts bestehen, soweit im folgenden nichts anderes bestimmt ist.**

1   **1) Geltungsbereich. a) Vorrang des interlokalen Kollisionsrechts** (Brudermüller/Wagenitz FamRZ **90**, 1294; Henrich FamRZ **91**, 873 sowie IPrax **91**, 14; Rauscher DNotZ **91**, 210; Bosch FamRZ **91**, 1002; Dörner ua sowie Mansel DtZ **91**, 1 u 124; Heldrich, Das interlok PrivR Dtschls nach dem EinigV 1992, S 6 ff): Der Anwendsbereich der iü im ges BuGBbuch gelten Art 234 §§ 1–15 hängt allerd davon ab, daß nach interlok KollisionsR (Anh III zu Art 3) die TeilROrdng der neuen BuLä anzuwenden gewesen wäre. Fälle, die zum Ztpkt des Wirkswerdens des Beitr dagg nach dem bish BuR zu entsch gew wären, bleiben diesem auch weiterh unterstellt. Die Tats der Scheid im Gebiet der früh DDR reicht für die Anwendg v Art 234 also nicht (Adlerstein/Wagenitz FamRZ **91**, 1301). Zur Fortdauer des ScheidStatuts: BGH FamRZ **92**, 295.

2   **b)** Art 234 gilt für alle **familienrechtlichen Verhältnisse** gleichgült, ob sie dch Abstammg, Eheschl od sonst dch Vertr od von Gesetzes wg zustande gekommen od aufgeh w sind, u unabhäng von den in der fr DDR mit der Ehe u Fam verfolgten polit Zielsetzgen. Die RInstitute des FamR im BGB u FGB haben sich nicht so weit voneinand entfernt, daß es zu Qualifikationsproblemen kommen könnte; im großen u ganzen beschränken sich die Unterschiede hier auf die Ausdrucksw (elt Sorge u ErziehgsR; Ann als Kind u Ann an Kindes Statt usw). Die das ganze KindschR des BGB dchziehde Unterscheidg zw ehel u nehel Ki gilt mit der Überleitg auch wieder im Bereich der fr DDR, die diesen Unterschied in den RFolgen weitgehd beseitigt hatte. Die Differenziergen in den §§ 2–15 führen insges dazu, daß es noch einiger Zt bedarf, bis im FamR die volle REinh erreicht ist (Magnus JuS **92**, 461).

3   **c)** Dem Ggstd nach beschränkt Art 234 § 1 die Überleitg auf das **Vierte Buch des BGB.** Doch sind auch das **EheG** (Art 234 § 2 Rn 2), die **BarwertVO** (Anh I zu Art 234 § 6) sowie das **VAHRG** (Anh II zu Art 234 § 6) übergeleitet worden, so daß auch diese Vorschr ggf mit entspr Modifikationen ab 3. 10. 90 im Bereich der fr DDR gelten. Ausdrückl von der Überleitg ausgenommen wurden die **Amtspflegschaft** der §§ 1706– 1710 BGB sowie die **RegelUnterhVO** (vgl Art 234 § 9 Rn 1). Keine ausdrückl ÜbergangsRegelg findet sich zur **HausratsVO** (vgl dazu Art 234 § 4 Rn 24).

4   **d)** Das ÜberleitgsR gilt in sämtl RGebieten, in denen es auf famrechtl Verhältn ankommt, insb also auch im **öffentlichen Recht** u im Strafrecht. Soweit das **Familiengesetzbuch (FGB)** der DDR vom 20. 12. 65 (GBl I 1966 Nr 1 S 1) fortgilt, ist zu beachten, daß dies dch das 1. **FamRÄndG** vom 20. 7. 90 (GBl I S 1036), das am 1. 10. 90 in Kr getreten ist, geänd u ergänzt wurde (vgl Eberhardt FamRZ **90**, 917).

5   **2) Stichtagsprinzip:** Bis zum Tag des Wirksamwerdens des Beitr galt für famrechtl Verhältn das Recht der fr DDR (Rn 4); mit dem Beitritt gilt das Recht der BuRep. Dies bedeutet zweierlei: auf in der fr DDR vor dem Beitritt begründete u fortbestehde FamRVerhältn, insb also auch auf Ehen aus der fr DDR, die über den 3. 10. 90 hinaus bestehen u besteh bleiben (wenn sie dch Stichtag aufgelöst w, sei es dch den Tod eines Eheg, sei es dch Scheidg, **gelten vom 3. 10. 90 an die Vorschriften des Vierten Buchs des BGB** (vgl dazu oben Rn 3). Dagg ist **keine Rückwirkung** des neuen Rechts vorgesehen (BT-Drucks 11/7817 S 42), so daß abgeschlossene famrecht Verhältn nicht unter dem Gesichtspkt wieder aufgerollt w können, daß sie unter der Geltg des BGB anders hätten entschieden w müssen. **DDR-Ehescheidungen** der zB. 2. 10. 90 werden anerk (Bosch FamRZ **91**, 1382). Vgl zur Aufrechterhaltg einer dch ein bu-dt Ger für unwirks erkl DDR-Scheidg AG Bautzen FamRZ **94**, 1388 mA Bosch. Im **Unterhaltsrecht** gelten: §§ 1361, 1569 ff für Scheidgen nach dem 30. 9. 90 (EG 234 § 5 Rn 1), 1601 ff, 1615 a ff, auch hins einer Anspr einer ne Mutter, obw diese im FGB nicht vorgesehen waren (Maurer DtZ **93**, 130). Eine v der DDR angeordn u wieder aufgeh **Abwesenheitspflegschaft** kann nicht nachträgl mit Rückwirkg aufgeh w (LG Bln FamRZ **92**, 223). Doch gilt auch das Stichtagsprinzip nur, **soweit nichts anderes bestimmt ist,** dh, soweit Art 234 §§ 2–15 bzw
6   die übr ÜberleitgsRegelgen davon keine Ausn machen. Dabei bezeichnet das EinigsVG diesen Stichtag dchgängig als **Tag des Wirksamwerdens des Beitritts;** gemeint ist damit immer **der 3. 10. 90.** Soweit an diesen Stichtag der Lauf von **Jahresfristen** geknüpft wird (vgl Art 234 §§ 3 I 1 u 3 Ziff 2, 4 II 1 usw), enden diese jeweils am 2. 10. Der Beitritt ist nicht als ein in den Lauf des 3. 10. falldes Ereign, sond wie die Verkündg einer RNorm zu werten (vgl dazu MüKo/v Feldmann BGB 187 Rn 4), so daß BGB 187 II 1 (u nicht I!) iVm 188 II etwaige Alternat anzuwenden u bei der Berechng der Fr der 3. 10. 90 mitzurechnen ist. Der Ausdr „bis zum 3. 10. . . . " bedeutet also stets „spätestens am 2. 10. . . . " Handelt es sich beim FrEnde am 2. 10. um einen Sonnabend, Sonntag od um einen staatl anerk Feiertag, so tritt anstelle dieses Tags der nächste Werktag (BGB 193). Die FrBestimmgen haben für bereits abgelaufene Fr keine Bedeutg; der EiniggVertr bewirkt insow keine restitutio in integrum.

EG 234 § 2   *Verlöbnis.* Die Vorschriften über das Verlöbnis gelten nicht für Verlöbnisse, die vor dem Wirksamwerden des Beitritts geschlossen worden sind.

Die vor dem 3. 10. 90 in der DDR eingegangenen Verlöbn brachten nach FGB 5 III 2 ledigl den Willen zur **1** ernsth Eheprüfg zum Ausdr; sie hatten keinerlei RFolgen u begründeten insb keine Anspr. Ausn: Legitimation v VerlobgsKi gem Art 234 § 12. Für Verlobgen nach dem 2. 10. 90 gelten BGB 1297ff automat, so daß bei Vorliegen der tatbestandl Voraussetzgen Anspr auf Aufwendgs- u SchadErs sowie die Verpfl zur Rückgabe der Geschenke entstehen. Zum Schutz **nichtehelicher Lebensgemeinschaften** (Einl 8 v § 1297) in den Verf der neuen BuLä: Dietlein DtZ **93**, 136.

Überleitung des EheG: Vgl 54. Aufl. Für bis einschl 2. 10. 90 in der DDR geschl bzw für nichtig erkl **2** Ehen gilt das bish Recht weiter.

EG 234 § 3   *Wirkungen der Ehe im allgemeinen.* [I]Ehegatten, die vor dem Wirksamwerden des Beitritts die Ehe geschlossen haben und nach dem zur Zeit der Eheschließung geltenden Recht eine dem § 1355 Abs. 2 Satz 1 des Bürgerlichen Gesetzbuchs entsprechende Wahl nicht treffen konnten, können bis zum Ablauf eines Jahres nach Wirksamwerden des Beitritts erklären, daß sie den Geburtsnamen des Mannes oder der Frau als Ehenamen führen wollen. Dies gilt nicht, wenn die Ehe aufgelöst oder für nichtig erklärt ist. Hat ein Ehegatte vor dem Wirksamwerden des Beitritts seinen zur Zeit der Eheschließung geführten Namen dem Ehenamen hinzugefügt, so
1. entfällt der hinzugefügte Name, wenn die Ehegatten gemäß Satz 1 erklären, den Geburtsnamen dieses Ehegatten als Ehenamen führen zu wollen;
2. kann der Ehegatte bis zum Ablauf von zwei Jahren nach Wirksamwerden des Beitritts erklären, anstelle des hinzugefügten Namens nunmehr seinen Geburtsnamen voranstellen zu wollen.

§ 1355 Abs. 3 des Bürgerlichen Gesetzbuchs gilt nicht für einen Ehegatten, dessen zur Zeit der Eheschließung geführter Name Ehename geworden ist.

[II]Eine Namensänderung nach Absatz 1 Satz 1 erstreckt sich auf den Geburtsnamen eines Abkömmlings, welcher das 14. Lebensjahr vollendet hat, nur dann, wenn er sich der Namensänderung seiner Eltern durch Erklärung anschließt. Ein in der Geschäftsfähigkeit beschränkter Abkömmling kann die Erklärung nur selbst abgeben; er bedarf hierzu der Zustimmung seines gesetzlichen Vertreters. Ist der frühere Geburtsname eines Abkömmlings Ehename geworden, so erstreckt sich die Namensänderung nach Absatz 1 Satz 1 auf den Ehenamen nur dann, wenn die Ehegatten die Erklärung nach Absatz 2 Satz 1 gemeinsam abgeben. Die Erklärungen nach Absatz 2 Satz 1 und 3 sind innerhalb eines Jahres abzugeben; die Frist beginnt mit der Abgabe der Erklärung nach Absatz 1.

[III]Die Erklärungen nach den Absätzen 1 und 2 bedürfen der öffentlichen Beglaubigung. Sie sind dem für ihre Entgegennahme zuständigen Standesbeamten zu übersenden. Die Erklärungen können auch von den Standesbeamten beglaubigt oder beurkundet werden.

[IV]Zur Entgegennahme der Erklärung über die Änderung des Ehenamens ist der Standesbeamte zuständig, der das Familienbuch der Ehegatten führt; wird ein Familienbuch nicht geführt, so ist der Standesbeamte zuständig, der das Heiratsbuch führt. Der Standesbeamte nimmt aufgrund der Erklärung die Eintragung in das von ihm geführte Personenstandsbuch vor.

[V]Zur Entgegennahme der Erklärung über die Änderung des Geburtsnamens ist der Standesbeamte zuständig, der das Geburtenbuch führt; er nimmt aufgrund der Erklärung die Eintragung in das Geburtenbuch vor.

[VI]Haben die Ehegatten die Ehe außerhalb des Geltungsbereichs dieses Gesetzes geschlossen und wird ein Familienbuch nicht geführt, so ist der Standesbeamte des Standesamts I in Berlin zuständig. Er erteilt, falls er kein Personenstandsbuch führt, in das aufgrund der Erklärung eine Eintragung vorzunehmen wäre, dem Erklärenden und den weiter von der Erklärung Betroffenen eine Bescheinigung über die Entgegennahme und die Wirkungen der Erklärung. Gleiches gilt, wenn die Geburt des Abkömmlings nicht im Geltungsbereich dieses Gesetzes beurkundet ist.

[VII]Der Bundesminister des Innern wird ermächtigt, im Benehmen mit dem Bundesminister der Justiz und mit Zustimmung des Bundesrates zur Durchführung dieses Gesetzes Verwaltungsvorschriften über die nähere Behandlung der Erklärungen und die Mitteilungspflichten der Standesbeamten zu erlassen.

Die Vorschr zur Beibehaltg u Änd des **Ehenamens** u des **Begleitnamens** sowie zur Erstreckg der Nam- **1** Änd auf **Abkömmlinge** sind zum großen Teil dch Ablauf der Fr erled u iü auch dch das **FamNamRG** mit seinen neuen WahlMöglkten überholt (vgl Vorbem v BGB 1355, insb zur ÜberleitgsRegelg Rn 4ff). Zur ausführl Kommentierg von Art 234 § 3 vgl desh 53. Aufl. Hat ein Ki den Namen seines Stiefvaters erh (FGB 65), erlangt es bei Wiederheirat seiner leibl Elt nicht automat deren EheNam (LG Schwerin StAZ **94**, 152).

EG 234 § 4   *Eheliches Güterrecht.* [I]Haben die Ehegatten am Tag des Wirksamwerdens des Beitritts im gesetzlichen Güterstand der Eigentums- und Vermögensgemeinschaft des Familiengesetzbuchs der Deutschen Demokratischen Republik gelebt, so gelten, soweit die Ehegatten nichts anderes vereinbart haben, von diesem Zeitpunkt an die Vorschriften über den gesetzlichen Güterstand der Zugewinngemeinschaft.

II Jeder Ehegatte kann, sofern nicht vorher ein Ehevertrag geschlossen oder die Ehe geschieden worden ist, bis zum Ablauf von zwei Jahren nach Wirksamwerden des Beitritts dem Kreisgericht gegenüber erklären, daß für die Ehe der bisherige gesetzliche Güterstand fortgelten solle. § 1411 des Bürgerlichen Gesetzbuchs gilt entsprechend. Wird die Erklärung abgegeben, so gilt der Überleitung als nicht erfolgt. Aus der Wiederherstellung des ursprünglichen Güterstandes können die Ehegatten untereinander und gegenüber einem Dritten Einwendungen gegen ein Rechtsgeschäft, das nach der Überleitung zwischen den Ehegatten oder zwischen einem von ihnen und dem Dritten vorgenommen worden ist, nicht herleiten.

III Für die Entgegennahme der Erklärung nach Absatz 2 ist jedes Kreisgericht zuständig. Die Erklärung muß notariell beurkundet werden. Haben die Ehegatten die Erklärung nicht gemeinsam abgegeben, so hat das Kreisgericht sie dem anderen Ehegatten nach den für Zustellungen von Amts wegen geltenden Vorschriften der Zivilprozeßordnung bekanntzumachen. Für die Zustellung werden Auslagen nach § 137 Nr. 2 der Kostenordnung nicht erhoben. Wird mit der Erklärung ein Antrag auf Eintragung in das Güterrechtsregister verbunden, so hat das Kreisgericht den Antrag mit der Erklärung an das Registergericht weiterzuleiten. Der aufgrund der Erklärung fortgeltende gesetzliche Güterstand ist, wenn einer der Ehegatten dies beantragt, in das Güterrechtsregister einzutragen. Wird der Antrag nur von einem der Ehegatten gestellt, so soll das Registergericht vor der Eintragung den anderen Ehegatten hören. Für das gerichtliche Verfahren gelten die Vorschriften des Gesetzes über die Angelegenheiten der freiwilligen Gerichtsbarkeit.

IV In den Fällen des Absatzes 1 gilt für die Auseinandersetzung des bis zum Wirksamwerden des Beitritts erworbenen gemeinschaftlichen Eigentums und Vermögens § 39 des Familiengesetzbuchs der Deutschen Demokratischen Republik sinngemäß.

V Für Ehegatten, die vor dem Wirksamwerden des Beitritts geschieden worden sind, bleibt für die Auseinandersetzung des gemeinschaftlichen Eigentums und Vermögens und für die Entscheidung über die Ehewohnung das bisherige Recht maßgebend.

VI Für die Beurkundung der Erklärung nach Absatz 2 und der Anmeldung zum Güterrechtsregister sowie für die Eintragung in das Güterrechtsregister beträgt der Geschäftswert 5000 Deutsche Mark.

1   1) Lit: Otto, Das EheGütR nach dem EinigsV, Überleit u Fortbestd der Eigt- u VermGemsch, 1994. **a) Zweck** der Regelgen von Art 234 §§ 4, 4a: In der BRep u in der DDR galten unterschiedl Güterstde (Rn 4ff). Desh bedurfte es einer Regelg, welcher Güterstd für die Ehel der neuen BuLä nach dem Beitritt maßg sein soll. Der EinigsV sah dafür in § 4 ein aus gesetzl Automatik u Option gemischtes System vor. Dch das RegVBG (vgl BGB 55a Rn 1) wurde mit Wirkg v 25. 12. 93 die Vorschr des § 4a eingefügt, deren Zw vornehml in der Anpassg der Eigt- u VermGemsch der früh DDR an die dogmat Strukturen des BGB liegt.

2 – **b) Geltungsbereich.** Zum Vorrang des interlokalen PrivR, dh welche Ehen von der ÜbergRegelg überh betroffen sind: Art 234 § 1 Rn 1. Zu Übersiedlg aus der DDR v 3. 10. 90: Wassermann FamRZ **90**, 333; **3** Bosch FamRZ **91**, 1009. Zum Hausr: Rn 24. – **c) Verjährung** von AuseinandSAnspr aus FGB 39: Hammermüller u Eberhardt FamRZ **94**, 285 u 676; des ZugewAusglAnspr: § 1378 Rn 11.

4   **2) Die konkurrierenden gesetzlichen Güterstände**

5   **a) Zugewinngemeinschaft** ist der in BGB 1363–1390 geregelte gesetzl Güterstd des BGB (vgl 53. Aufl Rn 9). Sie verbindet die Gütertreng (BGB 1363 II 1, 1364ff) währd der Ehe mit einer AusglVerpfl (BGB 1378 I) desj Eheg, der bei Scheid (BGB 1363 II 2) rechnerisch den höh Zugew erzielt hat (BGB 1373–1376).

6   **b) Eigentums- und Vermögensgemeinschaft; (EVermGemsch;** Lit: E. Münch, Die EVermGemsch 1993; Lipp FamRZ **94**, 945; **95**, 65) war der gesetzl Güterstd in der DDR (FGB 13–16) mit dingl Aufteilg der VermGgstde u entspr AusglZahlgen bei Scheid der Ehe (FGB 39–40) bzw bei vorzeit Aufhebg der Verm-Gemsch (FGB 41). Auch vor dem Inkrafttr des FGB (1. 4. 66) erworbene Ggstde wurden anteilsloses **7** GesEigt der Eheg, wenn sie dch Arb erwirtsch waren (KreisGer Eisenhüttenstadt FamRZ **94**, 1434). Als **Vermögensgegenstände** kommen nur solche in Betr, die von einem od beid Eheg vor dem 3. 10. 90 dch Arb od aus dem ArbEink erworben w u gem FGB 13 I gemeins Verm der Eheg geworden sind. Darunter fallen eine Ggst nach nicht nur Sachen u Anwartsch (KG FamRZ **95**, 42, wobei allerd VorkaufsR mit best KaufPr den VeräußVertr nichtig sein lassen); sond zum Verm gehören auch Sparkonten, MitglR in einem Gartenlaubenverein uä, wobei das SurrogationsPrinz der DDR zu berücks ist (BGH FamRZ **94**, 504/6). **8** AlleinEigt kann gem FGB 13 II an einem Rennauto bestehen (BezG Cottbus FamRZ **91**, 710). Die **Aufteilung** nach FGB 39 I erfolgt unter Berücks der gesetzl Vorgaben nach bill Ermessen; entspr Antr der Part binden den Ri nicht (BGH FamRZ **92**, 531). Der Antr war nach ZPO/DDR VerfAntr, so daß die Beziff erg nachgeholt w kann (vgl BezG Ffo FamRZ **93**, 1102). Das Ger kann auf Antr ungleichmäß Antle am gemeinschaftl Eigt u Verm festlegen (FGB 39 II 1). Ohne Antr bleibt es bei gl Antlen. Kommt eine Einigg über den Überg des Ggstds in das AlleinEigt nicht zust, erfolgt der RÜberg mit der Rechtskr der güterrechtl Entsch (vgl FGB 39 III 1) bzw mit Ablauf von 1 J hins derj Sachen, die jeder der Eheg in seinem Bes hat (FGB 39 III 2). Die Zuweisg des vorher gemschaftl GrdstEigt an einen Eheg allein (FGB 39 II 3) kann im Hinbl auf GG 14 problemat sein (vgl BGH FamRZ **91**, 794). Die Zuweisg einz Ggstde in das AlleinEigt kommt nur dann in Betr u setzt ferner voraus, daß SachGrde der Begr von MitEigt entggstehen (BGH FamRZ **92**, 531). Auch dann darf keiner der Eheg willkürl bevorzugt w, sond es müssen für die konkr Zuweisg eines Hauses trift Grde sprechen (BGH **117**, 35; FamRZ **92**, 923). **9** **Erstattungszahlung:** Bei Übertr eines Ggstds zum AlleinEigt ist gem FGB 39 I 3 gleichzeit eine Verpfl zur angem Erstattg des anteil Werts ggü dem and Eheg festzusetzen u deren Erfüllg (dch SichergsHyp oä) zu sichern (BGH **117**, 35; FamRZ **92**, 531 u 923). Der HalbteilsGrds von FGB 39 I 1, in den sämtl VermGgstde einzubeziehen sind (KG FamRZ **92**, 1430), läßt sich hins der AusglZahlgen nur dann verwirkl, wenn alle der AuseinandS unterliegden Sachen zur selben Zt bewertet w (BezG Cottbus FamRZ **93**, 966). Zu den versch BewertgsZtpkten: Rn 17. Ist nicht gewährleistet, daß der ErstattgsBetr iH der Hälfte des Verkaufswerts aufgebracht w kann, kommt nur die Begrdg hälft BruchtEigt in Betr (KG FamRZ **92**, 563). Im **10** Rahmen der nach V fortgeltden EVermGemsch gilt auch FGB 40 weiter (BGH **117**, 35/38; FamRZ **93**, 1048: Verf nach ZPO, nicht FGG). Höchstgrenze des **Ausgleichsanspruchs** ist nicht die Hälfte eines Wertzuwachses, sond die Hälfte des Werts des bei Beendigg der Ehe vorhand Verm, an dessen Mehrg od Erhaltg der ausglberecht Eheg beteil war (BGH FamRZ **94**, 1049).

3) Maßgebliche Zeitpunkte **11**

a) Scheidung vor dem 3. 10. 90, V. Bei Scheidgen bis zum Stichtag gelten für die vermrechtl Ausein- **12** andS ausschließl die Vorschr von FGB 39 ff. Maßg ist der ScheidgsAusspr, nicht dessen Rechtskr (Adlerstein/Wagenitz FamRZ **90**, 1303; Lingelbach OLG-NL **94**, 18 f; aA BezG Erf FamRZ **94**, 703). Ob das AuseinandSVerf (Rn 6 ff) schon anhäng war, spielt keine Rolle. Auch wenn die Scheidg uU lange J vor dem Beitr erfolgte, besteht die noch nicht abgewickelte EVermGemsch nach FGB 13 I fort (aA BezG Erf FamRZ **94**, 703) u wird – im Extremfall wiederum J nach dem Beitr – ausschließl nach FGB 39 ff auseinandergesetzt. *Arg:* Nichtaufhebg von V dch das RegVBG (Peters FamRZ **94**, 673).

b) Bei am 3. 10. 90 bestehenden Ehen, dh ggf auch solchen, bei denen ein ScheidgsVerf bereits lief (vgl **13** Rn 12), ist zu unterscheiden:

aa) Güterstandswechsel, I, tritt von Ges wg (BT-Drucks 11/7817 S 43) bei denj Eheg ein, die im Ztpkt **14** des Beitr im ges Güterstd der DDR gelebt, ferner nichts and vereinb u auch keine FortgeltgsErkl (vgl Rn 16) abgegeben haben. Diese Ehep leben seit dem 3. 10. 90 im ges Güterstd der ZugewGemsch (Rn 5). Aus ihrem bish anteilsl gemschaftl Eigt wird **Bruchteilseigentum** (Art 234 § 4a Rn 2 ff; grdsl auch Lipp FamRZ **95**, 67). Die EVermGemsch wird aber auch in diesem Fall insow fortgeschrieben, als bei einer späteren Scheidg für die AuseinandS des bis zum 3. 10. 90 erworbenen gemschaftl Verm die AuseinandSRegelg des FGB sinngem weitergilt, IV. Eine Befristg ist hierf nicht vorgesehen (krit dazu Peters FamRZ **94**, 674). Vgl zur Dchführg der güterrechtl AuseinandS Rn 18 ff. Den Eheg bleibt es aber unbenommen, ihr bis einschl 2. 10. 90 erworbenes Verm auch ohne ZugewAusgl isoliert nach FGB 39 ff auseinandzusetzen (KG FamRZ **91**, 1442). Zum Wechsel in die ZugewGemsch kommt es nicht, wenn die Eheg vor dem 3. 10. 90 **15** etwas **anderes vereinbart** haben (vgl auch Rn 22). Zur Feststellg der Wirksamk einer gerichtl Einigg über die vorzeit VermAuseinandS ist zu prüfen, ob der für den noch nicht verwaltete GesGut Anwendg (Art 234 § 4a Rn 5). Für die republikflücht Eheg eingesetzte staatl Treuhänder die Rechte des Eheg in einem Verf nach FGB 41 überh wahrnehmen durfte (BGH FamRZ **93**, 673). Zur **Geschäftsgrundlage** für solche Abreden: Drexl DtZ **93**, 197.

bb) Beibehaltung des DDR-Güterstands aufgrund einer Fortgeltungserklärung, II, III: Vgl dazu **16** ausführl 53. Aufl Rn 24–37. Betroffen sind nach der Schätzg von Peters (FamRZ **94**, 674) ca 3700 Ehep. Auf sie finden die Vorschr des über den 3. 10. 90 fortgelt Eheg verwaltete GesGut Anwendg (Art 234 § 4a Rn 5). Für die Auflösg der EVermGemsch gelten ausschließl FGB 39 ff (vgl Rn 6 ff u 12). Haben die Eheg von der Option keinen Gebr gem, können sie GemschE nur in der Form des BruchtEigt begr (LG Halle FamRZ **95**, 43).

c) Bewertungszeitpunkte. aa) Für die Bemessg der **Erstattungszahlung** nach FGB 39 I 3 (Rn 9) ist zu **17** unterscheiden: α) Für die Höhe der ErstattgsZahlg kommt es bei einem Grdst auf dessen Wert zZtpkt der AuseinandS, nicht der Scheidg an (BezG Cottbus FamRZ **91**, 710). Auch bereits vor dem 3. 10. 90 vollzogene Übertr von HausGrdsten sind daran zu messen (BGH FamRZ **92**, 923). β) Im Rahmen einer umfassden AuseinandS u damit Bewertg sämtl gemschaftl VermGgstde entscheiden unabhäng von der schon früher eingetretenen Rechtskr der Scheidg die Wertverhältn am Schluß der mündl Verh der letzten TatsInst (BGH **117**, 61; KG FamRZ **92**, 563). γ) Bei einer schrittw VermAuseinandS empfiehlt sich folgde Unterscheidg: (1) Erfolgt die Zuteilg eines einz VermGgst iZushg mit der Beendigg der Ehe, die übr VermAuseinandS aber erst später, so entsch für die Bewertg grdsl die Ztpkt der Rechtskr der ZuteilgsEntsch als derj Ztpkt, zu dem nach FGB 39 III 1 der Eheg AlleinEigtümer der ihm zugeteilten Sachen w (KG FamRZ **92**, 1430/32; AG Charl FamRZ **91**, 848). Insbes verbleibt es bei dem iR des Zuweisg eines Grdst an einen Eheg zu AlleinEigt diesem auferlegten ErstattgsBetr dann, wenn insow rechtskr entsch ist (BezG Erf FamRZ **93**, 968). (2) Wird dagg bei Übertragg eines einz VermGgst zu AlleinEigt dessen Ausgleich ausdrückl od konkludent der endgült VermAuseinandS vorbehalten, so ist für die Bemessg der ErstattgsZahlg auf den Ztpkt abzustellen, in dem sich die letzte Übertr zu AlleinEigt vollzogen hat (BGH FamRZ **94**, 692). Der Ztpkt des letzten Teilakts der ggständl VermTeilg ist auch dann maßgebl, wenn der erstattgsberecht Eheg das Eigenheim aGrd eines ihm eingeräumten VorkaufsR erworben h (BGH FamRZ **95**, 866). Hat ein Eheg gemsch Verm, das bei Beendigg der Ehe noch vorh war u der gerichtl Teilg unterlag, verschenkt, so ist er dem and Eheg insow schadersatzpflicht, wobei für die Bemessg des Schad der Schluß der mdl Verh der letzten TatsInst im VermAuseinandSVerf maßgebl ist (KG FamRZ **92**, 1429). **bb)** Groben Unbilligk dch zwztl Wertveränder-gen (Wertsteigerg von Grdsten, Entwertg von Hausr usw) kann entspr HausrVO 8 III 2 (zB dch Berücks von Nutzgen) Rechn getr w (BGH FamRZ **94**, 504/5). **cc)** Die Höhe des **Ausgleichspruchs** nach FGB 40 berechnet sich nach dem Wert des NettoVerm zum Ztpkt der Rechtskr der Scheidg (BGH FamRZ **93**, 1048).

4) Vermögensausgleich nach Überleitung des gesetzlichen Güterstands, I, IV (Lit: Brudermüller/ **18** Wagenitz FamRZ **90**, 1294; Bosch FamRZ **91**, 1001). Im Falle des GüterstdWechsels (Rn 14) erfolgt der güterrechtl Ausgl **in zwei Stufen: a)** Die Fortschreibg des fr Güterstd gem IV in **sinngemäßer Anwen- 19 dung von § 39 FGB** bedeutet die Vorschaltg der AuseinandS des bis zum 3. 10. 90 erworbenen gemschaftl Eigt u Verm. Die Eheg sind nicht gezwung w, sich zum Stichtag in ihrem alten Güterstd auseinandzusetzen. In DDR-Zten begründetes Allein- u GemschEigt ist vielm erh geblieben; letzteres hat sich ledigl gem Art 234 § 4a I 1 in BruchtEigt umgewandelt (Rn 14). Sie können es auch jahrelang bei dieser BruchtGemsch belassen. Ledigl wenn es zur Scheidg u damit zum ZugewAusgl kommt, muß auch in diesem Zushg der DDR-Güterstd endgült liquidiert w. Die VermGgstde werden dann – ggf unabhäng vom Verbleib des einz Ggstd – bei jedem Eheg mit ihrem Wert zum BeitrStichtag anteilmäß beim AnfVerm berücks; ebso am 3. 10. 90 noch aus der DDR-Zt vorhandene Verbindlk (§ 1374 Rn 6 u 7). Die Eheg können iZushg mit dem ZugewAusgl aber auch die dingl AuseinandS nach FGB 39 ff vorschalten (vgl Brudermüller/Wagenitz

FamRZ **90**, 1299). Dann ist das, was bei der AuseinandS nach FGB herausgekommen ist (vgl Rn 6ff), also der Wert des dem einen Eheg zugewiesenen Grdst, ferner Werterstattgs- bzw AusglZahlungsAnspr dem Begünstigten als EndVerm, dem Verpfl als letzteres mindernde Posten anzurechnen (vgl § 1375 Rn 3 u 4), wobei zu berücks ist, daß das AnfVerm abgezinst w muß (§ 1376 Rn 11ff), währd der seit dem 3. 10. 90 zu verzeichnde Wertzuwachs bei den einz VermGgstden zum realen Wert beim EndVerm einzusetzen u damit

20 als Zugew ausglpflicht ist. **b)** Zur Errechng der **Zugewinnausgleichsforderung** bedarf es nunm noch der
21 Berücks dessen, was jeder der Eheg seit dem 3. 10. 90 zusätzl an Verm erworben hat (vgl Rn 5). **c) Verfahrensrecht.** Der AuskAnspr (§ 1379) erstreckt sich auch auf die vor dem 3. 10. 90 erworbenen VermGgstde. Die dem eigtl ZugewAusgl vorgeschaltete VermAuseinandS nach dem FGB erfolgt analog der StufenKl zus mit dem eigtl ZugewAusgl im VerbundVerf.

22 **5) Vereinbarungen** zw den Eheg sind auf jeder Stufe des Verf mögl. **a) FGB.** Die Eheg können bereits von sich aus die Quoten bei der Verteilg des gemschaftl Eigt u Verm und als hälft festlegen (vgl FGB 39 I 2) u ggf and Vereinbgen über die zZt der DDR zwingden Regelgen treffen. Unzul ist es jedoch, wenn die Fr für die Erkl der Beibehaltg des gesetzl Güterstd der DDR verstrichen ist (II 1), zu diesem dch EheVertr
23 zurückzukehren (BGB 1409). Vgl iü Rn 15 sowie Art 234 § 4a Rn 4. SeinerZt zuläss vertragl Vereinbgen der Ehel über ihre Eigt- u VermVerhältn aus der Zt der DDR bleiben wirks (BGH FamRZ **92**, 537). – **b) BGB.** Auch iR des ZugewAusgl stehen den Eheg Vereinbgen offen (vgl BGB 1408ff; 1369 Rn 4; 1372 Rn 12; 1374 Rn 4; 1375 Rn 1; 1376 Rn 1). Das gilt auch für die ZugewGemsch nach Überleitg aus dem Güterstd der fr DDR.

24 **6) Ehewohnung und Hausrat.** Im Ggs zu den übr nebengesetzl Regelgen des FamR (vgl Art 234 § 1 Rn 3) ist die **HausratsVO** nicht ausdrückl mit übergeleitet worden. GVG 23b I Nr 8, ZPO 620 S 1 Nr 7, 621 I Nr 7 erwähnen die VO zwar ausdrückl, doch würde das trotz Überleitg dieser Bestimmgen (EinigV Anl I Kap III Sachgebiet A Abschn III Nr 1 u 5) nur für die verfrechtl Kompetenz des FamG zur Regelg der Wohngs- u HausrVerhältn im ScheidgsVerf reichen. Trotzdem bleibt nicht iW des Ggschlusses das bish Recht der DDR auch für die Zt nach dem 3. 10. 90 wirks, sond die HausrVO ist gem der GrdVorschr des Art 8 EinigV übergeleitet w u damit ab 3. 10. 90 geltdes R im Gebiet der fr DDR. Zur Wohngs- u HausrVerteilg kann es aber in gewissem Umfang iR des fortgeltden FGB 39 u des erst dch das 1. FamRÄndG (Art 234 § 1 Rn 4) eingefügten FGB 39a kommen. Die Vorschr gilt in diesem Zushg dann nicht als HausrVO-Ersatz, was unzul wäre, sond als Ergänzg des ehel GüterR. Zum VollstrSchutz gg RäumgTitel der fr DDR: KG FamRZ **91**, 1213.

EG 234 § 4a *Gemeinschaftliches Eigentum.* **¹Haben die Ehegatten keine Erklärung nach § 4 Abs. 2 Satz 1 abgegeben, so wird gemeinschaftliches Eigentum von Ehegatten Eigentum zu gleichen Bruchteilen. Für Grundstücke und grundstücksgleiche Rechte können die Ehegatten andere Anteile bestimmen. Die Bestimmung ist binnen sechs Monaten nach Inkrafttreten dieser Vorschrift möglich und erfolgt mit dem Antrag auf Berichtigung des Grundbuchs. Dieser und die Bestimmung bedürfen nicht der in § 29 der Grundbuchordnung bestimmten Form. Das Wahlrecht nach Satz 2 erlischt, unbeschadet des Satzes 3 im übrigen, wenn die Zwangsversteigerung oder Zwangsverwaltung des Grundstücks oder grundstücksgleichen Rechts angeordnet oder wenn bei dem Grundbuchamt die Eintragung einer Zwangshypothek beantragt wird.**

ᴵᴵHaben die Ehegatten eine Erklärung nach § 4 Abs. 2 Satz 1 abgegeben, so finden auf das bestehende und künftige gemeinschaftliche Eigentum die Vorschriften über das durch beide Ehegatten verwaltete Gesamtgut einer Gütergemeinschaft entsprechende Anwendung. Für die Auflösung dieser Gemeinschaft im Falle der Scheidung sind jedoch die Vorschriften des Familiengesetzbuchs der Deutschen Demokratischen Republik nach Maßgabe des § 4 anzuwenden.

ᴵᴵᴵEs wird widerleglich vermutet, daß gemeinschaftliches Eigentum von Ehegatten nach dem Familiengesetzbuch der Deutschen Demokratischen Republik Bruchteilseigentum zu ein halb Anteilen ist, sofern sich nicht aus dem Grundbuch andere Bruchteile ergeben oder aus dem Güterrechtsregister ergibt, daß eine Erklärung nach § 4 Abs. 2 und 3 abgegeben oder Gütergemeinschaft vereinbart worden ist.

1 **1)** Vgl zunächst Art 234 § 4 Rn 1. Die Vorschr des § 4a unterscheidet zw Eheg, die jetzt im gesetzl Güterstd der ZugewGemsch leben, u solchen, die sich für die Weitergeltg der bish Regelg entsch haben. Die Vorschr stellt keine authent Interpretation dar, so daß bis zum Inkrafttr des RegVBG am 25. 12. 93 auch iFv I 1 anteilsl GemschEigt bestand (LG Stendal ZIP **94**, 993).

2 **2)** Für **Ehegatten**, die jetzt **im Güterstand der Zugewinngemeinschaft leben** (Art 234 § 4 Rn 14), wird das bish anteillose gemschaftl Eigt vGw zu **Eigentum nach Bruchteilen, I 1**, weil diese EigtForm im gesetzl Güterstd der ZugewGemsch die am meisten verbreitete EigtForm ist (BT-Drucks 12/5553 S 135). Es gelten BGB 741ff, 1008ff. I 1 wird grundbuchtechn dch § 14 GBBerG (= Art 2 RegVBG) ergänzt, weil I 1 in vielen Fällen zu einer dauerh Unrichtigk der GrdBücher führen kann; denn die BruchtGemsch entsteht dch § 4a u damit außerh des Grdbuchs mit der Folge, daß zB ein Gläub, dem ein Anspr gg einen der Eheg zusteht, nicht in den Anteil des and Eheg am Grdstück vollstr kann, sofern die Eheg nicht den Antr auf Berichtigg des BeteiligsVerhältn gestellt haben. Über die BerichtiggsMöglk des Gläub nach GBO 14 hinaus erkennt § 14 GBBerG das Bedürfn nach einer Berichtigg des Grdbuchs vAw an (BT-Drucks 12/6228
3 S 80f zu § 13 alt). **a)** Bei **beweglichen Sachen** entsteht immer **hälftiges Bruchteilseigentum,** weil eine
4 and Lösg hier techn prakt nicht realisierb ist. **b)** Bei **Grundstücken und** grdstgl Rechten, die nach dem ZGB 295 II auch als SonderEigt an **Gebäuden** bestehen konnten, konnten die Eheg **binnen sechs Monaten** dch gemeins Erkl auch **andere Anteile** best, I 2–4. Wurde keine abweiche Verteilg angegeben, sind die Eheg auch hier ow MitEigtümer zur Hälfte gew. Das WahlR nach S 2 ist ohneh erloschen, wenn die ZwVersteigerg od ZwVerwaltg des Grdstücks od grdstücksgl Rechts angeordn bzw die Eintr einer

Zwangshypothek beantr w war, **S 5,** weil die Ausübg des WahlR in der ZwVollstr zu Mißbräuchen führen konnte, die verhindert w sollten (BR in BT-Drucks 12/5553 S 199f). Vgl iü Rn 6. Die Einfügg der ZwHyp geht auf SachenRÄndG (BGBl I 1994, S 2457) zurück u dient ausschließl der Klarstellg (BT-Drucks 12/7425 S 93).

3) Für Eheg, die **für den bisherigen Güterstand optiert** haben (Art 234 § 4 Rn 16), bleibt es weiterh 5 beim **gemeinschaftlichen Eigentum** der Ehg, auf das aber die Vorschr über die Verwaltg des Gesamtguts einer **Gütergemeinschaft mit Verwaltungsrecht beider Ehegatten** Anwendg finden (§§ 1450–1470). Zu den AnwendgsProbl ie vgl Peters FamRZ **94,** 674 unter III: Umfang des gemschaftl Eigt, Verwaltg, Haftg des gemschaftl Verm (vgl dazu BGB 1450 Rn 7 sowie zur GesZwVollstr auch Wenzel FuR **92,** 212) u AuseinandS.

4) Gesetzliche Vermutung halbteiligen Bruchteilseigentums, III. Mit ihr soll erreicht w, daß Dritte 6 stets davon ausgehen können, daß gemschaftl Eigt entspr dem prakt Regelfall als BruchteilsEigt zu hälft Anteilen besteht. Sie hat auch Vorrang ggü BGB 891. Das GBA kann desh zur Eintr der BruchtGemsch nicht von den Eheg den Nachw verl, sie hätten keine Option nach § 4 II abgegeben (Peters DtZ **94,** 399; and noch LG Chem DtZ **94,** 288). Vielm reichen gem GBBerG 14 S 2 zur Umschreibg der VermGemsch in BruchtEigt grdsl übereinstimmde Erkl beid Eheg od eben auch die Vermutg v § 4a III. Entspr würde es einen überflüss Umweg bedeuten, vor der TeilgsVersteigerg die Berichtig des GB zu verlangen (aA Halle FamRZ **95,** 675). Die Vermutg ist widerlegb (ZPO 292) dch das GüterRReg od dch die Eintrag and Bruchteile im Grdbuch, wodch ein fakt Zwang zur Umschreibg des Grdbuchs u zur Anmeldg abweicher Güterstde beim GüterRReg entsteht (BT-Drucks 12/6228 S 100).

EG 234 § 5   *Unterhalt des geschiedenen Ehegatten.* **Für den Unterhaltsanspruch eines Ehegatten, dessen Ehe vor dem Wirksamwerden des Beitritts geschieden worden ist, bleibt das bisherige Recht maßgebend. Unterhaltsvereinbarungen bleiben unberührt.**

1) Stichtagsprinzip, S 1 (Art 234 § 1 Rn 5). Entsch ist nicht der Ztpkt der Rechtskr des ScheidgsUrt, 1 sond des ggf zum 3. 10. 90 noch nicht rechtskr ScheidAusspr (Art 234 § 4 Rn 12). Das StichtgsPrinz weist nicht einf die Scheidgn vor dem 3. 10. 90 ins FGB u diej danach ins BGB; was „bisher R" bedeutet, entsch sich vielm nach dem insow vorrang interlokalen KollisionsR (BGH FamRZ **94,** 1582; Art 234 § 1 Rn 1) einschl der analogen Anwendg von Art 18 V nF (BGH **124,** 57; vgl dazu Dieckmann FamRZ **94,** 1073). Dies führt zu einer weiteren **a) Differenzierung** (Lit: Dieckmann FamRZ **94,** 1073; Brudermüller FamRZ **94,** 2 1022). **aa)** Sind beide Eheg (Kln FamRZ **94,** 708) od zumind der unterhpfl gesch Eheg vor dem 3. 10. 90 aus der ehemal DDR **in die BRD übergesiedelt,** so richtet sich der Anspr auf nachehel Unterh nach EheG 58 ff bzw BGB 1569 ff (BGH **124,** 57; FamRZ **94,** 824 u 1582; Düss FamRZ **92,** 573; and noch KG FamRZ **93,** 567). Dieser Wandel des UnterhStatuts ist dch den EinigsVertr nicht berührt w (BGH **124,** 57). Die nach EheG 58 erfdl, im ScheidgsUrt der DDR fehle Klärg der Schuldfrage ist ggf iR des UnterhVerf nachzuholen (BGH FamRZ **94,** 824). Für BGB 1578 I sind die DDR-Einkfte der Eheg auf die entspr Verhältn in der BuRep iZtpkt der Scheidg zu projizieren (BGH FamRZ **95,** 473). **bb)** Für Ehel, die vor dem 3. 10. 90 **in der** 3 **DDR geschieden worden und bis dahin auch dort geblieben sind,** gelten FGB 29–33 auch für die FolgeZt weiter (BT-Drucks 11/7817 S 44). **cc)** Für diej DDR-Ehen, die nach dem 3. 10. 90 gesch w, gelten nach dem Grds von Art 234 § 1 unmittelb BGB 1569–1586b. Vgl Rn 4.

b) Die Beibehaltg des fr DDR-Rechts für die Altscheidgn ist **verfassungsrechtlich** nicht unbedenkl (vgl 4 BGH NJW **95,** 1346f mwN; Dieckmann FS Lange 1992 S 805), u zwar im Hinbl auf den GleichhSatz angesichts der erhebl mat Unterschiede zw FGB u BGB gerade in diesem Bereich; für den staatl Schutz von Ehe u Fam vor allem im Hinbl auf die Änderg der WirtschVerfassg (Eberhardt FamRZ **90,** 919). Die grdsätzl Begrenzg von UnterhAnspruch auf 2 J war erträgl nur in einer zentral gelenkten Wirtsch mit gesicherter Betreuung von Kindern und Vollbeschäftigg auch von Müttern unter Erhaltg selbst unprodukt ArbPlätze im Interesse der Fam („geschützte Brigaden"). Auch die Neufassg von FGB 29, 31 dch das 1. FamRÄndG (Art 234 § 1 Rn 4; Text: MüKo/Richter ErgLiefg EinigsV Rn 467) beschränkt Anspr wg KiBetreuung nach wie vor im Grds auf 2 J nach RKraft der Scheidg u macht die Fortdauer der UnterhVerpfl von der Zumutbark abhäng. Ob umgek für die Belastg mit erhebl höheren UnterhLasten als bish die Berufg auf die auch schon in FGB 29 angelegte nachehel Solidarität ausr (so Adlerstein/Wagenitz FamRZ **90,** 1302), erscheint ebenf zweifelh.

c) Umfang der Fortgeltung des DDR-Unterhaltsrechts (Lit: Adlerstein/Wagenitz FamRZ **90,** 1300; 5 Maurer DtZ **93,** 131) bezieht sich **aa)** auf das mat UnterhR von FGB 29–32 idF des 1. FamRÄndG (and anscheind Dieckmann aaO S 808), das iü auch für die Anwendg des SozR maßgebd sein k (BSG DtZ **92,** 94 GeschiedWwenRente). Da FGB 29 I Nr 4 einen UnterhAnspr nur bei dch die Ehe begrdter Bedürftigk vorsah, reichen die beitrbedingten Schwierigk zur Begrdg eines UnterhAnspr nicht aus (KG FamRZ **92,** 329; AG Detmold FamRZ **92,** 1441 u NJW-RR **93,** 967; aA KG FamRZ **93,** 567). Auch der dem BGB im nachehel UnterhR fremde gesetzl Übergg des UnterhAnspr auf Verwandte, die für den Unterh-Schu eingesprungen s (FGB 21 II), gilt fort. Bei Anwendbark des DDR-Rechts sind die UnterhAnspr des geschied u des neuen Eheg gleichrang (BGH FamRZ **93,** 43). Der Selbstbehalt kann an den jew SozHilfesätzen orientiert w (BGH aaO). **bb)** Zum **Verfahrensrecht:** Maurer DtZ **93,** 132. **Abänderungsklage** nach ZPO 323 (BGH FamRZ **93,** 43; Graba u Maurer DtZ **93,** 39 u 130; Brudermüller FamRZ **95,** 915). Abändgen für im Gebiet der früh DDR verbliebene Geschiede sind auch über die Einschränkgen von FGB 33 hinaus mögl (BGH NJW **95,** 1345; krit dazu Dieckmann FamRZ **95,** 548); ggf auch bei UnterhVereinbgen zw den Eheg (AG Tempelh-Kreuzbg FamRZ **95,** 1154). **cc)** Von der Fortgeltg nicht erfaßt wird dagg die die **Ehewohnung** betr Vorschr des FGB 34; vielm gilt insow das in Art 234 § 4 Rn 24 Gesagte; HausratsVO 3 ff gelten für Altscheidgn trotz des unterhrechtl Bezugs der Ehewohng (vgl BGB 1361 Rn 23 ff; 1578 Rn 7). Die Verteilg von **Hausrat** richtet sich ggf auch nach Art 234 § 4 Rn 7 f u 24.

6 **2) Unterhaltsvereinbarungen, S. 2,** die Eheg miteinand geschl haben, bleiben in Geltg; sie haben auch nach dem DDR-UnterhR Vorrang vor der gesetzl Regelg. Doch ist dabei zu beachten, daß UnterhVereinbgen iZshg mit der Scheidg nur wirks sind, wenn sie im ScheidgsVerf getroffen wurden (FGB 30 III). Eine vor dem 3. 10. 90 getroffene UnterhVereinbg außerh des ScheidgsVerf ist daher unwirks (BezG Cottbus FamRZ **91**, 836). FGB 30 III gilt jedoch nur bis zum 3. 10. 90, so daß die Eheg danach wirks Vereinbgen
7 über die UnterhPfl treffen können. Ein **Unterhaltsverzicht** des UnterhBerecht vor dem 3. 10. 90 ist wirks, wie sich daraus ergibt, daß auf FGB 21 I in FGB 32 I nicht Bezug genommen ist. Mit Rücks auf die WirtschVerhältn in der fr DDR wird man den UnterhVerzicht auch nicht als sittenwidr ansehen können, wenn nach der Umstellg der WirtschO der verzichtde Teil der SozHilfe ausgeliefert ist; dagg sind spätere
8 UnterhVerzichtsVereinbgen uU gem BGB 138 nichtig (vgl BGB 1585 c Rn 9). Für die **Abänderung von Unterhaltsvereinbarungen,** die vor dem 3. 10. 90 getroffen w sind, gilt grdsl FGB 33 fort (Dresd FamRZ **94**, 708). Eine Abänderg zG des UnterhSchuldn kommt danach nur dch GerEntscheidg in Frage, währd der freiwill volle od teilw Verzicht des Berecht auf seine Anspr nach wie vor dch ErlaßVertr mögl ist. Entgg FGG 33 S 2 ist eine Erhöhg der UnterhRente mögl wg Umst, die sich aus dem beitrittsbdgten Übergang zur Marktwirtsch ergeben (BGH NJW **95**, 1345; inner Hinw auf das 1. FamRÄndG v 20. 7. 90 u Art 234 § 5 zu Recht abl Dieckmann FamRZ **95**, 549 f). Iü gelten bei Übersiedlg in die BRep von dem Beitritt (entspr den Grds in Rn 3) auch für eine gerichtl ScheidgsUnterhEinigg BGB 1569 ff u für die Abänd die **Geschäftsgrundlage** (BGH FamRZ **94**, 562), ohne daß der VertrauensGrds entggstünde (BVerfG 1. Ka 1. Sen FamRZ **94**, 1453). Für nach dem 3. 10. 90 getroffene UnterhVereinbgen gelten dagg BGB 242 Rn 111; 1585 c Rn 16.

EG 234 § 6 *Versorgungsausgleich.* **Für Ehegatten, die vor dem grundsätzlichen Inkrafttreten der versicherungs- und rentenrechtlichen Vorschriften des Sechsten Buches Sozialgesetzbuch – Gesetzliche Rentenversicherung – in dem in Artikel 3 des Einigungsvertrages genannten Gebiet geschieden worden sind oder geschieden werden, gilt das Recht des Versorgungsausgleichs nicht. Wird die Ehe nach diesem Zeitpunkt geschieden, findet der Versorgungsausgleich insoweit nicht statt, als das auszugleichende Anrecht Gegenstand oder Grundlage einer vor dem Wirksamwerden des Beitritts geschlossenen wirksamen Vereinbarung oder gerichtlichen Entscheidung über die Vermögensverteilung war.**

1 **1) a) Systematik der Vorschriften:** Die Vorschr betr den **Versorgungsausgleich** (vgl §§ 1587–1587 p). Er gilt grdsl auch für in der ehemal DDR geschl Ehen (Lit: Adlerstein/Wagenitz FamRZ **90**, 1304;
2 vgl Rn 7). Doch macht Art 234 § 6 von diesem Grds **für Übergangsfälle zwei Ausnahmen,** eine zeitl u eine ggständl (unten Rn 6 u 11), zu denen eine weitere für **Übersiedlerfälle** tritt (Anh III zu Art 234 § 6, insb dort Einf 4 vor § 1), währd das **VA-ÜberleitungsG** jetzt eine abschließde VA-Regelg schafft, näml 1. für die Fälle, in denen nach Art 234 §§ 1 u 6 aGrd einer Scheidg nach dem 31. 12. 91 der VA grdsl stattfindet, u 2. eine AnschlRegelg für die ÜbersiedlgsFälle der VAErgRglg (Anh II zu Art 234 § 6), worin Durchf,
3 Aussetzg u WiederAufn des VA im einz geregelt w (Anh IV zu Art 234 § 6). **b) Gegenständlicher Anwendungsbereich:** Währd der VA sämtl Formen der Alters- u Invaliditätsvorsorge erfaßt (vgl § 1587 Rn 4 ff), geht es in den ÜberleitgsRegeln vor allem um die Integration der gesetzl RentVers der früh DDR
4 in das allg RentSystem. Die **Angleichung des Rentenrechts** der ehemal DDR an dasj der alten BuLänder wird erst in einigen Jahren endgült realisiert werden (BT-Drucks 12/405 S 110, 111); die entscheidden Schritte dazu werden aber dch das **RentenüberleitungsG/RÜG** (Einf 18 v § 1587) getan, in dem die Vorschr des RentVersR in der Fassg des RRG (§ 1587 a Rn 34 ff) auf die neuen BuLänder übergeleitet w, wobei unter Neuregelg der Altersgrenzen das VersorggsSystem der ehemal DDR als Bestandsrenten u unter Berücks von Zusatz- u Sonderversorgen neu berechnet w (Einzelh Michaelis/Reimann DAngVers **90**, 417; Ruland NJW **92**, 85; Schellhorn FuR **92**, 29; Rahn DtZ **92**, 1). Das RÜG ist nunmehr novelliert w dch das **Rentenüberleitungs-Ergänzungsgesetz (RÜ-ErgG)** v 24. 6. 93 (BGBl I 1038), dch welches ua (1) dch BewErleichtergen u VerwVereinfachgen die RentBearbZten in den neuen BuLä verkürzt u (2) die Zusatzversorggsart der Part der ehem DDR des Pensionsstatuts von Carl-Zeiss Jena in die ges RentVers überführt w sollen (BT-Drucks 12/4810; BR-Drucks 367/93). Die Gleichstellg der Parteirenten ergibt sich dabei dch Rü-ErgG Art 3 § 2, die Gleichstellg der Zeiss-Renten aus dem in Rü-ErgG Art 4 enthaltenen **Zusatzversorgungssystem-GleichstellungsG (ZVsG).** Vgl dazu unten Rn 37. Zur Anpassg des aktuellen RentWerts vgl RentAnpassVO 1993 (abgedr FamRZ **93**, 2038). Das RÜG ist Grdl auch des **VAÜG** (Anh IV zu Art 234
5 § 6; dorts auch zur Änd des VAÜG dch Art 13 Rü-ErgG). **c)** Zu beachten ist, daß die ÜberleitgsRegelg zum VA mit **zwei verschiedenen Stichtagen** arbeitet: für die Frage, ob ein VA überh stattfindet, ist nicht, wie sonst immer, das Wirksamwerden des Beitritts maßg, sond das Inkrafttr des RRG am 1. 1. 92; findet zw den Eheg aber der VA statt, so bleiben inner demselben Inst VersorggsAnrechte außer Betr, über die bis zum Regelstichtag des Wirksamwerdens des Beitritts (Art 234 § 1 Rn 6) iR einer gerichtl VermVerteilg entschieden od eine Vereinbg getroffen w ist.

6 **2) Absoluter Ausschluß des VA bei Scheidung bis zum 31. 12. 91, S 1.** Die Vorschr setzt in Abweichg vom gewöhnl Stichtag (Art 234 § 1 Rn 5) den VA für DDR-Ehen, die vor dem 1. 1. 92 gesch w, schlechthin außer Kr. Doch gilt dieser Ausschl nur unter folgden **Voraussetzungen:**

7 **a) Betroffene Ehen** sind nicht vereinfacht nur, die im Gebiet der fr DDR gesch w sind; vielm richtet sich die Anwendbark von § 6 unabh von seinem mißverständl Wortlaut nach dem insow vorrang interlokalen KollisionsR (BGH FamRZ **91**, 421; Celle FamRZ **91**, 714; AG Charl FamRZ **91**, 713; ausführl dazu Adlerstein/Wagenitz FamRZ **90**, 1305 f; Bosch FamRZ **91**, 1389; Eichenhofer FuR **91**, 281; Dörr NJW **92**, 956 mN; vgl Art 234 § 1 Rn 1). Entscheidt ist nicht, welches Ger die Ehe gesch hat, sond nach welchem R dies geschehen ist (Ffm FamRZ **93**, 1096). Desh ist der VA auch dann dchzuführen, wenn Ehel aus dem fr BuGebiet sich in der fr DDR scheiden lassen. Zu den umgek Fällen der Scheidg einer DDR-Ehe vor westdeutschen Ger vgl Art 17 Rn 41 sowie Anh III zu Art 234 § 6 Einf 4. Vgl iü Bürgel/Klattenhoff DRV **92**, 641 u FuR **93**, 127.

b) Zeitpunkt: Gemeint ist der 1. 1. 92 (vgl Einf 18 vor BGB 1587); es mußte „vor dem grdsätzl **8** Inkrafttr" der versichergs- u rentenrechtl Vorschr des RRG heißen mit Rücks darauf, daß einz der Reformbestimmgen zu and, zumeist früh Ztpkten in Kraft gesetzt w. Für das Wirksamwerden des Rechts des VA ist der Ztpkt des Inkrafttr des RRG gewählt w, weil erwartet wird, daß zu diesem Ztpkt die Angleichg der RentVersichergsSysteme abgeschl ist (BT-Drucks 11/7817 S 44).

c) Scheidung. Im Ggsatz zu den übr ÜberleitgsBestimmgen wird nicht auf den Ztpkt des Beitritts (vgl **9** Art 234 §§ 3 I 2; 4 II 1 u 5; 5) abgestellt, sond kommt es darauf an, ob die Ehe bis zum 31. 12. 91 geschieden w ist od gesch w. Entscheid ist auch hier der Ztpkt des ScheidgsAusspr, nicht derj der Rkraft des ScheidUrt (Art 234 § 4 Rn 4; Adlerstein/Wagenitz FamRZ **90**, 1304; MüKo/Maier aaO Rn 489).

d) Rechtsfolgen. S 1 nimmt den VA vom sofort Inkrafttr des FamR (Art 234 § 1) aus. Die vor dem **10** Stichtag (Rn 8) gesch DDR-Ehe soll nicht rückw dem VA unterstellt w; vielm wird bei solchen Ehen auch weiterhin nach dem Tod des unterhpflicht fr Eheg nach Maßg der spezialgesetzl VersorggsRegeln der unterhberecht fr Eheg eine **Hinterbliebenenversorgung** zu erbringen sein (BT-Drucks 11/7817 S 44; MüKo/Maier aaO Rn 491). Auf Ehen, die nach dem 1. 1. 92 gesch w, findet der VA grdsätzl Anwendg. Das gilt auch für Ehen, die vor dem Beitritt (3. 10. 90) geschl worden sind. Der VA findet dann allerd nur mit den Modifikationen von Rn 11 ff statt.

3) Relativer Ausschluß des VA für einzelne Versorgungsansprüche, S. 2.   **11**

A) Grundsatz. Wird eine DDR-Ehe **nach dem 31. 12. 91** gesch, so **findet grundsätzlich der VA** gem **12** BGB 1587 ff **statt,** aber sachl begrenzt. S 2 nimmt ledigl solche VersorggsAnrechte aus dem VA heraus, über die die Eheg vorher bereits eine wirks Vereinbg getroffen haben bzw die Ggstd einer gerichtl Entsch gewesen sind. **Zweck:** Schutz des Vertrauens in bezug auf Rechte u Pflichten aus Vereinbgen, die künft dem VA unterliegde Anrechte zur Grdlage od zum Ggstd haben (BT-Drucks 11/7817 S 44). Überleitgsparallele: Einf 17 v § 1587.

B) Im einz müssen zur **Nichtdurchführung des VA** folgde **Voraussetzungen** vorliegen: **13**

a) Betroffene Ehen: Die Vorschr des S 2 ist von Bedeutg nur für DDR-Ehen, die irgendwann **nach 14 dem 31. 12. 91 geschieden** w, weil in der Zt davor gem S 1 der absolute Ausschl des VA gilt. Vgl iü oben Rn 7.

b) Zwischenzeitliche Regelungen von Versorgungsanrechten dch die Eheg od dch ein Ger sollen **15** wirks bleiben u nicht iR des VA wieder aufgegriffen w.

aa) Vereinbarungen über VersorggsAnrechte können die Eheg nach DDR-Recht gem den (dch 1. Fam- **16** RÄndG geänd) FGB 14, 14a, 15 bei fortbestehendem Güterstd, aber auch nach dessen vorzeit Aufhebg treffen (FGB 41 II). Dagg kommen wg der Befristg (unten Rn 19) sämtl dch das ÜbergangsR eröffneten Möglkten für VermVereinbgen (vgl Art 234 § 4 Rn 6) nicht in Betr; sie können aber, ihre Wirksamk vorausgesetzt, als solche außerh der ÜbergangsRegelg den VA insges ausschl (BGB 1408 II 1, 1414 S 2) od das einz VersorggsAnrecht unmittelb dem VA entziehen, bspw dch die Kündigg od die wirks Übertr einer LebVersicherg. Doch kann sich dann uU die Notwendigk ergeben, dieses Anrecht beim od Eheg zu berücks. Zur Inhaltskontrolle solcher Vereinbgen vgl BGB 1408 Rn 10 ff, 1587 o Rn 11 ff; vgl iü unten Rn 20. Unterhrechtl Regelgen dürften im allg wg FGB 30 III unbeachtl sein (BT-Drucks 11/7817 S 44). – Der Ausschl des VA setzt voraus, daß es sich um ein **auszugleichendes Anrecht** handelte. Dies best sich **17** nach BGB 1587 Rn 4–23. – Nach S 2 kommt es ferner nur darauf an, daß ein auszugleichdes Anrecht **18 Gegenstand** einer Vereinbg war. Das ist bei Vereinbg über den VA insges ow der Fall. In allen and Fällen ist zu prüfen, ob die Vereinbg ein VersorggsAnrecht erfaßte, das nach Rn 17 innerh des VA auszugl gewesen wäre. In Frage kommen dabei vor allem LebVersicherngen. UnterhAbfindgsVereinbgen waren nach dem DDR-R nur im Zusshg mit der Scheidg mögl (FGB 30 III) u fallen desh von vornh unter den Ausschl des VA nach S 1 (Adlerstein/Wagenitz FamRZ **90**, 1307). – **Befristung:** Die Vereinbg muß vor dem 3. 10. 90 geschl **19** w sein. Der Wechsel des Stichtags erklärt sich aus dem mit dem Beitr veränd Vertrauensschutz (Adlerstein/Wagenitz FamRZ **90**, 1306). Zu Vereinbgen über VersorggsAnrechte, die nach dem Beitritt geschl w sind, vgl oben Rn 16. – **Wirksamkeit:** Schließl muß die Vereinbg wirks sein. Dies beurteilt sich, da es nur um **20** Vereinbgen geht, die vor dem Stichtag geschlossen w (Rn 19), was die Inhaltskontrolle anlangt, ausschließl nach FGB u ZGB (vgl Art 231 § 6 Rn 1). Die Vereinbg muß einen InteressenAusgl, nicht notwendigerw jedoch eine gleichmäß Verteilg von VersorggsWerten bezweckt od bewirkt haben (BT-Drucks 11/7817 S 44). Ist die Vereinbg nichtig, od wg Wegfalls der GeschGrdlage zu korrigieren (Adlerstein/Wagenitz FamRZ **90**, 1306), so wird das Anrecht im VA berücks.

bb) Gerichtliche Entscheidungen über VersorggsAnrechte sind, da es in S 2 nur um Ehen geht, die **21** nach dem 31. 12. 91 gesch w (Rn 14), prakt nur iR einer vorzeit Aufhebg der Eigt- u VermGemsch (FGB 41) mögl, ferner in ÜberleitgsFällen, wenn die Eheg für die Beibehaltg des bisher ges Güterstds optiert haben (Art 234 § 4 Rn 24), u schließl entspr bei einem vorzeit ZugewAusgl (BGB 1385 ff) nach Überleitg des bisher ges Güterstds (Art 234 § 4 Rn 7). Dabei ist zu beachten, daß für die Annahme von **Versorgungsanrechten,** die einer gerichtl Entsch außerh des VA zugängl sind, wg des Vorrangs des VA (BGB 1587 III) nur sehr beschrkt Raum ist (vgl BGB 1587 Rn 48). Demgegü kann die VermAuseinandS nach FGB 39 erhebl mehr VersorggsAnrechte erfassen, insb LebVersicherngen u und RentLeistgen, zB Leibrenten aus dem Verkauf eines Grdstücks uä. Soweit diese VermWerte von der gerichtl Eigt- u VermVerteilg erfaßt w sind, findet insow der VA nicht mehr statt.

c) Rechtsfolge: Soweit über einz VersorggsAnrechte bereits gerichtl entsch od eine entspr Vereinbg zw **22** den Eheg getroffen w, **findet der VA insoweit nicht statt.** Das betr Anrecht wird bei einem nach dem 31. 12. 91 stattfindden VA überh nicht berücks, auch wenn sich bei einer Einbezieh die Rolle von VABerecht u -Verpfl vertauschte. Die Nichtberücks hängt ferner ausschließl von der Wirksamk der Vereinbg, nicht davon ab, ob dadch insges ein auch unter versorggsrechtl Gesichtspkten gerechtfert Ausgl stattgefunden hat.

Anhang I zu Art 234 § 6: Barwert-Verordnung

(vgl Anh II zu BGB 1587a)

Besondere Bestimmungen zur Überleitg von BuR gem Art 8 u 11 des EinigV Anl I Kap III Sachgebiet B Abschn III Nr 12: **Artikel 234 § 6 des Einführungsgesetzes zum Bürgerlichen Gesetzbuche gilt entsprechend.** Dies bedeutet, daß iR der Anwendg der §§ 1587 ff BGB bei der Bewertg v Versorggsanrechten auch die BarwVO (Anh II zu § 1587a) zu berücks ist.

Anhang II zu Art 234 § 6: VAHRG

Besondere Bestimmgen zur Überleitg von BuR gem Art 8 u 11 des EinigV Anl I Kap III Sachgebiet B Abschn III Nr 13: **Artikel 234 § 6 des Einführungsgesetzes zum Bürgerlichen Gesetzbuche gilt entsprechend.** Das bedeutet, daß im Zushg mit der Anwendg der §§ 1587 ff BGB auch das VAHRG (Anh III zu BGB 1587 b) anzuwenden ist.

Anhang III zu Art 234 § 6

Die **VA-Ergänzungsregelung** betrifft die **Übersiedlerfälle,** in denen DDR-Versorggsanrechte, auf die das FremdrentenG nicht anzuwenden ist, in den VA einbezogen w müßten. Die Vorschr sind abgedruckt u kommentiert bis zur 54. Aufl.

Anhang IV zu Art. 234 § 6: Gesetz zur Überleitung des Versorgungsausgleichs auf das Beitrittsgebiet/VAÜG

= Art. 31 des RentenüberleitungsG vom 25. 7. 91 (BGBl. I 1606, 1702 ff; vgl Einf 18 v § 1587). Abdruck des **Gesetzestexts** auch: FamRZ **91,** 1397. ÄndG des VAÜG dch Art 13 Rü-ErgG (vgl Art 234 § 6 Rn 4), wodch ledigl das R des VA im BeitrGebiet an das dch das Rü-ErgG geänd RentVersR angepaßt w soll (BT-Drucks 12/4810 S 38).

1   **1) Übersicht** (Lit: Klattenhoff DAngVers **91,** 352–368; Hahne FamRZ **91,** 1392; Ruland NJW **92,** 85; Soergel/Lipp Nachtr 4. Lfg 1992 [nach VAwMG]).

2   **a) Inhalt.** Das VAÜG knüpft regelgstechn an Art 234 § 6 u an die VA-ErgRglg (Anh III zu Art 234 § 6) an. Mit der Einf des neuen RentenR im BeitrGebiet zum 1. 1. 92 (RÜG Art 42 I) hätte an sich ab 1. 1. 92 in jetzt ausgesprochenen Scheidgen früh DDR-Ehen auch der VA dchgeführt w müssen (vgl Art 234 § 6 u dort Rn 6–9), wobei das RentenR der DDR hins seiner allg Vorauss (Alter, Hinterbl, WarteZten usw) nach dem Stand v 30. 6. 90 dch **Art. 2 RÜG** (Aichberger GesSammlg RVO/SGB 6b) zusgefaßt u auf höherem Niveau fortgeschrieben w ist. Da aber das aktuelle Rentenniveau Ost immer noch hinter den allg RentWerten des übr BuGebiets zurückbleibt, bedurfte es einer weiteren ÜbergangsRegelg. Sie ist in dem im folgden dargestellten VAÜG enth u gilt für Scheidgen früh DDR-Ehen (Rn 3 ff) in der Zt nach dem 1. 1. 92 sowie für die Übersiedlerfälle (Anh III zu Art 234 § 6) bis zur Angleich der EinkVerhältn im ges BuGebiet (Rn 6). Dementspr spart das VAÜG die endgült Durchf des VA für alle unerledigten Fälle auf, bis die RentWerte aus der gesetzl RentVers im BeitrGebiet den Werten im übr BuGebiet entspr (§§ 5, 2 III). Für die in der ZwischenZt anhäng werdden ScheidgsVerf wird der VA in sehr vielen Fällen ausgesetzt (§ 2 I 2) u nur unter bes Vorauss dchgeführt (§ 2 I Nr 1 u 2), ggf nach WiederAufn (§ 2 II). In diesen Fällen erfordern die unterschiedl aktuellen RentWerte nicht nur bes BewertgsVorschr (§ 3), sond auch Modifikationen im übr VA, vor allem hins des Supersplittings u des ÄbändVerf nach VAHRG 3 b u 10 a (§ 4). Schließl bedarf es für die Durchf des VA auch nach der EinkAngleich noch best Modifikationen (§ 5).

3   **b) Betroffene Ehen** (Hahne FamRZ **91,** 1393): **aa)** Ehen, die erst nach dem 1. 1. 92, aber bevor in den 4 beiden Teilen Deutschl einheitl EinkVerhältn hergestellt sind (unten Rn 6 f), gesch w u in denen mind ein Eheg angleichgsdynam Anrechte (unten Rn 8 ff) erworben hat, **§ 1 I;** ferner **bb)** Ehen, die nach interlokalem KollisionsR dem VA unterliegen (Art 234 § 6 Rn 7), bei denen der VA aber nach VA-ErgRglg 1 u 2 (Anh III zu Art 234 § 6) ausgesetzt war od bei denen nur ein vorl schuldrechtl VA dchgeführt w ist u bei denen das VA-Verf jetzt ab 1. 1. 92 vAw wieder aufgen w mußte (§ 1 Rn 21 im Anh III zu Art 234 § 6); bzw bei denen 5 **cc)** aGrd ders Regelg ledigl ein vorl schuldrechtl VA dchgeführt w war, der jetzt nach WiederAufn des Verf in den öff-rechtl VA zu überführen ist.

6   **c) Zeitrahmen:** Soweit die Ehe vor dem 1. 1. 92 gesch wurde, bleibt es dabei, daß ein VA überh nicht dchgeführt w (Art 234 § 6 S 1; dort Rn 6 ff). Für die nach diesem Ztpkt gesch Ehen gilt die ÜbergangsRegelg 7 des VAÜG unter der weiteren Vorauss, daß die EheZt endet (§ 1587 Rn 30), bevor im BeitrGebiet u den alten BuLändern eine allg **Einkommensangleichung** stattgefunden hat. Die Zuordng freiw Beitr zur EheZt erfolgt nach dem In-Prinzip (§ 1587 Rn 45; Klattenhoff DAngVers **91,** 356; zum Ausschl von Mißbr: BT-Drucks 12/405 S 131. Bei Ende der EheZt nach Herstellg gleicher wirtschaftl Verhältn im ges BuGebiet finden die allg Vorschr mit gewissen, sich aus § 5 ergebden Modifikationen Anwendg (vgl unten Rn 45 ff). Nach **§ 1 IV** gilt als Ztpkt der EinkAngleich der dch VO festangzugebde Ztpkt, in dem der aktuelle RentWert Ost entbehrl geworden ist, weil er mit dem entspr Wert für das übr BuGebiet gleichgezogen hat (SGB VI 68 statt 255 a). Zur Bedeutg des VAÜG nach Abschl der AngleichsPhase: Klattenhoff DAngVers **91,** 356.

8   **d) Betroffene DDR-Anrechte** (Ruland NJW **92,** 85). Um das RentNiveau der alten BuLänder zu erreichen, müssen die zZt niedriger bewerteten Ostrenten in ihrer Dynamik schneller steigen als die West-

renten. Trotz Erhöhg um über 100% seit dem 30. 6. 90 liegt der aktuelle RentWert Ost immer noch um 43% hinter dem allg Wert zurück (Ruland DRV **91**, 523). **aa)** Diese von **§ 1 II** als **angleichungsdynami- 9 sche Anrechte** bezeichneten Anspr sind die vom RÜG erfaßten Anspr in der gesetzl RentVers der früh DDR, einschl der Sonder- u ZusatzVersorggen, **Nr 1** (vgl Klattenhoff DAngVers **91**, 356 mwEinzelh), wobei insb die Einbeziehg der Parteizusatzversorggen und derj v Carl-Zeiss Jena dch das RüErgG zu beachten ist (Art 234 § 6 Rn 4), sowie **bb)** sonstiger Anrechte iSv § 1587 I, deren Wert in einer dem Wert der **10** ges RentVers vglb Weise steigen, **Nr 2.** Das betr vor allem im BeitrTeil nach dem 2. 10. 90 ernannten Ri, Beamte u Soldaten (vgl Klattenhoff DAngVers **91**, 365). Dabei wird damit gerechnet, daß sich in den neuen BuLändern eine Vielfalt von VersorggsTypen mit unterschiedl SichergsZielen u FinanziergsVerf entwickelt. Für die Bewertg nach dem Muster der insow Leitbildfunktion übernehmden ges RentVers wird nicht völl Identität der zu erwartden VersorggsEntwicklg, sond nur Vergleichbk verlangt (Klattenhoff DAngVers **91**, 357). HauptanwendgsFall werden die Versorggen nach beamtrechtl Vorschr od Grdsen sein, wobei bei Beamt u Soldaten entspr BesoldgsÜbergangsVorsch zu beachten sind (BT-Drucks 12/405 S 177). **cc)** Eine **11** UnterGr bilden gem **§ 1 III** die im BeitrGebiet erworbenen angleichsdynam Anrechte „minderer Art", deren Wert bis zur EinkAngleichg zwar in stärkerer Weise steigt als der Wert der entspr Anrechte in den alten BuLändern (es geht um Anrechte der Art von § 1587a II Nr 3–5), aber nicht so stark wie der Wert der eigtl angleichsdynam Anrechte.

2) VA vor der Einkommensangleichung, § 2 I u II. Die AngleichgsPhase bis zur EinkAngleichg **12** (Rn 7) verlangt ein bes verfrechtl Instrumentarium. Wo der VA hins der betroffenen DDR-Anrechte (Rn 8 ff) daher nicht sofort dchgeführt w kann, soll das Verf ausgesetzt u zweizeil bzw nach der EinkAngleichg endült wieder aufgen w. Soweit der VA sof od nach WiederAufn vor der EinkAngleichg dchzuführen ist, gelten bes WertermittlgsRegeln (Rn 22 ff). Die Vorschr des VAÜG gelten für Erst- u AbändVerf im VA gleicherm.

A) Verfahrensmöglichkeiten: **13**

a) Durchführung des VA. Der VA ist vor allem dchzuführen, wenn er damit prakt endgült erled w **14** kann od wenn die Durchf erfdl wird, weil ein Versorggsfall eingetreten ist. Vgl zur eingeschr Anwendg v § 2 Nürnb NJW-RR **95**, 1031. **aa) Insichausgleich, § 2 I Nr 1 a u b.** Ein isolierter Ausgl findet vor allem **15** dann statt, wenn ein od beide Eheg in der EheZt nur u damit saldiergsfäh angleichsdynam Anrechte, insb aus der ges RentVers Ost, erworben haben, **Nr 1 a.** Zur Bewertg: Rn 24. Anschließd werden dem AusglBerecht in der ges RentVers EP Ost gutgeschrieben (§ 3 I Nr 5, SGB VI 264a), dem AusglVerpfl entspr EP Ost abgezogen (SGB VI 264a, 265a; vgl Schmeiduch FamRZ **91**, 377). Damit ist automat sichergestellt, daß beide Eheg an der angleichsbedingten Weiterentwicklg proportional teilhaben. Wg der Möglk, daß zB nach Durchf des VA Vollanrechte hinzukommen, ist eine Deklarierg als Ostanrecht erfdl: Unten Rn 31. Ein **16** isolierter Ausgl ist ferner mögl, wenn der Eheg mit den werthöheren angleichsdynam Anrechten auch die werthöheren nichtangleichsdynam Anrechte erworben hat, **Nr 1 b.** Obwohl es sich um Anrechte mit unterschiedl Dynamik handelt, wird die endgült Durchf des VA einmal dadch ermögl, daß die Saldierg gem § 3 I Nr 4 (Rn 30) jeweils auf die Anrechte ident AngleichgsDynamik beschränkt wird (§ 3 I Nr 5, SGB VI 76 I, 264a I, 265a II). RechenBsp: BT-Drucks 12/405 S 78. Zum od werden Verzerrgen des AusglErgebn inf unterschiedl Wertveränderg der angleichsdynam u sonstigen Anrechte dadch vermieden, daß der InsichAusgl auf die Fälle beschr w, in denen feststeht, wer der ausglpflicht Eheg ist (§ 1587b Rn 9). **bb)** Der **17** VA ist innerh der AngleichgsPhase ferner dchzuführen, u zwar iGgs zu § 2 I Nr 1 auch zw Anrechten abweichbar Dynamik, beim Eintreten eines **Leistungsfalls, § 2 I Nr 2,** wenn also vor der EinkAngleichg in der Pers des einen od beid Eheg ein VersorggsFall eingetreten ist u damit, ohne daß die Vorauss von § 2 I Nr 1 vorliegen, aus einem im VA zu berücks Anrecht aGrd des VA Leistgen zu erbringen od zu kürzen wären (Klattenhoff DAngVers **91**, 363 ff). Gleichgült ist dabei die Form des VA u ob er sich auf den LeistgsBezug des Verpfl, das Berecht od eines Hinterbl od auf die KürzgsMöglk eines VersorggsTrägers auswirken würde. Auch der verlängerte schuldrechtl VA gem VAHRG 3a stellt eine Leistg an den AusglBerecht dar ebso wie gleichgestellte VersorggsLeistgen, bspw der UnterhBeitr nach BVG 22 II oder SVG 43 I. Die Durchf des VA unterbleibt jedoch, wenn in der AngleichgsPhase zu keiner Veränderg im LeistgsBezug eines Eheg od Hinterbl führen würde, zB bei Ruhen der vollen Leistg (SGB VI 97) od beim Rentnerprivileg des SGB VI 101 III bzw VAHRG 5, wonach der ausglpflicht Eheg bei entspr UnterhVerpfl seine ungekürzte Versorgg behält (Hahne FamRZ **91**, 1394). **cc)** Schließl ist der VA dchzuführen, wenn er zwar **18** zunächst nach § 2 I 2 ausgesetzt w ist (Rn 19), dann aber innerh der AngleichgsPhase der VersorggsBezug od die KürzgsMöglk vor Rn 11 eintritt, **§ 2 II 1.**

b) Aussetzung, § 2 I 2. Kann der VA, weil die Vorauss von § 2 I 1 bzw II 1 nicht vorliegen, nicht **19** dchgeführt w (Rn 15 ff), so ist das VA-Verf, wg der Schwierigkten bei der Ermittlg der Anrechte u um die Gerichte im BeitrGebiet zu entlasten (Ruland NJW **92**, 86) bis zur EinkAngleichg im BeitrGebiet (Rn 7) entspr ZPO von dem übr Verbund zu trennen u auszusetzen. Das gilt insb auch hins eines nach der Insichverrechng (Rn 15) verbleibden Überschusses.

c) Wiederaufnahme des nach Rn 19 ausgesetzten VA-Verf: **aa) vor der Einkommensangleichung 20** nur, wenn bei einem berecht Interesse der Eheg, ihrer Hinterbl od des VersorggsTr, dh dadch, daß ein LeistgsFall eintritt, der bei einem Eheg Berechtiggen od entspr Kürzgen aGrd des VA auslösen würde, **§ 2 II 1 iVm I 1** Nr 2. Angleichgsdynam Anrechte u unter Berücks der zweizeil eingetretenen angleichsbedingten Wertveränderg mit Hilfe eines AngleichgsFaktors bewertet (Rn 27). Die WiederAufn erfolgt hier nur auf **Antrag** eines Eheg, ihrer Hinterbl od des betroffenen VersorggsTrägers, **§ 2 II 2. bb) nach der Einkom- 21 mensangleichung** (Rn 7) auf Antr jederzt u vAw binnen 5 J nach der EinkAngleichg, **§ 2 III 1 u 2.** Vgl. unten Rn 43 ff.

B) Wertermittlung vor der Einkommensangleichung, § 3.   **22**

a) Für den **Insichausgleich, § 3 I,** gem § 2 I Nr 1 a u b (oben Rn 15) gilt folgdes: **I Nr 1** betr **Zugangs- 23/24 renten** (Klattenhoff DAngVers **91**, 361 ff), die als Alters- od ErwMindRente aGrd eines nach 1991 eingetre-

tenen Leistgsfalls zuerkannt w. Zum Zw der einiggsvertragl vorgesehenen Besitzstandswahrg wird die Höhe von Renten, die vor dem 31. 12. 96 beginnen, dch eine doppelte RentBerechng festgestellt: Auf der Grdl von EP Ost (zu den EP allg: § 1587 Rn 34; zu den EP Ost: SGB VI 254b) u dem zum Ende der EheZt maßgebl aktuellen RentWert Ost (SGB VI 255a) wird die Rente einmal nach dem SGB VI ermittelt, u zwar unter Berücks eines Zuschl nach SGB VI 319a, zum and nach Art 2 RÜG (oben Rn 2). Der Berecht erh dann die höhere Leistg (Art 2 RÜG § 45). Die Rente nach Art 2 RÜG ist statisch u wird desh von der sich mit jeder RentAnpassg erhöhen SGB VI-Rente schließl überholt. Gem Rü-ErgG Art 13 Nr 1b bleiben die
25 Vorschr über die Zahlg eines Sozialzuschlags zu Renten im BeitrGebiet unberücks. **Nr. 2** aStv § 1587a II Nr 2: Auch bei einer sog **Bestandsrente,** die aGrd eines VersFalls vor dem 1. 1. 92 nach dem Recht des BeitrGebiets berechnet u in das neue Recht übergeleitet w ist (SGB VI 307a), sind die EP in Ostwerten zu berechnen u davon iü nur deisbar berücks, die in die EheZt fallen (SGB VI 307a III). Ist der VersFall vor 1992 eingetreten, der Anspr aber erst 1992 geltd gemacht w, gilt SGB VI 300 I. Bei nicht eindeut Zuordng von Arb- u EheJ sind die EP entspr dem Verhältn der Lücken innerh u außerh der EheZt aufzuteilen (Klattenhoff DAngVers **91,** 359; dort auch zu Besonderh für Bergleute). Der in Nr 6 S 2a bezeichnete AuffüllBetr (SGB VI 315a) sowie der RentZuschlag (SGB VI 319a) sind nach Nr 6 S 1 schuldrechtl auszugl (Rn 34). Beitragsl ErwMindRenten an Eingangsbehinderte (RentenVO 11) wie ein zur Rente gezahlter SozZuschl (RÜG 40) bleiben als nicht ausglfäh SozHilfeLeistg gem § 3 I Nr 2 S 6 unberücks (BT-Drucks 11/760 S 370; 11/8485 S 2; 12/405 S 187; vgl BayLSG DtZ **91,** 215). Zur Differenzierg bei der ebenf beitragsl Mütterrente (Renten-
26 VO 12) vgl Klattenhoff DAngVers **91,** 358. **Nr 3:** Für die zw dem 1. 1. 92 u dem 30. 6. 95 bzw dem 31. 12. 96 im BeitrGebiet erworb **Vergleichsrente** sind wiederum zwei Rentenberechngn auf der Grdl von EP Ost erfdl (Klattenhoff DAngVers **91,** 362): Der Teil der VerglRente, der die nach dem SGB VI berechnete Rente übersteigt (RÜG Art 2 § 45; § 3 I Nr 6 S 2b) wird einschl des ErhöhgsBeitr nach SGB VI 319a sowie des SozZuschl nach Art 40 RÜG (Klattenhoff aaO) als nicht angleichsdynam Teil nach Nr 6 S 1 wiederum schuldrechtl ausgeglichen (Rn 34).

27   **b)** Bei **eingetretenem Versorgungsfall, § 3 II** (§ 2 I Nr 2, oben Rn 17 u 20), wird die seit Beginn der AngleichsPhase bis zur letzten TatsVerh eingetretenen Wertveränderg, die wg der stärkeren Dynamik der Ostrentenanrechte sonst zu Verzerrgen führen würde, dch einen vom FamG anzuwenden **Angleichungs-faktor** (Klattenhoff DAngVers **91,** 364/65 mRechenBsp). Dieser ergibt sich bei den gesetzl Renten, die iü nach dem aktuellen RentWert Ost (SGB VI 255a) ermittelt w, aus dem Verhältn der aktuellen RentWerte Ost u West u wird gem SGB VI 281b S 1 Nr 2 dch VO bekanntgegeben: vgl den Nachw bei Schmeiduch FamRZ **92,** 36; Klattenhoff FuR **92,** 160. Der auch in der Zt nach der gem § 3 II ergangenen Entsch fortwirkden AngleichsgsDynamik muß iRv AbändVerf nach VAHRG 10a Rechng
28 getragen w. Für die sonst angleichsdynam Anrechte sowie für angleichsdynam Anrechte minderer Art (§ 1 II Nr 2 u III) wird der AngleichsFaktor gem **II Nr 1 b u c** nach Möglk entsprchd ermittelt, wenn nicht die für das Anrecht maßgebl Regelg eine anderweit Wertermittlg vorsieht od die Analogie zu unbill Ergebn führen würde. Auch ist bei den angleichsdynam Anrechten mind Art die vereinfachte Anwendg des AngleichsFaktors nicht vorgesehen (BT-Drucks 12/405 S 182; Klattenhoff DAngVers **91,** 365ff). Je nach dem Überwiegen werden Zu- u Abschläge in EP od EP Ost umgerechnet.

29   **c)** Für einen ausgesetzten, dann aber aGrd des Eintr des Versorggsfalls nach § 2 II 1 wieder aufgen VA (Rn 20) gilt für die EinkAngleichg II entspr (Rn 27), **III.**

30   **C) Vollzug des VA. a)** Beim **Insichausgleich** des § 2 I Nr. 1 (Rn 15) sind ausgldynam u und Anrechte unabhäng voneinand auszugl, **§ 3 I Nr 4** (BT-Drucks 12/405 S 178 mBsp). Die RangfolgeRegelg (§ 1587b Rn 7) wird dadch nicht veränd (BT-Drucks 12/405 S 178; Klattenhoff DAngVers **91,** 358; krit Hahne FamRZ **91,** 1394). Dadch, daß nur Anrechte vergleichb Dynamik einand zugeordn w dürfen, gleichen sich die dch die EinkAngleichg bewirkten Wertändergen ggseit aus (Gutdeutsch FamRZ **92,** 753). Zu beachten sind aber die Modifikationen von § 4 I u II Nr 2 (unten Rn 39ff), so daß zB im Supersplitting nach VAHRG 3b I Nr 1 auf ein Anrecht nur zugegriffen w darf, soweit die miteinand auszugleichden Anrechte über eine
31 entspr Dynamik verfügen (Klattenhoff DAngVers **91,** 360). Sind zum VA ausgldynam Anrechte zu übertr od zu begründen (§ 1587b I u II), so hat das FamG bei der Übertr od Begr anzuordn, daß der MoBetr der RentAnwartsch in EP Ost umzurechnen ist, **§ 3 I Nr 5.** Vgl § 1587b Rn 17. Dch die Kombination von § 1587b VI u § 3 I Nr 5 sollen dem FamG Prüfg u Feststellg der Qualität des auszugleichden Rechts obligator gemacht w u darüber hinaus angleichgsbedingte AbändVerf überflüss w (Klattenhoff DAngVers
32 **91,** 360). **§ 3 I Nr 6** betr dem Wortlt nach nur die **Bestands- u Vergleichsrenten** des § 3 Nr 2 u 3 (oben Rn 25f), muß aber für den ErhöhgsBetr von SGB VI 319a auch bei der **Zugangsrente** (oben Rn 24) gelten (Klattenhoff DAngVers **91,** 362). Nr 6 kombiniert dch Garantie des bish ZahlBetr u den schrittw Abbau der
33 überschießden Betr Vertrauensschutz mit echter Strukturanpassg (Klattenhoff DAngVers **91,** 360). Nur der angleichsdynam Teil der Rente wird dch Rentensplitting ausgeglichen, der nicht angleichsdynam Teil ist schuldrechtl auszugl, **S 1.** Das bedeutet eine Ausn von VAHRG 1 III, geschieht aber in Anknüpfg an die Rspr zu den degressiven AusglBetr der ör Zusatzversorgg (vgl BGH FamRZ **90,** 276; Mü u Hbg FamRZ **88,**
34 72 u 1063). Der schuldrechtl Ausgl bezieht sich nach **S 2** bei der Bestandsrente auf den AuffüllBetr, der den für die Anpassg der Rente nach SGB VI 307a maßgebden Teil der Rente übersteigt, u bei der VerglRente nach der Fassg der Best dch das Rü-ErgG Art 13 Nr 2 auf den Teil, der die Rente übersteigt, die sich nach SGB VI ohne Berücks eines RentZuschlags od ÜbergangsZuschl bei Anspr auf Rente nach dem R des
35 BeitrGebiets ergibt. Nach **S 3** wird der EheZtAnteil unabhängig von der ursprüngl wirkl Struktur der
36 Ostrente zeitratierlich bestimmt. Schließl verzichtet **S 4** auf eine Einbeziehg in die Gesamtsaldierg u besteht auf dem GesamtAusgl des AbschmelzgsBetr dch den schuldrechtl VA, was dazu führen kann, daß ein Eheg sowohl Berecht als auch Verpfl ist. Hat iGgs zu § 2 1 Nr 1b der eine Eheg werthöhere angleichsdynam Anrechte u der and Eheg die nicht angleichsdynam Anrechte, so vollzieht sich der WertAusgl zL des einen u der schuldrechtl VA zL des and Eheg (Klattenhoff DAngVers **91,** 361; Ruland NJW **92,** 86; Gutdeutsch FamRZ **92,** 753 m ausführl Bspen; vgl iü zu diesem Phänomen bereits BGH FamRZ **82,** 899). Der AbschmelzgsEffekt des AusglBetr hat best Konsequenzen: Er verbietet die BeitrAO nach VAHRG 3b I Nr 2 (§ 4 I Nr 2, unten Rn 41); das FamG wird auch nur darin eingeschränkt, gem VAHRG 3b I Nr 1 and

Anrechte des Verpfl zum Ausgl heranzuziehen (Klattenhoff DAngVers **91**, 361). Beim verlängerten schuld-rechtl VA nach VAHRG 3a setzt die schuldrechtl AusglRente voraus, daß der Berecht die HinterblVorauss des Art 2 RÜG §§ 11ff (abgedr Aichberger GesSammlg Nr 6b) erfüllt (Klattenhoff DAngVers **91**, 361). Nach **§ 3 I Nr 7** gilt der schuldrechtl VA schließl auch für Rententeile, die auf überführten Sonder- u 37 ZusatzVersorggen (Art 3 RÜG) beruhen u mit den Rentenanpassgen abgebaut w (Einzelh Klattenhoff DAngVers **91**, 363). Die Vorschr ist dch Rü-ErgG Art 13 Nr 3 geänd w u erstreckt sich abgesehen davon, daß auch das Anspr- u AnwartschÜberführgsG dch Rü-ErgG Art 3 geänd wurde, in Zukft – der Intention des GesGebers entsprechd (vgl Art 234 § 6 Rn 4) – auch auf die gem Rü-ErgG Art 4 dch das ZVsG gleichge-stellten ZusatzversorggSysteme des BeitrGebiets. **b)** Bei **eingetretenem Versorgungsfall** iSv § 2 I Nr 2 38 (oben Rn 17) hat das FamG bei Übertr od Begr von RentAnwartsch zL des Eheg mit den werthöheren angleichsdynam Anrechten nach **§ 3 II Nr 2a u b** anzuordn, daß der MoBetr der zu übertragden od zu begründen RentAnwartsch in EP Ost umzurechnen ist u den aktuellen Rentenwert Ost am Ende der EheZt mit dem AngleichsFaktor (Rn 27) zu multiplizieren (zu Einzelh der leistgsrechtl Umsetzg des VA vgl Klattenhoff DAngVers **91**, 366).

D) Beschränkung der Anwendung des VAHRG vor der Einkommensangleichung, § 4.   39

a) § 3b VAHRG (vgl Anh III zu § 1587b): **aa)** Der **erweiterte öffentlichrechtliche VA** dch Super- 40 splitting usw gem VAHRG 3b Nr 1 gilt nur, wenn das dem schuldrechtl VA unterliegde u das zum Ausgl heranzuziehde Anrecht in ihrer Dynamik vergleichb sind, **I Nr 1**, was prakt kaum der Fall sein wird (Ruland NJW **92**, 86; vgl oben Rn 30). **bb)** Die Verpfl zur **Beitragszahlung** gem VAHRG 3b Nr 2 ist im BeitrGe- 41 biet bereits enger (vgl SGB VI 281a I iGgs zu § 187 I) u wird dch **I Nr 2** nochmals, u zwar auf die angleichsdynam Anrechte von § 1 II beschränkt (BT-Drucks 12/405 S 131; zu Einzelh u insb zur Begr der Einschränkg der BeitrZahlg: Klattenhoff DAngVers **91**, 367f; Hahne FamRZ **91**, 1396). Berechng der Beitr nach SGB 681a II u III, 187 II u III (oben Rn 13 u 15).

b) § 10a VAHRG (Anh III zu § 1587b): Vor der EinkAngleich kommt in Abweichg von VAHRG 10a 42 II eine Abänd auch dann in Betr, wenn sie sich voraussichtl nicht zG eines Eheg od seiner Hinterbl auswirkt, **II Nr 1**, u in Ansehg von Anrechten iSv § 1 II u III steht die Bezugsgröße Ost der Bezugsgröße West gleich, **II Nr 2** (vgl VAHRG 10a u Rn 14ff; Hahne FamRZ **91**, 1396f). Zur erhöhten Bedeutg des AbändVerf in diesen Fällen: Ruland NJW **92**, 86.

3) VA nach der Einkommensangleichung, § 5. a) Zweck: Endet die EheZt vor dem Abschl der 43 EinkAngleich, muß die Werterhöhg dch die bes AngleichsDynamik auch dann berücks w, wenn der VA erst dchgeführt w, nachdem sich die Eink im Beitrittsteil angeglichen haben. **b) Anwendungsbereich:** 44 Betroffen sind die Fälle der Aussetzg des VA nach § 2 I 2 iVm III u der wieder aufgen, aber wg der AngleichsProblematik nicht endgült u erledigdn VA-Verf nach § 2 II (oben Rn 19ff). Denn währd der Wertsteigerg für die Zt zw EheZtEnde u dem EntscheidsZtpkt mit Hilfe des AngleichsFaktors aufgefan-gen w konnte (oben Rn 27), ist für die Zt bis zum Abschl der EinkAngleichg kein solcher AngleichsFaktor mehr vorhanden. § 5 stellt statt dessen auf den Wert eines vergleichb Westanrechts ab. **c)** Die **Durchfüh-** 45 **rung des VA** erfolgt nach den allg Vorschr mit folgden Modifikationen, die dem System von § 3 II folgen, die angleichsbedingten WertVeränderen aber nicht mehr schrittw, sond im Ergebn des AngleichsProz ausdrücken (Klattenhoff DAngVers **91**, 368). **aa) § 5 Nr 1:** Für die Ermittlg des Wertes eines angleichsdy- 46 nam Anrechts in der ges RentVers wird der aktuelle Rentenwert West zum EheZtEnde (SGB VI 68), dh es werden die Werte zGrde gelegt, welche die angleichsdynam Anrechte gehabt hätten, wenn die Angleichs-Phase bereits zum EheZtEnde abgeschl wäre. **bb) § 5 Nr 2:** Bei den angleichsdynam Anrechten außerh der 47 ges RentVers, also solchen iSv § 1 II Nr 2 (Rn 10) wird ebenf statt der für Ostanrechte maßgebden die für ein entspr Westanrecht maßgebl BemessgsGrdl herangezogen, aber mit iW einer einf Ersetzg, sond nach der Formel „BemessgsGrdl Ost × aktueller Rentenwert West : aktueller Rentenwert Ost = maßgebl Be-messgsGrdl" (Hahne FamRZ **91**, 1397). Doch würde eine für das Ostanrecht vorgesehene eig Berechngs-weise, soweit sie die Wertsteigerg angem berücks, vorgehen. Auch das FormelErgebn wird nur hingen, wenn es nicht unbill ist (§ 5 Nr 2 S 3). **cc) § 5 Nr 3:** Angleichsdynam Anrechte minderer Art iSv § 1 III 48 (oben Rn 11) werden wie vergleichb Westanrechte bewertet, wobei es sich gewöhnl um Betriebsrenten handeln wird. **dd) § 5 Nr 4:** Die Wertermittlg u der Ausgl von Bestands- oder VerglRenten sowie einer 49 überführten Sonder- od ZusatzVersorgg erfolgt auch für die Zt nach der EinkAngleich wie nach § 3 I (oben Rn 23 u 32). Die Regelg gilt auch dann weiter, wenn die EheZt nach dem Ztpkt der EinkAngleichg endet (Klattenhoff DAngVers **91**, 368).

EG 234 § 7   *Abstammung.* [1]Entscheidungen, die vor dem Wirksamwerden des Beitritts ergangen sind und feststellen, daß der Ehemann der Mutter nicht der Vater des Kindes ist, wer der Vater des Kindes ist oder daß eine Anerkennung der Vaterschaft unwirksam ist, bleiben unberührt. Dasselbe gilt für eine Anerkennung der Vaterschaft, die nach dem 31. März 1966 und vor dem Wirksamwerden des Beitritts wirksam geworden ist.

[2]Die Fristen für Klagen, durch welche die Ehelichkeit eines Kindes oder die Anerkennung der Vaterschaft angefochten wird, beginnen nicht vor dem Wirksamwerden des Beitritts, wenn der Anfechtungsberechtigte nach dem bisher geltenden Recht nicht klageberechtigt war.

[3]Ist vor dem Wirksamwerden des Beitritts die Vaterschaft angefochten oder Klage auf Feststel-lung der Unwirksamkeit einer Anerkennung der Vaterschaft erhoben und über die Klagen nicht vor dem Wirksamwerden des Beitritts rechtskräftig entschieden worden, so wird der Zeitraum von der Klageerhebung bis zum Wirksamwerden des Beitritts in die in Absatz 2 genannten Fristen nicht eingerechnet, wenn die Klage aufgrund des Inkrafttretens des Bürgerlichen Gesetzbuchs nicht mehr von dem Kläger erhoben oder nicht mehr gegen den Beklagten gerichtet werden kann.

IV Andere als die in Absatz 1 genannten Entscheidungen und Erklärungen, die nach dem bisherigen Recht die Wirkung einer Vaterschaftsfeststellung haben, stehen einer Anerkennung der Vaterschaft im Sinne des Absatzes 1 Satz 2 gleich.

1 **1) Inhalt.** Die Abstammg begründet die Verwandtsch; verwandt ist man mit and Pers in gerader Linie od in der Seitenlinie (BGB 1589 Rn 2; FGB 79). Die Vorschr des Art 234 § 7 enth die ÜberleitgsBestimmgen für gerichtl Entscheidgn bzw AnerkenntnErkl zur Vatersch, wobei sich die Regelg auf die beiden Bereiche der **Ehelichkeitsanfechtung** (FGB 61–63; BGB 1593–1599) u der **Vaterschaftsfeststellung** (FGB 54–60; BGB 1600a–1600o) bezieht. Zur KlVerbindg mit rückständ Unterh in Übergssfällen BGH FamRZ **95**, 994. Die ÜbergangsRegelg erfaßt in I den **Status** selbst, näml in S 1 das Wirksambleiben gerichtl Entsch zur Abstammg sowie in S 2 entsprechder VaterschAnerk. II u III betr die **Klagefristen.** IV erweitert dch Gleichstellg and Entscheidgn u Erkl, denen VaterschFeststellgsWirkg zukommt, mit den VaterschAnerk nach FGB den AnwendgsBereich von I 2. Im Ggsatz zu Art 234 § 1 Rn 1 gibt es für den **Status** keine interlokal Vorfrage: Sämtl außerh der Ehe – gleichgült ob in den alten od neuen BuLä u vor od nach dem 3. 10. 90 – geborenen Ki sind **nichtehelich** (Rauscher StAZ **91**, 4; nicht ohne rpolit Berechtigg krit Grandke DtZ **90**, 323). Doch gelten BGB 1706–1710 in den neuen BuLä nicht (Art 230 I; Art 234 § 11 Rn 3). Eine **Namenserteilung** gem FGB 65 schließt eine weitere Einbenennung nach § 1618 aus (KrGer Erfurt StAZ **92**, 249). Zu NamÄndgen vgl auch StAZ **92**, 250ff.

2 **2) Klärungen des Status vor dem Wirksamwerden des Beitritts, I u IV.** Nach dem **Stichtagsprinzip** (Art 234 § 1 Rn 5) best sich die Möglk künft StatusVerf nach neuem Recht. Das gilt auch in Ansehg der abstammgsrechtl Verhältn von od zu Kindern, die vor dem 3. 10. 90 geboren sind (BT-Drucks 11/7817 S 44). Infolged erfolgt die Feststellg der Vatersch nach dem Wirksamw des Beitr auch für ein vor dem 3. 10. 90 geborenes Ki nicht auf Kl der Mu, sond nur des Ki (BGH DtZ **92**, 149). Doch wird eine dch die FeststellgsKl der Mutter begründete örtl Zustdgk (bei den Wegf der KlBefugn der Mu nicht berührt (BGH DtZ **92**, 387). IV ist nicht verfwidr (BVerfG 1. Ka 1. Sen FamRZ **95**, 411).

3 **a) Wirksambleiben von Gerichtsentscheidungen, I 1.**

4 **aa) Anwendungsbereich.** Vor dem 3. 10 90 ergangene GerEntsch zur **positiven oder negativen Vaterschaftsfeststellung** bleiben unberührt. Das gilt für die Feststellg, daß der Ehem der Mutter nicht der Vater des Ki ist (FGB 63 I), wer der Vater des Ki ist (FGB 54, 56ff, 58; vgl BGB 1600a ff, 1600n) sowie, daß ein VaterschAnerkenntn (FGB 55, 57) unwirks ist (FGB 59; vgl BGB 1600f ff, 1600l). Nicht ausdrückl erfaßt, aber gleich zu behandeln ist die Abweisg einer VaterschFeststellgsKl bzw einer AnfKl (Brdbg FamRZ **95**, 503). Die Anerk der DDR-Entsch steht aber unter der Einschränkg des **ordre public.** Desh keine Anerk bei schweren VerfVerstößen wie Verletzg des Anspr auf rechtl Gehör od Unterlassg serolog Begutachtg (AG Hbg-Wandsbek DtZ **91**, 307). Kein Verstoß gg den ordre public bei Verz auf BlutGrGA im StatusProz (Brdbg FamRZ **95**, 503 mN). Statt der Möglk zur Aufhebg der VaterschFeststellg dch den StaatsAnw (FGB 60) WiederAufnVerf (Adlerstein/Wagenitz FamRZ **90**, 1170).

5 **bb)** Die genannten Entsch bleiben wirks, soweit sie **vor dem Wirksamwerden des Beitritts ergangen** sind. Zustellg erforderl (FVerfO 25 II 2). Auf den Eintr der Rkraft vor dem 3. 10. 90 kommt es dagg nicht an (vgl Art 234 § 4 Rn 4; MüKo/Mutschler ErgLiefg EinigsV Rn 512). Weg RBehelfen nach dem 3. 10. 90: Rn 6.

6 **cc)** Für das Verf nach dem BeitrStichtag gelten die Vorschr der ZPO 640–641k über das **Verfahren in Kindschaftssachen** (Einf 5–18 vor BGB 1591). Bei Wirksamwerden des Beitr noch nicht rechtskr gewordene Entsch können mit der Berufg u Revision angefochten w. Unter and Vorauss als nach FGB 60 kann gg rechtskr Urt, in denen über die Vatersch entsch ist, per Vorlage neuer GA RestitutionsKl erhoben w (ZPO 641i).

7 **b) Wirksambleiben von Vaterschaftsanerkenntnissen, I 2.**

8 **aa) Vaterschaftsanerkenntnisse** konnten nach FGB 55 als vom JugHilfeOrgan (jetzt: JugA), vom staatl Notariat od in AusnFällen sogar vom StBeamten beurk Erkl od nach FGB 57 in einem laufden VaterschProz zu Prot des Ger abgegeben w, was im letzteren Fall die Einstellg des Verf zur Folge hatte (FamRKomm FGB 57 Rn 2). Solche Anerk behalten ihre Wirksamk auch nach dem Wirksamwerden des Beitr. Die Überleitg nach I 2 beschrkt sich auf VaterschAnerk iS von FGB 55 u 57, also auf solche, die nach dem Inkrafttr des FGB am 1. 4. 66 wirks geworden sind (vgl EGFGB 1). Zu and Anerk, insb aus der Zt davor, vgl unten Rn 10. Die Begrenzg auf bis zum Wirksamwerden des Beitr abgegebene VaterschAnerk war nötig, weil vom 3. 10. 90 ab VaterschAnerk nur noch nach BGB 1600a ff abgegeben w können (vgl BGB 1600a Rn 3–4; Einf 44 vor BGB 1626).

9 **bb) Wirkung übergeleiteter Vaterschaftsanerkenntnisse.** Sie unterliegen zwar nicht denselben WirksamkVorauss (zB BGB 1600e) wie das nach BGB abgegebene VaterschAnerk, können aber nach dem Beitr wie diese angefochten w (BGB 1600f ff; ZPO 640 II Ziff 3).

10 **c) Gleichgestellte Vaterschaftsfeststellungen, IV.** Gerichtl VaterschFeststellen oder solche aGrd von VaterschAnerk aus der Zt vor Inkrafttr des FGB (EGFGB 8; vgl oben Rn 8) bzw internatprivatrechtl anerkannten VaterschFeststellgen (EGFGB 18) stehen denen von I gleich; Sie können daher auch wie die Anerk einer Vatersch angefochten w (BT-Drucks 11/7817 S 44).

11 **3) Klagefrist, II u III.** Sie soll dem KlageBerecht nach Erlangg der Kenntn von der falschen AbstammgsZuordng des Ki eine best Zt zur Überlegg einräumen, ob er den Status bzw das AbstammungsVerhältn zu einem best Mann änd will od nicht. Die **gewöhnlichen Anfechtungsfristen** ergeben sich (unterschiedl für die jew AnfechtgsBerecht) für die EhelkAnf aus BGB 1594, 1595a, 1596a II, 1598 u für die Anf eines VaterschAnerk aus BGB 1600h, 1600i. **Zusammenstellung der Fristen** nach BGB u FGB: MüKo/Mutschler aaO Rn 514–516.

12 **a) Grundsatz.** Es bestehen sowohl hins der AnfBerechtigg als auch hins der Fristen Unterschiede zum FGB; mit II u III sollen die sich daraus ergebden Schwierigkten gelöst w (BT-Drucks 11/7817 S 44). II u III

regeln ledigl die Ausn. Grdsl gelten nach dem ÜberleitgsPrinzip des § 1 mit dem Wirksamwerden des Beitr (Art 234 § 1 Rn 5) für die Ehelk- wie für die Anf eines VaterschAnerk hins der AnfBerechtigg, der Länge wie des Beginns der AnfFristen usw die Vorschr des BGB. Eine AnfFrist kann daher bereits vor dem Wirksamwerden des Beitr zu laufen begonnen haben, so daß für die AnfKl nach dem Beitritt nur noch kurze Zt verbliebe. Umgek kann eine nach fr DDR-Recht bereits abgelaufene Frist nach der FrRegelg dch den Beitritt zum Zuge kommden BGB wieder aufleben, etwa bei der EhelkAnf, für die nach FGB 62 I eine Fr von 1 J bestand, währd BGB 1594 dem Ehem eine Fr von 2 J ab Kenntn der für die Nichtehelk des Ki sprechden Umstde einräumt.

b) Inhalt und Zweck der Überleitungsregelung. Die beiden Abs betr die KlFristen für die Anf der **13** Ehelk u der Anerk der Vatersch. Sie unterscheiden sich folgdermaßen: II bezieht sich auf Personen, die erst dch Einf des BGB klagebefugt geworden sind, denen vorher nach dem FGB also kein eig AnfR zustand. III bezieht sich auf Pers, die bereits nach dem FGB klagebefugt waren, die eig Kl aber uU mit Rücks auf eine AnfKl unterlassen haben, die von einer nach dem neuen Recht nicht mehr klagebefugten Pers erhoben w war. In beiden Fällen **beginnt die Anfechtungsfrist erst mit dem Beitritt** (Art 234 § 1 Rn 5). **Zweck** der Regelg ist der Vertrauensschutz: Wer bish überh gar nicht anfechten konnte, brauchte auch nicht Überlegen darüber anzustellen, ob er Kl erheben sollte od nicht; ihm soll die volle ÜberleggsFr von der Entstehg seiner KlBefugn an zur Vfg zu stehen (II). Lief bereits ein von dritter Seite betriebenes AnfVerf, so soll in der AnfFr jedenf der Ztraum nicht eingerechnet w, in dem der AnfBerecht sich auf eine Anf verlassen hat, die von jemandem betrieben w, dem nach der Überleitg die Befugn zum Betreiben des Verf nicht mehr zusteht (III). Daraus folgt, daß sich die Fr dann, wenn das AnfVerf von einem auch nach dem BGB AnfBerecht betrieben w, nicht verlängert. Unabh v FGB 56 II sind Kl auf Feststellg der **nichtehelichen Vaterschaft** unbefr zul (Celle FamRZ **91**, 1228).

c) Fristverlängerung für bisher nicht Klageberechtigte, II. Die Vorschr stellt sicher, daß die AnfFr **14** für AnfBerecht, die mit der Überleitg erstmals ein AnfR erlangen, frühestens mit dem Tag des Wirksamwerdens des Beitr zu laufen beginnt (BT-Drucks 11/7817 S 44). Vorauss, Berechtigg u Fr ergeben sich für die EhelkAnf aus FGB 61, 62; BGB 1594–1599; für die Anf eines VaterschAnerk aus FGB 59; BGB 1600 f–1600 i. Aus dem Vergl dieser Vorschr ergibt sich, daß folgde Pers **nach dem bisherigen Recht nicht klageberechtigt** waren, dh ab Wirksamwerden des Beitr sind klagebefugt zur EhelkAnf: die Elt des Mannes (BGB 1595 a), das mj u vollj Ki; hins der Anf des VaterschAnerk: die Elt des Mannes, der die Vatersch anerkannt hat (BGB 1600 g II), sowie das mj (Hamm FamRZ **95**, 505) u vollj Ki. Für diese Pers beginnen etwaige AnfFr in jedem Fall erst mit dem 3. 10. 90 zu laufen, gleichgült, ob es sich um kenntnisabhäng od (wie bei der Anf eines VaterschAnerk dch das vollj Ki) um absolute Fr handelt. Liegen die tatbestdl Vorauss für den FrBeginn (Kenntn, Volljährigk usw) am 3. 10. 90 noch nicht vor, beginnt die Fr naturgem erst zu dem nach dem Stichtag liegden Ztpkt des Eintritts des jew TatbestdsErfordern zu laufen (Hamm FamRZ **95**, 505).

d) Fristlauf bei Anhängigkeit von Anfechtungsverfahren durch nicht mehr Prozeßführungsbe- 15 fugte, III. Die Vorschr betr iGgs zu II denj, an dessen AnfBerecht sich dch den Wechsel vom FGB zum BGB nichts geändert hat. Im Unterschied zu II war ein aS des AnfBerecht Vertrauensschutz begründdes AnfVerf anhäng, das zum Ztpkt des Wirksamwerdens des Beitr **noch nicht rechtskräftig abgeschlossen** war. Hier ist **zu unterscheiden: aa)** III regelt nur die beiden Fälle, daß eine der am AnfVerf beteil Part dch **16** den Wechsel vom FGB zum BGB ihre **Klageberechtigung verloren** hat, daß also das Verf nach dem BGB nicht mehr von dem bish Kläger od gg den bish Bekl betrieben w kann. Die Kl ist mangels ProzFührgsBe- fugn unzul geworden. Die Kosten trägt die Staatskasse (EinigVG Anl I Kap III Sachgebiet A Abschn III Nr 28j; BT-Drucks 11/7760 S 49). Der Kl soll Gelegenh erh, ohne VerfristgsGefahr die Kl nunmehr selbst zu erheben bzw nach HauptsErledigErkl (Adlerstein/Wagenitz FamRZ **90**, 1170) gg den nach neuem Recht richtigen Bekl (BT-Drucks 11/7817 S 44f). Ersteres trifft für folgde Pers zu: Für die Mutter, die bish die Befugn zur Erhebg der EhelkAnfKl besaß (FGB 61 I), u für den StaatsAnw, der beide AnfR von AnfKl erheben konnte (FGB 59 III, 62 II). Deren Kl sind mangels ProzFührgsBefugn unzul, so daß sie dem nunm anfechtgswill weiteren AnfBerecht nichts nützen. Änderg in der Passivlegitimation ergeben sich dch BGB 1596. III ordnet desh an, daß der **Zeitraum von der Klageerhebung bis zum Wirksamwerden des Beitritts** in die KlFr der EhelkAnf u der Anf eines VaterschAnerk **nicht eingerechnet** wird. Hatte der Lauf der Fr für den jetzigen AnfKläger bereits begonnen, so bleibt die Dauer des bereits anhäng AnfVerf bis zum Wirksamwerden des Beitr bei der Berechng der für ihn maßgebl AnfFr außer Betr. Sind die Vorauss des FrBeginns währd des Verf eingetreten, verlängert sich die Fr nur bis zum Termin der BeitrWirksamk (Art 234 § 1 Rn 5). Liegen die Vorauss für den FrBeginn erst nach diesem Ztpkt vor, läuft III für den AnfBerecht leer; ihm steht nur die sich ganz normal nach den Vorauss des BGB zu berechnde AnfFr zur Entscheid über die Dchführung der Anf zur Vfg. – **bb)** Wurde das AnfVerf von od gg jemanden betrieben, **17** der **vor wie nach dem Beitritt anfechtungsberechtigt** war, so bleibt es beim Grds, daß sich die AnfFr unabhäng von dem Ztpkt des Wirksamwerdens des Beitr u unabhäng von dem früher anhäng AnfVerf in Vorauss u Lauf nach BGB richtet (vgl oben Rn 12).

EG 234 § 8 *Anpassung von Unterhaltsrenten für Minderjährige.* [I]Der Vomhundert-
satz nach § 1612a Abs. 2 Satz 1 des Bürgerlichen Gesetzbuchs kann für das in
Artikel 3 des Einigungsvertrages genannte Gebiet von der Landesregierung durch Rechtsverord-
nung (Anpassungsverordnung) bestimmt werden. Vor einer Bestimmung soll die Landesregie-
rung die übrigen Landesregierungen in dem in Satz 1 genannten Gebiet und die Bundesregierung
unterrichten.

[II]Die Landesregierung kann die Ermächtigung weiter übertragen.

[III]Die Absätze 1 und 2 gelten nicht, wenn die Bundesregierung den Vomhundertsatz gemäß
§ 1612a Abs. 2 Satz 1 des Bürgerlichen Gesetzbuchs in diesen Gebieten bestimmt.

^{IV}**Eine Anpassung nach § 1612a Abs. 1 Satz 1 des Bürgerlichen Gesetzbuchs kann nicht für einen früheren Zeitpunkt als den Beginn des zweiten auf das Inkrafttreten der Anpassungsverordnung folgenden Kalendermonats verlangt werden.**

1   **1) Gemeinsames zu den §§ 8 und 9** (Lit: Vogel DtZ **91**, 338 AbÄndg früh DDR-UnterhUrt; Brügge-mann FamRZ **92**, 280 zur Umstellg v UnterhFdgen aus der fr DDR; Maurer DtZ **93**, 133 u ausführl FamRZ **94**, 337). Zur Geltg des **Unterhaltsvorschuß G:** Einf 22 v § 1601.

2   **a) Grundsätze. Das Unterhaltsrecht des BGB gilt vom Beitritt an** (EG 234 § 1 Rn 5) **auch für Verwandtschaftsverhältnisse der früheren DDR.** Das gilt für die Vorauss der UnterhPfl (Bedürftigk, Leistgsfähigk usw) wie für Einwendgen, für SonderBed, Rückstde, soweit sie nach dem Beitr entstanden sind. Dabei ist zu beachten, daß UnterhPfl auch im Verhältn bedürft Elt zu leistgsfäh (vollj) Ki bestehen können u daß das BGB im Unterschied zum FGB auch im UnterhR **zwischen ehelichen und nichteheli-chen Kindern unterscheidet** (BGB 1601 ff, 1615 a ff). Diese Vorschr sind ab dem 3. 10 90 auch für das Gebiet der fr DDR maßgebl Recht (vgl zu Einzelh die jew Kommentierg). Die **Unterhaltsrichtlinie des Obersten Gerichts** vom 16. 1. 86 (DDR-GBl I S 41, abgedr FamRZ **90**, 477) tritt außer Geltg u behält damit nur noch für UnterhRückstde aus der Zt vor der Währungsunion Bedeutg (vgl Naumbg FamRZ **93**, 1470). Auch der dch das 1. FamRÄndG (Art 234 § 1 Rn 4) eingeführte, an BGB 1612 a orientierte FGB 22 a läuft dch die Überleitg des BGB- UnterhR prakt leer. Zum KollisionsR vgl Graef u Henrich FamRZ **90**, 475 und 476. **Die Übergangsregelung** der §§ 8 u 9 **beschränkt sich auf eine Ermächtigung** der LandesReg auf dem Gebiet der fr DDR, **die für minderjährige Kinder geltenden Unterhaltssätze** in einer an die wirtschaftl Verhältn in der fr DDR angem Weise **gesondert festzusetzen.** Zur proz Anpassg von DDR-Titeln, insb zur **Abänderungsklage** u Neuberechng des KiUnterh: Maurer DtZ **93**, 134. Eine vor einem DDR-Ger getroff **Abfindungsvereinbarung** führt nicht zum Wegfall der UnterhPfl eines EltT; Zahlgen darauf gelten als VorausZahlgen auf den BarUnterhAnspr des Ki (AG Weilbg FamRZ **93**, 1354). Unterh-Anspr aus der Zt vor dem 3. 10. 90 **verjähren** nach DDR-Recht ohne VerjDchbrechg (Lingelbach NJ **94**, 204; aA Naumburg FamRZ **93**, 1470; vgl auch Brüggemann DAV **93**, 817). Dagg war die Verjährg für UnterhAnspr von in der BRep lebden Ki gem BGB 203 II gehemmt (Maurer FamRZ **94**, 343).

3   **b) Gegenstand der Übergangsregelung in den §§ 8 u 9. aa)** Im Bereich der UnterhFestsetzg für mj Ki hat die BuReg **zwei Ermächtigungen zur Bestimmung von Unterhaltssätzen** nach Maßg der allg Entwicklg, insb der Verdienste u des LebBedarfs: Nach BGB 1612 a kann die BuReg dch RechtsVO den Prozentsatz festsetzen, um den die UnterhRenten für mj Ki zu erhöhen oder herabzusetzen sind. Diese VO dient vor allem der Vermeidg von AbändKl u der erleichterten Anpassg duch den Einsatz von EDV-Anlagen (BGB 1612 a Rn 20 u 21). Ebso kann nach BGB 1615 f II dch VO der Regelbedarf für nehel Ki, der
4   dann allerd zugl auch als MindBed ehel Ki gilt (BGB 1610 III), festgesetzt w (vgl Anh zu BGB 1615 f, 1615 g). – **bb)** Der nach der Entwicklg der allg wirtschaftl Verältn zu bemessde Regelsatz entspr im fr Gebiet der BuRep den für den Unterh eines Ki bei einf Lebenshaltg im Regelfall erfdl Betr (BGB 1615 f Rn 6). Da die Entwicklg im Gebiet der fr DDR bislang unterschiedl verläuft, können diese Sätze nicht bereits zum Stichtag in Kraft gesetzt w. Die LandesReg des ÜberleitgsGebiets werden desh zunächst ermächt, die
5   AnpassgsVO bzw RegUnterhVO selbst zu erlassen (BT-Drucks 11/7817 S 45). – **cc)** Die LandesReg auf dem Gebiet der fr DDR waren ermächt, die Anpassgs- u RegBedVO für das eig Gebiet selbst festzusetzen, jew I 1, konnten diese Ermächtigg aber auch übertr, jew **II.** Vgl Thür DAV **92**, 1053. Vor Erl der Anpassgs-bzw RegBedVO soll die einz LandesReg jew die übr LandesReg auf dem Gebiet der fr DDR und die BuReg unterrichten, jew **I 2,** um allzu große Unterschiede zu vermeiden u den schrittw Anschl an das übr BuNive-au zu ermögl. Die Ermächtiggen zur landesrechtl Festsetzg des AnpassgsSatzes u des RegBed gelten nur so lange, bis die BuReg von ihrer in den BGB 1612 a II u 1615 f II erteilt Ermächtigg Gebr macht, den AnpassgsSatz bzw den RegUnterh bundeseinheitl zu best, jew **III.** Das ist jetzt mit der **5. AnpV v 25. 9. 95** geschehen (vgl § 1612 a Rn 11 sowie zur Technik u Höhe des Regelbedarfs in den Überleitungsfällen: § 1610 Rn 18, 19 u 21 sowie Anh zu §§ 1615 f, 1615 g).

6   **2) Anpassung von Unterhaltsrenten.** Sie geschieht zur Bewältig von MassenVerf mit Hilfe der EDV (Rn 3). Die Anpassg setzt voraus, daß ein **Unterhaltstitel** (BGB 1612 a Rn 7) in grdsätzl der Bedürftigk des UnterhBerecht u der Leistgsfähigk des UnterhSchuldn entspr Umfang vorliegt. Zu einem solchen Titel zu gelangen, gibt es versch Wege (vgl Einf 23 ff vor BGB 1601; Einf 54 vor BGB 1626). Ggf ist vor der Anpassg ein AbändVerf erfdl (Einf 28 vor BGB 1601), weil eine ledigl prozentuale Anpassg der UnterhRente den individuellen Veränderg der Bedürftigk u der Leistgsfähigk nicht hinreichd Rechng tragen würde. Für eine Anpassg reichen UnterhTitel, die im Bereich der fr DDR geschaffen wurden, aus. Dabei gilt die Sperre von ZPO 323 III nicht (Einf 28 v § 1601). Ist der KiUnterh im ScheidgUrt der fr DDR geregelt, kann jedenfab 3. 10. 90 das Ki AbändgKl erheben (AG Kiel DAV **92**, 715). Zu UnterhRückstden: Rn 8. Eine nach FGB 21 I nichtige **Abfindungsvereinbarung** steht dem UnterhAnspr der Ki nicht entgg (Kblz FamRZ **94**, 1195).

7   **3) Anpassungskarenzzeiten, IV.** Eine Anpassg kann jew nicht für einen früh Ztpkt als den Beginn des 2. auf das Inkrafttr der AnpassgsVO flgden KalenderMo verlangt w. Damit wird gesichert, daß für die Umstellg der EDV-Anlagen auf die neuen Rentensätze mind ein voller Mo zur Verfg steht, und in Kauf genommen, daß sich die UmstellgsFr bei Inkrafttr der AnpassgsVO zum Monatsersten auf prakt 2 Mo verlängern kann. Die Vorschr darf nicht mit der AusschlFr von BGB 1612 a IV verwechselt w (vgl dort Rn 10); sie ist unabhäng von IV zu beachten.

8   **4) Bei der Bemessung des Unterhaltsbedarfs** für ein in den neuen BuLändern lebdes Ki gehen die Ger vielf von einem gleich hohen Bedarf wie in den alten BuLä aus u lehnen einen Abschlag von den Sätzen der DüssTab ab: vgl mit RsprNachw § 1610 Rn 19. Zur interlokalrechtl Probl der versch Bedarfssätze bei AufenthWechseln: Rauscher StAZ **91**, 8 f. Für ein Ki, das Anfg 1990 aus der DDR in die BuRep übergesie-delt ist, bemißt sich der Unterh bis dahin nach fr DDR-R, für die Zt danach nach dem RegUnterh v § 1615 f (LG Kln FamRZ **92**, 851). **Rückstände** aus der Zt bis 30. 6. 1990 sind im Verhältn 2 : 1, danach 1 : 1

umzustellen (BezG Gera u Erfurt FamRZ **92**, 851 u **93**, 207; Maurer DtZ **93**, 131; aA Hammermüller DtZ **93**, 236: wg Wirksamk der VO des MinRats Umstellg auch der Rückstände 1 : 1). Gem FGB 22 II bedurfte es keiner Mahng; bei entspr Kenntn des UnterhSchuldn ebenf nicht für UnterhRückstde nach dem 3. 10. 90 (KG FamRZ **92**, 597 = DtZ **92**, 287). Für die Zt bis zum Beitr hat ein damals in der DDR lebdes Ki keinen Anspr auf RegelUnterh iSv BGB 1615f (Hamm FamRZ **94**, 656).

EG 234 § 9 *Regelbedarf des nichtehelichen Kindes.* ¹Der Regelbedarf nach § 1615f Abs. 1 Satz 2 des Bürgerlichen Gesetzbuchs kann in dem in Artikel 3 des Einigungsvertrages genannten Gebiet von der jeweiligen Landesregierung durch Rechtsverordnung festgesetzt werden. Vor einer Festsetzung soll die Landesregierung die übrigen Landesregierungen in dem in Satz 1 genannten Gebiet und die Bundesregierung unterrichten. Der Regelbedarf ist in gleicher Weise nach dem Alter abzustufen wie der von der Bundesregierung mit Zustimmung des Bundesrates festgesetzte Regelbedarf. Eine Abstufung nach den örtlichen Unterschieden in den Lebenshaltungskosten findet nicht statt.

ᴵᴵDie Landesregierung kann die Ermächtigung weiter übertragen.

ᴵᴵᴵDie Absätze 1 und 2 gelten nicht, wenn die Bundesregierung den Regelbedarf gemäß § 1615f Abs. 2 des Bürgerlichen Gesetzbuchs in diesem Gebiet festsetzt.

1) Vgl zunächst § 8 Rn 1–4. Die **RegelunterhaltVO** idF vom 21. 7. 88 **gilt im Gebiet der früheren** 1 **DDR nicht** (EinigV Anl I Kap III Sachgebiet B Abschn I Ziff 2). Begriff des **Regelbedarfs:** BGB 1615f Rn 6; **Zweck** des Pauschalunterh: BGB 1615f Rn 1; **Berechnung:** BGB 1615f Rn 3–9; **Titulierung:** BGB 1615f Rn 9; **Titelanpassung:** BGB 1612a sowie vorstehd § 8. Zur Nichtigk des **Unterhaltsverzichts:** AG Karlsr DtZ **92**, 191. Zur Dchbrechg der **Verjährung:** Art 234 § 8 Rn 2 aE.

2) **Festsetzung durch die Landesregierung** ist nur für die auf dem Gebiet der fr DDR entstandenen 2 Länder vorgesehen. Zu I 2 sowie **II u III** vgl § 8 Rn 5. Um später den Übergang in das BuRecht zu erleichtern, aber auch um den unterschiedl Bedürfn der versch Altersstufen Rechng zu tragen, ist der RegBed in gleicher Weise **nach dem Alter abzustufen** wie der von der BuReg festgesetzte RegBed, **I 3.** Die Begründg der Länderhoheit für die RegUnterhVO sollen regionale Unterschieden Rechng tragen. Doch ist eine **Abstufung nach den örtlichen Unterschieden in den Lebenshaltungskosten unzulässig, I 4,** so daß der RegUnterh nicht etwa für 2 Städte od auch zw Stadt u Land innerh eines Landes unterschiedl festgesetzt w darf. **Übersicht** über die bereits erlassenen **Regelunterhalts VO der neuen Bundesländer:** BGB 1610 Rn 19. Die VO gilt auch für die ZwZt zw 3. 10. 90 u dem Ztpkt des Inkrafttr der VO (Naumbg FamRZ **93**, 1470).

EG 234 § 10 *Rechtsverhältnis zwischen den Eltern und dem Kind im allgemeinen.* Der Familienname eines vor dem Wirksamwerden des Beitritts geborenen Kindes bestimmt sich in Ansehung der bis zum Wirksamwerden des Beitritts eingetretenen namensrechtlichen Folgen nach dem bisherigen Recht.

1) **Grundsatz.** Entgg der weit gefaßten Überschr enth die Vorschr ledigl eine **Übergangsregelung zum** 1 **Familiennamen des Kindes.** Es gilt das **Stichtagsprinzip** (Art 234 § 1 Rn 5). Der FamName eines nach dem Wirksamwerden des Beitr geborenen Ki best sich nach dem BGB. Für vor dem Stichtag geborene Ki bleibt es bei der bish Regelg; die Überleitg bewirkt also keine unmittelb Änderg bereits geführter FamNamen. Doch richten sich Umstde, die nach dem Stichtag eintreten u namensrechtsrelevant sind, ebenf nach neuem Recht (BT-Drucks 11/7817 S 45).

2) **Einzelheiten. a)** Folgde Ki behalten ihren Namen auch unter der Herrsch des neuen Rechts: wenn sie **bis** 2 **zum Wirksamwerden des Beitritts** gem FGB 7 I 2, 64 I einen gemeins FamNamen ihrer miteinand verh Elt erh haben; deren Elt bei der Geburt des Ki nicht miteinand verh waren u die desh gem FGB 64 II den FamNamen ihrer Mutter führen; die inf v ErziehgsRÜbertraggn nach FGB 48, 45 II u III 2 sowie 47 III bzw inf der Ann eines and FamNamens dch den ErzBerecht gem FGB 65 ebenf den Namen geändert haben bzw die inf Ann an Ki Statt od Wiederaufhebg der Adoption Namensänderngen erfahren haben (FGB 71, 78 II). Keine WiederAnn des urspr Geburtsnamens (Adlerstein/Wagenitz FamRZ **90**, 1174). – **b)** Für **Namenserwerbs-** 3 **vorgänge nach der Rechtsvereinheitlichung** gelten BGB 1616–1618; 1720, 1737, 1740f, 1740g; 1757, 1765. Außerd gilt NÄG 3, wonach bei Vorliegen eines wichtigen Grdes der **Name im Verwaltungswege geändert** w kann (vgl BGB 1616 Rn 5); dieser ÄndgsMöglk stehen auch Namensvorgänge offen, die vor der Rechtsvereinheitlchg in der fr DDR abgeschl waren.

EG 234 § 11 *Elterliche Sorge.* ¹Die elterliche Sorge für ein Kind steht demjenigen zu, dem das Erziehungsrecht am Tag vor dem Wirksamwerden des Beitritts nach dem bisherigen Recht zustand. Stand das Erziehungsrecht am Tag vor dem Wirksamwerden des Beitritts dem Vater eines nichtehelichen Kindes oder einem anderen als der Mutter oder dem Vater des Kindes zu, so hat dieser lediglich die Rechtsstellung eines Vormunds.

ᴵᴵEntscheidungen, Feststellungen oder Maßnahmen, die das Gericht oder eine Verwaltungsbehörde vor dem Wirksamwerden des Beitritts in Angelegenheiten der elterlichen Sorge getroffen hat, bleiben unberührt. Für die Änderung solcher Entscheidungen, Feststellungen oder Maßnahmen gelten § 1674 Abs. 2 und § 1696 des Bürgerlichen Gesetzbuchs entsprechend.

ᴵᴵᴵHat das Gericht vor dem Wirksamwerden des Beitritts im Scheidungsurteil über das elterliche Erziehungsrecht nicht entschieden oder angeordnet, daß die Ehegatten das elterliche Erziehungsrecht bis zur Dauer eines Jahres nicht ausüben dürfen, gilt § 1671 des Bürgerlichen Gesetzbuchs entsprechend.

^{IV} Ist ein Kind durch seine Eltern oder mit deren Einverständnis in einer Weise untergebracht, die mit Freiheitsentziehung verbunden ist, so gelten für die Unterbringung vom Wirksamwerden des Beitritts an die Vorschriften des Bürgerlichen Gesetzbuchs. Die Eltern haben alsbald nach dem Wirksamwerden des Beitritts um die gerichtliche Genehmigung der Unterbringung nachzusuchen. Die Unterbringung ist spätestens nach Ablauf von 6 Monaten nach dem Wirksamwerden des Beitritts zu beenden, wenn das Gericht sie nicht vorher genehmigt hat.

1   **1) Übersicht.** Das ErzR wird mit Wirksamwerden des Beitr (Art 234 § 1 Rn 5) zur elterl Sorge, weil sich die Rechts- u PflStellgen beider RInstitute im wesentl entspr (BT-Drucks 11/7817 S 45). Der bish ErzBerecht wird zum SorgeBerecht, I 1, so daß die Überleitg keine unmittelb Änderg der Sorge- u ErzZustdgk bewirkt. Das ErzR and Pers als der Mutter u des Vaters eines ehel Ki wird mit der Überleitg zur bl Vormsch, I 2. Vor dem Wirksamwerden des Beitr nach bish Recht getroffene SorgeRMaßn bleiben wirks, II 1. Für die Änderg solcher Maßn gelten dann allerd BGB 1674 II, 1696 entspr, II 2. Hat das ScheidgsGer die Entsch über das elt ErzR ausgesetzt, erfolgt die SorgeRRegelg nach BGB 1671, III. Für eine mit FreihEntziehg verbundene Unterbringg des Ki benöt die Elt gem BGB 1631b die Gen des VormschG, IV 1, um welche die Elt in den Übergangsfällen alsbald nach dem Wirksamwerden des Beitr nachsuchen müssen, IV 2. Liegt nicht spätestens binnen 6 Mo nach Wirksamwerden des Beitr die Gen vor, so ist die Unterbringg zu beenden, IV 3. Zu den gerichtl **Zuständigkeiten und Verfahren:** MüKo/Hinz ErgLiefg EinigsV Rn 565–569.

2   **2) Umwandlung von Erziehungsrechten in Sorgerechte.** Zur **interlokalrechtlichen Vorfrage:** Art 234 § 1 Rn 1; Adlerstein/Wagenitz FamRZ **90**, 1169.

3   **a) Stichtagsprinzip, I 1.** Die elt Sorge steht demj zu, dem am Tag vor dem Wirksamwerden des Beitr (vgl Art 234 § 1 Rn 5) nach dem bish Recht das ErzR zustand. ErzR u elt Sorge haben weitgehd denselben Inh (vgl FGB 42ff; BGB 1626ff). Dabei ist zu beachten, daß die FGB 25, 27, 42, 45ff sowie 53 dch das 1. FamRÄndG (Art 234 § 1 Rn 4) noch vor dem Beitr tiefgreifde Ändergen erfahren haben. Die Inhabersch des SorgeR soll nach der ÜbergangsRegelg nicht wechseln. Nach FGB 45 I 1 übten die Elt das ErzR gemeins aus; sie sind infolgedessen nach der Überleitg entspr BGB 1626 auch SorgeRInhaber. Das gilt auch in Fällen, in denen ein EltT verhindert ist, das ErzR auszuüben, ohne daß es darauf ankommt, ob für kurze od längere Zt; denn FGB 45 I 2 u 3 gab dem nicht verhinderten EltT die Befugn, das ErzR ledigl allein „wahrzunehmen". Für den Umfg der Vertretgsmacht gelten bis 2. 10. 90 FGB 43, 45 I 2, ZGB 57, 59 I (Lübchen/Rohde, Komm z 6. T des EGBGB, 1991, S 157). In der Lit ist unklar, ob bei längerer Verhinder das ErzR ganz u bei kürzerer Verhinderg jedenf für nicht aufschiebb Angelegenh erlosch. Ggf ruht die elt Sorge des verhinderten EltT (BGB 1674 I) od sie ist gem BGB 1666, also nach neuem Recht, zu beschränken. War ein EltT verstorben od hatte er das elt SorgeR verloren, stand es dem and EltT allein zu (FGB 45 II 1). Daran ändert sich dch die Überleitg nichts (vgl BGB 1681, 1680). Die ErzRRegelg im ScheidgsR (FGB 25, 45 III 1) entspr BGB 1671. Auch hier ergeben sich dch die RVereinheitlichg keine Ändergen. Auch in Todesfällen galten in beiden Teilen Deutschl bish prakt ident Vorschr (FGB 45 III 2; BGB 1681 I 2). Entspr gilt für das ErzR währd des GetrLeb der Elt (FGB 45 IV; BGB 1672) u für das SorgeR der nehel Mutter (FGB 46; BGB 1705). Doch werden für das Gebiet der fr DDR BGB 1706–1710, wonach das nehel Ki für die Feststellg der Vatersch, zur Geltdmach von UnterhAnspr usw grdsl einen Amtspfleger erh, nicht übergeleitet (Art 230 I). Das bedeutet, daß auch nach dem 3. 10. 90 in der fr DDR außerh der Ehe geborene Ki keinen AmtsPfleg erh (Einzelh Bosch FamRZ **91**, 752). Die im EiniggsVertr festgelegte **Freiheit von der Amtspflegschaft** (EG 234 § 1 Rn 3) verlangt nach dem VertrauensschutzPrinz Fortbestand des ungekürzten ErziehgsR auch bei einem AufenthWechsel von Ost nach West (Maurer DtZ **93**, 133; aA Adlerstein/Wagenitz FamRZ **90**, 1175; Rauscher StAZ **91**, 4ff; Lück FamRZ **92**, 886).

4   **b) Umwandlung des Erziehungsrechts in Vormundschaft, I 2.**

aa) Grundsatz. Soweit das ErzR nach bish Recht einer Pers zustand, die nach BGB nicht Inh der EltSorge sein, sond nur zum Vormd bestellt w kann, wird das ErzR in das RInstitut der Vormsch übergeleitet; der bislang ErzBerecht erh die RStellg eines Vormds (BT-Drucks 11/7817 S 45). Es gelten BGB 1773–1895. Betroffen von dieser Regelg können insb der nehel Vater, GroßElt u StiefElt sein, denen das ErzR übertr w war (dazu Rn 5). Zu den sonst Fällen des Entzugs u Ausschl des elt ErzR gem FGB 51, 52 od der AnO von 5   Vormsch für einen Mj gem FGB 88ff vgl. Art 234 § 14 Rn 2. – **bb)** Der **nichteheliche Vater** konnte gem. FGB 46 II 1 das ErzR übertr erhalten, wenn die Mutter starb oder sie es sonst verloren hatte. Beim Tod od bei Verlust des ErzR der Elt erhielten beide **Großeltern** oder ein GroßEltT das ErzR (FGB 45 II 2). Auch dabei bleibt es iR der Überleitg; doch schwächt sich das ErzR in bl Vormsch ab. **Stiefeltern:** Ist das ErzR nach dem Tode des erzberecht Eheg nach bish Recht auf den Eheg des Verstorbenen übertr w od hat er es erh, weil es dem ErzBerecht entzogen worden war (FGB 47 III), so behält der StiefEltT es auch nach Wirksamwerden des Beitr; doch verwandelt sich seine Stellg gem I 2 in die eines Vormds. Dagg entfallen die Pfl u Befugn von StiefElt zur Wahrnehmg elt ErzR währd des ZusLeb mit dem sorgeberecht leibl EltT (FGB 47 I u II) mit dem Wirksamwerden des Beitr, weil es im BGB dafür keine Entsprechgen gibt. Zul bleiben allerd entspr ErzErmächtiggen des StiefEltT dch den SorgeBerecht.

6   **3) Überleitung von nach bisherigem Recht getroffenen Sorgerechtsregelungen, II.**

7   **a) Fortgeltung, II 1.** Entscheidgen, Feststellgen od Maßn, die das Ger od eine VerwaltgsBeh vor dem Wirksamwerden des Beitr in Angelegenh der elt Sorge getroffen hat, bleiben unberührt. Das entspr dem in EinigV Art 18 u 19 niedergelegten Grds, auch die von VerwaltgsBeh getroffenen Regelgen fortgelten zu lassen. Doch wird zugl sichergestellt, daß verwaltgsbehördl Entsch od Maßn in Angelegenh der elt Sorge, die nach BGB einem Ger vorbehalten sind, mit der Überleitg nach den für die Abänderg gerichtl Entsch u 8   Maßn geltdn Grdsätzen aufgeh od abgeänd w können (BT-Drucks 11/7817 S 45). – **aa) Entscheidungen** sind Übertragen des ErzR (FGB 45 II 2, 46 II, 47 III 1 u 2), insb iR der Scheidg (FGB 25, 45 III 1 u 2), ferner Bestimmgen des AusübgsR währd der Trenng der Elt (FGB 45 IV). **Feststellungen** sind etwa die zu den

LebVerhältn der Elt iR der Scheidg (FGB 25 II 1 u 2) od der Unfähigkeit zur Ausübg des elt ErzR wg psych Krankh (FGB 52). **Maßnahmen** sind etwa die Unterstützg bei der KiErziehg (FGB 4, 44), od ErzHilfe (FGB 49 II), ferner diej der JugHilfe (FGB 50), sodann der Entzug des ErzR (FGB 26 I, 51 I), auch die Maßn zur Hinwirkg auf eine einverständl UmgangsRegelg gehören hierher (FGB 27 I 3). Schließl gelten alle **Änderungen** der genannten Behördenakte (FGB 48), sofern sie vor dem Stichtag erfolgt sind, nach der Überleitg weiter. – **bb)** Die Regelg in SorgeRAngelegenh waren nach dem FGB teils von den **Gerichten,** wie zB die 9 Regelg des ErzR nach Scheidg od bei GetrLeb der Elt (FGB 45 III 1 u IV) od der Entzug des ErzR (FGB 51 I 2), teils von den **Verwaltungsbehörden** zu treffen, wie zB die Übertragg des ErzR auf die GroßElt im Falle des Todes der Elt (FGB 45 II 2) od die Maßn der Erz- u JugHilfe (FGB 44, 49, 50).

b) Änderungsmöglichkeit, II 2. Vgl. zunächst Rn 7. Vor dem Wirksamwerden des Beitr getroffene 10 Regelgen bleiben unberührt (II 1); sie können aber gem BGB 1674 II, 1696 bei Vorliegen der Vorauss dieser Best jederzeit dch das Ger geändert w (II 2).

4) Aussetzung der Erziehungsregelung im Scheidungsurteil, III. Hat das Ger vor dem Wirksamwer- 11 den des Beitr im ScheidgsUrt über das elt ErzR nicht entschieden, weil der nach FGB 25 I idF des 1. FamRÄndG (Art 234 § 1 Rn 4) erfdl Antr eines EltT fehlte, od hat es iW der Aussetzg des Verf angeordnet, daß die Eheg das elt ErzR bis zur Dauer 1 J nicht ausüben dürfen (FGB 26 II 1), so ist mit der Entsch zum SorgeR nicht solange zu warten, bis ein Antr auf SorgeRRegelg von den Elt gestellt w, od bis zum Ablauf der Fr (vgl FGB 26 II 3), sond das Ger muß in beiden Fällen nach der Überleitg **amtswegige Entscheidung über die elterliche Sorge** (ZPO 621 I Ziff 1, 623 III 1) **nachholen** (BT-Drucks 11/7817 S 45). Bei einer in diesem Zushg gem FGB 26 II 2 angeordneten Vormsch handelt es sich nicht um eine solche gem BGB 1671 V 1, die entspr Art 234 § 14 I übergeleitet würde, so daß über den Vormsch nur iW der Abänderg aufgeh w könnte (BGB 1696); sond schon vor der SorgRRegelg ist die Vormsch iR der Fortführg des SorgeRVerf vAw aufzuheben u ggf eine vorl AnO zu treffen. Die SorgeRRegelg kann and als nach FGB 26 III nicht mehr mit der Entsch über den UnterhAnspr verbunden w; für diesen ist vielm eine selbstd Kl erfdl (Einf 26 vor BGB 1601).

5) Unterbringung, IV (Lit: Reichel u Zimmermann FamRZ **90**, 1318 u 1308). In der fr DDR gilt das BtG 12 insoweit bereits seit dem 3. 10. 90 (Zimmermann FamRZ **90**, 1308). Die Regelg v IV entspr Art 234 § 14 VI (vgl dort Rn 8). – **a)** Für eine mit FreihEntziehg verbundene Unterbringg dch die Elt od mit deren 13 Einverständn gelten ab Wirksamwerden des Beitr (Art 234 § 1 Rn 5) die **Unterbringungsvorschriften des BGB, IV 1.** Maßgebl ist also **§ 1631b BGB** (vgl die Kommentierg dort). Sie ist einmal von der öffrechtl Unterbringg nach den PsychKG der BuLänder zu unterscheiden, die voraussetzt, daß sich der Betroffene inf psych Erkrankg einen schwerwiegden gesundheitl Schaden zuzufügen droht od er dch die Krankh eine ggwärt erhebl Gefahr für die öff Sicherh u Ordng darstellt; sowie anderers von der Unterbringg u Erz des Ki od Jugendl über Tag u Nacht dch Eingr der JugHilfeBeh (vgl Einf 32 vor BGB 1626). – **b)** die Elt müssen **alsbald** 14 nach dem Wirsamwerden des Beitr **um die gerichtliche Genehmigung der Unterbringung nachsuchen,** IV 2. Es gilt prakt das Erfordern unverzügl Nacholg der vormschgerichtl Gen (BGB 1631b S 2 2. Halbs). – **c)** Doch muß den Ger auch hier eine angem Zeit zur Bearbeitg der Übergangsfälle gelassen w 15 (BT-Drucks 11/7817 S 47). Die Unterbringg ist spätestens nach Ablauf von 6 Mo nach dem Wirksamwerden des Beitr, also am 3. 4. 91, zu **beenden, wenn** das Ger sie **nicht vorher genehmigt** hat, IV 3. Zur ÜberPrüfg strafrechtl Unterbr: BezG Dresden DtZ **93**, 31; zum Rmittelschutz bei möglweise fälschl strafr Einordng der Unterbr: BVerfG DtZ **93**, 53.

EG 234 § 12 *Legitimation nichtehelicher Kinder.* **Die Frist nach § 1740e Abs. 1 Satz 1 des Bürgerlichen Gesetzbuchs beginnt nicht vor dem Wirksamwerden des Beitritts.**

1) Überleitung des Nichtehelichenrechts. Dem DDR-FamR war die Unterscheidg zw ehel u nehel Ki 1 fremd (vgl FGB 46 I 1, 54 I); den sachl Unterschied gab es auch dort (vgl FGB 54 IV; ferner namens- u erbrechtl Folgen).

2) Nach dem **Stichtagsprinzip** (Art 234 § 1 Rn 5) bekommen die außerh einer Ehe geborenen Ki nach dem 2 mit dem Beitritt maßgebden neuen Recht die **Rechtsstellung von nichtehelichen Kindern. a)** Nichteheli- 3 lichk entsteht, wenn die Mutter bei Geburt des Ki nicht verh ist, sowie dch Anf der Ehelichk (BGB 1593). **b)** Die **Legitimation des nichtehelichen Kindes** führt zu dessen Ehelichk, u zwar dch nachträgl Heirat 4 seiner Elt (BGB 1719); ferner dch EhelErkl auf Antr des Vaters (BGB 1723 ff, 1736) od des Ki, wenn seine Elt verlöbt waren u das VaterschT aufgelöst w dch den Tod eines EltT aufgelöst w ist (BGB 1740a ff, 1740f). Nach dem Tod des Vaters kann das Ki den Antr auf EhelErkl nur binnen JahresFr stellen (BGB 1740e I 1). Diese Fr beginnt nicht vor der Geburt des Ki u der rechtskr Feststellg der Vatersch (BGB 1740e I 2). Nach Art 234 § 12 soll 5 sichergestellt sein, daß dem Ki ijF eine Fr von 1 J zur Verfügg steht, so daß die Fr auch dann erst ab 3. 10. 90 läuft, wenn die Voraussetzgen für die EhelErkl bereits vorh erfüllt sind. Wg Art 234 § 2 Rn 1 reicht der Nachw der EheschlAbsicht aus (Lübchen/Rohde, Komm z 6. T des EG 1991 S 164).

EG 234 § 13 *Annahme als Kind.* [1]**Für Annahmeverhältnisse, die vor dem Wirksamwerden des Beitritts begründet worden sind, gelten § 1755 Abs. 1 Satz 2, die §§ 1756 und 1760 Abs. 2 Buchstabe e, § 1762 Abs. 2 und die §§ 1767 bis 1772 des Bürgerlichen Gesetzbuchs nicht. § 1766 des Bürgerlichen Gesetzbuchs gilt nicht, wenn die Ehe vor dem Wirksamwerden des Beitritts geschlossen worden ist.**

[II]**Vor dem Wirksamwerden des Beitritts ergangene Entscheidungen des Gerichts, durch die ein Annahmeverhältnis aufgehoben worden ist, bleiben unberührt. Dasselbe gilt für Entscheidungen eines staatlichen Organs, durch die ein Annahmeverhältnis aufgehoben worden ist und die vor dem Wirksamwerden des Beitritts wirksam geworden sind.**

III Ist ein Annahmeverhältnis vor dem Wirksamwerden des Beitritts ohne die Einwilligung des Kindes oder eines Elternteils begründet worden, so kann es aus diesem Grund nur aufgehoben werden, wenn die Einwilligung nach dem bisherigen Recht erforderlich war.

IV Ist ein Annahmeverhältnis vor dem Wirksamwerden des Beitritts begründet worden und war die Einwilligung eines Elternteils nach dem bisherigen Recht nicht erforderlich, weil

1. dieser Elternteil zur Abgabe einer Erklärung für eine nicht absehbare Zeit außerstande war,
2. diesem Elternteil das Erziehungsrecht entzogen war oder
3. der Aufenthalt dieses Elternteils nicht ermittelt werden konnte,

so kann das Annahmeverhältnis gleichwohl auf Antrag dieses Elternteils aufgehoben werden. § 1761 des Bürgerlichen Gesetzbuchs gilt entsprechend.

V Ist ein Annahmeverhältnis vor dem Wirksamwerden des Beitritts begründet worden und ist die Einwilligung eines Elternteils ersetzt worden, so gilt Absatz 4 entsprechend.

VI Ein Antrag auf Aufhebung eines vor dem Wirksamwerden des Beitritts begründeten Annahmeverhältnisses kann nur bis zum Ablauf von drei Jahren nach dem Wirksamwerden des Beitritts gestellt werden. Für die Entgegennahme des Antrags ist jedes Vormundschaftsgericht zuständig.

VII Ist über die Klage eines leiblichen Elternteils auf Aufhebung eines Annahmeverhältnisses am Tag des Wirksamwerdens des Beitritts noch nicht rechtskräftig entschieden worden, so gilt die Klage als Antrag auf Aufhebung des Annahmeverhältnisses. § 1762 Abs. 3 des Bürgerlichen Gesetzbuchs gilt nicht.

1 **1) Übersicht.** Die vor dem Beitritt in der DDR begründeten AnnVerhältn werden mit dem 3. 10. 90 in das AdoptionsR des BGB 1741–1766 übergeleitet; § 13 enth ledigl die Ausn. Dch das **AdoptFristG** v 30. 9. 91 (BGBl I 1930) wurden I ergänzt u IV–VI neu gefaßt (Lit: Weber DtZ **92**, 10). In Kr seit: 3. 10. 91. Die RFolgen, die das FGB an die Adoption knüpft, entspr im wesentl denj des BGB (BT-Drucks 11/7817 S 46). Dementspr nimmt I einige Vorschr des BGB von der Anwendbark auf DDR-Adoptionen aus, teils weil die Best (wie die VolljAdoption) im Recht der fr DDR keine Entspr haben, teils weil die Anwendg best Vorschr des BGB-AdoptionsR angesichts der vertretb and Verfahrensweise in der fr DDR (zB daß es keine KarenzZt von 8 Wo für die EinwilligsErkl der Elt gab) unverhältnism wäre, teils weil dch das DDR-Recht geschaffene Vertrauensverhältn schützensw bleiben (wie die unterschiedl Auswirkg der Adoption auf die bish VerwandtschBeziehgen). Nach II werden noch unter der Geltg des FGB nach diesem wirks erfolgte Aufhebgen von AnnVerhältn auch nach dem 3. 10. 90 respektiert. Die III–VI betr die Aufhebg bereits übergeleiteter Adoptionsverhältn wg evtl Mängel bei ihrer Begr. Dabei behandelt III die EinwilliggsErfordern u stellt den Grds auf, daß die zusätzl zu den Anfordergen von FGB 69 dch BGB 1746ff hinzukommden EinwilliggsErfordern keine weitergehendn AufhebgsMöglkten schaffen sollen. Doch wird dieser Grds in den folgdn Abs erhebl revidiert. IV erhebt (offenb wg der früher damit verbundenen MißbrMöglkten) die Entbehrlich der elt Einwilligg bei Entmündigg u Nichtermittlg des Aufenth pauschal zum AufhebsGrd mit automat Prüfg der Entbehrlich der Einwilligg unter den Anfdgen des neuen Rechts. V gibt die Möglk der Aufhebg des AnnVerhältn bei Ersetzg der AdEinwilligg. VI verlängert die AntrFrist für die Aufhebg ggü der aF auf 3 J.

2 **2) Geltung von BGB und FGB für am Stichtag begründete Annahmeverhältnisse, I.**

3 **a)** Auf vor dem Wirksamwerden des Beitr, also bis zum 3. 10. 90 nach FGB 66ff begründete AnnVerhältn sind nach dem **Stichtagsprinzip** (Art 234 § 1 Rn 5) grdsätzl BGB 1741ff anzuwenden; sie lösen die Vorschr der FGB 66–78 ab.

4 **b)** Doch sind **bestimmte Vorschriften des Kindesannahmerechts von der Anwendung** auf übergeleitete AdoptionsVerhältn **ausgeschlossen**, I 1 u 2, weil eine Überleitg dieser Vorschr auf am 3. 10. 90 bestehde AnnVerhältn bewirken würde, daß bereits erloschene RBeziehgen wieder aufleben. Dies sollte 5 vermieden w (BT-Drucks 11/7817 S 46). Hierzu gehören: – **aa)** BGB 1755 I 2: Bis zur Ann entstandne **Ansprüche** des Ki insb auf Renten u and entspr wiederkehrde Leistgen mit Ausn von solchen auf Unterh bleiben nach dieser Vorschr bestehen (BGB 1755 Rn 4). Es bleibt insow bei den Wirkgen, die das öff u priv 6 Recht der DDR vorsehen (hins SchadRenten usw). – **bb)** BGB 1756: Trotz des Prinzips der Volladoption (Einf 2 vor BGB 1741) bleiben best **Verwandtschaftsverhältnisse** bestehen. Die ähnl, aber nicht ident 7 Regelg in FGB 73 soll für übergeleitete Adoptionsverhältn bestehen bleiben. – **cc)** Nach BGB 1760 I iVm II e u 1747 III 1 kann das AnnVerhältn aufgeh w, wenn die Elt od ein EltT seine **Einwilligung** erteilt hat, **bevor das Kind 8 Wochen alt** ist; einen solchen AufhebgsGrd kannte die Regelg von FGB 69, 74 nicht. Dabei soll es in den Übergangsfällen bewenden, so daß ein vor dem 3. 10. 90 begründetes AnnVerhältn nicht desh aufgeh w kann, weil ein EltT seine Einwilligg zur Ann innerh von 8 Wo nach der Geburt des Ki erteilt hat. Art 1 Nr 1 AdoptFristG (vgl oben Rn 1) ist auch die **Befristung** aus BGB 1762 II von dieser 8 Überleitg ausgen. – **dd)** BGB 1767–1772 betr die **Annahme Volljähriger** einschl der Aufhebg des AnnVerhältn; sie haben im FGB keine Entsprechg, da nur Mj an Ki Statt angenommen w durften (FGB 67 I 2), u können desh für die in der fr DDR begründeten AnnVerhältn gar nicht zur Anwendg kommen. Desh schließt I 1 ihre Geltg für übergeleitete Fälle schlechthin aus. Vor dem Inkrafttret des FGB am 1. 4. 66 unter Vollj begründete AnnVerhältn sind nach EGFGB 2 ins FGB übergeleitet worden; sie werden nunmehr ebenf nach dem 3. 10. 90 nach den BGB 1741ff u nicht nach BGB 1767ff fortgeführt (BT-Drucks 11/7817 S 46). – 9 **ee) Eheschließung zwischen Annehmendem und Kind, I 2.** Nach BGB 1766 wird dch eine Eheschl zw Annehmdem u Ki automat u mit Rückwirkg das AnnVerhältn aufgeh. Diese Vorschr gilt nicht, wenn die Ehe vor dem 3. 10. 90 geschl worden ist. Da eine entspr Best wie die des BGB im FGB fehlte, würden uU langfristig gewachsene od aufgelöste verwandtschaftl Beziehgen dem Vertrauensschutzprinzip zuwider zerstört od wiederhergestellt. Desh nimmt die ÜbergangsRegel die Überlagerg der adoptions- dch die eherechtl Beziehgen für die Fälle in Kauf, in denen die Ehe vor dem 3. 10. 90 geschlossen w ist. Wird die Ehe nach dem Stichtag geschl, gilt BGB 1766.

3) Wirksame Aufhebungen des Annahmeverhältnisses vor dem 3. 10. 90 bleiben bestehen unab- **10** häng davon, ob das BGB einen den FGB 74–77 entspr AufhebgsGrd bereithält (BGB 1759, 1760, 1763), u unabhäng davon, ob die Aufhebg dch Entsch des Ger (FGB 74 I, 75 I, 76 I), **II 1,** od wie bei Aufhebg nach Volljährigk des Angenommenen gem FGB 77 dch das Staatl Notariat erfolgt ist, **II 2.** Zur Aufhebg dch einen JugHAussch der ehem DDR: KG FamRZ **93**, 1359. Die **Wirkungen der Aufhebung** best sich **11** entspr dem Stichtagsprinzip nicht nach FGB 78, sond für die Zt nach dem 3. 10. 90 nach BGB 1764, so daß insb auch evtl weitergehde Wirkgen der BGB-Volladoption ggü der Ann an Ki Statt gem FGB zurückgen w. Zum **Familiennamen** vgl Art 234 § 10 Rn 2.

4) Wirkung von Einwilligungsmängeln für die Aufhebung übergeleiteter Annahmeverhältnis- 12 se, III–VI. Die künft Aufhebg von AnnVerhältn best sich mit der Überleit des BGB nach neuem Recht, was verf-rechtl nicht zu beanstanden ist (KG FamRZ **93**, 1359). Dies gilt gem Art 234 § 1 auch dann, wenn das aufzuhebde AnnVerhältn vor dem 3. 10. 90 begründet w ist, allerd nur mit den in den genannten Abs bezeichneten Maßg.

a) Das Verhältnis der III–VI zueinander: III enth den Grdsatz; danach best sich die Erforderlk der **13** Einwilligg von Elt u Ki auch für die AufhebgsFrage grdsätzl nach bish Recht. Trotz Nichterforderlk der Einwilligg eines EltT nach dem bish Recht ermögl aber IV u V die Aufhebg des AnnVerhältn, wenn die tatbestdl Vorauss für die Nichterforderlk polit mißbraucht w konnten, etwa dch Ann der Nichtermittelbark des Aufenth eines EltT, dem die DDR-Staatsbürgersch aberkannt od dem das ErzR aus polit Grden entzogen worden war. III gibt nur für die fehlerh Anwendg der EinwilliggsErfordern des bish Rechts einen AufhebgsGrd; denn die drei Fälle, in denen nach bish Recht die Einwilligg eines EltT überh nicht erfdl war (FGB 70 II), sind in IV sowie V als absolute AufhebgsGrde ausgestaltet, so daß sie nicht zugl Ggstd der Regelg von III sein können. Schließl werden in VI die AntrFrist best u die Zustdgk des VormschG für die Entggnahme begründet.

b) Aufhebung des Annahmeverhältnisses wegen Fehlens der erforderlichen Einwilligung, III 14 (zur ZwangsAdopt Fiebig ZfJ **95**, 16). **aa)** Ein vor dem 3. 10. 90 begründetes AnnVerhältn könnte gem BGB 1760 aufgeh w, wenn eine Einwilligg des Ki od eines EltT gefehlt hat, die nach BGB 1746, 1747 erfdl gewesen wäre, wenn das AnnVerhältn sogl nach BGB begründet w wäre. **Zweck** des III ist es jedoch, die EinwilliggsErfordern dch die Überleit nicht nachträgl zu erweitern. Aus diesem Grd kann ein vor dem Beitritt begründetes AnnVerhältn grdsätzl nicht wg fehlder Einwilligg des Ki od eines EltT aufgeh w, wenn eine nach bish Recht geltden EinwilliggsErfordern eingehalten w sind. Die Aufhebg nach III kommt vielm nur in Betr, wenn die Einwilligg bei der vor dem 3. 10. 90 erfolgten Adoption **nach dem bisherigen Recht** gem FGB 69 **erforderlich war und nicht wirksam erteilt** worden ist (zum Verhältn zu den übr Abs der Vorschr vgl Rn 13). Die weitergehden AufhebgsMöglkten nach BGB 1760 hat sich die ÜbergangsRegel nicht zu eigen gemacht.

bb) Aufhebungsfälle. Aufhebg nach III erfolgt **wegen Fehlens der erforderlichen Einwilligung 15 des Kindes,** wenn zB entgg FGB 69 I 1 ein 15j Ki seiner Adoption nicht zugestimmt hat; keine Anwendg dagg, wenn entgg BGB 1746 I 1 das 10j Ki nicht eingewill hat od ein 15j in nach BGB 1746 II 1 beachtl Weise seine zunächst erteilte Einwilligg widerrufen hatte. Die Aufhebg des AnnVerhältn nach III wg Fehlens der erfdl Einwilligg **eines Elternteils** ist begründet, wenn bereits nach bish Recht für einen übergangenen EltT die Möglk bestand, die Aufhebg des AnnVerhältn gem FGB 70 II, 74 zu verlangen (BT-Drucks 11/7817 S 46). Sie kommt also in Betr, wenn entgg der Ann des Organs der JugHilfe als der für die Adoption zust Beh (FGB 68 I 1) der EltT voll geschäftsfäh war, die seine wirks Entziehg des ErzR vorlag od wenn sein Aufenth entgg der amtl Ann feststand. IV u V betr iGgs dazu die Fälle, in denen die Vorauss von FGB 70 II formal bei Entsch der AdoptionsBeh gegeben waren. Auf das Fehlen der Einwilligg eines **sonstigen Erziehungsberechtigten** (zB des nehel Vaters nach Übertr des ErzR; FGB 69 I 3) kann die Aufhebg übergeleiteter Adoptionsverhältn nicht gestützt w, da die Aufhebg insow schon nach bish Recht in Betr kam.

c) Aufhebung des Annahmeverhältnisses bei Nichterforderlichkeit der Einwilligung nach frü- 16 herem DDR-Recht, IV 1. aa) Zweck: Aufhebg der DDR-Adoptionen, obwohl nach der fast wortgleichen Vorschr v BGB 1747 IV die Einwilligg des EltT auch nach neuem R nicht erforderl zu sein braucht. Die Schaffg v AufhebgsMöglkten hat ihren Grd aber darin, daß es in der fr DDR zu psychiatr od rechtsstaatl nicht vertretb Entmündiggen gek ist, daß die Entziehg des ErziehgsR nicht iS von BGB 1666, 1666a gehandh wurde u daß FGB 70 II auch zu Adopt v Ki sog RepFlüchtiger od zwangsausgebürgerter bzw dem Regime sonst mißliebiger Pers benutzt w ist (Zum Ausmaß widerr Adopt in der ehem DDR vgl BT-Drucks 12/835; ferner Raack ZfJ **91**, 449). In diesem Fall soll die Adopt unter rstaatl GesPkten (näml am Maßst v BGB 1748, 1761) nochmals geprüft w (BT-Drucks 11/7817 S 46 sowie die amtl Begrdg z Ad-FristG, Rn 1; and Wolf FamRZ **92**, 15: „Anwendg des FGB in rstaatl Form"). **bb)** Nach FGB 70 II konnte **17** dem AdAntr auch ohne Einwilligg eines EltT entsprochen w, wenn dieser EltT **Nr 1:** zur Abgabe einer Erkl für eine nicht absehb Zeit außerstande war, zB iF der Entmündigg; ebso **Nr 2:** wenn dem EltT nach FGB 51 I als äuß Maßn bei schwerer schuldh Verletzg seiner EltPfl u Gefährdg der Entwicklg des Ki das **Erziehungsrecht entzogen** w war; schließl **Nr 3:** wenn sein AufenthOrt nicht ermittelt w konnte. Zur RepFlucht: Rn 16.

d) Aufhebung des Annahmeverhältnisses bei Ersetzung der Einwilligung eines Elternteils, V. 18 Ist ein AnnVerhältn vor dem 3. 10. 90, also nach FGB 66–68, begründet worden u wurde die **Einwilligung eines Elternteils ersetzt,** weil ihre Verweigerg dem Wohl des Ki entggstand (vgl FGB 70 I), so gilt **IV entsprechend.**

e) Versagung der Aufhebung, IV 2, V. Eine AufhebgsSperre ergibt sich aber insof, als es auf die **19** nicht eingeholte Einwilligg nicht ankommt, das AnnVerhältn also fortbesteht, wenn eine der Adoption entggstehde **Einwilligung des Elternteils** sowieso **ersetzt** worden wäre od jetzt ersetzt w könnte. Dies richtet sich nicht nach FGB 70 I, sond nach den entspr anzuwendden Vorschr von BGB 1761, 1748, **IV 2.**

Einzelh BGB 1761 Rn 2–5. Zu beachten ist ferner, daß nach BGB 1761 II auch die rechtsstaatswidr nicht eingehohlte Einwilligg nicht automat zur Aufhebg des AnnVerhältn führt, sond letzteres bestehen bleibt, wenn dch die Aufhebg das **Wohl des Kindes erheblich gefährdet** würde. Einzelh BGB 1761 Rn 6–8.

20   **f) Verfahren.** Die Aufhebg des AnnVerhältn erfolgt in den Fällen IV 1 u V **aa)** nur auf **Antrag** des bei der Begrdg des AnnVerh übergangenen EltT. Der Antr kann bei jedem **Vormundschaftsgericht** gestellt
21   w, **VI 2.** Zur örtl Zustdgk nach dem Wohns der leibl Elt vgl AG Kerpen ZfJ **91,** 475. **bb) Frist, VI 1:** Die urspr Befr des AufhebgsAntr auf 1 J nach dem Beitr ist dch das AdoptFristG (Rn 1) auf **3 Jahre** verlängert w (BT-Drucks 12/1106). Der AufhebgAntr kann daher bis einschließl 2. 10. 93 gest w (vgl Art 234 § 1 Rn 6). Bereits abgelaufene Fr sind weder dch VI 1 noch dch das AdoptFrG erneut in Gang gesetzt worden.

22   **5) Zum Stichtag anhängige Aufhebungsverfahren, VII.** Die Vorschr stellt klar, daß am 3. 10. 90 anhäng Kl auf Aufhebg eines AnnVerhältn (FGB 74) nunmehr als Antr auf Aufhebg des AnnVerhältn iS von BGB 1760 gelten, **VII 1.** Das Erfordern, daß dieser Antr not Beurk bedarf (BGB 1762 III), gilt für diese übergeleiteten Kl nicht, **VII 2.** Damit wird eine erneute AntrStellg entbehrl u die Gefahr einer Verfristg (BGB 1762 II) ausgeschl (BT-Drucks 11/7817 S 46).

EG 234 § 14 *Vormundschaft.* [I]Ab dem Wirksamwerden des Beitritts gelten für die bestehenden Vormundschaften und vorläufigen Vormundschaften die Vorschriften des Bürgerlichen Gesetzbuchs.

[II]Bisherige Bestellungen von Vormündern bleiben wirksam. Sind Ehegatten nach § 90 Abs. 1 des Familiengesetzbuchs der Deutschen Demokratischen Republik gemeinsam zu Vormündern bestellt, so gilt bei Verhinderung eines Mitvormunds § 1678 Absatz 1 1. Halbsatz des Bürgerlichen Gesetzbuchs entsprechend.

[III]Führt das Jugendamt oder das Staatliche Notariat selbst eine Vormundschaft, so wird diese als bestellte Amtsvormundschaft fortgeführt (§§ 1791b, 1897 Satz 1 des Bürgerlichen Gesetzbuchs).

[IV]Die Vorschriften des Bürgerlichen Gesetzbuchs über die Anlegung von Mündelgeld sind erst ab 1. Januar 1992 anzuwenden.

[V]Für Ansprüche des Vormunds auf Vergütungen für die Zeit bis zum Wirksamwerden des Beitritts sowie auf Ersatz für Aufwendungen, die er in dieser Zeit gemacht hat, gilt das bisherige Recht.

[VI]§ 11 Abs. 4 gilt entsprechend.

1   **1) Übersicht** (Lit: Schwab, FamR u Dt Einigg, 1991, S 128; Brüggemann bei: Wiesner/Zarbock, Das neue KJHG u seine Umsetzg in der Prax, 1991, 213). Für die Vormsch über einen Mj waren in der fr DDR die Organe der JugHilfe (seit dem 1. FamRÄndG: JugA) zust (FGB 88 II), währd für die Vormsch über Vollj das Staatl Notariat zust war (FGB 98 III). Für die vor dem 3. 10. 90 in der fr DDR begründeten Vormsch gilt nach dem Beitritt das VormschR des BGB, I. Zum 1. 1. 92 erfolgt dann eine erneute Umwandlg dch das BtG (Einf 20 vor BGB 1896). Bish Bestellgen von Vormd bleiben wirks, u zwar auch dann, wenn das BGB zB die Bestellg von Eheg, die das Ki in ihre Fam aufgenommen haben, zu gemeins Vormd, nicht kennt, II. Vom JugA od von dem Staatl Notariat geführte Vormsch werden als bestellte AmtsVormsch fortgeführt, III. Mit Rücks auf das Inkrafttr des BetreuungsG (BtG) gelten die Vorschr des BGB über die Anlegg von Mündelgeld erst ab 1. 1. 92, IV. Anspr des Vormd auf Vergütg u AufwendgsErs richten sich bis zum Stichtag nach FGB, für die Zt nach dem Beitritt nach BGB, V. Hins der Überprüfg von Unterbringgen gelten die rechtsstaatl Sicherh der Überleitg des ErzR in die elt Sorge, VI.

2   **2) Stichtagsprinzip, I.** Die bei Inkrafttr des EinigsVG, also am 3. 10. 90, bestehden Vormsch sollen in Vormsch nach dem BGB übergeleitet w. Das gilt für die Vormsch über Mj gem FGB 88ff (Aufzählg: Lübchen/Eberhardt aaO S 176) ebso wie für die Vormsch über Vollj bei Entmündigg (FGB 98ff, ZGB 460), einschl der vorl Vormsch (FGB 99). Dementspr gelten ab dem Stichtag BGB 1773–1908, wobei zu beachten ist, daß am 1. 1. 92 das bis dahin geltde VormschR dch das neue BetreuungsR abgeänd w ist (Einl 9 vor BGB 1773 sowie oben Rn 1).

3   **3) Wirksambleiben von Bestellungen zum Vormund, II.** Bestellgen von Vormd sollen wirks bleiben, auch wenn sie nach BuRecht nicht mögl gewesen wären, **II 1.** Das gilt insb für die über BGB 1775 hinausgehde gemeins Bestellg zum Vormd von Eheg, die das Ki in ihre Fam aufgenommen haben (FGB 90 I 1). Es gilt insow BGB 1797. Ist einer von ihnen als MitVormd tatsächl verhindert, gilt aus Praktikabilitäts-Grden die für Elt vorgesehene Regelg von BGB 1678 I 1. Halbs entspr, **II 2,** mit der Folge, daß der and Eheg allein als Vormd handeln kann. Bei rechtl Verhinderg (BGB 1795) ggf Bestellg eines Pflegers.

4   **4) Überleitung in bestellte Amtsvormundschaft, III.** Nach dem bish Recht konnten die Organe der JugHilfe (JA) die Vormsch über Mj auch selbst führen (FGB 89 III), ebso das Staatl Notariat die Vormsch über Vollj, insb zur Unterbringg des Mündels in einem Heim od in einer Anstalt zu geringeren Aufgaben der VermVerwaltg. Diese Fälle werden nach III in bestellte AmtsVormsch (BGB 1791b, 1897 S 1) übergeleitet. Zur Führg der bestellten AmtsVormsch sowie zur jederzeit Ersetzg dch einen EinzelVormd vgl BGB 1791b Rn 1.

5   **5) Anlegung von Mündelgeld, IV. a) Überleitung, IV 1.** Abgesehen von der Verpfl des Vormd, unmittelb nach der Bestellg das Verm aufzunehmen u dem Organ der JugHilfe (JA) bzw dem Staatl Notariat einzureichen (FGB 93 I, 100), war der Vormd in der Verwaltg des Verm relativ frei. Für die Anlegg von Mündelgeld enthielt das bish Recht keine speziellen Regeln; sie muß inf der Überleitg des budeutschen Rechts künftig den Vorschr des BGB entspr, also insb denen über die Verwendg u verzinsl Anlegg (BGB
6   1805–1811), wovon allerd zT Befreiung erteilt w kann (BGB 1852 II). – **b) Übergangsfrist, IV 2.** Allerd muß dem Vormd eine angem Zt zur Umstellg von bish erfolgten Geldanlagen, die diesen Anfordergen nicht

genügen, verbleiben. Dabei ist im EinigV dem Umstd Rechng getragen w, daß dch das BtG (Einl 9 vor BGB 1773) die Anlegg von Mündelgeld ohnehin erleichtert w soll. Desh ist die Umstellg nicht nur für bereits vor dem 3. 10. 90 erfolgte Geldanlagen über den Stichtag hinaus befristet, sond die Vorschr über die Anlegg von Mündelgeld sollen überh erst in der Fassg des BtG u damit ab 1. 1. 92 angewendet w. Bis dahin gelten die Vorschr des BGB über die VermVerwaltg nur mit Ausn derj über die Anlegg von Mündelgeldern. Doch können iR der Aufsicht im Einzelfall dch entspr AnOen des VormschG prakt dieselben Wirkgen erzielt w, wobei wg der Nichtgeltg der BGB 1806 ff insow FGB 94 II fortgelten muß mit der Maßg, daß anstelle des JugHilfeOrgans od des Staatl Notariats AnOen entspr BGB 1837 dch das VormschG zu treffen sind.

6) Vergütung des Vormunds und Aufwendungsersatz, V. Für die Zt bis zum 3. 10. 90 gelten für **7** Anspr des Vormd auf Vergütg sowie auf Ers für Aufwendgen, die er in dieser Zt gemacht hat, für den Mj FGB 94 III hins der Vergütg u IV hins notw Aufwendgen im Interesse des Ki sowie für den Vollj FGB 100 fort. Für Anspr auf AufwendgsErs u Vergütg für die Zt nach dem Beitritt gelten BGB 1835, 1836, wobei die Ändergen zu beachten sind, die sich dch das BtG ab 1. 1. 92 ergeben (vgl Einl 9 vor 1773).

7) Unterbringung, VI. Wg der entspr Anwendg von Art 234 § 11 IV vgl dort Rn 12–15.　　**8**

EG 234 § 15 *Pflegschaft.* [I]Am Tag des Wirksamwerdens des Beitritts werden die bestehenden Pflegschaften zu den entsprechenden Pflegschaften nach dem Bürgerlichen Gesetzbuch. Der Wirkungskreis entspricht dem bisher festgelegten Wirkungskreis.
[II]§ 14 Abs. 2 bis 6 gilt entsprechend.

1) Überleitung, I 1. Am 3. 10. 90 wurden die in der DDR bestehden Pflegsch (FGB 104 ff) in die entspr **1** Pflegsch von BGB 1909 ff übergeleitet. Da die im bish Recht bestehden Pflegsch jew eine Entspr im budtschen Recht hatten, konnte die Überleitg in die jew PflegschArt erfolgen, **I 2.** Dabei entspr bei der ErgänzgsPflegsch FGB 104 I, 105 I a dem BGB 1909; bei der AbwesenhPflegsch FGB 105 I b dem BGB 1911; bei der Pflegsch für eine Leibesfrucht FGB 104 II dem BGB 1912; bei der Pflegsch für unbekannte Beteil FGB 105 I c dem BGB 1913. An die Stelle der GebrechlkPflegsch v FGB 105 II ist nunmehr die Betreuung (BGB 1896 ff) getreten. Die Vorschr des BGB gelten ab 3. 10. 90 **mit Wirkung ex tunc**; eine aufgeh Pflegsch kann nicht nochmals aufgeh od ihre Unwirksamk vAa festgestellt w (Brdbg OLG-NL **94**, 253). Zur rückw Aufhebg einer AbwesenhPflegsch: Art 234 § 1 Rn 5. War die AO-Beh auch nicht einmal im Ansatz bemüht, den damal gesetzl Erfordern zu entspr od war der AufenthOrt des Abwesden sogar bekannt (LG Erf OLG-NL **94**, 255), so kann die für einen in den alten BuLä wohnh Eigtümer angeordnete AbwesenhPflegsch nichtig s (BezG Erf DtZ **93**, 92).

2) Anzuwendende Vorschriften, II. Für die Pflegsch galt nach bish Recht das VormschR entspr (FGB **2** 107; ebso BGB 1915 I). Entspr werden auch für die Überleitg von Pflegsch die Vorschr der Überleitg von Vormsch (Art 234 § 14 II–VI) entspr angewendet. Das gilt insb für die **Auswahl** des Pflegers (FGB 89), währd eine gemeins Bestellg von Elt als Pfleger kaum in Betr gekommen sein dürfte (vgl oben Art 234 § 14 Rn 3). Pfleger waren bish das Referat JugHilfe bzw das Staatl Notariat (vgl oben Art 234 § 14 Rn 4). Beim WirkgsKreis **Vermögenssorge** sind die ÜberleitgsBest zur **Anlegung von Mündelgeld** zu beachten (oben Art 234 § 14 Rn 5 f). Hins der **Vergütung** des Pflegers u AufwendgsErs gilt Art 234 § 14 V (dazu dort Rn 7). Hins der **Einweisung,** die nach dem bish Recht dch den Pfleger, dch das Ger od das Staatl Notariat erfolgen konnte, sind auch in der Überleitg die rechtsstaatl Garantien der **Unterbringung** nachträgl zu berücks (Art 234 §§ 11 Rn 12 ff und 14 Rn 8).

Artikel 235
Fünftes Buch. Erbrecht

EG 235 § 1 *Erbrechtliche Verhältnisse* [I]Für die erbrechtlichen Verhältnisse bleibt das bisherige Recht maßgebend, wenn der Erblasser vor dem Wirksamwerden des Beitritts gestorben ist.
[II]Anstelle der §§ 1934a bis 1934e und 2338a des Bürgerlichen Gesetzbuchs gelten auch sonst, wenn das nichteheliche Kind vor dem Wirksamwerden des Beitritts geboren ist, die Vorschriften über das Erbrecht des ehelichen Kindes.

1) Einheitliches Erbrecht gilt im gesamten Bundesgebiet für alle **seit dem Beitritt** der früh DDR am **1** 3. 10. 90 eingetretenen Erbfälle, u zwar das des BGB (EG 230 II). Für die beim Beitritt bereits eingetretenen Erbfälle gilt dagg früh Recht (s Rn 5). Es wurde also für den Übergang zur REinh nur auf den Ztpkt des Erbfalls abgestellt u keine Rückwirkg angeordnet (**I**). Dies entspricht dem Grds, daß bei RÄndergen im ErbR auf einen Erbfall das zum Ztpkt seines Eintritts geltde ErbR anzuwenden ist (s EG 213 Rn 1). – Von der REinh wurde nur eine Ausnahme ausdrückl angeordnet (**II**; s Rn 2; 3); aus Grden der RSicherh u des Vertrauensschutzes ist das früh Recht auch in späteren Erbfällen insow maßgebl, als die Errichtg früh Vfgen vTw (nicht ihr Inhalt) zu beurteilen ist (EG 235 § 2; s dort). Soweit sich der gesetzl Güterstand erbrechtl auswirkt, ist von der ZugewinnGemsch auszugehen, sofern nicht bis 3. 10. 92 dch Erkl gem EG 234 § 4 II der früh ges DDR-Güterstand wiederhergestellt worden war.

a) Ausnahme nichteheliches Kind (II). Bei ges Erbfolge stellt **II** für die vor dem Beitritt geborenen **2** nichtehel Kinder bereits deren volle erbrechtl Gleichstellg mit ehel her, indem die SonderVorschr des BGB für das ErbR Nichtehel für unanwendb erklärt werden. Daraus ist allerd nur ersichtl, daß der entspr Erbfall

2393

unter das BGB fallen u folgl nach dem 2. 10. 90 eingetreten sein muß (**I**; EG 230). In welchen dieser Erbfälle die Sonderregelg gilt, regelt **II** als rein intertemporale Norm allerd nicht (vgl BGH NJW **94**, 582). Die vorgeschaltete Prüfg des **Anwendungsbereichs** der AusnVorschr erfolgt an Hand ihres Zwecks. Dieser besteht darin, mit Rücks auf das für nichtehel Kinder bessere ErbR der fr DDR (s Einl 5 vor § 1922) diesen eine beim Beitritt bereits begründete volle Erbaussicht weiterhin zu erhalten. **II** betrifft daher nur solche Erbfälle, in denen es ohne die beitrittsbedingte RÄnderg zum BGB zur erbrechtl Gleichstellg eines nichtehel Kind mit ehel infolge Anwendg des ErbR der fr DDR gekommen wäre. Desh ist auf das **fiktive Erbstatut** des Erbl zum Ztpkt des Beitritts dch gedachte Zurückverlegg des Erbfalls unmittelb davor abzustellen: Hatte der Vater am 2. 10. 90 seinen gewöhnl Aufenth im Beitrittsgebiet u wäre deshalb bei seinem Tod zu diesem Ztpkt Erbstatut das ZGB gewesen (s Rn 5), wurde sein nichtehel Kind vom RWechsel zum BGB nachteil betroffen, so daß **II** auf den späteren tatsächl Erbfall anzuwenden ist. Hätte sich dagg die Erbfolge auch bei gedachter Rückverlegg des Erbfalls vor den Beitritt ganz od teilw nach BGB bestimmt, konnte sich die RPosition des nichtehel Kindes dch den Beitritt nicht verschlechtern, so daß auch **II** nicht eingreift (Köln OLGZ **93**, 487; Adlerstein/Desch DtZ **91**, 193; Schotten/Johnen DtZ **91**, 225; eine nur teilw Anwendg von DDR-ErbR bei Grdst im Beitrittsgebiet kommt in Erbfällen nach dem 2. 10. 90 nicht mehr in Betr, nachdem das DDR-RAG außer Kr getreten ist; aA Eberhardt/Lübchen DtZ **92**, 206; Bestelmeyer Rpfleger **92**, 321). Damit wird verhindert, daß ein AufenthWechsel (Statutenwechsel) zw Beitritt u Erbfall den Wegfall des ErbR des Kindes od umgekehrt die Einbeziehg eines vom Beitritt gar nicht betroffenen Erbl bewirkt (ebso LG Berlin FamRZ **92**, 369; MüKo/Leipold Rn 681 mwN; Wandel BWNotZ **91**, 1/27; Eberhardt/Lübchen DtZ **92**, 206; Köster Rpfleger **92**, 369; Bestelmeyer aaO; einschränkd Wähler ROW **92**, 103; aA Henrich IPRax **91**, 14; auch LG Bln FamRZ **92**, 1105 bei AufenthWechsel nach Beitritt). – Bezügl

3 des nichtehel **Kindes** ist **II** eine rein intertemporale Norm. Es muß nur vor dem 3. 10. 90 geboren sein; eine Altersgrenze wurde nicht gezogen, nachdem auch die RLage in der fr DDR keine vorsah, so daß auch vor dem 1. 7. 49 geborene Kinder mangels Anwendbark des NEhelG voll erbberecht sind (MüKo/Leipold Rn 690; Neubrdbg Rpfleger **95**, 214), soweit ihnen das DDR-R seit 1. 4. 66 volle Erbberechtigg zuerkannt hat (s Einl 5 vor § 1922). Auf seinen gewöhnl Aufenth od Geburtsort kommt es dagg nicht an, so daß es auch im alten Teil der BRD gelebt haben kann (Neubrdbg aaO). Zur VaterschFeststellg nach DDR-Recht s Wagenitz FamRZ **90**, 1169. Nicht unter **II** fällt der am 3. 10. 90 bloß Erzeugte; § 1923 II ist nach seinem Schutzzweck (nasciturus ginge ohne Fiktion ganz leer aus) hier nicht anwendb (aA Adlerstein/Desch DtZ **91**, 193; Köster aaO). – **Folge** ist aber auch, daß die begünstigten nichtehel Kinder dch ihre Gleichstellg mit ehel insow benachteiligt sind, als damit auch ein Anspr auf vorzeit Erbausgleich (§§ 1934d; e) ausgeschlossen ist. Gleichzeit führt diese als partielles BundesR geltde SonderVorschr zur Spaltg des ErbR Nichtehel.

4 **b) Ausnahme nichtehelicher Vater.** Beim Tod seines nichtehel Kindes gilt **II** ebenfalls, wobei interlokal auch in diesem Fall an den gewöhnl Aufenth des Vaters (u nicht des Kindes) am 2. 10. 90 anzuknüpfen ist (s Rn 2), damit ErbR u Beerbg des Kindes sich nach gleichem Statut beurteilen (MüKo/Leipold Rn 683).

5 **2) In Erbfällen vor dem 3. 10. 1990** gilt aus Grden des Vertrauensschutzes das bish Recht (**I**) für die erbrechtl Verhältn im weitesten Sinne (s EG 213 Rn 2; zum PflichttR s Faßbender DNotZ **94**, 359). Welches ErbR dies ist, regelt EG 235 als rein intertemporale Norm allerd nicht, sond setzt eine Zuordng des erbrechtl Verhältn zu einer der beiden TeilROrdngen bereits voraus, so daß zunächst stets eine interlokale Vorprüfg vorzunehmen ist. Die dafür erforderl interlok Kollisionsregeln sind jedoch nicht ges normiert. Da aber der EinigsVertr ein einziges interlok PrivatR voraussetzt, kann dieses nur das in der alten BRD seit langem entwickelte sein (Anhang zu EG 3), nachdem die fr DDR kein eigenes interlok KollisionsR kannte. Im ErbR

6 gilt demnach einheitl im gesamten Bundesgebiet die **Regel**, daß sich die RNachfolge vTw nach einem deutsch Erbl nach den Bestimmgen derjenigen TeilROrdng richtet, deren räuml Geltgsbereich der Erbl dch seinen gewöhnlichen **Aufenthalt** angehörte (BGH NJW **94**, 582 mAv Thode JZ **94**, 472; EG 25 Rn 23 u EG 5 Rn 10). Im Zw ist ergänzend eine aus den sonst Umständen ergebende enge Beziehg zur ROrdng des Aufenthaltsorts zu berücksichtigen, um ZufallsErgebn auszuschließen (MüKo/Leipold EG 235 Rn 652; Wähler ROW **92**, 103). Bei bish hinkenden RVerhältn kann dies zu einer nachträgl und rechtl Beurteilg führen (zum Vertrauensschutz s Schotten/Johnen DtZ **91**, 225; Wasmuth DNotZ **92**, 3). – Waren am 3. 10.

7 90 **Fristen** für Ausschlagg, Anfechtg u PflichttVerjährg noch nicht abgelaufen, gelten grdsl BGB-Fristen; soweit diese nicht ident, sond kürzer als die des ZGB sind, werden sie aber erst ab 3. 10. 90 gerechnet (EG

8 231 § 6; s zB BGH NJW **94**, 582; Dresden FamRZ **94**, 268 zur TestAnfechtg). – Zu den Fällen innerdeutscher **Nachlaßspaltung** bei Erbfällen zw 1. 1. 76 u 3. 10. 90 wg Grundvermögens eines westdeutsch Erbl in der fr DDR s § 1922 Rn 8.

EG 235 § 2 **Verfügungen von Todes wegen. Die Errichtung oder Aufhebung einer Verfügung von Todes wegen vor dem Wirksamwerden des Beitritts wird nach dem bisherigen Recht beurteilt, auch wenn der Erblasser nach dem Wirksamwerden des Beitritts stirbt. Dies gilt auch für die Bindung des Erblassers bei einem gemeinschaftlichen Testament, sofern das Testament vor dem Wirksamwerden des Beitritts errichtet worden ist.**

1 **1) Anwendungsbereich.** Hatte ein Erbl seinen gewöhnl Aufenth in der fr DDR u dort eine rgült Vfg vTw errichtet od aufgehoben, tritt der Erbfall aber erst nach dem 2. 10. 90 ein, ist das dann geltende Erbstatut (BGB) nicht mehr mit dem früh Errichtgsstatut identisch. Im Hinblick hierauf werden aus Grden des Vertrauensschutzes GültigkFragen einer vor dem Beitritt in der DDR errichteten Vfg vTw unter der genannten interlokalen Voraussetzg auch in Erbfällen seit dem 3. 10. 90 nach DDR-ErbR beurteilt. Dies bezieht sich auf Form u Fähigk zur Errichtg bzw Aufhebg eines Test (Rn 3), aber auch auf die Voraussetzgen einer Anfechtg, wenn der Grd noch währd der Geltg des früh R entstanden ist (s § 2078 Rn 12; de Leve Rpfleger **94**, 233). Inhalt, Ausslegg u mat-rechtl Wirkg der Vfg v Tw beurteilen sich dagg nach dem beim Erbfall geltenden BGB. – Eine entspr Regelg galt in der fr DDR, wenn Test vor Inkrafttreten des ZGB errichtet war, Erbfall aber erst danach eintrat (EGZGB 8 II; BGH FamRZ **94**, 304; Jena FamRZ **95**, 446).

2) Verfügung von Todes wegen (S 1). Von Bedeutg ist S 1 vor allem für die unter der Geltg des ZGB **2** (1. 1. 76 – 2. 10. 90) errichteten Vfgen vTw, für früh insow, als sie von den ÜbergangsVorschr des EGZGB betroffen wurden (s Einl 5 vor § 1922). Der ErbVertr wurde mit Inkrafttreten des ZGB abgeschafft (früh blieben aber grdsl wirks, EGZGB 2 II; 8 II). Testieren konnte nur der volljähr (dh 18-jähr) u handlgsfäh Bürger persönl (ZGB 370; 49 ff) in Form not Beurkundg od eigenhänd schriftl Erkl (ZGB 383 I). Ehegatten konnten auch gemeinschftl (ZGB 388) in beiden Formen, sogar in einer erleichterten testieren (ZGB 391). Das NotTest vor 2 Zeugen (ZGB 383; 386) war nur zeitl befristet gültig. – **Aufhebung** des Test konnte **3** jederzeit dch neues Test, dch Vernichtg od Rücknahme aus amtl Verwahrg erfolgen (ZGB 387 iVm NotG 24). Gemeinsch Test wurden bei Scheidg od NichtigErkl der Ehe insgesamt unwirks (ZGB 392 III); ferner dch Aufhebg (ZGB 393) od dch Widerruf (ZGB 392), der auch als einseit dch not beurk Erkl mögl war (ZGB 392 I).

3) Bindung. (S 2). Hatten Ehegatten in der fr DDR ihren gewöhnl Aufenth u dort ein gemeinsch Test **4** errichtet (Rn 2), tritt der Erbfall aber erst nach dem 2. 10. 90 ein, werden sie dch S 2 in ihrem Vertrauen auf die nach dem Errichtgsstatut vorgesehenen Bindgswirkgen geschützt, wenn diese von dem beim Erbfall geltden BGB (EG 230) abweichen. Nach ZGB waren sie gleichf nicht an freier Vfg unter Lebenden (ZGB 390 II 1) gehindert, sondern nur erbrechtl an die getroffenen letztw Vfgen gebunden (BGH NJW **95**, 1087 mAv Leipold ZEV **95**, 222), bei denen nicht zw einseit u wechselbezügl unterschieden wurde (ZGB 390 I). Die eingetretene Bindg, deren Umfang sich nach der früh RPraxis im Beitrittsgebiet beurteilt (BGH **124**, 270), bewirkte die Nichtigk abweichender letztw Vfgen des Überlebenden (ZGB 390 II 2), es sei denn, daß sich die Eheleute dch Vorbehalt im gemeinsch Test ggseit hierzu ermächtigt hatten (ZGB 390 I 2). S dazu Pfeiffer FamRZ **93**, 1266. – **Beseitigung** der Bindg zur Wiedererlangg der TestierFreih war verschiedentl mögl: Zu Lebzeiten beider Ehegatten dch Aufhebg od Widerruf (s Rn 3). Nach dem Tod eines Ehegatten vom Überlebenden dch Erkl ggü dem Notariat entw vor Annahme der Erbsch dch Widerruf der eigenen Vfgen u gleichzeit Ausschlagg der Erbsch (ZGB 392 IV; RFolgen waren nicht näher geregelt; er behielt aber Pflichtt); od noch nach Annahme dch Aufhebg der eigenen Vfgen u Herausgabe des seinen ges Erbteil übersteigenden Nachl an den SchlußE bzw dessen RNachfolger (ZGB 393); dazu auch Trilsch-Eckardt ZEV **95**, 217), wodch er zwar die Bindg, aber nicht mehr seine Erbeinstellg beseitigen konnte. Auch für die Beseitigg der Bindg gilt nach S 2 das bish R, so daß sich auch nach dem 2. 10. 90 Zulässigk u Art eines Widerrufs nach ZGB beurteilen (Limmer ZEV **94**, 290), nicht aber auch die Anfechtg des gemsch Test (Limmer aaO).

Artikel 236
Einführungsgesetz – Internationales Privatrecht

EG 236 § 1 *Abgeschlossene Vorgänge.* **Auf vor dem Wirksamwerden des Beitritts abgeschlossene Vorgänge bleibt das bisherige Internationale Privatrecht anwendbar.**

EG 236 § 2 *Wirkungen familienrechtlicher Rechtsverhältnisse.* **Die Wirkungen familienrechtlicher Rechtsverhältnisse unterliegen von dem Wirksamwerden des Beitritts an den Vorschriften des Zweiten Kapitels des Ersten Teils.**

EG 236 § 3 *Güterstand.* **Die güterrechtlichen Wirkungen von Ehen, die vor dem Wirksamwerden des Beitritts geschlossen worden sind, unterliegen von diesem Tag an dem Artikel 15; dabei tritt an die Stelle des Zeitpunkts der Eheschließung der Tag des Wirksamwerdens des Beitritts. Soweit sich aus einem Wechsel des anzuwendenden Rechts nach Satz 1 Ansprüche wegen der Beendigung des früheren Güterstandes ergeben würden, gelten sie bis zum Ablauf von zwei Jahren nach Wirksamwerden des Beitritts als gestundet.**

1) Allgemeines. a) Gemäß Art 8 EinigsV ist im Gebiet der fr DDR am 3. 10. 90 BundesR in Kraft **1** getreten, „soweit dch diesen Vertr, insb dessen Anlage I, nichts and best wird". Bestandt der Anl I ist der neu gefaßte Art 230 II, der das Inkrafttr von BGB u **EGBGB** im Beitrittsgebiet „nach Maßg der folgden ÜbergsVorschren" anordnet. Diese Art 231 bis 236 unterstellen die darin aufgeführten RVerhe in gewissem Umfang dem bislang im Beitrittsgebiet geltden Recht der DDR. Die Weiteranwendg dieses Rechts muß also in Art 231 bis 236 eröffnet werden; anderenf ist gem Art 8 EinigsV BundesR anzuwenden. Zu diesem rechnen nicht nur die gesetzl Vorschr, sondern auch deren Interpretation u Fortbildg in der Rspr einschl ihrer analogen Anwendg auf gesetzl nicht geregelte Materien, vgl Art 230 Rn 1. Damit gelten seit dem 3. 10. 90 **in ganz Deutschland einheitlich** das in Art 3 ff teilkodifizierte KollisionsR u die in Rspr u Lehre zur Ausfüllg seiner Lücken entwickelten Grdse. Eine Anwendg des RAG der DDR v 5. 12. 75, GBl I 748, vgl dazu Rn 10 vor Art 3, kommt nur in Betr, soweit sie in der ÜbergsVorschr des Art 236 vorgesehen ist. Diese beschr sich nach ihrem Wortlaut auf das „**internationale Privatrecht**", als dessen Anwendgsfall in der fr DDR allerd auch das innerdtsche KollisionsR angesehen wurde (Anwendg des RAG). Nach dem für die Ausleg des EGBGB maßg RVerständnis der BRep war aber das dtsche interlokale PrivatR (innerdtsches KollisionsR) vom IPR zu unterscheiden, vgl Art 3 I 1; dessen Regeln wurden zur Best des anwendb dtschen Rechts nur analog u zT modifiziert angewandt. Art 236 regelt daher nur, in welchem Umfang das RAG bei der Best des anwendb Rechts in Fällen mit **Auslandsbeziehung** weiter anzuwenden ist; ebso Mansel JR **90**, 447; auch eine analoge Anwendg dieser Vorschr im dtschen interlokalen PrivatR kommt nicht in Betr, vgl dazu Rn 4. **b)** Eine ggü dem RAG vorrangige Sonderregel des IPR, vgl RAG **2** 2 II, war in den von der fr DDR abgeschl **Staatsverträgen** enthalten, vgl Übersicht bei RAG Komm-Lübchen (1989) S 106. Mit dem Untergg der fr DDR sind grdsl auch die von ihr übern völkervertragl Verpflichtungen erloschen, vgl BMJ DtZ **92**, 241, Heldrich/ Eidenmüller öJBl **91**, 276, Böhmer StAZ **91**, 62,

Herber MDR **93**, 106, str, für teilw Fortgeltg zB v Hoffmann IPRax **91**, 9, Drobnig DtT **91**, 76 (Vermutg des Fortbestehens), Siehr RabelsZ **91**, 251 (Fortgeltg v AnerkenngsVorschr in RHilfeVertr), Leible FamRZ **91**, 1252, Thorn IPRax **93**, 215 (betr UN-VerjKonvention), noch weitergehd Dannemann DtZ **91**, 130. Allerd sieht Art 12 EiniggsV Verhandlgen mit den Vertragspartnern der fr DDR vor, um Fortgeltg, Anpassg od Erlöschen dieser StaatsVertr zu regeln bzw festzustellen; vgl dazu Denkschrift zum EinigsV BT-Drucks 11/7760 S 362; das RSchicksal dieser Verträge ist aber bis zur Klärg der Haltg des vereinten Deutschlands „in der Schwebe", vgl Begründung zu Art 3 VertragsG v 23. 9. 90, BGBl II 885, BT-Drucks 11/7760 S. V, ferner Böhmer in Jayme/Furtak, Der Weg zur dtschen REinheit (1991) 37, Müller ebda 43. Inzw hat die BReg nach entspr Konsultationen in zahlr Bek das Erlöschen derartiger Staatsvertr am
3 3. 10. 90 festgestellt, vgl zuletzt Bek v 9. 6. 95, BGBl II 539 mit Anl. **c)** Die von der BRep abgeschl StaatsVertr mit kollisionsrechtl Inhalt, vgl dazu Rn 6 vor Art 3, erstrecken sich gem Art 11 EinigsV auch auf das Gebiet der fr DDR, vgl österr OGH IPRax **92**, 105 (betr MSA) u dazu Andrae ebda 118; ihre Fortgeltg wird dch den Beitritt grdsl nicht berührt (Grds der bewegl Vertragsgrenzen).

4   **2) Interlokales Privatrecht. a)** Die in Art 231–235 vorgesehene Fortgeltg des Rechts der DDR setzt voraus, daß dieses Recht für den konkreten Sachverh kollisionsrechtl maßgebd ist, BGH NJW **93**, 1858, FamRZ **93**, 44, BayObLG **93**, 386. Die Anwendbark des Rechts der BRep bzw der fr DDR wird dch das innerdtsche KollisionsR (dtsches ILP) geregelt. Da die fr DDR aus der Sicht der BRep nicht Ausland war, wurden in der BRep bish die Regeln des IPR in EG 3ff **entsprechend** angewandt, um die maßg dtsche ROrdnung zu bestimmen; in der fr DDR wurde das RAG unmittelbar angewandt; vgl dazu Anh zu Art 3 Rn 3. Diese Regeln konnten im Einzelfall zu unterschiedl Ergebn führen; das innerdtsche KollisionsR war also bis zum 3. 10. 90 **gespalten**. Mit dem Inkrafttr des EG im Gebiet der fr DDR ist nunmehr grdsl auch dessen analoge Anwendg im innerdtschen KollisionsR in ganz Deutschland verbindl, BGH **124**, 270, FamRZ **94**, 884, **95**, 544, 1346, NJW **95**, 319, Thode JZ **94**, 472, vgl Rn 1. Für die Anwendg der Kollisionsnormen des **RAG** ist insow nach dem 3. 10. 90 auch bei der Beurteilg von Altfällen **kein Raum** mehr, BGH **124**, 273, ebso **128**, 43; die zu dieser Frage entstandene Kontroverse, vgl Nachw in Voraufl, ist mit der Entsch des BGH beigelegt, vgl aber Dörner IPRax **95**, 89, JuS **95**, 771, Fischer IPRax **95**, 161; offen gelassen noch in BGH FamRZ **93**, 44 (dazu Graba DtZ **93**, 40), FamRZ **93**, 1049, NJW **93**, 1858, **94**, 382, KG FamRZ **93**, 488 u 612, BayObLG FamRZ **94**, 468, Naumbg NJ **94**, 176, Thür OLG-NL **94**, 61; zu den Besonderh bei der Erbfolge in NachlGrdste in der fr DDR vgl unten u Art 25 Rn 23. Eine Fortgeltg des RAG ergibt sich für das innerdtsche KollisionsR auch nicht aus Art 236, da diese Vorschr nur für das IPR gilt, Heldrich, Das ILP Dtschlands nach dem EiniggsV (1992) 16. Eine **analoge** Anwendg v Art 236 im dtschen ILP kommt **nicht** in Betr, da hierfür kein Bedürfn besteht, ebso MüKo-Sonnenberger Rn 730, Schurig Fschr Lorenz (1991) 520, Lorenz ZEV **94**, 313, aM BGH NJW **93**, 2177, BayObLG **91**, 107, LG Mü FamRZ **91**, 1489, LG Bln NJW **91**, 1239, DtZ **91**, 444, **92**, 30, Ffm OLGZ **92**, 38, Bn DtZ **92**, 57 (sämtl im Zushg mit RAG 25 II, vgl dazu unten), ferner Dörner Fschr Lorenz (1991) 331, Stoll ebda 585, Pirrung RabelsZ **91**, 236, Schotten/Schmellenkamp DNotZ **92**, 203, Jayme/Stankewitsch IPRax **93**, 162, vgl auch BGH NJW-RR **92**, 855, NJW **93**, 2177, Ffm OLGZ **93**, 461. Gem Art 8 EiniggsV gelten die bish Anknüpfgsregeln des dtschen ILP nunm einheitl in ganz Deutschland. Die entspr Anwendg des Art 236 würde somit nicht zur Schließg einer Lücke, sondern nur zu einer partiellen Verdrängg dieser Grdse u damit zum Nebeneinander zweier verschiedener Anknüpfgssysteme, dh zur RZersplitterg führen. Nur ein einheitl innerdtsches KollisionsR kann aber gewährleisten, daß die Gerichte in allen Teilen Deutschlands bei der Entscheidg von RFällen zu gleichen Ergebn gelangen; die Beibehaltg eines gespaltenen innerdtschen KollisionsR würde den Ausgang des Verf von der Auswahl eines von mehreren örtl zust dtschen Gerichten abhängig machen (forum shopping). Sie würde zudem zu einer unterschiedl kollisionsr Beurteilg von Alt- und Neufällen führen, die bei letzteren unzweifelh von den einheitl Regeln des innerdtschen KollisionsR analog Art 3 ff auszugehen ist, vgl dazu Drobnig RabelsZ **91**, 280 (Gefahr eines Statutenwechsels). Die rückw Ersetzg der KollisionsReg des RAG dch die des EGBGB darf allerd nicht zu Erg führen, die von der bish nach beiden dtschen Anknüpfgssystemen übereinstimmd bestehdn RLage abweichen, Heldrich aaO 20, vgl auch BGH **124**, 274 (Vermeidg v Eingr in bereits entstandene Rechte), Kropholler IPR § 29 III, Dörner IPRax **95**, 90; im Interesse des **Vertrauensschutzes,** vgl dazu Dörner Fschr Lorenz (1991) 327, Schurig ebda 520, Stoll ebda 587, Drobnig RabelsZ **91**, 281, ist desh die **Erbfolge** in NachlGrdste in der fr DDR bei Erbfällen, die zw dem 1. 1. 76 u dem 3. 10. 90 eingetreten sind weiterhin analog Art 3 III iVm **§ 25 II RAG** nach dem Recht der DDR zu
5 beurteilen, vgl Art 25 Rn 23 mwN. **b)** Soweit in Art 231–236 die Weiteranwendg des bish (dh in der fr DDR geltenden) Rechts vorgesehen ist, setzt dies daher die Anwendbark des Rechts der fr DDR nach den aus Art 3 ff abzuleitenden Regeln des innerdtschen KollisionsR voraus. Soweit in diesen Vorschr an die Staatsangehörigk angeknüpft wird, ist auf den gewöhnl Aufenth, ersatzw die engste Verbindg der betr Person im maßg Zeitpkt abzustellen, BGH **124**, 273, vgl dazu Anh zu Art 3 Rn 4. Daher bleibt es insb auch bei der Wandelbark des Scheidgsfolgestatuts bei in der fr DDR gesch Ehen nach den bish maßg Grdsen, vgl dazu Art 17 Rn 39ff, sowie Erläut in BT-Drucks 11/7817 S 37, BayObLG FamRZ **92**, 295. Bei der Anknüpfg des Erbstatuts ist auf den gewöhnl Aufenth des Erbl zZ des Erbfalls abzustellen; eine Ausn gilt für das gesetzl Erb- u PflichtteilsR nehel Kinder (gewöhnl Aufenth des Erbl am 3. 10. 90) sowie für die Erbfolge hins von Grdsten, die in der fr DDR belegen sind (Anwendg des ZGB, wenn der Erbfall zw dem 1. 1. 76 u dem 3. 10. 90 eingetreten ist); vgl dazu Art 25 Rn 23.

6   **3) Bedeutung des Art 236. a) Voraussetzung** für die Anwendbark der Vorschr ist zunächst ein **Auslandsbezug** des Falles. Bei reinen Inlandssachverhalten, die ledigl Beziehgn zum Gebiet des vereinten Deutschlands aufweisen, ist die maßg dtsche ROrdng (dh die eventuelle Weiteranwendg des Rechts der fr DDR) allein nach den Regeln des innerdtschen KollisionsR zu bestimmen, vgl Rn 4 und 5. Bei Vorliegen eines Auslandsbezugs bestimmt sich das anwendb Recht in 1. Linie nach den nunmehr **einheitlich** geltenden Regeln des dtschen IPR gem **Art 3 ff,** einschl der dazugeh intertemporalen Regel in Art 220, vgl Rn 1. Ist danach dtsches Recht anwendb, so ist ggf eine Unteranknüpfg nach den einheitl Regeln des innerdtschen
7 KollisionsR vorzunehmen. **b)** Art 236 ordnet in eng begrenztem Umfang die **ausnahmsweise** Weiteran-

wendg des IPR der fr DDR im RAG an; über die Fortgeltg von StaatsVertr vgl Rn 2. Die Weiteranwendg des RAG kommt aber auch bei Vorliegen der in Art 236 normierten Voraussetzgen **nur** in Betracht, wenn der Sachverhalt aGrd einer Vorprüfg nach den insow fortentwickelten einheitl Regeln des innerdtschen KollisionsR nach dem Recht der fr DDR zu beurteilen ist, dh seine Binnenbezüge, zB Staatsangehörigk od gewöhnl Aufenth eines der Beteiligten, auf das Gebiet der fr DDR verweisen, ähnl Rauscher DtZ **91**, 21 (Anwendg des Prinzips der engsten Verbindg), vgl auch Mansel JR **90**, 448. Ist dies nicht der Fall, so bleibt es bei der Anwendg der Art 3ff. Ist dagg nach den vorgeschalteten Regeln des innerdtschen KollisionsR das Recht der fr DDR maßg, so erstreckt sich dies unter den in Art 236 genannten zusätzl Voraussetzgen auch auf das RAG. Nach diesem ist dann zu entscheiden, ob der Fall nach dem mat Recht der fr DDR (soweit dieses intertemporal gem Art 231–235 fortgilt) od nach ausl Recht zu beurteilen ist.

4) Einzelheiten. a) In diesem eng begrenzten Rahmen ist das RAG gem **§ 1** weiter anwendb nur auf vor dem 3. 10. 90 **abgeschlossene Vorgänge.** Diese Regelg entspricht sachl Art 220 I; hier wie dort sind damit **8** alle **unwandelbar angeknüpften** RVerhältnisse gemeint, deren AnknüpfgsTatbestd sich vor diesem Stichtag verwirklicht hat, BayObLG **94**, 47, Stankewitsch IPRax **94**, 109, aM BGH NJW **93**, 2177, Staud-Dörner Rn 25 (für matrechtl Interpretation); wann eine unwandelb Anknüpfg vorliegt, beurteilt sich nach dem neuen IPR, vgl BGH FamRZ **90**, 34, dh nach Art 3ff, vgl dazu näher Art 220 Rn 2–5. Handelt es sich um einen noch nicht abgeschl Vorgang, so gilt uneingeschränkt das neue einheitl IPR gem Art 3ff. **b)** Dieses gilt gem **§ 2** uneingeschränkt ferner vom 3. 10. 90 an für die Wirkgen familienrechtl RVerhältnisse. Diese **9** Regelg entspricht sachl Art 220 II; zur Bedeutg vgl näher dort Rn 7 u 8. **c)** Die güterrechtl Wirkgen von Ehen, die **vor** dem 3. 10. 90 geschlossen worden sind, unterliegen gem § 1 bis zum Ablauf des 2. 10. 90 **10** RAG 19, gem **§ 3** dagg ab dem 3. 10. 90 EG 15; dabei ist für die Anknüpfg des GüterRStatuts von den Verhältnissen der Eheg am 3. 10. 90 auszugehen, also von der gemeins Staatsangehörigk (unter Beachtg von Art 5 I) an diesem Stichtag (an welchem die Staatsbürgerschaft der fr DDR bereits erloschen war), ersatzw von ihrem gemeins gewöhnl Aufenth bzw ihrer gemeins engsten Verbindg zu diesem Zeitpkt. Aus der nunmehrigen Anwendg von Art 15 kann sich für die betr Ehen ein **Statutenwechsel** ergeben; zu den daraus folgenden Konsequenzen vgl Art 15 Rn 13, Rauscher DtZ **91**, 21. Zur Stundg etwaiger Ansprüche wegen der Beendigg des fr Güterstands vgl § 3 S 2; danach ist die Verjährg bis zum Ablauf des 3. 10. 92 gehemmt, kann also erst am folgenden Tag zu laufen beginnen. Die güterrechtl Wirkgen von Ehen, die **nach** dem 3. 10. 90 geschlossen wurden, unterliegen von Anfang an der Anknüpfungsregelg in Art 15.

Gesetz zur Regelung des Rechts der Allgemeinen Geschäftsbedingungen (AGB-Gesetz)

Vom 9. Dezember 1976 (BGBl I S 3317), zuletzt geändert durch das Postneuordnungsgesetz vom 14. September 1994 (BGBl I S 2325).

Bearbeiter der §§ 1–11 und §§ 13–30 einschl Anhang: Professor Dr. Heinrichs, Präsident des Oberlandesgerichts Bremen i. R., des § 12: Professor Dr. Heldrich

Schrifttum: – a) **Kommentare:** Erman-Hefermehl 9. Aufl 1993. – Löwe/Graf v Westphalen/ Trinkner 2. Aufl Bd II (§§ 10–30) 1983, III (Einzelklauseln) 1985, im übrigen noch 1. Aufl 1977. – MüKo/ Kötz/Basedow/Gerlach 3. Aufl 1993. – Ulmer/Brandner/Hensen 7. Aufl 1993. – Schlosser/Coester-Waltjen/Graba 1977. – Soergel-Stein 12. Aufl 1991. – Staudinger-Schlosser 12. Aufl 1980. – Wolf/ Horn/Lindacher 3. Aufl 1994. – b) **Materialien** zum AGBG s Einf 5.

Einführung

1 **1) Entstehung und Bedeutung der AGB.** Dem BGB liegt unausgesprochen die Vorstellg zugrde, daß der VertrInh von den Part gemeins in rgeschäftl PrivAutonomie best wird u daß ergänzd das ausgewogene GesRecht gilt. Diese Vorstellg hat mit der „RichtigkGewähr" des Vertr keine Schwierigk. Sie entspr aber schon bei Inkrafttreten des BGB nicht mehr der Wirklichk. Die Massenproduktion u der Massenkonsum von standardisierten Waren u Dienstleistgen führt zur Aufstellg u gleichförm Anwendg von AGB. Diese verdrängen als „selbstgeschaffenes Recht der Wirtsch" (Großmann-Doerth) weitgehd das dispositive Ges-Recht; der VertrInh wird nicht mehr von den VertrPart gemeins u dem Ges festgelegt, sond im wesentl **2** allein vom AGB-Verwder. Dieser verfolgt vor allem folgde Ziele: – **a) Rationalisierung.** Die Verwendg von AGB vereinfacht den GeschAblauf. Die AGB berücksichtigen die Besonderh der angebotenen Leistg u klären Zweifelsfragen, die bei Anwendg des GesRecht auftreten können. Der Zeitbedarf, der beim Aushandeln aller Einzelfragen des Vertr entstehen würde, wird erhebl gesenkt, die „Transaktionskosten" deutl vermindert. – **b) Lückenausfüllung.** Im BGB nicht geregelte, für den R- u WirtschVerk wicht VertrTypen (GiroVertr, Leasing, Factoring, AutomatenaufstellVertr, BauträgerVertr) w dch AGB entwickelt u ausgestaltet. – **c) Rechtsfortbildung.** Unzweckmäß Regelgen des BGB werden in AGB dch Neuregelgen **3** fortentwickelt, so etwa das GewlR des KaufVertr dch Einf eines NachbessergsAnspr. – **d) Risikoabwälzung.** Sie wird der wichtigste Zweck der Verwendg von AGB. Prakt alle AGB sind von dem Bestreben geprägt, die RStellung der Untern erhebl zu stärken u die Rechte des Kunden zu schmälern. Trotz dieser unausgewogenen Risikoverteilg hat der Verwder idR keine Schwierigk, seine AGB zum VertrInh zu machen. Der Kunde akzeptiert die AGB, meist ohne von ihrem Inh Kenntn zu nehmen. Er erkennt ihre Tragweite u Bedeutg nicht od scheut die Mühe u Kosten, die mit dem Aushandeln von Änderngen verbunden wären (Lektüre der AGB, Einholg von Rechtsrat, Formulierg von GgVorschlägen). Der **Wettbewerb** ist nicht in der Lage, für angem AGB zu sorgen, „Marktversagen". Der Kunde orientiert sich am Preis u der Qualität des Angebots, nicht aber an der für ihn undchschaub „Qualität" der AGB.

4 **2) Notwendigkeit u Entstehung des AGB-Gesetzes. – a)** Eine sozialstaatl Ordng (GG 20 u 28) muß auch für Vertr, deren Inh dch AGB best w, ein ausr Maß an VertrGerechtigk sicherstellen. Da der GesGeber lange Zeit untät blieb, hat die Rspr iW der RFortbildg Grds über eine richterl **Inhaltskontrolle** von AGB herausgebildet (BGH **22**, 94, **41**, 154, **60**, 380). Damit war ein erster Schritt in die richt Richtg getan. Die auf die Generalklauseln des BGB gestützte Rspr reichte aber nicht aus, um die entstandenen Mißstände zu beseitigen. In der Reformdiskussion hat sich erst 1972 mit Recht fast allg die Ans dchgesetzt, daß ein wirks Schutz vor unangem AGB nur dch **Maßnahmen des Gesetzgebers** erreicht w könne.

5 **b) Entstehung:** Das Ges ist der vorläuf Abschl der Reformdiskussion, die Raiser (R der AGB, 1935/ 1961) bereits 1935 eröffnet hat. Eine vom BMJ eingesetzte ArbGruppe legte 1974 den 1. TBericht (mat Recht) u 1975 den 2. (VerfR) vor. Der aus dem 1. TBericht entwickelte Entw wurde 1975 (ohne Verf-Vorschr) im BT eingebracht (BT-Drs 7/3919). Der Entw u ein entspr CDU-Entw (BT-Drs 7/3200) wurden im BT-RAussch beraten, dch VerfVorschr ergänzt (BT-Drs 5412 u 5422) u anschließd vom BT einstimm verabschiedet. Wg Bedenken gg einz VerfVorschr rief der BR den VermittlgsAussch an. Dessen Vorschlägen (BT-Drs 7/5636) stimmten BT u BR am 10. u 12. 11. 1976 zu.

6 **3) Inhalt. – a)** Das Ges knüpft an die Ergebn der richterl RFortbildg an u bringt zugleich wesentl **Verbesserungen** u Ergänzgen. Es ändert das allg Vertr- u SchuldR derart einschneidd wie kein and Ges seit Inkraftr des BGB. Es greift in den berecht Kern der PrivAutonomie (Übbl 1 vor § 104) nicht ein, sond zieht die überfäll Konsequenz daraus, daß der Verwder die VertrFreih allein in Anspr nimmt (BGH **51**, 53, **70**, 310) u idR zur Stärkg seiner RPosition u einer unangem Verkürzg der Rechte des Kunden mißbr. Es will gewährleisten, daß für dch AGB ausgeformten Vertr das „Diktat der marktstärkeren Part" (Hefermehl) beseitigt u VertrGerechtigk wiederhergestellt w. Das AGBG gilt unabhäng davon, ob im Einzelfall zw den **7** VertrPart ein wirtschaftl od intellektuelles Machtgefälle besteht (Rabe NJW **87**, 1978). Sein **Zweck** ist, die einseit Ausnutzg der vom Verwder allein in Anspr genommenen VertrGestaltgsFreih zu verhindern (BGH NJW **94**, 2825). Es ist daher, wie auch die Einbez des HandelsVerk zeigt, im techn Sinn kein Verbraucherschutz Ges (Ul-Br-He Rn 28); der neue § 23a, der im Zuge der Umsetzg der EG-RiL über mißbräuchl Klauseln in VerbrVertr im 1. Halbjahr 1996 in das AGBG eingefügt werden w (Anh nach AGBG 30), macht den Gedanken des VerbrSchutzes aber neben dem bisherigen Schutzzweck zu einem zweiten tragden Prinzip des AGBG. Das AGBG ist zugl ein wirtschrechtl Ges, das die dch den nicht funktionierden Konditionen-Wettbew drohden Nachteile kompensieren soll (Rn 3).

b) Im **materiellen Recht** hat das Ges im wesentl folgde Neuergen gebracht: – **aa)** Schwerpkt sind die **8** Vorschr über die InhKontrolle. Sie bestehen aus einer Generalklausel (§ 9) u einem umfangreichen Katalog **unzulässiger Klauseln** (§§ 10, 11). Diese Vorschr u ihre Anwendg u Fortbildg in der Rspr haben die Inh-Kontrolle zu einem der wicht RInstitute des VertrR gemacht (Heinrichs RWS-Forum 2 S 23). – **bb)** Das Ges stellt für die **Einbeziehung** von AGB zusätzl Voraussetzgen auf (§ 2); der Verwder ist gehalten, ausdr auf die AGB hinzuweisen. – **cc)** Das Ges enthält eine weit gefaßte **Begriffsbestimmung** der AGB (§ 1). Seine Vorschr gelten danach auch für kurze (ledigl aus einem Satz bestehde) AGB sowie für FormularVertr, u zwar auch für den not beurk FormularVertr.

c) Zur Intensivierg der GerKontrolle sieht das Ges im **Verfahrensrecht** eine UnterlKl gg den Verwder **9** (Empfehler) unwirks Klauseln vor (§ 13). Klagbefugt sind Verbraucher- u WirtschVerbände, ferner Handels- u Handwerkskammern (§ 13 II). Die in der Reformdiskussion gelegentl erhobene Fdg nach Einf einer Anmelde- u GenPfl für AGB hat das Ges dagg mit Recht nicht übernommen.

d) Anwendungsbereich: – **aa) Zeitlich** gilt das Ges für Vertr, die nach dem 1. 4. 1977 geschl w (§ 28, **10** über Ausn vgl dort). – Seit dem 1. 7. 90 gilt das AGBG auch in der fr **DDR**, Ges v 21. 6. 90 (GBlDDR I 357). Die ÜbergangsVorschr in § 23 Nr 5 des Ges ist AGBG 28 nachgebildet u ebso auszulegen wie dieser (BGH ZIP **91**, 60). – **bb) Persönliche** u sachl Ausn vom Geltgsbereich des Ges ergeben sich aus §§ 23, 24. Werden AGB ggü einem **Kaufmann** für ein HandelsGesch verwendet, gelten wesentl SchutzVorschr des Ges (§§ 2, 10 u 11) nicht (§ 24 Rn 10 ff). Unanwendb ist das Ges ferner auf Untern **öffentlichrechtlicher Körperschaften,** sow deren Benutzg dch RNormen geregelt ist (§ 1 Rn 1).

4) Die **Richtlinie über mißbräuchliche Klauseln in Verbraucherverträgen** vom 5. 4. 93 (Anh nach **11** AGBG 30) ist von der BRep nicht bis zum 31. 12. 94, dem Ende der Fr des Art 10 II RiL, umgesetzt worden. Der Entw eines UmsetzgsG befindet sich jetzt aber im GesGebgsVerf (BR-Drs 528/95). Die RPraxis hat die Vorschr der RiL auch schon vor dem Inkrafttreten dieses Ges zu beachten. Soweit sie vom AGBG abwei-chen, können sie, beschränkt auf den Geltgsbereich der RiL, im wesentl dch richtlinienkonforme Auslegg in das dtsche R übernommen w. Dabei geht es vor allem um die Ausdehng der InhKontrolle auf Klauseln, die nur einmal verwandt w sollen u auf Regelgen, die nicht vom Verwder gestellt, sond auf Vorschlag eines Dr VertrInh geworden sind, ferner um die Berücksichtigg von konkret-individuellen Umst bei der InhKontrol-le. Vgl näher Anh nach AGBG 30.

Erster Abschnitt. Sachlich-rechtliche Vorschriften

1. Unterabschnitt. Allgemeine Vorschriften

AGBG 1 *Begriffsbestimmung.* **I** Allgemeine Geschäftsbedingungen sind alle für eine Vielzahl von Verträgen vorformulierten Vertragsbedingungen, die eine Vertragspartei (Verwender) der anderen Vertragspartei bei Abschluß eines Vertrages stellt. Gleichgültig ist, ob die Bestimmungen einen äußerlich gesonderten Bestandteil des Vertrages bilden oder in die Vertragsurkunde selbst aufgenommen werden, welchen Umfang sie haben, in welcher Schriftart sie verfaßt sind und welche Form der Vertrag hat.

II Allgemeine Geschäftsbedingungen liegen nicht vor, soweit die Vertragsbedingungen zwischen den Vertragsparteien im einzelnen ausgehandelt sind.

1) Allgemeines: Die in I enthaltene BegrBest legt den Anwendgsbereich des Ges fest, wird insow aber **1** dch die sachl u persönl Ausn in §§ 23 u 24 eingeschr. Die Definition ist weitgefaßt u bezieht auch Formular-Vertr u kurze aus einer einz Klausel bestehde Bdggen ein (Rn 12). Sie ist aber gemessen an den Anfordergen der EG-RiL über VerbrVertr noch zu eng; aGrd der RiL müssen auch Klauseln, die nur für eine einmalige Verwendg vorgesehen sind u solche, die auf Vorschlag eines Dr VertrInh geworden sind, in die InhKontrol-le einbezogen w (Anh nach AGBG 30 Rn 19 f). Die Geltg der AGB beruht auf vertragl Einbeziehg (§ 2). Ihre Verwendg ist Teil der PrivAutonomie des Verwders (Canaris FS Steindorff, 1990, S 548, aA E. Schmidt JZ **87**, 994). Obwohl AGB die gesellschaftl Funktion von Ges übernehmen sollen u auch übernehmen, sind sie **keine Rechtsnormen,** da dem AGB-Verwder keine RSetzgsbefugn zusteht (BGH **9**, 3, 17, 2, Ul-Br-He Einl 22 ff). Es widerspricht auch der Konzeption des AGBG, sie als fertig bereit liegde ROrdng zu qualifizie-ren (so aber BGH ZIP **95**, 1098, dagg treffd Löwe ZIP **95**, 1273). Umgekehrt gilt, daß RNormen keine AGB sind. Ist die Benutzg von Unternehmgen der **öffentlichen Hand** od von priv Unternehmen dch Gesetz, VO od Satzg geregelt, liegen begriffl keine AGB vor (BT-Drs 7/5422 S 4, Dietlein NJW **74**, 973). Auch wird die SchutzVorschr der §§ 9 ff finden keine Anwendg (Vorbem 4 vor § 8). Uneingeschr anwendb ist das Ges dagg auf AGB, die behördl Gen bedürfen, *arg* § 16 (BGH **86**, 291), insb also auch auf nach fr Recht genehmigte AVB (BGH **83**, 172, Vorbem 21 v § 8), auch solche von öffr Versicherern (BGH NJW **90**, 2686). Der Anwendg des Ges steht auch nicht entgg, daß die AGB auf der Empfehlg einer internationalen Organisation beruhen u wie die „ABB- Flugpassage" in einer Vielzahl von Ländern einheitl angewandt w (BGH **86**, 288).

2) Begriff der AGB (I S 1). – **a)** Es muß sich um **Vertragsbedingungen** handeln, dh um Regelgen, die **2** den VertrInh gestalten sollen. Bloße Empfehlungen u Bitten sind daher nicht als AGB zu qualifizieren (BGH **124**, 45). Nicht erforderl ist, daß die Klausel wirkl VertrInh w; § 1 erfaßt so Regelgen, die unwirks sind od deren Einbez typw an § 2 scheitert (s BGH **99**, 381). – **aa)** Art u RNatur des Vertr sind gleichgült. Hauptanwendbereich der AGB sind ggs SchuldVertr. Erfaßt werden aber auch: TeilBdggen für Ge-winnspiele (Karlsr NJW-RR **88**, 303); der Inh von AuftrBestätiggen (BGH **99**, 381) od AbfindgsErkl (BGH NJW **85**, 970); GenußscheinBdggen (BGH **119**, 312); Vertr des **Sachenrechts** (BayObLG **79**, 439), die Bestimmg des Sichergszwecks einer GrdSch (BGH **99**, 205); Regelgen verfahrens- od vollstreckgsrechtl Inh, wie die Unterwerfg unter die ZwVollstr (BGH NJW **87**, 907). Geschäftsplanmäß Erkl des Versicherers sind

keine VertrBdggen (BGH **105**, 151) u daher auch keine AGB (BGH NJW **95**, 590), jedoch kann es bei einer ausdr Verweisg auf eine veröffentlichte drittschützde geschäftsplanmäß Erkl and liegen (BGH aaO). Auch auf TeilgsErkl gem WEG 8 u GemeinschOrdngen (WEG 10) ist das AGBG nicht anwendb, Grdl der InhKontrolle ist § 242 (BGH NJW **94**, 2952). Auch auf Vertr des Arb-, Erb-, Fam- u GesellschR findet das AGBG keine
3 Anwendg, § 23 I. – **bb) Inhalt** der VertrBdgg können Regelgn jegl Art sein. Unter § 1 fallen auch Bestimmgen über die HauptleistgsPfl (Düss WM **84**, 83), so etwa HonorarVereinbgen mit Ärzten (BGH **115**, 394). Erfaßt werden auch Regelgen über den **Vertragsschluß** (BGH **104**, 99, LG Mü NJW-RR **92**, 244, Grunewald ZIP **87**, 353, Ul-Br-He Rn 13) u die vorformulierte Erkl des Kunden, daß er der Geltg der AGB zustimme (aA BGH NJW **82**, 1388). Da der Vertr GeltgsGrd der AGB ist, kann sein Zustandekommen zwar nicht wirks dch AGB geregelt w (KG NJW **81**, 2822); auch Regelgen, die typw unwirks sind, erfüllen aber den
4 AGB-Begriff (Rn 2). – **cc) Einseitige Rechtsgeschäfte des Kunden,** die auf einer Vorformulierg des Verwenders beruhen, fallen gleichf unter § 1 (BGH **98**, 28, NJW **87**, 2011). Das zeigen §§ 10 Nr 1 u 11 Nr 15, die vom Verwder vorformulierte KundenErkl betreffen od miterfassen, u rechtfertigt sich aus dem Schutzzweck des AGBG: Der Verwder, der eine einseitige Erkl des Kunden vorformuliert, greift in dessen rgeschäftl GestaltgsFreih sogar noch stärker ein als bei der Vorformulierg der VertrBdggen. Das AGBG gilt daher für Vollm u Ermächtiggen (BGH aaO), EintrBewilliggen (BayObLG NJW **80**, 2818); Überweisgsformulare (BGH **98**, 28), Entbindgen von der SchweigePfl (Hollmann NJW **78**, 2332, **79**, 1923, aA Schütte NJW **79**, 592), Einwilliggen in Operationen (Gounalakis NJW **90**, 753) od zur Weitergabe von Daten (§ 9 Rn 75), Erkl über die ärztl Aufkl (Gounalakis aaO, Jungbecker MedR **90**, 173), Quittgen u Bestätigen (§ 11 Rn 92), immer vorausgesetzt, es handelt sich um vom Verwder vorformulierte Erkl des Verwdsgegners. Auch Ermächtiggen zur Vornahme einer tats Hdlg (Sektion) fallen unter § 1 (BGH NJW **90**, 2314). Zur Frage, ob auch einseit Erkl des Verwders AGB iSd § 1 sein können, s Werber MDR **92**, 729. – **dd) Einseitige Rechtsgeschäfte des Verwenders,** etwa Einschränkgen einer von ihm erteilten Vollm, fallen nicht unter § 1, da der Verwder hier nicht fremde, sond ausschließl eig rgeschäftl Gestaltgsmacht in Anspr nimmt (Ul-Br-He Rn 18, Werber MDR **92**, 729, Fricke VersR **93**, 402, aA offenb BGH NJW-RR **95**, 80).

5   **b) Vorformuliert** sind die VertrBdggen, wenn sie für eine mehrfache Verwendg schriftl aufgezeichnet od in sonst Weise (Programm eines Schreibautomaten, Tonband) fixiert sind (s auch Rn 13). Auch ein „Speichern im Kopf des Verwders" ist ausr; die mit Wiederholgsabsicht jeweils hand- od maschinenschriftl in den Formulartext eingefügte Regelg ist eine AGB (BGH NJW **88**, 410, **92**, 2759, Hamm NJW-RR **87**, 244). Auch Klauseln mit ausfüllgsbedürft **Leerräumen** sind AGB. Das ist nicht zweifelh, wenn es um unselbständ Ergänzen, wie etwa die Einfügg von Namen od der Bezeichng des VertrObjektes, geht (BGH **99**, 205, **102**, 158, **118**, 238). Der vorformulierte Text u die Einfügg ist aber auch dann eine AGB, wenn die Einfügg den Regelgsgehalt der Klausel mitbestimmt (BGH **122**, 65). § 1 bleibt auch dann anwendb, wenn zw mehreren vorformulierten Fassgen zu wählen ist (BGH NJW **92**, 504), etwa zw einer fünf- u zehnjähr Laufzeit bei VersVertr (Hbg u Hamm VersR **95**, 326, 403). Unanwendb ist § 1, wenn der Kunde eine nicht vorformulierte Laufzeit wählen kann u wählt (s Karlsr VersR **95**, 646), und aber, wenn der Agent Beginn u Ende der Fr einträgt (Köln VersR **95**, 647).

6   **c)** Die VertrBdggen müssen für eine **Vielzahl** von Vertr aufgestellt worden sein; der für einen best Vertr ausgearbeitete Text fällt nicht unter § 1 (BGH NJW-RR **88**, 57), wohl aber unter die RiL über VerbrVertr (Anh nach AGBG 30 Rn 24). Nicht erforderl ist eine „unbest" Vielzahl von Verwendgsfällen. AGB sind auch die für eine best Zahl von Kauf- od Mietobjekten entworfenen VertrBdggen. Die untere Grenze liegt bei 3–5 Verwendgen (BGH NJW **81**, 2344, DNotZ **85**, 288), das Ges gilt aber bereits im 1. Verwendgsfall (Ul-Br-He Rn 24, aA Michalski/Römermann ZIP **93**, 1434). Benutzt eine VertrPart die von einem ad vorformulierten Bdggen (zB VOB, MietVertrFormular), ergibt sich deren abstrakt-genereller Charakter bereits aus der Zweckbestimmg des Aufstellers; es ist nicht erforderl, daß die Partei selbst eine mehrfache Verwendg plant (BGH NJW **91**, 843). Verwder ist daher auch, wer ohne Wiederholgsabsicht ein gebräuchl VertrMuster ganz od teilw benutzt (Heinrichs NJW **77**, 1506). Gleichgült ist, ob die Verwendg im geschäftl od nichtgeschäftl Bereich erfolgt. Verändert der Verwder die AGB im Einzelfall zu seinen Gunsten, ist das AGBG nach seinem Schutzzweck entspr anwendb (Michalski/Römermann ZIP **93**, 1434).

7   **d)** Der Verwder muß dem and VertrPartn die Bdggen **„stellen".** Dieses Merkmal ist erf, wenn eine Part die Einbez der vorformulierten Bdggen in den Vertr verlangt, also ein konkretes EinbezAngebot macht (BGH NJW **95**, 2034, Ul-Br-He Rn 26). Ein wirtschaftl od intellektuelles Übergewicht braucht nicht zu bestehen; Verwder kann auch der wirtschaftl Schwächere sein (s Rabe NJW **87**, 1978, aA LG Köln NJW-RR **87**, 1001). Das „Stellen" entfällt nicht schon dann, wenn der Formulartext die Aufforderg zu Ändergen od Streichgen enthält (BGH NJW **87**, 2011) od wenn der Verwder sich bei seinem EinbezAngebot zu Vhdlgen bereit erklärt u der Kunde die reale Möglichk zum Aushandeln hatte (Timm BB **87**, 88); die Anwendg des AGBG kann aber
8 in einem solchen Fall aGrd von § 1 II ausgeschl sein (Rn 15ff). Die Bdggen müssen von einer **Vertragspartei** gestellt worden sein. Werden sie von einem unbeteiligten Dr (Notar) vorgeschlagen, ist § 1 I nicht erf. Das gilt auch dann, wenn in den VertrKlauseln aus einem vom **Notar** benutzten VertrMuster aufgen w (BGH NJW **91**, 843, **92**, 2817, Medicus Jur StuGesellsch Regensbg Heft 2, aA BGH **74**, 210, Mü NJW **81**, 2472). And liegt es, wenn der Notar im Auftr einer Part ein Formular entwickelt od wenn die Part sich der vorformulierten Klausel „gleichsam mittelb" bedient (s BGH **118**, 239, NJW-RR **89**, 1038, Nürnbg NJW-RR **90**, 1467); dafür spricht bei Regelgen, die einseitig auf die Interessen einer Part abstellen, eine tatsächl Vermutg (s BGH **118**, 240). Die auf Vorschlag des Notars in VerbrVertr aufgenommenen Regelgen unterliegen aber ab 1. 1. 95 aGrd der EG-RiL über VerbrVertr einer InhKontrolle (Anh nach AGBG 30 Rn 19ff). Für formelh GewLausschlüsse, die auf Veranlassg des Notars in Vertr über neu errichtete Häuser u EigtWo aufgenommen worden sind, besteht nach der Rspr des BGH unabhäng von dieser RiL auf der Grdl des § 242 die Möglichk einer
9 InhKontrolle (s Vorbem 6 v § 8). Beim **Bauherrenmodell** werden die VertrBdggen iZw vom Bauträger (Initiator) gestellt (BGH NJW **92**, 2162): Er kann bei einer Verflechtg mit dem TrHänder auch dann Verwder sein, wenn dieser die VertrMuster (ohne Beteiligg der Bauherren) entworfen hat (BGH **126**, 332). Charter-Vertr können FormularVertr iSd AGBG, aber nach Lage des Einzelfalles auch IndVereinbgen sein (Fischer-Zernin VersR **86**, 418).

e) Verlangen beide Vertragsparteien unabhäng voneinand die Einbez ders AGB (Bsp: VOB), ist das 10 AGBG unanwendb (Ul-Br-He Rn 29, Wo-Ho-Li Rn 29; aA Sonnenschein NJW **80**, 1492). Sein Wortlaut trifft nicht zu, weil es RBeziehgen zw einem Verwder u einer and VertrPart betrifft, nicht aber RBeziehgen zw zwei Verwdern. Sein Zweck trifft nicht zu, weil keine der Part in die VertrGestaltgsFreih der and eingreift. Wer seinem VertrPart aufgibt, dem VertrAngebot best AGB zGrde zu legen, ist dagg (zumindest in Anwendg des § 7) Verwder (Köln NJW **94**, 59).

3) Der (sachl überflüssige) **I S 2** bringt zum Begr der AGB ergänzde **Klarstellungen;** er soll Zw über den 11 Anwendgsbereich des Ges ausräumen. – **a)** Unerhebl ist, ob die Bdggen einen gesonderten Bestandt des Vertr bilden od in den VertrText eingearbeitet sind. Soweit **Formularverträge** die Merkmale von I 1 erf, stehen sie daher AGB in jeder Hins gleich (ebso für das fr Recht BGH **62**, 251, **63**, 239, **75**, 20). – **b)** Gleichgült ist der **Umfang** des Klauselwerks. Auch einz Klauseln (Freizeichng, EigtVorb), etwa ein 12 Stempelaufdruck (LG Stgt AGBE I Nr 13), eine GerStKlausel im Briefkopf (BGH **101**, 273) od die Übern einer Mithaftg (BGH **104**, 236), sind unter den Voraussetzgen von I 1 AGB. Mögl ist auch, daß in einem individuell gestalteten Vertr eine einz Klausel AGB ist (BGH **75**, 21). – **c)** Unerhebl ist auch die verwandte 13 **Schriftart** (Druck, Maschine, Handschrift). Das Ges verwirft damit eine fr vertretene Ans (Schmidt-Salzer), daß AGB gedruckt sein müssen. Auch wenn die VertrBdggen für jeden VertrSchl dch Schreibauto-mat, Schreibmaschine od von Hand neu geschrieben w, sind sie AGB, sofern sie inhaltl unverändert verwandt w (Rn 5). – **d)** Gleichgült ist auch die Form des Vertr. Das Ges gilt daher auch für **notariell** 14 **beurkundete** Vertr, soweit diese AGB enthalten (FormularVertr) od in Bezug nehmen (BGH **74**, 209, NJW **84**, 172, zur Abgrenzg s Rn 8). Es trägt damit der Erfahrg Rechng, daß auch der Inh von not beurk Vertr vielf allein von der marktstärkeren Part best w u ausschließl auf deren Interessen Rücks nimmt. Das AGBG iVm BNotO 14 II, BeurkG 4 begründet eine notarielle InhKontrolle von FormularVertr. Der Notar muß seine Amtstätig versagen, wenn ein FormularVertr unwirks Klauseln enthält (Heinrichs NJW **77**, 1507, **95**, 158); bei Zw hat er die Beteiligten umfassd zu belehren (BeurkG 17).

4) Sow die VertrBdggen zw den Part im einz ausgehandelt sind, also eine **Individualvereinbarung** 15 vorliegt, ist das Ges unanwendb. Kollektives Aushandeln auf Verbandsebene rechtf die Anwendg des § 1 II nicht (s BGH NJW **82**, 1821 zur ADSp u BGH **86**, 141 zur VOB), ist aber im Rahmen der Angemessenh-Prüfg zu berücksichtigen (§ 9 Rn 11). – **a)** Für eine IndVereinbg genügt nicht, daß der and Teil über Bedeutg 16 u Tragweite der vorformulierten Klauseln **belehrt** worden ist (BGH **74**, 209, NJW **84**, 171, **92**, 2759, allg M). Unerhebl auch eine vom Kunden bes unterschriebene Erkl, der VertrInh sei in allen Einzelh ausgehan-delt; sie kann wirkl Aushandeln nicht ersetzen (BGH NJW **77**, 432, 624) u ist gem § 11 Nr 15 b unwirks (BGH **99**, 378). Für eine IndVereinbg genügt es nicht, daß der Formulartext zu Ändergen od Streichgen auffordert (BGH **98**, 28, NJW **87**, 2011), daß der Kunde zw versch vorformulierten Bdggen wählen kann od daß einige Lücken im Formular (Pr, Laufzeit) individuell auszufüllen sind (Rn 5). – **b)** Der Verwder muß zu 17 VhdlTgen über den VertrInh bereit sein. Seine **Verhandlungsbereitschaft** muß dem Kunden ggü unzwei-deut erklärt w u ernsth sein (BGH NJW **77**, 624). Letzteres kann vielf nach seinem Verhalten bei fr VertrSchl beurteilt w. Wer angebl immer vhdlgsbereit ist, tatsächl aber nie etwas ändert, kann sich idR nicht auf § 1 II berufen. – **c)** **Aushandeln** bedeutet mehr als bloßes Verhandeln (BGH NJW **91**, 1679). Der Verwder muß 18 den gesetzesfremden Kerngehalt seiner AGB inhaltl ernsth zur Disposition stellen u dem and Teil Gestaltgs-Freih zur Wahrg eig Interessen einräumen; der Kunde muß die reale Möglichk erhalten, den Inh der VertrBdggen zu beeinflussen (BGH **85**, 306, **104**, 236, NJW **92**, 1107, 2760, NJW-RR **93**, 504, WM **95**, 1456). Zu berücksichtigen sind alle Umst des Einzelfalls, vor allem die intellektuellen Fähigk u die berufl Position der Vhdlgspartner sowie das Bestehen od Fehlen eines wirtschaftl Machtgefälles (Rabe NJW **87**, 1980). Eine Klausel über eine erfolgsunabhängige Maklerprovision w idR noch nicht dadch zur IndVer-einbg, daß der Makler die Höhe der Provision zur Disposition gestellt hat (BGH NJW **91**, 1679). Im kaufm Verk kann ein Aushandeln uU auch dann zu bejahen sein, wenn der Verwder eine best Klausel zur condicio sine qua non erklärt (BGH NJW **92**, 2285, Rabe aaO). Sind AGB bei einem fr VertrSchl individuell vereinb worden, aber inhaltl unverändert geblieben, so reicht das bei einer erneuten Verwendg nicht für eine Bejahg von § 1 II aus (BGH NJW **79**, 367). Wird ein vorformulierter Text dch eine handschriftl Ergänzg ins GgTeil verkehrt, ist aber eine IndVereinbg zu bejahen (BGH WM **94**, 1137). IdR schlägt sich das Aushandeln in Änd des vorformulierten Textes nieder. Auch wenn der Text unverändert bleibt, kann aber ausnwise § 1 II anwendb sein, wenn der and Teil nach gründl Erörterg von der Sachgerechtigk der Regelg überzeugt w (s BGH **84**, 111, NJW-RR **87**, 145, NJW **91**, 1679, **92**, 2285, Köln WM **95**, 1595, aA wohl BGH NJW **88**, 410). Bsp: gg § 11 Nr 10 verstoßender HaftgsAusschl bei Verkauf aus Konkursmasse (str, aA Jaeger NJW **79**, 1574; für eine teleologische Reduktion Kanzleiter DNotZ **87**, 662). – **d)** Ein Aushandeln **einzelner Klau-** 19 **seln** ändert grdsl nichts daran, daß die übr AGB bleiben (BGH **97**, 215, arg „soweit"). Der formularmäß Ausschl des KündR aus § 649 wird daher dch das Aushandeln einer vertragl Laufzeit nicht zur IndVereinbg (BGH WM **82**, 872). Aus den Umst kann sich aber etwas and ergeben, etwa wenn Klauseln von zentraler Bedeutg Ggst des Aushandelns waren. Das Aushandeln kann sich je nach Lage des Falls auch auf den Teil einer Klausel beschränken (BGH NJW **83**, 1603, DAR **85**, 379). Mögl auch, daß die in den Vertr einbez AGB dch Vhdlgen nach VertrSchl **nachträglich** IndVereinbgen w (s Hamm NJW **81**, 1049, BauR **94**, 375).

5) Beweislast: Wer sich auf den Schutz des Ges beruft, muß im Streitfall beweisen, daß die zum Ver- 20 trBestandt gemachten Klauseln AGB iSv § 1 I sind (BGH **118**, 238). Das ist prima facie anzunehmen, wenn ein gedrucktes od sonst vervielfältigtes Klauselwerk od Muster des and Teils verwandt worden ist (BGH aaO, Ffm NJW-RR **90**, 282). Macht der Verwder geltd, seine AGB seien im konkr Fall nicht bloß einbez, sond ausgehandelt worden (§ 1 II), trifft ihn die BewLast (BGH **83**, 58, NJW-RR **87**, 144). Das gilt auch bei einem notariell beurkundeten Vertr (Heinrichs NJW **77**, 1509). Wg des Schutzzwecks des Ges sind an diesen Bew strenge Anfordergen zu stellen. Er kann keinesf dch schriftl Bestätiggen des Kunden erbracht w, die Bdggen seien im einz ausgehandelt w (BGH NJW **77**, 624). Sind in dem vorformulierten Text nachträgl Änd eingefügt worden, so ist das jedoch ein Indiz dafür, daß insow eine IndVereinbg vorliegt (Ul-Br-He Rn 63).

AGBG 2 *Einbeziehung in den Vertrag.* [1] Allgemeine Geschäftsbedingungen werden nur dann Bestandteil eines Vertrages, wenn der Verwender bei Vertragsabschluß

1. die andere Vertragspartei ausdrücklich oder, wenn ein ausdrücklicher Hinweis wegen der Art des Vertragsabschlusses nur unter unverhältnismäßigen Schwierigkeiten möglich ist, durch deutlich sichtbaren Aushang am Ort des Vertragsabschlusses auf sie hinweist und
2. der anderen Vertragspartei die Möglichkeit verschafft, in zumutbarer Weise von ihrem Inhalt Kenntnis zu nehmen,

und wenn die andere Vertragspartei mit ihrer Geltung einverstanden ist.

[II] Die Vertragsparteien können für eine bestimmte Art von Rechtsgeschäften die Geltung bestimmter Allgemeiner Geschäftsbedingungen unter Beachtung der in Absatz 1 bezeichneten Erfordernisse im voraus vereinbaren.

1 **1) Allgemeines. – a)** Zur Einbez von AGB in den EinzVertr bedarf es einer vertragl Abrede. Deren Eigenart besteht darin, daß die AGB nicht inhaltl ausgehandelt w, sond ledigl ihre Geltg vereinb w (§ 1 Rn 7). Für die Abrede hat sich die Beziechng **Einbeziehungsvereinbarung** dchgesetzt. Sie ist kein bes RGesch, sond Teil des jeweiligen Vertr, der sich iF der Verwdg von AGB aus dem individuell ausgehandel-

2 ten VertrKern u den global einbez AGB zussetzt. – **b)** Die fr Rspr bejahte eine EinbezVereinbg bereits dann, wenn der Kunde vom Vorhandensein der AGB wußte od bei Anwendg gehöriger Sorgf hätte wissen müssen u wenn für ihn erkennb war, daß der Untern den Vertr nur unter Einbez seiner AGB abschl wollte (BGH **3**, 203, **18**, 99, stRspr, sog Wissenmüssen-Formel). In Abkehr von dieser Rspr will § 2 sicherstellen, daß die Einbez von AGB vom **rechtsgeschäftlichen Vertragswillen** beider Part getragen w. Da sich die Vereinbg nur auf die Geltg der AGB bezieht, fehlt ihr allerdings weiter die klassische VertrFunktion der „RichtigkGewähr" u der „Legitimation dch Verf" (Schmidt ZIP **87**, 1506). Gleichwohl fällt sie ebso wie die vertragl RWahl im IPR (EG 27) unter die VertrKategorie. Fehlt eines der EinbezErfordern, gilt der Vertr

3 ohne die AGB (§ 6 I). – **c)** § 2 ist eine SonderVorschr zu §§ 133, 157; nur wenn seine Förmlichk eingehalten w, liegt eine wirks Einbez vor (BGH NJW-RR **87**, 113). § 2 ist **zwingendes Recht**, jedoch kann der Kunde dch IndVereinbg auf die Einhaltg von I Nr 2 verzichten (Rn 12). Zweifelh ist, ob § 2 eine rechtspolit sinnvolle Regelg ist: Die Erf der dem Verwder auferlegten Obliegenh nützt dem Kunden wenig. Wenn er sich auf Verhdlgen über den Inh der AGB einläßt, w er idR nichts erreichen, läuft aber Gefahr, gem § 1 II

4 den Schutz des AGBG zu verlieren. – **d) Anwendungsbereich.** § 2 gilt auch für ÄndersgVereinbgen (Rn 19) u die Einbeziehg von AGB in einseit RGesch u gesetzl SchuldVerh. Er ist auch anzuwenden, wenn bei der Begebg eines **Wertpapiers** AGB einbezogen w sollen (s Celle WM **93**, 2089 zur Vereinbg der Bdggen von InhSchuldVerschreibgn zw den Konsortialbanken). Bei der Weiterbegebg von Inh- u Orderpapieren bedarf es keiner neuen Einbeziehg, da sich der bei der erstmaligen Begebg festgelegte Inh nicht ändert (Ul/Br/He Rn 14). Unanwendb sind die Grds des § 2 auf den kaufm Verk u die Verwdg von AGB ggü jur Pers des öffR (§ 24 u unten Rn 22ff). Sonderregelgn bestehen auch für behördl gen od erlassene Tarife u Bdggen von VerkUntern (§ 23 II Nr 1), ferner für AGB von Bausparkassen, Versicherern u KapitalanlageGesellsch (§ 23 III, s dort). – **e)** Die **Beweislast** für die Erf der EinbezVoraussetzgen trifft denjenigen, der sich auf die AGB beruft, idR also den Verwder (Ul-Br-He Rn 66).

5 **2)** Der Verwder muß **ausdrücklich** darauf **hinweisen**, daß der Vertr unter Zugrundelegg seiner AGB abgeschlossen w soll, I Nr 1. – **a)** Der **Hinweis** kann schriftl od mdl erfolgen (BGH NJW **83**, 817). Er ist auch dann erforderl, wenn das VertrAngebot vom Verwendgsgegner ausgeht (BGH NJW **88**, 2108). IdR ist er in dem von Verwder vorformulierten AntrFormular enthalten, muß aber wg der geforderten Ausdrücklichk so angeordnet u gestaltet sein, daß er von einem Dchschnittskunden auch bei flüchtiger Betrachtg nicht übersehen werden kann (BGH NJW-RR **87**, 113). Nicht ausr ist ein versteckter od mißverständl Hinw (Düss VersR **82**, 872, Nürnbg BB **90**, 1999) od der bloße Abdruck der AGB auf der VertrRückseite od in einem Katalog (LG Münst VersR **80**, 100, LG Bln MDR **80**, 404). Der Hinw muß klar erkennen lassen, welche Klauseln VertrInh w sollen (Nürnbg WM **90**, 1371). Die Bezug auf „umseit" AGB erfaßt nicht die von den AGB räuml abgesetzte Vorbem (BGH NJW **87**, 2432) od den Teil der AGB, der auf einem bes, nicht mitausgehändigten Blatt abgedruckt ist (Ffm NJW **89**, 1096). Auch bei einem fernmündl VertrSchl ist ein ausdr Hinw zwingd erforderl. Er ist auch dann unentbehrl, wenn die Verwendg von AGB verkehrs- od branchenübl ist. Ein Hinweis in Deutsch genügt auch ggü Ausländern, wenn die Vhdlgssprache Deutsch ist

6 (Rn 15). – **b)** Der Hinw muß bei **Vertragsschluß** gegeben w, dh im ZusHang mit den Erkl, die zum Abschl des konkreten Vertr geführt haben. Hinw bei fr Gesch genügen auch bei einer laufden GeschVerbindg nicht (BGH NJW-RR **87**, 113). Der Hinw auf einem Schild, das in Zustandekommen des Vertr zu ziehden Parkschein kann ausr sein (LG Köln VersR **83**, 69, LG Ffm NJW-RR **88**, 955). Nicht genügd ist dagg der Abdruck auf einer **Eintrittskarte,** einem Fahrschein, Flugticket od ähnl, weil sie erst nach dem VertrSchl ausgehändigt w (Ul-Br-He Rn 34, Wo-Ho-Li Rn 16, wohl auch LG Bln NJW **82**, 344, str); im übrigen läßt sich in diesen Fällen idR auch nicht das erforderl Einverständn des Kunden feststellen (BGH NJW **84**, 802). Auch der Hinw in der AuftrBestätigg ist uU zu spät (Rn 16), erst recht der Hinw in einem Lieferschein, einer

7 Empfangsbestätigg od einer Quittg. – **c) Aushang.** Ist ein ausdr Hinw wg der Art des VertrSchl nur unter unverhältnismäß Schwierigk mögl, genügt ausnw ein deutl sichtb Aushang. Hauptanwendgsfall sind die konkludent geschl MassenVertr, bei denen ein Hinw schon wg des Fehlens eines persönl Kontakts unmögl ist. Beispiele sind die Benutzg automat Schließfächer u Kleiderablagen, die Parkhausbenutzg (LG Ffm NJW-RR **88**, 955), der Erwerb von Waren od Eintrittskarten aus Automaten sowie Befördergs- u ähnl Vertr, die konkludent dch Inanspruchn der Leistg zustandekommen. Die Ausn gilt darüber hinaus auch für sonst Gesch des MassenVerk, bei denen ein ausdr Hinw an sich mögl wäre, aber eine unverhältnismäß u im Grd überflüss Erschwerg der Massenabfertigg darstellen würde (BGH NJW **85**, 850, str), so etwa bei Vertr mit Kinos, Theatern, Sportveranstaltern, Lottoannahmestellen, Kfz-Waschanlagen (Hbg DAR **84**, 260) u Chemischreinigern (Schmidt VersR **78**, 594), aber auch bei Versteigergern (BGH NJW **85**, 850). In Selbstbedienungsläden u Kaufhäusern genügt ein Aushang, vorausgesetzt, er ist deutl sichtb angebracht u es handelt sich um einen einfachen, leicht verständl Text (s v Westphalen NJW **94**, 926). Der Aushang muß so

angeordnet w, daß er nicht übersehen w kann; dem Kunden ist nicht zuzumuten, die Wände nach ausgehängten AGB abzusuchen. Der Aushang muß sich am **Ort des Vertragsschlusses** befinden; der Ort einer ErfHdlg (Hotelzimmer) reicht nicht (Staud-Schlosser Rn 21). Er kann sich darauf beschr, auf die AGB hinzuweisen, ohne ihren Inh mitzuteilen, sofern dem I Nr 2 anderweit genügt ist (Ul-Br-He Rn 42; Wo/Ho/Li Rn 21, str). Ausr daher Schild: „Für alle Vertr gelten unsere AGB. Diese liegen für Sie an der Kasse zur Einsicht bereit". Werden ausgehängte AGB geändert, muß Verwder Stammkunden auf diese Änd bes hinweisen (Hamm MDR **79**, 937). – **d)** Auf **Formularverträge** will der BGH § 2 Nr 1 (u Nr 2) nicht **8** anwenden (BGH NJW **95**, 190). Dem ist mit einer Einschränkg zuzustimmen: Nach Nr 2 ist mangelnde Transparenz ein Einbeziehgshindern (Rn 14). Das Transparenzgebot muß aber im § 2 ebso wie im § 9 in gleicher Weise für AGB im technischen Sinn u für FormularVertr gelten.

3) Der Verwder muß dem Kunden die **Möglichkeit** verschaffen, in zumutb Weise vom **Inhalt der AGB** **9** **Kenntnis** zu nehmen, I Nr 2. – **a)** Diese Obliegenh besteht auch bei gebräuchl od veröffentlichten AGB, so etwa, wenn die VOB/B in einen Vertr mit einer PrivPers einbezogen werden soll (BGH **109**, 195, NJW **94**, 2547). Handelt es sich um einen VertrPart, der berufl häuf mit dem VertrMuster zu tun hat (Bsp: Bauhandwerker u VOB), od tritt für die Part ein mit den Bdggen Vertrauter auf (Bsp: Architekt u VOB), darf der Verwder aber davon ausgehen, daß dieser sich selbst ow die notw Kenntn verschaffen kann (BGH **86**, 138, **105**, 292, Hamm NJW-RR **91**, 277, Köln NJW-RR **94**, 1501). Das gilt aber nicht, wenn der Architekt des Verwders auch für den Kunden tät ist (Hamm NJW-RR **93**, 27). Nicht ausr ist der Hinweis, die AGB könnten im Buchhandel erworben werden (aA Merz BauR **85**, 47). Bei einem VertrSchl unter Anwesden muß der Verwder die AGB vorlegen od die Vorlage anbieten (s LG Ansbach NJW-RR **90**, 564). Bei einem ausdr Hinw (Rn 5) genügt aber auch, daß die AGB zur Einsicht aushängen od ausliegen. Bei bes umfangreichen AGB kann der Kunde mit Rücks auf das ZumutbarkErfordern Aushändigg verlangen (Hbg VersR **89**, 202). Bei einem VertrSchl unter Abwesden kann dem Erfordern idR nur dch Übersendg der AGB genügt w. Die Aufforderg, sich im GeschLokal des Verwders einzusehen, genügt nicht (AG Ffm BB **78**, 524), ebsowenig das Angebot, die AGB kostenlos zu übersenden (Mü NJW-RR **92**, 350, LG Ffm NJW-RR **92**, 442). Nicht ausr ist auch die Aushändigg eines Auszuges aus den AGB (BGH NJW-RR **91**, 727). Für Vorverkaufs- u AnnStellen hat I Nr 2 die Folge, daß sie die AGB sämtl Untern vorrät haben müssen, deren Wk- od Dienstleistg sie vermitteln. Wird bei den VertrVhdlgen statt der geltden AGB eine fr Fassg vorgelegt, wird letztere VertrInh (Nürnbg NJW-RR **93**, 1245). Der Verwder muß sich aber uU nach den Grds der c.i.c. so behandeln lassen, als wäre die Neufassg VertrInh geworden (BGH NJW **82**, 926). Bei **Verweisun-** **10** **gen** auf and Klauselwerke müssen die Obliegenheiten des I Nr 2 auch hins dieser erf w (BGH **86**, 138, Ffm NJW **84**, 1626, von Westphalen BB **90**, 2). Der Wirksamk der Weiterverweisg steht nicht entgg, daß einz der in Bezug genommenen Bdggen unwirks sind (BGH **111**, 393). Wenn Regelgen außerh des AGBG dem Verwder eine über I Nr 2 hinausgehde InformationsPfl auferlegen (Bsp: InfVORV 3 III, Anh nach BGB 651l; VAG 10a), ist die Erf dieser Pfl nicht Voraussetzg für eine wirks Einbeziehg (Führich NJW **94**, 2451).

b) Problemat ist die Einhaltg von I Nr 2 beim **fernmündlichen Vertragsschluß.** Der Verwder ist idR **11** außerstande, dem Kunden vor dem fernmdl VertrSchl die Möglichk zu verschaffen, vom Inh der AGB Kenntn zu nehmen. Das Vorlesen der AGB ist keine praktikable Lösg. Das Angebot des Verwders, die AGB zu übersenden, genügt den Anfordergen von I Nr 2 nicht, da es die Möglichk der Kenntnisnahme erst für einen Ztpkt nach VertrSchl eröffnet. Unproblemat sind daher allein die Fälle, in denen die AGB dem Kunden währd der VorVhdlgen od bei einem fr Gesch übermittelt worden sind. Auch sonst sind die Part aber in der Lage, fernmdl einen Vertr unter sofort Einbez von AGB abzuschließen. Der Kunde kann dch IndVereinbg (nicht dch formularmäß Erkl) auf die Einhaltg von I Nr 2 verzichten (Mü AGBE II § 9 Nr 23, Ul-Br-He Rn 49, Eckert DB **94**, 720, str). Der Kunde braucht die Möglichk, vom Inh der AGB Kenntn zu nehmen, nicht auszunutzen. Die insow bestehde EntschFreih muß die Befugn mitumfassen, den Verwder von der Obliegenh des I Nr 2 freizustellen. Es wäre widersinn, die Obliegenh zur KenntnVerschaffg auch ggü einem Kunden zu bejahen, der erklärtermaßen vom Inh der AGB keine Kenntn nehmen will. – Ist der Kunde nicht bereit, auf die Einhaltg von I Nr 2 zu verzichten, kann der Vertr unter der aufschiebende Bdgg geschl w, daß der Kunde die ihm zu übermittelnden AGB dch NichtWiderspr genehmigt. Außerdem bleibt der Weg, die AGB nachträgl dch ÄndVereinbg zum VertrInh zu machen (Rn 15). Bei VertrAngeboten mittels **Bildschirmtext** genügt die Einblendg von AGB nur, wenn sie dem Kunden eine krit Prüfg der **12** Bdggen ermöglicht (LG Aachen NJW **91**, 2160, LG Freibg NJW-RR **92**, 1018). Der Hinw, die AGB könnten auf einer and Btx-Seite unentgelt abgerufen w, ist ausr, wenn es sich um einen kurzen Text handelt u für die richt Bedieng der Tastatur eine verständl Information gegeben w (LG Bielefeld NJW-RR **92**, 955, Ul-Br-He Rn 49a).

c) Der Kunde muß in **zumutbarer Weise** von dem Inh der AGB Kenntn nehmen können. Dazu gehört **13** auch, daß die AGB für einen Dchschnittskunden mühelos lesb sind (BGH NJW **83**, 2773, NJW-RR **86**, 1311, Saarbr NJW-RR **88**, 858, Thamm/Detzer BB **89**, 1133), ferner ein Mindestmaß an Übersichtlk u ein im Verhältn zur Bedeutg des Gesch vertretb Umfang. Die auf eine and VertrGestaltg zugeschnittenen AGB können wg I Nr 2 nicht VertrInh werden (BGH ZIP **81**, 1220); denn die Feststellg, welche Klausel gilt u welche nicht, setzt ein rechtl *know how* voraus, das der Dchschnittskunde nicht besitzt. Der Verwder genügt seinen Obliegenheiten, wenn er seine Vorkehrgen auf den Durchschnittskunden abstellt. Er braucht für Analphabeten keine Tonbandkassetten vorrät zu halten (Karlsr VersR **83**, 169 läßt offen) u für Blinde keine AGB in Blindenschrift (vgl auch Rn 15).

d) Aus I Nr 2 ergibt sich, daß AGB für den Kunden **verständlich** sein müssen (Wo/Ho/Li Rn 27). Die **14** Vorschr enthält damit ein **Transparenzgebot** (Schlesw NJW **95**, 2858), das jetzt auch in Art 5 der EG-RiL über VerbrVertr eine Grdl hat (Anh nach AGBG 30 Rn 8) u zugl Maßstab der InhKontrolle nach § 9 ist (§ 9 Rn 15). Die Einbeziehg einer Klausel, die in ihrem Kernbereich unklar od für einen Durchschnittskunden unverständl ist, scheitert bereits an I Nr 2; für § 5 bleibt nur Raum, wenn die im Grds verständl Klausel sich in Einzelpunkten als mehrdeutig erweist. Bsp unwirks Klauseln: Klausel, der Mieter habe „die Nebenkosten" zu tragen (Düss MDR **91**, 964, Sonnenschein NJW **80**, 1493); Bestimmg, daß die VOB u das BGB

anzuwenden seien u „bei unterschiedl Auffassgen das dem Bauherrn günstigere gelte" (BGH NJW **86**, 924), Klausel, daß für „nicht ausdr geregelte Fragen" die VOB gelte (Stgt NJW-RR **88**, 787), Klausel „§ 537 (§ 568) ist unanwendb" (Nürnberg NJW **77**, 1402, Schlesw NJW **95**, 2858). Werden die VertrVhdlgen in dtsch Sprache geführt, ist der Verwder bei einem in der BRep geschl, dtsch Recht unterstehen Vertr aber
15 nicht verpfl, für **Ausländer** Übersetzgen der AGB bereit zu halten (BGH **87**, 115, aA Meier/Wehlau VuR **91**, 147, s auch Rn 13 aE). Eine solche Pfl besteht nicht einmal bei RMittelBelehrgen der Ger (BVerfG **42**, 120, 125).

16 **4) Einverständnis** des Kunden. – **a)** Es ist eine notw EinbezVoraussetzg. Das Einverständn kann, soweit für die Vertr keine FormVorschr bestehen, auch schlüss erklärt w; es ist idR zu bejahen, wenn es nach vorheriger Erf von I Nr 1 u 2 zum VertrSchl kommt. Das gilt auch für die in den AGB eines Einkaufszentrums vorgesehenen Maßn der Taschenkontrolle, sofern hierauf in einem nicht zu übersehen Aushang deutl hingewiesen w (Ffm NJW-RR **93**, 790). Nimmt der Verwder erstmals in der **Auftragsbestätigung** (§ 148 Rn 12) auf beigefügte AGB Bezug, so bedeutet das Schweigen des Kunden idR keine Zust (BGH **18**, 212, **61**, 287, NJW **88**, 2106, Köln NJW-RR **94**, 1430). Das gilt auch für den erstmals in der AuftrBestätigg erwähnten verlängerten EigtVorbeh (Köln BB **94**, 741, s aber zum einf EigtVorbeh Rn 28). Auch die Entggn der Leistg drückt im nichtkaufm Verk idR kein wirkl rgeschäftl Einverständn (Rn 2) mit den erst in der AuftrBestätigg mitgeteilten AGB aus; sie kann daher im Anwendungsbereich des § 2 nur ausnw als Einverständn gewertet w. Die Fälle, in denen die Rspr ein Einverständn bejaht hat (BGH **61**, 287, NJW **63**, 1248, **95**, 1672), betr den kaufm Verk. Sind am Kinderspielplatz (Köln VersR **70**, 577), Trimm- Dich-Pfad (Karlsr VersR **75**, 381) od in einer Reithalle (BGH NJW-RR **88**, 657) Schilder mit HaftgsAusschlKlauseln
17 angebracht, so bedeutet Schweigen idR gleichf Ablehng. – **b)** Die Einbez setzt weiter voraus, daß zw Verwder u Kunden ein **wirksamer Vertrag** zustande gekommen ist (Staud-Schlosser Rn 39). Auch bei einem Dissens über die Einbezieg der AGB kommt der Vertr grdsl nicht zustande; and aber, wenn die Part den Vertr trotz des Dissenses einverständl dchführen (§ 6 Rn 4). Die AGB können den VertrSchl nicht abw vom Ges regeln, da der Vertr der GeltgsGrd der AGB ist (KG NJW **81**, 2822). Scheitert der VertrSchl, richten sich die RBeziehgen der Part nach den gesetzl Vorschr; mögl ist es aber auch, die Geltg der AGB schon für die Phase der VertrAnbahng zu vereinbaren (Celle NJW-RR **86**, 833: LottoGesellsch).

18 **5) Sonderformen der Einbeziehung. – a)** Im voraus getroffene EinbezAbreden (II), sog **Rahmenvereinbarungen** (BGH NJW-RR **87**, 112), müssen den Anfordergen von I (Rn 5–17) genügen. Sie sind nur wirks, wenn die Art der betroffenen RGesch best bezeichnet ist. Die wiederholte Einbez im Rahmen einer ständ GeschVerbindg genügt nicht. Erforderl ist ein über die Einbez im Einzelfall hinausgehder Wille (BGH NJW-RR **87**, 112). Vereinbgen gem II werden vor allem von **Banken** geschlossen u sind dort Teil des allg Grd- od RahmenVertr (Ul-Br-He Rn 73). Unzul sind aber Vereinbgen, daß AGB in ihrer jeweiligen Fassg
19 gelten sollen (allgM). – **b)** Obwohl vom Ges nicht bes erwähnt, ist auch die nachträgl Einbez von AGB dch **Änderungsvereinbarung** mögl. Für sie gelten die Anfordergen des I sinngem (BGH NJW **83**, 817, WM **84**, 239), jedoch kann das Einverständn des Kunden idR nur bei entspr ausdr Erkl angen w (KG NJW-RR **94**, 1265). Werden dem Kunden nach VertrSchl vom Verwder AGB zugängl gemacht (dch Aufdruck auf Rechngen, Versandanzeigen, Maklerexposés, Warenbegleitpapieren, Lieferscheinen usw), so kann aus seinem Schweigen nicht auf Abschl einer ÄndergsVereinbg geschl w (RG **133**, 338, Zweibr OLGZ **68**, 389, LG Mü AGBE I Nr 12a u 19), ebsowenig aus Entggn der ihm ohnehin gebührken Leistg. Auch wenn der Kunde die nachträgl übersandten AGB unterzeichnet, liegt darin nicht in jedem Fall eine stillschw Einbez-Vereinbg (KG MDR **81**, 933). Hat der Verwder bei einem fernmdl VertrSchl (Rn 12) auf seine AGB hingewiesen u diese anschließd unverzügl übersandt, bedeutet ein Schweigen des Kunden dagg idR Zust mit der nachträgl Einbez der AGB. Wird der **Vertrag** unter Aufrechterhaltg seiner Identität **geändert** od
20 erweitert, bedarf es keiner neuen EinbezVereinbg. – **c) Neufassungen** von AGB w nur dann VertrInh, wenn sie unter Wahrg von I in den Vertr einbezogen w (Saarbr NJW-RR **89**, 92, Seybold VersR **89**, 1231). Eine Klausel, wonach der Verwder zur einseit Änderg der AGB berecht ist, ist unwirks (Staud-Schlosser Rn 48). Eine problemat Sonderregel enthält TKV 5 II–IV, wonach geänderte AGB ohne Zustimmg des Kunden VertrInh werden, dieser aber ein KündR hat. Wirks ist Nr 1 II AGB-Banken, wonach mitgeteilte nF VertrInh w, wenn der Kunde nicht innerhalb 1 Mo widerspricht (Ul-Br-He Rn 65). Widerspricht der Kunde, steht dem Verwder kein KündR aus wicht Grd zu (LG Hbg ZIP **95**, 1583), u auch die ordentl Künd kann mißbräuchl sein. Hat der Verwder seine AGB zG der Kunden geändert, muß er Altkunden bei Vhdlgen über VertrVerlängergen hierauf hinweisen; geschieht das nicht, muß er sich uU qua c.i.c. so
21 behandeln lassen als wäre die nF VertrInh (BGH NJW **82**, 926). – **d)** Kommt der Vertr aGrd einer entspr Vollm des Kunden dch ein **Insichgeschäft** des Verwders zustande, ist die Einbezieg von AGB nach dem Schutzzweck des § 2 nur dann mögl, wenn der Verwder die Obliegenh des § 2 vor dem VertrSchl ggü dem VollmGeb erfüllt hat (BGH DB **84**, 2294 läßt offen).

22 **6)** Auf HandelsGesch zw **Kaufleuten** findet § 2 keine Anwendg (§ 24 Nr 1). Auch im Verk zw Kaufleuten gelten AGB aber nur dann, wenn sie dch rechtsgeschäftl Einbeziehg VertrBestandt geworden sind (BGH NJW **92**, 1232, Ul-Br-He Rn 80). Die sog Wissenmüssenformel aus der Zeit vor 1977 (Rn 2) wendet die Rspr mit Recht nicht mehr an. Entscheidd ist, ob sich die vertragl Einigg der Part auch auf die Einbez der AGB des einen Teils erstreckt. Das ist, soweit erforderl, dch Ausleg (§§ 133, 157, HGB 346) festzustellen.
23 – **a)** Unproblemat ist die **ausdrückliche** Einbez. Sie ist auch dann wirks, wenn die AGB dem für den VertrSchl maßgebl Schreiben nicht beigefügt waren, u der Kunde den Inh der AGB nicht kennt (BGH **1**, 86, **33**, 219, NJW **76**, 1887, vgl aber Rn 26). **Rahmenvereinbarungen** können abw von § 2 II auch auf die jeweilige AGB-Fassg abstellen (aA wohl Ebel BB **80**, 479); der Verwder muß die and Teil aber unverzügl über Neufassgen seiner AGB informieren (MüKo/Kötz Rn 27).

24 **b)** Für die Einbez dch **schlüssiges Verhalten** ist erforderl, daß der Verwder erkennb auf seine AGB verweist u der VertrPartner ihrer Geltg nicht widerspricht (BGH **117**, 194). Auch der Widerspruch kann konkludent erklärt w, etwa dch eine Bezugn auf eigene AGB (Rn 27). Die Verweig muß das Klauselwerk klar u unzweideut bezeichnen, damit der and Teil in der Lage ist, sich vom Inh der AGB Kenntn zu

verschaffen (BGH **102**, 304). Sie muß grdsl währd der Verhandlg über den konkr Vertr erfolgen. Der Hinw bei fr Gesch, auf fr Rechngen od in fr Korrespondenz genügt nicht. Das gilt auch dann, wenn die beim fr Gesch in Bezug genommenen AGB formularmäß auch für künft Vertr Geltg beanspruchen (BGH **117**, 192, krit Rüffert MDR **92**, 922). Nicht ausr ist auch der Hinw auf Schriftstücken, die nach VertrSchl eingehen (Rn 19), jedoch kann es bei AuftrBestätiggen and liegen (Rn 25). Bei ständ GeschVerbindg, die eine gewisse Häufigk von Vertr voraussetzt (BGH DB **73**, 1393, Hbg NJW **80**, 1233), können AGB, auch ausländ (Köln VersR **94**, 1496), dch wiederholte, auch für den flücht Leser ow erkennb Hinw in Rechngen od ähnl zum VertrBestandt w (BGH **42**, 55, NJW-RR **91**, 571, aA Karlsr NJW-RR **93**, 568), nicht aber dch Hinw auf der Rücks der Rechng (Hbg ZIP **84**, 1241), auch nicht dch Hinw in Lieferscheinen, da diese den für die Vertretg des GeschPart zust Pers idR nicht bekannt w (BGH NJW **78**, 2243).

c) **Bestätigungsschreiben** sind wg ihrer rechtserzeugden Wirkg (§ 148 Rn 19) ein ausr EinbezTatbestd 25 (Coester DB **82**, 1551, Ul-Br-He Rn 87). Verweisen sie auf AGB, so w diese mangels Widerspr auch dann VertrInh, wenn sie nicht Ggst der VertrVhdlgen (BGH NJW **78**, 2244, Wo/Ho/Li Rn 71) od nicht beigefügt waren (BGH **7**, 190, **18**, 216). Auch hier gilt aber der Grds, daß erhebl Abw vom mdl Vereinbarten nicht gedeckt sind (§ 148 Rn 16). Das ergibt sich auch aus dem Vorrang der IndVereinbg (§ 4). Abdruck auf der Rücks od bloße Beifügg der AGB ist nicht ausr (BGH **25**, 779, Düss NJW **65**, 762). Nimmt der Verwder erstmals in der **Auftragsbestätigung** auf seine AGB Bezug, können diese im kaufm Verk, wenn der and Teil keine Abwehrklausel verwendet (Rn 27), dch widersprlose Entgegn der Leistg VertrInh w (BGH **61**, 287, NJW **95**, 1672, oben Rn 16).

d) Auch im kaufm Verkehr gilt der Grds, daß der Verwder dem and Teil ermöglichen muß, vom Inh der 26 AGB in **zumutbarer Weise Kenntnis** zu nehmen (BGH **102**, 304). Zwar brauchen die AGB dem für den VertrSchl maßgebl Schreiben nicht beigefügt zu w (BGH NJW **76**, 1886, **82**, 1750). Der and Teil hat aber, sow es sich nicht um gebräuchl, leicht zugängl Klauselwerke handelt, einen Anspr auf Überlasg od Einsicht in die AGB. Übersendet der Verwder die AGB trotz Aufforderg nicht, kann er sich gem § 242 (Verwirkg dch pflichtwidr Verhalten) nicht mehr auf die AGB berufen (Hamm DB **83**, 2619). Die AGB müssen für den Dchschnittskunden verständl sein (Rn 14). Kaum lesb u drucktechn verwirrd angeordnete AGB w nicht VertrBestandt (BGH WM **78**, 978, 979, Hamm NJW-RR **88**, 944). Das gilt auch für KonnossementsBdggen (BGH VersR **86**, 679), jedoch sind im kaufm Verk insow keine überzogenen Anfordergen zu stellen (Hbg AGBE V Nr 6, Rabe RIW **84**, 589 u TranspR **85**, 83 gg BGH NJW **83**, 2722).

e) Verweisen beide Part auf ihre **widersprechenden** AGB, hielt die fr Rspr idR die letzte Verweisg für 27 entscheidd, da der and Teil diese dch Erbringg der Leistg od Empfangn der GgLeistg stillschw gebilligt habe (BGH **LM** § 150 Nr 3 u 6, Köln MDR **71**, 762, sog Theorie des letzten Wortes). Diese Ans vermag nicht zu überzeugen, da den Part auch bei Dchführg des Vertr nicht unterstellt w kann, daß sie mit den AGB des and Teils einverstanden sind. Das gilt insbes dann, wenn beide Teile Abwehrklauseln verwenden (BGH NJW **85**, 1839, **91**, 1606). IdR ist anzunehmen, daß die AGB beider Teile nur insow VertrBestandt w, als sie übereinstimmen (sog Prinzip der Kongruenzgeltg), iü liegt an sich Dissens (§§ 154, 155) vor; dieser hindert aber nach dem RGedanken des § 6 die Wirksamk des Vertr nicht, sofern die Part einverständl mit der Dchführg des Vertr beginnen (Ul-Br-He Rn 98 ff, Staud-Schlosser Rn 83, ebso die neuere Rspr BGH **61**, 282, NJW **85**, 1839, **91**, 1606, Karlsr VersR **90**, 1283). Bes gilt für den einfachen **Eigentumsvorbehalt:** Da 28 der EigtÜbergang dch einseit Erkl ausgeschl w kann u bei der Ausslegg der Erkl des Verkäufers der GesInh seiner AGB berücksicht w muß, setzt sich der EigtVorbeh grdsl auch dann dch, wenn die Verkäufer-AGB wg Kollision mit den AGB des Käufers nicht Bestandt des schuldrechtl Vertr w (BGH **104**, 137, Ul-Br-He Rn 107). Der erweiterte u verlängerte EigtVorbeh wird dagg bei einer Abwehrklausel in den Käufer-AGB nicht VertrInh (BGH NJW **85**, 1839, NJW-RR **86**, 984, **91**, 357). Er kann aber gem Rn 25 VertrInh w. Scheitert die Einbeziehg, ist auch die Ermächtigg zur Weiterveräußerg unwirks (BGH NJW-RR **86**, 1379, v Lambsdorff ZIP **87**, 1370).

f) Im kaufm Verk können AGB ohne bes Hinw VertrInh w, sofern die Verwendg von AGB **branchen-** 29 **üblich** ist. Das wird anerkannt für AGB der Banken (BGH NJW **71**, 2127, WM **73**, 636, Hamm WM **84**, 1602), KonnossementsBdggen (Rabe RIW **84**, 590, TranspR **85**, 87), kommunale HafenBetr (BGH **LM** AGB Nr 21a), FlughafenUntern (Karlsr VersR **71**, 159) u die ADSp (BGH **96**, 138, NJW **85**, 2412, Mü NJW-RR **93**, 167, Düss NJW-RR **93**, 1190). Dieser Rspr ist wg der starken VerkGeltg der in Frage stehden AGB auch nach Inkrafttreten der AGBG weiterhin zuzustimmen (so auch BT-Drs 7/3919 S 43). Sie gilt aber nur für kommunale Betr, Versicherer, Kreditinstitute u die ADSp, dagg nicht für and branchenübl Regelgen wie etwa die Bdggen der Textilveredelgsindustrie (BGH NJW-RR **92**, 626). Keine stillschw Einbez der ADSp, wenn das übertr Gesch nicht zum typ TätigkKreis des Spediteurs gehört (BGH DB **76**, 382) od wenn eine ins einzelne gehde IndVereinbg getroffen worden ist (BGH NJW **80**, 1275, DB **81**, 1817). Eine Sonderstellg haben die zu **Handelsbrauch** erstarkten AGB. Sie w, ohne daß es einer Einbez bedarf, gem 30 § 346 HGB VertrInh. Als Handelsbrauch anerkannt sind die ADS (Ul-Br-He Rn 91) u die Tegernseer Gebräuche im Holzhandel (BGH NJW-RR **87**, 94, Kblz BB **88**, 1338), nicht aber die ADSp (Hamm VersR **94**, 1374). Mögl ist auch, daß eine **einzelne Klausel** in einer Branche Handelsbrauch darstellt, etwa eine Schiedsabrede (BGH NJW **93**, 1798). In Branchen, in denen die Lieferg unter EigtVorbeh die Regel ist, gilt das auch für den einf EigtVorbeh (Ul-Br-He Rn 105, sehr str, aA BGH JW **85**, 1840), so in der Textil-branche (LG Marbg NJW-RR **93**, 1505), aber wohl noch nicht in der Lebensmittelbranche (Hamm NJW-RR **93**, 1445).

g) Bei **Verträgen mit Auslandsberührung** ist zunächst zu prüfen, ob der Vertr dtschem Recht unter- 31 steht (EG 27 ff). Ist das der Fall, gelten für die Einbez grdsl die allg Regeln; erforderl ist ein für den ausl VertrPartner verständl Hinw auf die AGB (Kronke NJW **77**, 992). Er muß in der Vhdlgssprache od in einer Weltsprache erfolgen (s Hbg NJW **80**, 1233, Hamm NJW **83**, 524). GerStandsVereinbgen müssen, soweit einschläg, dem SchriftlichkErfordern des EuGVÜ 17 (EuGH NJW **77**, 494) entspr, SchiedsGerVereinbg ggf Art 2 II UN-Übereinkommen (Lindacher FS Habscheid, 1989, S 167).

AGBG 3 *Überraschende Klauseln.* **Bestimmungen in Allgemeinen Geschäftsbedingungen, die nach den Umständen, insbesondere nach dem äußeren Erscheinungsbild des Vertrags, so ungewöhnlich sind, daß der Vertragspartner des Verwenders mit ihnen nicht zu rechnen braucht, werden nicht Vertragsbestandteil.**

1   **1) Allgemeines.** Die EinbezAbrede (§ 2), dch die die vom Verwder gestellten AGB ohne Aushandeln global VertrBestandt w, kann auf der RFolgenseite einer IndVereinbg nicht gleichgestellt w. Der Kunde muß darauf vertrauen dürfen, daß sich die AGB im Rahmen dessen halten, was bei Würdigg aller Umst bei Vertr dieser Art zu erwarten ist. Gehen AGB über diese Grenzen hinaus, w sie als überraschde Klauseln von der Einbez nicht erfaßt u nicht VertrInhalt. § 3 enthält damit eine **negative Einbeziehungsvoraussetzung.** § 3 u §§ 9–11 sind nebeneinand anwendb (Vorbem 19 v § 8, str). § 3 gilt auch für AGB, die gem § 8 der InhKontrolle entzogen sind (BGH NJW **90**, 577).

2   **2) Voraussetzungen. – a)** Es muß sich um eine obj **ungewöhnliche** Klausel handeln. Ob das der Fall ist, ist nach den GesUmst zu beurteilen. Die Ungewöhnlichk kann sich aus der Unvereinbark mit dem Leitbild des Vertr (BGH **121**, 113) od der Höhe des Entgelts (Hbg VersR **79**, 134), einem Widerspr zum Verlauf der VertrVhdlgen (BGH NJW **92**, 1236) od zur Werbg des Verwders (BGH **61**, 275), einer erhebl Abweichg vom dispositiven Recht (BGH NJW **92**, 1236) od von den übl VertrBdgngen, aber auch aus der Unvereinbark mit dem äußeren Erscheingsbild des Vertr (BGH **101**, 33) ergeben. Es genügt nicht, daß die Klausel unbillig ist (Karlsr VersR **80**, 432); umgekehrt ist nicht ausgeschlossen, daß eine Klausel, die mit § 9 (noch) vereinb ist, gg § 3 verstößt.

3   **b)** Hinzukommen muß als zweite (ggü Rn 2 allerdings nur schwer abzugrenze) Voraussetzg, daß die Klausel für den Verwendgsgegner **überraschend** ist (Ul/Br/He Rn 11). Zw den Erwartgen des Verwendgsgegners u dem KlauselInh muß eine Diskrepanz bestehen (BGH **84**, 113); der Klausel muß ein Überrumpelgs- od Übertölpelgseffekt innewohnen (BGH **100**, 85, NJW **90**, 577). Dabei ist ähnl wie bei der Ausleg (§ 5 Rn 7) ein dch subj Umst überlagerter genereller Maßstab anzuwenden. Ob die Klausel überraschd ist, beurteilt sich idR nach den ErkenntnMöglichk des typw zu erwartnd Dchschnittskunden (BGH **101**, 33, NJW **85**, 851, **95**, 2638). § 3 ist daher unanwendb, wenn eine ow zu verstehde Klausel drucktechn so angeordnet ist, daß eine KenntnNahme dch den Kunden zu erwarten ist (BGH **47**, 210, NJW **81**, 118). Das Ergebn der obj Beurteilg kann aber in beide Richtgen dch konkrete Umst modifiziert w. Eine generell nicht überraschde Klausel kann unter § 3 fallen, wenn sie nach dem Verlauf der VertrVerhdlgen keinesfalls zu erwarten war (BGH NJW **87**, 2011). Umgekehrt entfällt eine Anwendg von § 3, wenn der Verwendgsgegner die Klausel kennt od mit ihr rechnen muß (Ul/Br/He Rn 23). Kenntn kann aber angesichts des geringen rechtl „know how" typ Kunden nicht ow deshalb angenommen w, weil er die AGB dchgesehen hat (BGH NJW **78**, 1520). Bei not Vertr kommt eine Berufg auf § 3 wg BeurkG 13, 17 idR nicht in Frage (BGH **114**, 340); and ist es aber, wenn in der not Niederschrift auf nicht verlesene Urk Bezug genommen w (BGH **75**, 21, NJW **89**, 2131).

4   **c) Einzelfälle** (ja = überraschd; nein = nicht überraschd). Wg der Überschneidgen mit der InhKontrolle s auch § 9 Rn 50ff). – **aa) Allgemeines.** Zusicherg des Verwendgsgegners, er sei Kaufm, ja (BGH **84**, 113). AufwendgsErs bei Scheitern der VertrVhdlgen auch ohne Verschulden des Verwendgsgegners, ja (Celle VersR **84**, 69). GerStand ohne Bezug zum Hauptsatz u zur Niederlassg des Verwders, ja (LG Konstanz BB **83**, 1372). Ausl GerStand, wenn materiell dtsches Recht anzuwenden ist, ja (Düss NJW-RR **88**, 1261). Anwendg ausl Rechts auf ein RVerhältn mit engster Verbindg zum dtschen Recht, ja (s Düss ZIP **94**, 289). Abtretgsverbote, nein (BGH NJW **81**, 117). Schriftformklauseln, nein (Ul-Br-He Rn 16; unten § 9 Rn 128).

5   – **bb) Kaufverträge.** Befugn des Verwders, neben dem PauschalPr Aufschließgskosten zu berechnen, ja (BGH NJW **84**, 171). Verzinsg des KaufPr seit einem vor dem VertrSchl liegdn Ztpkt, ja (BGH NJW **86**, 1805). Klausel in einem Time-Sharing-Vertr, daß nicht der Erwerber, sond ein TrHänder in das GB eingetragen w, ja (BGH NJW **95**, 2637, Hildenbrand NJW **95**, 2967). Fixklausel in EinkaufsBdgngen, ja (BGH **110**, 96). GehaltsAbtrKlausel in KreditkaufVertr, ja (Hamm BB **83**, 1305). Verpflichtg für Leergut neben dem „Pfand" Miete zu bezahlen, ja (LG Köln MDR **87**, 627). VorleistgsPfl des Ersteigerers in der Auktion, nein (BGH NJW **85**, 851). Einf u verlängerter EigtVorbeh, nein (Ul-Br-He Rn 33). SelbstbeliefergsVorbeh beim Handelskauf, nein (BGH **92**, 397). Aushöhlg der Herstellergarantie dch erhebl Einschränkgen, ja (Hamm
6   MDR **84**, 53; Schünemann NJW **88**, 1946). – **cc) Mietverträge, Leasingverträge.** GehaltsAbtrklauseln, ja (LG Lübeck NJW **85**, 2985). Zimmertemperatur von 18 Grad als vertrgem Erf bei WoMiete, ja (LG Heidelbg WuM **82**, 2). Verpflichtg des gewerbl Mietes zur Zahlg einer monatl Werbeabgabe, uU ja (Düss MDR **93**, 1078). Regelg in einem MietVertr über eine EDV-Anlage, daß jede „technologische Anpassg" die Mietzeit um 72 Mo verlängert, ja (Köln NJW **94**, 1483). Recht des LeasGeb, den auf Teilamortisation angelegten Vertr bei vorzeit Beendigg auf Vollamortisationsbasis abzurechnen, ja (Karlsr NJW-RR **86**, 1112; Oldenbg NJW-RR **87**, 1003). Ersetzg der Haftg des LeasGeb dch Abtr von GewLAnspr gg den Hersteller, nein (BGH WM **85**,
7   640). – **dd) Dienstverträge, Krankenhäuser.** Recht zur Berechng des Höchsthonorars ohne Rücks auf die Schwierigk der Angelegenh, ja (Düss VersR **84**, 370). Überwälzg des Kostenrisikos, wenn der SozVersTräger nicht eintritt, ja (Brem NJW **91**, 2354). Spaltg des KrankenhausVertr dahin, daß der Krankenhausträger nicht Schu der ärztl Leistgen ist, ja (BGH **121**, 113). Freizeichng des Krankenhausträgers von der Haftg für Verschulden des selbstliquidierden Arztes, ja (Bambg VersR **94**, 814). Einwillig, daß Operation statt dch den Chefarzt dch einen Assistenzarzt dchgeführt w kann, ja (Karlsr NJW **87**, 1489, Düss NJW **95**, 2421). Verpflichtg, an die Detektei neben dem Honorar eine Umlage zu zahlen, ja (BGH BB **78**, 637). – **ee) Werk- und Reiseverträge.** VergütgsPfl für Kostenanschläge, ja (BGH NJW **82**, 765). Wiederholgsklausel bei befristetem AnzeigenAuftr, ja (BGH NJW **89**, 2255, vgl aber auch den u liegden Fall LG Mü NJW-RR **94**, 307). Verlängerg der 2jähr VOB-Verj auf 5 Jahre, nein (BGH NJW-RR **87**, 852). Ausschluß des Rechts,
8   Anspr beim vermittelnden Reisebüro anzumelden, ja (LG Ffm NJW-RR **87**, 745). – **ff) Kreditverträge.** Übernahme einer Bearbeitsgebühr od von Schätzkosten bei Nichtzustandekommen des Vertr, ja (Köln ZIP **80**, 981; LG Stgt NJW-RR **92**, 380). BierbezugsPfl auch bei NichtAbnahme des Darl, ja (BGH NJW **78**,

1519). Ggseit Bevollmächtigg mehrerer KreditNeh zur Aufnahme weiterer Kredite, ja (BGH NJW **91**, 924).
– gg) Bürgschaften, Sicherungverträge. Ausdehng der für einen Kredit übernommenen Bürgsch auf alle ggwärt u künft Fdgen des KreditGeb, ja (BGH **126**, 176) u zwar abweichd von der fr Rspr grdsl auch bei einem betragsmäß limitierten Kontokorrentkredit (BGH NJW **95**, 2553) u bei einer HöchstBetragsBürgsch (Rstck WM **95**, 1533). Erstreckg der Bürgsch iF der Nichtigk der Hauptverbindlichk auf den Anspr aus § 812, nein (BGH NJW **92**, 1235). Haftg des Bürgen für Zinsen u Kosten, nein (BGH WM **84**, 199; LG Stgt WM **93**, 1181), and aber bei HöchstbetragsBürgsch (Nürnbg NJW **91**, 235). Zur Anwendg von § 3 auf **Grundschulden** s § 1191 Rn 39. Unterwerfg unter die ZwVollstr, nein (BGH NJW **87**, 906). Begründg einer persönl Haftg des Eigtümers, der nicht zugl persönl Schu ist, ja (s BGH **114**, 13). Erstreckg der SichgÜbereigng von Eigt einer ärztl Gemeinschpraxis auf Anspr, die sich ausschließl gg einen einz Arzt richten, ja (Oldenbg WM **93**, 2162). – **hh) Maklerverträge.** ProvZusage für FolgeGesch, ja (BGH **60**, 234). **9** ProvRegelg in ObjektNachw, ja (Hamm NJW-RR **88**, 687). Mindestprovision von 9000 DM, ja (KG MDR **94**, 985). – **ii) Versicherungsverträge.** Aushöhlg des zugesagten VersSchutzes dch weitgehde Risikoausschlüsse, ja (LG Ffm VersR **77**, 351; LG Bln NJW-RR **89**, 990). Regelg, wonach die HausratVers nicht eintritt, wenn der Dieb dch Einbruch in die von den Eltern bewohnte EinliegerWo in die versicherte Wo gelangt, ja (Saarbr NJW-RR **94**, 539). Wegfall des Krankentagegeldes nach 3-monat ArbLosigk, ja (LG Brem NJW **85**, 868). Minderg der VersSumme wg fr Zahlgen, ja (BGH NJW **85**, 971). In AbfindgsErkl aufgenommener Verzicht zGDr, ja (BGH NJW **85**, 970). Beschränkgen des VersSchutzes für den Reisegepäck Vers für die Nachtzeit, nein (Mü NJW **83**, 53). Ausschluß des VersSchutzes für best RGebiete in den AVB der RSchutzVers, nein (Hamm NJW-RR **94**, 1506).

4) Die Beweislast obliegt dem, der sich auf § 3 beruft, idR also dem Kunden. Behauptet der Verwder, er **10** habe auf eine Klausel bes hingewiesen, so ist er hierfür bewpflichtig (BGH **83**, 60, **109**, 203, NJW **92**, 1823).

AGBG 4 *Vorrang der Individualabrede.* Individuelle Vertragsabreden haben Vorrang vor Allgemeinen Geschäftsbedingungen.

AGBG 5 *Unklarheitenregel.* Zweifel bei der Auslegung Allgemeiner Geschäftsbedingungen gehen zu Lasten des Verwenders.

1) Allgemeines: Die **Auslegung** von AGB richtet sich grdsl nach den für RGesch geltden allg Regeln **1** der §§ 133, 157. Auch bei Anwendg der §§ 133, 157 können die einseit festgelegten AGB aber nicht schemat mit IndVereinbgen gleichgestellt w; Rspr u Lehre haben vielm für AGB bes Ausleggsregeln herausgebildet, die deren Eigenart Rechng tragen (Rn 2–12). Das Ges übernimmt zwei dieser Grds in die §§ 4 (Vorrang der IndAbrede) u 5 (Unklarheitenregel) u läßt die übr von der Rspr entwickelten Ausleggsregeln unberührt (BT-Drs 7/5422 S 5).

2) Vorrang der Individualabrede (§ 4). Er war schon im fr Recht allg anerkannt (BGH VersR **82**, 490) **2** u ist Ausdr des funktionellen RangVerh zw IndVereinbg u AGB (Trinkner FS Cohn, 1975, S 191, Zoller JZ **91**, 850, str). AGB sollen als vorformulierte generelle Regeln (als Ers des abbedungenen dispositiven R) die von den Part getroffene IndAbrede ausfüllen u ergänzen. Sie dürfen aber die im EinzFall ausgehandelten Vereinbgen nicht zunichte machen od aushöhlen. Diese können sich aus mdl Abreden, aber auch aus handschriftl od maschinenschriftl Einfüggen (BGH NJW **87**, 2011) od einem BestätiggsSchr ergeben (BGH NJW-RR **95**, 179). Mögl ist auch, daß sie konkludent getroffen w (BGH NJW **86**, 1807). Der Vorrang gilt auch zG des Verwders (Zoller JZ **91**, 853); seine Verletzg ist ein UnwirksamkGrd (Zoller aaO).

a) Klauseln, die in **direktem Widerspruch** zur IndVereinbg stehen, sind unwirks. Bei Eröffng eines **3** Und-Kontos kann sich die Bank nicht formularmäß die Befugn zur Zahlg an einen Gläub vorbehalten (Köln NJW-RR **90**, 1007). Bestellt Kunde ausdr eine ganz best Ware, w die zG des Verwders vorgesehene formularmäß Ersetzgsbefugn nicht VertrInhalt (BGH NJW **70**, 992 u § 10 Nr 4). Behandeln die Part zwei Konten als Einh, ist Trenngsklausel in AGB unbeacht (BGH **LM** HGB 355 Nr 3 Bl 2 R). Soll AuftrGeb zum DirektVerk des Grdst berecht bleiben, ist AlleinAuftrKlausel in MaklerAGB ggstlos (BGH **49**, 87). Wird der Zeitcharterer individualvertragl als Verfrachter bestimmt, ist die Benenng des Reeders als Verfrachter in den KonnossementsBdggen unwirks (BGH NJW-RR **90**, 613).

b) Auch bei einem nur **mittelbaren Widerspruch** hat die IndAbrede Vorrang (Karlsr VersR **84**, 830). **4** Vertragl Zusichergen von best Eigensch können daher nicht dch formularmäß GewlAusschlKlauseln zunichte gemacht w (BGH **50**, 206 u § 11 Nr 11), die Vereinbg einer best Lieferzeit nicht dch eine Klausel, wonach Liefertermine unverbindl seien (BGH WM **84**, 1317, Stgt ZIP **81**, 976), eine PrVereinbg nicht dch Klausel, wonach zusätzl MWSteuer zu entrichten ist (Sonnenschn NJW **80**, 1494), eine Festpreisabrede nicht dch eine in AGB enthaltene Lohngleitklausel (Celle NJW **66**, 507) od dch einen in den AGB in Bezug genommenen Kostenanschlag (Nürnb MDR **77**, 137). Eine spezielle Haftgsregelg im IndVertr hat Vorrang vor der HaftgsBeschrkg gem ADSp (BGH VersR **77**, 516); die Abrede über Behandlg in der 3. Pflegeklasse zum übl Pflegesatz geht formularmäß Klausel über LiquidationsR des Klinikchefs vor (LG Saarbr NJW **77**, 1496). Gibt Kunde Scheck ausdr nur zum Einzug u zur Gutschr, kann Bank aGrd ihrer AGB nicht Eigt an dem Scheck beanspruchen (aA BGH **69**, 29). Hat die Bank einen Kredit dch Übereign eines Kfz sichern lassen, kann sie nicht aufgrund einer formularmäß Klausel ein PfandR am Kontoguthaben ihres Kunden beanspruchen (aA Mü WM **82**, 550). Unzul ist es auch, wenn den von den Part abgegebenen WillErkl dch AGB eine Bedeutg beigelegt w, die sich in Widerspr zu dem geäußerten Willen setzt. Wer als Vertreter eines and auftritt, also nicht sich, sond den Vertretenen verpfl will, kann daher nicht dch AGB mit einer persönl Haftg belastet w (LG Bln NJW **69**, 141); § 11 Nr 14 hat daher nur klarstellde Bedeutg. Formularmäß Klauseln können der tatsächl erteilten BankAusk nicht den Charakter einer Ausk nehmen (BGH **49**, 171). Dagg soll zw einer Skontoabrede u einer Vorschußklausel kein Widerspr bestehen (BGH NJW **81**, 1959).

c) Schriftformklauseln gibt es in unterschiedl Ausgestaltg (Teske, Schriftformklauseln in AGB, 1990). **5** Soweit sie für Nebenabreden u VertrÄndergen konstitutiv die Einhaltg der Schriftform fordern, verstoßen sie gg § 4; formularmäß Klauseln können die höherrang individuelle Abrede nicht außer Kraft setzen (BGH NJW **86**, 3132, NJW-RR **95**, 179, Karlsr NJW **81**, 406, str, aA BGH NJW **80**, 235). Entspr gilt für Bestätiggsklauseln, die die Wirksamk mdl Abreden von einer schriftl Bestätigg abhäng machen (Teske S **6** 407ff). Mit § 4 vereinb sind dagg personenbezogene Bestätiggsvorbehalte u **Vollständigkeitsklauseln;** sie können aber gg § 9 (dort Rn 128) verstoßen. Die mit § 4 unvereinb Klauseltypen (Schriftformklausel ieS u allg Bestätiggsklausel) sind zugl auch gem § 9 unwirks (dort Rn 128).

7   **3) Auslegung.** AGB sind trotz ihres abstrakt-generellen Charakters keine RNormen, sondern VertrBdggen (allgM). Für ihre Ausleg gelten daher grdsl die allg Regeln der §§ 133, 157 (Wo/Ho/Li Rn 6, str, die hM geht vom Prinzip obj Ausleg aus). Legen die Part der Klausel übereinstimmd eine von ihrem obj Sinn abweichde Bedeutg bei, ist diese maßgebd (BGH **113**, 259, NJW **95**, 1496); durfte der Verwendgsgegner die Regelg aufgrd bes Umst des Einzelfalles abweichd von ihrem obj ErklWert verstehen, ist sein Verständn maßgebd. Die Besonderh bei einem VertrSchluß unter Einbeziehg von AGB besteht aber darin, daß typw einzelfallbezogene, ausleggsrelevante Umst fehlen (Wo/Ho/Li Rn 6, von Schmidt-Salzer JZ **95**, 223 nicht genügd beachtet). Trifft das zu, gilt der Grds **objektiver Ausleg;** er ist ggü der Ausleg unter Berücksichtigg individueller VertrSchlußUmst nachrang, aber prakt die Regel: Die AGB sind ausgehd von den VerständnMöglichk eines rechtl nicht vorgebildeten Dchschnittskunden **einheitlich** auszulegen, wie sie von verständ u redl VertrPart unter Abwägg der Interessen der normalerw beteil Kreise verstanden w (BGH **7**, 368, **77**, 118, **79**, 119, **107**, 277, NJW **92**, 2629, hM, stRspr). Ausleggsmittel, die sich dem typweise an Gesch dieser Art beteil Dchschnittskunden verschließen, dürfen (and als bei der Ausleg von RNormen) nicht herangezogen w (BGH **60**, 177, DB **78**, 629). Bei der Ausleg von AVB ist entscheidd, wie sie ein dchschnittlicher VersN ohne versichergsrechtl Spezialkenntn bei verständ Würdigg, aufmerks Dchsicht u Berücksichtigg des erkennb SinnZushanges verstehen muß (BGH NJW **93**, 2369). Für die Ausleg einer Mietkautionsabrede kann (entgg BGH **84**, 350) nicht ausschlaggebd sein, wie das jurist Schrifttm die Verzinslichk der Kaution im Ztpkt des VertrSchl beurteilt hat. And als bei der Ausleg unter Berücksichtigg individueller Umst kommt es nicht auf das Ergebn im EinzelFall, sond darauf an, daß das AusleggsErgebn als allg Lösg des stets wiederkehrden InteressenGgs angem ist (BGH **60**, 380). In AGB verwendete RBegr sind idR entspr ihrer jur Fachbedeutg zu verstehen (BGH **5**, 367, DB **69**, 1146, Stgt VersR **83**, 745, aA Roth WM **91**, 2130); das gilt auch, wenn in einen FormularVertr eine Vorschr aus einer EU-Freistellgsregelg übernommen w (Ulmer/Schäfer ZIP **94**, 756); iü kommt es auf den allg Sprachgebrauch an, bei FachBegr außerh des allg Sprachgebrauchs auf die fachwissenschaftl Bedeutung (MüKo/Kötz Rn 3).

8   **4) Unklarheitenregel (§ 5). – a)** Die schon im fr Recht allg anerkannte UnklarhRegel (BGH **5**, 115, **62**, 89) beruht auf dem Gedanken, daß es Sache des Verwders ist, sich klar u unmißverständl auszudrücken. § 5 gilt auch für kollektiv ausgehandelte sowie behördl empfohlene od genehmigte AGB (Wo/Ho/Li Rn 26), also auch für AVB. Sie ist auch im Kaufrecht anwendb (BGH NJW-RR **88**, 114) u kann auf formularmäß ArbVertrBdggen analog angewendet w (BAG DB **92**, 384). Für ihre Anwendg genügt nicht, daß Streit über die Ausleg besteht. Voraussetzg ist vielm, daß nach Ausschöpfg der in Betracht kommden Ausleggsmethoden ein nicht behebb Zw bleibt u mindestens zwei Ausleggen rechtl vertretb sind (BGH NJW **84**, 1818, **92**, 1098, Mü NJW-RR **95**, 498). Wenn die Klausel bei obj Ausleg einen eindeut Inh aufweist, ist für eine Anwendg von § 5 kein Raum (BGH NJW **93**, 658). Die fr geübte Praxis, die UnklarhRegel als ein Mittel verdeckter InhKontr einzusetzen, ist nicht mehr zu rechtf. So kann etwa die Klausel „gekauft wie besichtigt u unter Ausschl jeder Gewährleistg" nicht als unklar, sond allenf gem §§ 9ff beanstandet w (BGH **74**, 385, NJW **77**, 1055). Ist die Klausel nicht nur in den Randzonen, sond in ihrem Kernbereich unklar, ist sie sowohl nach § 9 (dort Rn 15) als auch gem § 2 I Nr 2 **unwirksam** (§ 2 Rn 14, im Ergebn auch BGH NJW **9** **85**, 53, 56, der zu Unrecht § 5 als UnwirksamkGrd ansieht). – **b)** Die dem and Teil **günstigste Auslegung** kann in doppelter Weise ermittelt werden. – **aa)** Im **Verbandsprozeß** (AGBG 13) ist die UnklarhRegel **umgekehrt** anzuwenden. Soweit mehrere Ausleggsalternativen verbleiben, ist von der Auslegg auszugehen, die zur Unwirksamk der Klausel führt. Maßgebd ist also die scheinb **kundenfeindlichste** Auslegg, denn sie ist in Wahrh die ihm günstigere (s BGH **95**, 353, **104**, 88, **108**, 56, **119**, 172, NJW **94**, 1062, stRspr). Völlig fernliegde Ausleggsmöglichk, von denen Störgen des RVerk ernstl nicht zu besorgen sind, rechtfertigen aber kein Klauselverbot (BGH NJW **93**, 1135, **94**, 1799). Fernliegd ist die Ausleg einer Laufzeitregelg dahin, daß sie neben der ordentl Künd auch die aus wichtigem Grd ausschließt (BGH NJW **93**, 3264); ein GewährleistgsAusschluß für Fehler dch mangelh Bedieng erfaßt nicht Anspr wg Mängel der BediengsAnleitg, unricht Beratg od vertragl Zusicherg (BGH NJW **94**, 657); die Klausel „zahlb sofort netto ohne Abzug" schließt GgAnspr u ZbR des Kunden nicht aus (Celle NJW-RR **93**, 1334). – **bb)** Soweit die Unwirksamk der Klausel die RStellg des Kunden verbessern würde, ist die UnklarhRegel auch im **Individualprozeß** zunächst umgekehrt anzuwenden, dh es ist zu prüfen, ob die Klausel bei scheinb kundenfeindlichster Auslegg wg Verstoßes gg ein Klauselverbot unwirks ist (Schlesw ZIP **95**, 762, in der Tendenz auch BGH NJW **92**, 1099, **94**, 1799). Entgg der fr hM (hier 51. Aufl) besteht kein Anlaß, das Abstellen auf die kundenfeindlichste Auslegg auf den VerbandsProz zu beschränken. Die Berücksichtigg dieser Ausleggsmethode auch im IndProz entspr dem Schutzzweck des § 5 u vermeidet unterschiedl Ausleggsergebn im Verbands- u IndProz (Wo-Ho-Li Rn 33, Ul-Br-He Rn 31, v Olshausen ZHR **151**, 639, str). Erweist sich die Klausel im ersten Ausleggsschritt als wirks, ist die UnklarhRegel „direkt" anzuwenden, dh es gilt die **10 kundenfreundlichste** Auslegung. – **c)** Einzelne **Anwendungsfälle:** Nebeneinand von GewLRegelg u Herstellergarantie (BGH **79**, 119, § 11 Rn 48); von VOB/B u ZVB (LG Ffm NJW-RR **88**, 917); Hinweis auf ein gesetzl WiderrufsR (BGH NJW **82**, 2314); Sicherg künft Fdgen „aus jedem RGrd" (BGH **101**, 34); Unklarh, ob die VertrStrafe weitergehde SchadErsAnspr ausschließen soll od nicht (Düss BB **94**, 1739); Regelg von „Nebenkosten" in einem MietVertr (Düss NJW-RR **91**, 1354); Leistgsbeschreibg in AVB (BGH NJW **86**, 431, AG Bln VersR **83**, 51); Unklarh über den VerschMaßstab (BGH NJW **95**, 56); Unklarh, ob Schwangersch ein „Grd fehlder Gesundh" ist (Brem NJW-RR **95**, 1179), über den Umfang des VersSchutzes (BGH VersR **95**, 951); Mietgarantie beim Bauherrnmodell (Celle NJW-RR **88**, 119); Erfolgsvergütg für Energieeinsparempfehlg (Düss NJW-RR **90**, 821); Umfang der Mithaftg bei Verwendg einer FamZusatzkreditkarte (LG Wiesb WM **84**, 994). – **d)** Eine **ergänzende Auslegung** ist auch bei AGB mögl (BGH **54**, **11** 115, **92**, 363, **103**, 234, **119**, 325), zG des Verwders aber wg seiner Formuliergsverantwortg nur ausnw. Ist eine Lücke dch NichtEinbez od Unwirksamk von AGB entstanden, gilt § 6, der nur in AusnFällen Raum für eine ergänzde Auslegg läßt (§ 6 Rn 6). Diese hat auf die Interessen beider Part Rücks zu nehmen. Unzul ist eine ergänzde Auslegg, die unbill Klauseln soweit entschärft, daß sie der InhKontrolle gerade noch standhalten (BGH **62**, 89, **72**, 208, Vorbem 9 v § 8).

5) Prinzip der dem Kunden günstigsten Auslegung. Einschrkgen von gesetzl normierten Rechten **12** sind iZw auszulegen (Heinrichs RWS-Skript 157 S 32, Wo-Ho-Li Rn 37). Dieser sog RestriktionsGrds u die UnklarhRegel ergänzen sich zu dem Prinzip, daß iZw dem Kunden günstigere Auslegg der Vorzug zu geben ist (Schlesw WM **85**, 86). Das ist insbes bei der Auslegg von Freizeichngsklauseln anerkannt (§ 276 Rn 58), gilt aber auch sonst, so etwa für versichergsvertragl AusschlKlauseln (BGH AGBE V Nr 8).

6) Revisibilität. Die Auslegg von AGB ist in der RevInstanz voll nachprüfb, sofern ihr Anwendsbe- **13** reich über den Bezirk eines OLG hinausreicht (BGH **22**, 112, **47**, 220, **98**, 258, stRspr). Das gilt ebso, wenn die zu beurteilde Klausel mit denen in and OLG-Bezirken übereinstimmt (BGH NJW **74**, 1136, **85**, 1220), nicht aber für ausl AGB (BGH **49**, 362, **112**, 210, NJW **93**, 1334).

AGBG 6 *Rechtsfolgen bei Nichteinbeziehung und Unwirksamkeit.* **I** Sind Allgemeine Geschäftsbedingungen ganz oder teilweise nicht Vertragsbestandteil geworden oder unwirksam, so bleibt der Vertrag im übrigen wirksam.

II Soweit die Bestimmungen nicht Vertragsbestandteil geworden oder unwirksam sind, richtet sich der Inhalt des Vertrages nach den gesetzlichen Vorschriften.

III Der Vertrag ist unwirksam, wenn das Festhalten an ihm auch unter Berücksichtigung der nach Absatz 2 vorgesehenen Änderung eine unzumutbare Härte für eine Vertragspartei darstellen würde.

1) Allgemeines. Nach § 139 hat die Nichtigk eines Teils eines RGesch die GesNichtigk zur Folge, wenn **1** nicht ausnw anzulegen ist, daß es auch ohne den nichtigen Teil vorgen worden wäre. Diese Regel paßt für AGB nicht. Sie berücksichtigt das Schutzbedürfn des Kunden nicht, der idR an Aufrechterhaltg des Vertr interessiert ist, nach § 139 aber bereits bei Unwirksamk einer einz Klausel die Rückgängigmachg des Vertr befürchten müßte. § 6 best daher, daß der Vertr wirks bleibt, wenn AGB ganz od teilw nicht VertrBestandt geworden od unwirks sind.

2) Wirksamkeit des Vertrages. Sie bleibt nach I in zwei Fallgruppen unberührt: – **a) Nichteinbezie-** **2** **hung** der AGB. Dabei ist gleichgült, ob die EinbezVereinbg nicht zustande kommt (§ 2), dch § 3 beschr w od unwirks ist. § 6 I ist daher auch bei formnicht EinbezVereinbg anwendb, ebso iF der Anf (Vorbem 20 vor § 8). Ist eine AGB-Klausel wg des Vorrangs der IndVereinbg (§ 4) ohne Wirkg, ist § 6 anwendb. Es gilt die IndVereinbg mit dem sie ergänzden dispositiv Recht. – **b) Unwirksamkeit** der AGB. Sie ergibt sich **3** idR aus §§ 9–11 u betrifft grdsl die **Klausel im ganzen,** nicht nur den gg das Klauselverbot verstoßden Teil (Einf 9 v § 8). Der Grds der Aufrechterhaltg des Vertr gilt auch dann, wenn die Nichtigk auf § 134 od and Vorschr beruht (BGH NJW **92**, 897) od sich aus einer Anf ergibt (Vorbem 20 vor § 8). Der Vertr bleibt auch dann wirks, wenn sich die Unwirksamk (NichtEinbez) auf **alle Klauseln** erstreckt. – **c)** Besteht über die **4** Einbez der AGB **offener Dissens,** ist der Vertr dagg unwirks, auch wenn sich die Part über den individuellen VertrKern vollst geeinigt haben (Wo/Ho/Li Rn 8, Ul-Br-He Rn 5 u 8); in einem solchen Fall ist § 6 I vielleicht seinem Wortlaut nach nicht aber dem Sinn nach erf. Der Dissens ist aber den sonst NichtEinbez-Fällen gleichzustellen, wenn die Part den Vertr gleichwohl dchführen (s BGH **61**, 287, Köln DB **80**, 924, § 2 Rn 27).

3) Ergänzung des Vertragsinhalts (II). Sow AGB nicht VertrBestandt gew od unwirks sind, richtet **5** sich der Inh des Vertr nach den gesetzl Vorschr. Das bedeutet idR, daß anstelle der unwirks (nichteinbez) Klauseln das dispositive Recht tritt, vielf in der Weise, daß die Klausel ersatzlos entfällt (s BGH NJW **85**, 852). Bei einem Kredit mit einer unwirks (intransparenten) Zinsregelg, tritt an deren Stelle der gesetzl Zinssatz (Celle NJW-RR **95**, 1133). Zu den gesetzl Vorschr iSd II gehören auch die von Rspr u Lehre herausgebildeten ungeschriebenen RGrds. Fehlen für eine Ergänzg des VertrInh geeignete Vorschr u ist die ersatzlose Streichg keine interessengerechte Lösg, etwa bei einem im Ges geregelten VertrTyp, so bleibt der Vertr vorbehaltl III gleichwohl wirks. Die Lückenausfüllg erfolgt gem § 157 (sow erforderl unter Heranziehg von §§ 242, 315) nach den Grds der **ergänzenden Vertragsauslegung** (BGH **90**, 74, **117**, 98, **6** NJW **92**, 1165), die jedoch nur im Individual-, nicht im VerbandsProz zul ist (Ul-Br-He Rn 36). Dabei ist auf den Willen u die Interessen der typw am VertrSchl Beteiligten abzustellen. Beispiele: Unwirks Künd-Ausschluß in einem Internats- od UnterrichtsVertr (BGH NJW **85**, 2585, BGH **120**, 122); unwirks KündFr in einem atyp Vertr (BGH ZIP **89**, 940); unwirks Bindgsdauer in einem DirektunterrichtsVertr (Karlsr AGBE V Nr 13); unwirks GarantieErkl (BGH NJW **88**,.1728); unwirks Vergütgsregelg (Düss NJW-RR **87**, 49); unwirks PrAnpassgsklausel in MietVertr über Fernmeldeanlagen (BGH NJW **90**, 116); unwirks Regelg der Abschlußzahlg in einem LeasingVertr (BGH **82**, 131); unwirks AVB (BGH **117**, 99, Hamm NJW-RR **95**, 412). Dch ergänzde VertrAuslegg ist auch die dch die NichtigErkl der Tagespreisklausel im KfzNeuwagenGesch entstandene Regelglücke zu schließen, u zwar iS eines ErhöhgsR des Verwders u eines RücktrittsR des Kunden (BGH **90**, 78, NJW **85**, 621). Ist die eine FestPrVereinbg ergänzde Erhöhgsklausel unwirks, verbleibt es aber grdsl beim FestPr (BGH **94**, 342). Auch wenn die Freizeichngsklausel für einen Gefahrentrainingskurs unwirks ist, gilt das dispositive Recht (BGH **96**, 26, Karlsr DB **89**, 2065). Ist die formularmäß Entgeltsregelg nicht wirks einbezogen, wird das ortsübl od angem Entgelt geschuldet (Hamm BB **86**, 1465). Sog **salvatorische** Klauseln, wonach iF der Unwirksamk nicht das dispositive Recht, sond **7** eine Regel maßgebd sein soll, deren wirtschaftl Erfolg dem der unwirks sow wie mögl entspr, sind wg Verstoßes gg II nichtig (Celle WM **94**, 893, LG Köln NJW-RR **87**, 886, Heinrichs RWS-Skript 157 S 46,

Ul–Br–He Rn 38, aA Michalski/Römermann NJW **94**, 886). Gleichf unwirks sind ErsatzAGB, die bei Unwirksamk der ErstRegelg hilfsw gelten sollen (Mü NJW-RR **88**, 796, aA Michalski/Römermann aaO, offen BGH NJW **90**, 718). II kann nur dch IndVereinbg, **nicht durch formularmäßige Klauseln abbedungen** w (§ 7 Rn 1, Soergel/Stein Rn 18). Vgl auch Vorbem 13 vor § 8.

8   **4) Gesamtnichtigkeit** tritt ein, wenn das Festhalten an dem gem II geänderten Vertr für eine der VertrPart eine unzumutb Härte darstellen würde (III). Dabei ist nicht auf den Ztpkt des VertrSchl sond auf den der Geltdmachg von Anspr aus dem Vertr abzustellen (BGH NJW **95**, 2221). – **a)** Auf seiten des **Verwenders** führt die Unwirksamk (NichtEinbez) der AGB dchweg zu einer Verschlechterg seiner RStellg. Das ist aber sein Risiko u rechtf grdsl nicht die Anwendung von III (Ffm NJW-RR **95**, 283). Auch wenn die Einbeziehg von AVB scheitert, tritt iZw keine GesNichtig ein (BGH NJW **82**, 824). Für den Verwder kann eine unbill Härte idR nur dann angen w, wenn dch den Wegfall der AGB ein derart auffäll Mißverhältn zw Leistg u GgLeistg entsteht, daß ihm das Festhalten am Vertr nicht mehr zugemutet w kann.

9 – **b)** Für den **Kunden** bedeutet die Nichtanwendbark der AGB prakt immer eine Verbesserg seiner RPosition. Eine unbill Härte kann sich aber daraus ergeben, daß der nach Wegfall der AGB maßgebde VertrInh aus der Sicht des Kunden unklar ist u Ungewißh u Streit über die beidersseit Rechte u Pflten droht. Das kann zutr, wenn bei einem gesetzl nicht geregelten VertrTyp alle od die Mehrzahl der AGB entfallen (BGH NJW **83**, 160, **85**, 53: AutomatenaufstellVertr; Köln NJW **94**, 59, Jena OLG-NL **95**, 124: Intransparenz eines

10 Time-Sharing-Vertr). – **c)** Enthalten die nichteinbez AGB die Festlegg des **Entgelts** od die Leistgsbeschreib (§ 8), kann die Lücke uU dch Abstellen auf das übl od angem Entgelt (den entspr Leistgsumfang) geschl w (§§ 157, 315, 316). Ist das nicht mögl, tritt GesNichtigk ein. – **d)** Ist der Vertr gem § 6 III nichtig, steht dem Kunden idR ein **Schadensersatzanspruch** wg c. i. c. zu (Vorbem 14 vor § 8).

AGBG 7 *Umgehungsverbot.* Dieses Gesetz findet auch Anwendung, wenn seine Vorschriften durch anderweitige Gestaltungen umgangen werden.

1   **1) Allgemeines.** Obwohl SchutzVorschr zG des wirtschaftl Schwächeren vielf Umgehgsversuchen ausgesetzt sind, gibt es im bürgerl Recht keinen geschriebenen allg Grds, der derart Versuchen entggwirkt (vgl aber § 134 Rn 28 f). Der GesGeber hat daher (abw vom RegEntw) im § 7 ausdr ein Umgehgsverbot aufgen. Aus ihm ergibt sich zugl, daß die Vorschr des Ges **zwingendes Recht** sind.

2   **2) Anwendungsbereich.** Wg der weiten Fassg des Ges, insbes der §§ 1 u 9, u seines Schutzzweckes kann UmgehgsVersuchen idR schon dch Auslegg begegnet w. Diese hat den Vorrang vor einer Anwendg des § 7. Ob eine Umgehg vorliegt, entscheidet eine vom Zweck des Ges ausgehde wirtschaftl Betrachtg. Eine Umgehg ist zu bejahen, wenn eine vom Ges verbotene Regelg bei gleicher Interessenlage dch eine and rechtl Gestaltg erreicht w soll, die obj nur den Sinn haben kann, dem gesetzl Verbot zu entgehen (Stgt AGBE II Nr 1). Es genügt das Vorliegen der obj Voraussetzgen, eine UmgehgsAbs ist nicht erforderlich (Ul–Br–He Rn 5). Gleichgült ist, ob der UmgehgsVersuch das Ges im ganzen betrifft od ein einz Verbot. Eine Umgehg kann vorliegen, wenn ein GroßBetr seine Abnehmer veranlaßt, ihm die von ihm selbst entworfenen AGB „zu stellen". Sie ist auch dch Benutzg von Gestaltgsmöglichk des Vereins- od GesellschR (Ausn in § 23 I) denkb (Warenabsatz auf gesellschr Grdlage), ferner iF des § 12 dch einen VertrSchl währd einer Kaffeefahrt ins Ausl. Die Umgehg einz Vorschr kommt insb bei den Klauselverboten der §§ 10, 11 in Betracht, so etwa bei § 11 Nr 2a (BGH NJW **85**, 852, ZIP **86**, 831, aA wg der Auffangfunktion des § 9 Ul–Br–He Rn 7). Dagg hat § 7 bei den §§ 1–6 u 13 kaum einen eig Anwendgsbereich (BGH NJW **91**, 39).

2. Unterabschnitt. Unwirksame Klauseln

Vorbemerkung

1   **1) Allgemeines.** Für AGB sind strengere InhSchranken notw als die allg Grenzen der VertrFreih (§§ 134, 138), weil der Verwder für die vorformulierten Klauseln allein die Freih inhaltl Gestaltg (Einf 13 vor § 145) in Anspr nimmt u den Kunden auf die AbschlFreih (Einf 8 vor § 145) beschr. In einer sozialstaatl Ordng muß gewährleistet sein, daß der Kunde dch AGB nicht unangem benachteiligt w (Einf 4 vor § 1). Zur Erreichg dieses Zieles sieht das Ges einen Katalog verbotener Klauseln vor (§§ 10, 11). Eine kasuistische Regelg dieser Art ist notw lückenh. Der Verbotskatalog w daher dch eine Generalklausel (§ 9) ergänzt. Sie bildet das Kernstück des Ges: Sie legt den Maßstab der InhKontrolle fest u ist zugl allg Auffangtatbestd. Für die **Reihenfolge der Prüfung** gilt, daß zunächst die Verbote des § 11 (keine Wertgsmöglichk) heranzuziehen sind, dann die des § 10 (mit Wertgsmöglichk), dann § 9 II, u erst zuletzt § 9 I (Hbg WM **78**, 1360). Die InhKontrolle setzt begriffl voraus, daß die AGB VertrInh geworden sind. Die §§ 2–4 ff sind daher vor den §§ 9 ff zu prüfen, der Richter kann aber die mit §§ 2 ff zushängden Fragen offen lassen u die Klausel gem §§ 9 ff für unwirks erklären (Rn 19).

2   **2) Anwendungsbereich. – a)** Er ergibt sich aus der in § 1 enthaltenen weitgefaßten BegrBestimmg (s dort). Die InhKontrolle nach dem AGBG wird ab 1. 1. 95 für **Verbraucherverträge** dch eine MißbrKontrolle nach Maßgabe der EG-RiL vom 5. 4. 93 ergänzt. Sie erstreckt sich grdsl auf alle VertrBdggen, die nicht im einzelnen ausgehandelt worden sind, auch wenn diese keine AGB iSv § 1 sind (Anh nach AGBG 30

3 Rn 19 ff). – **b) Ausnahmen** vom sachl Anwendungsbereich des § 1 ergeben sich aus §§ 8 u 23 (vgl dort). Werden AGB ggü **Kaufleuten** für HandelsGesch od ggü jur Pers des öffR verwandt, ist nach § 24 allein die Generalklausel des § 9 Grdl der InhKontrolle, die Verbotskataloge der §§ 10 u 11 finden keine Anwendg (§ 9

4 Rn 32 ff). – **c) Unanwendbar** sind die §§ 9 ff, soweit vertragl od verträhnl SchuldVerh dch **Rechtsnormen** (Ges, VO, Satzg) geregelt sind. RSätze, auch rangniedere, sind begriffl keine AGB (§ 1 Rn 1). Eine InhKontrolle ist daher nicht statth ggü den als VO erlassenen AVersorgB (BGH NJW **87**, 1623, § 27 Rn 1), ABefördB für den LinienVerk vom 27. 2. 1970, BGBl I S 230 (VO gem PersBefördG 58 I Nr 3, Loh BB **70**,

1017 u § 23 Rn 7), KVO (VO gem GüKG 20a BVerfG VRS **23**, 321, BGH VersR **59**, 502). Für Anstalten u Betr der **öffentlichen Hand** bringt die EG-RiL vom 5. 4. 93 im Ergebn nichts Neues (Anh nach AGBG 30 **5** Rn 9). Es ist weiter zu unterscheiden: Ist ihre Benutzg öffr ausgestaltet, ist das AGBG grdsl unanwendb; da die für das RVerh maßgebden Bdggen dem Grds der Erforderlichk u Verhältnismäßigk genügen müssen (BGH **61**, 13), können aber Schutzregelgen des AGBG bei der InhKontrolle als allg RGrds Herangezogen w, so insbes § 11 Nr 7 u das Verbot geltgserhaltder Reduktion (Heintzen NVwZ **92**, 857). Kommt das BenutzgsVerhältn nicht dch VerwAkt, sond dch einen öffr Vertr zustande (Einf 35 vor § 305), gelten über VwVfG 62 die Vorschr des AGBG entspr (Stober DÖV **77**, 398, Baur FS Mallmann, 1978 S 33). Handelt es sich um privrechtl ausgestaltete BenutzgsVerh, ist das AGBG grdsl anwendb. And ist es, wenn das BenutzgsVerh durch VO u Satzg geregelt ist, jedoch kann auch hier bei der Prüfg der Erforderlichk u Verhältnismäßigk auf die Regelgen des AGBG zurückgegriffen w. – d) Besondere Grds gelten für formelhafte **6** Bdggen in **notariellen Verträgen,** die nicht ausgehandelt worden u ohne ausr Erörterg u Belehrg zustande gekommen sind; sie unterliegen nach der Rspr des BGH auf der Grdl des § 242 einer InhKontrolle (BGH **101**, 352, NJW **84**, 2094, Walchshöfer RWS-Forum 2 S 167, aA Roth BB **87**, 977, Habersack AcP **189**, 403, Michalski/Römermann ZIP **93**, 1443). Diese InhKontrolle, die in VerbrVertr jetzt auch auf die EG-RiL vom 5. 4. 93 gestützt w kann (Anh nach AGBG 30 Rn 19ff), beschränkt die Rspr aber auf GewLRegelgen in Vertr über neu errichtete Häuser u EigtWo (BGH **101**, 352, Schlesw NJW-RR **95**, 590) sowie auf Vertr über die Umwandlg von Altbauten in EigtWo (BGH **108**, 168, NJW **88**, 1972). Sie ist außerh von VerbrVertr auch nur bei Klauseln von bes einschneidder Bedeutg zu rechtfertigen (Schlosser DNotZ **90**, 367), nicht bei der Vereinbg von FälligkZinsen (BGH NJW **91**, 843) od bei VertrStrafRegelgen für den Fall des Verzuges (aA KG NJW-RR **89**, 1363). Beim Verkauf von Altbauten ist ein formelhafter GewLAusschluß nicht zu beanstanden (BGH **98**, 108, **108**, 163). Weiterhin zul ist die auf § 242 gestützte InhKontrolle bei ArbVertrBdggen u GesellschVertr von Publikum- KGs (§ 24 Rn 4).

3) Rechtsfolgen. – a) Verstößt eine Klausel gg § 9 od eines der Verbote der §§ 10, 11, ist die Klausel **7** unwirks, der Vertr iü dagg grdsl wirks (§ 6). **Unwirksamkeit** iSd §§ 9ff ist Nichtigk (Übbl 27 v § 104) u nicht etwa relative Unwirksamk (so aber LG Chemnitz NJW **94**, 1806, dagg überzeugd Neuhof NJW **94**, 1763, leider unrichtig zitiert in NJW **95**, 1399 bei Fn 95); sie ist vAw zu beachten. Zu ihrer Heilg bedarf es entspr § 141 einer Bestätigg dch eine IndVereinbg (BGH NJW **85**, 58). Das Versprechen, den Anspr aus der unwirks Klausel zu erfüllen, genügt nicht (BGH WM **82**, 113). Stillschw Bestätigg kann nur angenommen w, wenn die Part die Unwirksamk kannten od mit ihr rechneten (BGH NJW **85**, 58). Auch das **Grund-** **8** **buchamt** muß die Nichtigk beachten (Celle Rpfleger **79**, 261, LG Stgt JZ **77**, 760, Schmid BB **79**, 1639, Staud-Schlosser Rn 11; im Ergebn auch BayObLG NJW **80**, 2818; aA Hamm OLGZ **80**, 92, offen gelassen v BGH NJW **80**, 1625, Karlsr Rpfleger **87**, 412). Eine PrüfgsPfl besteht aber nur im Rahmen der allg VerfGrds der GBO, dh nur dann, wenn sich anhand der eingereichten Unterlagen der Verdacht aufdrängt, die in einer EintrBewilligg in bezug genommenen AGB könnten unwirks sein (s BayObLG, Schmid u Staud aaO), u wenn der Verstoß zur teilw GrdbUnrichtigk od zur inhaltl Unzulässigk der Eintragg führt (Köln NJW-RR **89**, 780).

b) Verstößt der Inhalt einer AGB-Klausel teilw gg die §§ 9ff, so ist die Klausel grdsl **im ganzen 9** **unwirksam** (BGH **84**, 114, **96**, 25, **106**, 267, stRspr, hM). Das gilt für den Individual- u den VerbandsProz in gleicher Weise. Eine geltgserhaltde Reduktion ist unzul (BGH **86**, 297, **114**, 342, **120**, 122, NJW **93**, 1135, stRspr), u zwar auch im kaufm Verk (BGH **92**, 315, NJW **93**, 1787). Die GesUnwirksamk der Klausel ergibt sich aus dem Schutzzweck des AGBG. Dieses wertet die Verwendg von verbotswidr Klauseln als eine obj zur Täuschg geeignete Störg des RVerk (§ 13 Rn 1), u zwar vor allem deshalb, weil es der rechtsunkund Verwendgsgegner idR nicht auf eine Proz ankommen läßt, sond eine VertrAbwicklg nach Maß der AGB einschließl der unwirks Klauseln hinnimmt. Ein solches Verhalten darf die ROrdng nicht dadch risikolos machen u fördern, daß sie eine verbotswidr Klausel dch Reduktion auf das gesetzl gerade noch zul Maß teilw aufrechterhält. Bes liegt es aber, wenn AGB für unterschiedl VertrTypen od ggü verschiedenen Kundenkreisen verwandt w. Hier kann sich die Unwirksk ohne Verletzg des Verbots geltgserhaltder Reduktion auf die Verwendg in best Vertr od ggü best Kunden, zB Verbrauchern, beschränken (BGH **110**, 244, § 9 Rn 8).

c) Besteht der etwaige Verstoß gg die §§ 9ff allein darin, daß die in ihrem eigentl Anwendgsbereich **10** unbedenkl Klausel **untypische Ausnahmefälle** nicht berücksichtigt, ist die dem GesZweck entspr RFolge die Reduktion der Klausel auf den zul Inh. Das gleiche Ergebn wird erreicht, wenn man in solchen Fällen den Konflikt mit den §§ 9ff dch eine einschränkde Auslegg der Klausel vermeidet (BGH NJW **93**, 658, Ul-Br-He § 6 Rn 15). Handelsübl Klauseln mit einem allg anerkannten eingeschränkten Anwendgsbereich sind wg des scheinb zu weit reichden Wortlauts nicht unwirks. Bsp sind etwa der SelbstbelieferugsVorbeh in HandelskaufVertr (BGH **92**, 398) u die Landschadensklausel im SeefrachtR (Hbg VersR **92**, 1496, Rabe TranspR **87**, 127). Die neuere Rspr läßt das **Verbot** geltgserhaltder Reduktion in zwei weiteren Fällen **zurücktreten:** (1) Eine gg §§ 3 u 9 verstoßde BürgschZweckErkl bleibt, auch wenn die Voraussetzgen von Rn 11 nicht vorliegen, wirks, soweit sie die bei Abgabe der Bürgsch bestehde Fdg betrifft (BGH NJW **95**, 2553, krit Reich/Schmitz ebda S 2533). Dem ist gem § 9 Rn 2 zuzustimmen. (2) Die VerjRegelg in AGNB 26 bleibt, obwohl sie hinsichtl SchadErsAnspr wg Vorsatzes od grober Fahrlässigk unwirks ist, im übrigen wirks (BGH ZIP **95**, 1098). Das überzeugt nicht (Koller EWiR **95**, 835). Die Begründg, die auf die längst überholte Theorie einer „fertig bereit liegden ROrdng" rekurriert, ist offensichtl verfehlt (dagg treffd Löwe ZIP **95**, 1273).

d) Enthält die Klausel neben der unwirks auch inhaltl unbedenkl, aus sich heraus verständl sprachl u **11** inhaltl **teilbare** Bestimmgen, bleiben diese auch dann wirks, wenn sie den gleichen Sachkomplex betreffen (BGH **107**, 190, **108**, 12, NJW **93**, 1135, stRspr). Voraussetzg für die Zerlegg ist, daß die unwirks Bestimmg einf weggestrichen w kann, sog „blue-pencil test" (LG Brem NJW-RR **89**, 1080). Teilb sind daher die Festlegg von FrLänge u FrBeginn (BGH NJW **88**, 2106, Düss NJW-RR **94**, 1298); die Aufzählg der zu sichernden Fdgen in einer ZweckBestimmg (BGH NJW **94**, 1656); die Festlegg der VertrLaufzeit u eine Regelg über eine vorzeit VertrLösg gg Zahlg einer Abstandssumme (BGH NJW **93**, 1135). Dagg kann eine

12 zu lange Fr nicht abgekürzt w (BGH NJW **84**, 2817, Walchshöfer WM **86**, 1046); eine aufeinand abgestimm-
te FrRegelg ist bei Unangemessenh einer Fr im ganzen unwirks (BayObLG NJW-RR **87**, 1299). Ist die
Abkürzg der Gewährleistg auf die 2-JahresFr der VOB/B unwirks, besteht auch die Möglichk zur Verlän-
gerg der Verj dch schriftl Mängelanzeige nur innerhalb der 2-JahresFr (Hamm NJW-RR **93**, 718). Soll nach
der Klausel eine Abtr Zug-um-Zug gg eine Leistg des Kunden erfolgen, erstreckt sich die Unwirksamk der
GgLeistgsPfl auch auf die Abtr (BGH NJW **84**, 2688); dagg soll ein „unwiderrufl" ÜberweisgsAuftr als
widerrufl bestehen bleiben können (BGH NJW **84**, 2817). Die unwirks Klausel, die den Mieter zur Entferng
von Dübeleinsätzen verpflichtet, kann nicht für solche Dübel aufrechterhalten w, die der Mieter in Über-
schreitg des vertragsmäß Gebrauchs angebracht hat (BGH NJW **93**, 1062). Die mit einer unwirks Künd-
Klausel verbundene, den Gegner begünstigde VerfRegelg kann wirks bleiben (BGH NJW **87**, 2507), die
hinsichtl künft Fdgen unwirks SichergsZweckErkl kann hinsichtl ggwärt wirks sein (BGH **106**, 25, **109**,
203). Die KündRegelg ist nicht desh unwirks, weil die Folgenregelg unangem ist (BGH NJW **88**, 200), die
Unterwerfg unter die ZwVollstr nicht desh, weil die FälligkRegelg unwirks ist (Hamm WM **91**, 2119), der
Ausschl der Aufr nicht desh, weil der Ausschl des ZbR gg § 11 Nr 2 verstößt (BGH ZIP **89**, 784), der
Haftausschluß für einfache Fahrlässigk nicht desh, weil der für grobe wg § 11 Nr 7 unwirks ist (Wo-Ho-Li
Rn 151, Sonnenschein NJW **80**, 1720). Verstößt die für beide Part getroffene Regelg nur im Verhältn zum
Verwendgsgegner gg das AGBG (Bsp: VertrStrafe), bleibt sie im übrigen gült (Ul-Br-He § 6 Rn 16).

13   **e) Salvatorische Klauseln,** die der Verwder seinen AGB hinzufügt („SchadErsAnspr ist ausgeschl,
soweit dies gesetzl zul ist"), verstoßen gg das VerständlichkGebot des § 2 (dort Rn 14) u ändern an der
Totalnichtigk der verbotswidr Klausel nichts (BGH **93**, 48, NJW **91**, 2632, **93**, 1062). Zweifel darüber,
inwiew das AGBG Beschränkgen von Kundenrechten zuläßt, treten nach dem jetzigen Stand von Rspr u
Lehre kaum noch auf. Ist das ausnweise doch der Fall, sind weit gefaßte Klauseln mit salvatorischen
Zusätzen zul, da für die entstehe Unklarh hier nicht der Verwder, sond das AGBG verantwortl ist (Stgt
NJW **81**, 1106, Hamm BB **83**, 1307, Schlosser WM **78**, 568, Wo/Ho/Li § 6 Rn 39). Der beim Verkauf
gebrauchter Sachen zul völl GewLAusschluß ist auch dann wirks, wenn ihm ein einschränkder Zusatz
(„soweit der Verkäufer nicht gesetzl zwingd haftet od etwas and vereinbart ist") hinzugefügt w (BGH NJW
93, 658).

14   **f)** Die Verwendg von unzul Klauseln verstößt gg die bei VertrVerhandlgen bestehde Pfl zur ggs Rück-
sichtn u Loyalität; sie begründet daher eine **Schadensersatzpflicht** nach den Grds über c. i. c. (BGH NJW
84, 2816, **94**, 2754, § 276 Rn 77). Der SchadErsAnspr tritt (abgesehen vom Fall des § 6 III) neben den
ErfAnspr. Er kann auf Ers von RBeratgskosten od auf RückFdg von Leistgen aGrd unwirks Klauseln
gerichtet sein (dann Konkurrenz mit Anspr aus § 812).

15   **g)** Die Verwendg von unwirks Klauseln begründet gem § 13 einen **Unterlassungsanspruch.** Dieser
Anspr, der von Verbraucher- u WirtschVerbänden geltd gemacht w kann, soll gewährleisten, daß die
Verbote der §§ 9ff in der Praxis des WirtschLebens dchgesetzt w.

16   **4) Verhältnis zu anderen Vorschriften. – a)** Wie die eigenständ Regelg der UnwirksamkFolgen in § 6
zeigt, enthalten die §§ 9ff keine ges Verbote iSv **§ 134.** Verstößt eine Klausel zugl gg § 134, bestehen beide
UnwirksamkGrde nebeneinand (s BGH **87**, 197), prakt w aber der Prüfg nach § 134 der Vorrang einzuräu-
17 men sein. – **b)** Ggü **§ 138** sind die §§ 9ff *lex specialis.* Soweit es um den Schutz vor unbill Klauseln in AGB
geht, w § 138 dch den spezielleren Schutzzweck der §§ 9ff verdrängt (vgl den entspr Vorrang des
KündSchG u der gesetzl Beschr von WettbewVerboten, § 138 Rn 81 u 106). Eine Anwendg des § 138
kommt idR nur in Betr, wenn die IndVereinbg sittenw ist, ferner dann, wenn die AGB nicht wg Benachtei-
ligg des Kunden, sond aus sonst Grden (Benachteiligg Dr, § 9 Rn 7, Förderg der Unzucht) anstöß ist
(MüKo/Kötz Rn 7). Bei einem MißVerh von Leistg u GgLeistg kann aber die Verwendg von unangem
18 AGB den Ausschlag für eine Bejahg des § 138 I geben (BGH **80**, 171, NJW **83**, 160). – **c)** Auch ggü **§ 242**
sind die §§ 9ff die spezielleren Vorschr. Sie legen ggü § 242 abschließd fest, unter welchen Voraussetzgen
AGB unwirks sind. Für die Frage, ob die Berufg auf eine gült Klausel wg der EinzelfallUmst gg Treu u
Glauben verstößt (**„Ausübungskontrolle"**), ist dagg weiter § 242 der maßgebde Norm (BGH **105**, 88,
NJW-RR **86**, 272). Außerdem bleibt § 242 in den RGebieten Grdl der richterl InhKontrolle von formular-
19 mäß Klauseln, für die das AGBG gem § 23 I nicht gilt. – **d)** Die InhKontrolle setzt voraus, daß die AGB
VertrBestandt gew sind. Scheitert die Einbez bereits an **AGBG 2, 3 oder 4,** sind die §§ 9ff daher unan-
wendb. Der Ri kann jedoch die Frage der Einbez offen lassen u die Klausel gem §§ 9ff für unwirks erklären.
– **e)** Vor Prüfg der Unwirksamk gem §§ 9ff muß der Inhalt der Klausel dch **Auslegung** (§ 157) ermittelt w.
Ergibt diese, daß eine Klausel entgg dem ersten Anschein keine unangem Benachteilg enthält, sind die
§§ 9ff unanwendb. Doch dürfen Klauseln, die nach ihrem Wortlaut u Zweck unzul sind, nicht dch Auslegg
20 so weit gemildert w, daß sie gerade noch tragb sind (§§ 4, 5 Rn 11). – **f)** Bei argl Täuschg über den Inh der
AGB w das **Anfechtungsrecht** (§ 123) dch die Sonderregeln der §§ 9ff nicht berührt. Anf kann auf die
EinbezVereinbg beschr w (vgl zur TeilAnf § 142 Rn 1) u läßt dann gem § 6 den Vertr iü bestehen. Hat sich
der Kunde über die Einbez od den Inh der AGB geirrt, kann er gem § 119 anfechten (Loewenheim AcP **180**,
433, aA E. Schmidt JuS **87**, 932), muß jedoch if des Irrt über den Inh der AGB nachweisen, daß er insow
best Vorstellgen hatte (§ 119 Rn 9). Das AnfR des Verwders wg versehentl Nichteinbeziehg seiner AGB w
dagg dch den Zweck der §§ 2 u 6 ausgeschl (aA Loewenheim aaO).

21   **5) Kontrolle durch Verwaltungsbehörden. – a)** Zahlreiche AGB bedürfen einer **Genehmigung** dch
eine VerwBeh, so etwa AGB der Bausparkassen, KapitalanlageGesellsch, HypBanken u Schiffspfandbrief-
banken (§ 16 Rn 1), Bdggen gemeinnütz WoBauUntern (BGH NJW **83**, 1324, WoGemeinnützigkG 7),
Bdggen des FluglinienVerk (LuftVG) u bis zum 28. 7. 94 auch AVB (VAG 5, 8 aF). Prüfgsmaßstab für diese
GenVerf ist auch das AGBG (BVerwG VersR **81**, 223 zu VAG 8). Die Erteilg od Nichterteilg der Gen ist
aber privatrechtl unerhebl. Auch nicht genehmigte AGB können wirks in einen Vertr einbezogen w;
umgekehrt können die ZivilGer Klauseln in genehmigten AGB als unwirks beanstanden (allgM, *arg* § 16). –
22 **b) Konditionenkartelle** (GWB 2) u **Konditionenempfehlungen** (GWB 38 II Nr 3) unterliegen keiner
GenPfl, sind aber der KartellBeh zu melden, die if des Mißbrauchs einschreiten kann (GWB 12, 38 III).

Kontrollmaßstab ist das AGBG in der Auslegg durch die höchstrichterl Rspr (Löwe RWS-Forum 2, 1987 S 102). Ist die RFrage noch nicht obergerichtl geklärt, entfällt aber ein mißbräuchl Verhalten, wenn sich die Empfehlg auf seriöse, interessenmäß nicht gebundene Ans im Schrift stützen kann (Staud-Schlosser Einl v § 1 Rn 27). Läßt die KartellBeh die AGB unbeanstandet passieren, so ist das für die richterl InhKontrolle nicht einmal ein Indiz für die Vereinbark der AGB mit dem AGBG (Hamm ZIP **80**, 1102, Ul-Br-He Rn 43, str). Zur Praxis der KartellBeh s Löwe aaO.

AGBG 8　*Schranken der Inhaltskontrolle.*　Die §§ 9 bis 11 gelten nur für Bestimmungen in Allgemeinen Geschäftsbedingungen, durch die von Rechtsvorschriften abweichende oder diese ergänzende Regelungen vereinbart werden.

1) Allgemeines. AGB, die den LeistgsInh od das zu zahlde Entgelt festlegen, müssen von einer Anwendg 1 der §§ 9ff ausgenommen w, da das AGBG eine gerichtl Kontrolle von Leistgsangeboten u Preisen nicht ermöglichen will u (aus verfassgsrechtl Grden) wohl auch nicht darf. Die richterl Kontr von AGB muß außerdem dort ihre Grenze finden, wo AGB ledigl den Inh der einschläg gesetzl Vorschr wiederholen. § 8 beschr die InhKontr daher auf Klauseln, die von RVorschr abweichen od diese ergänze Regelgen enthalten. Bei Klauseln, die der InhKontrolle entzogen sind, bleibt den Kunden jedoch der Schutz der §§ 3 u 4. Auch der Schutz des § 2 wird dch § 8 nicht eingeschränkt. Verstöße gg das **Transparenzgebot** (§ 9 Rn 15) begründen auch bei Klauseln, die das Preis/Leistgsverhältn betreffen, Unwirksamk, da § 8 nach seinem Zweck nur die AngemessenhKontrolle, nicht aber eine Verständlich- u Transparenzprüfg ausschließt (Celle NJW-RR **95**, 1133, Wo/Ho/Li § 9 AGBG Rn 143 u wohl auch BGH **106**, 46).

2) Fallgruppen. Der InhKontr entzogen sind: – **a) Leistungsbeschreibungen,** die den Ggst der Haupt- 2 leistg unmittelb festlegen (BGH **100**, 173, NJW **93**, 2369). – **aa)** Beispiele sind Baubeschreibgen, Kataloge, Prospekte, VOB/C (Heiermann DB **77**, 1735), DIN- u and techn Normen, ZuteilgsBdggen der Bausparkasse, Festlegg des Umfangs der WartgsLeistg (Mü BB **90**, Beil 10 S 9). Kontrollfäh ist dagg die formularmäß Ausdehng der Bürgenhaftg über die Fdg hinaus, die Anlaß der Verbürgg war (BGH NJW **95**, 2553 gg die fr Rspr) u Regelgen, die den Anschein erweckt, die sich aus dem dispositiven R ergebden Rechte des Verwendgsgegners würden eingeschränkt (BGH **104**, 82). Wie § 9 II Nr 2 zeigt, sind Klauseln auch dann kontrollfäh, wenn sie das eigentl Hauptleistgsversprechen einschr, verändern od aushöhlen (BGH **100**, 173). Kontrollfäh sind auch Laufzeitregelgen (BGH NJW **95**, 2710) u Klauseln, die dem and Teil NebenPflten auferlegen, die der RNatur des Vertr widersprechen (s Mü NJW-RR **87**, 662), u Regelgen, dch die der Verwder eine sich aus Art u Zweck des Vertr ergebde NebenPfl abbedingt. – **bb) AVB.** Seit Wegfall der 3 GenPfl ab 28. 7. 94 dch die nF des VAG ist die InhKontrolle nach dem AGBG für AVB das einzige Instrument der VerbrSchutzes. **Risikobeschreibungen** sind nicht kontrollfäh, soweit sie den Typ des VersVertr konstituieren u den Kernbereich des versicherten Risikos festlegen (Dreher VersR **95**, 249). Sie unterliegen dagg der InhKontrolle, wenn sie das DeckgsVersprechen in einer mit dem Schutzzweck des AGBG und den berecht Erwartgen des Kunden unvereinb Weise einschränken (BGH **120**, 223). Das trifft in der KrankenVers für die WissenschKlausel (BGH **123**, 85), in der ReisekrankenVers für den Deckgsausschluß für „akut behandlgsbedürftige" Krankh (BGH NJW **93**, 1134) u in der TransportVers für die DTV-Maschinenklausel zu (BGH **120**, 223).

b) Preisvereinbarungen unterliegen nicht der InhKontrolle (BGH **116**, 119, NJW **93**, 1129), auch nicht 4 Entgeltsregelgen für Nebenleistgen wie die Anfahrt (BGH **116**, 119) od die Stellg eines Gerätewagens (BGH NJW-RR **93**, 431), ebsowenig die PrFestsetzg für die Bearbeitg von FreistellgsAuftr (LG Mannh ZIP **95**, 1506) u für das bei Abschluß eines VertriebsVertr zu entrichtde Entgelt (BGH NJW-RR **93**, 375). And ist es, wenn eine gesetzl Vergütgsregelg (Bsp: HOAI) besteht (BGH **81**, 232) od wenn von gesetzl Regelsätzen (Bsp: GOÄ) formularmäß abgewichen w (BGH **115**, 395, aA Reichard ZIP **92**, 190). Zul ist die InhKontrolle bei **Preisnebenabreden** (BGH **116**, 119, NJW **93**, 1129) u Preisberechngsabreden (BGH **93**, 360, **106**, 5 46). Preisnebenabreden sind Vereinbgen, die zwar mittelb Auswirkgen auf Preis u Leistgen haben, an deren Stelle aber, wenn eine wirks vertragl Abrede fehlt, dispositives GesR treten kann (BGH NJW **93**, 1128). Eine Preisnebenabrede ist auch die in AGB für Girokonten enthaltene Klausel, daß für Ein- u Auszahlgen am Bankschalter Gebühren zu entrichten sind (BGH **124**, 254). Offen gelassen hat der BGH, ob Klauseln über die Verzinsg von Rückzahlgsansprüchen Preis- od Preisnebenabreden darstellen (BGH NJW **93**, 1128) u inwieweit Festpreisabreden einer InhKontrolle unterliegen (BGH NJW **93**, 2738). Kontrollmaßstab ist in diesen Fällen vor allem der Grdsatz von Treu u Glauben u der VertrGerechtigk (BGH aaO). **Einzelfälle:** Der InhKontrolle unterliegen: Klauseln, die die Voraussetzgen des VergütgsAnspr abw vom Ges regeln (BGH **60**, 381, BB **78**, 637), PrÄndergsKlauseln (BGH **93**, 255, NJW **90**, 115, *arg* § 11 Nr 1), Wertstellgsklauseln (BGH **106**, 263), die Überwälzg von Reparaturkosten auf den Mieter (BGH **108**, 4), Tilgsverrechngsklauseln (BGH **106**, 45), Klauseln, die die PauschalPrVereinbg aushöhlen (BGH NJW **84**, 171), Regelgen, wonach „Zusatzwasserbezieher" Zahlgen nach Maßg eines fiktiven Verbrauchs zu leisten haben (BGH **93**, 358); Klauseln, wonach für best DLeistgen (Löschgsbewilliggen) Zusatzentgelte zu zahlen sind (BGH NJW **91**, 1953); FälligkKlauseln (BGH **81**, 242); Entgeltsregelgen für Überziehgskredite (BGH **118**, 127); Klauseln über den Wegfall des Rabatts (Kblz DB **88**, 1692), über Stundgszinsen u -gebühren (BGH **95**, 370), Klauseln über die Bemessg des Entgelts dch einen VertrBeteil oder Dr (BGH **81**, 236, **82**, 26, WM **83**, 732, Stgt NJW **80**, 1584); einseit LeistgsÄndR u Regelgen über Zulassgsboni (BGH NJW **94**, 1062, 1964). Klauseln über einen Ausschl von PrErhöhgen sowie alle Regelgen über die iF einer Leistgsstörg zu erbringden Aufwendgen, Entschädiggen u ErsLeistgen (§§ 10 Nr 7, 11 Nr 5, 6 u 10c), auch über die Höhe von VerzZinsen.

c) Mit normativen Regelungen übereinstimmende AGB („deklaratorische Klauseln") unterliegen 6 nicht der InhKontrolle (BGH NJW **91**, 1754). Diese wäre leerlaufd, weil an die Stelle der unwirks Klausel gem § 6 die inhaltsgleichen gesetzl Vorschr treten würden. Soweit der Verwder im Rahmen seiner Abschlußfreiheit ohne Verletzg des Diskriminiergsverbots best Abnehmer von seinen Leistgen ausschließt, findet keine InhKontrolle statt (BGH NJW **90**, 762). Zul ist die InhKontrolle, wenn die korrespondierde gesetzl

7 Vorschr unwirks ist (BGH NJW **88**, 2951). – **aa) Rechtsvorschriften** iSd § 8 sind alle Ges im mat Sinne, also auch VO u Satzgen. Erfaßt werden auch ungeschriebene RGrds u RichterR (BGH **121**, 18). – **bb)** Ein **Abweichen** liegt vor, wenn der Regelgsgehalt der AGB mit dem Inh der einschläg RVorschr nicht übereinstimmt (Zoller BB **87**, 421). Werden dch AGB die für einen and VertrTyp od eine and Fallgestaltg geltden gesetzl Vorschr für anwendb erklärt, so besteht keine Regelsidentität. Bsp: Sachmängelhaftg nach KaufR bei WkVertr (BGH **65**, 359), Anwendg des § 367 auf *pro rata* mitgeteilgte Kreditgebühren (BGH **91**, 57). Klauseln in EinkaufsBdggen, die den EigtVorbeh ausschließen, betreffen eine Frage, die das Ges der privatautonomen Gestaltg überläßt, für sie gelten daher die §§ 9ff (BGH **78**, 307, krit Honsell JuS **81**, 806). –

8 **cc) Rechtsergänzende** AGB liegen vor, wenn der Verwder die in gesetzl Vorschr (Bsp: VVG 6, 40 II 3, 89 II, 174 IV, 176 IV, aber auch §§ 276 II, 278 S 2, HypBkG 20 II), eröffneten Gestaltgsmöglichk nutzt. Sie werden nach Wortlaut u Sinn des § 8 nicht von der InhKontrolle ausgenommen (BGH **100**, 179, **106**, 45, Karlsr NJW **88**, 75, Zoller BB **87**, 421, Löwe NJW **87**, 938). Auch Regelgen über die VertrDauer unterliegen daher der InhKontrolle (BGH NJW **83**, 2632, Wille VersR **92**, 135). Eine Würdigg der ausfüllgsbedürft Norm als „Erlaubnisnorm" kommt nur in AusnFällen in Betracht, wenn sich ein entspr GesZweck eindeut feststellen läßt (Dylla-Krebs Schranken der InhKontrolle, 1990, S 89ff).

AGBG 9 *Generalklausel.* [I] Bestimmungen in Allgemeinen Geschäftsbedingungen sind unwirksam, wenn sie den Vertragspartner des Verwenders entgegen den Geboten von Treu und Glauben unangemessen benachteiligen.

[II] Eine unangemessene Benachteiligung ist im Zweifel anzunehmen, wenn eine Bestimmung

1. mit wesentlichen Grundgedanken der gesetzlichen Regelung, von der abgewichen wird, nicht zu vereinbaren ist, oder

2. wesentliche Rechte oder Pflichten, die sich aus der Natur des Vertrages ergeben, so einschränkt, daß die Erreichung des Vertragszwecks gefährdet ist.

1 **1) Allgemeines.** Vgl zunächst Vorbem v § 8. – **a)** Die **Generalklausel** des § 9 I legt den grundlegden Wertmaßstab für die richterl InhKontrolle von AGB fest. § 9 II versucht, die Generalklausel zu **konkretisieren,** indem er typ rechtl Kriterien angibt, die idR die Unwirksamk der Klausel begründen. Er bringt aber im Ergebn keinen großen Gewinn an inhaltl Bestimmth, da seine beiden Tatbestd wenig klare Konturen haben (Rn 17 u 25). Auch die Klauselverbote der §§ 10 u 11 sind Konkretisiergen des § 9, wobei einz Verbote an § 9 II, und unmittelb an § 9 I anknüpfen. Sie haben einen höheren BestimmthGrad u sind ggü § 9 verselbständigt. Ein Verstoß gg §§ 10 od 11 macht die Klausel auch dann unwirks, wenn die Voraussetzgen des § 9 nicht erfüllt sind (BayObLG BB **80**, 285). Rtechnisch ist § 9 **Auffangtatbestand,** der erst nach den §§ 10 u 11 zu prüfen ist (Vorbem 1 v § 8). Stellt man RWSgesichtspunkte u die Bedeutg für die Praxis ab, ist § 9 dagg das **Kernstück des AGBG** (Heinrichs RWS Forum 2 S 23). Das Schwergewicht der Entscheidgspraxis liegt bei dieser Vorschr; von den zum AGBG veröffentlichten Entsch behandeln mehr als ⅔ Probleme des § 9. Fällt eine Klausel in den Regelgsbereich der §§ 10 od 11, u ist sie nach diesen Vorschr nicht zu beanstanden, kann sie gleichwohl gem § 9 unwirks sein. Vgl zu § 11 Nr 1 BGH **82**, 23, NJW **80**, **2** 2518, zu § 11 Nr 7 Ul-Br-He Rn 150, zu § 11 Nr 12 BGH **120**, 114. – **b) Maßgebender Beurteilungszeitpunkt.** Bei der Beurteilg, ob eine Klausel gg § 9 verstößt, ist, ebso wie bei Prüfg der Sittenwidrigk (§ 138 Rn 9), auf den Zeitpkt des VertrSchlusses abzustellen (Medicus NJW **95**, 2580). Das ist im Art 4 I der EG-RL vom 5. 4. 93 für VerbrVertr ausdr festgelegt, gilt aber allg. Eine nachträgl Änderg tats Umst kann die Anwendg des § 242 rechtf (Einwand des RMißbr, Wegfall der GeschGrdl), sie kann aber nicht dazu führen, die Klausel gem § 9 für unwirks zu erklären. Auch ein Bewertgswandel kann eine nach den zZ des VertrSchlusses geltden Maßstäben wirks Klausel nicht nachträgl unwirks machen (Medicus aaO). IdR wird die Rspr aber ledigl einen bereits fr vollzogenen Wandel der Beurteilgsmaßstäbe feststellen, so etwa bei den neuen Anfordergen zur Vermeidg von Übersichergen bei SichgÜbertraggen (§ 138 Rn 97) od den neuen Kriterien für BürgschZweckErkl (Rn 72). In diesen Fällen gilt die neue Rspr auch für fr abgeschlossene Vertr (s BGH NJW **83**, 2692, BVerfG NJW **84**, 2345), der Gedanke des Vertrauensschutzes (§ 13 Rn 6) kann es hier aber rechtf, die Klausel in DchBrechg des Verbots geltgserhalter Reduktion teilw aufrechtzuerhalten (s **3** BGH NJW **95**, 2553). – **c) Gegenstand der Inhaltskontrolle** ist der ggf dch Ausleg zu ermittelnde obj Inh der Klausel. Eine unangem Klausel kann nicht deshalb aufrechterhalten w, weil der Verwder von ihr nur in dem Umfang Gebrauch machen will, der recht unbedenkl wäre (BGH **82**, 182, NJW **83**, 161). – **4** **d) Genereller Prüfungsmaßstab.** Auszugehen ist von einer überindividuellen – generalisierten Betrachtg (BGH **22**, 80, **105**, 31, aA Schmidt-Salzer JZ **95**, 223). Das gilt sicher für den VerbandsProz, ist aber auch im IndProz nicht and. Da der rechtfertigde Grd der InhKontrolle ihr (das dispositive Recht verdrängder) abstrakt-genereller Charakter ist, muß auch ihr Maßstab grdsl überindividuell ausgerichtet sein. Abzuwägen sind die Interessen des Verwders ggü den der typw beteiligten Kunden. Werden AGB ggü versch Kundenkreisen verwandt, kann die rechtl Bewertg unterschiedl ausfallen. So kann etwa eine Klausel, die im kaufm Verk unbedenkl ist, bei einem Vertr mit einem Verbraucher gg § 9 verstoßen (Rn 8). Bei **Verbraucherverträgen** sind ab 1. 1. 95 auch konkret-individuelle Umst in die InhKontrolle einzubeziehen, soweit diese für eine Mißbräuchlichk der Klausel sprechen. § 9 ist insoweit richtlinienkonform auszulegen, dh es ist die **5** Regelg in Art 4 I der RiL vom 5. 4. 93 zu beachten (Anh nach AGBG 30 Rn 24ff). – **e)** Ob eine Klausel gg § 9 verstößt, ist eine **revisible** RFrage, keine Tatfrage (Ul-Br-He Rn 56). Die **Beweislast** spielt in der Praxis der InhKontrolle kaum eine Rolle, da idR allein rechtl Wertgen, aber tatsächl Umst str sind (BGH NJW **85**, 2587). Ist sie ausnw doch relevant, gelten die allg Grds: Wer geltd macht, eine Klausel sei gem § 9 I unwirks, trägt dafür die BewLast. In den Fällen des § 9 II wird dagg die unangem Benachteiligg vermutet („iZw"). Wer sich auf diese Vermutg beruft, muß deren Voraussetzgen beweisen; alsdann ist es Sache des and (idR des Verwders), die Vermutg zu entkräften (Ul-Br-He Rn 162).

6 **2) Verbot unangemessener Benachteiligung (I).** – **a)** Für die **Fassung** der Generalklausel war in der Reformdiskussion eine Vielzahl von sachl weitgehd übereinstimmden Formuliergen vorgeschlagen worden (Kötz Gutachten·f den 50. DJT A 62ff). Der RegEntw wollte das Merkmal eines „angem InteressenAusgl" zum Maßstab der InhKontrolle machen. Das Ges erklärt dagg AGB für unwirks, wenn sie den VertrPart entgg den Geboten von Treu u Glauben unangem benachteiligt. Es hat damit eine tragfäh Formulierg gefunden, die allerdings, wie alle Generalklauseln, einer Präzisierg dch Rspr u Lehre bedarf. – **b) Unange-** 7 **messene Benachteiligung.** Auszugehen ist von den Vorschr des dispositiven Rechts, die ohne die Klausel gelten würden (BGH NJW **94**, 1070). Eine nach Treu u Glauben unangem Benachteiligg setzt voraus, daß die Abweichg vom dispositiven Recht **Nachteile von einigem Gewicht** begründet (Hamm NJW **81**, 1050). Die unangem Benachteiligg wird aber nicht dadch ausgeschl, daß die zu beanstandende Gebührenre- gelg den einzelnen Kunden nicht sehr erhebl belastet (BGH NJW **94**, 318). Dabei ist im VerbandsProz auch zu berücksichtigen, daß dieses nicht dem Schutz des einzelnen Kunden, sond des RVerk dient (BGH aaO). – **c)** § 9 bezweckt den **Schutz des Vertragspartners** („Kunden"), zugl aber auch den etwaigen RNachfolger (BGH NJW **90**, 2686, aA Dörner NJW **91**, 409). Dagg ist eine InhKontrolle zG des Verwders unzul (BGH NJW **87**, 837). Auch die Benachteiligg Dr erfüllt die Voraussetzgen des § 9 nicht (BGH NJW **82**, 180, hM, aA Habersack VertrFreih u Drittinteressen, 1992), es sei denn, daß sie mittelb auch den Kunden trifft (Verhinderg weiterer KreditAufn, Ausschl der Schutzwirkg zum Nachteil von Nahestehden). Der Begün- stigte kann dagg ein vom Verwder versch Dr sein (BGH **104**, 93, NJW **84**, 2816). – **d)** Auch eine erhebl 8 Benachteiligg ist zul, sofern sie nicht **unangemessen** ist. Zur Beurteilg bedarf es einer umfassden Würdigg, in die die Interessen beider Part u die Anschauungen der beteil VerkKreise einzubeziehen sind. Auszugehen ist von Ggst, Zweck u **Eigenart des Vertrages** (BGH NJW **86**, 2102, NJW **87**, 2576). Die zu überprüfde Klausel ist vor dem HinterGrd des ges Vertr auszulegen u zu bewerten (BGH **106**, 263). Unterschiedl Fallgestaltgen (gebrauchte/nicht gebrauchte Sachen; renovierte/nicht renovierte Wo) können bei gleichem Klauseltext zu unterschiedl Ergebn führen (BGH aaO), ebso die Verwendg der Klausel ggü unterschiedl Kundenkreisen. Die Unwirksamk kann sich auf best GeschTypen od die Verwendg der AGB ggü einem best PersKreis (Verbraucher) beschränken (BGH **110**, 244, Ul/Br/He Rn 52). Zu berücksichtigen sind auch Rationalisiergsinteressen des Verwders u sein Interesse an einer Vereinfachg von ArbAbläufen (BGH NJW **81**, 118), wenn diese auch ggü höherrang Interessen des Kunden zurücktreten müssen (BGH NJW **93**, 2444). Ein zu berücksichtigder Umst kann auch darin liegen, daß der Verwder kollektive GesInteressen wahrzu- nehmen hat (Wo-Ho-Li Rn 110, aA MüKo/Kötz Rn 11), etwa als Versicherer, Bausparkasse od Versorggs- Untern (BGH **64**, 355). Soweit es sich um versicherb Schäden handelt, kann der Verwder eine Freizeichng aber grdsl nicht mit dem Interesse seiner Kunden an einem niedrigen Preisniveau rechtf (Rn 13). – **e)** Bei der 9 AngemessenhPrüfg ist der **gesamte Vertragsinhalt** einschließl der IndVereinbg zu berücksichtigen (BGH **106**, 263, **116**, 4, NJW **93**, 532). Die Benachteiligg dch eine für sich allein gesehen noch hinnehmb Klausel kann dch eine and derart verstärkt w, daß beide unwirks sind (BGH NJW **83**, 160, **95**, 254). Umgekehrt können die dch eine Klausel begründeten Nachteile dch Vorteile and VertrBestimmungen **ausgeglichen** werden. Dabei ist jedoch zu unterscheiden: – **aa)** Eine Kompensation von Vor- u Nachteilen ist grdsl nur 10 dann zul, wenn es sich um sachl **zusammengehörende Regelungen** handelt, die zueinander in einem WechselVerhältn stehen (Ul-Br-He Rn 81, Niebling BB **92**, 719, in der Sache ebso BGH **82**, 240, **101**, 366, NJW **91**, 1888). Diese Wechselbeziehg ist gegeben bei einer umfassden SortimentsPfl einerseits u einem RemissionsR ands (BGH aaO), bei einem PrErhöhgsR einerseits u einem RücktrR ands (BGH **90**, 78, bei Vereinbg der Kostenmiete u der Regelg der SchönhReparaturen (BayObLG NJW-RR **87**, 1300). Dagg kann die Unangemessenh einer Freizeichngsklausel nicht etwa dch eine kurze AusschlFr für den VergütgsAnspr des Verwders gerechtf werden. – **bb)** Besonders liegt es bei **kollektiv ausgehandelten,** von den beteiligten 11 Kreisen als ausgewogen anerkannten AGB, wie die VOB u die ADSp (BGH **86**, 141, NJW **82**, 1821). Hier ist auf eine Gesamtbilanz der beiderseit Interessen abzustellen; die Nachteile einer Einzelklausel können dch die Vorteile and kongruenter VertrBestimmungen kompensiert w (BGH **86**, 141, Bunte FS Korbion, 1986, 17). Dieses Privileg gilt aber nur für die Prüfg gem § 9, nicht für die Verbote der §§ 10f. Es setzt Aushandeln u allg Anerkenng voraus; eine bloße Beteiligg der MarktGgSeite genügt nicht (BGH **100**, 314 zu den KfzReparaturBdggen, BGH **113**, 57 zu den BVB). – **cc)** Bei **Verbraucherverträgen** sind ab 1. 1. 95 wg des Grds der richtlinienkonformen Auslegg im Rahmen der MißbrKontrolle auch die „den VertrSchl begleitenden Umst" zu berücksichtigen (s dazu Anh nach AGBG 30 Rn 24ff). – **f)** Obwohl § 9 die **Verkehrs-** 12 **sitte** nicht ausdr erwähnt, ist auch sie im Rahmen der InteressenAbwägg zu berücksichtigen (BGH NJW **92**, 368, **108**, 6, NJW **87**, 2576). Eine mißbräuchl VerkÜbg schließt jedoch die Unangemessenh nicht aus (BGH NJW **91**, 319, **106**, 267, Hamm NJW-RR **90**, 570). Soweit **Standesrichtlinien** SchutzVorschr zG von Mandanten enthalten, sind sie idR als rechtl Minimum des Drittschutzes zu werten. Haftgbeschränkgen, die im Widerspr zu den einschlägigen Standesrichtlinien stehen, sind daher gem § 9 I unwirks (Hbg NJW **68**, 303, v Hoyningen-Huene Rn 197). – **g) Preisargument.** Die geringe Höhe des Entgelts ist grdsl keine Rechtfer- 13 tigg für unangem AGB (BGH **22**, 98, **77**, 131, **120**, 226, Mü NJW-RR **93**, 737). Das Preisargument verdient schon deshalb keine Anerkenng, weil der angem Preis nicht feststellb u der angebl PreisVort idR nicht zu quantifizieren ist. Außerdem stehen die dem einz Kunden drohden Nachteile dchweg außer Verhältn zu dem geringfüg PreisVort. Besonders liegt es in den Fällen der **Tarifwahl,** in denen der Kunde zw billigem Preis bei reduzierter Haftg u einem höheren Preis bei voller Haftg od vollem Versichergsschutz wählen kann. Eine derartige VertrGestaltg ist mit § 9 vereinb, wenn die Alternative mit voller Haftg wirks angeboten wu nicht übermäß verteuert ist (BGH **77**, 134, MüKo/Kötz Rn 9). – **h) Versicherbarkeit.** Bei der Angemes- 14 senhPrüfg von Haftgsregelgen ist von wesentl Bedeutg, ob das Risiko besser vom Verwder oder vom Kunden unter VersSchutz gebracht werden kann (BGH **103**, 326, **114**, 246, Sieg BB **93**, 149). Kann der Verwder das Risiko dch Abschluß einer HaftpflVers abdecken u besteht beim Kunden üblicherw kein Vers- Schutz, ist die Freizeichng idR unangem (Rn 43). Umgekehrt ist eine Freizeichng idR nicht gem § 9 zu beanstanden, wenn sie Vermögensschäden betrifft, die beim Kunden üblicherw unter VersSchutz stehen (Rn 43).

i) Transparenzgebot. Eine unangem Benachteiligg kann sich auch aus der Unklarh od Undurchschau- 15 bark der Regelg ergeben (BGH **104**, 92, **106**, 47, 264, **108**, 57, **115**, 185, BAG NJW **94**, 213, Heinrichs BankRTag **90**, 101). Trotz einiger krit u ablehnder Stimmen in der Lit (52. Aufl) ist das Transparenzgebot ein tragdes Prinzip des AGBG u der EG-RiL über mißbräuchliche Klauseln in VerbrVertr (Heinrichs FS

Trinkner 1995 S 106). Es findet im AGBG im § 2 I Nr 2 (dort Rn 14), im § 3, in der UnklarhRegel des § 5 u in einigen Klauselverboten der §§ 10 u 11 (zB § 10 Nr 1, 2 u 3, § 11 Nr 10b) seinen Ausdruck (Heinrichs aaO). Es ist zugl Maßstab der InhKontrolle. Die Transparenz ist anhand der Erwartgen zu Erkenntnmöglichk eines Dchschnittskunden zu beurteilen; daß der konkrete VertrPartner weitergehde Kenntn u Verständnismöglichk hat, bleibt außer Betracht (BGH **106**, 49, **116**, 7, ZIP **95**, 1172). Die Transparenzanfordergen dürfen aber nicht überspannt w (BGH NJW **93**, 2054). Das Transparenzgebot ist nicht verletzt, wenn bei einem KaufVertr über eine 24bändige Buchreihe die Bezugsdauer dch einfache Multiplikation ermittelt w kann (BGH NJW **93**, 2052) od wenn der DarlN abweichd von BGB 608 eine Zinsen u Tilgg enthaltde gleichbleibde Jahresleistg in vierteljährl Teilbeträgen zu entrichten hat (BGH NJW **93**, 3261). Die Formulierg „nach Maßg der Liefermöglichk" in einer Selbstbeliefergsklausel verstößt nicht gg § 9 (BGH **124**, 361), u sogar eine unnötige Wirrnis im Klauseltext ist unschädl, wenn sich der KlauselInh mit der gebotenen Aufmerksamk erschließen läßt (BGH NJW-RR **95**, 749). § 9 ist auch nur anwendb, wenn die Intransparenz die **Gefahr einer inhaltlichen Benachteiligung** begründet (Wo-Ho-Li Rn 143). Das kann in drei Fallgruppen anzunehmen sein: – **aa)** Behält sich der Verwder weitgehde **Gestaltungsmöglichkeiten** vor u vermag die Verwendgsgegner nicht abzuschätzen, in welchem Sinn der Verwder von seiner Befugn Gebrauch machen w, kann die Klausel unwirks sein (Koller FS Steindorff 1990 S 677). Bsp sind Preiserhöhgsklauseln (§ 11 Rn 7 ff), Gebietsänderungsvorbehalte bei VertrHändlern (BGH **89**, 210, **93**, 52) u andere

16 BestimmgsR (Rn 106). – **bb)** Wird der Verwendgsgegner über das **Preis/Leistungsverhältnis** irregeführt u hierdch daran gehindert, Marktchancen od Vhdlgsmöglichk wahrzunehmen, verstößt die intransparente Klausel gg § 9 (Köndgen NJW **89**, 950). So kann es bei Zinsberechngs- u Wertstellgsklauseln liegen (BGH **106**, 47, 264, NJW **90**, 2383 str, unten Rn 90), aber auch bei unklaren Klauseln über den „Wirtanteil" in AutomatenaufstellVertr (BGH NJW **83**, 162). – **cc)** Klauseln, die unklar sind, obwohl **Klarheit** mögl u zur Wahrg der Rechte des Verwendgsgegners **nötig** ist, sind mit § 9 unvereinb. Das gilt vor allem für Regelgen, die dem Kunden wirtschaftl Nachteile od Belastgen verschleiern od die Gefahr begründen, daß der Kunde von der Dchsetzg bestehder Rechte abgehalten w (BGH NJW **95**, 590). Bsp: Vorspiegelg, daß ein nur schuldrechtl wirks FerienWohnR dingl Sicherh biete (Köln NJW **94**, 59, Hildenbrand NJW **94**, 1992). Unverständl Abrechngsklausel im LeasingVertr (BGH **97**, 73). Abrechngsklausel, die nur mit Hilfe eines nicht mitgeteilten Computerprogramms vollzogen w kann (Köln NJW **95**, 2044). Unverständl Regelg über die Nichtübertragbark einer Mietbürgsch (BGH **115**, 185). Unklare Regelg der Bindgsdauer (Stgt NJW-RR **92**, 888). Undchschaub Regelg über die Höhe des ärztl Honorars (LG Bln NJW **91**, 1555) od den Umfang der HeizPfl (BGH NJW **91**, 1753). Unklares Nebeneinand von „Bes Bdggen" u „SonderBdggen" eines Versicherers (Ffm VersR **95**, 283). Unredl versteckte Regelg über Aufschließgskosten (BGH NJW **84**, 171). LohnVorausAbtrKlausel, die den Umfang der Abtr u die Voraussetzgen der Verwertgsbefugn nicht transparent festlegen (BGH **108**, 105). Verpflichtg zur Zahlg eines betragsmäß nicht festgelegten Zusatzentgels für den Jahreswagen, wenn der ArbN binnen eines Jahres nach Ausliefg fristlos entlassen w (BAG NJW **94**, 213, krit Nicolae ZIP **95**, 362). Die Verletzg des Tranzparenzgebotes kann auch darin bestehen, daß die

16a **Rechtslage unrichtig dargestellt** w, insbes wenn dem Verwder die Möglichk eröffnet w, begründete Anspr des Kunden unter Hinw auf den Klauseltext abzuwehren, so etwa bei der Herstellergarantie (BGH **104**, 92) od bei ReiseVertr (BGH **108**, 61, **119**, 170, NJW **93**, 263). Hat der Verwder die **Intransparenz** dch mündl od schriftl Informationen, bei Zinsberechngsklauseln etwa dch Angabe der Effektivverzinsg (BGH **106**, 51), **ausgeräumt**, ist § 9 unanwendb.

17 **3) II Nr 1. – a)** Die beiden Tatbestde des § 9 II sollen den § 9 I inhaltl konkretisieren. Sie stellen **gesetzliche Regelbeispiele** einer unangem Benachteiligg dar (Becker, Die Auslegg des § 9 II AGBG, 1986, S 47). Die dch § 9 II begründete Vermut der Unwirksamk ist aber widerlegl („imZw"). Sie entfällt, wenn eine GesWürdigg aller Umst ergibt, daß die Klausel den Kunden nicht unangem benachteiligt. Die Überprüfg

18 der Vermutg auf der Grdl des PartVortrages vAwg dchzuführen. Zur BewLast s Rn 5. – **b)** II Nr 1 knüpft an den von der Rspr entwickelten Grds an, daß den Vorschr des dispositiven Rechts bei der InhKontrolle von AGB eine **Ordnungs- und Leitbildfunktion** zukommt (BGH **41**, 154, **54**, 110, **89**, 211).

19 Grdl für die rechtl Prüfg ist aber nicht mehr diese Rspr, sond der Tatbestd des II Nr 1. – **c)** Das Merkmal **gesetzliche Regelung** erfaßt alle Gesetze im wahr Sinn, also auch GewohnhR u VO. Unter II Nr 1 fallen auch die von Rspr u Lehre dch Analogie u RFortbildg herausgebildeten RGrds (BGH **89**, 211, **100**, 163, **121**, 18). Nicht einbezogen ist dagg das zwingde Recht (Becker, wie Rn 17, S 103, aA BGH **87**, 17, NJW **83**, 1322). Seine Verbindlichk ggü AGB u IndVereinbg ergibt sich bereits aus § 134. Nr II 1 hat ausschließl die

20 Funktion, auch Normen des dispositiven Rechts einer Änderg dch AGB zu entziehen. – **d) Wesentlicher Grundgedanke** der gesetzl Regelg. Die Rspr unterscheidet zw frei abänderb ZweckmäßigkRegeln einerseits u formularmäß nicht abdingb GerechtigkGeboten ands (BGH **41**, 154, **54**, 110, **89**, 211, **115**, 42). Die Lit kritisiert diese Unterscheidg, verwendet aber eine in der Sache prakt übereinstimmde Abgrenzg. Entscheidd ist danach, ob die abbedungene Norm des dispositiven Rechts einem wesentl **Schutzbedürfnis** des VertrPart dient (Ul-Br-He Rn 124, Wo-Ho-Li Rn 71). Damit zeigt sich zugl, daß die Formulierg des RegEntw, die von „wesentl Grds" sprach, präziser war (Staud-Schlosser Rn 22). Unabdingb sind nicht hinter dem dispositiven Recht stehde Grdgedanken, sond die im dispositiven Recht enthaltenen wichtigen

21 Schutzvorschriften. – **e) Unvereinbarkeit.** Nicht jede, sond nur die mit dem wesentl GrdGedanken nicht zu vereinbarde Abweichg erfüllt die Voraussetzgen des II Nr 1. Erforderl ist daher, daß in die rechtl

22 geschützten Interessen des VertrPartners in nicht unerhebl Maß eingegriffen w. – **f) Einzelfälle.** Bei **Maklerverträgen** sind gem II Nr 1 alle Klauseln unwirks, die einen erfolgsunabhäng ProvAnspr begründen sollen (BGH **88**, 370, 99, 382), so Hinzuziehgsklauseln (BGH **88**, 371, NJW **85**, 2478), AlleinAuftrKlauseln (BGH **60**, 377, NJW **91**, 1679), VorkenntnKlauseln (BGH NJW **71**, 1135, DB **76**, 1711), Gleichstellg des Erwerbs in der ZwVerst mit dem Abschluß eines KaufVertr (BGH **119**, 132), EntgeltsPfl für Aufn in den Computer (AG Tettnang NJW-RR **88**, 1141), ProvPfl für FolgeGesch (BGH **60**, 243); Klauseln über den Ers von Aufwendgen nur zul, soweit sie auf den konkreten Gesch entstandenen Aufwand abstellen

23 (BGH **99**, 383). Als wesentl GrdGedanken hat die Rspr weiter **anerkannt:** § 242 (BGH **83**, 307); die Vorschr über Willensmängel (BGH NJW **83**, 1671); die Zugangsbedürftigk der AnnErkl (Hamm NJW-RR **86**, 928);

eine zur Dchsetzg der Anspr typw ausr Dauer der VerjFr (BGH WM **86**, 941); das haftgsrechtl Verschuldensprinzip (BGH **115**, 42); das KündR aus wicht Grd (BGH NJW **91**, 1829) u aus § 627 (Kblz NJW **90**, 3153, Kblz BB **93**, 2183); die Grds der VortAusgl (BGH **54**, 109, Karlsr NJW-RR **88**, 372); § 254 (BGH NJW **87**, 2821, Hbg NJW-RR **89**, 882), § 285 (BGH NJW **89**, 1674), die Abhängigk von Leistg u GgLeistg gem §§ 320 ff (BGH **82**, 127, **96**, 109, NJW **91**, 1749), auch im Verhältn von DarlFdg u Zins (Brem NJW **91**, 1837, Hammen DB **91**, 953, Wilk DB **91**, 1207); der Grds, daß die VertrStrafe auf den SchadErsAnspr anzurechnen ist (BGH **63**, 256, NJW **85**, 56); die Haftg für anfängl Unvermögen (Ffm BB **84**, 300); die Regelg des § 275 (Saarbr WM **81**, 1212); die Grds über den Wegfall der GeschGrdl (BGH NJW **93**, 2738); die Nachfristsetzg in § 326 (BGH NJW **86**, 843); das Verbot Rücktr u SchadErs zu kumulieren (Hamm NJW-RR **87**, 313); § 536 (BGH **108**, 6); § 554 (BGH NJW **87**, 2506), die AnzeigePfl gem § 777 I (Köln NJW **85**, 2723); § 818 (BGH **102**, 47). Dagg hat die Rspr in folgden Fällen einen Verstoß gg II Nr 1 **verneint:** 24 Überwälzg der SchönhReparaturen auf den Mieter (BGH **92**, 368), Abbedingg der Rechte aus §§ 776 u 770 (BGH **95**, 357); Abbedingen des § 568 (Hamm NJW **83**, 826). Weitere Einzelfälle s Rn 50–150.

4) II Nr 2. Verhältnis zu I s Rn 17. – **a) Bedeutung.** Währd nach II Nr 1 die Grdgedanken des disposit 25 Rechts Prüfgsmaßstab sind, stellt II Nr 2 auf die Natur des Vertr ab. Er erfaßt damit die Vertr, für die eine gesetzl Regelg im dispositiven Recht fehlt (Einf 11 ff v § 305). Darin erschöpft sich seine Bedeutg aber nicht. II Nr 2 knüpft an die Rspr an, die formularmäß Aushöhlg von KardinalPfl für unzul erklärt hat (BGH **50**, 206, **72**, 208, NJW **73**, 1878). Er erstreckt sich wie diese Rspr auch auf die im dispositiven Recht normierten Vertr (Ul-Br-He Rn 131, Wo-Ho-Li Rn 82 f, aA Becker wie Rn 17 S 151 mwNw). Er ist insow eine Konkretisierg von II Nr 1. Klauseln, die wesentl Rechte od Pflten in einem den VertrZweck gefährdden Umfang einschränken, verstoßen bei gesetzl normierten Vertr zugl auch gg wesentl Grdgedanken des dispositiven Rechts. Diesen Sonderfall hat der GesGeber in II Nr 2 aus prakt Grden tatbestandl verselbständigt; Nr 2 ist insoweit ggü Nr 1 nicht subsidiär, sond *lex specialis* (sehr str). – **b) Natur des Vertrages.** Sie 26 wird dch den Zweck u Inhalt des Vertr bestimmt, bei normierten Vertr zugl dch die wesentl gesetzl Schutznormen. Bei nicht normierten Vertr ist von dem dch die VerkAuffassg geprägten Leitbild des Vertr auszugehen. Die verkehrsübl VertrGestaltg ist aber nur insow maßgebd, als sie mit den GrdWerten der ROrdng übereinstimmt. Soweit einschläg Normen fehlen, muß der Ri auf die vertragstyp GerechtigkErwartgen des rechtl GeschVerk abstellen, dh er muß im Ergebn in Anlehng an die Grds der ergänzden VertrAuslegg für den VertrTyp angem Regelgen herausarbeiten (Schlo-Coe-Gra Rn 31). – **c) Wesentliche** 27 **Rechte oder Pflichten.** Der Begriff knüpft an den der KardinalPflten (Rn 25) an (RegEntw S 28). Er ist aber weiter u umfaßt auch GestaltgsR. Wesentl Rechte u Pfl sind bei ggs Vertr vor allem die, die zueinand im GgseitigkVerhältn stehen (Einf 16 v § 320). Erfaßt w aber auch NebenPflten, die für den Schutz des Kunden von grdlegder Bedeutg sind (BGH NJW **85**, 915, Wo-Ho-Li Rn 89). II Nr 2 betrifft vor allem die Pflten, deren Erf die ordngsmäß Dchführg des Vertr überhaupt erst ermöglicht, auf deren Erf der VertrPart daher **vertraut** u auch vertrauen darf (BGH **103**, 324, NJW **85**, 3017, NJW-RR **86**, 272, **93**, 561). – **d) Die** 28 Einschränkg der Rechte u Pflten muß den **Vertragszweck gefährden** (BGH **103**, 324, NJW **93**, 335). Eine Zweckvereitelg ist nicht erforderl. Außerh des eigentl VertrZweckes liegde Interessen (Obhut über eingebrachte Sachen beim KrankenhausVertr) werden vom Schutz des II Nr 2 nicht erfaßt (BGH NJW **90**, 764). – **e) Einzelfälle. – aa)** II Nr 2 ist vor allem für die InhKontrolle von **Freizeichnungsklauseln** (Rn 36) von 29 Bedeutg. Aus ihr ergibt sich der Grds, daß bei der Verletzg von **Kardinalpflichten** („wesentl VertrPflten") die Haftg für (einf) Fahrlässigk idR nicht ausgeschl werden darf (BGH **89**, 367, **93**, 48, NJW **93**, 335, NJW-RR **93**, 561). Ursprüngl hat die Rspr das Freizeichnungsverbot auf die grdlegde Organisation der betriebl Arbeitsabläufe u die Schaffg der wesentl Voraussetzgen für eine ordngsmäß VertrErf beschränkt (BGH **49**, 363, **71**, 228 uö). Später hat sie den Schutz des II Nr 2 auch auf NebenPflten (BGH NJW **85**, 914) u auf AusführgsVerschulden (BGH **89**, 368) erstreckt, zeigt aber jetzt in der Anwendg des II Nr 2 wieder eine Tendenz zur Restriktion (BGH **103**, 316, **108**, 351, NJW **90**, 764). Die Grenzen des II Nr 2 sind dadch fast unkalkulierb geworden (Heinrichs BankRTag **90**, 113). Die Rspr hat als **unwirksam** angesehen: Haftgs- 30 Ausschl für Konstruktionsfehler (BGH NJW **71**, 1797); für unsachgem Einfüllen von Heizöl (BGH NJW **71**, 1036); für grdlegde Mängel der betriebl Organisation (BGH NJW **73**, 2154); für grdlegde Mängel bei der Verlegg von Versorggsleitgen (BGH **71**, 228); für die Fahr- u Ladgstüchtigk im SchiffsR (BGH **49**, 363, **71**, 179, WM **95**, 1059); für die HptPfl des WkUntern (Saarbr NJW-RR **95**, 118); für die Pfl des FrachtFü, den Werttransport (Geldbomben) schadensfrei dchzuführen (Mü NJW-RR **94**, 742); für die Organisations- u BewachgsPfl des Parkplatzbetreibers (Köln NJW-RR **94**, 25); für die Eigng des Lagerraums (BGH VersR **79**, 902) u die sachgem Behandlg von Kühlgut (BGH **89**, 363); für die ordngsgem Erf bei einem Veredelgs-Vertr (BGH NJW **85**, 3017); für sorgfält Handeln des Tierarztes (Stgt VersR **92**, 979); für die Pflten des Warenproduzenten (BGH BB **92**, 1377 läßt offen); für die Pfl der Bank zur ordngsmäß Ausführg des ÜberweisgsAuftr (LG Essen NJW-RR **86**, 139) u zur ordngsmäß Verbuchg von Einzahlgen (BGH NJW **91**, 2563); für Plangsfehler, wenn der Verwder als Fachfirma Vertrauen in Anspr genommen hat (BGH NJW-RR **86**, 272); für die sachgerechte Beratg dch ein Forschgslaboratorium für Bau- u Werkstoffkunde (BGH NJW **93**, 335); für die Pfl des Verkäufers zur fristgerechten Lieferg (BGH NJW **94**, 1063); für die Pfl, die Güter nur an den legitimierten Inh des Konnossements (Lagerscheins) auszuliefern (BGH VersR **74**, 590, Rabe TranspR **87**, 126); für Verzögergen beim Scheckinkasso (BGH NJW-RR **88**, 561); für die grdlegde InformationsPflten der Auskunfteien (Ffm BB **84**, 145), Banken (Oldbg WM **87**, 837) od Reiseveranstalter (BGH NJW **85**, 1165); für die Vermittlgstätigk des Reisebüros (Mü NJW-RR **87**, 494), für die Haftg des Sachverständigen (Hübner NJW **88**, 443). Als **wirksam** hat die Rspr angesehen: Haftgsausschluß für leichte Fahrlässigk bei der Echtheitsprüfg von Dokumenten (BGH **108**, 351) u hinsichtl der Obhut über die vom Patienten ins Krankenhaus eingebrachten Sachen (BGH NJW **90**, 764); im kaufm Verkehr den Haftgsausschluß der Werften für grobes Verschulden einf ErfGeh (BGH **103**, 316). Zur Frage, inwieweit Haftgsbegrenzgen zul sind, s Rn 45 ff. – **bb)** Gg II Nr 2 verstößt außerdem: bei ÜberweisgsAuftr der Vorrang der 31 KontoNr vor dem Empfängernamen (Ffm NJW **83**, 1682) u die sog Fakultativklausel (BGH NJW **86**, 2429); Auferlegg einer über § 254 hinausgehden SchadMindergPfl (Ffm NJW-RR **86**, 1172); Aushöhlg einer Mieteroption (Hbg NJW **91**, 1489). Weitere Einzelfälle s Rn 50–150.

32   **5) Kaufmännischer Verkehr. – a)** § 9 gilt auch im kaufm Verk u die Verwendg von AGB ggü jur Pers des öffR u öffr Sondervermögen (*arg* § 24). Er ist in diesem Bereich (zur Abgrenzg s § 24 Rn 10–13) **alleinige Grundlage** der InhKontrolle, da die Klauselverbote der §§ 10 u 11 nach § 24 S 1 insow unanwendb sind. Sie können aber über § 9 im kaufm Verk zu beachten sein; dabei ist auf die geltden Gewohnh u Gebräuche angem Rücks zu nehmen (§ 24 S 2). Mit der Einbeziehg des HandelsVerk in den Anwendgsbereich der richterl InhKontrolle folgt das AGBG der Rspr aus der Zeit vor dem 1. 4. 1977, die die Grds der
33 InhKontrolle vor allem in RStreitgk zw Kaufl herausgebildet hatte. – **b) Maßstäbe der Angemessenheit.** Auch im kaufm Verk ist bei der InhKontrolle nicht auf die Schutzbedürftigk im Einzelfall, sond auf eine überindividuelle – generalisierde Betrachtg abzustellen (MüKo/Kötz Rn 20). Zu berücksichtigen ist, daß der geschäftserfahrene Kaufm nicht in gleichem Maß schutzbedürft ist wie der Verbraucher. Besonderh können sich auch daraus ergeben, daß der Kaufm Gesch der betreffden Art häufiger abschließt. Er ist daher mit den Risiken des Gesch vielf besser vertraut u zu einer entspr Vorsorge in der Lage. Mit dem Ges unvereinb ist aber die Ans (so Ohlendorf–v Hertel, Kontrolle von AGB im kaufm GeschVerk, 1988), daß im HandelsVerk nur „erhebl" u „offensichtl" Verstöße zu beanstanden seien. Unterschiedl Interessenlagen u GeschErfahrg können zu Untergruppiergen führen, deren jeweilige Besonderh angem zu berücksichtigen sind (zB Voll- u Minderkaufleute, Hersteller, Groß- u Einzelhändler). Bei der Beurteilg etwa von Pauschaliergsklausel od AufrVerboten kann auch das gemeins Interesse an einer raschen Abwicklg des Vertr von Bedeutg sein. Für Handelsbräuche gilt Rn 12 entspr. Sie sind, soweit sie gg Treu u Glauben verstoßen, unbeachtl (BGH **91**, 319). Eine InhKontrolle ist aber ausgeschl, wenn eine Regelg nicht als AGB, sond gem HGB 346 als Handelsbrauch den VertrInh bestimmt (BGH NJW–RR **87**, 94). Werden AGB ggü Kaufleuten u Verbrauchern in identischer Fassg verwandt, kann ihre Verwendg ggü Kaufleuten unbedenkl sein, die ggü Verbrau-
34 chern aber gg § 9 verstoßen (Rn 8). – **c) Berücsichtigung der §§ 10 und 11.** Die Klauselverbote des § 10 sind idR auf den kaufm Verk übertragb, weil in ihren Wertsspielräumen die kaufm Besonderh berücsichtigt w können (MüKo/Kötz Rn 18; Ul-Br-He § 24 Rn 22, aA Lutz AGB-Kontrolle im HandelsVerk, 1991, S 19). Dagg ist bei den Verboten des § 11 eine derart pauschale Lösg nicht mögl; jedoch ist der Verstoß gg § 11 ist aber ein Indiz für die Unwirksamk der Klausel auch im kaufm Verk (BGH **90**, 278, **103**, 328, NJW **84**, 1750, aA Rabe NJW **87**, 1980, Lutz aaO insbes S 32ff). Zu berücksichtigen ist, daß § 9 II auch im HandelsVerk gilt. Formularmäß Beschrkgen von wesentl SchutzVorschr sind idR unzul, ebso die den VertrZweck gefährdde Beschrkg von wesentl Rechten od Pflten. Die Verbote des § 11, die Konkretisiergen des § 9 II Nr 1 u 2 sind,
35 sind daher auch im HandelsVerk zu beachten (s BGH **90**, 278). Wg der bes Gegebenh des HandelsVerk sind aber die Interessen der Beteiligten eigenständ zu beurteilen (s BGH **103**, 326f). Aus den Verhältn des kaufm Verk kann sich ergeben, daß RGedanken od Rechte, die bei VerbraucherGesch wesentl sind, im kaufm Verk einen and Stellenwert haben. Überdies kann der Verwder dartun, daß im Ergebn keine unangem Benachteiligg des and Teils vorliegt. Handelt es sich um Einzelhändler, die ggü ihren Abnehmern den Verboten des § 11 unterliegen, sind die Voraussetzgen des § 9 eher zu bejahen als bei VertrPartnern, die die ihnen formularmäß angelasteten Risiken ebso formularmäß auf ihre Abnehmer abwälzen können. Vgl im übrigen bei §§ 10 u 11. Dort wird jeweils auch (kurz) zur Anwendg im kaufm Verk Stellg genommen.

36   **6) Freizeichnungsklauseln. a)** Sie haben das Ziel, die gesetzl od vertragl Haftg des Verwders auszuschließen od zu begrenzen. Sie bilden in fast allen AGB einen Regelgsschwerpunkt. Kontrollmaßstab sind die Klauselverbote des § 11 Nr 7–11, daneben aber auch die Generalklausel des § 9. Dabei ist zu unterschei-
37 den (Heinrichs RWS-Skript 157 S 2ff): – **aa) Haftungsausschluß:** Er betrifft den AnsprGrd u hindert die Entstehg des Anspr. Beispiele sind die Abbedingg best Anspr od der Ausschl der Haftg für best Pflten, Schuldarten od Pers. Wird nicht die ErsPfl des Verwders, sond dch Beschränkg des PflUmfangs bereits eine Voraussetzg des Anspr abbedungen, handelt es sich um einen sog verhüllten HaftgsAusschluß = „**Quasi-Freizeichnung**"; für diese gelten die gleichen WirksamkSchranken wie für eine normale AusschlKlausel
38 (BGH NJW **83**, 1322, Karlsr AGBE III Nr 15, Heinrichs aaO S 6). – **bb) Haftungsbegrenzung:** Sie beschränkt den Umfang der Haftung u läßt die Entstehg des Anspr dem Grunde nach unberührt. Beispiele sind summenmäß Haftgsbeschränkgen, Haftgsbegrenzgen auf Pers- od Sachschäden, Abbedingen der Haftg für entgangenen Gewinn, nicht vorhersehb Schäden od Mangelfolgeschäden. Zur Haftgsbegrenzg gehören auch Klauseln, dch die der Verwder seine Haftg subsidiär ausgestaltet od zeitl beschränkt (Heinrichs aaO S 18). Die Einordng bedarf jedoch einer Überprüfg nach Maßgabe der Umst des einzelnen Vertr od VertrTyps. Beschränkt der Verwder seine Haftg auf Schäden, die prakt nicht vorkommen, handelt es sich in
39 Wahrh um einen Haftgsausschluß. – **cc) Gegenstand** der Freizeichng können SchadErsAnspr des Verwdgsgegners jeglicher Art sein. Die AnsprGrdl (Unmöglichk, Verzug, pVV, Gewährleistg) ist gleichgült. Anspr aus c.i.c. sind idR bereits entstanden, wenn die AGB VertrInh w. Soweit sich die Freizeichgsklausel auf c.i.c. bezieht, enthält sie daher idR einen Verzicht u ist schon aus diesem Grd unwirks (Kblz NJW-RR **93**, 1080). **Deliktische Ansprüche** des Verwdgsgegners können ausgeschl od beschränkt w, soweit für den konkurrierden vertragl Anspr gleichf eine Freizeichng zul ist (BGH NJW **79**, 2148, VersR **85**, 595). Die in § 651h I für den ReiseVertr vorgesehene Freizeichngsmöglichk gilt aber nur für vertragl Anspr (BGH **100**, 180). Freizeichngsfest sind Anspr Dr, etwa von Angehörigen, ArbN, Mietern od Abnehmern des Verwdgsgegners. Sie können nur insoweit abbedungen werden, als sie auf die **Schutzwirkung** des Vertr zw Verwder u Verwdgsgegner beruhen (BGH **56**, 272; § 328 Rn 20). Zur **Auslegung** von Freizeichngsklauseln u ihrer **Wirkung zugunsten Dritter** s § 276 Rn 58f.

40   **b) Haftungsausschlußverbote des § 11.** Der Ausschl der Haftg ist gem § 11 unwirks: – **aa) bei grobem Verschulden** des Verwders od eines ErfGeh, gleichgült, welche AnsprGrdl im Einzelfall in Betracht kommt, § 11 Nr 7 (dort Rn 34ff); – **bb) bei Fehlen** einer **zugesicherten Eigenschaft**, § 11 Nr 11 (dort Rn 73ff); – **cc) bei Verzug** des Verwders od von diesem zu vertretder **Unmöglichkeit**, § 11 Nr 8 (dort Rn 42). In den Fällen aa) u bb) sind zugl auch Haftgsbegrenzen jeglicher Art unzul.

41   **c) Haftungsausschlußverbote aus § 9.** Haftgsausschlüsse für **einfache Fahrlässigkeit** sind gem § 9 unwirks, wenn sie den Verwendgsgegner unangem benachteiligen. Die Beurteilg erfordert eine umfassde Würdigg der beiderseit Interessen (Rn 7–15), bei der die für u gg den Haftgsausschluß sprechen Gesichtspkte ggeinander abzuwägen sind (Bunte aaO; Koller ZIP 86, 1089). Unwirks ist der Haftgsausschluß in folgden Fällen: – **aa)** wenn es um die Verletzg von **Kardinalpflichten** (wesentl VertrPflten) geht, deren Einhaltg zur Erreichg des VertrZweckes geboten ist (Rn 29 ff); – **bb)** wenn der Verwder als Fachmann od in **42** sonst Umfang in bes Weise **Vertrauen** für sich in Anspr genommen hat (BGH NJW-RR 86, 272; AGBE V Nr 49); – **cc)** wenn der Verwder kraft seines Berufes eine **qualifizierte Vertrauensstellung** einnimmt (Bunte aaO S 147). Beispiele sind Ärzte, Rechtsanwälte Steuerberater und Wirtschaftsprüfer (zT gelten jetzt berufsrechtl Sonderregelgen, s Rn 50 ff bei den einzelnen Schlagworten), aber auch der TrHänder beim Bauherrnmodell (Celle NJW 86, 260); – **dd)** soweit es um die Verletzg von **Gesundheit** od Leben des **43** Verwendgsgegners geht (Stgt NJW- RR 88, 1082, v Westphalen NJW 90, 91, s auch die EG-RL über mißbräuchl Klauseln in VerbrVertr, Anhang nach § 30). And liegt es, wenn auf seiten des Verwdgsgegners eine Risikoübernahme bejaht w kann (Kblz VersR 93, 1164, motorsportl Veranstaltg); – **ee)** soweit der Verwder gesetzl od standesrechtl eine **Haftpflichtversicherung** abschließen muß od eine solche übl ist (Wolf NJW 80, 2438, Hbg DAR 84, 260, KG NJW-RR 91, 699, Kfz-Waschanlage). And kann es bei Üblichk der HaftPflVers liegen, wenn das Risiko typweise beim Verwdgsgegner unter VersSchutz steht (s BGH 33, 220, **103**, 326, Schiff; Brem VersR 87, 773, Transportgut; Karlsr VersR 71, 159, Flugzeug); – **ff)** wenn der Haftsausschl für einf Fahrlässigk aus **sonstigen Gründen** eine unangemessene Benachteiligg **44** des Verwendgsgegners darstellt. Das kann anzunehmen sein, wenn der VertrGgst dem Verwder anvertraut ist u der Verwdgsgegner keine eigenen Vorsorgemöglichk hat (Hbg DAR 84, 260, Kfz-Waschanlage; Hamm AGBE IV Nr 35, Vermittlg eines Kfz-Verkaufs) od wenn es sich um ein allein vom Verwder zu beherrschdes Risiko handelt (BGH NJW 85, 915, Tankchecksystem). Besteht für WertGgst eine sichere u zumutb Aufbewahrgsmöglk, kann sich der Krankenhausträger von der Haftg für den Verlust nicht hinterlegter Ggst freizeichnen (BGH NJW 90, 763).

d) Rechtswirksamkeitsgrenzen von Haftungsbegrenzungsklauseln. Unproblemat sind zwei Fall- **45** gruppen: Im Anwendungsbereich des § 11 Nr 7 u 11 sind neben Haftgsausschlüssen auch Haftgsbegrenzgen jegl Art unwirks (§ 11 Rn 37 u 74). Unbedenkl sind Haftgsbegrenzgen, soweit der Verwder seine Haftg sogar ausschließen könnte od das Ges sie **ausdrücklich zuläßt,** wie in BRAO 51a I Nr 4, StBerG 67a, WPO 54a u PartGG 8 III (Bedenken gg die Wirksamk dieser Vorschr allerdings bei v Westphalen ZIP 95, 546). Für die verbleibden unter Rn 40 (dort cc) u Rn 41 ff fallden Sachverhalte, in denen Haftgsausschlüsse unzul, Haftgsbegrenzgen aber mögl sind, lassen sich nur beschränkt allg Regeln festlegen: – **aa) Nicht 46 vorhersehbare** Schäden können bei vermögensrechtl Gesch von der Haftg ausgenommen w (Schmidt-Salzer aaO Rn 3.255). Für das internationale KaufR enthält CISG 74 eine entspr Regelg. Haftgsbegrenzgen, die der GesGeber für vergleichb Fälle selbst vorsieht, darf der Verwder in seine AGB übernehmen. Grdsl zul ist auch eine Freizeichng hins entfernt liegder Schäden (str, s BGH 89, 363, 369). – **bb) Summenmäßige 47 Haftungsbegrenzungen** sind zul, wenn sie in einem angem Verhältn zum vertragstyp Schadensrisiko stehen (BGH NJW 93, 335). Das ist nicht der Fall, wenn in einem Vertr über wertmäß nicht begrenzte SicherhTransporte die Haftgssumme auf 100 000 DM beschränkt ist (Mü NJW-RR 94, 742). Unwirks sind auch Regelgen, die als Haftghöchstsumme ein Mehrfaches des vom Verwendgsgegner zu zahlden Entgelts vorsehen (BGH 77, 130, Chemischreiniger; 89, 368, Kaltlagerg). Derartige Regelgen können aber ausnahmsw wirks sein, wenn der Verwder auf die Notwendigk einer Versicherg hinweist u diese zu angem Bdgggen anbietet (BGH 77, 133). – **cc) Haftungsbegrenzungen** auf die Leistgen der **Betriebshaftpflicht- 48 versicherung** sind grdsl zul, wenn folgde Voraussetzgen erfüllt sind: (1) Die Deckgssumme muß das vertragstyp Schadensrisiko abdecken. (2) Soweit der Versicherer leistgsfrei ist (Selbstbehalt, Serienschaden, Jahresmaximierg, Risikoausschlüsse usw), muß der Verwder mit eig ErsLeistgen eintreten. (3) Im nichtkaufm Bereich müssen die Anfordergen des § 2 Nr 2 erfüllt w. Vgl Fuchs BB 92, 1224, sehr str.

e) Formulierung. Umfassde Freizeichngsklauseln, die auch die Haftg für grobes Verschulden (§ 11 **49** Nr 7) od für das Fehlen zugesicherter Eigensch (§ 11 Nr 11) ausschließen, sind wg des Verbots geltgserhaltder Reduktion **im ganzen unwirksam** (BGH 86, 297, Mü BauR 90, 471, Vorbem 9 v § 8). Entspr gilt, wenn die Freizeichngsklausel die sich aus § 9 ergebden WirksamkSchranken (Rn 41 ff) nicht berücksichtigt (BGH 93, 48, NJW 91, 2563, 93, 335, Mü NJW-RR 90, 1358, Hamm NJW-RR 87, 316).

7) Einzelne Klauselwerke, einzelne Klausel- und Vertragstypen. Die nachfolgde ZusStellg faßt **50** ohne Anspr auf Vollständig Rspr u Literatur zur InhKontrolle für best AGB, best Klausel- u VertrTypen zusammen, berücksichtigt aber nicht die in §§ 10 u 11 enthaltenen Klauselverbote; s daher zunächst dort. Vgl auch v Westphalen, VertrR u AGB-Klauselwerke, 1995, mit jetzt fast 40 Broschüren. – **a)** Der in einer **51 Abfindungsvereinbarung** enthaltene formularmäß Verzicht eines HIV infizierten Bluters auf Anspr gg Dr verstößt nicht gg das AGBG (LG Heidelbg u Konstanz VersR 95, 575 ff). – Ein formularmäß **abstraktes Schuldanerkenntnis** verstößt nicht gg § 11 Nr 15 (s dort). Es ist, wenn, wie bei der Gewährg von Bankkrediten, ein berecht Interesse vorliegt, auch mit § 9 vereinb (BGH 99, 282). – **Abtretungsklauseln** s Rn 107 LohnAbtr u Rn 120 RAnw. – **Abtretungsverbote** sind wg des berecht Interesses des Verwders an der Vereinfachg der VertrAbwicklg grdsl wirks (s § 399 Rn 9). – **Abwehrklauseln** („Für den Vertr gelten ausschließl unsere AGB; and Bdgggen werden nicht VertrInh, auch wenn wir ihnen nicht ausdr widersprechen"). Sie sind zul u verhindern im kaufm Verk die Einbez der gegnerischen AGB (BGH NJW **85**, 1839, **91**, 1606, NJW-RR 86, 984), ausgenommen aber uU den einf EigtVorbeh des and Teils (§ 2 Rn 28). – **ADSp.** Sie gelten nur noch im Verhältn zu Kaufl (§ 2a). Auch bei grober Fahrlässigk wird die **52** Haftg des Spediteurs dch einen Anspr gg seinen Versicherer ersetzt. Diese Abweichg von § 11 Nr 7 wird als eine branchentyp Freizeichng von den Verladern hingenommen u ist daher nicht zu beanstanden (BGH NJW 86, 1435, NJW-RR 88, 1437). Tritt die Vers nicht ein, ist der Spediteur aber bei eig grobem Verschulden od dem von leitden Angest haftb (BGH NJW-RR 88, 1436). Die Verzugsregelg des § 29 (Verzicht auf das Mahnerfordern; Zinspauschale von 2% über Bundesbankdiskont) ist wirks (BGH NJW- RR 91, 997), ebso das AufrVerbot des § 32 (BGH NJW-RR 87, 883, Mü NJW-RR 95, 1248) u die Regelg, daß der Kunde grobes Versch des Spediteurs beweisen muß (BGH NJW 95, 1490). Gg die jetzt 8-monatige VerjFr des § 64 bestehen keine Bedenken (BGH NJW-RR 88, 1374, Mü NJW-RR 93, 168), und aber, wenn die Verj bereits mit der Übergabe der Sache beginnt (BGH NJW-RR **91**, 572). § 64 ist unanwendb, wenn dem Spediteur od seinem leitden Angestellten grobes Verschulden zur Last fällt (BGH NJW **95**, 2225). Unwirks wg Verstoßes

53 gg § 11 Nr 15a ist ADSp § 21 S 2 (Düss VersR **87**, 459). PfandR s Einf 10 vor § 1204. – **Altenheimverträge:** Unwirks sind: Klauseln, die ein schuldunabhäng KündR begründen, s BGH NJW **89**, 1674 (Zahlgsrückstand), LG Düss NJW-RR **91**, 697 (Störg der Heimordng). Regelg, die dem Heimbetreiber eine betreuerähnl RStellg einräumt (LG Düss aaO). Zu den Anfordergen an eine PrErhöhgsklausel s Düss NJW-RR **89**,

54 500. – **Anpassungsklauseln:** Klauseln über eine automatische Anpassg sind in den Grenzen von § 11 Nr 1, § 9 u WährG 3 zul (Horn NJW **85**, 1120). Auch Neuverhandlgsklauseln sind unbedenkl (Horn aaO). Zu LeistgsbestimmgsR s Rn 106. – **Anzahlungsklauseln:** Der Verwder kann aufgrd der auch für ihn geltden AbschlußFreih den VertrSchluß von einer Anzahlg abhäng machen; eine InhKontrolle findet insow nicht statt (Teichmann JZ **85**, 321). Wenn die Anzahlg aufgrd des Vertr zu leisten ist, ist die Klausel dagg nur im Rahmen des § 9 zul (s § 11 Rn 11f).

55 **Anzeigenverträge.** Unwirks sind: Klausel, daß der Verlag die aGrd von Chiffreanzeigen eingegangenen Angebote öffnen u Werbg von der Weiterleitg ausschließen darf (BGH NJW **92**, 1451). Auftr, die für 1 Jahr vereinb worden sind, können nicht formularmäß bei nicht rechtzeit Künd verlängert w (BGH NJW **89**, 2255). Einzelh s Ul-Br-He § 11 Anh Rn 80ff. – **Arbeitskampfklauseln.** Leistgsstörgen dch einen rechtmäß ArbKampf hat der Schu grdsl nicht zu vertreten (§ 278 Rn 8). Entspr Freizeichngsklauseln bestätigen daher nur die ohnehin bestehde RLage. Soweit eine Haftg in Frage kommt (rechtsw ArbKampf; Übern-, Vorsorge- od Abwendgsverschulden), kann sich der Verwder freizeichnen, sofern er die Schranken der §§ 11 Nr 7 u 8 beachtet (AGB-Klauselwerke/v Westphalen VertrR Rn 15). Auch der Grds des § 323, daß mit der LeistgsPfl des Verwders zugl die EntgeltsPfl des and Teils entfällt, kann nicht dch AGB geändert w (Schmidt NJW **79**, 15, 19, Zeitgsabonnement). Als vorübergehde Leistgsstörg rechtfertigt der ArbKampf

56 idR kein RücktrR des Verwders, § 10 Nr 3 (BGH NJW **85**, 857). – **Architektenverträge.** Gebräuchl ist der als Konditionenempfehlg angemeldete EinhArchitektenVertr u die zugehörigen AVA (BAnz **85**, Nr 67). Eine kundenfreundlichere Neufassg wird vorbereitet, sie räumt die sich aus dem AGBG ergebden Bedenken aber nur teilw aus (Bartsch BauR **94**, 315, Löfflemann BauR **94**, 563). Die Haftgsregelg in AVA Nr 5 verstößt in mehrf Hins gg das AGBG: Sie bezieht die GewLeistg nach §§ 633ff ein u macht diese in Verletzg von § 11 Nr 10a von einem Verschulden des Architekten abhängig (BGH NJW-RR **90**, 856). Die Beschrkg der Haftg für einf Fahrlässigk auf „nachweisl schuldh verursachten Schaden" verstößt gg §§ 11 Nr 15, 9 II Nr 2 (BGH aaO). Unwirks ist auch die für den Fall gesamtschuld Haftg vorgesehene Subsidiaritätsklausel (Mü NJW-RR **88**, 338) u die Abkürzg der VerjFr auf 2 Jahre (BGH NJW **92**, 2759). Die HaftgsBeschrkg für nicht versicherb Schäden auf die Honorarhöhe ist unangemessen. AVA 8 I 3, wonach in der Ingebrauchnahme die Abn des Architektenwerkes liegt, verletzt § 10 Nr 5. Eine Haftgsbegrenzg für Nichtpersonenschäden auf 150000 DM kann dagg bei einem Honorar von 60000 DM u einem Bauvolumen von 1,1 Mio DM zul sein (BGH VersR **86**, 37). Einzelh: Ul-Br-He Anh § 11 Rn 110ff. Vorformulierte Vertr, die den Architekten von ihren AuftrGeb auferlegt w, bedürfen der InhKontrolle zum Schutz der Architekten. Unwirks sind AGB, die zum Nachteil des Architekten von der HOAI abweichen (BGH **81**, 232). – **Ärzte,** auch ärztl Honorar, s Krankenhaus. – **Aufrechnungsverbote** s § 11 Nr 3.

57 **Automatenaufstellverträge:** Wirks sind: längere Laufzeit, uU bis zu 10 Jahren (BGH NJW **83**, 161, **85**, 55, für nur 3 Jahre Lö/vW/Tr III 32.2 Rn 7); AusschließlichkBindg (Ul-Br-He § 11 Anh Rn 141); AustauschR (BGH NJW **85**, 55). Unwirks: NachfKlausel, wenn sie einem Pächter auferlegt w, der hins der Nachfolgers kein BestimmgsR hat (BGH WM **79**, 918); soweit sie auch für den Fall einer unverschuldeten BetrAufg gilt (BGH NJW **83**, 160, **85**, 54) od die Mithaftg des fr BetrInhabers vorsieht (BGH NJW **85**, 54); die Befugn, die Rechte u Pflten aus dem Vertr ohne Zustimmg des Wirts auf einen Dr zu übertragen (BGH NJW **85**, 54, 56); Erweitergsklauseln (BGH NJW **82**, 1693, **83**, 160); KündFr von 2 Jahren (BGH aaO); Fiktion, daß die Aufstellg eines neuen Geräts auf Wunsch des Wirts hins der Laufzeit als Neuabschluß gilt (BGH NJW **85**, 55); Rentabilitäts- u Abräumklauseln (BGH aaO); Überwälzg der Instandsetzgskosten auf den Wirt (BGH NJW **83**, 162); Überwälzg der KaskoVersPfl auf den Gastwirt (Brschw VersR **90**, 426); Einnahmegarantie des Wirts (Hbg NJW **83**, 1502); Schadenspauschale von 70% des Bruttoerlöses (BGH NJW **83**, 159); überhöhte od schuldunabhäng VertrStrafe (BGH NJW-RR **90**, 1077, Celle NJW-RR **88**, 947,

58 LG Aachen NJW-RR **87**, 948). – **Autowaschanlagen:** Ein Vorsatz u grobe Fahrlässigk mitumfassder HaftgsAusschluß ist gem § 11 Nr 7 im ganzen unwirks (Düss BB **80**, 388, § 11 Rn 37). Aber auch bei leichter Fahrlässigk ist ein völliger Haftgsausschluß gem § 9 II Nr 2 unzul, ebso ein auf Lackschäden, Scheibenwischer od ähnl Einrichtgen beschränkter Haftgsausschluß (Hbg DAR **84**, 422, KG NJW-RR **91**, 699, LG Bayreuth NJW **82**, 1766, LG Essen NJW-RR **87**, 949, LG Mü DAR **87**, 386, Padeck VersR **89**, 552, str, aA Karlsr NJW-RR **86**, 153, differenzierd Bambg NJW **84**, 929). Unwirks ist auch der Haftgsausschluß bei unterl Schadensmeldg (KG u Padeck aaO).

59 **b)** Die AGB der **Banken** u Sparkassen gelten ab 1. 1. 93 in einer erhebl kundenfreundlicheren u übersichtlicheren Fassg. Vgl Horn (Hrsg), ABG-Banken, 1993. Gößmann/Wagner-Wieduwilt/Weber, AGB-Banken, 1993. Baumb/Hopt Anhang (8) u (8a) S 1205ff. v Westphalen, Banken- u Sparkassen-AGB in VertrR u Klauselwerke. Aufsätze: Aden NJW **93**, 832. Hoeren NJW **92**, 3263. Westermann WM **93**, 1865. v Westphalen BB **93**, 8. Nach beiden AGB haften die Kreditinstitute – vorbehaltl der für einz GeschBereiche geltden SonderBdgen – auch für einf Fahrlässigk (Banken Nr 3, Sparkassen Nr 17). Die wesentl gekürzten u übersichtl gegliederten Banken-AGB begegnen auch iü kaum Bedenken. Die Klausel über Entgelte u Zinsen berücksichtigt die von der Rspr entwickelten RGrds (BGH **118**, 126, Düss NJW **91**, 2429). Die Sparkassen-AGB, deutl weniger kundenfreundl als die der Banken, enthalten dagg weiterhin unwirks od zumindest bedenkl Klauseln, wie die Substitutionsklausel, Nr 17 II, die Nachteile aus einer nicht erkennb GeschUnfähigk des Vertreters des Kunden, Nr 4 II u die KündRegelg des Nr 17 II (v Westphalen aaO). Rspr zur **alten Fassung** der AGB s 52. Aufl. Aus der Rspr zu **Sonderbedingungen** u Bankformula-

61 ren (ja = unwirks, nein = wirks): – **aa) Giroverkehr.** Wertstellg einen Tag nach Einzahlg, ja (BGH **106**, 264). Ausschluß des WiderrufsR bei Überweisen, ja (BGH NJW **84**, 2816). Fakultativklauseln bei Überweisen, ja (BGH **98**, 29). Vorrang der Kontonummer vor dem Empfängernamen, ja im beleggebundenen

ÜberweisgsVerk (BGH **108**, 391, NJW **91**, 2308), nein im beleglosen (FinG BaWü WM **93**, 1282). – **bb) Kreditverträge.** NichtAbnEntsch, nein (BGH NJW **85**, 1832, **90**, 981), jedoch nur in den Grenzen von **62** § 11 Nr 5 (s dort). Freies KündR der Banken, ja (Ul-Br-He § 11 Anh Rn 284). Belastg mit Bearbeitgsgebühren od Schätzkosten bei Nichtzustandekommen eines Vertr, ja (Celle VersR **84**, 68, LG Stgt DB **91**, 1323). Vgl auch Rn 88 GrdPfdR. – **cc) Scheckverkehr.** Die Banken haben ihre ec-Bdggen mit Wirkg zum 1. 1. 95 **63** neugefaßt u dabei die allg Bdggen für den ScheckVerk in die ec-Bdggen integriert (Text WM **95**, 636). Die auf dem Gedanken der Risikobeherrschg beruhede schuldunabhäng Haftg des Kunden für den Mißbrauch von Scheckkarten und -vordrucken, – vom BGH für Kreditkarten verworfen (**114**, 243) – ist in der nF nicht mehr enthalten (Hoeren NJW **95**, 2473, Ahlers WM **95**, 601). Die neue Haftgsregelg besteht im Kern darin, daß der Kunde, der einen Mißbrauch leicht fahrläss ermöglicht, höchstens 10% des Schadens trägt, während er bei grober Fahrlässigk voll haftet; die volle Haftg bei grober Fahrlässigk entspricht KG NJW **92**, 1051 u die Haftgsregelg ist wohl auch im übrigen nicht zu beanstanden (dazu u zu den Versuchen der Banken, die nF auch gg den Widerspruch von Kunden dchzusetzen, krit aber Löwe ZIP **95**, 259, 611). Nach den seit dem 1. 1. 95 geltden neuen ec-Bdggen der Sparkassen (Text ZIP **95**, 252) muß der Kunde den Schaden aus der mißbräuchl Verwendg von Karte u Vordrucken allein tragen, wenn beide gemeins in einem Kfz aufbewahrt wurden, im übr bleibt es bei dem Grds, daß die Sparkasse bei einem Verlust von Karte u Vordrucken Schäden bis zu einem Betrag von 6000 DM übernimmt (Harbeke ZIP **95**, 250). Nach der Rspr zu den fr Bdggen sind unwirks: Haftgsausschluß für Verzögergen beim Scheckeinzug (BGH NJW-RR **88**, 561). Abbedingen der Pfl zur Beachtg einer Schecksperre (BGH **104**, 380). – **dd) Vergütungsregelungen.** Für Ein- u Auszahlgen am Bankschalter darf die Bank keine Gebühren fordern, da der Bankkunde bei Ein- u die Bank bei Auszahlgen eine Geldschuld dch Barzahlg erfüllt u für die Erf einer Schuld nach dem Grundgedanken der BGB 362 ff weder der Schu noch der Gläub etwas zusätzl Entgelts verlangen kann (BGH **124**, 254, Reifner JZ **94**, 454, krit v Westphalen WM **95**, 1209). Für Abhebgen per Automat kann die Bank dagg ein Entgelt festsetzen (Naumbg WM **95**, 1579). – AGB eines sog **Barter-Systems** können vorsehen, daß einem ausscheidden Systemteilnehmer sein Guthaben erst 12 Mo nach VertrEnde ausbezahlt w (Mü NJW-RR **94**, 563).

Baubetreuer ist, wer gewerbsmäß Bauvorhaben im fremden Namen u für fremde Rechng wirtschaftl **64** vorbereitet od dchführt (BGH NJW **81**, 757, § 675 Rn 20). Auch wenn ein FestPr vereinbart worden ist, ist die dem Betreuer ohne eine summenmäß Begrenzg erteilte Vollm wirks (BGH **67**, 336, **76**, 94, NJW **84**, 63). Unwirks sind dagg: Abweichgen von der MaBV (Ul-Br-He § 11 Anh Rn 190); Beschrkg der Haftg auf nachweisl schuldh verursachte Schäden (Rn 56 „ArchitektenVertr"); Abkürzg der VerjFr des § 638 (§ 11 Nr 10f); § 23 II Nr 5 ist unanwendb, weil er die Übernahme der VOB im ganzen vorausetzt (BGH NJW **87**, 2374). Weitere **unwirksame** Klauseln: ÄndersgsVorbeh, die über den Rahmen des § 10 Nr 4 hinausge- **65** hen; höhere Pauschalen für den Anspr aus § 649 als 5%, soweit die Künd vor dem Beginn der Betreuungstätigk erfolgt (Ul-Br-He § 11 Anh Rn 192); Verpflichtg zur Zahlg einer Finanziergsprovision u eines Entgelts für eine Mietgarantie, obwohl die Finanzierg und die Garantie nicht in Anspr genommen w (BGH NJW **84**, 2163); Haftgsausschluß des Betreuers (TrHänders) für einf Fahrlässigk (Vollhardt BB **82**, 2142); Vergütgs-Anspr des Betreuers für eine vorbereitde Tätigk (aA LG Stgt AGBE II Nr 29, s aber BGH NJW **82**, 765 zum Kostenvoranschlag). – **Bauherrenmodell** s AGB-Klauselwerke/Schäfer, Bauherrenmodell. Eine Klausel, wonach der TrHänder nur subsidiär haftet, ist unwirks (BGH NJW-RR **91**, 1120). Verj der Anspr gg den TrHänder s Rn 136. – **Bausparkassen:** Die Regelg, daß Habenzinsen erst vom 1. des folgden od übernäch- **66** sten Mo zu zahlen sind, ist wirks (BGH NJW **91**, 2560, aA Brüggemeier/Friele ZBB **92**, 141). Zur nachschüss TilggsVerrechng s Rn 90. Zu weiteren Klauseln s BGH, u Brüggemeier/Friele aaO. – **Bauträger** ist, wer ein Bauvorhaben im eig Namen für eig od fremde Rechng vorbereitet od dchführt (BGH NJW **81**, 757, § 675 Rn 21). Die GewlRegelg muß den Anfordergen des § 11 Nr 10 entspr (s dort). Die Übernahme des § 13 VOB/B einschließl der 2jährigen VerjFr ist unzul (§ 11 Rn 71, str). Unwirks sind weiter: Abweichgen von der MaBV; Vollm, wonach der Bauträger im Namen des Baukunden Auftr vergeben darf (Nürnb NJW **82**, 2326, and beim Baubetreuer, s Rn 64); Erhöhg des vereinbarten FestPr dch versteckte Überwälzg von „Aufschließkosten" (BGH NJW **84**, 171); Überwälzg der Kosten einer gem MaBV zu erbringden Sicherh auf den Erwerber (LG Brem NJW-RR **94**, 476). – **Bauverträge:** Neben der VOB/B (Rn 140) werden im **67** Baugewerbe eine Vielzahl von weiteren AGB verwandt. Vgl zunächst Rn 146 ff (WerkVertr). Unwirks sind: Klausel, die dem Besteller eine RechngsPrüfgsFr von 3 Mo (Mü NJW-RR **90**, 1358) od eine ZahlgsFr von einem Mo einräumt (Mü NJW-RR **89**, 276); Zinssatz von 4% für Überzahlgen (BGH **102**, 47), and aber, wenn es sich um einen RückzahlgsAnspr mit vertragl Grdl handelt (BGH NJW **93**, 1128, krit Greiffenhagen NJW **94**, 711); Ausschluß aller Rechte wg eines Preis- od KalkulationsIrrt (BGH NJW **83**, 1671); unangem Hinausschieben des Ztpkts der Abnahme (BGH **107**, 75); Aufmaß nicht nach tats Leistg, sond einem abstrakten Maß (Karlsr NJW-RR **89**, 52); Regelg, daß 5% der Vergütg erst 60 Mo nach Abn fäll w (Hamm NJW-RR **88**, 726, Mü NJW-RR **92**, 218, Zweibr NJW-RR **94**, 1363); 2 od 1jähr Einbehalt einer unverzinsl BarSicherh ohne Ablösgsmöglichk dch Bürgsch (Karlsr BB **89**, 1643). Übermäßig belastde Regelg der Ablösg des SicherhEinbehalts (Mü BauR **92**, 234); Überwälzg der dch Anordngen des Prüfingenieurs entstehden Mehrkosten auf den AuftrN (Heiermann BauR **89**, 543); Ausschlußwirkg des Schlußrechng, ohne daß **68** die VOB im ganzen übernommen wird (BGH **107**, 208); Regelg, wonach der Handw zunächst nur einen der mehr als 40 Bauherrn als TeilSchu in Anspr nehmen darf (BGH **92**, 15; sog MusterProzKlausel); Freistellg-Verpfl hins aller gg den AuftrG geltd gemachter Anspr (Ffm AGBE V Nr 39); Klausel, dem Handw die Verantwortg für die vom AuftrG gefertigte Plang überbürdet (Karlsr AGBE III Nr 15 S 191, Mü NJW-RR **86**, 382); Begründg einer schuldunabhäng Haftg der Handw für Baustellenschäden (Karlsr aaO S 193, Düss AGBE III Nr 16 S 215); Verzicht auf Nachfordergen bei lange dauernden Unterbrechgen (Karlsr aaO S 197); Verweis auf die (nicht existierede) Regelg des BGB für den Fall vorübergehder Stillegg des Baues (Köln OLGZ **93**, 454); Verpfl, das Gerüst bis zum endgült Abschluß der Arbeiten and Untern vorzuhalten (Mü NJW-RR **86**, 382, **87**, 662); Hinausschieben des VerjBeginns bis zur „mangelfreien" Abnahme (Karlsr aaO S 201) od bis zur Abnahme dch einen Dr (Mü AGBE IV Nr 23 S 275); Übernahme von ReinigsPflten hins and Gewerke (Mü NJW-RR **87**, 661). Wirks ist die Kombination der VerjFr des BGB mit der Unterbrechgsregelg der VOB (BGH **107**, 83) u der Ausschluß des Preisanpassgsrechts nach VOB/B 2 II Nr 3 (BGH NJW

93, 2738). In einem **Subunternehmervertrag** (Ramming BB **94**, 518, Schlünder NJW **95**, 1058) sind Klauseln unwirks, die für nachträgl Abreden die Schriftform vorschreiben, die Fälligk des WkLohns auf 2 Mo nach Prüfg der Schlußrechng hinausschieben u den Subunternehmer zu weitgehd auf Termineinhaltg verpflichten (Karlsr NJW-RR **93**, 1435). Unwirks ist wohl auch die Klausel, daß der SubUntern zur Sichg der GewLAnspr eine Bürgsch auf erstes Anfordern stellen muß (AG Nidda NJW-RR **95**, 473, str). Dagg kann der VerjBeginn für GewLAnspr gg den Subuntern bis zum Beginn der Verj gg den HauptUntern
69 hinausgeschoben w (s Schlünder aaO S 1060). – **Bewachungsverträge:** Nach der VO über das Bewachsgewerbe v 1. 6. 76 (BGBl 1341) ist der AuftrGeb dch den Abschl einer Versicherg zu schützen. Der Untern kann seine Haftg abweichd von § 11 Nr 7 auch bei grobem Verschulden von ErfGeh auf die Versichergssumme beschränken (Ul-Br-He § 11 Anh 240, aA Köln NJW-RR **94**, 25), jedoch gilt für die in § 3 I der VO zugelassene AusschlFr nunmehr § 11 Nr 10e u f (aA LG Hann NJW-RR **88**, 505). Der nicht unter die VO fallde Bewacher kann die Haftg bei einf Fahrlässigk auf die Leistgen seines Versicherers beschränken, sofern er Vertr mit angem Bdggen abgeschlossen hat (Düss VersR **80**, 1073). Die Überlassg eines Parkplatzes in einer Hotelgarage kann als MietVertr ohne BewachgsPfl ausgestaltet w (LG Köln VersR **83**, 69). – **Beweislastklauseln** s § 11 Nr 15.

70   **Bierlieferungsverträge:** Wird die Laufzeit, wie idR, dch IndVereinbg festgelegt, liegt die zul Höchstdauer bei 15, äußerstenfalls bei 20 Jahren (§ 138 Rn 81). Bei formularmäß Festlegen ist wg § 24 nicht § 11 Nr 12, sond § 9 PrüfgsMaßstab. Dabei kommt den in der VO Nr 1984/83 der EG-Kommission vom 22. 6. 83 (ABl L 173/5 ff) festgesetzten Laufzeiten von 10 Jahren (Art 8 I d) bzw 5 Jahren (Art 8 I c) Leitbildfunktion zu. Wirks sind: AusschließlichBindg u die Sicherg dieser Bindg dch eine VertrStrafe (BGH WM **80**, 1309); Tagespreisklauseln (Hbg AGBE IV Nr 92 S 432); höheres Entgelt bei Unterschreitg des angenommenen Jahresbezugs (BGH NJW **90**, 569); unwirks: Weiterbestehen der AbnVerpflichtg, obwohl die Brauerei das zur Vfg gestellte Inventar wg Zahlgsverzugs zurückgenommen hat (BGH NJW **85**, 2693). Begründg einer AbnVerpflichtg in einem DarlVorvertrag, auch wenn das Darl nicht in Anspr genommen wird (BGH
71 NJW **78**, 1519). – In AGB für **Breitbandkabelanschlüsse** ist die Festlegg einer Laufzeit von 12 Jahren wirks (BGH NJW **93**, 1133). Unwirks sind dagg PrErhöhgsklauseln ohne eine konkrete Beschränkg nach Grd u Höhe, Recht zum jederzeit Betreten des Grdst, Verpflichtg das Kabel nach VertrEnde weitere 5 Jahre zu
72 dulden (Kblz NJW-RR **94**, 689, zugl auch zu weiteren Klauseln). – **Bürgschaft:** Hat sich der Bürge für eine bestimmte HauptFdg verbürgt, kann die Bürgsch grdsl nicht formularmäß auf and Fdgen erstreckt w (§ 3 Rn 8). **Wirksam:** Klausel, daß für Nebenleistgen (Zinsen, Kosten) über den Höchstbetrag hinaus gehaftet w (BGH AGBE IV Nr 4; Kblz NJW-RR **93**, 176); Haftg für den Anspr aus § 812 bei Nichtigk des Darl (BGH NJW **92**, 1235); Abbedingg der Rechte aus §§ 776 u 770 (BGH **95**, 357, **78**, 141, NJW-RR **91**, 818, NJW **95**, 1888). Regelg, daß mehrere Höchstbetragsbürgsch nebeneinand gelten (Düss NJW-RR **89**, 1397). Hinausschiebg des FdgÜbergangs bis zur vollen Befriedigg des Gläub, sofern sich die Bürgsch auf die GesVerbind-
73 lichk des Schu bezieht (BGH **92**, 382, NJW **87**, 375, aA Tiedtke JZ **87**, 491). **Unwirksam:** Formularmäß Ausdehng der für einen limitierten Kredit gegebenen Bürgsch auf weitere Anspr (BGH NJW **95**, 2553); Aufhebg od Einschränkg der Akzessorietät der Bürgsch (BGH **95**, 356, NJW **93**, 1918); Ausgestaltg als Bürgsch auf erstes Anfordern (BGH NJW-RR **90**, 1266, Bydlinski WM **91**, 257); Abbedingg der Rechte des Bürgen aus §§ 768, 770, sofern die Einr od die GgFdg des HauptSchu unbestritten od rechtskr festgestellt ist (BGH NJW **81**, 762); Abbedingen der AnzeigePfl des § 777 I (Köln NJW **85**, 2723, Tiedtke DB **90**, 411, aA Hamm NJW **90**, 54); Verpflichtg des Bürgen zur SicherhLeistg (BGH **92**, 299) od Begründg von SichergR gg den Bü vor Fälligk seiner Schuld (BGH NJW **91**, 100); Verzicht des Bü auf die dem HauptSchu zustehde Einr der Verj (Walther NJW **94**, 2377); Umgestaltg der Bürgsch in eine Garantie (LG Köln NJW **83**, 892). Undchschaub Regelg über die Unübertragbark der Bürgsch (BGH **115**, 185). – **Bundesbahn:** Die Klausel „für abhandengekommene BahnCard wird kein Ersatz geleistet" ist unwirks (Ffm NJW-RR **95**, 1204).

74   **c) Chemischreiniger.** Unwirks ist die Haftgsbegrenzg auf das Fünfzehnfache des Entgelts, da eine sachgerechte Relation zur Schadenshöhe fehlt (Köln ZIP **81**, 1104, LG Ansbach NJW **79**, 769, AG Düss NJW-RR **89**, 498, AG Prüm NJW-RR **91**, 227, aA KG VersR **78**, 1170). Sie ist aber dann wirks, wenn der Reiniger auf die Notwendigk einer Versicherg hinweist u diese zu angem Bdggen anbietet (BGH NJW **77**, 133). Unwirks ist auch Nr 5 III der AGB, wonach der Verwder nach Ablauf eines Jahres wie ein Eigtümer über die nicht abgeholte Sache verfügen darf (Köln aaO, aA Ul-Br-He § 11 Anh 268). **CISG:** Seine Anwendg im ganzen kann formularmäß ausgeschl w, ebso die schuldunabhäng Verkäuferhaftg (v Westphalen EWS **90**, 105).

75   **d) Darlehen.** Unwirks: Ein jederzeit KündR des DarlGeb ohne wicht Grd (LAG Hamm ZIP **93**, 1254). Vgl auch Rn 62, 88 u 131. – **Datenschutz:** Die fr Fassg der Schufa-Klausel war unwirks (BGH **95**, 362); dagg ist die mit den Verbraucherschutzverbänden ausgehandelte nF unbedenkl (Dannemann/Stange ZIP **86**, 488, Weber WM **86**, 845). Unwirks ist die Einwilligg zur Datenspeicherg u Weitergabe in einem Leasing-Vertr (Hamm NJW- RR **86**, 931) od in einem KreditkartenVertr (Kblz NJW-RR **90**, 823); ebso die Einwilligg zur Veröffentlichg eines Bildes u der Personaldaten bei einem Gewinnspiel (Karlsr NJW-RR **88**, 302). – **Detektivverträge:** Der Text der gebräuchl AGB ist bei Bunte (AGB-Handbuch S 319) abgedruckt. Unwirks: Klausel, daß neben dem vereinbarten Honorar eine Umlage zu zahlen ist (BGH WM **78**, 723); Regelg, daß ein Eilzuschlag auch für nicht eilige Dienste verlangt werden kann (BGH aaO). – **Dienstverträge.** Die Regelg in einem BeraterVertr, wonach der AuftrG iF der Künd vor Ablauf der vertragl Mindestdauer analog BGB 649, 615 zur Vergütg der nicht mehr erbrachten Dienste verpflichtet ist, ist wirks (BGH NJW **94**, 1069).

76   **e) EDV-Verträge:** Unwirks: Kumulierg eines RücktrR mit einem SchadErsAnspr (BGH **113**, 60); Verpflichtg, Software nur auf Hardware des Verwders zu benutzen (Ffm NJW **91**, 2160); CPU-Klausel (Ffm BB **95**, Beil 2 S 4); Regelg in einem EDV-MietVertr, daß jede „technologische Anpassg" die Mietzeit um 72
77 Mo verlängert (Köln NJW **94**, 1483). Vgl Junker NJW **93**, 829. – **Ehe- und Partnerschaftsvermittlung:** Die Ausgestaltg als DienstVertr mit erfolgsunabhäng VergütgsPfl ist wirks (BGH **87**, 313). Bedenkl ist aber die Beschränkg der Leistg auf die einmalige Herstellg eines Adressendepots (LG Hildesheim FamRZ **89**, 387). Das KündR des Kunden aus §§ 627, 626 kann nicht abbedungen w (BGH **106**, 346, Düss NJW-RR **87**,

691, Stgt NJW-RR **88**, 1515), ebsowenig das bei einem EhemaklerVertr bestehde WiderrufsR (Karlsr OLGZ **79**, 68). Zu Laufzeitregelgen s § 11 Rn 76 ff; für die Rückabwicklg gilt § 10 Nr 7. Zurückzuerstatten ist neben den vorausgezahlten MoBeiträgen auch ein Teil des Grd- od AufnBeitrags, da der Verwder die Vorlauf- u Allgemeinkosten nur *pro rata temporis* ansetzen darf (BGH NJW **91**, 2763). Formularmäß Einwilliggen zur Datenweitergabe an and Institute sind unwirks (Düss NJW-RR **95**, 369), ebso die zur Datenübermittlg an Interessenten, wenn sie auch vertraul höchstpersönl Informationen betrifft (Düss aaO). Eine zG des Vermittlers wirkde Laufzeitbegrenzg auf 6 Mo, auch wenn der Vertr auf den Abruf von 20 PartnerschVorschlägen angelegt ist (LG Hbg NJW-RR **93**, 759); ebso die allg übl Vorleistgsklausel (BGH **87**, 318) u die Klausel, daß der Ehemakler erst nach Zahlg des Entgelts tätig zu werden braucht (BGH NJW **86**, 928). Wird die Ausarbeitg eines Partnerschaftsvorschlages scheinb zum Ggst eines WkVertr gemacht, handelt es sich dagg um eine gem § 9 I unzul VertrGestaltg (Hbg NJW **86**, 325, aA Peters NJW **86**, 2681, s § 656 Rn 8). – **Eigentumsvorbehalt:** Der einfache EV (§ 455 Rn 13) ist als das angem Sichergsmittel des **78** WarenkreditGeb grdsl unbedenkl (allgM). Er setzt sich idR auch ggü Abwehrklauseln des Käufers dch (§ 2 Rn 28), gibt dem Verkäufer jedoch nicht das Recht, die Sache vor Ablauf der NachFr des § 326 herauszuverlangen (BGH **54**, 214). Eine solche Befugn kann aber dch eine entspr ausdr Klausel begründet w (Schlesw NJW-RR **88**, 1460, Wo-Ho-Li Rn E 27). Der erweiterte EV („KontokorrentVorbeh" § 455 Rn 18) ist im kaufm Verkehr grdsl zul (BGH **94**, 111, **98**, 307, NJW **94**, 1154). Dagg ist er im Verhältn zum Letztverbraucher gem § 9 unwirks (Ffm NJW **81**, 130, Kblz NJW-RR **89**, 1460). Der noch weitergehde KonzernVorbeh (§ 455 Rn 19) ist auch im kaufm Verk als überraschde Klausel (§ 3) unverbindl (v Westphalen AGB-Klauselwerke EigtVorbeh Rn 81, BGH NJW **94**, 1154 läßt offen). Der **verlängerte** EV (§ 455 Rn 17) wird **79** ausschließl im kaufm Verk verwendet u ist dort grdsl zul (BGH **94**, 111). Er muß aber dem Erfordern der Bestimmbark genügen (§ 398 Rn 17) u für den Fall der Übersicherg mit einer FreigKlausel verbunden sein. Ein Verstoß gg § 9 liegt nicht vor, wenn der Betrag der vorausabgetretenen Fdg den des gesicherten Anspr um nicht mehr als 20% übersteigt (§ 138 Rn 97). Die Verpflichtg zur Weiterleitg des EigtVorbeh ist bei einem Verkauf an einen Weiterverkäufer jedenfalls dann unwirks, wenn er mit einem KontokorrentVorbeh kombiniert w (BGH NJW **91**, 2286). Zum Konflikt mit der Globalzession s § 398 Rn 24.

Einbeziehungsklauseln: Klauseln, dch die der Verwder auf seine AGB hinweist, entsprechen dem § 2 u **80** sind daher zul (KG ZIP **82**, 188). Sie können im Verf gem §§ 13 ff nicht mit der Begründg angegriffen w, der Hinw erfolge erst nach VertrSchl (BGH NJW **89**, 2026). Der Zusatz, die AGB würden auf Wunsch übersandt, erweckt den unricht Anschein, der Verwder erfülle hierdch seine Obliegenh aus § 2, u ist daher unzul (LG Ffm NJW-RR **92**, 443). Die formularmäß Erkl des Kunden, er anerkenne die AGB, ist unbedenkl wirks, *arg* § 2 (BGH NJW **82**, 1388). Sie verstößt aber gg § 11 Nr 15 b, wenn der Kunde zugl (zu Unrecht) bescheinigt, von den AGB Kenntn genommen (Hbg DB **84**, 2504) od die Möglichk zur zumutb Kenntnisn gehabt (BGH NJW **90**, 765). Wird in einer Klausel die Geltg von AGB unabhäng vom Vorliegen der Voraussetzgen des § 2 postuliert, ist sie gem § 9 II Nr 1 unwirks (LG Stgt AGBE I Nr 25, Bunte AGB-Handbuch S 59 f). – **Einkaufsbedingungen.** Unwirks sind: Begründg einer schuldunabhäng SchadErsPfl **81** außerhalb des Anwendsbereichs der §§ 463, 480 II (Wo-Ho-Li Rn E 73); Klausel, wonach alle Angaben als zugesicherte Eigensch gelten (Schmidt NJW **91**, 147); GarantieVerspr des Kunden zG des Verwders (BGH NJW **88**, 2537); Fixklausel für alle LieferVerpfl (BGH **110**, 96); Abbedingg der §§ 377, 378 HGB für offene Mängel (BGH NJW **91**, 2634, str für Just-in-Time-Gesch/QualitätssichergsVereinbgen, Rn 119); Meistbegünstiggsklauseln, wonach dem Käufer sämtl günstigeren Konditionen und Abnehmer eingeräumt werden (BGH **80**, 43); idR Selbstnachbessergsklauseln (Schmid DB **87**, 2623); Regelg, daß die VerjFr mit jeder Nachbesserg von neuem beginnt (Ul-Br-He § 11 Anh 298); Verlängerg der VerjFr des § 477 auf 3 Jahre (BGH **110**, 92), jedoch kann eine Verlängerg bis zu 2 Jahren hinnehmb sein (BGH aaO). **Wirksam** sind: AbtrVerbote (§ 399 Rn 9); Ausschll des EigtVorbeh in den AGB eines Supermarktes (BGH NJW **81**, 281). – **Erbbaurecht:** Kaufzwangklauseln können gg § 9 I verstoßen (BGH NJW **91**, 2142, ErbbRVO 2 Rn 4). – **82** **Erfüllungsortklauseln** sind im nichtkaufm Verk für die Bestimmg des GerStands ohne Bedeutg (ZPO 29 II). Materiellrechtl verstoßen sie gg § 269 u sind daher unwirks (Kblz NJW-RR **89**, 1460). § 269 sieht zwar auch bei einer Festlegg des Leistgsortes dch Vereinbg vor, meint damit aber ausschließl IndVereinbgen. Im kaufm Verk kann der Käufer das TransportRisiko (§ 447) nicht auf den Verkäufer überwälzen, wenn er diesen verpflichtet, den Transport mit einem best Spediteur dchzuführen (Ffm NJW-RR **95**, 439). Im übrigen gilt Rn 87 entspr.

f) Fahrschulen. Text BAnz **93**, 2683. Die ErsPfl des Schülers für die dch ihn „verschuldeten Schäden" ist **84** entfallen, die iF der Künd jetzt vorgesehene Regelg der Rückerstattg der GrdGebühr begegnet keinen Bedenken. Wirks ist die VorleistgsPfl des Schü für die dch ihn verschuldeten GrdGebühr (Celle Urt v 23. 12. **87** = 13 U 139/87), bedenkl die VorleistgsPfl für die Fahrstundenentgelte (Ul-Br-He § 11 Anh 351). – **Fitness-Verträge.** **85** Unwirks sind: Formularmäß Erkl über den GesundhZustand des Kunden (BGH NJW-RR **89**, 817, Stgt NJW-RR **88**, 1082). Haftgsbeschränkgen auf Vors u grobe Fahrlässigk (Stgt aaO, Hamm NJW-RR **92**, 242). Haftgsausschluß für mitgebrachte Sachen (Düss NJW-RR **92**, 55). Recht des Betreibers zur Leistgsänderg (Hamm NJW-RR **92**, 445). Verpflichtg zur Weiterentrichtg des Entgelts währd der Ferien u and Ausfallzeiten (Ffm NJW-RR **89**, 633, Hamm NJW-RR **92**, 243). Ausschluß des KündR aus wicht Grd, wenn der Vertr seinem Schwerpkt nach ein DienstVertr ist (AG Langen NJW-RR **95**, 823). UU Laufzeit-, Künd- u VertrVerlängergsregelgen (§ 11 Rn 79 ff) u Regelgen über Mahngebühren (§ 11 Rn 24). Wirks ist die Klausel, daß bei einem Verzug mit 2 MoBeiträgen die GesVergüt fällig w (Celle NJW-RR **95**, 370). – **Flugbeför-** **86** **derungsbedingungen.** Unwirks sind: Vollständiger Ausschluß der Haftg für Verspätgsschäden, § 11 Nr 7 u 8 (BGH NJW **83**, 1324); Recht zur einseitigen Änderg des Flugplans, § 10 Nr 4 (BGH aaO); zur Absage von Flügen, § 10 Nr 3 (BGH aaO); Haftgsausschluß für Schäden an eine vom Luftfrachtführer zur Vfg gestellte Unterkunft, § 11 Nr 7 (BGH aaO); Beweislastklausel zum Nachteil des Fluggastes, § 11 Nr 15 (BGH aaO); Verpflichtg zur Zahlg des vollen Flugpreises bei Rücktritt nach „Anmeldeschluß", § 10 Nr 7 (BGH NJW **85**, 633). Wirks: Recht der Fluggesellsch, die Beförderg von verspätet eintreffdn Fluggästen abzulehnen (Düss NJW-RR **93**, 823). – **Franchiseverträge:** AGB-Klauselwerke/v Westphalen, Franchising. – **Freibleibend-Klauseln:** Sie sind zul, wenn sie klar zum Ausdr bringen, daß sie nur die Bindg des

Verwders an sein Angebot ausschließen (§ 145 Rn 4). Sie verstoßen gg §§ 9, 10 Nr 1, 3 u 4, 11 Nr 1, soweit sie den geschlossenen Vertr betreffen (Bunte, AGB-Handbuch S 71).

87   **g) Garantiebedingungen** sind unwirks, soweit sie Beschränkgen des Garantieumfangs vorsehen, die mit den berecht Erwartgen des Verbrauchers unvereinb sind (s BGH NJW-RR **91**, 1013). – **Genußscheinbedingungen** s BGH **119**, 312. – **Gerichtsstandklauseln:** Sie verstoßen im nichtkaufm Verk gg ZPO 38, 689 II u sind daher unwirks (Düss NJW-RR **95**, 440). Der Verwder einer nach der ZPO unzul GerStandsklausel kann im VerbandsklageVerf (§ 13) auf Unterlassg in Anspr genommen w (§ 13 Rn 4). Im Verk zw Vollkaufleuten sind GerStandsKlauseln grdsl zul (Köln VersR **76**, 537, Hbg VersR **86**, 808, 1023, LG Köln NJW-RR **90**, 419, wohl auch BGH NJW **83**, 996, aA LG Karlsr JZ **89**, 691, auf ein berecht Interesse des Verwders abstelld Wo-Ho-Li G 140). ADSp 65a ist daher unbedenkl (Hbg VersR **86**, 808). GerStandsKlauseln verstoßen aber gg § 9, wenn für Verwder u Gegner ein gemeins GerStand besteht (Köln ZIP **89**, 1068), wenn ein GerStand best wird, der weder mit dem VertrInh noch mit dem GeschSitz des Verwders in ZusHang steht (LG Konstanz BB **83**, 1372) od wenn ein westdtscher Untern ggü einer kleinen Gem in den neuen BLändern für ein dort auszuführdes Bauvorhaben seinen HeimatGerStand bestimmt (LG Bielefeld NJW **93**, 2690, aA Hamm NJW **95**, 2499). Ausnw kann die GerStandsklausel auch gg § 3 verstoßen (Düss NJW-RR **89**, 1332). Die Zustdgk eines ausl Ger kann nach dem RGedanken des fr § 10 Nr 8 nur bei einem anerkennenswerten Interesse des Verwders begründet w (Landfermann BB/AWD **77**, 448). – **Gläubigerverzug:** Unwirks: Übergang der PrGefahr auf den Käufer „mit Ablauf des vereinbarten Liefertermins",

88 § 9 II Nr 1 iVm § 294, 299 (BGH NJW **85**, 323). – **Grundpfandrechte:** Wirks: KündR iF eines Eigtümerwechsels (BGH **76**, 372, BayObLG DNotZ **81**, 128); Unterwerfg unter die ZwVollstr (BGH NJW **87**, 906); Verpflichtg zur Abgabe einer UnterwerfgsErkl (BGH NJW **91**, 2560); Begründg einer persönl Haftg, die aber iZw nicht zu einer Verdoppelg der Haftgssumme führt (Hamm NJW-RR **91**, 819); formularmäß Schuldanerkenntn (§ 11 Rn 91); Erstreckg des Sichergzwecks auf künft Fdgen (BGH **100**, 84, NJW **91**, 3142). AbtrVerbot für GrdSchRückgewährAnspr, zumindest wenn die GrdSch von einem Dr bestellt worden ist (BGH NJW **90**, 1601). Unwirks: Klausel, wonach die GrdSchuld eines Dr zur Sicherg weiterer Kredite in Anspr genommen werden kann (§ 1191 Rn 39); Begründg einer persönl Haftg des Dr (BGH **114**, 13, Oldbg NJW-RR **90**, 1523); Ausschluß des ÜbertraggsAnspr bei Nichtentstehg der persönl Fdg (BGH **106**, 375); Zugangsfiktion für KündErkl, § 10 Nr 6 (BayObLG NJW **80**, 2818); Regelg, wonach für die Erteilg einer Löschgsbewilligg ein Entgelt von 30 DM zu entrichten ist (BGH **114**, 333); uU Verzugszins

90 klauseln (§ 11 Rn 23). Die nachträgl **Tilgungsverrechnung,** insbes bei AnnuitätenDarl, verstößt gg das Äquivalenzprinzip (Brem NJW **91**, 1837). Sie enthält aber keine unangem Benachteiligg, wenn der Kunde auf ihre zinssteigernde Wirkg unzweideut hingewiesen worden ist (BGH **106**, 47, **116**, 2, stRspr, aA Brem aaO; LG Ffm NJW **92**, 577); andf ist sie wg Verletzg des Transparenzgebotes unwirks (BGH **106**, 47, Rn 15). BGH **112**, 117, **116**, 3, NJW **91**, 1889, 92, 1098, 1108 betreffen Regelgen, die gg das Transparenzgebot verstoßen, und Klauseln (s Köln BB **95**, 797) genügen dem Transparenzerfordern. Mit ihm vereinb ist trotz der Abweichg von BGB 608 die Regelg, daß der DarlN eine Zinsen u Tilgg umfassde gleichbleibde Jahresleistg in vierteljährl Teilbeträgen zu zahlen hat (BGH NJW **93**, 3261, Hahn BB **94**, 1236). Bei Bausparkassen hält der BGH eine nachschüss Tilggsverrechng für zul (BGH NJW **91**, 2561, aA Brüggemeier/Friele ZBB **92**, 142). Die Neuberechng hat unter taggenauer Berücksichtig des Tilggsanteils aller Raten nach der bankübl linearen, unterjährige Zinzeszinsen nicht berücksichtigde Methode zu erfolgen (BGH NJW **95**, 2286).

91   **h) Haftungsausschlüsse:** Der Ausschluß der Haftg aus GmbHG 11 II kann unwirks sein (Jola BB **95**, 1602). Vgl iü Rn 36ff. – **Haftungserweiterungen:** Der Grds, daß der Schu nur haftet, wenn er den Schaden zu vertreten hat, ist ein wesentl Grundgedanke des bürgerl Rechts. Die formularmäß Begründg einer schuldunabhängigen Haftg ist daher gem § 9 II Nr 1 unwirks (BGH **114**, 242, **119**, 168). Das gilt insbes für Haftgsklauseln in Einkaufsbedinggen (Rn 81), in FormularmietVertr (Rn 112), in ReiseVertr (BGH **119**, 168), in Vertr zw öffentl VerkBetr u Kartenverkaufsstellen (AG Groß-Gerau NJW-RR **89**, 502), in AGB, die von Banken ggü Kreditvermittlern verwandt w (Ffm BB **85**, 955). Unwirks ist auch die Abbeding von gesetzl Haftgsmildergen, etwa des § 300. Im kaufm Verk kann es zuläss sein, eine auf dem Prinzip der

92 Risikobeherrschung beruhde schuldunabhäng Haftg des Verwdgsgegners zu begründen (s BGH **72**, 178, **LM** § 138 (Bb) Nr 1). Wie der BGH zu den Bdggen der Kreditkartenausgeber entschieden hat, kann ggü dem Verbr eine schuldunabhäng Haftg aber nicht mit dem Gedanken der Risikoherrsch gerechtfertigt w (BGH **114**, 242). Auch die nF der ec-Bdggen der Banken sieht daher für Schäden aus der mißbräuchl

93 Verwendg von Karte u Vordrucken keine schuldunabhäng Haftg mehr vor (Rn 63). – **Handelsvertreterverträge:** Ul-Br-He § 11 Anh 410ff. Wirks: Entgelt für die Einräumg eines AlleinvertriebsR (BGH NJW-RR **93**, 376); VertrStrafe für mißbräuchl Nutzg von Kundenanschriften (BGH NJW **93**, 1787). Unwirks: Entgelt für Ausbildg od VertrAbschluß, wenn ihr keine GgLeistg des Verwders ggü steht (Hamm NJW-RR **90**, 567, LG MöGladb NJW-RR **91**, 1207); intransparentes Verbot der Tätigk für ein and Untern, das nach dem gleichen „Verkaufssystem" arbeitet (Mü NJW-RR **95**, 292); Einschränkg des ZbR des Vertreters (BGH NJW **95**, 1552). Wirks: Regelg, daß der Vertreter iF der Künd von der Weiterführg der Gesch entbunden w kann (BGH aaO). – **Heimverträge.** Wirks: Verpflichtg zur Fortentrichtg des Entgelts bis zu einem Mo nach dem Tod des Bewohners (LG Hildesheim NJW-RR **92**, 1276); Regelg, daß der Bewohner iF eines Krankenhausaufenthalts 75% des Pflegesatzes weiterzuentrichten hat (Hamm NJW-RR **94**, 888). Unwirks: Haftg des Bewohners für Schäden, die von Gästen verursacht worden sind, soweit die Grenzen des § 278 überschritten w (Ul-Br-He § 11 Anh Rn 421); Recht der Heimleitg zur Verlegg des Bewohners bei „Bedarf" (Düss NJW-RR **91**, 696).

94   **i)** Die dem Kunden iF eines **Irrtums** zustehden Rechte können dch AGB nicht ausgeschlossen w (BGH NJW **83**, 1671). Ebsowenig kann sich der Verwder Rechte für einen nach der gesetzl Regelg unerhebl Irrt vorbehalten (§ 9 II Nr 1). Zur InhKontrolle von **Inkasso-AGB** s von Westphalen BB **94**, 1721).

95   **k) Kaufverträge. – aa) Allgemeines.** Die GewLRegelg der §§ 459ff ist nur in den Grenzen des § 11 Nr 10 abänderb (s dort). Die RMängelhaftg ist Ausdr eines wesentl GrdGedankens des bürgerl Rechts (§ 9 II

Nr 1) u daher grdsl formularmäß Ändergen entzogen. Im kaufm Verk kann jedoch, soweit es um die Verletzg von PatentR geht, eine HaftgsBeschrkg auf Vors u grobe Fahrlässigk vertretb sein (s Link BB **83**, 1885). Zum Vorbeh der Selbstbelieferg s § 10 Rn 18. Der Käufer kann verpflichtet w, Transportschäden in einer TatbestdAufn feststellen zu lassen (BGH NJW-RR **87**, 742). Für die Pflten aus der VerpackV ist eine mit dem Zweck der Regelg im Einklang stehde Ausgestaltg dch AGB nicht ausgeschlossen (Flanderka BB **92**, 1577). Wird für die verkaufte Sache ganz od teilw eine **Garantie** übernommen, sind Regelgen, die die Garantie weitgehd aushöhlen unwirks (BGH NJW-RR **91**, 1014). Eine Verpfl, Taschenkontrollen zu dulden, kann nur bei einem konkreten Diebstahlsverdacht begründet werden (v Westphalen NJW **94**, 367). Unwirks: Nicht dch ein ZumutbarkKriterium eingeschränkte Teilliefergsklausel (Stgt NJW-RR **95**, 116). Klausel, die den Abschluß einer TransportVers beim Versendgskauf in das Belieben des Verkäufers stellt (Stgt aaO). Zu Einkaufsbedinggen s Rn 81. – **bb) Gebrauchtwagen.** Text der Konditionenempfehlg bei Reinking/Eggert Autokauf, 5. Aufl, S 646. Wirks sind: BindgsFr von 10 Tagen für das VertrAngebot des Käufers, § 10 Nr 1 (Eggert BB **80**, 1827); Verzugszinsen von 2% über Bundesbankdiskont, § 11 Nr 5 (BGH NJW **82**, 331); Pauschalierg des NichtErfSchadens auf 15% (§ 11 Rn 23); EigtVorbeh einschließl Rückn-Klausel (Rn 78). Auch die GewlRegelg, nach der die Nachbesserg nach Maßg eines schriftl Zustandsbericht geschuldet w, ist wirks (Wo-Ho-Li Rn G 69 ff), da sogar ein völliger Haftgsausschluß zul wäre (§ 11 Rn 72). Unwirks ist dagg die Schriftformklausel für einen verbindl Liefertermin u für EigenschZusicfergen (Rn 128). Zur InhltKontrolle von AGB über einen GebrauchtwagenvermittlgsAuftr s Stgt NJW-RR **88**, 891. – **cc) Neuwagen.** Text der Konditionenempfehlg bei Reinking/Eggert aaO S 366. Die in den AGB vorgesehene Tagespreisklausel ist unwirks (BGH **82**, 24, § 11 Rn 8). Dagg hat der BGH in derselben Entscheidg (NJW **82**, 331) folgde Regelgen als wirks anerkannt: Verzugszinsen von 2% über dem Bundesbankdiskont; Schriftformklausel für verbindl Liefertermine; „unechte" NachFr von 6 Wo (§ 10 Rn 6). Auch die Pauschalierg des NichtErfSchadens auf 15% ist wirks, § 11 Nr 5 (BGH NJW **82**, 2316), nicht dagg ein RückkaufsR in den ersten 12 Mo, wenn der Rückkaufspreis erhebl unter dem MarktPr liegt (Köln NJW-RR **93**, 824). – **dd) Möbeleinzelhandel:** Unwirks: Klausel, wonach Teilliefergen zul sind (Hamm NJW-RR **87**, 316, zugl zu 18 weiteren Klauseln), SelbstbeliefergsVorbeh ohne konkrete DeckgsGesch (Kblz NJW-RR **93**, 1078), Haftgsbeschränkg auf Vors u grobe Fahrlässigk (Kblz aaO), SchadErsPfl des Kunden bei verspäteter Abnahme von 1% des Kaufpreises (Kblz aaO), WertmindergsEntsch von 100% bei Rückgabe von Bettwäsche, Matratzen, Gardinen u Dekorationsstoffen (Kblz aaO, zugl zu 12 weiteren Klauseln), Klausel, daß über den Auftr hinausgehde Arbeiten zu angem Preisen in Rechng gestellt w (Ffm BB **94**, 1170, zugl zu 4 weiteren Klauseln). Vgl ferner BGH NJW **85**, 320. – **Konnossemente:** Zu den Anfordergen an die drucktechnische Gestaltg s BGH NJW **83**, 2772, NJW-RR **86**, 1311, Hbg VersR **86**, 1022, Mü NJW-RR **89**, 805, Rabe TransportR **85**, 83; zur InhKontrolle: Brem VersR **86**, 680, Rabe TranspR **87**, 128, Fischer-Zernin VersR **86**, 418. – Unzuläss Klauseln in den AGB eines **Konzertveranstalters** s LG Mü NJW **91**, 1491 u NJW-RR **91**, 1143. – **Kostenvoranschlag:** Die formularmäß Begründg einer VergütgsPfl ist unwirks (BGH NJW **82**, 765). Unbedenkl ist dagg die Kostenübernahme in einer besonders unterzeichneten Erkl (KG ZIP **82**, 1333). Das dem Kunden bei Überschreitg des Anschlags zustehde KündR aus § 650 kann nicht abbedungen w, ebsowenig sein SchadErsAnspr aus pVV (Ul-Br-He § 11 Anh 449).

Krankenhausverträge, Ärzte. Vgl die Konditionenempfehlg im BAnz **86**, 415 u dazu Düss NJW-RR **88**, 885, BGH NJW **90**, 763. Wirks sind: Haftgsausschluß für einf Fahrlässigk hins Obhut über eingebrachte Sachen des Patienten (BGH aaO). Eigentumsübergang hins zurückgelassener Sachen, wenn diese binnen 12 Wo nach Aufforderg nicht abgeholt w (BGH aaO). Unwirks sind: Haftgsfreizeichngen für einf Fahrlässigk, soweit es um SorgfAnfordergen für Gesundh u Leben geht, § 9 II Nr 2 (Stgt NJW **79**, 2355, aA Deutsch NJW **83**, 1353 für kosmetische Operationen), aber auch für Schäden, die bei der Reinigg od Desinfektion entstehen (BGH NJW **90**, 765). NachzahlgsPfl wg einer erst nach Beendigg der Behandlg genehmigten rückwirkden Pflegesatzerhöhg; der dies scheinb gestattde § 19 II BPfVO ist unwirks (BGH **105**, 160); Überschreitg des **Honorarrahmens** der GOÄ (BGH **115**, 395); hilfsw Kostenübernahme dch Kassenpatienten (Köln VersR **87**, 792); KündR ohne Grd u Bindg an eine unbekannte Hausordng (Stgt NJW-RR **88**, 891); Erklärg des Patienten, er sei umfassd u ordngsmäß aufgeklärt worden, § 11 Nr 15 (Wo-Ho-Li K 30); Verzicht auf das Recht zur Einsichtn in die Krankenunterlagen, § 9 II Nr 2; Einwilliggen in die Obduktion (LG Mainz VersR **88**, 725, Ackmann JZ **90**, 925, Giesen JR **91**, 203, aA BGH NJW **90**, 2315). – **Kreditkartensystem:** Wirks: Beschrkg der EintrittsPfl dch ein Limit (Ffm VersR **91**, 701, LG Düss NJW **84**, 2475); EinstandsPfl des VertrUntern für den Bestand der KundenFdg (BGH NJW **90**, 2881); Pfl des VertrUntern zur Deckgsnachfrage bei Überschreitg einer Höchstsumme (Ffm NJW-RR **91**, 1465). Ausschluß des Einwendgsdchgriffs (Schlesw WM **91**, 453, Ffm WM **94**, 1660, aA Metz NJW **91**, 2808); Mithaftg des ArbN bei Firmenkarte (Mü NJW-RR **88**, 1076, Ffm NJW-RR **89**, 1523, aA LG Brem NJW-RR **89**, 1522); Mithaftg des ZusatzkartenInh für von ihm getätigte Belastgen (Köln WM **93**, 369, LG Mü NJW-RR **92**, 1019); Haftg bei nicht rechtzeit Diebstahlsanzeige (Hbg WM **86**, 353); die Haftg muß aber auch bei verspäteter Anzeige mit deren Eingang beim Aussteller enden (Bambg NJW **93**, 2814); Ausschl des WiderrufsR des Kunden (str, s Karlsr NJW-RR **91**, 237, LG Aachen NJW **94**, 1009). **Unwirksam:** Abwälzg des Risikos, daß Belastgsbelege dch Bedienstete von VertrUnternehmen gefälscht werden, auf den Kunden (BGH **91**, 224); unbeschränkte Haftg des Kunden für den Mißbrauch der Karte (BGH **114**, 242, Bambg NJW **93**, 2814); Recht des Ausgebers bei Überschreitg des Limits allein wg Fehlen der Gen vom Inhaber jederzeit die Zahlg des Mehrbetrages zu verlangen (Ffm WM **92**, 1475); Recht des Kartenausgebers zur sofort Künd ohne wicht Grd (BGH **125**, 343). Belastg mit Überziehgsgebühren u Zinsen ohne Verzugseintritt (BGH aaO). Intransparente Regelg, wonach für den Barauszahlgsservice ein Zusatzentgelt zu zahlen ist (Ffm NJW **91**, 2842). Zusatzvergütg für die Umrechng von Fremdwährgsumsätzen (AG Ffm NJW-RR **93**, 1136). Einzelh: AGB-Klauselwerke/v Westphalen, KreditkartenVertr.

l) Lagergeschäft: Unwirks sind: Haftgsfreizeichng für das Abhandenkommen od die Beschädigg von Lagergut, §§ 11 Nr 7 u 8, 9 II Nr 2 (KG VersR **82**, 372, Hbg VersR **82**, 1104); Beweislastregelgen, wonach der Einlagerer die Beweislast für Umstände aus dem Bereich des Lagerhalters trägt, § 11 Nr 15 (KG aaO). – Verpfl zur Zahlg im **Lastschriftverfahren:** Wirks Verpfl zur Erteilg einer Einziehgsermächtigg (Nürnbg

NJW-RR **95**, 1144, str), unwirks die Verpfl zur Zahlg im AbbuchgsVerf (Kblz NJW-RR **94**, 611). –
105 **Leasingverträge:** Die sich aus dem AGBG ergebden Probleme sind in der Einf 27 ff vor § 535 mitberück-
sichtigt. Zur GewlRegelg s auch § 11 Rn 49; zu Schadenspauschaliergen § 11 Rn 23, zu LohnAbtrKlausel Rn
107, zum KündR des LeasG BGH NJW **91**, 104, zu Restwertklauseln Kblz BB **95**, 429; vgl auch Celle WM
106 **94**, 885 zur Unwirksam von 12 Klauseln eines LeasVertr. – Ein **Leistungsbestimmungsrecht** kann sich
der Verwder nur vorbehalten, wenn dafür ein berechtigtes Interesse besteht. Eine Befugn zur einseit Änderg
wesentl VertrBdggen (Gebiet des VertrHändlers) kann nur dann formularmäß begründet w, wenn schwer-
wiegde Grde dies rechtfertigen (BGH **89**, 211). Erforderl ist weiter, daß die Voraussetzgen u der Umfang
des LeistgsbestimmgsR hinreichd tatbestandl konkretisiert sind (BGH **82**, 26, **93**, 47, NJW **94**, 1063). Vgl zu
Preisänderungsklauseln (Zinsändergsklauseln) § 11 Rn 9. Im kaufm Verk können LeistgsbestimmgsR
(ÄndergsVorbeh) ausnweise auch ohne eine Konkretisierg zul sein, vorausgesetzt, daß die berecht Belange
des and Teils ausr gewahrt sind. Das kann anzunehmen sein, wenn die Part im wesentl gleichgerichtete
Interessen vertreten (BGH **93**, 259) od wenn die PrÄnderg auf den am Markt dchgesetzten Pr beschränkt w
(BGH **92**, 203). Vgl zu Schiedsgutachten Rn 127. – **Leistungsverweigerungsrechte** s § 11 Rn 11 ff. –
107 **Lohn- u Gehaltsabtretungen** in den Bedingen eines KreditkaufVertr verstoßen gg § 3, zugl aber auch gg
§ 9, da idR der EigtVorbeh zur Sicherg des Verkäufers ausr (Karlsr NJW **81**, 405, Hamm BB **83**, 1307).
Entspr gilt für AbtrKlauseln in MietVertr (LG Lübeck NJW **85**, 2958), LeasVertr (Celle NJW-RR **94**, 562) u
in Bürgsch (SG Düss NJW-RR **89**, 756). In KreditVertr sind AbtrKlauseln grdsl zul; sie müssen aber dem
BestimmthErfordern genügen, die Voraussetzgen der Verwertgsbefugn festlegen u dürfen nicht zu einer
Übersicherg führen (BGH **108**, 104, Mü NJW-RR **92**, 813, § 138 Rn 97). Unwirksamk der Verwertgsregelg
begründet Unwirksamk der AbtrKlausel im ganzen (BGH NJW **92**, 2626, Nürnbg NJW-RR **90**, 1461), das
gilt aber nicht im vollkaufm Verk (s § 138 Rn 97b). Diese ist auch unwirks, wenn sie zu Lasten eines
Mithaftenden vereinb w (Ffm WM **87**, 131), od wenn der Kredit dch SichergsÜbereigng od in sonst Weise
108 ausr gesichert ist (Ffm NJW **86**, 2712). – **Lotto- u Toto-Teilnahmebedingungen:** AusschlFr von 3 Mo
für die Geltdmachg von Anspr sind zul (Celle NJW-RR **86**, 833), beim Rennquintett (Pferdewette) eine Fr
von 13 Wo (BGH NJW **91**, 1745). Vgl Ul-Br-He § 11 Anh 479 ff.

109   **m) Maklerverträge:** Unwirks: Alle Klauseln, die einen erfolgsunabhäng ProvAnspr begründen sollen
(Rn 22); Klauseln über den Ers von Aufwendgen ohne Bezug zu dem im konkreten Fall entstandenen
Aufwand (aaO); unkündb Maklerbindg für Vermietgen bei Kauf einer FerienWo (BGH NJW **86**, 1173).
110 Zum Leitbild s § 652. – **Mietverträge.** Ja = unwirks; nein = wirks. – **aa) Allgemeines.** Verpflichtg zur
monatl Vorauszahlg der Miete, nein (BGH NJW **95**, 254), and aber iVm einer AufrBeschränkg (BGH aaO).
Verpflichtg, die Miete im LastschriftVerf zu zahlen, s Rn 104. Ausschluß der schuldunabhäng Haftg aus
§ 538, nein (BGH NJW-RR **91**, 74, **93**, 519). Begründg einer schuldunabhäng Haftg des Mieters, ja (BGH
NJW **92**, 1762, Hbg NJW-RR **89**, 882), auch wenn sie auf Schäden begrenzt w, „die üblicherw versichert w
können" (BGH aaO). Begründg einer über die Grenzen des § 278 hinausgehden Haftg des Mieters für Dr, ja
(BGH NJW **91**, 1752). Begründg einer GesHaftg der Mieter bei Verstopfg der Kanalisation od bei sonst
Schäden ungeklärter Ursache, ja (Hamm NJW **82**, 2005). Schriftform für die Erlaubn gem § 549, ja (BGH
NJW **91**, 1751). Freie Widerruflichk der Erlaubn zur Untervermietg, ja (BGH NJW **87**, 1692). Ausschluß
des KündR aus § 549 I 2, ja (LG Hbg MDR **93**, 1149). Abbedingen des § 568, nein (BGH aaO). Änderg der
BewLast zum Nachteil des Mieters, ja (Mü NJW-RR **89**, 1500). SchuldMitÜbern des alten Mieters für den
111 in den Vertr eintretden neuen, ja (Düss NJW-RR **94**, 1015). – **bb) Wohnraummiete.** Abwälzg der **Schön-
heitsreparaturen** auf den Mieter, grdsl nein (BGH **92**, 367, **101**, 261, **105**, 77, NJW **93**, 532, näher § 536
Rn 12). Verpflichtg zur Dchführg von **Kleinreparaturen,** ja (BGH **118**, 194). Wirks ist aber die Überwälzg
der Kosten, wenn sie auf die Teile der Mietsache beschränkt w, die häufig dem Zugriff des Mieters
ausgesetzt sind, u wenn eine Jahreshöchstgrenze festgelegt ist (BGH **108**, 7, NJW **91**, 1752); diese darf eine
Monatsmiete nicht übersteigen (Hbg NJW-RR **91**, 1168). Beteiligg an den Kosten größerer Reparaturen u
Neuanschaffgen, ja (BGH aaO). – Freies BestimmgsR des Vermieters über den Umleggsmaßstab für
Nebenkosten, ja (BGH NJW **93**, 1062). Zusätzl Belastg mit einer Verwalterpauschale, ja (LG Brschw NJW-
RR **91**, 1230). Ausschluß der Vermieterhaftg für die verspätete Überlassg der Wo, ja (Mü NJW-RR **89**,
1499). Totales Verbot der Tierhaltg, ja (BGH NJW **93**, 1062). Rauchverbot, ja (s Brötel JuS **93**, 681).
Einschränkg der HeizPfl des Vermieters uU ja (BGH NJW **91**, 1753; Ffm NJW-RR **92**, 397). Überwälzg der
Gehwegreinigg auf den Erdgeschoßmieter, nein (Ffm NJW **89**, 41; LG Marburg NJW-RR **90**, 1484).
Umfassdes Zutrittsrecht des Vermieters, ja (Mü NJW-RR **89**, 1499). Verlängerg der KündFr auf 6 Mo, nein
(Zweibr NJW-RR **90**, 148). Gesamtwirkg der von einem Mieter ausgesprochenen Künd, ja (LG Bln MDR
83, 757). VollmKlauseln s Rn 143. Verpflichtg, bei Mietende Dübeleinsätze u Bohrlöcher zu beseitigen, ja
(BGH NJW **93**, 1063). Verpflichtg, den Teppichboden bei Mietende dch Fachfirma reinigen zu lassen, ja
(LG Stgt NJW-RR **89**, 1170). Aufwandspauschale bei vorzeitiger Aufhebg des Vertr auf Wunsch des
113 Mieters, nein (Hbg NJW-RR **90**, 909). – **cc) Geschäftsräume.** Überwälzg des Risikos des Fehlens einer
behördl Gen auf den Mieter, ja (BGH NJW **88**, 2664, NJW-RR **93**, 519, Köln VersR **95**, 840). Ausschluß des
Konkurrenzschutzes des Mieters, nein (Hbg NJW-RR **87**, 403; Düss BB **92**, 1889). Überwälzg der MW-
Steuer auf den Mieter bei einer entspr Option des Vermieters, ja, wenn der Mieter nicht vorsteuerabzugsbe-
recht ist (AG Ebersberg NJW-RR **93**, 841). KündRegelg bei Zahlgsverzug des Mieters, die vom Leitbild des
§ 554 erhebl abweicht, ja (BGH NJW **87**, 2506). Ausschluß des SonderKündR des BGB 549 I 2, ja (BGH
NJW **95**, 2034). Regelg, die einen Teil 30 Jahre bindet, dem and aber ein 6-monatiges KündR einräumt, ja
(Hbg NJW-RR **92**, 75). Ausschluß der ipso-jure-Wirkg der Minderg u Verweis des Mieters auf § 812, nein
114 (BGH **91**, 383, NJW-RR **93**, 519, Düss NJW-RR **95**, 850). – **dd) Werbeflächen, Messe- und Marktstän-
de.** Längere Laufzeit als 3 Jahre bei Vertr über Werbeflächen, ja (LG Ffm NJW-RR **89**, 888). Laufzeitverlän-
gerg um 3 Jahre bei NichtKünd, ja (Ffm NJW-RR **89**, 176, aA LG Gießen NJW-RR **90**, 567). Laufzeit von
30 Jahren bei Vertr über das Aufstellen von Werbetafeln, ja (s Celle NdsRpfl **90**, 10, aA Hamm NJW-RR **92**,
270); völliger Ausschluß des ordentl KündR, ja (LG Kassel NJW-RR **95**, 269). Recht auf Zuweisg eines and
Platzes bei Miete eines Messestandes, ja (Köln NJW-RR **90**, 1232). BetrPfl für den Mieter eines Marktstan-
des, nein (BGH NJW-RR **92**, 1033). An das Kostendeckgsprinzip gebundenes Recht zur Mieterhöhg, nein

(Köln NJW-RR **90**, 401). – **ee) Kraftfahrzeuge.** Ausschluß der Vermieterhaftg auch für grobes Verschul- **115** den u die Verletzg von Kardinalpflten, ja (Hbg NJW-RR **89**, 881, Ul-Br-He § 11 Anh Rn 513). Verpflichtg des Mieters, den Vermieter von allen Anspr Dr freizustellen, ja (Ffm DB **82**, 948). Hinausschieben des Beginns der VerjFr des § 558, ja (BGH NJW **84**, 289, **86**, 1609, Karlsr NJW-RR **92**, 244). Verpflichtg, währd der Reparaturzeit die volle Miete weiter zu entrichten, wohl nein (Zweibr VersR **81**, 962). Formular- mäß Bestätigg der gefahrenen Km, ja (Hbg NJW-RR **89**, 882). Ist gg Zahlg eines zusätzl Entgelts zG des Mieters eine Haftgsfreistellg vereinbart worden, muß diese dem **Leitbild der Kaskoversicherung** entspre- **116** chen (BGH **70**, 309, NJW **81**, 1211, NJW-RR **86**, 51). Der Ausschluß der Haftgsfreistellg bei Überlassg der Pkw-Führg an einen Dr (BGH NJW **81**, 1211) od bei Nichtbeachtg der Dchfahrtshöhe einer Unterführg (Köln OLGZ **82**, 327) sind daher unwirks, ebso ein HaftgsVorbeh für einf Fahrlässigk des Fahrers (BGH NJW **82**, 987) u für das Fehlen einer einjährigen Fahrpraxis des Fahrzeuglenkers (Hamm NJW-RR **92**, 1275). Wirks sind dagg die sog Führerscheinklausel (BGH NJW **84**, 290) u die Klausel, daß der Verzicht auf eine polizeil UnfallAufn zum Wegfall der Haftgsfreistellg führt (BGH NJW **82**, 167, Stgt VersR **88**, 98). – **ff) Technische Anlagen.** Pauschalierg des NichtErfSchadens auf 50% der ausstehden Entgelte bei Vertr **117** über Fernsprechnebenanlage, nein (§ 11 Rn 23). Laufzeit von 10 Jahren, nein (BGH NJW **85**, 2328, Karlsr NJW-RR **94**, 953, krit Löwe NJW **95**, 1726), von 12 Jahren beim Breitbandkabelanschluß, nein (BGH NJW **93**, 1133), aber 10 Jahre ja bei Vertrag über Anrufbeantworter im nichtkaufm Verk (LG Hildesheim NJW- RR **89**, 56, Löwe aaO, aA Strauß NJW **95**, 697). PrAnpassgsklausel, die eine Gewinnausweitg ermöglicht, ja (BGH NJW **90**, 116, ZIP **92**, 626, Köln VersR **95**, 796, § 11 Rn 8).

p) Parkplatz s Rn 69 „BewachgsVertr". – **Pfandrechte:** Einf 9 ff v § 1204. – **Pfandleihe:** Die HaftgsBe- **118** schrkg für den Fall eines Diebstahls auf den doppelten DarlBetrag ist wirks (LG Düss AGBE I Nr 51), jedoch muß unter den Voraussetzgn des § 11 Nr 7 eine volle Haftg gegeben sein. – **Postdienst-AGB.** Es gelten die in allen Postämtern ausliegden AGB. Deren krit Überprüfg dch Rspr u Lit steht noch aus. Vgl aber BGH NJW **95**, 875 u H. M. Schmid, PostbefördergsVertr u AGBG, 1995, ferner zu den Bdggen eines priv Paketdienstes Düss NJW-RR **95**, 440. – **Preisänderungsklauseln** s § 11 Rn 2 ff. – **Qualitätssicherungsvereinbarungen.** **119** Die Abbedingg der HGB 377, 378 ist – ebso wie in EinkaufsBedinggn Rn 81 – grdsl unwirks (D. Schmidt NJW **91**, 150; Grunewald NJW **95**, 1778; sehr str, aA Lehmann BB **90**, 1849; Nagel DB **91**, 322; Steinmann BB **93**, 873; differenziert AGB-Kontrolle/VertrR-Qualitätssicherg – von Westphalen), jedoch ist eine zeitl Streckg des Untersuchgszeitraums zul (Schmidt aaO). Unwirks ist auch – ebso wie in EinkaufsBedinggn – die Qualifizierg aller BeschaffenhAngaben zu zugesicherten Eigensch (Schmidt S 147; von Westphalen Rn 23) u die Auferlegg einer übermäß DokumentationsPfl (von Westphalen Rn 24), wirks die Begründg eines angem begrenzten Überwachgs- u ZutrittsR des Verwder (Schmidt S 150; von Westphalen Rn 24 u 26).

r) Rechtsanwälte: Die Zulässigk von vertragl Haftgsbegrenzgn wird nunmehr dch BRAO 51b nF **120** geregelt. Haftgsbeschränkgn, die die Grenzen des BRAO 51b einhalten, sind auch nach dem AGBG nicht zu beanstanden. Wg der RLage vor dem Inkrafttreten von BRAO 51b nF s 53. Aufl. Unwirks sind: Abkürzg der ohnehin recht kurzen 3jährigen VerjFr des § 51b BRAO auf 2 Jahre (Bunte NJW **81**, 2660); Abkürzg der AufbewahrgsFr des BRAO 50 auf 1 Jahr (LG Kblz BB **87**, 1490); AbtrKlausel in VollmUrk (OVG Münst NJW **87**, 3029). – **Rechtsverfolgungskosten:** Die Belastg mit Kosten der RVerfolgg, für **121** deren Ers weder das materielle Recht noch die Vorschr der ZPO eine RGrdlage bieten, ist gem § 9 II Nr 1 unwirks (BGH NJW **85**, 324, LG Verden NJW-RR **87**, 430). Unbedenkl ist aber die Abwälzg der Kosten einer DrittwiderspruchsKl, soweit diese zur Verteidigg des Sichergs- od VorbehEigt des Verwders notw war (BGH NJW **93**, 657). – **Reiseverträge:** Die Verbandsklage (§ 13) ist auch zul, wenn die Klausel bereits **122** wg Verstoßes gg die §§ 651a ff unwirks ist (BGH **87**, 197, **119**, 166). Der Veranstalter, auch der Anbieter von FerienWo, der die zu erbringde Leistgen als eigene offeriert hat, kann sich nicht auf eine Vermittler- klausel berufen, §§ 651a II, 9 II Nr 1 (BGH **119**, 166). Unwirks nach dem AGBG sind: Preisänderungsklauseln (§ 11 Rn 5), für die jetzt aber auch die Schranken des § 651a III u IV nF gelten, Vorbeh zum Rücktr od zur LeistgsÄnderg, soweit sie die Beschrkgen des § 10 Nr 3 und 4 nicht beachten (s dort); Beschränkg des Leistgsumfangs dch Verweis auf die Landesüblichk (BGH **100**, 173); die Fiktion, daß eine Umbuchg als Rücktr verbunden mit einem neuen VertrAngebot aufzufassen ist, § 10 Nr 5 (BGH **119**, 169); Haftgsaus- schluß für die Verletzg der Pfl, den Reisden ungefragt über die Einreisebestimmgen des Ziellandes zu unterrichten (BGH NJW **85**, 1165; LG Ffm NJW-RR **87**, 175); HaftgsAusschluß des Anbieters von Ferien- Wo für Verpfl des WoEigtümers (BGH **119**, 166); Haftgsbeschränkg auf den gezahlten Preis (BGH **119**, 167); GewLAusschluß für Mängel, die nicht unmittelb dem Obj anhaften (BGH **119**, 172); Begründg einer schuldunabhäng Haftg des Reisden (BGH **119**, 168); unrichtige Darstellg der Obliegenh des Reisden beim Auftreten von Mängeln u Nichterreichbark des örtl Reiseleitg (BGH **119**, 170, NJW **93**, 263); AbtrVerbot bei ausschließl AnsprBerechtigg des Anmelders (BGH **108**, 55); Regelg, daß Mängelanzeigen u Abhilfever- langen bei Fehlen einer örtl Reiseleitg nur an die Zentrale zu richten sind (BGH aaO); Klausel, daß die für die FerienWo gestellte Kaution erst 2 Wo nach Abreise zu erstatten ist (BGH **109**, 37); in einer Rückzahlgsquittg enthaltener umfassder Verzicht auf GewlAnspr (LG Ffm NJW **83**, 234), Klauseln, die die Empfangszustän- digk des Reisebüros für AnsprAnmeldgen, RücktrErkl u ähnl ausschließen od beschränken (LG Ffm NJW- RR **87**, 745, Mü NJW-RR **87**, 493), HaftgsAusschl od Beschränkgen, die die Schranken des § 651h nicht einhalten (Düss NJW-RR **87**, 888, Mü aaO). Dagg sind grdsl **wirksam:** Begründg einer VorleistgsPfl des **123** Reisden, jedoch nur in den Schranken des § 651k nF (§ 11 Rn 12), HaftgsBeschrkgen auf den dreifachen Reisepreis in den Grenzen des § 651h, jedoch darf die Haftg für delikt Anspr nicht beschränkt w (BGH **100**, 179); Entschädiggsregelgen für den Fall des Rücktr gem § 651i II u III (§ 11 Rn 22), Ausdehng der 6monati- gen VerjFr des § 651g II auf alle vertragl Anspr (LG Ffm NJW **92**, 1538, aA Mü NJW-RR **87**, 493). – **Reparaturverträge** (BGH **101**, 308, Köln NJW **86**, 2579). Unwirks sind: Vorleistgsklauseln, idR auch **124** Verpflichtgen zur Leistg von Abschlagszahlgen, § 9 II Nr 1 iVm § 641 (Ul-Br-He § 11 Anh 601); ZahlgsPfl für eine erfolglose Fehlersuche, § 9 II Nr 1 iVm § 631 (Ul-Br-He aaO); Erweiterg des Auftr auf Arbeiten, die der Handw für notw hält (BGH **101**, 311, Köln NJW **86**, 2579); GewlRegelgen, soweit sie mit § 11 Nr 10 unvereinb sind (s dort); Haftgsausschluß für einf Fahrlässigk, § 9 II Nr 1 u 2 (Ul-Br-He aaO Rn 602). Wirks sind dagg: Vereinbg einer Vergütg nach Zeit (Stgt NJW-RR **91**, 252); Haftgsbegrenzgn für einf Fahrläs-

sigk, soweit sie in einem angem Verhältn zum vertragstyp Schadensrisiko stehen (Wo-Ho-Li R 139), Aus-
schlußFr für die Beanstandg von Rechngen (Wo-Ho-Li R 129). Vgl auch bei den Schlagworten „Kostenvor-
125 anschlag", „PfandR", „WerkVertr" u „WartgsVertr". – **Rücktrittsrecht** des Verwendgsgegners iF der
Schlecht- od NichtErf: Unwirks ist die Befristg auf 1 Wo u das Erfordern einer schriftl RücktrErkl (Köln
DB **88**, 1488). – **Rundfunkanstalten.** Zur Honorarordng für freie Mitarbeiter s BGH **LM** (Cb) Nr 5.

126 **s) Schiedsgerichtsklauseln:** Sie bedürfen im nichtkaufm Verk der Form des ZPO 1027 I. Überdies
besteht die SchutzVorschr des ZPO 1025 II, die auch auf IndVereinbgen anwendb ist. Das schließt aber bei
formularmäß Vereinbgen eine InhKontrolle gem § 9 nicht aus. Im kaufm Verk verstoßen SchiedsGerKlau-
seln wg des gemeins Interesses an einer raschen Streiterledig idR nicht gg § 9 (Schwab-Walter 4. Aufl S 44).
Bei einem Vertr mit einer Häufg von unangem Regelgen ist die SchiedsGerKlausel aber unwirks, wenn die
dringde Gefahr besteht, daß das SchiedsGer von einer InhKontrolle der VertrBdggen absehen wird (BGH
115, 325, krit Schumann NJW **92**, 2065). Im nichtkaufm Verk sind SchiedsGerKlauseln zul, wenn die
Objektivität des SchiedsGer gewährleistet ist u es um einen StreitGgst geht, dessen Beurteilg vor allem
127 technisches od handwerkl Fachwissen erfordert (str). – **Schiedsgutachten** (§ 317 Rn 4) können dazu beitra-
gen, bestehden Streit zu vereinfachen u seine Beilegg zu beschleunigen. Schiedsgutachtenklauseln verstoßen
nicht gg § 11 Nr 15, aus § 9 ergeben sich aber folgde Anfordergen: (1) die Unparteilichk des Schiedsgutach-
ters muß sichergestellt sein, entweder dch Auswahl einer auch aus der Sicht des Verwendgsgegners vertrau-
enswürd Stelle od dch Einräumg eines AblehngsR (ähnl Ul-Br-He § 11 Anh 620); (2) im Schiedsgutachten-
Verf muß ein Anspr auf rechtl Gehör bestehen (LG Ffm NJW-RR **88**, 1133, Wo-Ho-Li § 9 Anh Rn S 24, aA
Ffm DB **87**, 2195); (3) das Recht, das Schiedsgutachten wg offenb Unrichtigk anzufechten (§ 319 Rn 3 ff),
darf nicht eingeschränkt w (BGH **101**, 317, Köln NJW **86**, 2580); (4) Die Nachteile, die dem Kunden aus
einem möglicherw unrichtigen Gutachten entstehen können, dürfen nicht unverhältnismäß sein (BGH **115**,
331). Entspr die Regelg nicht diesem Erfordern, ist sie bei einem LeasingVertr auch dann unwirks, wenn der
LeasingNeh ein Recht zum Selbstverkauf hat (aA Ffm NJW-RR **89**, 435). Bei Häusern ist die Feststellg od
Nichtfeststellg von Mängeln mit so erhebl Risiken verbunden, daß eine Schiedsgutachtenklausel unwirks ist
(BGH **115**, 331, Köln VersR **92**, 498, Düss BauR **95**, 559). Die Klausel, wonach ein Gebrauchtwagen zum
DAT-SchätzPr – x% in Zahlg genommen w, ist nur wirks, wenn der Kunde darüber aufgeklärt w, daß die
DAT nicht den VerkWert, sond den HändlereinkaufsPr ermittelt (s BGH NJW **83**, 1854). – **Schlüssel-
dienst:** Die Regelg, daß der Verwder bei Nichtabholg nach angem Fr leistgsfrei w, ist wirks (BGH NJW **92**,
1628), ebso eine BindgsFr von 5 Jahren, wenn es allein um den Ers verlorener Schlüssel geht (KG NJW-RR
94, 1267).

128 **Schriftformklauseln:** Soweit sie für Nebenabreden u VertrÄndergen konstitutiv die Einhaltg der
Schriftform fordern, verstoßen sie gg § 4 (dort Rn 5), sind aber zugl auch gem § 9 unwirks (Karlsr NJW **81**,
406, Hamm NJW-RR **94**, 631, Ul-Br-He § 11 Anh 634, Teske Schriftformklauseln in AGB, 1990, str); das
gilt auch für Klauseln, nach denen eine Vergütg für eine Zusatzleistg eine schriftl Vereinbg voraussetzt
(Karlsr NJW-RR **93**, 1435). Dem entspr im wesentl die Rspr des BGH (NJW **82**, 1389, **83**, 1853, **85**, 321, **86**,
1809), der aber fallbezogen Ausn zuläßt (BGH NJW **80**, 235, **82**, 333); soweit die Klausel entgg § 125 Rn 14
für VertrÄndergen die Einhaltg der Schriftform vorschreibt, ist sie auch nach der Rspr des BGH bei jeden
Fall unwirks (BGH NJW **91**, 1751, 2559, **95**, 1488). **Bestätigungsklauseln,** die die Wirksamk mdl Abreden
von einer schriftl Bestätigg abhängig machen, sind gleichf wg unangem Benachteiligg des Verwendgsgeg-
ners unwirks (Ul-Br-He aaO, Teske aaO S 279 ff). Dagg sind **personenbezogene** Bestätiggsvorbehalte an
sich zul, soweit sie Zusagen betreffen, die ohne Vertretgsmacht abgegeben worden sind (Wo-Ho-Li § 9 S
44 ff). Sie erfassen idR aber auch Zusagen, für die nach HGB (50 ff) od nach den Grds der Duldgs- od
AnschVollm Vertretgsmacht besteht, u sind dann wg des Verbots geltgserhaltder Reduktion im ganzen
unwirks (s BGH NJW **82**, 1390). **Vollständigkeitsklauseln** sind wirks, soweit sie ledigl die Vermutg der
Vollständigk u Richtigk der Urk wiederholen (BGH **79**, 287, **93**, 60, NJW **85**, 2331); sie verstoßen dagg gg
§§ 4, 9 u 11 Nr 15, soweit sie eine unwiderlegb Vermutg begründen sollen (Wo-Ho-Li § 9 S 50). – Das
formularmäß **Schuldanerkenntnis** zG eines VerkBetr kann gg § 9 verstoßen (Karlsr NJW **91**, 112). –
129 **Sicherungsübertragungen:** Es ist mit § 9 vereinb, daß die SichgÜbereigng (SichgAbtr) nicht auflösd
bedingt ausgestaltet w (BGH NJW **84**, 1184; Künzel BB **85**, 1884). Sie verstoßen aber gg § 9, wenn sie zu
einer Übersich des SichgN führen (§ 138 Rn 97 a). Eine umfassde alle ggwärt u zukünft Fdgen aus der
GeschVerbindg einbeziehde Zweckbestimmgsklausel ist zul, wenn der Schu SichgG ist. Dagg kann die
sichergssübereignete Sache eines Dr nicht formularmäß für weitere Kredite in Anspr genommen w (s Rn 88
„GrundpfandR"). – **Skontoregelung:** Sie ist unwirks, wenn sie vom Schu vorformuliert ist u die FrLänge
130 von seinem ErfGeh mitbest w (Ffm NJW-RR **88**, 1485). – **Sportcenter** s Fitness-Center. – **Steuerberater:**
Summenmäß Haftgsbegrenzgen für einf Fahrlässigk sind in den Grenzen von StBerG 67a nF nicht zu
beanstanden. Das KündR aus § 627 kann nicht abbedungen w (Kblz NJW **90**, 3153). Auch Abkürzgen der
ohnehin recht kurzen 3jährigen VerjFr des § 68 StBerG sind nicht zul (Rn 136).

131 **t) Telekom.** Es gelten die in allen Post- u Telekomdienststellen ausliegden AGB. Deren krit Überprüfg
dch Rspr u Lit steht noch aus. – **Treuhandanstalt.** Die von ihr abgeschlossenen Untern- u GrdstKaufVertr
sind nach der Rspr der Instanz-Ger IndVereinbg (Köln ZIP **95**, 1636, LG Bln ZIP **94**, 1320, LG Köln WiB
95, 251). Die in der Lit gg die Klauseln über ArbPlatzGarantien, Investitionszusagen, Mehrerlösabführg u
Nachbewertg, GewLAusschl u VertrStrafen vorgebrachten Bedenken (Kiethe BB **94**, 7, Kiethe/Imbeck ZIP
94, 1250) sind wg der von der TrHand wahrzunehmden AllgInteressen (ArbMarkt-, Regional- u Industrie-
politik) aber wohl auch dann unbegründet, wenn man das AGBG für anwendb hält (s Wächter/Kaiser/
Krause WM **92**, 293, Messerschmidt WIB **94**, 337).

132 **u) Unterrichtsverträge. – aa)** Für den **Fernunterricht** gilt das FernUSchG (Einf 22 ff v § 611), das
weder dch IndVereinbg noch dch AGB zum Nachteil des Teilnehmers geändert w kann. Verstoßen die
AGB des Veranstalters gg das FernUSchG, ist die Klage nach § 13 zul (dort Rn 4). Auch materiell-rechtl ist
das AGBG anwendb, soweit die AGB Ggst regeln, für die das FernUSchG keine SchutzVorschr enthält. Die
prakt Bedeutg der AGB-InhKontrolle ist aber angesichts der umfassden Regelg im FernUSchG gering. –
133 **bb)** Beim **Direktunterricht** ist eine VorleistgsPfl des Schülers unwirks, §§ 614 BGB, 9 II 1 (Ffm OLGZ

93, 247). PrÄndersgKlauseln sind unwirks, wenn der Erhöhgsbetrag bereits bei VertrSchl in den Pr hätte einkalkuliert w können (Dörner NJW **79**, 248). Außerdem gelten die Grds von BGH NJW **85**, 856: Die Klausel muß die Voraussetzgen u das Ausmaß der PrÄnderg konkret bezeichnen u dem Schüler für den Fall der Erhöhg ein KündR einräumen. Währd der Schulferien ist der Schüler nicht zur Fortentrichtg des Entgelts verpflichtet (Ffm OLGZ **93**, 247). Das KündR aus wichtigem Grd (§ 626) kann nicht abbedungen w. Entspr gilt für das KündR aus § 627, dessen Voraussetzgen beim Direktunterrichtsvertrag aber idR nicht erfüllt sind (BGH **90**, 281, Celle NJW **81**, 2762, Köln NJW **83**, 1002). Das ordentl KündR kann dch Bestimmg einer festen **Laufzeit** ausgeschlossen w. FernUSchG 5, der ein unabdingb KündR erstmals zum 1. Halbjahrschluß vorsieht, ist weder direkt noch entspr anwendb (BGH **90**, 284). Andererseits steht § 11 Nr 12a der Anwendg von § 9 auf kürzere als 2jährige Laufzeiten nicht entgg (BGH **120**, 113). Bei Vollzeitunterricht wird die zul Höchstlaufzeit bei 1 Jahr liegen (BGH **90**, 285, auf den Einzelfall abstelld), bei einer Ausbildg zum Tänzer, Musikdarsteller u Tanzlehrer ist eine Bindg von 21 Mo zu lang (BGH **120**, 108), bei einer Ausbildg zur Krankengymnastin eine Bindg von 2 Jahren od 21 Mo (KG NJW-RR **89**, 1075, MDR **94**, 348), bei einer Heilpraktikerausbildg eine Bindg von 20 od 24 Mo (Karlsr AGBE V Nr 82, LG Bln NJW-RR **86**, 989, **89**, 765, LG Hbg NJW-RR **91**, 373, LG Braunschw MDR **95**, 894, aA Mü NJW-RR **90**, 1016, LG Mü NJW-RR **92**, 444); dagg soll bei einer Ausbildg zum Psychotherapeuten eine Laufzeit von 20 Mo zul sein (AG Krefeld NJW-RR **95**, 55); die etwa entstehde Regelgslücke ist dch ergänzde Auslegg zu schließen (§ 6 Rn 6), vielfach dahin, daß ein KündR zum Ende des Schuljahres od Semesters begründet w (BGH **120**, 122). Bei InternatsVertr muß jeweils zum Ende des Schulhalbjahres eine KündMöglichk bestehen (BGH NJW **85**, 2586), bei SchulgsVertr zur PersönlichkEntwicklg bereits nach 4 Mo (Celle OLGZ **93**, 367). Bei Vertr über Body-Building od Körperertüchtigg ist eine BindgsFr von 18 Mo zu lang (LG Ffm NJW **85**, 1717, LG Hbg NJW-RR **87**, 687); ebso eine formularmäß Verlängerg der Laufzeit um 12 Mo (AG Dülmen NJW **85**, 1718). Die Vergütgsregelg für den Fall vorzeitiger VertrAuflösg muß den Anfordergen des § 10 Nr 7 genügen (s dort). – Eine Klausel, wonach sich die Druckerei bei Zahlgsverzug ihres Kunden dch Verwertg seines **Urheberrechts** befriedigen kann, ist unwirks (Ffm GRUR **84**, 515).

v) Verjährung: Die Verj von GewlAnspr kann im Anwendgsbereich von § 11 Nr 10 nicht abgekürzt w 135 (§ 11 Rn 69ff). Im übrigen ist § 9 PrüfgsMaßstab. Die Verlängerg der **Verjährungsfrist des § 558** ist nach § 225 unwirks, dagg sind mittelb Verlängergen dch Hinausschieben der Fälligk auch dch AGB nicht ausgeschl (BGH NJW **84**, 290). Sie sind aber nur wirks, wenn sie auf die berecht Belange des Mieters Rücks nehmen. Unwirks sind daher: Klauseln, die den VerjBeginn vom Ermessen des Mieters abhäng machen u nicht gewährleisten, daß der Mieter Kenntn vom Beginn der Verj u deren Ablauf erlangt (BGH NJW **86**, 1609); Hinausschieben der Fälligk ohne zeitl Begrenzg bis der Vermieter Gelegenh hatte, die Ermittlgsakten einzusehen (BGH NJW **94**, 1788, Karlsr NJW-RR **92**, 244). Die Verlängerg der VerjFr des § 477 auf 3 Jahre verstößt gg § 9 (BGH **110**, 92), ebso die Abkürzg der Fr des § 477 auch im kaufm Verk (BGH NJW **92**, 1236). Abkürzgen der VerjFr müssen auf die berecht GläubInteressen Rücks nehmen. Die übermäß lange VerjFr des § 195 kann, abgesehen vom Fall der Argl, angem verkürzt w, zB für VergütgsAnspr der freien Mitarbeiter der Rundfunkanstalten auf 3 Jahre (BGH **LM** (Cb) Nr 5 Bl 5). Die VerjFr für den tarifl NachFdgsAnspr des GüterVerkUntern kann auf 6, nicht aber auf 3 Mo abgekürzt w (BGH **104**, 294), die für Anspr aus dem GiroVertr auf 2 Jahre (BGH NJW-RR **88**, 561), die Fr des HGB 88 auf 6 Mo, wenn beide Part gleichbehandelt w u der VerjBeginn kenntnisabhäng ausgestaltet w (BGH NJW-RR **91**, 35). Unbedenkl ist es, die VerjFr für konkurrierde od korrespondierde vertragl Anspr zu vereinheitlichen, etwa dch Ausdehng der 6 MonatsFr des § 651g auf alle vertragl Anspr (Mü EWiR **85**, 431, LG Ffm NJW **82**, 1538, s aber BGH **97**, 263, aA Mü NJW-RR **87**, 493) od durch Erstreckg des § 638 auf Anspr aus pVV. Die VerjFr für **Schadensersatzansprüche** aus Delikt (§ 852) darf weder direkt noch mittelb abgekürzt w (§ 9 II Nr 1 u 136 2), auch nicht die Fr des § 196 (Düss NJW-RR **88**, 147). Die VerjFr für vertragl SchadErsAnspr muß so bemessen sein, daß die berecht Belange des Geschädigten gewahrt sind. Unwirks daher die Abkürzg der VerjFr für SchadErsAnspr der Gesellschafter einer PublikumsKG (BGH **64**, 244) u der VerjFr des BRAO 51 (Rn 120) od des StBerG 68 (BGH **97**, 25, NJW **90**, 2465, NJW-RR **91**, 599). Für Anspr gg den TrHänder einer BauherrenGemsch muß die VerjFr mindestens 3 Jahre betragen (BGH NJW-RR **91**, 1123, **92**, 532). Die VerjFr für Anspr gg den Frachtführer kann auf 6 Mo verkürzt w, nicht aber auf 3 Mo (BGH VersR **80**, 40, 81, 230, **87**, 283). Vgl auch Rn 52 ADSp. – **Verkehrsbetriebe:** Wirks: Datenverarbeitgsklausel u 137 Forderg einer Einzugsermächtigg für Jahresabonnements (Celle VRS **76** Nr 99). Formularmäß Schuldanerkenntn s Rn 129. – **Versicherungsbedingungen.** Die aufsichtsbehördl Gen hat die nF des VAG zum 28. 7. 138 94 aufgeh. Dadch ist die richterl InhKontrolle als Instrument des VerbrSchutzes gg mißbräuchl AVB noch wichtiger geworden. Auch die AVB von öffr Versicherern unterliegen der InhKontrolle (BGH NJW **91**, 297). Risikobeschreibgen sind aber nur mit den sich aus § 8 ergebden Beschrkgen kontrollfähig (§ 8 Rn 3). Aus den Klauselkatalogen der §§ 10 u 11 sind für AVB vor allem § 10 Nr 1, Nr 4 u Nr 6 sowie § 11 Nr 15 u 16 von Bedeutg (Hansen VersR **88**, 1110). Wenn § 9 anzuwenden ist, ist zur Konkretisierg der PrüfgsMaßstäbe in erster Linie auf das VVG abzustellen. Soweit das VVG keine Vorschr enthält, ist gem § 9 II Nr 2 auf den Zweck der VersVertr, notf auf § 242 zurückzugreifen (Bach/Geiger VersR **93**, 659, Schirmer DAR **93**, 321). Einzelfälle: **Unwirksam:** Beschränkg der Vollm des VersAgenten (BGH NJW **92**, 828); Bestellg der Bank zum Empfangsboten für den VersN (KG NJW-RR **92**, 860); Begründg eines zeitl unbeschränkten KündR in der KrankenVers (BGH **88**, 78); und jedoch in der Krankentagegeldvers (BGH NJW **86**, 2369, Bambg VersR **95**, 947); Abbedingg des VVG 6 für den Fall einer ObliegenhVerletzg (BGH NJW **85**, 559); auch soweit VVG 6 dipositiv ist, kann das VerschuldensErfordern nicht abbedungen w (BGH NJW **93**, 591); 10jähr **Laufzeit** in der Unfall-, HaftPfl-, Hausrat- od WohngebäudeVers (BGH NJW **94**, 2693, **95**, 1289); umstr ist jetzt die Wirksamk einer 5jähr Bindg (dafür Karlsr VersR **95**, 326 u BGH NJW **95**, 2710 zur ReparaturkostenVers, dagg Hbg VersR **95**, 403). Belastg des Versicherten mit Kosten eines SachverstVerf, das der Versicherer beantragt hat (BGH **83**, 169). Ausschluß des ErwerberKündR in der FeuerVers (BGH **111**, 297). Übermäß Risikoausschlüsse (BGH **111**, 279, **120**, 223), etwa in der ReisekrankenVers (BGH NJW **94**, 1534), der RestschuldVers (Hamm NJW-RR **95**, 411, Ffm VersR **95**, 522) od auch in der HausratVers für alle Schäden, die eine in der HausGemeinsch lebde volljähr Pers vorsätzl verursacht (BGH NJW-RR **93**,

1049, vgl auch § 8 Rn 3). AusschlußFr für Infektionskrankh, wenn diese länger als Inkubationszeit (Ffm VersR **95**, 904). Festlegg eines mehrdeut VerschMaßstabes (BGH NJW 95, 56). **Wirksam:** Regelg der Überschußbeteiligg in der LebensVers (BGH NJW **95**, 589, krit Schünemann BB **95**, 417). RisikoAusschl für vorhersehb Schäden in der BauwesenVers (BGH NJW **84**, 47); Kombination von Risikoausschlüssen u Obliegenheiten in der Vers für Leistgn des Zahnarztes (BGH NJW **95**, 784); KündR bei nicht genehmigter MehrfachVers in der KrankenhaustagegeldVers (BGH NJW **90**, 767); Klausel über eine Beitragsanpassg, sofern sie die ÄndergsVoraussetzgn konkret festlegt u inhaltl angemessen ist (BGH **119**, 59, Hamm NJW-RR **93**, 1501). AngehKlausel in AHB (Hamm VersR **95**, 908). Klausel, daß der BezugsBerecht nach dem Tod des VersN zur Entggnahme von WillErkl ermächtigt ist (BGH NJW **82**, 2314). Die unwirks AVB, daß der Bezug einer Rente die KrankentagegeldVers beendet, ist dch ergänzde VertrAuslegg dch die Regelg zu ersetzen, daß der Versicherer die Rückzahlg der in Unkenntn des gleichzeit Rentenbezugs geleisteten Tage-

139 gelder verlangen kann (BGH **117**, 97). – **Vertragshändler:** Unwirks: Ausschluß des Rechts zum Rückver-kauf des Depots iF einer Künd des Händlers (Mü BB **93**, 1753). Zu den MusterVertr von Ford u Opel s BGH **89**, 206, **93**, 29, Pfeffer NJW **85**, 1241, krit Bunte NJW **85**, 600; zu denen von Peugeot BGH NJW-RR **88**, 1077, von Daihatsu (BGH **124**, 351), ferner Düss u Köln NJW-RR **95**, 945, 947, 1140 u BGH NJW-RR **95**, 1260 zur Bemessg der ordentl KündFr. – **Verzichtsklauseln,** die vor allem in vorgedruckten Quittgen enthalten sein können, sind gem §§ 3 u 9 unwirks (LG Ffm NJW **83**, 234). Mindestvoraussetzg für einen zul Verzicht ist eine ausdr u gesonderte Erkl des Kunden. Der in einer AbfindgsErkl enthaltene Verzicht ist unwirks, soweit er Anspr gg Dr betrifft (BGH NJW **85**, 970, VersR **86**, 468).

140 Die **VOB/B** erfüllt alle Merkmale des AGB-Begriffs (allgM, aA allerdings Siegburg BauR **93**, 9). Auch § 23 II Nr 5 geht davon aus, daß die Vorschr der VOB/B AGB sind. Verwder kann sowohl der AuftrN als auch der AuftrG sein; verlangen beide die Einbeziehg der VOB/B ist das AGBG unanwendb (§ 1 Rn 10, str). Die in der VOB/B vorgesehenen ErklFiktionen (§§ 12 Nr 5 u 15 Nr 3 S 5) u die Abkürzg der GewlFr auf 2 Jahre (§ 13 Nr 4) sind gem § 23 II Nr 5 einer InhKontrolle entzogen, sofern die VOB/B **als Ganzes** ohne ins Gewicht fallde Einschränkgn einbezogen worden ist (BGH **96**, 133, § 11 Rn 71). Die übrigen Vorschr der VOB/B halten richterl InhKontrolle stand. Sie verstoßen nicht gg die Klauselverbote der §§ 10 u 11: Die Pauschalierg des Verzugsschadens in VOB 16 Nr 5 III 2 ist mit § 11 Nr 5 vereinb (Ul-Br-He § 11 Anh 913). Der Anspr auf Abschlagszahlgn (VOB/B 16 Nr 1) mildert ledigl die VorleistgsPfl des AuftrNeh u ist daher auch gem § 11 Nr 2 unbedenkl (BGH NJW **85**, 852). Die ursprüngl gg VOB/B 6 Nr 6 wg § 11 Nr 7 u 8 b bestehenden Bedenken sind dch die Neufassg der VOB/B von 1979 ausgeräumt worden. Zweifelh ist jedoch, ob VOB/B 13 Nr 7 mit § 11 Nr 11 vereinb ist (s Nürnb NJW-RR **86**, 1347). Die übr Regelgn der

141 VOB könnten, wenn überhaupt, nur gem § 9 beanstandet w. Bei der **Inhaltskontrolle nach § 9** ist aber zu berücksichtigen, daß die VOB eine kollektiv ausgehandelte u im ganzen ausgewogene Regel ist. Das schließt es aus, einz ihrer Vorschr gem § 9 für unwirks zu erklären (BGH **86**, 141, NJW-RR **91**, 535, 727, stRspr). And ist es, wenn die VOB/B nicht als ganzes vereinb, sond ihre Ausgewogenh dch Zusatzabreden in ihrem Kernbereich verändert w (BGH **101**, 357, NJW **95**, 526, Anker/Zumschlinge BauR **95**, 323), stRspr, § 11 Rn 71). Geschieht das, sind unwirks: § 16 Nr 3 II 1 (BGH **101**, 357, NJW **90**, 1365). § 16 Nr 6 S

142 1 (BGH **111**, 397). § 2 Nr 8 I 1 (BGH **113**, 322). **Zusatzregelungen** zur VOB/B können unwirks sein, so die Klausel, daß zusätzl Leistg entgg VOB/B 2 Nr 6 nur bei schriftl Vereinbg zu vergüten sind (Düss BauR **89**, 335), die Klausel, daß der SicherhEinbehalt nicht auf Sperrkonto eingezahlt zu werden braucht (KG BauR **89**, 207) u die Regelg, daß die nicht in die Schlußrechng aufgenommenen Fdgsbeträge (sofort) erlöschen (BGH **107**, 208). Zu den sonstigen AGB im Bauwesen s Rn 67. – **VOL:** Der VOB/B 16 Nr 5 III 2 nachgebildete § 17 Nr 5 ist wirks (Querfeld BB **85**, 490, aA Wahl BB **84**, 644). Bedenkl sind dagg: § 7 Nr 2 u

143 3; § 10 u § 17 (s näher Johannson BB **81**, 210, Ul-Br-He § 11 Anh 915). – **Vollmachtsklauseln:** Die Klausel, daß sich Mieter ggseit zur Entggn von Erkl bevollmächtigen, ist wirks (Schleswig NJW **83**, 1862). Das gilt aber nicht für die Entggn der Künd (Ffm NJW-RR **91**, 459) u für die Vollm zur Abgabe von WillErkl (Celle NdsRpfl **90**, 95). Unwirks ist auch die Klausel in den AVB für RestschuldVers, daß der Rücktr auch ggü der Bank erklärt w darf (KG NJW-RR **92**, 860). Der Baubetreuer kann sich formularmäß eine unbegrenzte Vollm ausbedingen (BGH **67**, 336, Rn 64), nicht aber der im eig Namen tätige Bauträger (Nürnb NJW **82**, 2326). Geht es dem Verwder ledigl darum, sich einen zusätzl Schu zu verschaffen, ist die VollmKlausel unwirks, so etwa die Vollm, dch die sich der AntrSt od KontenInh ggs zur weiteren KreditAufn bevoll-mächtigt (BGH **108**, 103, NJW **91**, 924). Entspr gilt, wenn die VollmKlausel in einem RatenkreditVertr § 425 II unterläuft (BGH **108**, 99). Unwirks ist auch die unbeschränkte ggs Bevollmächtigg in einem BausparVertr (KG NJW-RR **90**, 553). Die TeilgsErkl kann die Vertretg auf Eheg, den Verwalter u and Eigtümer beschränken (BGH DNotZ **88**, 24). Sie kann auch vorsehen, daß nicht erschienene WoEigtümer dch den Verw vertreten w (Ffm OLGZ **86**, 45). Die Vollm, die den Angestellten des Verwders gem HGB 56 zusteht, kann **nicht** dch AGB **ausgeschlossen** w (BGH NJW **82**, 1390, Stgt BB **84**, 2218), ebsowenig die Vollm des VersAgenten (BGH **116**, 390) u die Duldgs- od AnschVollm, wohl aber die InkassoVollm, arg HGB 55 III (Hamm ZIP **82**, 590). Die VollmEinschränkg unterliegt allerdings wg § 1 Rn 4 nicht der InhKontrolle. Ihre Wirksamk ergibt sich allg RGrds, idR daraus, daß die in Unkenntn von der

144 Beschränkg nicht auf Fahrlässigk beruht (HGB 54 III). – **Vorfälligkeitsklauseln,** wonach das Raten-zahlgsR bei Zahlgsverzug des Kunden entfällt, haben keinen VertrStrafCharakter; Grdl der InhKontrolle ist vielm § 9 (BGH **95**, 372). Aus der Fassg der Klausel muß sich ergeben, daß sie unanwendb ist, wenn der Schu den Rückstand zu vertreten hat (BGH NJW **85**, 1705, 2330). Das gilt auch im kaufm Verk (BGH **96**, 191). Soweit das VerbrKrG anwendb ist, muß die Klausel dessen § 12 entsprechen, bei and Vertr können auch Regelgn zul sein, die diesem strengen Standard nicht voll genügen (s BGH NJW **85**, 324). – **Vorlei-stungspflicht** s § 11 Rn 11.

145 **w) Wartungsverträge:** Die in DauerWartgsVertr enthaltenen PrÄndergsklauseln fallen nicht unter § 11 Nr 1, müssen aber den Anfordergn von BGH NJW **85**, 856 entspr: Die Klausel muß die Voraussetzgn u das Ausmaß der PrErhöhg konkret angeben u dem Kunden für den Fall der Erhöhg ein KündR einräumen (Celle AGBE V Nr 153). Beschränkgn des WartgsUmfangs können wirks sein (Mü BB **90**, Beil 10, S 9). Wirks ist auch die Klausel „Fahrtzeit = Arbeitszeit", da die im Interesse des Kunden für die Fahrt aufge-

2430

wandte Zeit gleich hohe Kosten verursacht wie die Arbeitszeit (Thamm DB **85**, 375, aA BGH **91**, 316, s aber jetzt BGH NJW **92**, 688). Unwirks sind dagg: Klausel „Angefangene Stunden werden als volle berechnet" (Wo-Ho-Li W 12, aA Ffm AGBE IV Nr 123 S 488); Verpfl zur Zahlg einer Auflösgspauschale (Celle AGBE V Nr 153); VorauszahlgsPfl für ein ganzes Jahr (Mü OLGZ **91**, 358). Das BestimmgsR, ob Neu- od Austauschteile eingebaut w, kann nicht formularmäß auf den Untern übertragen w (Ffm aaO). Die GewlRegelg muß § 11 Nr 10 entspr. Zu einem WartgsVertr, der in Wahrh als VersVertr einzustufen ist, s BGH NJW-RR **88**, 820. – **Werkverträge:** Vgl Rn 56 „ArchitektenVertr", Rn 67 „BauVertr", Rn 99 **146** „Kostenvoranschlag", Rn 124 „ReparaturVertr" u Rn 145 „WartgsVertr". Unwirks sind: Formularmäß Begründg einer VergütgsPfl für Kostenvoranschläge (BGH NJW **82**, 765) od für sonst Vorarbeiten (BKartA AGBE III Nr 98), es sei denn, daß der Kunde die VergütgsPfl in einer bes unterschriebenen Erkl ausdr übernimmt (KG aaO Nr 99); Klausel, daß Zusagen über die Fertigstellg von Reparaturarbeiten nur bei schriftl Bestätigg verbindl sind (BGH NJW **82**, 1389); Abbedingen des VergütgsAnspr aus § 649 S 2 (BGH **92**, 249), etwa dch die Regelg, daß der AuftrGeb einz Positionen des Angebots zurückziehen darf (Düss NJW-RR **92**, 216); zul ist aber eine ErsAuftrKlausel (Koblz NJW-RR **92**, 851). Unwirks ist der Ausschluß des Anspr aus § 642 (BGH NJW-RR **90**, 157); Abbedingen des Anspr aus § 648 auf Eintr einer SichergsHyp ohne anderweit Sicherstellg des Untern (BGH **91**, 143); Änd des § 645 (Köln OLGZ **75**, 323); Haftgsbeschränkg auf Vors u grobe Fahrlässigk (Mü NJW-RR **90**, 1358). Hinausschieben des Verj-Beginns bis zur „mängelfreien" Abnahme (Karlsr BB **83**, 727) od bis zur Abnahme dch einen Dr (Mü AGBE IV Nr 23 S 275); drückde Bdggen in SubUnternVertr (Mü NJW-RR **87**, 662); Nichtherausg von bes berechneten Lithographien (Köln NJW-RR **89**, 1274). Dagg sind wirks: Verlängerg der VerjFr für verdeckte Mängel auf 30 Jahre (LG Hanau NJW-RR **87**, 1104); Klausel, wonach der Besteller die Kosten eines Spezialwerkzeugs zu tragen hat, dieses aber Eigtum des Unternehmers w (Köln NJW-RR **94**, 53). Klausel, daß der Rechngsbetrag sofort ohne Abzug zu zahlen ist, da sie weder die Aufr noch GewlAnspr ausschließt (Celle NJW-RR **93**, 1334). Zu HaftgsAusschl in WerftBdggen s BGH **103**, 316, NJW-RR **89**, 955. – **Wirtschaftsprüfer.** Sie verwenden idR die vom IdW-Verlag herausgegebenen, zum 1. 1. 90 neuge- **148** faßten AAB. Unwirks sind: Nr 9 III AAB, der die 5jährige VerjFr des § 51a WPO dch eine AusschlFr von 6 Monaten ab Kenntn vom Schaden wesentl verkürzt (s BGH **97**, 26); Nr 2 III AAB, soweit er die Pfl, Buchfälschgen u Unregelmäßigk aufzudecken, von einem ausdr Auftr abhäng macht (AGB-Klauselwerke/ Schäfer WirtschPrüfer Rn 12); Nr 2 IV AAB, soweit er den Prüfer auch bei DauerVertr von der Pfl freistellt, auf nachträgl Ändergen der RLage hinzuweisen (Schäfer Rn 18). Formularmäß Beschränkgen des Haftgsumfangs sind nur in den Grenzen von WirtschPrüfO 54 a nF zul. – **Wohnungseigentumsgemeinschaft** s WEG 10 Rn 2.

z) Zeitungen und Zeitschriften: Der Großhändler kann in seinen AGB bestimmen, daß der Händler **150** das volle vom Verwder festgelegte Sortiment zu führen hat, jedoch muß dem Einzelhändler ein RemissionsR zustehen (BGH **82**, 240). Im AbonnementsVertr sind PrErhöhgsklauseln nur wirks, wenn sie Voraussetzgen u Ausmaß der Erhöhg konkret bestimmen u dem Kunden ein KündR einräumen (BGH NJW **80**, 2518, **86**, 3134). Unzul ist die Klausel, daß die Vergütg auch zu zahlen ist, wenn die Zeitg wg höherer Gewalt nicht geliefert w (Schmidt NJW **79**, 19). Bei Vertr mit Zeitschriftenzusteller kann die Mindestlaufzeit auf 1 Jahr festgelegt w (BGH NJW-RR **90**, 1075). – **Zinsänderungsklauseln** s § 11 Rn 9. – **Zufallshaftung** s Rn 91. – **Zurückbehaltungsrecht:** Ausschluß des ZbR des Kunden s § 11 Rn 13; Erweiterg des ZbR des Verwders s § 11 Rn 63.

AGBG 10 *Klauselverbote mit Wertungsmöglichkeit.* In Allgemeinen Geschäftsbedingungen ist insbesondere unwirksam

1. (Annahme- und Leistungsfrist)
eine Bestimmung, durch die sich der Verwender unangemessen lange oder nicht hinreichend bestimmte Fristen für die Annahme oder Ablehnung eines Angebots oder die Erbringung einer Leistung vorbehält;

2. (Nachfrist)
eine Bestimmung, durch die sich der Verwender für die von ihm zu bewirkende Leistung entgegen § 326 Abs. 1 des Bürgerlichen Gesetzbuchs eine unangemessen lange oder nicht hinreichend bestimmte Nachfrist vorbehält;

3. (Rücktrittsvorbehalt)
die Vereinbarung eines Rechts des Verwenders, sich ohne sachlich gerechtfertigten und im Vertrag angegebenen Grund von seiner Leistungspflicht zu lösen; dies gilt nicht für Dauerschuldverhältnisse;

4. (Änderungsvorbehalt)
die Vereinbarung eines Rechts des Verwenders, die versprochene Leistung zu ändern oder von ihr abzuweichen, wenn nicht die Vereinbarung der Änderung oder Abweichung unter Berücksichtigung der Interessen des Verwenders für den anderen Vertragsteil zumutbar ist;

5. (Fingierte Erklärungen)
eine Bestimmung, wonach eine Erklärung des Vertragspartners des Verwenders bei Vornahme oder Unterlassung einer bestimmten Handlung als von ihm abgegeben oder nicht abgegeben gilt, es sei denn, daß
a) dem Vertragspartner eine angemessene Frist zur Abgabe einer ausdrücklichen Erklärung eingeräumt ist und
b) der Verwender sich verpflichtet, den Vertragspartner bei Beginn der Frist auf die vorgesehene Bedeutung seines Verhaltens besonders hinzuweisen;

6. (Fiktion des Zugangs)
eine Bestimmung, die vorsieht, daß eine Erklärung des Verwenders von besonderer Bedeutung dem anderen Vertragsteil als zugegangen gilt;

7. (Abwicklung von Verträgen)
eine Bestimmung, nach der der Verwender für den Fall, daß eine Vertragspartei vom Vertrage zurücktritt oder den Vertrag kündigt,
a) eine unangemessen hohe Vergütung für die Nutzung oder den Gebrauch einer Sache oder eines Rechts oder für erbrachte Leistungen oder
b) einen unangemessen hohen Ersatz von Aufwendungen verlangen kann.

1   **Vorbemerkung:** Vgl zunächst Vorbem vor § 8 u § 9 Rn 1–5. Für die Verbote des § 10 ist kennzeichnd, daß sie unbest RBegr verwenden, die Feststell der Unwirksamk also eine richterl Wertg erfordert. Sie sind idR Konkretisiergen des § 9 I, einz Verbote knüpfen aber auch an die in § 9 II enthaltenen RGedanken an. Anwendg im kaufm Verk: Vgl § 9 Rn 32 ff u bei den einz Klauselverboten.

2   **1) Annahme- und Leistungsfrist (Nr 1). – a)** Nr 1 soll gewährleisten, daß der Kunde dch die formularmäß Ausgestalt der Fr zur Ann des VertrAngebots (1. Halbs) u der LeistgsFr (2. Halbs) nicht unangem benachteiligt w. Sie gilt für **Verträge aller Art,** Halbs 1 ggf auch für dingl Vertr. Dogmat stellen Klauseln über die Dauer der AnnFr keine VertrBdggen dar, da der Vertr vor Ann rechtl noch nicht existiert. Es handelt sich vielmehr um VertrAbschlKlauseln, die das Ges aber hinsichtl der InhKontrolle den eigentl VertrBdggen gleichstellt (§ 1 Rn 3).

3   **b) Annahmefrist:** Nr 1 gilt nur, wenn die AnnFr abweichd vom dispositiven § 148 vom Verwder als AntrEmpfänger gesetzt w. Die FrBestimmg dch den Verwder als Antragden wird von Nr 1 nicht erfaßt (Walchshöfer WM **86,** 1042). Die Vorschr ist entspr anwendb, wenn das Zustandekommen des Vertr von einer aufschiebden Bdgg abhäng gemacht w (Karlsr NJW-RR **95,** 504), etwa von einer Bestätigg des
4 Zulieferers des Verwders (Wo/Ho/Li Rn 8). – **aa) Unangemessene Länge.** Welche Fr angem ist, ist nach Inh u wirtschaftl Bedeutg des Vertr unter Berücksichtigg der beiderseit Interessen u der VerkAnschauung zu entscheiden. Bei AlltagsGesch ist die HöchstFr 14 Tage (Wo/Ho/Li Rn 15), im Kfz-NeuGesch 4 Wo (BGH **109,** 362), bei DarlAntr 1 Mo (BGH NJW **88,** 2106), im MöbelVersandHandel 1 Mo (Celle AGBE I Nr 4), ebso bei Fenstern u Rolläden (LG Trier AGBE II Nr 8) u bei Lebensversichergen 6 Wo (Hamm NJW-RR **86,** 388). Bei LeasingVertr sind 2 Mo zu lang (Hamm NJW-RR **86,** 928), dagg sollen bei der Ausschreibg von
5 BauLeistgen dch eine Gemeinde 2 Mo u 6 Tage noch zul sein (BGH **116,** 149). – **bb) Bestimmtheitsgebot.** Ein Dchschnittskunde muß ohne Schwierigk u ohne rechtl Beratg feststellen können, wann die Bindg an sein Angebot endet (s BGH NJW **85,** 856 zur LeistgsFr). Das BestimmthErfordern bezieht sich auf den Beginn u die Dauer der Fr, außerdem aber auch auf etwaige VerlängergsTatbestde. Unzul sind Klauseln, die den FrBeginn von Ereign außerh der KenntnSphäre des Kunden abhäng machen, etwa vom Eingang von Erkl beim Verwder od von Hdlgen des Verwders (BGH NJW **88,** 2106, Hamm NJW-RR **92,** 1075), Bsp Rn 8.

6   **c) Leistungsfrist.** Die Vorschr soll verhindern, daß der Verwder den Schutz des § 11 Nr 8 (RücktrR u SchadErsAnspr bei Verzug) unterläuft (BGH **92,** 28). Sie gilt für Leistgen jeder Art. Miterfaßt sind daher auch FrRegelgen hins der AbnPfl (§ 640) des Verwders (BGH **107,** 78) u die Fr, wonach der Versicherer die Zahlg wg eines gg den VersN anhäng ErmittlgsVerf aufschieben darf (Magnussen MDR **94,** 1160). LeistgsFr, die mit VVG 11 I übereinstimmen, unterliegen aber nach § 8 nicht der InhKontrolle. Unter Nr 1 fallen auch Klauseln, die im Anschluß an einen unverbindl Liefertermin eine (der Fr des § 326 vorgeschaltete) „unechte" NachFr vorsehen (BGH NJW **82,** 333, **83,** 1320) od die beim Eintritt bestimmter Ereign (höhere Gewalt, ArbKampf) die LeistgFr verlängern (Stgt NJW **81,** 1105, aA Karlsr AGBE II Nr 5). –
7 **aa) Unangemessene Länge:** Entscheidd sind die Umst des Einzelfalls, insbes die Art der zu erbringden Leistg u die VerkAnschauung. Bei der Abwägg sind die Interessen beider Part zu berücksichtigen. Im Kfz-NeuGesch ist eine Fr von 6 Wo zul (BGH NJW **82,** 333). Bei Möbeln sind 3 Wo unbedenkl (Bambg AGBE IV Nr 4), dagg sind 6 Wo zu lang (Hamm NJW-RR **87,** 315), erst recht 3 Mo (BGH NJW **83,** 1321). Bei Fertighäusern darf sich der Verwder nicht das Recht vorbehalten, den fest zugesagten Liefertermin nach
8 freiem Belieben um 6 Wo zu verlängern (BGH **92,** 28). – **bb) Bestimmtheitsgebot:** Der Kunde muß (ebso wie bei Rn 5) in der Lage sein, das FrEnde selbst zu bestimmen od zu errechnen (BGH NJW **85,** 856, **89,** 1603). Unzul sind daher Klauseln, die auf die für die Nachbesserg erforderl (LG Köln NJW-RR **93,** 437) od die branchenübl Fr abstellen (Köln BB **82,** 638) od die den FrBeginn von einem Ereign im Bereich des Verwders abhäng machen (BGH NJW **85,** 856), etwa vom Vorliegen der Maße im Lieferwerk (BGH aaO), vom Eingang des Aufmaßes (Stgt NJW **81,** 1105) od der NachkontrollAnforderg (Celle AGBE IV Nr 2). Unzul sind aber auch Klauseln, wonach die individuell festgelegte Lieferzeit unverbindl od nur bei Liefermöglichk des Verwders verbindl ist (Saarbr BB **79,** 1064, Kblz WM **83,** 1274), Klauseln, die den FrBeginn vom Ende der WiderRFr abhäng machen (Kblz NJW-RR **93,** 1081), Regelgen, etwa wonach sich der Verwder um die Einhaltg des Liefertermins nur „bemühen will" (Oldenbg NJW-RR **92,** 1528), die Best, die eine hins ihres Endes ungewisse NachFr vorsieht (Hamm OLGZ **84,** 125) od ohne nähere Konkretisierg bei nicht zu vertretden Leistgshindern einen Leistgsaufschub zuläßt (Stgt NJW **81,** 1105, Karlsr BB **83,** 726). Wirks sind dagg „ca-Fristen".

9   **d)** Im **kaufmännischen Verkehr** müssen sich AGB über Ann- u LeistgsFr gleichf im Rahmen des Angem halten (§§ 9 I, 24). Übl Handelsklauseln, die dem Kunden eine sichere Berechng der Leistgszeit erschweren (zB Vorbehalt rechtzeit Selbstbelieferg), dürfen aber weiter verwandt w (Lutz, AGB-Kontrolle im HandelsVerk, 1991, S 53).

10   **2) Nachfrist (Nr 2). – a)** Nr 2 soll – ebso wie Nr 1 – verhindern, daß der Verwder dch unangem lange Fr den Schutz des § 11 Nr 8 aushöhlt. Sie gilt nur, wenn die Dauer der NachFr abweichd vom § 326 dch den Verwder als Schu festgelegt w. Auf die Fr der §§ 634, 651 c III, 651 e II, 283 ist Nr 2 entspr anwendb. Erfaßt werden aber nur echte NachFr; die in AGB vielfach vorgeschalteten unechten NachFr fallen unter Nr 1
11 (Rn 6). – **b) Unangemessene Länge:** Ausgangspkt der Prüfg ist die NachFr, die ohne die Klausel maßgebd wäre (§ 326 Rn 16). Diese darf im Zuge der Vereinheitlich überschritten w; zul sind aber ledigl maßvolle Abw. Keinesfalls darf die für Sonderfälle (GroßAuftr, Zulieferg aus dem Ausl) gerade noch vertretb Fr generell festgelegt w (BGH NJW **85,** 323, 857). Die Höchstgrenze liegt bei übl VerbraucherGesch bei 2 Wo

(Wo/Ho/Li Rn 10, wohl auch BGH NJW **85**, 323); wenn eine unechte NachFr (Rn 6) vorgeschaltet war, ist sie noch kürzer. 4 Wo sind beim Kauf von Möbeln od einer Einbauküche zu lang (BGH NJW **85**, 323, LG Hildesheim NdsRpfl **93**, 154), ebso 6 Wo bei der Lieferg von Fenstern (BGH NJW **85**, 857), Fassadenverkleidgen (Stgt NJW-RR **88**, 788) od Rolläden (Schlesw AGBE III § 9 Nr 100 S 461); bei Lieferg einer Zaunanlage sollen 4 Wo dagg zul sein (Ffm DB **81**, 884), im KfzGesch sogar eine (unechte) NachFr von 6 Wo (BGH NJW **82**, 333). – c) **Bestimmtheitsgebot:** Es gelten die gleichen Kriterien wie bei Nr 1. Der 12 Kunde muß in der Lage sein, das FrEnde zu errechnen (Rn 5 u 8). – **d)** Nr 2 kann gem §§ 9 II Nr 1, 24 S 2 auch im **kaufmännischen Verkehr** angewandt w (Lutz, wie Rn 9, S 56, allgM).

3) **Rücktrittsvorbehalt (Nr 3).** – **a)** Nr 3 soll gewährleisten, daß der RGrds *„pacta sunt servanda"* auch 13 ggü dem Verwder dchgesetzt w. Sie gilt (vorbehaltl Rn 19) für **Verträge jeder Art.** Der dem BGB unbekannte Begriff „LösgsR" ist im umfassden Sinn zu verstehen (Mü BB **84**, 1387). Unter ihn fallen Rücktr-, Künd-, Widerr- u AnfR. Nr 3 ist aber auch anwendb, wenn die Klausel als aufschiebde Bdgg ausgestaltet od sonst ein *ipso-facto*-Wegfall der LeistgsPfl des Verwders vorgesehen ist (Wo/Ho/Li Rn 6). Auch LösgsR, die sich auf einen Teil des Vertr beschränken, werden erfaßt (Düss AGBE III § 9 Nr 16 S 208). – **b)** Der LösgsGrd muß in den AGB **angegeben** w, u zwar so **konkret,** daß der Dchschnittskunde 14 beurteilen kann, wann der Verwder sich vom Vertr lösen darf (BGH NJW **83**, 1321). Die Formulierg „wenn die Umst es erfordern" genügt daher nicht (BGH NJW **83**, 1325, Kblz NJW-RR **89**, 1459), ebsowenig ein Abstellen auf „BetrStörgen" (BGH NJW **83**, 1321, KG AGBE II Nr 35), eine „zu geringe Beteiligg" (LG Bln AGBE II Nr 40a) od auf „Erkrankgen" (Hamm BB **83**, 1306). Das BestimmthGebot darf aber nicht überspannt w. Die RBegriffe Unmöglichk, Verzug u pVV dürfen verwandt w, ebso Begriffe wie „höhere Gewalt", Streik u Naturkatastrophen (Kblz NJW-RR **89**, 1459). – **c) Sachlich gerechtfertigter Grund:** 15 Der Rücktr muß dch ein überwiegdes, zumindest aber dch ein anerkennenswertes Interesse des Verwders gerechtf sein (BGH **99**, 193). Er darf sich nicht auf Umst erstrecken, die schon bei VertrSchl erkennb waren (BGH aaO). – **aa)** RücktrGrd kann ein vertrwidr **Verhalten des Kunden** sein. Die Voraussetzgen des gesetzl RücktrR brauchen nicht vorzuliegen. Abweichgen zG des Verwders sind aber nur zul, soweit sie dch überwiegde Interessen des Verwders gerechtfertigt w u § 11 Nr 4 nicht entggsteht. Der Rücktr kann für den Fall vorbehalten w, daß der Kunde seine SorgfPflten hins der unter EigtVorbeh gelieferten Ware verletzt (BGH NJW **85**, 325). Der bloße Verdacht einer PflVerletzg reicht dagg nicht aus (Hamm BB **79**, 1425), ebsowenig eine falsche SelbstAusk, wenn sie weniger bedeuts Pkte betrifft (BGH NJW **85**, 325, 2271). – **bb)** Falsche Angaben über die **Kreditwürdigkeit** des Kunden sind ein zul RücktrGrd (BGH NJW **85**, 325). 16 Ein RücktrR kann aber auch für den Fall obj fehlder Kreditwürdigk vorgesehen w (Kblz ZIP **81**, 510, aA Karlsr WRP **81**, 477, Hamm BB **83**, 1306), vorausgesetzt der LeistgsAnspr des Verwders ist gefährdet (s BGH NJW **91**, 104). Nicht zul ist das Abstellen auf eine ungünst KreditAusk od and bloße VerdachtsGrde. Dagg kann ein VollstrVersuch ein RücktrGrd sein, sofern der EntgeltsAnspr des Verwders erhebl gefährdet erscheint (BGH NJW **84**, 872, Düss WM **84**, 1134). – **cc)** Auch **Leistungshindernisse** im Bereich des 17 Verwders können einen RücktrGrd darstellen. Unwirks sind aber Klauseln, die die Bindg des Verwders ganz od zu weitgehd einschränken, wie die Klausel „freibleibend" (§ 9 Rn 86) od „Liefergsmöglichk vorbehalten" (Stgt ZIP **81**, 875, str, s BGH **124**, 359). Vorratsklauseln sind nur zul, wenn individualvertragl eine beschränkte Gattgsschuld (§ 243 Rn 3) vereinbart worden ist (Lö-vW-Tr Rn 48). Zul ist dagg der Vorbeh der **Selbstbelieferung;** das LösgsR muß aber im nichtkaufm Verk ausdr auf den Fall beschränkt w, daß der 18 Verwder ein konkretes DeckgsGesch abgeschlossen hat u von den Part dieses Vertr im Stich gelassen w (BGH **92**, 397, NJW **83**, 1321, **85**, 857); Verkaufs- u EinkaufsVertr müssen kongruent sein (BGH DB **95**, 1557). Wirks sind höhere Gewaltklauseln, grdsl auch Regelgen, die auf nicht vorhersehb, dch zumutb Aufwendgen nicht zu überwindde LeistgsHindern abstellen. Die Klausel muß aber klarstellen, daß ein vom Verwder zu vertretdes Hindern nicht zum Rücktr berecht (BGH NJW **83**, 1321, Kblz WM **83**, 1272). Eine AGB, wonach der Verwder bei BetrStörgen ohne Rücksicht auf die Entstehgsursache zurücktreten kann, ist daher unwirks (BGH u Kblz aaO). Unzul ist auch Klauseln, die bei vorübergehden Leistgsstörgen im RücktrR begründen (BGH NJW **85**, 857, Kblz NJW-RR **89**, 1459). Das gilt bei Vertr ohne Fix-Charakter vor allem für **Arbeitskampfklauseln** (BGH aaO). – **d)** Nr 3 gilt nicht für **Dauerschuldverhältnisse** (Einl 19 17 ff vor § 241), einen Begriff, den das AGBG erstmals in die GesSprache übernommen hat. Unter DauerschuldVerh fallen auch SukzessivliefergsVertr, soweit sie als BezugsVertr ausgestaltet sind (Einf 27 v § 305), nicht aber RatenliefergsVertr über eine von vornherein fest bestimmte Liefermenge (Ul-Br-He Rn 17, str). – **e) Rechtsfolge.** Das Verbot geltgserhaltder Reduktion (Vorbem 9 v § 8) gilt auch hier. Klauseln, die 20 notw Einschrkgen nicht enthalten, sind im ganzen unwirks (s BGH NJW **85**, 857, 2271). Ist von mehreren in der Klausel angeführten Grden nur einer unzul, tritt aber ledigl Teilunwirksamk ein, sofern die Klausel sachl u sprachl teilb ist (BGH NJW **85**, 325). – **f)** Nr 3 kann gem §§ 9 II Nr 1, 24 S 2 grdsl auch im **kaufmänni-** 21 **schen Verkehr** angewandt w. Der Begriff „sachl gerechtfertigter Grd" ist aber unter Berücksichtigg der kaufm Gepflogenh weiter auszulegen als bei VerbraucherGesch. Auch das Erfordern der konkreten Angabe des LösgsGrdes ist unter Kaufl großzügiger zu handhaben (s zum SelbstbeliefergsVorbeh BGH **92**, 398, **124**, 361).

4) **Änderungsvorbehalt (Nr 4).** – **a)** Nr 4 ergänzt Nr 3. Er begrenzt die Möglichk des Verwders, die 22 versprochene Leistg zu ändern od von ihr abzuweichen. Nr 4 gilt für **Verträge jeder Art,** and als Nr 3 auch für DauerschuldVerh. Gleichgült ist die Art der geschuldeten Leistg. Auch Geldschulden u Nebenpflten werden erfaßt. Nr 4 ist auch anwendb, wenn der ÄndergsVorbeh Leistgsmodalitäten, wie Ort u Zeit der Leistg, betrifft (Hamm NJW-RR **92**, 445, str) od wenn der DarlG sich die Befugn vorbehält, die Auszahlg eines Teilbetrages zurückzustellen (Ffm VersR **90**, 527). Das Verbot gilt auch für **verdeckte** ÄndergsVorbeh, die in IrrtKlauseln, GewlAusschl od in der Fiktion, die Abweichg gelte nicht als Mangel, enthalten sein können (Bambg AGBE IV Nr 4). – **b)** Die Klausel ist nur wirks, wenn die Änderg unter Berücksichtigg der 23 Interessen des Verwders für den Kunden **zumutbar** ist. Unzul sind daher ÄndergsVorbeh, die dieses Kriterium ersatzlos wegfallen lassen, wie der Vorbeh, den Fahrplan jederzeit zu ändern (BGH **86**, 294), die Vorbeh, dem Mieter einer Messestandfläche einen and Platz zuzuweisen (Köln NJW-RR **90**, 1232), der

Klausel, daß der Verwder seine ZahlgsPfl dch Abtr von Anspr gg Dr erfüllen kann (Ffm NJW **76**, 1662), das Recht, TLeistgen zu erbringen (Stgt NJW-RR **95**, 116), die sog Fakultativklausel im GiroVerk (BGH **98**, 28, Canaris ZIP **86**, 1021); die Vertreterklausel in einem Vertr über eine Chefarztbehandlg, wenn der Vertretgsfall voraussehb ist (Hamm NJW-RR **95**, 794, Kubis NJW **89**, 1515); die Befugn zur Änd der FlugGesellsch im ReiseVertr (Schmid BB **86**, 1455), aber auch die AGB, wonach der Verwder nicht ausdr in Auftr
24 gegebene Arbeiten zusätzl ausführen u berechnen darf (BGH **101**, 311). Die Merkmale **handelsüblich** u zumutb sind nach Voraussetzgen u Inhalt nicht deckgsgleich. Der Vorbeh handelsübl Ändergen ist daher unzul (Köln NJW **85**, 501, Ffm BB **88**, 1489, aA BGH NJW **87**, 1886), ebso der Vorbeh „kleiner" Abweichgen (Ffm DB **81**, 884). Das gilt insbes dann, wenn die Abweichg auch bei zugesicherter Eigensch zul sein soll (BGH NJW-RR **89**, 626). Dagg ist die Verwendg des ZumutbarkKriteriums unbedenkl (Lö-vW-Tr Rn 31, aA BGH **86**, 295); ebso das Abstellen auf „unwesentl" Ändergen (Bambg AGBE IV, 600). Unwirks sind AGB, die die ZumutbarkPrüfg dadch einengen, daß sie ausschließl auf die Nichtbeeinträchtig des „Bauwerts" (Schlesw AGBE II Nr 45) od der „Gebrauchsfähigk" (Bambg aaO) abstellen. Klauseln, nach denen statt des bestellten das NachfModell geliefert w darf, sind unzul, da Modelländergen nicht in jedem Fall eine Verbesserg darstellen (Kblz ZIP **81**, 509). Die **Beweislast** für die Zumutbark der Änderg trägt nach
25 der Fassg der Vorschr („wenn nicht") der Verwder. – **c)** Nr 4 ist gem §§ 9 II Nr 1, 24 S 2 grdsl auch im Verk zw **Kaufleuten** anzuwenden (MüKo/Basedow Rn 52). ÄndergsVorbeh sind aber and als im Verbraucherbereich zul, soweit es sich um handelsübl Mengen- od Qualitätstoleranzen handelt. Sie sind auch bei DauerrechtsVerh, wie zB VertrhändlerVertr, zur Anpassg an sich ändernde Verhältn notw, müssen sich aber auch dort im Rahmen des Angemessenen halten (BGH **89**, 206, **93**, 47). Unwirks sind Regelgen, die dem Verwder das Recht geben, die Handelsspanne des VertrHändlers, Rabatte u Boni frei abzuändern (BGH **124**, 362).

26   **5) Fingierte Erklärungen (Nr 5). – a)** Nr 5 beruht auf § 9 II Nr 1. Der Grds, daß Schweigen idR keine WillErkl ist (Einf 7 v § 116), gehört zu den wesentl Prinzipien des PrivR u ist daher dch AGB nur in engen Grenzen änderb. Nr 5 betrifft ausschließl fingierte Erkl des Kunden. Eig Schweigen darf der Verwder stets als Zust fingieren (Düss MDR **78**, 144). Nr 5 gilt nur für Erkl im Rahmen der **Vertragsdurchführung** (Kblz NJW **89**, 2951). Wie Schweigen im Stadium des VertrSchl zu werten ist, etwa das Schweigen auf ein Angebot od eine AuftrBestätigg des Verwders, ist dch AGB nicht regelb. **Tatsachenfiktionen** fallen nicht unter Nr 5, sond unter § 11 Nr 15. Das gilt, wie sich aus § 11 Nr 15 b ergibt, auch für TatsBestätigen. Nr 5 erfaßt daher
27 ausschließl **Erklärungen von materiell-rechtlicher Bedeutung** (Wo-Ho-Li Rn 10). Gleichgült ist, ob die Erkl fingiert od unwiderlegl vermutet w. Da die Abn (§ 640) ein RGesch ist, fallen AbnFiktionen – im Ggs zu AnnFiktionen (§ 363) – unter Nr 5 (BGH NJW **84**, 726). **Einzelfälle:** Fiktion, daß die vom Kunden beantragte Umbuchg als Rücktr u ein neues VertrAngebot aufzufassen ist (BGH **119**, 169, KG NJW **85**, 151); Fiktion eines Fdgs- od Einwendgsverzichts (Karlsr AGBE III, 194 u 200); Fiktion einer VertrVerlängerg, wenn auf Wunsch des Wirts ein and Automat aufgestellt w (BGH NJW **85**, 55); Fiktion der Zustimmg zu einer Konditionenanpassg (BGH NJW **85**, 617, LG Dortm NJW-RR **86**, 1170); Regelg, daß die Inanspruchnahme eines Neukaufzuschusses dch den VersN zur Einbeziehg der neuen Sache in den VersVertr führt (BGH NJW **95**, 2710). Unanwendb ist Nr 5 dagg: auf 16 Nr 3 II VOB/B, da der Ausschluß der Nachfdg nicht auf einer fingierten Erkl beruht (BGH NJW **88**, 57); auf AGB der Sparkassen Nr 10 aF, da die Nichtbeanstandg von
28 Tagesauszügen eine rein tatsächl Erkl ist (BGH **73**, 209). – **b) Wirksamkeitsvoraussetzungen nach Nr 5: – aa) Angemessene Erklärungsfrist.** Was angem ist, richtet sich nach dem Umst des Einzelfalles. Da das Schreiben dem Kunden ohne seine Veranlassg zugeht u die ErklWirkg allein den Interessen des Verwders dient, ist die Fr geräumig zu bemessen. Die untere Grenze liegt bei 1–2 Wo; bei Zinsanpassgen ist eine Fr von 2 Wo zu kurz (LG Dortm NJW-RR **86**, 1170). AGB, die eine sofortige od unverzügl Erkl verlangen, sind unwirks. – **bb)** Der Verwder muß sich in der Klausel verpflichten, den Kunden auf die **Bedeutung** seines Verhaltens **besonders hinzuweisen.** Der Hinw muß auch tatsächl erfolgen, wobei der Zugang grdsl vom Verwder zu beweisen ist (Rn 32 f). Er muß in einer Form geschehen, die unter normalen Umst Kenntnisnahme verbürgt (BGH NJW **85**, 617, 619), Erfolgt der Hinw ohne eine entspr Verpflichtg in dem AGB, wird die Fiktion nicht wirks (Lö-vW-Tr Rn 17, BGH aaO läßt offen). Ausnahmsweise kann aber eine konkludente
29 Zustimmg des Kunden anzunehmen sein. – **c) Weitere Wirksamkeitsvoraussetzungen.** Auch wenn die Voraussetzgen von Nr 5 erfüllt sind, sind ErklFiktionen uU unwirks. – **aa)** Gem § 9 sind ErklFiktionen nur zul, wenn für sie ein **berechtigtes Interesse** gegeben ist (Düss NJW-RR **88**, 886, hM). Dieses kann idR nur aus den organisator Bedürfn des MassenVerk hergeleitet w (Banken, Versichergen); im übrigen muß es bei dem Grds bleiben, daß der Wille des Kunden wirkl erklärt u nicht fingiert w. Eine Klausel, die Schweigen auf ein VertrAngebot als Ann fingiert, ist unwirksams (AG Bergisch Gladbach NJW-RR **88**, 956 u Rn 26), wirks ist aber die Regel, daß vom Patienten zurückgelassene Sachen nach erfolgloser Aufforderg zur Abholg in das Eigt des Krankenhausträgers übergehen (BGH NJW **90**, 764). – **bb)** Die fingierte Erkl muß ihrem **Inhalt** nach mit den §§ 9 ff vereinb sein (Stübing NJW **78**, 1609). So kann etwa wg § 11 Nr 10 kein Verzicht auf GewlAnspr fingiert w. Aber auch aus den übrigen Klauselverboten ergeben sich InhSchranken. – **cc)** Auf die fingierte ZustimmgsErkl sind die Vorschr über die GeschFgk u **Willensmängel** entspr anzuwenden (Einf 12
30 v § 116). – **d)** Auf die ErklFiktionen der **VOB** findet Nr 5 nach § 23 II Nr 5 keine Anwendg. Der RAusschuß des BT wollte damit die AbnFiktion des § 12 Nr 5 II VOB/B privilegieren. Die Freistellg erfaßt aber auch die vom BT übersehenen Fiktionen der §§ 12 Nr 5 I (Abn) u 15 Nr 3 S 5 (Anerkenng von Stundenzettel) VOB/B (Lö-vW-Tr § 23 II Nr 5 Rn 4, str). Voraussetzg für die Anwendg von § 23 II Nr 5 auf ErklFiktionen ist, daß die VOB/B als ganzes VertrBestandt ist; Ändergen od Einschränkgen der VOB-Regelgen können dazu
31 führen, daß § 23 II Nr 5 unanwendb w (§ 11 Rn 71). – **e)** Im **kaufmännischen Verkehr** bleiben die Grds über das Schweigen auf ein kaufm Bestätiggsschreiben (§ 148 Rn 8) unberührt, ebso die Regel, daß Schweigen als Zustimmg gewertet werden darf, wenn nach Treu u Glauben eine RPfl zum Widerspr bestand (Einf 10 v § 116). Auf formularmäß Fiktionsklauseln ist Nr 5 auch im HandelsVerk grdsl anzuwenden (BGH **101**, 365, Ausschluß von NachFdgen bei vorbehaltloser Annahme der Schlußzahlg, str, s Lutz, wie Rn 9, S 80). Die HinwObliegenh gemäß Nr 5 b kann aber uU entfallen, wenn die Fiktion an ein Verhalten des Kunden anknüpft u ein berecht Interesse an rascher Herbeiführg klarer Verhältn besteht.

6) Fiktion des Zugangs (Nr 6). – a) Nach § 11 Nr 15 sind die Grds der BewLastVerteilg jeder formu- **32** larmäß Änderg entzogen. Da die BewLast für den Zugang einer WillErkl beim Absender liegt (§ 130 Rn 21), würde aus § 11 Nr 15 an sich folgen, daß dch AGB für das Zugangserfordern keine BewErleichtergen geschaffen w können. Die vom BT eingefügte Nr 6 enthält aber insow eine Sonderregelg. Nr 6 betrifft ausschließl Zugangsfiktionen; für ErklFiktionen gilt Nr 5, für sonst TatsFiktionen § 11 Nr 15. Sie erfaßt aber auch den Verzicht auf den Zugang, uU auch die Begründg einer EmpfVollm (BGH NJW **89**, 2383), die Bestellg zum Empfangsboten (KG NJW-RR **92**, 861) u die Begründg einer widerlegl Vermutg (Kanzleiter DNotZ **88**, 498). Die Klausel darf im Rahmen des Angemessenen auch den Ztpkt des Zugangs festlegen. Den Bew der Absendg hat auf jeden Fall der Verwder zu erbringen (Stübing NJW **78**, 1611). Die **Absendungsvermutung** ist nicht als Minus ggü der Zugangsfiktion zul, sond verstößt gg § 11 Nr 15 (Ul-Br-He Rn 8). – **b)** Das Verbot gilt für **Erklärungen von besonderer Bedeutung.** Unter diesen Begriff fallen alle **33** Erkl, die für den Empfänger mit nachteiligen RFolgen verbunden sind (Ul-Br-He Rn 7). Zugangsfiktionen sind daher unzul für Künd (BayObLG NJW **80**, 2818), Mahng (Stgt BB **79**, 909, Hbg VersR **81**, 125), Fr- u NachFrSetzgen, Gen (LG Kblz DNotZ **88**, 496, str), Hinw gem Nr 5 (str), Androhg des Pfandverkaufs (LG Stgt AGBE I Nr 56). Tagesauszüge der Banken sind Erkl ohne bes Bedeutg (s BGH **73**, 209); die mit einem Angebot auf Abschl eines FeststellgsVertr verbundenen Rechngsabschlüsse haben dagg bes Bedeutg (BGH NJW **85**, 2699, Oldenbg NJW **92**, 1840). Der Anwendgsbereich für Zugangsfiktionen ist danach außerordentl begrenzt; die Freistellg betrifft im Ergebn ledigl Anzeigen u Mitteilg, die sich auf die RStellg des Empfängers nicht nachteilig auswirken. – **c)** Für den **kaufmännischen Verkehr** ist Nr 6 – ebso wie § 11 Nr 15 – gem §§ 9, 24 S 2 zu übernehmen (Hbg WM **86**, 385, Lutz, wie Rn 9, S 84).

7) Abwicklung von Verträgen (Nr 7). – a) Nach § 11 Nr 5 ist die Pauschalierg von Anspr auf Schad- **34** Ers u WertErs nur in bestimmten Grenzen zul. Nr 7 bringt eine entspr Regelg für die im Fall des Rücktr od der Künd bestehenden Anspr. Gleichgült ist, ob der Künd od den Rücktr erklärt hat. Nr 7 gilt für die Anfechtg, die Wandlg u den Widerr entspr (Wo-Ho-Li Rn 9). Sie ist auch dann anwendb, wenn die AGB für das LösgsR eine and Bezeichn (Annullierg, Stornierg) verwenden. Nr 7 betrifft Anspr auf: – **aa)** Vergütg für die Nutzg od den Gebrauch einer Sache od eines Rechts (Köln NJW-RR **86**, 1435), etwa aus § 347 (Hamm NJW-RR **87**, 314); – **bb)** Vergütg für erbrachte Leistgen; – **cc)** Ers von Aufwendgen. Unter Nr 7 fallen auch die Anspr aus § 628, aus § 649 (BGH NJW **83**, 1492, **85**, 632, Kblz NJW-RR **92**, 851) u aus § 645 (BGH NJW **85**, 633). Die Vorschr ist damit im Ergebn auf **alle Entgeltsansprüche** anzuwenden, die dem Verwder nach gesetzl od vertragl Regelg bei vorzeit Beendigg des Vertr zustehen (LG Köln NJW-RR **87**, 1531). Ausgenommen sind SchadErsAnspr u VertrStrafen (einschließl Verfallklauseln), für die § 11 Nr 5 u 6 gelten (Köln NJW-RR **86**, 1435). Als ein unter § 11 Nr 5 fallder SchadErsAnspr wird überwiegd der Anspr aus § 651 I II angesehen (§ 11 Rn 21). Zweifel, ob § 11 Nr 5 od § 10 Nr 7 anwendb ist, können idR offenbleiben, da die Anwendg beider Vorschr dchweg zu identischen Ergebn führt (Ul-Br-He Rn 5).

b) Die Pauschalierg ist unwirks, wenn die **Pauschale unangemessen** hoch ist. – **aa)** Ausgangspkt für **35** die Prüfg ist der Betrag, der kr Ges geschuldet worden wäre (BGH NJW **91**, 2763). Bei der Beurteilg ist nicht auf die besonderen Umst des Einzelfalls, sond auf die typ Sachlage abzustellen (BGH NJW **83**, 1492). Analog § 11 Nr 5 b muß dem Kunden der **Gegenbeweis** offenstehen, daß der im konkreten Fall angemessene Betrag wesentl niedriger ist als die Pauschale (BGH NJW **85**, 632, 643, **94**, 1067, allgM). Die Klausel ist unwirks, wenn sie dch ihre Fassg den Eindruck einer endgült, einen GgBeweis ausschließden Festlegg erweckt (BGH aaO; Einzelh s § 11 Rn 26). Entspr gilt, wenn die Klausel keine Ausn für den Fall vorsieht, daß der Verwder die Beendigg des VertrVerhältn zu vertreten hat (Ffm WM **81**, 599, Lö-vW-Tr Rn 13, aA BGH NJW **83**, 1492, Celle BB **84**, 808, s aber auch BGH NJW **83**, 1492 u weite Fassg einer RücktrKlausel, NJW **85**, 324 – fehlde Ausn für Erstmahng). Anspr aus der Rückabwicklg eines VerbrKrVertr sind dch den zwingden VerbrKrG 13 II der Höhe nach abschließd bestimmt; Pauschaliergen sind daher unzul. – **bb) Einzelfälle** (ja = wirks; nein = unwirks): Aufrechterhaltg der vollen ZahlgsPfl bei vorzeitiger Been- **36** digg eines Ehemäkler- od PartnerschVertr nein (BGH **87**, 319, Hamm NJW-RR **87**, 244, § 9 Rn 76); ebso bei Rücktr von Flugreise (BGH NJW **85**, 633); Nichtrückzahlg der bei Übernahme einer Agentur zu zahlden Vergütg iF vorzeit Künd nein (Kblz NJW **87**, 74); 5% der AuftrSumme bei Künd eines BauVertr vor Baubeginn ja (BGH **87**, 120, Hamm NJW-RR **92**, 22); 10% od 18% bei gleicher Sachlage offen (BGH NJW **85**, 632, NJW-RR **95**, 749); Pauschale von 40% für die ersparten Aufwendgen des Architekten bei Anspr aus § 649 ja (BGH NJW **69**, 879, Hbg MDR **92**, 1059); Bearbeitgsgebühr von 3% bei NichtAbn eines Darl nein (Hamm NJW **83**, 1503); Aufwandspauschale von 1 Monatsmiete bei vorzeit Aufhebg des MietVertr ja (Hbg NJW-RR **90**, 909); Auflösgspauschale von 3 MoBeiträgen bei WartgsVertr ja (Celle BB **84**, 808). Sofortige Zahlg aller weiteren Raten bei vorzeitiger Beendigg eines LeasingVertr u Anrechng des anderweit Erlöses aus der Wiederverwendg der Leasingsache nur zu 90% nein (BGH **82**, 126, NJW **82**, 1747), Nutzgsentschädigg von 0,12 DM je gefahrenem Pkw-km, ja (BGH NJW **94**, 1067), Bemessg der Nutzgsentschädigg nach Staffelbeträgen (zB bis 300 km 1000 DM, ab 301 km 2500 DM), nein (BGH NJW **94**, 1068), Staffelg der Kosten für die Schätzg eines Beleihgsobjektes nach der Höhe des Kredites, nein (LG Dortm NJW-RR **94**, 305). Weitere Rspr in § 11 Rn 23. – **cc)** Für die **Beweislast** gilt § 11 Rn 25 entspr. Der Verwder muß im **37** Streitfall die BemessgsGrdl der Pauschale (übl Sätze, Kalkulation) darlegen u beweisen; alsdann steht dem Kunden der GgBew offen, daß der im konkreten Fall angem Betrag geringer war. – **c)** Nr 7 gilt ebso wie die **38** ParallelVorschr des § 11 Nr 5 gem §§ 9, 24 S 2 auch im **kaufmännischen Verkehr** (Wo-Ho-Li Rn 24, § 11 Rn 27).

AGBG 11 *Klauselverbote ohne Wertungsmöglichkeit.* **In Allgemeinen Geschäftsbedingungen ist unwirksam**

1. (Kurzfristige Preiserhöhungen)
eine Bestimmung, welche die Erhöhung des Entgelts für Waren oder Leistungen vorsieht, die innerhalb von vier Monaten nach Vertragsabschluß geliefert oder erbracht werden sollen; dies gilt nicht bei Waren oder Leistungen, die im Rahmen von Dauerschuldverhältnissen geliefert oder erbracht werden;

2. (Leistungsverweigerungsrechte)
eine Bestimmung, durch die
 a) das Leistungsverweigerungsrecht, das dem Vertragspartner des Verwenders nach § 320 des Bürgerlichen Gesetzbuchs zusteht, ausgeschlossen oder eingeschränkt wird, oder
 b) ein dem Vertragspartner des Verwender zustehendes Zurückbehaltungsrecht, soweit es auf demselben Vertragsverhältnis beruht, ausgeschlossen oder eingeschränkt, insbesondere von der Anerkennung von Mängeln durch den Verwender abhängig gemacht wird;

3. (Aufrechnungsverbot)
eine Bestimmung, durch die dem Vertragspartner des Verwenders die Befugnis genommen wird, mit einer unbestrittenen oder rechtskräftig festgestellten Forderung aufzurechnen;

4. (Mahnung, Fristsetzung)
eine Bestimmung, durch die der Verwender von der gesetzlichen Obliegenheit freigestellt wird, den anderen Vertragsteil zu mahnen oder ihm eine Nachfrist zu setzen;

5. (Pauschalierung von Schadensersatzansprüchen)
die Vereinbarung eines pauschalierten Anspruchs des Verwenders auf Schadensersatz oder Ersatz einer Wertminderung, wenn
 a) die Pauschale in den in den geregelten Fällen nach dem gewöhnlichen Lauf der Dinge zu erwartenden Schaden oder die gewöhnlich eintretende Wertminderung übersteigt oder
 b) dem anderen Vertragsteil der Nachweis abgeschnitten wird, ein Schaden oder eine Wertminderung sei überhaupt nicht entstanden oder wesentlich niedriger als die Pauschale;

6. (Vertragsstrafe)
eine Bestimmung, durch die dem Verwender für den Fall der Nichtabnahme oder verspäteten Abnahme der Leistung, des Zahlungsverzugs oder für den Fall, daß der andere Vertragsteil sich vom Vertrag löst, Zahlung einer Vertragsstrafe versprochen wird;

7. (Haftung bei grobem Verschulden)
ein Ausschluß oder eine Begrenzung der Haftung für einen Schaden, der auf einer grob fahrlässigen Vertragsverletzung des Verwenders oder auf einer vorsätzlichen oder grob fahrlässigen Vertragsverletzung eines gesetzlichen Vertreters oder Erfüllungsgehilfen des Verwenders beruht; dies gilt auch für Schäden aus der Verletzung von Pflichten bei den Vertragsverhandlungen;

8. (Verzug, Unmöglichkeit)
eine Bestimmung, durch die für den Fall des Leistungsverzugs des Verwenders oder der von ihm zu vertretenden Unmöglichkeit der Leistung
 a) das Recht des anderen Vertragsteils, sich vom Vertrag zu lösen, ausgeschlossen oder eingeschränkt oder
 b) das Recht des anderen Vertragsteils, Schadensersatz zu verlangen, ausgeschlossen oder entgegen Nummer 7 eingeschränkt wird;

9. (Teilverzug, Teilunmöglichkeit)
eine Bestimmung, die für den Fall des teilweisen Leistungsverzugs des Verwenders oder bei von ihm zu vertretender teilweiser Unmöglichkeit der Leistung das Recht der anderen Vertragspartei ausschließt, Schadensersatz wegen Nichterfüllung der ganzen Verbindlichkeit zu verlangen oder von dem ganzen Vertrag zurückzutreten, wenn die teilweise Erfüllung des Vertrages für ihn kein Interesse hat;

10. (Gewährleistung)
eine Bestimmung, durch die bei Verträgen über Lieferungen neu hergestellter Sachen und Leistungen
 a) (Ausschluß und Verweisung auf Dritte)
 die Gewährleistungsansprüche gegen den Verwender einschließlich etwaiger Nachbesserungs- und Ersatzlieferungsansprüche insgesamt oder bezüglich einzelner Teile ausgeschlossen, auf die Einräumung von Ansprüchen gegen Dritte beschränkt oder von der vorherigen gerichtlichen Inanspruchnahme Dritter abhängig gemacht werden;
 b) (Beschränkung auf Nachbesserung)
 die Gewährleistungsansprüche gegen den Verwender insgesamt oder bezüglich einzelner Teile auf ein Recht auf Nachbesserung oder Ersatzlieferung beschränkt werden, sofern dem anderen Vertragsteil nicht ausdrücklich das Recht vorbehalten wird, bei Fehlschlagen der Nachbesserung oder Ersatzlieferung Herabsetzung der Vergütung oder, wenn nicht eine Bauleistung Gegenstand der Gewährleistung ist, nach seiner Wahl Rückgängigmachung des Vertrags zu verlangen;
 c) (Aufwendungen bei Nachbesserung)
 die Verpflichtung des gewährleistungspflichtigen Verwenders ausgeschlossen oder beschränkt wird, die Aufwendungen zu tragen, die zum Zweck der Nachbesserung erforderlich werden, insbesondere Transport-, Wege-, Arbeits- und Materialkosten;
 d) (Vorenthalten der Mängelbeseitigung)
 der Verwender die Beseitigung eines Mangels oder die Ersatzlieferung einer mangelfreien Sache von der vorherigen Zahlung des vollständigen Entgelts oder eines unter Berücksichtigung des Mangels unverhältnismäßig hohen Teils des Entgelts abhängig macht;
 e) (Ausschlußfrist für Mängelanzeige)
 der Verwender dem anderen Vertragsteil für die Anzeige nicht offensichtlicher Mängel eine Ausschlußfrist setzt, die kürzer ist als die Verjährungsfrist für den gesetzlichen Gewährleistungsanspruch;

f) (Verkürzung von Gewährleistungsfristen)
die gesetzlichen Gewährleistungsfristen verkürzt werden;

11. (Haftung für zugesicherte Eigenschaften)
eine Bestimmung, durch die bei einem Kauf-, Werk- oder Werklieferungsvertrag Schadensersatzansprüche gegen den Verwender nach den §§ 463, 480 Abs. 2, § 635 des Bürgerlichen Gesetzbuchs wegen Fehlens zugesicherter Eigenschaften ausgeschlossen oder eingeschränkt werden;

12. (Laufzeit bei Dauerschuldverhältnissen)
bei einem Vertragsverhältnis, das die regelmäßige Lieferung von Waren oder die regelmäßige Erbringung von Dienst- oder Werkleistungen durch den Verwender zum Gegenstand hat,
a) eine den anderen Vertragsteil länger als zwei Jahre bindende Laufzeit des Vertrags,
b) eine den anderen Vertragsteil bindende stillschweigende Verlängerung des Vertragsverhältnisses um jeweils mehr als ein Jahr oder
c) zu Lasten des anderen Vertragsteils eine längere Kündigungsfrist als drei Monate vor Ablauf der zunächst vorgesehenen oder stillschweigend verlängerten Vertragsdauer;

13. (Wechsel des Vertragspartners)
eine Bestimmung, wonach bei Kauf-, Dienst- oder Werkverträgen ein Dritter an Stelle des Verwenders in die sich aus dem Vertrag ergebenden Rechte und Pflichten eintritt oder eintreten kann, es sei denn, in der Bestimmung wird
a) der Dritte namentlich bezeichnet, oder
b) dem anderen Vertragsteil das Recht eingeräumt, sich vom Vertrag zu lösen;

14. (Haftung des Abschlußvertreters)
eine Bestimmung, durch die der Verwender einem Vertreter, der den Vertrag für den anderen Vertragsteil abschließt,
a) ohne hierauf gerichtete ausdrückliche und gesonderte Erklärung eine eigene Haftung oder Einstandspflicht oder
b) im Falle vollmachtsloser Vertretung eine über § 179 des Bürgerlichen Gesetzbuchs hinausgehende Haftung
auferlegt;

15. (Beweislast)
eine Bestimmung, durch die der Verwender die Beweislast zum Nachteil des anderen Vertragsteils ändert, insbesondere indem er
a) diesem die Beweislast für Umstände auferlegt, die im Verantwortungsbereich des Verwenders liegen;
b) den anderen Vertragsteil bestimmte Tatsachen bestätigen läßt.
Buchstabe b gilt nicht für gesondert unterschriebene Empfangsbekenntnisse;

16. (Form von Anzeigen und Erklärungen)
eine Bestimmung, durch die Anzeigen oder Erklärungen, die dem Verwender oder einem Dritten gegenüber abzugeben sind, an eine strengere Form als die Schriftform oder an besondere Zugangserfordernisse gebunden werden.

Vorbemerkung: Vgl zunächst Vorbem vor § 8 u § 9 Rn 1–5. Die in § 11 zusgefaßten Klauselverbote **1** sollen sich von denen des § 10 dadch unterscheiden, daß sie keine unbest RBegriffe verwenden, die Klausel also unabhäng von einer richterl Wertg unwirks ist (vgl aber Nr 5 b „wesentl" u 10 d „unverhältnismäß"). Die Verbote stellen in ihrer Mehrzahl Konkretisierg der in § 9 II enthaltenen RGedanken dar, dh sie betreffen Klauseln, die mit wesentl GrdGedanken der PrivROrdng nicht zu vereinbaren sind od auf eine Aushöhlg von KardinalPflten od -Rechten hinauslaufen. ZT geht es auch darum, vor überraschden Klauseln zu schützen (§ 3) od den Vorrang der IndVereinbg (§ 4) zu sichern (Nr 1, 11, 13 u 14). Anwendg im kaufm Verk: Vgl § 9 Rn 32 ff u bei den einz Klauselverboten.

1) Kurzfristige Preiserhöhungen (Nr 1). – a) Das Verbot knüpft an die Formulierg des § 1 I u V der **2** PrAngabenVO an. – **aa)** Nr 1 erfaßt (vorbehaltl Rn 5) **alle entgeltlichen Verträge.** Das Wort „Ware" ist neben dem umfassden Begriff „Leistg" entbehrl. Die Vorschr ist auch anwendb, wenn der Pr nicht betragsmäß festgelegt ist, sond die taxmäß od übl Vergütg geschuldet w (Ul-Br-He Rn 4). Sie gilt auch dann, wenn das Entgelt nicht in Geld, sond aus Werkleistg (zB Diensten) besteht (Wo-Ho-Li Rn 3). Auf Tagespreisklauseln („VerkaufsPr ist der am Liefertag gült ListenPr") ist Nr 1 nach seinem Schutzzweck entspr anzuwenden (Rn 8). – **bb)** Die Vorschr setzt voraus, daß die Leistg innerhalb von **vier Monaten nach Ver- 3 tragsschluß** erbracht w soll. Die Vereinbg eines festen Liefertermins iS einer kalendermäß Bestimmg ist nicht erforderl. Die Angabe eines ca- Liefertermins genügt. Nr 1 ist auch dann anwendb, wenn die Leistgszeit vertragl nicht bestimmt u die Leistg daher gem § 271 sofort fällig ist. Die Fr rechnet ab Zustandekommen des Vertr (Einl 4 v § 145), das Datum der Unterzeichng des VertrAngebots ist nicht entscheidd (Ffm DB **81**, 884). Die tatsächl spätere Leistg macht die Klausel nicht wirks; der Verwder kann sich aber für den Fall ein ErhöhgsR vorbehalten, daß die Leistg aus Grden, die der Kunde zu vertreten hat, erst nach Ablauf der 4-MonatsFr erfolgen kann (Wo-Ho-Li Rn 16). Wird die Erhöhgsklausel unterschiedslos für Vertr mit kürzerer u längerer Lieferzeit als 4 Monate verwandt, muß sie im Verf gem § 13 insges untersagt w (BGH NJW **85**, 856). – **cc)** Nr 1 verbietet **Erhöhungsklauseln jeder Art.** Sie erfaßt auch ÄndergsVorbeh, die auf **4** Kosten- od Lohnerhöhgen im Bereich des Verwders abstellen (BGH NJW **85**, 856). Auch eine PrAnpassg iF der Erhöhg der MwSt ist untersagt, da diese zum Entgelt iSd Nr 1 gehört (BGH **77**, 82, allgM). Eine Klausel, wonach der Pr „zuzügl MwSt" zu zahlen ist, ist gem § 7 als Umgeh der Nr 1 nichtig (BGH NJW **81**, 979). Verboten sind auch verdeckte Erhöhgsklauseln, so etwa IrrtKlauseln, soweit sie dem Verwder weitergehende Befugn einräumen als die sich aus dem Ges ergebden Rechte. Behält sich der Verwder ein

RücktrR vor, gilt § 10 Nr 3. – **dd)** Für **Reiseverträge** gelten zusätzl die SchutzVorschr des § 651 a III u IV (s dort).

5   **b)** Das Verbot gilt nicht für **Dauerschuldverhältnisse,** ein Begriff, den das AGBG erstmals in die Ges-Sprache übernommen hat (s bereits § 10 Nr 3). DauerschuldVerh (Einf Rn 17 v § 241) iSd § 11 Nr 1 sind auch AbonnementsVertr (BGH NJW **80**, 2518), SukzessivliefergsVertr (BGH NJW-RR **86**, 212), sonstige BezugsVertr (BGH **93**, 258, Einf 27 v § 305) u WiederkehrSchuldVerh (BT-Drs 7/5422 S 8). Miet- u VersVertr werden vom Verbot des Nr 1 nur erfaßt, wenn sie auf eine Abwicklg in kurzer Zeit angelegt sind (Miete eines Hotelzimmers od eines Kfz, Vers für einen einz Transport, s Hansen VersR **88**, 1112). Inwieweit PrErhöhgsklauseln als Wertsichergsklauseln einer Gen bedürfen, richtet sich nach WährG 3 (s § 245 Rn 22). Vgl auch MHRG 10, 10a.

6   **c)** Für den **kaufmännischen Verkehr** kann das starre Verbot der Nr 1 nicht übernommen w (Wolf ZIP **87**, 344). Umsatzsteuergleitklauseln sind daher im kaufm Bereich grdsl zul (Ul-Br-He Rn 16).

7   **d)** Für **Preisanpassungsklauseln** u **Preisvorbehalte,** die nicht in den Anwendgsbereich des § 11 Nr 1 fallen, ist die **Generalklausel** des § 9 Prüfgsmaßstab (Paulusch RWS-Forum 2, 1987, S 55, R. Wiedemann PrÄndergsVorbeh, 1991). – **aa)** Im **nichtkaufmännischen Verkehr** sind an die Ausgewogenh u Klarh der Erhöhgsklausel strenge Anfordergen zu stellen. Klauseln, die dem Verwder eine PrErhöhg nach freiem Belieben gestatten, sind unwirks (BGH **82**, 24, NJW **83**, 1604, **85**, 856, LG Bonn NJW-RR **92**, 917); die Möglichk, die PrÄnderg im Einzelfall gem § 315 III überprüfen zu lassen, steht der Anwendg von § 9 nicht entgg (BGH NJW **80**, 2518). Die Klausel muß die Erhöhgsvoraussetzgen konkret bezeichnen (BGH aaO, NJW **86**, 3135, Paulusch aaO S 74), ist das nicht mögl, muß dem and Teil ein VertrAuflösgsR zustehen, wenn der Pr nicht unwesentl stärker erhöht w als die allg Lebenshaltgskosten steigen (BGH **90**, 69, NJW **86**, 3135). Ein Muster, wie eine zul Erhöhgsklausel gestaltet w kann, enthält jetzt § 651 a III. Die im Kfz-
8 Neuwagengeschäft bei längeren LieferFr fr übl **Tagespreisklausel** verstieß daher gg das AGBG (BGH **82**, 24, § 6 Rn 6). Sie ist nur wirks, wenn die PrErhöhg sich in den Grenzen billigen Ermessens hält u der Kunde zum Rücktr berecht ist, falls der ListenPr deutl stärker steigt als die Lebenshaltgskosten (BGH **90**, 78, NJW **85**, 622). Den Kunden muß bei Sinken der Kosten spiegelbildl ein Anspr auf PrHerabsetzg zustehen (Hamm NJW-RR **87**, 1141). Unvereinb mit § 9 ist die Erhöhgsklausel, wenn sie keine nachvollziehb Begrenzg enthält u eine Ausweitg des Gewinns zuläßt (BGH NJW **90**, 116, Köln NJW-RR **95**, 758), wenn der in einem BauVertr vereinbarte FestPr bei Überschreiten des Fertigstellgstermins auf den ListenPr erhöht w darf (BGH **94**, 338), wenn die Klausel auf die Erhöhg der Kostenansätze einer nicht offen gelegten Kalkulation abstellt (Düss DB **82**, 537, Celle BB **84**, 808), wenn sie die PrErhöhg vom Belieben eines Dr (Herstellers) abhängig macht (Düss WM **84**, 1135), insb dann, wenn der Dr zur selben Firmengruppe gehört wie der Verwder (BGH NJW **86**, 3135), wenn der Erhöhgsbetrag bereits bei VertrSchl in den Pr hätte einkalkuliert w können (LG Ffm BB **84**, 942, Dörner NJW **79**, 248). Der Grds, daß die Ändergskriterien konkret bezeichnet u die Interessen des and Teils angemessen berücksicht w müssen, gilt auch für WartgsVertr (BGH NJW-RR **88**, 821) u für EnergieliefergsVertr (Ebel DB **82**, 2607, Kunth/Wollburg BB **85**, 230). In SukzessivliefergsVertr können Klauseln, die eine PrErhöhg im Rahmen der Kostensteigerg gestatten, ausnw
9 zul sein (BGH NJW-RR **86**, 211, einschränkd BGH NJW **86**, 3135). Unbedenkl sind **Zinsklauseln,** die eine Anpassg an kapitalmarktbedingte Ändergen der Refinanziergskonditionen ermöglichen, sofern sie bei Sinken des Zinsniveaus zur Herabsetzg verpfl (BGH **97**, 212). Entspr gilt für Erhöhgsklauseln in LeasingVertr (Ffm NJW **86**, 1355, Hamm NJW-RR **86**, 929). Die ÄndergsVoraussetzgen müssen aber in den AGB ausformuliert sein, eine einschränkde geltgserhaltende Auslegg ist auch hier unzul (Ffm aaO, LG Köln MDR **86**, 1029, Schwarz NJW **87**, 626, aA BGH aaO im Widerspr zur stRspr des BGH). Darf die Bank die Zinsen für eine neue Festzinsperiode neu festlegen, muß dem Kunden ein KündR zustehen (BGH NJW **89**, 1797). Zu Zinserhöhgsklauseln bei ArbGDarl s LAG Saarl NJW-RR **88**, 1008. Zul sind auch **Beitragsanpassungsklauseln** in VersVertr, sofern die ÄndergsVoraussetzgen konkret festgelegt u inhaltl angem sind (BGH **119**, 59, Hamm NJW-RR **93**, 1501, Celle VersR **93**, 1343).

10   **bb)** In Vertr mit **Kaufleuten** können PrErhöhgsklauseln auch dann zul sein, wenn die Erhöhgskriterien nicht angegeben sind u dem Kunden für den Fall einer erhebl PrSteigerg kein LösgsR eingeräumt ist, sofern seine Interessen in and Weise ausr gewahrt w (BGH **92**, 203, **93**, 256), etwa dadch, daß die Gemeinde als Betreiber einer Großmarkthalle bei Mieterhöhgen an das Kostendeckgsprinzip gebunden ist (Köln NJW-RR **90**, 401). Bei der nach § 9 erforderl umfassden Würdigg sind vor allem die Art des VertrVerh u die VertrDauer zu berücksichtgen (BGH aaO). Für die Zulässigk der Klausel kann sprechen, daß die Part im wesentl gleichgerichtete Interessen vertreten (BGH **93**, 259) od daß die PrErhöhg auf den am Markt dchgesetzten Pr beschränkt w (BGH **92**, 203).

11   **2) Leistungsverweigerungsrechte (Nr 2).** – **a)** Das Ges geht davon aus, daß §§ 273, 320 RGrds von erhebl GerechtigkWert enthalten. Es bestimmt daher, daß § 320 jeder Änderg od Einschrkg dch AGB entzogen ist. Eine unzul Beschrkg liegt auch vor, wenn das LeistVR auf die voraussichtl Nachbessergskosten begrenzt od von einer schriftl Anzeige od einem Anerkenntn abhängig gemacht w. Unberührt bleiben die sich aus dem Ges ergebden Beschrkgen, so etwa der Grds, daß Fdg u GgFdg zueinand im GgseitigVerh stehen müssen (§ 320 Rn 3). Es gilt auch weiter der Grds, daß das LeistgVR gem § 320 I 1 letzter Halbs tatbestandl nicht gegeben ist, wenn für den Kunden eine VorleistgsPfl besteht (BGH NJW **85**, 851, hM). Wird dch AGB eine **Vorleistungspflicht** begründet, ist nicht § 11 Nr 2a, sond § 9 Grdl der InhKontrolle (BGH **100**, 161, hM, s aber auch Nr 10d). Vorleistgsklauseln sind zul, wenn für sie ein sachl berecht Grd gegeben ist u keine überwiegden Belange des Kunden entggstehen. Das ist der Fall bei Eintrittskarten, Nachnahmesendgen, Briefmarkenauktionen (BGH NJW **85**, 851), MietVertr (Zoller BB **92**, 1751), beim EhemäklerVertr (BGH **87**, 318), uU bei Erschließgskosten (Hamm NJW-RR **92**, 22), nicht aber bei Kauf-Vertr, etwa über Kaminbausätze (Stgt BB **87**, 2395). Die Unangemessenh kann sich auch aus dem Umfang der VorleistgsPfl ergeben, so wenn bei einem WartgsVertr od einem Vertr über die Teilnahme an einem WirtschInformationsdienst ein Jahresentgelt im voraus zu entrichten ist (Mü OLGZ **91**, 356, LG Aachen NJW-RR **94**, 609) od bei einem SchneebeseitiggsVertr ein Halbjahresentgelt (KG NJW-RR **94**, 1266). Für den **Reisevertrag** gilt jetzt § 651k (s dort). Auf die unter § 651k V fallden Vertr können aber, soweit ein **12** Schutzbedürfn besteht, weiter die Grds von BGH **100**, 157 u **119**, 17 anwendb sein (Beschränkg der Anzahlg auf 10%, Restzahlg erst nach Sicherstellg der Dchführg des Vertr). Beim BauVertr sind Abschlagszahlgen nach Maßg des Baufortschritts zul, da sie keine VorleistgsPfl des Bestellers begründen, sond ledigl die des Untern mildern (BGH NJW **85**, 852). Unzul ist dagg die Verpflichtg zu übermäß hohen Abschlagszahlgen (Hamm NJW-RR **89**, 275, Schlesw BauR **94**, 513), bei einem Vertr über den Einbau von Fenstern etwa die Regelg, daß 95% des Entgelts bei Anlieferg der Fenster zu zahlen sind (Köln NJW-RR **92**, 1048), od eine Klausel, wonach der Besteller den WklLohn od Abschlagszahlgen ohne Rücks auf etwaige Mängel zu zahlen od dch eine Zahlgsgarantie od Hinterlegg sicherzustellen hat (BGH NJW **85**, 852, **86**, 3200, **92**, 2163, **93**, 3264). Unwirks ist auch die Regelg, die iF einer Fehllieferg eine Schecksperre untersagt (BGH NJW **85**, 857). Hat der AuftrGeb eine Bankgarantie zu stellen, die den Untern ohne Rücks auf GgAnspr zu Abhebgen berecht, ist die Regelg gem §§ 7, 11 Nr 2 unwirks (BGH NJW-RR **86**, 959).

b) § 273 kann, sow der GgAnspr auf demselben rechtl Verhältn beruht, dch AGB weder ausgeschl noch **13** eingeschränkt w (Nr 2b). Als unzul Einschrkg wird im Ges überflüssigerw die Klausel ausdr angeführt, die das ZbR von der Anerkenng dch den Verwder abhäng macht. Der Käufer kann beim Rücktr vom EigenheimbewerberVertr trotz entggstehder AGB Zug um Zug gg Räumg die Erstattg seiner Eigenleistgen verlangen (BGH **63**, 238). Das ZbR steht nur insow zur Disposition, als es sich um GgAnspr handelt, die zwar aus demselben LebensVerh iSd § 273, aber nicht aus demselben VertrVerh stammen (§ 273 Rn 9f).

c) Im GeschVerk zw **Kaufleuten** ist die formularmäß Abbedingg der §§ 273, 320 grdsl zul (BGH **115**, **14** 327), ebso die Abbedingg des § 478 (Stgt NJW-RR **92**, 118). Der Verwder kann aber aus der AusschlKlausel keine Rechte herleiten, wenn ihm eine grobe VertrVerletzg zur Last fällt (s BGH DB **72**, 868), wenn er für seine mangelh Leistg bereits den Teil des Entgelts erhalten hat, der dem Wert seiner Leistg entspr (s BGH **48**, 264, NJW **70**, 386), wenn er selbst im Verhältn zu seinem SubUntern einen Teil der Vergütg zurückhält (BGH NJW **78**, 634) od wenn der GgAnspr, auf den das LeistgsVR gestützt w, unbestritten, rkräft festgestellt od entscheidgsreif ist (BGH **92**, 316, **115**, 327, Düss NJW-RR **95**, 850).

3) Aufrechnungsverbot (Nr 3). – a) Das formularmäß AufrVerbot ist unwirks, soweit es unbestr od **15** rkräft festgestellte GgFdgen betrifft. Entspr gilt, wenn die GgFdg zwar bestritten, aber entscheidgsreif ist (BGH WM **78**, 620, Hamm NJW-RR **89**, 275). Ggü einer nicht substantiiert begründeten GgFdg kann sich der Verwder aber unter Verzicht auf eine spezifizierte Stellgnahme auf das AufrVerbot berufen (BGH NJW **86**, 1757). Unwirks ist eine AGB, die die Zulässigk der Aufr auf vom Verwder anerkannte Fdgen beschr (BGH NJW **94**, 657). Ein Verstoß gg Nr 3 führt zur Gesamtnichtigk der Klausel (BGH **92**, 316, NJW-RR **86**, 1281). Läßt die Klausel die Aufr mit unbestr GgFdgen zu, kann sie aber iZw dahin ausgelegt w, daß auch die Aufr mit rkräft festgestellter GgFdg statthaft sein soll (BGH **107**, 189), das gilt ebso umgekehrt, wenn die Klausel nur die Aufr mit rkräft festgestellten GgAnspr gestattet (BGH NJW-RR **93**, 520). Wird die Aufr von einer vorherigen Anzeige (1 Mo vor Fällig) abhängig gemacht, ist Nr 3 nicht anwendb (BGH NJW **95**, 255), bei einer unangem langen Fr ist aber § 9 verletzt. – **b)** Das AufrVerbot tritt zurück, wenn es wg **16** **Konkurses,** Vermögensverfalls od aus sonst Grden die Dchsetzg der GgFdg des Kunden vereitelt würde (BGH NJW **75**, 442, **84**, 357, § 387 Rn 17). Die Klausel kann idR in diesem Sinn einschränkd ausgelegt w (BGH aaO, aA offenbar BGH **92**, 314), so daß sie im übrigen wirks bleibt. Die nach §§ 639 I, 479, 390 S 2 zuläss Aufr mit einer **verjährten** Fdg kann nicht ausgeschl w (Hamm NJW-RR **93**, 1082). Auch diese Grds gelten in gleicher Weise im nichtkaufm u kaufm Verk. – **c)** Sieht man von den Rn 15 u 16 behandelten **17** Sonderfällen ab, führt die Regelg in Nr 2 u 3 bei **konnexen Gegenforderungen** zu abwegigen Ergebn. Bei GgAnspr, die nicht auf Geld gerichtet sind, steht dem Kunden ein dch AGB nicht entziehb LeistgVR zu (Rn 13). Bei GgAnspr auf Geld ist die LeistgV als Aufr zu werten (§ 273 Rn 14), deren formularmäß Ausschluß Nr 3 nur für prakt seltene Sonderfälle untersagt. Der RegEntw (S 29) hält diese unterschiedl Behandlg von Geld- u SachleistgsFdg für vertretb, kann aber offensichtl nicht überzeugen. Die Aufr ist kein auf bloßen ZweckmäßigkErwäggen beruhd RInstitut; sie hat vielm zugleich eine Sichergs- u VollstrFunktion ("PfandR an eig Schuld", § 387 Rn 1), der in Zeiten häufiger Insolvenzen bes Bedeutg zukommt. Nicht überzeugd ist auch der Hinw, daß der Schu wg seiner vom AufrVerbot betroffenen Fdg ja Widerklage erheben könne, da diese Möglichk beim Ausschl des LeistgVR gleichf besteht. Das AufrVerbot muß daher bei konnexen GgFdgen gem der Wertg in Nr 2 zumindest dann zurücktreten, wenn es sich um einen GgAnspr handelt, der aus einer zur LeistgV berecht SachleistgsFdg hervorgegangen ist (so auch Ul-Br-He Rn 7, MüKo-Basedow Rn 27, LG Mü NJW-RR **90**, 30, and aber BGH NJW-RR **89**, 481). Das trifft insbes für Ansprü aus § 633 III, 635 u 250 zu. – **d)** Als konkretisierte Ausformg von § 9 II Nr 1 gilt Nr 3 auch im **kaufmännischen Verkehr** (BGH **92**, 316, NJW **84**, 2405).

4) Mahnung, Fristsetzung (Nr 4). – a) Dch das Verbot wird die Bestimmg des § 284 I, daß Verzug erst **18** nach Mahng eintritt, einer Änderg dch AGB entzogen. Außerdem werden die Vorschr klauselfest, die GläubR von der Setzg einer NachFr abhäng machen. Erfaßt wird insoweit vor allem § 326 I, außerdem aber auch §§ 250, 283, 634 (Wo-Ho-Li Rn 10). Dagg kann das rechtspolit fragwürd Erfordern einer Ablehnungsandrohg dch AGB abgedungen w (Ffm NJW **82**, 2564, Ul-Br-He Rn 2, ferner BGH **67**, 102 zum fr Recht). Unberührt bleiben die gesetzl Ausn vom Erfordern der Mahng u FrSetzg. Sie können in den AGB wiederholt, dürfen aber nicht erweitert w (BGH NJW **95**, 1488). Das Verbot erfaßt auch Klauseln, die zwar Mahng u FrSetzg nicht ausdr für entbehrl erklären, deren RFolgen (RücktrR, SchadErsAnspr, Verzinsg) aber *ipso facto* eintreten lassen (BGH **102**, 45, NJW **83**, 1322, **85**, 324, Kblz BauR **92**, 636). – **b)** Das Erfordern der **19** Mahng kann auch im **kaufmännischen Verkehr** grdsl nicht abgedungen w (Stgt AGBE III § 9 Nr 13, Lö-vW-Tr Rn 23, str). Entspr gilt für das Erfordern der NachFrSetzg (BGH **110**, 97, NJW **86**, 843). Klauseln, wonach der Schu bei Überschreitg des Zahlgsziels auch ohne Mahng bankübl Zinsen zu zahlen hat, sind aber wirks (BGH NJW-RR **91**, 997 zu ADSp, Karlsr NJW-RR **87**, 498).

5) Pauschalierung von Schadensersatzansprüchen (Nr 5). – a) Allgemeines. Das Ges geht entgg **20** zweifelnden Stimmen in der Lit in Nr 5 u 6 als selbstverständl davon aus, daß Schadenspauschalen u

VertrStrafe verschiedene RInstitute sind. Zur **Abgrenzung** von Schadenspauschalen u VertrStrafe s § 276 Rn 54. Nr 5 erklärt Pauschaliergsklauseln grdsl für zul, legt aber fest, daß die Klausel inhaltl best Anfordergen genügen muß (Rn 22 u 26). Eine ähnl Regelg enthält § 10 Nr 7. Für die Abgrenzg der beiden
21 Vorschr gilt: Unter Nr 5 fallen **Schadensersatzansprüche** aller Art, insb die aus §§ 326 u 286 (Ul-Br-He Rn 10f; Lö-vW-Tr Rn 9ff), nicht aber die Pauschalierg des Anspr aus § 818 I (BGH **102**, 45). Auf die Rückabwicklg iF der Künd u des Rücktr ist dagg § 10 Nr 7 anzuwenden. Soweit die Künd od der Rücktr (nach den in § 276 Rn 127 dargestellten Grds od gem vertragl Abrede) eine SchadErsPfl begründet, gilt aber Nr 5. Anwendungsfälle der Nr 5 sind daher auch der Anspr des LeasingGeb auf SchadErs bei vorzeit Künd (Gerth/Panner BB **84**, 813) u der Anspr des Reiseveranstalters aus § 651i (BGH NJW-RR **90**, 115, Hbg NJW **81**, 2420, Ffm NJW **82**, 2199). Nr 5 erfaßt außerdem Anspr auf Ersatz einer **Wertminderung.** Darunter fallen MindergsAnspr gem §§ 462, 472, 634 I 3 (Wo-Ho-Li Rn 11, str), nach der Entstehgsgeschichte auch Anspr aus AbzG 2. Beim Anspr aus AbzG 2 (jetzt VerbrKrG 13 II) besteht aber in Wahrh keine Pauschaliergsmöglichk, da seine Höhe dch zwingdes Recht abschließd festgelegt ist (BGH NJW **85**, 326). Der Verwder kann sich trotz der Pauschalierg den Nachw eines höheren Schadens vorbehalten (BGH NJW **82**, 2317, Köln NJW-RR **86**, 1435, Hamm NJW-RR **87**, 312).

22 **b) Höhe der Pauschale. – aa)** Die Pauschale darf den nach dem **gewöhnlichen Lauf der Dinge** zu erwartden Schaden (Wertminderg) nicht übersteigen. Dieser § 252 S 2 nachgebildete Grds erfordert eine generalisierte Betrachtg. Abzustellen ist auf den branchentyp Dchschnittsgewinn (BGH NJW **82**, 331). Die Pauschale ist iZw brutto zu verstehen, umfaßt also die MwSt (Brschw BB **79**, 856). Sie muß sich am Schadensbegriff des BGB ausrichten. Die Einbez von nicht ersetzb Positionen, wie etwa Vorsorge- u Bearbeitgskosten (Vorbem 43 vor § 249 u § 249 Rn 23), macht die Klausel daher unwirks. Eine überhöhte Pauschale bleibt auch dann im ganzen unwirks, wenn der Verwder sie im Einzelfall auf eine angem Höhe
23 reduzieren will (Ffm NJW **82**, 2564). – **bb) Einzelfälle** (ja = wirks; nein = unwirks), s auch § 10 Rn 36: 15% im Kfz-NeuGesch (BGH NJW **82**, 2316, Schlesw NJW **88**, 2247); 20% im Gebrauchtwagenhandel, nein (Köln NJW-RR **93**, 1405, s auch BGH NJW **94**, 2479; BGH NJW **70**, 32 überholt); 15% im GebrauchtwagenGesch des Neuwagenhändlers, nein (Köln aaO); 25% bei Kauf fabrikneuer Möbel ja (BGH NJW **70**, 2017, **85**, 322); 30% im Möbelversandhandel ja (Ffm NJW **82**, 2564); 35% im Möbelhandel nein (LG Bln AGBE I Nr 27); monatl Lagergebühr von 20% des Kaufpreises bei Möbelkauf nein (Stgt BB **79**, 1468); auch 2% sind zuviel (Karlsr BB **81**, 1168); 30% bei Vertr über den Einbau neuer Fenster ja (Brschw BB **79**, 856); 40% bei WkVertr ja (Nürnbg MDR **72**, 418, bedenkl s Reich NJW **78**, 1570); 50% der Restmiete bei Fernsprechnebenstellenanlage ja (s BGH **67**, 317, NJW **85**, 2328, NJW-RR **88**, 1491); 3% der AuftrSumme bei kartellrechtsw Preisabsprachen in der Baubranche angebl ja (Mü NJW **95**, 733); Wiederzahl des Mietzinses bei verspäteter Rückg des Kfz od bei Rückg in beschädigtem Zustand nein, da Mietwagen typw höchstens ⅔ der Zeit vermietet sind (Saarbr NJW-RR **91**, 313, Ul-Br-He Rn 29); Neupreis für nicht zurückgegebenes Leergut, nein (Karlsr u Köln NJW-RR **88**, 371, 373, Martinek JuS **89**, 268);
24 **Mahngebühr** von 5 DM ja (Hbg DB **84**, 2504, Köln WM **87**, 1550, aA Ffm WM **85**, 938, Karlsr ZIP **85**, 607: 2,50 DM, Hamm NJW-RR **92**, 242), jedoch muß klargestellt w, daß für die Erstmahng keine ZahlgsPfl besteht (BGH NJW **85**, 324); 2 od 3% für den Nichtabruf eines Darl ja (BGH NJW **85**, 1832, NJW-RR **89**, 947), das gilt insbes auch für HypoBanken (BGH NJW **90**, 981), je nach den Umst des Falles können auch 4½ od 5% zul sein (BGH NJW-RR **86**, 468; Düss NJW-RR **91**, 442, krit Reifner NJW **95**, 90); 2% über Bundesbankdiskont für **Verzugszinsen** ja (BGH NJW **82**, 332); 5% über Bundesbankdiskont, ja für LeasG (BGH NJW **95**, 954, 955); 5% über Bundesbankdiskont, ja für Kreditinstitute, die Kredite an Verbr od Gewerbetreibde ausgeben (BGH **115**, 273, NJW **95**, 1954), nein für Realkredite (BGH NJW **92**, 1621), nein für die Elektrobranche (Hbg WM **92**, 446) u für Kreditkartenausgeber (Hbg NJW **91**, 2841); 6% über Bundesbankdiskont nein (BGH NJW **84**, 2941); 12% Zinsen angebl ja (Hamm NJW-RR **87**, 312); Zinsaufschlag von 1% des Verzuges ja (BGH NJW **83**, 1542); 1,8% je Monat nein (Düss NJW **86**, 385); Pauschale von 2% iF der Künd wg Verzuges ja (BayObLG DB **81**, 1615). Für **Verbraucherkreditverträge** gilt jetzt als gesetzl Schadenspauschale 5% über Bundesbankdiskont, VerbrKrG 11 I. Diese
25 Regelg schließt nach ihrem Schutzzweck eine höhere Pauschale aus (s § 246 Rn 10). – **cc) Beweislast.** Der Vorschlag der ArbGruppe beim BMJ (1. Teilbericht S 70) legte unzweideut dem Verwder die BewLast auf. Die Ges gewordene Fassg ist weniger eindeut, aber ebso zu verstehen (BGH **67**, 319, MüKo/Basedow Rn 67, aA Ul-Br-He Rn 16). Der Verwder muß daher nachweisen, daß seine Pauschale dem typ Schadensumfang entspr.

26 **c)** Die Klausel darf den **Nachweis** nicht abschneiden, der **Schaden** (die Wertminderg) sei überhaupt nicht entstanden od **wesentlich niedriger** (Nr 5b). Nicht erforderl ist, daß die Klausel den GgBeweis ausdr für zul erklärt (BGH NJW **82**, 2316, **85**, 321). Nr 5b erfaßt aber andseits nicht nur Klauseln, die den GgBeweis *expressis verbis* verbieten. Es genügt, wenn die Klausel für den rechtsungewandten Kunden den Eindruck einer endgült, einen GgBeweis ausschließden Festlegg erweckt (BGH NJW **82**, 2317, **83**, 1322). Das trifft zu, wenn die Klausel bestimmt, daß die Pauschale „auf jeden Fall" „mindestens" od „wenigstens" zu zahlen ist (BGH NJW **82**, 2317, **85**, 632, **88**, 1374) od wenn die Pauschale als „Abstandssumme" (Ffm OLGZ **85**, 92) od als Pauschalentschädig bezeichnet w (Hamm NJW-RR **95**, 624). Auch die Formulierg „ist mit x% zu verzinsen" ist mit Nr 5b unvereinb (BGH NJW **84**, 2941), ebso die Bestätigg des Kunden, daß iF der NichtErf ein best Betrag als SchadErs zu zahlen ist (Kblz NJW-RR **94**, 59) u die Formulierg „ist zu zahlen" u „die Kosten betragen" (BGH NJW **85**, 634, Oldbg NJW-RR **87**, 1004). Dagg sollen folgde Formuliergen unbedenkl sein: „wird ein Aufschlag von x% erhoben" (BGH NJW **85**, 321); „wird mit ... berechnet" (aaO 324, WM **86**, 1467, aA Bamberg u Kblz AGBE III Nr 22 u 36, LG Brem NJW-RR **93**, 1403); „ist eine Entschädigg von 2% zu entrichten" (Hamm NJW-RR **86**, 273); „kann x% ohne Nachw als Entschädig fordern" (BGH NJW **82**, 2317). Der Verstoß gg Nr 5b macht die Klausel im ganzen unwirks (BGH NJW **85**, 632). Beweispflichtig für den geringeren Schaden ist der Kunde (Kblz NJW-RR **93**, 1080, Wo/Ho/Li Rn 21). Das nach der Überschrift „ohne Wertgsmöglichk" systemwidr Merkmal „wesentl" ist idR bei Abweichgen von etwa 10% erfüllt (MüKo/Basedow Rn 74), bei niedrigen Pauschalen (zB für Mahnkosten) ist eine höhere Abweichg erforderl, bei hohen kann eine

geringere genügen. Der Nachw einer anderweit Verwertg des VertrGgst schließt den Anspr auf die Pauschale für entgangenen Gewinn nicht aus, wenn der Verwder den neuen Kunden ohnehin hätte beliefern können (BGH **126**, 309).

d) Gem §§ 9, 24 S 2 ist Nr 5 grdsl auch im Verk unter **Kaufleuten** anzuwenden (BGH **67**, 312, **113**, 61, 27 NJW **94**, 1068). Das gilt auch für das in Nr 5b enthaltene Verbot (BGH NJW **84**, 2941, **94**, 1068).

6) Vertragsstrafe (Nr 6). – a) Allgemeines. Das Ges wertet VertrStrafklauseln mit Recht als eine idR 28 unangem Benachteilig (§ 9 I), da sie dem Kunden erhebl Nachteile aufbürdet (LeistgsPfl ohne Schadens-Nachw, Herabsetzg gem § 343 mit erhebl Kostenrisiko), ohne dch ein überwiegdes Interesse des Verwders gerechtfertigt zu sein. Seine Belange werden idR dch die Festlegg von Schadenspauschalen (Nr 5) hinr gewahrt. Im Ggs zum dem 1. TBericht (S 71) vorgeschlagenen völl Verbot bringt Nr 6 eine kasuistische Verbotsnorm, die (leider) weder an die Systematik der §§ 341ff noch an die des Rechts der Leistgsstörgen anknüpft. Nr 6 gilt natürl auch dann, wenn die AGB die VertrStrafe als Abstand, Reueprovision od ähnl bezeichnen. Auf selbständ Strafgedinge ist Nr 6 entspr anwendb (Wo-Ho-Li Rn 6), ebso auf das Reugeld (Wo-Ho-Li Rn 8, aA KG NJW-RR **89**, 1077) u Verfallklauseln (s BGH NJW-RR **93**, 464), jedoch stützt die Rspr die InhKontrolle bei VorfälligkKlauseln auf § 9 (dort Rn 144). Abgrenzg zur Schadenspauschale § 276 Rn 54. Gilt eine gg Nr 6 verstoßde Klausel für beide Teile, beschränkt sich die Nichtigk gem § 6 auf das StrafVerspr des Kunden (Wo-Ho-Li Rn 21, aA Feiber NJW **80**, 1148).

b) Fallgruppen unzulässiger Strafklauseln. Nr 6 geht vom Normalfall aus, daß der Kunde eine **Geld-** 29 **leistung** u der Verwder eine Sachleistg zu erbringen hat. Für diese Fallgestaltg begründet sie für die meisten denkb VertrVerletzgen ein VertrStrafVerbot: – **aa) Nichtabnahme** od verspätete Abnahme. Nr 6 erfaßt alle Fälle, in denen der Kunde die Leistg nicht od verspätet annimmt. Die Grde für die Nichtabnahme sind gleichgültig. – **bb) Zahlungsverzug,** dh Verzug mit einer Geldschuld. Das Verbot gilt erst recht, wenn die 30 Strafe statt auf Verzug auf Nichtzahlg abstellt. Hat der Schu unabhäng von der Dauer der Überziehg einen best Betrag als Überziehgsgebühr zu zahlen, handelt es sich um eine unzul VertrStrafKlausel (BGH NJW **94**, 1532). Unwirks ist auch eine Regelg, nach der allg bei „Nichteinhaltg des Vertr" eine VertrStrafe zu zahlen ist (Hbg NJW-RR **88**, 651). Die VertrStrafe für **Schwarzfahrer** beruht auf gesetzl Vorschr (EVO 12, VO v 20. 2. 70, s Trittel BB **80**, 497, aA Daleki MDR **87**, 891) u wird daher von Nr 6 nicht erfaßt. Nr 6 ist aber auch deshalb unanwendb, weil Grd für die Strafe nicht der Zahlgsverzug, sond der Versuch ist, die Befördergsleistg zu erschleichen (Hensen BB **79**, 499, Hennecke DÖV **80**, 884, LG Mü VRS **66** Nr 6). Ist die Strafe für die Nichtrückg eines Ggst an eine Bedingg geknüpft, ist Nr 6 gleichf unanwendb (LG Lünebg NJW **88**, 2476). – **cc) Lösung vom Vertrag.** Erfaßt werden alle Fälle, in denen sich der Kunde ausdr (dch Rücktr, 31 Künd od Widerruf) od konkludent (etwa dch Abschluß eines neuen Vertr) vom Vertr lossagt. Gleichgült ist, ob dem Kunden ein gesetzl od vertragl LösgsR zusteht od ob er eigenmächtig handelt (Ul-Br-He Rn 13). – **dd)** Schuldet der Kunde eine **Sachleistung** (Bsp: EinkaufsBdgngen, AGB von Bauherrn) sind StrafKlauseln nach Nr 6 nur verboten, wenn sie an die Lösg vom Vertr od die Nichtannahme des Entgelts (!) anknüpfen. Auch für den SachleistgsSchu müssen aber über § 9 die Wertgen der Nr 6 berücksichtigt w. StrafKlauseln sind daher unwirks, soweit der Verwder seine Interessen dch Schadenspauschalen hinreichd wahren kann; sie sind idR auch dann unangem, wenn dem Schu ledigl einf Fahrlässigk zur Last fällt (Ul-Br-He Rn 14).

c) Auf den **kaufmännischen Verkehr** kann die auf den Schutz des Verbrauchers zugeschnittene Nr 6 32 nicht übertragen werden (hM). Strafklauseln sind aber gem § 9 unwirks, wenn sie den Schu unangem benachteiligen. Stellen sie bei der Verzögerg von Bauleistgen auf einen Vomhundertsatz der AuftrSumme pro Tag ab, halten sie der InhKontrolle nur bei Festlegg einer Obergrenze stand (BGH NJW-RR **88**, 146). Unwirks sind: StrafVerspr für den Fall einvernehml VertrAufhebg (BGH NJW **85**, 57); StrafVerspr für den Fall verbotener PrAbsprachen, wenn der GesBetrag der forderb Strafe ein Vielfaches des Submissionsschadens erreicht od die Strafe auch bei Nichtvergabe eines Auftr gefordert w kann (BGH **105**, 30, Ffm NJW-RR **86**, 895); StrafVerspr für den Fall erfolgloser Vhdlgen über eine PrAbsprache (Ffm ZIP **91**, 1171); StrafVerspr, wonach der Bauuntern bei Terminüberschreitg übermäß VertrStrafen zu zahlen hat (§ 343 Rn 4); wenn der Handelsvertreter für jede ZuwiderHdlg gg ein Konkurrenzverbot eine doppelte Monatsprovision zahlen soll (Hamm MDR **84**, 404); das zwanzigfache Entgelt für jede vertragsw Nutzg von Adressenmaterial (Mü NJW **93**, 1334); 3000 DM für jede Verletzg eines AutomatenAufstellVertr (Celle NJW-RR **88**, 947); 5000 od 3000 DM für eine den Verwder nur geringfg beeinträchtigde VertrVerletzg (BGH DB **90**, 1323, Celle NdsRpfl **89**, 214). Wirks sind dagg 250 DM für jede zurückgehaltene Kundenanschrift (BGH DB **95**, 1659).

d) Das **Verschuldenserfordernis** kann nur dann formularmäß abbedungen w, wenn bei dem betreffden 33 VertrTyp gewichtige Grde für eine schuldunabhäng Haftg sprechen (BGH **72**, 178, NJW-RR **91**, 1015). Diese Voraussetzg ist bei PrBindgsVertr im Buchhandel nicht erfüllt (AG B'haven NJW-RR **86**, 276); ebsowenig bei AutomatenaufstellVertr (LG Aachen NJW-RR **87**, 948). **Nebenabreden** zu StrafKlauseln sind gem § 9 II 1 unwirks, soweit sie den SchutzVorschr der §§ 339ff widersprechen. § 340, wonach die verwirkte Strafe auf den SchadErsAnspr wg NichtErf anzurechnen ist, ist klauselfest (BGH **63**, 256, NJW **85**, 56), u zwar auch bei HandelsvertreterVertr (BGH NJW **92**, 1096). Auch die „Einrede des FortsetzgsZushangs" kann nicht dch AGB abbedungen w (BGH **121**, 19), es sei denn, daß eine solche Regelg ausnw dch ein schutzwürd Interesse des Verwders gerechtfertigt w (BGH NJW **93**, 1786). § 341 III, wonach die VertrStrafe bei Annahme der Erf vorbehalten werden muß, darf dch AGB gemildert w (BGH **72**, 224), sein völliger Ausschluß ist aber unwirks (BGH **85**, 310, Mü BB **84**, 1387).

7) Haftung bei grobem Verschulden (Nr 7). – a) Die in den Nr 7–11 enthaltenen, sachl zugehörden 34 Klauselverbote beschränken die Zulässigk von Freizeichngsklauseln. Sie sollen die Rechte des Kunden bei **Nicht- und Schlechterfüllung** sichern; ergänzd gilt auch in diesem Bereich die Generalklausel (§ 9 Rn 36ff). – **b)** Nr 7 gilt für **Verträge jeder Art.** Sie ist auch auf unentgeltl Vertr anzuwenden, bei denen 35 allerdings die Verwendg von AGB selten ist. Geschützt werden alle vertragl SchadErsAnspr, gleichgült, ob sie auf Unmöglichk, Verzug od pVV beruhen. Auch SchadErsAnspr aus dem GewlR, zB §§ 538, 635 BGB,

§ 13 Nr 7 VOB/B, werden miterfaßt (Ul-Br-He Rn 9, hM), ebso die Anspr von Dr, soweit sie in den Schutzbereich des Vertr einbezogen sind (Düss WM **82**, 575). Der Schutz der Nr 7 erstreckt sich ausdr auch auf Anspr aus c. i. c.; im übr stößt der HaftgsAusschl für Anspr aus c. i. c. auch deshalb auf Schwierigk, weil sie idR bereits enstanden sind, wenn der Vertr unter Einbez der AGB zustande kommt (Ziegler BB **90**, 2345). Auf **deliktische Ansprüche** ist Nr 7 entspr anzuwenden (BGH **100**, 184, NJW **95**, 1489). Geschützt ist aber nur der Anspr gg den Verwder; der Anspr gg den ErfGeh kann in den Grenzen des § 9 dch eine Haftgsfreistellg

36 zGDr (§ 276 Rn 60) abbedungen w (MüKo/Basedow Rn 99, aA BGH **96**, 25). – **c) Voraussetzungen und Ausnahmen.** Der Begriff des Vorsatzes u der groben Fahrlässigk stimmen mit denen des BGB überein (§ 276 Rn 10 u § 277 Rn 2). Der Vorsatz des Schu wird nicht bes erwähnt, weil insow § 276 II gilt. Die Begriffe „gesetzl Vertreter" u „ErfGeh" sind ebso zu verstehen wie im § 278 (s dort). Gleichgült ist, ob als ErfGeh ein ArbNeh des Verwders od ein selbst Untern tätig geworden ist. Bei einer Kette von ErfGeh gilt das Verbot der Nr 7 für die ganze Kette. Soweit sich der Verwder gem §§ 675, 664 I S 2 das Recht der **Substitution** vorbehalten hat, ist Nr 7 unanwendb. Die fr in den AGB der Banken enthaltene Substitutionsklausel verstieß aber gg § 9 II Nr 2 (Koller ZIP **85**, 1243, Heinrichs RWS-Forum 1 S 127); ihre jetzige Fassg ist dagg unbedenkl (§ 9 Rn 61). Nach § 23 II Nr 3 u 4 findet Nr 7 auf genehmigte BefördergsBdggen u LotterieVertr keine

37 Anwendg. – **d) Verboten** ist nicht nur der HaftgsAusschl, sond auch jede **Haftungsbegrenzung.** Unzul sind daher Beschränkgen der Höhe des Anspr od der Ausschluß bestimmter Schäden (BGH NJW **87**, 2820), etwa mittelb, indirekter od nicht vorhersehb, jedoch gilt für ReiseVertr die SonderVorschr des § 651h (Ffm NJW **86**, 1621). Eine unzul Haftgsbegrenzg liegt auch vor, wenn die VerjFr abgekürzt (Düss NJW-RR **95**, 440) od die Haftg dch eine Subsidiaritätsklausel eingeschränkt wird (s BGH WM **89**, 1521, Wo/Ho/Li Rn 23, Canaris JZ **87**, 1003). Nr 7 gilt nach ihrem Schutzzweck grdsl auch dann, wenn die Klausel nicht die ErsPfl, sond die SorgfPfl u damit die Voraussetzg des SchadErsAnspr abbedingt (§ 9 Rn 37). And ist es aber, wenn die scheinb abbedungene Pfl nach der RNatur des Vertr ohnehin nicht besteht (Hamm NJW-RR **89**, 064). Der Verstoß gg Nr 7 macht die Freizeichnungsklausel **im ganzen unwirksam** (BGH **86**, 296, **96**, 25). Etwas and gilt nur dann, wenn der wirks u der unwirks Teil der Klausel inhaltl u sprachl von einand trennb sind (Vorbem 11

38 v § 8). – **e) Kaufmännischer Verkehr.** Der BGH hat vor dem Inkrafttreten des AGBG aus §§ 242, 315 ein Freizeichnungsverbot für grobes Verschulden des Verwders, seiner gesetzl Vertreter u leitdn Angestellten hergeleitet, Haftgsausschlüsse für „einfache" ErfGeh dagg anerkannt (BGH **20**, 164, **38**, 183, **70**, 364). Ein Teil der Rspr u Lit hält an diesem Grds für den kaufm Bereich weiter fest (Hbg VersR **85**, 57, Brem VersR **87**, 773, Lutz AGB-Kontrolle im HandelsVerk S 124). Dagg will die hM das Freizeichnungsverbot der Nr 7 über §§ 24 S 2, 9 grdsl auch im kaufm Verk anwenden (Ffm NJW **83**, 1681, Karlsr BB **83**, 729, Mü BB **93**, 1753, Köln BB **93**, 2044, Wo-Ho-Li Rn 48). Der BGH hat die Streitfrage bisher offen gelassen (BGH **93**, 48, **95**, 182), er hat aber entschieden, daß sich der Verwder nicht vom groben Verschulden einf ErfGeh freizeichnen kann, soweit

39 es sich um die Verletzg von **Kardinalpflichten** handelt (BGH **89**, 367, NJW **85**, 915, § 9 Rn 30). Die besseren Argumente sprechen für die grdsl Anwendg der Nr 7 auch im kaufm Verk (Heinrichs RWS-Skript 157 S 59). Der Verwder, der den Nutzen aus dem Einsatz von ErfGeh hat, muß auch das damit verbundene Risiko tragen u darf sich bei groben Fehlleistgen seiner Gehilfen nicht hinter Freizeichnungsklauseln zurückziehen. Bei der entsprechden Anwendg der Nr 7 im kaufm Bereich sind aber zwei Einschränkgen zu machen: **aa) Haftungsbegrenzungen** auf den typweise bei Gesch der fragl Art entstehen Schaden sind zul (BGH NJW **93**, 335, Lö-vW-Tr Rn 46). – **bb) Branchentypische Freizeichnungen,** die allseits gebilligt u anerkannt w, sind wirks. Bsp: ADSp (BGH NJW **86**, 1435, WM **88**, 1202); HaftgsAusschl der Werften für grobes Verschulden einf ErfGehilfen (BGH **103**, 320), nicht aber für leitde Angestellte (BGH NJW-RR **89**, 954).

40 **8) Verzug, Unmöglichkeit (Nr 8). – a)** Die Vorschr sichert dem Kunden iF des Verzuges des Verwders od einer von diesem zu vertretdn Unmöglichk einen dch AGB nicht abdingb Bestand an Rechten. Sie gilt für **Verträge jeder Art** (Wo-Ho-Li Rn 10). Unter Verzug ist nur der SchuVerzug zu verstehen, nicht der AnnVerzug. Unter den Begriff der nachträgl Unmöglichk fallen die nachträgl obj Unmöglichk u das nachträgl Unvermögen. Nr 8 erfaßt aber auch die Haftg für anfängl Unvermögen (Wo-Ho-Li Rn 5, aA Lö-vW-Tr Rn 14, s § 306 Rn 9f). Dagg will der VerwErf den ordngsmäß VertrErf anzuhalten, rechtfertigt es, Nr 8a analog auch auf die **positive Vertragsverletzung** anzuwenden (Wolf NJW **80**, 2436, ähnl Ul-Br-He Rn 11). Dagg ist Nr 8b nicht auf die pVV anwendb. Die komplexen SchadErs- u Freizeichnungsprobleme, die bei den einz Fallgruppen der pVV bestehen, lassen sich nur mit der Generalklausel, nicht aber mit Nr 8b sachgerecht lösen (MüKo-Basedow Rn 118, Lö-vW-Tr Rn 14, aA Oldenbg NJW-RR **92**, 1527). –

41 **b)** Das **Recht, sich vom Vertrag zu lösen** (Nr 8a), darf weder ausgeschlossen noch eingeschränkt werden. Unzul sind daher auch Befristgen (BGH NJW-RR **89**, 625) od die Auferlegg von Abstandszahlgen. Bei dem LösgsR kann es sich je nach dem VertrTyp um ein Rücktr-, Künd-, od WiderrufsR handeln. Es kann je nach der Art der Leistgsstörg auf §§ 325, 326, 440 od den für pVV geltdn Grds beruhen. Die LösgsR aus §§ 361, 636, 671 u den RGrds über die Künd von DauerschuldVerh sind mitgeschützt, soweit sie wg einer

42 Leistgsstörg ausgeübt w sollen. – **c) Anspruch auf Schadensersatz (Nr 8b):** Nr 8b erfaßt nicht nur SchadErsAnspr wg NichtErf, sondern alle SchadErsAnspr (Wo-Ho-Li Rn 13). Geschützt ist insbes auch der Anspr auf Ers von Verspätsschaden aus § 286 (BGH **86**, 292). Da bei groben Verschulden Nr 7 anwendb ist, geht es in Nr 8b im Ergebn um einf Fahrlässigk u sonst Vertretenmüssen. Der SchadErsAnspr darf **nicht ausgeschlossen** w. Unzul ist daher auch ein stillschw Ausschl dch Beschrkg auf ein RücktrR (LG Bln AGBE III Nr 35) od dch Abbedingg der AnsprVoraussetzgen (Kblz WM **83**, 1272). **Einschränkungen** sind dagg, abgesehen vom Fall groben Verschuldens (Nr 7), zul, etwa dch Festlegg einer Haftgshöchstsumme od den Ausschluß entfernterer Schäden. Der verbleibe Umfang der ErsPfl muß aber in einem vertretb Verh zur Schadenshöhe stehen (Stgt NJW **81**, 1106). Eine weitgehde Aushöhlg der ErsPfl, etwa die Beschränkg der ErsPfl auf Zinsnachteile, od gar eine nur symbol Entschädig („1 DM") sind unzul. Eine Klausel, wonach bei einf Fahrlk kein SchadErs zu leisten ist, ist keine zul Einschränkg, sond ein unzul TeilAusschl der SchadErsPfl

43 (BGH NJW-RR **89**, 626). – **d)** Im **Verkehr zwischen Kaufleuten** ist Nr 8a gem §§ 24 S 2, 9 entspr anwendb (Lö-vW-Tr Rn 34, allgM). Dagg kann die SchadErsPfl für einf Fahrlässigk (Nr 8b) im kaufm Bereich grdsl abbedungen w (Wo-Ho-Li Rn 22), es sei denn, daß es sich um die Verletzg von KardinalPflten handelt (§ 9 Rn 27).

9) Teilverzug und Teilunmöglichkeit (Nr 9). – a) Die Vorschr ergänzt Nr 8. Nach §§ 325 I S 2, 326 I **44** S 3 kann der Gläub bei Teilunmöglichk (Teilverzug) vom **ganzen Vertrag** zurücktreten od SchadErs wg NichtErf des ganzen Vertr verlangen, wenn die TeilErf für ihn kein Interesse hat. Ähnl gilt gem § 280 II für nicht ggs Vertr. Diese Rechte dürfen dch AGB nicht ausgeschl w. Einschrkgen sind an Nr 8 zu messen; sie sind daher hinsichtl des Rücktr unzul, hinsichtl des SchadErs in den Grenzen von Rn 42 zul (Ul-Br-He Rn 6). Unwirks ist daher eine Klausel, wonach der Möbelkäufer bei teilw Nichtbelieferg nur hinsichtl der nicht gelieferten Ggst vom Vertr zurücktreten darf (BGH NJW **83**, 1322). Klausel über die Pfl zur Annahme werden von Nr 9 nicht erfaßt. Aus ihnen kann der Verwder aber keine Rechte mehr herleiten, wenn feststeht, daß die Restleistg nicht mehr erbracht werden kann u die TeilErf für den Kunden ohne Interesse ist. – **b)** Der Grds, daß die TeilErf der NichtErf gleichsteht, wenn der Gläub an der Teilleistg kein Interesse **45** hat, ist ein wesentl RGedanke des PrivR, wenn seine prakt Bedeutg auch nicht sehr groß ist. Nr 9 ist daher gem §§ 9, 24 S 2 auch im **kaufmännischen Verkehr** anzuwenden (Wo-Ho-Li Rn 15).

10) Gewährleistung (Nr 10). Allgemeines. – aa) Die aus zahlreichen EinzVerboten bestehde Vorschr **46** soll den Kunden vor einer Aushöhlg gesetzl od vertragl GewlAnspr schützen u sicherstellen, daß das Äquivalenzverhältn von Leistg u GgLeistg auch bei mangelh Leistg des Verwders dchgesetzt werden kann. Der RegEntw (BT-Drs 7/3119) wollte Nr 10 auf Kauf-, Wk- u WkLiefergsVertr über neu hergestellte Sachen beschr. Der BT hat ihren **Anwendungsbereich** dch eine (sprachl nachläss) Neuformulierg des Einleitgssatzes erweitert. Die zweite Alternative „Vertr über Leistgen" erfaßt alle WerkVertr, auch solche, die nicht die Herstellg einer neuen Sache zum Ggst haben. Scheinb einbezogen werden auch Miet- u PachtVertr; dabei handelt es sich aber um ein Redaktionsversehen: Nach der Entstehgsgeschichte ist Nr 10 auf GebrauchsüberlassgsVertr nicht anzuwenden (BGH NJW **94**, 186, Ul-Br-He Rn 3). – **bb)** Bei LiefergsVertr **47** gilt Nr 10 nur, wenn eine **neu hergestellte Sache** VertrGgst ist. Der Begriff der Sache ist umfassder zu verstehen als der in § 90. Unter ihn fallen alle VermögensGgst, für die in direkter od entspr Anwendg der §§ 459 ff GewlR bestehen können. Einbezogen sind daher auch „Software" u „know-how" (Ul-Br-He § 11 Anh 273, s auch BGH **102**, 139), nicht aber Fdgen u Rechte. „Neu hergestellt" sind auch pflanzl Produkte (Gemüse, Obst), nicht aber Tiere (Bsp: junge Dackel), auch wenn sie bald nach der Geburt verkauft w (aA BGH NJW-RR **86**, 52, LG Aschaffenburg NJW **90**, 915), auch nicht neu erschlossene Bauplätze (LG Ravensburg NJW-RR **92**, 1277). Welche Sachen **neu** sind, richtet sich nach dem Schutzzweck der Vorschr u den Anschauungen des redl Verk. Ausstellgsstücke sind idR neu iSd Nr 10 (Düss NJW-RR **91**, 1464). Ein erhebl PrNachlaß kann aber dafür sprechen, daß die Part die Sache nicht mehr als neu angesehen haben (LG Gießen NJW-RR **92**, 186). Die Veräußerg von Häusern u **Eigentumswohnungen** an den Ersterwerber fällt auch dann unter Nr 10, wenn sie kurzfristig leergestanden haben od vermietet waren (s BGH NJW **82**, 2243, **85**, 1551, Klumpp NJW **93**, 372); die Eigensch „neu" entfällt beim Leerstehen spätestens nach 5, bei andweit Benutzg spätestens nach 2 Jahren (Klumpp aaO). Der Anwendg von Nr 10 steht auch nicht entgg, daß das GemSchEigt schon von and Erwerbern benutzt worden ist (Brambring NJW **87**, 102). EigtWo, die dch umfassde Renovierg in einem Altbau geschaffen worden sind, können „neu" iSd Nr 10 sein, wenn der Veräußerer HerstellgsPflten übernimmt, die einer Neuherstellg vergleichb sind (BGH **108**, 162, LG Landshut NJW **93**, 407). Das kann anzunehmen sein, wenn der Veräußerer das Objekt als „Neubau hinter einer historischen Fassade" bezeichnet (BGH **100**, 397). Ist die Wo nicht neu, gilt Nr 10 für die Renovierg („Vertr über Leistg"), falls diese ein abtrennb TeilGgst des Vertr ist (Lö-vW-Tr Rn 17, Kanzleiter DNotZ **87**, 668, aA Brambring NJW **87**, 103). Ist die verkaufte Sache zT neu, zT gebraucht (Gebrauchtwagen mit neuem Motor u Reifen), ist Nr 10 auf die Neuteile anzuwenden (MüKo/Basedow Rn 135). Auch **Schlußverkaufsware** u Sonderangebote fallen unter Nr 10 (Muscheler BB **86**, 2283). Für sie kann aber das UmtauschR wg Nichtgefallen ausgeschl w (Muscheler aaO). – **cc)** Auf die vom Hersteller, Verkäufer od Untern übernom- **48** mene selbstd **Garantie** (§ 477 Rn 21, Vorbem 9 v § 633) ist Nr 10 nicht anzuwenden. Sie sind unbedenkl, wenn dem Kunden neben den Rechten aus der GarantieUrk die gesetzl GewlR zustehen. Sie verstoßen aber gg § 9, wenn die GarantieBdggen die gesetzl GewlR ausschließen od für den rechtl unbewandten Kunden den Eindruck eines Ausschl erwecken (BGH **79**, 119, **104**, 92). In diesem Fall muß die Garantie den Anfordergen der Nr 10 genügen. – **dd)** Trotz der weiten Fassg des Einleitgssatzes („Vertr über Leistgen") **49** fallen **Mietverträge** nicht unter Nr 10 (Rn 46). Auch auf **Leasingverträge** ist Nr 10 nicht anwendbar. Der LeasingG darf seine eig GewlPfl abbedingen u dafür dem LeasingN seine GewlR gg den Hersteller abtreten (BGH **81**, 298, **94**, 186, **114**, 61). Die kaufrechtl Anspr gg den Hersteller müssen grdsl dem Standard der Nr 10 genügen (s BGH NJW **87**, 1073), das Risiko einer Insolvenz des Lieferanten kann der LeasingG nicht abwälzen (BGH NJW **91**, 1749); ein völliger GewlAusschl ist aber zul, wenn der LeasingN selbst Hersteller ist (BGH **106**, 311). Abgesehen von diesem Sonderfall muß dem LeasingN die Befugn zustehen, notf den KaufVertr zu wandeln u damit dem LeasingVertr die GeschGrdl zu entziehen (BGH **81**, 298). Zum Vollzug der Wandlg u der Auswirkg auf den LeasingVertr s Einf 42 v § 535.

a) Ausschluß und Verweisung auf Dritte (a). – aa) Unzul ist der **völlige Ausschluß** von GewlAnspr. **50** Unwirks ist auch ein bedingter Ausschl, etwa für den Fall der Vornahme von Nachbessersgarbeiten dch einen Dr (Karlsr AGBE IV Nr 66), der Veränderg der Sache (LG Bln AGBE I Nr 87) od der Beschädig od des Eingriffs eines Dr (BGH NJW **80**, 832). Der Verwder kann die GewL grdsl auch nicht davon abhäng machen, daß die Ware in der **Originalverpackung** zurückgegeben w (Drygala NJW **93**, 359). – **bb)** Die **51** **Beschränkung** der GewL auf Wandlg unter Ausschluß der Minderg verstößt nicht gg a) (Mü NJW **94**, 1661, in der Tendenz auch BGH NJW-RR **90**, 1141). Unwirks ist dagg die Beschränkg auf Minderg unter Ausschluß der Wandlg. Wie sich aus b) ergibt, kann dem Käufer, dem eine unbrauchb Sache geliefert worden ist, das Recht auf Rückgängigmach des Vertr nicht dch AGB entzogen w (MüKo/Basedow Rn 142). – **cc)** Unwirks sind Klauseln, dch die der Verwder die eig Haftg ausschließt u den Kunden auf **52** **Ansprüche gegen Dritte** verweist. Die fr Praxis bei BauträgerVertr, die eig Haftg dch Abtr der Anspr gg den BauUntern u Architekten zu ersetzen, ist nicht mehr zul. Dem Verwder steht es selbstverständl frei, dem Kunden dch Abtr od Vertr zGDr Anspr gg Dr zu verschaffen, etwa die Rechte aus einer Herstellergarantie (Rn 48). Dadch wird aber die Eigenhaftg des Verwders nicht berührt. Ein Verstoß gg Nr 10a ist bereits dann gegeben, wenn die Klausel für den rechtsunkund VertrPart den Anschein eines Ausschl der

53 Eigenhaftg erweckt (Rn 48). – **dd)** Unzul sind Subsidiaritätsklauseln, die die Haftg des Verwders von der vorherigen **gerichtlichen** Inspruchn Dr abhäng machen. Entspr gilt für Klauseln, die dem Kunden die Einleitg eines SchiedsGerVerf vorschreiben. Dagg kann der Kunde verpflichtet w, sich zunächst außergerichtl an den Dr zu halten; die Klausel ist aber unwirks, wenn sie dch ihre Fassg den Eindruck hervorruft, idR hafte der Verwder erst nach einem RStreit gg den Dr (BGH NJW **95**, 1675). Läßt der Kunde den Anspr gg den Dr schuldh verjähren, verliert er zugl seinen Anspr gg den Verwder (BGH NJW- RR **91**, 342). Dieser kann hieraus aber nur Rechte herleiten, wenn er den Kunden bei der Dchsetzg der Anspr hinr unterstützt (BGH NJW-RR **89**, 467). Wenn der Dr trotz Aufforderg nicht in angem Fr leistet, kann der Kunde den Verwder in Anspr nehmen. Zu einer nochmaligen Aufforderg des Dr ist der Kunde nur verpflichtet, wenn der Verwder ihm Informationen übermittelt, die den Dr voraussichtl zu einer Änderg seines Verhaltens veranlassen. Eine Aufforderg ist **entbehrlich**, wenn der Dr die Leistg zu endgült verweigert hat, offensichtl nicht leistgsfäh od unter der vom Verwder angegebenen Anschrift nicht zu erreichen ist (Ul-Br-He Rn 20). Die Verj des Anspr gg den Verwder beginnt erst, wenn die Gewährleistg

54 dch den Dr ausscheidet (BGH NJW **81**, 2343). – **ee)** Die Klauselverbote der Nr 10a gelten auch, wenn sich die Freizeichng auf **einzelne Teile** beschränkt. Hierunter sind nicht nur reale Teile der Leistg zu verstehen; erfaßt werden auch Freizeichnsklauseln für bestimmte Arten od Ursachen von Mängeln (Karlsr ZIP **83**, 1091). Unzul ist daher die Beschrkg der Gewl auf Mängel, deren Beseitigg der Verwder von einem Dr verlangen kann (BGH **67**, 101), auf Schäden, für die handelsübl Garantie übernommen wird (Karlsr AGBE I Nr 83), auf Mängel, die auf einem Verschulden des Verwders beruhen (Ul-Br-He Rn 14) od die im AbnProtokoll

55 festgehalten worden sind. – **ff)** Das Verbot, die GewlAnspr voll auszuschließen (Rn 50) u das Verbot des Ausschlusses der Wandlg (Rn 51), sind auch im **kaufmännischen Verkehr** anzuwenden (s BGH **62**, 254, **65**, 363, NJW **91**, 2632, NJW-RR **93**, 561). Entspr gilt für das Verbot, die Eigenhaftg dch die Einräumg von Anspr gg Dr zu ersetzen. Dritthaftgsklauseln sind auch bei RGesch zw Kaufleuten nur wirks, wenn sie ausdr eine subsidiäre Eigenhaftg des Verwders vorsehen (Lö-vW-Tr Rn 47, Staud-Schlosser Rn 39). Unbedenkl ist allerdings, die vorhergehde gerichtl Inspruchn des Dr zu verlangen (Wo-Ho-Li Rn 34), etwa entstehde, beim Dr nicht beitreibbare Kosten hat der Verwder zu ersetzen (BGH **92**, 123).

56 **b) Beschränkung auf Nachbesserung (b).** – **aa)** Gleichgült ist, ob der NachbessergsAnspr auf Ges (§ 633 II) od auf Vertr beruht. Bei Fehlschlagen der Nachbesserg kann der Kunde, statt die gesetzl GewlR geltd zu machen, auch den NachbessergsAnspr dchsetzen od gem § 633 III AufwendgsErs od einen Vorschuß verlangen (BGH NJW **91**, 1883, **92**, 3297). Legen die AGB fest, daß der Verwder den Schaden dch

57 Naturalrestitution zu beseitigen hat (b) unanwendb, es gilt § 250 (Hamm NJW-RR **92**, 467). – **bb) Fehlgeschlagen** ist die Nachbesserg (ErsLieferg), wenn sie unmögl ist (BGH NJW **94**, 1005), ernsth u endgült verweigert w (BGH **93**, 62), unzumutb verzögert w (BGH aaO) od vergebl versucht worden ist (BGH NJW **94**, 1005), aber auch dann, wenn sie dem Kunden wg der Häufg von Mängeln nicht zuzumuten ist (BGH **93**, 63, Köln NJW-RR **92**, 1147). Macht der Verwder die Nachbesserg von der Unterzeichng eines Reparatur-Auftr abhäng, so steht das einer Verweigerg gleich (Köln NJW-RR **86**, 151). Die Verzögerg ist unzumutb, wenn der Verwder trotz Aufforderg nicht in angem Fr nachgebessert hat. Was angem ist, ist im Einzelfall unter Abwägg der beiderseit Interessen zu entscheiden (LG Köln NJW-RR **93**, 437). Sind die Mängel einer Einbauküche 2 Mo nach Lieferg nicht behoben, ist die Nachbesserg fehlgeschlagen (Kblz NJW-RR **92**, 761). Aufforderg ohne FrSetzg od mit zu kurzer Fr setzt angem Fr in Lauf, eine Ablehnungsandrohg ist nicht erforderl (Nürnbg OLGZ **83**, 78, Ul-Br-He Rn 47). Wieviele **Nachbesserungsversuche** der Kunde gestatten muß, hängt von der Art des Mangels u einer Abwägg der beiderseit Interessen ab (Karlsr DAR **77**, 323). Nur ein Versuch, wenn sich der Verwder als unzuverläss erwiesen hat, wenn der Kunde dringd auf die Benutzg der Sache angewiesen ist, wenn er den gekauften neuen Pkw für 6 Wo zur Nachbesserg zur Vfg gestellt hat (Hbg VersR **83**, 741) od wenn eine Einsendg an den Verwder erforderl ist (Ul-Br-He Rn 39). Sonst sind idR zwei Versuche zumutb (Nürnbg DAR **80**, 345, Ffm DB **81**, 637, Köln NJW **87**, 2520, Kblz VRS **84**, 211), bei aufwend, technisch komplizierten Geräten uU auch mehr. Die BewLast für das Fehlschla-

58 gen der Nachbesserg trägt der Kunde (BGH NJW-RR **90**, 888). – **cc)** Die Klausel muß dem Kunden das Recht auf Wandlg u Minderg **ausdrücklich vorbehalten.** Sie muß den Inh der Nr 10b vollständ u richtig wiedergeben. Der Verwder braucht die denkb Fälle des Fehlschlagens der Nachbesserg nicht im einz aufzulisten (BGH NJW **94**, 1005). Bringt er einen solchen Katalog, muß dieser aber vollständ sein (s einerseits Düss NJW-RR **91**, 1464 vollständ, andseits Düss NJW-RR **92**, 825 unvollständ). Trifft das nicht zu, od ist die verwandte generelle Formulierg zu eng, ist die Klausel im ganzen unwirks (BGH **93**, 62, NJW **94**, 1005). Wie sich aus dem Wortlaut von Nr 10b ergibt, muß der Vorbehalt statt der Begriffe Wandlg u Minderg dem Kunden verständl Umschreibgen benutzen, wie Rückgängigmachg des Vertr od Herabsetzg

59 des Pr (BGH NJW **82**, 333, 2380, jetzt allgM). – **dd)** Dem Kunden muß ein Recht auf **Wandlung od Minderung** vorbehalten sein. Bei Vertr über Bauleistgen läßt das Ges wg der dch Wandlg entstehden Schwierigk die Beschränkg auf Minderg ausdr zu. Bauleistgn (VOB/A § 1) sind Arbeiten, dch die ein Bauwerk (§ 638 Rn 9ff) geschaffen, erhalten od geändert w (BGH NJW **73**, 368). Auch der BauträgerVertr fällt unter diese Privilegierg (Lö-vW-Tr Rn 25, Kanzleiter DNotZ **87**, 661, aA Köln NJW **86**, 330 u wohl

60 auch BGH **101**, 378). – **ee)** Nr 10b gilt über §§ 24 S 2, 9 auch im **kaufmännischen Verkehr** (BGH **93**, 62, NJW **93**, 2438, **94**, 1005, WM **95**, 1456). Der endgült Ausschluß von Wandlg u Minderg ist auch dann unwirks, wenn dem Kunden ein RücktrR eingeräumt ist (BGH NJW **91**, 2632). Es ist ein ausdr Vorbeh von Wandlg u Minderg erforderl, jedoch brauchen diese Begriffe nicht erläutert zu werden (Ul-Br-He Rn 58).

61 **c) Aufwendungen bei Nachbesserung (c).** – **aa)** Die Kosten der Nachbesserg treffen beim KaufVertr den Verkäufer (§ 476a) u beim WkVertr den Untern (§ 633 II 2). Diese dch das AGBG in das BGB eingefügten dispositiv Vorschr macht Nr 10c im Rahmen seines Anwendgsbereichs (Rn 46ff) „klauselfest“. §§ 476a, 633 II 2 sind jeder Einschrkg od Änderg dch AGB entzogen. Die in § 476 a S 2 vorgesehene Ausn von der Verpflichtg zur Kostentragg gelten auch für Nr 10c. Das AGBG will § 476a nicht erweitern, sond nur dessen Abbedingg untersagen. Wg der Einzelh s die Erläutergen zu § 476a. Wird mit dem Verwder für die Zeit ab Lieferg ein formularmäß WartgsVertr abgeschl, muß das Entgelt so bemessen w, daß es Nachbessergskosten nicht mitumfaßt (Buse DB **79**, 1214). Auf die vom Hersteller, Verkäufer od

Untern übernommene selbstd **Garantie** (Rn 48) ist Nr 10c nicht anzuwenden, wenn dem Kunden neben den Rechten aus der Garantie die gesetzl GewlR zustehen (Reinel NJW **80**, 1610, Kornmeier NJW **82**, 793). – **bb)** Nr 10c gilt gem §§ 24 S 2, 9 grdsl auch für Gesch zw **Kaufleuten** (BGH NJW **81**, 1510). Hat 62 der Händler nachgebessert, steht ihm gg den Hersteller (Lieferanten) ein ErstattgsAnspr zu (Wo-Ho-Li Rn 9). Dieser Anspr kann unter Ausschl von kalkulatorischem Gewinn pauschaliert w (Nickel NJW **81**, 1490, v Westphalen NJW **80**, 2227).

    d) Vorenthalten der Mängelbeseitigung (d). – aa) Nr 10d betrifft Klauseln, die das LeistgVR des 63 Verwders erweitern; das umgekehrte Problem der Beschrkg des LeistgVR des Kunden ist in § 11 Nr 2 geregelt. Nr 10d verbietet die formularmäß Begründg von **Vorleistungspflichten,** soweit von ihnen die Mängelbeseitig oder ErsLieferg abhäng gemacht w. Sie gilt für Kauf- u WkVertr, nicht aber für MietVertr (Rn 49). Gleichgült ist, ob der Anspr des Kunden auf Vertr od Ges (§§ 633 II, 480 I) beruht u ob er als ErfAnspr od als GewlAnspr ausgestaltet ist. Die VorleistgsPfl muß **gerade** die Nachbesserg od ErsLieferg betreffen. Hat der Kunde das gesamte Entgelt vorzuleisten, ist Nr 10d unanwendb (Ul-Br-He Rn 63, vgl aber Rn 11f). – **bb)** Die Klausel darf die Mängelbeseitig nicht davon abhäng machen, daß das Entgelt 64 vollst od zu einem unter Berücksichtig des Mangels **unverhältnismäßig** hohem Teil entrichtet w. Nr 10d verwendet damit ein nach der Überschrift des § 11 („ohne Wertgsmöglichk") systemwidr Kriterium. Obergrenze für die Teilleistg, die die Klausel dem Kunden auferlegen darf, ist der Wert der mangelh Leistg. Sofern der Sichergszweck dies erfordert, muß die Klausel dem Kunden eine weitergehde Einbehaltg gestatten (s § 320 Rn 10). Ist die Leistg für den Kunden wertlos, darf ihm keinerlei ZahlgsPfl auferlegt w. Klauseln, die einen **festen Maßstab** (zB Zahlg von 60% des Entgelts) als Nachbessergsvoraussetzg festlegen, sind notw unwirks (LG Rottweil AGBE I Nr 102). – **cc)** Anstelle der **unwirksamen** Klausel treten 65 gem § 6 die §§ 273, 320. Hat der Verwder nachgebessert, kann er die Herausg der nunmehr vertragsgem Sache („Zug um Zug") von der Entrichtg des vollen Entgelts abhäng machen. – **dd)** Nr 10d ist gem §§ 24 S 2, 9 auch im Verk zw **Kaufleuten** anzuwenden (Ul-Br-He Rn 68).

    e) Ausschlußfrist für Mängelanzeige (e). Dch AGB können auch im nichtkaufm Verk für die Anzeige 66 von Mängeln AusschlFr bestimmt w. Dabei ist jedoch zw offensichtl u nicht offensichtl Mängeln zu unterscheiden: – **aa)** Auf **offensichtliche** Mängel ist Nr 10e nicht anzuwenden. Offensichtl ist ein Mangel, wenn er so offen zutage liegt, daß er auch dem nicht fachkund Dchschnittskunden ohne bes Aufmerksamk auffällt (Ul-Br-He Rn 71). Bloße Erkennbark (HGB 377 II) od Sichtbark reicht nicht aus (Stgt BB **79**, 908, Karlsr AGBE I Nr 107, LG Mü AGBE II Nr 120). Ein nicht offensichtl Mangel wird nicht dadch offensichtl, daß ihn der Kunde **erkannt** hat (Köln NJW **86**, 2581, aA Marly NJW **88**, 1184). Klauseln, die für die RügePfl unterschiedslos auf das Erkennen od die Feststellg des Mangels abstellen, sind daher unwirks (BGH NJW **85**, 858, Köln aaO). Für die Dauer der RügeFr gilt § 9. Die untere Grenze liegt bei 1 Wo (Lö-vW-Tr Rn 7), ist Schriftform vorgeschrieben (zul: arg Nr 16, str) bei 2 Wo; das Erfordern einer unverzügl Rüge ist unzul (LG Köln NJW **86**, 69). – **bb)** Für **nicht offensichtliche** Mängel darf die RügeFr nicht kürzer sein als 67 die gesetzl VerjFr (§§ 477, 638). Auch Verlängergen der Verj dch Hemmg u Unterbrechg sind bei der Dauer der AusschlFr zu berücsichtigen. Die Befristg der GewlR hat daher neben der VerjRegelg kaum prakt Bedeutg; der Unterschied besteht ledigl darin, daß der Ablauf der AusschlFr vAw, die Verj aber nur auf Einr zu berücsichtigen ist. Klauseln, die unterschiedslos offensichtl u nicht offensichtl Mängel erfassen, dürfen keine kürzeren RügeFr als die gesetzl VerjFr vorsehen (Stgt AGBE I Nr 106). Für den ReiseVertr gilt die SonderVorschr des § 651g I. – **cc)** Auf RGesch zw **Kaufleuten** ist Nr 10e nicht anzuwenden. Der Prüfgs- 68 Maßstab ergibt sich insow aus § 9 II Nr 1 iVm HGB 377, 378. Klausel, wonach auch verborgene Mängel bei Ablieferg od innerh von 3 Tagen zu rügen sind, sind unwirks (BGH NJW-RR **86**, 52, NJW **92**, 576).

    f) Verkürzung von Gewährleistungsfristen (f). – aa) Nr 10f soll sicherstellen, daß dem Kunden zur 69 Geltdmachg seines GewlAnspr hinr Zeit bleibt. Sie verbietet daher, die gesetzl GewlFr formularmäß abzukürzen. Unter „gesetzl GewlFr" sind die VerjFr für GewlAnspr zu verstehen, dh die §§ 477, 638. Das Verbot gilt für **alle Ansprüche,** die unter §§ 477, 638 fallen (s dort). Soweit SchadErsAnspr wg Mangelfolgeschäden der 30-jährigen Verj des § 195 unterliegen, ist Nr 10f dagg unanwendb (BGH WM **85**, 202). Zur Anwendg auf GarantieAnspr s Rn 48. – **bb)** Nr 10f verbietet **Abkürzungen jeder Art,** auch Regelgen, die die GewL nach einer best Fahrleistg ausschließen (BGH **122**, 245). Unzul sind auch mittelb Verschlechtergen wie die Vorverlegg des VerjBeginns (BGH NJW-RR **87**, 145), die Nichtberücksichtig von Hemmgs- od UnterbrechgsTatbeständen (s BGH NJW **81**, 867, **92**, 1236) od die Best, daß für WkVertr die VerjVorschr des KaufR gelten sollen (BGH **74**, 269). Da für **offensichtliche** Mängel eine AusschlFr bestimmt werden kann (Nr 10e), ist für sie auch eine Abkürzg der Verj mögl (argumentum a maiore ad minus). – **cc)** Eine Ausn 71 von Nr 10f enthält § 23 II Nr 5. Auf **Bauleistungen,** für die die Geltg der VOB vereinb worden ist, findet Nr 10f keine Anwendg. Die 2jähr VerjFr der VOB/B 13 Nr 4 kann daher auch nicht gem § 9 beanstandet w (Locher NJW **77**, 1803, Recken BauR **78**, 423). Voraussetzg ist jedoch, daß die VOB/B als ganzes ohne ins Gewicht fallde Einschränkungen worden ist (BGH **96**, 133, **100**, 391, NJW-RR **89**, 85, **90**, 157, § 9 Rn 141). Das ist bei BauträgerVertr nicht mögl, so daß auf sie § 23 II Nr 5 unanwendb ist (BGH **96**, 129, NJW **87**, 2373, MüKo/Basedow Rn 194, Brambring NJW **87**, 97, Kanzleiter DNotZ **87**, 700). Auch Architekten-, Statiker- u Ingenieurleistgen fallen nicht unter § 23 II Nr 5 (BGH **101**, 378, NJW **92**, 2759). Zul ist die isolierte Vereinbg der GewL nach VOB/B einschließl der 2jähr VerjFr, wenn der Bauherr Verwder ist (BGH **99**, 160). – **dd)** Nr 10f gilt über § 9 grdsl auch im Verk zw **Kaufleuten** (BGH **90**, 277, **122**, 245, Ffm NJW-RR **94**, 530).

    g) Beim Verkauf **gebrauchter Sachen** ist ein GewlAusschl grdsl zul (hM, aA Peters JZ **91**, 385). Nr 10 72 enthält insow kein Klauselverbot; auch § 9 steht dem GewlAusschl idR nicht entgg. Die §§ 459ff können daher beim Verkauf eines Hauses od einer EigtWo formularmäß abbedungen w (s BGH **98**, 108, **108**, 163, stRspr). Entspr gilt für Vertr über **Gebrauchtwagen,** u zwar bei auch wesentl, die Fahrtüchtigk ausschließenden Mängeln (BGH **74**, 389, NJW **84**, 1452, krit Mehnle DAR **86**, 102). Die Belange des Kunden werden dch eine käuferfreundl Anwendg der ArglVorschr (§§ 123, 476, s dort) u eine großzüg Bejahg von EigenschZusichergen (§ 459 Rn 17ff) gewahrt. Die Fälle, in denen die Verkäuferhaftg trotz des GewLAusschlusses unberührt bleibt, brauchen in der Ausschlußklausel nicht im einzelnen aufgeführt zu werden (BGH NJW **93**, 658). Auch im **Kunsthandel** u im Handel mit Antiquitäten, insb bei Auktionen, ist ein formularmäß GewlAusschl wirks (BGH NJW **80**, 1619, Düss NJW-RR **93**, 1522, Hamm NJW **94**, 1967). Der Versteigerer kann sich aber nicht auf den GewlAusschl berufen, wenn er seine PrüfgsPfl verletzt hat (BGH Düss u Hamm aaO).

73 **11) Haftung für zugesicherte Eigenschaften (Nr 11). – a)** Nr 11 schützt das **Vertrauen** des Kunden in die ihm gegebenen EigenschZusicherungen. Die Rechte, die sich aus einer solchen Zusicherg ergeben, können nicht dch formularmäß Freizeichngen beschränkt w (so schon BGH **50**, 207). Nr 11 gilt für Kauf-, Wk- u WkLiefergsVertr; auf MietVertr (§ 538) u GarantieVertr ist sie entspr anwendb (Wo-Ho-Li Rn 2), ebso auf den ReiseVertr (Wo-Ho-Li § 9 R 84, BGH **100**, 175 läßt offen). Eine SonderVorschr enthält SaatgutVG 33 II (Dehmer DB **84**, 1663). Zur Frage, wann eine **Eigenschaftszusicherung** u wann eine 74 bloße Anpreisg od Beschreibg der Leistg vorliegt s § 459 Rn 17 ff. – **b)** Der **Schadensersatzanspruch** aus §§ 463, 480 II, 635, 538 darf, soweit er auf der vertragl Zusicherg beruht, weder ausgeschlossen noch eingeschränkt w (Jaeger MDR **92**, 98). Auch Haftgsbegrenzgen für Mangelfolgeschäden sind unzul, soweit §§ 463, 480 II, 635, 538 AnsprGrdl ist; sie sind dagg mit der Einschrkg aus Nr 7 zul, soweit die ErsPfl auf pVV beruht (MüKo/Basedow Rn 202). Zur Abgrenzg der Anspr aus §§ 463, 635 u pVV s § 463 Rn 15 u Vorbem 22 ff v § 633. Nr 11 ist auch dann verletzt, wenn der Verwder sich eine ÄndBefugn vorbehält (BGH NJW-RR **89**, 626) od wenn er nicht den SchadErsAnspr, sond die Verbindlichk seiner Zusicherg ausschließt (Hamm BB **83**, 21, Hbg NJW-RR **87**, 121, Wagner DB **91**, 2325). Ist der GewlAusschluß nach Rn 72 zulässig, braucht in die Klausel nicht ausdr aufgenommen zu werden, daß die Haftg für zugesicherte Eigensch unberührt bleibt (BGH NJW **93**, 658, Ul-Br-He Rn 21). Die sonst GewlAnspr des Kunden, insb 75 die Anspr auf Nachbesserg, Wandlg u Minderg, werden dch Nr 11 nicht geschützt. – **c)** Nr 11 ist von derart grdlegder Bedeutg, daß es gem §§ 9, 24 S 2 auch im Verk zw **Kaufleuten** anwendb ist (BGH **93**, 342, Ul-Br-He Rn 22). Bei der Bejahg einer konkludenten Zusicherg sind im kaufm Bereich aber strengere Anforderdgen zu stellen als bei VerbraucherGesch.

76 **12) Laufzeit bei Dauerschuldverhältnissen (Nr 12). – a)** Nr 12 ist entgg ihrer Überschrift auf typ DauerSchuldVerh (Einl 17 v § 241), wie Miete, Pacht, Leasing, Franchising u AutomatenaufstellVertr, nicht anzuwenden (s BGH NJW **85**, 2328, **93**, 1134). Sie erfaßt vielmehr nur **Kauf-, Werk- und Dienstverträge,** sofern diese auf **regelmäßige Erbringung** von Leistgen gerichtet sind. Der zeitl Abstand zw den einzelnen Leistgen u der Leistgsumfang kann unterschiedl sein. Nicht erfaßt werden aber Vertr, in denen Leistgen nur nach dem Zufallsprinzip zu erbringen sind, wie etwa der Ersatz verlorener Schlüssel (KG NJW-RR **94**, 1267). – **aa) Lieferung von Waren.** Die Waren (Begriff s § 196 Rn 9) müssen period zu liefern sein. Bsp sind Zeitgs- od Zeitschriftenabonnements, Mitgliedsch in Buch- od Schallplattenclubs, Vertr über die Lieferg von Werbematerial (BGH **84**, 113), an sich auch Sukzessivliefergs Vertr (Stgt NJW-RR **92**, 888) u BierliefergsVertr (Ffm NJW-RR **88**, 177), s aber § 24. – **bb) Dienstleistungen.** Bsp sind vor allem Unterrichts Vertr (Köln NJW **83**, 1002, Ffm NJW-RR **87**, 439), Vertr mit Ehevermittlgsinstituten, uU auch Vertr zw WoEigtümer u Verw (KG NJW-RR **89**, 839), SchlankhKurse, SteuerberatgsVertr, FitnessVertr (Hamm NJW-RR **92**, 242, 444, aA Düss NJW-RR **92**, 55), TrainingsVertr (LG Hbg DB **87**, 1483), PflegeVertr, nicht aber der MakleralleinAuftr, da er nicht auf regelmäß zu erbringde Dienste gerichtet ist (BGH BB **81**, 756). – **cc) Werkleistungen.** Erfaßt werden insb WartgsVertr u Vertr über die Fenster- od Gehwegreinigg. 77 Unter Nr 12 fallen aber auch BesorggsVertr, wie etwa der GiroVertr. – **dd) Ausgenommen von Nr 12** sind Vertr über die Lieferg von Elektrizität u Gas (§ 23 II Nr 2), vorausgesetzt, sie stimmen mit den AVB überein (Martinek BB **89**, 1283), Arb- u GesellschVertr (§ 23 I), letztere aber nicht, soweit es um Dienstleistgen außerh des eigentl GesellschZwecks geht (BGH NJW-RR **92**, 379), ferner die in § 23 II Nr 6 angeführten Vertr: (1) Vertr über die Lieferg als zugehör verkaufter Sachen. Der Begriff entspricht VerbrKrG 2 Nr 1 u ist im AGBG ebso auszulegen wie im VerbrKrG (s dort). Er umfaßt daher auch Buchreihen, sofern diese nach obj Kriterien od dem PartWillen eine Einh bilden (BGH NJW **93**, 2053). (2) VersVertr. Die ausdr Freistellg dient ledigl der Klarstellg (BVerfG NJW **86**, 243). VersVertr fallen bereits tatbestandl nicht unter Nr 12. (3) Vertr mit urheberrechtl VerwertgsGesellsch. Für diese dch Ges v 9. 5. 64 geregelten Vertr passen die strikten Verbote der Nr 12 nicht.

78 **b) Laufzeit des Vertrages (Nr 12a). – aa)** Unzul ist eine erstmalige Laufzeit von **mehr als 2 Jahren.** Die Frist beginnt mit dem Abschluß des Vertr (BGH **122**, 63, aA hier 52. Aufl). Eine Probezeit, währd der der Kunde ein KündR hat, rechnet jedoch nicht mit (BGH **120**, 113). Nr 12 gilt auch dann, wenn der Kunde dch entspr Ankreuzen eine kürzere Laufzeit als 2 Jahre hätte wählen können (Ul-Br-He Rn 9, Lö-vW-Tr Rn 21). Das Verbot erfaßt auch Klauseln, die den Anschein einer zu langen Bindg hervorrufen (Ffm NJW-79 RR **89**, 958). – **bb)** Auch wenn die Laufzeitregelg mit der wenig verbraucherfreundl Nr 12a vereinb ist, kann sie nach der **Generalklausel** des § 9 unwirks sein (BGH **90**, 283, **100**, 375, **120**, 114). Für Zeitgs- u Zeitschriftenabonnements wie Mitgliedsch in Buchclubs liegt die max § 9 zul Höchstdauer entspr der bisherigen VertrPraxis bei 12 Mo (Lö-vW-Tr Rn 22, Hbg NJW-RR **87**, 47, aA BGH **100**, 376, Ffm NJW-RR **89**, 958). Bei FitnessVertr wird die HöchstbindgsDauer auf 6 Mo zu veranschlagen sein (s Karlsr NJW-RR **89**, 243: 18 Mo zu lang; LG Saarbr NJW-RR **90**, 890: 12 Mo zu lang). Auch bei UnterrichtsVertr ist eine Laufzeit von 2 Jahren mit § 9 nicht vereinb (§ 9 Rn 133 u 76). In der PartnerschVermittlg sind Laufzeitregelgen wg des unabdingb KündR des Kunden aus § 627 (BGH **106**, 346) leerlaufd (AGB-Klauselwerke/v Westphalen, PartnerschVermittlgsVertr Rn 33); sie können aber gem § 9 Rn 16a unwirks sein, weil sie dieses KündR scheinb ausschließen.

80 **c) Nr 12b und c. – aa) Verlängerung des Vertrages.** Nr 12b gilt nicht nur, wenn die VertrVerlängerg *ipso jure* eintritt, sond auch dann, wenn sie von einer entspr Erkl des Verwders abhängt. Die Fr von 1 Jahr ist die äußerste Höchstgrenze. Bei den in Rn 79 angeführten Vertr ist eine VertrVerlängerg um mehr als 6 Mo mit § 9 unvereinb (aA BGH **100**, 380 für das Zeitschriftenabonnement); bei Fitnesslehrgängen beträgt die HöchstFr 6 Mo (LG Hbg NJW-RR **88**, 317, LG Ffm NJW-RR **91**, 184, LG Darmstadt NJW-RR **91**, 1016, wohl auch Düss NJW-RR **92**, 55), u zwar auch dann, wenn die ursprüngl Laufzeit dch IndVereinbg auf 1

Jahr festgelegt war (AG Norderstedt VuR **93**, 247). In der PartnerschVermittlg ist – trotz des Rechts zu jederzeit Künd (BGH **106**, 346) – eine Verlängerg um 6 Mo zu lang (Düss NJW-RR **95**, 369). – **bb) Kündi-** 81 **gungsfrist.** Für Nr 12c ist gleichgült, ob die Künd die erste od die stillschw verlängerte Laufzeit betrifft. Ein Verstoß gg Nr 12c liegt auch dann vor, wenn zwar die Fr von 3 Monaten beachtet, die Künd aber nur für ein od zwei Termine im Jahr zugelassen w (Scheffler MDR **82**, 20, aA AG Gütersloh MDR **84**, 404). Haben die Part eine Erstlaufzeit von 6 Mo vereinb, verstößt eine KündFr von 3 Mo gg § 9 (LG Hbg DB **87**, 1482). Das KündR aus **wichtigem Grund** (Einl 18 v § 241) kann dch AGB nicht ausgeschl w, § 9 II 1 (BGH NJW **86**, 3134, Hamm NJW-RR **92**, 243). Zul Laufzeitregelgen brauchen aber nicht ausdr darauf hinzuweisen, daß das KündR aus wichtigem Grd unberührt bleibt (BGH NJW **93**, 1135). Zur Form der Künd s Nr 16.

d) Rechtsfolgen. Die gg Nr 12 verstoßde Klausel ist im ganzen unwirks; an die Stelle der zu langen Fr 82 tritt nicht etwa die gerade noch zul HöchstFr (BGH **84**, 115, Vorbem 9 v § 8). Die Lücke wird bei DienstVertr gem § 6 II dch §§ 620 II, 621 geschlossen. Beim Kauf- u WkVertr fehlen entspr Vorschr. Die Lücke muß daher iW ergänzder VertrAusslegg geschl w (§ 6 Rn 6). Dabei können die übl Fr, soweit sie sich im Rahmen des Angemessenen halten, einen Anhalt bieten (Ul-Br-He Rn 17); in geeigneten Fällen kann aber auch auf §§ 620 II, 621 rekurriert w.

e) Auch im **kaufmännischen Verkehr** (§§ 9, 24 S 2) sind formularmäß Klauseln über eine längere 83 VertrDauer nur im Rahmen des Angemessenen zul, wobei auf die Gebräuche u Gewohnh des HandelsVerk Rücks zu nehmen ist. Die auf den Schutz des Letztverbrauchers zugeschnittene Nr 12 kann für RGesch zw Kaufl nicht übernommen w (allgM). Bei WartgsVertr für Telefonanlagen ist eine Laufzeit von 10 Jahren zul (Stgt NJW-RR **94**, 952).

13) Wechsel des Vertragspartners (Nr 13). – a) Nr 13 soll verhindern, daß dem Kunden ein neuer 84 unbekannter VertrPartner aufgezwungen w kann. Sie gilt für Kauf-, Dienst- u WkVertr jeder Art. Auf MietVertr ist Nr 13 dagg weder direkt noch entspr anwendb (*arg* § 571). Auch LeasingVertr fallen nicht unter das Verbot (Lö-vW-Tr Rn 8). Gg Nr 13 verstoßde Klauseln sind idR auch mit dem Vorrang der IndividualVereinbg (§ 4) unvereinb. – **b)** Nr 13 betrifft die Übertragg des Vertr im ganzen, also die **Vertragsübernahme** (§ 398 Rn 38). Sie ist auf die SchuldÜbern (§§ 414ff) entspr anzuwenden (Ul-Br-He Rn 5), nicht aber auf die Abtr (§ 398), da diese keine Zust des Schu voraussetzt. Der Dr muß an die Stelle des Verwders treten. Die Hinzuziehg von ErfGeh wird von Nr 13 nicht erfaßt. Entspr anwendb ist Nr 13 aber, wenn in einem GeschBesorggsVertr formularmäß die Substitution (§ 664) zugelassen w (Heinrichs RWS-Forum 2 S 128, aA Kubis NJW **89**, 1515). Ändergen in der RPersönlichk des Verwders (Umwandlg) fallen nach Wortlaut ("Dritter") u Zweck nicht unter das Verbot, wenn die Identität gewahrt bleibt. – **c)** Der 86 **Wechsel** ist **zulässig,** wenn alternativ folgde Voraussetzgen erfüllt sind: – **aa)** Der Dr muß mit **Namen** u **Anschrift** in den AGB angegeben sein (BGH NJW **80**, 2518). – **bb)** Dem Kunden muß ein **Recht zur Lösung vom Vertrag** eingeräumt w, u zwar zur sofort Beendigg des Vertr (LG Köln NJW-RR **87**, 886). Dieses Künd- od RücktrR braucht nur in dem Fall zu bestehen, daß der Verwder von der Übertraggsmöglichk Gebrauch macht (Ul-Br-He Rn 9). An die Ausübg des Rechts dürfen keine Nachteile geknüpft sein. – **d)** Im Verk zw **Kaufleuten** (§§ 9, 24 S 2) ist darauf abzustellen, ob der Wechsel des VertrPartners derart Interessen des and u Teils beeinträchtigt. Das ist idR zu bejahen, vor allem dann, wenn es auf Zuverlässigk u Solvenz des Partners ankommt (BGH NJW **85**, 54; AutomatenaufstellVertr) od wenn mit dem PartWechsel eine Änderg der VertrDchführg verbunden ist (BGH **LM** § 242 Bc Nr 23; BierliefergsVertr).

14) Haftung des Abschlußvertreters (Nr 14). – a) Wer als **Vertreter** eines and eine WillErkl abgibt, 87 will nicht sich, sond den Vertretenen verpfl. AGB, die eine Mithaftg des Vertreters vorsehen, sind daher idR schon wg Verstoßes gg §§ 3 u 4 unwirks (LG Bielef NJW **73**, 1797 zum fr R). Nr 14 hat demggü im wesentl nur **klarstellende** Bedeutg. Er gilt sowohl für den rgeschäftl als auch für den gesetzl Vertreter. – **b)** Eine 88 **Mithaftung** des Vertreters kann wirks begründet w: – **aa)** Durch eine entspr ausdr u **gesonderte Erklärung,** Nr 14a. Einer völl Trenng dieser Erkl vom VertrFormular bedarf es nicht (BGH **104**, 237, Köln ZIP **95**, 46). Auch eine drucktechn Hervorhebg od eine bes EinbezVereinbg sind nicht erforderl (BGH aaO). Für den Vertreter muß aber auf den ersten Blick erkennb sein, daß er eine Eigenhaftg übernimmt (Ul-Br-He Rn 9). Aus dem Schutzzweck der Norm, nicht aus ihrem Wortlaut ergibt sich als weiteres Erfordern eine bes Unterschr unter der Erkl (Ffm NJW **86**, 1943, str). – **bb)** Durch ein **Handeln im eigenen Namen.** Wenn der Vertreter zugl als "Mitbesteller", "Mitkäufer" oder "Mitmieter" auftritt, ergibt sich seine Mithaftg aus allg RGrds. Nr 14 ist in diesem Fall nicht anwendb (BGH **104**, 98). Eine formularmäß Klausel, daß der Vertreter zugl auch im eig Namen abschließe, kann aber an §§ 3, 5 scheitern (BGH aaO). Der Vertreter kann die Mithaftg auch dch eine mdl IndVereinbg übernehmen, ein Fall, der prakt allerdings kaum vorkommt. – **c)** Durch **14b** spricht vom vollmachtlosen Vertreter, meint aber in Wahrh alle Vertreter ohne Vertretgsmacht. Er verdankt seine Entstehg einem Urt des LG Nürnbg (NJW **62**, 1513) u besagt etwas Selbstverständl: Eine weitergehende als die gesetzl Haftg (§ 179) kann nur dch eine IndVereinbg zw Verwder u dem Vertreter ohne Vertretgsmacht begründet w. – **d)** Als Ausprägg des § 4 gilt Nr 14 auch im **kaufmännischen Verkehr** (MüKo/Basedow Rn 232).

15) Beweislast (Nr 15). – a) Nr 15 geht davon aus, daß die Beweislastregeln nicht auf bloßen Zweckmä- 90 ßigkErwägen beruhen, sond Ausdr von sachlogisch bedingten **Gerechtigkeitsgeboten** sind. Sie enthält daher ein **allgemeines Verbot** von Beweislaständergen zum Nachteil des Kunden. Die SonderVorschr der Nr 15a hat ggü diesem generellen Verbot keine eigenständ Bedeutg. Sie erweitert die **Beweislastverteilung nach Verantwortungsbereichen** (§ 282 Rn 8) nicht etwa zu einem allg RPrinzip, sond schützt diese nur in dem von Ges u Rspr anerkannten Umfang (Lö-vW-Tr Rn 24). Aufgenommen worden ist Nr 15a vor allem deshalb, weil das in ihm enthaltene Teilverbot bereits vor dem AGBG richterrechtl anerkannt war (BGH **41**, 153). – **b) Umfang des Verbots.** Nr 15 verbietet jegliche Änderg der Beweislast zum Nachteil 91 des Kunden, gleichgült ob es sich um gesetzl od richterrechtl Beweislastregeln handelt. Geschützt wird auch die Vermutg der Vollständigk u Richtigk von Urk; die fr Regel in den AGB der Sparkassen, daß die internen Eintraggen in den GeschBüchern den Vorrang vor den Eintraggen in den Sparbüchern haben, war daher unwirks (AG Hbg NJW **87**, 2022). Verboten sind auch Erschwergen der Beweisführg dch Beweismittelbeschränkg od Änderg der Grds über den Beweis des ersten Anscheins (BGH NJW **88**, 258). Zul sind dagg formularmäß abstrakte Schuldanerkenntn, da das Ges die Verwendg dieses RInstituts nicht verbieten will (BGH **99**, 282, **114**, 12). Das gilt entspr für die Unterwerfg unter die ZwVollstr, auch wenn dem Gläub eine vollstreckb Ausfertigg ohne Nachweis der Fälligk zu erteilen ist (Hamm DNotZ **93**, 244, Celle NJW-RR **91**, 667, Mü NJW-RR **92**, 125, LG MöGladbach NJW-RR **91**, 696, Rastätter NJW **91**, 392, aA Nürnbg NJW-RR **90**, 1467, Stgt OLGZ **94**, 102, LG Waldshut NJW **90**, 193, LG Köln DNotZ **90**, 577; BGH NJW **92**, 2161 läßt offen). Nr 15 bedarf im übrigen einer teleolog **Reduktion:** Soweit der Verwder für best Umst jede Haftg ausschl kann (Bsp: Haftg für einf Fahrlk von ErfGeh), darf er auch das weniger Belastde tun u seine Haftg unter Umkehr der Beweislast aufrechterhalten (Staud-Schlosser Rn 4, str). Sonderregelgen bestehen für SchadErs- u Wertmindergspauschalen (§ 11 Nr 5) u Zugangsfiktionen (§ 10 Nr 6), dagg nicht

92 für AVB. – **c) Tatsachenbestätigungen (Nr 15 b).** Sie sind nach dem Schutzzweck der Nr 15 b nicht nur in dem prakt seltenen Fall unzul, daß sie die Beweislast umkehren, sond auch dann, wenn sie die Beweislast faktisch zum Nachteil des Kunden verschieben (BGH **99**, 379, Stgt NJW-RR **86**, 275, **87**, 143). Wird mehr bestätigt als der bloße Empfang, verstößt die Bestätigg gg Nr 15 b. Unwirks sind daher: die Erkl, die VertrBdggen seien im einzelnen ausgehandelt worden (BGH u Stgt aaO); der Verwendgsgegner habe die Sache in einwandfreiem Zustand übernommen (Celle WM **94**, 889); die Bestätigg, der Vertr sei ins Polnische übersetzt u nach dem Übergangswohnheim abgeschl worden (Kblz NJW-RR **94**, 58); die Erkl, der Verwendgsgegner sei über das WiderrufsR nach dem HausTWG belehrt worden (Kblz aaO); er habe genaue Kenntn von der Baustelle (Ffm NJW-RR **86**, 246); er habe eine Dchschrift des Vertr, der AGB od eine Belehrg über sein WiderrufsR erhalten (BGH **100**, 381, NJW **88**, 2106, **91**, 1753); der Vertr sei aGrd vorhergehder Bestellg zustande gekommen (Zweibr NJW-RR **92**, 565); er bestätige die Richtigk aller Maßangaben (BGH NJW **86**, 2574, Ffm NJW-RR **86**, 274); er habe das Obj besichtigt (LG Ffm NJW **88**, 499); Erkl über den GesundhZustand (BGH NJW-RR **89**, 817, Stgt NJW-RR **88**, 1082). Dagg unterliegt die formularmäß Bestätigg der Einbeziehgsvoraussetzgen nicht der InhKontrolle (BGH NJW **82**, 1388). Die Klausel, daß Nebenabreden nicht getroffen worden seien, kann als sog VollständigkKlausel wirks sein (§ 9 Rn 128). Nr 15 b erfaßt auch formularmäß **Tatsachenfiktionen** (Ul-Br-He Rn 17, Wo-Ho-Li Rn 21):

93 Wenn widerlegl TatsBestätiggen unzul sind, muß das „erst recht" für unwiderlegl gelten. – **d)** Wirks sind dagg gesondert unterschriebene **Empfangsbekenntnisse** (Quittg, § 368). Eine bes Urk ist nicht erforderl. Das Empfangsbekenntn muß aber vom übrigen VertrText deutl abgesetzt sein (Hbg ZIP **86**, 1260). Die Unterschrift darf sich nur auf das Empfangsbekenntn beziehen u muß den Anfordergen von § 126 Rn 5 ff genügen (BGH **100**, 382, NJW **93**, 67); das zus mit der WiderRBelehrg nach HausTWG 2 I 3 unterschriebene Empfangsbekenntn ist unwirks (BGH NJW **93**, 2868). Das vom Patienten bes unterschriebene AufklFormular verstößt nicht gg Nr 15 b (Jungbecker MedR **90**, 173, str), beweist aber nicht die Ordngsmäßigk der Aufkl, da der Patient diese nicht zu beurteilen vermag. – **e)** Das Verbot von Beweislastklauseln ist gem § 9 II Nr 1, 24 S 2 grdsl auch im **kaufmännischen Verkehr** anzuwenden (BGH NJW-RR **93**, 864). Das gilt vor allem für den dch Nr 15 a geschützten Grds (BGH **101**, 184). Die Beweislastregelg des ADSp 51 b S 2, wonach der AnsprSteller grobes Versch des Spediteurs zu beweisen hat, verstößt nach Ansicht des BGH (NJW **95**, 1490) nicht gg das AGBG. Nr 15 b kann nicht allg, sond nur nach Maßg der Umst des Einzelfalls für RGesch zw Kaufl übernommen w.

94 **16) Form von Anzeigen und Erklärungen (Nr 16).** – **a)** Nr 16 soll verhindern, daß dem Kunden bei Ausübg seiner Rechte dch übersteigerte Form- od Zugangserfordern RNachteile entstehen. Sie betrifft ausschließl Anzeigen u Erkl des Kunden, nicht dagg vertragl Abreden od Erkl des Verwders. Gleichgült ist, ob es sich um geschäftsähnl Hdlgen (Mahng, FrSetzg, Aufforderg, Mitteilg, Mängelanzeigen, s Übbl 6 ff v § 104) od um ein einseit RGesch (Anf, Rücktr, Künd) handelt. Aus Nr 16 ergibt sich, daß das Schriftformerfordern für einseit Erkl des Kunden wie Rücktr od Künd mit § 9 vereinb ist (BGH NJW-RR **89**, 626). –

95 **b)** Der Verwder darf keine strengere **Form** als die Schriftform (§§ 126, 127) vorschreiben. Er ist daher nicht **96** berecht, die Benutzg seiner Formulare zur WirksamkVoraussetzg für die Erkl zu machen (Mü NJW-RR **87**, 664, Ul-Br-He Rn 5) od eine telegrafische od fernschriftl Erkl zu verlangen. – **c)** Unzul sind auch Klauseln, die besondere, von der gesetzl Regelg (§ 130) abweichde **Zugangserfordernisse** festlegen. Der Verwder kann daher weder die Übermittlg dch eingeschriebenen Brief (BGH NJW **85**, 2587) noch die Ablieferg gg Quittg vorschreiben (LG Mü AGBE I Nr 141 u 143). Unzul ist auch die Klausel, daß die Erkl einer best **97** Stelle des Verwders (HauptVerw, Kundendienst) zugehen muß (Wo-Ho-Li Rn 10). – **d)** Auf RGesch zw **Kaufleuten** ist Nr 16 auch nicht entspr anwendb (Alisch JZ **82**, 708, MüKo/Basedow Rn 253, Ul-Br-He Rn 11, hM, aA hier 52. Aufl).

Zweiter Abschnitt. Kollisionsrecht

AGBG 12 *Zwischenstaatlicher Geltungsbereich.* **Unterliegt ein Vertrag ausländischem Recht oder dem Recht der Deutschen Demokratischen Republik, so sind die Vorschriften dieses Gesetzes gleichwohl zu berücksichtigen, wenn**

1. **der Vertrag auf Grund eines öffentlichen Angebots, einer öffentlichen Werbung oder einer ähnlichen im Geltungsbereich dieses Gesetzes entfalteten geschäftlichen Tätigkeit des Verwenders zustande kommt und**
2. **der andere Vertragteil bei Abgabe seiner auf den Vertragsschluß gerichteten Erklärung seinen Wohnsitz oder gewöhnlichen Aufenthalt im Geltungsbereich dieses Gesetzes hat und seine Willenserklärung im Geltungsbereich dieses Gesetzes abgibt.**

1 **1) Allgemeines: a)** Das IPRG hat die Geltg der Vorschr unberührt gelassen; die im RegEntw vorgesehene Streichg ist nicht Gesetz geworden, vgl dazu BT-Drucks 10/5632 S 48. § 12 hat sich aber dch EG 29 weitgehd erübrigt. Bei Vorliegen der Voraussetzgen des § 12 unterliegt ein **Verbrauchervertrag,** vgl dazu EG 29 Rn 2, trotz Maßgeblk ausl Rechts aGrd entspr RWahl nach EG 29 I den zwingden Vorschren des dtschen Rechts zum Schutz des Verbrauchers; z ihnen gehören auch die Best des AGBG. Diese sind im Rahmen v EG 29 I unmittelb anzuwenden, vgl dort Rn 6; soweit EG 29 I eingreift, ist desh die in § 12 vorgesehene Berücksichtigg, vgl Rn 5, ggstandslos. § 12 behält jedoch prakt Bedeutg außerh des Anwendgsbereichs v EG 29 I, insb bei den in EG 29 IV genannten Vertren, s dort Rn 2; vgl näher Grundmann IPRax **92,** 3. Zur bevorstehden Anpassg an die EG-Richtlinie über mißbräuchl Klauseln in VerbrVertren v 5. 4. 93 Ulmer EuZW **93,** 346, Eckert WM **93,** 1077, Remien ZEuP **94,** 64, v Westphalen NJW **94,** 2117, Nieling WiB **94,** 864, Baumert EWS **95,** 57; trotz der nicht fristgem erfolgten Umsetzg kommt eine Transformation der RL dch Auslegg, vgl dazu Anh nach AGBG 30 Rn 11, hier nicht in Betr, da die in Art 6 II gebrauchte Formulierg eines „engeren Zusammenhangs" mit dem Gebiet der Mitgliedstaaten hierfür zu unbestimmt ist u die in AGBG 12 Nr 1 u 2 normierten Vorauss zu detailliert sind, um eine entspr Auslegg vorzunehmen, ebso Heinrichs NJW **95,** 159. **b)** Die Vorschr des AGBG sind in Fällen mit Auslandsberührg **2** jedenf dann anzuwenden, wenn der Vertr dtschem Recht untersteht. Kraft der das internat SchuldR beherrschden Privatautonomie steht es den Part jedoch grdsl frei, das anwendb Recht dch ausdr od stillschweigde RWahl zu best, Art 27 I; bei Fehlen einer RWahl ist das maßg Recht aGrd objektiver Anknüpfgskriterien (engste Verbindg, charakteristische Leistg, gewöhnl Aufenth des Verbrauchers usw) z ermitteln, vgl Art 28 f. Dch zweckdienl RWahl oder Beeinflussg der objektiven Anknüpfgsmerkmale können deshalb auch unliebs zwingde Vorschr des dtschen Rechts zG einer den Interessen einer Part besser entspr ROrdng ausgeschaltet werden. Die Gefahr unlauterer Manipulationen ist gerade bei der Verwendg von AGB wg der wirtschaftl u intellektuellen Überlegenh des Verwenders nicht gering. Aus diesem Grd schreibt § 12 die Berücksichtigg des AGBG auch bei Geltg ausl Schuldstatuts vor, wenn best Inlandsbeziehgen vorliegen; eine entspr Regelg enth FernUSG 11. Flugbefördgsbedinggen, die ledigl das Warschauer Abk wiederholen, sind der AGB-Inhaltskontrolle zB nach § 12 wg des Vorrangs des ratifizierten StaatsVertrR entzogen, Lindacher IPRax **84,** 301. § 12 setzt zwar die Maßgeblichk ausl Rechts voraus, ist aber gem EG 31 I auch auf das Zustandekommen einer RWahlklausel anwendb, vgl Meyer-Sparenberg RIW **89,** 350, zustd Rauscher ZZP **91,** 315. Die Vorschr ist **unanwendbar** ggü **Kaufleuten** u JPers des öff R, vgl § 24 mit Erl; damit **3** kommt insow bei Anwendbark ausl Rechts auch § 9 nicht in Betr, vgl Boll IPRax **87,** 12, Stoll Fschr Kegel (1987) 634; eine Ausn kann sich aber im Einzelfall aus EG 27 III ergeben, vgl dort Rn 4, sowie Ul-Br-He-Schmidt Rn 15, Wolf ZHR **89,** 317, für Sonderanknüpfg gem Art 34 v Westphalen NJW **94,** 2116; die Kaufmannseigensch beurteilt sich dabei nach HGB, Canaris, BankVertrR, 2. Aufl 1981 Anm 2505, abw Hübner NJW **80,** 2606; z ausl HandelsVertretern s Hepting RIW **89,** 340.

2) Voraussetzungen: Die regelw Ausdehg des Anwendgsbereichs des AGBG bei Maßgeblk eines ausl **4** Schuldstatuts greift aber nur dann ein, wenn die **räumlichen Beziehungen** des Gesch zum inl Markt den Schutz der inl Verbr gebieten. Diese Voraussetzg sieht § 12 als erf an, wenn (kumulativ) a) der Vertr zustandekommt aGrd (Kausalität, Wolf/Horn/Lindacher Rz 12) einer Initiative des Verwenders im Werbg od einer ähnl geschäftl Initiative des Verwenders im Inland u b) der Kunde bei VertrAbschl seinen Wohns oder gewöhnl Aufenth (vgl dazu EG 5 Rn 10, 11) im Inland hat u seine WillensErkl (mündl oder dch Absendg eines Schriftstücks) im Inland abgibt. Bestellt ein im Inland wohnh Verbr bei einem Untern mit Sitz im Ausland, ohne dch eine im Inland erfolgte Werbg dazu veranlaßt worden zu sein, so ist § 12 ebswen anwendb wie bei einem VertrAbschl währd eines AuslandsAufenth, selbst wenn er dch Werbg im Inland vorbereitet od die Auslandsreise vom Untern organisiert (Kaffeefahrt) worden ist, vgl Begr zu RegEntw BT-Drucks 7/3919 S 41, Hamm NJW-RR **89,** 497, Erman-Werner Rn 9, sowie EG 29 Rn 5. Die BewLast für das Vorliegen dieser Voraussetzgen trägt nach allg Grds derj, der sich auf die Anwendbk der Vorschr beruft; für BewLastumkehrg dagg Stein, AGBG Rdz 3.

3) Durchsetzung des AGBG: Sind die erfdl Inlandsbeziehgen gegeben, so sind die Vorschr des AGBG **5** „zu berücksichtigen". § 12 schreibt also bei ausl VertrStatut nicht ausnahmslos die unmittelb Anwendg des AGBG vor, sond trägt der jew Ausgestaltg der ausl Rechts Rechng. Bietet dieses dem Verbr im Erg einen entspr Schutz, so besteht für die Anwendg des Gesetzes keine Veranlassg; ist dies nicht der Fall, so muß die Anwendg des AGBG die etwa bestehden Systemunterschiede zw dtschem u ausl Recht berücksicht, vgl Begr zum RegEntw aaO. Die Vorschr sichert also die Beachtg des **deutschen Rechts** als eines **Mindeststandards,** hinter dem das VertrStatut zum Nachteil des Verbr im Erg nicht zurückbleiben darf, ebso Jayme ZHR **78,** 119, v Westphalen WPM **78,** 1315, Hausmann WPM **80,** 737, Stoll Fschr Kegel 633, wohl auch Sonnenberger Fschr Ferid (1978) 393; abw Staud-Schlosser Rz 8, der auch ein Unterschreiten dieses Standards zulassen will, so jetzt auch Grundmann IPRax **92,** 3 wg des völkerrechtl Inkrafttr des EG-Übk v 19. 6. 80, vgl dazu Rn 1 vor Art 27. Auf welchem rechtstechn Weg ein dem AGBG gleichwert Verbraucherschutz gewährleistet wird, ist unerhebl. Erfdl ist also ein Vergl der materiellen Lösgen, zu welchen das dtsche Recht u das ausl Schuldstatut im konkreten Fall gelangen, ebso Jayme ZHR **78,** 119, MüKo/Kötz Rz 5, Wolf/Horn/Lindacher Rz 17, Hübner NJW **80,** 2604. Nur wo diese Lösgen zu unterschiedl Ergebn führen, ist nach § 12 ein dem dtschen AGBG entspr VerbrSchutz zu gewährleisten, Ul-Br-He-Schmidt Rn 11, aM Reichert-Facilides VersR **78,** 481 (für Sonderanknüpfg v §§ 1–7 AGBG); nach dem klaren Wortlaut des § 12 sind dabei sämtl Vorschr des AGBG in Betr z ziehen, aM v Westphalen WPM **78,** 1316, wie hier jetzt Staud-Schlosser Rdz 2, Reithmann/Martiny Rz 458, Wolf/Horn/Lindacher Rz 19, Erman-Werner Rn 13. Die Vorschr ähnelt in ihrer Funktion somit einer bes **Vorbehaltsklausel,** vgl Kropholler **6** RabelsZ **78,** 651, Schütze Betr **78,** 2304, Grundmann IPRax **92,** 1, abl Landfermann AWD **77,** 445; zum Verh zu EG 6 vgl dort Rn 9–12. Wie bei jeder Anwendg des ordre public ist der Eingr in das in erster Linie zur Anwendg berufene ausl Schuldstatut auf das unbedingt erfdl Mindestmaß zu beschr; es sind nur diej Korrekturen vorzunehmen, die notw sind, um mit den Best des AGBG zu vereinbare Erg zu erzielen; z den prakt Schwierigk einer solchen Anpassg vgl Sonnenberger, Fschr Ferid (1978) 394, Mühl Fschr Mühl (1981) 465. Bei Unwirksamk einz Klauseln ist die Lücke grdsl aus dem ausl VertrStatut zu schließen, Reithmann/Martiny Rz 459.

Dritter Abschnitt. Verfahren

Vorbemerkung

1 **1) Entstehung und Bewährung der Verfahrensvorschriften.** Die Unzulänglichk der richterl InhKontrolle vor Inkrafttreten des AGBG beruhte zu einem wesentl Teil auf ihrer **fehlenden Breitenwirkung.** Wenn ein Ger eine Klausel für unwirks erklärte, galt diese Feststellg nur für den EinzFall. Der Verwder war nicht gehindert, die mißbilligten Klauseln weiterzubenutzen u sie gg rechtl unerfahrene Kunden auch dchzusetzen. In der Reformdiskussion bestand daher Einverständn darü, daß das AGBG auch Vorschr über ein KontrollVerf enthalten müsse. Heftig umstr war aber, wie das KontrollVerf am zweckmäßigsten u wirksamsten auszugestalten sei. Der GesGeber hat Modelle der Präventivkontrolle mit Recht abgelehnt u sich für eine nachträgl gerichtl Kontrolle entschieden u hierzu den Verbraucher- u WirtschVerbänden UnterlAnspr eingeräumt (§ 13). In den ersten Jahren nach Inkrafttreten des AGBG haben die Verbände von der KlagMöglichk des § 13 nur mit Zurückhaltg Gebrauch gemacht. Die anfängl vorgebrachten Bedenken
2 wg der geringen **Effektivität** des KontrollVerf sind aber nicht mehr berecht (aA MüKo/Gerlach Rn 29). Es gibt inzw mehr als 2000 veröffentlichte Urt zur Auslegg u Dchsetzg des AGBG. Auch verfahrensrechtl hat das AGBG seine BewährgsProbe bestanden. Daß im RVerk noch immer unwirks AGB verwandt w, spricht nicht gg diese Beurteilg; es gibt auch trotz der RSchutzMöglichk des UWG weiterhin unlauteren Wettbew u trotz des GWB weiterhin verbotsw Kartellabsprachen.

3 **2) Rechtsnatur der AGB-Kontrollklage:** Der Unterl- u WiderrAnspr des § 13 soll gewährleisten, daß der RVerk von unwirks AGB freigehalten w (BGH **92**, 26, NJW **83**, 1853, **90**, 318). Er dient damit vor allem dem Schutz des Verbrauchers. Obwohl AGB keine RNormen sind (§ 1 Rn 1), hat das in §§ 13 ff geregelte Verf Übereinstimmung mit der abstr Normenkontrolle (E. Schmidt NJW **89**, 1192). Auch im Verf gem §§ 13 ff geht es darum, eine abstrakt-generelle Regelg losgelöst von einem Einzelfall auf ihre Vereinbark mit einer (ranghöheren) Norm zu überprüfen. Die Entsch lautet aber nicht auf Feststellg der Unwirksamk der AGB, sond auf Unterlassg od Widerr. Der Anspr ist dem entspr wettbew Anspr nachgebildet. Ihm dieser ist er kein rein proz RBehelf, sond ein den Verbänden im öff Interesse zugewiesener mat-rechtl Anspr iS des § 241, arg § 13 IV (BGH NJW-RR **90**, 887, M. Wolf ZZP **94**, 100). Die GgAns, es handele sich in Wahrh um eine privrechtl Kontrollkompetenz (so od ähnl E. Schmidt aaO, Gilles ZZP **98**, 1), berücksichtigt nicht, daß eine Kontrollkompetenz auch dch Zuweisg von Anspr begründet w kann.

AGBG 13 *Unterlassungs- und Widerrufsanspruch.* [I] Wer in Allgemeinen Geschäftsbedingungen Bestimmungen, die nach §§ 9 bis 11 dieses Gesetzes unwirksam sind, verwendet oder für den rechtsgeschäftlichen Verkehr empfiehlt, kann auf Unterlassung und im Fall des Empfehlens auch auf Widerruf in Anspruch genommen werden.

[II] Die Ansprüche auf Unterlassung und auf Widerruf können nur geltend gemacht werden

1. von rechtsfähigen Verbänden, zu deren satzungsgemäßen Aufgaben es gehört, die Interessen der Verbraucher durch Aufklärung und Beratung wahrzunehmen, wenn sie in diesem Aufgabenbereich tätige Verbände oder mindestens fünfundsiebzig natürliche Personen als Mitglieder haben,
2. von rechtsfähigen Verbänden zur Förderung gewerblicher Interessen oder
3. von den Industrie- und Handelskammern oder den Handwerkskammern.

[III] Die in Absatz 2 Nr. 1 bezeichneten Verbände können Ansprüche auf Unterlassung und auf Widerruf nicht geltend machen, wenn Allgemeine Geschäftsbedingungen gegenüber einem Kaufmann verwendet werden und der Vertrag zum Betriebe seines Handelsgewerbes gehört oder wenn Allgemeine Geschäftsbedingungen zur ausschließlichen Verwendung zwischen Kaufleuten empfohlen werden.

[IV] Die Ansprüche nach Absatz 1 verjähren in zwei Jahren von dem Zeitpunkt an, in welchem der Anspruchsberechtigte von der Verwendung oder Empfehlung der unwirksamen Allgemeinen Geschäftsbedingungen Kenntnis erlangt hat, ohne Rücksicht auf diese Kenntnis in vier Jahren von der jeweiligen Verwendung oder Empfehlung an.

1 **1) Allgemeines:** Vgl Vorbem. Der Anspr aus § 13 richtet sich gg die von der Verwendg od Empfehlg unwirks Klauseln ausgehde **Störung des Rechtsverkehrs** (Vorbem 3). Formularmäß Klauseln aus dem Bereich des Arb-, Erb-, Fam- u GesellschR (§ 23 I) sowie die unter § 8 fallden Klauseln können nicht zum Ggst einer Kl gem § 13 gemacht w. Alle übr AGB können dagg mit der Klage aus § 13 angegriffen w; auf EinbezKlauseln (§ 9 Rn 80) ist § 13 nicht analog (so LG Ffm NJW-RR **92**, 443), sond direkt anwendb (§ 1 Rn 3). §§ 23 II, 24 schließen die Klage nicht aus, beschr aber uU den Prüfmaßstab. Wird ein Anspr auf die Verletzg mehrerer Klauselverbote gestützt, handelt es sich gleichwohl um einen **einheitlichen Streitgegenstand** u Anspr (BGH NJW **93**, 2053). Dringt der Verband bei einer auf die Verletzg mehrerer Klauselverbote gestützt Klage voll dch, ist daher für eine TeilAbweisg auch dann kein Raum, wenn das Ger nur einen Klauselverstoß bejaht (BGH aaO).

2 **2) Ansprüche gegen den Verwender:** Der UnterlAnspr setzt voraus: – **a)** Verwendung von AGB. Nicht erforderl ist, daß die AGB (§ 1) bereits in einen Vertr einbez worden sind. Es genügt, daß sie mit Wiederholgsabsicht in den rechtsgeschäftl Verk gebracht worden sind (BGH **101**, 275). Ausr ist daher die Bezug od der Abdruck in einem Angebot od einer Aufforderg zur Abgabe eines Angebots, der Abdruck im Kopf eines GeschBriefes (BGH **101**, 273), der Abdruck auf Rechngen (LG Mü BB **79**, 1787, LG Bln AGBE III Nr 12) od die RVerteidigg mit AGB, die nicht VertrInh geworden sind (BGH NJW **81**, 1511). Ein

UnterlAnspr besteht auch schon dann, wenn eine baldige Verwendg ernstl droht (Saarbr AGBE V § 9 Nr 36). – **b)** Die AGB müssen **unwirksame Bestimmungen** enthalten. Bei der Prüfg der Wirksamk ist die **3** **Unklarheitenregel** „umgekehrt" anzuwenden; iZw ist also von der zur Unwirksamk führden kunden-feindlichsten Auslegg auszugehen (§ 5 Rn 9, allgM), teilw unwirks Klauseln stehen völl unwirks gleich (allgM, Vorbem 9 v § 8). Nach dem GesWortlaut besteht der UnterlAnspr nur dann, wenn die Unwirksamk auf den §§ 9–11 beruht. Der Zweck des Ges, Störgen des RVerk dch die Verwdg unwirks Klauseln entggzuwirken u die Kunden vor mißbräuchl AGB zu schützen, rechtf aber eine erweiternde Auslegg: Ein UnterlAnspr ist auch dann gegeben, wenn die Klausel gg ein **gesetzliches Verbot** (§ 134) od gg eine **4** **FormVorschr** (§ 125) verstößt, sofern die verletzte Norm die gleiche Schutzrichtg hat wie die §§ 9 ff (BGH NJW **83**, 1322, **95**, 1554). Die Zulässigk der Kl läßt sich in diesen Fällen auch damit begründen, daß die Klausel zugl gg AGBG 9 verstößt (Vorbem 16 v § 8). Auch wenn das VerständlichkGebot des § 2 verletzt ist, ist die Verbandsklage zul (Stgt NJW **81**, 1106, Hamm NJW-RR **87**, 313, Schäfer, Das Transparenzgebot im Recht der AGB, 1992), ebso bei Verletzg des **Transparenzgebots** (BGH **106**, 264, **116**, 3, NJW **92**, 181, 1109, § 9 Rn 15). Auch wenn der Verwder behauptet, er habe die intransparente Klausel im Einzelfall dch Zusatzinformationen dchschaub gemacht, ist ein uneingeschränktes Klauselverbot auszusprechen (BGH **116**, 3, s aber § 17 Rn 3). Ein Verstoß gg § 3 od § 4 kann mit der Klage aus § 13 geltd gemacht w, wenn er sich unabhäng von den Umst des Einzelfalls aus einer abstrakt generellen Betrachtg ergibt (Stgt NJW **81**, 1106, Hamm NJW-RR **86**, 930, aA BGH NJW-RR **87**, 45); idR liegt zugl auch eine Verletzg des § 9 vor (BGH **92**, 26). **Einzelfälle:** Mit der Verbandsklage können gerügt werden: Verstöße gg ZPO 38 ff (BGH **86**, 284, **101**, 273), gg § 537 III (BGH **118**, 198), gg §§ 550 a, 552, 554 (BGH NJW **89**, 1674), gg § 225 (Stgt BB **82**, 1753), gg §§ 651 a ff (BGH **87**, 197, **119**, 166), gg HGB 88 a (BGH NJW **95**, 1554), gg HGB 89 b (BGH NJW **85**, 630). Dagg kann die Unangemessenh u Unwirksamk der Klausel nicht aus der Abweichg von einer fr getroffenen vertragl Abrede hergeleitet w (BGH NJW **82**, 765).

c) Passivlegitimiert ist der Verwder, dh derjenige, in dessen Namen der dch AGB vorformulierte Vertr **5** geschl w soll. Der Anspr besteht auch dann, wenn die AGB dch einen Angest od sonst Vertreter in den Verk gebracht worden sind (BGH **88**, 370). Zwar fehlt eine dem UWG 13 II entspr Vorschr. Für UnterlAnspr ist aber auch sonst anerkannt, daß sich der GeschInh die Hdlgen seiner HilfsPers ohne die Entlastgsmöglichk des § 831 I 2 als mittelb Störer zurechnen lassen muß (§ 1004 Rn 29). Verwder iSv § 13 kann auch der Vermittler (Vertreter) sein, sofern er den vermittelten Vertr zGrde legt u dies auch in seinem Interesse geschieht (BGH **81**, 230, krit Bultmann BB **82**, 703). Bsp sind der ledigl vermittelnde Gebrauchtwagen-händler, der Architekt (aA Karlsr BB **83**, 726: Empfehler), das eine Ausschreibg dchführde IngBüro (Ffm NJW-RR **86**, 245), der im Namen der Bauherrn auftretde Baubetreuer. Wer, ohne VertrPart zu sein, in die VertrAbwicklg eingeschaltet ist u dch sie begünstigt w, ist dagg kein Verwder (BGH **112**, 215). – **d) Inhalt 6 des Anspruchs.** Bei einer inhaltl nicht teilb Klausel muß sich der Anspr gg die vom Verwder benutzte Klauselfassg richten (BGH NJW **95**, 1489). Der Verwder hat alle Hdlgen zu unterlassen, die als Verwendg der unwirks Klausel aufzufassen sind (Rn 2). Bei der Abwicklg von bereits geschlossenen Vertr darf er sich nicht mehr auf die Klausel berufen (BGH NJW **81**, 1511, Ffm NJW **89**, 2265, str); die UnterlKlage kann sich daher auch ausschließl gg eine in AltVertr verwandte Klausel richten (BGH NJW **94**, 2697). Der Gedanke des **Vertrauensschutzes** (Medicus NJW **95**, 2577, Neuhof ZIP **95**, 883, krit Löwe BB **95**, 1810) ist im Rahmen von § 9 Rn 2 u in engen Grenzen wohl auch auf der Grdl des § 242 (§ 21 Rn 6) zu berücksichtigen. Bei **ergänzungsbedürftigen** Klauseln ist zu unterscheiden: Sind die in Betracht kommden Ausfüllmög-lichk nicht vorgegeben, ist die Klausel einschränkslos zu verbieten, auch wenn eine der denkb Ergänzen zur Wirksamk führt (BGH **122**, 69). Enthält die Klausel Vorgaben für die Ausfüllg u begründen nur einige die Unwirksamk, ist das Verbot entspr zu beschränken (BGH NJW **92**, 503). Ist das Ger ist nicht befugt, dem Verwder eine AufbrauchFr einzuräumen (BGH NJW **80**, 2518). – **e) Wiederholungsgefahr:** Sie ist wie **7** beim wettbewr UnterlAnspr ungeschriebenes Tatbestandsmerkmal (BGH **81**, 225), ist aber keine ProzVor-aussetzg, sond Element des mat-rechtl Anspr (§ 1004 Rn 29, str). Sie ist gegeben, wenn eine Wiederholg ernsth u greifb zu besorgen ist. Da die AGB in einer Vielzahl von Fällen verwandt w sollen (§ 1), streitet für das Vorliegen einer Wiederholgsgefahr idR eine tatsächl Vermutg (BGH **81**, 225, **119**, 165). Es ist Sache des Verwders, diese tatsächl Vermutg zu entkräften. Seine Zusage, die unwirks Klausel nicht mehr zu verwen-den, ist nicht ausr (BGH NJW **83**, 2026), insb dann nicht, wenn er die Ans vertritt, die Einwendgn gg die Wirksamk der Klausel seien an sich unberecht (BGH NJW **82**, 1370), od wenn er eine AufbrauchFr bean-sprucht (BGH NJW **82**, 2311). Ausgeräumt ist die Wiederholgsgefahr dagg, wenn der Verwder eine ernsth UnterlErkl abgibt u sich bereit erkl, die UnterlPfl dch ein VertrStrafVersprechen zu sichern (Mü BB **81**, 74, Düss DB **81**, 1663, Bunte DB **80**, 484). Wird in der Abmahng eine übersetzte VertrStrafe gefordert, muß der Verwder einen angem Betr anbieten (BGH NJW **83**, 942). Ob die ggü einem Verband abgegebene UnterlErkl die Wiederholgsgefahr allg beseitigt, hängt davon ab, ob der Gläub bereit u geeignet erscheint, die UnterlVerpfl notfalls auch zwangsweise dchzusetzen (BGH NJW **83**, 1060, WRP **87**, 557, aA Gruber GRUR **91**, 354). Da das Verbot auch für AltVertr gilt (Rn 6), genügt der Druck neuer u die Vernichtg der alten AGB nicht (s Zweibr NJW-RR **94**, 1364). Dagg kann eine GesÄnd uU die Wiederholgsgefahr beseiti-gen (Ffm NJW **89**, 2434). – **f) Rechtsschutzbedürfnis:** Die UnterlKlage ist keine Kl auf künft Leistg **8** (§ 259), sond richtet sich auf eine bereits ggwärt geschuldete Leistg (§ 1004 Rn 28). Das RSchutzbedürfn bedarf daher idR keiner bes Darlegg (BGH NJW-RR **90**, 887). Es fehlt, wenn sich das Ziel auf einem einfacheren od billigeren Weg erreichen läßt (Vollstreckg aus einem bereits vorliegden Titel). IdR besteht kein RSchutzInteresse, wenn sich der Verwder einer gg ihn erlassenen einstw Vfg vorbehaltlos unterworfen hat (BGH DB **64**, 259).

3) Ansprüche gegen den Empfehler. – a) Um den RVerk umfassd vor Störgen zu schützen, gibt das **9** Ges einen UnterlAnspr auch gg den, der unwirks AGB für den rgeschäftl Verk **empfiehlt.** Als Empfehler kommen vor allem Verbände aller Art in Betracht. Empfehler ist aber auch der Verkäufer von AGB-Formularen, der Herausgeber einer Zeitschr, die AGB als ein Bsp mögl VertrGestaltg vorstellt (LG Düss AGBE I Nr 36), der Verfasser von Formularbüchern (Ul/Br/He Rn 19), nicht aber der Verleger (MüKo/

Gerlach Rn 46). Auch Körpersch des öffR können Empfehler sein. Dagg sind Meingsäußergen im rwissenschaftl Schrifft keine „Empfehlgen für den rgeschäftl Verk" (Wo/Ho/Li Rn 56). Der RA, der einen Verwder intern beraten hat, fällt gleichf nicht unter § 13 (Ul-Br-He Rn 22, Lö-vW-Tr Rn 41); die Empfehlg muß sich an mehr als einen mögl Verwder richten (BGH **112**, 209). Wg der weiteren Voraussetzgen des UnterlAnspr
10 gilt Rn 2ff entspr. – **b)** Neben dem UnterlAnspr kann gg den Empfehler auch ein **Widerrufsanspruch** gegeben sein. Er ist ein Fall des BeseitiggsAnspr, wie er auch im § 1004 (dort Rn 22ff), bei Störg delikt geschützter R u RGüter (Einf 26ff vor § 823) u im WettbewR anerkannt ist. Er setzt neben der Empfehlg unwirks AGB voraus: – **aa)** Es muß ein **fortdauernder Störungszustand** entstanden sein (Einf 27 vor § 823; Lö-vW-Tr Rn 46). Dieser ist bei schriftl Empfehlgen idR bis zur Rückn zu bejahen. Er kann entfallen, wenn der Verband von seiner fr Erkl unzweideut abgerückt ist od wenn das Formularbuch inzw in berichtigter Aufl erschienen ist. – **bb)** Der Widerr muß **notwendig und geeignet** sein, den Störgszustand zu beseitigen (MüKo/Gerlach Rn 49). Diese Voraussetzg ist idR gegeben. Sie kann entfallen, wenn die Unwirksamk der beanstandeten Klausel dch and Veröffentlichgen in der Branche bereits allg bekannt ist od wenn der Empfehler aGrd der Kl eines and Verbands bereits widerrufen hat. – **cc) Art des Widerrufs:** Sie ist im Urt zu bestimmen (§ 17 Nr 4). Da der Widerr der *„actus contrarius"* zur Empfehlg ist, ist er an den gleichen PersKreis zu richten u ebso vorzunehmen wie diese (Bsp: Schreiben an VerbandsMitgl, Veröffentlichg in Zeitg). Vollstr gem ZPO 888.

11　**4) Klagbefugnis (II u III):** Das Ges erkennt nur best Verbänden ein KlagR zu, nicht dagg dem Kunden od Mitbewerber. Für den Mitbewerber kann sich jedoch uU aus UWG 1 ein UnterlAnspr ergeben (Stgt BB **87**, 2394, Bernreuther WRP **94**, 856); der Kunde kann unter den Voraussetzgen des ZPO 256 auf Feststellg
12　der Unwirksamk einer Klausel klagen (Karlsr AGBE I § 9 Nr 171). Nach II u III sind klagberecht: – **a) Verbraucherverbände** (II Nr 1). – **aa)** Der Verband muß **rechtsfähig** sein, dh er muß im VereinsReg eingetragen sein (BGB 21). – **bb)** Er muß satzgsgem **Interessen der Verbraucher** wahrnehmen. Dabei muß es sich um allg Verbraucherinteressen handeln. Ein Verband, der ledigl Interessen seiner Mitgl vertritt, hat kein KlagR. Die Verbraucherinteressen müssen dch **Aufklärung und Beratung** wahrgenommen w, etwa dch Vorträge, Versammlgen, Verbreitg von Schriften, Einrichtg von Beratgsstellen. Es genügt nicht, daß der Verband nur aufklärt od nur berät, er muß in beiden Bereichen tät sein (Ul-Br- He Rn 37). Nicht erforderl ist aber, daß er individuelle Beratgen dchführt (Ffm NJW-RR **92**, 396). Der Schutz von Verbraucherinteressen braucht nicht die einzige Aufg des Vereins zu sein; ands darf es sich aber auch nicht um eine untergeordnete NebenAufg handeln (BGH NJW **86**, 1613). Hausfrauenverbände, Gewerksch u ähnl, die neben ihren eigentl Aufgaben auch Verbraucherinteressen mitvertreten, fallen nicht unter II Nr 1. Der Verband kann sich auf die Vertretg best Verbraucherinteressen, etwa von Mietern od KreditN, beschr (BGH NJW **93**, 1061) od in der Satzg räuml Beschränkgen vorsehen; dann ist auch sein KlagR entspr eingeschr (BGH NJW **83**, 1320). Die satzgsgem Aufg muß der Verband auch **tatsächlich wahrnehmen** (BGH NJW **86**, 1613). Er muß die für eine Aufklärgs- u Beratgtätigk erforderl personellen u sachl Voraussetzgen besitzen u muß idR eine eig GeschStelle haben (BGH **126**, 148). – **cc)** Verbraucherverbände od 75 natürl Pers müssen **Mitglieder** des Verbandes sein. Der Dach- u die MitglVerbände können auf verschiedenen Gebie-
13　ten des Verbraucherschutzes tät sein (BGH NJW **86**, 1613). – **dd)** Das Ger muß **von Amts wegen prüfen,** ob der Verband klagberecht ist (Wo-Ho-Li Rn 21, krit Balzer NJW **92**, 2721). Es handelt sich um eine unverzichtb ProzVoraussetzg, die im Ztpkt der letzten mdl Vhdlg vorliegen muß (BGH NJW **72**, 1988). IdR w sich die Prüfg auf die Satzg u eine vom Vorstand vorzulegde Mitgliederliste beschr können. Bestehen Anhaltspkte dafür, daß die satzgsmäß Aufg in Wahrh nicht erf (sond nur Proz geführt) w, ist aber weitere Aufkl nöt. Die BewLast für die Voraussetzgen des II Nr 1 trägt der Verband. – **ee)** III beschr das KlagR der Verbraucherverbände auf den **nichtkaufmännischen Verkehr** (Mü BB **78**, 1183). Betrifft die Verwendg von AGB od die Empfehlg ausschließl Vertr, die von Kaufl zum Betr ihres Handelsgewerbes abgeschl w, sind nur die in Nr 2 u 3 genannten Verbände klageberecht.

14　**b) Verbände zur Förderung gewerblicher Interessen** (II Nr 2). – **aa)** Der Verband muß **rechtsfähig,** bei privrechtl Organisationen also im VereinsReg eingetragen sein. – **bb)** Er muß die Aufg h, **gewerbliche Interessen** zu fördern. Eine entspr ausdr satzgsmäß Festlegg ist (and als iFv II Nr 1) nicht erforderl. Es genügt, wenn die Satzg erkennen läßt, daß der Verband auch der Förderg gewerbl Zwecke dienen soll (BGH GRUR **65**, 485) u diese Tätigk auch tatsächl ausgeübt w (BGH WM **90**, 365). Daß der Verband von Wettbewerbern des Bekl finanziert w, schließt seine KlBefugn nicht aus (Düss DB **88**, 1593). Die Förderg gewerbl Zwecke braucht nicht dch Aufklärg u Beratg zu geschehen; and als iFv II Nr 1 kann die Verfolgg von Verstößen gg das UWG u das AGBG das HaupttätigkFeld des Verbandes sein. Daß dem Verband Gewerbetreibde als Mitgl angehören, w vom Ges nicht gefordert (BGH GRUR **65**, 485). Der Verband muß aber wirkl den Zweck haben, gewerbl Interessen zu fördern u nicht etwa den, Beschäftiggsmöglichk für RA
15　zu schaffen (BGH GRUR **89**, 918). – **cc)** Die Verwendg od Empfehlg der unwirks Klauseln muß in den **satzungsmäßigen Interessenbereich** des Verbandes eingreifen. Das ist weit auszulegen (B-Hefermehl UWG 13 Rn 14). Das KlagR entfällt nur dann, wenn die VerletzgsHdlg zu den Aufg des Verbandes keinerlei Beziehg h (BGH GRUR **71**, 586). Daß der Verband mit seiner Klage im wesentl nur die Interessen eines
16　Mitbewerbers od Kunden wahrnimmt, ist unschädl. – **dd)** Unter II Nr 2 fallen auch **öffentlich-rechtliche Verbände** (BGH **81**, 230), insbes die von II Nr 3 nicht erfaßten Kammern, wie zB Architektenkammern (BGH aaO), Innungen (Düss AGBE III § 9 Nr 16) u RA- u Ärztekammern. – **ee)** Auch die Voraussetzgen des II Nr 2 sind vAw zu prüfen (Rn 13).

17　**c) Industrie- und Handelskammern** (Ges vom 18. 12. 56, BGBl I 926) u **Handwerkskammern** (HandwO 90ff). Die VerletzgsHdlg (Verwendg od Empfehlg unwirks Klauseln) muß zu dem AufgBereich der Körpersch in Beziehg stehen, wobei (entspr Rn 15) eine weite Auslegg geboten ist. Zul sind insb Kl gg Mitgl, gg Mitbewerber von Mitgl u gg Untern, die ggü Mitgl AGB verwenden.

18　**d)** Wg ders Verwdg (Empfehlg) von unwirks Klauseln können mehreren Verbänden Anspr auf Unterl (Widerr) zustehen (Lindacher ZZP **103**, 407). Diese sind rechtl selbstd u von einand unabhäng. **Mehrere Verbände** können daher gleichzeit u nebeneinander **klagen;** dem steht weder die Einr der RHängigk noch (nach Abschl des ErstProz) die der Rechtskr entgg (BGH GRUR **60**, 379). Eine rechtskr Verurteilg kann aber die Wiederholgsgefahr od das RSchutzinteresse für eine weitere Klage ausschließen (BGH NJW **83**, 1060).

5) Verjährung (IV). Die Vorschr ist UWG 21 nachgebildet, bemißt die VerjFr aber auf 2 Jahre (statt 19 6 Mo), um dem Berecht hinr Zeit zur Prüfg zu lassen. – **a) Anwendungsbereich:** Die VerjRegelg gilt für den Unterl- u WiderrAnspr gem I, nicht aber für die Rechte, die dem Kunden wg der Verwendg unwirks Klauseln zustehen. – **b)** Die zweijähr VerjFr beginnt, wenn der Berecht von der Verwendg (Empfehlg) 20 **Kenntnis** erlangt hat. Erforderl ist Kenntn des gesetzl Vertreters des Verbandes, die Kenntn von Mitgl od Angest reicht nicht aus (Wo-Ho-Li Rn 59), jedoch muß sich der Verband gem §§ 166, 242 die Kenntn des mit der Tatermittlg Beauftragten anrechnen lassen (BGH NJW **68**, 988, § 166 Rn 6). Bei GesVertretg genügt Kenntn eines GesVertreters. Der Berecht muß in der Lage sein, Klage zu erheben. Er muß daher von der Verwdg (Empfehlg) der unwirks Klausel u der Pers des Verwders (Empfehlers) Kenntn haben. Hinsichtl der UnwirksamkGrde genügt Kenntn der tatsächl Umst, nicht erforderl ist, daß der Berecht die TatUmst richt rechtl würdigt. – **c)** Die vierjähr Verj beginnt mit der **Verwendung** (Empfehlg). Dabei sind die 21 Vorverhandlgen u der spätere VertrSchl als Einh anzusehen. Kommt es zum VertrSchl, beginnt die Verj daher mit der Einbez der AGB in den Vertr. Bei der Empfehlg kommt es auf den Zugang bei den Empfängern an. – **d)** Werden die unwirks AGB erneut verwendet (empfohlen), entsteht ein **neuer An-** 22 **spruch;** die VerjFr beginnt erneut zu laufen. Die Verj des fr Anspr schließt die Geltdmachg des neuen nicht aus (BGH NJW **73**, 2285). – **e)** Der Anspr aus § 13 unterliegt wg des öffentl Interesses an seiner Dchsetzg 23 nicht der **Verwirkung** (BGH NJW **95**, 1488, aA hier 54. Aufl).

AGBG 14 *Zuständigkeit.* **¹ Für Klagen nach § 13 dieses Gesetzes ist das Landgericht ausschließlich zuständig, in dessen Bezirk der Beklagte seine gewerbliche Niederlassung oder in Ermangelung einer solchen seinen Wohnsitz hat. Hat der Beklagte im Inland weder eine gewerbliche Niederlassung noch einen Wohnsitz, so ist das Gericht des inländischen Aufenthaltsorts zuständig, in Ermangelung eines solchen das Gericht, in dessen Bezirk die nach §§ 9 bis 11 dieses Gesetzes unwirksamen Bestimmungen in Allgemeinen Geschäftsbedingungen verwendet wurden.**

II Die Landesregierungen werden ermächtigt, zur sachdienlichen Förderung oder schnelleren Erledigung der Verfahren durch Rechtsverordnung einem Landgericht für die Bezirke mehrerer Landgerichte Rechtsstreitigkeiten nach diesem Gesetz zuzuweisen. Die Landesregierungen können die Ermächtigung durch Rechtsverordnung auf die Landesjustizverwaltungen übertragen.

III Die Parteien können sich vor den nach Absatz 2 bestimmten Gerichten auch durch Rechtsanwälte vertreten lassen, die bei dem Gericht zugelassen sind, vor das der Rechtsstreit ohne die Regelung nach Absatz 2 gehören würde.

IV Die Mehrkosten, die einer Partei dadurch erwachsen, daß sie sich nach Absatz 3 durch einen nicht beim Prozeßgericht zugelassenen Rechtsanwalt vertreten läßt, sind nicht zu erstatten.

1) Allgemeines: Die Vorschr enthält für die sachl u örtl Zustdgk eine Sonderregelg. – **a) Anwendungs-** 1 **bereich:** Die ZustdgkRegelg gilt für Unterl- u WiderrKl gem § 13. Sie erfaßt auch einstw VfgVerf (ZPO 937, vgl § 15 Rn 6) u Streitig über Abmahnkosten (§ 15 Rn 5). Für RStreitig zw Kunden u Verwder gelten die allg ZustdgkRegeln des GVG u der ZPO. – **b) Ausschließliche Zuständigkeit.** Sowohl die sachl als 2 auch die örtl Zustdgk ist eine ausschl. GerStandVereinbgen sind daher unwirks (ZPO 40 II). Die Unzustdgk ist vAw zu beachten. Im höheren RZug greifen aber für die sachl Zustdgk ZPO 529 II, 566 u für die örtl ZPO 512a, 549 II ein.

2) Sachliche Zuständigkeit: Die LG sind ohne Rücks auf den Wert des StreitGgst zust. Da eine GVG 3 95 I Nr 5, UWG 27 I entspr Vorschr fehlt, sind die Zivilkammern zust u nicht die KfH. Das gilt auch dann, wenn es um die Verwendg von AGB im kaufm Verk geht, gem § 24 S 2 also die im HandelsVerk geltden Gewohn u Gebräuche angem zu berücksichtigen sind (Ul-Br-He Rn 8).

3) Örtliche Zuständigkeit: Zust ist das Ger der gewerbl Niederlassg des Bekl; hilfsw kommt es für den 4 GerStand auf den Wohns des Bekl, seinen Aufenth od die Verwendg der AGB an. Aus der örtl Zustdgk ergibt sich zugl auch die **internationale Zuständigkeit** der dtsch Ger. Im Verh zu den VertrStaaten des EuGVÜ sind dessen Vorschr zu beachten (BGH **109**, 32). Danach ist das Abstellen auf die gewerbl Niederlassg (Art 5 Nr 5), auf den Wohns (Art 2 I) u den Wohnungsort (Art 5 Nr 3) unbedenkl. Ggü Pers, die in einem und VertrStaat ihren Wohns h, ist der GerStand des Aufenth gem EuGVÜ Art 2 I unanwendb (MüKo/Gerlach Rn 8). EuGVÜ 16 findet auf die AGB-Kontroll-Klage keine Anwendg (BGH **109**, 32). – **a) Gewerbliche Niederlassung:** Erforderl ist ein auf die Erzielg dauernder Einn gerichteter GeschBetr. 5 Hierunter fallen auch landwirtsch Betr, gewerbsmäß Vermieter, privatwirtschaftl betriebene Lehreinrichtgen, Sanatorien, nicht dagg Angeh freier Berufe; in Zweifelsfällen kann die Rspr zum GewerbeBetr iSd § 196 (dort Rn 12f) Anhaltspkte geben, obwohl sie von einer and Problemstellg ausgeht. Nöt ist eine Niederlassg. Der Begriff ist ebso auszulegen wie in ZPO 21 (Stgt AGBE I Nr 1). – **aa)** Das Gesch muß an dem Ort, zumindest für einen TBereich, seinen Mittelpkt h. – **bb)** Es muß eine im wesentl selbstd, zu eigenem VertrSchl berecht Leitg h (BGH ZIP **87**, 1167). – **cc)** Es muß über entspr äußere Einrichtgen verfügen. – **dd)** Die Beziehg zu dem Ort muß auf eine gewisse Dauer angelegt sein (bei ZPO 21 str). Wer den RSchein hervorruft, er habe an einem Ort eine gewerbl Niederlassg, ist hieran gebunden (BGH ZIP **87**, 1167). Bestehen mehrere Niederlassgen, kommt es darauf an, von welcher die Verwendg (Empfehlg) der AGB ausgegangen ist. Trifft diese Voraussetzg auf mehrere Niederlassgen zu, hat der Kläger das WahlR gem ZPO 35. – **b) Wohnsitz:** Er ist den BGB 7–11 zu entnehmen. – **c) Aufenthalt** (ZPO 16): Auch ein 6 vorübergehder od unfreiwilliger Aufenth genügt. Entscheidd ist der Ztpkt der KlagErhebg (ZPO 253 I, 261 II Nr 2). Ein späterer Wechsel schadet nicht. – **d) Verwendung** der AGB. Sie ist nur dann maßgebd, 7 wenn der Verwder (Empfehler) im Inland weder eine gewerbl Niederl noch Wohns od Aufenth h. Verwendet worden sind AGB überall dort, wo sie bei der Anbahng von geschäftl Kontakt, bei VertrVerhandlgen, VertrAbschl od der Dchführung des Vertr in Bezug genommen, vorgelegt od sonst zum Ggst des rgeschäftl Verk gemacht worden sind (§ 13 Rn 2). Unter mehreren Verwendgsorten hat der Kläger die Wahl (ZPO 35). Bei Klagen gg den Empfehler kommt es auf den Ort der Empfehlg an (im Ges versehentl nicht ausdr erwähnt); darunter ist sowohl der Ort der Abgabe als auch des Zugangs der Empfehlg zu verstehen.

8　　**4) Konzentration bei einem Landgericht** (II–IV). – **a)** Die Zustdgk kann dch VO der LRegierg (LJustizVerw) bei einem LG für den Bezirk mehrerer LG konzentriert w. Die Vorschr ist UWG 27 II–IV nachgebildet. Von ihr haben die Länder Bay, Hess u NRW Gebrauch gemacht (vgl Ul-Br-He Rn 11). Die Zustdgk kann auf LGBezirke ausgedehnt w, die einem and OLGBezirk angehören, nicht aber auf das Gebiet **9** eines and Landes. – **b)** Die Part können sich auch dch RA vertreten lassen, die bei dem LG zugelassen sind, an dessen Stelle das gem II best LG getreten ist (III). Die hierdch entstehden Mehrkosten braucht der Gegner nicht zu erstatten (IV). Eine ErstattgsPfl kommt aber insow in Betracht, als sie die Kosten einer andf notw Informationsreise der Part zu ihrem beim ProzGer zugelassenen RA nicht übersteigen (Wo-Ho-Li Rn 19). III tritt aGrd des Ges vom 2. 9. 94 (BGBl I 2278) in den alten BLändern am 31. 12. 99 u in den neuen an 31. 12. 2004 mit dem Wegfall des LokalisationsGrds außer Kraft.

AGBG 15　*Verfahren.* ¹ Auf das Verfahren sind die Vorschriften der Zivilprozeßordnung anzuwenden, soweit sich aus diesem Gesetz nicht etwas anderes ergibt.

ᴵᴵ Der Klageantrag muß auch enthalten:
1. den Wortlaut der beanstandeten Bestimmungen in Allgemeinen Geschäftsbedingungen;
2. die Bezeichnung der Art der Rechtsgeschäfte, für die die Bestimmungen beanstandet werden.

1　　**1) Allgemeines:** Die in § 13 I begründeten Rechte sind privrechtl ausgestaltete Unterl- u WiderrAnspr. Es versteht sich daher von selbst, daß auf das Verf die Vorschr der ZPO (u das GVG) anzuwenden sind, sow das AGBG keine Sonderregelgen enthält. Für das VerbandsklageVerf gelten die Dispositions- u die Vhdlgsmaxime (Lindacher ZZP **103**, 406, aA E. Schmidt NJW **89**, 1196 uö). I hat nur klarstellde Bedeutg. II bringt ergänzde Best zum KlAntr.

2　　**2) Klagantrag:** II ergänzt ZPO 253 II Nr 2, wonach die Klage einen best Antr enthalten muß. Die Vorschr gilt sowohl für die Unterl- als auch für die WiderrKlage. – **a)** Der KlAntr muß den Wortlaut der **3** beanstandeten Klausel anführen. – **b)** Er muß den **Umfang des erstrebten Verwendungsverbots** (WiderrGebots) best bezeichnen. Dieses (teils aus ZPO 253 II Nr 2, teils aus § 15 II Nr 2 abzuleitde) Erfordern bedeutet: – **aa)** Der Antr muß angeben, ob das Verwendgsverbot (WiderrGebot) nur für den **nichtkaufmännischen Verkehr** od auch für den HandelsVerk (§ 24) gelten soll. – **bb)** Er muß die **Art der Rechtsgeschäfte** bezeichnen, für die das Verwendgsverbot (WiderrGebot) ergehen soll. Damit w dem Gedanken Rechng getragen, daß dieselbe Klausel bei einer best VertrArt unwirks, bei einer and aber wirks sein kann. Wie die Substantiierg zu erfolgen hat, hängt von den Umst des EinzFalles ab. Sie kann auf den rechtl VertrTyp abstellen, uU aber auch auf best Produkte od Leistgen. Ist die Klausel nur für HaustürGesch zu beanstanden, darf sie nicht allg verboten w (BGH NJW **93**, 1134). – **cc)** Bei einer **teilweise unwirksamen** Klausel ist zu unterscheiden: Ist die Klausel unteilb, muß sich die Klage gg die Klausel im ganzen, in der vom Verwder benutzten Fassg wenden (BGH NJW **95**, 1488), ist die Klausel teilb (Vorbem 11 v § 8), muß der Antr zur Vermeidg einer TAbweisg auf den unwirks Teil beschränkt w (Heinrichs EWiR **95**, 523). Handelt **4** es sich um eine **ergänzungsbedürftige Klausel**, gilt § 13 Rn 6. – **c)** Entspr der Antr den vorstehden Erfordern, muß das Ger auf eine sachdienl Fassg des Antr hinwirken (ZPO 139). Werden die Mängel gleichwohl nicht behoben, ist die Klage als unzul abzuweisen. – **d)** Wird der KlAntr nachträgl auf ein and Klauselverbot gestützt, so ist das keine **Klagänderung,** sond fällt unter ZPO 264 Nr 1 (Hbg WM **78**, 1360, **5** s auch § 13 Rn 1).

5　　**3) Abmahnung:** Für den Kläger ist es ein Gebot des eig Interesses, den Bekl vor Klagerhebg abzumahnen. Die hierdch entstehden Kosten kann er nach den Grds der GoA vom Verwder (Empfehler) ersetzt verlangen (Nürnb OLGZ **80**, 219, Bunte DB **80**, 482 u zum UWG BGH **52**, 393), AnwKosten aber nur, wenn wg der Schwierig der Sache die Beauftragg eines Anw erforderl war (Wo/Ho/Li § 13 Rn 106; BGH NJW **84**, 2525 zu UWG). Unterbleibt die Abmahng, kann der Bekl durch die Kostenlast – ebso wie im WettbewerbsProz – idR dch ein sofort Anerkenntn abwenden (ZPO 93, s Stgt AGBE V § 13 Nr 5). Bei einer zuweit gehden Abmahng gelten die zur Mahng entwickelten Grds (§ 284 Rn 19) entspr (aA Mü AGBE I Nr 3, das die Abmahng für unwirks hält). Ist die in der vorbereiteten UnterlErkl vorgesehene VertrStrafe übersetzt, muß der Verwder einen angem Betrag anbieten (BGH NJW **83**, 942). Enthält das vom Verband vorformulierte StrafVerspr einen Verzicht auf die Einr des FortsetzgsZushanges, ist es insow unwirks (BGH **121**, 19). Ohne vorher Abmahng besteht Voranlassg zur KlErhebg, wenn der Kläger berecht Grd zu der Ann hatte, er w seinen Anspr ohne gerichtl Hilfe nicht dchsetzen können u wenn ihm die dch die Abmahng eintretde Verzögerg nicht zugemutet w kann (MüKo/Gerlach Rn 13), so etwa bei einem schweren vorsätzl Verstoß (Hamm BB **76**, 1191).

6　　**4) Einstweilige Verfügung:** Eine dem UWG 25 entspr SonderVorschr fehlt. Es gelten daher die allg Best der ZPO 935, 940. Deren Voraussetzgen sind hins des WiderrAnspr idR nicht erf. Dagg sind einstw Vfgen zur DchSetzg von UnterlAnspr grdsl zul (KG OLGZ **80**, 400, Hbg NJW **81**, 2420, Düss u Ffm NJW **89**, 1487, 1489, aA Düss NJW **78**, 2512). Erforderl ist: – **a) Verfügungsanspruch** (IndividualAnspr). Er ergibt sich aus § 13. Der AntrSt muß glaubh machen, daß der AntrGeg unwirks AGB verwendet (emp**7** fiehlt). – **b) Verfügungsgrund.** Er ist gegeben, wenn eine Veränderg des bestehden Zustands die Vereitelg od wesentl Erschwerg der RVerwirklichg befürchten läßt (ZPO 935) od wenn es zur Sicherg des RFriedens dringd erforderl erscheint, ein streitiges RVerh einstw zu regeln (ZPO 940). Diese Voraussetzg ist bei Anspr aus AGBG 13 nicht *ipso facto* erf (Ffm NJW **89**, 1489. aA Marly NJW **89**, 1472). Wird glaubh gemacht, daß der AntrGeg unwirks AGB verwendet u handelt es sich um Verstöße von einigem Gewicht, trifft aber sowohl ZPO 935 als auch ZPO 940 zu (Ffm aaO, enger Düss NJW **89**, 1487). Ausgeschlossen ist das VfgsVerf, wenn der AntrSt trotz Kenntnis des Verstoßes längere Zeit untätig geblieben ist od die DchFührg des Verf verzögert h (MüKo/Gerlach Rn 28).

5) Feststellungsklage: Hat ein Verband dch Erkl ggü der Öffentlichk od dch Abmahng best Klauseln als **8** unwirks beanstandet, kann der Verwder (Empfehler) berecht sein, gem ZPO 256 FeststellgsKl zu erheben. Ein Feststellgsinteresse ist gegeben, wenn dch die Berühmg eine den GeschBetr des Verwders störde Unsicherh über die Wirksamk der AGB entstanden ist (Ul-Br-He Rn 26). Das RVerh, dessen Nichtbestehen festzustellen ist, ist der Anspr aus § 13. Der Antr kann aber abgekürzt auf Feststell der Wirksamk der str Klauseln gerichtet w. Obwohl die FeststellgsKl das Spiegelbild der Klage gem § 13 ist, gelten für sie die allg Vorschr der ZPO u nicht die §§ 13ff (str).

AGBG 16 *Anhörung.* Das Gericht hat vor der Entscheidung über eine Klage nach § 13 zu hören

1. die zuständige Aufsichtsbehörde für das Versicherungswesen, wenn Gegenstand der Klage Bestimmungen in Allgemeinen Geschäftsbedingungen sind, oder

2. das Bundesaufsichtsamt für das Kreditwesen, wenn Gegenstand der Klage Bestimmungen in Allgemeinen Geschäftsbedingungen sind, die das Bundesaufsichtsamt für das Kreditwesen nach Maßgabe des Gesetzes über Bausparkassen, des Gesetzes über Kapitalanlagegesellschaften, des Hypothekenbankgesetzes oder des Gesetzes über Schiffspfandbriefbanken zu genehmigen hat.

1) Allgemeines: Nr 1 geänd dch Ges vom 21. 7. 94 (BGBl 1624). Aus der Vorschr ergibt sich, daß auch die **1** AGB der richterl InhKontrolle unterliegen, die mit behördl Gen erlassen worden sind (§ 1 Rn 1). Sie soll sicherstellen, daß die AufsBeh in dem gerichtl Verf ihren Standpkt darlegen kann. § 16 ist eine abschließde Regelg (Wo-Ho-Li Rn 11). Sie erfaßt nur folgde AGB: – **a)** AVB, obwohl das Ges vom 21. 7. 94 das GenErfordern für AVB aufgeh hat. – **b)** AGB der Bausparkassen (BausparkassenG v 16. 11. 1972 – BGBl 2097 – §§ 5, 8, 9), AGB der KapitalanlageGesellsch (Ges über KapitalanlageGesellsch idF vom 14. 1. 1970 – BGBl 127 – § 15), AGB der HypBanken (HypBankenG vom 5. 2. 1963 – BGBl I S 81 – § 15), AGB der Schiffspfandbriefbanken (SchiffsbankenG idF vom 8. 5. 1963 – BGBl 301 – § 15), die nach den angeführten Ges der Gen des BAufsAmtes für das Kreditwesen bedürfen. Zur AGB-Kontrolle dch VerwBeh s Vorbem 21 v § 8.

2) Das Ger hat die zust Beh zu hören. Das bedeutet: – **a)** Die Beh muß dch abschriftl Übersendg der Klage, **2** der KlBeantwortg u aller sonst wesentl Schriftsätze über den Ggst des Verf unterrichtet u über den ersten Termin informiert w. Spätere Termine brauchen nur auf ausdr Wunsch mitgeteilt zu werden. – **b)** Die Beh hat das Recht, sich schriftl u dch Vortrag in der mdl Verhandlg zur Sache zu äußern. – **c)** Nach Abschl der Inst ist der Beh eine Ausfertigg der Entsch zu übersenden. – **d)** Im nächsten RZug ist die Beh erneut zu hören. – **e)** Einstw Vfgen können ohne vorherige Anhörg der Beh ergehen. Sie ist aber nachträgl zu unterrichten, in geeigneten Fällen (Anberaumg eines VerhandlgsTermins) auch vorher.

AGBG 17 *Urteilsformel.* Erachtet das Gericht die Klage für begründet, so enthält die Urteilsformel auch:

1. die beanstandeten Bestimmungen der Allgemeinen Geschäftsbedingungen im Wortlaut;

2. die Bezeichnung der Art der Rechtsgeschäfte, für die die den Unterlassungsanspruch begründenden Bestimmungen der Allgemeinen Geschäftsbedingungen nicht verwendet werden dürfen;

3. das Gebot, die Verwendung inhaltsgleicher Bestimmungen in Allgemeinen Geschäftsbedingungen zu unterlassen;

4. für den Fall der Verurteilung zum Widerruf das Gebot, das Urteil in gleicher Weise bekanntzugeben, wie die Empfehlung verbreitet wurde.

1) Allgemeines: Die Vorschr regelt die Fassg der UrtFormel. Sie enthält keine abschließde Regelg **1** („auch"). Ergänzd gelten die zu ZPO 313 I Nr 4 herausgebildeten Grds.

2) Inhalt der Urteilsformel: Sie enthält neben der Entsch über die Kosten u die vorläuf Vollstreckbark: – **2** **a)** Den Wortlaut der unwirks Klausel u ein in seinem Umfang best bezeichnetes **Verwendungsverbot** (Nr 1 u 2). Insow gelten die Ausführgen zum KlAntr (§ 15 Rn 3) entspr. Eine AufbrauchFr, wie sie im WettbewR übl ist u wie sie jetzt auch das Ges zur DchFührg der EG-RiL über Pauschalreisen in Art 3 vorsieht, darf dem Verwder nicht zugebilligt w (BGH **86**, 299, NJW **80**, 2518). – **b)** Das Gebot, die Verwendg od die Empfehlg **3** (vom Ges versehentl nicht erwähnt) **inhaltsgleicher Klauseln** zu unterlassen (Nr 3). Es ist vAw in die UrtFormel aufzunehmen. Es soll gewährleisten, daß die ZwVollstr (ZPO 890) auch bei Verwendg umformulierter, aber sachl übereinstimmder Klauseln mögl ist. Es hat aber im Ergebn nur klarstellde Bedeutg. Nach der Rspr (BGH **5**, 193, NJW-RR **90**, 1142, Hamm NJW-RR **91**, 183, sog „Kerntheorie") kann sich der Verletzer dch eine Änderg der Verletzgsform allg nicht dem VerbotsUrt entziehen, sofern die VerletzgsHdlg in ihrem Kern unverändert bleibt. Ein Verstoß gg das Verwendungsgebot ist es auch, wenn sich der Verwder bei Abwicklg eines fr geschlossenen Vertr auf die verbotene Klausel beruft (BGH NJW **81**, 1511 zu § 21). War **Intransparenz** der UnwirksamGrd, kann der Verwder aber geltd machen, daß er diese beim fr Vertr dch mündl od schriftl Informationen ausgeräumt hatte (BGH **116**, 5, § 9 Rn 16). – **c)** Bei WiderrUrt das Gebot, das **4** Urt in gleicher Weise **bekannt zu geben,** wie die Empfehlg verbreitet wurde (Nr 4). Auch dieses Gebot ist vAw zu erlassen. Es muß die Art der Bekanntmach konkret festlegen. Wie die Empfehlg verbreitet worden ist, hat das Gericht gem ZPO 139 aufzuklären. Vgl ü § 13 Rn 10. – **d)** Die Androhg von Ordngsgeld od Ordngshaft (ZPO 890 II), dies aber nur bei einem entspr Antr des Klägers.

5 **3)** Für Beschlüsse im einstw VfgsVerf gilt § 17 entspr. Auch die Formulierg von Verwendgsverboten in gerichtl Vergl sollte sich an § 17 anlehnen.

AGBG 18 *Veröffentlichungsbefugnis.* **Wird der Klage stattgegeben, so kann dem Kläger auf Antrag die Befugnis zugesprochen werden, die Urteilsformel mit der Bezeichnung des verurteilten Verwenders oder Empfehlers auf Kosten des Beklagten im Bundesanzeiger, im übrigen auf eigene Kosten bekanntzumachen. Das Gericht kann die Befugnis zeitlich begrenzen.**

1 Das Ger kann den Kläger ermächtigen, die UrtFormel u die PartBezeichng des Bekl öffentl bekanntzumachen. Die Vorschr gilt auch für Urt, die der Klage nur zT stattgeben, nicht aber im einstw VfgVerf (Ul-Br-He Rn 3, str). Die Entsch ist im Urt zu treffen, nicht in einem bes Beschl. Sie erfolgt nach pflmäß Ermessen. Das Ger hat abzuwägen, ob die Veröffentlichg zur Beseitigg der eingetretenen Störg (§ 13 Rn 1) erforderl ist
2 (BGH NJW **92**, 1452). Die UWG 23 II nachgebildete, wenig zweckmäß Vorschr unterscheidet: – **a) Bekanntmachung im Bundesanzeiger.** Die Kosten gehen zu Lasten des Beklagten. Sie können als VollstrKosten gem ZPO 788 beigetrieben w. Da der BAnz von KlauselVerwder kaum u von Kunden überh nicht gelesen w, ist diese Art der Bekanntmachg nur von geringem Nutzen. Sie kommt daher in der Praxis
3 kaum vor. – **b) Sonstige Bekanntmachung** (insb in Tageszeitg). Sie kann sachgerecht sein, um das Publikum zu unterrichten u irrige Vorstellgen zu beseitigen. Sie w aber dadch entwertet, daß der Kl die
4 Kosten tragen muß. – **c)** Das Ger kann die Befugn **zeitlich begrenzen** (S 2). – **d)** Die Veröffentlichg auf Kosten des Bekl setzt nicht voraus, daß das Urt rechtskr ist; es genügt, wenn die Voraussetzgen der **vorläufigen Vollstreckbarkeit** vorliegen (Lö-vW-Tr Rn 11, str). Das gilt für die Veröffentlichg auf Kosten des Klägers entspr, obwohl diese an sich keine Vollstreckg iSd ZPO 704 ff ist (MüKo/Gerlach Rn 2). Wird das Urt aufgeh od abgeändert, hat der Beklagte gem ZPO 717 II Anspr auf eine berichtigde Bekanntmachg.

AGBG 19 *Einwendung bei abweichender Entscheidung.* **Der Verwender, dem die Verwendung einer Bestimmung untersagt worden ist, kann im Wege der Klage nach § 767 ZPO einwenden, daß nachträglich eine Entscheidung des Bundesgerichtshofs oder des Gemeinsamen Senats der Obersten Gerichtshöfe des Bundes ergangen ist, welche die Verwendung dieser Bestimmung für dieselbe Art von Rechtsgeschäften nicht untersagt, und daß die Zwangsvollstreckung aus dem Urteil gegen ihn in unzumutbarer Weise seinen Geschäftsbetrieb beeinträchtigen würde.**

1 **1) Allgemeines:** Von dem allg anerkannten RGrds, daß eine spätere Änderg der Rspr weder eine Klage aus ZPO 767, noch aus ZPO 323, w aus RestitutionsKl rechtf, macht § 19 eine Ausn. Die Vorschr soll ein Korrelat zu § 21 sein, wonach dem UnterlUrt uU auch im RStreit zw Kunden u Verwder Bindgswirkg zukommt. Wg ihres AusnCharakters u des ihr zGrde liegden eingeschr gesetzgeb Zweckes ist die Vorschr iZw eng auszulegen. Keinesf darf aus ihr gefolgert w, daß zur Begründg von VollstrAbwehrklagen nunmehr allg eine Änderg der Rspr genüge (Köln WM **92**, 714). Die Vorschr war im GesGebgsVerf lebh umstr. Ihre prakt Bedeutg ist denkb gering. Ob es sich um ein WiederAufnVerf eig Art, eine bes VollstrGgKl oder eine FeststellgsKl handelt, ist str (Ul-Br-He Rn 3 f, MüKo/Gerlach Rn 2), für die Praxis aber ohne Interesse.

2 **2) Voraussetzungen der Klage. – a) Klageberechtigt** ist allein der Verwder. Ein entspr KlagR für den
3 (von § 21 nicht betroffenen) Empfehler besteht nicht (Ul-Br-He Rn 5). – **b)** Gg den Verwder muß ein **Unterlassungsurteil** gem §§ 17, 13 vorliegen. VersäumnUrt u AnerkUrt genügen. Gem ZPO 795, 767 w auch einstw Vfgen u gerichtl Vergl, soweit sie Verwendgsverbote gem §§ 17, 13 enthalten, erfaßt sein, obwohl ihnen die Bindgswirkg des § 21 nicht zukommt (Wo-Ho-Li Rn 10). Hat der Verwder außergerichtl eine UnterlVerpfl übernommen, steht ihm unter den Voraussetzgen des § 19 ein KündR aus wicht Grd zu
4 (Einf 18 v § 241). Für Urt aus RStreitigk zw Kunden u Verwder gilt § 19 nicht. – **c) Nachträglich abweichende Entscheidung. – aa)** Sie muß der BGH od der GmS-OGB erlassen h. – **bb)** Die Entsch muß die Verwendg einer entspr Klausel „nicht untersagt" h. Es muß sich also an sich um eine Entsch in einem Verf gem § 13 handeln. Bei abw höchstrichterl Entsch in einem IndProz kann § 19 aber entspr angewandt w (MüKo/Gerlach Rn 15, str). Die Entsch muß eine EndEntsch sein. Beschlüsse im ProzKostenhilfeVerf od gem ZPO 91 a reichen nicht aus. – **cc)** Die Entsch muß eine entspr Klausel u dieselbe Art von RGesch betreffen. Wörtl Übereinstimmg ist nicht erforderl. Entscheidd ist, ob beide Klauseln in ihrem für die WirksamkPrüfg wesentl „Kern" (§ 17 Rn 3) übereinstimmen; ebso ist auch die vom Ges geforderte Übereinstimmg des Anwendgsbereichs („dieselbe Art von RGesch") zu verstehen. – **dd)** Die Entsch muß nachträgl ergangen sein. Maßgebd ist insow ZPO 767 II. Danach muß die höchstrichterl Entsch nach Schluß der mdl Verhandlg im ErstProz verkündet worden sein, bei Beendigg des ErstProz dch VU nach Ablauf der
5 EinsprFr. Auf den Ztpkt der Kenntniserlangg kommt es nicht an (str). – **d)** Die Vollstr des Verwendgsverbots muß den GeschBetr des Verwders **unzumutbar beeinträchtigen.** Das ist idR anzunehmen, wenn Mitbewerber die Klausel benutzen u sich daraus für den Verwder Nachteile im Wettbewerb ergeben. Hat der Verwder keinen GeschBetr (§ 1 Rn 6), kommt es darauf an, ob er in seiner WirtschFü unzumutb beeinträchtigt w. – **e)** Im übr sind die für die Kl aus ZPO 767 geltden allg Regeln anzuwenden.

AGBG 20 *Register.* **¹ Das Gericht teilt dem Bundeskartellamt von Amts wegen mit**

1. Klagen, die nach § 13 oder nach § 19 anhängig werden,
2. Urteile, die im Verfahren nach § 13 oder nach § 19 ergehen, sobald sie rechtskräftig sind,
3. die sonstige Erledigung der Klage.

II Das Bundeskartellamt führt über die nach Absatz 1 eingehenden Mitteilungen ein Register.

III Die Eintragung ist nach zwanzig Jahren seit dem Schluß des Jahres zu löschen, in dem die Eintragung in das Register erfolgt ist. Die Löschung erfolgt durch Eintragung eines Löschungsvermerks; mit der Löschung der Eintragung einer Klage ist die Löschung der Eintragung ihrer sonstigen Erledigung (Absatz 1 Nr. 3) zu verbinden.

IV Über eine bestehende Eintragung ist jedermann auf Antrag Auskunft zu erteilen. Die Auskunft enthält folgende Angaben:

1. für Klagen nach Absatz 1 Nr. 1
   a) die beklagte Partei,
   b) das angerufene Gericht samt Geschäftsnummer,
   c) den Klageantrag;
2. für Urteile nach Absatz 1 Nr. 2
   a) die verurteilte Partei,
   b) das entscheidende Gericht samt Geschäftsnummer,
   c) die Urteilsformel;
3. für die sonstige Erledigung nach Absatz 1 Nr. 3 die Art der Erledigung.

1) Allgemeines: Das in § 20 vorgesehene Register ist überflüss wie ein Kropf; die Aufhebg der Vorschr 1 im Zuge der Dereguliers ist dringd erwünscht. Ihr Ziel, eine umfasse u zuverläss Informationsquelle zu schaffen, wird schon wg der Art der RegisterFü u der Unvollständig der gesammelten Informationen nicht erreicht (Bunte AcP **181**, 57). Das drückt sich auch in der geringen Akzeptanz des Registers aus (1991 26 Anfragen bei über 2000 Eintraggen). Interessenten suchen u finden die erforderl Informationen in den jur Veröffentlichgen. Die Löschgsregel (III) trägt dem Gedanken Rechng, daß die wirtschaftl Verh u die Anschauungen der am RVerk Beteiligten sich ändern. Für einstw Vfgen sieht das Ges keine MitteilgsPfl vor. Sie ist aber nach dem Zweck des Ges zu bejahen (KG OLGZ **80**, 394).

2) Auskunftsanspruch: Er steht jedermann zu. Ein berecht Interesse braucht nicht dargelegt zu werden. 2 Die AuskPfl beschr sich auf den Inh der Eintr. Zur Übersendg von UrtAbschr ist das Amt nicht verpflichtet. Der Berecht kann sich insow gem ZPO 299 II an den zust GerPräsidenten wenden. Soweit das BKartAmt über AuskErsuchen gem IV entscheidet, ist es als JustizBeh iSd EGGVG 23 anzusehen. Zul RBehelf daher der Antr auf gerichtl Entsch (KG OLGZ **80**, 394). Die Ausk ist gem GWB 80 II 2 Nr 3 gebührenpflicht (Ul-Br-He Rn 14).

AGBG 21 *Wirkungen des Urteils.* Handelt der verurteilte Verwender dem Unterlassungsgebot zuwider, so ist die Bestimmung in den Allgemeinen Geschäftsbedingungen als unwirksam anzusehen, soweit sich der betroffene Vertragsteil auf die Wirkung des Unterlassungsurteils beruft. Er kann sich jedoch auf die Wirkung des Unterlassungsurteils nicht berufen, wenn der verurteilte Verwender gegen das Urteil die Klage nach § 19 erheben könnte.

1) Allgemeines: In RStreitigk, für die die PartMaxime gilt, erwachsen Urt nur für die ProzPart u ihre 1 RNachfolger in Rechtskr. Wenn ein Verwder eine gem §§ 13, 17 verbotene Klausel weiter benutzt, begründet die ZuwiderHdlg nach der ZPO nur im Verh der ProzPart RFolgen. Der Verband kann den Verwder gem ZPO 890 zur Befolgg des Verbots anhalten. Dagg kann der Kunde in einem Proz mit dem Verwder aus dem Urt im UnterlProz nach allg prozeß Grds keine Rechte herleiten. Dieses Ergebn ist mit den Erfordern eines wirks Schutzes vor mißbräuchl AGB unvereinb. § 21 räumt dem Kunden daher die Befug ein, sich auf die Wirkg des UnterlUrt zu berufen. Geschieht dies, muß das Ger des IndividualProz ohne eig Sachprüf von der Unwirksamk der Klausel ausgehen. Ist umgekehrt im VerbandsProz die Klage mit der Begr abgewiesen worden, die Klausel sei wirks, so bindet diese Entsch das Ger des IndividualProz nicht. Da der Kunde am Verf nicht beteiligt war, wäre eine Bindg zu seinen Lasten mit GG 103 unvereinb.

2) Rechtsnatur: Die in § 21 geregelte UrtWirkg ist ein bes ausgestalteter Fall der RKraftErstreckg 2 (MüKo/Gerlach Rn 5, hM). – **a)** Das Urt im UnterlProz ist nicht vAw zu beachten, sond nur, wenn sich der Kunde darauf beruft. Es handelt sich somit um eine **Einrede**. Sie fällt nicht unter ZPO 282 III u kann bis zum Schluß der mdl Verhandlg geltd gemacht w. – **b)** Die Einr knüpft nicht an das UnterlGebot an, sond an 3 ein tragdes Element des Urt, näml die in den Grden getroffene Feststellg, die Klausel sei unwirks. Diese Feststellg w aber von der RKraft des UnterlUrt miterfaßt (MüKo aaO). Dch die Erhebg der Einr w die RKraft dieser Entscheid auf den IndividualProz erstreckt. Bei einer RNachf auf Seiten des Verwders ist ZPO 325 entspr anwendb.

3) Voraussetzungen der Einrede. – a) Es muß ein **Unterlassungsurteil** (§§ 13, 17) vorliegen. Ein 4 Versäumn- od AnerkUrt reicht, eine einstw Vfg od ein Vergl nicht. Auch wenn die einstw Vfg dch Urt bestätigt w ist, bleibt § 21 unanwendb. Die in einem summar Verf erlassene Entsch kann in einem auf volle Sachprüfg angelegten RStreit keine Bindgswirkg haben (Düss NJW **78**, 2512, MüKo/Gerlach Rn 6). Bei Vergl läßt sich eine dem § 21 entspr Wirkg dch eine Ausgestaltg als Vertr zGDr (§ 328) erreichen. – **b)** Das 5 Urt muß **rechtskräftig** sein. Zwar w das im Ges nicht ausdr gesagt, ergibt sich aber aus der Entstehgsgeschichte (BT-Drs 7/5422 S 13) u daraus, daß es sich dogmat um einen Fall der RKraftErstreckg handelt. – **c)** Der Verwder muß dem Urt (nach Eintr der Rechtskr) **zuwider gehandelt** h. Er muß also gleiche od 6 inhgleiche Klauseln verwandt haben (§ 17 Rn 3). Es genügt, wenn er sich bei Abwicklg eines fr abgeschlossenen Vertr auf eine verbotene Klausel beruft (BGH NJW **81**, 1511, MüKo/Gerlach Rn 8), jedoch kann der Anwendg des UnterlUrt auf AltVertr der Gedanke des Vertrauensschutzes entggstehen (LG Ffm BB **88**, 1557, LG Bln DB **88**, 2045, krit Löwe BB **88**, 1833). – **d)** Die Einr entfällt, wenn die Voraussetzgen für eine 7 **Klage gem § 19** erf sind (vgl dort). KlErhebg ist nicht erforderl. Das Bestehen des KlRecht kann vom Verwder als GgEinr geltd gemacht w.

AGBG 22 *(Betraf den Streitwert. Aufgehoben dch das KostenRÄndG 1994 Art 9 Nr 4 (BGBl 1325). Es gilt jetzt GKG 12 I, ZPO 3).*

Vierter Abschnitt. Anwendungsbereich

AGBG 23 *Sachlicher Anwendungsbereich.* [I] Dieses Gesetz findet keine Anwendung bei Verträgen auf dem Gebiet des Arbeits-, Erb-, Familien- und Gesellschaftsrechts.

[II] Keine Anwendung finden ferner

1. § 2 für die mit Genehmigung der zuständigen Verkehrsbehörde oder auf Grund von internationalen Übereinkommen erlassenen Tarife und Ausführungsbestimmungen der Eisenbahnen und die nach Maßgabe des Personenbeförderungsgesetzes genehmigten Beförderungsbedingungen der Straßenbahnen, Obusse und Kraftfahrzeuge im Linienverkehr;

1a. § 2 für die Allgemeinen Geschäftsbedingungen einschließlich der darin festgelegten Leistungsentgelte der aus dem Sondervermögen Deutsche Bundespost hervorgegangenen Unternehmen, sofern die Allgemeinen Geschäftsbedingungen in ihrem Wortlaut im Amtsblatt des Bundesministeriums für Post und Telekommunikation veröffentlicht worden sind und bei den Niederlassungen der genannten Unternehmen zur Einsichtnahme bereitgehalten werden;

2. die §§ 10 und 11 für Verträge der Elektrizitäts- und der Gasversorgungsunternehmen über die Versorgung von Sonderabnehmern mit elektrischer Energie und mit Gas aus dem Versorgungsnetz, soweit die Versorgungsbedingungen nicht zum Nachteil der Abnehmer von den auf Grund des § 7 des Energiewirtschaftsgesetzes erlassenen Allgemeinen Bedingungen für die Versorgung mit elektrischer Arbeit aus dem Niederspannungsnetz der Elektrizitätsversorgungsunternehmen und Allgemeinen Bedingungen für die Versorgung mit Gas aus dem Versorgungsnetz der Gasversorgungsunternehmen abweichen;

3. § 11 Nr. 7 und 8 für die nach Maßgabe des Personenbeförderungsgesetzes genehmigten Beförderungsbedingungen und Tarifvorschriften der Straßenbahnen, Obusse und Kraftfahrzeuge im Linienverkehr, soweit sie nicht zum Nachteil des Fahrgastes von der Verordnung über die Allgemeinen Beförderungsbedingungen für den Straßenbahn- und Obusverkehr sowie den Linienverkehr mit Kraftfahrzeugen vom 27. Februar 1970 abweichen;

4. § 11 Nr. 7 für staatlich genehmigte Lotterieverträge oder Ausspielverträge;

5. § 10 Nr. 5 und § 11 Nr. 10 Buchstabe f für Leistungen, für die die Verdingungsordnung für Bauleistungen (VOB) Vertragsgrundlage ist;

6. § 11 Nr. 12 für Verträge über die Lieferung als zusammengehörig verkaufter Sachen, für Versicherungsverträge sowie für Verträge zwischen den Inhabern urheberrechtlicher Rechte und Ansprüche und Verwertungsgesellschaften im Sinne des Gesetzes über die Wahrnehmung von Urheberrechten und verwandten Schutzrechten.

[III] Ein Bausparvertrag, ein Versicherungsvertrag sowie das Rechtsverhältnis zwischen einer Kapitalanlagegesellschaft und einem Anteilinhaber unterliegen den von der zuständigen Behörde genehmigten Allgemeinen Geschäftsbedingungen der Bausparkasse, des Versicherers sowie der Kapitalanlagegesellschaft auch dann, wenn die in § 2 Abs. 1 Nr. 1 und 2 bezeichneten Erfordernisse nicht eingehalten sind.

AGBG 24 *Persönlicher Anwendungsbereich.* Die Vorschriften der §§ 2, 10, 11 und 12 finden keine Anwendung auf Allgemeine Geschäftsbedingungen,

1. die gegenüber einem Kaufmann verwendet werden, wenn der Vertrag zum Betriebe seines Handelsgewerbes gehört;

2. die gegenüber einer juristischen Person des öffentlichen Rechts oder einem öffentlich-rechtlichen Sondervermögen verwendet werden.

§ 9 ist in den Fällen des Satzes 1 auch insoweit anzuwenden, als dies zur Unwirksamkeit von in den §§ 10 und 11 genannten Vertragsbestimmungen führt; auf die im Handelsverkehr geltenden Gewohnheiten und Gebräuche ist angemessen Rücksicht zu nehmen.

1   1) **Allgemeines:** Entgg der AbschnÜberschr w der grdsl Anwendgsbereich des Ges nicht dch die §§ 23f, sond dch die BegrBest des § 1 festgelegt. § 23 bringt Beschrkgen des sachl Geltgsbereichs, § 24 des persönl. Soweit VertrBdggen dch VO, Satzg od Grds des öffR festgelegt sind, wie bei den meisten **Anstalten und Betrieben der öffentlichen Hand,** ist das AGBG unanwendb (Vorbem 5 v § 8; best EinzFälle Rn 3 u 4).

2   2) **Ausnahmen vom sachlichen Anwendungsbereich (§ 23).** – a) **Bereichsausnahmen** (§ 23 I). Sie betreffen folgde RGebiete: – **aa) Arbeitsrecht:** Trotz des Schutzes dch zwinge gesetzl Vorschr u kollektive Vereinbgen besteht auch im ArbR ein Bedürfn für eine richterl Kontrolle der einseit vom ArbG festgesetzten ArbBdggen; die Rspr hat daher iW der RFortbildg Grds über eine richterl **Billigkeitskontrolle** bes gestörter VertrParität herausgebildet (BAG **22**, 194, NJW **71**, 1149, Preis, VertrGestaltg im ArbR, 1993, S 180ff). Eine gesetzl Absicherg dieser Rspr wäre erwünscht, ist aber im AGBG nicht vorgesehen. Die im Wege richterl RFortbildg herausgebildeten Grds sind daher weiter anzuwenden. Dabei können im EinzFall über §§ 242, 315 auch Grds des AGBG (etwa § 11 Nr 15) herangezogen w (Preis aaO 250ff, und für § 11 Nr 6 BAG NJW **85**, 92). Die Ausn gilt für ArbVertr jeder Art (Einf 5 vor § 611), nicht aber für selbstd Handelsvertreter (Nürnb NJW-RR **86**, 782) u nicht für Kauf-, Miet- od DarlVertr mit ArbN (BAG NJW **94**, 213, aA Nicolai ZIP **95**, 359). Bei arbeitnehmerähnl Pers (ArbGG 5 I S 1) sind die auf die Zustdgk der ordentl Ger abgestellten Vorschr der §§ 13ff unanwendb (aA Friedrich MDR **79**, 190, offen gelassen von BGH **LM** AGBG Nr 35). Grdsl anwendb sind dagg die mat-rechtl Vorschr des AGBG (Ul/Br/He Rn 7). Bei Tarif-

Vertr u BetrVereinbgen ist ledigl eine RKontrolle zul (v Hoyningen-Huene BB **92**, 1640). Auf DienstVertr mit selbstd Tätigen erstreckt sich § 23 I nicht. – **bb) Familien- und Erbrecht:** Sow hier ausnw Formular- **3** Vertr benutzt w, besteht für eine Anwendg des Ges kein Bedürfn. Die Freistellg betrifft auch den Erbsch-Kauf (§ 2371, vgl Ul-Br-He Rn 14, str) u Vertr über einen vorzeit ErbAusgl (§ 312 II), die bei mehreren Betroffenen gelegentl standardisiert w. Vertr des FamR sind nur solche, die famrechtl RBeziehgen regeln (§§ 1372, 1408, 1585 c, 1587 o), nicht dagg schuldrechtl Vertr zw Eheg od Verwandten od Vertr zw Part einer nichtehel LebensGemeinsch (Ul-Br-He Rn 17). – **cc) Gesellschaftsrecht:** Es umfaßt das Recht der **4** HandelsGesellsch einschl der stillen Gesellsch (BGH NJW **95**, 192), das GenossenschR, auch soweit es um korporationsrechtl Austausch- u BenutzgsVerh zw Genossensch u Mitgl geht (BGH **103**, 219), das Recht der BGB-Gesellsch u das VereinsR. Nicht freigestellt sind Vereinbgen über die Ausübg von GterR (Depot-stimmR), GenußrechtsBdggen (BGH **119**, 312), SatzgsBest u AVB, die das VersVerhältn zw dem VersVer-ein auf GgSeitigk u seinen Mitgl regeln (s BGH NJW **95**, 598) sowie SatzgsBest eines Verbandes, die RBeziehgen zu Dr regeln (BGH **LM** § 25 Nr 10, Ffm NJW **73**, 2209). Auch soweit die Gesellsch den Gtern außerhalb des eigentl GesellschZwecks Dienstleistgen anbietet, ist das AGBG anwendb (BGH NJW-RR **92**, 379). Werden gesellschr Gestaltgen zur Umgehg der Ges benutzt, ist § 7 anzuwenden. Im VereinsR unter-liegt die Satzg gem §§ 242, 315 einer richterl InhKontr (§ 25 Rn 9). Entspr gilt für formularmäß Regelgen bei einer sog PublikumsKG (BGH **64**, 238, **84**, 13, **102**, 177, **104**, 53). Zur InhKontrolle von GesellschVertr vgl näher Loritz JZ **86**, 1077, Nassall BB **88**, 286, Coester-Waltjen AcP **190**, 8.

b) Nach § 23 II u III finden **einzelne Vorschriften** des Ges auf best Arten von Vertr od AGB keine **5** Anwendg. – **aa) Nr 1:** Die angeführten Tarife u BefördergsBdggen sind keine RNormen, w aber gem §§ 39 VII PersBefG öff bekannt gemacht. Für sie kann daher auf eine förml Einbez verzichtet w (s BGH NJW **81**, 569). Auch nach § 157 bedeutet die Inanspruchn von BefördergsLeistgen Einverständn mit den maßgebden Bdggen. Hins der EVO u der VO vom 27. 2. 1970 ist eine Einbez schon deshalb nicht erforderl, weil sie RNormen sind (Rn 1). **Nr 1 a** hat dch das Postneuordngsgesetz vom 14. 9. 94 (BGBl I 2325) mit Wirkg ab 1. 1. 95 eine nF erhalten. Sie berücksichtigt, daß die aus dem Sondervermögen Dtsche Bundespost hervorgegangenen Unternehmen nunmehr JP des PrivR sind. Der Verzicht auf eine EinbezVereinbg ist gerechtfertigt, weil die Inanspruchnahme von Post- u Telekom-Leistgen ohnehin Einverständn mit den maßgebden Bdggen bedeutet. – **bb) Nr 2:** Die VersorggsBdggen (§ 27 Rn 1) unterliegen als RNormen **6** gleichfalls keiner InhKontrolle, können aber aGrd des richterl PrüfgsR auf Einhalt der Ermächtigg u damit auf ihre Angemessenh überprüft w. Ggü Sonderabnehmern gelten die VersorggsBdggen dagg nur kr Einbez, unterliegen also der InhKontrolle (Ebel DB **79**, 1829, s dazu die Lit in § 27 Rn 1). Um diese nicht besser zu stellen als die Tarifabnehmer, best Nr 2, daß die VersorggsBdggen auch bei vertragl Einbez von den Verboten der §§ 10 u 11 freigestellt sind. – **cc) Nr 3:** Die VO vom 27. 2. 1970 (BGBl 230), die dch eine **7** summenmäß Haftgsbegrenzg von § 11 Nr 7 u 8 (Haftg bei grobem Versch, Verz u Unmöglichk) abw, fällt als VO gem PersBefördG 58 I Nr 3 nicht unter das Ges (vgl Loh BB **70**, 1017). Nr 3 ermöglicht aus Grden der Gleichbehandlg, daß privatrechtl gestaltete Bdggen die Regelg der VO übernehmen. Sie ist auf die AGB von LuftVerkUntern weder direkt noch entspr anwendb (BGH NJW **83**, 1324). – **dd) Nr 4:** Bei staatl gen **8** Lotterie- od AusspielVertr (§ 763) kann die Haftg für grobes Versch entgg § 11 Nr 7 ausgeschl w, da anf die Gefahr eines kollusiven Zuwirkens zw Kunden u einem Angest (ErfGeh) des Verwders bestehen würde. Der Wortlaut der AusnVorschr reicht weiter als der in der Entstehgsgeschichte hervorgehobene Zweck. Dem ist dch Anwendg des § 9 Rechng zu tragen. Der HaftgsAusschl gilt bei Lotto u Toto für die Zeit ab Einreichg des Spielscheins, auch wenn der Vertr mit dem maßgebden AGB überwiegd erst später zustande kommt (Celle NJW-RR **86**, 833, Ul- Br-He Rn 42). – **ee) Nr 5:** Die VOB (B) w hins ihrer „Fiktionen" u ihrer VerjRegelg (§ 11 Nr 10 f) vom Ges freigestellt; vgl § 10 Rn 30 u § 11 Rn 71. Im übr findet das AGBG dagg auf die VOB Anwendg (§ 9 Rn 140). – **ff) Nr 6:** Sie gestattet, daß bei Verk zusgehö-riger Sachen, VersVertr u Vertr mit Inh von UrhR formularmäß weitergehde zeitl Bindgen begründet w, als § 11 Nr 12 für sonst DauerSchuldVerh zuläßt (dort Rn 77). Die Vorschr ist, auch soweit sie VersVertr betrifft, verfassgsrechtl unbedenkl (BVerfG NJW **86**, 243). – **gg) III:** Auch bei Vertr mit Bausparkassen **9** (BauspG 1 I), Versicherern (VVG 1) u KapitalanlageGesellsch (KAGG) gelten für die Einbez von AGB an sich die Erfordern des § 2. § 2 ist hier aber lex imperfecta. Die behördl genehmigten AGB w auch dann VertrInh, wenn der Verwder die Obliegenh des § 2 nicht erf. III hat im wesentl nur klarstellde Bedeutg: Da bes gesetzl Vorschr fehlen, würde auch über § 6 II iVm §§ 157, 242 die Lücke dch Heranziehg der genehmigten AGB zu schließen sein. Auf nicht genehmigte AGB ist III auch nicht entspr anwendb (BGH NJW **82**, 824).

3) Ausnahmen von persönlichem Anwendungsbereich (§ 24). – a) § 24 bringt hins der Anwendg des **10** Ges auf **Kaufleute** eine **mittlere Lösung.** Es hat dabei für eine Frage, die in der Reformdiskussion bes umstr war (Ul-Br-He Rn 3–6), einen brauchb Kompromiß gefunden. Nach § 24 gilt das Ges grdsl auch dann, wenn AGB ggü Kaufleuten, jur Pers des öffR u öffr Sondervermögen verwendet w. Es bestehen jedoch drei wesentl Einschrkgen: – **aa)** Zur **Einbeziehung** von AGB in den Vertr genügt jede an stillschw erklärte Willensübereinstimmg der Part; die Erfordern des § 2 brauchen nicht erfüllt zu sein (§ 2 Rn 22 ff). – **bb)** Für die **Inhaltskontrolle** ist allein § 9 mit der Ergänzg in § 24 S 2 maßgebd; die Klauselver-bote der §§ 10 u 11 gelten nicht (§ 9 Rn 32 ff). – **cc)** Die SchutzVorschr des § 12 für Vertr, die ausl Recht unterstehen, ist unanwendb. – **b)** § 24 betrifft: – **aa) Kaufleute.** Die Vorschr unterscheidet (und als ZPO 38) **11** nicht zw Voll- u Minderkaufl. Sie gilt für HandelsGesellsch (HGB 6), alle im HandelsReg Eingetragenen (HGB 2, 3 II) einschließl des Scheinkaufm, HGB 5 (BGH **84**, 112, Hamm NJW **82**, 283), für denjenigen, der ein GrdHandelsgewerbe (HGB 1) betreibt auch ohne Eintr. Sie ist unanwendb, wenn die Part die Kaufm-Eigsch erst dch den VertrSchl erlangt (Kbl z NJW **87**, 74, aA Oldenbg NJW-RR **89**, 1081) u gilt nicht für sonst Gewerbetreibde u Angeh freier Berufe. – **bb)** Der Vertr muß zum **Betrieb des Handelsgewerbes 12** gehören (HGB 343). Das trifft auf alle Vertr zu, die dem Interesse des Gesch, der Erhaltg seiner Substanz od der Erzielg von Gewinn dienen sollen (BGH **LM** HGB 406 Nr 1). Eingeschlossen sind auch Hilfs- u NebenGesch, ungewöhnl Vertr, vorbereitde u abwickelde Gesch (Einzeln bei Baumb/Hopt zu HGB 343). Im Streitfall gilt die Vermutg des HGB 344 I, wonach die von einem Kaufm vorgen RGesch iZw zum Betr

13 seines Handelsgewerbes gehören. – **cc) Juristische Personen des öffentlichen Rechts:** alle Körpersch,
einschließl der Gebietskörpersch, sowie Anstalten u Stiftgen des öffR (Vorbem 1 vor § 89). – **dd) Sonder-
vermögen des öffentlichen Rechts:** Bundesbahn, Bundespost, LAG-AusglFond (Diederichsen BB **74**,
379). Sie nehmen selbstd am RVerk teil, h aber keine eig RPersönlichk.

Fünfter Abschnitt. Schluß- und Übergangsvorschriften

AGBG 25 *(Die Vorschr hat in das BGB einen neuen § 476a u § 633 II 2 eingefügt, vgl dort)*

AGBG 26 *(Die Vorschr hat die im § 7 EnergieWG enthaltene Ermächtigg zum Erlaß einer RVO neu
gefaßt)*

AGBG 27 *Ermächtigung zum Erlaß von Rechtsverordnungen.* **Der Bundesminister
für Wirtschaft kann durch Rechtsverordnung mit Zustimmung des Bundesrates
die allgemeinen Bedingungen für die Versorgung mit Wasser und Fernwärme ausgewogen gestal-
ten. Er kann dabei die Bestimmungen der Verträge einheitlich festsetzen und Regelungen über
den Vertragsabschluß, den Gegenstand und die Beendigung der Verträge treffen sowie die Rechte
und Pflichten der Vertragspartner festlegen; hierbei sind die beiderseitigen Interessen angemessen
zu berücksichtigen. Die Sätze 1 und 2 gelten entsprechend für Bedingungen öffentlich-rechtlich
gestalteter Versorgungsverhältnisse mit Ausnahme der Regelung des Verwaltungsverfahrens.**

1   AGrd der Ermächtiggen in § 7 EnergieWG u § 27 AGBG sind die AVBGasV u die AVBEltV vom 21. 6. 79
(BGBl 676) sowie die AVBFernwärmeV u AVBWasserV vom 20. 6. 80 (BGBl 742) erlassen worden.
Schrifttum: Hermann/Recknagel/Schmidt-Salzer, AllgVersorggsBdggen Band I, 1980, Bd II, 1984. Die
Ermächtiggen sind iSd GG 80 hinr konkretisiert u auch mit dem SelbstverwaltgsR der Gemeinden vereinb
(BVerfG NVwZ **82**, 306, BGH NVwZ **85**, 289). Die VO sind daher grdsl wirks. Das gilt auch für die mit
Rückwirkg erlassenen AVBFernwärmeV u AVBWasserV (BGH **100**, 8). Die VO unterliegen dem richterl
PrüfgsR, können also auf die Einhaltg der Ermächtigg u damit im Ergebn auf ihre Angemessenh geprüft w
(BGH aaO, KG VersR **85**, 289, LG Aachen NJW-RR **93**, 487). Vgl iü § 24 Rn 6.

AGBG 28 *Übergangsvorschrift.* [I] **Dieses Gesetz gilt vorbehaltlich des Absatzes 2 nicht
für Verträge, die vor seinem Inkrafttreten geschlossen worden sind.**

[II] **§ 9 gilt auch für vor Inkrafttreten dieses Gesetzes abgeschlossene Verträge über die regelmäßi-
ge Lieferung von Waren, die regelmäßige Erbringung von Dienst- oder Werkleistungen sowie die
Gebrauchsüberlassung von Sachen, soweit diese Verträge noch nicht abgewickelt sind.**

[III] **Auf Verträge über die Versorgung mit Wasser und Fernwärme sind die Vorschriften dieses
Gesetzes erst drei Jahre nach seinem Inkrafttreten anzuwenden.**

1   **1)** Das Ges gilt grdsl nur für Vertr, die nach dem 31. 3. 1977 (§ 30) abgeschl w. Entscheidd ist, ob die
AnnErkl vor od nach dem 1. 4. 1977 0 Uhr zugegangen ist (BGH NJW **86**, 711). Auf fr zustandegek Vertr w
das AGBG anwendbar, wenn ein dch Künd od Zeitablauf beendeter Vertr fortgesetzt w (Ffm NJW **87**,
1650), wenn dch ÄndVereinbg der sachl od zeitl Anwendbereich des Vertr erweitert w (BGH NJW **85**,
971) od wenn abgeänderte AGB in den Vertr einbezogen werden (Ul-Br-He Rn 2). Dagg w das AGBG
nicht schon dadch anwendb, daß ein Vertr infolge Nichtausüb des KündR um eine weitere Periode
fortgesetzt w, daß das Entgelt aGrd einer entspr VertrKlausel an die veränderten Verhältn angepaßt w (Ffm
NJW **87**, 1650) od daß eine neue VersPolice ausgestellt w (Hbg VersR **90**, 36).

2   **2)** II trifft für best **Dauerschuldverhältnisse** eine Sonderregel. Für sie gilt die Generalklausel des § 9
(nicht die §§ 10 u 11) auch dann, wenn der Vertr vor dem 1. 4. 1977 abgeschl worden ist. Die Vorschr
verstößt nicht gg das verfassgsrechtl Rückwirkgsverbot, da sie ausschließl Rechte u Pflichten betrifft, die
nach dem 31. 3. 1977 entstehen (BGH **91**, 385, ZIP **91**, 994, Fall unechter Rückwirkg). Sie will den
Fortbestand von Bdggen verhindern, die in unerträgl Widerspr zu grdlegden Wertgen des AGBG stehen
3   (BGH aaO). Sie hat folgden Anwendgsbereich: – **a)** Vertr über regelm Warenliefergen, Dienst- u WkLeist-
gen. Der Begr ist aus § 11 Nr 12 entnommen u genau so auszulegen wie dort (§ 11 Rn 76). VersVertr fallen
nicht unter ihn (Ul-Br-He Rn 6, str, offengelassen von BGH **83**, 173), wohl aber MaklerdienstVertr (BGH
4   NJW **86**, 1173) u Vertr über die Versorgg mit Elektr, Gas, Fernwärme u Wasser (BGH **93**, 360). – **b)** Vertr
über die Gebrauchsüberlassg von Sachen (nicht Rechte). Das sind Miete, einschließl des LeasingVertr (BGH
81, 302), Pacht u Leihe, nicht dagg das Darl (offen gelassen von BGH NJW **85**, 618).

5   **3)** Für die Versorgg mit Wasser u Fernwärme gelten seit dem 1. 4. 1980 die AVBWasserV u AVBFern-
wärmeV (§ 27 Rn 1). Sow die VO keine abschließden Regelgen enthalten (s zB § 1 III der VO), gilt das
AGBG.

AGBG 29 *Berlin-Klausel (nicht abgedruckt)*

AGBG 30 *Inkrafttreten.* **Dieses Gesetz tritt vorbehaltlich des Satzes 2 am 1. April 1977
in Kraft. § 14 Abs. 2, §§ 26 und 27 treten am Tage nach der Verkündung* in
Kraft.**

---

* Verkündung: 15. 12. 1976.

Anhang nach § 30

EG-Richtlinie über mißbräuchliche Klauseln in Verbraucherverträgen

Vom 5. 4. 1993 (ABlEG L 95 v 21. 5. 93, S 29)

1) Vorbemerkung. Die nachfolgden Erläutergen sind keine Kommentierg der EG-RiL, – sie ist aus **1** UmfangGrden im Palandt nicht mögl – sond eine Ergänzg der Kommentierg des AGBG. Behandelt wird im wesentl nur, inwieweit die RiL trotz Fehlens eines UmsetzgsG ab 1. 1. 95 bereits von der Rspr zu berücksichtigen ist.

2) EG-Richtlinie und AGB-Gesetz. – a) Die BRep ist der Verpflichtg, die RiL über mißbräuchl **2** Klauseln in VerbrVertr bis zum 31. 12. 94 umzusetzen (Art 10 I), nicht nachgekommen. Der Entw des UmsetzgsG befindet sich aber jetzt im GesGebgsVerf (BR-Drs 528/95 = ZIP **95**, 1460 = BB **95**, 1612) u wird voraussichtl im ersten Halbj 1996 verabschiedet u in Kraft treten. Abweichd vom ersten Referenten-Entw (BB **95**, 110, gg ihn Heinrichs NJW **95**, 157) geht der RegEntw in Übereinstimmg mit der hier schon in der Vorauflage vertretenen Auffassg davon aus, daß zur Umsetzg der RiL, beschränkt auf VerbrVertr, vier Ändergen notw sind: **(1)** Die SchutzVorschr des AGBG, insb die über InhKontrolle, müssen auf Klauseln ausgedehnt w, die nicht vom Gewerbetreibden gestellt, sond auf Vorschlag eines Dr VertrInh geworden sind (Rn 19). **(2)** Dem Schutz des AGBG müssen Klauseln unterstellt w, die nur für eine einmalige Verwendg best sind (Rn 23). **(3)** Bei der InhKontrolle müssen „die den VertrSchluß begleitden Umst" mitberücksichtigt w (Rn 24ff). **(4)** AGBG 12 muß an RiL 6 II angepaßt w (s AGBG 12 Rn 1). – Um die Ändergen (1)–(3) zu erreichen, will der RegEntw einen neuen § 24a in das AGBG einfügen.

b) Auch schon vor dem Inkrafttreten des UmsetzgsG ist die RPraxis verpflichtet, die Vorschr der RiL iW **3** **richtlinienkonformer Auslegung** zu berücksichtigen. Dabei ergibt sich, daß, abgesehen von der Änderg des AGBG 12, alle Divergenzen zw RiL u AGBG dch richtlinienkonforme Auslegg beseitigt w können (Rn 11). Das AGBG ist daher seit dem 1. 1. 95 in **drei unterschiedlichen Fassungen** anzuwenden: **(1)** Für Vertr zw Gewerbetreibden u Verbr, seinem Hauptanwendgsgebiet, gilt es in einer dch Auslegg an die Grds der RiL angepaßten Fassg (Rn 19ff). **(2)** Für Vertr zw Kaufl gelten die Besonderh des AGBG 24. **(3)** Ist ausnw eine Verbr AGB-Verwder, ist das AGBG wie bisher auszulegen u anzuwenden.

c) Auslegung der Richtlinie. Die RiL muß wie alle europarechtl Normen „autonom", dh innerhalb der **4** EU einheitl ausgelegt w; eine unterschiedl Auslegg in den verschiedenen MitglStaaten, etwa in Anpassg an die Systematik od die Grds des einzelstaatl Rechts, ist unzul (EuGHE NJW **83**, 1257, Lutter JZ **92**, 603, Steindorff EuZW **90**, 252, Nassall WM **94**, 1646). Die Einheitlichk der Auslegg wird dch das VorlageVerf nach EGV 177 gewährleistet. Das mitglstaatl Ger ist zur Einholg einer Vorabentscheidg des EuGH verpflichtet, wenn gg seine Entscheidg im konkreten Fall kein RMittel gegeben ist (EuGHE **64**, 1253, Geiger EG-Vertr Art 177 Rn 14). Auch AG u LG können daher zur Vorlage an den EuGH verpflichtet sein. Entbehrl ist die Einholg einer Vorabentscheidg, wenn die richtige Auslegg des GemeinschR derart offenkundig ist, daß für vernünftige Zweifel keinerlei Raum bleibt, sog acte-clair-Doktrin (EuGH NJW **83**, 1257, Canaris EuZW **94**, 417).

d) Abgesehen von den in Rn 2 angeführten Ändergen begründet die RiL für den dtschen GesGeber **5** **keinen Handlungsbedarf.** Entgg der Ansicht von Hommelhoff/Wiedenmann (ZIP **93**, 562) ist es weder erforderl noch angezeigt, die RiL dch ein SonderG über VerbrVertr umzusetzen, der allein sachgerechte Weg der Transformation ist vielmehr der einer Novellierg des AGBG (vgl dazu u zum folgenden Heinrichs NJW **93**, 1817, **95**, 153, Ulmer EuZW **93**, 337, Damm JZ **94**, 161, Eckert WM **93**, 1070, Frey ZIP **93**, 572, Micklitz ZEuP **93**, 523, Reich VuR **95**, 1, Remien ZEuP **94**, 34, Schmidt-Salzer BB **95**, 733, 1493, NJW **95**, 1641, v Westphalen EWS **93**, 161 u die Kommentierg der RiL im Wo/Ho/Li). – **aa)** Der **persönliche Schutzbereich** des AGBG ist wesentl weiter als der der RiL. Er erfaßt Vertr aller Art, auch solche zw Kaufleuten u Vertr, bei denen auf beiden Seiten Verbr beteiligt sind (AGBG 1). Die ausschließl auf den Gedanken des VerbrSchutzes abstellde RiL gilt dagg nur für Vertr zw Gewerbetreibden u Verbr (Art 1 I). Sie begründet aber, wie ihr Art 8 zeigt, keine Verpflichtg, den Schutz vor mißbräuchl Klauseln auf VerbrVertr zu beschränken (Heinrichs NJW **93**, 1821, Ulmer EuZW **93**, 342, Remien ZEuP **94**, 42). Der bewährte, über den Rahmen der RiL hinausgehde Anwendgsbereich des AGBG sollte daher auch de lege ferenda erhalten bleiben (Heinrichs, Ulmer, Remien, alle aaO). – **bb)** Hinsichtl des **sachlichen Anwen- 6 dungsbereichs** stimmen RiL u AGBG weitgehd überein. And als die Entw hat die RiL wesentl Strukturelemente des AGBG übernommen; es findet auf IndVereinbgen (Art 3 I u II), Leistgsbeschreibgen u PreisVereinbgen (Art 4 II) u mit normativen Regelgen übereinstimmde Klauseln (Art 1 II) keine Anwendg. Ändergen sind, wie erwähnt (Rn 2), nur beim Merkmal „stellen" der AGB-Definition erforderl (Rn 19ff), ferner hinsichtl der Klauseln, die ledigl einmal verwandt w sollen (Rn 23). – **cc) Maßstab der Inhaltskontrolle. 7** Nach Art 3 I RiL ist eine VertrKlausel mißbräuchl, wenn sie entgg dem Gebot von Treu u Glauben zum Nachteil des Verbr ein erhebl u ungerechtfertigtes Mißverhältn der vertragl Rechte u Pflten verursacht. Sind diese Voraussetzgen erfüllt, enthält die Klausel zugl eine gg Treu u Glauben verstoßde unangemessene Benachteiligg des Verbr iSd AGBG 9 I. Denkbar, im Hinblick auf Art 8 RiL aber unschädl, ist allenfalls, daß im Einzelfall ein Verstoß gg AGBG 9 zu bejahen, ein solcher gg Art 3 I RiL aber zu verneinen ist. Die in Art 4 I vorgesehene Berücksichtigg des VertrGgst u des ges VertrInh entspricht gleichf den Grds des AGBG (AGBG 9 Rn 8 u 9, Heinrichs NJW **93**, 1820). Neu ist ledigl das Gebot, bei der InhKontrolle die den VertrSchluß begleitden Umst zu berücksichtigen (Rn 24ff). Kommt ein dtsches Ger zu dem Ergebn, daß eine Klausel nicht gg AGBG 9ff verstößt, kann es idR in Anwendg der acte-clair-Doktrin (Rn 4) auch einen Verstoß gg Art 3 RiL verneinen (aA Nassall WM **94**, 1645). Der im Anhang der RiL enthaltene Klauselkatalog hat abweichd von dem Entw nach Art 3 III nur noch HinwCharakter (Heinrichs NJW **93**, 1821, Eckert WM **93**, 1076). Möglw wird die Rspr aber einzelne Regelgen od Grds des Anhangs iW der Auslegg u Konkretisierg des AGBG 9 übernehmen. So könnten drei Vorschr des Anhangs (Nr 1c, 1d u 1f), aber auch

der englische Text der RiL, der für „Mißverhältn" das Wort „imbalance" verwendet, dazu führen, daß bei der InhKontrolle zukünft stärkeres Gewicht auf die formelle Gleichbehandlg beider VertrPart gelegt w. Bedenken gg die Gültigk von Klauseln über VertrStrafen, Schadenspauschalen, RücktrR od Haftgsbeschränkgen können in Zukunft auch daraus hergeleitet w, daß die Regelg ausschließl zG des Gewerbetreib-
8 den gelten sollen. – **dd) Transparenzgebot.** Art 5 RiL legt ausdr fest, daß vorformulierte Klauseln klar u verständl abgefaßt sein müssen, u aus Art 4 II ergibt sich, daß das Transparenzerfordern auch für Leistgsbeschreibgen u PreisVereinbgen gilt. Auch insoweit bringt die RiL ggü dem AGBG praktisch nichts Neues. Das Transparenzerfordern ist bereits nach dem AGBG bei Vertr mit Verbr Voraussetzg einer wirks Einbeziehg (AGBG 2 Rn 14) u zugl Maßstab der InhKontrolle (AGBG 9 Rn 15). Ihm müssen auch Leistgsbeschreibgen u PreisVereinbgen entspr, da AGBG 8 nur eine AngemessenhKontrolle, nicht aber eine VerständlichkKontrolle ausschließt (AGBG 8 Rn 1). Die Befürchtg, daß die Transparenzanfordergen, die Art 5 RiL stellt, deutl höher seien als die des AGBG 2 (s Kappus NJW **94**, 1850), ist nicht unverständl, nach dem Schutzzweck u der Entstehgsgeschichte der RiL aber unbegründet (s Heinrichs FS Trinkner, 1995, aA Reich
9 NJW **95**, 1860). – **ee) Sonstiges.** Auch im übrigen sind die Regelgen der RiL u des AGBG praktisch kongruent. Art 3 II 3 RiL, wonach der Gewerbetreibde beweisen muß, daß eine vorformulierte Klausel im einzelnen ausgehandelt worden ist, entspricht dem AGBG (AGBG 1 Rn 20). Das gilt ebso für Art 6 I RiL, wonach der Vertr für die Part bleibt, wenn er ohne die mißbräuchl Klausel bestehen kann. RiL 6 I stimmt mit AGBG 6 überein, wenn man AGBG 6 III mit der hM eng auslegt (s dort Rn 8 u 9). Die Regelg des KontrollVerf in AGBG 13ff genügt den Erfordern von Art 7 RiL, die BereichsAusn in AGBG 23 I sind dch den ErwäggsGrd 10 gedeckt. Die Einbeziehg des öffr Bereichs (Art 2 lit c RiL u ErwäggsGrd 14) beschränkt sich auf öffr Vertr u erfaßt nur Täte, die der gewerbl od berufl Tätigk im priv Bereich vergleichb sind (Wo/Ho/Li Art 2 Rn 12). Der Schutzumfang der RiL reicht daher nicht weiter als der des VwVfG 62 (Vorbem 5 vor AGBG 8).

10 **3) Übernahme trotz Fehlens eines Umsetzungsgesetzes. – a)** Die RiL verpflichtet die MitglStaaten in der „Vertikalen" ggü der EU, das einzelstaatl Recht an die Regelgen der RiL anzupassen. Sie ist aber in der „Horizontalen" für die RBeziehg zw Verbr u Gewerbetreibden **kein unmittelbar geltendes Recht** (s EuGH NJW **94**, 2473, zur RiL vom 20. 12. 85 über außerhalb von GeschRäumen geschlossene Vertr, Heinrichs NJW **95**, 154, Hakenberg ZIP **94**, 1510). Dem Plädoyer des GeneralAnw (Lenz AnwBl **94**, 266) für eine „horizontale" Wirkg von RiL, soweit diese unbedingte u hinreichd genaue Regelgen enthalten, ist der EuGH mit Recht nicht gefolgt (aaO). Die EU kann Verpflichtgen zu Lasten ihrer Bürger nur dort mit unmittelbarer Wirkg begründen, wo sie zum Erlaß von VO berecht ist. Die Bejahg einer horizontalen Wirkg von RiL im privrechtl Bereich würde die Grenze zw VO (EGV 189 II) u RiL (EGV 189 III) verwischen.

11 **b) Übernahme durch Auslegung. – aa)** Wg der verpflichtden Wirkg, die die RiL in der „Vertikalen" für die MitglStaaten u ihre Organe hat, müssen die Ger der BRep bei der Anwendg dtschen Rechts dessen Auslegg, soweit wie mögl, am Wortlaut u Zweck der RiL ausrichten (EuGH NJW **94**, 2474 Nr 26). Der Grds richtlinienkonformer Auslegg erstreckt sich auf das gesamte nationale R, gleichgült, ob es vor od nach dem Inkrafttreten der RiL erlassen worden ist (EuGH Slg 1990, 4135, Schlesw NJW **95**, 2859, Heinrichs NJW **95**, 154). Das Recht u die Pfl zur Transformation dch Auslegg besteht, wenn zwei Voraussetzgen erfüllt sind, eine europarechtl u eine des einzelstaatl Rechts: **(1)** Die Regelg der RiL muß unbedingt u hinreichd genau sein (EuGH NJW **94**, 2474). Bei ihrer Umsetzg dürfen dem GesGeber der MitglStaaten keine ErmSpielräume zustehen. **(2)** Das Recht des MitglStaates, insbes die für seine Anwendg maßgebden Grds, muß eine Auslegg iSd RiL zulassen. Bei der Entscheidg, ob das der Fall ist, haben die Ger der MitglStaaten die Beurteilgsspielräume, die das nationale R läßt, voll auszuschöpfen (EuGH Slg 1988, 679) u auch dessen Generalklauseln heranzuziehen (Heinrichs NJW **95**, 155). Soweit über die Voraussetzg (1) Zweifel bestehen, gilt EGV 177 (Rn 4). Zweifel über die Voraussetzg (2) betreffen dagg ausschließl das einzelstaatl Recht. Eine Vorlage nach EGV 177 an den EuGH kommt nicht in Betracht; zu entscheiden
12 haben die Ger der MitglStaaten. – **bb)** Abgesehen von der Divergenz bei AGBG 12 liegen die Voraussetzgen für eine Umsetzg dch Auslegg in **allen Fällen** vor, in denen die RiL von den Regelgen des AGBG abweicht (s Rn 19–29).

13 **4) Geltungsbereich.** Die Übernahme dch Auslegg muß sich auf den persönl, sachl u zeitl Geltgsbereich der RiL beschränken. Die Abgrenzgsregelgen, die die RiL insoweit enthält, sind iSd Rspr des EuGH „unbedingt u hinreichd genau" (s EuGH NJW **94**, 2473 Nr 12 u 13 zur RiL über außerh von GeschRäumen
14 geschlossene Vertr). – **a) Persönlich.** Die RiL gilt für Vertr zw Gewerbetreibden u Verbr (Art 1 I). Beide Begriffe sind in Art 2 lit b) u c) legal definiert. – **aa) Verbraucher** sind ausschließl natürl Pers; Idealvereine werden als JP dch die RiL nicht geschützt. Das Handeln der natürl Pers muß zu Zwecken erfolgen, die nicht seiner gewerbl od berufl Tätigk zugerechnet w können. Über die Zurechng entscheidet nicht der innere Wille des Handelnden sondern dem und Teil erkennb obj Umst. Betreibt der Handelnde ein Gewerbe, sind alle Gesch mit obj Bezug zum Gewerbebetrieb keine VerbrGesch. Berufl Tätigk iSv Art 2 lit b) u c) ist nur die selbständ Ausübg eines Berufes, nicht die abhäng Arbeit im Rahmen eines ArbVerhältn (aA Wo/Ho/Li Art 2 Rn 9). Soll der VertrGgst (Bsp Kauf eines Pkws dch einen Freiberufler) sowohl im priv als auch im berufl Bereich verwandt w, ist entscheidd, welche Nutzg überwiegt. Abzustellen ist dabei auf eine Beurteilg
15 ex ante (Heinrichs NJW **95**, 159). – **bb) Gewerbetreibender.** Erforderl ist auch bei autonomer Auslegg wie nach dtschem Recht eine auf Gewinnerzielg gerichtete selbständ ausgeübte Tätigk (Wo/Ho/Li Art 2 Rn 13). Unter lit c) fallen auch Freiberufler u Landwirte. Bei der Frage, inwieweit die Vermietg von Wo eine gewerbl Tätigk darstellt, kann trotz autonomer Auslegg die Rspr zu BGB 196 (dort Rn 12) herangezogen w.
16 **– b) Sachlich.** Die RiL gilt für Vertr über Güter u Dienstleistgen (Art 4 I u II). Die insoweit bestehenden Ausleggsprobleme werden aber mit Inkrafttreten des UmsetzgsG (Rn 2) ggstdslos, da das Ges den Schutz der RiL in Anwendg von Art 8 auf alle Vertr zw Gewerbetreibden u Verbr ausdehnt. – **aa) Güter** sind grdsl alle körperl u unkörperl Ggst, die Obj des RVerk sein können. Die ErwäggsGrde 2, 5, 6, 7 u 9 u der Anhang der RiL verwenden statt des Begriffs „Güter" mehrfach die Bezeichng „Ware". Maßgebd ist aber der Text der RiL. Zu den Gütern gehören auch der Gebrauch u die Nutzg von Sachen. Die RiL erfaßt daher auch

Miet- u PachtVertr. Str ist, ob die RiL auch auf KaufVertr über Grdst anzuwenden ist (bejahd Wo/Ho/Li Art 1 Rn 29, verneind Kappus NJW **94**, 1848). Das UmsetzgsG (Rn 2) entscheidet diesen Streit iSv Wo/Ho/Li. – **bb) Dienstleistungen.** Der Begriff ist, wie stets in europarechtl Normen, weit auszulegen (BGH **123**, **17** 385). Er umfaßt auch WkVertr, ReiseVertr, Vertr über Finanzdienstleistgen einschließl der Vergabe von Darl (*arg* RiL-Anhang Nr 2 lit a) und b)) u VersVertr (*arg* ErwäggsGrd 19). Vertr über Gebäude u EigtWo sind auch dann einbezogen, wenn der Gewerbetreibde neben der Herstellg auch die Verschaffg von Eigt od WoEigt schuldet. Erfaßt werden auch SichgVertr u dingl VfgsVertr. Verlangt der Gewerbetreibde eine Schuldmitübernahme od Bürgsch des Partners des Verbr, ist die RiL nach ihrem Schutzzweck auch auf den Vertr mit dem Partner anzuwenden. – **c) Zeitlich.** Die Übernahme dch Ausleg kommt nur für Vertr in **18** Betracht, die nach dem 31. 12. 94 geschl worden sind (Art 10 I S 2 RiL).

5) Klauseln, die auf Vorschlag eines Dritten Vertragsinhalt geworden sind. – a) Die RiL ist auch **19** dann anwendb, wenn die Klausel nicht vom Gewerbetreibden „gestellt" (AGBG 1 Rn 7), sond auf Vorschlag eines Dr VertrInh geworden ist (Heinrichs NJW **95**, 157, Damm JZ **94**, 166, Wo/Ho/Li Art 3 Rn 23, Kappus NJW **94**, 1848, RegEntw – Rn 2 – § 24a Nr 1, wohl auch BGH NJW **95**, 2036, hM, aA Ulmer EuZW **93**, 342, Eckert WM **93**, 1073). Das Merkmal „stellen" kommt im Text der RiL nirgendwo vor. Es läßt sich auch nicht aus Art 7 I 1 RiL od dem 9. ErwäggsGrd herleiten. Eine „Verwendg mißbräuchl Klauseln dch einen Gewerbetreibdn", von der Art 7 I RiL spricht, liegt auch dann vor, wenn der Gewerbetreibde sich zur Stärkg seiner RPosition auf mißbräuchl Regelgn beruft, die auf Vorschlag eines Dr VertrInh geworden sind. Der 9. ErwäggsGrd führt als Zweck der RiL den Schutz vor Machtmißbrauch an, gibt aber für eine tatbestandl Einschränkg des Anwendgsbereichs nichts her. Gewichtiger ist der ErwäggsGrd 4, wonach die MitglStaaten dafür Sorge tragen, daß VerbrVertr keine mißbräuchl Klauseln enthalten, natürl unabhäng davon, ob die mißbräuchl Klausel auf Vorschlag des Gewerbetreibdn od eines Dr VertrInh geworden ist. Die RiL ist nach ihrem Text (Art 5 u 3 II) u ihrem Schutzzweck immer anzuwenden, wenn dem Verbr vorformulierte Klauseln „unterbreitet" w, ohne daß er die reale Möglichk hat, auf ihren Inh Einfluß zu nehmen. Wer die str Klausel abgefaßt hat, ist gleichgültig. Das Ausformulieren dch einen Dr ändert an der fehlden Einflußmöglichk des Verbr nichts; es begründet keine RichtigkGewähr u ist daher kein Grd, dem Verbr den Schutz des Art 3 RiL zu versagen (Heinrichs NJW **95**, 158). Dem Dr wird es vielfach darum gehen, eine GeschVerbindg zum Gewerbetreibdn zu festigen od, falls eine solche noch nicht besteht, sie herzustellen. Das begründet erfahrgsgem die Gefahr, daß der Dr im voraus eilenden Gehors allein die Interessen des Gewerbetreibdn berücksichtigt u uU Regelgen vorschlägt, die den Verbr unter Verstoß gg Treu u Glauben unangemessen benachteiligen. – **b) Übernahme durch Auslegung.** Der **20** Grds der RiL, daß sich die MißbrKontrolle auch auf Klauseln erstreckt, die auf Vorschlag eines Dr VertrInh geworden sind, ist iSd Rspr des EuGH (NJW **94**, 2473) unbedingt u hinreichd best. Er kann iW einer richtlinienkonformen Auslegg in das dtsche Recht übernommen w. – **aa)** Die **Generalklauseln der §§ 242, 315** sind nach der dtschen REntwicklg, soweit sondergesetzl Vorschr fehlen, eine geeignete Grdl für eine richterl InhKontrolle von VertrBdggen (Heinrichs NJW **95**, 156). Vor dem Inkrafttreten des AGBG ist die InhKontrolle von AGB auf die §§ 242, 315 gestützt worden (BGH **22**, 97, **38**, 186). Die beiden Vorschr sind weiterhin Grdl für eine InhKontrolle von (1) GesellschVertr von PublikumsKG, (2) ArbVertrBdggen (AGBG 24 Rn 2), (3) formelhaften GewLAusschlüssen in Vertr über den Erwerb von neu errichteten Häusern od EigtWo (Vorbem 6 or AGBG 8), (4) Tarifen für Leistgen der Daseinsvorsorge, die von MonopolUntern erbracht w (BGH 315 Rn 4). Gemeins Voraussetzg für eine auf BGH 242, 315 gestützte InhKontrolle sind das Bestehen einer Ungleichgewichtslage u das Fehlen eines wirkl Aushandelns. Hinzukommen müssen gewichtige SachGrde, die den mit der InhKontrolle verbundenen Eingriff in die PrivAutonomie rechtfertigen. – **bb)** Diese Kriterien treffen ab 1. 1. 95 auch auf mißbräuchl Klauseln in VerbrVertr **21** zu, die auf Vorschlag eines Dr VertrInh geworden sind. Der die MißbrKontrolle tragde SachGrd ist die entsprechde Regelg der RiL u der ihr zugrde liegde Gedanke des VerbrSchutzes. Beide wirken auf BGB 242, 315 ein u bestimmen deren Inh mit. Art 3 RiL hat wg der Verpfl zur richtlinienkonformen Ausleg die Möglichk, eine MißbrKontrolle auf BGB 242, 315 zu stützen, insoweit **„self-executing-Charakter"** (Heinrichs NJW **95**, 156, Wo/Ho/Li Art 10 RiL Rn 2 Pfeiffer WM **95**, 1566 Fn 8). – **cc)** Die MißbrKontrolle **22** von Klauseln, die auf Vorschlag eines Dr VertrInh geworden sind, ist bis zum Inkrafttreten des UmsetzgsG nach den **Maßstäben der Richtlinie**, vor allem nach Art 3, vorzunehmen. Das führt prakt zu gleichen Ergebn wie bei Anwendg des AGBG, da die Kontrollmaßstäbe der RiL u des AGBG weitgehd übereinstimmen (Rn 7). Daß AGBG 10 u 11 nicht anwendb sind, wirkt sich nicht aus. Wenn die Voraussetzgen eines Klauselverbots der AGBG 10 od 11 erfüllt sind, ist die Klausel dchweg mißbräuchl iSd Art 3 RiL. Auch im übrigen führt der Rekurs auf die RiL zu gleichen Ergebn wie der auf das AGBG, so hinsichtl der Unklarheitenregel (Art 5 S 2 RiL), des Vorrangs der IndVereinbg (Art 3 I u II RiL), des Transparenzgebots (Art 5 u 4 II RiL) u des Ausschlusses der MißbrKontrolle im Preis/Leistgsverhältn u bei gesetzeskonformen Klauseln (Art 4 II u 1 II RiL). Die Entscheidg, ob die Verbandsklage gem AGBG 13ff auch gg nicht vom Gewerbetreibdn gestellte VertrBdggen zul sein soll, muß dagg dem GesGeber überlassen bleiben; die RiL enthält insoweit keine unbedingte u hinreichd best Regelg, wie sie ihre Übernahme dch Ausleg voraussetzt.

6) Klauseln, die nur für eine einmalige Verwendung bestimmt sind. Die Anwendg des AGBG setzt **23** voraus, daß die VertrBdggen für „eine Vielzahl" von Vertr vorformuliert sind (AGBG 1 Rn 6). Dagg verzichtet die RiL auf ein solches TatbestdMerkmal; sie gilt auch für Klauseln, die nur einmal verwandt w sollen, *arg* Art 3 I (Heinrichs NJW **95**, 155, allgM). Auch diese Regelg der RiL ist iSd Rspr des EuGH (NJW **94**, 2473) unbedingt u hinreichd bestimmt. Sie kann trotz Fehlens eines UmsetzgsG nach den Grds von Rn 21 iW der Ausleg, allerdings beschränkt auf VerbrVertr (Rn 13ff), übernommen w. Die MißbrKontrolle von EinzelVertrKlauseln läßt sich angesichts der Verpflichtg zur richtlinienkonformen Ausleg auf die Generalklauseln der BGB 242, 315 stützen; die Erwäggen in Rn 21 gelten entsprechd. Da die Kontrollmaßstäbe des AGBG u der RiL weitgehd übereinstimmen, können bei der MißbrKontrolle von EinzelVertrKlauseln die Ergebnisse der Rspr zu AGBG 9ff herangezogen w. Bei der MißbrKontrolle sind aber auch die den VertrSchluß begleitden Umst zu berücksichtigen (Rn 24ff).

**24 7) Berücksichtigung von konkret-individuellen Umständen bei der Mißbrauchskontrolle. –
a)** Bei der InhKontrolle nach dem AGBG verwendet die Rspr einen überindividuell-generalisierenden Kontrollmaßstab (AGBG 9 Rn 4). Berücksichtigt werden zwar die Art des RGesch, die mit ihm verfolgten Zwecke u der gesamte VertrInh (AGBG 9 Rn 8 ff); nicht in die Prüfg einbezogen werden aber die konkreten Umst des VertrSchlusses, etwa die bes geschäftl Unerfahrenh des konkreten VertrPartners. Dagg sind bei der MißbrKontrolle nach Art 4 II RiL **„alle den Vertragsschluß begleitenden Umstände"** zu berücksichtigen, wobei nach dem 16. ErwäggsGrd vor allem zu beachten ist, „welches KräfteVerhältn zw den VerhdlgsPositionen der Part bestand" u „ob auf den Verbr in irgendeiner Weise eingewirkt wurde." Es ist daher nicht zweifelhaft, daß das UmsetzgsG den Kontrollmaßstab des AGBG 9 für VerbrVertr dch Einbeziehg

25 von konkret-individuellen Umst ändern muß (Heinrichs NJW **93**, 1820, Damm JZ **94**, 172). – **b)** Diese Änderg des Kontrollmaßstabes muß die Rspr schon vor Inkrafttreten des UmsetzgsG iW einer **richtlinienkonformen Auslegung von § 9 AGBG** vollziehen. – **aa)** AGBG 9 ist insoweit **auslegungsfähig.** Die strenge Ausrichtg der InhKontrolle auf einen überindividuell-generalisierden Maßstab ist von der Rspr entwickelt worden. Mit dem Wortlaut, der Entstehsgeschichte u dem Schutzzweck des AGBG ist die

26 zusätzl Berücksichtigg von konkret-individuellen Momenten nicht unvereinb. – **bb)** Die „Umstandsprüfg" kommt nur im IndProzeß in Frage (Damm JZ **94**, 174). Sie muß sich auf Umst **beschränken,** die für die Mißbräuchlichk u gg die Wirksamk der Klausel sprechen, wie etwa die Ausnutzg von wirtschaftl od intellektueller Überlegenh, einer Überrumpelgssituation od von geschäftl Unerfahrenh. Ob auch konkret-individuelle Momente, die gg die Mißbräuchlichk der Klausel sprechen, in die Prüfg einbezogen werden sollen, muß der Entscheidg des Gesetzgebers überlassen bleiben. Eine europarechtl Verpflichtg, den überindividuell-generalisierden Maßstab auch im Interesse der Aufrechterhaltg von Klauseln zu modifizieren, besteht nicht, da das AGBG insoweit ein höheres Schutzniveau iSv Art 8 RiL begründet (Heinrichs NJW **93**, 1820). Eine Übernahme dch Auslegg kommt nicht in Betracht, weil diese eine „unbedingte" u hinreichd bestimmte Regelg voraussetzt (s EuGH NJW **94**, 2473). Nach dem Inkrafttreten des UmsetzgsG wird die Beschränkg auf BegleitUmst, die gg die Wirksamk der Klausel sprechen, aber **entfallen.** Der RegEntw (Rn 2) sieht in § 24 a Nr 3 ebso wie die RiL in Art 4 I für die Berücksichtigg von konkret-individuellen Umst keine Einschränkg vor. Das bedeutet, daß in die Beurteilg auch Umst einzuziehen sind, die, wie die im 16. ErwäggsGrd erwähnte besondere Bestellg des Verbr, den Vorwurf der Mißbräuchlichk abschwächen od entkräften können.

Text der Richtlinie

(Die Ziffern vor den 24 Erwägungsgründen und die Artikelüberschriften sind nicht amtlich)

Richtlinie 93/13/EWG des Rates vom 5. 4. 1993 über mißbräuchliche Klauseln in Verbraucherverträgen (ABlEG Nr. L 95 v 21. 4. 1993, S. 29 ff)

Der Rat der Europäischen Gemeinschaften – gestützt auf den Vertrag zur Gründung der Europäischen Wirtschaftsgemeinschaft, insbesondere auf Artikel 100 a, auf Vorschlag der Kommission (ABlEG Nr. C 73 v. 24. 3. 1992, S. 7), in Zusammenarbeit mit dem Europäischen Parlament (ABlEG Nr. C 326 v. 16. 12. 1991, S. 108, und ABlEG Nr. C 21 v. 25. 1. 1993), nach Stellungnahme des Wirtschafts- und Sozialausschusses (ABlEG Nr. C 159 v. 17. 6. 1991, S. 35), in Erwägung nachstehender Gründe:

[1] Es müssen Maßnahmen zur schrittweisen Errichtung des Binnenmarktes bis zum 31. 12. 1992 getroffen werden. Der Binnenmarkt umfaßt einen Raum ohne Binnengrenzen, in dem der freie Verkehr von Waren, Personen, Dienstleistungen und Kapital gewährleistet ist.

[2] Die Rechtsvorschriften der Mitgliedstaaten über Vertragsklauseln zwischen dem Verkäufer von Waren oder der Dienstleistungserbringung einerseits und dem Verbraucher andererseits weisen viele Unterschiede auf, wodurch die einzelnen Märkte für den Verkauf von Waren und Erbringung von Dienstleistungen an den Verbraucher uneinheitlich sind; dadurch wiederum können Wettbewerbsverzerrungen bei den Verkäufern und den Erbringern von Dienstleistungen, besonders bei der Vermarktung in anderen Mitgliedstaaten, eintreten.

[3] Namentlich die Rechtsvorschriften der Mitgliedstaaten über mißbräuchliche Klauseln in Verträgen mit Verbrauchern weisen beträchtliche Unterschiede auf.

[4] Die Mitgliedstaaten müssen dafür Sorge tragen, daß die mit den Verbrauchern abgeschlossenen Verträge keine mißbräuchlichen Klauseln enthalten.

[5] Die Verbraucher kennen im allgemeinen nicht die Rechtsvorschriften, die in anderen Mitgliedstaaten für Verträge über den Kauf von Waren oder das Angebot von Dienstleistungen gelten. Diese Unkenntnis kann sie davon abhalten, Waren und Dienstleistungen direkt in anderen Mitgliedstaaten zu ordern.

[6] Um die Errichtung des Binnenmarktes zu erleichtern und den Bürger in seiner Rolle als Verbraucher beim Kauf von Waren und Dienstleistungen mittels Verträgen zu schützen, für die die Rechtsvorschriften anderer Mitgliedstaaten gelten, ist es von Bedeutung, mißbräuchliche Klauseln aus diesen Verträgen zu entfernen.

[7] Den Verkäufern von Waren und Dienstleistungsbringern wird dadurch ihre Verkaufstätigkeit sowohl im eigenen Land als auch im gesamten Binnenmarkt erleichtert. Damit wird der Wettbewerb gefördert und den Bürgern der Gemeinschaft in ihrer Eigenschaft als Verbraucher eine größere Auswahl zur Verfügung gestellt.

[8] In den beiden Programmen der Gemeinschaft für eine Politik zum Schutz und zur Unterrichtung der Verbraucher (ABlEG Nr. C 92 v. 25. 4. 1975, S. 1, und ABlEG Nr. C 133 v. 3. 6. 1981, S. 1) wird die Bedeutung des Verbraucherschutzes auf dem Gebiet mißbräuchlicher Vertragsklauseln hervorgehoben. Dieser Schutz sollte durch Rechtsvorschriften gewährleistet werden, die gemeinschaftsweit harmonisiert sind oder unmittelbar auf dieser Ebene erlassen werden.

[9] Gemäß dem unter dem Abschnitt „Schutz der wirtschaftlichen Interessen der Verbraucher" festgelegten Prinzip sind entsprechend diesen Programmen Käufer von Waren oder Dienstleistungen vor Machtmißbrauch des Verkäufers

oder des Dienstleistungserbringers, insbesondere vor vom Verkäufer einseitig festgelegten Standardverträgen und vor dem mißbräuchlichen Ausschluß von Rechten in Verträgen zu schützen.

[10] *Durch die Aufstellung einheitlicher Rechtsvorschriften auf dem Gebiet mißbräuchlicher Klauseln kann der Verbraucher besser geschützt werden. Diese Vorschriften sollen für alle Verträge zwischen Gewerbetreibenden und Verbrauchern gelten. Von dieser Richtlinie ausgenommen sind daher insbesondere Arbeitsverträge sowie Verträge auf dem Gebiet des Erb-, Familien- und Gesellschaftsrechts.*

[11] *Der Verbraucher muß bei mündlichen und bei schriftlichen Verträgen – bei letzteren unabhängig davon, ob die Klauseln in einem oder in mehreren Dokumenten enthalten sind – den gleichen Schutz genießen.*

[12] *Beim derzeitigen Stand der einzelstaatlichen Rechtsvorschriften kommt allerdings nur eine teilweise Harmonisierung in Betracht. So gilt diese Richtlinie insbesondere nur für Vertragsklauseln, die nicht einzeln ausgehandelt wurden. Den Mitgliedstaaten muß es freigestellt sein, dem Verbraucher unter Beachtung des Vertrags einen besseren Schutz durch strengere einzelstaatliche Vorschriften als den in dieser Richtlinie enthaltenen Vorschriften zu gewähren.*

[13] *Bei Rechtsvorschriften der Mitgliedstaaten, in denen direkt oder indirekt die Klauseln für Verbraucherverträge festgelegt werden, wird davon ausgegangen, daß sie keine mißbräuchlichen Klauseln enthalten. Daher sind Klauseln, die auf bindenden Rechtsvorschriften oder auf Grundsätzen oder Bestimmungen internationaler Übereinkommen beruhen, bei denen die Mitgliedstaaten oder die Gemeinschaft Vertragsparteien sind, nicht dieser Richtlinie zu unterwerfen; der Begriff „bindende Rechtsvorschriften" in Art. 1 II umfaßt auch Regeln, die nach dem Gesetz zwischen den Vertragsparteien gelten, wenn nichts anderes vereinbart wurde.*

[14] *Die Mitgliedstaaten müssen jedoch dafür sorgen, daß darin keine mißbräuchlichen Klauseln enthalten sind, zumal diese Richtlinie auch für die gewerbliche Tätigkeit im öffentlichrechtlichen Rahmen gilt.*

[15] *Die Kriterien für die Beurteilung der Mißbräuchlichkeit von Vertragsklauseln müssen generell festgelegt werden.*

[16] *Die nach den generell festgelegten Kriterien erfolgende Beurteilung der Mißbräuchlichkeit von Klauseln, insbesondere bei beruflichen Tätigkeiten des öffentlichrechtlichen Bereichs, die ausgehend von einer Solidargemeinschaft der Dienstleistungsnehmer kollektive Dienste erbringen, muß durch die Möglichkeit einer globalen Bewertung der Interessenlagen der Parteien ergänzt werden. Diese stellt das Gebot von Treu und Glauben dar. Bei der Beurteilung von Treu und Glauben ist besonders zu berücksichtigen, welches Kräfteverhältnis zwischen den Verhandlungspositionen der Parteien bestand, ob auf den Verbraucher in irgendeiner Weise eingewirkt wurde, seine Zustimmung zu der Klausel zu geben, und ob die Güter oder Dienstleistungen auf eine Sonderbestellung des Verbrauchers hin verkauft bzw. erbracht wurden. Dem Gebot von Treu und Glauben kann durch den Gewerbetreibenden Genüge getan werden, indem er sich gegenüber der anderen Partei, deren berechtigten Interessen er Rechnung tragen muß, loyal und billig verhält.*

[17] *Die Liste der Klauseln im Anhang kann für die Zwecke dieser Richtlinie nur Beispiele geben; infolge dieses Minimalcharakters kann sie von den Mitgliedstaaten im Rahmen ihrer einzelstaatlichen Rechtsvorschriften, insbesondere hinsichtlich des Geltungsbereichs dieser Klauseln, ergänzt oder restriktiver formuliert werden.*

[18] *Bei der Beurteilung der Mißbräuchlichkeit von Vertragsklauseln ist der Art der Güter bzw. Dienstleistungen Rechnung zu tragen.*

[19] *Für die Zwecke dieser Richtlinie dürfen Klauseln, die den Hauptgegenstand eines Vertrages oder das Preis-/ Leistungsverhältnis der Lieferung bzw. der Dienstleistung beschreiben, nicht als mißbräuchlich beurteilt werden. Jedoch können der Hauptgegenstand des Vertrages und das Preis-/Leistungsverhältnis bei der Beurteilung der Mißbräuchlichkeit anderer Klauseln berücksichtigt werden. Daraus folgt unter anderem, daß bei Versicherungsverträgen die Klauseln, in denen das versicherte Risiko und die Verpflichtung des Versicherers deutlich festgelegt oder abgegrenzt werden, nicht als mißbräuchlich beurteilt werden, sofern diese Einschränkungen bei der Berechnung der vom Verbraucher gezahlten Prämie Berücksichtigung finden.*

[20] *Die Verträge müssen in klarer und verständlicher Sprache abgefaßt sein. Der Verbraucher muß tatsächlich die Möglichkeit haben, von allen Vertragsklauseln Kenntnis zu nehmen. Im Zweifelsfall ist die für den Verbraucher günstigste Auslegung anzuwenden.*

[21] *Die Mitgliedstaaten müssen sicherstellen, daß in von einem Gewerbetreibenden mit Verbrauchern abgeschlossenen Verträgen keine mißbräuchlichen Klauseln verwendet werden. Wenn derartige Klauseln trotzdem verwendet werden, müssen sie für den Verbraucher unverbindlich sein; die verbleibenden Klauseln müssen jedoch weiterhin gelten und der Vertrag im übrigen auf der Grundlage dieser Klauseln für beide Teile verbindlich sein, sofern ein solches Fortbestehen ohne die mißbräuchlichen Klauseln möglich ist.*

[22] *In bestimmten Fällen besteht die Gefahr, daß dem Verbraucher der in dieser Richtlinie aufgestellte Schutz entzogen wird, indem das Recht eines Drittlandes zum anwendbaren Recht erklärt wird. Es sollten daher in dieser Richtlinie Bestimmungen vorgesehen werden, die dies ausschließen.*

[23] *Personen und Organisationen, die nach dem Recht eines Mitgliedstaats ein berechtigtes Interesse geltend machen können, den Verbraucher zu schützen, müssen Verfahren, die Vertragsklauseln im Hinblick auf eine allgemeine Verwendung in Verbraucherverträgen, zum Gegenstand haben, als mißbräuchliche Klauseln, zum Gegenstand haben, bei Gerichten oder Verwaltungsbehörden, die für die Entscheidung über Klagen bzw. Beschwerden oder die Eröffnung von Gerichtsverfahren zuständig sind, einleiten können. Diese Möglichkeit bedeutet jedoch keine Vorabkontrolle der in einem beliebigen Wirtschaftssektor verwendeten allgemeinen Bedingungen.*

[24] *Die Gerichte oder Verwaltungsbehörden der Mitgliedstaaten müssen über angemessene und wirksame Mittel verfügen, damit der Verwendung mißbräuchlicher Klauseln in Verbraucherverträgen ein Ende gesetzt wird –*
hat folgende Richtlinie erlassen:

Art. 1 [Zweck und Anwendungsbereich] (1) *Zweck dieser Richtlinie ist die Angleichung der Rechts- und Verwaltungsvorschriften der Mitgliedstaaten über mißbräuchliche Klauseln in Verträgen zwischen Gewerbetreibenden und Verbrauchern.*

(2) *Vertragsklauseln, die auf bindenden Rechtsvorschriften oder auf Bestimmungen oder Grundsätzen internationaler Übereinkommen beruhen, bei denen die Mitgliedstaaten oder die Gemeinschaft – insbesondere im Verkehrsbereich – Vertragsparteien sind, unterliegen nicht den Bestimmungen dieser Richtlinie.*

Art. 2 *[Begriffsbestimmungen]* *Im Sinne dieser Richtlinie bedeuten:*

a) mißbräuchliche Klauseln: Vertragsklauseln, wie sie in Art. 3 definiert sind;

b) Verbraucher: eine natürliche Person, die bei Verträgen, die unter diese Richtlinie fallen, zu einem Zweck handelt, der nicht ihrer gewerblichen oder beruflichen Tätigkeit zugerechnet werden kann;

c) Gewerbetreibender: eine natürliche oder juristische Person, die bei Verträgen, die unter diese Richtlinie fallen, im Rahmen ihrer gewerblichen oder beruflichen Tätigkeit handelt, auch wenn diese dem öffentlichrechtlichen Bereich zuzurechnen ist.

Art. 3 *[Kontrollmaßstab]* (1) *Eine Vertragsklausel, die nicht im einzelnen ausgehandelt wurde, ist als mißbräuchlich anzusehen, wenn sie entgegen dem Gebot von Treu und Glauben zum Nachteil des Verbrauchers ein erhebliches und ungerechtfertigtes Mißverhältnis der vertraglichen Rechte und Pflichten der Vertragspartner verursacht.*

(2) *Eine Vertragsklausel ist immer dann als nicht im einzelnen ausgehandelt zu betrachten, wenn sie im voraus abgefaßt wurde und der Verbraucher deshalb, insbesondere im Rahmen eines vorformulierten Standardvertrags, keinen Einfluß auf ihren Inhalt nehmen konnte.*

Die Tatsache, daß bestimmte Elemente einer Vertragsklausel oder eine einzelne Klausel im einzelnen ausgehandelt worden sind, schließt die Anwendung dieses Artikels auf die übrigen Vertrag nicht aus, sofern es sich nach der Gesamtwertung dennoch um einen vorformulierten Standardvertrag handelt.

Behauptet ein Gewerbetreibender, daß eine Standardvertragsklausel im einzelnen ausgehandelt wurde, so obliegt ihm die Beweislast.

(3) *Der Anhang enthält eine als Hinweis dienende und nicht erschöpfende Liste der Klauseln, die für mißbräuchlich erklärt werden können.*

Art. 4 *[Berücksichtigungsfähige Umstände]* (1) *Die Mißbräuchlichkeit einer Vertragsklausel wird unbeschadet des Art. 7 unter Berücksichtigung der Art der Güter oder Dienstleistungen, die Gegenstand des Vertrages sind, aller den Vertragsabschluß begleitenden Umstände sowie aller anderen Klauseln desselben Vertrages oder eines anderen Vertrages, von dem die Klausel abhängt, zum Zeitpunkt des Vertragsabschlusses beurteilt.*

(2) *Die Beurteilung der Mißbräuchlichkeit der Klauseln betrifft weder den Hauptgegenstand des Vertrages noch die Angemessenheit zwischen dem Preis bzw. dem Entgelt und den Dienstleistungen bzw. den Gütern, die die Gegenleistung darstellen, sofern diese Klauseln klar und verständlich abgefaßt werden.*

Art. 5 *[Transparenzgebot und Unklarheitenregel]* *Sind alle dem Verbraucher in Verträgen unterbreiteten Klauseln oder einige dieser Klauseln schriftlich niedergelegt, so müssen sie stets klar und verständlich abgefaßt sein. Bei Zweifeln über die Bedeutung einer Klausel gilt die für den Verbraucher günstige Auslegung. Diese Auslegungsregel gilt nicht im Rahmen der in Art. 7 II vorgesehenen Verfahren.*

Art. 6 *[Rechtsfolgen, zwischenstaatlicher Geltungsbereich]* (1) *Die Mitgliedstaaten sehen vor, daß mißbräuchliche Klauseln in Verträgen, die ein Gewerbetreibender mit einem Verbraucher geschlossen hat, für den Verbraucher unverbindlich sind, und legen die Bedingungen hierfür in ihren innerstaatlichen Rechtsvorschriften fest; sie sehen ferner vor, daß der Vertrag für beide Parteien auf derselben Grundlage bindend bleibt, wenn er ohne die mißbräuchlichen Klauseln bestehen kann.*

(2) *Die Mitgliedstaaten treffen die erforderlichen Maßnahmen, damit der Verbraucher den durch diese Richtlinie gewährten Schutz nicht verliert, wenn das Recht eines Drittlandes als das auf den Vertrag anzuwendende Recht gewählt wurde und der Vertrag einen engen Zusammenhang mit dem Gebiet der Mitgliedstaaten aufweist.*

Art. 7 *[Gewährleistung eines wirksamen Schutzes, Kontrollverfahren]* (1) *Die Mitgliedstaaten sorgen dafür, daß im Interesse der Verbraucher und der gewerbetreibenden Wettbewerber angemessene und wirksame Mittel vorhanden sind, damit der Verwendung mißbräuchlicher Klauseln durch einen Gewerbetreibenden in den Verträgen, die er mit Verbrauchern schließt, ein Ende gesetzt wird.*

(2) *Die in Abs. 1 genannten Mittel müssen auch Rechtsvorschriften einschließen, wonach Personen oder Organisationen, die nach dem innerstaatlichen Recht ein berechtigtes Interesse am Schutz der Verbraucher haben, im Einklang mit den einzelstaatlichen Rechtsvorschriften die Gerichte oder die zuständigen Verwaltungsbehörden anrufen können, damit diese darüber entscheiden, ob Vertragsklauseln, die im Hinblick auf eine allgemeine Verwendung abgefaßt wurden, mißbräuchlich sind, und angemessene und wirksame Mittel anwenden, um der Verwendung solcher Klauseln ein Ende zu setzen.*

(3) *Die in Abs. 2 genannten Rechtsmittel können sich unter Beachtung der einzelstaatlichen Rechtsvorschriften getrennt oder gemeinsam gegen mehrere Gewerbetreibende desselben Wirtschaftssektors oder ihre Verbände richten, die gleiche allgemeine Vertragsklauseln oder ähnliche Klauseln verwenden oder deren Verwendung empfehlen.*

Art. 8 *[Mindestschutz]* *Die Mitgliedstaaten können auf dem durch diese Richtlinie geregelten Gebiet mit dem Vertrag vereinbarte strengere Bestimmungen erlassen, um ein höheres Schutzniveau für die Verbraucher zu gewährleisten.*

Art. 9 *[Berichtpflicht]* *Die Kommission legt dem Europäischen Parlament und dem Rat spätestens fünf Jahre nach dem in Art. 10 I genannten Zeitpunkt einen Bericht über die Anwendung dieser Richtlinie vor.*

Art. 10 *[Umsetzungspflicht]* (1) *Die Mitgliedstaaten erlassen die erforderlichen Rechts- und Verwaltungsvorschriften, um dieser Richtlinie spätestens am 31. 12. 1994 nachzukommen. Sie setzen die Kommission unverzüglich davon in Kenntnis.*

Diese Vorschriften gelten für alle Verträge, die nach dem 31. 12. 1994 abgeschlossen werden.

(2) *Wenn die Mitgliedstaaten diese Vorschriften erlassen, nehmen sie in den Vorschriften selbst oder durch einen Hinweis bei der amtlichen Veröffentlichung auf diese Richtlinie Bezug. Die Mitgliedstaaten regeln die Einzelheiten der Bezugnahme.*

(3) *Die Mitgliedstaaten teilen der Kommission den Wortlaut der wichtigsten innerstaatlichen Rechtsvorschriften mit, die sie auf dem unter diese Richtlinie fallenden Gebiet erlassen.*

Art. 11 *[Adressat]* *Diese Richtlinie ist an die Mitgliedstaaten gerichtet.*

Anhang. *Klauseln gem Art. 3 III*

1. *Klauseln, die darauf abzielen oder zur Folge haben, daß*

a) *die gesetzliche Haftung des Gewerbetreibenden ausgeschlossen oder eingeschränkt wird, wenn der Verbraucher aufgrund einer Handlung oder Unterlassung des Gewerbetreibenden sein Leben verliert oder einen Körperschaden erleidet;*

b) *die Ansprüche des Verbrauchers gegenüber dem Gewerbetreibenden oder einer anderen Partei, einschließlich der Möglichkeit, eine Verbindlichkeit gegenüber dem Gewerbetreibenden durch eine etwaige Forderung gegen ihn auszugleichen, ausgeschlossen oder ungebührlich eingeschränkt werden, wenn der Gewerbetreibende eine der vertraglichen Verpflichtungen ganz oder teilweise nicht erfüllt oder mangelhaft erfüllt;*

c) *Der Verbraucher eine verbindliche Verpflichtung eingeht, während der Gewerbetreibende die Erbringung der Leistungen an eine Bedingung knüpft, deren Eintritt nur von ihm abhängt;*

d) *es dem Gewerbetreibenden gestattet wird, vom Verbraucher gezahlte Beträge einzubehalten, wenn dieser darauf verzichtet, den Vertrag abzuschließen oder zu erfüllen, ohne daß für den Verbraucher ein Anspruch auf eine Entschädigung in entsprechender Höhe seitens des Gewerbetreibenden vorgesehen wird, wenn dieser selbst es unterläßt;*

e) *dem Verbraucher, der seinen Verpflichtungen nicht nachkommt, ein unverhältnismäßig hoher Entschädigungsbetrag auferlegt wird;*

f) *es dem Gewerbetreibenden gestattet wird, nach freiem Ermessen den Vertrag zu kündigen, wenn das gleiche Recht nicht auch dem Verbraucher eingeräumt wird, und es dem Gewerbetreibenden für den Fall, daß er selbst den Vertrag kündigt, gestattet wird, die Beträge einzubehalten, die für von ihm noch nicht erbrachte Leistungen gezahlt wurden;*

g) *es dem Gewerbetreibenden – außer bei Vorliegen schwerwiegender Gründe – gestattet ist, einen unbefristeten Vertrag ohne angemessene Frist zu kündigen;*

h) *ein befristeter Vertrag automatisch verlängert wird, wenn der Verbraucher sich nicht gegenteilig geäußert hat und als Termin für diese Äußerung des Willens des Verbrauchers, den Vertrag nicht zu verlängern, ein vom Ablaufzeitpunkt des Vertrages ungebührlich weit entferntes Datum festgelegt wurde;*

i) *die Zustimmung des Verbrauchers zu Klauseln unwiderlegbar festgestellt wird, von denen er vor Vertragsabschluß nicht tatsächlich Kenntnis nehmen konnte;*

j) *der Gewerbetreibende die Vertragsklauseln einseitig ohne triftigen und im Vertrag aufgeführten Grund ändern kann;*

k) *der Gewerbetreibende die Merkmale des zu liefernden Erzeugnisses oder der zu erbringenden Dienstleistung einseitig ohne triftigen Grund ändern kann;*

l) *der Verkäufer einer Ware oder der Erbringer einer Dienstleistung den Preis zum Zeitpunkt der Lieferung festsetzen oder erhöhen kann, ohne daß der Verbraucher in beiden Fällen ein entsprechendes Recht hat, vom Vertrag zurückzutreten, wenn der Endpreis im Verhältnis zu dem Preis, der bei Vertragsabschluß vereinbart wurde, zu hoch ist;*

m) *dem Gewerbetreibenden das Recht eingeräumt ist zu bestimmen, ob die gelieferte Ware oder erbrachte Dienstleistung den Vertragsbestimmungen entspricht, oder ihm das ausschließliche Recht zugestanden wird, die Auslegung einer Vertragsklausel vorzunehmen;*

n) *die Verpflichtung des Gewerbetreibenden zur Einhaltung der von seinen Vertretern eingegangenen Verpflichtungen eingeschränkt wird oder diese Verpflichtung von der Einhaltung einer besonderen Formvorschrift abhängig gemacht wird;*

o) *der Verbraucher allen seinen Verpflichtungen nachkommen muß, obwohl der Gewerbetreibende seine Verpflichtungen nicht erfüllt;*

p) *die Möglichkeit vorgesehen wird, daß der Vertrag ohne Zustimmung des Verbrauchers vom Gewerbetreibenden abgetreten wird, wenn dies möglicherweise eine Verringerung der Sicherheiten für den Verbraucher bewirkt;*

q) *dem Verbraucher die Möglichkeit, Rechtsbehelfe bei Gericht einzulegen oder sonstige Beschwerdemittel zu ergreifen, genommen oder erschwert wird, und zwar insbesondere dadurch, daß er ausschließlich auf ein nicht unter die rechtlichen Bestimmungen fallendes Schiedsgerichtsverfahren verwiesen wird, die ihm zur Verfügung stehenden Beweismittel ungebührlich eingeschränkt werden oder ihm die Beweislast auferlegt wird, die nach dem geltenden Recht einer anderen Vertragspartei obläge.*

2. *Tragweite der Buchstaben g, j und l*

a) *Buchstabe g steht Klauseln nicht entgegen, durch die sich der Erbringer von Finanzdienstleistungen das Recht vorbehält, einen unbefristeten Vertrag einseitig und – bei Vorliegen eines triftigen Grundes – fristlos zu kündigen, sofern der Gewerbetreibende die Pflicht hat, die andere Vertragspartei oder die anderen Vertragsparteien alsbald davon zu unterrichten.*

b) *Buchstabe j steht Klauseln nicht entgegen, durch die sich der Erbringer von Finanzdienstleistungen das Recht vorbehält, den von dem Verbraucher oder an den Verbraucher zu zahlenden Zinssatz oder die Höhe anderer Kosten für Finanzdienstleistungen in begründeten Fällen ohne Vorankündigung zu ändern, sofern der Gewerbetreibende die Pflicht hat, die andere Vertragspartei oder die anderen Vertragsparteien unverzüglich davon zu unterrichten, und es dieser oder diesen freisteht, den Vertrag alsbald zu kündigen.*

Buchstabe j steht ferner Klauseln nicht entgegen, durch die sich der Gewerbetreibende das Recht vorbehält, einseitig die Bedingungen eines unbefristeten Vertrages zu ändern, sofern es ihm obliegt, den Verbraucher hiervon rechtzeitig in Kenntnis zu setzen, und es diesem freisteht, den Vertrag zu kündigen.

c) *Die Buchstaben g, j und l finden keine Anwendung auf*

– *Geschäfte mit Wertpapieren, Finanzpapieren und anderen Erzeugnissen oder Dienstleistungen, bei denen der Preis von den Veränderungen einer Notierung oder eines Börsenindex oder von Kursschwankungen auf dem Kapitalmarkt abhängt, auf die der Gewerbetreibende keinen Einfluß hat;*

– *Verträge zum Kauf oder Verkauf von Fremdwährungen, Reiseschecks oder internationalen Postanweisungen in Fremdwährung.*

d) *Buchstabe l steht Preisindexierungsklauseln nicht entgegen, wenn diese rechtmäßig sind und der Modus der Preisänderung darin ausdrücklich beschrieben wird.*

Verbraucherkreditgesetz

(Art. 1 des Gesetzes über Verbraucherkredite,
zur Änderung der Zivilprozeßordnung und anderer Gesetze)

Vom 17. Dezember 1990 (BGBl I S 2840), geändert durch das Gesetz zur Änderung des Bürgerlichen
Gesetzbuchs (Bauhandwerkersicherung) und anderer Gesetze vom 27. April 1993 (BGBl I S 509)

Bearbeiter: Prof. Dr. Putzo, Vizepräsident des Bayerischen Obersten Landesgerichts i. R.

Einführung

1) Schrifttum: Münstermann/Hannes [MH], Komm 1991. – **MüKo/Ulmer/Habersack**, Komm
2. Aufl 1995. – **Bülow [Bü]**, Komm 2. Aufl 1993. – v. **Westphalen/Emmerich/Kessler [WEK]**, Komm
1991. – **Bruchner/Ott/Wagner-Wieduwilt [BOW]**, Komm 2. Aufl 1995. – **Vortmann**, Komm 1991. –
Drescher, VerbrKrG u Bankenpraxis, 1994; **Lwowski/Peters/Gößmann**, 2. Aufl VerbrKrG 1994.

2) Inhalt des VerbrKrG. a) Überblick. Das am 1. 1. 91 iKr getretene G regelt den gesamten VerbrKred **1**
u schafft nur wenige Ausn (§ 3). Die AbzGesch sind einbezogen, sodaß das AbzG mit dem 31. 12. 90 außer
Kraft trat u nur noch für die bis dahin abgeschl AbzGesch anzuwenden ist (Art 9 I). Der VerbrSchutz wird
insb bewirkt dch FormVorschr u Aufklärg (Unterrichtg) des Verbr (§ 4), dch günstigere VertrBedingen,
wenn dagg verstoßen w (§ 6), dch ein WiderrR (§ 7), EinwendgsDchgriff bei Drittfinanzierg (§ 9), Un-
wirksk v EinwendsVerzicht, Wechsel- u Scheckverbot (§ 10), ZinsBeschränken u TilgsAnrechnsGebote
(§ 11), Künd- u RücktrBeschränken (§§ 12, 13) sowie dch ein unabdingb R zur vorzeit Zahlg bei AbzGesch
(§ 14). Auch der KredVermittlgsVertr wird besond geregelt, der Schriftform unterworfen u mit Auf-
klärgsPfl versehen (§ 15). Die Vergütg wird vom Erfolg abhäng gemacht u bei der Umschuldg beschr
(§ 16); Nebenentgelte werden verboten (§ 17). Außerdem wurden mehrere Ge geänd, darunter § 609a BGB
(Art 2), § 5 HausTWG (Art 3) u § 13a UWG (Art 5). **b) Erste Novelle** (sog techn Nov). Das G wurde **2**
erstmals novelliert dch Art 2 des G v 27. 4. 93 (BGBl 509), iKr seit 1. 5. 93, mit Erleichterg der Schriftform u
Angabe des GesBetr (§ 4) sowie Korrekturen des AnwendgsBer (§ 3); hierzu Bülow NJW 93, 1617.

Artikel 1. Verbraucherkreditgesetz (VerbrKrG)

Erster Abschnitt. Anwendungsbereich

VerbrKrG 1
Anwendungsbereich. [1] Dieses Gesetz gilt für Kreditverträge und Kredit-
vermittlungsverträge zwischen einer Person, die in Ausübung ihrer ge-
werblichen oder beruflichen Tätigkeit einen Kredit gewährt (Kreditgeber) oder vermittelt oder
nachweist (Kreditvermittler), und einer natürlichen Person, es sei denn, daß der Kredit nach dem
Inhalt des Vertrages für ihre bereits ausgeübte gewerbliche oder selbständige berufliche Tätigkeit
bestimmt ist (Verbraucher).

[2] **Kreditvertrag ist ein Vertrag, durch den ein Kreditgeber einem Verbraucher einen entgeltli-
chen Kredit in Form eines Darlehens, eines Zahlungsaufschubs oder einer sonstigen Finanzie-
rungshilfe gewährt oder zu gewähren verspricht.**

[3] **Kreditvermittlungsvertrag ist ein Vertrag, nach dem ein Kreditvermittler es unternimmt,
einem Verbraucher gegen Entgelt einen Kredit zu vermitteln oder ihm die Gelegenheit zum
Abschluß eines Kreditvertrages nachzuweisen.**

1) Persönlicher Anwendungsbereich (Abs I). Es müssen sowohl der KredG (Rn 2) od KredVerm **1**
(Rn 3) einers und der KredN (Rn 4) anderers darunterfallen u einen KredVertr (Abs II; Rn 5) od KredVerm-
Vertr (Abs III; Rn 8) geschlossen haben. Keine Anwendg (entgg § 8 AbzG) auf Minderkaufleute (Lieb WM
91, 1539). International: es gilt Art 29 EGBGB. **a) Kreditgeber** ist, in Abs I legal definiert, eine (auch jur) **2**
Pers, die Kredite in gewerbl od berufl Tätk gewährt. Das sind insb auch Warenhäuser u Einzelkaufleute, die
ihre Waren auch auf Raten vertreiben. Dient der Kred einem Gesch, das nicht zum gewöhnl Umsatz des
KredG gehört, ist das VerbrKrG nicht anwendb, zB Verk einer gebr Druckmaschine auf Raten dch einen
DruckereiBetrInh (Düss WM **95**, 1142). Auf priv Gesch eines KredG ist das G nicht anwendb. Keine KredG
sind die Pfandleiher; für diese gilt die PfandleiherVO (EGBGB 94 Rn 1) als lex specialis (MH 14). **b) Kre- 3
ditvermittler:** grdsätzl wie Rn 2; statt Gewährg vermittelt er od weist nach (Rn 8). **c) Verbraucher** muß **4**
der KredN sein. Das ist stets eine natürl Pers, die für priv Zwecke (jede Art von Lebensbedarf, insb auch für
FreiZt, Sport, aber auch Anlage u Verwaltg ihres Verm (vgl MüKo/Ulmer 20) einen Kredit aufnimmt, zB
auch für ein Kfz, hauptsächl um zum ArbPlatz zu gelangen. ArbN sind auch dann vom G geschützt, wenn
sie Kredit für berufl Zwecke aufnehmen, weil die Tätigk nicht selbständ ist. Kredite für gewerbl u freiberufl
Zwecke sind grdsätzl ausgenommen, so daß in diesem Fall insb Handwerker, Kaufleute, Landwirte, Ärzte
zwar bei Kred für priv Zwecke geschützt w, nicht aber solchen für die gewerbl u berufl Tätigk. Ausgenom-
men sind davon Kredite, die zur Aufnahme der gewerbl od freiberufr Tätig (ExistenzGründg) gewährt w
(§ 3 I Nr 2). Das folgt aus der Einschränkg „bereits ausgeübte". Die Aufn eines weiteren Gewerbes od
freiberufl Tätk steht nicht entgg, wenn das schon bisher betriebene Gewerbe od die freiberufl Tätk damit
nicht in Zushang steht (BGH NJW **95**, 722; bestr). Eine früher ausgeübte u aufgegebene Tätk steht nicht
entgg, auch nicht in derselben Branche (Köln NJW-RR **95**, 816). Auch diese Voraussetzg der Ausn ist
wegen Umkehr der BewL („es sei denn") ggf v KredG od -vermittler zu beweisen (MüKo/Ulmer 12);

nochmals umgekehrte BewL bei Kaufleuten (Scholz DB **91**, 215; aA Reinicke/Tiedtge ZIP **92**, 217). Der jeweil Zweck des Kredits ist dem VertrInhalt (ggf dch Auslegg) zu entnehmen; er muß nicht ausdrückl in die Urk aufgenommen sein (MüKo/Ulmer 21). Priv Nebenzweck genügt nicht für das ganze Gesch. Ergibt sich ein Mischfall (zB teils priv, teils berufl, Zweck der kreditfinanzierten Kaufsache u ist der Kred nach dem Zweck nicht teilb, so ist auf den übwiegden Zweck abzustellen (MüKo/Ulmer 24–26; aA v. Westphalen/Emmerich/Kessler 52: auf den ganzen Vertr VerbrKrG anwendb).

5 **2) Kreditvertrag** (Abs II). **a) Entgeltlich** muß der Vertr sein: jede Art v GgLeistg, sogar ganz geringfüg (Köln ZIP **94**, 776). Es ist gleichgült, ob das Entgelt in Zinsen, einmaliger Vergütg, TeilZahlgsAufschlag, auch als Gebühr (ähnl verschleiernde Bezeichngen) od eingerechnet in die RückZahlgsRaten bezahlt w muß. Im Einzelfall kann auch ein ZahlgsAufschub gg die Übnahme v VglsKosten entgeltl sein (LG Rottw NJW **94**, 265; bedenkl). BewLast für UnEntgeltlk: Kreditgeber (LG Hbg NJW-RR **94**, 246 mwN). Umkehr der
6 BewL bei RatenZahlg hält Köln ZIP **94**, 776 für geboten. **b) Vertragsarten. aa) Darlehen** (§ 607 BGB), rückzahlb in Raten od auf einmal, ÜbZiehgs- u and Kontokorrentkredite. Auch der Schuldbeitritt (Übbl 2 v § 414) zu einem KredVertr (Stgt NJW **94**, 867). **bb) Zahlungsaufschub** ist gegeben, wenn die vereinb LeistgsZt zugunsten des Verbr von dispositivem R abweicht. Liegt vor bei allen TeilzahlgsGesch (KaufVertr od WerklifergsVertr üb bewegl Sache), ggf verbunden mit WerkLeistg sowie TZahlgsAbrede (dh mind 2 Raten nach Überg der Sache), aber auch and Vertr, zB üb ein Werk (§ 631 BGB) od DLeistgen, zB Ehe- u PartnerschVermittlg, auch KredKartenVertr (Metz NJW **91**, 2804 [2811]); AusbildsVertr (Stgt ZIP **93**, 1466). Handelt es sich jedoch um ein DauerSchVerh (zB Fernunterricht; Bülow NJW **93**, 2837), insb DVertr, bei dem die GgLeistg üb die LaufZt des Vertr verteilt ist, gilt § 1 grdsätzl nicht, sond nur dann, wenn ein ZahlgsAufschub v mehr als 3 Monaten üb die Fällk hinaus eingeräumt od gestundet w (hM; AG Krfld NJW-RR **95**, 55; MüKo/Ulmer 58, 59; aA LG Gött NJW-RR **93**, 181), insb ein von § 2 II S 2–4 FernUSG abweichder ZahlgsAufschub gewährt (Bülow aaO). Dasselbe gilt für den DirektUnterr (Fischer MDR **94**, 1063 mwN). Auch ein FranchiseVertr (Einf 22 v § 581) kann darunterfallen (LG Bln NJW-RR **94**,
7 692; vgl § 2 Rn 6). **cc) Sonstige Finanzierungshilfen:** darunter fällt der MietKauf (22 vor § 535; MH 75). Nach allgM können auch LeasVertr KredVertr sein. Sehr umstr ist, welche Art v LeasVertr unter Abs II einzuordnen ist. Hierzu werden versch Theorien vertreten (Übbl bei Martinek/Oechsler ZIP **93**, 81 mwN). Richt dürfte sein, das G nur auf FinanziergsLeas (§ 3 Rn 7) anzuwenden, sowie auf solche LeasVertr, die vorsehen, daß letztl das Eigt auf den LeasN übgeht (Martinek/Oechsler aaO; zust Köndgen NJW **94** 1508; [1516]; Zahn DB **94**, 617 [621]), nicht aber auf and LeasVertr. Keine FinanziergsHilfen sind die Bürgsch u
8 ähnl Garantien (allgM). **c) Abschluß.** KredVertr ist bereits der VerpflichtgsVertr (vgl Einf 1, 2 vor § 607), also auch der VorVertr. Ohne vorausgehden VerpflVertr ist KredVertr das kredgewährde RGesch, zB der TeilzahlgsKauf.

9 **3) Kreditvermittlungsvertrag** (Abs III). Begriff des KredVermittlers: Rn 3. VertrInhalt: umfaßt bereits die Verpfl für das Tätigwerden des KredVerm („unternimmt"). Vermitteln ist bewußtes Herbeiführen der AbschlBereitsch des KredG (vgl § 652 Rn 13). Nachweis ist das Aufzeigen einer hinreichend bestimmten Möglk zum Abschl eines KredVertr (Rn 5–7), mit dem Zweck unmittelb VertrVerhdlg (vgl § 652 Rn 11). Entgelt: wie Rn 5. KredVermittler iS des Abs II ist der Handels- u Zivilmakler (2 vor § 652; MüKo/Ulmer 76), nicht der Handelsvertreter.

VerbrKrG 2 *Lieferung in Teilleistungen oder wiederkehrenden Leistungen.* **Die Vorschriften des § 4 Abs. 1 Satz 1 und Abs. 3, des § 7 Abs. 1, 2 und 4 und des § 8 gelten entsprechend, wenn die Willenserklärung des Verbrauchers auf den Abschluß eines Vertrages gerichtet ist, der**

1. die Lieferung mehrerer als zusammengehörend verkaufter Sachen in Teilleistungen zum Gegenstand hat und bei dem das Entgelt für die Gesamtheit der Sachen in Teilleistungen zu entrichten ist;

2. die regelmäßige Lieferung von Sachen gleicher Art zum Gegenstand hat;

3. die Verpflichtung zum wiederkehrenden Erwerb oder Bezug von Sachen zum Gegenstand hat.

1 **1) Allgemeines.** Die Vorschr ist nahezu wörtl dem § 1c AbzG nachgebildet. Die angegebene ältere Rspr bezieht sich auf § 1c AbzG. **a) Zweck.** Der Verbr, der bei wiederkehrden Liefergen in TLeistgen zu liefernden Sachen dch die BezugsBindg wie ein KredN üb längere Zt belastet w, soll wie ein KredN dch
2 ÜbleggsFr zum Widerr geschützt w. **b) Unabdingbarkeit** u UmgehgsVerbot für § 4 I S 1, III, § 7 I, II u IV
3 sowie § 8 besteht aGrd v § 18. **c) Kreditgeschäfte** iS des § 1 II sind diese Vertr nicht; daher gelten die angegebenen Vorschr des VerbrKrG nur entspr od and als die §§ 4, 7 u 8 übhaupt nicht. **d) Anwendungsbereich.** Er ist in Nr 1–3 abschließd geregelt. § 3 I Nr 2 ist auch nicht entspr anwendb (BGH NJW **95**, 722). Die Anwendg v § 2 umfaßt prakt nur TZahlgsGesch (§ 1 Rn 6). Für die vor dem 1. 1. 91 geschl Vertr gilt das AbzG üb dessen § 1c in entspr Anwendg v Art 9 (Einf 2 vor § 1; BGH NJW **93**, 64). Wurde eine unter diese Vorschr fallde Verpfl nach dem 1. 1. 91 übnommen, sind dafür § 2 Nr 3, § 7 anwendb (BGH NJW **95**, 2290). § 7 III ist auf Vertr iS des § 2 unanwendb (vgl Rn 8). Ein schwebd unwirks Gesch wird nicht dch die Übnahme bei fehlder WiderrMöglk wirks (BGH aaO).

4 **2) Voraussetzungen.** Sie sind auf die WillErkl des Käufers (VertrAngebot od -Ann) bezogen. **a) Teilleistungen (Nr 1):** Verk v Sachgesamth, deren BestandT sukzess geliefert w, wobei das jeweils auf die TeilLieferg entfallde (Teil)Entgelt bei (vor od nach) der Lieferg des betr Teils zu zahlen ist. Bsp: Buchreihen (BGH NJW **76**, 1354); mehrbänd Sammelwerk (insb Lexikon) fällt idR unter Nr 1; BausatzVertr für den Eigenbau eines WoHauses, wenn Lieferg u Bezahlg des Entgelts in TeilBetr erfolgt (BGH **78**, 375); aus
5 Buch, Box u Cassetten bestehder Sprachkurs (BGH NJW-RR **90**, 1011). **b) Gleichartige Sachen (Nr 2).** Umfaßt den KaufVertr üb eine regelm (dh in best ZtAbschn od innerh best ZtRäume) zu erbringde Lieferg von Sachen in festliegder Menge od Mindestmenge, zB Kaffee, Kindernährmittel, Eispulver, Zeitgs- u Zeit-

schriftenabonnement (BGH NJW **87**, 124), aber nicht bei einem einmonat Probeabonnement (BGH NJW **90**, 1046). Es muß eine WillErkl (Kaufentschluß) auf Abschl eines einzigen Gesch vorliegen (BGH **67**, 389 [Aussteuersortiment]). Ob Nr 2 auch bei einmal Zahlg gilt od ob auch das Entgelt in TeilLeistgen erbracht w muß, ist umstr (vgl BGH NJW **90**, 1046 mwN). Das im voraus bezahlte Jahresabonnement einer Zeitschr fällt nicht darunter (BGH NJW-RR **90**, 562), wohl aber die Bestellg auf sog Orderkarte (BGH NJW **90**, 3144). Nach dem GWortlaut ist auf die BezugsVerbindlk, nicht auf einen Kred abzustellen; die Möglk jederzt zu künd steht nicht entgg (BGH aaO). **c) Wiederkehrender Bezug (Nr 3).** Ist auf RahmenVertr 6 zugeschnitten, bei denen nicht eine von vornherein festliegde Lieferg best Sachen vereinb wird od Bestellg zur Lieferg mit AblehngsR (Ffm NJW **90**, 1080), sond bei denen Erwerbs- u BestellPfl bestehen (kaufvertr Charakter, Martinek ZIP **86**, 1440); zB sog BuchGemsch. Die Anwendg auf BierLieferugsVertr ist zu bejahen (BGH **109**, 314 für § 1c AbzG). Ebso auf FranchiseVertr (22 vor § 581), soweit er den Warenbezug betrifft (BGH NJW **95**, 722). Dies kommt aber nur noch für ExistenzGründgsKred in Betracht (§ 3 Rn 3; Hamm NJW **92**, 3179 mwN; bestr). Es empfiehlt sich die WiderrBelehrg prakt bei Kred für jede Gaststätteneröffng (Reiter BB **91**, 2322). Nicht unter Nr 3 fallen VersorggsVertr für Strom, Gas u Wasser (hM).

3) Wirkung der Verweisung. **a) Schriftform** (§ 4 I S 1; Ausn: Versandhandel, § 8): wie § 4 Rn 1–3. Sie 7 erstreckt sich auf den ganzen Vertr, bei Nr 3 nur auf den RahmenVertr. **b) Aushändigung** einer Abschrift der VertrUrk (§ 4 III, dort Rn 17). Folge bei Verstoß: § 7 S 2 u 3. **c) Widerrufsrecht** (Ausn: Versandhandel, 8 § 8). Es gelten die Vorschr üb das Wirksamwerden (§ 7 I S 1), FrWahrg, FrBeginn, Belehrg u Erlöschen (§ 7 II). Abs III gilt nicht (allgM; BGH NJW **95**, 2290). Der Widerr führt mit (teilw) dchgeführtem Vertr bei Nr 1 u 2 zur Rückabwicklg der gesamten Leistgen, bei Nr 3 nur zum Wegfall der zukünft Verpfl (MüKo/ Ulmer 36–39 mwN). Wird ein v vollmachtl Vertreter abgeschl Vertr genehm, beginnt die JahresFr des § 7 II S 3 erst mit Gen (BGH aaO). **d) Versandhandelsprivileg:** § 8, näml ein formfreier Vertr u kein WiderrR, 9 wenn RückgR eingeräumt w. **e) Ausnahmen** v der Anwendg des § 2. Soweit die Voraussetzgen des § 3 I 10 Nr 1–3 erf sind, ist auch § 2 nicht anzuwenden (MüKo/Ulmer 9; aA Karlsr NJW-RR **93**, 635: VerbrKrG anwendb).

VerbrKrG 3 *Ausnahmen der Anwendbarkeit.* [I]Dieses Gesetz findet keine Anwendung auf Kreditverträge und auf Verträge über die Vermittlung oder den Nachweis von Kreditverträgen,

1. **bei denen der auszuzahlende Kreditbetrag (Nettokreditbetrag) oder Barzahlungspreis vierhundert Deutsche Mark nicht übersteigt;**
2. **wenn der Kredit für die Aufnahme einer gewerblichen oder selbständigen beruflichen Tätigkeit bestimmt ist und der Nettokreditbetrag oder Barzahlungspreis 100000 Deutsche Mark übersteigt;**
3. **durch die dem Verbraucher ein Zahlungsaufschub von nicht mehr als drei Monaten eingeräumt wird;**
4. **die ein Arbeitgeber mit seinem Arbeitnehmer zu Zinsen abschließt, die unter den marktüblichen Sätzen liegen;**
5. **die im Rahmen der Förderung des Wohnungswesens und des Städtebaus auf Grund öffentlichrechtlicher Bewilligungsbescheide oder auf Grund von Zuwendungen aus öffentlichen Haushalten unmittelbar zwischen der die Fördermittel vergebenden öffentlich-rechtlichen Anstalt und dem Verbraucher zu Zinssätzen abgeschlossen werden, die unter den marktüblichen Sätzen liegen.**

[II] **Keine Anwendung finden ferner**
1. **§ 4 Abs. 1 Satz 4 und 5, § 6, § 13 Abs. 3 und § 14 auf Finanzierungsleasingverträge;**
2. **§ 4 Abs. 1 Satz 4 Nr. 1 Buchstabe b und die §§ 7, 9 und 11 bis 13 auf Kreditverträge, nach denen der Kredit von der Sicherung durch ein Grundpfandrecht abhängig gemacht und zu für grundpfandrechtlich abgesicherte Kredite und deren Zwischenfinanzierung üblichen Bedingungen gewährt wird; der Sicherung durch ein Grundpfandrecht steht es gleich, wenn von einer solchen Sicherung gemäß § 7 Abs. 3 bis 5 des Gesetzes über Bausparkassen abgesehen wird;**
3. **die §§ 4 bis 7 und 9 Abs. 2 auf Kreditverträge, die in ein nach den Vorschriften der Zivilprozeßordnung errichtetes gerichtliches Protokoll aufgenommen oder notariell beurkundet sind, wenn das Protokoll oder die notarielle Urkunde den Jahreszins, die bei Abschluß des Vertrages in Rechnung gestellten Kosten des Kredits sowie die Voraussetzungen enthält, unter denen der Jahreszins oder die Kosten geändert werden können;**
4. **§ 9 auf Kreditverträge, die der Finanzierung des Erwerbs von Wertpapieren, Devisen oder Edelmetallen dienen.**

Abs I Nr 5 und Abs II Nr 4 sind eingefügt, Abs I Nr 1 u 2 geänd dch G v 27. 4. 93 (vgl Einf 3 vor § 1).

1) Unbeschränkte Ausnahmen (Abs I) sind vorgesehen, weil in diesen Fällen eine wesentl Gefährdg der 1 VerbrInteressen nicht zu befürchten ist. Gilt für Kred- u KredVermVertr (§ 1 Rn 5, 8). **a) Kleinkredite** 2 **(Nr 1).** Nettokreditbetrag: § 4 I S 2 Nr 1a (dort Rn 4). Die Summe der TZahlgsRaten ist unerhebl. **b) Exi-** 3 **stenzgründungskredite (Nr 2)** sind vom G nur dann ausgenommen (vgl § 1 Rn 4), wenn sie 100000 DM übersteigen. Abs I Nr 2 ist auf die einen § 2 fallden Vertr auch nicht analog anwendb (BGH NJW **95**, 722). Das VerbrKrG gilt nicht für HandelsGesellsch (§ 1 Rn 4) u nur für die Erstgründg, nicht für die Änd einer bereits aufgenommenen unternehm Tätk, wobei es jedenf bei FranchiseVertr auf den Ztpkt des VertrAbschl, nicht auf den der Erf ankommt (BGH NJW **95**, 722). Wird ein Gewerbe od eine freiberufl Tätk bereits betrieben, gilt § 3, wenn das od die neue damit nicht in Zushang steht (§ 1 Rn 4; BGH aaO). Zu Vor- u EinmannGmbH vgl Vortmann ZIP **92**, 229. Kauf von GesellschAnteilen nur, wenn auch unternehm

Funktionen übnommen w soll u nur für die Aufn, nicht für die Ausübg. Aufgenommen ist die Tätig, wenn sie tats ausgeübt w (Scholz aaO; bestr), mit GeschEröffng od plangemäßem LeistgsAngebot, im Einzelfall mit VorbereitgsHandlg mögl (Vortmann aaO). NettoKredBetr u BarzahlgsPr: wie Nr 1. Wird ein einheitl bewilligter GroßKred aufgeteilt, um 100 000 DM zu unterschreiten, so steht § 18 S 2 entgg. Bei mehreren Kred desselben KredG ist auf den Kred, der 100 000 DM nicht überschreitet, das G anwendb (Vortmann aaO).

4 Ohne Zushang gewährte Kredite versch KredG werden nicht zusgerechnet (MH 147). **c) Kurzzeitiger Zahlungsaufschub (Nr 3).** Die 3 Monate sind von der Fällk des BarzahlgsPr (§ 4 I S 2 Nr 2 a), idR § 271 BGB, bis zur vereinb Fällk des (ggf restl) Betrags zu berechnen. Wird die BarzahlgsFällk dch Vereinbg hinausgeschoben, steht § 18 S 2 entgg. Zahlgsaufschub: § 1 Rn 6. Bei KredKartenVertr gilt das G daher nur, wenn das ZahlgsZiel um mehr als 3 Monate hinausgeschoben u dafür Zins od eine and Vergütg geschuldet w, sog Debit- od Chargekarte (Metz NJW **91**, 2803 [2811]). Das G gilt insb nicht, wenn im Verhältn KredKartenOrgan zu KredKartenInh dessen Bankkonto monatl belastet w (Seifert DB **91**, 329). Auch auf

5 3-Monats-Wechsel ist das G nicht anwendb (Müller WM **91**, 1781). **d) Arbeitgeberkredite (Nr 4).** Begriff: § 611 Rn 92. Umfaßt alle KredVertr (§ 1 Rn 5–7), nicht nur GeldDarl. Für die MarktÜblk ist auf den Ztpkt der DarlHingabe abzustellen. Der Schutzzweck des G trifft nicht zu, weil diese Kred idR zu bes günst Bedinggen gewährt u nicht öfft angeboten w. **e) Förderkredite (Nr 5).** Die nachträgl Einfügg hat nur klarstellde Bedeutg; daher ist kein Umkehrschluß zuläss (Bülow NJW **93**, 1617). Erfaßt wird nicht nur die Bauförderg, sond insb auch die Existenzgründg (Drescher WM **93**, 1445).

6 **2) Weitere Ausnahmen** (Abs II). Es sind nur die aufgeführten Vorschr unanwendb, teilw schon wegen
7 der Art des Gesch. Die Anwendg der and Vorschr bleibt unberührt. **a) Finanzierungsleasing (Nr 1).** Hier sind darunter zu verstehen: LeasVertr mit Verbr, bei denen der LeasN für die Amortisation der v LeasG für die Anschaffg der LeasSache gemachten Aufwendgen u Kosten einstehen muß (BT-Dr 11/8274 S 21; Schmid-Burgk/Schölemann BB **91**, 566). Unanwendb sind: § 4 I S 4 u 5; § 6 (RFolgen u Formmängel) insges; § 13 III (RücktrFiktion); § 14 (vorzeitige Zahlg). Diese Vorschr passen für das FinLeas nicht. Dch Umkehrschluß folgt, daß die übr Vorschr für das FinLeas gelten (Peters WM **92**, 1797). Für die sonst LeasVertr gilt das G nicht (vgl § 1 Rn 7). Die Vorschr wird mit abwegigem Ergebn (SchadErs dch BRep) für
8 EG-Richtlinienwidr gehalten von v. Westphalen NJW **93**, 3225; dagg zutreffd Zahn DB **94**, 617. **b) Realkredite (Nr 2).** GrdPfdR: Hyp, GrdSch u RentenSch. Hier sind nur diejen Vorschr ausgenommen, die für den RealKred nicht passen, insb WiderrR, GeschVerbindg, VerzZ (hierfür § 287 ZPO), GesFällk, Rücktr des KredG, so daß dem KredN vor allem der auf Information gerichtete VerbrSchutz verbleibt. Seit 1. 5. 93 ist der GesamtBetr inf der Verweisg auf § 4 I S 4 Nr 1 b nicht mehr anzugeben. Die ZwFinanzierg, die idR nicht dch GrdPfdR gesichert w, ist seit 1. 5. 93 ausdrückl einbezogen, aber auch für früh Kred anzuwenden,
9 da v GesG klarstelld gewollt (Bülow NJW **93**, 1617). **c) Beurkundete Kreditverträge (Nr 3).** Gedacht ist in erster Linie an den ProzVgl (§ 794 I Nr 5 ZPO). NotUrk: § 8 ff BeurkG. JahresZ ist der vereinb ZSatz pro Jahr. KredKosten sind laufzeitunabhäng Aufwendgen (wie § 4 Rn 7), zB Restschuldversicherg (MH
10 181). Wirkg: Insb entfallen die Form- u AbschlußVorschr sowie das WiderrR (§§ 4–7). **d) Effektenkredite (Nr 4).** Nur das Darl kann widerr w (§ 7), währd das SpekulationsGesch auf alle Fälle wirks bleibt. Das sollte auch für nichtverbriefte Optionen gelten (Drescher WM **93**, 1445). Für Vertr, die vor dem 1. 5. 93 abgeschl w, vgl § 9 Rn 2 aE.

Zweiter Abschnitt. Kreditvertrag

VerbrKrG 4 ***Schriftform; erforderliche Angaben.*** [1]Der Kreditvertrag bedarf der schriftlichen Form. Der Form ist genügt, wenn Antrag und Annahme durch die Vertragsparteien jeweils getrennt schriftlich erklärt werden. Die Erklärung des Kreditgebers bedarf keiner Unterzeichnung, wenn sie mit Hilfe einer automatischen Einrichtung erstellt wird. Die vom Verbraucher zu unterzeichnende Erklärung muß angeben

1. bei Kreditverträgen im allgemeinen

   a) den Nettokreditbetrag, gegebenenfalls die Höchstgrenze des Kredits;

   b) den Gesamtbetrag aller vom Verbraucher zur Tilgung des Kredits sowie zur Zahlung der Zinsen und sonstigen Kosten zu entrichtenden Teilzahlungen, wenn der Gesamtbetrag bei Abschluß des Kreditvertrags für die gesamte Laufzeit der Höhe nach feststeht. Ferner ist bei Krediten mit veränderlichen Bedingungen, die in Teilzahlungen getilgt werden, ein Gesamtbetrag auf der Grundlage der bei Abschluß des Vertrags maßgeblichen Kreditbedingungen anzugeben. Kein Gesamtbetrag ist anzugeben bei Krediten, bei denen die Inanspruchnahme bis zu einer Höchstgrenze freigestellt ist;

   c) die Art und Weise der Rückzahlung des Kredits oder, wenn eine Vereinbarung hierüber nicht vorgesehen ist, die Regelung der Vertragsbeendigung;

   d) den Zinssatz und alle sonstigen Kosten des Kredits, die, soweit ihre Höhe bekannt ist, im einzelnen zu bezeichnen, im übrigen dem Grunde nach anzugeben sind, einschließlich etwaiger vom Verbraucher zu tragender Vermittlungskosten;

   e) den effektiven Jahreszins oder, wenn eine Änderung des Zinssatzes oder anderer preisbestimmender Faktoren vorbehalten ist, den anfänglichen effektiven Jahreszins; zusammen mit dem anfänglichen effektiven Jahreszins ist auch anzugeben, unter welchen Voraussetzungen preisbestimmende Faktoren geändert werden können und auf welchen Zeitraum Belastungen, die sich aus einer nicht vollständigen Auszahlung oder aus einem Zuschlag zu dem Kreditbetrag ergeben, bei der Berechnung des effektiven Jahreszinses verrechnet werden;

   f) die Kosten einer Restschuld- oder sonstigen Versicherung, die im Zusammenhang mit dem Kreditvertrag abgeschlossen wird;

   g) zu bestellende Sicherheiten;

2. bei Kreditverträgen, die die Lieferung einer bestimmten Sache oder die Erbringung einer bestimmten anderen Leistung gegen Teilzahlungen zum Gegenstand haben,
   a) den Barzahlungspreis;
   b) den Teilzahlungspreis (Gesamtbetrag von Anzahlung und allen vom Verbraucher zu entrichtenden Teilzahlungen einschließlich Zinsen und sonstiger Kosten);
   c) Betrag, Zahl und Fälligkeit der einzelnen Teilzahlungen;
   d) den effektiven Jahreszins;
   e) die Kosten einer Versicherung, die im Zusammenhang mit dem Kreditvertrag abgeschlossen wird;
   f) die Vereinbarung eines Eigentumsvorbehalts oder einer anderen zu bestellenden Sicherheit.
Der Angabe eines Barzahlungspreises und eines effektiven Jahreszinses bedarf es nicht, wenn der Kreditgeber nur gegen Teilzahlungen Sachen liefert oder Leistungen erbringt.

II Effektiver Jahreszins ist die in einem Vomhundertsatz des Nettokreditbetrages oder des Barzahlungspreises anzugebende Gesamtbelastung pro Jahr. Die Berechnung des effektiven und des anfänglichen effektiven Jahreszinses richtet sich nach § 4 der Verordnung zur Regelung der Preisangaben.

III Der Kreditgeber hat dem Verbraucher eine Abschrift der Vertragserklärungen auszuhändigen.

1) Allgemeines zur Schriftform. Abs I S 2 u 3 sind eingefügt, Abs I S 4 ist geänd im Hs 1 sowie in Nr 1 **1** lit b u d, ferner der Abs III dch Art 2 des G v 27. 4. 93 (vgl Einf 3 vor § 1). **a) Begriff.** Es gilt grdsätzl § 126 BGB. Diese Vorschr wird dch Abs I S 2 u 3 abgeänd (vgl Rn 4). **b) Anwendbar** auf alle KredVertr (§ 1 II) **2** im AnwendgsBer (§ 1 Rn 1–7) mit den Ausn des § 3 I u II Nr 1–3, des ÜbZiehgsKred (§ 5 I S 1) u des Versandhandels (§ 8 I). Für KredVermVertr (§ 1 III) gilt § 14. Für Änd v KredVertr, die vor dem 1. 1. 91 (Inkrafttr) abgeschl w, gilt § 4 nur, wenn ein neues KapNutzgsR eingeräumt w (BGH NJW **95**, 527). **c) Unabdingbarkeit** besteht wg § 18 S 1. **d) Rechtsfolgen von Formmängeln:** Nichtigk (§ 6 I) od **3** heilbare (schwebde) Unwirksk (§ 6 II, III). **e) Mitverpflichtung** v Eheg bei KredVertr, die nicht unter § 1357 I 2 fallen, u v and FamAngeh kann blanko nicht wirks erkl w; auch die Vollm (§ 167) unterliegt der Form des § 4 (Derleder NJW **93**, 2401). Bei Gesch des tägl Lebens (§ 1357 I 2) liegt hingg ges StellVertretg vor, die den and Eheg ohne weiteres mitberecht u mitverpfl, so daß es auf seine Unterschr nicht ankommt (Schanbacher NJW **94**, 2335 mwN; bestr).

2) Besonderheiten der Schriftform (Abs I S 2–4). Dch die Einfügg v Abs I S 2 u 3 sowie Änd v Abs I **4** S 4 Hs 1 (vgl Rn 1) ist seit 1. 5. 93 aus prakt Grden die Schriftform ggü § 126 II erleichtert. Es können Antrag u Ann (§§ 145 ff) in getrennt unterzeichneten Urk (§ 126 I) erkl w, müssen aber gem § 130 zugehen. Das Erfordern eigenhänd Unterschr (§ 126 I) entfällt, wenn die (gesamte) Erkl dch automat Einrichtgen (EDV) erstellt w (wie § 8 MHG).

3) Allgemeine Kreditverträge (Abs I S 4 Nr 1) sind alle KredVertr, die nicht TZahlGesch (Rn 15) sind. **5** Dazu gehören insb KredKartenVertr, sowie unter das G fallen (vgl § 3 Rn 4; Seibert DB **91**, 429). Notwend Inhalt der v Verbr zu unterzeichnden Erkl (Rn 4): **a) Nettokreditbetrag** (lit a) ist der zur **6** Auszahl gelangde Betr, also ggf unter Abzug eines Disagios. Höchstgrenze ist der Betr, üb den hinaus gem Vereinbg nicht kreditiert w. **b) Gesamtbetrag** (lit b) ist aGrd derjen Leistgen zu berechnen, die bei ver- **7** trgem Erf insges zu erbringen sind. Sonstige Kosten: Rn 11. Für die aF (vgl Rn 1) war bei AbschnFinanzierungen die Angabe des GesBetr nicht mögl (LG Schwer WM **94**, 1286). Seit 1. 5. 93 (vgl Rn 1) gilt die NeuFassg. Sie hat klarstelldn Charakter (Peters WM **94**, 1405 [1411]). Danach ist zu untersch: **aa) Feststehender** GesBetr (S 1) gilt für alle RatenKred mit festen VertrBedinggen, insb gleichbleibdem ZSatz u fester LaufZt, wenn also insb die EinzelBeträge bereits bei VertrSchluß feststehen. **bb) Fiktiver** GesBetr (S 2) ist **8** bei KredGesch, bei denen der Kred vertrgem dch TZahlgen zurückgeführt w soll, anzugeben, wenn die VertrBedinggen sich veränd können, insb in TeilBetr valutiert w, der ZSatz variabel od die LaufZt ungewiß ist. Hier ist der GesBetr aGrd der sog Anfangskonditionen zu errechnen, auch bei AbschnFinanzierg (hierzu Peters WM **94**, 1405). Auf die Möglk, daß sich die anfängl Belastg, die Höhe der Raten od die Zahl u Dauer der Raten ändern kann, müßte ausdrückl hingewiesen w. **cc) Entbehrlicher** GesBetr (S 3). Das gilt für **9** Rahmen- u KontokorrentKred; weitere Fälle bei Drescher WM **93**, 1445. Hier ist die Angabe eines GesBetr nicht mögl. **c) Rückzahlung** des Kred (lit c). Ist TeilzahIg vereinb, sind Betr, Anzahl u Fällk der Raten **10** (auch v Mindestraten) anzugeben. VertrBeendigg: Befristg (nach Datum od bestimmb), Künd (mit Fr), Rücktr, einvernehml Aufhebg; diese Angaben sind insb bei KontokorrentKred zu machen. **d) Zinssatz 11 und Kosten** (lit d). ZSatz: der vereinb pro Jahr. Kosten: alle sonstigen Aufwendgen, die der KredN vereinbgem für den Kred zu tragen hat, insb Vermittlgs- u BearbeitgsGebühren, Spesen, Provisionen. Kann die Höhe des einzelnen Betr bei VertrAbschluß nicht in Geld angegeben w, weil er noch nicht feststeht, so ist der Grd anzugeben (Stichwort genügt). **e) Effektiver Jahreszins** (lit e). Begriff: Abs II (Rn 20). Soll **12** dem KredN den PrVergleich ermögl. Bei KredVertr mit Vorbehalt der Änd v ZSatz od sonstiger Konditionen ist der bei VertrBeginn geltde effektive JahresZ ist auf jeden Fall anzugeben, außerdem die Voraussetzgen aller vorbehaltenen Änd, genau wie bei PrAnpassgsKlauseln (§ 11 Rn 7 AGBG). Dies ist auf die sog SelbstbediengsKred zugeschnitten, zB Scheck-, Dispositions-, Ideal- od DauerKred. Gilt nicht, wenn währd der LaufZt des Vertr der variable Zinssatz in einen festen Zins umgewandelt w (Hbg NJW-RR **94**, 1011). **f) Versicherungskosten** (lit f), insb RestschuldVers. Diese Kosten gehen in den effektiven JahresZ **13** nicht ein u müssen aber angegeben w, mind berechnet sein, wenn sie bei VertrSchluß noch nicht beziffert w können. Es ist auf den Zushang mit dem Kredit abzustellen (im einzelnen Hemmerle/v. Rottenburg WM **93**, 181). Bei Kfz fallen HaftPfl u Kasko nicht darunter. **g) Sicherheiten** (lit g), insb SichergsÜbereign u **14** GehaltsAbtretg; gilt nur, falls Sicherh vereinb u bestellt w. Dies muß nicht in der Urk geschehen. Es genügt die bestimmte Bezeichg od der pauschale Hinweis auf ihr Bestehenbleiben, wenn die Sicherh bereits bestellt sind.

15 **4) Teilzahlungsgeschäfte** (Abs I S 4 Nr 2). Nur für diese Art v KredVertr (§ 1 Rn 6) gilt die Vorschr. Sie sind hier legal definiert. Die Vorschr ist entspr anwendb, wenn statt TZahlg der GesBetr später auf einmal bezahlt w muß (Reinicke/Tiedtge ZIP **92**, 217). Kein TeilzGesch ist der finanzierte Kauf, für den § 9 od Abs I S 4 Nr 1 (Rn 5–15) gilt. Auch nicht ein RahmenKredVertr zum fortlaufend Bezug v Waren.

16 Notwend Inhalt der VertrErkl, die der Verbr unterzeichnet: **a) Barzahlungspreis** (lit a). Er ist als Summe anzugeben. Die MWSt muß enthalten sein (BGH **62**, 42 für § 1a AbzG). Es ist der sog ListenPr (der übl Pr bei BarzahlgsGesch) anzugeben. Ein sonst gewährter BarzahlgsRabatt muß nicht abgezogen w (Knütel JR **85**, 353 mwN für § 1a AbzG). Entbehrl ist er nur gem S 3 bei ausschließl TZahlgsVerkäufern, aber ledigl solchen, die nur liefern (nicht herstellen) od (D- bzw Werk-)Leistgen erbringen. Der TZahlgsVerk muß

17 dann ausschließl u für einen längeren ZtRaum vorgenommen w. **b) Teilzahlungspreis** (lit b). Er ist legal definiert. Es ist die Summe mit MWSt anzugeben, soweit der KredG dazu in der Lage ist. Der TZahlgsPr muß berechnet, nicht nur berechenb sein (Hamm NJW–RR **89**, 379 für § 1a AbzG). Anzahlg: der erste, vor Überg fäll, auf den Pr anzurechnende GeldBetr, bar od verrechnet (zB bei InzahlgNahme). Zinsen: nach planmäß LaufZt zu errechnen. Sonstige Kosten: wie Rn 11. Nicht: Verpackg, Porto od Fracht. Insges muß der TZahlgsPr dem Betr entspr, den der KredN bei ordngsgem Erf des Vertr tatsächl bezahlen muß.

18 **c) Teilzahlungsplan** (lit c). Betrag: Er ist in Geld, nicht in BruchT des TZahlgsPr anzugeben. Zahl: iZw ohne eine Anzahlg. Fällk: Sie muß sich auf einen nach dem Kalender od nach ihm bestimmb Tag beziehen.

19 **d) Effektiver Jahreszins** (lit d). Begriff: Abs II (Rn 20). Entbehrl nur gem S 3 (wie Rn 16). **e) Versicherungskosten** (lit e): wie Rn 13. **f) Sicherheiten** (lit f). EigtVorbeh: § 455 Rn 12–22. And Sicherh: wie Rn 14.

20 **5) Sonstiges. a) Begriff des effektiven Jahreszinses** (Abs II) ist legal definiert in S 1. NettoKredBetr: Rn 6. BarzahlgsPr: Rn 16. Gesamtbelastg: die pro Jahr anfallden Zinsen u alle sonst Kosten (Abs I S 4 Nr 1 d, Rn 11), sowie die der Versichergen (lit f, Rn 19). Berechng (S 2): § 4 PAngV v 14. 3. 85 (BGBl 580) idF der ÄndVO v 3. 4. 92 (BGBl 846). **b) Aushändigung** (Abs III) einer Abschr beider VertrErkl. Sie können in einer einz Urk zusgefaßt sein, Abs III gilt für Abs I Nr 1 u 2. Die Abschr muß den danach erforderl Inh haben.

VerbrKrG 5 *Überziehungskredit.* [I] Die Bestimmungen des § 4 gelten nicht für Kreditverträge, bei denen ein Kreditinstitut einem Verbraucher das Recht einräumt, sein laufendes Konto in bestimmter Höhe zu überziehen, wenn außer den Zinsen für den in Anspruch genommenen Kredit keine weiteren Kosten in Rechnung gestellt werden und die Zinsen nicht in kürzeren Perioden als drei Monaten belastet werden. Das Kreditinstitut hat den Verbraucher vor der Inanspruchnahme eines solchen Kredits zu unterrichten über

1. die Höchstgrenze des Kredits;
2. den zum Zeitpunkt der Unterrichtung geltenden Jahreszins;
3. die Bedingungen, unter denen der Zinssatz geändert werden kann;
4. die Regelung der Vertragsbeendigung.

Die Vertragsbedingungen der Nummern 1 bis 4 sind dem Verbraucher spätestens nach der ersten Inanspruchnahme des Kredits schriftlich zu bestätigen. Ferner ist der Verbraucher während der Inanspruchnahme des Kredits über jede Änderung des Jahreszinses zu unterrichten. Die Bestätigung nach Satz 3 und die Unterrichtung nach Satz 4 können auch in Form eines Ausdrucks auf einem Kontoauszug erfolgen.

[II] Duldet das Kreditinstitut die Überziehung eines laufenden Kontos und wird das Konto länger als drei Monate überzogen, so hat das Kreditinstitut den Verbraucher über den Jahreszins, die Kosten sowie die diesbezüglichen Änderungen zu unterrichten; dies kann in Form eines Ausdrucks auf einem Kontoauszug erfolgen.

1 **1) Allgemeines.** Der ÜbzKred ist eine weit verbreitete, sehr flexible KredArt, die nicht dch hierbei schwer zu erfüllde FormVorschr behindert w soll (BT-Dr 11/5462 S 20). **a) Begriff** des ÜbzKred: Das

2 laufde Konto eines Verbr (§ 1 Rn 4) muß inf Abhebg od Belastg einen Sollsaldo aufweisen. **b) Wirkung.** Die UnterrPfl (Rn 7 u 11) tritt an die Stelle der FormVorschr des § 4. Wird die UnterrPfl hinsichtl Inhalt, Ztpkt od Form verletzt, sieht das G keine RFolgen vor. Es kann ein SchadErsAnspr aus pVV (§ 276 Rn 113)

3 entstehen. Die Wirksk von Vertr u VertrÄnd w dadch nicht berührt (BT-Dr 11/5462 S 20). **c) Beweislast** für das Vorliegen eines ÜbzKred, Unterrichtg (Rn 7, 13) u Bestätigg (Rn 10) trägt das KredInst.

4 **2) Vereinbarter Überziehungskredit** (Abs I). **a) Voraussetzungen** (S 1): **aa) Persönlich.** KredG muß ein KredInstitut, nicht notw iSv § 1 KWG sein (MüKo/Ulmer 5), KredN ein Verbr (§ 1 Rn 4). **bb) Laufendes Konto:** Damit ist jedes Kontokorrentkonto iS v § 355 HGB gemeint. Unerhebl ist, daß der

5 Verbr seinen ZahlgsVerk auch od später üb ein od Konto leitet (MüKo/Ulmer 13). **cc) Kreditvertrag** (§ 1 II), der darauf gerichtet ist, daß der KredN (Verbr, Bankkunde) Anspr darauf hat, von seinem Konto bis zu einer festgelegten (vereinb od vom KredG bestimmten u dem KredN bekannten) Höhe des Sollsaldos (bestimmter od bestimmb Betrag, zB 2 Monatsgehälter) zu überweisen od abzuheben ohne eine Vereinbg,

6 den Kred in best Weise zurückzuführen (KredRahmen). **dd) Entgelt** für den ÜbzKred dürfen nur die vereinb Zinsen sein (alle laufztabhäng Entgelte, gleichgült wie benannt), keine sonst Kosten, außer den sog KontoFührgsGebühren; andfalls gelten § 4 I, § 6. **ee) Belastungsperiode.** Die Zinsen dürfen zwar nach ZZahlen pro Tag berechnet, aber den Konto nicht früher als alle drei Monate belastet w. Damit kommt der

7 vereinb JahresZ dem EffektivZ (§ 4 Rn 8) sehr nahe. **b) Unterrichtungspflicht** (S 2 u 4). Sie tritt an die Stelle der FormVorschr (§ 4). **aa) Inhalt** bei InAnsprNahme. **Nr 1:** GeldBetr od bestimmb Höhe (zB

8 Monatsgehalt). **Nr 2:** § 4 I S 4 Nr 1d (nomineller JahresZ). **Nr 3:** ÄndBedingngn sind so genau anzugeben wie die Voraussetzgen die § 4 I S 4 Nr 1e; auch dch AGB mögl (hinsicht dch ZinsAnpassgsKlausel (vgl MüKo/ Ulmer 21). **Nr 4:** wie § 4 I S 4 Nr 1c (dort Rn 10). Die Beendigg kann sich auf die gesamte GeschVerbindg od nur auf den KredRahmen beziehen (MüKo/Ulmer 22). **bb) Besonderer Anlaß** (S 4): Mitzuteilen ist jede

Änd des JahresZ (§ 4 I S 4 Nr 1 d), aber nur, wenn dies währd der Inanspruchn (wie Rn 11) geschieht.
cc) Zeitpunkt (S 2): Vor Inanspruchn bedeutet vor der ersten ÜbZiehg. Währd der Inanspruchn: Dies ist **9** prakt nur so zu realisieren, daß die Unterrichtg aller KontenInh mit ÜbZiehgsLimit erfolgt (MH 275). Es kann auch nachträgl unterrrichtet w. **dd) Form:** bis zur ÜbZiehg nicht vorgeschrieben, daher insb dch AGB u Aushang in den zugängl GeschRäumen zuläss. Ab ÜbZiehg ist schriftl Bestätigg (wie Rn 10) vorgeschrieben. **ee) Schriftliche Bestätigung** (S 3 u 5): also keine Schriftform des § 126 (MüKo/Ulmer **10** 25). Zweckmäß bei VertrAbschluß, aber noch rechtzeit, wenn (angemessen kurze Zeit) nach der ersten ÜbZiehg geschehen. Zwischenzeitl Habensaldo begründet keine neue UnterrPfl.

3) Geduldete Überziehung (Abs II). **a) Anwendbar** auf einvernehml ÜbZiehg (wenn kein KredRah- **11** men eingeräumt od dieser übzogen ist), zB dch Barauszahlg, u auf eine vom Verbr eigenmächt vorgenom- mene ÜbZiehg (ohne Willen des KredInstituts), zB ungedeckter EC-Scheck. **b) Rechtsfolgen.** Bei einver- **12** nehml ÜbZiehg kommt eine vertr KredGewährg zustde, bei der für die Unterrichtg nicht Abs I, sond nur Abs II gilt. Bei eigenmächt ÜbZiehg wird dch den Verbr der GiroVertr verletzt; er ist dafür schaderspfl (MüKo/Ulmer 31). **c) Unterrichtungspflicht** (ggü Abs I stark eingeschr). **aa) Voraussetzung.** Ein Soll- **13** saldo muß ununterbrochen 3 Monate, gleichgült in welcher Höhe, bestanden haben. **bb) Inhalt:** JahresZ **14** (§ 4 I S 4 Nr 1 d), Kosten (§ 4 I S 4 Nr 1 d u f) u (nachfolgd) deren Änd, u zwar jede (ggf wiederholt), wobei nur der neue ZSatz od Betr, nicht der Umfang anzugeben ist. Dem Wortlaut zufolge ist auch eine Ermäßigg mitzuteilen. **cc) Form** (Hs 2): Ersichtl geht der GGeber von schriftl Mitt aus (wie Rn 9). Der Ausdruck **15** muß den vorgeschriebenen Inhalt (Rn 14) abdecken.

VerbrKrG 6 *Rechtsfolgen von Formmängeln.* [I] Der Kreditvertrag ist nichtig, wenn die Schriftform insgesamt nicht eingehalten ist oder wenn eine der in § 4 **Abs. 1 Satz 4 Nr. 1 Buchstabe a bis f und Nr. 2 Buchstabe a bis e vorgeschriebenen Angaben fehlt.**

[II] **Ungeachtet eines Mangels nach Absatz 1 wird der Kreditvertrag in den Fällen des § 4 Abs. 1 Satz 4 Nr. 1 gültig, soweit der Verbraucher das Darlehen empfängt oder den Kredit in Anspruch nimmt. Jedoch ermäßigt sich der dem Kreditvertrag zugrunde gelegte Zinssatz (§ 4 Abs. 1 Satz 4 Nr. 1 Buchstabe d) auf den gesetzlichen Zinssatz, wenn seine Angabe, die Angabe des effektiven oder anfänglichen effektiven Jahreszinses oder die Angabe des Gesamtbetrages nach Buchstabe b fehlt. Nicht angegebene Kosten werden vom Verbraucher nicht geschuldet. Vereinbarte Teilzah- lungen sind unter Berücksichtigung der verminderten Zinsen oder Kosten neu zu berechnen. Ist nicht angegeben, unter welchen Voraussetzungen preisbestimmende Faktoren geändert werden können, so entfällt die Möglichkeit, diese zum Nachteil des Verbrauchers zu ändern. Sicherheiten können bei fehlenden Angaben hierüber nicht gefordert werden; dies gilt nicht, wenn der Netto- kreditbetrag 100000 Deutsche Mark übersteigt.**

[III] **Ungeachtet eines Mangels nach Absatz 1 wird der Kreditvertrag in den Fällen des § 4 Abs. 1 Satz 4 Nr. 2 gültig, wenn dem Verbraucher die Sache übergeben oder die Leistung erbracht wird. Jedoch ist der Barzahlungspreis höchstens mit dem gesetzlichen Zinssatz zu verzinsen, wenn die Angabe des Teilzahlungspreises oder des effektiven Jahreszinses fehlt. Ist ein Barzahlungspreis nicht genannt, so gilt im Zweifel der Marktpreis als Barzahlungspreis. Die Bestellung von Sicher- heiten kann bei fehlenden Angaben hierüber nicht gefordert werden.**

[IV] **Ist der effektive oder der anfängliche effektive Jahreszins zu niedrig angegeben, so vermin- dert sich in den Fällen des § 4 Abs. 1 Satz 4 Nr. 1 der dem Kreditvertrag zugrunde gelegte Zinssatz, in den Fällen des § 4 Abs. 1 Satz 4 Nr. 2 der Teilzahlungspreis um den Vomhundertsatz, um den der effektive oder anfängliche effektive Jahreszins zu niedrig angegeben ist.**

Alle Verweisgen auf § 4 Abs I S 2 sind geänd in S 4 inf Änd des § 4 dch G v 27. 4. 93 (vgl Einf 3 vor § 1).

1) Nichtigkeit (Abs I) des KredVertr (§ 1 II) ist die zwingde RFolge, wenn die Schriftform (§ 4 I S 1) **1** unbeachtet geblieben ist od (auch nur) eine der in § 4 I S 4 ausdrückl verlangten Mindestangaben im schriftl Vertr fehlt. § 6 ist SonderVorschr zu § 125 S 1 BGB, aber auch zu § 139 (MüKo/Ulmer 14), notw wg der bes RFolgen der Abs II–IV. Wird das Darl ausbezahlt od der Kred in and Weise in Anspr genommen (insb dch Liefgr der Sache, Entggnahme des Werks od der Dienste, vgl § 1 Rn 6), so wird der KredVertr voll wirks. Er kommt aber im Interesse des VerbrSchutzes mit solchen Bedinggen zustde, die aGrd v Abs II–IV für den Verbr günstiger sind. Bis dahin können aGrd des formnichtigen KredVertr keinerlei Leistgen beanspr w.

2) Heilung bei allgemeinen Kreditverträgen (Abs II), also nur solchen, die unter § 4 I S 4 Nr 1 fallen. **2** **a) Voraussetzungen** (S 1). Empfang des Darl: wie § 607 Rn 6, 7; erfordert eine LeistgsHdlg des KredG. Inanspruchnahme: setzt eine Disposition des Verbr voraus u kommt für alle solchen KredVertr in Betracht (§ 1 II), bei denen kein Darl gewährt w, insb dch Entggnahme der Sache beim Leas, einlösgspflicht Scheck- begebg u beim KredKartenVertr. **b) Wirkung.** Der KredVertr wird voll wirks („gültig") mit abweichen- **3** dem Inhalt, je nach dem, welche Angabe entgg § 4 I S 4 Nr 1 unterl w. Der Verbr behält jedenf den Kred üb die volle LaufZt. And Mängel (insb §§ 119, 123, 134 u 138) bleiben davon unberührt. **aa) Zinssatz** (S 2). **4** Der JahresZ (§ 4 I S 4 Nr 1 d) ermäß sich auf 4% (§ 246 BGB). 5% sind bei ExistenzGründgsDarl denkb (§§ 352, 355 I HGB), wenn die Angaben gem § 4 I S 4 Nr 1 d u e (JahresZ, effektiver JahresZ, auch des anfängl) fehlen oder diejen gem lit b (GesBetr). **bb) Kosten** (S 3). Sind sie nicht gem § 4 I S 4 Nr 1 d u f **5** angegeben, schuldet sie der Verbr nicht. **cc) Neuberechnung** der TZahlgen (S 4) muß der KredG vorneh- men, entspr § 4 I S 4 Nr 1 b. **dd) Ausschluß einseitiger Änderung** (S 5). Entspr die Angabe nicht dem § 4 I S 4 Nr 1 e, können die preisbestimmden Faktoren nicht zum Nachteil des Verbr geänd w. **ee) Sicherhei- 6 ten** (S 6). Gemeint sind die des § 4 I S 4 Nr 1 g. Der KredG kann sie nicht verlangen, wenn er entgg § 4 I S 4 Nr 1 b, d, e, f irgendeine Angabe nicht gemacht hat. Unanwendb bei GroßKred (S 6 Hs 2).

7 **3) Heilung bei Teilzahlungsgeschäften** (Abs III). Anwendb wie § 4 Rn 15. **a) Voraussetzungen** (S
8 1). Kenntn des Formmangels ist unerhebl. **aa) Lieferung einer Sache.** Sie muß übergeben sein. Überg:
grdsätzl wie § 433 Rn 7, soweit darin eine einverständl Mitwirkg des Käufers (Kunden) vorausgesetzt w,
weil der Kaufentschluß nach außen bestätigt w muß. Dies ist wg der RFolge des VertrSchlusses erforderl.
Überg ist erst vollzogen, wenn der Kunde seinen BesWillen (auch schlüss) äußert. Es steht ihm frei, die
Übnahme zu verweigern, weil der Vertr noch nicht wirks ist (BGH NJW **77**, 1632 für § 1a AbzG). Nicht
genügt: BesMittlgsVerh (§ 930) od Abtretg des HerausgAnspr gem § 931 (umstr; vgl MüKo/Ulmer 34). Bei
teilb Sachen, mehreren Sachen od SachGesh muß für die Wirksk des Vertr restlos übgeben sein. Ist nur teilw
übgeben, kann wg ähnl Interessenlage § 469 S 2 entspr angewendet w. **bb) Erbrachte Leistung.** Ist eine
Werk- od DLeistg geschuldet (§ 1 Rn 6), muß sie erbracht sein, dh der KredG muß erfüllt haben (§ 362
BGB). Es wird (wie für Rn 8) eine Mitwirkg des KredN bei Übgabe wie bei Erfüllg vorausgesetzt.
9 **b) Wirkung:** wie Rn 3. Sie ist jedoch auf die Angaben gem § 4 I S 4 Nr 2 zu beziehen. **aa) Zinssatz** (S 2):
Der BarzahlgsPr (§ 4 I S 4 Nr 2a) muß nur mit 4 % (§ 246 BGB) verzinst w, wenn Angaben gem § 4 I S 4
10 Nr 2b u d fehlen. **bb) Barzahlungspreis** (S 3). Als solcher zu verzinsen ist er, wenn er entg § 4 I S 4 Nr 2a
nicht angegeben ist. Es gilt iZw der MarktPr (§ 453) als BarZahlgsPr. Dies ist auch im Fall des § 4 I S 5
(ausschließl TZahlgsVerk) anzuwenden (MüKo/Ulmer 38 a). S 3 gilt auch dann, wenn der KredG nachträgl,
auf den Ztpkt des VertrAbschl bezogen, einen BarZahlgsPr errechnet (BGH NJW **79**, 758 für § 1a AbzG).
Ein vom Hersteller empfohlener RichtPr kann als BarZahlgsPr gelten. Ist kein solcher Preis zu ermitteln,
wird vom TZahlgsPr der übl TZahlgsZuschlag abgezogen. Ist eine Anzahlg geleistet, muß vom errechneten
BarzahlgsPr selbstverstdl nur der kreditierte Teil verzinst w. Es änd sich nicht die LaufZt, sond die Höhe der
11 TZahlgs (MH 316). **cc) Sicherheiten** (S 4): Der KredG kann sie nicht verlangen, wenn die Angaben entgg
§ 4 I S 4 Nr 2a, b u d fehlen.

12 **4) Falsche Angaben** (Abs IV). Bei Versch (§§ 276, 278) führen sie in allen Fällen zu SchadErs (§ 276
Rn 123), bei Argl zur Anf (§ 123). Die zu niedr Angabe ist kein Formmangel wie bei Abs I–III. Abs IV
13 bewirkt keine Nichtig, sond eine VertrÄnd krG wie Abs II S 2–5 u III S 2–4. **a) Voraussetzung** ist in allen
Fällen die zu niedr (v der tats Belastg abweichde) Angabe des (anfängl) effektiven JahresZ (§ 4 Rn 8 u 14),
14 Abweichgen bis 0,05% sind tolerabel (LG Stgt NJW **93**, 208). **b) Wirkung.** Verhältnmäß Mindergg des
JahresZ bei allg KredVertr (§ 4 I S 4 Nr 1d, dort Rn 11) u des TZahlgsPr bei TeilzahlgsGesch (§ 4 I S 4
Nr 2b), aber weder unter den gesetzl Zinssatz (§ 246) noch unter den BarZahlgsPr (entspr Abs III S 3;
MüKo/Ulmer 45). Bei variablem ZSatz ist die ZAnpassg auf Basis des verminderten NominalZ vorzuneh-
men (BT-Dr 11/5462 S 21). Neuberechnung ist Aufgabe des KredG.

VerbrKrG 7 *Widerrufsrecht.* ¹ **Die auf den Abschluß eines Kreditvertrages gerichtete
Willenserklärung des Verbrauchers wird erst wirksam, wenn der Verbrau-
cher sie nicht binnen einer Frist von einer Woche schriftlich widerruft.**

**II Zur Wahrung der Frist genügt die rechtzeitige Absendung des Widerrufs. Der Lauf der Frist
beginnt erst, wenn dem Verbraucher eine drucktechnisch deutlich gestaltete und vom Verbrau-
cher gesondert zu unterschreibende Belehrung über die Bestimmung nach Satz 1, sein Recht zum
Widerruf, dessen Wegfall nach Absatz 3 sowie Namen und Anschrift des Widerrufsempfängers
ausgehändigt worden ist. Wird der Verbraucher nicht nach Satz 2 belehrt, so erlischt das Wider-
rufsrecht erst nach beiderseits vollständiger Erbringung der Leistung, spätestens jedoch ein Jahr
nach Abgabe der auf den Abschluß des Kreditvertrages gerichteten Willenserklärung des Verbrau-
chers.**

**III Hat der Verbraucher in den Fällen des § 4 Abs. 1 Satz 4 Nr. 1 das Darlehen empfangen, gilt der
Widerruf als nicht erfolgt, wenn er das Darlehen nicht binnen zweier Wochen entweder nach
Erklärung des Widerrufs oder nach Auszahlung des Darlehens zurückzahlt.**

**IV Auf den Widerruf findet im übrigen § 3 des Gesetzes über den Widerruf von Haustürgeschäf-
ten und ähnlichen Geschäften Anwendung.**

**V Die Absätze 1 bis 4 finden keine Anwendung auf die in § 5 Abs. 1 Satz 1 genannten Kreditver-
träge, wenn der Verbraucher nach dem Kreditvertrag den Kredit jederzeit ohne Einhaltung einer
Kündigungsfrist und ohne zusätzliche Kosten zurückzahlen kann.**

In Abs III ist die Verweisg auf § 4 I S 2 geändert in S 4 (vgl Einf 3 vor § 1).

1 **1) Wirksamwerden** (Abs I) der WillErkl des Verbr u des KredVertr. Die Regelg ist mit Unterschieden
dem § 1b I AbzG u dem § 1 I HausTWG nachgebildet (vgl Teske NJW **91**, 2792). Sie ist unabdingb (§ 18).
Der Verbr soll wg der wirtsch Bedeutg u Tragweite des Gesch, auch wg der schwier VertrMaterie vor
2 Übereilg geschützt w u eine befr Möglk erhalten, sich v Vertr zu lösen. **a) Anwendbar** auf alle KredVertr
(§ 1 II), insb auch den FranchiseVertr des Existenzgründers (§ 2 Rn 6; Böhner NJW **92**, 3135), nicht auf den
FernUnterrVertr, da das WiderrR des § 4 FernUSG gilt (§ 9 FernUSG). Auf die Teil- u WiderkehrLeistgs-
Vertr des § 2 sind die Abs I, II u entspr anwendb. § 7 gilt bei einem Schuldbeitritt auch für den beitretenden
Verbr (BGH NJW **94**, 1726), aber nicht für den Eheg bei Gesch des tägl Lebens (§ 1357 I S 2), da ohne
weiteres mitverpfl w (Schanbacher NJW **94**, 2335 mwN; bestr). Auf den ÜbZiehgsKred gem § 5 sind wg
Abs V die Abs I–IV nicht anwendb, wenn der ÜbZiehgsKred v Verbr (Bankkunden) vereinbgem jederzt
frist- u kostenlos zurückgezahlt w kann, insb dch RückFührg des Sollsaldos. Hier wird der Widerr prakt dch
3 die Zahlg mit gleicher Wirkg ersetzt. **b) Wirkung.** Der KredVertr (§ 1 II) ist auch bei formgerechtem
Abschluß (§ 4 I) zunächst schwebd unwirks wie bei den hier nicht unmittelb anwendb §§ 108 I, 158 I, 177 I
BGB. Nur wenn der Widerr bis zum FrAblauf (1 Woche, spät 1 Jahr) unterbleibt, wird der Vertr ex nunc u
nicht rückwirkd (vgl Abs I) wirks, weil die WillErkl des Verbr nicht eher wirks w. Solange bestehen
folgerecht auch keine ErfAnspr währd des Laufs der WochenFr (MüKo/Ulmer 21). Ist nicht od nicht
ordnsgem belehrt u läuft die WoFr deshalb noch nicht (Abs II S 2; sog JahresFr des S 3), kann der KredN in

Kenntn des WiderrRs den ErfAnspr geltd machen u den bislang schwebd unwirks Vertr einseit zur Wirksk verhelfen (MüKo/Ulmer 21 mwN). Wenn der Widerr endgült unterbleibt, soll für die Zt bis zum Wirkswerden des Vertr bei gegebenem Kred der MarktZ analog § 3 III HausTWG verlangt w können (Ollmann WM **92**, 2005 [2009]). **c) Widerrufsrecht** des Verbr. Es ist ein auf Verhinderg des VertrAbschl gerichtetes **4** GestaltgsR (hM; wie § 1 Rn 12 HausTWG; aA Ollmann aaO: wie § 130 I S 2) u entsteht, sobald die auf den VertrAbschl gerichtete WillErkl des Verbr abgegeben ist (Abs I), gleichgült ob formwirks od nicht. Ausgeübt wird der Widerr wie bei § 2 Rn 1 HausTWG. Inhalt u Form: entspr § 2 Rn 2, 3 HausTWG. Frist: 1 Woche ab Belehrg (Abs II S 2) od 1 Jahr ab WillErkl des Verbr (Rn 9; Abs II S 3); Berechng: §§ 187 I, 188, 193 BGB. **f) Rechtsfolgen des Widerrufs** (Abs IV): wie § 3 HausTWG, so daß die dort Anm entspr **5** gelten. Bei FranchisVertr (Einf 22 vor § 581) erfaßt der Widerr nur die kreditrechtl u kreditähnl Teile des Vertr (BGH NJW **95**, 722). Bei finanzierten WertPSpekulationskäufen hat der Kunde der Bank auch den eingetretenen Kursverlust zu ers (Claussen NJW **93**, 564).

2) Fristwahrung (Abs II). S 1 ist ganz, S 2 zT dem § 2 I S 1 u 2 HausTWG nachgebildet. Für S 1 wird auf **6** § 2 Rn 5 HausTWG verwiesen. **a) Fristbeginn bei Belehrung** (S 2): sobald diese ausgehänd ist. Form, Unterschr u Datum: wie § 2 Rn 6, 8, 9 HausTWG. Inhalt: grdsätzl wie § 2 Rn 7 HausTWG; dazu auch Belehrg üb den Beginn der WiderrFr (hM; BGH NJW **93**, 1013). Bei verbundenen Gesch gilt zusätzl § 9 II S 2 (dort Rn 7). Außerdem muß üb den Wegfall des WiderrR gem Abs III belehrt w, also nicht beim LeasVertr (Zahn DB **91**, 687). Ztpkt: nicht bei KredGewährg; beim KredKartenVertr bei Abschl des RahmenVertr (aA Metz NJW **91**, 2803 [2812]). BewL für Belehrg: KredG. **b) Rechtsfolgen fehlender 7 Belehrung** (S 3). Gilt, wenn die Belehrg unterblieben, unvollständ od wg wesentl Mängel (Form od Inhalt) unwirks ist. Das WiderrR erlischt (rechtsvernichtde Einwendg, wie Übbl 1 vor § 362): **aa)** Mit der **8** beiders (v KredG u KredN) vollständ erbrachten Leistg (wie § 2 Rn 4 HausTWG). Es kann also bis zur letzten ErfHdlg (zB der allerletzten TZahlgsRate) widerr w, solange die JahresFr (Rn 9) läuft. **bb)** Spätestens, auch wenn die Leistgen nicht erbracht sind, mit Ablauf der JahresFr. Berechng gem § 187 I, § 188 I BGB. Abgabe: § 130 Rn 4. WillErkl auf Abschl des KredVertr (§ 1 II): Diese kann Antrag (§ 145 BGB) od Ann (§ 148 Rn 1, § 151 Rn 1) sein. Allein die WillErkl des Verbr ist maßgebd.

3) Unterbleibensfiktion (Abs III). **a) Anwendbar** nur für allgem KredVertr (§ 4 I S 4 Nr 1; dort Rn 5), **10** auch wenn der Kred nicht als Darl bezeichnet ist. Nicht anwendb auf and Arten v VerbrKred, insb langsfrist LieferVertr iS des § 2 (BGH NJW **95**, 2290). TZahlgsGesch, ZahlgsAufschub u LeasVertr (MüKo/Ulmer 42); auch nicht analog (Reinking/Nießen ZIP **91**, 634 [637]). **b) Voraussetzungen: aa) Empfang.** Der **11** KredN muß den Kred empfangen haben (wie § 607 Rn 6, 7). Das trifft auch zu bei TeilAuszahlg (MüKo/ Ulmer 45), wenn an einen Dr (§ 362 II BGB) geleistet od gegen einen AltKred aufgerechnet w (BT-Dr 11/ 5462 S 22; aA MüKo/Ulmer 44). **bb) Rückzahlung** ist die Erf des RückstattungsAnspr (§ 607 Rn 19). Ist **12** das Darl unter Abzug des Disagios ausbezahlt worden, ist nur der empfangene Betr zurückzuzahlen (Abs IV; § 3 I S 1 HausTWG). Das bloße Stehenlassen auf dem Konto genügt nicht. Abs III gilt nicht, wenn nach Zugang (§ 130) des Widerr das Darl ausbezahlt w. **cc) Rechtzeitigkeit** der Rückzahlg. Die 2-WochenFr **13** (§§ 187 I, 188 II BGB) läuft wahlweise. Erkl des Widerr (Rn 4) ist Abgabe, nicht Zugang (§ 130 Rn 4). Auszahlg: Aushändigg v Geld od Gutschr auf dem Konto. Kommt es auf die Rechtzeitk der Rückzahlg an, muß auf § 270 Rn 6 abgestellt w. Üb die RückzahlgsPfl muß gem Abs II S 2 belehrt w (Rn 6). **c) Wirkung.** **14** Wird nicht zurückgezahlt (Rn 12), so wird fingiert, daß der erkl Widerr nicht erfolgt sei (umstr; aA Widerr ist unwirks: MüKo/Ulmer 52; auflösd bedingt gem § 158 II: BOW/Bruchner 42), sodaß der KredVertr voll wirks weiterbesteht. Jeder Widerr gem § 7 ist daher bis zur Rückzahlg od fruchtl FrAblauf schwebd unwirks (wie § 158 I od § 177 I BGB).

VerbrKrG 8 *Sondervorschrift für Versandhandel.* [I] Hat ein Kreditvertrag die Lieferung einer Sache oder die Erbringung einer anderen Leistung zum Gegenstand und gibt der Verbraucher das auf den Vertragsschluß gerichtete Angebot aufgrund eines Verkaufsprospektes ab, aus dem die in § 4 Abs. 1 Satz 4 Nr. 2 Buchstabe a bis e bezeichneten Angaben mit Ausnahme des Betrages der einzelnen Teilzahlungen ersichtlich sind, so findet § 4 keine Anwendung, wenn der Verbraucher den Verkaufsprospekt in Abwesenheit der anderen Vertragspartei eingehend zur Kenntnis nehmen konnte.

[II] Räumt in den Fällen des Absatzes 1 der Kreditgeber dem Verbraucher das uneingeschränkte Recht ein, die Sache innerhalb einer Woche nach Erhalt zurückzugeben, so entfällt das Widerrufsrecht nach § 7. Das Rückgaberecht wird durch den Verbraucher durch Rücksendung der Sache, bei nicht postpaketversandfähigen Sachen durch schriftliches Rücknahmeverlangen ausgeübt. Rücksendung und Rücknahme erfolgen auf Kosten und Gefahr des Kreditgebers. Zur Wahrung der Frist genügt die rechtzeitige Absendung der Sache oder des Rücknahmeverlangens. Der Lauf der Frist beginnt nur, wenn entweder der Verkaufsprospekt und das Bestellformular oder dem Verbraucher ausgehändigte besondere Urkunde eine drucktechnisch deutlich gestaltete Belehrung des Verbrauchers über das Rückgaberecht enthalten. Im übrigen finden § 2 Abs. 1 Satz 4 und § 3 des Gesetzes über den Widerruf von Haustürgeschäften und ähnlichen Geschäften Anwendung.

In Abs I ist die Verweisg auf § 4 I S 2 geänd in S 4 (vgl Einf 3 vor § 1).

1) Allgemeines. Das Versandhandelsprivileg bestand schon in § 1a IV, § 1b III, V AbzG u gilt auch in **1** § 5 III S 2 HausTWG. **a) Zweck.** Mit Rücks auf den ArbAblauf beim Versandhandel entfällt die Form des § 4, weil sonst der KredG nach Eingang der Bestellg dem Verbr das schriftl VertrAngebot senden müßte u die Ware erst nach Rücklauf des unterzeichneten Vertr abschicken könnte. **b) Anwendbar** ist Abs I auf alle **2** TeilzahlgsGesch (§ 4 I S 4 Nr 2; dort Rn 15) üb 400 DM (§ 3 I Nr 1), die der Kunde aGrd eines Verkaufsprospekts (Katalog, nicht Bildschirmtext, Köhler DSWR **86**, 621 für § 1a AbzG; bestr) bestellt hat. Dazu gehören Pauschalreisen (BOW/Ott 7). Abs II gilt nur für TZahlgsVerkäufe, nicht für D- u WerkLeistgen.

3 **2) Formfreiheit des Kreditvertrages** (Abs I). **a) Voraussetzungen: aa)** Das Angebot (§ 145 BGB) zum KredVertr muß v Verbr ausgehen. Das ist die (auch mdl u telefon) Bestellg v Ware od Leistg auf TZahlg. **bb)** Ursächlk: Das Angebot (Anm aa) muß aGrd VerkProspekts (Katalog) geschehen, der (fast) alle Angaben ersehen läßt, die § 4 I S 4 Nr 2a–e fordert. **cc)** Dieser Inhalt umfaßt: Bar- u TZahlungsPr, Zahl u Fällk (nicht den Betrag) der einzelnen Raten u den effektiven JahresZ (vgl § 4 Rn 15). Ersichtl: mühelos zu ersehen u lesb gestaltet, nicht drucktechn hervorgehoben (BGH NJW- RR **90**, 757 für § 1a IV AbzG). Es ist zuläss, daß TZahlgsPr, effektive Zahl u Fälligk der Raten nach einem bestimmten Pr od PrGruppen zusgefaßt dargestellt w, sodaß der Kunde den Untersch von Bar- u TZahlgsPr u die Dauer der Raten- zahlgsPfl für den Einzelfall einfach erkennen kann (zum TZahlgsModell „Zahl nach Wahl" BGH NJW-RR
4 **89**, 1306 für § 1a AbzG). **dd)** Eingehde KenntnNahme muß mögl gewesen, nicht notw erfolgt sein. Entscheidd ist, daß der KredG od sein Vertreter (nicht der Sammelbesteller) nicht anwesend war, als die
5 Möglk zur KenntnNahme bestand. **b) Wirkung.** Sind die Voraussetzgen (Rn 3) erfüllt, so ist die gesamte FormVorschr des § 4 unanwendb, demnach auch § 6. Fehlt eine Voraussetzg, so unterfällt der Vertr den §§ 4, 6. Bei Unrichtigk wesentl von Abs I geforderter Angaben ist § 8 unanwendb (MüKo/Ulmer 22).

6 **3) Rückgaberecht** (Abs II). Nur anwendbar, soweit auch die Voraussetzgen des Abs I (Rn 3, 4) erf sind u
7 Ggstd des TeilzGesch (§ 4 Rn 11) die Lieferg einer Sache ist. Belehrg: Rn 10. **a) Einräumung** (S 1) eines uneingeschr (voraussetzgs- u kostenlosen) RückgR entspr dem WiderrR (§ 7 Rn 4). Dieses ist ein Ge- staltgsR, das als ein bes vertr RücktrR den KaufVertr in ein RückabwicklgsSchuldVerh verwandelt (MüKo/ Ulmer 24: vgl Rn 12). Die Einräumg muß spätestens geschehen mit Ann der Bestellg bei ÜbSendg der
8 Ware, zweckmäß dch Erkl auf der Rechng od in der BelehrgsUrk (S 5; Rn 10). **b) Wirkung.** Das WiderrR des § 7 entfällt u wird dch das RückgR ersetzt. **c) Ausübung** (S 2) grdsätzl nur dch Rücksendg der Sache. In diesem Fall bedarf es weiter keiner Erklärg des Verbr. RFolgen: Rn 15. Nur wenn die Sache nicht dch Post-
9 paket versandt w kann (üb 20 kg), genügt ein schriftl (nicht notwend in der Form des § 126 BGB; BOW/Ott 27) erkl Rücknahmeverlangen. **d) Kosten und Gefahren** (S 3) v Rücksendg od Rückn dch den KredG treffen diesen. Kosten: alle insb für Versand u Lagerg. Gefahr: für Verlust, Beschädigg od Verschlechterg.
10 **e) Fristwahrung** (S 4): wie § 7 II (dort Rn 6–9). Die Fr dauert eine Woche. Berechng: § 187 I, § 188 II BGB. **f) Fristbeginn** (der S 5) entspr dem Anfordergen des S 4 entspr. Drucktechn hervorgehoben: sie muß unübersehb hervortreten (BGH NJW-RR **90**, 368 mwN für § 1b AbzG), entw in der VerkProspekt (Katalog) u Bestellformular od in gesond u ausgehänd Urk. Eine Unterschr ist im Ggsatz zu § 2 I S 3
11 HausTWG nicht vorgeschr (BOW/Ott 23). **g) Erlöschen** des RückgR bei fehlender Belehrg (S 6). Es gilt § 2 I S 4 HausTWG, somit 1 Monat (Berechng §§ 187 I, 188 II BGB) ab beiders vollständ erbrachter
12 Leistgen (wie § 7 Rn 8). **h) Rechtsfolgen der Rückgabe** (S 6). Der KaufVertr verwandelt sich wie beim Rücktr (§ 346) in ein AbwicklgsSchuldVerh (MüKo/Ulmer 30; vgl Rn 7), das nach § 3 HausTWG zu behandeln ist. **i) Beweislast.** Verbr für rechtzeit Ausübg des RückgR; KredG für die Voraussetzgen des Abs I, die Belehrg u den FrBeginn (Rn 10; MüKo/Ulmer 33).

VerbrKrG 9 *Verbundene Geschäfte.* [I] Ein Kaufvertrag bildet ein mit dem Kreditver- trag verbundenes Geschäft, wenn der Kredit der Finanzierung des Kauf- preises dient und beide Verträge als wirtschaftliche Einheit anzusehen sind. Eine wirtschaftliche Einheit ist insbesondere anzunehmen, wenn der Kreditgeber sich bei der Vorbereitung oder dem Abschluß des Kreditvertrages der Mitwirkung des Verkäufers bedient.

[II] Die auf den Abschluß des verbundenen Kaufvertrags gerichtete Willenserklärung des Verbrau- chers wird erst wirksam, wenn der Verbraucher seine auf den Abschluß des Kreditvertrages ge- richtete Willenserklärung gemäß § 7 Abs. 1 widerruft. Die nach § 7 Abs. 2 Satz 2 erforderli- che Belehrung über das Widerrufsrecht hat den Hinweis zu enthalten, daß im Falle des Widerrufs auch der verbundene Kaufvertrag nicht wirksam zustande kommt. § 7 Abs. 3 findet keine Anwen- dung. Ist der Nettokreditbetrag dem Verkäufer bereits zugeflossen, so tritt der Kreditgeber im Verhältnis zum Verbraucher hinsichtlich der Rechtsfolgen des Widerrufs (§ 7 Abs. 4) in die Rechte und Pflichten des Verkäufers aus dem Kaufvertrag ein.

[III] Der Verbraucher kann die Rückzahlung des Kredits verweigern, soweit Einwendungen aus dem verbundenen Kaufvertrag ihn gegenüber dem Verkäufer zur Verweigerung seiner Leistung berechtigen würden. Dies gilt nicht, wenn der finanzierte Kaufpreis vierhundert Deutsche Mark nicht überschreitet sowie bei Einwendungen, die auf einer zwischen dem Verkäufer und dem Verbraucher nach Abschluß des Kreditvertrages vereinbarten Vertragsänderung beruhen. Beruht die Einwendung des Verbrauchers auf einem Mangel der gelieferten Sache und verlangt der Verbraucher aufgrund vertraglicher oder gesetzlicher Bestimmungen Nachbesserung oder Er- satzlieferung, so kann er die Rückzahlung des Kredits erst verweigern, wenn die Nachbesserung oder Ersatzlieferung fehlgeschlagen ist.

[IV] Die Absätze 1 bis 3 gelten entsprechend für Kredite, die zur Finanzierung des Entgelts für eine andere Leistung als die Lieferung einer Sache gewährt werden.

1 **1) Allgemeines.** Lit: Dauner/Lieb WM **91**, SoBeil Nr 6. Es werden die sog drittfinanzierten Geschäfte in das G einbezogen und dem Schutzbedürfn des KredN entspr bes geregelt. Das betrifft insb den finanzierten Kauf. Ein solcher liegt vor, wenn der sogleich an den Verk gezahlte KaufPr dch ein KredGesch des Käufers mit dem KredG finanziert w. **a) Zweck.** Der Verbr soll davor geschützt w, den Kred auch dann in voller Höhe zurückzahlen zu müssen, wenn der VertrPartner des Kauf- od Werk(D)LeistgsGesch seine Leistg nicht
2 od nicht vertrgem erbringt. Dieser Schutz wird dch den EinwendgsDchgriff (Abs III, Rn 10–13) bewirkt. Der Verbr soll nicht schlechter gestellt w, als wenn ihm ein einz VertrPartner ggü stünde. **b) Anwendbar** ist § 9, wenn ein KredVertr mit einem Kauf (§ 433 BGB) od einem Werk(D)LeistgsGesch (Abs IV) so zushängt, wie es Abs I (Rn 5) voraussetzt. Das ist auch dann gegeben, wenn KredG u Verk ident sind (MüKo/Habersack 37). § 9 ist auch anwendb bei drittfinanziertem UnterrVertr (Fischer MDR **94**, 1063

mwN) u bei Ehe- u PartnerschVermittlg (Compensis/Reiserer BB **91**, 2457). Die Anwendg auf FinLeas-Vertr, wofür selbstverständl Abs I erf sein muß, ist umstr u noch nicht endgült geklärt. Für direkte Anwendg v Abs II u III: Canaris ZIP **93**, 401. Für entspr Anwendg v Abs II: hM; Reinicke/Tiedtke ZIP **92**, 217 [228] mwN; Peters WM **92**, 1797 [1805]; differenzierd: MH 470; aA Lieb WM **91**, 1533; BOW 151 mwN: nur Abs III entspr. Nicht bei UnversalKredKarten (MH 469; Metz NJW **91**, 2803 [2812]), wohl aber bei KundenKredKarten anwendb (Seibert DB **91**, 429). Die Anwendg auf WertPSpekulationskäufe, die vor dem 1. 5. 93 abgeschl w (vgl § 3 Rn 10), für KredVertr u WertPKauf ist umstr (vgl Vortmann NJW **92**, 1865; BOW/Ott 161, 162); bejahd mit akzeptabler Lösg der RisikoVerteilg Claussen NJW **93**, 564; vgl § 7 Rn 5). Bei (drittfinanzierten) FernUnterrVertr ist § 9 II FernUSG entspr anwendb. **c) Verhältnis Verkäu- 3 fer zu Kreditgeber.** Sie können ident sein (Rn 2). Meistens ist das nicht der Fall. Ihr Verhältn zueinander wird vom VerbrKredG nicht geregelt, ist im einzelnen umstr (vgl BGH NJW **93**, 1913 mwN) u hängt von deren vertragl Beziehgen zueinander ab. Hat der Verk die SchuldMitübern erkl (vgl Vorbem 3 vor § 414), haftet er dem KredG im Falle des Widerr auf die DarlRückzahlg mit marktübl Verzinsg (BGH aaO).

2) Begriff des verbundenen Gesch (Abs I). Er geht auf die Rspr des BGH zurück. Danach muß die **4** Verbindg so eng sein, daß sich die beiden Vertr als Teilstücke einer rechtl od wenigstens wirtsch-tatsächl Einh eng ergänzen. Dafür sind 2 Voraussetzungen erforderl: **a) Kreditzweck.** Der Kred muß zu dem **5** Zweck gewährt w, daß der KaufPr (od die sonst Vergütg, Abs IV) beglichen w; gleichgült, ob unmittelb v KredG (Regelfall) od dadch, daß das Geld erst dem KredN (Verbr, § 1 Rn 4) gutgeschrieben od ausbezahlt wird, der KredN jedenf üb das Darl nicht frei verfügen kann (MH 469). Die zeitl Reihenfolge der Vertr ist unerhebl (MüKo/Habersack 15). **b) Wirtschaftliche Einheit** beider Vertr (KaufVertr od Werk-, Dleistgs- **6** Gesch u KredVertr) dch ZusWirken v KredG u Verkäufer (BOW/Ott 49–53). Anzusehen aus der Sicht u Stellg des Verbr, ob ihm Verk u DarlG gemeins als VertrPart ggüstehen (Köln ZIP **95**, 21). Das ist naheliegd bei teilw Namens- od FirmenGleich (LG Brschw NJW **94**, 2701). Ein ZusWirken ist nicht notw; es genügt, wenn die Vertr aufeinand Bezug nehmen (Köln aaO). Beim FinLeas ist die wirtsch Einh dann nicht gegeben, wenn der LeasN unabhäng v LeasVertr den Lieferanten selbst wählt (vgl Canaris ZIP **93**, 401 [411]). S 2: Unwiderlegb vermutet wird diese Einh, wenn der Verkäufer (WerkUntern od DLeistgsBetr) bei Vorbereitg od Abschl des KredVertr (§ 1 II) im Auftrag des od wenigstens im Einvernehmen mit dem KredG mitwirkt, u zwar dch arbeitsteil ZusWirken (MüKo/Habersack 23). Hierfür genügt, dem Verbr den KredVertr in der Weise anzudienen, daß dieser sich an den KredG zum Abschl des KredVertr wendet.

3) Rechtsfolgen (Abs II). Sind die Vertr wirtsch verbunden, sind sie zwar rechtl selbständ (nicht einheitl, **7** Einf 16 vor § 305); jedoch bildet der KredVertr die GeschGrdlage des Kauf(Werk-, Dienstleistgs-)Vertr (Einf 17 vor § 305). Rechtl verbunden sind sie nach Maßg des § 9. Es gilt die Form (§ 4 I) auch für den KaufVertr. Außerdem: **a) Wirksamwerden** der WillErkl des Verbr (S 1) u zwar derjen, die auf den Kauf-, Werk- od DLeistgsVertr gerichtet ist, wird daran geknüpft, daß der KredVertr nicht widerr w (§ 7 I). Damit wird der Bestand der beiden Vertr unlösb miteinander verknüpft. Bevor nicht der KreditVertr wirks wird, kann es auch das zu finanzierde Gesch nicht w. Damit werden die Nachteile beseit, die dem Verbr daraus erwachsen, daß er zwei verschiedene Pers als VertrPartner hat. Für den Widerr gelten die allg Regeln des § 7. Die Wirkg des Widerr erstreckt sich auf das finanz Gesch. Zur RLage bei Unterbleiben des Widerr: Ollmann WM **92**, 2005 [2010]. **b) Belehrung** (S 2). Sie ist vom KredG gem § 7 II S 2 vorzunehmen (dort Rn 6). Sie **8** muß, um vollständ zu sein, zusätzl den Hinweis auf die RFolge des S 1 enthalten, näml darauf, daß auch der verbundene Vertr unwirks w (Düss NJW **93**, 741). Damit soll der Verbr darü aufgeklärt w, daß er auch nicht an den KaufVertr gebunden ist, wenn er den KredVertr widerruft (BOW/Ott 63). **c) Unterbleibens- 9 fiktion** des § 7 III (dort Rn 10–14) gilt nicht (S 3). Die andauernde Wirksk des Widerr ist nicht davon abhäng, daß das Darl zurückbezahlt w. Hierbei ist zu berücks, daß beim verbundenen Gesch das Darl in aller Regel nicht an den Verbr ausbezahlt, sond dch Zahlg od Verrechng an den Verkäufer, Werk- od DLeistgs-Untern gewährt w. **d) Eintritt** in den Vertr (S 4). **aa)** Voraussetzg: Der bloße NettoKredBetr (§ 4 I S 4 **10** Nr 1a, dort Rn 6) muß dem VertrPartner des Verbr schon zugeflossen sein, dh ausbezahlt, gutgeschrieben od verrechnet, als der Verbr den Widerr erkl hat. **bb)** Wirkg: Der KredG tritt anstelle des Verkäufers (Werk-od DLeistsUntern) in das AbwicklgsVerh ein, schuldet alle Leistgen, die sich aus § 7 IV (dort Rn 5) ergeben, aber nicht SchadErs, wenn der Anspr sich nur gg den Verk richtet (MüKo/Habersack 54). Der KredG ist im Verh zum Verbr auch Inhaber aller Re. Sein Verh zum Verkäufer (Werk- od DLeistgsUntern) richtet sich nach den zu ihm bestehden rechtl Beziehgen. Es ist zu empfehlen, genügde Vereinbgen, insb RahmenVertr, zu treffen (Scholz DB **91**, 215).

4) Einwendungsdurchgriff (Abs III) ist ein aus § 242 abgeleiteter allg Grds bei verbundenen Vertr **11** (Vorbem 18 vor § 305), für Verbr in Abs III spez geregelt (Canaris ZIP **93**, 401 [412]). **a) Anwendbar** nur im AnwendgsBereich des VerbrKrG, wenn Abs I erf ist (Rn 4–6) u sich der Verbr auf die Einwendg dem KredG ggüb beruft (BOW/Ott 113); bei allen verbundenen Vertr mit Ausn von BagatellKred bis 400 DM entspr dem § 3 I Nr 1 (S 2). Dies gilt auch, wenn ein höherer KredRahmen doch mehrere Kred unter 400 DM ausgenutzt w. Nicht für solche Einwendgen (Rn 12), die nach KredVertrAbschl dch eine VertrÄnd (§ 305 BGB) vereinb w (S 2); dies schützt den KredG vor Belastgen, mit denen er nicht zu rechnen brauchte. Wandelg od Minderg sind keine VertrÄnd. **b) Einwendungen** (S 1): alle rechtshindernden, -vernichtenden **12** u -hemmenden, die der Verbr gg den Verk, D- od WerkUntern zustehen, zB Unwirksk des Vertr wg Widerr gem § 7 inf unwirks Belehrg (vgl Düss NJW-RR **95**, 747), auch § 656 I S 1 (Compensis/Reiserer BB **91**, 2457). **c) Einschränkung** (S 3). **aa)** Gilt nur bei Kauf (§ 433) od WerklifergsVertr (§ 651), weil Lieferg **13** einer Sache vorausgesetzt w. **bb)** Voraussetzgen: Die Einwendg muß auf einem Sachmangel (§§ 459, 633, 651) beruhen. Der Verbr muß Nachbesserg (§ 462 Rn 4, § 633 I S 1) od Nachlieferg (§ 462 Rn 7, § 480 I S 1) verlangen u darf sich nicht auf die LeistgsVerweigerg beschr (Reinking/Nießen ZIP **91**, 634 [636]). **cc)** Rückzahlg kann erst verweigert w (Rn 14), wenn Nachbesserg od Nachlieferg nach FrAblauf (§ 634 I, II, vgl § 462 Rn 6, 7) fehlgeschlagen ist (unterblieben ist wirkt nicht vertrgem, insb mangelh). Bis dahin müssen alle Leistgen aus dem KredVertr v Verbr erbracht w. **d) Wirkung** (S 1). LeistgsVerweigerngsR des Verbr **14** ggü dem KredG, aber kein RückFdgsR (Canaris ZIP **93**, 401 [409] mwN; aA LG Brschw NJW **94**, 2701).

Das LeistgsVerweigergsR besteht im selben Umfang, wie der KredN ggü dem Verkäufer od WerkUntern Einwendgen (Rn 12) hat; zB muß der Kred im Umfang des MindergsBetr (§ 472) nicht zurückbezahlt w. Das bezieht sich auch auf einen entspr Anteil an Zinsen. Das LeistgsVerweigergsR muß als aufschiebde Einr ggü dem KredG geltd gemacht w (§ 273 Rn 19; § 320 Rn 13). Entgg dem Wortlaut muß die Einwendg gg den Verkäufer od WerkUntern kein LeistgVerweigergsR sein; es ist jede Einwendg geeignet.

15   **5) Rückabwicklung** der Vertr nach Lieferg od Leistg u KredAuszahlg (insb dch Wandelg). Sie ist in § 9 nicht geregelt, sond nach Kauf- od WerkVertrR sowie allg SchuldR vorzunehmen. Vom Ergebn her ist unzweifelh (Vollkommer FS Henckel S 843): **(1)** Der Verk od WerkUntern erhält die gelieferte Sache zurück (§ 467 S 1, § 633 IV, § 346 S 1) od den Wert der geleisteten Arb od Dienste vergütet sowie den NutzgsWert der überlassenen Sache (§ 346 S 2). **(2)** Der Verbr, Käufer od Besteller erhält die geleistete Anzahlg zurück (§ 467 S 1, § 346 S 1) sowie die (an den KredG) gezahlten KredRaten. **(3)** Der KredG erhält den ausbezahlten NettoKred. Über die weiteren RFolgen besteht Unsicherh od Streit, insb darü, wer die Zinsen u Kosten des Darl zu tragen hat (nach LG Hagen MDR **94**, 251 der Verbr; aA zutreffd Vollkommer FS Henckel S 893 [900]: der Verk). Die Rückabwicklg ist am einfachsten, wenn hinsichtl der aus dem Darl entstandenen Anspr der Verk (WerkUntern) ggü dem Verbr in die Gläub- u SchuStellg des KredG eintritt (Vollkommer aaO). Zweifelh u umstr ist, ob hinsichtl der DarlRaten ein RückFdgsDchgriff als Anspr gg den KredG besteht (vgl BOW/Ott 128; dafür Vollkommer FS Merz S 595). Das RVerh zw Verk u KredG richtet sich nach deren Vereinbg, ggf im RahmenVertr.

VerbrKrG 10 *Einwendungsverzicht; Wechselverbot; Scheckbeschränkung.* [I] **Eine Vereinbarung, durch die der Verbraucher auf das Recht verzichtet, Einwendungen, die ihm gegenüber dem Kreditgeber zustehen, gemäß § 404 des Bürgerlichen Gesetzbuchs einem Abtretungsgläubiger entgegenzusetzen oder eine ihm gegen den Kreditgeber zustehende Forderung gemäß § 406 des Bürgerlichen Gesetzbuchs auch dem Abtretungsgläubiger gegenüber aufzurechnen, ist unwirksam.**

[II] **Der Verbraucher darf nicht verpflichtet werden, für die Ansprüche des Kreditgebers aus dem Kreditvertrag eine Wechselverbindlichkeit einzugehen. Der Kreditgeber darf vom Verbraucher zur Sicherung seiner Ansprüche aus dem Kreditvertrag einen Scheck nicht entgegennehmen. Der Verbraucher kann vom Kreditgeber jederzeit die Herausgabe eines Wechsels oder Schecks, der entgegen Satz 1 oder 2 begeben worden ist, verlangen. Der Kreditgeber haftet für jeden Schaden, der dem Verbraucher aus einer solchen Wechsel- oder Scheckbegebung entsteht.**

1   **1) Einwendungsverzicht** (Abs I). **a) Zweck.** § 404 u § 406 sind abdingb. Davon wird häuf Gebrauch gemacht, weil die Fdg dann unter günstigeren Bedinggen abgetreten w kann. Der Verbr soll davor geschützt w, daß er seinerseits an den Zessionar zahlen muß, meistens bevor er seine Re aus den Einwendgen u
2   GgFdgen dchsetzen kann. **b) Anwendbar:** alle KredVertr (§ 1 II), auf alle Fdg G anzuwenden ist, also nicht auf die gem § 3 ausgenommen u auch nicht auf Bürgsch u Garantien Dr (MH 550; aA MüKo/Habersack 9). **c) Vereinbarung:** im KredVertr od gesond (§ 305) gem § 404 Rn 7 u § 387 Rn 14 zw KredG u KredN.
3   Einwendgen: alle (wie § 9 Rn 12). Aufrechnung: § 387. **d) Wirkung.** § 404 u § 406 sind zugunsten des KredN (Verbr) voll anwendb. Alle Einwendgen, die er gg den KredG hat, kann er auch gg den Abtretungs-Gläub (Zessionar) erheben u mit der Fdg gg den KredG auch gg den AbtretgsGläub aufrechnen.

4   **2) Wechsel und Scheck** (Abs II). **a) Zweck.** Es soll vermieden werden, daß der Verbr aus Wechsel od Scheck im UrkProz in Anspr genommen w, ohne wg § 598 ZPO die Einwendgen aus dem GrdGesch (KredVertr, § 1 II) mit der Begrdg entggsetzen zu können, daß ihm diese Einwendgen ggü Dr abgeschnitten seien (Art 17 WG) u daß er seine RückgrAnspr nur noch erschwert dchsetzen könne (Müller WM **91**, 1781).
5   **b) Anwendbar:** wie Rn 2. **c) Verpflichtungsverbot** (S 1): betrifft jede Art, insb als Aussteller u Akzeptant. Anspr des KredG: alle, die sich aus dem KredVertr (§ 1 II) gg den KredN ergeben, insb Rückzahlg,
6   Raten. Verstoßfolge: Rn 7. **d) Schecks** (S 2) dürfen grdsätzl weiterhin begeben w; der Verbr (KredN) soll damit seine ZahlgsPfl erf können. Nur zur Sicherg (vgl § 4 I S 4 Nr 1 g) dürfen Schecks nicht verwendet w.
7   Verstoßfolge: wie Rn 6. **e) Herausgabeanspruch** (S 3). Wird gg S 1 od 2 verstoßen, so sind nur das VerpflGesch u die Sichergsabrede nichtig (§ 134 BGB); die Wechsel- u ScheckVerbindlichk ist wirks (BT-Dr 11/5462 S 25). Daher war es notw, gg den KredG einen HerausgAnspr auf Wechsel od Schecks zu schaffen, damit der KredN dem Umlauf der WertP u dem EinwendgsAusschluß entggwirken kann.
8   **f) Schadenersatzanspruch** (S 4). Voraussetzg: Wechsel od Scheck müssen verbotswidr (S 1 od 2) begeben w sein. Zum Schad gelten die allg Vorschr (§§ 249 ff). **g) Auswirkung auf das Kreditgeschäft** bei Verstoß gg Abs II. Hierauf ist § 139 anzuwenden, so daß es idR wirks bleibt (Müller WM **91**, 1781 [1787]).

VerbrKrG 11 *Verzugszinsen; Anrechnung von Teilleistungen.* [I] **Soweit der Verbraucher mit Zahlungen, die er aufgrund des Kreditvertrages schuldet, in Verzug kommt, ist der geschuldete Betrag mit fünf vom Hundert über dem jeweiligen Diskontsatz der Deutschen Bundesbank zu verzinsen, wenn nicht im Einzelfall der Kreditgeber einen höheren oder der Verbraucher einen niedrigeren Schaden nachweist.**

[II] **Nach Eintritt des Verzugs anfallende Zinsen sind auf einem gesonderten Konto zu verbuchen und dürfen nicht in ein Kontokorrent mit dem geschuldeten Betrag oder anderen Forderungen des Kreditgebers eingestellt werden. Hinsichtlich dieser Zinsen gilt § 289 Satz 2 des Bürgerlichen Gesetzbuchs mit der Maßgabe, daß der Kreditgeber Schadensersatz nur bis zur Höhe des gesetzlichen Zinssatzes verlangen kann.**

[III] **Zahlungen des Verbrauchers, die zur Tilgung der gesamten fälligen Schuld nicht ausreichen, werden abweichend von § 367 Abs. 1 des Bürgerlichen Gesetzbuchs zunächst auf die Kosten der Rechtsverfolgung, dann auf den übrigen geschuldeten Betrag (Absatz 1) und zuletzt auf die Zin-**

sen (Absatz 2) angerechnet. Der Kreditgeber darf Teilzahlungen nicht zurückweisen. Auf die Ansprüche auf Zinsen finden die §§ 197 und 218 Abs. 2 des Bürgerlichen Gesetzbuchs keine Anwendung. Die Sätze 1 bis 3 sind nicht anzuwenden, soweit Zahlungen auf Vollstreckungstitel geleistet werden, deren Hauptforderung auf Zinsen lautet.

1) Verzugszinsen (Abs I, II). **a) Zweck.** Es soll vermieden w, daß VerbrHaushalte in eine v selbst 1 steigde, immer tiefere Verschuldg geraten. Andseits soll den Interessen der KredInstitute dadch Rechng getragen w, daß für den tats entstandenen VerzSchad Ausgleich gewährt w. Außerdem soll der Schad-Nachw erleichtert w (Ungewitter JZ **94**, 701 [707] mwN). **b) Anwendbar:** auf alle wirks KredVertr iS des 2 § 1. Für entspr Anwendg des § 11 auf wg § 138 nichtige KredVertr (Bülow NJW **92**, 2049). Abs I auf alle Zahlgen, die der Verbr aus dem KredVertr (§ 1 II) schuldet, auch wenn der Vertr vor dem 1. 1. 91 geschl w (BGH **115**, 268); Abs II nur auf Zinsen, die nach u dch VerzEintritt (§ 284) entstanden (angefallen) sind. **c) Zinssatz** (Abs I). Damit sollen die RefinanzierungsKosten u der VerwaltgsAufwand abgedeckt w. Der 3 vereinb Zinssatz darf auf diese fäll Beträge nicht angewendet w, sond bis zur Gesamtfälligstellg (§ 12) nur auf die vertrgem noch nicht fäll Raten. **d) Schaden** (Abs I). Hierzu allg Ungewitter JZ **94**, 701. Damit 4 werden die §§ 286, 288 II, 289 S 2 berücksicht. Der höhere Schad kann entgangener Gewinn bei unterbliebener NeuKredVergabe sein, muß aber konkret („im Einzelfall") bewiesen w. § 287 ZPO gilt insoweit nicht. Der Nachw eines niedrigeren Schad darf nicht dch BewErleichtergen begünst w (Ungewitter JZ **94**, 701 [707]). Die Abgrenzg zum Zinsbegriff ist problemat (Münzberg WM **91**, 170). Wird pauschalierter Schad-Ers verlangt, kann nicht zusätzl konkreter VerzSchad gefordert w (LG Stgt NJW **93**, 208). **e) Berechnung** 5 (Abs II S 1). Damit wird sichergestellt, daß das Zinseszinsverbot (§ 289 S 1) eingehalten w. Die VerzZ dürfen daher auch nicht gem § 355 HGB period in ein Kontokorrent eingestellt w. Der KredG muß für den Verbr mehrere Unterkonten, mind ein eigenes VerzZinsKonto führen. **f) Verzugsschaden** (Abs II S 2). Er 6 kann über § 289 S 2, § 286 verlangt w (im Proz Schätzg gem § 287 ZPO), aber nur in Höhe von 4 % JahresZ (§ 246). Das läuft auf einen beschr ZinsesZ hinaus (Reifner NJW **92**, 337).

2) Anrechnung von Teilleistungen (Abs III). Unanwendb auf sog isolierte Zinstitel (Rn 10). **a) Til-** 7 **gung** (S 1). Ist im Ggsatz zu § 367 wg § 18 S 2 zwingd zugunsten des Verbr. S 1 gilt auch, wenn ein Teil der 8 Hauptschuld nebst VerzSchad tituliert w (MüKo/Habersack 46). Die Kosten der RVerfolgg entspr den Kosten iS des § 367 (dort Rn 3). Die Hintanstellg der VerzugsZ ist für den Verbr wg des geringeren Zinssatzes u der vorrang Tilg der (höher verzinsl) Hauptschuld günst. **b) Teilzahlungen** (S 2): Die Regelg änd § 266 ab u berecht den Verbr zur TeilLeistg (MüKo/Habersack 37). **c) Verjährungsfrist** (S 3). Soweit 9 sie dch §§ 197, 218 II auf 4 Jahre verkürzt ist, wird diese Regelg für die VerzZ aufgehoben, weil auch die Tilgg hinausgeschoben ist u der KredG nicht alleine wg der VerzZ die VerjährgsUnterbrechg betreiben soll. **d) Isolierte Zinstitel** (S 4). Das sind solche, die ausschließl auf Zinsschuld iS des Abs I beruhen. Bei diesen 10 gelten S 1–3 nicht, so daß die allg TilggsVerrechngsRegel anzuwenden ist (§ 367 I BGB). Umstr ist die entspr Anwendg auf gemischte aus Hauptsache u Zinsen bestehende Titel (vgl Braun WM **91**, 1325). Für Verbot isolierter Zinstitel, solange noch die Hauptsache offen ist: Bülow WM **92**, 1009.

VerbrKrG 12 *Gesamtfälligstellung bei Teilzahlungskrediten.* [I] Der Kreditgeber kann bei einem Kredit, der in Teilzahlungen zu tilgen ist, den Kreditvertrag wegen Zahlungsverzugs des Verbrauchers nur kündigen, wenn

1. der Verbraucher mit mindestens zwei aufeinanderfolgenden Teilzahlungen ganz oder teilweise und mindestens zehn vom Hundert, bei einer Laufzeit des Kreditvertrages über drei Jahre mit fünf vom Hundert des Nennbetrages des Kredits oder des Teilzahlungspreises in Verzug ist und
2. der Kreditgeber dem Verbraucher erfolglos eine zweiwöchige Frist zur Zahlung des rückständigen Betrags mit der Erklärung gesetzt hat, daß er bei Nichtzahlung innerhalb der Frist die gesamte Restschuld verlange.

Der Kreditgeber soll dem Verbraucher spätestens mit der Fristsetzung ein Gespräch über die Möglichkeiten einer einverständlichen Regelung anbieten.

[II] Kündigt der Kreditgeber den Kreditvertrag, so vermindert sich die Restschuld um die Zinsen und sonstigen laufzeitabhängigen Kosten des Kredits, die bei staffelmäßiger Berechnung auf die Zeit nach Wirksamwerden der Kündigung entfallen.

1) Kreditkündigung. Eine vereinb Verfallklausel darf für den Verbr nicht ungünstiger sein als die §§ 12, 1 13. **a) Anwendbar** bei allen TZahlgsKred. Das können allg KredVertr od TeilZGesch sein (§ 4 Rn 5 u 15), insb auch sog VersichergsDarl (Scholz DB **91**, 215 [218]). Die Tilgg v Darl od Entgelt (insb KaufPr) muß hier begriffl in mind 3 TZahlgen fäll sein. Die Anwendg auf FinLeas ist dch § 3 II Nr 1 nicht ausgeschl. And KündGrde aus wicht Grd bleiben unberührt (BOW/Bruchner 25). **b) Voraussetzungen** (S 1). Die Kred- 2 Vertr haben regelmäß eine best LaufZt u können daher nicht gem § 609 I gekünd w. Abs I setzt daher ein vereinb KündR wg ZahlgsVerz voraus od eine außerord Künd (§ 609 Rn 8). Abs I setzt kumulativ voraus (sog qualifizierter Verz): **aa) Nr 1. Ratenverzug.** TZahlgen: das sind die einzelnen Raten des KredN. § 366 3 gilt nicht. Aufeinanderfolgd: Zahlt der KredN absichtl wiederholt jede 2. Rate voll, wird dies üb § 242 wie aufeinanderfolgd angesehen (BOW 12). Prozentsatz: die 5% od 10% beziehen sich auf den GesBetr des Rückstds. KredNennBetr: nicht notw der ausbezahlte Betr, sond derjen, auf den der Kred lautet. Beim LeasVertr ist es die Summe der Raten zuzügl einer Anzahlg (Reinicke/Tiedtke ZIP **92**, 217 [226] mwN; hierzu krit bei der häuf PrivatLeasVertr v PKW Müller-Sarnowski WM **94**, 446); zweifelh, ob einschließl Zinsen u sonst Kosten (vgl Scholz BB **94**, 805). TZahlgsPr: § 4 I S 4 Nr 2b. Verzug: §§ 284, 285, 279. **bb) Nr 2. Nachfristsetzung.** Keine Form vorgeschrieben. Die 2-Wochen-Fr kann nur verlängert, nicht 4 verkürzt w (§ 18 S 1). Fristsetzg: wie § 326 Rn 15. Androhg: muß auf die Rest- od GesamtFällk bezogen u mit der FrSetzg verbunden sein, somit wie § 326 Rn 14. **c) Wirkung.** Zahlt der Verbr rechtzeit, so läuft der 5 Kred weiter. Z- od SchadErsAnspr (§ 11) bleiben unberührt. Wird die Fr versäumt, steht es dem KredG frei

zu künd; jedoch nur innerh angemessener Zt (MüKo/Habersack 21). Die verspätete Zahlg steht dem nicht
6 entgg. **d) Gesprächsangebot** (S 2). Ist keine WirksamkVoraussetzg für NachFrSetzg od Künd (allgM). Es
kann schon mit der Mahng erfolgen. Als einverständl Mögl (§ 305) kommen vor allem Stundg od Änd der
Ratenhöhe in Betr.

7 **2) Restschuldverminderung** (Abs II). Mit der Künd wird die Restschuld sofort fäll; jedoch vermindert
8 gem Abs II. **a) Anwendbar:** wie Abs I (Rn 1). **b) Voraussetzung** ist die Künd des Kred dch den KredG.
9 **c) Wirkung.** Es ist zu untersch: **aa) Restschuld** ist der zZ des Zugangs (§ 130) der Künd dem KredG aGrd
des KredVertr zu zahlde Betr ohne die künft, voraus berechnete Zinsen; denn die laufzeitabhäng Kosten u
die VertrZ, die auf die Zt nach GesFällStellg entfallen, dürfen in die Neuberechng nicht aufgenommen w.
Eine gestaffelte Abrechng der Zinsen ist vorzunehmen. Eine sog vereinfachte ZStaffelmethode genügt nicht
(LG Stgt NJW **93**, 208). Das Disagio gehört zu den laufzeitabhäng Kosten (MüKo/Habersack 25). Einmali-
ge, laufzeitunabhäng Leistgen bleiben unberücksicht. Wirksamwerden der Künd: der Tag, an dem aGrd der
Künd die Rückzahlg fäll w (§ 609 Rn 12). Die Verminderg tritt krG ein. Die Berechng kann bei FinLeas ist
10 umstr (hierzu Peters WM **92**, 1797 [1805]). **bb) Kreditierter Vertrag** (insb KaufVertr). Er wird von der
Künd nicht berührt, weil nicht zugelassen w kann, daß der Verbr den KredBetr zurückzahlen muß, ohne die
Leistg (insb Sache) behalten zu dürfen. Rückg der Leistg erfolgt nur üb § 13 (Denkhaus/Zirkel JR **94**, 397).

VerbrKrG 13 *Rücktritt des Kreditgebers.* [I]**Der Kreditgeber kann von einem Kre-
ditvertrag, der die Lieferung einer Sache oder die Erbringung einer ande-
ren Leistung gegen Teilzahlungen zum Gegenstand hat, wegen Zahlungsverzugs des Verbrau-
chers nur unter den in § 12 Abs. 1 bezeichneten Voraussetzungen zurücktreten.**

[II]**Auf den Rücktritt finden die für das vertragsmäßige Rücktrittsrecht geltenden Vorschriften
der §§ 346 bis 354 und 356 des Bürgerlichen Gesetzbuchs entsprechende Anwendung. Der Verbrau-
cher hat dem Kreditgeber auch die infolge des Vertrages gemachten Aufwendungen zu ersetzen.
Bei der Bemessung der Vergütung von Nutzungen einer zurückzugewährenden Sache ist auf die
inzwischen eingetretene Wertminderung Rücksicht zu nehmen.**

[III]**Nimmt der Kreditgeber die aufgrund des Kreditvertrages gelieferte Sache wieder an sich, gilt
dies als Ausübung des Rücktrittsrechts, es sei denn, der Kreditgeber einigt sich mit dem Verbrau-
cher, diesem den gewöhnlichen Verkaufswert der Sache im Zeitpunkt der Wegnahme zu vergü-
ten. Satz 1 gilt auch dann, wenn ein Vertrag über die Lieferung einer Sache mit einem Kreditver-
trag zu einer wirtschaftlichen Einheit verbunden ist (§ 9 Abs. 1) und der Kreditgeber die Sache an
sich nimmt; im Falle des Rücktritts bestimmt sich das Rechtsverhältnis zwischen dem Kreditge-
ber und dem Verbraucher nach Absatz 2.**

1 **1) Rücktrittsrecht** (Abs 1). **a) Zweck.** Für das TeilZGesch soll neben der Künd dem KredG wie bisher
der Rücktr offenstehen. Der Rücktr soll aber an die strengeren Voraussetzgen des § 12 I geknüpft w.
b) Anwendbar aGrd des Wortlauts v Abs I nur auf TeilZGesch (§ 4 Rn 15) u Rücktr wg ZahlgsVerz
2 (Rn 2). Bei allg KredVertr (§ 4 Rn 5) ist Künd mögl. **c) Voraussetzungen** des Rücktr: Das RücktrR muß
vertragl (§ 346) od gesetzl gegeben sein u auf ZahlgsVerz beruhen. Es gelten zusätzl die Voraussetzgen des
3 § 12 I (dort Rn 2–4), also auch die zweiwöch NachFr. **d) Wirkung.** And RücktrRe, insb das des § 455 sind
dch § 13 (Spezialregelg) ausgeschl, nicht aber das aus § 242 (MH 747). Ein Rücktr wg ZahlgsVerz, der ohne
die Voraussetzgen des § 12 I erkl w, ist unwirks. Künd gem § 12 steht neben Rücktr zur Wahl (BOW/
Bruchner 14). RückFdg der Kaufsache ist nur üb § 13 mögl (Denkhaus/Zirkel JR **94**, 397).

4 **2) Abwicklungsverhältnis** (Abs II). Die Vorschr gilt für das Verh v KredG u Verbr bei einem gem § 9
verbundenen Gesch (Abs III S 2 Hs 2). Die Anspr auf AufwendgsErs, NutzgsVergütg u SchadErs sind
insges u für sich dch das ErfInteresse begrenzt (MüKo/Habersack 35 mwN). **a) Rücktrittsrecht** des BGB
5 (§§ 346–354, 356) gilt entspr (S 1). **b) Aufwendungsersatz** (S 2). Dieser Anspr ist dem KredG üb die Re
aus § 346 ff hinaus eingeräumt. **aa) Aufwendungen** sind freiwill Auslagen u Aufopferg v VermWerten
(vgl § 256 Rn 1). Sie müssen dch den KredVertr verursacht worden („infolge") u dürfen nicht überflüss od
unangebracht sein. Erstattgsfäh sind: Verpackg, Fracht, Porto, Mahnkosten; Provision, wenn sie nicht zu
den allg GeschUnkosten gehört u v KredG nicht zurückverlangt w kann (MüKo/Habersack 21); VersPrä-
mien, die spez für dieses KredGesch gezahlt w. Grdsätzl nicht zu erstatten sind: MWSt, die der KredG
zurückerhält; FinanziergsKosten (umstr); Kosten einer Auskunft u die eines Weiterverkaufs. **bb) Ersatz.**
Der Anspr ist auf Geld gerichtet (§ 256 Rn 2), nicht auf NaturalHerstellg, weil § 249 nicht gilt. Besteht die
Aufwendg nicht in Geld, ist der Betr zu zahlen, der zZ der Zahlg (im Proz zZ der letzten mdl Vhdlg)
6 erforderl ist, um die Aufwendg auszugleichen. **c) Nutzungsvergütung** (S 3). Setzt § 346 S 2 voraus u
schreibt die Berücksichtg des Wertverlusts vor. Gilt nur bei Sachen. Der Anspr ist stets auf Geld gerichtet
u dch das vertr ErfInteresse begrenzt (hM). **aa) Zeitraum:** von der Überg der Sache bis zum Zugang
(§ 130) der RücktrErkl (§ 349). Von da an bis zur Rückn ist aGrd v § 346 S 2, § 347 S 2, § 987 nur Vergütg
für den tats Gebr zu leisten. **bb) Überlassungswert.** Das ist der Wert der Nutzgen (§ 100), also insb der
GebrVorteile, ohne Rücks darauf, ob sie tats gezogen w, die Sache gebraucht w od benutzbar war. Maßgebl ist als
der obj Verkehrswert (hM). Auch bei Sachen, die vielfach vermietet od verpachtet w, ist das nicht der übl
Miet- od PachtZ, sond die lineare WertMinderg (BGH NJW **91**, 2484 für § 347). Abzuziehen ist der
ErhaltsgsAufwand (§ 536), wenn er v KredN getragen w (BGH **44**, 237 für § 2 AbzG), u Minderg od
Wegfall der MietZPfl wg Sachmangel (BGH NJW **72**, 581 für § 2 AbzG). Bei ad Sachen ist der Wert der
GebrÜberlassg zu ermitteln od zu schätzen (BGH **19**, 330 für § 2 AbzG). Dabei sind KapEinsatz, anteil
GeschUnkosten, Risikoausgleich u angemessener UnternGewinn zugrdezulegen, aber grdsätzl keine Finan-
7 ziergsKosten (hM; vgl MüKo/Habersack 23). **d) Wertminderung.** Zu berücksicht ist die inzw tats einge-
tretene (nicht die kalkulierte), u zwar zw Überg u Rückg (BGH **19**, 330 [336] für § 2 AbzG). Zu
ermitteln ist sie aus der gewöhnl, vertr vorausgesetzten Abnutzg u dem Verlust der Neuheit. Ob auch der

Wertverlust dch Veraltg, insb inf ModellÄnd, berücksicht w muß, ist umstr (MüKo/Habersack 31 mwN). Nicht berücksicht w: allg PrRückgang u VeräußergsVerlust bei WeiterVerk; verschuldete Beschädiggen, die unter SchadErs (§ 823 I) fallen.

3) Fingierter Rücktritt (Abs III). **a) Zweck.** Der Verbr soll davor geschützt w, den Bes der Sache zu 8 verlieren u weiter das Entgelt zu schulden. **b) Anwendbar** nur bei KredVertr (§ 1 II) üb Lieferg v Sachen; 9 daher nur Kauf od WerkLiefergsVertr (§§ 433, 651). Auch bei verbundenem Vertr iS v § 9 I; wenn der KredG die Sache an sich nimmt (S 2). **c) Voraussetzung** ist (S 1), daß der KredG die Sache an sich 10 genommen hat, nicht das Bestehen eines RücktrR (MüKo/Habersack 46). Dies bedeutet, daß der KredG dem KredN die Nutzg der Sache entzieht u diese in ihrem wirtschaftl Wert sich zuführt. Im einzlnen gilt: **aa) Besitzverschaffung** gem § 854 ist der Regelfall. Mittelb Besitz (§ 868) genügt, wenn der KredN auf Verlangen des KredG die Sache an einen Dr herausgibt, der dem KredG den Bes vermittelt. **bb) Wertverschaffung** genügt nur dann, wenn sie allein dch den KredG erfolgt, insb dch Weiterveräußerg an einen Dr (BGH NJW **89**, 163 für § 5 AbzG), auch auf Rechng des KredN zur Begleichg der KaufPrSchuld, wenn der KredG die VerkBedinggen bestimmt (Celle NJW-RR **87**, 821 für § 5 AbzG). **cc) Herausgabeklagen** begrden nicht die Fiktion des S 1 (bestr; aA MüKo/Habersack 51), stellen aber eine schlüss RücktrErkl gem § 349 dar. **dd) Pfändung** der Kaufsache gem §§ 808, 809 ZPO bewirkt noch nicht die Fiktion (hM für § 5 AbzG), wohl aber die Wegnahme (MüKo/Habersack 56) u spätestens die Verwertg (§§ 814, 825 ZPO), wenn sie im Auftrag des KredG geschieht (hM für § 5 AbzG). **d) Wirkung.** Die Fiktion des S 1 bewirkt nur 11 die RücktrErkl. Darüberhinaus muß auch noch ein RücktrR (Rn 2) bestehen (MüKo/Habersack 47; bestr). **e) Ausschluß der Fiktion** (S 1) ist als Ausn (BewLast: Verbr) nur mögl dch die Einigg (gem § 305) 12 zw KredG u Verbr, daß der gewöhnl VerkWert (§ 813 I S 1 ZPO) zZt der Wegnahme (BesVerlust des Verbr) vergütet w (bezahlt od verrechnet). Diese Einigg kann jederzeit, auch schon im KredVertr erfolgen (MüKo/Habersack 61). Sie muß nicht auf einen bestimmten Betr lauten. RFolge: Der Kauf- (WerkLiefergs-) Vertr bleibt aufrechterhalten. Die KaufPrFdg wird mit den bislang bezahlten Raten u dem (zu schätzden) gewöhnl VerkWert verrechnet. Dieser Ausschluß der Fiktion ist auch bei verbundenem Vertr mögl (S 2 Hs 1). Das RVerh zw KredG u Verbr richtet sich beim Rücktr nach dem eines gewöhnl TeilZGesch (Abs III S 2 Hs 2).

VerbrKrG 14 *Vorzeitige Zahlung.* **Erfüllt der Verbraucher vorzeitig seine Verbindlichkeiten aus einem Kreditvertrag, der die Lieferung einer Sache oder die Erbringung einer anderen Leistung gegen Teilzahlungen zum Gegenstand hat, so vermindert sich der Teilzahlungspreis um die Zinsen und sonstigen laufzeitabhängigen Kosten, die bei staffelmäßiger Berechnung auf die Zeit nach der vorzeitigen Erfüllung entfallen. Ist bei einem Kreditvertrag ein Barzahlungspreis gemäß § 4 Abs. 1 Satz 5 nicht anzugeben, so ist der gesetzliche Zinssatz zugrundezulegen. Zinsen und sonstige laufzeitabhängige Kosten kann der Kreditgeber jedoch für die ersten neun Monate der ursprünglich vorgesehenen Laufzeit auch dann verlangen, wenn der Verbraucher seine Verbindlichkeiten vor Ablauf dieses Zeitraums erfüllt.**

Die Verweisg auf § 4 S 3 ist geänd in S 5 (vgl Einf 3 vor § 1).

Anwendbar ist S 1 nur auf KredVertr, die TeilZGesch darstellen (§ 4 I S 4 Nr 2; dort Rn 15); denn für die 1 allg KredVertr (§ 4 I S 4 Nr 1; dort Rn 5) gilt bereits § 609 a I Nr 2 (vgl MüKo/Habersack 4). S 2 ist nur bei ausschließl TZahlgsVerkäufern (§ 4 I S 5) anzuwenden. **Voraussetzung** ist die vorzeit u tatsächl eingetrete- 2 ne Erf gem § 271 II u § 362 I, auch dch Dritte (§ 267 I; MüKo/Habersack 7). Hierzu ist der Verbr üb § 18 S 1 unabdingb berecht, aber nicht zur teilw Erf (MüKo/Habersack 8). Er darf aber nur den gesamten noch offenen Betr leisten; für TeilLeistgn gilt § 14 nicht. **Wirkung.** Der TZahlgsPr (§ 4 I S 4 Nr 2 b; dort Rn 17) 3 vermindert sich krG. Die KredKosten der ersten 9 Monate stehen aber dem KredG immer zu (S 3). Zinsen: Gemeint sind die im TZahlgsPr enthaltenen; sie sind staffelmäß zu berechnen. Kosten: laufztabhäng sind insb die der Versicherg gem § 4 I S 4 Nr 2 e. **Abzinsung** geschieht grdsätzl nach dem vereinb ZSatz. Nur bei 4 ausschließl TZahlgsVerkäufern (S 2, § 4 I S 5) ist der gesetzl ZSatz anzuwenden, weil sich der im TZahlgsPr enthaltene Zins nur schwer ermitteln läßt (vgl auch MüKo/Habersack 13). **Neun-Monats-Grenze** (S 3). 5 Sie erschien dem GesetzG zur Gleichbehandlg mit allg KredVertr wg § 609 a I Nr 2 geboten. Dort wird nicht nur die Künd, sond auch die vorzeit Erf vorausgesetzt (§ 609 a Rn 17).

Dritter Abschnitt. Kreditvermittlungsvertrag

VerbrKrG 15 *Schriftform.* **[I] Der Kreditvermittlungsvertrag bedarf der schriftlichen Form. In der Vertragsurkunde ist insbesondere die Vergütung des Kreditvermittlers in einem Vomhundertsatz des Darlehensbetrags anzugeben; hat der Kreditvermittler auch mit dem Kreditgeber eine Vergütung vereinbart, so ist auch diese anzugeben. Die Vertragsurkunde darf nicht mit dem Antrag auf Hingabe des Darlehens verbunden werden. Der Kreditvermittler hat dem Verbraucher eine Abschrift der Urkunde auszuhändigen.**

[II] Ein Kreditvermittlungsvertrag, der den Anforderungen des Absatzes 1 Satz 1 bis 3 nicht genügt, ist nichtig.

Begriff des KredVermittlgsVertr: § 1 III. **Zweck.** Die dch die KredVerm bewirkte Verteuerg (bis zu 7% 1 übl) soll dem Verbr deutl gemacht w (BT-Dr 11/5462 S 29). **Schriftform** (Abs I S 1): § 126. **Verbindungs-** 2 **verbot** (Abs 1 S 3) besteht mit der Urk, die den KredVertrAntrag der Verbr (§ 4 I S 1) enthält, um auch äußerl erkennb zu machen, daß die beiden Vertr rechtl getrennt sind. **Inhalt** (Abs 1 S 2). Die VertrUrk muß 3 wg der Schriftform den gesamten VertrInhalt aufweisen (§ 126 Rn 3); das gilt auch für nachträgl Änd

(MüKo/Habersack 7). Darüb hinaus muß die Vergütg, die der KredVerm v Verbr erhält, in Prozent auch dann angegeben w, wenn sie als GeldBetr vereinb ist (Hs 1). Keinesf darf der Prozentsatz in Gebühren, Kosten od Provision aufgesplittert w. Eine Vergütg, die mit dem KredG vereinb ist, muß jedoch in Prozent angegeben w (Hs 2). Sie muß sich auf den vermittelten Vertr beziehen. Ein sog offenes od verdecktes Packing (VergütgsVereinbg zw KredG u KredVerm) ist grdsätzl offenzulegen (MüKo/Habersack 13; BOW/Bruchner 8). Nur sonstige, vom KredG allg gewährte Vergütgen od solche, die dem sog Schaltersatz
4 eingerechnet sind u ihn nicht erhöhen müssen nicht angegeben w (Scholz DB **91**, 215 [219]). **Aushändigung** einer Abschrift (Abs 1 S 4) soll die Information des Verbr sicherstellen (entspr § 4 III), ist NebenPfl,
5 aber nicht WirkskVoraussetzg (Abs II). **Nichtigkeit** des gesamten Vertr wird dch Abs II bewirkt, wenn ein Formmangel (entspr § 125 S 1) od Inhaltsmangel (Abs I S 2) gegeben ist od gg das VerbindgsVerbot (Abs I S 3) verstoßen w (BOW/Bruchner 11).

VerbrKrG 16 *Vergütung.* **Der Verbraucher ist zur Zahlung der Vergütung nur verpflichtet, wenn infolge der Vermittlung oder des Nachweises des Kreditvermittlers das Darlehen an den Verbraucher geleistet wird und ein Widerruf des Verbrauchers nach § 7 Abs. 1 nicht mehr möglich ist. Soweit das Darlehen mit Wissen des Kreditvermittlers der vorzeitigen Ablösung eines anderen Kredits (Umschuldung) dient, entsteht ein Anspruch auf die Vergütung nur, wenn sich der effektive Jahreszins oder der anfängliche effektive Jahreszins nicht erhöht; bei der Berechnung des effektiven oder des anfänglichen effektiven Jahreszinses für den abzulösenden Kredit bleiben etwaige Vermittlungskosten außer Betracht.**

1 **1) Zahlungspflicht** (S 1). **a) Zweck.** Der GrdSatz des Erfolgshonorars (§ 652 I BGB) wird verschärft (BT-Dr 11/5462 S 29). Die bloße DarlZusage ist meist an Bedingen geknüpft u die KredGewährg zum
2 ungewiß; daher wird auf diese abgestellt. **b) Voraussetzungen** der Entstehg des gem § 15 vereinb VergütgsAnspr (Provision) sind: **aa)** Abschluß des vom Verbr gewünschten (wirks) KredVertr zw Verbr u KredG (§ 1 II), formgerecht gem § 4 u vermittelt dch Herbeiführen od Nachw (§ 1 Rn 8). **bb)** KredGewährg aGrd des vermittelten KredVertr; das erfordert die Ursächlk der KredVermittlg (BOW/Bruchner 2). Geleistet ist der Kred dch Empfang des Darl od Inanspruchnahme des Kred gem § 6 II S 1 (dort Rn 2). **cc)** Rechtl Unmöglk des Widerr gem § 7 I. Solange die WiderrFr nicht abgelaufen ist (vgl § 7 II S 2 u 3),
3 muß daher der Verbr die KredVermVergütg nicht zahlen. **c) Unabdingbarkeit** (§ 18 S 1) erstreckt sich auch darauf, daß die KredGewährg aus Grden in der Pers des KredN nicht zustdekommt (Köln ZIP **93**, 1541). Wg § 18 S 1 ist auch eine VorausZahlgsVereinbg der VermittlerVergütg unwirks (Hamm WM **95**, 1353).

4 **2) Umschuldung** (S 2). **a) Zweck** ist, das sog UmschuldgsKarussell zurückzudrängen (BT-Dr 11/5462 S 29). **b) Begriff.** Umschuldg ist die vorzeit Ablösg eines and Kred dch ein neues Darl. **c) Anwendbar** ist S 2 nur bei Umschulden. Daß zugleich der Kred aufgestockt w, steht nicht entgg ("soweit"). Außerdem muß der KredVerm Kenntn ("mit Wissen") davon haben, daß der zu vermittelnde Kred zur Umschuldg
5 verwendet w soll. Diese Kenntn muß er nicht dch den Verbr erlangt haben. **d) Voraussetzung** (S 2 Hs 1) des VergütgsAnspr für die Umschuldg (nicht die KredAufstockg) ist zusätzl zu denen des S 1 (Rn 2; MüKo/Habersack 22): Der (anfängl) effektive JahresZ (§ 4 I S 4 Nr 1 e, dort Rn 8) des NeuKred darf nicht höher sein als der des abzulösden Kred. Die VermVergütg soll also nur dann verdient sein, wenn der UmschuldgsKred keine ungünstigeren Konditionen aufweist (BT-Dr 11/5462 S 30). Sollen mehrere Kred abgelöst w, so ist der effektive JahresZ jeweils gesondert zu vergleichen (BOW/Bruchner 15); ggf entsteht der VergütgsAnspr
6 nur hinsichtl einzelner AltKred. **e) Berechnung** (S 2 Hs 2): Der KredVerm soll nicht besser gestellt w, als wenn er bei Umschuldg eines nichtvermittelten Kred mitwirkt (BT-Dr aaO S 29).

VerbrKrG 17 *Nebenentgelte.* **Der Kreditvermittler darf für Leistungen, die mit der Vermittlung des Darlehens oder dem Nachweis der Gelegenheit zum Abschluß eines Darlehensvertrags zusammenhängen, außer der Vergütung nach § 16 Satz 1 ein Entgelt nicht vereinbaren. Jedoch kann vereinbart werden, daß dem Kreditvermittler entstandene, erforderliche Auslagen zu erstatten sind.**

1 **Kreditvermittler:** § 1 Rn 3, 8. **Entgelt** iS v § 17 sind insb BearbeitgsPauschalen, Schreibgebühren. Die Bezeichng ist gleichgült. Wesentl ist, daß das Entgelt auch geschuldet sein soll, wenn der KredVertr nicht zustandekommt. **Rechtsfolge** der verbotswidr Vereinbg ist TeilNichtigk gem §§ 134, 139. Für Gesamt-
2 Nichtigk: MüKo/Habersack 4. **Zulässige Auslagenerstattung** (S 2) kann vereinb w, auch wenn der KredVertr nicht zustdekommt od die DarlSumme nicht ausbezahlt w. Schriftform gem § 15 I S 1 (dort Rn 2). BewL dafür, daß die Auslagen (entspr den Aufwendgen, § 256 Rn 1), zB das Wertgutachten eines SV (Köln ZIP **93**, 1541) erforderl waren u tats entstanden sind, trägt der KredVerm. Keine Pauschalierg (BOW/Bruchner 2).

Vierter Abschnitt. Allgemeine und Schlußvorschriften

VerbrKrG 18 *Unabdingbarkeit; Umgehungsverbot.* **Eine von den Vorschriften dieses Gesetzes zum Nachteil des Verbrauchers abweichende Vereinbarung ist unwirksam. Dieses Gesetz ist auch anzuwenden, wenn seine Vorschriften durch anderweitige Gestaltungen umgangen werden.**

1 **Unabdingbarkeit** (S 1): entspr dem § 5 III S 1 HausTWG. Bezieht sich auf das gesamte G. Insb darf das WiderrR des § 7 nicht ausgeschl od erschwert w. Günstiger für den Verbr u daher zuläss wäre eine längere

WiderrFr (BOW/Bruchner 1). **Umgehungsverbot** (S 2). Entspr dem § 6 AbzG; jedoch ist dch den umfass- **2** den AnwendgsBereich (§§ 1–3) die Masse der früheren UmgehgsGeschäfte nunmehr unmittelb erfaßt, insb der LeasVertr mit ErwerbsR (MH 868; aA Zahn DB **91**, 2171: Umgehg). Es kommt insb in Betr: Aufspaltg eines wirtschaftl einheitl KredVertr desselben KredG in sog BagatellVertr (§ 3 I Nr 1) od TeilKred bei § 3 I Nr 2, KettenKred mit LaufZt unter 3 Monaten (§ 3 I Nr 3). Bei DauerSchuVerh eine ggü der angebotenen GesVergütg erhöhte RatenZahlg (LG Saarbr MDR **94**, 1086; vgl § 1 Rn 6). KredAufnahme für private Zwecke üb die Ein-Mann-GmbH (vgl § 1 I). Umgehgsabsicht ist nicht erforderl (BOW/Bruchner 5).

Artikel 2–8

[betr Änderung des BGB, HausTWG, FernUSG, UWG, der ZPO, des WohngsVermittlgsG u der GewO; vgl Einf 2]

Artikel 9. Übergangsvorschriften

[I] **Auf Kreditverträge, die vor dem Inkrafttreten dieses Gesetzes geschlossen worden sind, ist weiterhin das bisherige Recht mit Ausnahme der §§ 6a und 6b des Gesetzes betreffend die Abzahlungsgeschäfte (ausschließlicher Gerichtsstand) anzuwenden.**

[II] **Auf Darlehen, die der Schuldner noch vor dem Inkrafttreten dieses Gesetzes gekündigt hat, ist § 609a des Bürgerlichen Gesetzbuchs in seiner bisherigen Fassung weiterhin anzuwenden.**

[III] **Für das Mahnverfahren gelten die bisherigen Vorschriften, wenn der Antrag auf Erlaß des Mahnbescheids vor dem Inkrafttreten der Änderung eingereicht worden ist.**

1) Anwendung bisherigen Rechts (Abs I). Maßgebd ist, daß der Vertr spätestens am 31. 12. 90 gem **1** § 151 BGB zustandegekommen ist. Anzuwenden sind bei AbzGesch alle Vorschriften des AbzG (Ausn §§ 6a, 6b), die Regeln üb den finanzierten Kauf (Anh zu § 6 AbzG; 50. Aufl), bei Darl die §§ 607–610. Würde der vor dem 1. 1. 91 abgeschlossene Vertr dem VerbrKrG unterfallen, ist auch auf ihn der § 11 I (5% Zins) anzuwenden (BGH **115**, 268). AltVertr üb SukzessivLieferg (§ 1c AbzG) können weiter nach AbzG widerrufen w (BGH NJW **94**, 64 [67]). Ist der AltVertr jedoch von einem Dr nach dem 31. 12. 90 übernommen w, gelten § 2 Nr 3, § 7 VerbrKrG (BGH NJW **95**, 2290). Die JahresFr des § 7 II S 3 VerbrKrG (so Reiter BB **91**, 2322) ist nicht anzuwenden (BGH aaO). Eine Zuständigkeit des Prozeßgerichts gem § 6a AbzG bleibt wg § 261 III Nr 2 ZPO bestehen, wenn die Rechtshängigk vor dem 1. 1. 91 eingetreten ist. Ab 1. 1. 91 gelten §§ 6a, 6b AbzG auch dann nicht, wenn das AbzG gem Abs I noch anzuwenden ist.

2) Darlehenskündigung (Abs II). Der neue Abs III des § 609a BGB (Art 2 Nr 1) darf nur dann ange- **2** wendet w, wenn die Künd im neuen Jahr zugeht (§ 130 BGB). Unerhebl ist hierfür, wann das Darl gewährt w. Ist noch im Jahr 1990 gekünd, so bleibt der Widerr auch dann wirks, wenn der DarlN nicht od verspätet zurückzahlt.

Artikel 10. Inkrafttreten; Aufhebung des Abzahlungsgesetzes

[I] **Dieses Gesetz tritt mit Ausnahme des Artikels 6 am 1. Januar 1991 in Kraft. Gleichzeitig tritt das Gesetz betreffend die Abzahlungsgeschäfte in der im Bundesgesetzblatt Teil III, Gliederungsnummer 402-2, veröffentlichten bereinigten Fassung, zuletzt geändert durch Artikel 9 Nr. 3 des Gesetzes vom 3. Dezember 1976 (BGBl. I S. 3281), außer Kraft.**

[II] **Artikel 6 tritt am 1. Januar 1992 in Kraft.**

Gesetz über den Widerruf von Haustürgeschäften und ähnlichen Geschäften

Vom 16. Januar 1986 (BGBl I S 122), geändert durch das Verbraucherkreditgesetz vom 17. Dezember 1990 (BGBl I S 2840)

Bearbeiter: Prof. Dr. Putzo, Vizepräsident des Bayerischen Obersten Landesgerichts i. R.

Einleitung

1   **1) Schrifttum:** Klauss/Ose VerbrKredGesch Komm 2. Aufl 1988. – MüKo/Ulmer 3. Aufl 1995. – Soergel/Wolf 12. Aufl 1988. – Werner/Machunsky, HausTWG, Komm, 1990.

2   **2) Allgemeines. a) Zweck.** Das G dient dem Verbraucherschutz gg die mit dem sog Direktvertrieb verbundenen Gefahren. Die Kunden sollen sich von Vertr lösen können, die inf einer Überrumpelg auf einem übereilten Entschl beruhen (vgl BGH NJW **92**, 1889 mwN) u ihnen Leistgen verschaffen, für die oft kein echter Bedarf besteht u deren Entgelt ihren finanziellen Mitteln nicht entspricht. Vor allem sollen soz schwächere PersKreise geschützt w. Dieser Schutz besteht darin, daß Verbraucher mit geringer GeschGewandth als Kunden bei der GeschAnbahng überraschd beeinflußt w, dabei ohne ausreichde Überlegg, gedrängt u beeinträcht in der EntschFreih Vertr abschließen, oft mit bedrückden finanziellen Folgen. **b) Auslegung** des G. Dabei ist die EG-RiL v 20. 12. 85 (85/577) betr VerbrSchutz ergänzd heranzuziehen (BGH NJW **94**, 2759).

3   **3) Begriffe. a) Kunde** (legal definiert, § 1 I) ist derjen, der zu einer WillErkl bestimmt wird, die ihn dch Abschl eines Vertr zu einer entgeltl Leistg verpfl, sofern einer der in § 1 I Nr 1–3 aufgeführten äußeren Umstde erfüllt ist. Kunde kann nur eine natürl Pers sein (Teske BB **88**, 869). Nur Kunden iS des G (idR Verbraucher) gehören zum geschützten PersKreis. Handelt für ihn ein Vertreter, so kommt es auf diesen für
4 die Situation des § 1 I an (BGH NJW-RR **91**, 1074). **b) Andere Vertragspartei** (vgl § 1 I, § 5 III, § 6 Nr 1) ist stets der VertrPartner des Kunden (Rn 3), bei Handeln dch Vertreter (§ 164 I) die vertretene Partei, insb
5 auch GmbH, KG, Verein. **c) Vertrag über eine entgeltliche Leistung.** Das ist idR, aber nicht notw ein ggseit Vertr. Entgelt: Die Bezeichng ist gleichgült; insb Preis, Honorar, Beitrag, Gebühr (MüKo/Ulmer 8). Der Rahmen ist bewußt weit gesteckt. **aa) Beispielsfälle:** KaufVertr (§ 433), soweit kein VerbrKrGesch vorliegt (vgl § 5 II u Rn 7), Werk- u WerkliefergsVertr (§§ 631, 651), GeschBesorggsVertr (§ 675; Köln NJW-RR **89**, 1339), auch als gemischter Vertr (BGH NJW **95**, 324 [Schlüssel-FundD]); PartnerschVermittlg (Stgt NJW-RR **90**, 1136); FranchiseVertr (Einf 22 vor § 581), MaklerVertr (§ 652), ReiseVertr (§ 651 a), Miete bewegl Sachen (§ 535), Pacht (§ 581 I) u Leasing (Einf 28 vor § 535), Time-sharing-Vertr (LG Hanau NJW **95**, 1100; Hildenbrand NJW **94**, 1992), BausparVertr, verzinsl Darl (Einf 2 vor § 607), auch mit Bankgesch (Knauth WM **87**, 517), sog Bauherren- u Erwerbermodelle (Gallois BB **90**, 2062). Vertr über LeitgsRe für Wasser-, Energie- u WärmeVersorgg (BT-Drucks 10/4210 S 10); Beitritt zur stillen Ges (LG Rottw NJW-RR **89**, 373) u zur PublikumsGes (Köln aaO). Zweifelh ist, ob TauschVertr (§ 515) darunterfal-
6 len. **bb) Bürgschaft** (§ 765) ist nach der anfängl Rspr des BGH (**113**, 287 u NJW **91**, 2905) nicht als entgeltl Vertr angesehen w. Inf der heft Krit im Schrifttum (Klingsporn NJW **91**, 2229; Schanbacher NJW **91**, 3263; Probst JR **92**, 133; Wassermann JuS **92**, 908) tendiert die neue Rspr des BGH (NJW **93**, 1595; dagg krit Wenzel NJW **93**, 2781) dahin, die Bürgsch als entgeltl anzusehen (auch Köln NJW-RR **94**, 1538); jedenf dann, wenn der Kunde in der Erwartg bürgt, ihm od einem Dr entstehe daraus irgendein Vorteil (zust Klingsporn WM **93**, 829); vgl auch Fuchs-Wissmann WiB **94**, 147). Die Frage ist dch das LG Kleve (WM **93**,
7 600) wg der EG-RiL 85/577 v 20. 12. 85 dem EuGH vorgelegt. **cc) Nicht:** Miete u Pacht v Immobilien, insb Wohngen (Drygala NJW **94**, 3260 mwN; aA Engels WuM **91**, 321), weil v Zweck (Rn 2) des VerbrSchutzes nicht erfaßt (Drygala aaO), u zwar WoMietVertr (aA LG Ffm NJW-RR **89**, 824; aA LG Brschw WuM **91**, 671; LG Krlsr NJW-RR **92**, 973 für NeuAbschl u umfangreiche VertrÄnd; LG Hdlbg WuM **93**, 397 für Mietaufhebg), jedenf Vertr üb MietErhöhg für die Wohng (LG Hbg WuM **88**, 169; de Riese ZMR **94**, 449; aA Kblz NJW **94**, 1418; Michaelis WuM **89**, 2); idR beitragspflicht Vereinsmitgliedsch (allgM; Karlsr NJW **91**, 433), die aber unter § 5 I fallen kann (Mü ZIP **91**, 756; LG Mü I ZIP **94**, 1191).

8   **4) Anwendungsbereich.** Zeitl gilt § 9 II. Grdsätzl muß geprüft w: **a) Vertrag** üb eine entgeltl Leistg unter den Voraussetzgen des § 1 (Rn 5, 6). **b) Keine Sonderregelung** (§ 5 II). Fällt der Vertr unter das VerbrKrG, unter § 4 FernUSG od unter die von § 5 II genannten Vorschr betr Investment- od Kapitalantei-
9 le, gilt das HausTWG nicht. **c) Geschäftstätigkeit** (§ 6 Nr 1). Das G gilt nicht, wenn der Kunde aGrd selbständ Erwerbstätig abschließt od der VertrT nicht (selbstd od unselbstd) geschäftsmäß handelt.
10 **d) Versicherungsverträge** (§ 6 Nr 2). Der Abschl ist vom G generell ausgenommen. Dafür ist dch Art 2
11 Nr 1 G v 17. 12. 90 (BGBl 2864) ein WiderrR eingeführt (§ 6 Rn 4). **d) International.** Es gilt Art 29 EGBGB. Danach kann das HausTWG nur im Rahmen v Pauschalreisen Anwendg finden (Art 29 EG Rn 6; LG Limb NJW **90**, 2206).

HausTWG 1 (Kunde)

Widerrufsrecht. [1]Eine auf den Abschluß eines Vertrags über eine entgeltliche Leistung gerichtete Willenserklärung, zu der der Erklärende

1. durch mündliche Verhandlungen an seinem Arbeitsplatz oder im Bereich einer Privatwohnung,
2. anläßlich einer von der anderen Vertragspartei oder von einem Dritten zumindest auch in ihrem Interesse durchgeführten Freizeitveranstaltung, oder

3. im Anschluß an ein überraschendes Ansprechen in Verkehrsmitteln oder im Bereich öffentlich zugänglicher Verkehrswege

bestimmt worden ist, wird erst wirksam, wenn der Kunde sie nicht binnen einer Frist von einer Woche schriftlich widerruft.

II Ein Recht auf Widerruf besteht nicht, wenn

1. im Fall von Absatz 1 Nr. 1 die mündlichen Verhandlungen, auf denen der Abschluß des Vertrags beruht, auf vorhergehende Bestellung des Kunden geführt worden sind oder

2. die Leistung bei Abschluß der Verhandlungen sofort erbracht und bezahlt wird und das Entgelt achtzig Deutsche Mark nicht übersteigt oder

3. die Willenserklärung von einem Notar beurkundet worden ist.

1) Allgemeines. Das WiderrR entspr dem § 7 VerbrKrG. Es kann bei vertr eingeräumtem RückgR **1** ersetzt w (vgl Rn 2). **a) Zweck.** Der Verbraucherschutz liegt im öff Interesse. Der Kunde wird dch das ges WiderrR in einer Form geschützt, die den Direktvertrieb weder diskriminiert noch behindert. **b) Unab-** **2** **dingbarkeit** ist ges vorgeschr (§ 5 III S 1). Das WiderrR kann aber unter bestimmten Voraussetzgen dch ein RückgR ersetzt werden (§ 5 III S 2). Die WiderrFr kann verlängert w, weil die Unabdingbark nur „zum Nachteil des Kunden" besteht. **c) Anwendungsbereich:** alle RGesch gem Einf 7–9. **3**

2) Vertragsschluß (Abs I). Es gilt § 151 S 1. Gleichgült ist, ob das VertrAngebot od die Ann vom **4** Kunden erkl wird. Nach Abschl des Vertr besteht ein Schwebezustand wie bei § 7 I VerbrKrG (dort Rn 3), bis dch Unterbleiben des Widerr der Vertr mit Ablauf der Fr (§ 2 Rn 3) zustandekommt od inf Widerr endgült scheitert. Unterbleibt der Widerr, wird die WillErkl des Kunden mit Ablauf der Fr ex nunc wirks. Vor Ablauf der WiderrFr muß auch die and VertrPart ihre Leistg nicht erbringen.

3) Willenserklärung des Kunden (Einf 1 vor § 116). **a) Form.** Sie muß (mündl od schriftl) ausdrückl **5** od stillschweig auf den VertrSchl gerichtet sein (vgl § 151 Rn 2). **b) Bestimmt** worden sein muß der Kunde zu ihr unter den Voraussetzgen des Abs I Nr 1–3 in dieser Weise. Daher muß er im entscheidnen BewegGrd dch diese tats Umstände zur Abgabe der zum Vertr führnen WillErkl veranlaßt werden (Ursächlichk wie § 123 Rn 24). Dies spielt sich im Rahmen der VertrAnbahng ab. Ein enger zeitl Zushang zw VertrVerhandlgen u Abgabe der zum VertrAbschl führnen WillErkl ist nicht erforderl (BGH NJW **94**, 262). Maßgebd ist, ob die ÜberraschgsWirkg noch fortdauert (vgl Löwe BB **86**, 821 [824]) od der Kunde in seiner EntschließgsFreih beeinträcht ist (BGH aaO). Läßt die and Part einen Dr (insb Vertreter) für sich handeln, gilt die Abgrenzg wie bei § 123 Rn 13, 14.

4) Situationsbedingte Voraussetzungen (Abs I). Die Aufzähl der Nr 1–3 ist enumerativ; eine entspr **6** Anwendg ist ausgeschl. Die deutl Begrenzg ist vom GGeber gewollt (BT-Drucks 10/2876 S 9/10), um nur die typ Fälle zu erfassen, die der Kundenschutz erfordert. Entgeltl Vertr: Einf 5. Kunde: Einf 3. WillErkl: Darleggs- u BewLast trägt nach allg Grdsätzen der Kunde (Hamm NJW **94**, 2159 für Nr 1).

a) Nr 1. Arbeitsplatz und Privatwohnung. aa) Verhandlung. In beiden Fällen muß die mündl Vhdlg **7** (eine od mehrere) mit dem Kunden geführt w, dch die and VertrPart, ihre Gehilfen od Dr. Sie muß die Ursache für den VertrSchl darstellen (vgl Rn 5). Nr 1 gilt daher nicht, wenn schon eine GeschVerbindg bestanden hat (Hamm NJW **94**, 2159). Daneben dürfen auch noch and Umst bestimmd sein (zB Werbegeschenke, Warenproben, Freiexemplare), so daß eine Mitursächlichk der mündl Vhdlgen genügt (Gilles NJW **86**, 1131 [1139]). Gleichgült ist, wer die and VertrPart die Vhdlg führt. Es können mehrere Pers zugleich od nacheinander sein, nicht aber der Eheg des Kunden, der diesem in der Wohng auf Veranlassg der and VertrPart die VertrErkl vorlegt (BGH NJW **93**, 1594). Für die Gestaltg der mündl Vhdlg genügt, daß nur für die and VertrPart gesprochen wird. Auf seiten des Kunden genügt, daß er aGrd dessen seine WillErkl abgibt. Der GZweck eine Wechselrede. Telef Vhdlg (Telemarketing) fallen nicht unter Nr 1, weil sie nicht am ArbPl oder in der PrivWohng stattfinden (Löwe BB **86**, 824 u Goller GewArch **86**, 73 [75]; aA Gilles NJW **88**, 2424 [2427]; MüKo/Ulmer 36); auch nicht das Teleshopping (Eckert DB **94**, 717; aA Bultmann/Rahn NJW **88**, 2432 [2435]), das aber unter § 5 fällt (dort Rn 3). Unerhebl ist, wo der Kunde seine WillErkl abgibt. **bb) Arbeitsplatz.** Es muß der des Kunden sein. Hier ist eine extensive Auslegg **8** dahin geboten, daß jeder Ort im Betriebsgebäude od –gelände dazugehört, weil dort überall die überraschne Einflußnahme mögl ist. Die Anwendg wird auf ArbN zu beschränken sein, sodaß der GeschRaum des freiberufl Tätigen nicht darunter fällt (MüKo/Ulmer 21; aA Erm/Klingsporn 11; offengelassen v BGH NJW **94**, 2759). **cc) Privatwohnung.** Einschließl Hausflur u Garten, auch von Mehrfamilienhäusern u an der **9** Haustüre. Es muß irgendeine PrivWohng sein, nicht notw des Kunden, weil gerade auch die sog PartyVerkäufe erfaßt werden sollen. Es kann auch die Wo eines Dr sein, in die dieser den Vertreter der and Partei bestellt hat (Hamm NJW-RR **91**, 121). Es fällt auch die PrivWohng der and VertrPart od die für sie handelnden Pers darunter, nicht aber deren GeschRaum od die v Kunden zu miete Wohng. Die Eigensch als PrivWohng geht nicht dadch verloren, daß von ihr aus auch regelmäß Gesch abgeschlossen werden. Nicht anwendb auf priv Baustelle bei Bestellg v Baumaterial (vgl Zweibr NJW **95**, 140).

b) Nr 2. Freizeitveranstaltung. aa) Begriff. Davon werden gewerbl oder gewerbl motivierte Veran- **10** staltgen erfaßt, deren Gesamtbild v einem FreizeitErlebn ausgeht (hM), das der Belehrg od Unterhaltg der Teilnehmer dient (Düss NJW-RR **93**, 1533) u bei dem Freizeitangebot u VerkVeranstaltg organisator so miteinander verbunden sind, daß der Kunde in freizeitl unbeschwere Stimmg versetzt w (BGH NJW **92**, 1889); insb VerkVeranstaltgen außerh gewöhnl GeschLokale (Ffm NJW-RR **90**, 374), aber nicht notw außerh der GeschRäume des Verkäufers (Celle OLGZ **91**, 485). Sie sind auch in den GeschRäumen der and VertrPartei od eines Dr mögl (BGH NJW-RR **91**, 1524). Maßgebd ist der tatsächl Ablauf. Die vorher Ankündigg, es handle sich um eine VerkVeranstaltg schließt die FreiZtVeranstaltg nicht aus (KG NJW-RR

94, 951). Keine FreiZtVeranstaltgen sind VerbrVerkAusstellgen (KG NJW-RR **90**, 1338 [Grüne Woche]; LG Brem NJW-RR **88**, 1325; LG Heilbr NJW-RR **89**, 1145; LG Brschw NJW-RR **92**, 1401 [Harz u Heide]; aA Stgt NJW-RR **88**, 1323; Huff VuR **88**, 306). Auch das Teleshopping fällt nicht darunter, sond unter § 5 (Eckert DB **94**, 717; vgl Rn 7 aE). **bb) Beispiele.** Mehrtäg Reisen, Ausflugsfahrten zu Sportereignissen, zu Unterhaltg, Erholg u Bildg (Mü NJW-RR **91**, 122), sog Kaffee- od Butterfahrten (insb Schiffsreisen zu preisgünst Einkauf), Filmvorführgen (LG Hanau NJW **95**, 1100), sog Wanderlagerveranstaltgen (Hamm NJW-RR **89**, 117), auch wenn die tats gewährte Bewirtg nicht dch Werbg angekünd ist (BGH NJW **90**, 3265); Bewirtg in Café (Stgt NJW-RR **89**, 1144); kostenlose Weinprobe mit Abendessen (LG Brschw NJW-RR **89**, 1147); Tanzveranstaltgen, auch eine Modenschau, wenn and Leistgen od and Waren als Kleidg angeboten w. Für eine zu extensive Auslegg: Kaiser NJW **89**, 1717. **cc) Veranstalter** kann auch ein Dr sein, der organisiert u dchführt. Es genügt dann, daß die and VertrPart sich anschließt. Auch in seinem Interesse dchgeführt wird bereits, wenn der Dr weiß, daß die and VertrPart Werbg u VerkTätk entfaltet (BGH NJW-RR **91**, 1524). **dd) Anläßlich:** Es muß ein zeitl, räuml od sachl Bezug zur WillErkl des Kunden bestehen (vgl Rn 5), zB Fortwirken der StimmgsLage (Saarbr NJW **95**, 141 [Ferienhotel]). Bei engem Bezug besteht für die Kausalität ein AnscheinsBew (Wassermann JuS **90**, 549 [551]).

11 **c) Nr 3. Öffentliche Verkehrsmittel und -wege. aa) Verkehrsmittel:** Schiffe, Flugzeuge, Busse u Bahnen. Auch sie müssen (als öff) allg zugängl sein, nicht nur für geschlossene Gruppen (dafür gilt Nr 2; aA Gilles NJW **86**, 1141). Nicht der Mitfahrer im PKW (MüKo/Ulmer 27; bestr). **bb) Verkehrswege:** Allg zugängl können neben Straßen u Plätzen auch öff Parks u Gärten, PrivWege, Bahnhöfe, Bahnsteige, Flughäfen, Autobahnraststätten und -plätze sein. Nicht: Priv Sport-, Park- u Campingplätze (Knauth WM **86**, 509 [516]). **cc) Im Anschluß:** Ist rein zeitl zu sehen. Das Ansprechen muß von der and VertrPart od der für sie handelnden Pers ausgehen. Überraschd ist als subj unerwartet einzuordnen. Nicht: VerkAusstellgen (KG NJW **90**, 1338 [1340]), Märkte u Festplätze. Kausalität: wie Rn 10 unter dd.

12 **5) Widerrufsrecht** (Abs I) des Kunden od an dessen Stelle im Fall des § 179 des vollmlosen Vertr (BGH NJW-RR **91**, 1074). Die and VertrPart hat es nicht. **a) Rechtsnatur.** Es ist ein GestaltgsR (vgl Einf 9 vor § 346), das vom Kunden (bei Mehrh, insb Eheg gemeins) frei ausgeübt w kann. Die RFolgen (§ 3) sind so gestaltet, daß der Kunde keine wirtsch Nachteile erwarten muß. **b) Entstehung.** Bei allen Vertr vom Ztpkt **13** des VertrSchl an, auch schon vor FrBeginn (vgl § 2 Rn 3, 4) u auch dann, wenn die Leistgen schon erbracht **14** sind. **c) Erlöschen** des WiderrR dch FrAblauf: **aa)** Wenn ordgem belehrt ist (Abs I, § 2 I S 1–3), 1 Woche ab Wirksamwerden der WillErkl des Kunden. **bb)** Ohne ordngem Belehrg 1 Monat ab vollständ Erf des Vertr **15** dch beide VertrPart (§ 2 I S 4). **d) Ausübung** des WiderrR: § 2 Rn 1–5. **e) Verjährung.** Als GestaltgsR unterliegt ihr das WiderrR nicht.

16 **6) Ausschluß des Widerrufsrechts** (Abs II). Hier wird vom GGeber das Schutzbedürfn verneint. Darleggs- u BewLast trägt der and VertrT, insb für Nr 1 (Mü WM **91**, 523; Jena OLG-NL **94**, 78). Das wird nicht dadch veränd, daß dieser sich vorformuliert bestätigen läßt, eine vorhergehde Bestellg habe vorgelegen (Zweibr NJW-RR **92**, 565).

17 **a) Nr 1. Vorhergehende Bestellung.** Gilt nur für Abs I Nr 1, nicht für Nr 2 (Kblz NJW-RR **91**, 1020) u Nr 3. **aa) Inhaltlich:** Entspr dem § 55 GewO wort- u sinngleich (BGH NJW **89**, 584). Sie ist keine WillErkl, sond eine geschähnl Hdlg (MüKo/Ulmer 38). Der Kunde muß die and VertrPart, insb aGrd seiner schriftl Aufforderg ausdrückl, auch mündl od telefon, sogar stillschweigd (wenn eindeut erkl) zur VertrVhdlg mit einem konkreten VertrAngebot od zu einem Kostenvoranschlag (aA Stgt NJW **88**, 1986), nicht zur bloßen Warenpräsentation od zur Information (BGH **109**, 127 mwN) an den ArbPl od in eine Wohng (wie Rn 7, 9) zu VertrVerhdlgen bestellt haben (BGH aaO), insb den Besuch zu VertrVerhandlgen wünscht (Jena OLG-NL **94**, 78). Ob dabei der Kunde dies auf Nachfrage od v sich aus erkl, kommt es nicht an (BGH aaO). Vorhergehde Bestellg wird verneint, wenn der Kunde auf eine ZeitgsAnz telefon nachfragt, v LG Arnsberg NJW-RR **92**, 692. Bestellt der Kunde die and VertrPart zur Abgabe eines Angebots, stellt BGH **110**, 308 insbes bei Bauhandwerkern auf die Umstde des Einzelfalles ab, ob der Schutzzweck des Abs I zutrifft. Es ist zu verneinen, wenn bereits vorher üb den VertrGgstd Vdhlgen stattgefunden haben (BGH NJW **94**, 3351). **18** **bb) Zeitlich** muß die Bestellg vor Aufnahme der Vhdlg liegen, dem Kunden Zt zur Vorbereitg lassen (Bamberg BB **88**, 1072) u muß hinreichd ggstdl bestimmt sein (LG Hbg NJW-RR **88**, 824), damit der Kunde **19** nicht mit einem überraschd Angebot und Art konfrontiert wird (Knauth WM **86**, 509 [515]). **cc) Herbeigeführt** (provoziert) werden darf die Bestellg nicht dch eine der Situationen des Abs I (Löwe BB **86**, 821 [827]; Knauth aaO 516 mwN; MüKo/Ulmer 19; Stgt NJW-RR **89**, 1144), insb nicht dch eine telef Kontaktaufnahme der and Part (hM; BGH **109**, 127 mwN), vor allem, wenn sie unverlangt ist (LG Rstk NJW-RR **94**, 1015) od zu und Zwecken erbeten, dch einen vorangegangenen unbestellten Besuch vorgenommen w (Stgt NJW-RR **90**, 1014) u auch dann, wenn der Kunde seine TelNr auf einer Werbeantwortkarte angegeben hat (BGH aaO). Eine Bestellg ist auch nicht die Antwort (zB KatalogAnfdg) auf eine Werbewurf Sendg od -postkarte (BGH **20** aaO; Köln NJW **88**, 1985; AG u LG Dortm NJW-RR **88**, 314 u 316). **dd) Bloßes Schweigen** auf einen angekünd Besuch genügt keinesf. Überzogen ist die Ansicht (Stgt NJW-RR **89**, 956), es liege keine vorhergehde Bestellg vor, wenn auf einem Messestand für Einbaufenster dem Kunden erkl w, ein Preis könne erst nach Besichtigg der Wohng genannt w. Zu Besonderh bei BankGesch Knauth WM **87**, 517 [526].

21 **b) Nr 2. Vollzogene Kleingeschäfte.** Die Grenze von genau 80 DM einschließl ist absolut u dient der RSicherh. Bei Abschl: Die vollständ Erf dch beide VertrPart muß wie bei einem BarGesch des tägl Lebens zeitl unmittelb dem VertrAbschl nachfolgen. Abzustellen ist auf das gesamte Entgelt, das in der Verhdlg vereinb w (Wassermann JuS **90**, 549 [554]). Die Aufteilg eines an sich einheitl Gesch in mehrere Teile unter 80 DM wäre jedenf eine Umgehg gem § 5 (Soergel/Wolf 38).

22 **c) Nr 3. Notarielle Beurkundung.** Hier entfällt mit dem ÜberraschgMoment der GZweck, auch in Hinbl auf die BelehrgsPfl (§ 17 BeurkG); gilt insb, wenn der Vertr vorher in der PrivWohng ausgehandelt worden ist. Auf einen zeitl Zushang kommt es nicht an. Die Anwendg v Nr 3 wird abgelehnt bei sog Bauherrn- u Erwerbermodellen von Gallois BB **90**, 2062.

HausTWG 2 *Ausübung des Widerrufsrechts; Belehrung.* [1]Zur Wahrung der Frist genügt die rechtzeitige Absendung des Widerrufs. Der Lauf der Frist beginnt erst, wenn die andere Vertragspartei dem Kunden eine drucktechnisch deutlich gestaltete schriftliche Belehrung über sein Recht zum Widerruf einschließlich Namen und Anschrift des Widerrufsempfängers sowie einschließlich der Bestimmung des Satzes 1 ausgehändigt hat. Die Belehrung darf keine anderen Erklärungen enthalten und ist vom Kunden zu unterschreiben. Unterbleibt diese Belehrung, so erlischt das Widerrufsrecht des Kunden erst einen Monat nach beiderseits vollständiger Erbringung der Leistung.

[II]Ist streitig, ob oder zu welchem Zeitpunkt die Belehrung dem Kunden ausgehändigt worden ist, so trifft die Beweislast die andere Vertragspartei.

1) Widerruf. § 2 wurde ursprüngl dem § 1 b II AbzG nachgebildet. Ein wirks Widerr setzt das Bestehen 1 des WiderrR voraus (§ 1 Rn 12–14). **a) Begriff.** Widerr ist die Rückn der auf den VertrAbschl gerichteten WillErkl des Kunden; wird übwiegd als GestaltgsR angesehen; ist als RGesch eine empfbed WillErkl, die ihrerseits den Regeln der §§ 105–144 unterliegt. **b) Form.** Schriftl Erkl, aber nicht die Schriftform des 2 § 126; daher auch die Erkl zu gerichtl Protokoll (BGH **94**, 226 zu § 1 b AbzG) od Überg an das Ger in mdl Vhdlg, wenn die and VertrPart davon Kenntn erlangt (BGH **109**, 314); nicht die bloße Rücksendg der Ware (umstr; vgl Düss NJW-RR **95**, 747 mwN für § 7 VerbrKrG). **c) Inhalt.** Es muß der Vertr so bezeichnet w, 3 daß er identifiziert w kann. Das Wort Widerr muß nicht ausdrückl gebr w (BGH NJW **93**, 128 für § 1 b AbzG); sinnentspr Ausdrücke genügen (§ 133). Die Pers desjen, der den Widerr erkl, muß erkennb sein. Er kann auch v Vertreter anstelle des Vertretenen ausgeübt w (BGH NJW-RR **91**, 1074). **d) Fristen.** 1 Woche (§ 1 I) od 1 Monat (Abs I S 4). Berechg: §§ 187 I, 188, 193. **e) Regelmäßiger Fristbeginn:** dch ordngem Belehrg üb das WiderrR (Abs I S 2; Rn 6–9). Die Fr beginnt mit Aushändigg der Belehrg an den Kunden, aber nicht vor Wirkswerden seiner auf den VertrSchl gerichteten WillErkl. **f) Fristbeginn ohne Beleh-** 4 **rung** (Abs I S 4). Gilt, wenn die Belehrg unterblieben od wegen Fehlens von WirksamkVoraussetzg (vgl Rn 6–9) fehlerh ist. Damit die MonatsFr beginnt, müssen die vertrgem Leistgen beider VertrPart vollständ erbracht sein. Hiermit ist die Erfüllg (§ 362) gemeint. Beim Darl ist auf die vollständ ZZahlg abzustellen (Köln NJW-RR **93**, 428; aA LG Kass NJW-RR **89**, 105); zweifelh bei time-sharing-Vertrag (vgl Hildenbrand NJW **94**, 1992 [1996]). Mängel der Leistgen sind unerhebl. Maßgebd ist die Wirksamk der letzten ErfüllgsHdlg. Die RKraft eines VollstrTitels steht nicht entgg (Stgt NJW **94**, 1226). Dch die MonatsFr soll dem Kunden ausreichd Gelegenh gegeben w, die Vor- u Nachteile des Vertr zu überdenken. **g) Fristwah-** 5 **rung** (Abs I S 1): entspr § 7 II S 1 VerbrKrG. Es genügt Absendg des Schreibens (Rn 2) vor Ablauf der Fr. Wann es zugeht, ist unerhebl. Der Widerr muß aber wegen § 130 I, um wirks zu sein, dem Empf (and VertrPart) übhaupt zugehen; denn Abs I S 1 bezieht sich nur auf die FrWahrg. Einschreiben mit Rückschein ist zu empfehlen. Der Widerr wird auch dann mit Zugang wirks, wenn darin ein späterer Ztpkt bestimmt ist (BGH **109**, 97 für § 1 b AbzG). Bei rechtzeit u wirks Widerr treten die RFolgen des § 3 ein.

2) Belehrung (Abs I S 2, 3). Sie ist keine Pfl, sond eine Obliegenh der and VertrPart (aA Stgt NJW **88**, 6 1986). Im Verh zu Dr kann die Unterlassg wettbewerbswidr sein (Stgt NJW-RR **89**, 1144). **a) Form.** Es ist zu untersch: **aa) Verbindungsverbot.** Die Belehrg ist gesondert zu erteilen; stets schriftl, aber nicht § 126. Sie darf auf demselben Schriftstück wie der Vertr untergebracht w (hM; Stgt NJW-RR **90**, 1273 mwN), muß dann aber räuml getrennt bleiben, sodaß sich die Unterschr allein auf sie bezieht (Stgt aaO). Auch nur kurze Erkl mit and Inh (zB Übgabe) vor der Unterschr stehen der Wirksk entgg (Stgt NJW-RR **95**, 114). **bb) Deutlichkeitsgebot.** Die Belehrg muß drucktechn in nicht zu übersehder Weise herausgehoben sein (BGH NJW-RR **90**, 368 [370]; Köln NJW **87**, 1206; näml dch and Farbe, größere Lettern od Fettdruck (Stgt NJW **92**, 3245 für § 7 VerbrKrG). Es darf von ihr drucktechn nicht abgelenkt w (Naumb NJW-RR **94**, 377). Geringerer Randabstand, ähnl ZwRaum reichen insb bei gleichwert u gleichförm Schriftbild nicht aus (BGH NJW **94**, 1800 für § 1 b AbzG); ebsowenig der bloße Umstd, daß zwei räuml getrennte Unterschr zu leisten sind (Stgt NJW-RR **95**, 114). Hinweis auf Behaltendürfen eines Werbegeschenks steht nicht entgg (Stgt NJW **94**, 3110 für § 7 VerbrKrG). **b) Inhalt.** Notw ist die Belehrg üb das R zum beliebigen, voraus- 7 setzgslosen Widerr des Vertr innerh einer Woche seit der WillErkl des Kunden, das Erfordern der Schriftlichk, den Beginn der WiderrFr (hM; BGH NJW **93**, 1013), die FrWahrg dch bloße Absendg (daher fehlerh „Einsendung", LG Stgt NJW **95**, 667), sowie die Angabe, an wen der Widerr abzusenden ist. Mindestens wünschenswert ist die Angabe des Tages, an dem die WillErkl des Kunden gewöhnlicherweise wirks wäre (Zugang gem § 130 od Ann gem § 151). Ein Vordruck der WiderrErkl kann wird nicht verlangt w. Andere Erkl als die Belehrg darf das Schriftstück nicht enthalten (Abs I S 3), insb keine EmpfBestätigg (Rn 8; BGH NJW **93**, 2868; Stgt NJW-RR **90**, 1273). Anderers ist ein tats Bezug auf den Vertr (Ggstd, Datum) notw. Es muß angegeben sein: Name (Firma) u PostAnschr der and VertrPart od einer and Pers (auch Firma), die für den Empf des Widerr genannt wird. Es können auch zwei WiderrEmpf (zB Verlag u BuchHdlg) angegeben w. Die Angabe ist stets bindd. **c) Unterschrift** des Kunden auf der v VertrText gesond (also 2 Unterschr bei 8 schriftl Vertr) Belehrg ist notw (Abs I S 3). Zweckmäß behält die beweisbelastete (Rn 10) and VertrPart (zwecks Nachweis) ein v Kunden unterschriebenes Exemplar der Belehrg (DchSchrift). **d) Aushändigung** 9 an den Kunden (Abs I S 2) bedeutet, daß eine schriftl Belehrg bei ihm verbleiben muß, damit der Lauf der Fr beginnt. Den Empf der Belehrg kann die and VertrPart am besten dadch beweisen, daß sie eine v Kunden unterschriebene, v der Belehrg wg Abs I S 3 getrennte, mit Datum versehene EmpfBestätigg unterschr läßt (Rn 8). Für die Wirksk der Belehrg ist dies aber nicht notw.

3) Beweislast (Abs II) trägt: **a) Andere Vertragspartei** für die Belehrg, ihren Ztpkt, Inhalt, für Aushän- 10 digg u Unterschr (Rn 6–9), sowie für alle Tats, aus denen das Versäumen der WiderrFr abgeleitet w (Rn 3). **b) Kunde** für den Widerr, Absendg u Zugang an den in der Belehrg genannten Empf (Rn 5).

HausTWG 3 *Rechtsfolgen des Widerrufs.* [1]Im Falle des Widerrufs ist jeder Teil verpflichtet, dem anderen Teil die empfangenen Leistungen zurückzugewähren. Der Widerruf wird durch eine Verschlechterung, den Untergang oder die anderweitige Unmöglichkeit der Herausgabe des empfangenen Gegenstands nicht ausgeschlossen. Hat der Kunde die Verschlechterung, den Untergang oder die anderweitige Unmöglichkeit zu vertreten, so hat er der anderen Vertragspartei die Wertminderung oder den Wert zu ersetzen.

II Ist der Kunde nicht nach § 2 belehrt worden und hat er auch nicht anderweitig Kenntnis von seinem Recht zum Widerruf erlangt, so hat er eine Verschlechterung, den Untergang oder die anderweitige Unmöglichkeit nur dann zu vertreten, wenn er diejenige Sorgfalt nicht beachtet hat, die er in eigenen Angelegenheiten anzuwenden pflegt.

III Für die Überlassung des Gebrauchs oder die Benutzung einer Sache sowie für sonstige Leistungen bis zu dem Zeitpunkt der Ausübung des Widerrufs ist deren Wert zu vergüten; die durch die bestimmungsgemäße Ingebrauchnahme einer Sache oder Inanspruchnahme einer sonstigen Leistung eingetretene Wertminderung bleibt außer Betracht.

IV Der Kunde kann für die auf die Sache gemachten notwendigen Aufwendungen Ersatz von der anderen Vertragspartei verlangen.

1 **1) Allgemeines. a) Zweck.** Der Kunde soll in seinem freien Entschl, das WiderrR auszuüben od davon
2 abzusehen, nicht dadch beeinträcht w, daß RückgewährPfl u Haftg ihn vom Widerr abhalten. **b) Unab-**
3 **dingbarkeit** ist für Vereinbgen gegeben, die für den Kunden nachteil sind (§ 5 III S 1). **c) Verjährung.**
aa) Anspr des Kunden: 30 Jahre (§ 195). **bb)** Anspr der and VertrPart: 2, 4 od 30 Jahre, je nach dem, ob für den Anspr § 196 (insb Abs I Nr 1, 6, 7, 11, 13), § 197 od § 195 (insb § 985) gilt.

4 **2) Rückgewährpflichten** (Abs I S 1). Ist dem § 346 nachgebildet. Zurückzugewähren: Rückleistg in vollem Umfang, in demselben Weise u auf demselb Weg, ggf an Dr (vgl § 346 Rn 3). Für die Zug-um-Zug-Leistg ist § 4 anzuwenden. Anders als beim Kauf sind im Bereich des entgeltl Vertr (vgl Einf 5 vor § 1) vonvorneherein oft Leistgen erbracht worden, die ihrer Art nach nicht zurückgewährt w können; hierfür gilt Abs III (Rn 9, 10).

5 **3) Untergang, Verschlechterung und Unmöglichkeit der Herausgabe** des vom Kunden empf Ggstds (also nicht nur Sachen, vgl § 93) od einer Mehrh v Ggstden (Abs I S 2, II). Für empf unkörperl
6 Leistgn gilt Abs III (Rn 15). **a) Begriffe.** Verschlechterung: SubstanzVerletzgen, Verlust v BestdT u Zubehör, jede Beeinträchtigg der Funktionsfähk, nicht aber der Umstd, daß die Sache gebraucht u nicht mehr neu ist. Unterg: Vernichtg od völl Zerstörg der Sache. Anderw Unmöglk der Herausg: objektiv u subjek-
7 tiv, gleich aus welchem Grd, zB dch BesVerlust u gutgläub Erwerb eines Dr. **b) Widerrufsrecht** (Abs I S 2) ist dch Verschlechterg, Unterg od anderweit Unmöglk nicht ausgeschl. Dasselbe gilt für die RückgR (§ 5 III
8 S 2). **c) Ersatz** des Wertes od der WertMinderg für die Leistg (Abs I S 3). Dieser Anspr des and Teils setzt voraus, daß bei Verschlechterg, Unterg od anderweit Unmöglk der Herausg der Kunde diese zu vertreten hat (Rn 9, 10). Höhe: Nicht der vereinb Preis ist zugrdzulegen, weil der Gewinn des and Teils entfällt, sond der Wert der Leistg, beim Kauf zB der AnschaffgsPreis zuzügl der mit Anschaffg u Bereitstellg (vgl § 5 III
9 der Weiterveräußerg) verbundenen Kosten. Im Proz gilt § 287 ZPO. **d) Haftungsmaß** (Abs I S 3, II). **aa) Bei Belehrung** dem § 2 I S 2, 3: Diese muß sich beim RückgR (§ 5 III S 2) auf dieses beziehen. Es ist Vors u Fahrlässk zu vertreten (§ 276). Auch Haftg gem § 278 ist denkbar, da bei einem Kauf wg des
10 EigtVorbeh (vgl § 455) eine ObhutsPfl besteht, die unter § 278 fällt (dort Rn 16). **bb) Ohne Belehrung** (Abs II) od bei nicht ordnungsgem Belehrg (§ 2 II S 2, 3): Es besteht ein vermindertes HaftgsMaß gem § 277, wenn der Kunde nicht anderw Kenntn v Widerr-(Rückg)R erlangt hat: diese kann dch Dr od dch eine nicht ordngsgem Belehrg des and Teils erlangt sein. Das erhöhte HaftgsMaß (§ 276 statt § 277) tritt aber erst
11 ein, sobald der Kunde die Kenntn erlangt. **e) Beweislast.** Der and Teil: für Verschlechterg, Unterg u anderweit Unmöglk sowie für Belehrg u Kenntn. Der Kunde: für Fehlen v Versch u Fahrlässk sowie für Sorgfaltsmaß in eigenen Angelegenh (§ 282; § 277 Rn 5).

12 **4) Wertersatz** (Abs III) für die Zt bis zum Widerr (od Rückg). Dieser Anspr für Gebr u Benutzg sowie für sonst Leistgen steht idR der and VertrPartei zu, dem Kunden nur dann, wenn seine Leistg nicht od nicht nur
13 in Geld bestanden hat. **a) Anwendbar** ist Abs III nur für den ZtRaum seit Empf der Leistg bis zum Widerr
14 (od bis zur Rückg gem § 5 III S 2) u ohne Rücks auf den Ztpkt der Rückg, Rücksendg od Rückn. **b) Wert-vergütung** (Abs III Hs 1). Hier ist zu untersch, ob Sachen überlass w (dann gilt aa) od sonstige Leistgen erbracht (dann gilt Rn 16). **aa) Bei Sachen.** Es ist eine ÜblassgsVergütg zu entrichten. Für Gebr u Benutzg muß der Kunde den Wert vergüten, ohne Rücks darauf, ob er die Sache tats in Gebr genommen od Aufwendgen erspart hat (BGH NJW **85**, 1544 für § 1d AbzG). Der Wert ist der übl od gedachte MietZ (BGH aaO 1546), abzügl Gewinn u Gemeinkosten (Köln WM **95**, 611). Fehlt es an einem solchen, ist auf den obj Wert der Nutzgen abzustellen. Dabei sind auch KapEinsatz, anteil GeschUnkosten u ein angemessener UnternGewinn zu berücks. Die Obergrenze ist das ErfInteresse der and VertrPartei (MüKo/Ulmer 12).
15 **bb) Bei sonstigen Leistungen.** Das sind solche, die wg ihrer Beschaffenh nicht gem Abs I S 1 zurückgewährt w können, vor allem D- u WerkLeistgen, zB Malerarbeiten. Für den WertErs soll auf bereichergsrechtl Grdsätze zurückgegriffen w, insb § 818 II (BT-Drucks 10/2876 S 14). Das ist bedenkl, wenn sich der WertErs mit der übl Vergütg deckt (MüKo/Ulmer 13), weil dann der Schutzzweck der §§ 2, 3 nicht erreicht w. Daher ist in diesen Fällen auf die GestehgsKosten od die Vermögensvermehrg des Kunden abzustellen (Düss WM **91**, 1998; MüKo/Ulmer 14). Bei Ehe- u PartnerschVermittlg ist vor Vollzug keine Leistg erbracht (Hbg NJW-RR **89**, 1521). Als Bereicherg kommen die Kosten v Anzeigen in Betr, die der Kunde hätte aufbringen müssen, um die bekanntgegebenen Adressen zu erlangen (Düss NJW-RR **92**, 506).
16 **c) Wertminderung** (Abs III Hs 2). Die normale, dch Gebr od Verwendg eintretde WertMinderg im Rahmen des WertErs (Rn 14, 15) w berücks, nicht aber die dch bestimmgsgem Ingebr- od InansprNahme. Das bedeutet, daß die WertMinderg inf des „gebraucht statt neu" unerhebl bleibt. Diesen Wertverlust hat allein die and VertrPart zu tragen. Die Regelg ist aus § 1d III Hs 2 AbzG übnomen, für die and VertrPart sehr ungünst (zB bei Kleidgsstücken u Kfz), aber v GGeber gewollt.

5) Rückabwicklung ab Widerruf (od Rückg) wird dch Abs III nicht geregelt (vgl Rn 12). Es verbleibt die 17 RückgewährPfl (Abs I S 1) u es gelten die allg schuldrechtl Regeln, insb § 818 u die §§ 987ff (BT-Drucks 10/2876 S 14). Die von da an eintretde Wertminderg, auch die dch Ingebr- od InansprNahme (Abs III Hs 2) ist zu berücksicht.

6) Aufwendungsersatz (Abs IV). **a) Anwendbar** nur, wenn der Kunde eine Sache (§ 90) erlangt hat, zu 18 Eigt, Anwartsch od Bes. Keine zeitl Grenze wie bei Abs III (Rn 12). **b) Aufwendungen.** Der Begr entspr den 19 Verwendgen (§ 256 Rn 1); daher wie § 994 Rn 1. Nur Aufwendgen hinsichtl der Sache, nicht solche im Zushang mit dem Vertr (wie zB Porto). Nur notw Aufwendgen, nicht solche, die nur nützl sind, weil Abs IV dem § 996 vorgeht.

HausTWG 4 *Zug-um-Zug-Verpflichtung.* Die sich nach § 3 ergebenden Verpflichtungen der Vertragsparteien sind Zug um Zug zu erfüllen.

Zweck: Schutz des Kunden. **Rechtsnatur:** Einrede, nicht AnsprBeschränkg (wie § 273 Rn 19). Entspr den 1 Grdsätzen der §§ 274, 322, 348. **Anwendbar** nur auf die Pfl, die sich aus dem Widerr ergeben (§ 3). **Unabdingbar** nur zG des Kunden (§ 5 III S 1). **Aufrechnung** bei ggseit GeldAnspr muß erkl w (§ 388). 2 Keine Verrechng vAw. **Erfüllungsort:** Ist VertrGgst eine Sache, so ist ErfOrt, wo sie sich zZ des Widerr (§ 3) 3 vertrgem befindet (§ 346 Rn 3; § 269 Rn 15). Wohnsitzwechsel änd den ErfOrt nicht (§ 269 I).

HausTWG 5 *Umgehungsverbot; Subsidiarität; Unabdingbarkeit; Rückgaberecht.* [I]Dieses Gesetz findet auch Anwendung, wenn seine Vorschriften durch anderweitige Gestaltungen umgangen werden.

[II]Erfüllt ein Geschäft im Sinne des § 1 Abs. 1 zugleich die Voraussetzungen eines Geschäfts nach dem Verbraucherkreditgesetz, nach § 11 des Gesetzes über den Vertrieb ausländischer Investmentanteile und über die Besteuerung der Erträge aus ausländischen Investmentanteilen, nach § 23 des Gesetzes über Kapitalanlagegesellschaften oder nach § 4 des Gesetzes zum Schutz der Teilnehmer am Fernunterricht, so sind nur die Vorschriften dieser Gesetze anzuwenden.

[III]Von den Vorschriften dieses Gesetzes zum Nachteil des Kunden abweichende Vereinbarungen sind unwirksam. Beim Abschluß eines Kaufvertrags aufgrund eines Verkaufsprospekts kann das Widerrufsrecht nach § 1 Abs. 1 durch ein schriftlich eingeräumtes, uneingeschränktes Rückgaberecht entsprechend § 8 Abs. 2 Satz 1 bis 5 des Verbraucherkreditgesetzes ersetzt werden; Voraussetzung ist, daß der Kunde den Verkaufsprospekt in Abwesenheit der anderen Vertragspartei eingehend zur Kenntnis nehmen konnte und zwischen dem Kunden und der anderen Vertragspartei im Zusammenhang mit diesem oder einem späteren Geschäft eine ständige Verbindung aufrechterhalten werden soll.

Abs II u Abs III S 2 Hs 1 sind seit 1. 1. 91 geänd dch Art 3 VerbrKrG.

1) Umgehungsverbot (Abs I). **a) Zweck.** Es soll der Gefahr begegnet werden, daß die Merkmale eines 1 HaustürGesch nach außen verdeckt werden od ein AusnTatbestd (§ 1 II) herbeigeführt w (Goller GewArch **86**, 73 [78]). Typ Fälle hat der GGeber offenb nicht erblickt, weil solche sonst leicht dch eine entspr Fassg des Ges hätten erfaßt werden können. Der GesZweck entspr § 7 AGBG. **b) Anwendbar** für alle entgeltl Vertr 2 (Einf 5 vor § 1) u alle Vorschr des HausTWG. **c) Umgehung.** Sie ist in wirtsch Betrachtungsweise zu bestimmen. UmgehgsAbsicht ist nicht erforderl (Wassermann JuS **90**, 723 [724]). Keine Umgehg wg § 6 Nr 2, wenn dadch VersichergsSchutz verschafft w (Karlsr NJW **91**, 433 m Anm v Bayer). Auf seiten der and VertrPart muß der Wille bestehen, bei dem betreffenden RGesch die Anwendg einer der od aller Vorschr des HausTWG zu vermeiden. **d) Anderweitige Gestaltungen.** Der Rahmen ist bewußt weit gesteckt. Es fallen 3 nicht nur rechtsgeschäftl Vereinbargen, sond auch (von der and VertrPart herbeigeführte) tats Umst darunter. Auf jeden Fall muß der Schutzzweck des G zutreffen u die Entgeltlk gegeben sein, Bsp: Teleshopping (Eckert DB **94**, 717). VerkAnbahng v Betten im UrlHotel (LG Limb NJW-RR **89**, 119); Verk in der Hotelhalle währd des HotelAufenth nahe dem Lift (Ffm NJW **94**, 1806); entgeltl Vertr als Vereinsmitglsch getarnt (Löwe BB **86**, 821 [823]; Wassermann JuS **90**, 723; verneint v Karlsr NJW **91**, 433), zB mit VersSchutz (Teske in abl Anm zu Mü ZIP **91**, 756); Erwerb v FerienWo im Time-sharing (iErg ebso LG Stgt NJW-RR **95**, 1009); uU Verhdlg in Gaststätte statt Wo (LG Mannh NJW-RR **90**, 1395); Kauf v Baumaterial auf der priv Baustelle (vgl Zweibr NJW **95**, 80); VertrAbschl am TreffPkt in einer Hotelhalle, bevor sich der VertrPart in die PrivWo begeben (Dresd NJW **95**, 1164). Andseits darf der (enumerative) Katalog des § 1 nicht auf diesem Umweg ausgedehnt u auf solche Situationen erstreckt werden, die der GGeber eindeut od bewußt ausgelassen hat: daher nicht das überaschde Ansprechen in einer Gaststätte (Wassermann JuS **90**, 723 mwN; umstr). **e) Wirkung.** Das 4 UmgehgsGesch unterliegt den Vorschr des G; insb besteht das WiderrR u es gilt § 7.

2) Vorrang von Sonderregelungen (Abs II). **a) Gesetze.** Für VerbrKrGesch, Kauf von ausländ In- 5 vestmentanteilen u Anteilen an KapAnlageGesellsch, sowie für FernUnterr bestehen ähnl Regelgen über den Widerr, teils mit längerer Fr od and FrBeginn, außerdem mit and, auf diese Gesch zugeschnittener Rückabwicklg. Im AnwendgsBer dieser Ge wird das gesamte HausTWG verdrängt; daher insb nicht, soweit § 3 VerbrKrG die Ausn v der Anwendbk bestimmt. Für VersVertr im priv Ber besteht seit 1. 1. 91 ein bes WiderrR (vgl § 6 Rn 4). **b) Andere Rechte.** Unberührt bleiben bei allen HausTGesch die Re der 6 Kunden auf Anfechtg, Rücktr, Wandelg, Minderg, SchadErs u Künd aus den für den jeweil VertrTyp geltden Vorschr.

3) Unabdingbarkeit (Abs III S 1). Umfaßt insb den Verzicht auf Widerr, auch wenn er als einseit Erkl v 7 and VertrT vorbereitet w (LG Fulda NJW-RR **87**, 1460). Trifft Formular- wie IndividualVereinbargen; gleichgült, ob getrennt od nachfolg vorgenommen. Abweichgen zum Vorteil des Kunden (zB längere WiderrFr) sind zul. Ausschl des WiderrR ist nur dch Vereinbg gem Abs III S 2 zul (vgl Rn 8–10).

8 **4) Rückgaberecht** (Abs III S 2). **a) Zweck.** Das beim Versandhandel seit langem eingeführte RückgR
9 (§ 8 VerbrKrG), schützt den Kunden prakt in gleicher Weise wie das WiderrR. **b) Anwendbar** nur auf
SammelBestellgen einer Pers für mehrere Kunden im Versandhandel, weil nur zw dem Sammelbesteller u
dem Kunden mündl Vhdlgen stattfinden. Auf die Direktbestellg von Einzelkunden im Katalogversandhan-
10 del trifft das G sowieso nicht zu, weil die Situation des § 1 I fehlt. **c) Rückgaberecht und Rückgabever-
langen:** wie VerbrKrG § 8 Rn 6, 8. **d) Besondere Voraussetzung:** Abs III S 2 Hs 2. Damit wird nur dem
herkömml, eigentl KatalogGesch ein Privileg zugestanden (BT-Dr 10/4210 S 10).

HausTWG 6 *Anwendungsbereich.* Die Vorschriften dieses Gesetzes finden keine An-
wendung,

**1. wenn der Kunde den Vertrag in Ausübung einer selbständigen Erwerbstätigkeit abschließt oder
die andere Vertragspartei nicht geschäftsmäßig handelt,**

2. beim Abschluß von Versicherungsverträgen.

1 **1) Personenkreise** (Nr 1). **a) Zweck.** Das G will den Verbraucher als Kunden vor der meistens überle-
genen Routine des gewerbl Handelnden schützen. Das trifft bei den von Nr 1 erfaßten Gesch nicht zu.
2 **b) Selbständig erwerbstätiger Kunde** (1. Alt): insb jede gewerbl Tätk; auch freiberufl Tätige (insb Ärzte,
RAe) u Landw; nicht eine nebenberufl Tätk als ZimmerVerm (LG Rstk NJW-RR **94**, 1015). Gilt auch, wenn
der Kunde sich vertreten läßt (BGH NJW-RR **91**, 1074). Es werden nur diejen Gesch ausgenommen, welche
sich auf die bereits aufgenommene ErwerbsTätigk beziehen (Kader NJW-RR **93**, 1274); bei einer weiteren,
bisher nicht aufgenommenen Erwerbstätk sind auch die VorbereitgsHandlgen ausgenommen (BGH NJW
94, 2759), ohne Rücks auf fehlde spezielle BerufsErfahrg (BGH aaO). Als Verbraucher od für sonst priv
3 Gesch genießen diese Pers den vollen Schutz des G (BT-Drucks 10/2876 S 14). **c) Nichtgeschäftsmäßig
handelnde andere Vertragsparteien** (2. Alt). Geschäftsmäß handelt, wer unabhäng v den erzielten Ein-
künften beabsicht, eine Tätk gleicher Art zu wiederholen u zu einem dauernden od wiederkehrden BestandT
seiner Beschäftigg zu machen (hM; MüKo/Ulmer 14); auch ein Verein (LG Stgt NJW-RR **95**, 1009). Nicht
geschäftsmäß sind daher grdsätzl die priv Verkäufe, insb v gebrauchten Sachen, die WoMietVertr eines
Verm, der 2 Wohngen vermietet (BayObLG NJW **93**, 2121). Geschäftsmäß handelt jedoch, wer ohne
angemeldetes Gewerbe in der Absicht, regelmäß (auf eine gewisse Dauer angelegt) Gewinn zu erzielen,
kauft u verk, Dienste leistet, WerkVertr abschließt, entgeltl Leistgen erbringt od vermittelt.

4 **2) Versicherungsverträge** (Nr 2). Die Regelg umfaßt VersVertr iS des § 1 VVG, u zwar jeder Art
(BGH NJW **95**, 324), nicht aber gemischte Vertr, bei denen der VersZweck nicht übwiegt, zB Schlüsselfund
(BGH aaO; aA KG DB **93**, 2174 u 54. Aufl). Die Ausn wird kompensiert dch § 8 IV VVG, indem im
nichtkaufmänn Bereich ein spezielles, etwas and ausgestaltetes WiderrR mit 14 TageFr besteht, wenn die
LaufZt des Vertr mehr als 1 Jahr beträgt (hierzu Koch VersR **91**, 725; Teske NJW **91**, 2793; Claussen JR **91**,
360).

HausTWG 7 *Ausschließlicher Gerichtsstand.* [I] Für Klagen aus Geschäften im Sinne
des § 1 ist das Gericht ausschließlich zuständig, in dessen Bezirk der Kunde
zur Zeit der Klageerhebung seinen Wohnsitz, in Ermangelung eines solchen seinen gewöhnlichen
Aufenthaltsort hat.

[II] **Eine abweichende Vereinbarung ist jedoch zulässig für den Fall, daß der Kunde nach Vertrags-
schluß seinen Wohnsitz oder gewöhnlichen Aufenthaltsort aus dem Geltungsbereich dieses Geset-
zes verlegt oder sein Wohnsitz oder gewöhnlicher Aufenthaltsort im Zeitpunkt der Klageerhe-
bung nicht bekannt ist.**

1 **1) Allgemeines. a) Zweck:** Schutz des wirtsch schwächeren, oft ungewandten Kunden, der davor
bewahrt w soll, den Proz vor einem weit entfernten Gericht zu führen. Prakt wird dies bereits dch das
2 Prorogationsverbot in § 38 ZPO erreicht. **b) Anwendungsbereich** nur für Gesch iS des § 1, auch Um-
gehgsGesch (§ 5 I) u für alle daraus folgden Anspr, auch wenn die auf and Vorschr als solchen des
HausTWG beruhen. Gleichgült ist, ob der Kunde od die and VertrPart klagt. Gilt auch für WiderKl (§ 33 I
ZPO) u wenn ein Dr am UmgehgsGesch (§ 5 I) beteil ist, aber nicht für die Bürgsch u § 767 ZPO. Im
3 MahnVerf geht § 689 II S 1 ZPO vor. **c) Unabdingbar** ist § 7 wg § 40 II ZPO u § 5 III S 1. **d) Wirkung.** § 7
gilt nur für die örtl Zustdk, nicht für die sachl, sodaß das AG od LG zuständ ist. Diese Zustdk kann im
Rahmen des § 38 ZPO vereinb w.

4 **2) Feststellung des Gerichtsstands** (Abs I). Die örtl Zustdk des AG od LG ist als ProzVoraussetzg in
jeder Lage des Verf vAw zu prüfen. **a) Maßgebender Zeitpunkt.** Es kommt auf den Wohnsitz od gewöhnl
Aufenthaltsort zZ der Zustellg der KlSchrift an (§ 253 I ZPO); ist der RStreit dch Mahnbescheid eingeleitet,
kommt es auf den Ztpkt der Abgabe an (§ 696 I S 1, § 700 III ZPO). **b) Wohnsitz:** §§ 8–11 BGB. Entspr
5 dem allg GerStand des Kunden (§ 13 ZPO). **c) Gewöhnlicher Aufenthaltsort** (nur hilfsweise bei fehldem
Wohnsitz) ist der Ort (vgl § 606 ZPO), wo sich der Kunde ständig, für längere Zeit, nicht nur vorübgeh
(Reise, Besuch) aufhält, wobei vorübgehde Abwesenh den AufenthOrt nicht aufhebt. Für Pers ohne Wohns
od gewöhnl AufenthOrt besteht daher kein ausschließl GerStand. Sie können im GerStand des § 16 ZPO
(umfaßt auch vorübgehden Aufenthalt), § 23 od § 29 I ZPO verklagt w. **d) Mehrere Kunden.** Sollen sie als
Streitgenossen (§§ 59, 60 ZPO) verklagt w, gilt § 36 Nr 3 ZPO (MüKo/Ulmer 12).

6 **3) Gerichtsstandvereinbarung** (Abs II). Die Vorschr deckt sich inhaltl weitgeh mit § 38 III Nr 2 ZPO,
ist aber deshalb notwend, weil sie (entgg § 40 II ZPO) die ausschließl Zustdk dchbricht. **a) Form:** ausdrückl
7 u schriftl (auch in AGB) muß sie sein wg § 38 III ZPO (vgl hierzu Th/P § 38 Rn 27). **b) Voraussetzung.**
Abs II ist in erster Linie auf GastArb zugeschnitten. **aa)** Verlegg (1. Alt). Wohnsitz: §§ 8–11 BGB. Gewöhnl
8 Aufenthaltsort: wie Rn 5. VertrSchluß: § 151. **bb)** Unbekannter Wohnsitz od Aufenthalt: Die and VertrPart
(od seine HilfsPers) darf die Anschrift des Kunden trotz zumutb Nachforschgen nicht kennen. Schriftl Ausk

der Stadt (Einwohnermeldeamt) od Gem, daß der Kunde dort nicht bekannt od unbek verzogen sei, wird idR genügen. Nur unter bes Umstdn kann auch der Nachweis verlangt w, daß der Kunde später keine neue Anschrift mitgeteilt hat.

HausTWG 8 *Berlin-Klausel. (gegenstandslos)*

HausTWG 9 *Inkrafttreten; Übergangsbestimmung.* [I]Dieses Gesetz tritt am 1. Mai 1986 in Kraft.

[II]Die Vorschriften dieses Gesetzes finden keine Anwendung auf Verträge, die vor seinem Inkrafttreten geschlossen worden sind. § 7 findet auch Anwendung auf Klagen aus Geschäften im Sinne des § 1, die vor dem Inkrafttreten dieses Gesetzes abgeschlossen worden sind.

Gesetz gegen den unlauteren Wettbewerb – § 13a

Vom 7. Juni 1909 (RGBl S 499)

(abgedruckt und erläutert bis zur 50. Auflage)

Gesetz zur Regelung der Miethöhe

(Art. 3 des Zweiten Gesetzes über den Kündigungsschutz für Mietverhältnisse über Wohnraum – 2. WKSchG –)

Vom 18. Dezember 1974 (BGBl I S 3603), zuletzt geändert durch das Mietenüberleitungsgesetz vom 6. Juni 1995 (BGBl I S 748)

Bearbeiter: Prof. Dr. Putzo, Vizepräsident des Bayerischen Obersten Landesgerichts i. R.

Einführung

1 **1) Anwendungsbereich.** Das MHG erfaßt grdsätzl alle MietVerh üb WoRaum (Einf 70 vor § 535). Es
2 gilt seit 11. 6. 95 auch für die neuen BLänder (vgl Vorbem vor §§ 11–17). **a) Altenheimvertrag.** Ist er im Kern MietVertr (BGH NJW **79**, 1288), so gilt das MHG dann, wenn der Heimbewohner Inh einer Wohng ist u dies ggü den DLeistgen (Verpfleg u Betreug) überwiegt (sog Altenwohnheime; BGH NJW **81**, 341; vgl Stober NJW **79**, 97 mwN). Für das Überwiegen ist nicht der kalkulierte od vereinb Entgeltanteil maßgebd, sond die tats konkrete Ausgestaltg. Überwiegen Dienst- u FürsLeistgen, gilt das MHG nicht
3 (Karlsr MDR **88**, 316). **b) Mischmietverhältnisse** (Einf 72–74 vor § 535). Das MHG ist nicht anwendb, wenn der wahre VertrZweck auf eine übwiegd gewerbl Nutzg gerichtet ist (BGH ZMR **86**, 278); auch nicht für MietVerh üb WoRaum weg eines Zuschlags für gewerbl Nutzg (BayObLG ZMR **86**, 193). And bei einheitl Vermiet v WoRaum mit Garage, weil da der Wohnzweck überwiegt (hM; vgl § 2 Rn 2; Hummel
4 ZMR **87**, 81 mwN). **c) Ausnahmen** des § 10 III: preisgebundener WoRaum; nur zu vorübergehdem Gebr vermieteter WoRaum; mind überwiegd möbl, nicht dauernd für den Gebr einer Fam best WoRaum.
5 **d) Ordentliche Kündigung.** Nur hierfür gilt das MHG.

6 **2) Inhalt.** Das MHG regelt die MietErhöh für folgende Fälle: Höheres Entgelt wg allg Änderg der wirtsch Verh (§ 2). Ausgleich für baul Ändergen (§ 3). Erhöhg der Betriebskosten (§ 4). Erhöhg der Kap-Kosten (§ 5). Öfftl geförderte od steuerbegünst WoRaum im Saarland (§ 6). Bergmannswohngen (§ 7). Staffelmiete (§ 10 II).

7 **3) Schrifttum.** MüKo/Voelskow BGB 3. Aufl 1995 Anh zu § 564b; Gramlich MietR 6. Aufl, 1995; Barthelmess WoRaumKündSch- u MiethöhenG, 5. Aufl, 1995; Beuermann, MietenÜberleitgsG u MHG, 1995; Schmidt-Futterer/Blank WoRaumSchGe 6. Aufl 1988 Teil C; Bub/Treier/Schultz, Handbuch der Gesch- u WoRaummiete, 2. Aufl 1993, S 508.

MHG 1 *Kündigungsverbot.* Die Kündigung eines Mietverhältnisses über Wohnraum zum Zwecke der Mieterhöhung ist ausgeschlossen. Der Vermieter kann eine Erhöhung des Mietzinses nach Maßgabe der §§ 2 bis 7 verlangen. Das Recht steht dem Vermieter nicht zu, soweit und solange eine Erhöhung durch Vereinbarung ausgeschlossen ist oder der Ausschluß sich aus den Umständen, insbesondere der Vereinbarung eines Mietverhältnisses auf bestimmte Zeit mit festem Mietzins ergibt.

1 **1) Allgemeines. a) Anwendungsbereich.** WoRaum: wie Einf 1. MietVerh: für unbest u für best Zt abgeschl (vgl § 564 Rn 5 u § 564c) auch solche mit VerlängergsKlausel (§ 565a). S 1 betr nur die ord Künd
2 (Einf 5); insb die ÄndKünd. **b) Zweck.** MietErhöh sollen nicht unter dem Druck drohder Künd zustande-kommen. Statt dessen soll der Verm angemessene MietErhöh auch gg den Willen des Mieters bei Fortbestd des MietVerh in dem Verf der §§ 2–7 dchsetzen können (S 2). Ausn: S 3.

3 **2) Kündigungsverbot** (S 1). Eine Künd zum Zweck der MietErhöh ist dch S 1 verboten, auch wenn der Verm dafür ein berecht Interesse iS des § 564b I hätte. Eine dennoch erkl Künd zu diesem Zweck, insb ÄndKünd ist nichtig (§ 134). Voraussetzg: Der Zweck, den höheren Mietzins zu erzielen, muß auf das betr gekünd MietVerh gerichtet sein, mit den VertrPartner oder einem Dr. Behauptgs- u BewLast für unzul Zweck trägt der Mieter. **Neue Bundesländer:** S 1 gilt auch für preisgebundenen WoRaum (§ 11 II S 1).

4 **3) Mietzinserhöhung** (S 2). Neben der Möglk, die Miethöhe mit dem Mieter frei zu vereinb (§ 2 Rn 3), kann der Verm folgde Mieterhöhen einseit u gg den Willen des Mieters dchsetzen, u zwar unabhäng
5 voneinander (Barthelmess 16): **a) Ortsübliche Vergleichsmiete** nach § 2 (Anspr auf Zust). **b) Durchgeführte Modernisierung** nach § 3 (einseit veränderde Erkl). **c) Gestiegene Betriebskosten** nach § 4 (einseit verträndernde Erkl). **d) Gestiegene Kapitalkosten** nach § 5 (einseit verträndernde Erkl).

6 **4) Vereinbarter Ausschluß der Mieterhöhung** (S 3). **a) Voraussetzungen:** Der Ausschl der Mieterhöh muß sich ergeben (alternat): **aa) Ausdrückl** (S 3 1. Alt); in gesondertem Vertr od die Vereinbg muß einen VertrBestdteil darstellen, nicht notw im Mietvertr enthalten od mit ihm verbunden sein; auch dch
7 Vertr mit Dr mögl (allgM). **bb)** Aus den Umst zu entnehmen (S 3, 2. Alt). Derart Vereinbg liegen insb dann vor, wenn für best Zt, ein fester MietPr vereinb od bei fest vereinb MietPr für best Zt ein KündR des Verm ausgeschl ist. Der Ausschluß der Mieterhöh kann idR nicht in der bloßen Vereinbg einer best MietZt gesehen w (Stgt ZMR **94**, 401 mwN; bestr). Die Vereinbg einer MietPrGleitKlausel steht der Ann eines MietErhöhgsAusschlusses entgg (hM; vgl Bub/Treier Kap III A 302, 307). Ausschluß der Mieterhöh kann auch für die Dauer des VerrechngsZtRaums od des Ausschl der ord Künd bejaht w, wenn der Mieter einen

FinanziergsBeitrag (Vorauszahlg, Darl, Baukostenzuschuß) geleistet hat (umstr; vgl Bub/ Treier Kap III A 309 mwN) od die Zulässigk der Erhöhg v der Zust eines Dr abhängt, solange diese Zust fehlt. Auch die Vereinbg der Kostenmiete bewirkt diesen Ausschl, solange bei öff geförderten Wohngn das Darl nicht zurückbezahlt ist, selbst bei erloschenem WoBeleggsR (Hamm ZMR **86**, 287). **b) Wirkung.** Für den sich 8 aus dem Vertr ergebden ZtRaum („solange") ist das MietErhöhgsVerf (§§ 2–7) ausgeschl (hM; Zweibr WuM **81**, 273). Trotzdem abgegebene MieterhöhgsErkl sind unwirks. Diese Wirkg tritt bei MietVerh auf best Zt mit VerlängergsKlausel nur für die ursprüngl vereinb, feste Mietzeit ein (Zweibr aaO). Vom Mieter währd der Mietzeit freiw hingenommene MietErhöhgen bleiben zul u wirks (§ 10 I). **c) Mietpreisgleit-** 9 **klauseln** sind als solche grdsätzl unwirks (vgl § 10 Rn 1–3). Durch das 4. MRÄndG sind sie seit 1. 1. 93 unter best Voraussetzgen in § 10a auch als MietAnpassgsVereinbg zugelassen.

MHG 2   *Erhöhung bis zur ortsüblichen Vergleichsmiete.*   [I] Der Vermieter kann die Zustimmung zu einer Erhöhung des Mietzinses verlangen, wenn

1. der Mietzins, von Erhöhungen nach den §§ 3 bis 5 abgesehen, seit einem Jahr unverändert ist,

2. der verlangte Mietzins die üblichen Entgelte nicht übersteigt, die in der Gemeinde oder in vergleichbaren Gemeinden für nicht preisgebundenen Wohnraum vergleichbarer Art, Größe, Ausstattung, Beschaffenheit und Lage in den letzten vier Jahren vereinbart oder, von Erhöhungen nach § 4 abgesehen, geändert worden sind, und

3. der Mietzins sich innerhalb eines Zeitraums von drei Jahren, von Erhöhungen nach den §§ 3 bis 5 abgesehen, nicht um mehr als 30 vom Hundert erhöht. Der Vomhundertsatz beträgt bei Wohnraum, der vor dem 1. Januar 1981 fertiggestellt worden ist, 20 vom Hundert, wenn
   a) das Mieterhöhungsverlangen dem Mieter vor dem 1. September 1998 zugeht und
   b) der Mietzins, dessen Erhöhung verlangt wird, ohne Betriebskostenanteil monatlich mehr als 8,00 Deutsche Mark je Quadratmeter Wohnfläche beträgt. Ist der Mietzins geringer, so verbleibt es bei 30 vom Hundert; jedoch darf in diesem Fall der verlangte Mietzins ohne Betriebskostenanteil monatlich 9,60 Deutsche Mark je Quadratmeter Wohnfläche nicht übersteigen.

Von dem Jahresbetrag des nach Satz 1 Nr. 2 zulässigen Mietzinses sind die Kürzungsbeträge nach § 3 Abs. 1 Satz 3 bis 7 abzuziehen, im Fall des § 3 Abs. 1 Satz 6 mit 11 vom Hundert des Zuschusses.

[Ia] Absatz 1 Satz 1 Nr. 3 ist nicht anzuwenden,

1. wenn eine Verpflichtung des Mieters zur Ausgleichszahlung nach den Vorschriften über den Abbau der Fehlsubventionierung im Wohnungswesen wegen des Wegfalls der öffentlichen Bindung erloschen ist und

2. soweit die Erhöhung den Betrag der zuletzt zu entrichtenden Ausgleichszahlung nicht übersteigt.

Der Mieter hat dem Vermieter auf dessen Verlangen, das frühestens vier Monate vor dem Wegfall der öffentlichen Bindung gestellt werden kann, innerhalb eines Monats über die Verpflichtung zur Ausgleichszahlung und über deren Höhe Auskunft zu erteilen.

[II] Der Anspruch nach Absatz 1 ist dem Mieter gegenüber schriftlich geltend zu machen und zu begründen. Dabei kann insbesondere Bezug genommen werden auf eine Übersicht über die üblichen Entgelte nach Absatz 1 Satz 1 Nr. 2 in der Gemeinde oder in einer vergleichbaren Gemeinde, soweit die Übersicht von der Gemeinde oder von Interessenvertretern der Vermieter und der Mieter gemeinsam erstellt oder anerkannt worden ist (Mietspiegel); enthält die Übersicht Mietzinsspannen, so genügt es, wenn der verlangte Mietzins innerhalb der Spanne liegt. Ferner kann auf ein mit Gründen versehenes Gutachten eines öffentlich bestellten oder vereidigten Sachverständigen verwiesen werden. Begründet der Vermieter sein Erhöhungsverlangen mit dem Hinweis auf entsprechende Entgelte für einzelne vergleichbare Wohnungen, so genügt die Benennung von drei Wohnungen.

[III] Stimmt der Mieter dem Erhöhungsverlangen nicht bis zum Ablauf des zweiten Kalendermonats zu, der auf den Zugang des Verlangens folgt, so kann der Vermieter bis zum Ablauf von weiteren zwei Monaten auf Erteilung der Zustimmung klagen. Ist die Klage erhoben worden, jedoch kein wirksames Erhöhungsverlangen vorausgegangen, so kann der Vermieter das Erhöhungsverlangen im Rechtsstreit nachholen; dem Mieter steht auch in diesem Fall die Zustimmungsfrist nach Satz 1 zu.

[IV] Ist die Zustimmung erteilt, so schuldet der Mieter den erhöhten Mietzins von dem Beginn des dritten Kalendermonats ab, der auf den Zugang des Erhöhungsverlangens folgt.

[V] Gemeinden sollen, soweit hierfür ein Bedürfnis besteht und dies mit einem für sie vertretbaren Aufwand möglich ist, Mietspiegel erstellen. Bei der Aufstellung von Mietspiegeln sollen Entgelte, die auf Grund gesetzlicher Bestimmungen an Höchstbeträge gebunden sind, außer Betracht bleiben. Die Mietspiegel sollen im Abstand von zwei Jahren der Marktentwicklung angepaßt werden. Die Bundesregierung wird ermächtigt, durch Rechtsverordnung mit Zustimmung des Bundesrates Vorschriften über den näheren Inhalt und das Verfahren zur Aufstellung und Anpassung von Mietspiegeln zu erlassen. Die Mietspiegel und ihre Änderungen sollen öffentlich bekanntgemacht werden.

[VI] Liegt im Zeitpunkt des Erhöhungsverlangens kein Mietspiegel nach Absatz 5 vor, so führt die Verwendung anderer Mietspiegel, insbesondere auch die Verwendung veralteter Mietspiegel, nicht zur Unwirksamkeit des Mieterhöhungsverlangens.

Abs I S 1 Nr 2 ist geänd (vier statt drei Jahre); Abs I S 1 Nr 3, S 2 u 3 sind angefügt, Abs I S 2 ist geänd, der neue Abs Ia eingefügt dch Art 1 Nr 1 u 2 des 4. MietRÄndG v 21. 7. 93 (BGBl I 1257).

1 **1) Allgemeines.** Mieterhöhgen sind in angem Rahmen zur Erhaltg u Wiederherstellg der Wirtschaftlk des Hausbesitzes zugelassen. Der Mieter wird nicht mehr als bis zur ortsübl VglMiete belastet. Dies wird ihrerseits von der jeweil Marktmiete beeinflußt. Auslegg u Anwendg des MHG dürfen auch in den Verfahrensregeln nicht zu einem MietPrStop führen (BVerfG NJW **80**, 1617 mwN). Für die neuen BLänder gilt
2 seit 11. 6. 95 eine v § 2 teilw abweichde SoRegelg dch § 12 MHG. **a) Anwendungsbereich:** wie Einf 1 vor § 1; nur für Miete, nicht für NutzgsEntschäd des § 557 (LG Stgt ZMR **87**, 153). **b) Mischmietverhältnisse** (vgl Einf 3 vor § 1). Überwiegt bei teilw gewerbl Nutzg der Wohnzweck, wird für die einheitl vereinb Miete § 2 angewendet. Ist in einem einheitl WoMietVertr eine Garage mitvermietet, kann nur einheitl MietErhöhg
3 verlangt w, nicht isoliert für die Garage (Bub/Treier/Schultz III 274). **c) Unabdingbarkeit.** Frei vereinb Erhöhg der Miete außerh des Verf gem § 2 u üb das darin zugelassene Maß hinaus ist jederzeit währd des MietVerh forml mögl u wirks, wenn der Mieter damit einverstanden ist (§ 10 I). Dies stellt eine Änd des MietVertr gem § 305 im Rahmen der verbliebenen VertrFreih dar. Grenze: § 5 WiStG. Eine solche strafb MietPrÜberhöhg hat die Rspr bejaht, wenn die Obergrenze der ortsübl VglsMiete um mehr als 20%
4 überschritten w (Hbg ZMR **83**, 100 mwN). **d) Mietzins** ist der sog Grundmiete ohne Entgelt für BetrKosten u Erhöhgen wg baul Änd (§ 3) u KapKosten (§ 5). Wurde eine Inklusivmiete, also einschl BetrKost (vgl § 535 Rn 25, 30) vereinb, ist eine Erhöhg nach § 2 bis zur ortsübl Inklusivmiete mögl (hM; Stgt NJW **83**, 2329 mwN), daneben nicht nach § 4 (Stgt aaO; Hamm ZMR **93**, 112), sond nach § 2 gem vglb Inklusivmieten. Dem Verm steht es frei, unabhäng v § 2 eine Erhöhg wg dieser Kosten nach §§ 3–5 geltd zu machen. Eine Umgestaltg der MietzinsVereinbg kann aGrd des § 2 nicht verlangt werden (vgl LG Bln ZMR **88**, 61).
5 **e) Fristen** des § 2. Es sind zu unterscheiden: WarteFr in Abs I S 1 Nr 1 (1 Jahr; Rn 9); ZustimmgsFr in
6 Abs III S 1 (2–3 Monate; Rn 30); KlageFr in Abs III S 1 (2 Monate, Rn 37). **f) Sonderregelung für Berlin.** Nur für die bis 31. 12. 87 preisgebundenen AltbauWo (vor dem 31. 12. 49 bezugsfert geworden) war das zuläss ErhöhgsVerlangen auf 5% innerh eines Jahres u bis 31. 12. 91 auf 10% beschr (§ 2 I G v 14. 7. 87 BGBl 1625). Die MietZErhöhg gem § 2 war nicht vor Ablauf eines Jahres nach MietVertrAbschl zuläss (§ 3 II G v 14. 7. 87). Bisheriger MietZ iS von § 3 G v 14. 7. 87 war der rechtl geschuldete MietZ (KG NJW-
6a RR **91**, 210). Das G ist am 31. 12. 94 außer Kraft getreten (§ 10 II des G). **g) Früher gemeinnützige Wohnungsunternehmen.** Für MietVerh, die bis einschl 31. 12. 89 abgeschl w, gilt das MHG bis 31. 12. 95 mit der SoRegelg des Art 21 § 4 SteuerRG 1990 (BGBl **88**, 1093): Abs I S 1 Nr 1 gilt nicht u Nr 3 mit 5% pro Jahr (15% in drei Jahren) statt 30%, wenn die LandesReg dies für Gebiete mit erhöhtem WoBedarf dch RVO bestimmt (vgl hierzu Halstenberg WuM **91**, 458). Erhöhgen gem §§ 3–5 sind daneben zuläss.

7 **2) Begriffe. a) Erhöhungsanspruch** (Abs I). § 2 gibt dem Verm unter gewissen materiellen (Rn 9) u formellen (Rn 20) Voraussetzgen einen Anspr gg den Mieter auf Zust zu der verlangten MietErhöhg. Der Anspr richtet sich nicht auf Zahlg, sond auf Abgabe einer WillErkl dch den Mieter. Verweigert der Mieter
8 die Zust, kann der Verm darauf klagen (Abs III; Rn 35–42). **b) Zustimmung** des Mieters (Rn 30–34) ist eine formfreie einseit, empfangsbed WillErkl (§ 130), dem Wesen nach die Ann (§ 151) einer angetragenen VertrÄnd (§ 305). Sie wird vielf in der einmaligen, vorbehaltlosen Zahlg der erhöhten Miete gesehen (AG Ffm ZMR **89**, 180 mwN). Sie fällt nicht unter §§ 182ff, weil eine derart Zust von einem Dr ausgehen müßte. Einem begründeten ErhöhgsVerlangen ggü ist der Mieter zur Zust verpfl. Vor Abgabe der Zust od deren Fiktion gem § 894 ZPO besteht der Anspr auf Zahlg der erhöhten Miete nicht.

9 **3) Materielle Voraussetzungen des Erhöhungsanspruchs** (Abs I) sind kumulativ:
a) Nr 1: Einjährige Wartefrist. Der bisherige Mietzins (Rn 4) muß seit einem Jahr, rückgerechnet vom Ztpkt des Erhöhgsverlangens (Abs II S 1, Rn 20), also dessen Zugang (§ 130), unveränd geblieben sein. Maßgebd für den Beginn der Fr ist der Ztpkt, seit dem dieser bisherige Mietzins erstmals zu zahlen war, auf Grd Vereinbg (Neu-Abschl des MietVertr, einschl § 305), Erhöhg der KostenM bei Überg zur MarktM (hM; Hamm ZMR **95**, 247 mwN) bezogen auf die letzte KostenMErhöhg (Hamm aaO), od auf Grd eines früheren MieterhöhgsVerf gem § 2. Unberücks bleiben vorgenommene Erhöhgen nach §§ 3–5 u Mietzinssenkgen (hM; MüKo/Voeslkow 31 mwN). Berechng: §§ 187, 188 II, 193. Ein vor Ablauf der WarteFr gestelltes ErhöhgsVerlangen ist unwirks (BGH NJW **93**, 2109; aA Ffm ZMR **88**, 230 mwN). Es kann im RStreit nachgeholt w (Abs III S 2; Rn 28), auch wenn es nur teilw wirks war (LG Ravbg ZMR **90**, 19). Eintritt der MietErhöhg: Rn 44. Bei teilw Zustimmung: Rn 34.

10 **b) Nr 2: Vergleichsmiete.** Der verlangte Mietzins ist an den VglKriterien zu orientieren. Oberste Grenze ist die ortsübl VglMiete („übl Entgelte"). Das ist ein repräsentativer Querschnitt der Mieten, die für nicht preisgebundenen WoRaum des allg WoMarkts (Hamm OLGZ **83**, 242) vergleichb Art, Größe, Ausstattg, Beschaffenh u Lage bei bestehdem MietVerh tats u üblweise in den letzten 4 Jahren (seit 1. 9. 93, vgl vor Rn 1) vereinb od auf Grd der §§ 2, 3 u 5 geänd worden sind. Die Erhöhg ist bis zur ortsübl VglMiete zuläss, u zwar auch dann, wenn die bisherige Miete unter der damaligen VglMiete lag (hM; Korff NJW **75**, 2281; MüKo/Voelskow 25). Das gilt auch bei solchen Wo, für die eine PrBindg (§ 10 III) entfallen ist (vgl Jung ZMR **86**, 427). Bei baul Änd (§ 3) Abzug gem Abs I S 2. Der Mietzins ist nach folgen Grdsätzen zu
11 ermitteln: **aa) Gemeinden.** In erster Linie ist auf dieselbe Gemeinde abzustellen, nur wenn darin vergleichb WoRaum nicht vorhanden, ist auf vergleichb, möglichst nahegelegene Gemeinden zurückzugreifen.
12 **bb) Vermieter.** Der vergleichb WoRaum darf auch vom selben Verm stammen (Karlsr WuM **84**, 188). Das ist verfgem (BVerfG NJW **93**, 2039). Er darf im selben Haus gelegen sein (Ffm WuM **84**, 123), auch in
13 dem des Mieters (Karlsr aaO). **cc) Gesetzliche Vergleichsmerkmale.** Sie sind abschließd u auf den ggwärt Zustd des WoRaums zu beziehen. **(1) Art:** insb viel- u mehrstöck Mietshaus, Reihen-, Doppel- od Gartenhaus, Appartement, DachgeschoßWo, Wohnheim. Nicht: die Finanzierg. **(2) Größe:** Wohnfläche nach qm; zweckmäßig zu berechnen nach DIN 283 (Emmerich/Sonnenschein 31; Barthelmess 29; aA BayObLG ZMR **84**, 66: nur nach den Umstden des Einzelfalls, zB Balkonflächen höchstens mit der Hälfte). Die qm-Zahl muß nicht gleich, sond nur vergleichb sein, mit Abweichgen, die jedoch nicht zu stark sein dürfen; unter 20% bedenkenfrei. Der MietPr wird üb den qm-Preis verglichen. **(3) Ausstattung:** insb

sanitäre Einrichtgen, Bad, Dusche, Fußböden, Isoliergen, HeizgsArt. Ist eine Einrichtg v Mieter finanziert, bleibt sie für den Wohnwert grdsätzl außer Betr (umstr; BayObLG NJW **81**, 2259; vgl MüKo/Voelskow 16 mwN). **(4) Beschaffenheit:** Alter, Bauweise, Raumeinteilg, insb Zimmerzahl, ErhaltgsZustd, Nebenräume, Garage. Unberücksicht bleiben Mängel iS des §§ 537, 538 (hM; LG Mannh NJW-RR **91**, 1108; aA LG Mü II NJW-RR **94**, 336). **(5) Lage:** Zugehörig z Ortsteil od Stadtviertel, Wohn- od Gewerbegebiet, UmgebgsCharakter, Umweltbelästigg, Verkehrslage. **dd) Unerhebliche Merkmale** sind insb die Kosten der 14 Herstellg u die Art der Finanzierg, die Pers des Mieters, so daß ein sog Ausländerzuschlag unzul ist (hM; Stgt MDR **82**, 495). **ee) Berechnung.** Die sog AusgangsM ist die gem Rn 4. Maßgebder Ztpkt für die 15 Feststellg der VglM ist der Zugang des ErhöhgsVerlangens (Rn 20; hM; BayObLG ZMR **93**, 11), nicht das Wirkswerden gem Abs III.

c) Nr 3: Kappungsgrenze. Dadch soll verhind w, daß die Mietsteigerg für den Mieter innerh einer zu 16 kurzen Zt zu groß w. Die KappgsGrenze gilt für alle MietErhöhgen nach § 2, nicht für NutzgsEntsch gem § 557 I (LG Stgt ZMR **87**, 225). Eine spezielle AnstiegsBegrenzg galt für die AltbauWo in Bln (vgl Rn 6). Nr 3 gilt auch beim erstmal Übgang v der KostenM zur VglM (BayObLG NJW **84**, 742 mwN; bestr; aA Vogel/Welter NJW **84**, 1220; Gather DWW **85**, 301). Von der KostenM ist auszugehen, wenn die VertrMiete wg § 10 I unwirks vereinb ist (Stgt ZMR **89**, 416; vgl § 10 Rn 1). Die Vorschr ist nicht verfwidr (BVerfG NJW **86**, 1669). **aa) Wirkung.** Der Verm muß neben der Obergrenze der VglM auch die der KappgsGrenze beachten. Der Prozentsatz berührt nicht die VglMiete (Rn 10). Der Prozentsatz der KappgsGrenze bleibt, 17 auch wenn die VglMiete höher ist (Scholz NJW **83**, 1822; bestr). Umgekehrt darf der Verm nicht bis zur KappgsGrenze erhöhen, wenn die VglM niedriger ist. Währd der PrBindg vorgenommene MietErhöhgen wg KapKostenSteigergen sind nicht abzuziehen (Hamm ZMR **90**, 375). Wurde die VglMiete einer modernisierten Wo erhöht (§ 3 Rn 3), sind die umlagefäh ModernisiergsKosten auszuklammern (Hamm ZMR **93**, 161). Der Satz v 30% ist auf die jeweils zurückliegden 3 Jahre zu beziehen (hM). Die Rückrechng ist v Ztpkt der Wirksk der neu eintretden MietPrErhöhg an vorzunehmen (LG Hann WuM **90**, 517 mwN). **bb) Aus-** 18 **gangsmiete** ist der für Nr 3 S 2 lit b) maßgebde MietZ. Das ist der 3 Jahre vor dem Wirkswerden der MietErhöhg geltde MietZ, nicht der zuletzt geschuldete, sog aktuelle (LG Hbg NJW **95**, 1295; aA Börstinghaus WuM **95**, 242). Bei Übgang von der Kosten- zur VglsM sind die wg KapKostenSteigergen vorgenommenen MZinsErhöhgen nicht entspr § 5 III S 2 abzuziehen (Hamm ZMR **90**, 375). Zur Inklusiv(Warm)Miete vgl Schilling/Meyer ZMR **94**, 497. **cc) Höhe.** Sie ist seit 1. 9. 93 inf Änd des Abs I S 1 Nr 3 dch Art 1 Nr 1 19 u 2 des 4. MietRÄndG (vgl vor Rn 1) mit Befristg bis 31. 8. 98 unterschiedl: **(1) 30 vom Hundert** für jeden WoRaum, der seit 1. 1. 81 fertiggestellt w ist. Diese KappgsGrenze ist v der Änd der Nr 3 dch das 4. MRÄndG unberührt geblieben u gilt unbefristet weiter. Es sollen für Verm, die in den 80er Jahren zur Behebg des WoRaumMangels investiert haben, die Bedinggen, eine Wirtschaftlk der Wohngen zu erzielen, nicht verschlechtert w. Mit FertigStellg ist die Bezugsfähk gemeint (Schilling/Meyer ZMR **94**, 497). **(2) 20 vom Hundert** für WoRaum, der vor dem 1. 1. 81 bezugsfert geworden ist u mehr als 8,00 DM qm-Miete aufweist. Wann das MietVerh abgeschl w, ist gleichgült. Die Regelg ist auf 5 Jahre befr, weil das MietErhVerlangen (Rn 20) bis spät 31. 8. 98 zugehen muß (§ 130). Weitere Voraussetzg ist, daß die monatl Netto-(Kalt)M pro qm WoFläche mehr als 8.00 DM beträgt. Maßgebder Ztpkt: Zugang des MietErhöhgsVerlangens. Dieser MietPr ist der sog AusgangsM (Rn 17) zu entnehmen. BetrKosten: § 535 Rn 38. Für BruttoM vgl Schilling WuM **94**, 447. **(3) 30 vom Hundert mit Obergrenze** gilt für WoRaum, der vor dem 1. 1. 81 bezugsfert geworden ist u bis zu 8,00 DM qm Netto-Miete (wie vorstehd [2]). Zusätzl Obergrenze ist, daß die erhöhte monatl Miete den qm-Betr v 9,60 DM nicht übsteigt. Auch diese Regelg ist auf 5 Jahre befristet u soll verhindern, daß dch die höhere KappgsGrenze mehr Miete erzielt w kann als bei einer 8 DM-AusgangsM (Rn 18). **dd) Unanwendbarkeit** der KappgsGrenze (Abs I a). Gilt seit 1. 9. 93 (vgl vor Rn 1) u 19a nur für diejen Fälle, in denen der Mieter eine iS des WoBindG öff geförderte Wo hat, die v der öff Bindg, auch schon vor dem 1. 9. 93 (Börstinghaus WuM **94**, 417; bestr) frei geworden ist u für die der Mieter eine FehlbeleggsAbgabe (§ 1 AFWoG, BGBl **81** I 1523, 1542) zahlen mußte. Da diese mit dem Ende der WoBindg entfällt (§ 7 I AFWoG), würde bei den niedr Kostenmieten der öff geförderten Wo, dort der Verm ohne KappgsGrenze bis zur Höhe der VglMiete auf den Betrag anheben können, den der Mieter bisher einschließl FehlbeleggsAbgabe gezahlt hat. AuskunftsPfl des Mieters (Abs I a S 2; hierzu Börstinghaus aaO) bezieht sich auf die vom Einkommen abhäng Pfl (§ 1 I, § 3 AFWoG) u Höhe der AusgleichsZahlg (§ 1 III AFWoG). Dem Verm kann gg den die Ausk verweigernden Mieter SchadErs wg zu gering erhöhter Miete zustehen (Bub NJW **93**, 2897). Der Wegfall der öff Bindg richtet sich nach §§ 15–17 WoBindG. Die 5% KappgsGrenze der Rn 6 a geht als SpezialRegelg vor (Börstinghaus aaO).

4) Erhöhungsverlangen (Abs II). Liegen die Voraussetzgen (Rn 9–19a) vor, so kann der ErhöhgsAnspr 20 (Rn 7) nur dch Vereinbg gem § 1 S 3 ausgeschl w (dort Rn 6). Das ErhöhgsVerlangen ist die Geltdmachg des ErhöhgsAnspr aus Abs I (Rn 7). Es stellt eine einseit empfangsbed WillErkl dar, für die § 130 gilt u die einem VertrAngebot entspr. Es muß v Verm ausgehen (für Unabtretbk: LG Hbg WuM **80**, 59), insb im Falle des § 571 u an den Mieter gerichtet sein (LG Gieß NJW-RR **95**, 462). Der Erwerber kann grdsätzl die Mieterhöhg nicht vor Eintragg im GB verlangen; ob mit Zust des Verm, ist umstr (vgl Heller WuM **87**, 137 mwN). Abs II betrifft nur die formalen Erfordern. Ihre Erf darf nicht unzumutb erschwert w (BVerfG NJW **89**, 969 mwN). Es bleibt der Entscheidg des Richters überlassen, welche Miete er zuläßt. **a) Form.** Schrift- 21 lich (Abs II 1) bedeutet Schriftform (§ 126); jedoch mit der Ausn des § 8 (ohne eigenhänd Unterschr), wenn die Erkl dch automat Einrichtgen erstellt w. Die Schriftf umfaßt nicht die als Anlage beigefügte Aufstellg v VglWo (KG WuM **84**, 101). **b) Inhalt.** Unbedingt notw ist, daß die Höhe des neu verlangten MietPr dch 22 den verlangten EndBetr od dch den ErhöhgsBetr bezeichnet w (hM), nicht der Ztpkt, ab wann die Erhöhg gelten soll (Kblz NJW **83**, 1861). Bei sog Inklusivmiete müssen die Nebenentgelte (zB Heizg) nicht gesond rechner ausgewiesen (Hamm NJW **85**, 2034; bestr) u der so errechnete NettoMietBetr angegeben w (BVerfG NJW-RR **93**, 1485). Inhaltsmängel können noch im RStreit nachgebessert werden (vgl Abs III 2). Bei Inklusivmiete kann auch die Erhöhg eines TBetrags verlangt w (LG Ffm WuM **85**, 315). Zur Begründg: **aa) Gesetzlicher Regelfall** ist die Angabe v identifizierb VglWo. Geschoß, qmZahl u Preis genügen 23 (BVerfG NJW **79**, 31 u NJW **80**, 1617). Ausn sind mögl (BVerfG NJW **89**, 969). Daß die Miete einer od zwei der angegebenen VglWo unter der verlangten Miete liegt, macht das ErhöhgsVerlangen als solches nicht unwirks (Karlsr WuM **84**, 21; BayObLG WuM **84**, 276); jedoch darf der Verm nicht mehr Miete verlangen als die niedrigste der angegebenen VglMieten (Karlsr aaO). Sind die Wohngen so beschrieben, daß sie v Mieter identifiziert w können (Hausanschrift, Stockwerk, links, mitte od rechts), brauchen der Namen v Mietern od Verm nicht angegeben zu w (BVerfG NJW-RR **93**, 1485; BGH **84**, 392). Mehr darf für die Zulässigk des Erhöhgsverlangens nicht gefordert werden (BVerfG aaO), insb nicht, daß die Mieter der VglWo deren Besichtigg gestatten (Schlesw NJW **84**, 245; bestr; aA Kummer WuM **84**, 39 mwN) od daß die VglWo mit der betr Wo eine vglb Größe haben (hM; Schlesw WuM **87**, 140). Behebb Mängel der MietWo sind nicht zu berücksicht (Stgt NJW **81**, 2365). Als Zahl dieser VglWo genügen stets 3, aus besond Grden auch weniger. Nach oben ist die Zahl nicht begrenzt (BayObLG ZMR **92**, 144). Die Angabe v VglWo kann unterbleiben (Abs II S 2), wenn sie ersetzt wird dch MSpiegel (Rn 24) od Gutachten (Rn 25).

24 **bb) Mietspiegel** (Legaldefinition in Abs II S 2; Rn 47–53), auf die Bezug zu nehmen ist. Vglbare Gemeinden: hierzu näher Haase WuM **93**, 441. Die Verwendg veralteter MSp u solcher, die nicht dem Abs V entspr, führt nicht zur Unwirksk des ErhöhgsVerlangens (Abs VI). Es ist auch nicht notw, daß alle Interessenverbände den MSp anerkannt haben (Hamm ZMR **91**, 22). Die Bezugnahme reicht aus. Es genügt, daß der im ErhöhgsVerlangen begehrte MZins innerh der Spanne v Höchst- u Mindestwerten im MSp liegt (Abs II S 2 Hs 2). Bei älteren MSp ist ein pauschaler Zuschlag unzuläss (Stgt NJW-RR **91**, 1039 mwN u **94**, 334; bestr). Eine dadch eintretde Verkürzg der Miete ist verfrechtl unbedenkl (BVerfG NJW **92**, 1377). Ist der MSp veraltet (sog Stichtagsdifferenz), kann die Erhöhg mit VglWo (Rn 23) u Gutachten (Rn 25) begrdet w (Stgt NJW **94**, 334 mwN; hierzu krit Blank ZMR **94**, 137; bestr). Abweichgen vom Mittelwert müssen nicht begrdet w. Bei MSp, die auf NettoM abgestellt sind, kann bei InklusivM für die Mieterhöh auf einen anteil Zuschlag aus den umzulegden BetrKosten abgestellt w (Stgt NJW **83**, 2329). Auch bei einer Pfl zu

25 SchönhReparaturen ist ein Zuschlag anzusetzen (Koblz NJW **85**, 333). **cc) Gutachten** (schriftl) eines öff bestellten od vereid Sachverst. Für dessen Bestellg genügt, daß sie Grdst- u GebdeSchätzgen umfaßt (BGH **83**, 366); die öff Bestellg kann für den Einzelfall erfolgen (vgl BGH WM **84**, 69); zB dch die Handelskammer (Hbg MDR **84**, 317). Er muß nicht dch diejen IHK bestellt sein, in deren Bezirk die Wo liegt (BayObLG ZMR **87**, 426). Es kann auch ein auf ges GrdLage beruhder SachVerstAusschuß sein (LG Mü II ZMR **94**, 22). Umstr ist, in welchem Umfang der Sachverst das Gutachten begrden muß (vgl MüKo/Voelskow 47). Eine Besichtigg der Wohng ist nicht in jedem Fall erforderl (Celle WuM **82**, 180). Das Gutachten muß nicht die Wo des Mieters betr, aber wenigstens eine vglbare (LG Nürnb-Fürth ZMR **90**, 420). Grdsätzl muß das Gutachten dem Ger u den Part ermögl, die BefundTats zu überprüfen (BVerfG NJW **95**, 40), soweit sie nicht dem GeheimhaltgsSchutz unterliegen (BVerfG aaO). In diesem Rahmen müssen Adressen u MietPr v VglWo offengelegt w (BVerfG aaO; bestr). Der Sachverst darf größere sowie kleinere VglWo heranziehen (BVerfG NJW **80**, 1617) u muß die Wo in das örtl MietPrGefüge einordnen. Die Anfdgen dürfen nicht überspannt w; es muß nur gewährleistet sein, daß dem Mieter verständl u nachvollziehb dargelegt w, warum die begehrte Miete ortsübl sei (BVerfG NJW **87**, 313). Das Gutachten muß in vollständ Abschrift dem ErhöhgsVerlangen beigefügt w, damit der Mieter Kenntn nehmen kann (hM). Hinw für den gesetzmäß Inhalt des Gutachtens: Langenberg ZMR **80**, 162. Umstr ist insb, ob der Sachverst zu einem vorhandenen Mietspiegel Stellg nehmen muß (vgl Emmerich/Sonnenschein 74 mwN). Das Gutachten ist aber nicht

26 generell od grdsätzl weniger geeignet als ein MietSp (umstr; aA AG Dortm MDR **92**, 870). **c) Zeitpunkt** (vgl Rn 9): Der Verm muß für jedes ErhöhgsVerlangen die WarteFr des Abs I S 1 Nr 1 (Rn 9) beachten, wobei nicht auf die Absendg, sond auf den Zugang (§ 130) abzustellen ist (BGH NJW **93**, 2109 [2110]; AG Ffm NJW-RR **92**, 972 mwN). Das ErhöhgsVerlangen ist nicht deshalb unwirks, weil es noch währd der Preisbindg zugeht (KG NJW **82**, 2077; bestr, aA LG Kiel WuM **95**, 541; vgl § 10 Rn 11), vor Ablauf der vertragl best Zt mit festem MietZ (Hamm NJW **83**, 829) od vor Ablauf des 3-JahresZtRaums der Kappgs-Grenze (Rn 16) u diese nicht eingehalten ist (hM; BayObLG ZMR **88**, 228 mwN). Es beginnen aber auch bei vorzeit gestellten ErhöhgsVerlangen die Fr des Abs III u IV nicht vor Ablauf der Fr des Abs I Nr 1 zu laufen

27 (hM; vgl Rn 9). **d) Mehrheit** v Verm od Mietern. Das ErhöhgsVerlangen muß von u ggü allen VertrPart ausgehen (Koblz NJW **84**, 244, Celle OLGZ **82**, 254), auch wenn Eheg gemeins gemietet haben (BayObLG ZMR **83**, 247). Das gleiche gilt für die Klage (KG ZMR **86**, 117). Bei Mehrh v Mietern muß das Schreiben jedem in der entspr Form zugehen (allgM); das ist bei VollmErteilg unter den Mietern im MietVertr entbehrl (Schlesw NJW **83**, 1862; Hamm ZMR **84**, 284; umstr; vgl Emmerich/Sonnenschein 48a mwN). Abweichde Regelg dch FormularVollm ist zuläss (KG ZMR **85**, 22); dafür gilt § 174 S 1 (Hamm NJW **82**, 2076). In den neuen BLändern ist der Eheg, der nicht Mitmieter ist, auch nicht VertrPartner, weil § 100 III

28 ZGB nicht mehr gilt (Quarch WoM **93**, 224). **e) Nachholung im Prozeß** (Abs III S 2). Sie ist auch zuläss, wenn der Klage überh kein ErhöhgsVerlangen vorangegangen ist (Schmidt-Futterer/Blank C 139a; bestr; aA LG Dortm NJW-RR **88**, 12). Ein unwirks ErhöhgsVerlangen kann jedenf bis zum Schluß der mdl Vhdlg (§ 296a ZPO) ergänzt w u dadch heilen, selbstverständl schon vor dem Proz (LG Düss DWW **92**, 214), auch noch in der BerInstanz, wenn das erste ErhöhgsVerlangen nur teilw wirks war u ohne WarteFr gem Abs I Nr 1 (BayObLG ZMR **89**, 412), zB dch Berichtigen der falschen Adresse einer VglWo (Reichert in abl Anm zu LG Klautern ZMR **86**, 363). Ein unwirks ErhöhgsVerlangen kann auch dch ein neues ersetzt w. Es läuft

29 eine neue Fr für Zust u Inkrafttr. **f) Rücknahme** des ErhöhgsVerlangens ist zul bis zum ÄndergsVertr (Rn 31) od bis zur Einreichg der Klage (Rn 35); danach bleibt KlageRückn (§ 269 ZPO) mögl. Eine Rückn kann auch teilw erkl w (MüKo/Voelskow 58).

30 **5) Zustimmung des Mieters** (Abs IV) Begr: Rn 8. **a) Überlegungsfrist** des Mieters (Abs III 1). Sie beginnt mit dem Zugang (§ 130) des ErhöhgsVerlangens (Rn 20), das nach Form u Inhalt wirks sein muß, um die Fr in Lauf zu setzen (hM). Sie muß bei vorzeit KlErhebg spätestens am Tag der letzten mdl Vhdlg ablaufen (Rn 28). Sie gilt auch, wenn das ErhöhgsVerlangen im RStreit gem Abs III nachgeholt w (Rn 28). Vom Zugang des ErhöhgsVerlangens an kann die Zust erteilt, dh die angetragene VertrÄnd (§ 305) angenommen werden (§ 151). Die beiden Monate (MindestFr) laufen, wenn das ErhöhgsVerlangen bis 24 Uhr des letzten Tages im Monat zugeht (§ 130), vom 1. bis zum letzten Tag des übnächsten Monats. Geht das ErhöhgsVerlangen am 1. eines Monats zu, läuft die Fr also fast 3 Monate. Der Ablauf der ÜberleggsFr ist

eine bes ProzVoraussetzg (hM). Sie wird nur dch ein wirks ErhöhgsVerlangen (Rn 20) ausgelöst. Die Fr kann nicht abgeänd w (LG Mü I WuM **94**, 384). **b) Erteilte Zustimmung.** Sie entspr rechtl der Ann des **31** Angebots (Rn 20). Mit ihrem Zugang (§ 130) ist die MietErhöhg vertragl vereinb (vgl Rn 43). Die Zust kann in der wiederholten vorbehaltsl Zahlg der verlangten höheren Miete liegen (zB 5 Monate lang, LG Bln NJW-RR **86**, 236). **c) Nicht erteilte Zustimmung.** Sie kann ausdrückl verweigert werden u bedeutet die **32** Ablehng des Antr (vgl § 146). Der Mieter braucht überh nichts zu erkl. Erteilt er die Zust nicht, wird die Kl zuläss (Rn 37). **d) Verspätet erteilte Zustimmung.** Da inf der SoRegelg des § 2 die allg Vorschr der **33** §§ 148, 150 nicht gelten, kann die Zust auch später noch wirks erklärt w, auch währd des Proz u wirkt so, wie es Abs IV vorschreibt, gleichgült, ob sie vor od nach dem Beginn des 3. KalMonats erkl w; ggf wirkt sie zurück. Ist die Kl (Rn 35) bereits erhoben, erledigt sich die Haupts, wobei idR den Mieter die Kosten treffen (§ 91a ZPO). **e) Teilweise Zustimmung.** Der Mieter kann dem ErhöhgsVerlangen auch zu einem be- **34** trags- od quotenmäß best Teil zust (hM; BayObLG NJW-RR **88**, 721). Hierfür gelten die Rn 30–33 sinngem (vgl Schmid BlGBW **82**, 83). Die Wirkg erteilter Zust treten dann nur für diesen Teil ein; insb ist Kl für den restl Betr zuläss (hM), wenn der Verm nicht die Zust als neues Angebot (§ 150 II) annimmt. Unterbleibt eine rechtzeit Kl (Rn 37), tritt eine neue WarteFr gem Abs I Nr 1 (Rn 9) ein (LG Mannh ZMR **94**, 517 mwN). Dies soll nicht bei einem MErhöhgsVerlangen gelten, das dem Abs II nicht entspr (LG Mannh aaO; bestr), so daß der Verm sofort ein neues MErhöhgsVerlangen stellen könnte.

6) Klage (Abs III S 1). Sie ist eine LeistgsKl auf Abgabe einer WillErkl (vgl Rn 7). Ihre Zulässigk erfordert **35** idR nicht den Beweis der tats Angaben im Erhöhgsverlangen (BayObLG ZMR **85**, 100), sond nur Hinweise (vgl BVerfG NJW **87**, 313). Bei ParteienMehrh (Rn 27) besteht notw Streitgenossensch (§ 62 ZPO). Die Praxis der InstanzGer neigt dazu, MietErhöhgsKl als unzul abzuweisen u ist darin sehr erfinderisch (zB LG Mü I ZMR **86**, 169). **a) Klageantrag.** Um bestimmt zu sein, muß er enthalten: identifizierb Angabe des **36** MietVerh, Betrag der neuen Miethöhe, WirkskZtpkt. Bei teil-w freiw Zust des Mieters (Rn 34) ist der Antr auf den verweigerten Teil zu richten. Der KlAntr kann niedriger, darf aber nicht höher als der Betr des ErhöhgsVerlangens (Rn 20) sein (Barthelmess 151). Eine Verbindg (§ 260 ZPO) mit dem ZahlgsAntr auf den erhöhten Mietzins ist verfrüht (vgl Rn 34). **b) Klagefrist** (Abs III S 1). Sie ist (ebso wie die Über- **37** leggsFr, Rn 30) eine bes ProzVoraussetzg, beträgt 2 Monate u schließt unmittelb an den Ablauf der ÜberleggsFr an (Rn 30). Berechng nach §§ 187 II, 188 II, III. Es gilt auch § 193. Da der Beginn der ÜberleggsFr von einem nach Form u Inhalt wirks ErhöhgsVerlangen abhängt (vgl Rn 30 aE), wirkt sich dies auch auf den Beginn der KlageFr aus. Es genügt eine ausreichd individualisierte, nicht notw schlüss Klage (LG Braunschw MDR **84**, 1026 mwN). Der FrBeginn ist unabhäng davon, ob der Mieter die Zust vor Ablauf der ÜberleggsFr ausdrückl verweigert. Die Klage ist jedenf ab Verweigerg zuläss (MüKo/Voelskow 63). FrWahrg: § 270 III ZPO gilt uneingeschr (LG Hagen NJW **77**, 440 für §§ 261b, 496 III ZPO aF). Eine verfrüht eingereichte Kl wird mit Ablauf der ÜberleggsFr zuläss (KG OLGZ **81**, 85; bestr; hierzu Wieck BlGBW **82**, 21). Eine verspätet eingereichte Klage ist wg Fehlens einer bes Prozeßvoraussetzg (Th/P 33 vor § 253) unzuläss. Neuvornahme des MietErhöhgsVerlangens ist dann notw (LG Frankenth NJW **85**, 273). Wenn der Verm verfrüht (ohne MietErhöhgsZust des Mieters) den einseit erhöhten Mietzins geltd macht, ist KlÄnd nur bis zum Ende der AusschlFr zul (vgl Hummel WuM **86**, 78). **c) Zuständigkeit:** die des § 29a **38** I ZPO u des § 23 Nr 2a GVG ist ausschließl. Das ErhöhgsVerlangen ist ein Anspr aus einem MietVerh üb WoRaum. **d) Doppelte Rechtshängigkeit** (§ 261 III Nr 1 ZPO) liegt nicht vor, wenn der Verm in 2 Verf **39** auf eine Erhöh um gleichen Betrag aGrd eines neuen, nach einem Jahr (Abs I S 1 Nr 1) gestellten Erhöhgs-Verlangens klagt (LG Bln ZMR **85**, 130 m Anm v Schultz). **e) Sachentscheidung.** Die ortsübl VglMiete **40** des Abs I S 1 Nr 2 wird dch das Gericht nach § 287 II ZPO ermittelt. Dabei sind alle BewMittel zugel. Das Ger ist nicht auf die Angabe der VglWo (Rn 23) beschr (LG Boch NJW-RR **91**, 1039). **f) Kosten:** Zu den **41** Fällen des im Proz nachgeholten od ergänzten MietErhöhgsVerlangens vgl Scholz NJW **83**, 1822 [1826]. Die Kosten des Mietwertgutachtens (Abs II S 3) sind nicht solche des RStreits (Wieck WuM **81**, 169; LG Bielef Rpfleger **81**, 70 mwN; LG Mü I MDR **84**, 57). **g) Wert:** für die Gebühren nach § 16 V GKG höchstens der **42** JahresBetr des zusätzl geforderten MietZ (vgl LG Köln ZMR **92**, 25). Für die BerufgsSumme (§ 511a ZPO) gilt § 9 ZPO (LG Kiel ZMR **94**, 480 mwN; bestr).

7) Eintritt der Mieterhöhung (Abs IV). **a) Voraussetzung** ist stets die wirks Zust des Mieters (Rn **43** 31–34), gleich ob sie erteilt od nach Urt gem § 894 ZPO fingiert ist. Mit der wirks Zust u dem Eintritt der VertrÄnd heilen auch Mängel an Form u Inhalt des ErhöhgsVerlangens (Rn 21, 22; MüKo/Voelskow 52). **b) Zeitpunkt.** Der MietZ ist erhöht ab Beginn (1. Tag) des 3. KalMonats nach Zugang (§ 130) des Er- **44** höhgsVerlangens (Rn 20), so daß mind 2 Monate dazwischen liegen. Ein währd der WarteFr des Abs I S 1 Nr 1 gestelltes ErhöhgsVerlangen ist unwirks (vgl Rn 9). Bedeutgsl ist, wann die Zust erteilt od gem § 894 ZPO fingiert wird. **c) Rechtsfolgen.** Die Fällk des erhöhten Mietzinses (Rn 44) richtet sich nach dem jeweil **45** Vertr. Sie wirkt ggf zurück (Abs IV). Bei Abschl des Proz ist bei Verurt der erhöhte Teil des Mietzinses als rückständ zu behandeln. Für Verzinsg des rückständ Betr greifen idR § 284 II oder § 286 ein, ab Fällk u ohne Mahng (Bub/Treier/Schultz III 448; aA Meier WuM **90**, 531: ab Mahng nach RKraft des ZustUrt). Für Künd wg ZahlgsVerz ist in § 9 II eine Regelg getroffen. Dem Mieter bleibt das KündR des § 9 I S 2. **d) Überzahlte Miete.** Der Anspr des Mieters aus § 812 (wg § 134) umfaßt nur diejen Betr, die die Grenze **46** des § 5 WiStGB überschreiten (BGH NJW **84**, 722), also den nichtigen Teil. Diese Grenze wird in der Praxis bei 20% über der VglMiete angenommen (vgl BVerfG NJW **94**, 993). Streit ist, ob für die Berechng allein auf die Zt des VertrAbschl abzustellen ist od auf eine sich ändernde VglM (vgl LG Bln WuM **95**, 99).

8) Mietspiegel (Abs V; Rn 24). Der Begriff ist legal definiert in Abs II S 2. Die Soll-Vorschr stellt darauf **47** ab, daß nur in einem Teil der Gemeinden ein Bedürfnis besteht. Umstr ist, nach welchen Methoden ein MietSp zu erstellen ist (Ffm NJW-RR **93**, 277 mwN). Zur Verwertg im Proz: Voelskow ZMR **92**, 326. **a) Inhalt.** Es werden die übl Entgelte (Mieten) für nicht preisgebundenen WoRaum nach Art, Größe, Ausstattg, Beschaffenh (insb Alter) und Lage (vgl Rn 25) aufgegliedert und Mietzinsspannen (Höchst- u Mindestbetrag) angegeben. **b) Zuständig** ist primär die Gemeinde. Den Interessenverbänden steht es frei, **48** MietSp zu erstellen u anzuerkennen u damit die Gemeinde von dem (nicht unbeträchtl) Aufwand wirks zu

49 entlasten. **c) Grundlagen.** Es darf nur WoRaum, der nicht preisgebunden ist, herangezogen, WoRaum, der
dem WoBindG unterliegt, darf nicht berücksichtigt werden. Als Soll-Vorschr ausgestaltet, aber im Ergebn
ebenso ausgeschl ist die Berücksichtigg v Mieten, die gesetzl an Höchstbeträge gebunden sind (Abs V S 2).
50 **d) Fortschreibung** (Abs V S 3): Der zeitl Abstand v 2 Jahren dient der Anpassg an die aktuellen PreisVerh.
Wird sie unterl, folgt daraus keine Unwirksk od Unanwendbk des MietSp. Die Gemeinde kann die Fort-
schreibg eines v Interessenverbänden aufgestellten Mietsp übernehmen. Fortgeschrieben w kann auch ohne
51 neue statist Erhebg (LG Ffm NJW-RR **89**, 661). **e) Öffentliche Bekanntmachung** (Abs V S 5). Sie hat in
der Weise zu erfolgen, wie die jeweilige Gemeinde ihre BekMachgen vornimmt (insb AmtsBl). Dies gilt
52 auch für MietSp, die v Interessenverbänden erstellt u anerkannt werden. **f) Verordnungsermächtigung**
(Abs V S 4). Die VO der BReg bedarf der Zust des BRats. MietSp der Gemeinden od Interessenverbände,
die vorher erstellt w, wären dann, soweit erforderl, anzupassen. Eine VO ist bislang nicht ergangen.
53 **g) Falsche Verwendung** (Abs VI) v MietSp (unpassder oder veralteter) machen ein ErhöhgsVerlangen,
das darauf gestützt ist, nicht unwirks. Solche MietSp dürfen aber in dem ErhöhgsVerf nicht angewendet w.
54 **h) Rechtsweg.** Er ist zu den VerwGer gegeben (§ 40 I S 1 VwGO), wenn ein MietSp für unwirks erkl w
soll. Prakt nahezu aussichtslos (vgl VerwG Mü ZMR **94**, 81).

MHG 3 *Mieterhöhung bei baulichen Änderungen.* [I] **Hat der Vermieter bauliche Maß-
nahmen durchgeführt, die den Gebrauchswert der Mietsache nachhaltig erhöhen,
die allgemeinen Wohnverhältnisse auf die Dauer verbessern oder nachhaltig Einsparungen von
Heizenergie oder Wasser bewirken (Modernisierung), oder hat er andere bauliche Änderungen auf
Grund von Umständen, die er nicht zu vertreten hat, durchgeführt, so kann er eine Erhöhung der
jährlichen Miete um elf vom Hundert der für die Wohnung aufgewendeten Kosten verlangen.
Sind die baulichen Änderungen für mehrere Wohnungen durchgeführt worden, so sind die dafür
aufgewendeten Kosten vom Vermieter angemessen auf die einzelnen Wohnungen aufzuteilen.
Werden die Kosten für die baulichen Änderungen ganz oder teilweise durch zinsverbilligte oder
zinslose Darlehen aus öffentlichen Haushalten gedeckt, so verringert sich der Erhöhungsbetrag
nach Satz 1 um den Jahresbetrag der Zinsermäßigung, der sich für den Ursprungsbetrag des Darle-
hens aus dem Unterschied im Zinssatz gegenüber dem marktüblichen Zinssatz für erststellige
Hypotheken zum Zeitpunkt der Beendigung der Maßnahmen ergibt; werden Zuschüsse oder
Darlehen zur Deckung von laufenden Aufwendungen gewährt, so verringert sich der Erhöhungs-
betrag um den Jahresbetrag des Zuschusses oder Darlehens. Ein Mieterdarlehen, eine Mietvoraus-
zahlung oder eine von einem Dritten für den Mieter erbrachte Leistung für die baulichen Ände-
rungen steht einem Darlehen aus öffentlichen Haushalten gleich. Kann nicht festgestellt werden,
in welcher Höhe Zuschüsse oder Darlehen für die einzelnen Wohnungen gewährt worden sind, so
sind sie nach dem Verhältnis der für die einzelnen Wohnungen aufgewendeten Kosten aufzuteilen.
Kosten, die vom Mieter oder für diesen von einem Dritten übernommen oder die mit Zuschüssen
aus öffentlichen Haushalten gedeckt werden, gehören nicht zu den aufgewendeten Kosten im
Sinne des Satzes 1. Mittel der Finanzierungsinstitute des Bundes oder eines Landes gelten als Mittel
aus öffentlichen Haushalten.**

[II] *(aufgehoben seit 1. 9. 93)*

[III] **Der Anspruch nach Absatz 1 ist vom Vermieter durch schriftliche Erklärung gegenüber dem
Mieter geltend zu machen. Die Erklärung ist nur wirksam, wenn in ihr die Erhöhung auf Grund
der entstandenen Kosten berechnet und entsprechend den Voraussetzungen nach Absatz 1 erläu-
tert wird.**

[IV] **Die Erklärung des Vermieters hat die Wirkung, daß von dem Beginn des auf die Erklärung
folgenden übernächsten Monats an der erhöhte Mietzins an die Stelle des bisher zu entrichtenden
Mietzinses tritt. Diese Frist verlängert sich um sechs Monate, wenn der Vermieter dem Mieter die
zu erwartende Erhöhung des Mietzinses nicht nach § 541b Abs. 2 Satz 1 des Bürgerlichen Gesetz-
buchs mitgeteilt hat oder wenn die tatsächliche Mieterhöhung gegenüber dieser Mitteilung um
mehr als zehn vom Hundert nach oben abweicht.**

Abs I S 1 ist seit 1. 9. 93 geändert, der Abs II ist aufgehoben und Abs IV neu gefaßt dch Art 1 Nr 2 des
4. MietRÄndG v 21. 7. 93 (BGBl I S 1257).

1 **1) Allgemeines.** Die Vorschr gilt in den neuen BLänder zunächst seit 3. 10. 90 üb § 11 II S 2 aF u seit
11. 6. 95 (vgl Vorbem §§ 11–17) mit einer SoRegelg in § 13. **a) Zweck.** Die Vorschr soll den Verm nicht
von Verbessergen des vermieteten WoRaums dadch abhalten, daß dementspr Mieterhöhgen ausgeschl
2 wären. Zudem ist das Verf ggü § 2 vereinfacht. **b) Anwendungsbereich:** Einf 1–4 vor § 1. **c) Unabding-
barkeit** wie § 2 Rn 3. Der Verm kann wg § 10 I nicht von Voraussetzgen (Rn 8–12), auch nicht v
einzelnen freigestellt werden. Zuläss ist hingg die gem § 305 vereinb Erhöhg der Miete um einen festen Betr
wg konkreter baul Maßn (§ 10 I Hs 2); dies gilt jedoch nicht, wenn der Verm öff Mittel in Anspr genommen
3 hat (§ 14 I ModEnG). **d) Verhältnis zu anderen Mieterhöhungen.** MietErhöhg nach §§ 2 u 5 sind von
der des § 3 unabhäng u selbstständ u kombiniert (Hamm NJW **83**, 289), jedoch nicht wechsels kumulativ
(MüKo/Voelskow 16). Es kann eine Erhöhg gem § 3 für den Verm vorteilhafter sein, weil der dch die
Verbesserg (insb Modernisierg) gestiegene Wohnwert meist nicht ausreicht, um eine Erhöhg der Miete auf
das Maß zu rechtfert, das nur wäre, um die erwachsenen ModernisiergsKosten zu decken; dies kann dann
4 unabhäng vom Verf des § 2 allein dch § 3 geschehen. **e) Ausschluß der Erhöhung** ist grds ausgeschl
(§ 1 S 3; § 1 Rn 6); hierfür prakt kaum noch bedeuts. Ein allg Ausschl der MietErhöhg bezieht sich iZw auf
den Fall des § 2, nicht auf den des § 3. Verwirkg des ErhöhgsAnspr ist mögl (AG Albstadt NJW-RR **91**,
5 1482 mwN). **f) Duldung** der Baumaßnahmen. Ob der Mieter hierzu verpfl ist, richtet sich nach § 541b;
Zust des Mieters ist nicht nöt (Rn 6).

2) Verfahren. a) Mieterhöhung. Sie ist v einer Zust des Mieters zur Modernisierg unabhäng (hM; **6** Hamm NJW **81**, 1622; Hbg OLGZ **81**, 340; KG ZMR **88**, 422 m Anm v Schultz 460 mwN). Sie erfordert zu ihrer Wirksk nur die nach Form u Inhalt vorgeschriebene Erkl sowie Berechng der verlangten Erhöhg (Abs III; Rn 16), das obj Vorliegen der Voraussetzgen (Rn 8–12) u daß das MittVerf gem § 541b II dchgeführt w (KG aaO). **b) Rechte des Mieters.** Ihm bleiben folgde Möglk: **(1)** Nachprüfg der Berechng u **7** ZahlgsVerweigerg. **(2)** Kl auf Herabsetzg des ErhöhgsBetr. Das ist LeistsKl auf Abg einer WillErkl zur VertrÄnd gem § 305. **(3)** Künd (§ 9 I 2).

3) Voraussetzungen (Abs I). Behauptgs- u BewLast hierfür trägt mit Ausn der Rn 11 der Verm (vgl **8** Barthelmess 57). **a) Modernisierung.** Legaldefinition in Abs I S 1. Sie muß bereits dchgeführt sein. **9** Unerhebl ist, ob der Mieter zugestimmt hat od nicht (vgl Rn 6). Daß der Verm gem § 541b II S 1 Mitt gemacht habe, ist jedenf dann nicht erforderl, wenn der Mieter die Maßn geduldet hat (Stgt ZMR **91**, 259; Ffm ZMR **91**, 432). **aa) Gebrauchswerterhöhung** der Mietsache (der WoRäume). Sie muß nachhalt, dh auf die Dauer bewirkt sein, zB moderne Badeinrichtgen, bessere Küchenherde, Lüftgen, ZentralHeizg, Isolierverglasg. Eine Veränderg der vorhandenen Bausubstanz ist nicht nöt; es fallen auch zusätzl Installationen darunter, zB Einbau sanitärer Anlagen, wie Toiletten, Bad. Sammelantenne, falls bis dahin keine Einzelantenne benutzt w (Meier DWW **84**, 190 mwN). Anschl an Kabelfernsehen; ebso SatellitenEmpfAnlage (Pfeifer, Kabelfernsehen, 3. Aufl 1993 S 23). Im Einzelfall auch bei Austausch fehlerfreier Installationen denkb (vgl Pfeifer DWW **94**, 10). Reine BauerhaltgsMaßn genügen nicht (allgM). Ebensowen geringfüg, den Wohnwert nicht erhöhde Ändergen, zB Teppich- statt Filzboden, Auswechslg v Gasgeräten. Auch nicht der ErschließgsAufwand der Gemeinde (LG Hildesh WuM **85**, 340). **bb) Verbesserung** der allg **10** WohnVerh. Auch sie muß auf Dauer wirken, kann sich auf das gesamte Haus beziehen, zB Zugänge, Treppe, Lift, Stell- und Spielplätze. **cc) Heizenergieeinsparung.** Muß auch nachhalt wirken, insb Wärme- **11** dämmg u -rückgewinng, kostensparde Energiequelle. Sie muß auch aus der Sicht des Mieters wirtschaftl sein (Karlsr ZMR **84**, 411; LG Hbg ZMR **91**, 302), zB nachträgl eingebaute Steuergs- u RegelgsEinrichtgen gem § 7 III HeizgsAnlagenVO (BGBl **89** I 120), auch wenn sie gemietet sind (Schilling ZMR **87**, 406). **dd) Wassereinsparung:** seit 1. 9. 93 jede Maßn, die den WasserVerbr mindert. **b) Andere bauliche 12 Änderung** (Abs I S 1). Sie muß bereits dchgeführt sein u als Ursache einen Umstd haben, den der Verm nicht zu vertreten hat (§§ 276, 278). Baul Maßn zum Denkmalschutz können darunterfallen (Goliasch ZMR **92**, 129), auch Aufwendgen für die seit 1. 10. 93 geltden neuen Immissionsschutzwerte (Seitz ZMR **93**, 1), nicht aber die Umstellg v Nah- auf Fernwärme (Seitz aaO).

4) Mieterhöhung. Es ist zu untersch: **a) Erhöhungsbetrag** (Abs I S 1). Er ist von der Summe der für die **13** Modernisierg od and baul Maßn insges aufgewendeten Kosten zu berechnen. Jährl Miete: Die bei Beendigg geltde auf das Jahr umgerechnete Miete. Aufgewendete Kosten: das ist am Begriff der Aufwendgen (§ 256 Rn 1) zu orientieren. Umfaßt auch solche Kosten, die der Verm nicht selbst veranlaßt hat, die ihm aber auferlegt w, zB Kostenumlage einer Kanalisation (umstr; aA Hamm NJW **83**, 2331). KapBeschaffgsKosten zur Finanzierg v Modernisiergen (Rn 9) fallen nicht darunter (Hbg NJW **81**, 2820). Grenzen der Mieterhöhg: **(1)** § 5 WiStG (hM; Karlsr NJW **84**, 62). Bei heizenergiesparden Maßn idR höchstens das doppelte der GeldErsparn (hM; LG Aach WuM **91**, 356 mwN). **(2)** In den neuen BLändern: 3 DM pro qm Wohnfläche (§ 13 I S 1). **b) Abzüge vom Erhöhungsbetrag** (Abs I S 3–7) vermindern den zuläss ErhöhgsBetrag krG, **14** um ungerechtfte Vorteile des Verm zu verhindern. Zu den einzelnen Begr: MieterDarl (Einf 86 vor § 535); Mietvorauszahlg (Einf 85 vor § 535); Leistg v Dr sind insb solche v ArbG, ferner solche aus Abs I S 7 u § 14 ModEnG. Von den GesKosten abzuziehen sind die Kosten für ersparte fäll Rep, nicht aber für künft, noch nicht fäll ErhaltgsMaßn (Hbg ZMR **83**, 309; Seitz ZMR **93**, 1 mwN), bei neuer Isolierverglasg jedenf dann nicht, wenn Instandsetzgen an den Fenstern herkömml Art nicht fäll waren (Celle NJW **81**, 1625). **c) Auf- 15 teilung** (Abs I S 2). Die Aufteilg auf die mehreren Wohngen (entspr Mieter) erfolgt dch den Verm; sie hat angemessen zu geschehen; ü gelten §§ 315, 316. **d) Erhöhungserklärung** des Verm (Abs III): Schriftform: **16** § 126, bei automat Fertigg § 8. Sie ist empfangsbedürft WillErkl. Zugang: § 130. Inhalt: Angabe einer bestimmb Erhöhg, nicht notw des ausgerechneten ErhöhgsBetr (umstr), ferner die nach EinzelBerechng u Aufteilg bezügl der betr Wohngen aufgeschlüsselten Kosten (Aufwendgen). Die ModernisiergsKosten müssen v einer gleichzeit dchgeführten Instdhaltg nachvollziehb getrennt w (LG Kass NJW-RR **92**, 1361). Die Erkl darf nicht vor Abschl der baul Änderg abgegeben werden. Zum Inhalt vgl Rupp ZMR **77**, 323. Wird gg diese Anfdgen verstoßen, ist die Erkl unwirks, aber ohne Rückwirkg jederzeit nachholb. **e) Eintritt** der **17** MietErhöhg (Abs IV) ist dch das 4. MietRÄndG (vgl vor Rn 1) hinausgeschoben w. Die Mieterhöhg ist Änd des MietVertr inf der einseit Erkl des Verm (Rn 16), also rechtsgestald u abweichd von § 305. Sie muß wirks sein u es müssen die Voraussetzgen (Rn 8–12) vorliegen. Der Ztpkt ist unterschiedl: **aa)** Bei Mitt gem § 541b S 1 (Abs IV S 1) läuft die erhöhte Miete ab 1. des auf die Erkl (Zugang: § 130) folgden übernächsten Monats. Bsp: Zugang am 30. 9. 93; Mieterhöhg ab 1. 11. 93. **bb)** Verlängerte Fr (Abs IV S 2), u zwar um 6 Monate ab des gem Anm aa sich ergebden Beginns der MietErhöhg. Berechng: § 188 II. Voraussetzg ist alternativ: **(1)** Unterbliebene, verspätete od inhaltl nicht ordngem Mitt (§ 541b II S 1); **(2)** Um 10% erhöhte tats Mieterhöhg (Rn 16) ggü der angekünd (§ 541b II S 1). **f) Andere Ansprüche.** Bei **18** einem Ausschluß des ErhöhgsAnspr dem Verm einen BerAnspr aus §§ 812, 818 gg den Mieter zu geben, der die Modernisierg benutzt (so KG NJW-RR **92**, 1362), ist wohl bedenkl.

MHG 4　*Betriebskosten.*　**I Für Betriebskosten im Sinne des § 27 der Zweiten Berechnungsverordnung dürfen Vorauszahlungen nur in angemessener Höhe vereinbart werden. Über die Vorauszahlungen ist jährlich abzurechnen.**

II Der Vermieter ist berechtigt, Erhöhungen der Betriebskosten durch schriftliche Erklärung anteilig auf den Mieter umzulegen. Die Erklärung ist nur wirksam, wenn in ihr der Grund für die Umlage bezeichnet und erläutert wird.

III Der Mieter schuldet den auf ihn entfallenden Teil der Umlage vom Ersten des auf die Erklärung folgenden Monats oder, wenn die Erklärung erst nach dem Fünfzehnten eines Monats abge-

geben worden ist, vom Ersten des übernächsten Monats an. Soweit die Erklärung darauf beruht, daß sich die Betriebskosten rückwirkend erhöht haben, wirkt sie auf den Zeitpunkt der Erhöhung der Betriebskosten, höchstens jedoch auf den Beginn des der Erklärung vorausgehenden Kalenderjahres zurück, sofern der Vermieter die Erklärung innerhalb von drei Monaten nach Kenntnis von der Erhöhung abgibt.

IV Ermäßigen sich die Betriebskosten, so ist der Mietzins vom Zeitpunkt der Ermäßigung ab entsprechend herabzusetzen. Die Ermäßigung ist dem Mieter unverzüglich mitzuteilen.

V Der Vermieter kann durch schriftliche Erklärung bestimmen,

1. daß die Kosten der Wasserversorgung und der Entwässerung ganz oder teilweise nach dem erfaßten unterschiedlichen Wasserverbrauch der Mieter und die Kosten der Müllabfuhr nach einem Maßstab umgelegt werden dürfen, der der unterschiedlichen Müllverursachung Rechnung trägt, oder
2. daß die in Nummer 1 bezeichneten Kosten unmittelbar zwischen den Mietern und denjenigen abgerechnet werden, die die entsprechenden Leistungen erbringen.

Die Erklärung kann nur für künftige Abrechnungszeiträume abgegeben werden und ist nur mit Wirkung zum Beginn eines Abrechnungszeitraums zulässig. Sind die Kosten im Mietzins enthalten, so ist dieser entsprechend herabzusetzen.

Abs V ist seit 1. 9. 93 angefügt dch Art I Nr 4 des 4. MRÄndG (vgl § 1 vor Rn 1).

1 **1) Allgemeines.** Die Vorschr gilt in den neuen BLändern seit 11. 6. 95 (vgl Vorbem vor §§ 11–17) mit der SoRegelg in § 14 MHG. **a) Zweck.** Für außerh der Einflußsphäre des Verm eintretde Kostensteigergen soll ein ggü § 2 vereinfachtes Verf gelten (Abs II). Der Verm soll sich dch unangem hohe Vorauszahlg ungerechtfert Liquidität u Zinseszinsen verschaffen können (Abs I). Der Verm soll angeregt w, die Mieter 2 dch kostenanteil Belastg anzuhalten, Wasser zu sparen u weniger Müll zu erzeugen (Abs I). **b) Anwendungsbereich:** wie 1–4 vor § 1; insb ist § 10 III zu beachten. **c) Unabdingbarkeit:** wie § 2 Rn 3. Sie trifft für solche BetrKosten zu, die nicht unter Anl 3 § 27 II. BerVO fallen (Rn 8), die monatl im voraus zu zahlen, jährl abzurechnen sind u die vereinbarggem erhöht w könnten (hM; Karlsr ZMR **88**, 262; Kblz NJW **86**, 995 3 mwN). **d) Verhältnis zu Mieterhöhungen.** § 4 ist unabhängig von den MieterhöhgsVerf der §§ 2, 3, 5; jedoch entfällt § 4, wenn bei der VglMiete (§ 2) die BetrKosten enthalten sind; denn § 4 gilt mit Ausn von Abs V nicht bei Inklusivmiete, sond nur, wenn die BetrKosten als Nebenentgelt bes ausgewiesen sind (umstr). Bei vorbehaltsl vereinb sog Warm(Brutto)miete kann der Verm nach § 2 vorgehen (Zweibr NJW **81**, 1622 mwN: Hamm NJW **85**, 2034 u ZMR **93**, 331; bestr; aA Börstinghaus ZMR **94**, 198 mwN u für 4 Bruttokostenmiete LG Kiel WuM **95**, 546). **e) Ausschluß durch Vereinbarung:** wie § 1 Rn 6. Nachfdgen des Verm sind nicht deshalb ausgeschlossen, weil sie den VorauszahlgsBetr wesentl übersteigen (Stgt NJW **82**, 2507).

5 **2) Vorauszahlungen** (Abs I). Hierzu ist der Mieter nur verpfl, wenn es vertragl vereinb ist (allgM). Hierzu ist auch eine Vereinbg geeignet, wonach der Mieter alle NebenKost übnimmt (aA LG Mannh ZMR **94**, 22). **a) Höhe.** Sie muß angem sein, dh die Vorauszahlgen sind an der Höhe der zu erwartenden BetrKosten auszurichten (umstr; vgl Stgt WuM **82**, 272 u Lechner WuM **83**, 5), dürfen sie auch leicht 6 übersteigen u müssen nicht dem jahreszeitl Ablauf angepaßt werden (zB bei Heizg). **b) Zeitraum.** Der BemessgsZtRaum darf nicht länger als ein Jahr sein, wohl aber kürzer (zB halb- od vierteljährl) (zB die ZahlgsZtRäume sind nicht ausdrückl vorgeschrieben. Angemessen wird sein, sie auf die MietZahlgsFällig 7 zu legen od höchstens vierteljährl Vorauszahlg zu vereinb. **c) Abrechnung** (Abs I 2): nur dch schriftl Darstellg als LeistgsAbrechng (Blank DWW **92**, 65); nicht notw Schriftform des § 126. Jährl: nicht notw das KalJahr od das Jahr gerechnet vom Beginn des MietVertr, sond ein einmal festgelegtes u dann einzuhaltdes 8 GeschJahr. **d) Erhöhung** wg gestiegener Kosten. Ihre Zulässigk muß vereinb sein u folgt nicht allein aus der VorauszahlgsVereinbg (Sonnenschein NJW **92**, 265 mwN; bestr). Sind best Beträge vereinb, ist vertr Abänderg gem § 305 nöt (Sonnenschein aaO). Ist das ErhöhgsR eingeräumt (§ 315) gilt es nur für den künft, nicht den zurückliegden ZtRaum (Sonnenschein aaO 273).

9 **3) Voraussetzungen der Umlage** (Abs II). Zust des Mieters ist nicht erforderl. **a) Betriebskosten** sind ausschließl die unter Anl 3 zu § 27 II. BerVO fallden (hierzu Volkening ZMR **81**, 353); im einzelnen: laufde öff Lasten des Grdst, Kosten der Wasserversorgg u Entwässerg, des Betr der zentralen Heizgsanlage, der zentralen BrennstoffversorggsAnlage, Versorgg mit Fernwärme, Reinigg u Wartg v Etagenheizgen, der zentralen WarmwasserversorggsAnlage, der Versorgg mit Fernwasser, der Reinigg u Wartg v Warmwassergeräten, Kosten verbundener Heizgs- u WarmwasserVersorggsAnlagen, des Betr eines Pers- od Lastenaufzuges, der Straßenreinigg u Müllabfuhr, der Entwässerg, der Hausreinigg u Ungezieferbekämpfg, der Gartenpflege, der Beleuchtg, der Schornsteinreinigg, der Sach- u HaftpflVers, Kosten für den Hauswart, des Betr der GemschAntenne u der mit einem Breitbandkabel verbundenen Verteileranlage, des Betr der maschinellen Wascheinrichtg u sonst BetrKosten (hierzu Pfeifer ZMR **93**, 353) iS der Anl 3. Nicht darunter fallen insb InstandsetzgsKosten. Nur BetrKosten, die tats entstehen u einer ordnsgem Bewirtschaftg entspr, dürfen zugrdegelegt w. Für and Nebenkosten als BetrKosten (Abs I) gilt § 4 nicht, sond § 2 10 (BGH NJW **93**, 1061). **b) Erhöhung** (Abs II S 1). Gilt nicht für BetrKosten, die umlagefäh vereinb sind (LG Boch NJW-RR **91**, 270). Es dürfen nur die Beträge zugrde gelegt werden, die sich erhöhen, seitdem letztmals der betr Posten (nicht ein and) vereinb od dch Umlage erhöht worden ist. Gleichgült ist, aus welchem Grd die Erhöhg eingetreten ist. Erhöhg ist auch der Wegfall der 10jähr GrdSteuerermäßigg, wenn der Verm vertragl die BetrKosten neben dem MietPr fordern kann (Karlsr NJW **81**, 1051; AG Leverkusen NJW-RR **94**, 400). Umstr ist, ob die dch eine Neueinrichtg enstehden Kosten dazugehören (vgl Pfeilschifter 11 WuM **87**, 279). **c) Erhöhungserklärung** (Abs II). Grdsätzl wie § 3 Rn 16. Anteil: Dabei ist v gleichmäß BerechngsGrdlagen auszugehen, insb Wohngsgröße u -zahl, uU nach Lage der Wohng (zB bei Lift) od Verursachg. Grdsätzl gilt § 315. Inhalt: Grd der Umlage u ein bestimmb, den Mieter treffder GeldBetr, der

nicht ausgerechnet sein muß. Angabe der dem Verm entstandenen Erhöhg nach Betrag u Angabe, nach welchem Grds aufgeschlüsselt ist. Verstöße bewirken Nichtig, jedoch kann die Erkl jederzeit (ohne Rückwirkg) wiederholt w. Auch bei FormularVertr kann der Verm wirks auf die in Anl 3 zu § 27 der II. BerVO enthaltenen BetrKosten Bezug nehmen (BayObLG NJW-RR **84**, 1761; bestr), auf jeden Fall, wenn sie beispielh aufgeführt sind (Karlsr NJW-RR **86**, 91).

4) Wirkung (Abs III). Eine schriftl Erkl, die bei tats erhöhten BetrKosten (Rn 8, 9), den Anfdgen der **12** Rn 10 entspr, bewirkt rechtsgestaltd, daß der Mieter die erhöhten BetrKosten schuldet. Hier ist zu unterscheiden: **a) Künftige Erhöhung** (Abs III 1): wie § 3 Rn 13, 14. **b) Rückwirkende Erhöhung** (Abs III 2): **13** Die rückwirkde Erhöhg der dem Verm erwachsenen u v ihm in der Erkl (Rn 10) umgelegten BetrKosten muß aus der Erkl hervorgehen u verlangt werden. Rückwirkg für den Mieter ist begrenzt u stets v Kenntn des Verm abhäng, weil sich der letzte Hs nicht auf den vorangedhen Hs (mit der absoluten ZtGrenze), sond auf die allg Rückwirkg zum Ztpkt der für den Verm eingetretenen Erhöhg bezieht. Darüber hinaus kann eine Rückwirkg gg den Mieter wg Rn 2 nicht vereinb w (Ffm NJW-RR **92**, 396). Einstellg in die vereinb JahresAbrechng üb laufde Vorauszahlg kann genügen u eine Anz erübr (LG Boch NJW-RR **91**, 270). Kenntn erlangt Verm auch bei RMitteln gg einen behördl Bescheid erst mit Zugang des Bescheids, der die Erhöhg endgült feststellt (LG Mü I DWW **78**, 99 m Anm v Glock/Bub). BewLast für Kenntn u Ztpkt der Abgabe der Erkl trägt der Verm. **c) Rechte des Mieters.** Nachprüfg der Kostenberechng, ZahlgsVerwei- **14** gerg, Verlangen, notf Klage auf Herabsetzg der Umlage; nicht Künd gem § 9 I 1. Hat der Mieter auf ein ungerechtf ErhöhgsVerlangen gezahlt, besteht Anspr aus § 812.

5) Ermäßigung der BetrKosten (Abs IV). Wird kaum prakt. Es gelten die Grdsätze der Rn 9 entspr; **15** jedoch muß sich der Gesamtsatz der BetrKosten ermäß haben (hM). Die Mitt ist forml wirks; zweckmäß ist eine schriftl Darstellg. Unverzügl: wie § 121. Bsp: Wegfall eines Hausmeisters. Wirkg: entspr Rn 12–14.

6) Sonderregelung für Wasser und Müll (Abs V). Gilt seit 1. 9. 93 (vgl vor Rn 1) u ist eine Ausn- **16** Vorschr (vgl Rn 3; aA Börstinghaus ZMR **94**, 198). Zweck: Rn 1. **a) Schriftliche Erklärung.** Sie steht im Ermessen des Verm („kann"). Schriftform: § 126; bei automat Fertigg: § 8. Empfangsbedürft WillErkl (§ 130). Zulässk (S 2): nur für künft AbrechngsZtRäume: damit ist die jährl Abrechng des Abs I S 2 (vgl Rn 7) gemeint, so daß die Erkl spätestens am letzten Werktag des Vorjahres zugehen (§ 130) muß. Inhalt: Die Erkl muß bei Nr 1 (Rn 17) auch erkennen lassen, woraus der unterschiedl Verbrauch berechnet wird. Das ist einfach bei Wasserzähler, schwier, wenn nicht unmögl, bei Müll, da keine eindeut feststellb Kriterien bestehen (Otto ZMR **95**, 460). Die Erkl kann auf Wasser u Entwässerung od Müllabfuhr beschr w. **b) Unterschiedliche Umlage** (Nr 1): Die Begr richten sich nach Anl 3 der II. BV Nr 2 (Wasserversorgg), **17** Nr 3 (Entwässerg) u Nr 8 (Müllabfuhr). Die Anteile an der Müllabfuhr können idR nur ungefähr festgelegt w. § 315 gilt. **c) Abrechnung durch Leistungserbringer** (Nr 2) setzt zwangsläuf dessen Zust (Bub NJW **18** **93**, 2897), mind die laufde Bereitsch hierzu voraus; diese hat der Verm herbeizuführen. Ztpkt u Art der Abrechng sowie die Vergütg (Gebühren) sind zw dem Mieter u LeistgsErbringer zu regeln. **d) Wirkung 19** (S 3). Selbstverstdl entfallen bei gesond BetrKostenBerechng (§ 535 Rn 38) die betroffenen Positionen. S 3 hat die klarstellde Funktion, daß bei Bruttomiete (vgl Rn 3) diese herabzusetzen ist. Entspr bedeutet, daß die für Wasser, Entwässerg u Müll tats zugrdezulegden, bisherigen Aufwendgen des Verm verhältnismäß abzuziehen sind. Eine Vereinbg zw Verm u Mieter geht der einseit (aber nachprüfb) Herabsetzg (§ 315) vor.

MHG 5   *Erhöhung der Kapitalkosten.* [I] Der Vermieter ist berechtigt, Erhöhungen der Kapitalkosten, die nach Inkrafttreten dieses Gesetzes infolge einer Erhöhung des Zinssatzes aus einem dinglich gesicherten Darlehen fällig werden, durch schriftliche Erklärung anteilig auf den Mieter umzulegen, wenn

1. der Zinssatz sich
   a) bei Mietverhältnissen, die vor dem 1. Januar 1973 begründet worden sind, gegenüber dem am 1. Januar 1973 maßgebenden Zinssatz,
   b) bei Mietverhältnissen, die nach dem 31. Dezember 1972 begründet worden sind, gegenüber dem bei Begründung maßgebenden Zinssatz
   erhöht hat,
2. die Erhöhung auf Umständen beruht, die der Vermieter nicht zu vertreten hat,
3. das Darlehen der Finanzierung des Neubaues, des Wiederaufbaues, der Wiederherstellung, des Ausbaues, der Erweiterung oder des Erwerbs des Gebäudes oder des Wohnraums oder von baulichen Maßnahmen im Sinne des § 3 Abs. 1 gedient hat.

[II] § 4 Abs. 2 Satz 2 und Absatz 3 Satz 1 gilt entsprechend.

[III] Ermäßigt sich der Zinssatz nach einer Erhöhung des Mietzinses nach Absatz 1, so ist der Mietzins vom Zeitpunkt der Ermäßigung ab entsprechend, höchstens aber um die Erhöhung nach Absatz 1, herabzusetzen. Ist das Darlehen getilgt, so ist der Mietzins um den Erhöhungsbetrag herabzusetzen. Die Herabsetzung ist dem Mieter unverzüglich mitzuteilen.

[IV] Das Recht nach Absatz 1 steht dem Vermieter nicht zu, wenn er die Höhe der dinglich gesicherten Darlehen, für die sich der Zinssatz erhöhen kann, auf eine Anfrage des Mieters nicht offengelegt hat.

[V] Geht das Eigentum an dem vermieteten Wohnraum von dem Vermieter auf einen Dritten über und tritt dieser anstelle des Vermieters in das Mietverhältnis ein, so darf der Mieter durch die Ausübung des Rechts nach Absatz 1 nicht höher belastet werden, als dies ohne den Eigentumsübergang möglich gewesen wäre.

1) Allgemeines. ZusStellg bei Kinne/Schultz ZMR **92**, 5. § 5 ist als AusnVorschr eng auszulegen (allgM; **1** BayObLG NJW-RR **93**, 83). **a) Zweck.** Es soll die Wirtschaftlich des HausBes trotz starker Schwankgen u Erhöhg der KapKosten gewahrt bleiben. **b) Anwendungsbereich:** 1–4 vor § 1. Für die neuen BLänder **2**

gilt § 5 seit 11. 6. 95 (Vorbem vor §§ 11–17), bei sog Altverbindlk die SoRegelg des § 15. **c) Unabdingbarkeit:** wie § 2 Rn 3. **d) Verhältnis zu anderen Mieterhöhungen:** § 5 steht selbstd u unabhäng neben den §§ 2, 3 u 4 (§ 3 Rn 3). § 5 gestattet wie § 3 Erhöhg üb die ortsübl VglMiete u KappgsGrenze hinaus. Grenze Rn 10.

3 **2) Voraussetzungen.** Zust des Mieters ist nicht erforderl. **a) Für Erhöhung** (Abs I). Es darf nicht umgelegt w, soweit die Kosten auf einen DarlAnteil entfallen, der den NennBetr des GrdPfR übsteigt (BayObLG NJW-RR **93**, 83). Das Darl, das die KapKosten erhöht, kann auch auf einem and Grdst des Verm als dem MietGrdst abgesichert sein (Hamm ZMR **93**, 333 mwN; sehr bestr). Die Nr 1–3 müssen kumulativ vorliegen. Nur Zinserhöhgen auf das Darl, nicht eine Erhöhg der Tilgg dürfen umgelegt werden (problemat; vgl MüKo/Voelskow 8), weil TilggLeistgen keine KapKostenErhöh sind (Hbg NJW **84**, 2895). Im Einzelfall können LebensVersPräm TilggsLeistgen sein (LG Bln NJW-RR **93**, 1100; aA LG Hagen NJW-RR **95**, 75). Der Wegfall eines Disagio ist eine KapKostenErhöhg, wenn es einen Ausgleich für einen laufztabhäng niedrigeren NominalZ darstellt (BVerfG NJW **95**, 1145; umstr; vgl Stgt NJW **84**, 1903 mwN). Stets ist eine disagiounabhäng ZinsErhöhg auch eine KapKostErhöhg, wenn sie an dem Ztpkt der Begrdg

4 des MietVerh gemessen w (Hbg NJW **84**, 2895). **aa) Nicht zu vertreten** (Nr 2) sind die Erhöhgen grdsätzl dann, wenn sie der DarlG vertrgem verlangen kann. Eine Umschuldg mit höherem Zinssatz (ohne VermWechsel, Abs V) ist grdsätzl nicht schuldh (Karlsr WuM **82**, 273), auch wenn die erste (günst) Finanzierg nur auf 5 Jahre angelegt war (Karlsr NJW-RR **94**, 1035). Stand die KapKostenErhöhg bei Abschl des MietVertr fest, so sind die Umstde grdsätzl zu vertr u der Verm ist auf eine MietErhöhg im Rahmen des § 2 angewiesen (Karlsr NJW **82**, 893 für Wegfall einer Zinsverbilligg; umstr). Das gilt aGrd des Abs V (vgl Rn 9) insb dann, wenn infolge Veräußerg ein VermWechsel eintritt u dch die Ankaufsfinanzierung höhere KapKosten

5 eintreten (so bereits Hamm NJW **82**, 891). **bb) Zu vertreten** sind die Umstde insb auch, wenn der Verm mit dem DarlG eine Zinserhöhg ohne Zwang vereinb würde, um sie auf die Mieter abzuwälzen od wenn eine Umfinanzierg vorgenommen wird, die rechtl u wirtsch nicht notw ist. Ob auf Versch iSv § 276

6 abgestellt w muß, ist umstr (vgl Karlsr NJW-RR **94**, 1035 mwN). **b) Für Erhöhungserklärung:** § 4 Rn 11 sinngem. Die Verweisg (Abs II) auf § 4 II S 2 bedeutet, daß die Erkl unwirks ist, wenn die Angaben zur Zinserhöhg u die Berechng der anteil MietErhöhg nebst notw Erläutergen unterbleiben. **c) Für Ermäßigung** (Abs III). Der Verm ist hierzu verpfl. Sie kommt nur nach vorangegangener Mieterhöhg gem Rn 3–5 in Betracht u darf die Miete, die vor der Erhöhg galt, nicht unterschreiten. S 2 ist bei Entfallen der PrBindg wg Rückzahlg öff Darl nicht entspr anwendb (Hamm ZMR **90**, 375).

7 **3) Ausschluß der Erhöhung** ist mögl dch: **a) Vereinbarung** gem § 1 S 3 (§ 1 Rn 6). Sie kann sich auf

8 den MietPr allg, muß sich nicht spez auf die Erhöhg der KapZinsen beziehen. **b) Unterbliebene Offenlegung** (Abs IV): Die Anfrage ist formlos, jederzeit mögl (aber bei erteilter Ausk nicht wiederholt). Nach dem G muß nur die Höhe des Darl mit erhöhb Zinssatz, nicht der Zinssatz selbst offengelegt werden.

9 **c) Eigentumsübergang** (Abs V) mit VermWechsel aGrd des § 571 in allen Fällen. Dadch darf die Stellg des Mieters nicht verschlechtert w. Die zusätzl Kosten, die sich aus dem EigtErwerb ergeben (insb eine höhere od teurere Verschuldg dch die Ankaufsfinanzierg), dürfen nicht zu einer MietErhöhg führen, die eine solche übersteigt, welche ohne den Verkauf aGrd des § 5 eingetreten wäre. Zu den mögl Varianten: Vogg ZMR **93**, 45.

10 **4) Wirkung. a) Eintritt** der Mieterhöhg hängt nur v Vorliegen der Voraussetzgen u wirks ErhöhgsErkl ab (rechtsgestaltd). Keine Begrenzg dch § 5 WiStG (Karlsr **83**, 1915); aA Plönes WuM **93**, 320 mwN), aber dch einen Verstoß gg § 302a I Nr 1 StGB (hM; Karlsr NJW-RR **94**, 1035). Es wird eine Erhöhg üb 50% des ortsübl MietZ für unzuläss gehalten (LG Stgt NJW-RR **93**, 276 mwN). Weil nur auf S 1 des § 4 III, nicht auf dessen S 2 verwiesen ist, gibt es nur eine künft Erhöhg (wie § 3 Rn 13, 14), keine rückwirkde. **b) Rechte des Mieters:** wie § 4 Rn 14 u Künd gem § 9 I S 2.

MHG 6 *Sonderregelung für das Saarland.* (*Betrifft die Kostenmiete; abgedruckt bis zur 40. Aufl*)

MHG 7 *Sonderregelung für Bergmannswohnungen.* (*Abgedruckt bis zur 50. Auflage*)

MHG 8 *Ausnahme von der Schriftform.* **Hat der Vermieter seine Erklärungen nach den §§ 2 bis 7 mit Hilfe automatischer Einrichtungen gefertigt, so bedarf es nicht seiner eigenhändigen Unterschrift.**

1 **Zweck:** soll den Erfordern neuzeitl Bürotechnik entgegenkommen. Ausn v § 126. **Anwendbar** auf alle schriftl Erkl gem §§ 2–7 sowie seit 11. 6. 95 für die neuen BLänder (Vorbem vor §§ 11–17) auch gem § 14 (dort Abs I S 3) u § 16 (dort Abs I S 3). Gilt nur für die betreffde schriftl Erkl, die dch automat Einrichtg gefert, nicht nur vorbereitet wird (umstr, vgl Schmid DWW **85**, 38 mwN). Übermittlg einer nicht automat

2 gefert Erkl dch Telefax genügt nicht (Börstinghaus ZMR **94**, 396). **Inhalt:** Die handelnde Pers muß erkennb sein (hM; LG Essen MDR **79**, 57).

MHG 9 *Kündigungsrecht und Kündigungsschutz des Mieters.* **I Verlangt der Vermieter eine Mieterhöhung nach § 2, so ist der Mieter berechtigt, bis zum Ablauf des zweiten Monats, der auf den Zugang des Erhöhungsverlangens folgt, für den Ablauf des übernächsten Monats zu kündigen. Verlangt der Vermieter eine Mieterhöhung nach den §§ 3, 5 bis 7, so ist der Mieter berechtigt, das Mietverhältnis spätestens am dritten Werktag des Kalendermonats, von dem an der Mietzins erhöht werden soll, für den Ablauf des übernächsten Monats zu kündigen. Kündigt der Mieter, so tritt die Mieterhöhung nicht ein.**

II Ist der Mieter rechtskräftig zur Zahlung eines erhöhten Mietzinses nach den §§ 2 bis 7 verurteilt worden, so kann der Vermieter das Mietverhältnis wegen Zahlungsverzugs des Mieters nicht

vor Ablauf von zwei Monaten nach rechtskräftiger Verurteilung kündigen, wenn nicht die Voraussetzungen des § 554 des Bürgerlichen Gesetzbuchs schon wegen des bisher geschuldeten Mietzinses erfüllt sind.

1) Kündigungsrecht des Mieters (Abs I). Entspr der Regelg bei einseit Mieterhöhgen nach § 11 Wo- **1** BindG. Das KündR hat nur geringe prakt Bedeutg. Es besteht unabhäng davon das R zur ord Künd gem § 564 II. **a) Anwendungsbereich:** alle Mieterhöhgen des MHG mit Ausn des § 4; auch MietVerh, die auf **2** best Zt abgeschl sind. § 9 gilt seit 11. 6. 95 auch in den neuen BLändern (vgl Vorbem vor §§ 11–17). **b) Voraussetzung:** ein Mieterhöhgsverlangen (§ 2 Rn 20) od eine ErhöhgsErkl bei den §§ 3, 5–7 (vgl § 3 **3** Rn 16). Das KündR entsteht ohne Rücks darauf, ob diese Erkl des Verm wirks sind od nicht, weil eine Nachprüfg bei Ungewißh darüber unsicher u unzumutbar ist (hM). **c) Zustimmungsfrist** für den Mieter **4** entsteht dch § 2 IV S 1 (dort Rn 30) dadch, daß er nach Zugang der Erkl des Verm noch mind 2 Monate Zt hat, die Künd zu erkl (Abs I S 1). Diese ÜberleggsFr ist kürzer in den and Fällen (Abs I S 2). Stimmt der Mieter innerh dieser Fr der Mieterhöhg zu, entfällt sein KündR (allgM). Schweigen bedeutet keine Zust. **d) Kündigungsfrist.** Da Endtermin der Ablauf des übernächsten Monats ist (Berechng § 188 III), ist die **5** KündFr 2 Monate. Die Künd muß spätestens am letzten Tag des Monats an dem die ZustFr (Rn 4) abläuft, erkl w, wg § 193 uU am ersten Werktag des nächsten Monats. **e) Wirkung:** Das MietVerh endet zu dem **6** Ztpkt, den Abs I S 1 u 2 bestimmt, ohne daß die Mieterhöhg eintritt (Abs I S 3). Wird die Wohng nicht geräumt, gilt § 557. **f) Kündigung.** Sie ist außerord u befristet, unabhäng v ges od vereinb KündFr. Es **7** gelten die allg Vorschr: wie § 564 Rn 8–16.

2) Kündigungsbeschränkung des Vermieters (Abs II). **a) Zweck:** Der Mieter soll ausreichd Zeit **8** haben, die aufgelaufenen ErhöhgsBetr zu zahlen, um eine außerord Künd aus § 554 vermeiden zu können. **b) Anwendbar:** auf alle Fälle des MHG, auch § 4, obwohl BetrKosten nicht Mietzins darstellen müssen. Nicht entspr anwendb, wenn der Mieter sich im ProzVgl zur Zahlg verpfl hat (Hamm ZMR **92**, 109 mwN; bestr). **c) Kündigungsverbot** für 2 Monate ab formeller RKraft des Urt (§ 19 EGZPO) auf Mieterhöhg **9** (hM), auch wenn die Erhöhg nicht auf den §§ 2–7, sond auf and RGrden beruht (LG Bln ZMR **89**, 305). Dies gilt nicht, wenn der Verm aus § 554 (allein od teilw wg der aufgelaufenen ErhöhgsBetr) außerord künd könnte. Eine trotzdem erkl Künd ist nichtig (§ 134). § 554 II Nr 2 bleibt anwendb, auch wenn die Künd erst nach Ablauf der 2 Monate erfolgt u der Mieter bis dahin nicht gezahlt hat.

MHG 10 *Unabdingbarkeit; Staffelmiete; Anwendungsbereich.* [I] Vereinbarungen, die zum Nachteil des Mieters von den Vorschriften der §§ 1 bis 9 abweichen, sind unwirksam, es sei denn, daß der Mieter während des Bestehens des Mietverhältnisses einer Mieterhöhung um einen bestimmten Betrag zugestimmt hat.

[II] Abweichend von Absatz 1 kann der Mietzins für bestimmte Zeiträume in unterschiedlicher Höhe schriftlich vereinbart werden. Die Vereinbarung eines gestaffelten Mietzinses darf nur einen Zeitraum bis zu jeweils zehn Jahren umfassen. Während dieser Zeit ist eine Erhöhung des Mietzinses nach den §§ 2, 3 und 5 ausgeschlossen. Der Mietzins muß jeweils mindestens ein Jahr unverändert bleiben. Der jeweilige Mietzins oder die jeweilige Erhöhung muß betragsmäßig ausgewiesen sein. Eine Beschränkung des Kündigungsrechts des Mieters ist unwirksam, soweit sie sich auf einen Zeitraum von mehr als vier Jahren seit Abschluß der Vereinbarung erstreckt.

[III] Die Vorschriften der §§ 1 bis 9 gelten nicht für Mietverhältnisse

1. über preisgebundenen Wohnraum, soweit nicht in § 2 Abs. 1a Satz 2 etwas anderes bestimmt ist,

2. über Wohnraum, der zu nur vorübergehendem Gebrauch vermietet ist,

3. über Wohnraum, der Teil der vom Vermieter selbst bewohnten Wohnung ist und den der Vermieter ganz oder überwiegend mit Einrichtungsgegenständen auszustatten hat, sofern der Wohnraum nicht zum dauernden Gebrauch für eine Familie überlassen ist,

4. über Wohnraum, der Teil eines Studenten- oder Jugendwohnheims ist.

Abs II S 4 u 5 sind anstelle des bisherigen S 4 neu, Abs III Nr 1 ist geändert seit 1. 9. 93 dch Art 1 Nr 5 des 4. MRÄndG vom 21. 7. 93 (BGBl I 1257). § 10 gilt in den neuen BLändern seit 11. 6. 95 (vgl Vorbem vor §§ 11–17).

1) Unabdingbarkeit (Abs I). **a) Grundsatz.** Nichtig (§ 134) sind alle Vereinbgen, die die Re des Mieters **1** auf gleichbleibe od nur gesetzmäß erhöhten MietPr aufheben od beschränken, sofern sie vor dem Abschl des MietVerh vereinb w, zB daß mit Wegfall der PrBindg eine betrmäß bestimmte, erhöhte Miete gelten soll (Stgt ZMR **89**, 416 mwN) od daß sich die Miete um einen bestimmten Betr erhöht, wenn der Mieter eine weitere Pers aufnimmt (aA LG Köln WuM **90**, 219 m abl Anm v Blank). Dazu gehören auch alle VerfVorschr, die den Mieter schützen sollen, zB Warte- u KlageFr (allgM). MietZ, der aGrd einer wg MietzinsunwirksVereinbg bezahlt w, kann grdsätzl nur aus § 812 zurückverlangt w (Karlsr ZMR **86**, 239). **b) Miet- 2 preisgleitklauseln** (WertsichergsKlauseln) wurden seit 1. 1. 75 bis zum Inkrafttreten des neuen Abs II (Rn 5) bei MietVerh, die auf unbest u best Zt abgeschl waren, unwirks u gestatteten aus sich keine Mieterhöhg (allgM; BGH NJW **81**, 341). Nur solche MietAnpassgsVereinbg, die dem § 10a entspr, sind seit 1. 9. 93 zugelassen (Rn 4). § 10 gilt nicht, wenn für WoRaum im MietVertr ein Zuschlag für gewerbl Nutzg vorgesehen ist (BayObLG ZMR **86**, 193). **c) Ausnahmen. aa) Zustimmung des Mieters** (Abs I letzter **3** Hs). Zuläss ist die freie Vereinbg (§ 305) zw Mieter u Verm währd der MietZt über MietErhöhgen mit od ohne Rücks auf Eintritt der Voraussetzgen hierfür, sogar nach der und bestimmte Betrag üb dem liegt, worauf der Verm nach dem MHG Anspr hätte (allgM). Die Zust des Mieters bedeutet seine Mitwirkg zur VertrÄnd (§ 305). Die vorbehaltlose Zahlg des geforderten erhöhten Mietzinses allein genügt nicht; es sei denn, sie geschieht laufd (vgl MüKo/Voelskow 5 mwN). Form u Anlaß der Vereinbg sind gleichgült (Freund/ Barthelmess ZMR **75**, 33 [37]). Jedoch muß sich die Zust des Mieters auf einen bestimmten Betrag beziehen

(allgM), so daß eine Schiedsgutachterklausel unwirks ist (LG Hbg MDR **81**, 848 mwN). Es besteht auch
4 VertrFreih für den Ztpkt, unabhäng v den Voraussetzgen des § 2 (allgM). **bb) Mietanpassungsvereinba-
rung:** § 10a seit 1. 9. 93 (vgl dort). BewLast für Vereinbg: wer sich auf sie beruft.

5   **2) Staffelmiete** (Abs II). In Kraft u damit zuläss seit 1. 1. 83. **a) Begriff.** StaffelM ist eine Vereinbg zw
Verm u Mieter, wonach sich der Mietzins für von vorneherein bestimmte Zeiträume verändert. Prakt
kommt nur eine Erhöhg in Betracht. Ist als Ausn zu Abs I ausgestaltet u gestattet eine Erhöhg der Miete
unabhäng v der Entwicklg der VglMiete (§ 2). **b) Zweck.** Für Verm soll die Investitionsentscheidg erleich-
tert w, indem er die Steigerg v Mieteinnahmen sicher kalkulieren kann. Der Mieter soll Umfang u Ztpkt
6 künft MietErhöhg frühzeit beurt u sich darauf einrichten können. **c) Anwendbar** auf jeden nicht preisge-
bundenen WoRaum, Alt- wie Neubauten, bei Neuabschluß von MietVertr u im Wege der VertrÄnd (§ 305)
bei bestehdem MietVerh. Dies kann vor Wegfall des PrBindg nahtlos im Anschluß daran vereinb w (LG Bln
7 NJW-RR **91**, 1040; bestr). **d) Form:** Es ist Schriftform wie in § 566 vorgeschrieben u gewollt (aA MüKo/
Voelskow 13). **e) Zulässiger Zeitraum:** höchstens 10 Jahre (S 2) ab Beginn der Vereinbg. Verstoß: §§ 134,
139. Das MietVerh kann auf kürzere (§ 564c) od unbestimmte Zeit abgeschl w. **f) Ausschluß anderer
Mieterhöhungen** (S 3). Solche nach §§ 2, 3 u 5 sind unzuläss, weil dieses Risiko dch die StaffelM bewußt
verteilt werden soll, zT auch kalkulierb ist. Nur die BetrKostenVeränderg (§ 4) wird hiervon nicht erfaßt.
8 **g) Inhalt** (S 4 u 5): StaffelM setzt den Abschl des MietVerh auf bestimmte Zeit (§ 564c) nicht zwingd
voraus (vgl § 564b Rn 2). Die Erhöhg darf nicht nach Prozentzahlen, sond muß betragsmäß ausgewiesen w.
Seit 1. 9. 93 ist dch Änd des S 4 (vgl vor Rn 1) nicht mehr die Angabe des errechneten MietZ nöt (so bis
dahin die hM; Karlsr NJW-RR **90**, 155), sond genügt die betrmäß ausgewiesene Erhöhg (BT-Dr 12/3254
S 14). Das gilt auch für solche MietVerh, die vor Inkrafttreten des 4. MietRÄndG geschl w (LG Hbg MDR
95, 467). Bei Verstoß, insb dch bloße Angabe des Prozentsatzes, ist die Vereinbg der StaffelM über Abs I u
§ 134 im ganzen nichtig u heilt nicht dch Zahlg (LG Düss DWW **90**, 308). Dasselbe gilt für die Veränd-
9 ZtRäume v mind einem Jahr. **g) Wirkung.** Die Miete veränd sich zum vereinb Zeitraum ohne weitere Erkl
v selbst. Nach Ablauf des StaffelMZtRaums gilt die am Ende erreichte Miete auf unbestimmte Zeit weiter,
10 bis nach § 2 erhöht oder eine neue (Staffel-) Miete vereinb w. **h) Kündigungsrecht. aa)** Für Verm gilt bei
unbestimmter MietZt § 564b (dort Rn 2); im Fall des § 564c ist ord Künd ausgeschl. **bb)** Der Mieter kann
bei unbest MietZt belieb ord Künd erkl (§ 565). Auch bei bestimmter MietZt (§ 564c) darf die ord Künd
höchstens für 4 Jahre ausgeschl w (S 6). Eine vertrwidr ausgesprochene Künd ist unwirks; jedoch kann der
Mieter das MVerh bereits zum Ablauf der 4-Jahres-Fr künd (Hamm ZMR **89**, 414).

11   **3) Anwendungsbereich** des MHG (Abs III) dch negat Abgrenzg. Einliegerwohngen iS des § 564b sind
davon nicht ausgenommen. Das MHG gilt nicht (ebso im Beitrittsgebiet, § 11 Rn 2, 8, 10) für: **a) Nr 1.**
Preisgebundener WoRaum. Darunter fallen alle Wohngen, für die KostenM nach dem WoBindG besteht:
SozWo (§ 1 WoBindG), mit WoFürsMitteln geförderte NeubauWo (§§ 87a, 111 II. WoBauG), mit Auf-
wendgsHilfen geförderte NeubauWo (§ 88 II. WoBauG). Das Erlöschen des MieterBenenngsRs steht nicht
entgg (Hamm ZMR **86**, 287). Erhöhg erfolgt nach § 10 I WoBindG. MietErhöhg nach MHG kann erst für
den ZtRaum nach Ablauf der PrBindg verlangt, die ErhöhgsErkl aber schon vor Ablauf der PrBindg
abgegeben werden (Hamm NJW **81**, 234 mwN; KG NJW **82**, 2077; bestr; aA Scholl WuM **95**, 426 mwN).
Die Ausn für § 2 Ia S 2 ist redaktionell, weil die AuskPfl noch in den ZtRaum der PrBindg fällt (BT-Dr 12/
12 5110 S 17). **b) Nr 2:** vorübgehder Gebr: wie § 564b Rn 17. **c) Nr 3:** möblierter WoRaum wie § 564b Rn 18;
daher ist für möblierten WoRaum außerh der VermWohng das MHG anzuwenden, wenn er nicht zum
13 vorübergehden Gebr vermietet ist. **d) Nr 4:** Hat nach nicht Aufassg der klarstellde Funktion, da dieser
WoRaum schon unter Nr 2 fiele. GemschEinrichtgen sind für ein Stud- od JugdWoheim nicht erforderl
(hM).

MHG 10a *Mietanpassungsvereinbarung.* [I] Abweichend von § 10 Abs. 1 kann schrift-
lich vereinbart werden, daß die weitere Entwicklung des Mietzinses durch den
Preis von anderen Gütern oder Leistungen bestimmt werden soll (Mietanpassungsvereinbarung).
Die Vereinbarung ist nur wirksam, wenn die Genehmigung nach § 3 des Währungsgesetzes oder
entsprechenden währungsrechtlichen Vorschriften erteilt wird.

[II] Während der Geltungsdauer einer Mietanpassungsvereinbarung muß der Mietzins, von Erhö-
hungen nach den §§ 3 und 4 abgesehen, jeweils mindestens ein Jahr unverändert bleiben. Eine
Erhöhung des Mietzinses nach § 3 kann nur verlangt werden, soweit der Vermieter bauliche
Änderungen auf Grund von Umständen durchgeführt hat, die er nicht zu vertreten hat. Eine
Erhöhung des Mietzinses nach den §§ 2 und 5 ist ausgeschlossen.

[III] Eine Änderung des Mietzinses auf Grund einer Vereinbarung nach Absatz 1 muß durch
schriftliche Erklärung geltend gemacht werden, die auch die Änderung der nach der Mietanpas-
sungsvereinbarung maßgebenden Preise nennt. Der geänderte Mietzins ist vom Beginn des auf die
Erklärung folgenden übernächsten Monats an zu zahlen.

Eingefügt dch Art 1 Nr 6 des 4. MRÄndG v 21. 7. 93 (BGBl 1257); iKr seit 1. 9. 93.

1   **1) Allgemeines. a) Begriff.** Die MietanpassgVereinbg ist in Abs I S 1 legal definiert. Sie ist die neben der
Staffelmiete (§ 10 III) einzig zuläss Art v MietPrÄndKlauseln, die sonst dch § 10 I seit 1975 grdsätzl verboten
2 sind (§ 10 Rn 2). **b) Zweck.** Es soll anstelle des komplizierten Verfahrens des § 2, das an den oft überpropor-
tional steigdn VglMieten ausgerichtet ist, eine an den Lebenshaltgsindex orientierte u daher einigermaßen
überschaub stufenweise MietErhöhg ermögl w. Dies soll dem Verm trotz zu erwarteter Geldentwertg die
3 Entschluß einer längerfrist Vermietg erleichtern u kann dem Mieter ohne weiteres zugemutet w. **c) An-
wendungsbereich:** Im gesamten BGebiet; alle WoRaumMietVerh, die unter das MHG fallen (Einf
Rn 1–4), seit 11. 6. 95 auch die in den neuen BLändern (vgl Vorbem §§ 11–17); neue u bestehde; nur solche
MietAnpVereinbg, die ab 1. 9. 93 abgeschl w. Alte, bis 1975 geltde MietPrGleitKl leben nicht wieder auf.

d) Verbotene Mietpreisgleitklauseln bleiben (vgl BT-Dr 12/3254 S 15): SpanngsKl (§ 245 Rn 24), **4** LeistgsVorbehalte (§ 245 Rn 26) u KostenelementeKl (für die Zukunft vereinb Weitergabe von Instandsetzgs- u VerwaltgsKosten; ebso Bub NJW **93**, 2897). Diese bleiben dch § 10 I mit der RFolge der §§ 134, 139 verboten. **e) Andere Mieterhöhungen.** Währd der vereinb LaufZt (Rn 8) kann der Verm nicht nach **5** § 2 (VglMiete) u § 5 (KapKostenerhöhg) verfahren (Abs III S 3). Einseit Erhöhg nach § 3 (baul Änd) bleibt zul (Abs II S 1), aber nur wenn die baul Änd v Verm nicht zu vertreten ist (Abs II S 3; das soll heißen: nicht freiwill, BT-Dr 12/3254 S 15); die nach § 4 (BetrKostenErhöhg) ist unbeschr zuläss (Abs III S 1). Die vertr MZinsErhöhg aGrd einer v Verm u Mieter gem § 305 vereinb VertrÄnd bleibt zuläss (§ 10 Rn 3).

2) Voraussetzungen (Abs I). Eine wirks MietAnpVereinbg setzt voraus: **a) Schriftform:** Das ist dem **6** Sprachgebrauch des MHG zufolge die des § 126 (vgl § 2 Rn 21). Da § 8 nicht geänd ist, scheidet die automat Fertigg ohne Unterschr des Verm aus. **b) Vereinbarung.** Sie kommt dch den VertrSchluß (§ 151) zustan- **7** de, entw als Teil des (neuen) MietVertr od bei bestehdem Vertr dch Änd gem § 305. **c) Inhalt.** Der ZtRaum **8** erstreckt sich idR auf die Dauer des Vertr. Eine davon abweichde, zeitl bestimmte GeltgsDauer kann vereinb w. Der künft MietZ (§ 535 S 2) wird ohne bestimmten Betr od Prozentsatz in seiner Höhe an den Preis best and Güter (als WoRaum) od Leistgen festgelegt. Als Bezugsgröße kommt hauptsächl der amtl festgestellte u vom zuständ BAmt veröfflichte Lebenshaltungskostenindex in Betr. Daneben ist grdsätzl nicht die Beamtenbesoldg als geeignete Bezugsgröße mögl (aA 53. Aufl). Der Inhalt muß genehmiggsfäh sein (vgl Rn 9). Dies setzt voraus, daß nicht nur an die Erhöhg, sond auch an die Ermäßigg gebunden w muß. **d) Genehmigung** gem § 3 WährG od entspr Vorschr. Für das alte BGebiet gilt § 3 WährG, für die neuen **9** BLänder u früh OstBerlin üb Anl 1 Kap IV Sachg B Abschn III Nr 1 EinigsV der entspr Vorschr in Anl 1 Art 3 StaatsV, für das ehem West-Berlin noch die WährVO v 1948 (VOBl **48**, 363). Zuständ ist die Landeszentralbank (GenehmiggsStelle), die nach veröff Grdsätzen verfährt (BAnz **78**, Nr 109). Danach wird eine VertrLaufZt des MietVertr von mind 10 Jahren od der auf 10 Jahre bemessene Ausschluß der ord (nicht der außerord) Künd erforderl sein (H. Hamm DWW **93**, 321). Eine R auf Künd der MietAnpKlausel bewirkt, daß sie nicht genehmiggsfäh ist. Die erteilte Gen wirkt zurück (Blank WuM **93**, 503 [511]). Wird sie verweigert, ist die MietAnpVereinbg unwirks wg § 134. Bezügl des MietVertr gilt § 139.

3) Wirkung der MietAnpVereinbg: **a) Ausschluß** (Abs II) von einseit MietErhöhgen gem § 2 (VglMiete) **10** u § 5 (KapKostenErhöhg) sowie gem § 3, wenn die baul Änd vom Verm zu vertreten sind (Rn 5). **b) Zeitli- 11 che Anstiegsbegrenzung** (Abs II S 1). Der MietZ muß mind jeweils ein Jahr (unabhäng v KalJahr) gleich bleiben, soweit er an die zuläss Bezugsgröße (Rn 8) gebunden ist. Darauf sollte schon im VertrInh (Rn 8) Rücks genommen w. Es kommt auf das Wirkswerden der Erhöhg, nicht auf die Abgabe der schriftl Erkl an (H. Hamm DWW **93**, 321). **c) Änderung.** Erhöhg od Ermäßigg (Abs III) des MietZ geschieht nicht **12** automat, sond nur als RFolge einer schriftl Erkl des Berecht, für die § 126 BGB gilt, aber nicht § 8 (vgl Rn 6; aA Blank WuM **93**, 503 [510]). Sie muß zugehen (§ 130). Die geänd Miete muß darin betrmäß (in DM) angegeben w. Die Miete erhöht (od ermäß) sich bei wirks Erkl, die spätestens am letzten Werktag (§ 193) des vorletzten Monats, von dem an die Miete geänd w, ergehen muß. Diese Regelg orientiert sich mit kürzerer Fr an § 2 IV. **d) Abweichende Geltendmachung.** Der Verm ist nicht verpfl, die Erhöhgen der **13** MietAnpVereinbg entspr geltd zu machen. Er kann sie später, in längeren ZtAbständen, dafür mit höheren Betr verlangen (BT-Dr 12/3254 S 16).

Vorbemerkung vor §§ 11–17

Eingefügt dch Art 1 MietenÜbleitgsG (MÜblG) v 6. 6. 95 (BGBl 748); iKr seit 11. 6. 95 (Art 6 II S 1 MÜblG). Die §§ 11–17 sind die SoRegelg für WoRaum im Beitrittsgebiet. Bereits im EinigsV war vorgesehen, für die WoMieten in den neuen BLändern das VglMietenSystem einzuführen. Am Stichtag 3. 10. 90 galt für die Miethöhe der § 11 MHG, der dch Anl 1 Kap XIV Abschn II Nr 7 EinigsV angefügt worden war. Danach war für einen geringen Teil der Wo, näml neu errichtete u wiederhergestellte (§ 11 Rn 2) die Anwendg des MHG (zunächst dessen §§ 1–10) bestimmt worden. Für preisgebundenen WoRaum (mehr als 95% des Bestds) war dch § 11 II nur die Anwendg v § 1 S 1 (KündVerbot) u § 3 (MietErhöhg wg baul Änd) vorgesehen. Für diesen WoRaum war in den Abs III-VII eine allg MietErhöhg geregelt, die dch die 1. u 2. GrundMVO v 17. 6. 91 (BGBl 1269) u v 27. 7. 92 (BGBl 1416) sowie die BetrKUmlageVO v 17. 6. 91 (BGBl 1270) ausgeführt w. Der GGeber hat nunmehr im Jahre 1995 den Ztpkt für gekommen erachtet, damit zu beginnen, zum allg MiethöhenR der BRep überzuleiten, allerd sozialverträgl mit ErhöhgsBeschränkgn u erhöhtem WoGeld. Das MÜblG umfaßt in Art 1 die Änd des MHG, in Art 2 das G üb die Angemessenh v Entgelten bei NeuVertr, in Art 3 eine Änd des § 35 SchuldRAnpG für Nutzer, die MietZ zu zahlen haben, in Art 4 u 5 Änd des WoGSondG u des WoGG. Aufgehoben sind mit Wirkg v 11. 6. 95 die beiden GrundMVOen u die BetrKUmlageVO (Art 6 II S 2 Nr 1-3) dch MÜblG. Übll zum MÜblG: Sternel ZMR **95**, 437.

MHG 11 *Anwendungsbereich im Beitrittsgebiet.* [I] **In dem in Artikel 3 des Einigungsvertrages genannten Gebiet sind die §§ 1 bis 10a auf Wohnraum anzuwenden, der nicht mit Mitteln aus öffentlichen Haushalten gefördert wurde und seit dem 3. Oktober 1990**

1. in neu errichteten Gebäuden fertiggestellt wurde oder

2. aus Räumen wiederhergestellt wurde, die auf Dauer zu Wohnzwecken nicht mehr benutzbar waren, oder aus Räumen geschaffen wurde, die nach ihrer baulichen Anlage und Ausstattung anderen als Wohnzwecken dienten.

Bei der Vermietung dieses Wohnraums sind Preisvorschriften nicht anzuwenden. Die §§ 1 bis 10a sind auch auf Wohnraum anzuwenden, dessen Errichtung mit Mitteln der vereinbarten Förderung im Sinne des § 88 d des Zweiten Wohnungsbaugesetzes gefördert wurde.

[II] **Auf anderen als den in Absatz 1 bezeichneten Wohnraum in dem in Artikel 3 des Einigungsvertrages genannten Gebiet sind die §§ 1 bis 10a ab 11. Juni 1995 anzuwenden, soweit sich aus den §§ 12 bis 17 nichts anderes ergibt.**

1   **1) Allgemeines.** Die Vorschr beruhte ursprüngl auf Anl 1 Kap XIV Abschn II Nr 7 EinigsV als SoRegelg für die Miethöhe v WoRaum im Beitrittsgebiet (vgl 54. Aufl). Sie ist dch Art 1 Nr 1 MÜblG v 6. 6. 95 (BGBl 748) neu gefaßt. Abs II hatte die MietPrBindg für die Zt nach dem Beitritt für den bis dahin preisgebundenen WoRaum fortgeschrieben. Das ist mit dem GG für vereinb erkl w (BVerfG NJW **95**, 511).

2   **2) Volle Geltung des MHG** (Abs I) ist für nicht preisgebundenen WoRaum vorgeschrieben. Davon wird WoRaum erfaßt, der seit 3. 10. 90 neu fertiggestellt od wiederhergestellt wurde, ohne daß aus Mitteln öff Haushalte gefördert wurde (Abs I S 1 Nr 1 u 2) sowie WoRaum, der im Wege der vereinbarten Fördg mit Hilfe öff Mittel (§ 88d II. WoBauG) neu errichtet wurde (Abs 1 S 3) , weil öff Mittel dann nicht als solche gelten (§ 88d II S 1 II. WoBauG) u der WoRaum nicht preisgebunden ist (§ 88d II S 2 II. Wo-
3   BauG). **a) Voraussetzungen** sind: **aa) Zeitpunkt:** Die Fertigstell des Neubaus od der Wiederherstellg
4   muß nach dem 3. 10. 90 liegen. Abzustellen ist auf Bezugsfertk. **bb) Keine öffentlichen Mittel** zur WoBauFörderg dürfen dabei verwendet worden sein. Begr öff Mittel: § 6 II. WoBauG; WoBau: § 2 II. WoBauG; WoBauFörderg: § 3 II. WoBauG. Für den unter Abs I S 3 fallden WoRaum (vereinb Förderg des
5   soz WoBaus) werden die gewährten öff Mittel als nicht öff fingiert (§ 88d II. WoBauG). **cc) Erfaßter Wohnraum. (1)** Neubauten (Abs I S 1 Nr 1): Es muß das Gebde als ganzes neu errichtet sein; gleichgült
6   ist, ob auf dem Grdst früher ein Gebde gestanden hat. **(2) Wiederherstellung und Neuschaffung** (Abs I S 1 Nr 2) v WoRaum. 1. Alt: Er muß nach obj Kriterien dauernd unbewohnb geworden sein, ohne Rücks darauf, ob tats, insb behelfsmäß darin gewohnt w. 2. Alt: Neu gewonnener WoRaum dch Ausbau u Veränd bestehder Gbde, die and Zwecken dienten. Bsp: Gästehäuser, Ferienheime, Partei- u SchulgsGbde.
7   **b) Wirkung.** Die Miete kann frei vereinb w. Es gelten keine PrVorschr (Abs I S 2) , insb gilt nicht die PreisVO vom 25. 6. 90 (GBl I 472). Es gelten seit 3. 10. 90 die §§ 1–10 u § 10a seit 1. 9. 93 (vgl dort vor Rn 1) wie in den alten BLändern.

8   **3) Eingeschränkte Geltung des MHG** (Abs II). **a) Anwendungsbereich.** Umfaßt dem Wortlaut nach den gesamten über WoBestd des Beitrittsgebiets, der am 3. 10. 90 als fertiggestellter WoRaum vorhanden war, mit Ausn des WoRaums, der unter Rn 2–7 fällt. Abs II nF stellt nicht mehr wie Abs II aF darauf ab, ob der WoRaum preisgebunden war (vgl 54. Aufl Rn 5). Der AnwendgsBereich deckt sich mit dem WoRaum, dessen höchstzulässiger MietZ dch die hierfür geltden VOen (54. Aufl, Rn 6, 10–13) bestimmt w. Ist eine Wo mitvermietet bzw Garage mitvermietet, erstreckt sich die Anwendg auch auf diese (Einl 3 vor § 1;
9   Börstinghaus WuM **95**, 467 [470]). **b) Wirkung.** Ab 11. 6. 95 gelten grdsätzl die §§ 1–10a; jedoch diesen als SoRegelg vorgeh u ergänzd die §§ 12–17. Die PrBindg ist beendet.

10 **4) Keine Geltung des MHG.** Auch für den WoRaum im Beitrittsgebiet ist inf der Verweisg in Abs II der § 10 III anzuwenden, so daß die §§ 1–9 nicht für den in § 10 III erfaßten WoRaum gelten. Hierfür gelten auch nicht die §§ 12–17 wg der Anknüpfg an die §§ 1–9 (BT-Dr 13/783 S 25). Der Umfang dieser Ausnahmen ist dem § 10 Rn 11–13 zu entnehmen. Das gilt in der BRep einheitl.

MHG 12   *Allgemeine Mieterhöhung.* ¹ Abweichend von § 2 Abs. 1 Satz 1 Nr. 2 kann bis zum 31. Dezember 1997 die Zustimmung zu einer Erhöhung des am 11. Juni 1995 ohne Erhöhungen nach Modernisierung oder Instandsetzungsvereinbarung geschuldeten Mietzinses um 20 vom Hundert verlangt werden, wenn an dem Gebäude mindestens drei der fünf folgenden Bestandteile keine erheblichen Schäden aufweisen:

1. Dach,
2. Fenster,
3. Außenwände,
4. Hausflure oder Treppenräume oder
5. Elektro-, Gas- oder Wasser- und Sanitärinstallationen.

Der Erhöhungssatz ermäßigt sich um 5 vom Hundert bei Wohnraum, der nicht mit einer Zentralheizung und einem Bad ausgestattet ist.

ᴵᴵ Von dem in Absatz 1 genannten Erhöhungssatz können 5 vom Hundert erst zum 1. Januar 1997 und nur für Wohnraum verlangt werden, der in einer Gemeinde mit mindestens 20000 Einwohnern oder in einer Gemeinde liegt, die an eine Gemeinde mit mindestens 100000 Einwohnern angrenzt.

ᴵᴵᴵ Die Erhöhung nach Absatz 1 darf jeweils weitere 5 vom Hundert betragen bei

1. Wohnraum in einem Einfamilienhaus,
2. Wohnraum, der im komplexen Wohnungsbau geplant war und der nach dem 30. Juni 1990 fertiggestellt worden ist, sofern seine Ausstattung über den im komplexen Wohnungsbau üblichen Standard erheblich hinausgeht.

ᴵⱽ Die Vom-Hundert-Sätze des § 2 Abs. 1 Satz 1 Nr. 3 sind aus dem drei Jahre zuvor geschuldeten Mietzins zuzüglich der Mieterhöhungen nach der Ersten und nach den §§ 1, 2 und 4 der Zweiten Grundmietenverordnung zu berechnen. Im übrigen bleiben diese Erhöhungen bei der Anwendung des § 2 Abs. 1 Satz 1 Nr. 1 und 3 außer Betracht.

ⱽ Der Mieter kann die Zustimmung zu dem Erhöhungsverlangen verweigern, wenn der verlangte Mietzins die üblichen Entgelte übersteigt, die in der Gemeinde oder in vergleichbaren Gemeinden für Wohnraum vergleichbarer Art, Größe, Ausstattung, Beschaffenheit und Lage seit dem 11. Juni 1995 vereinbart werden. Dann schuldet er die Zustimmung zu einer Erhöhung bis zur Höhe der in Satz 1 bezeichneten Entgelte, höchstens jedoch bis zu der sich aus den Absätzen 1 bis 4 ergebenden Höhe.

ⱽᴵ Abweichend von § 2 Abs. 2 und 4 gilt:

1. Der Anspruch ist gegenüber dem Mieter schriftlich geltend zu machen und zu erläutern.

2. **Die zweimalige Entrichtung eines erhöhten Mietzinses oder die zweimalige Duldung des Einzugs des Mietzinses im Lastschriftverfahren gilt in dieser Höhe als Zustimmung.**
3. **Ist das Mieterhöhungsverlangen dem Mieter vor dem 1. Juli 1995 zugegangen, so schuldet er den erhöhten Mietzins ab 1. August 1995.**

VII **Abweichend von § 2 Abs. 5 Satz 2 dürfen bei der Erstellung eines Mietspiegels, der nicht über den 30. Juni 1999 hinaus gilt, auch die nach den Absätzen 1 bis 4 zulässigen Entgelte zugrunde gelegt werden.**

1) Allgemeines. Die Vorschr ändert im AnwendgsBereich (§ 11 II) den § 2. Statt der (variablen) ortsübl 1 VglMiete (§ 2 Rn 10) wird für die ÜbgangsZt (bis 31. 12. 97; Abs I S 1) eine lineare MietErhöhg mit einer fiktiven VglMiete zugelassen. Die WarteFr (§ 2 I Nr 1) bleibt unberührt. Die KappgsGrenze des § 2 I Nr 3 ist nach den SoVorschr des Abs IV zu berechnen. Für die MietErhöhg gilt sonst grdsätzl § 2, soweit § 12 nichts abweichdes bestimmt. And MietErhöhgen (zB § 3), sind daneben nicht ausgeschl.

2) Lineare Mieterhöhung (Abs I). Sie kann nur einmal geltdgemacht w. **a) Zeitliche Geltung.** Das 2 MietErhöhgsVerlangen (§ 2) muß spätestens am 31. 12. 97 zugehen (§ 130) u konnte frühestens am 11. 7. 95 erkl w, sofern die WarteFr (§ 2 I Nr 1) abgelaufen war. **b) Ausgangsmiete** (Abs I S 1). Es ist als GrdBetrag 3 auf den am 11. 6. 95 (InKrtreten) geltden MietZ abzustellen u zwar auf die NettokaltM (Beuermann Rn 15), aber nicht fiktiv (Börstinghaus WuM **95**, 467 [469]). Erhöhen wg InstdSetzg od Modernisierg (iS des § 3 I S 1) bleiben dabei unberücks (Abs I S 1), ebso BetrKosten (Beuermann 15). Minderg (§ 537) bleibt unberücks (Börstinghaus aaO 470; Pfeifer DtZ **95**, 309); ebso eine Erhöhg gem § 16 (Pfeifer aaO). **c) Voraussetzungen** (Abs I S 1 Nr 1–5). Damit eine Erhöhg überhaupt zuläss ist, dürfen 3 der 5 bezeichneten Gebde-BestdT keine erhebl Schäd aufweisen. Solche liegen dann vor, wenn Funktion od bestimmtgem Gebr (somit der Wohnwert) wesentl beeinträcht ist, u zwar aus obj Sicht eines dchschnittl Mieters (Beuermann 23). BewL für Schäd: Mieter (Beuermann 59; aA Börstinghaus WuM **95**, 467). Sind mehr als 2 BestdT erhebl beschäd, so ist bis auf weiteres jede einzeit MietErhöhg unzuläss u nur bei Vereinbg mit dem Mieter wirks. Sanierg dch den Mieter bleibt außer Betracht (Pfeifer aaO).

3) Staffelung. Der normale ErhöhgsSatz beträgt 20% (Abs I S 1) od 15% (Abs I S 2). Er ermäß od erhöht 5 sich nach Abs II (Regionalisierg) od Abs III (Wohnwertzuschlag). Außerdem ist zeitl so gestaffelt, daß 5% erst zum 1. 1. 97 verlangt w dürfen, so daß in dem Fall der niedrigsten Erhöhg (Abs I S 2) diese bis 31. 12. 96 bei 10% verbleibt. **a) Wohnwertabschlag** (Abs I S 2). Hier erscheint zweifelh, ob Etagen- u Fernheizg 6 unter die Begr Zentralheizg fallen (bejahd Beuermann 63; Pfeifer DtZ **95**, 309). Die Ermäßigg tritt wg „und" ein, wenn die Wo nur Zentralheizg od Bad hat (Börstinghaus WuM **95**, 467; aA Beuermann 65). Sobald die Ausstattg fertiggestellt w, können die 5% v Verm nachträgl verlangt w; die WarteFr des § 2 I S 1 Nr 1 ist dabei zu beachten (Börstinghaus aaO 471). **b) Regionalisierung** (Abs II 2. SatzT). Vom Erhöhgs- 7 satz gem Abs 1 können 5% ab 1. 1. 97 nur verlangt w, wenn der WoRaum in einer Stadt od Großgemeinde (mind 20000 Einw) liegt od in der RandGem einer Großstadt. Das bedeutet, daß es für den WoWertAbschlag (Abs I S 2) bei 10% Erhöhg verbleibt, wenn der WoRaum in einer v Abs II nicht erfaßten Gem liegt. VerwaltgsGemsch bleiben außer Betracht (Pfeifer DtZ **95**, 309). **c) Wohnwerterhöhung** (Abs III). Der 8 gesamte Erhöhgssatz beträgt dann höchstens 25%. Nr 1 u 2 können nicht zustreffen. **Nr 1:** gilt auch, wenn 9 Garten nicht mitüblassen ist; aber nicht bei EinliegerWo (Beuermann 72); denn das Haus darf bestimmtgsgemäß nicht mehr als eine Wo enthalten. Zum Begr: Pfeifer DtZ **95**, 309. **Nr 2:** umfaßt Gbde in WoGebieten 10 mit einheitl Bebaugskonzeption (Beuermann 79). Der übl WoStandard ist nach DDR-Vorschr zu best. Erfaßt w soll nur die sog Luxusplatte, wobei die Umstde des Einzelfalls zu berücks sind (Beuermann 83–88). Abzustellen ist auf einen annähernden sog West-Standard, mind für 3 Merkmale (Beuermann 88). **d) Zeit-** 11 **lich.** Die restl 5% des ErhöhgsSatzes können in allen Fällen der Erhöhg erst zum 1. 1. 97 verlangt w, also nicht früher wirks w. Das ErhöhgsVerlangen hierfür muß dem Mieter spätestens am 31. 10. 96 zugehen.

4) Kappungsgrenze (Abs IV). Es gilt grdsätzl § 2 I S 1 Nr 3 (dort Rn 16–19a). Nur die Berechng der 12 KappgsGrenze w dadch abgeänd. Sie beträgt idR 30% gemäß § 2 I S 1 Nr 3 S 1, weil dieses S 2 lit b) eine NettokaltM v 8 DM/qm voraussetzt, die für WoRaum im Beitrittsgebiet kaum erreicht w. Der Ausgangswert für die KappgsGrenze wird nach der NettokaltM vom 11. 6. 92 mit den Zuschlägen der 1. u 2. GrundMVO (vgl Art 232 § 2 Rn 6 EG) berechnet, wenn diese am 11. 6. 95 fäll waren. Dch Abs IV S 2 wird klargestellt, daß diese Erhöhgen (während der WarteFr § 2 I S 1 Nr 1) u dem 3-Jahres-ZtRaum (§ 2 I S 1 Nr 2) nicht berücksicht w dürfen. Dasselbe gilt für BetrKostErhöhg (Pfeifer DtZ **95**, 309 [312]).

5) Zustimmungsverweigerung des Mieters (Abs V). Der Mieter schuldet die Zust (§ 2 Rn 30) bis zur 13 ortsübl VglMiete u keinesf höher als nach Abs I–IV. Die VglMiete ist aus den seit 11. 6. 95 vereinb NeuVertrMieten zu errechnen. Weil diese die bisher preisgebundenen Mieten zuzügl Steigerg gem § 12 bis zu 15% übsteigen dürfen (Art 2 § 2 MÜblG) , ist eine niedrigere VglMiete kaum denkb (Beuermann 104). Die Vorschr ist daher weitestgehd ggstdsl u dürfte nur eine Alibifunktion haben.

6) Mieterhöhungsverlangen (Abs VI). Es gelten grdsätzl § 2 u § 8. Anwendb ist Abs VI nur für die 14 MietErhöhgsverlangen gem Abs I bis 31. 12. 97 u bestimmt hierfür anstatt § 2 II u IV als SoRegelg: **a) Nr 1** 15 **Form und Inhalt:** Es gilt v § 2 Abs II ledigl die Schriftform (dort Rn 21) u als Inhalt genügt eine auf Abs I– IV bezogene, im Einzelnen konkretisierte Erläuterg (Pfeifer DtZ **95**, 309). **b) Nr 2 Zustimmungsfiktion.** 16 Setzt ein vorangegangenes MietErhöhgsVerlangen voraus (Pfeifer DtZ **95**, 309 [313]). Sie tritt ein, wenn der Mieter außer Zahlg od Duldg des Einzugs schweigt. Diese Wirkg wird dch jede widersprechde Erkl 17 verhindert, insb dch Zahlg unter Vorbehalt. Das ist auch für einen Teil der verlangten Erhöhg mögl. **c) Nr** 17 **3 Erhöhung der Miete.** Abweichd v § 2 IV (Beginn des 3. KalMonats seit Zugang) wird best, daß (nur) bei den vor dem 1. 7. 95 zugegangenen ErhöhgsVerlangen die Veränd auf die erhöhte Miete (u deren Fällk) bereits ab 1. 8. 95 (somit ab der August-Miete) eintritt. Für den SchuVerz gilt § 284 II S 1 (KalTag im G; aA Beuermann 177).

18   **7) Mietspiegel** (Abs VII). Anders als in § 2 V S 2, der die Berücksichtigg von ges gebundenen Höchstbetragsmieten verbietet, dürfen für MSpiegel im Beitrittsgebiet die bisher preisgebundenen Mieten zugrundegelegt w, jedoch nur mit dem nach den Abs I–IV zuläss erhöhten MietZ.

MHG 13 *Beschränkte Mieterhöhung bei Modernisierung.* [I] Bei der Anwendung des § 3 auf Wohnraum im Sinne des § 11 Abs. 2 dürfen Mieterhöhungen, die bis zum 31. Dezember 1997 erklärt werden, insgesamt drei Deutsche Mark je Quadratmeter Wohnfläche monatlich nicht übersteigen, es sei denn, der Mieter stimmt im Rahmen einer Vereinbarung nach § 17 einer weitergehenden Mieterhöhung zu.

[II] Absatz ist nicht anzuwenden,

1. soweit der Vermieter bauliche Änderungen auf Grund von Umständen durchgeführt hat, die er nicht zu vertreten hat,

2. wenn mit der baulichen Maßnahme vor dem 1. Juli 1995 begonnen worden ist oder

3. wenn die bauliche Änderung mit Mitteln der einkommensorientierten Förderung im Sinne des § 88 e des Zweiten Wohnungsbaugesetzes gefördert wurde.

1   **1) Allgemeines.** Die Vorschr soll die MietErhöhg, die im Rahmen des § 3 (Modernisierg) verlangt w kann, begrenzen. **a) Abdingbarkeit** ist nur dch eine Zust des Mieters gegeben, die dem § 17 entspr.
2   **b) Voraussetzung** ist die Anwendbk u die Dchführg einer MietErhöhg gem § 3, der in vollem Umfang
3   gilt. **c) Wirkung.** Die Erhöhg der Miete um 11%, die § 3 I S 1 zuläßt, wird dch Abs I begrenzt auf monatl 3 DM pro qm WoFläche, berechnet nach MietVertr u §§ 42–44 II. BV. Der überschießde Betrag kann für eine MietErhöhg in der Zt nach dem 31. 12. 97 vorbehalten w (Beuermann 6; aA Börstinghaus WuM **95**, 467 [473]); aber nur ex nunc (Pfeifer DtZ **95**, 309).

4   **2) Anwendungsbereich. a) Umfaßt** jeden WoRaum iS des § 11 II. § 13 gilt nur für ErhöhgsVerlangen,
5   die bis zum 31. 12. 97 erkl w, dh zugehen (§ 130). **b) Ausgenommen** sind mit der Wirkg, daß eine Begrenzg auf 3 DM (Abs I) unterbleibt, die Fälle des Abs II: **Nr. 1:** Das ist der Fall des § 3 Rn 12 u § 10a Rn 5: somit alle Umstde, welche die baul Ändg erzwingen, ohne daß sie vom Verm schuldh (§§ 276, 278) herbeigeführt w, zB ModernisiergsGebote nach § 177 BBauGB od Umstellg auf Erdgas (Beuermann 33).
6   **Nr 2:** Beginn bedeutet die erste tats körperl Handlg. Plang u Ankünd reichen nicht. **Nr 3:** Bei der vereinb Förderg des WoBaus dch Darl u Zuschüsse entfällt ein bes Schutzbedürfn des Mieters, weil dessen Interessen schon in § 88 d II. WoBauG ausreichd geschützt w.

MHG 14 *Betriebskosten.* [I] Betriebskosten im Sinne des § 27 der Zweiten Berechnungsverordnung dürfen bei Mietverhältnissen auf Grund von Verträgen, die vor dem 11. Juni 1995 abgeschlossen worden sind, auch nach diesem Zeitpunkt bis zum 31. Dezember 1997 durch schriftliche Erklärung auf die Mieter umgelegt und hierfür Vorauszahlungen in angemessener Höhe verlangt werden. Sind bis zu diesem Zeitpunkt Betriebskosten umgelegt oder angemessene Vorauszahlungen verlangt worden, so gilt dies als vertraglich vereinbart. § 8 ist entsprechend anzuwenden.

[II] Betriebkosten, die auf Zeiträume vor dem 11. Juni 1995 entfallen, sind nach den bisherigen Vorschriften abzurechnen. Später angefallene Betriebskosten aus einem Abrechnungszeitraum, der vor dem 11. Juni 1995 begonnen hat, können nach den bisherigen Vorschriften abgerechnet werden.

1   **Allgemeines:** Der Vorschr ist die allg Regel des § 4 zugrdegelegt u gibt dem Verm ein einseit BestimmgsR üb Umlage der BetrKosten u Vorauszahlg wie in der BetrKostUmlVO v 17. 6. 91 (BGBl 1270) idF der BetrKostUmlÄndVO v 27. 7. 92 (BGBl 1415) üb die seit 11. 6. 95 wirks gewordene Aufhebg (Art
2   6 II Nr 3 MÜblG) hinaus. **Zweck:** Dem Verm soll das bis 11. 6. 95 noch nicht ausgeübte BestimmgsR bis
3   31. 12. 97 erhalten bleiben. **Anwendbar** (Abs I S 1) nur auf MietVerh iS des § 11 II, die vor dem 11. 6. 95 abgeschl w. **Wirkung:** Der Verm kann bis 31. 12. 97 dch einseit Erkl (Rn 5) BetrKost auf den Mieter
4   umlegen und Vorauszahlgen verlangen. **Fingierte Vereinbarung** (Abs I S 2) ist anzunehmen, wenn bis zum 31. 12. 97 dch den Verm die BetrKost wirks umgelegt u Vorauszahlgen verlangt w. Dann gilt diese einseit Regelg auch für die Zeit danach als wirks. Eine Anhebg wg Erhöhg wird dadch nicht ausgeschl
5   (Pfeifer DtZ **95**, 309 [315]). **Form:** Es gilt § 4 II, so daß neben der schriftl Erkl die Umlage auch die Höhe
6   nach begrdet w muß (§ 3 Rn 11). Unterschr ist nach Maßg des § 8 entbehrl (Abs I S 3). **Wirkung:** Seit 11. 6. 95 gilt für die Abrechng § 4. Für die Zt bis dahin ist nach der seit 11. 6. 95 aufgehobenen BetrKostUmlVO (Rn 1) abzurechnen (Abs II S 1). Bei ZtRäumen, die teils vor, teils nach dem 11. 6. 95 liegen, kann (nicht muß) der Verm nach der BetrKostUmlVO (Rn 1) abrechnen (Abs II S 2).

MHG 15 *Kapitalkosten für Altverbindlichkeiten.* [I] Auf Erhöhungen der Kapitalkosten für Altverbindlichkeiten im Sinne des § 3 des Altschuldenhilfegesetzes ist § 5 nicht anzuwenden.

1   Der Vorschr liegt § 5 zugrde, der seit 11. 6. 95 auch für den in § 11 II bezeichneten WoRaum gilt. Dch § 15 wird eine einseit MietErhöhg im Wege der Umlage bei solchen Altverbindlk ausgeschl. Das hat nur klarstellde Wirkg.

MHG 16 *Erhöhung gemäß Grundmietenverordnung.* [I] Bis zum 31. Dezember 1997 kann der Vermieter durch schriftliche Erklärung eine Erhöhung des Mietzinses entsprechend § 2 der Zweiten Grundmietenverordnung um 0,30 Deutsche Mark je Quadratmeter Wohnfläche monatlich für jeden Bestandteil im Sinne des § 12 Abs. 1 zum Ersten des auf die

Erklärung folgenden übernächsten Monats verlangen, wenn an dem Bestandteil erhebliche Schäden nicht vorhanden sind und dafür eine Erhöhung bisher nicht vorgenommen wurde. § 8 ist entsprechend anzuwenden.

II Vor dem 11. Juni 1995 getroffene Vereinbarungen über Mieterhöhungen nach Instandsetzung im Sinne des § 3 der Zweiten Grundmietenverordnung bleiben wirksam.

Zweck. Der Verm soll die Möglk haben, den MietZ in der nach § 11 III aF, § 2 der 2. GrundMVO **1** zuläss Höhe, auch nach Aufhebg des § 11 III u der 2. GrundMVO (Art 6 II Nr 2 MÜblG), weiterhin zu verlangen, wenn er diese Mieterhöhg bisher unterlassen hat. **Anwendbar** zeitl bis 31. 12. 97; sachl auf WoRaum iS des § 11 II. **Voraussetzungen.** Die Beschaffenh der Wo muß mind in einem der BestdT **2** ohne erhebl Schäd sein, dem § 2 der 2. GrundMVO entspr, auch wenn sich die Instandsetzg üb den 11. 6. 95 hinaus erstreckt. Die zuläss MietErhöhg muß bisher unterblieben sein. Die WarteFr des § 2 I S 1 Nr 1 muß nicht eingehalten w (umstr). **Form.** schriftl Erkl (wie § 2 Rn 21) mit der Ausn des § 8 **3** (Abs I S 2). **Wirkung.** Einseit MietErhöhg auf den 1. des übnächsten Monats. Bsp: ErklZugang im Okt **4** bis 31. bewirkt Erhöhg zum 1. 12. Höhe: 0,30 DM pro qm für jeden BestdT iS des § 12 I, der keine erhebl Schäd aufweist. **Fortgeltung.** Abs II hat nur klarstelle Wirkg dahin, daß die zZt der Geltg der **5** 2. GrundMVO gem § 3 vereinb MietErhöhgen auch dann wirks bleiben, wenn die Instandsetzg erst nach dem 11. 6. 95 abgeschlossen w u erst damit die MErhöhg beginnt.

MHG 17 *Begrenzte Unabdingbarkeit.* § 10 Abs. 1 gilt mit der Maßgabe, daß Vereinbarungen, die zum Nachteil des Mieters von den Vorschriften der §§ 1 bis 9, § 10 Abs. 2, §§ 10a bis 16 abweichen, unwirksam sind, es sei denn, daß der Mieter während des Bestehens des Mietverhältnisses einer Mieterhöhung um einen bestimmten Betrag zugestimmt hat.

Die Vorschr regelt die Anwendg des § 10 I für den unter § 11 II fallden WoRaum. Zweifelh dürfte **1** sein, ob § 17 gesetzgeber gelungen ist: **(1)** § 10 I hätte wg § 11 II sowieso gegolten u die §§ 1–9 umfaßt. **(2)** § 10 I gilt für die Fälle des § 10 II nicht (dort Abs II S 1). **(3)** Dasselbe trifft für § 10a zu (dort Abs I S 1). Notwend u wohl gewollt war, die begrenzte Unabdingbk gem § 10 I nach den gleichen Kriterien (für den Mieter nachteil abweichde Vereinbg – bestehdes MietVerh – bestimmter Betrag) auf die neuen §§ 12–16 zu erstrecken. § 10 Rn 1–3 treffen insoweit auch für § 17 zu.

Anhang: Gesetz zur Überleitung preisgebundenen Wohnraums im Beitrittsgebiet in das allgemeine Miethöherecht (Mietenüberleitungsgesetz)

– Auszug –

Artikel 1. Änderung des Gesetzes zur Regelung der Miethöhe

[siehe dort §§ 11–17]

Artikel 2. Gesetz über die Angemessenheit von Entgelten beim Übergang in das Vergleichmietensystem

§ 1. Angemessenheit von Entgelten

Nicht unangemessen hoch im Sinne des § 5 des Wirtschaftsstrafgesetzes 1954 sind Entgelte für Wohnraum im Sinne des § 11 Abs. 2 des Gesetzes zur Regelung der Miethöhe, die

1. bis zum 31. Dezember 1997 nach § 3 oder § 13 des Gesetzes zur Regelung der Miethöhe geändert oder nach § 13 in Verbindung mit § 17 jenes Gesetzes vereinbart oder

2. bei der Wiedervermietung in einer der Nummer 1 entsprechenden Höhe vereinbart

worden sind.

§ 2. Übergangsvorschrift für Neuvertragsmieten

Beim Abschluß eines Mietvertrages über Wohnraum im Sinne des § 11 Abs. 2 des Gesetzes zur Regelung der Miethöhe darf der Mietzins den nach den §§ 3, 12, 13, 16 oder 17 des Gesetzes zur Regelung der Miethöhe zulässigen Mietzins bis zum 30. Juni 1997 nicht um mehr als 15 vom Hundert übersteigen.

Artikel 3–5

[betr Änderung des Schuldrechtsanpassungsgesetzes, Wohngeldsondergesetzes u des Wohngeldgesetzes]

Artikel 6. Inkrafttreten, Außerkrafttreten von Vorschriften

I Artikel 5 Nr. 1 tritt mit Wirkung vom 1. Januar 1995, die Artikel 4 und 5 treten im übrigen am 1. Juli 1995 in Kraft.

^{II} **Im übrigen tritt dieses Gesetz am Tage nach der Verkündung* in Kraft. Gleichzeitig treten außer Kraft**

1. **die Erste Grundmietenverordnung vom 17. Juni 1991 (BGBl. I S. 1269),**
2. **die Zweite Grundmietenverordnung vom 27. Juli 1992 (BGBl. I S. 1416),**
3. **die Betriebskosten-Umlageverordnung vom 17. Juni 1991 (BGBl. I S. 1270), zuletzt geändert durch die Verordnung vom 27. Juli 1992 (BGBl. I S. 1415).**

---

* Verkündung: 10. 6. 1995.

Gesetz über die Haftung für fehlerhafte Produkte (Produkthaftungsgesetz – ProdHaftG)

Vom 15. Dezember 1989 (BGBl I S 2198), geändert durch Markenrechtsreformgesetz vom 25. Oktober 1994 (BGBl I S 3081) u Gesetz zu dem Übereinkommen vom 16. September 1988 über die gerichtliche Zuständigkeit und die Vollstreckung gerichtlicher Entscheidungen in Zivil- und Handelssachen vom 30. September 1994 (BGBl II S 2658, Bek vom 8. Februar 1995, BGBl II S 221)

Bearbeiter: Prof. Dr. Thomas, Vorsitzender Richter am Oberlandesgericht München i. R.

Einführung

1) Begriff. Unter ProdHaftg versteht man die Haftg des Herst für FolgeSchäd aus der Benutzg seiner **1** Prod, u zwar für Pers- u SachSchäd grdsätzl außerh der Fehlerhaftigk des Prod, die der bestimmgsgem Verbr od sonstige Pers inf eines Fehlers des Erzeugn erleiden. In Abgrenzg zur vertragl Gwl (vgl § 3 Rn 1) geht es um das Einstehen des Herst für Gef für Pers u Eigt inf fehlder Sicherh des Prod, also um das Integritätsinteresse.

2) Grund der gesetzlichen Regelung.

a) Die EG-Richtlinie Produkthaftung vom 25. 7. 85, schreibt in Art 19 zur Verbesserung des Ver- **2** brSchutzes u zur Harmonisierg der ProdHaftPfl bindend den Erl der Vorschr vor, die zur Umsetzg der in der Richtlinie enthaltenen Regelg in nat Recht erforderl sind. Dies ist dch den Erlaß des ProdHaftG geschehen, in Kraft seit 1. 1. 90.

b) Die **Vorteile der Regelung** sieht der GesGeber (vgl BT-Drucks 11/2447 – amtl Begründg A III 1) **3** darühinaus in folgden Umst: Anstelle einer schwer überschaub EinzFallRspr mit deliktsrechtl außerordentl hohen SorgfAnfordergen orientiert sich die Haftg im Interesse der RSicherh an obj Kriterien; der deliktsrechtl Vorwurf des Unrechts, der den Beziehgen zw Herst u Abnehmer unter Berücksichtigg der modernen Produktionsmethoden nicht gerecht wird, wird dch die Einf der GefährdgsHaftg beseitigt; an die Stelle der bisher praktizierten BewErleichtergen, die im EinzFall eine verlässl Aussage über das HaftgsRisiko nicht zulassen, treten ges BewLastVorschr.

3) Aufbau des Gesetzes, Inhaltsübersicht. § 1 normiert in Abs I die Haftg des Herst für Pers- u **4** Sachschäden inf eines ProdFehlers, in Abs II u III Ausschluß-Tatbestde, in Abs IV die BewLast. §§ 2, 3, 4 geben Legaldefinitionen für die Begr Produkt, Fehler u Herst. § 5 regelt die Verantwortlichk mehrerer erspflichtiger Herst u den Ausgl im InnenVerh, § 6 die HaftgsMinderg bei MitVersch des Geschädigten u Dritter. §§ 7–9 bestimmen Umfang u Art der ErsPfl bei Tötg u KörperVerl. § 10 beschränkt die Haftg bei Tod und KörperVerl auf einen HöchstBetr, § 11 legt bei Haftg für Sachschäden eine SelbstBeteil fest. § 12 regelt die Verj, § 13 das Erlöschen des Anspr dch ZtAblauf. § 14 erklärt die ErsPfl für im voraus unabdingb u unbeschränkb. § 15 stellt das Verh zu anderen RVorschr klar. § 16 enthält eine ÜbergangsRegelg, § 17 eine Ermächtigg zum Erl von RVOen.

4) Die wesentlichen Abweichungen vom Deliktsrecht. GefährdgsHaftg (§ 1 I) mit HöchstBetr bei **5** Tod od KörperVerl (§ 10) u SelbstBeteil bei SachSchad (§ 11). Da Versch nicht Vorauss der Haftg ist, hat der Herst keine ExculpationsMöglichk, auch nicht bei nicht vermeidb Fehlern an einem EinzStück („Ausreißer"). Die prakt Auswirkg ist im Hinbl auf die BewLastumkehr und die sehr hohen SorgfAnfordergen im DeliktsR nicht sehr erhebl. Kodifiziert die HaftgsAusschlTatbestde in § 1 II, III. Ges BewLastRegelg in § 1 IV. Unter den Begr Produkt fällt auch die Elektrizität (§ 2). Für sog EntwicklgsGef begründet das Ges in § 3 keine GefährdgsHaftg. § 4 I, II zieht den Kreis der Herst weit, Abs III begründet eine subsidiäre Haftg des Lieferanten. Keine Haftg für Schäden an der gelieferten Sache selbst u für Sachschaden im gewerbl GeschVerk (§ 1 I 2). Anspr erlischt 10 Jhre nach InVerkBringen des Prod (§ 13).

5) Anwendungsbereich. **6**

a) Sachlich regelt das Ges die Haftg des Herst für Körper-, Gesundh- u SachSchad, die dch den Fehler eines Prod verursacht worden sind, für SachSchäd nur, wenn eine and Sache als das fehlerh Prod selbst beschädigt wird u diese and Sache ihrer Art nach gewöhnl für den priv Ge- od Verbr best ist u auch hauptsächl verwendet wird (§ 1 I 2). Nicht unter die ErsPfl nach dem ProdHaftG fallen EntwicklgsGef (§ 3), der Ers von Vermögens- u immat Schäd, von ArzneimittelSchäd (§ 15 I) und von NuklearSchäd (Art 14 EG-Richtlinie).

b) Zeitlich gilt das Ges für fehlerh Prod, die ab seinem Inkrafttr am 1. 1. 90 in Verk gebracht worden **7** sind (§ 16).

6) Konkurrenz mit anderen Ansprüchen. Weitergehende ErsAnspr gg den Herst u ErsAnspr gg **8** sonstige Pers aGrd and RVorschr bleiben vom ProdHaftG grdsätzl unberührt (§ 15).

7) In den ostdeutschen Ländern ist das Ges nur auf solche Prod anwendb, die am 3. 10. 90 od später in **9** Verk gebracht worden sind (Anl I Kap III Sachgebiet B Abschn III Nr 8 zum EinigsV).

ProdHaftG 1 *Haftung.* [1] Wird durch den Fehler eines Produkts jemand getötet, sein Körper oder seine Gesundheit verletzt oder eine Sache beschädigt, so ist der Hersteller des Produkts verpflichtet, dem Geschädigten den daraus entstehenden Schaden zu ersetzen. Im Falle der Sachbeschädigung gilt dies nur, wenn eine andere Sache als das fehlerhafte

Produkt beschädigt wird und diese andere Sache ihrer Art nach gewöhnlich für den privaten Ge- oder Verbrauch bestimmt und hierzu von dem Geschädigten hauptsächlich verwendet worden ist.

II Die Ersatzpflicht des Herstellers ist ausgeschlossen, wenn

1. er das Produkt nicht in den Verkehr gebracht hat,
2. nach den Umständen davon auszugehen ist, daß das Produkt den Fehler, der den Schaden verursacht hat, noch nicht hatte, als der Hersteller es in den Verkehr brachte,
3. er das Produkt weder für den Verkauf oder eine andere Form des Vertriebs mit wirtschaftlichem Zweck hergestellt noch im Rahmen seiner beruflichen Tätigkeit hergestellt oder vertrieben hat,
4. der Fehler darauf beruht, daß das Produkt in dem Zeitpunkt, in dem der Hersteller es in den Verkehr brachte, dazu zwingenden Rechtsvorschriften entsprochen hat, oder
5. der Fehler nach dem Stand der Wissenschaft und Technik in dem Zeitpunkt, in dem der Hersteller das Produkt in den Verkehr brachte, nicht erkannt werden konnte.

III Die Ersatzpflicht des Herstellers eines Teilprodukts ist ferner ausgeschlossen, wenn der Fehler durch die Konstruktion des Produkts, in welches das Teilprodukt eingearbeitet wurde, oder durch die Anleitungen des Herstellers des Produkts verursacht worden ist. Satz 1 ist auf den Hersteller eines Grundstoffs entsprechend anzuwenden.

IV Für den Fehler, den Schaden und den ursächlichen Zusammenhang zwischen Fehler und Schaden trägt der Geschädigte die Beweislast. Ist streitig, ob die Ersatzpflicht gemäß Absatz 2 oder 3 ausgeschlossen ist, so trägt der Hersteller die Beweislast.

Übersicht

1 **1) Regelungsgehalt.** Vgl zunächst die Einf. Abs I begründet eine verschunabhäng GefährdgsHaftg (Amtl Begründg A VI 1, Taschner-Frietsch EG-Richtlinie ProdHaftg Art 1 Rdn 2 unter Hinw auf die amtl Überschrift des vergleichb § 84 AMG). Die Bezeichng der Haftg ist – ohne prakt Folgen – allerd unterschiedl (Nachw bei Schmidt-Salzer BB **86**, 1103 [1107] Nr 28 u Fußn 8 bis 13). Abs II, III enthalten Tatbestde, die die Haftg ausschließen, Abs IV regelt die BewLast. Die Haftg ist im voraus unabdingb gem § 14, eine ggf nach zul Vorschr begründete Haftg bleibt gem § 15 unberührt.

2) Anspruchsvoraussetzungen.

2 **A) Produktfehler.** Legaldefinition für Prod in § 2, für Fehler in § 3.

B) Verletzung eines der in Abs I 1 geschützten RGüter.

3 **a) Tötung eines Menschen.** Vgl BGB 823 Rn 3. HöchstBetr § 10.

4 **b) Körper-, Gesundheitsverletzung.** Vgl BGB 823 Rn 4. HöchstBetr § 10.

5 **c) Sachschaden.** Sache wie BGB 90. Beschädigg wie BGB 823 Rn 8, 9. SelbstBeteiligg § 11. Der Sach-
6 Schad ist gem Abs I 2 nur beschr ersetzb. – **aa) Eine andere Sache** als das fehlerh Prod selbst muß beschädigt worden sein. Die Abgrenzg bereitet Schwierigk bei einem ansonsten fehlerfreien EndProd, das dch ein fehlerh, funktionell abgrenzb TeilProd beschädigt wird, sog weiterfressder Fehler. Wenn das End-Prod in diesem Fall nicht als „andere" Sache einzustufen ist (so Kullmann/Pfister, ProdHaftg Bd 1 Nr 3600 B IV 1, Büchner DB **88**, 32 [36], Cahn ZIP **90**, 482, v Westphalen NJW **90**, 83; zweifelnd Sack VersR **88**, 439 unter Hinweis darauf, daß gemäß § 2 I 1 Prod auch eine Sache ist, die einen Tl einer and Sache bildet), dann ist der SachSchad nach dem ProdHaftG nicht ersetzb. Unberührt bleibt auch in diesen Fällen ggf die Haftg des Herst des fehlerh EinzTls, wenn er vom Herst des EndProd verschieden ist, u die Haftg des Herst des
7 EndProd unter dem GesichtsPkt der Gewl od der EigtVerl (vgl BGB 823 Rn 212, 213). – **bb) Für den privaten Ge- oder Verbrauch** muß die beschädigte and Sache ihrer Art nach gewöhnl best u hierzu von dem Geschädigten hauptsächl verwendet worden sein. Geschützt ist also nur der priv (End-)Verbr, SachSchäd im berufl-, geschäftl-, gewerbl Bereich fallen nicht unter § 1, sind aber ggf nach BGB 823 ersetzb. Die obj u die subj Komponente (allg ZweckBest u pers Verwendg im priv Bereich) müssen kumulativ erfüllt sein. Das TatbestMerkm gewöhnl bedeutet, daß eine Sache von der Art der beschädigten im allg für Erwerbszwecke hergestellt wird. Zusätzl muß der Geschädigte die beschädigte Sache subj hauptsächl, dh ganz überwiegend zur Befriedigg pers Bedürfn od Interessen verwenden. Die Abgrenzg kann im EinzFall schwier sein.

8 **d) Vermögens- und immaterieller Schaden** fallen nicht unter das ProdHaftG. Das Verm als solches ist hier wie in BGB 823 I kein geschütztes RGut. Es gibt kein SchmerzG.

9 **3) Ursächlichkeit.** Durch den ProdFehler muß der entstandene Schad verursacht sein. Es muß also ein ZurechngsZushang, adäquate Kausalität zwischen dem ProdFehler u dem entstandenen Schad bestehen. Vgl Vorb 57ff vor BGB 249.

4) Anspruchsberechtigt ist der Geschädigte.

a) Unmittelbar geschädigt (vgl BGB 823 Rn 157) kann insb jeder Benützer, Verwender des fehlerh 10 Prod, aber auch jeder unbeteil Dr sein, der mit ihm in Berührg kommt. Wg nicht ersetzb SachSchäd vgl Rn 5–7.

b) Mittelbar geschädigt mit eig ErsAnspr iF der Tötg u KörperVerl ist der in §§ 7, 8 genannte Pers- 11 Kreis.

5) Ersatzpflichtig ist unbeschadet des HaftgsAusschl gem Abs II, III, des HöchstBetr gem § 10 u der 12 SelbstBeteil gem § 11 der Herst – Legaldefinition in § 4 I, II –, der Herst eines TeilProd mit der aus § 1 III ersichtl Einschränkg; subsidiär der Lieferant gem § 4 III. Mehrere ErsPflichtige haften als GesamtSchu gem § 5.

6) Haftungsausschluß nach Absatz II. Trotz Vorliegens der Vorauss gem Abs I haftet der in Anspr 13 Genomme nicht, wenn er einen der in Nrn 1 bis 5 umschriebenen Tatbestd beweist.

a) Nr 1 stellt auf das **Nicht-In-Verkehr-Bringen** des Prod ab. Dabei ist zu unterscheiden: – **aa)** Der 14 **Hersteller,** auch der QuasiHerst, bringt in Verk, sobald er sich willentl des tatsächl HerrschGewalt über das Prod begibt. Dies geschieht dadch, daß er es ausliefert, in den Vertrieb, in die Verteilerkette, in den WirtschKreislauf gibt. Das tut auch der Herst eines TeilProd od GrdStoffes mit der Lieferg an den End- od einen and TeilHerst. Nicht in Verk gebracht hat der Herst ein Prod, das ohne seinen Willen seiner VfgsMacht entzogen wurde, zB dch Diebstahl, Unterschlagg. – **bb)** Der **Importeur** aus einem nicht der 15 EG angehör Land (§ 4 II) gilt vom Ztpkt des Imports an als Herst. Er kann also begriffl vor diesem Ztpkt nicht in Verk bringen, der dafür maßgebl Vorgang (vorstehend a) kann sich erst ab dem Import in ein EG-Land zutragen. – **cc) Lieferant** (§ 4 III) kann jmd, der ein Prod bezogen hat, erst dch die Weitergabe iS der 16 vorstehen Anm a werden, das InkVerkBringen macht ihn zum Lieferanten.

b) Nr 2 stellt auf die **Fehlerfreiheit im Zeitpunkt des In-Verkehr-Bringens** des Prod ab. Der Herst u 17 wer ihm gleichsteht (§ 4) haftet nicht, wenn das Prod den schadensurs Fehler zum Ztpkt des InVerkBringens (vorstehd Rn 14–16) noch nicht aufwies. Von prakt Bedeutg ist dies nur für Fabrikationsfehler (vgl § 3 Rn 4), weil ein Konstruktionsfehler (vgl § 3 Rn 3) begrnotw einem Prod von der Entstehg an auf Dauer anhaftet und weil auch ein Instruktionsfehler (vgl § 3 Rn 5) das Prod vom Ztpkt des InVerkBringens an begleitet, bis er nachträgl behoben wird (ebso amtl Begrdg B zu § 1, Taschner-Frietsch EG-Richtlinie Art 7 Rdn 10). Der dem Herst obliegde Nachw (Abs IV) ist dadch zu führen, daß entw das Prod bei InVerkBrin-gen den schadursächl Fabrikationsfehler noch nicht gehat haben kann, woraus sich notw ergibt, daß er erst später entstanden sein muß, oder daß der Fehler tatsächl erst danach entstanden ist, zB dch unsachgam Benützg, Verwendg, Aufbewahrg. Dabei sind insbes die Art des Prod, die Intensität des Gebr, vor allem auch die ZtSpanne zwischen InVerkBringen u SchadEintritt zu berücksichtigen. Erforderl ist eine zuverläss Dokumentation der Ausgangskontrolle (BGH **104**, 323, BB **93**, 1476); für Prod, bei denen ein erhebl Risiko für den Verbraucher in der Herstellg geradezu angelegt ist, darüber hinaus eine Statussichg über das Freisein von Mängeln (BGH NJW **93**, 528, NJW **95**, 2162); bei Einbau zugelieferter Tle außerdem eine Eingangs-kontrolle u ihre Dokumentation (Steckler BB **93**, 1225). Ist dies geschehen, so führt die Formulierg „nach den Umst davon auszugehen ist" zu BewErleicherg wie in § 252 S 2 (Amtl Begründg B zu § 1).

c) Nr 3 stellt auf den **nicht kommerziellen Zweck der Herstellung** bzw des Vertriebs ab. Die Haftg 18 des Herst od wer ihm gleich steht (§ 4) entfällt nur, wenn er die beiden im Text genannten Vorauss kumulativ beweist. – **aa) Herstellung nicht zum Vertrieb mit wirtschaftlichem Zweck** bedeutet, daß das Prod nicht in der Abs fabriziert ist, dch seinen irgdwie gearteten entgeltl Vertrieb, zB dch Verkauf, Vermietg, Verpachtg, Verleasen unmittelb od mittelb Gewinn zu erzielen. Jede auf GewinnErzielg gerichte-te auch priv Herstellg, erfüllt die Vorauss nicht. Nach dem GesWortlaut scheint es auf die Abs im Ztpkt der Herstellg anzukommen. Danach würde ein Herst, der außerh seiner berufl Tätig für sich priv od zum Verschenken herstellt, nicht haften, wenn er nach der FertStellg seine Abs ändert u das Prod doch entgeltl vertreibt. Die rein subj Abs bei der Herstellg kann nach dem Zweck der ProdHaftg nicht dazu führen, daß der Geschädigte ohne Ers bleibt, wenn der Herst das fehlerh Prod dann doch kommerzialisiert hat (Taschner-Frietsch EG-Richtlinie Art 7 Rdn 20). Zumindest ist iR der BewWürdigg die spätere Kommer-zialisierung ein starkes Indiz gg die bei Herstellg fehlde Abs dazu. – **bb) Herstellung oder Vertrieb nicht** 19 **im Rahmen beruflicher Tätigkeit.** Hier kommt es nicht auf die fehlde Abs der GewinnErzielg wie vorstehd Rn 14–16, sondern darauf an, daß der Herst das Prod außerh seiner berufl Tätigk hergestellt od (alternat) vertrieben hat. Jede Herstellg oder jeder auch unentgeltl Vertrieb des Prod iR der berufl Tätigk des Herst erfüllt die Vorauss nicht.

d) Nr 4 stellt auf die **Herstellung entsprechend dazu zwingenden Rechtsvorschriften** ab, um den 20 Herst nicht in die Zwangslage zu Ungehorsam od Haftg zu bringen. Er ist von der Haftg frei, wenn der Fehler darauf beruht (Kausalität erforderl), daß das Prod in dem Ztpkt, in dem der Herst es in Verk brachte, einer in einem Ges od einer VO selbst enthaltenen verbindl DetailRegelg, so u nicht anders herzustellen, od einer techn Norm entsprach, auf die im Ges oder einer VO verbindl verwiesen ist. And Vorschr genügen dieser Vorauss nicht wie DIN-(BGH VersR **84**, 270, Köhler BB Beilage 4/85) u VDE-Normen, ges festgelegte Schutzziele u die Generalklauseln zu ihrer Erreichg, nationale Sicherh-Normen zur Erreichg eines MindStandards, die grundlegden SicherhAnfdgen der EG-Kommission. Sie alle zwingen nicht zu einer genau festgelegten Produktionsweise, können aber für die Frage der Fehlerhaftigk des Prod (§ 3) eine Rolle spielen. Von prakt Bedeutg ist die Best nur für Konstruktionsfehler. Auf sie berufen können sich, je nach dem Ztpkt des InVerkBringens, alle Herst iS des § 4. Je nach Sachlage kann StaatsHaftg wegen des Erlasses von Ges od VOen mit verbindl HerstellgsVorschr, die zu Fehlern führen, infrage kommen.

e) Nr 5, Entwicklungsfehler. Das sind solche, die in dem Ztpkt, in dem der Herst das Prod in Verk 21 brachte, nach dem Stand des Wissensch u Technik noch nicht erkannt werden konnten. Abw Regelg in § 84 Nr 1 AMG. Der HaftgsAusschl betrifft nur Konstruktions-, nicht Fabrikationsfehler, sog Ausreißer (BGH NJW **95**, 2162). Entscheid ist die Nichterkennbark, also Unvermeidbk des Fehlers, zu beurteilen obj nach dem Stand von Wissensch u Technik. Danach ist der Fehler nicht erkennb, wenn die potentielle Gefährlichk des Prod nach der Summe an Wissen und Technik, die allg, nicht nur in der betr Branche u national, anerkannt ist u zur Vfg steht, von niemandem erkannt werden konnte, weil diese ErkenntnMöglichk noch nicht vorh war. Das ist ggf mit Hilfe eines Sachverständ festzustellen. Maßg Ztpkt ist der, in dem der Herst das schadursächl Prod in Verk gebracht hat. Dieser Ztpkt kann bei den versch HerstTypen in § 4 unterschiedl sein. Die WeiterEntwicklg von Wissensch u Techn als solche nach diesem Ztpkt kann nicht zur Haftg des Herst führen (vgl auch § 3 II), aber für seine ProdBeobachtgsPfl (vgl BGB 823 Rn 208) eine Rolle spielen.

22   **7) Haftungsausschluß für Zulieferer nach Absatz III.**

Der Herst eines TlProd haftet für dessen Fehler ab InVerkBringen, das ist Lieferg an den Herst des EndProd, neben diesem (§ 5) dem Verl. Ihm steht zusätzl zu Abs II die EntlastgsMöglichk offen, wenn er die tats Vorauss einer der beiden Alternat in Abs III beweisen kann, die sich beide nur auf Konstruktionsfehler beziehen. Gleiches gilt für den Herst eines GrdStoffs (§ 4 Rn 5) bei Lieferg an den Herst eines Tl- od EndProd.

23   **a) Konstruktion des Endprodukts.** In der 1. Alternat ist das TlProd bzw der GrdStoff selbst bei Lieferg fehlerfrei. Schon desh haftet dessen Herst nicht. Der Fehler liegt darin, daß das TlProd bzw der GrdStoff für den Einbau nicht geeignet ist; er ist dch die Konstruktion des EndProd, in das es eingearbeitet wurde, verurs. Fabrikationsfehler des TlProd fallen nicht unter die Vorschr.

24   **b) Anleitungen.** Hier beruht der Fehler nur auf Anleitgn, dh bindden konstrukt Weisgen, die der Herst des EndProd aGrd seiner Gesamtkonzeption dem Zulieferer des TlProd bzw GrdStoffs für dessen Herstellg erteilt hat. Der aus der Weisg entstandene Fehler betrifft entw die Konstruktion des TlProd bzw GrdStoffs selbst od (sicher häufiger) die die EndProd, weil für seine gefahrl Funktion das TlProd bzw der GrdStoff nicht geeignet ist. Andere Fehler des TlProd, auch solche Konstruktionsfehler, die nicht auf einer Anleitg beruhen, fallen nicht unter die Vorschr. VerschHaftg bleibt mögl, wenn der Zulieferer bei der Ausf der ihm übertragenen Tätigk die Gefährlichk der Konstruktion erkennen kann u konkr Anlaß hat für die Annahme, daß der für die Konstruktion Verantwortl diesem Umst nicht genügd Rechng getragen hat (BGH DB **90**, 577).

25   **8) Beweislast, Absatz IV.**

a) Der Verletzte muß nach allg Regel die ansprbegrüdden Vorauss (vgl Rn 2–9) u die HerstEigensch (§ 4) des als Schädiger in Anspr Genommenen darlegen u beweisen, wobei ihm ggf der Bew des ersten Anscheins bei der Ursächlichk zugute kommen kann. Vgl auch BGB 823 Rn 219, 220. – **b) Der Hersteller** muß die Tats darlegen u bew, die einen der AusschlTatbest in Abs II u III ausfüllen.

ProdHaftG 2 *Produkt.* **Produkt im Sinne dieses Gesetzes ist jede bewegliche Sache, auch wenn sie einen Teil einer anderen beweglichen Sache oder einer unbeweglichen Sache bildet sowie Elektrizität. Ausgenommen sind landwirtschaftliche Erzeugnisse des Bodens, der Tierhaltung, der Imkerei und der Fischerei (landwirtschaftliche Naturprodukte), die nicht einer ersten Verarbeitung unterzogen worden sind; gleiches gilt für Jagderzeugnisse.**

1   **1) Produkt** ist nach der ges BegrBest jede bewegl Sache und Elektrizität, ausgen die noch nicht verarbeiteten NaturErzeugn. Unerhebl ist, ob industriell in größerer Zahl od individuell als Einzelstück gefertigt (ebso Heymann CR **90**, 176; zweifelnd Kort aaO 171) u ob Produktionsmittel od VerbrGut, ob an sich gefährl od nicht.

a) Bewegliche Sache vgl BGB 90. Auch wenn sie Tl einer and bewegl Sache ist. Die ProdEigensch geht dch Einbau einer bewegl Sache in eine unbewegl als deren fester Bestandt nach ausdr Vorschr in Satz 1 nicht verloren. Da der AggregatsZustd keine Rolle spielt (vgl BGB 90 Rn 2), sind auch Wasser, Dampf und Gas als Energieträger körperl Sachen (ebso Klein BB **91**, 917). Menschl Körperteile wie Haare, Blut, Organe werden mit der Trenng vom Körper bewegl Sachen (BGB 90 Rn 3). Ein Fehler an ihnen kann zur ProdHaftg aber erst nach Verarbeitg mit dem InVerkBringen (vgl § 1 Rn 14–17) führen bei kontaminierten Blutkonserven gem BGB 823 u AMG 84 (BGH **8**, 243, Hbg NJW **90**, 2322, Eichholz NJW **91**, 732). Der Abfall ist als solcher nicht hergestellt (§ 4; Taschner EG-Richtlinie Rdn 6, amtl Begründg zu § 2); handelt es sich zB um einen GrdStoff, so beginnt iF der Fehlerhaftigk mit dem InVerkBringen, zB dch den Schrotthändler, ProdHaftg nach diesem Ges. Weitergehde Haftg vgl BGB 823 Rn 91 unter Industrieabfälle. Unbewegl Sachen (vgl Übbl 3 vor BGB 90) sind keine Prod.

2   **b) Elektrizität** ist, obwohl nicht körperl u desh nicht Sache, nach ausdr Vorschr in S 1 Prod. Da and Energien (nicht zu verwechseln mit Energieträgern, vgl Rn 1) nicht genannt sind, sind sie als solche nicht Prod.

3   **2) Naturprodukte** sind in S 2 bezeichnet als landwirtsch Erzeugn des Bodens, der Tierzucht, der Imkerei, der Fischerei u Jagderzeugn. BodenErzeugn sind land-, garten- u forstwirtsch gewonnene u wildwachsde Pflanzen samt ihren Tlen, ferner BodenBestandt wie Torf (Hamm BB **73**, 325). Erzeugn der Tierzucht **4** sind alle Haustiere u ihre Prod, Erzeugn der Jagd sind alle wildlebden Tiere u ihre Prod. – **a) Ohne erste Verarbeitung,** dh so wie sie gewonnen wurden, sind NaturErzeugn keine Prod iS dieses G, ihre Fehlerhaf- **5** tigk kann also in Ausn von der Regel in § 1 keine Haftg auslösen. – **b) Erste Verarbeitung** führt zur UnterAusn, die die Regel (Haftg) wieder herstellt. Darunter ist jede menschl Tätigk zu verstehen, die das naturreine Prod ist irgdeine Veränderg zum Ge- od Verbr vorbereitet. Eine Umformg wie Keltern von Trauben, Mahlen von Getreide ist dazu nicht erforderl, es genügt zB Konservierg. Im Einzelfall kann zweifelh sein, was erste Verarbeitg ist. Kriterium ist, ob von Natur aus nicht vorh Risikofaktoren geschaffen werden (Amtl Begründg zu § 2).

ProdHaftG 3 *Fehler.* [I] Ein Produkt hat einen Fehler, wenn es nicht die Sicherheit bietet, die unter Berücksichtigung aller Umstände, insbesondere

a) seiner Darbietung,

b) des Gebrauchs, mit dem billigerweise gerechnet werden kann,

c) des Zeitpunkts, in dem es in den Verkehr gebracht wurde,

berechtigterweise erwartet werden kann.

[II] Ein Produkt hat nicht allein deshalb einen Fehler, weil später ein verbessertes Produkt in den Verkehr gebracht wurde.

Übersicht

1) Fehlerbegriff in Abgrenzung zum Gewährleistungsrecht. Die vertragl Gewl betrifft die Gebr-, **1** FunktionsFähigk u den Wert einer Sache, wie sie der Erwerber aGrd eines abgeschl Vertr erwarten darf. Die ges ProdHaftg betrifft die Sicherh des Prod, wie sie die Allgemeinh erwarten darf. Die GewlVorschr schützen also das **wirtschaftliche Nutzungs- und Äquivalenzinteresse des Vertragspartners** daran, daß die Sache keine Mängel aufweist, die im Hinbl auf die erbrachte GgLeistg ihren Wert u/od ihre vertragl vorgesehene GebrFähigk beeinträchtigen. Die ProdHaftg schützt das **Integritätsinteresse jedes Benutzers und Dritten** daran, daß die Sache die Sicherh für Leben, Gesundh u Sachwerte bietet, die allg berechtigterw erwartet werden kann (BGH NJW **85**, 2420, BGH **86**, 256, Schmidt-Salzer BB **83**, 534). Vgl auch BGB 823 Rn 212, 213.

2) Fehlerkategorien. Rspr u Schrifft unterscheiden deren 3. Für die Haftg ist diese Einteilg unerhebl, **2** einz Vorschr passen allerd nur für best Kategorien (vgl zB § 1 Rn 17, 20).

a) Konstruktionsfehler machen das Prod inf fehlerh techn Konzeption, Plang für eine gefahrl Benützg **3** ungeeignet. Sie haften an der ganzen Serie an. Sie beruhen auf einem Verstoß gg techn Erkenntn schon bei der Herstellg (BGH BB **84**, 2150). Bsp Rn 13.

b) Fabrikationsfehler entstehen währd der Herstellg. Sie haften nur einz Stücken an. Zu ihnen gehören **4** auch die sog Ausreißer, näml Fabrikationsfehler, die trotz aller zumutb Vorkehrgen unvermeidb sind (BGH VersR **56**, 410, VersR **60**, 855). Bsp Rn 14.

c) Instruktionsfehler fallen unter den Begr Darbietg in Abs I Buchst a (vgl Rn 10). Sie bestehen in **5** mangelh GebrAnw u/od nicht ausr Warng vor gefahrbringden Eigensch, die in der Wesensart der als solcher fehlerfreien Sache begründet sind; desh muß der Herst auf die korrekte Handhabg u auf best Gef, die entstehen können, hinweisen (BGH NJW **75**, 1827: Werkzeug). Der ArzneimittelHerst muß schon dann eine Warng aussprechen, aGrd eines zwar nicht dringden, aber ernst zu nehmden Verdachts zu befürchten ist, daß GesundhSchäd entstehen können (BGH **106**, 273). Inhalt u Umfang der Instruktionen sind auszurichten nach der am wenigsten informierten u damit nach der gefährdetsten Benutzergruppe (BGH NJW **94**, 932 „Milupa/Alete-Tee"). Die Instruktionen müssen deutl u ausr sein, dh ggf dem Prod selbst beigegeben werden, u sie müssen vollst sein, dh die Art der drohden Gef ist deutl herauszustellen, außerdem ist bei der Gef erhebl Gesundh- u KörperSchäd das wichtigste hervor zu heben, der Funktions-Zushang u anzugeben, warum das Prod gefährl werden kann (BGH **116**, 60, NJW **95**, 1286). Ggf muß außer dem Hinw auf Gef auch angegeben werden, wie das Prod gefahrfrei zu verwenden ist, welche Vorsorge-Maßn zu treffen u welche VerwendgsArt zu unterlassen ist (BGH NJW **72**, 2217 „Estil", Hamm VersR **84**, 243). Dabei ist nicht nur auf den bestimmgsgem Gebr, sond darüberhinaus auf den naheliegden Gebr, also auch auf eine nicht ganz fernliegde versehentl Fehlanwendg (BGH **116**, 60; aA Littbarski NJW **95**, 217) u naheliegden Mißbr (BGH **106**, 273) abzustellen. Was auf dem Gebiet allg ErfahrgsWissens liegt, braucht nicht zum Inhalt einer GebrAnw od Warng gemacht zu werden; gilt auch für MontageAnw (BGH NJW **86**, 1863). Auf die Gef einer mißbräuchl, völl zweckfremden Anwendg muß nicht hingewiesen werden (BGH NJW **81**, 2514: techn LösgsMittel als InhaliergsRauschgift). Eine Warn- u HinwPfl kann schon dann bestehen, wenn ein zur Abwendg von Gef best Produkt nicht gefährl, sond unter best Vorauss nur wirkgsl ist, der Benützer aber im Vertrauen auf die Wirksamk von der Verwendg eines and, wirks Produkts zur GefAbwendg absieht (BGH **80**, 186, Schmidt-Salzer BB **81**, 1041, v. Westphalen WM **81**, 1154 [1162]). Die InstruktionsPfl ist deutl herabgesetzt, wenn das Gerät nur von Fachpersonal bedient wird (BGH NJW **92**, 2016). Sie entfällt ggü solchen Geschädigten, denen die sicherh-relevanten Informationen gegenwärt sind, auch wenn sie ggü and Geschädigten ohne Kenntn der Gef besteht (BGH NJW **94**, 932). Ursächl ist die Verl der HinwPfl nur, wenn pflgem Handeln den eingetretenen Schad mit Sicherh verhindert hätte; eine gewisse Wahrscheinlk genügt nicht (BGH NJW **75**, 1827). Bsp Rn 15.

d) Entwicklungsgefahren sind von der Haftg nach diesem G nicht erfaßt (vgl § 1 Rn 21).   **6**

3) Produktfehler, Absatz I gibt die ges BegriffsBest.   **7**

a) Sicherheit, Maßstab. Das Prod muß, will es iS dieses G fehlerfrei sein, hins Konstruktion, Fabrikation u ggf beizugebder Instruktion (vgl Rn 5) so beschaffen sein, daß es die körperl Unversehrth des Benutzers od eines Dr nicht beeintr u sein sonstiges priv Eigt nicht beschädigt (§ 1 I). Maßst hierfür ist die berecht Erwartg hins aller Umst, Darbietg, Gebr im maßg Zeitpkt; s Rn 8–12.

8 **b) Berechtigte Erwartung.** Abzustellen ist nicht auf die subj SicherhErwartg des jeweil Benutzers, sondern, wie sich aus der Formulierg als Passivsatz „erwartet werden kann" ergibt, **objektiv** darauf, ob das Prod diejen Sicherh bietet, die die Allgemeinh nach der VerkAuffassg in dem entspr Bereich für erforderl hält (ähnl schon BGH VersR **72**, 559). Konstrukt Maßn zur Beseitig von ProdGef müssen dann nicht getroffen werden, wenn die Benutzer dies im Bewußtsein der bestehden konkr Gef nicht für erforderl halten (BGH VersR **77**, 334: Autoscooter, BGH NJW **90**, 906: Pferdebox). Die SicherhErwartg muß **berechtigt** sein, dh die Allgemeinh kann nicht von jedem Prod in jeder Situation totale Sicherh erwarten. Es handelt sich vielm um eine dch den Ri zu entsch WertgsFrage, für die Abs I die maßgebl Kriterien aufstellt.

9 **c) Berücksichtigung aller Umstände.** Die berecht SicherhErwartgen der Allgemeinh sind „insb" an den in Abs I Buchst a bis c bezeichneten, darühinaus an den gesamten obj Umst des konkr SchadFalles zu messen. **Beispiele: Die Natur der Sache** läßt Rückschlüsse auf den ErwartgsHorizont zu. So ist allg bekannt, daß Alkohol u Nikotin schädl Nebenwirkgen haben können, sie werden trotzdem konsumiert. – Die **Preisgestaltung** kann auf die Verkehrserwartg Einfluß haben, denn die erhöhte Sicherh hat ihren Pr (BGH BB **89**, 2429). Benutzer eines Klein- od Mittelwagens wissen, daß sie nicht die höhere Sicherh des teureren Komfortwagens mit ABS zu erwarten haben. Bei **Elektrizität** (vgl § 2 S 1) u Energieträgern (vgl § 2 Rn 1) stellt sich die Frage, ob die Allgemeinh berechtigterw Belieferg in konstanter Stärke, Spanng, Wärme, Druck erwarten darf, falls es dch Schwankgen zu Schäd kommt (bejahd Klein BB **91**, 917). – Das Prod muß hins Konstruktion, Fabrikation, Instruktion dem aktuellen **Stand von Wissenschaft und Technik,** soweit obj erkennb u ermittelb, entsprechen (BGH NJW **68**, 248, BGH **80**, 186). – **Technische Normen, DIN-Vorschriften, VDE-Bestimmungen** sind zwar keine SchutzGes, halten aber dem übl, jedenf den MindStandard an Sicherh fest, dessen Einhaltg die Allgemeinh berechtigterw erwartet. Ihre NichtEinhaltg ist ein Konstruktionsfehler. Ihre Einhaltg spricht dafür, daß das Prod den SicherhErwartgen entspricht, schließt aber nicht in jedem Fall eine abw Beurt aus. Vielm sind die genannten Regeln im EinzFall ergänzgsbedürft (BGH NJW **87**, 372) nach dem obj erkennb od ermittelb Stand von Wissensch u Technik (BGH **80**, 186). Die Erf der genannten Normen genügt nicht, wenn die techn Entwicklg darüber hinaus gegangen ist u wenn sich bei der Benutzg des Prod Gef gezeigt haben, die in DIN-Normen noch nicht berücksichtigt sind (BGH NJW **94**, 3349). – **Produktbeobachtung.** Die Allgemeinh erwartet, daß der Herst aus berecht Reklamationen Konsequenzen für die künft Herstellg zieht. ProdBeobachtgsPfl vgl BGB 823 Rn 208).

10 **d) Darbietung** (Abs I Buchst a) ist jede Tätigk, dch die der Herst od mit seiner Billigg ein Dr das Prod der Allgemeinh, darunter auch dem jeweil Benutzer vorstellt. Darunter fallen zB ProdBeschreibg, GebrAnw, Verpackg, Ausstattg, Gütezeichen, Hinw auf bes, auch gefährl Eigensch. Fehlt die notw Aufklärg, ist sie lückenh od unricht, so liegt darin ein Instruktionsfehler (vgl Rn 5). Auch die Werbg, allerd unter Berücksichtigg gewisser Übertreibgn, mit denen die Allgemeinh rechnet, kann den ErwartgsHorizont hins der ProdSicherh, um die es hier allein geht, beeinflussen.

11 **e) Der Gebrauch, mit dem billigerweise gerechnet werden kann,** ist ein weiterer Umst für die Beurt der Frage, ob das Prod fehlerh ist, weil es nicht die Sicherh bietet, mit der berechtigterw gerechnet werden kann. Gemeint ist der bestimmgsmäß Gebr (BGH **51**, 91). Er ergibt sich aus Art u Wesen des Prod u aus der ZweckBest, die ihm der Herst in Beschreibgn u GebrAnwen gegeben hat. Herstellg u Instruktion müssen aber darühinaus auch auf einen über die ZweckBest hinausgehden übl Gebr u eine nicht ganz fernliegde versehentl Fehlanwendg abstellen (BGH NJW **72**, 2217). Mit einem mißbräuchl, völl zweckfremden Gebr ist billigerw nicht zu rechnen (BGH NJW **81**, 2514: techn Lösgmittel als InhaliergsRauschgift).

12 **f) Maßgebender Zeitpunkt** (Abs I Buchst c), in dem das Prod den berecht SicherhErwartgen entsprechen muß, ist das InVerkBringen (vgl § 1 Rn 14–17).

13 **g) Beispiele: – aa) Konstruktionsfehler:** Mangelh Befestigg eines Ölablaufrohrs (Nürnb NJW-RR **88**, 378). BediengsErschwerg bei Rungenverschluß (BGH VersR **72**, 357). Gefährl Gerät ohne ausreichde Schutzvorrichtg (BGH VersR **57**, 584). Betriebsunsichere Kühlmaschine (BGH VersR **60**, 1095). Nicht bruchfester Expander (BGH DB **90**, 577). Fehlde Schutzvorrichtg für Kettenantrieb von Transportbändern (Düss VersR **89**, 1158). Maschine, die den UnfallVerhütgsVorschr nicht entspr (Hamm MDR **71**, 488, BGH BB **72**, 13). Seilriß bei Förderkorb (BGH VersR **72**, 559). Fehlde Funktionstüchtigk eines Hilfsmittels für Felsklettern (Kln VersR **93**, 110). Explodierde Einwegflasche (BGH NJW **88**, 2611). Fehlde SchutzVorrichtg gg Entzündg eines Kondensators dch Erwärmg (Karlsr NJW-RR **95**, 594). Hohe Chloridgasabscheidg bei Luftfilter (Ffm VersR **90**, 981). Fallsicherh gesicherter Pistole (Saarbr NJW-RR **93**, 990: Fehler

14 verneint). – **bb) Fabrikationsfehler:** Typhusbazillen in Trinkmilch (BGH VersR **54**, 100). Salmonellenvergiftete bzw mit Hepatitisviren infizierte Speise in einer Gastwirtsch (BGH **116**, 104, Ffm NJW **95**, 2498). Fehlerh Montage von Lenkvorrichtg bei Motorroller (BGH VersR **56**, 259). Fehlerh Ventil auf Druckbehälter (Hamm OLGZ **90**, 115). Ventilbruch im Motor wg Materialfehlers (Kln VersR **91**, 348). Materialschwäche bei Fahrradgabel (BGH VersR **56**, 410). Materialriß in Seilschloß (BGH VersR **59**, 104). Gußfehler bei Kondenstopf (BGH VersR **60**, 855). Materialfehler bei Schubstrebe (BGH NJW **68**, 247). Explodierde Mineralwasserflasche (BGH NJW **93**, 528, NJW **95**, 2162); keine Haftg iF der Entlastg gem § 1 II Nr 5 (dort Rn 21, Hamm VersR **95**, 103: Von elektron Prüfgerät nicht erkennb Haarriß). Nicht sachgerechte Montierg von LeitgsTrennern, lockere Anschlüsse in einem Baustromverteiler (BGH NJW **92**, 41). Aidsverseuchte Blutkonserve (Hbg NJW **90**, 2322). Antibiotika im Fischfutter (BGH **105**, 346). Herstellg verunreinigten Tierfutters (Hamm NJW-RR **93**, 853). Bruch des Operationsinstruments wg Materialfehlers (Düss NJW **78**, 1693). Gaszug im Auto geht nicht zurück (BGH **86**, 256). Verunreinigg von Impfstoff (BGH **51**, 91). Fehlerh DosiergsAnw für Medikament in medizin Druckwerk (BGH NJW **70**, 1963 verneint Deliktshaftg des Verlegers); allg zur Frage der Haftg bei Fehlern in Druckwerken Röhl JZ **79**, 369, Foerste NJW **91**, 1433, für Fehlleistgn in der Forschg Heldrich, Freih der Wissensch – Freih zum Irrt?, 1987. Übermäß rußde Adventkerzen (LG Lüb VersR **93**, 1282). Fehlerh Farbton einer Holzschutzfarbe (Hamm VersR **93**, 765). –

15 **cc) Instruktionsfehler:** Genügder Hinw auf die Gef einer Überdosierg bei Pflanzenschutzmittel (Ffm VersR **94**, 231), unterbliebener Hinw auf die Unverträglichk gleichzeit Anwendg zweier Pflanzenschutzmittel (BGH DB **77**, 1695), fehlder Hinw auf ätzde Wirkg eines Kunststoff-Fertig-Verputzes (Düss VersR **91**, 233), auf aggress Substanzen in Brandschutzmittel, die bei Hinzutritt von Wasser zur Korrosion führen können (Karlsr NJW-RR **92**, 285). MontageAnw bei Fensterkran (BGH VersR **59**, 523, Fehler verneint). Feuergefährlk von Rostschutzmittel (BGH NJW **59**, 1676), von Klebemittel (BGH VersR **60**, 342), von Grundiermittel (BGH VersR **62**, 372), von Auftautransformator (BGH VersR **63**, 860). Fehlder Hinw auf Brennbark nicht nur des Konzentrats, sondern auch der Aufgußmischg für Saunaaufgüsse (Düss NJW-RR **92**, 534), auf die Notwendigk einer bes Brandisolierg bei Aufbau eines offenen FertKamins in einem FertHaus (Düss VersR **90**, 900). Unzureichende BedingsAnleitg von BetonbereitgsAnl (BGH **47**, 312), für ein elektr Meßgerät (Stgt NJW-RR **92**, 670). Säurehalt ReiniggsMittel (Celle VersR **85**, 949). Fehlder Hinw auf Arterienunverträglichk eines Narkosemittels (BGH **59**, 172), auf Gef des Berstens einer Spannhülse bei der Schalg von BetonTln (BGH BB **75**, 1031). Fehlder Hinw auf sichere Befestigg eines Sportgerätes (Mü u BGH VersR **88**, 635), auf hohe Chloridabscheidg bei Luftfilter (Ffm VersR **90**, 981). Nicht genügd deutl Warng nach dem InVerkBringen vor KariesGef bei Verwendg eines gesüßten Kindertees (BGH **116**, 60, ZIP **94**, 374).

4) Spätere Produktverbesserung (Abs II) führt als solche nicht zur Fehlerhaftigk des früher in Verk gebrachten Prod. Der Umst allein, daß ein Prod gleicher od vergleichb Art desselben od eines and Herst später in verbesserter Ausführg auf den Markt kommt, kann nicht dazu führen, früher fehlerfrei in Verk gebracht Prod nunmehr als mit einem Konstruktionsfehler behaftet anzusehen. Verboten ist also der Schluß auf die frühere Fehlerhaftigk allein aus der Tats der späteren Verbesserg. Die Feststellg, daß das schadstiftde Prod bereits zur Zeit des InVerkBringens nicht den berecht SicherhErwartgen entsprach, bleibt auch bei später Verbesserg mögl. Auch kann sich eine Haftg des Herst nach InVerkBringen wg Verl der ProdBeobachtgsPfl ergeben (vgl BGB 823 Rn 208). Außerd gehört es zu den berecht Erwartgen (Abs I), daß der Herst aus zutr Reklamationen Konsequenzen für die künft Herstellg seiner Prod zieht. **16**

ProdHaftG 4   *Hersteller.*   [1] Hersteller im Sinne dieses Gesetzes ist, wer das Endprodukt, einen Grundstoff oder ein Teilprodukt hergestellt hat. Als Hersteller gilt auch jeder, der sich durch das Anbringen seines Namens, seiner Marke oder eines anderen unterscheidungskräftigen Kennzeichens als Hersteller ausgibt.

[II] Als Hersteller gilt ferner, wer ein Produkt zum Zweck des Verkaufs, der Vermietung, des Mietkaufs oder einer anderen Form des Vertriebs mit wirtschaftlichem Zweck im Rahmen seiner geschäftlichen Tätigkeit in den Geltungsbereich des Abkommens über den Europäischen Wirtschaftsraum einführt oder verbringt. **1**

2

[III] Kann der Hersteller des Produkts nicht festgestellt werden, so gilt jeder Lieferant als dessen Hersteller, es sei denn, daß er dem Geschädigten innerhalb eines Monats, nachdem ihm dessen diesbezügliche Aufforderung zugegangen ist, den Hersteller oder diejenige Person benennt, die ihm das Produkt geliefert hat. Dies gilt auch für ein eingeführtes Produkt, wenn sich bei diesem die in Absatz 2 genannte Person nicht feststellen läßt, selbst wenn der Name des Herstellers bekannt ist. **3**

Abs I geänd dch G v 25. 10. 94 (BGBl I 3081). Abs II geändert dch Art 39 des G zur Ausf des Abk vom 2. 5. 92 über den Europ WirtschRaum vom 27. 4. 93, EWR-AusfG (BGBl I 521 [530]). Abs II S 2 aufgeh dch Art 4 des G zu dem Übk v 16. 9. 88 üb die gerichtl Zust u die Vollstr gerichtl Entsch in Ziv- u Handelssachen v 30. 9. 94 (BGBl II 2658) mit Wirkg v 1. 3. 95 (siehe Bek v 8. 2. 95, BGBl II 221). **4**

1) Verpflichtet zum Schadensersatz ist nach § 1 I der Herst. Für ihn gibt § 4 die BegrBest und weitet dabei den HerstBegr im Interesse eines wirks VerbrSchutzes erhebl aus. **1**

2) Tatsächlicher Hersteller (Abs I 1) ist, wer industriell od handwerkl als Untern (Ggs: Mitarbeiter) das EndProd, einen GrStoff od ein TlProd tatsächl hergestellt hat. Eine Abgrenzg zwischen diesen ist nicht erforderl, weil die Haftg des jeweil Herst ggü dem Geschädigten gleich ist. **2 5**

a) Endprodukt ist das fert Erzeugn, wie es für den Verbraucher best ist. Herst des EndProd ist auch, wer vorgefertigte EinbauTle verwendet (BGH NJW **75**, 1827), wer es ohne eig Fertigg aus von and Herst vorgefertigten Tln ledigl zusammensetzt (Celle VersR **78**, 258) od wer ledigl die Endmontage des Prod besorgt, dessen Tle ihm ein and Untern mit den Montageplänen geliefert hat (BGH BB **77**, 1117; die dort ·gemachte Einschränkg betrifft nicht den HerstBegr). Fehlerh GrdStoff u fehlerh TlProd machen auch das EndProd fehlerh. Ist das EndProd aGrd einer Lizenz hergestellt, die einen Konstruktionsfehler enthält, so ist Herst nur der Lizenznehmer, sein Rückgr gg den Lizenzgeber richtet sich nicht nach diesem G. **3 6**

b) Teilprodukt ist das für den Einbau in ein and Prod, nicht direkt für die Benützg durch den priv Verbraucher best Erzeugn. Sein Herst haftet dem priv Verbr nur für den Schad, den er durch einen Fehler dieses TlProd verurs worden ist (abl Tiedtke NJW **90**, 2961), weil er nur insoweit Herst (§ 1 I 1) ist (ähnl schon Mü BB **80**, 1297, allerd unter dem Blickwinkel der VerkSichgsPfl). Seine Haftg tritt neben diejen des Herst des EndProd als GesSchu (§ 5 S 1). Ausgl im Innenverh (§ 5 S 2). HaftgsAusschl in § 1 III. **4**

c) Grundstoffe sind Materialien, die für die Herstellg eines Tl- od EndProd vorgesehen sind. Ihr Herst haftet nur für den Schad, der dch einen Fehler dieses GrdStoffes verurs ist, weil er nur insoweit Herst (§ 1 I 1) ist. Seine Haftg tritt neben diejen des Herst des Tl- u/od EndProd als GesSchu (§ 5 S 1). Ausgl im InnenVerh § 5 S 2. HaftgsAusschl in § 1 III. Handelt es sich bei dem GrdStoff um ein NaturErzeugn ohne erste Verarbeitg (§ 2 S 2), so ist es nicht „hergestellt" (§ 4 I 1), sein Lieferant ist nicht Herst, er haftet dem Geschädigten nicht. **5**

3) Quasihersteller. Abs I 2 erweitert den Begr des Herst auf denjen, der sich als Herst ausgibt, dh nach außen hin den Eindruck erweckt, er sei der tats Herst. Dies geschieht dadch, daß er auf dem Prod, der Verpackg od BegleitGgstden seinen Namen, seine Marke od ein and unterscheidungskräft Kennzeichen an- **6**

bringt. Die Aufzählg ist weit auszulegen. Die Vorschr hat Bedeutg insbes für Versandhäuser, Handelsketten, die für sich, vielf in Billigländern, herstellen lassen und das Prod als eig anbieten. Die Haftg kann neben die aus Abs I 1 treten. Der Lizenzgeber ist nicht QuasiHerst. Ebso nicht für Konstruktions- u Fabrikationsfehler, wohl aber für Instruktionsfehler, wer ein fremdes Prod ledigl vertreibt (BGH NJW **87**, 1009, Karlsr NJW-RR **94**, 798). Nicht, wer nur daran eine Handelsmarke anbringt, weil sie nicht auf die Herstellg dch ihn hinweist und hinweisen soll; er haftet ggf nach Abs III od nach DeliktsR (vgl BGB 823 Rn 201 ff).

7 **4) Importeur (Abs II)** (eingehd Zoller, Die ProdHaftg des Importeurs, 1992) ist auch der Reimporteur (v Westphalen NJW **90**, 83 [89]). Die Einfuhr od Verbringg muß iR der geschäftl (Ggs: priv) Tätigk des Importeurs zum Vertrieb mit wirtsch Zweck (OberBegr), zB Verk, Vermietg, Verleasen (Ggs: EigBedarf, auch gewerbl) geschehen u zwar in ein dem Europ WirtschRaum angehördes Land aus einem Land außerh dieses Raums. Damit soll der Verbraucher vor der Notwendigk geschützt werden, Proz in einem Drittland führen zu müssen. War das Prod im Ztpkt der Einfuhr od Verbringg nicht zum Vertrieb, sondern für den – auch gewerbl – EigBedarf vorgesehen, so führt seine spätere Veräußerg nicht zur Haftg als Importeur, möglicherw aber zur Haftg als Lieferant. Die Haftg gem Abs I bleibt von Abs II unberührt.

5) Lieferant (Abs III)

8 **a) Ersatzweise Haftung.** Der Lieferant aus jedem RGrd, meist Verkäufer, gilt als Herst, haftet also wie der Herst (Abs I 1) u der QuasiHerst (Abs I 2) für den Fall, daß dieser nicht festgestellt werden kann, gleichgült aus welchem Grd. Das gleiche gilt für ein eingeführtes Prod, falls der Importeur (Abs II) nicht festgestellt werden kann, sogar dann, wenn der Name des Herst bekannt ist. Die Vorschr schützt den Verbraucher u will der Anonymität der Prod dch Verschleierg des Herst entggwirken, zugl den Lieferanten im eig Interesse zur Aufklärg der Herkunft der Ware anregen. Der Dokumentation der Herkunft kommt desh für den Händler u Importeur erhöhte Bedeutg zu.

9 **b) Entlastung.** Die ersatzw Haftg des Lieferanten entfällt, wenn er dem Geschädigten den Herst (Abs I) od seinen eig Vorlieferanten benennt, bei eingeführten Waren den Importeur (Abs II), auch wenn der Name des Herst bekannt ist. Der Verbraucher ist also davor geschützt, daß er sich an einen Herst außerh des europ WirtschRaumes halten muß. Die Benenng muß innerh eines Monats nach Zugang der Aufforderung dch den Geschädigten geschehen u so genau sein, daß dieser sich an die benannten Pers wenden, ist notf verklagen kann (LG Lüb VersR **93**, 1282). Der Vorlieferant wird frei, wenn er seinerseits seinen Vorlieferanten od den Herst benennt.

ProdHaftG 5 *Mehrere Ersatzpflichtige.* **Sind für denselben Schaden mehrere Hersteller nebeneinander zum Schadensersatz verpflichtet, so haften sie als Gesamtschuldner. Im Verhältnis der Ersatzpflichtigen zueinander hängt, soweit nichts anderes bestimmt ist, die Verpflichtung zum Ersatz sowie der Umfang des zu leistenden Ersatzes von den Umständen, insbesondere davon ab, inwieweit der Schaden vorwiegend von dem einen oder dem anderen Teil verursacht worden ist; im übrigen gelten die §§ 421 bis 425 sowie § 426 Abs. 1 Satz 2 und Abs. 2 des Bürgerlichen Gesetzbuchs.**

1 **1) Regelungsgehalt.** Die Vorschr regelt den Fall, daß dem Geschädigten gegen mehrere Herst (tats Herst, QuasiHerst, Importeur, Lieferant, § 4, Herst eines eingebauten Tls) SchadErsAnspr gem § 1 zustehen. Satz 1 betrifft das AußenVerh zw dem Geschädigten u den mehreren Haftden, S 2 den AusglAnspr im InnenVerh zw den mehreren Haftden.

2 **2) Außenverhältnis.** Mehrere für den Schad Verantwortl haften dem Geschädigten als GesSchu, nicht ow in ders Höhe. Vgl BGB 840, 421 bis 425.

3 **3) Innenverhältnis. – a) Ausgleich.** Vorrang hat eine anderweit Best. Sie kann sich im EinzFall aus vertragl od verträhnl RBez zw den Beteil (vgl BGB 426 Rn 8), zB einer QualitätsSichgsVereinbg (Fuchs JZ **94**, 533 [537]), od aus Ges (vgl BGB 426 Rn 10) ergeben. Mangels anderweit Best ist die Regel des BGB 426 I 1 (gleiche Anteile) aus § 5 S 2 1. Halbs ersetzt, der sein Vorbild in StVG 17 I 1, LuftVG 41 I 1, HaftpflG 13 **4** I 1 u in der VerteilgsRegelg des BGB 254 I (Rn 6) hat. – **b) Der Ausfall eines Beteiligten** ist kraft der **5** Verweisg in S 2 letzter Halbs gem BGB 426 I 2 von den übr zu tragen. Vgl BGB 426 Rn 14. – **c) Gesetzlicher Forderungsübergang,** falls einer der GesSchu den Gläub befriedigt. S 2 letzter Halbs verweist auf BGB 426 II. Vgl dort Anm 4. – **IPR** vgl EG Art 33 III.

ProdHaftG 6 *Haftungsminderung.* [I] Hat bei der Entstehung des Schadens ein Verschulden des Geschädigten mitgewirkt, so gilt § 254 des Bürgerlichen Gesetzbuchs; im Falle der Sachbeschädigung steht das Verschulden desjenigen, der die tatsächliche Gewalt über die Sache ausübt, dem Verschulden des Geschädigten gleich.

[II] Die Haftung des Herstellers wird nicht gemindert, wenn der Schaden durch einen Fehler des Produkts und zugleich durch die Handlung eines Dritten verursacht worden ist. § 5 Satz 2 gilt entsprechend.

1 **1) Mitverschulden des Geschädigten (Abs I)** führt zu Minderg od Ausschl der Haftg des Herst. Es gilt BGB 254. Danach hat der Geschädigte iR des BGB 278 auch für das Versch Dritter, sonst entspr BGB 831 einzustehen (vgl BGB 254 Rn 60). Bei SachBeschädigg gem Abs I 2. Halbs außerdem für das Versch dessen, der die tats Gewalt über die Sache ausübt (BGB 854, 855), wie in StVG 9, LuftVG 34, HaftpflG 4. Bloß schuldl Mitverursachg ist dem Geschädigten nicht anzurechnen, weil von ihm keine Sach- od BetriebsGef ausgeht u die ProdHaftg eine GefährdgsHaftg ist (vgl BGB 254 Rn 3, 4). Hauptfälle mitwirkden Versch sind Nichtbeachtg von GebrAnw od Warngen u versehentl FehlGebr (vgl § 3 Rn 11).

2) Mitverursachung durch Dritte (Abs II). – a) Im Außenverhältnis zw dem Geschädigten u dem 2
Herst führt der Umst, daß sowohl ein Fehler des Prod wie die Hdlg eines außerh dieses G stehden Dr
denselben Schad verurs haben, nicht zu einer Minderg des SchadErsAnspr gg den Herst. Ob auch gg den Dr
ein Anspr besteht, richtet sich nach den einschläg schuldr Vorschr. – **b) Im Innenverhältnis** zw dem Herst
u dem außerh des ProdHaftG stehden Dr gelten kraft der Verweisg in Abs II 2 die Vorschr üb den Ausgl zw
mehreren als GesSchu haftden Herst (vgl § 5 Rn 3–5).

ProdHaftG 7 *Umfang der Ersatzpflicht bei Tötung.* ^IIm Falle der Tötung ist
Ersatz der Kosten einer versuchten Heilung sowie des Vermögensnach-
teils zu leisten, den der Getötete dadurch erlitten hat, daß während der Krankheit seine Erwerbsfä-
higkeit aufgehoben oder gemindert war oder seine Bedürfnisse vermehrt waren. Der Ersatz-
pflichtige hat außerdem die Kosten der Beerdigung demjenigen zu ersetzen, der diese Kosten zu
tragen hat.

^{II}Stand der Getötete zur Zeit der Verletzung zu einem Dritten in einem Verhältnis, aus dem er
diesem gegenüber kraft Gesetzes unterhaltspflichtig war oder unterhaltpflichtig werden konnte,
und ist dem Dritten infolge der Tötung das Recht auf Unterhalt entzogen, so hat der Ersatzpflich-
tige dem Dritten insoweit Schadensersatz zu leisten, als der Getötete während der mutmaßlichen
Dauer seines Lebens zur Gewährung des Unterhalts verpflichtet gewesen wäre. Die Ersatzpflicht
tritt auch ein, wenn der Dritte zur Zeit der Verletzung gezeugt, aber noch nicht geboren war.

1) Inhalt. Die Vorschr umschreibt den Umfang der SchadErsPfl des Herst, wenn ein ProdFehler den Tod 1
eines Menschen verursacht hat. Sie ist teilw überfl, iü hätte eine Verweisg auf bereits bestehde Vorschr
gleichen Inhalts genügt.

2) Heilungskosten, Erwerbseinbußen, Vermehrung der Bedürfnisse. Abs I 1 hat nur klarstellde 2
Funktion, es handelt sich um SchadErsAnspr noch in der Pers des Verl, die sich bereits aus §§ 1 I 1, 8 u aus
BGB 249, 842, 843 I ergeben u die mit seinem Tod iW der RNachfolge auf seine Erben übergehen.

3) Beerdigungskosten, Abs I 2 entspricht BGB 844 I. Vgl Rn 1–4. 3

4) Entziehung des Rechts auf Unterhalt. Abs II entspricht BGB 844 II. Vgl dort Rn 1, 3, 5, 6. Ein 4
redaktioneller Unterschied besteht darin, daß die Art der ErsLeistg dch Rente nicht in den § 7 einbezogen ist
wie in BGB 844 II, sondern in § 9 geregelt ist.

ProdHaftG 8 *Umfang der Ersatzpflicht bei Körperverletzung.* Im Falle der Ver-
letzung des Körpers oder der Gesundheit ist Ersatz der Kosten der Hei-
lung sowie des Vermögensnachteils zu leisten, den der Verletzte dadurch erleidet, daß infolge der
Verletzung zeitweise oder dauernd seine Erwerbsfähigkeit aufgehoben oder gemindert ist oder
seine Bedürfnisse vermehrt sind.

1) Inhalt. Die Vorschr umschreibt den Umfang der SchadErsPfl des Herst, wenn ein ProdFehler eine 1
KörperVerl verursacht hat. Sie ist teilw überflüss, iü hätte eine Verweisg auf bereits bestehde Vorschr
gleichen Inhalts genügt.

2) Heilungskosten. Die ErsPfl folgt schon aus § 1 I 1 u aus BGB 249. 2

3) Erwerbseinbußen, Vermehrung der Bedürfnisse. Entspricht BGB 842, 843. Vgl BGB 842 Rn 1–7, 3
843 Rn 1–3. Ein redaktioneller Unterschied besteht darin, daß die Art der ErsLeistg dch Rente nicht in § 8
einbezogen ist wie in BGB 843, sondern in § 9 geregelt ist.

ProdHaftG 9 *Schadensersatz durch Geldrente.* ^IDer Schadensersatz wegen Aufhe-
bung oder Minderung der Erwerbsfähigkeit und wegen vermehrter Be-
dürfnisse des Verletzten sowie der nach § 7 Abs. 2 einem Dritten zu gewährende Schadensersatz ist
für die Zukunft durch eine Geldrente zu leisten.

^{II}§ 843 Abs. 2 bis 4 des Bürgerlichen Gesetzbuchs ist entsprechend anzuwenden.

1) Schadensersatz durch Geldrente (Abs I). Zu leisten an den Verl iF des § 8, an die Hinterbliebenen 1
des Getöteten iF des § 7 II. Die Regelg entspricht BGB 843 I, 844 II. Vgl BGB 843 Rn 4, 844 Rn 7ff.

2) Die Verweisungen in Abs II bedeuten: – a) BGB 843 II 1 verweist wegen der techn Einzelh der 2
Rentenzahlg weiter auf BGB 760. Satz 2 gibt uU Anspr auf SicherhLeistg. Vgl die Anm zu BGB 760 u 843
Rn 5–19. – **b)** BGB 843 III läßt bei wicht Grd Kapitalabfindg statt Rente zu. Vgl BGB 843 Rn 20, 21. Gilt
auch für die UnterhRente iF des § 7 II. – **c)** BGB 843 IV läßt den Rentenanspruch bestehen, auch wenn ein
and dem Verl (§ 8) bzw den Hinterbliebenen (§ 7 II) Unterh zu gewähren ist. Vgl BGB 843 Rn 22.

ProdHaftG 10 *Haftungshöchstbetrag.* ^ISind Personenschäden durch ein Produkt
oder gleiche Produkte mit demselben Fehler verursacht worden, so haf-
tet der Ersatzpflichtige nur bis zu einem Höchstbetrag von 160 Millionen Deutsche Mark.

^{II}Übersteigen die den mehreren Geschädigten zu leistenden Entschädigungen den in Absatz 1
vorgesehenen Höchstbetrag, so verringern sich die einzelnen Entschädigungen in dem Verhältnis,
in dem ihr Gesamtbetrag zu dem Höchstbetrag steht.

1) Der Haftungshöchstbetrag (Abs I) gilt nur iF des Todes (§§ 7, 9) oder der KörperVerl (§§ 8, 9), nicht 1
bei SachSchad; dafür § 11. Es spielt keine Rolle, ob der Schad dch ein einz fehlerh Prod od dch mehrere
gleiche Prod mit demselben Fehler verursacht worden ist. Er gilt nicht für SchadErsAnspr aus uH (§ 15,
BGB 823).

2   **a)** Beim **Einzelschadensfall** hat ein einz fehlerh Prod den Schad dch Verl od Tod eines od mehrerer Menschen verursacht. Der HöchstBetr kann nur in Extremfällen mit mehreren Verletzten, zB Unfall von MassenbefördergsMittel, erreicht werden. Ob diese Alternative überhaupt dch Art 16 I EG-Richtlinie gedeckt ist, erscheint zweifelh.

3   **b)** Beim **Serienschaden** haben mehrere mit demselben Fehler behaftete gleiche Prod den Schad verurs. Hierbei kann es sich nur um den näml Konstruktionsfehler handeln, der einer best ganzen Serie anhaftet (vgl § 3 Rn 3) u der in mehreren SchadFällen zu einem GesamtSchad führt. Die Abgrenzg, ob die Prod „gleich" sind, kann Schwierigk machen, wird sich aber anhand der Konzeption des Herst für eine best (fehlerh) Serie vornehmen lassen.

4   **c)** In den **Höchstbetrag einzurechnen** sind alle aGrd der Verl od des Todes eines Menschen entstandenen SchadPosten einschl der für diesen Zweck zu kapitalisieren Rente, nicht aber der SachSchad.

5   **2) Anteilige Kürzung (Abs II)** ist im Interesse der GleichBehandlg aller Geschädigten erforderl, wenn die Addition der an mehreren Geschädigten zu leistden ErsBeträge den HöchstBetr übersteigt. Gilt für Einzel- u SerienSchadFall (Rn 2, 3). Die Vorschr entspricht inhaltl StVG 12 II 2, HaftPflichtG 10 II, AMG 88 S 2. Ist der HöchstBetr erreicht, gehen später Geschädigte leer aus, falls sich die Haftg nicht auf uH stützen läßt.

ProdHaftG 11 *Selbstbeteiligung bei Sachbeschädigung.*   **Im Falle der Sachbeschädigung hat der Geschädigte einen Schaden bis zu einer Höhe von 1125 Deutsche Mark selbst zu tragen.**

1   **Selbstbeteiligung.** Der nach § 1 I zu ersetzde Schad an and PrivSachen als dem fehlerh Prod selbst ist der Höhe nach nicht auf einen best Betr begrenzt, der Geschädigte hat aber die ersten 1125 DM selbst zu tragen. Der Herst hat also bis zu diesem Betr überhaupt keinen Ers zu leisten, bei höheren SachSchäd nur den DifferenzBetr. Voller ErsAnspr bleibt dem Geschädigten aus uH (§ 15, BGB 823).

ProdHaftG 12 *Verjährung.* **I Der Anspruch nach § 1 verjährt in drei Jahren von dem Zeitpunkt an, in dem der Ersatzberechtigte von dem Schaden, dem Fehler und von der Person des Ersatzpflichtigen Kenntnis erlangt hat oder hätte erlangen müssen.**

II Schweben zwischen dem Ersatzpflichtigen und dem Ersatzberechtigten Verhandlungen über den zu leistenden Schadensersatz, so ist die Verjährung gehemmt, bis die Fortsetzung der Verhandlungen verweigert wird.

III Im übrigen sind die Vorschriften des Bürgerlichen Gesetzbuchs über die Verjährung anzuwenden.

1   **1) Beginn der 3jährigen Verjährungsfrist (Abs I)** mit pos Kenntn der 3 im Text genannten Tats (nachstehd Rn 2, 3); vgl allg BGB 852 Rn 4–14. Die Verj beginnt abweichd von BGB 852 I zum Nachtl des Geschädigten aber auch schon mit dem Ztpkt des Kennenmüssens, also fahrl Unkenntn. Die 3 maßgebl kumulat Tats sind:

2   **a) Schaden.** Vgl BGB 852 Rn 8–10. – **b) Fehler.** Seine Kenntn od fahrl Unkenntn wird idR mit der vom
3 Schad zusammentreffen. Ggf muß der Geschädigte einen Sachverst zuziehen. – **c) Person des Ersatzpflichtigen.** Vgl BGB 852 Rn 11–14. Der Ztpkt der Kenntn od fahrl Unkenntn kann je nach infrage
4 kommden ErsPflichtigen (vgl § 4) unterschiedl sein. – **d) Eine Ersatzfrist** von 30 Jahren wie in BGB 852 I gibt es nicht, weil der SchadErsAnspr gem § 13 nach Ablauf von 10 Jahren seit InVerkBringen des fehlerh Prod erlischt.

5   **2) Hemmung. Abs II** entspricht BGB 852 II. Vgl dort Rn 17–19. Außerdem gelten über Abs III BGB 202 bis 207.

6   **3) Unterbrechung und Fristablauf. Abs III** erklärt BGB 208 ff für anwendb. Vgl auch BGB 852 Rn 16, 20.

ProdHaftG 13 *Erlöschen von Ansprüchen.* **I Der Anspruch nach § 1 erlischt zehn Jahre nach dem Zeitpunkt, in dem der Hersteller das Produkt, das den Schaden verursacht hat, in den Verkehr gebracht hat. Dies gilt nicht, wenn über den Anspruch ein Rechtsstreit oder ein Mahnverfahren anhängig ist.**

II Auf den rechtskräftig festgestellten Anspruch oder auf den Anspruch aus einem anderen Vollstreckungstitel ist Absatz 1 Satz 1 nicht anzuwenden. Gleiches gilt für den Anspruch, der Gegenstand eines außergerichtlichen Vergleichs ist oder der durch rechtsgeschäftliche Erklärung anerkannt wurde.

1   **1) Erlöschen des Anspruchs.** Der Grd liegt in der fortschreitden techn Entwicklg der Prod, vor allem in der mit dem ZtAblauf wachsden Schwierigk für den Herst, die HaftgsAusschlTatbestde nach § 1 II bis IV zu beweisen. Das Erlöschen ist im Ggs zur Verj vAw zu beachten. Gilt nur für die Anspr aus § 1 I, nicht für solche mit and AnsprGrdlage (§ 15).

2   **2) Regel: Erlöschen nach 10 Jahren (Abs I 1). – a) Beginn.** Mit dem InVerkBringen (vgl § 1 Rn 14–16) des konkr schadstiftden Prod, auch bei SerienSchäd (vgl § 10 Rn 3). Der Beginn kann also unterschiedl sein, je nachdem, ob der Geschädigte den Herst, QuasiHerst, Importeur od Lieferanten (vgl § 4) in Anspr nimmt. Die BewLast für das InVerkBringen an dem best KalTag trägt der Herst, weil diese Tats eine für ihn günst
3 RFolge auslöst. – **b) Lauf.** Es handelt sich um eine absolute Fr, für die es weder Hemmg noch Unterbrechg
4 gibt. – **c) Ablauf** gemäß BGB 188 II 10 Jhre nach Beginn.

3) Ausnahmen: Kein Erlöschen nach 10 Jahren (Abs I 2, II). 5

a) Gerichtliches Verfahren. Ist der Anspr am Tage des FrAbl Ggst eines Kl- od MahnVerf, so erlischt er an diesem Tage nicht. RHängigk (ZPO 253 I, 261 II, 696 III), wobei für die FrWahrg ZPO 270 III, 693 II gelten, genügt jedenf. Da das G nicht auf die RHängigk abstellt, genügt bereits die Anhängigk eines Kl- od Mahn-, nicht eines ProzKostenhilfeVerf (aA Mayer VersR **90**, 691 [698]). Mit rkräft Entsch im ErkenntnVerf ist entw der bekl Herst zur SchadErsLeistg verurteilt od die Kl abgewiesen. In beiden Fällen ist die Frage nach dem FrEnde überholt. – **b) Rechtskräftiger Titel** verhindert Erlöschen des Anspr. Glei- 6 ches gilt für and VollstrTitel wie ProzVergl und not Urk mit UnterwerfgsKlausel, ferner für außerger Einigg über den SchadErsAnspr iW des Vergl (BGB 779) od des rgeschäftl Anerk (BGB 781) konstit od deklarat Natur.

ProdHaftG 14 *Unabdingbarkeit.* **Die Ersatzpflicht des Herstellers nach diesem Gesetz darf im voraus weder ausgeschlossen noch beschränkt werden. Entgegenstehende Vereinbarungen sind nichtig.**

1) Unabdingbarkeit. Die ErsPfl des Herst (§ 4) gem § 1 I kann im voraus nicht ausgeschl od beschr wer- 1 den, weder dch Vertr, falls zw dem Herst u dem Benützer des Prod ein solcher besteht, noch dch anderweit Vereinbg, noch dch entspr Klauseln auf dem Prod selbst, auf der Verpackg, in GebrAnw, Warngen, Hinweisen u dergl. Soweit die Letztgenannten vor konkr Gef, insb dch Fehlanwendg warnen od best SicherhVorkehrgen empfehlen, kann ein Verstoß zur Anwendg des BGB 254 führen (vgl § 6 Rn 1). Ohne Hinw auf spezif gefährl Eigensch kann aber der Herst die Verwendg des Prod nicht generell beschränken mit der Folge eines HaftgsAusschl bei Verstoß. Die Vorschr gilt nicht für Anspr aGrd and AnsprGrdl (§ 15). Zuläss sind Vereinbgen über Beschr od Ausschl der ErsPfl nach Eintritt des SchadFalls, etwa iW eines Vergl.

2) Verstoß führt zur Nichtigk der haftgsbeschränkden Vereinbg od Klausel. 2

ProdHaftG 15 *Arzneimittelhaftung; Haftung nach anderen Rechtsvorschriften.*
I Wird infolge der Anwendung eines zum Gebrauch bei Menschen bestimmten Arzneimittels, das im Geltungsbereich des Arzneimittelgesetzes an den Verbraucher abgegeben wurde und der Pflicht zur Zulassung unterliegt oder durch Rechtsverordnung von der Zulassung befreit worden ist, jemand getötet, sein Körper oder seine Gesundheit verletzt, so sind die Vorschriften des Produkthaftungsgesetzes nicht anzuwenden.
II Eine Haftung aufgrund anderer Vorschriften bleibt unberührt.

1) Das **Atomgesetz** ist zwar in § 15 nicht genannt, Art 14 der EG-Richtlinie ProdHaftg erklärt aber diese 1 Richtlinie für unabwendb auf Schäd inf eines nuklearen ZwFalls, die in von den MitglStaaten ratifizierten internat Übk erfaßt sind. Das ist in dem von der BRep ratifizierten Pariser Übk der Fall. Daraus folgt, daß auf NuklearSchäd dieses G nicht, sondern als SpezialG das AtomG anwendb ist (Kullmann/Pfister Nr 3600 B II 3, Taschner-Frietsch Art 14 Rdn 1, 8). – Das **Gesetz zur Regelung von Fragen der Gentechnik** v 20. 6. 90 (BGBl I 1080) enthält in § 37 II eine verschärfte Haftg für Prod, die gentechn veränderte Organismen enthalten od aus solchen bestehen (Deutsch VersR **92**, 551).

2) Das **Arzneimittelgesetz** v 24. 8. 76 (BGBl I S 2445), mehrfach geändert, enthält in §§ 84 ff ebenf eine 2 GefährdgsHaftg u hat als spezielle Regelg Vorrang. Für SchadEreign nach AMG gilt das ProdHaftG nicht (Abs I), selbst wenn seine Vorschr den Geschädigten besserstellen. Ob dies mit Art 13 der EG-Richtlinie vereinb ist, erscheint zweifelh (Buchner DB **88**, 32 [36]). AMG 84 Nr 1 erfaßt bei bestimmungsgem Gebr des Mittels, weitergeh als § 3, auch die sog EntwicklgsGef. AMG 88 beschr die Haftg auf einen geringeren HöchstBetr als § 10. MitVersch, Umfang der ErsPfl bei Tötg u KörperVerl dch Geldrente (AMG 85–87) sind inhaltl übereinstimmd mit dem ProdHaftG geregelt. Verj 3 Jahre ab Kenntn (AMG 90). Haftg Mehrerer als GesSchu (AMG 93). Die Haftg ist unabding (AMG 92). DeckgsVorsorge (AMG 94). WahlGerStand am Wohns des Kl (AMG 94a). Bei Versch sind BGB 823 ff neben dem AMG anwendb (AMG 91, BGH **106**, 273: GebrInformation). An die Substantiierungslast des Geschädigten dürfen nur maßvolle Anfordergen gestellt werden (BGH NJW **91**, 2351).

§ 84. Gefährdungshaftung. *Wird infolge der Anwendung eines zum Gebrauch bei Menschen bestimmten Arzneimittels, das im Geltungsbereich dieses Gesetzes an den Verbraucher abgegeben wurde und der Pflicht zur Zulassung unterliegt oder durch Rechtsverordnung von der Zulassung befreit worden ist, ein Mensch getötet oder der Körper oder die Gesundheit eines Menschen nicht unerheblich verletzt, so ist der pharmazeutische Unternehmer, der das Arzneimittel im Geltungsbereich dieses Gesetzes in den Verkehr gebracht hat, verpflichtet, dem Verletzten den daraus entstandenen Schaden zu ersetzen. Die Ersatzpflicht besteht nur, wenn* 3

1. *das Arzneimittel bei bestimmungsgemäßem Gebrauch schädliche Wirkungen hat, die über ein nach den Erkenntnissen der medizinischen Wissenschaft vertretbares Maß hinausgehen und ihre Ursache im Bereich der Entwicklung oder der Herstellung haben oder*
2. *der Schaden infolge einer nicht den Erkenntnissen der medizinischen Wissenschaft entsprechenden Kennzeichnung, Fachinformation oder Gebrauchsinformation eingetreten ist.*

3) Weitergehende vertragliche Ersatzansprüche bleiben von diesem G unberührt (Abs II, EG-Richtli- 4 nie Art 13), falls im EinzFall zw dem Herst u dem Geschädigten vertragl abzuwickelnde Beziehgen bestehen. Als solche kommen in Frage:

a) Gewährleistungsansprüche (zur Abgrenzg vgl § 3 Rn 1), falls der Herst des Prod zugleich Partner des Kauf- bzw WkVertr mit dem geschädigten Käufer bzw Besteller (Verbr) ist (BGH BB **92**, 517).

5 **b) Garantie- od Haftungsvertrag** zw Herst u Verbr ist denkb, aber ohne prakt Wert, weil alles, was zur Darbietg des Prod gehört (§ 3 I Buchst a, dort Rn 10) zur Haftg nach diesem G führen kann u idR keine rgeschäftl WillErkl enthält (BGH **48**, 122, **51**, 91); ebsowenig die bloße Herausg einer GebrAnweisg (BGH **89**, 20). Auch die Verwendg von Garantiekarten umfaßt idR nicht FolgeSchäd (BGH **50**, 200). Im EinzFall kann die individuelle GarantieErkl des Herst an den Kunden des Erstabnehmers gerichtet sein. Auf sie ist BGB 477 I entspr anwendb (BGH NJW **81**, 2248; Besprechg Bunte NJW **82**, 1629, Littbarski JuS **83**, 345). Der Kunde kann dann neben dem Anspr aus der Garantie gg den Herst einen GewlAnspr gegen seinen Verk haben. Denkb ist im EinzFall auch ein GarantieVertr zw Herst u Erstabnehmer zG des Letztabnehmers (Verbr) nach BGB 328 I (BGH NJW **79**, 2036; zust Lehmann BB **80**, 964, zusfassd v Westphalen NJW **80**, 2227; BGH WM **81**, 548).

6 **c) Vertrag mit Schutzwirkung zugunsten Dritter** (BGB 328 Anm 3). Als solcher scheidet der Kauf- od WkVertr zw Herst u Erstabnehmer aus (weitergehd Steinmeyer DB **88**, 1049: Schutzwirkg, wenn der Herst auf ein Prüfzeichen für das Prod hinweist). Eine Ausdehng von vertragl SchutzPfl ist aber zu bej, wenn das Prod im Betr des Käufers von dessen ArbN benutzt werden soll. Diesem stehen dann vertragl SchadErsAnspr gg den Herst zu (BGH VersR **56**, 419: Antriebsscheibe, BGH VersR **59**, 645: Rostschutz). Eine allg Erstreckg der SchutzPfl aus dem ersten KaufVertr auf die Endabnehmer des Prod ist aber abzulehnen, da dem Händler innerh der Absatzkette Schutz- u FürsorgePfl zG des Abnehmers nicht obliegen (BGH **51**, 91).

7 **4) Weitergehende außervertragliche Ersatzansprüche gegen den Hersteller** bleiben nach Abs II ebenf unberührt. Von Bedeutg ist dies insb für SchadErsAnspr aus uH (vgl BGB 823 Rn 201 ff), die freil Versch voraussetzen u im wesentl folgde Komplexe betreffen: Anspr auf SchmerzG, ErsAnspr für Sach-Schad an gewerbl genutzten Sachen, an priv genutzten Sachen für die ersten 1125 DM (vgl § 11) u für SachSchad an dem Prod selbst wg eines Fehlers an einem EinzTl (vgl BGB 823 Rn 212, 213), ErsAnspr wg verl ProdBeobachtgsPfl (vgl BGB 823 Rn 208).

8 **5) Weitergehende Ersatzansprüche gegen andere Verantwortliche** bleiben ebenf unberührt. Zu denken ist an delikt Anspr gg Händler u gg MitArb des HerstellgsBetr. Einzelh vgl BGB 823 Rn 216.

ProdHaftG 16 *Übergangsvorschrift.* **Dieses Gesetz ist nicht auf Produkte anwendbar, die vor seinem Inkrafttreten in den Verkehr gebracht worden sind.**

1 **1) Übergangsregelung.** Das G ist anwendb nur auf SchadFälle dch ein fehlerh Prod, das seit seinem Inkrafttreten (vgl Einf Rn 2) in Verk gebracht worden ist (vgl § 1 Rn 14–16), sei es dch den Herst, Quasi-Herst, Importeur od Lieferanten (§ 4). Für die vorher in Verk gebrachten Prod bleibt es bei der ErsPfl nach BGB 823. Geltg in den ostdeutschen BLändern vgl Einf 9 vor § 1.

ProdHaftG 17 *Erlaß von Rechtsverordnungen.* **Der Bundesminister der Justiz wird ermächtigt, durch Rechtsverordnung die Beträge der §§ 10 und 11 zu ändern oder das Außerkrafttreten des § 10 anzuordnen, wenn und soweit dies zur Umsetzung einer Richtlinie des Rates der Europäischen Gemeinschaften auf der Grundlage der Artikel 16 Abs. 2 und 18 Abs. 2 der Richtlinie des Rates vom 25. Juli 1985 zur Angleichung der Rechts- und Verwaltungsvorschriften der Mitgliedstaaten über die Haftung für fehlerhafte Produkte erforderlich ist.**

ProdHaftG 18 *Berlin-Klausel.* *(gegenstandslos)*

ProdHaftG 19 *Inkrafttreten.* *(nicht abgedruckt)*

Gesetz über das Wohnungseigentum und das Dauerwohnrecht
(Wohnungseigentumsgesetz)

Vom 15. März 1951 (BGBl I S 175/BGBl III 403–1), zuletzt geändert durch Art 8 Abs 11 des
Kostenänderungsgesetzes 1994 vom 24. Juni 1994 (BGBl I S 1325)

Bearbeiter: Dr. Bassenge, Vorsitzender Richter am Landgericht Lübeck

Schrifttum: a) Kommentare: Bärmann/Pick/Merle, 6. Aufl 1987. – Bärmann/Pick, 13. Aufl 1994.
– Henkes/Niedenführ/Schulze, 3. Aufl 1995. – Sauren, WEG 1989. – Weitnauer, 8. Aufl 1995. –
b) Sonstiges: Bärmann, WE 1991. – Bärmann-Seuß, Praxis des WE, 3. Aufl 1980. – Brych/Pause,
Bauträgerkauf u Baumodelle, 1989. – Deckert, Die EigtWohng, 1981. – Junker, Die Gesellsch nach dem
WEG, 1993. – Merle, Das WE im System des bürgerlR, 1979. – Müller, Prakt Fragen des WE, 2. Aufl
1992. – Röll, Handbuch für WEigtümer u Verw, 6. Aufl 1994.

Überblick

1) Das **BGB** läßt Eigt an realen GbdeTeilen nicht zu (BGB 93, 94). BruchtMitEigt am Grdst mit 1
Verwaltgs/Benutzgsregelg u AufhebgsAusschl mit Wirkg für u gg die SonderRNachf (BGB 746, 751, 1008,
1010) setzte sich nicht dch. Das WohngsR (BGB 1093) erfüllt wg Unveräußerlich, Unvererblich u
Beschrkg auf Wohnzwecke nicht die Wünsche nach eigner Wohng u scheidet für gewerbl Nutzg aus.
StockwerksE (EG 182) ist nicht neu begründb. – Das **WEG** gibt mit dem Wohngs-/TeilEigt (Rn 2), dem
Wohngs-/TeilErbbR (Rn 9) u dem Dauerwohn-/DauernutzgsR (Rn 10) neue RFormen. Die Überschriften
sind amtl (Ausn: § 61). In West-Berlin gleichlautdes WEG v 2. 8. 51 (GVBl 547), nur Fassg des § 59
geändert. Im Saarland gilt WEG v 13. 6. 52 (ABl 686) weiter für vor Ende der Übergangszeit begründetes
WE u DWR, die aber in entspr Rechte des WEG-BRep umgewandelt werden können; für neue Rechte gilt
WEG-BRep (§ 3 II 1 G v 30. 6. 59; BGBl I 313). – Über **Auslandsrecht** vgl Hegemann RhNK **87**, 1 Anh.

2) Wohnungs- und Teileigentum (§§ 1 ff) sind eine unauflösl Verbindg von BruchtMitE am GemschE 2
(Grdst u bestimmte GbdeTeile) mit SE an Räumen, wobei es rechtl dch das BruchtMitE charakterisiert wird
(BGH NJW **86**, 1811): dch SE in seinem HerrschBereich ggständl beschr u idS **besonders ausgestaltetes
Miteigentum nach Bruchteilen** an einem Grdst iSv BGB 1008 ff (aA Bärmann Rn 25; Junker S 75), nicht
grdstgleiches Recht (BayObLG **93**, 297); über Verh zu MitEAnt am Grdst vor Verbindg mit SE vgl Hamm
OLGZ **83**, 386. UnterWE/TeilE nicht mögl (Köln Rpfleger **84**, 268). Es kann herrschdes Grdst für subjdingl
Recht sein (BGH **100**, 289).

a) Rechtsinhaber können sein: Natürl od jur Pers, auch PersMehrh (GesHdsGemsch, BruchtGemsch). 3
Bei PersMehrh besteht am MitEAnt eine UnterGemsch (BayObLG NJW-RR **88**, 271).

b) Entstehung dch dingl Vertr der GrdstMitEigtümer u Eintr (§ 4 I) od dch TeilgsErkl des GrdstEigtü- 4
mers u Eintr (§ 8); auch als wirtsch Einh iSv BewG 68, 93 (BFH NJW **93**, 1672). **Erlöschen** dch dingl Vertr
aller Eigtümer u Eintr (§ 4 I) od AufhebgsErkl des Inh aller Rechte u Eintr unter Schließg des WohngsGB
(§ 9); dch Vereinigg aller Rechte in einer Hand endet es nicht (vgl § 8).

c) Die **Eigentümergemeinschaft** ist eine **nicht rechts- u partei-/beteiligtenfähige** (BGH NJW **77**, 5
1686) BruchtGemsch iSv BGB 1008, 741 ff (Weitnauer FS-Seuß **87**, 295; aA Bärmann Rn 265–290; Junker
S 75). Die aus dem MitEigt fließden Verpfl ggü Dritten (zB VerkSichgsPfl) obliegen den WEigtümern
gemeins (BGH NJW **85**, 484; Celle WEZ **87**, 177; Hamm NJW **88**, 496). Die Gemsch bewirkt ggseit Schutz-
u TreuePfl (BayObLG DWE **93**, 156). Sie **entsteht** rechtl bei Begründg dch Vertr (§§ 3, 4) mit der Entstehg
des WE/TeilE u bei Begründg dch Teilg (§ 8) mit dem dingl wirks Erwerb des ersten WE/TeilE vom teilden
Eigtümer. Sie **erlischt** mit dem WE/TeilE od der Vereinigg aller Rechte in einer Hand. Teilhabersch an der
Gemsch wird dch dingl wirks Erwerb von WE/TeilE begründet u dch dingl wirks Veräußerg beendet.

aa) Bei WEBegründg nach § 8 sind schon vor rechtl Entstehg der Gemsch sind die Vorschr über das 6
InnenVerh der Eigtümer (§§ 10–29) u das Verf (§§ 43 ff) anwendb, sobald eine **werdende (faktische)
Gemeinschaft** entstanden ist (BayObLG **90**, 101; Coester NJW **90**, 3184). Mindestvoraussetzgen dafür sind
die Anlegg der WohngsGB (KG OLGZ **89**, 38; BayObLG **90**, 101) u die Bildg einer tats Gemsch dch
Inbesitznahme (nicht notw Bezug) des WE/TeilE dch mindestens einen Erwerber (ifv § 3 entsteht die
Gemsch mit GBAnlegg auch rechtl). Als weitere Voraussetzg ist jedenf eine Sicherg dch Vormkg od bindde
Einigg/Aufl mit EintrAntr des Erwerbers ausreichd (allgM); da nur InnenVerh betroffen, reicht als weitere
Voraussetzung aber auch wirks schuldrechtl Anspr auf Übertragg des WE/TeilE aus (Soergel/Stürner § 10
Rn 3, 4; Stgt OLGZ **79**, 34; aA BayObLG **91**, 150). Die Rechte des noch nicht als Eigentümer eingetr
Erwerbers werden dch die GemschEntstehg nach Rn 5 nicht berührt (BayObLG **90**, 101; Coester NJW **90**,
3184), dh er wird nicht zum werdden Eigtümer iSv Rn 7.

bb) Von der werdden Gemsch ist der **werdende (faktische) Wohnungseigentümer** zu unterscheiden. 7
Es handelt sich um einen NichtEigtümer, der ein WE besitzt, das ein Mitgl einer schon bestehden Gemsch
ihm veräußert (aber noch nicht übereignet) hat. Ein solcher Erwerber hat noch keine eigenen Rechte/Pfl aus
dem WEG (BGH **106**, 113). Er kann aber vom Veräußerer ermächtigt werden, dessen Rechte (zB StimmR,
BeschlAnfechtgsR) im eigenen Namen geltd zu machen (zB bei Übergang von Bes, Nutzg, Lasten u
Gefahr), soweit der Veräußerer sie nicht mehr ausübt (BGH aaO; KG NJW-RR **95**, 147); aber keine
KostentraggsPfl aus § 16.

8   **d)** WE konnte als **Heimstätte** (RHeimstG) ausgegeben u ein HeimstättenGrdst im WE umgewandelt werden (Ffm DNotZ **63**, 442; Neust Rpfleger **63**, 85; BayOblG **67**, 128); es gilt daher Übbl 6 vor BGB 873. – Zur **Hofeigenschaft** (HöfeO) vgl Oldbg Rpfleger **93**, 149.

9   **3) Wohnungs- und Teilerbbaurecht** (§ 30; Unterschied entspr § 1 Rn 2, 3) sind eine unauflösl Verbindg von BruchtMitErbbR u BruchtMitE an bestimmten GbdeTeilen mit SE an Räumen: bes ausgestaltetes MitErbbR nach Brucht iS der ErbbRVO u damit ebenf grdstgl Recht. Es kann wie gewöhnl BruchtMit-ErbbR Ggst von Verpflichtgs- u VfgsGesch sein, auch herrschdes Grdst für subj-dingl Rechte. Im übrigen wird es rechtl wie WE/TeilE behandelt (§ 30 III 3).

10   **4) Dauerwohn- und Dauernutzungsrecht** (§§ 31ff; Unterschied entspr § 1 Rn 2, 3) sind BGB 1093 nachgebildete veräußerl u vererbl Wohn- u NutzgsRe, mit denen ein Grdst od ErbbR (auch WE/TeilE u Wohngs-/TeilErbbR) dingl belastet wird.

I. Teil. Wohnungseigentum

WEG 1   *Begriffsbestimmungen.*   [I]Nach Maßgabe dieses Gesetzes kann an Wohnungen das Wohnungseigentum, an nicht zu Wohnzwecken dienenden Räumen eines Gebäudes das Teileigentum begründet werden.

[II]Wohnungseigentum ist das Sondereigentum an einer Wohnung in Verbindung mit dem Miteigentumsanteil an dem gemeinschaftlichen Eigentum, zu dem es gehört.

[III]Teileigentum ist das Sondereigentum an nicht zu Wohnzwecken dienenden Räumen eines Gebäudes in Verbindung mit dem Miteigentumsanteil an dem gemeinschaftlichen Eigentum, zu dem es gehört.

[IV]Wohnungseigentum und Teileigentum können nicht in der Weise begründet werden, daß das Sondereigentum mit Miteigentum an mehreren Grundstücken verbunden wird.

[V]Gemeinschaftliches Eigentum im Sinne dieses Gesetzes sind das Grundstück sowie die Teile, Anlagen und Einrichtungen des Gebäudes, die nicht im Sondereigentum oder im Eigentum eines Dritten stehen.

[VI]Für das Teileigentum gelten die Vorschriften über das Wohnungseigentum entsprechend.

1   **1) Begriffe.** WE u TeilE unterscheiden sich in der Zweckbestimmg des SE **(I),** nicht in der rechtl Behandlg **(VI,** § 7 V); wo das WEG vom WEigtümern spricht, sind auch TeilEigtümer gemeint. Maßg ist die bei der

2   Begründg festgelegte Zweckbestimmg; bei gemischter entscheidet die überwiegde. – **a) Wohnungseigentum (II)** erfordert SE an einer Wohng. Maßg ist die VerkAuffassg auf der GrdLage der baul Gestaltg. Anhalt gibt Nr 4 der VerwVorschr v 19. 3. 74 (BAnz Nr 58): Eine Wohng ist die Summe der Räume, welche die Führg eines Haush ermöglichen; das erfordert Kochgelegenh, Wasserversorgg u WC; Nebenräume (Garage, Keller, Boden) können dazugehören. Einzelzimmer kann Wohng sein; nicht aber WC-Raum (Düss NJW **76**,

3   1458) od Vorflur (Hamm Rpfleger **86**, 374). – **b) Teileigentum (III)** erfordert SE an nicht zu Wohnzwecken dienden Räumen; zB Büro, Laden, Garage, Keller, Dachboden; nicht aber Raum (zB WC, Vorflur), auf den WEigtümer zum Wohnen angewiesen (Düss aaO; Hamm aaO). Über Zulässigk von TeilE an solchem Raum

4   mit SondernutzgsR an Wohnraum vgl § 15 Rn 6. – **c) Umwandlung** von WE in TeilE u umgekehrt nicht dch abw Gebr, sond dch Einigg aller WEigtümer u Eintr unter Beachtg von BGB 877 (BayOblG DNotZ **92**, 714 Anm Herrmann). Realteilg von WE/TeilE in WE u TeilE ohne Mitwirkg der and WEigtümer, wenn Zweckbestimmg der Räume unverändert (BGH NJW **79**, 870).

5   **2) Grundstück als gemeinschaftliches Eigentum (IV). – a)** Steht ein **Gebäude ganz auf nur einem Grundstück** im RSinn (es kann aus örtl getrennten FlSt bestehen; Demharter DNotZ **86**, 457), so kann SE an seinen Räumen nur mit MitEAnt dieses Grdst verbunden werden, nicht auch (ÜbergangsRegelg wie

6   Rn 6) od nur mit MitEAnt eines and Grdst. – **b)** Steht ein **Gebäude auf mehreren Grundstücken,** so kann SE an seinen Räumen nur mit MitEAnt an diesen Grdst verbunden werden (wo das vor 1. 10. 73 erfolgte,

7   gibt Art 3 § 1 G v 30. 7. 73 [BGBl I 910] ÜbergangsRegelg). **aa)** Ist das ganze Gbde wesentl Bestandt eines (Stamm-)Grdst u damit ihm einheitl eigtrechtl zugeordnet (zB als entschuldigter [BGB 912 Rn 12] od rechtl [BGB 912 Rn 2] Überbau), so kann SE im ganzen Gbde (auch wenn SE-Einh nur auf NachbGrdst gelegen) mit MitE am StammGrdst zu WE verbunden werden (Karlsr DNotZ **86**, 753). WE auch eintragb, wenn diese eigtrechtl Zuordng nicht aus GB ersichtl (Demharter Rpfleger **83**, 133; aA Stgt Rpfleger **82**, 375: GrdDbk notw); sie ist GBA, das Grenzüberschreit kennt, gem GBO 29 nachzuweisen (vgl dazu Demharter

8   aaO; Ludwig DNotZ **83**, 411; Hamm Rpfleger **84**, 98; Karlsr aaO). **bb)** Ist GbdeTeil auf NachbGrdst nicht wesentl Bestandt des StammGrdst, so entsteht kein WE, wenn SE in ihm mit MitE am StammGrdst verbunden; Gesamtgründg gescheitert, wenn dadch ein MitEAnt ohne SE (vgl § 3 Rn 4). Über Heilg dch

9   gutgl Erwerb vgl Demharter u Ludwig aaO. **cc)** Sind die GbdeTeile eigtrechtl den Grdst zugeordnet, auf denen sie stehen (zB unentschuldigter Überbau; BGB 912 Rn 16), so kann SE in ihnen nur mit MitE am dazugehör Grdst zu WE verbunden werden (Ludwig aaO; vgl auch LG Bn RhNK **82**, 248 u LG Düss RhNK **85**, 126 u LG Mü MittBayNot **88**, 237, die abw von LG Nürnb DNotZ **88**, 321 wohl von vertikaler Teilg des TiefgaragenEigt an der Grenze ausgehen).

10   **3) Gemeinschaftliches Eigentum. – a) Grundstück (V,** unabdingb), dh die überbaute u die außerh von Gbden liegde GrdstFläche; zB plattierte Terrasse (Köln Rpfleger **82**, 278), KfzStellplatz auf freier GrdstFläche od in seitenoffenem Carport (BayOblG NJW-RR **86**, 761). Nichtwesentl GrdstBestandt (die nicht zugl GbdeTeile) teilen die RNatur der Hauptsache; an ihnen ist aber wg SonderRFähigk DrittEigt mögl (Merle § 4 II).

b) Gebäudeteile, die trotz Zugehörig zu SE-Raum nicht SE sein können (**§ 5 I,** unabdingb), u bestands- 11 od sicherhnotw GbdeTeile (**§ 5 II,** unabdingb); Zuordng zu § 5 I od II überschneidd. Auch dann notw GemschE, wenn unter Verstoß gg § 22 I angebracht (BayObLG WuM **85**, 31) od nur 1 WEigtümer in dem Gbde SE hat (BGH **50**, 56). – **Beispiele:** Fundament, Außenwand, Dach, Schornstein, Brandmauer, Geschoßdecke (BayObLG NJW-RR **94**, 82), Außenputz (Düss BauR **75**, 61); Außenfenster einschl Innensei-te (Brem DWE **87**, 59; Oldbg WEZ **88**, 281; LG Lüb Rpfleger **85**, 490), Fensterbank (Ffm NJW **75**, 2297) u -laden (BayObLG WuM **91**, 440), Rolladenkasten; Außenwand, Abschlußgitter, Bodenplatte, Decke u Trennmauer von Balkon/Loggia/Dachterrasse (BGH NJW **85**, 1551; NJW-RR **87**, 525); Wohngsabschluß-tür/wand zum Hausflur (LG Stgt Rpfleger **73**, 401; Hamm OLGZ **94**, 314) u zum Freien (LG Flensbg DWE **89**, 70) einschl Schloß (über Schlüssel vgl Schmid DWE **87**, 37), tragde Innenwand (BayObLG NJW-RR **95**, 649); (Tritt)Schall/Wärme/FeuchtigkIsoliergsschicht mit Schutzwirkg für GemschE od and SE (BGH NJW **91**, 2480; WE **92**, 102; BayObLG NJW-RR **94**, 598). GbdeGestaltg beeinflußde Balkonplatten (Ffm OLGZ **89**, 422; BayObLG WE **91**, 227); aufliegende Fertiggarage (BayObLG WE **89**, 218); Balkonbrüstg (BayObLG NJW-RR **90**, 784); AbgrenzgsEinrichtg zw verschied SE (BayObLG NJW-RR **91**, 722); Ein-gangspodest vor Haustür zu SE (BayObLG WuM **92**, 705).

c) Anlagen und Einrichtungen, die dem gemschaftl Gebr dienen (**§ 5 II,** unabdingb), indem sie den 12 Eigtümern den Gebr ihres WE ermöglichen u erhalten. Auch dann kein SE mögl, wenn MitGebr dch SondernutzgsR gesichert (BGH NJW **91**, 2909). An nichtwesentl Bestandt ist wg SonderRFähigk DrittEigt mögl (Merle § 4 II). – **Beispiele:** Treppenhaus, Einziger Zugangsraum zum Ausgang (BayObLG Rpfleger **80**, 477) od zu ständ MitGebr dienden GemschE-Raum (BGH NJW **91**, 2909; BayObLG WuM **95**, 326) od zu mehreren SE (Oldenbg Rpfleger **89**, 365); Hebebühne in Doppelstockgarage (Hamm OLGZ **83**, 1); Raum für Zähl-/Schalt-/SichgsEinrichtg der Energieversorgg (BGH NJW **91**, 2909); nur das GemschE u SE versorgde Zentralheizgsanlage einschl des nur Heizgszwecken dienden Aufstellraums (BGH **73**, 302; BayObLG MittBayNot **92**, 331) u aller funktionsnotw Teile (zB Thermostatventile) – **Nicht aber** (SE mögl): Zugangsraum zu nicht ständ MitGebr dienden GemschE (BayObLG **91**, 165; NJW-RR **95**, 908); Schwimmbad/Sauna (BGH **78**, 225); Dachspeicherraum (Zweibr MittBayNot **93**, 86); zu nur einem SE führdes Treppenhaus (Köln OLGZ **93**, 43); Heizgsanlage, die and Grdst mitbeheizt u von einem WEigtümer in seinem SE betrieben wird (BGH NJW **75**, 688; dazu Hurst DNotZ **84**, 66/140); Sammelgarage (Ffm FGPrax **95**, 101 [auch wenn 2. Rettgsweg]).

d) Sondereigentumsfähige Räume und Gebäudeteile (§ 5 III), wenn sie bei WE- Begründ nicht SE 13 geworden (§ 5 Rn 1) od nachträgl in GemschE umgewandelt (§ 5 Rn 5). Zuläss ist, nur an nicht Wohnzwek-ken dienden Räumen (zB Keller) SE zu bilden u die Wohnräume mit SondernutzgsR im GemschE zu belassen (§ 15 Rn 6). – **Umwandlung in Sondereigentum** nur dch Einigg aller WEigtümer (auch wenn in Vbg/TErkl MehrhBeschl vorgesehen; Stgt NJW-RR **86**, 815) nach § 4 I, II, Verbindg mit MitEigtAnt u GBEintr; nicht entspr BGB 912 dch baul Einbeziehg in SE (BayObLG Rpfleger **93**, 488). Beeinträchtigte RealBerecht müssen zustimmen (BGB 876, 877; BayObLG NJW-RR **92**, 208 [auch wenn SNR bestand]).

4) Verwaltungsvermögen. Dazu gehören bewegl Sachen (zB natürl Früchte u Zubehör des GemschE 14 [BayObLG NJW **75**, 2296: Waschmaschine], Bargeld in GemschKasse, VerwaltgsUnterlagen [BayObLG **78**, 231]), Anspr gg Dritte aus dem MitEigt (BGB 1011) od aus VerwaltgsGesch (zB Bankguthaben, Anspr aus Vermietg des GemschE). An jedem einz VermGgst besteht nach wohl zutreffder Ansicht eine Gemsch der WEigtümer iSv BGB 741ff (Weitnauer Rn 13; BayObLG **95**, 103) zu den Quoten des GemschE. Nach aA gehören sie zum GemschE (BPM/Pick Rn 39; KG NJW-RR **88**, 844) mit der Folge, daß Anteil von Vfg/ ZwVollstr bzgl des WE miterfaßt werden u nicht selbstd Vfg/ZwVollstr unterliegen u § 11 anwendb. – **a)** Bzgl der **Verwaltung** ist anzunehmen, daß die WEigtümer BGB 744, 745 dch §§ 23ff ersetzt haben. – **b)** Für die rgesch **Übertragung** des Anteils gilt BGB 747 S 1, der nur mit schuldrechtl Wirkg abdingb 15 (BGB 137). Schutz der WEigtümer gg GemschAufhebg dch Erwerber vgl Rn 17. Bei Übertragg des WE geht Anteil nicht krG mit über (BayObLG **84**, 198 [Zuschlag]); aN KG NJW-RR **88**, 844 [RGesch]); für Anteil am GemschEZubehör gelten BGB 314, 926, 1120ff (Weitnauer Rn 17; BayObLG WE **95**, 285). Keine GrdErwerbsteuer (BFH RhNK **91**, 328). – **c)** Die **Zwangsvollstreckung** in das WE erfaßt den Anteil nur, 16 wenn dieser zum Haftsverband des GrdPfdR gehört (zB Anteil am GemschEZubehör), soweit dies nicht der Fall (zB Anteil an gemschaftl Geldern/Guthaben; BayObLG **84**, 198; **95**, 103), erwirbt Ersteher Anteil nicht dch Zuschlag (zum BereichsAusgl zw VorEigtümer u Erwerber vgl Weitnauer ZfBR **85**, 183). Der Anteil unterliegt selbstd der ZwVollstr, soweit dies nicht dch ZPO 865 (zB für Anteil am GemschEZube-hör) ausgeschl. Schutz der WEigtümer gg GemschAufhebg vgl Rn 17. Pfändb aber Anspr auf Auskehrg von Überschüssen, deren Verteilg beschlossen. – **d)** Bzgl der **Aufhebung** ist anzunehmen, daß die WEigtümer 17 BGB 749 I ausgeschl haben u somit BGB 749 II 1 gilt. Zwecks Erhaltg der Funktionsfähigk der Gemsch ist BGB 751 S 2 entspr dem Gedanken des § 11 nicht anwendb (KG NJW-RR **88**, 844).

1. Abschnitt. Begründung des Wohnungseigentums

WEG 2 *Arten der Begründung.* **Wohnungseigentum wird durch die vertragliche Ein-räumung von Sondereigentum (§ 3) oder durch Teilung (§ 8) begründet.**

1) Begründung nur nach §§ 3, 8; nicht dch Vfg vTw, TeilsgsUrt zur GemschAuseinandS (Mü NJW **52**, 1 1297) od im Verf nach der HausRVO. – Genehmigg nach BauGB 22 notw, nicht aber nach BauGB 19 (VG Regbg Rpfleger **74**, 432; Hamm OLGZ **88**, 404). Kein VorkR nach BauGB 24. UnbedenklichkBescheinigg nach GrEStG 22 (BGB 925 Rn 30) iFv § 3 notw, nicht iFv § 8.

2) Gründungsmängel. Lösg der Probleme zT stark umstritten.

a) Abschlußmängel (Däubler DNotZ **64**, 216; Gaberdiel NJW **72**, 847) betr das VfgsGesch (§§ 3, 8) zur 2 Begründg von WE. – **aa) Bei Nichtigkeit** des VfgsGesch ist für keinen Beteil WE entstanden; bis zur

Geltmachg der Nichtigk (§ 11 gilt nicht) müssen die Beteil sich so behandeln lassen, als ob Begründg wirks: fakt WEGemsch. Belastgen die WE können kr öff Gl des GB entstehen; WE gilt dann insow als bestehd u entsteht für Ersteher in der ZwVerst. Gutgl DrittErwerb von WE (u Erstehen in der ZwVerst) heilt BegründsGesch u läßt WE für alle Beteil entstehen (BGH **109**, 179). – **bb)** Ist **Nichtberechtigter** (Buch-MitEigtümer) beteiligt, so entsteht iFv von § 3 bei Gutgläubigkeit eines Beteil WE; auch für NichtBerecht eingtr Recht ist WE. Bei Begründg nach § 8 od bei NichtEigt aller iFv § 3 entsteht WE erst nach gutgl DrittErwerb eines WE.

3   **b) Inhaltsmängel** betr die Zulässigk der rechtl Gestaltg des WE (zB SE-Fähigk); sie unterliegen der PrüfgsPfl des GBA. WohngsGB wird dch die inhaltl unzul Eintr (GBO 53 I 2; Hamm OLGZ **77**, 264) unricht; Erwerb nach BGB 892 od ZVG 90 nicht mögl (Düss Rpfleger **86**, 131). Bei teilw Unvereinbark BGB 139 maßg, ob WE überh entstanden (BayObLG **73**, 267). Beseitigg dch neue Einigg u Eintr; ob Anspr darauf besteht, ist vor ProzGer zu klärde Frage des GrdGesch. Ist WE eingetr aber nicht entstanden, besteht fakt Gemsch, auf die WEG einschl § 11 anzuwenden (vgl § 11 Rn 3).

4   **c) Nichtübereinstimmung von Aufteilungsplan u Baukörper** (Lutter AcP **164**, 122/141; Streblow RhNK **87**, 141; Röll WE **91**, 340). – **aa)** Abweichde **innere Ausgestaltung des Sondereigentums** (zB **5** Lage der Fenster, innere Aufteilg) läßt geplantes SE entstehen (Hamm Rpfleger **86**, 374). – **bb) Aufteilung/Zusammenlegung von Raumeinheiten.** Bei Aufteilg einer geplanten RaumEinh in mehrere entsteht ein WE mit geplanter RaumEinh als SE (Düss DNotZ **70**, 42). Bei ZusLegg mehrerer geplanter RaumEinh zu **6** einer entstehen die geplanten WE (BayObLG **81**, 332), da unschädl Verstoß gg § 3 II 1. – **cc) Zusätzliche/weniger Räume.** An zusätzl gebauten Räumen (iü geplanter Grdriß) entsteht Gemsch (Stgt OLGZ **79**, 21). Werden geplante Räume nicht gebaut (iü geplanter Grdriß), so besteht insow das AnwR (Rn 10) fort. – **7 dd) Grundrißabweichung.** Solange Abgrenzg SE/SE u SE/GemschE zweifelsfrei, entsteht gebautes SE (Karlsr NJW-RR **93**, 1294) u GB ist dch Plananpassg zu berichtigen (Celle OLGZ **81**, 106; BayObLG BWNotZ **89**, 64). Andfalls entsteht GemschE (Düss OLGZ **77**, 467; Hamm Rpfleger **86**, 374) u das AnwR (Rn 10) besteht fort (Karlsr Just **83**, 307), so daß GB nicht unrichtig (Merle WE **89**, 116); zur Anpassg Umbau od neue Einigg u Eintr (§ 4 I, II) notw (ob Anspr darauf besteht, ist vor ProzGer zu klärde Frage des GrdGesch); bei Eintr gem Bauzustand ohne Einigg haben Eigtümer Anspr aus BGB 894 (Karlsr aaO). Kein gutgl DrittErwerb von WE gem Bauzustand. Nachträgl GrdrißÄnderg ändert EigtVerh nicht (Düss NJW-**8** RR **88**, 590; BayObLG NJW-RR **90**, 657). – **ee) Abgrenzung von Sondereigentum.** Wird ein gem Teilgsplan dem SE 1 zugeteilter Raum teilw baul in das SE 2 einbezogen (Trennwand steht im Bereich des SE 1), so gehört der Raumteil nicht zum SE 2; da Abgrenzg agrd des Teilgsplans mögl, entsteht SE gem Teilgsplan (Celle OLGZ **81**, 106; Merle WE **89**, 116; aA Düss NJW-RR **88**, 590 [Raumteil gehört nicht zu SE 1]). Dementspr entsteht SE gem Teilgsplan, wenn Trennwand zw Räumen des SE 1 u 2 überhaupt nicht errichtet ist (Merle WE **92**, 11; aA Kblz WE **92**, 19 [beide Räume GemschE]). Herstellg der teilgsplanmäß **9** Abgrenzg gem § 21 V Nr 2 (§ 22 Rn 5). – **ff)** Abweichde **Gebäudelage auf dem Grundstück** für WE-Entsteh unschädl, wenn GemschE u SE zweifelsfrei abgrenzb (BayObLG NJW-RR **90**, 332).

10   **3)** WE kann schon **vor Errichtung des Gebäudes** begründet werden (§§ 3 I, 8 I: „zu errichtdes Gbde"). Es besteht dann aus dem MitEAnt am Grdst u dem damit verbundenen AnwR auf den MitEAnt an den künft im GemschE stehden GbdeTeilen u dem künft SE gem Aufteilgsplan, ohne daß öffrechtl Unzulässigk des Gbdes entggsteht (BGH **110**, 36); über Errichtg abw vom Aufteilgsplan vgl Rn 4, 5. Der Inh hat RStellg eines WEigtümers u es besteht schon eine WEGemsch, für die auch §§ 11, 18 gelten. Dieses WE ist übertragb u belastb (LG Aach RhNK **83**, 136). SE entsteht schrittw mit Errichtg der betr RaumEinh im Rohbau u nicht erst mit Herstellg des GesamtGbdes (Streblow RhNK **87**, 141; BGH NJW **86**, 2759; aA Düss Rpfleger **86**, 131). Streitig, ob diesem WE Recht u Pflicht zur Herstellg des Gbdes innewohnt (ja: BPM/Pick § 3 Rdn 26; nein: Röll NJW **78**, 1507). Nach Konk des Bauträgers ist § 22 II entspr anwendb u für Fertig-stellgskosten gilt § 16 II (Ffm WuM **94**, 35, 36; über Berücksichtigg an Bauträger geleisteter Zahlgen vgl Hbg OLGZ **90**, 308 u Ffm aaO), bei Nichtzahlg aber kein Ausschl vom MitGebr des GemschE (Hamm **11** NJW **84**, 2708). – **a)** Errichtg des Gbdes kann Ggst einer **Aufbauvereinbarung**/TeilgsErkl u damit SEInhalt nach § 5 IV (BayObLG **57**, 95) od gegst eines rein schuldrechtl **Aufbauvertrages** (zB Bauherren-**12** Gemsch als GbR; Hbg DWE **84**, 27) sein. – **b)** Aus mit BauUntern geschl **Bauvertrag haften die Wohnungseigentümer** mangels abweichder Vereinbg nur anteilig im Verh ihrer MitEAnt, wobei unerhebl, ob sich die Arbeiten auf das GemschE od SE beziehen (BGH **75**, 26); zur Sicherg dieser Fdg besteht Anspr auf **BGB–648–Hypothek** als EinzelHyp an der betr WEREn. IFv § 8 besteht Anpr auf BGB–648–Hyp als GesHyp (BGB 1132) an allen von der Werkleistg betroffenen WEREn (Celle NdsRpfl **76**, 197) WEREn in voller Höhe der WerklohnFdg, soweit nicht Eigt bereits auf Dr übergegangen, die nicht pers Schu des Werklohns (Ffm OLGZ **85**, 193).

13   **4) Vermehrung** von WE (von erstmaliger Begründg zu unterscheiden) zB dch: reale Teilg von WE (§ 6 Rn 6), Verkleinerg eines od mehrerer MitEAnt u Verbindg des/der freienMitEAnt mit bish zum GemschE gehörden u in SE umgewandelten Raum (BayObLG **76**, 227; LG Brem Rpfleger **85**, 106) od mit freiem TeilSE nach Verkleinerg des SE eines od mehrerer and WE.

WEG 3   *Vertragliche Einräumung von Sondereigentum.* **¹ Das Miteigentum (§ 1008 des Bürgerlichen Gesetzbuches) an einem Grundstück kann durch Vertrag der Miteigentümer in der Weise beschränkt werden, daß jedem der Miteigentümer abweichend von § 93 des Bürgerlichen Gesetzbuches das Sondereigentum an einer bestimmten Wohnung oder an nicht zu Wohnzwecken dienenden bestimmten Räumen in einem auf dem Grundstück errichteten oder zu errichtenden Gebäude eingeräumt wird.**

II Sondereigentum soll nur eingeräumt werden, wenn die Wohnungen oder sonstigen Räume in sich abgeschlossen sind. Garagenstellplätze gelten als abgeschlossene Räume, wenn ihre Flächen durch dauerhafte Markierungen ersichtlich sind.

III Unbeschadet der im übrigen Bundesgebiet bestehenden Rechtslage wird die Abgeschlossenheit von Wohnungen oder sonstigen Räumen, die vor dem 3. Oktober 1990 bauordnungsrechtlich genehmigt worden sind, in dem in Artikel 3 des Einigungsvertrages bezeichneten Gebiet nicht dadurch ausgeschlossen, daß die Wohnungstrennwände und Wohnungstrenndecken oder die entsprechenden Wände oder Decken bei sonstigen Räumen nicht den bauordnungsrechtlichen Anforderungen entsprechen, die im Zeitpunkt der Erteilung der Bescheinigung nach § 7 Abs. 4 Nr. 2 gelten. Diese Regelung gilt bis zum 31. Dezember 1996.

1) Vertragliche Begründung von Wohnungseigentum (I) dch dingl Vertr (§ 4), der das GrdstMit- 1 Eigt in seinem ggständl HerrschBereich dch Einräumg von SE beschränkt. Der AufteilgsGgst braucht erst bei Anlegg der WohngsGB ein selbstd GBGrdst zu werden (Saarbr OLGZ 72, 129 [138]). – **Teilungsberechtigt** sind nur alle GrdstMitEigtümer zus bzw die für sie VfgsBefugten (zB KonkVerw). Über Anwendg von BGB 878 vgl dort Rn 4, 13. Über Teilg dch BuchEigtümer vgl § 2 Rn 2.

a) Bruchteilsmiteigentum iSv BGB 1008 am Grdst; die MitEAnt können unterschiedl groß sein. Es 2 muß schon bestehen od dch Umwandlg von Allein- od GesHdsEigt gebildet werden; bei Umwandlg genügt, daß diese ohne vorh Eintragg im GrdstGB im anzulegdn WohngsGB eingetr wird.

b) Bestimmung des Gegenstandes des Sondereigentums (vgl § 5 Rn 1) dch wörtl Beschreibg od (wie 3 idR) Bezugn auf den Aufteilgsplan. Der SE-Ggst braucht noch nicht vorhanden zu sein (§ 2 Rn 6).

c) Verbindung von Miteigentum mit Sondereigentum, wobei GrößenVerh zw beiden beliebig 4 (BGH NJW 76, 1976). – **aa) Sondereigentumsloses Miteigentum.** Jeder MitEAnt muß mit SE verbunden werden; mit einem MitEAnt SE an allen Räumen eines Gbdes daher nur verbindb, wenn noch weitere Gbde vorhanden/geplant. Wird ein MitEAnt nicht mit SE verbunden, so entsteht überhaupt kein WE (Stgt OLGZ 79, 21). Ist ein MitEAnt wg unwirks SE-Begründg nicht mit SE verbunden, so entstehen nach BGH NJW 95, 2851 isolierter MitEAnt, der dem iü entstandenen WE nicht anteilig zuwächst, u Anpassgs-Anspr. – **bb) Mehrere Miteigentumsanteile** können nicht mit demselben SE verbunden werden (Ffm OLGZ 69, 5 387). Daher kein MitSE an Räumen u GbdeTeilen zuläss (BGH NJW 95, 2851). Sind mehr MitEAnt als SE-Einh vorhanden, so muß die Zahl ersterer auf die letzerer zurückgeführt werden; dies bedarf nicht der Eintr im GrdstGB, sond nur der Verlautbarg in den WohngsGB (BGH 86, 393). – **cc) Mehrere Raumeinheiten** können mit einem MitEAnt zu einem WE verbunden werden (vgl Rn 7).

d) Regelungen für das Gemeinschaftsverhältnis (§ 10 Rn 6) zul (nicht notw). Sie wirken bei GBEintr 6 als SE-Inhalt ggü SonderNachf (§§ 5 IV, 10 II); aber wie bei allstimm Beschl (§ 10 Rn 7) Auslegsfrage, ob alle Regelgen Vereinbgswirkg haben sollen (BayObLG 75, 201; Stgt WEZ 87, 51; Düss WEZ 88, 191). Sie unterliegen mangels Vielzahl nicht dem **AGBG,** auch nicht (weil sie den VertrGgst gestalten) bei Drittwirkg nach § 10 II (Ertl DNotZ 81, 149).

2) Abgeschlossenheit des Sondereigentums (II, III). – a) Raumeinheit. Sie soll in sich abgeschl sein 7 **(II 1),** also insb eigenen abschließb Zugang vom GemschE od NachbGrdst (vgl Düss NJW-RR 87, 333) aus haben; Anhalt gibt Nr 5 VerwVorschr v 19. 3. 74 (BAnz Nr 58). Das SE kann aber aus mehreren in sich abgeschl RaumEinh bestehen, die nicht als Gesamth in sich abgeschl sein müssen (BayObLG 71, 102; LG Aach RhNK 83, 156). Wesentl sind allseit baul Abgrenzg (Celle NJW-RR 91, 1489) sowie Abgrenzg zum SE der and WEigtümer (fehlt bei gemeins WC mit Zugang von jeder Wohng; BayObLG Rpfleger 84, 407; vgl aber LG Landau Rpfleger 85, 437) u zum GemschE; unschädl dagg abschließb Verbindgstür zw zwei Wohngen (KG OLGZ 85, 129; LG Köln RhNK 93, 224) od räuml ZusHang mit Räumen im NachbHaus (BayObLG NJW-RR 91, 593), baurechtl Mängel der Trennwand uä (GmS-OGB NJW 92, 3290). Einz Räume (zB Keller) können außerh der RaumEinh liegen, auch in NebenGbde (zB Garage); an ihnen auch selbstd TeilE mögl. DchgangsR agrd GebrRegelg unschädl (BayObLG NJW-RR 89, 142). Bescheinigg nach § 7 IV Nr 2 bindet GBA nicht (BayObLG 90, 168; Celle NJW-RR 91, 1489; aA Becker NJW 91, 2742). Fehlde Abgeschlossenh od nachträgl Aufhebg hindert Entstehen bzw Fortbestand von WE nicht (BGH NJW 90, 1111; Köln NJW-RR 94, 717), da SollVorschr; Herstellg der Abgeschlossenh fällt unter § 21 V Nr 2 (BayObLG 83, 266). – **b) Kfz-Stellplatz in Sammelgarage.** Abgeschlossenh wird fingiert **(II 2).** 8 Dauerh Markierg ist jede sichtb u stets rekonstruierb baul od zeichnerische Festlegg in der Garage dem Aufteilgsplan; nicht einfacher Farbanstrich; Verstoß unschädl, wenn Fläche anderweit bestimmt festgelegt (BayObLG NJW-RR 91, 722). Kein SE mögl an: Stellplatz mit bewegl Abgrenzg (auf/unter Hebebühne; Duplexstellplatz), da SE-Bereich veränderl (BayObLG 95, 53). Stellplatz auf offenem Garagendach (LG Lüb Rpfleger 76, 252; LG Aach Rpfleger 84, 184; Ffm OLGZ 84, 32 für ebenerd unabgegrenztes Tiefgaragendach; aA Ffm Rpfleger 77, 312; Köln DNotZ 84, 700), da II 2 nicht Raum fingiert; Stellplatz in seitenoffener Garage (Celle NJW-RR 91, 1489). – **c) Sonderregelung für die neuen Bundesländer (III)** ergänzt II 1 9 ohne Präjudiz für die str RFrage (Rn 7) im übrigen Bundesgebiet („unbeschadet").

WEG 4 *Formvorschriften.* I Zur Einräumung und zur Aufhebung des Sondereigentums ist die Einigung der Beteiligten über den Eintritt der Rechtsänderung und die Eintragung in das Grundbuch erforderlich.

II Die Einigung bedarf der für die Auflassung vorgeschriebenen Form. Sondereigentum kann nicht unter einer Bedingung oder Zeitbestimmung eingeräumt oder aufgehoben werden.

III Für einen Vertrag, durch den sich ein Teil verpflichtet, Sondereigentum einzuräumen, zu erwerben oder aufzuheben, gilt § 313 des Bürgerlichen Gesetzbuchs entsprechend.

1) Dinglicher Vertrag (I, II), mit dem SE eingeräumt (§ 3 I) od aufgehoben wird sowie die nachträgl 1 Umwandlg von GemschE in SE (§ 1 Rn 13) u umgekehrt (§ 5 Rn 5).

a) Voraussetzungen der Einräumg/Aufhebg. – **aa) Einigung (I)** der TeilgsBerecht über Einräumg von 2 SE (§ 3 Rn 1–4) bzw der WEigtümer über Aufhebg des SE. Sie bedarf der Form von BGB 925 **(II 1)** u muß unbdgt u unbefristet sein (**II 2**; vgl BGB 925 Rn 19, 20), andernf ist sie nichtig. BGB 925a nicht anwendb (str). – **bb) Eintragung** im WohngsGB (vgl § 7). WE für jeden einz WEigtümer erst mit Anlegg aller WohnGB entstanden. Über Aufheb vgl auch § 9 I Nr 1.

3 **b) Behördliche Genehmigung:** § 2 Rn 1. Gen des VormGer nach BGB 1821 ff, 1643 erforderl (Haegele/Schöner/Stöber Rn 2850).

4 **c) Zustimmung der Realberechtigten. – aa) Einräumung** von SE bedarf keiner Zust, wenn das Grdst als solches od alle MitEAnt in Form einer GesamtBelastg belastet sind, da HaftgsGgst unverändert (Ffm OLGZ **87**, 266; gilt auch nach Anordng der ZwVerst); vgl auch § 7 Rn 7. Sind die MitEAnt selbstd belastet, so
5 ist Zust entspr BGB 876, 877 notw, da das Recht dch Änderg des HaftgsGgst beeinträchtigt werden kann (Ffm aaO). – **bb) Aufhebung** von SE bedarf keiner Zust, wenn das Grdst als solches od alle WERechte in Form einer GesamtBelastg belastet sind, da HaftgsGgst unverändert (Ffm ZMR **90**, 229). Sind die WERechte selbstd belastet, so ist Zust entspr BGB 876, 877 notw (Ffm aaO), da entw HaftgsGgst geändert od Belastg (weil nicht am MitEAnt mögl) erlischt; vgl auch § 9 Rn 3.

6 **2) Schuldrechtlicher Vertrag (III),** der dem dingl Einräumungs-/AufhebgsVertr zugrde liegt; davon zu unterscheiden ist der AufbauVertr (§ 2 Rn 7). Für das VerpflGesch zur Übertr schon bestehden WE gilt BGB 313 unmittelb (§ 6 Rn 5). – Der Anspr auf Einräumg von SE ist im GB des im einf MitE od noch im AlleinEigt eines zukünft MitEigtümers stehden Grdst dch **Vormerkung** sicherb; für die Bestimmth des WE gilt § 8 Rn 3 entspr. AufhebgAnspr dch Vormkg in allen WohngsGB sicherb.

WEG 5 *Gegenstand und Inhalt des Sondereigentums.* [I] Gegenstand des Sondereigentums sind die gemäß § 3 Abs. 1 bestimmten Räume sowie die zu diesen Räumen gehörenden Bestandteile des Gebäudes, die verändert, beseitigt oder eingefügt werden können, ohne daß dadurch das gemeinschaftliche Eigentum oder ein auf Sondereigentum beruhendes Recht eines anderen Wohnungseigentümers über das nach § 14 zulässige Maß hinaus beeinträchtigt oder die äußere Gestaltung des Gebäudes verändert wird.

[II] Teile des Gebäudes, die für dessen Bestand oder Sicherheit erforderlich sind, sowie Anlagen und Einrichtungen, die dem gemeinschaftlichen Gebrauch der Wohnungseigentümer dienen, sind nicht Gegenstand des Sondereigentums, selbst wenn sie sich im Bereich der im Sondereigentum stehenden Räume befinden.

[III] Die Wohnungseigentümer können vereinbaren, daß Bestandteile des Gebäudes, die Gegenstand des Sondereigentums sein können, zum gemeinschaftlichen Eigentum gehören.

[IV] Vereinbarungen über das Verhältnis der Wohnungseigentümer untereinander können nach den Vorschriften des 2. und 3. Abschnittes zum Inhalt des Sondereigentums gemacht werden.

1 **1) Gegenstand des Sondereigentums (I–III).** § 5 setzt zwingde Grenze des SE; was nicht bei WE-Begründg od nachträgl wirks zu SE erklärt u eingetr ist, ist GemschE (BGH NJW **95**, 2851). Ist das SE nicht hinreich bestimmt bezeichnet (BayObLG MittBayNot **88**, 236; Hamm OLGZ **77**, 264; Ffm OLGZ **78**, 290), besteht insow Widerspr zw wörtl Beschreibg in der TeilgsErkl u zeichnerischer Darstellg im Aufteilsplan u sind beide GBInhalt (BGH NJW **95**, 2851) od sollte SE an nicht SE-fäh Ggst begründet werden, so entsteht insow nur GemschE; zur RLage, wenn dadch ein MitEAnt ohne SE, vgl § 3 Rn 4. Erkl von nicht SE-fäh Ggst (zB Fenster) zu SE uU in Abdingg von §§ 16 II, 21 V Nr 2 umdeutb (Hamm NJW-RR **92**, 148).

2 **a) Sondereigentum. – aa)** Die **Räume (I)** der zum SE erklärten RaumEinh (§ 3 Rn 7) einschl ihrer nichtwesentl Bestandt, da sie die RNatur der Gesamtsache teilen (Merle § 2 IV 2; aA BGH NJW **75**, 688; BayObLG **69**, 29; Düss NJW-RR **95**, 206); nicht aber ihr dem WE nicht unterliegdes Zubeh (zB Alarmanlage; Mü MDR **79**, 934). Ebso Veranden, Loggien, Balkone u Dachterrassen, die mit SE-Räumen tats verbunden
3 (BGH NJW **85**, 1551) u zu SE erklärt. – **bb) Raumzugehörige Gebäudeteile (I),** die nicht nach § 1 Rn 11 notw GemschE sind **(II),** werden ohne weiteres mit den RäumEn SE, sofern sie nicht ausdrückl davon ausgenommen **(III).** Beispiele: nichttragde Innenwände, Innentüren, Bodenbelag (BayObLG NJW-RR **94**, 598), Estrich ohne Schutzfunktion iSv § 1 Rn 11 (vgl Oldbg DWE **84**, 28; Ffm OLGZ **89**, 422); Humusschicht
4 auf Dachterrasse (BayObLG WE **92**, 203). – **cc) Anlagen/Einrichtungen (II),** die nicht nach § 1 Rn 12 notw GemschE sind, werden ohne weiteres SE, wenn sie in SE-Räumen liegen; zB Rolläden (LG Memmg Rpfleger **78**, 101), Einbauschränke, SanitärGgst, nicht für Funktion der Gesamtanlage notw Heizkörper/-teile (Köln DWE **90**, 108), die nur diesem SE dienden Ver-/Entsorggsleitgen ab Hauptleitg (BayObLG WEZ **88**, 417; aA KG WE **89**, 97 [GemschE im Bereich fremden SE]). Liegen sie im GemschE u dienen sie nur einem SE, so müssen sie zu SE erklärt werden; zB Einzelheizg (LG Ffm NJW-RR **89**, 1166), Einzelentsorggsanlage (BayObLG ZMR **92**, 66).

5 **b) Umwandlung in gemeinschaftliches Eigentum** nur dch Einigg aller WEigtümer (auch wenn in Vbg/TErkl MehrhBeschl vorgesehen; Stgt NJW-RR **86**, 815) nach § 4 I, II u GBEintr iW der Abschreibg im BestandsVerzeichn; ggf freiwerdder MitEAnt ist dch Vereinigg mit and MitEAnt aufzulösen. RealBerecht am WE müssen iRv BGB 876, 877 zustimmen.

6 **2) Inhalt des Sondereigentums (IV)** werden Regelgen über das GemschVerhältn in vertragl (§ 3 Rn 6) od einseit (§ 8 Rn 3) TeilgsErkl od nachträgl Vereinbgen (§ 10 Rn 2) dch Eintr im WohngsGB; sie wirken dann ohne weiteres für u gg SonderNachf im WE (§ 10 II).

WEG 6 *Unselbständigkeit des Sondereigentums.* [I] Das Sondereigentum kann ohne den Miteigentumsanteil, zu dem es gehört, nicht veräußert oder belastet werden.

[II] Rechte an dem Miteigentumsanteil erstrecken sich auf das zu ihm gehörende Sondereigentum.

1) Grundsatz. Über den MitEAnt am GemschE und das SE kann nicht getrennt verfügt werden **(I);** über 1
nichtwesentl Bestandt des SE kann gesondert verfügt werden (da sonderrechtsfäh), über Anteil am Ver-
waltgsVerm vgl § 1 Rn 15. – **a)** Zuläss ist die **Änderung von Miteigentumsanteilen** (Quotenänderg) 2
auch ohne Änderg des SE (BGH NJW **76**, 1976) innerh der Gemsch dch Aufl zw den beteiligten WEigtü-
mern (bzw einseit Erkl ggü GBA bei Rechten desselben WEigtümers) u Eintr. Zum GBVollzug vgl
BayObLG NJW **58**, 2116; Haegele/Schöner/Stöber Rn 2972. RealBerecht am verkleinerten WER müssen
zustimmen (BGB 877, 876), da TeilMitEAnt lastenfrei übertragen werden muß (BayObLG **93**, 166), nicht
aber die and WEigtümer (wg § 12 vgl dort Rn 3). Außerh von BGB 1131 ist wg § 6 Erstreckg der Belastgen
am vergrößerten WER auf neuen Bestand notw (vgl Streblow RhNK **87**, 141; LG Bchm Rpfleger **90**, 455;
aA Streuer Rpfleger **92**, 181). Für VerpflGesch gilt BGB 313; ÄndergsAnspr vormerkb. Zum Quoten-
dergsAnspr aus BGB 242 vgl BayObLG **85**, 47. – **b)** Zuläss ist die **Übertragung von Teilen des Sonder-** 3
eigentums einschl vollständ Austauschs auch ohne Änderg der MitEAnt innerh der Gemsch (BayObLG
DNotZ **84**, 381); Rn 2 gilt entspr (vgl Streblow RhNK **87**, 141). Zum GBVollzug vgl Celle DNotZ **75**, 42;
Haegele/Schöner/Stöber Rn 2969.

2) Verfügungen über das Wohnungseigentum. Vfg über noch nicht gebildetes WE nicht als Vfg über 4
einf MitEAnt auslegb (Hamm OLGZ **83**, 386).

a) Übertragung. – aa) Dinglich wie Übertr eines MitEAnt am Grdst (BGB 1008 Rn 5); wg Anteil am 5
VerwaltgsVerm vgl § 1 Rn 15. Über VeräußergsBeschrkg vgl § 12. VorkR nach BauGB 24 besteht nicht
(BauGB 24 II). – **bb)** Für das **Verpflichtungsgeschäft** gilt BGB 313. Zur Bestimmth des VertrGgst vgl
BGH **125**, 235; KG DNotZ **85**, 305. – Ist dch Anlegg des WohngsGB **Wohnungseigentum schon ent-**
standen, so ist dieses in beurk Erkl hinreichd genau zu bezeichnen (idR entspr GBO 28); zur näheren
Erläuterg des VertrGgst kann nichtbeurk Erkl (zB TeilgsErkl) dienen (BGH NJW **79**, 1496, 1498). Be-
stimmgen der TeilgsErkl, die dch Eintr Inhalt des SE geworden, brauchen nicht beurk zu werden (BGH
aaO); zu beurk sind aber alle weiteren Vereinbg, aus denen sich das VerpflGesch zusammensetzt (BGH NJW
79, 1496). – Ist mangels Anlegg des WohngsGB **Wohnungseigentum noch nicht entstanden,** so ist Ggst
von GemschE u SE in beurk Erkl zu bezeichnen; nicht mitbeurk TeilgsErkl darf VertrGgst nur veranschau-
lichen, nicht aber erst erkennb machen (BGH NJW **79**, 1496, 1498). Bestimmgen der TeilgsErkl, die das
GemschVerh regeln, sind mitzubeurk (BGH NJW **79**, 1498; aA Lichtenberger NJW **79**, 1857).

b) Teilung. – aa) Ideelle Teilung nur iVm Übertr eines Bruchteils auf eine and Pers mögl (BGH **49**, 250). 6
Es entsteht BruchtGemsch am WE. Zust der and WEigtümer wg § 25 II 2 nicht notw. – **bb) Reale Teilung**
entspr § 8 iVm § 7 dch einseit Erkl des WEigtümers ggü GBA u Eintr mögl (BayObLG NJW-RR **94**, 716
[auch zu § 7 IV Nr 2]; LG Lüb Rpfleger **88**, 102 [auch zum GBVerf]): MitEAnteil u SE sind zu teilen; die
neuen SE müssen § 3 II genügen. GenBedürftigk nach BauGB 22. Zust der and WEigtümer nicht notw
(BayObLG Rpfleger **91**, 455). Mögl Stimmenvermehrg ist vorbehaltl RMißbr hinzunehmen (Weitnauer § 3
Rn 104; Müller Rn 152; aA BayObLG NJW-RR **91**, 910; Köln DWE **92**, 165); weder entspr Anwendg von
§ 25 II 2 (Düss NJW-RR **90**, 521; aA BGH **73**, 150; Brschw MDR **76**, 1023) noch Stimmenteilg (aA Düss
aaO; Streblow RhNK **87**, 141).

c) Vereinigung mehrerer WERe desselben Grdst bzw **Bestandteilszuschreibung** entspr BGB 890 ohne 7
Zust der and WEigtümer zul. Nicht notw, daß zugelegtes SE als Gesamth § 3 II 1 genügt (KG NJW-RR **89**,
1360). Über Belastgen der WERe vgl Streuer Rpfleger **92**, 181. – WE ist einem Grdst nach BGB 890 II
zuschreibb u umgekehrt (BayObLG **93**, 297; aA 52. Aufl).

d) Ersitzung (BGB 900) mögl, nicht aber **Eigentumsaufgabe** (BayObLG NJW **91**, 1962). 8

e) Belastung wie die eines gewöhnl MitEAnteils am Grdst (vgl BGB 1008 Rn 6) mit GrdPfdR (erfaßt 9
jeweil Bestand des SE; LG Köln RhNK **86**, 78), dingl VorkR, Reallast, Nießbr (nicht nur SE; LG Nürnb-
Fürth Rpfleger **91**, 148), DWR. Belastg mit Dbk, deren Ausübg auf das SE in seinem gesetzl HerrschBereich
iSv § 13 I beschr, ist zuläss (BGH WM **89**, 1066); nicht aber mit Dbk, deren Ausübg auch GemschE erfaßt
(KG OLGZ **76**, 257), selbst wenn insow SonderNutzgsR nach § 15 besteht (BayObLG WuM **90**, 168).
Zuläss Belastg mit Dbk, die Ausübg aus WE sich ergebden Rechts (BGB 1018 Rn 26) ausschließt (Hamm
OLGZ **81**, 53; aA Zimmermann Rpfleger **81**, 333). Zur ausnahmsw gesonderten Belastg eines künft MitE-
Anteils am WE vgl BayObLG **74**, 466. Soweit MitEAnteil belastb (zB BGB 1095, 1106, 1114), ist auch
BruchtAnteil am WE belastb. BelastgsAnspr schon im GrdstGB vormerkb (LG Lüb Rpfleger **95**, 152).

3) Zwangsvollstreckung in das WE wie bei gewöhnl MitEAnteil am Grdst (vgl BGB 1008 Rn 7); zur 10
RStellg des ZwVerw vgl KG NJW-RR **87**, 77. Pfändg des Anteils an der Gemsch unzul. Keine Klauselum-
schreibg bei inf Aufteilg des belasteten Grdst entstandenen GesamtGrdPfdR (LG Bln Rpfleger **85**, 159; LG
Essen Rpfleger **86**, 101). – Wg Anteils am VerwaltgsVerm vgl § 1 Rn 16.

WEG 7 *Grundbuchvorschriften.* [I]Im Falle des § 3 Abs. 1 wird für jeden Miteigentumsan-
teil von Amts wegen ein besonderes Grundbuchblatt (Wohnungsgrundbuch, Teilei-
gentumsgrundbuch) angelegt. Auf diesem ist das zu dem Miteigentumsanteil gehörende Sonder-
eigentum und als Beschränkung des Miteigentums die Einräumung der zu den anderen Miteigen-
tumsanteilen gehörenden Sondereigentumsrechte einzutragen. Das Grundbuchblatt des Grund-
stücks wird von Amts wegen geschlossen.

[II]Von der Anlegung besonderer Grundbuchblätter kann abgesehen werden, wenn hiervon Ver-
wirrung nicht zu besorgen ist. In diesem Falle ist das Grundbuchblatt als gemeinschaftliches
Wohnungsgrundbuch (Teileigentumsgrundbuch) zu bezeichnen.

[III]Zur näheren Bezeichnung des Gegenstandes und des Inhalts des Sondereigentums kann auf die
Eintragungsbewilligung Bezug genommen werden.

[IV]Der Eintragungsbewilligung sind als Anlagen beizufügen:

1. eine von der Baubehörde mit Unterschrift und Siegel oder Stempel versehene Bauzeichnung, aus der die Aufteilung des Gebäudes sowie die Lage und Größe der im Sondereigentum und der im gemeinschaftlichen Eigentum stehenden Gebäudeteile ersichtlich ist (Aufteilungsplan); alle zu demselben Wohnungseigentum gehörenden Einzelräume sind mit der jeweils gleichen Nummer zu kennzeichnen;

2. eine Bescheinigung der Baubehörde, daß die Voraussetzungen des § 3 Abs. 2 vorliegen.

Wenn in der Eintragungsbewilligung für die einzelnen Sondereigentumsrechte Nummern angegeben werden, sollen sie mit denen des Aufteilungsplanes übereinstimmen.

^{V}Für Teileigentumsgrundbücher gelten die Vorschriften über Wohnungsgrundbücher entsprechend.

Vgl WGV v 1. 8. 51 (BAnz Nr 152), letzte Änderg Art 3 G v 30. 11. 94 (BGBl I 3580).

1   **1) Grundsatz:** Für jeden MitEAnt (dh jedes WE/TeilE) ist ein GBBl anzulegen (**I 1**); zur Bezeichnung vgl WGV 2. MitEAnt an einem Grdst od WE/TeilE gem GBO 3 III zuschreibb (BayObLG **94**, 221). – **Ausnahmen:** Gemschaftl GBBl für alle WE/TeilE der Gemsch (**II**) od mehrere WE/TeilE desselben Eigtümers (GBO 4). Verwirrg zu besorgen bei vielen Eigtümern od unterschiedl Belastgen. – **Grundbucheinsicht** dch jeden WEigtümer (Düss NJW **87**, 1651).

2   **2) Eintragungsvoraussetzungen. – a) Antrag** mind eines MitEigtümers (GBO 13). – **b) Bewilligung** aller MitEigtümer (GBO 19, 29); idR in TeilgsErkl enthalten (Hamm Rpfleger **85**, 109). GBO 20 gilt nur, wenn Beteil noch nicht als MitEigtümer eingetr (Zweibr OLGZ **82**, 263; str). EintrBew muß enthalten: SE-Ggst (§ 3 Rn 3) in Übereinstimmg mit Aufteilsplan; Verbindg von MitEAnt u SE (§ 3 Rn 4) u einzutragen **3** SE-Inhalt (§ 3 Rn 6). Als Anlagen (vgl Peter BWNotZ **91**, 87) sind beizufügen (**IV**): **aa) Aufteilungsplan (Nr 1);** hat gleiche Funktion für WE wie amtl Verzeichn nach GBO 2 II für Grdst. Er muß die Aufteilg des ganzen Gbdes nach Größe u Lage des GemschE u SE ergeben (BGH NJW **95**, 2851; BayObLG NJW-RR **93**, 1040 [dort auch zum Begriff „Bauzeichng"]); Angabe der Einzelausgestaltg (zB Lage der Fenster) nicht notw (BayObLG **67**, 25). Lage des Gbdes auf Grdst anzugeben, wenn nur so Zuordng von SE u GemschE mit notw Bestimmth gesichert (Demharter Rpfleger **83**, 133; aA Hamm OLGZ **77**, 264: stets). Für Halbs 2 ausreichd, daß zugehörige Räume farb umrandet u mit einer Nr versehen werden (BayObLG Rpfleger **82**, 21); Verstoß rechtfertigt AntrZurückweisg (BayObLG Rpfleger **91**, 414), hindert aber Entstehg von WE nur, wenn dadch Abgrenzg unklar. – Über gleiche Nr für WE u TeilE vgl Zweibr OLGZ **82**, 263; über **4** mangelnd Kennzeichn des SE vgl § 5 Rn 1; über Planabweichg des Gbdes vgl § 2 Rn 4, 5. **bb) Abgeschlossenheitsbescheinigung (Nr 2);** wg Bindg des GBA vgl § 3 Rn 7. Über Erteilg vgl § 59. Fehlen rechtfertigt AntrZurückweisg, hindert Entstehen von WE aber nicht. – **c) Voreintragung** der MitEigtümer (GBO 39). Über VorEintr bei gleichzeit MitEigtBegründg vgl § 3 Rn 2. – **d)** Wg behördl **Genehmigung/Zustimmung** RealBerecht vgl § 4 Rn 3, 4.

5   **3)** Das **Grundbuchamt prüft** neben den EintrVoraussetzgen (Rn 2), ob Inhaltsmängel iSv § 2 Rn 3 vorliegen. Vbg/TErkl prüft GBA nur auf Nichtigk nach BGB 134, 138 u nur, soweit sie dch GBEintr Inhalt des SE werden sollen (Köln Rpfleger **82**, 61). Unwirksamk nur einer Bestimmg hindert Eintr (BayObLG WE **86**, 144). Zur Amtslöschg bei Eintr unwirks Regelg vgl Köln NJW-RR **89**, 780.

6   **4)** Der **Eintragungsvermerk** muß die MitEAnt (GBO 47) u die Angaben nach I 2 enthalten. Bezugn auf EintrBewilligg gem **III** erfaßt auch in ihr in Bezug gen Aufteilsplan, so daß dch diese **Doppelbezugnahme** auch er GBInhalt wird u beide am öff Glauben des GB teilnehmen (BayObLGRpfleger **82**, 21); für dch Vbg/TErkl gestalteten Inhalt des SE genügt bloße Bezugn (Hamm/Köln Rpfleger **85**, 109). Wg Einzelh vgl WGV 3. – Welche GbdeTeile/Räume zum GemschE gehören, wird nicht eingetr; das ergibt sich nur mittelb aus der Summe des eingetr SE (LG Lüb Rpfleger **88**, 102).

7   **5) Grundbuchschließung (I 3)** gem GBV 36. – **a) Belastungen.** VfgsBeschrkgen u GrdstRe, die das Grdst als ganzes belasten, sind in allen WohngsGB einzutragen; dabei ist bei GrdPfdRen u Reallasten (die zu GesBelastgen aller WE werden; BGH NJW **92**, 1390) Mithaft zu vermerken (GBO 48) u iü Belastg des ganzen Grdst erkennb zu machen (WGV 4; vgl BayObLG MittBayNot **95**, 288 u Amann MittBayNot **95**, 267). Dbk/DWR mit Beschrkg auf best GbdeTeil ist nur bei betr WE einzutragen, währd die amtl Vm entspr BGB 1026 frei werden (Oldenbg NJW-RR **89**, 273). Selbst Belastgen von MitEAnt sind in das betr WohngsGB einzutragen. GesBelastgen von MitEAnt sind in das WohngsGB mit Mithaftvermerk (GBO 48) einzutragen. – **b) Schließung unterbleibt,** wenn iFv II das GrdstGB als gemsch WohngsGB verwendet wird (vgl WGV 7) od wenn auf GBBlatt vom Abschreibg nicht betroffene Grdst eingetr (WGV 6 S 2).

8   **6)** Das **Grundstück** besteht trotz I 3 rechtl fort (Oldbg Rpfleger **77**, 22) u kann herrschdes Grdst für subjdingl Rechte sein (Düss RhNK **88**, 175). Für Vfgen über das Grdst gilt BGB 747 S 2 (Schlesw SchlHA **74**, 85). – **a) Belastungen.** Bei GrdPfdR/Reallast entsteht GesamtR (BGB 1114 Rn 2, 1106 Rn 2); Eintr in allen WohngsGB gem GBO 48. Dbk für GemschEBenutzg ist am Grdst zu bestellen u gem WGV 4 einzutragen; **9** Gefahr des Erlöschens bei ZwVerst eines WE (vgl LG Freibg BWNotZ **80**, 61). – **b) Verkleinerung** dch Teilg gem BGB 890 Rn 11. Befindet sich auf dem abzuschreibden Teil kein SE, so sind mangels Änderg der EigtZuordng unter den Eigtümern § 4, BGB 925 (WE- od SEAufhebg) nicht anwendb (Weitnauer WE **93**, 43; aA Saarbr Rpfleger **88**, 479; Ffm DNotZ **91**, 604); die Trenng des SE vom MitEAnt am abzuschreibden Teil u dessen InhaltsÄnderg erfolgt dch die TeilgsErkl aller Eigtümer nach § 890 Rn 12, die die materiellr formfreie Einigg enthält. Befindet sich darauf SE, so muß dieses wg § 1 IV nach § 4 aufgehoben u ein dadch SE-frei werdder MitEAnt mit einem and MitEAnt od real abgeteiltem SE des Restteils verbunden werden (LG Düss RhNK **80**, 77; Röll Rpfleger **90**, 277); Aufhebg entbehrl, wenn alle MitEAnt auf beiden Teilen mit SE verbunden bleiben (zB Abtrenng einer Garagenfläche, auf der alle WEigtümer GaragenTeilE haben). – **10 c) Vergrößerung** dch BestandtZuschreibg eines WE-freien Grdst od Vereinigg mit einem solchen nach BGB 890 Rn 1. Beides führt nicht zur Einräumg od Aufhebg von SE od zur Änderg der EigtZuordng, so daß § 4, BGB 925 nicht anwendb (Weitnauer WE **93**, 43). Die notw Gleichh der EigtVerh an beiden Grdst ist insow nicht erreichb, als das einf MitEigt an dem WE-freien Grdst ohne Bildg von SE auf ihm nicht in WE umwandelb (§ 1 IV). Weil WE aber nur Sonderform des MitEigt, genügt die in der Zuschreibs- (aA Oldbg Rpfleger **77**, 22) bzw VereiniggsErkl (Zweibr DNotZ **91**, 605) aller Eigtümer (BGB Rn 5) liegde materiellr formfreie InhaltsÄndergsErkl bzgl des einf MitEigt; bei Vereinigg ist daher weder Aufhebg des WE u Neubestellg nach Vereinigg (Zweibr aaO; aA Saarbr Rpfleger **88**, 479) noch Umwandlg des einf MitEigt in WE in Form der Aufl (aA Zweibr aaO; Ffm OLGZ **93**, 419) notw.

WEG 8 *Teilung durch den Eigentümer.* [1] **Der Eigentümer eines Grundstücks kann durch Erklärung gegenüber dem Grundbuchamt das Eigentum an dem Grundstück in Miteigentumsanteile in der Weise teilen, daß mit jedem Anteil das Sondereigentum an einer bestimmten Wohnung oder an nicht zu Wohnzwecken dienenden bestimmten Räumen in einem auf dem Grundstück errichteten oder zu errichtenden Gebäude verbunden ist.**

[II] **Im Falle des Absatzes 1 gelten die Vorschriften des § 3 Abs. 2 und der §§ 5, 6, § 7 Abs. 1, 3 bis 5 entsprechend. Die Teilung wird mit der Anlegung der Wohnungsgrundbücher wirksam.**

1) Einseitige Begründung von Wohnungseigentum (Vorratsteilg) dch formfreie Vfg (TeilgsErkl), **1** die MitEigt an einem Grdst bildet u in seinem ggständl HerrschBereich dch Einräumg von SE beschränkt. Der TeilgsGgst braucht erst bei Anlegg der WohngsGB ein selbstd GBGrdst zu werden (Saarbr OLGZ **72**, 129 [138]). Für die TeilgsBerechtigg gilt § 3 Rn 1 entspr, für behördl Gen/Zust der RealBerecht gilt § 4 Rn 3, 4 entspr.

a) Teilungserklärung. – aa) Bildung von Bruchteilsmiteigentum am Grdst (§ 3 Rn 2). Gehört das **2** Grdst einer PersMehrh, so setzt sich das GemschVerh an jedem MitEigtAnt fort (UnterGemsch). – **bb) Bestimmung des Gegenstandes des Sondereigtums** entspr § 3 Rn 3. – **cc) Verbindung von Miteigentum mit Sondereigentum** entspr § 3 Rn 4. – **dd) Regelungen für das Gemeinschaftsverhältnis** (§ 10 Rn 6) zul (nicht notw). Sie wirken bei GBEintr als SE-Inhalt gem II iVm §§ 5 IV, 10 II ggü SonderNachf u damit wie eine Vereinbg; aber wie bei allstimm Beschl (§ 10 Rn 7) Ausleggsfrage, ob alle Regelgen vereinbgswirkg haben sollen (BayObLG **75**, 201; Stgt WEZ **87**, 51; Düss WEZ **88**, 191). Sie unterliegen der Inhaltskontrolle nach BGB 242 (BayObLG **88**, 287), mangels Vertr aber nicht dem **AGBG,** auch nicht bei Drittwirkg nach § 10 II (§ 3 Rn 6; vgl auch BGH NJW **87**, 650).

b) Wirksamwerden der Teilg mit Anlegg sämtl WohngsGB (II 2). Der GrdstEigtümer wird Inhaber **3** sämtl WE; gehört das Grdst einer PersMehrh, so setzt sich das GemschVerh am Grdst (zB MitEigt zu best Bruchteilen) an jedem WE fort. Mit GrdstEigt verbundene subj-dingl Rechte (zB GrdDbk) bestehen als Gesamtberechtigg fort (BayObLG Rpfleger **83**, 434); über Fortbestand von VfgsBeschrkgen/Belastgen vgl § 7 Rn 7. – Über jedes WE kann einz **verfügt** werden; Eintrag der Vfg im WohngsGB erst nach VorEintr des teilden Eigtümers. Klage auf Aufl u EintrBew zuläss, wenn dem GBA TeilgsErkl mit Aufteilgsplan u AbgeschlossenhBescheinig vorliegt (BGH NJW-RR **93**, 840). Der Anspr auf Übertragg/Belastg des WE ist schon vor Anlegg der WohngsGB im GrdstGB dch Vormkg sicherb, wenn der MitEAnt ziffernmäß od in and Weise (LG Ravbg BWNotZ **88**, 38) u das SE dch Bezugn auf einen Bau- /Aufteilgsplan (vgl auch BayObLG NJW-RR **92**, 663) od wörtl Beschreibg (BayObLG **77**, 155) bestimmt bezeichnet sind; AbgeschlossenhBescheinig nicht notw (LG Köln RhNK **90**, 252). Veräußert der Eigtümer vor Anlegg, so sichert die Vormkg den Anspr auf Verschaffg von MitEigt (BayObLG Rpfleger **76**, 13).

2) Anlegung der Wohnungsgrundbücher (II iVm § 7). Für das AnleggsVerf gilt § 7 Rn 1 bis 6 entspr; **4** auch EintrBew erforderl (Hamm Rpfleger **85**, 109; aA Zweibr OLGZ **82**, 263), die zusätzl zum Inhalt nach § 7 Rn 2 die zu bildden MitEAnt angeben muß. Kein gemschaftl GBBlatt zuläss; Verstoß unschädl (str), da OrdngsVorschr. Bei Veräußerg des Grdst vor Anlegg ZwBuchg des Erwerbers notw. – **Schließung des Grundstücksgrundbuchs (II iVm § 7 I 3)** entspr § 7 Rn 7.

3) Änderung/Aufhebung. Bis zur Eintrag einer AuflVormkg für ein WE (BayObLG **93**, 259) u **5** mangels sonst bis zur dingl wirks Übertragg eines WE können die MitEAnt sowie Ggst u Inhalt des SE dch einseit Erkl des Eigtümers u GBEintr geändert werden; beeinträchtigte RealBerecht müssen zustimmen (vgl § 1 Rn 13, § 5 Rn 5, § 6 Rn 2, 3, § 10 Rn 9). Entspr gilt für die Aufhebg von SE. Einseit Änderg dch Eigtümer zw Aufl u Eintragg erfordert neue Aufl (aA Schlesw 2 W 33/93 v 23. 7. 93 bzgl SE-Inhalt).

WEG 9 *Schließung der Wohnungsgrundbücher.* [1] **Die Wohnungsgrundbücher werden geschlossen:**

1. **von Amts wegen, wenn die Sondereigentumsrechte gemäß § 4 aufgehoben werden;**
2. **auf Antrag sämtlicher Wohnungseigentümer, wenn alle Sondereigentumsrechte durch völlige Zerstörung des Gebäudes gegenstandslos geworden sind und der Nachweis hierfür durch eine Bescheinigung der Baubehörde erbracht ist;**
3. **auf Antrag des Eigentümers, wenn sich sämtliche Wohnungseigentumsrechte in einer Person vereinigen.**

[II] **Ist ein Wohnungseigentum selbständig mit dem Rechte eines Dritten belastet, so werden die allgemeinen Vorschriften, nach denen zur Aufhebung des Sondereigentums die Zustimmung des Dritten erforderlich ist, durch Absatz 1 nicht berührt.**

[III] **Werden die Wohnungsgrundbücher geschlossen, so wird für das Grundstück ein Grundbuchblatt nach den allgemeinen Vorschriften angelegt; die Sondereigentumsrechte erlöschen, soweit sie nicht bereits aufgehoben sind, mit der Anlegung des Grundbuchblatts.**

1 **1) Schließung der Wohnungsgrundbücher** (auch iFv § 7 II) in der Form von GBV 36 in den Fällen von I u GBV 34 mit Anlegg eines GrdstGBBlatts (III Halbs 1).

2 **2) Erlöschen des Wohnungseigentums** unter Entstehg gewöhnl MitEigt nach BGB 741ff, 1008ff. – **Nr 1:** Mit Eintragg der Aufhebg in den WohngGB, nicht erst mit Anlegg des GrdstGBBlatts (III Halbs 2). – **Nr 2:** Mit Anlegg des GrdstGBBlatts ohne Aufhebg nach § 4; Antrag bedarf der Form von GBO 29 u enthält materiellrechtl Vfg. – **Nr 3:** Mit Anlegg des GrdstGBBlatts (vorher besteht § 8 entspr RLage); für Antrag gilt Nr 2 entspr.

3 **3) Belastungen** des Grdst (§ 7 Rn 8) bleiben bestehen u sind auf dem GrdstGBBlatt einzutragen. Belastgen des bish WE werden Belastgen des jeweil MitEigtAnt u sind als solche auf das GrdstGBBlatt zu übertragen; können sie am gewöhnl MitEigtAnt nicht bestehen (zB DWR), so erlöschen sie dch NichtÜbertragg. Wg Zustimmg von RealBerecht vgl § 4 Rn 5.

2. Abschnitt. Gemeinschaft der Wohnungseigentümer

WEG 10 *Allgemeine Grundsätze.* [I]Das Verhältnis der Wohnungseigentümer untereinander bestimmt sich nach den Vorschriften dieses Gesetzes und, soweit dieses Gesetz keine besonderen Bestimmungen enthält, nach den Vorschriften des Bürgerlichen Gesetzbuches über die Gemeinschaft. Die Wohnungseigentümer können von den Vorschriften dieses Gesetzes abweichende Vereinbarungen treffen, soweit nicht etwas anderes ausdrücklich bestimmt ist.

[II]Vereinbarungen, durch die die Wohnungseigentümer ihr Verhältnis untereinander in Ergänzung oder Abweichung von Vorschriften dieses Gesetzes regeln, sowie die Abänderung oder Aufhebung solcher Vereinbarungen wirken gegen den Sondernachfolger eines Wohnungseigentümers nur, wenn sie als Inhalt des Sondereigentums im Grundbuch eingetragen sind.

[III]Beschlüsse der Wohnungseigentümer gemäß § 23 und Entscheidungen des Richters gemäß § 43 bedürfen zu ihrer Wirksamkeit gegen den Sondernachfolger eines Wohnungseigentümers nicht der Eintragung in das Grundbuch.

[IV]Rechtshandlungen in Angelegenheiten, über die nach diesem Gesetz oder nach einer Vereinbarung der Wohnungseigentümer durch Stimmenmehrheit beschlossen werden kann, wirken, wenn sie auf Grund eines mit solcher Mehrheit gefaßten Beschlusses vorgenommen werden, auch für und gegen die Wohnungseigentümer, die gegen den Beschluß gestimmt oder an der Beschlußfassung nicht mitgewirkt haben.

1 **1) Rechtsgrundlagen für das Verhältnis der Wohnungseigentümer (I).** Es gelten in folgder Reihenfolge: – **a) Zwingende Vorschriften** des WEG: §§ 11 (Ausn in I 3), 12 II 1, 18 I iVm IV, 20 II, 26 I 4, 27 III; vgl weiter § 23 Rn 7, 17, 21, § 24 Rn 1. Ferner die nach I 1 anwendb zwingden Vorschr des BGB: BGB 747. – **b) Vereinbarungen** der WEigentümer (II) mit Ergänzgen u Abweichgen zu abdingb Vorschr des WEG u zu den nach I 1 anwendb abdingb Vorschr des BGB. – **c) Beschlüsse** der WEigtümer, obwohl in I nicht genannt (vgl aber § 21 III). – **d) Gerichtliche Entscheidungen,** obwohl in I nicht genannt. – **e) Abdingbare Vorschriften** des WEG u der nach I anwendb BGB 741ff, 1008ff (zu letzteren vgl BPM/Pick Rn 3–23; RGRK/Augustin Rn 5–11; Weitnauer/Lüke Rn 2–8).

2 **2) Vereinbarungen über das Verhältnis der Wohnungseigentümer (II).** Vereinbgen sind Verträge; sie unterliegen der Inhaltskontrolle nach BGB 242 (BayObLG 88, 287), aber nicht dem AGBG (Ertl DNotZ 81, 149). Ohne GBEintr als SE-Inhalt sind sie schuldrechtl Natur. Dch GBEintr als SE-Inhalt werden sie nicht zu einem selbstd dingl Recht, aber die dch sie begründeten Rechte u Pfl erweitern bzw beschränken unter den WEigentümern den gesetzl Inhalt des WE (BGH 73, 145; ZMR 94, 271; BayObLG 74, 217; vgl auch Hamm NJW-RR 93, 1295; aA Ertl DNotZ 88, 4; Weitnauer DNotZ 90, 387) mit Wirkg auch ggü SonderNachf.

3 **a) Zustandekommen. – aa) Abschluß** nur dch alle WEigtümer; bei Mehrhausanlagen keine Begrenzg auf die Betroffenen (Hamm OLGZ 85, 12). Vereinbgen sind materiellrechtl formfrei (BGH DNotZ 84, 238); sie können außerh einer WEigtümerVersammlg, sukzessiv (KG OLGZ 89, 43) od stillschw (BayObLG WE 94, 251; 95, 157; vgl auch KG NJW-RR 89, 976) getroffen werden. Es gelten die allg Vorschr (zB BGB 104ff, 119ff, 134, 138; [BGH NJW 94, 2950; BayObLG NJW-RR 90, 1102]); Berufg auf Unwirksamk bedarf keiner UngültErkl nach § 23 IV. Über Anspr auf Mitwirkg an Abschluß vgl Rn 20. – **bb) Zeitpunkt.** Anfängl in der **4** vertragl (§ 3 Rn 6) od einseit (§ 8 Rn 1) TeilsErkl u nachträgl nach Anlegg der WohngsGB. – **cc) Realberechtigtenzustimmung.** Sollen nachträgl Vereinbgen dch GBEintr zum SE-Inhalt werden, bedarf es wg Änderg des gesetzl EigtInhalts gem BGB 877 der Zust der RealBerecht (einschl VormrkgsBerecht; BayObLG DNotZ 90, 381) am WE, soweit ihre rechtl (nicht nur wirtsch) Benachteiligg nicht ausgeschl (BGH 91, 343; Köln ZMR 93, 428). So müssen insb GrdPfdRGläub Vereinbgen zustimmen, die den Wert des WE als HaftgsGgst mindern: BenutzgsBeschrkg für GemschE (zB SondernutzgsR für ard WEigtümer) od SE (BGH NJW 84, 2409), stärker belastde Kostenbeteiligg (BayObLG 84, 257), nachteil StimmRÄnderg (LG Aach **5** Rpfleger 86, 258), VeräußergsBeschrkg (§ 12). – **dd) Grundbucheintragung** erfordert EintrBew aller WEigtümer u der RealBerecht, deren Zust nach Rn 4 notw (BayObLG DNotZ 90, 381). Sie erfolgt im BestandsVerz aller WohngsGB (Köln NJW-RR 93, 982) u zwar idR gem § 7 III.

6 **b) Gegenstand. – aa) Regelungsbereich.** Die Vereinbg muß Verhältn der WEigtümer an dem Grdst od seiner wesentl Bestandt (zB GrdDbk [BayObLG 90, 124; Köln NJW-RR 93, 982]) betreffen, dessen MitE-Ant mit dem SE verbunden sind, zu dessen Inhalt sie werden sollen. Außenstehde erlangen keine unmittelb

Anspr dch sie (Ffm MDR **83**, 580). Vereinbgen sind bes zugelassen in §§ 12 I, 15 I, 21 I, III. Nach **I 2** können zu allen nicht zwingend WEG-Vorschr (u den hilfsw anwendb BGB-Vorschr) ergänzde od abweichde Regeln getroffen werden; zB Geldstrafe bei Verletzg von GemschPfl (für Verhängg reicht dann Mehrh-Beschl; BayObLG NJW-RR **86**, 179), Kosten der GbdeErrichtg (BayObLG **74**, 281), Einführg des Mehrh-Beschl statt gesetzl vorgesehener Vereinbg (IV, § 23 I; vgl BGH **95**, 137), ferner die Beisp in den Anm zu den WEG-Vorschr; nicht aber VorkR der WEigtümer (Brem Rpfleger **77**, 313; aA Alsdorf BlGBW **78**, 92).

– **bb) Abgrenzung zum allstimmigen Beschluß.** Ein mit Zust aller WEigtümer (bei Anwesenh aller in **7** der Versammlg od iFv § 23 III) gefaßter Beschl ist nur dann eine Vereinbg, wenn er erkennb die GrdOrdng der Gemsch ergänzd od abweichd vom WEG mit rgestalter Wirkg für die Zukunft regeln soll (BayObLG **78**, 377; Karlsr MDR **83**, 672; aA Köln MittBayNot **92**, 137 [stets Beschl]). Ein solcher Beschluß ist iZw materiell ein MehrhBeschl, wenn er einen Ggst regelt, der einem MehrhBeschl zugängl ist; zB Regelg des ordngsmäß Gebr des GemschE (BayObLG WuM **92**, 707), WirtschPlan/Jahresabrechng mit von WEG/Vereinbg abw Kostenverteilg (BayObLG **74**, 172), VerwBestellg (BayObLG **74**, 275), nicht vereinbgsbedürft HausordnungsVorschr (Oldbg ZMR **78**, 245), Festlegg von Abrechnungsperioden (Düss WEZ **88**, 191), WärmeliefergsVertr (BayObLG NJW-RR **92**, 403). Dagg iZw Vereinbg, wenn SonderNutzgsR eingeräumt (BayObLG **91**, 165) od Kostenverteilg geändert (BayObLG NJW-RR **90**, 1102) wird. Die Abgrenzg hat insb Bedeutg für die EintrFähigk, die Wirkg nach § 10 II, III u die Abänderbark.

c) Auslegung gem BGB 133, 157, 242 (BGH **94**, 2950), auch ergänzde Auslegg LG Wuppt ZMR **95**, 423; **8** Grebe DNotZ **88**, 275). Nach GBEintr ist nur auf Wortlaut u Sinn des im GB (auch gem § 7 III) Eingetragenen, wie es sich für unbefangenen Beobachter als nächstliegde Bedeutg ergibt, abzustellen (BGH NJW **93**, 1321). Baupläne/beschreibgen (Stgt WEZ **87**, 49), nicht zum GBInhalt gewordene Vorstellgen über Sinn/Zweck (BayObLG WuM **95**, 552), Erkl bei Weiterveräußerg (insb dch teilden Eigtümer; BayObLG WuM **95**, 552) u bish Handhabg dch WEigtümer (BayObLG WE **91**, 291) bleiben unberücksichtigt. Bloßer Hinweis auf WEG-Vorschr macht diese noch nicht zum VereinbgsInhalt (BayObLG **72**, 150). – Zur Auslegg nichteingetr Vereinbg vgl BayObLG WuM **92**, 149.

d) Änderung (Aufhebung) vorbeh Rn 18 nur dch Vereinbg. – **aa) Abschluß** nur dch alle WEigtümer; **9** Rn 3 gilt entspr. Stillschw Änderg dch längere abw Handhabg nur, wenn alle WEigtümer die Abweich kennen u sie auch für die Zukunft wollen (BayObLG NJW-RR **94**, 338; Düss NJW-RR **95**, 528). Nichteingetr Änderg/Aufhebg einer eingetr Vereinbg wirkt nur schuldrechtl unter dem VereinbgsBeteil. Über Anspr auf Mitwirkg an Änderg vgl Rn 20. – **bb) Realberechtigtenzustimmung.** Bei eingetr Vereinbg wird der SE-Inhalt verändert. Das bedarf nach BGB 876, 877 der Eintr u der Zust der RealBerecht am WE, soweit ihre rechtl Benachteiligg nicht ausgeschl (vgl Rn 4); soweit ein ZustAnspr besteht (Rn 20), entfällt ZustErfordern wg Belastg des WE mit ÄndergsPfl (BayObLG NJW-RR **87**, 714; Hbg FGPrax **95**, 31). Bei nicht eingetr Vereinbg keine Zust erforderl, weil sie nicht gg Erwerber in der ZwVerst wirkt. – **cc) Grundbucheintragung:** Rn 5 gilt entspr.

e) Wirkung gegenüber Sondernachfolgern (Erwerber dch RGesch od in ZwVerst; BayObLG NJW- **10** RR **88**, 1163); ggü GesamtNachf (zB Erben) wirken sie stets. – **aa) Nichteingetragene Vereinbarungen** (über irrtüml gelöschte Vereinbg vgl Rn 11) wirken nur unter den VereinbgsBeteil; Wirkg gg SonderNachf auch nicht bei Kenntn (Hamm NJW-RR **93**, 1295). Soweit die Verbindlichk einer Regelg des GemschVerh ggü allen WEigtümern einheitl beurteilt werden muß (vgl BGH NJW **87**, 650; NJW **94**, 2950), wird die Vereinbg (zB Kostenverteilg; aA BayObLG NJW **86**, 385) mit der SonderNachf hinfäll. Nur iRv BGB 746 wirken sie für (nicht gg) einen SonderNachf (BayObLG NJW-RR **94**, 781). Mögl ist rgesch Beitritt (Düss aaO; Hbg WEZ **87**, 217). – **bb) Eingetragene Vereinbarungen** wirken für u gg SonderNachf (II). Dies **11** gilt vorbehaltl gutgl „vereinbgsfreien" Erwerbs auch nach irrtüml Löschg (Hamm NJW-RR **93**, 1295). Da nach hier vertretener Ansicht (Rn 2) die eingetr Vereinbg Wirkg für den RInhalt des SE hat, kann bei unwirks Vereinbg das WE mit dem eingetr SE-Inhalt gutgl erworben werden (Stgt NJW-RR **86**, 318; BayObLG DNotZ **90**, 381; aA Demharter DNotZ **91**, 28; Schnauder FS-Bärmann/Weitnauer **90**, 567). Kein GutGlSchutz aber, wenn eine vereinbgsbedürft Regelg als nicht für ungült erklärter MehrhBeschl nach § 10 III ohne GBEintr ggü SonderNachf wirkt (vgl Rn 19). – **cc) Erzwungene Vereinbarungen** vgl Rn 21.

3) Beschlüsse der Wohnungseigentümer. Beschlüsse sind mehrseit RGesch in Form eines aus den **12** abgegebenen gleichlaufden Stimmen zusgesetzten Gesamtakts (BayObLG Rpfleger **82**, 100; Stgt OLGZ **85**, 259).

a) Zustandekommen. – aa) Beschlußfassung erfolgt nach Maßg §§ 23–25. Die AbstimmgsErkl ist **13** eine empfangsbedürft WillErkl u unterliegt den allg Vorschr (zB BGB 104 [Stgt OLGZ **85**, 259], 119 [Ffm OLGZ **79**, 144], 123, 134, 138, 158). Unwirksamk einer Stimmabgabe berührt die nicht, sond nur die Zahl der abgegebenen Stimmen. Über BeschlMängel vgl § 23 IV. – **bb) Zeitpunkt.** Vor Anlegg der WohngsGB (Hamm OLGZ **68**, 81) bzw solange alle WE noch in einer Hand (Ffm OLGZ **86**, 40; LG Ffm ZMR **89**, 351), besteht keine WEGemsch, die Beschl mit Wirkg nach III, § 23 fassen kann. – **cc) Realberechtigtenzustimmung** nicht erforderl; vgl aber Rn 18, 19. – **dd) Grundbucheintragung.** Beschl sind nicht eintragsfäh (Ffm OLGZ **80**, 160; aA BPM/Pick Rn 64); vgl auch Rn 18, 19.

b) Gegenstand. – aa) Regelungsbereich insb §§ 15 II, 18 III, 21 III, 26 I, 27 II Nr 5, 28 IV, V, 29 I. **14** Ferner vereinbgsbedürft Angelegenh, für die Vbg/TErkl MehrhBeschl vorsieht (IV, § 23 I; vgl Rn 18). – **bb) Abgrenzung allstimmigen Beschlusses zur Vereinbarung** vgl Rn 7.

c) Auslegung gem BGB 133, 157, 242. Wg Drittwirkg (III, IV) sind subj Vorstellgen (Hamm OLGZ **90**, **15** 57; Stgt NJW-RR **91**, 913) u nicht aus Prot ersichtl Begleitumstände (BayObLG NJW-RR **93**, 85; WE **95**, 245) nicht maßg, sond Auslegg nach obj Maßstab entspr Rn 8 (Köln WE **95**, 221). Ergänzde Auslegg mögl (BayObLG WuM **93**, 482).

d) Änderung (Aufhebung) dch MehrhBeschl iR ordngsmäß Verwaltg unter Beachtg schutzwürd Be- **16** standsinteresses (BGH **113**, 197; BayObLG **94**, 339); über Anspr auf Mitwirkg an Änderg vgl Rn 25. Ferner UngültErkl nach § 23 IV. – Wird ein Antr auf Änderg eines bestandskräft Beschl abgelehnt, so handelt es sich um einen NegativBeschl, dem ggü nur ein unter den Voraussetzgen von Rn 25 begründeter Antr nach § 21 III zuläss ist (§ 23 Rn 20, § 43 Rn 7 – Ausleggsfrage, ob **inhaltsgleicher Zweitbeschluß** den Erst-Beschl nur bestätigt (zB Stgt OLGZ **88**, 437; BayObLG WE **89**, 85) od unter Aufhebg dch Neureglg ersetzt (zB BayObLG **88**, 54). Wird der ZweitBeschl für ungült erklärt, so ist der ErstBeschl wieder maßg (BGH NJW **94**, 3230: bei ersetzdem ZweitBeschl entfällt iZw [BGB 139] auch die Aufhebg des ErstBeschl); sollte bei ersetzdem ZweitBeschl die Aufhebg des ErstBeschl auch die UngültErkl der Neureglg erfolgen, so gilt dies nur, wenn auch die Aufhebg für ungült erklärt wird. Zur Auswirkg in Verf auf UngültErkl des Erst-oder ZweitBeschl vgl § 43 Rn 6.

17   **e) Wirkung. – aa) Innenverhältnis/Rechtsnachfolge (III).** Ein MehrhBeschl wirkt ggü allen WEigtümern (auch ggü Abwesden, Überstimmten, vom StimmR Ausgeschlossenen [BayObLG NJW **93**, 603]) sowie ggü den Gesamt- u SonderNachf (RGesch od in ZwVerst [BayObLG NJW-RR **88**, 1163]) jedes WEigtümers; GBEintr nicht notw. Kein GutglSchutz; vgl auch Rn 18, 19. Keine Wirkg ggü WEigtümer, die vor BeschlFassg aus Gemsch ausgeschieden (Köln NJW-RR **92**, 460). – **bb) Außenverhältnis (IV).** In MehrhBeschl liegt zugl Vollm an die Mehrh, die Minderh bei der BeschlAusführg zu vertreten. Zur BeschlDchführg der Verw nach Maßg von § 27 berechtigt (schließt er aGrd MehrhBeschl einen Vertr, so sind alle WEigtümer VertrPart); ist er verhindert (zB BGB 181), so müssen die WEigtümer selbst handeln, wobei die Mehrh die Minderh vertritt. Die Mehrh kann sich auch dch einen Bevollm vertreten lassen. Entspr MehrhBeschl berechtigt nach Wortlaut von IV („RHdlg") auch zu Vfg namens aller WEigtümer (zB VertrKünd). Vertr (zB VerwVertr) aGrd MehrhBeschl wirkt ggü SonderNachf ohne bes Eintritt (BayObLG NJW-RR **87**, 80; KG OLGZ **94**, 266).

18   **4) Zugelassener Mehrheitsbeschluß über an sich vereinbarungsbedürftige Regelung,** wenn dies in Vbg/TErkl vorgesehen (IV, § 23 I) u die Regelg sachl begründet u ohne unbill Nachteile für die Widersprechen ist (BGH **95**, 137 [§ 16]; BayObLG **90**, 107 [§ 15]; NJW-RR **90**, 209 [§ 22]). Auch allstimm Beschl behält dann RNatur eines MehrhBeschl (BPM/Pick Rn 57). – Der Beschl ist **nicht eintragungsfähig und wirkt gegen Sondernachfolger** gem III ohne Eintr (Demharter DNotZ **91**, 28; aA Grebe DNotZ **87**, 5); Erwerber dch zulassde Vbg/TErkl gewarnt. – **Zustimmungserfordernis bei Realberechtigten** (Rn 4, 9) entfällt nicht (BGH NJW **94**, 3230), aber keine UngültigErkl des Beschl wg fehler Zust (LG Lüb NJW-RR **90**, 912). Dies gilt auch, wenn die Belastg in Kenntn der den MehrhBeschl zulassden Vbg/TErkl erfolgte od einer Vbg zugestimmt wurde, die ihre Abänderbark dch MehrhBeschl vorsieht (aA BPM/Pick Rn 56), denn damit ist nicht einer benachteiligden Regelg sond allenf einem RegelgsVerf zugestimmt. Vorauserteilte Zust wohl nicht schon dadch, daß die Belastg in Kenntn einer Vbg/TErkl erfolgte, die Zust der RealBerecht für nicht notw erklärt (vgl BayObLG **84**, 257).

19   **5) Nicht für ungültig erklärter Mehrheitsbeschluß über vereinbarungsbedürftige Regelung** ist wirks, wenn er nicht in dingl Kernbereich des WE eingreift (BGH NJW **94**, 3230); wirks daher zB Mehrh-Beschl über Kostenverteilg (BGH aaO), BeschlFähigk (BayObLG **92**, 79), GebrRegelg (BGH NJW **95**, 2036) einschl SondernutzgsR (BayObLG NJW-RR **93**, 85; aA Düss WE **95**, 185). Änderb dch MehrhBeschl (Ffm OLGZ **80**, 160) in den Grenzen von Rn 16 (BayObLG **94**, 339); aber nur sofern dadch ganz od teilw Aufhebg, denn Abweichg von Gesetz bzw Vbg/TErkl darf nicht dch neuen MehrhBeschl weiter verstärkt werden. – Der **Beschluß ist nicht eintragungsfähig und wirkt gegen Sondernachfolger** gem III ohne Eintr (BGH NJW **94**, 3230). – **Zustimmungserfordernis bei Realberechtigten** (Rn 4, 9) entfällt nicht (BGH NJW **94**, 3230).

20   **6) Anspruch auf Änderung oder erstmaligen Abschluß einer Vereinbarung** besteht, wenn ein Festhalten an einer Vereinbg bzw dispositiven gesetzl Regelg grob unbill u damit gg BGB 242 verstößt (BGH NJW **95**, 2791), wobei im Interesse der RSicherh/Beständigk in der Gemsch ein strenger Maßstab anzulegen ist (KG NJW-RR **94**, 525; BayObLG NJW-RR **95**, 529; Köln FGPrax **95**, 105). Anspr kann auch bei anfängl verfehlter/unzweckmäß Vbg/TErkl bestehen, die bei Erwerb bekannt war (BayObLG **91**, 396; vgl aber DWE **92**, 162).

21   **a) Änderungsanspruch kann bestehen:** Wenn eine erhebl belastde Regelg im Hinblick auf eine geplante Änderg der tats/rechtl Verhältn getroffen wurde u diese ausbleibt (BayObLG NJW-RR **87**, 714 [Abweichg von Kostenverteilg nach MitEAnt, wenn MitEAnt inf Unterbleibens geplanter Baumaßn außer Verhältn zur Größe des SE]). Wenn sich eine Regelg inf nicht vorhersehb Änderg der tats Verhältn als erhebl benachteiligd erweist (Änderg der Kostenverteilg wg ständ Überbelegg einz WE [Düss NJW **85**, 2837] od Nichtmehrbeheizg einer Garage [Hbg WEZ **87**, 217]). Wenn die Änderg einem lange geduldeten tats Zustand entspricht (LG Wuppt NJW-RR **86**, 1074 [Umwandlg von TeilE in WE]). Wenn der Kostenver-teilgsschlüssel (nicht aber StimmR; Karlsr NJW-RR **87**, 975) kraß vom Verhältn der Wohn/Nutzflächen **22** abweicht (BayObLG **91**, 396; NJW-RR **95**, 529). – **Änderungsanspruch besteht grundsätzlich nicht:** Wenn sich bei Vereinbg/BeschlFassg gehegte einseit Erwartg nicht erfüllt (BayObLG **84**, 50). Infolge von Umständen u Entwicklgen, die im Risikobereich des WEigtümers liegen (BayObLG Rpfleger **76**, 422; Hamm OLGZ **82**, 20 [Leerstehen von Räumen], BayObLG ZMR **86**, 319 [dch Älterwerden bdgte Schwie-rigk bei pers Erf der SchneeräumPfl]). Bei von § 25 II abw StimmRRegelg (KG ZMR **94**, 168).

23   **b) Durchführung.** Es besteht ein nach § 43 I Nr 1 dchsetzb Anspr auf Zust zur ÄndergsVereinbg einschl EintrBew (Düss NJW **85**, 2837), die mit RKraft der Entscheid als abgegeben gilt (§ 45 II, ZPO 894); die Eintr bewirkt dann die Wirkg gg SonderNachf (II). Nach aA trifft die Wirkg der neue Vereinbg, die dann gem III wirken soll (BayObLG NJW-RR **87**, 714), was aber III auf im WEG nicht vorgesehene vereinbgsgl Entscheidg erweitert u Erwerberschutz dch II aushöhlt. Wg Zust der RealBerecht vgl Rn 9.

24   **c) Wirkung.** Die Änderg gilt erst ab Wirksamwerden; zB wirkt neue Kostenverteilg nicht für bereits entstandene sond erst für künft Kosten (BayObLG NJW-RR **86**, 1463; WuM **89**, 63). Daher kann die Anfechtg eines MehrhBeschl, der eine Vereinbg ändert od ihr widerspricht, ÄndergsAnspr nicht entgegen-gehalten (BGH NJW **95**, 2791) u Anfechtg eines vereinbgsgem MehrhBeschl nicht auf ÄndergsAnspr gestützt werden (KG NJW-RR **92**, 1433; aA BayObLG ZMR **95**, 41).

7) Anspruch auf Änderung eines bestandskräftigen Eigentümerbeschlusses unter den Voraussetz- 25
gen von § 45 IV, wenn die Regelg auch dch GerBeschl nach §§ 15 III, 21 IV hätte erfolgen können, sonst
unter den von Rn 20. Kein Anspr aus Grd, der gem § 21 IV hätte geltd gemacht werden können (BayObLG
NJW-RR **94**, 658). Das Ger kann die Neuregelg nach §§ 15 III, 21 IV mit Wirkg nach III treffen; iü gilt
Rn 24.

WEG 11 *Unauflöslichkeit der Gemeinschaft.* [1] **Kein Wohnungseigentümer kann die Aufhebung der Gemeinschaft verlangen. Dies gilt auch für eine Aufhebung aus wichtigem Grund. Eine abweichende Vereinbarung ist nur für den Fall zulässig, daß das Gebäude ganz oder teilweise zerstört wird und eine Verpflichtung zum Wiederaufbau nicht besteht.**

[II] **Das Recht eines Pfändungsgläubigers (§ 751 des Bürgerlichen Gesetzbuches) sowie das Recht des Konkursverwalters (§ 16 Abs. 2 der Konkursordnung), die Aufhebung der Gemeinschaft zu verlangen, ist ausgeschlossen.**

1) Aufhebung der Gemeinschaft. – a) Wohnungseigentümer (I) können die Gemsch nur dch Ver- 1
einbg aufheben (§ 4), deren Abschluß vorbehaltl I 3 nicht verlangt werden kann. Aufhebg dch Mehrh-
Beschl ist nichtig. Vertragl Verpfl (nicht MehrhBeschl) zum Abschluß einer AufhebgsVereinbg zuläss
(BayObLG **79**, 414). – **b) Pfändungsgläubiger und Konkursverwalter (II)** können die Aufhebg vorbe- 2
haltl I 3 nicht verlangen; KO 17, 19 nicht anwendb (Düss NJW **70**, 1137). Gläub des WEigtümers können
nur nach ZPO 864 ff in das WE vollstrecken. KonkVerw kann das WE freihänd veräußern od dch
ZwVerst verwerten (ZVG 172 ff); er kann den Anteil am VerwVerm nicht getrennt verwerten (Pick JR **72**,
102). – **c) Ausnahme (I 3).** AGrd Vbg/TErkl kann Eigtümer (PfdgsGläub/KonkVerw) bei Zerstörg des 3
Gbdes u fehlder AufbauVerpfl die Aufhebg verlangen. Entspr I 3 abw Vereinbg auch für den Fall zuläss,
daß ein erst zu errichtdes Gbde inf BauBeschrkg nicht errichtet werden kann (Weitnauer/Lüke Rn 9; aA
BPM/Pick Rn 37).

2) Gründungsmängel. – a) Willensmängel (§ 2 Rn 2). Schutz des GeschUnfäh/AnfechtgsBerecht geht 4
vor, soweit nicht gutgl Dritterwerb stattfand. – **b) Inhaltsmängel** (§ 2 Rn 3). § 11 gilt, denn eine unauflösb
Gemsch war gewollt u der Mangel ist behebb.

WEG 12 *Veräußerungsbeschränkung.* [1] **Als Inhalt des Sondereigentums kann verein- bart werden, daß ein Wohnungseigentümer zur Veräußerung seines Wohnungsei- gentums der Zustimmung anderer Wohnungseigentümer oder eines Dritten bedarf.**

[II] **Die Zustimmung darf nur aus einem wichtigen Grunde versagt werden. Durch Vereinbarung gemäß Absatz 1 kann dem Wohnungseigentümer darüber hinaus für bestimmte Fälle ein An- spruch auf Erteilung der Zustimmung eingeräumt werden.**

[III] **Ist eine Vereinbarung gemäß Absatz 1 getroffen, so ist eine Veräußerung des Wohnungseigen- tums und ein Vertrag, durch den sich der Wohnungseigentümer zu einer solchen Veräußerung verpflichtet, unwirksam, solange nicht die erforderliche Zustimmung erteilt ist. Einer rechtsge- schäftlichen Veräußerung steht eine Veräußerung im Wege der Zwangsvollstreckung oder durch den Konkursverwalter gleich.**

1) Allgemeines. Das WE ist frei veräußerl. **Veräußerungsbeschränkung** zum Schutz vor Eindringen 1
od Ausdehnen persönl (insb bzgl Beachtg der GemschO) od wirtschaftl unzuverlässiger GemschMitgl dch
wg Ausn von BGB 137 eng auszulegde Vbg/TErkl (BayObLG WuM **91**, 612) zuläss. Beschrkg nur dch
ZustErfordern. Veräußergsverbot od Gebot der Veräußerg nur an best Pers unzul (BayObLG MittBayNot
84, 88); dies kann dch Vbg/TErkl SEInhalt (§ 5 IV) sein, Verstoß macht Veräußerg dann aber nicht unwirks
(BayObLG aaO). – Eine die Belastg hindernde **Belastungsbeschränkung** ist nicht vereinb (LG Köln
RhNK **83**, 221). Als GebrRegelg iSv § 15 ist Vbg/TErkl zul, die Belastg mit den Gebr gestattden dingl
Recht beschränkt (BGH **37**, 203); Verstoß macht Belastg aber nicht unwirks (Ertl DNotZ **79**, 274).

2) Geltungsbereich. Die Geltg auf einzelne VeräußergsFälle (über Verstoß gg BGB 138 vgl Zweibr 2
MittBayNot **94**, 44) od WERechte zu beschränken bzw Ausn vorzusehen, ist zuläss; nicht aber, sie auf
RGesch zu erweitern, die keine Veräußerg sind (Hamm OLGZ **79**, 419; aA BGH **49**, 250 für Vorratsteilg des
WE). Zustfreie Erstveräußerg erfaßt auch Erstveräußerg nach vielen Jahren (Köln Rpfleger **92**, 293) oder
dch Erben des Ersteigtümers (LG Aach RhNK **93**, 31); zustfreie Veräußerg an Eheg erfaßt auch Aufl in
ScheidgsVereing bei EintrAntr nach Scheidg (Schlesw NJW-RR **93**, 1103).

a) Veräußerung ist die vollständ od teilw Übertr von WE dch RGesch unter Lebden auf neuen RInh, 3
selbst wenn dieser schon GemschMitgl (KG OLGZ **78**, 296); daher nicht schon Bestellg einer AuflVormkg
(BayObLG **64**, 237). – **Zustimmung notwendig** auch bei: Übertr eines MitEAnt am WE (Celle Rpfleger
74, 438; LG Nürnb-Fürth MittBayNot **80**, 75). RückÜbertr nach frei vereinbarter Aufhebg der Veräußerg
(BayObLG **76**, 328). Übertr agrd BGB 2048, 2147 (BayObLG **82**, 46). Übertr auf GesHdGemsch/jur Pers,
bei der Veräußerer Mitgl/Anteilsigner u umgekehrt (BayObLG **82**, 46). Quotenänderg am GemschE unter
verschied WEigtümern, wenn § 16 II gilt od StimmR nach MitEAnt (aA wenn ohne Auswirkg auf BeitrPfl
u StimmR). Übertr von Teilen des SE (aA Celle DNotZ **75**, 42), sofern nicht Tausch etwa gleichgroßer
Teile. Erstveräußerg nach Teilg gem § 3 (BayObLG NJW-RR **87**, 270) od § 8 (BGH **113**, 374; vgl aber
§ 61). – **Zustimmung entbehrlich** (kein Schutzzweck berührt) bei: Gleichzeit Veräußerg aller WE. Übertr
von GesHdGemsch auf persgleiche od GesHdGemsch/BruchtGemsch (LG Lüb Rpfleger **91**,
201). Veräußerg vor GemschEntstehg nach Teilg gem § 8 (Hamm OLGZ **94**, 515). Änderg der MitEQuo-
ten am WE. – **Rückübertragung** nach Wandlg (od and ges RücktrR) od Anfechtg gem BGB 119 ff des

KausalGesch zustbedürft, weil Voraussetzgen nicht gem GBO 29 nachweisb; aber idR ZustAnspr, weil gesetzl Folge einer zuläss Veräußerg. Nach KG NJW-RR **88**, 1426 danach keine (in Vbg/TErkl vorgesehene) zustfreie Erstveräußerg des teilden Eigtümers mehr.

4   **b) Keine Veräußerung** (daher zustimmgsfrei): – **Kein Rechtsträgerwechsel:** Vorratsteil des WE (BGH **49**, 250). Vereinigg u BestandtZuschreibg. Quotenänderg am GemschE u Übertr von SE-Teilen unter WERechten desselben WEigtümers (Celle RhNK **81**, 196). RFormwechselnde Umwandlg einer Pers-Gesellsch (vgl BGB 873 Rn 6). – **Kein Rechtsgeschäft über Wohnungseigentum:** Übertr eines Anteils am GsHdVermögen, wenn WE (auch als einziger Ggst) zum Vermögen gehört (vgl BGB 873 Rn 7; Hamm OLGZ **79**, 419 für BGB 2033). Erbeinsetzg dch Testament od ErbVertr. Vereinbg von GüterGemsch. – **Anfechtung des dinglichen Übertragungsgeschäfts** nach BGB 119ff.

5   **3) Begründung. – a) Vereinbarung/Teilungserklärung** notw. Zustimmg der dch die Beschrkg in ihrer RStellg betroffenen RealGläub am WE notw (BGB 877); and bei Belastg des Grdst im ganzen bzw Gesamtbelastg, da Veräußerg/ZwVerst des ganzen Grdst von Beschrkg nicht betroffen. – **b) Eintragung** im WohngsGB zur Wirksamk (auch im Verh der WEigtümer) notw. Eintr dch Bezug auf EintrBew (§ 7 III) materiellrechtl wirks. Nur formellrechtl gilt WEGBVfg 3 II; der EintrVermerk braucht aber nicht alle Einzelh anzugeben, sond kann insow auf EintrBew Bezug nehmen. Ohne Eintr schuldrechtl Wirkg unter den WEigtümern. – **c) Änderung/Aufhebung** dch Vereinbg u Eintr. Aufhebg u erleichternde Änderg ohne Zust der RealBerecht (BayObLG Rpfleger **89**, 503).

6   **4) Zustimmung;** BGB 182ff anwendb (BayObLG DNotZ **92**, 229). – **a) Berechtigte.** WEigtümer (auch nur einige od qualifizierte Zahl) od Dritte; trotz BGB 1136 auch GrdPfdGläub (BPM/Pick Rn 23; aA hM), da keine Verpfl ggü Gläub u Veräußerg iRv II weiter mögl. Ist es der Verw, so ist er idR (verdeckter) StellVertr der WEigtümer (BGH **112**, 240) u er kann ihre Entscheidg einholen (KG ZMR **94**, 124); diese können daher auch selbst zustimmen (Zweibr NJW-RR **87**, 269; Saarbr RhNK **89**, 58), insb wenn WEigtümer seine Zustimmg ersetzen können od ihre ebenf mögl Entscheidg Vorrang hat; bei Veräußerg seines eignen WE kann Verw ggü Erwerber zustimmen (BayObLG NJW-RR **86**, 1077). Veräußerer ist den ZustBerecht über Erwerbsinteressenten auskunftspfl (Köln OLGZ **84**, 162; KG WuM **89**, 652). Zul auch 7   ZustBefugn des Verw aus eigenem Recht als Dritter (BayObLG **80**, 29). – **b) Wirksam** wird die Zustimmg mit Erkl ggü dem Veräußerer od Erwerber (BGB 182), auch wenn VeräußergsVertr nachfolgt (LG Wuppt RhNK **82**, 207). Für Widerruf gilt BGB 183; nach gem BGB 873 II bindder Aufl schadet Widerruf gem BGB 878 nicht mehr (BGH NJW **63**, 36). Bdgte Zustimmg gilt als Versagg.

8   **c) Zustimmungsanspruch (II);** von WE untrennb, AusübgsErmächtigg aber zul (BGH **33**, 76). Unabdingb; auch keine bindde Festlegg der VersaggsGrd dch Vbg/TErkl (Hamm NJW-RR **93**, 279). Der wicht Grd muß sich nach dem Zweck des § 12 (Rn 1) aus der Pers des Erwerbers ergeben (BayObLG WuM **95**, 328). Daher reichen nicht: Gesichtspkt der Nützlichk; Wohngeldrückstand des Veräußerers; Verhinderg unerwünschten aber nach §§ 14, 15 zul Gebr; Fortsetzg unzuläss aber lange geduldeten Gebr (BayObLG NJW-RR **90**, 657; Hbg DWE **94**, 148); Erzwingg von Reparaturen (BayObLG NJW-RR **93**, 280). SchadErsAnspr gg ZustBerecht, die schuldh Zustimmung verweigern/verzögern (BayObLG aaO; Hbg aaO). – **Kein Zurückbehaltungsrecht** ggü ZustAnspr (BayObLG NJW-RR **90**, 657).

9   **d) Verweigerung;** gleichsteht Zustimmung (zB bdgt), die keine EigtUmschreibg dch GBA ermöglicht (BayObLG NJW-RR **93**, 280). ZustAnspr ist gg WEigtümer u Verw im Verf nach § 43 u gg Außenstehde im ProzeßVerf geltd zu machen. ZustBerecht muß VerweigergsGrd darlegen (BayObLG NJW-RR **88**, 1425) u trägt FeststellgsLast. Gg II 1 verstoßder VersaggsBeschl der WEigtümer ist nichtig (Hamm NJW-RR **93**, 279); ist seine Nichtigk rkräft verneint bzw seine Gültigk rkräft festgestellt, so bindet dies im ZustErteilgsVerf (BayObLG **80**, 29). – **Aktivlegitimiert** ist der Veräußerer, nicht der Erwerber. – **Passivlegitimiert** sind die ZustBerecht. Verw auch als verdeckter StellVertr der WEigtümer (BayObLG NJW-RR **88**, 1425); ist Anrufg der WEigtümer gg Versagg vorgesehen, so ist vor deren Entscheidg ein Antr gg Verw unzul (BayObLG **73**, 1), währd nach deren Versagg diese passiv legitimiert sind (Hamm NJW-RR **93**, 279; vgl aber Zweibr NJW-RR **94**, 1103). – **Entscheidung.** Keine Ersetzg der Zust, sond nach § 45 III, ZPO 894 vollstreckb ErteilgsVerpfl (BayObLG **77**, 40). GeschWert: § 48 Rn 13.

10   **e) Form.** Wg Nachw ggü GBA (auch der Wirksamk iSv Rn 7) Anspr auf Zustimmung in der Form GBO 29 (Hamm OLGZ **92**, 295); GeschWert für Begl/Beurk: Kaufpr/VerkWert (Hamm Rpfleger **82**, 489). Formfreie Zustimmung aber materiellrechtl wirks. Bei Zustimmung dch WEigtümerversammlg Nachw dch Prot mit öff Beglaubigg der nach § 24 VI nöt Unterschriften (BayObLG **64**, 237); über Nachw der VerwEigensch vgl § 26 Rn 13. Bei fehler Zustimmung darf GBA nicht eintragen (Hamm OLGZ **94**, 515); es prüft Notwendigk der Zustimmung, nicht aber Bestehen eines ZustAnspr.

11   **5) Verstoß gegen Veräußerungsbeschränkung (III). – a)** Bei Veräußerg dch **Rechtsgeschäft** sind schuldrechtl u dingl Vertr (nicht nur relativ) schwebd unwirks (BGH **33**, 76); Genehmigg heilt rückwirkd (str). Genehmigg gilt entspr BGB 1366 III, 1829 II als verweigert (BPM/Pick Rn 43; aA Hamm DNotZ **92**, 232 [erst mit RKraft einer Entscheidg nach § 43]); dann entfällt Bindg an Vertr. III 1 gilt auch bei Versteigergn nach §§ 53ff u bei der nach ZPO 894 zu erzwingden rechtsgeschäftl Übereigng. – **b)** Bei Veräußerg iW der **Zwangsvollstreckung** (nicht auch ZwVerwaltg od ZwHyp) od dch **Konkursverwalter** ebenf schwebd unwirks; wirks aber Veräußerg des ganzen Grdst aGrd Gesamtbelastg. Zustimmung muß erst bei Zuschlag vorliegen (vorher für ZustBerecht weder ZPO 766 noch 772, 771), nicht schon bei Anordnung der ZwVerst (BGH **33**, 76); rkräft Zuschlag in ZwVerst heilt Fehlen der Zustimmung (LG Frankth Rpfleger **84**, 183). Bei Versagg muß VollstrGläub/KonkVerw den Anspr gem Rn 9 geltd machen (vgl dazu ErbbRVO 8 Rn 4). – **c)** Eintragg des neuen Eigtümers macht das **Grundbuch unrichtig;** uU GBO 53 I 1. Die and WEigtümer haben keinen eigenen Anspr aus BGB 894, sond nur Veräußerer selbst; Geltdmachg im Verf nach § 43 zu erzwingen, da keine BGB 1368 entspr Vorschr.

WEG 13 *Rechte des Wohnungseigentümers.* [I]Jeder Wohnungseigentümer kann, soweit nicht das Gesetz oder Rechte Dritter entgegenstehen, mit den im Sondereigentum stehenden Gebäudeteilen nach Belieben verfahren, insbesondere diese bewohnen, vermieten, verpachten oder in sonstiger Weise nutzen, und andere von Einwirkungen ausschließen.

[II]Jeder Wohnungseigentümer ist zum Mitgebrauch des gemeinschaftlichen Eigentums nach Maßgabe der §§ 14, 15 berechtigt. An den sonstigen Nutzungen des gemeinschaftlichen Eigentums gebührt jedem Wohnungseigentümer ein Anteil nach Maßgabe des § 16.

1) Inhalt des Sondereigentums (I). Das SE ist kein beschr dingl Recht sond **echtes Eigentum** iS des 1 BGB (aA Junker S 75), das den gemschaftsrechtl Bindgen des WEG (§§ 10, 14, 15), den allg nachbarrechtl Bindgen (BGB 906 ff, LandesNachbR) u der Sozialbindg (GG 14) unterliegt. – **a) I** umschreibt seinen **Inhalt entsprechend BGB 903.** Dieses HerrschR erstreckt sich auf die im SE stehden Räume (vgl BGH WM **89**, 1066: Fensteröffnen) u GbdeTeile. Baul Verändergen zul, solange sie ohne Auswirkgen auf das GemschE u §§ 14, 15 nicht entggstehen (BayObLG NJW-RR **87**, 717; **88**, 587); Verbot der Entferng von Heizkörpern, die für Verbrauchsmessg notw, daher zul (BayObLG WuM **86**, 26). Bei Vermietg statt MitGebr am GemschE überlassen werden (BayObLG WE **88**, 32); WEigtümer ist der Gemsch für Beachtg der §§ 14, 15 dch Mieter verantwortl (BGB 278; BayObLG **70**, 76). NutzgsÄnderg zul, soweit nicht §§ 14, 15 entggstehen. – **b) Eigentumsschutz** genießt das SE nach BGB 985, 1004 u dch öffrechtl NachbKl (OVG Bln BauR 2 **76**, 191; aber nicht innerh der Gemsch [BaWüVGH NJW **85**, 990]). **Besitzschutz** genießt der WEigtümer als Alleinbesitzer seines SE (TeilBes an GbdeTeil) nach BGB 859 ff, 865 auch ggü and WEigtümer (BayObLG **90**, 115). – **c)** Für **Schaden** am SE dch Fehler bei der Verwaltg des GemschE haftet der Verw bei Verschulden (BayObLG **92**, 146; Düss NJW-RR **95**, 587; vgl aber § 27 Rn 5), die WEigtümer nur bei eigenem Verschulden (KG NJW-RR **86**, 1078; BayObLG aaO; Düss aaO; vgl aber § 21 Rn 8) od entspr BGB 906 Rn 42 (vgl Celle MDR **85**, 236).

2) Inhalt des gemeinschaftlichen Eigentums (II). – **a) Mitgebrauch** (S 1) in den Grenzen der §§ 14, 3 15; über räuml Beschrkg bei Mehrhausanlagen vgl Hamm OLGZ **85**, 12 u Düss WE **95**, 150. MitGebr ist Teiln am Gebr (idR) dch MitBes (BayObLG **73**, 267) u MitNutzg. Mangels abw GebrRegelg nach § 15 gleicher MitGebr auch bei ungleichen MitEAnteilen, da MitBes nicht an ideelle od reale Bruchteile aufteilb (BayObLG aaO). **Anteil an sonstigen Nutzungen** (S 2), also den mittelb (BGB 99 III: zB aus Vermietg von gemsch Eigt) u natürl (BGB 99 I: zB Erzeugn des gemsch Gartens) Früchten nach Maßg des § 16. – **b) Eigentumsschutz:** Bei Beeinträchtig des gemsch Eigt ist jeder WEigtümer auch in seinem SE betrof- 4 fen u kann die Anspr aus BGB 985, 1004 alleine nach Maßg von BGB 1011 geltd machen (BayObLG **75**, 177); ebso die öffrechtl NachbKl (OVG Bln BauR **76**, 191). **Besitzschutz:** Als Mitbesitzer kann jeder WEigtümer die Anspr aus BGB 859 ff gg Dr allein geltd machen, Wiedereinräumg entzogenen Bes kann nur zu MitBes verlangt w; ggü Mitbesitzern Beschrkg dch BGB 866 (BGH **62**, 243; BayObLG **90**, 115).

WEG 14 *Pflichten des Wohnungseigentümers.* Jeder Wohnungseigentümer ist verpflichtet:

1. die im Sondereigentum stehenden Gebäudeteile so instand zu halten und von diesen sowie von dem gemeinschaftlichen Eigentum nur in solcher Weise Gebrauch zu machen, daß dadurch keinem der anderen Wohnungseigentümer über das bei einem geordneten Zusammenleben unvermeidliche Maß hinaus ein Nachteil erwächst;
2. für die Einhaltung der in Nr. 1 bezeichneten Pflichten durch Personen zu sorgen, die seinem Hausstand oder Geschäftsbetrieb angehören oder denen er sonst die Benutzung der im Sonder- oder Miteigentum stehenden Grundstücks- oder Gebäudeteile überläßt;
3. Einwirkungen auf die im Sondereigentum stehenden Gebäudeteile und das gemeinschaftliche Eigentum zu dulden, soweit sie auf einem nach Nrn. 1, 2 zulässigen Gebrauch beruhen;
4. das Betreten und die Benutzung der im Sondereigentum stehenden Gebäudeteile zu gestatten, soweit dies zur Instandhaltung und Instandsetzung des gemeinschaftlichen Eigentums erforderlich ist; der hierdurch entstehende Schaden ist zu ersetzen.

1) Allgemeines. Der dch Vbg/TErkl abdingb § 14 begrenzt die gesetzl (§ 13) od dch GebrRegelg be- 1 gründeten (§ 15) EigtümerBefug; daneben gilt BGB 242 (BayObLG DWE **90**, 29). Er gilt auch für Anlagen/Einrichtungen (§ 5 II). Bedeutg hat er auch iRv § 22 I (§ 22 Rn 9).

2) Instandhaltung des Sondereigentums (Nr 1, 2); auf eigene Kosten. Eine nicht zu Schäden and 2 WEigtümer führde Nichtbenutzg ist zuläss (BayObLG NJW-RR **90**, 854); nicht aber Nichtbeheizg bei Frostschadengefahr (BayObLG WuM **89**, 341). Keine Verpfl zur ständ Anpassg an jeweil NeubauVorschr (Stgt OLGZ **94**, 524) u zur regelm Prüfg der Leitgen dch Fachmann (BayObLG NJW-RR **94**, 717). Mangels abw Regelg nicht auf GemschE anwendb, an dem SondNutzgsR besteht. Nr 2 hier bedeutgslos, da stets Nr 1 eingreift; keine eigene Verpfl des Nutzers ggü dem Gemsch.

3) Gebrauchsbeschränkung (Nr 1, 2). Nachteil ist jede nach dem Empfinden eines verständ WEigtü- 3 mers nicht ganz unerhebl Beeinträchtig (BGH NJW **92**, 978), wobei Charakter der Wohnanlage (zB kann sich bei Mehrhausanlage schon dadch Beschrkg des MitGebr ergeben; vgl Düss WE **95**, 150) u unter FamMitgl BGB 1618a (BayObLG NJW-RR **93**, 336) zu beachten sind; über rein ideelle Beeinträchtig vgl KG NJW-RR, **88**, 586 (Beleidigg). LNachbR (Düss OLGZ **85**, 426; BayObLG NJW-RR **87**, 846) u BGB 906 geben Anhalt. Nachteil für NutzgsBerecht genügt (KG aaO). Nr 2 begründet eine eigene Verpfl zum Einschreiten gg den Nutzer (BayObLG ZMR **94**, 25) u beschränkt die GebrBefug des Nutzers ggü den and WEigtümern (vgl § 15 Rn 28).

a) Sondereigentum. § 14 gilt für den Gebr iR der Zweckbestimmg nach § 15 Rn 12 (BayObLG **94**, 237); 4 über davon abw Gebr vgl Rn 15 Rn 14. Wg des ZusWirkens mit § 15 II ist ein Gebr zuläss, der dch MehrhBeschl gestattet, bzw unzuläss, der dch MehrhBeschl verboten werden kann. Weitere Beispiele

5 (EinzUmstände stets maßg): – **aa) Immissionen.** Normale Wohngeräusche zuläss (LG Ffm NJW-RR **93**, 281); lärmde Benutzg (KG NJW-RR **88**, 586 [Beschimpfg]; BayObLG NJW-RR **94**, 337 [Musik]; **94**, 598

6 [Trampeln]) od Holzkohlenfeuer auf Balkon (LG Düss NJW-RR **91**, 1170) unzuläss. – **bb) Tierhaltung.** Ratten/Schlangen (Ffm NJW-RR **90**, 1430), Kampfhunde (Ffm NJW-RR **93**, 981) od nach WohngsGröße/ GbdeArt übermäß Zahl von Haustieren (BayObLG **72**, 90; WuM **91**, 614; KG NJW-RR **91**, 1116) unzuläss.

7 – **cc) Belegung.** Maßg sind WohngsGröße u sachl (zB Familie od EinzPers, Verweildauer) – nicht personelle (zB Ausländer, Sozialschwache) – Beleggsart (BayObLG NJW **92**, 917). Richtwert sind öffr Vorschr (bei Familie idR 9–10 qm/Pers u 6 qm/Kind bis 6 Jahre) od 2 EinzPers/Normalzimmer (KG NJW **92**, 3045; Stgt NJW **92**, 3046, BayObLG NJW **94**, 1662; Ffm OLGZ **94**, 532). Pensions/heimart Nutzg idR unzuläss (BayObLG aaO; vgl auch § 15 Rn 15); kurzzeit Vermietg an Feriengäste zuläss (BayObLG **78**, 305) –

8 **dd) Sonstiges.** KonkurrenzBetr (Stgt WE **91**, 139) u Hobbyraum/-werkstatt ohne weiteren Ausbau in Dachraum (BayObLG WuM **89**, 262) zuläss.

9 **b) Gemeinschaftliches Eigentum. – aa) Zulässig:** Saisonübl Schmuck der Wohngstür (LG Düss NJW-RR **90**, 785); Spielen auf Rasenfläche (Ffm OLGZ **92**, 53); ortsübl u nicht verunstaltde Werbg (KG WuM **94**, 494 [Praxisschuld]; LG Aurich NJW **87**, 448 [Vermietgshinweis]; LG Dortm NJW-RR **91**, 16); dch Mehrh-

10 Beschl gestattb Gebr (vgl Rn 4). – **bb) Unzulässig:** Anbringen von Spruchbändern (KG NJW-RR **88**, 846); Aufstellen von Gartenzwergen (Hbg NJW **88**, 2052); dauernde Kfz-Aufstellg (KG WEZ **88**, 444); Aufstellen von EinrichtgsGgst vor Wohngstür (KG NJW-RR **93**, 403; vgl aber BayObLG NJW-RR **93**, 1165); ganztäg betriebener Beweggsmelder (Hamm WuM **91**, 127); dch MehrhBeschl verbietb Gebr (vgl Rn 4).

11 **4) Duldungs- und Gestattungspflicht;** sie treffen auch Nutzer iSv Nr 2. – **a) Duldung (Nr 3)** aller Einwirkgen aGrd eines nach Nr 1 zuläss Gebr des WEigtümers u seines Nutzers iSv Nr 2; weitergeh § 21 V Nr 6. Für notw Eingriff in Besitz an SE (zB Dchlegen von Leitgen; BayObLG NJW-RR **91**, 463) enthält Nr 3

12 keine StörgsGestattg iSv BGB 858 (DuldgsPfl notf gerichtl dchzusetzen). – **b) Gestattung (Nr 4).** Betreten auch dch Handwerker uä. Benutzg umfaßt Eingriff in Sachsubstanz des SE (zB in Bodenbelag bei Sanierg der Balkonplatte [Hamm DWE **84**, 126], Anbringg von Schallschutz [KG OLGZ **86**, 174]); entspr anwendb auf Begutachtg zur Feststellg von GewlAnspr einschl Minderg. GestattgsAnspr (keine ges Gestattg iSv BGB 858) steht der Gemsch zu (KG aaO). Haftg für Schäden (zB am SE [Düss ZMR **95**, 84] od beweg Sachen, Ausweichunterkunft, Verdienst/Mietausfall [KG WE **94**, 51]; Säuberg, entgangene Wohngsnutzg [BayObLG **87**, 50; vgl aber **94**, 14]) unabhäng von Verschuld; bei zu erwartden Schäden kann Gestattg von SicherhLeistg abhäng gemacht werden (KG OLGZ **86**, 174). GestattgsPflichtiger muß Schaden anteil mittragen (§ 16 IV). GestattgsPfl bei Reparatur von SE eines and WEigtümers nach allg Grds (zB LNachbR; § 13 Rn 1).

13 **5) Verstoß gegen § 14;** vgl auch § 18 II Nr 1. – **a) Erfüllungsanspruch** aus § 14 u UnterlAnspr aus § 14, BGB 862, 1004; daneben Anspr auf verhindernde Maßn entspr § 15 Rn 26. UnterlAnspr wg unzuläss Gebr (vgl § 15 Rn 26) u DuldgsAnspr wg Gebr seines WE kann jeder WEigtümer selbstd geltd machen, iü MehrhBeschl notw. Bei Störg seines Nutzers kann WEigtümer den eigenen Anspr aus Nr 1 geltd machen.

14 StreitVerkündg an Nutzer zuläss (KG NJW-RR **88**, 586). – **b) Schadensersatz** bei schuldh (BGB 276, 278); PflVerletzg (BayObLG **70**, 65; NJW-RR **94**, 718; Düss NJW-RR **95**, 1165). Daneben auch BGB 823 I (zB bei Verletzg von SE od GemschE) od II, soweit § 14 SchutzG wie zB Nr 1 (KG aaO; str) u damit auch Nr 2

15 (aA Schmid MDR **87**, 894), 831. – **c) Rechtsweg.** Für alle Anspr der WEigtümer untereinand: § 43. Für alle Anspr gg Nutzer iSv Nr 2: ProzGer. Ein dch unzuläss Gebr gestörter Nutzer iSv Nr 2 muß seine Anspr vor ProzGer geltd machen; ebso WEigtümer, der sie für ihn in ProzStandsch geltd macht (KG aaO).

WEG 15   *Gebrauchsregelung.*   [1]**Die Wohnungseigentümer können den Gebrauch des Sondereigentums und des gemeinschaftlichen Eigentums durch Vereinbarung regeln.**

[2]**Soweit nicht eine Vereinbarung nach Absatz 1 entgegensteht, können die Wohnungseigentümer durch Stimmenmehrheit einen der Beschaffenheit der im Sondereigentum stehenden Gebäudeteile und des gemeinschaftlichen Eigentums entsprechenden ordnungsmäßigen Gebrauch beschließen.**

[3]**Jeder Wohnungseigentümer kann einen Gebrauch der im Sondereigentum stehenden Gebäudeteile und des gemeinschaftlichen Eigentums verlangen, der dem Gesetz, den Vereinbarungen und Beschlüssen und, soweit sich die Regelung hieraus nicht ergibt, dem Interesse der Gesamtheit der Wohnungseigentümer nach billigem Ermessen entspricht.**

1 **1) Allgemeines.** § 15 betrifft die Regelg des Gebr (dh der tatsächl Art der Benutzg des SE [§ 13 I] u des GemschE [§ 13 II] im Verh der WEigtümer untereinand. Mehrere Inh eines WEigt können untereinand keine GebrRegelg nach § 15 treffen (LG Düss RhNK **87**, 163; LG Stgt BWNotZ **79**, 91; aA BayObLG **94**,

2 195), sond nur nach den Vorschr des jeweil GemschVerh (zB BGB 1010). – **a) Regelungsberechtigt** sind die WEigtümer bzw die teilde Eigtümer; bei Mehrhausanlagen u abgeschl Hausteilen vgl aber § 25 Rn 2. Die RegelgsBefugn kann auf den Verw od VerwBeirat übertragen werden (vgl § 21 Rn 7). Eine nicht gem § 15 getroffene Regelg (zB im KaufVertr) ist im InnenVerh der WEigtümer nicht verbindl (Ffm Rpfleger **80**,

3 391). – **b) Regelungsinhalt** kann sein: Begrenzg des Gebr nach Art, Umfang u Zeit; GebrPfl bzgl GemschEinrichtgen; GebrVerbot dch Ausschl bestimmter GebrArten od dch Festlegg auf solche; Abhängig bestimmten Gebr von Zustimmg des Verw (wobei EigtümerBeschl vorrang bleibt [Zweibr WE **91**, 333]) od aller/einzelner WEigtümer. GebrRegelgen sind oft in Haus- (§ 21 Rn 7) od BenutzgsOrdngen (zB für Waschküche) zusgefaßt.

4 **2) Regelung durch die Wohnungseigentümer.** Dch **Vereinbarung (I)** od ihr gleichstehde TeilgsErkl kann vorbehaltl BGB 134, 138 jede GebrRegelg erfolgen. Notw ist sie, wo ein MehrhBeschl nicht ausreicht;

5 ein nicht für ungült erklärter MehrhBeschl ist aber wirks (§ 10 Rn 19; vgl auch Rn 6). – Dch **Mehrheitsbeschluß (II)** kann, sofern nicht Vbg/TErkl entggsteht, der ordngsmäß Gebr geregelt werden. Ordngsmäß

ist ein Gebr, der unter Berücksichtigg der Beschaffenh seines Ggst dem Gebot ggseit Rücksichtn u billigem Ermessen (vgl III) entspricht, was unterschiedl Gebr rechtfertigen kann (Düss ZMR **84**, 161 [Behinderter]; vgl aber BayObLG **85**, 104 [Berufsmusiker]). Nicht ordngsmäß ist ein Gebr, dch den einem WEigtümer ein Nachteil erwächst, der über das bei einem geordneten ZusLeben unvermeidl Maß hinausgeht (BayObLG WE **94**, 17), dh ihm einen nach § 14 Nr 1 zuläss Gebr verbietet (BayObLG WuM **85**, 231) bzw einen danach unzuläss Gebr gestattet (BayObLG NJW-RR **88**, 1164; Stgt ZMR **95**, 81).

a) Notwendig ist eine Vereinbarung bzw TeilgsErkl danach insb für: **Verbot eines nach §§ 13, 14 Nr 1 6 zulässigen Gebrauchs** wie zB: Haustierhaltg (Karlsr DWE **88**, 68) od Musizieren (Hamm NJW **81**, 465), desh nicht ungült erklärter MehrhBeschl wirks (BGH NJW **95**, 2036 [Hundehaltg]); Vermietg (BayObLG **75**, 233); Berufs/Gewerbeausübg (BayObLG **78**, 305; Hamm OLGZ **92**, 300); KonkurrenzBetr (BayObLG WE **91**, 47; GebrGebot (zB Zweckbestimmg [Rn 12]; Vermietg an best Pers [BayObLG NJW-RR **88**, 1163) als Verbot eines and nach §§ 13, 14 Nr 1 zuläss Gebr. – **Verbotsähnliche Gebrauchsbeschränkung** wie zB Reparatur nur dch Handwerker (Schmid BlGBW **80**, 7 99); Musizieren nur in Zimmerlautstärke (Ffm OLGZ **84**, 407); Waschküchenbenutzg nur vormittags (KG BlGBW **85**, 71); nur 1 Vogel als Haustier; Abhängig eines nach §§ 13, 14 Nr 1 zuläss Gebr (zB Vermietg) von Verw/EigtümerZust (Riedler ZMR **78**, 161; aA Ffm OLGZ **79**, 25). – **Ausschluß vom Gebrauch** zB dch 8 Einräumg eines SondernutzgsR (Rn 18) od Vermietg von GemschE an Außenstehde/WEigtümer (Zweibr NJW-RR **86**, 1338; KG WuM **90**, 404; aA BayObLG NJW-RR **92**, 599). Auch für räuml Zuteilg von Teilflächen des GemschE, selbst wenn für alle Gebr gewährleistg (Brschw NJW-RR **90**, 979) od Gebr nur dch einen WEigtümer mögl (BayObLG WuM **91**, 609). Ausschl aller WEigtümer vom Gebr vereinb (BayObLG Rpfleger **82**, 63). – **Gestattung eines nach §§ 13, 14 Nr 1 unzulässigen Gebrauchs** wie zB BGB 906 9 überschreitde Immission (LG Düss NJW-RR **91**, 1170 [Balkongrill]; GbdeBeschaffenh widerspr Gebr (BayObLG MDR **81**, 937); Mitbenutzg von SE dch WEigtümer (Zweibr OLGZ **90**, 51).

b) Ausreichend ist ein Mehrheitsbeschluß, der die Grenzen von Rn 5 einhält, danach für: **Beschrän- 10 kung** der Haustierhaltg (BayObLG NJW-RR **94**, 658), des Musizierens (Zweibr OLGZ **91**, 39), der Werbg (LG Aurich NJW **87**, 448), der Lärmverursachg dch Einhaltg von Ruhezeiten (Brschw NJW-RR **87**, 845; KG OLGZ **92**, 182) – **Verbot** von Ablufttrocknern (Düss OLGZ **85**, 437), sichtbehindernder Bepflanzg (BayObLG WuM **92**, 206), gefährdder Anbringg von Blumenkästen (BayObLG WE **92**, 197), sichtb Wäscheaufhängg auf Balkon (Oldbg ZMR **78**, 245), LKW– (Hbg OLGZ **92**, 179) od Wohnmobilparken (BayObLG DWE **85**, 58) auf Wohnhausstellplatz. – **Ver-/Entsorgungsregelungen** wie Heizgstemperatur (BayObLG DWE **84**, 122), Überprüfen/Einstellen/Verplomben der Heizkörper bei Zentralheizg (BayObLG WuM **88**, 84); Nachtstrombenutzg (BayObLG NJW-RR **88**, 1164); Belüftg von GemschE (BayObLG WE **94**, 17). – **Benutzung des gemeinschaftlichen Eigentums** wie Betreten des Heizgsraums 11 (BayObLG **72**, 94); Öffngszeit (BayObLG WE **91**, 202) u Sichg (BayObLG **82**, 90; KG ZMR **85**, 345) der Haustür; turnusmäß Benutzg der Waschküche BayObLG WuM **91**, 301) od der nicht für alle ausreichden Stellplätze (BayObLG **92**, 1; KG NJW-RR **94**, 912); Kfz-Anordng auf Parkplatz (Köln OLGZ **94**, 287); Kinderwagenaufstellg in Hausflur (Hbg OLGZ **93**, 310); Benutzg von Spiel-/Grün-/Hofflächen (BayObLG DWE **82**, 98; **92**, 35; WuM **89**, 653; **92**, 152; Stgt ZMR **95**, 81).

3) Zweckbestimmung des Sondereigentums in der TeilgsErkl ist GebrReglg nach I (BayObLG WuM 12 **95**, 552). Bezeichng des SE in der Aufteilg (§ 3 Rn 3) mit einem GebrZweck genügt, wenn die Auslegg des Gesamtinhalts einschl der Regelgn für das GemschVerh (§ 3 Rn 6) nicht entggstehen. Werden mehrere nicht widerspr Zwecke genannt, so ist der umfassdste maßg (BayObLG NJW-RR **94**, 1038); bei Widerspr ist die GebrRegelg unwirks (Stgt DWE **90**, 30).

a) Inhalt. Eine allg Zweckbestimmg enthält gem § 1 II, III schon die RNatur als WE od TeilE (BayObLG 13 DWE **94**, 153). Bei umfassdem Zweck (zB Gaststätte [BayObLG WuM **85**, 298], GeschRaum [KG NJW-RR **89**, 140], WirtschKeller [Düss OLGZ **85**, 437], Laden [BayObLG **94**, 237]) kann sich eine Beschrkg aus dem Charakter od der baul Gestaltg der Anlage ergeben. Andf gestattet „Gesch/Gewerberaum" alle gewerbl Nutzgen (BayObLG NJW-RR **94**, 1038) und „Wohnen/Wohnzweck" auch die Vermietg zum Wohnen (BayObLG NJW **92**, 917).

b) Abweichender Gebrauch ist mangels abw Reglg (zB gleichzeit Konkurrenzverbot; Hamm NJW-RR 14 **86**, 1336) nur unzuläss, wenn er bei typisierter Betrachtg stärker stören kann (BayObLG WuM **95**, 552); konkrete Ausübg nicht maßg. – **aa) Bei Wohnungseigentum** (oder „Benutzg zu Wohnzwecken") sind idR 15 unzuläss: Kindertagesstätte (AG Hildesh WuM **86**, 25); Musik-/Volkshochschule (BayObLG WuM **95**, 552); Bordell/Prostitution (KG OLGZ **86**, 422; BayObLG NJW-RR **95**, 1228; vgl aber LG Nürnbg NJW-RR **90**, 1355); Ballettstudio (BayObLG ZMR **85**, 307); Laden (BayObLG DWE **94**, 149), Übergangsheim (Hamm NJW **92**, 184; NJW-RR **93**, 786). – Zuläss sind idR: Anwalts/Arzt/Zahnarzt– (KG NJW-RR **91**, 1421), Architekten/Steuerberater– (KG NJW-RR **95**, 333) od Krankengymnastikpraxis (BayObLG WuM **85**, 231). – **bb) Bei Nebenraum,** der kein TeilE ist (§ 1 Rn 2), aber nach seiner Lage u Ausgestalt (zB 16 unausgebauter Dachspeicher/Keller; BayObLG NJW-RR **94**, 82; WuM **94**, 560) od Bezeichng (zB Abstell/Hobbyraum/Speicher [BayObLG **94**, 302; NJW-RR **95**, 1103], Keller [BayObLG WuM **92**, 704; ZMR **93**, 530]) nicht zum dauernden Aufenthalt dient, ist Gebr als Wohng od Büro mit PublikumsVerk unzuläss, nicht aber Gebr zu nur vorübergehdem Aufenth (BayObLG WuM **89**, 262; ZMR **93**, 530). – **cc) Bei Teileigentum** 17 ist der Gebr als Wohng grdsl unzuläss (BayObLG DWE **94**, 153; Köln WE **95**, 220). Ferner Gebr, der mit mehr Geräuschen/Gerüchen/Erschüttergen verbunden (Düss NJW-RR **93**, 587; BayObLG NJW-RR **94**, 527), längerdauernd (zB außerh der Ladenschlußzeiten bei „Laden" [Düss aaO; BayObLG ZMR **93**, 427], „Apothe-ke" [Stgt WEZ **87**, 51]) bzw intensiver (zB Arztpraxis [Stgt NJW **87**, 385 od Musik-/Volkshochschule [BayObLG WuM **95**, 552] statt Büro; Kampfsportschule statt Massageinstitut [BayObLG WuM **93**, 700); Gymnastik/Tanzstudio statt Lagerraum [BayObLG NJW-RR **94**, 527]) ist.

4) Von Sondernutzungsrecht (SNR) spricht man, wenn einem WEigtümer ein über § 13 II hinausgeh- 18 des Gebr/NutzgsR an Teilen des GemschE (zB Garten, Kfz-Stellplatz, GemschERaum) eingeräumt wird,

wodch zugleich der MitGebr der and WEeigtümer beschränkt wird; es enthält daher eine entziehe u eine zuweisde Komponente (BayObLG Rpfleger **90**, 63). Für TeilEigtümer kann SNR an Wohnräumen bestellt werden (Hamm NJW-RR **93**, 1233). Für Ausübg des zugelass Gebr gilt § 14 (BayObLG DWE **95**, 28); für GebrRegelgen am SNRGgst nach § 15 steht es SE gleich (BayObLG ZMR **92**, 202). Bei gemschaftl SNR mehrerer WEigtümer gilt im InnenVerh BGB 741ff (BayObLG WE **94**, 12). Der Ggst des SNR bleibt
19 GemschE u mangels abw Vbg/TErkl gilt § 21 V Nr 2(LG Ffm DWE **93**, 32). – **aa) Rechtsinhalt.** Beschrkg auf einz GebrArten nicht notw (BayObLG RhNK **89**, 215). Bei „alleinigem/ausschließl Gebr/NutzgsR" sind die and WEigtümer vom MitGebr ausgeschl; soweit MitGebr für Gebr des übrigen GemschE notw, bleibt er iZw zuläss (KG NJW-RR **90**, 333). Nennt das SNR GebrArt (zB Benutzg eines Raumes zur Waschmaschinenaufstellg), so ist Auslegssfrage, ob AlleinGebr (uU mit GebrBeschrkg) gewollt, od ob bzgl and GebrArten weiterhin MitGebr. Recht zur gärtnerischen Nutzg berecht zB zum Aufstellen einer Schaukel (Düss NJW-RR **89**, 1167) u gärtnerische Bepflanzg (BayObLG WE **91**, 163); aber nicht zum kniehohen Einzäunen (KG NJW-RR **94**, 526), zum Fällen großer Bäume (Düss NJW-RR **94**, 1167) sowie zum Bepflanzen mit stark wachsenden Bäumen (KG NJW-RR **87**, 1360) od unter Verstoß gg AbstandsVorschr des LNachbR (BayObLG NJW-RR **87**, 846). Stellplatz berecht nicht zur behindernden Absperrg (BayObLG DWE **82**, 133). SNR an Fassade schließt Werbg and WEigtümer aus (aA Ffm Rpfleger **82**, 64). Für SNR an GrdstFläche gilt BGB 905 entspr (BayObLG WE **91**, 366). SNR berecht nicht zu baul Verändergen iSv § 22 I (KG NJW-RR **94**, 526); ihnen kann aber schon bei seiner Begründg zugestimmt werden, wofür nicht ausreicht, daß mit ihm wie mit SE verfahren werden darf (BayObLG WuM **90**, 91). Von SNR nicht betroffene Verwaltg obliegt der Gemsch (BayObLG **85**, 164); für Nutzgen unter Überschreitg des SNR gilt
20 § 16 I (Düss NJW-RR **87**, 1163). – **bb) Begründung** dch Vbg/TErkl (BayObLG DWE **92**, 163); über RealBerechtZust vgl § 10 Rn 4. Bei GBEintr BestimmthGrds für Ggst u Inhalt zu beachten (BayObLG DNotZ **94**, 244). – (1) Vbg/TErkl kann sich darauf beschränken, die jeweil Inh bestimmter WE vom MitGebr auszuschließen. Ist dies als SE-Inhalt im GB dieser WE eingetr, dann brauchen die jeweil Inh u RealBerecht dieser WE nicht mehr dch Zust/EintrBew mitzuwirken, wenn das SNR später zum SE-Inhalt eines bish vom MitGebr ausgeschl WE gemacht wird (Düss Rpfleger **93**, 193); dies gilt auch nach Eintritt aufschiebder Bdgg für eingetr MitGebrAusschl (Düss aaO). – (2) Vbg/TErkl kann sich darauf beschränken, einem WEigtümer od einem Dritten Vollm zur Begründg zu erteilen (BayObLG **74**, 294). Das SNR entsteht dann erst mit späterer Begründg dch den Bevollm, der noch die RealBerecht der vom MitGe-
21 brAusschl betroffenen WE, nicht aber mehr deren Inh zustimmen müssen. – **cc) Aufhebung/Inhaltsänderung** dch Vereinbg (§ 10 Rn 9). Einseit Aufhebg entspr BGB 875 zuläss (LG Augsbg MittBayNot **90**, 175; aA Düss ZMR **95**, 491). – **dd) Übertragung** nur innerh der Gemsch. Dch formlosen ÜbertrVertr nur der beteil WEigtümer (BGH **73**, 145) bzw einseit Erkl, wenn beteil WE demselben Eigtümer gehören (Düss RhNK **81**, 196). Zust der anderen WEigtümer nur bei entspr § 12 vereinb Erfordern notw (BGH aaO). Ohne GBEintr nur schuldrechtl Wirkg unter den beteil WEigtümern. Soll eingetr SNR zum SE-Inhalt des erwerbden WE werden, so ist Eintr nur im GB der beteil WE (BGH aaO) u Zust der RealBerecht am verlierden WE erforderl. Über gutgl Erwerb eingetr SNR vgl § 10 Rn 11. ÜbertrAnspr vormerkb (BayObLG DNotZ **79**, 307). – **ee) Belastung** mit beschr dingl Rechten (zB Dbk) nicht mögl (BayObLG WuM **90**, 168). – **ff) Pfändung** nach ZPO 857 (LG Stgt DWE **89**, 72).

22 **5) Regelung durch gerichtliche Entscheidung (III).** Die Einhaltg von GebrRegelg dch Vbg/TErkl (I) od MehrhBeschl (II) ist nach Rn 26 erzwingb. Bestehen solche Regelgen nicht, kann im Verf nach § 43 I Nr 1 eine GebrRegelg erfolgen, die dch MehrhBeschl (Rn 5) mögl (BayObLG NJW-RR **88**, 1164); über Anspr auf Herbeiführg einer Vereinbg vgl § 10 Rn 25. Konkreter SachAntr nicht erfordrl (Hamm OLGZ **69**, 278). Das Gericht ist an Vbg/TErkl u nicht für ungült erklärte MehrhBeschl gebunden (§ 43 Rn 7); diese können noch währd des Verf nach III ergehen.

23 **6) Andere gerichtliche Entscheidungen. – a) Ungültigerklärung eines Mehrheitsbeschlusses nach II** (§ 23 IV). Das Gericht prüft, ob er gg Vbg/TErkl od BGB 134, 138 verstößt u geregelter Gebr ordngsmäß iSv Rn 5 ist. Neben UngültErkl ist anderweit GebrReglg nur bei Antr nach III mögl, der im selben Verf
24 gestellt werden kann. – **b) Zustimmungserteilung.** Wird zum Gebr notw Zust (Rn 3) versagt, so kann im Verf nach § 43 Zust verlangt werden. Sind keine ErteilgsVoraussetzgen festgelegt, so ist bei Gebr iR der Zweckbestimmg (Rn 12) ein wicht VersaggsGrd notw (BayObLG WE **93**, 140); bei Gebr außerh dieser genügt VersaggsGrd, der nicht willkürl/mißbräuchl (BayObLG NJW-RR **89**, 273). Eine vom Verw erteilte
25 Zust ist nicht nach § 23 IV anfechtb. – **c) Änderung von Regelungen.** Vbg/TErkl (I) u bestandskräft MehrhBeschl (II) nach Maßg von § 10 Rn 20, rkräft gerichtl Entscheidg (III) nach § 45 IV. – **d) Bei unzulässigem Gebrauch:** Rn 26.

26 **7) Verstoß gegen Gebrauchsregelung. – a) Unterlassung** kann jeder WEigtümer ohne Ermächtigg dch die Gemsch (KG ZMR **92**, 351) aus § 15, BGB 1004 u bei Störg des AlleinBes auch aus BGB 861, 862 (BayObLG **90**, 115) verlangen; über dch den Mieter uä vgl Rn 28. Daneben auch Maßn, die unzuläss Gebr verhindern (BayObLG ZMR **93**, 530; WuM **90**, 752; **94**, 156, 560). Kann nach Vbg/TErkl ein Gebr unter best Voraussetzgen dch MehrhBeschl untersagt werden, GebrUnterlVerf erst nach BeschlFassg zuläss (BayObLG ZMR **87**, 63). Anspr verwirkb (BayObLG WE **95**, 27); ein SonderNachf kann sich nicht auf Verwirkg ggü seinem RVorgänger berufen (Köln WE **95**, 220), kann aber einen vom RVorgänger verwirk-
27 ten Anspr geltd machen (BGB 1004 Rn 37). – **b) Schadensersatz** aus §§ 14 Nr 1, 15, BGB 276 od 823 (KG NJW **91**, 1116; Stgt NJW-RR **93**, 1041). – **c) Geldstrafe** (auch im Falle II; Ffm OLGZ **79**, 25) für Verstoß
28 nur dch Vbg/TErkl einführb; dann bei Verstoß aber dch MehrbBeschl festsetzb (§ 10 Rn 6). – **d) Verstoß durch Nutzer.** Gebrregelgswidr Vertr des Eigtümers mit Mieter nicht nichtig u steht Anspr nach Rn 26 (Unterl seiner Zulassg) nicht entgg (BGH NJW **94**, 2036). Erst im ZwVollstrVerf nach § 45 III, ZPO 890 ist zu prüfen, ob der Eigtümer alles in seiner Macht stehde (zB UnterlKl; Künd u RäumgsKl; VertrAufhebgs-Angebot gg Abfindg) getan hat, um die Unterl zu erreichen (BGH aaO; Stgt OLGZ **93**, 65; BayObLG **95**, 114). Die Rspr gibt den and WEigtümern eigenen UnterlAnspr (ProzGer) gg den Dritten (Mü NJW-RR **92**, 1492; Stgt OLGZ **93**, 65; Ffm NJW-RR **93**, 981; Karlsr NJW-RR **94**, 146).

WEG 16 *Nutzungen, Lasten und Kosten.* [I]Jedem Wohnungseigentümer gebührt ein seinem Anteil entsprechender Bruchteil der Nutzungen des gemeinschaftlichen Eigentums. Der Anteil bestimmt sich nach dem gemäß § 47 der Grundbuchordnung im Grundbuch eingetragenen Verhältnis der Miteigentumsanteile.

[II]Jeder Wohnungseigentümer ist den anderen Wohnungseigentümern gegenüber verpflichtet, die Lasten des gemeinschaftlichen Eigentums sowie die Kosten der Instandhaltung, Instandsetzung, sonstigen Verwaltung und eines gemeinschaftlichen Gebrauchs des gemeinschaftlichen Eigentums nach dem Verhältnis seines Anteils (Absatz 1 Satz 2) zu tragen.

[III]Ein Wohnungseigentümer, der einer Maßnahme nach § 22 Abs. 1 nicht zugestimmt hat, ist nicht berechtigt, einen Anteil an Nutzungen, die auf einer solchen Maßnahme beruhen, zu beanspruchen; er ist nicht verpflichtet, Kosten, die durch eine solche Maßnahme verursacht sind, zu tragen.

[IV]Zu den Kosten der Verwaltung im Sinne des Absatzes 2 gehören insbesondere Kosten eines Rechtsstreits gemäß § 18 und der Ersatz des Schadens im Falle des § 14 Nr. 4.

[V]Kosten eines Verfahrens nach § 43 gehören nicht zu den Kosten der Verwaltung im Sinne des Absatzes 2.

1) Verteilungsschlüssel. § 16 gilt nur im InnenVerh der WEigtümer. Im AußenVerh sind sie MitGläub **1** iSv BGB 432 (zB Mietzins für GemschE) bzw idR GesamtSchu iSv BGB 421 (zB Kauf von VerwaltgsVerm [BGH **67**, 232]; Verletzg der VerkSichgsPfl [BGH NJW **85**, 484; Hamm NJW **88**, 496]; Darlehn [Oldbg WE **94**, 219]; VerwVergütg [KG OLGZ **94**, 266]; vgl aber § 2 Rn 8); berecht/verpfl sind die WEigtümer bei Entstehen der Fdg (Oldbg aaO), Rn 20 ff gilt nicht für AußenVerh.

a) Grundsatz: Maßg für Anteil an Nutzgen u Lasten/Kosten ist eingetr MitEAnt am Grdst **(I 2, II).** **2** **Nichtbenutzung** des ganzen WE (BayObLG Rpfleger **76**, 422) oder von Kosten verursachen Teilen des GemschE (zB Fahrstuhl, Garage) befreit nur, wenn Vbg/TErkl dies vorsieht (BGH **92**, 18). Auch bei schrittw Fertigstellg von SE sind die Eigtümer des noch nicht fertigen SE nicht befreit. **Abweichende** **Verteilung** erfordert Vbg/TErkl (BGH NJW **95**, 2791), sofern dort nicht Änderg dch MehrhBeschl vorgesehen (vgl § 10 Rn 18). Abweichg liegt zB in Einführg von **Verbrauchszählern** (für ungedeckten Kostenrest gilt allg Schlüssel) od **Nutzungsentgelten** (zB für Sauna); bei letzteren Ausleggsfrage, ob Entgelt für lfde Unterhaltg (für ungedeckten Kostenrest gilt dann allg Schlüssel) od ErsBeschaffg bestimmt (vgl BayObLG NJW **75**, 2296; Amann NJW **76**, 1321). Abweichg liegt auch in **Sonderzahlung** für zul Nutzg (zB Umzugspauschale; Ffm WuM **90**, 461) od VerwTätigk (KG NJW-RR **89**, 329). Nicht für ungült erklärter (auch wiederholter) **Beschluß nach § 28 V**, der gg maßg Schlüssel verstößt, ändert diesen bei fortbestehdem Streit über ihn nicht für die Zukunft (BayObLG WE **89**, 178).

b) Ausnahme bei Nichtzustimmung nach § 22 I (III); dch Vbg/TErkl abdingb. – **aa) Allgemeines.** **3** Nichtzustimmde einschl Sonder- u GesamtNachf sind an Nutzgen u Herstellgs/Unterhaltskosten der Maßn nicht zu beteiligen; auch keine Haftg im AußenVerh (Demharter MDR **88**, 265). Dies müssen die RNachf and WEigtümer ohne GBEintr gg sich gelten lassen (BGH **116**, 392). Kosten dürfen daher nicht aus Geldern der Gemsch bezahlt werden (BGH aaO). Nichtzustimmde sind aber zu beteiligen, wenn ihre Zust nicht nach § 22 I 1 entbehrl, MehrhBeschl aber nicht für ungült erklärt ist (Demharter aaO; aA BayObLG **73**, 78), od wenn gg III verstoßder Beschl über Kostenbeteiligg nicht für ungült erklärt ist (BayObLG NJW **81**, 690; Brschw MDR **77**, 89). Zustimmde auch beteiligt, wenn Zust nach § 22 I 2 entbehrl. Bei Zust mit Kostenbegrenzg keine Beteiligg an Mehrkosten (BayObLG WE **87**, 12). – **bb) Nachträgliche Beteiligung.** Mitbe- **4** nutzg dch Nichtzustimmde nur mit Zust aller an Nutzgen/Kosten Beteiligten (Demharter aaO); führt zur Beteiligg an Herstellgs- u Unterhaltgskosten (AG Wiesb MDR **67**, 126). – **cc) Unvermeidbare Mitbenut-** **5** **zung der baulichen Veränderung.** Bei Instandsetzg, die nur wg Vorzeitig baul Veränderg ist, sind Nichtzustimmde im Ztpkt normalerw notw Instandsetzg an den Herstellgskosten unter Berücksichtigg der Abnutzg zu beteiligen (aA Demharter aaO), an Unterhaltgskosten sogleich. – Bei Instandsetzg, die nur wg gleichzeit Verbesserg baul Veränderg ist (vgl § 22 Rn 7), sind Nichtzustimmde nicht an den dadch bdgten Mehrkosten für Herstellg/Unterhaltg beteiligt (Demharter aaO; Merle WEZ **88**, 88). – Ist die baul Veränderg keine Instandsetzg, so sind Nichtzustimmde nicht nach § 16 zu beteiligen (BayObLG WEZ **87**, 84); soweit sie aber dch die unvermeidb Mitbenutzg einen Vermögensvorteil (zB ersparte Heizkosten) erlangen, haben sie diesen bis zur Höhe einer Beteiligg an den Herstellgs/Unterhaltgskosten nach § 16 iF ihrer Zust nach BGB 812 ff herauszugeben (Demharter aaO; Merle aaO; vgl BayObLG WuM **89**, 41).

2) Nutzungen (I) sind die Früchte (BGB 99) des GemschE (zB Mietzins, GrdStErzeugn, Zinsen gem- **6** schaftl Gelder); für GebrVorteile gilt § 13 II 1. Fruchtziehg u Verteilg (idR gem § 28, da Lasten/Kosten abzuziehen) ist Verwaltg iSv § 21 u fällt nicht unter § 27. Wg RInhabersch u ZwVollstr vgl § 1 Rn 14, 16.

3) Lasten und Kosten (II, IV, V); ohne Heizg u Warmwasser (vgl dazu Rn 14–19).

a) Begriff. – aa) Lasten sind schuldrechtl LeistgsPfl betr das GemschE (vgl BGB 103), nicht aber **7** GrdSteuer u ErschließgsBeitr (BauGB 134 I 3); str für Zinsen u TilggsLeistgn von GesamtGrdPfdR (vgl Soergel/Stürner Rn 5 mwN); über Straßenreiniggs/StreuPfl vgl Hamm MDR **82**, 150. – **bb) Kosten;** **8** weiter Begriff. **Instandhaltung/-setzung** § 21 V Nr 2 einschl Rücklage u Sonderumlage. **Verwaltung:** zB VerwVergütg, Kosten der WEigtümerversammlg, AufwendgsErs für Maßn nach §§ 21 II, 27, Kosten für VerbrErfassgsGeräte (BayObLG WE **86**, 74), Kosten einer baul Veränderg (vgl aber Rn 3–5), Versichergen, von der Gemsch zu tragde ProzKosten (Karlsr Just **83**, 416). ProzKosten aus Verf nach § 18 **(IV)** u nicht unter V fallde Kosten. Die von der Gemsch zu tragden Kosten sind auch auf die der Klage nicht zustimmden Eigtümer (Karlsr Just **83**, 416) u obsiegden Bekl (Stgt OLGZ **86**, 32) umlegb; unterliegt Bekl, so trägt er die Kosten alleine (§ 19 II; Stgt aaO). Auch bei ZweierGemsch anwendb (BayObLG aaO). IV gilt nicht für Kosten in Verf nach § 43 **(V)** einschl Vorschüssen (BayObLG **87**, 86); daher kein MehrhBeschl über von § 47 abw Kostentragg (KG DWE **89**, 39). V gilt aber nicht für VerfKosten, die die WEigtümer dem Verw als AufwendgsErs schulden (Hamm OLGZ **89**, 47) u für Kosten aus Verf aller WEigtümer gg Verw/Dritte (auch WEigtümer in Eigensch als Dritter [BayObLG NJW **93**, 603], zB Bauträger). **Gebrauch:** zB zentrale Wasser/Energieversorgg (BayObLG WuM **94**, 160) sowie Abwasser/Müllbeseitigg (BayObLG **72**, 150); Reinigg; Breitbandkabel – (Celle NJW-RR **87**, 465); Schornsteinfegergebühr (BVerwG NJW-RR **94**, 972).

9   **b)** Die **Beitragsschuld des einzelnen Wohnungseigentümers** ggü den and WEigtümern (nicht ggü der Gemsch) wird erst dch einen Beschl nach § 28 V od einen UmlageBeschl (§ 28 Rn 19) begründet, der seine konkrete BeitrSchuld (BGH NJW **94**, 2950; BayObLG ZMR **95**, 41) festlegt. Erst danach Einziehg (Rn 10). – **Fälligkeit.** Mangels abw Bestimmg sofort; für Vorschüsse nach § 28 II vgl § 28 Rn 6. – **Verjäh-rung** des Anspr auf regelm zahlb Vorschüsse gem BGB 197, Anspr aus genehmigter Jahresabrechng gem

9a   BGB 195 (BayObLG ZMR **95**, 130). – Vor **Konkurseröffnung** dch Beschl nach § 28 V od UmlageBeschl entstandene BeitrSchuld iSv KO 3 I (BGH NJW **94**, 1866). Nach KonkEröffng dch Beschl nach § 28 V (auch wenn er Kosten aus der Zeit davor enthält) od UmlageBeschl (auch wenn er Ausfall gg GemSchuldn aus der Zeit davor anteil auf diesen umlegt; BGH **108**, 44) entstandene BeitrSchuld ist Masse-schuld iSv KO 58 Nr 2 (KG NJW-RR **94**, 85); rückständ Vorschuß nach § 28 II aus der Zeit vor Konk-

9b   Eröffng bleibt bei Aufn in JAbrechng nach ihr KonkFdg (BGH NJW **94**, 1866). – Bei **Zwangsverwaltung** sind aus den Nutzgen vorab die BeitrSchulden zu zahlen, die währd der ZwVerw dch Beschl nach § 28 V (auch wenn er Kosten aus der Zeit vor der ZwVerw enthält) od UmlageBeschl (auch für Wohngeldausfall aus der Zeit vor der ZwVerw; Düss NJW-RR **91**, 724) begründet wurden. Rückständ Vorschuß nach § 28 II aus der Zeit vor Anordng ist bei Aufn in JAbrechng nach ihr nicht vorab aus den Nutzgen zu zahlen (vgl BGH NJW **94**, 1866; aA BayObLG NJW-RR **91**, 723; Köln WE **93**, 54).

10   **c) Einziehung.** GrdLage ist die BeitrFestsetzg dch EigtümerBeschl (Rn 9); ohne sie auch keine Auf-rechng gg Fdg des WEigtümers (BayObLG WE **87**, 20). Außergerichtl dch Verw (§ 27 II Nr 1). – **aa) Ge-richtlich** im Verf nach §§ 43 I Nr 1, 46a; auch von Gter einer WEigtümer-oHG/KG (BayObLG **88**, 368). IdR keine Aussetzg des EinziehgsVerf bei Anfechtg des BeitrFestsetzgsBeschl (Karlsr NJW-RR **92**, 1494; BayObLG WuM **95**, 54). Der (auf eine unteilb Leistg gerichtete) Anspr steht den übrigen WEigtümern als MitGläub iSv BGB 432 zu u geht auf Zahlg an alle, wobei Zahlg an Verw verlangt werden kann. Dch Verw (§ 27 II Nr 5) od einz WEigtümer (BGH **111**, 148) nur bei Ermächtig dch Gemsch. – **bb) Zurückbehal-tung/Aufrechnung** ggü der BeitrSchuld auch ohne Regel in Vbg/TErkl nur, wenn GgFdg (auch aus Überzahlg; BayObLG ZMR **88**, 349) anerkannt od rkräft festgestellt ist od auf eigner NotGeschFührg (§ 21 II od BGB 680, 683) beruht (KG NJW-RR **95**, 719); fehlt daher bei an WEigtümer abgetretener Fdg des Verw (BayObLG Rpfleger **76**, 422). Gilt auch für früh WEigtümer (LG Köln NJW-RR **93**, 148). Dch Vbg/TErkl kann Aufrechng/ZbR jedenf für Anspr aus NotGeschFührg ausgeschl werden (Müller Rn 125). –

11   **cc) Zwangsvollstreckung** nach § 45 III. Zur GläubBezeichng im VollstrTit vgl BayObLG DWE **85**, 123; NJW-RR **86**, 564; LG Hann MDR **86**, 59; LG Kempt Rpfleger **86**, 93; zur SchuldnBezeichng vgl BayObLG WE **91**, 200. Bei ZwHyp sind alle and WEigtümer als Gläub einzutragen (vgl BGB 1115 Rn 5) mit Zusatz „MitGläub gem BGB 432 in WEGemsch" (KG OLGZ **86**, 47); zu deren Löschg vgl § 27 Rn 10. Lautet Tit bei VerfStandsch des Verw auf Zahlg an ihn, so ist er als ZwHypGläub einzutragen (LG Lüb Rpfleger **92**, 343; aA Celle Rpfleger **86**, 484; Köln Rpfleger **88**, 526; vgl auch LG Ffm NJW-RR **93**, 589); keine Um-schreibg der VollstrKlausel bei VerwWechsel (LG Hann NJW **70**, 436). – **dd) Ausfälle** inf Nichtbeitreib-bark sind nach maßg Verteilgsschlüssel umzulegen (Stgt OLGZ **83**, 172).

12   **d) Verzug.** – **aa) Schadensersatz** nach BGB 286; zB Bankkreditzinsen; über VerzSchadPauschale vgl § 21 Rn 4. Dazu gehört auch eine eingeführte VerwSonderVergütg für gerichtl Einziehg, für die alle WEig-tümer dem Verw haften (Köln NJW **91**, 1302; vgl § 21 Rn 3); da dies außergerichtl VerfKosten sind, wird über die Erstattg iRv § 47 bzw im KostenfestsetzgsVerf entschieden (KG NJW-RR **89**, 329; Ffm WuM **90**, 457; vgl aber Köln aaO) wobei GemschRegelg über Tragg im InnenVerh zu beachten ist (§ 47 Rn 3). –

13   **bb) Sonstige Sanktionen.** § 18 II 2; Ruhen des StimmR, wenn Vbg/TErkl dies vorsieht (§ 25 Rn 8); Vorenthaltg kostenverursachen MitGebr des GemschE (zB Stromsperre; Celle OLGZ **91**, 50; BayObLG NJW-RR **92**, 787; Hamm OLGZ **94**, 269). Nicht aber Ausschl von EigtümerVersammlg (§ 24 Rn 13).

4) Beiträge für Heiz- u Warmwasserkosten (HeizkostenV = HKV).

14   **a) Geltungsbereich.** – **aa) Sachlich:** BetrKosten (vgl HKV 7 II, 8 II) einer von den WEigtümern (nicht von Dritten; Stgt OLGZ **84**, 137) gemschaftl betriebenen zentralen Heizgs/WarmwasserversorggsAnlage. Lieferkosten (vgl HKV 7 IV, 8 IV) für Wärme u Warmwasser; Lieferant kann auch ein WEigtümer sein, der Anlage in seinem SE betreibt (vgl § 1 Rn 12), od ein Dritter, der sie auf dem Grdst betreibt (vgl BayObLG NJW-RR **89**, 843). – **bb) Persönlich:** Verteilg dieser Kosten des GemschE auf die WEigtümer. Der Verteilgsschlüssel der HKV gilt für die Gemsch nach Einführg dch Vbg/TErkl od MehrhBeschl (BayObLG ZMR **88**, 349). – **cc) Zeitlich:** Für WE, das nach 30. 6. 81 bezugsfert geworden, gilt die HKV sofort. Für vor dem 1. 7. 81 bezugsfert gewordenen WE können die WEigtümer den Ztpkt der Anbringg der Ausstattg beschließen (HKV 12 I Nr 2 S 2), einzelner WEigtümer hat nur Anspr auf Anbringg bis spätestens 30. 6. 84 (HKV 12 I Nr 2 S 3); verbrauchsabhäng Abrechng schon u erst ab Anbringg der Ausstattg (auch wenn verspätet, HKV 12 I Nr 4 S 2).

15   **b) Ausstattung zur Verbrauchserfassung.** Ausn für gemschaftl genutzte Räume in HKV 4 III 1; diese nicht erfaßten Kosten werden automat nach dem Anteil der erfaßten Kosten getragen. – **aa)** Über die Anbringg (einschl Art u Weise) u Auswahl (Zähler od Verteiler gem HKV 5 I, Fabrikat) **beschließen die Wohnungseigentümer** (§ 21 IVm HKV 3 S 2); Antr auf UngültErkl (§ 23 IV) zB auf HKV 11 I Nr 1a stützb (vgl dazu KG NJW-RR **93**, 468; BayObLG NJW-RR **94**, 145; LG Ffm WuM **91**, 616). Dchführg obliegt Verw (§ 27 I Nr 1). Jeder WEigtümer hat gg die anderen auch dch Vbg/TErkl unabdingb (HKV 2) **Anspruch auf Anbringung und Auswahl** als VerwMaßn iSv § 21 IV (HKV 4 III); auch über Anbringg MehrhBeschl, § 22 nicht anwendb. Anspr nach § 43 I Nr 1 dchsetzb, wobei GerBeschl zweckmäß Anordn-gen nach § 44 IV 1 enthält. MehrhBeschl, der von Anbringg aus in HKV nicht vorgesehenem Grd absieht, ist nichtig iSv § 23 Rn 12 (KG NJW-RR **95**, 465). Zur Eigng der Erfassgsgeräte vgl BayObLG **93**, 34. – **bb)** Beschlossene Anbringg müssen die WEigtümer in ihrem SE **dulden** (HKV 4 II 1); Dchsetzg nach §§ 43

I, 45 III, ZPO 890. – **cc)** Für die **Kosten** der Anbringg (einschl Anschaffg) gilt allg Verteilgsschlüssel iSv Rn 2 (HKV 3 S 3); wird in Vbg/TErkl nach Kostenarten unterschieden, so gilt iZw InstandhaltgskostenRegelg (Demmer MDR **81**, 529; Schmid BlGBW **81**, 105). – **dd) Vor Anbringung der Austattung** gilt allg Verteilgsschlüssel iSv Rn 2, ohne daß WEigtümer seinen Anteil pauschal kürzen kann. Dies gilt über HKV 12 I Nr 4 S 2 hinaus auch für WE, das ab 1. 7. 81 bezugsfert, da Verteilg iSv von Rn 16 ohne Ausstattg nicht mögl u KürzgsVorschr nicht besteht (uU SchadErs gg WEigtümer od Verw; Demmer MDR **81**, 529).

c) Verbrauchabhängige Kostenverteilung. Für gemschaftl genutzte Räume iSv HKV 4 III 2 gilt HKV **16** 6 III. – **aa)** Werden die Betr-/Lieferkosten nicht dch Vbg/TErkl verteilt, so können die WEigentümer über eine von § 16 II abw Verteilg nach Maßg von HKV 7–9 beschließen (HKV 3 S 2, 6 IV 1 iVm § 21); Vereinbg dafür nicht notw (Demmer MDR **81**, 529; Zimmermann DNotZ **81**, 532; aA Schmid BlGBW **81**, 105), wohl aber für Höchstsatzüberschreitg gem HKV 10 (Düss NJW **86**, 386). Jeder WEigtümer kann die Festlegg des Verteilgsmaßstabes iRv HKV 7–9 als VerwaltgsMaßn iSv § 21 IV verlangen u gem § 43 I Nr 1 erzwingen; dies nicht abdingb (HKV 2). – **bb)** Werden die Betr-/Lieferkosten dch Vbg/TErkl in einem von HKV 7–10 nicht gedeckten Maßstab verteilt, so ist eine Änderg dch Beschl nach HKV 3 S 2, 6 IV 1 iVm § 21 zuläss; nicht aber wenn Maßstab dch HKV 7–10 gedeckt (BayObLG WuM **89**, 344). – **cc)** Werden die Betr/Lieferkosten dch Vbg/TErkl zu mind 50% verbrauchsabhäng u der Rest nach einem nicht von HKV 7 I 2, 8 I gedeckten Maßstab (zB § 16 II) verteilt, so gilt aa) für den Rest (aA Schmid BlGBW **81**, 105; Zimmermann DNotZ **81**, 532). Werden weniger als 50% verbrauchsabhäng u der Rest nach einem nicht von HKV 7 I 2, 8 I gedeckten Maßstab verteilt, so gilt aa) nur für die Anhebg des verbrauchsabhäng Anteils. – **dd)** Werden die Betr-/Lieferkosten dch Vbg/TErkl nach einem von der HKV gedeckten Maßstab verteilt, so keine Änderg nach HKV 3 S 2 (BayObLG WE **91**, 295). – **ee)** Gleicher Maßstab für alle WEigtümer geboten (KG BlGBW **85**, 141).

d) Für **Beschlußfassungen** iRv Rn 14–16 gelten §§ 21, 23–25. Von § 25 abw Regelg der Mehrh (zB **17** qualifizierte) od des StimmR in Vbg/TErkl ist maßg (HKV 3 S 2). Einmalige **Änderung** dch MehrhBeschl (HKV 3 S 2, 6 III 2); vgl KG NJW-RR **88**, 1167.

e) Beschluß nach § 28 unter Verstoß gg HKV 7–10 ist bis zur UngültErkl (§ 23 IV) wirks (BayObLG **18** ZMR **88**, 349). WEigtümer kann Antr auf UngültErkl ggf mit Antr auf Festlegg der VerteilgsMaßstäbe verbinden. – Für die **Einziehung** gilt Rn 10–12.

f) Sonderfälle. – Bei **Geräteausfall** uä (zB Nichtermöglichg der Ablesg) Verteilg nach HKV 9a. – Bei **19 Eigentümerwechsel** im Abrechngszeitraum Verteilg nach HKV 9b. – Über **Mehrbedarf wegen baulicher Besonderheit** des SE vgl BayObLG **93**, 34. – Über **unterlassene Ablesung** vgl KG WuM **94**, 400.

5) Verpflichteter (bzw Berecht) iSv § 16 (u HKV). Für schuldr (zB Mieter) od dingl (zB BGB 1093) **20** Berecht am WE gilt § 16 nicht (BGH **LM** Nr 2); sie sind nach Maßg ihres NutzgsR dem jeweil WEigtümer zur Kostentragg verpfl.

a) Wohnungseigentümer ist, wer zum maßg Ztpkt materiellr RInh des WE ist (daher nicht werdder **21** WEigtümer iSv Übbl 7 v § 1); dabei gilt die Vermutg des BGB 891 (Hamm NJW-RR **89**, 655). Mit/ GesamtHdsBerecht sind GesamtSchuldn (Stgt OLGZ **69**, 232). Ist das dingl ErwerbsGesch unwirks (zB BGB 142 I), so ist der Veräußerer u nicht der (noch) eingetr Erwerber WEigtümer iSv § 16 (BGH NJW **94**, 3352).

b) Rechtsnachfolge; maßg ist der Ztpkt der dingl RÄnderg. – **aa) Veräußererhaftung.** Der Veräuße- **22** rer haftet für alle bis zum EigtVerlust nach § 28 V od dch UmlageBeschl (§ 28 Rn 19) begründeten u fäll BeitrSchulden (BGH **87**, 138). Der EigtVerlust läßt diese Haftg unberührt; über Begrenzg der Vorschüsse nach § 28 II dch spätere JAbrechng vgl § 28 Rn 6. Bei Nichtbeitreibbark sind die Rückstände auf alle WEigtümer einschl Erwerber umzulegen (wg rückständ Vorschüsse vgl aber Rn 25). Erst mit EigtVerlust fäll Beitr schuldet der Veräußerer nicht u nach EigtVerlust kann für ihn keine BeitrSchuld mehr dch EigtümerBeschl begründet werden (BayObLG NJW-RR **90**, 81). – **bb) Erwerberhaftung.** Der Erwerber **23** haftet grdsl nicht für die bei Erwerb des WEigt fäll BeitrSchulden des Veräußerers (BGH NJW **94**, 2950); Haftg kann aber in Vbg/TErkl (bloßer MehrhBeschl nichtig; BayObLG **84**, 198) mit Wirkg nach § 10 II bei Erwerb des RGesch vorgesehen sein (BGH NJW **94**, 2950), nicht aber bei Erwerb in ZwVerst (BGH **99**, 358). – Wg § 10 III haftet der Erwerber für BeitrSchulden aus § 28 V-Beschl od UmlageBeschl aus der Zeit vor seinem Erwerb, soweit die Beitr erst nach Erwerb fäll werden (Weitnauer/Hauger Rn 50; aA Müller Rn 120; Soergel/Stürner Rn 8 c); zB Vorschüsse nach § 28 II (KG WuM **91**, 61) od Umlageraten. – Er haftet für alle BeitrSchulden, die nach seinem Erwerb dch RGesch od ZwVerst nach § 28 V od UmlageBeschl begründet werden, selbst wenn Kosten aus der Zeit vor seinem Erwerb erfaßt werden (BGH **104**, 197; Hbg DWE **94**, 151; einschrkd KG NJW-RR **92**, 84); wurde die BeschlFassg verzögert, um einen Haftg des Erwerbers herbeizuführen, so kann der Erwerber dies mit Antr nach §§ 23 IV, 43 I Nr 4 geltd machen (BayObLG Rpfleger **95**, 123). – **cc) Saldoübernahme.** Wird in die EinzelJAbrechg (§ 28 Rn 12) des Erwerbers ein **24** Rückstand des Veräußerers aus einer vor Erwerb beschlossenen JAbrechg/UmlageBeschl übernommen, für die der Veräußerer haftet (Rn 22), so handelt es sich idR nur um eine Kto-Standsmitteilg, die keine neue ZahlgsPfl des Erwerbers begründet (KG WE **93**, 194; Köln WE **95**, 221); andf ändert sich die NachzahlgsPfl des Erwerbers um diese Beträge nur, wenn die Abrechng insow für ungült erklärt wird (Düss WuM **91**, 623; Köln aaO). – **dd) Rückständige Vorschüsse.** Soweit die NachzahlgsPfl des Erwerbers in der EinzelJAb- **25** rechng (§ 28 Rn 12) darauf beruht, daß vom Veräußerer geschuldete Vorschüsse aus § 28 II od UmlageBeschl rückständ sind, mindert sich die NachzahlgsPfl des Erwerbers um diese Vorschüsse nur, wenn die Abrechng insow für ungült erklärt wird (BayObLG Rpfleger **95**, 123; Düss WE **95**, 152). Die Haftg des Veräußerers für rückständ Vorschüsse nach § 28 II entfällt dch deren Aufn in die Einzelabrechng des Erwerbs nicht (BayObLG DWE **90**, 101; LG Bln WE **93**, 227; aA Köln FGPrax **95**, 149).

WEG 17 *Anteil bei Aufhebung der Gemeinschaft.* Im Falle der Aufhebung der Gemeinschaft bestimmt sich der Anteil der Miteigentümer nach dem Verhältnis des

Wertes ihrer Wohnungseigentumsrechte zur Zeit der Aufhebung der Gemeinschaft. Hat sich der Wert eines Miteigentumsanteils durch Maßnahmen verändert, denen der Wohnungseigentümer gemäß § 22 Abs. 1 nicht zugestimmt hat, so bleibt eine solche Veränderung bei der Berechnung des Wertes dieses Anteils außer Betracht.

1   Nach Aufhebg der WEGemsch (vgl § 11) erfolgt Teilg nach BGB 752 ff. Erlös ist nach Wert der WERe aufzuteilen (S 1), so daß Wertverändergen des SE berücksicht werden. Wertverändergen am GemschE aGrd Maßn nach § 22 bleiben iF NichtZust (§ 16 Rn 3–5 gilt entspr) bei der Berechng einz Anteile unberücksichtigt (S 2). – § 17 entspr anwendb, wenn nach Umwandlg des WE in einf MitE WertAusgl erfolgt; nicht aber nach Aufhebg gem § 9 I Nr 2 entstandener MitEGemsch.

WEG 18 *Entziehung des Wohnungseigentums.* [1]Hat ein Wohnungseigentümer sich einer so schweren Verletzung der ihm gegenüber anderen Wohnungseigentümern obliegenden Verpflichtungen schuldig gemacht, daß diesen die Fortsetzung der Gemeinschaft mit ihm nicht mehr zugemutet werden kann, so können die anderen Wohnungseigentümer von ihm die Veräußerung seines Wohnungseigentums verlangen.

[2]Die Voraussetzungen des Absatzes 1 liegen insbesondere vor, wenn
1. der Wohnungseigentümer trotz Abmahnung wiederholt gröblich gegen die ihm nach § 14 obliegenden Pflichten verstößt;
2. der Wohnungseigentümer sich mit der Erfüllung seiner Verpflichtungen zur Lasten- und Kostentragung (§ 16 Abs. 2) in Höhe eines Betrages, der drei vom Hundert des Einheitswertes seines Wohnungseigentums übersteigt, länger als drei Monate in Verzug befindet.

[3]Über das Verlangen nach Absatz 1 beschließen die Wohnungseigentümer durch Stimmenmehrheit. Der Beschluß bedarf einer Mehrheit von mehr als der Hälfte der stimmberechtigten Wohnungseigentümer. Die Vorschriften des § 25 Abs. 3, 4 sind in diesem Falle nicht anzuwenden.

[4]Der in Absatz 1 bestimmte Anspruch kann durch Vereinbarung der Wohnungseigentümer nicht eingeschränkt oder ausgeschlossen werden.

1   **1) Allgemeines.** VeräußergsAnspr ist als letztes Mittel bei Versagen and RBehelfe (LG Aach ZMR **93**, 233) Ausgl für die Unauflöslich der Gemsch gem § 11. Verwirkg nach allg Grds mögl. – **a) Mehrheit von Rechten** in der Hand eines WEigtümers. Für jedes WE ist § 18 gesondert zu prüfen. – **b) Mehrheit von Berechtigten** an einem WE. Ist bei einer BruchtGemsch nicht bei allen MitEigtümern § 18 erfüllt, so kann nur von den Störern Veräußerg ihres Anteils (BGB 747 S 1) verlangt werden (Erm/Ganten Rn 3). Bei einer GesHandsGemsch ist dies nicht mögl (vgl BGB 717, 2033 II); es muß daher genügen, daß § 18 bei einem GesHänder erfüllt ist (BPM/Pick Rn 28; RGRK/Augustin Rn 11; aA Soergel/Stürner Rn 3). – **c) Werdender Wohnungseigentümer:** § 18 gilt erst ab dingl RErwerb. – **d) Sicherung** gg Vereitelg dch Belastgen, die bei Versteigerg nicht erlöschen, dch BelastgsVerbot im Verf nach §§ 43 I Nr 1, 44 III (BPM/Pick Rn 54).

2   **2) Voraussetzungen.** Nicht im Verf nach § 23 IV (Rn 3), sond im Verf nach Rn 4 zu prüfen. – **a) Generalklausel (I).** Bei bes schwerer PflVerletzg Schuldfähigk nicht erforderl (str; vgl BVerfG NJW **94**, 241; LG Tüb NJW-RR **95**, 650; aA 54. Aufl), bei Begehg in schuldunfäh Zustand reicht jedenf dessen schuldh Herbeiführg. Auch bei Störgen außerh § 14 ist bei Störgen Dritter nicht BGB 278 anwendb, sond eigene PflVerletzg entspr § 14 Nr 2 notw (str). Sie braucht nicht ggü allen WEigtümern begangen zu sein; Begehg ggü Angehörigen/NutzgsBerecht kann ausreichen. Unzumutbark der GemschFortsetzg für betroffenen WEigtümer gerade wg PflVerletzg muß hinzukommen; iFv II stets gegeben. – **b) Verstöße gegen § 14 (II Nr 1).** Es müssen mind 3 grobe (nicht notw artgleich) Verstöße vorliegen: einer vor u zwei nach der Abmahng; bei weniger Verstößen uU I. Abmahng dch Verw od einen (auch nicht unmittelb verletzten) WEigtümer; nicht selbst anfechtb (Düss ZMR **91**, 314). Bei Störg dch Angehörige od NutzgsBerecht muß Verstoß gg § 14 Nr 2 vorliegen. – **c) Zahlungsverzug (II Nr 2);** and Sanktionen nicht ausgeschl (BayObLG NJW-RR **92**, 787). Verschulden für Leistgsunvermögen nicht notw (BGB 279); kann aber bei unverschuldeten RIrrtum (zB über ZbR) entfallen. Über BeitragsPfl muß Beschl nach § 28 V vorliegen. EinhWert bei Fälligk maßg.

3   **3) Eigentümerbeschluß (III)** ist bes ProzVoraussetzg für Klage nach Rn 4 u ermächtigt idR zur Anwaltsbeauftragg mit EntziehgsKl (KG OLGZ **92**, 434). – **a) Absolute Mehrheit (III 2)** aller StimmBerecht (Störer zählt gem § 25 V nicht mit; BGH **59**, 104; BayObLG NJW **93**, 603), nicht nur der Erschienenen; bei Mehrhausanlage StimmRBeschränkg auf wirkl Betroffene (BayObLG Rpfleger **72**, 144). Allstimmigk bei BeschlFassg nach § 23 II. Bei ZweierGemsch ist BeschlFassg entbehrl (LG Ach ZMR **93**, 233). – **b) Beschlußfassung** nach § 23 I od III. Für Versammlg gelten §§ 23 II, 24. Wg III 2 ist § 25 III, IV nicht anwendb (III 3). – **c) Ungültigkeit** bei Nichtigk od UngültigErkl (§ 23 IV). Im Verf nach §§ 23 IV, 43 I Nr 4 werden nur formelle Mängel des EigtümerBeschl geprüft, nicht die Voraussetzgen nach Rn 2 (BayObLG WuM **95**, 500).

4   **4) Veräußerungsklage. – a) Zuständigkeit:** § 51. SchiedsGer vereinb (BayObLG **73**, 1). – **b) Prozeßvoraussetzung** ist EigtümerBeschl nach III (BayObLG WuM **90**, 95). ProzGer prüft nur Nichtigk (sofern darüber nicht rkräft vom FG-Ger entschieden), es kann nicht für ungült erklären u ist an Entscheid im Verf nach §§ 23 IV, 43 I Nr 4 gebunden (KG OLGZ **67**, 462). – **c) Klagebefugt** sind alle WEigtümer gemschaftl (Mehrh vertritt ggf die Überstimmten). Aber auch jeder einz WEigtümer entspr BGB 432 (MüKo/Röll § 19 Rn 2; RGRK/Augustin Rn 20). ProzVollm/Standsch nach allg Grds (Zweibr WE **87**, 163). – **d) Verfahren nach ZPO;** geprüft werden die Voraussetzgen nach I, II. KlAntr/Urt: § 19 I 1 (WE genau zu bezeichnen). Kostenentscheidg: ZPO 91 ff. Streitwert: § 51 Rn 1. Wirkg: § 19.

5) Abdingbarkeit (IV) dch Vbg/TErkl. – **a)** Der **Veräußerungsanspruch (I)** ist nicht einschränkb/ 5
ausschließb; zB dch abschließde Aufzählg der tats Voraussetzgen od Festlegg best Tats als nicht genügd,
AusschlFr für Geldmachg (str). Erweiterg zul; zB Festlegg best tats Voraussetzgen, Absehen von Verschulden. – **b)** Die **Voraussetzungen nach II** sind nicht einschränkb/ausschließb (BPM/Pick Rn 50; aA RGRK/
Augustin Rn 26), denn II ergänzt I. Erweiterg zul; zB einmaliger Verstoß nach Abmahng, kürzere Verzugszeit, geringerer Rückstand. – **c)** Abweichgen für **Beschlußverfahren nach III** zul, auch wenn sie Entziehg
erschweren (RGRK/Augustin Rn 27; aA MüKo/Röll Rn 10); zB qualifizierte Mehrh (Celle NJW **55**, 953),
Allstimmigk od Mehrh der Erschienenen (RGRK/Augustin Rn 27), Mehrh nach MitEAnt od WERechten.

WEG 19 *Wirkung des Urteils.* [1]Das Urteil, durch das ein Wohnungseigentümer zur

Veräußerung seines Wohnungseigentums verurteilt wird, ersetzt die für die freiwillige Versteigerung des Wohnungseigentums und für die Übertragung des Wohnungseigentums
auf den Ersteher erforderlichen Erklärungen. Aus dem Urteil findet zugunsten des Erstehers die
Zwangsvollstreckung auf Räumung und Herausgabe statt. Die Vorschriften des § 93 Abs. 1 Satz 2
und 3 des Gesetzes über die Zwangsversteigerung und Zwangsverwaltung gelten entsprechend.

[2]Der Wohnungseigentümer kann im Falle des § 18 Abs. 2 Nr. 2 bis zur Erteilung des Zuschlags
die in Absatz 1 bezeichnete Wirkung des Urteils dadurch abwenden, daß er die Verpflichtungen,
wegen deren Nichterfüllung er verurteilt ist, einschließlich der Verpflichtung zum Ersatz der
durch den Rechtsstreit und das Versteigerungsverfahren entstandenen Kosten sowie der fälligen
weiteren Verpflichtungen zur Lasten- und Kostentragung erfüllt.

[3]Ein gerichtlicher oder vor einer Gütestelle geschlossener Vergleich, durch den sich der Wohnungseigentümer zur Veräußerung seines Wohnungseigentums verpflichtet, steht dem in Absatz 1 bezeichneten Urteil gleich.

1) Urteilswirkung (I). Vollstr nicht nach ZPO, sond dch Versteigerg nach §§ 53ff. – **a) Rechtskräfti-** 1
ges Urteil (ZPO 894). Bevollmächtigg des Notars zum KaufVertrAbschl mit Ersteher dch Zuschlagserteilg
gilt als erklärt. Ferner gelten alle zur Übereigng notw Erkl des Bekl als abgegeben (KG OLGZ **79**, 146),
nicht aber die des Erstehers (verweigert dieser die Aufl, so ist er entspr § 18 auf Veräußerg der aus dem
Zuschlag erlangten Rechte zu verklagen; BPM/Pick Rn 7, 8; str). Nicht ersetzt werden sonstige notw Gen
(zB des VormschG) od Zust nach § 12 (idR nicht in Beschl nach § 18 III enthalten, da Ersteher noch
unbekannt). EigtÜbergang erst mit Aufl u GBEintr (wg RückÜbertr auf Veräußerer vgl § 56 Rn 1); bis
dahin kann Bekl noch anderweit verfügen. Urt bildet ohne bes Ausspruch für Ersteher VollstrTitel gg Bekl
(nicht gg und Besitzer) auf Räumg u Herausg; Klausel entspr ZPO 727ff aGrd rkräft ZuschlagBeschl. –
b) Vorläufig vollstreckbares Urteil (ZPO 895). Eintr einer Vormkg zur Sicherg des Anspr der Kläger 2
auf Übereigng an künft Ersteher gilt als bewilligt (KG OLGZ **79**, 146).

2) Zahlung von Rückständen. Vor letzter mdl Verhdlg: Klage aus § 18 ist unbegründet (bei Zahlg nach 3
RHängigk: ZPO 91a). Nach letzter mdl Verhdlg u vor Zuschlag: ZPO 767.

3. Abschnitt. Verwaltung

WEG 20 *Gliederung der Verwaltung.* [1]Die Verwaltung des gemeinschaftlichen Eigen-

tums obliegt den Wohnungseigentümern nach Maßgabe der §§ 21 bis 25 und dem
Verwalter nach Maßgabe der §§ 26 bis 28, im Falle der Bestellung eines Verwaltungsbeirats auch
diesem nach Maßgabe des § 29.

[2]Die Bestellung eines Verwalters kann nicht ausgeschlossen werden.

1) Der 3. Abschnitt betrifft nur die **Verwaltung des gemeinschaftlichen Eigentums** einschl seiner 1
wesentl Bestandt (zB GrdDbk auf NachbGrdst; Stgt NJW-RR **90**, 659); er begründet keine Rechte Dritter
(BayOLG DWE **90**, 74). Sein SE verwaltet jeder WEigtümer alleine (BayObLG Rpfleger **79**, 216).

2) Bestellung eines Verwalters unabding, auch wenn nur 2 WEigtümer. Das schließt aber nicht aus, 2
daß gleichw kein Verw bestellt wird (LG Köln RhNK **81**, 200), denn gerichtl Bestellg nur auf Antr u II
verbietet nur den Ausschl dch Vbg/TErkl (LG Hann DWE **83**, 124); alle WEigtümer müssen dann die
VerwMaßn nach § 26–28 gemeins vornehmen, wobei einer dch die and beauftr/bevollm werden kann (KG
NJW-RR **93**, 470). II gilt auch für Beschrkg, die Bestellg hindert (KG NJW-RR **94**, 402: Vergütgsfixierg).

WEG 21 *Verwaltung durch die Wohnungseigentümer.* [1]Soweit nicht in diesem Gesetz

oder durch Vereinbarung der Wohnungseigentümer etwas anderes bestimmt ist,
steht die Verwaltung des gemeinschaftlichen Eigentums den Wohnungseigentümern gemeinschaftlich zu.

[2]Jeder Wohnungseigentümer ist berechtigt, ohne Zustimmung der anderen Wohnungseigentümer die Maßnahmen zu treffen, die zur Abwendung eines dem gemeinschaftlichen Eigentum
unmittelbar drohenden Schadens notwendig sind.

[3]Soweit die Verwaltung des gemeinschaftlichen Eigentums nicht durch Vereinbarung der
Wohnungseigentümer geregelt ist, können die Wohnungseigentümer eine der Beschaffenheit des
gemeinschaftlichen Eigentums entsprechende ordnungsmäßige Verwaltung durch Stimmenmehrheit beschließen.

[4]Jeder Wohnungseigentümer kann eine Verwaltung verlangen, die den Vereinbarungen und
Beschlüssen und, soweit solche nicht bestehen, dem Interesse der Gesamtheit der Wohnungseigentümer nach billigem Ermessen entspricht.

ᵛ**Zu einer ordnungsmäßigen, dem Interesse der Gesamtheit der Wohnungseigentümer entsprechenden Verwaltung gehört insbesondere:**
1. **die Aufstellung einer Hausordnung;**
2. **die ordnungsmäßige Instandhaltung und Instandsetzung des gemeinschaftlichen Eigentums;**
3. **die Feuerversicherung des gemeinschaftlichen Eigentums zum Neuwert sowie die angemessene Versicherung der Wohnungseigentümer gegen Haus- und Grundbesitzerhaftpflicht;**
4. **die Ansammlung einer angemessenen Instandhaltungsrückstellung;**
5. **die Aufstellung eines Wirtschaftsplans (§ 28);**
6. **die Duldung aller Maßnahmen, die zur Herstellung einer Fernsprechteilnehmereinrichtung, einer Rundfunkempfangsanlage oder eines Energieversorgungsanschlusses zugunsten eines Wohnungseigentümers erforderlich sind.**

ᵛᴵ**Der Wohnungseigentümer, zu dessen Gunsten eine Maßnahme der in Absatz 5 Nr. 6 bezeichneten Art getroffen wird, ist zum Ersatz des hierdurch entstehenden Schadens verpflichtet.**

1   **1) Verwaltung (I)** des GemschE umfaßt alle Maßn, die im Interesse aller WEigtümer auf Erhaltg, Verbesserg u normale Nutzg des GemschE gerichtet sind; in diesem Rahmen können auch Vfgen über das GemschE dazugehören (Hamm NJW-RR **91**, 338). Sie obliegt **allen Wohnungseigentümern,** denen nicht mangels Betroffenh StimmR fehlt (BayObLG DNotZ **85**, 414; vgl § 25 Rn 2). Einschränkg dch Vbg/TErkl od Gesetz (zB §§ 26–28). – Der **einzelne Wohnungseigentümer** kann gg den Verw Anspr im ZusHang mit der GemschEVerw (zB SchadErs wg GemschEBeschädigg, Herausg von VerwUnterlagen, Auskunft, § 28 IV) nur mit Ermächtigg der Gemsch geltd machen (BGH **106**, 222; KG NJW-RR **91**, 273; Hbg OLGZ **90**, 435; BayObLG WuM **90**, 369; für § 28 I u III vgl aber dort Rn 1, 8); ebso Anspr gg Dritte (BGH **121**, 22) od and WEigtümer (LG Köln NJW-RR **90**, 854; § 16 Rn 10; vgl aber § 15 Rn 17, § 22 Rn 12); abl zu dieser Rspr Ehmann JZ **91**, 222 u Weitnauer JZ **92**, 1054. SchadErsAnspr des einz WEigtümers als EinzelGläub (zB wg SE-Beschädigg; verzögerter VeräußergsZust) gg den Verw od Dr/and WEigtümer aus § 823 od pVV fallen nicht unter I (BGH **115**, 253; **121**, 22; BayObLG NJW-RR **93**, 280).

2   **2) Notmaßnahmen (II).** Notlage gegeben, wenn verständ Eigtümer nicht länger warten würde u weder Verw noch Gemsch zur Behebg heranziehen kann (Oldbg WuM **88**, 185). Der WEigtümer kann ohne vorh Beschl nach § 28 V AufwendgsErs nach § 16 II u bei Nichtvorliegen von II aus BGB 683, 684 verlangen (BayObLG WE **95**, 243). Der Anspr geht gg jeden and WEigtümer auf Zahlg seines Anteils nach Maßg der Kostenverteilg (Hamm OLGZ **94**, 22/134). Die and WEigtümer können gem III verlangen, daß die Aufwendg aus Mitteln der Gemsch (zB V Nr 4) ersetzt werden (Hamm aaO); Anspr geht dann auf Einwilligg zur Zahlg des GesamtBetr (BayObLG aaO). Dch Verw aus den GemschMitteln. Nach KG (FGPrax **95**, 103), Aufrechng nur gg WohngeldFdg desselben WirtschJ.

3   **3) Ordnungsmäßige Verwaltung (III)** dch MehrhBeschl regelb; Änderg/Aufhebg dch MehrhBeschl iRv III (§ 10 Rn 16). Zur gerichtl Prüfg der Ordngsmäßigk vgl § 43 Rn 7. Ein III widersprechder bestandskräft Beschl zwingt nicht zu Gleichbehandlg gleichart Fälle (BayObLG WuM **93**, 564). – **Dazu gehören** (neben V): Mietzinsbestimmg (BayObLG Rpfleger **79**, 265) u Kündig (Ffm OLGZ **87**, 60) bei GemschEVermietg; Sonderumlage (§ 28 Rn 19); Verwendg von Überschüssen aus Jahresabrechg (KG NJW-RR **95**, 975); Beseitigg lichtentziehden Baumes (LG Fbg NJW-RR **87**, 655); Markieren von Kfz- Stellplätzen (BayObLG WEZ **88**, 52); Änderg der Abrechnzeiten für Heizg (Düss WE **88**, 172); Anstellg von Hauspersonal (BayObLG WuM **91**, 310); Einführg einer VerwSondervergüt für gerichtl Einziehg bei BeitrRückstand (BGH **122**, 327); Regelg der Beheizg (BayObLG WuM **93**, 291); Anschaffg eines Schneeräumgeräts (BayObLG WuM **91**, 210); angem erhöhte VerwVergüt für vermietetes WE (Ffm NJW-RR **91**, 659); Fremdverwaltg bei größerer Gemsch (Hbg OLGZ **88**, 299); Ruhezeitregelg (KG OLGZ **92**, 182); Darlehns
4   Aufn zur Deckg kurzfrist Finanzbedarfs (Hamm OLGZ **92**, 313; KG NJW-RR **94**, 1105). **Nicht aber:** mehrdeut/unklarer Beschl (BayObLG WuM **93**, 707); den MitGebr hindernde Vermietg des GemschE (Zweibr OLGZ **85**, 418); unfachmänn Experimente an techn Anlagen (KG NJW-RR **87**, 265); Übertr des § 28 V-Beschl auf VerwBeirat (BayObLG NJW-RR **88**, 1168); Regelg von Angelegenh vor GemschEntstehg (KG WE **88**, 193); gg öffR verstoße MitGebrRegelg (BayObLG WE **88**, 200); VerzugsSchadPauscha
5   le (BGH **115**, 151). – Dch MehrhBeschl darf den WEigtümern grdsl nicht **tätige Mithilfe** (Eigenarbeit od Beauftragg Dritter) bei Maßn nach V Nr 2 auferlegt werden (Hamm DWE **92**, 126). Anders bei Arbeiten, die nach Art u Umfang von GrdstEigtümern pers erbracht werden, wie zB Gartenpflege (KG OLGZ **78**, 146; aA NJW-RR **94**, 207), Treppenhausreinigg (BayObLG **91**, 422; WuM **94**, 403) od Schneefegen/Streuen (Stgt NJW-RR **87**, 976; BayObLG NJW-RR **93**, 1361; aA Hamm MDR **82**, 150).

6   **4) Verwaltungsanspruch (IV)** gg die WEigtümer u/od den Verw (BayObLG **82**, 203). Verlangt werden kann die Beachtg von Vbg/TErkl u EigtümerBeschl nach III. IV auch, wenn MehrhBeschl nicht zustande kam (§ 23 Rn 22); konkrete Maßn muß verlangt werden. Gerichtl Geltdmachg idR erst nach erfolgloser Befassg der EigtümerVersammlg (Hbg OLGZ **94**, 147; KG WE **94**, 51), sofern nicht feststeht, daß AntrSt keine Mehrh findet (Düss ZMR **94**, 520). Bei Verlangen einer vg Vbg/TErkl od Eigtümer-Beschl (KG ZMR **95**, 173) abw Verwaltg ist Ger an diese gebunden (§ 43 Rn 7).

7   **5) Einzelfälle (V);** nur beispielh („insb"). – **Nr 1: Hausordnung** ist eine ZusFassg der Gebr- (§ 15) u VerwaltgsRegelgen (I–IV); sie muß §§ 13, 14, öffR u VerkSichgPfl beachten (Hbg OLGZ **93**, 310). Die WEigtümer können sie dch Vbg/TErkl od MehrhBeschl aufstellen; sie können die Aufstellg auch dch MehrhBeschl od Vbg/TErkl übertr (Stgt DWE **87**, 99), wodch Zuständigk der Gemsch nicht ausgeschl (BayObLG **91**, 422; KG DWE **92**, 33). Vom Verw/VerwBeirat aufgestellte Haus-Ordng unterliegt nicht der Anfechtg nach § 23 IV; Verbindlichk noch im Verf über ihre Dchsetzg zu prüfen (vgl KG NJW **56**, 1679). – Vbg/TErkl notw, soweit dies nach Inhalt der Regelg (zB iFv § 15 Rn 3) geboten, dann aber auch nur so änderb. Iü hat einstimm aufgestellte HausOrdng idR nur RNatur eines MehrhBeschl (BayObLG **75**, 201) u ist dch MehrhBeschl änderb. Vom Verw/VerwBeirat aGrd MehrhBeschl aufgestellte

HausOrdng darf nur enthalten, was dch MehrBeschl regelb (Stgt DWE **87**, 99), u ist dch MehrBeschl änderb. Ebso idR bei Aufstellg aGrd Vbg/TErkl (BayObLG **73**, 201); mögl hier aber Ermächtigg zu Regelg, die Vereinbg erfordert (BayObLG **74**, 294), u dann von WEigtümern nur einstimm änderb. Vom Gericht im Verf nach § 43 I Nr 1 (vgl Hamm OLGZ **69**, 278) erlassene HausOrdng darf nur enthalten, was dch MehrBeschl regelb, u ist dch MehrBeschl änderb. – **Nr 2: Instandhaltung/-setzung.** Begriff: § 22 Rn 5. **8** Dazu gehören auch VorbereitgsMaßn wie ggf SachverständGutachten (Hamm DWE **93**, 28). IdR sind mehrere Angebote einzuholen, ohne daß notw billigstes zu wählen ist (BayObLG NJW-RR **89**, 1293; vgl auch KG OLGZ **94**, 149). Dazu gehören ferner die Wahrg der VerkSichgPfl (auch im InnenVerh der WEigtümer; Ffm DWE **93**, 76) einschl Streuen (Hamm MDR **82**, 150), deren Übertr auf Verw/einz WEigtümer von ÜberwachgsPfl befreit (BGH NJW **85**, 484). Für Schäden am SE inf Unterl/Schlechtausführg haften die WEigtümer, wobei Handwerker ihr ErfGehilfe (BayObLG **92**, 146; WE **95**, 189). – **Nr 3: Versicherungen.** HaftPfl umfaßt auch GewässerschutzVersicherg (MüKo/Röll § 16 Rn 12). Auch **9** and SachVersichergen (zB Wasser/Sturm/Glasschäden) gem III, IV beschließb (MüKo/Röll aaO). Zum Anspr der Gemsch gg einen WEigtümer auf Abschl einer Versicg für Schäden am GemschE od dem SE anderer vgl Brschw OLGZ **66**, 571. – **Nr 4: Die Instandhaltungsrücklage** kann gem IV verlangt werden; **10** zu niedr od zu hohe Rückstellg widerspr IV (BayObLG **84**, 213); RepKosten sind ihr bei ausreichder Höhe zu entnehmen statt Umlegg, nicht aber Kaufpr für VerbrGüter (BayObLG DWE **84**, 108). Keine Auflösg zur Deckg von BeitrRückständen (Hamm NJW-RR **91**, 212). Zur steuerl Behandlg vgl BFH NJW **88**, 2824 (Werbgskosten); NJW-RR **92**, 656 (GrdErwerbsteuer). – **Nr 5: Wirtschaftsplan** vgl § 28 I. – **Nr 6: Anschlüsse** an vorhandene Hauptleitgen/anlagen (Ffm NJW **93**, 2817; BayObLG DWE **93**, 123).

WEG 22

Besondere Aufwendungen, Wiederaufbau. [1]**Bauliche Veränderungen und Aufwendungen, die über die ordnungsmäßige Instandhaltung oder Instandsetzung des gemeinschaftlichen Eigentums hinausgehen, können nicht gemäß § 21 Abs. 3 beschlossen oder gemäß § 21 Abs. 4 verlangt werden. Die Zustimmung eines Wohnungseigentümers zu solchen Maßnahmen ist insoweit nicht erforderlich, als durch die Veränderung dessen Rechte nicht über das in § 14 bestimmte Maß hinaus beeinträchtigt werden.**

[2]**Ist das Gebäude zu mehr als der Hälfte seines Wertes zerstört und ist der Schaden nicht durch eine Versicherung oder in anderer Weise gedeckt, so kann der Wiederaufbau nicht gemäß § 21 Abs. 3 beschlossen oder gemäß § 21 Abs. 4 verlangt werden.**

1) Bauliche Veränderungen und Aufwendungen (I).

a) Zustimmung aller Wohnungseigentümer (I 1) zu den in I 1 genannten Maßn vorbehaltl I 2 notw; **1** vorher od nachträgl. Verw, dem Befugn nicht dch Vbg/TErkl übertr, muß bes Vollm haben (LG Lünebg WuM **95**, 308). Nach § 8 teilder Eigtümer kann bis zum Entstehen einer werdden Gemsch ändern (BayObLG NJW-RR **94**, 276; Schlesw WE **94**, 87); danach müssen die werdden WEigtümer zustimmen. Die Zust braucht nicht als Beschl iSv § 23 I zu ergehen (BayObLG NJW-RR **95**, 653; KG NJW-RR **95**, 1228 [in ErwerbsVertr mit teildem Eigtümer]) u bindet den SonderNachf des Zustimmden (BayObLG NJW-RR **93**, 1165); über Zust im BauGenVerf vgl BayObLG NJW-RR **94**, 82 (zweifelh). Nach Zust sind Einzelh dch MehrhBeschl regelb (BayObLG WE **92**, 20). – **Abdingbar** dch Vbg/TErkl; zB Übertr der ZustBefugn auf Verw (Ffm OLGZ **84**, 60; vgl aber KG NJW-RR **91**, 1300, BayObLG WE **92**, 195 u Zweibr NJW **92**, 2899 [bedeutet nicht immer Abdingg von I 1]) od MehrhBeschl (BayObLG NJW-RR **90**, 209; vgl aber KG WuM **91**, 517), Abdingg von I 2. – **Mehrheitsbeschluß** nicht für ungült zu erklären, wenn dies nur von WEigtümer beantragt, dessen Zust nach I 2 entbehrl (BayObLG NJW-RR **93**, 206). Nicht für ungült erklärter MehrhBeschl macht ihm entspr Veränderg/Aufwendg zuläss (BayObLG **94**, 339).

b) Bauliche Veränderung ist jede über die ordngsmäß Instandhaltg/-setzg (Rn 5) hinausgehde Umge- **2** staltg des GemschE in Abweichg vom Zustand bei Entstehg des WE od nach Vornahme früherer zuläss baul Veränderg (KG NJW-RR **89**, 976). Ändergen vor Entstehen des WE (insb dch nach § 8 teilden Eigtümer vor Anlegg der WohngsGB) fallen nicht unter § 22, selbst wenn auf Veranlassg späterer Erwerbers erfolgt (BayObLG NJW-RR **94**, 276; Schlesw WE **94**, 87). Dazu gehören:

aa) Umgestaltung des Grundstücks: Betonieren der Garagenzufahrt (Celle MDR **68**, 48); Aufstellg/ **3** Beseitigg von Zäunen (BayObLG NJW-RR **91**, 1362), Gartenhütte (BayObLG WE **93**, 255), Kinderschaukel (LG Hann NdsRpfl **90**, 97), Sandkiste (LG Paderb WuM **94**, 104) od Geräteschuppen (KG OLGZ **93**, 52); Anlage einer Terrasse (KG OLGZ **71**, 492); Verlegg von Platten im Garten (BayObLG ZMR **95**, 495; Beseitigg von Bäumen (Düss NJW-RR **94**, 1167; vgl aber § 21 Rn 3); Umwandlg einer Grünfläche in Park- (BayObLG WE **91**, 290), Spiel- (LG Mannh ZMR **76**, 51) od Müllbehälterplatz (Zweibr NJW-RR **87**, 1359) od Weg (BayObLG WE **91**, 290); Verlegg von Müllboxen (Hbg MDR **77**, 230) od Wäschepfählen (BayObLG WuM **93**, 295); Umwandlung von Parkplatz in Garage (BayObLG **73**, 81) od von Müllbehälter- in Parkplatz (Ffm OLGZ **80**, 78); Einbau einer Betontreppe in Böschg (BayObLG WE **92**, 198); Anbringg von Parkabsperrbügel (Ffm OLGZ **92**, 437); Beseitigg von Pflanztrögen auf Terrasse (BayObLG WE **94**, 26); Errichten kniehoher Beeteinfassg (KG NJW-RR **94**, 526). – **Nicht** aber (§ 21): Anbringg (BayObLG WEZ **88**, 52) od Änderg (Köln OLGZ **78**, 287) von Farbmarkiergen auf Parkplatz; Erstbepflanzg mit Blumen/Sträuchern/Bäumen/Rasen auf für den u Zwecke vorgesehener Fläche (BayObLG NJW-RR **91**, 1362); Errichtg in TeilgsErkl vorgesehenen Zaunes (KG OLGZ **82**, 131); Zurückschneiden einer Hecke (BayObLG **85**, 164); Herstellg notw HeckenDchgangs (BayObLG ZMR **89**, 192); Blumenpflanzg auf Gartenfläche (BayObLG WE **91**, 167); Aufstellen von Pflanztrögen auf Terrasse (BayObLG WE **92**, 203).

bb) Umgestaltung des Gebäudes oder anderer Bauwerke (wg Modernisierg vgl Rn 7): Dchbruch **4** einer Außen/Brandwand (BayObLG NJW-RR **91**, 1490), tragden Innenwand (BayObLG NJW-RR **95**, 649), Geschoßdecke (KG NJW-RR **93**, 909) od Dachhaut (Hbg WEZ **88**, 173); Anbau eines Balkons (BayObLG DWE **84**, 27) od einer Balkontreppe (BayObLG WuM **90**, 403); Stillegg des Fahrstuhls (AG Mü

ZMR **76**, 32) od der Gaszuleitg (BayObLG Rpfleger **76**, 291); Aufstockg (KG OLGZ **76**, 56); Terrassenun-terkellerg (Hamm OLGZ **76**, 61); Umbau der Böschgsstützmauer zur Aufnahme von Mülltonnen (Karlsr OLGZ **78**, 172); Anbringg von Gartentor (BGH NJW **79**, 817), Amateurfunkantenne (BayObLG NJW-RR **90**, 1167), Parabolantenne (vgl aber Rn 11), Werbeschild (BayObLG DWE **87**, 56; vgl aber Ffm Rpfleger **82**, 64), Leuchtreklame (Hamm OLGZ **80**, 274), Schaukasten (Stgt WEM **80**, 38), Trockenstange auf Balkon (AG Stgt DWE **80**, 128); Vortüren vor Wohngszugang (Stgt WEM **80**, 75); Markise (KG OLGZ **94**, 399), Fahnenstange, Blumenkasten, Pergola (KG NJW-RR **91**, 1300), Rolläden/Außenjalousie (BayObLG DWE **92**, 41), Regenrinne an Balkonbrüstg (Düss WE **90**, 204); Einbau von Dach- (BayObLG WuM **91**, 53) u Vergrößerg von Giebelfenstern (BayObLG Rpfleger **83**, 14) od von Sprossenverglasg (Ffm Rpfleger **83**, 64); Umbau eines Fensters in Tür (BayObLG WE **95**, 64); Abtrenng von Teilen des GemschE (BayObLG DWE **84**, 33); Balkon- od Loggiaverglasg (Düss FGPrax **95**, 102); Umwandlg von Dachfläche in Dachterrasse (Hbg MDR **85**, 501); KaminAnschl an Leerschornsteinzug (Ffm OLGZ **86**, 43); Klimagerät in Außenfenster (Ffm DWE **86**, 64); Einbau von Versorggsleitg unter Benutzg von GemschE (BayObLG NJW-RR **88**, 589; Zweibr WE **88**, 60); Dachausbau (BayObLG WE **92**, 19; **94**, 251/277); Zumauern eines Fensters od Ersetzen dch Schiebeelement (Düss DWE **89**, 177); Ersetzg einer Dachluke dch Flächenfenster (BGH **116**, 392); Anbringen von Solarzellen (BayObLG NJW-RR **93**, 206).

5 **c) Ordnungsmäßige Instandhaltung/-setzung** (§ 21 V Nr 2) ist die Erhaltg u Wiederherstellg des ursprüngl Zustandes des GemschE. Dazu gehören auch: – **aa) Beseitigung anfänglicher Mängel** an Grdst u Gbde einschl Erstherstellg entspr Aufteilgs-/Bauplan (BayObLG DWE **95**, 87) u Entferng gesundhschädl GemschETeile (BayObLG WuM **93**, 207). Baumangel kann auch bei Beachtg der DIN-Vorschr vorliegen (BayObLG WE **91**, 23; **92**, 20). GewlAnspr (auch gg WEigtümer) bleiben unberührt (Hamm DWE **93**, 74). – **bb) Ersatzbeschaffung** für verbrauchten GemschE (BayObLG WuM **93**, 562); zB Gartengeräte. – **cc) Anpassung des vorhandenen Zustandes an rechtliche Erfordernisse** zB des öffentl BauR (Hamm WE **93**, 318) od des priv NachbR (Einfriedigg nach LandesNachbR; Sicherg nach BGB 909); nicht aber an nur für Neubau geltde Vorschr (Stgt OLGZ **94**, 524). Beachte jetzt HeizAnlV 7 III, 8 III idF v 19. 1. 89 (BGBl I 109). – **dd) Pflege-/Erhaltungsmaßnahmen** zur SchadVerhindrg (BayObLG NJW-RR **91**, 976) od Aufrechterhaltg des urspr Zustandes (KG ZMR **93**, 478 [Reiniggs/Pflegepersonal]).

6 **d) Aufwendung** ist jede nichtbaul Verwendg auf das GemschE, die über § 21 V Nr 2 hinausgeht (Düss MDR **86**, 677); zB Anschaffg nicht notw VerwaltgsVermögens (zB Wäschetrockner; Geräteschuppen).

7 **e) Modernisierung** steht im Spanngsfeld zw § 22 I u § 21 V Nr 2. – **aa) Unter § 22 fallen:** Modernisierg ohne Funktionsverbesserg wie Ersetzen von Flügel- dch Kippfenster. Verbesserg der Bequemlichk wie Anschaffg eines Wäschetrockners (BayObLG **77**, 89) od Einbau von Fahrstuhl/Müllschlucker. Veränder-gen, die nicht als Verbesserger anzusehen sind, wie Einbau eines Wasserenthärters (BayObLG MDR **84**, 406) od Heizgsumstellg Öl/Gas (Celle WuM **93**, 89) bzw Fern/Eigenheizg (Ffm DWE **87**, 51) od Gemsch-Anschl an Kabelfernsehen (BayObLG NJW-RR **92**, 664; KG DWE **92**, 37 [dort auch zur Entbehrlichk bei Kostenfreistellg]) ohne die Voraussetzgen von Rn 8. NachtstromVersorgg (BayObLG NJW-RR **88**, 1164).

8 Verbesserger außerh vernünft Kosten-Nutzen-Verhältn. – **bb) Unter § 21 fallen** Verbesserger iR vernünft Kosten-Nutzen-Verhältn u vernünft Werterhaltg (Hamm DWE **92**, 126): Verwendg haltbarerer Materialien (BayObLG DWE **91**, 33: Kunststoff- statt Holzfenster) od moderner Geräte (BayObLG ZMR **94**, 279) od techn Verbesserg (KG NJW-RR **94**, 528 u Brschw WuM **94**, 501 [des Dachs]; KG WE **95**, 58 [der Heizg]; BayObLG WuM **91**, 709 [Kabel statt Antenne]) bei ohnehin notw od alsbald zu erwartder (BayObLG ZMR **94**, 279; KG NJW-RR **94**, 278 u 1358) Reparatur, dauerh energiesparde Maßn wie Umstellg der Heizg von Handregelg auf Automatik (Hamm OLGZ **82**, 260) od von Öl auf Gas (Celle WoM **93**, 89), Einbau einer Rauchgasklappe (vgl BayObLG NJW **81**, 690), Ersetzg von Einfach- dch Thermopaneverglasg (Oldbg WEZ **88**, 281) od Erhöhg der Wärmedämmg (Ffm OLGZ **84**, 129) werterhaltder Fassadenanstrich (KG NJW-RR **93**, 1104), gefahrmindernde Maßn wie verkehrsberuhigde Einrichtg (KG OLGZ **85**, 263), Ersetzen eines Zeit- dch Dämmerschalter (BayObLG WuM **93**, 758). Derart Maßn kann wg Veränderg des äußeren Bildes noch unter § 22 fallen (Oldbg WEZ **88**, 281).

9 **f) Entbehrlichkeit der Zustimmung. – aa) Keine wesentliche Beeinträchtigung (I 2).** Zust eines WEigtümers (auch bei Zerstörg von GemschE; BayObLG NJW-RR **87**, 1359) entbehrl, der nach § 14 Nr 3 zur Duldg der Maßn verpflichtet, weil sie für ihn keine über § 14 Nr 1 hinausgehden Nachteile (vgl § 14 Rn 2) bewirken; keine weitere Güterabwägg (Hamm WE **93**, 318). Unerhebl, ob Vorteil der Änderg Nachteil der Beeinträchtigg überwiegt (BayObLG NJW-RR **93**, 337). **Nicht zu duldende Nachteile** zB bei: lästiger Immission auch nur währd Bauzeit (BayObLG **90**, 120); Beeinträchtigg des MitGebr (BayObLG WE **92**, 54) od der konstruktiven Stabilität (BayObLG NJW-RR **92**, 272); Vergrößerg der Belegbark (KG OLGZ **76**, 56); intensivere Benutzbark des SE (BayObLG NJW-RR **94**, 82) od sondergenutzten (BayObLG ZMR **94**, 476; vgl aber NJW-RR **94**, 1169) bzw gemschaftl genutzten (BayObLG WuM **90**, 403) GemschE; nicht ganz unerhebl Änderg des opt Eindrucks (Zweibr OLGZ **89**, 181; KG NJW-RR **92**, 1232; Celle WuM **95**, 338; Hamm WuM **95**, 220; Düss FGPrax **95**, 102; aA BayObLG NJW-RR **94**, 276 [ästhetisch nachteilg]); erhöhte Reparaturanfälligk (BayObLG WuM **88**, 319); nicht sicher ausschließb Gefahr künft Schäden (BayObLG **90**, 120); Beeinträchtigg der Sicherh, die bei Gasheizg zu verneinen (Ffm OLGZ **93**, 51); nachteilige Änderg wirtsch vorteilh Baugestaltg (Stgt OLGZ **91**, 40); Kostenbelastg (die nicht dch § 16 III ausgeschl; vgl dazu BGH **116**, 392, nicht aber BereichsAnspr wg eigener Kostenersparn (§ 16 Rn 5); Dchfeuchtgs/Brandgefahr (Hbg DWE **87**, 98); Erschwerg der Feststellg/Zuordng/Behebg von Schäden (BayObLG WE **91**, 256); AlleinBesBegründg an GemschETeilen mit Umgestaltg (BayObLG NJW-RR **93**, 87; KG NJW-RR **93**, 403); Aufhebg der Abgeschlossenh dch Verbindg von selbstd SE-Einh (BayObLG NJW-RR **95**, 649; Köln WE **95**, 221). Tritt Nachteil erst bei Nachahmg ein, so kann dies genügen (BayObLG NJW-RR **93**, 337; Schlesw NJW-RR **93**, 24; Zweibr ZMR **92**, 458). Nachteil kann sich **10** auch aus ZusWirken mehrerer Maßn ergeben (BayObLG NJW-RR **92**, 272). – **bb) Schutz- und Treue-pflicht** (Übbl 5 v § 1) kann in engen AusnFällen einen DuldgsAnspr ergeben, der Zust entbehrl macht; zB Fenstergitter bei bes Einbruchsgefahr (KG NJW-RR **94**, 401), nicht aber Markise bei Ladenfenster (KG

NJW–RR **95**, 587). Verändergs- muß Erhaltgsinteresse erhebl überwiegen. – **cc) Grundrechtsschutz** (zB **11** GG 5 I) kann Zust entbehrl machen. TV-Empfang über herkömml Antenne (2 öffr u 2 Privatsender) grdsl nicht ausreichd (BVerfG NJW **95**, 1665). EinzParabolantenne zustfrei, wenn GemschParabolantenne od Kabelempfang nicht mögl bzw nicht ausreichd, weil sie Ausländer (frühere ausländ Staatsangehörig reicht nicht; BayObLG NJW **95**, 337) Empfang eines Senders seines Kulturkreises nicht ermöglicht (BVerfG aaO); and bei erhebl SchadGefahr für Gbde. Berufl Informationsinteresse reicht nicht (LG Hbg WuM **94**, 394). – **dd) Rechtsfolgen.** Nur Zust aller WEigtümer notw, deren Zust unentbehrl, so daß **12** Mehrh weder notw noch ausreichd (BayObLG NJW–RR **93**, 206); uU genügt eine Stimme (Köln DWE **88**, 24). Wg Beteiligg des Nichtzustimmden an Nutzgen u Kosten vgl § 16 Rn 3–5; vgl auch § 17 S 2. Nicht für ungült erklärter BeseitiggsBeschl auch verbindl, wenn Änderg zustfrei (Zweibr ZMR **91**, 114).

g) Verstoß gegen Zustimmungserfordernis. – aa) Ansprüche. Beseitig aus BGB 1004, §§ 15 III, **13** 14 Nr 1 (BayObLG NJW–RR **90**, 1168) u SchadErs auf Wiederherstell aus BGB 823, 249, §§ 15 III, 14 Nr 1 (BayObLG NJW–RR **91**, 1234); nicht gg WEigtümer, der sein WE mit der Veränderg erwarb (BayObLG NJW–RR **88**, 587; KG NJW–RR **91**, 1421: nur DuldgsAnspr), selbst wenn Veräußerer sie auf seinen Wunsch vornahm (Hamm WE **93**, 318). Kann von jedem WEigtümer ohne Ermächtigg dch die Gemsch geltd gemacht werden (BGH NJW **92**, 978; KG NJW–RR **95**, 1228). – **bb) Ausschluß.** Mögl nach BGB 226, 242 (BayObLG NJW–RR **87**, 1492); dafür reichen aber rwidr ähnl Ändergen (Ffm DWE **89**, 70; KG WuM **94**, 99) od bloße längere Duldg (BGH NJW **90**, 2555; BayObLG WuM **92**, 392; vgl aber Hamm OLGZ **90**, 159) nicht. RMißbr auch entspr BGB 1004 Rn 38 (BayObLG NJW–RR **90**, 1168; LG Stgt DWE **93**, 34). Über ZbR wg GemschEMängel vgl BayObLG NJW–RR **91**, 1234.

2) Zerstörung des Gebäudes (II); vgl Alsdorf BlGBW **77**, 88. II ist dch Vbg/TErkl abdingb. Über **14** entspr Anwendg auf steckengebliebene Ersthterstellg vgl § 2 Rn 10. – **a) Pflicht zum Wiederaufbau.** Schlechthin, wenn Schaden dch Versicherg od sonstwie (SchadErsAnspr Rücklage) gedeckt, Anderenf zu unterscheiden: – **aa)** Zerstörg des Gbdes zu mehr als der Hälfte seines Wertes: Gemschaftl Wiederaufbau nur aGrd einstimm Beschl aller WEigtümer. – **bb)** Zerstörg des Gbdes zu weniger als der Hälfte seines Wertes: Gemschaftl Wiederaufbau aGrd MehrBeschl od Entscheidg gem §§ 43 I Nr 1, 21 IV; von Urspr-Zustand abw Wiederaufbau nur nach Maßg von I (Köln DWE **89**, 180). Dies gilt auch, wenn von Zerstörg (zB nur einer Etage) nicht alle WEigtümer betroffen. Die Betroffenen müssen dazu die Kosten der Wiederherstellg ihres SE selbst tragen. – **b)** Bei **Unterbleiben des Wiederaufbaus:** §§ 11 I 3, 9 I 2.

WEG 23 *Wohnungseigentümerversammlung.* [I]Angelegenheiten, über die nach diesem Gesetz oder nach einer Vereinbarung der Wohnungseigentümer die Wohnungseigentümer durch Beschluß entscheiden können, werden durch Beschlußfassung in einer Versammlung der Wohnungseigentümer geordnet.

[II]Zur Gültigkeit eines Beschlusses ist erforderlich, daß der Gegenstand bei der Einberufung bezeichnet ist.

[III]Auch ohne Versammlung ist ein Beschluß gültig, wenn alle Wohnungseigentümer ihre Zustimmung zu diesem Beschluß schriftlich erklären.

[IV]Ein Beschluß ist nur ungültig, wenn er gemäß § 43 Abs. 1 Nr. 4 für ungültig erklärt ist. Der Antrag auf eine solche Entscheidung kann nur binnen eines Monats seit der Beschlußfassung gestellt werden, es sei denn, daß der Beschluß gegen eine Rechtsvorschrift verstößt, auf deren Einhaltung rechtswirksam nicht verzichtet werden kann.

1) Beschlußfassung in der Versammlung (I). Nach WEG od Vbg/TErkl erforderl EigtümerBeschl **1** müssen vorbehalt III in einer Versammlg ergehen; nicht aber Vereinbgen (§ 10 Rn 3) od Zust nach § 22 I (§ 22 Rn 1). I ist nicht abdingb (vgl Rn 7); dch mündl od konkludente Zust außerh der Versammlg kann kein Beschl entstehen (Soergel/Stürner Rn 2; aA Ffm OLGZ **75**, 100). – **a) Eigentümerversammlung 2** erfordert eine an alle WEigtümer gerichtete Einberufg. Fehlt es daran, weil ein Teil der WEigtümer sich ohne jede Einberufg versammelt hat, so sind gefaßte Beschl nichtig (Hamm WE **93**, 24). – **b) Teilver- 3 sammlungen** (zB bei Mehrhausanlagen) nur zul, wenn in Vbg/TErkl vorgesehen (Stgt DWE **80**, 62) od nach BeschlGgst nur entspr Teil der WEigtümer stimmberecht (vgl § 25 Rn 2; BayObLG DNotZ **85**, 414). – **c) Vollversammlung** von Versammlg nach §§ 23–25 zu unterscheiden. Hier müssen alle WEigtü- **4** mer (bzw Vertreter) zusammentreten u in Kenntn des Einberufgsmangels mit BeschlFassg (für Beschl selbst genügt ggf Mehrh) einverstanden sein (BayObLG WE **88**, 67; KG OLGZ **90**, 421). Iü gelten IV, § 24 V, VI, § 25 II, V.

2) Bezeichnung des Beschlußgegenstandes in der Einberufg (II): vgl § 24 Rn 4.

3) Schriftliche Beschlußfassung (III). – a) Schriftliche Zustimmung aller Wohnungseigentü- 5 mer; stimmt nur einer nicht zu, so liegt kein Beschl vor (BayObLG WuM **95**, 227). StellVertr braucht keine schriftl Vollm (BGB 167 II; str). Ausreichd mündl Zustimmg aller VersammlgsTeilnehmer u schriftl Zust aller Abwesden. Zustimmen müssen auch die, deren StimmR ruht (LG Dortm MDR **66**, 843). Übereinstimmde Erkl im Verf nach § 43 keine BeschlFassg nach III (KG OLGZ **74**, 399). BeschlAnregg kann von Verw od jedem WEigtümer ausgehen. Allstimmigk alleine macht Beschl nicht zur Vereinbg (§ 10 Rn 7). – **b) Beschlußfassung** mit Zugang letzter ZustErkl bei Verw (BayObLG **71**, 313; Hbg MDR **6 71**, 1012; aA KG OLGZ **74**, 399: mit ErgebnBek); bei and Anreger Zugang bei diesem maßg. ZustErkl bis BeschlFassg widerrufl (Soergel/Stürner Rn 5; str). – **c) Nicht abdingbar** dch Vbg/TErkl (Minderh- **7** Schutz). Daher kein schriftl MehrBeschl (BayObLG **80**, 331) u keine stillschw ZustErkl dch Schweigen (AG Königstein MDR **79**, 760) einführb.

4) Nichtige und anfechtbare Beschlüsse. Außer den gem IV anfechtb Beschl gibt es nichtige Beschl; **8** Abgrenzg wg unterschiedl Wirkg (vgl Rn 14, 15) wichtig. Dabei ist davon auszugehen, daß IV im RSicherhInteresse klare RVerhältn unter den WEigtümern schaffen will, so daß Mängel idR nach IV geltd zu machen sind.

9   **a) Einzelfälle.** Formelle Mängel können dch bestätigden Beschl grdsl nicht rückwirkd heilen (BGH NJW **89**, 1087). – **aa) Beschlußverfahren.** VerfMängel, die der BeschlFassg vorausgehen, sind gem IV geltd zu machen; insb Verstöße gg §§ 23 II u 24 (vgl § 24 Rn 3, 4, 6, 8–11, 16); § 25 III–V (vgl § 25 Rn 6, 7, 12). GeschOrdngsBeschl (zB Wahl des Versammlgsvorsitzden, Redezeitbegrenzg, Diskussionsende, AbstimmgsVerf) sind nicht selbstd anfechtb; aus ihnen können sich aber Fehler der BeschlFassg ergeben, die bei
10 Kausalität zur UngültigErkl des SachBeschl führen (BayObLG NJW-RR **87**, 1363). – **bb) Mehrheitserfordernis.** Genügt für die Regelg des BeschlGgst ein MehrhBeschl, stellt Versammlgsvorsitzder einen solchen fest u geht Versammlg von positiver BeschlFassg aus (Schlesw DWE **87**, 133; Celle WE **89**, 199), so ist gem IV geltd zu machen: Mehrh aGrd falscher tatsächl (Auszählgsfehler) od rechtl (zB falsche Bewertg von StimmR, MehrhBegriff od Enthaltg) Stimmenzählg nicht gegeben (Ffm WEZ **88**, 54; Brschw OLGZ **89**, 186; KG OLGZ **90**, 421; LG Köln NJW-RR **91**, 214). Gem Vbg/TErkl erforderl qualifizierte Mehrh nicht erreicht (Köln OLGZ **69**, 389); jederzeit Berufg auf AblehngsBeschl aber, wenn Ablehng wg bloß einf Mehrh festgestellt (BayObLG **84**, 213; Hbg DWE **84**, 123). Mehrh nicht gegeben, weil Ja-Stimmen wg GeschUnfgk unwirks od nach BGB 119, 123 angefochten (Merle PiG **18**, 125 [140]; aA Ffm OLGZ **79**, 144).
11 – **cc) Allstimmigkeitserfordernis.** Ist nach Gesetz od Vbg/TErkl für die Regelg des BeschlGgst Allstimmigk erforderl, so ist fehlde Allstimmigk gem IV geltd zu machen (§ 10 Rn 19), sofern nicht Ablehng wg bloßer Mehrh festgestellt (KG NJW-RR **92**, 720); gilt auch, wenn bloße Mehrh statt im Prot festgestellter Allstimmigk geltd gemacht wird (Köln OLGZ **79**, 282) od dies auf Anfechtg der Stimmabgabe nach BGB 119, 123 beruht (vgl Rn 10). Keine anfängl Allstimmigk nach III bewirkt NichtBeschl (§ 23 Rn 5). – **dd) Formerfordernis.** Mängel vereinbarter Form für Gültigk (zB Protokollierg, Unterschrift) sind gem IV geltd zu machen (Hamm OLGZ **85**, 147) u führen zur UngültErkl (Oldbg ZMR **85**, 30; BPM/Pick
12 Rn 35; Soergel/Stürner § 24 Rn 10; aA KG WE **94**, 45). – **ee) Beschlußinhalt.** Nichtig (maßg sind die Tats zZ der BeschlFassg; Hamm OLGZ **93**, 295): Verstoß gg BGB 134 (insb gg zwingde Vorschr des WEG [vgl § 10 Rn 1]), nicht aber gg BauordngsR (BayObLG WEZ **88**, 409). Verstoß gg BGB 138 (liegt nicht vor, wenn Vbg/TErkl gleichen Inhalts wirks [unzutreffd daher Hamm NJW **81**, 456]). Beschl ist völlig unbestimmt, in sich widersprüchl od sachl undchführb (BayObLG WE **91**, 50). WEigtümerVersammlg war absolut unzuständ, weil kein Bezug zur GemschEVerwaltg od zur Rechten/Pflichten aus GemschVerh (zB Änderg des Ggst des WE [BayObLG NJW-RR **87**, 329]; Haftg des Erwerbers für Schulden des RVorgängers [BayObLG **84**, 198]; 36% Zinsen auf Wohngeldrückstand [BayObLG NJW-RR **86**, 179]; Anspr aus PersönlichkRVerletzg [BayObLG NJW-RR **91**, 402]); Umlage von Kosten aus Zeit vor GemschEntstehg (KG NJW-RR **92**, 1168; vgl aber BayObLG WuM **93**, 701). – Gem IV geltd zu machen: Sonstige Verstöße gg Gesetze, insb BGB 242 (BayObLG NJW-RR **92**, 15) u §§ 15 II, 21 III, od gg Vbg/TErkl. And BeschlInhalt als im Prot festgestellt (Köln OLGZ **79**, 282; Ffm OLGZ **84**, 257; vgl auch Hamm OLGZ **85**, 147). Vgl
13 auch Rn 21. – **ff) Nichtbeschluß** zB: Fehlen einer WEigtümerGemsch (§ 10 Rn 13); nicht einberufene Versammlg, an der nicht alle WEigtümer teilgen haben (Rn 2); bloße Feststellen u Hinweise (BayObLG NJW-RR **87**, 1364); NegativBeschl (Rn 22); fehlde Allstimmgk bei III (Rn 5). Wirkg: Rn 14.

14   **b) Wirkung nichtiger Beschlüsse** (gilt entspr für Nicht/ScheinBeschl). Beschl bedarf keiner UngültigErkl nach IV; jederzeit (auch inzident in and Verf) Berufg auf Nichtigk, dazu Feststellg in Verf nach § 43 nicht notw (BGH **107**, 268). Deklaratorische Feststellg der Nichtigk im Verf nach § 43 I Nr 4 (§ 43 Rn 6), auch wenn nur UngültErkl beantragt (BayObLG **86**, 444), od auf ZwFeststellgsAntr; zur Beseitigg der RScheinwirkg auch UngültigErkl nach IV (BayObLG WuM **92**, 642). Nach rechtskräft Verneing der Nichtigk od Bejahg der Gültigk gilt aber § 45 II (BayObLG **80**, 29).

15   **5) Ungültigerklärung von Beschlüssen (IV).** Nicht nichtiger Beschl, der nicht für ungült erklärt, wirkt gem § 10 Rn 17 (auch ggü geschunfäh WEigtümer; Stgt OLGZ **85**, 259); er kann nicht GrdLage von SchadErsAnspr gg WEigtümer od Verw sein (Karlsr OLGZ **85**, 139; KG NJW-RR **91**, 402) u ihm ggü keine Berufg auf AnfechtgsGrd (zB BGB 242; BayObLG NJW-RR **92**, 15).

16   **a) Antrag nach IV, § 43 I Nr 4** zur Geltdmachg nicht zur Nichtigk führder Mängel notw; Beanstandg ggü Verw od WEigtümern reicht nicht. Der Antr hat keine aufschiebde Wirkg; sie kann aber gem § 44 III angeordnet werden (BayObLG WuM **90**, 324): Er muß innerh der AntrFrist den angefochtenen Beschl bezeichnen (Zweibr NJW-RR **95**, 397; BayObLG NJW-RR **95**, 1166). Begründg notw (BayObLG **74**, 305; vgl aber § 43 Rn 12); aber keine UngültErkl aus Grd, den AntrSt bewußt nicht geltd macht (BayObLG NJW-RR **89**, 1163). Verf über gleichlfde Antr mehrerer WEigtümer sind zu verbinden (KG OLGZ **93**, 190).

17   – **Antragsfrist** ist materiellrechtl AusschlFr (BayObLG NJW-RR **90**, 210) u beginnt (auch ggü RNachf u bei im Wege der AntrÄnderg) für jeden EinzelBeschl (KG OLGZ **91**, 306) u jeden WEigentümer mit BeschlFassg (wobei Tag des VersammlgsEndes maßg) ohne Rücks auf VersammlgsTeiln od Kenntn von Beschl (Ffm WuM **90**, 461); FrWahrg auch dch AntrStellg bei unzuständ Ger (BayObLG **68**, 233; aA Brschw OLGZ **89**, 186). Dch Vbg/TErkl nicht verlängerb (BayObLG **81**, 21), aber verkürzb (Soergel/Stürner Rn 9); Berechng: BGB 188 II, 193. Bei Antr im VerfStandsch ist diese innerh der Frist offenzulegen (KG NJW-RR **95**, 147). Bei schuldloser FrVersäumg **Wiedereinsetzung** entspr FGG 22 II. Dafür reichen nicht, daß an Versammlg nicht teilnehmder WEigtümer Prot zu spät erhält (BayObLG NJW-RR **91**, 976), sofern der BeschlGgst angekündigt (Düss NJW-RR **95**, 464) u er eingeladen war, od Unkenntn von IV
18 (Oldbg WuM **89**, 467). – **Antragsrücknahme** nach Ablauf der AntrFr bedarf wg Unmöglichk eines neuen Antr abw von § 43 Rn 9 keiner Zustimmg. AntrBerecht, die die AntrFr versäumt haben, können das Verf nicht fortführen (Zweibr NJW-RR **89**, 657; Ffm DWE **89**, 70; Bassenge Rpfleger **81**, 92). – Zum **Verfahren** vgl weiter § 43 Rn 6 (AntrR, RSchutzInt), § 43 Rn 9 (AntrForm/Änderg), § 45 Rn 4 (RKraftwirkg).

19   **b) Entscheidung.** – **aa) Ungültigekärung** bewirkt mit RKraft (§ 45 II 1) rückwirkde Ungültig (BGH WM **89**, 306); bei schon vollzogenem Beschl hat übestimmte Minderh Anspr auf Folgenbeseitigg gg die WEigtümer u nicht gg Verw (BayObLG WoM **90**, 366). Für RGesch auf der GrdLage des Beschl (zB RGesch des Verw vor UngültErkl seiner Bestellg) gilt FGG 32 entspr (Hamm OLGZ **92**, 309). –

bb) Änderung des WEigtümerBeschl dch Ger nur zul, wenn die Anfechtg mit einem (auch stillschw) Antr **20** nach §§ 15 III, 21 IV, 43 I Nr 1, 2 verbunden ist (BayObLG WE **95**, 245). Bei teilw Ungültigk des Beschl gem BGB 139 zu prüfen, ob er insgesamt für ungült zu erklären (BayObLG aaO).

c) Entsprechende Anwendung. In der Frist nach IV sind weiter geltd zu machen: Antr auf Feststellg, **21** daß Beschl mit and Inhalt gefaßt, als protokolliert (Köln OLGZ **79**, 282; KG NJW-RR **92**, 720); Antr auf ProtBerichtig, weil BeschlInhalt falsch protokolliert (Hamm OLGZ **85**, 147); vgl auch Rn 22.

d) Ablehnung eines Beschlußantrags (NegativBeschl). Keine UngültErkl mögl, sond nur unbefriste- **22** ter Antr nach § 21 IV auf ordngsgem Verwaltg (BayObLG NJW-RR **94**, 658; Hbg NJW-RR **94**, 783). Dies gilt auch, wenn bei Antr auf Änderg bestehder VerwRegelg beschlossen wird, daß sie fortbestehen soll (KG BlGWB **85**, 71). Unbefristeter Antr auf Feststellg der Gültigk/Ungültigk, wenn Versammlgsleiter fälschl Ablehng feststellt u Versammlg von NegativBeschl ausgeht (Celle WE **89**, 199). Antr nach IV aber geboten, wenn u beschlossen wird, eine VerwMaßn (zB GebrRegelg) nicht zu treffen (KG ZMR **95**, 173), od wenn geltd gemacht wird, daß Antr entgg Prot angen (zB: Annahme bei richt Stimmenzählg [vgl BGH NJW **86**, 2051] od richt StimmRbeurteilg [Hamm OLG **90**, 180]; falsches Prot), iVm Antr auf Feststellg wirkl BeschlInhalts (Hamm OLGZ **79**, 296). Ist eine Zust (zB zur Veräußerg od GebrÄndg) von den Eigtümern dem Verw übertragen, so ist EigtümerBeschl, der Zust ablehnt ggü Bindgswirkg für Verw nach IV anfechtb (BayObLG WE **93**, 342); daneben aber auch unbefristeter Antr nach § 21 IV auf Erteilg.

e) Abdingbar, soweit nicht AnfechtgsR ganz abgeschafft (BPM/Pick Rn 3). **23**

WEG 24 *Einberufung, Vorsitz, Niederschrift.* [1]Die Versammlung der Wohnungseigentümer wird von dem Verwalter mindestens einmal im Jahre einberufen.

[2]Die Versammlung der Wohnungseigentümer muß von dem Verwalter in den durch Vereinbarung der Wohnungseigentümer bestimmten Fällen, im übrigen dann einberufen werden, wenn dies schriftlich unter Angabe des Zweckes und der Gründe von mehr als einem Viertel der Wohnungseigentümer verlangt wird.

[3]Fehlt ein Verwalter oder weigert er sich pflichtwidrig, die Versammlung der Wohnungseigentümer einzuberufen, so kann die Versammlung auch, falls ein Verwaltungsbeirat bestellt ist, von dessen Vorsitzenden oder seinem Vertreter einberufen werden.

[4]Die Einberufung erfolgt schriftlich. Die Frist der Einberufung soll, sofern nicht ein Fall besonderer Dringlichkeit vorliegt, mindestens eine Woche betragen.

[5]Den Vorsitz in der Wohnungseigentümerversammlung führt, sofern diese nichts anderes beschließt, der Verwalter.

[6]Über die in der Versammlung gefaßten Beschlüsse ist eine Niederschrift aufzunehmen. Die Niederschrift ist von dem Vorsitzenden und einem Wohnungseigentümer und, falls ein Verwaltungsbeirat bestellt ist, auch von dessen Vorsitzenden oder seinem Vertreter zu unterschreiben. Jeder Wohnungseigentümer ist berechtigt, die Niederschriften einzusehen.

1) Einberufung der Versammlung einmal jährl (**I**) u in den dch Vbg/TErkl bestimmten Fällen (**II** Fall **1** 1). – Iü auf schriftl begründetes Verlangen von mehr als 25% der WEigtümer (**II** Fall 2) nach Köpfen (Hamm OLGZ **73**, 423) mit entspr Anwendg von § 25 II 2; Kopfprinzip gilt auch bei von § 25 II 1 abw StimmR. Abdingb dch Vbg/TErkl, sofern ein MinderhR erhalten bleibt (BayObLG **72**, 314).

a) Einberufungsrecht hat der Verw (**I, II**); spätere UngültErkl der VerwBestellg unschädl (BayObLG **2** **92**, 79; Hamm OLGZ **92**, 309). Weigert sich Verw unter Verletzg von I od II od fehlt ein Verw (nach Amtsende darf ehem Verw nur noch mit Zust aller WEigtümer einberufen; Stgt NJW-RR **86**, 315), so EinberufsR aus **III**. Bei einem Verlangen nach II hat Verw bzgl des Ztpkts einen Ermessensspielraum, darf die Einberufg aber nicht ungebühr verzögern (BayObLG WE **92**, 51). Erfolgt keine Einberufg nach I–III, so keine eigenmächt Einberufg dch einen od mehrere (wohl aber dch alle) WEigtümer, sond Antr (§ 43) auf Verpfl des Verw zur Einberufg od auf Ermächtigg zur Einberufg entspr BGB 37 II u Vorsitzregelg (Hamm OLGZ **92**, 309); AntrR hat jeder WEigtümer (Hamm OLGZ **73**, 423), nicht nur die nach II erforderl Zahl (and BGB 37 II). Ermächtigg wird vorbehaltl § 44 III erst mit RKraft wirks (§ 45 II; aA BayObLG WE **91**, 220) u endet mit Ablauf gesetzter Frist (BayObLG **71**, 84). I–III dch Vbg/TErkl abdingb. Bei **Einberufung 3 durch Unbefugten** sind Beschl nach § 23 IV anfechtb, nicht aber nichtig; UngültErkl, wenn nicht feststeht, daß auch bei ordngsmäß Einberufg gleiche BeschlFassg (Hamm OLGZ **92**, 309).

b) Einzuladen sind alle WEigtümer einschl derj, die nach § 25 V kein StimmR haben; nicht aber Nicht- **4** betroffene iSv § 25 Rn 2 (BayObLG DNotZ **85**, 414) u VerwBeiratsMitgl, die nicht WEigtümer (BayObLG WuM **88**, 32). Mit/GesHdsEigtümer sind mangels abw Regelg in Vbg/TErkl getrennt einzuladen (Köln WE **89**, 30). Bei Nichteinladg einz WEigtümer wg Nichtzugangs absandter Einberufg (Hamm WE **93**, 24) od Versehens sind Beschl nach § 23 IV anfechtb, nicht aber nichtig; UngültErkl, wenn nicht feststeht, daß auch bei Einladg keine Teilnahme od bei Teilnahme gleiche BeschlFassg (BayObLG NJW-RR **90**, 784). Von ZugangsErfordern kann in Vbg/TErkl abgesehen werden (zB Absendg an letzte bekanntgegebene Anschrift).

c) Inhalt (§ 23 II); dch Vbg/TErkl abdingb. Genaue Angabe von Zeit/Ort der Versammlg (BayObLG **5** WuM **89**, 658). BeschlGgst, zu denen GeschOrdngsFragen nicht gehören, sind so konkret anzugeben, daß Vorbereitg mögl u Folgen des Nichterscheinens erkennb; nicht notw Überschaubark des BeratgsErgebn u seiner RFolgen (Stgt NJW **74**, 2137). Schlagwortart Bezeichng ausreichd, wenn Sache schon früher (zB Rundschreiben; Eigtümerversammlg) erörtert (BayObLG WE **90**, 27; NJW-RR **92**, 403). Genügd zB „VerwVertr" für Wiederbestellg (BayObLG **92**, 79). **Nicht genügend** zB: „Änderg der Hausordng" (Köln DWE **88**, 24), erhöhter Kostenansatz für VerwVergüt im WirtschPlan für Beschl über Vergütgserhöh (BayObLG WE **90**, 27), „Verschied" für Angelegenh nicht nur untergeordneter Bedeutg (Hamm NJW-RR

6 93, 468). – Bei **Verstoß** sind Beschl nach § 23 IV anfechtb, nicht aber nichtig; UngültErkl, wenn nicht
7 feststeht, daß auch bei ordngsgem Einladg gleiche BeschlFassg (BayObLG WE **93**, 169). – **Ankündigungs-
recht für Beschlußgegenstände** hat der Verw. Der einz WEigtümer od auch die Mehrh kann nicht selbst
ankündigen (Düss NJW-RR **86**, 96). Der Verw handelt aber pflichtwidr, wenn er entgg einem MinderhVer-
langen iSv II nicht ankündigt (Düss DWE **81**, 25; Soergel/Stürner Rn 4; RGRK/Augustin Rn 2; wohl auch
BayObLG **70**, 1 u LG Hbg NJW **62**, 1867; aA BayObLG **88**, 287 u Düss WE **94**, 375 [wenn ein WEigtümer sie
mit sachl Grd verlangt]). Es gilt dann III entspr (Düss NJW-RR **86**, 96); erfolgt auf diesem Wege keine
Ankündigg, so Antr des Einz WEigtümers auf Verpfl des Verw zur Ankündigg od auf Ermächtigg zur
Ankündigg entspr Rn 2. Bei **Ankündigung durch Unbefugten** gilt Rn 3 entspr.

8   **d) Sonstiges. – aa) Einberufungsform (IV 1).** Mangels abw Regelg in Vbg/TErkl schriftl iSv BGB 126
(BayObLG WE **91**, 297); gilt wg § 23 II („bei Einberufg") auch für Bekanntg der BeschlGgst (Hamm NJW-
RR **93**, 468). Bei Verstoß sind Beschl nach § 23 IV anfechtb, aber nicht nichtig; keine UngültErkl wenn
feststeht, daß Einberufg dch Berecht erkennb u Verstoß auf BeschlFassg ohne Einfluß geblieben (BayObLG
9 aaO) od bei rügeloser Teiln an BeschlFassg (Hamm aaO). – **bb) Einberufungsfrist (IV 2);** sie gilt für
Bekanntgabe von Zeit/Ort der Versammlg u der BeschlGgst (auch nachgeschobener) u beginnt mit regelm
Zugang (vgl BGH **100**, 264). IV 2 ist dch Vbg/TErkl abdingb. Verstoß alleine führt nicht zur UngültErkl
(Hamm DWE **87**, 54); and bei Beeinträchtigg der StimmRAusüb u dadch auch der Meingsbildg (BayObLG
10 **73**, 68). – **cc) Versammlungszeit** muß verkehrsübl u zumutb sein (Düss WuM **93**, 305); zB Sonntag ab
11 Uhr (BayObLG NJW-RR **87**, 1362), Samstag nach Feiertag um 20 Uhr (Zweibr WE **94**, 146), nicht aber
Karfreitag (LG Lüb NJW-RR **86**, 813; aA Schlesw NJW-RR **87**, 1362 für nachmittags) od iFv § 25 IV
11 Werktagvormittag (Ffm OLGZ **82**, 418). Bei Verstoß gilt Rn 6. – **dd) Versammlungsort** muß verkehrsübl
u zumutb sein; nahe der Anlage (Köln NJW-RR **91**, 725), aber nicht notw in polit Gemeinde der Anlage (Ffm
OLGZ **84**, 333). Bei Verstoß gilt Rn 6 (BayObLG WE **91**, 285).

12   **2) Absage oder Verlegung der Versammlung** dch Einberufden stets wirks (Hamm OLGZ **81**, 24); bei
Verlegg gilt IV 2 für neue Versammlg (vgl BGH NJW **87**, 2580). Gilt entspr für einen angekündigten
BeschlGgst. – Keine willkürl **Auflösung** dch Vorsitzden (KG NJW-RR **89**, 17; vgl BayObLG **89**, 298).

13   **3) Durchführung der Versammlung;** nichtöffentl u bei Verstoß gilt Rn 6 (Ffm FGPrax **95**, 147). –
a) Vorsitz (V); abdingb. Für Beschl nach V genügt Mehrh; er ist noch währd der Versammlg zul. –
b) Teilnahmebefugt ist unabdingb (LG Regbg Rpfleger **91**, 244) jeder WEigtümer (auch bei Stimm-
RAuschl; vgl Rn 14). Ferner sein stimmberecht Vertreter; ist schriftl Nachw der Vertretgsmacht vorgesehen,
so ist Zurückweisg mangels Nachw zul (BayObLG **84**, 15). Begleitg dch NichtGemschMitgl dch Vbg/TErkl
ausschließb (KG OLGZ **86**, 51: Auschl von „Besucher" erfaßt Berater), wofür VertretgsAusschl nicht
ausreicht (BGH **121**, 236); auch sonst dürfen Berater (auch RAnw) nur bei aus pers/sachl Grd notw Beratg
14 begleiten (BGH aaO). Bei unzuläss Ausschl gilt Rn 4 (BayObLG NJW-RR **91**, 531). – **c) Äußerungen.**
Redezeit beschränkb (Stgt NJW-RR **86**, 1277). RedeR auch bei StimmRAusschl (BayObLG NJW **93**, 603).
15 RedeR von Begleitern wird dch VertretgsVerbot ausgeschl (BGH **121**, 236). – **d)** Über die **Abstimmungsart**
(zB offen od geheim) entscheidet mangels Vbg/TErkl od MehrhBeschl der Vorsitzde (BayObLG WE **90**, 140).

16   **4) Niederschrift über Versammlungsbeschlüsse (VI);** dch Vbg/TErkl abdingbar (BayObLG NJW-
RR **89**, 1168). Verstoß führt nicht zur Nichtigk od Anfechtbark; über Verstoß gg Form, die dch Vbg/TErkl
zur GültigkVoraussetzg gemacht, vgl § 23 Rn 11. – **a) Ergebnisprotokoll;** daneben AblaufProt nach
Gestaltgsermessen des Verw iR ordngsmäß Verw zuläss (Hamm OLGZ **89**, 314). Verstoß berührt die
Gültigk gefaßter Beschl nicht (BayObLG **73**, 68). Das Prot ist PrivUrk (ZPO 416) ohne gesetzl Beweiskraft
(BayObLG NJW-RR **90**, 210). ÄndergsPfl aus § 21 IV, wenn rechtl bedeuts Inhalt falsch (Hamm OLGZ **89**,
314; BayObLG WuM **90**, 173), u aus BGB 823, wenn PersönlichkR eines Beteil verletzt (BayObLG aaO);
17 vgl aber § 23 Rn 19, 20. – **b) Unterschrift.** Bei Identität von Versammlgs- u BeiratsVors kann dieser in
beiden Eigensch einmal unterschreiben (LG Lüb Rpfleger **91**, 309). – **c) Einsichtsrecht** jedes WEigtümers
am Verwaltgssitz; ausübb dch Vertreter. Es berechtigt zur Fertigg von Abschriften. Verw ist zur Aushän-
digg von Prot (BayObLG **72**, 246) u zur Herstellg von Abschriften (Karlsr MDR **76**, 758) nicht verpflichtet;
Vbg/TErkl, MehrhBeschl, VerwVertr od längere Übg kann ÜbersendgsPfl begründen (BayObLG NJW-
RR **89**, 656). Einsicht ist spätestens 1 Woche vor Ablauf der AntrFr aus § 23 IV zu ermöglichen (BayObLG
WE **91**, 229); auf den FrAblauf sind aber ProtHerstellg, EinsichtGewährg u Unterl gebotener Mitteilg ohne
Einfluß (BayObLG **80**, 29). Kein EinsichtsR in vorbereitete Notizen (KG NJW **89**, 532). – **d)** Über **Geneh-
migungsbeschluß** vgl BayObLG DWE **87**, 56; NJW-RR **87**, 1363.

WEG 25 *Mehrheitsbeschluß.* [I]**Für die Beschlußfassung in Angelegenheiten, über die die
Wohnungseigentümer durch Stimmenmehrheit beschließen, gelten die Vorschrif-
ten der Absätze 2 bis 5.**

[II]**Jeder Wohnungseigentümer hat eine Stimme. Steht ein Wohnungseigentum mehreren ge-
meinschaftlich zu, so können sie das Stimmrecht nur einheitlich ausüben.**

[III]**Die Versammlung ist nur beschlußfähig, wenn die erschienenen stimmberechtigten Woh-
nungseigentümer mehr als die Hälfte der Miteigentumsanteile, berechnet nach der im Grundbuch
eingetragenen Größe dieser Anteile, vertreten.**

[IV]**Ist eine Versammlung nicht gemäß Absatz 3 beschlußfähig, so beruft der Verwalter eine neue
Versammlung mit dem gleichen Gegenstand ein. Diese Versammlung ist ohne Rücksicht auf die
Höhe der vertretenen Anteile beschlußfähig; hierauf ist bei der Einberufung hinzuweisen.**

[V]**Ein Wohnungseigentümer ist nicht stimmberechtigt, wenn die Beschlußfassung die Vornah-
me eines auf die Verwaltung des gemeinschaftlichen Eigentums bezüglichen Rechtsgeschäfts mit
ihm oder die Einleitung oder Erledigung eines Rechtsstreits der anderen Wohnungseigentümer
gegen ihn betrifft oder wenn er nach § 18 rechtskräftig verurteilt ist.**

Schrifttum: Lotz-Störmer, StimmRAusübg u StimmRBeschrkg im WERecht, 1993.

1) Mehrheitsbeschluß (I, II), der nach WEG od Vbg/TErkl notw u ausreichd. Beschl ist vorbeh abw **1** Regelg in Vbg/TErkl mit letzter Stimmabgabe gefaßt, nicht erst mit ErgebnVerkündg (KG NJW-RR **92**, 720) od ProtAufn (BayObLG DWE **84**, 62). – **Stimmabgabe** ist einseit empfangsbedürft WillErkl (BayObLG **81**, 161), die GeschFähigk erfordert (Stgt OLGZ **85**, 259) u nach BGB 119, 123 anfechtb ist (Ffm OLGZ **79**, 144; Celle DWE **84**, 126). Bdgte Stimmabgabe ist unwirks (BayObLG WuM **95**, 227).

a) Stimmberechtigt sind alle WEigtümer. Bei Mehrhausanlage od in sich abgeschl Hausteil nur die wirkl **2** Betroffenen (BayObLG **94**, 98), wobei Betroffenh sich insb aus § 16 II ergeben kann; bei Abstimmg aller nur § 23 IV (BayObLG WE **92**, 26). Über werdden WEigtümer vgl Übbl 7 vor § 1. – Das StimmR ist unübertragb, aber dch **Vertreter** ausübb; keine verdrängde Vollm für GruppenVertr (aA Gernhuber JZ **95**, 381 [389]). VollmNachw nur bei Zweifeln (BayObLG **94**, 98). BGB 181 gilt nicht. Vbg/TErkl (nicht MehrhBeschl; BayObLG DWE **88**, 140) kann Ausübg der Vertretg einschränken; zB auf best Pers (Stimmabgabe dch nicht zugel Vertreter unwirks [BGH **121**, 236; aA KG NJW-RR **95**, 147: nur bei Beanstandg in Versammlg]), schriftl Nachw der Vertretgsmacht (mangels Zurückweis Stimmabgabe auch ohne Nachw wirks; BayObLG **84**, 15; Hamm WE **90**, 104); über Zulässig der Untervertretg vgl Zweibr WE **91**, 357. – **Nutzungsberechtigte:** In Angelegenh nach §§ 15, 16, 21, 26, 28 (nicht bei Vfgen) hat der Nießbraucher am WE entspr BGB 1066 das StimmR (Hbg NJW-RR **88**, 267; LG Mü II NJW-RR **94**, 1497); ebso WohngsRInh (BGB 1093) in Angelegenheiten nach § 15 II (BGH Rpfleger **77**, 55); Mieter haben kein StimmR. – **Verwaltungsbefugte** wie TestVollstr, Konk-/ZwVerw (KG WE **90**, 206) üben es für den Eigtümer aus.

b) Stimmrecht. – aa) Kopfprinzip (II 1). Jeder WEigtümer hat ohne Rücks auf die Größe seines **3** MitEAnt u die Zahl seiner WERechte nur eine Stimme (BayObLG **86**, 10). Gilt entspr für NießbrBerecht an mehreren WE (LG Mü II NJW-RR **94**, 1497). – **bb) Einheitliches Stimmrecht (II 2)** bei MitBerechtigg am WE. Alle haben zus eine Stimme, keine Stimmquoten. Willensbildg intern nach jeweil GemschRegeln (BayObLG WuM **90**, 322). Da einheitl Ausübg notw, kann einer alleine nur bei ges od rgesch (Nachw ggü Versammlgleiter nur bei Zweifeln; BayObLG **94**, 98) VertrMacht stimmen. Divergierde Stimmen bedeuten Enthaltg (Köln NJW-RR **86**, 698). – **cc) Sonderfälle zu II 1, 2:** Nur eine Stimme, wenn ein WE *A* u eines *A/B* (KG OLGZ **88**, 434) od mehrere WE *A/B* gehören od bei teilw ZwVerw (KG NJW-RR **89**, 1162). Drei Einzelstimmen für *A, B* u *C*, wenn ein WE *A/B*, eines *A/C* u eines *C* gehören (Schlesw 2 W 44/86 v 8. 3. 88). – **dd) Abdingbar** dch Vbg/TErkl; zB StimmR nach MitEAnt od WERechten, gilt auch für Zweier- **4** Gemsch (BayObLG **86**, 10) u MehrhBeschl nach § 26 I 1 (BayObLG **82**, 203); nicht aber vollständ Ausschl (BGH NJW **87**, 650; Hamm OLGZ **90**, 168). – **ee) Majorisierung** bei Ausübg von § 25 II abw StimmR mögl. Deswg aber keine generelle Begrenzg auf 25% (KG NJW-RR **94**, 525) u keine gerichtl verfügb Beschränkg für die Zukunft (KG aaO; aA Düss OLGZ **84**, 289), sond UngültErkl bei Mißbr im Einzelfall (KG aaO; BayObLG WuM **94**, 570), wenn ohne MißbrStimmen Mehrh entfällt (KG OLGZ **79**, 28).

c) Einfache Mehrheit (nicht bloß relative; Schlesw DWE **87**, 133) der in der Versammlg vertretenen **5** Stimmen maßg. Ein StimmBerecht kann bei BeschlFähigk alleine beschließen; bei zwei Stimmen ist Einstimmigk notw (Köln Rpfleger **80**, 349). Vbg/TErkl kann qualifizierte Mehr aller WEigtümer od Versammlgsteilnehmer (vgl Celle OLGZ **91**, 431) vorsehen. – **Enthaltungen** zählen den Nein-Stimmen nicht mit (BGH **106**, 179); gilt auch bei qualifizierter Mehrh (aA Celle OLGZ **91**, 431). Dch Vbg/TErkl abdingb (BayObLG WuM **91**, 365).

2) Beschlußfähigkeit (III, IV). – a) Erstversammlung. Die erschienenen od vertretenen StimmBerecht **6** müssen die Mehrh aller im GB eingetr MitEAnteile (KG OLGZ **74**, 419) halten **(III).** NichtStimmBerecht nach V zählen nicht mit (BayObLG NJW-RR **93**, 206; Düss WE **92**, 81; aA KG OLGZ **89**, 38); desh gilt III nicht, wenn ohne sie keine Mehrh iSv III mögl (BayObLG aaO; KG NJW-RR **94**, 659). Dch Vbg/TErkl abdingb (BayObLG **92**, 79); bei Verstoß daher nur § 23 IV (BayObLG WE **91**, 285). Maßg ist Ztpkt der einz BeschlFassg, so daß währd Versammlg BeschlUnfähigk mit Wirkg ex nunc eintreten kann (BayObLG WuM **89**, 459). – **b) Wiederholungsversammlung** nach anfängl od währd Versammlg eingetretener BeschlUnfä- **7** higk der ersten ist stets beschlfäh **(IV)**. IV gilt aber nicht für neuen BeschlGgst. Sie ist nach der ersten Versammlg (Köln NJW-RR **90**, 26) wie diese einzuberufen. Dch Vbg/TErkl abdingb (zB „Eventualeinberufg" zugl mit Erstversammlg auf 1 Stunde später; BayObLG WuM **95**, 500); bei Verstoß daher nur § 23 IV. Verstoß gg abdingb IV 2 Halbs 2 wird dch BeschlFähigk iSv III geheilt (Ffm OLGZ **83**, 29).

3) Stimmrechtsausschluß (V); SonderVorschr ggü BGB 181 (Karlsr OLGZ **76**, 145). Abdingb dch **8** Vbg/TErkl (BayObLG DWE **84**, 125). Auch erweiterb; zB Ruhen bei schuldh gemschwidr Verhalten (BayObLG **65**, 34; LG Mü I DNotZ **78**, 630) od wenn ifV II 2 keine Vollm auf einen WEigtümer erteilt, nicht aber wg Beschl nach § 18 III (KG OLGZ **86**, 179). – **a) Voraussetzungen.** RGesch ist hier Vertr od **9** einseit WillErkl, wie zB Beschl über Einräumg von SonderR (BayObLG WuM **87**, 101). Einleitg von RStreit zB GewlAnspr einschl BewSichg gg Eigtümer, der zugleich Bautr äger ist (BayObLG **93**, 603). Genügd, daß WEigtümer mit GeschPartner wirtsch Einh bildet (BayObLG **94**, 339) od pers eng verbunden (BayObLG NJW-RR **93**, 206 [Eheg]). Nicht unter V fallen Beschl über mitgliedschaftl Angelegenh (KG NJW-RR **94**, 856). Bei Abstimmg über Schaffg von Stellplätzen kein Ausschl für Eigtümer, denen sie dch weiteren Beschl zugewiesen werden sollen (Stgt OLGZ **74**, 404). – **b) Eigentümer, der zugleich Verwal- 10 ter,** hat StimmR in mitgliedschaftl Angelegenh; zB Bestellg u Abberufg als Verw (Zweibr ZMR **86**, 369; KG NJW-RR **87**, 268; BayObLG NJW-RR **87**, 78), § 28 V-Beschl. Kein StimmR bei BeschlFassg über: Abschl (RGRK/Augustin § 26 Rn 9), Änderg (zB Vergütgserhöhg; BayObLG NJW-RR **93**, 206) od Künd (BayObLG NJW-RR **87**, 78) des VerwVertr; Entlastg (Zweibr WE **91**, 357); Geltdmachg von Anspr gg den Verw (BGH **106**, 222). Bei einheitl BeschlFassg über mitgliedschaftl Angelegenh u RGesch mit Verw (zB § 28 V-Beschl u Entlastg) besteht StimmRAusschl (BayObLG NJW-RR **87**, 78; Zweibr aaO). – **c) Wir- 11 kung.** Betroffener ist kein StimmBerecht iSv Rn 2, 3 u zählt für BeschlFähigk nicht mit (Rn 6). IfV II 2 wirkt Ausschl nicht notw gg alle (aA BayObLG NJW-RR **93**, 206); dies nur wenn Betroffener mind 50% der Stimmen in der MitBerechtGemsch hat (Bassenge FS-Seuß **87**, 33 mwN), andernf wächst seine Stimme den Nichtbetroffenen zu. Betroffener darf and nicht bevollmächtigen (BPM/Pick Rn 61) u ist nach Normzweck nicht in gesetzl (LG Ffm NJW-RR **88**, 596) od rgesch (BayObLG Rpfleger **83**, 15; Zweibr DWE **84**, 127) Vertretg and WEigtümer stimmberecht; ebso nicht Verw (der nicht selbst WEigtümer) in Vollm von WEigtümer bei BeschlFassg über seine Entlastg (KG NJW-RR **89**, 144; Hamm WE **90**, 104; Zweibr WE **91**, 12 357). Unberührt bleiben Teiln/RedeR in der Versammlg (BayObLG NJW **93**, 603). – **d) Verstoß.** Beschl nach § 23 IV anfechtb, aber nicht nichtig; UngültErkl aber nur, wenn bei Nichtberücksichtigg Mehrh entfällt (BayObLG ZMR **88**, 148).

WEG 26 *Bestellung und Abberufung des Verwalters.* [1]Über die Bestellung und Abberufung des Verwalters beschließen die Wohnungseigentümer mit Stimmenmehrheit. Die Bestellung darf auf höchstens fünf Jahre vorgenommen werden. Die Abberufung des Verwalters kann auf das Vorliegen eines wichtigen Grundes beschränkt werden. Andere Beschränkungen der Bestellung oder Abberufung des Verwalters sind nicht zulässig.

[2]Die wiederholte Bestellung ist zulässig; sie bedarf eines erneuten Beschlusses der Wohnungseigentümer, der frühestens ein Jahr vor Ablauf der Bestellungszeit gefaßt werden kann.

[3]Fehlt ein Verwalter, so ist ein solcher in dringenden Fällen bis zur Behebung des Mangels auf Antrag eines Wohnungseigentümers oder eines Dritten, der ein berechtigtes Interesse an der Bestellung eines Verwalters hat, durch den Richter zu bestellen.

[4]Soweit die Verwaltereigenschaft durch eine öffentlich beglaubigte Urkunde nachgewiesen werden muß, genügt die Vorlage einer Niederschrift über den Bestellungsbeschluß, bei der die Unterschriften der in § 24 Abs. 6 bezeichneten Personen öffentlich beglaubigt sind.

Schrifttum: Merle, Bestellg u Abberufg des Verw nach § 26 WEG, 1977.

1 **1) Bestellung des Verwalters.** Das VerwAmt ist persgebunden u geht nicht mit GeschÜberg (BayObLG **90**, 28) od auf GesamtNachf (BayObLG **90**, 173) über; VerwAmt einer OHG/KG endet GesellschBeendigg (vgl Düss Rpfleger **90**, 356), nicht aber mit Wechsel pershaftden Gters (BayObLG NJW-RR **88**, 1170). BestellgsAkt u VerwVertr sind insow nichtig, als sie über I 2 hinausgehde Beschrkgen für die VerwBestellg (zB Beschrkg auf best PersKreis [BayObLG NJW-RR **95**, 270]; qualifizierte Mehr [BayObLG WuM **94**, 230]; Bestellg dch WEigtümer aGrd Vorbeh in der TeilgsErkl [BayObLG MDR **94**, 798], VerwaltgsBeirat od Dritte [LG Lüb Rpfleger **85**, 232]; Zust eines GrdPfdGläub) od Ermächtigg des Verw zur Übertr der Verwaltg auf Dr ohne MitspracheR der WEigtümer (BayObLG **75**, 327; vgl aber Ffm Rpfleger **76**, 253) od aufschiebde Bddgg (KG OLGZ **76**, 266) enthalten; über Abweichg v § 25 II 1 vgl § 25 Rn 4. – **Verwalter kann sein:** WEigtümer od Dritter, jurPers od OHG/KG (Hbg OLGZ **88**, 299); nicht aber mehrere Pers in GbR (BGH **107**, 268) od nebeneinand (BGH WE **90**, 84). – Zu **unterscheiden ist zwischen Bestellungsakt und Abschluß des Verwaltervertrages** (BayObLG **74**, 305):

2 **a) Bestellungsakt** bestimmt im InnenVerh der WEigtümer, wer Verw wird. Bestellg ohne Befristg od für über 5 Jahre ist nicht nichtig, sond endet 5 Jahre nach Beginn der Amtszeit (**I 2**); nicht dch Vbg/TErkl abdingb. Amtszeit beginnt mit Wirksamwerden des BestellgsAkts; bei Bestellg in TErkl mit GBAnlegg u GemschEntsteh (KG DWE **87**, 97; LG Brem Rpfleger **87**, 199). Bestellg auf weniger als 5 Jahre mit Verlängerg mangels Abberufg endet spätestens nach 5 Jahren (Köln DWE **90**, 69). Wiederbestellg (auch mehrf) zul, vor Ablauf der Fr in **II** mit Wirkg ab Ende der Bestellgszeit aber nichtig; Wiederbestellg bis zu 5 Jahren mit sof Wirkg jederzeit mögl (BGH NJW-RR **95**, 780). Dch einen BestellgsAkt können mehrere Verw nacheinander (für jeden gilt I 2) bestellt werden (LG Mü II MittBayNot **78**, 59; aA LG Fbg WuM **94**, 3 406), aber jeder nur einmal. – **aa) Mehrheitsbeschluß (I 1).** So können auch die Bddgen der VerwTätigk (zB VergütgsErhöhg) geregelt werden (KG NJW **75**, 318). Wg Rückwirkg der UngültErkl entfällt RSchutzInt für Anfechtg nicht dch Ausscheiden des Verw (BayObLG NJW-RR **88**, 270); kein AnfR des zuvor abberufenen Verw (KG OLGZ **78**, 178). I 3 gibt Maß für UngültErkl (Stgt NJW-RR **86**, 315; BayObLG 4 WE **91**, 167). Über RGesch des Verw vor UngültErkl vgl § 23 Rn 19. – **bb)** GerichtsbeschIuß im Verf nach §§ 21 IV, 43 I Nr 1 (BayObLG NJW-RR **89**, 461) od III, § 43 I Nr 3; er ist iFv **III** Hauptsacheentscheidg u keine einstwAO. Nur auf Antr u wenn Verw fehlt, die VerwTätigk verweigert (BayObLG WE **90**, 27) od im Einzelfall verhindert (zB BGB 181). Er kann Bddgen der VerwTätigk (zB Vergütg [andf gilt letzte vertragl Vergütg; KG NJW **94**, 138], Bestellgszeit) regeln (BGH NJW **80**, 2466; BayObLG NJW-RR **89**, 461). Bestimmte Pers braucht im Antr nicht benannt zu werden; Ger nicht an Vorschlag gebunden. Bestellg wird mit RKraft wirks (vorher Bestellg dch einstwAO nach § 44 III mögl; für RGesch des Verw iF der Aufhebg dieser Bestellg gilt FGG 32 [BayObLG NJW-RR **92**, 787]), wirkt wie Bestellg nach I 1 (BGH NJW **93**, 1924) u endet wie diese (BayObLG NJW-RR **89**, 461), nicht aber dch bloßen AbberufgsBeschl der WEigtümer ohne VerwBestellg (KG OLGZ **89**, 435). Zuvor abberufener Verw hat gg die Bestellg kein BeschwR (Köln OLGZ **69**, 389). Endet die gerichtl Bestellg inf Bestellg eines Verw nach I 1, so lebt mit 5 deren UngültErkl die gerichtl Bestellg nicht wieder auf (BayObLG NJW-RR **92**, 787). – **cc) Vereinbarung/Teilungserklärung;** aber auch dann gilt I 2 bis 4. – **dd) Duldung der Verwaltertätigkeit** in irriger Annahme der VerwBestellg genügt nicht (BayObLG **87**, 54).

6 **b) Verwaltervertrag** zw WEigtümern u Verw od AmtsÜbern neben BestellgsAkt notw, da niemand zur AmtsÜbern verpfl; erst dadch erlangt die bestellte Pers die RStellg als Verw (Hamm NJW **73**, 2301; 7 BayObLG **74**, 305). – **aa) Vertragsschluß** nach BGB 145ff. BestellgsAkt (Rn 2–5) enthält mangels abw Inhalts zugl das VertrAngebot an den Verw (BGH NJW **80**, 2466) bzw die Ann seines Angebots (BayObLG WuM **90**, 236); auch bei gerichtl Bestellg Vertr mit WEigtümer. VertretgsMacht, den Zugang der VertrErkl an den Verw herbeizuführen u ggf nähere VertrBdggen in dem im BestellgsAkt gezogenen Rahmen (zB Höhe der Vergütg) auszuhandeln, hat bei Bestellg nach I 1 od der Vereinbg der Mehrh (Hbg OLGZ **88**, 299), bei Bestellg nach III der AntrSteller (aA Merle S 84f). Zur Wirkg ggü SonderNachf eines WEigtümers vgl § 10 Rn 17. Zum Fortwirken ggü ausgeschiedenem WEigtümer vgl BGH NJW **81**, 282. BestellgsAkt

kann auch Vollm zum VertrAbschluß enthalten. Nicht näher begrenzte Vollm ermächtigt nur zu Vertr, der ordngsmäß Verwaltg entspr (Köln NJW **91**, 1302). – **bb) Vertragsinhalt.** Auftr od idR GeschBesorggs- **8** Vertr iSv BGB 662, 675 (BGH NJW-RR **93**, 1227), für den auch I 2 gilt. Verwaltg ist iZw entgeltl auch wenn WEigtümer Verw ist (and bei BGB 662); bis zum VertrSchluß uU VergütgsAnspr aus BGB 677 ff (vgl Ha.nm NJW-RR **89**, 970). Fälligk der Vergüt mangels abw Regelg nach BGB 614 (Hamm NJW-RR **93**, 845). Keine Vergütg, solange Tätigk dch einstwAO untersagt (KG WuM **91**, 57). Anspr des gewerbsm Verw aus BGB 670 verj gem BGB 196 Nr 7 (Ffm OLGZ **80**, 413). WEigtümer haften aus Vertr dem Verw als GesSchu (KG NJW-RR **90**, 153); ihre vertragl Anspr gg den Verw gehen auf Leistg an alle gem BGB 432 (Zweibr BlGBW **83**, 136). Wg Laufzeit u AGBG 11 Nr 12a vgl KG WuM **91**, 57.

2) Abberufung des Verwalters. Sie kann vom Vorliegen wicht Grde abhäng gemacht werden (**I 3**). **9** Beschrkg der Abberufg aus wicht Grd (zB qualifizierte Mehrh, DrittZut [BayObLG **85**, 57], Hinausschieben des Wirksamwerdens [KG OLGZ **78**, 178], abschließde Aufzählg od Ausschl best Grde) in schuldr Vertr, Vbg/TErkl od MehrhBeschl sind nichtig. Beschrkg jederzeit Abberufg zul (Merle S 97). – **Wichtige Gründe** sind zB: Mißachtg des Willens der WEigtümer od Verletzg der VerwPfl (BayObLG DWE **91**, 31); nicht notw vom Verw versch Zerstörg des VertrauensVerh (BayObLG WuM **92**, 161); Vermögensverfall (Stgt OLGZ **77**, 433); auch Umst außerh des VerwVerh od vor Bestellg (KG OLGZ **74**, 399); Fälschg u erhebl verspätete Übersendg des Prot (BayObLG WEM **80**, 125); Häufg von kleinen Fehlern. BGB 626 II gilt nicht, aber Abberufg muß binnen angem Frist erfolgen (Hamm WuM **91**, 218). – **Abwicklung:** Verw **10** hat gem BGB 666, 667, 675 unabhäng von Eigt die OriginalVerwUnterlagen (BayObLG WuM **92**, 644) aus der ganzen Zeit u VerwGgst (BayObLG ZMR **85**, 306: Schlüssel) an die WEigtümer herauszugeben u Rechng zu legen (BayObLG WE **94**, 280). Kein ZbR wg str Vergütg (Ffm OLGZ **94**, 538). Wg JAbrechng vgl § 28 Rn 8. Über Herausg von Bauunterlagen, wenn Verw zugl Verkäufer/ Bauträger vgl Köln ZMR **81**, 89; Hamm NJW-RR **88**, 268. – Zu **unterscheiden ist zwischen Abberufungsakt und Kündigung des Verwaltervertrages** (BayObLG **72**, 139):

a) Abberufungsakt bestimmt im Innenverh der WEigtümer, den Verw abzuberufen. VerwStellg endet **11** erst mit Zugang der AbberufgsErkl bei Verw. – **aa) Mehrheitsbeschluß (I 1)**, auch bei Bestellg dch Vbg/ TErkl; nicht dch einen WEigtümer nach § 21 II, dch VerwBeirat nur in Ausführg eines MehrhBeschl (BayObLG **65**, 34). Beschl verbindl, solange nicht nach § 23 IV für ungült erklärt (KG OLGZ **78**, 178); Abberufener hat AnfR aus § 43 I Nr 4 (BGH **106**, 113). – **bb) Gerichtsbeschluß** auf Antr nach § 21 IV (Düss ZMR **94**, 520); zul auch Antr auf Verpfl der WEigtümer zur Abberufg nach Rn 3. Antr nicht auf Grd stützb, der von Entlastg umfaßt od mit Anfechtg der Bestellg hätte geltd gemacht werden können (BayObLG NJW-RR **86**, 445).

b) Kündigung des Verwaltervertrages idR in der Abberufg enthalten; BGB 626 II gilt nicht, aber **12** Künd muß binnen angem Frist erfolgen (BayObLG WEM **80**, 125; Ffm NJW-RR **88**, 1169). Bei Abberufg aus wicht Grd auch BGB 626 I gegeben (BayObLG WE **94**, 274). Bei unberecht Künd hat Verw vertragl (BGB 615) Erf- u SchadErsAnspr (Köln DWE **94**, 110); eine nach I 2 wirks Abberufg (weil zB nicht auf wicht Grd beschr) bewirkt dann nur Erlöschen der RStellg als Verw sowie erteilter Vollm (BGB 168 S 2; BayObLG NJW **58**, 1824). Wirks Abberufg kann auflösde Bdgg für VerwVertr sein (BayObLG DWE **94**, 80). Gekündigter Verw darf mit VergütgsAnspr gg Fdg auf Rückzahlg von GemschGeldern aufrechnen (BayObLG **76**, 165; Stgt ZMR **83**, 422). Abberufg ist kein Eingr in GewerbeBetr des Verw (Köln OLGZ **80**, 1). – Auch Verw kann gem BGB 622, 626, 671 kündigen, wodch auch VerwStellg endet.

c) Einseitige Amtsniederlegung beendet VerwStellg (Merle S 102; vgl BGH **121**, 257 [GmbH- **13** GeschF]), nicht aber VerwVertr (sofern nicht auflösde Bdgg für VerwVertr; BayObLG DWE **94**, 80).

3) Legitimation (IV) insb im GB-Verf (GBO 29), zB bei Zust nach § 12. Nachw der Eigensch iSv § 24 **14** VI nicht notw (LG Lüb Rpfleger **91**, 309). Bei Bestellg in TeilgsErkl genügt diese (Oldbg DNotZ **79**, 33), bei Bestellg gem § 23 III alle ZustErkl in der Form GBO 29 notw (BayObLG NJW-RR **86**, 564). VerwVertr weder ausreichd noch notw (LG Köln RhNK **84**, 121). Fortbestand der Bestellg nur bei begründeten Zweifeln nachzuweisen (Köln Rpfleger **86**, 298; BayObLG NJW-RR **91**, 978). IV gilt entspr, wenn Vbg/ TErkl abw od § 24 VI Unterschr und Pers vorsieht. – IV gilt nicht für EintrBew der WEigtümer u Nachw der VerwVollm ggü GBA (BayObLG **78**, 377).

4) Entlastung des Verwalters gehört zur ordngsgem Verwaltg iSv § 21 III; Anspr des Verw nur, wenn **15** Vbg/TErkl od VerwVertr dies vorsieht. Sie bewirkt, daß Verw bzgl der GemschEVerwaltg (BayObLG WE **88**, 76) von bekannten od bei sorgfält Prüfg seiner Vorlagen u Berichte nicht nur bes fachkundg WEigtümern erkennb ErsAnspr der WEigtümer freigestellt wird u wirkt daher wie negat SchuldAnerkenntn (BayObLG WuM **94**, 43; KG NJW-RR **93**, 404; aA Celle NJW-RR **91**, 979 [nur bei Straftat keine Freistellg]); keine Entlastg für SchadErsAnspr wg Beschädigg des SE dch MehrBeschl (BayObLG WE **90**, 145). Verw hat danach auch keine AuskPfl mehr über die von der Entlastg erfaßten Vorgänge (BayObLG Rpfleger **79**, 66, 266; WE **89**, 180; Celle OLGZ **83**, 177); auch keine Abberufg ihretwegen (BayObLG NJW-RR **86**, 445). Mangels ggteil Anhaltspkte enthält die Billigg der Jahresabrechg (§ 28 III, V) die Entlastg für die von ihr erfaßten Verwaltgshandlgen (KG ZMR **87**, 274; BayObLG **87**, 86); getrennte Anfechtg mögl (BayObLG ZMR **88**, 69). Entlastg wird mit Zugang beim Verw u nicht schon mit BeschlFassg ihm ggü wirksam (Schönle ZHR **126**, 199 [212]; str) u bedarf keiner Annahme (BayObLG **87**, 86).

WEG 27 *Aufgaben und Befugnisse des Verwalters.* [1]*Der Verwalter ist berechtigt und* verpflichtet:

1. **Beschlüsse der Wohnungseigentümer durchzuführen und für die Durchführung der Hausordnung zu sorgen;**
2. **die für die ordnungsmäßige Instandhaltung und Instandsetzung des gemeinschaftlichen Eigentums erforderlichen Maßnahmen zu treffen;**

3. in dringenden Fällen sonstige zur Erhaltung des gemeinschaftlichen Eigentums erforderliche Maßnahmen zu treffen;

4. gemeinschaftliche Gelder zu verwalten.

II Der Verwalter ist berechtigt, im Namen aller Wohnungseigentümer und mit Wirkung für und gegen sie:

1. Lasten- und Kostenbeiträge, Tilgungsbeträge und Hypothekenzinsen anzufordern, in Empfang zu nehmen und abzuführen, soweit es sich um gemeinschaftliche Angelegenheiten der Wohnungseigentümer handelt;

2. alle Zahlungen und Leistungen zu bewirken und entgegenzunehmen, die mit der laufenden Verwaltung des gemeinschaftlichen Eigentums zusammenhängen;

3. Willenserklärungen und Zustellungen entgegenzunehmen, soweit sie an alle Wohnungseigentümer in dieser Eigenschaft gerichtet sind;

4. Maßnahmen zu treffen, die zur Wahrung einer Frist oder zur Abwendung eines sonstigen Rechtsnachteils erforderlich sind;

5. Ansprüche gerichtlich und außergerichtlich geltend zu machen, sofern er hierzu durch Beschluß der Wohnungseigentümer ermächtigt ist;

6. die Erklärungen abzugeben, die zur Vornahme der in § 21 Abs. 5 Nr. 6 bezeichneten Maßnahmen erforderlich sind.

III Die dem Verwalter nach den Absätzen 1, 2 zustehenden Aufgaben und Befugnisse können durch Vereinbarung der Wohnungseigentümer nicht eingeschränkt werden.

IV Der Verwalter ist verpflichtet, Gelder der Wohnungseigentümer von seinem Vermögen gesondert zu halten. Die Verfügung über solche Gelder kann von der Zustimmung eines Wohnungseigentümers oder eines Dritten abhängig gemacht werden.

V Der Verwalter kann von den Wohnungseigentümern die Ausstellung einer Vollmachtsurkunde verlangen, aus der der Umfang seiner Vertretungsmacht ersichtlich ist.

1 **1) Verwalter. – a) Rechtsstellung.** Kein Organ der Gemsch iSv BGB 31, sond weisgsgebundener Beauftragter od GeschBesorger (Ffm NJW-RR **88**, 1169). Zur VerwEigensch iSv WoVermG 2 II Nr 2 vgl LG Düss NJW-RR **93**, 401. Über VertretgsMacht vgl Rn 3, 8. – **b) Haftung.** Der Verw haftet den WEigtümern für PflVerletzg aGrd des VerwVertr (Sorgfalt iSv BGB 276 nach bes Fachkunde; BayObLG WuM **90**, 178; KG OLGZ **94**, 35) od BGB 823 (BGH NJW-RR **89**, 394); für Fehler sorgfält ausgesuchter Fachfirma haftet er nicht (BayObLG WE **92**, 23). Die WEigtümer haften Dritten für vom Verw zugefügten Schaden nach BGB 831 (nach aA BGB 31), bei vorvertragl u vertragl Versch nach BGB 278; Verw haftet Dritten nach BGB 823ff (zB 836; BGH NJW **93**, 1782). Aus RGesch des Verw mit Dritten iRv ges od rgesch VertretgsMacht haften die WEigtümer als GesSchu, soweit nichts and im Vertr vereinb (BGH MDR **78**, 134). Im Verh der WEigtümer untereinander ist der Verw nicht ErfGehilfe (Hbg OLGZ **91**, 47), auch BGB **2** 31, 831 nicht anwendb (Ffm OLGZ **93**, 188). – **c) Gehilfen.** Der Verw darf sich zur Erf seiner Aufgaben Gehilfen bedienen, aber nicht die gesamte VerwTätigk auf Dritten übertragen (BayObLG **90**, 173). Soweit er rgesch Vertreter iRv I ist, darf er UnterVollm erteilen, wenn die eigene VertretgsMacht es erlaubt; soweit er ges Vertreter iRv II ist, darf er es auch, da WEG nicht entggsteht.

3 **2) Aufgaben und Befugnisse nach I.** Im Ggsatz zum Wortlaut von II keine VertretgsMacht (vgl Rn 4, 5, 7; Ausn: Rn 6).

4 **a) Nr 1: Beschlußdurchführung.** Wg Weisgsgebundenh des Verw keine MaßnBeanstandg nach § 43 I Nr 2, wenn Beschl nicht für ungült erklärt od nichtig (BayObLG WuM **90**, 366). Verw hat auch vereinbgswidr Beschl auszuführen, der nicht für ungült erklärt od nichtig (BayObLG **74**, 86). Auch angefochtener (noch nicht für ungült erklärter) Beschl ist mangels ggteil Weisg der Mehrh od einstwAO auszuführen. Aus Nr 1 folgt keine VertretgsMacht; sie kann aber schlüss dch den auszuführden Beschl rgeschäftl erteilt sein.

5 **b) Nr 2: Instandhaltung/setzung.** Begriff wie § 21 V Nr 2. Wg § 21 V Nr 2 grdsl nur Verpfl, die Mängel iR regelm Überwach (zur Übertr auf FachUntern vgl Zweibr NJW-RR **91**, 1301) festzustellen u BeschlFassg der WEigtümer herbeizuführen (BayObLG **92**, 146); selbstd Beseitigg nur iRv Nr 3. Verw schuldet nicht Vornahme als solche, sond Sorge für sie; daher beauftragte Handwerker nicht ErfGehilfen (BayObLG **92**, 146). Wahrnehmg der VerkSichgPfl (Ffm Rpfleger **81**, 399) einschl Streuen, was WEigtümer nicht von ÜberwachgsPfl befreit (BGH NJW **85**, 484). Aufwendgen des Verw sind VerwKosten, die Verw aus der Rücklage entnehmen darf (BGH **67**, 232); auch Anspr gg WEigtümer auf Erstattg od SchuldÜbern aus VerwVertr/GoA (KG WuM **85**, 97). Aus Nr 2 folgt keine VertretgsMacht (Düss NJW-RR **93**, 470; BGH **67**, 232 für außergewöhnl nicht dringl Instandsetzg größeren Umfangs; Hbg DWE **93**, 164 für langfrist WartgsVertr), insb nicht zur KreditAufn für Finanzierg (BGH NJW-RR **93**, 1227). Zur Übertragg in Eigenleistg an WEigtümer vgl KG NJW-RR **91**, 1235.

6 **c) Nr 3: Notmaßnahmen.** Dringder Fall setzt keine unmittelb drohde Gefahr voraus; ausreichd Notwendigk iSv § 21 III u Unzumutbark vorherigen EigtümerBeschl (zB Heizölnachbestellg; Mäusebekämpfg). AufwendgsErs u Haftg wie Rn 5. Entspr II Nr 4 ist hier ges VertretgsMacht anzunehmen (Kahlen BlGBW **85**; hM), die dann auch für Maßn iSv Nr 2 bei Dringlichk gilt (Hamm NJW-RR **89**, 331; vgl auch BGH **67**, 232).

7 **d) Nr 4: Geldverwaltung.** Insb Beiträge nach §§ 16 II, 28 II; Rücklagen (§ 21 V Nr 4), Nutzgen des GemschE (zB Mietzins); Baugelder aus AufbauVereinbg (LG Bln JR **62**, 222). Sie sind Eigt der WEigtümer (§ 1 Rn 14) u nicht TrHdEigt des Verw (Hbg MDR **70**, 1008). Über Geldanlage vgl Rn 19. Aus Nr 4 folgt keine VertretgsMacht (str), insb nicht zur KreditAufn (BGH NJW-RR **93**, 1227; Kblz DB **79**, 788).

8 **3) Aufgaben und Befugnisse nach II.** In diesem Rahmen ist der Verw Vertreter der WEigtümer mit ges VertretgsMacht (BGH **78**, 166). Trotz von I abw Wortlauts ist Verw (auch aus VerwVertr) zur AufgErfüllg auch verpflichtet, zB iFv II Nr 5 (Hbg OLGZ **93**, 431).

a) Nr 1: Lasten/Kostenbeiträge iSv § 16; über befreide Zahlg auf Eigenkonto des Verw vgl Saarbr **9** OLGZ **88**, 45. Bei den GrdPfdRZinsen u TilggsBetr handelt es sich nur um die auf dem Grdst selbst od den sämtl Anteilen ruhenden GrdPfdRechte. Freilich kann jeder Eigtümer den Verwalter auch mit der Abführg der Zinsen u TilggsBetr der allein sein WE belastenden GrdPfdRechte beauftragen; auch bei Einzelbelastg iRv GesFinanzierg keine gemschaftl Angelegenh u nicht dch Vereinbg der WEigtümer zu solcher machb (KG NJW **75**, 318; aA Schlesw NJW **61**, 1870; BayObLG Rpfleger **78**, 256). Auch Einziehg von ErbbZins-anteilen (Karlsr Justiz **62**, 89). WEigtümer hat die in II 1 genannten Leistgen zu Händen des Verwalters an die WEigtümerGemsch zu erbringen; unmittelb Abführg an Gläub befreit ihn ggü der Gemsch grdsätzl nicht (BayObLG NJW **58**, 1824 Anm Bärmann NJW **59**, 1277). – Befugn zur gerichtl Geltdmach (§ 43 I Nr 1) nur nach Maßg II Nr 5.

b) Nr 2: Bewirkung/Entgegennahme von Zahlungen/Leistungen; als ErfHdl für die Gemsch (BGH **10** **67**, 232). – **Bewirken** von Zahlgen aus dem gemsch Geld (I 4) im Rahmen ord Verw (I 1–3) nach Maßg des WirtschPlans (§ 28 I); nicht dch KreditAufn (Rn 5). Gläub ist zur Entggnahme von Teilzahlgen einz WEig-tümer nicht verpfl, BGB 266; solche Zahlgen befreien, vorbeh Gen, den einz WEigtümer auch nicht von seiner BeitrPfl iSv § 16 II. – **Entgegennahme:** auch Abnahme (BGB 640) u Mängelrüge/Fristsetzg (BGB 634) bei Bauleistgen für GemschE (KG WE **93**, 197); nicht aber Wandlg (BGB 462, 634); auch QuittgsEr-teilg einschl löschgsfäh Quittg zur ZwHypLöschg ifV § 16 Rn 11 (BayObLG **95**, 103).

c) Nr 3: Entgegennahme von Zustellungen. – aa) Geltungsbereich. ProzVerf (BGH **78**, 166), Ver- **11** waltgsVerf (vgl BVerwG NJW-RR **94**, 972; **95**, 73; OVG Münst NJW-RR **92**, 458), § 43–Verf (BGH WM **84**, 1254) u rgesch WillErkl (zB Künd, Mahng). In § 43–Verf auch dann, wenn ifV Nr 1 (BGH aaO), Nr 2 (BayObLG NJW-RR **89**, 1168) od Nr 4 (BayObLG ZMR **88**, 148; Ffm OLGZ **89**, 433) nicht an alle WEigtümer zugestellt wird, weil zB einer AntrSteller. Förml Zustellg u formlose Übersendg (BayObLG WEM **81**, 4/37). ZPO 189 I anwendb (BGH **78**, 166), so daß Überg eines Exemplars genügt (auch wenn Verw neben den Eigtümern Beteil). – **bb) Wirkung.** Zustellg wirkt ggü Eigtümern, wenn erkennb, daß sie **12** an Verw als EigtümerVertr gerichtet (BayObLG WE **95**, 251). Information der WEigtümer dch Verw unerhebl; Kosten (zB Vervielfältigg) trägt die Gemsch (BGH **78**, 166). Darüber hinaus wird Verw nicht VerfVertr der WEigtümer (BayObLG **75**, 23). – **cc) Ausnahme.** Verw von Vertretg ausgeschl bei Interes-senkollison; zB wenn er in Verf nach § 43 I Nr 2 AntrSt od BeschwFührer (BayObLG **90**, 173) bzw VerfGegner od wenn seine RStellg betroffen (zB Anfechtg der VerwBestellg [LG Lüb DWE **86**, 63] od Abberufg [BayObLG WuM **91**, 131]). Nach der Rspr genügt mittelb Betroffenh; zB Anfechtg eines § 28–Beschl wg PflVerletzg des Verw (Stgt OLGZ **76**, 18; Hamm DWE **89**, 69) od weil zugl EntlastgsBeschl (Ffm OLGZ **89**, 433 [zu weitgehd]), nicht aber wg Streits über Verteilgsschlüssel (BayObLG Rpfleger **78**, 320). Ernsth Befürchtg notw, daß Verw die Eigtümer nicht unterrichtet (BayObLG NJW-RR **89**, 1168).

d) Nr 4: Nachteilabwendung. FrWahrg zB dch Klageerhebg/RMitteleinlegg (BGH **78**, 166) od Inan- **14** spruchn eines GewlBürgen (Düss NJW-RR **93**, 470); RNachteilabwendg zB dch VerjUnterbrechg od BeweisSichg (BGH aaO). Verw ist VerfVertr mit beschr VerfVollm, nicht umfassder VerfVertr (Düss ZMR **94**, 520). Bei Erforderlich darf er RAnwalt beauftragen. Kein VertretgsAuschl wie Rn 13 (Düss aaO).

e) Nr 5: Geltendmachung von Ansprüchen; zB auch dch Aufrechng mit ihnen (BayObLG WE **86**, 14) **15** od Beitreibg dch ZwVollstr (Hbg OLGZ **93**, 431). Bes Ermächtigg dch MehrhBeschl od auf ihm beruhenden VerwVertr (BGH NJW **88**, 1910; BayObLG NJW-RR **87**, 1039) notw; Vbg/TErkl mögl, aber idR nicht notw (Stgt OLGZ **90**, 175). Sie kann noch im BeschwVerf erteilt werden (BayObLG NJW-RR **95**, 652). Sie kann allg od für Einzelfall erteilt werden; auch mit Beschrkg (zB unter ZustVorbeh des VerwBeirats; Zweibr NJW-RR **87**, 1366). Sie kann nachträgl beschränkt od entzogen werden. Sie wirkt bei VerwWechsel fort, so daß kein neues Verf notw (KG NJW-RR **91**, 1363; BayObLG NJW-RR **93**, 1488). Sie befugt nicht zur Ausübg von GestaltgsR, das den Anspr erst begründet (LG Bambg NJW **72**, 1376). Gerichtl Geltd-machg von RBerG Art 1 § 3 Nr 6 gedeckt (BGH **122**, 327). – **aa) Verfahrensvertretung** bei Ermächtigg **16** zur Geltdmachg namens der WEigtümer; in Ermächtigg zur VerfStandsch enthalten (BayObLG **88**, 212). WEigtümer werden VerfBeteil; Verw ist VerfBevollm iSv FGG 13 S 2 u darf idR RAnwalt beauftragen (BGH NJW **93**, 1924), der die WEigtümer vertritt. – **bb) Verfahrensstandschaft** bei Ermächtigg zur **17** Geltdmachg im eigenen Namen (nur aktive VerfStandsch; BGH **78**, 166); in Ermächtigg zur VerfVertretg enthalten (BayObLG **69**, 209; KG NJW-RR **91**, 1363). Eigenes schutzwürd Interesse ergibt sich aus Not-wendigk der AufgErfüllg (BGH NJW **88**, 1910). Verw wird VerfBeteil u kann stets RAnwalt beauftragen, der den Verw vertritt.

4) I u II nicht abdingbar (III), aber erweiterb (Rn 20). Daraus folgt aber nicht, daß Gesamthandeln aller **18** WEigtümer auf diesen Gebieten unwirks. Zuläss auch, die Entziehg einer Aufg im Einzelfall (zB einer best InstandsetzgsMaßn).

5) Geldverwaltung (IV); dch Vbg/TErkl abdingb (hM; aA BPM/Pick Rn 10). Kein EigenKto des Verw **19** (auch nicht als SonderKto), sond offenes FremdKto od offenes TreuHdKto (ggf auch als AnderKto) notw (KG NJW-RR **87**, 1160). Verzinsl Anlage für in naher Zukunft nicht benötigtes Geld geboten (BayObLG NJW-RR **95**, 530; aA 54. Aufl). Bei offenem TrHdKto (zur Pfdg dch VerwGläub vgl LG Köln NJW-RR **87**, 1365) muß Verw Guthaben nach BGB 667 an die WEigtümer abführen u kann bei Negativsaldo von ihnen AufwendgsErs nach BGB 670 verlangen (Ffm OLGZ **80**, 413). Für mehrere Gemsch getrennte Konten notw; nicht aber bei einer Gemsch für lfdes Geld u Rücklagen (KG NJW-RR **87**, 1160). Der Konk des Verw erfaßt die gesondert gehaltenen Gelder nicht (Pick JR **72**, 101); bei Vermischg mit eigenem Geld gilt KO 46. VfgsBeschrkg (S 2) u deren Aufhebg nur dch Vbg/TErkl (str).

6) Weitere Rechte und Pflichten ggü den WEigtümern: – **a) Aus Gesetz** ohne Übern im VerwVertr: **20** §§ 24, 25 IV, 28. Hierfür gilt III nicht. – **b) Aus Verwaltervertrag:** bei Übertr der Zust nach § 12 Benenng der Erwerbsinteressenten (Köln OLGZ **84**, 162) u unverzögerl RAusübg (BayObLG DWE **84**, 60); Aus-kunft über Mitgliederstand der Gemsch (Ffm OLGZ **84**, 258; BayObLG **84**, 133) od and VerwaltgsAngelegenh (BayObLG WuM **90**, 369); ordngsgem Buchführg (BayObLG NJW-RR **88**, 18); Einsichtgewährg in Abrechngsbelege u Abschrifterteilg (§ 28 Rn 10). – **c)** Aus **Vereinbarung** (TErkl), sofern im VerwVertr zumind stillschw übernommen (Schmid DWE **90**, 2); zB VerfVertretg (BayObLG **88**, 287).

21   **7) Vollmachtsurkunde (V)** enthält nur eine Anerkenng der ges Vertretgsmacht, aber BGB 172, 173, 175 entspr anwendb. Inhaltl kann sich die Urk darauf beschränken, daß der Verwalter zur Wahrnehmg der ges Rechte nach dem WEG mit Wirkg für u gg die WEigtümer befugt ist. Will Verwalter aGrd eines MehrhBeschl tätig werden, so benötigt er für entspr RHdlgen nicht einer SonderVollm aller WEigtümer, er legitimiert sich dch die GeneralUrk u begl Abschr des MehrhBeschlusses (BayObLG NJW **64**, 1962; auch Diester DNotZ **64**, 724; Riedel Rpfleger **64**, 374). Zum Nachw der Vollm (GBO 29) vgl § 26 IV.

WEG 28   *Wirtschaftsplan, Rechnungslegung.* [1]Der Verwalter hat jeweils für ein Kalenderjahr einen Wirtschaftsplan aufzustellen. Der Wirtschaftsplan enthält:

1. die voraussichtlichen Einnahmen und Ausgaben bei der Verwaltung des gemeinschaftlichen Eigentums;
2. die anteilmäßige Verpflichtung der Wohnungseigentümer zur Lasten- und Kostentragung;
3. die Beitragsleistung der Wohnungseigentümer zu der in § 21 Abs. 5 Nr. 4 vorgesehenen Instandhaltungsrückstellung.

[II]Die Wohnungseigentümer sind verpflichtet, nach Abruf durch den Verwalter dem beschlossenen Wirtschaftsplan entsprechende Vorschüsse zu leisten.

[III]Der Verwalter hat nach Ablauf des Kalenderjahres eine Abrechnung aufzustellen.

[IV]Die Wohnungseigentümer können durch Mehrheitsbeschluß jederzeit von dem Verwalter Rechnungslegung verlangen.

[V]Über den Wirtschaftsplan, die Abrechnung und die Rechnungslegung des Verwalters beschließen die Wohnungseigentümer durch Stimmenmehrheit.

Schrifttum: Jennißen, Die VerwAbrechng nach dem WEG, 3. Aufl, 1995.

1   **1) Wirtschaftsplan (I).** – **a) Einnahmen/Ausgabenvoranschlag** (Rn 4) mit Aufteilg der zur Ausg-Deckg notw Beitr auf die WEigtümer (Rn 5). – **Aufstellung** dch Verw ohne bes Aufforderg od Verpfl im VerwVertr; nicht notw vor Beginn des WirtschJ (Hbg OLGZ **88**, 299). Von jedem Eigtümer ohne Ermächtigg dch die Gemsch nach § 43 I Nr 2 erzwingb (BayObLG NJW-RR **90**, 659) u nach § 45 III, ZPO 887 vollstreckb (BayObLG WE **89**, 220); AufstellgsPfl endet mit Ablauf des WirtschJ, weil dann JAbrechng 2 mögl. **Geordnete Zusammenstellung** der einz Posten, die für jeden WEigtümer bei Anwendg zumutb Sorgfalt verständl u nachzüfb. Keine Aufgliederg entspr II. BV 27 (Stgt WE **90**, 106); aber keine Beschrkg auf Globalbeträge (Ausn: KleinBetr) – **Wirksamwerden** nach V, später iRv § 21 III änderb; vgl auch Rn 19. 3 – **Geltungsdauer** für best WirtschJ beschlossenen Plans für künft WirtschJ nur, wenn dies beschlossen (BayObLG WEZ **88**, 215; Hamm NJW-RR **89**, 1161) od in Vbg/TErkl vorgesehen.

4   **b) Gesamtplan (Nr 1, 3).** Zu erwartde Einnahmen (zB § 16 Rn 6; DeckgsBeitr nach Rn 5) u Ausg (zB § 16 Rn 8; Summe der Beitr gem Nr 3) des WirtschJ in ggf zu schätzder Höhe; nicht aber nur unter bes Umständen zu erwartde Ausg (Hamm OLGZ **71**, 96) u rechtl/tats unsichere Einnahmen (zB Außenstände; BayObLG **86**, 263). WirtschPlan, der erkennb zu überhöhten Vorschüssen od erhebl Deckgslücken führt, verstößt gg § 21 III; zur Vermeidg von Nachtragsfestsetzgen aber großzüg Handhabg zuläss (KG NJW-RR **95**, 397).

5   **c) Einzelplan (Nr 2).** Die Einnahmen (ohne DeckgsBeitr) u Ausg des Gesamtplans sind nach Maßg des für jeden Posten anwendb Verteilgsschlüssels auf die einz WEigtümer zu verteilen u der sich für jeden ergebde Saldo ist seine anteilmäß Verpfl (DeckgsBeitr). Statt der grdsl erforderl betragsmäß Festlegg kann genügen, den Verteilgsschlüssel anzugeben, nach dem der Gesamtbedarf dch einfachen Rechenvorgang umgelegt wird; zB MitEAnt od Anzahl der Wohngen (BayObLG NJW-RR **90**, 720; KG NJW-RR **91**, 912), verbindlich feststehde Wohnfläche (Zweibr NJW-RR **90**, 912).

6   **2) Vorschußpflicht (II).** Sie setzt nach § 28 V beschlossenen WirtschPlan voraus (Rn 15). Ergibt dieser Höhe u Fälligk der Vorschüsse nicht, so bestimmt der Verw sie. Die VorschußPfl aus dem WirtschPlan endet mit Wirksamwerden der WirtschJ (BayObLG NJW-RR **91**, 723; wg künft WirtschJ vgl Rn 3); vorher erlangter VollstrTit bleibt aber wirks (Köln WE **93**, 54; ggf ZPO 767) u ZinsAnspr für Vorschußrückstand entfällt nicht (BayObLG **86**, 128). Die Haftg eines währd des WirtschJ ausgeschiedenen WEigtümers für Rückstände bei Ausscheiden (§ 16 Rn 22) wird dch die JAbrechng nicht aufgehoben (§ 16 Rn 25), aber in der Höhe auf diese begrenzt (BayObLG DWE **90**, 101). Bei UngültErkl der JAbrechng od deren Aussetzg nach § 44 III lebt die VorschußPfl wieder auf.

7   **3) Jahresabrechng (III).** – **a) Einnahmen/Ausgabenrechnung** (Rn 11) mit Aufteilg der Überschüsse od der zum Ausgl der Deckgslücken notw Nachzahlgen auf die WEigtümer (Rn 12) mit Darlegg der KtoStände (Rn 13), für die WirtschPlan nicht vorgreifl. Sie ist keine Gewinn/Verlustrechng u keine Bilanz (BayObLG NJW-RR **93**, 1166; KG NJW-RR **93**, 1104); Abrechng nach Ist- u nicht nach SollBeitr 8 (BayObLG **92**, 210) u ohne Rechngsabgrenzg (Celle DEW **87**, 104). – **Aufstellung** dch Verw ohne bes Aufforderg od Verpfl im VerwVertr; zeitnah nach Ablauf des WirtschJ. Jedem WEigtümer ist vor BeschlFassg nach V die Gesamtabrechng u seine EinzAbrechng zu übersenden; nicht aber Belege, EinzAbrechng der and WEigtümer od Saldenliste (aA Köln FGPrax **95**, 141), insow nur EinsichtsR nach Rn 10. Von jedem WEigtümer ohne Ermächtigg dch die Gemsch nach § 43 I Nr 2 erzwingb (Hamm OLGZ **93**, 438) u nach § 45 III, ZPO 887 vollstreckb. Ende des VerwAmts befreit von zu diesem Ztpkt noch nicht fäll Verpfl; RechngleggsPfl aus IV, BGB 675, 666 bleibt unberührt (Hbg OLGZ **87**, 188). Bei Ende vor/mit Ablauf des WirtschJ daher nur neuer Verw ohne Sondervergütg zur Aufstellg für dieses WirtschJ verpflichtet (BayObLG WE **95**, 341); bei Ende nach Ablauf besteht Verpfl für dieses WirtschJ fort (BayObLG aaO),

so daß neuer Verw idR Sondervergütg für Aufstellg verlangen kann (KG NJW-RR **93**, 529). – **Geordnete** 9 **Zusammenstellung** der einz Posten, die für jeden WEigtümer bei Anwendg zumutb Sorgf verständl u nachprüfb (BayObLG NJW-RR **93**, 1166; Düss WE **95**, 278). Geringe Fehler sind im Beschl nach V behebb (KG NJW-RR **87**, 1160). Keine Aufgliederg entspr II. BV 27 (Stgt WE **90**, 106), aber keine Beschrkg auf Globalbeträge (Ausn: KleinBetr). Belege müssen nicht beigefügt, aber zur Einsicht bereitgehalten werden (Ffm OLGZ **84**, 333). Zum Ausweis des UmsatzsteuerAnt vgl Hamm NJW-RR **92**, 1232. – **Einsichtsrecht** 10 in Abrechng (auch EinzAbrechng and WEigtümer) u Belege am Ort der VerwFührg (BayObLG WuM **89**, 419) hat jeder WEigtümer auch noch nach BeschlFassg gem V (BayObLG WuM **89**, 145; vgl aber Hamm OLGZ **88**, 37) u ohne Gestattg dch MehrhBeschl (BayObLG **72**, 246); RGrdLage: III, BGB 675, 666, 259. Nicht dch MehrhBeschl abdingb (Hamm OLGZ **88**, 37). Erzwingb nach §§ 43 I Nr 2, 45 III, ZPO 888. IRv BGB 242 auch Anspr gg Verw auf AbschriftenErteilg gg Kostenerstattg (Hamm DWE **86**, 24), jedenf aber auf Gestattg eigener Anfertigg (Karlsr MDR **76**, 758). – **Wirksamwerden** nach V; später iRv § 21 III änderb (KG WuM **93**, 429).

b) Gesamtabrechnung. Alle tats getätigten Einnahmen u Ausg des WirtschJ unabhäng von ihrer Be- 11 rechtigg (BayObLG WuM **93**, 486/488). Zu den Einnahmen gehören insb die gezahlten Vorschüsse nach II, nicht aber die SollVorschüsse (Düss WE **91**, 251). Ausg ist aber der SollBeitr nach I Nr 3 als Leistg an ein SonderVerm (BayObLG NJW-RR **91**, 15). Nicht aufzunehmen sind Außenstände zB EntgeltFdg für GemschEBenutzg od BeitrRückstände aus früh JAbrechng (vgl Rn 17). – **Ausnahmen** sind iRv § 21 III zuläss, wenn Klarh u Kontinuität gewahrt: Als Ausg sind GgWert verbrauchter u schon früher bezahlter Wirtsch-Güter (BayObLG **87**, 86) u offene Verbindlich (KG NJW-RR **94**, 1105; aA BayObLG WuM **94**, 498) aufnehmb, wenn dies Sonderumlage vermeidet; ebso mit Beschl nach V anerkannte Fdg eines WEigtümers unter gleichzeit Verrechng mit Wohngeldschuld od Gutschrifterteilg (KG NJW-RR **93**, 1104). Als Einnahme erst nach Ablauf des WirtschJ gezahlter Vorschuß nach II aufnehmb (aA BayObLG WE **93**, 114).

c) Einzelabrechnung. Die Einnahmen (ohne Vorschüsse) u Ausg der Gesamtabrechng (u zwar nur 12 diese; BayObLG NJW-RR **92**, 1169) sind nach Maßg des für jeden Posten anwendb Verteilgsschlüssels auf die einz WEigtümer zu verteilen; gezahlte Vorschüsse u Ausg, die nur einz WEigtümer betreffen, sind in die EinzAbrechng nur dieses WEigtümers aufzunehmen (BayObLG **92**, 210; KG OLGZ **92**, 429). Der sich für jeden WEigtümer ergebde Saldo ergibt seine Nach- oder Überzahlg. Soweit die Nachzahlg darauf beruht, daß Vorschüsse nach § 28 II rückständ, wird idR die BeitrSchuld aus dem WirtschPlan nur bestätigt u nicht ersetzt (BGH NJW **94**, 1866). Für Errechenbark statt betragsmäß Festlegg gilt Rn 5. Nicht aufzunehmen sind Rückstände aus beschlossenen Vorjahresabrechngen (BayObLG NJW-RR **92**, 1169; WE **93**, 114); insow begründet Beschl nach V idR keine neue ZahlgsPfl sond nur eine KtoStandsangabe (KG WE **93**, 194; Köln WE **95**, 221).

d) Kontostände (zB lfdes VerwaltgsKto, Instandhaltgsrückstellg, Außenstände [zB Rückstände aus 13 VorjahresAbrechng]) sind mit den Ständen zu Beginn u Ende des WirtschJ sowie Zu- (Einschl Zinserträgen) u Abgängen anzugeben (BayObLG NJW-RR **89**, 1163; **91**, 15; **92**, 1169; WuM **93**, 485).

4) Rechnungslegung (IV). Sie dient der Überprüfg ordngsmäß Verwaltg währd des lfden WirtschJ; 14 nach dessen Ablauf nur noch Verpfl nach III (KG WE **88**, 17). Für Inhalt/Form gilt Rn 9 entspr; jedoch gem Zweck keine Einzelabrechng (KG OLGZ **81**, 304). Anspr recht gem BGB 432 auf Ausk an die Versammlg (BayObLG WE **89**, 145). „Jederzeit" dch BGB 242 begrenzt. Voraussetzg ist MehrhBeschl nach § 21 III (BayObLG **94**, 98); nur wenn die Gemsch unter Verstoß gg § 21 IV von IV keinen Gebr macht, hat jeder WEigtümer aus BGB 675, 666 einen RechngsleggsAnspr (KG WE **88**, 17; Hamm OLGZ **88**, 37; BayObLG WuM **88**, 419; WE **91**, 253). RechngsleggsPfl auch nach Ende des VerwAmts (BayObLG WE **94**, 280), aber nicht mehr nach Entlastg (KG NJW-RR **87**, 462; BayObLG **94**, 98).

5) Mehrheitsbeschluß (V) macht WirtschPlan/JAbrechng erst unter den WEigtümern zZ der Be- 15 schlFassg (auch wenn noch mit VoreigtümerNamen bezeichnet [BGH ZMR **94**, 271; Düss WuM **91**, 623]) u ggü Verw verbindl und begründet NachzahlgsPfl (§ 16 Rn 9) od RückzahlgsAnspr (zu dessen Geltdmachg vgl KG NJW-RR **93**, 338); er kann VerwVorlage ändern u zugl Beschl nach §§ 21 V 2, 22 enthalten (KG WE **93**, 223). Jeder WEigtümer hat ohne Ermächtigg dch die Gemsch nach §§ 21 IV, 43 I Nr 1 verfolgb Anspr auf BeschlFassg (BGH NJW **85**, 912) od gerichtl Festlegg (KG OLGZ **91**, 434 [nur diesen Anspr]), der bei WirtschPlan aber mit Ablauf des WirtschJ erlischt (Hbg OLGZ **88**, 299; vgl aber KG OLGZ **94**, 27). Für Anfechtg des WirtschPlans entfällt mit BeschlFassg über JAbrechng das RSchutzInt (Stgt WE **90**, 106). –
a) Beschlußfassung. Bloße Entlastg des Verw „für seine Tätigk" enthält idR noch keinen Abrechngs- 16 Beschl (KG NJW-RR **86**, 1337); and idR bei Entlastg „für die Abrechng" (BayObLG DWE **92**, 71) od nach ihrer Erörterg (BayObLG WuM **93**, 487). Bdgter GenBeschl (zB vorbehaltl BeiratsZust) zuläss (BayObLG WuM **88**, 332). In der Gen der Gesamt- mit der eigenen EinzAbrechng/Plan liegt idR auch Gen der EinzAbrechngen der and WEigtümer, selbst wenn sie bei BeschlFassg nicht bekannt waren (LG Lüb WEZ **88**, 108). Beschl über Fortgeltg des vorjähr WirtschPlans od der vorjähr Vorschüsse kann genügen (BayObLG WuM **91**, 312). VersProt muß Plan/Abrechng nicht ausdrückl angeben, Erkennbark aus den Umständen genügt (BayObLG ZMR **95**, 41). – **b) Materielle Unrichtigkeit** unerhebl, solange Beschl 17 nicht für ungült erklärt (BGH NJW **94**, 2950); dies gilt auch bei Übern von Rückständen aus früh JAbrechng (LG Bchm DWE **90**, 35; LG Wuppt WE **93**, 172), soweit darin nicht (wie idR) bloße KtoStandsangabe (vgl Rn 12). Teilw Anfechtg bzw UngültErkl zuläss; bei teilw Anfechtg wird der Rest mit Ablauf der AnfechtgsFr bestandskräft (BayObLG NJW-RR **93**, 1039). Neben Anfechtg (§§ 23 IV, 43 I Nr 4) auch ÄndergsAntr (§§ 21 IV, 43 I Nr 1) mögl (zB Änderg der EinzAbrechng nach Maßg eines and Verteilgsschlüssels). – **c) Unvollständigkeit** (zB Fehlen einz Posten, der EinzAbrechng od der KtoStände) gibt idR nur 18 ErgänzgsAnspr nach § 21 IV, 43 I Nr 1 (BayObLG NJW-RR **89**, 1163; **92**, 1169; WE **93**, 114). Dies gilt auch bei Fehlen eines EinzPlans nach I Nr 2 (Müller Rn 116; aA BayObLG NJW-RR **91**, 1360).

6) Sonderumlage kann iRv § 21 III bei bes Bedürfn beschlossen werden (KG WuM **93**, 426; NJW-RR 19 **95**, 397); zB bei Reparaturbedarf od uneinbringl Fdg aus WirtschPlan/JAbrechng (BGH NJW **89**, 3018;

BayObLG WEM **82**, 112). Da der UmlageBeschl den WirtschPlan ergänzt, gilt für ihn I Nr 2 (BGH aaO); fehlde Verteilg, für die Rn 5 gilt, führt nicht zur UngültErkl (vgl Rn 18) u ist bei Einziehg nicht dch Anwendg des allg Verteilgsschlüssels ersetzb (LG Lünebg WuM **95**, 129; aA BayObLG WuM **92**, 209; vgl auch KG NJW-RR **91**, 912), denn Verteilg kann wg des für die Ausg maßg Verteilgsschlüssels streitig sein. Erst Beschl über die Verteilg begründet BeitrSchuld (§ 16 Rn 9), die mangels abw Regelg sof fäll (KG aaO). Für die Einziehg gilt § 16 Rn 10 (vgl KG ZMR **93**, 344), für die Haftg des RNachf § 16 Rn 22–25. Einn/Ausg sind in die nachfolgde JAbrechng aufzunehmen (KG aaO).

20 **7) Abdingbarkeit.** § 28 ist dch Vbg/TErkl abdingb; zB Beschl nach V nur bei befristetem Widerspr gg VerwVorlage (Hamm OLGZ **82**, 20; Ffm OLGZ **86**, 45; aA KG OLGZ **90**, 437); Einzelabrechng dch Verw nach EigtümerBeschl über Gesamtabrechng (BayObLG WuM **89**, 42; WE **90**, 111). Nach BeschlFassg gem V keine Berufg mehr auf abw Regelg (KG NJW-RR **91**, 1042). Rechtl (LG Bln ZMR **84**, 424) od prakt (BayObLG **88**, 287) Ausschl der Überprüfbark dch WEigtümer aber unwirks.

WEG 29 *Verwaltungsbeirat.* [I]**Die Wohnungseigentümer können durch Stimmenmehrheit die Bestellung eines Verwaltungsbeirats beschließen. Der Verwaltungsbeirat besteht aus einem Wohnungseigentümer als Vorsitzenden und zwei weiteren Wohnungseigentümern als Beisitzern.**

[II]**Der Verwaltungsbeirat unterstützt den Verwalter bei der Durchführung seiner Aufgaben.**

[III]**Der Wirtschaftsplan, die Abrechnung über den Wirtschaftsplan, Rechnungslegungen und Kostenanschläge sollen, bevor über sie die Wohnungseigentümerversammlung beschließt, vom Verwaltungsbeirat geprüft und mit dessen Stellungnahme versehen werden.**

[IV]**Der Verwaltungsbeirat wird von dem Vorsitzenden nach Bedarf einberufen.**

1 **1)** Der **Verwaltungsbeirat** ist VerwOrgan der Gemsch (§ 20 I). Bestellg dch Vbg/TErkl abdingb (dafür reicht Streichg der BeiratsKl in FormularVbg nicht; Köln Rpfleger **72**, 261); auch ohne dies gehört Bestellg nicht zur ordngsmäß Verwaltg (Düss OLGZ **91**, 37). Auch ohne BeiratsBestellg kann einz WEigtümer mit Aufg nach III betraut werden (BayObLG NJW-RR **94**, 338). – **a) Zusammensetzung** abw von I 2 (zB weniger Mitgl; Wahl Außenstehder) bedarf Vbg/TErkl (BayObLG NJW-RR **92**, 210); ges Vertr jur Pers/ PersGesellsch, die WEigtümer, ist nicht Außenstehder (Ffm OLGZ **86**, 432). Verw kann nicht Mitgl sein (Zweibr OLGZ **83**, 438: Wahl nichtig). Mitgliedsch eines WEigtümers endet mit Verlust des WEigt (BayObLG **92**, 336). – **b) Haftung** ggü den WEigtümern nur aus Auftr u §§ 823, 826; HaftgsBeschrkg (zB auf Vorsatz) dch MehrhBeschl einführb (Ffm OLGZ **88**, 188). Da Beirat kein Organ iSv BGB 31, Haftg der WEigtümer ggü Dr für BeiratsHdlgen nur aus BGB 278 od 831. Entlastg entspr § 26 Rn 14 (BayObLG NJW-RR **91**, 1360). – **c) Auskunftspflicht** grdsl nur ggü allen WEigtümern; gerichtl Geltdmachg dch einen WEigtümer nur nach Ermächtig dch die Gemsch (BayObLG ZMR **94**, 575). – **e) Entschädigung.** AufwendgsErs (BGB 670; auch angem Pauschale) gehört zu den Verwaltgskosten, die Bewilligg zur ordngsmäß Verwaltg; weitergehde Vergütg erfordert Vbg/TErkl (vgl BayObLG DWE **83**, 123; Brych WE **90**, 15, 43).

2 **2) Aufgaben:** II, III, § 24 III. Ohne Auftr keine Verpfl zur Überwachg (BayObLG **72**, 161) u kein Recht zur Künd (BayObLG **65**, 34) des Verw. Zur AuskPfl ggü den WEigtümern vgl BayObLG aaO. (grdsl nur in der WEigtümerVersammlg). – Weitere Aufgaben zuweisb, soweit nicht zwingde Vorschr über die Aufgaben u Befugn and VerwOrgane enttgstehen (vgl Schmid BlGBW **76**, 61; Ffm OLGZ **88**, 188 [Bauausschuß]). Übertr dch MehrhBeschl, soweit AufgabenBeschrkg and VerwOrgane nicht Vbg/TErkl erfordert.

3 **3) Rechtsweg** bei Streit über Bestellg u Tätigk (auch wenn Außenstehder Mitgl): § 43 I Nr 1.

4. Abschnitt. Wohnungserbbaurecht

WEG 30 [I]**Steht ein Erbbaurecht mehreren gemeinschaftlich nach Bruchteilen zu, so können die Anteile in der Weise beschränkt werden, daß jedem der Mitberechtigten das Sondereigentum an einer bestimmten Wohnung oder an nicht zu Wohnzwecken dienenden bestimmten Räumen in einem auf Grund des Erbbaurechts errichteten oder zu errichtenden Gebäude eingeräumt wird (Wohnungserbbaurecht, Teilerbbaurecht).**

[II]**Ein Erbbauberechtigter kann das Erbbaurecht in entsprechender Anwendung des § 8 teilen.**

[III]**Für jeden Anteil wird von Amts wegen ein besonderes Erbbaugrundbuchblatt angelegt (Wohnungserbbaugrundbuch, Teilerbbaugrundbuch). Im übrigen gelten für das Wohnungserbbaurecht (Teilerbbaurecht) die Vorschriften über das Wohnungseigentum (Teileigentum) entsprechend.**

Schrifttum: Rethmeier, RFragen des WohngsErbbR, RhNK **93**, 145.

1 **1) Begründung** (auch an GesamtErbbR; BayObLG Rpfleger **89**, 503) dch Umwandlg von BruchtMitErbbR entspr § 3 **(I)** od dch Teilg eines ErbbR entspr § 8 **(II)**. Beides wird anders als die Einräumg der MitBerecht am ErbbR von einer VfgsBeschrkg nach ErbbRVO 5 nicht erfaßt (LG Augsbg MittBayNot **79**, 68 für § 3; BayObLG **78**, 157 für § 8); ZustErfordern nicht mit dingl Wirkg vereinb (Celle Rpfleger **81**, 22). – Einräumg u Aufhebg von SE bedarf der Aufl (III 2 iVm § 4 II), ErbbRVO 11 I nicht anwendb (str). Abgrenzg Wohngs-/TeilErbbR wie § 1 II, III.

2 **2)** Für das **Rechtsverhältnis zwischen Grundstückseigentümer und Wohnungserbbauberechtigten** gilt die ErbbRVO; WErbbR tritt an die Stelle des ErbbR. Für RStreit (zB über ErbbZins) gilt § 43 nicht. – **Verfügungen über das Wohnungserbbaurecht** sind in gleicher Weise wie über das ErbbR mögl (vgl

ErbbRVO 11 I), soweit nicht das WEG Besonderh gebietet (vgl § 6 Rn 4); Inhaltsregelgen für ErbbR nach ErbbRVO 2, 4, 5–8 werden Inhalt des WErbbR (BayObLG Rpfleger **89**, 503; dort auch zur Aufhebg).

3) Für das **Rechtsverhältnis der Wohnungserbbauberechtigten untereinander** gilt das WEG (III 2); **3** bei Streit gilt § 43. Zwischen WErbbBerecht kein dingl sicherb ErbbZins vereinb (Düss DNotZ **77**, 305).

II. Teil. Dauerwohnrecht

WEG 31 *Begriffsbestimmungen.* [1]**Ein Grundstück kann in der Weise belastet werden, daß derjenige, zu dessen Gunsten die Belastung erfolgt, berechtigt ist, unter Ausschluß des Eigentümers eine bestimmte Wohnung in einem auf dem Grundstück errichteten oder zu errichtenden Gebäude zu bewohnen oder in anderer Weise zu nutzen (Dauerwohnrecht). Das Dauerwohnrecht kann auf einen außerhalb des Gebäudes liegenden Teil des Grundstücks erstreckt werden, sofern die Wohnung wirtschaftlich die Hauptsache bleibt.**

[2]**Ein Grundstück kann in der Weise belastet werden, daß derjenige, zu dessen Gunsten die Belastung erfolgt, berechtigt ist, unter Ausschluß des Eigentümers nicht zu Wohnzwecken dienende bestimmte Räume in einem auf dem Grundstück errichteten oder zu errichtenden Gebäude zu nutzen (Dauernutzungsrecht).**

[3]**Für das Dauernutzungsrecht gelten die Vorschriften über das Dauerwohnrecht entsprechend.**

1) Allgemeines. DWR/DNR ist eine Art von bpDbk u abw von dieser übertragb u vererbl. Desh keine **1** Umdeutg vor EintrAntr/Bew für bpDbk in solche für DWR/DNR (Hamm Rpfleger **57**, 251) u umgekehrt (LG Münst DNotZ **53**, 148). Zur Konversion eines Vertr auf Übertragg von WE in Vertr auf Bestellg von DWR vgl BGH NJW **63**, 339. Kein VerwertgsR, so daß aus ihm nicht die ZwVollstr betrieben werden kann (BayObLG **57**, 102 [111]). – **Rechtsweg** bei Streit zw Eigtümer u Berecht: § 52.

2) Begriff. DWR u DNR unterscheiden sich in der Zweckbestimmg der ihnen unterliegden Räume, **2** nicht in der rechtl Behandlg (**III**). Maßg ist die bei Bestellg festgelegte Zweckbestimmg; bei gemischter entscheidet die überwiege. Sie können an allen Räumen (BGH **27**, 158), mehreren od nur einem Raum (LG Münst DNotZ **53**, 148) eines Gbdes bestellt werden. Wg Zulässigk der Anfangs- u Endbefristg stehen der Bestellg periodischer DWR/DNR wechselnder Berecht (**„time-sharing"**) keine materiellrechtl Bedenken entgg (LG Hbg NJW-RR **91**, 823; Gralka NJW **87**, 1997; Schmid WEZ **87**, 119; Hoffmann MittBayNot **87**, 177; aA Stgt NJW **87**, 2023). – **a) Dauerwohnrecht (I)** erfordert ein NutzgsR an einer Wohng entspr § 1 **3** Rn 2. Für die Erstreckg auf unbebaute GrdstTeile gilt ErbbRVO 1 Rn 3 entspr. – **b) Dauernutzungsrecht (II)** erfordert ein NutzgsR an nicht zu Wohnzwecken dienden Räumen entspr § 1 Rn 3; zB U-Bahnhof (LG Ffm NJW **71**, 759). Auch hier Erstreckg auf unbebaute Teile mögl (I 2, III); zB Tankwartraum mit Tankstelle (LG Münst DNotZ **53**, 148). – **c) Umwandlung** von DWR in DNR u umgekehrt nicht dch abw Gebrauch, sond dch Inhaltsänderg (BGB 877).

3) Belastungsgegenstand. Grdst, reale GrdstTeile (GBO 7 II), WE/TeilE (BGH DB **79**, 545) ErbbR/ **4** WErbbR/TeilErbbR (§ 42); nicht aber gewöhnl MitEigtAnt (BayObLG **57**, 102 [110]). Solange Räume noch nicht errichtet, ruht das NutzgsR. – **Gesamtrecht** an mehreren BelastgsGgst zuläss (LG Hildesh NJW **60**, 49; Böttcher MittBayNot **93**, 129 zu IV 5).

4) Berechtigter kann bestimmte natürl/jur Pers sein; auch der GrdstEigtümer (Weitnauer DNotZ **58**, **5** 352; Einf 7 v BGB 854). **Berechtigtenmehrheit** als Bruch-MitBerecht (BGH WM **95**, 1632) u GesHdsBerecht, nicht aber GesamtGläub iSv BGB 428 (str). Berecht an verschied Räumen eines Gbdes bilden keine dem WEG unterliegde Gemsch.

5) Bestellung. – a) Als **dingliches Recht** gem BGB 873 dch formlose Einigg (einseit Erkl bei EigtümerR) u Eintr in Abt II des GB (vgl § 32). Befristg zuläss (§ 41), nicht aber Bdgg (§ 35 I 2). – **b)** Das **schuldrechtliche Grundgeschäft** kann zB RKauf (BGH NJW **69**, 1850) bzw kaufähnl Vertr (BGB 455, 493), Tausch od Schenkg sein; es unterliegt nicht BGB 313 (BGH WM **84**, 142). Bei Unwirksamk gelten BGB 812ff, bei LeistgsStörgen BGB 320ff. Mit der Bestellg hat der Eigtümer seine LeistgsPfl erfüllt; bei Sachmangel des Gbdes gelten iFv Kauf BGB 459ff (Weitnauer/Hauger Rn 14 v § 31). Besteht das Entgelt in lfden Zahlgen, so ist bei BGB 454 auf Erfüllg u KaufprStundg bzgl jeder Teilleistg abzustellen (MüKo/Westermann § 454 Rn 4, 5).

6) Erlöschen dch Aufhebg (§ 38 Rn 1) u Fristablauf. Nicht aber mit Heimfall (§ 36 Rn 3) od Zerstörg des **7** Gbdes (selbst wenn keine WiederaufbauPfl; BGB 1093 Rn 19). Keine Kündigg mögl (BGB **27**, 158); Ers bietet Heimfall.

7) Entgelt. Kann nicht RInhalt sein. Verpfl kann sich aus GrdGesch ergeben; zB als Kaufpr (BGH NJW **8** **69**, 1850); nicht dch Reallast sond nur dch SichgsNießbr od PfdR sicherb (BPM/Pick § 36 Rn 26). Es kann in einmal od lfder Zahlg bestehen.

WEG 32 *Voraussetzungen der Eintragung.* [1]**Das Dauerwohnrecht soll nur bestellt werden, wenn die Wohnung in sich abgeschlossen ist. § 3 Abs. 3 gilt entsprechend.**

[2]**Zur näheren Bezeichnung des Gegenstandes und des Inhalts des Dauerwohnrechts kann auf die Eintragungsbewilligung Bezug genommen werden. Der Eintragungsbewilligung sind als Anlagen beizufügen:**

1. eine von der Baubehörde mit Unterschrift und Siegel oder Stempel versehene Bauzeichnung, aus der die Aufteilung des Gebäudes sowie die Lage und Größe der dem Dauerwohnrecht unterliegenden Gebäude- und Grundstücksteile ersichtlich ist (Aufteilungsplan); alle zu demselben Dauerwohnrecht gehörenden Einzelräume sind mit der jeweils gleichen Nummer zu kennzeichnen;
2. eine Bescheinigung der Baubehörde, daß die Voraussetzungen des Absatzes 1 vorliegen.

Wenn in der Eintragungsbewilligung für die einzelnen Dauerwohnrechte Nummern angegeben werden, sollen sie mit denen des Aufteilungsplans übereinstimmen.

^{III}Das Grundbuchamt soll die Eintragung des Dauerwohnrechts ablehnen, wenn über die in § 33 Abs. 4 Nrn. 1 bis 4 bezeichneten Angelegenheiten, über die Voraussetzungen des Heimfallanspruchs (§ 36 Abs. 1) und über die Entschädigung beim Heimfall (§ 36 Abs. 4) keine Vereinbarungen getroffen sind.

1   **1) Abgeschlossenheit (I).** Es gelten § 3 Rn 6, 7; ZusHang mit Räumen auf NachbGrdst daher unschädl (LG Mü DNotZ **73**, 417). Verstoß gg I hindert Entstehg des DWR nicht, da SollVorschr.

2   **2) Eintragungsvoraussetzungen. – a) Antrag** des Eigtümers od Berecht (GBO 13). – **b) Bewilligung** des Eigtümers (GBO 19, 29), die den Ggst des DWR übereinstimmd mit dem Aufteilsplan bezeichnen muß, unter Beifüg (**II 2**) von Aufteilsplan (§ 7 Rn 3) u AbgeschlossenhBescheinig (§ 7 Rn 4). Sie muß auch Inhaltsregeln nach § 33 IV Nr 1–4 enthalten (**III**), deren Zustandekommen aber vom GBA mangels GBO 20 entspr Vorschr nicht zu prüfen ist (Weitnauer/Hauger Rn 7; aA Düss DNotZ **78**, 354; 53. Aufl); GBA prüft Angemessenh nach § 36 IV 2 vereinbarter Entschädigg nicht (BGH **27**, 158). Fehlt Vereinbg eines HeimfallAnspr, so bedarf es keiner NegativKl zu § 36 I, IV (BayObLG **54**, 67). Verstoß gg III hindert Entstehg des DWR bei Eintragg nicht, da VerfVorschr. – **c) Voreintragung** des Eigtümers (GBO 39).

3   **3) Eintragungsvermerk** muß Ggst u Inhalt (§ 33) des DWR sowie den Berecht enthalten. Die für Ggst u Inhalt zuläss Bezug auf die EintrBew (**II 1**) erfaßt auch den in ihr in Bezug gen Aufteilsplan, so daß auch er GBInhalt wird u am öffGl teilnimmt (§ 7 Rn 6).

WEG 33 *Inhalt des Dauerwohnrechts.* ^IDas Dauerwohnrecht ist veräußerlich und vererblich. Es kann nicht unter einer Bedingung bestellt werden.

^{II}Auf das Dauerwohnrecht sind, soweit nicht etwas anderes vereinbart ist, die Vorschriften des § 14 entsprechend anzuwenden.

^{III}Der Berechtigte kann die zum gemeinschaftlichen Gebrauch bestimmten Teile, Anlagen und Einrichtungen des Gebäudes und Grundstücks mitbenutzen, soweit nichts anderes vereinbart ist.

^{IV}Als Inhalt des Dauerwohnrechts können Vereinbarungen getroffen werden über:
1. Art und Umfang der Nutzungen;
2. Instandhaltung und Instandsetzung der dem Dauerwohnrecht unterliegenden Gebäudeteile;
3. die Pflicht des Berechtigten zur Tragung öffentlicher oder privatrechtlicher Lasten des Grundstücks;
4. die Versicherung des Gebäudes und seinen Wiederaufbau im Falle der Zerstörung;
5. das Recht des Eigentümers, bei Vorliegen bestimmter Voraussetzungen Sicherheitsleistung zu verlangen.

1   **1) Verfügungen** über das DWR. – **a) Veräußerung (I)**; beschränkb (§ 35). GrdGesch unterliegt nicht BGB 313. Dingl Übertragg nach BGB 873. – **b) Belastung** nur mit Nießbr (BGB 1068) u PfdR (BGB 1273); nicht mit Dbk (einschließl BGB 1093), VorkR, Reallast, GrdPfdR. – **c) Inhaltsänderung** nach BGB 877. Änderg nur schuldr Inhalts dch bloße Einigg. – **d) Aufhebung** nach BGB 875, 876; Zust des Heimfall-Berecht notw (hM). – **e) Zwangsvollstreckung** nach ZPO 857. DrittSchuldn ist der Eigtümer; Pfändg wird mit GBEintr wirks (Stöber Rn 1525). Verwertg nach ZPO 844 u 857 V.

2   **2) Vererblichkeit (I 1).** Sie steht einer Befristg dch den Tod des Eigtümers od Berecht nicht entg (vgl Celle Rpfleger **64**, 213; Rn 3). Zuläss auch HeimfallAnspr bei Tod des Eigtümers od Berecht (vgl Hamm OLGZ **65**, 72).

3   **3) Bedingungsverbot (I 2)** Für Bestellg (nicht für Veräußerg/Belastg); gilt für aufschiebde u auflösde Bdgg. Da Befristg zuläss (§ 41), widerspricht Bestellg mit nur im Ztpkt ungewissem Endtermin (zB Tod des Eigtümers od Berecht) nicht I 2 (vgl BGH **52**, 269; **LM** § 158 Nr 14); I 2 abw von ErbbRVO 1 Rn 10 nicht entspr anwendb (hM; aA Böttcher RhNK **87**, 219; Soergel/Stürner Rn 5), da DWR idR kein BeleihsGgst.

4   **4) Gesetzlicher Rechtsinhalt.** Vorschr des NießbrR (str) u des MietR (BGH NJW **69**, 1850; LG Dortm NJW-RR **91**, 16) sind nicht entspr anwendb, soweit dies nicht in §§ 31–42 vorgesehen. – **a) § 14 (II).** Die dort begründeten Verpfl treffen den Berecht ggü dem Eigtümer, nicht ggü and DWBerecht (vgl § 31 Rn 5). An die Stelle der im SE stehenden GbdeTeile treten die dem DWR unterliegden Ggst. An die Stelle des GemschE in § 14 Nr 1 treten die in III genannten GbdeTeile u in § 14 Nr 4 die nicht dem DWR unterliegden GbdeTeile. – **b) Mitbenutzungsrecht (III)** entspr BGB 1093 III (vgl dort Rn 13). DNR an GeschRäumen berecht zur Benutzg der GbdeAußenwand für Reklame (Ffm BB **70**, 731).

5   **5) Vereinbarter Rechtsinhalt (IV).** Vereinbgen iSv Nr 1–5 wirken nur dann für u gg SonderNachf des Eigtümers u Berecht, wenn sie dch Einigg u Eintragg (auch gem § 32 II 1) zum RInhalt gemacht sind (§ 38 Rn 1); ohne Eintragg wirken sie nur unter den VertrPart. Ist NichtEintr nicht beiderseits gewollt, so besteht **6** Anspr aus GrdGesch auf EintrBew. – **a) Nr 1.** Hierunter fallen insb Regelgen wie in § 15 Rn 4; zB Vermietg nur mit EigtümerZust (BayObLG **60**, 231). Bei Verstoß gilt § 15 Rn 17, 18 entspr. – **b) Nr 2.** Bzgl der Verpfl des Berecht sind Ergänzgen zu II iVm § 14 mögl. Auch Verpfl des Eigtümers vereinb. Vereinbg kann auch den in III genannten Ggst betreffen. – **c) Nr 3.** Ohne solche (nur im InnenVerh wirkde; BGB 1047 Rn 2) Regelg trägt der Eigtümer die Lasten. – **d) Nr 4.** Ohne solche Regelg keine verdingl EigtümerVerpfl; auch nicht zum Wiederaufbau (Soergel/Stürner Rn 11; aA BPM/Pick § 31 Rn 91). Aus VersichgsPfl kann sich WiederaufbauPfl ergeben. Auch ErstaufbauVerpfl vereinb (Weitnauer/Hauger Rn 15). – **e) Nr 5.** Mangels Vereinbg gilt auch nicht BGB 1051 ff (hM; aA 53. Aufl).

WEG 34 *Ansprüche des Eigentümers und der Dauerwohnberechtigten.* [I] *Auf die Ersatzansprüche des Eigentümers wegen Veränderungen oder Verschlechterungen sowie auf die Ansprüche der Dauerwohnberechtigten auf Ersatz von Verwendungen oder auf Gestattung der Wegnahme einer Einrichtung sind die §§ 1049, 1057 des Bürgerlichen Gesetzbuches entsprechend anzuwenden.*

[II] *Wird das Dauerwohnrecht beeinträchtigt, so sind auf die Ansprüche des Berechtigten die für die Ansprüche aus dem Eigentum geltenden Vorschriften entsprechend anzuwenden.*

1) Ersatzansprüche des Eigentümers (I) gg den Berecht wg Veränder/Verschlechterg der der Nutzg 1 (§ 31 I) u Mitbenutzg (§ 33 III) unterliegdn Ggst können sich aus Verletzg einer Vereinbg nach § 33 IV Nr 1, 2 bzw schuldrechtl Vereinbg od BGB 823 ergeben. I regelt nur die Verj: BGB 1057, 558 II (gilt auch für Anspr aus BGB 823 [BGB 1057 Rn 1]).

2) Ansprüche des Berechtigten. a) Verwendungsersatz (I) nach BGB 1049 (vgl dort Rn 1). Verj nach 2 BGB 1057, 558 II. – **b) Wegnahme von Einrichtungen (I),** mit denen der Berecht das Grdst/Gbde versehen hat (auch wenn wesentl Bestandt geworden) nach BGB 1049 II, 258. Verj nach BGB 1057, 558 II. – **c) Beeinträchtigung des DWR/DNR (II).** Wie Nießbraucher nach BGB 1065 (vgl dort Rn 1–6).

WEG 35 *Veräußerungsbeschränkung.* Als Inhalt des Dauerwohnrechts kann vereinbart werden, daß der Berechtigte zur Veräußerung des Dauerwohnrechts der Zustimmung des Eigentümers oder eines Dritten bedarf. Die Vorschriften des § 12 gelten in diesem Falle entsprechend.

Es gelten die Ausführgen zu § 12 entspr; für Eintragg gilt aber WEGGBVfg 3 II nicht, so daß Bezugn nach 1 § 32 II 1 auch formell zuläss. – RWeg bei ZustVerweigerg: ProzGer (hM). – VeräußergsBeschrkg nach BVG 75 (vgl Übbl 21 vor BGB 873) zuläss u eintragb (BayObLG **56**, 278).

WEG 36 *Heimfallanspruch.* [I] *Als Inhalt des Dauerwohnrechts kann vereinbart werden, daß der Berechtigte verpflichtet ist, das Dauerwohnrecht beim Eintritt bestimmter Voraussetzungen auf den Grundstückseigentümer oder einen von diesem zu bezeichnenden Dritten zu übertragen (Heimfallanspruch). Der Heimfallanspruch kann nicht von dem Eigentum an dem Grundstück getrennt werden.*

[II] *Bezieht sich das Dauerwohnrecht auf Räume, die dem Mieterschutz unterliegen, so kann der Eigentümer von dem Heimfallanspruch nur Gebrauch machen, wenn ein Grund vorliegt, aus dem ein Vermieter die Aufhebung des Mietverhältnisses verlangen oder kündigen kann.*

[III] *Der Heimfallanspruch verjährt in sechs Monaten von dem Zeitpunkt an, in dem der Eigentümer von dem Eintritt der Voraussetzungen Kenntnis erlangt, ohne Rücksicht auf diese Kenntnis in zwei Jahren von dem Eintritt der Voraussetzungen an.*

[IV] *Als Inhalt des Dauerwohnrechts kann vereinbart werden, daß der Eigentümer dem Berechtigten eine Entschädigung zu gewähren hat, wenn er von dem Heimfallanspruch Gebrauch macht. Als Inhalt des Dauerwohnrechts können Vereinbarungen über die Berechnung oder Höhe der Entschädigung oder die Art ihrer Zahlung getroffen werden.*

1) Inhalt des DWR/DNR mit Wirkg für u gg den jeweil Eigtümer bzw Berecht werden Vereinbgen 1 nach I u IV dch Einigg u Eintragg (auch gem § 32 II 1); ohne Eintragg wirken sie nur schuldrechtl zw den VertrPart. Ohne Vereinbg nach I kein KündR (BGH **27**, 158); in AusnFällen bei schweren PflVerletzgen RückÜbertrAnspr aus BGB 242 (BPM/Pick Rn 77).

2) Heimfallanspruch. – a) Voraussetzungen (vgl ErbbRVO 2 Nr 4) sind frei vereinb; sie müssen 2 bestimmt sein; zB Tod des Eigtümers od Berecht (§ 33 Rn 2), nicht aber jederzeit Verlangen des Eigtümers (vgl LG Oldbg NJW **79**, 383) od (wg Umgehg von §§ 35, 12 II 2) Veräußerg des DWR (Weitnauer/ Hauger Rn 8; BPM/Pick Rn 68; aA RGRK/Augustin Rn 8). Entstandener Anspr idR auch dchsetzb, wenn verletzte VertrPfl nachgeholt ist (vgl BGH NJW-RR **88**, 715). – **b) Inhalt (I 1);** vgl ErbbRVO 3 Halbs 2. 3 Anspr auf Übertragg des DWR dch Einigg u Eintragg auf den Eigtümer (dieser erwirbt EigtümerDWR) od von ihm (änderb) bezeichneten Dritten; kein RÜbergang krG. Keine VormkgsWirkg (str; vgl ErbbRVO § 2 Rn 1). – **c) Verfügungen (I 2);** vgl ErbbRVO 3 Halbs 1. Der HeimfallAnspr ist als wesentl GrdstBestandt nicht selbst übertragb/verpfändb/pfändb; Dritter kann zur Geltdmachg in ProzStandsch ermächtigt werden. – **d) Ausübungsbeschränkung (II),** nicht aber Beschrkg der Heimfallvoraussetzgen 4 (BGH **27**, 158). Trotz Vorliegens der Voraussetzgen kann der ÜbertrAnspr nur geltd gemacht werden, wenn iF eines MietVerh zw Eigtümer u Berecht dessen Aufhebg od Künd nach BGB 556a–556c, 564b– 565e verlangt werden könnte (Weitnauer/Hauger Rn 6). – **e) Verjährung (III);** ErbbRVO 4 Rn 1–3 gelten entspr.

5 **3) Entschädigung (IV);** zu S 2 vgl ErbbRVO 32 I 2. Soweit kein gesetzl Anspr besteht (§ 41 III), besteht er nur aGrd einer Vereinbg. Bei einer ergänzden Vereinbg nach S 2 für einen nur noch S 1 bestehden Anspr prüft das ProzGer nicht die Angemessenh; ohne sie wird angem Entschädig (§ 41 Rn 3) geschuldet. Anspr entsteht mit Erfüllg des HeimfallAnspr (vgl BGH **111**, 154) gg Eigtümer zu diesem Ztpkt für Berecht zu diesem Ztpkt (VorausVfg aber nach allg Grds zuläss [BGH NJW **76**, 895]).

WEG 37 *Vermietung.* ᴵHat der Dauerwohnberechtigte die dem Dauerwohnrecht unterliegenden Gebäude- oder Grundstücksteile vermietet oder verpachtet, so erlischt das Miet- oder Pachtverhältnis, wenn das Dauerwohnrecht erlischt.

ᴵᴵMacht der Eigentümer von seinem Heimfallanspruch Gebrauch, so tritt er oder derjenige, auf den das Dauerwohnrecht zu übertragen ist, in das Miet- oder Pachtverhältnis ein; die Vorschriften der §§ 571 bis 576 des Bürgerlichen Gesetzbuches gelten entsprechend.

ᴵᴵᴵAbsatz 2 gilt entsprechend, wenn das Dauerwohnrecht veräußert wird. Wird das Dauerwohnrecht im Wege der Zwangsvollstreckung veräußert, so steht dem Erwerber ein Kündigungsrecht in entsprechender Anwendung des § 57a des Gesetzes über die Zwangsversteigerung und Zwangsverwaltung zu.

1 **1) Allgemeines.** § 37 regelt den Einfluß von Erlöschen/Übertragg des DWR auf Miet/PachtVerh. BGB 577 regelt den Einfluß der Bestellg eines DWR auf Miet/PachtVerh.

2 **2) Erlöschen (I),** gleichgült aus welchem Grd. Miet/PachtVerh zw DWRBerecht u Mieter/Pächter erlischt. Eigtümer hat gg Mieter/Pächter HerausgAnspr aus BGB 985 (nicht 556 III). DWRBerecht haftet Mieter/Pächter uU aus BGB 541.

3 **3) Übertragung. – a)** Bei **Heimfall oder Veräußerung (II, III 1)** tritt Erwerber in Miet/PachtVerh entspr BGB 571–576 ein. Wird DWR später aufgeh, gilt I auch iF eines EigtümerDWR (BPM/Pick Rn 41; Weitnauer/Hauger Rn 4; aA Soergel/Stürner Rn 3; Constantin NJW **69**, 1417; 53. Aufl). Da Miet/PachtVerh
4 auch bei vereinbgswidr Vermietg/Verpachtg wirks, tritt Erwerber auch in diesen Vertr ein. – **b)** Bei **Veräußerung im Wege der Zwangsvollstreckung (III 2)** gilt Rn 2 mit der Maßg, daß Erwerber KündiggsR entspr ZVG 57a hat (auch ZVG 57c, 57d entspr anwendb).

WEG 38 *Eintritt in das Rechtsverhältnis.* ᴵWird das Dauerwohnrecht veräußert, so tritt der Erwerber an Stelle des Veräußerers in die sich während der Dauer seiner Berechtigung aus dem Rechtsverhältnis zu dem Eigentümer ergebenden Verpflichtungen ein.

ᴵᴵWird das Grundstück veräußert, so tritt der Erwerber an Stelle des Veräußerers in die sich während der Dauer seines Eigentums aus dem Rechtsverhältnis zu dem Dauerwohnberechtigten ergebenden Rechte ein. Das gleiche gilt für den Erwerb auf Grund Zuschlages in der Zwangsversteigerung, wenn das Dauerwohnrecht durch den Zuschlag nicht erlischt.

1 **1) Allgemeines.** § 38 regelt den Einfluß der Übertragg von DWR (I) bzw Grdst (II) auf das RVerh zw Eigtümer u Berecht u bezieht sich über den Wortlaut hinaus auch auf die sich aus dem GrdGesch (§ 31 Rn 7) ergebden Rechte u Pflichten (Soergel/Stürner Rn 4; Weitnauer/Hauger Rn 7; einschrkd BPM/Pick Rn 13); er schließt gutgl Erwerb aus. Für die sich aus dem Gesetz (zB §§ 33 I–III, 41) od aus einer dch Einigg u Eintr zum RInhalt gemachten Vereinbg (§§ 33 IV, 36, 36, 39, 40 II) ergebden Rechte u Pflichten ergibt sich die Wirkg ggü RNachf schon aus dem dingl Recht. Sind letztere nur schuldrechtl vereinb, so gilt § 38 für sie nicht (BPM/Pick Rn 17; Weitnauer/Hauger Rn 5; aA Soergel/Stürner Rn 4).

2 **2) Übertragungswirkung. – a)** Mit Übertragg des **Dauerwohnrechts** (auch iW der ZwVollstr) tritt der Erwerber krG in die Rechte u Pflichten des insoweit freiwerdden VorBerecht ein; BGB 418 gilt entspr
3 (Weitnauer/Hauger Rn 8). Erwerber haftet nicht für Rückstände. – **b)** Mit Übertragg des **Grundstücks** (auch iW der ZwVerst bei Nichterlöschen) tritt der Erwerber für die Zukunft krG in die Rechte u Pflichten des insoweit freiwerdden VorEigtümers ein. Kein KündiggsR entspr ZVG 57a. VorausVfgen über das Entgelt sind ggü dem Erwerber wirks (BGB 573, 574, ZVG 57, 57b gelten nicht; vgl § 40 Rn 1).

WEG 39 *Zwangsversteigerung.* ᴵAls Inhalt des Dauerwohnrechts kann vereinbart werden, daß das Dauerwohnrecht im Falle der Zwangsversteigerung des Grundstücks abweichend von § 44 des Gesetzes über die Zwangsversteigerung und Zwangsverwaltung auch dann bestehen bleiben soll, wenn der Gläubiger einer dem Dauerwohnrecht im Range vorgehenden oder gleichstehenden Hypothek, Grundschuld, Rentenschuld oder Reallast die Zwangsversteigerung in das Grundstück betreibt.

ᴵᴵEine Vereinbarung gemäß Absatz 1 bedarf zu ihrer Wirksamkeit der Zustimmung derjenigen, denen eine dem Dauerwohnrecht im Range vorgehende oder gleichstehende Hypothek, Grundschuld, Rentenschuld oder Reallast zusteht.

ᴵᴵᴵEine Vereinbarung gemäß Absatz 1 ist nur wirksam für den Fall, daß der Dauerwohnberechtigte im Zeitpunkt der Feststellung der Versteigerungsbedingungen seine gegenwärtigen Zahlungsverpflichtungen gegenüber dem Eigentümer erfüllt hat; in Ergänzung einer Vereinbarung nach Absatz 1 kann vereinbart werden, daß das Fortbestehen des Dauerwohnrechts vom Vorliegen weiterer Voraussetzungen abhängig ist.

1 **1) Allgemeines.** Eine Vereinbg nach § 39 verhindert, daß unter den Voraussetzgen von III Halbs 1 ein nicht in das geringste Gebot falldes DWR dch Zuschlag des Grdst in der ZwVerst erlischt. Sie wirkt nicht ggü Gläub des ZVG 10 Nr 1–3.

2) Rechtsinhalt wird die Vereinbg dch Einigg u Eintrag (auch gem § 32 II 1; str) bei DWR, bei Zust **2** entspr GBV 18 auch bei den Rechten des II (LG Hildesh Rpfleger 66, 116); Eintragg bei DWR aber auch schon vor Zust der Gläub iSv II mögl (Schlesw SchlHA **62**, 146). Weitere WirksamkVoraussetzg (III Halbs 2) kann zum RInhalt gemacht werden; sie führt zu Schwierig im VerstTermin.

3) Zustimmung der in II genannten RealBerecht. Haben nur einz RealBerecht nicht zugestimmt, so **3** bleibt das DWR bestehen, wenn die Rechte der Nichtzustimmden ins geringste Gebot fallen u damit auch bestehen bleiben.

WEG 40 *Haftung des Entgelts.* [1]Hypotheken, Grundschulden, Rentenschulden und Re-
allasten, die dem Dauerwohnrecht im Range vorgehen oder gleichstehen, sowie öffentliche Lasten, die in wiederkehrenden Leistungen bestehen, erstrecken sich auf den Anspruch auf das Entgelt für das Dauerwohnrecht in gleicher Weise wie auf eine Mietzinsforderung, soweit nicht in Absatz 2 etwas Abweichendes bestimmt ist. Im übrigen sind die für Mietzinsforderungen geltenden Vorschriften nicht entsprechend anzuwenden.

[II]**Als Inhalt des Dauerwohnrechts kann vereinbart werden, daß Verfügungen über den Anspruch auf das Entgelt, wenn es in wiederkehrenden Leistungen ausbedungen ist, gegenüber dem Gläubiger einer dem Dauerwohnrecht im Range vorgehenden oder gleichstehenden Hypothek, Grundschuld, Rentenschuld oder Reallast wirksam sind. Für eine solche Vereinbarung gilt § 39 Abs. 2 entsprechend.**

1) Regel (I 2). EntgeltAnspr (§ 31 Rn 9), auch bei wiederkehrder Leistg, wird bzgl Haftg für die in I 1 **1** genannten Rechte nicht wie MietzinsFdg behandelt. Daher wirkt jede Zahlg (auch Vorauszahlg u sonst Vfg wie zB Abtretg, Pfändg) des Berecht an den Eigtümer befreiend ggü dem GrdstErwerber (RGesch od ZwVerst) bzw Konk/ZwangsVerw. BGB 573, 574 u KO 21 gelten nicht; BGB 1123, 1124 wirken nicht ggü nachstehden Berecht. ZVG 57b nur anwendb, wenn DWR nach § 39 bestehen bleibt; VorausVfg muß dann auch dem Ersteher ggü insow wirks sein, wie sie es ggü dem betreibden Gläub wären. Vereinbg, daß Vorauszahlg in best Umfang unwirks, ist zuläss (Soergel/Stürner Rn 3).

2) Ausnahme (I 1). Erstreckg der in I 1 genannten Rechte u Lasten auf die EntgeltFdg wie auf eine **2** MietzinsFdg, sofern keine abw Vereinbg nach II. Insoweit gelten also BGB 1123ff u G v 9. 3. 34 (RGBl 181). EntgeltFdg wird auch erfaßt, wenn auf einmalige Leistg gerichtet; ebso Anspr auf Lastentragg (§ 33 IV 2, 3).

WEG 41 *Besondere Vorschriften für langfristige Dauerwohnrechte.* [1]Für Dauer-
wohnrechte, die zeitlich unbegrenzt oder für einen Zeitraum von mehr als zehn Jahren eingeräumt sind, gelten die besonderen Vorschriften der Absätze 2 und 3.

[II]**Der Eigentümer ist, sofern nicht etwas anderes vereinbart ist, dem Dauerwohnberechtigten gegenüber verpflichtet, eine dem Dauerwohnrecht im Range vorgehende oder gleichstehende Hypothek löschen zu lassen für den Fall, daß sie sich mit dem Eigentum in einer Person vereinigt, und die Eintragung einer entsprechenden Löschungsvormerkung in das Grundbuch zu bewilligen.**

[III]**Der Eigentümer ist verpflichtet, dem Dauerwohnberechtigten eine angemessene Entschädigung zu gewähren, wenn er von dem Heimfallanspruch Gebrauch macht.**

1) Anwendungsbereich. Ein DWR mit im Ztpkt ungewissem Endtermin (§ 33 Rn 3) ist zeitl begrenzt; **1** nach mehr als zehnjähr Dauer gilt § 41 entspr. 10-Jahres-Frist läuft ab Bestellg od nachträgl Verlängerg.

2) Löschungspflicht (III); gilt auch für Grd-/RentenSch (zB nach Ablösg) u für jeden Fall der Vereinigg **2** (zB auch BGB 1143; aA BPM/Pick Rn 13). Das DWR hat nicht krG die Wirkg einer LöschgsVormkg. Berecht ist der jeweil Eigtümer, verpfl der jeweil Berecht (§ 38). – Die Abdingg wirkt auch ohne GBEintr ggü RNachf der VertrPart (Soergel/Stürner Fußn 3; aA BPM/Pick Rn 11).

3) Entschädigungspflicht bei Heimfall (III); unabdingb (BGH **27**, 158; aA Celle NJW **60**, 2293). Für **3** Entstehg u AnsprInh/Verpfl gilt § 36 Rn 7. Vereinbg nach § 36 IV 2 zuläss; gleichwohl prüft ProzGer im Streitfall die Angemessenh (BGH aaO). Für die Höhe sind insb Entgelt u Aufwendgen des Berecht, Nutzgs-Dauer u Verbessserg/Verschlechterg der dem DWR unterliegden Ggst maßg.

WEG 42 *Belastung eines Erbbaurechts.* [1]Die Vorschriften der §§ 31 bis 41 gelten für die
Belastung eines Erbbaurechts mit einem Dauerwohnrecht entsprechend.

[II]**Beim Heimfall des Erbbaurechts bleibt das Dauerwohnrecht bestehen.**

1) Belastungsgegenstand für DWR (u DNR [§ 31 III]) kann ein ErbR (auch Wohngs-/TeilErbbR) sein; **1** über BelastgsBeschrkg vgl ErbbRVO 5 Rn 3. §§ 31–41 gelten mit der Maßg, daß Grdst dch ErbbR u Eigtümer dch ErbbBerecht ersetzt wird; außerh des Gbdes liegder GrdstTeil iSv § 31 I 2 ist der GrdstTeil, auf den das ErbR nach ErbbRVO 1 II erstreckt ist.

2) Heimfall des Erbbaurechts. Das DWR setzt sich abw von ErbbRVO 33 I am EigtümerErbbR fort. **2** Dch Aufhebg des ErbbR erlischt es; Schutz dagg dch BGB 876.

III. Teil. Verfahrensvorschriften

1. Abschnitt. Verfahren der freiwilligen Gerichtsbarkeit in Wohnungseigentumssachen

WEG 43 *Entscheidung durch den Richter.* [I]Das Amtsgericht, in dessen Bezirk das Grundstück liegt, entscheidet im Verfahren der freiwilligen Gerichtsbarkeit:

1. auf Antrag eines Wohnungseigentümers über die sich aus der Gemeinschaft der Wohnungseigentümer und aus der Verwaltung des gemeinschaftlichen Eigentums ergebenden Rechte und Pflichten der Wohnungseigentümer untereinander mit Ausnahme der Ansprüche im Falle der Aufhebung der Gemeinschaft (§ 17) und auf Entziehung des Wohnungseigentums (§§ 18, 19);
2. auf Antrag eines Wohnungseigentümers oder des Verwalters über die Rechte und Pflichten des Verwalters bei der Verwaltung des gemeinschaftlichen Eigentums;
3. auf Antrag eines Wohnungseigentümers oder Dritten über die Bestellung eines Verwalters im Falle des § 26 Abs. 3;
4. auf Antrag eines Wohnungseigentümers oder des Verwalters über die Gültigkeit von Beschlüssen der Wohnungseigentümer.

[II]Der Richter entscheidet, soweit sich die Regelung nicht aus dem Gesetz, einer Vereinbarung oder einem Beschluß der Wohnungseigentümer ergibt, nach billigem Ermessen.

[III]Für das Verfahren gelten die besonderen Vorschriften der §§ 44 bis 50.

[IV]An dem Verfahren Beteiligte sind:
1. in den Fällen des Absatzes 1 Nr. 1 sämtliche Wohnungseigentümer;
2. in den Fällen des Absatzes 1 Nrn. 2 und 4 die Wohnungseigentümer und der Verwalter;
3. im Falle des Absatzes 1 Nr. 3 die Wohnungseigentümer und der Dritte.

1   **1) Freiwillige Gerichtsbarkeit, Zuständigkeit (I).** I weist die Verf nach Nr 1–4 zwingd der FG zu, wobei iZw das Verf nach §§ 43 ff stattfindet (BGH NJW-RR **91**, 907), u begründet zugl eine ausschließl sachl u örtl Zuständigk. Verf nach §§ 43 ff auch, wenn in ihm geltd zu machder Anspr an Außenstehenden abgetreten (KG WuM **84**, 308) od von Außenstehden in VerfStandsch geltd gemacht wird. Wg MahnVerf vgl § 46 a. – **Selbständiges Beweisverfahren** nach ZPO 485 ff statth (MüKo-ZPO/Schreiber § 485 Rn 3); für Zuständigk ifv ZPO 486 II gilt I (Zöller/Herget § 486 Rn 4). – Vbg/TErkl kann **Schieds-** (BayObLG **73**, 1) od **Vorschaltverfahren** (zB Anrufg der Eigtümerversammlg vor Anfechtg von VerwEntscheidg) vorsehen, ohne das Verf nach § 43 unzul, sofern Dchführg nicht unzumutb (BayObLG NJW-RR **91**, 849).

2   **2) Antragsrecht;** dch Vbg/TErkl nicht allg abdingb, aber im Einzelfall verwirkb u verzichtb (Celle DWE **84**, 126). – **a) Wohnungseigentümer:** AntrR hat jeder WEigtümer zZ der AntrStellg; bei Mehrh von Berecht ist RForm maßg, ob jeder einzeln (zB BGB 1011 [KG NJW-RR **94**, 278]; 2038 I 2 Halbs [LG Brem DWE **89**, 33]) od alle gemschaftl (zB BGB 709, 714 [BayObLG NJW-RR **91**, 215], 2038 I 1). Über Mitgl werdder Gemsch vgl Übbl 6 vor § 1. Verlust dieser RStellg nach AntrStellg für AntrR, RSchutzInt u VerfZuständigk unschädl (BayObLG NJW-RR **91**, 531; vgl Rn 13). Bei Verlust dieser RStellg vor AntrStellg muß früherer WEigentümer seine Anspr vor ProzGer geltd machen; nur Verf nach Nr 4 noch statth, sofern UngültigErkl noch Auswirkg auf ihn hat, da diese nicht dch ProzGer mögl (BayObLG NJW-RR **87**, 270). – **b) Verwalter** bei Nr 2 u 4 (hier nur in Wahrnehmg der WEigtümerInteressen; KG NJW-RR **86**, 642). AntrR hat, wer zZ der AntrStellg Verw ist. Verlust dieser RStellg nach AntrStellg für AntrR u VerfZuständigk unschädl, kann aber Hauptsache erledigen; Verlust vor AntrStellg läßt AntrR u VerfZuständigk unberührt, wenn ifv Nr 2 Anspr aus VerwVerh VerfGgst ist (vgl Rn 4) od ifv Nr 4 UngültigErkl noch Auswirkg auf RStellg hat (zB Anfechtg der Abberufg). – **c) Sonstige.** VerwBeirat hat als solcher kein AntrR. Dritter nur ifv Nr 3 u bei AnsprAbtretg (Rn 1) od VerfStandsch.

3   **3) Verfahrensarten.** Alle Verf sind AntrVerf (keine AmtsVerf in WEG-Sachen) u mit Ausn von Nr 3 echte StreitVerf (BGH NJW **93**, 593; KG NJW-RR **94**, 278).

4   **a) Unter I Nr 1** fallen alle Streitigk der WEigtümer untereinand aus Angelegenh der §§ 10–16, 20–30; auch aus AufbauVereinbg iSv § 2 Rn 11 u AufhebsVerpfl (BayObLG **79**, 414; DWE **84**, 124). Streit über Bestehen od Inhalt von SonderNutzgsR (BGH **109**, 396). Auf BGB zB 823, 862, 1004 gestützte Anspr fallen darunter, wenn zugl GemschPfl verletzt ist (BGH NJW-RR **91**, 907). Anspr aus GoA bzgl VerwMaßn (Ffm

4a OLGZ **84**, 148). – **Nicht:** Streit über Wirksamk der Bestellg od aus Veräußerg von WE (BGH **62**, 388) Streit über Teilg nach Aufhebg der Gemsch (BayObLG **79**, 414). Feststellgs/HerausgVerlangen bzgl Ggst von SE/GemschE bei streitigen EigtVerh (BGH NJW **95**, 2851); soweit dieser Streit Vorfrage in Verf nach Rn 4 (zB für InstandhaftgsPfl), ist er dort zu entscheiden (Düss NJW-RR **95**, 206). Streit aus AufbauVertr iSv § 2 Rn 11. Streit zw Eigtümern u ihren Mietern od Mietern und WEigtümer (Karlsr OLGZ **86**, 129). Streit mit vor AntrStellg ausgeschiedenem WEigtümer (BGH **106**, 34; vgl auch Hamm OLGZ **82**, 20 u DB **90**, 273 sowie KG WuM **92**, 35 über RWegspaltg bei teilw Veräußerg). Streit zw MitBerecht eines WE (BayObLG NJW-RR **95**, 588). Streit aus nur zw einz WEigtümern vereinb Wettbewerbsverbot (BGH NJW-RR **86**, 1335). Streit zw WEigtümer u Versicherer eines and WEigtümers (BayObLG NJW-RR **87**, 1099).

5   **b) Unter I Nr 2** fallen alle Streitigk zw WEigtümern u Verw (auch pers haftdn Gter einer VerwGesellsch; BayObLG NJW-RR **87**, 1368) unabhäng davon, ob auf WEG, BGB od Vertr gestützt (BGH **59**, 58); gilt auch für Anspr vor AntrStellg ausgeschiednes WEigtümers (BayObLG **94**, 60). – Streit über **Verwaltungsführung;** zB Ausführg od Nichtausführg von Aufgaben nach §§ 24, 27, 28, Zust zu Veräußerg od

Gebr. Verlust der VerwStellg nach VerfEinleitg bewirkt idR BeteilWechsel (KG NJW-RR **89**, 657). Bei Verlust vor VerfEinleitg Verf nach § 43 nur noch bei fortbestehder Verpfl. – Streit aus **Verwalterverhältnis;** zB Wirksamk der VerwBestellg u des VerwVertr (KG OLGZ **76**, 266); Streit über Vergütg, VertrErfüllg, SchadErs, Herausg von bzw Einsicht in VerwUnterlagen od Auskunft/Rechnglegg. Verlust der VerwStellg vor od nach VerfEinleitg läßt VerfZuständigk idR unberührt (BGH **78**, 57; BayObLG ZMR **90**, 65; Hamm NJW-RR **88**, 268). – **Nicht:** Streit über Gelder, die späterer Verw als Baubetreuer vor Bildg der WEGemsch empfing (BGH **65**, 264); Streit aus VermietgsAuftr für SE (BayObLG NJW-RR **89**, 1167); Streit zw WEigtümer u Versicherer des Verw (BayObLG NJW-RR **87**, 1099); Widerruf ehrverletzder Äußerg (BayObLG **89**, 67: des Eigtümers).

c) Unter **I Nr 3** fällt die gerichtl Bestellg des Verw nach § 26 III.

d) Unter **I Nr 4** fallen: UngültigErkl eines Beschl (§ 23 IV); Feststellg seiner Nichtigk (Hamm NJW **81**, 6 465) bzw Nichtzustandekommens (Celle ZMR **89**, 436), seiner Gültigk u/od seines Inhalts (BayObLG WE **89**, 183). – **Antragsrecht** (Rn 2); besteht auch bei StimmRAusschl nach § 25 V u wenn Eigt erst währd der AntrFr erworben (Ffm, OLGZ **92**, 439). Verwirkg od Verzicht idR nicht schon dch Zust zum Beschl (BayObLG WE **93**, 344; Düss DWE **89**, 28; aA Köln DWE **92**, 165); Antr idR mißbräuchl u unzuläss, wenn auf VerfMangel gestützt, den AntrSt gekannt u in der Versammlg nicht gerügt hat (BayObLG **92**, 79). – **Rechtsschutzinteresse** besteht auch, wenn and Eigtümer schon angefochten hat (BayObLG **77**, 226). Für Anfechtg eines ersetzden (BGH NJW **94**, 3230) od bestätigden ZweitBeschl (vgl § 10 Rn 16) fehlt es anfängl, wenn der ErstBeschl schon bestandskräft ist u ein Anspr auf dessen Änderg (vgl § 10 Rn 20) nicht geltd gemacht wird (BGH aaO; Stgt OLGZ **88**, 327). Erledigg der Hauptsache wg nachträgl Wegfalls des RSchutzInt, wenn der ErstBeschl währd des Verf über die UngültErkl des ZweitBeschl (BayObLG NJW-RR **87**, 9; WE **93**, 343) od der ZweitBeschl im Verf über den ErstBeschl bestandskräft wird (Ffm OLGZ **89**, 434); bloße Anfechtg des ZweitBeschl erledigt das Verf über den ErstBeschl noch nicht (BGH NJW **89**, 1087). – Zum Verf vgl weiter § 23 Rn 15ff.

4) Bindung des Richters (II). – a) An **Vereinbarung/Teilungserklärung und Eigentümerbe-** 7 **schlüsse** (die nicht nichtig od rkräft für ungült erklärt) auch, wenn unzweckmäß Gestaltg unbill Folgen bewirkt (BGH NJW **93**, 1924); über Anspr aus BGB 242 auf Änderg vgl § 10 Rn 20. Sie äußert sich insb bei Antr nach §§ 15 III (BayObLG NJW-RR **87**, 655), 21 IV. Bei BeschlAnfechtg äußert sie sich darin, daß ein iRv § 21 III liegder Beschl nicht deshalb für ungült erklärt werden darf, weil er Regelg bloß zweckmäßiger (Hbg WE **93**, 89). – **b)** An **Sachanträge** der Beteil keine strenge Bindg, es darf aber kein „Mehr" od „aliud" zugesprochen werden (BGH NJW **93**, 593); and bei BeschlAnfechtg (BayObLG **85**, 171).

5) Verfahrensvorschriften (III). In erster Linie gelten §§ **44 bis 50.** Soweit dort keine SonderVorschr, 8 gelten **FGG 2 bis 34** (BGH Rpfleger **85**, 24). Auf echte StreitVerf (Rn 3) ist ergänz die **ZPO** heranziehb, soweit nicht Grdsätze der FG (zB FGG 12) entggstehen.

a) Antragsform: FGG 11 od schriftl; Schriftform erfordert keine Unterschrift, nur AntrSteller u Antr- 9 Wille müssen erkennb sein (Ffm AnwBl **85**, 327; KG DWE **86**, 121). **Antragsänderung** od materieller RKraft der Zurückweisg (§ 45 II 2) nur entspr ZPO 263, 264, 523 zul (BayObLG ZMR **93**, 530; aA Ffm OLGZ **90**, 419); iFv I Nr 4 muß Frist des § 23 IV gewahrt sein. **Antragserweiterung** im ersten RZug jederzeit, im BeschwVerf entspr ZPO 263, 264, 523 (BayObLG WuM **91**, 413); iFv I Nr 4 muß Frist des § 23 IV gewahrt sein. **Antragsrücknahme** wg RKraft der Zurückweisg (§ 45 II 2) nur entspr ZPO 269 mit Zust des AntrGegners zul (Bassenge/Herbst FGG Einl Rn 113 mwN; aA KG WE **88**, 62; BayObLG WE **90**, 214); Ausn iFv I Nr 4 (§ 23 Rn 18). Ein noch nicht rkräft Entscheid wird ohne Aufhebg wirkgslos. **Gegenantrag** entspr ZPO 33, 530 I zul (KG OLGZ **91**, 190); nicht mehr in RBeschwInstanz (BayObLG WuM **85**, 31). Gg Eigtümer (KG OLGZ **91**, 190) od Verw (BayObLG **71**, 313) auch, wenn Verw in VerfStandsch für WEigtümer handelt. **Stufenantrag** entspr ZPO 254 zul (Düss NJW- RR **87**, 1163). **Feststellungsantrag** entspr ZPO 256 I, II bei FeststellgsInt zuläss (BayObLG NJW-RR **88**, 17; **90**, 210). Antr auf **künftige Leistung** (zB Wohngeld) entspr ZPO 259 zuläss. – **Anhängigkeit** mit AntrEingang 10 (= VerfEinleitg); sie ist maßg zB für VerfZuständigk (vgl Rn 13), nicht entspr ZPO 253 I, 261 I die (nach FGG nicht notw) Zustellg an Gegner (KG WuM **91**, 369; aA BayObLG **86**, 348), die aber zB erst Verzug begründen kann. – **Verfahrensvertretung** nach FGG 13 (BayObLG WE **89**, 211), **Verfahrensstandsch** (§ 27 Rn 17), **Beteiligtenwechsel/erweiterung** entspr ZPO 263 (BayObLG WE **88**, 97; Ffm WE **89**, 171) sowie **Nebenintervention u Streitverkündung** entspr ZPO 72ff (BayObLG NJW-RR **87**, 1423 bzgl NichtEigtümer) zul. – **Rechtsschutzinteresse** erforderl (BayObLG DNotZ **85**, 414). **Trennung** 11 (BayObLG DWE **82**, 136), **Verbindung** (BayObLG **77**, 226), **Aussetzung** (BayObLG **87**, 381) entspr ZPO 145, 147, 148 u **Ruhen des Verfahrens** (BayObLG NJW-RR **88**, 16) entspr ZPO 251 zul. – **Zwischenentscheidung** über Zulässigk des Verf entspr ZPO 280 (Celle NJW-RR **89**, 143) od über AnsprGrd entspr ZPO 304 (Köln DWE **94**, 110) sowie **Teilentscheidung** entspr ZPO 301 (BayObLG WE **94**, 314) zul; nicht aber **Anerkenntnis- u Versäumnisentscheidung** (Bassenge/Herbst FGG Einl Rn 53). – **Bekanntmachung** der Entscheidg nach FGG 16 (BayObLG WE **91**, 290). **Richterablehnung** nach FGG 6, ZPO 42ff. **Rechtsmittelbelehrung** nicht notw (BayObLG WuM **95**, 505).

b) Amtsermittlung (FGG 12). Das Ger hat ohne Bindg an Behauptgen u Antr der Beteil die ent- 12 scheidgserhebl Tats im Frei- od StrengBewVerf (BayObLG **87**, 291; KG WuM **88**, 28) zu ermitteln. Im StrengBewVerf gelten FGG 15, ZPO 355, 375. Diese Pfl endet aber dort, wo ein Beteil es allein od hauptsächl in der Hand hat, Tats u Beweise für eine ihm günst Entscheidg beizutragen (BayObLG NJW-RR **93**, 1488), worauf hinzuweisen ist (Köln WuM **95**, 343); daher kann oft ein Nichtbestreiten von weiteren Ermittlgen entbinden (BayObLG WE **89**, 58). Das Ger braucht nicht allen denkb Möglichk nachzugehen, sond darf die Ermittlgen einstellen, wenn ihre Fortsetzg keine Ergebn mehr erwarten läßt (BGH **40**, 54). Wg ZPO 285 vgl § 44 Rn 1, ZPO 287 anwendb.

6) Beteiligte (IV); können nicht Zeugen sein (BayObLG NJW-RR **93**, 85). – **a) Materielle Beteili-** 13 **gung;** nur sie wird in IV (nicht abschließd) geregelt. – **aa)** Bei I Nr 1 bis 4 sind es **alle Wohnungseigentü-**

mer im Ztpkt der VerfEinleitg. Ausn für WEigtümer, die in ihren Rechten nicht betroffen sein können; zB bei NachbStreit (vgl BayObLG NJW-RR **90**, 660), bei einem WEigtümer alleine zustehden SchadErsAnspr gg Verw (BGH NJW **92**, 182 [falsche Auskunft]; Zweibr NJW-RR **91**, 1301 [Verletzg des SE]; BayObLG NJW-RR **93**, 280 [Verzögerg der § 12-Zust]) od bei Mehrhausanlagen (BayObLG WuM **95**, 552). Verlust des WE nach VerfEinleitg läßt BeteilEigensch unberührt, kann aber (ganz od bzgl des Ausgeschiedenen) die Hauptsache erledigen (Oldbg ZMR **80**, 63; vgl auch BayObLG **83**, 73; WuM **94**, 237); Entscheidg wirkt gem ZPO 265, 325 für u gg RNachf (BayObLG **94**, 237 [AntrSt]; Hamm WuM **94**, 565 [AntrGegner]); Nachf wird daher nicht Beteil (BayObLG **94**, 237; aA Hamm OLGZ **94**, 134). Bei Verlust vor VerfEinleitg wird Ausgeschiedener nicht mehr Beteil (vgl Rn 3), sofern nicht iFv I Nr 4 UngültigErkl noch Auswirkg auf ihn hat (vgl Rn 2). Über Sammelbezeichng vgl BayObLG NJW-RR **87**, 1039. – **bb)** Bei I Nr 2 u 4 ist es stets auch der **Verwalter** (auch bei Bestellg nach VerfEinleitg); bei I Nr 1 auch dann, wenn Streit auf VerwMaßn beruht (aA BayObLG **72**, 90). Für die Auswirkg des Verlustes der VerwStellg nach od vor VerfEinleitg auf die BeteilEigensch gilt Rn 2 entspr; Möglichk der Haftg macht früheren Verw aber nicht zum Beteil iFv I Nr 4 (Hamm OLGZ **71**, 96), wohl aber Anfechtg seiner Entlastg (BayObLG WE **91**, 360). – **cc) Sonstige.** Dritte iFv § 26 III u soweit sie für VerfGgst StimmR haben (§ 25 Rn 2). Bei Streit aus Beiratstätigk auch Mitgl, das nicht WEigtümer ist.

14   **b) Formelle Beteiligung** (dazu Bassenge/Herbst FGG Einl Rn 23). Das Ger hat vAw (kann AntrSteller Namhaftmachg aufgeben, aber nicht erzwingen [BayObLG DWE **85**, 60]) die materiell Beteil festzustellen (BayObLG MittBayNot **93**, 367) u ihnen Antr, Termine, BeteilVorbringen, ErmittlgsErgeb u Entscheidgen mitzuteilen (Stgt BWNotZ **76**, 18) sowie rechtl Gehör zu gewähren; Zustellgen an den Verw iRv § 27 II Nr 3 reichen, sofern ein Beteil nicht dch Anwalt vertreten (KG WuM **90**, 363). Maß der aktiven Beteiligg steht im Belieben jedes Beteil; auch ohne aktive Beteiligg ist er weiter formell zu beteiligen, da sich Anlaß zu aktiver Beteiligg erst im Laufe des Verf ergeben kann (zu weitgeh Hamm OLGZ **71**, 101). ZPO 62 nicht anwendb (KG WuM **85**, 97). – Anhörg zur Sachaufklärg richtet sich nach FGG 12.

WEG 44   *Allgemeine Verfahrensgrundsätze.* [I]Der Richter soll mit den Beteiligten in der Regel mündlich verhandeln und hierbei darauf hinwirken, daß sie sich gütlich einigen.

[II]Kommt eine Einigung zustande, so ist hierüber eine Niederschrift aufzunehmen, und zwar nach den Vorschriften, die für die Niederschrift über einen Vergleich im bürgerlichen Rechtsstreit gelten.

[III]Der Richter kann für die Dauer des Verfahrens einstweilige Anordnungen treffen. Diese können selbständig nicht angefochten werden.

[IV]In der Entscheidung soll der Richter die Anordnungen treffen, die zu ihrer Durchführung erforderlich sind. Die Entscheidung ist zu begründen.

1   **1) Mündliche Verhandlung (I). – a) Erforderlichkeit.** Sie muß in allen TatsInst vor der Endentscheid in der Hauptsache (nicht zB vor selbstd Kostenentscheidg [Hbg OLGZ **91**, 47] od einstw AO od VerfAbgabe an ProzGer [BGH NJW **89**, 714]) stattfinden u darf nur bei bes Umständen entfallen (zB bei unzul Beschw; BayObLG WE **91**, 197). In BeschwInst vor der voll besetzten Kammer (BayObLG NJW-RR **93**, 280). Sie dient der Sachaufklärg (FGG 12) u der gütl Einigg; hat aber nicht die Funktion von ZPO 128, so daß EntscheidgsGrdLage auch sein kann, was nicht VerhandlgsGgst war (vgl aber Rn 3), u auch ZPO 309 gilt nicht (BayObLG **90**, 173; KG NJW-RR **94**, 278). ZPO 285 gilt nicht (BayObLG NJW-RR **90**, 1420). Sie

2 ist öffentl (BayObLG NJW-RR **89**, 1293). – **b) Teilnahme.** Nichtteiln eines Beteil führt nicht zu VersäumnsBeschl. Vertretg zuläss. Anordng des pers Erscheinens (FGG 13) steht im pflichtgem Ermessen (BayObLG WEM **80**, 125) u für Sachaufklärg (nicht nur für Einigg) gem FGG 33 erzwingb (KG Rpfleger **84**, 186; LG Stgt WE **90**, 184). – **c) Protokoll** nach Ermessen des Ger; ZPO 159ff gelten nicht (BayObLG

3 JurBüro **89**, 244); vgl aber II. – **d) Rechtliches Gehör** (GG 103 I), wonach Ger nur Tats verwerten darf, zu denen die Beteil (auch außerh mündl Verhandlg) Gelegenh zur Kenntn- u Stellgnahme hatten, von mündl Verhandlg zu unterscheiden (dazu Bassenge/Herbst FGG Einl Rn 55).

4   **2) Einigung (II)** erfordert kein ggseit Nachgeben. Niederschr gem ZPO 159–164 (vgl BayObLG WE **89**, 110). Sie bindet nur die an ihr beteil WEigtümer (BayObLG NJW-RR **90**, 594); deren SondNachf nur, wenn sie als SE-Inhalt eingetr (§ 10 II) od die Voraussetzgen eines EigtümerBeschl erfüllt (§ 10 III).

5   **3) Einstweilige Anordnung (III)** erfordert anhäng HauptsacheVerf (BayObLG **93**, 73) u kann in jeder Instanz ergehen (BayObLG WuM **90**, 324). Sie erfordert keinen bes Antr (BayObLG **93**, 73) u ergeht ohne Bindg an solchen. Wirks mit Bek an Beteil (FGG 16 I) u sofort vollstreckb (§ 45 III); ggf SchadErs nach ZPO 945 (BGH **120**, 261), wobei ZPO 530 statt ZPO 717 II 2 anwendb (KG DWE **91**, 27). Anordng einschl Änderg/Aufhebg/Aussetzg der Vollzieh sowie Ablehng dieser Maßn nur zus mit Hauptsache anfechtb (BayObLG **93**, 73); selbstd anfechtb aber, wenn nicht in anhäng HauptsacheVerf ergangen (BayObLG **77**, 44) od greifb gesetzwidr (Hamm OLGZ **78**, 16). Kein VollstrGgAntr (KG WEZ **88**, 447). Bei Teilanfechtg der Hauptsacheentscheid muß Anordng den Ggst des BeschwVerf betreffen, um mit angefochten werden zu können. Erlaß wg § 45 II 1 noch mit Hauptsacheentscheid zul (LG Stgt DWE **93**, 33), zB sof Wirksamk eines WirtschPlans (KG WE **93**, 220); Ers für vorläuf Vollstreckbark. Anordng wird mit Wirksamwerden der Hauptsacheentscheid nach § 45 II 1 (BayObLG **93**, 73) od wenn solche (zB nach AntrRückn) nicht mehr ergehen kann (Düss ZMR **89**, 315) ohne förml Aufhebg ggstlos.

6   **4) Durchführungsanordnung (IV 1)** setzt entspr materiellrechtl Anspr voraus (Stgt NJW **70**, 102); zul zB Herausg der VerwUnterlagen bei Abberufg des Verw (BayObLG **65**, 34), KündErmächtigg an Verw bei unzul Vermietg (LG Lüb DWE **88**, 29). Sie ergeht auch noch im RMittelVerf unabhäng von Antr der Beteil u ohne Bindg an solche. Wo ZwVollstr in Betr kommt, muß sie vollstrfäh Inhalt haben.

5) Begründungspflicht (IV 2) betrifft nur Endentscheidgen (zB auch selbstd Kostenentscheidg) u mit **7** ihnen anfechtb Zwischenentscheidgen (zB nach III). Fehlen der Begründg hindert Lauf der BeschwFrist u damit Wirksamwerden der Entscheidg (BayObLG **82**, 90; WE **90**, 140).

WEG 45 *Rechtsmittel, Rechtskraft.* [I]Gegen die Entscheidung des Amtsgerichts ist die sofortige Beschwerde, gegen die Entscheidung des Beschwerdegerichts die sofortige weitere Beschwerde zulässig, wenn der Wert des Gegenstandes der Beschwerde oder der weiteren Beschwerde eintausendfünfhundert Deutsche Mark übersteigt.

[II]**Die Entscheidung wird mit der Rechtskraft wirksam. Sie ist für alle Beteiligten bindend.**

[III]**Aus rechtskräftigen Entscheidungen, gerichtlichen Vergleichen und einstweiligen Anordnungen findet die Zwangsvollstreckung nach den Vorschriften der Zivilprozeßordnung statt.**

[IV]**Haben sich die tatsächlichen Verhältnisse wesentlich geändert, so kann der Richter auf Antrag eines Beteiligten seine Entscheidung oder einen gerichtlichen Vergleich ändern, soweit dies zur Vermeidung einer unbilligen Härte notwendig ist.**

Vorbemerkung. Abs I idF von Art 10 G v 11. 1. 93 (BGBl I 50) gilt ab 1. 3. 93 (Art 15 I aaO). Art 10 gilt nicht für Entscheidgen, die vor dem 1. 3. 93 erlassen wurden (Art 14 IX aaO).

1) Rechtsmittel (I). I gilt nicht für Beschw gg ZwEntscheidgen des AG (Ausn: Rn 2) u weit Beschw gg **1** Entscheidgen des LG über Beschw gg diese sowie für Beschw gg ZwEntscheidgen des LG im BeschwVerf. Soweit diese nicht nach allg Grds (zB BewBeschl) od SonderVorschr (zB § 44 III) unanfechtb sind, sind sie vorbeh SonderVorschr (zB FGG 15 I iVm ZPO 380 III) ohne Rücks auf einen BeschwWert nach FGG 19 ff bzw 27 ff anfechtb (Köln ZMR **80**, 190; KG OLGZ **84**, 62). Über Anfecht von Kosten- u GeschWertEntscheidgen vgl § 47 Rn 5, § 48 Rn 12, von Entscheidgen im ZwVollstrVerf vgl Rn 5.

a) Erstbeschwerde. – aa) Statthaftigkeit. Endentscheidgen des AG über die Hauptsache (u gleichge- **2** stellte ZwEntscheidgen wie zB entspr ZPO 280; Celle NJW-RR **89**, 143) unterliegen der sof Beschw, wenn der Wert der Beschwer für den BeschwFührer u nicht der GeschwWert des BeschwVerf (BGH **119**, 216) 1500 DM (ohne Zinsen/Kosten als NebenFdg; BayObLG WuM **94**, 573) übersteigt. Bei mehreren BeschwFührern ist die Summe der Beschwer maßg (BayObLG ZMR **94**, 34). ZPO 547 gilt nicht (Brem WuM **92**, 38). – **bb) Frist.** 2 Wochen (FGG 22 I); unselbständ AnschlBeschw zuläss (BGH **71**, 314). – **cc) Beschwerderecht** hat ein Beteil (§ 43 IV) nur, wenn er iSv FGG 20 I beeinträchtigt ist (BGH **120**, 396). Bei AntrZurückweisg gilt FGG 20 II (Bassenge Rpfleger **81**, 92; aA BGH aaO); jedenf darf BeschwFührer, der im 1. RZug keinen Antr gestellt hat, nicht die AntrFr des § 23 IV versäumt haben (BGH aaO). – **dd) Beschwerdeverfahren.** Es gelten FGG 18 II, 19, 21–26 (zB Verschlechtgsverbot; BayObLG ZMR **94**, 423). Rückn beendet das BeschwVerf, wenn nicht ein and Beteil ebenf rechtzeit Beschw eingelegt hat (BayObLG ZMR **93**, 128).

b) Weitere Beschwerde. – aa) Statthaftigkeit. Endentscheidgen des LG über ErstBeschw nach Rn 2 **3** unterliegen ohne Rücks auf die Zulässig der ErstBeschw der sof weit Beschw, wenn der Wert der Beschwer dch die BeschwEntscheidg für den weit BeschwFührer u nicht der GeschWert (vgl Rn 2) 1500 DM (ohne Zinsen u Kosten als NebenFdg) übersteigt; ohne Rücks auf BeschwWert, wenn ErstBeschw als unzuläss verworfen (BGH **119**, 216). – **bb) Frist.** 2 Wochen (FGG 22 I, 29 IV); unselbständ Anschl weit Beschw zuläss (BGH Rpfleger **85**, 409). – **cc) Beschwerderecht.** ErstBeschwFührer ohne Rücks auf Zulässigk der ErstBeschw bei Verwerfg od Zurückweisg der ErstEntscheidg, wenn für sie dch die Änderg der ErstEntscheidg ein BeschwR nach Rn 2 gegeben ist (BGH NJW **84**, 2414); bei Verwerfg/Zurückweisg der ErstBeschw nur, wenn sie die ErstEntscheidg noch anfechten könnten (BGH NJW **80**, 1960). – **dd) Beschwerdeverfahren.** Es gelten FGG 27–29.

2) Wirksamwerden (II 1) bedeutet Eintritt der Wirkgen, die herbeizuführen die Entscheidg nach ihrem **4** Inhalt bestimmt u geeignet ist. Für Entscheidgen in der Hauptsache mit formeller RKraft: Unanfechtbark für alle Beteil (BayObLG WuM **93**, 492), daher keine TeilRKraft hinsichtl einz Beteil. Für and Entscheidgen gilt FGG 16. – **Bindung (II 2)** aller Beteil iSv § 43 IV an wirks gewordene Entscheidg bedeutet materielle RKraft (BayObLG **94**, 216); tritt auch bei unterbleibender formeller Beteiligg ein, sofern die Entscheidg allen materiell Beteil zugestellt wurde (BayObLG WuM **89**, 350). Keine RKraftwirkg der UngültErkl eines EigtümerBeschl bei Verf über neuen Beschl gleichen Inhalts (BayObLG WuM **89**, 342; **94**, 165).

3) Zwangsvollstreckung (III) nur aus Vergl u formell rkräft Entscheidg, keine vorläuf Vollstreck- **5** bark. ZwVollstr nach ZPO (nicht FGG 33), insb ZPO 724 (KG OLGZ **91**, 64; BayObLG NJW-RR **86**, 564: auch bei einstwAO), 750 (Stgt Rpfleger **73**, 311), 887 ff (BayObLG **95**, 114) anwendb; vgl auch § 16 Rn 11. Das Ger der FG ist zuständ, wenn nach ZPO das ProzG im VollstrVerf entscheidet; Verf, Kostenentscheidg u RMittel richten sich nach ZPO (BayObLG NJW-RR **88**, 640; Köln OLGZ **94**, 599) u die Kosten nach GKG (BayObLG WE **91**, 363), im ErkenntnVerf nach ZPO 767 ist aber WEG/ FGG anwendb (BayObLG NJW-RR **90**, 26; zB § 44 III statt ZPO 769). Das AG ist als VollstrG nach ZPO 764 für die Aufgaben zuständ, die die ZPO ihm zuweist (zB ZPO 766), u das ProzG für Klagen nach ZPO 771; Verf u RMittel in beiden Fällen nach ZPO.

4) Abänderung (IV) formell rkräft Entscheidg od Vergl nur auf Antr bei Veränd der tats Verh (so **6** auch bei abw Vereinbg, vgl Celle NJW **64**, 1861), nicht bei geänd RAuffassg. Zuständ ist das AG auch bei BeschwEntscheidg (Ffm OLGZ **88**, 61). – Daneben ZPO 319–321 anwendb (vgl dazu Bassenge/Herbst FGG § 18 Rn 24–26), ebso WiederAufn des Verf entspr ZPO 578 ff (BayObLG WuM **95**, 453).

WEG 46 *Verhältnis zu Rechtsstreitigkeiten.* [I]**Werden in einem Rechtsstreit Angelegenheiten anhängig gemacht, über die nach § 43 Abs. 1 im Verfahren der freiwilligen**

Gerichtsbarkeit zu entscheiden ist, so hat das Prozeßgericht die Sache insoweit an das nach § 43 Abs. 1 zuständige Amtsgericht zur Erledigung im Verfahren der freiwilligen Gerichtsbarkeit abzugeben. Der Abgabebeschluß kann nach Anhörung der Parteien ohne mündliche Verhandlung ergehen. Er ist für das in ihm bezeichnete Gericht bindend.

II Hängt die Entscheidung eines Rechtsstreits vom Ausgang eines in § 43 Abs. 1 bezeichneten Verfahrens ab, so kann das Prozeßgericht anordnen, daß die Verhandlung bis zur Erledigung dieses Verfahrens ausgesetzt wird.

1   **1) Abgabe an das FG-Gericht (I). – a) Verfahren.** In erster Instanz vAw; Beschl mit sof Beschw anfechtb (GVG 17a IV; BayObLG **94**, 60; BGH NJW **95**, 2851). In RMittelinstanz gilt GVG 17a V (BGH aaO). Keine Abgabe, wenn FGGer seine Zuständigk schon rkräft verneint hat (BGH **97**, 287). Verf vor FGGer setzt bish Verf nicht fort, vgl jedoch wg der Kosten § 50. – **b) Bindung** (I 3) auch bei fehlerh Abgabe; and bei offensichtl Unrichtigk (BayObLG NJW-RR **91**, 977). FGGer darf AntrBefugn nach § 43 I Nr 1, deren Fehlen Unzulässigk des FGVerf ergeben würde, nicht mehr prüfen (BayObLG NJW **65**, 1484); er verfährt auch bei fehlerh Abgabe nach §§ 43ff u FGG (Karlsr OLGZ **86**, 129). Bei (grds unzul) Rückverweisg an ProzGer gilt ZPO 36 Nr 6 (BGH NJW **84**, 740). – **c) Unterlassene Abgabe** bewirkt weder Nichtigk der Sachentscheidg des ProzGer. Die RKraft des Urt steht in ihren obj Grenzen einem Verf nach § 43 entgg, wenn VerfBeteil nur die ProzPart od deren RNachf sind. Sind auch and Pers Beteil, so kann wg der weiterreichden RKraftWirkg (§ 45 II) eine neue u inhaltl abw Entscheidg ggü den Beteil ergehen, die nicht ProzPart waren.

2   **2) Abgabe an das Prozeßgericht** entspr I vAw (BGH **106**, 34); auch wenn FG-Ger für HilfsAntr zuständ (BayObLG WE **92**, 25). Mit sof Beschw anfechtb (BayObLG NJW-RR **90**, 1431; KG OLGZ **94**, 279). Bei Rückverweisg ZPO 36 Nr 6 (BayObLG aaO). ProzGer verfährt (auch bei falscher Abgabe) nach ZPO; zB ZPO 91ff statt § 47 (KG WE **90**, 91).

3   **3) Aussetzung (II).** An die Entscheidg des FGGer ist das ProzGer nur gebunden, wenn die ProzPart zu den Beteil des FGVerf od deren RNachf gehören. – Für Aussetzg des FGVerf gilt ZPO 148 entspr.

WEG 46 a *Mahnverfahren.* I Zahlungsansprüche. – über die nach § 43 Abs. 1 zu entscheiden ist, können nach den Vorschriften der Zivilprozeßordnung im Mahnverfahren geltend gemacht werden. Ausschließlich zuständig im Sinne des § 689 Abs. 2 der Zivilprozeßordnung ist das Amtsgericht, in dessen Bezirk das Grundstück liegt. § 690 Abs. 1 Nr. 5 der Zivilprozeßordnung gilt mit der Maßgabe, daß das nach § 43 Abs. 1 zuständige Gericht der freiwilligen Gerichtsbarkeit zu bezeichnen ist. Mit Eingang der Akten bei diesem Gericht nach § 696 Abs. 1 Satz 4 oder § 700 Abs. 3 Satz 2 der Zivilprozeßordnung gilt der Antrag auf Erlaß des Mahnbescheids als Antrag nach § 43 Abs. 1.

II Im Falle des Widerspruchs setzt das Gericht der freiwilligen Gerichtsbarkeit dem Antragsteller eine Frist für die Begründung des Antrags. Vor Eingang der Begründung wird das Verfahren nicht fortgeführt. Der Widerspruch kann bis zum Ablauf einer Frist von zwei Wochen seit Zustellung der Begründung zurückgenommen werden; § 699 Abs. 1 Satz 3 der Zivilprozeßordnung ist anzuwenden.

III Im Falle des Einspruchs setzt das Gericht der freiwilligen Gerichtsbarkeit dem Antragsteller eine Frist für die Begründung des Antrags, wenn der Einspruch nicht als unzulässig verworfen wird. §§ 339, 340 Abs. 1, 2, § 341 der Zivilprozeßordnung sind anzuwenden; für die sofortige Beschwerde gilt jedoch § 45 Abs. 1. Vor Eingang der Begründung wird das Verfahren vorbehaltlich einer Maßnahme nach § 44 Abs. 3 nicht fortgeführt. Geht die Begründung bis zum Ablauf der Frist nicht ein, wird die Zwangsvollstreckung auf Antrag des Antragsgegners eingestellt. Bereits getroffene Vollstreckungsmaßregeln können aufgehoben werden. Für die Zurücknahme des Einspruchs gelten Absatz 2 Satz 3 erster Halbsatz und § 346 der Zivilprozeßordnung entsprechend. Entscheidet das Gericht in der Sache, ist § 343 der Zivilprozeßordnung anzuwenden.

1   **1) Allgemeines.** § 46a (eingeführt dch Art 8 IV Nr 2 G v 17. 12. 90, BGBl I 2847) eröffnet für ZahlgsAnspr nach § 43 das ZPO-MahnVerf, das ifv Widerspr od Einspr in ein WEG/FGG-Verf übergeleitet wird. VerfGgst sind alle ZahlgsAnspr nach § 43 I Nr 1 (zB Lasten/Kostenbeiträge, SchadErs) u Nr 2 (zB SchadErs, VerwVergütg, BGB 675). Es kann auch gleich das Verf nach § 43 gewählt werden.

2   **2) Mahnverfahren.** Es richtet sich vorbehaltl I 2, 3 nur nach der ZPO (**I 1**); daher §§ 43 II–IV, 44–48 unanwendb. – **a) Mahnbescheid.** Es gelten ZPO 688–693, 701ff (**I 1**), soweit I 2, 3 nicht Besonderh vorsehen. Ausschließl zuständ ist das in **I 2** bezeichnete AG; ifv ZPO 689 III muß es nicht mit dem AG nach § 43 I ident sein. Bezeichng des § 43-Gerichts nach **I 3** erfordert Zusatz „in Verf nach § 43 WEG" oÄ, sofern 3   diese Zuständigk nicht eindeut aus der AnsprBezeichng erkennb. – **b) Vollstreckungsbescheid.** Es gelten ZPO 699, 700 I, II, 701ff (**I 1**). Aus dem VollstrBescheid kann vor Eintritt der formellen RKraft vollstreckt werden (ZPO 699 I, 794 I Nr 4, 796 I). Das § 43-Gericht ist zuständ, soweit das für StreitVerf zuständ Gericht für Entscheidgn im VollstrVerf zuständig ist (zB ZPO 796 III); über dessen Verf vgl § 45 Rn 5. Der VollstrBescheid wird nach Maßg von ZPO 339 I, 705 u 322–327 formell bzw materiell rkräft.

4   **3) Widerspruch gegen Mahnbescheid.** Für die Einlegg gelten ZPO 694 I, 695, 702, 703. – **a) Verfahren des Mahngerichts.** Mitteilg des Widerspr an AntrSt (ZPO 695). Unanfechtb Abgabe des Verf an das gem I 3, ZPO 692 I Nr 1 bezeichnete Gericht, wenn AntrSt od AntrGgner die Dchführung des StreitVerf beantragt haben, u Mitteilg davon an die Parteien (ZPO 696 I 1–3, 698). Damit endet das Verf nach der 5   ZPO. – **b) Verfahren des § 43-Gerichts.** Mit Eingang der Akte dort gilt der MahnbescheidAntr als Antr nach § 43 I (**I 4**). Für das Verf gelten fortan WEG/FGG; ZPO gilt nur noch nach Maßg von II 3 i iRv § 43

Rn 8. – **aa) Durchführung.** ZPO 696 IV nicht anwendb. Das Gericht (Richter) setzt dem AntrSt eine AntrBegründgsFrist **(II 1);** Bekanntmach nach FGG 16 II 1. Das Verf wird erst fortgeführt, wenn die dem AntrGgner zuzustelle (vgl II 3) Begründg eingegangen ist **(II 2)** od die Frist fruchtlos abgelaufen ist (BT-Drucks 11/3621 S 64); für die Ermittlgen gilt § 43 Rn 12. Beteiligg jetzt nach § 43 IV. Für die Endentscheid gelten §§ 45, 47. – **bb) Zurücknahme des Widerspruchs (II 3).** Zuläss bis zum Ablauf von 6 2 Wochen ab Zustellg der AntrBegründg an AntrGgner; bei formloser Mitteilg gilt ZPO 187. Bei fehlder Begründg Zurückn bis zum Erlaß der Endentscheid zuläss (ZPO 697 IV nicht anwendb). Nach wirks Zurückn erläßt das § 43-Gericht VollstrBescheid, für den Rn 3 (nicht §§ 45, 47) gilt; zuständ ist der Rpfleger (Hansens Rpfleger **92**, 277), denn das Verf wird dch die Zurückn wieder MahnVerf.

4) Einspruch gegen Vollstreckungsbescheid. Für die Einlegg gelten ZPO 339, 340 I, II, 694 II, 702, 7 703. – **a) Verfahren des Mahngerichts.** Unanfechtb Abgabe des Verf an das gem I 3, ZPO 692 I Nr 1 bezeichnete Gericht u Mitteilg davon an die Parteien (ZPO 700 III 1, 2, 696 I 3, 698). Damit endet das Verf nach der ZPO. – **b) Verfahren des § 43-Gerichts.** Mit Eingang der Akten gilt der MahnbescheidAntr als 8 Antr nach § 43 I **(I 4).** Für das Verf gilt fortan WEG/FGG; ZPO gilt nach Maßg von III 2 u iRv § 43 Rn 8. – **aa) Einspruchsprüfung** nach ZPO 341, wobei § 45 I (BeschwSumme!) für die Beschw nach ZPO 341 II 2 gilt **(III 2).** – **bb) Durchführung.** Bei zuläss Einspr gilt für AntrBegründgsFr **(III 1),** VerfFortführg **(III 3),** Ermittlgen u Beteiligg Rn 5. – **cc) Einstweilige Anordnung** iSv § 44 III zuläss ab Eingang der 9 Akte **(III 3)** bis zum Erlaß der Endentscheid (§ 44 Rn 3); Inhalt entspr ZPO 707 I 1. Einstellg der ZwVollstr nach III 4 zwingd u ohne SicherhLeistg. – **dd) Zurücknahme des Einspruchs (III 6).** Für die zeitl Zulässigk gilt Rn 6 mit der Maßg, daß bei fehlder Begründg Zurückn nach Beginn der mündl Verhandlg nicht mehr zuläss (ZPO 346, 515 I); iü gelten ZPO 346, 515 (daher keine Kostenentscheid nach § 47) entspr. Nach Ablauf der ZurückNFr (I 3) Zurückn auch mit AntrStEinwillig unzuläss (aA Hansens Rpfleger **92**, 277). – **ee) Endentscheidung.** Für die Hauptsacheentscheid (ZahlgsAnspr) gilt ZPO 343. 10 Über die gesamten VerfKosten wird nach § 47 entschieden (er kann Aufrechterhaltg der Kostenentscheid des VollstrBescheids rechtfertigen). Im Umfang der Aufrechterhaltg des VollstrBescheids bleibt es bei dessen Vollstreckbark (Rn 3); entggstehde einstwAO nach Rn 9 muß aufgehoben werden, da sie sonst bis zum Wirksamwerden der Endentscheidg gilt (§ 44 Rn 3). Für Wirksamwerden u RKraft gilt § 45 II.

WEG 47 *Kostenentscheidung.* **Welche Beteiligten die Gerichtskosten zu tragen haben, bestimmt der Richter nach billigem Ermessen. Er kann dabei auch bestimmen, daß die außergerichtlichen Kosten ganz oder teilweise zu erstatten sind.**

1) Allgemeines. Die Entscheidg nach S 1 begründet eine Kostenschuld nach KostO 3 Nr 1 (vgl § 48 1 Rn 3), die nach S 2 begründet od verneint einen verfrechtl ErstattgsAnspr u regelt damit auch den materiellrechtl (zB aus Verzug) abschließd (BayObLG ZMR **94**, 36); beide ergehen vAw. § 47 gilt auch für NebenVerf (zB Richterablehng; BayObLG WE **90**, 184); nicht aber wenn für das Verf die ZPO gilt (zB § 45 III). Bei vorgerichtl Streiterledigg gilt § 47 entspr (KG NJW-RR **92**, 404).

2) Arten der Kostenentscheidung. – a) Unselbständige. Wenn eine Hauptsacheentscheid (auch die 2 Feststellg der Erledigg nach einseit ErlediggsErkl des AntrStellers; BayObLG WuM **91**, 715) ergeht; mit dieser od nachholb entspr ZPO 321 (BayObLG JurBüro **89**, 218). – **b) Selbständige.** Wenn keine Hauptsacheentscheid ergeht; zB bei Antr/BeschwRückn, beiderseit ErlediggsErkl, Vergl ohne Kostenregelg. – **c) Mischentscheidung.** Wenn nach teilw AntrRückn usw über die restl Hauptsache u einheitl über die Kosten beider Teile entschieden wird.

3) Inhalt der Kostenentscheidung. Beteil iSv § 47 sind nur die formell Beteil (BayObLG **75**, 238). § 47 3 ist alleinige EntscheidgsGrdLage; Grds der ZPO 91 ff dürfen iR des Ermessens berücksicht (BayObLG WE **91**, 172), wirks Kostenregelgen der Beteil aber nicht geändert werden (BayObLG DWE **89**, 134). – **a) Gerichtskosten (S 1).** IdR sind sie dem Unterliegden (BGH **111**, 148) bzw demjenigen, der seinen Antr/Beschw zurücknimmt (BayObLG WuM **91**, 134) aufzuerlegen; nach Erledigg der Hauptsache demjenigen, der nach summarischer Prüfg ohne weitere Ermittlgen vermutl unterlegen wäre (BayObLG WuM **93**, 210). Bes Umstände können Abweichg rechtfertigen (BayObLG WE **90**, 28). Dem Verw grdsätzl nur, wenn er in Wahrg eigener Interessen od aus pers Verschuld am Verf beteiligt (BayObLG WuM **88**, 408; Düss WE **90**, 74). Es kann (zB Verfechtg zweifelh EigtümerBeschl) angeordnet werden, daß die Kosten aus dem VerwVermögen zu zahlen sind (KG OLGZ **89**, 438). – **b) Außergerichtliche Kosten (S 2).** Grdsätzl trägt 4 jeder Beteil seine Kosten (BGH WM **84**, 1254; BayObLG WuM **94**, 168). Erstattg nur bei bes Grd, zB bei offensichtl unbegründet Nichtzahlg von Wohngeld (BayObLG WE **93**, 144) od wenn Verw BeschlAnfechtg dch verspätete ProtÜbersendg verursacht; dies ist nach Erledigg der Hauptsache grdsätzl ohne weitere Ermittlgen zu beurteilen (BayObLG WuM **93**, 210). Gilt auch für Antr/BeschwRückn (KG OLGZ **89**, 438; LG Köln WuM **90**, 372), doch wird dieser Grds hier vielf umgekehrt (Stgt OLGZ **83**, 171; BayObLG WE **95**, 250); jedenf kann die nach summarischer Prüfg ohne weitere Ermittlgen sich ergebde vermutl Erfolglosigk die Erstattg rechtfertigen (BayObLG DWE **89**, 134; Düss WEZ **88**, 253), insb bei Unzulässigk. Keine Erstattg, wenn zurückgen Antr/Beschw ausdrückl nur zur FrWahrg eingelegt (BayObLG WE **89**, 32). Bestimmte Kosten können von Erstattg ausgen werden; zB AnwKosten bei BerufsVerw (LG Lüb WEZ **88**, 108), MehrGeb nach BRAGO 6 (KG ZMR **93**, 344).

4) Anfechtbarkeit der Kostenentscheidung. – a) Unselbständige. Nur zus mit der Hauptsacheent- 5 scheidg (FGG 20a I), sofern Beschw gg diese zuläss, od dch AnschlBeschw (BayObLG WuM **90**, 622). Nachgeholte aber entspr FGG 20a II anfechtb, wenn sie nach Unanfechtbarwerden der Hauptsacheentscheid ergangen (BayObLG JurBüro **89**, 212). – **b) Selbständige** nach FGG 20a II, sofern Beschw gg die 6 Hauptsacheentscheid nach § 45 zuläss wäre; beide BeschwWerte müssen also erreicht sein (BayObLG **91**, 203; LG Stgt DWE **91**, 162; aA Stgt JurBüro **90**, 390). – **c) Mischentscheidung.** Für den Kostenteil, der auf 7 die entschiedene Hauptsache entfällt, gilt Rn 5, währd iü Rn 6 gilt (BayObLG WE **89**, 209).

8   **5) Kostenfestsetzung** nach FGG 13a II, ZPO 103–107, RPflG 21 ohne weitBeschw (BayObLG WuM **92**, 645) wg § 45 II 1 erst nach RKraft der Kostenentscheidg (LG Düss Rpfleger **81**, 204). Über die Erstattgsfähigk wird in diesem Verf entschieden, sofern die Kostenentscheidg nicht darüber befunden hat (zB Anwaltskosten). Für die Kostenentscheidg gelten § 47, FGG 20a (BayObLG JurBüro **89**, 1693). Über Anwaltsgebühren vgl § 49.

WEG 48 *Kosten des Verfahrens.* [1]Für das gerichtliche Verfahren wird die volle Gebühr erhoben. Kommt es zur gerichtlichen Entscheidung, so erhöht sich die Gebühr auf das Dreifache der vollen Gebühr. Wird der Antrag zurückgenommen, bevor es zu einer Entscheidung oder einer vom Gericht vermittelten Einigung gekommen ist, so ermäßigt sich die Gebühr auf die Hälfte der vollen Gebühr. Ist ein Mahnverfahren vorausgegangen (§ 46a), wird die nach dem Gerichtskostengesetz zu erhebende Gebühr für das Verfahren über den Antrag auf Erlaß eines Mahnbescheids auf die Gebühr für das gerichtliche Verfahren angerechnet; die Anmerkung zu Nummer 1201 des Kostenverzeichnisses zum Gerichtskostengesetz gilt entsprechend.

[II] Sind für Teile des Gegenstands verschiedene Gebührensätze anzuwenden, so sind die Gebühren für die Teile gesondert zu berechnen; die aus dem Gesamtbetrag der Wertteile nach dem höchsten Gebührensatz berechnete Gebühr darf jedoch nicht überschritten werden.

[III] Der Richter setzt den Geschäftswert nach dem Interesse der Beteiligten an der Entscheidung von Amts wegen fest. Der Geschäftswert ist niedriger festzusetzen, wenn die nach Satz 1 berechneten Kosten des Verfahrens zu dem Interesse eines Beteiligten nicht in einem angemessenen Verhältnis stehen.

[IV] Im Verfahren über die Beschwerde gegen eine den Rechtszug beendende Entscheidung werden die gleichen Gebühren wie im ersten Rechtszug erhoben.

1   **1) Allgemeines.** Für die GerKosten (Gebühren u Auslagen) gilt die KostO ergänzt dch § 48, der die Gebührentatbestände abschließd regelt (BayObLG JurBüro **89**, 1581). KostO 130 V anwendb (BayObLG
2 WE **92**, 172). Für NebenVerf gilt nur die KostO (BayObLG WE **95**, 282). – **a) Vorschuß** nach Maßg KostO 8 forderb (anfechtb nach KostO 14); gilt wg Nichtgeltg von KostO 131 I 2 auch für RMittelVerf (Köln OLGZ **87**, 407). Bei Nichtzahlg keine AntrZurückweis, sond Ruhen des Verf (Köln WuM **95**, 345). Nach Tätigwerden der Ger dürfen einz Beweiserhebgen wg FGG 12 nicht mehr von Vorschuß abhäng
3 gemacht werden (BayObLG WE **90**, 137). – **b) Kostenschuldner:** KostO 2 Nr 1 (AntrSteller, BeschwFührer), KostO 3 (Nr 1: EntscheidgsSchuldn gem § 47 S 1; Nr 3: zB bei Vergl), KostO 5 bei Mehrh (zB KostO
4 2 Nr 1 u 3 Nr 1; BayObLG **94**, 188). – **c) Auslagen.** KostO 136 gilt nicht für Schriftsatzabschriften für Beteil (Düss/ Hamm Rpfleger **83**, 177; BayObLG **89**, 264); iü gelten KostO 137, 139. Nichterhebg von Zustellgsauslagen, wenn entgg § 27 II 3 an Beteil statt an Verw zugestellt (Hamm Rpfleger **85**, 257).

5   **2) Gebühren im ersten Rechtszug (I).** Höhe folgt aus KostO 32 iVm GeschWert. – **a) Halbe Gebühr (I 3)** bei AntrRückn vor gerichtl Entscheidg od gerichtl vermittelter Einigg (Prot iSv § 44 II nicht notw); gilt isoliert Kostenentscheidg ab. Gerichtl Entscheidg weit zu verstehen („eine"); daher auch ZwEntscheidg (zB
6 einstwAO [aA Schmid JurBüro **91**, 777], Richterablehng), nicht aber verfleitde Anordng. – **b) Dreifache Gebühr (I 2)** bei Entscheidg über die Hauptsache od gleichstehder ZwEntscheidg (zB über AnsprGrd). Sie wird vom Ausgang des BeschwVerf nicht berührt (BayObLG **94**, 188); keine weitere Gebühr für erneute
7 Entscheidg nach Aufhebg u Zurückverweisg (BayObLG aaO). – **c) Eine Gebühr (I 1)** in allen nicht von Rn 5 u 6 erfaßten Fällen wie zB gerichtl vermittelte Einigg, beiderseit ErledigsErkl, AntrRückn nach
8 einstwAO (str; vgl Rn 5). Gilt isolierte Kostenentscheidg ab (BayObLG WuM **94**, 168). – **d) Mahnverfahrensgebühr (I 4).** Für das MahnVerf (§ 46a) werden Gebühren nach GKG 11 iVm KVerz Nr 1100 erhoben. Wird das MahnVerf nach Widerspr/Einspr in ein FG-Verf übergeleitet, so ist das MahnVerf bzgl der GerKosten Teil des FG-Verf; für die Kostenerhebg (Ansatz, RMittel) gilt nur noch die KostO. Für das FG-Verf werden Gebühren nach § 48 erhoben. Die MahnVerfGeb wird auf die Gebühr nach § 48 angerechnet, soweit sie diese nicht übersteigt; soweit ein Teil des VerfGgst nicht ins FG-Verf übergeleitet ist, wird nur die Gebühr aus GKG-KVerz Nr 1100 nach dem Wert des übergeleiteten Teils angerechnet.

9   **3) Mischfälle (II).** Verschied GebSätze sind die in I 1, 2, 3 genannten GebSätze. Wird ein Antr zT zurückgen u zT beschieden, so entsteht eine halbe Gebühr nach dem GeschWert des zurückgen Teils (I 3) u eine dreifache Gebühr nach dem GeschWert des entschiedenen Teils (I 2). Ist die Summe dieser Gebühren höher als eine dreifache Gebühr nach dem GesamtGeschWert, so bildet diese die Obergrenze (vgl GKG 21 III, KostO 44 IIb).

10   **4) Beschwerdeverfahren (IV);** Erst- u weitere Beschw. Die Gebühren des I 1–3 (Rn 5–7) werden nur erhoben in BeschwVerf gg Endentscheidgen (das sind neben Hauptsacheentscheidgen auch selbstd Kostenentscheidgen iSv § 47 Rn 2 [LG Wuppt JurBüro **88**, 656]), u zwar abw von KostO 131 auch bei Erfolg der Beschw (BayObLG JurBüro **89**, 1581). Gebühren nach I 3, IV entstehen auch bei Aufhebg u Zurückverweisg (BayObLG **72**, 69). – In BeschwVerf gg Entscheidgen in Nebensachen (zB Kostenfestsetzg, Richterablehng) gilt die KostO (insb KostO 131 statt I 3, IV); KostO 31 III 2 bleibt unberührt.

11   **5) Geschäftswert (III). – a) Grundsatz.** Festsetzg einheitl ggü allen Beteil unabhäng von EinzelVorschr der KostO, wobei wg umfaßder RKraftWirkg (§ 45 II 2) Interesse aller Beteil maßg (BayObLG **93**, 119). Entscheidd ist, was im konkreten Fall wirkl im Streit ist (BVerfG NJW **92**, 1673). – III 2 soll BVerfG aaO Rechng tragen. Kosten sind die nach § 47 S 1 u 2. Beteil muß KostenSchuldn (nicht notw als AntrSt) sein. EinzInt jedes („eines") Beteil zu prüfen (aber keine unterschiedl GeschWerte für einz Beteil). Unangemessenh nicht abstrakt definierb (BVerfG aaO u BTDrucks 12/6962 S 114 ergeben dafür nichts); VermVerh unerhebl, da insow FGG 14. Bei ZahlgsAnspr scheidet Begrenzg nach III 2 idR aus. – Bei verbundenen Verf ist einheitl Wert festzusetzen (vgl BayObLG **67**, 25; JurBüro **75**, 967); zB WohngeldAnspr gg mehrere

WEigtümer. II gilt auch in NebenVerf (BayObLG WuM **90**, 185); zB Beschw gg ZwEntscheidg. – **b) Ver- 12 fahren:** KostO 31 I–III. Festsetzg dch LG, die nicht auf Beschw gg Festsetzg dch AG erfolgte, mit Erst-Beschw anfechtb (BayObLG **93**, 119; aA Köln ZMR **95**, 326); unanfechtb Festsetzg nur zur Beurteilg der Beschwer iSv § 45 I (Ffm OLGZ **92**, 191). BeschwR des Anwalts nach BRAGO 9 II. – **c) Einzelfälle.** Volle **13** Anfechtg von Jahresabrechng/ WirtschPlan aber Beanstandg nur einz Posten: beanstandete Posten zuzügl 25% des Restvolumens (BayObLG JurBüro **95**, 368); bei teilw Anfechtg: beanstandete Posten (BayObLG **88**, 326). FeststellgsAntr bzgl künft BetrKostenAbrechng: 12½facher JahresBetr des umzuverteilen Betrages (BayObLG JurBüro **87**, 579). Vorschußherabsetzg: begehrte Minderg (KG Rpfleger **69**, 404). Wohngeldvorauszahlg: JahresBetr (Hbg DWE **87**, 139). Streit über Reparatur: deren Kosten, wenn sie unterbleiben soll; bloß Mehrkosten, wenn weitergehde Maßn u Kostendifferenz, wenn bill Maßn verlangt werden. VerwAbberufg: Vergütg bis ordentl Bestellgsende (Schlesw NJW-RR **90**, 1045). UngültigErkl der Verw-Bestellg: Gesamtvergütg für vorgesehene Amtszeit (BayObLG WuM **91**, 633). VerwEntlastg: 10% der Jahresabrechng (AG Hildesh ZMR **86**, 23); Einzelfall maßg! Zust nach § 12: 10–20% des VerkWerts (BayObLG DWE **95**, 29); Beschl nach § 18: 20% des VerkWerts (vgl BayObLG WuM **90**, 95). Beiratsbestellg: 2000 DM (Köln Rpfleger **72**, 261); Einzelfall maßg! Erhöhg des NutzgsEntgelts für GemschEBenutzg: ErhöhgsBetr für 1 Jahr (BayObLG ZMR **79**, 214). Über BeschlAnfechtg zur FrWahrg vor Erhalt des VersammlgsProt LG Köln WuM **89**, 660.

WEG 49 *Rechtsanwaltsgebühren.* *(Aufgehoben dch Art XI § 4 V Nr 15 KostRÄndG v 26. 7. 57, BGBl 861; vgl jetzt BRAGO 63 I Nr 2, II).*

1) Der RA erhält im **ersten Rechtszug** die Gebühren nach BRAGO 31 ff (BRAGO 63 I Nr 2). Gebühr **1** aus BRAGO 31 I Nr 2 entsteht auch, wenn Gegner zur mündl Verhandlg nicht erschienen (LG Lüb JurBüro **85**, 1202) od kein Anträge gestellt wurden. Im **Beschwerdeverfahren** (Erst- u weitBeschw) über Hauptsacheentscheid erhält er die gleichen Gebühren (BRAGO 63 II); bei sonstigen Beschw (zB gg ZwEntscheidgen; selbstd Kostenentscheid) gilt BRAGO 61 I Nr 1. – **Einstweilige Anordnungen** (§ 44 III) gehören zum RZug u lösen keine zusätzl Gebühren aus (Karlsr Rpfleger **65**, 240).

2) BRAGO 6: Bei Vertretg einer WEGemsch handelt es sich um mehrere AuftrGeber, selbst wenn Verw **2** die Eigtümer vertritt (BGH NJW **87**, 2240). Aber nur ein AuftrGeber bei Vertretg des Verw, der in VerfStandsch für mehrere WEigtümer handelt (Düss NJW-RR **88**, 16); dazu aber keine Verpfl, um Kosten zu sparen (LG Bln Rpfleger **89**, 427), jedoch kann unnöt MehrVertretg iRv § 47 S 2 berücksichtigt werden (KG ZMR **93**, 344).

WEG 50 *Kosten des Verfahrens vor dem Prozeßgericht.* **Gibt das Prozeßgericht die Sache nach § 46 an das Amtsgericht ab, so ist das bisherige Verfahren vor dem Prozeßgericht für die Erhebung der Gerichtskosten als Teil des Verfahrens vor dem übernehmenden Gericht zu behandeln.**

Vorschr gilt nur für Gerichtskosten. Vor dem abgebden ProzGer entstandene GerKosten werden neben **1** §§ 47, 48 nicht gesondert angesetzt (Hbg DWE **94**, 148); sie können aber (insb bei Abgabe dch BerufsgsGer) für die BilligkEntsch von Bedeutg sein (LG Stgt Justiz **71**, 356).

2. Abschnitt. Zuständigkeit für Rechtsstreitigkeiten

WEG 51 *Zuständigkeit für die Klage auf Entziehung des Wohnungseigentums.* **Das Amtsgericht, in dessen Bezirk das Grundstück liegt, ist ohne Rücksicht auf den Wert des Streitgegenstandes für Rechtsstreitigkeiten zwischen Wohnungseigentümern wegen Entziehung des Wohnungseigentums (§ 18) zuständig.**

Keine ausschließl Zustdgk (BGH **59**, 104). Streitwert: Verkehrswert des WE des Bekl (BayObLG WuM **1 90**, 95). Für Streitig aus Vollziehg vereinbarter Aufhebg der Gemsch (§ 17) gelten weder § 43 noch § 51 (BayObLG **79**, 414).

WEG 52 *Zuständigkeit für Rechtsstreitigkeiten über das Dauerwohnrecht.* **Das Amtsgericht, in dessen Bezirk das Grundstück liegt, ist ohne Rücksicht auf den Wert des Streitgegenstandes zuständig für Streitigkeiten zwischen dem Eigentümer und dem Dauerwohnberechtigten über den in § 33 bezeichneten Inhalt und den Heimfall (§ 36 Abs. 1 bis 3) des Dauerwohnrechts.**

Keine ausschließl Zustdgk. Keine Ausdehng auf andere als die bezeichneten Streitig über das DWR (zB **1** Streit über Gültigk der Bestellg, Zahlg des Entgelts od der HeimfallEntschädigg), wohl aber auf Streit über Zustimmg (vgl § 35 Rn 1).

3. Abschnitt. Verfahren bei der Versteigerung des Wohnungseigentums

WEG 53 *Zuständigkeit, Verfahren.* [I] Für die freiwillige Versteigerung des Wohnungseigentums im Falle des § 19 ist jeder Notar zuständig, in dessen Amtsbezirk das Grundstück liegt.

[II] Das Verfahren bestimmt sich nach den Vorschriften der §§ 54 bis 58. Für die durch die Versteigerung veranlaßten Beurkundungen gelten die allgemeinen Vorschriften. *Die Vorschriften der Verordnung über die Behandlung von Geboten in der Zwangsversteigerung vom 30. Juli (richtig: Juni) 1941 (Reichsgesetzbl. I S. 354, 370) in der Fassung der Verordnung vom 27. Januar 1944 (Reichsgesetzbl. I S. 47) sind sinngemäß anzuwenden.*

1   Die §§ 53 ff lehnen sich an *Pr*FGG 66 ff an; zum Verf vgl Götte BWNotZ **92**, 105. – Kosten: KostO 47, 123, 144. – Die in II 3 genannten VO sind aufgeh dch G v 20. 8. 53, BGBl 952. Jetzt: ZVG.

WEG 54 *Antrag, Versteigerungsbedingungen.* [I] Die Versteigerung erfolgt auf Antrag eines jeden der Wohnungseigentümer, die das Urteil gemäß § 19 erwirkt haben.

[II] In dem Antrag sollen das Grundstück, das zu versteigernde Wohnungseigentum und das Urteil, auf Grund dessen die Versteigerung erfolgt, bezeichnet sein. Dem Antrag soll eine beglaubigte Abschrift des Wohnungsgrundbuches und ein Auszug aus dem amtlichen Verzeichnis der Grundstücke beigefügt werden.

[III] Die Versteigerungsbedingungen stellt der Notar nach billigem Ermessen fest; die Antragsteller und der verurteilte Wohnungseigentümer sind vor der Feststellung zu hören.

1   AntrR hat jeder der Kläger für sich allein **(I)**. – Amtl Verzeichn der Grdst **(II 2)**: GBO 2 II. – Feststellg der VerstBdggen **(III)** muß vor Terminsbestimmg erfolgen (vgl § 55 II 5). VerstBedggen müssen angemessenem Kaufvertr entspr (vgl LG Freibg DWE **90**, 34). Dingl Rechte bleiben alle bestehen. RMittel: § 58.

WEG 55 *Terminsbestimmung.* [I] Der Zeitraum zwischen der Anberaumung des Termins und dem Termin soll nicht mehr als drei Monate betragen. Zwischen der Bekanntmachung der Terminsbestimmung und dem Termin soll in der Regel ein Zeitraum von sechs Wochen liegen.

[II] Die Terminsbestimmung soll enthalten:
1. die Bezeichnung des Grundstücks und des zu versteigernden Wohnungseigentums;
2. Zeit und Ort der Versteigerung;
3. die Angabe, daß die Versteigerung eine freiwillige ist;
4. die Bezeichnung des verurteilten Wohnungseigentümers sowie die Angabe des Wohnungsgrundbuchblattes *und, soweit möglich, des von der Preisbehörde bestimmten Betrages des höchstzulässigen Gebots;*
5. die Angabe des Ortes, wo die festgestellten Versteigerungsbedingungen eingesehen werden können.

[III] Die Terminsbestimmung ist öffentlich bekanntzugeben:
1. durch einmalige, auf Verlangen des verurteilten Wohnungseigentümers mehrmalige Einrückung in das Blatt, das für Bekanntmachungen des nach § 43 zuständigen Amtsgerichts bestimmt ist;
2. durch Anschlag der Terminsbestimmung in der Gemeinde, in deren Bezirk das Grundstück liegt, an die für amtliche Bekanntmachungen bestimmte Stelle;
3. durch Anschlag an die Gerichtstafel des nach § 43 zuständigen Amtsgerichts.

[IV] Die Terminsbestimmung ist dem Antragsteller und dem verurteilten Wohnungseigentümer mitzuteilen.

[V] Die Einsicht der Versteigerungsbedingungen und der in § 54 Abs. 2 bezeichneten Urkunden ist jedem gestattet.

WEG 56 *Versteigerungstermin.* [I] In dem Versteigerungstermin werden nach dem Aufruf der Sache die Versteigerungsbedingungen und die das zu versteigernde Wohnungseigentum betreffenden Nachweisungen bekanntgemacht. Hierauf fordert der Notar zur Abgabe von Geboten auf.

[II] Der verurteilte Wohnungseigentümer ist zur Abgabe von Geboten weder persönlich noch durch einen Stellvertreter berechtigt. Ein gleichwohl erfolgtes Gebot gilt als nicht abgegeben. Die Abtretung des Rechtes aus dem Meistgebot an den verurteilten Wohnungseigentümer ist nichtig.

[III] Hat nach den Versteigerungsbedingungen ein Bieter durch Hinterlegung von Geld oder Wertpapieren Sicherheit zu leisten, so gilt in dem Verhältnis zwischen den Beteiligten die Übergabe an den Notar als Hinterlegung.

1   Aus der Nichtig der Abtretg der Rechte aus dem Meistgebot an den verurteilten WEigtümer **(II 3)** folgt, daß idR auch die Rückübereign dch den Ersteher u neuen WEigtümer an den Ausgewiesenen

nichtig ist (BPM/Merle Rdn 25). Zeitablauf u Veränderg der Umst mögen im Einzelfall anderes Ergebn rechtfertigen. Nach aA (Soergel/Stürner Rn 3) soll Rückerwerb wirks sein, doch soll aus dem alten Titel die Vollstr wiederholt werden.

WEG 57 *Zuschlag.* [I]Zwischen der Aufforderung zur Abgabe von Geboten und dem Zeitpunkt, in welchem die Versteigerung geschlossen wird, soll unbeschadet des § 53 Abs. 2 Satz 3 mindestens eine Stunde liegen. Die Versteigerung soll solange fortgesetzt werden, bis ungeachtet der Aufforderung des Notars ein Gebot nicht mehr abgegeben wird.

[II]Der Notar hat das letzte Gebot mittels dreimaligen Aufrufs zu verkünden und, soweit tunlich, den Antragsteller und den verurteilten Wohnungseigentümer über den Zuschlag zu hören.

[III]Bleibt das abgegebene Meistgebot *hinter sieben Zehnteln des von der Preisbehörde bestimmten Betrages des höchstzulässigen Gebots oder in Ermangelung eines solchen* hinter sieben Zehnteln des Einheitswertes des versteigerten Wohnungseigentums zurück, so kann der verurteilte Wohnungseigentümer bis zum Schluß der Verhandlung über den Zuschlag (Absatz 2) die Versagung des Zuschlags verlangen.

[IV]Wird der Zuschlag nach Absatz 3 versagt, so hat der Notar von Amts wegen einen neuen Versteigerungstermin zu bestimmen. Der Zeitraum zwischen den beiden Terminen soll sechs Wochen nicht übersteigen, sofern die Antragsteller nicht einer längeren Frist zustimmen.

[V]In dem neuen Termin kann der Zuschlag nicht nach Absatz 3 versagt werden.

Mit RKraft des Zuschlags (vgl § 58) Abschl des KaufVertr. Gebot ist Offerte. Zum EigtÜbergang nöt **1** noch Ann der dch das Urteil ersetzten ÜbereignsErkl des Ausgewiesenen dch den Ersteher (einseitig, aber Form des § 925) u Eintr. Vgl auch Friese MDR **51**, 593. – Kein Erlöschen der auf dem WE ruhenden dingl Rechte dch den Zuschlag (Hamm WE **94**, 84).

WEG 58 *Rechtsmittel.* [I]Gegen die Verfügung des Notars, durch die die Versteigerungsbedingungen festgesetzt werden, sowie gegen die Entscheidung des Notars über den Zuschlag findet das Rechtsmittel der sofortigen Beschwerde mit aufschiebender Wirkung statt. Über die sofortige Beschwerde entscheidet das Landgericht, in dessen Bezirk das Grundstück liegt. Eine weitere Beschwerde ist nicht zulässig.

[II]Für die sofortige Beschwerde und das Verfahren des Beschwerdegerichts gelten die Vorschriften des Reichsgesetzes über die Angelegenheiten der freiwilligen Gerichtsbarkeit.

Abschließde Regelg der Anfechtbark von Maßn des Notars. Schließt BNotO 15 aus. **1**

IV. Teil. Ergänzende Bestimmungen

WEG 59 *Ausführungsbestimmungen für die Baubehörden.* Der Bundesminister für Wohnungsbau erläßt im Einvernehmen mit dem Bundesminister der Justiz Richtlinien für die Baubehörden über die Bescheinigung gemäß § 7 Abs. 4 Nr. 2, § 32 Abs. 2 Nr. 2.

Fassg in Bln-West: WEG v 2. 8. 51 (GVBl 547). Richtl v 19. 3. 1974 (BAnz Nr 58). **1**

WEG 60 *Ehewohnung.* Die Vorschriften der Verordnung über die Behandlung der Ehewohnung und des Hausrats (Sechste Durchführungsverordnung zum Ehegesetz) vom 21. Oktober 1944 (Reichsgesetzbl. I S. 256) gelten entsprechend, wenn die Ehewohnung im Wohnungseigentum eines oder beider Ehegatten steht oder wenn einem oder beiden Ehegatten das Dauerwohnrecht an der Ehewohnung zusteht.

WEG 61 *Heilung des Erwerbs von Wohnungseigentum.* Fehlt eine nach § 12 erforderliche Zustimmung, so sind die Veräußerung und das zugrundeliegende Verpflichtungsgeschäft unbeschadet der sonstigen Voraussetzungen wirksam, wenn die Eintragung der Veräußerung oder einer Auflassungsvormerkung in das Grundbuch vor dem 15. Januar 1994 erfolgt ist und es sich um die erstmalige Veräußerung dieses Wohnungseigentums nach seiner Begründung handelt, es sei denn, daß eine rechtskräftige gerichtliche Entscheidung entgegensteht. Das Fehlen der Zustimmung steht in diesen Fällen dem Eintritt der Rechtsfolgen des § 878 des Bürgerlichen Gesetzbuchs nicht entgegen. Die Sätze 1 und 2 gelten entsprechend in den Fällen der §§ 30 und 35 des Wohnungseigentumsgesetzes.

1) Allgemeines. Bis zur Entscheidg BGH **113**, 374 (vgl § 12 Rn 3) wurde bei einer VeräußergsBeschrkg **1** nach § 12 in der TeilgsErkl die Erstveräußerg des nach § 8 teilenden Eigtümers als zustfrei angesehen u die EigtUmschreibg ohne ZustNachw vorgen (die Eintr einer AuflVormkg bedurfte ohnehin keiner Zust; BGB 885 Rn 3). Auf der GrdLage der neuen BGH-Rspr wären der schuldrechtl u der dingl VeräußergsVertr schwebd unwirks (§ 12 Rn 11). § 61 idF des G v 3. 1. 1994 (BGBl I 66) verhindert dies für alte Erstveräußergen des nach § 8 teilend Eigtümers (KG Rpfleger **95**, 17); die Überschrift ist nicht amtl.

2) Einzelheiten – a) S 1. Ist vor dem 15. 1. 94 die EigtUmschreibg erfolgt od eine AuflVormkg eingetr, **2** so sind schuldrechtl u dingl VeräußergsVertr so zu behandeln, als sei die Zust erteilt; das Eigt kann dann mit

Umschreibg rückwirkd erworben sein (u bei Weiterveräußerg wurde vom Berecht erworben) u (bei Vormkg) noch erworben werden. Ausn: eine vor dem 15. 1. 94 rkräft gewordene Entscheidg hat unmittelb (zB FeststellgsUrt) od mittelb (zB Verurteilg der Erwerbers zur GBBerichtigg) RFolgen aus der Unwirk-
3 samk gezogen. – **b) S 2.** Nach allg Grdsätzen würde das Fehlen der Zust den Eintritt der Rfolgen des BGB 878 ausschließen (BGB 878 Rn 15). Dies wird dch S 2 verhindert. – **c) S 3.** Entspr Geltg von S 1 u 2, wenn vor dem 15. 1. 94 ein WErbbR (§ 30 III 2 iVm § 12) od ein DWR (§ 35; auch iVm § 42) veräußert wurde.

WEG 62 *Gleichstellung mit Eigenheim.* *(Aufgehoben dch Art 28 SteuerbereiniggsG v 14. 12. 84, BGBl I 1493)*

WEG 63 *Überleitung bestehender Rechtsverhältnisse.* [I]Werden Rechtsverhältnisse, mit denen ein Rechtserfolg bezweckt wird, der den durch dieses Gesetz geschaffenen Rechtsformen entspricht, in solche Rechtsformen umgewandelt, so ist als Geschäftswert für die Berechnung der hierdurch veranlaßten Gebühren der Gerichte und Notare im Falle des Wohnungseigentums ein Fünfundzwanzigstel des Einheitswertes des Grundstückes, im Falle des Dauerwohnrechtes ein Fünfundzwanzigstel des Wertes des Rechtes anzunehmen.

[II]Erfolgt die Umwandlung gemäß Absatz 1 binnen zweier Jahre seit dem Inkrafttreten dieses Gesetzes, so ermäßigen sich die Gebühren auf die Hälfte. Die Frist gilt als gewahrt, wenn der Antrag auf Eintragung in das Grundbuch rechtzeitig gestellt ist.

[III]Durch Landesgesetz können Vorschriften zur Überleitung bestehender, auf Landesrecht beruhender Rechtsverhältnisse in die durch dieses Gesetz geschaffenen Rechtsformen getroffen werden.

1   I, II beziehen sich zB auf Umwandlg von StockwerksE in WE, von dingl WohngsR in DWR, uU auch von Mietverhältn in solches (Hbg MDR **55**, 42), nicht aber von MitE in WE (BayObLG **57**, 172). – Zu III vgl *Hess* G v 6. 2. 62 (GVBl 17).

WEG 64 *Inkrafttreten.*   **Dieses Gesetz tritt am Tage nach seiner Verkündung in Kraft.**

1   Inkrafttr: 20. 3. 1951.

Ehegesetz 1946

Vom 20. Februar 1946 (Kontrollratsgesetz Nr. 16; KRABl S 77 = BGBl III 404–1), zuletzt geändert durch das Kostenrechtsänderungsgesetz 1994 vom 24. Juni 1994 (BGBl I S 1325)

Bearbeiter: Prof. Dr. Diederichsen

Einleitung

1) Zur Entwicklg des Gesetzes vgl die 41. Aufl. Dort auch zu den Ergänzgen des EheG dch die sechs **1** DVO; von diesen gelten weiter die 6. DVO = HausratsVO (abgedr u kommentiert im Anh II zum EheG) sowie die nicht aufgehobenen Bestimmgen der 1. DVO (vgl Anh I zum EheG). Wg weiterer Ergänzgen des EheG vgl ebenf die 41. Aufl. Die Überschriften der Paragraphen des EheG sind Bestandteile des Gesetzes mit Ausn der dch das 1. EheRG eingefügten Bestimmgen. **Reform:** Das **2. EheRG,** das urspr das Ehe- **2** scheidgsVerfR enthalten sollte (BT-Drucks VI/3453), soll nunmehr das EheschlR reformieren; ein Entw liegt noch nicht vor. Zum **Begriff der Ehe:** Einl 1 v § 1297.

2) Übergangsrecht: 43. Aufl; **IPR:** EG 13, ergänzt dch EheG 15a. **3**

Erster Abschnitt. Recht der Eheschließung

A. Ehefähigkeit

EheG 1 *Ehemündigkeit.* [1]Eine Ehe soll nicht vor Eintritt der Volljährigkeit eingegangen werden.

[II]**Das Vormundschaftsgericht kann auf Antrag von dieser Vorschrift Befreiung erteilen, wenn der Antragsteller das 16. Lebensjahr vollendet hat und sein künftiger Ehegatte volljährig ist.**

1) Das in EheG 1 I aF auf 21 J festgesetzte EhemündigkAlter des Mannes konnte nach Herabsetzg des **1** VolljkAlters auf 18 J nicht mehr beibehalten w. Es erscheint dem GesGeb nicht sachgerecht, den 18–21jähr für den Teilbereich der Eheschl die EntscheidgsFreih zu versagen (BT-Drucks 7/117 S 10). **Volljährigkeit 2 und Ehemündigkeit entsprechen einander,** nachdem das VolljkG auch für die Frau die Eingeh der Ehe an den Eintr der Volljk bindet, **I.** Die Ehemündigk ist ledigl noch desh von Bedeutg, weil es zwar keine VolljkErkl mehr gibt (früher §§ 3ff), wohl aber eine Herabsetzg des AltersErfordern bei Eingehg einer Ehe. Befreiung von der Voraussetzg der Volljk kann einheitl für beide Geschlechter nach Vollendg des 16. LebJ erteilt w, **II.** Nach Canaris JZ **87,** 1000 ist die Vorschr verfwidr.

2) Währd die Nichtbeachtg der Ehemündigk als solche nach früherem R für den Bestand der Ehe keine **3** Wirkgen hatte (LG Hbg FamRZ **64,** 565), bedeutet nach Inkrafttr des VolljkG ein Verstoß immer auch zugleich, daß mind ein Verlobter noch mj war; dann EheG 3, 30.

3) Befreiung vom Erfordern der Volljk einheitl für Mann u Frau unter drei **Voraussetzungen:** **4**

a) Der künft Eheg muß seiners vollj, also mind 18 J alt sein. Ausgeschl danach Ehe zw Mj. **5**

b) Der AntrSteller muß das 16. LebJ vollendet haben. Darin liegt f die Frau ggü dem früh RZustd eine **6** Verschlechterg insofern, als sie Befreiung vom EhemündigkErfordern auch erlangen konnte, wenn sie noch nicht 16 J alt war. Für die Befreiung schadet nicht, daß AntrSteller noch unter elterl Sorge od unter Vormsch steht (vgl §§ 1633, 1793 Rn 4). Infolgedessen kann auch der gesetzl Vertreter, dem die Sorge zusteht, den Antr stellen (Hamm OLGZ **65,** 363).

c) VormschG „kann" Befreiung erteilen, u zwar nicht allg, sond nur für die Eingehg der Ehe mit einem **7** best Partner (Göppinger FamRZ **61,** 463; Kblz FamRZ **70,** 200). VormschG hat außer den bes Voraussetzgen des II zu prüfen, ob die Verlobten zur die erforderl charakterl Reife (LG Oldbg DAV **83,** 309), insb eine wechselseit Bindg haben u eine geordnete Erziehg des evtl erwarteten Kindes gewährleistet erscheint (BT-Drucks 7/1962; DRiZ **74,** 199; Bienwald NJW **75,** 959), ferner ob die Ehe Aussicht auf Bestand hat (Bökelmann StAZ **75,** 330), in AusnFällen auch, ob die notw ExistenzGrdl vorh ist. Ablehng der Befreiung bei kindl Mutter (AG Ravbg DAV **76,** 433); ferner wenn Verlobter Inder ist, der SozHilfe bezieht u der Heirat uU nur zZw der Verlängerg seiner AufenthErlaubn anstrebt (AG St Ingbert StAZ **84,** 102). Auf ein öff Interesse kommt es nicht an, sond auf das Beste des Heiratswilligen. Befreiung eines Ausländers kommt nur in Betr, wenn dtsches R für die EheVoraussetzgen anzuw ist (EG 13), dh bei Staatenlosen mit gewöhnl Aufenth in Dtschl (vgl EG 29) od bei Rückverweisg (EG 13 Rn 1).

4) Verfahren. Zustdg f die Befreiung FGG 43, 36 I 1; es entsch Richter RPflG 14 Nr 18; JA muß gehört **8** w (Einf 43 v § 1626). Gg die Ablehng des Gesuchs Beschw der Verl (FGG 20 II) u des gesetzl Vertreters des Mj (FGG 57 I Nr 9). Gg Erteilg der Befreiung Beschw der Elt (FGG 57 Nr 9). Gebühren: KostO 97a.

EheG 2 *Geschäftsunfähigkeit.* **Wer geschäftsunfähig ist, kann eine Ehe nicht eingehen.**

1   Verstoß gg EheG 2 hat Nichtigk zur Folge (EheG 18). Zur **Geschäftsfähigkeit:** § 104 Nr 2. Bei Zweif ist die GeschFgk ggf dch SachverstGA festzustellen (vgl LG Mü StAZ **94**, 258). Nach Wegf der Entmündigg muß der StaBeamten in Verdachtsfällen von sich aus ermitteln, ob evtl natürl GeschUnfähigk iSv § 104 Nr 2 vorliegt (Böhmer StAZ **92**, 66 f: ärztl Zeugn ü die Geschfähgk bzw Bestellg des Aufgebots mit den Folgen des PStG 45; illustrat Bsp: AG Rottweil FamRZ **90**, 626). Die Betreuung u selbst ein EinwVorbeh haben als solche keinen Einfl auf die EheschlFähigk (§ 1896 Rn 2; § 1903 II). Ein totaler EV (§ 1903 Rn 7) ist aber wie eine Entmündigg alten Stils zu werten (Böhmer StAZ **90**, 214 ff). Dagg bedeutet die fr zur Entmündigg u damit zur beschrk Ehemündigk (EheG 3 I aF) führde Geistesschwäche keine Einschrkg der Ehemündigk mehr (Schwab FS Rebmann 1989 S 691), wofür Böhmer StAZ **92**, 67 den neuen Begr der EheGeschfähgk einf. Debilität hindert bei iü freier Bestimmbark des Willens uU die Eheschl nicht (AG Rottweil FamRZ **90**, 626). Ergänzt wird EheG 2 dch EheG 18, das die Nichtigk nicht nur bei einem die freie Willensbestimmg ausschließden Zustand krankh Störg der Geistestätig eintreten läßt, sond auch bei Abgabe der EheschlErkl im Zustand der Bewußtlosigk od vorübergehder Störg der Geistestätig (vgl 105 II). Zustimmg des gesetzl Vertr unerhebl. **Heilung nur durch Bestätigung** mögl, EheG 18 II, vgl aber auch EheG 30. Bei beschr GeschFähigk EheG 3.

EheG 3 *Einwilligung des gesetzlichen Vertreters und des Personensorgeberechtigten.*
[I]**Wer minderjährig ist, bedarf zur Eingehung einer Ehe der Einwilligung seines gesetzlichen Vertreters.**

[II]**Steht dem gesetzlichen Vertreter eines Minderjährigen nicht zugleich die Personensorge für den Minderjährigen zu oder ist neben ihm noch ein anderer personensorgeberechtigt, so ist auch die Einwilligung des Personensorgeberechtigten erforderlich.**

[III]**Verweigert der gesetzliche Vertreter oder der Personensorgeberechtigte die Einwilligung ohne triftige Gründe, so kann der Vormundschaftsrichter sie auf Antrag des Verlobten, der der Einwilligung bedarf, ersetzen.**

1   **1) Zweck:** Vor Vollendg des 18. LebJ bedarf man zur Eingehg der Ehe der Befreiung vom Erfordern der Ehemündigk (EheG 1 II) u der Einwilligg des SorgeBerecht, II, u der gesetzl Vertr, I, die aber nur aus triftigen Grden versagt w darf u sonst ersetzt wird, III. Nachdem das VolljG nicht mehr zw Mann u Frau unterscheidet, gilt der Vorschr nunmehr unterschiedsl für beide Geschlechter. Nach früh Recht konnte der Mann die Befreiung vom Mangel der Ehefähigk nicht erhalten, sond mußte für vollj erklärt w, so daß die Vorschr insof nur für die Frau Bedeutg hatte.

2   **2) Die Einwilligung** ist nur noch **erforderlich** bei Mj (§ 106). Die Ehemündigk vollj Betreuter richtet sich ausschließl nach ihrer GeschFähigk (EheG 2 Rn 1). Maßgebl ist der Ztpkt der Eheschließg (Beitzke StAZ **58**, 197). Bei einem Wechsel im SorgeR od in der Vertretg ist eine neue Einwilligg einzuholen.

3   **3) Einwilligungsberechtigt sind**

4   **a)** Der **gesetzliche Vertreter,** I, im allg also beide Elt (§ 1629 Rn 2), uU aber auch ein EltT allein (§§ 1671 I, 1672, 1678, 1681), iF des § 1705 die Mutter, des § 1736 nur der Vater, des § 1740f der überl EltT, des § 1754 II der Annehmende, des § 1754 I das Ehepaar, nach Aufhebg der Annahme wieder die leibl Elt (§ 1764 III), ferner der Vormd (§ 1793), uU der Pfleger (§§ 1630, 1666, 1671 V, 1794, 1909, 1915). Das Recht zur Einwilligg ist Ausfluß des SorgeR für die Person (§ 1626 I 2; BGH **21**, 345), ohne daß zugl die tatsächl Fürsorge vorhand zu sein braucht (*arg* II). Kein EinwilligungsR hat daher ein Beistand, wem nur die Vermögenssorge zusteht, ein auf die Vermögenssorge beschr MitVormd (§ 1797 Rn 3) od ein GgVormd.

5   **b)** Der **für den Minderjährigen Personensorgeberechtigte, II,** sei er nun allein sorgeberecht od zusammen mit dem gesetzl Vertr. Im Falle der Nichtigk, EheAufhebg od Scheidg der Ehe der Elt kommt es darauf an, wem das FamG die PersSorge übertragen hat (§ 1671 I). Da diese Übertragg auch die des VertretgsR in Personensachen in sich schließt (§ 1629 I 2), ist die Einwilligg des und geschiedenen Eheg nicht erfdl. Bei gemschaftl SorgeR nach Scheidg bleiben beide Elt zustimmgbefugt. Ist ein Pfleger bestellt (§ 1671 V), so ist kein EltT einwilliggsberecht. Ebsowenig bedarf es der Einwilligg des EltT, dessen SorgeR ruht (§ 1675) od dem es gem § 1666 völlig entzogen w ist (BayObLG NJW **65**, 868). Der und EltT entsch allein (§ 1678 I u II).

6   **4) Die Einwilligung** ist einseit empfangsbedürft RGesch (§ 183 I); sie kann auch dem beschr GeschFähigen ggü erklärt w, ist aber immer für den bestimmten Fall, nicht allg zu erteilen. Nachweis ggü dem StBeamten dch **öffentliche oder öffentlich beglaubigte Urkunde,** der hierfür selbst zuständ ist (PStG 5 IV, BeurkG 58; Einzelheiten bei Lukes StAZ **62**, 58). Die Einwilligg kann auch bedingt od befristet abgegeben w, soweit mit dem Wesen der Ehe vereinb, u ist bis zur Eheschl **frei widerruflich** (BayObLG MDR **83**, 228). **Höchstpersönliches** Recht, daher Vertretg im Willen unzul; bei beschränkter GeschFgk des Einwilligden § 1728 III analog (Lukes StAZ **62**, 30).

7   **5) Die Verweigerung der Einwilligung und ihre Ersetzung, III.** Sowohl der gesetzl Vertreter, I, wie der Sorgeberecht, II, müssen ihre Einwilligg erteilen. Ersetzg dch VormschRichter bei Verweigerg ohne **triftige Gründe.** Diese Vorschr schränkt mithin das EntscheidgsR der Elt ein, auch wenn beide in der Ablehng einig sind (§ 1627 Rn 1, § 1673 II 3), kennzeichnet sich aber gerade desh als AusnVorschr (LG Aach ZBlJugR **66**, 167). Triftige Grde können sich aus der Person jedes Verlobten u dem wohlverstandenen FamInteresse ergeben, die beide zu berücksichtigen sind, insb also bei Mangel am nötigen Einkommen, Krankh, schlechtem Ruf (Tüb JR **49**, 386), ungünst Rechtsstellg der Ehefr (Neust FamRZ **63**, 443 Ehe mit Mohammedaner). Keine EinwilliggsErsetzg bei entmündigter Mutter 2er ne Kinder, die zu einfacher HausfrTätig schlechthin unfäh ist (BayObLG Rpfleger **82**, 145). Derartige Grde wird der VormschRichter zu beachten haben u damit eine obj begründete Einstellg der Berecht. Pflichtwidrigk od Mißbr braucht bei der Verweigerung nicht vorzuliegen (KG OLGZ **69**, 104). Ersetzg abzulehnen, wenn sich die Verweiger obj rechtfertigen läßt (BGH **21**, 340; zu weitgehd Göppinger FamRZ **59**, 398, der Eingreifen des VormschG auf obj Mißbr der EltRechte od Gefährdg des Kindeswohls beschränken will). **Ersetzungsgrund** kann aber zB die Legitimation des Ki der Braut dch die beabsicht Ehe sein (OLG **35**, 341), selbst unter Zurückstellg religiöser Bedenken (BGH **21**, 349; LG Kblz FamRZ **59**, 422). Verwandtenehe nicht ijF ein trift VersaggsGrd (Schlesw SchlHA **49**, 133). Ersetzg auch, wenn Verlobte 17 J, Verlobter Schreinerlehrling, Wohng vorh u nach reifl Überlegg (BayObLG FamRZ **83**, 66). **Antragsberechtigt** ist der Verlobte, der der Einwilligg bedarf (sa FGG 59 I 1).

6) Verfahren. Die **Zuständigkeit** des VormschG gem FGG 43, 36, 35; es entsch der **Richter** (RPflG 14 **8** Z 12). **Ermittlungen** von Amts wg (FGG 12). Anhörg der Elt, des Ki, der PflegePers u weiterer Verwandter gem FGG 50 a ff, § 1847 I; Nichtanhörg weiterer BeschwerdeGrde (FGG 27). Die Entscheid des VormschG wird erst mit der Rechtskr wirks (FGG 53 I 1); demgem **sofortiges Beschwerderecht** der in I u II Genannten (FGG 60 I Z 6), auch des Mj selbst (FGG 59); PersSorgeBerechtigte haben gg Ersetzg der Einwilligg des gesetzl Vertr kein BeschwR (KG OLGZ **69**, 104). Kosten KostO 94 Z 6. Die **Ersetzung** der Einwilligg dch das VormschG hat dieselbe **Wirkung** wie die Einwilligg.

7) Bei den Folgen des Verstoßes gegen EheG 3 zu unterscheiden, ob die Einwilligg des gesetzl Vertr od **9** des daneben SorgeBerecht einzuholen war. **a) Fehlen der Einwilligung des gesetzlichen Vertreters, 10** gleichgült ob es ein EltT, der Vormd od Pfleger ist, hat zur Folge, daß die Aufhebg der Ehe vom zZ der Eheschl beschränkt GeschFähigen bzw seinem gesetzl Vertr begehrt w kann (EheG 30 I, sa EheG 35 II). Nach Heilg des Mangels Aufhebg ausgeschl, also wenn der gesetzl Vertr (nachträgl) genehmigt, der VormschRichter seine Genehmigg ersetzt oder der unbeschr geschäftsfäh Gewordene die Ehe bestätigt hat (EheG 30 II u III). – **b)** Nach II ist **Einwilligung des Sorgeberechtigten** ledigl aufschiebdes EheHindern. Ihr **11** Fehlen hat also keine Wirkgen u läßt insb die trotzdem geschlossene Ehe gült bleiben.

B. Eheverbote

Einführung

1) Das EheG stellt in den EheG 4–10, 39 II 1 neben die Ehevoraussetzgen die **Eheverbote** (krit Ramm JZ **1** **63**, 47, 81; Böhmer StAZ **91**, 125). PStG bezeichnet beide zus als Ehehindernisse. **Einteilung:** EheG 4–6 enth **trennende** ("darf nicht"), EheG 7–10 nur **aufschiebende** Eheverbote ("soll nicht"). Ein trenndes Eheverbot führt zur Nichtigk der Ehe, der Verstoß gg ein aufschiebdes Eheverbot beeinträchtigt die Gültigk der Ehe nicht. Nach der Möglk der Befreiung werden weiter **absolute und relative,** danach, ob sich das Verbot nur gg den einen od gg beide Eheg richtet, **einseitige und zweiseitige** Eheverbote unterschieden.

2) Die Eheverbote sind **abschließend aufgezählt.** Art 3 des 1. EheRG hat die Eheverbote der Ge- **2** schlechtsGemsch (EheG 4 II aF), des Ehebruchs (EheG 6 aF) u der Namensehe (EheG 19 aF; vgl aber § 1353 Rn 3) beseitigt. Unzul die **Ablehnung des Aufgebots** wg zu großen Altersunterschieds od wg mangelnder Ehetauglichk, wg Strafvollzugs, selbst bei lebenslängl Strafe (Nürnbg FamRZ **59**, 116 m Anm v Bosch; Celle FamRZ **61**, 119; Hamm FamRZ **68**, 387), so daß die StrafvollzugsBeh die Eheschl nicht untersagen kann (bestr). Ablehng aber bei Absicht bloßer Namensehe (§ 1353 Rn 3; aA MüKo/Müller-Gindullis Rn 2 v EheG 4), insb um dem Eheg die AufenthErlaubn zu erwirken (vgl EheG 12 Rn 3). Zum Erfordern eines EheunbedenklichkZeugn bei Geschlechtskranken § 6 II des G zur Bekämpfg der Geschlechtskrankh v 23. 7. 53, BGBl 700). Zur Eheschl **Gleichgeschlechtlicher:** Einl 1 v § 1297.

3) Ergänzt wird der Unterabschnitt dch EheG 16–26, ferner dch 1. DVO z EheG 13 u 15 (vgl EheG 5 **3** Rn 8 u EheG 10 Rn 5), PStG 5 a, 7 a sowie PStG AVO 14, FGG 44 a und b, ferner hins des EhefähigkZeugn für dtsch StaatsAngeh bei Auslandsheirat dch PStG 69 b (Anh z EheG 10).

EheG 4   *Verwandtschaft und Schwägerschaft.* [I]Eine Ehe darf nicht geschlossen werden zwischen Verwandten in gerader Linie, zwischen vollbürtigen und halbbürtigen Geschwistern sowie zwischen Verschwägerten in gerader Linie. Das gilt auch, wenn das Verwandtschaftsverhältnis durch Annahme als Kind erloschen ist.

[II]*(aufgehoben dch das 1. EheRG Art 3 Z 1)*

[III]**Das Vormundschaftsgericht kann von dem Eheverbot wegen Schwägerschaft Befreiung erteilen. Die Befreiung soll versagt werden, wenn wichtige Gründe der Eingehung der Ehe entgegenstehen.**

1) Zur **Rechtsentwicklung** 43. Aufl. Der **Zweck** des zweiseit Eheverbots ist vor allem (aus eugenischen **1** Grden) die Verhinderg der Geschlechtskonkurrenz innerh der KernFam u der Zwang, außerfamiliäre Beziehgen einzugehen. Abgesehen v II (vgl Rn 5) mit GG 2 u 6 vereinb (BVerwG FamRZ **60**, 435; Hamm FamRZ **63**, 248; Hbg FamRZ **70**, 27; krit Lüke NJW **62**, 2177; Ramm JZ **63**, 48).

2) Eheverbote werden begründet dch **2**

a) Verwandtschaft. Sie ist grdsätzl Blutsverwandtsch. In gerader Linie verwandt sind Personen, deren **3** eine von der and abstammt, gleichgült, ob die Verwandtsch auf ehel od nichtehel Geburt beruht (§ 1589); §§ 1600 a S 2, 1593 hier ohne Bedeutg. Jede Eheschl ist ohne Unterschied des Grades der Verwandtsch verboten; desgl bei vollbürt Geschwistern, dh solchen, die dasselbe EltPaar, u halbbürt, dh solchen, die einen EltTeil gemeins haben. Kein Eheverbot bei von den Elt aus früheren Ehen „zusammengebrachten Kindern" od zw Vetter u Base od Onkel u Nichte. Der Blutsverwandtsch steht nach Einführg der Volladoption (Einf 2 v § 1741) die dch KindesAnn geschaffene gesetzl Verwandtsch gleich, u zwar auch nach Erlöschen, also nach Aufhebg des AnnVerhältn (§§ 1759ff), so daß Ehe zw leibl Tochter der Adoptivmutter u deren Adoptivsohn ausgeschl ist. Umgek bleibt Eheverbot zw leibl Verwandten trotz KiAnn vS Dritter bestehen, I.

4 **b) Schwägerschaft** (vgl § 1590 I u dort Rn 2). Ehe verboten zw Stiefvater u Stieftochter (gerade Linie), nicht zw Stiefmutter u Mann der verstorbenen Stieftochter (Seitenlinie). Voraussetzg des Eheverbots ist eine gült Ehe. Jede Ehe wird als gült angesehen, bis sie dch gerichtl Urt rechtskr für nichtig erkl ist (EheG 23). Nach NichtigErkl entfällt das Eheverbot der Schwägersch, bleibt aber nach Aufhebg od Scheidg der die Schwägersch begründden Ehe bestehen (§ 1590 II); jedoch kein Eheverbot hinsichtl der Ki aus der 2. Ehe des and Eheg.

5 **c)** Das Eheverbot der **Geschlechtsgemeinschaft** (II aF) ist mit Wirkg v 16. 6. 76 beseitigt w (1. EheRG Art 12 Z 13 Nr 2).

6 **3)** Die trennden Eheverbote von Verwandtsch u Schwägersch haben folgde **Wirkungen:** Der StBeamte kann Nachweis ihres Nichtvorhandenseins verlangen (PStG 5 II). Die dem Verbot zuwider geschlossene **Ehe** ist **nichtig** (EheG 21 I); Ki daraus sind allerd ehel (§ 1591 I 1). Strafrechtl Folgen StGB 173. Vom Eheverbot der Schwägersch kann Befreiung erteilt w (Rn 7); nachträgl Befreiung macht die Ehe von Anfang an gült (EheG 21 II).

7 **4) Befreiung vom Eheverbot der Schwägerschaft, III,** als Regel, Versagg ist Ausn unter strengen Anfdgen (Ffm FamRZ **84**, 582). Es entsch das VormschG dch den Richter (RPflG 14 Z 18). Zust FGG 44a I. Genaue Prüfg erforderl; die gesamten Umstände zu berücksichtigen. Ablehng, wenn **wichtige Gründe** entgegstehen, die im inneren Zushg mit dem Zweck des Eheverbots stehen müssen, so ungünst Eheprognose nicht ausr (KG FamRZ **86**, 993). Frage des Einzelfalles, inwieweit die geplante Eheschließg als anstößige Störg des FamVerbandes empfunden w (Ffm FamRZ **84**, 582), wobei das allg sittl Empfinden bes zu berücksichtigen, so zB Ablehng einer Eheschl zw Mann mit wesentl jüngerem nehel Ki seiner geschiedenen Ehefr (Hamm FamRZ **63**, 248, aber auch Ramm JZ **63**, 49). Da zweiseit Eheverbot (Einf 1 v EheG 4), müssen beide Teile befreit w, also auch der Ausländer. Zu dessen Befreiung EG 13 Anm 3, zur Rückverweisg EG 27, bei Staatenlosen EG 29. Sonst nur Befreiung dch HeimatBeh. – Entsch des VormschG, die gem FGG 16 bekanntzumachen, unanfechtb. Kann nach Eheschl nicht mehr geändert w (FGG 44a II, vgl auch FGG 18). Gg Versagg der Befreiung Beschw (FGG 20); „wichtige Gründe" unbestimmter RBegriff (Hbg FamRZ **70**, 27). Gebühren KostO 97a.

EheG 5 *Doppelehe.* **Niemand darf eine Ehe eingehen, bevor seine frühere Ehe für nichtig erklärt oder aufgelöst worden ist.**

1. DVO § 13. *Das Verbot der Doppelehe (§ 8 [jetzt: 5] des Ehegesetzes) steht einer Wiederholung der Eheschließung nicht entgegen, wenn die Ehegatten Zweifel an der Gültigkeit oder an dem Fortbestand ihrer Ehe hegen.*

1 **1) Zur Rechtsentwicklung** vgl 43. Aufl.

2 **2) Grundsatz der Einehe.** Trotz der GesetzesFassg ist EheG 5 ein zweiset Eheverbot, das also auch nicht in der Person des and Eheg vorliegen darf (RG **152**, 36).

3 **a) Ein Verheirateter darf eine Ehe nur eingehen, wenn seine frühere Ehe**

4 **aa) für nichtig erklärt** ist (EheG 23). Ist diese eine Nichtehe (EheG 11 Rn 10), so bleibt die „2." Ehe gült. Ebso, wenn vor Nichtigerklärg der 1. eine 2. Ehe geschlossen, dann aber die 1. für nichtig erkl wurde; denn dann lebte der Eheg zZ der 2. Eheschl mit einem Dr nicht in gült Ehe (EheG 20). Insof hat EheG 5 also nur den Charakter eines aufschiebden Eheverbots. Allerd auch dann StGB 171.

5 **bb) oder aufgelöst** ist dch Tod, Wiederverheiratg eines Eheg, nachdem der and für tot erkl w (EheG 38 II), dch Scheidg (EheG 41) od Aufhebg (EheG 29).

6 **b)** Zu einer Doppelehe kann es vor allem dadch kommen, daß einem Eheg nach rechtskr Nichtigerklärg od Auflösg seiner Ehe **Wiedereinsetzung in den vorigen Stand** gg Versäumg einer RMittelFr gewährt w (ZPO 233) od daß das seine Ehe zerstörde Urt iW der **Wiederaufnahme des Verfahrens** (ZPO 578ff) aufgeh w. Ausführl dazu mit Nachw die 43. Aufl. Wiedereinsetzg wie WiederAufn des Verf sind in Ehesachen unbeschr zul, auch wenn das Ergebn, daß eine Doppelehe entsteht, wenn die eine Partei zwischenzeitl wieder geheiratet hat, unerfreul ist (BGH **8**, 284; NJW **59**, 45; FamRZ **76**, 336). Das Bestehen der 2. Ehe läßt sich jedoch in dem Fall schützen, daß das 1. Urt bestätigt u nicht zunächst dch ZwischenUrt die Zulässigk u der Grd der WiederAufn festgestellt w (Zeuner MDR **60**, 87), wobei wg des Bestandsschutzes der 2. Ehe darüber hinweggesehen w kann, daß die „Bestätigung" tatsächl eine Aufhebg ex tunc mit Ersetzg ex nunc in sich schließt. Anders natürl, wenn die Scheidg der 1. Ehe aufgeh w. Zur Nichtig-Erkl od Scheidg dch **Urteil im Ausland** EG 17 Anm 6b. Ist die Ehe nur desh Doppelehe, weil der jetzige NichtigkKl Antr auf Anerkenng des vor der 2. Eheschl ergangenen ausländ ScheidgsUrt unterläßt, so ist die Erhebg der NichtigkKl RMißbr (BGH FamRZ **61**, 427). War die Ehe von **Ausländern im Inland** für nichtig erkl od geschieden w, so soll die Wiederverheiratg nur erfolgen, wenn das Urt auch im Heimatstaat anerkennt w (LG Köln FamRZ **62**, 158; Celle u Mü NJW **63**, 2223 u 2233). Vgl auch EG 13 Anm 5a.

7 **3) Trennendes Eheverbot.** Keine Befreiung mögl. Die 2. Ehe unheilb nichtig (EheG 20), auch dann, wenn die 1. Ehe nachträgl aufgelöst w; and bei nachträgl NichtigErkl der 1. Ehe (Rn 4). Wg der **Rechtsfolgen** der Nichtigk EheG 26, StGB 171.

4) Wiederholung der Eheschließung, DurchfVO 13. Bei berecht Zweifeln der Eheg an der Gültigk od **8** dem Fortbestand ihrer Ehe, also vor deren NichtigErkl, können sie die Eheschl wiederholen, ohne daß die bisherige der neuen entggstünde. Der StBeamte hat dann mitzuwirken, ohne die Gültigk der bisherigen Ehe zu prüfen. Soweit aber deren Bestätigg mögl ist (EheG 18 II, 30 II), Wiederholg unzweckmäß, da Bestätigg zurückwirkt, nicht aber Wiederholg. Neue Eheschl vollzieht sich unter denselben sachlrechtl u formellen Voraussetzgen wie eine Eheschl überh; ledigl das Eheverbot der WarteZt (EheG 8) besteht nicht, da hier ggstandslos.

EheG 6 *Eheverbot des Ehebruchs*   (Außer Wirksamk bzw aufgehoben dch das 1. EheRG Art 3 Z 1 u 3, I mit Wirkg vom 16. 6. 1976; 1. EheRG Art 12 Z 13c. Zum früh Recht 35. Aufl).

EheG 7 *Annahme als Kind.*   [1]**Eine Ehe soll nicht geschlossen werden zwischen Personen, deren Verwandtschaft oder Schwägerschaft im Sinne von § 4 Abs. 1 durch Annahme als Kind begründet worden ist. Das gilt nicht, wenn das Annahmeverhältnis aufgelöst worden ist.**

[2]**Das Vormundschaftsgericht kann von dem Eheverbot wegen Verwandtschaft in der Seiten-linie und wegen Schwägerschaft Befreiung erteilen. Die Befreiung soll versagt werden, wenn wichtige Gründe der Eingehung der Ehe entgegenstehen.**

1) Eheverbot auf Grund Adoption. Neufassg dch AdoptG Art 3 Z 7. Da das dch die Ann als Kind **1** begründete VerwandtschVerhältn auf alle Mitglieder der neuen Fam ausgedehnt w (§ 1754), ist das Eheverbot des EheG 4 I zu übernehmen. Da dem Eheverbot der AdoptivVerwandtsch wie im bish Recht auch kftig kein NichtigkGrd entsprechen soll, handelt es sich bloß um ein aufschiebdes Eheverbot (BT-Drucks 7/5087 S 23); die entgg dem Verbot geschl Ehe ist also wirks (Soll-Vorschr). Dch die dem Verbot zuwider erfolgde Eheschl wird ggf das AnnVerhältn aufgeh (§ 1766). Gilt auch in Bln (ÜbernG v 29. 7. 76, GVBl Bln 1619; AnO der Alliierten Komm v 6. 8. 76, GVBl Bln 1638).

2) Die Adoption hindert die Eheschließg nicht, wenn das AnnVerhältn aufgelöst ist, **I 2,** was nur iFv **2** §§ 1760, 1763 geschehen kann (§ 1759), od wenn das VormschG **Befreiung von dem Eheverbot** erteilt hat, **II 1.** Die Vorschr läßt die Befreiung in weiterem Umfang zu als bei leibl Verwandtsch. Eine Befreiung ist nur für Adoptionsverwandte in gerader Linie ausgeschl; ein EltT soll sein Kind u ein GroßEltT sein Enkelkind nicht heiraten können. Das VormschG kann aber die Ehe zw Geschwistern zulassen, deren Verwandtsch auf der Ann beruht (BT-Drucks 7/3061 S 57). Das VormschG soll ijF der Befreiung prüfen, ob **wichtige Gründe** der Eingeh der Ehe entggstehen, **II 2;** vgl EheG 4 Rn 7.

EheG 8 *Wartezeit.*   [1]**Eine Frau soll nicht vor Ablauf von zehn Monaten nach der Auf-lösung oder Nichtigerklärung ihrer früheren Ehe eine neue Ehe eingehen, es sei denn, daß sie inzwischen geboren hat.**
[2]**Von dieser Vorschrift kann der Standesbeamte Befreiung erteilen.**

PStG 7a. Die Befreiung vom Ehehindernis der Wartezeit erteilt der Standesbeamte, der das Aufgebot erläßt oder **1** Befreiung vom Aufgebot bewilligt. Kann die Ehe wegen lebensgefährlicher Erkrankung eines Verlobten ohne Aufgebot geschlossen werden, so ist für die Befreiung der Standesbeamte zuständig, vor dem die Ehe geschlossen wird.

PStG AVO 14. Der Standesbeamte soll die Befreiung von dem Ehehindernis der Wartezeit nur versagen, wenn **2** ihm bekannt ist, daß die Frau von ihrem früheren Mann schwanger ist.

1) Zur Rechtsentwicklg 43. Aufl. Das **aufschiebende Eheverbot der Wartezeit, I,** soll verhüten, daß **3** ein nicht in die neue Ehe gehöriges Kind in dieser als ehel geboren w (§ 1600). Es gilt nur für verheiratet gewesene Frauen, nicht dagg bei Eheschl derselben Eheg nach Scheid od NichtigErkl der 1. Ehe, bei deren Wiederholg (1. DVO z EheG 13, abgedr bei EheG 5) od bei zwischenzeitl Geburt. Die WarteZt beginnt mit der Rechtskr des Urt. Die entgg EheG 8 eingegangene Ehe ist gült.

2) Befreiung, II. Zuständig der StBeamte, der das Aufgebot erläßt od Befreiung vom Aufgebot bewilligt **4** (PStG 7a). **Befreiung soll nur versagt werden,** wenn StBeamten bekannt ist, daß die Frau von ihrem früh Mann schwanger ist (AVO PStG 14); der Wunsch, dem neuen Ehem die Vaterrolle zu erleichtern, reicht für die Befreiung nicht aus (AG Kstz StAZ **76,** 311). Gg die Entscheidg des StBeamten AufsichtsBeschw an seine vorgesetzte DienstBeh od Antr auf gerichtl Entsch (PStG 45). Gebühren: AVO PStG 68 Z 14.

EheG 9 *Auseinandersetzungszeugnis des Vormundschaftsrichters.*   **Wer ein Kind hat, für dessen Vermögen er kraft elterlicher Sorge, Vormundschaft oder Betreuung zu sorgen hat, oder wer mit einem minderjährigen Abkömmling oder einem Abkömmling, für den in Vermögensangelegenheiten ein Betreuer bestellt ist, in fortgesetzter Gütergemeinschaft lebt, soll eine Ehe nicht eingehen, bevor er ein Zeugnis des Vormundschaftsgerichts darüber beige-bracht hat, daß er dem Kind oder dem Abkömmling gegenüber die ihm aus Anlaß der Eheschlie-ßung obliegenden Pflichten erfüllt hat oder daß ihm solche Pflichten nicht obliegen.**

1) Zweck des aufschiebden Eheverbots ist der Schutz des Kindes vor vermögensrechtl Nachteilen dch **1** Heirat des vermögenssorgeberecht EltT. Gilt also ggf auch bei Eingeh der 1. Ehe; bei Wiederheirat § 1683. Dem EheG 9 zuwider geschlossene Ehen sind gült. Das VormschG kann aber die Verw des KiVermögens entziehen od sonst Maßn treffen (§ 1667) bzw den Vormd od Betr entlassen (§§ 1886, 1908b). Dch die Wiedereinziehg des zu Unrecht erteilten Zeugn wird der Bestand der Ehe nicht erschüttert (Karlsr FamRZ **62,** 197).

2   **2) Voraussetzungen: a)** Ein **Kind** des Heiratswilligen, ehel, nehel, für ehel erkl od adoptiert (§§ 1671,
3   1705, 1736, 1740f, 1754), für dessen Verm er zu sorgen hat. – **b)** Ein unter seiner **Vormundschaft,
Betreuung oder Pflegschaft** stehdes Kind (§§ 1773ff, 1896ff, 1915), wobei sich die Bt auf die VermSorge
4   beziehen muß (Böhmer StAZ **92**, 68), od **c)** bei **fortgesetzter Gütergemeinschaft** mit einem mj od
bevormundeten Abkömml (§ 1493). Gleichgült, ob das Kind aus einer früh od der letzten Ehe stammt (KG
StAZ **25**, 207).

5   **3) Zeugnis des Vormundschaftsgerichts.** Zuständigk FGG 43; es erteilt der RPfleger, da Richter nicht
vorbehalten (RPflG 3 I Z 2a). Soweit das Zeugn nicht ohne weiteres erteilt w kann, weil dem EltT nicht die
elterl Sorge zusteht od Aufschub für die Auseinandersetzg (§§ 1683, 1493 II) gewährt w, darf das VormschG
die Erteilg nicht von der Erfüllg and als der hier genannten Pflichten abhängig machen (KGJ **53**, 18). Das
Zeugn ist zu erteilen, wenn der überlebde Eheg Alleinerbe ist, eine Auseinandersetzg nach § 1683 nicht in
Betr kommt (KGJ **44**, 32). Unbeschränkte Geltg des Zeugn, aber nicht für 3. Ehe (KG StAZ **25**, 207;
Ströhm StAZ **62**, 106). Dem AuseinandersetzgsZeugn muß wg § 1683 II eine Bescheinigg des VormschG
gleichstehen, in der dem Verlobten die AuseinandSetzg nach der Eheschl gestattet wird. Vgl auch Peters
Rpfleger **59**, 341. Der StBeamte hat ledigl die formell richtige Erteilg des Zeugn zu prüfen, nicht aber, ob es
mit Recht ausgestellt ist (OLG **5**, 404). Gebühren KostO 94 I Z 2.

EheG 10   *Ehefähigkeitszeugnis für Ausländer.*   [I]**Ausländer sollen eine Ehe nicht einge-
hen, bevor sie ein Zeugnis der inneren Behörde ihres Heimatlandes darüber beige-
bracht haben, daß der Eheschließung ein in den Gesetzen des Heimatlandes begründetes Ehehin-
dernis nicht entgegensteht.**

[II]**Von dieser Vorschrift kann der Präsident des Oberlandesgerichts, in dessen Bezirk die Ehe
geschlossen werden soll, Befreiung erteilen. Die Befreiung soll nur Staatenlosen und Angehörigen
solcher Staaten erteilt werden, deren innere Behörden keine Ehefähigkeitszeugnisse ausstellen. In
besonderen Fällen darf sie auch Angehörigen anderer Staaten erteilt werden. Die Befreiung gilt
nur für die Dauer von sechs Monaten.**

1   *1. DVO § 15. Ausländer im Sinne des § 14 [jetzt: 10] des Ehegesetzes sind Personen, die die deutsche Staatsange-
hörigkeit nicht besitzen.*

2   *PStG 5a. (1) Das Ehefähigkeitszeugnis für ausländische Verlobte muß, falls durch Staatsvertrag nichts anderes
vereinbart ist, mit der Bescheinigung des zuständigen deutschen Konsuls darüber versehen sein, daß die ausländische
Behörde zur Ausstellung des Zeugnisses befugt ist. Das Zeugnis verliert seine Kraft, wenn die Ehe nicht binnen sechs
Monaten seit der Ausstellung geschlossen wird; ist in dem Zeugnis eine kürzere Geltungsdauer angegeben, ist diese
maßgebend.*

*(2) Will ein Verlobter von der Beibringung des Ehefähigkeitszeugnisses befreit werden, so hat der Standesbeamte den
Antrag entgegenzunehmen und die Entscheidung vorzubereiten; hierbei hat er alle Nachweise zu fordern, die vor der
Anordnung des Aufgebots erbracht werden müssen. Auch kann er eine eidesstattliche Versicherung über Tatsachen, die
für die Befreiung von der Beibringung des Ehefähigkeitszeugnisses erheblich sind, verlangen.*

3   **1) Zweck:** Vermeidg von Ehen, die im Heimatland eines der Verlobten nicht anerkannt w (BGH **41**,
139; **46**, 92), u Erleichterg für den StBeamt bei der Prüfg, ob das HeimatR des Ausl die Eheschließg
erlaubt (Hamm NJW **73**, 2158). Aufschiebds EheHindern; Nichtbeachtg beeinträchtigt aber die Gültigk
der Ehe nicht. EhefähigkZeugn eines Dtschen für Heirat im Ausl PStG 69b. Verzögert sich die Eheschl
wg unvollständ Ausk über das Erfordern eines EhefähigkZeugn, ggf Haftg des StBeamt (LG Ulm NJW-
RR **95**, 198).

4   **2) Grundsatz, I.** Der Ausländer kann in Deutschland eine Ehe nicht eingehen, bevor er nicht das in EheG
10 I näher bezeichnete **Ehefähigkeitszeugnis** beigebracht hat, was nicht MRK Art 14 widerspricht (KG
NJW **61**, 2209). Zum EhefähigkZeugn nach niederländ R: Breemhaar StAZ **84**, 304.

5   **a) Ausländer** sind alle Nichtdeutschen (EheG DVO 15), also auch die Staatenlosen, nicht jedoch Deut-
sche iSv GG 116 I, die die dt Staatsangehörigk nicht haben, da diese insof dt StaatsAngeh gleichstehen,
sowie heimatlose Ausländer, Vertriebene u Flüchtlinge gem FamRÄndG Art 9 II Nr 5 bzw AHK 23 (vgl
Anh zu EG 5). Die Mitgl der ausl Streitkräfte in Deutschland unterstehen seit 5. 5. 55 den dtschen Gesetzen;
Zeugn auch erfdl für Ehen von Ausländern, die im Inl geschl, aber vom Ausl nicht anerkannt w (KG
FamRZ **76**, 353) u wird auch auf Ehen ausgedehnt w müssen, die vor dtschen AuslVertretgen zw Deutschen
u Personen, die nicht StaatsAngeh des Gastlandes sind, geschlossen w (Marquordt StAZ **62**, 338). Anerk
Asylberechtigte benötigen kein EhefhgkZeugn (Kln NJW **90**, 644); doch ist ggf die Wirksamk seiner
Ehescheidg nach ausl R zu prüfen (EG 17 I 1, 14 I), obw der Asylant dem dt Personalstatut unterliegt (GFK
Art 12 I, AsylVerfG 3 I).

6   **b) Eheschließung** vor dtschem StBeamten u der nach dem AuslPStG dazu ermächtigten Vertretgen
(Liste StAZ **62**, 163).

7   **c)** Nicht jedes **Zeugnis,** das Behörden ausl Staaten als EhefähigkZeugn bezeichnen, genügt (Beyer StAZ
57, 29). Inhaltl reicht eine allg EhefähigkBescheinig nicht aus, das Zeugn muß sich vielm auf eine bestimm-
te Ehe u auf alle materiellrechtl EheVoraussetzgen beziehen (BGH **41**, 142). Nicht ausreichd das Zeugn eines
diplomat od konsular Vertr des AuslStaates, u zwar auch nicht für die Angeh der Vertragsstaaten des
HaagEheschlAbk Art 4 (abgedr Anh z EG 13). Die wichtigsten Staaten, die ein EhefähigkZeugn ausstellen,
u die dafür zuständ Behörden ergeben sich aus DA 166 IV (Übers auch bei Staudinger-Gamillscheg Art 13
EGBGB Rn 714f; vgl auch Palandt 43. Aufl Anm 3): Dänemark, Großbritannien, Holland, Italien, Polen,
Portugal, Schweiz, Ungarn (vgl iü Rn 11–12). Das Zeugn muß mit der Bescheinig des zust dtschen
Konsuls über die Befugn der AuslBehörde zu seiner Ausstellg versehen sein (PStG 5a I 1), falls sich nicht aus

einem mit dem Heimatstaat des Ausl abgeschlossenen StaatsVertr ergibt, daß es einer solchen Vereinbg zur Anerk des Zeugn in Deutschland nicht bedarf, so bei Dänemark, Italien, Luxemburg, Österreich, Schweiz (vgl DA 167 II sowie ausführl Nachw 43. Aufl). Vgl ferner zur Befreiung ausl öffentl Urkunden von der Legalisation BGBl **65** II 876; Verzeichn der für die Erteilg der Apostille zust AuslBeh BAnz **71** Nr 67 v 7. 4. 71.

d) Keine Bindung an das Zeugn, das dem StBeamten ledigl die Nachprüfg erleichtern soll, ob ein **8** Ehehindern nach dem HeimatR des Ausl vorliegt. Er wird sich im allg darauf verlassen können, wenn er nicht begründete Zweifel hat. Es hindert ihn nicht an der Nachprüfg u ggf Ablehng der Vornahme der Eheschl (BGH **46**, 92f) steht auch einer spät NichtigErkl der Ehe nicht entgg (RG **152**, 23; BayObLG StAZ **63**, 329).

e) Das Zeugn **verliert seine Kraft,** wenn nicht das Aufgebot 6 Monate seit Ausstellg, falls eine kürzere **9** GeltgsDauer im Zeugn angegeben ist, innerh dieser Frist, beantr ist (PStG 5a I 2).

3) Befreiung vom Erfordern des EhefähigkZeugn, II, PStG 5a II (ältere Lit: 43. Aufl; Otto StAZ **72**, **10** 157 Wiederverheiratg gesch Ausl; Arnold/Haecker, Befreiung v d Beibringg eines EhefähigkZeugn, Kln usw 1985; Riedel StAZ **89**, 241; Schulz StAZ **91**, 32).

a) Subjektive Voraussetzungen. Die Befreiung soll nur **aa) Staatenlosen** u **bb) Angehörigen sol- 11/12 cher Staaten** erteilt w, deren innere Behörden **keine Ehefähigkeitszeugnisse** ausstellen, II 2, zB Argentinien, Belgien, Brasilien, Bulgarien, Frankreich, Griechenland, Indien, Iran, Mexiko, Rumänien, Sowjetunion, od deren Zeugn den Anfordergen nicht genügen. Dazu bedarf es des Nachw einer best StAngehörigk (zweifelh Ffm StAZ **90**, 48/139 mA Kremer: keine zu hohen BewAnfdgen). **cc) In besonderen Fällen** wird **13** Befreiung **auch Angehörigen anderer Staaten** erteilt, II 3. Das darf nicht dazu dienen, die nach dem HeimatR des ausl Verlobten zur Erlangg des Zeugn grdsätzl erfdl zeitraubden (Karlsr Just **72**, 317) Formalitäten zu umgehen od zu ersparen (KG NJW **69**, 987). Auch bei Ehen mit Asylanten muß grdsl zunächst um Anerk des ScheidgUrt nachgesucht w (Kln NJW **90**, 644 Polen). Befreiung eines Ausl vom Ehehindern seines HeimatR widerspricht EG 13 I (vgl dort Rn 3). Grdsl Voraussetzg für II 3 also, daß ein Ehehindern nach dem HeimatR des ausl Verlobten nicht besteht od nach dem ordre public unbeachtl ist (Hamm MDR **74**, 933). Bei Befreiung nach II 3 zunächst festzustellen, um welche Art von Befreiung es sich handelt, da dann in aller Regel ganz and Zustdgk u RWeg (Hamm FamRZ **69**, 338; Beitzke FamRZ **67**, 596; Dieckmann StAZ **70**, 8), so wenn das ausl Ehehindern hier nicht zu beachten wäre, wozu aber nicht das Verbot der Heirat der Tochter der verst Ehefr aus einer früh Ehe gehört (Düss FamRZ **69**, 654).

b) Zu prüfen, ob der Verl nach seinem HeimatR die beabsichtigte Ehe eingehen kann; liegen nach dem **14** HeimatR die sachl Voraussetzgen der Eheschl vor, ist Befreiung zu erteilen (BGH **56**, 183f); verbietet das ausl Recht die Ehe, muß gleichwohl Befreiung erteilt w, wenn das Verbot dem dtschen ordre public widerspricht. Zur Befreiung v Erfdn väterl Zust zur Eheschl einer iran Asylbewerberin LG Ksl StAZ **90**, 169 mA Kremer. **Befreiung möglich,** wenn die Verweigerg des Zeugn dch die HeimatBeh erfolgt, weil AntrSt seiner MilitärPfl nicht nachgekommen ist (Kln FamRZ **69**, 335; vgl aber auch Hbg StAZ **62**, 216), bzw erfolgen würde, weil der AsylBew in seinem Heimatland als Kurde verfolgt w (Oldbg StAZ **89**, 75). Spaniern, auch ehem Priestern (Hamm OLGZ **74**, 103), die in der BuRep gesch wurden od eine hier lebde gesch Frau heiraten wollen, ist die Befreiung zu gewähren (BVerfG NJW **71**, 1509; BGH NJW **72**, 1619 mAv Otto), entspr gesch Spaniern, wenn beide Verl von dt Gerichten gesch w u ihren gewöhnl Aufenth in der BuRep haben (BGH NJW **77**, 1014). Auch wenn die Verl ein TraubereitschZeugn nicht vorlegen wollen, kann das Zeugn nicht verweigert w, da dem GG 4 I, 140 iVm Weim Verf Art 136 IV entggsteht. Der hier maßgebde GesichtsPkt des ordre public versagt aber wg Haager EheschlAbk bei Italienern, so daß bei ihnen Befreiung nicht erteilt w kann (Hamm FamRZ **73**, 143 mAv Jayme) u ebso (wg der Möglichk, die Scheidg nach islam Recht herbeizuführen) bei einem in der BuRep gesch Iraker (Hamm NJW **73**, 2158). Vgl iü EG 13 Rn 5. Dem ausl Eheverbot der Religionsverschiedenh ist die Beachtg zu versagen, wenn ein jüd Israeli in der BuRep eine dtsch Nichtjüdin heiratet (BGH **56**, 180; Strümpell StAZ **72**, 228); ebso bei Heirat zweier Israelis, der in Israel das Eheverbot der Religionsverschiedenh entggstünde (Hamm FamRZ **77**, 323). Sind beide Verl Ausl u kann keiner ein EhefähigkZeugn beibringen, so müssen beide Befreiung beantr. Keine Verweigerg bei Nichtanerkenng der in Dtschld geschlossenen Ehe wg der Form (KG NJW **61**, 2212; Wengler NJW **62**, 348).

c) Inhalt der Befreiung. Es handelt sich nur um Befreiung von dem in I genannten Zeugn, nicht aber **15** um eine solche von einem Eheverbot des ausl Rechts (Hamm NJW **69**, 373), wofür die ausl Beh zust bleiben, auch, wenn nur aufschiebds Ehehindern (BGH **56**, 180).

d) Rechtsnatur. Die Befreiung ist nachprüfb JustizVerwAkt, kein Gnadenakt (BGH **41**, 136). Sie steht **16** nicht im freien Ermessen des OLGPräs. Also keine Ablehng aus sachfremden Grden, da das Vermehrg der Ehehindern wäre (KG NJW **61**, 2212; Beyer StAZ **57**, 32). Es sind die gesamten Verhältn der Verl zu berücks.

e) Zuständigkeit. Den BefreiungsAntr entggzunehmen u die Entscheidg dch Sammlg vorzubereiten, **17** hat der **Standesbeamte.** Er kann dabei auch eidesstattl Versichergen über Tatsachen, die für die Befreiung erhebl sind, verlangen. Außerd hat er die sonstigen Nachw für ein Aufgebot einzufordern (PStG 5a). Zuständ für die Erteilg der Befreiung ist der **OLG-Präsident,** in dessen Bez der Ehe geschl w soll, II 1. Wird sie dann vor dem ermächtigten StBeamten eines Bezirks geschl, so ist erteilte Befreiung auch dort wirks (Riechert StAZ **63**, 57).

f) Rechtsbehelfe. Gg die Erteilg der Befreiung ist kein RMittel gegeben. Gg ablehnde Entsch des **18** OLGPräs Antr auf gerichtl Entsch, über die das OLG gem EGGVG 23ff endgült entscheidet (BGH **41**, 128; NJW **72**, 1619), ohne daß OLGPräs mitwirken darf (BGH FamRZ **63**, 556). An befreiende Entsch des OLGPräs ist der **Standesbeamte nicht gebunden** (BGH **46**, 87).

g) Gebühren für Befreiung EheG 77a, für Entsch des OLG EGGVG 30, KostO 131. **19**

h) Gültigkeitsdauer 6 Monate, **II 4,** innerh deren die Eheschl vorgenommen sein muß. **20**

Anhang zu § 10

Ehefähigkeitszeugnis für deutsche Staatsangehörige

1   **PStG 69b.** (1) *Zur Ausstellung eines Ehefähigkeitszeugnisses, dessen ein Deutscher zur Eheschließung im Ausland bedarf, ist der Standesbeamte zuständig, in dessen Bezirk der Verlobte seinen Wohnsitz, beim Fehlen eines Wohnsitzes seinen Aufenthalt hat. Hat der Verlobte im Inland weder Wohnsitz noch Aufenthalt, so ist der Ort des letzten gewöhnlichen Aufenthalts maßgebend; hat er sich niemals oder nur vorübergehend im Inland aufgehalten, so ist der Standesbeamte des Standesamts I in Berlin (West) zuständig.*

(2) Das Ehefähigkeitszeugnis darf nur ausgestellt werden, wenn der beabsichtigten Eheschließung kein Ehehindernis entgegensteht; der Standesbeamte kann vom Ehehindernis der Wartezeit befreien. Die Beibringung eines ausländischen Ehefähigkeitszeugnisses für den anderen Verlobten ist nicht erforderlich. Das Ehefähigkeitszeugnis gilt nur für die Dauer von sechs Monaten.

(3) Lehnt der Standesbeamte die Ausstellung des Ehefähigkeitszeugnisses ab, so kann der Antragsteller die Entscheidung des Gerichts anrufen. Die Vorschriften der §§ 45, 48 bis 50 sind entsprechend anzuwenden.

2   Ob ein EhefähigkZeugn für die Eheschl **erforderlich** ist, richtet sich nach der Gesetzgebg des EheschlStaates. PStG 69b findet nur auf dtsche StaatsAngeh Anwendg; also nicht auf Staatenlose, auch wenn für sie dtsches Recht gilt, EG 29, mit Ausnahme der Flüchtlinge u Vertriebenen deutscher Volkszugehörigk sowie deren Eheg u Abkömml, sofern sie im Gebiet des dtschen Reiches nach dem Stand v 31. 12. 37 Aufn gefunden haben, GG 116 I; denn auch diese Personen sind als Deutsche iS des PStG anzusehen (PStG 69c, vgl auch FamRÄndG Art 9 II Z 5). Verlegen solche Personen Wohns ins Ausl u wollen dort die Ehe schließen, so erhalten sie auf Antr Zeugnis (RdErl MdI *NRW* v 31. 3. 51, StAZ 104, *Nds* v 10. 1. 51, StAZ 199). Zu prüfen hat der StBeamte ledigl, ob bei dem AntrSt ein **Ehehindernis,** auch ein zweiseit (EG 13 Anm 2a bb), beim ausländ Verlobten des AntrSt auch EheG 5 (AG Paderb NJW-RR **86,** 1201), vorliegt. Ferner ist ihm die Persönlichk des ausl Verlobten durch Urk nachzuweisen; nicht zu prüfen, ob in dessen Person nach seinem Recht Ehehindernisse vorliegen, II (AG Hbg StAZ **65,** 185). – Gebühren PStG AVO 68 Z 15.

C. Eheschließung

Einführung

1   **1)** Die **formellen Eheschließungsvorschriften** dieses Unterabschnitts enthalten den **Grundsatz der obligatorischen Zivilehe.** Unerläßl Voraussetzg einer Eheschl ist die Mitwirkg eines StBeamten (EheG 11). Man wird also die Eheschl nicht als einen reinen Vertr famrechtl Art ansprechen können, da gerade von der Mitwirkg eines Staatsorgans das Zustandekommen der Ehe überh abhängt (and die hM). **Voraussetzungen einer wirksamen Eheschließung:** Die Eheg müssen versch Geschlechts sein (Einl 1 v § 1297), bei der Eheschl noch leben u vor einem StBeamten (EheG 11) erkl, die Ehe miteinand eingehen zu wollen (EheG 13).

2   **2) Der Unterabschnitt wird ergänzt** dch das BundesG ü die Anerkenng von Nottrauungen, AHK 23 Art 6–9 (Heilg nicht wirks zustandegekommener Eheschl von verschlepptn Personen u Flüchtlingen), BundesG ü die Anerkennung freier Ehen rassisch und pol Verfolgter u BundesG üb die Rechtswirkgen des Ausspruchs einer nachträgl Eheschließg, vgl Anh zu EheG 11 u 13; ferner dch die Vorschriften ü das Aufgebot, die Eheschließg u die Eintrag im Heirats- u FamBuch in PStG 3–15c, PStG AVO 10–23.

EheG 11   ¹Eine Ehe kommt nur zustande, wenn die Eheschließung vor einem Standesbeamten stattgefunden hat.

    ᴵᴵAls Standesbeamter im Sinne des Absatzes 1 gilt auch, wer, ohne Standesbeamter zu sein, das Amt eines Standesbeamten öffentlich ausgeübt und die Ehe in das Familienbuch eingetragen hat.

1   **1) Zweck** der Mitwirkg des StBeamt ua die Publizität der Eheschl u ihre jederzeit Beweisbark. Vorrang auch vor der kirchl Eheschl (PStG 67).

2   **2) Erfordernis der Mitwirkung des Standesbeamten, I.** Die wechselseit Erkl der Verl, die Ehe miteinand eingehen zu wollen, führt zur Eheschl allein dann, wenn sie vor einem StBeamt abgegeben w
3 (EheG 13, 11 I). Wird der EheschlWille vor einem NichtStBeamt, der auch nicht die Voraussetzgen des II erfüllt, erkl, so kommt eine **Nichtehe** zustande, auf die sich jeder berufen kann, ohne daß es einer Nichtig-
4 Erkl bedürfte, auch wenn die Ehe ins FamBuch eingetragen w ist. Umgekehrt führen and formelle Fehler bei der Eheschl, wenn die Ehe vor einem StBeamt geschl w, ledigl zu einer **nichtigen Ehe,** auf deren Nichtigk sich niemand vor der Feststellg dch Urt berufen kann (EheG 11, 13, 17, 23). Die Mitwirkg des StBeamt gibt der Eheschl jedenf den „Keim formeller Gültigk".

5   **3) Standesbeamter** ist, wer als solcher bestellt ist (PStG 51ff, 53, 56). Der StBeamt darf nur für einen StABez bestellt w, vorbehaltl der Befugn der unteren VerwBeh, die Wahrnehmg des StAGesch im Notfall vorübergeh einem benachbarten StBeamt zu übertr (PStG 56). Wird er also außerh seines Bez tät, so ist er nicht StBeamt; vgl aber auch Rn 8. Ist jemand zum StBeamt bestellt, der nicht hätte dazu bestellt w dürfen od sollen, so beeinflußt das die Wirksamk seiner Amtshandlgen nicht; and, wenn es am BestellgsAkt fehlt. Bestellg erfolgt dch die Gemeinde nach Zustimmg der höheren VerwBeh, die sie auch widerrufen kann (PStG 70a I Z 1), so daß der StBeamt zur weiteren Ausübg seines Amtes nicht befugt ist. Zustdgk des StBeamt EheG 15. Ist der **Standesbeamte nicht zur Mitwirkung bereit,** so hat die Eheschl auch nicht vor **6** einem StBeamt stattgefunden (vgl RG 166, 342). Die Folge ist eine Nichtehe (*arg:* „nur"). Jeder der Verl kann in einem solchen Falle das AG anrufen (PStG 45).

4) Scheinstandesbeamter, II. Eine gült Ehe kommt auch unter zwei Voraussetzgen, ohne daß es also **7** auf die Gutgläubigk der Verl ankommt, zustande, wenn näml:

a) jemand das **Amt** eines StBeamt **öffentlich ausübt,** also insb selbst amtl Gesch vornimmt, zB der **8** Stellvertr des Bürgerm, der aber nicht zu seinem Stellvertr als StBeamt bestellt ist, ferner eine noch nicht bzw nicht mehr zum StBeamt bestellte Pers od ein StBeamt außerh seines Bez. Zur StBeamtStellg der MilitärjustizBeamt währd des 2. Weltkrieges 43. Aufl;

b) u er anschließd die Ehe **in das Heiratsbuch** (EheG 14 Rn 2) **einträgt.** Die Eintragg macht die Ehe voll **9** gült; EheG 17 II bezieht sich nur auf EheG 13. Eintragg dch den richtigen StBeamt nicht ausreichd. Keine analoge Anwendg von II bei Eintragg einer nach EheG 15a wg fehlder Ermächtigg des griech Geistl nicht formgerecht geschl Ehe, wohl aber Anspr auf WwenRente (BSG NJW **79**, 1792).

5) Die Nichtbeachtg zwingder EheschlVorschr (EheG 13) hat grdsl ledigl die Vernichtbark der Ehe zur **10** Folge; auch sie entfällt aber uU dch ZtAblauf (EheG 17 I u II).

a) Demggü liegt eine **Nichtehe** (Rn 3 u Einf 2 v EheG 16) **in folgenden Fällen** vor: **aa)** Eheschl vor **11** einer Pers, die nicht StBeamt, auch nicht iSv II ist, zB vor einem Geistl oder Rabbiner. Folge einer ausschließl Trauung dch kath Geistl ist die Versagg einer WwenRente (BSG FamRZ **78**, 240). Auch die iF lebensgefährl Erkrankg od schweren sittl Notstandes vor der standesamtl Eheschl vorgenommene kirchl Trauung (PStG 67) bleibt ohne bürgerlrechtl Wirkg, wenn ihr nicht die standesamtl folgt, auch nach längerer „Ehe"führg (Pinneberg FamRZ **78**, 893). Eintragg ins FamBuch unerhebl. Zur Eintr hinkder Ehen im Sterbebuch: Kln FamRZ **94**, 891. – **bb)** Eheschl vor einem zur Mitwirkg nicht bereiten StBeamt iSv I od **12** II (Rn 6) bzw **cc)** vor einem ScheinStBeamt iSv II, der die jedoch entgg Rn 9 nicht ins FamBuch **13** einträgt, bzw **dd)** vor Gleichgeschlechtl (KG FamRZ **58**, 60; Ffm OLGZ **76**, 408). Zur Ehe von Transsexu- **14** ellen MüKo/Müller-Gindullis Rn 17. – **ee)** wenn der EheschlWille überh nicht erkl w ist. **15**

b) Wg der **Wirkungen der Nichtehe** Einf 2 vor EheG 16. **16**

6) Zum BuGes ü die **Anerkennung von Nottrauungen** v 2. 12. 50 (BGBl 778) sowie zum AHKG 23 ü **17** die **Rechtsverhältnisse verschleppter Personen und Flüchtlinge** v 17. 3. 50 (bis zur 50. Aufl Anh I u II zu EheG 11) vgl 39. Aufl.

EheG 12 *Aufgebot.* ¹Der Eheschließung soll ein Aufgebot vorhergehen. Das Aufgebot verliert seine Kraft, wenn die Ehe nicht binnen sechs Monaten nach Vollziehung des Aufgebots geschlossen wird.

ᴵᴵDie Ehe kann ohne Aufgebot geschlossen werden, wenn die lebensgefährliche Erkrankung eines der Verlobten den Aufschub der Eheschließung nicht gestattet.

ᴵᴵᴵVon dem Aufgebot kann der Standesbeamte Befreiung erteilen.

PStG 3. Vor der Eheschließung erläßt der Standesbeamte das Aufgebot. Es wird eine Woche lang öffentlich **1** *ausgehängt. Der Standesbeamte kann die Aufgebotsfrist kürzen oder auf Antrag der Verlobten Befreiung vom Aufgebot bewilligen.*

PStG 4. Zuständig für das Aufgebot ist jeder Standesbeamte, vor dem die Ehe geschlossen werden kann.

1) Das **Aufgebot** ist die öffentl Bekanntmachg, daß die Verl die Ehe miteinand eingehen wollen (DA 135 **2** II). **Zweck:** Es dient der Überprüfg der Ehefähigk der Verl u der Ermittlg evtl Eheverbote. Zum Erfordern der GeschlVerschiedenh: Einl 1 v § 1297. Der StBeamt hat, wenn in evidentem Mißbr ihm ein solches zur Kenntn kommt, bereits das **Aufgebot abzulehnen** (PStG 6 I), ebso wenn nur eine **Scheinehe** vor allem zur Erlangg einer AufenthErlaubn beabsichtigt ist (Lit: Finger StAZ **84**, 89; Lüderitz, FS Oehler 1986 S 487 spouse leasing; Sturm FS Ferid 1988 S 519; Pawlowski FamRZ **91**, 501; Kretschmar, Scheinehen, 1993) beabsichtigt ist (Ffm StAZ **95**, 139 mN; vgl auch Mü I FamRZ **94**, 1107; sa EheG 13 Rn 5 u 8). Zum Beweis-probl, dh zu den tatsächl Vorauss der Annahme einer Scheinehe: LG Lüb StAZ **85**, 164; Otto StAZ **82**, 150 f. Wird neben dem Erwerb der AufenthErlaubn auch echte ehel LebGemsch angestrebt, keine Versagg des Aufgebots (Hamm OLG **83**, 13). Für eine bl Scheinehe sprechen mehrf AufgebBestellgn m versch Verl innerh kurzer Zt nach rechtskr Abl eines Asylgesuchs (aA LG Brem StAZ **90**, 139). Absicht, nur Scheinehe einzugehen, nur beschr nachprüfb tatrichterl Feststellg (BayObLG FamRZ **84**, 477). Nur **Sollvorschrift:** Das Aufgebot gehört nicht zu den notw Förmlichk der Eheschl; die ohne Aufgebot geschl Ehe ist voll gült. Zu früh Ausn vom AufgebotsErfordern insb bei Ferntrauung 43. Aufl. EheG 12 wird **ergänzt** dch PStG 3–5, PStGAVO 10–12, 16 Z 1.

2) Aufgebot, I. Die näheren Bestimmgen enthalten PStG 3, ferner PStGAVO 10 (Bestellg des Aufgebots **3** dch die Verl), PStG 5, PStGAVO 11 (Urk zum Nachw, daß Eheverbote nicht entggstehen u Befreiung von der UrkBeibringg), PStG 5a, PStGAVO 11 (EhefähigkZeugn, vgl auch EheG 10, u Nachw der Staatsange-hörigk), PStGAVO 12 (Bekanntmachg den einwöchige öffentl Aushäng). StBeamt kann die **Aufgebots-frist kürzen,** zB bei lebgefährl Erkrankg eines Verlobten, naher Geburt eines Ki usw. Bei Krebstod vor Trauung evtl SchadErsAnspr gg StBeamt (BGH NJW **90**, 505 = FamRZ **89**, 1048/1275 sowie **90**, 578 m berecht Krit v Bosch: § 254!; Nürnb StAZ **91**, 14). Unzul Ablehng des Aufgebots wg zu großen Altersun-terschieds od weil dieses nur zZw der WohngsBeschaffg (Müller-Freienfels StAZ **62**, 145). Wg Besonderh betr der Urk vgl Breidenbach StAZ **75**, 136. **Zuständig** ist jeder StBeamt, vor dem gem EheG 15 die Ehe geschl w darf (PStG 4). Die 6-Mo-Frist, **I 2,** beginnt, wenn Wo-Frist f Bekanntmachg gem PStG 3 S 2 abgelaufen ist. Bei Vorn einer Eheschl ohne Aufgebot wg lebgefährl Erkrankg, **I 3,** muß dch ärztl Zeugn od auf and Weise nachgewiesen w, daß Eheschl nicht aufschiebb, u glaubh gemacht w, daß kein Ehehindern besteht (PStG 7). Befug zur Entsch darüber u zur Vorn der Eheschl hat nur der gem EheG 15 I–III zust, nicht der gem EheG 15 IV ermächtigte StBeamt.

4 **3) Befreiung, III.** Zust für die Befreiung vom Aufgebot ist der StBeamt, der für Aufgebot zust ist (PStG 7 a), desgl für die Abkürzg der Aufgebotsfr (PStG 3 S 3 iVm 4). DienstAufsBeschw an die untere VerwBeh PStG 59 (meistens Landrat od Oberbürgerm); bei Ablehng außerd Antr auf gerichtl Entsch mögl (PStG 45). Verwaltgs-, nicht Gnadenakt. Gebühren PStGAVO 68 I Z 2.

EheG 13 *Form der Eheschließung.* ^I^Die Ehe wird dadurch geschlossen, daß die Verlobten vor dem Standesbeamten persönlich und bei gleichzeitiger Anwesenheit erklären, die Ehe miteinander eingehen zu wollen.

^II^Die Erklärungen können nicht unter einer Bedingung oder einer Zeitbestimmung abgegeben werden.

1 **1)** Im Ggsatz zu EheG 14 **zwingende Voraussetzungen für eine gültige Eheschließung.** Verstoß macht die Ehe vernichtb (EheG 17 I). Auch die Vernichtbark entf uU dch ZusLeben u ZtAblauf (EheG 17 II), währd die Eintragg im FamBuch nur noch für die Heilg der Mitwirkg eines NichtStBeamt wesentl ist (EheG 11 Rn 9 u 11). Eheschl nach Sinti-Art reicht für EheG 13 nicht aus (BVerfG FamRZ **93**, 781).

2 **2) Die Eheschließung erfolgt**

3 **a)** bei **gleichzeitiger Anwesenheit** beider Verlobten, wobei Gültigk des Verlöbn nicht vorausgesetzt w. Keine Möglk zur **Ferntrauung** mehr (vgl dazu die 41. Aufl).

4 **b) Erklärung des Eheschließungswillens durch beide Verlobte. – aa)** Abgesehen von der Sond-Vorschr von EheG 14 **formlos,** auch dch Zeichen; bei Tauben, Stummen u der dtschen Sprache nicht Mächtigen Zuziehg eines Dolmetschers (1. AVO PStG 5, 6). Die Erkl des EheschlWillens kann auch in einer (dch Antr auf Anlegg eines FamBuches schlüss zum Ausdr gebrachten) Bestätigg liegen, wodch die formmangelh Ehe n § 17 II geheilt w (BGH FamRZ **83**, 450). Wird der EheschlWillen nicht von beiden erkl, so Nichtehe, auch wenn StBeamt einträgt. Heiratete eine Person unter falschem Namen, so ist die Ehe trotzdem mit dieser Person zustande gekommen (Beitzke FS Dölle I 229), jedoch StandesRegBerich-
5 tigg (Beitzke StAZ **56**, 55). – **bb)** Zufügung einer Bedingung oder Zeitbestimmung, II, macht Eheschl nichtig (EheG 17 I), Mangel der Ernstlichk des EheschlWillens steht dem Zustandekommen einer gült Ehe nicht entgg (RG Recht **20**, 3396). Auflösende Bedingg bei Eheschl zZw der AufenthErlaubn (§ 158 Rn 4).

6 **c) Persönliche Abgabe der Erklärung,** Stellvertretg ausgeschlossen.

7 **d) Unterschrift** der Ehel gem PStG 11 II im Heiratsbuch. Deren Fehlen hindert Ausstellg einer HeiratsUrk nicht (BayObLG FamRZ **76**, 150).

8 **3)** Wg der **Eheschließung von Ausländern im Inlande** vgl EG 13 Anm 6a, 7 u Anh dazu sowie EheG 15a. Dient die Eheschl nur dazu, einem Ausl die AufenthErlaubn zu verschaffen, sog **Asylanten-oder Scheinehe,** liegt ein Mißbrauch der Ehe vor u hat der StBeamt bereits dch Ablehng des Aufgebots (EheG 12 Rn 2), mind aber bei der Eheschl seine Mitwirkg zu versagen (RdSchr des Hess JM v 6. 4. 95 StAZ **95**, 253 m RsprNachw; aA Kartzke, Scheinehen zur Erlangg aufenth-rechtl Vorteile, 1990, 55 ff). Zur Scheidg solcher Ehen: § 1565 Rn 11.

EheG 13a *Erklärung über den Ehenamen.* ^I^Der Standesbeamte soll die Verlobten vor der Eheschließung befragen, ob sie einen Ehenamen bestimmen wollen.

^II^Haben die Ehegatten die Ehe außerhalb des Geltungsbereichs dieses Gesetzes geschlossen, so endet die in § 1355 Abs. 3 Satz 2 des Bürgerlichen Gesetzbuchs vorgesehene Frist nicht vor Ablauf eines Jahres nach Rückkehr in den Geltungsbereich dieses Gesetzes.

1 **1) Befragung der Verlobten zum Ehenamen, I.** Die Best ergänzt die in § 1355 getroffene namrechtl Regelg, wonach die Eheg einen gemeins FamNamen best sollen, aber nicht müssen (§ 1355 Rn 1). Im Ggsatz zu § 1355 II 2 aF, wonach der Geburtsname des Mannes zum Ehenamen wurde, wenn die Verlobten keine Best trafen (vgl Vorbem 1 v BGB 1355), hat, wenn die Verl zum Ehenamen keine Erkl abgeben, dies nur zur Folge, daß dann jeder Eheg seinen bish geführten Namen beibehält (§ 1355 I 3). Da der StBeamte den Namen der Eheg nicht mehr in das Heiratsbuch einzutr braucht (PStG 11 I Nr 4 ist dch Art 6 Nr 1 FamNamRG aufgeh), sond nur noch in das danach anzulegde FamBuch (PStG 12 II Nr 1), braucht die Namensfrage vor der Trauung nicht verbindl geklärt zu sein (vgl BR in BT-Drucks 12/3163 S 25 zu Nr 9). Unterbleibt die Befragg versehentl, hat dies auf die Wirksamk der Eheschl keinen Einfl (Soll-Vorschr). Zur Befragg gehört eine entspr Unterrichtg (Maßfeller/Böhmer/Coester 3). Wg Einzelh BGB 1355 Rn 11.

2 **2) Nachholung der Namenswahl bei Auslandsehen, II** (ausführl 53. Aufl Rn 2). Währd der Reg-Entw eine bes Regelg der Fälle, in denen die Eheg die Ehe außerh des GeltgsBereichs des EheG geschl haben, ohne eine Erkl zur Namenswahl abgegeben zu haben, für verzichtb hielt, weil § 1355 III 1 nF die NamensBest auch noch nach der Eheschl zuläßt, sah der RAusschuß eine solche **Fristbestimmung** jedenf für diej Fälle als erfdl an, in denen die Ehel erst nach Ablauf der 5-J-Fr in den GeltgsBereich des dt Rechts zurückkehren (BT-Drucks 12/5982 S 19f). Solchen Ehel steht für die Nachholg der Namenswahl daher auch dann, wenn sie 5 u mehr J nach der Eheschl im Ausl verbracht haben, nach ihrer Rückkehr nach

Dtschl **noch 1 Jahr nach ihrer Rückkehr** zur Vfg. Die Fr beginnt erst, wenn der Aussiedl dch Vertrieb-Ausw seine Eigsch als StatusDtscher nachw k (BayObLG StAZ **95**, 8). Bei **Fristversäumung** bleibt es bei dem bish geführten Namen, was allerd eine ör NamÄnd nicht ausschl (VG Bln NJW-RR **91**, 262).

3) Abkömmlinge der Ehegatten. Auf die Regelg der Erstreckg einer nachträgl Best des Ehenamens auf **3** Abkömml der Eheg, die bish in EheG 13a III u IV aF umfangreich geregelt war, konnte mRücks auf die Verallgemeinerg dieser Regelg in § 1616a verzichtet w.

EheG 14 *Trauung.* [1]Der Standesbeamte soll bei der Eheschließung in Gegenwart von zwei Zeugen an die Verlobten einzeln und nacheinander die Frage richten, ob sie die Ehe miteinander eingehen wollen und, nachdem die Verlobten die Frage bejaht haben, im Namen des Rechts aussprechen, daß sie nunmehr rechtmäßig verbundene Eheleute seien.

[II]Der Standesbeamte soll die Eheschließung in das Familienbuch eintragen.

1) Verletzg der **nicht zwingenden** Bestimmg beeinflußt die Wirksamk der Eheschl nicht. Als **Zeugen 1** sollen nicht Mj mitwirken. Keine Einschrkg hins der unter Bt Stehden. Die **Frage** u Antwort erfolgt bei Tauben dch einen Dolmetscher (EheG 13 Rn 4). Die Eheschl soll in einer der Bedeut der Ehe entspr würd u feierl Weise vorgenommen w (PStG 8). Der **Ort** der Eheschl ist abgesehen von besond Grden (Krankh, Inhaftierg usw) das Dienstgebäude des StBeamt. Die Verl w dch den StBeamt als **kraft Gesetzes rechtmäßig verbundene Eheleute** erkl.

2) Eintragung im Heiratsbuch, II. Die Eheschl wird im Beisein der Eheg u der Zeugen im Heiratsbuch **2** beurk (PStG 9). Der Ausdr „FamBuch" in EheG 11 II, 14 I ist bei der Reform des PStG 1957 versehentl nicht angeglichen worden. Das FamBuch soll von dem StBeamt, vor dem die Ehe geschl w, spätestens am folgdn WerkTg angelegt w (PStGAVO 19) u wandert mit den Eheg mit (PStGAVO 21, PStG 13). Die Eintragg im FamBuch ist für die Wirksamk der Ehe nicht wesentl (vgl EheG 13 Rn 1); Ausn: EheG 11 II. Die Eintragg im FamBuch regeln PStG 12ff, PStGAVO 19–23.

EheG 15 *Zuständigkeit des Standesbeamten.* [1]Die Ehe soll vor dem zuständigen Standesbeamten geschlossen werden.

[II]Zuständig ist der Standesbeamte, in dessen Bezirk einer der Verlobten seinen Wohnsitz oder seinen gewöhnlichen Aufenthalt hat. Unter mehreren zuständigen Standesbeamten haben die Verlobten die Wahl.

[III]Hat keiner der Verlobten seinen Wohnsitz oder seinen gewöhnlichen Aufenthalt im Inland, so ist für die Eheschließung im Inland der Standesbeamte des Standesamts I in Berlin oder der Hauptstandesämter in München, Baden-Baden und Hamburg zuständig.

[IV]Auf Grund einer schriftlichen Ermächtigung des zuständigen Standesbeamten kann die Ehe auch vor dem Standesbeamten eines anderen Bezirkes geschlossen werden.

1) Die **Zuständigkeit des Standesbeamten** für die Eheschl, I, folgt entsprech EheG 11 Rn 5. Gem **1** KonsG v 11. 9. 74 (BGBl 2317) § 8 gelten in best KonsBezirken als StBeamte iS des EheG die **Konsularbeamten,** die befugt sind, Eheschließgen vorzunehmen (einschl Aufgebot, Ausstellg der entspr Urk usw), sofern mind einer der Verl Dtscher u keiner v ihnen Angeh des Empfangsstaates ist. Die Zustdgk richtet sich in erster Linie nach dem **Wohnsitz** eines der beid Verl (§§ 7ff BGB) od ihrem **gewöhnlichen Aufenthalt** (BGB 7 Rn 3), **II 1,** wobei bei mehrfacher Zustdgk die Verl die Wahl haben, **II 2.** AuslDtsche u selbst Ausl, die keinen Wohns od gewöhnl Aufenth in Dtschld haben, können hier eine Ehe eingehen, **III.** Vor Mißbräuchen schützt das Erfordern des EhefähigkZeugn (EheG 10). Lehnt ein StBeamt wg Unzustdgk ab, so Antr auf Entsch dch das AG (PStG 45, 50; FGG 69); gg dessen Entsch einf Beschw (FGG 19).

2) Die **Ermächtigung eines anderen Standesbeamten, IV,** soll schriftl u kann dch jeden nach II u III **2** zust StBeamt erfolgen. Der ermächtigde StBeamte bleibt aber weiter zust („auch vor"). Auch der ermächtigte StBeamte hat eine Eheschl abzulehnen, wenn ihm der Ehe entggstehde Eheverbote zur Kenntn kommen (PStG 6 I). Weiterermächtigg unzul.

3) Verstoß gegen EheG 15 ist ohne Wirkg für den Bestand der Ehe, dh also, wenn die Eheschl vor dem **3** unzust StBeamt erfolgt ist oder ein solcher ermächtigt hat. Hat aber der StBeamte die Eheschl nicht in dem Bez, für den er bestellt ist, vorgenommen, so hat er als NichtStBeamt gehandelt (EheG 11 Rn 8); vor der Gefahr einer Nichtehe wird aber meist EheG 11 II schützen. Hat ein außerh seines Bez tätiger StBeamt ermächtigt, so liegt zwar keine Ermächtigg vor; aber Eheschl vor dem „ermächtigten" StBeamt trotzdem unschädl, soweit dieser innerh seines AmtsBez tätig geworden ist; andernf evtl Nichtehe (EheG 11 Rn 8 u 13).

EheG 15a *Besondere Zuständigkeit für Nichtdeutsche.* *(An Stelle v § 15a EheG gilt jetzt EG Art 13 III. Vgl dort Rn 26. In Altfällen vgl die 51. Aufl.)*

D. Nichtigkeit der Ehe

Einführung

1 **1) Unterscheidung zwischen Nichtehe und nichtiger Ehe.**

2 **a)** Die Nichtehe (matrimonium non existens) tritt aus formellen Grden nur beim **Fehlen der Mitwirkung eines Standesbeamten** ein, aus sachl Grden auch bei Eheschl dch Gleichgeschlechtl, auch wenn EheG 11 selbst erfüllt sein sollte, od wenn überh keine Erkl, die Ehe schließen zu wollen abgegeben wurde (Einzelfälle der Nichtehe EheG 11 Rn 11–15). Eine Ehe liegt dann überh nicht vor (RG **133**, 166). Mithin **bedarf es auch keiner Nichtigerklärung** (RG **120**, 37), die Nichtigk kann vielmehr ohne weiteres von jedermann geltd gemacht w, ohne daß es eines besonderen FeststellgsUrt bedürfte. Mögl aber die **Klage auf Feststellung des Nichtbestehens** der Ehe (ZPO 256, 606ff, 631ff). Bigamische Ehe mit Engländer ow nichtig; RSchutzBedürfn für Kl auf Feststellg des Nichtbestehens aber wg der inter-omnes-Wirkung zu bejahen (LG Hbg FamRZ **73**, 602). Der StaatsAnw kann den RStreit betreiben (ZPO 634). Das Feststellgs-Urt wirkt für u gg alle (ZPO 638 S 2). Geschieht die Berufg auf die Nichtexistenz der Ehe einredeweise, so Aussetzg nach ZPO 154 I. Die Scheidg einer Nichtehe ist ausgeschlossen (vgl Schwind RabelsZ **74**, 523). Wird ScheidgsKl erhoben u stellt das Gericht implicite das Nichtbestehen der Ehe fest, so ist die Kl abzuweisen. Jeder der Beteil kann sich mit einem Dr verheiraten, ohne daß dem das Ehehindern der bestehden Ehe od WartZten (EheG 5, 8) entgegstünden. Ein EheVertr wäre rechtl bedeutgsl, Gesamtgut ist nicht entstanden. Rückabwicklg allenf nach auftragloser GeschFührg od ungerechtfertigter Bereicherg. Kinder sind, auch bei gutem Glauben der Elt, nehel (BayObLG FamRZ **66**, 639). Eine **Heilung** der Nichtehe ist ausgeschl. Eine nunmehr wirks vorgenommene Eheschl hat Wirkg nur ex nunc.

3 **b) Ehenichtigkeit** bedeutet abweichd von NichtigkBegriff des Allg Teils nur **rückwirkende Vernichtbarkeit.** Die nichtige Ehe wird bis zur NichtigErkl wie eine gült Ehe behandelt (RG **120**, 37). HerstellgsVerlangen aber im allg RMißBr (§ 1353 Rn 21). Eine vernichtb Ehe kann statt dessen auch geschieden w (RG HRR **29**, 1101). Auf die Nichtigk kann sich gem EheG 23 niemand berufen, wenn sie nicht **durch gerichtliches Urteil** rechtskr festgestellt ist (ZPO 636a). Zu den **Wirkungen des Nichtigkeitsurteils** EheG 23 Rn 3.

4 **2) Verfahrensrecht bei der Nichtigkeitsklage** EheG 23 Rn 2. Zum Schuldausspruch für Altfälle 43. Aufl.

5 **3)** Zum **Übergangsrecht** 43. Aufl. Zum **internationalen Privatrecht** EG 13 Anm 3.

I. Nichtigkeitsgründe

Vorbemerkung

1 Wegen der **trennenden und aufschiebenden Eheverbote** vgl Einf 1 vor EheG 4.

EheG 16 Eine Ehe ist nur in den Fällen nichtig, in denen dies in §§ 17 bis 22 dieses Gesetzes bestimmt ist.

1 **Erschöpfende Aufzählung der Nichtigkeitsgründe.** NichtigkGrde des Allg Teils (zB §§ 134, 138) unanwendb. Die früheren NichtigkGrde der **Namensehe** (EheG 19) u des **Ehebruchs** (EheG 22) sind dch das 1. EheRG ersatzl beseitigt (vgl aber zur Scheinehe EheG 12 Rn 2 u 13 Rn 8).

EheG 17 *Mangel der Form.* [I]Eine Ehe ist nichtig, wenn die Eheschließung nicht in der durch § 13 vorgeschriebenen Form stattgefunden hat.

[II]Die Ehe ist jedoch als von Anfang an gültig anzusehen, wenn die Ehegatten nach der Eheschließung fünf Jahre oder, falls einer von ihnen vorher verstorben ist, bis zu dessen Tode, jedoch mindestens drei Jahre, als Ehegatten miteinander gelebt haben, es sei denn, daß bei Ablauf der fünf Jahre oder zur Zeit des Todes des einen Ehegatten die Nichtigkeitsklage erhoben ist.

1 **1) Formmängel bei der Eheschließung, I.** Der Mangel der Mitwirkg eines StBeamt bei der Eheschl führt regelm zur Nichtehe (EheG 11 Rn 3); Mangel also unheilb außer dch Eintragg ins FamBuch iF von EheG 11 II. Ist dagg (nur) eins od mehrere der zwingden **Formerfordernisse von EheG 13,** also nicht persönl gleichzeit Anwesenh, Erkl unter Beding usw (vgl EheG 13 Rn 3–6) **nicht erfüllt,** so ist, falls **ein Standesbeamter mitgewirkt** hat, die **Ehe nur nichtig,** so daß es also and als bei der Nichtehe (Einf 2 v EheG 16) eines mit Erfolg dchgeführten NichtigkVerf bedarf, ehe sich jmd auf die Nichtigk berufen kann (EheG 23). Verstöße gg EheG 12, 13a I, 14, 15 berühren den Bestand der Ehe nicht. Die Folgen von Fehlern in der WillensErkl w nicht dch EheG 17, sond dch EheG 18, 30–34 geregelt. Zur Wirksk einer Eheschl nach nigerian StammesR Mü NJW-RR **93**, 1350.

2 **2)** Für die **Heilung, II,** ist die Eintragg im FamBuch unwesentl. **a)** Vielm nur **durch fünfjähriges Miteinanderleben der Ehegatten** (vgl § 1567 sowie zur FrBerechng §§ 187 I, 188). Anzeichen hierfür die gemeins NamensFührg von Eheg u Ki. Vorübergehde Trenng (dch Krankh, Strafhaft, Expedition uä) steht nicht entgg. Gutgläubigk unerhebl. Heilg hat rückwirkde Kraft, es sei denn, es ist inzw eine im Ergebn erfolgreiche NichtigkKl erhoben w. Stirbt ein Eheg vor Ablauf der 5 J, so genügt 3-jähriges ZusLeben. Bei früher erfolgtem Tode nur Nichtigk, wenn sie auf Kl des Staatsanw ausgesprochen ist (EheG 24 I 2). –

b) Heilg auch dch **Wiederholung der Eheschließung** mögl (§ 13 der 1. DVO EheG), allerd ohne Rück-   3
wirkg (aA Kissel, Ehe u Ehescheidg 1977 I 68).

EheG 18 *Mangel der Geschäfts- oder Urteilsfähigkeit.* [I]Eine Ehe ist nichtig, wenn

einer der Ehegatten zur Zeit der Eheschließung geschäftsunfähig war oder sich im
Zustand der Bewußtlosigkeit oder vorübergehenden Störung der Geistestätigkeit befand.
[II]**Die Ehe ist jedoch als von Anfang an gültig anzusehen, wenn der Ehegatte nach dem Wegfall
der Geschäftsunfähigkeit, der Bewußtlosigkeit oder der Störung der Geistestätigkeit zu erkennen
gibt, daß er die Ehe fortsetzen will.**

1) Voraussetzungen, I. Nichtig (Einf 3 v EheG 16), wenn zZ der Eheschl ein Eheg entweder **a)** ge-   1
schäftsunfäh war (vgl EheG 2 Rn 1) od **b)** wenn sich einer der Verlobten im Zustande der Bewußtlosigk od   2
vorübergehden, die freie Willensbestimmg ausschließden (RG **103**, 400) Störg der Geistestätigk befand.

2) Voraussetzgen der **Heilung durch Bestätigung, II,** daß **a)** die GeschUnfähigk, Bewußtlosigk od   3
Störg der Geistestätigk behoben ist u **b)** der bish unfäh Eheg zu erkennen gibt, daß er die Ehe fortsetzen   4
will, zB dch weiteres ZusLeb, WiederAufn der ehel Gemsch, Eheverkehr, HerstellgsKl usw, nicht aber
schon dch Mitleidsäußergen, leise Aufmerksamkeiten uä. Bestätigg unter Vorbehalten od nur versuchs-
weise ist keine. Die Auffassg des and Teils unerhebl. Die Bestätigg ist eine **Rechtshandlung,** so daß
GeschFgk zur Erreichg des Erfolgs wesentl ist; bei beschr GeschFähigk AufhebgsKl (EheG 30, 35 II). Es
genügt der FortsetzgsWille als solcher, also der Wille, weiter mit dem and in einer Ehe zus zu leben, u das
Bewußtsein, daß an seiner GeschFähigk u damit an der Gültigk der Ehe berecht Zweifel bestanden (RG **157**,
129). Keine Bestätigg dch einen Vertr. Wohl aber bedarf es dessen Einwillig, wenn der Eheg zZ der
Bestätigg in der GeschFähigk noch beschr war; andernf AufhebgsKl (EheG 30, 35 II). Keine Anfechtg der
Bestätigg.

3) Die **Wirkung der Heilung** besteht darin, daß die Ehe als von Anfang an gült anzusehen ist; and § 141   5
u die Wiederholg der Eheschl (EheG 5 Rn 8). Die **Möglichkeit der Bestätigung entfällt,** wenn vorher die
Ehe bereits rechtskr für nichtig erkl (EheG 23) od aufgelöst (EheG 5 Rn 5) ist od wenn sie erst nach der
letzten mündl Verhandlg vorgenommen wurde.

EheG 19 *Namensehe.* *(Außer Wirksamk aGrd des 1. EheRG Art 3 Z 1; vgl Einl 1 vor EheG 1. Zum früh Recht 35. Aufl)*

EheG 20 *Doppelehe.* [I]**Eine Ehe ist nichtig, wenn einer der Ehegatten zur Zeit der Ehe-**

schließung mit einem Dritten in gültiger Ehe lebt.
[II]**Ist vor der Eheschließung die Scheidung oder Aufhebung der früheren Ehe ausgesprochen
worden, so ist, wenn das Urteil über die Scheidung oder Aufhebung der früheren Ehe nach
Schließung der neuen Ehe rechtskräftig wird, die neue Ehe als von Anfang an gültig anzusehen.**

1) Der Verstoß gg das Verbot der Doppelehe (EheG 5) führt zu einer **nichtigen Ehe** (Einf 3 v EheG 16).   1
Die Nichtigk ist **unheilbar,** greift also auch dann ein, wenn die frühere Ehe nachträgl aufgelöst wird. In
Betr kommt dann nur Wiederholg der Eheschl, aber nur mit Wirkg für die Zukft (EheG 5 Rn 8). Zur
Klagebefugnis EheG 24. Die NichtigkKl kann außer von jedem Eheg u dem StaatsAnw auch von dem Dr,
mit dem die früh Ehe geschl war, erhoben w u ist dann gg beide Ehegatten der späteren Ehe zu richten (ZPO
632). Der NichtigkKl des StaatsAnw fehlt idR auch bei inzw eingetretenem Tod des Doppel-Ehepartn
weder das RSchBedürfn noch ist sie rechtsmißbräuchl (Mü FamRZ **80**, 565). Unzul RAusüb aber ggf bei
vorzeit RkraftVermerk (KG FamRZ **86**, 355; vgl Rn 3). Das auf die NichtigkKl ergehde Urt wirkt für u gg
alle (ZPO 636a). Strafe StGB 171.

2) Voraussetzung der Nichtigkeit ist das Bestehen einer gült u nicht für nichtig erkl (EheG 5 Rn 3) Ehe   2
zZ der Eheschl (vgl RG **120**, 37). Auf die Gutgläubigk über die Auflösg der früheren Ehe kommt es nicht an,
zB auf das Vertrauen auf eine unricht SterbeUrk (Ausn EheG 38) od darauf, daß die im Ausl erfolgte
Scheidg anerk w. Nichtigk auch, wenn das ScheidgsUrt der früheren Ehe inf Wiedereinsetzg in den vorigen
Stand od im WiederaufnVerf beseitigt w (EheG 5 Rn 6). Wird die 1. Ehe nach Eingeh der 2. für nichtig
erkl, so ist die 2. gültig (EheG 5 Rn 4). Wird die Nichtigk der 1. Ehe erst im NichtigkProz über die 2. Ehe
geltd gemacht, so Aussetzg (ZPO 149, 151).

3) Eheschließung vor rechtskräftiger Scheidung, II (eingef dch das G üb die ProzKostHilfe v 13. 6.   3
80, BGBl I, 677, 687f), war bis zum 1. EheRG kein Probl, da sich der StBeamte an dem RechtskrVermerk
des ScheidgsUrt orientieren konnte. Dch den Verhdlgs- u EntschVerbund ist aber der Kreis der an dem
ScheidgsVerbundVerf Beteiligten erhebl ausgedehnt w (vgl Heintzmann FamRZ **80**, 123), so daß es häufig
zu einer hinkden Rechtskr des ScheidgsUrt kam, weil an einen der Beteiligten, insb ein über 14 J altes Kind
od iR des VersorggsAusgl an einen VersorggsTräger das VerbundUrt nicht ordngsmäß zugestellt war. Die
Eheg hielten sich in solchen Fällen für bereits geschieden, heirateten neu u gingen auf diese Weise idR ohne
ihr Wissen eine Doppelehe ein. II hat keine rückwirkde Kraft, sond gilt erst ab 22. 6. 80, so daß dahingestellt
bleiben kann, ob mRücks auf GG 6 I die Rückwirkg hätte angeordnet w dürfen. Die Best entfaltet daher im
wesentl nur Bedeutg für zukünftige Verstöße gg die ZustellgsVorschr, wobei zusätzl die Rückänderg von
ZPO 516, wonach die BerufgsFr spätestens u also unabh von evtl ZustellgsMängeln zu laufen beginnt, ein
Korrektiv bildet. II gilt demnach nicht für Fälle, in denen die Zweitehe auf Kl des StaatsAnw nach Tod des
bigamen Ehem für nichtig erkl w war (vgl Mü FamRZ **79**, 48; **80**, 565). II heilt allerd auch die Fälle, in denen
der scheingeschiedene Eheg vor dem 22. 6. 80 wieder geheiratet hat u die Rechtskr der Scheidg ggf erst aGrd

von ZPO 516 nF eingetreten ist. Die Vorschr hat ferner Vorrang vor EheG 23 ff; ihrer Intention nach darf der RechtskrEintritt nicht be- oder verhindert w. Eine nichtige Doppelehe liegt auch vor, wenn jmd eine weitere Ehe schließt, nachdem seine bisherige Ehe zwar rechtskr, aber noch nicht wirks aufgelöst ist (Mü FamRZ **80**, 565). Bei Bigamie ohne NichtigErkl erhalten ggf beide Wwen Rente (BSG FamRZ **85**, 384).

EheG 21   *Verwandtschaft und Schwägerschaft.*   [1]**Eine Ehe ist nichtig, wenn sie zwischen Verwandten oder Verschwägerten dem Verbote des § 4 zuwider geschlossen worden ist.**

[II]**Die Ehe zwischen Verschwägerten ist jedoch als von Anfang an gültig anzusehen, wenn die Befreiung nach Maßgabe der Vorschrift des § 4 Abs. 3 nachträglich bewilligt wird.**

1   **1)** Folge des Verstoßes gg die Eheverbote von EheG 4 ist **Nichtigkeit der Ehe** (Einf 3 v EheG 16).

2   **2) Heilung** mit rückwirkder Kraft dch nachträgl Befreiung (EheG 4 III) ist bei Verstoß gg das Eheverbot der Verwandtsch nicht mögl, wohl aber bei dem der Schwägersch. Befreiung nach Auflösg der Ehe mögl (43. Aufl).

EheG 22   *Ehebruch.*   *(Außer Wirksamkeit ab 1. 7. 77 aGrd 1. EheRG Art 3 Z 1; vgl Einl 1 vor EheG 1. Zum früh Recht vgl 35. Aufl)*

II. Berufung auf die Nichtigkeit

EheG 23   **Niemand kann sich auf die Nichtigkeit einer Ehe berufen, solange nicht die Ehe durch gerichtliches Urteil für nichtig erklärt worden ist.**

1   **1) Die Berufung auf die Nichtigkeit setzt immer ein rechtskräftiges Nichtigkeitsurteil voraus.** Solange die Ehe nicht rechtskr für nichtig erkl ist, wird sie als gült Ehe angesehen u hat auch deren Wirkgen (Einf 3 v EheG 16).

2   **2) Verfahrensrecht der Nichtigkeitsklage.** Sie ist **Ehesache**; es gelten ZPO 606–621, 631–637. **Klagebefugnis** EheG 24. KlVerbindg nur mit der EhefeststellgsKl zul (ZPO 633 I). Die hilfsw im Eheaufhebgs-Proz geltd gemachte NichtigkKl wird abgewiesen (KG JW **38**, 1539). **Einstweilige Anordnungen** gem ZPO 620 ff. Die Nichtigk kann auch nach Auflösg der Ehe nur dch Urt auf NichtigkKl hin festgestellt w. Über die Gültigk einer Ehe kann nie in einem u Verf als Vorfrage entschieden w. Hängt die Entsch eines RStreits (zB über die Erbenstellg) von der Nichtigk einer Ehe ab, Aussetzg des Verf (ZPO 151). Das schließt aber nicht aus, daß auch vor NichtigErkl der 2. bigamischen Ehe der and Eheg der 1. aus dieser Rechte geltd macht, zB auf Wiederherstellg klagt (Tüb NJW **50**, 389). Das auf die NichtigkKl ergehde **Nichtigkeitsurteil wirkt,** gleichgült, ob Klage der StaatsAnw od ein Eheg erhoben hat, **für und gegen alle** (ZPO 636 a) u stellt damit den Bestand der Ehe ein für allemal klar. Erhebg einer NichtigkKl demgem auch noch nach Auflösg der Ehe mögl (EheG 24 I 2) u nur unstatth, wenn keiner der Eheg mehr am Leben ist (EheG 24 II), so daß dann die Ehe für immer als gült behandelt wird.

3   **3) Wirkungen der Nichtigerklärung.** Mit der Rechtskr des NichtigkUrt wird die Ehe von vornherein vernichtet. Das NichtigkUrt hat also **rückwirkende** Kraft (RG **88**, 328). Aber auch hier bei Wiederverheiratg Eheverbot der WarteZt (EheG 8). Die NichtigErkl der Ehe ist vom StBeamt im FamBuch zu vermerken (PStG 14, PStGAVO 6), auch wenn die Ehe schon aufgelöst war (PStG 13 V). Für die **vermögens-rechtliche Auseinandersetzung** gelten mit Einschränkgen dieselben Vorschr wie bei der Scheidg (EheG 26). Keine RückFdg von UnterhLeistgen (KG JW **37**, 3231). Ist die Ehe eines verstorbenen BuBeamt für nichtig erkl, so gelten auch hins der unterhaltsrechtl Folgen diejenigen der Scheidg; das BeamtVG enth keine Sonderbestimmgen mehr. Bei hinkender Ehe besteht ggf ein Anspr auf Wwenrente (BVerfG NJW **83**, 511; insow überholt BSG NJW **78**, 2472; **81**, 2655). Zur WwenRente, wenn die Ehe erst nach dem Tode des Versicherten für nichtig erkl w ist, BSG FamRZ **75**, 336. Für die Haftg der Eheg gilt nachträgl nicht § 1359, sond 276. Soweit die dtsche **Staatsangehörigkeit** dch die Eheschl verloren ging, erhält sie der Betreffde mit der NichtigErkl zurück. Der **Familienname** ist wieder der vor der nichtigen Ehe geführte. Die **Kinder aus nichtigen Ehen** sind ehel (§ 1591 I 1), auch wenn die Legitimation dch die nichtige Ehe erfolgte (§ 1719 S 1). Nach NichtigErkl **Sorgerechtsregelung** wie bei Scheidg (§ 1671 VI), vorher ggf § 1672. Im Ggsatz zu § 141 I ist eine **Heilung der Nichtigkeit** mit Rückwirkung in den Fällen von EheG 17 II, 18 II, 19 II, 21 II, 22 II mögl, 19 u 22 mit Wirkg v 1. 7. 77 abgesehen von Altehen außer Wirksamk (1. EheRG Art 3 Z 1). Wg weiterer Folgen vgl Einf 3 v EheG 16, ferner EheG 26, 27.

4   **4)** Für die **Nichtehe** gilt EheG 23 nicht. Auf sie kann sich jeder berufen. Einzelh Einf 2 vor EheG 16.

EheG 24   *Klagebefugnis.*   [1]**In den Fällen der Nichtigkeit kann der Staatsanwalt und jeder der Ehegatten, im Falle des § 20 auch der Ehegatte der früheren Ehe, die Nichtigkeitsklage erheben. Ist die Ehe aufgelöst, so kann nur der Staatsanwalt die Nichtigkeitsklage erheben.**

[II]**Sind beide Ehegatten verstorben, so kann eine Nichtigkeitsklage nicht mehr erhoben werden.**

1   **1) Klagebefugnis bei bestehender Ehe, I 1,** hat außer dem StaatsAnw (dieser zur Dchsetzg des Grdsatzes der Einehe auch ohne bes öff Interesse; BGH NJW **86**, 3083) jeder der beiden Eheg u im Falle der Doppelehe auch der Eheg der früh Ehe. Gutgläubigk für die Klagebefugn grdsl unerhebl; aber unzul

Rechtsausübg wenn 1. Ehe aufgelöst u bei Klageerhebg allein die 2. Ehe besteht, aus der sich der Kläger ledigl lösen will, um eine 3. Ehe einzugehen (BGH **30**, 140; einschränkend BGH **37**, 56; bestätigt NJW **64**, 1853), auch bei Hinwendg zum Partner der 1. Ehe. **Unzulässig** ist Klage des StaatsAnw, wenn bigam Ehe intakt u 1. Ehe inzw gesch ist, wg GG 6 I (LG Ffm NJW **76**, 1096); ferner wenn NichtigkKläger sich weigert, das ausl ScheidgsUrt für seine 1. Ehe anerkennen zu lassen (BGH FamRZ **61**, 427). Im Falle von EheG 18 I hat Klagebefugn nicht nur der geschäfts- od urteilsunfähige, sond auch der and Eheg.

2) Klagebefugnis nach Auflösung der Ehe, I 2 und II. Die Zulassg der NichtigkKl nach Auflösg der **2** Ehe ist erfdl, weil gem EheG 23 die Nichtigk nur noch dch NichtigkKl geltd gemacht w kann u die RFolgen unterschiedl sein können. Wg der Fälle der Auflösg EheG 5 Rn 5. Nach Auflösg der Ehe Klagebefugn allein beim **Staatsanwalt**, I 2, aber wg Wegfalls des öffentl Interesses auch er nicht mehr klagebefugt, wenn beide Eheg gestorben sind, II. Die Ehe wird dann weiterh als gült angesehen (Warn **41**, 9), einschl erbrechtl Wirkgen. Auch keine Erzwingg der Kl dch leibl Sohn aus 1. Ehe (KG NJW **87**, 197).

3) Die **Nichtigkeitsklage des Staatsanwalts** ist zu LebZten beider Eheg gg beide als notw Streitgenos- **3** sen zu richten (ZPO 632, 62). Lebt nur noch ein Eheg od stirbt ein Eheg währd des RStreits, Klage (ZPO 632) bzw Fortsetzg des RStreits gg den überlebden Eheg (ZPO 636), auch in der BerufgsInstanz (Fechner JW **38**, 2115). Stirbt auch der and Eheg, so II. Überläßt StaatsAnw die Klageerhebg einem Eheg, erhebt dieser Kl gg den anderen, im Falle der Doppelehe gg beide Eheg der 2. Ehe (ZPO 632). StaatsAnw kann auch hier im Verf mitwirken (ZPO 634). **Zuständig für die Klageerhebung** ist die Staatsanwaltsch am Sitz des FamG (GVG 143). Lehnt sie die Klageerhebg wg mangelnden Interesses ab, DienstaufsichtsBeschw (GVG 146, 147), aber nicht Antr auf gerichtl Entsch (EGGVG 23 ff; aA Lüke JuS **61**, 210). Keine unzul RAusübg, wenn StaatsAnw NichtigkKl erst nach 25jähr ZusLeben der Beteiligten erhebt (BGH NJW **75**, 872 mAv Ruthe FamRZ **75**, 334).

III. Folgen der Nichtigkeit

EheG 25 *Rechtliche Stellung der Kinder.* *(I dch Art 9 I Abs I FamRÄndG außer Wirkg, II u III dch Art 8 II Nr 1 GleichberG.)*

EheG 26 *Vermögensrechtliche Folgen der Nichtigkeit.* [I]Die vermögensrechtlichen Folgen der Nichtigkeit einer Ehe bestimmen sich nach den Vorschriften über die Folgen der Scheidung.

[II]Hat ein Ehegatte die Nichtigkeit der Ehe bei der Eheschließung gekannt, so kann der andere Ehegatte binnen sechs Monaten, nachdem die Ehe rechtskräftig für nichtig erklärt ist, durch Erklärung gegenüber dem Ehegatten die für den Fall der Scheidung vorgesehenen vermögensrechtlichen Folgen für die Zukunft ausschließen. Gibt er eine solche Erklärung ab, ist insoweit die Vorschrift des Absatzes 1 nicht anzuwenden. Hat auch der andere Ehegatte die Nichtigkeit der Ehe bei der Eheschließung gekannt, so steht ihm das in Satz 1 vorgesehene Recht nicht zu.

[III]Im Falle des § 20 stehen dem Ehegatten, der die Nichtigkeit der Ehe bei der Eheschließung gekannt hat, Ansprüche auf Unterhalt und Versorgungsausgleich nicht zu, soweit diese Ansprüche entsprechende Ansprüche des Ehegatten der früheren Ehe beeinträchtigen würden.

1) Geregelt wird nur das **Verhältnis der Ehegatten in vermögensrechtlicher Beziehung** (Rn 2). **1** Fassg gem 1. EheRG Art 3 Z 5. Für Ehen, die vor dem 1. 7. 77 für nichtig erkl wurden, gilt EheG 26 aF. Wird eine Ehe für nichtig erkl, so werden damit grdsl sämtl Ehewirkgen rückwirkd beseitigt. Die Anwendg dieses Grdsatzes würde bedeuten, daß die Beziehgen der Eheg zueinand anzusehen sind, als ob die Ehe nie bestanden hätte. Ausgeschl wären danach nicht nur Folgergen für die Zukft, wie zB die ggseit UnterhPfl; auch für die zurückliegde Zeit wären alle wirtschaftl Vorgänge, die ihre Grdlage in der Ehe finden, der Rückabwicklg unterworfen. In Abweichg von diesem Grdsatz behandelte schon das bish Recht die nichtige Ehe weitgehd so, als hätten die Eheg bis zur NichtigErkl der Ehe in gült Ehe gelebt. EheG 26 nF weicht von der aF in folgden Pkten ab: Die vermögensrechtl Folgen der Nichtigk der Ehe sollen sich grdsl – also auch iF der beidseit Bösgläubigk – nach den Folgen der Scheidg bestimmen, I. Ferner soll die Entsch des gutgläub Eheg für die NichtigkFolgen nur für die Zukft mögl sein, II 1 u 2. Schließl soll dieses Wahlrecht dem gutgläub Eheg auch nur dann zustehen, wenn der and Eheg bösgläub war, II 1 u 3 (BT-Drucks 7/650 S 182). EheG 26 gilt für sämtl NichtigkFälle, nicht aber für die Nichtehe (Einf 2 v EheG 16); für die Eheaufhebg gilt eine entspr Regelg (EheG 37 II nF). EheG 26 kommt nur zur Anwendg, wenn die Ehe dch rechtskr Urt für nichtig erkl ist (EheG 23). Bis dahin ist sie auch in vermögensrechtl Beziehg wie eine gült Ehe zu behandeln. Wg der **sonstigen Folgen der Nichtigkeit** einer Ehe Einf 3 v EheG 16 sowie vor allem EheG 23 Rn 3. Zur Nichtehe Einf 2 v EheG 16. Zum ÜbergangsR 43. Aufl Vorbem 1 v EheG 25.

2) Eintritt der vermögensrechtlichen Scheidungsfolgen, I. Ehenichtigk bedeutet danach vermö- **2** gensrechtl das gleiche wie die Scheidg. Im Ggsatz zu EheG 26 aF gilt das nunmehr auch für den Fall, daß beide Eheg bei der Eheschließg die Nichtigk gekannt haben (BT-Drucks 7/650 S 182 mit ausführl Begründg). Einschränkg iF der Doppelehe (III). Vermögensrechtl Folgen sind der nachehel Unterh (§§ 1569 ff), der ZugewinnAusgl (§§ 1372 ff) sowie der VersorggsAusgl (§§ 1587 ff). Der Unterh kann wg des NichtigkGrdes nicht nach § 1579 reduziert werden, da bei erhobener NichtigkKl § 26 II vorrangig ggü § 1579 ist (Hamm FamRZ **87**, 947 mAv Henrich). Ist eine Ehe nach dem 1. 7. 77 für nichtig erkl w, einer der Eheg aber bereits davor verstorben, so findet ein VA nicht statt, sond kommt eine Hinterbliebenenrente n RVO 1265 in Betr (BGH FamRZ **85**, 270).

3 **3) Ausschluß der Scheidungsfolgen, II.** Der gutgläub Eheg soll unter bestimmten Voraussetzgen die vermögensrechtl Folgen der Scheidg ausschließen dürfen.

4 **a) Voraussetzungen: aa)** Ein Eheg hat die **Nichtigkeit der Ehe zur Zeit der Eheschließung nicht gekannt,** dh ihm waren die die Nichtig bedingten Tats unbekannt u daß sie einen NichtigkGrd abgeben

5 (RG **109**, 65); späteres Erkennen unerhebl. **bb)** Der **andere Ehegatte muß die Nichtigkeit der Ehe gekannt haben.** Kennenmüssen genügt nicht, ebsowenig, wenn der and Eheg die NichtigkGrde später erfährt. Die Bösgläubigk muß beweisen, wer sich darauf beruft (RG **78**, 369); wg ihrer Feststellg im Urt

6 Einf 4 vor EheG 16. **cc)** Die Erkl muß **binnen 6 Monaten** nach Eintritt der Rechtskr des NichtigkUrt abgegeben, dh hier: dem and Eheg zugegangen sein (§ 130). Zugang der Erkl danach ohne Wirkg.

7 **b) Rechtsfolge der einseitigen Gutgläubigkeit** ist, daß der gutgläub Eheg dch Erklärg ggü dem and Eheg die für den Fall der Scheidg vorgesehenen vermögensrechtl Folgen **für die Zukunft** ausschließen kann, nicht dagg für die Vergangenh, weil die Rückabwicklg der vermögensrechtl Beziehgen vielf prakt unausführb u hins des Zugewinns idR gar nicht wünschensw ist (BT-Drucks 7/650 S 183). Bei beiderseitiger Gut- wie Bösgläubigk verbleibt es bei I.

8 **4) Scheidungsfolgen bei Doppelehe, III.** Die Vorschr trägt dem Gedanken Rechng, daß es iF der Doppelehe unbill ist, demj Eheg, der die Nichtig der Ehe bei der Eheschl gekannt hat, Ansprüche auf Unterh u VersorggsAusgl zuzugestehen, wenn hierdch entsprechde Anspr des Eheg der früheren Ehe beeinträchtigt würden (BT-Drucks 7/650 S 183).

EheG 27 *Schutz gutgläubiger Dritter. (Außer Wirksamk ab 1. 7. 77 aGrd 1. EheRG Art 3 Z 1; vgl Einf 1 vor EheG 1. Grund: Die Vorschr erübrigt sich, nachdem EheG 26 nF für den vermögensrechtl Bereich eine Rückwirkg der Ehenichtigk ausschließt; BT-Drucks 7/650 S 180. Obwohl in 1. EheRG Art 12 Z 5 nicht mit aufgeführt, muß die Vorschr für Altfälle fortgelten; vgl oben EheG 26 aF Rn 1 sowie iü die 35. Aufl).*

E. Aufhebung der Ehe

Einführung

1 **1) Zweck:** Währd die Nichtig einer Ehe der Berücksichtigg öffentl Interessen dient, trägt die Aufhebg, die aSt der Anfechtg getreten ist, den Belangen des einz Eheg Rechng. Die Aufhebg löst die Ehe nur mit **Wirkung für die Zukunft** auf (EheG 29); ihre Wirkgen sind denen der Scheidg grdsl gleichgestellt; aber in gewissen Fällen können die vermögensrechtl Folgen f die Zukunft ausgeschl w (EheG 37). Trotz der Annäherg der Aufhebg an die **Scheidung** ist es dennoch nicht angäng, beide Rechtseinrichtgen zu verschmelzen. Die Aufhebg berücks Grde, die zZ der Eheschl vorgelegen haben (was internationalprivatrechtl die Anwendg von EG 13, nicht 17 bedingt), bei später eingetretenen kommt nur Scheidg in Betr. Aber eine Kl auf Aufhebg einer bereits rechtskr gesch Ehe ist unzul (Stgt FamRZ **95**, 618).

2 **2) Verfahrensrechtlich** gilt der Grds der Einheitlichk der Entscheidg: Mit Erhebg der AufhebgsKl w sämtl Grde, aus denen Aufhebg begehrt w kann, soweit sie dem Berecht bekannt sind, rechtshängg. Das auf die AufhebgsKl ergehde (auch abweisde) Urt erwächst auch in diesem Umfang in Rechtskr. Das Aufhebgs-Urt wirkt **rechtsgestaltend;** es hebt die Ehe nur für die Zukunft auf u wirkt für u gg alle. Die Aufhebg ist im FamBuch zu vermerken (PStG 14 Z 4). Eine dch AufhebgsUrt aufgelöste Ehe kann nicht dch spätere Grde nochmals aufgelöst od gesch w. Aufhebgs- u ScheidgsKl können miteinand **verbunden** w (ZPO 610 I). Vgl dazu 41. Aufl. Für das AufhebgsVerf gilt nicht, auch nicht analog, der Verhandlgs- u Entscheidgsverbund v ZPO 623 I, 629 (AG Kamen FamRZ **78**, 122; aA Darmst FamRZ **78**, 44). **Klagebefugt** ist grdsl nur der aufhebgsberecht Eheg (ZPO 607). Nach seinem Tod kommt eine Aufhebg nicht mehr in Betracht (ZPO 619). Aufhebgsgrde können aber auch noch nach dem Tod geltd gemacht w (§§ 1933, 2077 I, 2268 II, 2279). Wg Beschrkg in der GeschFähigk EheG 30 Rn 2, 35 Rn 7.

3 **3) Übergangsrechtlich** gelten nunmehr f sämtl Ehen EheG 28ff. **IPR** EG 13 Anm 3.

I. Allgemeine Vorschriften

EheG 28 **Die Aufhebung der Ehe kann nur in den Fällen der §§ 30 bis 34 und 39 dieses Gesetzes begehrt werden.**

1 Die **Aufzählung** der Aufhebgsgrde ist **erschöpfend:** Keine entspr Anwendg mögl. Nach NichtigErkl einer Ehe auch keine Aufhebg mehr (RG **59**, 412).

EheG 29 **Die Ehe wird durch gerichtliches Urteil aufgehoben. Sie ist mit der Rechtskraft des Urteils aufgelöst.**

1 Die Aufhebg der Ehe kann nur dch Urt in einem AufhebgsRechtsstreit erfolgen; Aufhebgsgrde können also nicht inzidenter geltd gemacht w, dann vielmehr VerfAussetzg (ZPO 152). Zur Klagenverbindg und Urteilswirkg Einf 2 vor EheG 28.

II. Aufhebungsgründe

EheG 30 *Mangel der Einwilligung des gesetzlichen Vertreters.* [I]Ein Ehegatte kann Aufhebung der Ehe begehren, wenn er zur Zeit der Eheschließung oder im Falle des § 18 Abs. 2 zur Zeit der Bestätigung in der Geschäftsfähigkeit beschränkt war und sein gesetzlicher Vertreter nicht die Einwilligung zur Eheschließung oder zur Bestätigung erteilt hatte. Solange der Ehegatte in der Geschäftsfähigkeit beschränkt ist, kann nur sein gesetzlicher Vertreter die Aufhebung der Ehe begehren.

[II]Die Aufhebung ist ausgeschlossen, wenn der gesetzliche Vertreter die Ehe genehmigt oder der Ehegatte, nachdem er unbeschränkt geschäftsfähig geworden ist, zu erkennen gegeben hat, daß er die Ehe fortsetzen will.

[III]Verweigert der gesetzliche Vertreter die Genehmigung ohne triftige Gründe, so kann der Vormundschaftsrichter sie auf Antrag eines Ehegatten ersetzen.

1) Das Aufhebgsbegehren setzt sachl alternativ voraus, **I 1,** daß der Eheg bei Eheschließg od im Ztpkt der 1 Bestätigg nach EheG 18 II **beschränkt geschäftsfähig** war u sein gesetzl Vertr die Einwilligg zur Eheschließg od Bestätigg nicht gegeben hatte.

2) Klagebefugt (vgl ZPO 607 I) ist grdsl nur der Eheg, der zZ der Eheschließg od Bestätigg noch mj 2 war, nicht der andere. Doch kann nur der gesetzl Vertr AufhebgsKl erheben, solange der Eheg weiterhin nur beschränkt geschäh ist, **I 2.** Gen des VormschG erforderl (RG **86**, 15). Die AufhebgsKl kann auch gg den Willen des Eheg erhoben w, wenn das sein Wohl erfordert. Klagefrist EheG 35 I, Fristbeginn EheG 35 II; läßt der gesetzl Vertr die Frist verstreichen, erlischt das Recht auf Aufhebg (*arg* EheG 36). Bei **Geschäftsunfähigkeit** hat der gesetzl Vertr die Klagebefugn; er braucht Gen des VormschG (§§ 1828, 1831; ZPO 607 II), die innerh der Klagefrist von EheG 35 (RG **118**, 145) noch nachträgl erfolgen kann (RG **86**, 15).

3) Die **Aufhebung ist ausgeschlossen, II,** wenn a) der **gesetzliche Vertreter die Ehe genehmigt** hat, 3 wobei er vom AufhebgsGrd und -Recht Kenntn haben mußte (RG LZ **20**, 861). Gen auch stillschweigd, aber nicht schon dch Gestattg des weiteren ZusLebens (vgl RG BayZ **2**, 256). Gen auch noch währd des AufhebgsRechtsStr, insb dch Zurückn der Kl. Wird die Gen ohne trift Grd (EheG 3 Rn 7) **verweigert,** so kann sie dch den Richter (RPflG 14 Z 12) des VormschG gesetzt w, **III.** Antragsberecht ist jeder Eheg. Zum Verf EheG 3 Rn 7; **b)** der unbeschr geschäftsfäh gewordene Eheg zu erkennen gibt, daß er die **Ehe fortsetzen will** (vgl EheG 18 Rn 5 u 31 Rn 3), wofür es ausreicht, wenn vollj Gewordener briefl seine Liebe u Treue versichert (Dresden DR **42**, 81).

EheG 31 *Irrtum über die Eheschließung oder über die Person des anderen Ehegatten.* [I]Ein Ehegatte kann Aufhebung der Ehe begehren, wenn er bei der Eheschließung nicht gewußt hat, daß es sich um eine Eheschließung handelt, oder wenn er dies zwar gewußt hat, aber eine Erklärung, die Ehe eingehen zu wollen, nicht hat abgeben wollen. Das gleiche gilt, wenn der Ehegatte sich in der Person des anderen Ehegatten geirrt hat.

[II]Die Aufhebung ist ausgeschlossen, wenn der Ehegatte nach Entdeckung des Irrtums zu erkennen gegeben hat, daß er die Ehe fortsetzen will.

1) Entsprechd § 119 I unterscheidet EheG 31 drei Fälle des Irrtums (zum Begriff EheG 32 Rn 1): 1 **a) Nichtwissen** des Eheg, daß es sich überh um eine Eheschließg handelt, dh um eine nach dtschem Recht gültige, zB wenn er die Wirkg einer kirchl Auslandstrauung i Deutschland nicht gekannt hat, selbst wenn er wußte, daß sie nach ausl od kirchl Recht gült ist (RG JW **25**, 1639). Bloße Zweifel u Unterlassg der Prüfg berecht nicht zur Aufhebg (Warn **31**, 165). **b) Nichtwollen.** Der Eheg wollte eine Erkl, die Ehe einzugehen, nicht abgeben. Der Irrt über die Dauer der Wirksamk der Erkl (zB bei der Ferntrauung Wehrmachts-Angeh) genügt nicht. **c) Personenirrtum,** dh Personenverwechslg zB dch einen Blinden.

2) Klagebefugt ist nur der Irrde. Der beschränkt geschäh Eheg ist prozeßfäh, nicht dagg 2 der geschunfäh Eheg, für den sein gesetzl Vertr (mit vormschaftl Gen) klagen muß (ZPO 607). Klagefrist EheG 35, 36.

3) Ausschließung der Aufhebung dch Bestätigg der Ehe a) nach EheG 18 II od b) dch Verlust derj 3 AufhebgsGrde, die zZ der Bestätigg bekannt waren, **II.** In der Fortsetzg liegt ein Verzicht auf das AufhebgsR. Die Bestätigg kann nur dch den Eheg selbst erfolgen, ist also bei GeschUnfgk nicht mögl. Bestätigg nach II bei beschr GeschFgk (i Ggsatz zu EheG 18 II) wirks, da anders als EheG 30 die Gen der Bestätigg dch den gesetzl Vertr nicht gefordert w.

EheG 32 *Irrtum über die persönlichen Eigenschaften des anderen Ehegatten.* [I]Ein Ehegatte kann Aufhebung der Ehe begehren, wenn er sich bei der Eheschließung über solche persönlichen Eigenschaften des anderen Ehegatten geirrt hat, die ihn bei Kenntnis der Sachlage und bei verständiger Würdigung des Wesens der Ehe von der Eingehung der Ehe abgehalten haben würden.

[II]Die Aufhebung ist ausgeschlossen, wenn der Ehegatte nach Entdeckung des Irrtums zu erkennen gegeben hat, daß er die Ehe fortsetzen will, oder wenn sein Verlangen nach Aufhebung der Ehe mit Rücksicht auf die bisherige Gestaltung des ehelichen Lebens der Ehegatten als sittlich nicht gerechtfertigt erscheint.

1 **1) Irrtum** (§ 119 Anm 2) ist die Vorstellg von etwas Falschem, aber auch Nichtkenntn einer Tats (RG **62**, 205). Der Grd des Irrt ist unerhebl, also auch, ob er auf Fahrlk beruht (RG JW **29**, 244) od der and Eheg geglaubt hat, der Irrende werde keinen Anstoß nehmen. Bloße Zweifel an pers Eigensch des and stellen keinen Irrt dar (RG **85**, 324), ebso das Rechnen mit der Möglk der Unrichtigk der eig Annahme (RG JW **27**, 2124). Der Irrtum muß für die Eheschließg **ursächl** gewesen sein (RG Rspr **27**, 205).

2 **2)** Der Irrt muß sich entspr § 119 II auf **persönliche Eigenschaften des anderen Ehegatten** beziehen, das sind solche, die einer Pers nicht nur mehr od minder vorübergehd u zufäll, sond so wesentl zukommen, daß sie als Ausfluß u Betätigg ihres eigentl Wesens, als integrierder Bestandteil ihrer Identität erscheinen (RG **52**, 310; **146**, 241). AnfGrde bilden mithin nur die Eigensch körperl, geistiger u sittl Art, die persönl Verhältn dagg nur in sehr beschr Umfang (RG **104**, 336), näml nur insow, als sie derartig in der Persönlichk begründet sind, daß sie nach allg Lebensauffassg persönl Eigensch gleichstehen. Mit Rücks auf die Mobilität der modernen Gesellsch u die Fluktuation der persönl Beziehgen auf der einen Seite u mit Rücks auf die erhöhten Belastgn des ScheidgsFolgenR nach dem 1. EheRG sollten die Voraussetzgen für eine EheAufhebg eher erleichtert w.

3 **a)** Als **Aufhebungsgründe** kommen danach in Betracht (vgl ausführl ZusStellg d Rspr 41. Aufl
4 Anm 8): **Alter** (RG **13**, 2092) u Altersunterschied (RG JW **28**, 896); unheilb **psychische Erkrankungen,** wobei allerd zu berücks ist, daß die im flgden zit Rspr dch die wesentl besseren modernen Behdlgsmetho-
5 den der Psychiatrie eine and Bewertg als AufhebgsGrd erheischen k. AufhebgsGrde setzen voraus, daß der krankh Zust nach allg Erfahrg von vornherein mit dem Wesen der Ehe unvereinb ist, so daß Neurosen od geringfüg Demenz nicht ausr (RG JW **33**, 2764), ebsowenig vorübergehde Störgen (RG Gruch **65**, 95); bei Epilepsie kommt es neben der Gefährdg der Nachkommensch auf Häufigk u Schwere der Anfälle an (Hbg FamRZ **82**, 1211); auch die **Anlage** zu einer schweren geist Erkrankg reicht aus, wenn sie bereits bei Eheschließg die begründete Besorgn rechtfertigte, daß sie schon nach dem gewöhnl Verlauf der Dinge, also auch ohne Hinzutreten bes widriger Verhältn zu einem Ausbruch der unheilb Krankh führen würde (BGH FamRZ **67**, 372). Ausreichd auch die bloße Möglk der Vererbg auf die Nachkommensch (RG **148**, 395; Hamm NJW **62**, 1773), wobei auch die eig Anlage des Kl für einen beachtl Irrt herangezogen w kann (RG **158**, 276; Rühl NJW **59**, 1570). Beweis Rn 17; Fristbeginn EheG 35 Rn 4. Bspe: Angeborener Schwachsinn, Schizophrenie, zirkuläres (manisch-depressives) Irresein, schwere Hysterie (Warn **31**, 164), starke Anfälligk f hochgrad Nervenleiden (RG JW **22**, 162), psychopath Anlage (RG HRR **29**, 1010); bedingt dch die Häufigk u Schwere der Anfälle sowie die Gefährdg der Nachkommensch: Fallsucht (RG LZ **18**, 913; RG HRR **33**, 1191); dagg nicht mangelnde AnpassgsFähigk (RG Gruch **68**, 324); unheilb
6 **körperliche Erkrankungen** (RG **103**, 323) wie HIV-Infektion u Aids (Tiedemann NJW **88**, 732), chron Enzephalitis (BGH **LM** Nr 1), postenzephalit Parkinsonismus (Brschw NdsRpfl **60**, 15); Narkolepsie (BGH **25**, 78); multiple Sklerose (Warn **33**, 81); dagg nicht Syphilis (RG DR **41**, 1413), Knochen-, Lungen-, Unterleibstuberkulose, wenn einigermaß sicher ausheilb (RG **146**, 243). Ebso keine Aufhebg sond ledigl uU Scheidg, wenn Eheg erfolgverspr Behandlg der Erkrankg ablehnt. Unheilb Vaginismus ist AufhebgsGrd (RG **67**, 57), ebso heilb, wenn die Frau GeschlechtsVerk überh ablehnt (RG JW **30**, 989).
7 Aufhebg ferner, wenn die Krankh die Nachkommensch gefährdet (RG **146**, 243) od sie verhind kann (RG **147**, 211). Nicht behebb **Unfruchtbarkeit** kann AufhebgsGrd sein (RG **94**, 123); gleichzustellen ist die inf Veranlagg, zB Gebärmutterverlagerg (RG **147**, 213), bei oder Schwangersch herbeigeführte übermäß Leb-
8 Gefahr (RG JW **22**, 163); beim Mann die ärztl nicht behebb körperl od psych **Beiwohnungsunfähigkeit** (Hamm OLGZ **65**, 31; Nürnb FamRZ **65**, 611), auch die Unfähigk zur Vollendg des Beischlafs (Warn **31**,
9 124). Beiwohnungsunwillig auch bei 56- und 60-jähr (AG Kamen FamRZ **78**, 122). **Geschlechtliche Anomalien:** Gleichgeschlechtlk (Kbg HRR **39**, 142); Päderastie (Warn **17**, 43); vorehel Verfehlgen des Mannes mit Kindern (RG JW **10**, 475); übermäß Hang zur Selbstbefriedigg (Warn **34**, 189); geschlechtl Befriedigg ledigl dch widernatürl Umgang mit Frauen (RG JW **35**, 2714); Transsexualismus (Bochum FamRZ **75**,
10 496); **voreheliches Verhalten** kann die Aufhebg begründen: **strafbare** Hdlgen nicht bei leichten Verfehlgen, wohl aber bei GewohnhVerbrechern. **Geschlechtliches Verhalten:** Intimes Verhältn mit Dr in dessen Wo bis 3 Tage vor Eheschl (Kblz FamRZ **95**, 1068); Verletzg der AufklärgsVerpfl über vorehel Prostitution (Hamm FamRZ **94**, 383); Verw eines Bordells (Hamm FamRZ **56**, 383); vorehel Kinder (Frau: RG **104**, 335; Mann: Nürnb FamRZ **66**, 104; Ausn: bei Adopt des Ki; Düss FamRZ **94**, 381); ferner, daß die Frau von einem and Mann schwanger ist (BGH FamRZ **79**, 470/71; AG Schorndorf FamRZ **90**, 404); Aufhebg auch, wenn der Mann geglaubt hat, die Frau sei von ihm schwanger (BGH NJW **86**, 1689; wN
11 45. Aufl); dagg kein AufhebgsGrd Ehebruch in einer früh Ehe (RG JW **07**, 3); Beruf, **Vermögensverhältnisse** (Kln FamRZ **88**, 60) u die FamVerh (Vorstrafen, unsittl LebWandel), der Elt od Geschwister der Verlobten sind keine AufhebgsGrde (Warn **33**, 27), wohl aber uU Rasse, Religion (LG Bielef NJW **54**, 1768), Staatsangehörigk, währd die Auffassg über das Wesen der Ehe bei ägypt Ehem kein relevanter Irrt ist (aA LG Hbg FamRZ **74**, 96 m zutr krit Anm v Oberloskamp), ebsowenig wie die Unmöglk (etwa wg Priesterweihe) eine nach kath KirchenR gült Ehe eingehen zu können (Stgt NJW **59**, 2121; Ffm FamRZ
12 **64**, 258), es sei denn, die Irrde ist streng kath. Aufhebg dagg bei **gewalttätigem Charakter** (RG LZ **21**, 455) od **Unwahrhaftigkeit** als Charakterfehler (Oldbg MDR **55**, 166), der sich regelmäß allerd nur aGrd mehrerer Handlgen feststellen läßt, zB aus unricht Angaben über die Zahl der früh Ehen (Kiel SchlHA **33**, 12), falschen Angaben über die VermVerhältn (RG JW **31**, 1340; Kln FamRZ **56**, 382); Hang zu Betrügereien (RG JW **05**, 532).

13 **b)** Die die Pers des and Eheg betreffden Umstde müssen **bei der Eheschließung** vorgelegen haben, was auch dann zu bejahen ist, wenn erst die späteren Auswirkgen das Ausmaß der damals schon vorhandenen Eigenschaften erkennen lassen (BGH FamRZ **57**, 370). Es genügt, wenn die Anlage bekannt war, die die begründete Besorgn rechtfertigte, daß die Krankh nach dem gewöhnl Lauf der Dinge künftig ausbrechen könne (BGH FamRZ **67**, 372). Desh können Auswirkgen früh Umstde keinen AufhebgsGrd abgeben, wenn sie von vornherein zu erwarten waren od deren Bedeutg nicht wesentl vergrößerten (RG **164**, 106). Ebso kommt es auf Wandlgen der Anschauungen des AufhebgsKl nicht an.

c) Die Aufhebg setzt ferner voraus, daß die Eigensch den irrden Eheg **bei Kenntnis der Sachlage und** 14
verständiger Würdigung des Wesens der Ehe von der Eingehg der Ehe abgehalten hätten. Aus dem
Wesen der Ehe folgt ein obj Maßstab, so daß bes Empfindlichk eines Eheg nicht berücksichtigt w (Hbg
FamRZ **82**, 1211). Daß er von der Heirat abgehalten w wäre, fügt aber einen subj Maßstab hinzu, so daß
auch zu prüfen ist, wie eine solche Eigensch gerade auf den irrenden Eheg unter Berücksichtigg von dessen
LebVerhältn wirken mußte, wie etwa ein krankh Hang einer Kleinbäuerin zum Schlafen (BGH **25**, 78).
Steht fest, daß der Eheg den and unter allen Umst geheiratet hätte, findet eine Aufhebg nicht statt. Ein
Anzeichen dafür kann die eigene laxe Auffassg sein (RG JW **11**, 543).

3) Die **Aufhebung ist ausgeschlossen, II** bei a) **Bestätigung** dch den Eheg, der irrte (EheG 18 Rn 5 u 15
31 Rn 3). Wg Entdeckg des Irrt EheG 35 Rn 4. Fehlen des GeschlechtsVerk braucht noch nicht gg den
FortsetzgsWillen zu sprechen (DR **40**, 2001), wie auch nicht umgekehrt jeder GeschlechtsVerk als Bestätigg
aufgefaßt w kann (Düss HRR **42**, 100). **b) Bewährung** seitens des Eheg, auf dessen persönl Umst sich der 16
Irrt bezog, dh wenn das Aufhebgsverlangen mRücks auf die bish Gestaltg des ehel sittl Lebens nicht
gerechtfertigt ist. Es ist also der Entwicklg der Ehe im gegebenen Fall Rechng zu tragen. Vorehel Verhalten
kann desh im Laufe einer langjähr Ehe seine Bedeutg verloren haben. Eine Bewährg scheidet dagg aus,
wenn die Bedrohg fortdauert, wie zB zw mehreren Schüben der Schizophrenie.

4) Wg des **Verfahrens** im allg Einf 2 v EheG 28. Klageberecht ist nur der irrde Eheg. Die Klagefrist 17
beginnt mit der Entdeckg des Irrt (EheG 35 II). Die rechtskräft Abweisg der AufhebgsKl steht einer
erneuten Klageerhebg nicht im Wege, wenn neue Tats auf eine stärkere Entwicklg der Eigensch hindeuten
(RG JW **31**, 2493). Die **Beweislast** f das Vorhandensein, nicht bloß die Wahrscheinlichk (Warn **27**, 32) der
Umst (RG **103**, 322) u des Irrt trägt der Kl, nicht etwa muß der Bekl dessen Kenntn beweisen (Warn **15**,
119). Beweis des ersten Anscheins für Ursächlk des Irrt, wenn der Bekl mit einer persönl Eigensch belastet
ist, deren Kenntn einen vernünft Menschen von der Eheschließg abgehalten hätte (RG LZ **21**, 143); dann hat
Bekl bes Umst darzutun, die den Kl trotzdem zur Eheschließg bestimmten (BGH **LM** Nr 1; Rühl NJW **59**,
1570). Kommt es währd der Ehe zum Ausbruch einer Geisteskrankh, muß der Kl die Anlage zZ der
Eheschließg, der Bekl beweisen, daß bes mißl Umst die Erkrankg ausgelöst haben (Karlsr FamRZ **81**, 770).
Bei AufhebgsKl wg geist Erkrankg sind strenge Beweisanforderungen zu stellen (RG **153**, 78). Zur Unter-
suchg kann der Bekl nicht gezwungen w; jedoch kann aGrd der sonst BewAufn ein Gutachten eingeholt w
(BGH NJW **52**, 1125). Verweigert der Bekl, der mehrjähr in einer Heilanstalt untergebracht war, die Ärzte
von ihrer SchweigePfl zu entbinden u sich untersuchen zu lassen, so trifft ihn die BewLast f das Nichtvor-
handensein einer Geisteskrankh (BGH NJW **72**, 1131; Zweibr FamRZ **82**, 373).

EheG 33 *Arglistige Täuschung.* [I] **Ein Ehegatte kann Aufhebung der Ehe begehren, wenn er zur Eingehung der Ehe durch arglistige Täuschung über solche Umstände bestimmt worden ist, die ihn bei Kenntnis der Sachlage und bei richtiger Würdigung des Wesens der Ehe zur Eingehung der Ehe abgehalten hätten.**

[II] **Die Aufhebung ist ausgeschlossen, wenn die Täuschung von einem Dritten ohne Wissen des anderen Ehegatten verübt worden ist, oder wenn der Ehegatte nach Entdeckung der Täuschung zu erkennen gegeben hat, daß er die Ehe fortsetzen will.**

[III] **Auf Grund einer Täuschung über Vermögensverhältnisse kann die Aufhebung der Ehe nicht begehrt werden.**

1) Die **arglistige Täuschung** kann entspr § 123 I bestehen in der Vorspiegelg falscher od der Entstellg 1
bzw Unterdrück wahrer Tatsachen, zB Täuschg eines kaufm Angest, er sei FamRichter (AG Krfld FamRZ
87, 815 mAv Bosch). Bloßes Verschweigen genügt im allg nicht (RG **52**, 306). Vielm muß dann im
Einzelfall eine **Offenbarungspflicht** bestehen; sie besteht nicht allg (Warn **13**, 348), zB nicht bei Vergewal-
tigg dch den eigenen Vater (RG DRZ **28**, Nr 451); sie kann aber aus einer ausdrückl Nachfrage od aus den
Umst folgen, wenn also der and Eheg erkennb Wert auf die Mitteilg bestimmter Verhältnisse legt (Warn **26**,
91). Mit Rücks auf das Wesen der Ehe muß eine OffenbargsPfl ohne weiteres angenommen w bei Bei-
wohngsUnfähigk und erhbl Krankh, unheilb u ansteckden Leiden, zB Tuberkulose (BGH **LM** Nr 2), auch,
ob der and bereits verheiratet war, ein Kind hat u wg Verletzg seiner UnterhPfl bestraft w ist (Celle FamRZ
65, 213). OffenbargsPfl auch hins starker gleichgeschlechtl Veranlagg (BGH NJW **58**, 1290). Zur **Erheb-** 2
lichkeit der Täusch EheG 32 Rn 14. Ausdrückl ausgenommen ist die Täuschg über die VermVerhältn, **III.**
Subjektiv genügt **Vorsatz.** Der Täuschde muß etwa das Wesen seiner Krankh erkannt haben (Warn **31**, 3
125). Iü reicht es aus, wenn er dch die Täuschg verhindern wollte, daß der and vor der Eheschließg Abstand
nimmt, od wenn er in berechnder Weise auf die Möglk hin, daß die Eheschließg sonst nicht zustande
kommt, geflissentl von der Mitteilg einer Tats absieht (RG **111**, 5). Arglist wird nicht ausgeschl bei
Verschweigen inf mangelnden Muts, Scheu vor Aufregg (RG JW **31**, 1363), Scham (RG Recht **19**, 1977),
Hoffng auf glückl Eheverlauf (RG **111**, 5). Entscheidd ist, ob er geglaubt hat, daß der and Eheg bei voller
Kenntn der Tats die Ehe geschl hätte (BGH NJW **58**, 1290). SchädiggsAbs ist nicht erforderl (RG JW **31**,
1163), auch nicht Schuldfähigk (Hamm FamRZ **64**, 438 Schizophrenie). Fahrlk des Getäuschten steht EheG
33 nicht entgg. Die Täuschg muß ferner für die Eheschließg **ursächlich** gewesen sein, wenn sie auch nicht 4
die einz Ursache zu sein braucht. Entscheidd ist der Ztpkt der Eheschließg. Auch Veranlassg zu einer zeitl
früheren Eheschl kann uU genügen (RG JW **20**, 832).

2) Ausschließung der Aufhebung, II, bei a) **Täuschung durch einen Dritten,** von der der Eheg, zu 5
dessen Gunsten sie erfolgte, zZ der Eheschließg nichts gewußt hat; mögl dann aber EheG 32; **b) Bestäti-** 6
gung nach Entdeckg der Täuschg (vgl EheG 35 Rn 4; 18 Rn 5 u 31 Rn 3). Sie liegt noch nicht vor, wenn der
Getäuschte ohne Erfolg versucht, über die Täuschg hinwegzukommen (RG **163**, 139). **c)** Unzul Rechtsaus- 7
übg, wenn der getäuschte Ehemann Aufhebg nur erstrebt, um sich einer and Frau zuzuwenden (BGH **5**,
186), aber nicht, wenn er sich eigener schwerer Eheverfehlgn schuldig gemacht hat u der and Eheg desh
Scheidg begehrt (BGH NJW **58**, 1290).

8   **3) Verfahrensrecht.** Klageberecht ist allein der getäuschte Eheg, der auch die volle BewLast hat. Klagefrist EheG 35. Zu der für EheG 58 ff aF maßgebden Schuldabwägg BGH **29**, 273.

EheG 34 *Drohung.* [I]Ein Ehegatte kann Aufhebung der Ehe begehren, wenn er zur Eingehung der Ehe widerrechtlich durch Drohung bestimmt worden ist.

[II]Die Aufhebung ist ausgeschlossen, wenn der Ehegatte nach Aufhören der durch die Drohung begründeten Zwangslage zu erkennen gegeben hat, daß er die Ehe fortsetzen will.

1   Vgl § 123 Anm 3; zu **II** EheG 18 Rn 5 u 31 Rn 3.

III. Erhebung der Aufhebungsklage

EheG 35 *Klagefrist.* [I]Die Aufhebungsklage kann nur binnen eines Jahres erhoben werden.

[II]Die Frist beginnt in den Fällen des § 30 mit dem Zeitpunkt, in welchem die Eingehung oder die Bestätigung der Ehe dem gesetzlichen Vertreter bekannt wird oder der Ehegatte die unbeschränkte Geschäftsfähigkeit erlangt; in den Fällen der §§ 31 bis 33 mit dem Zeitpunkt, in welchem der Ehegatte den Irrtum oder die Täuschung entdeckt; in dem Falle des § 34 in dem Zeitpunkt, in welchem die Zwangslage aufhört.

[III]Der Lauf der Frist ist gehemmt, solange der klageberechtigte Ehegatte innerhalb der letzten sechs Monate der Klagefrist durch einen unabwendbaren Zufall an der Erhebung der Aufhebungsklage gehindert ist.

[IV]Hat ein klageberechtigter Ehegatte, der geschäftsunfähig ist, keinen gesetzlichen Vertreter, so endet die Klagefrist nicht vor dem Ablauf von sechs Monaten nach dem Zeitpunkt, von dem an der Ehegatte die Aufhebungsklage selbständig erheben kann oder in dem der Mangel der Vertretung aufhört.

1   **1)** Wg der verfahrensrechtl Besonderh der AufhebgsKl Einf 2 v EheG 28 u die verfahrensrechtl Anm zu EheG 29 ff.

2   **2) Klagefrist, I,** beträgt 1 Jahr. Die Berechng der vAw zu beachtden **Ausschlußfrist** erfolgt nach §§ 187 I, 188 II. Auf die Innehaltg kann also weder verzichtet, noch kann eine Verlängerg vereinb w (RG JW **06**, 355). Fristwahrg dch fristgerechte Erhebg der AufhebgsKl, evtl auch bei Nichtzustellg (BGH **25**, 72), bei unzust Gericht (KG JW **29**, 869). Die Klage wahrt auch die Frist f alle sonstigen noch vorhandenen AufhebgsGrde des Kl; ebso der ScheidgsAntr (RG **104**, 157). Keine Fristwahrg für den Bekl, der ggf WiderKl erheben muß (RG **104**, 157). Dch Klagerückn entfällt Fristwahrg. Beweislast f Ztpkt der Kenntn u Fristablauf beim AufhebgsGegner (RG **160**, 19).

3   **3) Fristbeginn, II.** Die Jahresfrist beginnt **a)** im Falle der mangelnden Einwilligg des gesetzl Vertr (EheG 30) mit seiner KenntnErlangg. Erlangt der Eheg die unbeschr GeschFgK, läuft die gg seinen bish gesetzl
4 Vertr begonnene Frist gg ihn weiter; **b)** bei Irrt u Täuschung (EheG 31–33) mit der Entdeckg. Bloße Vermutg genügt nicht (RG JW **28**, 896), auch nicht Kennenmüssen (RG JW **39**, 636). Der Kl muß Kenntn haben von den die Aufhebg begründden Tats u ihrer Tragweite, also nicht nur von der Krankh, sond auch von ihrer Unheilbark od der Gefährlichk eines Geschlechtsleidens (RG JW **39**, 636; Warn **23/24**, 127), bei Anlage zu unheilb Geisteskrankh die Besorgn, daß sie auch ohne Hinzutreten bes widriger Umst zu einem Ausbruch führen kann (BGH FamRZ **67**, 375). Ergeben bes Tats eine erhebl schwerere Wertg, so läuft die Frist erst von deren Kenntn an (RG **128**, 74), zB genuine Epilepsie statt bish angenommener gewöhnl (Düss HRR **39**,
5 1396). Nicht erforderl die Kenntn des AufhebgsR selbst (Warn **34**, 105). **c)** Bei Drohg ist Ztpkt des Aufhörens der Zwangslage maßg.

6   **4) Fristhemmung, III,** vgl § 203. Keine Fristhemmg bei GetrLeben.

7   **5) Fristende.** Da der beschr GeschFäh selbst Kl erheben kann (Ausn EheG 30 I), gilt **IV** nur für den GeschUnfäh (vgl § 206, Einf 2 v EheG 28, 30 Rn 2). Die Geisteskrankh des AufhebgsGegners ist für den Ablauf der Frist ohne Bedeutg (OLG **32**, 1). Eine **Verjährung** des AufhebgsRechts ist nicht vorgesehen.

EheG 36 *Versäumung der Klagefrist durch den gesetzlichen Vertreter.* Hat der gesetzliche Vertreter eines geschäftsunfähigen Ehegatten die Aufhebungsklage nicht rechtzeitig erhoben, so kann der Ehegatte selbst innerhalb von sechs Monaten seit dem Wegfall der Geschäftsunfähigkeit die Aufhebungsklage erheben.

1   Wg der selbst Klagebefugn des GeschBeschränkten (EheG 35 Rn 7) läuft gg ihn die Frist ab. Für den **Geschäftsunfähigen** führt die FristVersäumn des gesetzl Vertr zum Lauf einer neuen Frist von 6 Mo. Wird der AufhebgsBerecht währd des Fristlaufs gg den Vertr beschr geschäfg, so steht ihm nur noch der Rest der Frist zur Vfg (EheG 35 Rn 3).

IV. Folgen der Aufhebung

Fassung bis 30. 6. 1977:

EheG 37 [I] Die Folgen der Aufhebung einer Ehe bestimmen sich nach den Vorschriften über die Folgen der Scheidung.

[II] In den Fällen der §§ 30 bis 32 ist der Ehegatte als schuldig anzusehen, der den Aufhebungsgrund bei Eingehung der Ehe kannte; in den Fällen der §§ 33 und 34 der Ehegatte, von dem oder mit dessen Wissen die Täuschung oder die Drohung verübt worden ist.

Die Vorschr des EheG 37 II in der obigen Fassg verliert mit dem 30. 6. 77 ihre Wirksamk aGrd des 1. EheRG **1** Art 3 Z 1. An ihre Stelle tritt die unten abgedruckte Neufassg von EheG 37 II. Gem 1. EheRG Art 12 Z 5 gilt jedoch für Ehen, die nach den bisher (also vor dem 1. 7. 77) geltden Vorschriften aufgeh worden sind, EheG 37 II aF weiter. Vgl dazu die Kommentierg der 35. Aufl.

Fassung ab 1. 7. 1977:

EheG 37 [I] Die Folgen der Aufhebung einer Ehe bestimmen sich nach den Vorschriften über die Folgen der Scheidung.

[II] Hat ein Ehegatte in den Fällen der §§ 30 bis 32 die Aufhebbarkeit der Ehe bei der Eheschließung gekannt oder ist in den Fällen der §§ 33 und 34 die Täuschung oder Drohung von ihm oder mit seinem Wissen verübt worden, so kann der andere Ehegatte ihm binnen sechs Monaten nach der Rechtskraft des Aufhebungsurteils erklären, daß die für den Fall der Scheidung vorgesehenen vermögensrechtlichen Folgen für die Zukunft ausgeschlossen sein sollen. Gibt er eine solche Erklärung ab, findet insoweit die Vorschrift des Absatzes 1 keine Anwendung. Hat im Falle des § 30 auch der andere Ehegatte die Aufhebbarkeit der Ehe bei der Eheschließung gekannt, so steht ihm das in Satz 1 vorgesehene Recht nicht zu.

1) Wirkungen der Eheaufhebung im allgemeinen. Neufassg von II dch 1. EheRG Art 3 Z 6 als Folge **1** der Aufgabe des Schuldprinzips bei der Scheidg (Einf 1 v § 1564). In Durchführg des Gedankens, daß dch die erfolgreiche Aufhebg die Ehe nicht rückw vernichtet, sond **nur für die Zukunft aufgelöst** wird (Einf 1 v EheG 28 u EheG 29 Rn 1), hat die Aufhebg auch nur die Folgen der Eheauflösg dch Urteilsspr, also die Scheidg, I. Der Bestand der Ehe kann also auch nicht im Wege des SchadErs für Leistgen währd der Ehe in Frage gestellt w (BGH **48**, 88). Entspr dem ScheidgsUrt enthält heute auch das AufhebgsUrt keinen SchuldAusspr mehr. Geblieben ist, daß über II in drei Fällen für die vermögensrechtl Folgen das Verschulden Berücksichtig findet, näml iF der Täuschg od Drohg u wenn iFv EheG 30–32 ein Eheg die Aufhebbark zZ der Eheschl gekannt hat.

2) Die Wirkungen im einzelnen. a) Hins des Namens § 1355 IV, ergänzt dch PStG 15c; **b)** hins des **2** Unterh §§ 1569ff mit der sich aus II ergebden Einschränkg; **c)** hins der Kinder §§ 1671, 1634. Die Kinder sind ebso wie die aus geschiedenen Ehen ehel. Über die Übertr der elterl Sorge entsch der Richter (RPflG 14 Z 15); **d)** ZugewinnAusgl gem §§ 1372ff; **e)** VersorggsAusgl gem §§ 1587ff; **f)** wg des Widerrufs von Schenkgen gilt nicht mehr EheG 73, sond die allg Vorschr (§§ 530ff); **g)** wg Wiederverheirat EheG 8, 9.

3) Ausschluß der vermögensrechtlichen Scheidungsfolgen, II. Die Vorschr entspricht EheG 26 II; **3** vgl dort Rn 3–7. Ist ein Eheg für die Aufhebbark der Ehe verantwortl, so kann der and Eheg dch entspr Erkl die vermögensrechtl Scheidgsfolgen u damit auch Unterhaltpflichten (BGH NJW **82**, 40/41) für die Zukft ausschließen. **Zweck:** Es soll verhindert w, daß derj, der bei der Eheschl unlauter handelt, gerade aus seinem Fehlverhalten Vorteile zu Lasten seines Opfers zieht (BT-Drucks 7/650 S 184). **Die Ausschlußerklärung ist zulässig,** wenn **a)** der and Eheg den Mangel der Einwilligg des gesetzl Vertr (EheG 30) od dem **4** Irrtum über die Eheschl, die Pers des and Eheg od dessen persönl Eigenschaften (EheG 31, 32) **gekannt** hat. Im Falle von EheG 30 genügt Kenntn vom äußeren Tatbestd, gleichgült, ob es sich um die eigene beschränkte Geschäftsfähig od die des Ehepartners handelt; ferner muß Kenntn vom Fehlen der Einwilligg des gesetzl Vertr vorgelegen haben, währd es auf die Kenntn der Folgen nicht ankommt (Hbg NJW **65**, 872). Kein Ausschl des UnterhAnspr, wenn die Frau erst im 4. Mo ihrer Schwangersch u 3 Mo nach der Eheschl Klarh darüber erlangt, daß das Kind nicht von ihrem Ehem stammt (BGH FamRZ **79**, 470/1). Hat auch der and Eheg Kenntn von der fehlden Geschäftsfähigk u Einwilligg des gesetzl Vertr gehabt, so steht ihm das AusschließgsR nicht zu, S 3; es bleibt dann bei den vermögensrechtl Folgen des I. In den Fällen EheG 31, 32 muß noch der innere Tatbestd hinzukommen, daß dem Bekl auch der Irrtum des Kl u dessen Ursächlichk für die Eheschl bekannt war, der Bekl also wußte, daß Kl bei Kenntn von der Eheschl Abstand genommen hätte (BGH **25**, 83), was Kl beweisen muß. **b)** Ein Eheg kann die vermögensrechtl **5** Folgen der Eheaufhebg ferner dann ausschließen, wenn der and Teil ihn dch **Täuschung oder Drohung** zur Eheschl veranlaßt hat (EheG 33, 34). Bei Täuschg oder Drohg dch einen Dritten reicht es aus, wenn der and Eheg darum gewußt hat (vgl EheG 33 Rn 8).

F. Wiederverheiratung im Falle der Todeserklärung

Zu Text und Kommentierung der §§ 38 bis 40 EheG vgl 50. Aufl. Die Rechtsfolgen von § 38 treten nicht ein durch die neue Eheschließung eines irrtüml für tot erklärten Eheg (BGH FamRZ **94**, 498 m Anm Bosch).

Zweiter Abschnitt. Recht der Ehescheidung

Hinweis

1 Das Recht der Ehescheig ist dch das 1. EheRG unter Aufhebg der entspr Bestimmgen des EheG **mit Wirkung vom 1. 7. 1977** in das BGB zurückversetzt worden (vgl §§ 1564–1587p mit Einf u Anm). Gleichzeit wurden die ScheidgsVorschriften des EheG außer Wirksamk gesetzt (1. EheRG Art 3 Z 1); vgl dazu Einl 1 vor EheG 1. Doch gelten die bisherigen ScheidgsBestimmgen für sog. **Altehen,** dh für solche, die vor dem 1. 7. 1977 nach altem R gesch w sind, wobei es auf den Eintr der Rechtskr nicht ankommt (Einf 18, 19 v § 1569), dann auch noch hinsichtl der UnterhRegelg fort. Für die UnterhAnsprüche aus Ehen, die **2** bis zum 30. 6. 1977 gesch wurden, kommt es also nach wie vor auf den **Schuldausspruch** an. **Art 12 Ziff 3 Abs 2 des 1. EheRG,** der keinen selbständ UnterhAnspr schafft (Stgt FamRZ **80**, 454), lautet:

> „*Der Unterhaltsanspruch eines Ehegatten, dessen Ehe nach den bisher geltenden Vorschriften geschieden worden ist, bestimmt sich auch künftig nach bisherigem Recht. Unterhaltsvereinbarungen bleiben unberührt.*"

3 Aus diesem Grd werden die ScheidgsVorschr des EheG nicht mehr mit abgedruckt. Vgl zum Text 48. Aufl; Kommentierg der Vorschr bis zur 35. Aufl.

E. Folgen der Scheidung

I. Name der geschiedenen Frau

EheG 54–57 *(Außer Wirksamkeit gesetzt durch das 1. EheRG Art 3 Z 1 u Art 12 Z 13b mit Wirkung vom 1. 7. 1976).*

1 Berücks ein ScheidgsVergl zw den Ehel die Frage der Namensführg nicht, kann der Ehem die Namensführg dch die gesch Frau nicht mehr später iSv EheG 55 aF untersagen (BGH StAZ **78**, 154).

II. Unterhalt

1 Vgl zunächst den ob Hinw zum 2. Abschn. Auch die Geltdmachg von UnterhAnspr nach EheG 58 ff gehört vor die FamG (BGH FamRZ **78**, 102). **Auskunftsanspruch** (vgl §§ 1605, 1580) gem § 242 (BGH **85**, 16). EheG 58 ff gelten auch für eine DDR-Scheidg vor dem 1. 7. 77, wenn beide Ehel in der BuRep wohnten (Düss FamRZ **81**, 270). Zur Kommentierg der Vorschr **EheG 58–72** vgl 53. Aufl. Noch dazu ergehde Rspr wird in Rn 2 dokumentiert.

2 **EheG 58:** Mögl ist die Überleitg des Anspr gem BVersG 81c (Hamm FamRZ **95**, 61). **EheG 66:** Keine Verwirkg des UnterhAnspr bei Verschweigen einer AusbildgsVergüt der unterhberecht Tochter (Hamm NJW-RR **94**, 3).

Anhang zum Ehegesetz
Verordnung über die Behandlung der Ehewohnung und des Hausrats
(6. Durchführungsverordnung zum Ehegesetz)

Vom 21. Oktober 1944 (RGBl I 256/BGBl III 404–3),
zuletzt geändert durch das Kostenrechtsänderungsgesetz 1994 vom 24. Juni 1994 (BGBl I S 1325)

Einleitung

Schrifttum: Fehmel, HausrVO (Komm), Bln 1986.

1 **1) Zweck:** Die VO erging infolge der WohnrVerknappg anläßl des Krieges u der Schwierigk der Beschaffg von Mobiliar u sonstigem Hausrat (amtl Begründg DJ **44**, 278). Die gewöhnl zivilrechtl Möglk (§§ 753, 985) u der ProzWeg passen angesichts ihrer LebWichtigk auf die EheWohng u den Hausr nicht (MüKo/Müller-Gindullis Rn 1f vor VO 1). Ändergen dch GleichberG u FamÄndG sowie zuletzt dch 1. **2** EheRG Art 11 Z 3, wodch insb die Zustdgk des FamG begründet wurde (VO 11 I). – **Inhalt:** Die VO enth außer materiellrechtl Vorschr (VO 1–10) auch solche über das Verf (VO 2, 11–19) u die Kosten (VO 20–23). Die Überschriften sind amtl. Zur Geltg im Gebiet der fr **DDR:** EG Art 234 § 4 Rn 24.

3 **2) Das Verfahren** ist wg der rechtsgestaltden Tätigk des Richters (VO 2) ein solches der **freiwilligen Gerichtsbarkeit** (VO 13 I, ZPO 621a I, 621 I Nr 7). Zu GestaltgMöglkten u Bindg des **billigen Ermessens** im HausrVerf vgl die gleichbetitelte Abh v Scharfschwerdt-Otto (1992). Vgl iü VO 1 Rn 5, 23, 25 sowie VO 2 Rn 1. Wg **einstweiliger Anordnungen** im EheVerf Einf 7 vor § 1564. – **Zuständig** ist das FamG (VO 11). – HausrTeilgsVerf iR v § 1361a **endet** mit rechtskr Scheidg, sowie bereits ergangene Entsch wird wirkgsl (LG Oldbg FamRZ **79**, 43). – Im Ggsatz zu ZPO 301 sind **Teilentscheidungen** unzul (LG Siegen FamRZ **76**, 698).

3) Anwendbarkeit. a) Die VO ist nicht nur iF der **Scheidung,** sond sinngem auch nach **Nichtigerklä-** 4
rung und Aufhebung der Ehe anzuwenden (VO 25; EheG 26 I, 37 I), nicht aber bei Auflösg der Ehe dch
Tod (OGH NJW **50,** 593), so daß auch ein bereits eingeleitetes Verf nicht fortgesetzt w kann (LG Mü NJW
47/48, 344; Hamm NJW **65,** 872).

b) Das EheWohngsVerf findet **nur hinsichtlich der künftigen Rechtsverhältnisse,** nicht wg der 5
NutzgsEntschädigg für die Vergangenh statt (Hbg FamRZ **82,** 941).

c) Konkurrenzen: Nach dem AusschließlichkPrinzip unterliegt Hausr, u zwar ggf auch Ggste von 6
hohem Wert einschl kostb KunstGgste, wenn sie ihrer Art nach als HausrGgste geeignet sind u dazu dienen,
der HausrVO, nicht dem **Zugewinnausgleich** (BGH **89,** 137; = JZ **84,** 380 mAv Lange; NJW **84,** 1758;
Karlsr FamRZ **82,** 277; Hamm FamRZ **82,** 937 u **83,** 72 L; aA mit sorgfält Begrdg Gernhuber FamRZ **84,**
1054; vgl auch Smid NJW **85,** 173; and auch Soergel/Heintzmann VO 1 Rdn 1: Unter die VO fällt nur der
tatsächl verteilte Hausr). Bei der Berechng des Zugew ist demgem der im HausrVerf anhäng od bereits
verteilte Hausr wed beim Anf- noch beim EndVerm zu berücks. Keine Korrektur der im HausrVerf
getroffenen Entsch im ZugewinnAusglVerf (Karlsr FamRZ **82,** 277). Auch der an dem für die Berechng des
Zugew maßg Stichtag bereits ausgezahlte u noch vorh AusglBetr für übernommenen Hausr bleibt auß Betr,
weil andernf auch der Wert der übern HausrGgstde in den Zugew einbezogen w müßte (aA Müller DAV **91,**
356). Andererseits kann nicht eine GüterGemsch im HausrVerf hins des Grundbesitzes auseinandgesetzt
(§ 1471), sond allenfalls die Besitz- u NutzgsVerhäln an den gemeins Räumlich geregelt w (BayObLG
FamRZ **71,** 34). Eine vollzogene **Einigung der Ehegatten** hat Vorrang vor dem HausrVerf (VO 1 Rn 6) u 7
wird vor den ordentl Gerichten dchgesetzt (LG Flensbg FamRZ **83,** 1025). Trennen sich die Eheg endgült u 8
zieht einer von ihnen aus der beiden gehörden **Miteigentumswohnung** aus, so kann er eine neue Regelg
von Verwaltg u Benutzg gem § 745, nicht nach VO 1 verlangen (BGH NJW **82,** 1753); auch für eine sonst
NutzgsEntschädigg ist kein Raum (LG Mü I FamRZ **85,** 1256). Zu **§ 180 III ZVG** § 1372 Rn 9. Dagg 9
erfolgt eine gerichtl NutzgsRegelg für die **von beiden Ehegatten gemietete Wohnung** ausschließl nach 10
der HausrVO (Hamm FamRZ **83,** 911) u besteht kein Anspr gg den and Eheg auf Zustimmg zur Kündigg
des MietVerhältn, sond, wenn sich die Eheg nicht außergerichtl einigen, kommt nur die Anrufg des FamG
in Frage (Brühl FamRZ **83,** 1025 mit den versch RGestaltgsMöglk). **Ersatzansprüche der Ehegatten** 11
untereinander wg Verbrauchs, Zerstörg, Veräußerg von Hausr usw sind iGgs zu Anspr gg Dritte (VO 1
Rn 17) vor dem ProzGer geltd zu machen (Ffm NJW **63,** 594; Hamm FamRZ **71,** 31; KG FamRZ **74,** 195),
zB wenn ein Eheg eine ausgezahlte HausrEntschädigg zweckfremd verwendet (Celle MDR **60,** 504) od vor
der Trenng unbefugt Verfügen getroffen hat (Ffm NJW **63,** 594; Hamm FamRZ **71,** 31). Das FamG kann
im HausrVerf dem verantwortl Eheg den Ggst aber auch anrechnen (KG FamRZ **74,** 195). Eine vom Ehem 12
abgeschloss **Hausratsversicherung** (Lit: Schütz VersR **85,** 913) bezieht sich nach seinem endgült Auszug
nur auf die HausrGgste in seiner neuen Wohng. Im ScheidgsVerf sollten sich die Eheg darüber verständ, wer
von ihnen die HausrVers übernimmt (Hbg VersR **84,** 431). Unzul ist es, unter Verzicht auf die Zuteilg v
HausrGgst einen isolierten Anspr auf AusglZahlg (Abfindg) geltd zu machen (Zweibr FamRZ **85,** 819).

d) Die VO enth in 1 I eine abschließde Aufzählg, so daß sie nicht entspr angewendet w kann u **keine** 13
Anwendung findet ggständl auf GrdStücke, landwirtschaftl od gewerbl Vermögen, Bargeld, Bankguth od
Wertpapiere der Eheg (OGH NJW **49,** 107; BayObLG **53,** 47); ferner nicht auf die AuseinandS von Wohng
u Hausr in and Fällen, nach Auflösg der Ehe dch Tod (Rn 4), bei eheähnl Partnerschaften od AuseinandS zw
den Eheg u Dritten. Bei Anhängigk des HausrVerf keine Vindikation zw den Ehel (VO 8 Rn 12).

1. Abschnitt. Allgemeine Vorschriften

§ 1. Aufgabe des Richters. (1) *Können sich die Ehegatten anläßlich der Scheidung nicht darüber einigen, wer von
ihnen die Ehewohnung künftig bewohnen und wer die Wohnungseinrichtung und den sonstigen Hausrat erhalten soll, so
regelt auf Antrag der Richter die Rechtsverhältnisse an der Wohnung und am Hausrat.*

*(2) Die in Absatz 1 genannten Streitigkeiten werden nach den Vorschriften dieser Verordnung und den Vorschriften
des Zweiten und des Dritten Titels des Ersten Abschnitts im Sechsten Buch der Zivilprozeßordnung behandelt und
entschieden.*

1) VO 1 umschreibt die **Aufgaben des Hausratsrichters,** der bei nicht erfolgter Einigg für den Fall nach 1
der Scheidg angerufen w kann, **I. Zweck:** die Befriedigg aktuellen Wohnbedarfs des AntrSt, nicht wirt-
schaftlicher Interessen anderer Art, wie die Befreiung von den WohngsEigtümer od WohngsEigtümer
(Koblz FamRZ **89,** 640; aA Karlsr FamRZ **93,** 821). Für die Zeit vor dem ScheidgsVerf gilt der MietVertr,
hins der Möbel u des Hausr vgl Einf 7 u 20 vor § 1353, § 1353 Rn 7 sowie das ehel GüterR (§§ 1363ff); für
die Zeit nach Trennung der Eheg s VO 18a sowie insb zum Hausr § 1361a; für die **Hausratsteilung und** 2
Zuweisung der Ehewohnung vor Einleitung des Scheidungsverfahrens: §§ 1361a u b. Das **Haus-** 3
ratsverfahren bestimmt sich nach VO 11-19 sowie ZPO 621-630, **II.** Da die Zuweisg von Ggsten oft von
deren Eigt abhängt (VO 8 II, 9), wird der Richter der freiw Gerichtsbark (Einl 3) über das Eigt häuf als
Vorfrage mit entscheiden müssen, soweit nicht die Vermutg von VO 8 II hilft. Die EigtKlage für einzelne
Ggste ist dann ausgeschl, ebso eine FeststellgsKl. Umgekehrt ist der HausrRichter an eine rechtskr Verur-
teilg des Eheg zur Herausg eines Ggst an den and Eheg **gebunden** (LG Bonn FamRZ **63,** 366). Zum
Auskunftsanspruch im HausrTeilgsVerf: VO 8 Rn 2.   4

2) Voraussetzungen und Gegenstand der richterlichen Gestaltung, I: a) Zu einem HausrVerf 5
kommt es **anläßlich der Scheidung,** u zwar entweder als **Scheidungsfolgesache** im VerbundVerf, über
die auf entspr Antr auch nur eines Eheg (unten Rn 25-29) zus mit der Scheidg entschieden w soll (ZPO 621 I
Z 7, 623 I, 629 I), od als selbständ Verf in einer and FamSache im Anschl an die rechtskr Scheidg. Zur
Anwendg der VO auch bei EhenichtigErkl u EheAufhebg Einl 4.

6 **b) Nichteinigung der Ehegatten** üb die Ehewohng, die WohngsEinrichtg u den sonstigen Hausr (vgl Einl 7 vor HausrV 1). Nichteinigg ü einen einz Ggst reicht aus (Hamm FamRZ **90**, 1126 Pkw). Kommt der FamRichter zur Feststellg, daß eine Einigg vorliegt, so kann er sachl nicht entscheiden (Hamm FamRZ **59**, 21); aber bindde Feststellg des EiniggsInhalts (Brem FamRZ **63**, 366). Eine Einigg ist insb für die einverständl Scheidg Voraussetzg (ZPO 630 I Z 3, §§ 1565, 1566 I). Einigg setzt voraus, daß eine Entscheidg des FamG überflüss ist. Desh liegt keine voll wirks Einigg vor, wenn sich nur die Eheg geeinigt haben, die Zustimmg des WohnEigt (Kln FamRZ **89**, 640) od Vermieters aber fehlt (Mü FamRZ **86**, 1019; Hamm FamRZ **94**, 388). Keine Einigg bei Teilg unter Vorbehalt (Schlesw SchlHA **52**, 187). Ebsowenig eine schlüss Einigg, wenn ein Eheg unter Mitn einiger Ggste u Belassg der übrigen bei dem and Eheg auszieht; and bei Einverständn des and Eheg mit dieser DauerRegelg (Kln MDR **61**, 242; BayObLG FamRZ **74**, 22; **77**, 467). Das HausrVerf greift ferner ein, wenn iRv eines HerausgabeStr Streit darüber besteht, ob bestimmte Ggste von einer früher getroffenen HausrVereinb erfaßt w (Tüb FamRZ **79**, 443). Von einem Vergl über die Benutzg der EheWohng können sich die Ehel nicht ohne weiteres lossagen; VO 1 greift aber dann ein, wenn

7 der Vermieter nicht zustimmt (Celle NJW **64**, 1861). Zul sind **Teileinigungen**, so daß eine Regelg nur über den Hausr zu erfolgen braucht, wenn sich die Eheg über die Wohng verständigt haben; nur über den RestHausr, wenn eine Einigg über einen Teil vorliegt usw. Bei der Entscheid ist die TeilRegelg mit zu berücks (de la Motte MDR **50**, 719); Keidel JZ **55**, 708 hält sogar einen Eingriff in den TeilVergl für zul. Gegebenenfalls ist die TeilEinigg zu ergänzen, zB gem VO 10 I hins der mit dem bereits von den Eheg selbst verteilten Hausr verbundenen Schulden (Schmidt-Futterer MDR **71**, 453). Bei Wohnraum stellt nur die auch eine GerEntscheidg gem VO 5 überflüss machde, erschöpfde Regelg eine Einigg dar, so daß die Überlassg der MietWohng an einen Eheg nicht ausreicht, wenn der Vermieter mit der Fortsetzg des MietVerhältn dch einen Eheg nicht einverstanden ist (Ffm FamRZ **80**, 170). Haben anderers die Eheg die Wohnräume verteilt u gewisse Räume zur gemeins Benutzg bestimmt, so kann der Richter nicht zu deren Verteilg angerufen w

8 (Hamm FamRZ **59**, 21). Der **Streit, ob Einigung erfolgt** ist oder sich auf best Ggstde bezieht (Düss FamRZ **86**, 1132), ist Vorfrage im HausrVerf (Zweibr NJW-RR **93**, 649); keine Aussetzg u Verweisg auf den ProzWeg, sond Zustdgk des HausrRi (Brem FamRZ **63**, 366; Celle NJW **64**, 1861; Ffm FamRZ **91**, 1327; aA Hamm FamRZ **80**, 901: FeststellgsKl). Nichtaufklärg einer behaupt Einigg führt in der höh Inst

9 zur Aufhebg u Zurückverweisg (Zweibr FamRZ **93**, 82). Dagg sind **Ansprüche aus der Einigung der Ehegatten** (auf Räumg od Vergütg) vor dem ProzG einzuklagen (Celle NJW **47/48**, 591; Saarbr NJW **67**, 1616; Ffm FamRZ **74**, 197; Zweibr FamRZ **87**, 1054; aA LG Hbg NJW **60**, 391 m abl Anm Keidel). Abänderg einer ScheidgsVereinbg mit dem Inh „WoÜberlassg an Stelle v BarUnterh" nur iW v ZPO 323 mögl (Karlsr FamRZ **95**, 1157).

10 **c)** Das HausrVerf wird nur eingeleitet, wenn sich die Nichteinigg der Eheg auf die zu regelnden Verhältn (entspr §§ 1361a, 1361b) an **folgenden Gegenständen** bezieht, wobei die eigt- u güterrechtl Verhältn für die Begriffsbestimmg außer Betracht bleiben:

11 **aa) Ehewohnung** (VO 3–6), unabhäng von den EigtVerhältn od einer genossenschaftl Bindg (KG FamRZ **84**, 1242) bzw von der Dauer der alleinigen Nutzg dch einen Eheg (Mü FamRZ **86**, 1019: 13 J). Nicht dazu gehört das neben der eigtl EheWo nicht den LebensmittelPkt bildde WochenendHs od die häuf benutzte FerienWo (Zweibr FamRZ **81**, 259; Mü FamRZ **94**, 1331; aA KG FamRZ **74**, 198; Ffm FamRZ **82**, 398; KG FamRZ **86**, 1010), obwohl prinzipiell sogar eine Gartenlaube Wohng sein kann (BGH FamRZ **90**, 987); ijF gehören zur Wo Nebenräume (Boden, Keller, Garage usw) u der Hausgarten, nicht dagg ausschließl gewerbl od berufl (zB als Praxis) benutzte Räume.

12 **bb) Wohnungseinrichtung und Hausrat** (VO 8–10). Unerhebl sind AnschaffgsMotiv (Düss FamRZ **86**, 1132), Wert (BGH NJW **84**, 1758), EigtVerhältn (EigtVorbeh, SichergsEigt) u ferner, ob Verteilg des ganzen Hausr od nur Herausg einzelner Ggste verlangt w (LG Tüb FamRZ **79**, 443). Zum Hausr gehören (wie in §§ 1369, 1932) alle Ggste, die nach den Verm- u LebVerhältn der Eheg u Kinder für ihr ZusLeben sowie für die Wohn- u Hauswirtsch bestimmt sind, also: WohngsEinrichtg, Geschirr, Wäsche, Rundfunk- und Fernsehgerät (Düss MDR **60**, 850; BayObLG FamRZ **68**, 319), Klavier, sofern nicht für den Beruf eines Eheg bestimmt (BayObLG **52**, 279), Bücher die der Unterhaltg od allg Belehrg dienen, Gartenmöbel u dgl; dagg nicht Bestandteile wie Einbauküche u Badezimmereinrichtg (ggf Ortsbesichtigg; Zweibr FamRZ **93**, 82), Öfen, Herde, Einbaumöbel, die bereits bei der Herstellg des Gebäudes als wesentl GrdstBestandteil gedacht waren, wie eine Einbauküche (Ffm FamRZ **82**, 938). Ein **PKW** ist Hausr, sofern er aGrd gemeins ZweckBest der Ehel von od für die ges Fam zum Einkaufen, Schulbesuch, Betreuung der Kinder, Wochenendfahrten usw benutzt w (Hbg FamRZ **90**, 1118; Zweibr FamRZ **91**, 848), sow sein berufl Gebr jederZt Nachrang h (Düss FamRZ **92**, 1445; sonst: § 1375 Rn 3); also nicht, wenn das Fahrzeug überwiegd den berufl Zwecken eines Eheg dient (Hamm FamRZ **83**, 72 mN). Defekt am früh HausrPKW macht nicht ow den bish ausschließl berufl od pers benutzten Ersatzwagen zum HausrGgst (Hamm FamRZ **90**, 54). Zum Anspr auf AusglZahlg: VO 8 Rn 11. Zur Zustdgk bei HerausgStr BGH FamRZ **83**, 794. Ebenf zum Hausr zählen Wohnwagen (LG Stgt FamRZ **78**, 703), auch wenn er im AlleinEigt eines Eheg steht (§ 1375 Rn 3) u

13 Wohnmobil (Kln FamRZ **92**, 696) sowie Haustiere (Kuhnt AcP **150**, 133). **Nicht zum Hausrat gehört**, was zur BerufsAusüb notw, zur Kapitalanlage angeschafft (BGH NJW **84**, 484) od zum persönl Gebr eines Eheg bestimmt ist, wie Kleider, Schmucksachen, FamAndenken, Sammlgen (Hamm FamRZ **80**, 683 Briefmarkenalbum; Düss FamRZ **86**, 1134 Münzsammlg, kompl Schreinerwerkzg), Sparbücher. Zu Vorräten: Quambusch FamRZ **89**, 691. Bei HaushLuxusGgsten kommt es auf den LebZuschnitt der Eheg an, so daß uU auch kostb KunstGgste Hausr sein können. Vorräte an Nahrgsmitteln, Heizmaterialien usw gehören nicht zum Hausr im eigtl Sinne; auf sie wird aber die VO entspr angewendet. Insow danach die VO

14 nicht gilt, ist ggf Klage erfdl (Fachinger MDR **49**, 75). Maßgebl **Zeitpunkt** für die HausrZugehörigk:

15 Rkraft des ScheidgsUrt (Düss FamRZ **86**, 1132 u 1134). Für **untergegangene** Ggstde allenf EigtFeststellg, währd SchadErsAnspr im ProzWege dchzusetzen s (Düss aaO).

16 **cc)** Trotz des auf das Körperl abzielen Ausdrucks „Hausrat" gehören als Surrogate auch **auf Hausrat gerichtete Ansprüche** hierher, wie BenutzgsRechte, HerausgAnspr wg HausrGgsten gg Dritte, auch

solche aus §§ 1368, 1369 (BayObLG FamRZ **65**, 331), aus VorbehKauf (BayObLG FamRZ **68**, 320); ferner 17 **Ersatzansprüche** gg Dritte aus HausrVers, sonstigen Versichergen u vor allem SchadErsAnspr od Lasten-AusglEntschädigg (Ffm NJW **59**, 2267). Bei Zweifeln, welchem Eheg die Anspr zustehen, FeststellgsKl (BGH NJW **58**, 1293; anders KG FamRZ **60**, 239: HausrVerf). Nicht ins HausrVerf fallen **Ansprüche des** 18 **einen Ehegatten gegen den anderen** (Einl 11 vor VO 1).

d) **Hausratsumfang:** Die richterl Regelg ergreift nur den Hausr, der entw beiden Eheg gemeins gehört 19 (VO 8 I), für den gemeins Haush angeschafft ist (VO 8 II) od wenigstens währd der Ehe in der Benutzg des nicht eigtberecht Eheg bestanden hat (VO 9 I), wobei es auf den Umfang des Hausr im **Zeitpunkt der** 20 **Trennung** ankommt, so daß das, was für die getrennte HaushFührg angeschafft w ist, nicht verteilt w (BGH NJW **84**, 484/86); ebsowenig, was nach rechtskr Scheidg angeschafft wurde. Wird das HausrVerf erst nach Scheidg anhäng gemacht, entscheidet der Tag des RkraftEintr (Zweibr FamRZ **85**, 819). Der Fam- 21 Richter verteilt grdsl nur Hausr, der im Ztpkt seiner Entsch **vorhanden** ist. Vorhandensein sol anzuneh-men, wie nicht das GgTeil nachgewiesen ist (Vogel JR **49**, 431). Vorhanden ist auch der Hausr, den ein Eheg für sich beiseite geschafft hat (Schlesw SchlHA **57**, 207; KG FamRZ **74**, 195).

e) Zum **Antragserfordernis** Rn 25–29. 22

3) Das **Familiengericht** ist **ausschließlich zuständig, II.** Werden Anspr gem I in einem RStreit geltd 23 gemacht, so hat das ProzG die Sache an das FamG abzugeben (VO 18 I 1). Zust ist das FamG, bei dem das ScheidgsVerf anhäng ist (VO 11 I); andernf das FamG, in dessen Bezirk sich die gemeins Wohng der Eheg befindet (VO II 1). Da der HausrRichter eine teilw Einigg zu beachten hat (VO 8 Rn 12), ist das FamG zust für eine Verpfl zur Freistellg von Anspr des Möbelhändlers wg Lieferg von Ersatzmobiliar (Ffm FamRZ **74**, 197). Hingg ist das **Prozeßgericht** zust, wenn sich die Parteien über die Ausführg einer Vereinbg streiten 24 (Celle NJW **47/48**, 591), zB über die Zahlg eines Betr, auf den sich die Eheg geeinigt haben (Saarbr NJW **67**, 1616); nicht aber, wenn die Einigg selbst bestr wird, da Vorfrage (BayObLG JZ **53**, 643; Brem FamRZ **63**, 366).

4) Um das Verf in Gang zu bringen, ist ein **Antrag** erfdl. Wg VO 2 braucht der Antr nicht iSv ZPO 253 25 bestimmt zu sein (Zweibr FamRZ **80**, 1143). Ist ein ScheidgsVerf anhäng, kommt das HausrVerf automat in den Verh- u EntschVerbund (Rn 5). Liegt ein solcher Antr vor, so ist das FamG ungeachtet etwaiger EinzelAntr verpfl, die Verteilg aller HausrGgste zu regeln, über deren Verbleib die Parteien sich nicht geeinigt haben (Ffm FamRZ **77**, 400). Antragstell auch dann noch zul, wenn der Vermieter der Einigg der Eheg nicht zustimmt, da diese sonst nicht zu verwirklichen (BayObLG NJW **53**, 1914). Auch SachAntr der Part stellen bl Vorschl dar, die das Ger nicht binden (vgl BGH FamRZ **92**, 531). – **Antragsberechtigt** ist 26 jeder Eheg, nicht aber die sonst Beteiligten (VO 7), etwa der Vermieter der EheWohng (BayObLG NJW **53**, 1914; Celle NJW **64**, 1861); ferner nicht die Erben, so daß auch ein anhäng Verf nach dem **Tode** eines Eheg, der ein schwebdes Verf beendet, nicht von den Erben fortzusetzen ist (Hamm NJW **65**, 872). Demgem auch kein ÄndergsVerf (VO 17) nach dem Tode eines Eheg. Gg den Erben also nur HerausgKl. – Als Scheidgs-folgesache **Anwaltszwang** (ZPO 78 II Nr 1, 623). – **Antragsfrist** unbeschränkt. Jedoch kann der Richter 27/28 nach Ablauf eines Jahres nach RechtsKr der Scheidg nicht mehr in Rechte des Vermieters (VO 5, 6 II) od eines and Drittbeteiligten eingreifen (VO 12), was aber nicht ausschließt, daß er die Rechte der gesch Eheg im InnenVerh regelt, wenn deren Rechtsstellg zu Dritten dadch nicht berührt w (KG FamRZ **60**, 444). Wahrg der Jahresfrist auch dch KlageErhebg beim ProzG (VO 18 II). Wg der allg Fristenhemmg § 202 Anm 1. – Der Antr ist den Beteiligten **zuzustellen** (VO 7). – Die SachAntr der Parteien stellen nur 29 Vorschläge dar, an die weder die Part noch das Ger gebunden sind (BGH **18**, 143; BayObLG FamRZ **71**, 34; Ffm FamRZ **77**, 400).

§ 2. Grundsätze für die rechtsgestaltende Entscheidung. *Soweit der Richter nach dieser Verordnung Rechts-verhältnisse zu gestalten hat, entscheidet er nach billigem Ermessen. Dabei hat er alle Umstände des Einzelfalls, insbesondere das Wohl der Kinder und die Erfordernisse des Gemeinschaftslebens, zu berücksichtigen.*

1) Das Verf ist Angelegenh der freiw Gerichtsbark (VO 13 I); der FamRichter trifft in einer Art richterl 1 VertrHilfe eine **rechtsgestaltende Entscheidung** (Scharfschwerdt-Otto, GestaltgsMöglkten u Bindg des bill Ermessens im HausrVerf, 1992). Die HausrV ist als Inh- u SchrankBest für Eigt an (genossschaftl gebundenem) Wohnraum **verfassungskonform** (BVerfG-Ka NJW **92**, 106).

a) Er hat zunächst auf eine gütl Einigg hinzuwirken (VO 13 II). Die Entscheid erfolgt **nach billigem** 2 **Ermessen** (vgl VO 8 I), was jedoch für die Wohng dch VO 3–7 u für den Hausr dch VO 8–10 eingeschränkt wird u überh nicht für die Vorfrage der EigtFeststellg gilt (BayObLG **52**, 279; aM Vogel JR **49**, 433). Die Entscheidg ist für Gerichte u VerwBeh bindd (VO 16 I 2). Änderg u Begründg von MietVerh bedarf nicht der nach and Vorschr etwa notw Gen (VO 16 II), aber, wenn der Antr 1 Jahr nach RechtsKr des ScheidgsUrt gestellt w, der Zust des Vermieters (VO 6 II, 12).

b) Ausfluß der ErmessensFreih ist die Befugn, dem begünstigten Eheg zugunsten des ausziehden Eheg 3 eine **Ausgleichszahlung** aufzuerlegen, um ihm das Finden einer ErsWohng zu erleichtern (Karlsr FamRZ **81**, 1087) od um den verbleibden Eheg die Umzugskosten des and tragen zu lassen (BayObLG FamRZ **65**, 513; **70**, 33; **74**, 22; aA Hamm FamRZ **93**, 1462 mN). Dem weichden Eheg kann dch AO gem VO 15 auch eine **Räumungsfrist** gewährt w (Karlsr NJW **59**, 342; Hamm FamRZ **69**, 217; BayObLG FamRZ 4 **75**, 421), die bei wesentl Änderg der tatsächl Verhältn, soweit zur Vermeid einer unbill Härte erfdl ist, verlängert od abgekürzt w kann. VO 17 I ggü ZPO 721 lex specialis (Schmidt-Futterer NJW **67**, 1308). Entscheidg erfolgt regelm nach **mündlicher Verhandlung,** bei der die Beteiligten nach Möglk anzuhö- 5 ren sind (VO 7, 13 II). Maßgebd für die zu berücksichtigen Umste (Rn 9–13) ist der **Zeitpunkt** der 6 BeschlFassg (BayObLG **56**, 370), wobei aber voraussehb Entwicklgen (Wiederheirat eines Eheg) zu be-rücks sind (BayObLG **56**, 375). **Teilentscheidungen** sind nicht zul (Zweibr FamRZ **83**, 1148; LG Siegen 7 FamRZ **76**, 698). **Zurückbehaltungsrechte** (§ 273) aus and Fdgen, wie zB ZugewAusglAnspr, sind mit 8 dem Zweck der HausrVO nicht vereinb (Münster JMBlNRW **56**, 101; BayObLG FamRZ **75**, 421; Hamm FamRZ **81**, 875).

9   2) Es sind **alle Umstände des Einzelfalles zu berücksichtigen,** die in S 2 genannten sind nur Beispiele („insbes"). Nicht unberücksichtigt sollen übereinstimmde VerteilgsWünsche der Parteien bleiben; sie sind
10 für das Ger aber nicht bindd (Schlesw SchlHA **52**, 187). Das **Wohl der Kinder** steht an erster Stelle, so daß dem sorgeberecht EltT meist auch die Wohng u der für die Kinder erfdl Hausr zuzuweisen sein w, um ihnen ihre Umwelt zu erhalten u weil dem alleinstehen Eheg nach den Verhältn des Wohngsmarkts ein Umzug eher zuzumuten ist (KG **67**, 631; Karlsr FamRZ **81**, 1087). Neben gemschaftl Ki können uU auch Stief-
11 Geschw berücks w (KG FamRZ **91**, 467). Nach den **Erfordernissen des Gemeinschaftslebens,** worunter nicht das EheLeb zu verstehen ist, soll ein Eheg nicht der Möglk beraubt w, in der Nähe seiner ArbStelle zu wohnen; gemeint ist ferner die bessere Einfügg eines Eheg in die übr HausGemsch (Hbg NJW **54**, 1892;
12 BayObLG **55**, 205; **56**, 159 u 376); ferner der Wohnraumbedarf zur Wiederheirat (Stgt OLG **68**, 125). Die **Ursachen der Eheauflösung** sollen nach der auf das 1. EheRG zurückgehden Neufassg nicht mehr berücksichtigt w (zur früh Fassg 35. Aufl). Trotzdem wird man auch heute noch ein eindeut FehlVerh mitberücks (KG FamRZ **88**, 182) u sagen dürfen, daß im allg der unschuld Eheg dem ehebrecherischen Eheg u dessen neuen Partner nicht zu weichen braucht (vgl BayObLG **50/51**, 449). Gemeins Hausr kann demj Eheg zu AlleinEigt übertr w, der v dem and dch ProzBetrg zur Zahlg v Unterh veranl w ist (AG Weilbg FamRZ **92**,
13 191). Weitere zu berücks Umstde sind die **Eigentumsverhältnisse** (VO 3), insb bei Verteilg des Hausr (VO 8, 9); weniger dagg die **Herkunft der Mittel** für den Erw der HausrGgste (Erbsch), weil die Verteilg auch der Fortsetzg des bisher LebZuschnitts dient (Düss FamRZ **87**, 1055); Aufwendgen, die ein Eheg für die Wohng allein erbracht hat; Möglk zur Beschaffg einer geeigneten Ersatzwohng; die **wirtschaftlichen Verhältnisse** beider Ehel (BayObLG FamRZ **65**, 513); das Vorliegen einer Dienst- od Werkwohng (VO 4); die Notwendigk der Wohng für den LebUnterh (zB Wohng auf dem Pachthof); die Tats, daß ein Eheg die Wohng schon vor der Eheschl bewohnte; daß nahe Angeh des einen Eheg im selben Hause wohnen (Hbg NJW **54**, 1892); welchem der beiden Eheg die Wiederbeschaffg von Wohnraum od Hausgerät leichter fällt; ferner sind zu berücks Alter, GesundhZustand, Hilfsbedürftigk.

2. Abschnitt. Besondere Vorschriften für die Wohnung

Einführung

1   Bei der Ehewohng ist **danach zu unterscheiden,** ob sie sich in einem Haus befindet, das einem Eheg allein od gemeins mit einem Dritten gehört (VO 3); ob das Haus, in dem sich die Ehewohng befindet, im MitEigt beider Eheg steht (VO 3 Rn 5); ob es sich um eine Dienst- od Werkwohng (VO 4) od um eine Mietwohng (VO 5) handelt.

§ 3. Wohnung im eigenen Hause eines Ehegatten. *(1) Ist einer der Ehegatten allein oder gemeinsam mit einem Dritten Eigentümer des Hauses, in dem sich die Ehewohnung befindet, so soll der Richter die Wohnung dem anderen Ehegatten nur zuweisen, wenn dies notwendig ist, um eine unbillige Härte zu vermeiden.*

(2) Das gleiche gilt, wenn einem Ehegatten allein oder gemeinsam mit einem Dritten der Nießbrauch, das Erbbaurecht oder ein dingliches Wohnrecht an dem Grundstück zusteht, auf dem sich die Ehewohnung befindet.

1   **1) Alleineigentum oder Miteigentum mit einem Dritten, I.** Bis zur Scheid hat der and Eheg ein Recht zum Besitz (§§ 986 I 1, 1353 Rn 7). Danach aber soll grdsl das Eigt geachtet w. Eine von dem Eigtümer verbindl eingegangene ÜbertraggVerpfl läßt hausr-rechtl den and Eheg als Eigt erscheinen (Kln FamRZ **92**, 322). Zuweisg der Wohng einschl Nebenräumen u Garten (VO 1 Rn 11) an den NichtEigtümer
2   ist verfassgsrechtl unbedenkl (BayObLG FamRZ **74**, 17; **77**, 467), aber nur zur Vermeidg einer **unbilligen Härte** gerechtfertigt, zB bei SiedlgsHaus mit öffentl Zuschuß für Kinderreiche, wenn der NichtEigtümer sorgeberecht ist (Stgt OLG **68**, 126) od wenn die in der Wohng ausgeübte Praxis od ein GewerbeBetr nicht anderswohin verlegt w können. Keine unbillige Härte dagg bei bloßer Unbequemlichk. Für die Zuweisg unerhebl die Herkunft eines Wohngsaufbau- od Mieterdarlehens (BayObLG MDR **64**, 506). Entspr Anwendg von VO 3, wenn die Ehewohng im WohngsEigt eines Eheg steht od ein Eheg ein DauerwohnR hat
3   (WEG 60). **Rechtsfolgen:** Bei Zuweisg an den Nichtberecht Begründg eines MietVerhältn (VO 5 II), dagg nicht von (Wohngs)Eigt (Hamm JMBlNRW **58**, 103) od von dingl Wohnrecht. Zur grundbuchmäß Sicherg dch Eintragg eines VeräußerungsVerbots Düss FamRZ **85**, 1153.

4   **2) Bei beschränkt dinglichem Recht** nur eines Eheg od zus mit einem Dritten, **II,** gilt das gleiche. Das dingl WohnR verdrängt den and Eheg uU auch dann, wenn dieser Eigtümer der Wo ist (Stgt FamRZ **90**, 1260). Dingl WohnRe sind solche nach §§ 1090, 1093, dagg nicht schuldrechtl Anspr od die Mitgliedsch in einer WohngsBauGenossensch (KG NJW **55**, 185). Das Pachtrecht an einem Kleingarten mit Wohnlaube kann der gesch Ehefr, die nicht Mitgl des Vereins ist, nicht zugewiesen w, da Pacht nicht unter die HausrVO fällt, wohl aber das Wohnrecht an einer solchen Wohnlaube, wie auch an Wohngen u Behelfsheimen (BGH LM Nr 1). Zuziehg des Vereins u des WohngsEigtümers gem VO 7. Zuweisg an den nicht privilegierten Eheg nur zur Vermeidg ungewöhnl schwerer Beeinträchtiggen (Düss FamRZ **80**, 171).

5   **3) Bei Miteigentum der Ehegatten** ist der Richter frei. Insb kommt es nicht auf die unbill Härte iSv HausrVO 3 an (Celle NJW-RR **92**, 1222). Er wird idR dem einen die Wohng zuweisen u eine dem MitEigt-Anteil des and angemessene AusglZahlg festsetzen, u zwar uU selbst dann, wenn es sich urspr um ein 2-Fm-Hs handelte (Hbg FamRZ **91**, 1317; wenn die Eheg bereits getrennt leben, verbunden mit dem Verbot an den and Eheg, die Ehewohng zu betreten (Ffm MDR **77**, 145). Vorrangig ist auf das KiWohl abzustell (Celle NJW-RR **92**, 1222), da den Ki nach Möglk das bish Umfeld erh w soll (Karlsr FamRZ **81**, 1087). Die

Zuweisg der MitEigtWohng erfolgt inhaltl nach VO 2 dch Begründg eines NutzgsVerhältn, nicht etwa dch Übereign (KG FamRZ **86**, 72). Zur **Nutzungsentschädigung** u Begründg eines MietVerhältn VO 5 **6** Rn 7.

4) Wg des **Verfahrensrechts** VO 5 Rn 10. **7**

§ 4. Dienst- und Werkwohnung. *Eine Wohnung, die die Ehegatten auf Grund eines Dienst- oder Arbeitsverhältnisses innehaben, das zwischen einem von ihnen und einem Dritten besteht, soll der Richter dem anderen Ehegatten nur zuweisen, wenn der Dritte einverstanden ist.*

1) Die Benutzg von Dienst- od Werkswohngen soll nur mit **Zustimmung des Dienstherrn oder der 1 Werkleitung** geändert w. Deren Begünstigg kein Verstoß gg GG 3 II (BayObLG **72**, 216). EigtSituation unerhebl (BayObLG **59**, 403; **71**, 377). Dienst- od ArbeitsVerhältn muß im Ztpkt des HausrVerf bestehen (Schlesw SchlHA **55**, 281). Ist eine Frist verstrichen, nach deren Ablauf die Wohng die nicht mehr als mit Rücks auf das ArbVerhältn überlassen gelten sollte, so kann die Wo gleichwohl nicht gg den Widerspr des ArbGeb dem and Eheg zugewiesen w (Ffm FamRZ **91**, 838; aA Hbg FamRZ **82**, 939).

2) Zuweisung grdsl an den Dienstverpflichteten, mit Zustimmg des ArbGebers auch an den and Eheg. **2** Ohne Zust bzw gg den Widerspr des Verm dann („soll"), wenn die Belange des NichtmieterEheg schwerer wiegen als das Interesse des Verm (Ffm FamRZ **92**, 695; AG Ludwigshafen FamRZ **95**, 558 mwN), insb wenn der Charakter als Dienst- od Werkwohng in absehb Zeit aufgeh w od zur Vermeidg einer ungewöhnl Härte, wenn die Fortsetzg des ArbVerhältn für den betriebsangehörigen Eheg nicht unmögl od unzumutb erschwert w (BayObLG NJW **70**, 329; BayObLG **72**, 216). Aber keine Überlassg einer Bergarbeiterwohng an den and Eheg (Hamm FamRZ **81**, 183). Bei **Dienst- und Arbeitsverhältnis mit beiden Ehegatten 3** wie einem Hausmeisterehepaar ist die Wohng demjenigen zu belassen, der das ArbVerhältn fortsetzt. Entspr Anwendg von VO 4 (aA MüKo/Müller-Gindullis Rdn 6) dann, wenn wohngsmäß Förderg bestimmter Berufsgruppe Aufgabe des Vermieters ist (Ffm ZMR **55**, 179) u bei sonst engem räuml Zusammenhang der Wohng mit dem ArbPlatz (LG Wuppt MDR **49**, 170).

§ 5. Gestaltung der Rechtsverhältnisse. *(1) Für eine Mietwohnung kann der Richter bestimmen, daß ein von beiden Ehegatten eingegangenes Mietverhältnis von einem Ehegatten allein fortgesetzt wird oder daß ein Ehegatte an Stelle des anderen in ein von diesem eingegangenes Mietverhältnis eintritt. Der Richter kann den Ehegatten gegenüber Anordnungen treffen, die geeignet sind, die aus dem Mietverhältnis herrührenden Ansprüche des Vermieters zu sichern.*

(2) Besteht kein Mietverhältnis an der Ehewohnung, so kann der Richter zugunsten eines Ehegatten ein Mietverhältnis an der Wohnung begründen. Hierbei setzt der Richter den Mietzins fest. Ist dieser neu zu bilden, so soll der Richter vorher die Preisbehörde hören.

1) Umgestaltung des Mietverhältnisses, I 1. Hat ein Eheg allein od haben beide zus (§ 535 Anm 1 d) **1** gemietet, so kann der Richter (verfassgsrechtl unbedenkl; BayObLG NJW **61**, 317) nach billigem Ermessen unter Berücksichtigg der in VO 2 Rn 9–13 genannten GesichtsPkte bestimmen, daß der and Eheg od einer von ihnen das MietVerhältn fortsetzt, wobei sich das Ger über die fehlde Zust des Verm hinwegsetzen k (Karlsr FamRZ **95**, 45 mN). Daneben keine Nutzgsregelg n §§ 741 ff mögl (Hamm FamRZ **83**, 911). Ehewohng ist auch die vom Eheg gekündigte, wenn der and noch darin wohnt (BayObLG NJW **57**, 62). § 5 dient nicht dem Interesse eines Eheg, anläßl der Trenng aus dem MietVerhältn herauszukommen (vgl HausrVO 1 Rn 1). Nach billigem Ermessen **Ausgleichszahlung** an den weichen Eheg (ausführl: Brudermüller FamRZ **89**, 7), der **2** am Hausbau beteiligt war (BayObLG NJW **60**, 102; aA Hbg FamRZ **88**, 80 mN). Die Entsch ü Miete bzw NutzgEntschäd ist vAw zugl mit der Entsch ü die Zuweisg der EheWo zu treffen; Ändg nur iR HausrVO 17 (Mü FamRZ **90**, 530). Desh auch keine Nachholg der AusglZahlg iRd HausrTeilg (Mannh Just **76**, 515). Zum Wirksamwerden Rn 10. Der Eheg, der bish Mit- od Alleinmieter war, wird von diesem Ztpkt an von seinen vertragl Verpflichtgen als Mieter frei; das VermieterPfandR an den Möbeln des Ausziehen erlischt. Der Richter kann aber zur **Sicherung der Ansprüche des Vermieters** die gesamtschuldner Mithaftg (Hamm **3** FamRZ **93**, 574) des ausziehenden unterhpflichtigen Eheg für zukünft MietzinsFdgen od SicherhLeistg anordnen, **I 2**, u zwar auch ggf über den Ztpkt der Ehescheidg hinaus (aA Herne-Wanne FamRZ **90**, 529), ferner Befr u Beschr auf eine best Höhe (Hamm FamRZ **94**, 388). Diese Anordngen werden Teil des alten MietVertr, in den der verbleibde Eheg eintritt u den der Richter nur ändern kann („fortgesetzt wird", „eintritt"), so daß nach Kündig des MietVertr Eintritt des and Eheg in den alten MietVertr, ggf mit Rückwirkg angeordnet w muß. Eigenbedarfsgesichtspkte des Vermieters bleiben idR außer Betr (BayObLG NJW **61**, 317). Die weitere **4** Haftg des aus dem MietVerhältn ausscheidden Eheg kommt bei unbezweifelb Solvenz des verbleibdn Eheg nicht in Betr (Karlsr FamRZ **95**, 45). Auch bei Einig der Ehel über die Weiterbenutzg der Ehewohng kann ein **5** RSchutzbedürfn für eine isolierte gerichtl Gestaltg des MietVerhältn ggü dem Vermieter bestehen (Karlsr FamRZ **81**, 182; **95**, 45). I gilt **analog** für ähnl VertrVerhältn wie Vereinsmitgliedsch od GenossenschRechte (BGH LM VO 3 Nr 1). So kann eine **Genossenschaftswohnung** auch dem Eheg zugew w, der nicht Mitgl der Gen ist (Mü FamRZ **91**, 1452).

2) Neubegründung eines Mietverhältnisses, II. Als Folge einer Sonderbindg ohne Entschädigg zul **6** (vgl BGH **6**, 270). Bestand zw dem Vermieter u dem Eheg, dem die Wohng zugewiesen w, noch kein MietVertr, wird also einem Eheg eine Wohng im eigenen Hause des and (VO 3 Rn 2) od in einem solchen, das im MitEigt beider Eheg steht (VO 3 Rn 5), zugewiesen, ferner iF der Neubegründg eines Mietverhältn an einer Teilwohng (VO 6 II), so kann der Richter ein MietVerhältn zw dem Eigtümer u dem Eheg, der die Wohng erhalten hat, begründen (BayObLG FamRZ **74**, 22); auch Begründg eines befristeten MietVerhältn mögl (BayObLG NJW **57**, 62), für das die Sozialklausel des § 556b, nicht jedoch der Bestandsschutz des WoRKSchG Art 1 § 2 gilt (BayObLG FamRZ **74**, 17). Keine analoge Anwendg von II iRv BGB 1361b (Kln FamRZ **94**, 632). Bei **Miteigentum der Ehegatten** an der Wohng u Zuweisg an einen von ihnen hat dieser **7** an den and eine NutzgsEntschädigg zu zahlen (BayObLG **53**, 49; Offbg FamRZ **65**, 277), u zwar aus einem

MietVerhältn od einem NutzgsVerhältn iRd MitEigtümerGemsch (BayObLG FamRZ **74**, 22). Im Rahmen von VO 2 ist zu prüfen, ob ein Miet- od wg ZVG 57 ff ledigl ein NutzgsVerhältn angemessen ist (AG Charl FamRZ **80**, 1136). Bei Begründg eines NutzgsVerhältn ist dann keine NutzgsEntschädigg festzusetzen, wenn die Höhe des Wohnbedarfs in einem rechtskr abgeschlossenen UnterhVerf bereits ziffernmäß berücks w ist (AG Charl FamRZ **80**, 1136). Festsetzg einer angemessenen AusglZahlg auch iR einer einstw Anordg
8 (ZPO 620 Z 7). Die **Höhe des Entgelts** richtet sich nach den wirtschaftl Verhältn der Ehel. Das Ger kann unter der Marktmiete bleiben, wenn auch der Wohnbedarf gemeins mj unterhaltsberecht Kinder zu befriedigen ist (BayObLG FamRZ **77**, 467). Bei MitEigt beider Eheg u Aufteilg der Hauslasten unter den Eheg zur
9 Hälfte beträgt auch die NutzgEntschädigg den halben Mietwert (Celle FamRZ **92**, 465). Dem weichenden Eheg kann für die Anmietg einer ErsWohng eine **Ausgleichszahlung** gewährt w. Der Anspr darauf kann nicht dch Aufrechng getilgt w (Hamm FamRZ **88**, 745).

10 **3) Verfahrensrecht.** Der Vermieter ist am Verf zu beteiligen (VO 7). Widerspr des Verm unerhebl, es sei denn, er würde in einem alsbald RäumgsStreit voraussichtl obsiegen (LG Mannh NJW **66**, 1716). Die Neuregelg des MietVerhältn ist **Hoheitsakt.** Der neue Vertr (VO 3, 5 II) od die alleinige Fortsetzg u der Eintritt des Eheg, dem die Wohng zugewiesen w ist, in den Vertr des and wird mit Rechtskr der Entsch wirks (VO 16 I), dh der and Eheg tritt in den MietVertr als Alleinmieter ein, ohne daß die Änderg u Begründg des MietVerhältn dch den Richter einer sonstigen (öffentl- od privatrechtl) Gen bedarf (VO 16 II). Auch der Verm ist daran gebunden. And beim Vergl. In der Entscheidg, die einem Eheg allein die Wohng zuweist, muß gleichzeit der and zur Räumg verurteilt w. Zur zeitl Beschränkg VO 12. And Ändergen des MietVerhältn (zB bezügl der KündiggsFr od des Mietzinses) sind unzul. Keine Haftg des neuen Micters für Mietrückstände. Das Ger kann sich, insb iF der Versagg nach VO 12 erfdl Zustimm, darauf beschränken, eine nur im InnenVerhältn der Eheg wirkde Regelg zu treffen (KG NJW **61**, 78; BayObLG NJW **70**, 329). Die richterl Befugn zur Zuweisg der EheWohng endet, sobald der Verm die Wo nach Kündigg dch einen Eheg an einen Dr vermietet u dieser sie bezogen h (AG Altona MDR **94**, 1125).

§ 6. Teilung der Wohnung. (1) *Ist eine Teilung der Wohnung möglich und zweckmäßig, so kann der Richter auch anordnen, daß die Wohnung zwischen den Ehegatten geteilt wird. Dabei kann er bestimmen, wer die Kosten zu tragen hat, die durch die Teilung und ihre etwaige spätere Wiederbeseitigung entstehen.*

(2) *Für die Teilwohnungen kann der Richter neue Mietverhältnisse begründen, die, wenn ein Mietverhältnis schon bestand, an dessen Stelle treten. § 5 Abs. 2 Sätze 2 und 3 gelten sinngemäß.*

1 **1) Teilung der Wohnung** u Nebenräume (vgl für das GetrenntLeb § 1567 I 2) muß, soweit dafür Herstellg von Baulichkeiten erfdl, mit den baupolizeil Vorschr in Einklang stehen; auf Kosten der Eheg. Voraussetzg der Teilg ist, daß ein friedl ZusLeb unter demselben Dach zu erwarten ist (Schlesw SchlHA **57**, 125). Teilg nur zw Eheg, nicht auch Dritten (BayObLG NJW **61**, 317). Die WohngsTeilg kann unter den Voraussetzgen von VO 17 nach Anhörg der Gemeinde wieder beseitigt w (VO 17 III). VO 6 gilt auch für das UntermietVerhältn.

2 **2) Zur Neugestaltung der Mietverträge** vgl Anm zu VO 3 und 5. Bestand ein einheitl MietVertr für die nunmehr geteilte Wohng, so endet jener mit der Rechtskr der Entsch, **II 1,** VO 16 I.

§ 7. Beteiligte. *Außer den Ehegatten sind im gerichtlichen Verfahren auch der Vermieter der Ehewohnung, der Grundstückseigentümer, der Dienstherr (§ 4) und Personen, mit denen die Ehegatten oder einer von ihnen hinsichtlich der Wohnung in Rechtsgemeinschaft stehen, Beteiligte.*

1 **1)** Eine rechtsgestaltde Entsch wird in den Fällen von VO 3–6 oft nur mögl sein, wenn **weitere Personen am Verfahren beteiligt** w, weil die richterl Entsch auch gg sie RechtskrWirkg hat. **Zweck** der Beteiligg: Gewährg des rechtl Gehörs u Sachaufklärg (BayObLG FamRZ **70**, 36). VO 7 zählt die Personen auf, die an einem derart Verf beteiligt sein können. Hierzu gehören der Dienstherr (VO 4), der Vermieter, GrdstEigtümer, Nießbraucher, auch wenn nicht Verm (Stgt OLG **68**, 126); bei Zuteilg einer GenossenschWohng auch die Genossensch; der Verm auch bei WohngsTeilg (BayObLG **55**, 202). **Rechtsgemeinschaft eines Ehegatten mit einem anderen** hins der Wohg besteht, wenn der od die Eheg Hauptmieter od Untermieter sind, im Verhältn zw Unter- od Hauptmieter. Eine solche RechtsGemsch auch gegeben zu dem Ehem, der in der Wohng verbliebenen wiederverh Frau. Im WohngsZuteilgsVerf **nicht beteiligt** ist ein Heimstättenausgeber (Brschw OLG **74**, 354); ebsowenig mj Kinder der gesch Eheg (BayObLG FamRZ **77**, 467); der KonkVerw über das Vermögen eines Eheg (Celle MDR **62**, 416).

2 **2) Beteiligungsverfahren.** Ausdrückl Benenng od der Parteien ist nicht erfdl, ebsowenig ein besonderer BeiladgsBeschl (AG Charl MDR **79**, 583), da die VO die Rolle als Beteiligter zuweist („sind zu beteiligen"). Der Richter stellt den VerfBeteiligten den Antr zu. Einverständn mit Zuteilg nur beim Vermieter iFv VO 12 erfdl (Hbg NJW **54**, 1892); dagg nicht bei Zuweisg zur weiteren Benutzg an einen Eheg (KG FamRZ **60**, 443), dh einer nur im Innenverhältn zw den Ehel wirks Regelg, wonach der and die Wohng zu räumen hat (KG NJW **61**, 78). Die Erklärg des Verm, mit dem Eheg, dem die Wohng zugewiesen ist, nicht abschließen od die Wohng gleich wieder kündigen zu wollen, ist grdsl unbeachtl, außer wenn mit alsbaldiger Entziehg der Wohng zu rechnen ist (LG Mannh FamRZ **66**, 450). Die Beteiligg schafft eine parteiähnl Stellg (BayObLG FamRZ **70**, 36). Allerd kein AntrRecht, aber selbstd BeschwerdeR (VO 14, FGG 20); dagg kein VollstreckgsR (Hamm JMBlNRW **52**, 27). Da Entsch erst mit Rechtskr ggü allen Beteiligten wirks w (§ 5 Rn 10), bleibt die Sache in der Schwebe, sofern nicht allen Beteiligten zugestellt ist (Hamm JMBlNRW **48**, 119). RechtsMißbr, wenn zw dem Verm u einem Eheg RechtsStr wg der Wohg schwebt u HausrVerf anhäng gemacht w, um so Entsch gg Verm des Beteiligten zu erzielen (Schlesw SchlHA **52**, 134).

3. Abschnitt. Besondere Vorschriften für den Hausrat

Einführung

1) VO 8–10 enth die besonderen Vorschr für den **Hausrat.** Darunter fällt auch die in VO 1 genannte **1**
Wohnungseinrichtung, wie sich aus den dort gebrauchten Worten „und sonstiger Hausrat" ergibt. VO 8
betr gemeins Eigt der Eheg am Hausr, VO 9 AlleinEigt. Gläubigerrechte werden dch die HausrTeilg nicht
berührt (VO 10). An den güterrechtl EigtVerhältn wird, abgesehen von VO 8 II, nichts geändert. Hausr-
VO hat Vorrang vor ZugewAusgl (BGH NJW **84,** 484). Ein Eingriff in Vertr mit Dritten erfolgt nicht
(vgl VO 10 I), so daß diese, und als nach VO 7 bei der Wohng, in einem derartigen Verf nicht Beteiligte
sind.

§ 8. Gemeinsames Eigentum beider Ehegatten. (1) *Hausrat, der beiden Ehegatten gemeinsam gehört, verteilt*
der Richter gerecht und zweckmäßig.

(2) *Hausrat, der während der Ehe für den gemeinsamen Haushalt angeschafft ist, gilt für die Verteilung (Absatz 1)*
auch dann, wenn er nicht zum Gesamtgut einer Gütergemeinschaft gehört, als gemeinsames Eigentum, es sei denn, daß
das Alleineigentum eines Ehegatten feststeht.

(3) *Die Gegenstände gehen in das Alleineigentum des Ehegatten über, dem sie der Richter zuteilt. Der Richter soll*
diesem Ehegatten zugunsten des anderen eine Ausgleichszahlung auferlegen, wenn dies der Billigkeit entspricht.

1) Zweck von I: Eine AuseinandSetzg dch Verkauf gem § 753 wird vermieden, die Verteilg der Ggste **1**
erfolgt unmittelb an die Eheg; von II: Umständl BeweisErhebg darüber, wer Eigtümer der einzelnen
Ggste ist, werden ausgeschl (Ffm MDR **60,** 682). Da es sich weder um eine Fdg noch um ein VermögensR
handelt (ZPO 851, 857), kann der AuseinandSetzgsAnspr nicht gepfändet w (Nathan JR **48,** 110). Keine
Zuweisg an Dritte. **Auskunftsanspruch** über den Bestand des ehel Hausr entspr §§ 242, 260 (KG FamRZ **2**
82, 68 Inhaftierter; Düss FamRZ **87,** 81; Dörr NJW **89,** 812; aA Düss FamRZ **85,** 1152; Celle FamRZ **86,**
490), insb bei unverschuldeter Unkenntn v Art u Umfg des Hausr (Ffm FamRZ **88,** 645). Zur **Verwir-**
kung des Anspr auf Hausrteilg bei langjähr ScheidgVerf u Teilvollzug der VermAuseinandS: Bambg
FamRZ **92,** 332.

2) Gegenstand der Verteilung, dh das, was zum Hausr gehört, richtet sich nach VO 1 Rn 11 und 12, **3**
13.

a) Beiden Ehegatten gemeinsam gehörender Hausrat, I, gleichgült, ob es sich um MitEigt nach **4**
Bruchteilen od um eine GesamthandsGemsch handelt, wird vom Richter gem Rn 9 verteilt. Hierher gehö-
ren auch ErsStücke, selbst wenn sie wertvoller sind (KG FamRZ **68,** 648; BayObLG FamRZ **70,** 31).
Analoge Anwendg v I auf nur im Mitbesitz der Eheg befindl, einem v den Elt zZw späterer Erbf überlas-
nen Ggst (Hamm FamRZ **90,** 531). Vgl iü § 10 Rn 2. Kein Hausr: Einbauküche (Hamm FamRZ **91,** 89).

b) Während der Ehe für den gemeinsamen Haushalt angeschaffter Hausrat, II, gilt für die Verteilg **5**
unabhängig vom GüterStd, also iF der Gütertrenng od ZugewGemsch, soweit nicht § 1370 eingreift, als
gemeins Eigt, nicht aber bei Auflösg der Ehe dch Tod (OGH NJW **50,** 593), wird also wie oben Rn 4
behandelt. Dch diese **widerlegbare Vermutung** wird eine oft schwierige BewErhebg ü die idR unklaren
EigtVerhältn an derart Ggständen unnötig. Wenn nichts od erkl w od bes Umst nicht dagg sprechen, ist
beim Erwerb v Hausr die EinigErkl auch nur des einen Eheg dahin zu verstehen, daß beide Eheg MitEigtü-
mer w sollen (BGH **114,** 74). Die Beweisl für AlleinEigt liegt beim kaufden Eheg (Mü NJW **72,** 542). Das
aus EhestandsDarl Angeschaffte steht im MitEigt (KG DJ **41,** 829). Die **Vermutung ist nur dann wider- 6**
legt, wenn das AlleinEigt feststeht, sei es daß das AlleinEigt zw den Part außer Str steht (Kiel JR **48,** 344), sei
es daß der Ggst bes für einen Eheg angeschafft wurde. Dafür reicht nicht aus, daß währd der Ehe mit Mitteln
des einen Eheg gekauft w ist (AG Weilbg FamRZ **92,** 191). Machen sich die Eheg die übl Geschenke von
HaushGgsten od erhält einer von ihnen ein solches von Dritten, so geschieht das regelm für den gemeins
Haush, also kein AlleinEigt (Celle NdsRpfl **60,** 231). **Anschaffung** ist nicht nur der entgeltl Erwerb; auch **7**
selbst angefertigter Hausr fällt unter II (Düss NJW **59,** 1046; bestr). Zu dem für die getrennte HaushFührg
Angeschafften VO 1 Rn 20.

c) Anschaffungen vor der Ehe. Jeder Hausr, den ein Verlobter vor der Ehe im Hinbl auf die Ehe- **8**
schließg angeschafft hat, der dann aber erst nach der Eheschl ganz od zT bezahlt w ist, wird nach II
behandelt (aM Schlesw SchlHA **57,** 207). And natürl die Aussteuer od die ErsBeschaffg von HausrGgsten
(§ 1370).

3) Gerechte und zweckmäßige Verteilung. Die Verteilg erfolgt unter Berücks der in VO 2 Rn 9–13 **9**
genannten GesichtsPkte. Also auch Umstde zu berücks, die für den Bew des AlleinEigt nicht ausreichen, zB
wenn ein Ggst einem Eheg besonders zugedacht war, aus seinen Ersparnissen angeschafft w, von ihm fast
ausschließl für sich allein benutzt w usw.

4) Wirkung der Zuteilung, III. Mit der Rechtskr der Entsch wird die Gemsch aufgelöst u erwirbt der **10**
Eheg, an den die Zuteilg erfolgt, **Alleineigentum, S 1.** Die Rechte Dritter mit Ausn des VermPfandR (VO
5 Rn 2) bleiben unberührt (VO 10 I *arg:* „im Innenverhältn"). Bestand kein Eigt, so kann es auch dch Zuteilg
nicht übergehen. Bei DrittEigt kein Gutglaubensschutz (Saarbr OLG **67,** 1). Die HausrTeilg verpfl zur **11**
Herausg; kein ZurückbehaltgsR an einzel HausrGgsten (LG Limburg FamRZ **93,** 1464). Erhält ein Eheg mehr
als der and, so kann (Hamm FamRZ **67,** 105) jenem unter Berücks von VO 2 S 2 eine **Ausgleichszahlung,**
III 2, entspr dem Mehrwert auferlegt w, wenn das der Billigk entspr, die uU auch dch Ggste aus dem
AlleinEigt des and Eheg erfolgen kann (BayObLG FamRZ **70,** 31). Berücksichtigg aller Umst des Einzel-
falls, ohne daß es erfdl ist, einen exakten wertmäß Ausgl zu erreichen (BGH FamRZ **94,** 505). Keine

AusglZahlg f Ggstde, die der Ehem vor Eheschl zu AlleinEigt angeschafft h u nach Scheidg behält (Zweibr FamRZ **87**, 165). Die Höhe der AusglZahlg richtet sich bei einem Pkw (VO 1 Rn 12) nach dessen Wert zZt der AuseinandS (Stgt FamRZ **93**, 1461). Bei der AusglZahlg braucht der Verkehrswert der Mehrleistg nicht erreicht zu w. Bei dieser Zahlg können aber nicht SchadErsAnspr eines Eheg gg den and für unbefugte Vfgen vor der Scheidg berücks w (Einl 11 vor VO 1); ebsowenig AusglZahlgen (Hamm FamRZ **80**, 469) od Zahlg anteiliger Miete, wenn die Eheg sich unabhäng von VO 5 über die Benutzg der früh Ehewohng einig geworden sind (Mannh Just **76**, 515). Gg die AusglFdg kann im HausrVerf nicht aufgerechnet w (Hamm FamRZ **81**, 293), ebsowenig gg AusglAnspr wg entsprecher VersLeistgen für abgebrannten Hausr (Kln NJW-RR **93**, 1030). Unzul ist eine isolierte AusglAnO ohne Zuteilg von Hausr (Naumbg FamRZ **94**, 390 mN). Zul dagg der Antr auf Zuweisg sämtl im MitEigt stehder Ggste an den and Teil unter Auferlegg einer entspr AusglZahlg (Karlsr FamRZ **87**, 848).

12   **5) Verfahrensrecht.** Das Ger muß eine teilw Einigg bei der Entsch über den Rest berücks (BGH **18**, 143; Schlesw SchlHA **57**, 207). An den Antr der Parteien ist es nicht gebunden; sie sind nur Vorschläge. Sofern Antr nach VO 1 vorliegn, keine EigtKlage bzgl einz HausrStücke, da das FGG-Verf ausschließl (Einl 13). Für FeststellgsKl würde RSchutzinteresse fehlen. Das Ger hat festzustellen, welche HausrGgstde tatsächl vorh sind u – im Hinbl auf die verschiedene Regelg in Rn 3–8 – vor allem die EigtVerhältn (KG FamRZ **74**, 195). BewErhebg vAw (VO 13 I, FGG 12). Keine Aussetzg des Verf zur Klärg der EigtFrage im ProzWege (BayObLG FamRZ **65**, 331; bestr). Es muß über die einzelnen dch das Verf betroffenen Ggste entsch w (BGH **18**, 143); Zuteilg „soweit vorhanden" ist unzul, da eine solche Entsch keine klaren Verhältn schafft (Fbg Rpfleger **50**, 568). Auf übereinstimmde Erkl der Eheg darf sich das Ger verlassen (BayObLG FamRZ **65**, 331). Nach Zuteilg Verschaffg der zugeteilten Ggste dch ZwVollstr (VO 16 III) od bei Nichtvorhandensein Geldersatz im ProzWege.

§ 9. Alleineigentum eines Ehegatten. (1) *Notwendige Gegenstände, die im Alleineigentum eines Ehegatten stehen, kann der Richter dem anderen Ehegatten zuweisen, wenn dieser auf ihre Weiterbenutzung angewiesen ist und es dem Eigentümer zugemutet werden kann, sie dem anderen zu überlassen.*

(2) Im Falle des Absatzes 1 kann der Richter ein Mietverhältnis zwischen dem Eigentümer und dem anderen Ehegatten begründen und den Mietzins festsetzen. Soweit im Einzelfall eine endgültige Auseinandersetzung über den Hausrat notwendig ist, kann er statt dessen das Eigentum an den Gegenständen auf den anderen Ehegatten übertragen und dafür ein angemessenes Entgelt festsetzen.

1   **1)** AusnahmeVorschr vom Grds, daß jeder Eheg die ihm gehörden Ggste behält; also eng auszulegen. Die Eheg können die richterl AO iW der ParteiVereinbg abändern. AbändergsBefugn des Richters VO 17.

2   **2) Voraussetzungen für die Zuweisung von Gegenständen an den Nichteigentümer, I. a)** AlleinEigt des and Eheg an Ggsten der WohngsEinrichtg u des Hausr (VO 1 Rn 11); bei VorbehEigt VO 10 II.

3   **b) Notwendige Gegenstände** sind solche, die obj gesehen, für das Leben des NichtEigtümers unentbehrl sind, also Bett u sonstige EinrichtsGgste, Geschirr, Bestecke, Bett- u Küchenwäsche, aber auch solche, die der Eheg, der sie begehrt, braucht, um seine Arbeit verrichten zu können.

4   **c)** Der Eheg muß **auf die Weiterbenutzung angewiesen** sein, etwa weil er sich ErsGgste nach seiner Einkommens- u VermLage nicht beschaffen kann, od weil sie zZ nicht zu haben sind (Hamm JMBlNRW **59**, 17).

5   **d)** Die Überlassg an den and Eheg muß dem Eigtümer **zumutbar** sein. Das ist zu bejahen, wenn es im Interesse der Kinder liegt, wenn zB das Klavier für deren Ausbildg notw ist; nicht aber, wenn die Ehefr das Bett u die sonstigen Ggste dem Mann überlassen soll zum ZusLeb mit dessen neuen Partnerin. Auch liegen die Vorauss f die Zuweisg wertvoller Kunstobjekte an den NichtEigtümer idR nicht vor (Schubert JR **84**, 381).

6   **3) Richterliche Gestaltung.** Die Überlassung an den NichtEigtümerEheg tritt mit Rechtskr der richterl Entsch in Kr (VO 16 I) u erfolgt nur gg ein entspr Entgelt (Celle NdsRpfl **49**, 89) iW der Begründg

7   **a)** eines **Mietverhältnisses, II 1.** Hier ist ein Mietzins zwingd festzusetzen, so daß die Begr eines unentgeltl LeihVerhältn nicht statth ist (LG Itzehoe SchlHA **48**, 162). Das Mietverhältn ist zweckmäßigerw zu befristen. Ergänzd gelten §§ 535 ff. Für Streitigk daraus ist das ProzGer zust. Aufrechg des UnterhAnspr des unterhberecht Eheg geg eine solche MietzinsFdg zul.

8   **b)** oder dch **Eigentumsübertragung, II 2,** wo eine endgült AuseinandS über den Hausr erfdl ist, zB weil die Begründg eines Mietverhältn nur Anlaß zu neuen Streitigk geben, die zugeteilten Ggste bald verbraucht sein od ihre Rückschaffg auf besondere Schwierigk stoßen würde. Keine Sachmängelgewährleistg. Bestimmg eines angemessenen Entgelts zwingd, auch in Sachwerten mögl.

§ 10. Gläubigerrechte. (1) *Haftet ein Ehegatte allein oder haften beide Ehegatten als Gesamtschuldner für Schulden, die mit dem Hausrat zusammenhängen, so kann der Richter bestimmen, welcher Ehegatte im Innenverhältnis zur Bezahlung der Schuld verpflichtet ist.*

(2) Gegenstände, die einem der Ehegatten unter Eigentumsvorbehalt geliefert sind, soll der Richter dem andern nur zuteilen, wenn der Gläubiger einverstanden ist.

1   **1)** Für **mit dem Hausrat zusammenhängende Schulden** (zB VersBeiträge, InstandsetzgsKosten), für die ein Eheg allein od beide als GesSchuldn (§ 421) haften, kann der Richter im **Innenverhältnis** die Verpfl zur Zahlg anders bestimmen, **I.** Das Außenverhältnis bleibt unberührt. Wird also ein Eheg an Stelle des and allein verpfl, so hat er diesen freizustellen; aGrd der richterl Festsetzg kann der freizustellde, aber im Außenverhältn in Anspr genommene Eheg LeistgsKl gg den and Eheg erheben. Die AnO einer AusglZahlg setzt voraus, daß demj, der die zahlen soll, Hausr zugeteilt w (BayObLG FamRZ **85**, 1057).

2) Unter Eigentumsvorbehalt gelieferte Gegenstände (§ 455) soll der Richter dem and Eheg nur **2** zuteilen (dh Übertr der Anwartsch), wenn der Gläub damit einverstanden ist, **II,** da der Gläub im allg an dem Verbleib der Sache interessiert ist. Ausnahmsw Zuteilg auch gg den Willen des insoweit dann beschwerdeberecht Gläub (Saarbr OLG **67,** 1; aA MüKo/Müller-Gindullis Rdn 5). Die Gläubigerrechte (§ 433 II) bleiben iü unberührt; jedoch kann der Richter bestimmen, daß der Eheg, dem zugeteilt wird, den erst später fäll werdden Kaufpreisrest sofort zahlt. Mit Zust Abänderg der Gläubigerrechte (§ 305). Entspr Anwendg auf gemieteten od geliehenen Hausr.

4. Abschnitt. Verfahrensvorschriften

§ 11. Zuständigkeit. (1) *Zuständig ist das Gericht der Ehesache des ersten Rechtszuges (Familiengericht).*

(2) *Ist eine Ehesache nicht anhängig, so ist das Familiengericht zuständig, in dessen Bezirk sich die gemeinsame Wohnung der Ehegatten befindet. § 606 Abs. 2, 3 der Zivilprozeßordnung gilt entsprechend.*

(3) *Wird, nachdem ein Antrag bei dem nach Absatz 2 zuständigen Gericht gestellt worden ist, eine Ehesache bei einem anderen Familiengericht rechtshängig, so gibt das Gericht im ersten Rechtszug das bei ihm anhängige Verfahren von Amts wegen an das Gericht der Ehesache ab. § 281 Abs. 2, 3 Satz 1 der Zivilprozeßordnung gilt entsprechend.*

1) Die **sachliche Zuständigkeit** des FamGer, **I,** ist ausschließl (GVG 23b I Z 8, ZPO 621 I Z 7). FamG **1** auch zust für AO od Verlängerg einer RäumgsFr (Mü NJW **78,** 548). Zuständig des FamG ferner für den einstw RSchutz wg Rückschaffg von eigenmächtig aus der Ehewohng entfernten HausrGgsten, auch wenn einz Ggste kein Hausr sind (BGH NJW **83,** 47) sowie f Kl auf SchadErs an Stelle v im HausrBeschl titulierten HerausgAnspr (LG Mü II FamRZ **92,** 335). Bei Geltdmachg von HausrAnspr vor dem ProzG Abgabe an das FamG (VO 18). Vgl iü Einl 6 vor VO 1.

2) Örtliche Zuständigkeit bei Anhängigk einer Ehe-, insb der Scheidgssache ausschließl das Ger der **2** Ehesache, **I,** bei Nichtanhängigk einer Ehesache das FamG der gemeins Wohng der Ehel, **II 1.** Fehlt eine gemeins Wohng im Inland, entscheidet der gewöhnl Aufenth, hilfsw der AufenthOrt des AntrGegners, **II 2.** Bei nachträgl Anhängigk Abgabe an das Ger der Ehesache, **III.** Die Zustdgk nach I dauert auch nach Beendigg der Anhängk der Ehesache fort (BGH NJW **86,** 3141).

§ 12. Zeitpunkt der Antragstellung. *Wird der Antrag auf Auseinandersetzung über die Ehewohnung später als ein Jahr nach Rechtskraft des Scheidungsurteils gestellt, so darf der Richter in die Rechte des Vermieters oder eines anderen Drittbeteiligten nur eingreifen, wenn dieser einverstanden ist.*

1) Zweck: Da der Antr auf AuseinandS der Ehewohng und des Hausr nicht fristgebunden ist, soll der **1** Verm innerh eines Jahres Klarh darüber haben, welcher der Eheg künft sein Mieter ist; desh verbietet die Vorschr dem Richter, in die Rechte des Verm ohne dessen Einverständn einzugreifen, wenn der Antr später als ein Jahr nach Rechtskr des ScheidgsUrt gestellt w. Wg des EntscheidgsVerbundes (ZPO 623, 629) nur noch von geringer Bedeutg. Fristwahrg auch dch Klageerhebg vor dem ProzGer, wenn Abgabe an das FamGer nach Ablauf von einem Jahr erfolgt (VO 18 II). Die FrVersäumn führt nach AG Charl FamRZ **90,** 532 dazu, daß der ausgezogene Eheg keine Möglk hat, sich gg den Willen v Verm u and Eheg aus dem MietVertr zu lösen.

2) Der MietVertr (VO 6 II) kann ohne Zustimmg des Verm nicht mehr geändert w. Das bedeutet: **2**

a) Einverständnis erforderlich iF von VO 5 I (Schlesw SchlHA **55,** 203; KG FamRZ **60,** 444) od bei **3** Teilg der Wohng u Begründg neuer Mietverhältn (VO 6 II). Für das Einverständn des Verm entscheidet bei ErbenGemsch deren Mehrh (§§ 745 I, 2038 II). Einverständn auch noch in der BeschwInstanz widerrufb (BayObLG **57,** 33).

b) Einverständnis dagg **nicht erforderlich** für eine Regelg der Eheg od des FamG im **Innenverhältnis, 4** dh im Verhältn der Eheg untereinand (BayObLG FamRZ **70,** 35). So kann unter Nichtantastung des Mietverhältn im Außenverhältn Aufteilg der Wohng im Innenverhältn angeordnet (KG NJW **61,** 78), ferner ein Eheg zur Räumg verpfl (KG NJW **61,** 78; BayObLG NJW **70,** 329) u der weiche Eheg von seinen Verpfl ggü dem Verm dch den verbleibden Eheg freigestellt w (Mü FamRZ **86,** 1019; LG Bln FamRZ **63,** 95; aA LG Wiesb FamRZ **63,** 94).

c) Kein Anspr des Verm auf Rechtsgestaltg nach seinen Wünschen (KG NJW **61,** 78; BayObLG NJW **5** 1970, 329; LG Bln FamRZ **63,** 95; LG Wiesb FamRZ **63,** 94).

§ 13. Allgemeine Verfahrensvorschriften. (1) *Das Verfahren ist unbeschadet der besonderen Vorschrift des § 621a der Zivilprozeßordnung eine Angelegenheit der freiwilligen Gerichtsbarkeit.*

(2) *Der Richter soll mit den Beteiligten in der Regel mündlich verhandeln und hierbei darauf hinwirken, daß sie sich gütlich einigen.*

(3) *Kommt eine Einigung zustande, so ist hierüber eine Niederschrift aufzunehmen, und zwar nach den Vorschriften, die für die Niederschrift über einen Vergleich im bürgerlichen Rechtsstreit gelten.*

(4) *Der Richter kann einstweilige Anordnungen treffen.*

(5) *(gegenstandslos)*

1) Verfahrensrechtlich gilt ein **Mischsystem** aus VO 11 ff, ZPO 621–630 u FGG, **I,** VO 1 II. Im **1** Verbund mit der Scheidg herrscht AnwZwang (ZPO 78 I 2) u gilt die Kostenverteilg nach ZPO 93a, 621a

I 1; ands gilt ZPO in den Bereichen von ZPO 621a I 2. Zum **Antrag** VO 1 Rn 25–29. **Amtsermittlung** gem FGG 12, ZPO 621a I 2. Dchsetzg des pers Erscheinens eines Beteiligten über FGG 33 (Brem FamRZ **89**, 306). BeweisAufn FGG 15. Bei Nichtfeststellbark einer Tats, zB des AlleinEigt, Nachteil zu Lasten dessen, der daraus Vorteile herleiten will. IdR nicht öffentl (GVG 170) **mündliche Verhandlung, II,** in welcher der Richter auf eine **gütliche Einigung** hinzuwirken hat, die iF ihres Zustandekommens gem ZPO 159ff protokolliert w muß, **III.** Für die Konventionalscheidg ist die vorherige Einigg SachUrtVoraussetzg (ZPO 630 III). Das HausrVerf gilt auch für die AuseinandSetzg gemsch Verm nach fr **DDR-Recht** (EG Art 234 § 4 Rn 35).

2   **2) Vorläufige Benutzungsregelungen, IV** (Lit: Maurer FamRZ **91**, 886). Mit Hilfe von IV läßt sich die Konkurrenzproblematik (BGB 861, 1361a) abfangen (Düss FamRZ **94**, 390; Kobusch FamRZ **94**, 942). Vorl AnO nach FGG-Recht sind auch in einem isolierten HausrVerf zul (zur Beschw hiergg VO 14 Rn 3); als einstw AOen innerh des VerbundVerf nach ZPO 620ff dagg erst mit Anhängigk der Ehesache bzw mit dem PKH-Antr zul (ZPO 620a II 1) u nur begrenzt anfechtb (ZPO 620c). Bei Anhängigk eines Verf n ZPO 620 Nr 7 ist eine vorl AO gem IV unzul (AG Montabaur FamRZ **90**, 893). **Zuweisung der Ehewohnung vor Anhängigkeit des Scheidungsverfahrens:** § 1361b, nach IV nur bei Vorliegen einer bes schw Härte (Schlesw FamRZ **90**, 546; Rstk FamRZ **95**, 558). Abänderg od Aufhebg gem VO 17, FGG 18 bzw im ScheidgsVerf ZPO 620b. Einstw Vfg gem ZPO 935ff unzul. Keine einstw AO für WoEndGrdst (Naumbg FamRZ **94**, 389).

§ 14. Rechtsmittel. *Eine Beschwerde nach § 621e der Zivilprozeßordnung, die sich lediglich gegen die Entscheidung über den Hausrat richtet, ist nur zulässig, wenn der Wert des Beschwerdegegenstandes eintausendzweihundert Deutsche Mark übersteigt.*

1   **1)** Gg die Endentscheidg des FamG über die Ehewohng u den Hausr findet die **Beschwerde** statt (ZPO 621e I, 629a II). Richtet sich diese nur gg die Entsch über **Hausrat,** u zwar auch bei vorläuf AnO im isolierten HausrBenutzgsVerf (Ffm FamRZ **87**, 407; zu einstw AnO gem ZPO 620 vgl Rn 2), so kann sie nicht auf einzelne Ggstde beschrkt w (Zweibr NJW-RR **93**, 649), sond erfaßt automat den ges noch nicht verteilten Hausr (BGH **18**, 143; Zweibr FamRZ **93**, 82). Der **Wert des Beschwerdegegenstandes** muß 1200 DM (Neue Wertgrenze seit 1. 4. 91 dch RPflegeVereinfG, BGBl **90**, 2862) übersteigen, auch bei weiter Fassg des Begr Hausr (Düss FamRZ **88**, 535). Maßgebd nicht das Interesse der Beteiligten an der Regelg (so aber Kln FamRZ **89**, 417), sond der Verkehrswert (LG Mü FamRZ **70**, 38) der ändergsbetroffenen Ggste (BayObLG **59**, 472; KG FamRZ **60**, 241; NJW **61**, 1028). Wertermittlg gem ZPO 511a III. Prüfg, ob BeschwWert erreicht ist, vAw (Zweibr FamRZ **76**, 699). Die Wertgrenze gilt auch für die Beschw gg einstw AOen im isolierten HausrVerf gem § 13 Rn 2 (Düss FamRZ **88**, 313). Ist über eine nicht vor das FamGer gehörden Anspr entschieden, ist Beschw unabhäng vom BeschwWert gegeben (Ffm NJW **63**, 554). **Beschwerdefrist** 1 Mo (ZPO 621e III); BeschwGer ist das OLG (GVG 119 Z 2). AnwZwang bei Folgesachen. Im Verf über die Zuteilg der Ehewohng geschiedener Eheg ist die unselbstd AnschlBeschw statth (BayObLG FamRZ **78**, 599). Das BeschwGer ist an die Antr der Parteien nicht gebunden, aber Verbot der reformatio in peius (Hamm FamRZ **69**. 428; BayObLG FamRZ **74**, 34). **Beschwerdeberechtigung** FGG 20, VO 13 I.

2   **2) Beschwerde gegen einstweilige Anordnungen: a) Bei Anhängigkeit der Ehesache** nur einge-schrkt zul gem ZPO 620c, näml gg Wohngszuweisg, u wg greifb Gesetzwidrigk (Th-P ZPO 620 Anm 2b

3 mN). – **b) im isolierten Hausratsverfahren** gg vorläuf AOen gem VO 13 IV als **einfache Beschwerde** (Rstk FamRZ **95**, 558 mN; KKW § 19 Rn 31), allerd mit der Wertbegrenzg aus VO 14 (Gießler, Vorläuf RSchutz Rdn 821).

4   **3) Keine weitere Beschwerde** od (im Verbundverf) Revision (ZPO 621e II, 629a I), auch dann nicht, wenn die ErstBeschw als unzul verworfen wurde (BGH NJW **80**, 402).

§ 15. Durchführung der Entscheidung. *Der Richter soll in seiner Entscheidung die Anordnungen treffen, die zu ihrer Durchführung nötig sind.*

1   **Zweck:** Zur Durchführg der Wohngs- u HausrTeilg sind insb AO zu ihrer **Vollstreckung** (VO 16 III) erfdl. Diese kann das FamG treffen. Also AO über die Räumg der Wohng und Herausg an den and Eheg, Ztpkt, Bewilligg von RäumgsFristen u deren Verlängerg (Mü NJW **78**, 548; Stgt FamRZ **80**, 467); AO auch **gegenüber Dritten,** zB ggü dem LebPartn des räumgspfl Eheg; Herausg von HausrGgstden; AnO von AusglZahlgen, Auferlegg von Umzugs- u Transportkosten.

§ 16. Rechtskraft und Vollstreckbarkeit. (1) *Die Entscheidungen des Richters werden mit der Rechtskraft wirksam. Sie binden Gerichte und Verwaltungsbehörden.*

(2) *Die Änderung und die Begründung von Mietverhältnissen durch den Richter bedarf nicht der nach anderen Vorschriften etwa notwendigen Genehmigung.*

(3) *Aus rechtskräftigen Entscheidungen, gerichtlichen Vergleichen und einstweiligen Anordnungen (§ 13 Abs. 4) findet die Zwangsvollstreckung nach den Vorschriften der Zivilprozeßordnung statt.*

1   Wirksamk der Entsch des FamG erst mit der Rechtskr, **I 1.** Also keine vorl Vollstreckbark. Einschränkg der materiellen Rechtskr dch VO 17. Mit der Rechtskr Vollzug des EigtÜbergangs od Inkrafttreten des Miet-verhältn. **Zwangsvollstreckung** nach ZPO, **III.** Umschreibg eines Titels aus der HausrVO auf Dr unzul (Hamm FamRZ **87**, 509). Für die ZwVollstrGgKl fehlt idR wg VO 17 das RSchutzbedürfn, sonst aber zul (Hamm FamRZ **88**, 745; aA LG MöGladb NJW **49**, 229 m abl Anm Ferge). ZurückbehaltgsR regelmäß ausgeschl (BayObLG FamRZ **75**, 421).

§ 17. Änderung der Entscheidung. (1) *Haben sich die tatsächlichen Verhältnisse wesentlich geändert, so kann der Richter seine Entscheidung ändern, soweit dies notwendig ist, um eine unbillige Härte zu vermeiden. In Rechte Dritter darf der Richter durch die Änderung der Entscheidung nur eingreifen, wenn diese einverstanden sind.*

(2) *Haben die Beteiligten einen gerichtlichen Vergleich (§ 13 Abs. 3) geschlossen, so gilt Absatz 1 sinngemäß.*

(3) *Will der Richter auf Grund der Absätze 1 oder 2 eine Wohnungsteilung (§ 6) wieder beseitigen, so soll er vorher die Gemeinde hören.*

1) Abänderungsmöglichkeit, I 1, für rechtskr Entsch u gerichtl (Celle NJW **64**, 1861) sowie außerge- 1 richtl (BayObLG FamRZ **75**, 582) Vergl, **II,** bei **a) wesentlicher Änderung der tatsächlichen Verhält-** 2 **nisse,** zB Erhöhg des WohnrBedarfs inf Wiederheirat od Änderg der SorgerechtsRegelg (Schlesw JR **49**, 448; LG Bln FamRZ **71**, 31) u **b) zur Vermeidung einer unbilligen Härte.** Die Regelg muß sich 3 nachträgl als grob unbill herausstellen (BayObLG **63**, 286; Kuhnt AcP **150**, 161). Also keine AO bei vorhersehb Ändgen wie der Rückgabe bl geliehener Möbel (Hamm FamRZ **88**, 645).

2) Verfahren. Voraussetzg ein Antrag (bestr), der zwar nicht befr ist, aber Zeitablauf heilt idR Unbilligk 4 (vgl LG Bln FamRZ **71**, 31; Müller JR **53**, 295). Zust FamG des ersten Rechtszugs bzw gem VO 11. Haben die Parteien im HausrVerf einen Vergl über die Räumg der Ehewohng geschl, so entsch das FamG über eine nachträgl beantragte RäumgsFrist gem VO 17, nicht nach ZPO 794a; gg die Entsch befr Beschw nach ZPO 621e (Karlsr Just **79**, 438). In die Rechte Dritter darf nur mit deren Einverständn eingegriffen w, **I 2. III** ist heute obsolet.

§ 18. Rechtsstreit über Ehewohnung und Hausrat. (1) *Macht ein Beteiligter Ansprüche hinsichtlich der Ehewohnung oder des Hausrats (§ 1) in einem Rechtsstreit geltend, so hat das Prozeßgericht die Sache insoweit an das nach § 11 zuständige Familiengericht abzugeben. Der Abgabebeschluß kann nach Anhörung der Parteien auch ohne mündliche Verhandlung ergehen. Er ist für das in ihm bezeichnete Gericht bindend.*

(2) *Im Falle des Absatzes 1 ist für die Berechnung der im § 12 bestimmten Frist der Zeitpunkt der Klageerhebung maßgebend.*

1) Zweck. Sicherg der ausschließl sachl Zustdgk des FamG bei AuseinandS von Ehewohng u Hausr 1 dadch, daß bei Geltdmachg von Anspr, die unter VO 1 od §§ 1361a, b fallen, vor dem ProzGer dieses die Sache vAw **an das** gem VO 11 zustdge **Familiengericht abgibt, I 1.** Gehört nur ein Teil des StrGgst vor 2 das FamG, so ist eine beschränkte Abg zul ("insow"). Zu RStreitigkten aus Vereinbgen der Eheg: VO 1 Rn 9. Abgabe auch dann, wenn die Zustdgk dch Trenng der Ehg od ScheidgsAntr (vgl VO 18a) erst im Laufe des Verf wechselt (vgl BGH **67**, 217). Abg auch noch in der BerufgsInst (KG FamRZ **74**, 195; Erm/Dieckmann 2). Beim FamG beginnt ein völl neues Verf (KG FamRZ **74**, 195/7); aber wg der bereits entstandenen Kosten besteht VerfEinh (VO 23). Hält der FamRi eine Sache nicht für eine Hausr- od EheWoAngelegenh, Abg an das ProzGer (Erm/Dieckmann 4).

2) Der AbgabeBeschl, I 2, ist für das bezeichn Ger **bindend, I 3.** Bindg auch bei Abg innerh desselben 3 Ger (Ewers FamRZ **90**, 1373; Heintzmann FamRZ **83**, 960; aA Bambg FamRZ **90**, 179) u auch bei fehlerh Ann, es handle sich um Anspr bez EheWo u Hausr (BayObLG FamRZ **68**, 319; **75**, 582; Erm/Dieckmann 3; Soergel/Heintzmann 3). Für die Bindg reicht es aus, wenn die Verweisg der Sache dch das LG an das FamG auch nach VO 18, 18a erfolgt (Karlsr FamRZ **92**, 1082). Die Bindgswirkg entfällt dagg, wenn der Abg-Beschl jeder gesetzl Grdlage entbehrt (Kln FamRZ **80**, 173). Ferner bei Nichtgewähr rechtl Gehörs (Erman/Dieckmann 3). Bindg bedeutet auch nicht Bindg an die matrechtl Grdlagen u an die VerfVorschr der HausrVO (Heintzmann FamRZ **83**, 957; Erman/Dieckmann 3). Die Bindgswirkg erlischt, wenn der Ggst nach Abg an das FamG den Charakter als HausrSache verliert, so daß das FamG dann an das zustdge ProzGer verweisen k (Ffm FamRZ **81**, 186).

3) Gg die Abg entspr ZPO 281 II 1 **keine Beschwerde** (Erm/Dieckmann 3 mN; aA Karlsr FamRZ **76**, 4 93; 52. Aufl). Hat fälschl die allg ProzAbt des AG über eine FamSa entsch, ist nach der vom UÄndG eingeführten formalen Anknüpfg (BT-Drucks 10/2888 S 21) nur Berufg zum LG zul; keine Verweisg innerh der RmittelGer mehr (BGH NJW **91**, 231).

§ 18a. Getrenntleben der Ehegatten. *Die vorstehenden Verfahrensvorschriften sind sinngemäß auf die Verteilung des Hausrats im Falle des § 1361a und auf die Regelung über die Benutzung der Ehewohnung im Falle des § 1361b des Bürgerlichen Gesetzbuchs anzuwenden.*

Leben die Eheg getrennt, **Hausratsverteilung** materiellrechtl gem § 1361a, verfrechtl nach VO 18a (also 1 VO 11–18). Wg **Wohnungszuweisung** auch schon **vor Anhängigkeit des Scheidungsverfahrens** vgl § 1361b. Ist eine Ehesache anhäng, einstw AnO gem ZPO 620 S 1 Nr 7 (Vorteile: Entsch über die Wohng u Inkraftbleiben gem ZPO 620f). Unzul ist die Zuweisg der Ehewohng an den einen Eheg gg dessen Willen (Celle FamRZ **81**, 958). Vgl zum Verf iü auch § 1361a Rn 6 sowie § 1361b Rn 9. Zur Anfechtg von ZwVerfügen VO 14 Rn 2, 3. Mit Auflösg der Ehe endet die Zulässigk eines ggf auf best Ggste isolierten Verf nach §§ 1361a, b u VO 18a; keine Erledigg der Haupts (aA Karlsr FamRZ **88**, 1305), sond Abweisg des Antr als unzul (Soergel/Heintzmann 6). Eine bereits ergangene Entsch verliert ihre Wirksamk; aber Fortführg des Verf nach HausrV 1 ff mögl, wenn Regelg für den ges Hausr für die Zeit nach der Scheidg angestrebt w (vgl Zweibr FamRZ **91**, 848 mN).

§ 19. Einstweilige Anordnung in Ehesachen. (aufgeh, 1. EheRG Art 11 Ziff 3; einstweilige AnO gem ZPO 620 Ziff 7.)

1   Entsch auch ü Schweizer FerienEigtWohng (KG FamRZ **74**, 198). Rauchverbot (Celle FamRZ **77**, 203).

5./6. Abschnitt. Kosten- und Schlußvorschriften
(auf den Abdruck wird verzichtet)

Anfangstermin 163

Anfangsvermögen bei ZugewGemsch **1374;** Verzeichn **1377;** Wertermittlg **1376**

Anfechtung, Übbl 33 vor **104,** 119 1, **121** 1; AnfErkl s dort; AnfGegner **143** 5; Annahme oder Ausschlagg der Erbschaft **1954–1957, 2308,** nach ZGB **1954** 7, des ErbErsAnspr **1934b** 11; Anerkenng der Vaterschaft **1600f–1600m;** Anspr der VertrPart **142** 2; Arglist, eigene **123** 1; wg argl Täuschg **123** 2; AusschlFr **121** 1, **124** 2; Berechtigter **143** 4; – BereichergsAnspr **812** 77, **813** 4; Bestätigg **144;** Bestätiggsschreiben **148** 8; der Bevollmächtigg **167** 3; Beweislast **119** 32, **121** 6, **122** 7; DauerschuldVerh Einf 29 vor **145;** Dienst- u ArbeitsVertr **611** 20; Drohg **123** 15; Ehelichk **1593– 1597;** Erbvertr **2281;** bei ErfGesch **142** 3, Einf 10 vor **346;** Eventual- **143** 2; Form **143** 2; GesellschVertr **705** 10, Ausscheiden eines Gters **736** 1; GrdGesch **142** 2; Irrtum **119, 122;** dch Klageschrift **121** 4; letztw Vfg **2078–2082,** keine Anf der Bdgg oder Befristg allein **2078** 2; u Mängelhaftg **119** 28; bei Nichtigk Übbl 33 vor **104, 123** 2; SchadErs **122,** teilweise **142** 1; des TestWiderrufs **2256** 2; Übermittlg, irrige **120** 1; Überschuldg d Nachlasses **1954** 4; unverzügliche **121** 3; Vereinsbeschlüsse **32** 8; Vereinssatzg **25** 2; VerjBeginn bei – **200** 4; VermAusschlagg **2308** 2; Verschulden **122** 1; Verzicht **144** 1; der Wahl **263** 2; vorsorgliche im Prozeß **143** 2; Wirkg **142**

Anfechtungserklärung, AusschlaggFrVersäumg **1956** 4; Ehelichk **1599;** ErbschAnnahme/Ausschlagg **1955;** ErbVertr **2282;** VermächtnAusschlagg **2308** 2; letztw Vfg **2081;** VaterschAnerkenng **1601;** WillErkl **143**

Anfechtungsfrist, Drohg u Täuschg **124** 2; Ehelichk **1594;** Erbvertr **2283;** Irrtum **121;** letztw Vfg **2082** 1, 2; Anerkenng der Vaterschaft **1600h– 1600i**

Angehörige Einl 1 vor **1297;** Einbeziehg in die Schutzwirkg des Vertr **328** 17; Ers von Fahrtkosten für Krankenhausbesuche **249** 11, von Schockschäden Vorb 71 vor **249;** Ausschl von RegreßAnspr gg Vorb 159 vor **249;** Eintritt in MietVertr **569a;** sittenwidr Verbürgg dch **138** 37

Angemessener Unterhalt, 519, 528, 829, **1360, 1361** 46, **1578** 2, **1603, 1608, 1610, 1963;** Begriff **1360a** 1

Angestellter, Begriff Einf 47–49 vor **611;** Arbeitsverhinderg **616;** Kündigg **622** 4; Freizeichng für grobes Versch von leitden – AGBG **11** 38

Angleichung im IPR Einl 32 vor EG **3**

Angriff, Notwehr **227**

Anhörung in KindesannahmeVerf Einf 12 vor **1741;** in SorgeRVerf Einf 9 vor **1626, 1671** 26; in UnterbringgsGenVerf **1631b** 4, **1906** 1; GgVormund **1799** 1, **1826** 1; Verwandte **1847**

Ankaufsrechte 313 11, Vorb 13 vor **504,** Übbl 4 vor **1094;** Vormkg Vorb 11 vor **504, 883** 16

Anknüpfung im IPR Einl 21 vor EG **3,** zwecks GesUmgehg Einl 25 vor EG **3**

Anlage, zum Schaden neigde Vorb 67 vor **249;** gefahrdrohende **907;** Schadens- u hypothet Kausalität Vorb 99 vor **249**

Anlageberatung 276 22; Vorb 13 vor **459; 675** 6

Anlagevermittlung 276 22; **654** 5; **675** 6

Anlandung EG 65 4

Anlegung von Geld durch Eltern **1642;** Vorerbe **2119;** Vormd **1806–1811**

Anlernverhältnis Einf 59 vor **611**

Anliegerbeitrag 103 4, **436** 4

Anliegergebrauch 903 29

Anmeldung zum Vereinsregister **59ff, 67, 71, 74, 76;** zum GüterRRegister **1560, 1561**

Annahme, der Anweisg **784** 1–6; der Erbschaft s

dort; des ErbErsAnspr **1934b** 7; der Erfüllg **363;** erfüllgshalber **364** 8; an Erfüllgs Statt **364** 1–7; der Kaufsache **464** 6, unter Vorbeh **464** 8; des Vermächtn **2180;** s auch VertrAnnahme

Annahme als Kind 1741–1773, Abkömmlinge des Angen **1742** 1, **1755** 2, **1770** 2; Abstammg, Recht auf Kenntn **1758** 1; Alterserfordern **1743;** AnnAntr **1752** 2, bei VolljAnn **1786** 1; AnnBeschl (Dekret) **1752** 1; Aufhebg der MjAnn **1759,** auf Antr **1760–1762,** vAw **1763,** dch Eheschließg **1766,** Wirkg **1764–1766;** Aufhebg der VolljAnn **1771,** bei VollAnn **1772** 2; soziale Bedeut Einf 1 vor **1741;** BlankoAnn **1747** 10; dch einen Eheg **1741** 12; dch Ehepaar **1741** 11; Eheverbot aGrd Ann EheG 7, Verstoß **1766;** eigenes nichtehel Kind **1741** 15; Einwilligg des Eheg des Annehmden **1749** 1, des Angen **1749** 2; Einwilligg des Kindes **1746,** Ersetzg bei Pfleger/Vormund **1746** 5, Widerruf **1746** 8; Einwilligg der KindesElt **1747,** Ersetzg **1748,** Wirkg vor AnnBeschl **1751;** Einwilliggsform **1750;** EltKind-Verh **1741** 5, bei VolljAnn **1767** 2; ErbR **1924** 14–23, **1925** 6–10, **1926** 5, 6, **1931** 13, **2053** 2, **2066** 2, **2067** 1, **2069** 2, **2079** 4, **2107** 1, **2349** 1, EG **22** 6; Geheimhaltg **1758;** GeschFgk des Annehmden **1743** 4; GeschUnFgk des Annehmden **1746** 2, bei VolljAnn **1768** 2; IKR EG **22** 2; InkognitoAnn **1747** 9; Interesse der Kinder des Annehmden/Anzunehmden **1745,** bei VolljAnn **1769;** IPR Einf 10 vor **1741,** EG **22,** 23; eines angen Kindes **1942** 2; Kindeswohl als AnnVoraussetzg **1741** 3, bei VolljAnn **1767** 4, als AufhebgsGrd **1763** 3, als AufhebgsSperre **1761** 4; MjAnn **1741–1766;** Name der Angen **1757,** Änderg **1757** 8, 11, nach Aufhebg **1765;** Nichtigk **1759** 1; PflegeVerh vor Ann Einf 6, 8 vor **1741, 1744;** PflichtteilsR **2303** 2, **2309** 4; sittl Rechtfertigg bei VolljAnn **1767** 2; RStellg des Angen **1754,** bei VolljAnn **1770;** elterl Sorge nach Einwilligg **1751** 1, 2; Staatsangehörig nach Ann **1754** 2, 3, EG **22** 16, 17; Tod vor AnnBeschl **1753,** vor AufhebgsBeschl **1764** 1; ÜbergangsR EG 11 vor **1741;** dch Unverheirateten **1741** 13, 14; elterl Umgang nach Einwilligg **1751** 1; Verf bei Ann Einf 12 vor **1741,** bei Aufhebg **1759** 2; VerwandtschaftsVerh, bisheriges **1755, 1756,** neues **1754** 2; VollAnn **1754** 1, bei VolljAnn **1772;** VolljAnn **1767–1772**

Annahme der Erbschaft 1943; vor Anfall **1951** 3; Anfechtg **1954, 1955** 2, **1957;** nach ausländ Erbstatut **1945** 10; bdggsfeindl **1947;** mehrfache Berufg **1948;** Beschränkg auf Teil **1950;** dch Eheg **1943** 4; bei GüterGemsch **1432** 2, **1455;** mehrere Erbteile **1951;** Irrtum **1949** 1, 2; dch Minderjähr **107** 4, **1943** 4; PassivProz vor – **1958** 2; Sicherg des Nachl vor – **1960, 1961;** Ungewißh **1960** 9

Annahmeerklärung s Vertragsannahme

Annahmeverzug, Angebot mangelhafter Ware **294** 4; bei Unmöglichk **293** 3; Vergütungsanspr des Dienstpfl **615;** s Gläubigerverzug

Annoncenexpedition 675 6

Anpassung im IPR s Angleichung

Anpassungsklauseln 315 14; AGBG **9** 53; ErbbZins ErbbRVO **9** 10

Anpassungsverordnung bezügl Unterhaltsrenten Minderjähriger **1612a** 17–20

Anrechnung, bei Ausgleichg **2055;** bei vorzeit ErbAusgl **1934d** 20; bei ErsPfl zum Gesamtgut **1476** 2; bei FdgsMehrh **366;** auf Kaufpreis **464** 8; von Leistgen auf Regelbedarf des nichtehel Kindes **1615g;** beim Unterh geschied Eheg **1577;** bei Übertr von Vermögensggst **1383;** Vorempfang bei Pflichtteil **2315;** von Vorteilen auf SchadErsAnspr Vorbem 119 vor **249;** auf Zinsen u Kosten **367** 1; beim ZugewAusgl **1380**

Arztpraxis, Bewertg **1376** 6; GemschPraxis **705** 38; Mithilfe der Ehefrau **705** 27; Verkauf **138** 60, Mit-Übertr der Patientenkartei **134** 22

Asylantenehe **1353** 2, **1565** 12; EheG **12** 2; **13** 8; EG **13** 21

Asylberechtigte u –suchende EG **5** Anh II 5

Atomgesetz ProdHaftG **15** 1

Aufbaudarlehen Einf **86** vor **535**

Aufbauleistungen Einf **80** vor **535**

Aufbauvertrag Einf **80** vor **535**; WEG **2** 7

Aufbewahrungspflicht des Käufers **433** 40

Aufenthalt **7** 2; gewöhnl **7** 3, IPR EG **5** 10, MSA EG **24** Anh 10

Auffahren **823** 94, **830** 13; AnscheinsBew für Verschulden Vorb **169** vor **249**

Aufgebot vor Eheschließg EheG **12**; der ErbR **1965**; GrdstEigtümer **927**; HypBrief **1162**; HypGläub **1170–1171**; NachlGläub **1970–1974**; Postsparbücher **808** 8; ReallastBerecht **1112**; VorkBerecht **1104**; Vormerkg **887**

Aufgedrängte Bereicherung **951** 18

Aufhebungsvertrag **305** 7; Arb/DVertr Vorb 5 vor **620**

Aufklärungspflicht **242** 37, u argl Täuschg **123** 5; des Arztes **823** 45; Beschrkg der SchadErsPfl 63 vor **249**; des Käufers **433** 41; Verletzg **276** 78, 118, BewLast für **363** 1; bei WkVertr **631** 13

Auflage, Begriff Einf **4** vor **158**, **525** 1, **1940** 1; BereichAnspr **2196** 2; Bestimmg des Begünstigten **2193**; ErbschSt Einl 15 vor **1922**, Einf 3 vor **2192**; im Erbvertr **1941**; ErfAnspr bei Schenkg **525** 12; ggseit Vertr Einf 10 vor **320**; Ggst **2192** 2; Mängel bei Schenkg **526**; NachlVerbindlichk **1967**, **1972**; Nichterfüllg der **527**; Nichtigk **2192** 2; **2302** 3; Schenkg unter **525– 527**; Sittenwidrigk **2192** 2; **2195** 1; durch Testament **1940**; bei TestVollstreckg **2205** 9; Unmöglk **525** 4; Vermächtn-Vorschr, Anwendg **2192** 1; bei Zustimmgsersetzg **1365** 27; Vollziehg bei Test **2194**

Auflassung **925**; Bestandt **93** 4; Genehmigg, behördl Übbl 17 vor **873**, **313** 57; Kondiktion **812** 21; Kosten **449** 2; Vollm **313** 22, 47; Zubeh **926**

Aufmaß, gemeins im WkVertr **781** 10

Aufopferungsanspruch, öffentlrechtl Übbl 50 vor **903**; bürgerlrechtl **906** 42

Aufrechnung **387**; nach Abtretg **406**; Anerkenng des Saldos **387** 3; bei AnfechtgsR **387** 11, 12; AufrLage **387** 1; Beschränkg dch AGB-Klauseln AGBG **11** 15; Erklärg **388** 1; Erlöschen der Fdgen **389** 1; eventuelle im Prozeß **388** 3; Fälligk der GgFdg **387** 11; Fdg, auflösd bdgt **387** 6, aus vorsätzl unerl Handlg **393** 1, beschlagnahmte **392** 1, einredebehaftete **390** 1–3, verjährte **390** 3; Gehaltsanspr EG **81**; Ggseitigk der Fdgen **387** 4; gg Gesamtgutsfordg **1419** 3; Gesamtschuld **422**; Gesellschaft **719** 6; Gleichartigk der Fdgen **387** 8; IPR EG **32** 6; Kondiktion dch AufrBefugnis **813** 4; durch Konkursgläub **392** 1; Leistgsort **387** 3, **391** 1; Liquidität **387** 20; Mehrh von Fdgen **396** 1; Mieter **552a**; MiterbenGemsch **2040** 6; NachlGläub **1977** 1–5; gg öffrechtl Fdgen **395** 1–3; im Prozeß **388** 2; Rückwirkg **389** 1; SchadErsAnspr nach Verjährg **479** 1, 2; Skontration **387** 19; gg TeilFdg **388** 4; unpfändb Fdg **394** 1; unzul RAusübg **387** 15; vertragl Ausschluß **387** 1; Vorvertr **387** 21

Aufrechnungsverbot **394**; gg LohnFdg **611** 74; unzul RAusübg **387** 15; AGB AGBG **11** 15

Aufsicht über Beistand **1691**; über Betreuer **1908** i; 13 ff; der Eltern über die Kinder **1631** 5; über Pfleger **1915** 2; Vormd **1837** 2

Aufsichtspflicht, Verletzg **823** 60; der Eltern **1631** 7; über Minderj **832**

Aufsichtsrat, Geschäftsbesorgg **675** 6

Aufstockungsunterhalt **1361** 51; **1573** 14

Auftrag **662**; Abgrenzg Einf 14 vor **433**, Einf 3 vor **662**; Abschl **662** 2; Abweichg von Weisgen **665** 8–12; Anzeige der Ablehng **663**; Aufwendgen des AuftrN **670**; Auskunft **666**; Begriff Einf 1 vor **662**; Beendigg **671–674**; Benachrichtigg des AuftrG **666** 2; Bindg an Weisgen **665** 3; Form **662** 2; GefälligkVertr Einf 1, 3 vor **662**; Gehilfen **664** 4; GrdstBeschaffg **313** 18; GeschBesorgg **662** 5; GeschUnfgk des AuftrG **672**, des AuftrN **673**; Haftg des AuftrN **662** 11 (PflVerletzg), **663** 1 (unterl Ablehngsanzeige), **664** 2 (unzul Übertr), **664** 3 (zul Übertr), **664** 4 (für Gehilfen), **665** 11 (Abweichg von Weisgen); Haftg des AuftrG für Schäden des AuftrN **670** 8; Herausg des Erlangten **667**; Hilfeleistg ohne Auftr **670** 15; IPR EG **28** 2; Kündigg **671** 3; Nichtigk **662** 16; Notbesorgg **672** 2, **673** 3; öff Bestellg **663** 2; öff Sicherbieten **663** 3; im öffR Einf 8 vor **662**, **670** 14; Pfl des AuftrG **662** 10; des AuftrN **662** 9; Rechngslegg **666** 4; Tod des AuftrG **672**; des AuftrN **673**; Übertr der Ausführg **664**; des AusführgsAnspr **664** 5; Unentgeltlichk **662** 8; Verzinsg **668**; Vorschuß **669**; Weisgen **665**; Widerruf **671** 2

Auftragsbestätigung **148** 12

Aufwendungen, AGB-Klausel über Ersatz von – AGBG **10** 34; des ArbG/ArbN **611** 125; des AuftrN **670**; Begriff **256** 1; berufsbdgte beim Unterh **1361** 22, **1603** 6; der Eltern für Kind **1648**; bei ErbschKauf **2381**; des DVerpfl **611** 125; bei GoA **683**; Ersatz bei GläubVerzug **304** 1, 2, bei Verwahrg **693**; der Kinder f Eltern **1618**; fehlgeschlagene als Schaden Vorbem 32 vor **249**; für Nachbesserg beim Kauf **476a**, AGBG **11** 61, bei WkVertr **633** 8; bei NachlVerwaltg **1978** 5; zur Schadensabwendg Vorb 83 vor **249**; Verrechng ggü BereichergsAnspr **818** 45; Verzinsg **256**; des Vorerben **2124**; Vormund **1835**

Aufwertung **242** 136, 172

Auktionator Einf 9, 17 vor **433**

Ausbeute s Früchte

Ausbeutung **138** 74; fremder Rechte **687** 5

Ausbeutungsgeschäfte **138** 74

Ausbietungsgarantie, Einf 20 vor **765**; Formbedürftigkeit **313** 7

Ausbildung der Kinder **1631a** 2; AusbildgsGeld **1602** 8; –vergütg **1602** 19; Dauer **1610** 46; Unterh **1610** 37

Ausbildungsbeihilfe für nichtgemeinsch Abkömml **1371** 7; als Erbfallschuld **1967** 6

Ausbildungsförderung Einf 32 vor **1601**

Ausbildungskosten **1610** 37; iRv BAföG Einf 21 vor **1601**, **1613** 2; der Eheg **1360a** 3; währd Trenng **1361** 53; des UnterhSchu **1603** 16

Ausbildungsunterhalt, nachehel **1575** 1; Kind **1610** 37

Ausbildungsverhältnisse Einf 58 vor **611**; VertrAbschluß dch Eltern **1631** 3; Aufsichtspflicht **832** 4; Genehmigg dch VormschG **1822** 20

Auseinandersetzung, Gesamtgut **1471** ff, bei fortges GüterGemsch **1497** ff; GesellschVerm s dort; Nachl s ErbauseinandS; VermGemsch zw wiederheiratdem EltT u Kind **1683**, **1705** 5, Zeugn bei Eheschließg EheG **9**

Ausfallbürge Einf 11 vor **765**; **769** 2

Ausfallhypothek **1113** 10

Ausgangsmiete MHG **2** 18, **11** 3

Ausgleichsanspruch **242** 135; bei Beamtenhaftg, **841**; familienrechtl Einf 19 vor **1601**, **1606** 1, 17; zw GesamtGläub **430**; zw GesamtSchuldn **426**; bei nichtehel Kind **1615b** 3; bei unerlHdlg **840** 6; bei Besitz- u EigtStörgen **906** 31, 40, 41, 42; bei ZugewGemsch s dort; s a Ausgleichung

träge **665** 2; Erbnachweis Übbl 5 vor **2353**; Erf-Geh **278** 27; PfdR Einf 11 vor **1204**, **1206** 2; GeschBdggen AGBG **9** 60, GeschBesorgg **675** 7; IPR EG **28** 21; Haftg **276** 28–33; Sparbuch s dort; Vollm des Erblassers **2301** 9; WertPapDepot des Erblassers **2301** 21; Zinseszins **248**

Bankdarlehen, IPR EG **28** 12

Bankgarantie 14 vor **783**; IPR EG **28** 20

Bankkonten **328** 9, **675** 7; Vererbg **1922** 30; EhegVollm **1372** 8; ErbNachw Übbl 5 vor **2353**

Banknoten, Kauf **437** 16

Banküberweisung, Auftr **675** 9; Erfüllg dch **362** 8; Quittg **368** 6; steckengebliebene **270** 7; Vertr zGDr **328** 9, mit Schutzwirkg zGDr **328** 23

Bankvertrag 675 7

Bankvollmacht zw Eheg **1372** 8

Bargeld, Anlegg dch Eltern **1642**

Barkauf Einf 6 vor **433**

Barkaution Übbl 8 vor **1204**

Barwertverordnung 1587a Anh II

Barzahlungspreis VerbrKrG **4** 16

Bau auf fremden Grdst **951** 23

Baubeschränkungen als Mangel **434** 6, **459** 22; als Enteigng Übbl 45 vor **903**; Wirkg zG Dritter **328** 10, **903** 14

Baubetreuungsvertrag 675 20; AGB AGBG **9** 64; AufklärgsPfl **276** 78; Formbedürftig **313** 18; SchadErsPfl **538** 8, **637** 1; Verj der Anspr **196** 22

Baudarlehen Einf 10 vor **607**

Bauerwartungsland, Übbl 22 vor **903**

Baugenehmigung, Versagg als Enteigng, Übbl 43 vor **903**, als Fälligkeitsvoraussetzung **271** 9

Baugeräte, kein Grundstückszubehör **97** 11

Baugesetzbuch, GenBedürftig von GrdstGesch Übbl 18 vor **873**; Pflegsch **1911** 1, **1913** 1; VorkR Vorb 4 vor **504**, Übbl 6–9 vor **1094**

Bauherrenmodell, AGB AGBG **9** 65; Form **313** 33; Haftg **276** 34; ProspektHaftg **276** 33

Baukostenzuschuß Einf 83 vor **535**, **549** 2, **574** 4, als VorausVfg über Mietzins **1124** 4; Rückgewähr bei vorzeitiger Kündigg **557a** 5, **812** 80

Baulast Einl 19 vor **854**; BestellgsAnspr aGrd Dbk **1018** 1; als RMangel **434** 6; als vormkgswidr Vfg **883** 21

Baulärm, Schutz gg **906** 11

Baum auf Grenze **923**; Grenzabstand EG **124**; auf NachbGrdst **907** 1; Schadensbemessg **249** 26; Überfall v Früchten **911**; Überhang **910**

Baumaschinen, Überlassg bemannter Einf 23 vor **535**

Baurecht, NachbSchutz **903** 16; RNachf **1922** 53

Bauspardarlehen Einf 11 vor **607**

Bausparvertrag, Begünstigg Dritter für den Todesfall **331** 2, **516** 2; **1922** 48; **2301** 22; Anfechtg **2078** 14; kein Scheingeschäft **117** 4

Bauträger, Erwerb vom **631** 4, **675** 6

Bauträgervertrag, AGB AGBG **9** 66; s BauBetrVertr

Bauunfälle, AnschBew Vorb 170 vor **249**; MitVersch **254** 28

Bauunternehmer, BBindg bei GrdstVerkauf als VzGDr **328** 10; Anspr auf HypBestellg **648**; AufsichtsPfl **823** 76; ErfGeh **278** 28; SchadErs-Anspr gg B u Architekten **421** 4, **635** 8

Bauvertrag Einf 3 vor **631**; AGB AGBG **9** 67; ErfGeh **278** 28

Bauwerk, Bestandt des ErbbR ErbbRVO **12**, des Grdst **94**; Verj der GewlAnspr **638** 9

Bauwerksicherungshypothek 648; bei Bildg von WohngsEigt **648** 2, WEG **2** 8

Beamtenhaftung 839; Ausgleichg **841** 1; ggü

DHerrn **276** 64; Einzelfälle **839** 89; für HilfsPers EG **78**; IPR EG **38** 23; Mitverschulden **254** 7

Beamter, Amtspflicht, Inhalt **839** 32, Verletzg **839** 31, Begriff **839** 27; RWeg bei Ehrverletzg dch B Einf 22 vor **823**; Fdgübergang auf DHerrn bei Verletzg Vorbem 136 vor **249**; Gehaltsanspr, Abtretg, Aufrechng **394** 1, **400** 1, **411**, EG **81**, Verwirkg **242** 105; Haftg bei unerlaubter Handlg **89** 1; Haftg s Beamtenhaftg; Kündigg bei Versetzg **570**; Pflegschaft für Dienststrafverf **1915** 2; VersorggsAusgl **1587** 8, **1587a** 33, **1587b** 22; Vormdbestellg **1784** 1, **1888**

Bedarfstabellen für Unterhalt Einf 1 vor **1601**, **1610** 4

Bediensetenwohnung Einf 98 vor **535**

Bedingung, Einf vor **158**; adäquate, Vorb 58 vor **249**; AnwR Einf 9 vor **158**; auflösde, aufschiebde **158** 1; bedinggsfeindl RGesch Einf 12 vor **158**; Beeinträchtigg des Rechts vor Eintritt **160** 1; Eintritt **158** 2, Ztpkt **162** 2; Einwirkg, unzuläss **142** 1; PotestativBdgg Einf 10 vor **158**; RBdgg Einf 5 vor **158**; Rückbeziehg **159** 1; unerlaubte u unsittl Einf 11 vor **158**; Vfg, anderweitige vor Eintritt **161** 1; Vfg, letztwillige **2070**, **2075**, gesetzwidr, unsittl Bdgg Einf 11 vor **158**, **2075** 4; VertrBdgg Einf 3 vor **158**, AGBG **1** 2; Voraussetzg des GeschAbschl Einf 5 vor **158**

Bedürftigkeit, Schenker **528** 2; UnterhBerecht **1577** 1, **1602** 2, selbstverschuldete **1579** 17

Beerdigung, Bestimmg Einf 9–11 vor **1922**

Beerdigungskosten 1968 3; Ers bei Tötg **844** 4; NachlVerbindlk **1968** 1; Tragg dch Hofübernehmer **1968** 4, Sozialhilfeträger **1968** 4; Teil der Unterhaltspfl **1615** 3; bei Tod des geschied Eheg **1586** 2; bei Tod der nichtehel Mutter inf Schwangersch od Entbindg **1615m**, **1615n**

Beförderungsvertrag Einf 9 vor **631**; IPR EG **28** 6, **29** 2; Schutzwirkg zG Dr **328** 24

Befreiung von Verpflichtigg, BereichergsAnspr **812** 24; Pfleger **1917** 2; Volljk bei Eheschließg EheG **1** 2, 4; Vorerbe **2136**, **2137**; Vormund **1852–1857**

Befreiungsanspruch 257, Vorb 46 vor **249**; Abtr **399** 4; Aufrechng **387** 10; v Bürgschaft **775**

Befreiungsvermächtnis, Inhalt **2173** 4

Befristung Einf 2 vor **158**, **163**, **2074** 5; von Arbeitsverhältnissen **620** 1

Begehungsort Einf 41 vor **823**; s a Tatort

Beglaubigung, öffentl **129**

Begleitname, Begriff **1355** 2, 14; Beseitig **1355** 18

Behandlungsfehler dch Arzt **823** 66

Behandlungstermin beim Arzt **615** 2

Beherbergungsvertrag Einf 26 vor **535**, Einf 3 vor **701**; ErfGeh **278** 30; ErfOrt **269** 13; Haftg des Gastwirts **701ff**; Beweislast bei Verschulden **282** 6; IPR EG **28** 18, **29** 2; mit mehreren **702** 4

Beherrschungsvertrag, EG **12** Anh 2, 16

Behindertentestament 138 50a, **1937** 23

Behördenbedienstete Einf 54 vor **611**

Behördenbetreuung 1900 9; AufwendgsErs **1908h** 1; Entlassg **1908b** 17; Geldanlage **1908g** 2; Vergütg **1908h** 2; Zwangsgeld **1908g** 1

Beihilfe zu unerl Hdlg **830** 4

Beihilfeanspruch, Unvererblichk **1922** 51

Beistand 1685–1692; Jugendamt als – **1791b** 4; für nichtehel Kind vor Geburt **1708**

Beistandschaftsgesetz Einl 6 vor **1297**

Beistandspflicht Eltern/Kinder **1618a**

Beiträge, Aufrechng mit Beiträgen zu Krankenkasse **394**; der Eheg zum Familienunterhalt **1360**

6; der Gesellschafter **706**, Erhöhg **707**; z Unterhalt s Unterhaltsbeitrag; der Vereinsmitglieder **58**

Bekanntmachung der Auflösg des Vereins **50**; der Eintragungen im GüterRRegister **1562**; der Entzieh der Rechtsfgk **50**; der NachlVerw **1983**; von Rechnungsgrößen zur Durchführg von Versorgungsausgleich **1587a** Anh I

Belastung, altrechtl EG **184** 1; Beschrkg bei Grdst Übbl 17 vor **873**; v Grdst **873**; v GrdstR **873**, **876**; mit Verbindlichk (UnterhPfl) als Schaden Vorb 46 vor **249**

Belegarztvertrag s unter „Arzt"

Belehrung dch Verkäufer **433** 17

Beleidigung durch die Presse Einf 20, 26 vor **823**, **823** 24, **824** 10

Beleihungsgrenze; DeckungsHyp Vorb 5 vor **1113**; ErbbRHyp ErbbRVO **7** 5; **19ff**

Beleuchtung durch Vermieter **535** 22, **823** 175

Belohnung, Ers von – bei SchadErsPfl **249** 22

Benachteiligungsabsicht, Einfluß auf Endvermögen **1375** 8; BereichergsAnspr gg Dr **1390** 2; beim ErbVertr **2287** 6, **2288** 2; Inventar **2005** 2

Benutzungspflicht des Pächters **581** 11

BerechnungsVO, Mietnebenkosten **535** 37

Bereicherung s ungerechtf Bereicher

Bereicherungskette **812** 45

Bergarbeiterwohnungen Vorb 10 vor **565 b–e**

Bergleute, KündSchutz Vorb 88 vor **620**

Bergrecht EG **67**, **68**

Bergungsvertrag Einf 9 vor **631**

Bergwerk, Eigt EG **67** 3; WirtschPlan bei Nacherbfolge **2123**, bei Nießbr **1038**

Berliner Testament **2269**

Beruf, Begriff **1610** 40; Mitarbeit im – des Erben als ausgleichspflichtige bes Leistg **2057a** 6; Unterhaltssicherg **1360** 1, 6, **1574**, **1603** 2; Verpflichtg zum –wechsel **254** 37

Berufsausbildung Einf 58 vor **611**; Berücksichtigg der Kinderinteressen **1631a** 2; Kosten **1610** 37

Berufsbedingte Aufwendungen **1578** 28, **1603** 6

Berufsbonus im UnterhR **1573** 18

Berufssportler, Arbeitnehmer Einf 8 vor **611**; Transfer **138** 98, Einf 20 vor **433**

Berufsunfähigkeit, Unterh nach Scheid **1571** bis **1573**; VersorggsAusgl Einf 4 vor **1587**

Berufswahl des Kindes **1610** 41, **1631** 3; Beratg der Eltern **1631a** 7; Verhältnis zur Unterhaltspflicht **1360** 1, 6, **1603** 2

Berufung, mehrere Erben **2032** 3; zur Erbschaft **1942** 1; mehrere Erbteile **1951** 1; mehrfache, zum Erben **1948** 1–3; der MitglVersammlg **36**, **37**; zum Pfleger **1916** 1, **1917**; verschiedene Gründe erbrechtl Art **1951** 2; zum Vormd **1776ff**

Beschäftigungsförderung **620** 19

Beschäftigungspflicht **611** 118

Bescheinigung über Eintritt der gesetzl Amtsvormundsch **1791c**; Rückgabe **1893**

Beschlagnahme, Aufrechng bei **392**; EigtErwerb bei **935** 3; Pflegsch Einf 4 vor **1909**

Beschluß der WEigtümer WEG **10** 12

Beschlußfassung bei der Gesellsch Vorb 12 vor **709**; des Vereins **32**, **28**; der WEigtümer WEG **23–25**

Beschränkte persönliche Dienstbarkeit **1090–1092**; Ausübgsüberlassg **1092** 5; Belastg **1092** 4; BelastgsGgst **1090** 2; Berechtigter **1090** 2; Entgeltlichk **1090** 4, 5; Entsteh **1090** 7; Erlöschen **1090** 8; Inhalt **1090** 4; Inhaltsänder **1090** 7; LandesR Übbl 2 vor **1018**; ges SchuldVerh **1090** 1; Umfang **1091**; Umwandlg in GrdDbk **1090**

7; ÜbergangsR Übbl 2 vor **1018**; Übertragg **1092** 1; WohngsR **1093**

Beseitigungsanspruch **1004** 22; RMißbr **1004** 38; Verj **198** 13; bei unerl Hdlg Einf 26 vor **823**

Besichtigung, Vorlegg v Sachen zur **809**

Besichtigungsrecht des Vermieters **535** 39

Besitz **854**; Arten Übbl 3 vor **854**; Beendigg **856** 1–3; Begriff Übbl 1 vor **854**; Eheg **854** 6, **866** 3–6, **868** 16; Eigenbesitz Übbl 3 vor **854**, **872**; Erwerb **854**, durch Stellvertr **854** 11; fehlerh **858** 8; bei GesHdsGemsch **854** 13–18; als Grundlage für EigtVermutg bei Eheg **1362** 4; IPR EG **38** Anh II 5; bei Jur Personen **854** 12; Kondiktion **812** 19; **861** 12; Mitbes **866**; mittelb **868**, mehrfacher mittelb **871**; des Nacherben **2139** 4; Nebenbes, s dort; Nießbraucher **1036**; als sonstiges Recht **823** 13; RNachf **858** 9; Schutz des mittelb **869**; Selbsthilfe **859**, **860**; Störg **858** 6, **862** 1; Teilbesitz **865**; an Testamenten **2259**; des TestVollstr **2205** 6; ÜbergangsR EG **180**; Übertragg des mittelb **870**; unmittelb Übbl 3 vor **854**; Vererbg **857** 1, **1922** 32, **2032** 7; Verlust **856** 3; s a Eigenbesitz, Eigenmacht, verbotene, Eigentumsvermutg, Rechtsbesitz

Besitzdiener **855**; Aufgabe einer Sache Vorb 1 vor **965**; Gutgläubigkeit bei Erwerb dch **990** 3; SelbsthilfeR **860** 1

Besitzentziehung **858** 5; Anspr bei **861**, Erlöschen **864**; bei mittelb Besitz **869** 3; unter Eheg **1361a** 3

Besitzer, BefriediggsR für Verwendgen **1003**; bösgläubiger **990**; EigtVermutg **1006**; Einreden **986**; Fremdbesitzer Übbl 3 vor **854**, Vorb 5, 14 vor **987**; HerausgAnspr des früheren **1007**; HerausgPfl **985**; Klage wegen Verwendgen **1001**, **1002**; Lasten **995**; Nutzgen **993**; Herausgabe **987**, **988**; RStellg Übbl 1 vor **854**; SchadErsatz **989**, **992**; VerfolggsR **867** 1, 2; Verwendgen **994**, **996**, bei RNachf **999**; WegnahmeR **997**; ZbR **1000**

Besitzmittlungsverhältnis **868** 6; **930** 5; Besitzschutz bei – **869** 2, 3; EigtErwerb **930**, gutgläub **933**; EigtVorbeh **868** 15; Insichgeschäft **929** 23, **930** 1; mehrfaches **871**; Nebenbesitz **868** 2; nichtiges **868** 10; Nutzungen **991**; SichÜbereigng **930** 7; vorwegsgenommenes **930** 9

Besitzschutz **859–862**; allg Übbl 2 vor **854**; Dienstbark, altrechtl EG **191** 1; Einwendgen gg Besitzklage **863**; Erbe **857** 2; Erlöschen der Anspr **864**; Grddienstbk **1029** 1, 2; b Mitbesitz **866** 8; b mittelbarem Besitz **869** 1–3; Pfandrecht **1227** 2; Teilbesitz **865** 2; Verfolggsrecht **867** 2

Besitzstörung **858** 6; Anspr bei **862**, Erlöschen **864**; b mittelbarem Besitz **869** 3

Besserungsklausel **271** 14

Bestallung, NachlPfleger **1960** 14; Vormd **1791**; Rückgabe **1893** 4

Bestandsangaben, GB-Vermutg **891** 6, **892** 12

Bestandsverzeichnis **259–261** 21

Bestandteil, Auflassg, Erstreckg auf **93** 4, **926** 1; Begriff **93** 2, **94**, **95** 1; Beschränkg d Rechte am **93** 4; EigtErw **953** 1, **954** 1, **955** 2, **956** 2; Eigentumsvorbehalt **93** 4; Einzelfälle **93** 5; **94** 8; Haftg f Hypothek **1120–1122**; Gebäude **94** 5; Grundstück **94** 2; Recht als Grundstücksbestandteil **96** 1, 2; Pflanzen **94** 4; scheinbarer **95** 1; durch Verbindg **946**, **947**; Verbindg mit Grdst od Gebäuden **94** 2, 5; Verbindg zu vorübergehdem Zweck **95** 2; Verbindg zur Ausübg eines dingl Rechts **95** 5; Wegnahmerecht des Besitzers **997**; wesentlicher **93** 3, **94** 1; Zubehör **97** 2–12, **98** 1; Zuschreibg v Grdst als **890** 1

Bestätigung, bei anfechtb RGesch **144**; der Ehe

EheG **18** 5, **30** 2, **31** 3; des Erbvertr **2284**; bei nichtigem RGesch **141**; bei unwirksamer AGB-Klausel Vorb 7 vor AGBG **8**

Bestätigungsschreiben Einf 10 vor **116**, **148** 8

Bestattung, gewidmete Sachen Einf 10 vor **90**; maßgebl Wille Einf 16 vor **1353**, Einl 10 vor **1922**

Bestechung, Sittenwidrigk **138** 44; Herausgabe des dch – Erlangten **667** 3

Bestellung des Beistandes **1685**, **1691**; des Betreuers **1896–1900**; öff zur Besorgg von Geschäften **663** 2; des Pflegers **1708** 2, **1915** 2; des Vormundes **1789** bis **1790**

Beteiligung an unerlaubter Handlg **830**

Beteiligungsdarlehen Einf 13 vor **607**

Betretungsverbot 1004 34, 40

Betreuer 1897; Bereiterklärg **1898** 5; BerufsBetr, Vergütg **1836** 11; BehördenBetr **1897** 9; Eigng **1897** 5; Entlassg **1908 b**; mehrere **1899**; Pflichten **1901**; ÜbernahmePfl **1898**; VereinsBetr **1897** 9; Vorschlag des Betreuten **1897** 16; Zwangsgeld **1908 g**

Betreuung Einl 1 ff v **1773**, **1896–1908 i**; Altersvorsorgevollm Einf 7–9 v **1896**, **1896** 21; ärztl Maßn **1904**; AufgKreis **1896** 22–28, Erweiterg **1908 d** 8, Überschreitg **1896** 25; Aufhebg **1908 d**; Aufwandsentschädig **1836 a** 2; AufwendgsErs **1835** 1, für Verein **1908 e**; Beratg dch VormschG **1837** 6; Berichterstattg **1840** 1; BtVfg Einf 8 v **1896**; Dauer **1896** 29; DelegationsBt **1899** 6; Ehelichk-Anfechtg **1595** 1; EheVertr **1411**; Ehelicherklärg **1728** 2, **1729** 2, **1740 c**; EinwilliggsVorbeh **131** 3, **1903**; elterl Sorge, Ruhen **1673** 5; Einbenenng **1618** 9; EinzelBetrg **1897** 3; ErforderlichkPrinzip **1896** 20; ErgänzgsBt **1896** 23, **1899** 2, 5, **1908 i** 10; GeschFgk Einf 2 vor **104**; Geschenke **1908 i** 18; bei GeschUnfgk **1896** 2; bei GüterGemsch **1436**, **1447 Nr 4**, **1469 Nr 5**, bei fortgesetzter **1484**, **1491** 1, **1492** 1, **1493**, **1495**; Haftg des Betreuers Einf 14 v **1896**; des Betreuten Einf 13 v **1896**; des BetrgsVereins Einf 15 v **1896**; Mietwohng, Aufgabe **1907**; Namensänderg des nichtehel Kindes, Anschließg **1617** 12; Rechngslegg **1840** 4; SachverstGA Einf 19 vor **1896**, **1896** 23; Sterilisation **1899** 7–8, **1905**; Subsidiarität der Bt **1896** 21; TotalBt **1896** 27; Unterbringg **1906**; unterbringgsähnl Maßn **1906** 12; UnterhAbfindgsVereinbg **1615 e** 8; VaterschAnerkenntn **1600 d** 5, Anfechtg **1600 k** 7; Vergütg **1836**; Versicherg **1835** 6–12, **1837** 13; Vertretg des Betreuten **1902**; Verfahren Einf 19 v **1896**; VerfFähigk Einf 2 v **1896**; VollmüberwachgsBt **1896** 21, 29; Vormundsch, AblehngsR **1786** 2; Unfähigk zur Übernahme **1781** 2; Wünsche des Betreuten **1901** 6, **1901 a**; ZwangsBt **1896** 1 u 7

Betreuungsbehördengesetz 1900 10

Betreuungsgesetz Einl 1 vor **1773**, Einf 1 vor **1896**

Betreuungsverein 1900; Anerkenng **1908 f**; AufwendgsErs **1908 e**; Entlassg **1908 b** 21; Vergütg **1908 e**

Betrieb, Begriff Einf 14 vor **611**

Betriebliche Altersversorgung Einf 80 vor **611**; Versorgungsausgleich bei Scheidg Einf 3 vor **1587**, **1587** 5, **1587 b** 30, **1587 f** 12, **1587 g** 5

Betriebliche Übung Einf 14 vor **116**, Einf 76 vor **611**

Betriebsbedarf bei Wohng **564 b** 28

Betriebsbesetzung Vorb 25 vor **620**

Betriebsbuße Vorb 8 vor **339**

Betriebserfindung 611 151

Betriebsferien 611 138

Betriebsführungsvertrag s ManagementVertr

Betriebsgefahr, Mitverantwortlichk **254** 3, 48; s Betriebsrisiko

Betriebsgemeinschaft u Betriebsrisiko **615** 22

Betriebsgruppe Einf 33 vor **611**

Betriebsinhaberwechsel 613 a

Betriebskosten, MietVertr **535** 38; Erhöhg bei Mietwohng MHRG **4**

Betriebsräte, Einf 73 vor **611**; Anhörung vor Kündigg Vorb 50 vor **620**, **626** 11; Kündigg **622** 10, **626** 53; Zustimmg zur Einstellg von ArbN **611** 10, zur Kündigg Vorb 39 vor **620**, **626** 16

Betriebsrisiko (Arbeitsvertrag) **615** 22

Betriebsschutz Einf 82 vor **611**

Betriebsstillegung 613 a 12

Betriebsübergang u Arbeitsverhältnis **613 a**; u Ruhegeld Einf 80 vor **611**

Betriebsvereinbarungen Einf 73 vor **611**

Betriebsverlegung 611 32

Beurkundung (notarielle), im Ausland EG **11** 5, 11; statt Beglaubigg **129** 3; Ersetzg dch gerichtl Vergl **127 a**; statt Schriftform **126** 13; von Vertr **128**; VertrAnnahme bei **152**; VertrSchluß bei vereinbarter **154** 4

Beurkundungskosten beim Kauf **449**

Bevollmächtigter, einseitiges RGeschäft **174** 1; Mitteilg u Bekanntmachg üb Person **171**, **173** 4; Unterschrift **126** 11

Bewachungsverträge, AGB AGBG **9** 69; DrittschadLiquidation Vorb 116 vor **249**

Beweggrund, Übbl 19 vor **104**; Irrtum im **119** 29, **2078** 4; u GeschGrdlage **242** 114

Beweis des ersten Anscheins s AnscheinsBew

Beweislast, Vorb 162 vor **249**; Anf letztw Vfg **2078** 11; Annahme als Erfüllg **363**; bei Ausschl des EhegErbR **1933** 7; ErbscheinsVerf **2353** 31; Klausel in AGB AGBG **11** 90; Getrenntleben bei Scheidg **1567** 9; Haftg für HilfsPers **831** 14, 21; bei pVV **282** 6; für Sittenwidrigk **138** 23; für Unwirksamk des Test **1937** 28, TestAnf **2078** 11, **2081** 5; Testierfähig **2229** 13; Umkehrg Vorb 173 vor **249**; bei Unmöglichk **282**; im UnterhR Einf 34 vor **1601**

Beweisverfahren, selbständiges, Antrag bei GewlAnspr **477**, **478**, **639** 1; Kostenersatz **249** 22; Verjährgsunterbrech **209** 23, **212** 4

Bewertungsgrundsätze bei PflichttBerechng **2311** 9; bei ZugewGemsch **1376** 1–12, **1384**, **1387**

Bewirtschaftungsvorschriften, Verstoß gg **134** 17, **817** 22

Bewußtlosigkeit, bei Eheschließg EheG **18**; bei unerl Handlg **827**, **829**; bei WillErkl **105**

Bezirksschornsteinfeger Einf 17 vor **631**

Bienen, Abwehr **906** 14; BienenR **961–964**

Bierbezugsverpflichtung, AGB AGBG **9** 70; Brauereidarlehen, Einf 12 vor **607**; Sichg dch Dbk **1018** 25, **1019** 2; Sittenwidrigk **138** 81

Bierlieferungsvertrag Einf 24 vor **535**, AGBG **9** 70; als Vertr zGDr **328** 10

Bild, Recht am eig **823** 179; BereichergsAnspr bei Verletzg **812** 28

Bildzeichen, Schutz **12** 38

Billiges Ermessen, LeistgsBestimmg **315** 15

Billigkeit im ArbR **611** 76, im UnterhR **1587** 17

Billigkeitshaftung 829, **254** 13

Biostatistische Methode zum Vaterschaftsnachweis Einf 14 vor **1591**, **1600 o** 7

Bitte, letzte, 2084 20, Einf 2 vor **2192**

Blankett, abredewidrige Ausfüllg **119** 10, **173** 8

Blanketturkunde bei Bürgschaftserklärg **766** 2

Blankoabtretung 126 6, **398** 4

Blankounterschrift 126 6; u IrrtAnf **119** 9; Beglaubigg **129** 3

Blinde, Vfg vTw **2229** 8, **2232** 15, **2233** 2, **2247** 6

Blutgruppen, System Einf 12 vor **1591**; Untersuchg Einf 5, 12, 17 vor **1591**, **1600 o** 2

Blutsverwandtschaft, Begriff EheG **4** 3, Übbl 2 vor **1589**; Eheverbot EheG **4**; nichtehel Kind **1600** o
Bodenkredit Einf 7 vor **607**, Vorb 1 vor **1113**
Bodenschätze, Enteigng Übbl 20 vor **903**, EG **109** 2; Eigt **905** 3
Bordellverträge 138 52, **817** 24; Kaution **817** 17
Börsentermingeschäft 764 8
Bote, Begriff **120** 1, Einf 11 vor **164**; unrichtige Übermittlg **120** 3, Haftg des Boten hierfür **178** 2; Zugehen v WillErkl durch **130** 9
Boykott 823 24, 196, **826** 42
Brauereidarlehen s BierbezugsVerpfl
Bremer Tabelle zum VorsorgeUnterh **1578** 54
Breitbandkabel s Kabelfernsehen
Brief, Briefwechsel als Schriftform **127**; Test in Briefform **2084** 20, **2247** 4; Zugang **130** 6
Briefgrundschuld 1116 5; **1191** 4
Briefhypothek, 1116 1; Abtretg **1154** 2; vor Brief-Überg **1163** 18; Erwerb **1117**; Geltdmachg **1160**, **1161**, Umwandlg in BuchHyp **1116** 4
Briefkastenwerbung 1004 7
Brieftauben EG **130**
Bringschulden 269 1; Gläubigerverzug **300** 5
Bruchteil, Erbeinsetzg auf **2087–2092**
Bruchteilsbelastung von ungeteiltem Eigt **1008** 7
Bruchteilseigentum 1008; gutgl Erwerb **932** 1; Überführg von GesHdsEigt in **313** 11, **925** 2, **2042** 3
Bruchteilsgemeinschaft 741–758
Bruttolohn 611 51, **616** 31; Grdlage der Schad-Berechng des verletzten Lohnempfängers **252** 9
Bucheigentümer, Vermutg für **891**, **1148** 1
Buchersitzung 900
Buchforderung, SicherhLeistg durch **236**; bei Nacherbf **2117**, **2118**; bei Vormundsch **1815**, **1816**
Buchgeld 245 5
Buchgrundschuld 1116 5, **1191** 4
Buchhypothek, 1116 3; Abtretg **1154** 9; Umwandlg in BriefHyp **1116** 4
Buchungsfreie Grundstücke, Dienstbark EG **128** 1; EigtÜbertragg EG **127** 1, 2
Bühnenaufführungsvertrag Einf 9 vor **581**
Bühnenengagement Einf 20 vor **611**
Bühnenengagementsvermittlung 134 15
Bundesanzeiger 799 1, **2061** 3
Bundesautobahn s Straße
Bundesbahn, nicht jur Pers Vorb 2 vor **89**; Haftg **89** 4; VerkSichgPfl **823** 80
Bundesentschädigungsgesetz, Verhältn z **839**, **839** 85; ErbR **1936** 1; Erbschein **2353** 21, **2356** 5
Bundesfernstraße s Straße
Bundesimmissionsschutzgesetz 903 20, **906** 2, 37
Bundesmietengesetze Einf 94 vor **535**
Bundespost s Post
Bundessozialhilfegesetz, Zuweisung von Arbeit Einf 27 vor **611**; Erbeinsetzg der Träger der Sozialhilfe **2072**; ErsAnspr des Trägers der Sozialhilfe gg UnterhPflichtigen Einf 23 vor **1601**, **1613** 1, 2; Fdgsübergang auf Träger der Sozialhilfe **412** 1; keine Anrechng von Leistgen auf Regelunterhalt des nichtehel Kindes **1615 g** 5; keine Anrechng auf SchadErs Vorb 134 vor **249**
Bürge, AusglPfl unter MitB **769** 1; BefreigsAnspr gg HauptSchuldn **775**; Befriedigg des Gläub **774** 6; Drittverpfänder u B **1225** 4; Einrede aus BürgschVertr **768** 1, aus GestaltgsR des Haupt-Schuldn **303** 3, **770** 4, des HauptSchuldn **765** 5, der Verjährg der Hauptschuld **765** 4, der Vorausklage **771–773**; Erlaß der Hauptschuld **765** 9, **774** 6; Erlöschen der Hauptschuld dch Verschulden des Bürgen **765** 10; Freiwerden bei RAufg dch

Gläub **776** 2; InnenVerh zum HauptSchuldn **774** 2, 11; Konk des HauptSchuldn **773** 2; Kredit- u HöchstbetragsB Einf 12 vor **765**, **765** 7; MitB Einf 12 vor **765**, **769**; NachB Einf 9 vor **765**; RückB Einf 10 vor **765**; RückgriffsR aus Innen-Verh **774** 2, 11, aus gesetzl Fdgsübergang **774** 6; selbstschuldn B Einf 12 vor **765**, **771**, **773** 1; Übergang der Hauptfdg mit NebenR **774** 5–9; Urteil zw HauptSchuldn u Gläub **767** 4; Verzicht des Schuldn auf GestaltgsR **768** 8, **770**; WahlR **768** 3
Bürgerliches Recht, Begriff Einl I vor **1**
Bürgermeistertestament 2249; GültigkDauer **2252**; Haftg **839** 100, **2249** 8
Bürgschaft, Abhängigk v Hauptschuld **767**, **765** 8; AGB AGBG **9** 72; Änderg u Erweiterg der Hauptschuld **767** 1, 2, 3; Anfechtbark der Haupt-schuld **770** 2; auf 1. Anfordern Einf 14 vor **765**; AufklärgsPfl des Gläub **276** 65, Einf 6 vor **765**; AufrechnsR des HauptSchuldn **770** 3; Ausdehng auf and Anspr AGBG **3** 9; AusfallB Einf 11 vor **765**, **769** 2, **812** 86; Ausbietgsgarantie Einf 20 vor **765**; Ausübg eines WahlR des HauptSchuldn **767** 3; bdgte **765** 6; befristete **765** 3; Begriff **765** 1; Beschlagn der HauptFdg **765** 9; Bestimmth **765** 2; BürschFgk **765** 1; c.i.c. **276** 82; Delkrederehaftg Einf 9 vor **765**; Erfüllgsort **765** 4; FdgsAbtretg **401**; FdgsGarantie Einf 16 vor **765**; Form **766**, **313** 14, des Vorvertr **766** 5; FdgsÜbergang auf Bü **774** 6; Freiwerden des Bü **776**; GerStand **765** 4; keine Gesamtschuldn mit Hauptschuldn Einf 3 vor **765**, **765** 4; Änderg der GeschGrdlage **242** 156, **765** 1; GewlBürgsch **641** 1; Einf 13 vor **765**; Gewähr-vertr Einf 16 vor **765**; Gläub **765** 2; GrdVerh zw Bü u Hauptschuldn Einf 8 vor **765**; Haftg für Nebenfdgen **767** 2; Hauptschuld **765** 2; Höchstbe-trag **765** 2; IPR EG **28** 20; für Ktokorrentkredit **777** 2; Kosten der Künd u RVerfolgg **767** 2; Kre-ditauftrag **778**; Kreditbürgsch **765** 7; Künd der Hauptschuld **767** 3; Künd dch Bü **765** 3; für künf-tige Verbindlk **765** 6, **777** 2; mündl Nebenabre-den **766** 4; RückgrR des Bü **774**; Sittenwidrigk **138** 37, 38; SchuldmitÜbern Übbl 4 vor **414**, Einf 15 vor **765**; selbstschuldn **773** 2; Stundg der Hauptschuld **767** 3; Untergang der Hauptschuld **765** 3, 9, **767** 1; Veräußergsverbot **137** 5; Verj **195** 5, **765** 4; Verzicht des Hauptschuldn auf Einreden **767** 3, **768** 6; Vollkaufmann **766** 5, **771** 2; Voraus-klage, Einrede **771–773**; VorzugsR, Aufgabe **776**; WechselB Einf 22 vor **765**, **766** 4; Wegfall der GeschGrdlage beim HauptSchu **242** 156; Zeit-bürgsch **777**
Bürgschaftserklärung 766
Bürgschaftsforderung, Abtretg **765** 4
Bürgschaftsvertrag, Einf 1, 9 vor **765**, **765**; Form **766**

C

Campingplatzinhaber, Haftung **701** 2
Chartervertrag, Einf 20 vor **535**, Einf 10 vor **631**
Chemische Reinigung, AGB AGBG **2** 7; Frei-zeichng AGBG **9** 74
Cif-Klausel 269 9, **448** 4; Gefahrübergang **447** 5
Cirka-Klausel 157 16
CISG EG **28** 7
Clausula rebus sic stantibus 242 110; s auch GeschGrdLage
CMR EG **28** 6, **277** 4
Commodum, stellvertr **281** 6
Computer, Sachmangel **459** 46, **469** 3, 4, **477** 12
Culpa in contrahendo, Einf 18 vor **145**, **276** 65;

E

1361; Unterhaltspfl **1360, 1360a**; Vertretungsmacht **173** 23; Vormund für minderj Ehefrau **1778**; s a Ehegatte, Ehemann, Frau

Ehegatte, Annahme/Ausschlagg der Erbsch **1943** 4, **1945** 4, **1432, 1455**; ArbVerh Einf 9 vor **611**; Aufgebot der NachlGläub **1970** 5; AusglAnspr bei Gesamtschuld **426** 6; ausländischer, Schutz gutgläub Dritter EG **16**; Anspr wg ggseit Zuwendgen **242** 158, Einf 14 vor **812**; Besitz **866** 3, **868** 16, bei GüterGemsch **1422** 4, **1450** 8, bei Gütertrennung Grdz 1 v **1414**; EigtVermutg **1006** 9, **1362**; Einzahlg auf Konto des and **328** 9; Entscheidungsbefug **1353** 9; ErbauseinandS **2042** 9; ErbR s EhegattenerbR; Erbvertr zw Eheg **2275** 2, **2276** 10, **2279** 2, **2280**; Einbeziehung in die Schutzwirkung von Vertrӓgen **328** 16; gemeinsch Test **2265** 1; Geschäfte zur Deckg des Lebensbedarfs **1357**; GesellschVerh s EhegGesellsch; Geschenke **516** 10; Getrenntleben **1353** 17; Haftg für Schulden des and **1357** 5, Grdz vor **1363**; Hausrat bei Getrenntleben **1361a**, HausratVO **18a**; Hausratsübereigng an anderen Eheg **929** 15, **930** 6; Inventarerrichtg **1432, 1455, 1993** 2, **2008**; VerfKostenvorschuß **1360a** 9; LebensGemsch **1353** 3; Mietvertr **535** 6, Künd **569** 1, 8; mj Eheg **1633**; Mitarbeit Beruf/ Gesch des anderen **1356** 6; Mitarbeit im Haushalt **1356** 2; Name **1355**; persönl RBeziehungen, IKR EG **14** 4; IPR EG **14**; Überg Vorschr EG **199, 200**; RGesch über Haushaltsggst **1369**, über Vermögen im Ganzen **1365**; PflichtRecht **2303**; Verzicht auf Pflicht **1432, 1455**; PflichtEntzieh **2335**; Recht zum Getrenntleben **1353** 17; RGesch miteinander Einf 15 vor **1353**; SonderRNachf des verstorbenen Mieters **569a, 569b**; Sorgfaltspfl **1359**; ÜbergangsR, Einf 26 vor **1353**; Unterhaltspfl **1360ff, 1608**, Umfang **1360a**, bei GetrLeben **1361**; Geltdmachg des KindesUnterh bei GetrLeben **1629** 15; Verhältn bei nichtiger Ehe EheG **26**, bei Nichtehe EheG **26** 2; VermächtnAnnahme/Ausschlagg **1432, 1455, 2180**; unbenannte Zuwendgen, GeschGrdlage **242** 158; Vermögensverwaltg **1413**; Vertretg, ggseitige Einf 15 vor **1353**, EG **14** 18; Voraus **1932**; Wohnsitz **1353** 8; Zuwendgen aus dem Gesamtgut **2054, 2331**; s a Ehemann, Ehefrau

Ehegattenerbrecht, Ausschl bei Scheidg **1933, 2077** 2, 6; bei Gütertrenng **1931** 12; Scheidsantrag, AufhebgsKl **1933** 1–6, **2077, 2268, 2279**; gleichzeitige Verwandtschaft **1934**; Voraus **1932**; Zugewinngemeinsch **1371** 1, 2, **1931** 8

Ehegattengesellschaft 705 27, **1356** 10, **1372** 6, **1931** 15

Eheherstellungsklage Einf 19 vor **1353**

Ehehindernis, Annahme als Kind **1683** 1, EheG **7**; IPR EG **13** 8, zweiseitig EG **13** 6; Vormundschaft **1845** 1; vgl auch Eheverbot

Eheliche Abstammung s Ehelichk

Eheliche Kinder, rechtl Stellg **1616–1698b**; Wohnsitz **11** 3; s a Ehelichk

Eheliche Lebensgemeinschaft, absol R Einf 6 vor **1353, 1353** 1–16; Aufhebg der – s ScheidgsVoraussetzg **1353** 20, **1565** 2; Aufhebgsgrd **1353** 21; Entscheidgsbefug **1353** 9; Getrenntleben **1565** 2; HerstellgKl Einf 19 vor **1353**; Hindernisbeseitiggspflicht **1353** 3; IPR EG **14**; Mißbr des HerstellVerlangens **1353** 18; Mitarbeit **1356** 6; ScheidgAntr, Recht auf **1565** 2; VerweigR **1353** 17; Wiederherstellg **1356** 2, 8

Eheliberklärung 1723ff; Allgemeines: IPR EG **21** 9; Verh zur Legitimation dch nachf Ehe Einf 1 vor **1719**; Wohnsitz des Kindes **11** 2; auf Antr des Kindes **1740a–1740g**; Anhörg von Angehö-

rigen **1740d**; Antrag **1740a, 1740c**; Antragsfrist **1740e**; Einwilligg des überleb Elternteils **1740b**; elterl Sorge **1740f** 2; Erfordernisse **1740a**; Name des Kindes **1740f** 3; Namenserteilg für Mutter **1740g**; Rechtsstellg des Kindes **1740f**; Vertretg des Kindes beim Antr **1740c**; Zustdgk des VormschG **1740a** 5; auf Antr des Vaters **1723– 1739**; Antr **1723, 1730**; Bedinggs-Feindlichk **1724**; Einwilligg des Kindes der Mutter **1726**; Ersetzg der Einwilligg **1727**; der Zustimmg der Ehefrau des Vaters **1727** 3; elterl Sorge **1736, 1738**; Erfordernisse **1723**; Form von Antr, Einwilligg **1730**; Mängel heilb **1735** 1; Name **1737**; Tod des Kindes, des Vaters **1733**; UnterhPfl des Vaters **1739**; Unwirksamk der E **1735** 2; Vertretg bei Antr, Einwilligg **1728, 1729**; Wirkgen für das Kind **1736**, für die Mutter **1738**, erbrechtl **1924** 8

Eheliches Güterrecht 1363–1518; Flüchtlinge/ Vertriebene Anh II zu EG **15**; gesetzl GüterR Grdz 1 vor **1363**, s a GüterGemsch, Gütertrenng, GüterRReg, ZugewGemsch; IKR EG **15** 1; IPR EG **15, 16**, Anh 1 zu EG **15**, ÜbergVorschr EG **200**, Grdz 11 vor **1363**, Unwandelbark im IPR EG **15** 3; Verweisg auf nicht mehr geltdes oder ausländ Recht **1409**; vertragl GüterR **1408–1518**; VertrFreih **1363** 4, Grdz 1 vor **1408, 1408** 18

Ehelichkeit 1591–1600; Beiwohng des Mannes, Vermutg **1591**; Ehelichk Voraussetzgen **1591**; Empfängniszeit **1592**; Feststellg, ÜbergVorschr EG **208**; Geltendmachg der Nichtehelichk **1593**; IPR EG **19**; Kinder aus für nichtig erkl Ehe EheG **25**; künstl Befruchtg **1591** 6, **242** 76; Wiederherstellg **1593** 7; Wiederverheiratg der Frau **1600**; s a Ehelichkeitsanfecht

Ehelichkeitsanfechtung 1593–1600; bei Anerkenntn **1594** 5; AnfFrist für Mann **1594** 1; AnfAntr/Klage **1599**; AnfR der Eltern des Mannes **1595a, 1599**; des Kindes **1596, 1597, 1599**; des gesetzl Vertr des Kindes **1597**, des Mannes **1593** 2, **1594, 1599**; AusglAnspr für ProzKosten gg Erzeuger **1615b** 3; Einwendgen **1593** 10; Fristversäumg **1594** 5; höchstpers Recht des Mannes **1595** 1; IPR EG **19**; RMißbr **1593** 11; Stellg der Mutter **1597** 6; nach der Scheidg **1629** 2; Tod des Kindes **1599**, des Mannes **1595a, 1596, 1599**; ÜberggsR EG **203**; unzul RAusübg **242** 76; UrtWirkg **1593** 6; vorz Wiederverheiratg der Frau **1600**

Ehemäklervertrag 656 1; AGB AGBG **9** 76; finanzierter – **656** 3; Vergütg **656** 2

Ehemietwohnung, 535 6, **866** 3; Anh II zum EheG; dch Tod **569a, 569b**

Ehemündigkeit, EheG **1**; IPR EG **13** 6

Ehename 1355; Erkl ggü Standesbeamtem EheG **13a**; Nachholg bei Auslandsehen EheG **13a** 2; IPR EG **10** 12; nach Scheidg **1355** 12; Wahl **1355** 3

Ehenichtigkeit, Einf 3 vor EheG **16**; Berufg auf – EheG **23** 1; Bewußtlosigk EheG **18**; Doppelehe EheG **5, 20**, 2, 3; elterl Sorge **1671** 26; kein Erbrecht **1931** 3; vermögensrechtl Folgen EheG **26** 2– 8; Formmangel, Heilg durch Miteinanderleben EheG **17** 2; Geschäftsunfähigk EheG **2** 1, EheG **18**; Gründe EheG **16**; Gutgläubigk, WahlR betr VermögFolgen EheG **26** 8; Heilg durch Bestätig EheG **2** 1, **18** 5; IPR Einf 5 vor EheG **16**, EG **13** 11; Kinder, Stellg bei – **1591**; Legitimation v Kindern **1719** 3; NichtigUrt EheG **23** 2; Schwägerschaft EheG **21** 2; Sorgerecht **1671** 25; unterhaltsrechtl Folgen Einf 3 vor EheG **16**; vermögensrechtl Wirkgen EheG **26**; Vermerk im Familienbuch Einf 4 vor EheG **16**; Verwandtsch EheG **21** 2; Wirkg der Heilg EheG **17** 2, **18** 5; Wirkg des Urteils EheG **23** 2, 3

Ehenichtigkeitsklage, EheG **23, 24**; SicherhLeistg

Einverleibung 588 5, Vorb 2 vor **946, 1048** 1
Einvernehmen der Ehegatten über Haushaltsführg
1356 3; zwischen Eltern **1627**; zwischen Eltern u
Kindern **1626** 20
Einwendungen bei Abtretg **404**; gg Annahme der
Anweisg **784** 5; Besitzschutzanspr **863**; gg Dritte
bei Vertr zGDr **334**; Schuldübernahme **417**;
Schuldverschr auf Inh **796**; Schuldverspr **780** 8
Einwendungsdurchgriff, s Durchgriff
Einwilligung, Begriff Einf 1, 3 vor **182, 183**; zur
Annahme als Kind **1746–1750**; bei ärztl Eingriff
823 44; bei Betreuung **1904** 1; eines Eheg bei Gü-
terGemsch **1423–1428, 1431, 1453, 1456**, bei Zu-
gewGemsch **1365, 1369**; zur Ehelicherklärg **1726–
1730, 1740** b; zur Eheschließg EheG **3**; zur Vfg
eines Nichtberecht **185** 7; des Verletzten **823** 42;
254 76; Vertrag Minderj **107** 8; des VorbehVer-
käufers zu Vfgen des VorbehKäufers **185** 9; Wi-
derruflichk **183** 1; s a Genehmigg, Zustimmg,
Zustimmgsersetzg
Einwilligungsvorbehalt bei Betreuung **1903**
Einwirkungen auf Eigentum, AbwehrAnspr
1004; AusglAnspr bei nicht abwehrb E **906** 31,
42; hoheitl **906** 44; immaterielle **903** 10; negative
903 9; dch gefahrdrohde Anlage **907**, einsturzge-
fährdete Gbde **908**, Immissionen **906**, Vertiefg
909; im Notstand **904**
Einzelarbeitsvertrag Einf 75 vor **611**
Einzelstatut im IPR EG **3** 11
Einziehung des ErbSch **2361** 3; von in der DDR
erteilten ErbSch **2361** 8; Zuständigk des Nachl-
Ger **2361** 8
Einziehungsermächtigung 398 29, **675** 16, **812**
41, **826** 33; s auch Lastschrift Verf
Einziehungsklausel im GmbH-Recht und Erb-
recht **1922** 23; **2301** 9
Einziehungsvollmacht, Widerruf **790** 7; s a Inkas-
so
Eisenbahn u Ausübg öffentl Gewalt **839** 11; Fahr-
karten **807** 3; Fahrlässigk **276** 22; Haftg für beför-
derte Sachen **276** 135, **278** 25, EG **105** 1, f Sach-
schaden EG **105** 1, f aufbewahrtes Gepäck Einf 2
vor **688**; Kontrahierungszwang Einf 8 vor **145**;
RNachr der Beförderg Einf 40 vor **305**; Unfall-
haftg, **823** 80; Unterlassgsklage, Ausschluß EG
125; s auch Bundesbahn
Elektrizität, Lieferg **433** 4; keine Sache **90** 2;
VertrSchl dch Abnahme Einf 28 vor **145**; Verj des
VergütgsAnspr **196** 10
Elektronische Datenspeicherung s Datenschutz
Elektronische Datenverarbeitung Einf 12 vor
631, 633 2
Elektronische Hilfsmittel 278 11
Elektronische Kasse Einf 17 vor **765**
Elterliche Sorge, allgemein Einf vor **1626, 1626**;
bei Adoption **1741** 5, **1744** 3, **1751** 1; nach Aufhe-
bung der Adoption **1764** 4; Alleinausübg durch
einen Elternteil **1678–1681**; Arztbeauftragg **1357**
15, **1629** 6; Aufenthaltsbestimmg **1631** 8; Auf-
sichtsrecht **1631** 6; Ausbildg **1631** a; Beendigg
1626 7; durch Tod des Kindes **1698** b, durch To-
deserklärg **1677**; Begriff **1626** 12; Beginn **1626** 6;
Beistandsch **1685** ff; Benennung eines Vormds
1776, 1777; Berufswahl **1626** 14, **1631** a, **1610** 41;
Besitznahme am Kindesvermögen **1626** 16; Be-
standteile **1626** 12; bei Eheauflösg dch Tod **1681**;
bei Ehescheidg **1671**; bei Ehenichtigk **1671** 25;
Ende **1626** 7; Entscheidgsrecht bei Meingsver-
schiedenheiten **1628**; Entziehg der Personensorge
1666 5, **1666** a 4, der Vermögensverwaltg **1667** 2,
der Vertretungsmacht **1629** 21, Wirkung **1680**;
Ergänzgspfleger **1909**; Erziehungsmittel **1631** 13,
Unzulässig entwürdigender **1631** 9; Erziehgs-

recht **1626** 13, **1631** 3; Erziehgsstil **1626** 20; Erzie-
hungsunvermögen **1626** 8, **1666** 6; Fortführg
nach Beendigg **1698** a, bei Kindestod **1698** b; Für-
sorge, tatsächliche **1626** 13; Fürsorgeerziehg **1666**
23; Gefährdg der Kindesinteressen **1666** 4, des
Kindesvermögens **1667** ff; gemeinsame Sorge
beider Eltern **1626** 10, nach Scheidg **1671** 6; Ge-
schäftsbeschränkt **1673** 3; Geschäftsbesorgg bei
Kindestod **1698** b; Geschäftsunfähigk **1673** 2; ge-
setzl Vertretg **1626** 17, **1629**, bei Nichteinigg der
Eltern **1628** 8; bei Getrenntleben **1672, 1678** 2;
Haftg ggüber Kind **1664**; Heirat eines Elternteils
1683; Herausgabe des Vermögens **1698**; Heraus-
gabe des Kindes **1632** 2; Inhalt **1626** 12; IKR EG
19 17; Interessenkollision **1629** 21; IPR **19** 12, **20**
10, **24** Anh 5 Art 1, 3; Klage gg Kind **1631** 12;
Konkurs **1670, 1680**; Loyalitätspflicht der Eltern
untereinander **1634** 16, nehel Kind **1711** 3; Mei-
nungsverschiedenheiten zw Elt **1627, 1628**, mit
Beistand **1686** 1, mit Pfleger **1630** 3, **1679**; Miß-
brauch des SorgeR **1666** 7; Mutter, nichtehel
1705; bei Namensbestimmg **1616** 4; PersSorge s
dort; Pflegeeltern Pfleger **1630, 1666** 19, **1671** 9,
1673, 1706–1710, Rechenschaftsablegg **1698**; als
Rechtsbegriff **1626** 1; Rechtsgesch, genehmiggs-
pflichtige **1643**; Rechtshandlgen, schwebend un-
wirks **1629** 10; religiöse Erziehg **1626** 14, Anh zu
1631; Ruhen **1673–1678**; Scheidg der Ehe **1671**,
1678 2; Schenkungen an Kind **1629** 10; Schen-
kungsverbot **1641**; Sorgfalt **1664**; Tochter, ver-
heiratete **1633**; Tod od TodesErkl eines Eltern-
teils **1681, 1677**; Trenng in Bestandteile **1626** 10,
1671 3; Übergang auf einen Elternteil **1678, 1679**;
Übertragg auf einen Elternteil **1666, 1671, 1672,
1678**; Übertragg auf Vormd oder Pfleger **1671** 9,
1672, 1666 19, **1666** a; Umgangsbestimmg **1632**
31; Umgangsrecht s dort; Unterbringg des Kin-
des **1631** b, **1666** 20, **1666** a 2; Unterhaltsrechts-
verletzg **1666** 22; Unverzichtbark **1626** 10; Ver-
hinder in der Ausübg **1674, 1693**; Verlust mit
Bestell eines Vormds oder Pflegers **1679**; Ver-
nachlässigg des Kindes **1666** 13; Verwaltg des
Kindesvermögens s Kindesvermögen; Vertregs-
macht **173** 23; **1626** 15, 17, **1629** Verwirkg **1666**
7; Anrufg des VormschG mangels Einigg **1627** 3,
1628; vormschaftsgerichtl Maßnahmen **1666** 19,
1667 ff, **1693**, Änderg **1696**; Wiederaufleben **1674**;
Wiederverheiratg eines Elternteils **1683, 1684**;
Kindeswille s dort; ZüchtiggsR **1626** 14, **1631** 9; s
a Eltern, Mutter, Vater
**Elterliche Sorge für nichteheliche Kinder 1705–
1712**; Amtspflegsch des JA **1709**; Anhörg des Va-
ters Einf 10 vor **1626**; Beistand vor Geburt **1708**;
der Mutter **1705**; Pfleger für das Kind **1706–1709**,
Aufgaben **1706**, Aufhebg der Pflegsch **1707** 4,
Einschränkg **1707** 5, Nichteintritt der Pflegsch
1707 2; Vertretg UnterhAnspr **1706** 5, bei Fest-
stellg der Vatersch **1706** 4, bei Regelg von Erb- u
PflichttR des Kindes **1706** 6, **1934** b 8, Übbl 5 vor
2303; RStellg des Kindes **1705** 5, der Mutter **1705**
5, **1706** 1, **1707** 4; der Mutter **1705** 5; ÜbergangsR
1705 7; UmgangsR des Vaters **1711**; Vormsch
über das Kind **1705** 5, **1707**; Überleitg der
Pflegsch in Vormsch **1710**
Eltern, Anhörg durch VormschG Einf 9 vor **1626**;
Pflicht zu Beistand u Rücksichtnahme **1618** a;
elterl Sorge s dort; Eltern als Erben **1925**; Erb-
schAusschlagg für Kinder **1945** 2; PflichttAnspr
2303, 2309; PflichttBerechng **2311** 8; PflichtEnt-
ziehg **2334**; UnterhAnspr ggü Kind **1601** 6; Un-
terhPfl **1606** 20; Unterh bei Getrenntleben **1606**
22; Unterh für unverheiratetes Kind **1612** 4; IPR
19 3; Verh zw Eltern u Kind, **1618** a, **1626** 20;

Erbfallschuld **1967** 6; ErbschKauf **2379** 1; IPR EG **25** 9; Irrtum üb Höhe, AnfGrd **1954** 3; Pflichtteil Übbl 6 vor **2303**, **2317** 6; TeilsAnordnung **2048** 11; TestVollstr **2205** 5; Vermächtnis Einf 8 vor **2147**; Vorerbe Einf 4 vor **2100**, **2126** 1, **2144** 7; vorzeit Erbausgleich **1934 d** 28

Erbschaftsvertrag 312, 1922 4

Erbschein, Übbl 1 vor **2353**, **2353**; Anhörg des Gegn **2360**; Antr **2353** 11–13; AntrBegründg **2354–2356**; bei Anwachsg **2094** 8; Arten Übbl 2 vor **2353**; Auskunftspfl **2362** 2; ausländ Erblasser **2369**, EG **25** 18; ausländ Erbsch, Anerkenng Übbl 3 vor **2353**, EG **25** 22; Berichtigg **2361** 2; f beschränkt Gebr **2353** 27; Beschw **2353** 35, **2357** 4, **2361** 14; Beweiskraft Übbl 5 vor **2353**; BewLast **2353** 31; Bezeichng des NE **2363** 3; Bindg an rkräft Urt Übbl 6 vor **2353**, **2359** 1; eidesstattliche Versicherung **2356** 11; Einziehg **2361**; Erbenmehrheit **2357**; ErbRFeststellg **2359** 1, 2; Ergänzg **2361** 2; ErmittlPfl den NachlG **2358** 1; Erteilg **2353** 34; ggständl beschränkter **2353** 6, **2369**; gemeinschaftl **2357** 1–6; GBVerkehr Übbl 8 vor **2353**, **2365** 6; Güterstand **2356** 11, **2358** 2; HerausgAnspr **2362** 1; Hinterlegg **1960** 10; Inhalt **2353** 3; ILR EG **25** 23; kein – für ErbErsAnspr **1934 a** 14; Kosten **1967** 13, **2353** 27; Kraftloserkl **2361** 13; Leistg an Erbscheinerben **2367** 1; NEFall **2363** 9; bei NachlSpaltg **2353** 8; öff Glaube **2365** 6, **2366** 1–7, **2367** 1; öffentl Urk **2353** 1; ProzGer, Bindg Übbl 6 vor **2353**; Prüfg der TestAnfechtg **1944** 10; Teilerbschein Übbl 2 vor **2353**; TestVollstr – Bezeichng **2364** 1; TodesErkl, irrtüml **2370**; Unrichtigk **2361** 1, 3; Verfahren **2353** 14ff; Vergl **2358** 4; Vermutg der Erbeneigenschaft **2365** 1; Vermutg der Richtigk u Vollständigk **2365** 1; Verwirkgsklausel **2074** 6; Vorbescheid **2353** 33; Vorerbe **2363** 1; Wiederverheiratsklausel **2269** 13; ZugewGemsch, Nachw **2356** 11

Erbstatut EG **25** 6–17

Erbteil, Annahme u Ausschlagg bei Berufg zu mehreren E **1951**; Anwachsg **2094** 1, **2095** 1; Begriff **1922** 2; einheitlicher E **1931** 8; Erhöhg **1935** 3, 4; gemeinschaftl **2093** 1; Kauf **2371** 1; Käufer, Haftg **2036** 1; Pfändg **2033** 15; Rückübertragg **2033** 4; Sichergsbedürfnis **1960** 1; Übertragg zwecks Ausschaltg des MitEVorkaufsrechts **826** 34; Unbestimmth **2043** 2, **2091** 1; Unterbruchteile **2093** 2; Vfg über **2033** 1–19; Verpfändg **1276** 3, **2033** 14; Weiterveräußerg **2037** 1; ZwVollstr **2059** 1

Erbunfähigkeit, relative **1923** 7

Erbunwürdigkeit 2339 1; AnfechtBerecht **2341** 1; AnfechtKl **2342** 1; ausländ Erbstatut **2342** 3; Test AnfechtR des Erbunwürdigen **2080** 3; ErbErsAnspr **2345** 1; Anteilsunwürdigkeit bei fortges GütGemsch **1506** 1, 2; Geltdmachg, Voraussetzgen **2340** 1; Gründe **2339** 2; IPR EG **25** 10; PflichtBerecht **2345** 1; VermNehmer **2345** 1; Verzeihg **2343** 1; Wirkg **2344** 1, **2345** 3; vorzeit ErbAusgl **1934 d** 9; bei ZugewGemsch **1371** 12, **2344** 3

Erbvertrag 1941, Übbl 1 vor **2274**; Abkömmling, pflichtteilsberecht **2289** 4; Abschluß, persönl **2274**; Anfechtg **2281**, **2282**; Anfechtfrist **2283** 1; AnfechtR Dr **2285** 1; AnfechtWirkg **2281** 8; Arten Übbl 1 vor **2274**; AufhebTest **2291** 1–3, gemeinschaftl **2292** 1–3; AufhebVertr **2290** 1–3, Anfecht des AufhebV **2290** 4; Auflage **2278** 2, **2279** 1; Aushöhlg dch Vfg unter Lebden **2286** 1; AuskAnspr **2287** 14; Auslegg **1941** 1, Übbl 8 vor **2274**, **2279** 1, **2280**, **2299** 1, bei Einsetzg v Kindern (nehel) **2066** 5; Bestimmgen, vertragsgemäß **2278** 1, 2, einseit **2278** 1, **2299** 1; Bestätigg **2284** 1; Bindg

des Erblassers **2289** 1; iVm EheVertr **1408** 1; EheAuflösg **2279** 2; Eheeingeh nach ErbV **2289** 10; EhegErbV **2279** 2; Ehevertr **2276** 10, 13; einseit Vfgen **2278** 4, **2299** 1; Eigeninteresse bei Schenkg **2287** 7; einseit Vfg **2299**; Einsetzg auf den Überr **2287** 5; Einsicht **2264** 2, **2277** 2, **2300** 3; entgeltl ErbV Übbl 3 vor **2274**; **2276** 13; Eröffng **2300** 3; Eröffngsfrist **2300 a**; Errichtg **2276**; BeurkG **33**; Form **2276**; formlose Erbvertr **125** 21; u gemschaftl Test **2292** 1; Irrtum **2281** 4; Erb- u Leibgedingsvertr **2293**; letztwillig Verfgen, Aufhebg früherer **2289** 6; letztwillig Vfg, nachträgl **2289** 7; Nichtigk Übbl 10 vor **2274**, **2298** 1; Pflichtt bei EhegErbvertr **2280** 2; PflichtteilsentziehgsR **2297** 2; RNatur Übbl 4 vor **2274**; Rücknahme **2277** 4; RücktrR **2293**, Verfehlgen **2294** 1, Aufhebg der GgVerpflichtg **2295** 1, Form **2296** 1, 2, **2297** 1, vom zweiseit ErbV **2298** 2; Rücktrittsvorbehalt **2293**; beeinträchtigde Schenkg **2287**; Sittenwidrigk Übbl 10 vor **2274**; ÜbergVertr Einl 7 vor **1922**; ÜbergangsR Einf 2 vor **2229**; Übergeh eines PflichtBerecht **2281** 5; Umdeutg Übbl 9 vor **2274**; UnterhVertr Übbl 7 vor **2274**; Unwirksam Übbl 10 vor **2274**, **2279** 2; Verbindg mit EheVertr **2276** 10; IPR EG **25** 10; VfgR des Erbl **2286** 1; VerlöbnAuflösg **2279** 2; VermVertr Übbl 4 vor **2274**; VermNehmer, Schutz **2288** 1–4; vertragsmäß Vfgen **2278**; Vertr zG Dr **1941** 3; Verschließg **2277** 1; Verwahrg, amtl **2277** 2; Verzicht auf Anspr aus **2352** 7; Voraussetzgen **2275**; Vorbeh anderw Vfg **2289** 3; geheimer Vorbehalt **2279** 1; Widruflk Übbl 5 vor **2274**; zweiseit **2298**; ZweitGesch nach vertragsgem Vfg **2289** 6

Erbverzicht Übbl 1 vor **2346**, **2346**; Abfindg Übbl 6 vor **2346**, als Schenkg **2325** 14; Anfechtg Übbl 2 vor **2346**; bei Kindesannahme **2346** 1; Aufhebg **2351**; Begünstigte, mehrere **2350** 2; Begünstigg, unbeabsichtigte **2350** 3; bdgter Übbl 2 vor **2346**, **2350**; Beschrkg **2346** 4; Eheg, künftiger **2346** 1; entgeltl ErbVerz Übbl 6 vor **2346**, **2348** 1; u Erbausgleich **1934 e** 4, Übbl 11 vor **2346**; ErbErsAnspr **2346** 1, 7; u Erbvertr **2290** 1; Verbindg mit Erbvertr **1941** 1, **2276** 10; durch Erbvertr bedachter Dr **2352** 7; Erstreckg auf Abkömmlinge **2349** 1; Form **2348**; GgLeistg **2360** 1; GeschäftsFgk **2347**; IPR EG **25** 13; NERecht **2108** 6, **2142** 1; des nichtehel Kindes gg Abfindg **1934 d** 4, Übbl 11 vor **2346**; Pflichtteil **2346** 5; ProzVergl **2348** 4; RNatur Übbl 2 vor **2346**; Rücktr Übbl 2 vor **2346**; Stellvertretg **2347**; stillschw **2265** 1; TestErbrecht **2352** 1; Vorbehalt des PflichtteilsR **2346** 6; Wirkg Übbl 4 vor **2346**, **2346** 3, **2349**, **2352** 5; ZugewAusglAnspr **1371** 12, 18, **2346** 8

Erfinderrecht, Ausbeutung fremden **687** 5

Erfindung, Arbeitnehmer-, Dienst-, Betriebserfindg **611** 151; Haftg für Brauchbarkeit **437** 1

Erfolg, Nichteintritt des mit der Leistg bezweckten (BereichergsAnspr) **812** 72

Erfolgsbeteiligung 611 78, 79

Erfolgshaftung 276 135

Erfüllung 362 1; Abgrenzung zu Darlehen Einf 26 vor **607**; Annahme als **362** 1, **363** 2; Annahme erfüllungshalber **364** 8; Annahme an Erfüll Statt **364** 1–7, Gewährleistg **365**; dch Banküberweisg **362** 7; Beweislast nach Annahme **363** 1, 3; Erfüllstheorie **362** 5; bei Fordergsmehrheit (Anrechng der Leistg) **366**; bei Geldschuld **362** 8; bei rückständigem Mietzins **554** 5; Gesamtschuld **422**; Interesse des Gläubigers **280** 10; Quittg **368–370**; schuldhaftes Verhalten bei Gelegenheit der Erfüllg **278** 18; teilweise **325** 29; teilweise während der Nachfrist **326** 28; Theorie der realen

Fiskus

Verkehrsanstalt **981**; Herausgabe an Verlierer **969**, **978** 3; in Behörde/Verkehrsanstalt **978**; Versteigerg **979–982**; Schatz **984**; unanbringb Sache **983**; verderbl Sache **966** 2; Verwahrg **966**

Funktionsnachfolge, Haftung **419** 3, **839** 21 EG **232** § 1 8

Funktionstheorie 839 18

Für-Prinzip beim VersorggsAusgleich **1587** 24

Fürsorgepflicht ggü ArbN **611** 96, **617**, **618** ggü Beamten **276** 130, **618** 1, **839** 31

Fusion von Vereinen **41** 5

Fußballspieler, überhöhte Zuwendgen **138** 98; als Arbeitnehmer Einf 7 vor **611**; Transfer Einf 20 vor **433**; Verletzg bei Spiel **254** 75

Fußballtoto 763 4

Fußgänger, Unfallhaftg **823** 83; MitVersch **254** 40

Futtermittelkauf, Gewährleistg Vorb 22 vor **459**; zugesicherte Eigenschaften **459** 19

G

Garagen, Miete Einf 68 vor **535**; VerkSichgsPfl **823** 83; WE/TeilE WEG **1** 6; **3** 7; s a Parken

Garantie für zugesicherte Eigenschaften **459** 14; Werkvertr Vorbem 6 vor **633**; Anwendg von AGBG 11 Nr 10 AGBG **11** 48

Garantieauftrag 16 vor **783**

Garantieeinbehalt 641 1

Garantiefrist, Einfluß auf Verj beim Kauf **477** 19

Garantiehaftung bei Unvermögen **306** 11

Garantievertrag, Begriff **477** 19, Einf 16 vor **765**; Fdgskauf **438** 1; Form **313** 14; Herstellergarantie ProdHaftG **15** 5; in AGB AGBG **11** 48; IPR EG **28** 20; schlüss VertrAnnahme **151** 4; Verjährg von Anspr **195** 5

Gasleitungen, Erhaltungspfl des Vermieters **536** 7

Gastarbeiter 611 4; s auch ausländ Arbeiter

Gastaufnahmevertrag Einf 19 vor **305**, Einf 3 vor **701**; BewLast **282** 6; ErfGeh **278** 30; ErfOrt **269** 12

Gaststätte, BezeichngsSchutz **12** 10; NachbSchutz **903** 15, **906** 8; Pacht 21 vor **581**

Gastwirt, Ablehng der Aufbew von Sachen des Gastes **702** 6; Begriff **701** 2; VerkSichgsPfl **823** 84; BewLast für Einbringg u Verlust von Sachen **701** 15; Erlöschen des ErsAnspr für eingebrachte Sachen **703**; Freizeichng von Haftg **702a**; Haftg f eingebrachte Sachen **701**, für abgestellte PKW **701** 12, Haftg für Geld, Wertpap u Kostbark **702** 3; Umfang der Haftg **702**; Haftg für Bedienstpersonal **278** 30, **701** 14; Pfandrecht **704** 1; Übereinkommen über Haftg der Gastwirte für von ihren Gästen eingebrachte Sachen v 17. 12. 62 Vorb 1 vor **701**; Unfallhaftg, Einzelfälle **823** 84; VerwahrgsPfl u Haftg Einf 2 vor **688**

Gattungskauf, Gefahrübergang **243** 7; Gewährleistg **480**; NachliefAnspr **480** 3; SchadErs **480** 10; Viehkauf, Ersatzliefg **491** 1

Gattungsschuld 243; beschränkte **243** 2, **262** 5; Bestimmg des Leistgsggstands **243** 4; Bindg des Schuldners **243** 7; Ersatzherausgabe **281** 8; Freizeichngsklausel **279** 11; Gefahrtragg **300** 5; vom Gläub zu vertretende Unmöglk **324** 9; GläubVerzug **300** 3; Haftg für Unvermögen **276** 135; Konzentration (Konkretisierg) **243** 5, **300** 5; Unvermögen **279** 1, 5; Vergütgsgefahr **300** 3

Gattungsvermächtnis 2155; Rechtsmängel **2182** 1; Sachmängel **2183** 1

Gebäude, Begriff **94** 3, **908** 1; Einsturz **836** 7; Einsturzgefahr **908**; VerkSichgsPfl **823** 85, MitVersch **254** 25; s a Grdst; Unterhaltg **836** 14; Unterhaltspflichtiger **838** 1; Verbindg, feste mit dem

Boden **94** 3; wesentl Bestandteile des Gebäudes **94** 5, **95** 2; wesentl Bestandteil des Grdst **94**, **95**; Wiederherstellg zerstörter EG **110** 1, 2, WEG **22** 11

Gebäudebesitzer, Haftg **837** 1

Gebäudereinigung, Werkvertr Einf 14 vor **631**

Gebäudeschaden 836, auch **837**, **838**

Gebäudeteil, Ablösg **836–838**

Gebäudeversicherung, Haftg für GrdPfdR **1127** 1, **1128**

Gebrauch des Wohnungseigentums WEG **13**; Beschrkg WEG **14** 3; Regelg WEG **15**

Gebrauchsmuster, Erschleichen **826** 44; ungerechtf Bereicherg bei Verletzg Einf 18 vor **812**; Vererblk **1922** 36; Verletzg dch Gehilfen **831** 5

Gebrauchspflicht des Mieters **535** 40

Gebrauchsüberlassung der Mietsache **535** 7; an Dritte **549** 3, **553** 6

Gebrauchsvorteile, entgangene als Schaden Vorb 20, 25 vor **249**; s auch Nutzungen

Gebrauchte Sachen, Schadensersatz **251** 12

Gebrauchtwagen, arglistige Täuschg **123** 5; Aufklärgspflicht **460** 9; Inzahlgnahme **364** 5, **515** 5; Garantieversicherg Vorb 32 vor **459**; Gewährleistg **459** 27; gutgl Erwerb **932** 13; SchadErs **251** 12; Zusicherg „generalüberholt" **459** 29

Geburt 1

Geburtsname, Begriff **1355** 2, 8; bei Kindesannahme **1757** 2; des ehel Kindes **1616**; des nehel Kindes **1617**

Gefahr, Abwendg einer droh **228**, einer ggwärtg **904**; Geldschulden **270** 10; Handeln auf eigene **254** 76; Leistgsgefahr **275** 24, **300** 3; Preisgefahr **275** 24; bei Pacht **588**; Pflicht z Abwendg **823** 58; Sichaussetzen der G **254** 45, 70; Vergütgsgefahr **300** 4; bei WkVertr **644**; s a Gefahrübergang

Gefährdungshaftung 276 136, Einf 11 vor **823**; Abwägg **254** 48, 55; Eisenbahnbetrieb EG **105**; IPR EG **38** 24

Gefahrgeneigte Arbeit 27 4, **276** 63, **611** 156

Gefahrübergang, Annahmeverzug **300** 3; ErschKauf **2380** 1; bei Gattgsschulden **279** 1; Kauf **433** 6, **446**; Versendgskauf **447**; WkVertr **644** 4, **651** 5

Gefälligkeit, Zusagen Einl 9 vor **241**

Gefälligkeitsfahrt, Haftg bei 9 vor **241**, **254** 79; Minderj **254** 70; Tierhalterhaftg **833** 3

Gefälligkeitsmiete Einf 11 vor **535**

Gefälligkeitsvertrag Einf 1 vor **662**

Gefangene als Arbeitnehmer Einf 7 vor **611**

Gegenbetreuer 1908i; 10

Gegendarstellung, Einf 36 vor **823**

Gegenleistung, Bestimmgsberechtigter **316**; bei GläubVerzug **298** 2

Gegenseitiger Vertrag, 320ff; Anwendgsgebiet der Vorschr Einf 9 vor **320**; Begriff Einf 4 vor **320**; BereichergsAnspr bei Nichteintr des bezweckten Erfolgs **812** 86; Einrede des nichterfüllten Vertr **320**; Erfüllg, verspätete **286** 1, 3, **326** 7; Fristsetzg **326** 14, 19; Ggleistg bei Unmöglk Vorb 1 vor **323**; GgseitigkVerh Einf 16 vor **320**; Gesellschaftsvertr Einf 6 vor **320**; Leistg an Dritten Einf 5 vor **320**; Leistgsaustausch **320** 1; RücktrR **325** 24, **327**; Störg Einf 15 vor **320**; SchadErsAnspruch bei Nichterfüllg **325** 9; nicht typischer Einf 9 vor **320**; Vergleich Einf 9 vor **320**; Synallagma Einf 2 vor **320**; vor **320**; Vergütgsgefahr **300** 4; VertrVerletzg, positive **276** 116; Verzug, Anwendgsgebiet **326** 1–9; Vorleistungspflicht **320** 15; Wegfall der GeschGrdLage **242** 135; bei Vermögensverschleuderg **321**

Gegenstand, Begriff Übbl 2 vor **90**, **281** 4; körperl **90** 1; bei Veräußerg eines GewerbeBetr **157** 10

Gegenvormund, Amtsende **1895**; Anhörg **1826**, **1836**; Aufgaben **1799**; Aufsicht über **1837**; Auf-

1, 7; Widerruf **2255** 15, **2271**; Widerruf wechselbezgl Vfgen **2271** 1, 9; WiderrufsVorbeh **2271** 19; WiederverheiratgsKl **2269** 16; Wiederverwahrg **2273** 6; Zeit- u Ortsangabe **2267** 1

Gemeinschaftsinteresse, Rechtsformen der Verwirklichg **705** 1

Gemeinschaftskonto Einf 17 vor **607**; **1922** 31

Gemeinschaftsordnung WEG **8** 2; **10** 2

Gemeinschaftspraxis 705 38

Gemischte Schenkung 516 13, **525** 8; PflichttErgänzg wg **2325** 8

Gemischte Verträge Einf 19 vor **305**; Formpflicht **313** 32; mit Miete Einf 21 vor **535**

Genehmigung, Begriff Einf 1, 3 vor **182**, **184**; Beistand **1687**; behördliche **275** 26; zu AnwRVeräußerg des Mitnacherben **2100** 11; des and Eheg **1365–1369**; zu Erbteilsübertragg **2033** 6; des VorE **2112** 3; zu ErbauseinandS Einf 2 vor **2032**, **2042** 11; zu ErbschKauf Übbl 3 vor **2371**, **2371** 3; GrdstVeräußerg **313** 47, 57, Übbl 17 vor **873**; u Unmöglichk **275** 26; unter VertrÄnderg **275** 27; ErklEmpfänger **182** 1, **184** 1; Erlangg der RFähigk dch – Einf 5 vor **21**; Form Einf 3 vor **182**, **184** 1; Handeln ohne Vertretgsmacht **177**, **178** 6; Gegenvormund **1832** 1; GoA **687** 1, 2; von Mj abgeschlossenen Vertr **108** 1, 2; Pflicht, an der Herbeiführg der behördl – mitzuwirken **242** 32; rückwirkende Kraft **184** 1, **275** 26; Schuldübernahme **415** 2, 7; Schutz der Rechte Dritter **184** 5; der Stiftg **80–84**; unwiderruflich **187** 1, **185** 7; beim VorkR **505** 1, **510** 2; vormschgerichtl s dort; WertSichgKl **245** 22; WiderrufsR des Dritten **1366** 7, **1427**, **1453**; s a Einwilligg, Zustimmg, Zustimmgsersetzg

Generalübernehmer, -unternehmer 631 9

Genossenschaft, Benutzg ihrer Einrichtgen Einf 16 vor **535**; als Gründergesellsch, Haftg **21** 8; GrdstZuweisg **313** 16; Vererblichk der Mitgliedschaft **1922** 25; TestVollstrg hierbei **2205** 26; vormschgerichtl Gen des Eintritts **1822** 23

Gentechnik, ProdHaftG **15** 1

gentleman's agreement, Einl 9 vor **241**; Auslegg **157** 16

Gerätesicherheitsgesetz 823 203

Geräusche, Abwehr **906**, **1004**

Gerichtlicher Vergleich 779; Auflassg im – **925** 7; Erbvertr **2276** 9; Erbverzicht **2348** 4; Ersetzg der Beurk **127a**, **128** 3, **1587**o; Testament **2247** 1; Umdeutg **140** 12; Wegfall der GeschGrdlage **242** 169; Widerruf dch ErbenGemsch **2038** 6

Gerichtsferien, Fristhemmg **191** 1

Gerichtsstand 269 3; Klauseln in AGB AGBG **9** 87; bei Nichtigk des Vertr **139** 15; Vereinbg **269** 3

Gerichtsvollzieher, als Besitzer **868** 17; als Erfüllungsgehilfe **278** 30; Erwerbsverbot **456–458**; Haftg **839** 101; Stellg Einf 10 vor **164**; Mitteilg des Rücktr vom ErbVertr **2296** 1; des Widerrufs beim gemeinsch Test **2271** 4; Zustellg v WillErkl **132**

Gesamtakt bei Beschlußfassg der Vereinsversammlg **32** 1, der WEigtümerVersammlg WEG **23** 4; nicht bei Gesellschaftsgründg **705** 3

Gesamterbbaurecht ErbbRVO **1** 8; **2** 3; **12** 3, 5; **14**

Gesamtforderung, Begriff Übbl 1 vor **420**

Gesamtgläubiger, Aufrechg **719** 6; Ausgleichg **430** 1, unter Eheg **1372** 7; GesGläubigerschaft Übbl 2 vor **420**, **428**; Vereinigg von Fdg u Schuld **429** 1; Verzug **429** 1

Gesamtgrundschuld, Anwendg der Vorschr über die Gesamthyp **1132** 12, **1173** 11, **1175** 5, **1182** 4 (s daher GesamtHyp); GesamtEigtümerGrdSch **1174** 3, **1175** 2, **1196** 2

Gesamtgut (GüterGemsch), Anteil, Vfg über **1419** 2; Aufrechg gg GesamtGutsFdg **1419** 3; AuseinandS **1471–1482**; AusglAnspr bei Verwendg für

Vorbeh/Sondergut **1445**, **1446**, **1467**, **1468**; Besitz **866** 5, **1422** 2, **1450** 6; Entstehg **1416**, **1473**; GBBerichtigg **1416** 4; GesamtGutVerbindlichk **1437**, **1459**; Haftg **1437–1440**, **1459–1462**; TestVollstrBefugn **2205** 28; Verwaltg **1421** dch einen Eheg **1422–1449**, dch beide Eheg **1450–1470**; Verwendg für Unterh **1420**, **1583**, **1604**; Zuwendg aus Gesamtgut bei ErbauseinandS **2054**, bei PflichttErgänzg **2331**

Gesamthandsanteil, PfandR **1258** 1

Gesamthandseigentum 903 3; MiteigtVorschr, Anwendbark **1009** 2; Überführg in MitEigt bei Grdst **313** 8, **873** 5

Gesamthandsforderung 432 1

Gesamthandsgemeinschaft Einf 2 vor **21**; Bereicherg **812** 41, **828** 32; Gütergemsch **1416** 1, **1419**; Erbengemsch Einf 2 vor **2032**; Fdgberechtigg **432** 4; Gesellsch **705** 17, **718** 1; Haftg für Schuld Übbl 7 vor **420**; nicht rechtsf Verein **54** 1; Wesen **432** 4

Gesamthandsgläubiger, Begriff **432** 4

Gesamthypothek 1132; Erlöschen/Nichtentstehen der pers Fdg **1172**; ErsAnspr des befriedigden Eigtümers **1173** 2; GläubBefriedigg dch einen Eigtümer **1173**, dch pers Schuldn **1174**, aus Grdst **1181** 4, **1182**; RückgriffsHyp **1173** 8, **1182** 3; Verzicht **1175**

Gesamtnachfolge, Besitzvererbg **857** 2; Grundsatz **1922** 6, **1942** 1, **2032** 1; keine Vermögensübernahme **419** 9

Gesamtsache s Sachgesamtheit

Gesamtschuld 421 ff; Abtretg **425** 6; bei Altlasten **426** 3a; Anfechtg **425** 2; Aufrechg **422** 1; AusglPfl **426**, unter Eheg **426** 9, **1372** 7; Begriff **421** 1; bei Bereicherg Einf 29 vor **812**; Erfüllg **422** 1; Erlaß **423** 1; FdgsÜbergang **426** 14; gesetzl **421** 12; Gesamtwirkg von Tatsachen **422** 1, **423** 2, **424** 1, **425** 8; gestörtes GesSchuldVerh **426** 15–23, **840** 4; GläubVerzug **424** 1; Gleichstufigk **421** 7; Haftgsfreistellg u G **426** 15; Hinterlegg **422** 1; Inhalt **421** 1; InnenVerh **426** 1; Kündigg **425** 2; Rücktritt **425** 2; Schuldnerverzug **425** 2; Übergang der GläubFdg iR der AusglPfl **426** 4; unechte **421** 10; bei unerl Hdlg **840**; Unmöglk **425** 3; unteilbare Leistg **431** 1; Unterlass Übbl 11 vor **420**; Urteil, rechtskr **425** 5; Verbundenh der Fdgen **421** 6–9; Vereinigg **425** 5; Verjährg **425** 4; VertrSchuld **427** 1; Verschulden **425** 3; Voraussetzgen **421** 2–5

Gesamtversorgung 1587a 60, 68

Gesamtvertretung, -vollmacht, 167 13; der Eltern **1629** 6; KenntnZurechng **28** 2, **166** 2

Gesamtverweisung im IPR EG **4** 1

Gesamtwandelung 469 2

Geschäft, fremdes, Absicht als eig zu führen **677** 10, **687** 2; fremdes, irrtüml Behandlg als eigenes **687** 1; Mitarbeit im – des Erbl als ausgleichspfl bes Leistg **2057a** 4; für den, den es angeht **164** 8, **677** 8, **929** 25 (Übereignung)

Geschäfte zur Deckg des Lebensbedarfs in der Ehe s „Schlüsselgewalt"

Geschäftsähnliche Handlungen, Übbl 6 vor **104**; Begründg u Aufhebg des Wohnsitzes **8** 1

Geschäftsanteile, Kauf **437** 10; Gewährleistg Vorb 16 vor **459**; der GmbH Nießbrauch **1068** 4; Übertragg **413** 1; Vererbg **1922** 15–24; Verw dch TestVollstr **2205** 13

Geschäftsbesorgung, Abgrenzg von DienstVertr Einf 24 vor **611**, Einf 5 vor **662**; Begriff Einf 5 vor **662**, **662** 5, **675** 3; entgeltl **675**; in Fremdinteresse **675** 4, **677** 3; vorl Erben **1959** 1, 2; im Konkurs **675** 15; Nichtigk **675** 6; selbständ wirtschaftl Tätigk **675** 3; Umfang bei GeschFührg o Auftr **677** 2

Geschäftsfähigkeit, Begriff Einf 2 vor **104**; geschähnl Hdlgen Einf 6 vor **104**; des GeschFührers **682**; guter Glaube Einf 3 vor **104**; IPR EG **7, 12**; Minderjähriger **106** 1, 2, **112** 1, 3; öffentl Recht Einf 7 vor **104**; für TatHdlgen Einf 6 vor **104**; des Vertreters **165**

Geschäftsfähigkeit, beschränkte 106; Eheaufhebg EheG **30** 2; Ehegatte bei Erbvertr **2275** 2; Ehelicherklärg **1728**, **1740e**; Eheschließg EheG **3**; Ehevertrag **1411**; ErbvertrAufhebg **2290**; Erfüllg ggü beschränkt Geschäftsfähigen **362** 3; Rücktritt v Erbvertr **2296**; Ruhen der elterl Sorge **1673**; Testierfähig **2229** 1; UnterhVereinbg **1615e** 2; WillErkl **106–113**; des Vertreters **165**; Zugehen von WillErkl **131**; Wohnsitz **8** 1

Geschäftsführung, Gter, ergänzende Anwendg von Auftragsrecht **713** 1, s a Gesellschaft; Vereinsvorstand **26** 5, **27** 4

Geschäftsführung ohne Auftrag 677 ff; Anspr des GeschFührers bei Genehmigg **684** 1, 2; entspr Anwendg der Vorschr Einf 7 vor **677**; AnzeigePfl des GeschFührers **681** 2; AufwendgsAnspr bei SchenkgsAbsicht **685** 2; AufwendgsErsatz **670** 2, **683** 4; Ausbeutg fremden UrheberR **687** 4; Ausschluß der RWidrigk Einf 5 vor **677**; Ausführg im Interesse des GeschHerrn **677** 13, **683** 4; Begriff Einf 1 vor **677**; EigenGeschFührg **677** 1, 2; Erfüllg im öff Interesse **679** 3; Führg im eignen Namen **677** 9; Gesch zG dessen, den es angeht **686** 1, 2; GeschFgk des GeschHerrn **682** 1, 2; GeschHerr **677** 3; gesetzl UnterhaltsPfl des GeschHerrn **679** 4; Haftg des GeschFührers **677** 12, **683** 8, bei fehler GeschFgk **682** 2; Haftgsminderg bei droher Gefahr **680** 1, 2; Herausgabe des Erlangten **681** 3; IPR **28** 16; Irrtum über Person des GeschHerrn **686** 1; MitVersch **254** 6; objektiv fremdes Geschäft **677** 4; öffentlrechtl GoA Einf 13 vor **677**; Pflichten des GeschFührers **677** 12, des GeschHerrn **679** 2; RGrd für ungerechtfert Bereicherg **812** 24; subjektiv fremdes Geschäft **677** 5; Tod **677** 16; Übernahme gg Interesse u Willen des GeschHerrn **677** 15, **678** 4, **683** 4; unechte **687** 1, 2; Vergütg **683** 8; Verjährg **677** 17; bei Verpfl zur Besorgg ggüber Dritten **677** 7; Ausschluß der Ausgleichg für bes Leistgen **2057a** 4; Wahrg eigener Interessen des GeschFührers **677** 6; Weiterführg begonnenen Geschäfts **677** 16; Wille des GeschHerrn, entggstehder **678** 2, **679** 1, wirkl od mutmaßl **677** 14, **683** 5

Geschäftsgrundlage 242 113; Abgrenzg **242** 116; Änderg nachträgl **119** 30, **242** 110; Anwendgsbereich **242** 114; AusglAnspr **242** 131; Fallgruppen **242** 135; Fehlen/Wegfall **242** 110; bei Auftrag **667** 9; bei Bürgschaft **242** 136; bei ErbbZins ErbbRVO **9** 16; bei DienstvertrVorb **3** vor **620**; Einzelfälle **242** 153; bei gemschaftl Test **2271** 37; bei GesellschVertr **242** 162, **705** 5–9; bei Leibrente **759** 6; bei Miete **242** 166, **537** 7; RFolgen **242** 130; u vertragl Risikoverteilg **242** 122; bei Sachmängelhaftg **242** 167; bei Schenkg **527** 1; beim Vergl **242** 169, **779** 13, 24; bei SorgeVorschlag **242** 158, **1671** 11; Irrtum über **119** 30, **242** 149; u wirtschaftl Unmöglichk **242** 140; Verj des Anspr aus **195** 5; u Wiedervereinigg **242** 152a–f; Zusfassg mehrerer Vertr Einf 17 vor **305**; u Zuwendg zw Eheg **242** 158, **1372** 4; u Zweckstören **242** 144

Geschäftsordnung des Vereins **25** 6

Geschäftsräume, Miete Einf 69 vor **535**; KündFrist **565** 7; Entschädiggsanspr **557** 6

Geschäftsrecht im IPR EG **11** 5

Geschäftsunfähigkeit, Begriff Einf 2 vor **104**, **104**; Annahme als Kind **1746**; AnwaltsVertr Einf 10 vor **104**; des Auftraggebers **672** 1; des Beauftragten **673** 1; Betreugsbedürftig **1896** 2; **8**; Beweis-

last **104** 8; Ehelicherklärg **1729**, **1740c**; Ehenichtigk EheG **2** 1, **18**; Ehevertr **1411** 2; Erbvertr, Anfechtg **2282**, Aufhebg **2290** 2; Folgen **104** 7, **105**; nachträgl **153**; partielle **104** 6; Rücktr v Erbvertr **2296** 1; Ruhen der elterl Sorge **1673**; Wohnsitz **8**; Zugehen von WillErkl **131** 1

Geschiedener Ehegatte, Name **1355** 12; ErbR **1933**, **2077**; Unterhaltsanspr **1569 ff**

Geschlecht der natürl Person **1** 10

Geschlechtsänderung (= Umwandlg) 1 11; **1591** 12; IPR EG **7** 6; Vorname **1616** 10

Geschlechtsmißbrauch 825

Geschwister, Ausgl bei UnterhLeistg ggü Eltern Einf 19 vor **1601**; test Zuwendg an **2084** 7; Eheverbot EheG **4**; Berücksichtig bei der Scheidg **1671** 16; ggseit Unterh **814** 8, **1601** 2, **1649** 2

Gesellschaft 705 ff; Abschlußmängel **705** 10; Abgrenzg **705** 2, 3; Änderg der Grdlagen **705** 5; Anteil am GVermögen **719** 1, 2; Anwachsg **736** 6; **738** 1; Aufgaben der GeschFührg Vorb 2 vor **709**; Auflösg, Bedeutg Vorb 2 vor **723**, s a AuseinandS; Auflösgsgründe Vorb 1 vor **723**; Aufrechng gg Fdgen **719** 6; AuseinandS des Vermögens s dort; Ausscheiden, Ausschließg s Gtern; Begriff Einf 13 vor **21**, **705** 3; Beiträge **705** 16, 20, **706**, **707**, **718** 2; Besitz **854** 14; Dauer, beschränkte **723** 3; Dienstverträge mit Gtern **713** 1; EhegattenG s dort; Einlage **706**, **707**; EinmannG **736** 2; Einstimmigkeitsgrdsatz **709** 1; Eintritt des Erben **727** 2; Entscheidgen durch Stimmenmehrh Vorb 2 vor **709**; unter FamilienMitgl **705** 27; fehlerhafte Einf 29 vor **145**, **705** 10; Fortsetzg Vorb 2 vor **723**, **723** 1, **727** 2, **728** 1, **736** 1–9; GelegenheitsG **705** 14, 44; **705** 17, **713** 5; GeschFührg Vorb **709–715**, gemeinschaftl der Gter Vorb 1, 6 vor **709**, **709**, Entziehg Vorb 6 vor **709**, **712**; Geschäftswert **718** 5, **738** 4; GVermögen **705** 17, **718**; Gewerbebetrieb der Minderkaufleute **705** 40; Gewinnanteil **717** 6, **722**, s a AuseinandS; Haftg für GSchulden **718** 6; Haftg aus Wechseln **705** 17; Auftreten als Handelsgesellsch **714** 2, 5; InnenG **705** 10, 26; InteressenGemsch **705** 50; IPR EG **28** 19; Kartelle **705** 44; Konsortien **705** 44; Konzerne **705** 44; Künd eines Gters **723** 1, Künd durch Pfändgsgläub **725** 3; auf Lebenszeit **724**; Mehrheitsbeschl Vorb 13 vor **709**; Mitgliedsch in OHG **705** 4; nichtehel LebensGemsch **705** 32; partiarischer Vertr **705** 15, 50; Pfändg des GAnteils **725** 1; PublikumsG **705** 4; Schuld ggüber Dr **733** 2; Schuld ggüber Gter **733** 3; Schutz des gutgl Schuldn **720**; stille **705** 26; sittenwidr VertrBdgg **138** 85; Surrogationserwerb **718** 4; Teilg d Vermög **719** 1, 2; TestVollstreckg **2205** 14; Tod eines Gters **727** 2; ÜbernR **736** 2; Übertragbark der Mitglsch **717** 1, der GeschFg Vorb 2 vor **709**; ungerechtf Bereicherg **718** 8; Unmöglichwerden des Zwecks **726**; Unterbeteiligg **705** 33, **717** 1; unzulässige RAusübg **242** 73; VermögÜbernahme **731** 1, **736** 2; Vertretg im Prozeß **714** 6; Vertretgsmacht Vorb 11 v **709**, **714**; Verpflichtgen ggüber Gtern **705** 22; Verwaltg des GVermögens **705** 24; auf Zeit, unbest **723** 2, **724**; Zubuße **707** 1, 2; ZweimannG **736** 2, **737** 1; Zweck **705** 3, 14; Zweckerreichg **726**

Gesellschafter, Absondergsrecht bei Konkurs eines MitGters **728** 1; Abtretg des G-Anteils **719** 3; actio pro socio **705** 20; Anteil am Gewinn u Verlust **722**; Anspr gg and Gter **733** 6; Anspr aus GeschFg **713** 2, **717** 5; Anspr auf Rechngsabschluß **713** 5; Aufwendgsersatz **705** 22; Aufrechnung **273** 9, **719** 6; AuseinandSAnspr **730** 3, 6; AuseinandSGuthaben, Anspr auf **717** 7, **730** 5; ausgeschiedener **738**, Anspr auf Rechngslegg **740** 1; Ausfall inf unerl Hdlg **842** 2; Auskunftspflicht

713 4; Ausscheiden Vorb 3 vor **723**, **736** 1, **738** 1; Nachhaftg **736** 10; Ausschließg **138** 85, **737**; Ausschl von GeschFg **710** 1; BefriediggsR ggüber Gläub **725** 4; Beitragspflicht **706**; Berechtigg am GVermögen **705** 17; Beschlüsse Übbl 11 vor **104**, Vorb 6 vor **709**; Eintritt neuer **736** 6; Erfindung **611** 151; Gefährdg der Einlage **707** 2; Geschäfte, schwebde **740** 1; GeschFgsBefugn **709**, Entziehg/ Künd **712**, Fortdauer **729**; GterWechsel **727** 2; Gewinnanteilanspr **717** 6; Gewinnverteilgsanspr **721** 1; Haftg, persönl für GSchulden **718** 8; Haftg bei Erfüllg der GPflichten **708**; Haftg des neu Eintretenden für GSchulden **736** 6; Haftg der vertretenen **714** 5; jurist Pers **705** 4; KontrollR **706**; Künd aus wichtigem Grd **723** 4 zur Unzeit **723** 6; KonkEröffng **728**; LeistgsverweigergsR **705** 8, **706** 2; Mitwirkg bei GeschFg **705** 24; Nachhaftg nach Ausscheiden **736** 10; Nachschußpflicht **735**, **739** 1; Pfändung des Anteils am GVermögen **719** 3; pfändbare Anspr **717** 8; Pflichten des GeschFührers **713** 4; RechngslegAnspr **721** 1, **730** 4; RücktrR **705** 8; SonderR **719** 1; Sondervergütg **705** 22; StimmR **134** 24, **138** 99, **705** 24, Vorb 14 vor **709**; Stimmenthaltg bei Interessenkollision **705** 19, Vorb 15 vor **709**; Tod **727**, **1922** 17, 22, **2032** 10; Treupflicht **705** 19, **738** 2; Übertragbark der EinzelR **717** 4, 5; Übertr des Anteils an einzelnen Ggständen **719** 5; Übertragg der GeschFg an Gter **710** 1; Unterrichts- u NachprüfgsR **713** 5, **716** 1; unzuläss Beschränkg des KündR **723** 3; Verbürgg für GesellschSchuld **775** 1; Verfehlgn Vorb 9 vor **709**; Verfügg über Anteil am GVermögen **719** 3; Verpfändg des Anteils **719** 4; VerschwiegenhPfl **705** 19; VertrMacht **714**, Entziehg **715**; Wechsel **727** 2, **736** 8; Weisgen an Geschführer **713** 3; WidersprR bei GeschFgsbefugnis **711** 1

Gesellschaftsähnliche Verträge 705 51

Gesellschaftsanteil 719; Kauf **433** 2, **437** 10, Vorb 16 vor **459**; Gewährleistg Vorb 16 vor **459**; Nießbr an – **1068** 3; PflichtErgänzgsAnspr **2325** 13; PflichttFeststellg **2311** 12, 13; TestVollstrkg **2205** 14; Vererblichkeit **727** 1, **1922** 15, **2032** 8, 10, **2059** 3, **2062** 2, Vor- und Nacherbfolge **2113** 2

Gesellschaftsrecht, abdingbares **705** 26; keine Anwendg des AGBG **23** 4; Anwendgsgebiet **705** 35; Verwirkg im G **242** 100; unzul RAusübg **242** 73

Gesellschaftsreisen 705 51; **651a** ff

Gesellschaftsvermögen 718; AuseinandS bei GesellschAuflösg **730** 1, Abstandnahme **731** 1, Anspr auf **730** 3, AuseinandSGuthaben **717** 7, **730** 5, Dchführg **731**, Einlagenerstattg **733** 7, NachschußPfl **735**, Rückg überlassener Ggst **732**, Schuldenberichtigg **733** 1, Überschußverteilg **734**, Versilberg **733** 11, Vornahme **730** 2

Gesellschaftsvertrag 705 4; Abänderg **705** 5; Abfindsklausel **738** 7; Abschlußmängel Einf 29 vor **145**, **705** 10; Anfechtg **705** 10; atypischer **705** 26; Abfindsklausel u PflichttBerechng **2311** 14; Auflösg dch GterKonk **728**, GterTod **727**, Zweckerreichg **726**; zw Eheg **1372** 6; ggs Vertr **705** 8, Einf 16 vor **320**; GrdstEinbringg **313** 3c; Inh **705** 3; Künd **705** 8; **723** 1, 6, **725** 3; Nachfolgeklauseln **1922** 17–22, **2301** 10; Nichtigk, Berufg auf Einf 29 vor **145**, **705** 10; Rücktritt **705** 8; vormschaftsgericht Genehmigg **1822** 14

Gesetz, Auslegg Einl 34 vor **1**; Inkrafttreten **187** 2; Nichtigk **139** 2; Rechtsnorm Einl 19 vor **1**

Gesetzesänderung, IPR Einl 24 vor EG **3**

Gesetzesumgehung 134 28; im Recht der AGB AGBG **7**; im IPR Einl 25 vor EG **3**, hinsichtl Form EG **11** 18; ScheinBes **116** 5

Gesetzliche Erben, Abkömmlinge **1924**; als Kind Angenommene s Adoption; Eheg s EhegErbR;

Ehelicherklärg **1924** 8; Eltern und deren Abkömml **1925** 1; Einsetzg **2066** 1, 2; Fiskus **1936**; Großeltern **1926**; Halbgeschwister **1925** 4; NachE **2104** 1–6; nichtehel Kind **1924** 7; **1934a**; nichtehel Vater **1925** 5, **1934a** 11; Ordng, Begriff **1924** 2; Ordngen **1924–1929**; VorE **2105** 1, 2; Wegfall **1935** 2

Gesetzlicher Güterstand, Grdz 1 vor **1363**; s Zugewinngemeinschaft, Gütertrennung

Gesetzlicher Vertreter, Ehelicherklärg **1728**, **1729**, **1740c**; Ehelichkeitsanfechtg durch g V **1597**; Ehevertr **1411**; Eltern **1626**, **1629**; Erbvertr **2275** 2, **2282** 1, **2290**, **2296**; Ermächtigg des Mj zur Begründg eines Dienstverhältn **113** 1–6; Genehmigg eines ohne Einwilligg geschlossenen Vertrages **108** 1, 2; für GeschäftsUnf und Geschäftsbeschränkte Einf 2 vor **104**; für Minderjährige **107** 1, 8; Haftg für Verschulden **278** 2; TestErrichtg **2229** 4; Wohnsitz **8**; s a Vertreter, Vertretungsmacht

Gesetzliches Pfandrecht an bewegl Sachen **1257**; IPR EG **38** Anh II 5

Gesetzliches Schuldverhältnis Einf 5 vor **305**; u dingl Recht Einl 9 vor **854**

Gesetzliches Verbot 134 1; Einzelfälle (alphabetisch) **134** 14–27; Haftg bei Vertr **309**; Recht der EU **134** 2; UmgehgsGesch **134** 28; Vermächtn **2171**; Verstoß gg **134** 7–13

Gesetzliches Vermächtnis, Einf 4 vor **2147**; Ausbildgsbeihilfe an einseitige Abkömml **1371** 7; Dreißigster **1969**; Voraus **1932** 5

Gestaltungsgeschäfte Übbl 17 vor **104**; bdggsfeindl Einf 13 vor **158**

Gestaltungsrecht Übbl 33 vor **104**; Übertragg **413** 5; Ausübg formfrei **313** 17

Gesundheitsschädigung, Geldrente **843** 1, 4; Haftg **823** 4; Ersatz von Heilgskosten **249** 10; vorgeburtl **823** 4, Vorbem 67–71 vor **249**; Schmerzensgeld **847**; WohngsKünd wg **544**

Getränkebezugsverpflichtung 138 81; Sichg dch Dbk **1018** 25

Getrenntleben von Ehegatten **1565** 3, 10, **1567**; Übertragg der elterl Sorge **1672**, **1678** 4; EigtVermutg **1362** 2; Hausrat **1361a**, Anh II EheG **18a**; als ScheidgsVoraussetzg **1564** 4, **1565** 3, 10, **1567**; Schlüsselgewalt **1357** 9; Unterhalt **1361**; WohngsZuteilg **1361b** 1, Einf 7 vor **1564**; als ZerrüttgsVermutg **1566** 1; ZugewAusgl **1385**

Gewährleistung, Abdingbark bei KaufVertr Vorb 21 vor **459**, **476**, bei ReiseVertr **651k**; bei WkVertr **637**; Abgrenzg zu ProdHaftg ProdHaftG **3** 1, zu c.i.c. **276** 80, zu pVV **276** 110, Vorb 6 vor **459**; Abtretg von GewlAnspr **402** 2, Vorb 30 vor **459**; Anfechtg wg arglist Täuschg Vorb 8 vor **459**; bei Annahme an ErfüllStatt **365**; Ansprüche **462**, aus unerl Handlg Vorb 11 vor **459**; Anwendbark allg Vorschriften **320** 6, Vorb 2 vor **459**; arglist Verschweigen von Mängeln **460** 13; bei Aufhebg der Gem **757** 1; Ausschlußfrist bei Reise **651g**; Beschränkg dch Klauseln in AGB AGBG **11** 46; bei Erbschaftskauf **2376**; Gattgskauf **480**; GattgsVermächtn **2183**; Fehlen zugesicherter Eigschaft **463** 1, 6; Gefahrübergang Vorb 2 vor **459**, **459** 46; grobfahrläss Unkenntnis **460** 9; Grundlage **459** 1; Hauptmängel **482** 1; bei Hingabe an Erfüll Statt **365** 1; u IrrtumsAnfechtg **119** 28, Vorb 9 vor **459**; Kauf „wie besichtigt" **476** 1; Kenntnis des Mangels **460** 1, 6; Klausel: „ohne Garantie" **476** 1; Mangel der Reise **651c**; mehrmalige **475**; bei MietVertr **536– 541**; als Nebenverpflichtg Einf 16 vor **765**; Nichtigk des Ausschlusses **476** 5, bei ReiseVertr **651k**; PfdVerk **461** 1; bei Rechtskauf **437**; Rechtsmangel **434–**

J

K

Kindesvermögen

L

73; Ggstand **535** 2; mißbilligte Klauseln Einf 77 vor **535**, AGBG **9** 110; GrdstErwerber, Eintritt **571**; Haftg für Dritte **535** 26; Kündigg: bei vertrwidr Gebr **553**; aus wichtigem Grund **554a**; bei Zahlungsverzug des Mieters **554**; bei Ehegatten **569** 1, 6; bei Tod des Mieters **569** 1, 4, **569a**; Fristen bei Grdst **565**; von Beamten usw **570** 1; für länger als ein Jahr **566** 6; langfristiger, KündR **567** 1, der ErbenGemsch **2038** 5; auf Lebenszeit **567** 4; Fortsetzg nach Kündigg bei Widerspruch **556a–c**; Mustermietvertrag **535** 2, 9, **536** 5, 10, **538** 7, **545** 1, **549** 6, **552a** 1, **556** 1, **565** 10; Nacherbfolge, Eintritt **2135** 1; Nebenabreden, mündl **566** 9; Nebenkosten **535** 37; vertragl RücktrR **570a**; Schriftform **566** 1, 8; Schutzwirkg zGDr **328** 28; stillschw Verlängerg **568** 1; unzul RAusübg **242** 78; Verlängergsklausel **564** 6, **565a**; VerlängergsVertr, Form **566** 15; über Wohnraum auf bestimmte Zeit **564c**; auf unbestimmte Zeit **564** 5, **566** 6–14; Verletzg, erhebliche **553** 4; Verwirkg **242** 103; vormdschger Gen **1822** 17; Vorvertrag Einf 3 vor **535**, **566** 3; Wegfall der GeschGrdlage **242** 166; ZahlgsPfl **552** 4

Mietvorauszahlung Einf 85 vor **535**; Rückerstattg **557a**

Mietwagenkosten als SchadErs **249** 12

Mietwucher 134 27, **138** 76

Mietzins 535 29; angemessener **157** 16; Aufrechng **552a**, **554** 5; Aufrechng ggüber Erwerber **575**; Befreiung **537** 18; Behinderg, persönl d Mieters **552** 4; Bemessgszeitraum **565** 2, 4; ausnahmsw Bringschuld **270** 4 iVm **269** 12; einseitige Erhöhung Einf 98 vor **535**; bei Wohnraum 2. WKSchG **3**, **4**; Entrichtg **551** 1, 4; Erstreckg der Hypothek auf **1123–1125**; Kündigg wegen Nichtzahlg **554**, **555**; Minderg **537** 21; als Mindestschaden **557** 4; Rechtsgeschäft zw Vermieter u Mieter **574** 1, 4; Rückerstattung b Kündigg **557a**; Teilrückstand **554** 9; Vfgen des Gemeinschuldners **573** 9; Vfgen bei Zwangsverst **573** 9; Verjährg **197** 6; Vorausverfügg **573** 1, 4, bei Hypothek **1124**; Vorleistgspflicht des Mieters **551** 1

Militärtestament Einf 4 vor **2229**

Minderjährigenschutz-Übereinkommen (MSA) EG **24** Anh 1 (fettgedruckte Zahlen sind im folgenden Art. des Abk); allgemeines Anh 1; AnerkennungsPfl **3**, **7**; AnwendgsBereich 2, sachl 1 **13**, 2 **16**, pers **13**, zeitl **17**; Anzeigepfl 4 **33**, **8** 41, **11**; Aufenthalt d Minderj **1** 1, 10, Verlegg **5**; DDR, AnwendgsBereich **14** 48; Eilzuständigk 9; Heimatbehörde, Eingreifen **4**; Internationale Zustdgk 1 1, 10, 3 **24**, **4**, **5** 34, 6 36; Mehrrechtsstaaten **14**; Mehrstaater Anh 3; Minderjähriger, Begriff **12**; Ordre public **16**; Rechtsanwendg Anh 3, **2**, **3**, **8** 39; Rück- u. Weiterverweisg Anh 3, **3** 18; Schutzmaßnahmen 1 **13**, 2 16, 3 24, 27, Durchführg **6**, **7**, bei Gefährdg **8**; Staatsangehörigkeit, Anknüpfg **3** 18; Verh zu anderen Übereinkünften **18** 52; Vollstreckg **7** 37; Vorfragen Anh 31

Minderjähriger, Annahme als Kind **1741 ff**; Aufsichtspflicht, Verletzg **832**; Automietvertrag **107** 8; BereichergsAnspr **812** 30, **819** 6; Dienst- oder Arbeitsverhältnisse **113** 1–3; Ehefrau Rechtsstellg **1633**; Eheschließg EheG **3**; einseit RGeschäft **111** 1–6; Einwilligg bei unerl Handlg gegen M **823** 42; Einwilligg d gesetzl Vertr zu Willenserklärg **107** 8; elterl Sorge **1626**; ErbschAnnahme **107** 8, **1943** 4; Erbenstellg bei TestVollstrg Einf 4, 6 vor **2197**, **2204** 4, **2215** 1; ErwerbsGesch, selbst Betrieb **112** 1–3; Geschäft mit rechtlichem Vorteil **107** 2; Geschäftsfähigk **106** 1, 2, **112** 1–3; Kreditgewährg **110** 4; Mitverschulden **254** 13; NachlAuseinan-

dersetzg **2042** 8, 17; nichtehel Kind **1705** 5, **1710**, **1773** 6; Prozeßfähigk **106** 2; rechtl Vorteil **107** 1, 2; Schenkg **107** 2; Schutz IPR EG **24** Anh 1; Taschengeld **110** 1–3; TestErrichtg **2229** 4, 5, **2233** 1, **2247** 19; unerlaubte Hdlg **828**, **829**; Vaterschaftsanerkenng **107** 8, **1600d**; Verlöbnis Einf 1 vor **1297**; Vertragsabschluß **108** 1, 2; Vormund für minderj Ehefrau **1778**; Vormundsch **1773**; Wohnsitzbegründg/aufhebg dch mj Ehefrau

Minderjähriger Ehegatte 1633

Minderung 462 13, **465** 1; Abdingbarkeit bei ReiseVertr **651k**; AusschlFr bei ReiseVertr **651** g; Ausschluß bei Viehkauf **487** 1; Berechng **472**; Bindg an Erklärg **465** 7; bei c.i.c. **276** 102; Einrede **465** 7, 11, trotz Verj **478**; Erfüllgsort **472** 4; bei Gattgskauf **480**; Gesamtpreis **472** 7; gestundeter Kaufpreis **472** 11; mehrere Beteiligte **474** 1; mehrmalige **475**; des Mietzinses **537** 23; bei ReiseVertr **651d**; Sachleistg als Kaufpr **473** 1; SchadErsatz statt – **463**; bei Schlechtleistg **323** 9; bei Tausch **473** 1; Unabtretbark des Anspr **462** 1; Verjährg **477** 1; Vollziehg **465** 1, 11; bei WerkVertr **633** 5, **634**

Mindestarbeitsbedingungen Einf 64 vor **611**

Mindestbedarf 1578 3, **1581** 26; s Selbstbehalt

Mindesterbteil, Erbschein **2353** 6

Mineraliengewinnung, GrdstÜberlassg Einf 2 vor **581**, EG 68

Mischmietverhältnis Einf 72 vor **535**, **564b** 11, MHG 2 3

Mischverträge Einf 16 vor **305**; mit Miete Einf 21 vor **535**; mit Pacht Einf 1 vor **581**

Mißbrauch des Eigt **826** 32; formaler RStellgen **242** 49; eines Urteils **826** 46; der Vertretgsmacht **164** 13; des SorgeR **1666** 7

Mißhandlung des Kindes **1631** 9, **1666** 7; Pflichtteilsentziehung wg **2333** 4

Mitarbeitspflicht der Ehegatten im Beruf oder Geschäft des anderen **1356** 8; im Haushalt **1356** 6; Entgeltlichk der Mitarb **1356** 15; der Kinder **1619**; Mitarbeit bei Verlobten Einf 3 vor **1297**

Mitbesitz 866; PfdBestellg bei – **1206**; Überg bei **929** 15; des WohngsEigtümers WEG **13** 2

Mitbestimmung der ArbN **611** 47; IPR EG **12** Anh 3

Mitbürge, Haftg **769** 1; AusglPfl **774** 13

Miteigentum 1008; AufhebR, Beschränkg **1010** 1; Begründg **1008** 2; Belastg **1009**, des Anteils **1008** 5; unter Eheg **1372** 9; an der Ehewohng nach Scheid HausRVO **3** 5, am Hausrat **1357** 22, HausRVO **8** 4; Eintragg von Verwaltgs- u Benutzgsanordngen **1010** 4; Geltendmachg von Anspr aus dem Eigt **1011** 1; an Grdst, Form der Veräußerg **313** 3; gutgl Erwerb **932** 1; Miete an der gemschaftl Sache **748** 1; Nießbr am Anteil **1066**; PfdR am Anteil **1258**; Pfändg des Anteils **1008** 6; Teilhabervereinbg, Wirkg gg RNachf **1010** 1, 5; Übertragg eines Anteils **1008** 4

Miterbe, Antrag auf NachlVerw **2062** 1; Aufrechng **2040** 6; AuseinandersetzAnspr **2042** 1; Ausgleichspflicht **2050** 1, 6, **2055** 1, 4, **2316** 1, 2; AuskunftsPfl **2027** 1, **2038** 13, **2057** 1; Fruchtanteil **2038** 16; Gemeinschaft der MitE **2032**; Gesamthandklage **2059** 4; Gesamtschuldklage **2058** 2; Haftg, beschränkte im Innenverhältnis **2058** 4, **2063** 2; Haftg als Gesamtschuldner **2058** 1, 3; Haftg ggüb PflichttBerecht **2319** 1, 2, **2324** 2; Haftg bis Teilg **2059** 1; Haftg nach Teilg **2060** 2; Haftgsbeschränk Einf 2 vor **2058**; Innenverhältnis **2058** 4; InventErrichtg **1994** 1, **2003** 3, **2063** 1, 2; Klagerecht **2039** 6; Lastenausgleich **2041** 1; Lastentragg **2038** 12; Mitwirkgspflicht bei Verwalt-Maßn **2038** 7; NachlGläub **2046** 5; PflichttBerecht

N

tragg im GB Einf 8 vor **2100**; Vorausvermächtn **2110** 2; zeitl Beschränkg **2109** 1, 2

Nacherbenvermerk, im GB Einf 8–12; vor **2100**, **2111** 1; Buchfdgen **2118** 1; bei ErbbauR ErbbR-VO **10** 1; Handelsregister Einf 17 vor **2100**; Rangverhältn **879** 6, Einf 8 vor **2100**

Nacherbfolge, Anordg der NachlHerausg **2103**; AnwachsR **2142** 3; Anzeige an NachlGer **2146** 1; Besitz an ErbschSachen **2139** 4; Eintritt **2139** 1, 3; Erbschein Einf 14 vor **2100**, **2139** 6, **2363** 1; Geburt des NE **2106** 2; Konkurs Einf 7 vor **2100**; konstruktive **2100** 1, **2104**, **2106**; Mietverträge **2135**; NEFall, Eintritt **2100** 13, **2139** 1; prozessuale Wirkg **2139** 5; Schutz Dr **2140** 2; Tod des VE **2106** 1; Wegfall **2107** 1–3; Wiederaufleben erloschener RVerhältn **2143**; ZwVollstr Einf 6 vor **2100**; Zweck Einf 1 vor **2100**

Nacherbschaft, Anfall **2106**, **2139**; AuseinandS **2130** 3, **2042** 3; Ausschlagg **2142**; Erwerb **2100** 8, 13; Herausge **2130**; dch befr Vorerben **2138**

Nachfolgeklauseln in AGB AGBG **11** 84; als Vertr zGDr **328** 8; beim GesellschVertrag **1922** 15, **2301** 10; bei Miete **535** 3

Nachforschungen, Aufwendungen für – über Schadensfall als Schaden **249** 22

Nachfrist, Setzg nach Verzugsbeginn **326** 14; Regelg dch AGB AGBG **10** 10, **11** 18

Nachhaltigkeit der Unterhaltssicherung 1573 20, **1575** 10, **1577** 13

Nachholbedarf 1613 2

Nachlaß, Anteil s Erbteil; AuseinandS **2042**; Erschöpfg **2088** 2; Früchte **2038** 16; Gesamtgutsanteil des verstorb Eheg bei fortgesetzter Gütergem **1483**; Gläub, letztwillige, Befriedigg **1992** 1; Kosten der Verw **2038** 12; Nutzgen **2111** 7; Sicherg **1960**, **1961**; Teilg **2059** 3; Trenng von EigVermög **1990** 9; Überlassg freiw an Gläub **1990** 10; Überschuldg **1980** 3; Unzulänglichk **1990** 2, durch Vermächtnisse u Auflagen **1992**; Verpflegter EG **139** 1; Vertrag über – eines lebenden Dritten **312** 1, 5; Verwaltg bei Miterben **2038**

Nachlaßforderung 2039 1; Aufrechng, mit Fdg gg MitE **2040** 6; Auskunftspfl **2027** 1, 3; Hinterlegg **2039** 10; KlageR des MitE **2039** 6; MitE als Schuldner **2039** 13; Schutz des gutgl Schuldners **2111** 8; Streitwert **2039** 9; Verjährg **207** 1; s a Erbenhaftg, NachlGläub u NachlVerbindlich

Nachlaßfrüchte bei Erbengemeinschaft **2038** 16, **2042** 17

Nachlaßfürsorge 1960

Nachlaßgegenstände, Ersatz **2041** 1–4; Verfügg über bei Miterben **2040** 1, 4, durch TestVollstr **2205** 27, 32; Vfg über Anteil an einzelnen **2033** 20; Überlassg durch TestVollstr **2217**; Verzeichnis b Nacherbf **2121**; Zuweisg **2042** 6

Nachlaßgericht 1962 1; AnfechtgsErkl, Mitteilgspflicht **2081** 5; Anordg der Nachlaßverwaltg **1981–1988**; Ausschlagg **1945** 7; MitteilgsPflicht **1953** 6; Einschreiten gg TestVollstr Einf 7 vor **2197**; Einsicht in Erkl des TestVollstr **2228** 1; Einziehg des Erbsch **2361** 7; Ermittlg des Erben **1964** 1, **2262** 3; Ermittlgspflicht bei Erbschein **2358**; bei TestAnfechtg **2081** 5, **2358** 2; Ernenng des TestVollstr **2200** 2; Erteilg des Erbscheins **2353** 14; Ersatzzuständgk **2353** 19; Fürsorge von Amts wegen EG **140** 1; Inventaraufnahme **2003**; Mitteilgspflicht ggü FinA **2262** 4, ggü GBA Übbl 8 vor **2353**; NachlPflegsch **1960** 11, **1962** 1; Sicherg des Nachlasses **1960**, **1961**; Stundg des ErbErsAnspr **1934b** 12, des PflichttAnspr **2331a** 7; TestEröffng **2260**, **2273**; Zustdgk, IPR/IKR, **297**; ZuständigkBeschränkg landesrechtl EG **148** 1

Nachlaßgläubiger, Antrag auf NachlPflegsch

1961, auf NachlVerw **1981** 5; Aufgebot **1970** bis **1974**; Aufrechnung **1977**; Gefährdg der Befriedigg **1981** 6; InventErrichtgAntrag **1994** 1, 2; Rückgriff ggüb Befriedigten **1979** 5; Vollstr in EigVermög des Erben **1984** 7, **1990** 7; ZwVollstr gg VE **2115** 1–6

Nachlaßhaftung s Erbenhaftg

Nachlaßinventar, Zuständigk EG **148** 1; s a Inventarerrichtg

Nachlaßkonkurs 1975 5; Absonderg der Massen **1976** 1; Antragsberechtigg **1975** 5; Antragspflicht des Erben **1980** 1; Aufrechng **1977**; bei ausländ Erbstatut **1975** 7; Beendigg, ErbHaftg **1989** 1; bei TestVollstreckg Einf 8 vor **2197**

Nachlaßpfleger 1960 11; Antrag auf Bestellg **1961** 3; Aufgaben **1960** 17; Auskunftspfl **2012** 1; Auslagen **1960** 29; AufwendgsErs aus Staatskasse **1960** 25; EntlassgsGrd **1960** 34; Einreden, aufschiebde **2017** 1; gerichtl Geltdmachg eines Anspr **1961**; Haftg ggü Erben **1960** 24; keine Inventarfrist **2012**; NachlKonkurs, AntragsR **1980** 1; Rechngslegg **1962** 2; Vergütg **1960** 25; Verzicht auf Haftgsbeschrkg **2012** 1

Nachlaßpflegschaft 1960 11; **1961**; zwecks Gläub-Befriedigg **1975** 4

Nachlaßsicherung 1960

Nachlaßspaltung 1922 8, **2353** 8, 9, **2369** 8; EG **3** 14, **25** 2, 7

Nachlaßverbindlichkeit 1967–1969, Ausschließgs-Einrede **1973** 4–6; Beerdiggskosten **1968** 1; Berichtgg aus EigMitteln **1979** 3, NachlMitteln **1979** 3; Dreißigster **1969** 1; Eingehg durch TestVollstr **2206**, **2207**; Einreden, aufschiebende **2014** bis **2017**; ErbErsAnspr als – **1934b** 12; Erbfallschuld **1967** 6; Erblasserschuld **1967** 2; Erschöpfungseinrede **1990**; gemeinschaftl **2058** 1; Gesamthandklage **2059** 4; Gesamtschuldklage **2058** 2; gutgläub Berichtig **1979** 2; Haftg s Erbenhaftg; Haftg der MitE **2058**, **2059**; Kosten des Aufgebotsverf **1970** 10; Pflichtteilrestanspr **2305** 1; Verschweiggseinrede **1974**

Nachlaßvergleichsverfahren s VerglVerf

Nachverpfändung, Grdst **1132** 7; verdeckte **1196** 8

Nachlaßverwalter 1984, **1985**; Aufgabe **1985** 5; Aufwendgen **1987** 3; Bestellg durch NachlGer **1981**; Befugn bei Gesellschafter-Erben **705** 24, **1985** 4; Entlassg **1985** 3; GegVerwalter **1985** 2; Herausgabe des Nachl an Erben **1986** 1; Inventarfrist **1985** 6; KonkAntrPflicht **1980** 1, **1985** 7; Prozeßführgsbefugnis **1984** 5; Ermächtigg des Erben **1984** 7; Prozeßkostenhilfe **1985** 1; RStellg **1985** 1; SicherhLeistg **1986** 2; Vergütg **1987** 1; Verantwortlk **1985** 9

Nachlaßverwaltung 1975 4; Ablehng, Beschwerde **1981** 8; Ablehng mangels Masse **1982** 1, **1990** 1; Absonderg der Massen **1976** 1; Anfechtg von RGesch des Erben **1979** 5; Anordng **1981** bis **1983**; Antrag des Erben **1981** 3, der Gläub **1981** 5, der Miterben **2062** 1, 2; Anordng, Beschwerde **1981** 8; Aufhebg **1986** 1, **1988**, **1919**, **2062** 3; Aufhebg, Beschwerde **1981** 8; Aufrechng **1977** 1–4; Aufwendgen des Erben **1978** 5; bei ausländ Erbstatut **1975** 7; Beendigg durch NachlKonk **1989** 1; Bekanntmachg **1983** 1; Ggstand **1985** 1; internationale Zustdgk **1975** 7, **1981** 1; keine Inventarfrist **2012**; Kosten **1982** 1; Teilg des Nachl **1975** 4; – u TestVollstrg Einf 2 vor **2197**; Übernahmepflicht **1981** 7; Verantwortlichkeit des Erben **1978** 7; VfgBeschränkg des Erben **1984** 2; VollstrHandlg des ErbGläub **1984** 7; Voraussetzgen **1981**; Wirkg **1975** 2, **1984** 1

Nachlaßverzeichnis, Erteilg durch Hausgenossen **2028** 1; ggü Miterben **2038** 8; Verhältnis zum

NachlInventar **2004** 1; Pflichtt **2314** 10; Test-Vollstr **2215** 1; Vorerbschaft **2121**

Nachlieferungsanspruch 462 3; bei Gattgskauf **480** 3

Nachmieter 552 8, **564** 1

Nachnahmesendung 433 26

Nachschieben von AnfGrden **143** 3; von KündiggsGrden **564a** 9, Vorb 36 vor **620**

Nachtarbeitszuschlag 611 59

Nachtestamentsvollstrecker 2197 4

Nachträgliche Eheschließung, EheG **13** Anh II; **1924** 8, **1931** 2

Nachunternehmer 631 9

Nachvermächtnis 2191; auflösd bedingtes Vermächtnis **2177** 6

Nachverpfändung 1132 7

Name 12; Adelsprädikat **12** 6; Änderg s Namens-Änd; Anspr aus dem NamensR **12** 32; Bezeichngen **12** 10, 22; Deckname **12** 10; Doppelname Vorb 10 vor **1355**, **1355** 3, **1616** 3; Ehe- u Familiennamen **1355**, Begleitname **1355** 9; Erwerb **12** 5; Firma des EinzelKfm und der oHG **12** 9; Funktion **12** 2, 11; Geburtsname des Eheg **1355** 3, des Kindes **1616**, **1617**, des geschied Eheg **1355** 12; jur Pers **12** 9, Einf 2 vor **21**; IKR/IPR EG **10**, **12** Anh 8; unbefugter Gebr **12** 20; Legitimation des nichtehel Kindes dch Ehe **1720**, dch EhelichErkl **1737**, **1740 f** 3; Mißbr **12** 20; nichtehel Kind **1617**, **1618**; PersönlichkR **12** 2; Übertr des NamensR **12** 14; Verein **12** 9, Einf 2 vor **21**, **54** 7, **57**; Verletzg des NamensR **12** 18, 19, **823** 14; Verwechselgsgefahr **12** 30; Vorname s dort; vgl auch Familienname

Namensänderung 12 7; bei Annahme als Kind **1757**; Anschließg an Namensänderg der Eltern **1616a**; Begleitname **1355** 9; Ehename **1355** 5; der Eltern **1616a**; der nichtehel Mutter **1617** 5; NamensändergsG **12** 7, Einf 6 vor **1616**; Verlust des Adoptivnamens **1765** 1; Vorname **1616** 18, **1757** 8

Namenspapier Einf 2 vor **793**; PfdR **1274** 9

nasciturus s Leibesfrucht

Naturalherstellung, Ablehng **250** 2; Ausschluß bei Amtspflichtverletzg **839** 79; Begriff **249** 1; ideeller Schaden **249** 1, **253** 2; unmögl oder nicht genügde **251** 3; unverhältnismäß **251** 6

Naturallohn 611 56

Naturalobligation 138 95, Einl 15 vor **241**

Naturschutzgesetz, EigtBeschrkg/Enteigng Übbl 37 vor **903**

Nebenbesitz 868 2

Nebenintervenient, Aufrechg **388** 2; bei Geltendmachg der Nehelichk **1593** 2

Nebenleistungen 241 5; ErfOrt **269** 7; bei Hypothek **1115** 9–19, Abtretg **1158**, **1159**; Haftg der Hyp **1118**, Erlöschen **1178**; bei GrdSchuld **1115** 21

Nebenpflichten Einl 6 vor **241**, **242** 23; Fallgruppen **242** 27; Käufer **433** 39; Übergang bei Abtretg **401** 3; Verkäufer **433** 16; Verletzg **276** 113

Nebenrechte, Abtretg **399** 7; Schaffg durch den Grundsatz von Treu und Glauben **242** 23; bei Schuldübernahme **418**

Nebensorgerecht eines Elternteils **1673** 3

Nebentäter 830 1; Schadensabwägg bei Mitverschulden d Geschädigten **254** 57

Nebentätigkeit eines Arbeitnehmers Einf 36 vor **611**; eines Beamten, Fehlen der Gen **134** 16

Negativattest bei behördl Gen **275** 29; bei Gen nach dem GrdStVG Übbl 22 vor **873**; bei Ersetzg der EhegZust **1365** 26; bei VorkR nach BauGB Übbl 8 vor **1094**, WEG **6** 5

Negative Immission 903 9

Negatives Interesse, s Vertrauensinteresse

Negatives Kapitalkonto im ZugewAusgl **1375** 4

Nettoeinkommen in UnterhR **1578** 28, **1603** 6

Nettolohn 611 51; Grdlage der SchadBerechng bei Verdienstausfall? **843** 6, **252** 8

Neubaumietenverordnung Einf 99 vor **535**

Neutrale Geschäfte Minderjähriger **107** 7

Nichtberechtigter, Begriff **185** 5; Bereicherg bei Leistg an **816** 20; bei wirks Vfg eines – **816** 7, 13; Eigentumserwerb von – s dort; Ersatzleistg an – bei unerl Handlg **851**; Vfg des **185**

Nichtehe EheG **11** 2, 10, Einf 2 vor EheG **16**

Nichteheliche Lebensgemeinschaft 138 51, **705** 32, Einl 8 vor **1297**; IPR EG **14** 17; gemeins Kind Einl 14 vor **1297**; im UnterhR **1361** 16, 42, **1577** 3, **1579** 1, 24, 36, Bedeutg für Leistgsfähigk **1603** 12; VermAbwicklg Einl 18 vor **1297**

Nichteheliche Mutter 1705; Anerkenng/Feststellg der Muttersch EG **20** 4; Einwilligg zur Annahme als Kind **1747**, **1748**, zur Ehelicherklärg **1726**, **1728**, **1730**; Ersetzg dch VormschG **1727**; Rechtsstellg der Mutter nach Ehelicherklärg **1738**; elterl Sorge **1705** 5; PersSorge neben Vormd **1705** 5; Einschränkg dch Pfleger **1706**, **1707**; Pfleger: Amtspflegsch, JA **1709**, **1791 c**; Aufgaben **1706**; Aufhebg der Pflegsch **1707** 4; Beschränkg des Wirkgskreises **1707** 5; Nichteintritt der Pflegsch **1707** 2; RVerh zum Kinde **1681a**, **1705** 5; IPR EG **20** 10; UnterhAnsprüche gg Vater **1615 k–1615 o**; einstweil Vfg **1615 o** 7, s nehel Vater; Vormd **1705** 5, **1710**, **1773** 6

Nichtehelicher Vater, Anerkenng der Vatersch **1600a–1600 f**; IPR EG **20**; Übereinkommen über Erweiter der Zustdgk der Behörden, vor denen nichtehel Kinder anerkannt w können EG **18** Anh 11; Anfechtg **1600 g**, **1600 h**, **1600 k**, **1600 l**; Anhörung Einf 9 vor **1626**; Erbrecht, ErbErsAnspr **1925** 5, **1934a** 11, 12, EG **213** 2; Form der Anerkenng **1600 e**; gerichtl Feststellg der Vatersch **1593** 8, **1600 n**; PflichttR ggü Kind **2303** 3, **2309** 3; Rechtsstellg **1705** 6; bei Annahme seines Kindes als Kind **1747**; ÜbergangsR zur Anerkennung und Aufhebg der Vatersch **1600 o** Anh; Unterhaltspflicht ggü dem Kinde **1615a–1615 i**, Abfindg **1615 e**; Bemessg **1615 c**; Erlaß **1615 i** 4, Fordergsübergang **1615 b**, Herabsetzg **1615 h**, Regelunterhalt **1615 f**, Anrechg **1615 g**, Stundg **1615 i** 3, für Vergangenh **1615 d**, Vereinbg **1615 e**; UnterhaltsPfl ggü der Mutter **1615 k–1615 o**, Beerdiggskosten **1615 m**, Entbindgskosten **1615 k**, Unterhalt aus Anlaß der Geburt **1615 l**, bei Tod des Kindes **1615 n**; VaterschVermutg, Anfechtgsverfahren **1600 m**, bei gerichtl Feststellg **1600 o**; UmgangsR mit dem Kinde **1711**, Verwandtsch mit dem Kinde **1589** 3

Nichteheliches Kind 1705 1; Abfindg für Unterhalt **1615 e**; Abkömmling bei fortgesetzter GüterGemsch **1490** 1; Abstammg **1600a ff**; Amtspflegsch, Jugendamt **1709**; Amtsvormundsch **1706** 1, **1791 c**; Anerkenng der Vatersch **1600a–1600m**; Annahme als Kind **1741**, **1747**; EhelichErklärg auf Antr des Kindes **1723–1740 g**, auf Antr des Vaters **1723–1739**; Einbenenng **1618**; als Erbe **1924** 9; EG **213** 3, **235 § 1** 2; Erbausgleich vorzeit **1934d**, **1934e**; Erbeinsetzg dch verheirateten Erzeuger **1937** 23; Bedenkg als Erbe **2066** 2, **2067** 1, **2068** 2; ErbErsAnspr **1924** 12, **1934a, b**; Erbverzicht gg Abfindg **1934d** 5, Übbl 11 vor **2346**; ErsBerufg **2069** 7; Familienname **1617**; Feststellg der Nichtehelichk **1593** 5; Geltendmachg der Nichtehelichk **1593** 1; gerichtl Feststellg der Vatersch **1600n**, **1600 o**; IKR/IPR EG **20**; Legitimation dch nachf Ehe **1719–1722**, s dort; Name **1355** 5, **1617**, IPR EG **10** 35; Namenserteilg **1618**; Pfleger **1706–1710**; PflichtR ggüb Vater **2303** 2; Rechtsstellung der Mutter **1705** 5, des Vaters **1705** 6; Schwägersch **1590** 2; Übergangsvorschrift EG **208**, Übbl 8 vor **1589**, Vorb 3 vor **1600a**, Anh zu **1600o**, **1593** 10, **1615e** 1, **1617** 15, **1705** 7, **1919** 1, bei EG **209** u **213** 3; Unterhalt **1615–1615i**; IKR/IPR EG **18**; Geltendmachg des U Einf 23 vor **1601**; einstwAO **1615o**; dch Pfleger **1706** 5, **1709**; Umgang mit dem Vater **1711**; Verhältn zur Mutter **1705**, **1707**, IKR/IPR EG **20** 10; Verh zum Vater **1705** 6, **1711**; IKR/IPR EG **20** 10; Verjährg von Anspr **204** 2; Verwandtsch mit dem Vater **1589** 3; vollbürtige Geschwister **1589** 3; Vormsch **1705** 5, **1710**, **1773** 7; Wegfall als Bedachter **2069** 2, 3, Wohnsitz **11** 1; RStellg nach EuropGMR **1934a** 15

Nichterfüllung, bei Kaufvertrag **440**, **441**; teilweise **283** 10; wegen Unmöglichk **280**, **325**; nach Verurteilg **283**

Nichtigkeit, von AGB AGBG **6** 2; und Anfechtbark Übbl 35 vor **104**; nach Anfechtg **142** 2, 4; Begriff Übbl 27 vor **104**; Bestätigg **141**; der Ehe s Ehenichtigk; Erleichterg der Ehescheid **138** 46, **1585c** 4; ErbVertr **2085** 7, Übbl 10 vor **2274**, **2298** 1; mit ErbVertr verbundener Vertr **2276** 13; mangelnde Ernstlichk **118**; Formmangel **125**; gemschaftl Test **2085** 7, **2265** 2, **2270**; bei GrdstVeräußerg **313** 46, 57; PreisVereinbg **134** 14; ScheinErkl **117**; Sittenverstoß **138** 19; Stimmabgabe in eig Sache **134** 14, **138** 99; Teilnichtigk **139**, AGBG **6**, **2085**; Testament **1937** 18, 20, **2077** 1; Umdeutg **140**; UmgehgsGesch **134** 28; wg Unmöglichk **306**; Veräußergsverbot **134** 7; VerbotsG **134**; VerpflGesch **134** 9; geheimer Vorbehalt **116**; WillErkl Übbl 27 vor **104**, **117** 2, **118** 1

Nichtigkeitsklage, EheG **23**, **24**

Nichtrechtsfähige Personenvereinigungen, IPR EG **12** Anh 20

Nichtrechtsfähiger Verein, Begriff u RStellg **54** 2–9; Besitz **854** 6a; Erbfolge **1923** 1; Haftg für Vertreter **31** 1, **54** 1

Nichtvermögensschaden, Vorb 7 vor **249**, **847** 8; Abgrenzg ggü VermSchad Vorb 7, 19 vor **249**

Niederlassung, gewerbl **7** 5, AGBG **14** 5

Nießbrauch Übbl 1 vor **1018**, **1030**; Abgeltgsdarlehen **1047** 6; Abtretg, Auslegg **1059** 1; Aktien, Stimmrecht **1068** 4; Änderg des gesetzl Schuldverhältn 1 vor **1030**; Anlegg des Kapitals **1079** 1; Aufhebg **1062**, **1064**; Aufhebg des Rechts **1071** 1; Aufrechng **1074** 5; Ausbesserg d Sache **1041–1044**; Ausschl einzeln Nutzgen **1030** 6; Beeinträchtgg, Anspr **1065**; Beendigg **1072** 1; Bergwerk **1038** 1; Besitzrecht **1036**; Bestellg, Fahrnis **1032** 1, 2, an Rechten **1069** 1; Dispositionsnießbr **1030** 8; des Eigtümers **1030** 4; Erbteil, Genehmigg dch LwG **2033** 6; Erhaltgskosten, gewöhnl **1041** 1, außergewöhnl **1043** 1; Erlöschen, Einf 3 vor **1030**, **1061–1064**; ErsAnspr, Verjährg **1057** 1; Ersitzg **1033** 1; Feststellg des Zustands der Sache **1034** 1; an Fdg **1074** bis **1079**, Einziehgsbefugnis **1074** 1, 2, Klagebefugnis **1074** 3, Künd **1074** 2, **1077** 2, Zahlg **1077** 1; Früchte, gebührende **1039** 2; Genehmigg nach GrdStVG Einf 2 vor **1030**; Geschäftsanteile, Stimmrecht **1068** 4; kein Gesamt – an mehreren Grdstücken od bewegl Sachen **1030** 2; Grund- u Rentenschulden **1080** 1; guter Glaube **1058**; Handelsgeschäft **1085** 4; an Inbegriff **1035**; Inhaberpapiere Vorb 2 vor **1068**, **1081–1084**; Inventar **1048**; jur Person **1059a** ff, **1061** 2; Konkurs des Schuldners beim N an Rechten **1072** 1; LandesR Übbl 2 vor **1018**; Lasten **1047**; LeistgsannahmeR **1075** 1; eingetragene Luftfahrzeuge **1030** 2; Miteigentumsanteil **1066** 1; Mietverhältnis, KündRecht

des Eigtümers **1056** 1; Nachlaß **1089** 1; Nutznießg **1030** 5, **1085** 4; Orderpap Vorb 2 vor **1068**, **1081** bis **1084**; Pachtverhältn, KündRecht des Eigtümers **1056** 1; Personalgesellschaft **1068** 5; Pfändg **1059** 6; Rechte, unübertragbare **1069** 2; an Rechten **1068** 1–3; Rektapapiere Vorb 2 vor **1068**; Rückgabe **1055**; Schatz **1040** 1; Schiffe **1032** 1; Sicherheitsleistg, Gefährdg des Wertersatzes **1067** 2; Sicherungsnießbr **1030** 7; Soforthilfeabwälzg **1047** 5; Überlassg zur Ausübg **1059** 2; Übermaßfrüchte **1039**; Übertragbark **1059** 1, **1059a–e**; Umgestaltg **1037** 1; Unterlassgsklage **1053** 1; Unvererblichk **1061** 1; Vermächtnis Einf 6 vor **2147**; Veränderg, wesentl **1037** 1, **1050**; Veräußerg **1059a–e**; verbrauchb Sachen **1067** 1–3; Vergleichsverfahren über Verm des Schuldners beim N an Rechten **1072** 1; Vermögen **1085** bis **1089**; Versichergsfdg **1046** 1; Versichergspflicht **1045**; Verwendgsersatz **1049** 1; Verwaltg, SichLeistg **1052** 1, Pflichtverletzg **1054** 1; Wald **1038** 1; Wegnahmerecht **1049** 1; Wertpapiere Vorb 2 vor **1068**; Wirtschaft, ordnungsmäß **1039**; Zusammentreffen mit Eigtum **1063** 1, 2, mit and Nutzrechten **1060** 1, mit TestVollstr **2208** 1; Zubehör **1031** 1, 2, **1062** 2; u Zwangsvollstreckg Einf 4 vor **1030**

Nießbraucher, Absondergsrecht **1049** 1; Anzeigepflicht **1042** 1; Besitzrecht **1036** 2; Haftg für Veränderg od Verschlechtergen **1050** 1; Haftg bei Nießbrauch am Vermögen **1088**; guter Gl an EigtRecht des Bestellers **1058** 1; mehrere, gemeinschaftl Ausübg **1066** 2; mittelbarer Besitz **868** 1; Sicherheitsleistg **1051** 1; Versichergspflicht **1045** 1; Verwenden **1049**; Wegnahmerecht **1049** 1

Nominalismus 242 136, **245** 9, **1376** 3

Normativer Schaden Vorb 13 vor **249**

Normierter Vertrag Einf 7 vor **145**, Einl 3 vor **241**

Normierter Vertrag Einf 7 vor **145**, Einl 3 vor **241**

Notar, AmtsPfl, -verletzg **839** 6, 112; Auflassg **925** 7, EG **143**; Beglaubigg **129**; Belehrgspflichten **839** 119, **1365** 1, **2232** 4; Beurk im Ausland **2232** 1; Beurkundg **128**, **839** 119; als ErfGeh **278** 33; Antr/BeschwR in GüterRRegSachen **1560** 2; keine Haftg für Gehilfen **839** 113; Inventaraufnahme **2002** 1, **2003** 2; NachlSachen **2232** 1, 2; RStellg **839** 112; Unterschrift bei Erbvertrag **2276** 5; Vfg vTw Errichtg **2231–2233**, **2276**; Vertrag des Notars **675** 6; VersorggsAusgl **1408**, **1587o**; ZeugnVerweigersR **2353** 30

Notarassessor Haftg **839** 113

Notargebühren, Verjährung **196** 29

Notbedarf 1585c 13, **1610** 16

Nothilfe 227 1, **904** 1

Notstand 228; **904**

Nottestament, Dreizeugentest **2250**; Gemeindetest **2249**; gemeinschaftl **2266**; GültigkDauer **2249**, **2250** 11, **2252**; Lufttest **2250** 3; Seetest **2251**; Wehrmachtstest Einf 4 vor **2229**; bei Todesgefahr **2249** 2, **2250** 3

Nottrauung, Anerkenng EheG **11** Anh I

Notverwaltungsrecht eines Eheg **1429**, **1454**; eines MitE **2038** 14; eines WEigtümers WEG **21** 2

Notvorstand, Bestellg **29**

Notweg 917; Ausschluß des NotwegR **918**

Notwehr 227; bei provoziertem Angriff **227** 9; Putativnotwehr **227** 12; Überschreitg **227** 11

Novation 305 8, s a Schuldumschaffg

Null-Leasing Einf 34 vor **535**

Nürnberger Eigengeld 1199 1

Nutzkraftfahrzeug, Beschädigg, Zerstörg Vorb 24 vor **249**, **251** 12, **254** 21, 41

Nutzungen, Begriff **100** 1; Besitzer, Herausgabe **987**, **988**, **990**, auch Vorb vor **987**, Auskunftspflicht **987** 1, bösgläub **990** 1–9, gutgläub Vorb 17

Übbl 10 vor **1204**; Urkunden **1204** 3; Verderb, drohender **1218–1221**; Verfallklausel, Verbot **1229**; Verletzg der VerpfänderRe **1217** 2; Verjährg der ErsAnspr des Verpfänders **1226**; VersFdgen **1212** 4; Vertragsstrafe, Sicherg **1204** 6; Verwahrgspfl **1215**; Verwendgen, Pfandhaftg **1210** 1, **1216** 1; Verzicht **1255**; WegnahmeR **1216** 1; Weiterbestehen, Fiktion **1256** 2; ZbR, Umdeutg in **140** 12, **1205** 1; Zusammentreffen mit Eigt **1256**
Pfandrecht an Forderungen 1279 ff; Anlegg geleisteten Geldes **1288** 1; Anspr auf GrdstÜbereigng **1287** 3; Anzeigepfl **1280**; Benachrichtigungspfl des PfandGläub **1285** 2; Bestellg **1280**; Einreden des Schuldners gg Gläub **1282** 3; Einziehgspfl des PfandGläub **1285** 2; Einziehgsrecht des Pfand-Gläub **1281** 5, **1282** 3; Einzieh von Geldforderg **1288**; KündPfl des PfandGläub **1286**; KündR **1283**; Leistg des Schuldn **1281** 2, **1282** 2; Leistgswirkg **1287**; Mehrbetrag **1288** 3; Mehrheit von PfandR **1290**, Mitwirkg bei Einziehg **1285**; RStellg des Gläub **1282** 6, des Schuldn **1275** 1; Sparguthaben **1274** 4; Vereinbargen, abweichde **1284**; Vfg des PfandGläub über Fdg **1282** 5; Zinsen **1289**
Pfandrecht an Luftfahrzeugen Einf 7 vor **1204**
Pfandrecht an Rechten 1273 ff; Änderg u Aufhebg der Rechte **1276**; AnwartschaftsR **1274** 5; Anwendg von FahrnisPfandR **1273** 2; Bankbedingen Einf 11 vor **1204**; Bestellg **1274**; Blankoverpfändg **1274** 2; Einreden des Schuldners aus Verhältn zum Gläub **1275** 1; Entstehg Einf 1 vor **1273**; Erbteil **1276** 3, **2033** 9; Erlöschen Einf 2 vor **1273**, **1278**; gesetzl PfandR Einf 2 vor **1273**; GmbH-Anteil **1274** 8, **1276** 4; gutgl Erwerb **1274** 2, **1276** 1; GrundpfandR **1274** 6, **1291**; ImmaterialgüterR **1273** 1; künftige Rechte **1273** 1; PfandR **1274** 7; PfändgsPfandR Übbl 5 vor **1204**; unübertragbare Rechte **1274** 10; Verwertg Einf 2 vor **1273**, **1277**
Pfandrecht an Schiffen Einf 5 vor **1204**
Pfandrecht an Wertpapieren, Gewinnanteilschein **1296**; Inhaberpapier **1293**, **1294**; Legitimationspapier **1274** 9; Namenspapier **1274** 9; Orderpapier **1292**, **1294**, **1295**; Rektapapier **1274** 9; Traditionspapier **1292** 6; Zinsschein **1296**
Pfändungspfandrecht Übbl 5 vor **1204**
Pfändungsverbote 394 3, **400** 4
Pfandunterstellung, s Nachverpfändg
Pfandverkauf 1228 ff; Ablieferg an Verwahrer **1231** 2; Ablösg **1249**; Abweichg aus Billigktsgründen **1246**; Androhg **1220** 1, **1234** 1; Benachrichtigg **1220** 2, **1237** 2, **1241** 1; EigtVermutg **1248**; Erlös **1247**; Erwerbsverbot **457** 1; freihändiger **1221**, **1235** 1; Gold- u Silbersachen **1240**; gutgl Erwerb **1244**, **1245** 1; HerausgAnspr **1231** 1; MitbietgsR der Beteiligten **1239** 1; nachrang PfdR **1232** 1; Nichtgeldfdg **1228** 3; öff Bek **1237**; öff Verst **1235** 1; Ordngswidrk **1243** 2; PfändPfdR Übbl 6 vor **1204**; gleichrang PfdR **1232** 2; Pfandreife **1228** 2; RFolgen **1242** 2; übermäßiger **1230** 2; Unrechtmäßigk **1235** 2, **1243** 1; abw Vereinbg **1245**; Verderb, drohder **1219**; Verfahren **1233** 1, 2; VerfVerstoß **1238** 2, **1240** 2, **1241** 2; VerkBdggen **1238** 1; VerstOrt **1236**; Wartefrist **1234** 2; Wirkg **1247**; Zurückweisg der Gebote **1239** 2
Pfarrer, Haftg **839** 22
Pflanze als wesentl Bestandteil des Grdst **94**
Pflege des Erbl als ausgleichspfl bes Leistg **2057a** 9; des Kindes **1631** 3
Pflegebedürftigkeit, öff Leistgen Einf 1 vor **1896**
Pflegeeltern, Konflikt mit leibl Eltern **1632** 18, **1666** 6
Pflegegeld 1751 3
Pflegekinder 8 vor **1741**; Herausg **1632** 18
Pflegekindschaft, Einf 6, 8 vor **1741**; Adoptions-

pflege **1744**; Erlaubn Einf 42 vor **1626**, s. a. Familienpflege
Pfleger, AufwandErs **1915** 2; Auswahl **1909** 11; Benenng **1917**l; Befreiung **1917** 2; Berufg **1916**; Bestellg **1915** 2; Dauerpfleger **1909** 4; bei elterl Sorge **1630** 1; bei Ehescheidg u Ehenichtigk **1671** 25; Genehmiggspfl **1630** 1, **1915** 2; Haftg **1915** 2; Jugendamt als – **1709**, **1791b** 4; Leibesfrucht, Wirkgskr **1912** 4; Meingsverschiedenheiten **1630** 3; für Nacherben, noch nicht erzeugten **1913**, **2102** 5; für Sammelvermög **1914**; bei Scheidg **1671** 9; Stiftg künftige **80** 1; bei Tod eines Eheg für Kind **1671** 25; für unbekannte Beteiligte **1913**; Unterpfleger **1909** 1; Verein als **1791a** 8; VerfPfleger Einf 19 vor **1898b**; Vergüt **1915** 2; VertrMacht Einf 3 vor **1909**; bei Verwirkg der elterl Sorge **1666** 19
Pfleger für nichteheliches Kind 1705 5, **1706**; Aufgaben **1706**, DDR **1705** 7, EG **234 § 1** 3; Regelg von Erb- u PflichttRechten **1706** 6, **2303** 11, Geltendmach von ErbErsAnspr **1934b** 8, von UnterhAnspr **1706** 5, Feststellg der Vatersch, Eltern u Kindesverhältn **1706** 4; Bestellg vor Geburt des Kindes **1708**; Jugendamt als – **1709**, **1791c**; bei Beendigg der Vormsch **1710**; Beschränkg des Wirkgskreises **1707** 1, 2
Pflegschaft, AbwesenhPflegsch **1911**, **1921**; Amtspflegsch des JugA für nichtehel Kind **1709**, **1791c**; Anordng **1909** 14; Anordnung Dr **1917** 1, 2; Anwendbark der Vorschr üb die Vormsch **1915** 1–3; Anzeigepflicht **1909** 10; Aufhebg **1919**– **1921**; Auswirkungen auf elterl Sorge **1673**; Beendigg **1909** 13, **1918** 4, **1912** 6, **1913** 6, **1914** 6, **1915** 2, **1918** 1; Berufg **1916** 1; Dauerpflegschaft zur Wahrnehmg der Rechte des Minderj in einer Familiengesellsch **1909** 2; ErgänzPflegsch **1909**, **1918** 2; auf Antrag d Finanzamts **1961** 5; genehmigpflicht Geschäfte **1915** 2; Gg Vormd **1915** 3; Güterpflegsch **1914** 1; IKR/IPR EG **24**; für Leibesfrucht **1912**, **1918** 3; für noch nicht erzeugte Nacherben **1913**, zur Sicherg der Nacherbenrechte **2116** 5, **2142** 2; für nichtehel Kind **1706**, **1708–1710**, Aufhebg **1707** 1, Beschränkg des Wirkgskreises **1707** 1, Nichteintritt **1707** 1; im öff Interesse Einf 4 vor **1909**; zur Geltendmach des PflichtlAnspr **2311** 8, **2317** 7; Realpflegsch Einf 4 vor **1909**; Sammelvermög **1914**; Sorgerechtspfleger **1630**; TestVollstr, Verhinderg Einf 4 vor **1909**; Übergangsvorschr Einf 6 vor **1909**; für ungewisse Beteiligte **1913**; Verhinderg von Sorgerechtsinhaber oder Vormund **1909** 3; bei Vor- u Nacherbschaft von Elternteil u Kind **2116** 5, **2142** 2; Vormsch, Beschränkg **1794** 1
Pflichtteil, Abkömmlinge **2303** 2, **2311** 8, entferntere **2309**; Anfechtg der Ausschlagg **2308** 1, 2; bei Annahme als Kind **2303** 2; Anrechng **2306** 5, **2315** 1; Anrechngsbestimmg der Erbl **2315** 1; Ausgleichg **2316**, bei besonderen Leistgen **2316** 6; Auskunftspflicht des Erben **2314**; Ausschlagg des Erbteils **2303** 3, **2305** 1, **2306** 11, 13; Ausschlagg eines Vermächtn **2307** 1; Ausschlagg eines Erbteils oder Vermächtn durch Eheg bei ZugewGemsch **1371** 2, 12, 18, **1950** 1, 2, **1953** 2, **2303** 7, **2305** 3, **2306** 2, 4, 9, 11, **2307** 1; Bewertg des Nachl **2310– 2313**; Berechng **2311** 1, **2312**, **2315**, 6; Beschränkg in guter Absicht **2338** 1–6; Betrag **2311** 1; nach DDR-Erbl Übbl 4 vor **2303**; **2313** 1, 2; DDR-Grdstück **2313** 1, 2; Ehegatte **2303** 4; Eheg bei ZugewGemsch **1371** 2, 12, **2280** 2, **2303** 6; Entziehg **2333–2337**; Eltern **2303**, **2309** 1–3, **2311** 8; Pfl des ErbErsBerecht **2303** 1, **2309** 3, **2338a**; ErbErsAnspr, beschwerter **2306** 18; Erbteil, beschwerter **2306**; Erbteil geringer **2305** 1, **2306** 6; Erbteilsfest-

Produktbeobachtungspflicht

6; Verj von SchadErsAnspr Übbl 17 vor **194, 198** 10, Hinweis auf Übbl 16 vor **194**; VerschwiegenhPflicht ggü Erben **2353** 30; Widerruf von ProzBehauptgen Einf 21 vor **823**

Rechtsanwendungsgesetz-DDR Einl 10 vor EG **3**

Rechtsausübung, Grenzen **226**; unzulässige **242** 1, 22, Fallgruppen **242** 42–57; Einzelfälle **242** 58–86; bei Vergl **779** 24; Wegfall der GeschGrdLage **242** 110; Verwirkg **242** 87; Gebr eines rechtskr Urt **826** 46; im Hinblick auf früheres Verhalten **242** 69; s a Schikane

Rechtsbedingung Einf 5 vor § **158**

Rechtsbeistände(-berater), Haftg **276** 39; Vergütg **612** 4; Vertrag mit Einf 21 vor **611, 675** 6

Rechtsberatung, verbotene **134** 21

Rechtsbesitz, Begriff Übbl 4 vor **854**; Schutz **1029, 1090**; Buchersitzg **900** 2

Rechtsfähigkeit, allgemeine Übbl 1 vor **1**, Einf 1 vor **1**; ausländischer Verein **23** 1; Beginn **1** 1; eines Vereins durch Eintragg ins Vereinsregister **21** 1, 8; Ende **1** 3; Genehmigg, staatl bei JP Einf 5 vor **21**; IPR EG **7**, **12**; der jur Person Einf 2 vor **21**; eines Vereins, Verlust **42** 3, **43, 44, 73** 1; Verleihg, staatl Einf 7 vor **21, 22**

Rechtsgeschäft Übbl vor **104**; abstraktes Übbl 19 vor **104**; Anfechtbark Übbl 33 vor **104**; bedingtes Übbl 31 vor **104**, Einf 8 vor **158**; bedinggsfeindliches Übbl 17 vor **104**, Einf 12 vor **158**; befristetes Übbl 31 vor **104**; Bestätigg **141** 1; dingl Einl 16 vor **854**; einseitiges Übbl 11 vor **104**, Einf 3 vor **305, 313** 16; entgeltliches u unentgeltliches Einf 8 vor **305**; fehlerhaftes Übbl 26 vor **104**; Form, IPR EG **11**; genehmiggspflichtiges **134** 8; gemeinschaftsschädigdes **138** 43; GestaltgsGesch Übbl 17 vor **104**, Einf 3 vor **305**; kausales Übbl 19 vor **104**; unter Lebden Übbl 14 vor **104**; mehrseitiges Übbl 11 vor **104**; Minderj **107–111**; nichtiges Übbl 27 vor **104, 134, 138**; ProzHdlgen Übbl 37 vor **104**; rgeschäftl Wille Einf 5 vor **116**; relativ unwirksames Übbl 30 vor **104**; sittenwidriges **138**; schwebd unwirksames **108** 1, **109** 1, 2, Übbl 31 vor **104**; TatbestdErfordern Übbl 3 vor **104**; des tägl Lebens **196** 1–4; treuhänderisches Übbl 25 vor **104**; auf den Todesfall Einl 6 vor **1922**; von Todes wg Übbl 14 vor **104**; Umdeutg **140** 1; Umgehg von Gesetzen **138** 100, Verbotsges **134** 28; unwirksames Übbl 27 vor **104**; Unzulässig **134** 7; Veräußergsverbot **137** 1; verdecktes RGesch **117** 8; VfgsGesch Übbl 16 vor **104**; VerpflGesch Übbl 15 vor **104**; Vertrag Übbl 11 vor **104**, Einf 3 vor **305**; vorgespieltes **117** 1, 2

Rechtsgrund Übbl 19 vor **104**; im BereichergsR **812** 68

Rechtshandlungen, Einteilg Übb 4 vor **104**

Rechtshängigkeit, Besitzer, Haftg **987–989**; GBEintr **892** 13, 21; Eintritt, landesrechtl EG **152** 1; Erbschaftsbesitzer, Haftg **2023**; bei HerausgAnspr **292**; verschärfte Haftg, BereichergsAnspr **818** 51; Zinsen seit **291**

Rechtsirrtum, AnfechtgFrist, Hemmg **2082** 2; ErbschAusschlaggsfrist **1944** 4; gemeinschaftl –, Fehlen der GeschGrdLage **242** 149; Verjährg, Hemmg **203** 1; als Verschulden **285** 4; u Vorsatz **276** 11

Rechtskauf 433 2, **437, 451**

Rechtskraft, Erschleichen **826** 46; Geltdmachg, unzulässige **826** 6; des ScheidgsUrt **1564** 2; Wirkg ggü Zedenten **407** 6; Wirkg bei Bürgschaft **767** 4

Rechtsmängel, AnfechtgsR **119** 26; BewLast **442**; u Einrede des nichterfüllten Vertr **320** 6;

Gewährleistg **434–436**, Ausschl **443**; bekannte **439**; bei Kauf **440, 441**; bei Miete **541**; bei WkVertr 2 vor **633**

Rechtsmittel, Begriff **839** 73; in ScheidgsSachen Einf 4 vor **1564**; bei Wohngszuteilg u Hausratsverteilg Anh II zu EheG **14**; im ErbscheinsVerf **2353** 35; im WEG-Verf WEG **45** 1, 2; Nichteinlegg als Mitverschulden **254** 42

Rechtsnachfolge, Ersitzg bei **943**; Verjährg bei **221**

Rechtsnorm, Einl 19–27 vor **1**, EG **2**

Rechtsquellen Einl 19–27 vor **1**

Rechtsschein 957 1, **1155** 1, **1891** 1, **892** 1; bei Erbschein **2365, 2366**; bei Gesellschaft **705** 10; unrichtige Urkunde **405** 3; der Vollmacht **173** 9

Rechtsspaltung im IPR Einl 4 vor EG **3**

Rechtsstellung, Kondiktion **812** 18

Rechtssubjekt, Einf 1 vor **1**

Rechtsverordnung, Einl 22 vor **1**

Rechtswahl, Aufhebung EG **14** 16, EG **25** 7; im intern ErbR **1937** 4, EG **25** 7; für Ehewirkgen EG **14** 11; im intern SchuldVertr EG **27**

Rechtswahrungsanzeige Einf 21 vor **1601, 1613** 5

Rechtsweg bei Ausschließg aus Verein **25** 12; u Verjährg **210**

Rechtswidrigkeit s Widerrechtlichk

Rechtswidrigkeitszusammenhang Vorb 62 vor **249**

Regalien EG **73**

Reduktion, geltgserhaltde bei AGB AGBG Vorb 9 vor **8**; teleologische bei GesAusslegg Einl 41 vor **1**

Regelbedarf des nichtehel Kindes **1615f** 8

Regelbetrag beim vorzeit Erbausgleich **1934d** 15

Regelunterhalt des nichtehel Kindes Einf 4 vor **1601; 1615f**; Anrechg regelmäßig wiederkerrender Geldleistgen auf R **1615g**; Festsetzg **1615f** 8; Herabsetzung **1615h**; keine Anwendg der Vorschr bei Ersatzhaftg des Verpflichteten **1607** 1; Verfahrensrechtliches **1615h** 6

Regelunterhalt-Verordnung Anh zu **1615f**, **1615g (fette** Zahlen 1–4, §§ der VO): Anrechg von Leistgen **2**; Anrechg bei Auszahlg an einen anderen **3**; keine Anrechg **4**; Festsetzg **1**

Registerpfandrecht, LuftFz Einf 7 vor **1204**

Rehabilitation, berufliche, als SchadErs **249** 11

Reichsgesetze, frühere, Verhältn zum BGB EG **32**

Reichsheimstättengesetz s Heimstätte

Reichssiedlungsgesetz, VorkR Vorb 4 vor **504, 505** 3, **506** 3, **507** 1, **508** 1, **509** 1; Übbl 4 vor **1094, 2033** 6

Reinigung der Mietsache **536** 9; Haftg des ReiniggsUntern **276** 46

Reisebürovertrag AGBG **9** 122, Einf vor **651a**; SchadErs bei Urlaubsmangel Vorb 7, 39 vor **249, 634** 8, **635** 7; Verj **638** 7, **651g**

Reisegewerbe, Verträge im – **134** 10; s auch HaustürGesch

Reisescheck 675 10

Reiseveranstaltervertrag IPR EG **28** 14

Reisevertrag Einf 20 vor **535, 651a** ff; AGBG **9** 122; Abhilfe **651c**; abw Vereinbgen **651k**; AusschlFr für Gewl **651g**; Entschädigg für nutzlos aufgewendeter Urlaubszeit Vorb 39 vor **249, 651f**; ErsatzsBefugn **651b**; Gewährleistg Vorbem. vor **651c, 651c** ff; HaftgsBeschrkg **651k**; Haftg der BRep wg Nichtumsetzg der EG-Richtlinie **839** 19; Hemmg der VerjFr **651g**; Künd wg Mangels **651e**, wg höherer Gewalt **651j**; Leistgsträger **651a** 6; Mangel **651c** 2; Mangelanzeige **651d** 4; Minderg **651d**; Rückbeförderg **651e** 6, **651j** 6; Rücktritt **651i**; SchadErs **651f**; Verj der GewlAnspr **651g**; Vermittlg **651a** 5; VertrPfl **651a** 2

Rektapapier Einf 2 vor **793**; Nießbrauch Vorb 2 vor **1068**; Pfandrecht **1274** 9

Religionsgesellschaften, JP Vorb 2 vor **89**; Vereinsfreiheit u – Vorb 17 vor **21**

Religiöse Kindererziehung, Anh zu **1631** RKEG **1 ff**; durch Vormund **1801**; bei Auswahl des Vormunds **1779** 5; als Schutzmaßnahme Anh 1 zu EG **24**; MSA **1** 13

Rembourskredit Einf 16 vor **607**, **675** 6

Rennen, Vertrag Einf 16 vor **631**

Rennwette **763** 4

Renovierung der Mietsache **536** 10

Rentenanspruch als SchadErs **249** 9; bei unerl Hdlg **843**, **844** 7, Dienstentgang **845** 3, Höhe **843** 5, **844** 8, **845** 4, Mitverschuld des Verletzten **846** 1; Geltdmachg für nehel Kind **1706** 2; Pfänd-Schutz **843** 16, **844** 17, **845** 7; Verjährg **197** 7, **843** 20

Rentenformel 1587a 32

Rentengut EG **62**

Rentenneurose Vorb 70 vor **249**; Unterh **1577** 4

Rentenreallast Übbl 2 vor **1105**

Rentenschein, BezugsR **805** 1, 2; Verlust **804** 1, 2

Rentenschuld 1199; Ablösg **1201**; AblösgSumme, Höhe **1199** 3, Zahlg **1200** 2; EigtRentSchuld **1199** 1; Kündigg **1202**; Umwandlg **1203**; Vorschr, anwendbare **1200** 1

Rentensplitting 1587b 12, 24, 34; Unterbleiben der Kürzg HRG **4**

Rentenversicherung u SchadErs **252** 14, u VA Einf 4 vor **1587**, **1587** 4, **1587a ff**; Beitragsnachentrichtg **1587** 45; s auch unter „VersorgsAusgl"

Rentenversprechen, Form **759** 1, **761** 1

Reparaturen der Mietsache **536** 10

Reparaturvertrag, formularmäß AGBG **9** 124

Reparaturwerkstatt als Erfüllsgehilfe **254** 66

Repräsentant, Haftg für im VersichergsR **278** 21

Requisitionsschäden s Stationiergsschäden

Restitutionsanspruch nach VermögensG **1922** 50

Restitutionsklage, Unvererblichk der Erhebg **1922** 54

Restschuldversicherung 138 26, **246** 1, **607** 21

Reugeld Vorb 6 vor **339**, **336** 1; Rücktr gg **359**

Revisibilität bei AGB AGBG **5** 13; bei AnschBew Vorb 164 vor **249**; der Auslegung von GBEintr **873** 15, WillErkl **133** 30, **780** 2, letztw Vfg **2084** 22

Rheinland-Pfalz, HöfeO EG **64** 7

Richterhaftung 839 67, 145; GBRichter **839** 2, 145; Spruchrichter **839** 67; VormschRichter **839** 148

Ringtausch 515 2

Risiko, gesteigertes Einf 1, 14 vor **823**

Risikosphäre des Gläubigers **324** 6; bei Wegfall der GeschGrdlage **242** 125

Röntgenbilder, Vorlagepflicht **810** 3

Rückbürge Einf 10 vor **765**

Rückerstattungsgesetz 123 18; Anfechtg der Ausschlagg **1954** 1, – v Verfgg von Todes wegen **2078** 13; Erbausschließg **1938** 1; Erschöpfgseinrede **1990** 11; kein Gutglaubensschutz **892** 6; formlose Testamente **2231** 2, **2250** 12, **2252** 3; Erbschein **2353** 21; Todesvermutg u Erbschein **2356** 5, Staatserbrecht **1936** 1

Rückerwerb des NichtEigtümers **892** 6, **932** 17

Rückforderung Zuviel erbrachter, öffentl rechtl Leistgen Einf 20 vor **812**; von Unterhaltsmehrleistgen **1360b** 1

Rückgabepflicht des Mieters **556**

Rückgarantie 18 vor **783**

Rückgriff des Bürgen **774**, des Dienstherrn, So-

zialversicherngsträgers, Versicherers gg Angehörige des Verletzten? Vorb 148 vor **249**; Gesamtschuldner **426**; bei unechter (scheinb) Gesamtschuld **421** 6; gg einem vertragl od gesetzl von Haftg freigestellten Gesamtschuldner? **426** 15; des Staats gg Beamten **839** 87; der VersTräger Vorb 132 vor **249**, **618** 8; kein R- der Versorgg gewährenden öffentl Verwaltg gg andere Verwaltg **618** 8

Rückgriffskondiktion 812 58

Rückkauf Einf 8 vor **433**, **497** 4

Rücksichtnahme, Elt/Kinder **1618a**

Rücktritt, Einf vor **346**, **346**; Abwicklgsverhältn Einf 2 vor **346**, **348** 1; Klauseln in AGB über Abwicklg AGBG **10** 34; Ausschluß **327** 1, **350–353**; Beweislast für Erfüllg **358** 1; Dritter Erwerber Einf 1 vor **346**; v Erbvertrag **2293–2297**, Umdeutung **2295** 4; Erbverzicht Übbl 2 vor **2346**; Erfüllg Zug um Zug **348 1**; Erfüllgsort **269** 15; Erklärg **349** 1; Fiktion bei AbzahlgsGesch AbzG **5**; Fixgeschäft **361**; Fristablauf **355**; Fristsetzg **354** 1; ohne Fristsetzg **326** 20; gesetzlicher **327**, **347** 6; Haftg **327** 2, **347** 3; Kreditkauf **326** 28, **327** 1; Nutzgsherausgabe **347** 1, 2; Reisevertrag **651i**; R gegen Reugeld **339** 1; Rückgewähr Einf 1 vor **346**, **347**, **348**, **354**; R u SchadErs **325** 24; bei Stundg des Kaufpreises **454**; SukzessivliefVertr Einf 26 vor **305**; nach Teilleistg **326** 28; nach Umgestaltg **352** 1; wegen Unmöglk **325** 24; bei teilweiser Unmöglk **325** 9; bei Unmöglk der Rückgewähr **346** 3, **347** 2; Unwirksamk **354** 2, **357**; Verändergen **347**; Verhalten Dr **353** 1; bei VerpflichtVertrag Einf 1 vor **346**; Vertragsauflösg **325** 24, **327** 1, Einf 1 vor **346**, **346** 2; Vertragsrest Einf 1 vor **346**; nicht zu vertretender **327** 2; Verwendgsersatz **347** 1; wegen Verzugs **326** 27; Verzug bei **347** 1; Verzug der Rückgewähr **354** 1, 2; Vorbehalt Einf 4 vor **346**, **346** 1, **357** 1, **358** 1; formulärmäßiger Vorbehalt AGBG **10** 13; bei Vertr zGDr **334** 1; Widerruf **347** 2; Wirkungen **346**

Rücktrittsrecht, Entstehg Vorb vor **346**; Erlöschen **355** 1; Erbbaurecht Übbl 4 vor **1012**; Fixgeschäft **360** 2, **361** 1, 2; gesetzl **327** 1, 2, Einf 6 vor **346**, **347** 6; Gestaltgsrecht Einf 1 vor **346**, **346** 3; Unteilbark **356** 1; bei Verschulden des Berechtigten **351** 1, 2, **354** 1; Verwirkg **242** 107; bei Verwirksklausel **360** 1, 4; Vormerkg **883** 16; Vereinbg bei Wohnraummiete **570a**

Rückverkaufsrecht im EigenhändlerVertr **346** 1

Rückvermächtnis 2177 7

Rückverweisung im IPR, auf deutsches Recht EG **4** 1; versteckte EG **4** 2

Rückzahlungsklauseln bei Gratifikationen **611** 89

Ruhegehalt Einf 7 vor **611**; Aufrechng gg – **387** 13

Ruhegeld Einf 80 vor **611**

Ruhegeldversprechen 759 10; keine Schenkg **516** 10

Ruhen des ArbVerh Vorb 1 vor **620**; der Vereinsmitgliedsch **38** 2; der elterl Sorge **1626** 8, **1673–1679**, **1751**; Fortführg der Geschäfte **1698a**; Geschäftsbeschränkth **1673** 3; Geschäftsunfähigk **1673** 2; Herausgabe des Vermögens u Rechenschaft **1698**; Meinungsverschiedenheit zw Elternteil u gesetzl Vertreter **1673**; nichtehel Mutter **1705** 5; Übergang der elterl Sorge auf den anderen Elternteil **1678** 2; Pflegerbestellg **1673** 3; längere Verhinderg **1674** 1; Vertretg **1673** 3; Wirkg **1675**

Ruhestandsverhältnis Einf 80 vor **611**

Ruinengrundstück, Abwehranspr **1004** 4; Haftg bei Einsturz **836** 4, 14, **838** 1

Rundfunk, Ausübg hoheitl Gewalt **839** 150; kein GewerbeBetr iS des VerjR **196** 12; kreditgefähr-

dende Veröffentlichungen **823** 24, **824** 6; kein Vertragsverhältn zur Post **535** 2
Rundfunkstörungen 858 6, **903** 9
Rundfunkteilnehmer, Rechtsverhältn **535** 2

Schülerlotse 839 152
Schulbaulast EG **132** 1
Schulbesuch des Kindes, Bestimmg dch Eltern **1631** 3, **1631a**, **1610** 38
Schuld, Anerkenntn des Erlöschens **371** 4; Begriff Einl 13 vor **241**; geteilte **420** 1; u Haftg Einl 13 vor **241**; Häufg Übbl 12 vor **420**; Verteilg der Leistg auf mehrere Schulden **366**, **367**
Schuldanerkenntnis 781; Abrechng **782** 2; bei Abtretung **404** 7; Beweiserleichterg **781** 6; Beweislast **782** 4; deklaratorische Wirkg **781** 3; Einreden u Einwendgen **782** 3; Einrede der ungerechtf Bereicherg **780** 11, **781** 3; Form **781** 11; Formfreiheit **782** 1; über Grd des Anspr **781** 3; konstitutive Wirkg **781** 3; negatives **397** 9; prozessuales Einf 7 vor **780**, **781** 3; Rückforderg **812** 5; Saldoanerk **781** 8; Schuldbestätiggsvertr Einf 7 vor **780**, **781** 3, 6, 7; durch Umdeutg **781** 12; ungerechtf Bereicherg Einf 5 vor **780**; **812** 5
Schuldausspruch bei Ehescheidg nach ausländR EG **17** 8, 13
Schuldbefreiung, s unter Befreiungsanspruch
Schuldbeitritt Übbl 2 vor **414**, Einf 15 vor **765**, **766** 4
Schuldbuchforderung 236, **1815** 3, **2117**, **2118**, EG **97** 2; Verpfändg **1293** 1
Schulden des UnterhBerecht **1361** 21, **1577** 6; des UnterhSchuldn **1603** 18
Schuldnerverzug 284 ff, bei gegenseitigem Vertrag **326**; Androhg der Leistgsablehng **326** 18; Androhg des Rücktritts **326** 18; Beginn **284** 27; Begriff **284** 1, **285** 1; Erfüllgsanspruch neben Anspruch auf Verzögergsschaden **326** 5; Einrede d nichterf Vertrages **326** 5; Fristsetzg **326** 14; Haftgserweiterg **287** 1, 2; HaftgsBeschränkg dch AGB AGBG **11** 40; Heilg **284** 28; Interessewegfall **326** 21; Leistgsablehng **326** 20; Mahng **284** 15, **326** 14; Nachfrist, fruchtloser Ablauf **326** 23; im öffentl Recht **284** 6; Rücktritt **326** 27; Nachfristsetzg mit Erkl der Ablehng **326** 14; SchadErs wg NichtErf **326** 6, 26; Unterhalt **1613** 4; neben verschärfter BereichergsHaftg **818** 54, **819** 9, **820** 9; VertrTreue des Gläub **326** 10
Schuldprinzip im ScheidungsR Einf 2 vor **1564**
Schuldrechtlicher Versorgungsausgleich: Abfindg künft AusglAnspr **1587l** 1; AbfindgsAnspr **1587l** 7, Ausschl der Abfindg HRG **2** 1; abschließde Aufzählg **1587l** 1, 8; Abtretg von VersorgsAnspr **1587i** 1, 2; Anrechng der Abfindg **1587n** 1; AntrErfordern **1587f** 2; Anwendbark von UnterhAnsprVorschr **1587k** 1; Aufhebg u Änderg kräft Entscheidg **1587i** 1; AusglRente **1587g** 5; AuskAnspr **1587k** 2; Ausschluß der Barabfindg **1587l** 10, von ÜbertrBeschrkgen **1587i** 2; BewertgsStichtag **1587g** 2; Entsteh der ZahlgsPfl **1587g** 5; Fälligk **1587g** 5; fehlde Bedürftigk **1587h** 2; Form der Abfindg **1587l** 10; Geltdmachg des AbtretgsAnspr **1587i** 2; Höhe der Abfindg **1587l** 9, der Geldrente **1587g** 5; modifizierter HRG **2**; Nachteile **1587f** 1; nachträgl Wertänderg der VersorggsAnw **1587g** 1, 5; Pfändg des RentenAnspr **1587i** 1; Ratenzahlg der Abfindg **1587l** 10; RHängigk des AusglAnspr **1587k** 2; RNatur **1587g** 2; Rückfall abgetretener Anspr **1587k** 3; Schadensers wg Nichterfüllg **1587k** 2, 3; SchadensersAnspr **1587m** 1; Tatbestände **1587f** 8; Tod des Berechtigten **1587k** 2, 3, **1587m** 1; Tod des Verpflichteten **1587k** 6, **1587m** 1; unbillige Härte **1587h** 2; UnterhAnspr **1587n** 1; Unzulänglichk **1587f** 3; Urteilstenor **1587g** 17; Vereinbarg **1587o** 11; Verfahren **1587g** 3; Verh zum UnterhAnspr **1587g** 1; Verhinderg der Entsteh eigener VersorggsAnspr dch den

Berechtigten **1587h** 5; Verlust des AusglAnspr **1587h** 1; Verzug **1587k** 2; Voraussetzungen **1587f** 5; Wiederheirat **1587h** 4, **1587k** 2, 5; Zahlg einer Geldrente **1587g** 1; ZahlgsWeise **1587k** 2; Zeitwert der VersorggsTitel **1587l** 9; Ziel **1587l** 2; Zweckbindg der Abfindg **1587l** 10
Schuldrechtsreform Vorb 4 vor **275**
Schuldschein, Begriff **952** 2; über Darlehen **607** 22; Eigentum **371** 1, **952**; Rückgabeanspr **371** 1, 4
Schuldstatut im IPR EG **27, 28**
Schuldübernahme, allg Übbl vor **414**; Abstraktheit **417** 5; Anfechtung **143** 5; befreinde Übbl 1 vor **414**, **414** 1; Einwendungen des Übern **417** 2, 5; Erfüllgsübern **329**; Erlöschen der Nebenrechte **418** 1; Form **313** 14, Übbl 1, 2 vor **414**, **414** 1, **415** 1; Genehmigg des Gläub **415** 3; bei GrdstVeräußerg **313** 12; Hyp **416** 1, **419** 13; IPR **33** 4; kumulative Übbl 2 vor **414**; Lastenausgleich **415** 1; Mitteilg an Gläub **415** 4, **416** 4; Sittenwidrigk **138** 37; Stellg des Übern gegenüber Gläub **417**; Verjährg Übbl 2 vor **414**; VermÜbernahme **419** 1; Verpflichtgsvertrag Übbl 1 vor **414**, **414** 1; Vertrag zwischen Gläub u Schuldner Übbl 1 vor **414**, **414** 1; Vertrag zwischen Schuldner u Übernehmer Übbl 1 vor **414**, **415** 1; VorzugsR **418** 1
Schuldumschaffung, Annahme an Erfüllgs Statt **364** 5, 6; Begriff **305** 2, 8; bei Darlehen **607** 17; bei SchuldVerspr **780** 7
Schuldverhältnis, Abänderungsvertrag **305** 2; AnwendgsBereich Einl 24 vor **241**; Arten Einf 1–34 vor **305**, Übbl 1, 2 vor **433**; Aufhebg **305** 7; Ausgestaltg Einl 5 vor **241**; Begriff Einl 1 vor **241**; Begründg dch Vertrag Einf vor **305**, **305** 1; Entstehg Einl 4 vor **241**, Einf 2–34 vor **305**; Dauerschuldverh Einl 17 vor **241**; Erlöschen Übbl vor **362**, **362** 1, **364** 1–7; Inhalt Einl 6 vor **241**; Inhaltsänderg bei Leistgsstörg Vorb 1 vor **275**; IPR vertragl EG **27–37**, außervertragl EG **38**; öffentl Recht Einl 25 vor **241**; Rechtsbindg Einl 9 vor **241**; Typen Übbl 1 vor **433**; Übergangsvorschr EG **170** 1, 2; Übersicht Übbl vor **241**
Schuldvermächtnis, Inhalt **2173** 5
Schuldverschreibungen der BRep Einf 7 vor **793**; der HypBanken Einf 7 vor **793**; s a InhSchuldverschreibg
Schuldversprechen 780; Abgabe erfüllgshalber Einf 2 vor **780**; auf Grund Abrechng **782** 2; Begründg, selbständ **780** 2; Beweiserleichterg **781** 6; Beweislast **780** 14, **782** 4; zG eines Dr **780** 4; Einredewirkg **780** 8, **782** 3; Einwendgen **780**, **782** 3; an Erfüll Statt **780** 7; Form **780** 6, **782** 1; mündl Nebenabreden **780** 1; Rückforderg **812** 5; Selbständk, Grdsatz Einf 4 vor **780**, Ausnahmen **780** 10; durch Umdeutg **780** 5; Umschaffg Einf 4 vor **780**, **780** 7; Vergleich **782** 3
Schule, Haftg für Schäden **276** 133, **839** 152
Schußwaffengebrauch bei Notwehr **227** 7
Schutzbereich der verletzten Norm Vorb 62 vor **249**, **254** 15, **823** 159
Schutzgesetz, Begriff **823** 140
Schutzpflichten 242 35; Verletzg **276** 71, 116; durch ErfGeh **278** 16; Vorsorge für VersSchutz **242** 36
Schutzrechte, gewerbl als Zubehör **314** 1
Schutzwirkung, Verträge mit – zugunsten Dritter **328** 13, Einzelfälle **328** 21–33
Schutzzwecklehre im SchadErsR Vorb 62 vor **249**
Schwachsinn 104 2
Schwägerschaft, Begriff EheG **4** 4, **1590** 2; Ehenichtigk EheG **21** 1, 2; Eheverbot, trennendes EheG **4**; Befreig durch VormschG EheG **4** 7; Geltgsgebiet Übbl 5 vor **1589**
Schwangerschaft, EheaufhebgsGrd EheG **32** 10;

Tariföffnungsklausel Einf 71 vor **611**
Tarifvertrag Einf 65 vor **611**, Einl V 23 vor **1**; Fristen im TV **186** 3; RNorm Einl V 23 vor **1**; SchriftformKl **126** 1
Taschengeld der Eheg **1360a** 4; des Kindes **1610** 29; Pfändg **1360a** 4; des UnterhSchuldn **1603** 5
Taschengeldparagraph 110
Tathandlungen, Übbl 9 vor **104**
Tatort IPR EG **38** 2, s Begehgsort
Tatsachen, Unterdrückg wahrer **123** 5; Vorspiegelg falscher **123** 3
Tatsachenbehauptung 824 2, **1004** 26
Tauben, Aneigng EG **130**
Tauber, Vfg vTw **2229** 9, **2232** 15
Taubstummer, Vfg vTw **2233** 3; unerl Hdlg **828**, **829**
Taufe des Kindes, fehlende Einigg der Eltern Anh zu **1631** RKEG 2 1
Tausch 515; Grdst **313** 48; IPR EG **28** 9; Wohngstausch **515** 4; WEigt WEG 6 3
Täuschung, Anfecht **123**, **124**; von Behörden **138** 44; dch Dritte **123** 12; Erbunwürdigk **2339** 6; fahrlässige als c. i. c. **276** 79; dch Unterl **123** 5–10; Verhältnis zu Sachmängelhaftg **123** 1, Vorb 8 vor **459**; Vertreter **123** 12; als EheaufhebgsGrd EheG **33**
Taxe, SchadErs bei Beschädig **249** 17; Vertr über Konzession **134** 17; als Vergütg **612** 7
Technischer Überwachungsverein, Amtspflichtverletzg **839** 150
Technischer Verbesserungsvorschlag 611 151
Teilbarkeit, Leistg **266** 3, **432** 2; NachlÜberschuß **2047** 2; RGesch **139** 10; letztw Vfg **2085** 5
Teilbesitz 865
Teileigentum WEG 1 6
Teilerbschein Übbl 2 vor **2353**, **2353** 6
Teilgrundstück, Aufl **925** 11; Enteignung Übbl 21 vor **903**; Vormerkg **883** 7, 8, **885** 15
Teilhypothek, Brief **1152**; Rang **1151**
Teilkündigung Einf 8 vor **346**; ArbVerh Vorb 34 vor **620**; MietVertr **564** 11
Teilleistung 266
Teilnehmer, an unerl Hdlg **830** 4
Teilnichtigkeit 139; bei AGB AGBG **6**; bei GesellschaftsVertr **705** 10; bei sittenwidrigem RGesch **138** 19; bei letztw Vfg **1937** 24, **2085**; bei Vfg des VorE über Grdst **2113** 3
Teilrechtsfähigkeit Einf 8 vor **21**
Teilung der elterl Sorge **1671** 3; des ErbbR ErbbRVO 1 2; v Grdst **890** 11; bei GrdDbk **1025**, **1026**; v Hypotheken **1151**; mit VorkR belasteten Grdst **1103** 1; von WEigt WEG 6 6
Teilungsanordnung des Erblassers **2048**; Beschränkg des Erben **2306**; Teilgsverbot, zeitl Grenzen **2044** 3; Übernahme eines Landguts **2049** 1; unwirksame ggüb Pflichtteilberecht **2044** 5, **2048** 4
Teilungserklärung WEG 3 1, 8 1; Anwendg des AGBG AGBG 1 2, WEG 3 5, 8 1
Teilungsversteigerung zw Eheg **1372** 9; Einwilligg des Eheg **1365** 8; bei GemschAufhebg **753** 3; Mißbrauch **242** 81; bei NachlAuseinandS **2042** 19, währd TestVollstrg **2212** 5; Unzulässigk währd Ehe **1353** 14; Vorerbsch **2111** 5; kein VorkaufsR der Miterben **2034** 3; bei ZugewAusgl **1372** 9
Teilurlaub 611 133
Teilvergütung beim Arbeitsvertrag **611** 75
Teilzahlungsabrede VerbrKrG 4 17, 18
Teilzahlungskredit 607 21, VerbrKrG 1 6, 4 15; AGB AGBG 9 131; Gesamtfällig VerbrKrG 12; Sittenwidrigk **138** 25; s Kreditgebühren
Teilzahlungspreis VerbrKrG 4 17
Teilzeitarbeitsverhältnis Einf 44 vor **611**

Telefax, Haftg für Mißbr **173** 8; u Schriftform **126** 11; Zugang **130** 17; Werbg **1004** 7
Teleshopping HausTWG 1 10, AGBG 2 12
Termin, Begriff **186** 4; s a Zeitbestimmung
Testament, AbliefergsPfl **2259**; Anfechtbark **1937** 16, **2078** ff, **2271** 25; Aufbewahrg **2259** 6; Aufhebg **2253** ff, durch Erbvertrag **2289** 6; Ausländer **2229** 3, EG **25**, **26**; Eröffng **2260** 4, Auslegg **2084**, IPR EG **25** 11; AusleggsRegeln für Bedachte **2066–2073**; BehindertenTest **138** 50a, **1937** 22; Bezeichng mehrdeutige **2073**; Bedingg **2074–2076**; Begriff **1937** 1; Berliner Test **2269**; Blinde **2229** 11, **2233** 2, **2247** 6; BriefTest **2247** 4; Bürgermeister Test **2249**; Dolmetscher KonsG **10**, **11** (Anh zu **2231**); Dreizeugen-Test **2250**; Durchschrift als eigenhänd Test **2247** 5; eigenhänd Test, s dort selbst; Einsicht **2264**; Entmündigg **2229** 7; Ergänzg unterbliebene **2086**; Eröffng **2260–2263a**, **2273**, BaWü **2260** 2; Eröffngsfrist **2263a**; EröffngsVerbot **2263**; Errichtg durch öffentl Test **2231–2233**; Form **2231**, IPR EG **26**, Übereinkommen über das auf die Form letztw Vfg anzuwendende Recht EG **26** Anh; Formzweck **2231** 1, **2247** 5; Geltg, Bestimmg der **2065** 4; GemeindeTest **2249**; gemschaftl Test s dort; Gesetzesübersicht Einf 1 vor **2064**; Haftg des Beraters **1937** 29; von Heimbewohnern **1937** 19; HinterleggsSchein **2258b** 2; HinterleggsStellen **2258a**; Irrtum, AnfechtgsGrund **2078** 2; KonsularTest Einf 3 vor **2229**; Lesensunkundige **2233** 2, **2247** 19; letztw Vfg **1937** 1, s auch letztw Vfg; LuftTest **2250** 3; MilitärTest Einf 4 vor **2229**; Minderj **2229** 4, **2233** 1, **2247** 19; Nachtrag **2247** 18; Nichtigkeit **1937** 18–20; Niederschrift über Errichtg **2249** 9, **2250** 6; Notar als UrkPers **2231** 2; offenes Test **2232** 11; Nottest **2249–2252**; öffentl Test s oben unter „Errichtg"; ordentl Test **2231**; Ortsangabe **2247** 17, **2267** 1; persönl Errichtg **2064**; Errichtg im ProzVergl **2232** 1; Rückn aus amtl Verwahrg **2256**; Schreibhilfe **2247** 6; Schreibunfähigk **2232** 15, **2247** 6; Sittenwidrigk **138** 49, **1937** 20; Sprechunfähig **2233** 3; Testierunfähigk, s dort; Teilunwirksam **2085**; Übergangsvorschr Einf 2 vor **2229**, EG **213**; Umdeutg **140** 10, **2084** 23; Unterschrift des Erbl **2247** 11; Unvollständigk des Test **2065** 8, **2086** 13; Unwirksamk **1937** 17, 25, durch Eheauflösg **2077** 2, 6, **2268**, durch Verlöbnisauflösg **2077** 5; VerfolgtenTest **2078** 13, **2231** 4, **2250** 12, **2252** 3; Verkünd **1944** 3, 7, **2260** 6, **2273** 3; verlorenes Test **2255** 9; Erbscheinerteil **2356** 10, **2359** 1; Vernichtg **2255**; Verwahrg, amtl **2258a**, **2258b**; Verwirkgsklausel **2074** 6; Vollmachtserteilg in – **167** 1, **1937** 12; Vorbehalt von Nachzetteln **2086** 1; WehrmachtsTest Einf 4 vor **2229**; Widerruf **2253–2258**; Widerrufsbeseitigg **2257**; Widerrufsanfechtg bei Rückn des Test aus amtl Verwahrg **2081** 9, **2256** 2; widerspruchsvolle Test **2085** 3; Wiederverheiratungsklauseln **2269** 16; Willensmängel **1937** 15; WirksamkErfordern **1937** 14; Zeitangabe **2247** 17, **2267** 1; Zeugen **2249** 6, 11, 12, 13, **2250** 4, 6
Testamentsgesetz Einf 2 vor **2229**
Testamentsvollstrecker, 2197 ff; Ablehng **2202** 1; Abwicklungsvollstreckung **2203** 1; Amtsbeendigung **2225**, **2226**; Annahme **2202** 1–4, **2368** 1; Anstandsgeschenke **2205** 32; Anweisgen **2216** 3; Arten Einf 1 vor **2197**; Aufgaben Einf 7 vor **2197**; **2203–2205**; Aufhebg der TestVollstreck **2227** 13; AufsichtsR des NachlG Einf 3 vor **2197**, **2216** 2; AufwandErs **2218** 6; Auseinandersetzg **2042** 14, **2204** 1; Auskunfts- u Rechenschaftspfl **2218** 3; ausländ R Einf 21 vor **2197**; Befreiungsverbot **2220** 1; BesteuergsVerfahren

Verzinsg **818** 10, 52, **820** 8; Vorenthaltg des Miet/PachtGgst **557** 17, **597** 1, Einf 11 vor **812**; Verwirkg **242** 99; Vorteilsanrechng (-ausgleich) Einf 27 vor **812**, **818** 30; WarenzeichenR Einf 18 vor **812**; Wegfall der Ber **818** 27, des RGrdes **812** 75; Weitergabe, unentgeltliche **822** 2; Wertersatz bei Herausgabe **818** 16; WettbewerbsR Einf 18 vor **812**; Wucher **817** 23; Zinsen, s Verzinsg; ZbR Einf 28 vor **812**; Zuwendg (LeistgsKondiktion) **812** 3, an Dritte **822** 2; ZwVollstr **812** 37; Zwekkerreichg **812** 70; Zweifel am Bestehen der Schuld **814** 3; Zweikondiktionenlehre **818** 47

Universalvermächtnis Einf 6 vor **2147**

UN-Kaufrecht EG 28 7

Unklarheitenregel AGBG **5**, **157** 12

Unmöglichkeit, anfängl **275** 16, **306–308**; anfängl teilweise **275** 20, **307** 5; kein Annahmeverzug **293** 3, **297**; Begriff **275** 4; behördl Genehmigg **275** 26; Beschränkg d Haftg für Unmöglichk bei AGB AGBG **11** 40, 44; dauernde **275** 17, **306** 5; Dienstvertrag **293** 3, Draufgabe bei – **338**; Ersatzanspr des Gläub **323** 6, **325** 30; bei Gattgsschulden **275** 4, **279**; bei Gesamtschuld **425** 3; vom Gläub zu vertretende **324**; Herausgabe des Ersatzes **281** 1, 4; Klage auf Erfüllg **280** 6, **283** 3, 4; Klage auf Schadenersatz **283** 1; der Leistg **275** 4, **306** 9; nachträgl **275** 16, **323**; v keiner Partei zu vertreten **323**; Nebenleistg **275** 20; offenbare **1591** 5; infolge öffentl-rechtlicher Anordnungen **275** 26; Opfergrenze **275** 12, **279** 5; rechtl **275** 7, **306** 1; Rückgabe der GgLeistung **325** 30; Rücktritt vom Vertrag **325** 24; vom Schuldner zu vertretende **275** 23, **280** 1, 3, Beweislast **282**, Rechte des Gläub **325** 1, 4; teilweise **275** 20, **280** 7, **306** 6, **325** 26; bei Veränderg der GeschGrdLage **275** 12; Verhältn z Gewährleistg **325** 2, Vorb 5 vor **459**; bei Vermächtnis **2171** 1, **2172** 1; Verschulden beider Teile **280** 4; nach Vertragsschluß behobene **308** 1; völlige **275** 20; vorübergehende **275** 17, 20; bei Wahlschuld **255**; wirtschaftl **275** 12; dch Zweckerreichg od Zweckfortfall **275** 9

Uno-Kinderkonvention Übbl 1 vor **1589**

Unpfändbare Sachen, Sichergsübereign **930** 16

Unpfändbarkeit 394, **1204** 3, **1273** 1; Nichtabtretbark **400**

Unregelmäßiger Verwahrgsvertrag **700**; Werkliefergsvertrag **651** 1

Unregelmäßiges Pfandrecht Übbl 7 vor **1204**

Unrichtigkeit der Beurk des GrdstVertr **313** 26; des Erbscheins **2361** 1, 3; des GB **894** 2, Kenntn **892** 24; des TestVollstrZeugn **2368** 11

Unschädlichkeitszeugnis EG **120**

Unterbeteiligung 705 33; Vererblichkeit **1922** 23

Unterbrechung der Verjährg s dort; des ursächl Zusammenhangs Vorb 73–78 vor **249**

Unterbringung bei Betreuung **1906**; dch Eltern **1631** 8, **1631 b**, dch JugA Einf 40 vor **1626**, dch VG **1666** 19, **1666 a** 2; des Mündels mit Freiheitsentziehg **1800** 3; VerfPfleger Einf 19 vor **1896**

Untererbbaurecht ErbbRVO **11** 7, WEG **30** 1

Unterhalt zwischen Ehegatten, Eltern und Kindern 1360 ff, **1601 ff**; Änderg dch VormdschG **1612** 16; angemessener **1603** 16, **1610** 25; Annahme als Kind **1751** 3; einstw Anordng Einf 23 vor **1601**, **1615 o**; Arbeitskraft, VerwertgsPfl **1602** 9; Arbeitsleistg, zumutbare **1602** 9; Art des – **1360 a** 5, **1361**, **1612**; Ausgleich bei Leistg dch Dritte Einf 19 vor **1601**, **1607** 3; im Ausland **1578** 2; Bedarfstabellen **1610** 4; BeerdiggsKosten für Berecht **1615** 3; Bedürftige, mehrere **1609** 1; Bedürftig, Begr **1602** 2; Befreiung durch Vorauslstg **1614** 3; Beitrag der mitverdienenden Ehefrau **1360** 6; BereichergsAnspr bei

Erfüllg dch Dritte **812** 25; Berücksichtgg d sonst Verbindlk **1603** 18; Berufsbestimmg **1610** 37; BestimmgsR d Eltern **1612** 4; Dauer **1602** 1, **1612** 1; Eheg **1360**, getrenntlebde **1361**; Unterh zw geschiedenen Eheg, s „Unterhalt der geschiedenen Eheg"; Ersatz f Entziehg **844** 5, 6; Ende **1615**; Ersatz für Unterh aus öff Mitteln EG **103** 1; ErsAnspr, Abtretbark **1607** 3; ErsAnspr Dr für geleisteten Einf 19 vor **1601**, **1607** 3; Begrenzg aus erzieherischen Gründen **1610** 20; Erziehgskosten **1610** 37; FamilienUnterh **1360–1360 b** s a dort; freiw Leistg Dr **1602** 9; freiw Zuwendungen **1603** 4; Gefährdg des eig **1603** 16; Geldrente **1360 a** 5, **1361** 44, **1612** 1; Gefährdg **1666** 22, AufhebgsGrd bei GüterGemsch **1447**, **1469**; bei fortges GüterGemsch **1495**; IKR EG **18** 21; IPR EG **18**, StaatsVertr EG **18** Anh; Einf 34 vor **1601**; Kinder, unverheiratete **1360 a** 1, **1603** 19, **1612** 4, **1649**; Kl auf künft Entrichtg Einf 23 vor **1601**, **1610** 61; Leistgsfgk, Beweislast **1602** 1, **1603** 1; Leistgsfgk des Verpflichteten **1603** 2, 16; Mahng, Bestimmth **284** 17; Mehrleistg **1360 b** 2; Naturalleistg **1360 a** 6, **1612** 2; notdürftiger **1611**; aus öff UnterstützMitteln Einf 21 vor **1601**; Prozeßkosten **1360 a** 9, **1610** 33; Rechtshängigk des Anspr **1613** 8; Rangordnung der Bedürftigen **1609** 2, der Verpflichteten **1606**; Rückfdg **1602** 22; Sättiggs-Grenze **1610** 22; Selbstbehalt, s diesen; sittenwidrige Vereinbargen **138** 47; Sonderbedarf **1613** 10; Verh zu Sozialleistgen Einf 23 vor **1601**; Stiefkinder **1360 a** 1, **1371** 7; Täuschg durch Berecht **1602** 22; Tod des Berecht **1615** 1; Umfg **1360** 6, **1610** 25; ÜbergangsR Einf 34 vor **1601**; Veränderg d Verhältn **1610** 1, **1612** 1; Vergangenh **1613**; Verjg **197** 8, Einf 6 vor **1601**; Einfluß des UmgangsR **1602** 9; Verwendg von Kindeseinkünften **1602** 21; Verurteilg auf unbest Zeit **1602** 1; Verzicht für Zukunft **1614** 1, 2, Vergangenh **1613** 15, **1614** 2; Verzinsg Einf 8 vor **1601**; Verzug **1613** 3, **284** 18; Vorausleistg **1614** 3; Leistg unter Vorbeh Einf 16 vor **1601**; Zuvielfdg **1611** 6; Zuvielleistg **1360 b** 1; s a UnterhAnspruch, UnterhPflicht

Unterhalt des geschiedenen Ehegatten: Allgem **1569**, IPR EG **17** 16, **18**; Altersversicherg **1578** 45; angemessene ErwTätigk **1574**; Anrechng von Nebeneinnahmen **1578** 2; Anschlußunterh **1569** 4; Art der Zahlg **1585**; nach Billigk **1576**, **1581** 3; AuskPflicht über Vermögen u Einkünfte **1580** 1; Ausschluß bei U bei grober Unbilligk **1579**; BestattgsKosten **1586** 2; U der Beamtenehefrau Einf 1 vor **1569**; bei Doppelverdienerehe **1578** 2; Einkünfte des unterhberechtigten Eheg **1577**; ErsHaftg der Verwandten **1584** 6; U für die Vergangenheit **1585 b**; GüterGemsch mit neuem Eheg **1583**; Kapitalabfindg **1585** 4; Krankenvers **1578** 42; kurze Ehedauer **1579** 8; LebensVerh, prägde Umstände **1361** 47, **1578** 3; mangelnde Leistgsfähigk des Verpflichteten **1581**; U mangels angemessener ErwTätigk **1573**, **1574**; Maß des U **1578**; trenngsbdgt Mehrbedarf **1578** 39; mutwillige Herbeiführg der Bedürftk **1579** 8; neue Ehe des Verpflichteten **1582**; neue Lebensgemeinsch des Berechtigten **1579** 8; Rente **1585** 2; SättiggsGrenze **1578** 2; SicherhLeistg **1585 a**; Sonderbedarf **1585** 2, **1585 b** 3; Stammunterh **1569** 2; Straftat gg den Verpflichteten **1579** 8; StufenKl Einf 26 vor **1601**, **1605** 9; Tod des Berechtigten **1585** 3, **1586**; Tod des Verpflichteten **1586 b**; UnterhPfl der Verwandten **1584**; UnterhVerträge **138** 47, **1585 c**, GeschGrdLage **242** 111; Verh zum Kinderunterh **1582** 5, 7; Vermögen des unterhberecht Eheg **1577**, des unterhverpfl Eheg **1581** 11; wg Berufsausbildg **1575**; wg Kindererziehg **1570**,

1579 13; wg Krankh **1572**; Verwirkg EheG **66** 1; Wiederheirat des Berecht **1585** 3, **1586**, des Verpflichteten **1582**, **1583**

Unterhalt, nichteheliches Kind 1615a–1615o; Abfindg **1615e**; allg Vorschriften **1615a**; Altersgrenze **1615a** 1; **1615f**; Bemessg **1615c**; Erlaß **1615e** 4; einstweilige Anordng **1615o**; Fordergsübergang bei Gewähr dch Dritte **1615b**, **1615i** 5; IKR EG **18** 21; IPR EG **18**; Regelbedarf **1615f** 8; RegelbedarfsVO Anh 3 zu **1615f**, **1615g**; Regelunterhalt **1615f** 6; Regelunterhalt- VO Anh zu **1615f**, **1615g**; Anrechng von Kindergeld, Kinderzuschlägen, wiederkehrenden Leistgen **1615g**; Herabsetzg **1615h**; Klage **1615f** 9; Sonderbedarf **1613**, **1615h** 5; Stundg **1615c** 1; Übergangsrecht NEhelG **Art 12 § 5**, NEhelG **Art 12 § 10**, Anh I zu **1924**; für Vergangenh **1615d**; Vereinbg für Zukunft **1615e**; Verjährg **1615d** 1; Verpflichtg zur -Zahlg, keine vormundschaftsgerichtl Gen **1822** 18; kein Verzicht **1615e**; vormschG Gen **1615e**; nichtehel Mutter, Beerdiggskosten **1615m**, Entbindgskosten **1615k**, Unterh aus Anlaß der Geburt **1615l**; Tod des Vaters **1615n**

Unterhaltsanspruch, AbändKl Einf 23 vor **1601**; Abtretbark Einf 6 vor **1601**; Anpassg von Unterhaltsrenten Minderjähriger **1612a** 1; Aufrechng Einf 6 vor **1601**; Bedürftigk **1602** 2, selbstversch **1611**, EheG **65** 1; Geltendmachg durch Beistand **1690**; Erfüllg **1601** 1; Erlöschen **1615** 1, 2; gerichtl Geltdmachg **1600** 2, Einf 23 vor **1601**; gesetzl, rechtl Natur Einf 1 vor **1601**; bei Gütergemeinsch **1604**; höchstpersönl R **1615** 1; des Kindes gg einen Elternteil **1629**; des Kindes bei Getrenntleben der Eheg **1629** 13; Konk des UnterhPflichtigen Einf 11 vor **1601**, **1603** 16; keine Mindrg von SchadErsAnspr dch U Vorb 137 vor **249**; Mutter des zu erwartenden Erben **1963** 1; Reihenfolge der Bedürftigen **1609**; RNatur Einf 1 vor **1601**; Reihenfolge der Berücksichtig **1603** 16; StufenKl Einf 26 vor **1601**, **1605** 9; Tod des Berecht **1615** 1, 2, des Verpflichteten **1615** 1, 2; Übergang krG **1593** 6, **1607** 3, **1608** 2, **1615b**; Überleitg Einl 21 vor **1601**; währd des Umgangs **1602** 9; Unpfändbark Einf 10 vor **1601**; Verjährg **194** 11, **197** 8, **200** 4, Einf 6 vor **1601**; kein Vermögen **1626** 16; Verwirkg EheG **66** 1; Verzicht **1614**; Verzug **284** 18, 22, **1613** 3; Voraussetzg **1602**; Zuständig Einf 23 vor **1601**

Unterhaltsanspruch der geschiedenen Ehegatten Einf 2 vor **1569**, **1569**; Prozeßkostenvorschuß Einf 14 vor **1569**; Rechtsnatur Einf 2 vor **1569**; Verh zum UnterhAnspr gg die Verwandten **1584**; Wiederaufleben **1586a**; zuständ Gericht Einf 12 vor **1569**

Unterhaltsanspruch des nichtehelichen Kindes 1615a ff; FordergsÜbergang **1615b**, **1615i** 5; Geltendmachg dch Pfleger **1706** 5; dch Jugendamt **1709** 4; der nehel Mutter **1615l** 2

Unterhaltsbedarf, Ausbildg **1610** 37; Ausland **1610** 2; fr DDR **1610** 19; Ehe **1360a**; GetrLeben **1361** 46; mietfreies Wohnen **1361** 23, **1578** 7; **1602** 5; nachehel **1578** 2; Kinder **1610** 1, 20, 25; nichtehel Kind **1615c**, **1615f**

Unterhaltsbedürftigkeit, bei Getrenntleben **1361** 11, bei Scheidg **1577**, des Kindes **1602** 2; mutwillige/verschuldete **1361** 39, **1579** 17, **1611**, EheG **65**

Unterhaltsentscheidungen, Abänderung ausländischer EG **18** 16

Unterhaltsneurose 1572 4, **1579** 19, **1602** 20

Unterhaltspfleger 1671 9

Unterhaltspflicht, allgem Einf vor **1601**; Abkömml **1606** 7; bei Annahme als Kind **1751** 3, **1754**

3, **1755** 4; Eheg **1360–1360b**, **1608**; Belastg mit – als Schaden Vorb 47–48a vor **249**; u Berufsfreiheit **1360** 1, 7, **1603** 2; bei Getrenntleben **1361**; Ehelich-Erkl **1739** 1; Einfluß des Güterstandes **1604**; Eltern **1602** 21, **1603** 19, **1604** 1–2, **1606** 20; Geschwister **1601** 2; Geschwisterausgleich Einf 19 vor **1601**; Haftg der Eheg als Gesamtschuldn **1604** 2; GüterGemsch **1604** 2; IKR EG **18** 21; IPR EG **18**; der Kinder **1601** 6; ggü nichtehel Kind **1615a** ff; ggü nichtehel Mutter **1615l**; Rangordng der Pflichtigen **1606–1608**; Reduktion **1579** 4; Selbstbehalt **1603** 1, 8, 17, 24; **1581** 6; Stiefvater **1601** 2; Übergang auf Erben **1586b**; ÜbergangsR Einf 34 vor **1601**; Umgehg **1603** 3; Unterlassg zumutb Arbeit **1603** 2; als VermSchaden Vorb 47 vor **249**; Verwandte, Ersatzhaftg **1608** 1, 2; – u VersorggsAusgl Einf 1, 17 vor **1587**; Verwandte in gerader Linie **1601** 1, 2; Verletzg dch Eltern **1666** 22; Voraussetzg **1603**; Wiederverheiratg **1604** 1

Unterhaltsrenten, gesetzl, Unpfändbarkeit Einf 10 vor **1601**

Unterhaltsrichtsätze 1361 44, **1610** 1, **1615f** 1

Unterhaltsstatut EG **18** 7, 11

Unterhaltsübereinkommen, Haager EG **18** Anh

Unterhaltsvereinbarung Einf 18 vor **1601**; GeschGrdlage **242** 110; zw getrennt lebdn Eheg **1361** 3; bezügl ScheidgsUnterhalt **1585c**; Sittenwidrigk **138** 47; Übergangsregel Einf 18 vor **1569**; zw Vater u nichtehel Kind **1615e**

Unterhaltsvergleich im ScheidgsVerfahren **1585c**, Einf 18 vor **1601**, zwischen Vater u nichtehel Kind **1615e** 4

Unterhaltsverzicht 1361 1; nachehelicher **1569** 9, **1585c** 9; unentgeltlicher **1615e** 4; bei VA Einf 3 vor **1587** s auch „Unterhaltsvereinbarg"

Unterhaltsvorschußgesetz Einf 28 vor **1601**

Unterlassung, Bedeutg **241** 5; als Ggst einer Dbk **1018** 19; als Haupt- od Nebeninhalt der Leistg **241** 5; Klagbark **241** 5, 6; U als Schadensverursachung Vorb 84 vor **249**; Verjährg v UnterlassAnspr **198** 13; Vergleich über Anspr **779** 6

Unterlassungsklage, gg Besitzstörg **862** 2; bei Ehebruch Einf 7 vor **1353**; des Eigentümers **1004** 27; gegen Mieter **550**; gegen Nießbraucher **1053**; Verletzg des Namensrechts **12** 19; vorbeugende **241** 6, Einf 18 vor **823**; wiederherstellde Einf 25 vor **823**; Wiederholgsgefahr Einf 24 vor **823**

Unterlassungsklage gegen AGB-Verwender AGBG **13** 6; Anspr gegen Empfehler AGBG **13** 9; gegen Verwender AGBG **13** 2; einstw Vfg **15** 6; Klageantrag **15** 2; Klageberechtig AGBG **13** 11; MitteilgsPfl ggü Bundeskartellamt AGBG **20**; Urteilsformel AGBG **17**; Bekanntmachg der Urteilsformel AGBG **18**; VollstreckgsGegenklage AGBG **19**; Wirkg des UnterlassgsUrt für den IndividualProz AGBG **22**; Zuständigk AGBG **14**

Untermiete Einf 2 vor **535**, **549**

Unternehmensanteile, Kauf **437** 10, Vorb 16 vor **459**; Vererblichk **1922** 14–25

Unternehmensbewertung, bei GesellschAuseinandS **738** 5, bei PflichttFeststellg **2314** 8, bei ZugewAusgl **1376** 6

Unternehmenskauf 433 3, 20, Vorb 15 vor **459**, **459** 43, **462** 4

Unternehmensnachfolge, Arbeitsverh **613a**; erbrechtl, Auswahl des Nachfolgers dch Dritte **2065** 8; Vermächtnis **2087** 7, Einf 6 vor **2147**, **2151** 1, **2385** 1

Unternehmensnießbrauch 1068 3, **1085** 4

Unternehmensträgerstiftung Vorb 11 vor **80**

Unternehmer, Begriff Einf 15 vor **611**; WerkVertr **631**; Mehrheit von U **631** 9

Vermächtnis 1939, 2147ff; alternatives 2148 4, 2152 1; Anfall 2176–2178; Anfechtg 2081 6; Annahme 2180, bei Gütergemeinsch 1432 2, 1455; Anordng 2149 1; Anspr Einf 1 vor 2147, 2174 1; Anwachsg 2158, 2159; Anwartsch 2177 2, 2179 1; Arten Einf 5 vor 2147; aufschiebd bedingtes 2162 1; Aufwertg 2174 11; Ausbildungsbeihilfe an Stiefkinder beim gesetzl Güterstd 1371 7, Einf 7 vor 2147; Auslegg Einf 1 vor 2147; Ausschlagg 2180 1–7, 2307 1, bei elterl Sorge 1643 3, bei Vormundsch 1822 3, bei Gütergemeinsch 1432 2, 1455, 2180 3; Bedachte, mehrere 2151–2153; bedingtes 2162 1, 2177 2, 6, 2179; Befreiungsverm 2173 4; befristetes 2177 4; Begriff Einf 6 vor 2147; Belastg 2165–2168; Besitz 2169 2; Beschwerter 2147, mehrere 2148 1; billiges Ermessen 2156 1; Bruchteil 2087 1; Dreißigster 1969, Einf 7 vor 2147; dch Erbvertr 1941, 2276 13, 2288; Erbunwürdig 2345 1; ErsAnspr 2164 3; Ersatzvermächtnis 2190; Fälligk 2174 1, 2, 2176 2, 2177 4, 2181 1; Fälligk eines Unterverm 2186 1; Fdg gg Erben 2174 1; Fdgsverm 2173 1–3; fremder Gegenstand 2169; Gattgsverm 2155, 2182, 2183; gemeinschaftl 2157 1; Gesamtgrundschuld 2168 1; Gesamthyp 2167 1; gesetzl Erbe ErgänzRegel 2149 1; gesetzl Vermächtn Einf 1 vor 2147; Grdst, vermachtes 2166–2168; Genehmiggspflicht 2171 3, 2174 12; Hyp 2166 1; Inhalt 2174 2; Kürzg der Beschwerg 2188 1; Lasten 2185 2; NachlVerbindlk 1967 6, 1972, 2174 9; Nachverm 2177 6, 2191, s a dort; nasciturus 2178 1; Nutzgen 2184 1–3; Pflichtteilsanspr Einf 1 vor 2147, 2307 3; u Pflichtteilslast 2318, 2321; Quotenverm Einf 6 vor 2147; Rangordng 2189; – Recht, Anwendg beim ErbErsAnspr 1934b 7; Rechtsmängel 2182; Rentenverm Einf 6 vor 2147, 2177 5; Rückvermächtnis 2177 7; Sachmägel 2183; Schuldverm 2173 5; Schutz des vertragsmäßigen Verm 2288; Sittenwidrigk 2171 2; Sorgfaltspflicht des Beschwerten 2184 2; TestVollstr 2223; Treu u Glauben 2174 1; eines Übernahmerechts 2048 8; 2184 3; Umstellg 2174 11; Ungewißh des Bedachten 2178, 2179; Unmöglichk 2171 1; Unterverm 2186, 2187; Unwirksam 2169 1; Unwirksam durch Zeitablauf 2162, 1, 2163 1; Verarbeitg 2172 1; Verbindg 2172 1; verbotenes 2171 2; Verjährung 2174 8; VermVorteil Einf 6 vor 2147; Verschaffsverm 2169 3, 2170; Vertrag über 312; Verwendungen 2185 1; Verzicht 2352 4; Voraus 1932 3, Einf 5 vor 2147; Vorausvermächtn 2150; Vormerkg 2174 10, 2286 4; Vorversterben des Bedachten 2160 1; Wegfall des Beschwerten 2161 1; Wahlverm 2154 1; Wirkg 2174; Zubehör 2164 1; Zweckbestimmg bei – 2156

Vermengung s Vermischg

Vermessungsingenieur, Vertrag mit – Einf 19 vor 631; Haftung, Verjährung 638 13

Vermessungswesen 919

Vermieter, Anrechng ersparter Aufwendgen 552 6; Anzeige vom EigtÜbergang 576 1; Befriedigg durch Pfandverk 561 5; Beleuchtgspflicht 535 22; Besitznahmerecht bei Ausziehen des Mieters 561 5; bisheriger, Mitteilg an Mieter von EigtÜbergang 571 16; Erhaltspflicht 536 7; Entschädiggsanspr bei Vorenthaltg der Mietsache 557; Fürsorgepflicht 535 21; Haftg des bisherigen nach Veräußerg des Grdst 571 16, 579 2; Haftung für Dr 535 26; Haftg für RMängel 541; HaftgsAusschl 538 7; Haftgsvereinbarg 540 1; Herausgabeanspr ggüber Dr 556 18; Kündigg wegen Eigenbedarf 564b 1–13, 42; bei Leistgsverzug des Mieters 554 1–15; Künd bei vertragswidr Gebr 553 1–6, wg wirtsch Verwertg 564b 1–13, 52, aus wicht Grd

554a; KündBeschrkg 564b; Machtstellg, Ausnutzg 138 93; mehrere 535 4; Pflichten 535 7; Rückschaffgsanspr 561 10; SchadErsAnspr gg Mieter bei Künd 553 3, 554a 8; SchadErsPflicht bei Mangel der Mietsache 538 13; Streupflicht 535 22; Überlassgspflicht 536 6; UnterlAnspr bei vertragswidr Gebr 550 1–9; Untermieter, Verhältn zum 549 19; Verjährg der EntschädAnspr 558; Verzug 538 12; Vorausverfg über Mietzins 573, 574; Vorleistgspflicht 536 6; Wechsel 564b 4; WidersprR bei Entferng eingebrachter Sachen 560 6

Vermieterpfandrecht 559ff; Entstehg 559; Erlöschen 560; Fortbestand 560 5; bei RäumgsVollstreckg 560 10; Selbsthilfe 561; Sicherheitsleistg 562; Zusammentreffen mit Pfändg 563

Vermietung auf Zeit 566, 567, 2. WKSchG 2

Vermischung 948; Rechte Dritter 949; BereichAnspr 951; der vermachten Sache 2172

Vermittlung der Annahme als Kind Einf 5 vor 1741; gerichtl, der Erbauseinandersetzg 2042 15; u Reisevertrag 651a

Vermögen, Begriff des im SchadErsR Vorb 10 vor 249; Bewertg bei ZugewAusgl 1376 2; gegenwärtig, Verpflichtg zur Übertragg 311 5; des Erbl, Erhaltg, Vermehrg, bes ausgleichspfl Leistg 2057a; des Kindes s KindesVerm; künftiges 310 4; Nießbr 1085–1088; Übertr der VermVerwaltg an den and Eheg 1413; Unterlassen eines Erwerbs nicht Schenkg 517 1; Verfgg eines Eheg über Vermögen im ganzen 1365, 1368; Vermögensminderg u -verschwendung durch Eheg 1375, 1386; Verwertg des VermStammes bei Eheg 1360; Erträge im UnterhR 1577 3, 1581 28, 1603 5; Verwertg für Unterh 1577 6, 1581 29, 1602 4; VermVerwaltg bei GüterGemsch 1421ff, bei Gütertrenng Grdz 1 vor 1414, bei ZugewGemsch 1364; vormgerichtl Genehmigg zur Vfg über 1822 2

Vermögensabgabe Haftg des Auflagebegünst 2192 1, der Gesellschafter nach Auseinandersetzg 730 5; Kürzg der Aufl 2192 1; NachlVerbindlichk 1967 3; keine öffentl Last 436 2; Pflichtteil 2311 5; bei Vorerbsch 2126 2; vgl auch Lastenausgleich

Vermögensbildung, Förderung der V der Arbeitnehmer 611 80; nachehel Unterh 1578 3

Vermögensgesetz, Nachlaß 1922 50, 2313 2; Sicherg von UnterlPfl 136 4, EG 233 § 2 4; Verh der RestitutionsAnspr zu and Anspr EG 232 § 1 6

Vermögensschaden, Begriff Vorb 7–14 vor 249; Einzelfälle Vorb 19 vor 249

Vermögensschädigung, Schadenersatz 826 1

Vermögenssorge, Anlegung von Geld 1642; Anzeigepflicht bei Konkurs 1668; außergewöhnliche Ausgaben 1642 2; Beschränkung 1638; Eingreifen des VormschG 1667; Einschränkungen 1626 17, 1638; der Eltern 1626 16; Entziehung 1640 10; Gefährdung des Kindesvermögens 1667; Inhalt 1626 16; Inventarisierung des Vermögens 1640; Konkurs 1668, 1670, Folgen 1680 4; nach Scheidung 1671 4, 8; Sicherheitsleistg 1667 12; Sperrvermerk 1642 2, 1667 8; Vertretung 1626 17, 1629; verwaltungsfreies Vermögen 1638 1; Verzeichnis 1640, 1667 9, bei Wiederheirat 1683; wirtschaftliche Vermögensverwaltg 1642 2

Vermögensspaltung im IPR EG 3 14

Vermögenssperre, AbwesenhPflegsch Anh 1 zu 1911; Bürgschaft 765 9; Nichtigk oder schwebende Unwirksamk 134 12, 275 27; Sperre zur DDR EG 32 11; weder Unvermögen noch Unmöglichkeit 275 16

Vermögensübernahme 419; nur Aktiva 311 5; Haftg bei Kauf 434 5; Haftg d Übernehmers 419 14; mit Leistg an Dritte 330 9; Schuldnerhaft aus VerpflichtGesch 311 7; sichergshalber 419 9, 10;

169 bis 173; GrdGesch 167 4; IPR EG 32 Anh; Innenvollm 167 1; isolierte 167 4, 168 1; Hauptvollm 167 12: Kraftloserkl 176 1; in letztw Verfügg 167 1, 1937 12; postmortale Einf 16 vor 2197; ProzVollm Übbl 37 vor 104; Prokura 167 11; Quittgsüberbringer 173 9, 370; bei reinem RGesch 174; RSchein 173 9; Schutz des gutgl GeschGegners 170–173; üb Tod hinaus 168 4, 672 1, Einl 6 vor 1922, 1922 34, 1937 12, 2112 7, 2139 3, Einf 16 vor 2197, an TestVollstr Einf 16 vor 2197, 2205 32, 2368 1; auf den Todesfall Einf 19 vor 2197; Übertr eines Erbanteils 2033 12; Überlassg d Geschführg 173 9; Überschreitg 167 10; Umfg 167 5; Untervollm 167 12; unwiderrufl 168 6, 313 20; verdrängde 137 4, mit nichtigem Vertr verbundene 313 24, 45, 47; Weisgen des VollmGebers 166 10; Widerruf 168 5, 173 7, 176 1, des Erben 1922 34, Einf 19 vor 2197; Willensmängel bei – 166

Vollmachtsurkunde, Vorlegg 172, 173 5, 174; Aushändigg 172; Kraftloserklärg 176; Rückgabe 175 1

Vollstreckung, verbotswidrige 136 3, 826 46

Vollstreckungshandlungen, Vereitelg 134 25; VerjHemmg/Unterbrech 209 21, 216

Vollzugsgeschäft, Nichtig, Übbl 23 vor 104, 139 7

Volontärverhältnis Einf 60 vor 611

Voraus 1932; bei Berechng der ErbErsAnspr 1934 b 5; bei PflichttBerechng 1932 5, 2311 8; neben Verwandten 1932 4; bei Zugew 1380

Vorausabtretung, Sichergsmittel 398 11, 14, 24

Vorausklage, Einrede der – 771–773

Vorausverfügung über Mietzins 573, bei HypHaftg 1124

Vorausvermächtnis 2150; u Nacherbfolge 2110 2, 2363 6; Teilgsanordng 2048 5

Vorbehalt bei Annahme mangelhafter Sache 464, bei Erfüllg 362 11; bei Gattgskauf 480; geheimer 116 1–5, bei Vfg vTw 1937 15, Übbl 5 vor 2274, 2279 1, des Pflichtt bei Ausschlagg 1950 1, bei Erbverzicht 2346 6; der Rückforderg 814 5, 820 5; des Widerrufs letztw Vfg 2271 19, 2289 3; stillschw WillErkl 116 4

Vorbehaltsgut, bei Gütergemsch 1418, bei fortges Gütergemsch 1486; AusglAnspr bei Verwendg für Gesamtgut 1445, 1446, 1467, 1468; Haftg 1437

Vorbehaltskauf s EigtVorbeh

Vorbehaltsklausel s ordre public

Vorbescheid im Erbscheinverfahren 2353 33

Vorbürge 769 1, 774 7

Vorempfang, Anrechng auf Erbteil 2050–2057, auf Pflichtteil 2315; Ausgleich bei fortges Gütergemsch 1483 2, 3

Vorentwurf für Bauvorhaben, Vergütg 632 4

Vorerbe, Anstandsschenken 2113 16; Anzeigepflicht 2146 1; Arrestvollziehg 2115 4; Aufrechng 2114 1; Aufwendungen 2124; Auskunftspflicht 2127; befreiter 2136; befreiter, Fdgseinziehg 2114 5; Begriff Einf 3 vor 2100; Buchfdgen 2118 1; Eintritt in Personalgesellschaft 2112 5; Entziehg der Vfg und Verwaltg 2129; ErbschGgstände, verbrauchte 2134; Erbschein 2363 1; Erwerb von NachlGgst 2111 10; Feststellg des Zustandes der ErbschSachen 2122 1; Fruchtbezug ordngswidr 2133; Fürsorgepflicht 2130 5; Geldanlage 2119 1; gesetzl Erben 2105 1, 2; GBEintr Einf 8 vor 2100; GrdPfdR 2113 1, 9, 2114 1–4; GrdstVfgen 2113 4; Herausgabepfl 2130 1, des befreiten 2138 1; Hinterlegg von Wertpap 2116 1–5; Konkurs Einf 7 vor 2100; Lasten 2126; Lastenausgleich 2126 2; Miet- und Pachtverträge 2135; Nachlaßverzeichnis 2121 2; Nießbrauch 2100 8; Nutzungsrecht 2134 3; ordngsmäß Verwaltg, Einwilli-

gAnspr 2120 2, 3; Prozeßführg 2112 9; Rechenschaftspflicht 2130 6; Rechtsstellg 2100 8; SchadErsatzpflicht 2138 2; Schenkungen 2113 9; SicherheitsleistPflicht 2128 1; Sichergsmaßregeln 2129; Sorgfaltspflicht 2131 1, 2; Überrest, Einsetzg auf 2137; Übertragg d Nachl auf NE vor NEFall 2139 7; Umschreibg von InhPap 2117 1; Testierfreih 2112 8; TestVollstr u VE 2205 28, 2222 1; Vfg, unentgeltl 2113 9; Vfgsbefugnis 2112–2115; Verwendgsersatz 2125 1; Verwaltg des Nachl 2120 1, 2; Verzeichn der ErbschGgstände 2121, 2122; Wegnahmerecht 2125 2; Wirtschaftsplan 2123; Zwangsverwaltg 2128 2, 2129; Zwangsvollstr Einf 6 vor 2100, 2115; zwischenzeitl Vfg 2140

Vorfälligkeit, Entschädigg 1115 15; Klausel Vorb 5 vor 339, AGBG 9 144

Vorfragen, Anknüpf im IPR Einl 29 vor EG 3

Vorgeburtliche Verletzung Vorb 72 vor 249, 328 22, 823 4, 66

Vorgesellschaft 705 43

Vorhand Einf 24 vor 145, Vorb 11 vor 504

Vorkaufsrecht nach BauGB Übbl 5 vor 1094; gesetzl Vorb 4 vor 504, Übbl 3, 10 vor 1094; des Mieters bei Umwandlg in W Eigt 570 b; des Miterben 2034–2037; nach RSiedlG Übbl 4 vor 1694 – **Dingliches** 1094–1104; Ausschl unbekannter Berech 1104; AusschlFr 1098 2; Ausübg 1098 2; Bedeutg Übbl 2 vor 1094; Begriff Übbl 1 vor 1094; Begründg 1094 4; Bestandteil 96 2; auf Bruchteil des Grdst 1095; Erlöschen 1094 6; Erstreckg auf Zubehör 1096; jur Pers 1098 8; Mitteilg 1099; Übertragbk 1094 5; Vorkaufsfälle 1097; VormerkgsSchutz gg Belastg 1098 6; Wirkg 1098; Zahlung des Kaufpreises 1100–1102. – **Schuldrechtliches** 504–514; Abgrenzg Vorb 10 vor 504; Anzeigepflicht 510; Ausübung 504 4, 505; Begriff Vorb 1 vor 504; Erlöschen 504 7; Genehmiggspflicht 505 1, 510 2; Gesamtpreis 508; bei Grdst 510 II; Kaufpreisstundg 509; mehrere Vorkäufer 513; Nebenleistgen 507; Unübertragbark 514; bei Verkauf an Erben 511, dch KonkVerw 512, dch ZwVollstr 512; Vorkaufsfall 504 4; Vormkg Vorb 5, 6 vor 504, 883 16; Wirkg 505 3

Vorkenntnisklausel bei Mäklervertrag 652 51

Vorlegung, Sachen 809, 811; Urkunden 810, 811

Vorleistung 362 10; kein Zwischenzins bei – 272

Vorleistungspflicht, AnnVerz 322 4; beim DVertr 614; Begründg dch AGB AGBG 11 1; Gefährdg des Ggleistgsanspr 321 3; bei ggseit Vertr 320 15, 322 4; Klage auf Leistg nach Ggleistg 322 4; Rücktr 321 6; Schranken 320 18; SicherstellgsR 320 16, 321 1–6; veränderte Umstände 321; Zug-um-Zug-Leistg 320 16; ZbR 273 13

Vormerkung 883; gesicherter Anspr 883 6; Ausschluß unbekannter Berecht 887; Begründg 885 2; BeseitiggsAnspr 886 9; Bewilligg 885 8; Durchsetzg des gesicherten Anspr 888 2–4; einstw Vfg 885 4; Eintragg im GB 885 14; ErbbauR ErbbRVO 6 1; Erbbauzins ErbbRVO 9 15; Erbenhaftg 884; Erbrecht 883 19, 2174 4, 2286 4; Erlöschen 886 3; Genehmiggserfordernis 885 3; Gutglaubenserwerb 885 12, 20; Inhaltsänderg 885 1, 14; Löschg 886 6; unrechtm Löschg 885 20, 886 1; LöschgsVormerkg 1179; Rangwirkg 885 25; RMittel 885 18; Sichergswirkg 883 20–24; TeilGrdst 883 7–10, 885 15; Übertragg 885 19; Umschreibg in gesichertes Recht 886 6, stufenweise 888 1; Vermächtnis 2177 7, 2179 1, 2191 1; Wesen 883 2; WohngsEigt WEG 8 5; Widerspr gg Eintragg u Löschg 899 5

Vormiete Einf 4 vor 535

Vormund, Ablehng, unbegrdete 1787 1; AblehnGrde 1786; Amtsfortführg 1893 1; Amtsvormundschaft, s dort; Anhörg des JugA bei Auswahl **1779** 3; Anlegg von MdlGeld **1806–1811**; Anstandsschenkgen **1804** 2; Anzeigepfl bei Bedürfnis nach Pflegsch **1794** 1; Aufenthaltsbestimmg **1800** 2; Aufsicht des VormschG **1837**; AufwendErsatz **1835**, aus Staatskasse **1835** 16; Auskunftspfl **1839**, eidesstattl Versicher **1839** 1; Ausschließg **1780–1782**; Auswahl **1779**; Beamter, Genehmigg **1784** 1, 2; Beendigg des Amtes **1885– 1889**; Befreiung **1852–1857a**; Benenng **1776– 1778**, **1856**; Berufsvormund **1835** 1; Beschw gg Auswahl **1779** 10; Bestallg **1791**, Rückgabe **1893** 4; Bestellg **1789**, vor Geburt des Kindes **1774**; Bestellg unter Vorbehalt **1790** 1; BestellGrdsatz **1774** 1; Berufswahl **1800** 2; Berufung **1776**; Be**1830** 3; Dienste, eigene **1835** 2; Dienstvertr **1822** 20; bei elterl Sorge **1671** 9; Entlassg auf Antrag **1889** 1; Entlassg, Beamter **1888** 1; Entlassg, Verfahren **1886** 7; Entlassgsgründe **1886** 5; Entlastg **1843** 3, **1892** 6; ErklärFrist über Genehm des VormschG **1829** 10; Ermächt, allg durch VormschG **1825** 1; Erwerbsgesch **1823** 1; ErziehR **1800** 2; ErziehgsStil **1793** 4; Gefährdg des MdlInteresses **1886** 5; Gegenvormd s dort; Genehmigg als gesetzl Vertreter **1793** 6; genehmigungspflichtige Geschäfte **1812** 3, **1819–1822**; Geschwistervormd **1775** 1, **1795** 1; gesetzl Vertretg **1793** 6; GrdstGeschäfte Hinterlegg **1814**; Hinterlegg Genehmigg z Vfg **1818** 1; **1821** Haftg **1833**; Haftgf Hilfspers **1793** 15; HinterlegPfl **1818–1820**, Befreiung **1814**, 1, **1817** 1; HypBestellg bei GrdstKauf **1821** 8; HypFdg, Künd u Einzieh **1795** 3; InhPapiere, Verwaltg **1814–1820**; InteressGgsatz **1795** 1, 2, **1796** 2; Konk Einl 3 vor **1773**; Kontrahieren mit sich selbst **1795** 1; Lehrvertr **1822** 20; Leistgsannahme **1813**; Maßregeln, vorläufige des VormschG **1846**; mehrere **1775** 1, 2, **1797**; Meingsverschiedenheiten mehrerer **1797** 6, **1798** 1; für minderj Ehefr **1778**; Mitteil der Genehmigg **1829** 6; MdlGeld, Genehm zur Erhebg **1809** 1; Mündelgeld, Anlegg **1806–1811**; Mündelinteressen, Gefährdg **1778** 2; Mündelsicherh **1807** 1; für nichtehel Kind **1705** 5, **1709**, **1710**, **1791c**; PersonSorgerecht **1793** 1–5, **1800**, Übertragg bei Ehescheidg u -nichtig **1671** 9; PflVerletzg **1833** 2, **1837** 5; RechenschPfl **1890** 3, Mitwirkg d Ggvormd **1891** 1; Rechngslegg **1840**, **1841**; Rechngsprüfg **1892**; RGesch, einseit **1831**; relig Erziehg **1801**; religiöses Bekenntn **1779** 8; SchadErsPfl bei Pflichtverletzg **1833** 2; SchadErsPfl bei Verstoß gg AnleggVorschr **1809** 1; SchenkVerbot **1793** 6, **1804**; Schuldbuchfdg **1816**, **1817**; Selbständk Grdz 1 vor **1837**, **1837** 1; Selbstkontrahieren **1795** 1; SicherhAufhebg **1822** 31; Sichergshyp für künftige Anspr des Mdl **1795** 2; Sperrvermerk **1809** 2, **1814**; bei Tod eines Eheg für Kind **1671** 9; Todeserkl **1884** 2; Übergeh des Berufenen **1776** 1, **1778** 1; Überlassg von Ggständen an Mdl **1824** 1; Übernahmepfl **1785–1788**; Umschreibg von Inhaber- in Namenspap **1815**; Unfähigk **1780**; unrichtige Behauptg der Genehm des VormundschG **1830** 1; Untauglk **1781–1784**; Unterbringg des Mündels mit Freiheitsentzieh **1800** 3; Unterstützg durch VormschG **1837** 6; Vereinsvormd **1791a**; Vfg über Fdg u Wertpapiere **1812**, **1813**; Vfgen, genehmfreie **1813** 1–6; Vfgen, genehmpflichtige **1812** 3–9; Vfg üb MdlGeld **1809** 1; Vfg üb VormschZeit hinaus **1793** 14; nach Umschreibg **1820** 1; Vergütg **1836**; Vergütgsanspr bei fehlerhafter Anordng Einf 2 vor **1773**; VerpflichtVerhandlg **1789** 1, **1791** 1; VermögHerausgabe **1890** 1, 2; VermögSorge **1793** 5; VermögVerzeichnis **1802**; Verschulden,

Pflichtverletzung **1833** 3; VertretMacht, Beschränkg **1793** 7, **1821** 6, **1828** 2, durch Pflegschaft **1794** 1, gesetzl Ausschluß **1795** 1–12; VertretMacht, Entzieh **1796** 1, InteressenGgsatz **1796** 2; Verwendg von MdlVermög **1805** 1; bei Verwirkg der elterl Sorge **1679**; Verzinsgspflicht **1805** 1, **1834** 1; VollmErteilg **1793** 7; Vorschuß aus Staatskasse **1835**; Wechsel **1802** 1; WiderrufsR des GeschGegners **1830** 1; Wirkgskreis Übersicht Grdz 1–5 vor **1793**, **1793**; Zwangsgeld gg Vormund **1837** 7; Zwangsgeld bei Verstoß gg Übernahmepflicht **1788** 1; s a Amtsvormd, GgVormd, Mitvormd, Vereinsvormd, Vormsch

Vormundschaft Einl vor **1773**; Amtsvormsch Einl 4 vor **1773**, **1779** 10, **1785** 1, **1789** 1, **1791c**, Anordng Einl 3 vor **1773**, **1774**; Anordng, fehlerhafter Einf 2 vor **1773**; Anordng vor Geburt **1774**; Aufhebg **1883**, **1884**; Ausländer **1773** 1, **1785** 2, EG **24**; AusschließR der Eltern **1782** 1, 2; Beendigg **1882–1895**; Fortführg der Geschäfte **1893**; befreite s Vormsch, befreite; üb Ehefrau **1778** 1; Ehehindernis **1845** 1, EheG **9**; ehel Kinder **1626** 6; Ehrenamt **1836** 1; elterl Sorge, Eintritt **1882** 3, **1883** 1; IKR EG **24** 1; IPR EG **24**; Legitimation des Mdl **1883** 1, 2; über Minderj **1773–1895**; nichtehel Kind **1705** 5, **1706** 1, **1709**, **1710**, **1791c**; Reform Einl 9 vor **1773;** Tod des Mdl **1882** 1; Todeserkl des Mdl **1884** 2; EG **210–212**; Übernahme, Staatsbürgerpflicht **1779** 1, **1785** 1, 2, **1836** 1; Übernahme, Verzögerg **1778** 2; Unentgeltlichk **1836** 1; Unfähigk **1778** 2, **1780** 1; Untauglk **1778** 2, **1781** 1, 2; Vereinsvormsch Einl 4 vor **1773**, Einf 1 vor **1773**, **1791a**; Verschollenheit des Mdl **1884** 1; Volljährigk des Mdl **1882** 2

Vormundschaft, befreite 1852ff; Anordng durch Vater **1852**, durch Mutter **1855**; Aufhebg der Befreiung **1857**; Ausschluß des Gegenvormundes **1852** 2; Hinterlegg **1853**; JugA als Vormd **1857a**; Rechngslegg **1854**; Sperrvermerk **1853**; Vereinsvormd **1857a**

Vormundschaftsabkommen, Haager EG **24** Anh 2, mit Österreich EG **24** Anh 3

Vormundschaftsgericht, Änderg der Anordnungen **1696**, **1707**; Entscheidg über Anfechtg der Ehelichkeit des Kindes **1599**, der Anerkennung der nichtehel Vatersch **1600l**; Annahme als Kind, Aufgaben **1746**, **1748**, **1751**, **1752**, **1757**, **1760**, **1763**, **1765**, **1768**, **1771**, **1772**; Anhörg von Eltern u Verwandten Einf 9 vor **1626**, **1847**, des Gegenvormds **1826** 1, des Jugendamts **1630** 4, **1671** 28, **1696** 1, **1779** 2; Anhörg, unterbliebene **1847** 1; Anlegg von Geld, Mitwirkg **1642** 2; **1810** 1, **1811**; Anordng der Vormsch **1774**; Aufhebg von Anordnungen **1696**; Aufsicht u Fürsorge **1837–1843**; Auskunftsanspr **1839**; Ausländer, vorl Maßnahmen EG **24** 7; Ausschlagg v Erbsch durch Eltern **1643** 3; Auswahl des Vormds **1779**; BeschwerdeR des Angehörigen **1666** 25; Beistandsbestellg **1685**; Bindg an eigene Entscheidungen **1696** 2; EhelErklärg **1723**, **1740a**; Ersetzg der Einwillig **1726** 3, **1727** 2, Genehmigg **1728**, **1729**; Ehemündigk Befreiung EheG **1** 4; Eheverbot der Schwägerschaft EheG **4** 4; Ehevertr, Zustimmg **1411**; Eingreifen bei Gefährdg des Kindes **1666**; Entlassg des Vormds **1886–1889**; Entzieh der Personensorge **1666** 19, der Vermögensverwaltg **1667** 2, **1669**, **1670**, **1684**; der elterl Vertretgsmacht **1629** 21; Ermächtigg, allgem **1825** 1; Ersetzg v Anordnungen Dritter **1803** 4; Ersetzg der Zustimmg s Zustimmgsersetzg; Feststellg des Ruhens der elterl Sorge **1674** 5; Feststellg der nichtehel Vatersch **1600n**; Fürsorgeerzieh **1666**, **1666a** Anh, **1838**; Gefährdg des Kindes **1666** 4, des Kindesvermögens **1667ff**; Genehmigg s vormundschger Genehmigg; Gegenvormd, Bestellg **1792**, Beaufsichtigg **1799** 1; Haftg **839** 148, **1809** 1; Hinterlegg, erweiterte Anordng **1818** 1; Hinterleggspflicht, Befreiung **1814** 1; intern Zuständch EG **24** 8, Anh 1 Art 1; Jugendamt, Bestellg zum Vormd **1791b**; Maßnahmen bei Kindesgefährdg **1666** 19–26; Maßregeln bei Gefährdg des Kindesvermögens **1667ff**, bei letztwill Verfggen u Schenkungen **1639**, bei Verwirkg der elterl Sorge **1666** 7, **1666a**; Maßregeln, vorläufige **1846**, für Ausländer EG **24** 7; Meinungsverschiedenheiten zw Eltern **1628**, zw Mitvormündern **1797** 6, **1798** 1, zw Eltern u Pfleger **1630** 4; Mitwirkg bei SicherhBestellg **1668** 2; Namenserteilg an Mutter bei EhelErklärg **1740g**; Pflegerbestellg **1707**, **1708**, **1915** 2; PflichttVerzicht durch Eltern **1643** 3; Rechtskraft der Entscheidungen **1696** 1; religiöse Erziehg RKEG **2**, 2–8, Anh zu **1631**; Rechngsprüfg **1843** 1, **1892**; nach EhelErklärg **1738**; Schlüsselgewalt **1357** 25; Schlußrechng, Abnahme **1892** 4; SicherhLeistg, Anhaltg **1844** 1; SicherhLeistg der Eltern **1667** 12; Sperrvermerk **1642** 2, **1667** 8, **1809** 2, **1814** 7; Stundg des vorzeit Erbausgleichs **1934d** 25; Überlassg v Vermögen an Kind **1644**; Übertragg der elterl Sorge zur Alleinausübg **1678**, **1679**; Unterbringg dch VormschG **1800** 3, **1838**; Unterhaltsregelg für unverheiratetes Kind **1612** 16; unterstützende Tätigk **1631** 14, **1837** 6; Vergütg, Entscheidg über **1836** 9; Vereinsvormd, Bestellg **1791a**; Verhinderg des Sorgerechtsinhabers **1674**, **1693**; Umgangsregelung **1634**, **1711** (FamG); Verwirkg der elterl Sorge **1666** 7, Maßnahmen **1666** 19, **1666a**; Verzeichn des Kindesverm **1640**; Zwangsgeld **1788** 1, **1837** 7; s auch Pflegschaft, Vormsch

Vormundschaftsgerichtliche Genehmigung, **1821** 2; allgemeine **1825** 1; Anlegg von Geld **1642** 2; Anfechtg der Anerkenng der nichtehel Vatersch **1600k**; Anstaltsunterbringg des Kindes **1631b**, des Mündels **1800** 3, des Betreuten **1906**; Aufforderg zur Mitteilg **1829** 8, Auseinandersetzug über Kindesvermögen bei Wiederverheiratg **1683**; bedingte Genehmigg **1828** 2; u Beendigg der Vormundsch **1893** 1; Beistand **1687**; BeschwerdeR **1828** 8; Darlehensaufnahme **1643** 6, **1822** 21; Dienstvertr **1822** 20; EhelichkErklärg **1728** 1, **1729** 2, **1731**; Erbschaft, Vertr über angefallene **1643** 3, **1822** 3; ErbschAusschlagg **1643** 3, **1822** 6; bei Erbvertrag **2275**, **2282**, **2290**; Erklärg ggüber Vormd **1828** 7; Ermächtig des Vormds **1829** 2; neues Erwerbsgeschäft des Kindes **1645**; selbständ Erwerbsgeschäft **112** 1, **1643**, **1822** 11; GesellschVertr **1822** 14; Gewerbebetrieb **1822** 11–14, 16, **1823** 1; Grdst-Geschäfte **1643** 2, **1821** 7; InhSchuldverschreib **1643** 6, **1822** 22; IPR EG **24** 4; Landgutpacht **1822** 15; Lehrvertrag **1822** 20; Mangel bei einseitigem RGeschäft **1821**; Mangel, Folgen **1829** 1; Mietvertr, langdauernder **1822** 17; Mitteilg **1829** 6; Mündelgeld, Erhebg **1809** 1, **1810** 1; für Nacherbe **2120** 3; obrigkeitl Akt **1828** 2; Orderpap **1643** 6, **1822** 22; Pachtvertr **1822** 17; persönl Angelegenheiten **1821** 3; Prokuraerteilg **1643** 6, **1822** 27; Rechtsnatur **1821** 5, 6; Schiedsvertr **1822** 28; Schuldübernahme **1643** 6, **1822** 23; Sicherheit, Aufhebg **1822** 31; bei TestVollstrg Einf 4 vor **2197**, **2204** 4, keine – nach Tod des Mündels **1829** 11; Überlassg von GgStänden **1644**, **1824** 1; Umschreibg **1815** 2; Verfgg nach Umschreibg oder Umwandlg **1820** 1; Unterhaltsabfindg **1615e**; Vermächtn Ausschlagg **1643** 3, **1822** 7; Vermögen, Verfgg über ganzes **1643** 3, **1822** 2; über zukünftiges Verm **1822** 4; Verwei-

gerg **1828** 4; **1829** 12; Volljährigk des Mündels **1829** 10; wahrheitswidrig behauptete **1830** 1; Wertpapiere, Verfggen **1812** 1, 10; wiederkehrende Leistungen **1822** 18; Wirksamwerden **1828** 8

Vormundschaftsrecht IPR EG **24** mit Anh; landesrechtl Vorbehalte, EG **147**; als Teil des FamilienR Einl 1 vor **1297**; EG **210–212**

Vorname, 1616, 1626 14; Änderg bei Geschlechtsumwandlg **1616** 8; IPR EG **10** 7; bei KindesAnn **1757** 8

Vorpacht Einf 1 vor **581**

Vorratsteilung von Eigt **1008** 2, WEG **8**

Vorsatz, bedingter **276** 10; Begriff **276** 10, **826** 9

Vorschuß, Anspr des AuftrN **669**; kein Anspr des TestVollstr **2218** 6, **2221** 11; zur Mängelbeseitig bei MietVertr **538** 16, bei WkVertr **633** 9; der Eheg für Kosten von Proz **1360a**; als Darlehen **362** 10, Einf 26 vor **607**; für Vormd **1835**

Vorsorgeunterhalt 1361 55, **1578** 45

Vorsorgevollmacht zur Vermeidg der Betreuung Einf 8 vor **1896**, **1896** 21

Vorspannangebot 826 62

Vorspiegelungen falscher Tatsachen 123 2

Vorstand s Vereinsvorstand

Vorteilsanrechnung (-ausgleichung) Vorb 119–161 vor **249**; Abtretg des Anspr des Geschädigten **255** 1; Anwendsbereich Vorb 124 vor **249**; kein Ausschl dch AGB AGBG **9** 23; im BereichergsR Einf 27 vor **812**; Enteigng Übbl 28 vor **903**; dch Erbschaft Vorb 139 vor **249**; Leistgen Dritter Vorb 131 vor **249**; im UnterhaltsR **844** 8; Versichergsleistgen Vorb 132 vor **249**

Vorverein 21 9

Vorverhandlungen, Pflichten Einf 18 vor **145**

Vorvertrag, Begriff Einf 19 vor **145**, Form **125** 9; über GrdstErwerb/Veräußerg **313** 11; Maklerprovision **652** 52; Miete Einf 3 vor **535**; Pacht Einf 1 vor **581**; Verj der Anspr **195** 2

Vorzugsrecht, Mitübergang bei Abtretg **401** 3; bei Schuldübernahme **418**

W

Wahlmöglichkeiten beim Ehenamen **1355** 5

Wahlschuld 262–265; Anfechtg der Wahl **263** 2; Befugnis **262**; Entstehg **262** 4; Klage auf Leistg **264** 2; Unmöglichk **265** 2; Verzug des Berecht **264** 1, 3; Vornahme der Wahl **263** 1

Wahlvermächtnis 2154; RMängelHaftg **2182** 1

Wahrnehmung berechtigter Interessen bei unerlaubter Handlg **823** 36

Währung, deutsche **245** 3; Währungsklausel bei Darlehen **607** 4; Geldschulden vor Wertsicherungsklausel **245** 22; Geldschuld in ausländ **245** 11–21; GrdPfdR in ausländ Vorb 7 vor **1113**; Bestimmg dch Schuldstatut im IPR EG **32** 10

Währungsklauseln bei GrdPfdR Vorb 6 vor **1113**

Währungsstatut EG **32** 10

Waisenrenten, keine Anrechng auf Regelunterhalt **1615g**

Wald, GemeinGebr **903** 32; bei Nacherbfolge **2123**; Nießbr **1038**; Notweg **917** 1; Waldgenossensch EG **83** 1; Waldsterben **839** 162, Übbl 13 vor **903**, **906** 39

Wandelung 462 9–12; – u Anfechtg Vorb 8 vor **459**; Anspruchskonkurrenzen **462** 1; Ausschluß **467** 7, **474** 5, **634** 7, vertragl **476**; Ausschlußfrist **466** 1, 2; Beteiligte, mehrere **467** 5; Beweislast **467** 6; Bindg an Erklärg **465** 7; Durchführg **467** 1, 12; Einrede **465** 7–15, Einrede nach Verjährg **478**, **490** 4; – u Einrede des nicht erfüllt Vertr **320** 2; Einverständniserklärg **465** 7; Einwilligg des Verk **462**

Werteinheiten in der RentenVersicherg **1587a** 34

Wertermittlungsanspruch des PflichttBerecht **2314** 13

Wertermittlungsverordnung 2311 9

Wertersatz, im BereichergsR **818** 16; Höchstbetrag bei GrdstR **882**; Klauseln in AGB AGBG **10** 34, **11** 20; bei Rücktritt **346** 4; Verzinsg **290** 1

Wertminderung reparierter Sachen **251** 19

Wertpapier, Begriff Einf 1 vor **793**; Haftg bei Kauf **437** 11; Hinterleggsgegenstand **372** 2; im Kindesvermögen **1667** 11; Mündelsicherh **1807** 2, EG **212** 1; Nießbrauch Vorb 2 vor **1068**; Schenkg vTw **2301** 9; Schutz des Wertpapierhandels Einf 7 vor **793**; Sicherheitsleistg **233**, **234**, **235**; Vermächtnis **2173** 1; Verwahrg Einf 5 vor **688**, **700** 4; s auch PfdR an W

Wertpapierhypothek 1187–1189

Wertsicherungsklauseln 245 22, **433** 29, ErbbRVO **9** 10, Vorb 6 vor **1113**, **1105** 7; Pacht **581** 10; in letztw Vfg **1937** 13; Unwirksamk, RFolge **139** 15, **245** 29

Werturteil 824 2

Wertvindikation 985 7

Westfälische Gütergemeinschaft 2197 4

Wettbewerbsbeschränkungen 134 14, **138** 73, **705** 44, **826** 41; als Dbk **1018** 23, **1019** 2

Wettbewerbsrecht, BereichergsAnspr bei Verletzg Einf 18 vor **812**

Wettbewerbsschutz bei Miete/Pacht **535** 18, 42

Wettbewerbsverbot 138 105–109; im ArbVerh **611** 42, **626** 46; als Dbk **1018** 23, **1019** 2; MietVertr u **535** 18; IPR EG **38** 16; Verstoß gg **826** 59; VertrStrafe **340** 1

Wette 762 3; Lotto **763** 4; NebenVertr **762** 8; Nichtigk **762** 9; Toto **763** 4; Unsittlich **826** 81, s auch Spiel

Widerklage gg Besitzklage **863** 3

Widerrechtlichkeit, bei unerl Hdlg **823** 32, BewLast **823** 173; der Kindesvorenthaltg **1632** 6; bei Verletzg des PersönlichkR **823** 184

Widerruf des Abbuchungsauftrags **675** 15; von unwirks AGB dch Empfehler AGBG **13** 10; der Anweisg **790**; Auftrag **671**; Begriff Einf 9 vor **346**; durch Dritte bei Verträgen von Eheg **1366** 7, **1427**, **1453**; eines DarlehensVerspr **610** 4; der EinziehgsErmächtigg **675** 17; von ehrenkränkenden Behauptgen, Formalbeleidig Einf 32 vor **823**; HaustürGesch s dort; von KreditVertr VerbrKrG **7**; von Presseveröffentlichgen Einf 27 vor **823**, **824** 6, von Schenkgen **530–534**; zw Eheg Einf 9 vor **1353**, **1372** 3; unwahrer Behauptgen Einf 27 vor **823**; bei Überlassg der Vermögensverwaltg an Eheg **1413**; der Bestellg eines Vereinsvorst **27** 2; des Stiftgsgeschäfts **81** 2; Testament **2253–2258**, **2271**; Anfechtg des W **2081** 6, **2256** 2; der TestRückn aus amtl Verwahrg **2081** 9, **2256** 2; des Vertr mit Minderj **109**, des Vertr bei mangelnder Vertretgsmacht **178** 9; der Vollm **168** 5, 6, **173** 5; **176** 1, Einf 20 vor **2197**; bei unerl Handlg Einf 19 vor **823**, **824** 14; der Weisg **665** 2; s a letztwill Verfügg, Testament, Schenkg, Willenserklärg

Widerrufsklage ggüber unwahren Behauptgen Einf 26 vor **823**; ggü dem Empfehler unwirks AGB AGBG **13** 10

Widerspruch bei Darlehenshyp **1139**; der Gter gg GeschFührg **711**; im Kontokorrent **781** 8; gg Lastschrift **665** 2, **826** 33; gg Kündigg des MietVerh **556a**, **b**; gg Richtigk des GB **899**, bei HypBrief **1140**, Verhinderg gutgl Erwerbs **892** 20, **899** 6; gg Vormerkg **899** 5

Widersprüchliches Verhalten 242 55–57

Widerstand des Kindes gg Herausgabe **1632** 17; gg

SorgeR eines Elternteils **1671** 1, 18; gg Umgang **1634** 12

Widmung, für den öffentl Verkehr **1004** 34

Wiederbeschaffungswert 251 13

Wiedereinsetzung, InventFrist **1996** 1; bei Anfechtg eines WEigtümerBeschl WEG **23** 15

Wiedereinstellung, ArbN Einf 85 vor **620**

Wiedergutmachung, Geltendmachg dch Miterben **2039** 6; Vermächtn von WiedergutmachgsLeistgen Einf 8 vor **2147**

Wiederholungsgefahr 1004 29, Einf 24 vor **823**, **862** 2, AGBG **13** 6

Wiederkauf 497–503; Bindg des WdVerk **499** 1; Herausgabe der Kaufsache **498** 1; Preis **497** 10; Rechte Dr an der Sache **499** 4; Schätzgswert **497** 10, **501** 1; Verändergen u Verschlechtergen **498** 2; Verfügg des Wiederverk **499** 1, 2; Verwendgsersatz **500** 1; s a WiederkRecht

Wiederkaufsrecht 497 1; Ausübg **497** 7; Befristg **503** 1; dingl **497** 1, Übbl 11 vor **1094**; gemeinsames **502** 1–3; gesetzl **497** 1; bei Grds **497** 1; Haftg nach Ausübg **498** 4; Haftg für Bestand des KaufGgstand **501** 1; Übergang **502** 3; Vormerkg **499** 3, **883** 16

Wiederkehrende Geldleistungen, Anrechng auf Regelunterhalt **1615g**

Wiederkehrschuldverhältnis Einf 28 vor **305**

Wiedervereinigung, Wegfall der GeschGrdLage dch **242** 152a

Wiederverheiratung, Anzeige- u Auseinandersetzgs-Pflicht des Elternteils **1683**, EheG **9**, **2044** 5; des zum TestVollstr berufenen Elternteils **2204** 2; des zum Vormund bestellten Elternteils **1845**; elterl Sorge bei Auflösg einer Ehe durch Wiederverheiratg **1681**; bei fortges Gütergemsch **1493**, EheG **9** 5; Wirkg auf Vfg vTw **2077** 7, **2269** 19

Wiederverheiratung im Falle der Todeserklärung, Wirkg auf Kinder **1681**

Wiederverheiratungsklausel in gemeinsch Test **2269** 16

Wiederverkaufsrecht 497 4

Wildschaden 835

Wille, Erforschg **133** 7, **2084** 21; hypothetischer mutmaßlicher Wille bei ergänzender VertrAuslegg **157** 7, des Erbl bei TestAuslegg **2084** 1

Willensbedingung Einf 10 vor **158**

Willenserklärung, allg Übbl 3, 11 vor **104**, Einf 1 vor **116**; Abgabe **130** 4; unter Abwesenden **130** 5; amtsempfangsbedürftige Übbl 11 vor **104**, **130** 15; unter Anwesenden **130** 13; Anfechtg wegen Irrtums **119**, Drohg, Täuschg **123**, **124**; Auslegg 5 vor **116**, **133** 1; Auslegregeln **133** 9; automatisierte Einf 1 vor **116**, IrrtAnfechtg **119** 10; bewußt falsche Übermittlg **120** 3; eines Bewußtlosen **105** 2; durch Boten **130** 8; empfangsbedürftige Übbl 12 vor **104**, **130** 2; Erklärgsbewußtsein Einf 17 vor **116**; Fernsprecher **130** 13; fingierte Einf 9 vor **116**; FormularKl über fingierte AGBG **10** 26; ggüber geschäftsbeschränkter Person **131** 1; eines Geschäftsunfähigen Übbl 27 vor **104**, **105** 3; irrige Übermittlg **120** 1; Irrtum Einf 19 vor **116**, **133** 1; Kenntnis vom Inhalt **130** 3; nicht ernstliche Einf 17 vor **116**, **118** 1; mündliche **130** 14; scheinbare Einf 16 vor **116**, **117** 1, 2; schlüssiges Verhalten Einf 1, 6 vor **116**; Schweigen Einf 7 vor **116**, **133** 14, AGBG **10** 26; soziatypes Verhalten Einf 26 vor **145**; stillschw Einf 6 vor **116**; streng einseitige Übbl 11 vor **104**; Vertragsannahme **148** 1; an Vertreter **130** 8; durch Vertreter **164**, **165**, **166**; Vorbehalt, geheimer Einf 15 vor **116**, **116** 1–3; bei vorübergehender Störg der Geistestätigk **105** 3; Widerruf **130** 5; Willensmangel Einf 15 vor **116**; Wirksamwerden, **130** 1–12; Zugehen **130** 5; Zustellg **132** 1

Z

Buchanzeigen

Neuauflage 1995

Beck'sches Formularbuch zum Bürgerlichen, Handels- und Wirtschaftsrecht

Herausgegeben von Dr. Michael Hoffmann-Becking, Rechtsanwalt, und Dr. Helmut Schippel, Notar, Honorarprofessor an der Universität München

6., neubearbeitete Auflage. 1995. XXXV, 1362 Seiten. In Leinen DM 165,–
ISBN 3-406-39055-2

Textdisketten zum Beck'schen Formularbuch:

Für Windows: Drei Disketten 9 cm (3,5˝) mit Bedienungsanleitung DM 98,–
ISBN 3-406-39470-1
Für MS-DOS: Eine Diskette 9 cm (3,5˝) mit Bedienungsanleitung DM 98,–
ISBN 3-406-39463-9
Erscheinungstermin: jeweils November 1995

Dieses erprobte Werk berät den Praktiker bei der Gestaltung zivil-, handels- und gesellschaftsrechtlicher Willenserklärungen und Verträge, indem es ihm ausführliche, gebrauchsnahe Formulierungsmuster zur Verfügung stellt. Prägnante Anmerkungen erschließen jedes Formular und liefern Hinweise auf weiterführende Literatur und wichtige Rechtsprechung; dazu werden jeweils Gestaltungsvarianten vorgestellt und auch Grenzen der Vertragsfreiheit aufgezeigt.

Die Neuauflage 1995 berücksichtigt eine Fülle neuer Gesetze und Rechtsprechung:
• Schuldrechtsänderungs- und SachenrechtsbereinigungsG • die einschneidenden Änderungen durch das Registerverfahrenbeschleunigungsgesetz • zahlreiche Änderungen im Arbeitsrecht • im Gesellschaftsrecht u. a. die sogenannte kleine Aktiengesellschaft, die Partnerschaftsgesellschaft und das aktuelle Umwandlungsrecht • das Gesetz zur Neuordnung des Familiennamensrechts • grundlegend überarbeitete und ergänzte Muster zum Erbrecht

Weitere neue Vertrags- und Formularmuster behandeln:
• den Kaufvertrag nach UN-Kaufrecht • Anstellungsverträge für einen leitenden Angestellten und einen freien Mitarbeiter • die Miteigentümervereinbarung (§ 1010 BGB) • die Bestimmung des Ehenamens nach der Eheschließung und die Namensänderung bei „Altehen" • die unbenannte (ehebedingte) Zuwendung.

Die Textdisketten, passend zum Formularbuch, gibt es wahlweise für DOS und Windows.

Die Vorteile:
• ausführliche, gebrauchsnahe Formulierungsmuster auswählen • Muster mit gängigen Textverarbeitungsprogrammen weiterverarbeiten • unter Windows mit Hilfe einer komfortablen Volltextsuche sekundenschnell alle Fassungen auffinden, in denen bestimmte Stichwörter vorkommen.

Verlag C. H. Beck · 80791 München

Beck'sches Prozeßformularbuch

Herausgegeben von Prof. Dr. Horst Locher, Rechtsanwalt,
und Dr. Peter Mes, Rechtsanwalt

7., neubearbeitete und erweiterte Auflage. 1996
Rund 1700 Seiten. In Leinen DM 175,–
ISBN 3-406-39487-6
Erscheinungstermin: Dezember 1995

Das Beck'sche Prozeßformularbuch

liefert **auf rund 1700 Seiten alle in der Praxis gebräuchlichen Muster** – soweit erforderlich, mit Tatsachenvortrag und Begründung – zu folgenden Bereichen:

- Zivilprozeß • Schiedsgerichtsverfahren • Internationales Zivilprozeßrecht
- Zwangsvollstreckung, Vergleichs-, Konkurs- und Anfechtungsverfahren
- Arbeitsgerichtsprozeß einschließlich Beschlußverfahren • Verwaltungsstreitverfahren einschließlich außergerichtlicher Rechtsbehelfe • Verfassungsbeschwerde • Finanzgerichtsprozeß einschließlich Vorverfahren • Sozialgerichtsprozeß.

Mustergültig:

In einem eigenen Abschnitt sind zahlreiche **Anträge und Klagen zu ausgewählten Gebieten des Zivilrechts** wiedergegeben, so beispielsweise zum Verkehrsunfall-, Kauf-, Miet- und Eherecht, zum Gesellschafts-, Kartell-, Wettbewerbs-, Warenzeichen- und Patentrecht sowie zum AGB-Gesetz.

Das Beck'sche Prozeßformularbuch begnügt sich nicht mit der Aneinanderreihung der **mehr als 700 Formularmuster;** es erläutert auch die zum Verständnis notwendigen prozeß- und materiellrechtlichen Aspekte sowie die Kosten- und Gebührenfragen und zeigt **alternative Gestaltungsmöglichkeiten** auf.

Die 7. Auflage

verarbeitet die zahlreichen Gesetzesänderungen im Zuge der **Rechtsangleichung** zwischen **alten und neuen Ländern.** Daneben helfen neue Muster bei der Bewältigung der immer wichtigeren Verfahren vor **europäischen Gerichten.**

Eingearbeitet sind ferner • das Kostenrechtsänderungsgesetz 1994 • die Änderungen in den Verfahrensordnungen der Finanz- und Sozialgerichte sowie auf dem Gebiet • des gewerblichen Rechtsschutzes • in der Prozeßkostenhilfe und • im Schuldnerverzeichnis.

Verlag C. H. Beck · 80791 München